Zusätzliche digitale Inhalte für Sie!

Zu diesem Buch stehen Ihnen kostenlos folgende digitale Inhalte zur Verfügung:

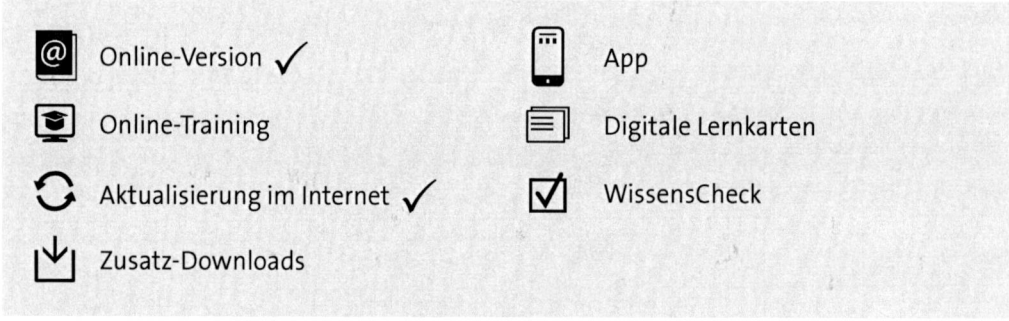

- Online-Version ✓
- Online-Training
- Aktualisierung im Internet ✓
- Zusatz-Downloads
- App
- Digitale Lernkarten
- WissensCheck ✓

Schalten Sie sich das Buch inklusive Mehrwert direkt frei.

Scannen Sie den QR-Code **oder** rufen Sie die Seite **www.nwb.de** auf. Geben Sie den Freischaltcode ein und folgen Sie dem Anmeldedialog. Fertig!

Ihr Freischaltcode

GRSU-JDEM-AAPM-EZIX-OUHP-P

Kanzler/Kraft/Bäuml/Marx/Hechtner (Hrsg.)

Einkommensteuergesetz
Kommentar

www.nwb.de

Einkommensteuergesetz Kommentar

Herausgegeben von

Prof. Dr. jur. Hans-Joachim Kanzler, RA, StB
Prof. Dr. jur. Gerhard Kraft, Dipl.-Kfm., StB, WP
Prof. Dr. iur. Swen Oliver Bäuml, StB, Wirtschaftsjurist
Prof. Dr. rer. pol. Franz Jürgen Marx, StB
Prof. Dr. rer. pol. Frank Hechtner, Dipl.-Ökonom

4. Auflage

Unter Mitarbeit von

Dr. Stefanie Alt, Dipl.-Kff. ▪ **Christian Bernd Anemüller**, Dipl.-Finanzwirt ▪ **Prof. Dr. Diana Beck**, Dipl.-Kff., StB ▪ **Michael Bisle**, RA, FAfStR ▪ **Dr. Sascha Bleschick**, Dipl.-Finanzwirt, Richter am FG ▪ **Pawel Blusz**, RA, StB, LL., B. LL. M. ▪ **Dr. Jan Frederik Bron**, Dipl.-Kfm., StB, LL. M. oec. ▪ **Hans-Ulrich Dietz**, Finanzwirt, Dipl.- Betriebswirt ▪ **Prof. Dr. Thomas Dommermuth**, StB ▪ **Dr. Hülya Dönmez**, RA, FAfStR, StB ▪ **Annett Eckardt**, MBA ▪ **Prof. Dr. Thomas Egner**, StB ▪ **Prof. Dr. Jens Escher**, RA, FAfStR, StB, LL. M. ▪ **Oliver Franz**, FBIStR, StB, LL. M. ▪ **Dr. Ronald Gebhardt**, Dipl.-Kfm., StB ▪ **Dr. Christoph Geeb** ▪ **Patrick Geißler**, M. Sc. ▪ **Dr. Ulf Gibhardt**, Dipl.-Kfm., RA, Notar, StB ▪ **Marcus Gödtel**, Dipl.-Finanzwirt, FAfStR, RA, StB ▪ **Dr. Stefan Greil**, Dipl.-Kfm. ▪ **Prof. Dr. Dorothee Hallerbach**, RA, FAfStR ▪ **Eva Handwerker**, StB, M. Sc. ▪ **Bernhard Hillmoth**, Dipl.-Finanzwirt ▪ **Jörg Holthaus**, Dipl.-Finanzwirt, Steueroberamtsrat ▪ **Dr. Karoline Kampermann**, Dipl.-Kff., LL. M. oec. ▪ **Daniela Karbe-Geßler**, RA, LL.M. oec. ▪ **Ludger J. Kempf**, RA, StB, MBA ▪ **Dr. Sebastian Kläne**, Dipl.-Kfm., StB, LL. M. ▪ **Dr. Matthias Korff**, Dipl.-Kfm., StB ▪ **Prof. Dr. Cornelia Kraft**, Dipl.-Kff., StB ▪ **Kerstin Löbe**, Dipl.-Finanzwirtin, StB ▪ **Prof. Dr. Alexandra Maßbaum**, Dipl.-Kff., StB ▪ **Michael Merx**, Dipl.-Finanzwirt (FH) ▪ **Dr. Henrik Meyer**, RA, StB ▪ **Dr. Alois Th. Nacke**, Richter am BFH ▪ **Martina Ortmann-Babel**, Dipl.-Kff., StB ▪ **Dr. Carsten Quilitzsch**, Dipl.- Kfm., StB, LL. M. oec. ▪ **Dr. Jan Christoph Schumann**, Dipl.-Kfm., Dipl.-Finanzwirt ▪ **Sven Sobanski**, Dipl.-Finanzwirt (FH) ▪ **Dominik Stadelbauer**, Dipl.- Betriebswirt (FH) ▪ **Johannes Stößel**, M. Sc. ▪ **Prof. Dr. Manuel Teschke**, StB ▪ *Helmut Walter*, Dipl.-Finanzwirt (FH) ▪ **Lars Wargowske** ▪ **Dr. Katja Weigert**, StB, LL. M. oec. ▪ **Dr. Martin Weiss**, FBIStR, StB, Dipl.-Kfm. ▪ **Dr. Julia Wilhelm** ▪ **Dr. Monika Wünnemann**, RA

www.nwb.de

Zitiervorschlag

KKB/*Bearbeiter*, § … EStG Rz. …

ISBN 978-3-482-65344-5 – 4. Auflage 2019
© NWB Verlag GmbH & Co. KG, Herne 2016
www.nwb.de
Alle Rechte vorbehalten.
Dieses Buch und alle in ihm enthaltenen Beiträge und Abbildungen sind urheberrechtlich geschützt. Mit Ausnahme der gesetzlich zugelassenen Fälle ist eine Verwertung ohne Einwilligung des Verlages unzulässig.

Satz: Griebsch & Rochol Druck GmbH, Hamm
Druck: L.E.G.O., Italien

Es haben bearbeitet:

Anemüller:	§§ 34g, 36, 36a, 37, 44, 44a, 44b, 45, 45a, 45d, 45e, 50j EStG
Bäuml:	§§ 15 Abs. 3 und 4, 23, 34a, 35b EStG
Beck:	§ 15b EStG
Bisle:	§§ 5 Abs. 1a – 7, 5a EStG
Bleschick:	§§ 33, 33a, 33b, 34 EStG
Blusz:	§§ 1, 1a EStG
Bron:	§ 50i EStG
Dietz:	§§ 41, 41a, 41b, 41c EStG
Dommermuth:	§§ 4b, 4c, 4f, 100 EStG
Dönmez:	§§ 5 Abs. 1, 5b EStG
Eckardt:	§§ 10b, 10c, 10d, 10e, 10f, 10g, 10h, 10i, 22, 22a EStG
Egner/Geißler:	§§ 24, 25, 26, 26a, 26b, 28 EStG
Egner/Gries:	§§ 32a, 32b, 32d EStG
Egner/Stößel:	§ 7g EStG
Escher:	§ 21 EStG
Franz/Handwerker:	§ 16 EStG
Gebhardt:	§ 50d EStG
Geeb:	§ 18 EStG
Gibhardt:	§ 9b EStG
Gödtel:	§§ 42f, 42g EStG
Hallerbach:	§§ 4, 4a, 4g EStG
Hillmoth:	§§ 31, 32, 62, 63, 64, 65, 66, 67, 68, 69, 70, 72, 74, 75, 76, 77, 78 EStG
Holthaus:	§§ 48, 48a, 48b, 48c, 48d EStG
Kampermann:	§ 50g EStG
Kanzler:	§§ 2, 3a, 4i, 6b, 6c, 6d, 13, 32c, 37a, 37b, 42b, 51, 51a, 52, 52a, 52b, 53, 56, 57, 58 EStG
Karbe-Geßler:	§§ 38, 38a, 38b, 39e, 39f, 40, 40a, 40b, 42d, 42e EStG
Kempf:	§ 20 EStG
Kläne:	§§ 24a, 24b EStG
Korff:	§ 11 EStG
Kraft, C.:	§§ 6 Abs. 3 – 7, 34c EStG
Kraft, G.:	§§ 2a, 4j, 34d, 49, 50, 50b, 50e, 50f, 50h EStG
Kraft, G./Weigert:	§ 50a EStG
Löbe:	§ 12 EStG
Marx:	§§ 7, 7a, 7h, 7i, 11a, 11b, 34f EStG
Maßbaum:	§§ 39, 39a, 39b, 39c EStG
Merx:	§ 19 EStG
Meyer:	§ 15 Abs. 1 und 2 EStG
Nacke:	§§ 3, 3b, 3c, 46 EStG
Ortmann-Babel:	§ 4h EStG
Quilitzsch:	§§ 43, 43a, 43b EStG
Schumann:	§ 35a EStG
Sobanski:	§ 15a EStG
Stadelbauer/Alt:	§§ 4d, 4e EStG
Teschke:	§§ 6 Abs. 1 – 2a, 6a EStG
Walter:	§§ 13a, 14, 14a, 34b, 55 EStG
Wargowske/Greil:	§ 17 EStG
Weiss:	§§ 9, 9a EStG
Wilhelm:	§§ 10, 10a, 35, 79, 80, 81, 81a, 82, 83, 84, 85, 86, 87, 88, 89, 90, 91, 92, 92a, 92b, 93, 94, 95, 96, 97, 98, 99 EStG
Wünnemann:	§ 8 EStG

Es haben besprochen:

Arnmüller,	§§ 44, 46, 36a, 37, 44, 44a, 44b, 45, 45a, 45d, 49b, 50 FStG
Baum,	§§ 13 Abs. 3 und 4, 23, 34a, 35b FStG
Bed,	§ 15b FStG
Bisler,	§§ 4, Abs. 1a – 7, 50 FStG
Blechrode,	§§ 33, 33a, 33b, 34 FStG
Blum,	§ 9 – 1 FStG
Bron,	§ 50 FStG
Diem,	§§ 41, 41a, 41b, 41c FStG
Dommermuth,	§§ 4b, 4c, 4f, 108 FStG
Donner,	§§ Abs. 1, 5b FStG
Eckardt,	§§ 10b, 10c, 10d, 10e, 10f, 10g, 10h, 10i, 22, 22a FStG
Egner/Geckleın,	§§ 24, 25, 26, 26a, 26b, 28 FStG
Egner/Gnee,	§§ 32a, 32b, 32d FStG
Egner/Stöckel,	§ 32 FStG
Färber,	§ 32 FStG
Franz/Handwerker,	§ 3, 6 FStG
Gebhardt,	§ 50a, 5 10
Geib,	§ 10,8 FStG
Globarol,	§ 9b, 5 FStG
Godrel,	§§ 42f, 42g FStG
Hallerbach,	§§ 3, 4, 4a, 4g FStG
Hillmoth,	§§ 31, 32, 62, 63, 64, 65, 66, 67, 68, 69, 70, 72, 74, 75, 76, 77, 78 FStG
Hoffhaus,	§§ 48, 48a, 48b, 48c, 48d FStG
Kampermann,	§ 50g FStG
Kanzler,	§§ 2, 3a, 4, 5, 6, 6a, 6d, 13, 32c, 37a, 37b, 42b, 49, 51, 51a, 52, 52a, 52b, 55, 56, 57, 58 FStG
Kathe-Gekler,	§§ 38, 38a, 38b, 38c, 38d, 40, 40a, 40b, 40d, 42e FStG
Kempf,	§ 20 FStG
Klaner,	§ 24a, 24b FStG
Korff,	§ 11 FStG
Kraft, C.	§§ 6 Abs. 3 – 7, 34c FStG
Kraft, G.	§§ 2a, 4i, 4id, 49, 50, 50b, 50c, 50f, 50h FStG
Kraft, G./Weßerf	§ 50d FStG
Lüge,	§ 10 FStG
Mann,	§§ 7, 7a, 7h, 7i, 11a, 11b, 34f FStG
Maßbaum,	§§ 39, 39a, 39b, 39c FStG
Merx,	§ 19 FStG
Meyer,	§ 13 Abs. 1 und 2 FStG
Nacke,	§§ 4, 3c, 4c, 46 FStG
Ortmann-Babel,	§ 4h FStG
Quilitzsch,	§§ 43, 43a, 43b FStG
Schumann,	§ 8 FStG
Sobanski,	§ 15a FStG
Stadelbauer/Alt	§§ 44, 46 FStG
Teschke,	§§ 6 Abs. 1 – 2a, 6a FStG
Walter,	§§ 13a, 14, 14a, 34b, 55 FStG
Wargowske/Groß	§ 17 FStG
Weiss,	§§ 52 FStG
Wilhelm,	§§ 10, 10a, 25, 25, 30, 31, 81a, 82, 83, 84, 85, 86, 87, 88, 89, 90, 91, 92, 92a, 92b, 93, 94, 95, 96, 97, 99, 99a FStG
Wennemann	§ 8 FStG

VORWORT

Nach Ablauf eines Jahres können wir der verehrten Leserschaft die inzwischen vierte Auflage des EStG-Kommentars präsentieren. Die in jährlichem Rhythmus erschienenen Auflagen haben zunehmend Beachtung in Rechtsprechung und Schrifttum gefunden und die inzwischen veröffentlichten, durchweg positiven Rezensionen haben Herausgeber, Autoren und Verlag darin bestärkt, die Konzeption einer umfassenden, streng an Wortlaut und Systematik der Normen ausgerichtete, anwendungsorientierte Darstellung der einkommensteuerrechtlichen Probleme konsequent weiter zu verfolgen.

Seit Jahren erfreuen sich Bund und Länder unerwarteter erheblicher Steuermehreinnahmen. Wann, wenn nicht in einer derart glücklichen Haushaltslage, wäre eine durchgreifende, systemorientierte Reform der Einkommensteuer umzusetzen. Die Blaupausen dafür liegen vor, aber weder Bundesregierung noch Parlament haben bisher die Kraft zu einer solchen Neugestaltung aufgebracht oder sie auch nur ins Auge gefasst. Stattdessen wurden im Familienentlastungsgesetz v. 29.11.2018 (BGBl 2018 I 2210) nur zwingende verfassungsrechtliche Vorgaben zum steuerrechtlichen Existenzminimum umgesetzt und mit dem inzwischen allgemein als JStG 2018 bezeichneten Gesetz zur Vermeidung von Umsatzsteuerausfällen beim Handel mit Waren im Internet und zur Änderung weiterer steuerlicher Vorschriften v. 11.12.2018 (BGBl 2018 I 2338) einkommensteuerrechtliches Flickwerk verabschiedet. In der Begründung des Regierungsentwurfs wird dies als „fachlich notwendiger Gesetzgebungsbedarf" ausgegeben und im Einzelnen als

- notwendige Anpassung an EU-Recht und an die Rechtsprechung des Europäischen Gerichtshofs (EuGH),
- Umsetzung von Rechtsprechung des Bundesverfassungsgerichts und des Bundesfinanzhofs,
- kurzfristiger fachlicher Änderungsbedarf,
- Folgeänderungen und Anpassungen auf Grund von vorangegangenen Gesetzesänderungen sowie
- weiterer redaktioneller Änderungsbedarf

spezifiziert (BT-Drucks. 19/4455, 19).

All diese Änderungen galt es zu berücksichtigen und in die systematischen Zusammenhänge einzuordnen. So war etwa die Grundsatzentscheidung des BVerfG v. 10.4.2018 - 1 BvR 1236/11 (BStBl 2018 II 303) zur Zulässigkeit unechter Rückwirkung (dazu § 52 EStG Rz. 8) für den Gesetzgeber Anlass, § 22a Abs. 5 EStG zu ergänzen (BT-Drucks. 19/4455, 38). Gleiches gilt für die gesetzlichen Anpassungen an die Entscheidungen des EuGH in den Sachen Radgen (C-478/15) zu § 3 Nr. 26 EStG Rz. 172 und Bechtel (C-20/16) zu § 10 EStG Rz. 4, 48. Unionsrechtlich bedeutsam sind auch die beihilferechtlichen Vorbehalte, die das Inkrafttreten neuer Vorschriften hindern. Während hier das Notifizierungsverfahren zur Steuerbefreiung von Sanierungsgewinnen durch einen sog. comfort letter der EU-Kommission formlos beendet werden konnte (§ 3a Rz. 9 und 14), steht die beihilferechtliche Genehmigung für die Tarifglättung bei den Einkünften aus Land- und Forstwirtschaft noch aus und hängt von der Erfüllung einiger Auflagen und Bedingungen ab, die die EU-Kommission der Bundesregierung aufgegeben hat (§ 32c Rz. 21). Nachdem nun die von der Praxis lange erwartete Steuerbefreiung für Sanierungserträge in Kraft treten konnte, ist auch hier der Gesetzgeber tätig geworden, hat den Inkrafttretensvorbehalt im JStG 2018 aufgehoben und die Übergangsregelungen angepasst. Danach sind § 3a EStG und die Folgevorschriften auf Antrag des Stpfl. auch in den Fällen anzuwenden, in denen die Schulden vor dem 9.2.2017, dem Tag der Veröffentlichung des Sanierungsbeschlusses des Großen Senats des BFH, erlassen wurden. Diese rückwirkende Anwendung der Neuregelungen auf alle noch offenen Fälle war unumgänglich geworden, nachdem der BFH durch mehrere Entscheidungen wiederholt BMF-Schreiben zur Anwendung des Sanierungserlasses auf Altfälle für unverbindlich erklärt hatte.

Zu den gesetzlichen Folgeänderungen und Anpassungen auf Grund von vorangegangenen Gesetzesänderungen gehört schließlich die Einführung einer Verzinsungsregelung bei der durch StÄndG 2015 auf Druck des EuGH geschaffenen Vorschrift des § 6b Abs. 2a EStG für den Fall einer ganz oder teilweise ausbleibenden Auslands-Reinvestition. Diese Regelung hatte der Bundesrat vorgeschlagen (BR-Drucks. 372/18, 2), um „Missbrauch und ungewollte Steuergestaltungen zu verhindern", denn „in der Literatur" sei bereits aufgezeigt worden, „wie die fehlende Sanktion für Zwecke der Steueroptimierung genutzt werden" könne (dazu § 6b Rz. 140). Die vierte Auflage des KKB bietet dem Leser aber nicht nur umfassende Erläuterungen zu diesen aktuellen gesetzlichen Änderungen, sie bringt ihn auch im Hinblick auf die Rechtsprechung des BFH und der Finanzgerichte, des BVerfG und des EuGH, die einschlägigen Verwaltungsanweisungen und das dazu ergangene Schrifttum auf den neuesten Stand. Gerade zu hochaktuellen Problemen, denen sich der Gesetzgeber bisher noch nicht zuwenden konnte oder wollte und mit denen die Gerichte noch nicht befasst wurden, erlangen Verwaltungsanweisungen besondere Bedeutung. Dies gilt etwa für die dynamischen Entwicklungen im Bereich des Handels mit Kryptowährungen (z. B. Bitcoins), auf die das Finanzministerium der Freien und Hansestadt Hamburg mit einem Erlass vom 11.12.2017 zur ertragsteuerlichen Behandlung des Handels mit Bitcoins in der privaten Vermögenssphäre reagiert (NWB DokID: [SAAAG-72252]) und damit die steuerliche Handlungsgrundlage für zahlreiche Privatanleger konkretisiert hat (s. § 23 EStG Rz. 204 und zu Kryptowährungen im betrieblichen Bereich § 4 EStG Rz. 128).

Im Übrigen wurden außer den bereits in den laufenden online-Aktualisierungen der dritten Auflage 2018 eingearbeiteten Verwaltungsanweisungen vor allem noch die folgenden und in der Reihenfolge ihres Erscheinens aufgeführten neuesten BMF-Schreiben in der vierten Auflage des Printwerks berücksichtigt:

- BMF v. 17.9.2018, BStBl 2018 I 1024, zu Vorsorgeaufwendungen: Aufteilung eines Globalbeitrags
- BMF v. 21.9.2018, BStBl 2018 I 1027, zur steuerlichen Anerkennung von Umzugskosten nach R 9.9 Absatz 2 LStR
- BMF v. 5.10.2018, BStBl 2018 I 1037, zur Bewertung mehrjähriger Kulturen in Baumschulbetrieben gem. § 6 Abs. 1 Nr. 2 EStG
- BMF v. 17.10.2018, BStBl 2018 I 1038, und BMF v. 26.11.2018, BStBl 2018 I 1216, zur standardisierten Einnahmenüberschussrechnung 2018 nach § 60 Absatz 4 EStDV
- BMF v. 19.10.2018, BStBl 2018 I 1107, zur Bewertung von Pensionsrückstellungen nach § 6a EStG: Übergang auf die „Heubeck-Richttafeln 2018 G"
- BMF v. 22.10.2018, BStBl 2018 I 1112, zu Rückstellungen für den sog. Nachteilsausgleich bei Altersteilzeitvereinbarungen (BFH v. 27.9.2017 [Az. I R 53/15])
- BMF v. 22.10.2018, BStBl 2018 I 1109, zur einkommensteuerrechtlichen Behandlung der Geldleistungen für Kinder in Vollzeitpflege
- BMF v. 2.11.2018, BStBl 2018 I 1207, zum betrieblichen Schuldzinsenabzug nach § 4 Abs. 4a EStG
- BMF v. 18.11.2018, BStBl 2018 I 1214, zur Besteuerung der Einkünfte aus der Forstwirtschaft
- BMF v. 28.11.2018, NWB DokID: [PAAAH-02087], zur steuerlichen Behandlung von Reisekosten und Reisekostenvergütungen bei Auslandsreisen ab 1.1.2019

- BMF v. 6.12.2018, NWB DokID: [LAAAH-03419], zum EuGH-Urteil v. 31.5.2018 C-382/16: Wirtschaftliche Gründe, die den Abschluss eines Geschäfts unter nicht „fremdüblichen Bedingungen" rechtfertigen

- BMF v. 12.12.2018, NWB DokID: [IAAAH-03420], zu Pauschbeträgen für unentgeltliche Wertabgaben (Sachentnahmen) 2019

- BMF v. 19.12.2018, NWB DokID: [ZAAAH-03838] zur Realteilung.

Der Bundestag hatte in 2./3. Lesung das Gesetz zur steuerlichen Förderung des Mietwohnungsneubaus beschlossen. Mit dem Gesetz soll ein neuer § 7b EStG eingeführt werden, der eine zeitlich befristete Sonderabschreibung für neu geschaffene Wohnimmobilien vorsieht. Das Gesetzgebungsvorhaben wurde kurzfristig von der Tagesordnung der Sitzung des Bundesrates am 14.12.2018 genommen. Da bei Drucklegung dieses Werkes der Abschluss des Gesetzgebungsverfahrens noch unklar war, wurde eine Kommentierung zu § 7b EStG nicht in die Printausgabe aufgenommen. Eine erste Kommentierung findet sich allerdings in der Online-Fassung, in welcher auch auf aktuelle Entwicklungen zu dieser Norm reagiert wird.

Unser Dank gilt auch bei dieser vierten Auflage dem unermüdlichen Engagement der Mitarbeiter des Verlags, ohne deren tatkräftige Unterstützung der Kommentar und nicht zuletzt die Online-Aktualisierungen kaum gelingen könnten. Schließlich sagen wir auch den Leserinnen und Lesern Dank, die uns Mängel aufgezeigt und Hinweise gegeben haben. Anregungen und Vorschläge, aber auch Kritik sind uns stets willkommen.

Herne, im Januar 2019

Prof. Dr. Hans-Joachim Kanzler
Prof. Dr. Gerhard Kraft
Prof. Dr. Swen Bäuml
Prof. Dr. Franz Jürgen Marx
Prof. Dr. Frank Hechtner

- BMF v. 6.12.2018, IV B 2 - S 7100/07/10031 [JAAAH-03429], zum BGH-Urteil v. 31.5.2018 C-382/16 Widersprüchliche Gründe, die den Abschluss eines Geschäfts unter nicht "marktüblichen" Bedingungen rechtfertigen.

- BMF v. 12.12.2018, IV B 2 - S 7100/07/10030 [JAAAH-03420], zu Rückübertragen für unentgeltliche Wertabgaben (Sachentnahmen) 2019.

- BMF v. 19.12.2018, IV B 2 - S 7100/07/10036 [JAAAH-03436], zur Erstellung.

Der Bundestag hatte in 2./3. Lesung das Gesetz zur steuerlichen Förderung des Mietwohnungsneubaus beschlossen. Mit dem Gesetz soll ein neuer § 7b EStG eingeführt werden, der eine zeitlich befristete Sonderabschreibung für neu geschaffene Wohnraum bilden vorsieht. Das Gesetzgebungsvorhaben wurde kurzfristig von der Tagesordnung der Sitzung des Bundesrats am 14.12.2018 genommen. Da bei Drucklegung dieses Werkes der Abschluss des Gesetzgebungsverfahrens noch unklar war, wurde eine Kommentierung zu § 7b EStG nicht in die Printausgabe aufgenommen. Eine erste Kommentierung findet sich allerdings in der Online-Fassung, in welcher auch auf aktuelle Änderungen zu dieser Norm reagiert wird.

Unser Dank gilt auch bei dieser vierten Auflage dem unermüdlichen Engagement der Mitarbeiter des Verlags, ohne deren tatkräftige Unterstützung der Kommentar in der jetzt zeitgemäßen Online-Aktualisierungen kaum gelingen könnten. Schließlich sagen wir auch den Lesenden und Lesern Dank, die uns Mängel aufgezeigt und Hinweise gegeben haben; Anregungen und Vorschläge aber auch Kritik sind uns stets willkommen.

Herne, im Januar 2019

Prof. Dr. Hans-Joachim Kanzler
Prof. Dr. Gerhard Kraft
Prof. Dr. Swen Bäuml
Prof. Dr. Franz Jürgen Marx
Prof. Dr. Frank Hechtner

INHALTSÜBERSICHT

		Seite
Vorwort		VII
Literaturverzeichnis		XXI
Abkürzungsverzeichnis		XXV

I. Steuerpflicht 1

| § 1 | Steuerpflicht | 1 |
| § 1a | Fiktive unbeschränkte Steuerpflicht von EU- und EWR-Familienangehörigen | 14 |

II. Einkommen 20

1. Sachliche Voraussetzungen für die Besteuerung 20

| § 2 | Umfang der Besteuerung, Begriffsbestimmungen | 20 |
| § 2a | Negative Einkünfte mit Bezug zu Drittstaaten | 78 |

2. Steuerfreie Einnahmen 102

§ 3	Steuerfreie Einnahmen	102
§ 3a	Sanierungserträge	284
§ 3b	Steuerfreiheit von Zuschlägen für Sonntags-, Feiertags- oder Nachtarbeit	325
§ 3c	Anteilige Abzüge	332

3. Gewinn 347

§ 4	Gewinnbegriff im Allgemeinen	347
§ 4a	Gewinnermittlungszeitraum, Wirtschaftsjahr	488
§ 4b	Direktversicherung	497
§ 4c	Zuwendungen an Pensionskassen	507
§ 4d	Zuwendungen an Unterstützungskassen	515
§ 4e	Beiträge an Pensionsfonds	534
§ 4f	Verpflichtungsübernahmen, Schuldbeitritte und Erfüllungsübernahmen	547
§ 4g	Bildung eines Ausgleichspostens bei Entnahme nach § 4 Absatz 1 Satz 3 EStG	562
§ 4h	Betriebsausgabenabzug für Zinsaufwendungen (Zinsschranke)	572
§ 4i	Sonderbetriebsausgabenabzug bei Vorgängen mit Auslandsbezug	591
§ 4j	Aufwendungen für Rechteüberlassungen	603
§ 5	Gewinn bei Kaufleuten und bei bestimmten anderen Gewerbetreibenden	618
§ 5a	Gewinnermittlung bei Handelsschiffen im internationalen Verkehr	690

ÜBERSICHT — Inhalt

		Seite
§ 5b	Elektronische Übermittlung von Bilanzen sowie Gewinn- und Verlustrechnungen	701
§ 6	Bewertung	707
§ 6a	Pensionsrückstellung	810
§ 6b	Übertragung stiller Reserven bei der Veräußerung bestimmter Anlagegüter	825
§ 6c	Übertragung stiller Reserven bei der Veräußerung bestimmter Anlagegüter bei der Ermittlung des Gewinns nach § 4 Absatz 3 EStG oder nach Durchschnittssätzen	872
§ 6d	Euroumrechnungsrücklage	877
§ 7	Absetzung für Abnutzung oder Substanzverringerung	877
§ 7a	Gemeinsame Vorschriften für erhöhte Absetzungen und Sonderabschreibungen	924
§§ 7b-f	(weggefallen)	934
§ 7g	Investitionsabzugsbeträge und Sonderabschreibungen zur Förderung kleiner und mittlerer Betriebe	934
§ 7h	Erhöhte Absetzungen bei Gebäuden in Sanierungsgebieten und städtebaulichen Entwicklungsbereichen	964
§ 7i	Erhöhte Absetzungen bei Baudenkmalen	974
§ 7k	(weggefallen)	981

4. Überschuss der Einnahmen über die Werbungskosten — 981

§ 8	Einnahmen	981
§ 9	Werbungskosten	1015
§ 9a	Pauschbeträge für Werbungskosten	1081

4a. Umsatzsteuerrechtlicher Vorsteuerabzug — 1088

§ 9b	Umsatzsteuerrechtlicher Vorsteuerabzug	1088

4b. Kinderbetreuungskosten — 1094

§ 9c	(weggefallen)	1094

5. Sonderausgaben — 1094

§ 10	Sonderausgaben	1094
§ 10a	Zusätzliche Altersvorsorge	1151
§ 10b	Steuerbegünstigte Zwecke	1168
§ 10c	Sonderausgaben-Pauschbetrag	1190
§ 10d	Verlustabzug	1193
§ 10e	Steuerbegünstigung der zu eigenen Wohnzwecken genutzten Wohnung im eigenen Haus	1208
§ 10f	Steuerbegünstigung für zu eigenen Wohnzwecken genutzte Baudenkmale und Gebäude in Sanierungsgebieten und städtebaulichen Entwicklungsbereichen	1212

		Seite
§ 10g	Steuerbegünstigung für schutzwürdige Kulturgüter, die weder zur Einkunftserzielung noch zu eigenen Wohnzwecken genutzt werden	1219
§§ 10h-i	(weggefallen)	1224

6. Vereinnahmung und Verausgabung — 1224

§ 11	Vereinnahmung und Verausgabung	1224
§ 11a	Sonderbehandlung von Erhaltungsaufwand bei Gebäuden in Sanierungsgebieten und städtebaulichen Entwicklungsbereichen	1248
§ 11b	Sonderbehandlung von Erhaltungsaufwand bei Baudenkmalen	1249

7. Nichtabzugsfähige Ausgaben — 1250

§ 12	Nichtabzugsfähige Ausgaben	1250

8. Die einzelnen Einkunftsarten — 1269

a) Land- und Forstwirtschaft (§ 2 Absatz 1 Satz 1 Nummer 1 EStG) — 1269

§ 13	Einkünfte aus Land- und Forstwirtschaft	1269
§ 13a	Ermittlung des Gewinns aus Land- und Forstwirtschaft nach Durchschnittssätzen	1313
§ 14	Veräußerung des Betriebs	1346
§ 14a	Vergünstigungen bei der Veräußerung bestimmter land- und forstwirtschaftlicher Betriebe	1362

b) Gewerbebetrieb (§ 2 Absatz 1 Satz 1 Nummer 2 EStG) — 1366

§ 15	Einkünfte aus Gewerbebetrieb	1366
§ 15a	Verluste bei beschränkter Haftung	1463
§ 15b	Verluste im Zusammenhang mit Steuerstundungsmodellen	1502
§ 16	Veräußerung des Betriebs	1545
§ 17	Veräußerung von Anteilen an Kapitalgesellschaften	1678

c) Selbständige Arbeit (§ 2 Absatz 1 Satz 1 Nummer 3 EStG) — 1752

§ 18	Einkünfte aus selbständiger Arbeit	1752

d) Nichtselbständige Arbeit (§ 2 Absatz 1 Satz 1 Nummer 4 EStG) — 1806

§ 19	Nichtselbständige Arbeit	1806
§ 19a	(weggefallen)	1907

		Seite
e)	**Kapitalvermögen (§ 2 Absatz 1 Satz 1 Nummer 5 EStG)**	**1908**
§ 20	Kapitalvermögen	1908
f)	**Vermietung und Verpachtung (§ 2 Absatz 1 Satz 1 Nummer 6 EStG)**	**2021**
§ 21	Einkünfte aus Vermietung und Verpachtung	2021
g)	**Sonstige Einkünfte (§ 2 Absatz 1 Satz 1 Nummer 7 EStG)**	**2070**
§ 22	Arten der sonstigen Einkünfte	2070
§ 22a	Rentenbezugsmitteilungen an die zentrale Stelle	2118
§ 23	Private Veräußerungsgeschäfte	2126
h)	**Gemeinsame Vorschriften**	**2191**
§ 24	Entschädigungen, Nutzungsvergütungen u. A.	2191
§ 24a	Altersentlastungsbetrag	2220
§ 24b	Entlastungsbetrag für Alleinerziehende	2227
III.	**Veranlagung**	**2234**
§ 25	Veranlagungszeitraum, Steuererklärungspflicht	2234
§ 26	Veranlagung von Ehegatten	2243
§ 26a	Einzelveranlagung von Ehegatten	2254
§ 26b	Zusammenveranlagung von Ehegatten	2259
§ 26c	(weggefallen)	2266
§ 27	(weggefallen)	2266
§ 28	Besteuerung bei fortgesetzter Gütergemeinschaft	2266
§ 29	(weggefallen)	2268
§ 30	(weggefallen)	2268
IV.	**Tarif**	**2269**
§ 31	Familienleistungsausgleich	2269
§ 32	Kinder, Freibeträge für Kinder	2278
§ 32a	Einkommensteuertarif	2310
§ 32b	Progressionsvorbehalt	2320
§ 32c	Tarifglättung bei Einkünften aus Land- und Forstwirtschaft	2332
§ 32d	Gesonderter Steuertarif für Einkünfte aus Kapitalvermögen	2349
§ 33	Außergewöhnliche Belastungen	2363

		Seite
§ 33a	Außergewöhnliche Belastung in besonderen Fällen	2411
§ 33b	Pauschbeträge für behinderte Menschen, Hinterbliebene und Pflegepersonen	2437
§ 34	Außerordentliche Einkünfte	2454
§ 34a	Begünstigung der nicht entnommenen Gewinne	2480
§ 34b	Steuersätze bei Einkünften aus außerordentlichen Holznutzungen	2545

V. Steuerermäßigungen 2555

1. Steuerermäßigung bei ausländischen Einkünften 2555

§ 34c	Steuerermäßigung bei ausländische Einkünften	2555
§ 34d	Ausländische Einkünfte	2586

2. Steuerermäßigung bei Einkünften aus Land- und Forstwirtschaft 2594

| § 34e | (weggefallen) | 2594 |

2a. Steuerermäßigung für Steuerpflichtige mit Kindern bei Inspruchnahme erhöhter Absetzungen für Wohngebäude oder der Steuerbegünstigungen für eigengenutztes Wohneigentum 2594

| § 34f | Baukindergeld | 2594 |

2b. Steuerermäßigung bei Zuwendungen an politische Parteien und an unabhängige Wählervereinigungen 2596

§ 34g	Steuermäßigung bei Zuwendungen an politische Parteien und an unabhängige Wählervereinigungen	2596
§ 34h	(weggefallen)	2602

3. Steuerermäßigung bei Einkünften aus Gewerbebetrieb 2603

| § 35 | Steuerermäßigung bei Einkünften aus Gewerbebetrieb | 2603 |

4. Steuerermäßigung bei Aufwendungen für haushaltsnahe Beschäftigungsverhältnisse und für die Inanspruchnahme haushaltsnaher Dienstleistungen 2622

| § 35a | Steuerermäßigung bei Aufwendungen für haushaltsnahe Beschäftigungsverhältnisse, haushaltsnahe Dienstleistungen und Handwerkerleistungen | 2622 |

		Seite
5.	**Steuerermäßigung bei Belastung mit Erbschaftsteuer**	**2650**
§ 35b	Steuerermäßigung bei Belastung mit Erbschaftsteuer	2650
VI.	**Steuererhebung**	**2667**
1.	**Erhebung der Einkommensteuer**	**2667**
§ 36	Entstehung und Tilgung der Einkommensteuer	2667
§ 36a	Beschränkung der Anrechenbarkeit der Kapitalertragsteuer	2681
§ 37	Einkommensteuer-Vorauszahlung	2693
§ 37a	Pauschalierung der Einkommensteuer durch Dritte	2703
§ 37b	Pauschalierung der Einkommensteuer bei Sachzuwendungen	2710
2.	**Steuerabzug vom Arbeitslohn (Lohnsteuer)**	**2730**
§ 38	Erhebung der Lohnsteuer	2730
§ 38a	Höhe der Lohnsteuer	2737
§ 38b	Lohnsteuerklassen, Zahl der Kinderfreibeträge	2740
§ 39	Lohnsteuerabzugsmerkmale	2744
§ 39a	Freibetrag und Hinzurechnungsbetrag	2749
§ 39b	Einbehaltung der Lohnsteuer	2757
§ 39c	Einbehaltung der Lohnsteuer ohne Lohnsteuerabzugsmerkmale	2766
§ 39d	(weggefallen)	2769
§ 39e	Verfahren zur Bildung und Anwendung der elektronischen Lohnsteuerabzugsmerkmale	2769
§ 39f	Faktorverfahren anstelle Steuerklassenkombination III/V	2777
§ 40	Pauschalierung der Lohnsteuer in besonderen Fällen	2780
§ 40a	Pauschalierung der Lohnsteuer für Teilzeitbeschäftigte und geringfügig Beschäftigte	2788
§ 40b	Pauschalierung der Lohnsteuer bei bestimmten Zukunftssicherungsleistungen	2795
§ 41	Aufzeichnungspflichten beim Lohnsteuerabzug	2801
§ 41a	Anmeldung und Abführung der Lohnsteuer	2807
§ 41b	Abschluss des Lohnsteuerabzugs	2813
§ 41c	Änderung des Lohnsteuerabzugs	2818
§ 42	(weggefallen)	2821
§ 42a	(weggefallen)	2821
§ 42b	Lohnsteuer-Jahresausgleich durch den Arbeitgeber	2821
§ 42c	(weggefallen)	2827
§ 42d	Haftung des Arbeitgebers und Haftung bei Arbeitnehmerüberlassung	2827

		Seite
§ 42e	Anrufungsauskunft	2845
§ 42f	Lohnsteuer-Außenprüfung	2850
§ 42g	Lohnsteuer-Nachschau	2856

3. Steuerabzug vom Kapitalertrag (Kapitalertragsteuer) — 2864

§ 43	Kapitalerträge mit Steuerabzug	2864
§ 43a	Bemessung der Kapitalertragsteuer	2884
§ 43b	Bemessung der Kapitalertragsteuer bei bestimmten Gesellschaften	2896
§ 44	Entrichtung der Kapitalertragsteuer	2906
§ 44a	Abstandnahme vom Steuerabzug	2921
§ 44b	Erstattung der Kapitalertragsteuer	2940
§ 45	Ausschluss der Erstattung von Kapitalertragsteuer	2947
§ 45a	Anmeldung und Bescheinigung der Kapitalertragsteuer	2950
§ 45b-c	(weggefallen)	2960
§ 45d	Mitteilungen an das Bundeszentralamt für Steuern	2960
§ 45e	Ermächtigung für Zinsinformationsverordnung	2971

4. Veranlagung von Steuerpflichtigen mit steuerabzugspflichtigen Einkünften — 2973

§ 46	Veranlagung bei Bezug von Einkünften aus nichtselbständiger Arbeit	2973
§ 47	(weggefallen)	2984

VII. Steuerabzug bei Bauleistungen — 2985

§ 48	Steuerabzug	2985
§ 48a	Verfahren	2991
§ 48b	Freistellungsbescheinigung	2995
§ 48c	Anrechnung	3000
§ 48d	Besonderheiten im Fall von Doppelbesteuerungsabkommen	3003

VIII. Besteuerung beschränkt Steuerpflichtiger — 3005

§ 49	Beschränkt steuerpflichtige Einkünfte	3005
§ 50	Sondervorschriften für beschränkt Steuerpflichtige	3069
§ 50a	Steuerabzug bei beschränkt Steuerpflichtigen	3084

IX. Sonstige Vorschriften, Bußgeld-, Ermächtigungs- und Schlussvorschriften — 3104

§ 50b	Prüfungsrecht	3104
§ 50c	(weggefallen)	3105

		Seite
§ 50d	Besonderheiten im Fall von Doppelbesteuerungsabkommen und der §§ 43b und 50g	3105
§ 50e	Bußgeldvorschriften; Nichtverfolgung von Steuerstraftaten bei geringfügiger Beschäftigung in Privathaushalten	3175
§ 50f	Bußgeldvorschriften	3176
§ 50g	Entlastung vom Steuerabzug bei Zahlungen von Zinsen und Lizenzgebühren zwischen verbundenen Unternehmen verschiedener Mitgliedstaaten der Europäischen Union	3177
§ 50h	Bestätigung für Zwecke der Entlastung von Quellensteuern in einem anderen Mitgliedstaat der Europäischen Union oder der Schweizerischen Eidgenossenschaft	3187
§ 50i	Besteuerung bestimmter Einkünfte und Anwendung von Doppelbesteuerungsabkommen	3188
§ 50j	Versagung der Entlastung von Kapitalertragsteuern in bestimmten Fällen	3203
§ 51	Ermächtigungen	3209
§ 51a	Festsetzung und Erhebung von Zuschlagsteuern	3226
§ 52	Anwendungsvorschriften	3236
§ 52a	(weggefallen)	3258
§ 52b	Übergangsregelungen bis zur Anwendung der elektronischen Lohnsteuerabzugsmerkmale	3258
§ 53	(weggefallen)	3262
§ 54	(weggefallen)	3262
§ 55	Schlussvorschriften (Sondervorschriften für die Gewinnermittlung nach § 4 EStG oder nach Durchschnittssätzen bei vor dem 1. Juli 1970 angeschafftem Grund und Boden)	3262
§ 56	Sondervorschriften für Steuerpflichtige in dem in Artikel 3 des Einigungsvertrages genannten Gebiet	3277
§ 57	Besondere Anwendungsregeln aus Anlass der Herstellung der Einheit Deutschlands	3278
§ 58	Weitere Anwendung von Rechtsvorschriften, die vor Herstellung der Einheit Deutschlands in dem in Artikel 3 des Einigungsvertrages genannten Gebiet gegolten haben	3280
§ 59	(weggefallen)	3282
§ 60	(weggefallen)	3282
§ 61	(weggefallen)	3282

X. Kindergeld 3282

§ 62	Anspruchsberechtigte	3282
§ 63	Kinder	3292
§ 64	Zusammentreffen mehrerer Ansprüche	3298
§ 65	Andere Leistungen für Kinder	3303
§ 66	Höhe des Kindergeldes, Zahlungszeitraum	3308
§ 67	Antrag	3312

		Seite
§ 68	Besondere Mitwirkungspflichten	3315
§ 69	Datenübermittlung an die Familienkassen	3319
§ 70	Festsetzung und Zahlung des Kindergeldes	3320
§ 71	(weggefallen)	3324
§ 72	Festsetzung und Zahlung des Kindergeldes an Angehörige des öffentlichen Dienstes	3325
§ 73	(weggefallen)	3331
§ 74	Zahlung des Kindergeldes in Sonderfällen	3331
§ 75	Aufrechnung	3336
§ 76	Pfändung	3337
§ 76a	(weggefallen)	3339
§ 77	Erstattung von Kosten im Vorverfahren	3339
§ 78	Übergangsregelungen	3342

XI. Altersvorsorgezulage — 3343

§ 79	Zulageberechtigte	3343
§ 80	Anbieter	3346
§ 81	Zentrale Stelle	3347
§ 81a	Zuständige Stelle	3348
§ 82	Altersvorsorgebeiträge	3349
§ 83	Altersvorsorgezulage	3356
§ 84	Grundzulage	3356
§ 85	Kinderzulage	3357
§ 86	Mindesteigenbeitrag	3359
§ 87	Zusammentreffen mehrerer Verträge	3363
§ 88	Entstehung des Anspruchs auf Zulage	3364
§ 89	Antrag	3365
§ 90	Verfahren	3367
§ 91	Datenerhebung und Datenabgleich	3370
§ 92	Bescheinigung	3371
§ 92a	Verwendung für eine selbst genutzte Wohnung	3373
§ 92b	Verfahren bei Verwendung für eine selbst genutzte Wohnung	3383
§ 93	Schädliche Verwendung	3384
§ 94	Verfahren bei schädlicher Verwendung	3389
§ 95	Sonderfälle der Rückzahlung	3391
§ 96	Anwendung der Abgabenordnung, allgemeine Vorschriften	3393
§ 97	Übertragbarkeit	3394
§ 98	Rechtsweg	3394
§ 99	Ermächtigung	3395
§ 100	Förderbetrag zur betrieblichen Altersversorgung	3396

Stichwortverzeichnis 3417

LITERATURVERZEICHNIS

In diesem Literaturverzeichnis sind Kommentare, Lehrbücher und Monografien, die im Kommentar mehrfach zitiert werden, aufgeführt. Spezialliteratur ist vor den einzelnen Kommentierungen angegeben.

A

Adler/Düring/Schmaltz, Rechnungslegung und Prüfung der Unternehmen, Kommentar zum HGB, AktG, GmbHG, PublG, 6. Aufl., Stuttgart 1995

Adomat, Praxis-Leitfaden Einkommensteuer 2015/2016, 4. Aufl., Herne 2016

B

Bundesministerium der Finanzen, Amtliches Einkommensteuer-Handbuch 2017, Herne 2018

Baumbach/Hopt, HGB, Kommentar, 38. Aufl. 2018

Beck'scher Bilanzkommentar, 11. Aufl., München 2018

Beermann/Gosch, Abgabenordnung, Finanzgerichtsordnung, Loseblatt, Bonn

Birk/Desens/Tappe, Steuerrecht, 21. Aufl., Heidelberg 2018

Blümich, EStG-KStG-GewStG und Nebengesetze; Loseblatt-Kommentar, München

Bordewin/Brandt, Kommentar zum Einkommensteuergesetz, Loseblatt,

D

Dötsch/Pung/Möhlenbrock, Die Körperschaftsteuer, Kommentar, Loseblatt, Stuttgart

E

Ernst & Young (Hrsg.), Körperschaftsteuergesetz, Bonn

Erle/Sauter (Hrsg.), Körperschaftsteuergesetz, Kommentar, 3. Aufl., Heidelberg 2010

F

Falterbaum, u.a., Buchführung und Bilanz, 22. Aufl., 2015

Flick/Wassermeyer/Baumhoff/Schönfeld, Kommentar zum Außensteuerrecht, Loseblatt, Köln

Frotscher/Maas, Kommentar zum Körperschaft- und Umwandlungssteuergesetz, Loseblatt, Freiburg i. Br.

Frotscher/Geurts, Kommentar zum Einkommensteuergesetz, Loseblatt, Freiburg

G

Gosch, Körperschaftsteuergesetz, Kommentar, 3. Aufl., München 2015

Gosch/Grotherr/Kroppen/Kraft, DBA-Kommentar, Loseblatt, Herne

H

Hartz/Meeßen/Wolf, ABC-Führer Lohnsteuer, Loseblatt

Herrmann/Heuer/Raupach, Einkommensteuer- und Körperschaftsteuergesetz, Kommentar, Loseblatt, Köln

Hübschmann/Hepp/Spitaler, Kommentar zur Abgabenordnung und Finanzgerichtsordnung, Loseblattwerk, Köln

I

IDW – Prüfungsstandards zur Rechnungslegung, Loseblatt, Düsseldorf

J

Jacobs, Internationale Unternehmensbesteuerung, 8. Aufl., München 2016

K

Kirchhof, EStG Kommentar, 17. Aufl., Köln 2018

Kirchhof/Söhn/Mellinghoff, Einkommensteuergesetz, Kommentar, Loseblatt, München

Knobbe-Keuk, Bilanz- und Unternehmenssteuerrecht, 9. Aufl., Köln 1993

Koller/Kindler/Roth/Drüen, Kommentar zum HGB, 9. Aufl., München 2019

Korn, Einkommensteuergesetz, Kommentar, Loseblatt, Bonn

Kütting/Pfitzer/Weber, Handbuch der Rechnungslegung, Kommentar, Loseblatt, Stuttgart

L

Lademann, Kommentar zum Körperschaftsteuergesetz, Loseblatt, Stuttgart

Lange, (Begr.), Personengesellschaften im Steuerrecht, 10. Aufl., Herne 2018

Lippross/Seibel, Basiskommentar Steuerrecht, Loseblatt, Köln

Littmann/Bitz/Pust, Das Einkommensteuerrecht, Loseblatt, Stuttgart

Leingärtner, Besteuerung der Landwirte, Loseblatt

M

Maier/Gunsenheimer/Schneider/Kremer, Lehrbuch Einkommensteuer, 24. Aufl., Herne 2018

Meincke, Erbschaftsteuer- und Schenkungsteuergesetz, Kommentar, 17. Aufl., München 2018

Mössner/Seeger, Körperschaftsteuergesetz Kommentar, 3. Aufl., Herne 2017

P

Palandt, Bürgerliches Gesetzbuch, Kommentar, 78. Aufl., München 2019

Prinz/Kanzler, Handbuch Bilanzsteuerrecht (Vorauflage: NWB Praxishandbuch Bilanzsteuerrecht), 3. Aufl., Herne 2018

S

Schaumburg, Internationales Steuerrecht, 4. Aufl., Köln 2017
Schmidt, Einkommensteuergesetz, Kommentar, 37. Aufl., München 2018
Scholz, Kommentar zum GmbH-Gesetz, 12. Aufl., Köln 2018

T

Tipke/Kruse, Kommentar zur Abgabenordnung und Finanzgerichtsordnung, Loseblatt, Köln
Tipke/Lang, Steuerrecht, 23. Aufl., Köln 2018

V

Viskorf/Knobel/Schuck/Wälzholz, Erbschaftsteuer- und Schenkungsteuergesetz, Bewertungsgesetz, 5. Aufl., Herne 2017

W

Weber-Grellet, Bilanzsteuerrecht, 16. Aufl., Münster 2018
Widmann/Böcking/Gros, Bilanzrecht-Kommentar, 3. Aufl., München 2014

Z

Zöllner/Noack, Kölner Kommentar zum Aktiengesetz, Großkommentar, 3. Aufl. 2018

ABKÜRZUNGSVERZEICHNIS

A

a. A.	andere(r) Ansicht
a. a. O.	am angegebenen Ort
Abl. EG	Amtsblatt der Europäischen Gemeinschaft
Abs.	Absatz
Abschn.	Abschnitt
abzgl.	abzüglich
AdV	Aussetzung der Vollziehung
AE	Anteilseigner
AEAO	Anwendungserlass zur Abgabenordnung
AEUV	Vertrag über die Arbeitsweise der Europäischen Union
a. F.	alte(r) Fassung
AfA	Absetzung für Abnutzung
AfaA	Absetzung für außergewöhnliche technische und wirtschaftliche Abnutzung
AfS	Absetzung für Substanzverringerung
AG	Aktiengesellschaft; auch Die Aktiengesellschaft (Zs.)
agB	außergewöhnliche Belastung
AIG	Auslandsinvestitionsgesetz
AIFM-UmsG	Gesetz zur Umsetzung der Richtlinie 2011/61/EU über die Verwalter alternativer Investmentfonds
AK	Anschaffungskosten
AktG	Aktiengesetz
AktStR	Aktuelles Steuerrecht (Zs.)
AltEinkG	Alterseinkünftegesetz
Alg	Arbeitslosengeld
Alt.	Alternative
AmtshilfeRLUmsG	Gesetz zur Umsetzung der Amtshilferichtlinie sowie zur Änderung steuerlicher Vorschriften
ÄndG	Änderungsgesetz
ÄndVO	Änderungsverordnung
Anm.	Anmerkung
AO	Abgabenordnung
AO-StB	Der AO-Steuerberater (Zs.)
ArbG	Arbeitgeber
ArbN	Arbeitnehmer
Art.	Artikel
AStG	Außensteuergesetz
AufenthG	Gesetz über den Aufenthalt, die Erwerbstätigkeit und die Integration von Ausländern im Bundesgebiet
AÜG	Arbeitnehmerüberlassungsgesetz
Aufl.	Auflage

VERZEICHNIS Abkürzungen

AuslInvestmG	Auslandsinvestmentgesetz
AV	Anlagevermögen
AVmG	Altersvermögensgesetz
AWD	Außenwirtschaftsdienst des Betriebs-Beraters
Az.	Aktenzeichen

B

BA	Betriebsausgaben
BAG	Bundesarbeitsgericht
BAnz.	Bundesanzeiger
BauGB	Baugesetzbuch
BAV	Bundesaufsichtsamt für das Versicherungs- und Bausparwesen
BAV-AO	Anordnung des Bundesaufsichtsamts für das Versicherungs- und Bausparwesen
BayLfSt	Bayerisches Landesamt für Steuern
BB	Betriebsberater (Zs.)
BBB	BeraterBrief Betriebswirtschaft (Zs.)
BBK	Buchführung, Bilanz, Kostenrechnung (Zs.)
Bd.	Band
BBV	BeraterBrief Vermögen (Zs.)
BdF	Bundesminister(ium) der Finanzen
BE	Betriebseinnahmen
BeamtVG	Beamtenversorgungsgesetz
BEEG	Gesetz zum Elterngeld und zur Elternzeit
BEzGG	Bundeserziehungsgeldgesetz
Beil.	Beilage
BeitrRLUmsG	Beitreibungsrichtlinie-Umsetzungsgesetz
BerlinFG	Berlinförderungsgesetz
BEPS	Base Erosion and Profit Shifting (-Projekt)
Beschl.	Beschluss
BetrAVG	Gesetz zur Verbesserung der betrieblichen Altersversorgung
BetrVG	Betriebsverfassungsgesetz
BewG	Bewertungsgesetz
BfF	Bundesamt für Finanzen
BFH	Bundesfinanzhof
BFHE	Sammlung der Entscheidungen des Bundesfinanzhofs
BFH/NV	Nicht veröffentlichte Entscheidungen des BFH (Zs.)
BgA	Betrieb(e) gewerblicher Art
BGB	Bürgerliches Gesetzbuch
BGBl	Bundesgesetzblatt (I, II, III)
BGH	Bundesgerichtshof
BGHZ	Entscheidungen des Bundesgerichtshofs in Zivilsachen
BiRiLiG	Bilanzrichtliniengesetz
BKGG	Bundeskindergeldgesetz
BMF	Bundesminister(ium) der Finanzen

BP	Betriebsprüfer/-prüfung
BP-Kartei	Betriebsprüfungskartei der Oberfinanzdirektion Düsseldorf, Köln und Münster
BpO	Betriebsprüfungsordnung
BRAO	Bundesrechtsanwaltsordnung
BRAGO	Bundesrechtsanwaltsgebührenordnung
BR-Drucks.	Bundesrats-Drucksache
BRH	Bundesrechnungshof
BsGaV	Betriebsstättengewinnaufteilungsverordnung
bspw.	beispielsweise
BStBl	Bundessteuerblatt
BT-Drucks.	Bundestags-Drucksache
Buchst.	Buchstabe
BuW	Betrieb und Wirtschaft (Zs.)
BV	Betriebsvermögen
BVG	Betriebsverfassungsgesetz
BVerfG	Bundesverfassungsgericht
BVerfGE	Entscheidungen des Bundesverfassungsgerichts
BVerwG	Bundesverwaltungsgericht
BVZ	Baumschulvergleichszahlen
BZA	Bundeszentralamt für Steuern
bzgl.	bezüglich
BZSt	Bundeszentralamt für Steuern
bzw.	beziehungsweise

D

DB	Der Betrieb (Zs.)
DBA	Doppelbesteuerungsabkommen
ders.	derselbe
dies.	dieselbe
dgl.	dergleichen
d. h.	das heißt
DNotZ	Deutsche Notar-Zeitung (Zs.)
DStR	Deutsches Steuerrecht (Zs.)
DStZ	Deutsche Steuerzeitung (Zs.)
DVBl	Deutsches Verwaltungsblatt (Zs.)
DVO	Durchführungsverordnung

E

EFG	Entscheidungen der Finanzgerichte (Zs.)
EG	Europäische Gemeinschaft
EGAO	Einführungsgesetz zur Abgabenordnung
EGMR	Europäischer Gerichtshof für Menschenrechte
EGV	EG-Vertrag
EigZulG	Eigenheimzulagengesetz

VERZEICHNIS Abkürzungen

einschl.	einschließlich
EK	Eigenkapital
ELStAM	Elektronische Lohnsteuerabzugsmerkmale
ELSTER	Die elektronische Steuererklärung
ErbSt	Erbschaftsteuer
ErbStG	Erbschaftsteuergesetz
Erg.Lfg.	Ergänzungslieferung
Erl.	Erlass
ESt	Einkommensteuer
EStB	Der Ertrag-Steuer-Berater (Zs.)
EStDV	Einkommensteuer-Durchführungsverordnung
EStG	Einkommensteuergesetz
EStH	Amtliches Einkommensteuer-Handbuch
ESt-Kartei NW	Einkommensteuer-Kartei Nordrhein-Westfalen
estpfl.	Einkommensteuerpflichtig
EStR	Einkommensteuer-Richtlinien
etc.	et cetera
EU	Europäische Union
EuGH	Europäischer Gerichtshof
EuGHE	Entscheidungen des Europäischen Gerichtshofs
EURLUmsG	EU-Richtlinien-Umsetzungsgesetz
EuZW	Europäische Zeitschrift für Wirtschaftsrecht
e.V.	eingetragener Verein
evtl.	eventuell
EWiR	Entscheidungen zum Wirtschaftsrecht (Zs.)
EWIV	Europäische wirtschaftliche Interessenvereinigung
EWR	Europäischer Wirtschaftsraum
EWS	Europäisches Wirtschafts- und Steuerrecht (Zs.)
EZB	Europäische Zentralbank

F

F.	Fach
FA/FÄ	Finanzamt/Finanzämter
FAG	Forstschäden-Ausgleichsgesetz
f., ff.	folgend(e)
FELEG	Gesetz zur Förderung der Einstellung der landwirtschaftlichen Erwerbstätigkeit
FG	Finanzgericht
FGO	Finanzgerichtsordnung
Fifo	First in – first out
FinBeh	Finanzbehörde
FinMin	Finanzministerium
FinSen	Senatsverwaltung für Finanzen
FinVerw	Finanzverwaltung
FördG (auch FörderGG)	Fördergebietsgesetz

Fn.	Fußnote
FR	Finanzrundschau (Zs.)
FS	Festschrift
FVG	Gesetz über die Finanzverwaltung

G

GAV	Gewinnabführungsvertrag
GbR	Gesellschaft bürgerlichen Rechts
GdB	Grad der Behinderung
GdE	Gesamtbetrag der Einkünfte
gem.	gemäß
GesGf	Gesellschafter-Geschäftsführer
GewSt	Gewerbesteuer
GewStDV	Gewerbesteuer-Durchführungsverordnung
GewStG	Gewerbesteuergesetz
GewStR	Gewerbesteuer-Richtlinien
GG	Grundgesetz
ggf.	gegebenenfalls
gl. A.	gleicher Ansicht
GmbH	Gesellschaft mit beschränkter Haftung
GmbHG	GmbH-Gesetz
GmbHR	GmbH-Rundschau (Zs.)
GmbH-StB	Der GmbH-Steuer-Berater (Zs.)
GmbH-Stpr.	GmbH-Steuerpraxis (Zs.)
GoB	Grundsätze ordnungsmäßiger Buchführung
grds.	grundsätzlich
GrESt	Grunderwerbsteuer
GrEStG	Grunderwerbsteuergesetz
GrS	Großer Senat
GStB	Gestaltende Steuerberatung (Zs.)
GuV	Gewinn- und Verlustrechnung
GVBl.	Gesetz- und Verordnungsblatt
GWB	Gesetz gegen Wettbewerbsbeschränkungen
GWG	Geringwertiges Wirtschaftsgut

H

H	Hinweis zu den EStR
h. A.	herrschende Ansicht
HB	Handelsbilanz
HBeglG	Haushaltsbegleitgesetz
HFR	Höchstrichterliche Finanzrechtsprechung (Zs.)
HGB	Handelsgesetzbuch
h. L.	herrschende Literaturmeinung
HK	Herstellungskosten

HR	Handelsregister
HRG	Hochschulrahmengesetz
Hrsg.; hrsg.	Herausgeber; herausgegeben
h. M.	herrschende Meinung

I

i. A.	Im Allgemeinen
i. d. F.	in der Fassung
i. d. R.	in der Regel
IDW	Institut der Wirtschaftsprüfer Deutschlands e.V.
i. E.	im Einzelnen
i. H. d.	in Höhe der/des
i. H. v.	in Höhe von
INF	Die Information (Zs.)
insbes.	insbesondere
InsO	Insolvenzordnung
IntBestG	Gesetz zur Bekämpfung internationaler Bestechung
InvStG	Investmentsteuergesetz
InvZulG	Investitionszulagengesetz
IPRax	Praxis des internationalen Privat- und Verfahrensrechts (Zs.)
i. R. d.	im Rahmen des/der
i. S. d.	im Sinne des/der
ISR	Internationale Steuer-Rundschau (Zs.)
IStR	Internationales Steuerrecht (Zs.)
i. S. v.	im Sinne von
i. V. m.	in Verbindung mit
IWB	Internationale Wirtschafts-Briefe (Zs.)

J

JbFfSt	Jahrbuch der Fachanwälte für Steuerrecht
JR	Juristische Rundschau (Zs.)
JStG	Jahressteuergesetz

K

KAE	Konzessionsabgabenordnung
KAGG	Gesetz über Kapitalanlagegesellschaften
KapCoRiLiG	Kapitalgesellschaften- und Co-Richtlinien-Gesetz
KapErhG	Kapitalerhöhungsgesetz
KapErtrSt (auch KapESt)	Kapitalertragsteuer
KapGes	Kapitalgesellschaft
KG	Kommanditgesellschaft
KGaA	Kommanditgesellschaft auf Aktien
KiSt	Kirchensteuer
Kj.	Kalenderjahr

KO	Konkursordnung
KÖSDI	Kölner Steuerdialog (Zs.)
krit.	kritisch
KSR direkt	Kommentiertes Steuerrecht direkt (Zs.)
KSt	Körperschaftsteuer
KStG	Körperschaftsteuergesetz
KStR	Körperschaftsteuer-Richtlinien
KWG	Kreditwesengesetz

L

LAG	Lastenausgleichsgesetz
lfd.	laufend
Lfg.	Lieferung
LG	Landgericht
LiKa	Liegenschaftskataster
lt.	laut
LSt	Lohnsteuer
LStDV	Lohnsteuer-Durchführungsverordnung
LStR	Lohnsteuer-Richtlinien
LuF	Land- und Forstwirtschaft

M

MaBV	Makler- und Bauträgerverordnung
m. E.	meines Erachtens
MinBlFin	Ministerialblatt des Bundesministers der Finanzen
Mio.	Millionen
m.w. N.	mit weiteren Nachweisen
MuSchG	Mutterschutzgesetz
MwSt	Mehrwertsteuer

N

nabz.	nichtabzugsfähig
n. F.	neue Fassung
NJW	Neue Juristische Wochenschrift (Zs.)
npoR	Zs. für das Recht der non-Profit Organisation
Nr.	Nummer
nrkr.	nicht rechtskräftig
n.v.	nicht veröffentlicht
NWB	Neue Wirtschafts-Briefe (Zs.)
NWB DokID	NWB Dokumenten-Identifikationsnummer
NZB	Nichtzulassungsbeschwerde

O

o. a.	oben angeführt
OECD	Organization for Economic Cooperation and Development
OECD-MA	OECD-Musterabkommen
OFD	Oberfinanzdirektion
OFH	Oberster Finanzgerichtshof
OG	Organgesellschaft
oGA	offene Gewinnausschüttung
oHG	offene Handelsgesellschaft
OLG	Oberlandesgericht
OrgT	Organträger
OVG	Oberverwaltungsgericht

P

PartGG	Partnerschaftsgesellschaftsgesetz
Pb	Pauschbetrag
PersGes	Personengesellschaft
PFDeckRV	Pensionsfonds-Deckungsrückstellungsverordnung
PIR	Praxis der internationalen Rechnungslegung (Zs.)
PIStB	passiver Rechnungsabgrenzungsposten
PV	Privatvermögen

R

R	Richtlinie
RBM	Rentenbezugsmitteilung
RAO	Reichsabgabenordnung
RAP	Rechnungsabgrenzungsposten
RBerG	Rechtsberatungsgesetz
Rdf	Reichsminister für Finanzen
Rdnr.	Randnummer(n)
Rev.	Revision
RFH	Reichsfinanzhof
RGBl	Reichsgesetzblatt
rkr.	rechtskräftig
Rn.	Randnummer
Rs.	Rechtssache
Rspr.	Rechtsprechung
RStBl	Reichssteuerblatt
RVO	Reichsversicherungsordnung
RWP	Rechts- und Wirtschafts-Praxis (Zs.)
Rz.	Randziffer

S

S.	Seite
s.	siehe
s. a.	siehe auch
SBV	Sonderbetriebsvermögen
SGB	Sozialgesetzbuch
SEStEG	Gesetz über steuerliche Begleitmaßnahmen zur Einführung der Europäischen Gesellschaft und zur Änderung weiterer steuerrechtlicher Vorschriften
Slg.	Sammlung der Entscheidungen des EuGH
s. o.	siehe oben
sog.	so genannte(r)
SolZ	Solidaritätszuschlag
SolZG	Solidaritätszuschlaggesetz
StandOG	Standortsicherungsgesetz
StAnpG	Steueranpassungsgesetz
StÄndG	Steueränderungsgesetz
StBerG	Steuerbereinigungsgesetz
StB	Steuerbilanz/Der Steuerberater (Zs.)
StBÄndG	Gesetz zur Änderung von Vorschriften über die Tätigkeit der Steuerberater
Stbg	Die Steuerberatung (Zs.)
StbJb	Steuerberater-Jahrbuch
StBKongress-Rep	Steuerberater-Kongress-Report
StBp	Steuerliche Betriebsprüfung (Zs.)
StEd	Steuer-Eildienst (Zs.)
StEK	Steuer-Erlasse in Karteiform (Zs.)
StEntlG	Steuerentlastungsgesetz
StEuglG	Steuer-Euroglättungsgesetz
StGB	Strafgesetzbuch
StModernG	Steuer-Modernisierungsgesetz
Stpfl.	Steuerpflichtiger
str.	streitig
StRefG	Steuerreformgesetz
StRK	Steuerrecht in Karteiform
st. Rspr.	Ständige Rechtsprechung
StSenkG	Steuersenkungsgesetz
StStud	Steuer und Studium (Zs.)
StuB	Steuern und Bilanzen (Zs.)
StuW	Steuer und Wirtschaft (Zs.)
StVBG	Steuerverkürzungsbekämpfungsgesetz
StVergAbG	Steuervergünstigungsabbaugesetz
StWA (StW)	Steuerwarte (Zs.)
SvEV	Sozialversicherungsentgeltverordnung
SVG	Soldatenversorgungsgesetz

VERZEICHNIS Abkürzungen

T

Tz.	Textziffer

U

u.	und
u. a.	unter anderem
Ubg	Die Unternehmensbesteuerung (Zs.)
u. E.	unseres Erachtens
UmwG	Umwandlungsgesetz
UmwStG	Umwandlungssteuergesetz
UntStFG	Unternehmenssteuerfortentwicklungsgesetz
UntStRefG	Unternehmensteuerreformgesetz
Urt.	Urteil
USt	Umsatzsteuer
UStDV	Umsatzsteuer-Durchführungsverordnung
UStG	Umsatzsteuergesetz
USt-IdNr.	Umsatzsteuer-Identifikationsnummer
UStR	Umsatzsteuerrichtlinien
usw.	und so weiter
u. U.	unter Umständen

V

v.	vom
VA	Versorgungsausgleich
VAG	Versicherungsaufsichtsgesetz
VBL	Versorgungsanstalt des Bundes und der Länder
vE	verdeckte Einlage
vEK	verwendbares Eigenkapital
VersAusglG	Versicherungsausgleichsgesetz
Vfg.	Verfügung
VermBG	Vermögensbildungsgesetz
vGA	verdeckte Gewinnausschüttung
VGH	Verwaltungsgerichtshof
vgl.	vergleiche
v. H.	vom Hundert
VO	Verordnung
VSt(G)	Vermögensteuer(gesetz)
VuV	Vermietung und Verpachtung
VVaG	Versicherungsverein auf Gegenseitigkeit
VVG	Gesetz über den Versicherungsvertrag
VZ	Veranlagungszeitraum

W

web ALKIS	Amtliches Liegenschaftskatasterinformationssystem
WEG	Wohnungseigentumsgesetz
WG	Wirtschaftsgut
Wj.	Wirtschaftsjahr
WK	Werbungskosten
WM	Wertpapier-Mitteilungen (Zs.)
WP	Wirtschaftsprüfer
WPg	Die Wirtschaftsprüfung (Zs.)
WPO	Wirtschaftsprüferordnung

Z

z. B.	zum Beispiel
ZDG	Zivildienstgesetz
ZEV	Zeitschrift für Erbrecht und Vermögensnachfolge (Zs.)
ZfbF	Zeitschrift für betriebswirtschaftliche Forschung
ZGR	Zeitschrift für Unternehmens- und Gesellschaftsrecht
ZIP	Zeitschrift für Wirtschaftsrecht
zvE	zu versteuerndes Einkommen
ZollkodexAnpG	Gesetz zur Anpassung der Abgabenordnung an den Zollkodex der Union und zur Änderung weiterer steuerlicher Vorschriften
ZPO	Ziviprozessordnung
Zs.	Zeitschrift
z. T.	zum Teil
zz.	zurzeit
zzgl.	zuzüglich

I. Steuerpflicht

§ 1 Steuerpflicht

(1) ¹Natürliche Personen, die im Inland einen Wohnsitz oder ihren gewöhnlichen Aufenthalt haben, sind unbeschränkt einkommensteuerpflichtig. ²Zum Inland im Sinne dieses Gesetzes gehört auch der der Bundesrepublik Deutschland zustehende Anteil

1. an der ausschließlichen Wirtschaftszone, soweit dort

    a) die lebenden und nicht lebenden natürlichen Ressourcen der Gewässer über dem Meeresboden, des Meeresbodens und seines Untergrunds erforscht, ausgebeutet, erhalten oder bewirtschaftet werden,

    b) andere Tätigkeiten zur wirtschaftlichen Erforschung oder Ausbeutung der ausschließlichen Wirtschaftszone ausgeübt werden, wie beispielsweise die Energieerzeugung aus Wasser, Strömung und Wind oder

    c) künstliche Inseln errichtet oder genutzt werden und Anlagen und Bauwerke für die in den Buchstaben a und b genannten Zwecke errichtet oder genutzt werden, und

2. am Festlandsockel, soweit dort

    a) dessen natürliche Ressourcen erforscht oder ausgebeutet werden; natürliche Ressourcen in diesem Sinne sind die mineralischen und sonstigen nicht lebenden Ressourcen des Meeresbodens und seines Untergrunds sowie die zu den sesshaften Arten gehörenden Lebewesen, die im nutzbaren Stadium entweder unbeweglich auf oder unter dem Meeresboden verbleiben oder sich nur in ständigem körperlichen Kontakt mit dem Meeresboden oder seinem Untergrund fortbewegen können; oder

    b) künstliche Inseln errichtet oder genutzt werden und Anlagen und Bauwerke für die in Buchstabe a genannten Zwecke errichtet oder genutzt werden.

(2) ¹Unbeschränkt einkommensteuerpflichtig sind auch deutsche Staatsangehörige, die

1. im Inland weder einen Wohnsitz noch ihren gewöhnlichen Aufenthalt haben und

2. zu einer inländischen juristischen Person des öffentlichen Rechts in einem Dienstverhältnis stehen und dafür Arbeitslohn aus einer inländischen öffentlichen Kasse beziehen,

sowie zu ihrem Haushalt gehörende Angehörige, die die deutsche Staatsangehörigkeit besitzen oder keine Einkünfte oder nur Einkünfte beziehen, die ausschließlich im Inland einkommensteuerpflichtig sind. ²Dies gilt nur für natürliche Personen, die in dem Staat, in dem sie ihren Wohnsitz oder ihren gewöhnlichen Aufenthalt haben, lediglich in einem der beschränkten Einkommensteuerpflicht ähnlichen Umfang zu einer Steuer vom Einkommen herangezogen werden.

(3) ¹Auf Antrag werden auch natürliche Personen als unbeschränkt einkommensteuerpflichtig behandelt, die im Inland weder einen Wohnsitz noch ihren gewöhnlichen Aufenthalt haben, soweit sie inländische Einkünfte im Sinne des § 49 haben. ²Dies gilt nur, wenn ihre Einkünfte im Kalenderjahr mindestens zu 90 Prozent der deutschen Einkommensteuer unterliegen oder die nicht der deutschen Einkommensteuer unterliegenden Einkünfte den Grundfreibetrag nach § 32a Absatz 1 Satz 2 Nummer 1 nicht übersteigen; dieser Betrag ist zu kürzen, soweit es

nach den Verhältnissen im Wohnsitzstaat des Steuerpflichtigen notwendig und angemessen ist. ³Inländische Einkünfte, die nach einem Abkommen zur Vermeidung der Doppelbesteuerung nur der Höhe nach beschränkt besteuert werden dürfen, gelten hierbei als nicht der deutschen Einkommensteuer unterliegend. ⁴Unberücksichtigt bleiben bei der Ermittlung der Einkünfte nach Satz 2 nicht der deutschen Einkommensteuer unterliegende Einkünfte, die im Ausland nicht besteuert werden, soweit vergleichbare Einkünfte im Inland steuerfrei sind. ⁵Weitere Voraussetzung ist, dass die Höhe der nicht der deutschen Einkommensteuer unterliegenden Einkünfte durch eine Bescheinigung der zuständigen ausländischen Steuerbehörde nachgewiesen wird. ⁶Der Steuerabzug nach § 50a ist ungeachtet der Sätze 1 bis 4 vorzunehmen.

(4) Natürliche Personen, die im Inland weder einen Wohnsitz noch ihren gewöhnlichen Aufenthalt haben, sind vorbehaltlich der Absätze 2 und 3 und des § 1a beschränkt einkommensteuerpflichtig, wenn sie inländische Einkünfte im Sinne des § 49 haben.

Inhaltsübersicht

	Rz.
A. Allgemeine Erläuterungen	1 - 30
I. Normzweck und wirtschaftliche Bedeutung der Vorschrift	1 - 7
II. Entstehung und Entwicklung der Vorschrift	8
III. Geltungsbereich	9 - 15
1. Sachlicher Geltungsbereich	9
2. Persönlicher Geltungsbereich	10 - 11
3. Zeitlicher Umfang der Steuerpflicht	12 - 15
IV. Vereinbarkeit mit höherrangigem Recht	16 - 18
1. Verfassungsrecht	16
2. Europarecht	17
3. Doppelbesteuerungsabkommen	18
V. Verhältnis zu anderen Vorschriften	19 - 30
B. Systematische Kommentierung	31 - 100
I. Unbeschränkte Steuerpflicht gemäß § 1 Abs. 1 EStG	31 - 65
1. Inland	32 - 35
2. Wohnsitz	36 - 45
3. Gewöhnlicher Aufenthalt	46 - 55
4. Rechtsfolge der unbeschränkten Steuerpflicht	56 - 65
II. Erweiterte unbeschränkte Steuerpflicht gemäß § 1 Abs. 2 EStG	66 - 75
III. Fiktive unbeschränkte Steuerpflicht gemäß § 1 Abs. 3 EStG	76 - 90
IV. Beschränkte Steuerpflicht gemäß § 1 Abs. 4 EStG	91 - 100
C. Verfahrensfragen	101 - 102

HINWEIS:

H 1 LStH; R 1 EStR; BMF v. 20.10.2016, BStBl 2016 I 1183; OFD Hannover, Vfg. v. 12.9.2001 – S 0127-39-StH 551, betr. Berücksichtigung ausländischer Verhältnisse, NWB DokID: NAAAA-82508.

LITERATUR:

Melkonyan/Mroz, Maßgeblichkeit des deutschen Steuerrechts für die Wesentlichkeitsgrenzen nach § 1 Abs. 3 i.V. m. § 1a Abs. 1 EStG, zu BFH v. 1.10.2014 - I R 18/13, IWB 2015, 227.

A. Allgemeine Erläuterungen

I. Normzweck und wirtschaftliche Bedeutung der Vorschrift

§ 1 EStG regelt die persönliche Einkommensteuerpflicht natürlicher Personen. Gleichzeitig definiert die Vorschrift den Kreis der Steuersubjekte, die unter den Anwendungsbereich des EStG fallen und grenzt sie von den körperschaftsteuerpflichtigen Steuersubjekten[1] ab. Einkommensteuerpflichtig können demnach – vorbehaltlich weiterer Voraussetzungen – nur natürliche Personen sein. 1

Die Vorschrift enthält folgende Arten der persönlichen Steuerpflicht, die in den jeweiligen Absätzen definiert sind: 2

- Unbeschränkte Steuerpflicht von natürlichen Personen mit Wohnsitz oder gewöhnlichem Aufenthalt im Inland (**Abs. 1**);
- Erweiterte unbeschränkte Steuerpflicht von deutschen Staatsangehörigen in besonderen Fällen (**Abs. 2**);
- Fiktive unbeschränkte Steuerpflicht auf Antrag (**Abs. 3**);
- Beschränkte Steuerpflicht von natürlichen Personen ohne Wohnsitz und gewöhnlichen Aufenthalt im Inland bei Erzielung von inländischen Einkünften (**Abs. 4**).

Hinsichtlich der Rechtsfolgen ist insbesondere die Abgrenzung zwischen der unbeschränkten und der beschränkten Steuerpflicht relevant. Ist eine natürliche Person unbeschränkt steuerpflichtig, unterliegen alle von dieser Person weltweit erzielten Einkünfte i. S. d. § 2 EStG der Besteuerung in Deutschland (sog. **Welteinkommensprinzip**). Bei einer beschränkt steuerpflichtigen natürlichen Person unterliegen demgegenüber nur inländische Einkünfte i. S. d. § 49 EStG der deutschen Besteuerung. 3

Für das Bestehen einer unbeschränkten Steuerpflicht nach **Abs. 1** ist das Bestehen eines Wohnsitzes oder eines gewöhnlichen Aufenthalts im Inland von entscheidender Bedeutung. Für die Begründung der unbeschränkten Steuerpflicht ist dabei ausreichend, dass nur eines dieser Anknüpfungsmerkmale (Wohnsitz oder gewöhnlicher Aufenthalt) im Inland vorliegt. 4

Abs. 2 richtet sich primär an natürliche Personen ohne inländischen Wohnsitz und gewöhnlichen Aufenthalt, die bei einer inländischen juristischen Person des öffentlichen Rechts beschäftigt sind, und soll diesen Personen steuerliche Vergünstigungen gewähren, die bei einer unbeschränkten Steuerpflicht bestehen. 5

Nach **Abs. 3** kann eine beschränkt steuerpflichtige Person auf Antrag die Vorteile der unbeschränkten Steuerpflicht in Anspruch nehmen, wenn ihre Einkünfte mindestens zu 90 % der deutschen Einkommensteuer unterliegen oder die nicht der deutschen Einkommensteuer unterliegenden Einkünfte gering sind. 6

Hat eine natürliche Person keinen Wohnsitz und keinen gewöhnlichen Aufenthalt im Inland, erzielt sie aber inländische Einkünfte i. S. d. § 49 EStG, liegt nach **Abs. 4** beschränkte Steuerpflicht im Inland vor. 7

---

1 Vgl. § 1 KStG.

II. Entstehung und Entwicklung der Vorschrift

8 Die Vorschrift des § 1 EStG geht im Wesentlichen auf §§ 2 und 3 des EStG 1925 v. 10.8.1925 zurück, die erstmals die unbeschränkte und beschränkte Steuerpflicht definierten.[1] Seit dieser Zeit erfuhr die Norm zahlreiche Änderungen.[2] Die letzte Änderung erfolgte im Rahmen des StÄndG 2015, mit dem die ertragsteuerlichen Inlandsbegriffe des EStG, KStG und GewStG für sämtliche aus dem UN-Seerechtsübereinkommen ableitbaren Besteuerungsrechte erweitert wurden.

III. Geltungsbereich

1. Sachlicher Geltungsbereich

9 § 1 EStG regelt in sachlicher Hinsicht nur die Einkommensteuerpflicht. Die übrigen Einzelsteuergesetze enthalten deshalb eigenständige Regelungen.[3]

2. Persönlicher Geltungsbereich

10 Die persönliche Steuerpflicht erfasst nur natürliche Personen. Sie beginnt mit der Vollendung der Geburt[4] und endet mit dem Tod.[5] Volljährigkeit, Handlungsfähigkeit oder Staatsangehörigkeit sind für die persönliche Steuerpflicht ohne Bedeutung.[6] Forderungen und Schulden aus dem Steuerschuldverhältnis gehen auf die Rechtsnachfolger gem. § 45 Abs. 1 Satz 1 AO über.

11 Personengesellschaften (OHG, KG, GbR, Partnerschaftsgesellschaft) und Gemeinschaften sind keine eigenen Steuersubjekte des EStG. Steuerpflichtig sind die an ihnen beteiligten natürlichen Personen als Gesellschafter bzw. Gemeinschafter.[7] Die erzielten Einkünfte werden nach Maßgabe der §§ 179 ff. AO bei den jeweiligen Beteiligten einheitlich und gesondert festgestellt und unmittelbar zugerechnet. Ob bei dem jeweiligen Beteiligten die Voraussetzungen der unbeschränkten oder beschränkten Steuerpflicht erfüllt sind, wird im Veranlagungsverfahren des jeweiligen Beteiligten entschieden.[8]

3. Zeitlicher Umfang der Steuerpflicht

12 Hinsichtlich der Steuerpflicht in zeitlicher Hinsicht ist zu differenzieren:[9]
- ▶ **Unbeschränkte Steuerpflicht nach Abs. 1:** Sie beginnt mit der Begründung und endet mit der Aufgabe des Wohnsitzes und des gewöhnlichen Aufenthalts im Inland.
- ▶ **Erweiterte unbeschränkte Steuerpflicht nach Abs. 2:** Sie beginnt mit der Erfüllung der dort genannten Voraussetzungen, insbesondere Begründung eines Dienstverhältnisses, Aufgabe des Wohnsitzes und des gewöhnlichen Aufenthalts im Inland. Sie endet mit der

---

1 RGBl 1925 I 189.
2 Vgl. Darstellung bei HHR/*Stapperfend*, § 1 EStG Anm. 2; *Rauch* in Blümich, § 1 EStG Rz. 10 ff.; *Hahn* in Lademann, § 1 EStG Rz. 1 ff.
3 Vgl. § 1 KStG, § 2 GewStG.
4 Vollständige Trennung des Kindes vom Mutterleib auf natürlichem oder künstlichem Wege, vgl. *Schmitt* in Münchener Kommentar zum BGB, § 1 BGB Rz. 15.
5 Hinsichtlich des Todes wird in Anlehnung an das Transplantationsgesetz v. 5.11.1997 (BGBl 1997 I 2631) auf den Hirntod abgestellt, vgl. *Schmitt* in Münchener Kommentar zum BGB, § 1 BGB Rz. 21.
6 *Rauch* in Blümich, § 1 EStG Rz. 61 f.
7 HHR/*Stapperfend*, § 1 EStG Anm. 15.
8 *Rauch* in Blümich, § 1 EStG Rz. 66.
9 *Rauch* in Blümich, § 1 EStG Rz. 85 ff.; *Hahn* in Lademann, § 1 EStG Rz. 20 ff.; HHR/*Stapperfend*, § 1 EStG Anm. 89.

Begründung des Wohnsitzes oder des gewöhnlichen Aufenthalts im Inland oder mit der Beendigung des Dienstverhältnisses.

▶ **Fiktive unbeschränkte Steuerpflicht auf Antrag nach Abs. 3:** Sie beginnt – vorbehaltlich der Erfüllung der übrigen Voraussetzungen nach Abs. 3 – im Zeitpunkt des Wirksamwerdens des Antrags. Der entsprechende Antrag ist für jeden Veranlagungszeitraum neu zu stellen. Die Steuerpflicht nach Abs. 3 endet mit Widerruf oder mit Ablauf des jeweiligen Veranlagungszeitraums.

▶ **Beschränkte Steuerpflicht nach Abs. 4:** Die beschränkte Steuerpflicht beginnt mit dem erstmaligen Bezug der Einkünfte i. S. d. § 49 EStG und endet mit ihrem Wegfall oder mit der Begründung der unbeschränkten Steuerpflicht nach den Absätzen 1 bis 3.

Besteht während eines Kalenderjahrs sowohl unbeschränkte als auch beschränkte Steuerpflicht, so sind nach § 2 Abs. 7 Satz 3 EStG die während der beschränkten Steuerpflicht erzielten inländischen Einkünfte in die Veranlagung zur unbeschränkten Steuerpflicht einzubeziehen. In diesem Fall findet zwar nur eine Veranlagung statt. Die jeweiligen Einkünfte sind jedoch getrennt in gesonderten Ermittlungszeiträumen zu ermitteln und erst im Ergebnis sind die Einkünfte der beschränkten Steuerpflicht in die unbeschränkte Steuerpflicht einzubeziehen.[1]

(*Einstweilen frei*)

IV. Vereinbarkeit mit höherrangigem Recht

1. Verfassungsrecht

In verfassungsrechtlicher Hinsicht stellt eine Differenzierung zwischen der unbeschränkten und der beschränkten Steuerpflicht keinen Verstoß gegen den Gleichbehandlungsgrundsatz des Art. 3 GG dar.[2] Insoweit fehlt es dem beschränkt Steuerpflichtigen an einem umfassenden Bezug zum deutschen Staatsgebiet. Im Gegensatz zum unbeschränkt Steuerpflichtigen werden nämlich beim beschränkt Steuerpflichtigen lediglich seine inländischen Einkünfte zur Besteuerung herangezogen. Ein Verstoß gegen den Gleichbehandlungsgrundsatz wird allerdings im Hinblick auf § 1 Abs. 2 EStG, wegen der nur auf öffentlich-rechtlich Bedienstete mit völkerrechtlichen Vorrechten beschränkten Anwendung, diskutiert.[3]

2. Europarecht

Das EU-Recht hat zum einen unmittelbare Wirkung gegenüber den Mitgliedstaaten[4] und ist zum anderen vorrangig gegenüber dem nationalen Recht anzuwenden.[5] Vor diesem Hintergrund ist das EU-Recht, insbesondere die Niederlassungs-, Kapitalverkehrs- und Dienstleistungsfreiheit sowie der allgemeine Gleichbehandlungsgrundsatz, auch im Hinblick auf § 1 EStG, zu beachten. Eine Differenzierung zwischen unbeschränkter und beschränkter Steuer-

---

1 *Hahn* in Lademann, § 1 EStG Rz. 43 f.
2 BVerfG v. 12. 10. 1976 - 1 BvR 2328/73, BStBl 1977 II 190; BVerfG v. 9. 2. 2010 - 2 BvR 1178/07, IStR 2010, 327; BFH v. 14. 2. 1975 - VI R 210/72, BStBl 1975 II 497; BFH v. 10. 8. 1983 - R 241/82, BStBl 1984 II 11; BFH v. 4. 2. 1987 - I R 252/83, BStBl 1987 II 682.
3 HHR/*Stapperfend*, Vor §§ 1, 1a EStG Anm. 32.
4 BVerfG v. 18. 10. 1967 - 1 BvR 24/63 und 216/67, BVerfGE 22, 293, 296; BVerfG v. 9. 6. 1971 - 2 BvR 225/69, BVerfGE 31, 145, 173; BVerfG v. 29. 5. 1974 - 2 BvL 52/71, BVerfGE 37, 271, 277.
5 EuGH v. 15. 7. 1964 - C-6/64, *Costa./. E.N.E.L.*, EuGHE 1964, 1263; EuGH v. 9. 3. 1978 - C-106/77, *Simmenthal*, EuGHE 1978, 629.

pflicht verstößt allerdings grundsätzlich nicht gegen die Grundfreiheiten des EU-Rechts. Versagt ein Mitgliedstaat Gebietsfremden bestimmte Steuervergünstigungen, die er Gebietsansässigen gewährt, so ist dies grundsätzlich nicht diskriminierend, da sich beide Gruppen von Steuerpflichtigen nicht in einer vergleichbaren Lage befinden.[1] Die in der Vergangenheit ergangenen Entscheidungen des EuGH wurden im Rahmen des § 1 EStG mittlerweile berücksichtigt. Ein Verstoß gegen das europarechtliche Diskriminierungsverbot wird allerdings im Zusammenhang mit der Regelung des § 1 Abs. 3 Satz 4 EStG diskutiert.[2]

3. Doppelbesteuerungsabkommen

18 Wird nach Maßgabe des § 1 EStG festgestellt, dass eine natürliche Person in Deutschland steuerpflichtig ist und erzielt sie Einkünfte auch in einem anderen Staat, so könnte grundsätzlich Doppelbesteuerung drohen, wenn auch der andere Staat einen Anspruch auf Besteuerung erhebt. DBA haben in diesem Fall die Aufgabe, das Besteuerungsrecht nach Maßgabe eigener Regelungen zwischen beiden Vertragsstaaten aufzuteilen. Die Doppelbesteuerung wird entweder durch die Freistellung der Einkünfte – ggf. unter Progressionsvorbehalt – (sog. Freistellungsverfahren) oder durch Anrechnung der ausländischen Steuern (sog. Anrechnungsverfahren) vermieden. Voraussetzung für die Anwendung des betreffenden DBA ist aber stets, dass eine Steuerpflicht nach § 1 EStG vorliegt. Zwar enthalten DBA z. T. abweichende Definitionen des Wohnsitzes und des gewöhnlichen Aufenthalts. Dies ist aber nur für die Aufteilung des Besteuerungsrechts nach Maßgabe des DBA von Bedeutung. Die Steuerpflicht nach § 1 EStG bleibt hiervon unberührt.[3]

V. Verhältnis zu anderen Vorschriften

19 Innerhalb des § 1 EStG geht Abs. 1 den Abs. 3 und 4 vor. Liegt ein Wohnsitz oder gewöhnlicher Aufenthalt im Inland vor, kommen die übrigen Arten der Steuerpflicht nicht in Betracht.

20 Abs. 2 behandelt einen Sonderfall der unbeschränkten Steuerpflicht trotz des fehlenden Wohnsitzes und gewöhnlichen Aufenthalts im Inland. Eine Überschneidung mit Abs. 1 ist nicht denkbar. Gegenüber dem Abs. 4 ist die Vorschrift des Abs. 2 vorrangig.

21 Abs. 3 enthält eine Möglichkeit für beschränkt Steuerpflichtige nach Abs. 4, so dass diese Regelungen vorrangig anzuwenden sind. Erst wenn die Antragstellung nach Abs. 3 nicht in Betracht kommt oder der Steuerpflichtige hiervon keinen Gebrauch macht, verbleibt es bei der Anwendung des Abs. 4.

22 § 1a EStG begründet keine eigenständige Steuerpflicht, sondern erweitert die Folgen der unbeschränkten Steuerpflicht auf die dort genannten Personen.

23 §§ 2 ff. EStG und §§ 49 ff. EStG ergänzen die persönliche Steuerpflicht nach § 1 EStG. Liegt eine persönliche Steuerpflicht grundsätzlich vor, ist im zweiten Schritt zu prüfen, ob nach deutschem Recht steuerpflichtige Einkünfte nach §§ 2 ff. EStG (unbeschränkte Steuerpflicht) bzw. nach §§ 49 ff. EStG (beschränkte Steuerpflicht) vorliegen.

---

[1] EuGH v. 14. 2. 1995 - C-279/93, *Schuhmacker*, NWB DokID: BAAAA-96908; EuGH v. 31. 3. 2011 - C-50/09, *Schröder*, NWB DokID: VAAAD-80843; EuGH v. 12. 12. 2013 - C-303/12, *Imfeld und Garcet*, NWB DokID: KAAAE-51840.
[2] HHR/*Stapperfend*, Vor §§ 1, 1a EStG Anm. 39.
[3] BFH v. 4. 6. 1975 - I R 250/73, BStBl 1975 II 708; BFH v. 12. 10. 1978 - I R 69/75, BStBl 1979 II 64.

§ 2 AStG erweitert die beschränkte Steuerpflicht über § 1 Abs. 4 EStG hinaus. Liegen die dort genannten – zusätzlichen – Voraussetzungen vor, ist der Steuerpflichtige bis zum Ablauf von zehn Jahren nach Beendigung der unbeschränkten Steuerpflicht über die inländischen Einkünfte i. S. d. § 49 EStG hinaus (insoweit beschränkte Steuerpflicht schon nach § 1 Abs. 4 EStG) auch mit allen Einkünften i. S. d. § 2 Abs. 1 Satz 1 EStG in Deutschland steuerpflichtig, die bei unbeschränkter Einkommensteuerpflicht nicht ausländische Einkünfte i. S. d. § 34d EStG sind. 24

(*Einstweilen frei*) 25–30

B. Systematische Kommentierung

I. Unbeschränkte Steuerpflicht gemäß § 1 Abs. 1 EStG

Voraussetzung für die unbeschränkte Steuerpflicht nach § 1 Abs. 1 EStG ist, dass eine natürliche Person im **Inland** einen **Wohnsitz** oder **gewöhnlichen Aufenthalt** hat. 31

1. Inland

Zum Inland gehört in erster Linie das Gebiet der Bundesrepublik Deutschland, wobei dabei auf hoheitliche Grenzen abzustellen ist.[1] Hierzu gehören insbesondere das Küstenmeer (12 Meilen), Meeresboden und -untergrund des Küstenmeeres,[2] sowie Freihäfen (Bremerhaven, Cuxhaven, Deggendorf, Duisburg), Büsingen am Hochrhein,[3] Insel Helgoland und Handelsschiffe, die zur Führung der deutschen Flagge nach dem Flaggenrechtsgesetz v. 8. 2. 1951[4] berechtigt sind und solange sie sich in inländischen Gewässern oder auf hoher See befinden.[5] Flugzeuge befinden sich im Inland, solange sie deutsches Hoheitsgebiet oder völkerrechtliches Niemandsland überfliegen.[6] 32

Nach § 1 Abs. 1 Satz 2 EStG gehört zum Inland auch der der Bundesrepublik Deutschland zustehende Anteil am Festlandsockel, soweit dort natürliche Ressourcen erforscht oder ausgebeutet werden und an der ausschließlichen Wirtschaftszone, soweit dort Energieerzeugungsanlagen errichtet oder betrieben werden, die erneuerbare Energien nutzen (insbesondere Windkraftanlagen). 33

(*Einstweilen frei*) 34–35

2. Wohnsitz

Der Begriff des Wohnsitzes i. S. d. § 1 Abs. 1 Satz 1 EStG richtet sich nach § 8 AO. Danach hat jemand einen Wohnsitz dort, wo er eine Wohnung unter Umständen innehat, die darauf schließen lässt, dass er die Wohnung beibehalten und benutzen wird. Der Wohnsitzbegriff des § 8 AO knüpft dabei ausschließlich an tatsächliche Verhältnisse ohne Rücksicht auf subjektive 36

---

1 BFH v. 13. 4. 1989 – IV R 196/85, BStBl 1989 II 614.
2 Vgl. Art. 2 Abs. 2 des Seerechtsübereinkommens der Vereinten Nationen v. 10. 12. 1982 (Beitritt Deutschlands durch Gesetz v. 2. 9. 1994, BGBl 1994 II 1798) i. V. m. Bekanntmachung der Proklamation der Bundesregierung über die Ausweitung des Küstenmeeres v. 11. 11. 1994, BGBl 1994 I 328.
3 BFH v. 13. 4. 1989 – IV R 196/85, BStBl 1989 II 614.
4 BGBl 1951 I 79 sowie BGBl 1995 I 778.
5 BFH v. 13. 2. 1974 – I R 2/71, BStBl 1974 II 361; BFH v. 12. 11. 1986 – I R 38/83, BStBl 1987 II 377; dies gilt nicht für Handelsschiffe während ihres Aufenthalts in ausländischen Gewässern, BFH v. 5. 10. 1977 – I R 250/75, BStBl 1978 II 50.
6 BFH v. 14. 12. 1988 – I R 148/87, BStBl 1989 II 319.

Momente oder Absichten an.[1] Die Frage des Wohnsitzes ist für jeden Steuerpflichtigen und für den jeweiligen Veranlagungszeitraum gesondert zu prüfen.[2] Die bloße Absicht, einen Wohnsitz zu begründen oder aufzugeben bzw. die An- und Abmeldung bei der Ordnungsbehörde allein entfalten keine unmittelbare steuerliche Wirkung.[3] Der Steuerpflichtige kann gleichzeitig mehrere Wohnsitze i. S. d. § 8 AO haben. Sie können sowohl im Inland als auch im Ausland liegen.[4]

37 Unter einer **Wohnung** i. S. d. § 8 AO sind alle Räumlichkeiten zu verstehen, die unter objektiven Gesichtspunkten zum dauerhaften Wohnen geeignet sind. In der Rechtsprechung wird zudem verlangt, dass die Wohnung eine den persönlichen und wirtschaftlichen Verhältnissen des konkreten Steuerpflichtigen angemessene Bleibe darstellen muss.[5] Die Räumlichkeiten müssen eine gewisse Mindestausstattung aufweisen, wobei eine Ausstattung mit einfachsten Mitteln wie Bett, Tisch, Schrank und Stuhl ausreichend ist.[6]

38 Der Steuerpflichtige muss die Wohnung ferner **innehaben**. Der bloße Besitz einer Wohnung stellt noch kein Innehaben dar. Auf die rechtliche Eigentümerstellung kommt es aber nicht an, wenn der Steuerpflichtige die Wohnung unter Duldung des Eigentümers tatsächlich nutzen kann und auch über sie verfügt.[7] Gleichzeitig wird angenommen, dass eine Dauervermietung regelmäßig zum Verlust dieser Verfügungsmacht führt,[8] während lediglich kurzfristige Gebrauchsüberlassungen an Dritte unschädlich sind. Aufenthalte, die nur zu Besuchs- oder sonstigen familiären Zwecken ohne Wohncharakter erfolgen, begründen keine Verfügungsmacht.[9]

39 Zum Innehaben einer Wohnung gehört ferner auch ihre **tatsächliche Nutzung**, also die Ausübung der bestehenden Verfügungsmacht.[10] In welchem zeitlichen Umfang die Nutzung der Wohnung erfolgen muss, muss in jedem Einzelfall individuell geprüft werden. In der Rechtsprechung ist zwar anerkannt, dass selbst unregelmäßige Aufenthalte des Steuerpflichtigen in der Wohnung einen Wohnsitz begründen können.[11] Es genügt bspw., dass die Wohnung über Jahre hinweg jährlich regelmäßig zweimal zu bestimmten Zeiten über einige Wochen benutzt wird.[12] Gleichzeitig entschied die Rechtsprechung jedoch in diversen Fällen, dass ein nur gele-

---

1 BFH v. 25. 9. 2014 - III R 10/14, BFH/NV 2015, 266 = NWB DokID: GAAAE-81788.
2 AEAO zu § 8 Abs. 1 Satz 1.
3 BFH v. 14. 11. 1969 - III R 95/68, BStBl 1970 II 153.
4 BFH v. 10. 4. 2013 - I R 50/12, BFH/NV 2013, 1909 = NWB DokID: AAAAE-47222.
5 BFH v. 19. 3. 1997 - I R 69/96, BStBl 1997 II 447, 448; BFH v. 14. 11. 1969 - III R 95/68, BStBl 1970 II 153, 154; BFH v. 24. 4. 1964 - VI 236/62 I, BStBl 1964 III 462; BFH v. 4. 6. 1964 - IV 29/64 U, BStBl 1964 III 535.
6 FG München v. 2. 4. 2003 - 9 K 5494/00, NWB DokID: MAAAB-09964; FG Hamburg v. 10. 7. 2008 - 6 K 56/06, NWB DokID: SAAAD-01142: „Leere Räume sind zum Wohnen nicht geeignet"; bescheidene Bleibe ausreichend, vgl. AEAO zu § 8 Abs. 3 Satz 2, Satz 3.
7 BFH v. 19. 3. 2002 - I R 15/01, BFH/NV 2002, 1411 = NWB DokID: BAAAA-68107.
8 FG Düsseldorf v. 28. 4. 1999 - 14 K 613/98 Kg, EFG 1999, 716.
9 BFH v. 17. 5. 2013 - III B 121/12, BFH/NV 2013, 1381 = NWB DokID: BAAAE-40428; BFH v. 20. 11. 2008 - III R 53/05, BFH/NV 2009, 564, m. w. N. = NWB DokID: JAAAD-08063; BFH v. 24. 4. 2007 - I R 64/06, BFH/NV 2007, 1893 = NWB DokID: DAAAC-54128; BFH v. 12. 1. 2001 - VI R 165/99, BStBl 2001 II 279; BFH v. 23. 11. 2000 - VI R 107/99, BStBl 2001 II 279.
10 Vgl. BFH v. 16. 12. 1998 - I R 40/97, BStBl 1999 II 207; BFH v. 22. 4. 1994 - III R 22/92, BStBl 1994 II 887.
11 BFH v. 29. 8. 1996 - I B 12-13/96, BFH/NV 1997, 96 = NWB DokID: FAAAA-97371; BFH v. 19. 3. 1997 - I R 69/96, BStBl 1997 II 447.
12 BFH v. 23. 11. 1988 - II R 139/87, BStBl 1989 II 182; AEAO zu § 8 Abs. 4 Satz 2.

gentliches Verweilen während unregelmäßig aufeinander folgender kurzer Zeiträume zu Erholungszwecken nicht ausreiche.[1]

§ 8 AO setzt schließlich voraus, dass Umstände vorliegen, die auf Beibehaltung und Nutzung der Wohnung schließen lassen. Erforderlich ist damit eine **Prognoseentscheidung**, bei der aus äußeren Tatsachen Schlüsse auf das künftige Verhalten des Wohnungsinhabers zu ziehen sind. Wichtige Indizien sind persönliche, familiäre, berufliche und wirtschaftliche Umstände des Steuerpflichtigen, Beschaffenheit und Ausstattung der Räumlichkeiten, Art und Dauer der bisherigen Nutzung, Intensität der persönlichen Beziehungen zum bisherigen Wohnort, Art und Dauer der Nutzungsbefugnis.[2] Relevant ist schließlich auch ein Zeitmoment, das sich auf die in Betracht kommende Wohnsitzbegründung bezieht und von dort aus gesehen in die Zukunft gerichtet ist.[3] Nach Auffassung des BFH ist es revisionsrechtlich nicht zu beanstanden, wenn auf die Sechsmonatsfrist des § 9 Satz 2 AO zurückgegriffen wird.[4] 40

Der Wohnsitz kann auch über einen Familienangehörigen begründet werden. Ein Ehegatte/Lebenspartner, der nicht dauernd getrennt lebt, hat seinen Wohnsitz grundsätzlich dort, wo seine Familie lebt.[5] 41

Wie die vorstehenden Ausführungen zeigen, ist es in der Praxis häufig schwierig zu beurteilen, ob ein Wohnsitz i. S. d. § 8 AO vorliegt oder nicht. Darüber hinaus knüpft die Definition des steuerlichen Wohnsitzes an tatsächliche Verhältnisse an, die – insbesondere bei international tätigen Mandanten – häufigen Schwankungen unterliegen. Zur Vermeidung von steuerstrafrechtlichen Risiken bietet sich deshalb an, den Sachverhalt mit dem Finanzamt im Vorfeld zu besprechen und ggf. eine verbindliche Auskunft einzuholen. 42

(Einstweilen frei) 43–45

3. Gewöhnlicher Aufenthalt

Für die Begründung der unbeschränkten Steuerpflicht ist es ausreichend, wenn entweder der Wohnsitz oder der gewöhnliche Aufenthalt im Inland liegt. Im Gegensatz zum Wohnsitz, kann der gewöhnliche Aufenthalt nicht gleichzeitig an mehreren Orten begründet werden.[6] Der Begriff des „gewöhnlichen Aufenthalts" richtet sich nach § 9 AO. 46

Nach § 9 AO hat jemand seinen gewöhnlichen Aufenthalt dort, wo er sich unter Umständen aufhält, die erkennen lassen, dass er an diesem Ort oder in diesem Gebiet nicht nur vorübergehend verweilt. Als gewöhnlichen Aufenthalt im Inland ist nach § 9 Satz 2 AO stets und von Beginn an ein zeitlich zusammenhängender Aufenthalt[7] von mehr als sechs Monaten Dauer anzusehen, wobei kurzfristige Unterbrechungen unberücksichtigt bleiben. Satz 2 gilt nach § 9 47

---

1 BFH v. 22. 4. 1994 - III R 22/92, BStBl 1994 II 887; BFH v. 23. 11. 1988 – II R 139/87, BStBl 1989 II 182; BFH v. 23. 11. 2000 - VI R 165/99, BStBl 2001 II 279; BFH v. 8. 5. 2014 - III R 21/12, BStBl 2015 II 135: „(…) *mit einer gewissen Regelmäßigkeit*"; FG Rheinland-Pfalz v. 15. 10. 2008 - 1 K 2694/07, NWB DokID: PAAAD-44881: „*gewisse Regelmäßigkeit erforderlich*"; FG Baden-Württemberg v. 29. 10. 2008 - 2 K 1986/07, EFG 2009, 139: „*Dauer von jährlich 6 - 8 Wochen zu nicht näher benannten Zeiten genügt nicht*".
2 HHR/Musil, § 8 AO Rz. 45; BFH v. 19. 3. 1997 - I R 69/96, BStBl 1997 II 447.
3 BFH v. 30. 8. 1989 - I R 215/85, BStBl 1989 II 956.
4 BFH v. 30. 8. 1989 - I R 215/85, BStBl 1989 II 956, 957; BFH v. 28. 1. 2004 - I R 56/02, BFH/NV 2004, 917 = NWB DokID: GAAAB-21049.
5 BFH v. 6. 2. 1985 - I R 23/82, BStBl 1985 II 331; AEAO zu § 8 Abs. 1 Satz 3.
6 BFH v. 10. 8. 1983 - I R 241/82, BStBl 1984 II 11, m. w. N.; BFH v. 9. 2. 1966 - I 244/63, BStBl 1966 III 522, m. w. N.
7 Ein ununterbrochener Aufenthalt an einem Ort nicht erforderlich, BFH v. 30. 8. 1989 - I R 215/85, BStBl 1989 II 956.

Satz 3 AO nicht, wenn der Aufenthalt ausschließlich zu Besuchs-, Erholungs-, Kur oder ähnlichen privaten Zwecken erfolgt und nicht länger als ein Jahr dauert.

48 Die gesetzliche Regelungstechnik sieht in § 9 Satz 2 AO eine unwiderlegbare Vermutung des gewöhnlichen Aufenthalts im Inland vor. Diese Sechs-Monate-Frist spielt aber auch bei der Prognoseentscheidung nach § 9 Satz 1 AO eine wichtige Rolle, wobei es dabei auf die ex-ante-Perspektive ankommt.[1] Ein Aufenthalt, der auf eine längere Dauer angelegt war, aber vorzeitig auf weniger als sechs Monate verkürzt wird, ist ein gewöhnlicher Aufenthalt i. S. d. § 9 Satz 1 AO. Dauert der Aufenthalt hingegen wider Erwarten länger als sechs Monate, so wird der gewöhnliche Aufenthalt bereits nach § 9 Satz 2 AO begründet, so dass es auf die Prognoseentscheidung des Satz 1 nicht mehr ankommt.

49 In den Fällen des Unterschreitens der Sechs-Monate-Frist muss eine Prognoseentscheidung getroffen werden, bei der die Verweildauer, persönliche und familiäre Verhältnisse und Grund des Aufenthalts eine Rolle spielen.[2]

50–55 (*Einstweilen frei*)

4. Rechtsfolge der unbeschränkten Steuerpflicht

56 Die Folge der unbeschränkten Steuerpflicht nach § 1 Abs. 1 EStG ist, dass eine natürliche Person mit ihren sämtlichen weltweit erzielten Einkünften i. S. d. § 2 EStG der Besteuerung in Deutschland unterliegt (sog. Welteinkommensprinzip). Die Einkünfte sind stets nach Maßgabe deutscher Vorschriften zu ermitteln, auch wenn sie im Ausland erzielt wurden.[3]

57 Das Vorliegen einer unbeschränkten Steuerpflicht nach § 1 Abs. 1 EStG kann auch Auswirkungen auf andere Normen haben, z. B. Wegzugsbesteuerung nach § 6 AStG, Kindergeldberechtigung nach § 62 Abs. 1 Satz 1 Nr. 1 EStG.

58–65 (*Einstweilen frei*)

II. Erweiterte unbeschränkte Steuerpflicht gemäß § 1 Abs. 2 EStG

66 § 1 Abs. 2 EStG nimmt das Vorliegen einer unbeschränkten Steuerpflicht in Deutschland für deutsche Staatsangehörige an, die im Inland weder einen Wohnsitz noch ihren gewöhnlichen Aufenthalt haben und zu einer inländischen juristischen Person des öffentlichen Rechts in einem Dienstverhältnis stehen und dafür Arbeitslohn aus einer inländischen öffentlichen Kasse beziehen.

67 Als maßgebliche Dienstherren kommen Körperschaften, Anstalten, Stiftungen, Gebietskörperschaften (z. B. Bund, Länder) in Betracht.[4] Nicht erfasst sind hingegen Bedienstete ausländischer und supranationaler juristischer Personen, wie z. B. UNO. Angestellte der EU-Organe scheiden aus dem Anwendungsbereich des § 1 Abs. 2 EStG schon deshalb aus, weil sie ihren Arbeitslohn nicht aus einer deutschen öffentlichen Kasse beziehen.

---

1 HHR/*Musil*, § 9 AO Rz. 21.
2 HHR/*Musil*, § 9 AO Rz. 22; FG München v. 4. 4. 2003 - 12 K 2867/96, NWB DokID: WAAAB-50873; FG Hessen v. 18. 5. 2004 - 11 K 1996/02, NWB DokID: NAAAB-51916.
3 BFH v. 20. 8. 2008 - I R 78/07, BStBl 2009 II 708.
4 *Rauch* in Blümich, § 1 EStG, Rz. 211; für Mitarbeiter des Goethe-Instituts mit Wohnsitz im Ausland kommt § 1 Abs. 2 EStG nicht in Betracht, BFH v. 22. 2. 2006 - I R 60/05, BStBl 2007 II 106.

Zwischen dem Steuerpflichtigen und seinem inländischen Dienstherrn muss ein Dienstverhältnis bestehen. Dieses kann öffentlich- oder privatrechtlicher Natur sein. 68

Nach § 1 Abs. 2 Satz 1 EStG erstrecken sich die Folgen der erweiterten unbeschränkten Steuerpflicht auch auf zum Haushalt gehörende Angehörige, die die deutsche Staatsangehörigkeit besitzen oder keine Einkünfte oder nur Einkünfte beziehen, die ausschließlich im Inland einkommensteuerpflichtig sind. Wer als Angehöriger gilt, bestimmt sich nach § 15 AO. 69

Die erweiterte unbeschränkte Steuerpflicht des Auslandsbediensteten und seiner Angehörigen gilt nach § 1 Abs. 2 Satz 2 EStG nur dann, wenn sie in dem Staat, in dem sie ihren Wohnsitz oder ihren gewöhnlichen Aufenthalt haben, lediglich in einem der beschränkten Einkommensteuerpflicht ähnlichen Umfang zu einer Steuer vom Einkommen herangezogen werden. Durch diese Einschränkung soll u. a. verhindert werden, dass der Auslandsbedienstete die Vorteile der unbeschränkten Steuerpflicht sowohl im Inland (aufgrund der Regelung des § 1 Abs. 2 EStG) und im Ausland nach Maßgabe der nationalen Vorschriften in Anspruch nehmen kann.[1] Diese Einschränkung bewirkt, dass die Regelung des § 1 Abs. 2 EStG primär von Auslandsbediensteten des Bundes und der Länder mit diplomatischem oder konsularischem Status in Anspruch genommen werden kann, da diese im Empfangsstaat eine Steuerbefreiung genießen.[2] 70

(Einstweilen frei) 71–75

III. Fiktive unbeschränkte Steuerpflicht gemäß § 1 Abs. 3 EStG

Nach § 1 Abs. 3 Satz 1 EStG können natürliche Personen auf Antrag als unbeschränkt einkommensteuerpflichtig behandelt werden, die im Inland weder einen Wohnsitz noch einen gewöhnlichen Aufenthalt haben, soweit sie inländische Einkünfte i. S. d. § 49 EStG haben. Voraussetzung für die Antragsberechtigung ist nach § 1 Abs. 3 Satz 2 EStG darüber hinaus, dass ihre Einkünfte im Kalenderjahr mindestens zu 90 % der deutschen Einkommensteuer unterliegen (sog. relative Wesentlichkeitsgrenze) oder die nicht der deutschen Einkommensteuer unterliegenden Einkünfte den Grundfreibetrag nach § 32a Abs. 1 Satz 2 Nr. 1 EStG nicht übersteigen (sog. absolute Wesentlichkeitsgrenze).[3] 76

Die Regelung des § 1 Abs. 3 EStG wurde in Folge des Urteils des EuGH v. 14. 2. 1995 in der Rs. Schumacker[4] eingefügt und sollte Grenzpendlern die Möglichkeit einräumen, ihre Einkünfte wie unbeschränkt Steuerpflichtige in Deutschland zu besteuern, wenn sie überwiegend in Deutschland tätig sind. Der Wortlaut des § 1 Abs. 3 EStG ist allerdings nicht auf Grenzpendler beschränkt. 77

§ 1 Abs. 3 EStG kommt nur in Betracht, wenn der Steuerpflichtige im Inland keinen Wohnsitz und keinen gewöhnlichen Aufenthalt hat. Liegt eines dieser Merkmale vor, wäre der Steuerpflichtige schon nach § 1 Abs. 1 EStG originär unbeschränkt steuerpflichtig. Vielmehr muss es sich um einen beschränkt Steuerpflichtigen handeln, der inländische Einkünfte i. S. d. § 49 EStG erzielt. Im Rahmen des § 49 EStG kommen grundsätzlich sämtliche Einkunftsarten in Betracht. 78

---

1 BFH v. 22. 2. 2006 - I R 60/05, BStBl 2007 II 106; BFH v. 19. 9. 2013 - V R 9/12, BStBl 2014 II 715.

2 Vgl. Art. 34 des Wiener Übereinkommens über diplomatische Beziehungen v. 18. 4. 1961, in Kraft in Deutschland nach Maßgabe des Gesetzes v. 6. 8. 1964, BGBl 1964 II 957; vgl. Art. 49 des Wiener Übereinkommens über konsularische Beziehungen v. 24. 4. 1963, in Kraft in Deutschland nach Maßgabe des Gesetzes v. 26. 8. 1969, BGBl 1969 II 1585.

3 Melkonyan/Mroz, Maßgeblichkeit des deutschen Steuerrechts für die Wesentlichkeitsgrenzen nach § 1 Abs. 3 i. V. m. § 1a Abs. 1 EStG, zu BFH v. 1. 10. 2014 - I R 18/13, IWB 2015, 227.

4 EuGH v. 14. 2. 1995 - C-279/93, Schumacker, NWB DokID: BAAAA-96908.

79 Bei der Prüfung der **relativen Wesentlichkeitsgrenze** sind *im ersten Schritt* alle weltweit vom Steuerpflichtigen erzielten Einkünfte nach Maßgabe deutscher Vorschriften zu ermitteln.[1] Nach § 1 Abs. 3 Satz 4 EStG bleiben nicht der deutschen Einkommensteuer unterliegende Einkünfte unberücksichtigt, die im Ausland nicht besteuert werden, soweit vergleichbare Einkünfte im Inland steuerfrei sind. Etwaige Werbungskosten bzw. Betriebsausgaben sind abzuziehen.[2] Ebenso ist ein Verlustausgleich vorzunehmen, sofern dieser nach deutschem Recht zulässig ist. Demgegenüber hat aber ein Verlustrück- oder -vortrag zu unterbleiben.[3] Inländische Einkünfte, die nach einem DBA nur der Höhe nach beschränkt besteuert werden dürfen, gelten nach § 1 Abs. 3 Satz 3 EStG als nicht der deutschen Einkommensteuer unterliegend.[4] Die sich daraus im Ergebnis ergebende Summe der Einkünfte ist *im zweiten Schritt* einerseits in Einkünfte, die der deutschen ESt unterliegen und andererseits in Einkünfte, die der deutschen ESt nicht unterliegen, aufzuteilen.[5] Die relative Wesentlichkeitsgrenze ist demnach erreicht, wenn mindestens 90 % der Summe der Einkünfte des Steuerpflichtigen tatsächlich der deutschen Einkommensteuer unterliegen.

80 Weitere Voraussetzung ist nach § 1 Abs. 3 Satz 5 EStG, dass die Höhe der nicht der deutschen Einkommensteuer unterliegenden Einkünfte durch eine **Bescheinigung** der zuständigen ausländischen Steuerbehörde nachgewiesen wird.[6]

81 Die **absolute Wesentlichkeitsgrenze** knüpft an den (jeweiligen) Grundfreibetrag des § 32a Abs. 1 Satz 2 Nr. 1 EStG an, der für Veranlagungszeiträume ab 2019 9 168 € beträgt. Bei zusammenveranlagten Ehegatten wird der Grundfreibetrag nach § 1a Abs. 1 Nr. 2 Satz 3 EStG verdoppelt. Der Grundfreibetrag ist jedoch nach § 1 Abs. 3 Satz 2 EStG zu kürzen, soweit es nach den Verhältnissen im Wohnsitzstaat des Steuerpflichtigen notwendig und angemessen ist. Für Veranlagungszeiträume ab dem 1. 1. 2017 ist das Schreiben des BMF v. 20. 10. 2016 betreffend Berücksichtigung ausländischer Verhältnisse zu beachten.[7] Dieses BMF-Schreiben wird von der Rechtsprechung beachtet, wenn es nicht zu offensichtlich unzutreffenden Ergebnissen führt.[8]

82 Sind die Voraussetzungen des § 1 Abs. 3 EStG erfüllt, hat der Steuerpflichtige die Möglichkeit, einen **Antrag** – für seine gesamten inländischen Einkünfte – zu stellen. Stellt er den Antrag, wird er wie ein unbeschränkt Steuerpflichtiger behandelt. Stellt er den Antrag nicht, bleibt es bei seiner Besteuerung nach Maßgabe der beschränkten Steuerpflicht. Der Antrag ist für jedes Kalenderjahr und für jeden die Voraussetzungen erfüllenden Steuerpflichtigen zu stellen. Eine bestimmte Form oder ein bestimmter Vordruck sind für den Antrag nicht vorgesehen. Das Antragsrecht ist in zeitlicher Hinsicht einerseits durch den Eintritt der Festsetzungsverjährung und andererseits durch den Eintritt der Bestandskraft eines Einkommensteuerbescheids bzw.

---

1 BFH v. 20. 8. 2008 - I R 78/07, BStBl 2009 II 708; FG Köln v. 21. 1. 2004 - 4 K 4336/01, EFG 2005, 419; vgl. auch EuGH v. 25. 1. 2007 - C-329/05, *Meindl*, NWB-DokID: AAAAC-37923.
2 *Rauch* in Blümich, § 1 EStG Rz. 251.
3 *Frotscher* in Frotscher, § 1 EStG Rz. 41.
4 Vgl. auch BFH v. 20. 8. 2003 - I R 72/02, BFH/NV 2004, 321 = NWB DokID: SAAAB-13723.
5 BFH v. 20. 8. 2008 - I R 78/07, BStBl 2009 II 708.
6 Materielle Voraussetzung, BFH v. 8. 9. 2010 - I R 80/09, BStBl 2011 II 447.
7 BMF v. 20. 10. 2016, BStBl 2016 I 1183.
8 BFH v. 5. 6. 2003 - III R 10/02, BStBl 2003 II 714; BFH v. 22. 2. 2006 - I R 60/05, BStBl 2007 II 106.

das Ergehen eines FG-Urteils begrenzt und kann innerhalb dieser Frist auch jederzeit widerrufen werden.[1]

Stellt der Steuerpflichtige den Antrag nach § 1 Abs. 3 EStG, wird er als unbeschränkt Steuerpflichtiger behandelt. Im Rahmen der Veranlagung wird der beschränkt Steuerpflichtige von den Beschränkungen des § 50 EStG befreit und hat insbesondere die Möglichkeit, Sonderausgaben und außergewöhnliche Belastungen geltend zu machen. Allerdings ist zu beachten, dass durch den Antrag keine (echte) unbeschränkte Steuerpflicht begründet wird. Die fiktive unbeschränkte Steuerpflicht bezieht sich nur auf inländische Einkünfte nach § 49 EStG. Durch den Antrag nach § 1 Abs. 3 EStG unterliegt der Steuerpflichtige folglich nicht dem Welteinkommensprinzip. Die Besteuerung ausländischer Einkünfte richtet sich nach wie vor nach dem ausländischen Steuerrecht. Ausländische Einkünfte werden allerdings im Rahmen des Progressionsvorbehalts nach § 32b Abs. 1 Nr. 5 EStG berücksichtigt. Eine Zusammenveranlagung kommt ebenfalls nicht in Betracht, da diese nach § 26 Abs. 1 Satz 1 Nr. 1 EStG unbeschränkte Steuerpflicht nach § 1 Abs. 1 oder 2 EStG oder nach § 1a EStG voraussetzt. Auch der Steuerabzug nach § 50a EStG ist durchzuführen (§ 1 Abs. 3 Satz 6 EStG). 83

(Einstweilen frei) 84–90

IV. Beschränkte Steuerpflicht gemäß § 1 Abs. 4 EStG

Natürliche Personen, die im Inland weder einen Wohnsitz noch ihren gewöhnlichen Aufenthalt haben, sind nach § 1 Abs. 4 EStG beschränkt steuerpflichtig, wenn sie inländische Einkünfte i. S. d. § 49 EStG haben. 91

Die Regelungen in den Abs. 2 und 3 sowie in § 1a EStG haben Vorrang vor der Anwendung des § 1 Abs. 4 EStG. 92

Im Gegensatz zur unbeschränkten Steuerpflicht unterliegen der Besteuerung in Deutschland nur die inländischen Einkünfte i. S. d. § 49 EStG. Das Welteinkommensprinzip findet bei beschränkt Steuerpflichtigen keine Anwendung. Auch Einkünfte, die nicht unter § 49 EStG fallen, sind in Deutschland nicht zu besteuern, da die Aufzählung des § 49 EStG abschließend ist. Etwaige Betriebsausgaben oder Werbungskosten kann der beschränkt Steuerpflichtige nur insoweit geltend machen, als sie mit inländischen Einkünften in wirtschaftlichem Zusammenhang stehen (§ 50 Abs. 1 Satz 1 EStG). Darüber hinaus können beschränkt Steuerpflichtige keine Sonderausgaben und keine außergewöhnlichen Belastungen in Anspruch nehmen (§ 50 Abs. 1 Satz 3 EStG). Auch die Zusammenveranlagung nach § 26 EStG steht für beschränkt Steuerpflichtige grundsätzlich nicht zur Verfügung, da diese nach § 26 Abs. 1 Satz 1 Nr. 1 EStG unbeschränkte Steuerpflicht nach § 1 Abs. 1, Abs. 2 EStG oder § 1a EStG voraussetzt. 93

Für den beschränkt Steuerpflichtigen wird das Veranlagungsverfahren durchgeführt, wenn kein Abzugsverfahren vorgesehen ist. Dieses ist in § 50 Abs. 2 Satz 1 EStG für Einkünfte vorgesehen, die dem Steuerabzug vom Arbeitslohn oder vom Kapitalertrag oder dem Steuerabzug nach § 50a EStG unterliegen. Die Abgeltungswirkung ist für die in § 50 Abs. 2 Satz 2 Nr. 1 bis 5 EStG aufgezählten Fälle ausgeschlossen. Darüber hinaus besteht nach § 50 Abs. 4 EStG auch in anderen Fällen die Möglichkeit, die Einkommensteuer bei beschränkt Steuerpflichtigen ganz oder zum Teil zu erlassen oder in einem Pauschbetrag festzusetzen. 94

---

1 BFH v. 24. 5. 2012 - III R 14/10, BStBl 2012 II 897; keine Antragstellung mehr im Revisionsverfahren, BFH v. 17. 4. 1996 - I R 78/95, BStBl 1996 II 571; BFH v. 13. 8. 1997 - I R 65/95, BStBl 1998 II 21.

95–100 (*Einstweilen frei*)

C. Verfahrensfragen

101 Unbeschränkt Steuerpflichtige haben nach § 56 Abs. 1 EStDV vorbehaltlich weiterer Voraussetzungen eine jährliche Einkommensteuererklärung abzugeben. Eine Erklärungspflicht für beschränkt Steuerpflichtige besteht nach allgemeinen Grundsätzen dann, wenn ihre Einkommensteuer nicht im Abzugsverfahren als abgegolten gilt.

102 Für die Einkommensbesteuerung ist nach § 19 Abs. 1 Satz 1 AO grundsätzlich das örtliche Finanzamt zuständig, in dessen Bezirk der Steuerpflichtige seinen Wohnsitz oder in Ermangelung eines Wohnsitzes seinen gewöhnlichen Aufenthalt hat (Wohnsitzfinanzamt). Bei einem Übergang von der unbeschränkten zur beschränkten Steuerpflicht und umgekehrt hat das zuletzt zuständige Finanzamt alle noch offenen Veranlagungen durchzuführen.[1]

§ 1a Fiktive unbeschränkte Steuerpflicht von EU- und EWR-Familienangehörigen

(1) Für Staatsangehörige eines Mitgliedstaates der Europäischen Union oder eines Staates, auf den das Abkommen über den Europäischen Wirtschaftsraum anwendbar ist, die nach § 1 Absatz 1 unbeschränkt einkommensteuerpflichtig sind oder die nach § 1 Absatz 3 als unbeschränkt einkommensteuerpflichtig zu behandeln sind, gilt bei Anwendung von § 10 Absatz 1a und § 26 Absatz 1 Satz 1 Folgendes:

1. Aufwendungen im Sinne des § 10 Absatz 1a sind auch dann als Sonderausgaben abziehbar, wenn der Empfänger der Leistung oder Zahlung nicht unbeschränkt einkommensteuerpflichtig ist. ²Voraussetzung ist, dass

   a) der Empfänger seinen Wohnsitz oder gewöhnlichen Aufenthalt im Hoheitsgebiet eines anderen Mitgliedstaates der Europäischen Union oder eines Staates hat, auf den das Abkommen über den Europäischen Wirtschaftsraum Anwendung findet und

   b) die Besteuerung der nach § 10 Absatz 1a zu berücksichtigenden Leistung oder Zahlung beim Empfänger durch eine Bescheinigung der zuständigen ausländischen Steuerbehörde nachgewiesen wird;

1a. und 1b. (weggefallen)

2. der nicht dauernd getrennt lebende Ehegatte ohne Wohnsitz oder gewöhnlichen Aufenthalt im Inland wird auf Antrag für die Anwendung des § 26 Absatz 1 Satz 1 als unbeschränkt einkommensteuerpflichtig behandelt. ²Nummer 1 Satz 2 gilt entsprechend. ³Bei Anwendung des § 1 Absatz 3 Satz 2 ist auf die Einkünfte beider Ehegatten abzustellen und der Grundfreibetrag nach § 32a Absatz 1 Satz 2 Nummer 1 zu verdoppeln.

(2) Für unbeschränkt einkommensteuerpflichtige Personen im Sinne des § 1 Absatz 2, die die Voraussetzungen des § 1 Absatz 3 Satz 2 bis 5 erfüllen, und für unbeschränkt einkommensteuerpflichtige Personen im Sinne des § 1 Absatz 3, die die Voraussetzungen des § 1 Absatz 2 Satz 1 Nummer 1 und 2 erfüllen und an einem ausländischen Dienstort tätig sind, gilt die Re-

---

1 OFD Hannover v. 12. 9. 2001, NWB DokID: NAAAA-82508.

gelung des Absatzes 1 Nummer 2 entsprechend mit der Maßgabe, dass auf Wohnsitz oder gewöhnlichen Aufenthalt im Staat des ausländischen Dienstortes abzustellen ist.

Inhaltsübersicht

	Rz.
A. Allgemeine Erläuterungen	1 - 20
I. Normzweck und wirtschaftliche Bedeutung der Vorschrift	1 - 2
II. Entstehung und Entwicklung der Vorschrift	3 - 5
III. Geltungsbereich	6 - 9
1. Sachlicher Geltungsbereich	6
2. Persönlicher Geltungsbereich	7 - 8
3. Zeitlicher Geltungsbereich	9
IV. Vereinbarkeit des § 1a EStG mit höherrangigem Recht	10 - 15
1. Verfassungsrecht	10
2. Europarecht	11 - 15
V. Verhältnis zu anderen Vorschriften	16 - 20
B. Systematische Kommentierung	21 - 56
I. Familienbezogene Entlastungen für EU- und EWR-Bürger gemäß § 1a Abs. 1 EStG	21 - 50
1. Realsplitting	22 - 28
2. Versorgungsleistungen	29 - 33
3. Ausgleichsleistungen	34 - 38
4. Versorgungsausgleich	39 - 43
5. Splitting bei Ehegatten/Lebenspartnern	44 - 50
II. Familienbezogene Entlastungen für Angehörige des öffentlichen Dienstes ohne Wohnsitz oder gewöhnlichen Aufenthalt im Inland gemäß § 1a Abs. 2 EStG	51 - 56
C. Verfahrensfragen	57

HINWEIS:

R 1 EStR; H 1a EStH.

LITERATUR:

Melkonyan/Mroz, Maßgeblichkeit des deutschen Steuerrechts für die Wesentlichkeitsgrenzen nach § 1 Abs. 3 EStG i. V. m. § 1a Abs. 1 EStG, zu BFH v. 1.10.2014 - I R 18/13, IWB 2015, 227; *Micker/Thomas*, Der Einfluss des Unionsrechts auf das nationale Steuerrecht – Rechtsprechungsreport zu jüngeren EuGH-Entscheidungen, IWB 2016, 168.

A. Allgemeine Erläuterungen

I. Normzweck und wirtschaftliche Bedeutung der Vorschrift

§ 1a EStG begründet keine Steuerpflicht, sondern ergänzt § 1 EStG. **Abs. 1** richtet sich an unbeschränkt Steuerpflichtige nach § 1 Abs. 1 EStG und an beschränkt Steuerpflichtige, die aufgrund der Antragstellung nach § 1 Abs. 3 EStG als unbeschränkt steuerpflichtig behandelt werden. Abs. 1 gewährt diesen Personen die Begünstigungen im Rahmen des § 10 Abs. 1a EStG sowie im Rahmen der Zusammenveranlagung nach § 26 Abs. 1 Satz 1 EStG.

Abs. 2 ergänzt hingegen die Regelungen des § 1 Abs. 2 EStG bzw. des § 1 Abs. 3 EStG. Er ist adressiert an Angehörige des öffentlichen Dienstes, denen die Möglichkeit der Zusammenveranlagung eröffnet wird.

II. Entstehung und Entwicklung der Vorschrift

3 Die Einführung der Vorschrift durch das JStG 1996[1] geht auf das Urteil des EuGH v. 14.2.1995[2] zurück. Der EuGH beanstandete in seiner Entscheidung, dass bei Personen, die im EU-Ausland ansässig sind, aber im Inland ihre Einkünfte zu versteuern haben, familienbezogene Begünstigungen nicht gewährt werden. In der Folgezeit wurde die Vorschrift mehrfach angepasst, um den europarechtlichen und verfassungsrechtlichen Bedenken weiter Rechnung zu tragen.[3] Die letzte Änderung erfuhr die Vorschrift im Rahmen des Gesetzes zur Anpassung der Abgabenordnung an den Zollkodex der Union und zur Änderung weiterer steuerlicher Vorschriften vom 22.12.2014.[4] Hierbei wurde die Vorschrift des § 1a EStG in Folge der Änderung in § 10 Abs. 1a EStG gestrafft, ohne dass es hierbei zu einer materiell-rechtlichen Änderung gekommen ist.[5]

4–5 (Einstweilen frei)

III. Geltungsbereich

1. Sachlicher Geltungsbereich

6 Der sachliche Anwendungsbereich des Abs. 1 ist beschränkt auf die Vergünstigungen nach § 10 Abs. 1a EStG sowie auf § 26 Abs. 1 Satz 1 EStG. Abs. 2 umfasst über den Verweis auf § 1a Abs. 1 Nr. 2 EStG lediglich die Zusammenveranlagung nach § 26 Abs. 1 Satz 1 EStG.

2. Persönlicher Geltungsbereich

7 In persönlicher Hinsicht muss zwischen Abs. 1 und Abs. 2 differenziert werden. **Abs. 1** ist anwendbar nur für unbeschränkt Steuerpflichtige nach § 1 Abs. 1 EStG und auf beschränkt Steuerpflichtige, die nach § 1 Abs. 3 EStG als unbeschränkt einkommensteuerpflichtig zu behandeln sind. Darüber hinaus ist der Anwendungsbereich des Abs. 1 auf Staatsangehörige eines Mitgliedstaates der EU[6] und des EWR[7] beschränkt.

8 **Abs. 2** richtet sich an unbeschränkt steuerpflichtige Personen nach § 1 Abs. 2 EStG und vorbehaltlich weiterer Voraussetzungen auch an Personen nach § 1 Abs. 3 EStG. Auf ihre Staatsangehörigkeit kommt es dabei nicht an.

3. Zeitlicher Geltungsbereich

9 Da es sich bei § 1a EStG um eine Ergänzungsvorschrift handelt, ist für die Gewährung der familienbezogenen Begünstigungen die Begründung der jeweiligen Steuerpflicht auch in zeitlicher Hinsicht entscheidend.

---

[1] Gesetz v. 11.10.1995, BGBl 1995 I 1250.
[2] EuGH v. 14.2.1995 - C-279/93, *Schumacker*, NWB DokID: BAAAA-96908.
[3] Vgl. Überblick über die Entwicklung im Einzelnen bei *Vogt* in Blümich, § 1a EStG Rz. 5 ff. und HHR/*Stapperfend*, § 1a EStG Anm. 2.
[4] BGBl 2014 I 2417.
[5] BT-Drucks. 18/3441, 55.
[6] Mitgliedstaaten: Belgien, Bulgarien, Dänemark, Deutschland, Estland, Finnland, Frankreich, Griechenland, Irland, Italien, Kroatien, Lettland, Litauen, Luxemburg, Malta, Niederlande, Österreich, Polen, Portugal, Rumänien, Schweden, Slowakei, Slowenien, Spanien, Tschechische Republik, Ungarn, Vereinigtes Königreich, Zypern.
[7] Island, Liechtenstein, Norwegen.

IV. Vereinbarkeit des § 1a EStG mit höherrangigem Recht

1. Verfassungsrecht

Die in § 1a Abs. 1 Nr. 2 EStG vorgesehene Beschränkung der Zusammenveranlagung auf EU- und EWR-Staatsangehörige ist verfassungsrechtlich nicht zu beanstanden.[1] 10

2. Europarecht

Es ist zu beachten, dass ein nicht unbeschränkt steuerpflichtiger Staatsangehöriger eines EU- bzw. EWR-Mitgliedstaates die Vergünstigungen nach § 1a Abs. 1 EStG nur dann in Anspruch nehmen kann, wenn er die Einkommensgrenzen des § 1 Abs. 3 EStG erfüllt. In diesem Zusammenhang wird ein Verstoß gegen den europarechtlichen Gleichbehandlungsgrundsatz diskutiert.[2] 11

(*Einstweilen frei*) 12–15

V. Verhältnis zu anderen Vorschriften

§ 1a EStG setzt das Vorliegen der jeweiligen Steuerpflicht nach § 1 EStG voraus und ergänzt lediglich dessen Rechtsfolgen. 16

(*Einstweilen frei*) 17–20

B. Systematische Kommentierung

I. Familienbezogene Entlastungen für EU- und EWR-Bürger gemäß § 1a Abs. 1 EStG

§ 1a Abs. 1 EStG ist nur anwendbar, wenn der Steuerpflichtige nach § 1 Abs. 1 EStG unbeschränkt steuerpflichtig ist oder nach § 1 Abs. 3 EStG als unbeschränkt einkommensteuerpflichtig behandelt wird. Der nach § 1 Abs. 1 EStG unbeschränkt Steuerpflichtige muss die Einkunftsgrenzen des § 1 Abs. 3 Satz 2 EStG nicht einhalten.[3] Darüber hinaus muss der Steuerpflichtige die EU- oder EWR-Staatsangehörigkeit besitzen. 21

1. Realsplitting

Nach § 1a Abs. 1 Nr. 1 EStG ist der Ehegattenunterhalt nach § 10 Abs. 1a Nr. 1 EStG auch dann als Sonderausgabe abziehbar, wenn der Empfänger der Leistung oder Zahlung nicht unbeschränkt einkommensteuerpflichtig ist. Voraussetzung hierfür ist aber nach § 1a Abs. 1 Nr. 1 Satz 2 EStG, dass der Empfänger seinen Wohnsitz oder gewöhnlichen Aufenthalt im Hoheitsgebiet eines anderen EU- oder EWR-Mitgliedstaates hat und die Besteuerung des Ehegattenunterhalts beim Empfänger durch eine Bescheinigung der zuständigen ausländischen Steuerbehörde nachgewiesen ist. 22

Ob der Empfänger seinen Wohnsitz oder gewöhnlichen Aufenthalt im Hoheitsgebiet eines anderen EU- oder EWR-Mitgliedstaates hat, bestimmt sich nach Maßgabe der § 8 AO und § 9 AO. Auf die Staatsangehörigkeit des Empfängers kommt es dabei nicht an. 23

---

1 HHR/*Stapperfend*, Vor §§ 1, 1a EStG Anm. 32.
2 HHR/*Stapperfend*, Vor §§ 1, 1a EStG Anm. 39.
3 BFH v. 8. 9. 2010 - I R 28/10, BStBl 2011 II 269.

24 Durch das Erfordernis der Bescheinigung nach § 1a Abs. 1 Nr. 1 Satz 2 Buchst. b EStG kommt der Abzug des Ehegattenunterhalts dann nicht in Betracht, wenn der Unterhalt im Empfängerstaat aus rechtlichen Gründen oder aufgrund der Höhe der Einkünfte nicht besteuert wird.[1] Weigert sich die ausländische Behörde, eine entsprechende Bescheinigung auszustellen, geht die Regelung in § 1a Abs. 1 Nr. 1 EStG ebenfalls ins Leere, da die Vorlage der Bescheinigung eine materielle Abzugsvoraussetzung ist.

25–28 *(Einstweilen frei)*

2. Versorgungsleistungen

29 Nach § 10 Abs. 1a Nr. 2 EStG können auf besonderen Verpflichtungsgründen beruhende, lebenslange und wiederkehrende Versorgungsleistungen, die nicht mit Einkünften in wirtschaftlichem Zusammenhang stehen, die bei der Veranlagung außer Betracht bleiben, als Sonderausgaben abgezogen werden. § 1a Abs. 1 Nr. 1 EStG gestattet auch dann einen Abzug, wenn der Empfänger der Leistung oder Zahlung nicht unbeschränkt einkommensteuerpflichtig ist, seinen Wohnsitz oder gewöhnlichen Aufenthalt in einem EU- oder EWR-Mitgliedstaat hat und die Besteuerungsbescheinigung vorlegt.

30–33 *(Einstweilen frei)*

3. Ausgleichsleistungen

34 Nach der Neuregelung des § 1a Abs. 1 EStG können Ausgleichszahlungen zur Vermeidung eines Versorgungsausgleichs nach § 10 Abs. 1a Nr. 3 EStG auf Antrag des Leistenden mit Zustimmung des Empfängers als Sonderausgaben abgezogen werden. Auch diesbezüglich gelten die Anforderungen hinsichtlich des Wohnsitzes bzw. gewöhnlichen Aufenthalts des Empfängers und hinsichtlich der Besteuerungsbescheinigung.

35–38 *(Einstweilen frei)*

4. Versorgungsausgleich

39 Über § 1a Abs. 1 Nr. 1 EStG sind auch Versorgungsausgleichszahlungen nach § 10 Abs. 1a Nr. 4 EStG vorbehaltlich der übrigen Voraussetzungen des § 1a Abs. 1 Nr. 1 EStG als Sonderausgaben absetzbar. Ohne explizite Regelung in § 1a Abs. 1 Nr. 1 EStG wären diese Zahlungen nur dann abzugsfähig, wenn die ausgleichsberechtigte Person unbeschränkt einkommensteuerpflichtig ist. § 1a Abs. 1 Nr. 1 EStG erweitert den Anwendungsbereich dieses Sonderausgabenabzugs auf Empfänger mit Wohnsitz bzw. gewöhnlichem Aufenthalt in einem EU- oder EWR-Mitgliedstaat. Auch in diesem Fall ist der Besteuerungsnachweis zu erbringen.

40–43 *(Einstweilen frei)*

5. Splitting bei Ehegatten/Lebenspartnern

44 Nach § 26 Abs. 1 Satz 1 EStG können Ehegatten die Zusammenveranlagung wählen, wenn beide unbeschränkt steuerpflichtig sind. Für diesen Zweck fingiert § 1a Abs. 1 Nr. 2 EStG die unbeschränkte Steuerpflicht. Damit die Ehegatten die Zusammenveranlagung wählen können, müssen folgende Voraussetzungen kumulativ erfüllt sein:

---

[1] BFH v. 13. 12. 2005 - XI R 5/02, BStBl 2003 II 851 (Österreich), bestätigt vom EuGH v. 12. 7. 2005 - C-403/03, *Schempp*, NWB DokID: CAAAB-72790.

- Die Ehegatten müssen nach dem anwendbaren Eherecht wirksam miteinander verheiratet sein;

- Die Ehegatten leben nicht dauernd getrennt (§ 26 Abs. 1 Satz 1 Nr. 2 EStG);

- Ein Ehegatte ist im Inland unbeschränkt einkommensteuerpflichtig oder wird als unbeschränkt einkommensteuerpflichtig behandelt sowie besitzt die Staatsangehörigkeit eines EU- oder EWR-Mitgliedstaates (§ 1a Abs. 1 EStG);

- Der andere Ehegatte hat seinen Wohnsitz oder gewöhnlichen Aufenthalt in einem EU- oder EWR-Mitgliedstaat (§ 1a Abs. 1 Nr. 2 Satz 2, Nr. 1 Satz 2a EStG);

- Beide Ehegatten stellen einen Antrag auf Zusammenveranlagung (§ 1a Abs. 1 Nr. 2 Satz 1 EStG, § 26 Abs. 2 Satz 2 EStG).[1]

Bei der Anwendung des § 1 Abs. 3 Satz 2 EStG ist nach § 1a Abs. 1 Nr. 2 Satz 3 EStG auf die nach Maßgabe deutscher Vorschriften zu ermittelnden[2] Einkünfte beider Ehegatten abzustellen und der Grundfreibetrag nach § 32a Abs. 1 Satz 2 Nr. 1 EStG ist zu verdoppeln. Diese Regelung ist nur bei einem auf Antrag nach § 1 Abs. 3 EStG als unbeschränkt steuerpflichtig zu behandelnden Steuerpflichtigen von Bedeutung.

Liegen die Voraussetzungen des § 1a Abs. 1 Nr. 2 EStG i.V.m. § 26 EStG vor, so können die Ehegatten zusammen veranlagt werden. Im Rahmen der Veranlagung werden alle Einkünfte des unbeschränkt steuerpflichtigen Ehegatten sowie alle inländischen Einkünfte des anderen Ehegatten einbezogen. Ausländische Einkünfte des anderen Ehegatten werden nur im Rahmen des Progressionsvorbehalts nach § 32b Abs. 1 Satz 1 Nr. 5 EStG berücksichtigt.

(Einstweilen frei)

II. Familienbezogene Entlastungen für Angehörige des öffentlichen Dienstes ohne Wohnsitz oder gewöhnlichen Aufenthalt im Inland gemäß § 1a Abs. 2 EStG

§ 1a Abs. 2 EStG gewährt die Möglichkeit einer Zusammenveranlagung nach Maßgabe des § 26 EStG für zwei Personengruppen:

- für unbeschränkt einkommensteuerpflichtige Personen i. S. d. § 1 Abs. 2 EStG, die die Voraussetzungen des § 1 Abs. 3 Satz 2 bis 5 EStG erfüllen, und

- für unbeschränkt einkommensteuerpflichtige Personen i. S. d. § 1 Abs. 3 EStG, die die Voraussetzungen des § 1 Abs. 2 Satz 1 Nr. 1 und 2 erfüllen.

Die Möglichkeit der Zusammenveranlagung steht deshalb zum einen insbesondere Ehegatten deutscher Diplomaten ohne Wohnsitz oder gewöhnlichen Aufenthalt in Deutschland zur Verfügung. Zum anderen können auch Angehörige des öffentlichen Dienstes die Vorteile der Zusammenveranlagung in Anspruch nehmen, die z.B. keinen diplomatischen oder konsularischen Status haben.

---

[1] Der Antrag kann bis zur Bestandskraft des Steuerbescheids gestellt werden, aber nicht mehr im Revisionsverfahren, BFH v. 13.8.1997 - I R 65/95, BStBl 1998 II 21.

[2] BFH v. 20.8.2008 - I R 78/07, BStBl 2009 II 708.

53 Es ist unklar, ob die im Gesetz enthaltene zusätzliche Voraussetzung der Tätigkeit an einem ausländischen Dienstort sich auf beide Personengruppen[1] oder lediglich auf die zweite[2] bezieht. Für die Anwendung des Merkmals auf beide Varianten spricht das Ziel, diejenigen Personen von den Vergünstigungen des Abs. 1 auszuschließen, die lediglich aus persönlichen Gründen im Ausland leben. Der Streit wird in den allermeisten Fällen ohne praktische Relevanz sein, da die erste Personengruppe ohnehin im Ausland tätig sein wird.

54–56 (Einstweilen frei)

C. Verfahrensfragen

57 Die durch § 1a EStG gewährten Vergünstigungen sind von dem Steuerpflichtigen im Rahmen seiner Steuererklärung in Anspruch zu nehmen.

II. Einkommen

1. Sachliche Voraussetzungen für die Besteuerung

§ 2 Umfang der Besteuerung, Begriffsbestimmungen

(1) ¹Der Einkommensteuer unterliegen

1. Einkünfte aus Land- und Forstwirtschaft,
2. Einkünfte aus Gewerbebetrieb,
3. Einkünfte aus selbständiger Arbeit,
4. Einkünfte aus nichtselbständiger Arbeit,
5. Einkünfte aus Kapitalvermögen,
6. Einkünfte aus Vermietung und Verpachtung,
7. sonstige Einkünfte im Sinne des § 22,

die der Steuerpflichtige während seiner unbeschränkten Einkommensteuerpflicht oder als inländische Einkünfte während seiner beschränkten Einkommensteuerpflicht erzielt. ²Zu welcher Einkunftsart die Einkünfte im einzelnen Fall gehören, bestimmt sich nach den §§ 13 bis 24.

(2) ¹Einkünfte sind

1. bei Land- und Forstwirtschaft, Gewerbebetrieb und selbständiger Arbeit der Gewinn (§§ 4 bis 7k und 13a),
2. bei den anderen Einkunftsarten der Überschuss der Einnahmen über die Werbungskosten (§§ 8 bis 9a).

²Bei Einkünften aus Kapitalvermögen tritt § 20 Absatz 9 vorbehaltlich der Regelung in § 32d Absatz 2 an die Stelle der §§ 9 und 9a.

---

1 So Vogt in Blümich, § 1a EStG Rz. 53 und 55; Göckel in Littmann/Bitz/Pust, § 1a EStG Rz. 35; Hahn in Lademann, § 1a EStG Rz. 52.
2 So HHR/Stapperfend, § 1a EStG Anm. 56; Lochte in Frotscher, § 1a EStG Rz. 40.

(3) Die Summe der Einkünfte, vermindert um den Altersentlastungsbetrag, den Entlastungsbetrag für Alleinerziehende und den Abzug nach § 13 Absatz 3, ist der Gesamtbetrag der Einkünfte.

(4) Der Gesamtbetrag der Einkünfte, vermindert um die Sonderausgaben und die außergewöhnlichen Belastungen, ist das Einkommen.

(5) ¹Das Einkommen, vermindert um die Freibeträge nach § 32 Absatz 6 und um die sonstigen vom Einkommen abzuziehenden Beträge, ist das zu versteuernde Einkommen; dieses bildet die Bemessungsgrundlage für die tarifliche Einkommensteuer. ²Knüpfen andere Gesetze an den Begriff des zu versteuernden Einkommens an, ist für deren Zweck das Einkommen in allen Fällen des § 32 um die Freibeträge nach § 32 Absatz 6 zu vermindern.

(5a) ¹Knüpfen außersteuerliche Rechtsnormen an die in den vorstehenden Absätzen definierten Begriffe (Einkünfte, Summe der Einkünfte, Gesamtbetrag der Einkünfte, Einkommen, zu versteuerndes Einkommen) an, erhöhen sich für deren Zwecke diese Größen um die nach § 32d Absatz 1 und nach § 43 Absatz 5 zu besteuernden Beträge sowie um die nach § 3 Nummer 40 steuerfreien Beträge und mindern sich um die nach § 3c Absatz 2 nicht abziehbaren Beträge. ²Knüpfen außersteuerliche Rechtsnormen an die in den Absätzen 1 bis 3 genannten Begriffe (Einkünfte, Summe der Einkünfte, Gesamtbetrag der Einkünfte) an, mindern sich für deren Zwecke diese Größen um die nach § 10 Absatz 1 Nummer 5 abziehbaren Kinderbetreuungskosten.

(5b) Soweit Rechtsnormen dieses Gesetzes an die in vorstehenden Absätzen definierten Begriffe (Einkünfte, Summe der Einkünfte, Gesamtbetrag der Einkünfte, Einkommen, zu versteuerndes Einkommen) anknüpfen, sind Kapitalerträge nach § 32d Absatz 1 und § 43 Absatz 5 nicht einzubeziehen.

(6) ¹Die tarifliche Einkommensteuer, vermindert um die anzurechnenden ausländischen Steuern und die Steuerermäßigungen, vermehrt um die Steuer nach § 32d Absatz 3 und 4, die Steuer nach § 34c Absatz 5 und den Zuschlag nach § 3 Absatz 4 Satz 2 des Forstschäden-Ausgleichsgesetzes in der Fassung der Bekanntmachung vom 26. August 1985 (BGBl I S. 1756), das zuletzt durch Artikel 18 des Gesetzes vom 19. Dezember 2008 (BGBl I S. 2794) geändert worden ist, in der jeweils geltenden Fassung, ist die festzusetzende Einkommensteuer. ²Wurde der Gesamtbetrag der Einkünfte in den Fällen des § 10a Absatz 2 um Sonderausgaben nach § 10a Absatz 1 gemindert, ist für die Ermittlung der festzusetzenden Einkommensteuer der Anspruch auf Zulage nach Abschnitt XI der tariflichen Einkommensteuer hinzuzurechnen; bei der Ermittlung der dem Steuerpflichtigen zustehenden Zulage bleibt die Erhöhung der Grundzulage nach § 84 Satz 2 außer Betracht. ³Wird das Einkommen in den Fällen des § 31 um die Freibeträge nach § 32 Absatz 6 gemindert, ist der Anspruch auf Kindergeld nach Abschnitt X der tariflichen Einkommensteuer hinzuzurechnen.

(7) ¹Die Einkommensteuer ist eine Jahressteuer. ²Die Grundlagen für ihre Festsetzung sind jeweils für ein Kalenderjahr zu ermitteln. ³Besteht während eines Kalenderjahres sowohl unbeschränkte als auch beschränkte Einkommensteuerpflicht, so sind die während der beschränkten Einkommensteuerpflicht erzielten inländischen Einkünfte in eine Veranlagung zur unbeschränkten Einkommensteuerpflicht einzubeziehen.

(8) Die Regelungen dieses Gesetzes zu Ehegatten und Ehen sind auch auf Lebenspartner und Lebenspartnerschaften anzuwenden.

Inhaltsübersicht

	Rz.
A. Allgemeine Erläuterungen	1 - 43
I. Normzweck und Bedeutung der Vorschrift	1 - 15
II. Entstehung und Entwicklung der Vorschrift	16 - 25
III. Geltungsbereich	26 - 36
IV. Vereinbarkeit mit höherrangigem Recht	37
V. Verhältnis zu anderen Vorschriften	38 - 43
B. Systematische Kommentierung	44 - 393
I. Sieben Einkunftsarten als Gegenstand der Einkommensteuer (§ 2 Abs. 1 EStG)	44 - 308
1. Erzielung von Einkünften (§ 2 Abs. 1 Satz 1 EStG)	44 - 306
a) Objektiver und subjektiver Tatbestand	44 - 50
b) Der Katalog der sieben Einkunftsarten	51 - 60
c) Einkunftserzielungsabsicht oder Liebhaberei	61 - 256
aa) Allgemeine Erläuterungen zur Liebhaberei	61 - 81
(1) Begriff der Liebhaberei	61 - 67
(2) Bedeutung und Vereinbarkeit mit höherrangigem Recht	68 - 69
(3) Geltungsbereich der Liebhabereigrundsätze	70 - 81
bb) Voraussetzungen der Liebhaberei	82 - 145
(1) Einkunftserzielungsabsicht bei Gewinn- und Überschusseinkünften	82 - 89
(2) Totalgewinnprognose bei den betrieblichen Einkunftsarten	90 - 125
(3) Totalüberschussprognose bei den Überschusseinkunftsarten	126 - 135
(4) Persönliche Gründe der Lebensführung	136 - 145
cc) Rechtsfolgen der Liebhaberei	146 - 170
(1) Steuerlich irrelevante Ergebnisse	146 - 155
(2) Übergangsprobleme im betrieblichen Bereich	156 - 160
(3) Übergangsprobleme bei den Überschusseinkünften	161 - 170
dd) Liebhaberei bei den einzelnen Einkunftsarten	171 - 245
(1) Liebhaberei bei den Gewinneinkunftsarten	172 - 194
(2) Liebhaberei bei den Überschusseinkunftsarten	195 - 245
ee) Verfahrensfragen zur Liebhaberei	246 - 256
d) Zurechnung von Einkünften	257 - 298
aa) Gegenstand der Zurechnung	258 - 266
bb) Drittaufwand	267 - 275
cc) Zurechnung der Einkünfte bei Nutzungsüberlassung	276 - 286
dd) Zurechnung von Einkünften unter Familienangehörigen	287 - 296
ee) Zurechnung von Einkünften im Erbfall	297 - 298
e) Erzielung während der unbeschränkten und beschränkten Einkommensteuerpflicht	299 - 306
2. Abgrenzung der Einkunftsarten und Zuordnung der Einkünfte (§ 2 Abs. 1 Satz 2 EStG)	307 - 308
II. Dualismus der Einkunftsermittlung, objektives Nettoprinzip und Bruttobesteuerung (§ 2 Abs. 2 EStG)	309 - 320
1. Unterschiedliche Einkunftsermittlung für Gewinn- und Überschusseinkünfte (§ 2 Abs. 2 Satz 1 EStG)	309 - 313
2. Brutto- und Schedulenbesteuerung für Einkünfte aus Kapitalvermögen (§ 2 Abs. 2 Satz 2 EStG)	314 - 320
III. Die Summe und der Gesamtbetrag der Einkünfte (§ 2 Abs. 3 EStG)	321 - 337
1. Summe der Einkünfte (§ 2 Abs. 3 EStG)	321 - 322
2. Verlustverrechnung	323 - 335
a) Interner und externer Verlustausgleich	323 - 324
b) Verlustverrechnungsverbote und -beschränkungen	325 - 335

3. Gesamtbetrag der Einkünfte (§ 2 Abs. 3 EStG) ..... 336 - 337
IV. Einkommen und zu versteuerndes Einkommen (§ 2 Abs. 4 und 5 EStG) ..... 338 - 350
  1. Einkommen ..... 338 - 345
  2. Zu versteuerndes Einkommen ..... 346 - 350
    a) Bemessungsgrundlage für die Einkommensteuer (§ 2 Abs. 5 Satz 1 EStG) ..... 346 - 347
    b) Das um die Freibeträge nach § 32 Abs. 6 EStG verminderte Einkommen ..... 348 - 349
    c) Anknüpfung an andere Gesetze (§ 2 Abs. 5 Satz 2 EStG) 350
V. Anknüpfung außersteuerlicher Rechtsnormen an die Begriffe des § 2 Abs. 1 bis 5 EStG (§ 2 Abs. 5a EStG) ..... 351 - 360
VI. Keine Anknüpfung der Abgeltungsteuer an die Begriffe des § 2 Abs. 1 bis 5 EStG (§ 2 Abs. 5b EStG) ..... 361 - 362
VII. Tarifliche und festzusetzende Einkommensteuer (§ 2 Abs. 6 EStG) ..... 363 - 371
VIII. Abschnittsbesteuerung und Wechsel der Steuerpflicht (§ 2 Abs. 7 EStG) ..... 372 - 383
IX. Gleichstellung der Lebenspartner und Lebenspartnerschaften mit Ehegatten und Ehen (§ 2 Abs. 8 EStG) ..... 384 - 393
C. Verfahrensfragen ..... 394 - 395

HINWEIS:

R 2 EStR; BMF v. 8. 10. 2004, BStBl 2004 I 933, betr. Liebhaberei bei VuV; BMF v. 30. 9. 2013, BStBl 2013 I 1184 (Nießbraucherlass); BMF v. 23. 12. 2010, BStBl 2011, 37 und BMF v. 29. 4. 2014, BStBl 2014 I 309, zur steuerrechtlichen Anerkennung von Darlehensverträgen zwischen Angehörigen; BMF v. 31. 7. 2014, BStBl 2013 I 940, betr. § 2 Abs 8 EStG; Bay. LfSt v. 5. 9. 2014, NWB DokID: TAAAE-70804, betr. VuV.

LITERATUR:

▶ Weitere Literatur siehe Online-Version

v. *Schanz*, Der Einkommensbegriff und die Einkommensteuergesetze, FinArch 1896, 1; *Fuisting*, Die preußischen direkten Steuern, Bd. 4 Grundzüge der Steuerlehre, 1902; *Kanzler*, Steuerreform: Von der synthetischen Einkommensteuer zur Schedulenbesteuerung?, FR 1999, 363; *Kanzler*, Von Steckenpferden und ihren Reitern – Einige Gedanken zur Liebhaberei, DStZ 2005, 766; *Merkt*, Die Gleichstellung der eingetragenen Lebenspartnerschaft mit der Ehe im Einkommensteuerrecht, DStR 2013, 2312; *Tölle*, Eingetragene Lebenspartnerschaft – neue Entwicklungen der steuerlichen Behandlung, NWB 2013, 2708; *Kanzler*, Splitting für verwitwete Alleinerziehende?, NWB 2014, 549; *Adomat*, Praxis-Leitfaden Einkommensteuer 2014, 3. Aufl., Herne 2015; *Loll*, Besteuerung stiller Reserven nach Veräußerung eines Liebhabereibetriebs, NWB 2016, 1010; *Kanzler*, Totalgewinnprognose bei Betriebsübertragung mit zwischengeschalteter Nutzungsüberlassung, NWB 2016, 2716; *Kanzler*, Einnahmenüberschussrechnung beim Übergang zur Liebhaberei: Aufstellung einer realen Übergangsbilanz nicht zwingend, einer fiktiven aber sinnvoll, FR 2016; *Kraft/Schalz*, Liebhaberei bei vermögenden Privatpersonen – ein Rechtsprechungskompendium, DStR 2016, 2936; *Krumm*, Zur Einkommensteuerbarkeit von Forschungspreisgeldern, FR 2015, 639; *N. Meier*, Zur Einkommensteuerpflicht von Preisgeldern aus Turnierpokerspielen, FR 2016, 359; *Märtens*, Erbschaft als Betriebseinnahme bei der Pflegeheim-GmbH, jurisPR-SteuerR 11/2017 Anm 5; *Selder*, Keine Zusammenveranlagung für die Partner einer nichtehelichen verschiedengeschlechtlichen Lebensgemeinschaft, jurisPR-SteuerR 34/2017 Anm 5; *Stöber*, Die subjektübergreifende Einkünfteerzielungsabsicht, FR 2017, 801; *P. Kirchhof*, Bedeutung von Einkommensbegriffen und Einkommenstheorien, in 100 Jahre Steuerrechtsprechung in Deutschland 1918-2018, Festschrift für den BFH, 2018, 1197; *Wernsmann*, Einkunftsartenabgrenzung, in 100 Jahre Steuerrechtsprechung in Deutschland 1918-2018, Festschrift für den BFH, 2018, 1129.

ARBEITSHILFEN UND GRUNDLAGEN ONLINE:

Hilbertz, Einkünfteerzielungsabsicht bei Vermietung und Verpachtung, NWB DokID: FAAAE-40149; *Meier*, Verlustausgleich – Verlustabzug, InfoCenter 2015, NWB DokID: KAAAA-88455.

A. Allgemeine Erläuterungen

I. Normzweck und Bedeutung der Vorschrift

1 **Zweistufenaufbau der Einkommensteuerbemessungsgrundlage:**[1] § 2 EStG regelt den sachlichen Inhalt, gewissermaßen das Programm[2] der Einkommensteuer, bestimmt ihr System und die grundlegenden Begriffe „Einkünfte", „Einkommen" und „zu versteuerndes Einkommen". Die Bemessungsgrundlage „zu versteuerndes Einkommen" ist zweistufig aufgebaut: Danach folgen der vom objektiven Nettoprinzip beherrschten Einkunftserzielung, die auf dem subjektiven Nettoprinzip beruhenden Abzugstatbestände der indisponiblen Einkommensverwendung.

ABB.	Ermittlung des zu versteuernden Einkommens[3,4]

Gewinneinkünfte (§ 2 Abs. 2 Nr. 1 EStG):

    Einkünfte aus Land- und Forstwirtschaft (§ 13 EStG)
+ Einkünfte aus Gewerbebetrieb (§ 15 EStG)
+ Einkünfte aus selbständiger Arbeit (§ 18 EStG)

Überschusseinkünfte (§ 2 Abs. 2 Nr. 2 EStG):

+ Einkünfte aus nichtselbständiger Arbeit (§ 19 EStG)
+ Einkünfte aus Kapitalvermögen (§ 20 EStG)
+ Einkünfte aus Vermietung und Verpachtung (§ 21 EStG)
+ Sonstige Einkünfte (§ 22 EStG)

= **Summe der Einkünfte**

./. Altersentlastungsbetrag (§ 24a EStG)
./. Entlastungsbetrag für Alleinerziehende (§ 24b EStG)
./. Freibetrag für Land- und Forstwirte (§ 13 Abs. 3 EStG)

= **Gesamtbetrag der Einkünfte (§ 2 Abs. 3 EStG)**

./. Verlustabzug (§ 10d EStG)
./. Sonderausgaben (§§ 10, 10b, 10c EStG)
./. außergewöhnliche Belastungen (§§ 33 – 33b EStG)

= **Einkommen (§ 2 Abs. 4 EStG)**

./. Freibeträge nach § 32 Abs. 6 EStG
   (sofern die gebotene steuerliche Freistellung durch das Kindergeld nicht in vollem Umfang bewirkt wird)
./. Härteausgleich (§ 46 Abs. 3 EStG, § 46 Abs. 5 EStG i. V. mit § 70 EStDV)

= **Zu versteuerndes Einkommen (§ 2 Abs. 5 EStG)**

Die **tarifliche Einkommensteuer** ergibt sich dann durch Anwendung der Grundtabelle bzw. Splittingtabelle auf das zu versteuernde Einkommen.

---

1 Dieser Zweistufenaufbau ist vom dualistischen Einkommensbegriff (→ Rz. 309 ff.) zu unterscheiden.
2 R 2 EStR besteht aus einer Tabelle, die nach Art eines Programmablaufplans (*flowchart*) die einzelnen Schritte von der Bestimmung der Einkunftsart bis zur Festsetzung der Einkommensteuer wiedergibt. Grundlage dafür ist die automationsgerechte Gestaltung der Vorschrift durch das EStRG v. 5. 8. 1974 (siehe → Rz. 18).
3 Ein nach *Adomat* (Praxis-Leitfaden Einkommensteuer 2014, S. 6) ergänztes Schaubild.
4 Allerdings gilt die Einbeziehung der Einkünfte aus Kapitalvermögen nach Einführung der Abgeltungsteuer nur noch für die Ausnahmefälle des § 32d EStG, weil diese Einkunftsart grundsätzlich einer Bruttobesteuerung mit einem gesonderten Pauschaltarif und damit einer partiellen Schedulenbesteuerung unterliegt (dazu i. E. → Rz. 309 und → Rz. 314 f.).

Sieben Einkunftsarten: Nach § 2 Abs. 1 EStG unterliegen nur Einkünfte der Einkommensteuer, die der Stpfl. als unbeschränkt oder im Inland als beschränkt Einkommensteuersteuerpflichtiger aus den sieben Einkunftsarten erzielt (→ Rz. 44 ff.).

Einkünftedualismus und objektives Nettoprinzip: § 2 Abs. 2 EStG regelt den sog. Dualismus der Einkunftsarten mit der Freistellung der außerbetrieblichen Vermögenssphäre: Die Unterscheidung in Gewinn- und Überschusseinkunftsarten unter Hinweis auf die §§ 4 bis 7i und § 13a EStG, sowie die §§ 8 bis 9a EStG. Den Begriffen „Gewinn" und „Überschuss der Einnahmen über die Werbungskosten", ist der Abzug erwerbssichernden Aufwands immanent, der als objektives Nettoprinzip zu den gesetzgeberischen Grundentscheidungen gehört.[1] Bei Einkünften aus Kapitalvermögen tritt § 20 Abs. 9 EStG vorbehaltlich der Regelung in § 32d Abs. 2 EStG (Ausnahmen von der Abgeltungsteuer) an die Stelle der § 9 EStG und § 9a EStG (ausführlich dazu → Rz. 309 und Rz. → 314).

Die Summe und der Gesamtbetrag der Einkünfte (§ 2 Abs. 3 EStG) sind Zwischenschritte zur Ermittlung des Einkommens, wobei die Summe der Einkünfte zugleich den Verlustausgleich bewirkt (→ Rz. 323 ff.) und – vermindert um den Altersentlastungsbetrag, den Entlastungsbetrag für Alleinerziehende und den Freibetrag für Land- und Forstwirte nach § 13 Abs. 3 EStG – zum Gesamtbetrag der Einkünfte führt. Der Gesamtbetrag der Einkünfte ist zugleich Ausgangsgröße für den Abzug privater Aufwendungen. Von dieser Stufe an wird das subjektive Nettoprinzip verwirklicht (→ Rz. 5), obwohl schon bei Ermittlung des Gesamtbetrags der Einkünfte private Abzüge nach §§ 24a, 24b EStG vorgesehen sind.[2]

Einkommen (§ 2 Abs. 4 EStG) und subjektives Nettoprinzip: Das Einkommen ist der um die SA und die agB geminderte Gesamtbetrag der Einkünfte. Der Abzug des existenzsichernden Aufwands entspricht dem subjektiven Nettoprinzip, nach dem das „Verfassungsgebot der steuerlichen Verschonung des Existenzminimums des Steuerpflichtigen und seiner unterhaltsberechtigten Familie" zu beachten ist.[3]

Das zu versteuernde Einkommen (§ 2 Abs. 5 EStG) ist das um die Freibeträge nach § 32 Abs. 6 EStG und die sonstigen vom Einkommen abzuziehenden Beträge geminderte Einkommen. Es ist zugleich Bemessungsgrundlage für die tarifliche Einkommensteuer (→ Rz. 346 ff.) und andere Steuernormen, die sich auf den Begriff des zu versteuernden Einkommens beziehen.

Korrekturen der Bemessungsgrundlage (§ 2 Abs. 5a und 5b EStG): Knüpfen außersteuerliche Rechtsnormen an die Begriffe „Einkünfte, Summe der Einkünfte, Gesamtbetrag der Einkünfte, Einkommen, zu versteuerndes Einkommen" an, erhöhen sich diese Größen für deren Zwecke um die nach § 32d Abs. 1 und § 43 Abs. 5 EStG zu besteuernden Beträge sowie um die nach § 3 Nr. 40 steuerfreien Beträge und mindern sich um die nach § 3c Abs. 2 EStG nicht abziehbaren Beträge sowie die nach § 10 Abs. 1 Nr. 5 EStG abziehbaren Kinderbetreuungskosten (§ 2 Abs. 5a EStG). Im Übrigen sind im Rahmen des EStG Kapitalerträge nach § 32d Abs. 1 und § 43 Abs. 5 EStG nicht von den Begriffen „Einkünfte, Summe der Einkünfte, Gesamtbetrag der Einkünfte, Einkommen, zu versteuerndes Einkommen" erfasst (§ 2 Abs. 5b EStG).

---

1 Siehe nur BVerfG v. 6. 7. 2010 - 2 BvL 13/09, BStBl 2011 II 318, m. w. N., betr. häusliches Arbeitszimmer.

2 Zur Kritik an diesem unsystematischen Stufenaufbau des § 2 EStG s. *Hey* in Tipke/Lang, Steuerrecht, § 8 Rz. 41, m. w. N.

3 Siehe nur BVerfG v. 9. 12. 2008 - 2 BvL 1/07, 2 BvL 2/07, 2 BvL 1/08, 2 BvL 2/08, BFH/NV 2009, 338 = NWB DokID: SAAAD-00290, zu Rz. 64, m. w. N. „Pendlerpauschale" mit Anm. *Kanzler*, NWB 2009, 462.

8 **Die tarifliche Einkommensteuer** wird dann gem. § 2 Abs. 6 EStG vermindert um die anzurechnenden ausländischen Steuern und die Steuerermäßigungen und erhöht um die pauschalierten Steuerbeträge nach einem progressiven Tarif festgesetzt.

9 **Prinzip der Abschnittsbesteuerung (§ 2 Abs. 7 EStG):** Die Grundlagen der Einkommensteuer als Jahressteuer werden für das Kj. ermittelt. Bei beschränkter Einkommensteuerpflicht für einen Teil des Jahres sind die inländischen Einkünfte in die Veranlagung zur unbeschränkten Steuerpflicht einzubeziehen.

10 **Gleichstellung der Lebenspartner (§ 2 Abs. 8 EStG):** Seit 2013 sieht Abs. 8 vor, dass die Regelungen des EStG zu Ehegatten und Ehen auch auf eingetragene Lebenspartner und Lebenspartnerschaften anzuwenden sind.

11–15 *(Einstweilen frei)*

II. Entstehung und Entwicklung der Vorschrift

16 Die grundlegende Vorschrift zum System der ESt, zum Steuergegenstand und zur Ermittlung der Bemessungsgrundlage mit den dazugehörenden Begriffen, wurde 1934 eingeführt und unterlag wiederholt Änderungen, die meist als Folge von Änderungen des EStG an anderer Stelle geboten waren. Folgende Änderungen sind als grundlegende Korrekturen zu erwähnen:[1]

17 **EStG 1934:** Die Vorschrift wurde erstmals in das EStG eingefügt, führte die bisherigen Regelungen in §§ 6, 7, 10 Abs. 1 Buchst. a und b sowie § 45 EStG 1925 zusammen[2] und sah erstmals den heute geltenden Katalog von sieben Einkunftsarten vor (→ Rz. 60 f.).

18 **EStRG 1975 v. 5. 8. 1974:**[3] Die noch geltende Überschrift wurde geändert und der Aufbau der Vorschrift den Anforderungen an eine „automationsgerechte Gestaltung des Einkommensteuerrechts ausgerichtet".[4]

19 **StEntlG 1999/2000/2002 v. 24. 3. 1999:**[5] Einführung einer Mindestbesteuerung durch Beschränkung des vertikalen Verlustausgleichs in § 2 Abs. 3 EStG.

20 **Gesetz zur Umsetzung der Protokollerklärung der BReg. zur Vermittlungsempfehlung zum StVergAbG (sog. Korb II-Gesetz) v. 22. 12. 2003:**[6] Aufhebung der durch StEntlG 1999/2002/2002 v. 24. 3. 1999 eingeführten Mindestbesteuerung.

21 **Gesetz zur Änderung des Einkommensteuergesetzes in Umsetzung der Entscheidung des BVerfG vom 7. 5. 2013 v. 15. 7. 2013:**[7] Die Regelungen des EStG und der EStDV zu Ehegatten und Ehen sind rückwirkend (§ 52 Abs. 2a EStG und § 84 Abs. 1a EStDV) auch auf Lebenspartner und Lebenspartnerschaften anzuwenden (→ Rz. 384 ff.).

22–25 *(Einstweilen frei)*

---

1 Eine vollständige Übersicht zur Rechtsentwicklung des § 2 EStG findet sich etwa bei HHR/*Musil*, § 2 EStG Anm. 5.
2 Siehe Begründung zum EStG 1934, RStBl 1935, 34 f.
3 BGBl 1974 I 1769.
4 Begr. zu 3. StRefG - EStG 1975, BT-Drucks. 7/1470, 238.
5 BGBl 1999 I 4021.
6 BGBl 2003 I 2840.
7 Gesetz v. 15. 7. 2013, BGBl 2013 I 2397.

III. Geltungsbereich

Natürliche Personen: § 2 EStG bestimmt den Umfang und Zeitraum der Besteuerung für alle unbeschränkt und beschränkt einkommensteuerpflichtigen natürlichen Personen nach dem Individualsteuerprinzip. Bei unbeschränkter Einkommensteuerpflicht gilt das Welteinkommensprinzip, während beschränkt Stpfl. nur mit ihren Inlandseinkünften gem. §§ 49 ff. EStG der Einkommensteuer unterliegen.

Körperschaften, Personenvereinigungen und Vermögensmassen: Über § 8 Abs. 1 KStG gilt § 2 EStG auch für Körperschaftsteuerpflichtige, die ebenfalls Einkünfte aus den sieben in § 2 Abs. 1 EStG genannten Einkunftsarten versteuern. Allerdings gilt die Tätigkeit einer KapGes gem. § 8 Abs. 2 KStG auch insoweit als Gewerbebetrieb, als sie nicht unter eine der sieben Einkunftsarten des § 2 Abs. 1 EStG fällt, weil die KapGes keine außerbetriebliche Sphäre hat. Daher unterliegt etwa die einer Pflegeheim-GmbH zufallende Erbschaft als Betriebseinnahme ungeachtet ihrer erbschaftsteuerrechtlichen Belastung der Körperschaftsteuer.[1][2]

> **PRAXISHINWEIS**
>
> Um zu vermeiden, dass eine als Erbin eingesetzte Kapitalgesellschaft (z. B. eine Pflegeheim-GmbH) neben der Erbschaftsteuer auch Körperschaftsteuer entrichtet, wird vorgeschlagen, anstelle der Kapitalgesellschaft einen (oder mehrere) natürliche Personen (Gesellschafter) unter der Auflage als Erben einzusetzen, dass diese das Nachlassvermögen sodann der Gesellschaft gutbringen.[3] Als Zweckzuwendung wäre diese Weiterleitung aber ihrerseits schenkungsteuerpflichtig, es sei denn, sie sei ausschließlich gemeinnützigen Zwecken gewidmet und ihre Verwendung zu dem bestimmten Zweck gesichert (§ 13 Nr. 17 ErbStG). Bei Zuwendungen an einen Heimbetrieb könnte allerdings auch das Annahmeverbot des § 14 HeimG eingreifen.

Personengesellschaften: Der von der PersG als Einkünfteerzielungs- und -ermittlungssubjekt verwirklichte Einkommensteuertatbestand und die erzielten Einkünfte sind den Gesellschaftern, bei den Gewinneinkünften den Mitunternehmern, anteilig zuzurechnen.

Ehegatten und eingetragene Lebenspartner: Auch bei Ehegatten und Lebenspartnern gilt der „Grundsatz der Individualbesteuerung", als das das moderne Einkommensteuerrecht beherrschende Prinzip.[4] Daher sind bei den beiden seit dem StVereinfG 2011[5] verbleibenden Formen der Ehegattenveranlagung (Einzel- und Zusammenveranlagung) die Einkünfte für jeden der beiden Ehegatten oder Lebenspartner getrennt zu ermitteln.

Anwendung auf Auslandsbeziehungen: § 2 EStG gilt aufgrund des Welteinkommensprinzips auch für Auslandssachverhalte, die ein unbeschränkt Einkommensteuerpflichtiger verwirklicht.[6] Auslandseinkünfte können allerdings einem DBA und damit einer beschränkten Besteuerung unterliegen (§ 2 AO und Progressionsvorbehalt gem. § 32b EStG). Ausnahmen sind auch im AStG[7] und im AuslInvG vorgesehen.[8] Zur Berücksichtigung ausländischer Steuern s. §§ 34c, 34d EStG und § 12 AStG.

---

1 BFH v. 6.12.2016 - I R 50/16, BStBl 2017 II 324 im Anschluss an BFH v. 14. 3. 2006 - VIII R 60/03, BStBl 2006 II 650.
2 BFH v. 4.12.1996 - I R 54/95, BFHE 182, 123 = NWB DokID: YAAAA-96773 betr. Aufwendungen einer KG für den Betrieb einer Yacht.
3 So *Märtens*, jurisPR-SteuerR 11/2017 Anm. 5.
4 BVerfG v. 17.1.1957 - 1 BvL 4/54, BVerfGE 6, 55 „Haushaltsbesteuerung".
5 Vom 1.11.2011, BGBl 2011 I 2131.
6 BFH v. 2.4.2014 - I R 68/12, BStBl 2014 II 875.
7 Vom 8.9.1972, BGBl 1972 I 1713, mit Änderungen.
8 Vom 18.8.1969, BGBl 1969 I 1211, mit Änderungen.

31 Zeitlicher Geltungsbereich: Die 2013 und 2014 eingeführten Regelungen des EStG und der EStDV zur Gleichstellung der Lebenspartner mit Ehegatten sind auch rückwirkend anzuwenden (§ 52 Abs. 2a EStG und § 84 Abs. 1a EStDV). Dazu auch → Rz. 21.

32–36 *(Einstweilen frei)*

IV. Vereinbarkeit mit höherrangigem Recht

37 Die Verfassungsmäßigkeit der Vorschrift steht außer Frage. Nur ausnahmsweise steht § 2 EStG isoliert zur Entscheidung, wenn eigenständige materiell-rechtliche Regelungen im Streit sind. So bei der Mindestbesteuerung (→ Rz. 19 f.), die für die VZ 1999 bis 2003 in § 2 Abs. 3 EStG geregelt war. Im Übrigen war § 2 EStG im Zusammenhang mit einer bestimmten Einkunftsart Gegenstand verfassungsgerichtlicher Überprüfung. So hat das BVerfG die steuerliche Rechtsprechung zur Liebhaberei wiederholt für verfassungsgemäß gehalten (s. → Rz. 69) oder mit Urteil v. 27. 6. 1991 die damalige Besteuerung privater Kapitalerträge für verfassungswidrig erklärt und eine Neuregelung gefordert, die mit dem ZinsabschlagsG v. 9. 11. 1992[1] geschaffen wurde. Zur Verfassungsmäßigkeit des Prinzips der Abschnittsbesteuerung siehe → Rz. 374 und des § 2 Abs. 8 EStG sowie des Ausschlusses nichtehelicher und nicht verpartnerter Lebensgemeinschaften nach dieser Vorschrift s. → Rz. 385.

V. Verhältnis zu anderen Vorschriften

38 Als Grundnorm zur sachlichen Einkommensteuerpflicht verklammert § 2 EStG alle Vorschriften zum Einkommen, zur Veranlagung und zum Tarif. Dieser sog. Klammertechnik hat sich der Gesetzgeber auch bei der Gleichstellung eingetragener Lebenspartnerschaften mit der Ehe bedient (→ Rz. 384). Wegen des Verhältnisses zur Körperschaftsteuer s. → Rz. 27.

39–43 *(Einstweilen frei)*

B. Systematische Kommentierung

I. Sieben Einkunftsarten als Gegenstand der Einkommensteuer (§ 2 Abs. 1 EStG)

1. Erzielung von Einkünften (§ 2 Abs. 1 Satz 1 EStG)

a) Objektiver und subjektiver Tatbestand

44 Einkünfte sind demjenigen zuzurechnen, der sie „erzielt", d. h. der den objektiven Tatbestand der Erzielung von Einkünften einer bestimmten Einkunftsart verwirklicht. Dies ist vorab zu prüfen, denn nach der Systematik des Gesetzes und ständiger Rechtsprechung stellt sich die Frage der Einkünfteerzielungsabsicht als subjektives Tatbestandsmerkmal erst, nachdem eine auf Einkünfteerzielung gerichtete Tätigkeit (als objektiver Tatbestand) festgestellt wurde.[2] Streitig ist, worin die Einkünfteerzielung besteht. Dazu werden die ökonomischen Einkommenstheorien[3] und die Erwerbstätigkeitstheorie[4] sowie die Auffassung vertreten, die Einkommenserzie-

---

[1] BGBl 1992 I 1285.
[2] BFH v. 20. 8. 2010 - IX B 41/10, BFH/NV 2010, 2239 = NWB DokID: CAAAD-53564.
[3] Siehe nur *Hey* in Tipke/Lang, Steuerrecht, § 8 Rz. 41.
[4] *Bayer*, BB 1988, 1, 213, 218.

lung bestehe in der Nutzung einer Erwerbsgrundlage.[1] Die praktische Bedeutung dieser Theorien ist gering; das EStG nämlich stellt mit dem Katalog der sieben Einkunftsarten eine pragmatische Legaldefinition zur Verfügung, die der Gesetzgeber für ausreichend erachtet.[2]

Objektiver Tatbestand: Einkünfteerzielung setzt bei allen Einkunftsarten (Gewinn- und Überschusseinkünften) voraus, dass der Stpfl. eine wirtschaftlich auf Vermögensmehrung gerichtete Tätigkeit entfaltet.[3] Diese zielgerichtete Betätigung muss über eine größere Zahl von Jahren gesehen, auf die Erwirtschaftung positiver Ergebnisse angelegt sein.[4] Ein danach prognostizierter Totalgewinn oder -überschuss ist gewichtiges Indiz für das Vorliegen einer Einkunftserzielungsabsicht bezogen auf die jeweilige Einkunftsart, den einzelnen Stpfl. (Grundsatz der Individualbesteuerung) und die Gesamtdauer seiner Betätigung oder der seines unentgeltlichen Rechtsnachfolgers. 45

Subjektiver Tatbestand: Die Erzielung von Einkünften setzt eine Willensbetätigung und damit eine Absicht voraus, die gemeinhin als subjektives Tatbestandsmerkmal verstanden wird.[5] Danach soll die Einkunfts- und die in § 15 Abs. 2 Satz 1 EStG ausdrücklich geregelte Gewinnerzielungsabsicht Merkmal eines jeden Einkunftserzielungstatbestands sein und als sog. „innere Tatsache" der Feststellung durch das FA und die Gerichte unterliegen.[6] 46

(Einstweilen frei) 47–50

b) Der Katalog der sieben Einkunftsarten

Pragmatischer Einkommensbegriff: Unabhängig von den unterschiedlichen Einkommenstheorien (Reinvermögenszugangs-, Quellen- oder Markteinkommenstheorie) hat sich der Gesetzgeber nicht zuletzt aus Gründen der Kontinuität[7] für die seit dem Preußischen EStG bekannte pragmatische Lösung eines Einkünftekatalogs entschieden.[8] Seit dem EStG 1934 (→ Rz. 17) sind nur die Einkünfte aus den sieben Einkunftsarten steuerbar (§ 2 Abs. 1 Satz 1 Nr. 1 bis 7 EStG). Dazu gehören die Einkünfte aus Land- und Forstwirtschaft, Gewerbebetrieb, selbständiger Arbeit, nichtselbständiger Arbeit, Kapitalvermögen, Vermietung und Verpachtung und die sonstigen Einkünfte. 51

Abschließende Aufzählung der Einkunftsarten: Der Katalog der in § 2 Abs. 1 EStG genannten sieben Einkunftsarten ist abschließend. Einnahmen, die sich keiner dieser Einkunftsarten zuordnen lassen, sind daher nicht steuerbar. Dazu gehören etwa Ausstattungen (§ 1624 BGB) 52

---

1 *P. Kirchhof* in Kirchhof, § 2 EStG Rz. 81.
2 Regierungsentwurf eines 3. StRefG, BT-Drucks. 7/1470, 211.
3 Grundlegend BFH v. 25.6.1984 – GrS 4/82, BStBl 1984 II 751, unter C.IV.3.c der Gründe und seitdem ständige Rechtsprechung.
4 BFH v. 11.10.2007 – IV R 15/05, BStBl 2008 II 465, m.w.N.
5 So etwa *Pezzer*, Beihefter zu DStR 39/2007, 16; a.A. *Weber-Grellet*, Beihefter zu DStR 39/2007, 40.
6 So ständige Rechtsprechung seit BFH v. 25.6.1984 – GrS 4/82, BStBl 1984 II 751, unter C.IV.3.c der Gründe und zuletzt BFH v. 30.10.2014 – IV R 34/11, BStBl 2015 II 380; mit guten Gründen a.A. *Weber-Grellet*, Beihefter zu DStR 2007, 40, 46.
7 Regierungsentwurf eines 3. StRefG, BT-Drucks. 7/1470, 211.
8 Zur Rechtsentwicklung der Einkunftsarten HHR/*Musil*, § 2 EStG Anm. 67.

und Aussteueraufwendungen, Ehrenpreise[1], Erbschaften, sofern darin noch nicht nach § 4 Abs. 3 EStG versteuerte Forderungen enthalten sind, Erträge aus Preisausschreiben und Preisgelder,[2] Schenkungen oder Wett- und Spielgewinne[3] aber auch Einkünfte aus einer Liebhaberei (→ Rz. 61 ff.) und Gewinne aus der Veräußerung privaten Vermögens, sofern nicht die Voraussetzungen der §§ 17 oder 23 EStG (z. B. bei Veräußerung eines Kunstobjekts mehr als ein Jahr nach der Anschaffung) erfüllt sind.[4]

53 **Steuerfreie Einkünfte:** Von den nicht steuerbaren Einkünften sind die steuerbefreiten Einkünfte zu unterscheiden, die wiederum in objektive Steuerbefreiungen, Freibeträge und Freigrenzen unterteilt werden. Die objektiven Befreiungen sind in dem umfangreichen und immer wieder geänderten Katalog des § 3 EStG aber auch in § 3b EStG recht unsystematisch geregelt und in Verbindung mit § 3c EStG anzuwenden. Denn soweit Ausgaben mit steuerfreien Einnahmen „in unmittelbarem wirtschaftlichen Zusammenhang stehen", dürfen sie weder als BA noch als WK abgezogen werden. Ein Abzugsverbot für Sonderausgaben[5] und außergewöhnliche Belastungen[6] besteht aber nicht. Steuerfrei sind Einkünfte auch insoweit, als für die einzelnen Einkunftsarten Freibeträge oder Freigrenzen vorgesehen sind (→ Rz. 307).

54–60 *(Einstweilen frei)*

c) Einkunftserzielungsabsicht oder Liebhaberei

aa) Allgemeine Erläuterungen zur Liebhaberei

(1) Begriff der Liebhaberei

61 „Liebhaberei" ist eine aus privater Neigung nicht zur Einkünfteerzielung unternommene Tätigkeit; sie ist daher insgesamt – mit ihren Erträgen wie mit ihren Aufwendungen – nicht einkommensteuerbar.[7]

62 **Der Liebhabereibegriff** findet sich nicht im Gesetz; es handelt sich vielmehr um einen durch die Rechtsprechung entwickelten Rechtsbegriff, der das deutsche Steuerrecht seit den ersten Entscheidungen des PrOVG[8] beherrscht und der seit dem Beschluss des BFH zur Aufgabe der Geprägerechtsprechung[9] immer häufiger auch als Betätigung mit fehlender Einkunfts- oder Einkünfteerzielungsabsicht umschrieben wird.[10] Diese Bezeichnung trägt aber kaum zum bes-

---

[1] BFH v. 9.5.1985 - IV R 184/82, BStBl 1985 II 427, betr. Theodor-Wolff-Preis 1977, der für das Lebenswerk überreicht wurde; anders bei betrieblicher Veranlassung: BFH v. 14.3.1989 - I R 83/85, BStBl 1989 II 650, betr. an einen Handwerker von einer Förderstiftung verliehenen Geldpreis. Zur Steuerbarkeit von Forschungspreisgeldern s. *Krumm*, FR 2015, 639 und von Preisgeldern aus Turnierpokerspielen s. *N. Meier*, FR 2016, 359.
[2] S. etwa BayLfSt v. 26.7.2018, NWB DokID: PAAAG-93511, wonach Preisgelder des Wettbewerbs „100 Beste Heimatwirtschaften" nicht steuerbar sind.
[3] BFH v. 2.9.2008 - X R 8/06, BStBl 2010 II 548; FG Münster v. 12.10.2018 - 14 K 799/11 E,G, NWB DokID: QAAAH-00578, Rev. III R 67/18 stpfl. Gewinne eines Turnierpokerspielers.
[4] Ausführlich zu den nicht steuerbaren Einkünften HHR/*Musil*, § 2 EStG Anm. 79 f., m.w.N.
[5] HHR/*Kulosa*, § 10 EStG Anm. 19, m.w.N.
[6] HHR/*Kanzler*, § 33 EStG Anm. 42, m.w.N.
[7] BVerfG v. 30.9.1998 - 2 BvR 1818/91, BVerfGE 99, 88.
[8] PrOVG v. 14.12.1894, OVGSt 3, 150, 155 und v. 19.6.1908, OVGSt 13, 137, 149, betr. Jagden; PrOVG v. 13.10.1898, OVGSt 7, 185, 186 ff., betr. Gestüt und Rennstall; PrOVG v. 14.12.1904, OVGSt 12, 151, 153, betr. Bienenzucht außerhalb der Land- und Forstwirtschaft.
[9] BFH v. 25.6.1984 - GrS 4/82, BStBl 1984 II 751.
[10] So ständige Rechtsprechung seit BFH v. 8.10.1985 - VIII R 234/84, BStBl 1986 II 596. Zur Konjunktur dieses Begriffs nach dem Geprägebeschluss des BFH s. *Kanzler*, DStZ 2005, 766.

seren Verständnis des Liebhabereibegriffs bei.[1] Schon vor dem als grundlegend anerkannten Geprägebeschluss des Großen Senats des BFH[2] hatte der IV. Senat des BFH in seinem Urteil v. 27.6.1968[3] in bemerkenswerter Kürze die wesentlichen Kriterien einer Liebhaberei dargelegt: Danach kommt es für „die Abgrenzung zwischen Liebhaberei und einer einkommensteuerlich bedeutsamen Tätigkeit entscheidend darauf an, ob der Betrieb nach betriebswirtschaftlichen Grundsätzen geführt und nach seiner Wesensart und der Art seiner Bewirtschaftung auf die Dauer gesehen nachhaltig mit Gewinn arbeiten kann. Ob diese Voraussetzungen gegeben sind, beurteilt sich nicht nach der subjektiven Auffassung des Steuerpflichtigen – diese kann nur in Grenzfällen eine Rolle spielen –, sondern nach den objektiven Verhältnissen... Es muß auf die Dauer und auf lange Sicht betrachtet ein Gewinn erstrebt werden". Durch den Beschluss des Großen Senats v. 25.6.1984[4] wurden nur die Begriffe des Totalgewinns sowie der Totalgewinnprognose hinzugefügt und die subjektive Seite des Liebhabereibegriffs in den Vordergrund gestellt, die bis dahin nur hilfsweise von Bedeutung sein sollte.[5]

Rechtsentwicklung des Liebhabereibegriffs nach dem Geprägebeschluss: Die seit 1985 ergangene Rechtsprechung des BFH und der Finanzgerichte schwankte zunächst zwischen einem objektiven und einem subjektiven Liebhabereibegriff,[6] je nachdem welcher Aspekt der genannten Definition (→ Rz. 62) von der jeweiligen Entscheidung in den Vordergrund gestellt wurde. So kehrte der BFH nach einer extremen Hinwendung zur subjektiven Sicht in einem Urteil zur Einkunftserzielung eines Anwalts, mit Urteil v. 14.12.2004[7], ebenfalls in einem Anwaltsfall sich von seiner früheren Entscheidung abgrenzend, zu einer stärkeren Akzentuierung der objektiven Merkmale zurück.[8] Demgegenüber hatte der IV. Senat des BFH bereits den Umstand nachhaltiger Erzielung ausgleichsfähiger Verluste und die Feststellung einer objektiv negativen Totalgewinnprognose stets als gewichtiges Beweisanzeichen für eine fehlende Gewinnerzielungsabsicht gewertet.[9] Nur bei typischerweise gewinnträchtigen Tätigkeiten, wie der Ausübung eines Gewerbes oder einer selbständigen Tätigkeit in Gestalt eines Katalogberufs forderte der IV. Senat weitere Beweisanzeichen dafür, dass der Steuerpflichtige die verlustbringende Tätigkeit nur aus im Bereich seiner Lebensführung liegenden persönlichen Gründen oder Neigungen ausübt.[10] Inzwischen hat sich die Auffassung vom Erfordernis einer zweistufigen Prüfung der Liebhaberei durchgesetzt, die die objektiven und subjektiven Aspekte fehlender Einkunftserzielungsabsicht verbindet (→ Rz. 82). 63

(Einstweilen frei) 64–67

---

1 *Birk*, Deutscher Finanzgerichtstag (6), 2011, 57; zweifelnd schon *Kanzler*, DStZ 2005, 766, 767; nach *Falkner* (Einkunftserzielungsabsicht, S. 55) wurde die Einkunftserzielungsabsicht nur „erfunden", um die Liebhaberei auf ein dogmatisches Fundament stellen zu können. Dessen hätte es aber nicht bedurft, weil das dogmatische Fundament, das Leistungsfähigkeits- und objektive Nettoprinzip, bereits vorhanden war.
2 BFH v. 25.6.1984 - GrS 4/82, BStBl 1984 II 751.
3 IV 69/63, BStBl 1968 II 815.
4 BFH v. 25.6.1984 - GrS 4/82, BStBl 1984 II 751.
5 *Kanzler*, DStZ 2005, 766, 767.
6 Diese Unterscheidung hat sich auch das BVerfG zu eigen gemacht (BVerfG v. 28.10.1986 - 1 BvR 325/86, StEL 1986, 27).
7 Vom 14.12.2004 - XI R 6/02, BStBl 2005 II 392.
8 Ebenso signifikant BFH v. 17.11.2004 - X R 62/01, BStBl 2005 II 336.
9 BFH v. 24.8.2000 - IV R 46/99, BStBl 2000 II 674 „Generationenbetrieb: Weinbau"; BFH v. 14.7.2003 - IV B 81/01, BStBl 2003 II 804 „Weinbau aus Familientradition" und BFH v. 26.2.2004 - IV R 43/02, BStBl 2004 II 455 „Liebhaberei bei Berufsende".
10 So zuletzt noch BFH v. 20.9.2012 - IV R 43/10, BFH/NV 2013, 408 m.w.N. = NWB DokID: DAAAE-26245; s. auch BFH v. 10.5.2012 - X B 57/11, BFH/NV 2012, 1307 = NWB DokID: DAAAE-12666.

(2) Bedeutung und Vereinbarkeit mit höherrangigem Recht

68 **Bedeutung der Liebhaberei:** Liebhabereitätigkeiten sind nicht dem Bereich der Einkunftserzielung, sondern der Sphäre der Einkommensverwendung zuzuordnen, die einkommensteuerlich grundsätzlich unbeachtlich ist. Liebhabereieinkünfte sind daher nicht steuerbare Konsumeinkünfte,[1] die vor allem von vermögenden Stpfl. zur Verlustverrechnung erklärt werden.[2]

69 Die **Verfassungsmäßigkeit der Liebhabereigrundsätze** hat das BVerfG in mehreren Nichtannahmebeschlüssen wiederholt bestätigt. Danach verstößt es nicht gegen das Rechtsstaatsprinzip, dass Verluste aus Liebhabereibetrieben nach der Rechtsprechung des BFH bei der Ermittlung des Gesamtbetrags der Einkünfte nicht ausgleichsfähig sind.[3] Auch der Übergang vom objektiven zum subjektiven Beurteilungsmaßstab bei der Gewinnerzielungsabsicht nach dem Geprägebeschluss des BFH (siehe → Rz. 62 f.) ist nicht zu beanstanden.[4] Schließlich wurde eine Verfassungsbeschwerde zur Verfassungsmäßigkeit der vorläufigen Steuerfestsetzung bei ungewisser Gewinnerzielungsabsicht ohne Begründung verworfen.[5]

(3) Geltungsbereich der Liebhabereigrundsätze

70 **Sachlich** kann die Liebhaberei alle Einkunftsarten betreffen. Die Liebhabereigrundsätze gelten aber nicht nur für das EStG, sondern auch für die Gewerbesteuer, nicht aber – mangels einer außerbetrieblichen Sphäre – im Körperschaftsteuerrecht.[6] Auch für die Umsatzsteuer ist eine fehlende Gewinnerzielungsabsicht unbeachtlich.[7] Es genügt die Absicht nachhaltiger Einnahmeerzielung um die umsatzsteuerliche Unternehmereigenschaft zu begründen und den Vorsteuerabzug zu ermöglichen.[8] Im Erbschaft- und Schenkungsteuerrecht gehört der Liebhabereibetrieb nicht zum begünstigten LuF-Vermögen i. S. d. § 13b ErbStG (R B 159 Abs. 4 Nr. 1 Satz 4 ErbStR).

71 **Persönlich** gelten die Liebhabereigrundsätze für unbeschränkt, wie beschränkt einkommensteuerpflichtige natürliche Personen.

72 **Bei beschränkt Steuerpflichtigen** ist die Frage der Einkunftserzielung nach denselben Kriterien wie bei unbeschränkt Stpfl. zu beurteilen. Das Fehlen der Gewinnerzielungsabsicht ist dabei kein im Ausland verwirklichtes Besteuerungsmerkmal, das nach § 49 Abs. 2 EStG außer Betracht bleiben kann.[9]

---

1 *Lang*, Die Bemessungsgrundlage der Einkommensteuer, 1981/88, 258, 267 ff.; *Tipke*, Die Steuerrechtsordnung, Bd. 2, 665; *Birk*, Deutscher Finanzgerichtstag (6), 2011, 57; *Ismer/Riemer*, FR 2011, 455.
2 Dazu mit vielen Beispielen aus der Rspr. *Kraft/Schaz*, DStR 2016, 2936.
3 BVerfG v. 17. 9. 1977 - 1 BvR 372/77, StRK EStG § 2 Nr. 129; BVerfG v. 18. 11. 1986 - 1 BvR 330/86, DStZ/E 1987, 21, betr. Gewerbebetrieb; v. 24. 4. 1990 - 2 BvR 177/90, NWB DokID: DAAAA-96861, betr. VuV und v. 30. 9. 1998 - 2 BvR 1818/91, BVerfGE 99, 88, betr. sonstige Einkünfte; s. auch BFH v. 27. 11. 2008 - IV R 17/06, HFR 2009, 771.
4 BVerfG v. 28. 10. 1986 - 1 BvR 325/86, StEL 1986, 27 und BVerfG v. 18. 11. 1986 - 1 BvR 330/86, DStZ/E 1987, 21.
5 BVerfG v. 21. 3. 1996 - 2 BvR 2392/95, StEL 1996, 344.
6 Seit der Rechtsprechungsänderung im Segelyacht-Urteil des BFH v. 4. 12. 1996 - I R 54/95, NWB DokID: YAAAA-96773 und zuletzt BFH v. 22. 8. 2012 - I R 9/11, BStBl 2013 II 512, zu Rz. 29. Bei Prüfung einer vGA wird dann aber doch auf die Liebhabereigrundsätze zurückgegriffen (BFH v. 22. 8. 2007 - I R 32/06, BStBl 2007 II, 961, Rz. 18); s. a. BFH v. 12. 6. 2013 - I R 109-111/10, BStBl 2013 II 1024, zur offengelassenen Frage, ob eine spanische Kapitalgesellschaft einen Liebhabereibetrieb unterhält, der Kapitaleinkünfte i. S. v. § 20 Abs. 1 Nr. 1 EStG a. F. – vermitteln kann.
7 BFH v. 12. 12. 1985 - V R 25/78, BStBl 1986 II 216; FG Köln v. 4. 3. 2015 - 14 K 188/13, EFG 2015, 1103 = NWB DokID: RAAAE-91717.
8 BFH v. 12. 2. 2009 - V R 61/06, BStBl 2009 II 828.
9 BFH v. 7. 11. 2001 - I R 14/01, BStBl 2002 II 861; a. A. BMF v. 23. 1. 1996, BStBl 1996 II 89, daher wurde ein Nichtanwendungsschreiben veröffentlicht, BMF v. 11. 12. 2002, BStBl 2002 II 1394.

Bei einer Personengesellschaft muss diese selbst durch die Tätigkeit ihrer Gesellschafter in ihrer gesamthänderischen Verbundenheit auch mit Einkunftserzielungsabsicht tätig sein.[1] 73

Mitunternehmerschaften: Im betrieblichen Bereich muss daher die Gewinnerzielungsabsicht auf eine Mehrung des Betriebsvermögens der Mitunternehmerschaft, einschließlich des Sonderbetriebsvermögens der Gesellschafter in Gestalt eines Totalgewinns zwischen der Gründung und der Beendigung des Betriebs der Personengesellschaft gerichtet sein. Ob im konkreten Einzelfall nicht das Streben nach einem Totalgewinn, sondern persönliche Beweggründe für die Gründung und Fortführung des Unternehmens bestimmend waren, muss sich allerdings zwangsläufig nach den Beweggründen der einzelnen Gesellschafter richten.[2] 74

Vermögensverwaltende Personengesellschaften: Die Überschusserzielungsabsicht muss sowohl auf der Ebene der Gesellschaft als auch auf der Ebene des einzelnen Gesellschafters gegeben sein.[3] Im Regelfall bedarf es insoweit allerdings keiner getrennten Beurteilung; insbesondere können den einzelnen Gesellschaftern dann keine steuerrechtlich relevanten Einkünfte zugerechnet werden, wenn (bereits) auf der Ebene der Gesellschaft keine Einkünfteerzielungsabsicht besteht. Ist hingegen auf der Ebene der Gesellschaft die Einkünfteerzielungsabsicht gegeben, kann gleichwohl die Überschusserzielungsabsicht eines Gesellschafters dann zweifelhaft erscheinen, wenn er sich z. B. nur kurzfristig zur Verlustmitnahme an einer Gesellschaft beteiligt hat.[4] 75

Im Verwaltungs- und im Sozialrecht finden die Liebhabereigrundsätze des Großen Senats des BFH ebenso Anwendung, so etwa bei der bauordnungsrechtlichen Frage der Privilegierung von Gebäuden im Außenbereich[5] oder bei der Rentenversicherung der Landwirte.[6] 76

(Einstweilen frei) 77–81

bb) Voraussetzungen der Liebhaberei

(1) Einkunftserzielungsabsicht bei Gewinn- und Überschusseinkünften

Zweistufige Liebhabereiprüfung: Zur Feststellung der Einkunftserzielungsabsicht ist nach der Rechtsprechung des BFH eine zweistufige Prüfung vorzunehmen, die die objektiven und subjektiven Aspekte des Liebhabereibegriffs berücksichtigt. Zunächst wird eine Totalergebnisprognose angestellt (→ Rz. 83). Bei positiver Prognose ist von der Einkunftserzielungsabsicht auszugehen. Deshalb scheidet eine Liebhabereiprüfung von vornherein aus, wenn Gewinne (auch Veräußerungsgewinne) oder Übeschüsse erzielt werden (s. auch → Rz. 101).[7] Fällt die Prognose negativ aus und handelt es sich nicht um eine typische Liebhabereitätigkeit (Hobbybeschäftigung), dann ist weiter zu prüfen, ob weitere Beweisanzeichen dafür sprechen, dass der Stpfl. 82

---

1 BFH v. 25. 6. 1984 - GrS 4/82, BStBl 1984 II 751, 765.
2 BFH v. 31. 7. 2009 - IV B 96/08, BFH/NV 2010, 207 = NWB DokID: BAAAD-33316, betr. Pferdezucht.
3 BFH v. 21.11.2000 - IX R 2/96, BStBl 2001 II 789 und zuletzt BFH v. 9.5.2017 - IX R 45/15, BFH/NV 2017, 1036 = NWB DokID: HAAAG-47390 m.w. N.
4 BFH v. 5. 9. 2000 - IX R 33/97, BStBl 2000 II 676; s. auch Bay.LfSt v. 5. 9. 2014, NWB DokID: TAAAE-70804, zu 6.
5 Siehe nur BVerwG v. 11. 10. 2012 - 4 C 9/11, NWB DokID: KAAAE-22537.
6 Siehe nur Landessozialgericht Berlin-Brandenburg v. 11. 3. 2015 - L 22 LW 2/14 B ER, NWB DokID: WAAAE-89249.
7 Siehe etwa BFH v. 9. 3. 2017 - VI R 86/14, BStBl 2017 II 981.

die verlustbringende Tätigkeit nur aus im Bereich seiner Lebensführung liegenden persönlichen Gründen oder Neigungen ausübt (→ Rz. 137 ff.).[1]

83 **Totalerfolg und Totalerfolgsprognose:** Mit der erstmals vom Großen Senat des BFH[2] explizit geforderten Erzielung eines Totalgewinns und dem daraus abzuleitenden Gebot einer Totalgewinnprognose wurde die Frage der Liebhaberei ihres Periodenbezugs enthoben und auf die Lebenszeit des Betriebs (oder des Steuerpflichtigen) bezogen. Entsprechendes gilt für die Überschusseinkünfte. Auch dabei wird nicht auf das Ergebnis der Vermögensnutzung eines oder weniger Jahre oder auf einen Vorteil durch Steuerminderung abgestellt, sondern auf das positive Gesamtergebnis der voraussichtlichen Vermögensnutzung, wobei allerdings steuerfreie Veräußerungsgewinne nicht in diese Gesamtbetrachtung einzubeziehen sind.[3]

84 **Mindesthöhe des Totalerfolgs:** Ein Mindestertrag für den erstrebten Totalerfolg oder eine Mindestverzinsung des Eigenkapitals wird grundsätzlich nicht gefordert.[4] So sind Periodengewinne in geringer Höhe bereits ausreichend, um eine Gewinnerzielungsabsicht zu bejahen, wenn es um die Versteuerung stiller Reserven geht,[5] während im Streit um den Verlustausgleich bezweifelt wird, ob ein geringer Totalgewinn des Betriebs einer Land- und Forstwirtschaft (im Streitfall i. H. v. 763 DM) schon ausreicht, um eine nachhaltige Gewinnerzielungsabsicht zu bejahen.[6] Allerdings scheint der IV. Senat des BFH davon auszugehen, dass der zu erwartende positive Ertrag umso höher ausfallen müsse, je länger der Prognosezeitraum ist. Diese Korrelation betrifft namentlich Forstbetriebe, die wegen ihrer langen Umtriebszeiten einen „ins Gewicht fallenden" Gewinn abwerfen sollten, damit von eindeutigen Gewinnaussichten für eine aufgenommene wirtschaftliche Betätigung ausgegangen werden kann.[7] Dass der Totalgewinn oder -überschuss eine Höhe erreicht, die den Lebensunterhalt des Steuerpflichtigen sichert, wird man schon deshalb nicht fordern können, weil die positiven Erträge erst zu einem späteren Zeitpunkt anfallen und für die Veranlagungszeiträume der Verlusterzielung nicht zur Verfügung stehen.[8] M. E. folgt aus der Notwendigkeit von Typisierungen im Steuerrecht, dass jeder auch noch so geringe Totalerfolg zur Bejahung der Einkunftserzielungsabsicht führen muss, wie auch ein noch so geringer Totalverlust zur Liebhaberei führt. Ein inflationsbedingter Wertzuwachs ist allerdings außer Betracht zu lassen.[9]

85–89 *(Einstweilen frei)*

---

[1] St. Rspr. seit BFH v. 25. 6. 1984 - GrS 4/82, BStBl 1984 II 751, 767; BFH v. 31. 5. 2001 - IV R 81/99, BStBl 2002 II 276, betr. Steuerberater und BFH v. 7. 11. 2012 - X B 4/12, BFH/NV 2013, 370 = NWB DokID: QAAAE-26232; ebenso Niedersächsisches FG v. 9. 11. 2004 - 12 K 383/98, EFG 2005, 770, rkr.; Hessisches FG v. 4. 5. 2005 - 6 V 3049/04, NWB DokID: LAAAB-56804; Hessisches FG v. 19. 1. 2009 - 2 K 141/08, NWB DokID: HAAAD-19658 und Sächsisches FG v. 5. 5. 2015 - 8 V 1100/14, NWB DokID: TAAAE-91216; gl. A. etwa HHR/*Musil*, § 2 EStG Anm. 375; *Ismer/Riemer*, FR 2011, 455.

[2] BFH v. 25. 6. 1984 - GrS 4/82, BStBl 1984 II 751, 766.

[3] BFH v. 25. 6. 1984 - GrS 4/82, BStBl 1984 II 751, 766.

[4] Gl. A. HHR/*Musil*, § 2 EStG Anm. 395; *Wacker* in Schmidt, § 15 EStG Rz. 30, beide zum Totalgewinn.

[5] BFH v. 13. 9. 1985 - III R 193/81, BFH/NV 1986, 278 = NWB DokID: ZAAAB-27959, unter 3 der Gründe.

[6] BFH v. 25. 11. 2004 - IV R 8/03, BFH/NV 2005, 854 = NWB DokID: AAAAB-44814.

[7] BFH v. 26. 6. 1985- IV R 149/83, BStBl 1985 II 549 und v. 14. 7. 1988 - IV R 88/86, BFH/NV 1989, 771 = NWB DokID: KAAAA-97164, unter 3.b der Gründe, wonach die Betätigung jedenfalls mehr erbringen muss, als die Unterhaltung eines Nutzgartens, dessen Inhaber nicht Unternehmer der Land- und Forstwirtschaft ist.

[8] *Kanzler*, DStZ 2005, 766, 68.

[9] BFH v. 14. 7. 1988 - IV R 88/86, BFH/NV 1989, 771 = NWB DokID: KAAAA-97164, betr. forstwirtschaftlichen Betrieb.

(2) Totalgewinnprognose bei den betrieblichen Einkunftsarten

Bestandteile des Totalgewinns: Der für die Prüfung der Gewinnerzielungsabsicht maßgebende Totalgewinn setzt sich aus den in der Vergangenheit und zukünftig zu erwartenden laufenden Gewinnen und Verlusten gem. § 2 Abs. 2 Nr. 1 EStG und dem sich bei Betriebsbeendigung voraussichtlichen Veräußerungs- bzw. Aufgabegewinn oder -verlust zusammen. Solange vorhandene stille Reserven laufende Verluste abdecken, stellt sich die Frage fehlender Gewinnerzielungsabsicht regelmäßig schon deshalb nicht, weil der Stpfl. durch Aufgabe, Veräußerung oder Liquidierung einen Totalgewinn erzielen kann.[1]   90

Prognose und Prognosekriterien: Die Definition des Totalgewinns als Gesamtergebnis des Betriebs von der Gründung bis zur Veräußerung, Aufgabe oder Liquidation[2] erfordert eine Prognose, die folgenden objektiven Kriterien unterliegt: 91

▶ Betriebs- und personenbezogene Prognose,

▶ Prognosezeitraum,

▶ Prognosegegenstand,

▶ Umstände des Einzelfalls.

Schließlich ist inhaberbezogen anhand objektiver Maßstäbe zu prüfen, ob der Stpfl. die verlustbringende Tätigkeit nur aus im Bereich seiner Lebensführung liegenden persönlichen Gründen oder Neigungen ausübt.[3]

Betriebsbezogene und partielle Totalgewinnerfassung (sog. Segmentierung): Grundsätzlich wird der Totalgewinn betriebsbezogen ermittelt. Die zur Liebhaberei entwickelten Grundsätze sind jedoch auch auf Teilbetriebe eines Gesamtbetriebs und im Wege der Segmentierung auf abgrenzbare Betriebsteile innerhalb eines Gesamtbetriebs anzuwenden, die nicht Teilbetriebe sind.[4] Danach können Einzelbereiche eines einheitlichen Betriebs, wie etwa durch Vermietung genutzte Wohngebäude des BV, Kapitalanlagen des gewillkürten BV u. a. hinsichtlich der Gewinnerzielungsabsicht gesondert beurteilt werden. Voraussetzung für die getrennte Beurteilung einzelner Betriebszweige ist jedoch, dass sie mit einer hinlänglichen Selbständigkeit ausgestattet sind[5] oder sich in Produktionsweisen und Produktionszyklen unterscheiden.[6] Ausgeschlossen von dieser Segmentierung sind Betriebszweige, die sich gegenseitig bedingen, z. B. die Produktion von Rohstoffen zum Einsatz in einer Biogasanlage, die als landwirtschaftlicher Nebenbetrieb zu beurteilen ist, oder eine Jagd, die zum LuF-Betrieb gehört.[7] Der Betriebsbezogenheit der Totalgewinnprognose widerspräche auch die Eingliederung einer Liebhabereitätigkeit in einen größeren betrieblichen Zusammenhang, um eine negative Totalgewinnprognose zu vermeiden und zugleich den Verlustausgleich zu bewirken.   92

---

1 BFH v. 25.6.1984 - GrS 4/82, BStBl 1984 II 751; BFH v. 4.6.2009 - IV B 69/08, BFH/NV 2009, 1644 = NWB DokID: WAAAD-27364.

2 BFH v. 25.6.1984 - GrS 4/82, BStBl 1984 II 751, 766.

3 St. Rspr. seit BFH v. 25.6.1984 - GrS 4/82, BStBl 1984 II 751; zuletzt etwa BFH v. 20.9.2012 - IV R 43/10, BFH/NV 2013, 408 = NWB DokID: DAAAE-26245.

4 BFH v. 28.11.1985 - IV R 178/83, BStBl 1986 II 293 und BFH v. 13.12.1990 - IV R 1/89, BStBl 1991 II 452 und BFH v. 23.8.2017 - X R 27/16, BFH/NV 2018, 36 = NWB DokID: OAAAG-62059.

5 BFH v. 28.3.1984 - IV R 45/81, BFH/NV 1986, 230 = NWB DokID: FAAAB-40106 und BFH v. 25.6.1996 - VIII R 28/94, BStBl 1997 II 202.

6 BFH v. 20.9.2007 - IV R 20/05, BFH/NV 2008, 532 = NWB DokID: CAAAC-72090, betr. Landwirtschaft und Forstwirtschaft.

7 BFH v. 16.5.2002 - IV R 19/00, BStBl 2002 II 692; s. auch *Kanzler*, DStZ 2005, 766, 769.

93 Objekt- und personenbezogener Prognosezeitraum: Im Gegensatz zu den Einkünften aus VuV[1] hat der BFH bei den Gewinneinkunftsarten bisher keine eindeutigen Aussagen zu Prognosezeiträumen getroffen. Der Prognosezeitraum hängt einmal sachlich entscheidend von der Art der Tätigkeit und den besonderen Umständen des Einzelfalls ab, wie etwa bei einem zeitlich befristeten Pachtverhältnis unter Fremden oder einer Gelegenheits-[2] bzw. Projektgesellschaft.[3] In persönlicher Hinsicht wird der Prüfungszeitraum grundsätzlich durch die Lebenserwartung des Stpfl. begrenzt. Auch insoweit gilt der Grundsatz der Individualbesteuerung (→ Rz. 328) und nur die Einkunftserzielungsabsicht des Stpfl. selbst kann Gegenstand der Prognoseprüfung sein. Ausnahmsweise kann der Prognosezeitraum auch auf die Tätigkeit des unentgeltlichen Rechtsnachfolgers ausgedehnt werden, wie dies bei einem sog. Generationenbetrieb[4] denkbar, wegen der in der Land- und Forstwirtschaft üblichen Hofübergabeverträge[5] naheliegend und bei Forstbetrieben[6] offenkundig ist; bei einem Nebenerwerbsbetrieb schließt der BFH allerdings eine solche generationsübergreifende Totalgewinnprognose aus.[7] Nach Auffassung des BFH zwingt die generationsübergreifende Betrachtungsweise allerdings auch dazu, mehrere Betriebe in die Totalgewinnprognose einzubeziehen, wenn durch die einer Betriebsübertragung vorgeschaltete Nutzungsüberlassung unter Angehörigen vorübergehend zwei Betriebe entstehen; zur Prüfung der Gewinnerzielungsabsicht soll dann eine konsolidierte Betrachtung der Ereignisse des wirtschaftenden und des ruhenden Betriebs mit der Folge geboten sein, dass sich Pachtaufwendungen und -einnahmen im Rahmen der für beide Betriebe einheitlichen Gewinnprognose neutralisieren.[8]

M. E. ist eine generationsübergreifende Totalgewinnprognose nicht nur bei Forstbetrieben geboten, sondern immer dann unerlässlich, wenn der Stpfl. Umstrukturierungsmaßnahmen getroffen hat, die sich erst bei seinem Rechtsnachfolger nachhaltig auswirken können. Zur subjektübergreifenden Durchführung einer Überschussprognose bei Einkünften aus nichtselbständiger Arbeit siehe → Rz. 195.

PRAXISHINWEIS

Oft lässt das FA die gebotene Totalergebnisprognose aus Gründen der Zweckmäßigkeit und eher zufällig am Ende eines Betriebsprüfungszeitraums enden.[9] Das widerspricht den Grundsätzen einer Liebhabereiprüfung (→ Rz. 90 ff.), ist für den Stpfl. meist nachteilig und sollte deshalb angefochten werden.

94 Langfristige Prognose mit Vergangenheitsbezug: Die Totalgewinnprognose ist langfristig, in die Zukunft gerichtet und aus der Sicht des maßgeblichen Veranlagungszeitraums zu treffen, ohne die bisherige Entwicklung außer Acht zu lassen. Denn für die zukunftsbezogene Beurteilung der Gewinnaussichten können die „Verhältnisse eines bereits abgelaufenen Zeitraums

---

1 Wo der IX. Senat einen Prognosezeitraum von 30 Jahren annimmt (s. → Rz. 233).
2 BFH v. 23. 2. 1961 - IV 313/59 U, BStBl 1961 III 194 und BFH v. 26. 5. 1993 - X R 108/91 BStBl 1994 II 96.
3 BFH v. 30. 10. 2014 - IV R 34/11, BStB. 2015 II 380; s. auch BFH v. 5. 7. 2002 - IV B 42/02, BFH/NV 2002, 1447 = NWB DokID: RAAAA-68346.
4 Grundlegend BFH v. 24. 8. 2000 - IV R 46/99, BStBl 2000 II 674, „Generationenbetrieb: Weinbau" zu 3. a der Gründe.
5 Kanzler, DStZ 2005, 766, 768.
6 Z. B. BFH v. 26. 6. 1985 - IV R 149/83, BStBl 1985 II 549 und BFH v. 14. 7. 1988 - IV R 88/86, BFH/NV 1989, 771 = NWB DokID: KAAAA-97164.
7 BFH v. 30. 8. 2007 - IV R 12/05, BFH/NV 2008, 759 = NWB DokID: TAAAC-73399.
8 BFH v. 7. 4. 2016 - IV R 38/13, BStBl 2016 II 765, betr. Forstbetrieb unter ausdrücklicher, wenn auch beiläufig geäußerter Abkehr von BFH v. 11. 10. 2007 - IV R 15/05, BStBl 2008 II 465; gl. A. BFH v. 23. 10. 2018 - VI R 5/17, NWB DokID: AAAAH-04519; dazu Kanzler, NWB 2019, 158.
9 BFH v. 13. 5. 2013 - VIII B 162/11, BFH/NV 2013, 1235 = NWB DokID: EAAAE-40119.

wichtige Anhaltspunkte bieten".[1] Bei vergleichbar gebliebenen Verhältnissen sind daher auch vergangene Zeiträume in den Prognosezeitraum einzubeziehen, jedenfalls dann, wenn sie eine Aussage für die Zukunft zulassen.[2] Allerdings kann der Beurteilungszeitraum für die Totalgewinnprognose nur bei neu eröffneten Betrieben mit Anlaufverlusten die gesamte Lebensdauer des Unternehmens von der Gründung bis zur voraussehbaren Aufgabe oder Veräußerung umfassen. Daher sind am Ende einer Berufstätigkeit die in der Vergangenheit erzielten Gewinne ohne Bedeutung; der anzustrebende Totalgewinn umfasst in diesem Fall nur die verbleibenden Jahre.[3]

Prognosezeitraum bei betrieblicher Umstrukturierung: Der BFH hat offengelassen, ob für die nachträglich entstehende Absicht zur Erzielung eines Totalgewinns die vor dem Übergang zur Liebhaberei erzielten Einkünfte einzubeziehen sind.[4] M. E. beginnt der Prognosezeitraum mit der Umsetzung nachhaltiger Umstrukturierungsmaßnahmen aufs Neue. Die ursprüngliche Betriebseröffnung kann nicht mehr maßgebend sein, weil die veränderte Betriebsführung einer Eröffnung gleichzusetzen ist (s. auch → Rz. 116). Zur erneuten Anerkennung von Anlaufverlusten in solchen Fällen siehe → Rz. 160.

95

(Einstweilen frei)

96–99

Prognosegegenstand ist das steuerliche Gesamtergebnis des Betriebs von seiner Gründung bis zur Beendigung. Maßgebend dafür ist weder ein finanzwirtschaftlicher Überschuss (Cash-flow) noch eine Kostendeckungsrechnung.[5] Die Prognose ist vielmehr auf der Grundlage der für die jeweilige Einkunftsart geltenden Gewinnermittlungsvorschriften (§ 4 Abs. 1 und Abs. 3 EStG, § 5 EStG oder § 13a EStG) zu erstellen.[6] Bei der Gewinnermittlung durch Einnahmenüberschussrechnung nach § 4 Abs. 3 EStG sind auch die stillen Reserven der WG des Anlagevermögens für die Totalgewinnberechnung zu berücksichtigen. Im Übrigen sind auch Verluste, die ausnahmsweise bei der Durchschnittssatzgewinnermittlung der Land- und Forstwirte (§ 13a EStG a. F.) anzusetzen sind, in die Totalgewinnprognose einzubeziehen;[7] dies gilt erst recht für § 13a EStG i. d. F. des ZollkodexAnpG v. 22. 12. 2014,[8] der eine „zutreffende Erfassung des Totalgewinns" bezweckt[9] und damit im Sondergewinnbereich und den durch Einnahmenüberschussrechnung zu ermittelnden Sondernutzungen zu Verlusten führen kann.[10]

100

PRAXISHINWEIS:

Werden bei den übrigen Gewinnkomponenten des § 13a EStG nur Pauschalgewinne in geringer Höhe erfasst, so lässt sich eine negative Totalgewinnprognose auf Grundlage der Durchschnittssatzgewinnermittlung durch Übergang zur Gewinnermittlung nach § 4 Abs. 1 oder 3 EStG vermeiden.[11]

---

1 BFH v. 25. 10. 1989 - X R 109/87, BStBl 1990 II 278, m. w. N. und BFH v. 25. 6. 1984 - GrS 4/82, BStBl 1984 II 751, 767.
2 BFH v. 7. 8. 1991 - X R 10/88, BFH/NV 1992, 108 = NWB DokID: DAAAB-32747.
3 BFH v. 26. 2. 2004 - IV R 43/02, BStBl 2004 II 455, betr. Tätigkeit eines betagten Arztes.
4 BFH v. 16. 3. 2012 - IV B 155/11, BFH/NV 2012, 950 = NWB DokID: YAAAE-08752.
5 BFH v. 6. 3. 2003 - IV R 26/01, BStBl 2003 II 702.
6 BFH v. 25. 6. 1984 - GrS 4/82, BStBl 1984 II 751, unter C.IV.2 f. der Gründe.
7 BFH v. 6. 3. 2003 - IV R 26/01, BStBl 2003 II 702; a. A. *Ratschow* in Blümich, § 2 EStG Rz. 130.
8 BGBl 2014 I 2417.
9 BT-Drucks. 18/3017, 46 f.
10 *Kanzler* in Leingärtner, Kap. 26 Rz. 8.
11 Umgekehrt wird auch empfohlen zur Einnahmenüberschussrechnung oder zum Bestandsvergleich überzugehen, um die Einstufung als Liebhaberei zu erreichen, *Gossert* in Korn, § 13a Rz. 10.2.

101 **Eine positive Prognose**, also die Annahme eines Totalgewinns ceteris paribus, kann nur bei einer Veränderung der Verhältnisse zu einem späteren Zeitpunkt zur Liebhaberei führen. Solange tatsächlich auch nur Periodengewinne erzielt werden, ist die Gewinnerzielungsabsicht zu bejahen und eine Totalgewinnprognose ausgeschlossen.[1] Liebhaberei ohne Verluste ist also ebenso undenkbar wie Liebhaberei ohne ausgleichsfähige anderweitige Einkünfte.[2]

102 **Eine negative Prognose** führt entweder von Anfang an oder zu einem späteren Zeitpunkt nach schädlichem Strukturwandel oder mangels Reaktion auf äußere Einflüsse zur Liebhaberei. Allerdings sind Anlaufverluste i. d. R. anzuerkennen (→ Rz. 103).

103 **Schädliche und unschädliche Anlaufverluste:** Betriebliche Verluste sind nur dann für die Dauer einer betriebsspezifischen Anlaufphase steuerlich zu berücksichtigen, wenn der Steuerpflichtige zu Beginn seiner Tätigkeit ein schlüssiges Betriebskonzept erstellt hat, das ihn zu der Annahme veranlassen durfte, durch die betriebliche Tätigkeit werde er insgesamt ein positives Ergebnis erzielen können.[3] Lässt die Struktur des Betriebs die Annahme zu, dass die Tätigkeit von Beginn an ohne Gewinnerzielungsabsicht ausgeübt wird, ist auch bereits den Anlaufverlusten die Anerkennung zu versagen.[4] In einem solchen Fall lässt auch die Einstellung der verlustbringenden Tätigkeit während der Anlaufphase nicht den Schluss zu, dass sie von Beginn an mit Gewinnerzielungsabsicht betrieben wurde.[5] Der Stpfl. kann allerdings die auf das äußere Erscheinungsbild gestützte Vermutung widerlegen.[6] Ist hingegen die Gewinnerzielungsabsicht nach der Art des Betriebes, der Qualifikation des Betriebsinhabers und den maßgeblichen Umständen des Falls nicht von vornherein auszuschließen, so ist dem Stpfl. stets ein angemessener Zeitraum (Anlaufphase) zuzugestehen, in dem er den Betrieb durch geeignete Maßnahmen in die Gewinnzone mit Aussicht auf Erzielung eines Totalgewinns führen kann oder aber bei Erfolglosigkeit den Betrieb einstellt.[7] Zur erneuten Anerkennung von Anlaufverlusten beim Übergang von der Liebhaberei zur Einkunftserzielung s. → Rz. 160.

104 **Die Dauer der Anlaufphase** ist abhängig von den strukturellen Verhältnissen des Betriebs. Sie ist jedoch so zu bemessen, dass eine ausreichende Grundlage für die Prognose gewährleistet ist. In diesem Zeitraum ist festzustellen, ob der Betrieb bei gleich bleibender Form der Bewirtschaftung geeignet ist, nachhaltig mit einem Totalgewinn zu wirtschaften.[8] Unvorhergesehene Ereignisse während der Anlaufphase, z. B. eine schwerwiegende Erkrankung oder ein Brand-

---

1 BFH v. 16. 1. 1975 - IV R 75/74, BStBl 1975 II 558, betr. Besteuerung von Architekturpreisen; s. auch BFH v. 6. 5. 1954 - IV 221/53 U, BStBl 1954 III 197 „Lupinenzucht"; BFH v. 18. 5. 2000 - IV R 27/98, BStBl 2000 II 524 „Forstbetrieb durch Samenflug" unter 1e der Gründe: Danach fehlt es in solchen Fällen schon an objektiven Beweisanzeichen, die die Annahme eines Liebhabereibetriebs nahelegen und BFH v. 9. 3. 2017 - VI R 86/14, BStBl 2017 II 981 betr. Veräußerungsgewinn aus nicht bewirtschaftetem Forstbetrieb.
2 Kanzler, DStZ 2005, 766, 768.
3 BFH v. 18. 8. 2010 - X R 30/07, BFH/NV 2011, 215 = NWB DokID: CAAAD-59082.
4 BFH v. 15. 11. 1984 - IV R 139/81, BStBl 1985 II 205; BFH v. 10. 5. 2012 - X B 57/11, BFH/NV 2012, 1307 = NWB DokID: DAAAE-1266 und BFH v. 10. 4. 2013 - X B 106/12, BFH/NV 2013, 1090 = NWB DokID: UAAAE-36798.
5 BFH v. 23. 5. 2007 - X R 33/04, BStBl 2007 II 874 und BFH v. 5. 3. 2013 - X B 98/11, BFH/NV 2013, 924 = NWB DokID: JAAAE-34142.
6 BFH v. 21. 1. 1999 - IV R 27/97, BFH/NV 1999, 1003 = NWB DokID: ZAAAA-96605.
7 BFH v. 15. 11. 1984 - IV R 139/81, BStBl 1985 II 205.
8 BFH v. 22. 7. 1982 - IV R 74/79, BStBl 1983 II 2.

schaden, sind bei der Bemessung des Anlaufzeitraums angemessen zu berücksichtigen.[1] Die Rechtsprechung hat Anlaufverluste von 4 bis 14 Jahren anerkannt.[2]

(Einstweilen frei) 105–110

Umstände des Einzelfalls: Bei der Unterscheidung zwischen einer auf Gewinnerzielung ausgerichteten unternehmerischen Tätigkeit und der der Privatsphäre zuzurechnenden Liebhaberei ist auf die Besonderheiten der jeweils zu würdigenden Verhältnisse abzustellen.[3] Ob der Stpfl. mit oder ohne Einkünfteerzielungsabsicht gehandelt hat, ist anhand einer unter Heranziehung aller objektiv erkennbaren Umstände zu treffenden Prognose zu entscheiden.[4] 111

PRAXISHINWEIS:
Da die Frage nach der Gewinnerzielungsabsicht von den objektiven Umständen des Einzelfalls abhängt, kann sie nicht allgemein in einem Revisionsverfahren entschieden werden.[5] Die dafür maßgebenden Umstände sind daher im Klageverfahren vor dem FG, der Tatsacheninstanz, umfassend darzulegen und zu klären. Es empfiehlt sich entsprechende Beweisanträge zu stellen, um sicherzustellen, dass die genannten Umstände auch im Urteil erörtert werden. Denn § 96 FGO gebietet nicht, alle im Einzelfall gegebenen Umstände im Urteil zu erörtern.[6]

Abwägung der Umstände: Die Umstände, die für und gegen eine Gewinnerzielungsabsicht sprechen, sind gegeneinander abzuwägen. So kann die an sich gebotene Qualifizierung eines Betriebs als Liebhabereibetrieb durch die tatsächliche Gewinnerzielung über einen längeren Zeitraum widerlegt werden. Je länger in einem solchen Fall die Gewinnphase dauert, desto weniger Gewicht ist Umständen beizumessen, die gegen eine Gewinnerzielungsabsicht sprechen.[7] Voraussetzung ist jedoch, dass auch bei längerer Gewinnphase durch die erzielten positiven Betriebsergebnisse die ggf. zu Beginn der Tätigkeit angefallenen Verluste ausgeglichen werden und damit ein Totalgewinn erzielbar wird.[8] 112

Einzelne Umstände als Beweisanzeichen: „Erster und wichtigster Umstand ..., der die Frage der Liebhaberei erst aufwirft, ist die Fortführung des Betriebs trotz andauernder Verluste über die betriebsspezifische Anlaufzeit hinaus".[9] Im Übrigen dienen weitere für die Totalgewinnprognose maßgebende Umstände als Beweisanzeichen zur Feststellung der inneren Tatsache „Gewinnerzielungsabsicht". Dabei kann es sich im Einzelnen um folgende Indizien handeln: 113

- Die Wesensart des Betriebs und die Art seiner Bewirtschaftung (→ Rz. 114),
- die objektive Unmöglichkeit, Gewinne zu erzielen (→ Rz. 115),
- die Reaktion des Betriebsinhabers auf Verluste (→ Rz. 116),
- die Vornahme von Überinvestitionen (→ Rz. 117) und
- die Hinnahme hoher Personalkosten (→ Rz. 118).

---

1 BFH v. 31.8.1993 - I B 135/92, BFH/NV 1994, 464 = NWB DokID: ZAAAB-33635.
2 Z. B. FG Nürnberg v. 29.9.1954, EFG 1955, 5, rkr.: 4 Jahre; BFH v. 6.7.1978 - IV B 59/76, BStBl 1978 II 626: 6 Jahre bei Landwirtschaft; BFH v. 13.12.1984 - VIII R 59/82, BStBl 1985 II 455: 11 Jahre bei Gästehaus; BFH v. 28.11.1985 - IV R 178/83, BStBl 1986 II 293: 13 Jahre bei Pferdezucht; BFH v. 14.3.1985 - IV R 8/84, BStBl 1985 II 424: 14 Jahre bei Erfinder.
3 BFH v. 10.4.2013 - X B 106/12, BFH/NV 2013, 1090 = NWB DokID: UAAAE-36798.
4 BFH v. 16.4.2013 - IX R 26/11, BStBl 2013 II 613.
5 BFH v. 3.2.2015 - III B 37/14, BFH/NV 2015, 857 = NWB DokID: WAAAE-87989.
6 BFH v. 21.8.2013 - X B 150/12, BFH/NV 2013, 1784 = NWB DokID: LAAAE-45790.
7 BFH v. 19.7.1990 - IV R 32/89, BStBl 1991 II 333 und BFH v. 16.3.2000 - IV R 53/98, BFH/NV 2000, 1090 = NWB DokID: WAAAA-96979.
8 BFH v. 27.3.2001 - X B 60/00, BFH/NV 2001, 1381 = NWB DokID: UAAAA-66456.
9 BFH v. 15.11.1984 - IV R 139/81, BStBl 1985 II 205.

114 **Die Wesensart des Betriebs und die Art seiner Bewirtschaftung** können Beweisanzeichen für das Fehlen der Gewinnerzielungsabsicht liefern.[1] Fehlt es etwa an einem schlüssigen Betriebskonzept und war der Betrieb bei objektiver Betrachtung nach seiner Art, nach der Gestaltung der Betriebsführung und nach den gegebenen Ertragsaussichten von vornherein zur Erzielung eines Totalgewinns nicht in der Lage, so folgt daraus, dass der Stpfl. die verlustbringende Tätigkeit nur aus im Bereich seiner Lebensführung liegenden persönlichen Gründen oder Neigungen ausgeübt hat.[2]

115 **Die objektive Unmöglichkeit, Gewinne zu erzielen,** spricht bei gleichbleibender Art der Bewirtschaftung gegen eine Gewinnerzielungsabsicht.[3] Zwar kann auch in einem solchen Fall Gewinnerzielungsabsicht gegeben sein, wenn der Stpfl. substantiiert Umstände darlegt und glaubhaft macht, die ihn – aus seiner Sicht – zu der Annahme berechtigen, die in der Vergangenheit angefallenen Verluste im Laufe der weiteren Entwicklung des Betriebs durch spätere Gewinne ausgleichen und ein positives Gesamtergebnis erzielen zu können.[4]

116 **Die Reaktionen des Betriebsinhabers auf Verluste** können im Falle einer längeren Verlustperiode die Bedeutung wichtiger äußerlicher Beweisanzeichen erlangen.[5] Die Rechtsprechung verlangt, dass der Stpfl. auf negative Ergebnisse in erkennbarer Weise durch grundlegende strukturelle Änderungen reagiert.[6] Dies können etwa Entlassungen unfähiger oder Einstellungen qualifizierter Arbeitnehmer, vor allem aber nachhaltige Sanierungs- und Umstrukturierungsmaßnahmen sein. Solche Maßnahmen können trotz tatsächlich erzielter Verluste den Schluss auf das Vorliegen einer Einkunftserzielungsabsicht zulassen, wenn nach dem damaligen Erkenntnisstand aus der Sicht eines wirtschaftlich vernünftigen Gewerbetreibenden innerhalb eines überschaubaren Zeitraums ein Totalgewinn zu erzielen gewesen wäre.[7]

117 **Die Vornahme von Überinvestitionen** spricht für fehlende Gewinnerzielungsabsicht. Dies hat der BFH in einem Fall so gesehen, in dem Betriebsgebäude wegen ihres Ausmaßes von einem Gutachter als Überinvestition bezeichnet wurden.[8]

118 **Die Hinnahme hoher Personalkosten** kann neben anderen Umständen ein Indiz für eine fehlende Gewinnerzielungsabsicht sein,[9] zumal wenn der Nutzen eher fragwürdig ist[10] und die Umsätze den Aufwand für das Personal nicht einmal decken.[11]

---

1 Siehe nur BFH v. 14.12.2004 - XI R 6/02, BStBl 2005 II 392, betr. selbständigen Rechtsanwalt; BFH v. 20.9.2012 - IV R 43/10, BFH/NV 2013, 408 = NWB DokID: DAAAE-26245, betr. Hotelbetrieb und BFH v. 21.8.2013 - X R 20/10, BFH/NV 2014, 524 = NWB DokID: DAAAE-54589, betr. Reithalle.
2 BFH v. 27.1.2000 - IV R 33/99, BStBl 2000 II 227, unter 1., m.w.N., sowie unter 4.b der Gründe und BFH v. 23.5.2007 - X R 33/04, BStBl 2007 II 874, m.w.N.
3 Siehe nur BFH v. 22.4.1998 - XI R 10/97, BStBl 1998 II 663, betr. selbständigen Rechtsanwalt.
4 BFH v. 19.11.1985 - VIII R 4/83, BStBl 1986 II 289, betr. Getränkegroßhandel.
5 BFH v. 25.10.1989 - X R 109/87, BStBl 1990 II 278, unter 2.b; BFH v. 7.8.1991 - X R 10/88, BFH/NV 1992, 108, unter 2.c, und BFH v. 21.7.2004 - X R 33/03, BStBl 2004 II 1063, m.w.N.
6 BFH v. 17.11.2004 - X R 62/01, BStBl 2005 II 336 und BFH v. 4.2.2013 - III B 49/12, BFH/NV 2013, 730 = NWB DokID: JAAAE-31696.
7 BFH v. 21.7.2004 - X R 33/03, BStBl 2004 II 1063 und v. 4.3.2016 - X B 188/15, BFH/NV 2016, 1036 = NWB DokID: SAAAF-73548.
8 BFH v. 22.7.1982 - IV R 74/79, BStBl II 1983, 2, betr. Gutshof.
9 BFH v. 26.2.2004 - IV R 43/02, BStBl 2004 II 455, betr. Tätigkeit eines betagten Arztes und BFH v. 18.11.2013 - III B 45/12, BFH/NV 2014, 342 = NWB DokID: GAAAE-53162, betr. Reiterhof.
10 BFH v. 10.4.2013 - X B 106/12, BFH/NV 2013, 1090 = NWB DokID: UAAAE-36798.
11 BFH v. 18.4.2013 - VIII B 135/12, BFH/NV 2013, 1556 = NWB DokID: WAAAE-42093 und BFH v. 18.11.2013 - III B 45/12, BFH/NV 2014, 342 = NWB DokID: GAAAE-53162.

Außergewöhnliche Umstände sind allerdings aus der Totalgewinnprognose zu eliminieren, da es darauf ankommt, dass der Betrieb unter gewöhnlichen Bedingungen bestimmt und geeignet ist, einen Totalgewinn zu erzielen. Zu prüfen ist, ob der Betrieb trotz anhaltender Verluste in stets gleicher Form weiterbetrieben wird oder ob innerbetriebliche Maßnahmen zur Ertragsverbesserung getroffen werden.[1] Allein maßgebend ist dann, ob der Betrieb nach betriebswirtschaftlichen Gesichtspunkten geführt wird und nach seiner Wesensart und der Art seiner Bewirtschaftung nachhaltig mit Gewinnen arbeiten kann.[2] 119

(Einstweilen frei) 120–125

(3) Totalüberschussprognose bei den Überschusseinkunftsarten

Der Begriff der Totalüberschussprognose ist das Pendant der bei den betrieblichen Einkünften anzustellenden Totalgewinnprognose für die Überschusseinkünfte. Diese Prognose ist Grundlage für die Feststellung der Überschusserzielungsabsicht, die der Große Senat des BFH im Geprägebeschluss noch als Gewinnabsicht bezeichnet hat.[3] Danach ist für das Vorliegen einer solchen Gewinnabsicht darauf abzustellen, „ob nach den objektiven Verhältnissen auf Dauer gesehen damit gerechnet werden kann, dass sich nachhaltig nicht nur ein Ausgleich zwischen Ausgaben und Einnahmen, sondern auch ein Überschuss (Gewinn) ergibt".[4] Der Begriff der Totalüberschussprognose wurde vor allem für die Einkunftsart VuV entwickelt. 126

Inhalt der Totalüberschussprognose: Die Prognose hat den sich aus dem Dualismus der Einkunftsarten ergebenden Unterschieden (→ Rz. 309 ff.) Rechnung zu tragen.[5] Daher beruht die Totalüberschussprognose auf 127

- Überschussrechnungen im Unterschied zu Gewinnermittlungen, also auf dem Saldo zwischen Einnahmen (§ 8 EStG) und Werbungskosten (§ 9 EStG),
- der Außerachtlassung von Wertsteigerungen des zur Einkunftserzielung eingesetzten Vermögens, die nur ausnahmsweise nach § 17 EStG, § 21 Abs. 2 EStG und § 23 EStG erfasst werden,
- einer Schätzung der voraussichtlichen Dauer der Vermögensnutzung.

Die Dauer der Vermögensnutzung ist für die Beurteilung maßgebend, ob der Nutzende die Absicht hat, einen Totalüberschuss zu erzielen; daher kann es auf die meist längere Dauer der Nutzungsmöglichkeit des Grundstücks selbst nicht ankommen.[6] Zur objektbezogenen Prüfung der Totalüberschussprognose s. → Rz. 232. 128

Subjektübergreifende Überschussprognose: Bei den Einkünften aus nichtselbständiger Arbeit ist das einzelne Dienstverhältnis Beurteilungseinheit für die Überschusserzielungsabsicht. Daher sind fiktive weitere Einkünfte aus anderen Beschäftigungsverhältnissen, die sich im Anschluss an das jeweilige Dienstverhältnis ergeben könnten, für die Totalüberschussprognose nicht zu berücksichtigen. Allerdings ist das zu erwartende Ruhegehalt des Stpfl. und eine etwaige Hinterbliebenenversorgung seines Ehegatten, mit den nach der aktuellen Sterbetafel 129

---

1 BFH v. 21.1.1993 - XI R 19/92, BFH/NV 1993, 475 = NWB DokID: OAAAB-34359.
2 BFH v. 3.3.1988 - IV R 90/85, BFH/NV 1989, 89 = NWB DokID: LAAAB-29831.
3 BFH v. 25.6.1984 - GrS 4/82, BStBl 1984 II 751, unter C.IV.2.a der Gründe.
4 BFH v. 25.6.1984 - GrS 4/82, BStBl 1984 II 751, unter C.IV.2.a der Gründe, unter Hinweis auf BFH v. 14.4.1972 -IV R 172/69, BStBl 1972 II 599.
5 BFH v. 31.3.1987 - IX R 111/86, BStBl 1987 II 668.
6 BFH v. 31.3.1987 - IX R 111/86, BStBl 1987 II 668.

des Statistischen Bundesamts zu bestimmenden und nicht abzuzinsenden Verkehrswerten einer lebenslänglichen Leistung in die Totalüberschussprognose einzubeziehen.[1]

130–135 *(Einstweilen frei)*

(4) Persönliche Gründe der Lebensführung

136 Nach den Ausführungen des Großen Senats im sog. Geprägebeschluss können dauernde Verluste, die auf das Fehlen einer Gewinnabsicht hindeuten, „allein nicht ausschlaggebend sein. Bei längeren Verlustperioden muss aus weiteren Beweisanzeichen die Feststellung möglich sein, dass der Steuerpflichtige die verlustbringende Tätigkeit nur aus im Bereich seiner Lebensführung liegenden persönlichen Gründen oder Neigungen ausübt".[2]

137 **Bedeutung der Feststellung privater Motive:** Bei der Feststellung von Umständen, die zeigen, dass der Steuerpflichtige die Verluste aus Gründen seiner Lebensführung hinnimmt, handelt es sich um den zweiten Teil des zweigliedrigen Liebhabereitatbestands (→ Rz. 82). Ob die Feststellung solcher privaten Motive wirklich erforderlich ist, wird bezweifelt.[3] Die Rechtsprechung verlangt die Feststellung privater Beweggründe für die Fortführung einer verlustbringenden Tätigkeit erst, wenn die Totalgewinn- oder -überschussprognose negativ ausfällt und es sich nicht um eine typische Liebhabereitätigkeit (Hobbybeschäftigung) handelt, die schon per se auf private Motive schließen lässt.

138 **Geringe Anforderungen an die Feststellung privater Motive:** Bereits das fehlende Bemühen, die Verlustursachen zu ermitteln und ihnen mit geeigneten Maßnahmen zu begegnen, spricht für sich schon dafür, dass langjährige, stetig ansteigende Verluste aus im persönlichen Bereich liegenden Neigungen und Motiven hingenommen werden.[4] Das gilt auch dann, wenn der Stpfl. eine Tätigkeit ausübt, die nicht typischerweise in der Nähe des Hobbybereichs anzusiedeln ist und die deswegen nicht allein wegen der Tatsache langjähriger Erwirtschaftung von Verlusten als Liebhaberei eingeordnet werden kann.[5] Denn ein solches Verhalten lässt den Schluss darauf zu, dass die Betriebsführung nicht ernstlich darauf gerichtet war, erfolgreich am Markt tätig zu sein. An die Feststellungen persönlicher Gründe oder Motive, die den Steuerpflichtigen trotz überwiegender Verluste zur Weiterführung seines Unternehmens bewogen haben könnten, sind deshalb in diesen Fällen keine hohen Anforderungen zu stellen.[6]

139 **Persönliche Gründe oder Neigungen**, die zur Fortführung einer Verluste erzielenden Tätigkeit motivieren, sind typischerweise der privaten Lebensführung des Stpfl. zuzuordnen.[7] Als solche Gründe kommen in Betracht:

---

1 BFH v. 28.8.2008 - VI R 50/06, BStBl 2009 II 243.
2 BFH v. 25.6.1984 - GrS 4/82, BStBl 1984 II 751, unter C.IV.3.c, bb, (1) der Gründe und seitdem ständige Rechtsprechung.
3 *Kanzler*, DStZ 2005, 766, 767; *Birk*, BB 2009, 860, 863 ff.
4 BFH v. 5.7.2002 - IV B 42/02, BFH/NV 2002, 1447 = NWB DokID: RAAAA-68346, unter 3.a der Gründe, m.w.N.
5 BFH v. 12.9.2002 - IV R 60/01, BStBl 2003 II 85, betr. freiberuflichen Architekten und BFH v. 29.3.2007 - IV R 6/05, BFH/NV 2007, 1492 = NWB DokID: VAAAC-49110, betr. gewerbliche Vermietung von Ferienhäusern.
6 Siehe nur BFH v. 17.11.2004 - X R 62/01, BStBl 2005 II 336 und BFH v. 29.3.2007 - IV R 6/05, BFH/NV 2007, 1492 = NWB DokID: VAAAC-49110.
7 BFH v. 17.3.1960 - IV 193/58 U, BStBl 1960 III 324.

▶ **Erholung und Freizeitgestaltung:** Als Beispiele lassen sich im landwirtschaftlichen und gewerblichen Bereich alle Fälle im Zusammenhang mit Pferdehaltung und -zucht anführen;[1] ferner die künstlerische,[2] schriftstellerische[3] oder wissenschaftliche[4] Betätigung im Bereich der selbständigen Arbeit und schließlich die Vermietung und Verpachtung von Ferienwohnungen und -anlagen.[5]

▶ **Erhaltung und Sicherung von Arbeitsplätzen:** Diesem Motiv können jedenfalls außerbetriebliche Erwägungen zugrunde liegen;[6] geht es um Arbeitsverhältnisse mit Familienangehörigen, so ist auch das Motiv, Arbeitslohn zuzuwenden[7] oder einen Versicherungsschutz in der gesetzlichen Kranken- und Rentenversicherung zu erhalten,[8] privater Natur.

▶ **Familiäres Traditionsbewusstsein** kommt als privates Motiv in Betracht, wenn ein verlustträchtiger Betrieb nur fortgeführt wird, um ihn der Familie zu erhalten.[9]

▶ **Steuerersparnis:** Die Möglichkeit der Steuerersparnis führt zwar „für sich genommen" nicht zur Annahme der fehlenden Gewinnerzielungsabsicht und kann auch nicht „in tragender Funktion" als persönliches Motiv herangezogen werden.[10] Der BFH hat diesem Motiv jedoch eine indizielle Wirkung zuerkannt.[11]

(Einstweilen frei) 140–145

cc) Rechtsfolgen der Liebhaberei

(1) Steuerlich irrelevante Ergebnisse

Verluste und Gewinne oder Überschüsse bleiben außer Ansatz: Ist die Tätigkeit des Stpfl. oder der Personengesellschaft (→ Rz. 71 ff.) als Liebhaberei zu beurteilen, dann sind die daraus erzielten Ergebnisse nicht steuerbar. Daher sind Verluste vom Verlustausgleich ausgeschlossen und Gewinne oder Überschüsse, die in einzelnen Jahren erzielt werden, bleiben ebenfalls außer Ansatz.[12] Im Schrifttum wurde auch eine schedulenhafte, quellenbezogene Verrechnungsbeschränkung vorgeschlagen.[13]

---

1 Siehe nur BFH v. 27.1.2000 - IV R 33/99, BStBl 2000 II 227; BFH v. 20.1.2005 - IV R 6/03, BFH/NV 2005, 1511 = NWB DokID: unter II.3. der Gründe; BFH v. 27.11.2008 - IV R 17/06, HFR 2009, 771; BFH v. 10.1.2012 - IV B 137/10, BFH/NV 2012, 732 = NWB DokID: IAAAE-03549.
2 BFH v. 6.3.2003 - XI R 46/01, BStBl 2003 II 602 und BFH v. 16.3.2006 - IV B 157/04, BFH/NV 2006, 1459 = NWB DokID: RAAAB-88788.
3 BFH v. 23.5.1985 - IV R 84/82, BStBl 1985 II 515 und BFH v. 24.8.2012 - III B 21/12, BFH/NV 2012, 1973 = NWB DokID: VAAAE-19296.
4 BFH v. 14.3.1985 - IV R 8/84, BStBl 1985 II 424; BFH v. 21.11.2013 - IX R 23/12, BStBl 2014 II 312, betr. Vorlagebeschluss „häusliches Arbeitszimmer".
5 BFH v. 21.1.2014 - IX R 37/12, BFHE 244, 550 = NWB DokID: PAAAE-65011.
6 BFH v. 19.11.1985 - VIII R 4/83, BStBl 1986 II 289, betr. Getränkegroßhandel;
7 BFH v. 26.2.2004 - IV R 43/02, BStBl 2004 II 455, „Liebhaberei bei Berufsende" und BFH v. 17.11.2004 - X R 62/01, BStBl 2005 II 336.
8 BFH v. 17.11.2004 - X R 62/01, BStBl 2005 II 336.
9 BFH v. 19.11.1985 - VIII R 4/83, BStBl 1986 II 289, betr. Getränkegroßhandel; BFH v. 24.8.2000 - IV R 46/99, BStBl 2000 II 674 „Generationenbetrieb: Weinbau"; BFH v. 14.7.2003 - IV B 81/01, BStBl 2003 II 804 „Weinbau aus Familientradition"; BFH v. 17.11.2004 - X R 62/01, BStBl 2005 II 336.
10 BFH v. 21.7.2004 - X R 33/03, BStBl 2004 II 1063 und BFH v. 23.5.2007 - X R 33/04, BStBl 2007 II 874.
11 BFH v. 18.4.2013 - VIII B 135/12, BFH/NV 2013, 1556 = NWB DokID: WAAAE-42093.
12 BFH v. 25.6.1984 - GrS 4/82, BStB 1984 II 751, unter C.IV.3.c (1) der Gründe und BFH v. 22.8.1984 - I R 102/81, BStBl 1985 II 61.
13 *Kanzler*, DStZ 2005, 766, 771f. und FR 2008, 85 und de lege ferenda *Buchheister*, DStZ 1997, 556, 557f.; a.A. *Falkner*, Einkunftserzielungsabsicht, 254.

147 Nichtberücksichtigung einzelner Aufwendungen: Da Aufwendungen und Einnahmen steuerlich irrelevant sind, kann sich die Liebhaberei zwar nicht auf einzelne Aufwendungen beziehen;[1] die Aussonderung privat veranlasster Aufwendungen, wie solche nach § 4 Abs. 5 Satz 1 Nr. 4 EStG für Jagd oder Fischerei, Segel- oder Motorjachten, kann jedoch einen negativen Totalgewinn und eine Totalgewinnprognose nachhaltig ins Positive wandeln, so dass die Gewinnerzielungsabsicht nicht mehr zweifelhaft ist.[2] Entsprechend kann die Aussonderung einzelner nichtabzugsfähiger Aufwendungen auch eine Überschusserzielungsabsicht begründen. Zum Problem der Segmentierung s. → Rz. 92.

148 Ist von Anfang an ein Liebhabereibetrieb anzunehmen, so handelt es sich bei den WG, die diesem „Betrieb" zu dienen geeignet und bestimmt sind, unabhängig von ihrer bewertungsrechtlichen Zuordnung, um Privatvermögen i. S. d. EStG.[3]

Zu den Rechtsfolgen beim Wechsel zur Liebhaberei oder zur einkunftserzielenden Tätigkeit s. → Rz. 156 ff.

149–155 *(Einstweilen frei)*

(2) Übergangsprobleme im betrieblichen Bereich

156 Übergang zur Liebhaberei keine Betriebsaufgabe: Die Umqualifizierung eines einkünfteerzielenden Betriebs in einen Liebhabereibetrieb ist keine Betriebsaufgabe.[4] Wie bei der Betriebsverpachtung ohne Aufgabeerklärung und dem Strukturwandel, bleiben die stillen Reserven steuerverhaftet und werden erst bei Verwirklichung eines Gewinnrealisierungstatbestands aufgedeckt, der auch durch Erklärung der Betriebsaufgabe erfolgen kann.[5] Vom Übergang bis zu diesem Zeitpunkt bleiben die stillen Reserven eingefroren.[6] Zu diesem Zweck sind die beim Übergang vorhandenen stillen Reserven unabhängig von der Gewinnermittlungsart gesondert festzustellen (§ 180 Abs. 2 AO i. V. m. § 8 der VO über die gesonderte Feststellung von Besteuerungsgrundlagen nach § 180 Abs. 2 AO).[7] Die auf diesen Übergangszeitpunkt festgestellten stillen Reserven sind in den WG des AV (und des UV)[8] auch bei einer Veräußerung des Betriebs, unabhängig vom tatsächlich erzielten Veräußerungserlös und möglicherweise hinzunehmendem Verlust nach Maßgabe der Vorschriften zu versteuern, die zum Zeitpunkt der Gewinnrealisierung gelten.[9] Einer Verschärfung der Tarifbesteuerung kann der Stpfl. durch die jederzeit mögliche Erklärung der Betriebsaufgabe entgehen; andererseits kann er von den alters- oder krankheitsbedingten Besteuerungsmerkmalen des § 16 Abs. 4 EStG und § 34 Abs. 3 EStG profitieren (Beispiel s. Online-Version). Unterlässt es das FA, die Feststellung von Besteuerungsgrundlagen nach § 180 Abs. 2 AO zu treffen, so hat dies keinen Einfluss auf die Würdigung, ob ein Liebhabereibetrieb vorliegt.[10]

---

1 HHR/*Musil*, § 2 EStG Anm. 428, m. w. N.
2 *Kanzler*, DStZ 2005, 766, 769.
3 *Kanzler* in Leingärtner, Kap. 4 Rz. 18.
4 St. Rspr. seit BFH v. 29. 10. 1981 - IV R 138/78, BStBl 1982 II 381; zuletzt BFH v. 11. 5. 2016 - X R 61/14, BStBl 2016 II 939.
5 BFH v. 29. 10. 1981 - IV R 138/78, BStBl 1982 II 381.
6 BFH v. 29. 10. 1981 - IV R 138/78, BStBl 1982 II 381.
7 VO v. 19. 12. 1986, BGBl 1986 I 2663.
8 So BFH v. 11. 5. 2016 - X R 61/14, BStBl 2016 II 939; § 8 der VO zu § 180 Abs. 2 AO spricht nur vom AV.
9 BFH v. 11. 5. 2016 - X R 15/15, BStBl 2017 II 112.
10 BFH v. 5. 4. 2017 - X R 6/15, BStBl 2017 II 1130.

Bei Gewinnermittlung durch Einnahmenüberschussrechnung nach § 4 Abs. 3 EStG oder nach Durchschnittssätzen gem. § 13a EStG besteht keine Verpflichtung zum Bestandsvergleich überzugehen.[1] Ein Übergang zur Bilanzierung ist aber zur Feststellung der stillen Reserven zweckmäßig; ein sich dabei ergebender Übergangsgewinn wäre aber nicht zu versteuern.[2] Schuldzinsen für betriebliche Verbindlichkeiten aus der Zeit vor der Umqualifizierung in einen Liebhabereibetrieb können als nachträgliche BA abziehbar sein.[3] Der Grundsatz der Totalgewinngleichheit erfordert nicht, dass die Gewinne aus der Veräußerung oder Entnahme von Einzel-WG im Liebhabereibetrieb nicht mehr von der GewSt erfasst werden.[4]

Zeitpunkt des Wechsels zum Liebhabereibetrieb: Weitgehend ungeklärt ist, zu welchem Zeitpunkt eine Umqualifizierung zur Liebhaberei erfolgt, wenn Anfangsverluste nicht mehr anerkannt werden oder eine einkünfteerzielende Tätigkeit in eine Liebhaberei umschlägt. Hier folgt die Rechtsprechung meist den Entscheidungen der Finanzbehörde, die einen mehr oder weniger beliebigen Zeitpunkt für diesen Übergang wählt. Dieser Zeitpunkt ist oft nur von der Möglichkeit abhängig, die Bescheide noch ändern zu können. Der Stpfl. kann jedoch versuchen, eine tatsächliche Verständigung über diesen Zeitpunkt herbeizuführen.[5]   157

Übergang von der Liebhaberei zur Einkunftserzielung: Beim Strukturwandel zum einkunftserzielenden Betrieb sind die WG des Liebhabereibetriebs m. E. nach Einlagegrundsätzen zu bewerten (§ 6 Abs. 1 Nr. 5 EStG). Die nach § 8 VO zu § 180 Abs. 2 AO festgestellten Werte dienen allein einer zutreffenden Erfassung der stillen Reserven im Falle der Gewinnrealisierung während der Zeit fehlender Gewinnerzielungsabsicht. Die Wiederaufnahme dieser Absicht kommt einer Neugründung des Betriebs gleich. Wertveränderungen der WG des BV während der Zeit der Liebhaberei müssen dann bei einer Gewinnrealisierung außer Ansatz bleiben. Diese einkommensteuerlich irrelevanten Wertveränderungen entsprechen dem Unterschiedsbetrag zwischen den Teilwerten im Zeitpunkt des Wechsels zum Erwerbsbetrieb und den im Zeitpunkt des Übergangs zum Liebhabereibetrieb nach § 8 VO zu § 180 Abs. 2 AO (→ Rz. 156) festgestellten gemeinen Werten.[6] WG, die im Liebhabereibetrieb angeschafft oder hergestellt werden, sind im Zeitpunkt des Übergangs zum Erwerbsbetrieb wie eine Einlage mit dem Teilwert zu bewerten.   158

Zeitpunkt des Übergangs zur Gewinnerzielung: Hat das Fehlen einer Gewinnerzielungsabsicht zu einem bestimmten Zeitpunkt festgestanden und entsteht die Gewinnerzielungsabsicht später, verliert der Betrieb von dem betreffenden Zeitpunkt an seine Eigenschaft als Liebhaberei.[7]   159

Neue Anlaufverluste zu berücksichtigen: Beim Strukturwandel zum gewinnzielenden Betrieb sind von dem Zeitpunkt der Wiederaufnahme einer Gewinnerzielungsabsicht auch verrechnungsfähige Anlaufverluste anzuerkennen.[8] Objektiv lässt sich dieser Zeitpunkt etwa feststel-   160

---

1 BFH v. 11.5.2016 - X R 61/14, BStBl 2016 II 939; a.A. § 8 der VO zu § 180 Abs. 2 AO, die der BFH als rein verfahrensrechtliche Regelung begreift.
2 Kanzler, FR 2016, noch nicht veröffentlicht.
3 BFH v. 15.5.2002 - X R 3/99, BStBl 2002 II 809.
4 BFH v. 11.5.2016 - X R 61/14, BStBl 2016 II 939 zu → Rz. 46.
5 Wie dies im Fall des BFH v. 11.5.2016 - X R 15/15, BStBl 2017 II 112 geschehen ist.
6 Gl. A. Kanzler in Leingärtner, Kap. 4 Rz. 26.
7 BFH v. 16.3.2012 - IV B 155/11, BFH/NV 2012, 950 = NWB DokID: YAAAE-08752.
8 BFH v. 22.8.1984 - I R 102/81, BStBl 1985 II 61 und BFH v. 24.8.2000 - IV R 46/99, BStBl 2000 II 674, zu 3.d der Gründe.

len, wenn ein neues Betriebskonzept umgesetzt wird, das zu einer günstigen Totalgewinnprognose führt.[1]

(3) Übergangsprobleme bei den Überschusseinkünften

161 **Beim Übergang von Überschusseinkünften zur Liebhaberei** (z. B. bei Leerstand nach Fremdvermietung), sind WK nicht mehr zu berücksichtigen. Mit der Umqualifizierung in eine Liebhabereitätigkeit sind allenfalls noch nachträgliche WK abziehbar, so lange ein Veranlassungszusammenhang mit der einkunftserzielenden Tätigkeit besteht;[2] allerdings ist ein fortdauernder Veranlassungszusammenhang von nachträglichen Schuldzinsen mit früheren Überschusseinkünften ausgeschlossen, wenn der Stpfl. seine Einkunftserzielungsabsicht aufgegeben hat.[3] Im Übrigen endet auch die AfA auf das Erwerbsvermögen (Mietwohngrundstück oder Arbeitsmittel), ohne dass das restliche AfA-Volumen abgeschrieben werden kann.[4]

162 Für die Zeit der Einkunftserzielung ist eine Verteilung der Anschaffungs- oder Herstellungskosten auf die Gesamtnutzungsdauer einschließlich der Zeit vorzunehmen, in der das Wirtschaftsgut nicht mehr zur Erzielung von Einkünften genutzt wird.[5] Eine Feststellung des restlichen AfA-Volumens, das wiederum Grundlage weiterer Abschreibungen nach Wiederaufnahme der Einkunftserzielungsabsicht sein könnte, ist nicht vorgesehen. § 8 VO zu § 180 Abs. 2 AO[6] ist nur auf betriebliche Einkünfte anwendbar. Zur Ermittlung eines Veräußerungsgewinns sollte für die Dauer der Zehnjahresfrist des § 23 Abs. 1 Satz 1 EStG eine analoge Anwendung des § 8 VO zu § 180 Abs. 2 AO sachgerecht sein.

163 **Beim Übergang von der Liebhaberei zu Überschusseinkünften** sind der Einkunftserzielung dienende WG nicht nach Einlagegrundsätzen oder mit dem Verkehrswert zu bewerten, denn eine analoge Anwendung von § 6 Abs. 1 Nr. 5 EStG ist ausgeschlossen. Die AK oder HK sind vielmehr auf die Gesamtnutzungsdauer einschließlich der Zeit vor der Umqualifizierung zu verteilen. Als WK (AfA) ist aber nur der Teil der AK oder HK abziehbar, der auf die Zeit nach dem Übergang zur Einkunftserzielung entfällt.[7]

164–170 *(Einstweilen frei)*

dd) Liebhaberei bei den einzelnen Einkunftsarten

171 Da das EStG keine die Einkunftsarten übergreifende Einkünfteerzielungsabsicht kennt, ist die diese für jede Einkunftsart gesondert zu ermitteln. Der Dualismus der Einkunftsarten und einkunftsspezifische Besonderheiten machen es erforderlich, zunächst die Einkunftsart zu klären, bevor die Einkünfteerzielungsabsicht zu prüfen ist.[8] Denn von den Besonderheiten der einzelnen Einkunftsarten hängt auch die vorzunehmende Totalerfolgsprognose ab. Im Unterschied zu den Gewinneinkunftsarten sind steuerlich anzuerkennende Anlaufverluste bei den Über-

---

1 Siehe etwa den Sachverhalt zu BFH v. 16. 3. 2012 - IV B 155/11, BFH/NV 2012, 950 = NWB DokID: YAAAE-08752.
2 Gl. A. HHR/*Musil*, § 2 EStG Anm. 434
3 BFH v. 20. 6. 2012 - IX R 67/10, BStBl 2013 II 275, zu Rz. 24 und BFH v. 21. 1. 2014 - IX R 37/12, BFHE 244, 550 = NWB DokID: PAAAE-65011, beide betr. VuV.
4 BFH v. 15. 12. 1989 - VI R 44/86, BStBl 1990 II 692.
5 BFH v. 15. 12. 1989 - VI R 44/86, BStBl 1990 II 692.
6 Vom 19. 12. 1986, BGBl 1986 I 2663.
7 BFH v. 14. 2. 1989 - IX R 109/84, BStBl 1989 II 922.
8 BFH v. 29. 3. 2001 - IV R 88/99, BStBl 2002 II 791, betr. Land- und Forstwirtschaft und BFH v. 9. 3. 2011 - IX R 50/10, BStBl 2011 II 704, betr. VuV.

schusseinkunftsarten kaum von Bedeutung. Wie bei den betrieblichen Einkunftsarten kann es allerdings zu einer Umqualifizierung einer einkünfteerzielenden Tätigkeit zur Liebhaberei und umgekehrt kommen (→ Rz. 156 ff.). Da die Totalerfolgsprognose von der Ergiebigkeit der jeweiligen Einkunftsquelle abhängt, ist danach zu differenzieren, ob in erster Linie das Subjekt (der Stpfl. als Person), oder aber ein Objekt (Betrieb oder ein WG) als Quelle der betreffenden Einkünfte in Betracht kommt. Danach ist im ersten Fall grundsätzlich eine subjekt- und im zweiten Fall grundsätzlich eine objektbezogene und ggfl. auch generationsübergreifende Totalerfolgsprognose vorzunehmen.[1]

(1) Liebhaberei bei den Gewinneinkunftsarten

Die in § 15 Abs. 2 Satz 1 EStG für die Einkünfte aus Gewerbebetrieb geforderte Gewinnerzielungsabsicht ist auch für die beiden anderen Gewinneinkunftsarten zu prüfen. Die Definition des Gewerbebetriebs in § 15 Abs. 2 Satz 1 EStG gilt in gleicher Weise für die anderen betrieblichen Einkunftsarten.[2] 172

Liebhaberei und Land- und Forstwirtschaft (§ 13 EStG): Die weitaus größte Anzahl von Entscheidungen zur Liebhaberei sind zur Land- und Forstwirtschaft ergangen. In diesem Bereich spielen private Motive landwirtschaftsfremder Stpfl. eine große Rolle. So werden häufig eine Pferdehaltung und -zucht[3] oder eine Jagd mit Forstwirtschaft[4] und der Weinanbau[5] durch positive Einkünfte aus anderen Einkunftsarten finanziert. Für den einkunftserzielenden Landwirt ist die verlustgeneigte Jagd wegen ihres betrieblichen Zusammenhangs zur Sicherung der Urproduktion Teil seiner land- und forstwirtschaftlichen Einkünfte (§ 13 Abs. 1 Nr. 3 EStG).[6] 173

Berufslandwirte können einen Liebhabereibetrieb begründen, wenn sie ihren einkunftserzielenden Betrieb unentgeltlich auf den Rechtsnachfolger übertragen und Grundstücksflächen von weniger als 30 Ar zur eigenen Bewirtschaftung zurückbehalten. In einem solchen Fall nimmt die FinVerw neben der erfolgsneutralen unentgeltlichen Betriebsübertragung nach § 6 Abs. 3 EStG auch eine Entnahme der zurückbehaltenen Flächen an.[7] 174

Liebhaberei bei Forstwirtschaft: Die Gewinnerzielungsabsicht ist für Landwirtschaft und Forstwirtschaft getrennt zu beurteilen.[8] Nur so kann dem Umstand Rechnung getragen werden, dass die Landwirtschaft und die Forstwirtschaft aufgrund ihrer unterschiedlichen Produktionsweisen und -zyklen außer dem Grund und Boden als Produktionsgrundlage nur wenige Gemeinsamkeiten aufweisen. So vollzieht sich die Produktion in der Landwirtschaft in Abhängigkeit von den Jahreszeiten in jährlichen Zyklen, währenddessen die Fruchtziehung in der Forst- 175

---

1 So zutreffend *Stöber*, FR 2017, 801, 805 m. w. N.
2 BFH v. 26. 2. 2004 - IV R 43/02, BStBl 2004 II 455.
3 Siehe nur BFH v. 27. 1. 2000 - IV R 33/99, BStBl 2000 II 227; BFH v. 20. 1. 2005 - IV R 6/03, BFH/NV 2005, 1511 = NWB DokID: TAAAB-56541, unter II.3. der Gründe; BFH v. 27. 11. 2008 - IV R 17/06, HFR 2009, 771; BFH v. 10. 1. 2012 - IV B 137/10, BFH/NV 2012, 732 = NWB DokID: IAAAE-03549.
4 BFH v. 20. 1. 2005 - IV R 6/03, BFH/NV 2005, 1511 = NWB DokID: TAAAB-56541; BFH v. 20. 9. 2007 - IV R 20/05, BFH/NV 2008, 532 = NWB DokID: CAAAC-72090.
5 BFH v. 24. 8. 2000 - IV R 46/99, BStBl 2000 II 674, „Generationenbetrieb: Weinbau"; BFH v. 14. 7. 2003 - IV B 81/01, BStBl 2003 II 804 „Weinbau aus Familientradition".
6 BFH v. 16. 5. 2002 - IV R 19/00, BStBl 2002 II 692; siehe auch *Kanzler*, DStZ 2005, 766, 769.
7 FinMin Baden-Württemberg. v. 1. 4. 2010 - S 2239, Juris, unter Hinweis auf BFH v. 9. 12. 1986 - VIII R 26/80, BStBl 1987 II 342.
8 BFH v. 20. 9. 2007 - IV R 20/05, BFH/NV 2008, 532 = NWB DokID: CAAAC-72090: Eine gemeinsame Beurteilung der Gewinnerzielungsabsicht ist nur dann möglich, wenn einer der beiden Betriebszweige von völlig untergeordneter Bedeutung wäre.

wirtschaft erst nach vielen Jahrzehnten erfolgen kann. Auch erschweren die langen und nach Baumarten unterschiedlichen Umtriebszeiten in forstwirtschaftlichen Betrieben die Totalgewinnprognose.[1] Entscheidend ist auch, dass der Betrieb eine Mindestgröße aufweisen muss.[2] Allerdings ist es für die Totalgewinnprognose nicht erforderlich, dass der Stpfl. oder sein Rechtsnachfolger Eigentümer während der gesamten Umtriebszeit ist. Denn auch bei einer vorzeitigen Veräußerung werden stille Reserven aufgelöst, die als fiktiver Veräußerungsgewinn in die Berechnung des Totalgewinns eingehen.[3]

176   Zur Totalgewinnprognose bei Einnahmenüberschussrechnung nach § 4 Abs. 3 EStG und zur Liebhaberei bei der Gewinnermittlung nach Durchschnittssätzen s. → Rz. 100.

177–182   (Einstweilen frei)

183   **Liebhaberei und Gewerbebetrieb (§ 15 EStG):** Da bei Gewerbebetrieben der Beweis des ersten Anscheins für die Gewinnerzielungsabsicht spricht,[4] sind Liebhabereifälle im gewerblichen Bereich eher selten. In derartigen Fällen soll daher aus weiteren Beweisanzeichen die Feststellung möglich sein, dass der Stpfl. die verlustbringende Tätigkeit nur aus im Bereich seiner Lebensführung liegenden persönlichen Gründen oder Neigungen ausübt (→ Rz. 137 ff.). An dieser Rechtsprechung sind Zweifel geäußert worden, weil allein schon die Möglichkeit des Verlustausgleichs für eine private Motivation spreche.[5] Fehlen daher Reaktionen auf bereits eingetretene hohe Verluste und wird das verlustbringende Geschäftskonzept unverändert beibehalten, so sind dies gewichtige Beweisanzeichen für eine fehlende Gewinnerzielungsabsicht. In derartigen Fällen sind an die Feststellung persönlicher Gründe und Motive keine hohen Anforderungen zu stellen.[6]

184   **Einzelfälle gewerblicher Liebhaberei:** Die Gewinnerzielungsabsicht fehlt, wenn eine verlustbringende, gewerblich vermietete Ferienwohnung nicht verkauft wird. Die zu den Einkünften aus VuV ergangene Rechtsprechung des IX. Senats des BFH, der zufolge bei einer ausschließlich an wechselnde Feriengäste vermieteten und in der übrigen Zeit hierfür bereitgehaltenen Ferienwohnung ohne weitere Prüfung von der Überschusserzielungsabsicht der Stpfl. auszugehen ist, kann auf die gewerbliche Vermietung nicht angewendet werden.[7] Zur Gewinnerzielungsabsicht eines Verlegers hat der BFH entschieden, dass als betriebsspezifische Anlaufzeit bis zum Erforderlichwerden größerer Korrektur- und Umstrukturierungsmaßnahmen ein Zeitraum von weniger als fünf Jahren nur im Ausnahmefall in Betracht kommt.[8] Im Übrigen hat der BFH zur Liebhaberei bei Verlusten eines Automatenaufstellers[9] und eines Kraftsportlers mit hohen Verpflegungsmehraufwendungen[10] entschieden. Diese Verpflegungsaufwendungen bleiben als nichtabziehbare BA bei der Berechnung des Totalgewinns außer Betracht.[11] Zur Gewinner-

---

[1] BFH v. 18. 3. 1976 - IV R 52/72, BStBl 1976 II 482; BFH v. 20. 1. 2005 - IV R 6/03, BFH/NV 2005, 1511 = NWB DokID: TAAAB-56541.
[2] BFH v. 26. 6. 1985 - IV R 149/83, BStBl 1985 II 549.
[3] Siehe nur v. 20. 9. 2007 - IV R 20/05, BFH/NV 2008, 532 = NWB DokID: CAAAC-72090.
[4] Siehe nur BFH v. 30. 10. 2014 - IV R 34/11, BStBl 2015 II 380, betr. Vermutung für Gewinnerzielungsabsicht einer gewerblich geprägten Vorratsgesellschaft, die ihren Betrieb nie aufgenommen hat.
[5] So BFH v. 17. 11. 2004 - X R 62/01, BStBl 2005 II 336, betr. Möbeleinzelhandel einer Ehefrau.
[6] BFH v. 17. 11. 2004 - X R 62/01, BStBl 2005 II 336.
[7] BFH v. 29. 3. 2007 - IV R 6/05, BFH/NV 2007, 1492 = NWB DokID: VAAAC-49110.
[8] BFH v. 23. 5. 2007 - X R 33/04 BStBl 2007 II 874.
[9] BFH v. 19. 3. 2009 - IV R 40/06, BFH/NV 2009, 1115 = NWB DokID: YAAAD-21802.
[10] BFH v. 9. 4. 2014 - X R 40/11, BFH/NV 2014, 1359 = NWB DokID: VAAAE-69831.
[11] BFH v. 9. 4. 2014 - X R 40/11, BFH/NV 2014, 1359 = NWB DokID: VAAAE-69831.

zielungsabsicht bei einer Schiffsvercharterung ist der BFH von einem Prognosezeitraum von 40 Jahren ausgegangen.[1] Auch ein schon bei einem geplanten Objekt anzunehmender gewerblicher Grundstückshandel setzt Gewinnerzielungsabsicht voraus, die entfallen kann, wenn der Betrieb weder umstrukturiert noch aufgegeben wird.[2]

(Einstweilen frei) 185–190

Liebhaberei und selbständige Arbeit (§ 18 EStG): Auch bei der Einkunftsart „selbständige Arbeit" ist eine Gewinnerzielungsabsicht zu fordern, ohne dass es einer ausdrücklichen Verweisung auf § 15 Abs. 2 Satz 1 EStG in § 18 Abs. 4 (Satz 2) EStG bedürfte. Wie sich aus den in § 15 Abs. 2 EStG enthaltenen Negativmerkmalen (weder LuF noch selbständige Arbeit) ergibt, gilt die Definition des Gewerbebetriebs auch für die anderen Gewinneinkunftsarten.[3] 191

Einzelfälle der Liebhaberei bei selbständiger Arbeit: Zweifel an der Gewinnerzielungsabsicht hatte die Rechtsprechung nicht nur bei Freiberuflern, wie Ärzten oder Rechtsanwälten zu klären, sondern auch hinsichtlich künstlerischen,[4] schriftstellerischen[5] und wissenschaftlichen[6] Betätigungen zu entscheiden. 192

Ärzte und Rechtsanwälte üben Berufe aus, bei denen der Beweis des ersten Anscheins für die Gewinnerzielungsabsicht spricht. Gleichwohl hatte die Rechtsprechung wiederholt die Gewinnerzielungsabsicht dieser Freiberufler zu prüfen. So hat der BFH auch bei der freiberuflichen Tätigkeit die sog. Segmentierung gefordert (→ Rz. 92). Danach ist bei verschiedenen, wirtschaftlich eigenständigen oder nach der Verkehrsauffassung trennbaren Betätigungen eines Arztes die Gewinnerzielungsabsicht nicht einheitlich für die gesamte Tätigkeit, sondern gesondert für die jeweilige Betätigung zu prüfen.[7] Mehrjährige Verluste am Ende der Berufstätigkeit als Arzt können zur Liebhaberei führen, weil die in der Vergangenheit erzielten Gewinne für die Feststellung einer objektiv negativen Gewinnprognose ohne Bedeutung sind und der anzustrebende Totalgewinn daher nur die verbleibenden Jahre umfasst.[8] In Ausnahmefällen können auch Rechtsanwälte berufliche Liebhaberei betreiben. So sprechen langjährige Verluste eines selbständig tätigen Rechtsanwalts, dessen Einnahmen ohne plausible Gründe auf niedrigstem Niveau stagnieren und der seinen Lebensunterhalt aus erheblichen anderweitigen Einkünften bestreitet, regelmäßig dafür, dass er seine Tätigkeit nur aus persönlichen Gründen fortführt.[9] 193

Künstler: Nach Auffassung des BFH lassen sich die Grundsätze zur Gewinnerzielungsabsicht bei LuF-Betrieben oder gewerblicher Tierzucht oder -haltung nicht unbesehen auf eine künstlerische Tätigkeit übertragen, weil „der Ausübung des Künstlerberufs eine planmäßige Be- 194

---

1 BFH v. 24. 9. 2009 - IV S 13/09 (PKH), BFH/NV 2010, 233 = NWB DokID: QAAAD-33123.
2 BFH v. 5. 4. 2017 - X R 6/15, BStBl 2017 II 1130.
3 BFH v. 26. 2. 2004 - IV R 43/02, BStBl 2004 II 455 und BFH v. 14. 12. 2004 - XI R 6/02, BStBl 2005 II 392.
4 BFH v. 6. 3. 2003 - XI R 46/01, BStBl 2003 II 602 und BFH v. 16. 3. 2006 - IV B 157/04, BFH/NV 2006, 1459 = NWB DokID: RAAAB-88788.
5 BFH v. 23. 5. 1985 - IV R 84/82, BStBl 1985 II 515 und BFH v. 24. 8. 2012 - III B 21/12, BFH/NV 2012, 1973 = NWB DokID: VAAAE-19296.
6 BFH v. 14. 3. 1985 - IV R 8/84, BStBl 1985 II 424; BFH v. 21. 11. 2013 - IX R 23/12, BStBl 2014 II 312, betr. Vorlagebeschluss „häusliches Arbeitszimmer".
7 BFH v. 15. 11. 2006 - XI R 58/04, BFH/NV 2007, 434 = NWB DokID: RAAAC-35635, betr. Betrieb eines Heilfasten-Hauses durch einen Arzt.
8 BFH v. 26. 2. 2004 - IV R 43/02, BStBl 2004 II 455: Gehaltszahlungen an Angehörige als privates Motiv.
9 BFH v. 14. 12. 2004 - XI R 6/02, BStBl 2005 II 392 in Abgrenzung zu BFH v. 22. 4. 1998 - XI R 10/97, BStBl 1998 II 663, wonach der subjektive Aspekt der Liebhaberei noch in den Vordergrund gestellt wurde.

triebsführung, Marktpreise oder eine nachprüfbare Kalkulation nicht wesensmäßig" ist.[1] Auch bei einer künstlerischen Tätigkeit, die ein Maler durch seine Einkünfte als Dozent finanziert, ist eine Segmentierung (→ Rz. 92) zur Prüfung der Totalgewinnprognose durchzuführen, wenn es an einem engen Zusammenhang der unterrichtenden mit der künstlerischen Tätigkeit fehlt.[2] Bei Prüfung der Gewinnerzielungsabsicht eines Künstlers sind außer langjährigen Verlusten folgende weitere Gesichtspunkte in die gebotene Gesamtwürdigung einzubeziehen, so insbesondere die

▶ Art der künstlerischen Berufsausbildung und der Ausbildungsabschluss[3]
▶ künstlerische Tätigkeit als alleinige Existenzgrundlage des Stpfl. und seiner Familie[4]
▶ berufstypische professionelle Vermarktung, z. B. die Teilnahme an Ausstellungen[5]
▶ besonderen betrieblichen Einrichtungen, wie ein Atelier[6]
▶ Erwähnung in einschlägiger Literatur[7]
▶ Erzielung gelegentlicher Veräußerungsgewinne[8] und die
▶ Schaffung marktfähiger Werke.[9]

(Einstweilen frei)

(2) Liebhaberei bei den Überschusseinkunftsarten

195 **Liebhaberei und nichtselbständige Arbeit (§ 19 EStG):** Lohn- und Gehaltsempfänger ohne anderweitige Einkünfte werden kaum langjährige Verluste erwirtschaften, die als Beweisanzeichen für eine Liebhaberei heranzuziehen wären. Werden jedoch andere Einkünfte erzielt, so kann in Ausnahmefällen auch bei den Einkünften aus nichtselbständiger Arbeit die Einkunftserzielungsabsicht zu prüfen und ggf. von einer einkommensteuerrechtlich unbeachtlichen Liebhaberei auszugehen sein. So z. B. wenn die laufenden Lohnzahlungen unüblich niedrig ausfallen, aber hohe WK geltend gemacht werden und die Tätigkeit möglicherweise aus Gründen der Repräsentation ausgeübt wird.

196 **Zur Totalüberschussprognose bei nichtselbständiger Arbeit** hat der BFH Stellung genommen. Der Stpfl. hatte im Hinblick auf ein angestrebtes Amt vorbereitend hohe Aufwendungen (für Coaching usw.) erbracht, die als vorweggenommene WK zu beurteilen waren, nachdem sich die Pläne zerschlagen hatten.[10] In einem solchen Fall ist die Totalüberschussprognose auch subjektübergreifend durchzuführen, wenn dies wirtschaftlich geboten ist, etwa um eine etwaige Hinterbliebenenversorgung des Ehegatten mit einzubeziehen.[11]

---

1 BFH v. 6.3.2003 - XI R 46/01, BStBl 2003 II 602 : Liebhaberei abgelehnt.
2 BFH v. 16.3.2006 - IV B 157/04, BFH/NV 2006, 1459 = NWB DokID: RAAAB-88788.
3 BFH v. 6.3.2003 - XI R 46/01, BStBl 2003 II 602.
4 BFH v. 6.3.2003 - XI R 46/01, BStBl 2003 II 602.
5 BFH v. 26.4.1989 - VI R 104/86, BFH/NV 1989, 696 = NWB DokID: KAAAB-31281 und BFH v. 7.5.1993 - VI R 39/90, BFH/NV 1993, 652 = NWB DokID: NAAAB-34222.
6 BFH v. 26.4.1989 - VI R 104/86, BFH/NV 1989, 696 = NWB DokID: KAAAB-31281.
7 BFH v. 26.4.1989 - VI R 104/86, BFH/NV 1989, 696 = NWB DokID: KAAAB-31281.
8 BFH v. 26.4.1989 - VI R 104/86, BFH/NV 1989, 696 = NWB DokID: KAAAB-31281.
9 BFH v. 6.3.2003 - XI R 46/01, BStBl 2003 II 602.
10 BFH v. 28.8.2008 - VI R 50/06, BStBl 2009 II 243.
11 Die Bewertung solcher lebenslänglichen Leistungen soll mit den nach der aktuellen Sterbetafel des Statistischen Bundesamts zu bestimmenden und nicht abzuzinsenden Verkehrswerten erfolgen: BFH v. 28.8.2008 - VI R 50/06, BStBl 2009 II 243.

Beurteilungsgegenstand und Beurteilungszeitraum sind das jeweilige Arbeitsverhältnis und dessen mutmaßliche Dauer. Bei mehreren Arbeitsverhältnissen ist von einer Segmentierung (→ Rz. 92) dann abzusehen, wenn die verlustträchtige Tätigkeit geeignet ist, eine Hauptbeschäftigung zu fördern. Dies gilt etwa für die Verluste aus einer unentgeltlichen Tätigkeit als Honorarprofessor, die von einem Beamten, Richter oder leitenden Angestellten aus Industrie und Wirtschaft zur Förderung seiner Haupttätigkeit in Kauf genommen werden.[1] 197

(Einstweilen frei) 198–203

Liebhaberei bei Kapitaleinkünften (§ 20 EStG): Nach Einführung der Abgeltungsteuer[2] mit der Vollbesteuerung von Veräußerungsgewinnen nach § 20 Abs. 2 EStG und der Verlustverrechnungsbeschränkung des § 20 Abs. 6 EStG, stellt sich die Frage nach der Einkunftserzielungsabsicht nur noch bei den Ausnahmetatbeständen des § 32d Abs. 2 EStG. Insoweit gilt die ältere Rechtsprechung weiter, wonach der Abzug von Werbungskosten (§ 32d Abs. 2 Nr. 1 Satz 2 i.V.m. § 20 Abs. 9 EStG) auch im Rahmen der Einkünfte nach § 20 EStG eine auf Erzielung eines Totalüberschusses gerichtete Einkünfteerzielungsabsicht voraussetzt.[3] 204

Beurteilungsgegenstand und Beurteilungszeitraum sind in diesen Ausnahmefällen die einzelne Kapitalanlage und objektiv deren Laufzeit oder die Lebenserwartung des Stpfl.[4] 205

(Einstweilen frei) 206–210

Liebhaberei bei Vermietung und Verpachtung (§ 21 EStG): Eine Nutzungsüberlassung fällt nur dann unter die Einkunftsart des § 21 EStG, wenn der Stpfl. die Absicht hat, auf Dauer einen Totalüberschuss der Einnahmen über die WK zu erwirtschaften. Wegen der mit § 21 EStG verfolgten wirtschafts- und wohnungsbaupolitischen Lenkungsziele galt die Vermietung und Verpachtung bisher als chronisch und strukturell defizitäre Einkunftsart, eine Einschätzung, die sich durch die Eintragungen der Statistischen Jahrbücher für die Jahre 1998 bis 2005 belegen lässt; seit 2006 hat der schrittweise Abbau der Abschreibungsvergünstigungen zu einem deutlichen Überwiegen der positiven über die negativen Einkünfte aus VuV geführt.[5] Auf der Grundlage des Geprägebeschlusses[6] hat der IX. Senat des BFH hierzu eine Rechtsprechung entwickelt, die erheblicher Kritik ausgesetzt war,[7] der die FinVerw aber im Wesentlichen gefolgt ist.[8] Die Grundsätze dieser Rechtsprechung sind auch auf vermögensverwaltende Personengesellschaften und ihre Gesellschafter anzuwenden (→ Rz. 75).[9] Besondere Probleme bei teilentgeltlicher Vermietung von Wohnraum haben sich durch die Erhöhung des Schwellenwerts von 56 % auf 66 % erledigt (→ Rz. 221). 211

Vermutung für Einkunftserzielungsabsicht als Grundsatz: Sofern nicht ausnahmsweise besondere Umstände gegen das Vorliegen einer Überschusserzielungsabsicht sprechen (so bei Ferienwohnungen, Mietkauf- und Bauherrenmodellen mit Rückkaufangebot oder Verkaufsgaran- 212

---

1 RFH v. 16.1.1935 - VI A 734/34, RStBl 1935, 757 und BFH v. 8.4.1954 - IV 342/53 U, BStBl 1954 III 188.
2 Durch das insoweit ab 2009 geltende Unternehmensteuerreformgesetz 2008 v. 14.8.2007, BGBl 2007 I 1912.
3 Grundlegend BFH v. 9.5.2000 - VIII R 77/97, BStBl 2000 II 660 und zuletzt BFH v. 19.1.2010 - X R 2/07, BFH/NV 2010, 1251, m.w.N. = NWB DokID: KAAAD-43380.
4 Gl. A. HHR/*Musil*, § 2 EStG Anm. 388 und 445.
5 Siehe nur HHR/*Pfirrmann*, § 21 EStG Anm. 6 m.w.N.
6 BFH v. 25.6.1984 - GrS 4/82, BStBl II 751.
7 Dazu die Nachweise bei HHR/*Pfirrmann*, § 21 EStG Anm. 68.
8 BMF v. 8.10.2004, BStBl 2004 I 933.
9 Siehe nur BFH v. 15.10.2002 - IX R 29/99, BFH/NV 2003, 462 = NWB DokID: OAAAA-71564.

tie), ist bei einer auf Dauer angelegten Vermietungstätigkeit grundsätzlich davon auszugehen, dass der Stpfl. beabsichtigt, letztlich einen Einnahmeüberschuss zu erwirtschaften.[1]

BEISPIEL: ▶ Der Stpfl, der 2004 eine Eigentumswohnung erworben und dauerhaft vermietet hat, erklärt seitdem aufgrund der Vollfinanzierung der AK und AfA nur Verluste. Für den VZ 2015 hat sich der Verlust infolge von Erhaltungsaufwendungen noch einmal erhöht. Auch dieser Verlust ist zu berücksichtigen, ohne dass es einer Totalüberschussprognose bedürfte.

Die Vermutung beruht auf der fragwürdigen These, dass der Gesetzgeber die verdeckte steuerliche Förderung der Wohnraumnutzung durch offene Subventionen (§ 10e EStG und EigZulG von 1996 bis 2005)[2] ersetzt hat und daher bei den verbleibenden Tatbeständen des § 21 EStG von einer Überschusserzielungsabsicht ausgegangen sein musste.[3] Daher gilt diese Vermutung für die Einkunftserzielungsabsicht weder bei dauerhafter Verpachtung unbebauten Grundbesitzes,[4] noch bei Vermietung von Gewerbeimmobilien.[5]

213 **Besondere Umstände** oder Beweisanzeichen können gegen eine auf Dauer angelegte Vermietungstätigkeit sprechen und damit die Vermutung der Einkunftserzielungsabsicht widerlegen. Solche atypischen Gestaltungen sind negative Beweisanzeichen, die der Stpfl. erschüttern kann, wofür er aber bei Zweifeln die Feststellungslast für das Vorhandensein der Überschusserzielungsabsicht trägt.[6]

214 **Gegen die Einkunftserzielungsabsicht** sprechen folgen Umstände:[7]

▶ nicht auf Dauer angelegte Vermietung,

▶ befristete Vermietung,[8]

▶ kurzfristige Eigennutzung (i. d. R. fünf Jahre),[9]

▶ kurzfristige Veräußerung (i. d. R. innerhalb von fünf Jahren),[10] es sei denn es handelt sich um einen Zwangsverkauf (z. B. wegen Arbeitslosigkeit oder Ehescheidung),

▶ Mietkauf- und Bauherrenmodelle,[11]

▶ Luxuswohnungen[12] (mehr als 250 qm Wohnfläche und Schwimmhalle),[13]

▶ Ferienwohnungen,

▶ leer stehende Immobilien,

▶ außergewöhnlich lange Renovierungszeiten,

▶ unbebaute Grundstücke,

---

1 Ständige Rechtsprechung seit BFH v. 30. 9. 1997 - IX R 80/94, BStBl 1998 II 771, m. w. N.
2 Gesetz zur Abschaffung der Eigenheimzulage v. 22. 12. 2005, BGBl 2005 I 3680.
3 BFH v. 30. 9. 1997 - IX R 80/94, BStBl 1998 II 771 und BFH v. 25. 3. 2003 - IX B 2/03, BStBl 2003 II 479.
4 BFH v. 25. 3. 2003 - IX B 2/03, BStBl 2003 II 479.
5 BFH v. 9. 10. 2013 - IX R 2/13, BStBl 2014 II 527; BFH v. 16. 9. 2015 - IX R 31/14, BFH/NV 2016, 188 = NWB DokID: EAAAF-19024 und BFH v. 17.4.2018 - IX R 9/17, NWB DokID: DAAAG-92060 mit Anm. *Pieske-Kontny*, NWB 2018, 2672.
6 Ständige Rechtsprechung s. nur BFH v. 6. 11. 2001 - IX R 97/00, BStBl 2002 II 726 und zuletzt BFH v. 9. 7. 2013 -IX R 48/12, BStBl 2013 II 693.
7 Siehe Bay. LfSt v. 5. 9. 2014, NWB DokID: TAAAE-70804.
8 BFH v. 14. 12. 2004 - IX R 1/04, BStBl 2005 II 211, wonach allerdings allein der Abschluss eines Zeitmietvertrags noch nicht den Schluss rechtfertigt, die Vermietungstätigkeit sei nicht auf Dauer ausgerichtet.
9 BFH v. 29. 3. 2007 - IX R 7/06, BFH/NV 2007, 1847 = NWB DokID: NAAAC-52026.
10 BFH v. 10. 10. 2000 - IX R 52/97, BFH/NV 2001, 587, m. w. N. = NWB DokID: PAAAA-67674.
11 BFH v. 9. 2. 1993 - IX R 42/90, BStBl 1993 II 658.
12 BFH v. 6. 10. 2004 - IX R 30/03, BStBl 2005 II 386.
13 Bay. LfSt v. 5. 9. 2014, NWB DokID: TAAAE-70804, zu 3.b.

- Verlustzuweisungsgesellschaften,
- Gewerbeobjekte,
- Immobilienfonds.

Nicht gegen die Einkunftserzielungsabsicht sprechen:

- die verbilligte Wohnraumüberlassung, weil mit der Änderung des § 21 Abs. 2 EStG[1] die Einkunftserzielungsabsicht bei verbilligter Wohnraumüberlassung grundsätzlich unterstellt wird und bei einer Vermietung unter 66 % der ortsüblichen Miete die WK entsprechend zu kürzen sind;
- Finanzierung mit Tilgung durch parallel laufende Lebensversicherungen,[2] es sei denn es fehlt an einem Finanzierungskonzept zur späteren Kredittilgung;[3]
- Baudenkmale, bei denen die Einkunftserzielungsabsicht ohne Totalüberschussprognose unterstellt wird, weil nicht auszuschließen ist, dass die am Wohnungsmarkt erzielbare Miete den besonderen Wohnungswert angemessen widerspiegelt.[4] Diese Grundsätze sind auch auf Gebäude in Sanierungsgebieten und städtebaulichen Entwicklungsbereichen (§ 7h EStG) anzuwenden, nicht aber auf sog. Luxuswohnungen.

Entstehen oder Wegfall der Einkunftserzielungsabsicht: Wie bei den betrieblichen Einkunftsarten (→ Rz. 156 ff.) kann die Einkunfts- oder Überschusserzielungsabsicht entweder von Anfang an fehlen, zu einem späteren Zeitpunkt entfallen oder auch begründet werden. Wird daher etwa ein mit der Absicht späterer Veräußerung oder Selbstnutzung vereinbarter befristeter Mietvertrag in ein unbefristetes Mietverhältnis umgewandelt oder diese Wohnung erneut vermietet, so ist die dauernde Vermietungs- und Überschusserzielungsabsicht erneut zu prüfen. Dies gilt auch bei Vereinbarung eines befristeten Mietverhältnisses im Anschluss an eine unbefristete Vermietung, bei verbilligter Überlassung einer Wohnung nach vorangegangener marktüblicher Vermietung oder bei zeitweiser Selbstnutzung einer zuvor ausschließlich fremdvermieteten Ferienwohnung.[5] In all diesen Fällen ist eine Totalüberschussprognose anzustellen (→ Rz. 231).

Die Vermietung von Ferienwohnungen hat den BFH immer wieder beschäftigt, weil hier private Motive naheliegen und die Einkunftserzielungsabsicht ausschließen können. Zu unterscheiden ist die ausschließliche Vermietung, bei der die Einkunftserzielungsabsicht unterstellt wird, von der Vermietung mit teilweiser Selbstnutzung, die als Beweisanzeichen für eine fehlende Einkunftserzielungsabsicht gewertet wird und eine Totalüberschussprognose erfordert.[6] Auch die vorbehaltene Selbstnutzung ist privat veranlasst und führt zu einer Prüfung der Einkunftserzielungsabsicht.[7] Eine Prognose ist auch geboten, wenn die Ferienwohnung nicht durchweg im ganzen Jahr an wechselnde Feriengäste vermietet wird und ortsübliche Vermietungszeiten nicht festgestellt werden können[8] oder wenn die tatsächlich erzielte Vermietungszeit erheblich (d. h. um mehr als 25 %) unterschreitet.[9] Bei zeitweiser Vermietung und

---

1 Durch das StVereinfG 2011 v. 1.11.2011, BGBl 2011 I 2131.
2 BFH v. 19.4.2005 - IX R 10/04, BStBl 2005 II 692 und BFH v. 19.4.2005 - IX R 15/04, BStBl 2005 II 754.
3 BFH v. 10.5.2007 - IX R 7/07, BStBl 2007 II 873.
4 BFH v. 19.4.2005 - IX R 10/04, BStBl 2005 II 692.
5 Bay. LfSt v. 5.9.2014, NWB DokID: TAAAE-70804, zu 3.e.
6 BFH v. 16.4.2013 - IX R 26/11, BStBl 2013 II 613.
7 BFH v. 29.8.2007 - IX R 48/06, BFH/NV 2008, 34 = NWB DokID: MAAAC-62533.
8 BFH v. 19.8.2008 - IX R 39/07, BStBl 2009 II 138.
9 BFH v. 12.7.2016 - IX R 21/15, NWB DokID: OAAAF-83709.

zeitweiser Selbstnutzung sind Leerstandszeiten im Verhältnis der tatsächlichen Selbstnutzung zur tatsächlichen Vermietung aufzuteilen und im Zweifel hälftig zuzuordnen.[1]

218 **Langjährig leerstehende Immobilien** erfordern nach Auffassung der FinVerw stets und nicht nur bei Ferienwohnungen eine Prüfung der Einkunftserzielungsabsicht.[2] Bei einem Leerstand von mehr als 20 Jahren spricht allein die Dauer des Leerstands dafür, dass die Vermietungsabsicht nicht vorhanden war.[3] Allerdings können Aufwendungen für eine nach Herstellung, Anschaffung oder Selbstnutzung leerstehende Wohnung als vorab entstandene WK abziehbar sein, wenn der Stpfl. die Einkünfteerzielungsabsicht hinsichtlich dieses Objekts erkennbar aufgenommen (und sie später nicht aufgegeben) hat.[4]

219 **Leerstandszeiten** sind wie folgt zuzuordnen:

▶ **Grundsatz**: Aufteilung im Verhältnis der tatsächlichen Selbstnutzung zur tatsächlichen Vermietung.

▶ **Selbstnutzung zeitlich oder vertraglich beschränkt**: Nur die vorbehaltene Zeit ist der Selbstnutzung zuzurechnen, während die Leerstandszeit der Vermietung zuzurechnen ist.

▶ **Selbstnutzung lässt sich nicht aufklären**: Zurechnung jeweils zu 50 % der Selbstnutzung und der Vermietung.

220 **Bei Übernahme eines Mietverhältnisses** ist die Einkunftserzielungsabsicht des Erwerbers der Immobilie unabhängig von den Verhältnissen des Veräußerers zu prüfen.[5] Der Erwerber tritt zwar in das Mietverhältnis des Veräußerers ein (§ 566 BGB); für eine Zurechnung der Einkünfteerzielungsabsicht des Rechtsvorgängers fehlt es aber an einer Rechtsgrundlage. Wird daher mit dem Eigentumserwerb ein auf weitere drei Jahre und vier Monate befristetes Mietverhältnis übernommen, so fehlt es an einer auf Dauer angelegten Vermietung.[6] Auch im Erbfall sind die Verluste des Erblassers nicht in die Totalüberschussprognose der Erben einzubeziehen.[7]

221 **Verbilligte Wohnraumüberlassung (§ 21 Abs. 2 EStG)**: Nach Auffassung der FinVerw entfällt bei verbilligter Vermietung (sog. Gunstmiete) eine Liebhabereiprüfung.[8] Nach § 21 Abs. 2 EStG wird die verbilligte Vermietung seit 2012[9] als vollentgeltlicher Vorgang gewertet, wenn die Miete 66 % der ortsüblichen Miete übersteigt. Von 2004 bis 2011 galt eine entsprechende gesetzliche Grenze von 56 % (davor 50 %) und eine durch die Rechtsprechung geschaffene typisierende Liebhabereigrenze, wonach eine Totalüberschussprognose vorzunehmen war, wenn die tatsächlich vereinbarte Miete weniger als 75 % aber mehr als 56 % der ortsüblichen Miete betrug.[10] Da der Gesetzgeber die Erhöhung der Grenze von 56 % auf 66 % nicht rückwirkend geregelt hat, ist daher für die Jahre bis 2011 bei einer teilentgeltlichen Vermietung zwischen 56 % und 75 % der ortsüblichen Miete die Überschusserzielungsabsicht weiterhin anhand einer

---

1 Bay. LfSt v. 5. 9. 2014, NWB DokID: TAAAE-70804, zu 3.c. bb mit ausführlichen Beispielen.
2 Bay. LfSt v. 5. 9. 2014, NWB DokID: TAAAE-70804, zu 3.d.
3 BFH v. 18. 8. 2010 - X R 30/07, BFH/NV 2011, 215 = NWB DokID: MAAAC-62533.
4 BFH v. 11. 12. 2012 - IX R 68/10, BStBl 2013 II 367.
5 Bay. LfSt v. 5. 9. 2014, NWB DokID: TAAAE-70804, zu 4.
6 BFH v. 22. 1. 2013 - IX R 13/12, BStBl 2013 II 533.
7 Niedersächsisches FG v. 27. 3. 2009 - 1 K 11543/05, EFG 2010, 937, rkr. Revisionsverfahren nach Rücknahme der Revision eingestellt (BFH v. 9. 11. 2010 - IX R 44/09, n.v.).
8 Bay. LfSt v. 5. 9. 2014, NWB DokID: TAAAE-70804, zu 8.
9 StVereinfG 2011 v. 1. 11. 2011, BGBl 2011 I 2131.
10 BFH v. 5. 11. 2002 - IX R 48/01, BStBl 2003 II 646.

Totalüberschussprognose festzustellen.[1] Den Verzicht auf Liebhabereiprüfung bei verbilligter Vermietung zwischen 66 % und 75 % der ortsüblichen Miete ab 2012 scheint der IX. Senat des BFH beiläufig akzeptiert zu haben.[2] Nach dem Regierungsentwurf eines StVereinfG 2011 entspricht dies auch der Absicht des Gesetzgebers,[3] die allerdings im Gesetzeswortlaut keinen Ausdruck gefunden hat.[4]

(Einstweilen frei) 222–230

Eine Überschussprognose ist stets erforderlich, wenn Beweisanzeichen gegen eine Einkunftserzielungsabsicht sprechen (→ Rz. 211 ff.). In diese Prognose über die voraussichtliche Dauer der Vermögensnutzung sind alle objektiv erkennbaren Umstände einzubeziehen, zukünftig eintretende Faktoren jedoch nur dann, wenn sie bei objektiver Betrachtung vorhersehbar waren. Die Verhältnisse eines bereits abgelaufenen Zeitraums können vor allem dann wichtige Anhaltspunkte liefern, wenn die zukünftige Bemessung eines Faktors unsicher ist. Im Zweifel kann der Durchschnitt der letzten fünf Jahre herangezogen werden.[5] 231

Objektbezogene Prüfung: Wird nur ein auf einem Grundstück gelegenes Gebäude oder ein Gebäudeteil vermietet oder verpachtet, bezieht sich die Einkünfteerzielungsabsicht nur hierauf; die Totalüberschussprognose ist daher jeweils auf das einzelne Mietobjekt bezogen.[6] Diese nicht grundstücks-, sondern objektbezogene Prüfung gilt insbesondere für die Vermietung unterschiedlicher Teile des Grundstücks an verschiedene Mieter;[7] sie ist ferner auf einzelne leerstehende Wohnungen[8] und auf Fälle anzuwenden, in denen Einkünfte aus VuV mit betrieblichen Einkünften konkurrieren.[9] 232

Durchführung der Totalüberschussprognose: Auszugehen ist von einem objekt- und personenbezogenen[10] Prognosezeitraum von 30 Jahren, wenn es sich nicht um eine befristete Vermietung handelt.[11] Dabei sind die Überschüsse nach §§ 8, 9 EStG zu ermitteln[12] und Sonderabschreibungen bei zeitlich befristeter Vermietungstätigkeit mit Selbstnutzungsvorbehalt in die Totalüberschussprognose einzubeziehen,[13] es sei denn, die begünstigten Herstellungskosten werden innerhalb der voraussichtlichen Dauer der Vermietungstätigkeit vollständig abgeschrieben.[14] Die Einnahmen und Ausgaben sind nach zukünftiger, vom Stpfl. anhand objektiver Umstände dargelegten Entwicklung, zu schätzen oder nach dem Durchschnitt der letzten fünf Jahre anzusetzen; reagiert der Stpfl. auf die Verluste, so sind auch diese später eintreten- 233

---

1 BFH v. 2. 5. 2014 - IX B 154/13, BFH/NV 2014, 1363 = NWB DokID: QAAAE-68638.
2 BFH v. 2. 5. 2014 - IX B 154/13, BFH/NV 2014, 1363 = NWB DokID: QAAAE-68638.
3 BT-Drucks. 17/5125, 38.
4 Im Übrigen hat der BFH beiläufig Zweifel an der Verfassungsmäßigkeit der Regelung als sachlich nicht gerechtfertigter Steuervergünstigung geäußert: BFH v. 29. 4. 1999 - IV R 49/97, BStBl 1999 II 652.
5 Bay. LfSt v. 5. 9. 2014, NWB DokID: TAAAE-70804, zu 7.
6 BFH v. 9. 10. 2013 - IX R 2/13, BStBl 2014 II 527.
7 BFH v. 1. 4. 2009 - IX R 39/08, BStBl 2009 II 776.
8 BFH v. 11. 12. 2012 - IX R 14/12, BStBl 2013 II 279.
9 BFH v. 17. 10. 2013 - III R 27/12, BStBl 2014 II 372, betr. Photovoltaikanlage auf dem Dach vermieteter Hallen.
10 FG Niedersachsen v. 27. 3. 2009 - 1 K 11543/05, EFG 2010, 937, rkr. Revisionsverfahren nach Rücknahme der Revision eingestellt (BFH v. 9. 11. 2010 - IX R 44/09, n.v.).
11 Ständige Rechtsprechung seit BFH v. 6. 11. 2001 - IX R 97/00, BStBl 2002 II 726; gl. A. BMF v. 8. 10. 2004, BStBl 2004 I 933, zu Rz. 34 und Bay. LfSt v. 5. 9. 2014, NWB DokID: TAAAE-70804, zu 7.
12 Bay. LfSt v. 5. 9. 2014, NWB DokID: TAAAE-70804, zu 7.
13 BFH v. 9. 7. 2001 - IX R 57/00, BStBl 2003 II 695.
14 BFH v. 25. 6. 2009 - IX R 24/07, BStBl 2010 II 127, betr. § 4 Abs. 3 FördG.

den Ereignisse oder Tatsachen in die Prognoserechnung einzubeziehen.[1] In diesem Fall soll der Durchschnitt der fünf Jahre nach Umstellung der Vermietungstätigkeit maßgebend sein.[2] Finanzierungskosten sind auf der Grundlage der abgeschlossenen Verträge und unter Berücksichtigung der vom Stpfl. vorgetragenen besonderen Umstände (z. B. beabsichtigte Sondertilgungen, usw.) ebenso zu schätzen, wie künftige verlustmindernde, objektive Umstände, die der Stpfl. geltend macht.[3] Inflationsbedingte Erhöhungen bleiben außer Betracht.[4] Unsicherheitsfaktoren will der IX. Senat des BFH mit einem Sicherheitszuschlag bei den Einnahmen und einem Sicherheitsabschlag bei den WK von jeweils 10 % berücksichtigen[5] und verkehrt damit die meisten negativen Prognosen in ihr Gegenteil. Die Sicherheitszu- und -abschläge sind zu hoch und schon dem Grunde nach fragwürdig, weil sie auch bei den sonstigen Totalgewinn- und Überschussprognosen keine Anwendung finden.[6]

Zu einem Schema zur Einkunftserzielungsabsicht bei Vermietung und Verpachtung s. KKB/Escher, § 21 EStG Rz. 50.

234–241 *(Einstweilen frei)*

242 **Liebhaberei bei sonstigen Einkünften (§§ 22, 23 EStG):** Auch im Rahmen der Einkünfte nach § 22 Nr. 1 und 1a EStG setzt der Abzug von WK eine auf Erzielung eines Totalüberschusses gerichtete Einkünfteerzielungsabsicht voraus.[7] Dasselbe gilt, wenn und soweit die ursprünglich in Aussicht genommenen Rentenzahlungen wegen der veränderlichen Überschussanteile als Zinszahlungen i. S. v. § 20 Abs. 1 Nr. 7 EStG zu qualifizieren sein sollten.[8] Allein die Möglichkeit, einen Rentenversicherungsvertrag innerhalb der ersten Jahre seiner Laufzeit zu kündigen, lässt nicht auf Kündigungsabsicht und fehlende Einkünfteerzielungsabsicht schließen.[9]

243 **Die Totalüberschussprognose** ist bei Rentenversicherungsverträgen subjektübergreifend vorzunehmen, um auch solche künftigen Rentenzahlungen einzubeziehen, die nach dem wahrscheinlichen Verlauf der Dinge nach dem Tod des Versicherungsnehmers an dessen Ehegatten als Hinterbliebenenrente ausgezahlt werden.[10] Der Prognosezeitraum ist nicht festgelegt. Selbst langjährige Verluste von 39 Jahren führen nicht automatisch zur Liebhaberei, wenn der rentenberechtigte Stpfl. nach den gegebenen Umständen, vor allem im Hinblick auf seine (statistische) Lebenserwartung bei Vertragsschluss, damit rechnen kann, dass die Einnahmen (in Höhe der Ertragsanteile) den Finanzierungsaufwand übersteigen.[11]

244 **Bei privaten Veräußerungsgeschäften (§ 22 Nr. 2, § 23 EStG)** ist nach zutreffender Auffassung des BFH das „Merkmal der Einkünfteerzielungsabsicht durch die verhältnismäßig kurzen Spe-

---

[1] BFH v. 25. 3. 2003 - IX R 56/00, BFH/NV 2003, 1170 = NWB DokID: KAAAA-71587 und BFH v. 16. 9. 2015 - IX R 31/14, BFH/NV 2016, 188 = NWB DokID: EAAAF-19024.
[2] Bay. LfSt v. 5. 9. 2014, NWB DokID: TAAAE-70804, zu 7.
[3] Bay. LfSt v. 5. 9. 2014, NWB DokID: TAAAE-70804, zu 7.
[4] Bay. LfSt v. 5. 9. 2014, NWB DokID: TAAAE-70804, zu 7.
[5] BFH v. 6. 11. 2001 - IX R 97/00, BStBl 2002 II 726; gl. A. BMF v. 8. 10. 2004, BStBl 2004 I 933, zu Rz. 34.
[6] Gl. A. HHR/*Kulosa*, § 21 EStG Rz. 4.
[7] Grundlegend BFH v. 9. 5. 2000 - VIII R 77/97, BStBl 2000 II 660, ferner BFH v. 19. 1. 2010 - X R 2/07, BFH/NV 2010, 1251, m. w. N. = NWB DokID: KAAAD-43380.
[8] Siehe nur BFH v. 20. 6. 2006 - X R 3/06, BStBl 2006 II 870.
[9] BFH v. 19. 1. 2010 - X R 2/07, BFH/NV 2010, 1251 = NWB DokID: KAAAD-43380.
[10] BFH v. 16. 9. 2004 - X R 29/02, BStBl 2006 II 234; ähnlich die Totalüberschussprognose bei den Einkünften aus nichtselbständiger Arbeit (s. → Rz. 211).
[11] Grundlegend BFH v. 15. 12. 1999 - X R 23/95, BStBl 2000 II 267, auch zur Prognose bei Abschluss in ausländischer Währung; dazu auch BFH v. 9. 5. 2000 - VIII R 77/97, BStBl 2000 II 660.

kulationsfristen in typisierender Weise objektiviert".[1] Diese unterstellte Einkunftserzielungsabsicht ist auch für die auf zehn Jahre erweiterte Haltefrist maßgebend, denn die gebotene objektbezogene Prognose schließt es aus, dass mehrjährige Verluste zugrunde zu legen sind.

Bei Einkünften aus sonstigen Leistungen ist Liebhaberei denkbar.[2] So sind die fehlende Reaktion des Stpfl. auf die bei einer Segelyachtvercharterung eingetretenen hohen Verluste und das unveränderte Beibehalten des verlustbringenden Geschäftskonzepts als auch der Umstand, dass die Chartertätigkeit nur nebenberuflich ausgeübt wurde, gewichtige Beweisanzeichen für eine fehlende Überschusserzielungsabsicht.[3]

245

ee) Verfahrensfragen zur Liebhaberei

Die Regelvermutung für die Einkunftserzielungsabsicht bei einer auf Dauer angelegten Vermietung (→ Rz. 212) ist durch die Finanzbehörde faktisch nicht widerlegbar. Andererseits kann der Stpfl. die Vermutung gegen die Einkunftserzielungsabsicht widerlegen, trägt aber bei verbleibenden Zweifeln (non liquet) die Feststellungslast (→ Rz. 230 m.w.N).

246

Objektive Beweislast (sog. Feststellungslast) des Steuerpflichtigen: Außerhalb der Regelvermutung (→ Rz. 212) trägt der Stpfl. die Feststellungslast für die Einkunftserzielungsabsicht[4] und alle übrigen ihm günstigen Tatsachen. So trägt er die objektive Beweislast für die ortsüblichen Vermietungszeiten[5] in gleicher Weise wie für die Ernsthaftigkeit und Nachhaltigkeit der Vermietungsbemühungen[6] oder die Feststellung der Leerstandszeiten[7] und die ausschließliche Vermietung einer Ferienwohnung.[8]

247

Eine tatsächliche Verständigung über das Vorliegen der Gewinnerzielungsabsicht ist grundsätzlich zulässig.[9]

248

PRAXISHINWEIS

Im Rahmen einer Betriebsprüfung oder eines Einspruchsverfahrens sollte sich oft die Gelegenheit ergeben, eine Einigung über einen möglichst späten Übergang zur Liebhaberei, über die Anerkennung einer längeren Periode für Anlaufverluste oder über einen möglichst frühen Zeitpunkt des Wiedereintritts der Einkunftserzielungsabsicht zu erzielen. Eine solche Absprache sollte nach den Regeln der tatsächlichen Verständigung erfolgen.[10]

Vorläufige Steuerfestsetzung bei Zweifeln: Kann die Einkunftserzielungsabsicht (noch) nicht abschließend beurteilt werden, so erfolgt die Festsetzung insoweit vorläufig nach § 165 Abs. 1

249

---

1 BFH v. 2.5.2000 - IX R 74/96, BStBl 2000 II 469.
2 Siehe nur BFH v. 23.9.1999 - IV R 4/99, BFH/NV 2000, 426 = NWB DokID: LAAAA-65675, zur Vermietung einer Segelyacht.
3 BFH v. 1.3.2005 - IX B 170/04, BFH/NV 2005, 1066 = NWB DokID: YAAAB-52034 und der Sachverhalt der Vorinstanz: Schleswig-Holsteinisches FG v. 29.4.2009 - 3 K 194/06, NWB DokID: EAAAD-35389, allerdings noch unzutreffend von Einkünften aus VuV ausgehend.
4 Ständige Rechtsprechung, siehe nur BFH v. 1.4.2009 - IX R 39/08, BStBl 2009 II 776, m.w.N.
5 BFH v. 19.8.2008 - IX R 39/07, BStBl 2009 II 138.
6 BFH v. 9.7.2003 - IX R 30/00, BFH/NV 2004, 1382 = NWB DokID: QAAAB-15844.
7 BFH v. 31.7.2007 - IX R 30/05, BFH/NV 2008, 202 = NWB DokID: XAAAC-65396.
8 BFH v. 14.12.2004 - IX R 70/02, BFH/NV 2005, 1040 = NWB DokID: EAAAB-52593; zu den Nachweisen, die der Stpfl. zur Feststellung der ausschließlichen Vermietung erbringen kann s. Bay. LfSt v. 5.9.2014, NWB DokID: TAAAE-70804, zu 3.c.aa.
9 BFH v. 20.9.2007 - IV R 20/05, BFH/NV 2008, 532 = NWB DokID: CAAAC-72090.
10 Dazu v. *Wedelstädt*, Tatsächliche Verständigung, NWB DokID: HAAAB-04886.

Satz 1 AO.[1] Diese Ausklammerung ungewisser steuermindernder Besteuerungsgrundlagen ist weder ermessenswidrig noch handelt es sich um eine Aussetzung der Steuerfestsetzung nach § 165 Abs. 1 Satz 4 AO.[2] Die vorläufige Steuerfestsetzung nach § 165 Abs. 1 Satz 1 AO hemmt zwar den Ablauf der regelmäßigen Festsetzungsfrist; diese endet allerdings nach Ablauf eines Jahres, nachdem die Ungewissheit beseitigt ist und das FA hiervon Kenntnis erhält (vgl. § 171 Abs. 8 Satz 1 AO).[3]

250 Änderung bestandskräftiger Bescheide: Stellt sich das Fehlen einer Einkunftserzielungsabsicht (als Haupttatsache) erst zu einem späteren Zeitpunkt heraus, etwa durch nachträglich bekannt gewordene oder entstandene negative Beweisanzeichen (als Hilfstatsachen), kommt eine Änderung bestandskräftiger Bescheide nach § 173 Abs. 1 Nr. 1 AO in Betracht.[4]

251–256 *(Einstweilen frei)*

d) Zurechnung von Einkünften

257 Das Merkmal der Einkünfteerzielung in § 2 Abs. 1 Satz 1 EStG erfordert auch eine persönliche Zurechnung der selbst erzielten Einnahmen und des selbst geleisteten Aufwands des Stpfl. nach Maßgabe des objektiven Nettoprinzips (→ Rz. 310) und des Grundsatzes der Individualbesteuerung (→ Rz. 26 und → Rz. 29).[5] Während sich die persönliche Zurechnung von Einkünften früher nach der Einkunftsquelle und damit nach dem zivilrechtlichen oder wirtschaftlichen Eigentum richtete,[6] entspricht es heute allgemeiner Auffassung, dass die Einkünfte von demjenigen erzielt werden, der den Einkünftetatbestand verwirklicht. Den Tatbestand einer Einkunftsart erfüllt, wer die Leistungsbeziehungen beherrscht und die Möglichkeit hat, Wirtschaftsgüter und Nutzungsmöglichkeiten am Markt zu verwerten.[7]

Daher sind die Einkünfte aus VuV dem Eigentümer auch dann zuzurechnen, wenn der Verwalter eine Ferienwohnung im eigenen Namen vermietet hat, zwischen ihm und dem Eigentümer aber ein Treuhandverhältnis besteht und der Treugeber gegenüber dem Treuhänder eine derart beherrschende Stellung einnimmt, dass er wirtschaftlich die Rechte und Pflichten aus dem Mietverhältnis trägt.[8]

aa) Gegenstand der Zurechnung

258 Veranlassungsprinzip für Einnahmen und Ausgaben: Die Zurechnung bezieht sich auf Einnahmen und Ausgaben als Bestandteile der Einkünfte nach Maßgabe des Veranlassungsprinzips. Nach dem Regelungsziel des EStG sind Aufwendungen als durch eine Einkunftsart veranlasst anzusehen, wenn sie hierzu in einem steuerrechtlich anzuerkennenden wirtschaftlichen Zusammenhang stehen. Das ist der Fall, wenn sie objektiv mit einer Einkunftsart zusammenhän-

---

1 Bay. LfSt v. 5. 9. 2014, NWB DokID: TAAAE-70804, zu 1, unter Hinweis auf die weitere „Überwachung Liebhaberei" durch das FA.
2 BFH v. 27. 11. 2008 - IV R 17/06, HFR 2009, 771.
3 FG Münster v. 21.2.2018 - 7 K 288/16 E, EFG 2018, 613 = NWB DokID: EAAAG-79367.
4 BFH v. 6.12.1994 - IX R 11/91, BStBl 1995 II 192 und BMF v. 8.10.2004, BStBl 2004 I 933, zu Rz. 10; Bay LfSt v. 5. 9. 2014, NWB DokID: TAAAE-70804, zu 3.a.
5 Grundlegend BFH v. 17.12.2007 - GrS 2/04, BStBl 2008 II 608, zu Rz. 65 ff., betr. Wegfall des Verlustabzugs beim Erben.
6 Siehe nur *Döllerer*, StuW 1988, 203.
7 So etwa BFH v. 27. 1. 1993 - IX R 269/87, BStBl II 1994, 615, m.w. N. zum Schrifttum.
8 BFH v. 12. 7. 2016 - IX R 21/15, BFH/NV 2016, 1695 = NWB DokID: OAAAF-83709.

gen und ihr subjektiv zu dienen bestimmt sind.[1] Maßgeblich dafür, ob ein solcher Zusammenhang besteht, ist zum einen die wertende Beurteilung des die betreffenden Aufwendungen „auslösenden Moments", zum anderen dessen Zuweisung zur einkommensteuerrechtlich relevanten Erwerbssphäre.[2] Dieser Veranlassungszusammenhang gilt gleichermaßen für Aufwendungen wie für Einnahmen.

Anwendungsfälle der veranlassungsorientierten Zurechnung: So sind etwa zu Unrecht erstattete Vorsteuern bei der Gewinnermittlung nach § 4 Abs. 3 EStG als BE zu erfassen, obwohl der Stpfl. diese Vorsteuererstattung zurückzahlen muss;[3] BA und WK sind auch dann als vorweggenommene[4] oder nachträgliche[5] Aufwendungen zu berücksichtigen, wenn Einnahmen noch nicht zu erfassen oder nicht mehr zu erwarten sind. Daher sind auch vergebliche BA[6] oder WK[7] abziehbar. 259

(Einstweilen frei) 260–266

bb) Drittaufwand

Echter und unechter Drittaufwand: Einkünfte sind grundsätzlich nur demjenigen zuzurechnen, der sie selbst getragen hat. Daher ist Drittaufwand (insbes. Nutzungsaufwand und Dritt-AfA) grundsätzlich nicht abziehbar. Die Rechtsprechung unterscheidet den echten vom unechten Drittaufwand.[8] Danach ist echter Drittaufwand ein durch die Einkunftserzielung des Stpfl. veranlasster Aufwand, den aber ein Dritter getragen hat, ohne dass eine Zuwendung vorliegt. Die Abgrenzung von steuerlich unbeachtlichem „echten Drittaufwand" von dem Stpfl. als eigener Aufwand zuzurechnenden „unechten Drittaufwand" ist von den Grundsätzen der Irrelevanz der Mittelherkunft und Zuwendungsgedanken einerseits sowie dem sog. Kostentragungsprinzip andererseits bestimmt. Schuldet der Stpfl. dem Dritten (dem Zahlenden) im Innenverhältnis Ersatz, so liegt stets Aufwand des Stpfl. vor. Schuldet er keinen Ersatz, hat der Große Senat des BFH in seinem Beschluss v. 23. 8. 1999[9] entschieden, dass die Zuwendung geschenkter Mittel an den Stpfl. und das Bestreiten von Anschaffungskosten oder Aufwand mit diesen Mitteln ebenfalls zu eigenem Aufwand des Stpfl. führt (sog. Zuwendungsgedanke). Diese gelten etwa für Schuldzinszahlungen von einem Gemeinschafts- (Oder-) Konto der Ehegatten und sind auch im Falle der Insolvenz des einen BA-Abzug beanspruchenden Ehegatten anzuwenden.[10] 267

---

1 Siehe nur Beschluss des Großen Senats des BFH v. 4. 7. 1990 - GrS 2-3/88, BStBl 1990 II 817, unter C.II.2., m. w. N.
2 Beschluss des Großen Senats des BFH v. 21. 9. 2009 - GrS 1/06, BStBl II 2010, 672, unter C.III.1.a m w. N. betr. gemischt veranlasste Auslandsreise und zuletzt BFH v. 12. 11. 2014 - X R 39/13, BFH/NV 2015, 486 = NWB DokID: QAAAE-84154.
3 BFH v. 12. 11. 2014 - X R 39/13, BFH/NV 2015, 486 = NWB DokID: QAAAE-84154.
4 Z. B. BFH v. 14. 6. 1988 - VIII R 252/82, BStBl 1988 II 992, betr. Schuldzinsen als vorweggenommene BA und BFH v. 16. 9. 2004 - X R 19/03, BStBl 2006 II 238, betr. Kreditvermittlungsgebühren als vorweggenommene Werbungskosten einer Kombi-Rente und BFH v. 29. 10. 2013 - VIII R 13/11, BStBl 2014 II 251, betr. Zinsen als nachträgliche WK für eine aufgegebene Beteiligung.
5 Z. B. BFH v. 28. 3. 2007 - X R 15/04, BStBl 2007 II 642, betr. Schuldzinsen als nachträgliche BA und v. 8. 4. 2014 - IX R 45/13, BFHE 244, 442 = NWB DokID: KAAAE-64191, betr. Abzug nachträglicher Schuldzinsen bei VuV.
6 Siehe nur BFH v. 30. 10. 2014 - IV R 34/11, BStBl 2015 II 380, betr. BA einer gewerblich geprägten Vorratsgesellschaft.
7 Siehe etwa BFH v. 3. 5. 2007 - VI R 36/05, BStBl 2007 II 647, betr. Kosten bei Verfall eines Optionsrechts.
8 Siehe etwa BFH v. 25. 6. 2008 - X R 36/05, BFHE 222, 373 = NWB DokID: CAAAC-95289.
9 GrS 2/97, BStBl 1999 II 782.
10 BFH v. 3. 2. 2016 - X R 25/12, BStBl 2016 II 391.

268 **Abkürzung des Zahlungswegs:** Dem Stpfl. kann der von einem Dritten getragene Aufwand auch ohne Ersatzpflicht oder Kostentragung im Innenverhältnis unter bestimmten Voraussetzungen im Wege des abgekürzten Vertragswegs als eigener Aufwand zugerechnet werden. Das ist der Fall, wenn der Zuwendende im Einvernehmen mit dem Stpfl. dessen Schuld tilgt (§ 267 Abs. 1 BGB), anstatt ihm den Geldbetrag direkt zu geben.[1] Der IV. Senat des BFH hat diese Ausnahme vom Abzugsverbot für Drittaufwand allerdings auf „Bargeschäfte des täglichen Lebens" beschränkt.[2]

269 **Abkürzung des Vertragswegs:** Vom abgekürzten Zahlungsweg ist der sog. abgekürzte Vertragsweg zu unterscheiden. In diesem Fall schließt der Dritte im eigenen Namen für den Stpfl. einen Vertrag und leistet selbst die geschuldeten Zahlungen. Während der Große Senat des BFH noch offengelassen hat, ob er in diesen Fällen die Aufwendungen des Dritten beim Stpfl. als WK zum Abzug zulassen würde,[3] haben inzwischen der IX.[4] und X. Senat des BFH[5] den abgekürzten Vertragsweg als Ausnahme vom Abzugsverbot für Drittaufwand anerkannt; dem ist das BMF widerstrebend gefolgt.[6]

270–275 *(Einstweilen frei)*

cc) Zurechnung der Einkünfte bei Nutzungsüberlassung

276 **Bedeutung der Einkünftezurechnung bei Nutzungsüberlassung:** Einnahmen sind demjenigen zuzurechnen, der den Tatbestand der Einkunftserzielung verwirklicht. Dazu genügt es, dass der Stpfl. die wirtschaftliche Verfügungsmacht über die Erwerbsgrundlage hat. Dem Pächter oder Nutzungsberechtigten eines Wirtschaftsüberlassungsvertrags, dem Nießbraucher und dem Inhaber eines dinglichen Wohnrechts, können daher grundsätzlich eigene Einkünfte zuzurechnen sein. Unterschieden werden Zuwendungs-, Vorbehalts- und Vermächtnisnießbrauch. Nießbrauchsbestellungen unter Angehörigen sind ein beliebtes Mittel der Steuerspargestaltung, weil der Nießbrauchsbesteller Eigentümer bleibt und zivilrechtlich nur die Abtretung künftiger Forderungen dinglich sichert. Gerade in den Fällen unentgeltlicher Nießbrauchsgestaltungen bereiten die Zurechnung von Einkünften und die dadurch bewirkten Einkommensverlagerungen innerhalb der Familie besondere Schwierigkeiten.[7]

277 **Zurechnung der Einkünfte bei Nießbrauch:** Vor allem die Nießbrauchsgestaltungen sind vielfältig. Für die Zurechnung von Einkünften nach einer Nießbrauchsbestellung ist entscheidend, wer den Tatbestand der Einkunftserzielung (Eigentümer oder Nießbraucher) in seiner Person erfüllt.[8] Dabei ist es von Bedeutung, ob es sich um einen Vorbehaltsnießbrauch oder Zuwendungsnießbrauch handelt. Dem Nießbraucher sind die Einkünfte nur dann zuzurechnen, wenn er die volle Besitz- und Verwaltungsbefugnis innehat, die Nutzungen tatsächlich zieht, den Gegenstand in Besitz hat und verwaltet. Bei den Einkünften aus Vermietung und Verpachtung

---

1 Siehe etwa BFH v. 26. 1. 1989 - IV R 300/84, BStBl 1989 II 411; BFH v. 23. 8. 1999 - GrS 2/97, BStBl 1999 II 782, BFH v. 24. 2. 2000 - IV R 75/98, BStBl 2000 II 314 und BFH v. 3. 2. 2016 - X R 25/12, BStBl 2016 II 391, unter Rz. 36 ff.
2 BFH v. 24. 2. 2000 - IV R 75/98, BStBl 2000 II 314.
3 BFH v. 23. 8. 1999 - GrS 2/97, BStBl 1999 II 782, zu C. IV. 1. c, bb.
4 BFH v. 15. 11. 2005 - IX R 25/03, BStBl 2006 II 623 und v. 15. 1. 2008 - IX R 45/07, BStBl 2008 II 572, beide betr. Zahlungen aufgrund eines im Interesse des Stpfl. abgeschlossenen Werkvertrags.
5 BFH v. 3. 2. 2016 - X R 25/12, BStBl 2016 II 391 unter Rz. 39 ff.
6 BMF v. 7. 7. 2008, BStBl 2008 I 717, das Nichtanwendungsschreiben v. 9. 8. 2008 (BStBl 2006 I 492) aufhebend.
7 Siehe nur *Hey* in Tipke/Lang, Steuerrecht, § 8 Rz. 158, die annimmt, das Problem würde durch ein Familien-Realsplitting entschärft.
8 Grundlegend: BFH v. 13. 5. 1980 - VIII R 63/79, BStBl 1981 II 295.

kommt es darauf an, wer Träger der Rechte und Pflichten eines Vermieters ist und die Sache an andere zur Nutzung gegen Entgelt überlässt.[1] Der reine Sicherungsnießbrauch ist grundsätzlich einkommensteuerrechtlich unbeachtlich, soweit er nicht ausgeübt wird.[2]

Nießbrauch an Unternehmen oder Privatvermögen: Nießbrauchsbestellungen zur Übertragung betrieblicher Einkünfte (aus LuF[3] oder Gewerbebetrieb)[4] begründen nur dann Einkünfte des Nießbrauchers, wenn dieser auch unternehmerisch tätig wird, also Unternehmerinitiative entfalten kann und Unternehmerrisiko trägt. Demgegenüber ist bei Nießbrauchsbestellungen am Privatvermögen (Kapitalvermögen und VuV) bei der Zurechnung von Einkünften zu prüfen, wer als Träger der Rechte und Pflichten aus den der Kapitalüberlassung oder der VuV zugrundeliegenden Rechtsverhältnissen in Betracht kommt. 278

Nießbrauch bei den Einkünften aus Kapitalvermögen findet sich etwa als Nießbrauch an Wertpapieren. Nach § 20 Abs. 5 Satz 3 EStG gilt derjenige als Anteilseigner, dem als Nießbraucher (oder Pfandgläubiger) die Einnahmen i. S. d. § 20 Abs. 1 Nr. 1 und 2 EStG zuzurechnen sind. Beim unentgeltlichen Zuwendungsnießbrauch an Wertpapieren hatte der BFH die Einkünfte ursprünglich dem Nießbrauchsbesteller (Wertpapierinhaber) und nicht dem Nießbraucher zugeordnet.[5] Im Hinblick auf die Rechtsprechung zum Grundstücksnießbrauch gilt dieses Urteil jedoch inzwischen als überholt. Da der Nießbraucher im Fall des Wertpapiernießbrauchs den Tatbestand der Einkunftserzielung verwirklicht, sind ihm auch die Einkünfte zuzurechnen.[6] 279

Nießbrauch bei den Einkünften aus Vermietung und Verpachtung: Die einkommensteuerrechtliche Behandlung des Nießbrauchs und anderer Nutzungsrechte bei Einkünften aus Vermietung und Verpachtung ist Gegenstand eines ausführlichen und mit einem Beispiel versehenen BMF-Schreibens, des sog. Nießbrauchserlasses,[7] auf das verwiesen wird.[8] 280

(Einstweilen frei) 281–286

dd) Zurechnung von Einkünften unter Familienangehörigen

Bedeutung der Zurechnung und Angehörigenverträge: Der Zurechnungsgrundsatz, dass die Einkünfte von demjenigen erzielt werden, der den Einkünftetatbestand verwirklicht (→ Rz. 276), gilt auch für Ehegatten und Familienangehörige. Durch Übertragung von Einkunftsquellen wird daher eine abweichende Zuordnung von Einkünften bezweckt. Die entsprechenden Vertragsgestaltungen sind im Hinblick auf Art. 3 Abs. 1 und 6 Abs. 1 GG zulässig, unterliegen aber einer Inhaltskontrolle, die den Grundsatz der Besteuerung nach der wirtschaftlichen Leistungsfähigkeit gewährleisten soll. Gegenstand solcher Angehörigenverträge können alle Einkunftsarten sein. Im betrieblichen Bereich der Einkünfte aus LuF oder Gewerbebetrieb werden Familienangehörige in unterschiedlicher Weise am Unternehmen, etwa als Nießbraucher, stille Gesellschafter oder Kommanditisten beteiligt. Bei den Überschusseinkunftsarten 287

---

1 BMF v. 30.9.2013, BStBl 2013 I 1184 (Nießbraucherlass).
2 BMF v. 30.9.2013, BStBl 2013 I 1184, zu Rz. 9.
3 Zum Nießbrauch am luf. Betrieb ausführlich *Wendt* in Leingärtner, Kap. 41.
4 Zum Nießbrauch am Gewerbebetrieb und an Mitunternehmeranteilen s. *Horst*, BBK 2013, 521.
5 BFH v. 14.12.1976 - VIII R 146/73, BStBl 1977 II 115.
6 *Hey* in Tipke/Lang, Steuerrecht § 8 Rz. 160; anders aber bei bloßer Weiterleitung von Kapitalerträgen an den Nießbrauch, s. BFH v. 24.8.2005 - VIII B 4/02, BFH/NV 2006, 273 m. w. N. = NWB DokID: XAAAB-71130.
7 BMF v. 30.9.2013, BStBl 2013 I 1184.
8 Siehe auch HHR/*Musil*, § 2 EStG Anm. 270 ff.

finden sich Arbeits-, Darlehens- und Mietverträge oder nach §§ 22, 23 EStG zu beurteilende Kaufverträge[1] zwischen nahen Angehörigen. In allen Fällen ist die Beteiligung Minderjähriger an der Erzielung von Einkünften problematisch. Zur Beurteilung von Verträgen zwischen Angehörigen hat die Rechtsprechung Grundsätze erarbeitet (→ Rz. 288 ff.).

288 **Fremdvergleich als Maßstab:** Angehörigenverträge sind nach der Rechtsprechung zur Vermeidung steuerlichen Missbrauchs zivilrechtlicher Gestaltungsmöglichkeiten insbesondere danach zu beurteilen, ob der jeweilige Vertrag mit den Angehörigen sowohl nach seinem Inhalt als auch nach seiner tatsächlichen Durchführung dem entspricht, was zwischen Fremden üblich ist.[2] Dies setzt eine zivilrechtlich wirksame Vereinbarung und klare, eindeutige Regelungen voraus.[3] Das BMF ist dieser Rechtsprechung gefolgt.[4] In einigen Fällen hat auch der Gesetzgeber Vorschriften zur Missbrauchsabwehr für Vereinbarungen zwischen Angehörigen geschaffen, so in § 32d Abs. 2 Nr. 1 Buchst. a EStG, wonach der Abgeltungssteuersatz nicht anzuwenden ist, wenn Gläubiger und Schuldner einander nahe stehende Personen sind, oder § 1 AStG, der den Fremdvergleichsgrundsatz für Verrechnungspreise zwischen einander nahe stehenden Personen regelt.

289 **Das BVerfG** hat diese Rechtsprechung wiederholt bestätigt,[5] in den sog. Oder-Konten-Beschlüssen[6] jedoch einschränkend ausgeführt, dass das *„nachteilige Indiz eines Oderkontos nicht zu einem Tatbestandsmerkmal „Art der Kontoführung" verselbständigt werden [darf], das schon für sich genommen das Bestehen eines Arbeitsverhältnisses ausschließt"*.[7] Damit kommt den Oder-Konten-Beschlüssen beweisrechtliche Bedeutung zu; für den Fremdvergleich sind sie ohne Bedeutung.

290 **Differenzierende Fremdvergleichsprüfung:** Inzwischen vertritt der BFH bei Darlehen unter Angehörigen eine abgestufte, nach dem Anlass der Darlehensaufnahme differenzierende Fremdvergleichsprüfung. Danach ist der Fremdvergleich strikt vorzunehmen, wenn die Darlehensmittel dem Darlehensgeber zuvor vom Darlehensnehmer geschenkt worden sind. Gleiches gilt, wenn in einem Rechtsverhältnis, für das die laufende Auszahlung der geschuldeten Vergütung charakteristisch ist, die tatsächliche Auszahlung durch eine Darlehensvereinbarung ersetzt wird. Dient das Angehörigendarlehen hingegen der Finanzierung der AK oder HK von Wirtschaftsgütern und ist die Darlehensaufnahme daher unmittelbar durch die Einkunftserzielung veranlasst, tritt die Bedeutung der Unüblichkeit einzelner Klauseln des Darlehensvertrags zurück. Entscheidend ist in diesen Fällen vielmehr die tatsächliche Durchführung der Zinsverein-

---

1 Siehe etwa BFH v. 10.11.1998 - VIII R 28/97, BFH/NV 1999, 616 = NWB DokID: KAAAA-64433.
2 Zuletzt BFH v. 21.10.2014 - VIII R 21/12, BFH/NV 247, 538, m. w. N. = NWB DokID: FAAAE-84162, betr. Arbeitsverhältnis zwischen GmbH und Ehefrau des Gesellschafter-Geschäftsführers.
3 Siehe nur BFH v. 22.10.2013 - X R 26/11, BStBl 2014 II 374, betr. Darlehensvertrag zwischen Vater und Sohn; dazu auch Anmerkung *Kanzler*, FR 2014, 187.
4 Siehe nur BMF v. 23.12.2010, BStBl 2011 I 37 und BMF v. 29.4.2014, BStBl 2014 I 309, zur steuerrechtlichen Anerkennung von Darlehensverträgen zwischen Angehörigen.
5 BVerfG v. 9.10.1991 - 1 BvR 1406/89, HFR 1992, 500, betr. Ehegattenvertrag; BVerfG v. 28.6.1993 - 1 BvR 1346/89, HFR 1993, 544; BVerfG v. 27.11.2002 - 2 BvR 483/00, NJW 2003, 1442.
6 BVerfG v. 7.11.1995 - 2 BvR 802/90, BStBl 1996 II 34; BFH v. 19.12.1995 - 2 BvR 1791/92, DStZ 1996, 117, mit Anmerkung *Kanzler*, DStZ 1996, 117; BVerfG v. 9.1.1996 - 2 BvR 796/91, Juris; BVerfG v. 9.1.1996 - 2 BvR 1451/90, WM 1996, 648; BVerfG v. 9.1.1996 - 2 BvR 1293/90, FamRZ 1996, 599; BVerfG v. 15.8.1996 - 2 BvR 3027/95, DStR 1997, 53 = NWB DokID: SAAAA-19620.
7 So der Wortlaut in BVerfG v. 15.8.1996 - 2 BvR 3027/95, DStR 1997, 53 = NWB DokID: SAAAA-19620.

barung und die fremdübliche Verteilung der Vertragschancen und -risiken. Maßstab für den Fremdvergleich sind in solchen Fällen auch Vereinbarungen aus dem Bereich der Geldanlage.[1]

(Einstweilen frei) 291–296

ee) Zurechnung von Einkünften im Erbfall

Zurechnung der Einkünfte auf Erben: Nach § 24 Nr. 2 EStG gehören zu den Einkünften des § 2 Abs. 1 EStG auch Einkünfte aus einer ehemaligen Tätigkeit i. S. d. § 2 Abs. 1 Satz 1 Nr. 1 bis 4 EStG oder aus einem früheren Rechtsverhältnis i. S. d. § 2 Abs. 1 Satz 1 Nr. 5 bis 7 EStG, und zwar auch dann, wenn sie dem Steuerpflichtigen als Rechtsnachfolger zufließen. Daher sind etwa Rentenzahlungen im Rahmen der Einkünfte aus selbständiger Arbeit eines Rechtsanwalts auch bei der Witwe in voller Höhe und nicht nur mit dem Ertragsanteil zu erfassen, wenn sie als Gegenleistung für jahrelange umfassende Beratungstätigkeit gezahlt werden.[2] Auch die Erbin eines verstorbenen Kunstmalers erzielt durch Veräußerung der zum Nachlass gehörenden Bilder nachträgliche Einkünfte aus künstlerischer Tätigkeit und nicht etwa Einkünfte aus Gewerbebetrieb.[3] 297

Wegfall des Verlustabzugs im Erbfall: In Änderung langjähriger Rechtsprechung hat der Große Senat des BFH entschieden, dass der Erbe einen vom Erblasser nicht ausgenutzten Verlustabzug nach § 10d EStG nicht bei seiner eigenen Veranlagung zur Einkommensteuer geltend machen kann.[4] Nach Auffassung des BFH liefe die Vererblichkeit des Verlustabzugs im wirtschaftlichen Ergebnis auf eine nach den allgemeinen Grundsätzen des Einkommensteuerrechts unzulässige Abziehbarkeit von Drittaufwand hinaus.[5] 298

e) Erzielung während der unbeschränkten und beschränkten Einkommensteuerpflicht

Welteinkommensprinzip und Ausnahmen: Der Einkommensteuer unterliegen die weltweit erzielten Einkünfte, wenn der Stpfl. unbeschränkt einkommensteuerpflichtig ist. Als beschränkt Stpfl. wird er nur mit seinen inländischen Einkünften besteuert (§§ 49 bis 50a EStG). Bei erweiterter beschränkter Steuerpflicht, unterliegen beschränkt Stpfl., die nach mindestens fünfjähriger unbeschränkter Steuerpflicht ihren Wohnsitz ins niedrig besteuerte Ausland verlegt haben, zehn Jahre lang mit allen Einkünften der deutschen Einkommensteuer, die bei unbeschränkter Steuerpflicht nicht ausländische Einkünfte i. S. d. § 34d EStG sind (§ 2 Abs. 1 AStG). Nach § 5 AStG kann sich auch eine Hinzurechnung von Einkünften aus Zwischengesellschaften ergeben. Durch zahlreiche DBA ist jedoch der Grundsatz der Welteinkommensbesteuerung faktisch beseitigt. 299

Getrennte Ermittlung der in- und ausländischen Einkünfte: Bei unbeschränkter Steuerpflicht sind die in- und ausländischen Einkünfte gesondert zu ermitteln, um die Anwendung von DBA zu erleichtern oder die Anrechnung ausländischer Steuern zu ermöglichen. 300

---

1 BFH v. 16. 4. 2013 - IX R 26/11, BStBl 2013 II 613; inzwischen vom BMF akzeptiert: BMF v. 29. 4. 2014, BStBl 2014 I 809.
2 BFH v. 26. 3. 1987 - IV R 61/85, BStBl 1987 II 597 und BFH v. 22. 3. 2006 - XI R 60/03, NWB DokID: KAAAC-16037.
3 BFH v. 29. 4. 1993 - IV R 16/92, BStBl 1993 II 716.
4 BFH v. 17. 12. 2007 - GrS 2/04, BStBl 2008 II 608.
5 BFH v. 17. 12. 2007 - GrS 2/04, BStBl 2008 II 608, unter D. III. 2.

301 Die während der Einkommensteuerpflicht erzielten Einkünfte unterliegen der Einkommensteuer. Daher bleiben Einkünfte außer Ansatz, die eine Person erzielt, die weder unbeschränkt noch beschränkt einkommensteuerpflichtig ist.

302–306 *(Einstweilen frei)*

2. Abgrenzung der Einkunftsarten und Zuordnung der Einkünfte (§ 2 Abs. 1 Satz 2 EStG)

307 **Bedeutung der Zuordnung zu einer Einkunftsart:**[1] Zu welcher Einkunftsart die Einkünfte im Einzelfall gehören, bestimmt sich nach den §§ 13 bis 24 EStG. Die Zuordnung der Einkünfte zu einer bestimmten Einkunftsart ist aus folgenden Gründen von großer Bedeutung:

- unterschiedliche Einkünfteermittlung (→ Rz. 309 ff.) und unterschiedliche Arten der Steuererhebung durch Veranlagungs-, Quellen- und Abgeltungsteuer;
- einkunftsspezifische Verlustverrechnungsbeschränkungen (→ Rz. 325 ff.);
- einkunftsspezifische Steuerbefreiungen (z. B. § 3b EStG), Freibeträge und Freigrenzen (z. B. §§ 13 Abs. 3, 16 Abs. 4, 17 Abs. 3, 18 Abs. 3 Satz 2, 19 Abs. 2, 20 Abs. 9, 22 Nr. 3 Satz 2, 23 Abs. 3 Satz 5 und 24a EStG);
- einkunftsspezifische Steuerermäßigungen (§§ 34, 34b, 34c, 34e und 35 EStG);
- unterschiedliche Behandlung von Veräußerungs- und Alterseinkünften;
- teilweise Zusatzbelastung gewerblicher Einkünfte mit Gewerbesteuer und Entlastung durch § 35 EStG;
- von der Einkunftsart abhängige Zuordnung beschränkt einkommensteuerpflichtiger Einkünfte (§ 49 EStG).

308 **Der Pluralismus der Einkunftsarten** wies bereits vor Einführung der Abgeltungsteuer Wesenszüge einer Schedulensteuer auf. Gleichwohl wurde der Grundsatz der synthetischen Einkommensteuer lange Zeit beschworen,[2] bis er mit Einführung der Tarifbegrenzung gewerblicher Einkünfte (§ 32c EStG a. F.) vom Gesetzgeber aufgegeben wurde. Danach ist der Grundsatz der synthetischen Einkommensteuer „kein Wert an sich".[3]

II. Dualismus der Einkunftsermittlung, objektives Nettoprinzip und Bruttobesteuerung (§ 2 Abs. 2 EStG)

1. Unterschiedliche Einkunftsermittlung für Gewinn- und Überschusseinkünfte (§ 2 Abs. 2 Satz 1 EStG)

309 **Regelung von Gewinn- und Überschusseinkünften:** Nach § 2 Abs. 2 Satz 1 EStG unterliegen der Einkommensteuer bei den Einkünften aus

- Land- und Forstwirtschaft, Gewerbebetrieb und selbständiger Arbeit der Gewinn (§§ 4 bis 7i; und § 13a EStG),
- den übrigen Einkunftsarten der §§ 19 bis 22 EStG, der Überschuss der Einnahmen über den Werbungskosten (§§ 8 bis 9a EStG).

---

[1] Zur Einkunftsartenabgrenzung s. auch *Wernsmann*, in Festschrift für den BFH, 2018, 1129.
[2] *Kanzler*, FR 1999, 363, m. w. N.
[3] BT-Drucks. 12/5016, 79.

TAB. Dualismus der Einkunftsarten und Ermittlung der Einkünfte			
Betriebliche- oder Gewinneinkünfte (§ 2 Abs. 1 Satz 1 Nr. 1 bis 3 EStG) 1. Land- und Forstwirtschaft (§ 13 EStG) 2. Gewerbebetrieb (§ 15 EStG) 3. selbständige Arbeit (§ 18 EStG)	Betriebseinnahmen (§ 4 Abs. 3 Satz 1 EStG)	Betriebsausgaben (§ 4 Abs. 4 EStG)	Gewinn oder Verlust (§§ 4 Abs. 1 und 3, 5, 5a und 13a EStG)
Private- oder Überschusseinkünfte (§ 2 Abs. 1 Nr. 4 bis 7 EStG) 4. nichtselbständige Arbeit (§ 19 EStG) 5. Kapitalvermögen (§ 20 EStG) 6. Vermietung und Verpachtung (§ 21 EStG) 7. sonstige Einkünfte (§ 22 EStG)	Einnahmen (§ 8 Abs. 1 EStG)	Werbungskosten (§ 9 EStG)[1]	Überschuss oder Verlust[2] (§ 11 EStG)

Objektives Nettoprinzip: Grundlage der Bestimmung der Einkünfte als Nettoerträge ist das objektive Nettoprinzip, wonach nur das wirtschaftliche Ergebnis der Erwerbstätigkeit des Stpfl., also die um die Erwerbsaufwendungen geminderten Erwerbsbezüge, steuerlich zu belasten sind. Zu berücksichtigen sind daher alle Erwerbsaufwendungen (Betriebsausgaben oder Werbungskosten)[3] aber auch die Verluste des Stpfl.[4]

Dualismus der Einkünfteermittlung: Die in § 2 Abs. 1 EStG aufgeführten sieben Einkunftsarten werden im Abs. 2 der Vorschrift systematisch in betriebliche und private oder Gewinn- und Überschusseinkunftsarten unterteilt. Diese Unterscheidung hat weitreichende praktische Auswirkung. Während nämlich dem für die betrieblichen Einkünfte maßgebenden Gewinnbegriff des § 4 Abs. 1 Satz 1 EStG die Reinvermögenszugangstheorie zugrunde liegt, beruht die Ermittlung der privaten Einkünfte auf der sog. Quellentheorie.[5] Nach der Reinvermögenszugangstheorie[6] erfasst der Gewinnbegriff i. S. d. § 2 Abs. 2 Nr. 1 EStG das Gesamtergebnis unternehmerischen Handelns und damit auch die Erträge aus der Aufdeckung der stillen Reserven des Betriebsvermögens. Demgegenüber sollen nach dem quellentheoretischen Konzept nur die „Erträge dauernder Quellen der Gütererzeugung" als Indikator steuerlicher Leistungsfähigkeit maßgebend sein.[7] Die private Vermögenssphäre wurde danach nur ausnahmsweise und sehr eingeschränkt erfasst (§ 17 EStG, § 23 EStG); dies hat sich durch wiederholte Herabsetzung der Beteiligungsgrenzen in § 17 EStG und die Einführung des § 20 Abs. 2 EStG grundlegend geändert.

---

1 Nicht bei der Abgeltungsteuer im Rahmen der Einkünfte aus Kapitalvermögen.
2 Nicht bei der Abgeltungsteuer im Rahmen der Einkünfte aus Kapitalvermögen.
3 *Hey* in Tipke/Lang, Steuerrecht § 8 Rz. 54, m. w. N.
4 Siehe nur *Seiler*, DStJG 34 (2011), 61, 82; *M. Wendt*, DStJG 28 (2004), 41, 50.
5 Außer diesen beiden Einkommenstheorien wird noch die sog. Markteinkommenstheorie vertreten, die aber auch nicht alle Einkunftsarten des § 2 Abs. 1 EStG erklären kann. Zur Bedeutung der unterschiedlichen Einkommensbegriffe und Einkommenstheorien s. *P. Kirchhof*, in Festschrift für den BFH, 2018, 1197.
6 Nach *v. Schanz*, FinArch 1896, 1.
7 Nach *Fuisting*, S. 110.

312 Bedeutung des Einkünftedualismus: Der historisch bedingte Einkünftedualismus führt zu wesentlichen Unterschieden bei der Einkünfteermittlung:

- Anders als bei den Gewinneinkünften bleiben Wertänderungen des Erwerbsvermögens bei den Überschusseinkunftsarten steuerlich unberücksichtigt; durchbrochen wird dieser Grundsatz durch die Erfassung der Gewinne aus der Veräußerung von Kapitalgesellschaftsanteilen nach § 17 EStG und der Gewinne aus privaten Veräußerungsgeschäften gem. § 20 Abs. 2 EStG, § 23 EStG.

- Während bei den Überschusseinkünften grundsätzlich[1] das Zu- und Abflussprinzip des § 11 EStG bestimmt zu welchem Zeitpunkt die Einkünfte erfasst werden, gelten für die Gewinnermittlung durch Bestandsvergleich die GoB (Realisations- und Imparitätsprinzip); aber auch die an sich vom Zu- und Abflussprinzip beherrschte Gewinnermittlung durch Einnahmenüberschussrechnung wurde von der Rechtsprechung durch den Grundsatz der Totalgewinngleichheit und dem Gesetzgeber (siehe § 4 Abs. 3 Satz 4 und 5 EStG) immer stärker an den Bestandsvergleich angeglichen.[2]

- Die früher auf der anderslautenden Wortfassung des § 9 EStG beruhende Auffassung, wonach BA und WK unterschiedlich zu behandeln seien, ist längst überholt;[3] da für beide Abzugstatbestände das Veranlassungsprinzip gilt, hat sich der BFH zuletzt sogar zu einer Gleichstellung nachträglicher Werbungskosten mit nachträglichen Betriebsausgaben bekannt.[4]

313 Verfassungsmäßigkeit des Einkünftedualismus: Die noch immer bestehenden Unterschiede bei der Einkünfteermittlung sind ein eklatanter Verstoß gegen das Prinzip der Besteuerung nach der wirtschaftlichen Leistungsfähigkeit und verletzen damit den Gleichheitssatz.[5] Gleichwohl hat das BVerfG den Dualismus der Einkunftsarten für verfassungsgemäß erklärt, weil er „zum historisch gewachsenen Bestand des deutschen Einkommensteuerrechts" gehöre und „als Grundentscheidung innerhalb des Gestaltungsspielraums, der dem Gesetzgeber bei der Erschließung von Steuerquellen zukommt", liege.[6]

2. Brutto- und Schedulenbesteuerung für Einkünfte aus Kapitalvermögen (§ 2 Abs. 2 Satz 2 EStG)

314 Inhalt und Bedeutung der Regelung: Nach § 2 Abs. 2 Satz 2 EStG tritt § 20 Abs. 9 EStG bei Einkünften aus Kapitalvermögen vorbehaltlich der Regelung in § 32d Abs. 2 EStG an die Stelle der §§ 9 und 9a EStG. Dieser unspektakuläre Satz steht für einen grundlegenden Systemwechsel im deutschen Einkommensteuerrecht, nämlich den partiellen Übergang vom synthetischen Einkommensbegriff zur analytischen Schedulensteuer[7] für die Einkünfte aus Kapitalvermögen. Die Regelung betrifft zwar nur den WK-Abzug bei der 2009 eingeführten Abgeltungsteuer. Mit

---

1 Als Ausnahme hiervon treffen § 11 Abs. 1 Satz 2 und Abs. 2 Satz 2 EStG vom Zuflussprinzip abweichende Regelungen für wiederkehrende Einnahmen und Ausgaben und § 11 Abs. 1 Satz 3 und Abs. 2 Satz 3 EStG Sondervorschriften für Einnahmen und Ausgaben bei Nutzungsüberlassungen.
2 Dazu nur HHR/*Kanzler*, Vor §§ 4 -7 EStG Anm. 19 und § 4 EStG Anm. 628; *Kanzler*, FR 2008, 918.
3 Siehe nur BFH v. 4. 7. 1990 - GrS 2-3/88, BStBl 1990 II 817.
4 BFH v. 16. 3. 2010 - VIII R 20/08, BStBl 2010 II 787.
5 Siehe nur *Tipke*, Die Steuerrechtsordnung, 668 ff.; *Hey* in Tipke/Lang, Steuerrecht, § 8 Rz. 400 ff., jeweils m.w.N.
6 BVerfG v. 7.7.2010 - 2 BvL 14/02, u. a., BVerfGE 127, 1 zu Rz. 83, betr. Rückwirkende Verlängerung der Veräußerungsfrist bei Spekulationsgeschäften auf 10 Jahre und BVerfG v. 7. 7. 2010 - 2 BvR 748/05, u. a., BVerfGE 127, 61 zu Rz. 64, betr. Rückwirkende Absenkung der Wesentlichkeitsgrenze von 25 v. H. auf 10 v. H. bei § 17 EStG, jeweils m.w. N. zur Rechtsprechung aus den Jahren 1969/1970.
7 Eine Entwicklung, die schon viel früher eingeleitet wurde, siehe nur *Kanzler*, FR 1999, 363.

der Abschaffung des uneingeschränkten Abzugs von WK aber wurde das objektive Nettoprinzip (→ Rz. 310) zugunsten einer Bruttobesteuerung eingeschränkt, die durch den gleichzeitig gewährten Sparerfreibetrag nur marginal gemindert wird. Zugleich wurde die Unterscheidung von Quellen- und Vermögenseinkünften aufgegeben (§ 20 Abs. 2 EStG) und ein proportionaler Sondertarif von 25 % mit Abgeltungswirkung eingeführt. Damit scheiden die Einkünfte aus Kapitalvermögen auch aus der Bemessungsgrundlage aus (s. auch § 2 Abs. 5b EStG). Alle diese Merkmale kennzeichnen eine Schedulenbesteuerung.

Synthetische Einkommensteuer versus Schedulensteuer[1]

▶ Werden sämtliche Einkommen ungeachtet ihrer Art oder Herkunft unterschiedslos belastet, liegt eine synthetische Einkommensteuer vor.

▶ Existieren dagegen unterschiedliche Belastungen für einzelne Bestandteile des Einkommens, wird von einer sog. Schedulensteuer gesprochen.

▶ Das geltende Einkommensteuerrecht hat sich in ein Schedulensteuersystem gewandelt:
   – proportionaler Tarif von 25 % für Einkünfte aus Kapitalvermögen durch die Abgeltungsteuer für bestimmte Kapitaleinkommen,
   – optionaler Tarif von 28,25 % für nicht entnommene Gewinne bei Personengesellschaften,
   – direkt progressiver Tarif für alle anderen Einkommen.

Uneingeschränkter Werbungskostenabzug in Sonderfällen: Die Rechtsfolge, wonach der uneingeschränkte Abzug von WK durch den Sparerfreibetrag von 801 € bzw. 1 602 € bei Zusammenveranlagung ersetzt wird, tritt nur vorbehaltlich der Regelung in § 32d Abs. 2 EStG ein. In den Fällen des § 32d Abs. 2 EStG gilt also der uneingeschränkte WK-Abzug weiter. Die Vorschrift des § 32d Abs. 2 EStG bezweckt die Verhinderung missbräuchlicher Inanspruchnahme des günstigen Sondertarifs für die Abgeltungsteuer. Insoweit werden die Einkünfte aus Kapitalvermögen wieder in die Bemessungsgrundlage einbezogen und gemeinsam mit den übrigen Einkünften dem progressiven Tarif unterworfen. Für diese Ausnahmefälle wird daher die synthetische Einkommensteuer wieder hergestellt. 315

(Einstweilen frei) 316–320

III. Die Summe und der Gesamtbetrag der Einkünfte (§ 2 Abs. 3 EStG)

1. Summe der Einkünfte (§ 2 Abs. 3 EStG)

Begriff und Bedeutung: Die Summe der Einkünfte wird als Begriff gesetzlich nicht definiert, sondern nur als Ausgangsgröße zur Ermittlung des Gesamtbetrags der Einkünfte in § 2 Abs. 3 EStG genannt. Ihre Bedeutung geht jedoch darüber hinaus, weil bei der Zusammenrechnung der einzelnen Einkünfte auch eine Saldierung mit Verlusten erfolgt (→ Rz. 323 ff.). 321

Ermittlung der Summe der Einkünfte: Nachdem für jede Einkunftsart ein einziges Ergebnis, gegebenenfalls unter Saldierung von Verlusten, ermittelt wurde, sind die Einkünfte der einzelnen Einkunftsarten zusammenzurechnen. Die der Abgeltungsteuer unterliegenden Einkünfte aus Kapitalvermögen (§ 43 Abs. 5 EStG) sind dabei nicht zu berücksichtigen.[2] Für zusammenver- 322

---

1 Das Schema hat Prof. Dr. G. Kraft aus seinen Vorlesungsmaterialien zur Verfügung gestellt.
2 Gl. A. *Weber-Grellet* in Schmidt, § 2 EStG Rz. 57.

anlagte Ehegatten wird nur eine Summe ihrer getrennt ermittelten Einkünfte gebildet, so dass auch insoweit ein (interpersoneller) Verlustausgleich erfolgt.

2. Verlustverrechnung

a) Interner und externer Verlustausgleich

323 Die Bildung der Summe der Einkünfte bedingt, dass nach dem internen oder horizontalen Ausgleich von Verlusten mit Gewinnen oder Überschüssen innerhalb einer Einkunftsart auch ein externer oder vertikaler Ausgleich von Verlusten verschiedener Einkunftsarten einschließlich der Einkünfte des Ehegatten oder Lebenspartners erfolgt. Können nicht alle Verluste durch den Verlustausgleich auf dieser Stufe der Einkommensermittlung ausgeglichen werden, so kommt ein periodenübergreifender oder intertemporaler Verlustabzug nach § 10d EStG in Betracht. Von dieser Verlustverrechnung sind die Einkünfte aus Kapitalvermögen allerdings ausgeschlossen (§ 20 Abs. 6 EStG); weitere Verlustverrechnungsbeschränkungen ergeben sich aus einzelnen Regelungen des EStG (→ Rz. 325 ff.).

324 ABB. Schaubild zur Verlustverrechnung

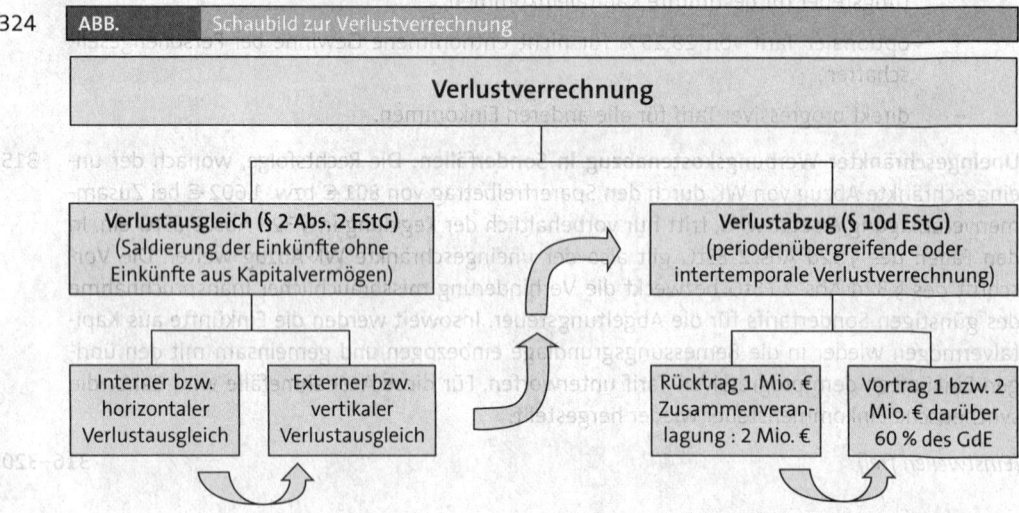

b) Verlustverrechnungsverbote und -beschränkungen

325 **Unsystematische Regelungen:** Die Verlustverrechnung ist in verschiedenen Vorschriften des EStG erheblich eingeschränkt.[1] Dabei setzen sich die periodenbezogenen Verlustausgleichsverbote in intertemporalen Verlustverrechnungsbeschränkungen fort. Meist sind die Verlustverrechnungsbeschränkungen ausdrücklich als solche geregelt; zum Teil ergeben sie sich aber auch erst mittelbar aus der Abgeltungswirkung eines Steuerabzugs.[2] Die Rechtslage bietet ein unsystematisches Bild.[3] Abgesehen von der Verlustverrechnungsbeschränkung durch die in den Jahren 1999 bis 2003 geltende Mindestbesteuerung (→ Rz. 329) und dem

---

1 Eine Aufstellung findet sich etwa bei *Birk/Desens/Tappe*, Steuerrecht, 19. Aufl. 2016, Rz. 627.
2 Z. B. in § 50 Abs. 2 EStG.
3 Zu Recht wurde daher im Koalitionsvertrag von CDU, CSU und FDP v. 26. 10. 2009 zur Stärkung des Holdingstandorts Deutschland eine Neustrukturierung der Regelungen zur Verlustverrechnung gefordert (S. 13).

Ausgleichsverbot für Liebhabereieinkünfte (→ Rz. 146 ff.) lassen sich die einzelnen Verlustverrechnungsverbote und -beschränkungen wie folgt unterscheiden:[1]

▶ **Beschränkungen in Bezug auf eine Einkunftsquelle:** Der Verstoß gegen das objektive Nettoprinzip wird bei diesen am häufigsten anzutreffenden Verlustausgleichs- und -abzugsverboten aus unterschiedlichen Gründen sachlich gerechtfertigt. So wurde etwa die Verlustverrechnung bei Termingeschäften nach § 15 Abs. 4 Satz 6 EStG beschränkt, weil Verlagerungen privater Geschäfte in den betrieblichen Bereich befürchtet wurden[2] oder die Verlustverrechnung bei beschränkter Haftung nach § 15a EStG (ggf. i.V. m. § 13 Abs. 7 EStG, § 18 Abs. 4 EStG) begrenzt, weil dies dem Leistungsfähigkeitsprinzip entsprechen und Verlustzuweisungsgesellschaften zurückdrängen sollte.[3] Quellenbezogene Ausgleichsbeschränkungen finden sich etwa in § 2a EStG, §§ 15 Abs. 4 Satz 6, 15a EStG, § 17 Abs. 2 EStG und § 22 Nr. 3 EStG. — 326

▶ **Beschränkungen in Bezug auf eine Einkunftsart:** Diese, eine ganze Einkunftsart oder Teile einer Einkunftsart betreffenden Verrechnungsbeschränkungen, bedürfen als schwerwiegender Eingriff in das objektive Nettoprinzip einer besonderen sachlichen Rechtfertigung. Dies sollte vor allem für die Einkünfte aus Kapitalvermögen nach Einführung der Abgeltungsteuer für § 20 Abs. 6 EStG gelten. Hier geht der Gesetzgeber jedoch offenkundig davon aus, dass sich die sachliche Rechtfertigung aus dem Wesen der Schedule ergibt und dass sich der einkünfteübergreifende (externe oder vertikale) Verlustausgleich allein schon wegen des geringen Proportinalsteuersatzes von 25 % verbiete.[4] Auch die Verlustverrechnungsbeschränkungen, die Teile einer Einkunftsart betreffen (z. B. § 15 Abs. 4 Satz 1 und 3 EStG und § 23 Abs. 3 EStG) bedürfen einer Begründung. So wurden etwa die Verluste aus gewerblicher Tierzucht von der Verrechnung ausgeschlossen, weil die traditionelle Landwirtschaft gegenüber „landwirtschaftsfremden Unternehmern" geschützt werden soll.[5] — 327

▶ **Beschränkungen in Bezug auf das Steuersubjekt:** Verlustabzugsverbote in Bezug auf ein Steuersubjekt können aufgrund des Prinzips der Individualbesteuerung (sog. Subjektsteuerprinzip)[6] grundsätzlich nicht in den Schutzbereich des Grundsatzes der Besteuerung nach der Leistungsfähigkeit eingreifen und das objektive Nettoprinzip verletzen.[7] Daher hat der Große Senat des BFH zu Recht die langjährige Rechtsprechung zur Vererblichkeit des Verlustabzugs nach § 10d EStG geändert.[8] — 328

Vereinbarkeit der Verlustverrechnungsbeschränkungen mit höherrangigem Recht: Die Regelungen des § 2 Abs. 3 EStG a. F. zur Mindestbesteuerung hat das **BVerfG** für verfassungsgemäß gehalten.[9] Auch der **BFH** sieht die Verlustverrechnungsbeschränkung für Termingeschäfte nach § 15 Abs. 4 Satz 3 EStG als verfassungsgemäß an, so lange es dadurch nicht zu einer De- — 329

---

1 Siehe etwa M. Wendt, DStJG 28 (2004), 41, 65 ff.; eine andere Kategorisierung wählend: Hey in Tipke/Lang, Steuerrecht, § 8 Rz. 65 ff.
2 BT-Drucks. 14/23, 178; dazu auch BFH v. 28. 4. 2016 - IV R 20/13, BStBl 2016 I 739.
3 BT-Drucks. 8/3648, 15 f.
4 BT-Drucks. 16/4841, 100.
5 BT-Drucks. VI/1934.
6 Dazu ausführlich Ratschow, DStJG 34 (2011), 35.
7 Gl. A. M. Wendt, DStJG 28 (2004), 41, 66, mit Beispielen aus dem KStG und UmwStG.
8 BFH v. 17. 12. 2007 - GrS 2/04, BStBl 2008 II 608, mit Anm. Fischer, NWB 2008, 1552 und Kanzler, FR 2008, 465.
9 BVerfG v. 12. 10. 2010 - 2 BvL 59/06, BVerfGE 127, 335.

finitivbelastung kommt.[1] Nach Auffassung des **EuGH** stehen Verbote grenzüberschreitender Verlustverrechnung grundsätzlich nicht der Niederlassungsfreiheit entgegen; der Mitgliedstaat muss die Verlustverrechnung aber ermöglichen, wenn ausgeschlossen ist, dass die Verluste des Tochterunternehmens anderweitig genutzt werden können.[2] In einer weiteren Entscheidung hat der EuGH in dem Verrechnungsverbot für Vermietungsverluste bei Auslandsimmobilien einen Verstoß gegen die Freizügigkeit (jetzt Art. 39 EG) gesehen.[3]

330–335 *(Einstweilen frei)*

3. Gesamtbetrag der Einkünfte (§ 2 Abs. 3 EStG)

336 **Begriff und Bedeutung:** § 2 Abs. 3 EStG bestimmt den „Gesamtbetrag der Einkünfte" als das Ergebnis der Subtraktion des Altersentlastungsbetrags, des Alleinerziehenden-Freibetrags und des Freibetrags für Land- und Forstwirte von der Summe der Einkünfte. Der Gesamtbetrag der Einkünfte ist Ausgangsgröße für die Ermittlung des Einkommens nach § 2 Abs. 4 EStG. Seine Höhe hat außerdem Bedeutung für die Höhe der

- nach § 10b EStG abziehbaren Spenden und der
- nach § 33 Abs. 3 EStG abziehbaren zumutbaren Belastung.

337 **Ermittlung des Gesamtbetrags der Einkünfte:** Abziehbar sind der

- Altersentlastungsbetrag nach § 24a EStG, der sich ab 2005 jährlich verringert und für 2016 22,4 % der Einkünfte, höchstens 1 064 € beträgt;
- Entlastungsbetrag für Alleinerziehende, der nach § 24b EStG bis zum VZ 2014 einen einheitlichen Freibetrag von 1 308 € vermittelte und ab 2015 einen Betrag von 1 908 € vorsieht, der sich für jedes weitere Kind um 240 € erhöht;
- Freibetrag für Land- und Forstwirte, der nach § 13 Abs. 3 EStG i. H. v. 900 € (1 800 € bei Zusammenveranlagung) bis zu einer Summe der Einkünfte von 30 700 € gewährt wird.

IV. Einkommen und zu versteuerndes Einkommen (§ 2 Abs. 4 und 5 EStG)

1. Einkommen

338 **Begriff und Ermittlung (§ 2 Abs. 4 EStG):** Als weitere Stufe zur Ermittlung des zu versteuernden Einkommens definiert Abs. 4 das Einkommen als den um die Sonderausgaben und die außergewöhnlichen Belastungen verminderten Gesamtbetrag der Einkünfte. Der Abzug von Sonderausgaben umfasst nicht nur die Sonderausgaben im engeren Sinne (§§ 10, 10a und § 10c EStG), sondern auch die weiteren im Abschnitt 5 des EStG „Sonderausgaben" geregelten Abzugstatbestände der §§ 10b, 10d bis 10i EStG. Soweit der Abzug vom Gesamtbetrag der Einkünfte nicht in diesen Vorschriften vorgesehen ist,[4] kommt der Regelung in Abs. 4 konstitutive Bedeutung zu. Der Abzug der außergewöhnlichen Belastungen umfasst die §§ 33 bis 33b EStG.

---

1 BFH v. 28. 4. 2016 - IV R 20/13, BStBl 2016 I 739; dies gilt auch für alle anderen Verlustverrechnungsbeschränkungen des EStG (*Kanzler*, FR 2016, 959).
2 EuGH v. 13. 12. 2005 - C-446/03, *Marks & Spencer*, NWB DokID: ZAAAB-79456.
3 EuGH v. 21. 2. 2006 - C-152/03, *Ritter-Coulais*, NWB DokID: EAAAB-80551.
4 Ausdrücklich ist der Abzug vom Gesamtbetrag der Einkünfte nur beim Verlustabzug § 10d Abs. Abs. 1 EStG vorgesehen; indirekt ergibt sich diese Rechtsfolge aber auch aus §§ 10 Abs. 4b Satz 3, 10b Abs. 1 Satz 1 Nr. 1, 10e Abs. 5a EStG.

Die Reihenfolge der Abzüge vom Gesamtbetrag der Einkünfte ist in § 10d Abs. 1 Satz 1 und Abs. 2 Satz 2 EStG in der Weise für den Stpfl. nachteilig geregelt, dass der Verlustabzug vorrangig vor Sonderausgaben, außergewöhnlichen Belastungen (agB) und sonstigen Abzugsbeträgen vorzunehmen ist (s. auch R 2 EStR). Denn während ein nicht abziehbarer Verlust weiter vorgetragen werden kann, verfallen Sonderausgaben und agB, wenn der Gesamtbetrag der Einkünfte erschöpft ist. Ein sachlich rechtfertigender Grund für diese rein fiskalisch motivierte Regelung ist nicht ersichtlich. Ausgehend von der Prämisse, dass die Berücksichtigung von Sonderausgaben und agB der Verwirklichung des subjektiven Nettoprinzips dient (→ Rz. 5), verstößt die Regelung gegen das Leistungsfähigkeitsprinzip, soweit sie zu einem Abzugsverbot für diese Aufwendungen führt.[1]

339

Bedeutung des Einkommensbegriffs: Der Begriff des Einkommens wird in § 2 Abs. 4 EStG ohne Bezug auf die dazu vertretenen finanzwissenschaftlichen Theorien[2] oder die steuerrechtliche Auffassung von dem, das objektive und subjektive Nettoprinzip umfassenden zweistufigen Einkommensbegriff,[3] verwendet. Der Begriff steht lediglich für eine Rechengröße auf dem Weg zur Ermittlung der Bemessungsgrundlage für die tarifliche Einkommensteuer, dem zu versteuernden Einkommen (→ Rz. 346 ff.). Im EStG selbst wird der Begriff eher selten und gelegentlich begrifflich verfehlt verwendet. So sind die Gewinne aus Land- und Forstwirtschaft und Gewerbebetrieb nach § 4a Abs. 2 EStG „bei der Ermittlung des Einkommens in folgender Weise zu berücksichtigen". Diese zeitliche Zurechnung erfolgt aber bei der Ermittlung des Gesamtbetrags der Einkünfte, ebenso wie die Einkommensteuer gem. § 25 EStG nach Ablauf des VZ nicht „nach dem Einkommen", sondern nach dem zu versteuernden Einkommen. Dem Einkommensbegriff kommt auch keine Bedeutung für die Unterscheidung zwischen Einkommenserzielung und Einkommensverwendung zu, denn auch nach der Ermittlung des Einkommens sieht das EStG noch weitere private Abzugstatbestände vor.[4]

340

(Einstweilen frei)

341–345

2. Zu versteuerndes Einkommen

a) Bemessungsgrundlage für die Einkommensteuer (§ 2 Abs. 5 Satz 1 EStG)

Begriff und Ermittlung (§ 2 Abs. 5 Satz 1 2. Halbsatz EStG): Das zu versteuernde Einkommen ist die Bemessungsgrundlage für die tarifliche Einkommensteuer und ergibt sich aus dem um die kindbedingten Freibeträge und die sonstigen vom Einkommen abzuziehenden Beträge geminderten Einkommen. Mit der gleitenden Verweisung[5] auf die „sonstigen vom Einkommen abzuziehenden Beträge" nimmt § 2 Abs. 5 Satz 1 EStG derzeit nur auf den Härteausgleich nach § 46 Abs. 3 EStG, § 70 EStDV Bezug (R 2 Abs. 1 EStR, Zeile 16).

346

Bedeutung des zu versteuernden Einkommens (§ 2 Abs. 5 Satz 1 2. Halbsatz EStG): Als Bemessungsgrundlage für die tarifliche Einkommensteuer ist das zu versteuernde Einkommen zugleich auch Ausgangswert und Grundlage für die Berechnung der festzusetzenden Einkom-

347

---

[1] Gl. A. *Oberloskamp*, EStB 2012, 347; a. A. die ständige Rechtsprechung zuletzt BFH v. 9. 4. 2010 - IX B 191/09, BFH/NV 2010, 1270, m. w. N. = NWB DokID: NAAAD-43392; Nichtannahmebeschluss des BVerfG v. 13. 4. 2012 - 2 BvR 1175/10, n. v.

[2] Dazu nur *Tipke*, Die Steuerrechtsordnung, 623 ff.

[3] *Birk*, DStJG 34 (2011), 11, 15 ff.

[4] Gl. A. HHR/*Musil*, § 2 EStG Anm. 803.

[5] Gleitende oder dynamische Verweisungen stellen sicher, dass gesetzliche Bezugnahmen bei einer Gesetzesänderung der verwiesenen Normen nicht ins Leere laufen.

mensteuer nach § 2 Abs. 6 EStG (s. auch das Schema in R 2 Abs. 2 EStR). Das zu versteuernde Einkommen ist im Übrigen auch Maßstabsgröße für die Festsetzung anderer Abgaben oder Leistungen und bedarf hierzu der Korrektur nach Abs. 5 Satz 2 (→ Rz. 350). Die Thesaurierungsbegünstigung des § 34a EStG kann nur bei einem positiven zu versteuerndem Einkommen beansprucht werden.[1] Die Einkünfte beschränkt Einkommensteuerpflichtiger bemessen sich ebenfalls nach dem zu versteuernden Einkommen,[2] auf das die Grundtabelle anzuwenden ist (§ 50 Abs. 1 Satz 2 EStG), soweit nicht das Abgeltungsprinzip für Abzugsteuern eingreift (§ 50 Abs. 2 EStG).

b) Das um die Freibeträge nach § 32 Abs. 6 EStG verminderte Einkommen

348 **Familien-Nettoprinzip:** Das zu versteuernde Einkommen ist das Ergebnis des Rechenvorgangs „Einkommen abzüglich der Freibeträge nach § 32 Abs. 6 EStG und des Härteausgleichs" (→ Rz. 363 ff.). Mit dem Abzug der kindbedingten Freibeträge (Kinderfreibetrag und Freibetrag für den Betreuungs-, Erziehungs- oder Ausbildungsbedarf) wird in § 2 Abs. 5 EStG ein wesentlicher Teil des subjektiven Nettoprinzips, das spezielle Familien-Nettoprinzip,[3] verwirklicht, nämlich die Berücksichtigung des existenznotwendigen Lebensbedarfs für die Kinder des Stpfl. Dieser Bedarf wird einkommensteuerlich nicht allein durch die Freibeträge des in Abs. 5 genannten § 32 Abs. 6 EStG, sondern auch durch Zahlung von Kindergeld berücksichtigt.

349 **Im System des sog. Familienleistungsausgleichs** wird das Kindergeld als Steuervergütung im laufenden Kj. gezahlt und ist damit Vorauszahlung auf eine mögliche einkommensteuerliche Kinderentlastung (§ 31 EStG).[4] Nur wenn der Anspruch auf Kindergeld für den gesamten Veranlagungszeitraum die nach § 31 Satz 1 EStG gebotene steuerliche Freistellung des Existenzminimums des Kindes nicht vollständig bewirkt, kommt es bei der Veranlagung zur Einkommensteuer zum Abzug der Freibeträge und zu einer Erhöhung der Tarifsteuer um den Anspruch auf Kindergeld für den gesamten Veranlagungszeitraum (§ 31 Satz 4 EStG).

c) Anknüpfung an andere Gesetze (§ 2 Abs. 5 Satz 2 EStG)

350 Knüpfen andere Gesetze an den Begriff des zu versteuernden Einkommens an, so ist für deren Zweck das Einkommen in allen Fällen des § 32 EStG um die Freibeträge nach § 32 Abs. 6 EStG zu kürzen. Dieser Kürzungsmaßstab bezieht sich allein auf den Fall, dass im Rahmen des sog. Familienleistungsausgleichs nur Kindergeld gezahlt wurde, weil dies zur Sicherung des Existenzminimums des Kindes ausreichte, denn die kindbedingten Freibeträge des § 32 Abs. 6 EStG werden bereits zur Ermittlung des zu versteuernden Einkommens vom Einkommen abgezogen. Daher ist das zu versteuernde Einkommen nur in Fällen von Ansprüchen auf Kindergeldzahlungen um die Kinderfreibeträge zu kürzen, wenn andere Gesetze das zu versteuernde Einkommen als Maßstabsgröße für bestimmte Leistungen vorsehen. Solche Vorschriften anderer Gesetze sind etwa § 1 Abs. 8 BEEG,[5] § 13 Abs. 1 5. VermBG,[6] § 2a WoPG[7] und die Vorschriften der verschiedenen Kirchensteuergesetze.

---

1 BFH v. 20. 3. 2017 - X R 65/14, BStBl 2017 II 958.
2 A. A. HHR/*Musil*, § 2 EStG Anm. 851: Nach dem Einkommen.
3 Dazu etwa *Hey* in Tipke/Lang, Steuerrecht, § 8 Rz. 75.
4 HHR/*Kanzler*, § 31 EStG Anm. 30, m. w. N.
5 Gesetz zum Elterngeld und zur Elternzeit Bundeselterngeld- und Elternzeitgesetz v. 5. 12. 2006, BGBl 2006 I 2748.
6 Vom 4. 3. 1994, BGBl 1994 I 406, mit Änderungen.
7 Vom 23. 10. 1997, BGBl 1997 I 2687.

V. Anknüpfung außersteuerlicher Rechtsnormen an die Begriffe des § 2 Abs. 1 bis 5 EStG (§ 2 Abs. 5a EStG)

Zu außersteuerlichen Zwecken werden nach § 2 Abs. 5a EStG bei Anknüpfung an die genannten Begriffe (Einkünfte, Summe der Einkünfte, Gesamtbetrag der Einkünfte, Einkommen, zu versteuerndes Einkommen) die Einkünfte aus Kapitalvermögen, die seit 2009 nach § 32d Abs. 1 EStG und § 43 Abs. 5 EStG der Abgeltungsteuer unterliegen und im Übrigen die Einnahmen nach § 3 Nr. 40 EStG und die Erwerbsaufwendungen nach § 3c Abs. 2 EStG vollständig erfasst. 351

Die Bedeutung der Hinzurechnungsregelung liegt in der Veränderung der Bemessungsgrundlage für die Einkommensteuer durch das im Jahr 2000[1] eingeführte Halb- und spätere Teileinkünfteverfahren, das die Einnahmen nur noch zu 60% erfasst und den Abzug der entsprechenden Aufwendungen zu 60% zulässt. Da vor allem sozialrechtliche Leistungsgesetze zur Feststellung der Berechtigung zum Bezug dieser Leistungen häufig an Begriffe aus § 2 EStG anknüpfen, ergeben sich durch Änderung dieser Bezugsgrößen (wie durch das Teileinkünfteverfahren) ungewollte Auswirkungen auf die Anzahl der zum Bezug der Leistungen Berechtigten und auf die Höhe dieser Leistungen. Daher bestimmt § 2 Abs. 5a Satz 1 EStG, dass für Zwecke dieser Leistungsgesetze § 3 Nr. 40 EStG und § 3c Abs. 2 EStG nicht anzuwenden sind.[2] „Außersteuerlich" wird damit gewissermaßen die Erfassung der wirtschaftlichen Leistungsfähigkeit des Stpfl. wiederhergestellt. Denselben Effekt hatte die 2009 eingeführte Abgeltungsteuer. 352

Abzug von Kinderbetreuungskosten: Nach § 2 Abs. 5a Satz 2 EStG mindern sich die Größen „Einkünfte, Summe der Einkünfte, Gesamtbetrag der Einkünfte, Einkommen, zu versteuerndes Einkommen" um die nach § 10 Abs. 1 Nr. 5 EStG abziehbaren Kinderbetreuungskosten. Nachdem der Abzug von Kinderbetreuungskosten durch das StVereinfG v. 1. 11. 2011[3] ab 2012 nur noch als Sonderausgaben zugelassen wurde, führte das damit verbundene Abzugsverbot bei den BA und WK ebenfalls zu einer Verfälschung der Maßstabsgrößen „Einkünfte, Summe der Einkünfte, usw.", soweit außersteuerliche Rechtsnormen an steuerliche Einkommensbegriffe anknüpfen, wie z. B. bei § 14 Abs. 1 Wohngeldgesetz. Diese Maßstabsgrößen erhöhen sich gegenüber den VZ, in denen sie noch durch den Abzug der Kinderbetreuungskosten gemindert wurden. Der Abzug der Kinderbetreuungskosten nach § 2 Abs. 5a EStG stellt diesen Zustand wieder her. 353

Außersteuerliche Rechtsnormen sind solche, für die die AO nicht unmittelbar zur Anwendung kommt. Dazu sollen nach dem Willen des Gesetzgebers auch solche Gesetze gehören, für die die AO ausdrücklich entsprechend anzuwenden ist (z. B. § 15 EigZulG, § 14 Abs. 2 VermBG, § 8 WoPG, § 6 Abs. 1 InvZulG 1999).[4] 354

(Einstweilen frei) 355–360

VI. Keine Anknüpfung der Abgeltungsteuer an die Begriffe des § 2 Abs. 1 bis 5 EStG (§ 2 Abs. 5b EStG)

Nach Abkehr vom Grundsatz der synthetischen Einkommensteuer durch die sog. Abgeltungsteuer mit dem UntStReformG 2008,[5] stellt die Regelung klar, dass die pauschal besteuerten 361

---

1 Durch StSenkG v. 23. 10. 2000, BGBl 2000 I 1433.
2 BT-Drucks. 14/3366, 117.
3 BGBl 2011 I 2131.
4 BT-Drucks. 14/3366, 117.
5 Vom 14. 8. 2007, BGBl 2007 I 1912.

Kapitalerträge nicht mehr bei der Einkünfte- und Einkommensermittlung zu berücksichtigen sind. Dies gilt für die in § 2 Abs. 1 bis 5 EStG definierten Begriffe (Einkünfte, Summe der Einkünfte, Gesamtbetrag der Einkünfte, Einkommen, zu versteuerndes Einkommen), soweit Rechtsnormen des EStG an diese Begriffe anknüpfen, nicht aber für § 1 Abs. 3 EStG[1] oder § 15b EStG.[2] Nach § 2 Abs. 5b Satz 1 EStG ist die Vorschrift des § 24a EStG (Altersentlastungsbetrag) auf abgeltungsbesteuerte Kapitalerträge nicht anzuwenden, soweit sie an den Begriff der „Einkünfte" anknüpft.[3]

362 Die in § 2 Abs. 5b Satz 2 EStG a. F. enthaltene Ausnahme von der Nichtberücksichtigung abgeltungsbesteuerter Kapitalerträge bei der Einkünfte- und Einkommensermittlung wurde durch StVereinfG 2011[4] aufgehoben; damit wird aus Vereinfachungsgründen[5] bei der Ermittlung der zumutbaren Belastung (§ 33 EStG) und des Spendenabzugsvolumens auf die Einbeziehung der abgeltungsbesteuerten Kapitalerträge verzichtet.

VII. Tarifliche und festzusetzende Einkommensteuer (§ 2 Abs. 6 EStG)

363 **Überblick:** Die Vorschrift regelt die Berechnung der festzusetzenden Einkommensteuer, die sich nach weiteren Abzügen von der tariflichen Steuer ergibt (§ 2 Abs. 6 Satz 1 EStG). Die Abrechnungs- und Hinzurechnungsbeträge sind in R 2 Abs. 2 EStR dargestellt. Satz 2 sieht die Hinzurechnung von Zulageansprüchen nach Abschn. XI des EStG (Altersvorsorgezulage) bei Abzug nach § 10a EStG vor und Satz 3 regelt die Hinzurechnung von Kindergeldansprüchen.

364 **Tarifliche Einkommensteuer** ist die Einkommensteuer, die sich durch Anwendung der Einkommensteuer-Tarifformel nach § 32a Abs. 1 oder Abs. 5 EStG auf das zu versteuernde Einkommen ergibt. Zur Berücksichtigung des Progressionsvorbehalts sind nach § 32b EStG Sonderverrechnungen erforderlich.

365 **Festzusetzende Einkommensteuer** ist die tarifliche Einkommensteuer, vermindert um die anzurechnenden ausländischen Steuern und die Steuerermäßigungen sowie erhöht um die Abgeltungsteuern nach § 32d Abs. 3 und 4 EStG, die Steuer nach § 34c EStG und den Zuschlag nach § 3 Abs. 4 Satz 2 FSchAusglG, sowie die Zuschläge nach § 2 Abs. 6 Satz 2 und 3 EStG; sie ist zugleich Steuermaßstab i. S. d. § 51a Abs. 2 EStG für die Zuschlagsteuern, zu denen die KiSt und ab 1995 auch der Solidaritätszuschlag gehören.

366 **Die Hinzurechnung von Zulageansprüchen** zur Altersvorsorge ist bereits in § 10a Abs. 2 EStG geregelt, so dass die Regelung in § 2 Abs. 6 Satz 2 1. Halbsatz EStG deklaratorisch ist. Nach § 2 Abs. 6 Satz 2 2. Halbsatz EStG wird die erhöhte Grundzulage für Zulageberechtigte bis zur Vollendung des 25. Lebensjahrs nicht von der Hinzurechnung erfasst. Schließlich ordnet § 2 Abs. 6 Satz 3 EStG die Hinzurechnung des Kindergeldanspruchs in den Fällen an, in denen die kindbezogenen Freibeträge nach § 32 Abs. 6 EStG abgezogen wurden. Auch diese Hinzurechnungsanordnung ergibt sich bereits aus einer anderen Vorschrift, nämlich aus § 31 Satz 4 EStG, so es sich insoweit auch um eine deklaratorische Regelung handelt.

367–371 *(Einstweilen frei)*

---

1 BFH v. 12. 8. 2015 - I R 18/14, BStBl 2016 II 201.
2 *Gragert*, NWB 2010, 2450.
3 FG Münster v. 28. 3. 2012 - 11 K 3383/11 E, EFG 2012, 1464, rkr.
4 Vom 1. 11. 2011, BGBl 2011 I 2131.
5 BT-Drucks. 17/5125, 34.

VIII. Abschnittsbesteuerung und Wechsel der Steuerpflicht (§ 2 Abs. 7 EStG)

Überblick: Nach § 2 Abs. 7 EStG werden die Grundlagen der Einkommensteuer als Jahressteuer (Satz 1) für das Kj. ermittelt (Satz 2). Bei beschränkter Einkommensteuerpflicht für einen Teil des Jahres sind die inländischen Einkünfte in die Veranlagung zur unbeschränkten Steuerpflicht einzubeziehen (Satz 3).

372

Das Prinzip der Abschnittsbesteuerung, auch als Periodizitätsprinzip bezeichnet, ist ein rein „technisches Prinzip, das die ideale Besteuerung nach der wirtschaftlichen Leistungsfähigkeit einschränkt".[1] Unter Leistungsfähigkeitsaspekten wäre nur die Besteuerung des Lebenseinkommens sachgerecht. Da der Fiskus aber auf regelmäßigen Eingang von Steuern angewiesen ist, bedarf es einer Abschnittsbesteuerung. Das Kalenderjahr eignet sich als Ermittlungszeitraum nicht zuletzt schon deswegen, weil auch außerhalb des Steuerrechts das Kalenderjahr als Abrechnungszeitraum angewendet wird.

373

Verfassungsrechtlich garantiert das Periodizitätsprinzip die Gleichheit in der Zeit. Danach ist das FA an die Sachbehandlung in früherer Zeit grundsätzlich nicht gebunden, wenn es sich für die Folgejahre nicht durch Zusagen oder Zusicherungen festgelegt hat. Folglich verstößt eine Ungleichbehandlung gleichartiger Sachverhalte in verschiedenen VZ nicht gegen den Gleichheitssatz (Art. 3 Abs. 1 GG).[2]

374

Nach dem Jahressteuerprinzip wird die Einkommensteuer für das Kj. ermittelt. Das Kj. ist als Veranlagungszeitraum (VZ) die Periode, nach deren Ablauf das Einkommen veranlagt wird, das der Stpfl. in diesem VZ bezogen hat (§ 25 Abs. 1 EStG). Schließlich entsteht die Einkommensteuer jährlich nach Ablauf des VZ (§ 36 Abs. 1 EStG). Dem Jahressteuerprinzip entspricht es, dass die Einkünfte grundsätzlich für das Kj. ermittelt werden (§ 11 EStG); soweit betriebliche Einkünfte nach einem vom Kj. abweichenden Wj. ermittelt werden, erfolgt eine zeitliche Zurechnung auf das Kj. (VZ) nach Maßgabe des § 4a Abs. 2 EStG.

375

Ausnahmen vom Jahressteuerprinzip sieht das Gesetz zur Milderung von Härten vor, die sich durch progressive Besteuerung unterschiedlich hoher Jahreseinkommen ergeben können. Es handelt sich dabei um folgende Regelungen:

376

- **Vorschriften mit periodenübergreifender Wirkung**, wie die Verlagerung von Gewinnen durch §§ 6b, 6c EStG, die Rücklage für Ersatzbeschaffung und andere Rücklagen, die Übertragung von Verlusten durch § 10d EStG, die vom Zu- und Abflussprinzip abweichende Zurechnung regelmäßig wiederkehrender Einnahmen und Ausgaben nach § 11 EStG.

- **Steuerbefreiungen und -ermäßigungen**, die für Veräußerungsgewinne oder außerordentliche Einkünfte wegen der zusammengeballten Besteuerung stiller Reserven oder Zuflüsse, die Progressionswirkung mildern (z. B. §§ 14, 16, 17, 18 Abs. 3 i.V. m. § 34 Abs. 2 EStG oder § 3 Nr. 9 und 10 EStG, § 24 Nr. 1 und 3 EStG und § 34 Abs. 2 Nr. 2 und Nr. 4 EStG).

(Einstweilen frei) **377–381**

Der Wechsel zwischen unbeschränkter und beschränkter Einkommensteuerpflicht führte bis zum VZ 1995 zur Durchführung zweier Veranlagungen mit jeweils verkürztem Ermittlungs-

382

---

[1] So *Hey* in Tipke/Lang, Steuerrecht § 8 Rz. 44 m.w.N. und die weitaus h.M.; nach a.A. (vor allem von *P. Kirchhof* in Kirchhof, § 2 Rz. 120) soll es sich um ein materielles Prinzip der Einkommensbesteuerung handeln, mit der praktischen Konsequenz, dass überperiodische Verlustverrechnungsbeschränkungen stets steuersystematisch gerechtfertigt wären; gl. A. BFH v. 17. 2. 2005 - XI B 138/03, BFH/NV 2005, 1264 = NWB DokID: DAAAB-54345.

[2] BVerfG v. 20.12.1989 - 1 BvR 1269/89, StRK EStG 1975 § 34f R.3a und BFH v. 28.6.1993 - 1 BvR 1346/89, StRK EStG 1975 Allg. R.103; s. auch BFH v. 17. 2. 2005 - XI B 138/03, BFH/NV 2005, 1264 = NWB DokID: DAAAB-54345.

zeitraum. Seitdem sind die während der beschränkten Einkommensteuerpflicht erzielten inländischen Einkünfte in eine einzige Veranlagung zur unbeschränkten Einkommensteuerpflicht einzubeziehen (§ 2 Abs. 7 Satz 2 EStG).

383 **Ermittlung der Besteuerungsgrundlagen:** Die während der beschränkten Stpfl. erzielten inländischen Einkünfte (§ 49 EStG) sind in die Veranlagung einzubeziehen, so dass die Abgeltungswirkung des § 50 Abs. 5 Satz 1 EStG insoweit nicht eintritt.[1] Bei der Gewinnermittlung ist § 4a EStG zu beachten und der in einem vom Kj. abweichenden Wj. bezogene gewerbliche Gewinn nach dem Verhältnis der Dauer der beschränkten zur unbeschränkten Steuerpflicht im Veranlagungszeitraum aufzuteilen, wenn es sich um inländische Einkünfte handelt, die nicht unter § 49 Abs. 1 EStG fallen.[2] Während der Zeit der beschränkten oder nicht bestehenden Stpfl. (vor Zuzug oder nach Wegzug) erzielte ausländische Einkünfte, die nicht der deutschen Einkommensteuer unterliegen, sind im Rahmen des Progressionsvorbehalts nach § 32b Abs. 1 Nr. 2 EStG zu berücksichtigen.[3] Hat die unbeschränkte Stpfl. nur während eines Teils des VZ bestanden, so sind Kinderfreibeträge nur zeitanteilig zu berücksichtigen.[4] Da beschränkt Stpfl. Sonderausgaben und außergewöhnliche Belastung nicht abziehen können (§ 50 Abs. 1 Satz 3 EStG), ist zu prüfen, ob diese Aufwendungen während der Zeit der unbeschränkten oder beschränkten Stpfl. abgeflossen sind.

IX. Gleichstellung der Lebenspartner und Lebenspartnerschaften mit Ehegatten und Ehen (§ 2 Abs. 8 EStG)

384 **Anlass und Bedeutung der Regelung:** Mit der Neuregelung des Abs. 8 durch das Gesetz v. 19. 7. 2013 zur Änderung des Einkommensteuergesetzes in Umsetzung der Entscheidung des BVerfG vom 7. 5. 2013[5] (→ Rz. 21) wurden Lebenspartner und Lebenspartnerschaften rückwirkend für alle noch offenen Fälle (§ 52 Abs. 2a EStG) den Ehegatten und Ehen im EStG gleichgestellt. Mit dieser Regelungstechnik des „vor die Klammer ziehens" konnte der persönliche Anwendungsbereich verschiedener Vorschriften des EStG auf Lebenspartner und Lebenspartnerschaften erweitert werden (→ Rz. 386), ohne die entsprechenden Einzeltatbestände ändern zu müssen.[6] Diese Regelungstechnik könnte dem Gebot der Bestimmtheit und Normenklarheit und damit dem Grundsatz der Gesetzmäßigkeit der Besteuerung[7] widersprechen.[8] Die fiskalische Bedeutung der Gleichstellung ist gering; die Entwurfsbegründung veranschlagte für das Jahr 2013 (unter Berücksichtigung der rückwirkenden Anwendung) Mindereinnahmen von 175 Mio. € und für die Folgejahre ansteigend jeweils Beträge von 40 bis 70 Mio. € jährlich.[9]

385 **Bedeutung der Regelung nach Einführung der gleichgeschlechtlichen Ehe:** Obwohl das Gesetz zur Einführung des Rechts auf Eheschließung für Personen gleichen Geschlechts (EheRÄndG)[10] am 1. 10. 2017 in Kraft getreten ist (Art. 3 Abs. 1 EheRÄndG) und Lebenspartnerschaften von

---

1 BT-Drucks. 13/5952, 44.
2 FG Düsseldorf v. 2. 3. 1988 – 5 K 517/82 E, EFG 1988, 507.
3 BFH v. 19. 11. 2003 – I R 19/03, BStBl 2004 II 549, m. w. N.
4 BFH v. 14. 10. 2003 – VIII R 111/01, BFH/NV 2004, 331 = NWB DokID: ZAAAB-14668.
5 2 BvR 909/06, BVerfGE 133, 377 = NWB DokID: KAAAE-37046.
6 Eine solche Fassung, in der jede Vorschrift entsprechend geändert werden sollte, lag der Beschlussempfehlung des Vermittlungsausschusses zugrunde (BT-Drucks. 17/11844, 8 ff.).
7 *Tipke/Lang*, Steuerrecht, § 3 Rz. 243 ff., m. w. N.
8 So *Ratschow* in Blümich, § 2 EStG Rz. 182, der aber noch von der Zulässigkeit ausgeht und nur eine Anpassung fordert.
9 BT-Drucks. 17/13870, 1 und 5.
10 V. 20. 7. 2017, BGBl 2017 I 2787.

diesem Zeitpunkt an nicht mehr begründet werden können (Art. 3 Abs. 3 EheRÄndG) wurde § 2 Abs. 8 EStG nicht geändert, weil die vor Inkrafttreten des Gesetzes v. 20.7.2017 eingegangenen Lebenspartnerschaften fortbestehen. Diese Lebenspartnerschaften können zwar nach § 20a LPartG in eine Ehe umgewandelt werden, solange dies jedoch nicht geschieht, gelten sie fort. Die gleichgeschlechtliche Ehe unterliegt nach der Neuformulierung des § 1353 Abs. 1 BGB ohne weiteres auch allen steuerlichen Rechtsfolgen der Ehe nach bisherigem Rechtsverständnis. § 1353 Abs. 1 Satz 1 BGB i. d. F. des EheRÄndG lautet wird wie folgt: „Die Ehe wird von zwei Personen verschiedenen oder gleichen Geschlechts auf Lebenszeit geschlossen."

Tatbestandsvoraussetzung: Lebenspartner und Lebenspartnerschaften, die den Ehegatten und Ehen gleichgestellt werden, sind nur eingetragene Lebenspartner und Lebenspartnerschaften, also gleichgeschlechtliche Verbindungen, die nach dem zum 1. 8. 2001 in Kraft getretenen Lebenspartnerschaftsgesetz (LPartG[1]) eingegangen wurden. Im Gesetzeswortlaut kommt diese Einschränkung zwar nicht zum Ausdruck; die der Gesetzesänderung zugrundeliegende Entscheidung des BVerfG ist jedoch zu eingetragenen Lebenspartnerschaften ergangen, weshalb auch einer der Gesetzesentwürfe die eingetragene Lebenspartnerschaft im Gesetzestitel aufgenommen hatte.[2] Rechtsgrundlage für die ehebezogenen einkommensteuerlichen Vorschriften sind also nur das BGB (§§ 1303 ff. BGB) und das LPartG. Daher ist § 2 Abs. 8 EStG auch nicht auf Lebensgemeinschaften für die Jahre (vor 2001) anwendbar, in denen das LPartG noch nicht in Kraft getreten war.[3] Folgerichtig scheidet eine Gleichstellung sowohl für die nicht nach dem LPartG eingegangene gleichgeschlechtliche Lebenspartnerschaft als auch für die nichteheliche, heterogene Lebensgemeinschaft aus, die im Übrigen keinem Ehehindernis unterliegt.[4] Diese Einschränkungen sind verfassungsgemäß, da nur die Verbindung aufgrund des LPartG zu der Ehe vergleichbaren Verpflichtungen führt und nichtehelichen oder gleichgeschlechtlichen Lebensgemeinschaften die Eheschließung oder Verpartnerung offensteht.

386

Rechtsfolge (betroffene Vorschriften): § 2 Abs. 8 EStG wirkt sich auf alle Vorschriften aus, die Regelungen für Ehen und Ehegatten treffen; die Gleichstellung erfasst mithin die §§ 1a, 2, 3 Nr. 55c, 10 bis 10 f, 12 Nr. 2, 13, 14a, 20, 24a bis 26b, 28, 32, 32a, 32c, 32d, 34e bis 34g, 36, 38b bis 39a, 39c, 39e, § 40, 45d, 46, 51a, 52, 63 bis 65, 79, 85 bis 87, 89, 92a bis 93 EStG.[5] Für die zunächst nicht berücksichtigten Vorschriften der EStDV und der einkommensteuerlichen Nebengesetze[6] wurde die Gleichstellung durch das Gesetz zur Anpassung steuerlicher Regelungen an die Rechtsprechung des Bundesverfassungsgerichts (BVerfGStRAnpG[7]) bewirkt, das auch Vorschriften der AO und anderer Steuergesetze erfasste. Die einkommensteuerlichen Gesetzesänderungen betreffen etwa § 1 EStDV, § 19 Abs. 8a EigZulG und § 3 Abs. 3 WoPG.

387

(Einstweilen frei)

388–393

---

1 Vom 16. 12. 2001, BGBl 2001 I 266.
2 Entwurf der Fraktion BÜNDNIS 90/DIE GRÜNEN, BT-Drucks. 17/13872.
3 BFH v. 26. 6. 2014 - III R 14/05, BStBl 2014 II 829; VerfB nicht angenommen: BVerfG v. 28. 11. 2014 - 2 BvR 1910/14, NWB DokID: MAAAE-81867.
4 BFH v. 26. 4. 2017 - III B 100/16, BStBl 2017 II 903; ebenso schon *Kanzler*, FR 2014, 1048.
5 Siehe auch BT-Drucks. 17/11844, 8 ff.
6 Siehe *Merkt*, DStR 2013, 2312.
7 Vom 18. 7. 2014, BGBl 2014 I 1042.

C. Verfahrensfragen

394 **Rückwirkende Anwendung der Gleichstellungsregelung für Lebenspartner:** Die Regelungen des EStG und der EStDV zur Gleichstellung der Lebenspartner mit Ehegatten sind in allen noch offenen Fällen auch rückwirkend anzuwenden (§ 52 Abs. 2a EStG und § 84 Abs. 1a EStDV).[1] Ist nur die Veranlagung eines der Lebenspartner noch offen, dann ist auch der bestandskräftige Bescheid des anderen Partners im Wege der Korrektur widerstreitender Steuerfestsetzungen zu ändern (§ 174 AO); dies gilt auch für Saldierungsfälle und Vorbehaltsfestsetzungen nach § 164 AO.[2] Im Übrigen kommt eine Änderung bestandskräftiger Steuerbescheide aufgrund der Neuregelung des § 2 Abs. 8 EStG weder aus verfassungsrechtlichen noch aus europarechtlichen Gesichtspunkten in Betracht.[3]

395 Zu Verfahrensfragen bei Liebhaberei s. → Rz. 246 ff.

§ 2a Negative Einkünfte mit Bezug zu Drittstaaten

(1) [1]Negative Einkünfte[4]

1. aus einer in einem Drittstaat belegenen land- und forstwirtschaftlichen Betriebsstätte,

2. aus einer in einem Drittstaat belegenen gewerblichen Betriebsstätte,

3. a) aus dem Ansatz des niedrigeren Teilwerts eines zu einem Betriebsvermögen gehörenden Anteils an einer Drittstaaten-Körperschaft oder

    b) aus der Veräußerung oder Entnahme eines zu einem Betriebsvermögen gehörenden Anteils an einer Drittstaaten-Körperschaft oder aus der Auflösung oder Herabsetzung des Kapitals einer Drittstaaten-Körperschaft,

4. in den Fällen des § 17 bei einem Anteil an einer Drittstaaten-Kapitalgesellschaft,

5. aus der Beteiligung an einem Handelsgewerbe als stiller Gesellschafter und aus partiarischen Darlehen, wenn der Schuldner Wohnsitz, Sitz oder Geschäftsleitung in einem Drittstaat hat,

6. a) aus der Vermietung oder der Verpachtung von unbeweglichem Vermögen oder von Sachinbegriffen, wenn diese in einem Drittstaat belegen sind, oder

    b) aus der entgeltlichen Überlassung von Schiffen, sofern der Überlassende nicht nachweist, dass diese ausschließlich oder fast ausschließlich in einem anderen Staat als einem Drittstaat eingesetzt worden sind, es sei denn, es handelt sich um Handelsschiffe, die

      aa) von einem Vercharterer ausgerüstet überlassen oder

      bb) an in einem anderen als in einem Drittstaat ansässige Ausrüster, die die Voraussetzungen des § 510 Absatz 1 des Handelsgesetzbuchs erfüllen, überlassen oder

---

1 BFH v. 8.8.2013 - VI R 76/12, BStBl 2014 II 36.
2 Gl. A. *Weber-Grellet* in Schmidt, § 2 EStG Rz. 74.
3 FG Köln v. 25.2.2016 - 11 K 3198/14, EFG 2016, 827, rkr.; a.A. FG Hamburg v. 31.7.2018 - 1 K 92/18, NWB DokID: TAAAG-92649.
4 **Anm. d. Red.:** Zur Anwendung des § 2a siehe § 52 Abs. 2.

cc) insgesamt nur vorübergehend an in einem Drittstaat ansässige Ausrüster, die die Voraussetzungen des § 510 Absatz 1 des Handelsgesetzbuchs erfüllen, überlassen

worden sind, oder

c) aus dem Ansatz des niedrigeren Teilwerts oder der Übertragung eines zu einem Betriebsvermögen gehörenden Wirtschaftsguts im Sinne der Buchstaben a und b,

7. a) aus dem Ansatz des niedrigeren Teilwerts, der Veräußerung oder Entnahme eines zu einem Betriebsvermögen gehörenden Anteils an

b) aus der Auflösung oder Herabsetzung des Kapitals,

c) in den Fällen des § 17 bei einem Anteil an

einer Körperschaft mit Sitz oder Geschäftsleitung in einem anderen Staat als einem Drittstaat, soweit die negativen Einkünfte auf einen der in den Nummern 1 bis 6 genannten Tatbestände zurückzuführen sind,

dürfen nur mit positiven Einkünften der jeweils selben Art und, mit Ausnahme der Fälle der Nummer 6 Buchstabe b, aus demselben Staat, in den Fällen der Nummer 7 auf Grund von Tatbeständen der jeweils selben Art aus demselben Staat, ausgeglichen werden; sie dürfen auch nicht nach § 10d abgezogen werden. ²Den negativen Einkünften sind Gewinnminderungen gleichgestellt. ³Soweit die negativen Einkünfte nicht nach Satz 1 ausgeglichen werden können, mindern sie die positiven Einkünfte der jeweils selben Art, die der Steuerpflichtige in den folgenden Veranlagungszeiträumen aus demselben Staat, in den Fällen der Nummer 7 auf Grund von Tatbeständen der jeweils selben Art aus demselben Staat, erzielt. ⁴Die Minderung ist nur insoweit zulässig, als die negativen Einkünfte in den vorangegangenen Veranlagungszeiträumen nicht berücksichtigt werden konnten (verbleibende negative Einkünfte). ⁵Die am Schluss eines Veranlagungszeitraums verbleibenden negativen Einkünfte sind gesondert festzustellen; § 10d Absatz 4 gilt sinngemäß.

(2) ¹Absatz 1 Satz 1 Nummer 2 ist nicht anzuwenden, wenn der Steuerpflichtige nachweist, dass die negativen Einkünfte aus einer gewerblichen Betriebsstätte in einem Drittstaat stammen, die ausschließlich oder fast ausschließlich die Herstellung oder Lieferung von Waren, außer Waffen, die Gewinnung von Bodenschätzen sowie die Bewirkung gewerblicher Leistungen zum Gegenstand hat, soweit diese nicht in der Errichtung oder dem Betrieb von Anlagen, die dem Fremdenverkehr dienen, oder in der Vermietung oder der Verpachtung von Wirtschaftsgütern einschließlich der Überlassung von Rechten, Plänen, Mustern, Verfahren, Erfahrungen und Kenntnissen bestehen; das unmittelbare Halten einer Beteiligung von mindestens einem Viertel am Nennkapital einer Kapitalgesellschaft, die ausschließlich oder fast ausschließlich die vorgenannten Tätigkeiten zum Gegenstand hat, sowie die mit dem Halten der Beteiligung in Zusammenhang stehende Finanzierung gilt als Bewirkung gewerblicher Leistungen, wenn die Kapitalgesellschaft weder ihre Geschäftsleitung noch ihren Sitz im Inland hat. ²Absatz 1 Satz 1 Nummer 3 und 4 ist nicht anzuwenden, wenn der Steuerpflichtige nachweist, dass die in Satz 1 genannten Voraussetzungen bei der Körperschaft entweder seit ihrer Gründung oder während der letzten fünf Jahre vor und in dem Veranlagungszeitraum vorgelegen haben, in dem die negativen Einkünfte bezogen werden.

(2a) ¹Bei der Anwendung der Absätze 1 und 2 sind
1. als Drittstaaten die Staaten anzusehen, die nicht Mitgliedstaaten der Europäischen Union sind;
2. Drittstaaten-Körperschaften und Drittstaaten-Kapitalgesellschaften solche, die weder ihre Geschäftsleitung noch ihren Sitz in einem Mitgliedstaat der Europäischen Union haben.

²Bei Anwendung des Satzes 1 sind den Mitgliedstaaten der Europäischen Union die Staaten gleichgestellt, auf die das Abkommen über den Europäischen Wirtschaftsraum anwendbar ist, sofern zwischen der Bundesrepublik Deutschland und dem anderen Staat auf Grund der Amtshilferichtlinie gemäß § 2 Absatz 2 des EU-Amtshilfegesetzes oder einer vergleichbaren zwei- oder mehrseitigen Vereinbarung Auskünfte erteilt werden, die erforderlich sind, um die Besteuerung durchzuführen.

Inhaltsübersicht

	Rz.
A. Allgemeine Erläuterungen	1 - 35
I. Überblick über den Regelungsgehalt	1
II. Konzeption und Wesen des Verlustverrechnungsverbots	2 - 7
III. Persönlicher Anwendungsbereich	8 - 20
IV. Verhältnis zu anderen Vorschriften	21 - 35
1. Einfachgesetzliche Normen	22 - 24
2. Verfassungsrecht	25 - 27
3. Unionsrecht	28
4. Abkommensrecht	29 - 35
B. Systematische Kommentierung	36 - 110
I. Land- und forstwirtschaftliche Einkünfte (§ 2a Abs. 1 Satz 1 Nr. 1 EStG)	36 - 44
II. Einkünfte aus Gewerbebetrieb (§ 2a Abs. 1 Satz 1 Nr. 2 EStG)	45 - 55
III. Anteile an Drittstaaten-Körperschaften (§ 2a Abs. 1 Satz 1 Nr. 3 und Nr. 4 EStG)	56 - 62
IV. Stille Beteiligungen und partiarisches Darlehen mit Bezug zu einem Drittstaat (§ 2a Abs. 1 Satz 1 Nr. 5 EStG)	63 - 79
V. Vermietung und Verpachtung (§ 2a Abs. 1 Satz 1 Nr. 6 EStG)	80 - 90
VI. Verluste aus zwischengeschalteten Inlandsbeteiligungen (§ 2a Abs. 1 Satz 1 Nr. 7 EStG)	91 - 92
VII. Aktivitätsklausel (§ 2a Abs. 2 EStG)	93 - 102
1. Kerninhalt der Regelung	93
2. Normtelos	94
3. Betriebsstätteneinkünfte	95 - 100
a) Herstellung oder Lieferung von Waren, außer Waffen	95
b) Gewinnung von Bodenschätzen	96
c) Bewirkung gewerblicher Leistungen	97 - 99
aa) Grundkonzeption	97
bb) Rückausnahme Fremdenverkehr	98
cc) Rückausnahme Vermietung und Verpachtung von Wirtschaftsgütern	99
d) Ausschließlich oder fast ausschließlich	100
4. Holdingprivileg (§ 2a Abs. 2 Satz 1 2. Halbsatz EStG)	101
5. Rückausnahme zu § 2a Abs. 1 Satz 1 Nr. 3 und 4 EStG bei Anteilen an aktiven Gesellschaften im Drittstaat (§ 2a Abs. 2 Satz 2 EStG)	102

VIII. Drittstaaten; Drittstaaten-Kapitalgesellschaft (§ 2a Abs. 2a EStG)	103 - 108
IX. Fortgeltungsregelungen im Rahmen der Berücksichtigung ausländischer Verluste nach § 2a Abs. 3 und 4 EStG	109 - 110

HINWEIS:

R 2a EStR; H 2a EStH; BMF v. 14. 5. 2004, BStBl 2004 I 3; Leitfaden der FinVerw zur Besteuerung ausländischer Einkünfte bei unbeschränkt steuerpflichtigen natürlichen Personen (bspw. OFD Münster v. 1.11.2008 - S 1301 - 119 - St 45 - 32); BMF v. 13. 7. 2009, BStBl I 835; OFD Koblenz v. 16. 6. 2009 - S 2118 A - St 33.3.

LITERATUR:

▶ Weitere Literatur siehe Online-Version

Cloer/Leich, Betriebsausgaben bei gescheiterter Betriebsstättengründung im Drittland, zu BFH, Urt. v. 26. 2. 2014 - I R 56/12, IWB 2014, 660; *Holthaus*, Grenzüberschreitende Einkünfte aus Land- und Forstwirtschaft: Anwendung von DBA, § 2a EStG und die Frage nach dem Progressionsvorbehalt, IStR 2014, 766; *Kraft*, Die Beendigung und Auflösung von Betriebsstätten – Steuerbilanzielle Konsequenzen auf Ebene des inländischen Stammhauses, NWB 2014, 2482; *Micker*, Aktuelle Entwicklungen im Bereich der Verlustverrechnung über die Grenze, zu BFH, Urt. v. 5. 2. 2014 - I R 48/11, IWB 2014, 548; *Myßen/Müller*, Alterseinkünfte, geförderte Altersvorsorge, Versorgungsausgleich, NWB 2015, 905; *Linn/Pignot*, Abzugsfähigkeit finaler Verluste nach Unionsrecht, IWB 2017, 578.

A. Allgemeine Erläuterungen

I. Überblick über den Regelungsgehalt

Geregelt ist in der Norm die steuerliche Berücksichtigung negativer Einkünfte mit Bezug zu Drittstaaten. Sie betrifft zwei voneinander unabhängige Regelungsbereiche, nämlich einerseits eine Einschränkung des Verlustabzugs und des Verlustausgleichs bestimmter negativer Einkünfte sowie andererseits – hierbei handelt es sich um ausgelaufenes Recht – Regelungen zu bestimmten im Ausland erwirtschafteten Betriebsstättenverlusten. Regelungen zur Beschränkung der Verlustverrechnung sind in § 2a Abs. 1 und 2 EStG getroffen. In § 2a Abs. 1 Satz 1 EStG findet sich eine Einschränkung des Verlustabzugs und des Verlustausgleichs der in § 2a Abs. 1 Satz 1 Nr. 1 bis 7 EStG aufgeführten negativen Einkünfte, die nach dem Welteinkommensprinzip grds. abziehbar und ausgleichbar wären.

§ 2a Abs. 1 Satz 2 EStG enthält eine Gleichstellung von Gewinnminderungen und negativen Einkünften.

§ 2a Abs. 1 Satz 3 bis 5 EStG regelt eine eigenständige Form des Verlustvortrags für die nach Satz 1 nicht berücksichtigten Verluste. Dort ist bestimmt, dass die verbleibenden negativen Einkünfte gesondert festzustellen sind.

§ 2a Abs. 2 EStG enthält eine Rückausnahme der Anwendung des § 2a Abs. 1 Satz 1 Nr. 2 bis 4 EStG für bestimmte – aktive – Tätigkeiten bei Betriebsstätteneinkünften und Beteiligungen an Kapitalgesellschaften. Im Kern wird hier die uneingeschränkte Berücksichtigung entsprechender Verluste aus Drittstaaten ermöglicht.

Maßgebende Begriffsbestimmungen für den Anwendungsbereich der gesamten Vorschrift enthält § 2a Abs. 2a EStG. Dessen Satz 1 definiert Drittstaaten. Dies sind alle Staaten, die nicht Mitgliedstaaten der EU sind. Daran knüpft die Definition der Drittstaaten-Körperschaften und der Drittstaaten-Kapitalgesellschaften an. Satz 2 enthält eine Gleichstellung von EU-Mitgliedstaaten und solchen Staaten, auf die das Abkommen über den EWR anwendbar ist, sofern durch diese Staaten Amtshilfe geleistet wird.

§ 2a Abs. 3 und 4 EStG i. d. F. der Bekanntmachung v. 16.4.1997[1] stellen ausgelaufenes Recht dar. Sie waren grds. letztmalig für den VZ 1998 anzuwenden. Vor ihrer Aufhebung durch das StEntlG 1999 ff. v. 24.3.1999[2] ermöglichten sie den Abzug von ausländischen Betriebsstättenverlusten. Allerdings stand die Verlustberücksichtigung unter dem Vorbehalt der späteren Hinzurechnung. Diese spätere Hinzurechnung hatte dann auf der Grundlage des Satz 3 bis 5 des Abs. 3 und des Abs. 4 a. F. zu erfolgen, wenn in den folgenden Veranlagungszeiträumen Gewinne erwirtschaftet wurden. Aufgrund der Anwendungsvorschrift des § 52 Abs. 3 Satz 5 bis 8 EStG des § 2a Abs. 3 Satz 3, 5 und 6 sowie Abs. 4 EStG finden die Hinzurechnungsregelungen weiter Anwendung. Somit kann eine Hinzurechnung der bis zum VZ 1998 nach § 2a Abs. 3 Satz 1 und 2 EStG a. F. berücksichtigten Verluste weiter erfolgen. In § 2a Abs. 4 Satz 2 EStG findet sich die Klarstellung, wonach mit der unbefristeten Anwendungsregelung des § 52 Abs. 3 Satz 7 und 8 EStG eine Hinzurechnung auch im Fall des Wegfalls der unbeschränkten Steuerpflicht erfolgt.

---

1 BGBl 1997 I 821.
2 BGBl 1999 I 402.

Allgemeine Erläuterungen § 2a EStG

	Drittstaat			EU/EWR	
	Nicht-DBA	DBA		Anrechnungs-DBA	Freistellungs-DBA
		Anrechnungs-DBA	Freistellungs-DBA		
Verluste nach § 2a EStG	▲ Verluste aus aktivem Erwerb im Inland vollumfänglich berücksichtigungsfähig ▲ Verluste aus passivem Erwerb im Inland nicht berücksichtigungsfähig ▲ Beispiele: Brasilien, Libanon, Chile	▲ Verluste aus aktivem Erwerb im Inland vollumfänglich berücksichtigungsfähig ▲ Verluste aus passivem Erwerb im Inland nicht berücksichtigungsfähig ▲ Beispiel: Schweiz, wenn Anrechnungsmethode statt Freistellungsmethode zur Anwendung gelangt	▲ Verluste bleiben generell im Inland unberücksichtigt (Symmetriethese) ▲ Progressionsvorbehalt: § 32a Abs. 1 Satz 2 EStG greift nicht, da Drittstaat – d.h. kein negativer Progressionsvorbehalt für passive Verluste wegen Anwendung des § 2a EStG auf Progressionsvorbehalt – Positiver Progressionsvorbehalt für passive positive Einkünfte	▲ Verluste aus aktivem Erwerb im Inland vollumfänglich berücksichtigungsfähig ▲ Volle Verrechenbarkeit der passiven ausländischen Verluste im Inland kein DBA mit reiner Anrechnungsmethode DBA mit Anrechnungsmethode statt Freistellungsmethode aufgrund einer Aktivitätsklausel – Bulgarien – Estland – Finnland – Lettland – Litauen – Malta – Polen – Portugal – Rumänien – Slowakei – Tschechien – Ungarn – Zypern	▲ Verluste bleiben generell im Inland unberücksichtigt (Symmetriethese) ▲ Progressionsvorbehalt: § 32a Abs. 1 Satz 2 EStG gelangt zur Anwendung – Anwendung des positiven wie negativen Progressionsvorbehalts auf aktive Einkünfte – Ausschluss des positiven wie negativen Progressionsvorbehalts für passive Einkünfte

II. Konzeption und Wesen des Verlustverrechnungsverbots

2 In Bezug auf Inhalt und systematische Konzeption knüpft § 2a EStG an die für die Einkommensbesteuerung grundlegende Norm des § 2 EStG an. Dieser enthält die Entwicklung des zu versteuernden Einkommens als Bemessungsgrundlage der tariflichen Einkommensteuer. Innerhalb der Stufen der Ermittlung des zu versteuernden Einkommens findet sich in § 2 EStG die grundlegende Weichenstellung, welche Faktoren in die Berechnung des zu versteuernden Einkommens eingehen. Anders gewendet ist damit auch negativ entschieden, welche Faktoren nicht berücksichtigt werden sollen.

3 Vor diesem Hintergrund normieren § 2a Abs. 1 und 2 EStG Ausnahmen zu § 2 Abs. 3 EStG. Dieser regelt den Ausgleich von negativen und positiven Einkünften (Verlustausgleich). Auch zu § 10d EStG, der hinsichtlich der Verluste, die bei der Ermittlung des Gesamtbetrags der Einkünfte nicht ausgeglichen werden, einen Verlustabzug vorsieht, statuiert § 2a Abs. 1 und 2 EStG eine Ausnahme.

4 Es entspricht der ursprünglichen Zielsetzung des Gesetzgebers, durch die Einschränkungen nach § 2a Abs. 1 EStG vornehmlich Verluste aus Investitionen zu erfassen, deren Sinn für die deutsche Volkswirtschaft als zweifelhaft beurteilt wurde. Dies liegt daran, dass derartige Investitionen im Verlustfall zu erheblichen Steuerersparnissen führen konnten bzw. dass entsprechenden Investitionen primär steuerlich motivierte Gestaltungen zugrunde lagen.[1] So erklärt sich das vorrangige Anliegen des Gesetzgebers, dem es um Missbrauchsbekämpfung ging. Konkret sollten Verluste von der Verlustverrechnung ausgeschlossen werden, bei denen unerwünschte Entwicklungen hin zu Verlustzuweisungsmodellen feststellbar sein sollten (z. B. Erwerb von ausländischen Ferienimmobilien im Bauherrenmodell, Beteiligung an anderen ausländischen Touristikvorhaben und der Erwerb von Plantagen und Tierfarmen). Indessen kann kaum geleugnet werden, dass fiskalische Gründe für die Verlustabzugsbeschränkung zumindest mitursächlich waren.

5 Nach der heutigen Konzeption des § 2a Abs. 1 und 2 EStG durch das JStG 2009 ist die ursprüngliche Bedeutung der Norm als Schutzvorschrift der deutschen Wirtschaft und des Steueraufkommens deutlich geringer geworden. Jüngeren Entwicklungen Rechnung tragend muss sie unionsrechtliche Aspekte inkorporieren, denn sowohl der EuGH als auch die EU-Kommission vertraten die Ansicht, dass die bis dahin geltenden Regelungen in § 2a Abs. 1 und 2 EStG mit den Grundfreiheiten des EGV (jetzt: AEUV) nicht vereinbar waren. Aus diesem Grunde finden die Regelungen über die Verlustausgleichs- und Abzugsbeschränkung nur noch bei Tatbeständen mit Drittstaatenbezug Anwendung.

6 Unmittelbare praktische Bedeutung haben die Verlustverrechnungsbeschränkungen gem. § 2a Abs. 1 und 2 EStG für Verluste mit Drittstaatenbezug. Dies gilt, soweit deren Berücksichtigung im Inland nicht bereits aufgrund eines DBA eingeschränkt ist. Eine solche Situation ist immer dann gegeben, wenn hinsichtlich der jeweiligen Einkünfte keine DBA-Regelung besteht oder wenn zur Vermeidung einer Doppelbesteuerung die Anrechnung einer ausländischen Steuer auf die deutsche Einkommensteuer/Körperschaftsteuer vorgesehen ist.[2] Abkommensrechtliche Regelungen gehen insoweit vor.[3]

---

[1] BT-Drucks. 9/2074, 62 und BT-Drucks. 14/2070, 14.
[2] BFH v. 17.11.1999 - I R 7/99, BStBl 2000 II 605.
[3] Vgl. zur GewSt BFH v. 9.6.2010 - I R 107/09, BFH/NV 2010, 1744 = NWB DokID: EAAAD-48038.

Verzichtet einer der beiden Vertragsstaaten auf die Besteuerung von Einkünften – etwa durch die Anwendung der Freistellungsmethode – gilt diese Freistellung nach der Rechtsprechung des BFH grundsätzlich auch für negative Einkünfte. Dieser konzeptionelle Ansatz wird als Symmetriethese bezeichnet.[1] Für das Verständnis der Vorschrift in der Anwendungspraxis der Besteuerung kommt dieser überragende Bedeutung zu.

III. Persönlicher Anwendungsbereich

Der persönliche Regelungsbereich des § 2a Abs. 1 EStG betrifft die Frage, welche Steuerpflichtigen von dieser Vorschrift erfasst werden. Dieser Bereich ist nicht ausdrücklich geregelt. Allerdings ergibt er sich aus dem Zweck und der systematischen Einordnung der Vorschrift. Die Vorschrift gilt zunächst für natürliche Personen. § 2a Abs. 1 EStG gelangt bei denjenigen Steuerpflichtigen zur Anwendung, bei denen negative Einkünfte der in § 2a Abs. 1 EStG genannten Art, ohne die Vorschrift des § 2a Abs. 1 EStG, im Inland durch Verlustausgleich oder Progressionsvorbehalt zu berücksichtigen wären.

Ebenso kommt ihr aufgrund von § 8 Abs. 1 KStG auch für Körperschaftsteuersubjekte Bedeutung zu. Da unbeschränkt steuerpflichtige Kapitalgesellschaften, Erwerbs- und Wirtschaftsgenossenschaften, VVaG und Betriebe gewerblicher Art nach § 8 Abs. 2 KStG nur gewerbliche Einkünfte haben können, wirkt sich dies auch auf den Anwendungsbereich der Vorschrift aus. Andere Körperschaftsteuersubjekte können Einkünfte aller Einkunftsarten haben. Folglich vermag für diese der gesamte Tatbestand des § 2a Abs. 1 EStG in Betracht zu kommen.

Aufgrund des Charakters des § 2a Abs. 1, 2 EStG als Vorschrift zur Ermittlung der steuerlichen Einkünfte, kann im Falle einer Organgesellschaft die Vorschrift auf deren Ebene anzuwenden sein. Das hat zur Folge, dass sowohl bei der Frage, ob es sich um positive bzw. negative Einkünfte derselben Art handelt, als auch bei der Frage, ob es sich um Einkünfte aus demselben Staat handelt, auf die Ebene der jeweiligen Organgesellschaft abzustellen sein wird, die die Einkünfte erzielt hat. Demzufolge ist der Verlustausgleich bzw. -abzug nach § 2a Abs. 1, 2 EStG auf der Ebene der Organgesellschaft durchzuführen. Dies bewirkt ebenfalls, dass positive bzw. negative Einkünfte anderer Organgesellschaften oder des Organträgers nur bei diesen zu berücksichtigen sind. Lediglich das Ergebnis des durchgeführten Verlustausgleichs oder -abzugs ist im Rahmen der Einkommensermittlung dem Organträger zuzurechnen. Wird mangels positiver Einkünfte derselben Art aus demselben Staat der jeweiligen Organgesellschaft ein Verlustausgleich bzw. -abzug nicht durchgeführt, gilt Entsprechendes.

Ist eine natürliche Person unbeschränkt steuerpflichtig und besteht mit dem ausländischen Staat ein DBA, das die Freistellungsmethode vorsieht, sind positive und negative ausländische Einkünfte der in § 2a Abs. 1 EStG genannten Art regelmäßig von der inländischen Besteuerung freigestellt, sog. Symmetriethese. Eine Einschränkung erfährt diese Regel durch den Progressionsvorbehalt.

Dieser Befund stellt letztlich die Auswirkung der aufgrund des Betriebsstätten- und des Belegenheitsprinzips angewendeten Freistellungsmethode dar. Sind negative ausländische Einkünfte vom Verlustausgleich schon aufgrund der aus der Freistellungsmethode wurzelnden Symmetriethese ausgeschlossen, bedarf es der Vorschrift des § 2a EStG insoweit nicht. § 2a Abs. 1 EStG findet in diesem Bereich nur Anwendung, soweit sich die Bundesrepublik Deutsch-

---

1 Vgl. zuletzt BFH v. 5.2.2014 - I R 48/11, BFH/NV 2014, 963 = NWB DokID: OAAAE-62159.

land im DBA, abweichend vom Betriebsstätten- und Belegenheitsprinzip, die Besteuerung dieser Einkünfte vorbehalten hat. Dies kann bspw. aufgrund eines Aktivitätsvorbehalts erfolgen. Da dann die positiven Einkünfte im Inland besteuert werden, nehmen die negativen Einkünfte am Verlustausgleich teil. Im Rahmen des § 2a Abs. 1 EStG wird dies allerdings ausgeschlossen.

12 Existiert kein DBA mit einem Drittstaat, gelangt das Welteinkommensprinzip grundsätzlich in vollem Umfang zur Anwendung. Nach § 34c Abs. 1 EStG greift die Anrechnungsmethode ein. Da nunmehr sämtliche ausländische negative Einkünfte am Verlustausgleich teilnehmen, wird § 2a Abs. 1 EStG bei den dort aufgeführten Einkünften bedeutsam und schließt den Verlustausgleich aus.

13 § 2a Abs. 1 EStG kann insoweit auf die Anrechnung ausländischer Steuern nach § 34c Abs. 1 EStG Auswirkungen haben, als die deutsche Steuer durch Nichtansatz der Verluste erhöht wird. Dadurch kann sich ein höherer Anteil der anrechenbaren ausländischen Steuer ergeben. Eine ausländische Steuer auf Verluste i. S. d. § 2a Abs. 1 EStG kann hingegen wegen der Höchstbetragsbegrenzung des § 34c Abs. 1 EStG auch dann nicht anrechenbar sein, sofern diese – bspw. aufgrund unterschiedlicher Ergebnisermittlungskonventionen – im Ausland als Gewinne behandelt werden. Andererseits kann eine ausländische Steuer späterer Jahre durch den Verlustvortrag nach § 2a EStG im Inland nicht anrechenbar werden, weil durch den Verlustabzug keine ausreichende inländische Steuer entsteht.

14 Im Rahmen der beschränkten Steuerpflicht natürlicher wie juristischer Personen werden ausländische Einkünfte regelmäßig nicht von der inländischen Besteuerung erfasst. Negative ausländische Einkünfte nehmen insoweit auch nicht am Verlustausgleich teil. Dies hat zur Folge, dass sich die Anwendung des § 2a Abs. 1 EStG erübrigt. Denkbar ist jedoch, dass innerhalb einer von der beschränkten Steuerpflicht erfassten Betriebsstätte, ausländische Einkünfte anfallen. Rein theoretisch, aber – wie das folgende Beispiel zeigt – auch praktisch, könnte § 2a Abs. 1 EStG in derartigen Konstellationen bei negativen ausländischen Einkünften eines solchen beschränkt Steuerpflichtigen Anwendung finden.

> **BEISPIEL:** Eine im Ausland ansässige natürliche Person ist mit ihrer inländischen Betriebsstätte der beschränkten Einkommensteuerpflicht unterworfen. Zum inländischen Betriebsstättenvermögen gehört eine 100 %ige Beteiligung an einer Kapitalgesellschaft mit ausschließlich passiven Einkünften im Drittstaat. Diese ist signifikant im Wert gesunken, so dass eine Teilwertabschreibung vorzunehmen ist. Indessen vermag der gesunkene Wert nicht zur Berücksichtigung im Rahmen der Ermittlung der inländischen Bemessungsgrundlage zu führen, da die Aktivitätsvoraussetzungen auf Ebene der Beteiligungsgesellschaft nicht erfüllt sind.

15 Erfasst die Norm auch inländische Einkünfte, etwa nach § 2a Abs. 1 Nr. 6b, c, Nr. 7 EStG, unterliegen diese Einkünfte der inländischen Besteuerung. Aus diesem Grunde werden Gewinne uneingeschränkt, Verluste indessen nach § 2a Abs. 1 EStG nur eingeschränkt berücksichtigt.

16–20 (Einstweilen frei)

IV. Verhältnis zu anderen Vorschriften

21 Neben § 2a EStG kennt das Einkommensteuerrecht noch eine Fülle weiterer, inhaltlich verwandter Verlustausgleichsbeschränkungen.

1. Einfachgesetzliche Normen

Mit inhaltlich vergleichbaren Verlustausgleichsbeschränkungen steht § 2 EStG im Verhältnis des sog. „wechselseitigen Ausschlusses". Zu denken ist an folgende Bestimmungen: § 15 Abs. 4 EStG, § 15a EStG, § 17 Abs. 2 Satz 4 EStG, § 22 Nr. 3 Satz 3 und 4 EStG, § 23 Abs. 3 Satz 7 bis 10 EStG.

Zu § 32b EStG besteht seit dem VZ 2009 ein gesetzlich geregeltes Verhältnis. Für Drittstaatenverluste verbleibt es wie nach vorheriger Rechtslage uneingeschränkt bei dem „Durchschlagen" von § 2a Abs. 1 und 2 EStG auf den Progressionsvorbehalt.[1] Verluste aus EU-/EWR-Staaten wurden mit der Vorschrift des § 32b Abs. 1 Satz 2 und 3 EStG im Hinblick auf § 2a EStG neu geregelt. Die Regelung ist kompliziert, teilweise wertungsmäßig fragwürdig. Denn obschon nach § 2a EStG Verluste aus Nicht-Drittstaaten nunmehr prinzipiell abzugsfähig sind, verhindert § 32b Abs. 1 Satz 2 EStG in Teilbereichen dies beim Progressionsvorbehalt. Nach nunmehr geltender Rechtslage sind abzugsfähig im Rahmen der für den Progressionsvorbehalt relevanten Steuersatzberechnung lediglich EU-/EWR-Betriebsstättenverluste aus aktiven Betätigungen gem. § 2a Abs. 2 Satz 1 i. V. m. § 32b Abs. 1 Satz 2 Nr. 2 2. Halbsatz EStG.

Zu den nicht abziehbaren Gewinnminderungen i. S. d. § 8b Abs. 3 KStG steht die Vorschrift ebenfalls im Verhältnis des gegenseitigen Ausschlusses. § 8b Abs. 3 Satz 3 KStG schließt solche Gewinnminderungen vom Abzug aus, die mit von der Körperschaftsteuer befreiten Anteilen nach § 8b Abs. 2 KStG in Zusammenhang stehen. Von § 8b Abs. 3 Satz 4 KStG werden Gewinnminderungen in Zusammenhang mit einer Darlehensforderung eines wesentlich beteiligten Gesellschafters erfasst. Dies stellt eine vom Abzug ausgeschlossene Gewinnminderung im Zusammenhang mit einem Anteil nach § 8b Abs. 2 KStG dar. Diese Bestimmung ist gegenüber § 2a Abs. 1 EStG nachrangig. Sie schließt daher nur negative Einkünfte vom Ausgleich aus, die nicht schon nach § 8b Abs. 3 Satz 3 KStG vom Abzug ausgeschlossen sind. Insoweit verbleibt für § 2a Abs. 1 EStG kein Anwendungsbereich mehr.

2. Verfassungsrecht

Die gegen die Vereinbarkeit des § 2a Abs. 1 EStG mit dem Grundgesetz geltend gemachten, teilweise erheblichen Bedenken,[2] können gleich an mehreren Ansatzpunkten festgemacht werden. So erfasst die Regelung des § 2a Abs. 1 EStG steuererhöhende Einkünfte, steuermindernde Einkünfte indessen nicht. Fraglos liegt darin ein Systembruch. Es stellt sich die Frage, ob dieser zu rechtfertigen ist. Insoweit ist zunächst zu konstatieren, dass dem Gesetzgeber im Rahmen sachgerechter Erwägungen ein weiter Regelungsspielraum zusteht. In dessen Rahmen darf er ohne weiteres wirtschaftspolitischen bzw. investitionslenkenden Überlegungen Raum geben. Diese Erwägungen müssen jedoch sachgerecht sein. Dies bedeutet, dass sie sich insbesondere an den Prinzipien der Leistungsfähigkeit und der Systemgerechtigkeit zu orientieren haben. Aus dem Gesichtspunkt der Wirtschafts- und Investitionslenkung lässt sich die Norm nicht rechtfertigen. Mit dem Argumentationstopos des Folgerichtigkeitsgebots lässt sich vertreten, dass § 2a Abs. 1 EStG als investitionslenkende Maßnahme gegen das System der Besteuerung der Auslandsbeziehungen verstößt. Neben dem Charakter als wirtschafts- und investitionslenkende Bestimmung kommt § 2a Abs. 1 EStG des Weiteren der Charakter ei-

---

[1] Vgl. BFH v. 13.11.1991 - I R 3/91, BStBl 1992 II 345; v. 25.5.1970 - I R 109/68, BStBl 1970 II 660.

[2] Vgl. bspw. *Loritz/Wagner*, BB 1991, 2266 ff.; *Schaumburg*, DStJG 24 (2001), 225 (245 ff.); *Kessler* in Lehner, Verluste im nationalen und internationalen Steuerrecht, 2004, 83 (109 ff.); *Prokisch*, DStJG 28 (2005), 231 (234); a. A. bspw., *Probst* in Flick/Wassermeyer/Baumhoff/Schönfeld, § 2a EStG Anm. 42 f. m. w. N.

ner Fiskalnorm zu. Als solche ist sie in besonderem Maße an dem Grundsatz der Besteuerung nach der Leistungsfähigkeit und dem aus dem Gleichheitsgebot fließenden Verbot der ungleichmäßigen Belastung zu messen. Der Verstoß des § 2a Abs. 1 EStG gegen diese Grundsätze ist offensichtlich, denn ein Stpfl. mit Verlusten der in § 2a Abs. 1 EStG genannten Art ist nicht leistungsfähiger als ein Stpfl. mit inländischen Verlusten der gleichen Art. Auch die Verlustverrechnungsmöglichkeiten innerhalb des § 2a Abs. 1 EStG, vermögen einen Bezug zu dem Grundsatz der Leistungsfähigkeit nicht erkennen zu lassen.

26 Bei einer inzidenten Beurteilung bestimmter Arten der Auslandstätigkeit als unerwünscht, müssen aus systematischen Erwägungen dann die Einkünfte insgesamt aus der deutschen Besteuerung ausgeschieden werden. Eine Beschränkung auf Verluste setzt sich dem Verdacht aus, das Folgerichtigkeitsgebot zu verletzen. Hinzu kommt, dass § 2a Abs. 1 EStG in seinem Tatbestand nicht zwischen „erwünschten" und „nicht erwünschten" Tätigkeiten differenziert. Vielmehr wird unterschiedslos ein weiterer Bereich der Auslandstätigkeit erfasst. Die Willkür der Norm kommt zum Ausdruck, indem Verluste aus ausländischer (aktiv betriebener) Land- und Forstwirtschaft nicht im Inland zum Abzug zugelassen werden, hingegen Verluste aus (aktiv betriebenem) ausländischem Gewerbebetrieb aber sehr wohl. Dass dies *a priori* einen Gleichheitsverstoß bewirken kann, dürfte außer Frage stehen, denn offensichtlicher kann das Gebot der Systemkonsequenz und der Folgerichtigkeit nicht verletzt werden.

27 Der BFH[1] hat die Vorschrift gleichwohl als verfassungsgemäß beurteilt. Das BVerfG hat gegen die Norm gerichtete Verfassungsbeschwerden nicht zur Entscheidung angenommen.[2] Daher lässt sich nicht abschätzen, ob das BVerfG der Vorschrift das grundsätzliche Placet erteilt hat oder sie lediglich hinsichtlich spezieller Einzelfragen als verfassungsrechtlich unbedenklich beurteilt hat.

3. Unionsrecht

28 Die im Kontext des Verfassungsrechts konstatierte Ungleichbehandlung ist nicht nur gleichheitsrechtlich bedenklich. Ihr schlägt auch aus der Perspektive des Unionsrechts Kritik entgegen. Die Zweifel an der Unionsrechtskonformität der Bestimmung stehen deshalb außer Frage, weil Auslandsverluste steuerlich ungünstiger behandelt werden als Inlandsverluste.[3]

Auch im unionsrechtlichen Kontext geht die ständige Rechtsprechung von der Gültigkeit der Symmetriethese aus. Dies bedeutet beispielsweise, dass Deutschland für (laufende und Veräußerungs-)Verluste, die ein in Deutschland ansässiges Unternehmen in seiner im EU-Ausland, mithin im Nicht-Drittstaat belegenen Betriebstätte erwirtschaftet, kein Besteuerungsrecht hat. Abweichend von der sog. Symmetriethese hatte der BFH in vormals st. Rspr. unter Anschluss an die frühere st. Rspr. des EuGH,[4] einen Verlustabzug abweichend von der sog. Symmetriethese (abkommensrechtliche Freistellung positiver und negativer Einkünfte) aus Gründen des Unionsrechts (Niederlassungsfreiheit, Art. 49 i.V. m. Art. 54 AEUV) zugelassen. Voraussetzung hierfür war, dass der Stpfl. nachweisen konnte, dass die Verluste im Quellenstaat steuerlich unter keinen Umständen anderweitig verwertbar waren, sog. finale Verluste. Der

---

1 BFH v. 17.10.1990 - I R 182/87, BStBl 1991 II 136; BFH v. 26.3.1991 - IX R 162/85, BStBl 1991 II 704; BFH v. 5.9.1991 - IV R 40/90, BStBl 1992 II 192.
2 BVerfG v. 27.3., 17.4., 20.4.1998, IStR 1998, 344, 376.
3 Vgl. *Gosch* in Kirchhof, § 2a EStG Rz. 3. Ausführlich hierzu die Analyse und Empfehlung der EG-Kommission in der Mitteilung v. 19.12.2006, KOM 2006, 824.
4 Z.B. EuGH v. 15.5.2008 - C-414/06, BStBl 2009 II 692 „Lidl Belgium"; Anm. Hahn, jurisPR-SteuerR 32/2008, Anm. 1.

I. Senat des BFH hatte eine derartige „Finalität" angenommen, wenn die Verluste im Quellenstaat aus tatsächlichen Gründen nicht mehr berücksichtigt werden konnten oder ihr Abzug in jenem Staat zwar theoretisch noch möglich war, aus tatsächlichen Gründen aber so gut wie ausgeschlossen war und ein wider Erwarten dennoch erfolgter späterer Abzug im Inland verfahrensrechtlich noch rückwirkend nachvollzogen werden konnte.

Indessen interpretiert der I. Senat den EuGH so, dass dieser seine diesbezügliche Rspr. inzwischen aber nicht mehr aufrechterhalten soll. In seiner TIMAC Agro-Entscheidung hatte der EuGH zur Veräußerung einer österreichischen Betriebsstätte an eine österreichische Kapitalgesellschaft entschieden (Art. 49 AEUV), sei dahin auszulegen, dass er einer Steuerregelung eines Mitgliedstaats wie der im Ausgangsverfahren in Rede stehenden (konkret: Art. 23 Abs. 1a DBA-Österreich 2000) nicht entgegensteht. Die Besonderheit des entschiedenen Falles lag indessen darin, dass einer gebietsfremden, zum gleichen Konzern wie die veräußernde Gesellschaft gehörende Gesellschaft die Möglichkeit verwehrt worden war, die Verluste der veräußerten Betriebsstätte in die Bemessungsgrundlage der Steuer einzubeziehen. Der EuGH hatte ausgeführt, dass im Fall der abkommensrechtlichen Freistellung der ausländischen Einkünfte im Sitzstaat wegen der fehlenden Besteuerungsbefugnis bei der Prüfung eines Verstoßes gegen das Beschränkungsverbot nunmehr schon tatbestandlich eine Vergleichbarkeit mit der Behandlung reiner Inlandsfälle abzulehnen sei. Dies habe zur Folge, dass die Prüfungsebene der Rechtfertigungsgründe (als „Standort" der Verhältnismäßigkeitsprüfung und der Rechtsfigur der finalen Verluste) entfallen sei mehr.

Zu einer nochmaligen Vorlage an den EuGH konnte sich der BFH nicht durchringen. Nach der Überzeugung des I. Senats reichten selbst diverse Kritikpunkte an der TIMAC Agro-Entscheidung des EUGH jedenfalls dann nicht aus, wenn die Rechtsfrage mit Blick auf den konkret zu entscheidenden Streitfall geklärt sei. Nach Auffassung des I. Senats bestand kein Raum „für vernünftige Zweifel hinsichtlich der richtigen Auslegung der fraglichen Rechtsnorm."

4. Abkommensrecht

Wird die Doppelbesteuerung nach dem jeweils maßgeblichen DBA durch die sog. Freistellungsmethode (in ihren verschiedensten Ausprägungsformen) vermieden, d. h., werden die im Ausland erfassten Einkünfte von der inländischen Steuer freigestellt, ist für die Anwendung von § 2a Abs. 1 und 2 EStG im Rahmen der Steuerbemessungsgrundlage grds. kein Raum mehr. Dies ist folgerichtig, da entsprechende Verluste nach der Auslegung der DBA-Freistellungsklauseln durch den BFH ebenso wenig wie positive Einkünfte berücksichtigt werden können.[1]

Darüber hinaus kommen Beschränkungen gem. § 2a Abs. 1 und 2 EStG auch bei freigestellten Einkünften natürlicher Personen mittelbare Bedeutung zu. Dies gilt bspw., soweit sie bei Anwendung des sog. negativen Progressionsvorbehalts zu beachten sind.

Für den Fall der im Abkommen vereinbarten Anrechnungsmethode sind § 2a Abs. 1 und 2 EStG bei der Ermittlung der steuerlichen Bemessungsgrundlage uneingeschränkt anwendbar.

(Einstweilen frei)

---

1 BFH v. 17.10.1990 - I R 182/87, BStBl 1991 II 136; BFH v. 13.11.2002 - I R 13/02, BStBl 2003 II 795, m.w.N.: Vorlagebeschluss an EuGH; nachfolgend insoweit auch weiterhin BFH v. 20.9.2006 - I R 13/02, BFH/NV 2007, 410 = NWB DokID: VAAAC-35638; BFH v. 17.7.2008 - I R 84/04, BStBl 2009 II 630; BFH v. 12.1.11 - I R 35/10, BStBl 2011 II 494; FG Düsseldorf v. 25.10.2011 - 13 K 2775/06 E, F, EFG 2012, 1123.

B. Systematische Kommentierung

I. Land- und forstwirtschaftliche Einkünfte (§ 2a Abs. 1 Satz 1 Nr. 1 EStG)

36 § 2a Abs. 1 Satz 1 Nr. 1 EStG enthält einen Gesetzesbefehl, wonach negative Einkünfte, die aus einer in einem Drittstaat belegenen land- und forstwirtschaftlichen Betriebsstätte bezogen werden, unter § 2a Abs. 1 EStG fallen. Bei diesen Einkünften handelt es sich entsprechend der Definition des § 34d Nr. 1 EStG um ausländische Einkünfte. Die Vorschrift greift begrifflich auf andere Normen zu, so findet sich die Legaldefinition des Begriffs des „Drittstaats" in § 2a Abs. 2a EStG, vgl. hierzu → Rz. 85. Der Begriff der Land- und Forstwirtschaft entspricht dem in § 13 EStG verwendeten, der der Betriebsstätte erschließt sich aus § 12 AO – auch für die land- und forstwirtschaftlichen Einkünfte.[1]

37 Hinsichtlich des von § 34d Nr. 1 EStG sowie den üblichen Formulierungen in DBA abweichenden Wortlauts des § 2a Abs. 1 Nr. 1 EStG wird im Schrifttum[2] die Frage aufgeworfen, ob ggf. ein Formulierungsfehler vorliegt. Denn ausschlaggebend für das Vorliegen von ausländischen Einkünften nach § 34d Nr. 1 EStG ist, wo (nicht: von wo aus) die Land- und Forstwirtschaft betrieben wird. Das ist dort der Fall, wo die betreffenden Grundstücke liegen. Da nach den üblichen Regelungen der DBA Land- und Forstwirtschaft wie Grundstücke behandelt wird, gilt konsequenterweise das Belegenheitsprinzip. Somit wäre in beiden Fällen das Vorliegen einer Betriebsstatte ohne Bedeutung. Zwar fallen im Regelfall der Ort der Betriebsstätte und die Belegenheit der Grundstücke zusammen, gleichwohl muss das nicht zwingend sein. Somit begründet die Belegenheit der Grundstücke allein nach § 12 AO keine Betriebsstätte. Umgekehrt erscheint es insbesondere bei grenznahen Land- und Forstwirtschaften denkbar, dass sich die Grundstücksflächen im Ausland, der Ort der Geschäftsleitung im Inland befinden. In diesem Fall wären die Einkünfte aus Land- und Forstwirtschaft nach § 34d Nr. 1 EStG zwar ausländische Einkünfte, § 2a Abs. 1 EStG aber mangels ausländischer Betriebsstatte nicht anwendbar.[3]

38 Die Bestimmung enthält keine Aktivitäts- oder Produktivitätsklausel. Demzufolge erfasst § 2a Abs. 1 Satz 1 Nr. 1 EStG auch Verluste aus aktiver Bewirtschaftung einer land- und forstwirtschaftlichen Betriebsstätte, da die Produktivitätsklausel des § 2a Abs. 2 EStG ihrem Wortlaut nach aufgrund der dortigen Beschränkung auf gewerbliche Einkünfte nicht anwendbar ist. Diese Begünstigung von gewerblichen Betriebsstätteneinkünften gegenüber Einkünften aus land- und forstwirtschaftlichen Betriebsstätten wird im Schrifttum und von der Judikatur des BFH für nicht verfassungswidrig gehalten.[4] Die unterschiedliche Behandlung soll danach damit zu rechtfertigen sein, dass Deutschland als Industriestandort und Exportland in hohem Maße darauf angewiesen sein soll, die internationale Verzahnung im gewerblichen Bereich zu fördern, während dies im Bereich der Land- und Forstwirtschaft nicht der Fall sein soll.[5] Dem ist nicht zu folgen.[6] Verlustträchtige land- und forstwirtschaftliche Auslandsengagement steuer-

---

[1] Vgl. ausführlich *Holthaus*, IStR 2014, 766.
[2] Vgl. *Frotscher* in Frotscher/Geurts, § 2a EStG Rz. 22.
[3] Vgl. *Frotscher* in Frotscher/Geurts, § 2a EStG Rz. 22. a. A. *Mössner* in Kirchhof/Sohn/Mellinghoff, § 2a EStG Rz. B 27.
[4] Vgl. *Probst* in Flick/Wassermexer/Baumhoff/Schönfeld, § 2a EStG Anm. 138; BFH v. 12. 12. 1990 - I R 127/88, BFH/NV 1992, 104 = NWB DokID: DAAAB-31574; BFH v. 14. 5. 1993 - IV R 69/92, BFH/NV 1994, 100 = NWB DokID: LAAAB-33871.
[5] BFH v. 14. 5. 1993 - IV R 69/92, BFH/NV 1994, 100 = NWB DokID: LAAAB-33871.
[6] Vgl. bspw. so auch *Schaumburg*, Internationales Steuerrecht, Rz. 5.80.

lich gegenüber verlustträchtigen gewerblichen Auslandsengagement zu benachteiligen, ist mindestens geeignet, eine Verletzung des Leistungsfähigkeitsgebots, verknüpft mit einer Verletzung des Folgerichtigkeitsgebots zu besorgen. Denn ein in der Natur der Sache liegender Grund ist für diese Ungleichbehandlung nicht ersichtlich. Demzufolge wäre es – auch angesichts jüngerer unionsrechtlicher Entwicklungen – begrüßenswert, wenn die höchstrichterliche Finanzrechtsprechung Gelegenheit erhielte, ihre Position nochmals zu überdenken.

(Einstweilen frei) 39–44

II. Einkünfte aus Gewerbebetrieb (§ 2a Abs. 1 Satz 1 Nr. 2 EStG)

Die Bestimmung schließt die Berücksichtigung ausländischer gewerblicher Betriebsstättenverluste bei der Ermittlung der für inländische Ertragsteuerzwecke relevanten Bemessungsgrundlage aus. Allerdings wird dieser – auf den ersten Blick – strenge Befehl des Gesetzes durch die in § 2a Abs. 2 EStG enthaltene Aktivitäts- bzw. Produktivitätsklausel in der Praxis in zahlreichen Fällen relativiert. Danach greifen die Beschränkungen des § 2a Abs. 1 EStG nicht, wenn die Betriebsstätte (fast) ausschließlich aktive Tätigkeiten i. S. d. § 2a Abs. 2 Satz 1 EStG zum Gegenstand hat. 45

Bei der Ermittlung der relevanten Einkünfte, die der ausländischen Betriebsstätte zuzurechnen sind, müssen die Vorschriften der BsGaV berücksichtigt werden. Demzufolge ist auf die wesentlichen Personalfunktionen i. S. d. § 4 BsGaV abzustellen. 46

Die Ermittlung der negativen Betriebsstätteneinkünfte erfolgt nach deutschem Recht. Mit dieser Grundaussage in Einklang steht die These, dass sich bei Umrechnung des der Betriebsstätte zugeführten Dotationskapitals ergebende Währungsverluste ebenso wie Währungsgewinne der Betriebsstätte und nicht dem Stammhaus zuzuordnen sind.[1] 47

Eine Betriebsstätte ist dann im Ausland belegen, wenn sich die feste Geschäftseinrichtung oder Anlage im Ausland befindet. Daher erfüllen sog. Direktgeschäfte in Form bloßer Auslandsgeschäfte vom Inland aus, ohne Vorliegen einer ausländischen Betriebsstätte, das Kriterium der im Ausland belegenen Betriebsstätte nicht. Ebenso wenig qualifiziert ist nach dem eindeutigen Wortlaut das Vorhandensein eines ständigen Vertreters. Steht die Existenz einer derartigen Betriebsstätte indessen fest, dann erfasst § 2a EStG sämtliche damit in Zusammenhang stehende Einkünfte. Somit kommen auch Aufgaben- und Veräußerungsverluste in Betracht. 48

Für jede Betriebsstätte ist in jedem Wirtschaftsjahr neu zu prüfen, ob ggf. die Rückausnahme des § 2a Abs. 2 EStG in Form des Aktivitätsvorbehalts zur Anwendung kommen kann. 49

Dem Abzug von vergeblichen Aufwendungen, die im Rahmen einer gescheiterten Gründung einer Betriebsstätte im Ausland anfallen, kommt in der Besteuerungspraxis eine hohe Bedeutung zu.[2] 50

(Einstweilen frei) 51–55

---

1 BFH v. 16. 2. 1996 - I R 43/95, BStBl 1997 II 128; BFH v. 18. 9. 1996 - I R 69/95, BFH/NV 1997, 408 = NWB DokID: XAAAA-97352; BFH v. 7. 11. 2001 - I R 3/01, BStBl 2002 II 865; Gosch in Kirchhof, § 2a EStG Rz. 18; a. A. bspw. Ditz/Schönfeld, DB 2008, 1458.
2 BFH v. 28. 4. 1983 - IV R 122/79, BStBl 1983 II 566; BFH v. 26. 2. 2014 - I R 56/12, BStBl 2014 II 703; BMF v. 24. 12. 1999, BStBl 1999 I 1076, Tz. 2.9.1; Kraft, NWB 2014, 2482; Cloer/Leich, IWB 2014, 1.

III. Anteile an Drittstaaten-Körperschaften (§ 2a Abs. 1 Satz 1 Nr. 3 und Nr. 4 EStG)

56 Erfasst werden von der Vorschrift des § 2a Abs. 1 Satz 1 Nr. 3 EStG bestimmte Wertminderungen aus Beteiligungen bzw. Anteilen an Drittstaatenkapitalgesellschaften, die im inländischen Betriebsvermögen gehalten werden. Im Einzelnen handelt es sich um

- Wertminderungen aufgrund des Ansatzes des niedrigeren Teilwerts eines zu einem Betriebsvermögen gehörenden Anteils an einer Drittstaaten-Körperschaft (Nr. 3 Buchst. a)

- wertgeminderte Anteile an einer Drittstaatenkapitalgesellschaft, deren Realisierung anlässlich der Veräußerung der Beteiligung eintritt (Nr. 3 Buchst. b Alt. 1)

- wertgeminderte Anteile an einer Drittstaatenkapitalgesellschaft, deren Realisierung anlässlich der Entnahme der Beteiligung eintritt (Nr. 3 Buchst. b Alt. 2)

- wertgeminderte Anteile an einer Drittstaatenkapitalgesellschaft, deren Realisierung anlässlich der Auflösung einer Drittstaaten-Körperschaft eintritt (Nr. 3 Buchst. b Alt. 3)

- wertgeminderte Anteile an einer Drittstaatenkapitalgesellschaft, deren Realisierung anlässlich der Herabsetzung des Kapitals einer Drittstaaten-Körperschaft eintritt (Nr. 3 Buchst. b Alt. 4).

57 § 2a Abs. 1 Satz 1 Nr. 4 EStG kann sich für den Bereich des Privatvermögens darauf beschränken, auf die Realisationstatbestände des § 17 EStG zu verweisen, da Wertminderungen als solche im Privatvermögen nicht berücksichtigt werden. Ebenso wenig können Verluste einer Drittstaaten-Tochtergesellschaft als solche bei der inländischen Besteuerung berücksichtigt werden, so dass in den Katalog des § 2a Abs. 1 EStG kein diesbezüglicher Tatbestand aufgenommen werden musste. Durch § 3 Nr. 40 Satz 1 Buchst. a i. V. m. § 3c Abs. 2 Satz 1 EStG (Teileinkünfteverfahren), die ihrerseits aber nur insoweit anwendbar sind als nicht § 8b Abs. 3 KStG gegeben ist, werden die Gewinnauswirkungen der Teilwertabschreibungen auf 60 % ihrer eigentlichen Höhe begrenzt. § 2a Abs. 1 Satz 1 Abs. 3 und 4 EStG greifen insoweit nur für den steuerwirksamen Teil der Teilwertabschreibung.

Durch § 2a Abs. 1 Satz 1 Nr. 4 EStG werden über die Verweisung auf § 17 EStG – bei Vorliegen einer Beteiligung i. S. d. § 17 EStG – Verluste erfasst aus:

- Veräußerungen i. S. d. § 17 Abs. 1 Satz 1 EStG,

- der verdeckten Einlage in eine Kapitalgesellschaften i. S. d. § 17 Abs. 1 Satz 2 EStG,

- Auflösung oder Kapitalherabsetzung i. S. d. § 17 Abs. 4 EStG. Auch im Bereich des § 17 EStG gelten die aufgezeigten Grundsätze zur Kapitalherabsetzung entsprechend.[1]

58 Nach § 2a Abs. 2 Satz 2 EStG ist in den Fällen des § 2a Abs. 1 Satz 1 Nr. 3 und 4 EStG jedoch eine uneingeschränkte Verlustberücksichtigung möglich, wenn der Stpfl. nachweist, dass die Drittstaaten-Körperschaft seit ihrer Gründung oder die letzten fünf Jahre vor und in dem Veranlagungszeitraum, in dem die negativen Einkünfte geltend gemacht werden, förderungswürdige Tätigkeiten i. S. d. § 2a Abs. 2 Satz 1 EStG ausgeübt hat.

59–62 (*Einstweilen frei*)

---

[1] Vgl. insbesondere BFH v. 19.6.1993 - VIII R 69/93, BStBl 1995 II 725, m. w. N.

IV. Stille Beteiligungen und partiarisches Darlehen mit Bezug zu einem Drittstaat (§ 2a Abs. 1 Satz 1 Nr. 5 EStG)

Der Einbezug der beiden Rechtsinstitute „stille Beteiligung" sowie „partiarisches Darlehen" in den Katalog des § 2a Abs. 1 EStG, erklärt sich vor dem Hintergrund, dass stillen Gesellschaftern nicht nur positive Erträge, sondern auch Verluste zugewiesen werden können. Im Kontext von partiarischen Darlehen ist eine Verlustzuweisung nur ausnahmsweise denkbar. Daher ist die praktische Bedeutung der Variante „partiarisches Darlehen" eher gering. Ihre Aufnahme dürfte sich primär – angesichts prinzipiell denkbarer Abgrenzungsprobleme – zwischen den Investitionsinstrumenten „Stille Beteiligung" und „partiarisches Darlehen" erklären. 63

Sind Verluste nach den Subsidiaritätsklauseln den gewerblichen Einkünften zuzuordnen, sind sie ebenfalls einzubeziehen. Bei einer Zuordnung des jeweiligen Instruments zu einer in einem Drittstaat belegenen Betriebsstätte nach den Zuordnungsregeln der BsGaV, fallen sie unter § 2a Abs. 1 Satz 1 Nr. 2 EStG.[1] 64

Nicht erfasst sind der Verlust der Einlage als solcher sowie Verluste aus einer Teilwertabschreibung oder Veräußerungsverluste. Die Reichweite der Bestimmung erstreckt sich auf sämtliche Werbungskosten bzw. Betriebsausgaben, die im Zusammenhang mit der stillen Beteiligung bzw. dem partiarischen Darlehen stehen können. Exemplarisch zu nennen sind beispielsweise Beratungsaufwendungen sowie Reisekosten, soweit Aufwendungen für Reisen zum Investitionsobjekt anfallen, aber auch Finanzierungskosten. Erfasst vom Abzugsverbot sollen nach Ansichten in Judikatur[2] und Literatur[3] schließlich auch vorbereitende und vergebliche Aufwendungen sein. Letztere können etwa anfallen in Situationen, in denen das Investitionsinstrument „Stille Beteiligung" oder „partiarisches Darlehen" geplant ist, dann aber letztlich nicht zustande kommt. Vor dem Hintergrund, dass entsprechende Aufwendungen dann im steuerlichen Niemandsland versickern, ist diese Ansicht abzulehnen.[4] 65

Bei einer stillen Beteiligung i. S. d. § 2a Abs. 1 Satz 1 Nr. 5 EStG kann es sich lediglich um eine typische stille Beteiligung i. S. d. § 20 Abs. 1 Satz 1 Nr. 4 EStG handeln. Die atypische stille Beteiligung unterfällt dem Bereich gewerblicher mitunternehmerschaftlicher Einkünfte. Sie wird demzufolge von § 2a Abs. 1 Satz 1 Nr. 2 EStG erfasst. Die Einordnung eines nach ausländischem Recht vereinbarten Beteiligungsinstruments „typische stille Gesellschaft" bestimmt sich nach den Grundsätzen des Typenvergleichs. Die entsprechende Bezeichnung eines in fremder Sprache abgeschlossenen Vertrags, etwa als „typical silent partnership", ist insoweit indiziell. Letztlich sind aber, wie im Rahmen des Typenvergleichs üblich, die auf das ausländische Beteiligungsinstrument übertragenen Kriterien des Handels- und Gesellschaftsrechts ausschlaggebend. 66

Nach § 232 Abs. 2 HGB sind Verluste aus einer (typischen) stillen Beteiligung nur bis zur Höhe der eingezahlten oder rückständigen Einlage abziehbar. Die Vereinbarung einer Teilnahme am Verlust über die Einlage hinaus, abweichend von § 232 Abs. 2 HGB, wird in praktischen Fällen das Beteiligungsinstrument in die Nähe einer atypischen stillen Gesellschaft rücken. 67

---

1 BFH v. 17.11.1999 - I R 7/99, BStBl 2000 II 605, m.w.N.; *Wagner* in Blümich, § 2a EStG Rz 71; a. A. in HHR/Herkenroth/Striegel, § 2a EStG Rz. 46.
2 BFH v. 17.12.1998 - I B 80/98, BStBl 1999 II 293.
3 Vgl. *Wagner* in Blümich, § 2a EStG Rz. 71.
4 Zur Problematik bei Betriebsstätten vgl. *Kraft*, NWB 2014, 2705.

68 Bei stillen Beteiligungen ist der Schuldner der Inhaber des Handelsgewerbes. Dieser muss Wohnsitz, Sitz oder Geschäftsleitung in einem Drittstaat (§ 2a Abs. 2a EStG) haben. Bei einer natürlichen Person als Schuldner kommt es nach dem klaren Gesetzeswortlaut auf den Wohnsitz in einem Drittstaat an, der gewöhnliche Aufenthalt ist diesbezüglich bedeutungslos. Sind mehrere Wohnsitze vorhanden, kann es zu Konfliktlagen kommen, wenn einer im Nicht-Drittstaat und einer im Drittstaat liegt. In solchen Fällen genügt als unionsrechtliche Exkulpation, der Wohnsitz in einem Mitgliedstaat der Union.[1]

69 Bei juristischen Personen kommen als Anknüpfungsmerkmal sowohl der Sitz (§ 11 AO) als auch der Ort der Geschäftsleitung (§ 10 AO) in Betracht. Diese können dergestalt auseinanderfallen, dass das eine Kriterium in einem Drittstaat liegt, das andere hingegen in einem Mitgliedstaat der Union. In solchen Konstellationen muss es – schon aus Gründen des Unionsrechts – für die Nichtanwendung der Einschränkung des Abzugsverbots genügen, wenn ein Anknüpfungskriterium in einem Nicht-Drittstaat verwirklicht wird.

70 Bei Personengesellschaften ist nach steuerlichen Transparenzkriterien auf die auf Ebene der Gesellschafter verwirklichten Anknüpfungsmerkmale abzustellen.[2]

> **BEISPIEL:** An einer nach ausländischem Recht gegründeten Personengesellschaft sind zu gleichen Teilen die unbeschränkt steuerpflichtige X-GmbH sowie die Y-Limited mit Sitz und Ort der Geschäftsleitung im Drittstaat beteiligt. Die im Inland unbeschränkt steuerpflichtige natürliche Person Z beteiligt sich typisch still an der nach ausländischem Recht gegründeten Personengesellschaft. Zur Ermittlung, ob das Abzugsverbot greift, ist in solchen Fällen auf die an der Personengesellschaft beteiligten Gesellschafter abzustellen. Dies bedeutet konkret im vorliegenden Fall, dass das Abzugsverbot zur Hälfte greift, da in Bezug auf das anteilige typische Gesellschaftsverhältnis zwischen Z und der X-GmbH die Bestimmung des § 2a EStG nicht eingreifen kann.

71 Für § 2a Abs. 1 Satz 1 Nr. 5 EStG findet sich in § 2a Abs. 2 EStG keine Rückausnahmeregelung dergestalt, dass die typisch stille Beteiligung an einer aktiv tätigen Wirtschaftseinheit in einem Drittstaat vom Abzugsverbot ausgenommen wäre. Die Rechtfertigung dieser Regelung wird im Schrifttum[3] damit begründet, dass wirksame Abgrenzungskriterien nicht vorhanden seien und sich wegen der möglichen Fallgestaltungen auch kaum kodifizieren ließen.

72 Typische Abrede eines partiarischen Darlehens ist, dass der Darlehensnehmer keinen festen, sondern einen gewinnabhängigen Zins schuldet. Demzufolge sind Verluste aus partiarischen Darlehen nur in Ausnahmefällen denkbar. Dies liegt darin begründet, dass Verluste des Vermögensstamms i. d. R. Überschusseinkünfte, nur in Ausnahmefällen berücksichtigungsfähig sind. Dementsprechend verweist § 20 Abs. 1 Nr. 4 Satz 2 EStG nur auf die Anteile des stillen Gesellschafters. Verluste können im Kontext eines partiarischen Darlehens nur dann entstehen, wenn die abziehbaren Werbungskosten höher sind als die Einnahmen.

73–79 *(Einstweilen frei)*

---

1 Vgl. zur Problematik insbesondere *Wagner* in Blümich, § 2a EStG Rz 74; *Mössner* in Kirchhof/Söhn/Mellinghoff, § 2a EStG Rz. B 57; HHR/Herkenroth/Striegel, § 2a EStG Rz. 46.
2 Vgl *Mössner* in Kirchhof/Söhn/Mellinghoff, § 2a EStG Rz. B 58.
3 Vgl. *Wagner* in Blümich, § 2a EStG Rz 74.

V. Vermietung und Verpachtung (§ 2a Abs. 1 Satz 1 Nr. 6 EStG)

§ 2a Abs. 1 Satz 1 Nr. 6 EStG erfasst bei drei Tatbestandsgruppen negative Einkünfte, nämlich 80

- aus Vermietung oder Verpachtung von unbeweglichem Vermögen oder Sachinbegriffen,
- aus der entgeltlichen Überlassung (nicht registrierter) Schiffe,
- aus Teilwertabschreibungen oder Übertragungen (Veräußerungen, Entnahmen) bestimmter im Betriebsvermögen gehaltener Wirtschaftsgüter.

Bei negativen Einkünften aus der Vermietung oder Verpachtung von unbeweglichem Vermögen oder Sachinbegriffen gelten die allgemeinen begrifflichen Umschreibungen. Entscheidend ist die Drittstaatsbelegenheit sowohl des unbeweglichem Vermögens als auch der Sachinbegriffe.

> **BEISPIEL:** Eine unbeschränkt steuerpflichtige natürliche Person vermietet eine in einer Universitätsstadt in einem Nicht-DBA-Drittstaat belegene Wohnung an dort temporär tätige deutsche Gastprofessoren. Abschreibungen sowie Fremdfinanzierungsaufwendungen führen zu negativen Einkünften des Vermietungsobjekts. Obwohl die abkommensrechtliche Symmetriethese im vorliegenden Fall keine Anwendung findet, ist eine Verlustberücksichtigung im Rahmen der Ermittlung der einkommensteuerlichen Bemessungsgrundlage aufgrund von § 2a Abs. 1 Satz 1 Nr. 6 Buchst. a EStG ausgeschlossen.

Die verlustträchtige Rechteüberlassung wird von der Vorschrift nicht erfasst. Daher unterliegen ausländische Verluste aus der Überlassung von Rechten nur der Verlustausgleichbegrenzung, wenn die Verluste im Rahmen einer ausländischen Betriebsstätte entstehen (§ 2a Abs. 1 Satz 1 Nr. 2 EStG).[1] Ebenso wenig erfasst werden Verluste aus Vermietung oder Verpachtung von beweglichen Sachen im Ausland. Hinzuweisen ist insoweit auf die Verlustausgleichsbeschränkungen in § 22 Nr. 3 Satz 3, 4 EStG. 81

Insgesamt stellt § 2a Abs. 1 Satz 1 Nr. 6 EStG eine lückenfüllende Regelung im Verhältnis zu § 2a Abs. 1 Satz 1 Nr. 2 EStG dar. Diese greift nur dann ein, wenn die jeweilige Vermietung oder Verpachtung gewerblicher Natur ist. Im Abkommensfall werden entsprechende Einkünfte aus Vermietung oder Verpachtung infolge ihrer Belegenheit mit wenigen Ausnahmen (Anrechnung gem. Art. 1c DBA-Schweiz; Art. 23 Abs. 1b und 1a DBA-Spanien) von der deutschen Besteuerung ausgenommen. Daher läuft die Bestimmung des § 2a Abs. 1 Satz 1 Nr. 6 EStG im DBA-Kontext weitgehend leer. 82

Das Berücksichtigungsverbot negativer Einkünfte aus der entgeltlichen Überlassung (nicht registrierter) Schiffe (§ 22 Nr. 3 EStG) ist an die Voraussetzung geknüpft, dass diese nicht ausschließlich oder fast ausschließlich im Inland eingesetzt werden. Die „Fastausschließlichkeitsgrenze" ist – wie regelmäßig im Steuerrecht – bei 90 %[2] zu verorten. Ausgenommen ist allerdings die entgeltliche Überlassung von Schiffen in bestimmten Fällen der sog. Bare-boat-Vercharterung unbemannter Freizeitschiffe (Yachten), die in ausländischen Häfen liegen. 83

Das Berücksichtigungsverbot bestimmter negativer Einkünfte aus Teilwertabschreibungen oder Übertragungen (Veräußerungen, Entnahmen) von im Betriebsvermögen gehaltener Wirtschaftsgüter i.S.v. § 2a Abs. 1 Satz 1 Nr. 6 Buchst. a und b EStG gem. § 2a Abs. 1 Satz 1 Nr. 6 Buchst. c EStG versteht sich als Ergänzung zu den beiden vorher geregelten Tatbestandsgruppen. Das Gesetz setzt die Zugehörigkeit zu einem Betriebsvermögen voraus, in der Realität wird dies eingeengt auf die Zugehörigkeit zu einem ausländischen Betriebsstättenvermögen. 84

---

[1] Vgl. *Gosch* in Kirchhof, § 2a EStG Rz. 28.
[2] So bspw. BFH v. 30.8.1995 - I R 77/94, BStBl 1996 II 122; BMF v. 14.5.2004, BStBl 2004 I 3.

BEISPIEL: Die im Inland unbeschränkt steuerpflichtige X-GmbH unterhält im Nicht-DBA-Drittstaat eine Betriebsstätte, zu deren Betriebsstättenvermögen ein dort belegenes Betriebsgrundstück gehört. Dessen Wert ist dauerhaft gesunken. Die Geltendmachung der Teilwertabschreibung im Rahmen der Ermittlung der inländischen körperschaftsteuerlichen Bemessungsgrundlage verbietet § 2a Abs. 1 Satz 1 Nr. 6 Buchst. c EStG.

85 Der Übertragungstatbestand erfasst auch Veräußerungen an fremde Dritte.

BEISPIEL: Die im Inland unbeschränkt steuerpflichtige X-GmbH unterhält im Nicht-DBA-Drittstaat eine (aktive) Betriebsstätte, zu deren Betriebsstättenvermögen eine als Sachgesamtheit qualifizierende Großrechenanlage gehört. Diese Großrechenanlage wird mit Verlust an einen unternehmensfremden Käufer veräußert. Die Betriebsstätte insgesamt ist profitabel. Der isolierte Verlust aus der Übertragung (Veräußerung) der Großrechenanlage kann deshalb im Rahmen der inländischen Bemessungsgrundlagenermittlung nicht berücksichtigt werden, weil diese als Sachgesamtheit qualifiziert und die Regelung des § 2a Abs. 1 Satz 1 Nr. 6 Buchst. c EStG insoweit **lex specialis** zu § 2a Abs. 1 Satz 1 Nr. 2, Abs. 2 Satz 1 EStG darstellt.

Sicherlich wird man Zweifel an der Sachgerechtigkeit eines solchen Ergebnisses hegen können. Der Wortlaut der Regelung indessen ist eindeutig.

86–90 (*Einstweilen frei*)

VI. Verluste aus zwischengeschalteten Inlandsbeteiligungen (§ 2a Abs. 1 Satz 1 Nr. 7 EStG)

91 Auch die Bestimmung des § 2a Abs. 1 Satz 1 Nr. 7 EStG kann als Vorschrift charakterisiert werden, die Umgehungen der vorgenannten Regelungen zu verhindern versucht. Sie enthält nämlich weitere Auffangtatbestände zu § 2a Abs. 1 Satz 1 Nr. 1 bis 6 EStG für bestimmte Konstellationen, die dem Verdacht ausgesetzt sind, dass sie von Ausweichhandlungen von Stpfl. motiviert sind. Unterstelltermaßen erfolgt die jeweilige Ausweichhandlung des Stpfl. durch Zwischenschaltung einer unbeschränkt steuerpflichtigen Körperschaft (typischerweise eine Kapitalgesellschaft). Damit kommt § 2a Abs. 1 Satz 1 Nr. 7 EStG im Kern der Charakter einer Umgehungsverhinderungsvorschrift zu.

92 Nach ihrer tatbestandlichen Konzeption entspricht die Vorschrift den Regelungen in § 2a Abs. 1 Satz 1 Nr. 1 bis 6 EStG. Allerdings fehlt – aus logischen Gründen – der hiernach erforderliche Auslandsbezug. Dies ist dem Umstand geschuldet, dass die zwischengeschaltete Körperschaft (Kapitalgesellschaft) im Inland ansässig ist. Demzufolge wird § 2a Abs. 1 EStG auf die zwischengeschaltete Kapitalgesellschaft mit Sitz oder Geschäftsleitung im Inland unmittelbar angewendet. Der Auslandsbezug wird lediglich fingiert. Dass dies in der praktischen Rechtsanwendung im Einzelfall zu erheblichen Schwierigkeiten führen kann, bedarf kaum der Erwähnung. Denn festgestellt werden muss, worauf die Vermögensverluste bei der Kapitalgesellschaft zurückzuführen sind. Abgrenzungsschwierigkeiten sind vorprogrammiert, wenn man sich vor Augen führt, dass Verluste auch durch mehrere von § 2a EStG erfasste Tätigkeiten verursacht sein können. Es gelten die allgemeinen Regeln der objektiven Feststellungslast, so dass die Finanzverwaltung die steuererhöhenden Tatsachen beweisen muss und nicht der Stpfl. die steuermindernden Tatsachen.[1]

---

1 Vgl. *Gosch* in Kirchhof, § 2a EStG Rz. 33; *Krabbe*, IStR 1992, 57; *Probst* in Flick/Wassermexer/Baumhoff/Schönfeld, § 2a EStG Anm. 300.

VII. Aktivitätsklausel (§ 2a Abs. 2 EStG)

1. Kerninhalt der Regelung

Abs. 2 enthält eine Aktivitätsklausel, teilweise auch als Produktivitätsklausel bezeichnet. Sie ist in der Grundkonzeption, jedoch nicht vollumfänglich, dem Aktivitätskatalog des § 8 Abs. 1 AStG nachgebildet. Gleichwohl wird der grundlegende Aktivitätskatalog des § 8 Abs. 1 AStG auch bei der Auslegung des § 2a Abs. 2 EStG als Hilfsmittel der Auslegung herangezogen werden können. Die Aktivitätsklausel schließt die Beschränkung der Verlustberücksichtigung nach Abs. 1 für bestimmte – vom Gesetzgeber offenbar als förderungswürdig erachtete – Tätigkeiten aus. Konsequenz daraus ist, dass die entsprechenden Verluste uneingeschränkt berücksichtigt werden können.

§ 2a Abs. 1 EStG ist nur auf bestimmte Einkünfte anzuwenden, die aus einer Tätigkeit stammen, die vom inländischen Gesetzgeber als volkswirtschaftlich nicht sinnvoll eingestuft wird. Demzufolge findet sie nicht auf alle negativen Einkünfte aus einer Betriebsstätte in einem Drittstaat, sondern nur auf „erwünschte" Verluste generierende Tätigkeiten Anwendung.

Nach § 2a Abs. 2 EStG fallen die nachfolgend enumerierten negativen Einkünfte aus einer Drittstaaten-Betriebsstätte nicht unter das Verlustverrechnungsverbot des § 2a Abs. 1 EStG. Sie sind somit als aktive bzw. produktive Einkünfte durch die Nichtanwendung des § 2a Abs. 1 EStG begünstigt. Im Einzelnen handelt es sich um:

- die Herstellung und Lieferung von Waren, mit Ausnahme von Waffen;
- die Gewinnung von Bodenschätzen;
- bestimmte gewerbliche Leistungen (ausgenommen die in § 2a Abs. 2 EStG aufgeführten gewerblichen Leistungen).

Gleichheitsrechtlich handelt es sich bei dieser Auswahl um eine nicht unbedenkliche Beliebigkeit.[1] Verstärkt wird diese Einschätzung dadurch, dass sie seit ihrer Einführung aus legislatorischer Sicht nie mehr kritisch hinterfragt wurde.

2. Normtelos

Die Anwendung des § 2a Abs. 1 Satz 1 Nr. 2 EStG von Abs. 2 Satz 1 wird bei Vorliegen bestimmter aktiver Tatbestandsmerkmale wieder ausgeschlossen. Somit können negative Einkünfte aus Drittstaaten-Betriebsstätten uneingeschränkt verrechnet werden. Der Gesetzgeber hat dadurch zum Ausdruck gebracht, dass sich die Rückausnahme des § 2a Abs. 2 Satz 1 EStG insbesondere auf aktive und politisch gewünschte (produktive) Tätigkeiten im Drittstaat bezieht. Somit ist die Vorschrift als Subventions- und/oder Lenkungsnorm zu charakterisieren. Als Subventions- und/oder Lenkungsnorm besteht der Zweck der Vorschrift darin, bestimmte als förderungswürdig angesehene, aber verlustbringende Tätigkeiten mit Auslandsbezug von den Verlustverrechnungsverboten des Abs. 1 Satz 1 auszunehmen.[2]

Der Gesetzeszweck des § 2a Abs. 2 Satz 2 EStG kann darin gesehen, eine Rückausnahme von den Beschränkungen des Abs. 1 Satz 1 Nr. 3 und 4 zu formulieren, die aus einer Beteiligung an einer „aktiven" Drittstaaten-Körperschaft resultieren.

---

[1] Vgl. *Gosch* in Kirchhof, § 2a EStG Rz. 16; *Wassermeyer*, IStR 2000, 65, 68.
[2] Vgl. BT-Drucks. 9/2074, 62.

Die Klausel war in früheren Fassungen unionsrechtlichen Bedenken ausgesetzt. Der Gesetzgeber hat diesen dadurch Rechnung getragen, dass Abs. 2 – wie auch Abs. 1 – nur bei negativen Einkünften mit Drittstaatenbezug Anwendung findet.

3. Betriebsstätteneinkünfte

a) Herstellung oder Lieferung von Waren, außer Waffen

95 Unter Waren i. S. v. Abs. 2 Satz 1 werden gemeinhin alle körperlichen beweglichen Sachen verstanden. Insoweit bietet sich ein Rückgriff auf § 1 Abs. 2 Nr. 1 HGB, § 90 BGB an. Dies bedeutet, dass auch Strom- und ähnliche Energien umfasst sind, nicht jedoch Grundstücke. Allerdings ist der Ausschluss von Grundstücken umstritten.[1] Ebenso wenig sollen Rechte (auch nicht Wertpapiere oder sonstige nicht verbriefte Rechte des Umlaufvermögens, vgl. § 266 Abs. 2 HGB), immaterielle WG, insbesondere nicht deren Herstellung (Filme), damit auch nicht v. Software unter die Rückausnahme fallen, sodass Verluste aus diesen Tätigkeitsbereichen vom Abzugsverbot erfasst bleiben. Dies stellt unter Beweis, dass nicht nur, aber auch der Aktivitätskatalog des § 2a EStG nicht mehr den Anforderungen moderner Wirtschaftsstrukturen genügt.

Unter Herstellung kann jegliche Warenproduktion verstanden werden, unabhängig vom Grad der Fertigungstiefe oder der technologischen Entwicklung. Erfasst wird sowohl die Vollfertigung als auch die Teilfertigung. Ohne Belang ist, ob dies unter Verwendung eigenen oder auch angeschafften und weiterverarbeiteten Materials erfolgt.

In Anlehnung an in anderen Steuergesetzen (§ 3 Abs. 1 UStG; § 8 Abs. 1 Nr. 4 lit. a, lit. b AStG) gebräuchliche Begriffsumschreibungen, kann der Begriff der Lieferung als Verschaffung der Verfügungsmacht über eine Sache verstanden werden. Demzufolge ist Eigentum nicht notwendig, auch hergestellte Sachen können geliefert werden.

Waffen stellen definitorisch Waren dar. Gleichwohl besteht für Waffen eine Ausnahme, die nach richtigem Verständnis Waffen jeglicher Art umfasst und nicht nur solche, die unter das Waffengesetz fallen. Demzufolge sollte auch die Produktion von Munition ausschließlich militärischer Ausrüstung erfasst sein. Ob der Ausschluss der Waffen- bzw. Munitionsproduktion indessen praktische Bedeutung hat, erscheint zweifelhaft. Immerhin dürfte es sich dabei um lukrative Industriezweige handeln, so dass das Verlustverrechnungsverbot eher anekdotischer denn verhaltenssteuernder Natur sein dürfte.

b) Gewinnung von Bodenschätzen

96 Zu den begünstigten Tätigkeiten tritt als zweite Gruppe die „Gewinnung von Bodenschätzen". Auch wenn der Begriff der „Bodenschätze" keine Legaldefinition erfahren hat, werden hierunter Bodenbestandteile zu verstehen sein, die als Rohstoff, als Energieträger oder zu sonstigen Zwecken gewonnen werden. Zu nennen sind im Einzelnen beispielsweise Mineralien, Mineralöl, Erdgas, Kohle, Kies, Torf, Erz, Metalle.

Das Gesetz erwähnt das Aufsuchen von Bodenschätzen nicht. Allerdings wird man davon ausgehen können, dass, soweit die Suche erfolgreich ist und zu einer Gewinnung durch den Steuerpflichtigen führt, das Aufsuchen Bestandteil der späteren Gewinnung darstellt und ebenso zu behandeln sein sollte. Erfolgt das Aufsuchen für einen anderen, liegt eine gewerbliche Leis-

---

[1] Vgl. *Gosch* in Kirchhof, § 2a EStG Rz. 36 m. N. aus der Rspr.

tung vor. Ebenso sollte das letztlich nicht erfolgreiche Aufsuchen ebenso wie die Gewinnung begünstigt sein, wenn die Exploration mit dem substantiierten Ziel einer Gewinnungstätigkeit im Fall der Findigkeit erfolgt.[1]

c) Bewirkung gewerblicher Leistungen

aa) Grundkonzeption

Das Bewirken gewerblicher Leistungen ist vom Gesetz begünstigt. Aus diesem Grunde ordnet die Vorschrift an, dass Verluste aus dem Erbringen gewerblicher Leistungen nicht unter § 2a Abs. 1 EStG fallen. Unter „Leistung" ist insoweit alles zu verstehen, was nicht unter die Lieferung von Sachen oder Rechten gefasst werden kann. Die Leistung kann – eingebürgerter Definition folgend – in einem Tun, Dulden oder Unterlassen bestehen. Entscheidend für die Bestimmung, ob eine Leistung gewerblich ist, ist insoweit der Kriterienkatalog des § 15 EStG. Somit kann als gewerblich im Sinne der Vorschrift jede Leistung charakterisiert werden, die den Tatbestand des § 15 EStG erfüllt.

97

Die Lieferung von unbeweglichen Sachen und Rechten fällt weder unter die Ausnahme für „Waren" noch unter die für gewerbliche Leistungen. Sie ist nach dem Wortlaut nicht begünstigt.

Bestimmte gewerbliche Leistungen haben in § 2a Abs. 2 EStG eine nicht begünstigende Ausnahme mit gefunden. Konsequenz daraus ist, dass auf diese Leistungen § 2a Abs. 1 EStG anwendbar ist. Es handelt sich dabei um folgende Leistungen:

- Errichtung und Betrieb von Anlagen, die dem Fremdenverkehr dienen;
- Vermietung oder Verpachtung von Wirtschaftsgütern, einschließlich der Überlassung von Rechten usw.

bb) Rückausnahme Fremdenverkehr

Die Errichtung oder der Betrieb von Anlagen im Drittstaat, die dem Fremdenverkehr dienen, zählt nicht zu den begünstigten gewerblichen Leistungen. Fraglich ist, was unter Anlagen, die dem Fremdenverkehr dienen, zu verstehen ist. Umfassen dürfte die Rückausnahme u. a. Ferienwohnungen, Hotels, Hotel-Appartements, Camping-Plätze und ähnliche Anlagen. Nicht erfasst sein sollten jedoch Reisebüros, selbständige Schwimmbäder, Kongresszentren, Bistros/Gaststätten, Theater oder Golfplätze, soweit sie den Fremdenverkehr nur mittelbar fördern[2].

98

Die Einschränkung „soweit" bedeutet, dass nur die einzelnen ausgenommenen Tätigkeiten als nicht „aktiv" angesehen werden. Die sich daraus ergebende quantitative Beschränkung erstreckt sich somit nicht auf das Gesamtergebnis der Betriebsstätte. Somit geht das Gesetz durchaus von der Möglichkeit „gemischter Einkünfte" aus, wie dies aus dem Aktivitätskatalog der Hinzurechnungsbesteuerung nach dem AStG (§ 8 Abs. 1 AStG) bekannt ist. Diese Sichtweise entspricht auch dem intendierten Zweck der Verlustabzugsbeschränkung, nämlich einzelne Tätigkeiten zu treffen.

---

1 Vgl. *Frotscher* in Frotscher/Geurts, § 2a EStG Rz. 39.
2 Vgl. Wagner in Blümich, § 2a EStG Rz 119 mit N. aus der Rspr.

cc) Rückausnahme Vermietung und Verpachtung von Wirtschaftsgütern

99 Daneben wird vom Begriff der begünstigten gewerblichen Leistung die Vermietung und Verpachtung von Wirtschaftsgütern durch eine Betriebsstätte ausdrücklich ausgenommen. Die Formulierung des Tatbestands erfasst nur die gewerbliche Vermietung von Wirtschaftsgütern, die einer Betriebsstätte nach Abs. 1 Satz 1 Nr. 2 zuzuordnen sind. Somit setzt Abs. 2 Satz 1 voraus, dass Einkünfte aus Vermietung und Verpachtung i. S. d. Abs. 1 Satz 1 Nr. 6 vorrangig den Einkünften aus einer Drittstaaten-Betriebsstätte nach Abs. 1 Satz 1 Nr. 2 zugeordnet werden können.[1]

Der Vermietung und Verpachtung von körperlichen Wirtschaftsgütern gleichgestellt, ist die Überlassung von Rechten. Geht wirtschaftliches Eigentum über, liegt keine Überlassung vor.

d) Ausschließlich oder fast ausschließlich

100 Keine Anwendung findet § 2a Abs. 1 EStG dann, wenn die negativen Einkünfte der gewerblichen Betriebsstätte im Drittstaat ausschließlich oder fast ausschließlich aus der jeweils begünstigten Tätigkeit stammen. In diesem Kontext bedeutet – wie in anderen ertragsteuerlichen Zusammenhängen auch – „ausschließlich" 100 %. Anders gewendet darf es also keine andersartige, nicht begünstigte Tätigkeit geben. „Fast ausschließlich" bedeutet, dass der Umfang der nicht begünstigten Tätigkeit nur untergeordnete Bedeutung hat. Die Verwaltung nimmt – gestützt auf robuste und verfestigte höchstrichterliche Judikatur[2] – dies typisierend an, wenn die nicht begünstigte Tätigkeit 10 % nicht übersteigt. Umgekehrt muss die begünstigte, vom Gesetzgeber für „erwünscht" angesehene Tätigkeit daher zumindest 90 % ausmachen. Diese Typisierung erscheint sachgerecht, da sie den Vorteil praktischer Handhabbarkeit in sich trägt. Konsequenz ist, dass eine begünstigte Tätigkeit von weniger als 90 % ist i. d. R. nicht „fast ausschließlich" bedeutet.

Bei der „Fast-Ausschließlichkeitsberechnung" ist auf das Verhältnis der Bruttoerträge abzustellen. Der dem deutschen Steuerrecht wesensfremde, gleichwohl vereinzelt gebrauchte (§ 7 Abs. 6 AStG, § 8 Abs. 1 Nr. 7 AStG, § 9 AStG) Begriff der Bruttoerträge, versteht sich als wörtliche Übersetzung des im englischen steuerlichen Sprachgebrauch verwendeten Notio „gross income". Er stellt eine Umsatzgröße dar, orientiert sich mithin nicht am Gewinn.

4. Holdingprivileg (§ 2a Abs. 2 Satz 1 2. Halbsatz EStG)

101 Das Gesetz fingiert das unmittelbare Halten einer Beteiligung von mindestens einem Viertel am Nennkapital einer Kapitalgesellschaft, die ausschließlich oder fast ausschließlich aktive Tätigkeiten zum Gegenstand hat, als Bewirkung gewerblicher Leistungen. Insoweit gilt die Betriebsstätte als aktiv. Dann können negative Einkünfte nach Abs. 1 Satz 1 Nr. 2 in unbeschränktem Umfang ausgeglichen werden. Dient die Beteiligung tatsächlich einer funktional übergeordneten Tätigkeit der Betriebsstätte, ist die Fiktion als gewerbliche Leistung nicht notwendig.[3]

---

1 Vgl. *Gosch* in Kirchhof, § 2a EStG Rz. 33; *Krabbe*, IStR 1992, 57; *Probst* in Flick/Wassermexer/Baumhoff/Schönfeld, § 2a EStG Anm. 176.
2 BFH v. 1. 7. 1992 - I R 6/92, BStBl 1993 II S. 222.
3 Vgl. *Scholten/Griemla*, IStR 2007, 615.

Vom Wortlaut sind alle Kapitalgesellschaften erfasst. Dies gilt unabhängig von ihrem Sitz und/oder ihrer Geschäftsleitung. Abs. 2 Satz 1 ist nicht auf Landesholdinggesellschaften beschränkt, deren Sitz und Geschäftsleitung im Staat der Betriebsstätte belegen sein müssen.

Die Beteiligung an der Kapitalgesellschaft muss unmittelbar gehalten werden, da mittelbare Beteiligungen den Tatbestand nicht erfüllen und nicht als Bewirkung gewerblicher Leistungen qualifizierten.

Die Rechtsfolge besteht in der Nichtanwendung des Abs. 1 Satz 1 Nr. 2. Demzufolge sind negative Einkünfte aus einer im Drittstaat belegenen Betriebsstätte nicht mehr vom Abzug ausgeschlossen. Damit entfällt nach R 2a Abs. 2 Satz 2 EStR 2011 auch die Möglichkeit, dass negative Einkünfte aus anderen (passiven) Betriebsstätten nicht mehr mit positiven, aktiven und vom Anwendungsbereich des Abs. 1 ausgenommenen Einkünften verrechnet werden können sollen. Dem Gesetz ist eine solche Rechtsfolge nicht zu entnehmen.

5. Rückausnahme zu § 2a Abs. 1 Satz 1 Nr. 3 und 4 EStG bei Anteilen an aktiven Gesellschaften im Drittstaat (§ 2a Abs. 2 Satz 2 EStG)

Die Regelungsdiktion des Abs. 2 Satz 2 besteht darin, die Beschränkungen von Abs. 1 Satz 1 Nr. 3 und 4 aufzuheben und negative Einkünfte aus Anteilen an Drittstaaten-Körperschaften ohne die Beschränkungen des Abs. 1 zum Verlustausgleich zuzulassen. Eine solche Rückausnahme basiert auf der Überlegung, dass mittelbare negative Einkünfte aus Anteilen an aktiven Drittstaaten-Kapitalgesellschaften wie unmittelbar durch eine Drittstaaten-Betriebsstätte erzielte negative Einkünfte behandelt werden sollen. Die Funktion des Abs. 1 Satz 1 Nr. 3 und 4 besteht darin, eine Umgehung der anderen Tatbestände des Abs. 1 Satz 1 durch Zwischenschaltung einer Körperschaft zu verhindern. Indessen kann nicht von einer Umgehung gesprochen werden, wenn Abs. 1 Satz 1 Nr. 2 auf der Ebene der Körperschaft gar nicht tatbestandsmäßig ist.

VIII. Drittstaaten; Drittstaaten-Kapitalgesellschaft (§ 2a Abs. 2a EStG)

Der Begriff „Drittstaaten" hat in § 2a Abs. 2a EStG eine Legaldefinition erhalten. Das Gesetz versteht darunter alle Staaten, die nicht Mitgliedstaaten der EU sind. Den EU-Mitgliedstaaten sind nach § 2a Abs. 2a Satz 2 EStG die EWR-Staaten gleichgestellt. Voraussetzung ist allerdings, dass im Wege einer zwischenstaatlichen Gegenseitigkeit wechselseitig diejenigen Auskünfte erteilt werden, die zur Durchführung der Besteuerung erforderlich sind. Bis zum Inkrafttreten des TIEA[1] Deutschland-Liechtenstein, welches den Austausch von steuerlich relevanten Informationen zwischen den Behörden ab 1.1.2010 regelt, fiel Liechtenstein, obschon EWR-Mitgliedstaat, nicht unter die Vorschrift. Nach nunmehr geltender Rechtslage indessen fällt Liechtenstein unter die begünstigten Staaten. Die Schweiz ist auch eingedenk der EU-Freizügigkeitsabkommen Drittstaat.

Im Einklang mit der Drittstaatenregelung sind Drittstaaten-Körperschaften und Drittstaaten-Kapitalgesellschaften solche, die weder ihren Ort der Geschäftsleitung noch ihren Sitz in einem EU-/EWR-Mitgliedstaat haben, § 2a Abs. 2a Satz 1 Nr. 2 EStG.

---

1 Im internationalen Sprachgebrauch übliches Akronym für „Tax Information Exchange Agreement".

105 Aus der Perspektive des Unionsrechts erscheint die Diskriminierung von Drittstaatenverlusten gegenüber EU-Verlusten solange akzeptabel,[1] wie entsprechende Diskriminierungen an der Grundfreiheit der Niederlassungsfreiheit (Art. 49 AEUV) gemessen werden müssen.

106 Soweit indessen die Kapitalverkehrsfreiheit (Art. 63 AEUV) im konkreten Fall zum Maßstab einer Diskriminierungsprüfung wird, erscheint unter dem Eindruck jüngerer EuGH-Judikatur eine neue Bewegung angezeigt. Die Kapitalverkehrsfreiheit wirkt bekanntlich „erga omnes", d. h. sie entfaltet auch in Bezug auf Drittstaaten Wirkung.

107–108 *(Einstweilen frei)*

IX. Fortgeltungsregelungen im Rahmen der Berücksichtigung ausländischer Verluste nach § 2a Abs. 3 und 4 EStG

109 Durch das StEntlG 1999 ff.[2] wurden Abs. 3 und 4 aufgehoben. Entsprechend konnten ausländische Verluste nur noch bis zum VZ 1998 berücksichtigt werden (§ 52 Abs. 3 Satz 2 EStG). Auch nach Inkrafttreten des StBerG 1999 blieb es zunächst dabei, dass Abs. 3 und 4 i. d. F. der Bekanntmachung v. 16. 4. 1997[3] letztmals für den Veranlagungszeitraum 1998 anzuwenden war.

110 Durch die Aufhebung von § 2a Abs. 3 EStG findet die Regelung ab dem VZ 1998 keine Anwendung mehr auf „Neufälle". Der Ausgleich von Verlusten konnte letztmalig für die Veranlagung des Jahres 1998 beantragt werden. Folglich haben die Regelungen nur noch im Rahmen der nunmehr unbefristeten Fortgeltung von § 2a Abs. 3 Satz 3, 5 und 6 EStG Bedeutung, also für die Hinzurechnung und Nachversteuerung positiver ausländischer Einkünfte.

2. Steuerfreie Einnahmen

§ 3 Steuerfreie Einnahmen

Steuerfrei sind

1. a) Leistungen aus einer Krankenversicherung, aus einer Pflegeversicherung und aus der gesetzlichen Unfallversicherung,

   b) Sachleistungen und Kinderzuschüsse aus den gesetzlichen Rentenversicherungen einschließlich der Sachleistungen nach dem Gesetz über die Alterssicherung der Landwirte,

   c) Übergangsgeld nach dem Sechsten Buch Sozialgesetzbuch und Geldleistungen nach den §§ 10, 36 bis 39 des Gesetzes über die Alterssicherung der Landwirte,

   d) das Mutterschaftsgeld nach dem Mutterschutzgesetz, der Reichsversicherungsordnung und dem Gesetz über die Krankenversicherung der Landwirte, die Sonderunterstützung für im Familienhaushalt beschäftigte Frauen, der Zuschuss zum Mutterschaftsgeld nach dem Mutterschutzgesetz sowie der Zuschuss bei Beschäfti-

---

1 EuGH v. 6. 11. 2007 - C-415/06, *Stahlwerk Ergste Westig GmbH* und nachfolgend BFH v. 11. 3. 2008 - I R 116/04, BFH/NV 2008, 1161 = NWB DokID: UAAAC-79968.
2 BGBl 1999 I 402.
3 BGBl 1997 I 821.

gungsverboten für die Zeit vor oder nach einer Entbindung sowie für den Entbindungstag während einer Elternzeit nach beamtenrechtlichen Vorschriften;

2.[1] a) das Arbeitslosengeld, das Teilarbeitslosengeld, das Kurzarbeitergeld, der Zuschuss zum Arbeitsentgelt, das Übergangsgeld, der Gründungszuschuss nach dem Dritten Buch Sozialgesetzbuch sowie die übrigen Leistungen nach dem Dritten Buch Sozialgesetzbuch und den entsprechenden Programmen des Bundes und der Länder, soweit sie Arbeitnehmern oder Arbeitsuchenden oder zur Förderung der Aus- oder Weiterbildung oder Existenzgründung der Empfänger gewährt werden,

b) das Insolvenzgeld, Leistungen auf Grund der in § 169 und § 175 Absatz 2 des Dritten Buches Sozialgesetzbuch genannten Ansprüche sowie Zahlungen des Arbeitgebers an einen Sozialleistungsträger auf Grund des gesetzlichen Forderungsübergangs nach § 115 Absatz 1 des Zehnten Buches Sozialgesetzbuch, wenn ein Insolvenzereignis nach § 165 Absatz 1 Satz 2 auch in Verbindung mit Satz 3 des Dritten Buches Sozialgesetzbuch vorliegt,

c) die Arbeitslosenbeihilfe nach dem Soldatenversorgungsgesetz,

d) Leistungen zur Sicherung des Lebensunterhalts und zur Eingliederung in Arbeit nach dem Zweiten Buch Sozialgesetzbuch,

e) mit den in den Nummern 1 bis 2 Buchstabe d genannten Leistungen vergleichbare Leistungen ausländischer Rechtsträger, die ihren Sitz in einem Mitgliedstaat der Europäischen Union, in einem Staat, auf den das Abkommen über den Europäischen Wirtschaftsraum Anwendung findet oder in der Schweiz haben;

2a.[2] und 2b. (weggefallen)

3. a) Rentenabfindungen nach § 107 des Sechsten Buches Sozialgesetzbuch, nach § 21 des Beamtenversorgungsgesetzes oder entsprechendem Landesrecht und nach § 43 des Soldatenversorgungsgesetzes in Verbindung mit § 21 des Beamtenversorgungsgesetzes,

b) Beitragserstattungen an den Versicherten nach den §§ 210 und 286d des Sechsten Buches Sozialgesetzbuch sowie nach den §§ 204, 205 und 207 des Sechsten Buches Sozialgesetzbuch, Beitragserstattungen nach den §§ 75 und 117 des Gesetzes über die Alterssicherung der Landwirte und nach § 26 des Vierten Buches Sozialgesetzbuch,

c) Leistungen aus berufsständischen Versorgungseinrichtungen, die den Leistungen nach den Buchstaben a und b entsprechen,

d) Kapitalabfindungen und Ausgleichszahlungen nach § 48 des Beamtenversorgungsgesetzes oder entsprechendem Landesrecht und nach den §§ 28 bis 35 und 38 des Soldatenversorgungsgesetzes;

---

1 **Anm. d. Red.:** § 3 Nr. 2 i. d. F. des Gesetzes v. 25. 7. 2014 (BGBl I S. 1266) mit Wirkung v. 1. 1. 2015.
2 **Anm. d. Red.:** § 3 Nr. 2a und 2b weggefallen gem. Gesetz v. 25. 7. 2014 (BGBl I S. 1266) mit Wirkung v. 1. 1. 2015.

4.[1] bei Angehörigen der Bundeswehr, der Bundespolizei, der Zollverwaltung, der Bereitschaftspolizei der Länder, der Vollzugspolizei und der Berufsfeuerwehr der Länder und Gemeinden und bei Vollzugsbeamten der Kriminalpolizei des Bundes, der Länder und Gemeinden

   a) der Geldwert der ihnen aus Dienstbeständen überlassenen Dienstkleidung,

   b) Einkleidungsbeihilfen und Abnutzungsentschädigungen für die Dienstkleidung der zum Tragen oder Bereithalten von Dienstkleidung Verpflichteten und für dienstlich notwendige Kleidungsstücke der Vollzugsbeamten der Kriminalpolizei sowie der Angehörigen der Zollverwaltung,

   c) im Einsatz gewährte Verpflegung oder Verpflegungszuschüsse,

   d) der Geldwert der auf Grund gesetzlicher Vorschriften gewährten Heilfürsorge;

5.[2,3] a) die Geld- und Sachbezüge, die Wehrpflichtige während des Wehrdienstes nach § 4 des Wehrpflichtgesetzes erhalten,

   b) die Geld- und Sachbezüge, die Zivildienstleistende nach § 35 des Zivildienstgesetzes erhalten,

   c) der nach § 2 Absatz 1 des Wehrsoldgesetzes an Soldaten im Sinne des § 1 Absatz 1 des Wehrsoldgesetzes gezahlte Wehrsold,

   d) die an Reservistinnen und Reservisten der Bundeswehr im Sinne des § 1 des Reservistinnen- und Reservistengesetzes nach dem Wehrsoldgesetz gezahlten Bezüge,

   e) die Heilfürsorge, die Soldaten nach § 6 des Wehrsoldgesetzes und Zivildienstleistende nach § 35 des Zivildienstgesetzes erhalten,

   f) das an Personen, die einen in § 32 Absatz 4 Satz 1 Nummer 2 Buchstabe d genannten Freiwilligendienst leisten, gezahlte Taschengeld oder eine vergleichbare Geldleistung;

6.[4] Bezüge, die auf Grund gesetzlicher Vorschriften aus öffentlichen Mitteln versorgungshalber an Wehrdienstbeschädigte, im Freiwilligen Wehrdienst Beschädigte, Zivildienstbeschädigte und im Bundesfreiwilligendienst Beschädigte oder ihre Hinterbliebenen, Kriegsbeschädigte, Kriegshinterbliebene und ihnen gleichgestellte Personen gezahlt werden, soweit es sich nicht um Bezüge handelt, die auf Grund der Dienstzeit gewährt werden. ²Gleichgestellte im Sinne des Satzes 1 sind auch Personen, die Anspruch auf Leistungen nach dem Bundesversorgungsgesetz oder auf Unfallfürsorgeleistungen nach dem Soldatenversorgungsgesetz, Beamtenversorgungsgesetz oder vergleichbarem Landesrecht haben;

7. Ausgleichsleistungen nach dem Lastenausgleichsgesetz, Leistungen nach dem Flüchtlingshilfegesetz, dem Bundesvertriebenengesetz, dem Reparationsschädengesetz, dem Vertriebenenzuwendungsgesetz, dem NS-Verfolgtenentschädigungsgesetz sowie Leis-

---

1 **Anm. d. Red.:** § 3 Nr. 4 i. d. F. des Gesetzes v. 25. 7. 2014 (BGBl I S. 1266) mit Wirkung v. 1. 1. 2015.
2 **Anm. d. Red.:** § 3 Nr. 5 i. d. F. des Gesetzes v. 26. 6. 2013 (BGBl I S. 1809) mit Wirkung v. 30. 6. 2013.
3 **Anm. d. Red.:** Zur Anwendung des § 3 Nr. 5 siehe § 52 Abs. 4 Sätze 1 und 2.
4 **Anm. d. Red.:** § 3 Nr. 6 i. d. F. des Gesetzes v. 25. 7. 2014 (BGBl I S. 1266) mit Wirkung v. 31. 7. 2014.

tungen nach dem Entschädigungsgesetz und nach dem Ausgleichsleistungsgesetz, soweit sie nicht Kapitalerträge im Sinne des § 20 Absatz 1 Nummer 7 und Absatz 2 sind;

8. Geldrenten, Kapitalentschädigungen und Leistungen im Heilverfahren, die auf Grund gesetzlicher Vorschriften zur Wiedergutmachung nationalsozialistischen Unrechts gewährt werden. ²Die Steuerpflicht von Bezügen aus einem aus Wiedergutmachungsgründen neu begründeten oder wieder begründeten Dienstverhältnis sowie von Bezügen aus einem früheren Dienstverhältnis, die aus Wiedergutmachungsgründen neu gewährt oder wieder gewährt werden, bleibt unberührt;

8a.[1] Renten wegen Alters und Renten wegen verminderter Erwerbsfähigkeit aus der gesetzlichen Rentenversicherung, die an Verfolgte im Sinne des § 1 des Bundesentschädigungsgesetzes gezahlt werden, wenn rentenrechtliche Zeiten auf Grund der Verfolgung in der Rente enthalten sind. ²Renten wegen Todes aus der gesetzlichen Rentenversicherung, wenn der verstorbene Versicherte Verfolgter im Sinne des § 1 des Bundesentschädigungsgesetzes war und wenn rentenrechtliche Zeiten auf Grund der Verfolgung in dieser Rente enthalten sind;

9. Erstattungen nach § 23 Absatz 2 Satz 1 Nummer 3 und 4 sowie nach § 39 Absatz 4 Satz 2 des Achten Buches Sozialgesetzbuch;

10. Einnahmen einer Gastfamilie für die Aufnahme eines behinderten oder von Behinderung bedrohten Menschen nach § 2 Absatz 1 des Neunten Buches Sozialgesetzbuch zur Pflege, Betreuung, Unterbringung und Verpflegung, die auf Leistungen eines Leistungsträgers nach dem Sozialgesetzbuch beruhen. ²Für Einnahmen im Sinne des Satzes 1, die nicht auf Leistungen eines Leistungsträgers nach dem Sozialgesetzbuch beruhen, gilt Entsprechendes bis zur Höhe der Leistungen nach dem Zwölften Buch Sozialgesetzbuch. ³Überschreiten die auf Grund der in Satz 1 bezeichneten Tätigkeit bezogenen Einnahmen der Gastfamilie den steuerfreien Betrag, dürfen die mit der Tätigkeit in unmittelbarem wirtschaftlichen Zusammenhang stehenden Ausgaben abweichend von § 3c nur insoweit als Betriebsausgaben abgezogen werden, als sie den Betrag der steuerfreien Einnahmen übersteigen;

11. Bezüge aus öffentlichen Mitteln oder aus Mitteln einer öffentlichen Stiftung, die wegen Hilfsbedürftigkeit oder als Beihilfe zu dem Zweck bewilligt werden, die Erziehung oder Ausbildung, die Wissenschaft oder Kunst unmittelbar zu fördern. ²Darunter fallen nicht Kinderzuschläge und Kinderbeihilfen, die auf Grund der Besoldungsgesetze, besonderer Tarife oder ähnlicher Vorschriften gewährt werden. ³Voraussetzung für die Steuerfreiheit ist, dass der Empfänger mit den Bezügen nicht zu einer bestimmten wissenschaftlichen oder künstlerischen Gegenleistung oder zu einer bestimmten Arbeitnehmertätigkeit verpflichtet wird. ⁴Den Bezügen aus öffentlichen Mitteln wegen Hilfsbedürftigkeit gleichgestellt sind Beitragsermäßigungen und Prämienrückzahlungen eines Trägers der gesetzlichen Krankenversicherung für nicht in Anspruch genommene Beihilfeleistungen;

12.[2] aus einer Bundeskasse oder Landeskasse gezahlte Bezüge, die zum einen

   a) in einem Bundesgesetz oder Landesgesetz,

---

1 **Anm. d. Red.:** § 3 Nr. 8a eingefügt gem. Gesetz v. 7.12.2011 (BGBl I S. 2592) mit Wirkung v. 14.12.2011.
2 **Anm. d. Red.:** § 3 Nr. 12 i. d. F. des Gesetzes v. 25.7.2014 (BGBl I S. 1266) mit Wirkung v. 31.7.2014.

b) auf Grundlage einer bundesgesetzlichen oder landesgesetzlichen Ermächtigung beruhenden Bestimmung oder

c) von der Bundesregierung oder einer Landesregierung

als Aufwandsentschädigung festgesetzt sind und die zum anderen jeweils auch als Aufwandsentschädigung im Haushaltsplan ausgewiesen werden. ²Das Gleiche gilt für andere Bezüge, die als Aufwandsentschädigung aus öffentlichen Kassen an öffentliche Dienste leistende Personen gezahlt werden, soweit nicht festgestellt wird, dass sie für Verdienstausfall oder Zeitverlust gewährt werden oder den Aufwand, der dem Empfänger erwächst, offenbar übersteigen;

13.[1] die aus öffentlichen Kassen gezahlten Reisekostenvergütungen, Umzugskostenvergütungen und Trennungsgelder. ²Die als Reisekostenvergütungen gezahlten Vergütungen für Verpflegung sind nur insoweit steuerfrei, als sie die Pauschbeträge nach § 9 Absatz 4a nicht übersteigen; Trennungsgelder sind nur insoweit steuerfrei, als sie die nach § 9 Absatz 1 Satz 3 Nummer 5 und Absatz 4a abziehbaren Aufwendungen nicht übersteigen;

14. Zuschüsse eines Trägers der gesetzlichen Rentenversicherung zu den Aufwendungen eines Rentners für seine Krankenversicherung und von dem gesetzlichen Rentenversicherungsträger getragene Anteile (§ 249a des Fünften Buches Sozialgesetzbuch) an den Beiträgen für die gesetzliche Krankenversicherung;

15.[2] Zuschüsse des Arbeitgebers, die zusätzlich zum ohnehin geschuldeten Arbeitslohn zu den Aufwendungen des Arbeitnehmers für Fahrten mit öffentlichen Verkehrsmitteln im Linienverkehr (ohne Luftverkehr) zwischen Wohnung und erster Tätigkeitsstätte und nach § 9 Absatz 1 Satz 3 Nummer 4a Satz 3 sowie für Fahrten im öffentlichen Personennahverkehr gezahlt werden. ²Das Gleiche gilt für die unentgeltliche oder verbilligte Nutzung öffentlicher Verkehrsmittel im Linienverkehr (ohne Luftverkehr) für Fahrten zwischen Wohnung und erster Tätigkeitsstätte und nach § 9 Absatz 1 Satz 3 Nummer 4a Satz 3 sowie für Fahrten im öffentlichen Personennahverkehr, die der Arbeitnehmer auf Grund seines Dienstverhältnisses zusätzlich zum ohnehin geschuldeten Arbeitslohn in Anspruch nehmen kann. ³Die nach den Sätzen 1 und 2 steuerfreien Leistungen mindern den nach § 9 Absatz 1 Satz 3 Nummer 4 Satz 2 abziehbaren Betrag;

16.[3] die Vergütungen, die Arbeitnehmer außerhalb des öffentlichen Dienstes von ihrem Arbeitgeber zur Erstattung von Reisekosten, Umzugskosten oder Mehraufwendungen bei doppelter Haushaltsführung erhalten, soweit sie die nach § 9 als Werbungskosten abziehbaren Aufwendungen nicht übersteigen;

17. Zuschüsse zum Beitrag nach § 32 des Gesetzes über die Alterssicherung der Landwirte;

18. das Aufgeld für ein an die Bank für Vertriebene und Geschädigte (Lastenausgleichsbank) zugunsten des Ausgleichsfonds (§ 5 des Lastenausgleichsgesetzes) gegebenes Darlehen, wenn das Darlehen nach § 7f des Gesetzes in der Fassung der Bekanntmachung vom 15. September 1953 (BGBl I S. 1355) im Jahr der Hingabe als Betriebsausgabe abzugsfähig war;

---

1 **Anm. d. Red.:** § 3 Nr. 13 i. d. F. des Gesetzes v. 20. 2. 2013 (BGBl I S. 285) mit Wirkung v. 1. 1. 2014.
2 **Anm. d. Red.:** § 3 Nr. 15 i. d. F. des Gesetzes v. 11. 12. 2018 (BGBl I S. 2338) mit Wirkung v. 1. 1. 2019.
3 **Anm. d. Red.:** § 3 Nr. 16 i. d. F. des Gesetzes v. 20. 2. 2013 (BGBl I S. 285) mit Wirkung v. 1. 1. 2014.

19.[1] (weggefallen)

20. die aus öffentlichen Mitteln des Bundespräsidenten aus sittlichen oder sozialen Gründen gewährten Zuwendungen an besonders verdiente Personen oder ihre Hinterbliebenen;

21.[2] und 22. (weggefallen)

23.[3] die Leistungen nach dem Häftlingshilfegesetz, dem Strafrechtlichen Rehabilitierungsgesetz, dem Verwaltungsrechtlichen Rehabilitierungsgesetz, dem Beruflichen Rehabilitierungsgesetz und dem Gesetz zur strafrechtlichen Rehabilitierung der nach dem 8. Mai 1945 wegen einvernehmlicher homosexueller Handlungen verurteilten Personen;

24. Leistungen, die auf Grund des Bundeskindergeldgesetzes gewährt werden;

25. Entschädigungen nach dem Infektionsschutzgesetz vom 20. Juli 2000 (BGBl I S. 1045);

26.[4,5] Einnahmen aus nebenberuflichen Tätigkeiten als Übungsleiter, Ausbilder, Erzieher, Betreuer oder vergleichbaren nebenberuflichen Tätigkeiten, aus nebenberuflichen künstlerischen Tätigkeiten oder der nebenberuflichen Pflege alter, kranker oder behinderter Menschen im Dienst oder im Auftrag einer juristischen Person des öffentlichen Rechts, die in einem Mitgliedstaat der Europäischen Union, in einem Staat, auf den das Abkommen über den Europäischen Wirtschaftsraum Anwendung findet, oder in der Schweiz belegen ist, oder einer unter § 5 Absatz 1 Nummer 9 des Körperschaftsteuergesetzes fallenden Einrichtung zur Förderung gemeinnütziger, mildtätiger und kirchlicher Zwecke (§§ 52 bis 54 der Abgabenordnung) bis zur Höhe von insgesamt 2 400 Euro im Jahr. ²Überschreiten die Einnahmen für die in Satz 1 bezeichneten Tätigkeiten den steuerfreien Betrag, dürfen die mit den nebenberuflichen Tätigkeiten in unmittelbarem wirtschaftlichen Zusammenhang stehenden Ausgaben abweichend von § 3c nur insoweit als Betriebsausgaben oder Werbungskosten abgezogen werden, als sie den Betrag der steuerfreien Einnahmen übersteigen;

26a.[6,7] Einnahmen aus nebenberuflichen Tätigkeiten im Dienst oder Auftrag einer juristischen Person des öffentlichen Rechts, die in einem Mitgliedstaat der Europäischen Union, in einem Staat, auf den das Abkommen über den Europäischen Wirtschaftsraum Anwendung findet, oder in der Schweiz belegen ist, oder einer unter § 5 Absatz 1 Nummer 9 des Körperschaftsteuergesetzes fallenden Einrichtung zur Förderung gemeinnütziger, mildtätiger und kirchlicher Zwecke (§§ 52 bis 54 der Abgabenordnung) bis zur Höhe von insgesamt 720 Euro im Jahr. ²Die Steuerbefreiung ist ausgeschlossen, wenn für die Einnahmen aus der Tätigkeit – ganz oder teilweise – eine Steuerbefreiung nach § 3 Nummer 12, 26 oder 26b gewährt wird. ³Überschreiten die Einnahmen für die in Satz 1 bezeichneten Tätigkeiten den steuerfreien Betrag, dürfen die mit den nebenberuflichen Tätigkeiten in unmittelbarem wirtschaftlichen Zusammenhang stehenden Ausgaben abweichend von § 3c nur insoweit als Betriebsausgaben oder Werbungskosten abgezogen werden, als sie den Betrag der steuerfreien Einnahmen übersteigen;

---

1 Anm. d. Red.: § 3 Nr. 19 weggefallen gem. Gesetz v. 1. 11. 2011 (BGBl I S. 2131) mit Wirkung v. 5. 11. 2011.
2 Anm. d. Red.: § 3 Nr. 21 und 22 weggefallen gem. Gesetz v. 1. 11. 2011 (BGBl I S. 2131) mit Wirkung v. 5. 11. 2011.
3 Anm. d. Red.: § 3 Nr. 23 i. d. F. des Gesetzes v. 17. 7. 2017 (BGBl I S. 2443) mit Wirkung v. 22. 7. 2017.
4 Anm. d. Red.: § 3 Nr. 26 i. d. F. des Gesetzes v. 11. 12. 2018 (BGBl I S. 2338) mit Wirkung v. 15. 12. 2018.
5 Anm. d. Red.: Zur Anwendung des § 3 Nr. 26 siehe § 52 Abs. 4 Satz 5.
6 Anm. d. Red.: § 3 Nr. 26a i. d. F. des Gesetzes v. 11. 12. 2018 (BGBl I S. 2338) mit Wirkung v. 15. 12. 2018.
7 Anm. d. Red.: Zur Anwendung des § 3 Nr. 26a siehe § 52 Abs. 4 Satz 5.

26b.[1] Aufwandsentschädigungen nach § 1835a des Bürgerlichen Gesetzbuchs, soweit sie zusammen mit den steuerfreien Einnahmen im Sinne der Nummer 26 den Freibetrag nach Nummer 26 Satz 1 nicht überschreiten. ²Nummer 26 Satz 2 gilt entsprechend;

27. der Grundbetrag der Produktionsaufgaberente und das Ausgleichsgeld nach dem Gesetz zur Förderung der Einstellung der landwirtschaftlichen Erwerbstätigkeit bis zum Höchstbetrag von 18 407 Euro;

28. die Aufstockungsbeträge im Sinne des § 3 Absatz 1 Nummer 1 Buchstabe a sowie die Beiträge und Aufwendungen im Sinne des § 3 Absatz 1 Nummer 1 Buchstabe b und des § 4 Absatz 2 des Altersteilzeitgesetzes, die Zuschläge, die versicherungsfrei Beschäftigte im Sinne des § 27 Absatz 1 Nummer 1 bis 3 des Dritten Buches Sozialgesetzbuch zur Aufstockung der Bezüge bei Altersteilzeit nach beamtenrechtlichen Vorschriften oder Grundsätzen erhalten sowie die Zahlungen des Arbeitgebers zur Übernahme der Beiträge im Sinne des § 187a des Sechsten Buches Sozialgesetzbuch, soweit sie 50 Prozent der Beiträge nicht übersteigen;

29. das Gehalt und die Bezüge,

    a) die die diplomatischen Vertreter ausländischer Staaten, die ihnen zugewiesenen Beamten und die in ihren Diensten stehenden Personen erhalten. ²Dies gilt nicht für deutsche Staatsangehörige oder für im Inland ständig ansässige Personen;

    b) der Berufskonsuln, der Konsulatsangehörigen und ihres Personals, soweit sie Angehörige des Entsendestaates sind. ²Dies gilt nicht für Personen, die im Inland ständig ansässig sind oder außerhalb ihres Amtes oder Dienstes einen Beruf, ein Gewerbe oder eine andere gewinnbringende Tätigkeit ausüben;

30. Entschädigungen für die betriebliche Benutzung von Werkzeugen eines Arbeitnehmers (Werkzeuggeld), soweit sie die entsprechenden Aufwendungen des Arbeitnehmers nicht offensichtlich übersteigen;

31. die typische Berufskleidung, die der Arbeitgeber seinem Arbeitnehmer unentgeltlich oder verbilligt überlässt; dasselbe gilt für eine Barablösung eines nicht nur einzelvertraglichen Anspruchs auf Gestellung von typischer Berufskleidung, wenn die Barablösung betrieblich veranlasst ist und die entsprechenden Aufwendungen des Arbeitnehmers nicht offensichtlich übersteigt;

32.[2] die unentgeltliche oder verbilligte Sammelbeförderung eines Arbeitnehmers zwischen Wohnung und erster Tätigkeitsstätte sowie bei Fahrten nach § 9 Absatz 1 Satz 3 Nummer 4a Satz 3 mit einem vom Arbeitgeber gestellten Beförderungsmittel, soweit die Sammelbeförderung für den betrieblichen Einsatz des Arbeitnehmers notwendig ist;

33. zusätzlich zum ohnehin geschuldeten Arbeitslohn erbrachte Leistungen des Arbeitgebers zur Unterbringung und Betreuung von nicht schulpflichtigen Kindern der Arbeitnehmer in Kindergärten oder vergleichbaren Einrichtungen;

---

1 Anm. d. Red.: § 3 Nr. 26b eingefügt gem. Gesetz v. 8. 12. 2010 (BGBl I S. 1768) mit Wirkung v. 14. 12. 2010.
2 Anm. d. Red.: § 3 Nr. 32 i. d. F. des Gesetzes v. 25. 7. 2014 (BGBl I S. 1266) mit Wirkung v. 31. 7. 2014.

34.[1,2] zusätzlich zum ohnehin geschuldeten Arbeitslohn erbrachte Leistungen des Arbeitgebers zur Verhinderung und Verminderung von Krankheitsrisiken und zur Förderung der Gesundheit in Betrieben, die hinsichtlich Qualität, Zweckbindung, Zielgerichtetheit und Zertifizierung den Anforderungen der §§ 20 und 20b des Fünften Buches Sozialgesetzbuch genügen, soweit sie 500 Euro im Kalenderjahr nicht übersteigen;

34a.[3] zusätzlich zum ohnehin geschuldeten Arbeitslohn erbrachte Leistungen des Arbeitgebers

a) an ein Dienstleistungsunternehmen, das den Arbeitnehmer hinsichtlich der Betreuung von Kindern oder pflegebedürftigen Angehörigen berät oder hierfür Betreuungspersonen vermittelt sowie

b) zur kurzfristigen Betreuung von Kindern im Sinne des § 32 Absatz 1, die das 14. Lebensjahr noch nicht vollendet haben oder die wegen einer vor Vollendung des 25. Lebensjahres eingetretenen körperlichen, geistigen oder seelischen Behinderung außerstande sind, sich selbst zu unterhalten oder pflegebedürftigen Angehörigen des Arbeitnehmers, wenn die Betreuung aus zwingenden und beruflich veranlassten Gründen notwendig ist, auch wenn sie im privaten Haushalt des Arbeitnehmers stattfindet, soweit die Leistungen 600 Euro im Kalenderjahr nicht übersteigen;

35. die Einnahmen der bei der Deutsche Post AG, Deutsche Postbank AG oder Deutsche Telekom AG beschäftigten Beamten, soweit die Einnahmen ohne Neuordnung des Postwesens und der Telekommunikation nach den Nummern 11 bis 13 und 64 steuerfrei wären;

36.[4] Einnahmen für Leistungen zu körperbezogenen Pflegemaßnahmen, pflegerischen Betreuungsmaßnahmen oder Hilfen bei der Haushaltsführung bis zur Höhe des Pflegegeldes nach § 37 des Elften Buches Sozialgesetzbuch, mindestens aber bis zur Höhe des Entlastungsbetrages nach § 45b Absatz 1 Satz 1 des Elften Buches Sozialgesetzbuch, wenn diese Leistungen von Angehörigen des Pflegebedürftigen oder von anderen Personen, die damit eine sittliche Pflicht im Sinne des § 33 Absatz 2 gegenüber dem Pflegebedürftigen erfüllen, erbracht werden. ²Entsprechendes gilt, wenn der Pflegebedürftige vergleichbare Leistungen aus privaten Versicherungsverträgen nach den Vorgaben des Elften Buches Sozialgesetzbuch oder nach den Beihilfevorschriften für häusliche Pflege erhält;

37.[5,6] zusätzlich zum ohnehin geschuldeten Arbeitslohn vom Arbeitgeber gewährte Vorteile für die Überlassung eines betrieblichen Fahrrads, das kein Kraftfahrzeug im Sinne des § 6 Absatz 1 Nummer 4 Satz 2 ist;

38.[7] Sachprämien, die der Steuerpflichtige für die persönliche Inanspruchnahme von Dienstleistungen von Unternehmen unentgeltlich erhält, die diese zum Zwecke der Kundenbindung im allgemeinen Geschäftsverkehr in einem jedermann zugänglichen planmäßigen

---

1 Anm. d. Red.: § 3 Nr. 34 i. d. F. des Gesetzes v. 11. 12. 2018 (BGBl I S. 2338) mit Wirkung v. 1. 1. 2019.
2 Anm. d. Red.: Zur Anwendung des § 3 Nr. 34 siehe § 52 Abs. 4 Satz 6.
3 Anm. d. Red.: § 3 Nr. 34a eingefügt gem. Gesetz v. 22. 12. 2014 (BGBl I S. 2417) mit Wirkung v. 1. 1. 2015.
4 Anm. d. Red.: § 3 Nr. 36 i. d. F. des Gesetzes v. 11. 12. 2018 (BGBl I S. 2338) mit Wirkung v. 15. 12. 2018.
5 Anm. d. Red.: § 3 Nr. 37 i. d. F. des Gesetzes v. 11. 12. 2018 (BGBl I S. 2338) mit Wirkung v. 1. 1. 2019.
6 Anm. d. Red.: Zur Anwendung des § 3 Nr. 34 siehe § 52 Abs. 4 Satz 7.
7 Anm. d. Red.: § 3 Nr. 38 i. d. F. des Gesetzes v. 5. 4. 2011 (BGBl I S. 554) mit Wirkung v. 12. 4. 2011.

Verfahren gewähren, soweit der Wert der Prämien 1 080 Euro im Kalenderjahr nicht übersteigt;

39.[1] der Vorteil des Arbeitnehmers im Rahmen eines gegenwärtigen Dienstverhältnisses aus der unentgeltlichen oder verbilligten Überlassung von Vermögensbeteiligungen im Sinne des § 2 Absatz 1 Nummer 1 Buchstabe a, b und f bis l und Absatz 2 bis 5 des Fünften Vermögensbildungsgesetzes in der Fassung der Bekanntmachung vom 4. März 1994 (BGBl I S. 406), zuletzt geändert durch Artikel 2 des Gesetzes vom 7. März 2009 (BGBl I S. 451), in der jeweils geltenden Fassung, am Unternehmen des Arbeitgebers, soweit der Vorteil insgesamt 360 Euro im Kalenderjahr nicht übersteigt. ²Voraussetzung für die Steuerfreiheit ist, dass die Beteiligung mindestens allen Arbeitnehmern offensteht, die im Zeitpunkt der Bekanntgabe des Angebots ein Jahr oder länger ununterbrochen in einem gegenwärtigen Dienstverhältnis zum Unternehmen stehen. ³Als Unternehmen des Arbeitgebers im Sinne des Satzes 1 gilt auch ein Unternehmen im Sinne des § 18 des Aktiengesetzes. ⁴Als Wert der Vermögensbeteiligung ist der gemeine Wert anzusetzen;

40.[2,3] 40 Prozent

a) der Betriebsvermögensmehrungen oder Einnahmen aus der Veräußerung oder der Entnahme von Anteilen an Körperschaften, Personenvereinigungen und Vermögensmassen, deren Leistungen beim Empfänger zu Einnahmen im Sinne des § 20 Absatz 1 Nummer 1 und 9 gehören, oder an einer Organgesellschaft im Sinne des § 14 oder § 17 des Körperschaftsteuergesetzes, oder aus deren Auflösung oder Herabsetzung von deren Nennkapital oder aus dem Ansatz eines solchen Wirtschaftsguts mit dem Wert, der sich nach § 6 Absatz 1 Nummer 2 Satz 3 ergibt, soweit sie zu den Einkünften aus Land- und Forstwirtschaft, aus Gewerbebetrieb oder aus selbständiger Arbeit gehören. ²Dies gilt nicht, soweit der Ansatz des niedrigeren Teilwerts in vollem Umfang zu einer Gewinnminderung geführt hat und soweit diese Gewinnminderung nicht durch Ansatz eines Werts, der sich nach § 6 Absatz 1 Nummer 2 Satz 3 ergibt, ausgeglichen worden ist. ³Satz 1 gilt außer für Betriebsvermögensmehrungen aus dem Ansatz mit dem Wert, der sich nach § 6 Absatz 1 Nummer 2 Satz 3 ergibt, ebenfalls nicht, soweit Abzüge nach § 6b oder ähnliche Abzüge voll steuerwirksam vorgenommen worden sind,

b) des Veräußerungspreises im Sinne des § 16 Absatz 2, soweit er auf die Veräußerung von Anteilen an Körperschaften, Personenvereinigungen und Vermögensmassen entfällt, deren Leistungen beim Empfänger zu Einnahmen im Sinne des § 20 Absatz 1 Nummer 1 und 9 gehören, oder an einer Organgesellschaft im Sinne des § 14 oder § 17 des Körperschaftsteuergesetzes. ²Satz 1 ist in den Fällen des § 16 Absatz 3 entsprechend anzuwenden. ³Buchstabe a Satz 3 gilt entsprechend,

c) des Veräußerungspreises oder des gemeinen Werts im Sinne des § 17 Absatz 2. ²Satz 1 ist in den Fällen des § 17 Absatz 4 entsprechend anzuwenden,

d) der Bezüge im Sinne des § 20 Absatz 1 Nummer 1 und der Einnahmen im Sinne des § 20 Absatz 1 Nummer 9. ²Dies gilt nur, soweit sie das Einkommen der leistenden Körperschaft nicht gemindert haben. ³Satz 1 Buchstabe d Satz 2 gilt nicht, soweit eine

---

1 Anm. d. Red.: § 3 Nr. 39 i. d. F. des Gesetzes v. 25. 7. 2014 (BGBl I S. 1266) mit Wirkung v. 31. 7. 2014.
2 Anm. d. Red.: § 3 Nr. 40 i. d. F. des Gesetzes v. 20. 12. 2016 (BGBl I S. 3000) mit Wirkung v. 1. 1. 2017.
3 Anm. d. Red.: Zur Anwendung des § 3 Nr. 40 siehe § 52 Abs. 4 Sätze 8 bis 11.

verdeckte Gewinnausschüttung das Einkommen einer dem Steuerpflichtigen nahe stehenden Person erhöht hat und § 32a des Körperschaftsteuergesetzes auf die Veranlagung dieser nahe stehenden Person keine Anwendung findet,

e) der Bezüge im Sinne des § 20 Absatz 1 Nummer 2,

f) der besonderen Entgelte oder Vorteile im Sinne des § 20 Absatz 3, die neben den in § 20 Absatz 1 Nummer 1 und Absatz 2 Satz 1 Nummer 2 Buchstabe a bezeichneten Einnahmen oder an deren Stelle gewährt werden,

g) des Gewinns aus der Veräußerung von Dividendenscheinen und sonstigen Ansprüchen im Sinne des § 20 Absatz 2 Satz 1 Nummer 2 Buchstabe a,

h) des Gewinns aus der Abtretung von Dividendenansprüchen oder sonstigen Ansprüchen im Sinne des § 20 Absatz 2 Satz 1 Nummer 2 Buchstabe a in Verbindung mit § 20 Absatz 2 Satz 2,

i) der Bezüge im Sinne des § 22 Nummer 1 Satz 2, soweit diese von einer nicht von der Körperschaftsteuer befreiten Körperschaft, Personenvereinigung oder Vermögensmasse stammen.

²Dies gilt für Satz 1 Buchstabe d bis h nur in Verbindung mit § 20 Absatz 8. ³Satz 1 Buchstabe a, b und d bis h ist nicht anzuwenden auf Anteile, die bei Kreditinstituten und Finanzdienstleistungsinstituten dem Handelsbestand im Sinne des § 340e Absatz 3 des Handelsgesetzbuchs zuzuordnen sind; Gleiches gilt für Anteile, die bei Finanzunternehmen im Sinne des Kreditwesengesetzes, an denen Kreditinstitute oder Finanzdienstleistungsinstitute unmittelbar oder mittelbar zu mehr als 50 Prozent beteiligt sind, zum Zeitpunkt des Zugangs zum Betriebsvermögen als Umlaufvermögen auszuweisen sind. ⁴Satz 1 ist nicht anzuwenden bei Anteilen an Unterstützungskassen;

40a.[1] 40 Prozent der Vergütungen im Sinne des § 18 Absatz 1 Nummer 4;

41. a) Gewinnausschüttungen, soweit für das Kalenderjahr oder Wirtschaftsjahr, in dem sie bezogen werden, oder für die vorangegangenen sieben Kalenderjahre oder Wirtschaftsjahre aus einer Beteiligung an derselben ausländischen Gesellschaft Hinzurechnungsbeträge (§ 10 Absatz 2 des Außensteuergesetzes) der Einkommensteuer unterlegen haben, § 11 Absatz 1 und 2 des Außensteuergesetzes in der Fassung des Artikels 12 des Gesetzes vom 21. Dezember 1993 (BGBl I S. 2310) nicht anzuwenden war und der Steuerpflichtige dies nachweist; § 3c Absatz 2 gilt entsprechend;

b) Gewinne aus der Veräußerung eines Anteils an einer ausländischen Kapitalgesellschaft sowie aus deren Auflösung oder Herabsetzung ihres Kapitals, soweit für das Kalenderjahr oder Wirtschaftsjahr, in dem sie bezogen werden, oder für die vorangegangenen sieben Kalenderjahre oder Wirtschaftsjahre aus einer Beteiligung an derselben ausländischen Gesellschaft Hinzurechnungsbeträge (§ 10 Absatz 2 des Außensteuergesetzes) der Einkommensteuer unterlegen haben, § 11 Absatz 1 und 2 des Außensteuergesetzes in der Fassung des Artikels 12 des Gesetzes vom 21. Dezember 1993 (BGBl I S. 2310) nicht anzuwenden war, der Steuerpflichtige dies

---

1 **Anm. d. Red.:** Zur Anwendung des § 3 Nr. 40a siehe § 52 Abs. 4 Sätze 12 und 13.

nachweist und der Hinzurechnungsbetrag ihm nicht als Gewinnanteil zugeflossen ist.

²Die Prüfung, ob Hinzurechnungsbeträge der Einkommensteuer unterlegen haben, erfolgt im Rahmen der gesonderten Feststellung nach § 18 des Außensteuergesetzes;

42. die Zuwendungen, die auf Grund des Fulbright-Abkommens gezahlt werden;

43. der Ehrensold für Künstler sowie Zuwendungen aus Mitteln der Deutschen Künstlerhilfe, wenn es sich um Bezüge aus öffentlichen Mitteln handelt, die wegen der Bedürftigkeit des Künstlers gezahlt werden;

44.[1] Stipendien, die aus öffentlichen Mitteln oder von zwischenstaatlichen oder überstaatlichen Einrichtungen, denen die Bundesrepublik Deutschland als Mitglied angehört, zur Förderung der Forschung oder zur Förderung der wissenschaftlichen oder künstlerischen Ausbildung oder Fortbildung gewährt werden. ²Das Gleiche gilt für Stipendien, die zu den in Satz 1 bezeichneten Zwecken von einer Einrichtung, die von einer Körperschaft des öffentlichen Rechts errichtet ist oder verwaltet wird, oder von einer Körperschaft, Personenvereinigung oder Vermögensmasse im Sinne des § 5 Absatz 1 Nummer 9 des Körperschaftsteuergesetzes gegeben werden. ³Voraussetzung für die Steuerfreiheit ist, dass

a) die Stipendien einen für die Erfüllung der Forschungsaufgabe oder für die Bestreitung des Lebensunterhalts und die Deckung des Ausbildungsbedarfs erforderlichen Betrag nicht übersteigen und nach den von dem Geber erlassenen Richtlinien vergeben werden,

b) der Empfänger im Zusammenhang mit dem Stipendium nicht zu einer bestimmten wissenschaftlichen oder künstlerischen Gegenleistung oder zu einer bestimmten Arbeitnehmertätigkeit verpflichtet ist;

45.[2] die Vorteile des Arbeitnehmers aus der privaten Nutzung von betrieblichen Datenverarbeitungsgeräten und Telekommunikationsgeräten sowie deren Zubehör, aus zur privaten Nutzung überlassenen System- und Anwendungsprogrammen, die der Arbeitgeber auch in seinem Betrieb einsetzt, und aus den im Zusammenhang mit diesen Zuwendungen erbrachten Dienstleistungen. ²Satz 1 gilt entsprechend für Steuerpflichtige, denen die Vorteile im Rahmen einer Tätigkeit zugewendet werden, für die sie eine Aufwandsentschädigung im Sinne des § 3 Nummer 12 erhalten;

46.[3,4] zusätzlich zum ohnehin geschuldeten Arbeitslohn vom Arbeitgeber gewährte Vorteile für das elektrische Aufladen eines Elektrofahrzeugs oder Hybridelektrofahrzeugs im Sinne des § 6 Absatz 1 Nummer 4 Satz 2 zweiter Halbsatz an einer ortsfesten betrieblichen Einrichtung des Arbeitgebers oder eines verbundenen Unternehmens (§ 15 des Aktiengesetzes) und für die zur privaten Nutzung überlassene betriebliche Ladevorrichtung;

47. Leistungen nach § 14a Absatz 4 und § 14b des Arbeitsplatzschutzgesetzes;

---

1 **Anm. d. Red.:** § 3 Nr. 44 i. d. F. des Gesetzes v. 1. 11. 2011 (BGBl I S. 2131) mit Wirkung v. 5. 11. 2011.
2 **Anm. d. Red.:** § 3 Nr. 45 i. d. F. des Gesetzes v. 22. 12. 2014 (BGBl I S. 2417) mit Wirkung v. 1. 1. 2015.
3 **Anm. d. Red.:** § 3 Nr. 46 eingefügt gem. Gesetz v. 7. 11. 2016 (BGBl I S. 2498) mit Wirkung v. 17. 11. 2016.
4 **Anm. d. Red.:** Zur Anwendung des § 3 Nr. 46 siehe § 52 Abs. 4 Satz 14.

48.[1] Leistungen nach dem Unterhaltssicherungsgesetz mit Ausnahme der Leistungen nach § 7 des Unterhaltssicherungsgesetzes;

49.[2] (weggefallen)

50. die Beträge, die der Arbeitnehmer vom Arbeitgeber erhält, um sie für ihn auszugeben (durchlaufende Gelder), und die Beträge, durch die Auslagen des Arbeitnehmers für den Arbeitgeber ersetzt werden (Auslagenersatz);

51. Trinkgelder, die anlässlich einer Arbeitsleistung dem Arbeitnehmer von Dritten freiwillig und ohne dass ein Rechtsanspruch auf sie besteht, zusätzlich zu dem Betrag gegeben werden, der für diese Arbeitsleistung zu zahlen ist;

52. (weggefallen)

53. die Übertragung von Wertguthaben nach § 7f Absatz 1 Satz 1 Nummer 2 des Vierten Buches Sozialgesetzbuch auf die Deutsche Rentenversicherung Bund. ²Die Leistungen aus dem Wertguthaben durch die Deutsche Rentenversicherung Bund gehören zu den Einkünften aus nichtselbständiger Arbeit im Sinne des § 19. ³Von ihnen ist Lohnsteuer einzubehalten;

54. Zinsen aus Entschädigungsansprüchen für deutsche Auslandsbonds im Sinne der §§ 52 bis 54 des Bereinigungsgesetzes für deutsche Auslandsbonds in der im Bundesgesetzblatt Teil III, Gliederungsnummer 4139-2, veröffentlichten bereinigten Fassung, soweit sich die Entschädigungsansprüche gegen den Bund oder die Länder richten. ²Das Gleiche gilt für die Zinsen aus Schuldverschreibungen und Schuldbuchforderungen, die nach den §§ 9, 10 und 14 des Gesetzes zur näheren Regelung der Entschädigungsansprüche für Auslandsbonds in der im Bundesgesetzblatt Teil III, Gliederungsnummer 4139-3, veröffentlichten bereinigten Fassung vom Bund oder von den Ländern für Entschädigungsansprüche erteilt oder eingetragen werden;

55.[3] der in den Fällen des § 4 Absatz 2 Nummer 2 und Absatz 3 des Betriebsrentengesetzes vom 19. Dezember 1974 (BGBl I S. 3610), das zuletzt durch Artikel 8 des Gesetzes vom 5. Juli 2004 (BGBl I S. 1427) geändert worden ist, in der jeweils geltenden Fassung geleistete Übertragungswert nach § 4 Absatz 5 des Betriebsrentengesetzes, wenn die betriebliche Altersversorgung beim ehemaligen und neuen Arbeitgeber über einen Pensionsfonds, eine Pensionskasse oder ein Unternehmen der Lebensversicherung durchgeführt wird; dies gilt auch, wenn eine Versorgungsanwartschaft aus einer betrieblichen Altersversorgung auf Grund vertraglicher Vereinbarung ohne Fristerfordernis unverfallbar ist. ²Satz 1 gilt auch, wenn der Übertragungswert vom ehemaligen Arbeitgeber oder von einer Unterstützungskasse an den neuen Arbeitgeber oder eine andere Unterstützungskasse geleistet wird. ³Die Leistungen des neuen Arbeitgebers, der Unterstützungskasse, des Pensionsfonds, der Pensionskasse oder des Unternehmens der Lebensversicherung auf Grund des Betrags nach Satz 1 und 2 gehören zu den Einkünften, zu denen die Leistungen gehören würden, wenn die Übertragung nach § 4 Absatz 2 Nummer 2 und Absatz 3 des Betriebsrentengesetzes nicht stattgefunden hätte;

---

1 Anm. d. Red.: § 3 Nr. 48 i. d. F. des Gesetzes v. 29. 6. 2015 (BGBl I S. 1061) mit Wirkung v. 1. 11. 2015.
2 Anm. d. Red.: § 3 Nr. 49 weggefallen gem. Gesetz v. 1. 11. 2011 (BGBl I S. 2131) mit Wirkung v. 5. 11. 2011.
3 Anm. d. Red.: § 3 Nr. 55 i. d. F. des Gesetzes v. 17. 8. 2017 (BGBl I S. 3214) mit Wirkung v. 1. 1. 2018.

55a. die nach § 10 des Versorgungsausgleichsgesetzes vom 3. April 2009 (BGBl I S. 700) in der jeweils geltenden Fassung (interne Teilung) durchgeführte Übertragung von Anrechten für die ausgleichsberechtigte Person zu Lasten von Anrechten der ausgleichspflichtigen Person. ²Die Leistungen aus diesen Anrechten gehören bei der ausgleichsberechtigten Person zu den Einkünften, zu denen die Leistungen bei der ausgleichspflichtigen Person gehören würden, wenn die interne Teilung nicht stattgefunden hätte;

55b. der nach § 14 des Versorgungsausgleichsgesetzes (externe Teilung) geleistete Ausgleichswert zur Begründung von Anrechten für die ausgleichsberechtigte Person zu Lasten von Anrechten der ausgleichspflichtigen Person, soweit Leistungen aus diesen Anrechten zu steuerpflichtigen Einkünften nach den §§ 19, 20 und 22 führen würden. ²Satz 1 gilt nicht, soweit Leistungen, die auf dem begründeten Anrecht beruhen, bei der ausgleichsberechtigten Person zu Einkünften nach § 20 Absatz 1 Nummer 6 oder § 22 Nummer 1 Satz 3 Buchstabe a Doppelbuchstabe bb führen würden. ³Der Versorgungsträger der ausgleichspflichtigen Person hat den Versorgungsträger der ausgleichsberechtigten Person über die für die Besteuerung der Leistungen erforderlichen Grundlagen zu informieren. ⁴Dies gilt nicht, wenn der Versorgungsträger der ausgleichsberechtigten Person die Grundlagen bereits kennt oder aus den bei ihm vorhandenen Daten feststellen kann und dieser Umstand dem Versorgungsträger der ausgleichspflichtigen Person mitgeteilt worden ist;

55c.[1] ¹Übertragungen von Altersvorsorgevermögen im Sinne des § 92 auf einen anderen auf den Namen des Steuerpflichtigen lautenden Altersvorsorgevertrag (§ 1 Absatz 1 Satz 1 Nummer 10 Buchstabe b des Altersvorsorgeverträge-Zertifizierungsgesetzes), soweit die Leistungen zu steuerpflichtigen Einkünften nach § 22 Nummer 5 führen würden. ²Dies gilt entsprechend

    a) wenn Anwartschaften aus einer betrieblichen Altersversorgung, die über einen Pensionsfonds, eine Pensionskasse oder ein Unternehmen der Lebensversicherung (Direktversicherung) durchgeführt wird, lediglich auf einen anderen Träger einer betrieblichen Altersversorgung in Form eines Pensionsfonds, einer Pensionskasse oder eines Unternehmens der Lebensversicherung (Direktversicherung) übertragen werden, soweit keine Zahlungen unmittelbar an den Arbeitnehmer erfolgen,

    b) wenn Anwartschaften der betrieblichen Altersversorgung abgefunden werden, soweit das Altersvorsorgevermögen zugunsten eines auf den Namen des Steuerpflichtigen lautenden Altersvorsorgevertrages geleistet wird,

    c) wenn im Fall des Todes des Steuerpflichtigen das Altersvorsorgevermögen auf einen auf den Namen des Ehegatten lautenden Altersvorsorgevertrag übertragen wird, wenn die Ehegatten im Zeitpunkt des Todes des Zulageberechtigten nicht dauernd getrennt gelebt haben (§ 26 Absatz 1) und ihren Wohnsitz oder gewöhnlichen Aufenthalt in einem Mitgliedstaat der Europäischen Union oder einem Staat hatten, auf den das Abkommen über den Europäischen Wirtschaftsraum anwendbar ist;

---

1 Anm. d. Red.: § 3 Nr. 55c i. d. F. des Gesetzes v. 17. 8. 2017 (BGBl I S. 3214) mit Wirkung v. 1. 1. 2018.

55d.[1] Übertragungen von Anrechten aus einem nach § 5a Altersvorsorgeverträge-Zertifizierungsgesetz zertifizierten Vertrag auf einen anderen auf den Namen des Steuerpflichtigen lautenden nach § 5a Altersvorsorgeverträge-Zertifizierungsgesetz zertifizierten Vertrag;

55e.[2] die auf Grund eines Abkommens mit einer zwischen- oder überstaatlichen Einrichtung übertragenen Werte von Anrechten auf Altersversorgung, soweit diese zur Begründung von Anrechten auf Altersversorgung bei einer zwischen- oder überstaatlichen Einrichtung dienen. ²Die Leistungen auf Grund des Betrags nach Satz 1 gehören zu den Einkünften, zu denen die Leistungen gehören, die die übernehmende Versorgungseinrichtung im Übrigen erbringt;

56.[3] Zuwendungen des Arbeitgebers nach § 19 Absatz 1 Satz 1 Nummer 3 Satz 1 aus dem ersten Dienstverhältnis an eine Pensionskasse zum Aufbau einer nicht kapitalgedeckten betrieblichen Altersversorgung, bei der eine Auszahlung der zugesagten Alters-, Invaliditäts- oder Hinterbliebenenversorgung entsprechend § 82 Absatz 2 Satz 2 vorgesehen ist, soweit diese Zuwendungen im Kalenderjahr 2 Prozent der Beitragsbemessungsgrenze in der allgemeinen Rentenversicherung nicht übersteigen. ²Der in Satz 1 genannte Höchstbetrag erhöht sich ab 1. Januar 2020 auf 3 Prozent und ab 1. Januar 2025 auf 4 Prozent der Beitragsbemessungsgrenze in der allgemeinen Rentenversicherung. ³Die Beträge nach den Sätzen 1 und 2 sind jeweils um die nach § 3 Nummer 63 Satz 1, 3 oder Satz 4 steuerfreien Beträge zu mindern.

57. die Beträge, die die Künstlersozialkasse zugunsten des nach dem Künstlersozialversicherungsgesetz Versicherten aus dem Aufkommen von Künstlersozialabgabe und Bundeszuschuss an einen Träger der Sozialversicherung oder an den Versicherten zahlt;

58. das Wohngeld nach dem Wohngeldgesetz, die sonstigen Leistungen aus öffentlichen Haushalten oder Zweckvermögen zur Senkung der Miete oder Belastung im Sinne des § 11 Absatz 2 Nummer 4 des Wohngeldgesetzes sowie öffentliche Zuschüsse zur Deckung laufender Aufwendungen und Zinsvorteile bei Darlehen, die aus öffentlichen Haushalten gewährt werden, für eine zu eigenen Wohnzwecken genutzte Wohnung im eigenen Haus oder eine zu eigenen Wohnzwecken genutzte Eigentumswohnung, soweit die Zuschüsse und Zinsvorteile die Vorteile aus einer entsprechenden Förderung mit öffentlichen Mitteln nach dem Zweiten Wohnungsbaugesetz, dem Wohnraumförderungsgesetz oder einem Landesgesetz zur Wohnraumförderung nicht überschreiten, der Zuschuss für die Wohneigentumsbildung in innerstädtischen Altbauquartieren nach den Regelungen zum Stadtumbau Ost in den Verwaltungsvereinbarungen über die Gewährung von Finanzhilfen des Bundes an die Länder nach Artikel 104a Absatz 4 des Grundgesetzes zur Förderung städtebaulicher Maßnahmen;

59. die Zusatzförderung nach § 88e des Zweiten Wohnungsbaugesetzes und nach § 51f des Wohnungsbaugesetzes für das Saarland und Geldleistungen, die ein Mieter zum Zwecke der Wohnkostenentlastung nach dem Wohnraumförderungsgesetz oder einem Landesgesetz zur Wohnraumförderung erhält, soweit die Einkünfte dem Mieter zuzurechnen sind, und die Vorteile aus einer mietweisen Wohnungsüberlassung im Zusammenhang

---

1 Anm. d. Red.: § 3 Nr. 55d eingefügt gem. Gesetz v. 7.12.2011 (BGBl I S. 2592) mit Wirkung v. 14.12.2011.
2 Anm. d. Red.: § 3 Nr. 55e eingefügt gem. Gesetz v. 7.12.2011 (BGBl I S. 2592) mit Wirkung v. 14.12.2011.
3 Anm. d. Red.: § 3 Nr. 56 i. d. F. des Gesetzes v. 11.12.2018 (BGBl I S. 2338) mit Wirkung v. 15.12.2018.

mit einem Arbeitsverhältnis, soweit sie die Vorteile aus einer entsprechenden Förderung nach dem Zweiten Wohnungsbaugesetz, nach dem Wohnraumförderungsgesetz oder einem Landesgesetz zur Wohnraumförderung nicht überschreiten;

60. Leistungen aus öffentlichen Mitteln an Arbeitnehmer des Steinkohlen-, Pechkohlen- und Erzbergbaues, des Braunkohlentiefbaues und der Eisen- und Stahlindustrie aus Anlass von Stilllegungs-, Einschränkungs-, Umstellungs- oder Rationalisierungsmaßnahmen;

61. Leistungen nach § 4 Absatz 1 Nummer 2, § 7 Absatz 3, §§ 9, 10 Absatz 1, §§ 13, 15 des Entwicklungshelfer-Gesetzes;

62.[1,2] Beiträge des Arbeitgebers aus dem ersten Dienstverhältnis an einen Pensionsfonds, eine Pensionskasse oder für eine Direktversicherung zum Aufbau einer kapitalgedeckten betrieblichen Altersversorgung, bei der eine Auszahlung der zugesagten Alters-, Invaliditäts- oder Hinterbliebenenversorgungsleistungen entsprechend § 82 Absatz 2 Satz 2 vorgesehen ist, soweit die Beiträge im Kalenderjahr 8 Prozent der Beitragsbemessungsgrenze in der allgemeinen Rentenversicherung nicht übersteigen. ²Dies gilt nicht, soweit der Arbeitnehmer nach § 1a Absatz 3 des Betriebsrentengesetzes verlangt hat, dass die Voraussetzungen für eine Förderung nach § 10a oder Abschnitt XI erfüllt werden. ³Aus Anlass der Beendigung des Dienstverhältnisses geleistete Beiträge im Sinne des Satzes 1 sind steuerfrei, soweit sie 4 Prozent der Beitragsbemessungsgrenze in der allgemeinen Rentenversicherung, vervielfältigt mit der Anzahl der Kalenderjahre, in denen das Dienstverhältnis des Arbeitnehmers zu dem Arbeitgeber bestanden hat, höchstens jedoch zehn Kalenderjahre, nicht übersteigen. ⁴Beiträge im Sinne des Satzes 1, die für Kalenderjahre nachgezahlt werden, in denen das erste Dienstverhältnis ruhte und vom Arbeitgeber im Inland kein steuerpflichtiger Arbeitslohn bezogen wurde, sind steuerfrei, soweit sie 8 Prozent der Beitragsbemessungsgrenze in der allgemeinen Rentenversicherung, vervielfältigt mit der Anzahl dieser Kalenderjahre, höchstens jedoch zehn Kalenderjahre, nicht übersteigen;

63a.[3] Sicherungsbeiträge des Arbeitgebers nach § 23 Absatz 1 des Betriebsrentengesetzes, soweit sie nicht unmittelbar dem einzelnen Arbeitnehmer gutgeschrieben oder zugerechnet werden;

64.[4] bei Arbeitnehmern, die zu einer inländischen juristischen Person des öffentlichen Rechts in einem Dienstverhältnis stehen und dafür Arbeitslohn aus einer inländischen öffentlichen Kasse beziehen, die Bezüge für eine Tätigkeit im Ausland insoweit, als sie den Arbeitslohn übersteigen, der dem Arbeitnehmer bei einer gleichwertigen Tätigkeit am Ort der zahlenden öffentlichen Kasse zustehen würde. ²Satz 1 gilt auch, wenn das Dienstverhältnis zu einer anderen Person besteht, die den Arbeitslohn entsprechend den im Sinne des Satzes 1 geltenden Vorschriften ermittelt, der Arbeitslohn aus einer öffentlichen Kasse gezahlt wird und ganz oder im Wesentlichen aus öffentlichen Mitteln aufgebracht wird. ³Bei anderen für einen begrenzten Zeitraum in das Ausland entsandten Arbeitnehmern, die dort einen Wohnsitz oder gewöhnlichen Aufenthalt haben, ist der ihnen von

---

1 **Anm. d. Red.:** § 3 Nr. 63 i. d. F. des Gesetzes v. 11. 12. 2018 (BGBl I S. 2338) mit Wirkung v. 15. 12. 2018.
2 **Anm. d. Red.:** Zur Anwendung des § 3 Nr. 63 siehe § 52 Abs. 4 Sätze 15 und 16.
3 *Anm. d. Red.:* § 3 Nr. 63a eingefügt gem. Gesetz v. 17. 8. 2017 (BGBl I S. 3214) mit Wirkung v. 1. 1. 2018.
4 **Anm. d. Red.:** § 3 Nr. 64 i. d. F. der amtlichen Anmerkung zu § 3 der EStG-Neufassung v. 8. 10. 2009 (BGBl I S. 3369, ber. I S. 3862) mit Wirkung v. 1. 7. 2010.

einem inländischen Arbeitgeber gewährte Kaufkraftausgleich steuerfrei, soweit er den für vergleichbare Auslandsdienstbezüge nach § 55 des Bundesbesoldungsgesetzes zulässigen Betrag nicht übersteigt;

65.[1] a) Beiträge des Trägers der Insolvenzsicherung (§ 14 des Betriebsrentengesetzes) zugunsten eines Versorgungsberechtigten und seiner Hinterbliebenen an eine Pensionskasse oder ein Unternehmen der Lebensversicherung zur Ablösung von Verpflichtungen, die der Träger der Insolvenzsicherung im Sicherungsfall gegenüber dem Versorgungsberechtigten und seinen Hinterbliebenen hat,

b) Leistungen zur Übernahme von Versorgungsleistungen oder unverfallbaren Versorgungsanwartschaften durch eine Pensionskasse oder ein Unternehmen der Lebensversicherung in den in § 4 Absatz 4 des Betriebsrentengesetzes bezeichneten Fällen,

c) der Erwerb von Ansprüchen durch den Arbeitnehmer gegenüber einem Dritten im Fall der Eröffnung des Insolvenzverfahrens oder in den Fällen des § 7 Absatz 1 Satz 4 des Betriebsrentengesetzes, soweit der Dritte neben dem Arbeitgeber für die Erfüllung von Ansprüchen auf Grund bestehender Versorgungsverpflichtungen oder Versorgungsanwartschaften gegenüber dem Arbeitnehmer und dessen Hinterbliebenen einsteht; dies gilt entsprechend, wenn der Dritte für Wertguthaben aus einer Vereinbarung über die Altersteilzeit nach dem Altersteilzeitgesetz vom 23. Juli 1996 (BGBl I S. 1078), zuletzt geändert durch Artikel 234 der Verordnung vom 31. Oktober 2006 (BGBl I S. 2407), in der jeweils geltenden Fassung oder auf Grund von Wertguthaben aus einem Arbeitszeitkonto in den im ersten Halbsatz genannten Fällen für den Arbeitgeber einsteht und

d) der Erwerb von Ansprüchen durch den Arbeitnehmer im Zusammenhang mit dem Eintritt in die Versicherung nach § 8 Absatz 3 des Betriebsrentengesetzes.

²In den Fällen nach Buchstabe a, b und c gehören die Leistungen der Pensionskasse, des Unternehmens der Lebensversicherung oder des Dritten zu den Einkünften, zu denen jene Leistungen gehören würden, die ohne Eintritt eines Falles nach Buchstabe a, b und c zu erbringen wären. ³Soweit sie zu den Einkünften aus nichtselbständiger Arbeit im Sinne des § 19 gehören, ist von ihnen Lohnsteuer einzubehalten. ⁴Für die Erhebung der Lohnsteuer gelten die Pensionskasse, das Unternehmen der Lebensversicherung oder der Dritte als Arbeitgeber und der Leistungsempfänger als Arbeitnehmer. ⁵Im Fall des Buchstabens d gehören die Versorgungsleistungen des Unternehmens der Lebensversicherung oder der Pensionskasse, soweit sie auf Beiträgen beruhen, die bis zum Eintritt des Arbeitnehmers in die Versicherung geleistet wurden, zu den sonstigen Einkünften im Sinne des § 22 Nummer 5 Satz 1; soweit der Arbeitnehmer in den Fällen des § 8 Absatz 3 des Betriebsrentengesetzes die Versicherung mit eigenen Beiträgen fortgesetzt hat, sind die auf diesen Beiträgen beruhenden Versorgungsleistungen sonstige Einkünfte im Sinne des § 22 Nummer 5 Satz 1 oder Satz 2;

66. Leistungen eines Arbeitgebers oder einer Unterstützungskasse an einen Pensionsfonds zur Übernahme bestehender Versorgungsverpflichtungen oder Versorgungsanwart-

---

1 **Anm. d. Red.:** § 3 Nr. 65 i. d. F. des Gesetzes v. 17. 8. 2017 (BGBl I S. 3214) mit Wirkung v. 1. 1. 2018.

schaften durch den Pensionsfonds, wenn ein Antrag nach § 4d Absatz 3 oder § 4e Absatz 3 gestellt worden ist;

67.[1] a) das Erziehungsgeld nach dem Bundeserziehungsgeldgesetz und vergleichbare Leistungen der Länder,

b) das Elterngeld nach dem Bundeselterngeld- und Elternzeitgesetz und vergleichbare Leistungen der Länder,

c) Leistungen für Kindererziehung an Mütter der Geburtsjahrgänge vor 1921 nach den §§ 294 bis 299 des Sechsten Buches Sozialgesetzbuch sowie

d) Zuschläge, die nach den §§ 50a bis 50e des Beamtenversorgungsgesetzes oder nach den §§ 70 bis 74 des Soldatenversorgungsgesetzes oder nach vergleichbaren Regelungen der Länder für ein vor dem 1. Januar 2015 geborenes Kind oder für eine vor dem 1. Januar 2015 begonnene Zeit der Pflege einer pflegebedürftigen Person zu gewähren sind; im Falle des Zusammentreffens von Zeiten für mehrere Kinder nach § 50b des Beamtenversorgungsgesetzes oder § 71 des Soldatenversorgungsgesetzes oder nach vergleichbaren Regelungen der Länder gilt dies, wenn eines der Kinder vor dem 1. Januar 2015 geboren ist;

68. die Hilfen nach dem Gesetz über die Hilfe für durch Anti-D-Immunprophylaxe mit dem Hepatitis-C-Virus infizierte Personen vom 2. August 2000 (BGBl I S. 1270);

69. die von der Stiftung „Humanitäre Hilfe für durch Blutprodukte HIV-infizierte Personen" nach dem HIV-Hilfegesetz vom 24. Juli 1995 (BGBl I S. 972) gewährten Leistungen;

70.[2] die Hälfte

a) der Betriebsvermögensmehrungen oder Einnahmen aus der Veräußerung von Grund und Boden und Gebäuden, die am 1. Januar 2007 mindestens fünf Jahre zum Anlagevermögen eines inländischen Betriebsvermögens des Steuerpflichtigen gehören, wenn diese auf Grund eines nach dem 31. Dezember 2006 und vor dem 1. Januar 2010 rechtswirksam abgeschlossenen obligatorischen Vertrages an eine REIT-Aktiengesellschaft oder einen Vor-REIT veräußert werden,

b) der Betriebsvermögensmehrungen, die auf Grund der Eintragung eines Steuerpflichtigen in das Handelsregister als REIT-Aktiengesellschaft im Sinne des REIT-Gesetzes vom 28. Mai 2007 (BGBl I S. 914) durch Anwendung des § 13 Absatz 1 und 3 Satz 1 des Körperschaftsteuergesetzes auf Grund und Boden und Gebäude entstehen, wenn diese Wirtschaftsgüter vor dem 1. Januar 2005 angeschafft oder hergestellt wurden, und die Schlussbilanz im Sinne des § 13 Absatz 1 und 3 des Körperschaftsteuergesetzes auf einen Zeitpunkt vor dem 1. Januar 2010 aufzustellen ist.

²Satz 1 ist nicht anzuwenden,

a) wenn der Steuerpflichtige den Betrieb veräußert oder aufgibt und der Veräußerungsgewinn nach § 34 besteuert wird,

b) soweit der Steuerpflichtige von den Regelungen der §§ 6b und 6c Gebrauch macht,

---

1 Anm. d. Red.: § 3 Nr. 67 i. d. F. des Gesetzes v. 22. 12. 2014 (BGBl I S. 2417) mit Wirkung v. 1. 1. 2015.
2 Anm. d. Red.: § 3 Nr. 70 i. d. F. des Gesetzes v. 22. 6. 2011 (BGBl I S. 1126) mit Wirkung v. 26. 6. 2011.

c) soweit der Ansatz des niedrigeren Teilwerts in vollem Umfang zu einer Gewinnminderung geführt hat und soweit diese Gewinnminderung nicht durch den Ansatz eines Werts, der sich nach § 6 Absatz 1 Nummer 1 Satz 4 ergibt, ausgeglichen worden ist,

d) wenn im Fall des Satzes 1 Buchstabe a der Buchwert zuzüglich der Veräußerungskosten den Veräußerungserlös oder im Fall des Satzes 1 Buchstabe b der Buchwert den Teilwert übersteigt. ²Ermittelt der Steuerpflichtige den Gewinn nach § 4 Absatz 3, treten an die Stelle des Buchwerts die Anschaffungs- oder Herstellungskosten verringert um die vorgenommenen Absetzungen für Abnutzung oder Substanzverringerung,

e) soweit vom Steuerpflichtigen in der Vergangenheit Abzüge bei den Anschaffungs- oder Herstellungskosten von Wirtschaftsgütern im Sinne des Satzes 1 nach § 6b oder ähnliche Abzüge voll steuerwirksam vorgenommen worden sind,

f) wenn es sich um eine Übertragung im Zusammenhang mit Rechtsvorgängen handelt, die dem Umwandlungssteuergesetz unterliegen und die Übertragung zu einem Wert unterhalb des gemeinen Werts erfolgt.

³Die Steuerbefreiung entfällt rückwirkend, wenn

a) innerhalb eines Zeitraums von vier Jahren seit dem Vertragsschluss im Sinne des Satzes 1 Buchstabe a der Erwerber oder innerhalb eines Zeitraums von vier Jahren nach dem Stichtag der Schlussbilanz im Sinne des Satzes 1 Buchstabe b die REIT-Aktiengesellschaft den Grund und Boden oder das Gebäude veräußert,

b) der Vor-REIT oder ein anderer Vor-REIT als sein Gesamtrechtsnachfolger den Status als Vor-REIT gemäß § 10 Absatz 3 Satz 1 des REIT-Gesetzes verliert,

c) die REIT-Aktiengesellschaft innerhalb eines Zeitraums von vier Jahren seit dem Vertragsschluss im Sinne des Satzes 1 Buchstabe a oder nach dem Stichtag der Schlussbilanz im Sinne des Satzes 1 Buchstabe b in keinem Veranlagungszeitraum die Voraussetzungen für die Steuerbefreiung erfüllt,

d) die Steuerbefreiung der REIT-Aktiengesellschaft innerhalb eines Zeitraums von vier Jahren seit dem Vertragsschluss im Sinne des Satzes 1 Buchstabe a oder nach dem Stichtag der Schlussbilanz im Sinne des Satzes 1 Buchstabe b endet,

e) das Bundeszentralamt für Steuern dem Erwerber im Sinne des Satzes 1 Buchstabe a den Status als Vor-REIT im Sinne des § 2 Satz 4 des REIT-Gesetzes vom 28. Mai 2007 (BGBl I S. 914) bestandskräftig aberkannt hat.

⁴Die Steuerbefreiung entfällt auch rückwirkend, wenn die Wirtschaftsgüter im Sinne des Satzes 1 Buchstabe a vom Erwerber an den Veräußerer oder eine ihm nahe stehende Person im Sinne des § 1 Absatz 2 des Außensteuergesetzes überlassen werden und der Veräußerer oder eine ihm nahe stehende Person im Sinne des § 1 Absatz 2 des Außensteuergesetzes nach Ablauf einer Frist von zwei Jahren seit Eintragung des Erwerbers als REIT-Aktiengesellschaft in das Handelsregister an dieser mittelbar oder unmittelbar zu mehr als 50 Prozent beteiligt ist. ⁵Der Grundstückserwerber haftet für die sich aus dem rückwirkenden Wegfall der Steuerbefreiung ergebenden Steuern;

71.[1,2] der aus einer öffentlichen Kasse gezahlte Zuschuss

    a) für den Erwerb eines Anteils an einer Kapitalgesellschaft in Höhe von 20 Prozent der Anschaffungskosten, höchstens jedoch 100 000 Euro. ²Voraussetzung ist, dass

        aa) der Anteil an der Kapitalgesellschaft länger als drei Jahre gehalten wird,

        bb) die Kapitalgesellschaft, deren Anteil erworben wird,

            aaa) nicht älter ist als sieben Jahre, wobei das Datum der Eintragung der Gesellschaft in das Handelsregister maßgeblich ist,

            bbb) weniger als 50 Mitarbeiter (Vollzeitäquivalente) hat,

            ccc) einen Jahresumsatz oder eine Jahresbilanzsumme von höchstens 10 Millionen Euro hat und

            ddd) nicht an einem regulierten Markt notiert ist und keine solche Notierung vorbereitet,

        cc) der Zuschussempfänger das 18. Lebensjahr vollendet hat oder eine GmbH oder Unternehmergesellschaft ist, bei der mindestens ein Gesellschafter das 18. Lebensjahr vollendet hat und

        dd) für den Erwerb des Anteils kein Fremdkapital eingesetzt wird. ²Wird der Anteil von einer GmbH oder Unternehmergesellschaft im Sinne von Doppelbuchstabe cc erworben, gehören auch solche Darlehen zum Fremdkapital, die der GmbH oder Unternehmergesellschaft von ihren Anteilseignern gewährt werden und die von der GmbH oder Unternehmergesellschaft zum Erwerb des Anteils eingesetzt werden.

    b) anlässlich der Veräußerung eines Anteils an einer Kapitalgesellschaft im Sinne von Buchstabe a in Höhe von 25 Prozent des Veräußerungsgewinns, wenn

        aa) der Veräußerer eine natürliche Person ist,

        bb) bei Erwerb des veräußerten Anteils bereits ein Zuschuss im Sinne von Buchstabe a gezahlt und nicht zurückgefordert wurde,

        cc) der veräußerte Anteil frühestens drei Jahre (Mindesthaltedauer) und spätestens zehn Jahre (Höchsthaltedauer) nach Anteilserwerb veräußert wurde,

        dd) der Veräußerungsgewinn nach Satz 2 mindestens 2 000 Euro beträgt und

        ee) der Zuschuss auf 80 Prozent der Anschaffungskosten begrenzt ist.

²Veräußerungsgewinn im Sinne von Satz 1 ist der Betrag, um den der Veräußerungspreis die Anschaffungskosten einschließlich eines gezahlten Agios übersteigt. ³Erwerbsneben- und Veräußerungskosten sind nicht zu berücksichtigen.

Inhaltsübersicht

	Rz.
I. Struktur der Vorschrift	1 - 4
1. Fehlende Systematik	1
2. Ordnungskriterien	2 - 4
II. Reformbestrebungen	5 - 8

---

1 **Anm. d. Red.:** § 3 Nr. 71 i. d. F. des Gesetzes v. 27. 6. 2017 (BGBl I S. 2074) mit Wirkung v. 5. 7. 2017.
2 **Anm. d. Red.:** Zur Anwendung des § 3 Nr. 71 siehe § 52 Abs. 4 Sätze 17 und 18.

Vorbemerkung

LITERATUR:

▶ Weitere Literatur siehe Online-Version

Adrian/Fey/Selzer, BEPS-Umsetzungsgesetz 1, StuB 2017, 94.*Seifert*, Vorfälligkeitsentschädigung wegen Auflösung der doppelten Haushaltsführung, StuB 2017, 754; *Moorkamp*, Gesetzesinitiative zur Reform der betrieblichen Altersvorsorge, StuB 2017, 383; *Selig-Kraft/Beeger*, Die wesentlichen Änderungen des Betriebsrentenstärkungsgesetzes, StuB 2017, 657; *Rätke*, Gibt es eine Aufzeichnungspflicht für die Kasse bei der EÜR?, BBK 2017, 1009.

ARBEITSHILFEN UND GRUNDLAGEN ONLINE:

Schmidt, Umzugskosten, NWB DokID: WAAAE-83381; ETL Rechtsanwälte GmbH, Kinderbetreuungszuschuss (steuerfrei), NWB DokID: HAAAF-76926; ETL Rechtsanwälte GmbH, Ehrenamtliche Tätigkeit - Vertrag, NWB DokID: VAAAF-76327.

I. Struktur der Vorschrift

1. Fehlende Systematik

§ 3 EStG stellt ein Sammelsurium von Befreiungstatbeständen dar, das keinerlei innere Ordnung aufweist.[1] Neue Befreiungsregelungen werden den zu dem jeweiligen Zeitpunkt freien Nummern zugeordnet, ohne eine innere Ordnung zu schaffen bzw. zu beachten. Ursache ist häufig die Annexbedeutung der Steuerfreistellung für außersteuerliche Leistungsgesetze. Hinzu kommen Regelungen, die eine Steuerbefreiung nur klarstellen, indem sie schon nicht steuerbare Einnahmen erwähnen. Deshalb wird wegen der möglicherweise gegebenen Verletzung des Bestimmtheitsgrundsatzes als Ausdruck des Rechtsstaatsprinzips zu Recht die Verfassungsmäßigkeit der Vorschrift insgesamt in Frage gestellt.[2]

1

2. Ordnungskriterien

§ 3 EStG steht in einem engen Zusammenhang mit § 3c EStG. Während § 3 EStG die Einnahmen betrifft, die steuerfrei bleiben sollen (insoweit ist die Überschrift „2. Steuerfreie Einnahmen" zutreffend), betrifft § 3c EStG die mit diesen steuerfreien Einnahmen verbundenen Werbungskosten bzw. Betriebsausgaben, die insoweit nicht abzugsfähig sind. Voraussetzung für § 3 EStG ist daher an sich die Steuerpflicht der Einnahmen, die erst durch die Regelung des § 3 EStG steuerfrei gestellt werden. Gleichwohl enthält § 3 EStG eine Reihe von Regelungen, die bestimmte Vermögensmehrungen betreffen, die begrifflich bereits keine Einkunftsteile sind, so dass die Bestimmung in § 3 EStG rein deklaratorisch ist. Auf **deklaratorische Befreiungen** wird in der Kommentierung gesondert hingewiesen. Die anderen Vorschriften sind demgegenüber **konstitutive Befreiungen**.

2

Normgruppen nach dem Steuerzweck: Es hat sich in der Steuerrechtswissenschaft etabliert, die steuerrechtlichen Vorschriften nach **Fiskal-, Sozial- und Vereinfachungszwecknormen** zu unterscheiden. Während Fiskalzwecknormen der fiskalischen Zielsetzung dienende Normen darstellen, geht es bei den Sozialzwecknormen um lenkende Normen, die sozial-, kultur-, gesundheits-, familien- oder berufspolitisch, aber nicht fiskalisch motiviert sind. Daneben dienen Vereinfachungszwecknormen allein der technisch-ökonomischen Zielrichtung, die Rechts-

3

---

1 Ebenso in der Bewertung HHR/*Bergkemper*, § 3 EStG Rz. 3; *von Beckerath* in Kirchof/Söhn/Mellinghoff, § 3 EStG Rz. A 1; *Tipke*, Die Steuerrechtsordnung, Bd. II 2. Aufl. 2003, 747 ff.

2 HHR/*Bergkemper*, § 3 EStG Rz. 3.

anwendung zu erleichtern, zu vereinfachen oder ökonomischer zu gestalten.[1] Diese Differenzierung hat entscheidende Bedeutung für die Frage, ob die Norm verfassungsrechtlichen Grundsätzen entspricht.

Sozialzwecknormen: Sozialzwecknormen in § 3 EStG sind verfassungsrechtlich unbedenklich, wenn sie gerechtfertigt sind, was sich aus dem konkreten Normzweck ergibt. Bei ungerechtfertigten Privilegierungen ist dies nicht der Fall.[2]

Vereinfachungszwecknormen: Vereinfachungszwecknormen sind grds. unbedenklich. Somit sind auch Vereinfachungsbefreiungen in § 3 EStG zulässig, wenn sie geeignet und nicht unverhältnismäßig sind.[3]

4 **Vereinbarkeit mit Art. 3 Abs. 1 GG:** Steuerbefreiungen unterliegen in erster Linie der Überprüfung, ob sie mit dem Gleichheitssatz aus Art. 3 Abs. 1 GG vereinbar sind. Aus Art. 3 Abs. 1 GG ergibt sich der Grundsatz der Besteuerung nach der wirtschaftlichen Leistungsfähigkeit und das Gebot der Folgerichtigkeit.[4] Beide Prinzipien sind als Ausfluss des Gleichheitsgrundsatzes auch bei den Steuerbefreiungen in § 3 EStG zu berücksichtigen. Da die Steuerbefreiungen bei Sozialzwecknormen wie auch bei den Vereinfachungszwecknormen vom Grundsatz der wirtschaftlichen Leistungsfähigkeit abweichen, bedürfen sie der sachlichen Rechtfertigung. Bei Sozialzwecknormen findet sich die Rechtfertigung im Allgemeinwohl- oder im Bedürfnisprinzip. Bei Vereinfachungszwecknormen kann auf die Rechtfertigung rekurriert werden, dass der Gesetzgeber berechtigt ist, die Vielzahl von Einzelfällen in generalisierenden, typisierenden und pauschalisierenden Regelungen zu berücksichtigen.[5] Soweit von Steuerbefreiungen nicht betroffene Stpfl. in einer Steuerbegünstigung eine Verletzung des Gleichheitsgrundsatzes sehen (es wird eine gleichheitswidrige Privilegierung geltend gemacht), ist fraglich, ob und ggf. wie dieser Verstoß justiziabel gemacht werden kann.[6] M. E. ist hier die Grenze zur Popularklage überschritten.[7]

II. Reformbestrebungen

5 Es gibt seit langem Bestrebungen die Vorschrift des § 3 EStG formalsystematisch neu zu regeln. Die Reformbestrebungen reichen aber auch bis hin zu einer totalen Abschaffung. Als Reformentwürfe zu § 3 EStG lassen sich beispielsweise die Steuerreformprojekte von *Kirchhof*,[8] *Lang*[9] und der Kommission Steuergesetzbuch der Stiftung Marktwirtschaft[10] nennen.[11]

6–8 *(Einstweilen frei)*

---

1 Siehe HHR/*Bergkemper*, § 3 EStG Rz. 7; *Tipke*, Die Steuerrechtsordnung, Bd. I 2. Aufl. 2000, 74 ff.
2 Siehe HHR/*Bergkemper*, § 3 EStG Rz. 9; *Hey* in Tipke/Lang, Steuerrecht, § 3 Rz. 131 ff.
3 Siehe HHR/*Bergkemper*, § 3 EStG Rz. 10; *Hey* in Tipke/Lang, Steuerrecht, § 3 Rz. 145 ff.
4 Z. B. BVerfG v. 4.12.2002 - 2 BvR 400/98, BStBl 2003 II 534.
5 Siehe z. B. BVerfG v. 11.11.1998 - 2 BvL 10/95, BStBl 1999 II 502.
6 Ablehnend z. B. BFH v. 11.9.2008 - VI R 13/06, BStBl 2008 II 928; befürwortend z. B. HHR/*Bergkemper*, § 3 EStG Rz. 15, m.w.N.
7 BFH v. 11.9.2008 - VI R 13/06, BStBl 2008 II 928, m.w.N.
8 *Kirchhof*, vor § 3 EStG Rz. 99 f.
9 *Lang*, Entwurf eines Steuergesetzbuchs, 1993 (= Schriftenreihe des BMF, Heft 49).
10 Kommission Steuergesetzbuch der Stiftung Marktwirtschaft, Entwurf Einkommensteuergesetz, 2006.
11 HHR/*Bergkemper*, § 3 EStG Rz. 3.

§ 3 Nr. 1 Buchst. a EStG

Steuerfrei sind ...

1. a.
Leistungen aus einer Krankenversicherung, aus einer Pflegeversicherung und aus der gesetzlichen Unfallversicherung,

Inhaltsübersicht	Rz.
A. Allgemeine Erläuterungen	9 - 10
B. Systematische Kommentierung	11 - 15

HINWEIS:

H 3.1 EStH; § 4 EStDV.

LITERATUR:

Straub, Krankengeld aus der gesetzlichen Krankenversicherung, NWB 1998, 3409.

A. Allgemeine Erläuterungen

Normzweck und wirtschaftliche Bedeutung: Die Regelung stellt Einnahmen aus bestimmten Versicherungen steuerfrei, um den Stpfl. vor den Folgen einer Krankheit zu schützen und die im öffentlichen Interesse liegende Leistungsgewährung zu unterstützen.[1]

Entstehung und Entwicklung der Vorschrift: Die Vorschrift hat bereits ihre Vorgänger in § 5 Nr. 6 PrEStG 1906 und § 3 Nr. 6 EStG 1934. Sie hat zuletzt in § 3 Nr. 2 Buchst. e EStG (i. d. F. des KroatienAnpG v. 25. 7. 2014)[2] eine Ergänzung erfahren. Danach werden auch entsprechende Leistungen bestimmter **ausländischer** Rechtsträger **ab VZ 2015** steuerfrei gestellt.

9

Vereinbarkeit mit Verfassungsrecht und Unionsrecht: Die Regelung ist verfassungsgemäß, soweit nur Leistungen aus der gesetzlichen Unfallversicherung steuerfrei sind, nicht jedoch aus einer **privaten Unfallversicherung**. Es sollen nur Leistungen an einen Personenkreis von der Steuer freigestellt werden, der dem Gesetzgeber auch bei der Regelung der Versicherungspflicht als schutzwürdig erschien.[3] Soweit **vor VZ 2015** entsprechende Leistungen **ausländischer Rechtsträger der EU** nicht steuerfrei gestellt werden (s. Steuerbefreiung ab VZ 2015 nach § 3 Nr. 2 Buchst. e EStG i. d. F. des KroatienAnpG v. 25. 7. 2014)[4] kann dies u. U. europarechtswidrig sein, wenn die entsprechende Leistung im EU-Ausland steuerfrei gewährt wird.

10

B. Systematische Kommentierung

Krankenversicherung: Die Steuerbefreiung erfasst neben Leistungen der **gesetzlichen** Krankenversicherung auch solche aus einer **privaten** Krankenversicherung.[5] Es kommt nicht darauf an, ob die Versicherung die Privatsphäre oder die betriebliche Sphäre betrifft. So sind z. B. auch

11

---

1 BFH v. 29. 4. 2009 - X R 31/08, BFH/NV 2009, 1625 = NWB DokID: DAAAD-26569; *Erhard* in Blümich, § 3 Nr. 1 EStG Rz. 1a.
2 BGBl 2014 I 1266.
3 BFH v. 14. 3. 1972 - VIII R 26/67, BStBl 1972 II 536.
4 BGBl 2014 I 1266.
5 BFH v. 29. 4. 2009 - X R 31/08, BFH/NV 2009, 1625 = NWB DokID: DAAAD-26569.

Leistungen einer aus betrieblichem Anlass abgeschlossenen Krankenhaustagegeldversicherung steuerfrei.

12 **Leistungen:** Erfasst werden alle Bar- und Sachleistungen, die im entsprechenden Leistungskatalog der gesetzlichen oder privaten Krankenversicherung enthalten sind.[1] Dazu gehört auch das **Krankentagegeld** und **Geburtengeld** einer privaten Krankenversicherung. Auch die Leistungen aus einer **Krankenhaustagegeldversicherung** sind nach dieser Vorschrift steuerfrei.[2] Unerheblich ist, ob die Leistungen an den Versicherten oder an einem Hinterbliebenen erbracht werden.

Nichtbegünstigte Leistungen: Leistungen aus einer Pensions-, Alters- oder Unterstützungskasse sind nicht steuerbefreit. Ebenso sind Lohnfortzahlungen des Arbeitgebers im Krankheitsfall nicht steuerfrei.[3]

13 **Pflegeversicherung:** Auch hier sind alle Leistungen der **gesetzlichen** wie auch der **privaten** Pflegeversicherung steuerfrei. Von der Steuerbefreiung werden alle Leistungen des Katalogs der sozialen und der privaten Pflegeversicherung erfasst. Jedoch sind einschränkend nur die Leistungen der Pflegeversicherung steuerfrei nach § 3 Nr. 1 Buchst. a EStG, die an den Pflegebedürftigen geleistet werden. Leistungen an den Pflegenden werden nach § 3 Nr. 26 und Nr. 36 EStG (Pflegegelder an Angehörige) steuerbefreit.

Gesetzliche Unfallversicherung: § 3 Nr. 1 Buchst. a EStG erfasst nur Leistungen der gesetzlichen Unfallversicherung. Die Leistungen der privaten Unfallversicherung sind nicht steuerbefreit. So sind laufende Rentenzahlungen nach § 22 Nr. 1 Satz bzw. Satz 3 Buchst. a EStG steuerpflichtig.[4]

14–15 *(Einstweilen frei)*

§ 3 Nr. 1 Buchst. b EStG

Steuerfrei sind ...

1. b.
Sachleistungen und Kinderzuschüsse aus den gesetzlichen Rentenversicherungen einschließlich der Sachleistungen nach dem Gesetz über die Alterssicherung der Landwirte,

Inhaltsübersicht Rz.

A. Allgemeine Erläuterungen 16 - 17
B. Systematische Kommentierung 18 - 22

LITERATUR:

Förster, Kinderzuschüsse aus einem Versorgungswerk sind nicht steuerfrei – Bindung an Verwaltungsanweisungen, HFR 2012, 389.

---

1 BFH v. 29. 4. 2009 - X R 31/08, BFH/NV 2009, 1625 = NWB DokID: DAAAD-26569.
2 HHR/*Bergkemper*, § 3 Nr. 1 EStG Rz. 6.
3 *Von Beckerath* in Kirchhof/Söhn/Mellinghoff, § 3 EStG Rz. 5, m.w.N.
4 BMF v. 28. 10. 2009, BStBl 2009 I 1275.

A. Allgemeine Erläuterungen

Normzweck und wirtschaftliche Bedeutung: Die Vorschrift erfüllt den Zweck, die im öffentlichen Interesse liegende Leistungsgewährung zu unterstützen.[1]

Zur Entstehung und Entwicklung der Vorschrift: Die Vorschrift ist durch das StÄndG 1977 v. 16.8.1977[2] auf **Kinderzuschüsse** der gesetzlichen Rentenversicherung ausgedehnt worden. Sie hat zuletzt in § 3 Nr. 2 Buchst. e EStG (i.d.F. des KroatienAnpG v. 25.7.2014[3]) eine Ergänzung erfahren. Danach werden auch entsprechende Leistungen bestimmter **ausländischer** Rechtsträger **ab VZ 2015** steuerfrei gestellt.

Vereinbarkeit mit Verfassungsrecht und Unionsrecht: Die Regelung ist mit Art. 3 Abs. 1 GG vereinbar, soweit nur **Kinderzuschüsse** aus der gesetzlichen Rentenversicherung steuerfrei sind, nicht jedoch aus einem **berufsständischen Versorgungswerk**. Eine Wortlauterweiterung (teleologische Extension) kommt u.a. nicht in Betracht, da die betragsmäßige Einschränkung der Kinderzuschüsse aus der gesetzlichen Rentenversicherung bei den berufsständischen Versorgungseinrichtungen nicht besteht und die Kinderzuschüsse aus der gesetzlichen Rentenversicherung in die Günstigerprüfung bei der Frage, ob das Kindergeld oder der Kinderfreibetrag anzusetzen ist, berücksichtigt werden.[4] Soweit **vor VZ 2015** entsprechende Leistungen **ausländischer Rechtsträger der EU** nicht steuerfrei gestellt werden (s. Steuerbefreiung ab VZ 2015 nach § 3 Nr. 2 Buchst. e EStG i.d.F. des KroatienAnpG v. 25.7.2014)[5] kann dies u.U. europarechtswidrig sein, wenn die entsprechende Leistung im EU-Ausland steuerfrei gewährt wird.

B. Systematische Kommentierung

Sachleistungen: Erfasst werden Sachleistungen aus der gesetzlichen Rentenversicherung. Hierzu zählen u.a. nach §§ 15, 16 und 28 SGB VI Heilbehandlungen, Lieferungen von Körperersatzstücken, Kuraufenthalte sowie alle Arten der Pflege und Unterbringung in einer Heil- und Pflegeanstalt.[6]

Kinderzuschüsse: Erfasst werden nur Kinderzuschüsse aus einer gesetzlichen Rentenversicherung **nicht aus einer berufsständischen Versorgungseinrichtung**.[7] Damit werden nur noch diejenigen erfasst, die nach § 270 Abs. 1 SGB VI Kinderzuschüsse erhalten, so dass ein Anspruch auf Kinderzuschuss bereits vor dem 1.1.1992 bestanden haben muss.

Sachleistungen nach dem Gesetz über die Alterssicherung der Landwirte: Sachleistungen nach dem Gesetz über die Alterssicherung der Landwirte (ALG) sind medizinische und ergänzende Leistungen zur Rehabilitation (§ 7 ALG). Hierzu gehört auch die **Betriebs- und Haushaltshilfe** in unterschiedlichen Situationen (insbesondere Arbeitsunfähigkeit, Rehabilitation, Schwangerschaft, Kur, Tod des Landwirts).[8]

(Einstweilen frei)

---

1 *Erhard* in Blümich, § 3 Nr. 1 EStG Rz. 6.
2 BStBl 1977 I 1586.
3 BGBl 2014 I 1266.
4 BFH v. 31.8.2011 - X R 11/10, BStBl 2012 II 312, mit weitergehender Begründung.
5 BGBl 2014 I 1266.
6 *Erhard* in Blümich, § 3 Nr. 1 EStG Rz. 7.
7 BFH v. 31.8.2011 - X R 11/10, BStBl 2012 II 312.
8 HHR/*Bergkemper*, § 3 Nr. 1 EStG Rz. 15.

§ 3 Nr. 1 Buchst. c EStG

Steuerfrei sind ...

1.c.
Übergangsgeld nach dem Sechsten Buch Sozialgesetzbuch und Geldleistungen nach den §§ 10, 36 bis 39 des Gesetzes über die Alterssicherung der Landwirte,

Inhaltsübersicht Rz.

A. Allgemeine Erläuterungen	23 - 24
B. Systematische Kommentierung	25 - 27

A. Allgemeine Erläuterungen

23 **Normzweck und wirtschaftliche Bedeutung:** Die Vorschrift erfüllt den gleichen Zweck wie § 3 Nr. 1 Buchst. b EStG.[1]

Zur Entstehung und Entwicklung der Vorschrift: Die Vorschrift hat zuletzt in § 3 Nr. 2 Buchst. e EStG (i. d. F. des KroatienAnpG v. 25. 7. 2014)[2] eine Ergänzung erfahren. Danach werden auch entsprechende Leistungen bestimmter **ausländischer** Rechtsträger **ab VZ 2015** steuerfrei gestellt.

24 **Vereinbarkeit mit Unionsrecht:** Soweit **vor VZ 2015** entsprechende Leistungen **ausländischer Rechtsträger der EU** nicht steuerfrei gestellt werden (s. Steuerbefreiung ab VZ 2015 nach § 3 Nr. 2 Buchst. e EStG i. d. F. des KroatienAnpG v. 25. 7. 2014)[3] kann dies u. U. europarechtswidrig sein, wenn die entsprechende Leistung im EU-Ausland steuerfrei gewährt wird.

B. Systematische Kommentierung

25 **Übergangsgeld:** Das Übergangsgeld nach SGB VI betrifft die Beträge, die nach § 20 SGB VI an Personen gezahlt werden, die Leistungen zur medizinischen Rehabilitation oder Leistungen zur Teilhabe am Arbeitsleben oder sonstige Leistungen zur Teilhabe erhalten. Leistungen von ausländischen Rechtsträgern, die nicht zur EU gehören, sind nach dieser Vorschrift nicht steuerfrei.[4] Dies wurde jedoch vom Gesetzgeber geändert. Ab VZ 2015 sind auch entsprechende Leistungen von Rechtsträgern der EU, EWR sowie der Schweiz steuerfrei (s. § 3 Nr. 2 Buchst. e EStG i. d. F. des KroatienAnpG v. 25. 7. 2014).[5]

26–27 *(Einstweilen frei)*

---

1 *Erhard* in Blümich, § 3 Nr. 1 EStG Rz. 10.
2 BGBl 2014 I 1266.
3 BGBl 2014 I 1266.
4 BFH v. 7. 2. 2005 - IX B 239/02, BFH/NV 2005, 1052 = NWB DokID: IAAAB-52035.
5 BGBl 2014 I 1266.

§ 3 Nr. 1 Buchst. d EStG

Steuerfrei sind ...

1. d.

das Mutterschaftsgeld nach dem Mutterschutzgesetz, der Reichsversicherungsordnung und dem Gesetz über die Krankenversicherung der Landwirte, die Sonderunterstützung für im Familienhaushalt beschäftigte Frauen, der Zuschuss zum Mutterschaftsgeld nach dem Mutterschutzgesetz sowie der Zuschuss bei Beschäftigungsverboten für die Zeit vor oder nach einer Entbindung sowie für den Entbindungstag während einer Elternzeit nach beamtenrechtlichen Vorschriften;

Inhaltsübersicht	Rz.
A. Allgemeine Erläuterungen	28
B. Systematische Kommentierung	29 - 33

LITERATUR:

Eilts, Schwangerschaft, Mutterschutz und Ausgleich der Arbeitgeber-Aufwendungen, NWB 2006, 3221.

A. Allgemeine Erläuterungen

Zur Entstehung und Entwicklung der Vorschrift: Die Vorschrift hat zuletzt in § 3 Nr. 2 Buchst. e (i. d. F. des KroatienAnpG v. 25. 7. 2014)[1] eine Ergänzung erfahren. Danach werden auch entsprechende Leistungen bestimmter **ausländischer** Rechtsträger **ab VZ 2015** steuerfrei gestellt.

Vereinbarkeit mit Unionsrecht: Soweit **vor VZ 2015** entsprechende Leistungen **ausländischer Rechtsträger der EU** nicht steuerfrei gestellt werden (s. Steuerbefreiung ab VZ 2015 nach § 3 Nr. 2 Buchst. e EStG i. d. F. des KroatienAnpG v. 25. 7. 2014)[2] kann dies u. U. europarechtswidrig sein, wenn die entsprechende Leistung im EU-Ausland steuerfrei gewährt wird.

28

B. Systematische Kommentierung

Mutterschaftsgeld: Als Mutterschaftsgeld kommen in Betracht Zahlungen nach

29

- § 13 MuSchG,
- §§ 179, 195, 200 RVO,
- § 29 des Gesetzes über die Krankenversicherung der Landwirte (KVLG),
- § 79 BBG.

Sonderunterstützung für im Familienhaushalt beschäftigte Frauen: Steuerfrei sind auch Sonderunterstützungen für im Haushalt des Stpfl. Beschäftigte. Diese Steuerbefreiung ist aber mit dem Wegfall einer entsprechenden Leistung durch das Gesetz zur Änderung des Mutterschaftsrechts v. 20. 12. 1996[3] gegenstandslos.[4]

---

1 BGBl 2014 I 1266.
2 BGBl 2014 I 1266.
3 BGBl 1996 I 2110.
4 HHR/*Bergkemper*, § 3 Nr. 1 EStG Rz. 21.

30 **Zuschüsse während des Mutterschutzes und der Elternzeit:** Steuerfrei sind auch Zuschüsse zum Mutterschaftsgeld nach § 14 MuSchG. Danach erhalten Frauen, die einen Anspruch auf Mutterschaftsgeld haben, während ihres bestehenden Arbeitsverhältnisses für die Zeit der Schutzfristen von ihrem Arbeitgeber einen Zuschuss in Höhe des Unterschiedsbetrags zwischen 13 € und des um die gesetzlichen Abzüge verminderten durchschnittlichen täglichen Arbeitsentgelts. Nicht von § 3 Nr. 1 Buchst. d EStG wird der Mutterschutzlohn nach § 11 MuSchG erfasst.

31 **Leistungen ausländischer Rechtsträger: Ab VZ 2015** sind auch entsprechende Leistungen von Rechtsträgern der EU, EWR sowie der Schweiz steuerfrei (s. § 3 Nr. 2 Buchst. e EStG i. d. F. des KroatienAnpG v. 25. 7. 2014).[1] Vorher kam ein Abzug solcher Leistungen in analoger Anwendung des § 3 Nr. 1 Buchst. d EStG nicht in Betracht. Eine Steuerbefreiung für vergleichbare ausländische Leistungen (z. B. Wochen- und Karenzgeld in Österreich) ist nicht möglich, da sich die Bestimmungen nicht nach deutschem Recht richten.[2]

32–33 *(Einstweilen frei)*

§ 3 Nr. 2 EStG

Steuerfrei sind …

2. a) das Arbeitslosengeld, das Teilarbeitslosengeld, das Kurzarbeitergeld, der Zuschuss zum Arbeitsentgelt, das Übergangsgeld, der Gründungszuschuss nach dem Dritten Buch Sozialgesetzbuch sowie die übrigen Leistungen nach dem Dritten Buch Sozialgesetzbuch und den entsprechenden Programmen des Bundes und der Länder, soweit sie Arbeitnehmern oder Arbeitsuchenden oder zur Förderung der Aus- oder Weiterbildung oder Existenzgründung der Empfänger gewährt werden,

   b) das Insolvenzgeld, Leistungen auf Grund der in § 169 und § 175 Absatz 2 des Dritten Buches Sozialgesetzbuch genannten Ansprüche sowie Zahlungen des Arbeitgebers an einen Sozialleistungsträger auf Grund des gesetzlichen Forderungsübergangs nach § 115 Absatz 1 des Zehnten Buches Sozialgesetzbuch, wenn ein Insolvenzereignis nach § 165 Absatz 1 Satz 2 auch in Verbindung mit Satz 3 des Dritten Buches Sozialgesetzbuch vorliegt,

   c) die Arbeitslosenbeihilfe nach dem Soldatenversorgungsgesetz,

   d) Leistungen zur Sicherung des Lebensunterhalts und zur Eingliederung in Arbeit nach dem Zweiten Buch Sozialgesetzbuch,

   e) mit den in den Nummern 1 bis 2 Buchstabe d genannten Leistungen vergleichbare Leistungen ausländischer Rechtsträger, die ihren Sitz in einem Mitgliedstaat der Europäischen Union, in einem Staat, auf den das Abkommen über den Europäischen Wirtschaftsraum Anwendung findet oder in der Schweiz haben;

---

1 BGBl 2014 I 1266.
2 BFH v. 28. 6. 2005 - I R 114/04, BStBl 2005 II 835, 838.

Inhaltsübersicht

	Rz.
A. Allgemeine Erläuterungen	34 – 35
B. Systematische Kommentierung	36 – 47
I. § 3 Nr. 2 Buchst. a EStG	37
II. § 3 Nr. 2 Buchst. b EStG	38
III. § 3 Nr. 2 Buchst. c EStG	39
IV. § 3 Nr. 2 Buchst. d EStG	40
V. § 3 Nr. 2 Buchst. e EStG	41 - 47

HINWEIS:

H 3.2 EStH; R 3.2 LStR; H 3.2 LStH.

LITERATUR:

Kopp, Arbeitslosengeld II, NWB 2005, 791; *Louven*, Insolvenzgeld bei Unternehmensinsolvenzen, NWB 2005, 713.

A. Allgemeine Erläuterungen

Normzweck und wirtschaftliche Bedeutung: Die Vorschrift sichert die genannten staatlichen Leistungen ab. Nach der ratio legis sollen Leistungen seitens der öffentlichen Hand nicht durch eine gleichzeitige Besteuerung gemindert werden.[1]   **34**

Zur Entstehung und Entwicklung der Vorschrift: Die Vorschrift basiert auf § 3 Nr. 9 EStG 1934. Die Vorschrift hat zuletzt in § 3 Nr. 2 Buchst. e EStG (i. d. F. des KroatienAnpG v. 25. 7. 2014)[2] eine materiell-rechtliche Ergänzung erfahren. Danach werden auch Leistungen bestimmter **ausländischer** Rechtsträger, die der Steuerbefreiung nach § 3 Nr. 1 bis Nr. 2 Buchst. d EStG entsprechen, **ab VZ 2015** steuerfrei gestellt. Gleichzeitig wurden die Regelungen des § 3 Nr. 2a und Nr. 2b EStG a. F. integriert.

Vereinbarkeit mit Unionsrecht: Soweit **vor VZ 2015** entsprechende Leistungen **ausländischer Rechtsträger der EU** nicht steuerfrei gestellt werden (s. Steuerbefreiung ab VZ 2015 nach § 3 Nr. 2 Buchst. e EStG i. d. F. des KroatienAnpG v. 25. 7. 2014)[3] kann dies u. U. europarechtswidrig sein, wenn die entsprechende Leistung im EU-Ausland steuerfrei gewährt wird.[4]   **35**

B. Systematische Kommentierung

Von der Steuerbefreiung werden nur die in der Vorschrift genannten Leistungen bzw. vergleichbare ausländische Leistungen erfasst. Letztere werden **ab VZ 2015** steuerfrei gestellt, wenn es sich um entsprechende Leistungen von **Rechtsträgern der EU, des EWR sowie der Schweiz** handelt (s. § 3 Nr. 2 Buchst. e EStG i. d. F. des KroatienAnpG v. 25. 7. 2014).[5] Von § 3   **36**

---

1 BFH v. 13. 2. 2008 - IX R 63/06, BFH/NV 2008, 1138 = NWB DokID: FAAAC-66643.
2 BGBl 2014 I 1266.
3 BGBl 2014 I 1266.
4 A. A. BFH v. 14. 8. 1991 - I R 133/90, BStBl 1992 II 88 (zum in den Niederlanden an arbeitslos gewordenen Staatsbediensteten gezahltes Uitkering); BFH v. 13. 2. 2008 - IX R 63/06, BFH/NV 2008, 1138 = NWB DokID: FAAAC-66643 (zu gezahlten Fördermitteln aus dem Europäischen Ausrichtungs- und Garantiefonds für Landwirtschaft, die nicht mit den Fördermitteln aus dem Europäischen Sozialfonds nach § 3 Nr. 2 EStG a. F. vergleichbar sind); *Fissenewert* in Frotscher, § 3 Nr. 2 EStG Rz. 10.
5 BGBl 2014 I 1266.

Nr. 2 EStG nicht erfasst werden **Lohnkostenzuschüsse** des Arbeitsamtes an den Arbeitgeber.[1] Bei Schadensersatzleistungen für verletzungsbedingt erlittenen Erwerbsschaden gem. § 842 BGB kommt es darauf an, ob sie für den steuerbaren Verdienstausfall oder für den Wegfall des Anspruchs auf steuerbare Sozialleistungen wie das Arbeitslosengeld gezahlt wurden.[2]

I. § 3 Nr. 2 Buchst. a EStG

37 Nach dieser Vorschrift sind u. a. im Einzelnen steuerfrei:

- Arbeitslosengeld (§§ 136 ff. SGB III),
- Teilarbeitslosengeld (§ 162 SGB III),
- Kurzarbeitergeld (§ 95 SBGB III),
- Zuschuss zum Arbeitslosengeld (§ 417 SGB III),
- Übergangsgeld (§§ 119 ff. SGB III),
- Gründungszuschuss (§§ 93 f. SGB III),
- übrige Leistungen des SGB III (z. B. Berufsausbildungsbeihilfen für Auszubildende, §§ 48 ff. SGB III).

II. § 3 Nr. 2 Buchst. b EStG

38 Steuerfrei sind im Weiteren folgende Leistungen:

- Insolvenzgeld (§§ 165 ff. SGB III),
- auf die Bundesagentur übergegangene Ansprüche (= Ansprüche des Arbeitnehmers auf Arbeitsentgelt) im Fall der Zahlung von Insolvenzgeld an den Arbeitnehmer (§§ 169, 175 Abs. 2 SGB III),
- Leistungen des Arbeitgebers an Sozialleistungsträger gem. § 115 SGB III.

III. § 3 Nr. 2 Buchst. c EStG

39 Die **Arbeitslosenbeihilfe** nach dem Soldatenversorgungsgesetz (SVG) ist ebenfalls steuerfrei. Hier handelt es sich um eine Arbeitslosenbeihilfe, die ehemaligen Zeitsoldaten nach § 86a Abs. 1 SVG gezahlt werden. Seit 1. 1. 2005 wird die **Arbeitslosenhilfe** nicht mehr gezahlt. Mit der Reform durch das KroatienAnpG wurde der Gesetzeswortlaut insoweit entsprechend eingeschränkt.

IV. § 3 Nr. 2 Buchst. d EStG

40 Nach dieser Vorschrift sind folgende Leistungen steuerfrei:

- Arbeitslosengeld II (§ 19 Abs. 2 SGB II). Dies sind Leistungen zur Sicherung des Lebensunterhalts i. S. d. SGB II. Hierzu gehören die Regelleistung, die Leistung für Mehrbedarf, die Leistungen für Unterkunft und Verpflegung und weitere Leistungen.
- Leistungen zur Eingliederung in Arbeit (§§ 16 bis 17 SGB II).

---

1 BFH v. 25. 9. 2002 - IV B 139/00, BFH/NV 2003, 158 = NWB DokID: FAAAA-68324; FG Sachsen-Anhalt v. 25. 6. 2013 - 5 K 600/08, EFG 2013, 1856 rkr.
2 BFH v. 20.7.2018 - IX R 25/17, BFH/NV 2018, 1331 = NWB DokID: VAAAG-98243.

V. § 3 Nr. 2 Buchst. e EStG

Die Neuregelung – eingeführt durch das KroatienAnpG – erweitert den Kreis der steuerfreien Leistungen auf **vergleichbare Leistungen ausländischer Rechtsträger**. Damit folgt der Gesetzgeber den unionsrechtlichen Bedenken, die u. a. auch auf der Rechtsprechung des EuGH beruht.[1] Damit werden ab VZ 2015 Leistungen, die mit den Leistungen nach § 3 Nr. 1 EStG und § 3 Nr. 2 Buchst. a bis d EStG vergleichbar sind und von einem **Rechtsträger der EU** stammen, steuerfrei gestellt. Das Gesetz hat diese Freistellung darüber hinaus auch auf **Rechtsträger des EWR und der Schweiz** ausgedehnt. Die Schweiz wurde aufgenommen, damit die Interessen von Grenzpendlern berücksichtigt werden.[2] Sind die ausländischen Leistungen jedoch nicht mit den steuerbefreiten inländischen Leistungen vergleichbar, so kommt es nicht zu einer Steuerbefreiung. Wie Beispiele aus der Rechtsprechung zeigen, sind Leistungen, die sich vordergründig entsprechen, nicht immer vergleichbar, so dass die Bar- oder Sachleistungen dann steuerpflichtig sind.[3]

41

(Einstweilen frei) 42–47

§ 3 Nr. 2a EStG (weggefallen)

▶ Zur Kommentierung siehe Online-Version, 1. Aufl. 2016

§ 3 Nr. 2b EStG (weggefallen)

▶ Zur Kommentierung siehe Online-Version, 1. Aufl. 2016

§ 3 Nr. 3 EStG

Steuerfrei sind ...

3.
   a) Rentenabfindungen nach § 107 des Sechsten Buches Sozialgesetzbuch, nach § 21 des Beamtenversorgungsgesetzes oder entsprechendem Landesrecht und nach § 43 des Soldatenversorgungsgesetzes in Verbindung mit § 21 des Beamtenversorgungsgesetzes,
   b) Beitragserstattungen an den Versicherten nach den §§ 210 und 286d des Sechsten Buches Sozialgesetzbuch sowie nach den §§ 204, 205 und 207 des Sechsten Buches Sozialgesetzbuch, Beitragserstattungen nach den §§ 75 und 117 des Gesetzes über die Alterssicherung der Landwirte und nach § 26 des Vierten Buches Sozialgesetzbuch,
   c) Leistungen aus berufsständischen Versorgungseinrichtungen, die den Leistungen nach den Buchstaben a und b entsprechen,

---

[1] Zuletzt EuGH v. 23.1.2014 - C-296/12, IStR 2014, 178.
[2] BT-Drucks. 18/1529, 63 f.
[3] Vgl. z. B. BFH v. 13.2.2008 - IX R 63/06, BFH/NV 2008, 1138 = NWB DokID: FAAAC-66643.

d) Kapitalabfindungen und Ausgleichszahlungen nach § 48 des Beamtenversorgungsgesetzes oder entsprechendem Landesrecht und nach den §§ 28 bis 35 und 38 des Soldatenversorgungsgesetzes;

Inhaltsübersicht Rz.

A. Allgemeine Erläuterungen	48 - 49
B. Systematische Kommentierung	50 - 56
I. § 3 Nr. 3 Buchst. a EStG	50
II. § 3 Nr. 3 Buchst. b EStG	51
III. § 3 Nr. 3 Buchst. c EStG	52
IV. § 3 Nr. 3 Buchst. d EStG	53 - 56

LITERATUR:

▶ Weitere Literatur siehe Online-Version

Miessl, Vorbezug aus einer schweizerischen öffentlich-rechtlichen Pensionskasse ist nicht nach § 3 Nr. 3 EStG steuerfrei - Zweiteilung der AG-Beiträge in das Obligatorium und Überobligatorium, ISR 2016, 341.

A. Allgemeine Erläuterungen

48 **Normzweck:** Die Regelung ist eine Ausprägung einer besonderen sozialen Schutzbedürftigkeit von Personen, die bestimmte, in der Regelung genannte, sozialgesetzlich vorgesehene Abfindungsleistungen erhalten.[1] Damit kommt eine Anwendung auf privatrechtliche, also nicht auf Gesetz beruhende Kapitalabfindungen, nicht in Betracht.[2]

Zur Entstehung und Entwicklung der Vorschrift: Vorgänger der Vorschrift des § 3 Nr. 3 EStG sind § 6 Abs. 3 EStG 1925 und § 3 Nr. 8 EStG 1934. Zuletzt ist die Vorschrift durch das JStG 2007[3] geändert worden. Dabei wurde vor allem der Anwendungsbereich auf Leistungen aus berufsständischen Versorgungseinrichtungen ausgedehnt. Aber es kam auch zu einer enumerativen Auflistung, wonach Todesfallleistungen einer schweizerischen privatrechtlichen Pensionskasse nicht mehr erfasst werden.[4]

49 **Vereinbarkeit mit Verfassungsrecht:** Die Vorschrift ist verfassungsgemäß.[5] Der Gesetzgeber hat aus sozialpolitischen Gründen diese Regelung getroffen und dabei den Zweck verfolgt, speziell den Personen durch die Steuerbefreiung sozialen Schutz zu gewähren, die Leistungen der in der Regelung genannten Art erhalten haben. Eine Verletzung von Art. 3 Abs. 1 GG bzgl. Personen, die entsprechende privatvertragliche Ablösungszahlungen erhalten, ist daher nicht gegeben.[6]

---

1 BFH v. 14. 8. 2012 - IX B 45/12, BFH/NV 2012, 1958 = NWB DokID: ZAAAE-19315.
2 BFH v. 15. 12. 1995 - VI R 50/95, BStBl 1996 II 169.
3 BGBl 2006 I 2878.
4 BFH v. 1. 10. 2015 - X R 43/11, BStBl 2016 II 685.
5 BFH v. 14. 8. 2012 - IX B 45/12, BFH/NV 2012, 1958 = NWB DokID: ZAAAE-19315, Verfassungsbeschwerde wurde nicht angenommen, BVerfG v. 21. 5. 2015 - 2 BvR 2346/12, juris.
6 BFH v. 14. 8. 2012 - IX B 45/12, BFH/NV 2012, 1958 = NWB DokID: ZAAAE-19315.

B. Systematische Kommentierung

I. § 3 Nr. 3 Buchst. a EStG

Die in dieser Vorschrift genannten **Abfindungen** sind solche, die der **hinterbliebene Ehegatte** 50
bzw. **Lebenspartner** aus der gesetzlichen Rentenversicherung bzw. der beamtenrechtlichen Versorgung im Fall der Wiederverheiratung/Verpartnerung (s. § 2 Abs. 8 EStG) erlangt. Im Einzelnen werden steuerfrei gestellt

- **Rentenabfindungen nach § 107 SGB VI:** Damit werden Abfindungen von Witwen- oder Witwerrenten erfasst, wenn der Berechtigte wieder heiratet (= 24facher Monatsbetrag). Auch entsprechende Abfindungen von Lebenspartnern werden erfasst (§ 107 Abs. 3 SGB VI).

- **Witwengeldabfindung nach § 21 BeamtVG:** Die Vorschrift erfasst Abfindungen von Witwen- oder Witwerpensionen, wenn der Berechtigte wieder heiratet (= 24facher Monatsbetrag). Auch entsprechende Abfindungen von Lebenspartnern werden erfasst.

- **Entsprechendes Landesrecht zu § 21 BeamtVG:** Die Vorschrift erfasst Abfindungen nach Landesrecht[1] von Witwen- oder Witwerpensionen, wenn der Berechtigte wieder heiratet (= 24facher Monatsbetrag). Auch entsprechende Abfindungen von Lebenspartnern werden erfasst.

- **Entsprechende Anwendung bei Soldaten nach § 43 SVG:** Die Vorschrift erfasst Abfindungen von Witwen- oder Witweransprüchen, wenn der Berechtigte wieder heiratet (= 24facher Monatsbetrag). § 43 SVG regelt die entsprechende Anwendung des § 21 BeamtVG. Auch entsprechende Abfindungen von Lebenspartnern werden erfasst.

- Erfasst werden auch **ausländische** sozialgesetzlich vorgesehene Abfindungsleistungen, wenn sich die Leistungen der ausländischen Versorgungseinrichtung der deutschen gesetzlichen Versicherung gleicht.[2] Eine Austrittsleistung aus einer privatrechtlichen Schweizer Pensionskasse fällt nicht darunter.[3]

II. § 3 Nr. 3 Buchst. b EStG

Weiterhin sind **Erstattungen von Zahlungen an Sozialversicherungen** steuerfrei. Im Einzelnen 51
werden hiervon erfasst:

- Beitragserstattungen nach §§ 210, 286d SGB VI (z. B. von Versicherten, die nicht versicherungspflichtig sind),

- Erstattungen von freiwilligen Beiträgen im Zusammenhang mit Nachzahlung von Beiträgen nach §§ 204, 205 und 207 SGB VI,

- Beitragserstattungen nach §§ 75 und 117 ALG (z. B. von Versicherten, die die Wartezeit von 15 Jahren bis zum Erreichen der Regelaltersgrenze nicht mehr erfüllen können – § 75 ALG),

- Beitragserstattungen nach § 26 SGB VI (diese betreffen Pflichtbeiträge zur Rentenversicherung).

---

1 Soweit der Landesgesetzgeber davon Gebrauch gemacht hat (BT-Drucks. 16/3368, 16).
2 FG Baden-Württemberg v. 13.7.2017 - 3 K 1989/15, NWB DokID: BAAAG-54805.
3 FG Baden-Württemberg v. 13.7.2017 - 3 K 1989/15, NWB DokID: BAAAG-54805.

III. § 3 Nr. 3 Buchst. c EStG

52 Erstattungen von Beiträgen und Abfindungen aus **berufsständischen Versorgungseinrichtungen** (= auf gesetzlicher Pflichtmitgliedschaft beruhende Altersversorgung für freie Berufe), die den Leistungen nach § 3 Nr. 3 Buchst. a und b EStG vergleichbar sind, sind seit Einführung der Vorschrift durch das JStG 2007[1] ebenfalls steuerfrei. Da die Vorschrift einen Verweis auf § 3 Nr. 3 Buchst. a und b EStG enthält, ist für die Steuerbefreiung erforderlich, dass die in Frage stehende Leistung der berufsständischen Versorgungseinrichtung die Kriterien der betreffenden Bezugsnorm erfüllt. Nur dann kommt eine Steuerbefreiung in Betracht.[2] Aber eine Wartezeit von 24 Monaten[3] ist nicht erforderlich. Insoweit fehlt es an einer gesetzlichen Grundlage.[4]

IV. § 3 Nr. 3 Buchst. d EStG

53 In § 3 Nr. 3 Buchst. d EStG werden Kapitalabfindungen und Ausgleichszahlungen erfasst, die Beamte oder Soldaten nach § 48 BeamtVG bzw. §§ 28 bis 35, 38 SVG erhalten. Damit sind insbesondere vor Vollendung des 67. Lebensjahrs in den Ruhestand tretende Beamte und Soldaten betroffen, die neben dem Ruhegehalt Ausgleichszahlungen erhalten.

54–56 *(Einstweilen frei)*

§ 3 Nr. 4 EStG

Steuerfrei sind …

4.
[5]bei Angehörigen der Bundeswehr, der Bundespolizei, der Zollverwaltung, der Bereitschaftspolizei der Länder, der Vollzugspolizei und der Berufsfeuerwehr der Länder und Gemeinden und bei Vollzugsbeamten der Kriminalpolizei des Bundes, der Länder und Gemeinden

a) der Geldwert der ihnen aus Dienstbeständen überlassenen Dienstkleidung,

b) Einkleidungsbeihilfen und Abnutzungsentschädigungen für die Dienstkleidung der zum Tragen oder Bereithalten von Dienstkleidung Verpflichteten und für dienstlich notwendige Kleidungsstücke der Vollzugsbeamten der Kriminalpolizei sowie der Angehörigen der Zollverwaltung,

c) im Einsatz gewährte Verpflegung oder Verpflegungszuschüsse,

d) der Geldwert der auf Grund gesetzlicher Vorschriften gewährten Heilfürsorge;

Inhaltsübersicht	Rz.
A. Allgemeine Erläuterungen	57
B. Systematische Kommentierung	58 – 60

HINWEIS:
R 3.4 LStR.

---

1 BGBl 2006 I 2878.
2 BMF v. 13. 9. 2010, BStBl 2010 I 681, Rz. 144; HHR/*Bergkemper*, § 3 Nr. 3 EStG Rz. 4.
3 So BMF v. 19.8.2013, BStBl I 2013, 1087.
4 BFH v. 10.10.2017 - X R 3/17, BFH/NV 2018, 485 = NWB DokID: WAAAG-73185.
5 Anm. d. Red.: § 3 Nr. 4 i. d. F. des Gesetzes v. 25. 7. 2014 (BGBl I S. 1266) mit Wirkung v. 1. 1. 2015.

A. Allgemeine Erläuterungen

Normzweck und wirtschaftliche Bedeutung: Die Vorschrift beinhaltet nur z.T. eine Steuerbefreiung. So stellt z.B. der Geldwert der vom Stpfl. zur Benutzung überlassenen Dienstkleidung keinen steuerbaren Arbeitslohn dar, da die Leistung im ganz überwiegenden eigenbetrieblichen Interesse des Arbeitgebers gewährt wird.[1]   57

Zur Entstehung und Entwicklung der Vorschrift: Die Vorschrift hat zuletzt in § 3 Nr. 4 Buchst. b EStG und im Einleitungssatzteil (i.d.F. des KroatienAnpG v. 25.7.2014)[2] eine materiell-rechtliche Erweiterung erfahren. Statt nur den Zollfahndungsdienst bezüglich Bekleidungskosten steuerlich zu entlasten, wurde nun die Befreiung auf die **gesamte Zollverwaltung** ausgedehnt.[3]

Vereinbarkeit mit Verfassungsrecht: Die Regelung ist z.T. (hinsichtlich der geregelten normativen Steuerbefreiung, z.B. Verpflegungszuschüsse nach § 3 Nr. 4 Buchst. c EStG) verfassungsrechtlich problematisch. Die Steuerbefreiung ist historisch bedingt. Sie dürfte wegen Art. 3 Abs. 1 GG nicht zu rechtfertigen sein.[4]

B. Systematische Kommentierung

Angehörige der Bundeswehr: Die Steuerbefreiung erfasst nach dem Einleitungssatzteil alle Angehörige der Bundeswehr. Darunter sind aber nur die Berufssoldaten, nicht jedoch Wehrpflichtige, freiwillig den Wehrdienst Leistende oder die Zivilangestellten der Bundeswehr zu fassen.[5]   58

Angehörige der Bundespolizei: Auch hier werden nur als Angehörige erfasst, die nicht Zivilbedienstete sind.[6]

Vollzugsbeamte der Kriminalpolizei des Bundes, der Länder und Gemeinden: Hierzu gehören auch abgeordnete Polizisten der Schutzpolizei.[7]

Berufsfeuerwehr der Länder und Gemeinden: Hierzu gehören nicht die Angehörigen der freiwilligen Feuerwehren.

(Einstweilen frei)   59–60

§ 3 Nr. 5 EStG

Steuerfrei sind ...[8,9]

5. a) die Geld- und Sachbezüge, die Wehrpflichtige während des Wehrdienstes nach § 4 des Wehrpflichtgesetzes erhalten,

---

1 HHR/*Bergkemper*, § 3 Nr. 4 EStG Rz. 3.
2 BGBl 2014 I 1266.
3 Siehe BT-Drucks. 18/1529, 64.
4 Ebenso HHR/*Bergkemper*, § 3 Nr. 4 EStG Rz. 3; *Hey* in Tipke/Lang, Steuerrecht, § 8 Rz. 143.
5 R 3.4 LStR; Vgl. *von Beckerath* in Kirchhof/Söhn/Mellinghoff, § 3 EStG Rz. 15; a.A. HHR/*Bergkemper*, § 3 Nr. 4 EStG Rz. 5.
6 R 3.4 LStR.
7 BMF v. 15.4.1981, FR 1981, 303.
8 **Anm. d. Red.:** § 3 Nr. 5 i.d.F. des Gesetzes v. 26.6.2013 (BGBl I S. 1809) mit Wirkung v. 30.6.2013.
9 **Anm. d. Red.:** Zur Anwendung des § 3 Nr. 5 siehe § 52 Abs. 4 Sätze 1 und 2.

b) die Geld- und Sachbezüge, die Zivildienstleistende nach § 35 des Zivildienstgesetzes erhalten,

c) der nach § 2 Absatz 1 des Wehrsoldgesetzes an Soldaten im Sinne des § 1 Absatz 1 des Wehrsoldgesetzes gezahlte Wehrsold,

d) die an Reservistinnen und Reservisten der Bundeswehr im Sinne des § 1 des Reservistinnen- und Reservistengesetzes nach dem Wehrsoldgesetz gezahlten Bezüge,

e) die Heilfürsorge, die Soldaten nach § 6 des Wehrsoldgesetzes und Zivildienstleistende nach § 35 des Zivildienstgesetzes erhalten,

f) das an Personen, die einen in § 32 Absatz 4 Satz 1 Nummer 2 Buchstabe d genannten Freiwilligendienst leisten, gezahlte Taschengeld oder eine vergleichbare Geldleistung;

Inhaltsübersicht	Rz.
A. Allgemeine Erläuterungen	61
B. Systematische Kommentierung	62 - 64

HINWEIS:
H 3.5 LStH

LITERATUR:
Nacke, Entwurf des Jahressteuergesetzes 2013 – Die wichtigsten Änderungen durch den Gesetzentwurf unter Berücksichtigung der Stellungnahme des Bundesrates und der Gegenäußerung der Bundesregierung, DB 2012, 2117; *Ortmann-Babel/Bolik/Griesfeller*, Ein Jahressteuergesetz namens Amtshilferichtlinie-Umsetzungsgesetz: Alter Wein in neuen Schläuchen, DB 2013, 1319.

A. Allgemeine Erläuterungen

61 **Normzweck und wirtschaftliche Bedeutung:** Die Vorschrift stellt Geld- und Sachbezüge, die **Wehr- und Zivildienstleistende** erhalten, steuerfrei. Berufssoldaten in ihrer aktiven Dienstzeit werden nicht erfasst. Hier gilt § 3 Nr. 4 EStG.

Zur Entstehung und Entwicklung der Vorschrift: Die Vorschrift ist zuletzt durch das AmtshilfeRLUmsG[1] v. 26.6.2013 neu geregelt worden. Wegen der Aussetzung der Wehrpflicht ab 1.7.2011 war eine Neuregelung erforderlich, die nun auch den freiwilligen Wehrdienst erfasst.

Vereinbarkeit mit Verfassungsrecht: Die Vorschrift des § 3 Nr. 5 EStG ist als Sozialzwecknorm gerechtfertigt.[2]

B. Systematische Kommentierung

62 Im Einzelnen werden folgende Leistungen steuerfrei gestellt:

▶ **Wehrsold** (§ 3 Nr. 5 Buchst. c EStG). Der Wehrsold sollte nach dem Referentenentwurf zum AmtshilfeRLUmsG v. 26.6.2013 noch steuerpflichtig sein. Dies wurde jedoch geändert. Er bleibt steuerfrei.[3]

---

1 BGBl 2013 I 1809.
2 HHR/*Bergkemper*, § 3 Nr. 5 EStG Rz. 1.
3 Siehe *Nacke*, DB 2012, 2117.

Allgemeine Erläuterungen 63–65 § 3 Nr. 6 EStG

▶ **Geld- und Sachbezüge der Soldaten** (§ 3 Nr. 5 Buchst. a EStG), die Wehrdienst i. S. d. § 4 WPflG leisten (dazu gehören Verpflegung, Unterkunft, Dienstbekleidung, Heilfürsorge etc.). Die einzelnen Geld- und Sachbezüge sind in den §§ 2 ff. WSG geregelt.

▶ **Geld- und Sachbezüge der Zivildienstleistenden** (§ 3 Nr. 5 Buchst. b EStG) sind entsprechend den Regelungen bei den Soldaten steuerfrei. Die Regelung ist praktisch ohne Bedeutung, da die Zivildienstleistungspflicht wie bei den Wehrdienstpflichtigen ab 1. 7. 2011 ausgesetzt worden ist.

▶ **Reservistenbezüge** (§ 3 Nr. 5 Buchst. d EStG). Auch bei den Reservisten gilt das WSG (s. § 1 Abs. 1 WSG), so dass die in §§ 2 ff. WSG genannten Bezüge bei den Reservisten ebenso steuerfrei sind.

▶ **Heilfürsorge** (§ 3 Nr. 5 Buchst. e EStG). Soweit Wehr- oder Zivildienstleistende Leistungen der Heilfürsorge erhalten, sind diese ebenfalls steuerfrei.

▶ **Taschengeld oder vergleichbare Leistungen** im Rahmen eines Freiwilligendienstes. Soweit erst ab **VZ 2013** dieses Taschengeld steuerfrei gestellt wurde (§ 52 Abs. 4g Satz 1 EStG a. F.; § 52 Abs. 4 Satz 1 und 2 EStG n. F.), waren diese Leistungen vorher bereits aufgrund einer Billigkeitsregelung von der Verwaltung steuerfrei gestellt.[1]

(Einstweilen frei) 63–64

§ 3 Nr. 6 EStG

Steuerfrei sind ...

6.
[2]Bezüge, die auf Grund gesetzlicher Vorschriften aus öffentlichen Mitteln versorgungshalber an Wehrdienstbeschädigte, im Freiwilligen Wehrdienst Beschädigte, Zivildienstbeschädigte und im Bundesfreiwilligendienst Beschädigte oder ihre Hinterbliebenen, Kriegsbeschädigte, Kriegshinterbliebene und ihnen gleichgestellte Personen gezahlt werden, soweit es sich nicht um Bezüge handelt, die auf Grund der Dienstzeit gewährt werden. [2]Gleichgestellte im Sinne des Satzes 1 sind auch Personen, die Anspruch auf Leistungen nach dem Bundesversorgungsgesetz oder auf Unfallfürsorgeleistungen nach dem Soldatenversorgungsgesetz, Beamtenversorgungsgesetz oder vergleichbarem Landesrecht haben;

Inhaltsübersicht	Rz.
A. Allgemeine Erläuterungen	65
B. Systematische Kommentierung	66 - 69

HINWEIS:
H 3.6 EStH; R 3.6 LStR; H 3.6 LStH.

A. Allgemeine Erläuterungen

Normzweck und wirtschaftliche Bedeutung: Die Vorschrift stellt neben den Geld- und Sachbezügen, die **Wehr- und Zivildienstleistende** (s. § 3 Nr. 5 EStG) erhalten, auch **Versorgungsleistun-** 65

---

1 BayLfSt v. 24. 10. 2011, DStR 2011, 2098.
2 **Anm. d. Red.:** § 3 Nr. 6 i. d. F. des Gesetzes v. 25. 7. 2014 (BGBl I S. 1266) mit Wirkung v. 31. 7. 2014.

gen steuerfrei. Sie ist konstitutiv, da entweder eine Steuerbarkeit aus § 22 Nr. 1 EStG noch aus § 19 Abs. 1 Satz 1 Nr. 2 EStG folgt.

Zur Entstehung und Entwicklung der Vorschrift: Die Vorschrift hat ihren Ursprung in § 12 Nr. 6 und 7 EStG 1920 und wurde nach der Änderung durch das StÄndG 1977 v. 16. 8. 1977[1] nun durch das KroatienAnpG v. 25. 7. 2014 geändert und aktualisiert. Insbesondere wurden Personen, die während des Freiwilligen Wehrdienstes oder des Bundesfreiwilligendienstes einen Schaden erleiden, ebenfalls mit ihren Versorgungsleistungen erfasst.[2]

Vereinbarkeit mit Verfassungsrecht: Die Vorschrift des § 3 Nr. 6 EStG wird als Sozialzwecknorm gerechtfertigt.[3]

B. Systematische Kommentierung

66 Die Vorschrift erfasst nicht nur Personen, die eine Wehrdienstbeschädigung, Dienstbeschädigung oder einen Versicherungsfall i. S. v. § 13 Abs. 1 BFDG erlitten haben, sondern auch gleichgestellte Personen. Die gleichgestellten Personen ergeben sich aus § 82 BVG und aus R 3.6 LStR. So gehören dazu z. B. Opfer von Gewalttaten. Durch die Änderung aufgrund des KroatienAnpG v. 25. 7. 2014 gehören dazu auch ausdrücklich Personen, die Anspruch auf Leistungen nach dem Bundesversorgungsgesetz oder dem BeamtenVG, Soldatenversorgungsgesetz oder vergleichbarem Landesrecht haben. Hierzu heißt es in den Gesetzesmaterialien: *„Diese Neufassung greift eine Prüfbitte des Bundesrates auf. § 3 Nummer 6 EStG stellt die versorgungshalber an Wehrdienstbeschädigte, Zivildienstbeschädigte oder ihre Hinterbliebenen, Kriegsbeschädigte, Kriegshinterbliebene und ihnen gleichgestellte Personen geleisteten Bezüge steuerfrei, soweit die Bezüge nicht aufgrund der Dienstzeit gezahlt werden. Steuerfrei sind insbesondere Entschädigungen, die aufgrund eines Dienstunfalles geleistet werden. Mit der Neufassung wird diese Gesetzesregelung aktualisiert. Personen, die während des Freiwilligen Wehrdienstes oder des Bundesfreiwilligendienstes einen Schaden erleiden, werden ausdrücklich genannt. Der neu eingefügte Satz 2 regelt beispielhaft, wer den in Satz 1 der Vorschrift genannten gleichgestellten Personen angehört. Ausdrücklich genannt werden Personen, die Anspruch auf Leistungen nach dem Bundesversorgungsgesetz oder dem Beamtenversorgungsgesetz oder vergleichbarem Landesrecht haben. Der BFH hatte die Steuerfreiheit dieser Leistungen für Beamte, die im zivilen Dienst einen gefährlichen Dienst ausüben, zuletzt in Frage gestellt. Nach den Lohnsteuer-Richtlinien waren diese Leistungen aber schon in der Vergangenheit steuerfrei. Die Änderung stellt klar, dass diese Leistungen auch zukünftig wie derzeit steuerfrei sind. Unter dem Gesichtspunkt der Gleichbehandlung wäre es nicht gerechtfertigt, die an einen Soldaten gezahlte Entschädigung steuerfrei zu belassen, die aufgrund einer vergleichbaren Beschädigung an einen im zivilen Bereich tätigen Beamten gezahlte Entschädigung aber steuerpflichtig zu behandeln."*[4]

67 **Versorgungshalber erbrachte Leistungen:** Die Vorschrift erfasst nur versorgungshalber erbrachte Leistungen. Es darf deshalb keine Leistung aufgrund der Dienstzeit erbracht worden sein. Insbesondere dürfen Grund und Höhe der Zahlung nicht von der Dauer der Dienstzeit abhängig sein. Aus diesem Grunde fallen z. B. Ruhegelder, Pensionen, Wartegelder, Witwen-

---

1 BGBl 1977 I 1586.
2 Siehe Gesetzesbegründung in BT-Drucks. 18/1995, 104.
3 HHR/*Bergkemper*, § 3 Nr. 6 EStG Rz. 2; vgl. auch *Handzik* in Littmann/Bitz/Pust, § 3 EStG Rz. 220 ff.
4 BT-Drucks. 18/1995, 104.

und Waisengelder und das Unfallruhegehalt nach § 36 BeamtVG nicht darunter.[1] Steuerfrei sind dagegen z. B. der Unfallausgleich nach § 35 BeamtVG[2] und der Unterhaltsbeitrag nach § 38 BeamtVG.[3]

(Einstweilen frei) 68–69

§ 3 Nr. 7 EStG
Steuerfrei sind ...

7.
Ausgleichsleistungen nach dem Lastenausgleichsgesetz, Leistungen nach dem Flüchtlingshilfegesetz, dem Bundesvertriebenengesetz, dem Reparationsschädengesetz, dem Vertriebenenzuwendungsgesetz, dem NS-Verfolgtenentschädigungsgesetz sowie Leistungen nach dem Entschädigungsgesetz und nach dem Ausgleichsleistungsgesetz, soweit sie nicht Kapitalerträge im Sinne des § 20 Absatz 1 Nummer 7 und Absatz 2 sind;

Inhaltsübersicht	Rz.
A. Allgemeine Erläuterungen	70
B. Systematische Kommentierung	71 - 73

A. Allgemeine Erläuterungen

Normzweck und wirtschaftliche Bedeutung: Die Vorschrift stellt den Ausgleich einer Minderung der Leistungsfähigkeit in bestimmten Fällen steuerfrei. Die praktische Bedeutung ist mittlerweile gering. Sie dürfte nur noch für Ansprüche nach dem Ausgleichleistungsgesetz Bedeutung haben.[4] 70

B. Systematische Kommentierung

Ausgleichsleistungen nach dem Ausgleichsleistungsgesetz: Hierunter fallen insbesondere Ausgleichsleistungen nach §§ 1 ff. Ausgleichsleistungsgesetz für natürliche Personen, die Vermögenswerte durch entschädigungslose Enteignungen auf besatzungsrechtlicher oder -hoheitlicher Grundlage im Beitrittsgebiet verloren haben. 71

Kapitalerträge i. S. d. § 20 Abs. 1 Nr. 7 und Abs. 2 EStG: Werden die Ausgleichsleistungen (Entschädigungen) verzinst, so sind diese Zinsen nicht steuerfrei.[5]

(Einstweilen frei) 72–73

---

[1] BFH v. 29. 5. 2008 - VI R 25/07, BStBl 2009 II 150; FG Rheinland-Pfalz v. 13. 2. 2007 - 3 K 1435/03, EFG 2007, 992.
[2] BFH v. 15. 5. 1992 - VI R 19/90, BStBl 1992 II 1035; BFH v. 16. 1. 1998 - VI R 5/96, BStBl 1998 II 303.
[3] BFH v. 16. 1. 1998 - VI R 5/96, BStBl 1998 II 303.
[4] *Handzik* in Littman/Bitz/Pust, § 3 EStG Rz. 240; *Erhard* in Blümich, § 3 Nr. 7 EStG Rz. 1.
[5] FG Hamburg v. 31. 5. 2011 - 1 K 207/10, EFG 2012, 60; FG Schleswig-Holstein v. 26.9.2018 - 5 K 35/18, EFG 2018, 1884.

§ 3 Nr. 8 EStG

Steuerfrei sind ...

8.
Geldrenten, Kapitalentschädigungen und Leistungen im Heilverfahren, die auf Grund gesetzlicher Vorschriften zur Wiedergutmachung nationalsozialistischen Unrechts gewährt werden. ²Die Steuerpflicht von Bezügen aus einem aus Wiedergutmachungsgründen neu begründeten oder wieder begründeten Dienstverhältnis sowie von Bezügen aus einem früheren Dienstverhältnis, die aus Wiedergutmachungsgründen neu gewährt oder wieder gewährt werden, bleibt unberührt;

Inhaltsübersicht	Rz.
A. Allgemeine Erläuterungen	74
B. Systematische Kommentierung	75 - 77

A. Allgemeine Erläuterungen

74 **Normzweck und wirtschaftliche Bedeutung:** Die Vorschrift stellt **Leistungen zur Wiedergutmachung nationalsozialistischen Unrechts** steuerfrei.

Vereinbarkeit mit Verfassungsrecht: Die Vorschrift des § 3 Nr. 8 EStG ist verfassungsrechtlich nicht zu beanstanden.[1]

B. Systematische Kommentierung

75 Die Vorschrift befreit in § 3 Nr. 8 Satz 1 EStG die eigentlichen Entschädigungsleistungen. In § 3 Nr. 8 Satz 2 EStG werden Vergütungsansprüche, die Betroffene aufgrund von Wiedergutmachungsmaßnahmen aus einem Dienstverhältnis erzielen, aber nicht steuerfrei gestellt.[2]

76–77 *(Einstweilen frei)*

§ 3 Nr. 8a EStG

Steuerfrei sind ...

8a.
³Renten wegen Alters und Renten wegen verminderter Erwerbsfähigkeit aus der gesetzlichen Rentenversicherung, die an Verfolgte im Sinne des § 1 des Bundesentschädigungsgesetzes gezahlt werden, wenn rentenrechtliche Zeiten auf Grund der Verfolgung in der Rente enthalten sind. ²Renten wegen Todes aus der gesetzlichen Rentenversicherung, wenn der verstorbene Versicherte Verfolgter im Sinne des § 1 des Bundesentschädigungsgesetzes war und wenn rentenrechtliche Zeiten auf Grund der Verfolgung in dieser Rente enthalten sind;

---

1 *Erhard* in Blümich, § 3 Nr. 8 EStG Rz. 1.
2 BFH v. 20. 5. 1980 - VIII R 64/78, BStBl 1981 II 6.
3 Anm. d. Red.: § 3 Nr. 8a eingefügt gem. Gesetz v. 7. 12. 2011 (BGBl I S. 2592) mit Wirkung v. 14. 12. 2011.

Inhaltsübersicht

	Rz.
A. Allgemeine Erläuterungen	78 - 79
B. Systematische Kommentierung	80 - 84

A. Allgemeine Erläuterungen

Normzweck und wirtschaftliche Bedeutung: Die Vorschrift befreit konstitutiv die **Renten von Verfolgten i. S. d. § 1 Bundesentschädigungsgesetzes (BEG)** unter bestimmten Bedingungen. Steuerfrei werden auch die **Renten wegen Todes des verstorbenen Verfolgten (Hinterbliebenenrenten)** gestellt. 78

Zur Entstehung und Entwicklung der Vorschrift: Die Vorschrift wurde durch das BeitrRLUmsG v. 7. 12. 2011[1] eingeführt.

Vereinbarkeit mit Verfassungsrecht: Die Vorschrift des § 3 Nr. 8a EStG wird als Sozialzwecknorm einzustufen sein.[2] Soweit nicht nur die Anteile der Rente, die auf die Anrechnungszeiten auf Grund der Verfolgung entfallen, sondern die gesamten Rente steuerfrei gestellt wird, kann dies nicht mehr mit dem Gesetzeszweck der Kompensation von Nachteilen in der Alterssicherung[3] begründet werden. Insoweit ist diese überschießende Steuerbefreiung verfassungsrechtlich unter dem Gesichtspunkt von Art. 3 Abs. 1 GG bedenklich.[4] 79

Zeitlicher Anwendungsbereich: Die Neuregelung gilt ab VZ 2011 und ist auf alle noch nicht bestandskräftigen Steuerfestsetzungen anzuwenden (§ 52 Abs. 4a Satz 1 EStG a. F.).

B. Systematische Kommentierung

Die Befreiungsvorschrift erfasst wohl in erster Linie Renten aus Beschäftigungen in einem Ghetto.[5] 80

Verfolgter i. S. d. § 1 BEG: Verfolgter i. S. d. § 1 BEG ist, wer aus Gründen politischer Gegnerschaft gegen den Nationalsozialismus oder aus Gründen der Rasse, des Glaubens oder Weltanschauung durch nationalsozialistische Gewaltmaßnahmen verfolgt worden ist und hierdurch Schaden an Leben, Körper, Gesundheit, Freiheit, Eigentum, Vermögen, in seinem beruflichen oder in seinem wirtschaftlichen Fortkommen erlitten hat.

Hinterbliebene von Verfolgten: Nach § 3 Abs. 1 Nr. 8a Satz 2 EStG werden auch Hinterbliebene von Verfolgten, in deren Renten Anteile enthalten sind, die durch Anrechnungszeiten wegen Verfolgung begründet wurden, von der Steuerbefreiung erfasst. Dabei werden aber nur dann die Renten der Witwen und Witwer erfasst, wenn sie nicht wieder geheiratet haben (s. § 46 SGB VI). 81

Rentenrechtliche Zeiten aufgrund der Verfolgung: Die Steuerbefreiung wird nur gewährt, wenn rentenrechtliche Zeiten aufgrund der Verfolgung in der Rente enthalten sind. Es reicht aus, wenn nur rentenrechtliche Zeiten in der Rente enthalten sind. Sie müssen nicht einen grö-

---

1 BGBl 2011 I 2592.
2 HHR/*Bergkemper*, § 3 Nr. 8a EStG Rz. 1; vgl. auch *Handzik* in Littmann/Bitz/Pust, § 8a EStG Rz. 266.
3 BR-Drucks. 253/11, 70.
4 Ebenso *von Beckerath* in Kirchhof/Söhn/Mellinghoff, § 3 Nr. 8a EStG Rz. 19c.
5 Siehe ZRBG v. 20. 6. 2002, BGBl 2002 I 2074.

ßeren Umfang haben, obwohl der Gesetzgeber davon ausgeht, dass die Renten im Wesentlichen oder ausschließlich auf rentenrechtlichen Zeiten beruhen.[1] Bei diesen rentenrechtlichen Zeiten handelt es sich um beitragsfreie Zeiten gem. § 54 Abs. 4 SGB VI.

82–84 (Einstweilen frei)

§ 3 Nr. 9 EStG

Steuerfrei sind …

9.
Erstattungen nach § 23 Absatz 2 Satz 1 Nummer 3 und 4 sowie nach § 39 Absatz 4 Satz 2 des Achten Buches Sozialgesetzbuch;

Inhaltsübersicht	Rz.
A. Allgemeine Erläuterungen	85 - 86
B. Systematische Kommentierung	87 - 90

HINWEIS:

BMF v. 17. 12. 2007, BStBl 2008 I 17.

LITERATUR:

Benzler, Neuerungen bei der einkommensteuerrechtlichen Behandlung von Pflegeentgelten, DStR 2009, 954.

A. Allgemeine Erläuterungen

85 **Normzweck und wirtschaftliche Bedeutung:** Die Vorschrift befreit konstitutiv die **Erstattungen öffentlicher Träger für die Zukunftssicherung an Tages- und Vollzeitpflegepersonen.**

Zur Entstehung und Entwicklung der Vorschrift: § 3 Nr. 9 EStG regelte bis VZ 2005 die Steuerfreiheit von **Abfindungen wegen Auflösung des Dienstverhältnisses.** Durch das Kinderförderungsgesetz v. 10. 12. 2008[2] wurde die Nr. 9 ab VZ 2008 neu besetzt und Erstattungen öffentlicher Träger für die Zukunftssicherung an Tages- und Vollzeitpflegepersonen steuerfrei gestellt.

86 **Vereinbarkeit mit Verfassungsrecht:** Die Vorschrift des § 3 Nr. 8a EStG wird als verfassungsrechtlich bedenklich eingestuft.[3]

Zeitlicher Anwendungsbereich: Die Neuregelung gilt ab VZ 2008.

B. Systematische Kommentierung

87 Die Befreiungsvorschrift erfasst zwei Formen von Erstattungen:

Erstattungen nach § 23 Abs. 2 Satz 1 Nr. 3 und 4 SGB VIII: Danach erhalten Tagespflegepersonen die nachgewiesenen Aufwendungen für Beiträge zu einer Unfallversicherung sowie die

---

1 BT-Drucks. 17/6263, 47.
2 BGBl 2008 I 2403.
3 *Erhard* in Blümich, § 3 Nr. 9 EStG Rz. 1.

hälftigen nachgewiesenen Aufwendungen zu einer angemessenen Alterssicherung durch den Träger der öffentlichen Jugendhilfe erstattet. Diese Erstattungen sind nach § 3 Nr. 9 EStG steuerfrei. Ansonsten wären die nach § 23 Abs. 2 Satz 1 Nr. 3 und Nr. 4 SGB VIII erhaltenen Erstattungen als Einnahmen aus freiberuflicher Tätigkeit i. S. d. § 18 Abs. 1 EStG steuerpflichtig gewesen.[1]

Erstattungen nach § 39 Abs. 4 Satz 2 SGB VIII: Hier werden Leistungen erfasst, die im Rahmen der Hilfe zur Erziehung und der Eingliederungshilfe für seelisch behinderte Kinder und Jugendliche für die Unterbringung außerhalb des Elternhauses erbracht werden. Im Einzelnen werden Erstattungen für die Beiträge zu einer Unfallversicherung sowie die hälftige Erstattung nachgewiesener Aufwendungen zu einer angemessenen Alterssicherung der Pflegeperson ebenfalls steuerfrei gestellt. 88

(Einstweilen frei) 89–90

§ 3 Nr. 10 EStG

Steuerfrei sind ...

10.
Einnahmen einer Gastfamilie für die Aufnahme eines behinderten oder von Behinderung bedrohten Menschen nach § 2 Absatz 1 des Neunten Buches Sozialgesetzbuch zur Pflege, Betreuung, Unterbringung und Verpflegung, die auf Leistungen eines Leistungsträgers nach dem Sozialgesetzbuch beruhen. [2]Für Einnahmen im Sinne des Satzes 1, die nicht auf Leistungen eines Leistungsträgers nach dem Sozialgesetzbuch beruhen, gilt Entsprechendes bis zur Höhe der Leistungen nach dem Zwölften Buch Sozialgesetzbuch. [3]Überschreiten die auf Grund der in Satz 1 bezeichneten Tätigkeit bezogenen Einnahmen der Gastfamilie den steuerfreien Betrag, dürfen die mit der Tätigkeit in unmittelbarem wirtschaftlichen Zusammenhang stehenden Ausgaben abweichend von § 3c nur insoweit als Betriebsausgaben abgezogen werden, als sie den Betrag der steuerfreien Einnahmen übersteigen;

Inhaltsübersicht	Rz.
A. Allgemeine Erläuterungen	91 - 92
B. Systematische Kommentierung	93 - 97

HINWEIS:

BMF v. 14. 11. 2007 = NWB DokID: AAAAC-67540.

LITERATUR:

Nacke, Die einkommensteuerlichen Änderungen durch das Jahressteuergesetz 2009, DB 2008, 2792; Benzler, Neuerungen bei der einkommensteuerrechtlichen Behandlung von Pflegeentgelten, DStR 2009, 954.

A. Allgemeine Erläuterungen

Normzweck und wirtschaftliche Bedeutung: Die Vorschrift wurde geschaffen, um Leistungen der in der Norm genannten Art steuerfrei zu stellen. Da eine Steuerbefreiung nach § 3 Nr. 11 91

---

[1] BMF v. 17. 12. 2007, BStBl 2008 I 17; *Benzler*, DStR 2009, 954.

bzw. § 3 Nr. 26 EStG nicht in Betracht kam,[1] wurde die neue Steuerbefreiungsvorschrift in das EStG aufgenommen. Die Literatur geht teilweise davon aus, dass es sich nicht um einen steuerbaren Sachverhalt handele, so dass die Vorschrift nur deklaratorisch wirke.[2]

92 **Zur Entstehung und Entwicklung der Vorschrift:** Die Vorschrift in der heutigen Fassung ist durch das JStG 2009 v. 19. 12. 2008[3] in § 3 EStG aufgenommen worden.

Vereinbarkeit mit Verfassungsrecht: Die Regelung ist verfassungsgemäß. Sie ist als Sozialzwecknorm gerechtfertigt.[4]

Zeitlicher Anwendungsbereich: Die Neuregelung gilt ab VZ 2009 (§ 52 Abs. 1 EStG).

B. Systematische Kommentierung

93 In § 3 Nr. 10 Satz 1 EStG werden Leistungen an die Gastfamilie steuerfrei gestellt, wenn sie von einem Sozialträger erbracht werden. Nach § 3 Nr. 10 Satz 2 EStG werden die in Satz 1 beschriebenen Leistungen auch steuerfrei gestellt, wenn sie von einem anderen (auch der Behinderte selbst) gezahlt werden. Hierzu können auch juristische Personen gehören. Werden Zahlungen erbracht, die über den Umfang der Beträge nach Satz 1 hinausgehen, so werden die Aufwendungen nach § 3 Nr. 10 Satz 3 EStG nur dann zum Abzug zugelassen, soweit sie die steuerfreigestellten gezahlten Beträge übersteigen.

94 **Begünstigte Leistungen:** Die Steuerbefreiung erfasst Einnahmen, die auf Leistungen eines Leistungsträgers nach dem SGB beruhen. Hierzu gehören u. a. folgende Zahlungen: Hilfe zum Lebensunterhalt nach § 27 SGB XII, Pflegegeld gem. § 37 SGB XI oder Kostenerstattung nach § 107 SGB XII. Die Leistungen sind durch die Beträge nach SGB begrenzt, nicht jedoch durch die Anzahl der aufgenommenen Behinderten.[5]

95 **Nicht auf Leistungen eines Leistungsträgers beruhende Einnahmen (§ 3 Nr. 10 Satz 2 EStG):** In erster Linie erfasst die Vorschrift in § 3 Nr. 10 Satz 2 EStG Zahlungen, die der Behinderte, der im Haushalt der betreffenden Person aufgenommen wurde, ganz oder überwiegend selbst erbringt.[6] Diese Zahlungen sind aber nur steuerfrei, soweit sie die gesetzlich festgelegten Beträge für Sozialhilfe nach SGB XII betreffend Pflege, Betreuung, Unterbringung und Verpflegung in der Summe nicht überschreiten.[7]

Abzugsbeschränkung für Betriebsausgaben nach § 3 Nr. 10 Satz 3 EStG: Soweit Aufwendungen der Gastfamilie die steuerfreien Beträge übersteigen und über die steuerfreien Beträge hinausgehende Einnahmen erzielt werden, können diese als BA abgezogen werden. Damit bezieht sich § 3 Nr. 10 Satz 3 EStG nur auf die Fälle des § 3 Nr. 10 Satz 2 EStG.[8]

96–97 *(Einstweilen frei)*

---

1 Siehe BMF v. 14. 11. 2007, NWB DokID: AAAAC-67540.
2 HHR/*Bergkemper*, § 3 Nr. 10 EStG Rz. 1; a. A. Bayerisches Landesamt für Steuern v. 31. 1. 2008 - S 2342-8 St 32/St33; *Handzik* in Littmann/Bitz/Pust, § 3 EStG Rz. 340a; *Nacke*, DB 2008, 2792; *Benzler*, DStR 2009, 954.
3 BGBl 2008 I 2794.
4 *Handzik* in Littmann/Bitz/Pust, § 3 EStG Rz. 340.
5 *Erhard* in Blümich, § 3 Nr. 10 EStG Rz. 3; *Nacke*, DB 2008, 2792.
6 *Nacke*, DB 2008, 2792.
7 HHR/*Bergkemper*, § 3 Nr. 10 EStG Rz. 3.
8 Gl. A. HHR/*Bergkemper*, § 3 Nr. 10 EStG Rz. 4; *Handzik* in Littmann/Bitz/Pust, § 3 EStG Rz. 361.

§ 3 Nr. 11 EStG

Steuerfrei sind ...

11.
Bezüge aus öffentlichen Mitteln oder aus Mitteln einer öffentlichen Stiftung, die wegen Hilfsbedürftigkeit oder als Beihilfe zu dem Zweck bewilligt werden, die Erziehung oder Ausbildung, die Wissenschaft oder Kunst unmittelbar zu fördern. ²Darunter fallen nicht Kinderzuschläge und Kinderbeihilfen, die auf Grund der Besoldungsgesetze, besonderer Tarife oder ähnlicher Vorschriften gewährt werden. ³Voraussetzung für die Steuerfreiheit ist, dass der Empfänger mit den Bezügen nicht zu einer bestimmten wissenschaftlichen oder künstlerischen Gegenleistung oder zu einer bestimmten Arbeitnehmertätigkeit verpflichtet wird. ⁴Den Bezügen aus öffentlichen Mitteln wegen Hilfsbedürftigkeit gleichgestellt sind Beitragsermäßigungen und Prämienrückzahlungen eines Trägers der gesetzlichen Krankenversicherung für nicht in Anspruch genommene Beihilfeleistungen;

Inhaltsübersicht	Rz.
A. Allgemeine Erläuterungen	98
B. Systematische Kommentierung	99 – 110
I. § 3 Nr. 11 Satz 1 EStG	99 – 102
II. § 3 Nr. 11 Satz 2 EStG	103
III. § 3 Nr. 11 Satz 3 EStG	104
IV. § 3 Nr. 11 Satz 4 EStG	105 – 110

HINWEIS:

H 3.11 EStH; R 3.11 LStR; H 3.11 LStH; BMF v. 20. 5. 2009, BStBl 2009 I 642; BMF v. 21. 4. 2011, BStBl 2011 I 487; BMF v. 27. 11. 2012, BStBl 2012 I 1226.

LITERATUR:

Brandt, Steuerbarkeit eines Kommunalen Erziehungsgelds, NWB 1998, 3311; *Benzler*, Das neue BMF-Schreiben zur Versteuerung des Pflegegelds, DB 2007, 1212; *Benzler*, Neuerungen bei der einkommensteuerlichen Behandlung von Pflegeentgelten, DStR 2009, 954; *Lippert*, Gewinnermittlung bei Einkünften aus Aufnahme von Heimkindern i. S. d. § 34 SGB VIII, DStR 2011, 300; *Gragert*, Kindervollzeitpflege, NWB 2011, 2120.

A. Allgemeine Erläuterungen

Normzweck und wirtschaftliche Bedeutung: Die Vorschrift stellt Bezüge, die wegen Hilfsbedürftigkeit oder als Beihilfe zur Förderung von Erziehung, Ausbildung, Wissenschaft oder Kunst bewilligt werden, steuerfrei. Zu den Bezügen dieser Art gehören insbesondere die Sozialhilfe und das BaföG.

Zur Entstehung und Entwicklung der Vorschrift: Die Vorschrift beruht bereits auf § 12 Nr. 11 EStG 1920. Zuletzt wurde sie mit dem GKV-Wettbewerbsstärkungsgesetz v. 26. 3. 2007[1] geändert. Es wurde mit dieser Änderung § 3 Nr. 11 Satz 4 EStG eingefügt.

Vereinbarkeit mit Verfassungsrecht: Die Regelung ist verfassungsgemäß.[2]

---

1 BGBl 2007 I 378.
2 BVerfG v. 19. 2. 1991 - 1 BvR 1231/85, FR 1991, 415; BVerfG v. 25. 2. 1999 - 2 BvR 397/94, NJW 1999, 3479 = NWB DokID: IAAAB-87264; BFH v. 18. 5. 2004 - VI R 128/99, BFH/NV 2005, 22 = NWB DokID: SAAAB-26933.

B. Systematische Kommentierung

I. § 3 Nr. 11 Satz 1 EStG

99 In § 3 Nr. 11 Satz 1 EStG werden die Bezüge benannt, die der Steuerfreistellung unterliegen.

Öffentliche Mittel: Es muss sich um Mittel handeln, die aus öffentlichen Haushalten stammen. Dies bedeutet, dass sie haushaltsmäßig als Ausgaben festgelegt sein müssen.[1] Entscheidend ist, dass über die Mittel nur nach Maßgabe der haushaltlichen Vorschriften verfügt werden kann. Weiterhin muss die Verwendung i. E. einer gesetzlichen Kontrolle, u. a. durch den Rechnungshof, unterliegen.[2]

Private Kassenleistungen: Nach R 3.11 Abs. 2 LStR werden entgegen dem Gesetzeswortlaut auch Unterstützungsleistungen aus privaten Kassen steuerfrei gestellt.

Adressat des Bewilligungsbescheids: Die Steuerfreiheit besteht nur, wenn der Adressat des Bewilligungsbescheids mit dem Zahlungsempfänger identisch ist.[3]

Leistungen wegen Hilfsbedürftigkeit: Diese betreffen nur Leistungen an natürliche Personen, so dass Bezüge dieser Art an juristische Personen nicht steuerfrei sind.[4] Zu den **steuerfreien** Bezügen wegen Hilfsbedürftigkeit gehören:

- die Sozialhilfe nach § 8 Nr. 1 und §§ 27 ff. SGB XII und
- die im öffentlichen Dienst gewährten Beihilfen im Krankheitsfall.[5]

Zu den **nicht steuerfreien** Bezügen gehören:

- Lohnkostenzuschüsse des Arbeitsamts an den Arbeitgeber zur Arbeitsförderung seiner Arbeitnehmer,[6]
- Subventionen an Gewerbetreibende,[7]
- Sterbegeld nach § 18 Abs. 2 Nr. 2 BeamtVG.[8]

100 **Beihilfen zur Förderung von Erziehung, Ausbildung, Wissenschaft oder Kunst:** Der weitere steuerfrei gestellte Bereich betrifft die Beihilfen zur Förderung von Erziehung, Ausbildung, Wissenschaft oder Kunst. Vor allem der Bereich der Beihilfen zur Erziehung und Ausbildung ist von praktischer Relevanz. Erziehung ist die planmäßige Tätigkeit zur körperlichen, geistigen und sittlichen Formung junger Menschen.[9] Bei der Ausbildung geht es um den Erwerb der für die Ausübung des Berufs erforderlichen Fertigkeiten und Kenntnisse. Insbesondere sind folgende Leistungen **steuerfrei**:

- Zahlungen nach dem BaföG,
- Kommunale Erziehungsgelder,[10]

---

1 BFH v. 19. 7. 1972 - I R 109/70, BStBl 1972 II 839.
2 BFH v. 30. 3. 1982 - III R 150/80, BStBl 1982 II 552; BFH v. 18. 5. 2004 - VI R 128/99, BFH/NV 2005, 22 = NWB DokID: SAAAB-26933.
3 BFH v. 19. 6. 1997 - IV R 26/96, BStBl 1997 II 652; FG Niedersachsen v. 21. 11. 2006 - 15 K 167/05, EFG 2007, 994.
4 BFH v. 1. 3. 1966 - I 168/63, BStBl 1966 III 324; *Erhard* in Blümich, § 3 Nr. 11 EStG Rz. 3.
5 BFH v. 18. 5. 2004 - VI R 128/99, BFH/NV 2005, 22 = NWB DokID: SAAAB-26933; BFH v. 6. 2. 2013 - VI R 28/11, BStBl 2013 II 572.
6 FG Sachsen-Anhalt v. 25. 6. 2013 - 5 K 600/08, EFG 2013, 1856.
7 BFH v. 3. 7. 1986 - IV R 109/84, BStBl 1986 II 806.
8 FinMin NRW v. 8. 2. 1983; *Erhard* in Blümich, § 3 Nr. 11 EStG Rz. 4.
9 BFH v. 17. 5. 1990 - IV R 14/87, BStBl 1990 II 1018.
10 BFH v. 19. 6. 1997 - IV R 26/96, BStBl 1997 II 652.

▶ Jugendamtsleistungen in Fällen der Vollzeitpflege,[1]
▶ Zahlungen, die für die Erziehung in einer Tagesgruppe erbracht werden,[2]
▶ Investitionszuschüsse an Tagespflegepersonen aus dem Sondervermögen „Kinderbetreuungsausbau",[3]
▶ Pflegegeld als auch die anlassbezogenen Beihilfen und Zuschüsse im Rahmen der Vollzeitpflege (§ 33 SGB VIII), außer bei einer Betreuung von mehr als sechs Kindern.[4]

Nicht steuerfrei sind folgende Leistungen:

▶ Vergütungen im Rahmen des Ausbildungsdienstverhältnisses,
▶ Zahlungen an Einrichtungen, die Hilfsbedürftige aufnehmen und ihnen Arbeit geben,[5]
▶ Zahlungen bei intensiver Einzelbetreuung nach § 35 SGB VIII,[6]
▶ Zahlungen für die Tagespflege von Kindern,[7] beachte aber § 3 Nr. 9 EStG.

Zur Förderung von Kunst und Wissenschaft gehören nur Leistungen, die eine **unmittelbare** Förderung darstellen, z. B. zur Beschaffung von erforderlichen Rohstoffen, Maschinen, Büchern, Miete für die erforderlichen Räume und Bezahlung der notwendigen Hilfskräfte.[8]

II. § 3 Nr. 11 Satz 2 EStG

Nach § 3 Nr. 11 Satz 2 EStG fallen nicht unter die Steuerbefreiung **Kinderzuschläge** und **Kinderbeihilfen**, die aufgrund des Besoldungsgesetzes, besonderer Tarife oder ähnlicher Vorschriften gewährt werden. Somit sind die Kinderzuschläge der Beamten nach dem Besoldungsrecht steuerpflichtig. Dies gilt auch für die Kinderzuschläge nach BAT.[9] Das Kindergeld ist dagegen steuerfrei (s. § 3 Nr. 24 EStG). Diese unterschiedliche steuerliche Behandlung ist aber verfassungsgemäß.[10]

III. § 3 Nr. 11 Satz 3 EStG

In § 3 Nr. 11 Satz 3 EStG wird als Voraussetzung für die Steuerbefreiung nach § 3 Nr. 11 Satz 1 EStG festgelegt, dass der Empfänger nicht zu einer **bestimmten wissenschaftlichen oder künstlerischen Gegenleistung** oder zu einer **Arbeitnehmertätigkeit als Gegenleistung** verpflichtet ist. So sind Ausbildungsbeihilfen nicht steuerfrei, wenn sie vom Eingehen eines Arbeitsverhältnisses abhängig gemacht werden. Bei der Gegenleistung in Form von wissen-

---

1 BFH v. 5.11.2014 - VIII R 29/11, BFH/NV 2015, 1024 = NWB DokID: YAAAE-91061, wonach dies auch gilt, wenn die Betreuung über privatrechtliche Institutionen durch Verträge mit den Erziehungsstellen abgewickelt wird und im Rahmen dieser Vertragsbeziehungen die öffentlichen Mittel von den Institutionen an die Erzieher ausgezahlt werden; s. auch OFD Rheinland v. 25.9.2008, DStR 2008, 2317.
2 BMF v. 22.10.2018, BStBl 2018 I 1109.
3 FinSen Berlin v. 15.1.2009, BeckVerw 153824.
4 BMF v. 22.10.2018, BStBl 2018 I 1109; dies gilt auch dann, wenn die Betreuung über privatrechtliche Institutionen durch Verträge mit den Erziehungsstellen abgewickelt wird und im Rahmen dieser Vertragsbeziehungen die öffentlichen Mittel von den Institutionen an die Erzieher ausgezahlt werden. S. BFH v. 5.11.2014 - VIII R 29/11, BFH/NV 2015, 1024 = NWB DokID: YAAAE-91061 u. FG Niedersachsen v. 25.1.2016 - 3 K 38/15, 3 K 39/15, juris.
5 FG Niedersachsen v. 30.9.2002 - 1 K 56/98, DStRE 2003, 385.
6 FG Berlin-Brandenburg v. 30.1.2018 - 9 K 9105/16, EFG 2018, 1699, Rev. eingelegt, Az. BFH: VIII R 27/18; BMF v. 22.10.2018, BStBl 2018 I 1109.
7 FG Niedersachsen v. 21.11.2006 - 15 K 167/05, EFG 2007, 994; BMF v. 20.5.2009, BStBl 2009 I 642.
8 BFH v. 27.4.2006 - IV R 41/04, BStBl 2006 II 775.
9 FG Niedersachsen v. 28.10.1970 - IV L 121/70, EFG 1971, 204.
10 BFH v. 28.8.1959 - VI 111/58 U, BStBl 1959 III 449; FG Niedersachsen v. 28.10.1970 – IV L 121/70, EFG 1971, 204.

schaftlichen oder künstlerischen Tätigkeiten ist zu beachten, dass diese auch gegenüber Dritten erbracht werden können.

IV. § 3 Nr. 11 Satz 4 EStG

105 Der mit dem GKV-Wettbewerbsstärkungsgesetz v. 26.3.2007[1] eingefügte § 3 Nr. 11 Satz 4 EStG befreit ab VZ 2007 **Beitragsermäßigungen** und **Prämienrückzahlungen** an **Angestellte der gesetzlichen Krankenversicherung** und bestimmte Zuschüsse von **kirchlichen Arbeitgebern**[2] von der Steuerpflicht.[3]

106–110 *(Einstweilen frei)*

§ 3 Nr. 12 EStG

Steuerfrei sind ...

12.

[4]aus einer Bundeskasse oder Landeskasse gezahlte Bezüge, die zum einen

a) in einem Bundesgesetz oder Landesgesetz,

b) auf Grundlage einer bundesgesetzlichen oder landesgesetzlichen Ermächtigung beruhenden Bestimmung oder

c) von der Bundesregierung oder einer Landesregierung

als Aufwandsentschädigung festgesetzt sind und die zum anderen jeweils auch als Aufwandsentschädigung im Haushaltsplan ausgewiesen werden. ²Das Gleiche gilt für andere Bezüge, die als Aufwandsentschädigung aus öffentlichen Kassen an öffentliche Dienste leistende Personen gezahlt werden, soweit nicht festgestellt wird, dass sie für Verdienstausfall oder Zeitverlust gewährt werden oder den Aufwand, der dem Empfänger erwächst, offenbar übersteigen;

Inhaltsübersicht	Rz.
A. Allgemeine Erläuterungen	111 - 112
B. Systematische Kommentierung	113 - 122
I. § 3 Nr. 12 Satz 1 EStG	113 - 114
II. § 3 Nr. 12 Satz 2 EStG	115 - 122

> **HINWEIS:**
> R 3.12 LStR; H 3.12 LStH; OFD Niedersachsen v. 15.4.2010 - S 2257a - 4 - St 236, ESt-Kartei Niedersachsen § 22 EStG Nr. 8; OFD Frankfurt v. 30.8.2011 - S 212 A-33 -St 213, juris; OFD Niedersachsen v. 28.1.2015, LSt-Kartei ND § 3 EStG F. 3 Nr. 18a.

---

1 BGBl 2007 I 378.
2 Landesamt für Steuern Bayern v. 22.1.2008 - 30 St32/St33, BeckVerw 109289.
3 Kritisch zur Steuerfreistellung *Erhard* in Blümich, § 3 Nr. 11 EStG Rz. 12; *von Beckerath* in Kirchhof/Söhn/Mellinghoff, § 3 EStG Rz. 29.
4 **Anm. d. Red.:** § 3 Nr. 12 i. d. F. des Gesetzes v. 25.7.2014 (BGBl I S. 1266) mit Wirkung v. 31.7.2014.

LITERATUR:

Tipke, Rechtsschutz gegen Privilegien Dritter, FR 2006, 949; *Drysch*, Die steuerfreie Kostenpauschale für Bundestagsabgeordnete – ein verfassungswidriges Privileg!, DStR 2008, 1217; *Bergkemper*, Urteilsanmerkung zu BFH v. 11.9.2008 - VI R 13/06, jurisPR-SteuerR 49/2008 Anm. 2.

A. Allgemeine Erläuterungen

Normzweck und wirtschaftliche Bedeutung: Die Vorschrift stellt Aufwandsentschädigungen insbesondere von Landtags- und Bundestagsabgeordneten von der Besteuerung frei. 111

Zur Entstehung und Entwicklung der Vorschrift: Die Vorschrift geht bereits zurück auf § 3 Nr. 13 EStG 1934 sowie § 3 Nr. 12 EStG 1957.

Vereinbarkeit mit Verfassungsrecht: Die Regelung wird z.T. als verfassungswidrig angesehen.[1] 112 Soweit Aufwendungen i.S.d. § 3 Nr. 12 Satz 1 EStG steuerfrei belassen werden, die nicht als Betriebsausgaben oder Werbungskosten berücksichtigungsfähig sind, ist die Steuerbefreiung verfassungswidrig.[2] § 3 Nr. 12 Satz 2 EStG ist nach Ansicht des BFH verfassungskonform so auszulegen, dass die Erstattung nur solcher Aufwendungen steuerfrei ist, die als Betriebsausgaben oder Werbungskosten abzugsfähig sind.[3] Hinsichtlich der Aufwandspauschale der Abgeordneten, gegen die sich ein Stpfl. gewandt hat, der nicht Abgeordneter war, hat im Rahmen einer Verfassungsbeschwerde das BVerfG entschieden, dass wegen der besonderen Stellung des Abgeordnetenmandats eine sachliche Rechtfertigung i.S.d. Art. 3 Abs. 1 GG gegeben ist.[4]

B. Systematische Kommentierung

I. § 3 Nr. 12 Satz 1 EStG

Aus einer **Bundes- oder Landeskasse** gezahlte Bezüge, die als Aufwandsentschädigung gezahlt 113 werden, sind nach § 3 Nr. 12 Satz 1 EStG steuerfrei.

Aufwandsentschädigungen: Es muss sich um den Ersatz von Aufwendungen handeln, die einen steuerlich abziehbaren Aufwand abgelten.[5] Zu den Aufwandsentschädigungen gehören daher nicht Entschädigungen, die nicht Werbungskosten oder Betriebsausgaben sind. Somit entfällt von vornherein die Steuerbefreiung von Erstattungen für Zeitaufwand, Verdienstausfall oder Arbeitsleistung.

Festsetzung in qualifizierter Form: § 3 Nr. 12 Satz 1 EStG setzt voraus, dass die Aufwandsentschädigung in qualifizierter Form festgesetzt worden ist (s. Wortlaut: „die zum anderen jeweils 114 auch als Aufwandsentschädigung im Haushaltsplan ausgewiesen werden"). Zu diesen Entschädigungen gehören u.a. Aufwandsentschädigungen des Bundespräsidenten, des Bundeskanzlers, der Bundes- und Landesminister, der Präsidenten des BVerfG und der Obersten Gerichtshöfe des Bundes und der Leiter der obersten Landes- und Bundesbehörden.

---

1 HHR/*Bergkemper*, § 3 Nr. 12 EStG Rz. 4; *Tipke*, Steuerrechtsordnung, Bd II, § 12 9.2.
2 BVerfG v. 11.11.1998 - 2 BvL 10/95, BStBl 1999 II 502.
3 BFH v. 29.11.2006 - VI R 3/04, BStBl 2007 II 308.
4 BVerfG v. 26.7.2010 - 2 BvR 2227/08 und 2228/08, HFR 2010, 1108, mit Anm. *Bode*, FR 2010, 994.
5 BFH v. 31.1.2017 - IX R 10/16, BFH/NV 2017, 680; v. 17.10.2012 - VIII R 57/09, BStBl 2013 II 799.

Haushaltsplan: Die Aufwandsentschädigung muss im Haushaltsplan als Aufwandsentschädigung ausgewiesen worden sein. Der Ausweis eines Ausgabetitels als solcher reicht nicht aus.[1] Dies wurde nun durch das KroatienAnpG v. 25.7.2014[2] ausdrücklich klargestellt.

Weitere Beispiele für steuerfreie Aufwandsentschädigungen nach § 3 Nr. 12 Satz 1 EStG: Aufwandsentschädigungen von ehrenamtlichen Betreuern[3] und Aufwandsentschädigungen von Bundestags- und Landtagsabgeordneten.[4]

Keine steuerfreie Aufwandsentschädigung nach § 3 Nr. 12 Satz 1 EStG: Es muss sich um den Ersatz von Aufwendungen handeln, die einen steuerlich abziehbaren Aufwand abgelten.[5] **Die Zahlung des Verdienstausfalls eines ehrenamtlichen Richters nach § 18 JVEG** stellt nach dem Gesetzeswortlaut keine Aufwandsentschädigung, also keine Ersatzleistung für entstandene Aufwendungen, dar, so dass keine Steuerfreistellung hierfür erfolgen kann.[6] Keine Aufwandsentschädigung nach § 3 Nr. 12 Satz 1 EStG ist die Zahlung einer Rentenversicherung für die ehrenamtliche Tätigkeit als Versichertenberater und Mitglied eines Widerspruchsausschusses, da es keine Zahlung aus einer Bundes- oder Landeskasse ist.[7]

II. § 3 Nr. 12 Satz 2 EStG

115 Andere Aufwandsentschädigungen, die **aus sonstigen öffentlichen Kassen** gezahlt werden, sind nach § 3 Nr. 12 Satz 2 EStG steuerfrei, wenn sie nicht für den Verdienstausfall,[8] die Abgeltung eines Haftungsrisikos[9] oder den Zeitverlust gewährt werden oder den Aufwand, der dem Empfänger erwächst, offenbar übersteigen.[10]

Aufwendungen für Betriebsausgaben oder Werbungskosten: Wegen der ansonsten bestehenden Verfassungswidrigkeit ist es erforderlich, dass es sich um Aufwendungen handelt, die steuerlich als Werbungskosten oder Betriebsausgaben abziehbar wären. Nach den LStR soll die Finanzverwaltung die Art der Aufwendungen prüfen. Dies soll durch eine Prüfung geschehen, ob Personen in gleicher dienstlicher Stellung im Durchschnitt der Jahre abziehbare Aufwendungen etwa in Höhe der Aufwandsentschädigung erwachsen.[11] Es soll nur eine konkrete Nachprüfung der einzelnen Aufwendungen dann erfolgen, wenn „ein Anlass von einigem Gewicht" besteht.[12]

---

1 BFH v. 24.8.1973 - VI R 100/71, BStBl 1973 II 819.
2 BGBl 2014 I 1266.
3 BFH v. 17.10.2012 - VIII R 57/09, BStBl 2013 II 799; zur Konkurrenz mit § 3 Nr. 26a und Nr. 26b EStG s. HHR/*Bergkemper*, § 3 Nr. 26a EStG Rz. 1 „Verhältnis zu anderen Vorschriften" und HHR/*Bergkemper*, § 3 Nr. 26b EStG Rz. 1 „Verhältnis zu anderen Vorschriften"; OFD Frankfurt v. 30.8.2011 - S 212 A-33 -St 213, juris; OFD Niedersachsen v. 28.1.2015, LSt-Kartei ND § 3 EStG F. 3 Nr. 18a.
4 BFH v. 11.9.2008 - VI R 63/04, BFH/NV 2008, 2018 = NWB DokID: XAAAC-93957.
5 vgl. BFH v. 17.10.2012 - VIII R 57/09, BStBl II 2013, 799, unter II.2.b bb, m.w.N.; R 3.12 (2) LStR 2015; HHR/Bergkemper, § 3 Nr. 12 EStG Rz 9, 17; Schmidt/Levedag, a.a.O., § 3 Rz 50; von Beckerath in Kirchhof, a.a.O., § 3
6 BFH v. 31.1.2017 - IX R 10/16, BFH/NV 2017, 680.
7 BFH v. 3.7.2018 - VIII R 28/15, BStBl 2018 II 715.
8 BFH v. 31.1.2017 - IX R 10/16, BFH/NV 2017, 680.
9 R 3.12 Abs. 2 Satz 2 LStR.
10 Zur Frage, ob der Nachweis höherer, nicht durch die steuerfreie Aufwandspauschale nach § 3 Nr. 12 Satz 2 EStG gedeckter tatsächlicher Aufwendungen möglich ist s. FG Thüringen v. 13.9.2017 3 K 170/17, juris, Rev. eingelegt Az. BFH VIII R 5/18
11 R 3.12 Abs. 2 Satz 5 LStR.
12 R 3.12 Abs. 2 Satz 6 LStR.

Öffentliche Kassen i. S. d. § 3 Nr. 12 Satz 2 EStG: Hierzu gehören u. a. folgende Zahlstellen:[1] 116
- Bund, Länder und Gemeinden,
- Berufskammern,[2]
- Bundesbank und Landeszentralbanken,
- Gemeindeversicherungsverbände,
- Landwirtschaftskammern.[3]

Keine öffentlichen Kassen sind z. B. die Fraunhofer-Gesellschaft[4] und die diplomatischen oder konsularischen Vertretungen.[5]

Öffentliche Dienste leistende Personen: Hierunter fallen nicht nur Personen, die öffentlich-rechtliche (hoheitliche) Dienste erbringen, sondern auch Personen, die Aufgaben der sog. „schlichten Hoheitsverwaltung" erfüllen.[6] Letztere Aufgaben werden aber nicht umfassend von der Steuerbefreiung erfasst. Soweit der Bereich der **fiskalischen Verwaltung gewerblicher Art** betroffen ist, sind die Dienste nicht mehr i. S. d. § 3 Nr. 12 EStG als öffentliche Dienste zu behandeln, da die öffentlich-rechtliche Körperschaft in Konkurrenz zu privaten Unternehmen tritt.[7] Aufwandsentschädigungen eines **Versorgungswerks an ehrenamtliche Vorstandsmitglieder** sind nach § 3 Nr. 12 Satz 2 EStG steuerfrei, wenn sich das Versorgungswerk als juristische Person des öffentlichen Rechts im Rahmen seiner gesetzlichen Aufgabenzuweisung auf die Gewährleistung der Alters-, Invaliden- und Hinterbliebenenversorgung für seine Zwangsmitglieder beschränkt und dabei die insoweit bestehenden Anlagegrundsätze beachtet.[8] 117

Pauschale Regelungen: Die Finanzverwaltung hat pauschale Regelungen geschaffen, wonach die steuerfreie Aufwandsentschädigung im Schätzungsweg ermittelt werden kann. So ist bei einer Aufwandsentschädigung, die nach Gesetz oder Rechtsverordnung bestimmt ist, von einem steuerfreien Anteil von 1/3 der gewährten Aufwandsentschädigung auszugehen, mindestens 200 € pro Monat, wenn es sich um eine ehrenamtlich tätige Person handelt.[9] Bei hauptamtlich Tätigen kann von einer Steuerfreiheit zu 100 % ausgegangen werden.[10] Bei mehreren Entschädigungen verschiedener Körperschaften können auch die pauschalen steuerfreien Anteile mehrfach geltend gemacht werden.[11] Aufwendungen, die die Pauschalen überschreiten, können als Werbungskosten bzw. Betriebsausgaben abgezogen werden.[12] Unabhängig von den Pauschalregelungen können Aufwendungen, die mit der steuerfreien Aufwandsentschädigung nicht zusammenhängen, bei hauptamtlich Tätigen unbegrenzt abgezogen werden.[13] Zur Übertragung nicht ausgeschöpfter steuerfreier Monatsbeträge s. Beispiel in den LStR.[14] 118

---

1 Siehe die Auflistung mit weiteren Kassen bei *Erhard* in Blümich, § 3 Nr. 12 EStG Rz. 8.
2 OFD Magdeburg v. 28. 3. 2002, DStR 2002, 1046.
3 BFH v. 19. 3. 1968 - VI R 288/66, BStBl 1968 II 437.
4 BFH v. 11. 8. 1988 - IV B 139/87, BFH/NV 1990, 30.
5 *Erhard* in Blümich, § 3 Nr. 12 EStG Rz. 8.
6 BFH v. 19. 1. 1990 - VI R 42/86, BStBl 1990 II 679; FG Baden-Württemberg v. 24. 9. 2009 - 3 K 1350/08, EFG 2010, 120.
7 BFH v. 31. 1. 1975 - VI R 171/74, BStBl 1975 II 563; R 3.12 Abs. 1 Satz 1 und 2 LStR.
8 BFH v. 27. 8. 2013 - VIII R 34/11, BStBl 2014 II 248.
9 R 3.12 Abs. 3 Satz 2 LStR.
10 R 3.12 Abs. 3 Satz 2 LStR.
11 R 3.12 Abs. 3 Satz 5 LStR; s. aber R 3.12 Abs. 3 Satz 6 LStR und Hessisches FG v. 24. 6. 2013 - 3 K 2837/11, EFG 2013, 1820.
12 R 3.12 Abs. 4 Satz 1 LStR.
13 R 3.12 Abs. 4 Satz 2 LStR.
14 H 3.12 „Übertragung nicht ausgeschöpfter steuerfreier Monatsbeträge (Beispiel)" LStH.

119 Weitere Beispiele für steuerfreie Aufwandsentschädigungen nach § 3 Nr. 12 Satz 2 EStG: Aufwandsentschädigungen eines für eine Kommunalverwaltung haupt- oder ehrenamtlich Tätigen, Aufwandsentschädigungen für Mitglieder des Umlegungs- und Gutachterausschusses,[1] Aufwandsentschädigungen des Personalratsvorsitzenden[2] und des Direktors der Landwirtschaftskammer.[3]

120–122 *(Einstweilen frei)*

§ 3 Nr. 13 EStG

Steuerfrei sind ...

13.
[4] die aus öffentlichen Kassen gezahlten Reisekostenvergütungen, Umzugskostenvergütungen und Trennungsgelder. ²Die als Reisekostenvergütungen gezahlten Vergütungen für Verpflegung sind nur insoweit steuerfrei, als sie die Pauschbeträge nach § 9 Absatz 4a nicht übersteigen; Trennungsgelder sind nur insoweit steuerfrei, als sie die nach § 9 Absatz 1 Satz 3 Nummer 5 und Absatz 4a abziehbaren Aufwendungen nicht übersteigen;

Inhaltsübersicht

	Rz.
A. Allgemeine Erläuterungen	123 - 124
B. Systematische Kommentierung	125 - 135

HINWEIS:

R 3.13 LStR; H 3.13 LStH.

LITERATUR:

Bergkemper, Das Gesetz zur Änderung und Vereinfachung der Unternehmensbesteuerung und des steuerlichen Reisekostenrechts, jurisPR-SteuerR 10/2013 Anm. 1.

A. Allgemeine Erläuterungen

123 **Normzweck und wirtschaftliche Bedeutung:** Die Vorschrift stellt bestimmte Zahlungen (**aus öffentlichen Kassen gezahlte Trennungsgelder, Reisekosten- und Umzugskostenvergütungen**) steuerfrei, soweit sie steuerliche Pauschalbeträge nicht übersteigen. Soweit private Vergütungen von Arbeitgebern betroffen sind, s. § 3 Nr. 16 EStG.

124 **Zur Entstehung und Entwicklung der Vorschrift:** Die Vorschrift beruhte bereits auf § 36 Abs. 2 Nr. 1 EStG 1925, später auf § 3 Nr. 13 EStG 1935. Zuletzt wurde sie mit dem UntStReiseKG v. 20. 2. 2013[5] geändert. Es wurde mit dieser Änderung wegen des neuen Standorts der Regelung zum Abzug von Mehraufwendungen für die Verpflegung in § 9 EStG ein neuer Gesetzesbezug eingefügt.

---

1 OFD Frankfurt v. 13. 3. 1996, FR 1996, 532.
2 BFH v. 15. 11. 2007 - VI R 91/04, BFH/NV 2008, 767 = NWB DokID: QAAAC-73403.
3 BFH v. 15. 3. 1968 - VI R 288/66, BStBl 1968 II 437.
4 Anm. d. Red.: § 3 Nr. 13 i. d. F. des Gesetzes v. 20. 2. 2013 (BGBl I S. 285) mit Wirkung v. 1. 1. 2014.
5 BGBl 2013 I 285.

Vereinbarkeit mit Verfassungsrecht: Die Regelung ist als Vereinfachungsnorm verfassungsgemäß, soweit die Erstattung Aufwand i. S. d. Werbungskostenbegriffs erfasst.[1]

B. Systematische Kommentierung

Öffentliche Kassen: Die Zahlungen müssen aus einer öffentlichen Kasse erfolgt sein. Eine öffentliche Kasse ist gegeben, wenn sie der Dienstaufsicht untersteht und deren Finanzgebaren der Prüfung durch die öffentliche Hand unterliegt.[2]

Erstattete Reisekostenvergütungen: Zu den erstatteten Reisekosten gehören u. a.

- Fahrt- und Flugkostenerstattungen (§ 4 BRKG),
- Wegstreckenentschädigungen (§ 5 BRKG),
- Tagegeld (§ 6 BRKG),
- Übernachtungsgeld (§ 7 BRKG),
- Erstattung sonstiger Kosten (§ 10 BRKG).

Vergütungen für Verpflegung: Diese sind nach § 3 Nr. 13 Satz 2 1. Halbsatz EStG der Höhe nach auf die Pauschbeträge des § 9 Abs. 4a EStG begrenzt. Für Mahlzeiten, die dem Arbeitnehmer während einer beruflichen Auswärtstätigkeit oder im Rahmen einer doppelten Haushaltsführung vom Arbeitgeber oder auf dessen Veranlassung von einem Dritten zur Verfügung gestellt werden, gilt § 3 Nr. 13 EStG nicht.[3]

Umzugskostenvergütungen: Hierzu gehören u. a. folgende Erstattungen:

- Beförderungskosten (§ 6 BUKG),
- Reisekosten (§ 7 BUKG),
- Mietentschädigungen (§ 8 BUKG),
- Pauschvergütungen für sonstige Umzugsauslagen (§ 10 BUKG).

Trennungsgelder: Diese werden bei Vorliegen der Voraussetzungen des § 12 Abs. 1 BUKG gewährt. Hierzu ist insbesondere erforderlich, dass dem Empfänger eine Umzugskostenvergütung zugesagt worden ist. Beamtinnen, Beamte, Richterinnen und Richter, die an einen Ort außerhalb des Dienst- und Wohnortes ohne Zusage der Umzugskostenvergütung abgeordnet werden, erhalten für die ihnen dadurch entstehenden notwendigen Aufwendungen unter Berücksichtigung der häuslichen Ersparnis ebenfalls ein Trennungsgeld (§ 15 BRKG).

Von § 3 Nr. 13 EStG nicht erfasste Zahlungen: Nicht steuerfrei sind:

- Beiträge zur Beschaffung klimabedingter Kleidung (§ 19 AUV) und der Ausstattungsbeitrag (§ 21 AUV),[4]
- Mietbeiträge anstelle eines Trennungsgelds,[5]

---

1 BFH v. 12. 4. 2007 - VI R 53/04, BStBl 2007 II 536; vgl. auch BFH v. 19. 4. 2012 - VI R 25/10, BStBl 2013 II 699; FG Rheinland-Pfalz v. 8. 11. 2016 - 3 K 2578/14, NWB DokID: JAAAF-87117; *Hey* in Tipke/Lang, Steuerrecht, § 8 EStG Rz. 139.
2 BFH v. 7. 8. 1986 - IV R 228/82, BStBl 1986 II 848.
3 R 3.13 Abs. 1 Satz 1 LStH.
4 BFH v. 27. 5. 1994 - VI R 67/92, BStBl 1995 II 17; BFH v. 12. 4. 2007 - VI R 53/04, BStBl 2007 II 536; H 3.13 „Klimabedingte Kleidung" LStH.
5 BFH v. 16. 7. 1971 - VI R 160/68, BStBl 1971 II 772; H 3.13 „Mietbeiträge" LStH.

- Pauschale Reisekosten, die ersichtlich die tatsächlichen Reiseaufwendungen übersteigen,[1]
- Zahlungen, die als Ersatz für Aufwendungen gelten, die nicht Werbungskosten sind (z. B. Arbeitgeberleistungen im Zusammenhang mit Incentive-Reisen oder für eine Mietentschädigung).[2]
- Sog. Mitfahrerpauschalen bzw. Mitnahmepauschalen sind ab VZ 2014 nicht mehr steuerfrei.[3]

131–135 *(Einstweilen frei)*

§ 3 Nr. 14 EStG

Steuerfrei sind …

14.
Zuschüsse eines Trägers der gesetzlichen Rentenversicherung zu den Aufwendungen eines Rentners für seine Krankenversicherung und von dem gesetzlichen Rentenversicherungsträger getragene Anteile (§ 249a des Fünften Buches Sozialgesetzbuch) an den Beiträgen für die gesetzliche Krankenversicherung;

Inhaltsübersicht	**Rz.**
A. Allgemeine Erläuterungen	136
B. Systematische Kommentierung	137

HINWEIS:
H 3.14 EStH.

LITERATUR:
Marschner, Die Pflegeversicherung, NWB 1997, 1077; *Marschner*, Die Pflegeversicherung, NWB 2005, 3637.

A. Allgemeine Erläuterungen

136 **Normzweck und wirtschaftliche Bedeutung:** Die Vorschrift stellt bestimmte Zahlungen (Zuschüsse der gesetzlichen Rentenversicherung zu den Aufwendungen des Rentners, der freiwillig in der gesetzlichen Rentenversicherung oder bei einem privaten Krankenversicherungsunternehmen versichert ist, für seine Krankenversicherung) steuerfrei.

Zur Entstehung und Entwicklung der Vorschrift: Die Vorschrift wurde zuletzt durch das JStG 2009 v. 19. 12. 2008[4] geändert. Es wurde mit dieser Änderung der 2. Halbsatz eingefügt.

Vereinbarkeit mit Verfassungsrecht: Die Regelung ist als Vereinfachungsnorm verfassungsgemäß.[5]

---

1 BFH v. 8. 10. 2008 - VIII R 58/06, BStBl 2009 II 405.
2 Vgl. BFH v. 19. 4. 2012 - VI R 25/10, BStBl 2013 II 699.
3 FG Rheinland-Pfalz v. 8.11.2016 - 3 K 2578/14, EFG 2016, 2035.
4 BGBl 2008 I 2794.
5 BT-Drucks. 10/716, 12; HHR/*Bergkemper*, § 3 Nr. 14 EStG Rz. 1.

B. Systematische Kommentierung

Steuerfrei sind Zuschüsse eines Trägers der gesetzlichen Rentenversicherung zu den Aufwendungen des Rentners für seine Krankenversicherung. Erfasst werden insoweit Zuschüsse der Rentenversicherung nach §§ 106, 315 SGB VI, die an freiwillig oder privat Versicherte gezahlt werden. Steuerfrei sind aber auch die von der gesetzlichen Rentenversicherung nach § 249a SGB V getragenen Anteile an den Beiträgen für die gesetzliche Krankenversicherung der Pflichtversicherten.

137

§ 3 Nr. 15 EStG

Steuerfrei sind...

15.
¹Zuschüsse des Arbeitgebers, die zusätzlich zum ohnehin geschuldeten Arbeitslohn zu den Aufwendungen des Arbeitnehmers für Fahrten mit öffentlichen Verkehrsmitteln im Linienverkehr (ohne Luftverkehr) zwischen Wohnung und erster Tätigkeitsstätte und nach § 9 Absatz 1 Satz 3 Nummer 4a Satz 3 sowie für Fahrten im öffentlichen Personennahverkehr gezahlt werden. Das Gleiche gilt für die unentgeltliche oder verbilligte Nutzung öffentlicher Verkehrsmittel im Linienverkehr (ohne Luftverkehr) für Fahrten zwischen Wohnung und erster Tätigkeitsstätte und nach § 9 Absatz 1 Satz 3 Nummer 4a Satz 3 sowie für Fahrten im öffentlichen Personennahverkehr, die der Arbeitnehmer auf Grund seines Dienstverhältnisses zusätzlich zum ohnehin geschuldeten Arbeitslohn in Anspruch nehmen kann. Die nach den Sätzen 1 und 2 steuerfreien Leistungen mindern den nach § 9 Absatz 1 Satz 3 Nummer 4 Satz 2 abziehbaren Betrag;

Inhaltsübersicht

	Rz.
A. Allgemeine Erläuterungen	138
B. Systematische Kommentierung	139 - 139/3
I. Allgemeines	139
II. Zuschüsse des Arbeitgebers (§ 3 Nr. 15 Satz 1 EStG)	139/1
III. Zurverfügungstellung von Fahrausweisen und Zuschüsse des Arbeitgebers für Leistungen Dritter (§ 3 Nr. 15 Satz 2 EStG)	139/2
IV. Anrechnung der steuerfreien Leistungen auf die Entfernungspauschale (§ 3 Nr. 15 Satz 3 EStG)	139/3

▶ Zur Kommentierung des § 3 Nr. 15 EStG a. F. siehe Online-Version, 1. Aufl. 2016

LITERATUR:

Kanzler, „JStG 2018": Korrektur kleiner und größerer Versäumnisse, NWB 2018, 3577; *Hörster*, JStG 2018. Änderungen des EStG, NWB 2018, 3816; *Hörster*, UStAVermG: Änderungen des Einkommensteuergesetzes. Steuerentlastung für E-Dienstwagen und Job-Tickets und einiges mehr, NWB 2018, 3816.

A. Allgemeine Erläuterungen

Normzweck und wirtschaftliche Bedeutung: Durch die vorliegende Neuregelung erfolgt eine Wiedereinführung der Steuerbegünstigung für Zuschüsse von Arbeitgebern für Fahrten zwi-

138

---

1 Anm. d. Red.: § 3 N. 15 i. d. F. des Gesetzes v. 11.12.2018 (BGBl I S. 2338) mit Wirkung v. 1.1.2019.

schen Wohnung und Arbeitsstätte. Die Steuerbegünstigung dient dem Ziel, Arbeitnehmer verstärkt zur Nutzung öffentlicher Verkehrsmittel im Linienverkehr zu veranlassen und somit die durch den motorisierten Individualverkehr entstehenden Umwelt- und Verkehrsbelastungen sowie den Energieverbrauch zu senken.[1]

Zur Entstehung und Entwicklung der Vorschrift: Nach bisher geltendem Recht gehören Arbeitgeberleistungen (Zuschüsse und Sachbezüge) für Fahrten des Arbeitnehmers zwischen Wohnung und erster Tätigkeitsstätte sowie Fahrten zu einem weiträumigen Tätigkeitsgebiet oder zu einem vom Arbeitgeber dauerhaft festgelegten Sammelpunkt zum steuerpflichtigen Arbeitslohn. Im Rahmen des StandOG v. 13.9.1993[2] wurden durch § 3 Nr. 34 EStG a. F. Arbeitgeberleistungen (Zuschüsse und Sachbezüge) für Fahrten zwischen Wohnung und Arbeitsstätte (seit 1.1.2014: erste Tätigkeitsstätte) mit öffentlichen Verkehrsmitteln im Linienverkehr ab dem Jahr 1994 steuerfrei gestellt. Jedoch entfiel diese Steuerbefreiung im Rahmen der Umsetzung von Einsparvorschlägen mit dem HBeglG 2004 v. 29.12.2003.[3] Durch das JStG 2018 v. 11.12.2018[4] wurde diese Steuerbefreiung unter der bisher nicht besetzten Nr. 15 des § 3 EStG neu geregelt.

Vereinbarkeit mit Verfassungsrecht: Die Regelung ist verfassungsgemäß. Sie ist als Sozialzwecknorm gerechtfertigt.

Zeitlicher Anwendungsbereich: Die Neuregelung des § 3 Nr. 15 EStG gilt **ab 1.1.2019**.[5]

B. Systematische Kommentierung

I. Allgemeines

139 **Sätze 1 bis 3:** Der neue § 3 Nr. 15 EStG regelt im ersten Satz die Steuerbefreiung von Zuschüssen des Arbeitgebers. Im zweiten Satz wird die Steuerbefreiung für die unentgeltliche oder verbilligte Nutzung derselben Verkehrsmittel gewährt, die der Arbeitnehmer aufgrund seines Dienstverhältnisses in Anspruch nehmen kann. Im dritten Satz wird festgelegt, dass die steuerfreien Leistungen auf die Entfernungspauschale anzurechnen sind.

II. Zuschüsse des Arbeitgebers (§ 3 Nr. 15 Satz 1 EStG)

139/1 **Voraussetzungen der Steuerbefreiung nach Satz 1:** Nach § 3 Nr. 15 Satz 1 EStG sind steuerfrei Zuschüsse des Arbeitgebers für Fahrten mit öffentlichen Verkehrsmitteln im Linienverkehr (ohne Luftverkehr) zwischen Wohnung und erster Tätigkeitsstätte und nach § 9 Abs. 1 Satz 3 Nr. 4a Satz 3 EStG sowie für Fahrten im öffentlichen Personennahverkehr. Im Einzelnen sind für die Steuerbefreiung folgende Tatbestandsvoraussetzungen zu erfüllen:

- ▶ Zuschuss des Arbeitgebers (= Zahlung eines Geldbetrages an den Arbeitnehmer)
- ▶ Zahlung erfolgt für folgenden Zweck:
  - – für Fahrten mit öffentlichen Verkehrsmitteln im Linienverkehr zwischen Wohnung und erster Tätigkeitsstätte, oder

---

[1] BT-Drucks. 19/5595, 82 (Vorabfassung).
[2] BGBl 1993 I 1569.
[3] BGBl 2003 I 3076.
[4] BGBl 2018 I 2338.
[5] Art. 20 Abs. 3 i. V. m. Art. 3 Nr. 1 des Gesetzes vom 11.12.2018 (BGBl 2018 I 2338).

- für Fahrten i.S.v. § 9 Abs. 1 Satz 3 Nr. 4a Satz 3 EStG, oder
- für Fahrten im öffentlichen Personennahverkehr (= private Fahrten im öffentlichen Personennahverkehr)
▶ Zahlung erfolgt zusätzlich zum ohnehin geschuldeten Arbeitslohn

Fahrten zwischen Wohnung und erster Tätigkeitsstätte: Diese Fahrten sind steuerfrei, wenn sie mit öffentlichen Verkehrsmitteln im Linienverkehr durchgeführt werden. Die Definition von Linienverkehr ergibt sich aus § 42 PBefG. Danach spricht man von einem Linienverkehr, wenn eine zwischen bestimmten Ausgangs- und Endpunkten eingerichtete regelmäßige Verkehrsverbindung besteht, auf der Fahrgäste an bestimmten Haltestellen ein- und aussteigen können. Er setzt nicht voraus, dass ein Fahrplan mit bestimmten Abfahrts- und Ankunftszeiten besteht oder Zwischenhaltestellen eingerichtet sind. Somit können auch Fahrten mit einer weiten Entfernung steuerbefreit sein.

BEISPIEL: ▶ Wer z.B. arbeitstägig von Berlin nach Hannover mit dem ICE fährt, benutzt ein öffentliches Verkehrsmittel im Linienverkehr. Der Zuschuss des Arbeitgebers wäre insoweit steuerbefreit.

Von der Vorschrift dürften wohl nicht Zuschüsse des Arbeitgebers erfasst werden, die auf eine **Bahncard 25, 50 oder 100** entfallen. Hier sind die Aufwendungen des Steuerpflichtigen nicht allein für die Fahrten zwischen Wohnung und erster Tätigkeitsstätte aufgewandt worden. Soweit eine Aufteilung der Kosten für die Bahncard auf die Fahrten zwischen Wohnung und erster Tätigkeitsstätte und die sonstigen Fahrten nicht erfolgen kann, kann auch ein Zuschuss bezogen auf die Bahncard nicht berücksichtigt werden. Es fehlt an einem Aufteilungsmaßstab für gemischt veranlasste Aufwendungen.[1]

BEISPIEL: ▶ A hat sich eine Bahncard 100 angeschafft und fährt arbeitstägig von seinem Wohnort Würzburg mit dem ICE zur ersten Tätigkeitsstätte in Hannover. Für die Aufwendungen kann er einen Zuschuss des Arbeitgebers steuerfrei nur erlangen, wenn der Anteil der Fahrten zwischen Wohnung und erster Tätigkeitsstätte an den Gesamtfahrten ermittelt werden kann. Wäre dies der Fall, könnte er in Bezug auf die beruflich veranlassten Fahrten nach dem Wortlaut der Vorschrift den Anteil der Kosten steuerfrei vom Arbeitgeber erstatten lassen. Dem steht zwar der Bericht des Finanzausschusses entgegen, wonach die private Nutzung öffentlicher Verkehrsmittel außerhalb des öffentlichen Personennahverkehrs nicht von der Steuerbefreiung umfasst sein soll.[2] Gleichwohl dürfte eine Steuerbefreiung in Betracht kommen, da für die Steuerbefreiung eines solchen Zuschusses neben dem Wortlaut auch der Zweck der Vorschrift spricht. Die Absicht des am Gesetzgebungsverfahren Beteiligten hat insoweit im Gesetz keinen Niederschlag gefunden.[3]

Fahrten i.S.v. § 9 Abs. 1 Satz 3 Nr. 4a Satz 3 EStG: Fahrten in diesem Sinne sind insbesondere Fahrten zu Sammelpunkten, z.B. Busdepot.

Fahrten im öffentlichen Personennahverkehr: Welche Fahrten zum öffentlichen Personennahverkehr gehören, ergibt sich aus § 2 RegG. Danach ist öffentlicher Personennahverkehr die allgemein zugängliche Beförderung von Personen mit Verkehrsmitteln im Linienverkehr, die überwiegend dazu bestimmt sind, die Verkehrsnachfrage im Stadt-, Vorort- oder Regionalverkehr zu befriedigen. Das ist im Zweifel der Fall, wenn in der Mehrzahl der Beförderungsfälle eines Verkehrsmittels die gesamte **Reiseweite 50 Kilometer** oder die gesamte **Reisezeit eine Stunde** nicht übersteigt.

---

[1] S. BFH v. 21.9.2009 - GrS 1/06, BStBl 2010 II 672.
[2] BT-Drucks. 19/5595, 82.
[3] S. z.B. BFH v. 24.6.1999 - IV R 33/98, BStBl 2003 II 58; BFH v. 28.7.2011 - VI R 38/10, BStBl 2012 II 561.

> **BEISPIEL:** A wohnt in Rosenheim und fährt mit dem Regionalzug zur Arbeitsstätte in München (Entfernung 50 km). Für die Aufwendungen kann er steuerfrei einen Zuschuss des Arbeitgebers erlangen.

Auch private Fahrten werden erstattet.[1]

> **BEISPIEL:** A kauft Monatsfahrkarten für den öffentlichen Personennahverkehr, die er auch für private Fahrten nutzt. Auch für diese Aufwendungen kann er steuerfrei einen Zuschuss des Arbeitgebers erlangen.

Nicht erfasste sonstige Fahrten: Zuschüsse des Arbeitgebers für die Nutzung eines Taxis (= kein Linienverkehr) oder für die Nutzung eines Flugzeugs im Linienverkehr sind nicht steuerbefreit.[2]

Zahlung zum ohnehin geschuldeten Arbeitslohn: Nach dem Bericht des Finanzausschusses gilt die Steuerfreiheit nicht für Arbeitgeberleistungen (Zuschüsse und Sachbezüge), die durch Umwandlung des ohnehin geschuldeten Arbeitslohns finanziert werden, da nur zusätzliche Leistungen begünstigt werden.[3] Insoweit sollte in den Umwandlungsfällen aber abgewartet werden, wie der BFH in mehreren Verfahren zu dieser Problematik entscheiden wird.[4]

III. Zurverfügungstellung von Fahrausweisen und Zuschüsse des Arbeitgebers für Leistungen Dritter (§ 3 Nr. 15 Satz 2 EStG)

139/2 **Voraussetzungen der Steuerbefreiung nach Satz 2:** Begünstigt werden auch die Sachbezüge in Form der unentgeltlichen oder verbilligten Zurverfügungstellung von Fahrausweisen, Zuschüsse des Arbeitgebers zum Erwerb von Fahrausweisen und Leistungen (Zuschüsse und Sachbezüge) Dritter, die mit Rücksicht auf das Dienstverhältnis erbracht werden. In die Steuerbefreiung werden auch die Fälle einbezogen, in denen der Arbeitgeber nur mittelbar (z. B. durch Abschluss eines Rahmenabkommens) an der Vorteilsgewährung beteiligt ist.[5]

IV. Anrechnung der steuerfreien Leistungen auf die Entfernungspauschale (§ 3 Nr. 15 Satz 3 EStG)

139/3 Die Anrechnung der steuerfreien Leistungen auf die Entfernungspauschale – wie sie § 3 Nr. 15 Satz 3 EStG vorsieht – verhindert eine systemwidrige Überbegünstigung gegenüber Arbeitnehmern, die die betreffenden Aufwendungen selbst aus ihrem versteuerten Einkommen bezahlen.[6]

> **BEISPIEL:** A hat eine Jahreskarte für den öffentlichen Nahverkehr für 2019 gekauft (Kaufpreis 720 €). Er wohnt 50 km von der ersten Tätigkeitsstätte entfernt und fährt 2019 an 200 Tagen zur ersten Tätigkeitsstätte. Die Entfernungspauschale (0,30 € x 50 x 200 = 3.000 €) kann er nur in Höhe von 2.280 € (= 3.000 € ./. 720 €) steuerlich geltend machen.

---

1 BT-Drucks. 19/5595, 82.
2 S. auch BT-Drucks. 19/5595, 82.
3 BT-Drucks. 19/5595, 82.
4 S. FG Münster v. 28.6.2017 - 6 K 2446/15 L, EFG 2017, 1598, Rev. eingelegt, Az. BFH: VI R 40/17; FG Rheinland-Pfalz v. 23.11.2016 - 2 K 1180/16, EFG 2017, 1102, Rev. eingelegt, Az. BFH: VI R 21/17; FG Düsseldorf v. 24.5.2018 - 11 K 3448/15 H (L), EFG 2018, 1487, Rev. eingelegt, Az. BFH: VI R 32/18.
5 BT-Drucks. 19/5595, 82.
6 BT-Drucks. 19/5595, 82.

§ 3 Nr. 16 EStG

Steuerfrei sind ...

16.

¹die Vergütungen, die Arbeitnehmer außerhalb des öffentlichen Dienstes von ihrem Arbeitgeber zur Erstattung von Reisekosten, Umzugskosten oder Mehraufwendungen bei doppelter Haushaltsführung erhalten, soweit sie die nach § 9 als Werbungskosten abziehbaren Aufwendungen nicht übersteigen;

Inhaltsübersicht

	Rz.
A. Allgemeine Erläuterungen	140 - 142
B. Systematische Kommentierung	143 - 147

HINWEIS:

R 3.16 LStR; H 3.16 LStH; BMF v. 30. 9. 2013, BStBl 2013 I 1279.

LITERATUR:

Bergkemper, Das Gesetz zur Änderung und Vereinfachung der Unternehmensbesteuerung und des steuerlichen Reisekostenrechts, jurisPR-SteuerR 2013 Anm. 1; *Weber*, Die Reform des Reisekostenrechts: Auswirkungen auf die Erstattung von Reisekosten aus Sicht des Arbeitgebers, Beil. zu NWB 2013, 21.

A. Allgemeine Erläuterungen

Normzweck und wirtschaftliche Bedeutung: Die Vorschrift stellt bestimmte Zahlungen (**vom Arbeitgeber gezahlte Mehraufwendungen bei doppelter Haushaltsführung, Reisekosten- und Umzugskostenvergütungen**) steuerfrei. Soweit entsprechende Zahlungen aus einer öffentlichen Kasse betroffen sind, s. § 3 Nr. 13 EStG. **140**

Zur Entstehung und Entwicklung der Vorschrift: Die Vorschrift beruhte bereits auf § 34 Abs. 3 EStG 1920, später auf § 36 Abs. 2 Nr. 2 EStG 1925, § 19 Abs. 2 Nr. 2 EStG 1934. Zuletzt wurde sie mit dem UntStReiseKG v. 20. 2. 2013² geändert. Es wurde mit dieser Änderung wegen des neuen Standorts der Regelung zum Abzug von Mehraufwendungen bei der doppelten Haushaltsführung, zu Reisekosten und Umzugskosten in § 9 EStG, ein neuer Gesetzesbezug eingefügt. Zugleich wurde die Regelung klarer und einfacher ausgestaltet. **141**

Vereinbarkeit mit Verfassungsrecht: Die Regelung ist als Vereinfachungsnorm verfassungsgemäß.³ Es bestehen auch **keine gleichheitswidrige Benachteiligung** anderer Stpfl., obwohl die Regelung neben der Geltung des Arbeitnehmerpauschbetrags nach § 9a EStG zu einer echten Steuerbegünstigung führen kann.⁴ **142**

B. Systematische Kommentierung

Allgemeines: Erstattungszahlungen von Reisekosten, Umzugskosten oder von Mehraufwendungen bei doppelter Haushaltsführung sind steuerfrei, soweit sie die nach § 9 EStG als Wer- **143**

---

1 Anm. d. Red.: § 3 Nr. 16 i. d. F. des Gesetzes v. 20. 2. 2013 (BGBl I S. 285) mit Wirkung v. 1. 1. 2014.
2 BGBl 2013 I 285.
3 HHR/*Bergkemper*, § 3 Nr. 16 EStG Rz. 1.
4 BFH v. 27. 4. 2001 - VI R 2/98, BStBl 2001 II 601.

bungskosten abziehbaren Aufwendungen nicht übersteigen.[1] Wie bei § 3 Nr. 13 EStG ist aber auch hier zu beachten, dass nur die Erstattungszahlungen steuerfrei sind, die für Aufwendungen gezahlt werden, die selbst Werbungskosten sind. Die Begriffe Umzugskosten, Reisekosten, Mehraufwendungen für doppelte Haushaltsführung sind Begriffe, die der Gesetzgeber in § 3 Nr. 16 EStG nicht näher erläutert hat. Es muss sich aber um Aufwendungen handeln, die beruflich veranlasst sind. Bei der Frage des Vorliegens einer doppelten Haushaltsführung hat die Verwaltung Vereinfachungen akzeptiert. So kann der Arbeitgeber von einem steuerfreien Arbeitgeberersatz bei Arbeitnehmern mit den Steuerklassen III, IV oder V ausgehen. In diesen Fällen kann er ohne Weiteres unterstellen, dass sie einen eigenen Hausstand haben, an dem sie sich auch finanziell beteiligen.[2] Bei anderen Arbeitnehmern darf der Arbeitgeber einen eigenen Hausstand nur dann anerkennen, wenn sie schriftlich erklären, dass sie neben einer Zweitwohnung oder -unterkunft am Beschäftigungsort außerhalb des Beschäftigungsorts einen eigenen Hausstand unterhalten, an dem sie sich auch finanziell beteiligen.[3] Die Kosten der Zweitwohnung oder -unterkunft am Ort der ersten Tätigkeitsstätte im Inland können weiterhin vom Arbeitgeber pauschal steuerfrei erstattet werden.[4]

144 **Reisekosten:** Sie setzen voraus, dass der Arbeitnehmer außerhalb seiner Wohnung und seiner regelmäßigen Arbeitsstätte beruflich tätig wird. Maßgeblich ist nunmehr die erste Tätigkeitsstätte i. S. d. § 9 Abs. 1 S. 3 Nr. 4 EStG.[5] Eine Steuerfreistellung kommt nur in Betracht, wenn der Arbeitgeber (zeitnah) Unterlagen erstellt und aufbewahrt hat, anhand derer die Überprüfung der Steuerfreiheit des ausgezahlten Fahrtkostenersatzes nachgeprüft werden kann.[6]

145 **Gehaltsumwandlung:** Die Rechtsprechung und Verwaltung lässt es zu, dass Arbeitslohn in eine Vergütung zur Erstattung von Reisekosten umgewandelt wird. Voraussetzung ist aber, dass Arbeitgeber und Arbeitnehmer die Lohnumwandlung vor der Entstehung des Vergütungsanspruchs vereinbaren.[7]

146 **Mitfahrerentschädigung des Arbeitgebers:** Die Leistungen des Arbeitgebers für die Mitnahme von Personen sind nicht nach § 3 Nr. 16 EStG steuerfrei.[8]

147 *(Einstweilen frei)*

§ 3 Nr. 17 EStG

Steuerfrei sind ...

17.
Zuschüsse zum Beitrag nach § 32 des Gesetzes über die Alterssicherung der Landwirte;

---

1 Zu Mietaufwendungen bei Arbeitnehmerentsendung ins Ausland s. FG Niedersachsen v. 30.10.2015 - 9 K 105/12, EFG 2016, 557, mit Anm. *V. Wendt*.
2 BMF v. 30.9.2013, BStBl 2013 I 1279, Rz. 102.
3 BMF v. 30.9.2013, BStBl 2013 I 1279, Rz. 102.
4 R 9.11 Abs. 10 Satz 7 Nr. 3 LStR; BMF v. 30.9.2013, BStBl 2013 I 1279, Rz. 102.
5 Vgl. FG Rheinland-Pfalz v. 3.6.2015 - 1 K 2352/12, juris.
6 FG Saarland v. 24.5.2017 - 2 K 182/14, BB 2017, 1877.
7 BFH v. 27.4.2001- VI R 2/98, BStBl 2001 II 601; BFH v. 28.11.1990 - VI R 144/87, BStBl 1991 II 296; H 3.16 „Gehaltsumwandlung" LStH.
8 FG Rheinland-Pfalz v. 8.11.2016 - 3 K 2578/14, EFG 2016, 2035, NWB DokID: JAAAF-87117.

Inhaltsübersicht	Rz.
A. Allgemeine Erläuterungen	148
B. Systematische Kommentierung	149 - 151

A. Allgemeine Erläuterungen

Normzweck und wirtschaftliche Bedeutung: Die Vorschrift stellt Zuschüsse zur Alterssicherung der Landwirte steuerfrei.   148

Vereinbarkeit mit Verfassungsrecht: Die Regelung wird als Sozialzwecknorm für verfassungsgemäß gehalten.[1] Sie soll einkommensschwache landwirtschaftliche Klein- und Mittelbetriebe finanziell entlasten. Sie ist daher eine echte Steuerbefreiung.[2]

B. Systematische Kommentierung

Der in der Vorschrift genannte § 32 ALG beinhaltet die Regelung, dass versicherungspflichtige Landwirte von der Alterskasse einen monatlichen Zuschussbetrag zu ihrem Beitrag und zum Beitrag für mitarbeitende Familienangehörige an die landwirtschaftliche Alterskasse erhalten. Voraussetzung ist, dass das zu ermittelnde jährliche Einkommen 15 500 € nicht übersteigt. Der Zuschuss ist im vollen Umfang steuerfrei.   149

(Einstweilen frei)   150–151

§ 3 Nr. 18 EStG

Steuerfrei sind ...

18.
das Aufgeld für ein an die Bank für Vertriebene und Geschädigte (Lastenausgleichsbank) zugunsten des Ausgleichsfonds (§ 5 des Lastenausgleichsgesetzes) gegebenes Darlehen, wenn das Darlehen nach § 7f des Gesetzes in der Fassung der Bekanntmachung vom 15. September 1953 (BGBl I S. 1355) im Jahr der Hingabe als Betriebsausgabe abzugsfähig war;

Die Vorschrift hat heute keine Bedeutung mehr und sollte daher aufgehoben werden.[3] Sie diente dazu, die Gewährung von zur Vorfinanzierung des Lastenausgleichs benötigten Darlehen zu fördern, in dem das Aufgeld steuerfrei gestellt wurde.   152

§ 3 Nr. 19 EStG (weggefallen)

▶ Zur Kommentierung siehe Online-Version, 1. Aufl. 2016

---

1 *Erhard* in Blümich, § 3 Nr. 17 EStG Rz. 1; *Handzik* in Littmann/Bitz/Pust, § 3 EStG Rz. 780b.
2 HHR/*Bergkemper*, § 3 Nr. 17 EStG Rz. 1.
3 Ebenso HHR/*Bergkemper*, § 3 Nr. 18 EStG Rz. 1; *Bergkemper*, FR 1996, 509; *Handzik* in Littmann/Bitz/Pust, § 3 EStG Rz. 801.

§ 3 Nr. 20 EStG

Steuerfrei sind ...

20.
die aus öffentlichen Mitteln des Bundespräsidenten aus sittlichen oder sozialen Gründen gewährten Zuwendungen an besonders verdiente Personen oder ihre Hinterbliebenen;

Inhaltsübersicht	Rz.
A. Allgemeine Erläuterungen	153
B. Systematische Kommentierung	154 - 156

A. Allgemeine Erläuterungen

153 **Normzweck und wirtschaftliche Bedeutung:** Die Vorschrift stellt bestimmte Zahlungen des Bundespräsidenten an besonders verdiente Personen steuerfrei. Die Bedeutung der Regelung ist praktisch gering.

Zur Entstehung und Entwicklung der Vorschrift: Die Vorschrift wurde durch das StÄndG v. 26. 7. 1957[1] in den Katalog des § 3 EStG eingefügt.

B. Systematische Kommentierung

154 Diese aus sittlichen oder sozialen Gründen gewährten Zuwendungen an besonders verdiente Personen durch den Bundespräsidenten sind steuerfrei, da eine Steuerbelastung dem Zuwendungsmotiv widersprechen würde.[2]

155–156 *(Einstweilen frei)*

§ 3 Nr. 21 EStG (weggefallen)

▶ Zur Kommentierung siehe Online-Version, 1. Aufl. 2016

§ 3 Nr. 22 EStG (weggefallen)

▶ Zur Kommentierung siehe Online-Version, 1. Aufl. 2016

§ 3 Nr. 23 EStG

Steuerfrei sind ...

23.
[3]die Leistungen nach dem Häftlingshilfegesetz, dem Strafrechtlichen Rehabilitierungsgesetz, dem Verwaltungsrechtlichen Rehabilitierungsgesetz, dem Beruflichen Rehabilitierungsgesetz

---

1 BGBl 1957 I 848.
2 *von Beckerath* in Kirchhof/Söhn/Mellinghoff, § 3 EStG Rz. 43.
3 Anm. d. Red.: § 3 Nr. 23 i. d. F. des Gesetzes v. 17. 7. 2017 (BGBl I S. 2443) mit Wirkung v. 22. 7. 2017.

und dem Gesetz zur strafrechtlichen Rehabilitierung der nach dem 8. Mai 1945 wegen einvernehmlicher homosexueller Handlungen verurteilten Personen;

Inhaltsübersicht	Rz.
A. Allgemeine Erläuterungen	157 - 158
B. Systematische Kommentierung	159 - 162

A. Allgemeine Erläuterungen

Normzweck und wirtschaftliche Bedeutung: Die Vorschrift stellt Zahlungen an Personen, die außerhalb der Bundesrepublik aus politischen Gründen in Gewahrsam genommen worden sind und deshalb eine staatliche Leistung erhalten, steuerfrei. Gleiches gilt für Personen, die im Beitrittsgebiet zwischen 1945 und 1990 verfolgt worden sind und deshalb staatliche Leistungen erhalten haben. 157

Zur Entstehung und Entwicklung der Vorschrift: Die Vorschrift beruht auf dem StÄndG v. 18.7.1958.[1] 1992 wurden Leistungen nach dem Gesetz über die Rehabilitierung und Entschädigung von Opfern rechtstaatswidriger Strafverfolgungsmaßnahmen im Beitrittsgebiet aufgenommen.[2] In den Folgejahren wurden weitere Änderungen vorgenommen. Mit dem Gesetz zur strafrechtlichen Rehabilitierung der nach dem 8.5.1945 wegen einvernehmlicher homosexueller Handlungen verurteilten Personen und zur Änderung des Einkommensteuergesetzes vom 17.7.2017(1) sollen zu Unrecht wegen einvernehmlicher homosexueller Handlungen verurteilte Personen entschädigt werden. Diese Entschädigungen sind nach § 3 Nr. 23 EStG n. F. steuerfrei.[3] 158

Vereinbarkeit mit Verfassungsrecht: Die Regelung ist verfassungsgemäß.[4] Es soll sich bei dieser Steuerbefreiung um eine klarstellende Regelung von nicht steuerbaren Einnahmen handeln.[5]

B. Systematische Kommentierung

Bestimmte Leistungen an Politisch Verfolgte werden nach dieser Vorschrift steuerfrei gestellt. Im Einzelnen sind folgende Leistungen zu unterscheiden. 159

Häftlingshilfegesetz: Nach dem Häftlingshilfegesetz (HHG) v. 2.6.1993[6] werden Personen gefördert, die deutsche Staatsangehörige oder deutsche Volksangehörige sind und außerhalb der Bundesrepublik Deutschland (West) politischer Verfolgung ausgesetzt waren. Leistungen erhalten auch deren Angehörige oder Hinterbliebene (s. § 1 Abs. 1 HHG).

---

1 BGBl 1958 I 473.
2 Siehe SED-UnBerG v. 29.10.1992, BGBl 1992 I 1814.
3 BGBl 2017 I 2443.
4 *Handzik* in Littmann/Bitz/Pust, § 3 EStG Rz. 780b.
5 *Hey* in Tipke/Lang, Steuerrecht, § 8 EStG Rz. 138; *Erhard* in Blümich, § 3 Nr. 23 EStG Rz. 1.
6 BGBl 1993 I 839, zuletzt geändert durch Art. 6 Abs. 3 des Gesetzes v. 20.6.2011, BGBl 2011 I 1114.

Strafrechtliches Rehabilitierungsgesetz: Nach dem strafrechtlichen Rehabilitierungsgesetz (StrRehaG) v. 17.12.1999[1] werden Opfer des Unrechtsregimes der SED für die Freiheitsberaubung entschädigt und durch Versorgungsansprüche besser gestellt.

160 **Verwaltungsrechtliches Rehabilitierungsgesetz:** Nach dem verwaltungsrechtlichen Rehabilitierungsgesetz (VwRehaG) v. 1.7.1997[2] werden Opfern, die durch rechtsstaatswidrige Verwaltungsentscheidungen des SED-Unrechtsstaats betroffen sind, Entschädigungen gezahlt.

Berufliches Rehabilitierungsgesetz: Nach dem beruflichen Rehabilitierungsgesetz (BerRehaG) v. 1.7.1997[3] werden Verfolgte des SED-Regimes, die zumindest zeitweilig weder ihren bisher ausgeübten, begonnenen, erlernten oder durch den Beginn einer berufsbezogenen Ausbildung nachweisbar angestrebten, noch einen sozial gleichwertigen Beruf ausüben konnten, durch Leistungen nach diesem Gesetz entschädigt (§ 1 BerRehaG).

161 **Steuerfreistellung von Entschädigungen wegen einvernehmlicher homosexueller Handlungen verurteilten Personen:** Mit dem Reformgesetz vom 17.7.2017 sollen zu Unrecht wegen einvernehmlicher homosexueller Handlungen verurteilte Personen entschädigt werden. Diese Entschädigungen sind nach § 3 Nr. 23 EStG n. F. steuerfrei. Nach dem Regierungsentwurf rechnet die Bundesregierung mit einer Gesamtsumme der Entschädigungen im Umfang von 30 Mio. € bei ca. 5.000 Anträgen.[4]

162 **Gleichbehandlung zu den anderen steuerfreien Leistungen nach § 3 Nr. 23 EStG:** Die Änderung von § 3 Nr. 23 EStG soll dazu führen, dass diese Entschädigungen analog den Leistungen nach dem Häftlingshilfegesetz, dem Strafrechtlichen Rehabilitierungsgesetz, dem Verwaltungsrechtlichen Rehabilitierungsgesetz und dem Beruflichen Rehabilitierungsgesetz bei der Ermittlung des steuerpflichtigen Einkommens aufgrund des Einkommensteuergesetzes (EStG) unberücksichtigt bleiben. Mit der Steuerfreistellung wird sichergestellt, dass die Entschädigungsbeträge den Rehabilitierten für die Zwecke zur Verfügung stehen, für die sie bestimmt sind, nämlich als Genugtuung für erlittene Verurteilung und Freiheitsentziehung, die auf aus heutiger Sicht grundrechtswidrigen Strafvorschriften beruhen.[5]

§ 3 Nr. 24 EStG

Steuerfrei sind ...

24.
Leistungen, die auf Grund des Bundeskindergeldgesetzes gewährt werden;

Inhaltsübersicht	Rz.
A. Allgemeine Erläuterungen	163
B. Systematische Kommentierung	164 - 166

---

1 BGBl 1999 I 2664, zuletzt geändert durch Art. 1 des Gesetzes v. 22.12.2014, BGBl 2014 I 2408.
2 BGBl 1997 I 1620, zuletzt geändert durch Art. 2 des Gesetzes v. 2.12.2010, BGBl 2010 I 1744.
3 BGBl 1997 I 1625, zuletzt geändert durch Art. 2 des Gesetzes v. 22.12.2014, BGBl 2014 I 2408.
4 BT-Drucks. 18/12038, 2.
5 BT-Drucks. 18/18/12038, 27.

A. Allgemeine Erläuterungen

Normzweck und wirtschaftliche Bedeutung: Die Vorschrift wurde geschaffen, um Leistungen nach dem BKGG steuerfrei zu stellen. Zwar wird Kindergeld als Steuervergütung gezahlt (s. § 31 Satz 3 EStG); jedoch betrifft dies nicht das durch die Arbeitsverwaltung als Sozialleistung ausgezahlte Kindergeld (sozialrechtliches Kindergeld), dass sich nach dem BKGG richtet. Das als Steuervergütung gezahlte Kindergeld (steuerrechtliches Kindergeld) wird in §§ 62 bis 78 EStG näher geregelt. 163

Zur Entstehung und Entwicklung der Vorschrift: Die Vorschrift ist durch das StÄndG v. 18.7.1958[1] in § 3 EStG aufgenommen worden.

Vereinbarkeit mit Verfassungsrecht: Die Regelung ist verfassungsgemäß. Sie ist als Sozialzwecknorm gerechtfertigt.[2]

B. Systematische Kommentierung

Steuerfrei sind die Leistungen, die nach dem BKGG gewährt werden. Im Wesentlichen betrifft diese Regelung Empfänger, die beschränkt steuerpflichtig sind und auch nicht nach § 1 Abs. 3 EStG als unbeschränkt steuerpflichtig behandelt werden und in einem Versicherungspflichtverhältnis zur Bundesagentur für Arbeit nach dem SGB III stehen oder nach § 28 Abs. 1 Nr. 1 SGB III versicherungsfrei sind. Des Weiteren kommen Entwicklungshelfer, Missionare etc. unter bestimmten Bedingungen in Betracht. Auch fallen beamtete Personen, die bei einer Einrichtung außerhalb Deutschlands eine zugewiesene Tätigkeit verrichten, in den Anwendungsbereich. Weiterhin gehören auch Ehegatten eines Mitglieds der Truppe oder des zivilen Gefolges eines NATO-Mitgliedstaates unter Umständen zu den nach § 3 Nr. 24 EStG Betroffenen. 164

(Einstweilen frei) 165–166

§ 3 Nr. 25 EStG

Steuerfrei sind ...

25.
Entschädigungen nach dem Infektionsschutzgesetz vom 20. Juli 2000 (BGBl I S. 1045);

Inhaltsübersicht	Rz.
A. Allgemeine Erläuterungen	167
B. Systematische Kommentierung	168 - 170

A. Allgemeine Erläuterungen

Normzweck und wirtschaftliche Bedeutung: Die Vorschrift stellt Entschädigungen für Verdienstausfälle und Impfschäden steuerfrei. 167

---

1 BGBl 1958 I 473.
2 HHR/*Bergkemper*, § 3 Nr. 24 EStG Rz. 1.

Zur Entstehung und Entwicklung der Vorschrift: Die Vorschrift ist durch das StÄndG v. 18. 7. 1958[1] in § 3 EStG aufgenommen worden.

Vereinbarkeit mit Verfassungsrecht: Die Regelung ist verfassungsgemäß.[2] Sie ist als Sozialzwecknorm gerechtfertigt.

B. Systematische Kommentierung

168 Steuerfrei sind die Leistungen, die nach dem Infektionsschutzgesetz v. 20. 7. 2000 gewährt werden. Im Wesentlichen betrifft diese Regelung folgende Leistungen:

- Verdienstausfallentschädigung bei Verbot der Erwerbstätigkeit nach § 56 Infektionsschutzgesetz.

- Aufopferungsanspruch bei Impfschaden nach § 60 Infektionsschutzgesetz und für vernichtete oder beschädigte Gegenstände nach § 65 Infektionsschutzgesetz.

169–170 *(Einstweilen frei)*

§ 3 Nr. 26 EStG

Steuerfrei sind ...

26.
[3]Einnahmen aus nebenberuflichen Tätigkeiten als Übungsleiter, Ausbilder, Erzieher, Betreuer oder vergleichbaren nebenberuflichen Tätigkeiten, aus nebenberuflichen künstlerischen Tätigkeiten oder der nebenberuflichen Pflege alter, kranker oder behinderter Menschen im Dienst oder im Auftrag einer juristischen Person des öffentlichen Rechts, die in einem Mitgliedstaat der Europäischen Union, in einem Staat, auf den das Abkommen über den Europäischen Wirtschaftsraum Anwendung findet, oder in der Schweiz belegen ist oder einer unter § 5 Absatz 1 Nummer 9 des Körperschaftsteuergesetzes fallenden Einrichtung zur Förderung gemeinnütziger, mildtätiger und kirchlicher Zwecke (§§ 52 bis 54 der Abgabenordnung) bis zur Höhe von insgesamt 2 400 Euro im Jahr. ²Überschreiten die Einnahmen für die in Satz 1 bezeichneten Tätigkeiten den steuerfreien Betrag, dürfen die mit den nebenberuflichen Tätigkeiten in unmittelbarem wirtschaftlichen Zusammenhang stehenden Ausgaben abweichend von § 3c nur insoweit als Betriebsausgaben oder Werbungskosten abgezogen werden, als sie den Betrag der steuerfreien Einnahmen übersteigen;

Inhaltsübersicht	Rz.
A. Allgemeine Erläuterungen	171 - 172
B. Systematische Kommentierung	173 - 179
I. Steuerbegünstigte Tätigkeiten (§ 3 Nr. 26 Satz 1 EStG)	173 - 177
II. Betriebsausgaben bzw. Werbungskosten (§ 3 Nr. 26 Satz 2 EStG)	178 - 179
C. Verfahrensfragen	180 - 188

---

1 BGBl 1958 I 473.
2 *Handzik* in Littmann/Bitz/Pust, § 3 EStG Rz. 942.
3 **Anm. d. Red.:** § 3 Nr. 26 i. d. F. des Gesetzes v. 21. 3. 2013 (BGBl I S. 556) mit Wirkung v. 1. 1. 2013.

> **HINWEIS:**
> R 3.26 LStR; H 3.26 LStH; Landesamt für Steuern Bayern v. 8. 9. 2011 - S 2121.1.1-1/33 St32, Verfügung betr. Steuerbefreiungen für nebenberufliche Tätigkeiten nach § 3 Nr. 26 EStG, DB 2011, 2169.

> **LITERATUR:**
> ▶ Weitere Literatur siehe Online-Version
> *Hüttemann*, Das Gesetz zur Stärkung des Ehrenamts, DB 2013, 774; *Krebbers*, Stärkt das Ehrenamtsstärkungsgesetz das Ehrenamt? – Steuerliche Änderungen im Gemeinnützigkeits- und Zuwendungsrecht, BB 2013, 2071; *Schauhoff/Kirchhain*, Steuer- und zivilrechtliche Neuerungen für gemeinnützige Körperschaften und deren Förderer – Zum Gesetz zur Stärkung des Ehrenamts, FR 2013, 301; *Obermair*, Abzug von Ausgaben bei steuerfreien Einnahmen als Übungsleiter – Zugleich Besprechung des Urteils des Thüringer FG v. 30. 9. 2015 - 3 K 480/14, DStR 2016, 1583.

A. Allgemeine Erläuterungen

Normzweck und wirtschaftliche Bedeutung: Die Vorschrift stellt Zahlungen an Personen, die nebenberuflich eine Tätigkeit als **Übungsleiter, Ausbilder, Erzieher** u. a. ausüben, steuerfrei. Gleiches gilt für Personen, die **nebenberuflich eine künstlerische Tätigkeit** vornehmen. Weiterhin wird die **nebenberufliche Pflege alter, kranker und behinderter Menschen** steuerfrei gestellt. Die Steuerbefreiung ist aber **begrenzt auf 2 400 €**. Voraussetzung für alle Tätigkeiten ist, dass sie zur Förderung gemeinnütziger, mildtätiger oder kirchlicher Zwecke erfolgen.

Zur Entstehung und Entwicklung der Vorschrift: Die Vorschrift beruht auf dem Gesetz zur Änderung der AO und des EStG v. 25. 6. 1980.[1] In den Folgejahren wurde eine Reihe von weiteren Änderungen vorgenommen. Es erfolgte eine Änderung durch das Ehrenamtsstärkungsgesetz v. 21. 3. 2013.[2] Darin wurde der Freibetrag auf 2 400 € erhöht. Zuletzt wurde das Gesetz durch das JStG 2018 geändert.[3]

Vereinbarkeit mit Verfassungsrecht: Die Regelung ist verfassungsrechtlich zweifelhaft,[4] sie ist als Sozialzwecknorm eine echte Steuerbefreiung.[5] Die verfassungsrechtlichen Zweifel bestehen vor allem deshalb, weil Zahlungsempfänger steuerfrei gestellt werden, die „Lohn" für eine Tätigkeit im Auftrag einer gemeinnützigen Institution erhalten.[6]

Vereinbarkeit mit Unionsrecht: Die Regelung ist mittlerweile unionsrechtlich unproblematisch. Nachdem die Unionsrechtswidrigkeit durch den BFH[7] und EuGH[8] in das Blickfeld genommen worden war, hat der Gesetzgeber die Anpassung in § 3 Nr. 26 Satz 1 EStG durch das JStG 2009 v. 19. 12. 2008[9] vorgenommen.

Der EuGH hat nun auch im Hinblick auf eine Nebentätigkeit in der Schweiz Klarheit geschaffen. Einer nebenberuflichen Lehrtätigkeit als Arbeitnehmer im Dienst einer im schweizerischen Hoheitsgebiet ansässigen juristischen Person kann nicht wegen des Ortes der Ausübung dieser

---

1 BGBl 1980 I 731.
2 BGBl 2013 I 556.
3 BGBl 2018 I 2338.
4 HHR/*Bergkemper*, § 3 Nr. 26 EStG Rz. 2; *Handzik* in Littmann/Bitz/Pust, § 3 EStG Rz. 964.
5 HHR/*Bergkemper*, § 3 Nr. 26 EStG Rz. 2.
6 *Erhard* in Blümich, § 3 Nr. 26 EStG Rz. 1.
7 BFH v. 1. 3. 2006 - XI R 43/02, BStBl 2006 II 685.
8 EuGH v. 18. 12. 2007 - C-281/06, BFH/NV Beil. 2008, 93 = NWB DokID: CAAAC-67480.
9 BGBl 2008 I 2794; s. auch *Nacke*, DB 2008, 2792.

Tätigkeit die Steuerbefreiung nach § 3 Nr. 26 EStG versagt werden, da dies EU-Recht verletzt.[1] Der Gesetzgeber hat dies zum Anlass genommen durch das JStG 2018[2] die Schweiz in den Tatbestand des Gesetzes aufzunehmen. Diese Änderung gilt für alle offenen Fälle (§ 52 Abs. 4 Satz 5 EStG).

B. Systematische Kommentierung

I. Steuerbegünstigte Tätigkeiten (§ 3 Nr. 26 Satz 1 EStG)

173 **Nebenberufliche Tätigkeit:** Zu den Voraussetzungen für den Freibetrag gehört, dass die Nebeneinkünfte nicht zu den (Haupt-)Einkünften aus nichtselbständiger Tätigkeit gehören und von den (Haupt-)Einkünften aus freiberuflicher Tätigkeit abgrenzbar sind. Die hierzu gewonnenen Einsichten können auch für die in § 3 Nr. 26 EStG verlangte Abgrenzung zwischen Haupt- und nebenberuflicher Tätigkeit herangezogen werden. Der BFH hat in diesem Zusammenhang mehrfach entschieden, dass eine Tätigkeit nicht als Nebentätigkeit angesehen werden kann, wenn die erzielten Einnahmen vom Arbeitgeber der Haupttätigkeit stammen und beide Tätigkeiten unmittelbar zusammenhängen. Ein solcher Zusammenhang ist vom BFH angenommen worden, wenn beide Tätigkeiten gleichartig sind und die Nebentätigkeit unter ähnlichen organisatorischen Bedingungen ausgeübt wird oder wenn der Stpfl. mit der Nebentätigkeit eine ihm aus seinem Dienstverhältnis – faktisch oder rechtlich – obliegende Nebenpflicht erfüllt.[3] Er ist auch gegeben, wenn in der zusätzlichen Tätigkeit der Stpfl. der Weisung und Kontrolle des Dienstherrn unterliegt.[4] Eine Tätigkeit ist von diesen Umständen abgesehen als nebenberuflich i. S. d. § 3 Nr. 26 EStG zu qualifizieren, wenn sie vom zeitlichen Umfang her nicht mehr als **33 1/3 % der Tätigkeit** ausmacht, die ein denselben Beruf ausübender Vollerwerbstätiger zu erbringen hat.[5]

Keine Liebhaberei: Die nebenberufliche Tätigkeit muss mit Einkünfteerzielungsabsicht betrieben worden sein. Sind die Aufwendungen regelmäßig höher als die Einnahmen, kann der Verlust u. U. nicht berücksichtigt werden, da es an der Einkünfteerzielungsabsicht fehlt.[6]

174 **Pädagogische Tätigkeiten:** Begünstigt sind nach § 3 Nr. 26 Satz 1 EStG die nebenberuflichen Tätigkeiten als Übungsleiter, Ausbilder, Erzieher oder Betreuer. Alle haben gemeinsam, dass sie auf andere Menschen durch persönlichen Kontakt Einfluss nehmen, um auf diese Weise deren geistige und körperliche Fähigkeiten zu entwickeln und zu fördern.[7] Es ist somit eine pädagogische Komponente das entscheidende Bindeglied.[8] Zu den begünstigten Tätigkeiten gehören:

---

1 Vgl. EuGH v. 21. 9. 2016 - C-478/15, DStR 2016, 2331.
2 Gesetz vom 11.12.2018 (BGBl 2018 I 2338).
3 BFH v. 25.11.1971 - IV R 126/70, BStBl 1972 II 212; BFH v. 4.12.1975 - IV R 162/72, BStBl 1976 II 291; BFH v. 7.2.1980 - IV R 37/76, BStBl 1980 II 321; BFH v. 4.10.1984 - IV R 131/82, BStBl 1985 II 51; BFH v. 29.1.1987 - IV R 189/85, BStBl 1987 II 783.
4 FG Düsseldorf v. 29. 2. 2012 - 7 K 4364/10 L, EFG 2012, 1313.
5 BFH v. 25. 9. 1992 - VI R 41/90, BFH/NV 1993, 97 = NWB DokID: TAAAB-33436; BFH v. 14. 6. 1991 - VI R 69/89, BFH/NV 1991, 811 = NWB DokID: TAAAB-32623; BFH v. 30. 3. 1990 - VI R 188/87, BStBl 1990 II 854.
6 BFH v. 20.12.2017 - III R 23/15, BFH/NV 2018, 672 = NWB DokID: VAAAG-80500.
7 R 3.26 Abs. 1 Satz 1 LStR.
8 R 3.26 Abs. 1 Satz 2 LStR.

- Sporttrainer,[1]
- Chorleiter oder Organisten,[2]
- Leiter einer Arbeitsgemeinschaft für Referendare,[3]
- Mitwirkung im Prüfungs- und Zulassungsausschuss (z. B. bei Steuerberaterprüfungen oder bei der ersten jur. Staatsprüfung),[4]
- Unterrichtstätigkeit als „Katechet im Nebenamt",[5]
- Unterricht in Maschinenschreiben,[6]
- Orchesterdirigent,[7]
- Betreuung und Beaufsichtigung von Kindern bei den Hausaufgaben,[8]
- Lehr- und Vortragstätigkeit **im Rahmen einer allgemeinen Bildung und Ausbildung** (z. B. Kurse und Vorträge an Volkshochschulen, Schulen, Fachhochschulen,[9] Universitäten,[10] Krankenpflegeschulen,[11] Akademien, Mütterberatung, Erste-Hilfe-Kurse, Schwimmunterricht),[12]
- Lehr- und Vortragstätigkeit **im Rahmen einer beruflichen Ausbildung oder Fortbildung** (z. B. Vorträge und Veranstaltungen an Fortbildungsinstituten, Akademien und Universitäten),[13]
- Korrekturassistententätigkeit.[14]

Nicht begünstigt sind z. B. folgende Tätigkeiten (es fehlt insbesondere an einer pädagogischen Tätigkeit für Menschen):

- Verfassen von Lehrbriefen für den Schulunterricht, da es an einer konkreten pädagogischen Zielsetzung auf konkrete, individualisierte Personen fehlt,[15]
- Ausbildung von Tieren (z. B. von Diensthunden oder Rennpferden),[16]
- Vorstandsmitglied, Vereinskassierer oder Gerätewart bei einem Sportverein (s. aber § 3 Nr. 26a EStG),[17]
- Ehrenamtlicher Betreuer, Vormund oder Pfleger.[18]

175

---

1 R 3.26 Abs. 1 Satz 3 LStR.
2 FG Rheinland-Pfalz v. 4. 7. 1985 - 3 K 252/83, EFG 1986, 9; FG Münster v. 28. 1. 1987 - IV 3873 und 4570/83 E, EFG 1987, 395; R 3.26 Abs. 1 Satz 3 LStR.
3 BFH v. 7. 2. 1980 - IV R 37/76, BStBl 1980 II 231.
4 BFH v. 23. 6. 1988 - IV R 21/86, BStBl 1988 II 890; BFH v. 29. 1. 1987 - IV R 189/85, BStBl 1987 II 783.
5 BFH v. 13. 11. 1987 - VI R 154/84, BFH/NV 1988, 150.
6 BFH v. 26. 3. 1992 - IV R 71/91, BFH/NV 1993, 290 = NWB DokID: YAAAB-33080.
7 R 3.26 Abs. 1 Satz 3 LStR.
8 FG Düsseldorf v. 29. 2. 2012 - 7 K 4364/10 L, EFG 2012, 1313.
9 BFH v. 4. 10. 1984 - IV R 131/82, BStBl 1985 II 51.
10 BFH v. 22. 7. 2008 - VIII R 101/02, BStBl 2010 II 265.
11 BFH v. 26. 3. 1992 - IV R 71/91, BFH/NV 1993, 290 = NWB DokID: YAAAB-33080.
12 R 3.26 Abs. 1 Satz 3 LStR.
13 R 3.26 Abs. 1 Satz 3 LStR.
14 FG Münster v. 8. 11. 1994 - 6 K 3408/94 E, EFG 1995, 415, rkr.; FG Berlin v. 12. 10. 2004 - 5 K 5316/03, EFG 2005, 340; a. A. FG München v. 29. 4. 1997 - 2 K 2893/94, EFG 1997, 1095.
15 FG Thüringen v. 12. 2. 2014 - 3 K 926/13, EFG 2014, 1662, bestätigt durch BFH v. 13.12.2016 - VIII R 43/14, BFH/NV 2017, 569..
16 R 3.26 Abs. 1 Satz 3 LStR.
17 R 3.26 Abs. 1 Satz 5 LStR.
18 R 3.26 Abs. 1 Satz 5 LStR.

- Turnierrichtertätigkeit,[1]
- ehrenamtliche Tätigkeit als Versichertenberater und Mitglied eines Widerspruchsausschusses,[2]
- Tätigkeit als Lehrarzt, da diese Tätigkeit mit der Haupttätigkeit eng verbunden ist.[3]

176 **Künstlerische Tätigkeit:** Nach st. Rspr. des BFH übt ein Stpfl. eine künstlerische Tätigkeit i. S. d. § 18 Abs. 1 Nr. 1 Satz 2 EStG aus, wenn er eine eigenschöpferische Leistung vollbringt, in der seine individuelle Anschauungsweise und Gestaltungskraft zum Ausdruck kommt, und die über eine hinreichende Beherrschung der Technik hinaus grundsätzlich eine gewisse künstlerische Gestaltungshöhe erreicht.[4] Das BVerfG sieht das Wesentliche der künstlerischen Betätigung in der freien schöpferischen Gestaltung, in der Eindrücke, Erfahrungen und Erlebnisse des Künstlers durch das Medium einer bestimmten Formensprache zu unmittelbarer Anschauung gebracht werden.[5] Diese Grundsätze können auf § 3 Nr. 26 EStG übertragen werden.[6] Allerdings ist zu berücksichtigen, dass diese Regelung nur eine nebenberufliche künstlerische Tätigkeit erfasst, deren Einnahmen i. H. v. höchstens 2 400 € steuerfrei sind. Diese der Art und der Höhe nach vorgegebenen Begrenzungen beeinflussen die Auslegung einer künstlerischen Tätigkeit i. S. d. § 3 Nr. 26 EStG. Eine künstlerische Tätigkeit in diesem Sinn kann daher auch vorliegen, wenn sie die eigentliche künstlerische (Haupt-)Tätigkeit unterstützt und ergänzt, sofern sie Teil des gesamten künstlerischen Geschehens ist. Auch der Komparse kann daher – anders z. B. als ein Bühnenarbeiter – eine künstlerische Tätigkeit ausüben.[7]

177 **Pflege alter, kranker und behinderter Menschen:** Diese Tätigkeit setzt eine unmittelbare, persönlich zu erbringende Leistung des Pflegenden voraus; eine nur mittelbare Hilfe durch Geld und Sachleistungen erfüllt diese mit dem Begriff Pflege angesprochenen Voraussetzungen nicht und wäre nicht mehr vom Wortlaut der Vorschrift gedeckt.[8] Sie erfasst neben der körperlichen Pflege auch die hauswirtschaftliche Betreuung. Dazu gehört die Unterstützung bei häuslichen Verrichtungen, beim Schriftverkehr, beim Einkaufen und bei der Altenhilfe entsprechend § 71 SGB XII.[9] Zu dieser Altenhilfe gehört die Hilfe bei der Wohnungs- und Heimplatzbeschaffung, in Fragen der Inanspruchnahme altersgerechter Dienste.[10] Weiterhin gehören dazu Leistungen zu einer Betätigung und zum gesellschaftlichen Engagement, wenn sie vom alten Menschen gewünscht wird, Leistungen zum Besuch von Veranstaltungen oder Einrichtungen, die der Geselligkeit, der Unterhaltung, der Bildung oder den kulturellen Bedürfnissen alter Menschen dienen und Leistungen, die alten Menschen die Verbindung mit nahe stehenden Personen ermöglichen (s. § 71 Abs. 2 SGB XII). Auch die Unterstützung bei Sofortmaßnahmen gegenüber Schwerkranken und Verunglückten (z. B. durch Rettungssanitäter und Ersthelfer) gehört dazu.[11]

---

1 FG Nürnberg v. 15. 4. 2015 - 5 K 1723/12, EFG 2015, 1425.
2 BFH v. 3.7.2018 - VIII R 28/15, BStBl 2018 II 715.
3 FG Schleswig-Holstein v. 7.3.2018 - 2 K 174/17, EFG 2018, 925.
4 BFH v. 23. 9. 1998 - XI R 71/97, BFH/NV 1999, 460 = NWB DokID: EAAAA-62319; BFH v. 4. 11. 2004 - IV R 63/02, BStBl 2005 II 362.
5 BVerfG v. 24. 2. 1971 - 1 BvR 435/68, BVerfGE 30, 173; BVerfG v. 17. 7. 1984 - 1 BvR 816/82, BVerfGE 67, 213.
6 BFH v. 18. 4. 2007 - XI R 21/06, BStBl 2007 II 702.
7 BFH v. 18. 4. 2007 - XI R 21/06, BStBl 2007 II 702.
8 BFH v. 1. 6. 2004 - XI B 117/02, BFH/NV 2004, 1405 = NWB DokID: SAAAB-25465.
9 R 3.26 Abs. 1 Satz 4 LStR.
10 R 3.26 Abs. 1 Satz 4 LStR.
11 R 3.26 Abs. 1 Satz 4 LStR.

Bürgerschaftlich engagierte Fahrer, die in neunsitzigen Bussen an weniger als 12 Stunden pro Woche und damit nebenberuflich für eine in der Altenhilfe tätige gemeinnützige Einrichtung im Bereich der teilstationären Tagespflege ältere pflegebedürftige Menschen an ihrer Wohnung abholen und zur Tagespflege bringen bzw. von der Tagespflege wieder zur Wohnung bringen und u. a. den Menschen beim Ein- und Aussteigen sowie beim Anschnallen helfen sowie sich mit ihnen unterhalten, erbringen eine im Rahmen des § 3 Nr. 26 EStG steuerfreie Tätigkeit.[1]

II. Betriebsausgaben bzw. Werbungskosten (§ 3 Nr. 26 Satz 2 EStG)

Freibetrag von 2 400 €: Nach Satz 2 des § 3 Nr. 26 EStG kommt ein Abzug der Betriebsausgaben oder der Werbungskosten **nur insoweit** in Betracht, als sie den Freibetrag von 2 400 € übersteigen. Der Freibetrag kann pro Jahr nur einmal geltend gemacht werden. Der BFH hat dies in Bezug auf Einnahmen aus **mehreren oder verschiedenen nebenberuflichen Tätigkeiten** i. S. v. § 3 Nr. 26 Satz 1 EStG entschieden.[2] Die Steuerfreiheit i. S. v. § 3 Nr. 26 EStG bleibt auf einen einmaligen Jahresbetrag von 2 400 € begrenzt. Das ergibt sich aus § 3 Nr. 26 Satz 1 EStG, wo es heißt: „... bis zur Höhe von insgesamt 2 400 € im Jahr". Zwar kann der Stpfl. dann höhere Aufwendungen als den Betrag von 2 400 € im Jahr als Betriebsausgaben oder Werbungskosten geltend machen, aber er muss diese steuermindernden Ausgaben dann gleichfalls in vollem Umfang nachweisen. Der Freibetrag von 2 400 € gilt auch in den Fällen, in denen aus **einer in mehreren Jahren selbständig ausgeübten Nebentätigkeit Einnahmen in einem Kalenderjahr** zufließen. Es handelt sich dann insgesamt um Einnahmen aus selbständiger Arbeit, die bei der Gewinnermittlung durch Überschussrechnung auch insoweit im Jahr des Zuflusses zu erfassen sind, wie sie auf in früheren Jahren ausgeübte Tätigkeiten entfallen. Von diesen Einnahmen können im Jahr des Zuflusses grds. auch nur in demselben Jahr abgeflossene Beträge als Betriebsausgaben abgezogen werden. Ohne Nachweis höherer Ausgaben kann deshalb auch in diesem Falle nur ein Betrag von 2 400 € abgezogen werden. Der Betrag von 2 400 € in § 3 Nr. 26 Satz 2 EStG bezieht sich auf alle im Veranlagungszeitraum zugeflossenen Einnahmen für Tätigkeiten i. S. d. § 3 Nr. 26 Satz 1 EStG.[3]

Jahresbetrag: Der Freibetrag von 2 400 € ist ein Jahresbetrag und nicht zeitanteilig aufzuteilen.[4]

Personenbezogenheit: Die Steuerbefreiung ist bei Ehegatten oder Lebenspartnern stets personenbezogen vorzunehmen.[5]

Arbeitnehmerpauschbetrag und Freibetrag von 2 400 €: Soweit fraglich ist, ob der Pauschbetrag nach § 9a Nr. 1 EStG und/oder der Freibetrag nach § 3 Nr. 26 EStG anzurechnen ist, gilt, dass mit der Geltendmachung des Freibetrags nach § 3 Nr. 26 EStG der Arbeitnehmerpauschbetrag nach § 9a Nr. 1 EStG abgegolten ist.[6] Neben dem Freibetrag kann der Arbeitnehmerpauschbetrag nur geltend gemacht werden, wenn er im Zusammenhang mit anderen Einnahmen steht, die nicht unter § 3 Nr. 26 EStG fallen.[7]

---

1 FG Baden-Württemberg v. 8.3.2018 - 3 K 888/16, EFG 2018, 1058, Rev. eingelegt, Az. BFH: VI R 9/18.
2 BFH v. 21.8.2012 - VIII R 33/09, BStBl 2013 II 171 a. E.; BFH v. 23.6.1988 - IV R 21/86, BStBl 1988 II 890; BFH v. 15.2.1990 - IV R 87/89, BStBl 1990 II 686.
3 BFH v. 15.2.1990 - IV R 87/89, BStBl 1990 II 686.
4 R 3.26 Abs. 8 Satz 3 LStR.
5 BMF v. 21.11.2014, BStBl 2014 I 1581, zu § 3 Nr. 26a EStG.
6 *Erhard* in Blümich, § 3 Nr. 26 EStG Rz. 21.
7 BFH v. 13.11.1987 - VI R 154/84, BFH/NV 1988, 150 = NWB DokID: YAAAB-30475.

Werbungskosten und Betriebsausgabenabzug: Es kommt zu einem vollen Werbungskosten- oder Betriebsausgabenabzug, wenn der Stpfl. keinerlei Einnahmen erzielt hat.[1] Soweit die Aufwendungen auf Einnahmen entfallen, die nach § 3 Nr. 26 EStG steuerfrei sind, und auf andere Einnahmen, sind die Aufwendungen notfalls im Schätzungswege aufzuteilen.[2]

C. Verfahrensfragen

180 **Lohnsteuerabzug:** Die Steuervergünstigung nach § 3 Nr. 26 EStG kann auch im Lohnsteuerverfahren im vollen Umfang als Lohnsteuerabzug berücksichtigt werden.[3] Der Arbeitnehmer hat dem Arbeitgeber schriftlich zu bescheinigen, dass die Steuerbefreiung nicht bereits in einem anderen Dienst- oder Auftragsverhältnis berücksichtigt worden ist oder berücksichtigt wird.[4] Diese Bescheinigung hat der Arbeitgeber zu dem Lohnkonto zu nehmen.[5]

181–188 *(Einstweilen frei)*

§ 3 Nr. 26a EStG

Steuerfrei sind ...

26a.
[6] Einnahmen aus nebenberuflichen Tätigkeiten im Dienst oder Auftrag einer juristischen Person des öffentlichen Rechts, die in einem Mitgliedstaat der Europäischen Union, in einem Staat, auf den das Abkommen über den Europäischen Wirtschaftsraum Anwendung findet, oder in der Schweiz belegen ist, oder einer unter § 5 Absatz 1 Nummer 9 des Körperschaftsteuergesetzes fallenden Einrichtung zur Förderung gemeinnütziger, mildtätiger und kirchlicher Zwecke (§§ 52 bis 54 der Abgabenordnung) bis zur Höhe von insgesamt 720 Euro im Jahr. ²Die Steuerbefreiung ist ausgeschlossen, wenn für die Einnahmen aus der Tätigkeit – ganz oder teilweise – eine Steuerbefreiung nach § 3 Nummer 12, 26 oder 26b gewährt wird. ³Überschreiten die Einnahmen für die in Satz 1 bezeichneten Tätigkeiten den steuerfreien Betrag, dürfen die mit den nebenberuflichen Tätigkeiten in unmittelbarem wirtschaftlichen Zusammenhang stehenden Ausgaben abweichend von § 3c nur insoweit als Betriebsausgaben oder Werbungskosten abgezogen werden, als sie den Betrag der steuerfreien Einnahmen übersteigen;

Inhaltsübersicht	Rz.
A. Allgemeine Erläuterungen	189
B. Systematische Kommentierung	190 - 199
I. § 3 Nr. 26a Satz 1 EStG	190 - 193
II. § 3 Nr. 26a Satz 2 EStG	194 - 196
III. § 3 Nr. 26a Satz 3 EStG	197 - 199
C. Verfahrensfragen	200 - 210

HINWEIS:

R 3. 26a EStR; BMF v. 21. 11. 2014, BStBl 2014 I 1581.

---

1 BFH v. 6. 7. 2005 – XI R 61/04, BStBl 2006 II 163; BFH v. 25. 6. 2009 – IX R 42/08, BStBl 2010 II 220; *Erhard* in Blümich, § 3 Nr. 26 EStG Rz. 21.
2 *Erhard* in Blümich, § 3 Nr. 26 EStG Rz. 22; Landesamt für Steuern Bayern v. 8. 9. 2011 – S 2121.1.1-1/33 St32, DB 2011, 2169.
3 R 3.26 Abs. 10 Satz 1 LStR.
4 R 3.26 Abs. 10 Satz 2 LStR.
5 R 3.26 Abs. 10 Satz 3 LStR.
6 Anm. d. Red.: § 3 Nr. 26a i. d. F. des Gesetzes v. 21. 3. 2013 (BGBl I S. 556) mit Wirkung v. 1. 1. 2013.

> LITERATUR:

▶ Weitere Literatur siehe Online-Version
Nacke in StRA, Spezial Steuergesetzgebung 2013/2014, 338.

A. Allgemeine Erläuterungen

Normzweck und wirtschaftliche Bedeutung: Die Vorschrift stellt nebenberufliche Einnahmen von Personen, die **ehrenamtlich für eine gemeinnützige Körperschaft tätig** sind, bis zu 720 € steuerfrei.

Zur Entstehung und Entwicklung der Vorschrift: Die Vorschrift beruht auf dem Gesetz zur Stärkung des bürgerschaftlichen Engagements v. 10.10.2007.[1] In den Folgejahren wurden mehrere Änderungen vorgenommen, zuletzt durch das Ehrenamtsstärkungsgesetz v. 21.3.2013.[2] Darin wurde der Freibetrag auf 720 € erhöht.

Vereinbarkeit mit Verfassungsrecht: Die Regelung ist verfassungsgemäß.[3] Sie ist als Sozialzwecknorm gerechtfertigt.

Vereinbarkeit mit Europarecht: Durch das JStG 2009 v. 19.12.2008[4] wurde die Vorschrift europarechtlich konform geregelt.[5] Aufgrund der Entscheidung des EuGH in der Sache Radgen[6] wurde neben § 3 Nr. 26 EStG auch § 3 Nr. 26a EStG geändert. Der Gesetzgeber hat durch das JStG 2018[7] die Schweiz in den Tatbestand des Gesetzes aufgenommen. Diese Änderung gilt für alle offenen Fälle (§ 52 Abs. 4 Satz 5 EStG).

Zeitlicher Anwendungsbereich: Die Erhöhung auf 720 € ist m. E. **ab VZ 2013** anzuwenden.[8]

B. Systematische Kommentierung

I. § 3 Nr. 26a Satz 1 EStG

Die Vorschrift beinhaltet eine Steuerfreistellung für **nebenberufliche Einnahmen** von Personen, die **ehrenamtlich für eine gemeinnützige Körperschaft tätig**. Sie sind i. H. v. **720 €** steuerfrei. Darunter fallen z. B. Aufwandsentschädigungen für

▶ Vereinsvorstände,[9]
▶ Platzwarte,[10]
▶ Bürokräfte,[11]
▶ Reinigungspersonals,[12]

---

1 BGBl 2007 I 2332.
2 BGBl 2013 I 556.
3 *Handzik* in Littmann/Bitz/Pust, § 3 EStG Rz. 1047.
4 BGBl 2008 I 2794.
5 Siehe zum Hintergrund der Gesetzesänderung *Nacke* in StRA, Spezial Steuergesetzgebung 2008/2009, 128.
6 EuGH v. 21.9.2016 - C-478/15, DStR 2016, 2331 = NWB DokID: MAAAF-83205.
7 Gesetz vom 11.12.2018 (BGBl 2018 I 2338).
8 Siehe *Nacke* in StRA, 2013/2014, 338; *Heinicke* in Schmidt, § 3 EStG ABC „Nebeneinkünfte" unter a) ee); a. A. *Hechtner/Sielaff*, DStR 2013, 1313, die von einer Anwendung ab VZ 2012 ausgehen.
9 BMF v. 21.11.2014, BStBl 2014 I 1581.
10 BMF v. 21.11.2014, BStBl 2014 I 1581.
11 BMF v. 21.11.2014, BStBl 2014 I 1581.
12 BMF v. 21.11.2014, BStBl 2014 I 1581.

- Aufsichtspersonals,[1]
- Schiedsrichter im Amateurbereich,[2]
- sonstige Vereinshelfer.

191 Es muss sich aber nicht um eine Aufwandsentschädigung handeln. Auch sonstige Einnahmen fallen unter § 3 Nr. 26a EStG. Folgende Beispiele machen dies deutlich:

> **BEISPIEL:** Der Stpfl. A ist als Kassierer für den Verein X tätig. Er erhält für die nebenberufliche Tätigkeit eine jährliche Aufwandspauschale von 1 000 €. I. H. v. 720 € ist die Entschädigung nach § 3 Nr. 26a EStG steuerfrei.

> **BEISPIEL:** A erhält als Platzwart eine Nebentätigkeitsvergütung des Vereins i. H. v. 1 000 €. Auch diese Einnahmen sind i. H. v. 720 € nach § 3 Nr. 26a EStG steuerfrei.

192 **Nicht steuerbefreit** sind z. B.
- Tätigkeit der Amateursportler,[3]
- Tätigkeiten im nicht steuerbefreiten wirtschaftlichen Geschäftsbetrieb der gemeinnützigen Körperschaft,[4]
- Tätigkeiten von Betreuern, Vormündern und Pflegern (s. aber § 3 Nr. 26b EStG).[5]

193 **Nebenberufliche Tätigkeit:** Der neue Freibetrag für ehrenamtliche Tätigkeit bezieht sich auf eine nebenberufliche Tätigkeit. Das Merkmal „nebenberuflich" ist in § 3 Nr. 26 EStG ebenfalls enthalten. Hier kann auf die dazu ergangene Rechtsprechung des BFH verwiesen werden, der entschieden hat, dass die Tätigkeit nicht mehr als ein Drittel der Arbeitszeit eines vergleichbaren Vollzeiterwerbs in Anspruch nimmt.[6] Mehrere gleichartige Tätigkeiten sind zusammenzufassen, wenn sie sich nach der Verkehrsanschauung als Ausübung eines einheitlichen Hauptberufs darstellen, z. B. Erledigung der Buchführung oder Aufzeichnungen von jeweils weniger als dem dritten Teil des Pensums einer Bürokraft für mehrere gemeinnützige Körperschaften.[7]

II. § 3 Nr. 26a Satz 2 EStG

194 Nach § 3 Nr. 26a Satz 2 EStG ist die Steuerbefreiung ausgeschlossen, wenn für die Einnahmen aus der Tätigkeit – ganz oder teilweise – eine Steuerbefreiung nach § 3 Nr. 12, 26 oder 26b EStG gewährt wird. Hierzu ein Beispiel:[8]

> **BEISPIEL:** Der Kassierer des Sportvereins ist neben dieser Tätigkeit auch als Trainer des Vereins tätig. Für seine gesamten Aufwendungen für den Verein erhält er eine Entschädigung von 3 000 €. Die Entschädigung ist nach § 3 Nr. 26 EStG i. H. v. 2 400 € steuerfrei. Der Stpfl. kann daneben nicht noch für seine Kassierertätigkeit einen Freibetrag nach § 3 Nr. 26a EStG geltend machen.

195 **Trennung der Entschädigungszahlungen:** Das Beispiel zeigt, dass Entschädigungszahlungen der Vereine daraufhin überprüft werden sollten, ob bei den Entschädigungen eine Trennung zwischen Zahlungen, bspw. für administrative ehrenamtliche Tätigkeit und für Übungsleiter-

---

1 BMF v. 21.11.2014, BStBl 2014 I 1581.
2 BMF v. 21.11.2014, BStBl 2014 I 1581.
3 BMF v. 21.11.2014, BStBl 2014 I 1581.
4 BMF v. 21.11.2014, BStBl 2014 I 1581.
5 BMF v. 21.11.2014, BStBl 2014 I 1581.
6 BFH v. 30.3.1990 - VI R 188/87, BStBl 1990 II 854; BMF v. 21.11.2014, BStBl 2014 I 1581; s. a. oben → Rz. 173.
7 BMF v. 21.11.2014, BStBl 2014 I 1581.
8 Vgl. auch BFH v. 31.1.2017 - IX R 10/16, BFH/NV 2017, 680.

aufgaben, erfolgt. Ist eine Trennung bisher nicht vorgenommen worden, sollte eine Umstellung erfolgen, damit beide Freibeträge in Anspruch genommen werden können.[1] Die Tätigkeiten müssen daher voneinander trennbar sein, gesondert vergütet werden und die dazu getroffenen Vereinbarungen eindeutig sein und durchgeführt werden.[2] Einsatz- und Bereitschaftsdienstzeiten der Rettungssanitäter und Ersthelfer sind als einheitliche Tätigkeit zu behandeln, die insgesamt nach § 3 Nr. 26 EStG begünstigt sein können.[3]

Verhältnis zu § 22 Nr. 3 EStG: Die Freigrenze nach § 22 Nr. 3 Satz 2 EStG i. H. v. 256 € steht zu § 3 Nr. 26a EStG in der Weise in Beziehung, dass erst nach Abzug des Freibetrags nach § 3 Nr. 26a EStG die Freigrenze des § 22 Nr. 3 Satz 2 EStG zur Anwendung kommt.[4] 196

> **BEISPIEL:** Der nebenberufliche ehrenamtliche Schiedsrichter im Amateurbereich erhält 900 €. Nach Abzug des Freibetrags von 720 € verbleiben 180 €, was unterhalb der Freigrenze des § 22 Nr. 3 Satz 2 EStG liegt.

III. § 3 Nr. 26a Satz 3 EStG

Nach § 3 Nr. 26 Satz 3 EStG kommt ein Abzug der Betriebsausgaben oder der Werbungskosten **nur insoweit** in Betracht, als sie den Freibetrag von 720 € übersteigen. Der Freibetrag kann pro Jahr nur einmal geltend gemacht werden. Es kommt nicht darauf an, ob der Stpfl. dabei mehrere Nebentätigkeiten ausübt oder ob es im Veranlagungszeitraum zu einer Zusammenballung von Einnahmen mehrerer Jahre kommt. Es bleibt bei der Steuerbefreiung von insgesamt 720 €. Hierauf weist der Wortlaut in § 3 Nr. 26a Satz 3 EStG, wenn es dort heißt „die Einnahmen für die in Satz 1 bezeichneten Tätigkeiten".[5] 197

Freibetrag von 720 €: Bei der Steuerfreistellung i. S. d. § 3 Nr. 26a EStG handelt es sich wie bei § 3 Nr. 26 EStG um einen Freibetrag. Es soll damit pauschal der Aufwand, der den nebenberuflich tätigen Personen durch ihre Beschäftigung entsteht, abgegolten werden.[6] Hat der Stpfl. höhere Einnahmen als 720 € und macht er Aufwendungen geltend, die niedriger sind als die Einnahmen, sind diese Aufwendungen entgegen der Regelung in § 3c EStG nicht aufzuteilen (§ 3 Nr. 26a Satz 3 EStG). Sie sind nach § 3 Nr. 26a Satz 3 EStG nur zu berücksichtigen, soweit sie den Freibetrag von 720 € übersteigen. Sie sind aber im Ganzen nachzuweisen. 198

> **BEISPIEL:** A hat Einnahmen als Vereinsvorsitzender i. H. v. 4 000 €. Er hat Aufwendungen i. H. v. 900 €. Von den 4 000 € sind 720 € steuerfrei. Daneben kann er an Aufwendungen noch 180 € (900 € ./. 720 €) geltend machen, so dass er 3 100 € zu versteuern hat. Er hat dem Finanzamt die gesamten Aufwendungen i. H. v. 900 € nachzuweisen.

Jahresbetrag: Der Freibetrag von 2 400 € ist ein Jahresbetrag und nicht zeitanteilig aufzuteilen.[7] Er wird auch bei Ausübung verschiedener Tätigkeiten nur einmal pro Jahr gewährt.[8] 199

Personenbezogenheit: Die Steuerbefreiung ist bei Ehegatten oder Lebenspartnern stets personenbezogen vorzunehmen.[9]

---

1 Vgl. auch *Nacke* in StRA, 2007/2008, 320; *Krain*, AO -StB 2008, 15.
2 BMF v. 21. 11. 2014, BStBl 2014 I 1581.
3 BMF v. 21. 11. 2014, BStBl 2014 I 1581.
4 BMF v. 21. 11. 2014, BStBl 2014 I 1581, mit Beispiel.
5 Siehe im Übrigen die vergleichbare Regelung in § 3 Nr. 26 EStG.
6 *Fischer*, NWB 2007, 3515.
7 BMF v. 21. 11. 2014, BStBl 2014 I 1581; R 3.26 Abs. 8 Satz 3 LStR, zur vergleichbaren Regelung in § 3 Nr. 26 EStG.
8 BFH v. 3.7.2018 - VIII R 28/15, BStBl 2018 II 715.
9 BMF v. 21. 11. 2014, BStBl 2014 I 1581.

Vorweggenommene Ausgaben: Wie bei § 3 Nr. 26 EStG gilt auch hier, dass im Fall des Entstehens von vorweggenommenen Betriebsausgaben bei einer beabsichtigten nebenberuflichen Tätigkeit i. S. v. § 3 Nr. 26a EStG die gesamten Aufwendungen zu berücksichtigen sind, wenn es nicht zur Ausführung der Tätigkeit kommt und damit keine Einnahmen erzielt werden.[1]

C. Verfahrensfragen

200 **Lohnsteuerabzug:** Eine zeitanteilige Aufteilung des Freibetrags ist beim Lohnsteuerabzugsverfahren nicht vorzunehmen. Dies gilt selbst dann, wenn feststeht, dass das Dienstverhältnis nicht bis zum Ende des Kalenderjahrs bestehen wird.[2] Der Arbeitnehmer hat dem Arbeitgeber jedoch schriftlich zu bescheinigen, dass die Steuerbefreiung nach § 3 Nr. 26a EStG nicht bereits in einem anderen Dienst- oder Auftragsverhältnis berücksichtigt worden ist oder berücksichtigt wird.[3] Diese Erklärung ist wie bei den Fällen des § 3 Nr. 26 EStG zum Lohnkonto zu nehmen.[4]

201–210 *(Einstweilen frei)*

§ 3 Nr. 26b EStG

Steuerfrei sind ...

26b.
[5] Aufwandsentschädigungen nach § 1835a des Bürgerlichen Gesetzbuchs, soweit sie zusammen mit den steuerfreien Einnahmen im Sinne der Nummer 26 den Freibetrag nach Nummer 26 Satz 1 nicht überschreiten. ²Nummer 26 Satz 2 gilt entsprechend;

Inhaltsübersicht

	Rz.
A. Allgemeine Erläuterungen	211 – 212
B. Systematische Kommentierung	213 – 220
I. § 3 Nr. 26b Satz 1 EStG	213 – 215
II. § 3 Nr. 26b Satz 2 EStG	216 – 220

HINWEIS:

BMF v. 21.11.2014, BStBl 2014 I 1581; OFD Niedersachsen v. 28.1.2015, Verfügung betr. einkommensteuerliche Behandlung der Aufwandsentschädigungen für ehrenamtliche Betreuer nach § 1835a BGB, S 2337 – 121 – St 213, LSt-Kartei ND § 3 EStG Fach 3 Nr. 18a.

LITERATUR:

Hörster, Jahressteuergesetz 2010 – ein Überblick. Änderungen des Einkommensteuergesetzes, NWB 2010, 4165; *Melchior*, Das Jahressteuergesetz 2010 im Überblick, DStR 2010, 2481; *Nacke* in StRA, Spezial Steuergesetzgebung 2010/2011, 25 ff.; *Nacke*, JStG 2010: Einkommensteuerliche Änderungen durch das Jahressteuergesetz 2010. Wesentliche Änderungen im Überblick, StBW 2011, 23.

---

1 BFH v. 6.7.2005 - XI R 61/04, BStBl 2006 II 163 zu § 3 Nr. 26 EStG a. F.; BFH v. 25.6.2009 - IX R 42/08, BStBl 2010 II 220; HHR/*Bergkemper*, § 3 Nr. 26 EStG Rz. 9.
2 BMF v. 21.11.2014, BStBl 2014 I 1581.
3 BMF v. 21.11.2014, BStBl 2014 I 1581.
4 BMF v. 21.11.2014, BStBl 2014 I 1581.
5 Anm. d. Red.: § 3 Nr. 26b eingefügt gem. Gesetz v. 8.12.2010 (BGBl I S. 1768) mit Wirkung v. 14.12.2010.

A. Allgemeine Erläuterungen

Normzweck und wirtschaftliche Bedeutung: Aufgrund der Beratungen im Bundesrat wurde die Steuerbefreiungsvorschrift des § 3 Nr. 26b EStG geschaffen und Aufwandsentschädigungen nach § 1835a BGB eines **ehrenamtlichen Vormundes**, eines **ehrenamtlichen rechtlichen Betreuers** oder **ehrenamtlichen Pflegers** teilweise steuerfrei gestellt. Die genannten Personen üben ihre Tätigkeit zwar ehrenamtlich aus; jedoch haben sie Anspruch auf Erstattung ihrer Auslagen. Diese Erstattung kann in Form einer Einzelabrechnung oder durch eine pauschale Aufwandsentschädigung nach § 1835a BGB erfolgen. Im zuletzt genannten Fall beträgt die Aufwandsentschädigung pauschal 399 € pro Jahr.[1] Die Steuerbefreiung umfasst aufgrund des Verweises auf § 3 Nr. 26 Satz 1 EStG einen Betrag von **2400 €**.

Zur Entstehung und Entwicklung der Vorschrift: Die Vorschrift beruht auf dem Jahressteuergesetz 2010 v. 13. 12. 2010.[2]

Vereinbarkeit mit Verfassungsrecht: Die Regelung ist verfassungsgemäß.[3] Sie ist als Sozialzwecknorm gerechtfertigt.

Zeitlicher Anwendungsbereich: Die Vorschrift ist **ab VZ 2011** anzuwenden.[4] Für Zeiträume vor VZ 2011 erfolgt die Freistellung nach § 3 Nr. 12 Satz 1 EStG.[5]

B. Systematische Kommentierung

I. § 3 Nr. 26b Satz 1 EStG

Zusammenrechnung der Einnahmen nach § 3 Nr. 26 und Nr. 26b EStG: Bei der Anwendung des § 3 Nr. 26b EStG sind aber die evtl. ebenfalls bezogenen steuerfreien Einnahmen nach § 3 Nr. 26 und Nr. 26a EStG zu beachten. Sie können zum Ausschluss der Steuerbefreiung (s. § 3 Nr. 26a Satz 2 EStG) oder zur Zusammenrechnung der bezogenen Einnahmen mit denen aus § 3 Nr. 26 EStG führen (s. § 3 Nr. 26b Satz 1 EStG). Diese Zusammenrechnung kann Nachteile bringen. Kam bisher bei Aufwandsentschädigungen für ehrenamtliche Betreuer etc. § 3 Nr. 26a EStG zur Anwendung,[6] so dass ein Freibetrag von 720 € genutzt werden konnte, entfällt in Zukunft die Steuerbefreiung in dieser Höhe, wenn z. B. bereits die Steuerbefreiung nach § 3 Nr. 26 EStG (z. B. durch die Tätigkeit als Übungsleiter) fast ausgeschöpft ist.[7]

> **BEISPIEL:** ▶ A erhält im Jahr 2015 als Übungsleiter eine Entschädigung von 2 000 €. Daneben ist A als ehrenamtlicher Betreuer tätig und erhält nach § 1835a BGB für die Betreuung von drei Personen eine pauschale Aufwandsentschädigung von 1197 €. Da A bereits nach § 3 Nr. 26 EStG einen Steuerfreibetrag von 2 000 € geltend machen kann, verbleiben für die Steuerbefreiung seiner ehrenamtlichen Betreuertätigkeit nur noch 400 € (s. § 3 Nr. 26b Satz 1 EStG i. V. m. § 3 Nr. 26 EStG – Steuerfreibetrag von 2 400 €), so dass A einen Betrag von 797 € zu versteuern hat – es sei denn, er kann erhöhte Werbungskosten nachweisen.

---

1 Siehe zur Bedeutung auch BR-Drucks. 318/1/10, 4 f.; zur Höhe der Pauschale über die Jahre hinweg s. OFD Niedersachsen v. 28. 1. 2015, LSt-Kartei ND § 3 EStG Fach 3 Nr. 18a.
2 BGBl I 2010, 1768.
3 *Handzik* in Littmann/Bitz/Pust, § 3 EStG Rz. 1065.
4 § 52 Abs. 4b Satz 2 EStG a. F.
5 BFH v. 17. 10. 2012 - VIII R 57/09, BStBl 2013 II 799; OFD Niedersachsen v. 28. 1. 2015, LSt-Kartei ND § 3 EStG Fach 3 Nr. 18a.
6 Siehe BMF v. 25. 11. 2008, BStBl 2008 I 985.
7 Siehe BT-Drucks. 17/3549, 27; *Hörster*, NWB 2010, 4165.

214 **Verhältnis § 3 Nr. 26a EStG zu § 3 Nr. 26b EStG:** Die neue Steuerbefreiung nach § 3 Nr. 26b EStG kann nicht neben der Steuerbefreiung nach § 3 Nr. 26a EStG geltend gemacht werden, die grds. auch auf die ehrenamtlichen Betreuer Anwendung findet. Dies hat der Gesetzgeber nicht beabsichtigt.[1]

215 **Sonderfall der Steuerbefreiung:** Der Nachteil ist aber in dem Fall ausgeschlossen, in dem die Steuerbefreiung nach § 3 Nr. 26 EStG nicht gewährt wurde. In diesem Fall kann auch nach der neuen Rechtslage gem. § 3 Nr. 26a EStG der Freibetrag i. H. v. 720 € geltend gemacht werden, denn für die Einnahmen aus der Tätigkeit wurde tatsächlich keine Steuerbefreiung nach § 3 Nr. 26 oder Nr. 26b EStG gewährt.[2]

> **BEISPIEL:** A hat im Jahr 2014 Einnahmen von 4 000 € aus einer Übungsleitertätigkeit und nachgewiesene Werbungskosten von 2 500 €. Daneben ist A als ehrenamtlicher Betreuer tätig und erhält nach § 1835a BGB für die Betreuung von drei Personen eine pauschale Aufwandsentschädigung von 1 197 €. Da A den Freibetrag nach § 3 Nr. 26 EStG wegen der höheren Werbungskosten nicht geltend macht und der Freibetrag nach § 3 Nr. 26b EStG wegen der über dem Freibetrag von 2 400 € liegenden Einnahmen aus einer Tätigkeit nach § 3 Nr. 26 EStG ausscheidet, kann er den Freibetrag nach § 3 Nr. 26a EStG i. H. v. 720 € geltend machen.[3]

II. § 3 Nr. 26b Satz 2 EStG

216 **Begrenzter Werbungskostenabzug:** Nach § 3 Nr. 26b Satz 2 EStG findet § 3 Nr. 26 Satz 2 EStG analoge Anwendung. Dadurch soll geregelt werden, dass bei Überschreiten der Freibetragsgrenze der Werbungskostenabzug nur insoweit erfolgt, wie die Werbungskosten den Freibetrag übersteigen.

> **BEISPIEL:** A ist als ehrenamtlicher Betreuer tätig und erhält im Jahr 2014 für die Betreuung von Personen eine Aufwandsentschädigung von 2 900 €. Er hat Werbungskosten von 2 700 €. A kann von den 2 900 € nach § 3 Nr. 26b EStG den Freibetrag von 2 400 € und noch weitere 300 € Werbungskosten abziehen.

217–220 *(Einstweilen frei)*

§ 3 Nr. 27 EStG

Steuerfrei sind ...

27.
der Grundbetrag der Produktionsaufgaberente und das Ausgleichsgeld nach dem Gesetz zur Förderung der Einstellung der landwirtschaftlichen Erwerbstätigkeit bis zum Höchstbetrag von 18 407 Euro;

Inhaltsübersicht	Rz.
A. Allgemeine Erläuterungen	221 - 222
B. Systematische Kommentierung	223 - 227

LITERATUR:

Drescher, Besteuerung des Ausgleichsgelds nach FELEG bei Arbeitnehmern, BuW 1998, 928; *Bergkemper*, Nach § 15 FELEG vom Bund getragene Sozialversicherungsbeiträge sind kein Arbeitslohn, FR 2005, 899.

---

[1] BR-Drucks. 318/1/10, 3.
[2] Siehe Wortlaut des § 3 Nr. 26a Satz 2 EStG n. F.; ebenso *Melchior*, DStR 2010, 2481.
[3] Wortlaut des § 3 Nr. 26a Satz 2 EStG.

A. Allgemeine Erläuterungen

Normzweck und wirtschaftliche Bedeutung: Die Steuerbefreiung betrifft die Produktionsaufgaberente und das Ausgleichsgeld nach dem Gesetz zur Förderung der Einstellung der landwirtschaftlichen Erwerbstätigkeit (FELEG) v. 21.2.1989.[1] Bis zu einem Höchstbetrag von 18 407 € sollen Leistungen nach dem FELEG für ältere und weniger alte, aber berufsunfähige landwirtschaftliche Unternehmer, bei Einstellung der landwirtschaftlichen Erwerbstätigkeit die Erzielung eines Einkommens durch eine Produktionsaufgaberente gesichert werden. Die Arbeitnehmer und mitarbeitenden Familienangehörigen erhalten dann ebenfalls ein Ausgleichsgeld. Die Vorschrift soll den Entschluss zur Stilllegung landwirtschaftlicher Flächen fördern.[2] Sie soll der Marktentlastung bei Agrarprodukten dienen.[3] Die wirtschaftliche Bedeutung der Vorschrift ist nur noch gering. Das FELEG ist zeitlich begrenzt worden. Es gilt nur, wenn die Anspruchsvoraussetzungen erstmals vor dem 1.1.1997 vorgelegen haben (§ 20 FELEG).   221

Zur Entstehung und Entwicklung der Vorschrift: Die Vorschrift beruht auf dem Gesetz zur Förderung der Einstellung der landwirtschaftlichen Erwerbstätigkeit (FELEG) v. 21.2.1989.[4]   222

Vereinbarkeit mit Verfassungsrecht: Die Regelung ist verfassungsgemäß.[5] Sie ist als Sozialzwecknorm gerechtfertigt.[6]

Zeitlicher Anwendungsbereich: Die Vorschrift ist **ab VZ 1989** anzuwenden.[7] Letztmalig dürfte die Vorschrift im **VZ 2008** anzuwenden sein, da dann der Grundbetrag der Produktionsaufgaberente wegen Erreichens der Altersgrenze von 65 Jahren längstens gezahlt wird (§ 7 Abs. 3 FELEG).[8]

B. Systematische Kommentierung

Produktionsaufgaberente: Eine Produktionsaufgaberente erhielten unter den in §§ 1 ff. FELEG geregelten Voraussetzungen ältere Landwirte, die ihre landwirtschaftliche Erwerbstätigkeit einstellen. Die Rente sollte das Ausscheiden aus dem Erwerbsleben sozial abfedern, indem sie gleichzeitig mit der Einstellung der landwirtschaftlichen Erwerbstätigkeit ein angemessenes Einkommen sicherte; der landwirtschaftliche Unternehmer wurde dadurch einkommensmäßig so gestellt, als wäre er bereits unter Inanspruchnahme der gesetzlichen Sozialversicherungssysteme vorzeitig aus dem Erwerbsleben ausgeschieden.[9] Grund für die Zahlung der Produktionsaufgaberente ist somit das Wegfallen landwirtschaftlicher Einkünfte. Es handelt sich um Einkünfte nach § 13 EStG (s. § 13 Abs. 2 Nr. 3 EStG).   223

Ausgleichsgeld: Ausgleichsgeld erhielten nach §§ 9 ff. FELEG ältere landwirtschaftliche Arbeitnehmer, die in der gesetzlichen Rentenversicherung versichert waren, und versicherungspflichtige mitarbeitende Familienangehörige. Damit sollten Härten durch die vorzeitige Einstellung   224

---

1 BGBl 1989 I 233.
2 HHR/*Kanzler*, § 3 Nr. 27 EStG Rz. 3.
3 BR-Drucks. 366/88, 1; BFH v. 8.11.2007 - IV R 30/06, BFH/NV 2008, 546 = NWB DokID: GAAAC-72618.
4 BGBl 1989 I 233.
5 *Handzik* in Littmann/Bitz/Pust, § 3 EStG Rz. 1070e.
6 HHR/*Kanzler*, § 3 Nr. 27 EStG Rz. 3.
7 § 52 Abs. 2b EStG a. F.
8 HHR/*Kanzler*, § 3 Nr. 27 EStG Rz. 3.
9 BR-Drucks. 366/88, 22; BFH v. 8.11.2007 - IV R 30/06, BFH/NV 2008, 546 = NWB DokID: GAAAC-72618.

der Erwerbstätigkeit des landwirtschaftlichen Unternehmers vermieden werden.[1] Das Ausgleichsgeld betrug 65 % des Bruttoarbeitsentgelts (§ 10 Abs. 1 Satz 1 FELEG); außerdem übernahm der Bund nach § 15 FELEG die Beiträge zur Rentenversicherung sowie die Arbeitgeberanteile für Kranken- und Pflegeversicherung. Das Ausgleichsgeld diente dem Schutz und der einkommensmäßigen Absicherung der Arbeitnehmer und mitarbeitenden Familienangehörigen.[2] Das Ausgleichsgeld wurde daher typischerweise wegen des Wegfalls von Einkünften aus nichtselbständiger Arbeit gezahlt.[3] Das Ausgleichsgeld gehörte nicht zu den Einkünften des § 13 EStG, sondern zu den Einkünften aus § 24 Nr. 1 Buchst. a EStG.[4] Die vom Bund nach § 15 FELEG übernommenen Sozialleistungen stellen keinen Arbeitslohn bei den ehemaligen Arbeitnehmern des landwirtschaftlichen Betriebs dar.[5] Soweit das Ausgleichsgeld den Freibetrag übersteigt, handelt es sich um Arbeitslohn, der als nachträgliche Einkünfte aus nichtselbständiger Arbeit steuerpflichtig ist.[6]

225 **Übernommene Sozialleistungen:** Arbeitgeberanteile zur Sozialversicherung des Arbeitnehmers, die ebenfalls nach § 15 FELEG übernommen werden, sind auch Einkünften aus § 24 Nr. 1 Buchst. a EStG.[7]

Höchstbetrag von 18 407 €: Der Höchstbetrag stand dem Stpfl. nur einmal zu, so dass die einzelnen Raten so lange steuerfrei waren, bis der Höchstbetrag ausgeschöpft wurde.[8] Die Leistungen nach FELEG unterliegen nicht dem Progressionsvorbehalt nach § 32b EStG.[9]

226–227 *(Einstweilen frei)*

§ 3 Nr. 28 EStG

Steuerfrei sind ...

28.
die Aufstockungsbeträge im Sinne des § 3 Absatz 1 Nummer 1 Buchstabe a sowie die Beiträge und Aufwendungen im Sinne des § 3 Absatz 1 Nummer 1 Buchstabe b und des § 4 Absatz 2 des Altersteilzeitgesetzes, die Zuschläge, die versicherungsfrei Beschäftigte im Sinne des § 27 Absatz 1 Nummer 1 bis 3 des Dritten Buches Sozialgesetzbuch zur Aufstockung der Bezüge bei Altersteilzeit nach beamtenrechtlichen Vorschriften oder Grundsätzen erhalten sowie die Zahlungen des Arbeitgebers zur Übernahme der Beiträge im Sinne des § 187a des Sechsten Buches Sozialgesetzbuch, soweit sie 50 Prozent der Beiträge nicht übersteigen;

Inhaltsübersicht	Rz.
A. Allgemeine Erläuterungen	228 - 229
B. Systematische Kommentierung	230 - 232

---

1 BR-Drucks. 366/88, 24; BFH v. 8. 11. 2007 - IV R 30/06, BFH/NV 2008, 546 = NWB DokID: GAAAC-72618.
2 BR-Drucks. 366/88, 37; BFH v. 8. 11. 2007 - IV R 30/06, BFH/NV 2008, 546 = NWB DokID: GAAAC-72618.
3 BFH v. 8. 11. 2007 - IV R 30/06, BFH/NV 2008, 546 = NWB DokID: GAAAC-72618.
4 BFH v. 8. 11. 2007 - IV R 30/06, BFH/NV 2008, 546 = NWB DokID: GAAAC-72618.
5 BFH v. 14. 4. 2005 - VI R 134/01, BStBl 2005 II 569.
6 HHR/*Kanzler*, § 3 Nr. 27 EStG Rz. 14; *Stabold* in Leingärtner, Besteuerung der Landwirte (Loseblatt), Kap. 49 Rz. 41; kritisch *Bergkemper*, FR 2005, 899.
7 BFH v. 8. 11. 2007 - IV R 30/06, BFH/NV 2008, 546 = NWB DokID: GAAAC-72618.
8 R 3.27 EStR; HHR/*Kanzler*, § 3 Nr. 27 EStG Rz. 14; kritisch *Bergkemper*, FR 2005, 900.
9 HHR/*Kanzler*, § 3 Nr. 27 EStG Rz. 14; *Drescher*, BuW 1998, 929.

> **HINWEIS:**
> R 3.28 LStR; H 3.28 LStH.

> **LITERATUR:**
> *Battis*, Das Bundesbesoldungs- und Versorgungsgesetz 1998, NJW 1998, 192; *Moderegger*, Gesetz zur Fortentwicklung der Altersteilzeit, DB 2000, 90; *Kopp*, Die Altersteilzeitregelung, NWB 2004, 2747; *Hanau*, Neue Altersteilzeit, NZA 2009, 225.

A. Allgemeine Erläuterungen

Normzweck und wirtschaftliche Bedeutung: Die Vorschrift begünstigt Leistungen nach dem Altersteilzeitgesetz (ATZG) v. 20.12.1988[1] und ähnlichen Regelungen. Danach sind steuerfrei die Aufstockungsbeträge i. S. d. § 3 Abs. 1 Nr. 1 Buchst. a ATZG und die Aufwendungen und Beiträge i. S. d. § 3 Abs. 1 Nr. 1 Buchst. b und § 4 Abs. 2 ATZG. Die Bundesagentur für Arbeit fördert die Teilzeitarbeit älterer Arbeitnehmer nach § 4 ATZG. Abgesehen davon werden auch Zuschläge an versicherungsfrei Beschäftigte i. S. v. § 27 Abs. 1 Nr. 1 – 3 SGB III (Beamte, Richter, Geistliche und Lehrer an privaten Ersatzschulen), die der Arbeitgeber zur Aufstockung der Bezüge bei Altersteilzeit zahlt steuerfrei gestellt. Darüber hinaus werden auch bestimmte Leistungen von Arbeitgebern, die diese übernommen haben – hier Rentenversicherungsbeiträge i. S. d. § 187a SGB VI – steuerfrei gestellt.

Zur Entstehung und Entwicklung der Vorschrift: Die Vorschrift beruht auf dem Altersteilzeitgesetz (ATZG) v. 20.12.1988.[2] Die Steuerbefreiung ist konstitutiv.[3]

Vereinbarkeit mit Verfassungsrecht: Die Regelung ist verfassungsgemäß.[4] Die Gleichstellung von Beamten und Arbeitnehmern der Privatwirtschaft stellt keinen Verstoß gegen Art. 3 Abs. 1 GG dar.[5]

B. Systematische Kommentierung

Keine Abhängigkeit vom Stichtag 31.12.2009: Die Förderung der Altersteilzeit nach dem ATZG gilt jedoch nur für Teilzeitarbeit von Arbeitnehmern, die das 55. Lebensjahr vollendet haben und die spätestens am 31.12.2009 die Arbeitszeit vermindert haben. Gleichwohl gilt § 3 Nr. 28 EStG auch für spätere Zeiträume. Es kommt nicht darauf an, dass die Altersteilzeit vor dem 1.1.2010 begonnen wurde und durch die Bundesagentur für Arbeit nach § 4 ATZG gefördert wird.[6]

Übernommene Versicherungsleistungen: Hat der Arbeitgeber Rentenversicherungsbeiträge übernommen, die wegen der Inanspruchnahme der vorzeitigen Altersrente nicht mehr in die Rentenversicherung eingezahlt werden, so sind diese Beiträge steuerfrei soweit sie 50 % der Beiträge nicht übersteigen. Damit sind die insgesamt geleisteten zusätzlichen Rentenversicherungsbeiträge gemeint. Werden diese z. B. zu je $^1/_2$ vom Arbeitgeber und Arbeitnehmer gezahlt, so ist der Arbeitgeberanteil in voller Höhe steuerfrei.

---

1 BGBl 1988 I 2343.
2 BGBl 1988 I 2343.
3 *Handzik* in Littmann/Bitz/Pust, § 3 EStG Rz. 1094.
4 *Handzik* in Littmann/Bitz/Pust, § 3 EStG Rz. 1094a.
5 Ebenso *Handzik* in Littmann/Bitz/Pust, § 3 EStG Rz. 1094a.
6 HHR/*Bergkemper*, § 3 Nr. 28 EStG Rz. 2.

231–232 *(Einstweilen frei)*

§ 3 Nr. 29 EStG

Steuerfrei sind …

29.
das Gehalt und die Bezüge,

a) die die diplomatischen Vertreter ausländischer Staaten, die ihnen zugewiesenen Beamten und die in ihren Diensten stehenden Personen erhalten. ²Dies gilt nicht für deutsche Staatsangehörige oder für im Inland ständig ansässige Personen;

b) der Berufskonsuln, der Konsulatsangehörigen und ihres Personals, soweit sie Angehörige des Entsendestaates sind. ²Dies gilt nicht für Personen, die im Inland ständig ansässig sind oder außerhalb ihres Amtes oder Dienstes einen Beruf, ein Gewerbe oder eine andere gewinnbringende Tätigkeit ausüben;

Inhaltsübersicht

	Rz.
A. Allgemeine Erläuterungen	233
B. Systematische Kommentierung	234 - 237
I. Steuerbefreiung des Gehalts und der Bezüge der Diplomaten und deren ihnen zugewiesenen Bediensteten (§ 3 Nr. 29 Buchst. a EStG)	234
II. Steuerbefreiung des Gehalts und der Bezüge der Berufskonsulare und deren ihnen zugewiesenen Bediensteten (§ 3 Nr. 29 Buchst. b EStG)	235 - 237

HINWEIS:
R 3.29 EStR; H 3.29 EStH.

A. Allgemeine Erläuterungen

233 **Normzweck und wirtschaftliche Bedeutung:** Die Vorschrift stellt das Gehalt und die Bezüge ausländischer Diplomaten, Konsularbeamten und der ihnen zugewiesenen Bediensteten einschließlich der Hilfskräfte, die bei Ihnen tätig sind, von der Besteuerung in Deutschland frei. Die Regelung hat nur geringe Bedeutung, da sich die Steuerfreiheit dieser Leistungen bereits aufgrund des Wiener Übereinkommens v. 18. 4. 1961 über diplomatische Beziehungen[1] und des Wiener Übereinkommens v. 14. 4. 1963 über konsularische Beziehungen[2] ergibt (s. § 2 AO). Nur wenn völkerrechtlich keine Steuerbefreiung eingreift, kommt die Vorschrift des § 3 Nr. 29 EStG zur Anwendung.

Zur Entstehung und Entwicklung der Vorschrift: Die Vorschrift beruht auf dem Steueränderungsgesetz 1958 v. 18. 7. 1958.[3]

Vereinbarkeit mit Verfassungsrecht: Die Regelung ist verfassungsgemäß.[4]

---

1 WÜK, BGBl 1964 II 959; s. zum Inhalt H 3.29 EStH.
2 WÜK, BGBl 1969 II 1585; s. zum Inhalt H 3.29 EStH.
3 BGBl 1958 I 473.
4 *Handzik* in Littmann/Bitz/Pust, § 3 EStG Rz. 1120b.

B. Systematische Kommentierung

I. Steuerbefreiung des Gehalts und der Bezüge der Diplomaten und deren ihnen zugewiesenen Bediensteten (§ 3 Nr. 29 Buchst. a EStG)

Gehalt und Bezüge: Die Begriffe Gehalt und Bezüge sind identisch mit den Begriffen in § 19 Abs. 1 EStG.

234

Diplomatischer Vertreter und gleichstehende Personen: Siehe hierzu die Begriffsbestimmungen des WÜD; z. B. bezeichnet der Ausdruck „Diplomat" den Missionschef und die Mitglieder des diplomatischen Personals der Mission.

Ausschluss der Steuerbefreiung (§ 3 Nr. 29 Buchst. a Satz 2 EStG): Die Steuerbefreiung ist ausgeschlossen, wenn die betreffende Person die deutsche Staatsangehörigkeit hat oder im Inland ansässig ist. Dies setzt i. d. R. voraus, dass der Betreffende in Deutschland einen Wohnsitz oder seinen gewöhnlichen Aufenthalt hat.[1]

II. Steuerbefreiung des Gehalts und der Bezüge der Berufskonsulare und deren ihnen zugewiesenen Bediensteten (§ 3 Nr. 29 Buchst. b EStG)

Berufskonsular, Konsularangehöriger etc: Die Begriffsbestimmungen Berufskonsular, Konsularangehöriger und ihr Personal ergeben sich aus Art. 1 WÜK.

235

Honorar- oder Wahlkonsul: Nicht zum Begriff Berufskonsular gehört der Honorar- oder Wahlkonsul.[2] Seine Entschädigungen und Zulagen sind nach Art. 66 WÜK steuerfrei.[3]

Ausschluss der Steuerbefreiung (§ 3 Nr. 29 Buchst. b Satz 2 EStG), beschränkte Steuerpflicht: Nach § 3 Nr. 29 Buchst. b Satz 2 EStG entfällt die Steuerbefreiung, wenn u. a. die Person ständig im Inland ansässig ist. Auch hier gilt die Voraussetzung, dass i. d. R. von einer Ansässigkeit auszugehen ist, wenn der Stpfl. in Deutschland einen Wohnsitz oder seinen gewöhnlichen Aufenthalt hat.[4] Steuerpflichtig bleiben auch die steuerbefreiten Diplomaten und Konsule sowie gleichstehende Personen mit ihren privaten Einkünften, deren Quelle sich in Deutschland befindet. Diese Personen sind beschränkt steuerpflichtig (§ 1 Abs. 4 EStG).[5]

(Einstweilen frei) 236–237

§ 3 Nr. 30 EStG

Steuerfrei sind ...

30.
Entschädigungen für die betriebliche Benutzung von Werkzeugen eines Arbeitnehmers (Werkzeuggeld), soweit sie die entsprechenden Aufwendungen des Arbeitnehmers nicht offensichtlich übersteigen;

---

1 FG Köln v. 24. 1. 2001 - 12 K 7040/98, EFG 2001, 552.
2 R. 3.29 EStR.
3 *Erhard* in Blümich, § 3 Nr. 29 EStG Rz. 4.
4 FG Köln v. 24. 1. 2001 - 12 K 7040/98, EFG 2001, 552.
5 *Handzik* in Littmann/Bitz/Pust, § 3 EStG Rz. 1127.

Inhaltsübersicht	Rz.
A. Allgemeine Erläuterungen	238
B. Systematische Kommentierung	239 - 242

> **HINWEIS:**
> R 3.30 LStR; H 3.30 LStH.

A. Allgemeine Erläuterungen

238 **Normzweck und wirtschaftliche Bedeutung:** Die Steuerbefreiung betrifft die Nutzung von Werkzeugen durch den Arbeitgeber, die einem Arbeitnehmer gehören und deshalb Arbeitsmittel i. S. d. § 9 Abs. 1 Nr. 6 EStG sind. Die Entschädigungen des Arbeitgebers würden zum steuerpflichtigen Arbeitslohn des Arbeitnehmers gehören.[1] Die Vorschrift verfolgt daher den Zweck der Vereinfachung der Lohnabrechnung und soll Belastungen des Arbeitnehmers vermeiden.

Zur Entstehung und Entwicklung der Vorschrift: Die Vorschrift beruht auf dem Gesetz zur Änderung des Steuerreformgesetzes 1990 sowie zur Förderung des Mietwohnungsbaus und von Arbeitsplätzen in Privathaushalten v. 30. 6. 1989.[2]

Vereinbarkeit mit Verfassungsrecht: Die Regelung ist verfassungsgemäß.[3] Sie verfolgt sozialpolitische Zwecke.[4]

B. Systematische Kommentierung

239 **Werkzeuge:** Die Regelung des § 3 Nr. 30 EStG betrifft nur Werkzeuge, nicht dagegen jegliche Arbeitsmittel. Werkzeuge i. S. d. § 3 Nr. 30 EStG sind Geräte zur Bearbeitung von Werkstücken oder -stoffen per Hand oder Maschine (Hand- oder Maschinenwerkzeuge; vgl. auch § 9 Abs. 1 Satz 3 Nr. 6 EStG). Als Werkzeuge sind allgemein nur Handwerkzeuge anzusehen, die zur leichteren Handhabung, zur Herstellung oder zur Bearbeitung eines Gegenstands verwendet werden.[5] Musikinstrumente und Datenverarbeitungsgeräte sind keine Werkzeuge.[6]

Betriebliche Nutzung: Eine betriebliche Benutzung der Werkzeuge liegt auch dann vor, wenn die Werkzeuge im Rahmen des Dienstverhältnisses außerhalb einer Betriebsstätte des Arbeitgebers eingesetzt werden, z. B. auf einer Baustelle.[7]

240 **Steuerbefreiung:** Die Steuerbefreiung beschränkt sich auf die Erstattung der Aufwendungen, die dem Arbeitnehmer durch die betriebliche Benutzung eigener Werkzeuge entstehen.[8] Ohne Einzelnachweis der tatsächlichen Aufwendungen sind pauschale Entschädigungen nach den LStR steuerfrei, soweit sie

1. die regelmäßigen Absetzungen für Abnutzung der Werkzeuge,
2. die üblichen Betriebs-, Instandhaltungs- und Instandsetzungskosten der Werkzeuge sowie
3. die Kosten der Beförderung der Werkzeuge

---

1 BFH v. 21. 9. 1995 - VI R 30/95, BStBl 1995 II 906.
2 BGBl 1989 I 1267.
3 *Handzik* in Littmann/Bitz/Pust, § 3 EStG Rz. 1150.
4 BT-Drucks. 11/4803, 46; HHR/*Bergkemper*, § 3 Nr. 30 EStG Rz. 1.
5 R 3.30 LStR.
6 BFH v. 21. 9. 1995 - VI R 30/95, BStBl 1995 II 906; R 3.30 LStR.
7 R 3.30 LStR.
8 R 3.30 LStR.

Allgemeine Erläuterungen 241–243 § 3 Nr. 31 EStG

abgelten.¹ Soweit Entschädigungen für Zeitaufwand des Arbeitnehmers gezahlt werden, z. B. für die ihm obliegende Reinigung und Wartung der Werkzeuge, gehören sie zum steuerpflichtigen Arbeitslohn.²

(Einstweilen frei) 241–242

§ 3 Nr. 31 EStG

Steuerfrei sind ...

31.

die typische Berufskleidung, die der Arbeitgeber seinem Arbeitnehmer unentgeltlich oder verbilligt überlässt; dasselbe gilt für eine Barablösung eines nicht nur einzelvertraglichen Anspruchs auf Gestellung von typischer Berufskleidung, wenn die Barablösung betrieblich veranlasst ist und die entsprechenden Aufwendungen des Arbeitnehmers nicht offensichtlich übersteigt;

Inhaltsübersicht	Rz.
A. Allgemeine Erläuterungen	243
B. Systematische Kommentierung	244 - 248

HINWEIS:

R 3.31 LStR; H 3.31 LStH.

A. Allgemeine Erläuterungen

Normzweck und wirtschaftliche Bedeutung: Die Steuerbefreiung betrifft die Überlassung von typischer Berufskleidung durch den Arbeitgeber. Da diese Überlassung nicht steuerbar ist, hat die Vorschrift nur deklaratorische Bedeutung.³ Der Arbeitgeber verfolgt mit diesen Aufwendungen eigenbetriebliche Interessen, so dass von einer Steuerpflicht nicht die Rede sein kann.⁴ Konstitutiv ist dagegen die Barablösung. Hier handelt es sich um einen Werbungskostenersatz, so dass diese Leistung steuerbar ist.⁵ 243

Zur Entstehung und Entwicklung der Vorschrift: Die Vorschrift beruht auf dem Gesetz zur Änderung des Steuerreformgesetzes 1990 sowie zur Förderung des Mietwohnungsbaus und von Arbeitsplätzen in Privathaushalten v. 30. 6. 1989.⁶

Vereinbarkeit mit Verfassungsrecht: Die Regelung ist verfassungsgemäß.⁷

---

1 R 3.30 LStR.
2 R 3.30 LStR.
3 HHR/*Bergkemper*, § 3 Nr. 31 EStG Rz. 1.
4 BFH v. 22. 6. 2006 - VI R 21/05, BFH/NV 2006, 2169 = NWB DokID: RAAAC-16065, zur Überlassung bürgerlicher Kleidung.
5 BFH v. 12. 4. 2007 - VI R 53/04, BStBl 2007 II 536; *Handzik* in Littmann/Bitz/Pust, § 3 EStG Rz. 1171.
6 BGBl 1989 I 1267.
7 *Handzik* in Littmann/Bitz/Pust, § 3 EStG Rz. 1170a.

B. Systematische Kommentierung

244 **Typische Berufskleidung:** Erhält der Arbeitnehmer die Berufskleidung von seinem Arbeitgeber zusätzlich zum ohnehin geschuldeten Arbeitslohn, ist anzunehmen, dass es sich um typische Berufskleidung handelt, wenn nicht das Gegenteil offensichtlich ist. Zur typischen Berufskleidung gehören Kleidungsstücke, die

1. als Arbeitsschutzkleidung auf die jeweils ausgeübte Berufstätigkeit zugeschnitten sind oder

2. nach ihrer z. B. uniformartigen Beschaffenheit oder dauerhaft angebrachten Kennzeichnung durch Firmenemblem objektiv eine berufliche Funktion erfüllen, wenn ihre private Nutzung so gut wie ausgeschlossen ist. Normale Schuhe, Kleidung und Unterwäsche sind z. B. keine typische Berufskleidung,[1] ebenso zählt ein Lodenmantel nicht zu einer typischen Berufskleidung.[2]

245 **Unentgeltliche oder verbilligte Überlassung:** Überlassung bedeutet nicht die Übereignung.[3] Es reicht die Nutzungsüberlassung aus. Von einer verbilligten Überlassung ist auszugehen, wenn der objektive Wert unterschritten wird.

246 **Barablösung:** Die Steuerbefreiung nach § 3 Nr. 31 2. Halbsatz EStG beschränkt sich auf die Erstattung der Aufwendungen, die dem Arbeitnehmer durch den beruflichen Einsatz typischer Berufskleidung in den Fällen entstehen, in denen der Arbeitnehmer z. B. nach Unfallverhütungsvorschriften, Tarifvertrag oder Betriebsvereinbarung einen Anspruch auf Gestellung von Arbeitskleidung hat, der aus betrieblichen Gründen durch die Barvergütung abgelöst wird.[4] Die Barablösung einer Verpflichtung zur Gestellung von typischer Berufskleidung ist z. B. betrieblich begründet, wenn die Beschaffung der Kleidungsstücke durch den Arbeitnehmer für den Arbeitgeber vorteilhafter ist.[5] Pauschale Barablösungen sind steuerfrei, soweit sie die regelmäßigen Absetzungen für Abnutzung und die üblichen Instandhaltungs- und Instandsetzungskosten der typischen Berufskleidung abgelten.[6] Aufwendungen für die Reinigung gehören ebenso wie bei den Werkzeugen (s. § 3 Nr. 30 EStG) regelmäßig nicht zu den Instandhaltungs- und Instandsetzungskosten der typischen Berufskleidung.[7] Übersteigen die Barleistungen die entsprechenden Aufwendungen des Arbeitnehmers, so entfällt die Steuerfreiheit nicht. Nur der über die Steuerfreiheit hinausgehende Betrag ist steuerpflichtig.[8]

247–248 *(Einstweilen frei)*

---

[1] R 3.31 LStR.
[2] BFH v. 19.1.1996 - VI R 73/94, BStBl 1996 II 202; H 3.31 LStH.
[3] HHR/*Bergkemper*, § 3 Nr. 31 EStG Rz. 2.
[4] R 3.31 LStR.
[5] R 3.31 LStR.
[6] R 3.31 LStR.
[7] R 3.31 LStR.
[8] Gl. Ansicht HHR/*Bergkemper*, § 3 Nr. 31 EStG Rz. 2; *Handzik* in Littmann/Bitz/Pust, § 3 EStG Rz. 1175.

§ 3 Nr. 32 EStG

Steuerfrei sind ...
32.
¹ die unentgeltliche oder verbilligte Sammelbeförderung eines Arbeitnehmers zwischen Wohnung und erster Tätigkeitsstätte sowie bei Fahrten nach § 9 Absatz 1 Satz 3 Nummer 4a Satz 3 mit einem vom Arbeitgeber gestellten Beförderungsmittel, soweit die Sammelbeförderung für den betrieblichen Einsatz des Arbeitnehmers notwendig ist;

Inhaltsübersicht	Rz.
A. Allgemeine Erläuterungen	249
B. Systematische Kommentierung	250 - 255

HINWEIS:
R 3.32 LStR; H 3.32 LStH.

A. Allgemeine Erläuterungen

Normzweck und wirtschaftliche Bedeutung: Die Steuerbefreiung hat nur deklaratorische Bedeutung. Bei der Sammelbeförderung durch den Arbeitgeber handelt es sich um eine Leistung im eigenbetrieblichen Interesse, so dass kein steuerpflichtiger Arbeitslohn vorliegt.² 249

Zur Entstehung und Entwicklung der Vorschrift: Die Vorschrift beruht auf dem Gesetz zur Änderung des Steuerreformgesetzes 1990 sowie zur Förderung des Mietwohnungsbaus und von Arbeitsplätzen in Privathaushalten v. 30. 6. 1989.³ Durch das Gesetz zur Anpassung des nationalen Steuerrechts an den Beitritt Kroatiens zur EU und zur Änderung weiterer steuerlicher Vorschriften (KroatienAnpG) v. 25. 7. 2014⁴ erfolgte eine redaktionelle Änderung. Wegen der Ersetzung des Begriffs „regelmäßige Arbeitsstätte" durch den Begriff „erste Tätigkeitsstätte" in § 9 EStG war auch eine Änderung in § 3 Nr. 31 EStG erforderlich.

Vereinbarkeit mit Verfassungsrecht: Die Regelung ist verfassungsgemäß.⁵

B. Systematische Kommentierung

Sammelbeförderung: Sammelbeförderung i. S. d. § 3 Nr. 32 EStG ist die durch den Arbeitgeber organisierte oder zumindest veranlasste Beförderung mehrerer Arbeitnehmer; sie darf nicht auf dem Entschluss eines Arbeitnehmers beruhen. Das Vorliegen einer Sammelbeförderung bedarf grds. einer besonderen Rechtsgrundlage. Dies kann ein Tarifvertrag oder eine Betriebsvereinbarung sein.⁶ Das Fahrzeug kann ein Pkw mit Fahrer aber auch ein Flugzeug sein.⁷ Hierzu 250

---

1 Anm. d. Red.: § 3 Nr. 32 i. d. F. des Gesetzes v. 25. 7. 2014 (BGBl I S. 1266) mit Wirkung v. 31. 7. 2014.
2 HHR/*Bergkemper*, § 3 Nr. 32 EStG Rz. 1; BFH v. 10. 6. 1999 - V R 104/98, BStBl 1999 II 582 zur Umsatzsteuer; a. A. *Handzik* in Littmann/Bitz/Pust, § 3 EStG Rz. 1190.
3 BGBl 1989 I 1267.
4 BGBl 2014 I 1266.
5 *Handzik* in Littmann/Bitz/Pust, § 3 EStG Rz. 1190a.
6 BFH v. 29. 1. 2009 - VI R 56/07, BStBl 2010 II 1067; R 3.32 LStR; kritisch HHR/*Bergkemper*, § 3 Nr. 32 EStG Rz. 2.
7 Vgl. BFH v. 15. 5. 2013 - VI R 44/11, BStBl 2014 II 589; *von Beckerath* in Kirchhof/Söhn/Mellinghoff, § 3 Nr. 32 EStG Rz. 61; *Erhard* in Blümich, § 3 Nr. 32 EStG Rz. 2.

gehört aber nicht ein Pkw, der uneingeschränkt zur privaten Nutzung dem Arbeitnehmer überlassen wurde.[1]

Beförderungsstrecke: Ausgangspunkt der Fahrt kann entgegen dem Wortlaut auch ein Treffpunkt oder Sammelpunkt sein.[2] Bis zum **VZ 2013** musste als Ziel der Fahrt die Arbeitsstätte sein. Nach hier vertretenen Ansicht ist nicht erforderlich, dass es sich um eine regelmäßige Arbeitsstätte handelte.[3]

251 **Notwendigkeit für den betrieblichen Einsatz:** Die Notwendigkeit einer Sammelbeförderung ist nach den LStR z. B. in den Fällen anzunehmen, in denen

1. die Beförderung mit öffentlichen Verkehrsmitteln nicht oder nur mit unverhältnismäßig hohem Zeitaufwand durchgeführt werden könnte oder

2. der Arbeitsablauf eine gleichzeitige Arbeitsaufnahme der beförderten Arbeitnehmer erfordert.[4]

252 **Verfahren – Lohnsteuerbescheinigung:** Unter Nr. 2 des Ausdrucks der elektronischen Lohnsteuerbescheinigung (ELSTAM) sind in dem dafür vorgesehenen Feld der Buchst. „F" einzutragen, wenn eine steuerfreie Sammelbeförderung eines Arbeitnehmers zwischen Wohnung und erster Tätigkeitsstätte (§ 3 Nr. 32 EStG) sowie bei Fahrten nach § 9 Abs. 1 Satz 3 Nr. 4a Satz 3 EStG erfolgte.[5]

253–255 *(Einstweilen frei)*

§ 3 Nr. 33 EStG

Steuerfrei sind ...
33.
zusätzlich zum ohnehin geschuldeten Arbeitslohn erbrachte Leistungen des Arbeitgebers zur Unterbringung und Betreuung von nicht schulpflichtigen Kindern der Arbeitnehmer in Kindergärten oder vergleichbaren Einrichtungen;

Inhaltsübersicht	Rz.
A. Allgemeine Erläuterungen	256
B. Systematische Kommentierung	257 - 263

HINWEIS:

R 3.33 LStR; H 3.33 LStH.

---

1 BFH v. 29. 1. 2009 - VI R 56/07, BStBl 2010 II 1097.
2 Ebenso HHR/*Bergkemper*, § 3 Nr. 32 EStG Rz. 2; *Erhard* in Blümich, § 3 Nr. 32 EStG Rz. 2.
3 Ebenso *Erhard* Blümich, § 3 Nr. 32 EStG Rz. 2; a. A. wohl HHR/*Bergkemper*, § 3 Nr. 32 EStG Rz. 2, der an die in § 9 Abs. 1 EStG verwandten Begriffe anknüpft.
4 R 3.32 LStR.
5 BMF v. 15. 9. 2014, BStBl 2014 I 1244; H 3.32 LStH.

A. Allgemeine Erläuterungen

Normzweck und wirtschaftliche Bedeutung: Die Steuerbefreiung von Leistungen des Arbeitgebers für die Unterbringung und Betreuung von nicht schulpflichtigen Kindern der Arbeitnehmer hat konstitutive Wirkung. Denn diese Leistung ist an sich als Arbeitslohn zu qualifizieren.[1]

256

Zur Entstehung und Entwicklung der Vorschrift: Die Vorschrift beruht auf dem Steueränderungsgesetz v. 25. 2. 1992.[2]

Vereinbarkeit mit Verfassungsrecht: Die Regelung ist verfassungsgemäß.[3] Sie verstößt nicht gegen Art. 3 Abs. 1 GG.[4]

B. Systematische Kommentierung

Unterbringung und Betreuung von nicht schulpflichtigen Kindern: Leistungen für die Vermittlung einer Unterbringungs- und Betreuungsmöglichkeit durch Dritte sind nicht steuerfrei.[5] Dagegen braucht die Leistung nicht direkt gegenüber dem Arbeitnehmer erbracht werden. Zuwendungen des Arbeitgebers an einen Kindergarten oder eine vergleichbare Einrichtung, durch die er für die Kinder seiner Arbeitnehmer ein Belegungsrecht ohne Bewerbungsverfahren und Wartezeit erwirbt, sind ebenfalls steuerfrei.[6] Damit kommt es auch nicht darauf an, ob die Unterbringung und Betreuung in betrieblichen oder außerbetrieblichen Kindergärten erfolgt.[7]

257

Begünstigte Einrichtungen: Neben außerbetrieblichen und betrieblichen Kindergärten sind auch Schulkindergärten, Kindertagesstätten, Kinderkrippen, Tagesmütter, Wochenmütter und Ganztagspflegestellen begünstigt.[8] Die alleinige Betreuung im Haushalt, z. B. durch Kinderpflegerinnen, Hausgehilfinnen oder Familienangehörige, genügt für § 3 Nr. 33 EStG ebenso wie bei § 3 Nr. 34a EStG nicht.[9]

258

Schulpflicht: Begünstigt sind nur Leistungen zur Unterbringung und Betreuung von nicht schulpflichtigen Kindern. Ob ein Kind schulpflichtig ist, richtet sich nach dem jeweiligen landesrechtlichen Schulgesetz.[10] Die Schulpflicht ist aus Vereinfachungsgründen nach LStR nicht zu prüfen bei Kindern, die

259

1. das 6. Lebensjahr noch nicht vollendet haben oder
2. im laufenden Kalenderjahr das 6. Lebensjahr nach dem 30. 6. vollendet haben, es sei denn, sie sind vorzeitig eingeschult worden, oder
3. im laufenden Kalenderjahr das 6. Lebensjahr vor dem 1. 7. vollendet haben, in den Monaten Januar bis Juli dieses Jahres.[11]

---

1 BFH v. 11. 4. 2006 - VI R 60/02, BStBl 2006 II 691, zur Abgrenzung zwischen Arbeitslohn und eigenbetrieblichen Interesse.
2 BGBl 1992 I 297.
3 *Handzik* in Littmann/Bitz/Pust, § 3 EStG Rz. 1210a.
4 BFH v. 5. 7. 2012 - III R 80/09, BStBl 2012 II 816.
5 R 3.33 Abs. 1 LStR.
6 R 3.33 Abs. 1 LStR.
7 R 3.33 Abs. 1 LStR.
8 R 3.33 Abs. 2 LStR.
9 R 3.33 Abs. 2 LStR.
10 Siehe FG Baden-Württemberg v. 20. 4. 2005 - 2 K 51/03, EFG 2005, 1172.
11 R 3.33 Abs. 3 LStR.

Den nicht schulpflichtigen Kindern stehen schulpflichtige Kinder gleich, wenn sie mangels Schulreife vom Schulbesuch zurückgestellt oder noch nicht eingeschult sind.[1]

260 **Zusätzlichkeitsvoraussetzung:** Wie bei anderen Leistungen, ist es auch hier erforderlich, dass es sich um zusätzlich zum bisherigen (arbeitsrechtlich geschuldeten) Arbeitslohn[2] erbrachte Leistungen des Arbeitgebers handelt. Wird die Leistung angerechnet oder bisheriger Arbeitslohn umgewandelt (Gehaltsumwandlung), so ist diese Voraussetzung zu verneinen. Eine zusätzliche Leistung liegt aber dann vor, wenn sie unter Anrechnung auf eine andere freiwillige Sonderzahlung, z. B. freiwillig geleistetes Weihnachtsgeld, erbracht wird.[3] Unschädlich ist es, wenn der Arbeitgeber verschiedene zweckgebundene Leistungen zur Auswahl anbietet.[4] Im Einzelfall ist die Rechtsprechung des BFH zur Zusätzlichkeitsvoraussetzung heranzuziehen.[5]

261–263 *(Einstweilen frei)*

§ 3 Nr. 34 EStG

Steuerfrei sind ...

34.
zusätzlich zum ohnehin geschuldeten Arbeitslohn erbrachte Leistungen des Arbeitgebers zur Verhinderung und Verminderung von Krankheitsrisiken und zur Förderung der Gesundheit in Betrieben, die hinsichtlich Qualität, Zweckbindung, Zielgerichtetheit und Zertifizierung den Anforderungen der §§ 20 und 20b des Fünften Buches Sozialgesetzbuch genügen, soweit sie 500 Euro im Kalenderjahr nicht übersteigen;

Inhaltsübersicht

	Rz.
A. Allgemeine Erläuterungen	264
B. Systematische Kommentierung	265 - 273
I. Betroffener Personenkreis	265
II. Voraussetzungen des Steuerbefreiungstatbestands	266 - 273
C. Verfahrensfragen	274 - 280

LITERATUR:

Nacke in StRA, Spezial Steuergesetzgebung 2008/2009, 129 ff.; *Nacke*, Die einkommensteuerlichen Änderungen durch das JStG 2009, DB 2008, 2792; *Niermann*, JStG 2009 und Steuerbürokratieabbaugesetz: Änderungen bei der Arbeitnehmerbesteuerung, DB 2009, 138; *Seifert*, lohnsteuerliche Änderungen zum Jahreswechsel 2008/2009, DStZ 2009, 2; *Hilbert*, Arbeitgeber-Gesundheitsförderung nach § 3 Nr. 34 EStG: Anforderungen an die Qualifikation der Leistungserbringer, NWB 2016, 910.

ARBEITSHILFEN UND GRUNDLAGEN ONLINE:

ETL Rechtsanwälte GmbH, Kinderbetreuungszuschuss (steuerfrei), NWB DokID: HAAAF-76926; *ETL Rechtsanwälte GmbH*, Ehrenamtliche Tätigkeit – Vertrag, NWB DokID: VAAAF-76327.

---

1 R 3.33 Abs. 3 LStR.
2 BFH v. 19. 9. 2012 - VI R 55/11, BStBl 2013 II 398.
3 R 3.33 Abs. 5 LStR.
4 R 3.33 Abs. 5 LStR.
5 BFH v. 19. 9. 2012 - VI R 54/11, BStBl 2013 II 395 und BFH v. 19. 9. 2012 - VI R 55/11, BStBl 2013 II 398; s. auch BMF v. 22. 5. 2013, BStBl 2013 I 728.

A. Allgemeine Erläuterungen

Normzweck und wirtschaftliche Bedeutung: Der Gesetzgeber hat mit dem JStG 2009 einen neuen Steuerbefreiungstatbestand für Leistungen des Arbeitgebers zur Verbesserung des allgemeinen Gesundheitszustands und der betrieblichen Gesundheitsförderung geschaffen. Der Gesetzgeber will damit die Bereitschaft des Arbeitgebers erhöhen, seinen Arbeitnehmern Dienstleistungen zur Verbesserung des allgemeinen Gesundheitszustands sowie zur betrieblichen Gesundheitsförderung anzubieten.

Zur Entstehung und Entwicklung der Vorschrift: Die Vorschrift beruht auf dem Jahressteuergesetz v. 19.12.2008.[1] Die Vorschrift wurde durch das JStG 2018 geändert. Insbesondere wurde die Erforderlichkeit einer Zertifizierung der Maßnahme in das Gesetz aufgenommen.

Vereinbarkeit mit Verfassungsrecht: Die Regelung ist verfassungsgemäß.[2]

Zeitlicher Anwendungsbereich: Die Vorschrift ist **ab VZ 2008** anzuwenden.[3] Die Änderung durch das JStG 2018 gilt ab 1.1.2019.[4] Für die Anwendung des § 3 Nr. 34 EStG n. F. ist das Zertifizierungserfordernis nach § 20 Abs. 2 Satz 2 EStG i. V. m. § 20 Abs. 5 SGB V für bereits vor dem 1.1.2019 begonnene unzertifizierte Gesundheitsmaßnahmen erstmals maßgeblich für Sachbezüge, die nach dem 31.12.2019 gewährt werden (§ 52 Abs. 4 Satz 6 EStG).

B. Systematische Kommentierung

I. Betroffener Personenkreis

Steuerfreiheit für Arbeitnehmer: Die Vorschrift betrifft Arbeitnehmer. Hierzu gehören auch Mini-Jobber, die im Rahmen eines sog. 450 €-Jobs tätig werden, und Gesellschafter-Geschäftsführer.[5] Voraussetzung ist aber bei Gesellschafter-Geschäftsführern, dass eine ausdrückliche Regelung im Anstellungsvertrag oder in einer vertragsergänzenden Vereinbarung enthalten ist. Die Steuerfreiheit scheidet aber aus, wenn eine solche Vereinbarung fehlt. Dann handelt es sich um eine verdeckte Gewinnausschüttung und nicht um Lohn.[6] Auch Ehegatten-Arbeitsverhältnisse fallen darunter.[7] Bezieher von Einkünften anderer Art fallen nicht unter die Befreiungsvorschrift.

II. Voraussetzungen des Steuerbefreiungstatbestands

Die Leistungen des Arbeitgebers sollen zur Verbesserung des allgemeinen Gesundheitszustands und der betrieblichen Gesundheitsförderung steuerbefreit sein. Welche Maßnahmen hierunter fallen ergibt sich aus §§ 20 und 20a SGB V. Danach fallen u. a. folgende Handlungsfelder unter die Förderung:

Verbesserung des allgemeinen Gesundheitszustands (Primärprävention):

---

1 BGBl 2008 I 2794.
2 *Handzik* in Littmann/Bitz/Pust, § 3 EStG Rz. 1231.
3 § 52 Abs. 4c EStG a. F.
4 Art. 20 Abs. 3 des Gesetzes vom 11.12.2018 (BGBl 2018 I 2338).
5 Gl. A. *Seifert*, DStZ 2009, 32.
6 Ebenso *Niermann*, DB 2009, 139.
7 Gl. A. *Niermann*, DB 2009, 139.

- Bewegungsgewohnheiten (Reduzierung von Bewegungsmangel, Vorbeugung und Reduzierung spezieller gesundheitlicher Risiken durch verhaltens- und gesundheitsorientierte Bewegungsprogramme),
- Ernährung (Vermeidung von Mangel- und Fehlernährung, Vermeidung und Reduktion von Übergewicht),
- Stressbewältigung und Entspannung (Förderung individueller Kompetenzen der Belastungsverarbeitung zur Vermeidung stressbedingter Gesundheitsrisiken),
- Suchtmittelkonsum (Förderung des Nichtrauchens, gesundheitsgerechter Umgang mit Alkohol, Reduzierung des Alkoholkonsums).

Betriebliche Gesundheitsförderung:

- arbeitsbedingte körperliche Belastungen (Vorbeugung und Reduzierung arbeitsbedingter Belastungen des Bewegungsapparats),
- gesundheitsgerechte betriebliche Gemeinschaftsverpflegung,
- psychosoziale Belastung, Stress (Förderung individueller Kompetenzen der Stressbewältigung am Arbeitsplatz, gesundheitsgerechte Mitarbeiterführung),
- Suchtmittelkonsum (rauchfrei im Betrieb, Nüchternheit am Arbeitsplatz).

Im Folgenden werden einige Beispiele für steuerfreie Leistungen nach § 3 Nr. 34 EStG aufgeführt:

Aufwendungen für

- die Teilnahme an einem Kurs der bisher von einer Krankenkasse nach § 20a SGB V geleistet wurde,
- die Teilnahme an einem Kurs zum Zwecke des Entzugs bei Rauchkonsum,
- die Teilnahme an einem Rückengymnastikkurs,
- die Teilnahme an einem Kurs zur Stressbewältigung,
- Massagen bei Mitarbeitern mit Bildschirmarbeitsplatz,
- die Teilnahme an einem Ernährungskurs,
- die Teilnahme an einem Diätkurs.

Die Maßnahmen müssen nicht die im „Leitfaden Prävention" aufgestellten Voraussetzungen erfüllen, insbesondere kann nicht eine besondere Zertifizierung der Anbieter verlangt werden. Vielmehr reicht es aus, wenn die vom Arbeitgeber bezuschussten Maßnahmen Mindestanforderungen an Qualität und Zielgerichtetheit erfüllen.[1] Dies gilt aber nicht für neu begonnene Maßnahmen ab dem 1.1.2019, so wie für bereits vor dem 1.1.2019 begonnene Maßnahmen ab dem 1.1.2020 (§ 52 Abs. 4 Satz 6 EStG). Für diese Maßnahmen ist eine Zertifizierung erforderlich (§ 3 Nr. 34 EStG n. F.).

Zertifizierung: Ab dem 1.1.2019 ist aufgrund des JStG 2018 eine Zertifizierung der neu begonnenen Maßnahme erforderlich (§ 3 Nr. 34 EStG n. F.; § 52 Abs. 4 Satz 6 EStG).

Freibetrag und nicht Freigrenze: Die Höhe der Steuerbefreiung ist auf 500 € je Arbeitnehmer pro Jahr begrenzt. Es handelt sich dabei um einen Freibetrag und nicht um eine Freigrenze. Somit wird bei Kostenüberschreitung nur der übersteigende Betrag steuerpflichtig. Es handelt

---

[1] S. FG Bremen v. 11.2.2016 - 1 K 80/15 (5), BB 2016, 870 zu den Mindestanforderungen.

sich weiterhin um einen Jahresbetrag, der auch bei unterjährigen Arbeitsverhältnissen im vollen Umfang zu gewähren ist.[1]

Wechsel des Arbeitgebers im VZ: Wechselt der Arbeitnehmer im Laufe des Veranlagungszeitraums den Arbeitgeber, so kann der Freibetrag m. E. doppelt gewährt werden.[2] Aus dem Gesetzeswortlaut „Leistungen des Arbeitgebers" ergibt sich, dass es auf das jeweilige Dienstverhältnis zum Arbeitgeber ankommt.[3]

BEISPIEL: A ist Arbeitnehmer bei B bis zum 1. 5. 2009. Danach ist er bei C beschäftigt. B und C haben jeweils 500 € an Leistungen nach § 3 Nr. 34 EStG steuerfrei gestellt. Da es m. E. auf das einzelne Dienstverhältnis ankommt, ist die Steuerfreistellung von insgesamt 1 000 € im VZ 2009 nicht zu beanstanden.

Barleistungen des Arbeitgebers: Nicht nur eigene betriebliche Leistungen des Arbeitgebers, sondern auch Barleistungen (Zuschüsse) des Arbeitgebers an den Arbeitnehmer, die dieser für entsprechende Maßnahmen verwendet, sind steuerfrei. Problematisch ist im Fall der Barleistung jedoch das Maß des Nachweises. Welche Unterlagen sind zum Lohnkonto zu nehmen? M. E. dürfte die Zweckbestimmung bei der Zahlung ausreichen, da ein weitergehender Nachweis vom Gesetz nicht vorgeschrieben ist und dem Arbeitgeber auch nicht aufgebürdet werden kann.[4]

Mitgliedsbeiträge für Fitnessstudios und Sportvereine: Nicht unter § 3 Nr. 34 EStG sollen nach der Begründung Mitgliedsbeiträge an Sportvereine und Fitnessstudios fallen.[5] Dies ist jedoch problematisch, wenn die Mitgliedschaft allein den Zweck hat, eine förderungswürdige Maßnahme zu ermöglichen (z. B. die Mitgliedschaft im Sportverein ist Voraussetzung, um die förderungswürdige Maßnahme zu erhalten). Überdies dürften in vielen Fällen das Angebot der Sportvereine und Fitnessstudios im vollen Umfang mit dem Handlungsfeld Bewegungsgewohnheiten der Primärprävention übereinstimmen, so dass nicht zu erkennen ist, warum solche Mitgliedsbeiträge nicht steuerfrei sein sollen. In der Begründung zum Regierungsentwurf wurde im Vergleich zum Referentenentwurf diese Einschränkung gemildert. Danach sollen zumindest Zuschüsse des Arbeitgebers für einzelne Maßnahmen von Fitnessstudios dann steuerfrei sein, wenn sie eine förderungswürdige Maßnahme betreffen.[6] Zu beachten ist, dass eine Zertifizierung in Zukunft erforderlich ist (s. oben).

Zusätzliche Leistungen: Begünstigt sind nur Leistungen, die „zusätzlich zum ohnehin geschuldeten Arbeitslohn" erbracht werden. Damit sind Entgeltumwandlungen, Umwidmungen oder Anrechnungen auf den vereinbarten Arbeitslohn vom Befreiungstatbestand ausgeschlossen. Ähnliche Regelungen enthalten bereits andere Befreiungsvorschriften (z. B. § 3 Nr. 33 EStG).

Erstes oder weiteres Dienstverhältnis: Die Vorschrift kommt auch bei weiteren Dienstverhältnissen in Betracht. Eine Beschränkung der Steuerbefreiung auf das erste Dienstverhältnis wie in § 3 Nr. 63 EStG ist hier nicht vorgesehen.[7]

---

1 Gl. A. *Niermann*, DB 2009, 139.
2 Gl. A. *Niermann*, DB 2009, 139.
3 Ebenso *Seifert*, DStZ 2009, 33.
4 A. A. *Niermann* DB 2009, 138, der dem Arbeitgeber die Feststellungslast dafür auferlegt, dass die Voraussetzungen des § 3 Nr. 34 EStG erfüllt sind; nach HHR/*Bergkemper*, § 3 Nr. 34 EStG Rz. 2, ist Voraussetzung, dass dem Arbeitgeber Unterlagen zum Lohnkonto überlassen werden, die belegen, dass Maßnahmen i. S. d. § 3 Nr. 34 EStG bzw. der §§ 20, 20a SGB V in Anspruch genommen wurden; ebenso *Erhard* in Blümich, § 3 Nr. 34 EStG Rz. 4.
5 BT-Drucks. 16/10189, 47.
6 Wie Gesetzesbegründung *Erhard* in Blümich, § 3 Nr. 34 EStG Rz. 4.
7 HHR/*Bergkemper*, § 3 Nr. 34 EStG Rz. 2; *Niermann*, DB 2009, 139.

BEISPIEL: A übt zwei nichtselbständige Tätigkeiten aus. Im ersten Beruf erfolgt eine Besteuerung nach Steuerklasse III. Die zweite Tätigkeit wird über die Steuerklasse VI abgewickelt. A erhält die Leistungen nach § 3 Nr. 34 EStG im Rahmen des zweiten Arbeitsverhältnisses. A kann die Steuerbefreiung nach § 3 Nr. 34 EStG im zweiten Arbeitsverhältnis geltend machen.

273 **Mehrere Dienstverhältnisse:** M. E. dürfte der Arbeitnehmer auch in beiden Dienstverhältnissen, die er parallel innehat, jeweils den steuerfreien Betrag geltend machen können.[1] Denn der Freibetrag ist nach dem Gesetz bei „Leistungen des Arbeitgebers" zu gewähren. Der Arbeitgeber kann nicht zur Ermittlung weiterer Arbeitsverhältnisse und der Ermittlung der Gewährung der Steuerfreiheit in diesen Arbeitsverhältnissen gezwungen sein.

C. Verfahrensfragen

274 **Aufzeichnungspflichten:** Der Arbeitgeber hat die steuerfreien Leistungen nach § 3 Nr. 34 EStG nach jeder Lohnabrechnung im Lohnkonto aufzuzeichnen (s. § 4 Abs. 2 Nr. 4 Satz 1 LStDV). Das Betriebsstättenfinanzamt kann aber zulassen, dass auf eine Aufzeichnung verzichtet wird, wenn es sich um Fälle von geringer Bedeutung handelt oder wenn die Möglichkeit zur Nachprüfung in anderer Weise sichergestellt ist (s. § 4 Abs. 2 Nr. 4 Satz 2 LStDV).

275–280 *(Einstweilen frei)*

§ 3 Nr. 34a EStG

Steuerfrei sind ...

34a.[2] zusätzlich zum ohnehin geschuldeten Arbeitslohn erbrachte Leistungen des Arbeitgebers

a) an ein Dienstleistungsunternehmen, das den Arbeitnehmer hinsichtlich der Betreuung von Kindern oder pflegebedürftigen Angehörigen berät oder hierfür Betreuungspersonen vermittelt sowie

b) zur kurzfristigen Betreuung von Kindern im Sinne des § 32 Absatz 1, die das 14. Lebensjahr noch nicht vollendet haben oder die wegen einer vor Vollendung des 25. Lebensjahres eingetretenen körperlichen, geistigen oder seelischen Behinderung außerstande sind, sich selbst zu unterhalten oder pflegebedürftigen Angehörigen des Arbeitnehmers, wenn die Betreuung aus zwingenden und beruflich veranlassten Gründen notwendig ist, auch wenn sie im privaten Haushalt des Arbeitnehmers stattfindet, soweit die Leistungen 600 Euro im Kalenderjahr nicht übersteigen;

Inhaltsübersicht	Rz.
A. Allgemeine Erläuterungen	281 - 283
B. Systematische Kommentierung	284 - 300
I. Allgemeines	284 - 286
II. § 3 Nr. 34a Buchst. a EStG	287 - 288
III. § 3 Nr. 34a Buchst. b EStG	289 - 300

---

1 Ebenso HHR/*Bergkemper*, § 3 Nr. 34 EStG Rz. 2; *Niermann*, DB 2009, 139.
2 **Anm. d. Red.:** § 3 Nr. 34a eingefügt gem. Gesetz v. 22. 12. 2014 (BGBl I S. 2417) mit Wirkung v. 1. 1. 2015.

> **LITERATUR:**
> *Arndt*, „Zuschüsse" zum ohnehin geschuldeten Arbeitslohn: BMF bleibt bei steuerzahlerfreundlicher Auslegung, GStB 2013, 295; *Obermeier*, Zuschüsse zum ohnehin geschuldeten Arbeitslohn, DStR 2013, 1118; *Seifert*, Begriffsbestimmung „Zuschüsse zum ohnehin geschuldeten Arbeitslohn", StuB 2013, 530; *Geserich*, Zuschüsse zum ohnehin geschuldeten Arbeitslohn, SteuK 2013, 269; *Schneider*, Zuschuss zum ohnehin geschuldeten Arbeitslohn, HFR 2013, 6; *Nacke*, Wichtige steuerrechtliche Änderungen durch das Zollkodexanpassungsgesetz, StBW 2015, 76; *Seifert*, Zollkodexanpassungsgesetz: Lohnsteuerliche Änderungen 2015, DStZ 2015, 75.

A. Allgemeine Erläuterungen

Normzweck und wirtschaftliche Bedeutung: Die Neuregelung ergänzt § 3 Nr. 33 EStG, wonach Leistungen des Arbeitgebers zur Unterbringung und Betreuung von nicht schulpflichtigen Kindern der Arbeitnehmer in Kindergärten oder vergleichbaren Einrichtungen bereits u. U. steuerfrei sind. Um z. B. den Beschäftigten, die nach der Elternzeit wieder in den Beruf zurückkehren, den Wiedereinstieg problemloser zu ermöglichen oder Arbeitnehmern, die pflegebedürftige Angehörige betreuen, entsprechend zu unterstützen, erhält der Arbeitgeber mit dieser durch das Gesetz zur Anpassung der Abgabenordnung an den Zollkodex der Union und zur Änderung weiterer steuerlicher Vorschriften (ZollkodexAnpG) v. 22.12.2014[1] eingeführten Vorschrift die Möglichkeit, seine Arbeitnehmer mit steuerfreien Serviceleistungen zu unterstützen und so die Vereinbarkeit von Beruf und Familie zu erleichtern.[2] **281**

Zur Entstehung und Entwicklung der Vorschrift: Die Vorschrift beruht auf dem Gesetz zur Anpassung der Abgabenordnung an den Zollkodex der Union und zur Änderung weiterer steuerlicher Vorschriften (ZollkodexAnpG) v. 22.12.2014.[3] **282**

Vereinbarkeit mit Verfassungsrecht: Die Regelung ist m. E. verfassungsgemäß. Sie ist als Sozialzwecknorm gerechtfertigt. Die Verfassungsmäßigkeit der Steuerbefreiung nach § 3 Nr. 34a EStG wird aber für verfassungsrechtlich problematisch gehalten, weil sie nur dann gewährt wird, wenn der Arbeitgeber die Kosten erstattet. Trägt der Arbeitnehmer selbst die Kosten kommt eine Steuerbefreiung nicht in Betracht. Darin wird eine Verletzung des Gleichheitssatzes gesehen.[4] Dem kann jedoch nicht zugestimmt werden, da eigene Aufwendungen des Stpfl. für die Verbesserung der Gesundheit nicht steuerpflichtig sind. **283**

Zeitlicher Anwendungsbereich: Die Neuregelung gilt **ab VZ 2015**.[5]

B. Systematische Kommentierung

I. Allgemeines

Zusätzlich zum ohnehin geschuldeten Arbeitslohn erbrachte Leistungen: Zu beachten ist, dass es in diesem Zusammenhang unterschiedlichste Gestaltungen des Vertragsverhältnisses zwischen Arbeitgeber und Arbeitnehmer gibt, die teilweise auch noch von der Rechtsprechung **284**

---

1 BGBl 2014 I 2417.
2 BR-Drucks. 432/14, 44.
3 BGBl 2014 I 2417.
4 Siehe auch *Hechtner* im Rahmen der öffentlichen Anhörung am 24.11.2014; s. http://www.bundestag.de.
5 § 52 Abs. 1 EStG und Art. 16 Abs. 2 ZollkodexAnpG.

und der Finanzverwaltung unterschiedlich bewertet werden. Insoweit wird auf die Literatur zu diesem Tatbestandsmerkmal hingewiesen.[1]

285 **Freiwillige Leistung des Arbeitgebers:** Die Annahme einer zusätzlichen zum ohnehin geschuldeten Arbeitslohn erbrachte Leistung kommt bspw. nur dann in Betracht, wenn die Leistung zu dem Arbeitslohn als freiwillige Leistung des Arbeitgebers hinzukommt. Der Arbeitnehmer darf keinen arbeitsrechtlichen Anspruch auf die Leistung haben. Damit fallen Leistungen, die arbeitsvertraglich vereinbart werden oder auf einer betrieblichen Übung beruhen, aus dem Anwendungsbereich heraus. Dies ist die Ansicht des BFH.[2] Das BMF bleibt bei seiner bisherigen Auffassung, wonach keine Leistung auf freiwilliger Basis erforderlich ist.[3]

286 **Gehaltsumwandlung:** Wird die gezweckte Leistung unter Umwandlung des bisher geschuldeten Arbeitslohns erbracht, so liegt keine zusätzliche Leistung vor.[4]

> **BEISPIEL:** Arbeitgeber und Arbeitnehmer vereinbaren einvernehmlich, den Arbeitsvertrag mit Wirkung ab 1.8.2015 zu ändern und das bisherige monatliche Gehalt um 200 € netto zu reduzieren. Im Gegenzug wird vereinbart, dass der Arbeitnehmer zusätzlich zu seinem Grundlohn einen Zuschuss zu den Kindergartenbeiträgen seines vierjährigen Sohnes i.H.v. 200 € erhält. Hierbei handelt es sich um eine Gehaltsumwandlung, so dass die Voraussetzungen für eine zusätzliche Leistung i.S.d. § 3 Nr. 33 EStG nicht vorliegen.

Dieser zu § 3 Nr. 33 EStG gebildete Fall ist auch auf Fälle des § 3 Nr. 34a EStG zu übertragen.

II. § 3 Nr. 34a Buchst. a EStG

287 **Dienstleistungsunternehmen, das den Arbeitnehmer hinsichtlich der Betreuung von Kindern oder pflegebedürftigen Angehörigen berät:** Nach § 3 Nr. 34a Buchst. a EStG sind die Aufwendungen für vom Arbeitgeber beauftragte Dienstleistungsunternehmen, die Arbeitnehmer hinsichtlich der Betreuung von Kindern oder pflegebedürftigen Angehörigen berät oder hierfür Betreuungspersonen vermitteln, steuerfrei. Letzteres betrifft insbesondere auch ausländische – häufig osteuropäische – Hilfskräfte, die durch eigene Vermittlungsagenturen in Deutschland ihren Einsatz finden. Die Aufwendungen für diese Agenturen, sind, soweit sie vom Arbeitgeber beauftragt wurden, für den Arbeitnehmer steuerfrei und nicht als geldwerter Vorteil beim Arbeitnehmer steuerpflichtig.

Es muss sich um eine Beauftragung durch den Arbeitgeber handeln. Somit kommt eine Steuerbefreiung nicht in Betracht, wenn es sich um eine Beauftragung durch den Arbeitnehmer handelt.

288 **Keine Beschränkung auf einen Höchstbetrag:** Es kommt nicht auf die Höhe der Aufwendungen an. Die Begrenzung von 600 € betrifft nur Buchst. b des § 3 Nr. 34a EStG.[5] Damit kann u.U. eine Gestaltungsoption eine Rolle spielen. So kann ein Pflegevermittlungsdienst, der zwar für seine eigenen Leistungen höhere Beträge verlangt als ein anderer Dienst, gleichwohl durch die unbegrenzte Steuerbefreiung des § 3 Nr. 34a Buchst. a EStG eine Option darstellen.

---

1 Siehe Literaturhinweise zu § 3 Nr. 34a EStG.
2 BFH v. 19.9.2012 - VI R 54/11, BStBl 2013 II 395; BFH v. 19.9.2012 - VI R 55/11, BStBl 2013 II 398.
3 BMF v. 22.5.2013, BStBl 2013 I 728.
4 Siehe BR-Drucks. 432/14, 44.
5 Ebenso HHR/*Bergkemper*, § 3 Nr. 34a EStG Rz. 3; *Seifert*, DStZ 2015, 83.

Im folgenden Beispiel wird die fehlende Beschränkung dargestellt:

BEISPIEL: ▶ A, Arbeitgeber des B, beauftragt das deutsch-polnische Dienstleistungsunternehmen U mit der Vermittlung von polnischen Pflegekräften. Im Vertrag mit dem Dienstleistungsunternehmen U wird vereinbart, dass das Dienstleistungsentgelt pro Monat für U 300 € beträgt. Hinzu kommen die Verträge mit den Pflegekräften. Der jährliche Betrag von 3 600 € für das Unternehmen U ist nach § 3 Nr. 34a EStG steuerfrei. Die Begrenzung auf 600 € gilt nur für § 3 Nr. 34a Buchst. b EStG.

III. § 3 Nr. 34a Buchst. b EStG

Für bestimmte Betreuungsleistungen wird nach § 3 Nr. 34a Buchst. b EStG ebenfalls eine Steuerbefreiung gewährt. 289

Kurzfristige Betreuung: Nach § 3 Nr. 34a EStG wird der Arbeitgeber neben den Beratungs- und Vermittlungsleistungen auch bestimmte Betreuungskosten, die kurzfristig aus zwingenden beruflich veranlassten Gründen entstehen, steuerfrei ersetzen können. *„Dazu gehören Aufwendungen für eine zusätzliche, außergewöhnliche – also außerhalb der regelmäßig üblicherweise erforderlichen – Betreuung, die ... notwendig werden. Erstmalig sind damit auch Betreuungskosten in eng umgrenzten Rahmen steuerlich begünstigt, wenn sie im Privathaushalt des Arbeitnehmers anfallen. Der gesetzlich festgelegte Freibetrag für diese zusätzliche, außergewöhnliche Betreuung von 600 € je Kalenderjahr und Arbeitnehmer dient einer gewissen typisierten sachlichen Begrenzung der Steuerbefreiung."*[1] Die Betreuung des Kindes muss nicht unbedingt eine Zugehörigkeit des Kindes zum Haushalt des Arbeitnehmers voraussetzen.[2]

Außergewöhnlicher Betreuungsbedarf: Der Aufwand für einen sog. außergewöhnlichen Betreuungsbedarf, der über das Maß der regelmäßigen Betreuung hinausgeht, wird steuerfrei gestellt. Im Einzelnen fallen darunter z. B. folgende Fälle:[3] 290

▶ Mehrbedarf durch dienstlich veranlasste Fortbildungsmaßnahmen des Arbeitnehmers,

▶ Beruflicher Einsatz zu außergewöhnlichen Dienstzeiten (z. B. am Wochenende),

▶ Krankheit des Kindes oder der pflegebedürftigen Person,

▶ Unfall des Kindes oder der pflegebedürftigen Person,

▶ Unfall oder Krankheit der Pflegekraft (z. B. Angehöriger) und Erfordernis einer Beauftragung einer professionellen Pflegekraft (über Anbieter, z. B. Caritasverband, Diakonie oder sonstigen privaten Anbieter).

Freibetrag bei mehreren Arbeitsverhältnissen: Das Gesetz stellt bei der Prüfung des Freibetrags i. H. v. 600 € nur auf das Kalenderjahr ab. Der Freibetrag kann nur einmal in Anspruch genommen werden, auch wenn der Arbeitnehmer im Kalenderjahr mehrere Dienstverhältnisse hat.[4] Hat der Arbeitnehmer im Kalenderjahr mehrere Dienstverhältnisse hintereinander, muss der folgende Arbeitgeber also prüfen, ob die Steuerfreiheit nach § 3 Nr. 34a Buchst. b EStG bereits zuvor ganz oder z. T. – im Hinblick auf einen anderen Arbeitgeber – verbraucht wurde. Die praktische Umsetzung dieses Gesetzesverständnisses ist fraglich. Hier bleibt abzuwarten, wie die Finanzverwaltung bzw. der Gesetzgeber darauf reagieren. 291

Pflegebedürftige Angehörige: Wer zu den Angehörigen gehört ergibt sich aus § 15 AO. 292

---

1 BR-Drucks. 432/14, 44; s. auch HHR/*Bergkemper*, § 3 Nr. 34a EStG Rz. 4.
2 HHR/*Bergkemper*, § 3 Nr. 34a EStG Rz. 4.
3 Vgl. BR-Drucks. 432/14, 44.
4 HHR/*Bergkemper*, § 3 Nr. 34a EStG Rz. 4.

Unterlagen zum Lohnkonto: Die Unterlagen, die die Voraussetzungen für die Steuerbefreiung belegen, sind zum Lohnkonto hinzunehmen. Dies soll nach der Gesetzesbegründung für die Zweckbestimmung der Leistungen des § 3 Nr. 34a EStG entsprechend den vergleichbaren Vorschriften § 3 Nr. 33 EStG „Steuerfreiheit für Unterbringungskosten von nicht schulpflichtigen Kindern in Kindergärten" oder § 3 Nr. 34 EStG „Steuerfreiheit für Leistungen des Arbeitgebers zur Gesundheitsförderung" gelten.[1]

293–300 (Einstweilen frei)

§ 3 Nr. 35 EStG

Steuerfrei sind ...

35.
die Einnahmen der bei der Deutsche Post AG, Deutsche Postbank AG oder Deutsche Telekom AG beschäftigten Beamten, soweit die Einnahmen ohne Neuordnung des Postwesens und der Telekommunikation nach den Nummern 11 bis 13 und 64 steuerfrei wären;

Inhaltsübersicht Rz.

A. Allgemeine Erläuterungen 301 - 302
B. Systematische Kommentierung 303 - 305

A. Allgemeine Erläuterungen

301 **Normzweck und wirtschaftliche Bedeutung:** Durch die Neuorganisation der Deutschen Bundespost sollten die Zahlungen der Nachfolgeorganisation an die beamteten Mitarbeiter, die vormals Beamte der Deutschen Bundespost waren, ebenso steuerfrei gestellt werden, wie sie vorher steuerfrei gewesen waren. Sie sollen weiter wie unmittelbare Bundesbeamte behandelt werden.[2] Die Tatbestandsvoraussetzungen ergeben sich aus § 3 Nr. 11 bis 13 EStG und § 3 Nr. 64 EStG. Es handelt sich daher um eine Rechtsgrundverweisung.[3] Nach diesen Vorschriften ist eine Zahlung aus öffentlichen Mitteln bzw. Kassen erforderlich. Da dies bei den Zahlungen der Nachfolgeorganisation der Deutschen Bundespost nicht der Fall ist, ist die Regelung des § 3 Nr. 35 EStG konstitutiv.[4]

302 **Zur Entstehung und Entwicklung der Vorschrift:** Die Vorschrift beruht auf dem Gesetz zur Neuordnung des Postwesens und der Telekommunikation v. 14. 9. 1994.[5]

Vereinbarkeit mit Verfassungsrecht: Die Regelung ist verfassungsgemäß.[6]

---

1 BR-Drucks. 432/14, 44.
2 BR-Drucks. 115/94, 123.
3 HHR/*Bergkemper*, § 3 Nr. 35 EStG Rz. 1.
4 HHR/*Bergkemper*, § 3 Nr. 35 EStG Rz. 1.
5 BGBl 1994 I 2325.
6 *Handzik* in Littmann/Bitz/Pust, § 3 EStG Rz. 1260c.

B. Systematische Kommentierung

Die Tatbestandsvoraussetzungen für die Steuerbefreiung ergeben sich i. E. aus den Verweisungsnormen § 3 Nr. 11 bis 13 EStG und § 3 Nr. 64 EStG (s. dort). 303

(Einstweilen frei) 304–305

§ 3 Nr. 36 EStG

Steuerfrei sind …

36.
¹Einnahmen für Leistungen zu körperbezogenen Pflegemaßnahmen, pflegerischen Betreuungsmaßnahmen oder Hilfen bei der Haushaltsführung bis zur Höhe des Pflegegeldes nach § 37 des Elften Buches Sozialgesetzbuch, mindestens aber bis zur Höhe des Entlastungsbetrages nach § 45b Absatz 1 Satz 1 des Elften Buches Sozialgesetzbuch, wenn diese Leistungen von Angehörigen des Pflegebedürftigen oder von anderen Personen, die damit eine sittliche Pflicht im Sinne des § 33 Absatz 2 gegenüber dem Pflegebedürftigen erfüllen, erbracht werden. ²Entsprechendes gilt, wenn der Pflegebedürftige vergleichbare Leistungen aus privaten Versicherungsverträgen nach den Vorgaben des Elften Buches Sozialgesetzbuch oder nach den Beihilfevorschriften für häusliche Pflege erhält;

Inhaltsübersicht	Rz.
A. Allgemeine Erläuterungen	306 - 307
B. Systematische Kommentierung	308 - 313
I. § 3 Nr. 36 Satz 1 EStG	308 - 312
II. § 3 Nr. 36 Satz 2 EStG	313

LITERATUR:

Sagasser/Jakobs, Änderungen im Ertragsteuerrecht durch das Jahressteuergesetz 1996 – Teil I: Einkommensteuergesetz, DStR 1995, 1649; *Kanzler*, Pflegeleistungen, Sittenpflicht und Steuerfreiheit – Zur Auslegung einer neuen Steuerbefreiung, FR 1996, 189; *Marschner*, Die Pflegeversicherung, NWB 1997, 1077 und 2005, 3637; *Hermann*, Pflegekosten steuerlich absetzen, NWB 2008, 4391.

A. Allgemeine Erläuterungen

Normzweck und wirtschaftliche Bedeutung: In § 3 Nr. 36 Satz 1 EStG befreit die Vorschrift Leistungen zur Grundpflege oder hauswirtschaftlichen Versorgung bis zur Höhe des Pflegegeldes nach § 37 SGB XI, wenn diese Leistung von Angehörigen des Pflegebedürftigen oder von anderen Personen, die damit eine sittliche Pflicht i. S. d. § 33 Abs. 2 EStG gegenüber dem Pflegebedürftigen erfüllen, erbracht werden. Laut § 3 Nr. 36 Satz 2 EStG dieser Norm gilt Entsprechendes, wenn der Pflegebedürftige Leistungen aus einer privaten Versicherung als Pflegegeld erhält. Die Steuerbefreiung der Leistungen ist teilweise konstitutiv und deklaratorisch.² 306

---

1 **Anm. d. Red.:** § 3 Nr. 36 i. d. F. des Gesetzes v. 23. 12. 2016 (BGBl I S. 3191) mit Wirkung v. 1. 1. 2017.
2 Siehe HHR/*Kanzler*, § 3 Nr. 36 EStG Rz. 27 und 31.

307 **Zur Entstehung und Entwicklung der Vorschrift:** Die Vorschrift beruht auf dem Jahressteuergesetz 1996 v. 11. 10. 1995.[1] Der Wortlaut der Vorschrift wurde durch das Dritte Pflegestärkungsgesetz (PSG II vom 23.12.2016[2]) an Begriffe dieses Reformgesetzes angepasst.

Vereinbarkeit mit Verfassungsrecht: Die Regelung ist verfassungsgemäß.[3] Sie ist als Sozialzwecknorm gerechtfertigt.[4]

B. Systematische Kommentierung

I. § 3 Nr. 36 Satz 1 EStG

308 **Grundaussage:** Nach § 3 Nr. 36 Satz 1 EStG sind Einnahmen des Stpfl. bis zu einer bestimmten Höhe steuerfrei. **Voraussetzung** ist, dass
1. der Stpfl. Einnahmen für Leistungen zur Grundpflege oder hauswirtschaftlichen Versorgung erhält und er
2. diese Pflegeleistungen als
   a) Angehöriger oder
   b) in Erfüllung einer Sittenpflicht i. S. d. § 33 Abs. 2 EStG erbringt.

Liegen diese Voraussetzungen vor, ist die **Rechtsfolge** die Steuerbefreiung bis zur Höhe des Pflegegeldes nach § 37 SGB XI.

309 **Einnahmen für Leistungen zur Grundpflege oder hauswirtschaftlichen Versorgung:** Der Vorschrift des § 3 Nr. 36 EStG liegt das Verständnis zu Grunde, dass der Stpfl. für die von ihm geleistete Grundpflege bzw. hauswirtschaftliche Versorgung des Pflegebedürftigen von dem Pflegebedürftigen ein Entgelt erhält.[5] Dabei wird es sich im Regelfall um eine Weiterleitung des Pflegegeldes aus der gesetzlichen Pflegeversicherung handeln.

310 **Begriff Grundpflege (körperbezogenen Pflegemaßnahmen, pflegerischen Betreuungsmaßnahmen):** Der Begriff Grundpflege i. S. d. § 3 Nr. 36 EStG umfasst die in § 14 Abs. 4 Nr. 1 bis 3 SGB XI aufgeführten Verrichtungen in den Bereichen Körperpflege, Ernährung und Mobilisierung. Die Änderung der Begrifflichkeit Grundpflege erfolgte aufgrund der Neufassung der §§ 4, 36 und 37 SGB XI durch das zweite Pflegestärkungsgesetz.

Begriff hauswirtschaftliche Versorgung (bzw. Hilfen bei der Haushaltsführung): Dieser in § 3 Nr. 36 EStG verwandte Begriff beinhaltet nach § 14 Abs. 1 Nr. 4 SGB XI Einkaufen, Kochen, Reinigen der Wohnung, Wechseln und Waschen der Wäsche und Kleidung sowie das Beheizen. Soweit nunmehr Hilfen bei der Haushaltsführung im Gesetz aufgenommen wurde, handelt sich um eine redaktionelle Folgeänderung aufgrund der Neufassung der §§ 4, 36 und 37 SGB XI durch das zweite Pflegestärkungsgesetz.

311 **Begriff Einnahme:** Der Einnahmebegriff des § 3 Nr. 36 EStG umfasst nicht nur Zahlungen in Geld, sondern jegliche Einnahme i. S. d. § 8 EStG. So gehören dazu Pflegegelder, sonstige Geldleistungen, Sachbezüge, vermögenswerte Rechte oder sonstige Vorteile (z. B. Kost und Logis und Pkw-Nutzung).

---

1 BGBl 1996 I 1250.
2 BGBl 2016 I 3191.
3 *Handzik* in Littmann/Bitz/Pust, § 3 EStG Rz. 1270a.
4 HHR/*Kanzler*, § 3 Nr. 36 EStG Rz. 3.
5 HHR/*Kanzler*, § 3 Nr. 36 EStG Rz. 24.

Herkunft der Einnahme: Die Herkunft der Einnahmen ist irrelevant. Es müssen keine Pflegegelder sein.

Höhe der steuerfreien Leistungen: Nach den vorstehenden Ausführungen ergibt sich die Höhe der vom Stpfl. erhaltenen Leistungen. Diese sind bis zur Höhe des gesetzlichen Pflegegeldes nach § 37 SGB XI steuerfrei (= Steuerfreibetrag). Danach ergeben sich folgende steuerfreien Beträge:

Pflegegrad	Steuerfrei
2	316 €
3	545 €
4	728 €
5	901 €

Mit dem PSG II vom 21.12.2015[1] wurden die bisherigen drei Pflegestufen zum 1.1.2017 durch fünf neue Pflegegrade (Pflegegrade 1 bis 5) abgelöst. Das Pflegegeld nach § 37 SGB XI können jedoch nur Pflegebedürftige mit den Pflegegraden 2 bis 5 beanspruchen. Pflegebedürftigen mit Pflegegrad 1 steht hingegen, neben zum Beispiel dem Anspruch auf Pflegeberatung und dem Anspruch auf Versorgung mit Pflegehilfsmitteln (vgl. § 28a Abs. 1 SGB XI), als geldmäßiger Anspruch primär der Entlastungsbetrag gemäß § 45b Abs. 1 Satz 1 SGB XI zu (vgl. § 28a Abs. 2 SGB XI). Da Pflegebedürftigen mit Pflegegrad 1 kein Anspruch auf Pflegegeld zusteht, läuft die Bezugnahme auf die Höhe des Pflegegeldes nach § 37 SGB XI als Höchstgrenze für die Steuerfreiheit der Einnahmen nach § 3 Nr. 36 Satz 1 EStG bei Pflegebedürftigen mit Pflegegrad 1 leer. Um diese Regelungslücke zu schließen, wurde mit dem JStG 2018 der Pflegegrad 1 durch Bezugnahme auf § 45b SGB XI miteingeschlossen.

Personenbezogener Freibetrag: Die steuerfreien Beträge nach § 37 SGB XI sind personenbezogen zu beachten, so dass keine Begrenzung auf eine Pflegeperson erfolgt. Damit können mehrere Pflegepersonen jeweils die volle Steuerbefreiung geltend machen.[2]

II. § 3 Nr. 36 Satz 2 EStG

Einnahmen der Pflegepersonen: § 3 Nr. 36 Satz 2 EStG befreit nicht die Bezüge des Pflegebedürftigen – diese Befreiung ergibt sich aus § 3 Nr. 1 Buchst. a EStG (bzw. § 3 Nr. 11 EStG) –, sondern die Bezüge der Pflegepersonen.

Reichweite der Steuerbefreiung: Da § 3 Nr. 36 Satz 2 EStG die entsprechende Anwendung des § 3 Nr. 36 Satz 1 EStG anordnet (also auch eine Rechtsgrundverweisung), ist der Höchstbetrag der Steuerbefreiung der sich aus § 3 Nr. 36 Satz 1 EStG ergebende Freibetrag. Somit richtet sich die Höhe der Steuerbefreiung in § 3 Nr. 36 Satz 2 EStG auch nach § 37 SGB XI.[3] Eine andere Auslegung des § 3 Nr. 36 Satz 2 EStG würde eine Verletzung von Art. 3 Abs. 1 GG bedeuten.[4] Der Gesetzgeber hat daher durch das JStG 2018 den Satz 2 angepasst, damit auch der Pflegegrad 1 erfasst wird.[5]

---

1 BGBl 2015 I 2424.
2 Ebenso HHR/*Kanzler*, § 3 Nr. 36 EStG Rz. 30; *Erhard* in Blümich, § 3 Nr. 36 EStG Rz. 7; *von Beckerath* in Kirchhof/Söhn/Mellinghoff, § 3 EStG Rz. 69; a. A. *Heinicke* in Schmidt, § 3 EStG, Stichwort „Pflegeversicherung/Pflegeleistung".
3 Ebenso HHR/*Kanzler*, § 3 Nr. 36 EStG Rz. 30.
4 Ebenso HHR/*Kanzler*, § 3 Nr. 36 EStG Rz. 32.
5 S. BT-Drucks. 19/4455, 40.

§ 3 Nr. 37 EStG

Steuerfrei sind...

37. [1,2] zusätzlich zum ohnehin geschuldeten Arbeitslohn vom Arbeitgeber gewährte Vorteile für die Überlassung eines betrieblichen Fahrrads, das kein Kraftfahrzeug im Sinne des § 6 Absatz 1 Nummer 4 Satz 2 ist;

Inhaltsübersicht	Rz.
A. Allgemeine Erläuterungen	314
B. Systematische Kommentierung	315 - 318

▶ Zur Kommentierung siehe Online-Version, 1. Aufl. 2016

LITERATUR:

Kanzler, „JStG 2018": Korrektur kleiner und größerer Versäumnisse, NWB 2018, 3577; Seifert, Elektrofahrzeuge/Jobtickets und betriebliche Fahrräder nach dem JStG 2018, StuB 2018, 881.

A. Allgemeine Erläuterungen

314 **Normzweck und wirtschaftliche Bedeutung:** Die vorliegende Neuregelung soll das umweltfreundliche Engagement der Nutzer von Fahrrädern und deren Arbeitgeber, die die private Nutzung, die Nutzung für Fahrten zwischen Wohnung und erster Tätigkeitsstätte und für Familienheimfahrten für ihre Arbeitnehmer unentgeltlich oder verbilligt ermöglichen, honorieren.[3]

Zur Entstehung und Entwicklung der Vorschrift: Die Neuregelung hat keine Vorgängervorschrift. Sie ist ein weiterer Baustein zur Förderung der Elektromobilität und der umweltverträglichen Mobilität. Die vorgesehene Regelung fügt sich in den Katalog des § 3 EStG ein, der auch aus anderen Lenkungs- und Fördermotiven heraus bestimmte Arbeitgeberleistungen steuerfrei stellt (insbesondere die Steuerbefreiung des vom Arbeitgeber gestellten Ladestroms und der betrieblichen Ladevorrichtung in Nr. 46).[4]

Vereinbarkeit mit Verfassungsrecht: Die Regelung ist verfassungsgemäß. Sie ist als Sozialzwecknorm gerechtfertigt.

Zeitlicher Anwendungsbereich: Die Steuerbefreiung ist auf drei Jahre befristet. Die Neuregelung des § 3 Nr. 37 EStG gilt **ab 1.1.2019**.[5] Sie ist **letztmals für den VZ 2021** anzuwenden, sowie beim Steuerabzug vom Arbeitslohn auf Vorteile, die in einem vor dem 1.1.2022 endenden Lohnzahlungszeitraum oder als sonstige Bezüge vor dem 1.1.2022 zugewendet werden (§ 52 Abs. 4 Satz 7 EStG).

---

1 **Anm. d. Red.:** § 3 Nr. 37 i. d. F. des Gesetzes vom 11.12.2018 (BGBl I 2338 mit Wirkung vom 1.1.2019).
2 **Anm. d. Red.:** Zur Anwendung des § 3 Nr. 34 siehe § 52 Abs. 4 Satz 7.
3 BT-Drucks. 19/5595, 82 (Vorabfassung).
4 BT-Drucks. 19/5595, 82.
5 Art. 20 Abs. 3 i. V. m. Art. 3 Nr. 1 des Gesetzes vom 11.12.2018 (BGBl 2018 I 2338).

B. Systematische Kommentierung

Vom Arbeitgeber gewährte Vorteile: Erfasst wird die vom Arbeitgeber vorgenommene Überlassung eines betrieblichen Fahrrades an den Arbeitnehmer. 315

Zusätzlich zum ohnehin geschuldeten Arbeitslohn: Voraussetzung der Steuerbefreiung ist u. a., dass die Vorteile zusätzlich zum ohnehin geschuldeten Arbeitslohn gewährt werden. Insoweit sollte in den Umwandlungsfällen aber abgewartet werden, wie der BFH in mehreren Verfahren zur Problematik der Umwandlung von Arbeitslohn entscheiden wird.[1]

Fahrrad: Die Steuerbefreiung gilt sowohl für Elektrofahrräder als auch für Fahrräder.[2]

Anschaffungszeitpunkt für das Fahrrad: Der Anschaffungszeitpunkt für das betriebliche Fahrrad ist unerheblich.[3]

Kein Kraftfahrzeug i. S. d. § 6 Abs. 1 Nr. 4 Satz 2 EStG: Ist ein Elektrofahrrad jedoch verkehrsrechtlich als Kraftfahrzeug einzuordnen (z. B. gelten Elektrofahrräder, deren Motor auch Geschwindigkeiten über 25 Kilometer pro Stunde unterstützt, als Kraftfahrzeuge), sind für die Bewertung dieses geldwerten Vorteils die Regelungen der Dienstwagenbesteuerung anzuwenden (§ 8 Abs. 2 Satz 2 bis 5 i. V. m. § 6 Abs. 1 Nr. 4 Satz 2 EStG).[4] Dies gilt auch für die in diesem Gesetz vorgesehene Halbierung der Bemessungsgrundlage für Elektrofahrzeuge bei der Dienstwagenbesteuerung.[5]

Keine Anrechnung auf die Entfernungspauschale (§ 9 Abs. 1 Satz 3 Nr. 4 Satz 7 EStG n. F.): Die Überlassung des betrieblichen Fahrrades wird nicht – wie bei § 3 Nr. 15 EStG – auf die Entfernungspauschale angerechnet. Denn nach § 3 Nr. 37 EStG steuerfreie Sachbezüge mindern den nach § 9 Abs. 1 Satz 3 Nr. 4 Satz 2 abziehbaren Betrag nicht; § 3c Abs. 1 ist nicht anzuwenden (§ 9 Abs. 1 Satz 3 Nr. 4 Satz 7 EStG n. F.). Damit wird die Anrechnung von steuerfreien Leistungen nach § 3 Nr. 37 EStG auf die Entfernungspauschale sowie die Anwendung des Abzugsverbots nach § 3c Abs. 1 EStG ausgeschlossen. Die Freistellungsbeträge sind relativ gering und eine Anrechnung dieser Leistungen auf die Entfernungspauschale wäre administrativ kaum möglich.[6]

Keine private Nutzungsentnahme bei Gewinneinkünften (§ 6 Abs. 1 Nr. 4 Satz 6 EStG n. F.): Die private Nutzung eines betrieblichen Fahrrades i. S. d. § 3 Nr. 37 EStG ist beim Arbeitgeber nicht als private Nutzungsentnahme zu erfassen (§ 6 Abs. 1 Nr. 4 Satz 6 EStG n. F.).

Umsatzsteuer: Es ist noch offen, ob sich die Nichterfassung der privaten Nutzung auch auf die Umsatzsteuer bezieht.[7]

(*Einstweilen frei*) 316–318

---

1 S. FG Münster v. 28.6.2017 - 6 K 2446/15 L, EFG 2017, 1598, Rev. eingelegt, Az. BFH: VI R 40/17; FG Rheinland-Pfalz v. 23.11.2016 - 2 K 1180/16, EFG 2017, 1102, Rev. eingelegt, Az. BFH: VI R 21/17; FG Düsseldorf v. 24.5.2018 - 11 K 3448/15 H (L), EFG 2018, 1487, Rev. eingelegt, Az. BFH: VI R 32/18.
2 BT-Drucks. 19/5595, 82.
3 Seifert, StuB 2018, 882.
4 BT-Drucks. 19/5595, 82.
5 BT-Drucks. 19/5595, 82.
6 BT-Drucks. 19/5595, 82.
7 *Seifert*, StuB 2018, 882.

§ 3 Nr. 38 EStG

Steuerfrei sind ...

38.

¹Sachprämien, die der Steuerpflichtige für die persönliche Inanspruchnahme von Dienstleistungen von Unternehmen unentgeltlich erhält, die diese zum Zwecke der Kundenbindung im allgemeinen Geschäftsverkehr in einem jedermann zugänglichen planmäßigen Verfahren gewähren, soweit der Wert der Prämien 1 080 Euro im Kalenderjahr nicht übersteigt;

Inhaltsübersicht	Rz.
A. Allgemeine Erläuterungen	319
B. Systematische Kommentierung	320 - 324

LITERATUR:

Thomas, Die Besteuerung von Sachprämien aus Kundenbindungsprogrammen – eine gesetzgeberische Glanzleistung?, DStR 1997, 305; *Harder-Buschner*, Aktuelle Änderungen im Bereich der Arbeitnehmer-Besteuerung, NWB 2004, 993; *Gregert*, Aus Miles & More im Arbeitsverhältnis, NJW 2006, 3762; *Lühn*, Bonuspunkte aus Kundenbindungsprogrammen – Zuordnung und Versteuerung, BB 2007, 2713.

A. Allgemeine Erläuterungen

319 **Normzweck und wirtschaftliche Bedeutung:** Die Vorschrift betrifft die Steuerbefreiung von Teilnehmern an Kundenprogrammen wie Miles & More der Lufthansa. Bis zur Höhe von 1 080 € sind die Vorteile für den Kunden steuerfrei.

Zur Entstehung und Entwicklung der Vorschrift: Die Vorschrift beruht auf dem Jahressteuergesetz 1997 v. 20. 12. 1996.[2]

Vereinbarkeit mit Verfassungsrecht: Die Regelung ist verfassungsgemäß.[3]

B. Systematische Kommentierung

320 **Sachprämien:** Der Begriff erfasst nicht Sachen sondern Sachbezüge i. S. d. § 8 Abs. 2 EStG, so dass alle Leistungen, die nicht in Geld bestehen darunter fallen. Durch den folgenden Halbsatz ist die Steuerbefreiung auf Dienstleistungen beschränkt. In erster Linie erfasst die Vorschrift das Bonusprogramm der Lufthansa Miles & More mit dem Kunden Freiflüge erhalten und kostenlose oder verbilligte Hotelaufenthalte. Aber auch andere Dienstleistungen werden erfasst, z. B. Wohnungs- und Kfz-Überlassung, Verbilligungen im Bahnverkehr, Darlehensgewährung.[4]

Zweck der Kundenbindung: Die Sachprämien müssen zum Zwecke der Kundenbindung gewährt werden. Damit sind einmalige Prämien nicht begünstigt.[5]

321 **Im allgemeinen Geschäftsverkehr:** Das Tatbestandsmerkmal „im allgemeinen Geschäftsverkehr" bedeutet, dass jeder Kunde von dem Bonusprogramm profitieren kann. Werden die An-

---

1 **Anm. d. Red.:** § 3 Nr. 38 i. d. F. des Gesetzes v. 5. 4. 2011 (BGBl I S. 554) mit Wirkung v. 12. 4. 2011.
2 BGBl 1996 I 2049.
3 *Handzik* in Littmann/Bitz/Pust, § 3 EStG Rz. 1310a.
4 *Erhard* in Blümich, § 3 EStG Nr. 38 Rz. 3; *Thomas*, DStR 1997, 305.
5 *Erhard* in Blümich, § 3 Nr. 38 EStG Rz. 3; *von Beckerath* in Kirchhof/Söhn/Mellinghoff, § 3 EStG Rz. 72.

gebote nur innerhalb eines Unternehmens erbracht, fehlt es an der Teilnahme am allgemeinen Geschäftsverkehr.

In einem jedermann zugänglichen Verfahren: Eine Begrenzung auf einen bestimmten Personenkreis ist schädlich.[1]

(Einstweilen frei)   322–324

§ 3 Nr. 39 EStG

Steuerfrei sind ...

39.

[2] der Vorteil des Arbeitnehmers im Rahmen eines gegenwärtigen Dienstverhältnisses aus der unentgeltlichen oder verbilligten Überlassung von Vermögensbeteiligungen im Sinne des § 2 Absatz 1 Nummer 1 Buchstabe a, b und f bis l und Absatz 2 bis 5 des Fünften Vermögensbildungsgesetzes in der Fassung der Bekanntmachung vom 4. März 1994 (BGBl I S. 406), zuletzt geändert durch Artikel 2 des Gesetzes vom 7. März 2009 (BGBl I S. 451), in der jeweils geltenden Fassung, am Unternehmen des Arbeitgebers, soweit der Vorteil insgesamt 360 Euro im Kalenderjahr nicht übersteigt. ²Voraussetzung für die Steuerfreiheit ist, dass die Beteiligung mindestens allen Arbeitnehmern offensteht, die im Zeitpunkt der Bekanntgabe des Angebots ein Jahr oder länger ununterbrochen in einem gegenwärtigen Dienstverhältnis zum Unternehmen stehen. ³Als Unternehmen des Arbeitgebers im Sinne des Satzes 1 gilt auch ein Unternehmen im Sinne des § 18 des Aktiengesetzes. ⁴Als Wert der Vermögensbeteiligung ist der gemeine Wert anzusetzen;

Inhaltsübersicht

	Rz.
A. Allgemeine Erläuterungen	325 - 326
B. Systematische Kommentierung	327 - 338
I. Allgemeines	327 - 329
II. § 3 Nr. 39 Satz 1 EStG	328 - 329
III. § 3 Nr. 39 Satz 2 EStG	330 - 331
IV. § 3 Nr. 39 Satz 3 EStG	332
V. § 3 Nr. 39 Satz 4 EStG	333 - 338

HINWEIS:

BMF v. 8. 12. 2009, BStBl 2009 I 1513.

LITERATUR:

Bode in StRA, Spezial Steuergesetzgebung 2009/2010, 91; *Breinersdorfer*, Praktische Aspekte des neuen Mitarbeiterkapitalbeteiligungsgesetzes, DStR 2009, 453; *Harder-Buschner*, Mitarbeiterkapitalbeteiligungsgesetz, NWB 2009, 1252; *Niermann*, Steuerliche Förderung von Mitarbeiterkapitalbeteiligungen durch das neue Mitarbeiterkapitalbeteiligungsgesetz, DB 2009, 479; *Stockum/Bender*, Steuerliche Rahmenbedingungen für Mitarbeiterbeteiligungen in Deutschland – erste praktische Erfahrungen mit dem neuen Mitarbeiterkapitalbeteiligungsgesetz, BB 2009, 1948; *Wünnemann*, Anwendungsregeln zum Mitarbeiterkapitalbeteiligungsgesetz – BMF-Schreiben v. 8. 12. 2009, DStR 2009, 2674 und DStR 2010, 31.

---

1 FG Münster v. 29. 6. 2011 - 4 K 258/08 E, EFG 2011, 1886, rkr.
2 **Anm. d. Red.:** § 3 Nr. 39 i. d. F. des Gesetzes v. 25. 7. 2014 (BGBl I S. 1266) mit Wirkung v. 31. 7. 2014.

A. Allgemeine Erläuterungen

325 **Normzweck und wirtschaftliche Bedeutung:** Nach § 3 Nr. 39 Satz 1 EStG werden Vorteile von Arbeitnehmern aus der Überlassung einer direkten Beteiligung am Unternehmen des Arbeitgebers steuerfrei gestellt. Nach § 3 Nr. 39 Satz 3 EStG gehört dazu auch der Arbeitgeber im gleichen Konzern i. S. d. § 18 AktG. Arbeitnehmer können nach § 3 Nr. 39 Satz 2 EStG Anteile an ihrem Unternehmen bzw. an einem Mitarbeiterbeteiligungs-Sondervermögen auch dann steuerfrei begünstigt werden, wenn die Vermögensbeteiligungen durch Entgeltumwandlung finanziert werden. Für die Wertbestimmung ist der gemeine Wert der Vermögensbeteiligung nach § 3 Nr. 39 Satz 4 EStG maßgeblich.

Zur Entstehung und Entwicklung der Vorschrift: Die Vorschrift beruht auf dem Mitarbeiterkapitalbeteiligungsgesetz v. 7. 3. 2009.[1] Die Vorgängervorschrift war § 19a EStG. Durch das Gesetz zur Anpassung des nationalen Steuerrechts an den Beitritt Kroatiens zur EU und zur Änderung weiterer Vorschriften (Kroatien-Anpassungsgesetz) v. 25. 7. 2014[2] wurde eine Änderung vorgenommen, die den Kreis der förderungswürdigen Kapitalbeteiligung reduzierte.

326 **Vereinbarkeit mit Verfassungsrecht:** Die Regelung ist verfassungsgemäß. Sie ist als Sozialzwecknorm gerechtfertigt.[3]

Zeitlicher Anwendungsbereich: Die Vorschrift ist **ab 1. 1. 2009** anzuwenden.[4] Sie gilt für alle Lohnzahlungszeiträume ab 2009.[5]

B. Systematische Kommentierung

I. Allgemeines

327 Die Vorschrift gilt für unbeschränkt und beschränkt Steuerpflichtige.[6]

II. § 3 Nr. 39 Satz 1 EStG

328 **Jedes Dienstverhältnis:** Die Vorschrift ist auf das Dienstverhältnis bezogen, so dass sie bei jedem Dienstverhältnis oder bei parallelen Arbeitsverhältnissen in Anspruch genommen werden kann.[7]

Arbeitnehmer: Der Begriff leitet sich aus dem Begriff des Dienstverhältnisses ab. Und bezeichnet den Empfänger von Einkünften aus nichtselbständiger Arbeit.

Freibetrag: Der Freibetrag von 360 € gilt für jedes Arbeitsverhältnis. Wird also im Kalenderjahr neben dem vorhandenen ein weiteres Arbeitsverhältnis unterhalten oder tritt an Stelle des ersten ein zweites Arbeitsverhältnis gilt die Steuerbefreiung für jedes Arbeitsverhältnis, wenn die zeitliche Komponente (s. § 3 Nr. 39 Satz 2 EStG) beachtet wurde.[8]

---

1 BGBl 2009 I 451.
2 BGBl 2014 I 1266.
3 HHR/*Bergkemper*, § 3 Nr. 39 EStG Rz. 3.
4 § 52 Abs. 1 EStG i. d. F. der Bekanntmachung v. 19. 10. 2002; s. *Bode* in StRA 2009/2010, 93.
5 Siehe *Bode* in StRA 2009/2010, 93.
6 HHR/*Bergkemper*, § 3 Nr. 39 EStG Rz. 4.
7 BMF v. 8. 12. 2009, BStBl 2009 I 1513; *Bode* in StRA 2009/2010, 92.
8 BT-Drucks. 16/10531, 15; HHR/*Bergkemper*, § 3 Nr. 39 EStG Rz. 6.

Begünstigte Kapitalbeteiligungen: § 3 Nr. 39 Satz 1 EStG nimmt Rückgriff auf das 5. VermBG. Zu den begünstigten Kapitalbeteiligungen gehören insbesondere: Aktien, Wandel- und Gewinnschuldverschreibungen, Anteile an einem Mitarbeiterbeteiligungs-Sondervermögen (bis VZ 2013, s. Kroatien-AnpG v. 25. 7. 2014), Genussscheine mit Gewinnanspruch, Geschäftsguthaben bei Genossenschaften, GmbH-Beteiligungen, stille Beteiligungen, Darlehensforderungen, Genussrechte.

329

Nicht steuerbegünstigt sind Beteiligungen an Sondervermögen i. S. v. § 2 Abs. 1 Nr. 1 Buchst. c EStG. Hier fehlt es an einer Verbindung zum Unternehmen.[1]

Verbilligte oder unentgeltliche Überlassung: Maßgeblich für die Beurteilung, ob es sich um eine verbilligte oder unentgeltliche Überlassung handelt, ist der Wert der Vermögensbeteiligung. Dieser bemisst sich nach dem gemeinen Wert der Vermögensbeteiligung.

III. § 3 Nr. 39 Satz 2 EStG

Beteiligung für alle Arbeitnehmer: Die Einschränkung, dass die Steuerbegünstigung nur gewährt werden kann, wenn alle Arbeitnehmer an dem Vorteil teilnehmen können, soll eine Diskriminierung einzelner Beschäftigtengruppen verhindern.[2] Voraussetzung ist, dass allen Arbeitnehmern der Erhalt der Beteiligung offensteht, die im Zeitpunkt der Bekanntgabe des Angebots ein Jahr oder länger ununterbrochen in einem gegenwärtigen Dienstverhältnis zum Unternehmen stehen. Dabei ist fraglich, wie der Begriff „Unternehmen" in einem Konzern zu verstehen ist. Nach hier vertretener Ansicht reicht es aus, wenn diese Voraussetzung im betreffenden Konzernunternehmen vorliegt.[3] Dies ergibt sich auch aus dem Arbeitsverhältnis zu dem konkreten Konzernunternehmen.[4]

330

Beteiligungsbedingungen: Die Beteiligungsbedingungen für die einzelnen Mitarbeiter dürfen aber unterschiedlich ausgestaltet sein. So können z. B. die Anzahl der Aktien, die ausgegeben werden, von der Haltefrist, der Zugehörigkeit zum Unternehmen oder von der Zugehörigkeit zu Verdienstgruppen abhängig sein.[5]

Bekanntgabe des Angebots: Mit dieser Voraussetzung ist die offizielle Bekanntgabe an alle Mitarbeiter des Unternehmens gemeint. Eine Absichtserklärung reicht nicht aus.[6] Die Regelung in § 3 Nr. 39 Satz 2 EStG schließt nicht aus, dass auch Arbeitnehmer steuerbegünstigt Vermögensbeteiligungen erhalten, die kürzer als ein Jahr in einem Dienstverhältnis zum Unternehmen stehen.[7]

331

Keine Abhängigkeit von einem Zusätzlichkeitskriterium: Eine steuerbegünstigte Mitarbeiterbeteiligung ist auch dann möglich, wenn die verbilligte Überlassung durch Entgeltumwandlung finanziert wird.[8]

---

1 BT-Drucks. 16/11679, 15.
2 BT-Drucks. 16/11679, 15.
3 Wie hier HHR/*Bergkemper*, § 3 Nr. 39 EStG Rz. 7; *Harder-Buschner*, NWB 2009, 1252; a. A. *Breinersdorfer*, DStR 2009, 453, der die verbundenen Unternehmen und die ruhenden Arbeitsverhältnisse (z. B. Wehrdienstleistende) wegen des Wortlauts miterfasst.
4 BT-Drucks. 16/11679, 15; s. auch BFH v. 10. 5. 2006 - IX R 82/98, BStBl 2006 II 669, wonach das Arbeitsverhältnis nur zu dem betreffenden Konzernunternehmen besteht.
5 HHR/*Bergkemper*, § 3 Nr. 39 EStG Rz. 7; *Harder-Buschner*, NWB 2009, 1252; *Stockum/Bender*, BB 2009, 1948.
6 HHR/*Bergkemper*, § 3 Nr. 39 EStG Rz. 7; *Stockum/Bender*, BB 2009, 1948.
7 BT-Drucks. 16/11679, 16.
8 BT-Drucks. 17/506, 24; HHR/*Bergkemper*, § 3 Nr. 39 EStG Rz. 7.

IV. § 3 Nr. 39 Satz 3 EStG

332 **Konzernklausel:** Nach § 3 Nr. 39 Satz 3 EStG gilt als Unternehmen des Arbeitgebers i. S. d. § 3 Nr. 39 Satz 1 EStG auch ein Unternehmen i. S. v. § 18 AktG. Damit sollen Beteiligungen an einem Konzernunternehmen auch steuerlich gefördert werden. Diese Regelung betrifft praktisch die Belegschaftsaktienprogramme der in- und ausländischen Konzerne. Mitarbeiter der Töchter können danach Aktien des Mutterunternehmens erwerben bzw. werden diesen unentgeltlich angeboten.

V. § 3 Nr. 39 Satz 4 EStG

333 **Gemeiner Wert:** In § 3 Nr. 39 Satz 4 EStG ist die Bestimmung des Werts der Beteiligung geregelt. Danach ist der gemeine Wert anzusetzen. Der gemeine Wert einer Aktie bestimmt sich nach § 9 BewG. Der gemeine Wert wird nach § 9 Abs. 2 Satz 1 BewG durch den Preis bestimmt, der im gewöhnlichen Geschäftsverkehr nach der Beschaffenheit des Wirtschaftsguts bei einer Veräußerung zu erzielen wäre. Bei Aktien ist dies der börsennotierte Wert am Tag des Zuflusses.[1] Der gemeine Wert einer noch nicht börsennotierten Aktie richtet sich nach § 11 Abs. 2 BewG. Danach ist der Wert von Aktien grundsätzlich aus Verkäufen abzuleiten, die weniger als ein Jahr zurückliegen.[2]

Zeitpunkt des Zuflusses: Entscheidend ist der Zeitpunkt des Zuflusses. Dieser richtet sich nach dem Zeitpunkt der Erlangung der wirtschaftlichen Verfügungsmacht.[3]

334–338 *(Einstweilen frei)*

§ 3 Nr. 40 EStG

Steuerfrei sind ...

40.

40 Prozent[4, 5]

a) der Betriebsvermögensmehrungen oder Einnahmen aus der Veräußerung oder der Entnahme von Anteilen an Körperschaften, Personenvereinigungen und Vermögensmassen, deren Leistungen beim Empfänger zu Einnahmen im Sinne des § 20 Absatz 1 Nummer 1 und 9 gehören, oder an einer Organgesellschaft im Sinne des § 14 oder § 17 des Körperschaftsteuergesetzes, oder aus deren Auflösung oder Herabsetzung von deren Nennkapital oder aus dem Ansatz eines solchen Wirtschaftsguts mit dem Wert, der sich nach § 6 Absatz 1 Nummer 2 Satz 3 ergibt, soweit sie zu den Einkünften aus Land- und Forstwirtschaft, aus Gewerbebetrieb oder aus selbständiger Arbeit gehören. ²Dies gilt nicht, soweit der Ansatz des niedrigeren Teilwerts in vollem Umfang zu einer Gewinnminderung geführt hat und soweit diese Gewinnminderung nicht durch Ansatz eines Werts, der sich nach § 6 Absatz 1 Nummer 2 Satz 3 ergibt, ausgeglichen worden ist. ³Satz 1 gilt außer für Betriebsvermögensmehrungen aus dem Ansatz mit dem Wert, der sich nach § 6 Absatz 1 Nummer 2

---

1 Siehe zu den einzelnen Vermögensbeteiligungen *Erhard* in Blümich, § 3 Nr. 39 EStG Rz. 12.
2 Siehe i. E. BFH v. 29. 7. 2010 - VI R 30/07, BFH/NV 2010, 2333, m. w. N. = NWB DokID: DAAAD-54326.
3 BFH v. 18. 9. 2012 - VI R 90/10, BStBl 2013 II 289; vgl. auch *Erhard* in Blümich, § 3 Nr. 39 EStG Rz. 12.
4 Anm. d. Red.: § 3 Nr. 40 i. d. F. des Gesetzes v. 20. 12. 2016 (BGBl I S. 3000) mit Wirkung v. 1. 1. 2017.
5 Anm. d. Red.: Zur Anwendung des § 3 Nr. 40 siehe § 52 Abs. 4 Sätze 5 bis 8.

Satz 3 ergibt, ebenfalls nicht, soweit Abzüge nach § 6b oder ähnliche Abzüge voll steuerwirksam vorgenommen worden sind,

b) des Veräußerungspreises im Sinne des § 16 Absatz 2, soweit er auf die Veräußerung von Anteilen an Körperschaften, Personenvereinigungen und Vermögensmassen entfällt, deren Leistungen beim Empfänger zu Einnahmen im Sinne des § 20 Absatz 1 Nummer 1 und 9 gehören, oder an einer Organgesellschaft im Sinne des § 14 oder § 17 des Körperschaftsteuergesetzes. ²Satz 1 ist in den Fällen des § 16 Absatz 3 entsprechend anzuwenden. ³Buchstabe a Satz 3 gilt entsprechend,

c) des Veräußerungspreises oder des gemeinen Werts im Sinne des § 17 Absatz 2. ²Satz 1 ist in den Fällen des § 17 Absatz 4 entsprechend anzuwenden,

d) der Bezüge im Sinne des § 20 Absatz 1 Nummer 1 und der Einnahmen im Sinne des § 20 Absatz 1 Nummer 9. ²Dies gilt nur, soweit sie das Einkommen der leistenden Körperschaft nicht gemindert haben. ³Satz 1 Buchstabe d Satz 2 gilt nicht, soweit eine verdeckte Gewinnausschüttung das Einkommen einer dem Steuerpflichtigen nahe stehenden Person erhöht hat und § 32a des Körperschaftsteuergesetzes auf die Veranlagung dieser nahe stehenden Person keine Anwendung findet,

e) der Bezüge im Sinne des § 20 Absatz 1 Nummer 2,

f) der besonderen Entgelte oder Vorteile im Sinne des § 20 Absatz 3, die neben den in § 20 Absatz 1 Nummer 1 und Absatz 2 Satz 1 Nummer 2 Buchstabe a bezeichneten Einnahmen oder an deren Stelle gewährt werden,

g) des Gewinns aus der Veräußerung von Dividendenscheinen und sonstigen Ansprüchen im Sinne des § 20 Absatz 2 Satz 1 Nummer 2 Buchstabe a,

h) des Gewinns aus der Abtretung von Dividendenansprüchen oder sonstigen Ansprüchen im Sinne des § 20 Absatz 2 Satz 1 Nummer 2 Buchstabe a in Verbindung mit § 20 Absatz 2 Satz 2,

i) der Bezüge im Sinne des § 22 Nummer 1 Satz 2, soweit diese von einer von der Körperschaftsteuer befreiten Körperschaft, Personenvereinigung oder Vermögensmasse stammen.

²Dies gilt für Satz 1 Buchstabe d bis h nur in Verbindung mit § 20 Absatz 8. ³Satz 1 Buchstabe a, b und d bis h ist nicht anzuwenden auf Anteile, die bei Kreditinstituten und Finanzdienstleistungsinstituten dem Handelsbestand im Sinne des § 340e Absatz 3 des Handelsgesetzbuchs zuzuordnen sind; Gleiches gilt für Anteile, die bei Finanzunternehmen im Sinne des Kreditwesengesetzes, an denen Kreditinstitute oder Finanzdienstleistungsinstitute unmittelbar oder mittelbar zu mehr als 50 Prozent beteiligt sind, zum Zeitpunkt des Zugangs zum Betriebsvermögen als Umlaufvermögen auszuweisen sind. ⁴Satz 1 ist nicht anzuwenden bei Anteilen an Unterstützungskassen;

Inhaltsübersicht	Rz.
A. Allgemeine Erläuterungen	339 – 346
I. Normzweck und wirtschaftliche Bedeutung	339 – 340
II. Zur Entstehung und Entwicklung der Vorschrift	341
III. Vereinbarkeit mit Verfassungsrecht	342 – 346
B. Systematische Kommentierung	347 – 371
I. Veräußerung und Entnahme von Anteilen im Betriebsvermögen (§ 3 Nr. 40 Satz 1 Buchst. a EStG)	347 – 352

II.	Veräußerungs- und Aufgabegewinne i. S. d. § 16 EStG (§ 3 Nr. 40 Satz 1 Buchst. b EStG)	353 - 355
III.	Veräußerung von Anteilen an einer Kapitalgesellschaft im Privatvermögen (§ 3 Nr. 40 Satz 1 Buchst. c EStG)	356 - 357
IV.	Dividenden und gleichgestellte Zuflüsse (§ 3 Nr. 40 Satz 1 Buchst. d EStG)	358 - 361
V.	Kapitalherabsetzung und Auflösung einer Kapitalgesellschaft (§ 3 Nr. 40 Satz 1 Buchst. e EStG)	362
VI.	Besondere Entgelte oder Vorteile i. S. v. § 20 Abs. 3 EStG (§ 3 Nr. 40 Satz 1 Buchst. f EStG)	363
VII.	Veräußerung von Dividendenscheinen (§ 3 Nr. 40 Satz 1 Buchst. g EStG)	364
VIII.	Abtretung von Dividendenansprüchen (§ 3 Nr. 40 Satz 1 Buchst. h EStG)	365
IX.	Bezüge i. S. v. § 22 Nr. 1 Satz 2 EStG (§ 3 Nr. 40 Satz 1 Buchst. i EStG)	366
X.	Anwendung des Teileinkünfteverfahrens im Rahmen der Gewinneinkünfte (§ 3 Nr. 40 Satz 2 EStG)	367 - 368
XI.	Eigenhandel mit Banken (§ 3 Nr. 40 Satz 3 und 4 EStG)	369 - 370
XII.	Vermögensmehrungen beim Träger von Unterstützungskassen (§ 3 Nr. 40 Satz 5 EStG a. F.; Satz 4 n. F.)	371
C.	Verfahrensfragen	372 - 385

HINWEIS:

R 3.40 EStR; H 3.40 EStH; BMF v. 23. 10. 2013, BStBl 2013 I 1269.

LITERATUR:

▶ Weitere Literatur siehe Online-Version

Haisch/Helios/Niedling, AmtshilfeRLUmsG: Änderungen im Finanzierungsausgleich, DB 2013, 1444; *Intemann*, Die Neuregelung zur Steuerpflicht von Steubesitzdividenden, BB 2013, 1239; *Nacke*, Entwurf des Jahressteuergesetzes 2013 – Die wichtigsten Änderungen unter Berücksichtigung der Stellungnahme des Bundesrates und der Gegenäußerung der Bundesregierung, DB 2013, 2117; *Ortmann-Babel/Bolik/Griesfeller*, Ein Jahressteuergesetz namens Amtshilferichtlinie-Umsetzungsgesetz: Alter Wein in neuen Schläuchen, DB 2013, 1319.

A. Allgemeine Erläuterungen

I. Normzweck und wirtschaftliche Bedeutung

339 **Überblick:** Die Neuregelung des § 3 Nr. 40 EStG geht zurück auf das Steuersenkungsgesetz (StSenkG) v. 23. 10. 2000.[1] Sie stellte eine grundlegende Systemumstellung dar. Statt des körperschaftsteuerlichen Anrechnungsverfahrens wurde das Halbeinkünfteverfahren eingeführt. Mit dem Unternehmenssteuerreformgesetz 2008 (UntStReformG 2008) v. 14. 8. 2007[2] erfolgte eine weitere bedeutende Reform. Nunmehr wurde das Halbeinkünfteverfahren zu einem Teileinkünfteverfahren weiterentwickelt.

340 **Grundstruktur des Teileinkünfteverfahrens:** Die Besteuerung von Kapitaleinkünften erfolgt seit dem StSenkG in völlig anderer Weise als vorher. Der Wechsel vom körperschaftsteuerlichen Anrechnungsverfahren zur Definitivbesteuerung mit niedrigerem Körperschaftsteuersatz (zunächst 25 %) wurde ergänzt durch die zunächst hälftige Steuerfreistellung der mit Körperschaftsteuer vorbelasteten Einnahmen des Anteilseigners. Damit sollte in pauschalierter Weise eine insgesamt der Spitzenbesteuerung entsprechende Gesamtbelastung erreicht werden. Mit dem UntStRefG 2008 wurde der Gewinn einer Körperschaft deutlich niedriger belastet (statt 25 % nunmehr 15 %), so dass auch auf der Ebene des Anteilseigners eine Absenkung der

---

1 BGBl 2000 I 1433.
2 BGBl 2007 I 1912.

Steuerbefreiung von Gewinnausschüttungen und Veräußerungsgewinnen erfolgte.[1] Statt der Hälfte werden **ab VZ 2009 40 %** dieser Gewinne steuerbefreit. § 3 Nr. 40 EStG regelt, für welche Einnahmen die 40%ige Befreiung gilt. Weil die anteilige Steuerbefreiung der Einnahmen durch § 3c Abs. 2 EStG mit einer anteiligen Kürzung der zugehörigen Ausgaben des Anteilseigners verbunden ist, hat sich der Begriff des Teileinkünfteverfahrens für die Besteuerung beim Anteilseigner ergeben. Das ursprünglich geschaffene Halbeinkünfteverfahren kam unabhängig davon zur Anwendung, ob die Einnahmen oder Vermögensmehrungen in einem BV oder in einem PV anfielen. Mit Einführung der Abgeltungsteuer durch das UntStRefG 2008 findet das Teileinkünfteverfahren ab VZ 2009 nicht uneingeschränkt auf Einnahmen aus dem betrieblichen und privaten Bereich Anwendung. Das Teileinkünfteverfahren wird auf Kapitaleinkünfte im betrieblichen Bereich sowie auf die Veräußerung von Anteilen i.S.v. § 17 EStG durch die Neufassung des § 3 Nr. 39 Satz 2 EStG beschränkt. Darüber hinaus werden dem Teileinkünfteverfahren Gewinne unterworfen, die in verschiedener Weise auf den Anteilseigner übertragen werden können. § 3 Nr. 40 EStG regelt nur die teilweise Steuerbefreiung der Einnahmen, so dass an sich insoweit von einem **Teileinnahmeverfahren** gesprochen werden kann.

II. Zur Entstehung und Entwicklung der Vorschrift

Erstmals ist das Halbeinnahmeverfahren durch das Steuersenkungsgesetz (StSenkG) v. 23.10.2000[2] in dem bis dahin unbesetzten § 3 Nr. 40 EStG aufgenommen worden. Die Vorschrift ist dann in den Grundstrukturen als Teileinkünfteverfahren durch das Unternehmenssteuerreformgesetz 2008 (UntStReformG 2008) v. 14.8.2007[3] in § 3 Nr. 40 EStG festgelegt worden. Weitere Änderungen sind seitdem durch das Jahressteuergesetz 2010 (JStG) v. 8.12.2010,[4] das Amtshilfe-Richtlinieumsetzungsgesetz (AmtshilfeRLUmsG) v. 26.6.2013 und das KroatienAnpG v. 25.7.2014[5] erfolgt. 341

III. Vereinbarkeit mit Verfassungsrecht

Systemwidrigkeit: Der Gesetzgeber hat mit der Ablösung des Anrechnungsverfahrens durch das Halbeinkünfteverfahren bzw. das spätere Teileinkünfteverfahren ein Besteuerungssystem geschaffen, dass nicht in allen Bereichen systematisch durchdrungen ist. Soweit der BFH in seiner neuen Rechtsprechung zu § 3c Abs. 2 EStG auf den Rechtfertigungsgrundsatz rekurriert, der Gesetzgeber habe in pauschalierter Form die Besteuerung der Gewinneinkünfte mit den Veräußerungsgewinnen gleichsetzen wollen, so mag dieser Rechtfertigungsgrund für den Gesetzgeber bedeutsam gewesen sein; gleichwohl enthält die Neuregelung des Halb- bzw. Teileinkünfteverfahrens steuersystematische Verwerfungen, die die Argumentation des BFH nicht überzeugend erscheinen lassen.[6] Im Einzelnen ergibt sich die Systemwidrigkeit aus folgenden Gesichtspunkten. 342

1. Teilabzugsverfahren: Das Teileinkünfteverfahren soll sicherstellen, dass der Gewinn, betrachtet man die Besteuerung der Gesellschaft und die des Gesellschafters als Einheit, nur einmal besteuert wird. Mit diesem Konzept ist es nicht vereinbar, dass der Gesetzgeber den Abzug von Aufwendungen, die mit dem Dividendenbezug in Zusammenhang stehen, nur z.T. zu- 343

---

1 BT-Drucks 16/4841, 46.
2 BGBl 2000 I 1433.
3 BGBl 2007 I 1912.
4 BGBl 2010 I 1768.
5 BGBl 2014 I 1266.
6 Siehe *Nacke*, FR 2011, 699, mit weiteren Fundstellen zur BFH-Rechtsprechung.

lässt. Zwar mag es auf den ersten Blick einleuchtend erscheinen, dass der Abzug von Aufwendungen, die mit steuerfreien Einnahmen im Zusammenhang stehen, entsprechend begrenzt wird. Dies entspricht dem allgemein anerkannten Rechtsgrundsatz, die Gewährung doppelter Steuervorteile zu vermeiden.[1] Dabei wird aber übersehen, dass die Besteuerung des Gesellschafters nicht isoliert zu betrachten ist. Denn der Gesetzgeber selbst ist bei der Schaffung des Halbeinkünfteverfahrens von einer integrierenden Betrachtung der verschiedenen Besteuerungsebenen ausgegangen.[2] Da in die Betrachtung somit die Vorbelastung mit Körperschaftsteuer einzubeziehen ist, müssen die Beteiligungsaufwendungen unbeschränkt abziehbar sein, da sie bisher bei der Vorbelastung noch nicht berücksichtigt worden sind.[3]

344 **2. Ungleichbehandlung von Gewinnausschüttungen im betrieblichen und privaten Bereich:** Durch die Einführung der Abgeltungsteuer und der einschränkenden Anwendung des Teileinkünfteverfahrens auf betriebliche Kapitaleinkünfte ergeben sich unterschiedliche Abzugsmöglichkeiten bei den damit zusammenhängenden Aufwendungen, die ebenfalls verfassungsrechtlich bedenklich sind.[4] Der BFH hat nunmehr aber die Beschränkung des Werbungskostenabzugs bei der Abgeltungsteuer für verfassungsgemäß erachtet.[5]

345 **3. Verstoß gegen das objektive Nettoprinzip:** Die Abzugsbeschränkungen verstoßen somit gegen das verfassungsrechtliche Prinzip der Besteuerung nach der Leistungsfähigkeit – insbesondere gegen das daraus abgeleitete objektive Nettoprinzip.[6]

4. Verfassungsrechtliches Gebot der Folgerichtigkeit: Auch das verfassungsrechtliche Gebot der Folgerichtigkeit (d. h. ein einmal gewähltes Konzept folgerichtig umzusetzen)[7] dürfte durch Begrenzung des Ausgabenabzugs tangiert sein. Da der Gesetzgeber selbst davon ausgeht, dass die Besteuerung von Gesellschaft und Gesellschafter zusammen betrachtet werden muss, hätte er konsequenterweise Beteiligungsaufwendungen zum unbeschränkten Abzug zulassen müssen.[8]

346 **Weitere steuersystematische Kritikpunkte:** Neben den genannten verfassungsrechtlichen Bedenken ergeben sich weitere Systemverwerfungen auch durch die Einbeziehung der Besteuerung im Rahmen der Abgeltungsteuer (s. hierzu Erläuterungen KKB/Kempf, § 20 EStG Rz. 5).[9]

Zeitlicher Anwendungsbereich: Die Neuregelung des Teileinkünfteverfahrens durch das Unternehmensteuerreformgesetz 2008 (UntStReformG 2008) v. 14. 8. 2007[10] gilt ab VZ 2009 (§ 52a Abs. 3 EStG a. F.). Auf Altverluste ist das Halbeinkünfteverfahren anzuwenden.[11] Die Über-

---

1 BFH v. 14.11.1986 - VI R 209/82, BStBl 1989 II 351.
2 BT-Drucks. 14/2683, 94.
3 Ebenso *Hey* in Tipke/Lang, § 11 Rz. 15, m. w. N. in Fn 4; *Nacke*, FR 2011, 700, m. w. N. in Fn. 10.
4 Zur Kritik s. *Intemann*, DB 2007, 1658; *Schlotter/von Freeden* in Schaumburg/Rödder, Unternehmensteuerreform 2008, 408; *Englisch*, StuW 2007, 238 f.; *Jochum*, DStZ 2010, 312 ff.
5 BFH v. 1.7.2014 - VIII R 53/12, BStBl 2014 II 975; BFH v. 28.1.2015 - VIII R 13/13, BStBl 2015 II 393.
6 *Birk*, StuW 2000, 328, 331; *Schön*, StuW 1995, 366, 368; BFH v. 19.6.2007, BStBl 2008 II 551, Verfassungsbeschwerde zu Az. 2 BvR 2221/07 wurde nicht zur Entscheidung angenommen, der BFH sieht aber sachlich rechtfertigende Gründe für den Verstoß.
7 BFH v. 10.11.1999 - X R 60/95, BStBl 2000 II 131.
8 Im Ergebnis gleicher Ansicht *Schön*, StuW 2000, 151, 154; *Schön*, FR 2001, 381, 387; *Schön*., StbJb. 2001/2002, 53, 55; *Crezelius*, DB 2001, 221, 227; *Frotscher*, DStR 2001, 2045; *Hötzel* in Schaumburg/Rödder, Unternehmensteuerreform 2001, 249.
9 Siehe auch *Hey* in Tipke/Lang, § 11 Rz. 19 ff.
10 BGBl 2007 I 1912.
11 S. BFH v. 3.11.2015 - VIII R 37/13, BStBl 2016 II 273.

gangsregelung zur Verrechnung von sog. Altverlusten mit Aktiengewinnen, die der Abgeltungsteuer unterliegen, ist auch verfassungsgemäß.[1]

B. Systematische Kommentierung

I. Veräußerung und Entnahme von Anteilen im Betriebsvermögen (§ 3 Nr. 40 Satz 1 Buchst. a EStG)

Allgemeines: Die Veräußerung bzw. Entnahme von Anteilen im betrieblichen Bereich unterscheidet sich nach der gesetzgeberischen Konzeption nicht von der Dividendenbesteuerung. Ein Anteilsverkauf wie auch die Entnahme eines Anteils stelle eine Totalausschüttung dar. Denn sie entspreche der Ausschüttung offener und stiller Reserven.[2] Dies galt für das Halbeinkünfteverfahren ebenso wie für das seit 2009 geltende Teileinkünfteverfahren. 347

Betriebsvermögensmehrungen und Einnahmen: Die Begriffe verweisen darauf, dass es sich um Veräußerungen und Entnahmen handeln muss, die im betrieblichen Bereich erfolgen. Dies ist unabhängig davon, ob der Betreffende seinen Gewinn nach § 4 Abs. 3 EStG oder durch Bestandsvergleich ermittelt.[3] Steuerbefreit ist die Betriebsvermögensmehrung zu 40 % des Bruttobetrags, nicht des Nettobetrags, da es sich um eine getrennte Einkunftsermittlung handelt (Teileinkünfteverfahren und Teilabzugsverfahren).[4] 348

Betroffene Veräußerungen: Veräußerung i. S. d. § 3 Nr. 40 Satz 1 Buchst. a EStG bedeutet jede entgeltliche Übertragung des bürgerlich-rechtlichen oder wirtschaftlichen Eigentums an Wirtschaftsgütern auf eine andere Person.[5] Neben den Veräußerungen von Anteilen an einer Körperschaft werden auch die Veräußerungen von **Organbeteiligungen** vom Teileinkünfteverfahren erfasst,[6] selbst wenn eine Organschaft keine Einnahmen i. S. d. § 20 Abs. 1 Nr. 1 EStG begründet. Dies wurde durch das UntStFG v. 20. 12. 2001 klarstellend im Gesetz aufgenommen. Zu den Veräußerungen gehören auch **tauschähnliche Vorgänge**,[7] so dass z. B. auch die Einbringung von Anteilen in eine Personengesellschaft gegen Gewährung von Gesellschaftsrechten erfasst wird. 349

Entnahme: Auch die Entnahme von Anteilen an einer Körperschaft, Personenvereinigung und Vermögensmasse unterliegen dem Teileinkünfteverfahren. Streitig ist, ob auch eine verdeckte Einlage und die Überführung von Anteilen in eine ausländische Betriebsstätte dazu zählen.[8]

Auflösung der Gesellschaft und Herabsetzung des Nennkapitals: Nach § 3 Nr. 40 Satz 1 Buchst. a EStG werden auch Zahlungen aufgrund von Auflösungen von juristischen Personen bzw. Kapitalrückzahlungen dem Teileinkünfteverfahren unterworfen, wenn die Anteile zum Betriebsvermögen gehören. Darunter fallen auch solche Zahlungen, die nicht aus dem Nenn- 350

---

1 S. BFH v. 3. 11. 2015 - VIII R 37/13, BStBl 2016 II 273.
2 BT-Drucks. 14/2683, 96.
3 HHR/*Intemann*, § 3 Nr. 40 EStG Rz. 51.
4 Ebenso HHR/*Intemann*, § 3 Nr. 40 EStG Rz. 51.
5 BFH v. 22. 9. 1992 - VIII R 7/90, BStBl 1993 II 229.
6 BT-Drucks. 14/6882, 31.
7 *Erhard* in Blümich, § 3 Nr. 40 EStG Rz. 13; HHR/*Intemann*, § 3 Nr. 40 EStG Rz. 53.
8 Bejahend zur verdeckten Einlage und zur Überführung von Anteilen in eine ausl. Betriebsstätte: HHR/*Intemann*, § 3 Nr. 40 EStG Rz. 56; *von Beckerath* in Kirchhof/Söhn/Mellinghoff, § 3 EStG Rz. 101; zweifelnd wegen des Wortlauts *Erhard* in Blümich, § 3 Nr. 40 EStG Rz. 13.

kapital oder aus dem Einlagekonto gem. § 27 KStG stammen, wie auch solche Bezüge, für die Nennkapital oder das Einlagekonto gem. § 27 KStG als verwendet gilt.[1]

351 **Erträge aufgrund von Teilwert-Zuschreibungen:** Erträge aufgrund von Teilwert-Zuschreibungen i. S. v. § 6 Abs. 1 Satz 1 Nr. 2 Satz 3 EStG unterliegen ebenfalls dem Teileinkünfteverfahren. Nach § 3 Nr. 40 Satz 1 Buchst. a Satz 2 EStG gilt jedoch eine Besonderheit, wenn die Aufstockung des Wertansatzes lediglich eine Teilwertabschreibung rückgängig macht, die in vollem Umfang zu einer Gewinnminderung geführt hat und diese (noch) nicht durch einen Wertansatz nach § 6 Abs. 1 Nr. 2 Satz 3 EStG ausgeglichen worden ist. In diesem Ausnahmefall führt auch die nunmehr erfolgte Rückgängigmachung der Teilwertabschreibung in vollem Umfang zu einer Gewinnerhöhung.[2]

352 **Berücksichtigung von Rücklagen nach § 6b EStG und ähnlichen Abzügen:** Nach § 3 Nr. 40 Satz 1 Buchst. a Satz 3 EStG wird die Steuerbefreiung nach § 3 Nr. 40 Satz 1 Buchst. a EStG ausgeschlossen, wenn in früheren Jahren auf die Anschaffungskosten von Anteilen Rücklagen nach § 6b EStG oder ähnliche Abzüge übertragen worden sind. Weitere Voraussetzung ist, dass sich diese steuerlich voll wirksam ausgewirkt haben. Ähnliche Bezüge zu § 6b EStG sind z. B. die Begünstigungen nach § 30 BergbauRatG zur Förderung des Steinkohlebergbaus.[3]

II. Veräußerungs- und Aufgabegewinne i. S. d. § 16 EStG (§ 3 Nr. 40 Satz 1 Buchst. b EStG)

353 **Allgemeines:** Das Teileinkünfteverfahren ist auch dann anzuwenden, wenn im Betriebsvermögen Anteile an einer Kapitalgesellschaft, Personenvereinigung oder Vermögensmasse enthalten sind und der (ganze) Betrieb veräußert wird. Auch hier kommt der Gedanke der Totalausschüttung zum Tragen. Die Steuerfreistellung nach § 3 Nr. 40 Satz 1 Buchst. b EStG kommt zunächst zur Anwendung. Erst dann kann nach § 16 Abs. 4 EStG der Freibetrag von 45 000 € vom verbleibenden Gewinn abgezogen werden.[4]

354 **Veräußerungsgewinne:** Folgende Veräußerungsgewinne fallen unter das Teileinkünfteverfahren:

- Veräußerung eines ganzen Gewerbebetriebs nach § 16 Abs. 1 Nr. 1 EStG,
- Veräußerung eines Teilbetriebs nach § 16 Abs. 1 Satz 1 EStG,
- Veräußerung einer 100 %-Beteiligung nach § 16 Abs. 1 Nr. 1 Satz 1 EStG,
- Veräußerung eines Mitunternehmeranteils nach § 16 Abs. 1 Nr. 2 EStG,
- Veräußerung eines Anteils an einer KGaA nach § 16 Abs. 1 Nr. 3 EStG,
- Veräußerung von einbringungsgeborenen Anteilen i. S. v. § 21 Abs. 1 UmwStG a. F.

355 **Veräußerungspreis der Anteile:** Aus der Bemessungsgrundlage (= gesamter Veräußerungspreis) wird der Anteil, der auf die Beteiligungen entfällt, ausgeschieden und mit dem niedrigeren Wert angesetzt. Dabei kann grds. der Wert angenommen werden, den die beteiligten Vertragspartner hierfür angesetzt haben.[5] Davon kann auch ausgegangen werden, wenn der ver-

---

[1] Nacke/Intemann, DB 2002, 756; HHR/Intemann, § 3 Nr. 40 EStG Rz. 66; Erhard in Blümich, § 3 Nr. 40 EStG Rz. 16; a. A. Hötzel in Schaumburg/Rödder, Unternehmenssteuerreform 2001, 216 u. 234.
[2] Von Beckerath in Kirchhof/Söhn/Mellinghoff, § 3 EStG Rz. 101.
[3] BR-Drucks. 542/06, 42.
[4] BFH v. 14. 7. 2010 - X R 61/08, BStBl 2010 II 1011; HHR/Intemann, § 3 Nr. 40 EStG Rz. 92; von Beckerath in Kirchhof, § 3 EStG Rz. 102.
[5] Nacke/Intemann, DB 2003, 756; Erhard in Blümich, § 3 Nr. 40 EStG Rz. 19.

einbarte Kaufpreis für die Beteiligungen nicht den tatsächlichen Wertverhältnissen entspricht.[1] Haben die Vertragspartner keine Aufteilung vorgenommen, so ist die Aufteilung nach dem Verhältnis der Teilwerte vorzunehmen.[2]

III. Veräußerung von Anteilen an einer Kapitalgesellschaft im Privatvermögen (§ 3 Nr. 40 Satz 1 Buchst. c EStG)

Von § 3 Nr. 40 Satz 1 Buchst. c EStG werden Veräußerungen von Anteilen an Kapitalgesellschaften i. S. d. § 17 EStG erfasst. Damit unterliegen Veräußerungen von Anteilen an Kapitalgesellschaften, die im Privatvermögen gehalten werden, dem Teileinkünfteverfahren. Somit werden hiernach erfasst: 356

1. der Veräußerungspreis i. S. d. § 17 Abs. 2 Satz 1 EStG

2. der gemeine Wert in Fällen verdeckter Einlage (§ 17 Abs. 2 Satz 2 EStG)

3. das zugeteilte bzw. zurückgezahlte Vermögen in Fällen der Auflösung bzw. Kapitalherabsetzung.

Keine Einnahmen werden erzielt und damit kommt es auch nicht zur Anwendung des Teileinkünfteverfahrens, wenn nur ein symbolischer Kaufpreis von 1 € oder 0 € erzielt wird.[3] Anders ist dagegen zu entscheiden, wenn auch nur ein geringer Veräußerungspreis erzielt wird.[4]

Liquidationserlöse: Werden bei der Liquidation i. S. v. § 17 Abs. 4 EStG Einnahmen erzielt, sind das Teileinnahmeverfahren (§ 3 Nr. 40 Satz 1 Buchst. c EStG) und Teilabzugsverfahren (§ 3c Abs. 2 EStG) anzuwenden. Dies ergibt sich aus § 3 Nr. 40 Satz 1 Buchst. c Satz 2 EStG, wonach § 3 Nr. 40 Satz 1 Buchst. c Satz 1 EStG entsprechend in den Fällen des § 17 Abs. 4 EStG anzuwenden ist. § 3 Nr. 40 Satz 1 Buchst. c Satz 1 EStG findet daher auch auf die Auskehrung von Stammkapital im Rahmen einer Liquidation nach § 17 Abs. 4 EStG Anwendung.[5] 357

IV. Dividenden und gleichgestellte Zuflüsse (§ 3 Nr. 40 Satz 1 Buchst. d EStG)

Nach § 3 Nr. 40 Satz 1 Buchst. d EStG unterfallen auch die Bezüge nach § 20 Abs. 1 Nr. 1 EStG dem Teileinkünfteverfahren. Hierzu gehören insbesondere offene und verdeckte Ausschüttungen sowie Vorabausschüttungen.[6] Aufgrund der Einführung der Abgeltungsteuer, hat die Bedeutung dieser Vorschrift abgenommen. 358

Materielle Korrespondenz: Nach § 3 Nr. 40 Satz 1 Buchst. d Satz 2 EStG wurde mit dem JStG 2007 v. 13.12.2006[7] ein Korrespondenzprinzip für den Bereich der verdeckten Gewinnausschüttungen eingeführt. Die teilweise Steuerbefreiung für eine verdeckte Gewinnausschüttung, sollte nur gewährt werden, wenn der verdeckt ausgeschüttete Gewinn auf der Ebene der Gesellschaft die steuerliche Bemessungsgrundlage nicht gemindert hatte und somit besteuert 359

---

1 FG Rheinland-Pfalz v. 23.1.2011 - 2 K 1903/09, EFG 2012, 63, rkr.; *Erhard* in Blümich, § 3 Nr. 40 EStG Rz. 19.
2 Vgl. BFH v. 26.1.1994 - III R 39/91, BStBl 1994 II 458.
3 BFH v. 6.4.2011 - IX R 61/10, BStBl 2012 II 8; BFH v. 1.10.2014 - IX R 13/13, BFH/NV 2015, 198 = NWB DokID: YAAAE-81448.
4 BFH v. 6.4.2011 - IX R 40/10, BStBl 2011 II 785, mit Anm. *Nacke*, FR 2011, 912.
5 BFH v. 6.5.2014 - IX R 19/13, BStBl 2014 II 682; Niedersächsisches FG v. 19.5.2011 - 11 K 496/10, EFG 2012, 1326.
6 Vgl. BFH v. 18.6.2015 - IV R 5/12, BStBl 2015 II 935.
7 BGBl 2006 I 2878.

wurde.[1] Dieses Korrespondenzprinzip wurde mit dem AmtshilfeRLUmsG v. 26.6.2013[2] auf alle Bezüge i.S.d. § 20 Abs. 1 Nr. 1 und Nr. 9 EStG ausgedehnt. Damit sollen vor allem weiße Einkünfte bei Sachverhalten mit Auslandsbezug verhindert werden.[3]

360 **Hybride Finanzierungen:** Im Fokus der Änderung stand die steuerliche Problematik bei hybriden Finanzierungen. Bei sog. hybriden Finanzierungen wurde durch das AmtshilfeRLUmsG v. 26.6.2013[4] erreicht, dass auch in diesen Fällen das Korrespondenzprinzip gilt. Danach kommt § 3 Nr. 40 EStG bei Dividenden nur dann zur Anwendung, wenn diese im Quellenstaat nicht eine Betriebsausgabe darstellte.[5]

361 § 3 Nr. 40 Satz 1 Buchst. d EStG regelt eine Rückausnahme zu § 3 Nr. 40 Satz 2 EStG. Danach bleibt es beim Teileinkünfteverfahren, wenn auf die natürliche oder juristische Person, der eine verdeckte Gewinnausschüttung zugeflossen ist, § 32a KStG nicht anzuwenden ist. Ein solcher Fall kommt z.B. in Betracht, wenn eine nahestehende Person die verdeckte Gewinnausschüttung erhalten hat und im Ausland ansässig ist.[6]

V. Kapitalherabsetzung und Auflösung einer Kapitalgesellschaft (§ 3 Nr. 40 Satz 1 Buchst. e EStG)

362 Nach § 3 Nr. 40 Satz 1 Buchst. e EStG teilweise die Bezüge i.S.v. § 20 Abs. 1 Nr. 2 EStG aufgrund einer Kapitalherabsetzung oder Auflösung befreit, soweit Nennkapital zurückgezahlt wird, das auf der Umwandlung von Rücklagen beruht, die aus dem Gewinn gebildet worden waren. Die Regelung gilt für im Privatvermögen gehaltene Beteiligungen. Sie geht den Regelungen des § 3 Nr. 40 Satz 1 Buchst. a und c EStG nach, die die spezielleren Regelungen sind.[7]

VI. Besondere Entgelte oder Vorteile i.S.v. § 20 Abs. 3 EStG (§ 3 Nr. 40 Satz 1 Buchst. f EStG)

363 Hierbei handelt es sich um einen Auffangtatbestand. Nach § 20 Abs. 3 EStG gehören zu den Einnahmen aus Kapitalvermögen auch besondere Entgelte oder Vorteile, die neben den in § 20 Abs. 1 Nr. 1 EStG und § 20 Abs. 2 Satz 1 Nr. 2 Buchst. a EStG bezeichneten Einnahmen oder an deren Stelle gewährt werden. Diese Regelungen sollen keinen selbständigen Steuertatbestand enthalten, sondern nur der Klarstellung und Ergänzung dienen.[8]

VII. Veräußerung von Dividendenscheinen (§ 3 Nr. 40 Satz 1 Buchst. g EStG)

364 **Dividendenschein:** Ein Dividendenschein ist das verbriefte Recht auf eine beschlossene (zukünftige) Dividende.

Veräußerung von Dividendenscheinen: Veräußert der Anteilseigner einen solchen Dividendenschein oder sonstige Ansprüche i.S.v. § 20 Abs. 2 Satz 1 Nr. 2 Buchst. a EStG, so unterliegen auch diese Einnahmen dem Teileinkünfteverfahren (seit dem UntStReformG v. 14.8.2007 wird

---

1 BT-Drucks. 16/2712, 40, sog. materielle Korrespondenz.
2 BGBl 2013 I 1809.
3 Siehe HHR/*Intemann*, EStG, Jahreskommentierung 2014 J 13-4.
4 BGBl 2013 I 1809.
5 Siehe *Nacke*, DB 2012, 2118.
6 Siehe Beispiel in BT-Drucks. 16/3368, 37 f.
7 Ebenso HHR/*Intemann*, § 3 Nr. 40 EStG Rz. 141; *Erhard* in Blümich, § 3 Nr. 40 EStG, Rz. 26; a.A. *Hötzel* in Schaumburg/Rödder, Unternehmenssteuerreform 2001, 2000, 234.
8 BFH v. 13.10.1987 - VIII R 156/84, BStBl 1988 II 252.

statt Einnahmen systemwidrig der Gewinn dem Teileinkünfteverfahren unterworfen).[1] Anders ist der Fall zu beurteilen, wenn ein Dividendenanspruch bereits entstanden ist. Die Veräußerung eines bestehenden Dividendenanspruchs unterliegt der Besteuerung nach § 20 Abs. 1 Nr. 1 EStG. Die Veräußerung von Zinsscheinen und -forderungen sind dagegen nach § 20 Abs. 2 Satz 1 Nr. 2 Buchst. b EStG voll steuerpflichtig.

VIII. Abtretung von Dividendenansprüchen (§ 3 Nr. 40 Satz 1 Buchst. h EStG)

Aus der Abtretung von Dividendenansprüchen erwachsen dem Anteilseigner in gleicher Weise Einnahmen wie aufgrund der direkten Vereinnahmung der Dividende, so dass es gerechtfertigt ist, auch diese Einnahmen dem Teileinkünfteverfahren zu unterwerfen. Durch das UntStReformG v. 14. 8. 2007 ist auch hier – wie im Fall des Buchst. g – ein Austausch des Begriffs „Einnahme" durch den Begriff „Gewinn" erfolgt. Dies ist systemwidrig.[2]

365

IX. Bezüge i. S. v. § 22 Nr. 1 Satz 2 EStG (§ 3 Nr. 40 Satz 1 Buchst. i EStG)

Nach § 22 Nr. 1 Satz 2 EStG sind Bezüge, die von unbeschränkt oder beschränkt steuerpflichtig. nicht steuerbefreiten Körperschaften, Personenvereinigungen und Vermögensmassen i. S. d. § 1 KStG stammen, dem Empfänger zuzurechnen. Unter die von § 22 Nr. 1 Satz 2 Buchst. b Satz 2 EStG erfassten Bezüge fallen insbesondere Zuwendungen von gemeinnützigen Stiftungen an Stifter und dessen nahe Angehörige (§ 58 Nr. 5 AO) und Zuwendungen von Familienstiftungen an die Destinatäre. Diese sind allerdings nach § 20 Abs. 1 Nr. 9 EStG zu versteuern, wenn die Leistungsempfänger Einfluss auf das Ausschüttungsverhalten der Stiftung nehmen.[3] Diese Empfänger werden genauso behandelt, als wenn sie an einer Kapitalgesellschaft beteiligt wären.[4] Deshalb sind auch Bezüge, die aus Gewinnen aus der Veräußerung von Kapitalgesellschaft-Beteiligungen stammen, nach § 22 Nr. 1 Satz 2 i. V. m. § 3 Nr. 40 Satz 1 Buchst. i EStG mit 60 % steuerlich zu erfassen.

366

X. Anwendung des Teileinkünfteverfahrens im Rahmen der Gewinneinkünfte (§ 3 Nr. 40 Satz 2 EStG)

War bis 2008 das Teileinkünfteverfahren auf betriebliche wie auch private Einkünfte bezogen, so wurde durch die Einführung der Abgeltungsteuer die Anwendung des Teileinkünfteverfahrens bei Kapitaleinkünften auf Gewinneinkünfte und Einkünfte aus Vermietung und Verpachtung ab VZ 2009 beschränkt. Hierdurch ergeben sich gravierende Unterschiede zwischen dem Bezug von Kapitaleinkünften im betrieblichen Bereich im Gegensatz zum privaten Bereich. Vor allem bei fremdfinanzierten Beteiligungen ergeben sich erhebliche Unterschiede. Während im Bereich der Abgeltungsteuer nur ein pauschalierter Abzug von Werbungskosten nach § 20 Abs. 9 EStG möglich ist, kommt nach § 3c Abs. 2 EStG ein Abzug von 60 % in Betracht.

367

Streubesitzdividenden: Bei Streubesitzdividenden sieht § 8b Abs. 4 KStG eine Erfassung bei der Ermittlung des Einkommens der Kapitalgesellschaft und damit eine Vollbesteuerung vor.[5] Dies

368

---

[1] Kritisch zu Recht HHR/*Intemann*, § 3 Nr. 40 EStG Rz. 150, der auch in Verlustfällen § 3c Abs. 2 EStG anwenden will.
[2] Siehe Erläuterungen zu § 3 Nr. 40 Satz 1 Buchst. g EStG.
[3] Vgl. BFH v. 3. 11. 2010 - I R 98/09, BStBl 2011 II 417.
[4] Vgl. zur Rechtfertigung HHR/*Intemann*, § 3 Nr. 40 EStG Rz. 160.
[5] *Pung* in Dötsch/Pung/Möhlenbrock, KStG, 78. EL 2013, § 8b Rz. 5; *Intemann*, BB 2013, 1239; *Benz/Jetter*, DStR 2013, 490; *Watrin/Eberhardt*, IStR 2013, 816; *Kusch* NWB 2013, 1070.

ist systemwidrig und verfassungsrechtlich bedenklich (z. B. Kaskadeneffekt; Verstoß gegen den Grundsatz der Folgerichtigkeit).[1] Teilweise wird in der Literatur daher eine Anwendung des § 3 Nr. 40 EStG vertreten. § 3 Nr. 40 Satz 2 EStG stehe dem nicht entgegen.[2] Die Anwendung des § 3 Nr. 40 EStG ist m. E. nicht möglich, da § 8b KStG lex specialis zu § 3 Nr. 40 EStG ist.[3] Die systematisch notwendige pauschalierte Steuerbefreiung von 40 % der Einnahmen erfolgt erst auf der Ebene des privaten Anteilseigners.

XI. Eigenhandel mit Banken (§ 3 Nr. 40 Satz 3 und 4 EStG)

369 Wegen der Gefährdung des Finanzplatzes Deutschland durch die Einschränkung der Verlustverrechnungsmöglichkeiten nach § 15 Abs. 4 und § 3c Abs. 2 EStG i.V. m. § 3 Nr. 40 Buchst. a, b und d bis h EStG bei Banken und Finanzdienstleistern wurde in § 3 Nr. 40 Satz 3 und 4 EStG (Satz 5 und 6 a. F.) der Eigenhandel der Banken von der Teileinkünftebesteuerung ausgenommen. Damit sind diese Geschäfte unabhängig von Behaltefristen der vollen Besteuerung unterworfen. Es ist aber auch der volle Verlustabzug möglich. Erfasst werden nach § 3 Nr. 40 Satz 3 EStG i. d. F. des Gesetzes zur Umsetzung der Änderungen der EU-Amtshilferichtlinie und von weiteren Maßnahmen gegen Gewinnkürzungen und -verlagerungen[4] ist ab VZ 2017[5] die handelsrechtliche Zuordnung nach § 340e Abs. 3 HGB maßgeblich.[6] hiervon Kreditinstitute i. S. v. § 1 Abs. 1 KWG, Finanzdienstleistungsinstitute i. S. v. § 1 Abs. 1a KWG, Finanzunternehmen i. S. v. § 1 Abs. 3 KWG. Für Anteile, die nach dem 31. 12. 2016 dem Betriebsvermögen zugehen[7] gilt nach § 3 Nr. 40 Satz 3 2. Halbsatz EStG n. F. die Ausnahmeregelung nur für die Finanzunternehmen, an denen Kreditinstitute oder Finanzdienstleistungsinstitute unmittelbar oder mittelbar zu mehr als 50 % beteiligt sind.[8] Gesellschaften, deren Haupttätigkeit u. a. darin besteht, Beteiligungen zu erwerben, sind „Finanzunternehmen". Damit gehören zu den Finanzunternehmen auch **Holding- und Beteiligungsgesellschaften**, ohne dass es darauf ankommt, dass diese mit ihrem Beteiligungsbesitz am Markt tätig sind.[9] Auch eine vermögensverwaltende Kapitalgesellschaft, die sich darauf beschränkt, Aktien und Rentenpapiere zu verkaufen, ist ebenfalls ein Finanzunternehmen i. S. d. § 3 Nr. 40 Satz 3 EStG.[10]

370 Zur Sicherstellung der Europarechtmäßigkeit (Gewährung der Kapitalverkehrsfreiheit) wurde in § 3 Nr. 40 Satz 4 EStG die Regelung auf Kreditinstitute, Finanzleistungsinstitute und Finanzunternehmen mit Sitz in einem anderen Mitgliedstaat der EU/EWR übertragen. Wegen deklaratorischer Wirkung dieser Regelung, wurde Satz 4 durch das Gesetz zur Umsetzung der Änderungen der EU-Amtshilferichtlinie und von weiteren Maßnahmen gegen Gewinnkürzungen und -verlagerungen[11] gestrichen.

---

1 *Intemann*, BB 2013, 1239.
2 Z. B. *Rathke/Ritter*, DStR 2014, 1208.
3 Im Ergebnis ebenso *von Beckerath* in Kirchhof/Söhn/Mellinghoff, § 3 EStG Rz. 113a; *Joisten/Vossel*, FR 2014, 794.
4 BGBl 2016 I 3000.
5 § 52 Abs. 4 Satz 7 EStG.
6 Siehe zu den Folgen BT-Drucks. 18/9536, 54 ff.
7 Siehe § 52 Abs. 4 Satz 7 EStG.
8 Siehe i. E. BT-Drucks. 18/9536, 54 ff.
9 BFH v. 14. 1. 2009 - I R 36/08, BStBl 2009 II 671; BFH v. 26. 10. 2011 - I R 17/11, BFH/NV 2012, 613 = NWB DokID: GAAAE-02919; *von Beckerath* in Kirchhof/Söhn/Mellinghoff, § 3 EStG Rz. 114.
10 BFH v. 12. 10. 2011 - I R 4/11, BFH/NV 2012, 453 = NWB DokID: PAAAE-00544; BFH v. 26. 10. 2011 - I R 17/11, BFH/NV 2012, 613 = NWB DokID: GAAAE-02919.
11 BGBl 2016 I 3000.

Die Änderung des Satzes 3 in § 3 Nr. 40 EStG durch das KroatienAnpG v. 25. 7. 2014[1] (gültig ab VZ 2014) erfolgte wegen Änderung des § 1a des KWG.

Nach § 3 Nr. 40 Satz 3 EStG i. d. F. des **Gesetzes zur Umsetzung der Änderungen der EU-Amtshilferichtlinie und von weiteren Maßnahmen gegen Gewinnkürzungen und -verlagerungen** vom 20.12.2016[2] ist ab VZ 2017 die handelsrechtliche Zuordnung nach § 340e Abs. 3 HGB maßgeblich (BT-Drucks. 18/9536, 54 ff.). Für Anteile, die nach dem 31. 12. 2016 dem Betriebsvermögen zugehen (s. § 52 Abs. 4 Satz 7 EStG) gilt nach § 3 Nr. 40 Satz 3 2. Halbsatz EStG n. F. die Ausnahmeregelung nur für die Finanzunternehmen, an denen Kreditinstitute oder Finanzdienstleistungsinstitute unmittelbar oder mittelbar zu mehr als 50 % beteiligt sind (s. i. E. BT-Drucks. 18/9536, 54 ff.). Wegen deklaratorischer Wirkung dieser Regelung, wurde Satz 4 a. F. gestrichen.

XII. Vermögensmehrungen beim Träger von Unterstützungskassen (§ 3 Nr. 40 Satz 5 EStG a. F.; Satz 4 n. F.)

Durch das Steueränderungsgesetz 2015[3] wurde Satz 5 eingefügt. Da Zuwendungen des Trägerunternehmens an die Unterstützungskasse nach § 4d EStG Betriebsausgaben sein können, sind spätere Vermögensmehrungen beim Träger aus der Beteiligung an der Unterstützungskasse ebenfalls in gleicher Höhe zu erfassen und nicht dem Teileinkünfteverfahren zu unterwerfen. Dies wird nunmehr gesetzlich geregelt.[4] Die Neuregelung gilt ab VZ 2016 (§ 52 Abs. 1 EStG n. F.) und ist damit verfassungsrechtlich nicht zu beanstanden.

371

C. Verfahrensfragen

Noch ungeklärt ist, auf welcher Ebene die Berücksichtigung des Teileinkünfteverfahrens zu erfolgen hat: Bereits im Rahmen der Einkünfteermittlung und damit auf Ebene des Feststellungsbescheids mit der Folge einer Bindungswirkung für den Folgebescheid, oder erst im Rahmen der Steuerfestsetzung.[5]

372

(Einstweilen frei) 373–385

§ 3 Nr. 40a EStG

Steuerfrei sind ...

40a.
[6] 40 Prozent der Vergütungen im Sinne des § 18 Absatz 1 Nummer 4;

---

1 BGBl 2014 I 1266.
2 BGBl 2016 I 3000.
3 BGBl 2015 I 1834.
4 BT-Drucks. 18/4902, 41.
5 Für eine Berücksichtigung auf der Ebene der Feststellung *Engel*, DB 2003, 1811, 1815; *Intemann* in H/H/R, § 3 Nr. 40 EStG Rz 48, m. w. N.; **a. A.** *Blümich/Erhard*, § 3 Nr. 40 EStG Rz 5; *Scholten/Griemla/Kinalzik*, FR 2010, 259, 264; *Griemla*, FR 2005, 719, 729; Ministerium für Finanzen und Bundesangelegenheiten des Saarlandes, Verfügung vom 28. Juni 2005 B/2-3-108/2005-S 2120, juris; **offen gelassen** BFH v. 10. 5. 2016 - IX R 4/15, BFH/NV 2016, 1425 = NWB DokID: AAAAF-79662; *Söhn* in HHSp, § 180 AO Rz 229a; s. auch FG München v. 14.3.2017 - 6 K 1185/14, EFG 2017, 1340 rkr.
6 **Anm. d. Red.:** Zur Anwendung des § 3 Nr. 40a siehe § 52 Abs. 4 Sätze 9 und 10.

Inhaltsübersicht   Rz.

    A. Allgemeine Erläuterungen   386 - 389
    B. Systematische Kommentierung   390 - 395

HINWEIS:

BMF v. 16.12. 2003, BStBl 2004 I 40 in aktueller Fassung.

LITERATUR:

Behrens, Besteuerung des Carried Interest nach dem Halbeinkünfteverfahren, FR 2004, 1211; *Friederichs/ Köhler*, Gesetz zur Förderung von Wagniskapital, DB 2004, 1638; *Watrin/Stuffert*, BB-Forum: Steuerbegünstigung für das Carried Interest, BB 2004, 1888; *Desens/Kathstede*, Zur Abziehbarkeit der Aufwendungen eines Carry-Holders – eine steuersystematische Analyse, FR 2005, 863; *Gragert*, Die Besteuerung des Carried Interest, NWB 2007, 3847; *Helios/Wiesbrock*, Der Regierungsentwurf des Gesetzes zur Förderung von Wagniskapitalbeteiligungen (Wagniskapitalbeteiligungsgesetz – WKBG), DStR 2007, 1793; *Hörster*, Das Wagniskapitalbeteiligungsgesetz und die steuerlichen Regelungen des Gesetzes zur Modernisierung der Rahmenbedingungen für Kapitalbeteiligungen (MoRaKG), StuB 2008, 630; *Kanzler* in StRA, Steuergesetzgebung 2008/2009, 415; *Veith/Schade*, Besteuerung des carried interest in Deutschland, in Birk (Hrsg.), Transaktionen – Vermögen – Pro Bono, München 2008, 435.

A. Allgemeine Erläuterungen

386 **Normzweck und wirtschaftliche Bedeutung:** Wie in § 3 Nr. 40 EStG wird auch in § 3 Nr. 40a EStG der **carried interest** dem Teileinkünfteverfahren unterworfen. Der carried interest ist die erfolgsabhängige Vergütung, die die Initiatoren einer Wagniskapital-GmbH & Co. KG (sog. Venture/Capital/Privat Equity Fonds) über ihre Fondsquote hinaus erhalten. Gegenstand der KG ist der An- und Verkauf von Anteilen an nicht börsennotierten Kapitalgesellschaften. Liegt der Gewinn aus der Veräußerung der Anteile über einem Mindestmaß, so erhalten die Fonds-Initiatoren eine Vergütung für ihre Beiträge (Einsatz von Erfahrungen, Branchenwissen, Kontakte etc.; z. B. 20 %; sog. disproportionaler Gewinnanteil).[1] Dieser carried interest unterliegt nach § 3 Nr. 40a EStG einer Besteuerung i. H. v. 60 %. Aufwendungen der Initiatoren (**carry holder**) unterliegen mit einem Abzug von 60 % dem Teilabzugsverfahren nach § 3c Abs. 2 Satz 1 1. Halbsatz EStG.

387 **Zur Entstehung und Entwicklung der Vorschrift:** Die Vorschrift beruht auf dem Gesetz zur Förderung von Wagniskapital v. 30. 7. 2004.[2] Durch das Gesetz zur Modernisierung der Rahmenbedingungen für Kapitalbeteiligungen (MoRaKG) v. 12. 8. 2008[3] erfolgte eine Anpassung an die Änderung des Teileinkünfteverfahrens.

388 **Vereinbarkeit mit Verfassungsrecht:** Die Regelung wird z.T. für verfassungsgemäß gehalten.[4] Als Grund wird die Förderung des Wagniskapitals als volkswirtschaftlich wichtiges Ziel angeführt, so dass eine unterschiedliche Besteuerung sachlich gerechtfertigt sei. Verfassungsrechtlich ist aber m. E. die Regelung bedenklich. Eine Rechtfertigung für die steuerliche Begünstigung des carried interest kann m. E. nicht aus dem vom Gesetzgeber angegebenen Grund der Förderung der Kapitalbeteiligungsbranche entnommen werden. Es ist nicht nachvollziehbar, dass der Gewinnvorzug tatsächlich dem Gemeinwohl und nicht allein den Partikularinteressen

---

1 Siehe zum Modell *Wacker* in Schmidt, § 18 EStG Rz. 280.
2 BGBl 2004 I 2013.
3 BGBl 2008 I 1672.
4 *Handzik* in Littmann/Bitz/Pust, § 3 EStG Rz. 1515a.

der Beteiligungsbranche dient.[1] Überdies lässt sich die Systematik des Teileinkünfteverfahrens nicht auf die Steuerbefreiung des carried interest übertragen.[2] Hinzu kommt eine Verletzung des Grundsatzes der Folgerichtigkeit. Die als Gegenfinanzierung begründete Verschärfung der Besteuerung nach § 3 Nr. 40a EStG von 50 % auf 60 % ab VZ 2009[3] steht nicht im Einklang mit der Erhöhung des Freibetrags auf 200 000 € (§ 20 WKBG).[4]

Zeitlicher Anwendungsbereich: Die Verschärfung der Besteuerung von 50 % auf 60 % ist auf den carried interest anzuwenden, wenn die vermögensverwaltende Gesellschaft oder Gemeinschaft nach dem 31.12.2008 gegründet worden ist (§ 52 Abs. 4e EStG a. F.; § 52 Abs. 4 Satz 8 EStG n. F.). Durch die Gründung einer Gesellschaft bis zum Ende des Jahres 2008 war es danach noch möglich, die hälftige Steuerbefreiung des Carried Interest zu sichern.

389

B. Systematische Kommentierung

§ 18 Abs. 1 Nr. 4 EStG: Die Tatbestandsvoraussetzungen für eine Steuerbegünstigung nach § 3 Nr. 40a EStG ergeben sich aus § 18 Abs. 1 Nr. 4 EStG (s. insoweit ergänzende Erläuterungen zu § 18 EStG).

390

Anspruch auf Vergütung: Der Anspruch auf die Vergütung setzt voraus, dass die Gesellschafter oder Gemeinschafter ihr einbezahltes Kapital zurückerhalten haben (§ 18 Abs. 1 Nr. 4 EStG).

Kapitalgesellschaften als Empfänger: Streitig ist, ob auch Kapitalgesellschaften an der vermögensverwalteten GmbH & Co. KG als Vergütungsempfänger beteiligt sein können. Dies war die Absicht des Gesetzgebers, der deshalb gerade die Fälle des carried interest aus dem Teileinkünfteverfahren des § 3 Nr. 40 EStG herausgenommen und in § 3 Nr. 40a EStG geregelt hat, damit auch Kapitalgesellschaften erfasst werden.[5] Jedoch dürfte m. E. eine Anwendung auf Kapitalgesellschaften ausscheiden. Nach § 18 Abs. 1 Nr. 4 EStG erzielt der Vergütungsempfänger Einkünfte aus selbständiger Arbeit. Kapitalgesellschaften beziehen jedoch nach § 8 Abs. 2 KStG im vollen Umfang Einkünfte aus Gewerbebetrieb. Ohne Ausnahmeregelung in § 8 Abs. 2 KStG kann daher eine Anwendung auf Kapitalgesellschaften nicht in Betracht kommen.[6]

391

(Einstweilen frei)

392–395

§ 3 Nr. 41 EStG

Steuerfrei sind …

41.

a) Gewinnausschüttungen, soweit für das Kalenderjahr oder Wirtschaftsjahr, in dem sie bezogen werden, oder für die vorangegangenen sieben Kalenderjahre oder Wirtschaftsjahre aus einer Beteiligung an derselben ausländischen Gesellschaft Hinzurechnungsbeträge (§ 10 Absatz 2 des Außensteuergesetzes) der Einkommensteuer unterlegen haben, § 11 Absatz 1 und 2 des Außensteuergesetzes in der Fassung des Artikels 12 des Gesetzes

---

1 So schon HHR/*Kanzler*, § 3 Nr. 40a EStG Rz. 4.
2 Ebenso HHR/*Kanzler*, § 3 Nr. 40a EStG Rz. 4.
3 Siehe BT-Drucks. 16/9829, 2 u. 5.
4 HHR/*Kanzler*, § 3 Nr. 40a EStG Rz. 4; *Kanzler* in Nacke/Kanzler, StRA 2008/2009, 415.
5 BT-Drucks. 15/3336, 6 f.
6 Gl. A. *Altfelder*, FR 2005, 13 Fn. 63; HHR/*Kanzler*, § 3 Nr. 40a EStG Rz. 10; *Watrin/Struffert*, BB 2004, 1889; a. A. *Friedrichs/Köhler*, DB 2004, 1638.

EStG § 3 Nr. 41

vom 21. Dezember 1993 (BGBl I S. 2310) nicht anzuwenden war und der Steuerpflichtige dies nachweist; § 3c Absatz 2 gilt entsprechend;

b) Gewinne aus der Veräußerung eines Anteils an einer ausländischen Kapitalgesellschaft sowie aus deren Auflösung oder Herabsetzung ihres Kapitals, soweit für das Kalenderjahr oder Wirtschaftsjahr, in dem sie bezogen werden, oder für die vorangegangenen sieben Kalenderjahre oder Wirtschaftsjahre aus einer Beteiligung an derselben ausländischen Gesellschaft Hinzurechnungsbeträge (§ 10 Absatz 2 des Außensteuergesetzes) der Einkommensteuer unterlegen haben, § 11 Absatz 1 und 2 des Außensteuergesetzes in der Fassung des Artikels 12 des Gesetzes vom 21. Dezember 1993 (BGBl I S. 2310) nicht anzuwenden war, der Steuerpflichtige dies nachweist und der Hinzurechnungsbetrag ihm nicht als Gewinnanteil zugeflossen ist.

²Die Prüfung, ob Hinzurechnungsbeträge der Einkommensteuer unterlegen haben, erfolgt im Rahmen der gesonderten Feststellung nach § 18 des Außensteuergesetzes;

Inhaltsübersicht

	Rz.
A. Allgemeine Erläuterungen	396 – 397
B. Systematische Kommentierung	398 – 406
I. Gewinnausschüttungen (§ 3 Nr. 41 Satz 1 Buchst. a EStG)	398 – 400
II. Veräußerungsgewinne (§ 3 Nr. 41 Satz 1 Buchst. b EStG)	401
III. Feststellungsverfahren	402 – 406

LITERATUR:

▶ Weitere Literatur siehe Online-Version

Kraft/Schulz, Zwischengesellschaften im Kontext ausländischer Familienstiftungen, IStR 2012, 897: *Wissenschaftlicher Beirat Steuern der Ernst & Young GmbH*, Hinzurechnungsbesteuerung und gesonderte Feststellung von Besteuerungsgrundlagen, IStR 2013, 549; *Hennigfeld*, Verhältnis von § 3 Nr. 41 EStG zu § 8b Abs. 5 KStG, EFG 2016, 677; *Weiss*, § 3 Nr. 41 Buchst. a EStG ist auch auf Körperschaften anwendbar; das Betriebsausgabenabgrenzungsverbot von 5 % des § 8b Abs. 5 Satz 1 KStG kommt dabei nicht zur Anwendung, ISR 2016, 169.

A. Allgemeine Erläuterungen

396 **Normzweck und wirtschaftliche Bedeutung:** Nach dieser Regelung werden von der Besteuerung **Gewinnausschüttungen** und **Veräußerungsgewinne** ausgenommen, wenn aus der Beteiligung an derselben ausländischen Gesellschaft Hinzurechnungsbeträge gem. § 10 Abs. 2 AStG der inländischen Einkommensteuer unterlegen haben. Hierdurch soll eine Doppelbesteuerung von bereits im Rahmen der Hinzurechnungsbesteuerung erfolgter Besteuerung von Erträgen (fiktive Vollbesteuerung) verhindert werden. Eine anteilige Besteuerung nach dem Teileinkünfteverfahren erfolgt bezogen auf die Hinzurechnungsbeträge daher nicht. Die Besteuerung der Hinzurechnungsbeträge ist definitiv. Die Hinzurechnungsbesteuerung in diesen Fällen bezweckt eine Angleichung zu inländischen Anteilseignern, deren Einkünfte aus inländischen Kapitalgesellschaften auf der Kapitalgesellschaftsebene bereits mit 15 % versteuert wurde. Um die Niedrigbesteuerung bei ausländischen Kapitalgesellschaften einzudämmen, wurde daher die Hinzurechnungsbesteuerung geschaffen. Die Freistellung erfasst rückwirkend Gewinnausschüttungen und Veräußerungsgewinne der letzten sieben Jahre. Die im Zusammenhang mit diesen Gewinnausschüttungen stehenden Aufwendungen unterliegen dem Abzugsverbot nach § 3c Abs. 2 EStG. Dies gilt jedoch nicht bei den Veräußerungsgewinnen.

Zur Entstehung und Entwicklung der Vorschrift: Die Vorschrift beruht auf dem Gesetz zur Fortentwicklung des Unternehmenssteuerrechts (UntStFG) v. 20.12.2001.[1]

Persönlicher Geltungsbereich: Die Vorschrift gilt für natürliche Personen. Die Steuerbefreiung gilt aber auch für körperschaftsteuerpflichtige Anteilseigner (folgt bereits aus § 8b Abs. 1 KStG).[2]

Vereinbarkeit mit Verfassungsrecht: Die Regelung ist verfassungsgemäß, soweit zur Verhinderung der Doppelbesteuerung Gewinnausschüttungen steuerfrei gestellt werden. Verfassungsrechtlich problematisch ist aber die Begrenzung auf sieben Jahre, da in Fällen, in denen es erst nach Ablauf der Frist zu einer Gewinnausschüttung kommt, eine Doppelbesteuerung droht.[3]

B. Systematische Kommentierung

I. Gewinnausschüttungen (§ 3 Nr. 41 Satz 1 Buchst. a EStG)

Gewinnausschüttungen: Unter den Begriff Gewinnausschüttungen fallen die Bezüge nach § 20 Abs. 1 Nr. 1 EStG. Damit gehören zu den steuerfreien Leistungen einer ausländischen Gesellschaft offene und verdeckte Gewinnausschüttungen. Ebenso zählen dazu Vorabausschüttungen.

Beteiligung an derselben ausländischen Gesellschaft: Die ausländische Gesellschaft, die die Gewinnausschüttung vorgenommen hat, muss identisch mit der Gesellschaft sein, die die Hinzurechnungsbesteuerung zur Folge hatte. Es kommt nicht auf eine zivilrechtliche Beurteilung an, sondern maßgeblich ist eine wirtschaftliche Betrachtung. Die Gesellschaften müssen wirtschaftlich identisch sein. Dies führt dazu, dass eine zwischendurch vorgenommene identitätswahrende Umwandlung der Gesellschaft die Steuerbefreiung nicht entfallen lässt.[4] So ist auch in folgenden Fällen eine Steuerbefreiung nach § 3 Nr. 41 Satz 1 Buchst. a EStG möglich:

▶ Untergesellschaft einer ausländischen Gesellschaft
▶ Verschmelzung und Aufspaltung

Personenidentität der Anteilseigner: Es ist keine Personenidentität zwischen dem Anteilseigner, dem der Hinzurechnungsbetrag zugewiesen wurde und dem Anteilseigner, der die Steuerbefreiung nach § 3 Nr. 41 Buchst. a EStG geltend macht, erforderlich.[5]

Hinzurechnungsbeträge, die der Einkommensteuer unterlegen haben: Es werden nur die Hinzurechnungsbeträge berücksichtigt, die der Einkommensteuer unterlegen haben. Erfasst werden die festgesetzten Hinzurechnungsbeträge, damit bleiben Beträge außer Ansatz, die nur in einem Feststellungsbescheid nach § 18 AStG berücksichtigt und nicht in einer Steuerfestsetzung des Anteilseigners erfasst wurden. Auf eine Zahlung der Steuern insoweit kommt es nicht an.[6]

---

1 BGBl 2001 I 3858.
2 R 32 Abs. 1 Nr. 1 KStR; zu den Problemen insoweit s. *Watrin/Eberhardt*, DStR 2013, 2601 u. FG Bremen v. 15.10.2015 - 1 K 4/15 (5), EFG 2016, 675; offen gelassen BFH v. 26.4.2017 I R 84/15, BStBl II 2018, 492.
3 *Kraft*, IStR 2010, 377; HHR/*Intemann*, § 3 Nr. 41 EStG Rz. 3; *Wassermeyer*, DStJG 25 (2002), 103; *Maciejewski*, IStR 2013, 452; a. A. *Erhard* in Blümich, § 3 Nr. 41 EStG, Rz. 2.
4 Gl. A. HHR/*Intemann*, § 3 Nr. 41 EStG Rz. 9, m.w.N.
5 Gl. A. *Erhard* in Blümich, § 3 Nr. 41 EStG Rz. 6; HHR/*Intemann*, § 3 Nr. 41 EStG Rz. 9, m.w.N.
6 Gl. A. *Erhard* in Blümich, § 3 Nr. 41 EStG Rz. 7; HHR/*Intemann*, § 3 Nr. 41 EStG Rz. 9.

II. Veräußerungsgewinne (§ 3 Nr. 41 Satz 1 Buchst. b EStG)

401 **Veräußerungsgewinne:** Darunter fallen Gewinne aus der Veräußerung von Anteilen ausländischer Kapitalgesellschaften, aus deren Auflösung und aus der Herabsetzung ihres Kapitals. Aus dem Wortlaut ergibt sich, dass nicht die Einnahmen aus der Veräußerung, sondern die Beträge nach Abzug der Veräußerungskosten, der Steuerbefreiung unterliegen. Damit bedarf es auch keiner entsprechenden Anwendung des § 3c Abs. 2 EStG wie bei § 3 Nr. 41 Satz 1 Buchst. a EStG. Ebenso kommt auch § 3c Abs. 1 EStG nicht zur Anwendung, da wegen der Hinzurechnungsbesteuerung die Einnahmen nicht steuerfrei sind.[1]

III. Feststellungsverfahren

402 Die Frage, ob die Hinzurechnungsbeträge der Einkommensteuer unterlegen haben, ist im Feststellungsverfahren nach § 18 AStG durch das FA zu treffen. In diesem Verfahren wird somit auch darüber entschieden, ob Gewinnausschüttungen bzw. Veräußerungsgewinne steuerfrei gestellt werden.[2]

403–406 *(Einstweilen frei)*

§ 3 Nr. 42 EStG

Steuerfrei sind ...

42.
die Zuwendungen, die auf Grund des Fulbright-Abkommens gezahlt werden;

Inhaltsübersicht

	Rz.
A. Allgemeine Erläuterungen	407
B. Systematische Kommentierung	408 - 410

HINWEIS

H 3.42 EStH.

A. Allgemeine Erläuterungen

407 **Normzweck und wirtschaftliche Bedeutung:** Die Vorschrift bezweckt die Förderung des wissenschaftlichen Austauschs von Studenten und Wissenschaftlern zwischen den USA und Deutschland aufgrund des „Fulbright-Abkommens" v. 20. 11. 1962.[3] Die Leistungen aufgrund diese Abkommens sollen steuerfrei bleiben.

Zur Entstehung und Entwicklung der Vorschrift: Die Vorschrift geht bereits zurück auf das Steueränderungsgesetz (StÄndG) v. 18. 7. 1958.[4]

---

1 Ebenso HHR/*Intemann*, § 3 Nr. 41 EStG Rz. 23; a. A. *Erhard* in Blümich, § 3 Nr. 41 EStG Rz. 12.
2 BT-Drucks. 14/7344, 14.
3 BGBl 1964 II 27.
4 BGBl 1958 I 473.

Vereinbarkeit mit Verfassungsrecht: Die Regelung ist konstitutiv und verfassungsrechtlich als Sozialzwecknorm unbedenklich.[1]

B. Systematische Kommentierung

Fulbright-Abkommen: Die Gesetzesbezeichnung „Fulbright-Abkommen" nimmt Bezug auf ein vor dem Abkommen v. 20.11.1962 bestehendes Abkommen. Die Gesetzesbezeichnung gilt aber auch für das Nachfolgeabkommen. Neben Stipendien kann es sich bei den Zuwendungen um Zahlungen von Reisekosten, Unterrichtsgebühren, Unterhaltungskosten und weiteren Aufwendungen, die im Zusammenhang mit der geförderten Maßnahme stehen, handeln. 408

(Einstweilen frei) 409–410

§ 3 Nr. 43 EStG

Steuerfrei sind ...

43.
der Ehrensold für Künstler sowie Zuwendungen aus Mitteln der Deutschen Künstlerhilfe, wenn es sich um Bezüge aus öffentlichen Mitteln handelt, die wegen der Bedürftigkeit des Künstlers gezahlt werden;

Inhaltsübersicht	Rz.
A. Allgemeine Erläuterungen	411
B. Systematische Kommentierung	412 - 415

A. Allgemeine Erläuterungen

Normzweck und wirtschaftliche Bedeutung: Die Vorschrift bezweckt wie bei § 3 Nr. 11 EStG eine Leistung aus sozialen Erwägungen. Es soll die Leistung ungeschmälert den Künstlern zur Verfügung stehen. Sie ist eine Sozialzwecknorm. 411

Zur Entstehung und Entwicklung der Vorschrift: Die Vorschrift geht bereits zurück auf das Steueränderungsgesetz (StÄndG) v. 18.7.1958.[2]

Verhältnis zu § 3 Nr. 11 EStG: Die Vorschrift ist neben § 3 Nr. 11 EStG anwendbar. Damit kann es nach beiden Vorschriften zu einer Steuerbefreiung im Einzelfall kommen.

Vereinbarkeit mit Verfassungsrecht: Die Vorschrift ist als Sozialzwecknorm verfassungsrechtlich unbedenklich.[3]

B. Systematische Kommentierung

Ehrensold für Künstler: Unter Ehrensold ist eine Beigabe zu einem Verdienstorden in Form von Geld oder einer anderen Zuwendung zu verstehen. Die Länder vergeben entsprechende Ehren- 412

---

[1] Keine verfassungsrechtlichen Bedenken hat ebenfalls *Handzik* in Littmann/Bitz/Pust, § 3 EStG Rz. 1600b.
[2] BGBl 1958 I 473.
[3] Keine verfassungsrechtlichen Bedenken hat ebenfalls *Handzik* in Littmann/Bitz/Pust, § 3 EStG Rz. 1620b.

solde an Künstler (z. B. durch das Bayerische Staatsministerium für Wissenschaft, Forschung und Kultur[1] oder durch das Land Nordrhein-Westfalen[2]).

413 **Deutsche Künstlerhilfe:** Die Deutsche Künstlerhilfe wurde vom damaligen Bundespräsidenten 1953 als Förderung von Künstlern zur Sicherung ihres Lebensunterhalts gegründet. Die Gelder für die Hilfe kommen aus verschiedenen Quellen (öffentliche Leistungen und private Spenden). Die Steuerbefreiung greift, wenn es sich um Bezüge aus öffentlichen Mitteln handelt und die Leistungen wegen der Bedürftigkeit des Künstlers gewährt werden. Da die Leistungen durch den Bundespräsidenten erbracht werden, handelt es sich um eine öffentliche Leistung.[3] Die weitere Voraussetzung ist gegeben, wenn die Künstler, wegen ihrer körperlichen oder geistigen Beschaffenheit oder ihrer wirtschaftlichen Lage der Hilfe anderer bedürfen.[4]

414–415 *(Einstweilen frei)*

§ 3 Nr. 44 EStG

Steuerfrei sind ...

44.
[5]Stipendien, die aus öffentlichen Mitteln oder von zwischenstaatlichen oder überstaatlichen Einrichtungen, denen die Bundesrepublik Deutschland als Mitglied angehört, zur Förderung der Forschung oder zur Förderung der wissenschaftlichen oder künstlerischen Ausbildung oder Fortbildung gewährt werden. ²Das Gleiche gilt für Stipendien, die zu den in Satz 1 bezeichneten Zwecken von einer Einrichtung, die von einer Körperschaft des öffentlichen Rechts errichtet ist oder verwaltet wird, oder von einer Körperschaft, Personenvereinigung oder Vermögensmasse im Sinne des § 5 Absatz 1 Nummer 9 des Körperschaftsteuergesetzes gegeben werden. ³Voraussetzung für die Steuerfreiheit ist, dass

a) die Stipendien einen für die Erfüllung der Forschungsaufgabe oder für die Bestreitung des Lebensunterhalts und die Deckung des Ausbildungsbedarfs erforderlichen Betrag nicht übersteigen und nach den von dem Geber erlassenen Richtlinien vergeben werden,

b) der Empfänger im Zusammenhang mit dem Stipendium nicht zu einer bestimmten wissenschaftlichen oder künstlerischen Gegenleistung oder zu einer bestimmten Arbeitnehmertätigkeit verpflichtet ist;

Inhaltsübersicht Rz.

A. Allgemeine Erläuterungen 416
B. Systematische Kommentierung 417 - 419
C. Verfahrensfragen 420 - 424

HINWEIS:

R 3.44 EStR; H 3.44 EStH.

---

1 HHR/*Bergkemper*, § 3 Nr. 43 EStG Rz. 2.
2 *Handzik* in Littmann/Bitz/Pust, § 3 EStG Rz. 1621a.
3 HHR/*Bergkemper*, § 3 Nr. 43 EStG Rz. 2.
4 HHR/*Bergkemper*, § 3 Nr. 43 EStG Rz. 2.
5 **Anm. d. Red.:** § 3 Nr. 44 i. d. F. des Gesetzes v. 1.11.2011 (BGBl I S. 2131) mit Wirkung v. 5.11.2011.

A. Allgemeine Erläuterungen

Normzweck und wirtschaftliche Bedeutung: Die Vorschrift befreit konstitutiv die Stipendien aus öffentlich-rechtlichen bzw. öffentlich-rechtlich kontrollierten Quellen von der Steuer.

Zur Entstehung und Entwicklung der Vorschrift: Die Vorschrift geht bereits zurück auf das Steueränderungsgesetz (StÄndG) v. 18. 7. 1958.[1]

Vereinbarkeit mit Verfassungsrecht: Die Vorschrift des § 3 Nr. 44 EStG ist als Sozialzwecknorm verfassungsrechtlich unbedenklich.[2]

B. Systematische Kommentierung

Steuerfreie Stipendien: Stipendien sind Geldleistungen mit denen u. a. Studierende, Doktoranden und Wissenschaftler von bestimmten Institutionen für bestimmte Projekte unterstützt werden. Soweit die Leistungen als Darlehen gezahlt werden unterliegen sie nicht dem § 3 Nr. 44 EStG.[3] Darunter fallen aber nicht Zahlungen, die den Zweck verfolgen, eine Existenzgründung vorzubereiten oder zur unternehmerischen Selbständigkeit hinführen sollen.[4] Zu beachten sind die weiteren Voraussetzungen des § 3 Nr. 44 Satz 3 EStG. Ansonsten gilt, dass die Steuerbefreiung von Forschungsstipendien nach § 3 Nr. 44 EStG sowohl die der Erfüllung der Forschungsaufgaben (Sachbeihilfen) als auch die der Bestreitung des Lebensunterhalts dienenden Zuwendungen umfasst.[5] Der Höhe nach bestimmt sich die Steuerbefreiung bzgl. der Anteile des Stipendiums, die zur **Bestreitung des Lebensunterhalts** dienen, mangels konkreter Regelungen in § 3 Nr. 44 EStG, nach der allgemeinen Verkehrsauffassung. Dies beinhaltet die Berücksichtigung des Alters der Stipendiaten, ihre akademische Vorbildung sowie deren nach der Verkehrsauffassung erforderlichen typischen Lebenshaltungskosten in ihrer konkreten sozialen Situation. Dabei stellt sich das vor Inanspruchnahme des Stipendiums vereinnahmte und im Bewilligungszeitraum des Stipendiums zeitweilig ausfallende Entgelt als gewichtiges Indiz dar.[6]

Leistende: Die Vorschrift benennt abschließend die Stellen, die als Leistende auftreten müssen:

- Bund, Länder und Gemeinden,
- Zwischenstaatliche oder überstaatliche Einrichtungen,
- Einrichtung, die von einer Körperschaft errichtet ist oder verwaltet wird. Dies kann auch eine juristische Person des Zivilrechts sein,
- Körperschaft, Personenvereinigung oder Vermögensmasse i. S. v. § 5 Abs. 1 Nr. 9 KStG.

Auch eine in der EU oder dem EWR ansässige Körperschaft, Personenvereinigung oder Vermögensmasse i. S. d. § 5 Abs. 1 Nr. 9 KStG kann steuerfreie Stipendien vergeben, soweit sie bei

---

1 BGBl 1958 I 473.
2 A. A. *Handzik* in Littmann/Bitz/Pust, § 3 Nr. 44 EStG Rz. 1640b.
3 Siehe aber den Fall des FG Münster v. 6. 12. 2006 - 8 K 4463/02 E, EFG 2007, 921.
4 BFH v. 1. 10. 2012 - III B 128/11, BFH/NV 2013, 29 = NWB DokID: VAAAE-22623.
5 BFH v. 20. 3. 2003 - IV R 15/01, BStBl 2004 II 190.
6 BFH v. 24. 2. 2015 - VIII R 43/12, BStBl 2015 II 691; s. auch OFD Frankfurt v. 6.9.2018 - S 2121 A-013-St 213, juris = NWB DokID: YAAAG-96392 mit Auflistung der einzelnen Stipendien und deren steuerliche Beurteilung; zum sog. "Thüringen-Stipendium" s. FG Thüringen v. 14.3.2018 - 3 K 737/17, EFG 2018, 1554, Rev. eingelegt Az. BFH: VI R 33/18.

sinngemäßer Anwendung der §§ 51 ff. AO gemeinnützig wäre und ein Amtshilfeabkommen mit dem Ansässigkeitsstaat besteht.[1]

419 **Mittelbarer oder unmittelbarer Zahlungszufluss:** Die Leistung kann mittelbar oder unmittelbar erfolgen. Das Erfordernis der Unmittelbarkeit wurde durch das Steuervereinfachungsgesetz (StVereinfG) v. 1. 11. 2011[2] aufgehoben und gilt ab VZ 2011.

Höchstgrenze der Leistung: Die Leistungen für den Lebensunterhalt bzw. als Sachbeihilfe dürfen den zur Deckung des Förderzwecks und des Lebensunterhalts erforderlichen Betrag nicht überschreiten (§ 3 Nr. 44 Satz 3 Buchst. a EStG).[3] Eine Steuerausgleichskomponente gehört nicht zu dieser Leistung.[4] Als Bezugspunkt für den Begriff der „Bestreitung des Lebensunterhalts" kann auf § 1610 Abs. 2 BGB Bezug genommen werden.[5]

C. Verfahrensfragen

420 Die Feststellungen der Voraussetzungen in § 3 Nr. 44 Satz 3 EStG hat das Finanzamt vorzunehmen, das für die Veranlagung des Stipendiengebers zur Körperschaftsteuer zuständig ist bzw. zuständig wäre, wenn der Stipendiengeber steuerpflichtig wäre. Der Stipendiat kann von diesem Finanzamt eine Bescheinigung darüber erhalten.[6] Das Vorliegen der Voraussetzungen der §§ 51 ff. AO hat der Stipendienempfänger gegenüber dem für ihn zuständigen Finanzamt durch Vorlage entsprechender Unterlagen (z. B. Satzung, Tätigkeitsbericht) nachzuweisen.[7]

421–424 *(Einstweilen frei)*

§ 3 Nr. 45 EStG

Steuerfrei sind ...

45.

[8] die Vorteile des Arbeitnehmers aus der privaten Nutzung von betrieblichen Datenverarbeitungsgeräten und Telekommunikationsgeräten sowie deren Zubehör, aus zur privaten Nutzung überlassenen System- und Anwendungsprogrammen, die der Arbeitgeber auch in seinem Betrieb einsetzt, und aus den im Zusammenhang mit diesen Zuwendungen erbrachten Dienstleistungen. ²Satz 1 gilt entsprechend für Steuerpflichtige, denen die Vorteile im Rahmen einer Tätigkeit zugewendet werden, für die sie eine Aufwandsentschädigung im Sinne des § 3 Nummer 12 erhalten;

Inhaltsübersicht

	Rz.
A. Allgemeine Erläuterungen	425 - 427
B. Systematische Kommentierung	428 - 443

---

1 R 3.44 Satz 3 EStR.
2 BGBl 2011 I 2131.
3 BFH v. 24. 2. 2015 - VIII R 43/12, BStBl 2015 II 691.
4 FG Baden-Württemberg v. 1. 6. 2005 - 3 V 36/04, EFG 2005, 1333.
5 Ebenso HHR/*Bergkemper*, § 3 Nr. 44 EStG Rz. 2; *Erhard* in Blümich, § 3 Nr. 44 EStG Rz. 4.
6 R 3.44 Satz 2 EStR.
7 R 3.44 Satz 4 EStR.
8 Anm. d. Red.: § 3 Nr. 45 i. d. F. des Gesetzes v. 22. 12. 2014 (BGBl I S. 2417) mit Wirkung v. 1. 1. 2015.

HINWEIS:
H 3.45 EStH; R 3.45 LStR; H 3.45 LStH.

LITERATUR:
Fischer, Zweifelsfragen zur Steuerbefreiung der privaten Nutzung von betrieblichen PC und Telekommunikationsgeräten durch Arbeitnehmer, DStR 2001, 201; Harder/Buschner, Steuerliche Neuregelungen im Zusammenhang mit der Nutzung von Personalcomputern, Internet und anderen Telekommunikationseinrichtungen, INF 2001, 133; Macher, Die lohnsteuerliche Behandlung von Telekommunikationsleistungen, DStZ 2002, 315; Fissenewert, Keine Steuerbefreiung für die Privatnutzung von Telekommunikationsgeräten (§ 3 Nr. 45 EStG) bei Satellitennavigationsanlagen und vergleichbarer Technik, FR 2005, 882; Voßkuhl/Wenzel, Steueroptimierte Übertragung von Computern bei Pensionierung, NWB 2009, 1577; Wünnemann, Lohnsteuerliche Beurteilung des verbilligten Erwerbs von Lizenzen für sog. Home Use Programme. Lohnsteuer auf die Nutzung von Software?, NWB 2011, 2850; Hechtner, Nutzungsvorteile aus betrieblichen Datenverarbeitungsgeräten. Neue Abgrenzungsfragen der Steuerfreiheit nach § 3 Nr. 45 EStG, NWB 2012, 1216; Heller, Steuerfreiheit der Vorteile des Arbeitnehmers aus der privaten Nutzung unentgeltlich oder verbilligt überlassene Software („Home Use Programme"), StBW 2012, 223; Hilbert, Beschränkung des § 3 Nr. 45 EStG auf Arbeitnehmerfälle, NWB 2012, 2600; Hilbert, Überlassung von Telekommunikations- und EDV-Geräten sowie Software. Praxisfolgen der Erweiterung des § 3 Nr. 45 EStG, BBK 2012, 640.

A. Allgemeine Erläuterungen

Normzweck und wirtschaftliche Bedeutung: Die Vorschrift stellt den geldwerten Vorteil aus der unentgeltlichen Nutzung der in der Vorschrift genannten betrieblichen Datenverarbeitungs- und Telekommunikationsmittel und der Programme für private Zwecke (daher an sich Arbeitslohn i. S. d. § 19 Abs. 1 Satz 1 Nr. 1 EStG) steuerfrei. Die Regelung ist daher konstitutiv.

Zur Entstehung und Entwicklung der Vorschrift: Die Vorschrift beruht auf dem Gesetz zur Änderung des InvZulG 1999 v. 20.12.2000.[1] Durch das Gesetz zur Änderung des Gemeindereformgesetzes und von steuerlichen Vorschriften v. 8.5.2012[2] wurde die Steuerfreistellung erweitert um alle geldwerten Vorteile des Arbeitnehmers aus der privaten Nutzung von überlassenen System- und Anwendungsprogrammen, sofern der Arbeitgeber diese auch in seinem Betrieb einsetzt. Des Weiteren wurden insbesondere Zubehör zu Telekommunikationsmitteln erfasst. Durch das Gesetz zur Anpassung der Abgabenordnung an den Zollkodex der Union und zur Änderung weiterer steuerlicher Vorschriften (ZollkodexAnpG) v. 22.12.2014 wurde § 3 Nr. 45 Satz 2 eingefügt. Damit werden auch in den Fällen, in denen Aufwandsentschädigungen insbesondere an Landtags- und Bundestagsabgeordnete gezahlt werden (Fälle des § 3 Nr. 12 EStG), von der Besteuerung geldwerter Vorteile aus der Nutzung dieser Software und Hardware freigestellt.

Vereinbarkeit mit Verfassungsrecht: Die Regelung ist verfassungsrechtlich bedenklich,[3] da Selbständige und Gewerbetreibende nicht begünstigt sind.[4]

Zeitlicher Anwendungsbereich: Die Erweiterung des Anwendungsbereiches in § 3 Nr. 45 EStG durch das Gesetz zur Änderung des Gemeindereformgesetzes und von steuerlichen Vorschriften v. 8.5.2012[5] ist erstmals für das **Kalenderjahr 2000** in allen offenen Fällen anzuwenden. Bestandskräftige Steuerfestsetzungen können daher nur geändert werden, soweit dies gesetz-

---
1 BGBl 2000 I 1850.
2 BGBl 2012 I 1030.
3 Ebenso HHR/Bergkemper, § 3 Nr. 45 EStG Rz. 1; kritisch auch Hilbert, NWB 2012, 2600.
4 BFH v. 21.6.2006 - XI R 50/05, BStBl 2006 II 715; H 3.45 EStH.
5 BGBl 2012 I 1030.

lich zugelassen ist (z. B. nach § 164 Abs. 2 AO).[1] Dies ergibt sich aus der Anwendungsvorschrift des § 52 Abs. 4g EStG a. F. Damit können auch rückwirkend für vergangene Zeiträume die entsprechenden Leistungen (z. B. Zurverfügungstellung eines Tablets im Dezember 2011) steuerfrei behandelt werden.

B. Systematische Kommentierung

428 **Datenverarbeitungsgeräte statt Personalcomputer:** Der Begriffsaustausch in der Vorschrift (Datenverarbeitungsgeräte statt Personalcomputer) durch das Gesetz zur Änderung des Gemeindereformgesetzes und von steuerlichen Vorschriften v. 8. 5. 2012[2] sollte dazu dienen, nicht nur Personalcomputer steuerlich zu begünstigen, sondern entsprechend den heutigen Standards auch andere elektronische Datenverarbeitungsgeräte zu erfassen. Es heißt daher in der Gesetzesbegründung: *„Mit der Maßnahme soll der im Jahr 2000 verwendete Begriff ‚Personalcomputer' klarstellend durch den allgemeineren Begriff ‚Datenverarbeitungsgerät' ersetzt werden, um begrifflich auch neuere Geräte wie Smartphones oder Tablets zu umfassen und den heutigen Stand der Technik wiederzugeben."*[3]

> **BEISPIEL:** Der Arbeitgeber stellt seinen Arbeitnehmern je ein iPhone und ein iPad zur Nutzung zur Verfügung. Ergebnis: Mit der Neuregelung ist dieser Nutzungsvorteil steuerfrei, so dass der Arbeitnehmer ihn nicht als geldwerten Vorteil versteuern muss.
>
> Neben den in der Gesetzesbegründung genannten Geräten, gehören zu Datenverarbeitungsgeräten auch z. B. portable Navigationsgeräte, MP3-Player, E-Book-Reader.[4]
>
> **BEISPIEL:** Der Verlag stellt seinem Autor X einen E-Book-Reader zur Nutzung zur Verfügung, den dieser auch privat nutzen darf. Ergebnis: Da es sich um ein Datenverarbeitungsgerät handelt, ist auch dieser Nutzungsvorteil steuerfrei.
>
> Soweit es bei der Steuerbefreiung von Telekommunikationsgeräten verbleibt, dürfte der Anwendungsbereich dieser Regelung praktisch gegen Null tendieren, da heute fast ausschließlich Handys als Smartphone oder mit Rechnerfunktion angeboten werden. Diese fallen jedoch unter Datenverarbeitungsgeräte.

429 **Zubehör:** Nach bisheriger Auffassung erfasste § 3 Nr. 45 EStG a. F. auch Zubehör, wie z. B. Monitor, Drucker, Scanner (s. R 3.45 Satz 2 LStR). Nach der Neuregelung dürfte unzweifelhaft auch folgendes Zubehör von § 3 Nr. 45 EStG n. F. erfasst werden:

- Externe Festplatten,
- SD-Cards,
- Web-Cams,
- zusätzliche Akkus,
- Verbrauchsmaterialien,
- Chipkartenleser,
- Laptop-Taschen,
- Smartphone-Taschen bzw. -Hüllen,
- spezielle Schutzhüllen,

---

1 BT-Drucks. 17/8867, 13.
2 BGBl 2012 I 1030.
3 BT-Drucks. 17/8867, 12.
4 Ebenso *Hechtner*, NWB 2012, 1219.

- Haltevorrichtungen für Pkw und Fahrräder,
- Head-Set,
- Tablet-Taschen bzw. -Hüllen,
- Autoadapter.

Erfassung auch von dienstlicher Software: Geldwerte Vorteile des Arbeitnehmers aus der privaten Nutzung von System- und Anwendungsprogrammen, die ihm vom Arbeitgeber oder aufgrund des Dienstverhältnisses von einem Dritten unentgeltlich oder verbilligt überlassen werden, sollen steuerfrei gestellt werden. Nach bisheriger Ansicht war die Überlassung von Software nur dann steuerfrei, wenn sie auf einem betrieblichen Personalcomputer installiert war, den der Arbeitnehmer privat nutzt. Jetzt kann es auch eine Nutzung auf einem privaten Rechner sein.

430

Weitere Voraussetzung ist eine Nutzung neben der betrieblichen Nutzung. Zur privaten Nutzung überlassene Systemprogramme (z. B. Betriebssystem, Virenscanner, Browser) und Anwendungsprogramme sollen nur dann nach § 3 Nr. 45 EStG n. F. der Steuerbefreiung unterliegen, wenn der Arbeitgeber sie auch in seinem Betrieb einsetzt.[1] Damit soll ein Missbrauch der Steuerbefreiung verhindert werden. Bei kostenpflichtigen Updates ist hier zu beachten, dass diese auch betrieblich erfolgt sind.[2] Computerspiele sollen nach der Gesetzesbegründung „in der Regel" nicht steuerbefreit sein.[3] Dies dürfte jedoch dann nicht zutreffend sein, wenn aus beruflichen Gründen die Arbeit mit Computerspielen auch zu Hause erfolgt (z. B. bei Softwareentwicklern).[4] Apps (Miniapplikationen) dürften m. E. auch zu begünstigter Software (hier Anwendungsprogramm) gehören.[5] Der Anwendungsbereich soll nach der Gesetzesbegründung „insbesondere" auf die Home-Use-Programme der Softwareanbieter bezogen werden, die dem Gesetzgeber bei der Erweiterung des Anwendungsbereichs vor Augen stand.[6]

431

Keine Zusätzlichkeit erforderlich: Wie die bisherige Regelung sieht auch die Neuregelung keine Zusätzlichkeitsregelung vor. Damit ist nicht erforderlich, dass der Arbeitgeber zusätzlich zum bisherigen Arbeitslohn des Arbeitnehmers den Nutzungsvorteil gewährt. Der Arbeitgeber kann auch durch Gehaltskürzung die Zurverfügungstellung der Datenverarbeitungsgeräte und der Software vorsehen. Es bleibt auch in diesem Falle bei der Steuerbefreiung.[7]

432

Arbeitnehmerüberlassung, ehemalige Arbeitnehmer: Die Vorschrift ist m. E. auch in Fällen der Arbeitnehmerüberlassung anzuwenden, so dass auch die Zurverfügungstellung durch den Entleiher steuerfrei ist.[8] Fraglich ist, ob die Regelung auch auf ehemalige Arbeitnehmer anzuwenden ist. Dies ist umstritten. Der Rechtsstreit gilt auch für die Neuregelung.[9]

433

Steuervorteile aus Dienstleistungen: Dienstleistungen, die mit den Zuwendungen erbracht werden, sind ebenfalls steuerfrei. Diese Regelung gilt für alle genannten Nutzungsvorteile.

---

1 Siehe BT-Drucks. 17/8867, 12.
2 Ebenso *Hechtner*, NWB 2012, 1222.
3 BT-Drucks. 17/8867, 12.
4 Vgl. auch *Hechtner*, NWB 2012, 1221.
5 Differenzierend *Hechtner*, NWB 2012, 1221.
6 BT-Drucks. 17/8867, 12.
7 Siehe zur Altregelung R 3.45 Satz 6 LStR.
8 Ebenso *Hechtner*, NWB 2012, 1222.
9 Zum Rechtsstreit s. u. a. *Hechtner*, NWB 2012, 1223; *Voßkuhl/Wenzel*, NWB 2009, 1577.

434 **Abgeordnete:** Nach § 3 Nr. 45 Satz 2 EStG werden auch in den Fällen, in denen Aufwandsentschädigungen insbesondere an Landtags- und Bundestagsabgeordneten gezahlt werden (Fälle des § 3 Nr. 12 EStG), von der Besteuerung geldwerter Vorteile aus der Nutzung dieser Software und Hardware frei gestellt. Damit „*soll bei den öffentliche Dienste leistenden und in der Regel ehrenamtlich tätigen Personen, die Aufwandsentschädigungen nach § 3 Nr. 12 EStG aus öffentlichen Kassen erhalten, erreicht werden, dass sie im Umgang mit den vorgenannten Geräten, die primär im Zusammenhang mit den ausgeübten öffentlichen Diensten verwendet werden, geübter werden. Damit wird die Akzeptanz bei diesen ehrenamtlich tätigen Personen für die Nutzung dieser Geräte im Rahmen der von ihnen geleisteten öffentlichen Dienste vergrößert. Gleichzeitig liegt dies im besonderen Interesse der die Geräte zur Verfügung stellenden öffentlichen Kassen, weil sie im Rahmen der digitalen Umstellung ihrer Verwaltung möglichst papierlos arbeiten und deswegen zukünftig ausschließlich elektronische Dokumente einsetzen möchten.*"[1]

435–443 (Einstweilen frei)

§ 3 Nr. 46 EStG

Steuerfrei sind ...

46.
[2,3] zusätzlich zum ohnehin geschuldeten Arbeitslohn vom Arbeitgeber gewährte Vorteile für das elektrische Aufladen eines Elektrofahrzeugs oder Hybridelektrofahrzeugs im Sinne des § 6 Absatz 1 Nummer 4 Satz 2 zweiter Halbsatz an einer ortsfesten betrieblichen Einrichtung des Arbeitgebers oder eines verbundenen Unternehmens (§ 15 des Aktiengesetzes) und für die zur privaten Nutzung überlassene betriebliche Ladevorrichtung;

Inhaltsübersicht

	Rz.
A. Allgemeine Erläuterungen	444
B. Systematische Kommentierung	445

LITERATUR:

Kußmaul/Kloster, Maßnahmen zur steuerlichen Förderung der Elektromobilität, BB 2016, 1817; *Wünnemann*, Steuerliche Förderung der Elektromobilität: Neue Sonderregeln für Privat- und Firmenwagen, DB 2016, 2438; *Seifert*, "Gesetz zur steuerlichen Förderung von Elektromobilität im Straßenverkehr", StuB 2017, 140.

A. Allgemeine Erläuterungen

444 **Normzweck und wirtschaftliche Bedeutung:** Die Steuerbefreiung soll das umweltfreundliche Engagement der Besitzer von Elektro- oder Hybridelektrofahrzeugen und deren Arbeitgeber, die Aufladungen im Betrieb unentgeltlich oder verbilligt ermöglichen, honorieren.[4]

Zur Entstehung und Entwicklung der Vorschrift: Nach § 3 Nr. 46 EStG a. F. waren Bergmannsprämien nach dem Gesetz über Bergmannsprämien steuerfrei. Nach Aufhebung des Gesetzes

---

1 BR-Drucks. 432/1/14, 33.
2 Anm. d. Red.: § 3 Nr. 46 eingefügt gem. Gesetz v. 7. 11. 2016 (BGBl I S. 2498) mit Wirkung v. 17. 11. 2016.
3 Anm. d. Red.: Zur Anwendung des § 3 Nr. 46 siehe § 52 Abs. 4 Satz 11.
4 BT-Drucks. 18/8828, 13.

über Bergmannsprämien wurde auch diese Steuerbefreiungsvorschrift durch das Steuervereinfachungsgesetz 2011[1] aufgehoben. Die nunmehr bestehende Neuregelung beruht auf dem Gesetz zur steuerlichen Förderung von Elektromobilität im Straßenverkehr v. 7.11.2016.[2]

B. Systematische Kommentierung

Zusätzlich zum ohnehin geschuldeten Arbeitslohn: Es ist Voraussetzung, dass die Begünstigung zum bisherigen Arbeitslohn hinzukommen muss. Eine Entgeltumwandlung kommt nicht in Betracht.[3]   445

Arbeitnehmerbegünstigung: Zu den Begünstigten gehören neben den Arbeitnehmern des Arbeitgebers auch Leiharbeitnehmer im Betrieb des Entleihers (entsprechend § 9 Abs. 4 Satz 1 EStG).[4] Die Vorschrift stellt keine Begünstigung für Arbeitgeber dar. Insbesondere fehlt eine flankierende Umsatzsteuerbefreiung für entsprechende Maßnahmen.[5]

Betriebliche Ladevorrichtung: Ladevorrichtung in diesem Sinne ist nach der Gesetzesbegründung die gesamte Ladeinfrastruktur einschließlich Zubehör und in diesem Zusammenhang erbrachten Dienstleistungen (beispielsweise die Installation oder Inbetriebnahme der Ladevorrichtung).[6]

§ 3 Nr. 47 EStG

Steuerfrei sind ...

47.
Leistungen nach § 14a Absatz 4 und § 14b des Arbeitsplatzschutzgesetzes;

Inhaltsübersicht	Rz.
A. Allgemeine Erläuterungen	446
B. Systematische Kommentierung	447 - 449

A. Allgemeine Erläuterungen

Normzweck und wirtschaftliche Bedeutung: Die Vorschrift stellt Leistungen nach § 14a und § 14b ArbeitsplatzschutzG v. 14.2.2001 steuerfrei. Betroffen davon sind Wehrpflichtige bei Einberufung zum Wehrdienst. Zu diesen Leistungen gehören Beiträge zur Alters- und Hinterbliebenenversorgung.   446

Zur Entstehung und Entwicklung der Vorschrift: Die Vorschrift beruht auf dem Steuerentlastungsgesetz 1981 (StEntlG 1981) v. 16.8.1980.[7]

---

1 Vom 1.11.2011, BGBl 2011 I 2131.
2 BGBl 2016 I 2498.
3 BT-Drucks. 18/8828, 13.
4 BT-Drucks. 18/8828, 13.
5 Ebenso *Kußmaul/Kloster*, BB 2016, 1820.
6 BT-Drucks. 18/8828, 13.
7 BGBl 1980 I 1381.

Vereinbarkeit mit Verfassungsrecht: Bedenken gegen die Verfassungsmäßigkeit der Regelungen bestehen nicht.[1]

B. Systematische Kommentierung

447 Nach § 14a ArbeitsplatzschutzG werden einem wehrpflichtigen Arbeitnehmer von ihm geleistete Beiträge zur gesetzlichen Rentenversicherung oder zu einer sonstigen Alters- und Hinterbliebenenversorgung erstattet. § 14b ArbeitsplatzschutzG trifft eine entsprechende Regelung für Beiträge zu einer öffentlich-rechtlichen Versicherungs- oder Versorgungseinrichtung oder die freiwillige Versicherung in der gesetzlichen Rentenversicherung. Damit werden insbesondere andere Personen, die nicht Arbeitnehmer sind, erfasst.

448–449 *(Einstweilen frei)*

§ 3 Nr. 48 EStG

Steuerfrei sind ...

48.
[2]Leistungen nach dem Unterhaltssicherungsgesetz mit Ausnahme der Leistungen nach § 7 des Unterhaltssicherungsgesetzes;

Inhaltsübersicht	Rz.
A. Allgemeine Erläuterungen	450
B. Systematische Kommentierung	451 - 453

LITERATUR:

Brecht, Unterhaltssicherung bei Einberufung zum Wehr- oder Zivildienst, NWB 2003, 2273.

A. Allgemeine Erläuterungen

450 **Normzweck und wirtschaftliche Bedeutung:** Die Vorschrift stellt grds. alle Leistungen nach dem UnterhaltssicherungsG (USG) v. 26. 8. 2008[3] steuerfrei. Die Regelung war überflüssig, da sich bereits die Steuerbefreiung aus § 15 Abs. 1 USG a. F. ergab. Dort hieß es: *„Leistungen nach diesem Gesetz sind steuerfrei. Dies gilt nicht für Leistungen nach § 7b und den §§ 13a und 13b."* Die Vorschrift wurde aber im Jahr 2015 geändert.

Zur Entstehung und Entwicklung der Vorschrift: Die Vorschrift beruht bereits auf dem Steueränderungsgsetz (StÄndG) v. 18. 7. 1958.[4] Zuletzt erfolgte nun eine red. Anpassung durch das Gesetz zur Neuregelung der Unterhaltssicherung sowie zur Änderung soldatenrechtlicher Vorschriften v. 29. 6. 2015.[5]

---

1 Ebenso *Handzik* in Littmann/Bitz/Pust, § 3 Nr. 47 EStG Rz. 1790b.
2 **Anm. d. Red.:** § 3 Nr. 48 i. d. F. des Gesetzes v. 29. 6. 2015 (BGBl I S. 1061) mit Wirkung v. 1. 11. 2015.
3 BGBl 2008 I 1774.
4 BGBl 1958 I 473.
5 BGBl 2015 I 1061.

Vereinbarkeit mit Verfassungsrecht: Bedenken gegen die Verfassungsmäßigkeit der Regelungen bestehen nicht.[1]

B. Systematische Kommentierung

Das UnterhaltssicherungsG (USG) v. 26.8.2008[2] sieht eine Reihe von Leistungen zur Absicherung der Familienangehörigen vor, wenn der Wehrpflichtige zum Wehrdienst einberufen wurde. Ausgeschlossen von der Steuerbefreiung dieser Leistungen sind die in § 15 Abs. 1 Satz 2 USG genannten Leistungen, das sind die Leistungen nach § 7b und den §§ 13a und 13b USG, die bereits nach § 15 Abs. 1 Satz 2 USG von der Steuerbefreiung ausgeschlossen sind. Damit ist auch in § 3 Nr. 48 EStG nur eine Wiederholung der Regelung festzustellen.

451

Durch die Änderung aufgrund des Gesetzes zur Neuregelung der Unterhaltssicherung sowie zur Änderung soldatenrechtlicher Vorschriften v. 29.6.2015, sind nur noch die Leistungen nach § 7 USG (Verdienstausfallentschädigung von Gewerbetreibenden etc.) von der Steuerbefreiung ausgenommen.

(Einstweilen frei)   452-453

§ 3 Nr. 49 EStG (weggefallen)

▶ Zur Kommentierung siehe Online-Version, 1. Aufl. 2016

§ 3 Nr. 50 EStG

Steuerfrei sind ...

50.
die Beträge, die der Arbeitnehmer vom Arbeitgeber erhält, um sie für ihn auszugeben (durchlaufende Gelder), und die Beträge, durch die Auslagen des Arbeitnehmers für den Arbeitgeber ersetzt werden (Auslagenersatz);

Inhaltsübersicht   **Rz.**

    A. Allgemeine Erläuterungen   454 - 455
    B. Systematische Kommentierung   456 - 460

HINWEIS:

R 3.50 LStR; H 3.50 LStR; R 19.3 LStR; BMF v. 27.11.2012, BStBl 2012 I 1226.

LITERATUR:

Dahl, Unscharfe Konturen beim ausufernden lohnsteuerfreien Auslagenersatz – zum jüngsten Instrumentenreparaturen-Fall des BFH, BB 2006, 2273.

---

1 Ebenso *Handzik* in Littmann/Bitz/Pust, § 3 Nr. 47 EStG Rz. 1810b.
2 BGBl 2008 I 1774.

A. Allgemeine Erläuterungen

454 **Normzweck und wirtschaftliche Bedeutung:** Die Vorschrift befreit zwei Leistungen des Arbeitgebers an Arbeitnehmer von der Besteuerung: 1. durchlaufende Gelder (§ 3 Nr. 50 1. Alt. EStG) und 2. Auslagenersatz (§ 3 Nr. 50 2. Alt. EStG). Die Vorschrift ist deklaratorisch, denn es handelt sich bei diesen Leistungen ohnehin nicht um Arbeitslohn und damit nicht um steuerbare Leistungen, da die Leistungen keinen Entlohnungscharakter haben. Sie werden nicht für die Beschäftigung gezahlt.[1]

455 Zahlungen für **Werbungskostenersatz** sind dagegen weder durchlaufende Gelder noch Aufwendungsersatz. Sie sind als (steuerbarer) Arbeitslohn zu erfassen.[2] Auch Aufwandsentschädigungen, wie sie steuerfrei von Abgeordneten bezogen werden, können nicht über § 3 Nr. 50 EStG steuerfrei gestellt werden.[3]

Zur Entstehung und Entwicklung der Vorschrift: Die Vorschrift beruht bereits auf dem Steueränderungsgesetz (StÄndG) v. 18. 7. 1958.[4]

Vereinbarkeit mit Verfassungsrecht: Gegen die Vorschrift des § 3 Nr. 50 EStG bestehen keine verfassungsrechtlichen Bedenken.[5]

B. Systematische Kommentierung

456 **Durchlaufende Gelder:** Der Begriff durchlaufende Gelder (durchlaufende Posten) wird in § 4 Abs. 3 Satz 2 EStG definiert. Hierbei handelt es sich um Zahlungen, die im Namen und für Rechnung eines anderen vereinnahmt werden.

457 **Auslagenersatz:** Auslagenersatz liegt vor, wenn der Arbeitnehmer im ganz überwiegenden Interesse des Arbeitgebers Aufwendungen tätigt, die der Arbeitsausführung dienen und nicht zu einer Bereicherung des Arbeitnehmers führen.[6] Dagegen ist der Ersatz, den der Arbeitnehmer dafür erhält, dass er eigene Aufwendungen **auch im eigenen Interesse** getätigt hat, nicht steuerfrei.[7] Hierbei kann es sich um **Werbungskosten** handeln. Die Abgrenzung zwischen Auslagenersatz und Werbungskostenersatz ist noch nicht i. E. für alle Fälle abschließend geklärt. Nach Ansicht des BFH ist jedoch dann von einem Auslagenersatz auszugehen, wenn der Arbeitnehmer **in ganz überwiegendem Interesse des Arbeitgebers** Aufwendungen tätigt, die der Arbeitsausführung dienten und **nicht zu einer Bereicherung des Arbeitnehmers** führten.[8]

458 **Einzelfälle:** Pauschaler Auslagenersatz ist Arbeitslohn und nur dann steuerfrei, wenn der Stpfl. nachweist, dass die Pauschale den tatsächlichen Aufwendungen im Großen und Ganzen entspricht.[9] Leistet ein Arbeitgeber seinen Monteuren, die täglich von ihrer Wohnung aus zu ständig wechselnden Montagestellen fahren, für die notwendig anfallenden erhöhten Fahrtenaufwendungen Ersatz, so liegt steuerfreier Auslagenersatz vor.[10] Pauschale Ersatzleistungen für

---

1 BFH v. 28. 3. 2006 - VI R 24/03, BStBl 2006 II 474.
2 BFH v. 28. 3. 2006 - VI R 24/03, BStBl 2006 II 474.
3 Vgl. BFH v. 14. 7. 1993 - X B 6-7, 9-10/92, BFH/NV 1993, 726 = NWB DokID: SAAAB-34336.
4 BGBl 1958 I 473.
5 Ebenso *Handzik* in Littmann/Bitz/Pust, § 3 Nr. 50 EStG Rz. 1851.
6 BFH v. 25. 3. 2006 - VI R 24/03, BStBl 2006 II 474.
7 *Erhard* in Blümich, § 3 Nr. 50 EStG Rz. 2.
8 BFH v. 21. 8. 1995 - VI R 30/95, BStBl 1995 II 906; BFH v. 28. 3. 2006 - VI R 24/03, BStBl 2006 II 474.
9 BFH v. 2. 10. 2003 - IV R 4/02, BStBl 2004 II 129; H 3.50 „Pauschaler Auslagenersatz" LStH.
10 BFH v. 5. 11. 1971 - VI R 207/68, BStBl 1972 II 137.

dem Arbeitnehmer durch die Bewirtung von Geschäftsfreunden in seiner eigenen Wohnung entstandene Bewirtungskosten, stellen keinen Auslagenersatz dar. Dienstreisen, die mit einem Urlaub des Arbeitnehmers verbunden sind, sind nur teilweise steuerfrei.[1] Fahrtkostenerstattungen des Arbeitgebers für Fahrten zwischen Wohnung und erster Arbeitsstätte gehören zum steuerpflichtigen Werbungskostenersatz.[2] Ebenso gehören Erstattungen der Kontoführungsgebühren des Arbeitnehmers zum steuerpflichtigen Arbeitslohn.[3] Dagegen gehört die Garagenmiete, die ein Arbeitnehmer für die Unterbringung des Dienstwagens bezahlt, zum Auslagenersatz.[4] Homeofficezuschläge sind grds. steuerpflichtiger Werbungskostenersatz. Sie sind aber nach Auffassung der Finanzverwaltung aus Vereinfachungsgründen nach § 3 Nr. 30 oder Nr. 50 EStG steuerfrei, wenn sie 10 % des Grundlohns nicht übersteigen.[5] Indes sieht R 9.13 Abs. 2 LStR aus Vereinfachungsgründen Steuerfreiheit nach § 3 Nr. 30 und 50 EStG vor, soweit 10 % des Grundlohns nicht überschritten werden. Die Übernahme der Aufwendungen durch den Arbeitgeber für privaten Telefonanschluss/Handy ist steuerpflichtiger Arbeitslohn. Der Anteil der Gesprächsaufwendungen die für den Arbeitgeber geführt werden, ist steuerfreier Auslagenersatz.[6] Die Zahlung einer Sach- und Unterhaltskostenpauschale für die Vollzeitpflege an die Betreuungsperson kann als steuerfreier Auslagenersatz nach § 3 Nr. 50 EStG behandelt werden.[7]

(Einstweilen frei) 459–460

§ 3 Nr. 51 EStG

Steuerfrei sind ...

51.
Trinkgelder, die anlässlich einer Arbeitsleistung dem Arbeitnehmer von Dritten freiwillig und ohne dass ein Rechtsanspruch auf sie besteht, zusätzlich zu dem Betrag gegeben werden, der für diese Arbeitsleistung zu zahlen ist;

Inhaltsübersicht	Rz.
A. Allgemeine Erläuterungen	461
B. Systematische Kommentierung	462 - 465

HINWEIS:

H 3.51 LStH.

LITERATUR:

Durst, freiwillige Lohnzahlung durch Dritte (Trinkgelder) und Lohnsteuerhaftung, BeSt 1/2004, Nr. 7.

---

1 Vgl. BFH v. 21. 9. 2009 - GrS 1/06, BStBl 2010 II 672.
2 R 19.3 Abs. 3 Nr. 2 LStR.
3 R 19.3 Abs. 3 Nr. 1 LStR.
4 BFH v. 7. 6. 2001 - VI R 145/99, BStBl 2002 II 829; H 3.50 „Garagenmiete" LStH.
5 R 9.13 Abs. 2 Satz 1 LStR.
6 H 3.50 „Allgemeines" LStH.
7 BMF v. 27. 11. 2012, BStBl 2012 I 1226.

A. Allgemeine Erläuterungen

461 **Normzweck und wirtschaftliche Bedeutung:** Die Vorschrift stellt Trinkgelder, die von Kunden des Arbeitgebers dem Arbeitnehmer gezahlt werden, steuerfrei. Es handelt sich um ansonsten steuerpflichtigen Arbeitslohn.

Zur Entstehung und Entwicklung der Vorschrift: Die Vorschrift wurde durch das Gesetz zur Steuerfreistellung von Arbeitnehmertrinkgeldern v. 8.8. 2002[1] neu gefasst.

Vereinbarkeit mit Verfassungsrecht: Die Steuerbefreiung ist m. E. weder aus Vereinfachungsgründen noch aus Sozialzweckgründen gerechtfertigt. Sie verstößt gegen das objektive Nettoprinzip und ist m. E. verfassungsrechtlich daher bedenklich.[2]

B. Systematische Kommentierung

462 **Trinkgelder:** Trinkgelder sind Geld- und auch Sachzuwendungen, die zusätzlich zum Entgelt für die erbrachte Leistung gewährt werden. Sie sind ohne betragsmäßige Begrenzung befreit.[3] Bei extrem wertvollen Geschenken sollte aber eine Begrenzung der Steuerbefreiung aus dem Begriff des Trinkgeldes abgeleitet werden können.[4] Von den Trinkgeldern sind daher Leistungen steuerbefreit, auf die der Empfänger keinen Rechtsanspruch hat. Im Einzelnen lassen sich folgende Leistungen unter den Begriff Trinkgeld fassen: Zahlung von Richtfestgeld, Trinkgeld in Gaststätten[5] und im Friseurgewerbe,[6] Zuwendungen an Postzusteller und an Mitarbeiter der kommunalen Müllentsorgung. Keine Trinkgelder sind in folgenden Fällen anzunehmen: Metergelder im Möbeltransportgewerbe,[7] Messstipendien[8] sowie freiwillige Zahlungen von Notaren an Notarassessoren.[9]

Spielbanktronc: Die aus der Spielbanktronc finanzierten Zahlungen an die Arbeitnehmer der Spielbank sind keine steuerfreien Trinkgelder.[10] Jedoch sind die freiwilligen Zahlungen von Spielbankkunden an die Saalassistenten einer Spielbank für das Servieren von Speisen und Getränken steuerfreie Trinkgelder i. S. des § 3 Nr. 51 EStG.[11]

Sonderzahlungen eines konzernverbundenen Unternehmens: Freiwillige Sonderzahlungen an einen Arbeitnehmer eines konzernverbundenen Unternehmens sind keine steuerfreien Trinkgelder.[12]

463–465 *(Einstweilen frei)*

---

1 BGBl 2002 I 3111.
2 Ebenso HHR/*Bergkemper*, § 3 Nr. 51 EStG Rz. 1; *Handzik* in Littmann/Bitz/Pust, § 3 EStG Rz. 1892.
3 Vgl. FG Münster v. 9.7.2003 - 8 K 5308/02 L, EFG 2003, 1549.
4 *Von Beckerath* in Kirchhof/Söhn/Mellinghoff, § 3 EStG Rz. 133.
5 BFH v. 23.10.1907 - VI R 62/88, BStBl 1993 II 117.
6 BFH v. 13.3.1974 - VI R 212/70, BStBl 1974 II 411.
7 BFH v. 9.3.1965 - VI 109/62 U, BStBl 1965 II 426.
8 Niedersächsisches FG v. 10.10.2003 - 11 K 191/03, EFG 2004, 901.
9 BFH v. 10.3.2015 - VI R 6/14, BStBl 2015 II 767.
10 BFH v. 18.12.2008 - VI R 49/06, BStBl 2009 II 820; H 3.51 „Spielbanktronc" LStH.
11 BFH v. 18.6.2015 - VI R 37/14, BStBl 2016 II 751.
12 BFH v. 3.5.2007 - VI R 37/05, BStBl 2007 II 712; H 3.51 „Freiwillige Sonderzahlungen" LStH.

§ 3 Nr. 52 EStG (weggefallen)

▶ Zur Kommentierung siehe Online-Version, 1. Aufl. 2016

§ 3 Nr. 53 EStG

Steuerfrei sind ...

53.
die Übertragung von Wertguthaben nach § 7f Absatz 1 Satz 1 Nummer 2 des Vierten Buches Sozialgesetzbuch auf die Deutsche Rentenversicherung Bund. ²Die Leistungen aus dem Wertguthaben durch die Deutsche Rentenversicherung Bund gehören zu den Einkünften aus nichtselbständiger Arbeit im Sinne des § 19. ³Von ihnen ist Lohnsteuer einzubehalten;

Inhaltsübersicht	Rz.
A. Allgemeine Erläuterungen	466 - 468
B. Systematische Kommentierung	469 - 474

HINWEIS:

BMF v. 17. 6. 2009, BStBl 2009 I 1286.

LITERATUR:

Hüsgen/Sigmund, Zum Entwurf eines BMF-Schreibens zu Zeitwertkonten-Modellen, DStZ 2008, 806; *Hanau/Veit*, Neues Gesetz zur Verbesserung der Rahmenbedingungen für die Absicherung flexibler Arbeitszeitregelungen und zur Änderung anderer Gesetze, NJW 2009, 182; *Plenker*, Lohn-/einkommensteuerliche Behandlung sowie Voraussetzungen für die steuerliche Anerkennung von Zeitwertkonten-Modellen, DB 2009, 1430; *Portner*, Steuerliche Behandlung von Zeitwertkonten-Modellen – BMF-Schreiben vom 17. 6. 2009, DStR, 2009, 1838; *Rittweger*, Das flexi-Gesetz heißt nur so, DStR 2009, 278; *Rolfs/Witschen/*, Neue Regeln für Wertguthaben, NZS 2009, 295; *Ulbrich/Rihn*, Zeitwertkonten nach Flexi II: Ansichten der Sozialversicherungsträger, DB 2009, 1466.

A. Allgemeine Erläuterungen

Normzweck und wirtschaftliche Bedeutung: Bei Zeitwertkonten vereinbaren Arbeitgeber und Arbeitnehmer, dass der Arbeitnehmer künftig fällig werdenden Arbeitslohn nicht sofort ausbezahlt erhält, sondern dieser Arbeitslohn beim Arbeitgeber nur betragsmäßig erfasst wird, um ihn im Zusammenhang mit einer vollen oder teilweisen Freistellung von der Arbeitsleistung während des noch fortbestehenden Dienstverhältnisses auszuzahlen. In der Zeit der Arbeitsfreistellung ist dabei das angesammelte Wertguthaben um den Vergütungsanspruch zu vermindern, der dem Arbeitnehmer in der Freistellungsphase gewährt wird. Der steuerliche Begriff des Zeitwertkontos entspricht insoweit dem Begriff der Wertguthabenvereinbarungen i. S. v. § 7b SGB IV (sog. Lebensarbeitszeit- bzw. Arbeitszeitkonto).[1] Beendet nun der Arbeitnehmer sein Arbeitsverhältnis zu seinem Arbeitgeber, so kann dieses Wertguthaben vom neuen Arbeitgeber übernommen werden. Übernimmt er es nicht oder nimmt der Arbeitnehmer kein neues Beschäftigungsverhältnis auf, so kann das Wertguthaben auf die Deutsche Rentenversicherung Bund übertragen werden. 466

---

1 BMF v. 17. 6. 2009, BStBl 2009 I 1286.

EStG § 3 Nr. 54

467 **Steuerlich** hat die Bildung eines Wertguthabens beim Arbeitgeber keine Folgen. Erst bei der Inanspruchnahme aus dem Wertguthaben liegt Arbeitslohn vor.[1] Deshalb regelt § 3 Nr. 53 EStG, dass die Übertragung des Wertguthabens auf die Deutsche Rentenversicherung Bund steuerfrei ist und erst die Inanspruchnahme des Wertguthabens, dass bei der Deutschen Rentenversicherung Bund hinterlegt ist, löst Arbeitslohn aus (§ 3 Nr. 53 Satz 2 EStG), so dass in diesem Zeitpunkt Lohnsteuer anfällt (§ 3 Nr. 53 Satz 3 EStG).

468 **Zur Entstehung und Entwicklung der Vorschrift:** Die Vorschrift beruht auf dem Jahressteuergesetz 2009 (JStG 2009) v. 19. 12. 2008.[2]

Vereinbarkeit mit Verfassungsrecht: Die Regelung ist verfassungsgemäß.[3] Gleichwohl wird zu Recht kritisiert, dass die Übertragung weiterer Entrichtungspflichten – hier durch die Deutsche Rentenversicherung Bund – aus grundsätzlichen Erwägungen nicht akzeptabel ist.[4]

B. Systematische Kommentierung

469 **Zeitpunkt der Besteuerung:** Weder die Vereinbarung von Zeitwertkonten noch die Gutschrift auf dem Zeitwertkonto stellt Arbeitslohn dar.[5] Erst die Auszahlung des Guthabens während der Freistellung führt zum Zufluss von Arbeitslohn und damit zu einer Besteuerung.[6]

470 **Verwendung des Guthabens zugunsten betrieblicher Altersversorgung:** Die Umwandlung von Wertguthaben in Leistungen für die betriebliche Altersversorgung führt zu einer Besteuerung des Wertguthabens. Bei einem Altersteilzeitarbeitsverhältnis im sog. Blockmodell gilt diese Aussage auch in der Arbeitsphase und der Freistellungsphase entsprechend. Folglich ist auch in der Freistellungsphase steuerlich von einer Entgeltumwandlung auszugehen und in diesem Zeitpunkt als Arbeitslohn zu erfassen. Dies gilt auch, wenn vor planmäßiger Auszahlung vereinbart wird, das Guthaben des Zeitwertkontos oder den während der Freistellung auszuzahlenden Arbeitslohn zugunsten der betrieblichen Altersversorgung herabzusetzen.[7]

471–474 *(Einstweilen frei)*

§ 3 Nr. 54 EStG

Steuerfrei sind ...

54.
Zinsen aus Entschädigungsansprüchen für deutsche Auslandsbonds im Sinne der §§ 52 bis 54 des Bereinigungsgesetzes für deutsche Auslandsbonds in der im Bundesgesetzblatt Teil III, Gliederungsnummer 4139-2, veröffentlichten bereinigten Fassung, soweit sich die Entschädigungsansprüche gegen den Bund oder die Länder richten. ²Das Gleiche gilt für die Zinsen aus Schuldverschreibungen und Schuldbuchforderungen, die nach den §§ 9, 10 und 14 des Gesetzes zur näheren Regelung der Entschädigungsansprüche für Auslandsbonds in der im Bundes-

---

1 BFH v. 23. 5. 2005 - VI R 10/03, BStBl 2005 II 771.
2 BGBl 2008 I 2794.
3 *Handzik* in Littmann/Bitz/Pust, § 3 EStG Rz. 1923.
4 Ebenso HHR/*Bergkemper*, § 3 Nr. 53 EStG Rz. 2.
5 BMF v. 17. 6. 2009, BStBl 2009 I 1286.
6 BMF v. 17. 6. 2009, BStBl 2009 I 1286.
7 BMF v. 17. 6. 2009, BStBl 2009 I 1286.

gesetzblatt Teil III, Gliederungsnummer 4139-3, veröffentlichten bereinigten Fassung vom Bund oder von den Ländern für Entschädigungsansprüche erteilt oder eingetragen werden;

Die Vorschrift dürfte keine praktische Bedeutung mehr haben. Sie befreit an sich steuerpflichtige Zinsen aus in § 3 Nr. 54 EStG abschließend aufgeführten Entschädigungsansprüchen. Die Regelung betrifft Entschädigungsansprüche für den Fall, dass vor 1945 ausgegebene Auslandsbonds nicht angemeldet und damit kraftlos geworden sind. 475

§ 3 Nr. 55 EStG

Steuerfrei sind ...

55.
¹der in den Fällen des § 4 Absatz 2 Nummer 2 und Absatz 3 des Betriebsrentengesetzes vom 19. Dezember 1974 (BGBl I S. 3610), das zuletzt durch Artikel 8 des Gesetzes vom 5. Juli 2004 (BGBl I S. 1427) geändert worden ist, in der jeweils geltenden Fassung geleistete Übertragungswert nach § 4 Absatz 5 des Betriebsrentengesetzes, wenn die betriebliche Altersversorgung beim ehemaligen und neuen Arbeitgeber über einen Pensionsfonds, eine Pensionskasse oder ein Unternehmen der Lebensversicherung durchgeführt wird; dies gilt auch, wenn eine Versorgungsanwartschaft aus einer betrieblichen Altersversorgung auf Grund vertraglicher Vereinbarung ohne Fristerfordernis unverfallbar ist. ²Satz 1 gilt auch, wenn der Übertragungswert vom ehemaligen Arbeitgeber oder von einer Unterstützungskasse an den neuen Arbeitgeber oder eine andere Unterstützungskasse geleistet wird. ³Die Leistungen des neuen Arbeitgebers, der Unterstützungskasse, des Pensionsfonds, der Pensionskasse oder des Unternehmens der Lebensversicherung auf Grund des Betrags nach Satz 1 und 2 gehören zu den Einkünften, zu denen die Leistungen gehören würden, wenn die Übertragung nach § 4 Absatz 2 Nummer 2 und Absatz 3 des Betriebsrentengesetzes nicht stattgefunden hätte;

Inhaltsübersicht	Rz.
A. Allgemeine Erläuterungen	476
B. Systematische Kommentierung	477 - 484

HINWEIS:

BMF v. 24. 7. 2013, BStBl 2013 I 1022.

LITERATUR:

Niermann, Alterseinkünftegesetz – Die steuerlichen Änderungen in der betrieblichen Altersversorgung, DB 2004, 1449; *Seifert*, Überblick über das Alterseinkünftegesetz, GStB 2004, 239.

A. Allgemeine Erläuterungen

Normzweck und wirtschaftliche Bedeutung: Die Vorschrift stellt die Versorgungsanwartschaften (Übertragungswert) einer betrieblichen Altersversorgung im Fall eines Arbeitgeberwechsels steuerfrei. 476

---

1 **Anm. d. Red.:** § 3 Nr. 55 i. d. F. des Gesetzes v. 17. 8. 2017 (BGBl I S. 3214) mit Wirkung v. 1. 1. 2018.

Zur Entstehung und Entwicklung der Vorschrift: Die Vorschrift beruht auf dem Alterseinkünftegesetz (AltEinkG) v. 5.7.2004.[1] Durch das Betriebsrentenstärkungsgesetz v. 17.8.2017[2] erfolgte eine gesetzliche Erweiterung der Steuerbegünstigung auf vertraglich beruhenden unverfallbaren Anwartschaften.

Vereinbarkeit mit Verfassungsrecht: Die Regelung ist verfassungsgemäß. Die Übertragung der betrieblichen Altersversorgung löst keine steuerlichen Folgen aus. Die Vorschrift ist daher nur deklaratorisch.[3]

B. Systematische Kommentierung

477 **§ 3 Nr. 55 Satz 1 EStG:** Ähnlich der Regelung des § 3 Nr. 53 EStG wird auch hier die Übertragung der Versorgungsanwartschaften auf das neue Arbeitsverhältnis steuerfrei gestellt, da es sich bei der Übertragung nicht um einen Vorgang nach § 19 Abs. 1 EStG handelt. Der Arbeitnehmer erhält durch die Übertragung keinen Lohn. Es fehlt daher am geldwerten Vorteil, den der Arbeitnehmer erlangt hat.[4] Die Fälle des § 3 Nr. 55 Satz 1 EStG betreffen die Übertragung von Ansprüchen aus einem **Pensionsfonds, einer Pensionskasse oder einem Unternehmen der Lebensversicherung.**

478 **§ 3 Nr. 55 Satz 2 EStG:** Nach Satz 2 des § 3 Nr. 55 EStG erfolgt die Steuerbefreiung auch in den Fällen, in denen der Übertragungswert an den neuen Arbeitgeber geleistet wird. Hier werden die Fälle erfasst, in denen die **betriebliche Altersversorgung** beim alten wie auch beim neuen Arbeitgeber **intern durchgeführt** werden. Darin unterscheidet sich § 3 Nr. 55 Satz 2 EStG von § 3 Nr. 55 Satz 1 EStG. Von § 3 Nr. 55 Satz 1 EStG werden die Fälle erfasst, in denen eine Übertragung von einem auf den anderen externen Versorgungsträger zur Anwendung kommt.

479 **§ 3 Nr. 55 Satz 3 EStG:** Die Vorschrift bestimmt – in Anlehnung an § 3 Nr. 65 Satz 3 EStG – zu welcher Einkunftsart die späteren Leistungen aus der betrieblichen Altersversorgung gerechnet werden sollen. Um eine Rückabwicklung der bisherigen steuerlichen Behandlung der Beitragsleistungen beim alten Arbeitgeber zu verhindern, werden die Leistungen nach § 3 Nr. 55 Satz 3 EStG der Einkunftsart zugeordnet, zu der sie gehören würden, wenn es nicht zu einem Übertragungsakt gekommen wäre.[5]

480 **Nichtanwendung des § 3 Nr. 55 EStG:** Die Steuerfreiheit des § 3 Nr. 55 EStG kommt jedoch nicht in Betracht, wenn die betriebliche Altersversorgung **beim ehemaligen Arbeitgeber** als **Direktzusage** oder **mittels einer Unterstützungskasse** ausgestaltet war, während sie **beim neuen Arbeitgeber** über einen **Pensionsfonds, eine Pensionskasse oder eine Direktversicherung** abgewickelt wird. Dies gilt auch für den umgekehrten Fall. Ebenso kommt die Steuerfreiheit nach § 3 Nr. 55 EStG bei einem **Betriebsübergang nach § 613a BGB** nicht in Betracht, da in einem solchen Fall die Regelung des § 4 BetrAVG keine Anwendung findet.[6]

481–484 *(Einstweilen frei)*

---

[1] BGBl 2004 I 1427.
[2] BGBl 2017 I 3214.
[3] HHR/*Bergkemper*, § 3 Nr. 55 EStG Rz. 3.
[4] HHR/*Bergkemper*, § 3 Nr. 55 EStG Rz. 3.
[5] Vgl. *Niermann*, DB 2004, 1457; BMF v. 24.7.2013, BStBl 2013 I 1022, Rz. 325.
[6] BMF v. 24.7.2013, BStBl 2013 I 1022, Rz. 327.

§ 3 Nr. 55a EStG

Steuerfrei sind ...

55a.
die nach § 10 des Versorgungsausgleichsgesetzes vom 3. April 2009 (BGBl I S. 700) in der jeweils geltenden Fassung (interne Teilung) durchgeführte Übertragung von Anrechten für die ausgleichsberechtigte Person zu Lasten von Anrechten der ausgleichspflichtigen Person. ²Die Leistungen aus diesen Anrechten gehören bei der ausgleichsberechtigten Person zu den Einkünften, zu denen die Leistungen bei der ausgleichspflichtigen Person gehören würden, wenn die interne Teilung nicht stattgefunden hätte;

Inhaltsübersicht	Rz.
A. Allgemeine Erläuterungen	485
B. Systematische Kommentierung	486 - 490

HINWEIS:
BMF v. 24. 7. 2013, BStBl 2013 I 1022, Rz. 400 bis 414.

LITERATUR:
Bode in StRA, Spezial Steuergesetzgebung 2009/2010, 119.

A. Allgemeine Erläuterungen

Normzweck und wirtschaftliche Bedeutung: Die Vorschrift des § 3 Nr. 55a EStG betrifft den Versorgungsausgleich. Es wird die innerhalb des Versorgungssystems vorgenommene Teilung (**interne Teilung**) steuerfrei gestellt. Von dieser Vorschrift werden Ausgleichszahlungen nach dem BGB aber nicht erfasst.[1] 485

Zur Entstehung und Entwicklung der Vorschrift: Die Vorschrift beruht auf dem Gesetz zur Strukturreform des Versorgungsausgleichs v. 3. 4. 2009.[2]

Vereinbarkeit mit Verfassungsrecht: Die Regelung ist verfassungsgemäß. Die Teilung der Anrechte löst keine steuerlichen Folgen aus. Die Vorschrift ist daher nur deklaratorisch.[3]

B. Systematische Kommentierung

Steuerbefreiung: § 3 Nr. 55a EStG regelt, dass die aufgrund einer internen Teilung durchgeführte Übertragung von Anrechten steuerfrei ist. Dies gilt sowohl für die ausgleichspflichtige als auch für die ausgleichsberechtigte Person. 486

Nachgelagerte Besteuerung: Die Leistungen aus den übertragenen Anrechten gehören – in Anlehnung an § 3 Nr. 65 Satz 3 EStG und § 3 Nr. 55 Satz 3 EStG – bei der ausgleichsberechtigten Person zu den Einkünften, zu denen die Leistungen bei der ausgleichspflichtigen Person gehören würden, wenn die interne Teilung nicht stattgefunden hätte. Die (späteren) Versorgungsleistungen sind daher (weiterhin) Einkünfte aus nichtselbständiger Arbeit (§ 19 EStG) oder aus

---
1 BFH v. 9. 12. 2014 - X R 7/14, BFH/NV 2015, 824 = NWB DokID: IAAAE-87985.
2 BGBl 2009 I 700.
3 HHR/*Bergkemper*, § 3 Nr. 55a EStG Rz. 1.

Kapitalvermögen (§ 20 EStG) oder sonstige Einkünfte (§ 22 EStG). Ausgleichspflichtige Person und ausgleichsberechtigte Person versteuern beide die ihnen jeweils zufließenden Leistungen, wobei es sich beim Ausgleichspflichtigen um die reduzierten Leistungen handelt.[1]

487 Wird das Anrecht aus einem Altersvorsorgevertrag oder einem Direktversicherungsvertrag intern geteilt und somit ein eigenes Anrecht der ausgleichsberechtigten Person begründet, gilt der Altersvorsorge- oder Direktversicherungsvertrag der ausgleichsberechtigten Person insoweit zu dem gleichen Zeitpunkt als abgeschlossen wie derjenige der ausgleichspflichtigen Person (§ 52 Abs. 36 Satz 12 EStG).[2] Dies gilt entsprechend, wenn die Leistungen bei der ausgleichsberechtigten Person nach § 22 Nr. 5 Satz 2 Buchst. c EStG i.V. m. § 20 Abs. 1 Nr. 6 EStG zu besteuern sind.[3]

488 **Erfassung auch von vertraglich unverfallbaren Anwartschaften:** Nach der bisherigen Regelung verweist die Vorschrift auf die in § 1b Abs. 1 Satz 1 BetrAVG legal definierten gesetzlich unverfallbaren Anwartschaften. Welche steuerlichen Folgen bei Übertragung von vertraglich unverfallbaren Anwartschaften sich ergeben, war bisher unklar. Sinn und Zweck der Neuregelung des § 3 Nr. 55 EStG ist die Stärkung der betrieblichen Altersversorgung. Vor diesem Hintergrund ist nicht nachvollziehbar, warum die Übertragung von Anwartschaften einer betrieblichen Altersversorgung aufgrund vertraglicher Vereinbarung ohne Fristerfordernis nicht steuerbegünstigt sein sollen.[4]

489–490 *(Einstweilen frei)*

§ 3 Nr. 55b EStG

Steuerfrei sind …

55b.
der nach § 14 des Versorgungsausgleichsgesetzes (externe Teilung) geleistete Ausgleichswert zur Begründung von Anrechten für die ausgleichsberechtigte Person zu Lasten von Anrechten der ausgleichspflichtigen Person, soweit Leistungen aus diesen Anrechten zu steuerpflichtigen Einkünften nach den §§ 19, 20 und 22 führen würden. ²Satz 1 gilt nicht, soweit Leistungen, die auf dem begründeten Anrecht beruhen, bei der ausgleichsberechtigten Person zu Einkünften nach § 20 Absatz 1 Nummer 6 oder § 22 Nummer 1 Satz 3 Buchstabe a Doppelbuchstabe bb führen würden. ³Der Versorgungsträger der ausgleichspflichtigen Person hat den Versorgungsträger der ausgleichsberechtigten Person über die für die Besteuerung der Leistungen erforderlichen Grundlagen zu informieren. ⁴Dies gilt nicht, wenn der Versorgungsträger der ausgleichsberechtigten Person die Grundlagen bereits kennt oder aus den bei ihm vorhandenen Daten feststellen kann und dieser Umstand dem Versorgungsträger der ausgleichspflichtigen Person mitgeteilt worden ist;

Inhaltsübersicht	Rz.
A. Allgemeine Erläuterungen	491
B. Systematische Kommentierung	492 - 498

---

1 BT-Drucks. 16/10144, 108; BMF v. 24. 7. 2013, BStBl 2013 I 1022, Rz. 412.
2 BMF v. 24. 7. 2013, BStBl 2013 I 1022, Rz. 414.
3 BMF v. 24. 7. 2013, BStBl 2013 I 1022, Rz. 414.
4 BT-Drucks. 18/11286, 59.

HINWEIS:
BMF v. 24. 7. 2013, BStBl 2013 I 1022, Rz. 415 bis 421.

LITERATUR:
Bode in StRA, Spezial Steuergesetzgebung 2009/2010, 119.

A. Allgemeine Erläuterungen

Normzweck und wirtschaftliche Bedeutung: Die Vorschrift des § 3 Nr. 55b EStG betrifft den Versorgungsausgleich. Es wird eine mit einem Wechsel des Versorgungsträgers verbundene Teilung (externe Teilung) steuerfrei gestellt. Von dieser Vorschrift werden Ausgleichszahlungen nach dem BGB aber nicht erfasst.[1] 491

Zur Entstehung und Entwicklung der Vorschrift: Die Vorschrift beruht auf dem Gesetz zur Strukturreform des Versorgungsausgleichs v. 3. 4. 2009.[2]

Vereinbarkeit mit Verfassungsrecht: Die Regelung ist verfassungsgemäß. Die Teilung der Anrechte löst keine steuerlichen Folgen aus. Die Vorschrift ist daher nur deklaratorisch.[3]

B. Systematische Kommentierung

Steuerbefreiung: § 3 Nr. 55b EStG regelt, dass die aufgrund einer externen Teilung durchgeführte Übertragung von Anrechten steuerfrei ist. Dies gilt sowohl für die ausgleichspflichtige als auch für die ausgleichsberechtigte Person. 492

Nachgelagerte Besteuerung: Für die Besteuerung bei der ausgleichsberechtigten Person ist unerheblich, zu welchen Einkünften die Leistungen aus dem übertragenen Anrecht bei der ausgleichspflichtigen Person geführt hätten, da mit der externen Teilung ein **neues Anrecht** begründet wird. Bei der ausgleichsberechtigten Person unterliegen Leistungen aus Altersvorsorgeverträgen, Pensionsfonds, Pensionskassen oder Direktversicherungen, die auf dem nach § 3 Nr. 55b Satz 1 EStG steuerfrei geleisteten Ausgleichswert beruhen, insoweit in vollem Umfang der nachgelagerten Besteuerung nach § 22 Nr. 5 Satz 1 EStG. 493

Ausschluss der Steuerbefreiung (§ 3 Nr. 55b Satz 2 EStG): Nach § 3 Nr. 55b Satz 2 EStG gilt die Befreiung nach § 3 Nr. 55b Satz 1 EStG nicht, soweit Leistungen, die auf dem begründeten Anrecht beruhen, bei der ausgleichsberechtigten Person zu Einkünften nach § 20 Abs. 1 Nr. 6 EStG oder § 22 Nr. 1 Satz 3 Buchst. a Doppelbuchst. bb EStG führen würden. Mit dieser Regelung soll eine Besteuerungslücke geschlossen werden, die dadurch entstehen könnte, dass Mittel aus der betrieblichen Altersversorgung oder der nach § 10a und Abschn. XI des EStG geförderten Altersvorsorge auf Vorsorgeprodukte übertragen werden, deren Leistungen nach § 20 Abs. 1 Nr. 6 EStG oder § 22 Nr. 1 Satz 3 Buchst. a Doppelbuchst. bb EStG nur eingeschränkt der Besteuerung unterliegen.[4] 494

Mitteilungspflicht des Versorgungsträgers (§ 3 Nr. 55b Satz 3 und Satz 4 EStG): Der Versorgungsträger der ausgleichspflichtigen Person hat grds. den Versorgungsträger der ausgleichsberechtigten Person über die für die Besteuerung der Leistungen erforderlichen Grundlagen zu 495

---

1 BFH v. 9. 12. 2014 - X R 7/14, BFH/NV 2015, 824 = NWB DokID: IAAAE-87985.
2 BGBl 2009 I 700.
3 HHR/*Bergkemper*, § 3 Nr. 55b EStG Rz. 1.
4 BR-Drucks. 343/08, 256.

informieren. Andere Mitteilungs-, Informations- und Aufzeichnungspflichten bleiben hiervon unberührt.[1] § 3 Nr. 55b Satz 4 EStG bezweckt, überflüssige Mitteilungen zu vermeiden, wenn dem Versorgungsträger der ausgleichsberechtigten Person die für die Besteuerung der Leistungen erforderlichen Grundlagen ohnehin bekannt sind.[2]

496–498 (Einstweilen frei)

§ 3 Nr. 55c EStG

Steuerfrei sind …

55c.

[3] Übertragungen von Altersvorsorgevermögen im Sinne des § 92 auf einen anderen auf den Namen des Steuerpflichtigen lautenden Altersvorsorgevertrag (§ 1 Absatz 1 Satz 1 Nummer 10 Buchstabe b des Altersvorsorgeverträge-Zertifizierungsgesetzes), soweit die Leistungen zu steuerpflichtigen Einkünften nach § 22 Nummer 5 führen würden. ²Dies gilt entsprechend

a) wenn Anwartschaften aus einer betrieblichen Altersversorgung, die über einen Pensionsfonds, eine Pensionskasse oder ein Unternehmen der Lebensversicherung (Direktversicherung) durchgeführt wird, lediglich auf einen anderen Träger einer betrieblichen Altersversorgung in Form eines Pensionsfonds, einer Pensionskasse oder eines Unternehmens der Lebensversicherung (Direktversicherung) übertragen werden, soweit keine Zahlungen unmittelbar an den Arbeitnehmer erfolgen,

b) wenn Anwartschaften der betrieblichen Altersversorgung abgefunden werden, soweit das Altersvorsorgevermögen zugunsten eines auf den Namen des Steuerpflichtigen lautenden Altersvorsorgevertrages geleistet wird,

c) wenn im Fall des Todes des Steuerpflichtigen das Altersvorsorgevermögen auf einen auf den Namen des Ehegatten lautenden Altersvorsorgevertrag übertragen wird, wenn die Ehegatten im Zeitpunkt des Todes des Zulageberechtigten nicht dauernd getrennt gelebt haben (§ 26 Absatz 1) und ihren Wohnsitz oder gewöhnlichen Aufenthalt in einem Mitgliedstaat der Europäischen Union oder einem Staat hatten, auf den das Abkommen über den Europäischen Wirtschaftsraum anwendbar ist;

Inhaltsübersicht

	Rz.
A. Allgemeine Erläuterungen	499
B. Systematische Kommentierung	500 - 505

HINWEIS:
BMF v. 24. 7. 2013, BStBl 2013 I 1022, Rz. 144 bis 160.

LITERATUR:
Bode in StRA, Spezial Steuergesetzgebung 2011/2012, 137; *Merker*, Umsetzung der Beitreibungsrichtlinie und weitere steuerliche Änderungen, SteuerStud 2012, 9.

---

1 BMF v. 24. 7. 2013, BStBl 2013 I 1022, Rz. 421.
2 BR-Drucks. 343/08, 257.
3 **Anm. d. Red.:** § 3 Nr. 55c i. d. F. des Gesetzes v. 17. 8. 2017 (BGBl I S. 3214) mit Wirkung v. 1. 1. 2018.

A. Allgemeine Erläuterungen

Normzweck und wirtschaftliche Bedeutung: Die Vorschrift betrifft die Steuerbefreiung der Übertragung von Altersvorsorgevermögen auf einen anderen Altersvorsorgevertrag.

499

Zur Entstehung und Entwicklung der Vorschrift: Die Vorschrift beruht auf dem Beitreibungsrichtlinie-Umsetzungsgesetz (BeitrRLUmsG) v. 7.12.2011.[1] Durch das Betriebsrentenstärkungsgesetz v. 17.8.2017[2] erfolgte eine gesetzliche Klarstellung in der Weise, dass die Vorschrift auch auf Übertragung von Altersvorsorgevermögen ohne Arbeitgeberwechsel anzuwenden ist.

Vereinbarkeit mit Verfassungsrecht: Die Regelung ist verfassungsgemäß. Sie betrifft nur die Übertragung auf einen anderen Altersvorsorgevertrag selbst. Die Besteuerung ist durch die Steuerpflicht der späteren Auszahlung gesichert (nachgelagerte Besteuerung).

Zeitlicher Anwendungsbereich: Die Neuregelung ist **ab VZ 2011** anzuwenden.[3]

B. Systematische Kommentierung

Gegenstand der Steuerbefreiung nach § 3 Nr. 55c Satz 1 EStG: Die **Übertragung von Altersvorsorgevermögen auf einen anderen Altersvorsorgevertrag** führt grds. zu einem steuerpflichtigen Zufluss, bei dem die Leistungen nach § 22 Nr. 5 EStG zu besteuern sind. Um dies zu verhindern wird diese Übertragung nach § 3 Nr. 55c EStG steuerfrei gestellt. Nach § 1 des Gesetzes über die Zertifizierung von Altersvorsorge- und Basisrentenverträgen (Altersvorsorgeverträge-Zertifizierungsgesetz) liegt ein „Altersvorsorgevertrag" vor, wenn zwischen dem Anbieter und einer natürlichen Person eine Vereinbarung in deutscher Sprache geschlossen wird, welche die i. E. in § 1 Abs. 1 Nr. 2 bis 11 Altersvorsorgeverträge-Zertifizierungsgesetz aufgeführten Anforderungen erfüllt.

500

Leistungen führen zu steuerpflichtigen Einkünften nach § 22 Nr. 5 EStG: Soweit die Übertragung nach § 22 Nr. 5 EStG steuerpflichtig ist, wird sie nach § 3 Nr. 55c EStG steuerfrei gestellt. Der Verweis erfasst nicht nur § 22 Nr. 5 Satz 1 EStG, sondern auch § 22 Nr. 5 Satz 2 EStG.[4]

501

Gegenstand der Steuerbefreiung nach § 3 Nr. 55c Satz 2 EStG: Die Steuerbefreiung gilt entsprechend nach § 3 Nr. 55c Satz 2 EStG, wenn

502

- **Anwartschaften der betrieblichen Altersversorgung abgefunden werden** (§ 3 Nr. 55c Satz 2 Buchst. a EStG), soweit das Altersvorsorgevermögen zugunsten eines auf den Namen des Zulageberechtigten lautenden Altersvorsorgevertrags geleistet wird oder

- **im Fall des Todes des Zulageberechtigten das Altersvorsorgevermögen auf einen auf den Namen des Ehegatten/Lebenspartner lautenden Altersvorsorgevertrag übertragen wird** (§ 3 Nr. 55c Satz 2 Buchst. b EStG), wenn die Ehegatten/Lebenspartner im Zeitpunkt des Todes des Zulageberechtigten nicht dauernd getrennt gelebt haben (§ 26 Abs. 1 EStG) und ihren Wohnsitz oder gewöhnlichen Aufenthalt in einem EU-/EWR-Staat hatten. Voraussetzung für eine Übertragung auf den Ehegatten/Lebenspartner ist, dass die Ehegatten/Lebenspartner im Zeitpunkt des Todes des Zulageberechtigten nicht dauernd getrennt gelebt (§ 26 Abs. 1 EStG) und ihren Wohnsitz oder gewöhnlichen Aufenthalt in ei-

---

[1] BGBl 2011 I 2592.
[2] BGBl 2017 I 3214.
[3] Ebenso *Bode* in StRA, 2011/2012, 139; a. A. *Merker*, SteuerStud 2012, 9.
[4] *Von Beckerath* in Kirchhof/Söhn/Mellinghoff, § 3 EStG Rz. 152b.

nem Mitgliedstaat der Europäischen Union oder einem EWR-Staat gehabt haben.[1] Des Weiteren gilt zu beachten, dass die Altersvoraussetzungen des überlebenden Ehegatten erfüllt sein müssen, damit mit der Auszahlungsphase begonnen werden kann (nachgelagerte Besteuerung).[2]

Soweit es zu einer nicht steuerbaren Übertragung von Altersvorsorgevermögen kommt, bedarf es nicht einer Steuerfreistellung, wie sie § 3 Nr. 55c EStG regelt.[3] Insoweit ist die Regelung nur deklaratorisch. Überdies ist zu beachten, dass es nicht zu einer Doppelförderung kommt. So wie die Übertragung selbst keine steuerpflichtige Einnahme darstellt, so ist auch kein Abzug als Sonderausgaben nach § 10a EStG möglich.

503 **Begünstigung ohne Arbeitgeberwechsel:** Bisher gab es keine Regelung zur Steuerbefreiung für den Fall, dass Deckungsmittel ohne Arbeitgeberwechsel aus einer Direktversicherungs-, Pensions-, oder Pensionsfondszusage auf einen anderen versicherungsförmigen Versorgungsträger (Lebensversicherer, Pensionskasse oder Pensionsfonds) übertragen wurde. In § 3 Nr. 55c Satz 2 Buchst. a EStG i. d. F. des Betriebsrentenstärkungsgesetzes v. 17. 8. 2017 ist nun gesetzlich geregelt, dass derartige Übertragungen steuerneutral sind. Sie führen auch zu keiner steuerlichen Novation i. S. d. § 20 Abs. 1 Nr. 6 EStG.[4] Voraussetzung ist, dass die Hauptpflichten sich nicht im Zusammenhang mit der Übertragung ändern.

504–505 *(Einstweilen frei)*

§ 3 Nr. 55d EStG

Steuerfrei sind ...

55d.
[5] Übertragungen von Anrechten aus einem nach § 5a Altersvorsorgeverträge-Zertifizierungsgesetz zertifizierten Vertrag auf einen anderen auf den Namen des Steuerpflichtigen lautenden nach § 5a Altersvorsorgeverträge-Zertifizierungsgesetz zertifizierten Vertrag;

Inhaltsübersicht	Rz.
A. Allgemeine Erläuterungen	506
B. Systematische Kommentierung	507 - 511

LITERATUR:

Bode in StRA, Spezial Steuergesetzgebung 2011/2012, 137; *Merker*, Umsetzung der Beitreibungsrichtlinie und weitere steuerliche Änderungen, SteuerStud 2012, 9.

---

1 *Von Beckerath* in Kirchhof/Söhn/Mellinghoff, § 3 EStG Rz. 152h.
2 Siehe Beispiel für die Übertragung auf den Ehegatten in BMF v. 24. 7. 2013, BStBl 2013 I 1022, Rz. 148.
3 BMF v. 24. 7. 2013, BStBl 2013 I 1022, Rz. 146.
4 BT-Drucks. 18/11286, 59.
5 Anm. d. Red.: § 3 Nr. 55d eingefügt gem. Gesetz v. 7. 12. 2011 (BGBl I S. 2592) mit Wirkung v. 14. 12. 2011.

A. Allgemeine Erläuterungen

Normzweck und wirtschaftliche Bedeutung: Die Vorschrift betrifft die Steuerbefreiung der Übertragung von Anrechten aus einem Basisrentenvertrag, der sich von einem Altersvorsorgevertrag unterscheidet.

506

Zur Entstehung und Entwicklung der Vorschrift: Die Vorschrift beruht auf dem Beitreibungsrichtlinie-Umsetzungsgesetz (BeitrRLUmsG) v. 7. 12. 2011.[1]

Vereinbarkeit mit Verfassungsrecht: Die Regelung ist verfassungsgemäß. Sie betrifft nur die Übertragung auf einen anderen Basisrentenvertrag selbst. Die Besteuerung ist durch die Steuerpflicht der späteren Auszahlung gesichert (nachgelagerte Besteuerung).

Zeitlicher Anwendungsbereich: Die Neuregelung ist **ab VZ 2011** anzuwenden.[2]

B. Systematische Kommentierung

Gegenstand der Steuerbefreiung: Der Basisrentenvertrag („Rürup-Rente") ist eine private, kapitalgedeckte Rentenversicherung, die über den Sonderausgabenabzug der Beiträge nach § 10 EStG steuerlich gefördert wird. Sie wendet sich z. B. an Freiberufler und andere Selbständige, die nicht zum Personenkreis der Zulagenberechtigten nach Abschnitt XI des EStG für den Abschluss eines Altersvorsorgevertrags (Riester) gehören. Im Unterschied zum Altersvorsorgevertrag (30 % Teilkapitalauszahlung bei Rentenbeginn zulässig) darf das angesparte Vorsorgekapital bei der Basisrentenversicherung nicht in einem Betrag – auch nicht in Teilbeträgen – ausgezahlt werden.

507

Nur Übertragungsvorgang selbst steuerfrei: Die Steuerbefreiung der Übertragung von Anrechten aus einem nach § 5a Altersvorsorgeverträge-Zertifizierungsgesetz zertifizierten Vertrag (= Basisrentenvertrag, der den Voraussetzungen des § 10 Abs. 1 Nr. 2 Buchst. b EStG entspricht) auf einen anderen in gleicher Weise zertifizierten Vertrag des Stpfl. betrifft lediglich den Übertragungsvorgang selbst. Die spätere Auszahlung ist jedoch steuerpflichtig (nachgelagerte Besteuerung). Auch hier ist zu beachten, dass es nicht zu einer Doppelförderung kommt. Neben der Steuerbefreiung nach § 3 Nr. 55c EStG kommt kein Sonderausgabenabzug nach § 10 Abs. 2 Satz 1 Nr. 1 EStG in Betracht.[3]

508

(Einstweilen frei) 509–511

§ 3 Nr. 55e EStG

Steuerfrei sind ...

55e.
[4] die auf Grund eines Abkommens mit einer zwischen- oder überstaatlichen Einrichtung übertragenen Werte von Anrechten auf Altersversorgung, soweit diese zur Begründung von Anrechten auf Altersversorgung bei einer zwischen- oder überstaatlichen Einrichtung dienen.

---

1 BGBl 2011 I 2592.
2 Ebenso *Bode* in StRA, 2011/2012, 139; a. A. *Merker*, SteuerStud 2012, 9.
3 BT-Drucks. 17/7524, 12.
4 **Anm. d. Red.:** § 3 Nr. 55e eingefügt gem. Gesetz v. 7. 12. 2011 (BGBl I S. 2592) mit Wirkung v. 14. 12. 2011.

²Die Leistungen auf Grund des Betrags nach Satz 1 gehören zu den Einkünften, zu denen die Leistungen gehören, die die übernehmende Versorgungseinrichtung im Übrigen erbringt;

Inhaltsübersicht   Rz.

    A. Allgemeine Erläuterungen   512 – 513
    B. Systematische Kommentierung   514 – 516

LITERATUR:

Bode in StRA, Spezial Steuergesetzgebung 2011/2012, 137.

A. Allgemeine Erläuterungen

512   **Normzweck und wirtschaftliche Bedeutung:** Die Vorschrift betrifft wie § 3 Nr. 55d EStG die Steuerbefreiung der Übertragung von Anrechten. Die Befreiung soll hier sicherstellen, dass die Übertragung von Anrechten auf Altersversorgung aufgrund eines Abkommens mit einer zwischen- oder überstaatlichen Einrichtung steuerneutral ist, soweit diese zur Begründung von Anrechten auf Altersversorgung bei einer zwischen- oder überstaatlichen Einrichtung dient.

Zur Entstehung und Entwicklung der Vorschrift: Die Vorschrift beruht auf dem Beitreibungsrichtlinie-Umsetzungsgesetz (BeitrRLUmsG) v. 7. 12. 2011.[1]

513   **Vereinbarkeit mit Verfassungsrecht:** Die Regelung ist verfassungsgemäß. Sie betrifft nur die Übertragung selbst. Die Besteuerung ist durch die Steuerpflicht der späteren Auszahlung, falls diese in Deutschland steuerpflichtig ist, gesichert (nachgelagerte Besteuerung), so dass verfassungsrechtliche Bedenken nicht bestehen.[2]

Zeitlicher Anwendungsbereich: Die Neuregelung ist **auch auf Übertragungen vor dem 1. 1. 2012** anzuwenden, für die noch keine bestandskräftige Steuerfestsetzung erfolgt ist, es sei denn der Stpfl. beantragt die Nichtanwendung.[3]

B. Systematische Kommentierung

514   Die Regelung ist deklaratorisch, soweit Deutschland kein Besteuerungsrecht hat.[4] Ansonsten werden Beschäftigte internationaler Institutionen bei der steuerlichen Förderung der privaten Altersvorsorge und der betrieblichen Altersversorgung so behandelt, als bestünde für sie eine Pflichtmitgliedschaft in einem inländischen vergleichbaren ausländischen Alterssicherungssystem. Die Vorschrift erfasst die Übertragung von Anrechten auf eine Altersversorgung bei einer zwischen- oder überstaatlichen Einrichtung. Eine zwischen- oder überstaatliche Einrichtung ist jede internationale Organisation. Gemeint sind damit ein Zusammenschluss von mindestens zwei Staaten oder anderen Völkerrechtssubjekten, der überstaatliche Aufgaben erfüllt (z. B. EU oder UN).[5]

515–516   *(Einstweilen frei)*

---

1 BGBl 2011 I 2592.
2 Ebenso *Erhard* in Blümich, § 3 Nr. 55e EStG Rz. 1.
3 Ebenso *Bode* in StRA 2011/2012, 140.
4 Siehe BT-Drucks. 17/7524, 12.
5 HHR/*Bergkemper*, § 3 Nr. 55e EStG Rz. 2.

§ 3 Nr. 56 EStG

Steuerfrei sind ...

56.
¹ Zuwendungen des Arbeitgebers nach § 19 Absatz 1 Satz 1 Nummer 3 Satz 1 aus dem ersten Dienstverhältnis an eine Pensionskasse zum Aufbau einer nicht kapitalgedeckten betrieblichen Altersversorgung, bei der eine Auszahlung der zugesagten Alters-, Invaliditäts- oder Hinterbliebenenversorgung entsprechend § 82 Absatz 2 Satz 2 vorgesehen ist, soweit diese Zuwendungen im Kalenderjahr 2 Prozent der Beitragsbemessungsgrenze in der allgemeinen Rentenversicherung nicht übersteigen. ²Der in Satz 1 genannte Höchstbetrag erhöht sich ab 1. Januar 2020 auf 3 Prozent und ab 1. Januar 2025 auf 4 Prozent der Beitragsbemessungsgrenze in der allgemeinen Rentenversicherung. ³Die Beträge nach den Sätzen 1 und 2 sind jeweils um die nach § 3 Nummer 63 Satz 1, 3 oder Satz 4 steuerfreien Beträge zu mindern;

Inhaltsübersicht

	Rz.
A. Allgemeine Erläuterungen	517
B. Systematische Kommentierung	518 - 522

LITERATUR:

Bergkemper, Lohnzuwendungen im Bereich der betrieblichen Altersvorsorge, FR 2011, 1043; *Jungblut/Bäumler*, Betriebliche Altersvorsorgung – Übertragung von Versorgungsverpflichtungen und -anwartschaften auf einen Pensionsfonds, WPg 2016, 363.

A. Allgemeine Erläuterungen

Normzweck und wirtschaftliche Bedeutung: Die Vorschrift dehnt die nachgelagerte Besteuerung auf Leistungen des Arbeitgebers an eine umlagefinanzierte Pensionskasse aus. Während § 3 Nr. 63 EStG Zahlungen an Pensionsfonds, Pensionskassen und an Direktversicherer im Rahmen der kapitalgedeckten betrieblichen Altersversorgung befreit und § 3 Nr. 66 EStG die Überleitung einer betrieblichen Altersversorgung in Form der Direktzusage oder über eine Unterstützungskasse auf einen Pensionsfonds steuerfrei stellt, erfasst § 3 Nr. 56 EStG Zahlungen an eine Pensionskasse im Rahmen der umlagefinanzierten Altersversorgung.[2]

517

Zur Entstehung und Entwicklung der Vorschrift: Die Vorschrift ist durch das Jahressteuergesetz (JStG) 2007 v. 13. 6. 2006[3] eingeführt worden. Durch das Betriebsrentenstärkungsgesetz v. 17. 8. 2017[4] wurden redaktionelle Änderungen vorgenommen, die im Zusammenhang mit der Anhebung des steuerfreien Höchstbetrags in der umlagefinanzierten betrieblichen Altersversorgung ab 1. 1. 2014 stehen.

Vereinbarkeit mit Verfassungsrecht: Die Regelung ist verfassungsgemäß, da eine nachgelagerte Besteuerung vorgesehen ist und damit die Besteuerung gesichert ist.

---

1 Anm. d. Red.: § 3 Nr. 56 i. d. F. des Gesetzes v. 11. 12. 2018 (BGBl I S. 2338) mit Wirkung v. 15. 12. 2018.
2 FG München v. 7. 6. 2016 - 12 K 734/16, EFG 2016, 1506; Rev.: BFH VI R 27/16.
3 BGBl 2006 I 2878.
4 BGBl 2017 I 3214.

Zeitlicher Anwendungsbereich: Die Regelung ist auf geleistete Zuwendungen **ab VZ 2008** anzuwenden.[1]

B. Systematische Kommentierung

518 **Erstes Arbeitsverhältnis:** Die Regelung befreit Zuwendungen des Arbeitgebers an umlagefinanzierte Pensionskassen, wenn es sich um das erste Arbeitsverhältnis handelt. Das erste Arbeitsverhältnis ist dasjenige, für das der Arbeitnehmer Lohnsteuer nach der Lohnsteuerklasse I bis V zahlt. Der Sinn dieser Begrenzung liegt in der einfachen und unbürokratischen Anwendung der Steuerbefreiung, die damit gesichert wird.

Pensionskasse: Befreit sind Zahlungen an eine Pensionskasse. Eine Pensionskasse ist nach der Legaldefinition des § 1b Abs. 3 BetrAVG eine vom Arbeitgeber unabhängige rechtsfähige Versorgungseinrichtung, die dem Arbeitnehmer oder seinen Hinterbliebenen Rechtsanspruch auf künftige Leistungen einräumt.

519 **Optionsrecht:** Nach dem Gesetzeswortlaut muss die Altersversorgung eine Auszahlung der zugesagten Alters-, Invaliditäts- oder Hinterbliebenenversorgung in Form einer Rente oder eines Auszahlungsplans (§ 1 Abs. 1 Satz 1 Nr. 4 des Altersvorsorgeverträge-Zertifizierungsgesetzes) „vorsehen". Dies bedeutet, dass ein Optionsrecht bestehen kann, wonach z. B. statt der Rentenleistung eine Einmalkapitalauszahlung erfolgt.[2] Dies lässt von vornherein nicht die Steuerbefreiung entfallen. Mit der Änderung durch das JStG 2018 wurde der Bezug in § 3 Nr. 56 Satz 1 EStG auf § 1 Abs. 1 Satz 1 Nr. 4 AltZertG aufgelöst. Um inhaltliche Doppelungen zu vermeiden, wird künftig auf § 82 Abs. 2 Satz 2 EStG verwiesen.[3]

Staffelung der Steuerbefreiung: Nach § 3 Nr. 56 Satz 2 EStG ist eine Staffelung der Steuerbefreiung geregelt. Damit soll eine stufenweise Anpassung an die nachgelagerte Besteuerung erfolgen. Die Versorgungsleistungen werden dann in der Auszahlungsphase entsprechend den darauf entfallenden steuerfreien Beträgen der nachgelagerten Besteuerung zugeführt, volle Besteuerung nach § 22 Nr. 5 EStG. Die die Steuerbefreiungen übersteigenden Beträge können nach § 40 Abs. 1 und 2 EStG pauschaliert besteuert werden.[4]

520–522 *(Einstweilen frei)*

§ 3 Nr. 57 EStG

Steuerfrei sind ...

57.
die Beträge, die die Künstlersozialkasse zugunsten des nach dem Künstlersozialversicherungsgesetz Versicherten aus dem Aufkommen von Künstlersozialabgabe und Bundeszuschuss an einen Träger der Sozialversicherung oder an den Versicherten zahlt;

Inhaltsübersicht Rz.

A. Allgemeine Erläuterungen	523
B. Systematische Kommentierung	524 - 526

---

1 § 52 Abs. 5 EStG a. F.
2 Ebenso *von Beckerath* in Kirchhof/Söhn/Mellinghoff, § 3 EStG Rz. 155.
3 BT-Drucks. 19/4455, 40.
4 BR-Drucks. 622/06, 66.

A. Allgemeine Erläuterungen

Normzweck und wirtschaftliche Bedeutung: Die Vorschrift befreit die Beiträge der Künstlersozialkasse an die Sozialversicherung. Die Regelung soll eine Gleichbehandlung zu den Beiträgen der Arbeitgeber an die Sozialversicherung (§ 3 Nr. 62 EStG) bewirken. Die Regelung ist nur deklaratorisch.[1] 523

Zur Entstehung und Entwicklung der Vorschrift: Die Vorschrift ist durch das Steuerentlastungsgesetz (StEntlG) 1981 v. 16. 8. 1980[2] eingeführt worden.

Vereinbarkeit mit Verfassungsrecht: Die Regelung ist als deklaratorische Regelung verfassungsgemäß.[3] Sie wäre auch als Sozialzwecknorm gerechtfertigt.

B. Systematische Kommentierung

Begünstigt sind Künstler i. S. d. § 2 Künstlersozialversicherungsgesetz (KSVG) v. 27. 7. 1981.[4] § 3 524
Nr. 57 EStG erfasst Künstler und Publizisten, die selbständig tätig sind und in der Renten-, Kranken- und Pflegeversicherung pflichtversichert sind. Da die Mittel für die Versicherung aus unterschiedlichen Quellen herrühren, sind die Beiträge an die Sozialversicherung durch die Künstlersozialkasse steuerbefreit, wenn sie aus Beiträgen der Versicherten, aus dem Aufkommen der Künstlersozialabgabe und aus dem Aufkommen des Bundeszuschusses genommen werden. Die Künstlersozialabgabe wird von Unternehmen erhoben, die in § 24 KSVG näher bezeichnet werden (z. B. Verlage, Theater, Rundfunk, Konzertdirektionen). Zwar sind nach dem Wortlaut auch Zahlungen der Künstlersozialkasse an die Versicherten selbst steuerbefreit. Dieser Regelung kommt aber keine Bedeutung zu, da die Beiträge grds. an die Sozialversicherung direkt gezahlt werden.[5] Nicht steuerbefreit sind die Zuschüsse des Autorenversorgungswerks der Verwertungsgesellschaft Wort (VG Wort) zur Altersversorgung.[6]

(Einstweilen frei) 525–526

§ 3 Nr. 58 EStG

Steuerfrei sind ...

58.
das Wohngeld nach dem Wohngeldgesetz, die sonstigen Leistungen aus öffentlichen Haushalten oder Zweckvermögen zur Senkung der Miete oder Belastung im Sinne des § 11 Absatz 2 Nummer 4 des Wohngeldgesetzes sowie öffentliche Zuschüsse zur Deckung laufender Aufwendungen und Zinsvorteile bei Darlehen, die aus öffentlichen Haushalten gewährt werden, für eine zu eigenen Wohnzwecken genutzte Wohnung im eigenen Haus oder eine zu eigenen Wohnzwecken genutzte Eigentumswohnung, soweit die Zuschüsse und Zinsvorteile die Vorteile aus einer entsprechenden Förderung mit öffentlichen Mitteln nach dem Zweiten Wohnungsbaugesetz, dem Wohnraumförderungsgesetz oder einem Landesgesetz zur Wohnraumförderung nicht überschreiten, der Zuschuss für die Wohneigentumsbildung in innerstädti-

---

1 HHR/*Bergkemper*, § 3 Nr. 57 EStG Rz. 1; *Erhard* in Blümich, § 3 Nr. 57 EStG Rz. 1.
2 BGBl 1980 I 1381.
3 Im Ergebnis ebenso *Handzik* in Littmann/Bitz/Pust, § 3 EStG Rz. 2000b.
4 BGBl 1981 I 705.
5 HHR/*Bergkemper*, § 3 Nr. 57 EStG Rz. 2.
6 BFH v. 15. 2. 1990 - IV R 13/89, BStBl 1990 II 621; HHR/*Bergkemper*, § 3 Nr. 57 EStG Rz. 2.

schen Altbauquartieren nach den Regelungen zum Stadtumbau Ost in den Verwaltungsvereinbarungen über die Gewährung von Finanzhilfen des Bundes an die Länder nach Artikel 104a Absatz 4 des Grundgesetzes zur Förderung städtebaulicher Maßnahmen;

Inhaltsübersicht	Rz.
A. Allgemeine Erläuterungen	527
B. Systematische Kommentierung	528 - 532

HINWEIS:

R 3.58 LStR.

LITERATUR:

von Brunn, Überblick über das Wohngeldrecht, NWB 1992, 2691; *Grützner*, Änderungen bei der Einkommensbesteuerung durch das Steueränderungsgesetz 2001 und das Unternehmenssteuerfortentwicklungsgesetz, NWB 2002, 135.

A. Allgemeine Erläuterungen

527 **Normzweck und wirtschaftliche Bedeutung:** Die Vorschrift befreit Leistungen nach dem Wohngeldgesetz (WoGG) von der Besteuerung.

Zur Entstehung und Entwicklung der Vorschrift: Die Vorschrift ist durch das Steueränderungsgesetz 1961 v. 13. 7. 1961[1] eingeführt worden. Zuletzt erfolgt eine Änderung durch das Gesetz zur Neuregelung des Wohngeldrechts und zur Änderung des Sozialgesetzbuchs v. 24. 9. 2008.[2] Sie betraf die Anpassung an die Neuregelung.

Vereinbarkeit mit Verfassungsrecht: Die Regelung ist als Sozialzwecknorm und deklaratorische Regelung verfassungsgemäß.[3]

B. Systematische Kommentierung

528 WoGG für jede natürliche Person, die einen gemieteten Wohnraum hat und diesen selbst nutzt. Des Weiteren gilt der Lastenzuschuss nach § 3 Abs. 2 WoGG für jede natürliche Person, die Eigentum an selbst genutztem Wohnraum hat.

Öffentliche Zuschüsse und Zinsvorteile: Weiterhin steuerbefreit sind öffentliche Zuschüsse und Zinsvorteile bei Darlehen aus öffentlichen Haushalten für eine zu eigenen Wohnzwecken genutzte eigene Wohnung. Diese Förderung darf aber die Förderung nach dem II. WoBauG und dem WoFG (das das II. WoBauG ersetzt hat) oder einem Landesgesetz zur Wohnraumförderung nicht überschreiten.

529 **Öffentliche Haushalte:** Öffentliche Haushalte sind die Haushalte des Bundes, der Länder, der Gemeinden, der Gemeindeverbände, der kommunalen Zweckverbände und der Sozialversicherungsträger.[4]

---

1 BGBl 1961 I 981.
2 BGBl 2008 I 1856.
3 Im Ergebnis ebenso *Handzik* in Littmann/Bitz/Pust, § 3 EStG Rz. 2020a.
4 R 3.58 LStR.

Zuschüsse und Zinsvorteile von anderen Körperschaften des öffentlichen Rechts werden dagegen nicht erfasst (z. B. Zinsvergünstigungen aus einem von einer Handwerkskammer gewährten Arbeitgeberwohnbaudarlehen).[1]

Regelungen zum Stadtumbau Ost: Das Programm Stadtumbau Ost umfasst Maßnahmen, die Teil des städtebaulichen Entwicklungskonzepts in Ostdeutschland sind. Werden im Rahmen dieser Maßnahmen Zuschüsse für die Wohneigentumsbildung in Altbaugebieten in den neuen Bundesländern gezahlt, so sind diese ebenfalls steuerfrei.[2]

(Einstweilen frei) 530–532

§ 3 Nr. 59 EStG

Steuerfrei sind ...

59.
die Zusatzförderung nach § 88e des Zweiten Wohnungsbaugesetzes und nach § 51f des Wohnungsbaugesetzes für das Saarland und Geldleistungen, die ein Mieter zum Zwecke der Wohnkostenentlastung nach dem Wohnraumförderungsgesetz oder einem Landesgesetz zur Wohnraumförderung erhält, soweit die Einkünfte dem Mieter zuzurechnen sind, und die Vorteile aus einer mietweisen Wohnungsüberlassung im Zusammenhang mit einem Arbeitsverhältnis, soweit sie die Vorteile aus einer entsprechenden Förderung nach dem Zweiten Wohnungsbaugesetz, nach dem Wohnraumförderungsgesetz oder einem Landesgesetz zur Wohnraumförderung nicht überschreiten;

Inhaltsübersicht	Rz.
A. Allgemeine Erläuterungen	533
B. Systematische Kommentierung	534 - 540

HINWEISE:

R 3.59 LStR; H 3.59 LStH.

A. Allgemeine Erläuterungen

Normzweck und wirtschaftliche Bedeutung: Die Vorschrift befreit die einkommensorientierte Zusatzförderung nach § 88e II. WoBauG beim sozialen Wohnungsbau. 533

Zur Entstehung und Entwicklung der Vorschrift: Die Vorschrift geht zurück auf das Wertpapierbereinigungsschlussgesetz v. 28. 1. 1964.[3] Sie ist zuletzt geändert worden durch das Föderalismusreform-Begleitgesetz v. 5. 9. 2006.[4] Die Änderung betraf eine Anpassung aufgrund der Übertragung der Wohnraumförderung auf die Länder.

---

1 FG Münster v. 21. 9. 2016 - 7 K 990/12, StE 2016, 693, Rev.: BFH VI R 37/16.
2 BT-Drucks. 13/7340, 2 und BT-Drucks. 14/7341, 9 f.
3 BGBl 1964 I 45.
4 BGBl 2008 I 1856.

Vereinbarkeit mit Verfassungsrecht: Die Regelung ist als deklaratorische Regelung[1] verfassungsgemäß.[2]

B. Systematische Kommentierung

534 Während § 3 Nr. 58 EStG Leistungen nach dem WoGG und vergleichbare öffentliche Zuschüsse steuerbefreit, erfasst § 3 Nr. 59 EStG staatliche Maßnahmen der Wohnungsbauförderung. Im Einzelnen werden steuerfrei gestellt:

- Zusatzförderung nach § 88e II. WoBauG (§ 3 Nr. 59 1. Halbsatz EStG)
- Zusatzförderung nach § 51f WoBauG Saarland (§ 3 Nr. 59 1. Halbsatz EStG)
- Geldleistungen nach dem WoFG (§ 3 Nr. 59 1. Halbsatz EStG)
- Mietvorteile im Zusammenhang mit einem Arbeitsverhältnis (§ 3 Nr. 59 2. Halbsatz EStG)

535 **Zusatzförderung nach § 88e II. WoBauG (§ 3 Nr. 59 1. Halbsatz EStG):** Neben der Grundförderung zum sozialen Wohnungsbau sah § 88e II. WoBauG eine Zusatzförderung zum Zwecke einer einkommensorientierten Wohnkostenbelastung des jeweiligen Mieters und einer dementsprechenden Sicherstellung der durch die Förderzusage festgelegten Mietzahlung vor, die nach § 3 Nr. 59 EStG steuerfrei gestellt wurde.

Zusatzförderung nach § 51f WoBauG Saarland (§ 3 Nr. 59 1. Halbsatz EStG): Eine entsprechende Regelung zu § 88e II. WoBauG sieht § 51f WoBauG Saarland vor. Im Saarland galt das II. WoBauG nicht.

536 **Geldleistungen nach dem WoFG (§ 3 Nr. 59 1. Halbsatz EStG):** Nach Aufhebung des II. WoBauG durch das Wohnraumförderungsgesetz (WoFG) werden Geldleistungen, die ein Mieter zur Wohnkostenentlastung nach dem WoFG oder einem Landesgesetz zur Wohnraumförderung erhält, ebenfalls steuerfrei gestellt.

537 **Mietvorteile im Zusammenhang mit einem Arbeitsverhältnis (§ 3 Nr. 59 2. Halbsatz EStG):** Wird eine Förderung entsprechend § 88e II. WoBauG oder nach dem WoFG im Rahmen eines Arbeitsverhältnisses gewährt, so werden die Mietvorteile ebenfalls steuerfrei gestellt. Bei einer Wohnung, die ohne Mittel aus öffentlichen Haushalten errichtet worden ist, gilt, dass die Mietvorteile im Rahmen eines Dienstverhältnisses dann steuerfrei sind, wenn die Wohnung im Zeitpunkt ihres Bezugs durch den Arbeitnehmer für eine Förderung mit Mitteln aus öffentlichen Haushalten in Betracht gekommen wäre. § 3 Nr. 59 EStG ist deshalb nur auf Wohnungen anwendbar, die im Geltungszeitraum der in § 3 Nr. 59 Satz 1 EStG genannten Gesetze errichtet worden sind, d. h. auf Baujahrgänge ab 1957.[3] Die Mietvorteile sind aber nur insoweit steuerfrei, soweit sie die Förderung nach § 88e II. WoBauG oder nach dem WoFG nicht überschreiten. Zu Beachten ist aber, dass Mietvorteile aufgrund der gesetzlichen Mietpreisbindung nicht aus dem Arbeitsverhältnis resultieren und deshalb schon nicht steuerbar sind. Dies stellt § 3 Nr. 59 EStG klar.[4]

538–540 *(Einstweilen frei)*

---

1 Siehe hierzu HHR/*Bergkemper*, § 3 Nr. 59 EStG Rz. 1.
2 Im Ergebnis ebenso *Handzik* in Littmann/Bitz/Pust, § 3 EStG Rz. 2051c.
3 R 3.59 LStR.
4 BFH v. 16. 2. 2005 - VI R 58/03, BStBl 2005 II 750; HHR/*Bergkemper*, § 3 Nr. 59 EStG Rz. 3.

§ 3 Nr. 60 EStG

Steuerfrei sind ...

60.
Leistungen aus öffentlichen Mitteln an Arbeitnehmer des Steinkohlen-, Pechkohlen- und Erzbergbaues, des Braunkohlentiefbaues und der Eisen- und Stahlindustrie aus Anlass von Stilllegungs-, Einschränkungs-, Umstellungs- oder Rationalisierungsmaßnahmen;

Inhaltsübersicht	Rz.
A. Allgemeine Erläuterungen	541
B. Systematische Kommentierung	542 - 545

A. Allgemeine Erläuterungen

Normzweck und wirtschaftliche Bedeutung: Die Vorschrift befreit öffentliche Leistungen an Arbeitnehmer im Bereich des Kohlebergbaus. Sie dürfte in der Praxis wohl keine Bedeutung haben.   541

Zur Entstehung und Entwicklung der Vorschrift: Die Vorschrift geht zurück auf das Gesetz über steuerliche Maßnahmen bei der Stilllegung von Steinkohlebergwerken v. 11. 4. 1967.[1]

Vereinbarkeit mit Verfassungsrecht: Die Regelung ist konstitutiv, da es sich ansonsten um steuerbaren Arbeitslohn handelt.[2] Sie ist im Hinblick auf Art. 3 Abs. 1 GG verfassungsrechtlich bedenklich.[3]

B. Systematische Kommentierung

Öffentliche Mittel: Hinsichtlich des Begriffs „öffentliche Mittel" wird auf die Kommentierung zu § 3 Nr. 11 EStG hingewiesen.   542

Begünstigte: Begünstigt sind nach der Norm Arbeitnehmer des Steinkohlen-, Pechkohlen- und Erzbergbaus, des Braunkohlentiefbaus und der Eisen- und Stahlindustrie. Es handelt sich um eine abschließende Aufzählung.[4]

(Einstweilen frei)   543–545

§ 3 Nr. 61 EStG

Steuerfrei sind ...

61.
Leistungen nach § 4 Absatz 1 Nummer 2, § 7 Absatz 3, §§ 9, 10 Absatz 1, §§ 13, 15 des Entwicklungshelfer-Gesetzes;

---

1 BGBl 1967 I 403.
2 Ebenso HHR/*Bergkemper*, § 3 Nr. 60 EStG Rz. 1.
3 Kritisch auch *Hey* in Tipke/Lang, Steuerrecht, § 8 Rz. 143.
4 Ebenso *Erhard* in Blümich, § 3 Nr. 60 EStG Rz. 3.

EStG § 3 Nr. 62   Steuerfreie Einnahmen

Inhaltsübersicht	Rz.
A. Allgemeine Erläuterungen	546
B. Systematische Kommentierung	547 - 550

A. Allgemeine Erläuterungen

546   **Normzweck und wirtschaftliche Bedeutung:** Die Vorschrift befreit bestimmte vom Träger der Entwicklungshilfe erbrachte Leistungen.

Zur Entstehung und Entwicklung der Vorschrift: Die Vorschrift geht zurück auf das Entwicklungshelfer-Gesetz (EhfG) v. 18. 6. 1969.[1]

Vereinbarkeit mit Verfassungsrecht: Die Regelung ist teilweise konstitutiv (in Bezug auf Wiedereingliederungshilfe). Sie dürfte verfassungsrechtlich unbedenklich sein.[2]

B. Systematische Kommentierung

547   Die in § 3 Nr. 61 EStG genannten Leistungen nach dem Entwicklungshelfer-Gesetz sind i. E.:

- Wiedereingliederungshilfe (§ 4 Abs. 1 Nr. 2 EhfG),
- Ersatz von Krankheits- und Unfallkosten (§ 7 Abs. 3 EhfG),
- Tagegeld bei Arbeitsunfähigkeit (§ 9 EfhG),
- Leistungen bei Gesundheitsstörungen oder Tod infolge typischer Risiken des Entwicklungslandes (§ 10 Abs. 1 EhfG),
- Lohnersatzleistungen bei Arbeitslosigkeit (§ 13 EhfG),
- Tagegeld bei Arbeitslosigkeit (§ 15 EhfG).

Nicht steuerbefreit sind die anderen Leistungen nach dem EhfG (z. B. Unterhaltsleistungen nach § 4 Abs. 1 Nr. 1 EhG).

548–550   *(Einstweilen frei)*

§ 3 Nr. 62 EStG

Steuerfrei sind ...

62.
[3]Ausgaben des Arbeitgebers für die Zukunftssicherung des Arbeitnehmers, soweit der Arbeitgeber dazu nach sozialversicherungsrechtlichen oder anderen gesetzlichen Vorschriften oder nach einer auf gesetzlicher Ermächtigung beruhenden Bestimmung verpflichtet ist, und es sich nicht um Zuwendungen oder Beiträge des Arbeitgebers nach den Nummern 56, 63 und 63a handelt. ²Den Ausgaben des Arbeitgebers für die Zukunftssicherung, die auf Grund gesetzlicher Verpflichtung geleistet werden, werden gleichgestellt Zuschüsse des Arbeitgebers zu den Aufwendungen des Arbeitnehmers

---

1 BGBl 1969 I 1093.
2 Ebenso *Handzik* in Littmann/Bitz/Pust, § 3 EStG Rz. 2090b.
3 **Anm. d. Red.:** § 3 Nr. 62 i. d. F. des Gesetzes v. 17. 8. 2017 (BGBl I S. 3214) mit Wirkung v. 1. 1. 2018.

a) für eine Lebensversicherung,

b) für die freiwillige Versicherung in der gesetzlichen Rentenversicherung,

c) für eine öffentlich-rechtliche Versicherungs- oder Versorgungseinrichtung seiner Berufsgruppe,

wenn der Arbeitnehmer von der Versicherungspflicht in der gesetzlichen Rentenversicherung befreit worden ist. ³Die Zuschüsse sind nur insoweit steuerfrei, als sie insgesamt bei Befreiung von der Versicherungspflicht in der allgemeinen Rentenversicherung die Hälfte und bei Befreiung von der Versicherungspflicht in der knappschaftlichen Rentenversicherung zwei Drittel der Gesamtaufwendungen des Arbeitnehmers nicht übersteigen und nicht höher sind als der Betrag, der als Arbeitgeberanteil bei Versicherungspflicht in der allgemeinen Rentenversicherung oder in der knappschaftlichen Rentenversicherung zu zahlen wäre;

Inhaltsübersicht	Rz.
A. Allgemeine Erläuterungen	551 - 552
B. Systematische Kommentierung	553 - 565
I. Leistungen für die Zukunftssicherung (§ 3 Nr. 62 Satz 1 EStG)	553 - 554
II. Zuschüsse des Arbeitgebers (§ 3 Nr. 62 Satz 2 bis 4 EStG)	555 - 565
1. Steuerfreie Zuschüsse (§ 3 Nr. 62 Satz 2 EStG)	556 - 557
2. Befreiung von der gesetzlichen Rentenversicherung (§ 3 Nr. 62 Satz 3 EStG)	558
3. Beiträge an ausländische Pensionskassen (§ 3 Nr. 62 Satz 4 EStG a. F.)	559 - 565

HINWEIS:
R 3.62 LStR; H 3.62 LStH.

LITERATUR:
Niermann, JStG 2009 und Steuerbürokratieabbaugesetz: Änderungen bei der Arbeitnehmerbesteuerung, DB 2009, 138; Bergkemper, Lohnzuwendungen im Bereich der betrieblichen Altersvorsorge, FR 2011, 1043.

A. Allgemeine Erläuterungen

Normzweck und wirtschaftliche Bedeutung: Die Vorschrift stellt Sozialversicherungsleistungen des Arbeitgebers von der Besteuerung frei. Voraussetzung ist, dass es sich um Leistungen handelt, die **gesetzlich verpflichtend** sind.[1] Bei von der **Versicherungspflicht freigestellten Arbeitnehmern** können die Beiträge beschränkt steuerfrei gestellt werden.

Zur Entstehung und Entwicklung der Vorschrift: Die Vorschrift ist durch das Zweite Krankenversicherungsänderungsgesetz v. 21. 12. 1970[2] in das EStG eingeführt worden. Vorher waren die Regelungen in § 2 Abs. 4 LStDV 1970 enthalten. Es erfolgte dann eine Änderung durch das Jahressteuergesetz (JStG) 2009 v. 19. 12. 2008.[3] Durch das Betriebsrentenstärkungsgesetz v. 17. 8. 2017[4] wurde klargestellt, dass Beiträge nach § 23 Abs. 1 BetrAVG nicht unter § 3 Nr. 62

551

---

[1] BFH v. 9. 10. 1992 - VI R 47/91, BStBl 1993 II 169; BFH v. 30. 4. 2002 - VI B 237/01, BFH/NV 2002, 1029 = NWB DokID: VAAAA-68563; BFH v. 24. 9. 2013 - VI R 8/11, BStBl 2014 II 124.
[2] BGBl 1970 I 1770.
[3] BGBl 2008 I 2794.
[4] BGBl 2017 I 3214.

EStG, sondern ausschließlich unter § 3 Nr. 63a EStG fallen. Weiterhin wurde § 3 Nr. 62 Satz 4 EStG gestrichen.

552 **Vereinbarkeit mit Verfassungsrecht:** Die Regelung ist verfassungsgemäß. Dies gilt ohne Weiteres für den Teil der Vorschrift, der nur deklaratorisch ist. Soweit die Entrichtung des Arbeitgeberanteils an die Sozialversicherung gesetzlich geschuldet wird, stellt diese keine Gegenleistung für die Arbeitsleistung dar.[1] Sie ist insoweit nicht steuerbar. Die Steuerbefreiungen in § 3 Nr. 61 Satz 2 und 4 EStG sind dagegen konstitutive Steuerbefreiungen. Sie verstoßen nicht gegen Art. 3 Abs. 1 GG, soweit sie nur für Arbeitnehmer gelten.[2] Da eine nachgelagerte Besteuerung erfolgt, ist damit die Besteuerung gesichert.

B. Systematische Kommentierung

I. Leistungen für die Zukunftssicherung (§ 3 Nr. 62 Satz 1 EStG)

553 Zukunftssicherungsleistungen i. S. d. § 3 Nr. 62 Satz 1 EStG sind Leistungen zur Absicherung gegen

- Krankheit,
- Unfall,
- Arbeitslosigkeit,
- Alter oder
- Tod.

554 Voraussetzung ist, dass der Begünstigte auch entsprechende Ansprüche erwirbt.[3] Für Ausgaben des Arbeitgebers zur Kranken- und Pflegeversicherung des Arbeitnehmers sind in R 3.62 Abs. 2 LStR Detailregelungen enthalten. Obligatorischen Arbeitgeberbeiträgen zu einer schweizerischen privatrechtlichen Pensionskasse sowie Arbeitgeberleistungen auf der Grundlage der schweizerischen Alters- und Hinterlassenenversicherung und der schweizerischen Invalidenversicherung sind nach § 3 Nr. 62 Satz 1 EStG steuerfrei.[4]

II. Zuschüsse des Arbeitgebers (§ 3 Nr. 62 Satz 2 bis 4 EStG)

555 Die Steuerbefreiung nach § 3 Nr. 62 EStG ist den Steuerbefreiungen nach § 3 Nr. 56 EStG und § 3 Nr. 63 EStG nachrangig, so dass insbesondere bei Erschöpfung der Höchstbeträge dieser Vorschriften § 3 Nr. 62 EStG nicht zur Anwendung kommt.

1. Steuerfreie Zuschüsse (§ 3 Nr. 62 Satz 2 EStG)

556 Ist der Arbeitnehmer von der gesetzlichen Versicherungspflicht bei der Rentenversicherung befreit, so sind Zuschüsse des Arbeitgebers zu

- einer Lebensversicherung,
- der freiwilligen Versicherung in der gesetzlichen Rentenversicherung,
- der öffentlich-rechtlichen Versicherungs- oder Versorgungseinrichtung seiner Berufsgruppe

---

1 BFH v. 6. 6. 2002 - VI R 178/97, BStBl 2003 II 34; BFH v. 5. 9. 2006 - VI R 38/04, BFH/NV 2006, 2349 = NWB DokID: UAAAC-17289.
2 Vgl. BVerfG v. 2. 5. 1978 - 1 BvR 136/78, HFR 1978, 293; BFH v. 17. 3. 2004 - IV B 185/02, BFH/NV 2004, 1245 = NWB DokID: XAAAB-23758.
3 BFH v. 6. 3. 2003 - XI R 31/01, BStBl 2004 II 6.
4 S. BFH v. 25.1.2017 - X R 51/14, BFH/NV 2017, 1015 m. w. N.

ebenfalls steuerfrei. Um diese Steuerbefreiung zu erhalten, bedarf es eines Antrags durch den Arbeitnehmer oder Arbeitgeber.[1] Diese Befreiung der genannten Zuschüsse von der Besteuerung bedarf als Voraussetzung die Steuerbefreiung von der Versicherungspflicht in der gesetzlichen Rentenversicherung nach einer der folgenden Vorschriften:

1. § 18 Abs. 3 des Gesetzes über die Erhöhung der Einkommensgrenzen in der Sozialversicherung und der Arbeitslosenversicherung und zur Änderung der Zwölften Verordnung zum Aufbau der Sozialversicherung vom 13. 8. 1952 (BGBl 1952 I 437),
2. Artikel 2 § 1 des Angestelltenversicherungs-Neuregelungsgesetzes v. 23. 2. 1957 (BGBl 1957 I 88, 1074) oder Artikel 2 § 1 des Knappschaftsrentenversicherungs-Neuregelungsgesetzes v. 21. 5. 1957 (BGBl 1957 I 533), jeweils in der bis zum 30. 6. 1965 geltenden Fassung,
3. § 7 Abs. 2 des Angestelltenversicherungsgesetzes (AVG) i. d. F. des Artikels 1 des Angestelltenversicherungs-Neuregelungsgesetzes v. 23. 2. 1957 (BGBl 1957 I 88, 1074),
4. Artikel 2 § 1 des Angestelltenversicherungs-Neuregelungsgesetzes oder Artikel 2 § 1 des Knappschaftsrentenversicherungs-Neuregelungsgesetzes, jeweils i. d. F. des Rentenversicherungs-Änderungsgesetzes v. 9. 6. 1965 (BGBl 1965 I 476),
5. Artikel 2 § 1 des Zweiten Rentenversicherungs-Änderungsgesetzes v. 23. 12. 1966 (BGBl 1966 I 745),
6. Artikel 2 § 1 des Angestelltenversicherungs-Neuregelungsgesetzes oder Artikel 2 § 1 des Knappschaftsrentenversicherungs-Neuregelungsgesetzes, jeweils i. d. F. des Finanzänderungsgesetzes 1967 v. 21. 12. 1967 (BGBl 1967 I 1259),
7. Artikel 2 § 1 Abs. 2 des Angestelltenversicherungs-Neuregelungsgesetzes oder Artikel 2 § 1 Abs. 1a des Knappschaftsrentenversicherungs-Neuregelungsgesetzes, jeweils i. d. F. des Dritten Rentenversicherungs-Änderungsgesetzes v. 28. 7. 1969 (BGBl 1969 I 956),
8. § 20 des Gesetzes über die Sozialversicherung v. 28. 6. 1990 (GBl. der Deutschen Demokratischen Republik I Nr. 38 S. 486) i. V. m. § 231a SGB VI i. d. F. des Gesetzes zur Herstellung der Rechtseinheit in der gesetzlichen Renten- und Unfallversicherung (Renten-Überleitungsgesetz - RÜG) v. 25. 7. 1991 (BGBl 1991 I 1606).[2]

§ 3 Nr. 62 Satz 2 EStG erfasst nicht Vorstandsmitglieder einer AG. Sie gehören vielmehr zu dem kraft Gesetzes nicht versicherungspflichtigen Personenkreis.[3]

Bescheinigung: Soweit der Arbeitgeber die steuerfreien Zuschüsse unmittelbar an den Arbeitnehmer auszahlt, hat dieser die zweckentsprechende Verwendung durch eine entsprechende Bescheinigung des Versicherungsträgers bis zum 30. 4. des folgenden Kalenderjahrs nachzuweisen.[4] Die Bescheinigung ist als Unterlage zum Lohnkonto aufzubewahren.[5]

2. Befreiung von der gesetzlichen Rentenversicherung (§ 3 Nr. 62 Satz 3 EStG)

§ 3 Nr. 62 Satz 3 EStG begrenzt die Steuerbefreiung der Zuschüsse des Arbeitgebers auf den Umfang der Steuerbefreiung, die für Beiträge an die gesetzliche Rentenversicherung zu zahlen

---

1 BFH v. 20. 5. 1983 - VI R 39/81, BStBl 1983 II 712.
2 R 3.62 Abs. 3 Satz 1 LStR.
3 BFH v. 24. 9. 2013 - VI R 8/11, BStBl 2014 II 124.
4 R 3.62 Abs. 4 Satz 2 LStR.
5 R 3.62 Abs. 4 Satz 3 LStR.

EStG § 3 Nr. 63

wäre. Dabei wird zwischen der allgemeinen Rentenversicherung und der knappschaftlichen Rentenversicherung unterschieden. Des Weiteren wird eine doppelte Begrenzung vorgenommen:

1. Die Arbeitgeberzuschüsse dürfen insgesamt die Hälfte bzw. zwei Drittel der Gesamtaufwendungen des Arbeitnehmers nicht übersteigen.

2. Sie dürfen außerdem nicht höher sein als der Betrag, der als Arbeitgeberanteil bei der Versicherungspflicht in der allgemeinen gesetzlichen Rentenversicherung bzw. knappschaftlichen Rentenversicherung zu zahlen wäre.

3. Beiträge an ausländische Pensionskassen (§ 3 Nr. 62 Satz 4 EStG a. F.)

559 § 3 Nr. 62 Satz 4 EStG a. F. regelte, dass die Arbeitgeberbeiträge an eine ausländische Pensionskasse dann steuerbefreit waren, wenn es sich um ein Arbeitsverhältnis im Ausland handelte und der Arbeitgeber keine Beiträge an die gesetzliche Rentenversicherung im Inland leistete. Es musste sich aber um entsprechende Beiträge (s → Rz. 553) handeln.[1] Mit dem Betriebsrentenstärkungsgesetz v. 17. 8. 2017[2] wurde § 3 Nr. 62 Satz 4 EStG gestrichen. Die Regelung, die mit ihrer Einführung im Jahr 1979 eine Benachteiligung der Grenzgänger zur Schweiz verhinderte, ist zwischenzeitlich durch verschiedene Gesetzesänderungen in der Schweiz sowie die BFH-Rspr. überholt und wurde deshalb aufgehoben.[3] Bei Beiträgen zu einer ausländischen gesetzlichen Rentenversicherung ist die Anwendung des § 3 Nr. 62 EStG nicht durch die inländische Beitragsbemessungsgrenze begrenzt.[4]

560–565 *(Einstweilen frei)*

§ 3 Nr. 63 EStG

Steuerfrei sind ...

[5,6] Beiträge des Arbeitgebers aus dem ersten Dienstverhältnis an einen Pensionsfonds, eine Pensionskasse oder für eine Direktversicherung zum Aufbau einer kapitalgedeckten betrieblichen Altersversorgung, bei der eine Auszahlung der zugesagten Alters-, Invaliditäts- oder Hinterbliebenenversorgungsleistungen entsprechend § 82 Absatz 2 Satz 2 vorgesehen ist, soweit die Beiträge im Kalenderjahr 8 Prozent der Beitragsbemessungsgrenze in der allgemeinen Rentenversicherung nicht übersteigen. ²Dies gilt nicht, soweit der Arbeitnehmer nach § 1a Absatz 3 des Betriebsrentengesetzes verlangt hat, dass die Voraussetzungen für eine Förderung nach § 10a oder Abschnitt XI erfüllt werden. ³Aus Anlass der Beendigung des Dienstverhältnisses geleistete Beiträge im Sinne des Satzes 1 sind steuerfrei, soweit sie 4 Prozent der Beitragsbemessungsgrenze in der allgemeinen Rentenversicherung, vervielfältigt mit der Anzahl der

---

1 Daran sollte es fehlen, wenn es sich um Zahlungen nach dem österreichischen BMSVG handelt, s. FG München v. 7. 6. 2016 – 12 K 734/16, EFG 2016, 1506, Rev.: BFH VI R 27/16; a. A. FG München v. 31.3.2017 - 13 K 2270/15, EFG 2017, 1247 mit Anm. Bleschick, Rev.: BFH VI R 20/17.
2 BGBl 2017 I 3214.
3 BT-Drucks. 18/11286, 60; zu überobligatorischen Arbeitgeberbeiträge zu einer schweizerischen privatrechtlichen Pensionskasse sowie Arbeitgeberleistungen auf der Grundlage der schweizerischen Alters- und Hinterlassenenversicherung und der schweizerischen Invalidenversicherung s. auch BFH v. 25.1.2017 - X R 51/14, BFH/NV 2017, 1015 m. w. N.
4 BMF v. 27.7.2016, BStBl 2016 I 759; H 3.62 LStH „Ausländischer Sozailversicherungsträger".
5 **Anm. d. Red.:** § 3 Nr. 63 i. d. F. des Gesetzes v. 17. 8. 2017 (BGBl I S. 3214) mit Wirkung v. 1. 1. 2018.
6 **Anm. d. Red.:** Zur Anwendung des § 3 Nr. 63 siehe § 52 Abs. 4 Sätze 12 bis 15.

Kalenderjahre, in denen das Dienstverhältnis des Arbeitnehmers zu dem Arbeitgeber bestanden hat, höchstens jedoch zehn Kalenderjahre, nicht übersteigen. ⁴Beiträge im Sinne des Satzes 1, die für Kalenderjahre nachgezahlt werden, in denen das erste Dienstverhältnis ruhte und vom Arbeitgeber im Inland kein steuerpflichtiger Arbeitslohn bezogen wurde, sind steuerfrei, soweit sie 8 Prozent der Beitragsbemessungsgrenze in der allgemeinen Rentenversicherung, vervielfältigt mit der Anzahl dieser Kalenderjahre, höchstens jedoch zehn Kalenderjahre, nicht übersteigen;

Inhaltsübersicht

	Rz.
A. Allgemeine Erläuterungen	566 - 567
B. Systematische Kommentierung	568 - 577
I. Begünstigte Leistungen des Arbeitgebers (§ 3 Nr. 63 Satz 1 EStG)	568 - 571
II. Weitere Regelungen (§ 3 Nr. 63 Satz 2 bis 4 EStG)	572 - 577

HINWEIS:
H 3.63 LStH; BMF v. 24. 7. 2013, BStBl 2013 I 1022, Rz. 301 bis 320 und 341 bis 346.

LITERATUR:
▶ Weitere Literatur siehe Online-Version
Jungblut/Bäumler, Betriebliche Altersvorsorgung – Übertragung von Versorgungsverpflichtungen und -anwartschaften auf einen Pensionsfonds, WPg 2016, 363; *Moorkamp*, Keine Tarifermäßigung bei Kapitalabfindung einer betrieblichen Altersversorgung, StuB 2017, 225.

A. Allgemeine Erläuterungen

Normzweck und wirtschaftliche Bedeutung: Die Vorschrift stellt Beiträge des Arbeitgebers an einen Pensionsfonds, eine Pensionskasse oder für eine Direktversicherung zum Aufbau einer **kapitalgedeckten betrieblichen Altersversorgung** in beschränkter Höhe steuerfrei. Im Gegensatz dazu betrifft § 3 Nr. 56 EStG Zahlungen des Arbeitgebers an eine Pensionskasse im Rahmen einer umlagefinanzierten Altersversorgung. Im Gegensatz zu § 3 Nr. 63 EStG stellt § 3 Nr. 62 EStG Beiträge des Arbeitgebers zur gesetzlichen Sozialversicherung steuerfrei.[1] 566

Zur Entstehung und Entwicklung der Vorschrift: Die Vorschrift ist in dieser Form durch das Gesetz zur Reform der gesetzlichen Rentenversicherung und zur Förderung eines kapitalgedeckten Altersvorsorgevermögens v. 26. 6. 2001[2] in das EStG eingeführt worden. Mit dem Betriebsrentenstärkungsgesetz v. 17. 8. 2017[3] wurde insbesondere das steuerfreie Dotierungsvolumen von 4 % auf 8 % erhöht. 567

Vereinbarkeit mit Verfassungsrecht: Die Regelung ist aus folgenden Gründen verfassungsgemäß. Die Steuerbefreiung ist konstitutiv. Es handelt sich um Arbeitgeberleistungen, die nach h. M. als Arbeitslohn i. S. d. § 19 Abs. 1 Satz 1 Nr. 1 EStG zu qualifizieren sind.[4] Sie verstößt nicht gegen Art. 3 Abs. 1 GG soweit sie nur für Arbeitnehmer gelten.[5] Da eine nachgelagerte

---

1 Zu den Abgrenzungen weiterer Steuerfreistellungen s. *Erhard* in Blümich, § 3 Nr. 63 EStG Rz. 2.
2 BGBl 2001 I 1310.
3 BGBl 2017 I 3214.
4 *Birk*, DStZ 2004, 777; HHR/*Bergkemper*, § 3 Nr. 63 EStG Rz. 3.
5 Vgl. zu § 3 Nr. 62 EStG insoweit BVerfG v. 2. 5. 1978 - 1 BvR 136/78, HFR 1978, 293; BFH v. 17. 3. 2004 - IV B 185/02, BFH/NV 2004, 1245 = NWB DokID: XAAAB-23758.

Besteuerung erfolgt, ist auch die Besteuerung gesichert und daher verfassungsrechtlich unbedenklich.[1]

B. Systematische Kommentierung

I. Begünstigte Leistungen des Arbeitgebers (§ 3 Nr. 63 Satz 1 EStG)

568 **Begünstigte Arbeitnehmer:** Zu den begünstigten Personen gehören alle Arbeitnehmer (§ 1 LStDV), unabhängig davon, ob sie in der gesetzlichen Rentenversicherung pflichtversichert sind oder nicht (z. B. beherrschende Gesellschafter-Geschäftsführer, geringfügig Beschäftigte, in einem berufsständischen Versorgungswerk Versicherte). § 3 Nr. 63 EStG ist jedoch nicht bei Arbeitnehmern anwendbar, bei denen der Arbeitgeber den Lohnsteuerabzug nach der Steuerklasse VI vorgenommen hat.[2]

569 **Begünstigte Aufwendungen:** Zu den von der Steuerfreiheit erfassten Aufwendungen gehören nur Beiträge an Pensionsfonds, Pensionskassen und Direktversicherungen, die zum Aufbau einer betrieblichen Altersversorgung im Kapitaldeckungsverfahren erhoben werden.[3] Maßgeblich ist die versicherungsvertragliche Außenverpflichtung für die Qualifizierung einer Zahlung als Leistung des Arbeitgebers. Es kommt nicht auf die wirtschaftliche Belastung an.[4] Zahlungen, die als verdeckte Gewinnausschüttung zu behandeln sind, sind nicht begünstigt.[5] Leistet der Arbeitnehmer Beiträge, zu deren Erbringung er aufgrund einer eigenen vertraglichen Vereinbarung mit der Versorgungseinrichtung originär selbst verpflichtet ist (sog. eigene Beiträge des Arbeitnehmers), so sind diese vom Anwendungsbereich des § 3 Nr. 63 EStG ausgeschlossen, auch wenn sie vom Arbeitgeber an die Versorgungseinrichtung abgeführt werden.[6] Mit der Änderung durch das JStG 2018 wurde der Bezug in § 3 Nr. 63 Satz 1 EStG auf § 1 Abs. 1 Satz 1 Nr. 4 AltZertG aufgelöst. Um inhaltliche Doppelungen zu vermeiden, wird künftig auf § 82 Abs. 2 Satz 2 EStG verwiesen.[7]

570 **Begünstigte Auszahlungsformen:** Ab Kalenderjahr 2005 getroffene Vereinbarungen müssen grds. eine Regelung enthalten, wonach die Auszahlungen in Form lebenslanger monatlicher Renten oder eines Auszahlungsplans mit Restverrentung erfolgen.[8]

571 **Höhe der Befreiung:** Die Befreiung besteht nur für Beiträge, soweit sie im Kalenderjahr 4 % (aufgrund des Betriebsrentenstärkungsgesetzes vom 17. 8. 2017 ab VZ 2018 8 %) der Beitragsbemessungsgrenze in der allgemeinen Rentenversicherung nicht übersteigen. Nach Anlage 2 und 2a des SGB VI sind folgende Beträge als Beitragsbemessungsgrenze zu berücksichtigen:

---

1 *Erhard* in Blümich, § 3 Nr. 63 EStG Rz. 3; *Hey* in Tipke/Lang, Steuerrecht, § 8 Rz. 142.
2 BMF v. 24. 7. 2013, BStBl 2013 I 1022, Tz. 302.
3 Nicht darunter fallen Zahlungen an die österreichische betriebliche Vorsorgekasse nach dem BMSVG, s. FG München v. 7. 6. 2016 - 12 K 734/16, EFG 2016, 1506, Rev.: BFH VI R 27/16.
4 BFH v. 9. 12. 2010 - VI R 57/08, BStBl 2011 II 978; s. auch BFH v. 7. 5. 2009 - VI R 8/07, BStBl 2010 II 194.
5 BMF v. 24. 7. 2013, BStBl 2013 I 1022, Tz. 313.
6 BMF v. 24. 7. 2013, BStBl 2013 I 1022, Tz. 313.
7 BT-Drucks. 19/4455, 40.
8 Im Einzelnen s. BMF v. 24. 7. 2013, BStBl 2013 I 1022, Tz. 312.

Beitragsbemessungsgrenze	
in der allgemeinen Rentenversicherung	im Beitrittsgebiet
2010 66 000	55 800
2011 66 000	57 600
2012 67 200	57 600
2013 69 600	58 800
2014 71 400	60 000
2015 72 600	62 400
2016 74 400	64 800
2017 76 200	68 400
2018 78 000	69 600
2019 80 400	73 800

Soweit die Beiträge die Höchstbeträge übersteigen, sind sie individuell zu besteuern. Für die individuell besteuerten Beiträge kann eine Förderung durch Sonderausgabenabzug nach § 10a und Zulage nach Abschnitt XI EStG in Betracht kommen.[1]

Kein Zusätzlichkeitserfordernis: Die Steuerfreiheit wird auch dann gewährt, wenn die Beiträge nicht zusätzlich zum ohnehin geschuldeten Arbeitslohn geleistet werden.[2] Leistungen, die dabei als verdeckte Gewinnausschüttungen zu behandeln sind, sind nicht steuerbefreit.[3]

II. Weitere Regelungen (§ 3 Nr. 63 Satz 2 bis 4 EStG)

§ 3 Nr. 63 Satz 2 EStG: Nach Satz 2 des § 3 Nr. 63 EStG ist die Steuerbefreiung ausgeschlossen, wenn der Arbeitnehmer nach § 1a Abs. 3 BetrAVG verlangt hat, dass die Voraussetzungen einer Förderung nach § 10a EStG oder dem XI. Abschnitt erfüllt sind. Dieses Wahlrecht zur individuellen Besteuerung besteht für alle im Gesamtversicherungsbeitrag des Arbeitgebers enthaltenen Finanzierungsanteile des Arbeitnehmers. Die Anteile des Arbeitgebers bleiben steuerfrei. Dieses Wahlrecht besteht des Weiteren nur für die gesetzlich Pflichtversicherten. Alle anderen Arbeitnehmer können von dieser Möglichkeit nur dann Gebrauch machen, wenn der Arbeitgeber zustimmt.[4] Es ist nicht zulässig, wenn die steuerliche Behandlung der im Wege der Entgeltumwandlung finanzierten Beiträge nachträglich erfolgt.[5]

§ 3 Nr. 63 Satz 3 EStG a. F.: Nach § 3 Nr. 63 Satz 3 EStG wird der maximale steuerfreie Betrag (4 % der Beitragsbemessungsgrenze) nochmals um 1 800 € erhöht. Wegen der Erhöhung des maximalen steuerfreien Betrages von 4 % auf 8 % entfällt ab VZ 2018 die Erhöhung um 1.800 €. Damit werden Alt- und Neuzusagen in Zukunft gleich behandelt.Dieser zusätzliche Höchstbetrag für eine Neuzusage kann dann nicht in Anspruch genommen werden, wenn die für den Arbeitnehmer aufgrund einer Altzusage geleisteten Beiträge bereits nach § 40b Abs. 1

---

1 BMF v. 24.7.2013, BStBl 2013 I 1022, Tz. 308 i.V. m. Tz. 330 ff.
2 BMF v. 24.7.2013, BStBl 2013 I 1022, Tz. 304.
3 *Niermann*, DB 2004, 1449; *Erhard* in Blümich, § 3 Nr. 63 EStG Rz. 12.
4 BMF v. 24.7.2013, BStBl 2013 I 1022, Tz. 316.
5 BMF v. 24.7.2013, BStBl 2013 I 1022, Tz. 319.

und 2 Satz 1 und 2 EStG a. F. pauschal besteuert werden. Dies gilt unabhängig von der Höhe der pauschal besteuerten Beiträge und somit auch unabhängig davon, ob der Dotierungsrahmen des § 40b Abs. 2 Satz 1 EStG a. F. (1 752 €) voll ausgeschöpft wird oder nicht.[1] Eine Anwendung des zusätzlichen Höchstbetrags von 1 800 € kommt aber dann in Betracht, wenn z. B. bei einem Beitrag zugunsten der Altzusage statt der Weiteranwendung des § 40b Abs. 1 und 2 Satz 1 und 2 EStG a. F. dieser Beitrag individuell besteuert wird.[2]

574 § 3 Nr. 63 Satz 4 EStG a. F. (§ 3 Nr. 63 Satz 3 EStG n. F.): Diese Regelung verschafft dem Arbeitnehmer die Möglichkeit, Abfindungszahlungen und Wertguthaben aus Arbeitszeitkonten steuerfrei auf eine kapitalgedeckte betriebliche Altersversorgung zu übertragen. Dabei kommt eine Vervielfältigung des möglichen steuerfreien Betrags nach § 3 Nr. 63 Satz 1 und 3 EStG in Betracht. Es kann der Betrag von 1 800 € mit der Anzahl der Kalenderjahre vervielfältigt werden, in denen das Dienstverhältnis des Arbeitnehmers zu dem Arbeitgeber bestanden hat (§ 3 Nr. 63 Satz 4 EStG a. F.). Auszunehmen sind aber die Kalenderjahre, in denen bereits die Erhöhung von 1 800 € wirksam war, wobei eine Begrenzung auf die letzten sechs der zu berücksichtigen Kalenderjahre vor Beendigung des Dienstverhältnisses erfolgt (§ 3 Nr. 63 Satz 4 EStG a. F.). Wird das Dienstverhältnis im Jahr 2015 beendet, so werden beispielsweise nur die nach § 3 Nr. 63 Satz 1 und 3 EStG erbrachten steuerfreien Beträge der Jahre 2009 bis 2015 abgezogen. Die steuerfreien Beträge vor 2009 bleiben unberücksichtigt. Nach § 3 Nr. 63 Satz 3 n. F. können ab VZ 2018 bis zu 4 % der Beitragsbemessungsgrenze vervielfältigt um die Kalenderjahre, in denen das Dienstverhältnis des Arbeitnehmers zum Arbeitgeber bestanden hat, höchstens jedoch zehn Jahre steuerfrei berücksichtigt werden. Die Neuregelung führt zu einer Vereinfachung, da nicht mehr zwischen Alt- und Neuzusagen unterschieden wird.

575 § 3 Nr. 63 Satz 4 EStG n. F.: Die Neuregelung beinhaltet die Möglichkeit einer Nachzahlung bei ruhenden Arbeitsverhältnissen. Nach § 3 Nr. 63 Satz 4 EStG können steuerbegünstigt Beitragszahlungen i. H.v. 8 % der Beitragsbemessungsgrenze (im Jahr der Nachzahlung) pro Kalenderjahr für Kalenderjahre nachgeholt werden, in denen im Inland kein steuerpflichtiger Arbeitslohn bezogen wurde. Dies sind beispielsweise Zeiten einer Entsendung ins Ausland, der Elternzeit und eines Sabbatjahres.[3]

576–577 (Einstweilen frei)

§ 3 Nr. 63a EStG

Steuerfrei sind ...

[4] Sicherungsbeiträge des Arbeitgebers nach § 23 Absatz 1 des Betriebsrentengesetzes, soweit sie nicht unmittelbar dem einzelnen Arbeitnehmer gutgeschrieben oder zugerechnet werden;

Inhaltsübersicht	Rz.
A. Allgemeine Erläuterungen	578
B. Systematische Kommentierung	579

---

1 BMF v. 24. 7. 2013, BStBl 2013 I 1022, Tz. 363.
2 BMF v. 24. 7. 2013, BStBl 2013 I 1022, Tz. 363.
3 BT-Drucks. 18/11286, 61.
4 Anm. d. Red.: § 3 Nr. 63a eingefügt gem. Gesetz v. 17. 8. 2017 (BGBl I S. 3214) mit Wirkung v. 1. 1. 2018.

A. Allgemeine Erläuterungen

Normzweck und wirtschaftliche Bedeutung: Zusatzbeiträge des Arbeitgebers i. S. d. § 23 Abs. 1 BetrAVG, die den einzelnen Arbeitnehmern nicht unmittelbar gutgeschrieben oder zugerechnet, sondern zunächst zur Absicherung der reinen Beitragszusage genutzt werden, bleiben im Zeitpunkt der Leistung des Arbeitgebers an die Versorgungseinrichtung steuerfrei. Damit werden auch diese Zusatzbeiträge den Regelungen z. B. nach § 3 Nr. 63 EStG gleichgestellt. 578

Zur Entstehung und Entwicklung der Vorschrift: Die Vorschrift ist durch das Betriebsrentenstärkungsgesetz v. 17. 8. 2017[1] eingeführt worden.

Vereinbarkeit mit Verfassungrecht: Die Regelung ist aus folgenden Gründen verfassungsgemäß. Die Steuerbefreiung ist konstitutiv. Es handelt sich um Arbeitgeberleistungen, die nach h. M. als Arbeitslohn i. S. d. § 19 Abs. 1 Satz 1 Nr. 1 EStG zu qualifizieren sind. Sie verstößt nicht gegen Art. 3 Abs. 1 GG soweit sie nur für Arbeitnehmer gelten. Da eine nachgelagerte Besteuerung erfolgt,[2] ist auch die Besteuerung gesichert und daher verfassungsrechtlich unbedenklich.

B. Systematische Kommentierung

Gleichbehandlung zu anderen Beiträgen des Arbeitgebers: Die Regelung gewährleistet, dass 579 für Zusatzbeiträge, die den einzelnen Arbeitnehmern direkt gutgeschrieben bzw. zugerechnet werden, die gleichen steuerlichen Regelungen gelten wie für die übrigen Beiträge des Arbeitgebers an einen Pensionsfonds, eine Pensionskasse oder für eine Direktversicherung zum Aufbau einer betrieblichen Altersversorgung. Es ist daher konsequent, diese gleich zu behandeln.[3]

§ 3 Nr. 64 EStG

Steuerfrei sind …

[4] bei Arbeitnehmern, die zu einer inländischen juristischen Person des öffentlichen Rechts in einem Dienstverhältnis stehen und dafür Arbeitslohn aus einer inländischen öffentlichen Kasse beziehen, die Bezüge für eine Tätigkeit im Ausland insoweit, als sie den Arbeitslohn übersteigen, der dem Arbeitnehmer bei einer gleichwertigen Tätigkeit am Ort der zahlenden öffentlichen Kasse zustehen würde. ²Satz 1 gilt auch, wenn das Dienstverhältnis zu einer anderen Person besteht, die den Arbeitslohn entsprechend den im Sinne des Satzes 1 geltenden Vorschriften ermittelt, der Arbeitslohn aus einer öffentlichen Kasse gezahlt wird und ganz oder im Wesentlichen aus öffentlichen Mitteln aufgebracht wird. ³Bei anderen für einen begrenzten Zeitraum in das Ausland entsandten Arbeitnehmern, die dort einen Wohnsitz oder gewöhnlichen Aufenthalt haben, ist der ihnen von einem inländischen Arbeitgeber gewährte Kaufkraftausgleich steuerfrei, soweit er den für vergleichbare Auslandsdienstbezüge nach § 55 des Bundesbesoldungsgesetzes zulässigen Betrag nicht übersteigt;

---

1 BGBl 2017 I 3214.
2 BT-Drucks. 18/11286, 62.
3 BT-Drucks. 18/11286, 61.
4 **Anm. d. Red.:** § 3 Nr. 64 i. d. F. der amtlichen Anmerkung zu § 3 der EStG-Neufassung v. 8. 10. 2009 (BGBl I S. 3369, ber. I S. 3862) mit Wirkung v. 1. 7. 2010.

EStG § 3 Nr. 64

Inhaltsübersicht

	Rz.
A. Allgemeine Erläuterungen	580
B. Systematische Kommentierung	581 - 585

HINWEIS:

R 3.64 LStR; H 3.64 LStH.

A. Allgemeine Erläuterungen

580 **Normzweck und wirtschaftliche Bedeutung:** Die Vorschrift stellt Teile des Arbeitslohns von Arbeitnehmern, die im Ausland tätig sind, unter bestimmten Bedingungen steuerfrei. Betroffen sind Auslandsbedienstete im öffentlichen Dienst (§ 3 Nr. 64 Satz 1 EStG), Auslandsbedienstete anderer Personen (§ 3 Nr. 64 Satz 2 EStG) und andere Personen (§ 3 Nr. 64 Satz 3 EStG).

Zur Entstehung und Entwicklung der Vorschrift: Die Vorschrift ist durch das Einkommensteuerreformgesetz (EStRG) v. 5. 8. 1974[1] in das EStG eingeführt worden.

Vereinbarkeit mit Verfassungsrecht: Die Regelung begegnet hinsichtlich des Gleichheitsgrundsatzes nach Art. 3 Abs. 1 GG verfassungsrechtlichen Bedenken. Es werden Arbeitnehmer gegenüber anderen Stpfl. bevorzugt.[2]

Vereinbarkeit mit Europarecht: Die Regelung stieß auf europarechtliche Bedenken.[3] Die Regelung ist aber europarechtskonform.[4]

B. Systematische Kommentierung

581 **§ 3 Nr. 64 Satz 1 EStG:** Satz 1 regelt, dass Zuschläge die ein Arbeitnehmer für seine Auslandstätigkeit von dem öffentlich-rechtlichen Arbeitgeber erhält steuerfrei sind. Bei diesen Zuschlägen handelt es sich um Teile des Arbeitslohns, die einen Kaufkraftausgleich darstellen. Im Einzelnen handelt es sich um Auslandszuschläge, Auslandsverwendungszuschläge, Auslandskinderzuschläge, Mietzuschüsse. Nicht dazu gehören **Tagegelder der EU**.[5] Das EU-Tagegeld ist Arbeitslohn, weil es mit Rücksicht auf das Dienstverhältnis gezahlt wird. Es bleibt jedoch steuerfrei, soweit es auf steuerfreie Auslandsdienstbezüge angerechnet wird (§ 3 Nr. 64 EStG i.V. m. § 9a Abs. 2 BBesG).[6] Auslandsübernachtungsgelder für Soldaten sind ebenfalls solche steuerfrei zu stellende Bezüge.[7] Die regionale Begrenzung der Zuschlagssätze (s. R 3.64 Abs. 3 LStR) gilt auch für die Steuerbefreiung nach § 3 Nr. 64 EStG.[8]

---

1 BGBl 1974 I 1769.
2 Kritisch zur Verfassungsmäßigkeit ebenso HHR/*Bergkemper*, § 3 Nr. 64 EStG Rz. 2; Hey in Tipke/Lang, Steuerrecht, § 8 Rz. 143; *Erhard* in Blümich, § 3 Nr. 64 EStG Rz. 1.
3 Siehe u. a. FG Baden-Württemberg v. 21. 12. 2009 - 6 K 2260/09, EFG 2010, 1421.
4 EuGH v. 15. 9. 2011 - C 240/10, BStBl 2013 II 56; *Erhard* in Blümich, § 3 Nr. 64 EStG Rz. 1; kritisch aber weiterhin HHR/*Bergkemper*, § 3 Nr. 64 EStG Rz. 2, der bei Wechsel von einem inländischen Arbeitgeber zu einer ausländischen Tochtergesellschaft bei ansonsten gleichgegebenen Voraussetzungen weiterhin europarechtliche Bedenken hat.
5 BFH v. 15. 3. 2000 - I R 28/99, BStBl 2002 II 238, wonach sich aber aufgrund eines DBA die Steuerfreiheit ergeben kann.
6 BMF v. 12. 4. 2006, BStBl 2006 I 340.
7 FG Berlin-Brandenburg v. 4. 12. 2009 - 9 K 9161/07, EFG 2010, 470.
8 Zur Berechnung der Zuschlagssätze und der Anwendung der Abschlagssätze außerhalb des öffentlichen Dienstes s. R 3.64 Abs. 5 LStR i.V. m. H 3.64 „Abschlagssätze" LStH.

§ 3 Nr. 64 Satz 2 EStG: Während § 3 Nr. 64 Satz 1 EStG Auslandsbedienstete im öffentlichen Dienst erfasst, betrifft § 3 Nr. 64 Satz 2 EStG Auslandsbedienstete zu einer anderen Person, die aber im Wesentlichen durch öffentliche Mittel finanziert werden. Voraussetzung der Vorschrift ist vor allem, dass der Bedienstete seinen Arbeitslohn aus öffentlichen Kassen erhält und dass dieser Arbeitslohn nach den Grundsätzen des BBesG ermittelt wurde. Beispiele für diese Dienstverhältnisse sind das Deutsche Zentrum für Luft- und Raumfahrt e.V., die Max-Planck-Gesellschaft, das Goethe-Institut, der DAAD, der Deutsche Entwicklungsdienst und die Gesellschaft für technische Zusammenarbeit.[1]

582

§ 3 Nr. 64 Satz 3 EStG: Hier werden alle anderen Arbeitnehmer erfasst, die im Auftrag von Privatunternehmen im Ausland „für einen begrenzten Zeitraum" tätig sind. Auch für diese ist der gezahlte Kaufkraftausgleich steuerfrei, soweit er den Betrag nach § 55 BBesG nicht übersteigt. Es muss sich um einen Kaufkraftausgleich handeln.[2] Eine Entsendung für einen begrenzten Zeitraum ist anzunehmen, wenn eine Rückkehr des Arbeitnehmers nach Beendigung der Tätigkeit vorgesehen ist. Es ist unerheblich, ob der Arbeitnehmer tatsächlich zurückkehrt oder nicht.[3]

583

Analoge Anwendung auf ausländische Arbeitnehmer: Eine analoge Anwendung von § 3 Nr. 64 EStG auf ausländische Arbeitnehmer, die in Deutschland tätig werden und Zuschläge von ihrem Arbeitgeber erhalten, kommt nicht in Betracht.[4]

584

Kaufkraftzuschlag: Das BMF veröffentlicht die Höhe der Kaufkraftzuschläge bzgl. einzelner Länder im BStBl.[5]

585

§ 3 Nr. 65 EStG

Steuerfrei sind ...

65.

a) [6]Beiträge des Trägers der Insolvenzsicherung (§ 14 des Betriebsrentengesetzes) zugunsten eines Versorgungsberechtigten und seiner Hinterbliebenen an eine Pensionskasse oder ein Unternehmen der Lebensversicherung zur Ablösung von Verpflichtungen, die der Träger der Insolvenzsicherung im Sicherungsfall gegenüber dem Versorgungsberechtigten und seinen Hinterbliebenen hat,

b) Leistungen zur Übernahme von Versorgungsleistungen oder unverfallbaren Versorgungsanwartschaften durch eine Pensionskasse oder ein Unternehmen der Lebensversicherung in den in § 4 Absatz 4 des Betriebsrentengesetzes bezeichneten Fällen,

c) der Erwerb von Ansprüchen durch den Arbeitnehmer gegenüber einem Dritten im Fall der Eröffnung des Insolvenzverfahrens oder in den Fällen des § 7 Absatz 1 Satz 4 des Betriebsrentengesetzes, soweit der Dritte neben dem Arbeitgeber für die Erfüllung von Ansprüchen auf Grund bestehender Versorgungsverpflichtungen oder Versorgungsanwartschaften gegenüber dem Arbeitnehmer und dessen Hinterbliebenen einsteht; dies gilt

---

1 BT-Drucks. 14/6877, 3.
2 Zur Höhe des Kaufkraftausgleichs bei den verschiedenen Ländern s. BMF v. 4. 10. 2010, BStBl 2010 I 760.
3 R 3.64 Abs. 1 Satz 2 und 3 LStR.
4 BFH v. 23. 11. 2000 - VI R 38/97, BStBl 2001 II 132.
5 Siehe z. B. BMF v. 27. 12. 2017, BStBl 2018 I 64., BStBl I 2018, 64.
6 **Anm. d. Red.:** § 3 Nr. 65 i.d. F. des Gesetzes v. 17. 8. 2017 (BGBl I S. 3214) mit Wirkung v. 1. 1. 2018.

entsprechend, wenn der Dritte für Wertguthaben aus einer Vereinbarung über die Altersteilzeit nach dem Altersteilzeitgesetz vom 23. Juli 1996 (BGBl I S. 1078), zuletzt geändert durch Artikel 234 der Verordnung vom 31. Oktober 2006 (BGBl I S. 2407), in der jeweils geltenden Fassung oder auf Grund von Wertguthaben aus einem Arbeitszeitkonto in den im ersten Halbsatz genannten Fällen für den Arbeitgeber einsteht und

d) der Erwerb von Ansprüchen durch den Arbeitnehmer im Zusammenhang mit dem Eintritt in die Versicherung nach § 8 Absatz 3 des Betriebsrentengesetzes.

²In den Fällen nach Buchstabe a, b und c gehören die Leistungen der Pensionskasse, des Unternehmens der Lebensversicherung oder des Dritten zu den Einkünften, zu denen jene Leistungen gehören würden, die ohne Eintritt eines Falles nach Buchstabe a, b und c zu erbringen wären. ³Soweit sie zu den Einkünften aus nichtselbständiger Arbeit im Sinne des § 19 gehören, ist von ihnen Lohnsteuer einzubehalten. ⁴Für die Erhebung der Lohnsteuer gelten die Pensionskasse, das Unternehmen der Lebensversicherung oder der Dritte als Arbeitgeber und der Leistungsempfänger als Arbeitnehmer. ⁵Im Fall des Buchstaben d gehören die Versorgungsleistungen des Unternehmens der Lebensversicherung oder der Pensionskasse, soweit sie auf Beiträgen beruhen, die bis zum Eintritt des Arbeitnehmers in die Versicherung geleistet wurden, zu den sonstigen Einkünften im Sinne des § 22 Nummer 5 Satz 1; soweit der Arbeitnehmer in den Fällen des § 8 Absatz 3 des Betriebsrentengesetzes die Versicherung mit eigenen Beiträgen fortgesetzt hat, sind die auf diesen Beiträgen beruhenden Versorgungsleistungen sonstige Einkünfte im Sinne des § 22 Nummer 5 Satz 1 oder Satz 2;

Inhaltsübersicht	Rz.
A. Allgemeine Erläuterungen	586
B. Systematische Kommentierung	587 - 590

HINWEISE:

R 3.65 LStR; BMF v. 24. 7. 2013, BStBl 2013 I 1022, Rz. 321.

LITERATUR:

Giloy, Steuerliche Fragen zur Insolvenzsicherung bei betrieblicher Altersversorgung, FR 1975, 314; *Niermann*, Jahressteuergesetz 2007: Lohnsteuerfreie Absicherung von Direktzusagen durch Contractual Trust Agreements, DB 2006, 2595; *Klemm*, Insolvenzsicherung durch Treuhandvereinbarung – Altersteilzeitguthaben, DB 2013, 2398.

A. Allgemeine Erläuterungen

586 **Normzweck und wirtschaftliche Bedeutung:** Die Vorschrift stellt Beiträge des Trägers einer Insolvenzversicherung an eine Pensionskasse oder an eine Lebensversicherung steuerfrei.

Zur Entstehung und Entwicklung der Vorschrift: Die Vorschrift ist erstmals durch das Gesetz zur Verbesserung der betrieblichen Altersversorgung (BetrAVG) v. 19. 12. 1974[1] in das EStG eingeführt worden. Als letzte Änderung hat das Jahressteuergesetz (JStG 2007) v. 13. 12. 2006[2] § 3 Nr. 65 EStG neu gefasst und um die Befreiung nach § 3 Nr. 65 Satz 1 Buchst. c EStG erweitert. Eine weitere Erweiterung um § 3 Nr. 65 Satz 1 Buchst. d EStG erfolgte durch das Betriebs-

---

1 BGBl 1974 I 3610.
2 BGBl 2006 I 2878.

rentenstärkungsgesetz v. 17.8.2017.[1] Folgeänderungen sind in § 3 Nr. 65 Satz 5 EStG enthalten.

Vereinbarkeit mit Verfassungsrecht: Die Regelung ist konstitutiv, da es sich bei diesen Leistungen um ansonsten steuerpflichtigen Arbeitslohn handelt.[2] Sie begegnet keinen verfassungsrechtlichen Bedenken.[3]

B. Systematische Kommentierung

§ 3 Nr. 65 Satz 1 EStG regelt drei Fälle der Steuerbefreiung von Beitragsleistungen durch den Träger einer Insolvenzversicherung an eine Pensionskasse oder an eine Lebensversicherung. § 3 Nr. 65 Satz 1 Buchst. a EStG erfasst die Beiträge im Sicherungsfall. § 3 Nr. 65 Satz 1 Buchst. b EStG erfasst Beiträge anlässlich einer Betriebseinstellung oder Liquidation. Die Regelung gilt nicht für Betriebsveräußerungen, wenn das Unternehmen vom Erwerber weitergeführt wird.[4] Nach § 3 Nr. 65 Satz 1 Buchst. c EStG wird der Erwerb von Ansprüchen erfasst. Hintergrund von § 3 Nr. 65 Satz 1Buchst. c EStG ist, dass die Arbeitgeber die Ansprüche der Arbeitnehmer aus einer betrieblichen Altersversorgung für den Fall der Insolvenz häufig über die gesetzlich eingerichtete Insolvenzsicherung über den Pensions-Sicherungs-Verein (PSV) hinaus zusätzlich privatrechtlich absichern. Diese privatrechtliche Absicherung geschieht unter anderem z.B. über das Modell der sog. doppelseitigen Treuhand. Dabei handelt es sich um Treuhandkonstruktionen, durch die insbesondere der Zugriff des Insolvenzverwalters auf die ganz oder teilweise unter „wirtschaftlicher Beteiligung" des Arbeitnehmers (z.B. durch Entgeltumwandlung) erworbenen Ansprüche auf Leistungen der betrieblichen Altersversorgung verhindert wird. § 3 Nr. 65 Buchst. c EStG stellt sicher, dass das Einstehen eines Dritten für die Erfüllung von Ansprüchen aufgrund bestehender Versorgungsverpflichtungen oder Versorgungsanwartschaften im Falle der Eröffnung des Insolvenzverfahrens oder in den Fällen des § 7 Abs. 1 Satz 4 des Betriebsrentengesetzes (Gleichstellung mit der Eröffnung des Insolvenzverfahrens) nicht zu steuerlichen Konsequenzen für den Arbeitnehmer und ggf. dessen Hinterbliebene führt, denn die Insolvenzsicherung führt nicht zu neuen oder höheren Ansprüchen, sondern schützt nur die bereits vorhandenen Ansprüche für den Fall der Insolvenz des Arbeitgebers.[5] § 3 Nr. 65 Satz 1 Buchst. d EStG betrifft Rückdeckungsversicherungen. § 8 Abs. 3 BetrAVG gibt dem Arbeitnehmer im Insolvenzfall des Arbeitgebers das Recht, eine auf sein Leben abgeschlossene Rückdeckungsversicherung fortzusetzen. Macht der Arbeitnehmer von diesem Recht Gebrauch, fließt ihm grundsätzlich ein zu besteuernder Vorteil aus dem aktiven Beschäftigungsverhältnis zu. Eine Besteuerung würde jedoch dem Grundgedanken der nachgelagerten Besteuerung widersprechen. Der Erwerb der Ansprüche aus der Rückdeckungsversicherung ist deshalb nach dieser Vorschrift zu Recht steuerfrei.[6]

§ 3 Nr. 65 Satz 2 bis 5 EStG: § 3 Nr. 65 Satz 2 EStG rechnet die ersatzweise erbrachten Leistungen der genannten Stellen der Einkunftsart zu, die der Berechtigte ohne Eintritt des Sicherungsfalls erzielt hätte. Wie § 3 Nr. 65 Satz 2 EStG trifft auch § 3 Nr. 65 Satz 3 und 4 EStG Regelungen, nach denen die an die Berechtigten zu erbringenden Versorgungsleistungen so behan-

---

1 BGBl 2017 I 3214.
2 *Erhard* in Blümich, § 3 Nr. 65 EStG Rz. 2.
3 Ebenso *Stickan* in Littmann/Bitz/Pust, § 3 EStG Rz. 2660.
4 R 3.65 Abs. 1 Satz 4 LStR.
5 BT-Drucks. 16/2712, 41.
6 BT-Drucks. 18/11286, 62.

delt werden, als wenn der Sicherungsfall nicht eingetreten wäre. Die Insolvenz des Arbeitgebers soll sich weder zum Nachteil noch zum Vorteil beim Arbeitnehmer auswirken.[1] Der erste Halbsatz in § 3 Nr. 65 Satz 5 EStG n. F. ordnet an, dass die späteren Versorgungsleistungen aus einer Rückdeckungsversicherung, in die der Arbeitnehmer eingetreten ist, zu den sonstigen Einkünften i. S. d. § 22 Nr. 5 Satz 1 EStG gehören. Der zweite Halbsatz des § 3 Nr. 65 Satz 5 EStG n. F. ordnet die Besteuerung nach § 22 Nr. 5 Satz 1 oder Satz 2 EStG auch für Fälle an, in denen der Arbeitnehmer die Versicherung mit eigenen Beiträgen fortgesetzt hat.[2]

589–590 *(Einstweilen frei)*

§ 3 Nr. 66 EStG

Steuerfrei sind ...

66.
Leistungen eines Arbeitgebers oder einer Unterstützungskasse an einen Pensionsfonds zur Übernahme bestehender Versorgungsverpflichtungen oder Versorgungsanwartschaften durch den Pensionsfonds, wenn ein Antrag nach § 4d Absatz 3 oder § 4e Absatz 3 gestellt worden ist;

Inhaltsübersicht	Rz.
A. Allgemeine Erläuterungen	591 - 593
B. Systematische Kommentierung	594 - 597

HINWEIS:
H 3.66 LStH; BMF v. 26. 10. 2006, BStBl 2006 I 709.

LITERATUR:
Briese, Übertragungen von Pensionsanwartschaften und Pensionsverpflichtungen auf einen Pensionsfonds, DB 2006, 2424; *Jungblut/Bäumler*, Betriebliche Altersvorsorge – Übertragung von Versorgungsverpflichtungen und -anwartschaften auf einen Pensionsfonds, WPg 2016, 363.

A. Allgemeine Erläuterungen

591 **Normzweck und wirtschaftliche Bedeutung:** Die Vorschrift stellt Zahlungen des Arbeitgebers an einen Pensionsfonds steuerfrei, die den Zweck verfolgen, dass die betriebliche Altersversorgung aufgrund einer Direktzusage oder über eine Versorgungskasse durch den Pensionsfonds übernommen wird.

592 **Zur Entstehung und Entwicklung der Vorschrift:** Nachdem § 3 Nr. 66 EStG zunächst sog. Sanierungsgewinne steuerfrei gestellt hatte, wurde nach Aufhebung der Vorschrift durch das Gesetz zur Fortsetzung der Unternehmenssteuerreform v. 29. 10. 1997[3] diese inhaltlich neu besetzt. Das Gesetz zur Reform der gesetzlichen Rentenversicherung und zur Förderung eines kapitalgedeckten Altersvorsorgevermögens v. 26. 6. 2001[4] regelte die Steuerbefreiung der Übernahme von betrieblichen Altersversorgungen mit dem heutigen Inhalt.

---

1 *Von Beckerath* in Kirchhof/Söhn/Mellinghoff, § 3 EStG Rz. 173.
2 BT-Drucks. 18/11286, 62.
3 BGBl 1997 I 2590.
4 BGBl 2001 I 1310.

Vereinbarkeit mit Verfassungsrecht: Gegen die Vorschrift des § 3 Nr. 66 EStG bestehen keine verfassungsrechtlichen Bedenken.[1] Die späteren Einkünfte aus dem Pensionsfonds werden nach § 22 Nr. 5 EStG besteuert, so dass keine Bedenken bestehen, die vorgelagerten Beitragsleistungen oder wie hier Aufwendungen des Arbeitgebers für die Übernahme der bereits erbrachten Beiträge für eine betriebliche Altersversorgung in Form von bestehenden Versorgungsverpflichtungen oder -anwartschaften durch den Pensionsfonds steuerfrei zu stellen.[2]

Diese Übernahmeaufwendungen des Arbeitgebers (= Sonderzahlungen) stehen im eigenbetrieblichen Interesse, so dass diese keinen Arbeitslohn darstellen und die Regelung somit deklaratorisch ist.[3] Folgt man dieser Ansicht, bestehen schon aus diesem Grunde keine verfassungsrechtlichen Bedenken.

593

B. Systematische Kommentierung

Begünstigte Leistungen: Begünstigt sind nur Leistungen des Arbeitgebers an einen Pensionsfonds.[4] Leistungen für die Übertragung der Versorgungsverpflichtungen oder -anwartschaften auf einen anderen Versorgungsträger sind nicht begünstigt.[5]

594

Höhe der Leistung: Eine Begrenzung der zu berücksichtigenden Aufwendungen des Arbeitgebers für die Übernahmen kommt nicht in Betracht.

Verhältnis zu § 3 Nr. 63 EStG: Die Regelung des § 3 Nr. 66 EStG kommt nur zur Anwendung in Bezug auf die Gegenleistung des Arbeitgebers für die Übernahme der erdienten Anwartschaften. Die weiteren Aufwendungen für die noch zu erdienenden Anwartschaften sind begrenzt steuerbefreit nach § 3 Nr. 63 EStG.[6]

Antrag nach § 4d Abs. 3 EStG oder § 4e Abs. 3 EStG: Das nach diesen Vorschriften vorgesehene Antragswahlrecht hat zum Inhalt, dass die erbrachten Aufwendungen für die Übernahme erst in den dem Wirtschaftsjahr der Übertragung folgenden zehn Wirtschaftsjahren als Betriebsausgaben abgezogen werden können. Somit erfolgt eine Verteilung der Aufwendungen auf zehn Jahre. Dies hat zur Konsequenz, dass der Arbeitgeber bei Nichtausübung des Antragsrechts zwar im Jahr der Übertragung die Leistungen voll als Betriebsausgaben abziehen kann, jedoch diese Leistungen nicht nach § 3 Nr. 66 EStG steuerfrei sind. Nach hier vertretener Ansicht sind aber diese Leistungen bereits nicht steuerbar (s. oben).

595

(Einstweilen frei) 596–597

---

[1] Ebenso *Handzik* in Littmann/Bitz/Pust, § 3 Nr. 50 EStG Rz. 1851.
[2] *Erhard* in Blümich, § 3 Nr. 66 EStG Rz. 2; *Hey* in Tipke/Lang, Steuerrecht, § 8 Rz. 142.
[3] HHR/*Bergkemper*, § 3 Nr. 66 EStG Rz. 2; s. zum Wechsel zu einer anderen umlagefinanzierten Zusatzversorgungskasse BFH v. 14.9.2005 - VI R 148/98, BStBl 2006 II 532; a. A. *von Beckerath* in Kirchhof/Söhn/Mellinghoff, § 3 Nr. 66 EStG Rz. 175.
[4] Zum Begriff Pensionsfonds s. *Niermann*, DB 2001, 1380.
[5] *Erhard* in Blümich, § 3 Nr. 66 EStG Rz. 4; HHR/*Bergkemper*, § 3 Nr. 66 EStG Rz. 4.
[6] BMF v. 26.10.2006, BStBl 2006 I 709, Tz. 2 u. 3; H 3.66 „Umfang der Steuerfreiheit" LStH; *Briese* DB 2006, 2424.

§ 3 Nr. 67 EStG

Steuerfrei sind ...

67. a) ¹das Erziehungsgeld nach dem Bundeserziehungsgeldgesetz und vergleichbare Leistungen der Länder,

b) das Elterngeld nach dem Bundeselterngeld- und Elternzeitgesetz und vergleichbare Leistungen der Länder,

c) Leistungen für Kindererziehung an Mütter der Geburtsjahrgänge vor 1921 nach den §§ 294 bis 299 des Sechsten Buches Sozialgesetzbuch sowie

d) Zuschläge, die nach den §§ 50a bis 50e des Beamtenversorgungsgesetzes oder nach den §§ 70 bis 74 des Soldatenversorgungsgesetzes oder nach vergleichbaren Regelungen der Länder für ein vor dem 1. Januar 2015 geborenes Kind oder für eine vor dem 1. Januar 2015 begonnene Zeit der Pflege einer pflegebedürftigen Person zu gewähren sind; im Falle des Zusammentreffens von Zeiten für mehrere Kinder nach § 50b des Beamtenversorgungsgesetzes oder § 71 des Soldatenversorgungsgesetzes oder nach vergleichbaren Regelungen der Länder gilt dies, wenn eines der Kinder vor dem 1. Januar 2015 geboren ist;

Inhaltsübersicht

	Rz.
A. Allgemeine Erläuterungen	598 - 599
B. Systematische Kommentierung	600 - 605

LITERATUR:

Hartmann, Elterngeld und Elternzeit ab 1.1.2007, INF 2007, 36.

A. Allgemeine Erläuterungen

598 **Normzweck und wirtschaftliche Bedeutung:** Die Vorschrift stellt bestimmte Leistungen des Staates für Kindererziehung steuerfrei.

Zur Entstehung und Entwicklung der Vorschrift: Die Vorschrift ist erstmals durch das Bundeserziehungsgeldgesetz v. 6.12.1985[2] eingeführt und zuletzt durch das Zollkodex-Anpassungsgesetz (ZollkodexAnpG) v. 22.12.2014 neu gefasst worden. Dabei wurde die unter Wirtschaftsjahr § 3 Nr. 67 Buchst. d EStG ergänzte Steuerbefreiung für Zuschläge nach den §§ 50a bis 50e BeamtVG oder §§ 70 bis 74 SVG aufgenommen.

599 **Vereinbarkeit mit Verfassungsrecht und Europarecht:** Gegen die Vorschrift des § 3 Nr. 67 EStG bestehen keine verfassungsrechtlichen Bedenken.[3] Die Regelungen in § 3 Nr. 67 Buchst. a bis c EStG sind als staatliche Fürsorgeleistungen bereits nicht steuerbar, so dass sie nur deklaratorisch sind.[4] Die Regelung in § 3 Nr. 67 Buchst. d EStG ist dagegen konstitutiv, denn die dort genannten Leistungen sind nach § 19 Abs. 1 Satz 1 Nr. 2 EStG steuerbar.[5] Mit Europarecht ist die

---

1 **Anm. d. Red.:** § 3 Nr. 67 i. d. F. des Gesetzes v. 22.12.2014 (BGBl I S. 2417) mit Wirkung v. 1.1.2015.
2 BGBl 1985 I 2154.
3 Ebenso im Ergebnis Handzik in Littmann/Bitz/Pust, § 3 Nr. 67 EStG Rz. 2440b.
4 HHR/Bergkemper, § 3 Nr. 67 EStG Rz. 1.
5 BR-Drucks. 432/14, 46; HHR/Bergkemper, § 3 Nr. 67 EStG Rz. 1.

Vorschrift aber nicht vereinbar, da vergleichbare steuerfreie Leistungen anderer EU-Staaten nicht steuerfrei sind.[1] Dies stellt einen Verstoß gegen das Diskriminierungsverbot dar. Der Gesetzgeber hätte auch hier eine vergleichbare Regelung wie in § 3 Nr. 2 Buchst. e EStG treffen müssen.

B. Systematische Kommentierung

Analoge Anwendung des § 3 Nr. 67 EStG auf vergleichbare ausländische Leistungen: Eine Steuerbefreiung für vergleichbare ausländische Leistungen (z. B. Wochen- und Karenzgeld in Österreich) kommt nicht in Betracht, da sich die Bestimmungen nicht nach deutschem Recht richten.[2] Europarechtlich ist dies jedoch bedenklich. (s. oben → Rz. 599) 600

Erziehungsgeld: Das Erziehungsgeld wurde nach dem **bis zum 31.12.2008** geltenden BErzGG gezahlt.

Elterngeld: Das Elterngeld richtet sich nach dem BEEG. Anspruchsberechtigt ist u. a., wer einen Wohnsitz oder seinen gewöhnlichen Aufenthalt in Deutschland hat, mit seinem Kind in einem Haushalt lebt, dieses Kind selbst erzieht und betreut und keine oder keine volle Erwerbstätigkeit ausübt. Nach § 2 Abs. 1 BEEG wird 67 % des in den zwölf Kalendermonaten vor dem Monat der Geburt des Kindes durchschnittlich erzielten monatlichen Einkommens aus Erwerbstätigkeit bis zu einem Höchstbetrag von 1 800 € monatlich für volle Monate gezahlt, in denen die berechtigte Person kein Einkommen aus Erwerbstätigkeit erzielt. 601

Analoge Anwendung der Steuerbefreiung von Leistungen an Mütter der Geburtsjahrgänge vor 1921: Eine analoge Anwendung des § 3 Nr. 67 Buchst. c EStG auf später geborene Mütter kommt nicht in Betracht.[3]

Zuschläge nach § 3 Nr. 67 Buchst. d EStG: Hierunter fallen der Kindererziehungszuschlag nach § 50a BeamtVG, der Kinderergänzungszuschlag nach § 50b BeamtVG, der Kinderzuschlag zum Witwengeld nach § 50c BeamtVG, der Pflege- und Kinderpflegeergänzungszuschlag nach § 50d BeamtVG, die nach § 50e BeamtVG vorübergehend gewährten Zuschläge sowie die entsprechenden Zuschläge nach §§ 70 bis 74 SVG.[4] 602

(Einstweilen frei) 603–605

§ 3 Nr. 68 EStG

Steuerfrei sind ...

68.
die Hilfen nach dem Gesetz über die Hilfe für durch Anti-D-Immunprophylaxe mit dem Hepatitis-C-Virus infizierte Personen vom 2. August 2000 (BGBl I S. 1270);

Inhaltsübersicht	Rz.
A. Allgemeine Erläuterungen	606
B. Systematische Kommentierung	607 - 609

---

[1] Zur Steuerpflicht solcher Leistungen s. BFH v. 28.6.2005 - I R 114/04, BStBl 2005 II 835, 838.
[2] BFH v. 28.6.2005 - I R 114/04, BStBl 2005 II 835, 838.
[3] BFH v. 5.10.2012 - X B 169/11, BFH/NV 2013, 536 = NWB DokID: XAAAE-30128.
[4] BT-Drucks. 14/7681, 75.

A. Allgemeine Erläuterungen

606 **Normzweck und wirtschaftliche Bedeutung:** Die Regelung betrifft die in der ehemaligen DDR durch Anti-D-Immunprophylaxe mit dem Hepatitis-C-Virus infizierte Personen. Die entsprechenden Leistungen nach dem speziellen Gesetz über die Hilfe für durch Anti-D-Immunprophylaxe mit dem Hepatitis-C-Virus infizierte Personen v. 2. 8. 2000 werden steuerfrei gestellt.[1]

Zur Entstehung und Entwicklung der Vorschrift: Die Vorschrift ist durch das Gesetz über die Hilfe für durch Anti-D-Immunprophylaxe mit dem Hepatitis-C-Virus infizierte Personen v. 2. 8. 2000[2] eingeführt worden.

B. Systematische Kommentierung

607 **Analoge Anwendung des § 3 Nr. 68 EStG auf vergleichbare Leistungen:** Die Steuerbefreiung nach § 3 Nr. 68 EStG erfasst nur die Hilfen nach dem Gesetz über die Hilfe für durch Anti-D-Immunprophylaxe mit dem Hepatitis-C-Virus infizierte Personen. Auf andere vergleichbare Leistungen kann die Vorschrift nicht angewandt werden (z. B. Versorgungsleistungen wie die Erwerbsunfähigkeitsrente von mit dem Hepatitis-C-Virus infizierten Personen).[3]

608–609 *(Einstweilen frei)*

§ 3 Nr. 69 EStG

Steuerfrei sind ...

69.
die von der Stiftung „Humanitäre Hilfe für durch Blutprodukte HIV-infizierte Personen" nach dem HIV-Hilfegesetz vom 24. Juli 1995 (BGBl I S. 972) gewährten Leistungen;

Inhaltsübersicht	Rz.
A. Allgemeine Erläuterungen	610
B. Systematische Kommentierung	611 - 613

A. Allgemeine Erläuterungen

610 **Normzweck und wirtschaftliche Bedeutung:** Die Regelung betrifft die an HIV-Infizierte erbrachten Leistungen nach dem HIV-Hilfegesetz, deren Infektion durch verseuchte Blutproben verursacht worden ist.

Zur Entstehung und Entwicklung der Vorschrift: Die Vorschrift ist zuletzt durch das Gesetz über die Hilfe für durch Anti-D-Immunprophylaxe mit dem Hepatitis-C-Virus infizierte Personen v. 2. 8. 2000[4] angepasst worden. Steuerbefreit sind seither Leistungen nach dem HIV-Hilfegesetz v. 24. 7. 1995.[5]

---

1 Zum historischen Hintergrund und Entstehung der Vorschrift s. HHR/*Rätke*, § 3 Nr. 68 EStG Rz. 2 f.
2 BGBl 2000 I 1270.
3 Ebenso HHR/*Rätke*, § 3 Nr. 68 EStG Rz. 4 und 9.
4 BGBl 2000 I 1270.
5 BGBl 1995 I 972.

B. Systematische Kommentierung

Analoge Anwendung des § 3 Nr. 68 EStG auf vergleichbare Leistungen: Die Steuerbefreiung nach § 3 Nr. 68 EStG erfasst nur die Hilfen nach dem HIV-Hilfegesetz. Auf andere vergleichbare Leistungen kann die Vorschrift nicht angewandt werden (z. B. Schadensersatzleistungen des DRK für verunreinigte Blutentnahmen, Erwerbsunfähigkeitsrente nach § 33 Abs. 3 Nr. 5 SGB VI).[1]

611

(Einstweilen frei)

612–613

§ 3 Nr. 70 EStG

Steuerfrei sind ...

70.
die Hälfte

a) [2]der Betriebsvermögensmehrungen oder Einnahmen aus der Veräußerung von Grund und Boden und Gebäuden, die am 1. Januar 2007 mindestens fünf Jahre zum Anlagevermögen eines inländischen Betriebsvermögens des Steuerpflichtigen gehören, wenn diese auf Grund eines nach dem 31. Dezember 2006 und vor dem 1. Januar 2010 rechtswirksam abgeschlossenen obligatorischen Vertrages an eine REIT-Aktiengesellschaft oder einen Vor-REIT veräußert werden,

b) der Betriebsvermögensmehrungen, die auf Grund der Eintragung eines Steuerpflichtigen in das Handelsregister als REIT-Aktiengesellschaft im Sinne des REIT-Gesetzes vom 28. Mai 2007 (BGBl I S. 914) durch Anwendung des § 13 Absatz 1 und 3 Satz 1 des Körperschaftsteuergesetzes auf Grund und Boden und Gebäude entstehen, wenn diese Wirtschaftsgüter vor dem 1. Januar 2005 angeschafft oder hergestellt wurden, und die Schlussbilanz im Sinne des § 13 Absatz 1 und 3 des Körperschaftsteuergesetzes auf einen Zeitpunkt vor dem 1. Januar 2010 aufzustellen ist.

[2]Satz 1 ist nicht anzuwenden,

a) wenn der Steuerpflichtige den Betrieb veräußert oder aufgibt und der Veräußerungsgewinn nach § 34 besteuert wird,

b) soweit der Steuerpflichtige von den Regelungen der §§ 6b und 6c Gebrauch macht,

c) soweit der Ansatz des niedrigeren Teilwerts in vollem Umfang zu einer Gewinnminderung geführt hat und soweit diese Gewinnminderung nicht durch den Ansatz eines Werts, der sich nach § 6 Absatz 1 Nummer 1 Satz 4 ergibt, ausgeglichen worden ist,

d) wenn im Fall des Satzes 1 Buchstabe a der Buchwert zuzüglich der Veräußerungskosten den Veräußerungserlös oder im Fall des Satzes 1 Buchstabe b der Buchwert den Teilwert übersteigt. [2]Ermittelt der Steuerpflichtige den Gewinn nach § 4 Absatz 3, treten an die Stelle des Buchwerts die Anschaffungs- oder Herstellungskosten verringert um die vorgenommenen Absetzungen für Abnutzung oder Substanzverringerung,

---

1 Ebenso HHR/*Rätke*, § 3 Nr. 69 EStG Rz. 11.
2 **Anm. d. Red.:** § 3 Nr. 70 i. d. F. des Gesetzes v. 22. 6. 2011 (BGBl I S. 1126) mit Wirkung v. 26. 6. 2011.

e) soweit vom Steuerpflichtigen in der Vergangenheit Abzüge bei den Anschaffungs- oder Herstellungskosten von Wirtschaftsgütern im Sinne des Satzes 1 nach § 6b oder ähnliche Abzüge voll steuerwirksam vorgenommen worden sind,

f) wenn es sich um eine Übertragung im Zusammenhang mit Rechtsvorgängen handelt, die dem Umwandlungssteuergesetz unterliegen und die Übertragung zu einem Wert unterhalb des gemeinen Werts erfolgt.

³Die Steuerbefreiung entfällt rückwirkend, wenn

a) innerhalb eines Zeitraums von vier Jahren seit dem Vertragsschluss im Sinne des Satzes 1 Buchstabe a der Erwerber oder innerhalb eines Zeitraums von vier Jahren nach dem Stichtag der Schlussbilanz im Sinne des Satzes 1 Buchstabe b die REIT-Aktiengesellschaft den Grund und Boden oder das Gebäude veräußert,

b) der Vor-REIT oder ein anderer Vor-REIT als sein Gesamtrechtsnachfolger den Status als Vor-REIT gemäß § 10 Absatz 3 Satz 1 des REIT-Gesetzes verliert,

c) die REIT-Aktiengesellschaft innerhalb eines Zeitraums von vier Jahren seit dem Vertragsschluss im Sinne des Satzes 1 Buchstabe a oder nach dem Stichtag der Schlussbilanz im Sinne des Satzes 1 Buchstabe b in keinem Veranlagungszeitraum die Voraussetzungen für die Steuerbefreiung erfüllt,

d) die Steuerbefreiung der REIT-Aktiengesellschaft innerhalb eines Zeitraums von vier Jahren seit dem Vertragsschluss im Sinne des Satzes 1 Buchstabe a oder nach dem Stichtag der Schlussbilanz im Sinne des Satzes 1 Buchstabe b endet,

e) das Bundeszentralamt für Steuern dem Erwerber im Sinne des Satzes 1 Buchstabe a den Status als Vor-REIT im Sinne des § 2 Satz 4 des REIT-Gesetzes vom 28. Mai 2007 (BGBl I S. 914) bestandskräftig aberkannt hat.

⁴Die Steuerbefreiung entfällt auch rückwirkend, wenn die Wirtschaftsgüter im Sinne des Satzes 1 Buchstabe a vom Erwerber an den Veräußerer oder eine ihm nahe stehende Person im Sinne des § 1 Absatz 2 des Außensteuergesetzes überlassen werden und der Veräußerer oder eine ihm nahe stehende Person im Sinne des § 1 Absatz 2 des Außensteuergesetzes nach Ablauf einer Frist von zwei Jahren seit Eintragung des Erwerbers als REIT-Aktiengesellschaft in das Handelsregister an dieser mittelbar oder unmittelbar zu mehr als 50 Prozent beteiligt ist. ⁵Der Grundstückserwerber haftet für die sich aus dem rückwirkenden Wegfall der Steuerbefreiung ergebenden Steuern;

Inhaltsübersicht	Rz.
A. Allgemeine Erläuterungen	614 - 616
B. Systematische Kommentierung	617 - 626
I. Begünstigte Übertragungsvorgänge (§ 3 Nr. 70 Satz 1 EStG)	617 - 619
II. Ausschluss der Begünstigung (§ 3 Nr. 70 Satz 2 EStG)	620
III. Rückwirkender Wegfall der Steuerbefreiung (§ 3 Nr. 70 Satz 3 EStG)	621
IV. Rückwirkender Wegfall der Steuerbefreiung bei sale-and-lease-back-Geschäften (§ 3 Nr. 70 Satz 4 EStG)	622
V. Haftung des Grundstückserwerbers (§ 3 Nr. 70 Satz 5 EStG)	623 - 626

LITERATUR:

Lieber/Schönfeld, Sicherstellung einer angemessenen deutschen Besteuerung der ausländischen Anteilseigner eines deutschen REIT, IStR 2006, 126; *Schimmelschmidt/Tauser/Lagarrigue*, Immobilieninvestitionen deutscher Investoren in französische REITs, IStR 2006, 120; *Schultz/Theissen*, Der Referentenentwurf zum German Real Estate Investment Trust (G-REIT), DB 2006, 2144; *Stoschek/Dammann*, Internationale Systeme der Besteuerung von REITs, IStR 2006, 403; *Breinersdorfer/Schütz*, German Real Estate Investment Trust (G-REIT) – Ein Problemaufriss aus Sicht des Fiskus, DB 2007, 1487; *Kanzler*, Gesetz zur Schaffung deutscher Immobilien-Aktiengesellschaften mit börsennotierten Anteilen v. 28. 5. 2007 (Reit-Gesetz), in StRA, Spezial Steuergesetzgebung 2007/2008, 297; *Klühs/Schmidtbleicher*, Besteuerung ausländischer Anleger nach dem RegEntw. zur Einf. deutscher REITs, IStR 2007, 16; *Korezkij*, REITG: Exit-Tax bei der Übertragung von Immobilien auf eine REIT-AG und beim steuerlichen Statuswechsel, BB 2007, 1698; *Kracht*, Immobilieninvestments: alte und neue Gestaltungsmöglichkeiten mit REITs, GStB 2007, 107; *Schacht/Gänsler*, REITs in Deutschland und Großbritannien – ein Vergleich, IStR 2007, 99; *Sieker/Göckeler/Köster*, Das Gesetz zur Schaffung deutscher Immobilien-Aktiengesellschaften mit börsennotierten Anteilen (REITG), DB 2007, 933; *Spoerr/Hollands/Jakob*, Verfassungsrechtliche Rechtfertigung steuerrechtlicher Sonderregelungen zur transparenten Besteuerung von REITs, DStR 2007, 49; *Claßen*, Mobilisierung von Unternehmensimmobilien mit G-REITs, DStZ 2008, 641; *Gröpl*, Ausgewählte Steuerrechtsfragen der neuen REIT-Aktiengesellschaft, DStZ 2008, 62; *Tappen*, Steuerrechtsänderungen durch das geplante OGAW-IV-Umsetzungsgesetz, DStR 2011, 246; *Gragert*, INVEST-Zuschuss für Wagniskapital und seine steuerliche Behandlung, NWB 2017, 2326.

A. Allgemeine Erläuterungen

Normzweck und wirtschaftliche Bedeutung: Die Vorschrift stellt Veräußerungen von Immobilien des Betriebsvermögens an eine REIT-AG zur Hälfte steuerfrei. Der Gesetzgeber wollte damit die steuerbegünstigte Veräußerung (Exit Tax) der nicht betriebsnotwendigen Immobilien und die Zufuhr des freigesetzten Kapitals ins Kerngeschäft als wirtschaftspolitische Maßnahme fördern.[1]

Zur Entstehung und Entwicklung der Vorschrift: Durch das Gesetz zur Schaffung deutscher Immobilien-Aktiengesellschaften mit börsennotierten Anteilen v. 28. 5. 2007[2] wurde der Steuerbefreiungstatbestand des § 3 Nr. 70 EStG eingeführt. Durch das OGAW-IV-UmsG v. 22. 6. 2011[3] erfolgten Änderungen in § 3 Nr. 70 Satz 3 Buchst. b EStG. Es wurde die Frist für die Erreichung des Börsengangs einer Vor-Reit und damit die anschließende Möglichkeit einer steuerbegünstigten Veräußerung nach § 3 Nr. 70 EStG verlängert.

Vereinbarkeit mit Verfassungsrecht und Europarecht: Gegen die Vorschrift des § 3 Nr. 70 EStG bestehen keine verfassungsrechtlichen Bedenken.[4] Sie ist als Sozialzwecknorm (Zweck der Wirtschaftsförderung) gerechtfertigt. Problematisch ist aber die Vereinbarkeit mit Europarecht. Denn die Regelung bezieht sich auf Veräußerungen an eine inländische REIT-AG und dürfte daher europarechtswidrig sein. Denn § 3 Nr. 70 EStG begünstigt nur die Veräußerung an eine REIT-AG. § 1 Abs. 2 REITG verlangt für diese aber, dass sie ihren Sitz in Deutschland hat.[5]

---

1 BT-Drucks. 16/4026, 14.
2 BGBl 2007 I 914.
3 BGBl 2011 I 1126.
4 Ebenso *Thormöhlen* in Korn, § 3 Nr. 70 EStG Rz. 11; HHR/*Intemann*, § 3 Nr. 69 EStG Rz. 3.
5 Kritisch ebenfalls *von Beckerath* in Kirchhof/Söhn/Mellinghoff, § 3 Nr. 70 EStG Rz. 183; HHR/*Intemann*, § 3 Nr. 69 EStG Rz. 3; *Schultz/Theissen*, DB 2006, 2144.

B. Systematische Kommentierung

I. Begünstigte Übertragungsvorgänge (§ 3 Nr. 70 Satz 1 EStG)

617 Begünstigt sind die Veräußerung von Grund und Boden und Gebäuden (§ 3 Nr. 70 Satz 1 Buchst. a EStG) und der Übergang zur Ertragsteuerbefreiung (§ 3 Nr. 70 Satz 1 Buchst. b EStG).

Tatbestandsvoraussetzungen des § 3 Nr. 70 Satz 1 Buchst. a EStG: § 3 Nr. 70 Satz 1 Buchst. a EStG setzt i. E. voraus:

1. die Veräußerung von Grund und Boden und Gebäude,
2. die zu einem inländischen Betriebsvermögen und dort
3. zum Anlagevermögen gehören;
4. die Zugehörigkeit zum Anlagevermögen muss am 1. 1. 2007 mindestens fünf Jahre betragen haben;
5. die Veräußerung muss rechtswirksam durch einen obligatorischen Vertrag nach dem 31. 12. 2006 und vor dem 1. 1. 2010 erfolgt sein und
6. der Erwerber muss eine REIT-AG oder Vor-REIT sein.

618 **Veräußerung von Anteilen an Personengesellschaften:** Nach hier vertretener Ansicht kommt eine Veräußerung von Anteilen an einer Personengesellschaft, zu deren Vermögen Immobilien gehören, als Veräußerungstatbestand i. S. d. § 3 Nr. 70 Satz 1 Buchst. a EStG nicht in Betracht.[1] Der Gesetzeswortlaut lässt dies nicht zu. Eine analoge Anwendung ist m. E. nicht möglich, da nicht zu erkennen ist, dass der Gesetzgeber hier eine planwidrige Regelungslücke hinterlassen hat.

Zeitraum der begünstigten Veräußerung 1. 1. 2007 bis 31. 12. 2009: Mit der zeitlichen Begrenzung der Vergünstigung beabsichtigte der Gesetzgeber, eine Anschubhilfe für die Etablierung der REIT-AG in Deutschland zu schaffen. Maßgeblich ist der obligatorische Kaufvertrag, so dass das wirtschaftliche Eigentum an dem Grundstück auch später übergehen kann.

619 **Tatbestandsvoraussetzungen des § 3 Nr. 70 Satz 1 Buchst. b EStG:** erfasst die Fälle, in denen ein Statuswechsel vollzogen wird. Geht eine (Immobilien-)Gesellschaft in eine REIT-AG über, um aus der Steuerpflicht hinauszugelangen und zur Steuerbefreiung der REIT-AG zu kommen, so sind die Betriebsvermögensmehrungen zur Hälfte steuerfrei. Die Betriebsvermögensmehrungen entstehen durch den Wechsel nach § 17 Abs. 2 REITG i. V. m. § 3 Abs. 1 und 3 KStG (Teilwertansatz in der Schlussbilanz).

II. Ausschluss der Begünstigung (§ 3 Nr. 70 Satz 2 EStG)

620 In § 3 Nr. 70 Satz 2 EStG sind die Fälle geregelt, in denen die Steuerbegünstigung nach § 3 Nr. 70 Satz 1 EStG entfällt. Ausgenommen § 3 Nr. 70 Satz 2 Buchst. a EStG – dieser Betrifft nur den Veräußerer – sind alle anderen Ausnahmen auf den Veräußerer und auch auf die in eine REIT-AG umwandelnde AG bezogen.

---

1 Ebenso *von Beckerath* in Kirchoff/Söhn/Mellinghoff, § 3 Nr. 70 EStG Rz. B 70/52; HHR/*Intemann*, § 3 Nr. 70 EStG Rz. 8; *Schmidt/Behnes*, FR 2006, 1105, 1106.

III. Rückwirkender Wegfall der Steuerbefreiung (§ 3 Nr. 70 Satz 3 EStG)

In folgenden Fällen entfällt die Steuerbefreiung des § 3 Nr. 70 Satz 1 EStG rückwirkend: 621

- Veräußerung der begünstigten Wirtschaftsgüter durch den Erwerber in Veräußerungsfällen (Buchst. a);
- kein termingerechtes Eintragen des Vor-REIT oder seines Gesamtrechtsnachfolgers als REIT-AG in das Handelsregister (Buchst. b a. F. bis VZ 2010);
- Verlust des Status eines Vor-REIT durch den Vor-REIT oder seines Gesamtrechtsnachfolgers gem. § 10 Abs. 3 Satz 1 REITG, weil keine termingerechte Zulassung zur Börse erfolgt (Buchst. b n. F. ab VZ 2011);[1]
- Beendigung der Steuerbefreiung der REIT-AG innerhalb von vier Jahren nach Vertragsschluss des Veräußerungsvertrages bzw. dem Stichtag bei Beginn oder Erlöschen der Steuerbefreiung aufzustellenden Schlussbilanz (Buchst. c);
- Entzug des Status als Vor-REIT durch das Bundeszentralamt für Steuern (Buchst. d).

IV. Rückwirkender Wegfall der Steuerbefreiung bei sale-and-lease-back-Geschäften (§ 3 Nr. 70 Satz 4 EStG)

Werden die begünstigt übertragenen Wirtschaftsgüter vom Erwerber wieder dem Veräußerer oder eine ihm nahestehende Person i. S. d. § 1 Abs. 2 AStG überlassen, entfällt die Steuerbefreiung rückwirkend, wenn der Veräußerer oder eine ihm nahestehende Person an der erwerbenden Kapitalgesellschaft zu mehr als 50 % beteiligt ist. Unmittelbare und mittelbare Beteiligungen sind zusammenzurechnen.[2] Eine Überlassung stellt ein Miet-, Pacht oder ein sonstiger Nutzungsvertrag dar.[3] 622

V. Haftung des Grundstückserwerbers (§ 3 Nr. 70 Satz 5 EStG)

In § 3 Nr. 70 Satz 5 EStG ist eine eigenständige materielle Haftungsvorschrift aufgenommen worden. Entfällt rückwirkend die Steuerbefreiung, so haftet die REIT-AG für die aus der Rückabwicklung sich ergebenden Steuern. Der Grundstückserwerber kann vom Finanzamt durch Haftungsbescheid nach § 191 AO in Haftung genommen werden.[4] Er haftet neben dem Steuerschuldner (Veräußerer). 623

(Einstweilen frei) 624–626

§ 3 Nr. 71 EStG

Steuerfrei sind ...

[5,6]der aus einer öffentlichen Kasse gezahlte Zuschuss

a) für den Erwerb eines Anteils an einer Kapitalgesellschaft in Höhe von 20 Prozent der Anschaffungskosten, höchstens jedoch 100 000 Euro. ²Voraussetzung ist, dass

---

1 *Tappen*, DStR 11, 246, 247.
2 *Erhard* in Blümich, § 3 Nr. 70 EStG Rz. 8; *Stangl* in Helios/Wewel/Wiesbrock, REIT-Gesetz, 2008, § 3 Nr. 70 EStG Rz. 101.
3 *Erhard* in Blümich, § 3 Nr. 70 EStG Rz. 8.
4 Zur Haftung i. E. s. *Nacke*, Haftung für Steuerschulden, 4. Aufl., 2017, Rz. 8.1 ff.
5 **Anm. d. Red.:** § 3 Nr. 71 i. d. F. des Gesetzes v. 27. 6. 2017 (BGBl I S. 2074) mit Wirkung v. 5. 7. 2017.
6 **Anm. d. Red.:** Zur Anwendung des § 3 Nr. 71 siehe § 52 Abs. 4 Sätze 16 und 17.

aa) der Anteil an der Kapitalgesellschaft länger als drei Jahre gehalten wird,

bb) die Kapitalgesellschaft, deren Anteil erworben wird,

    aaa) nicht älter ist als sieben Jahre, wobei das Datum der Eintragung der Gesellschaft in das Handelsregister maßgeblich ist,

    bbb) weniger als 50 Mitarbeiter (Vollzeitäquivalente) hat,

    ccc) einen Jahresumsatz oder eine Jahresbilanzsumme von höchstens 10 Millionen Euro hat und

    ddd) nicht an einem regulierten Markt notiert ist und keine solche Notierung vorbereitet,

cc) der Zuschussempfänger das 18. Lebensjahr vollendet hat oder eine GmbH oder Unternehmergesellschaft ist, bei der mindestens ein Gesellschafter das 18. Lebensjahr vollendet hat und

dd) für den Erwerb des Anteils kein Fremdkapital eingesetzt wird. ²Wird der Anteil von einer GmbH oder Unternehmergesellschaft im Sinne von Doppelbuchstabe cc erworben, gehören auch solche Darlehen zum Fremdkapital, die der GmbH oder Unternehmergesellschaft von ihren Anteilseignern gewährt werden und die von der GmbH oder Unternehmergesellschaft zum Erwerb des Anteils eingesetzt werden.

b) anlässlich der Veräußerung eines Anteils an einer Kapitalgesellschaft im Sinne von Buchstabe a in Höhe von 25 Prozent des Veräußerungsgewinns, wenn

    aa) der Veräußerer eine natürliche Person ist,

    bb) bei Erwerb des veräußerten Anteils bereits ein Zuschuss im Sinne von Buchstabe a gezahlt und nicht zurückgefordert wurde,

    cc) der veräußerte Anteil frühestens drei Jahre (Mindesthaltedauer) und spätestens zehn Jahre (Höchsthaltedauer) nach Anteilserwerb veräußert wurde,

    dd) der Veräußerungsgewinn nach Satz 2 mindestens 2 000 Euro beträgt und

    ee) der Zuschuss auf 80 Prozent der Anschaffungskosten begrenzt ist.

²Veräußerungsgewinn im Sinne von Satz 1 ist der Betrag, um den der Veräußerungspreis die Anschaffungskosten einschließlich eines gezahlten Agios übersteigt. ³Erwerbsneben- und Veräußerungskosten sind nicht zu berücksichtigen.

Inhaltsübersicht

	Rz.
A. Allgemeine Erläuterungen	627
B. Systematische Kommentierung	628 - 630

HINWEIS:
Richtlinie zur Bezuschussung v. Wagniskapital privater Investoren für junge innovative Unternehmen – Invest-Zuschuss für Wagniskapital – v. 2. 4. 2014, Bundesanzeiger v. 17. 4. 2014.

LITERATUR:
Nacke in StRA, Spezial Steuergesetzgebung 2014/2015, 37.

A. Allgemeine Erläuterungen

Normzweck und wirtschaftliche Bedeutung: Der INVEST-Zuschuss für Wagniskapital, der im Mai 2013 vom federführenden Bundesministerium für Wirtschaft und Energie im Rahmen der Bemühungen der Bundesregierung zur Verbesserung der Rahmenbedingungen für Beteiligungskapital eingeführt wurde, wird steuerfrei gestellt. Business Angels erhalten danach für ihre Investments in nicht börsennotierte Kapitalgesellschaften einen Zuschuss i. H. v. 20 % der investierten Summe (bezuschusste Investitionen von mindestens 10 000 € und höchstens 250 000 €).[1]

Zur Entstehung und Entwicklung der Vorschrift: Die Vorschrift ist durch Art. 4 Nr. 1 Buchst. b ZollkodexAnpG v. 22. 12. 2014[2] in das EStG eingefügt worden. Sie ist durch das Gesetz gegen schädliche Steuerpraktiken im Zusammenhang mit Rechteüberlassungen vom 27.6.2017[3] an die neuen Förderbedingungen für Wagniskapital angepasst worden.

Vereinbarkeit mit Verfassungsrecht: Die Regelung ist konstitutiv, da es sich bei diesen Leistungen um ansonsten steuerpflichtigen Betriebseinnahmen handelt.[4] Sie begegnet keinen verfassungsrechtlichen Bedenken. Als Sozialzweckbefreiung dient sie der Wirtschaftsförderung und daher gerechtfertigt.

Zeitlicher Anwendungsbereich: Die Neuregelung gilt ab VZ 2013.[5] Die Änderung durch das Gesetz gegen schädliche Steuerpraktiken im Zusammenhang mit Rechteüberlassungen vom 27.6.2017 gilt ab VZ 2017.[6]

B. Systematische Kommentierung

Allgemeines zum INVEST: Die neue Steuerbefreiung betrifft den sog. INVEST-Zuschuss. Dieser Zuschuss wird vom Bundesamt für Wirtschaft und Ausfuhrkontrolle (BAFA) nach der Richtlinie zur Bezuschussung von Wagniskapital privater Investoren für junge innovative Unternehmen (INVEST) gewährt. Hiernach können natürliche Personen – auch als Business Angels bezeichnet – einen Zuschuss beantragen, um sich an neuen Unternehmen zu beteiligen. Dabei muss die BAFA die Förderfähigkeit bescheinigt haben. Die Förderhöhe beträgt 20 % der investierten Summe, wobei die Investitionssumme mindestens 10 000 € pro Investor und Jahr betragen muss. Die Förderobergrenze der Investition beträgt 250 000 €. Mit dem Förderinstrument soll für innovative Unternehmen Wagniskapital zur Verfügung gestellt werden.[7]

Besteuerung: Bisher war ertragsteuerlich der Investitionszuschuss anders als die Investitionszulage voll steuerpflichtig. Mit dem neuen § 3 Nr. 71 EStG soll der Investitionszuschuss ab VZ 2013 steuerfreigestellt werden. Dabei orientieren sich die Tatbestandsmerkmale an den Regeln für die Bezuschussung. Die Steuerfreistellung erstreckt sich somit auf max. 20 % von 250 000 €, also auf 50 000 € (ab VZ 2017 100 000 €). Der Bundesrat wollte wegen der Gefahr einer Ausdehnung des Anwendungsbereichs Änderungen an dem Konzept erreichen; jedoch

---

1 BR-Drucks. 432/14, 40.
2 BGBl 2014 I 2417.
3 BGBl 2017 I 2074.
4 BR-Drucks. 432/14, 40.
5 § 52 Abs. 4 Satz 2 EStG und Art. 16 Abs. 1 ZollkodexAnpG.
6 § 52 Abs. 4 Satz 3 EStG BGBl. 2017 I 2074.
7 Zum Konzept der Förderung s. www.bafa.de/fafa/de/wirtschaftsfoerderung/invest/.

entspricht das Zollkodex-AnpG dem Referentenentwurf. Die Gefahr einer Ausdehnung auf andere Programme wurde nicht für real gehalten.¹

630 **Rückwirkung auf den VZ 2013:** Die rückwirkende Steuerbefreiung ab VZ 2013 resultiert aus dem im Jahr 2013 aufgelegten Förderprogramm. Die für das Jahr 2013 als sog. echte Rückwirkung zu bezeichnende Steuerbefreiung kommt zunächst nur in den offenen Fällen zum Tragen. Bei bestandskräftigen Veranlagungen sind gleichwohl Änderungen möglich.

§ 3a Sanierungserträge

(1) ¹Betriebsvermögensmehrungen oder Betriebseinnahmen aus einem Schuldenerlass zum Zwecke einer unternehmensbezogenen Sanierung im Sinne des Absatzes 2 (Sanierungsertrag) sind steuerfrei. ²Sind Betriebsvermögensmehrungen oder Betriebseinnahmen aus einem Schuldenerlass nach Satz 1 steuerfrei, sind steuerliche Wahlrechte in dem Jahr, in dem ein Sanierungsertrag erzielt wird (Sanierungsjahr) und im Folgejahr im zu sanierenden Unternehmen gewinnmindernd auszuüben. ³Insbesondere ist der niedrigere Teilwert, der nach § 6 Absatz 1 Nummer 1 Satz 2 und Nummer 2 Satz 2 angesetzt werden kann, im Sanierungsjahr und im Folgejahr anzusetzen.

(2) Eine unternehmensbezogene Sanierung liegt vor, wenn der Steuerpflichtige für den Zeitpunkt des Schuldenerlasses die Sanierungsbedürftigkeit und die Sanierungsfähigkeit des Unternehmens, die Sanierungseignung des betrieblich begründeten Schuldenerlasses und die Sanierungsabsicht der Gläubiger nachweist.

(3) ¹Nicht abziehbare Beträge im Sinne des § 3c Absatz 4, die in Veranlagungszeiträumen vor dem Sanierungsjahr und im Sanierungsjahr anzusetzen sind, mindern den Sanierungsertrag. ²Dieser Betrag mindert nacheinander

1. den auf Grund einer Verpflichtungsübertragung im Sinne des § 4f Absatz 1 Satz 1 in den dem Wirtschaftsjahr der Übertragung nachfolgenden 14 Jahren verteilt abziehbaren Aufwand des zu sanierenden Unternehmens, es sei denn, der Aufwand ist gemäß § 4f Absatz 1 Satz 7 auf einen Rechtsnachfolger übergegangen, der die Verpflichtung übernommen hat und insoweit der Regelung des § 5 Absatz 7 unterliegt. ²Entsprechendes gilt in Fällen des § 4f Absatz 2;

2. den nach § 15a ausgleichsfähigen oder verrechenbaren Verlust des Unternehmers (Mitunternehmers) des zu sanierenden Unternehmens des Sanierungsjahrs;

3. den zum Ende des dem Sanierungsjahr vorangegangenen Wirtschaftsjahrs nach § 15a festgestellten verrechenbaren Verlust des Unternehmers (Mitunternehmers) des zu sanierenden Unternehmens;

4. den nach § 15b ausgleichsfähigen oder verrechenbaren Verlust derselben Einkunftsquelle des Unternehmers (Mitunternehmers) des Sanierungsjahrs; bei der Verlustermittlung bleibt der Sanierungsertrag unberücksichtigt;

5. den zum Ende des dem Sanierungsjahr vorangegangenen Jahrs nach § 15b festgestellten verrechenbaren Verlust derselben Einkunftsquelle des Unternehmers (Mitunternehmers);

---

1 *Hechtner* im Rahmen der öffentlichen Anhörung am 24. 11. 2014; s. http://www.bundestag.de.

6. den nach § 15 Absatz 4 ausgleichsfähigen oder nicht abziehbaren Verlust des zu sanierenden Unternehmens des Sanierungsjahrs;

7. den zum Ende des dem Sanierungsjahr vorangegangenen Jahrs nach § 15 Absatz 4 festgestellten in Verbindung mit § 10d Absatz 4 verbleibenden Verlustvortrag, soweit er auf das zu sanierende Unternehmen entfällt;

8. den Verlust des Sanierungsjahrs des zu sanierenden Unternehmens;

9. den ausgleichsfähigen Verlust aus allen Einkunftsarten des Veranlagungszeitraums, in dem das Sanierungsjahr endet;

10. im Sanierungsjahr ungeachtet des § 10d Absatz 2 den nach § 10d Absatz 4 zum Ende des Vorjahrs gesondert festgestellten Verlustvortrag;

11. in der nachfolgenden Reihenfolge den zum Ende des Vorjahrs festgestellten und den im Sanierungsjahr entstehenden verrechenbaren Verlust oder die negativen Einkünfte
    a) nach § 15a,
    b) nach § 15b anderer Einkunftsquellen,
    c) nach § 15 Absatz 4 anderer Betriebe und Mitunternehmeranteile,
    d) nach § 2a,
    e) nach § 2b,
    f) nach § 23 Absatz 3 Satz 7 und 8,
    g) nach sonstigen Vorschriften;

12. ungeachtet der Beträge des § 10d Absatz 1 Satz 1 die negativen Einkünfte nach § 10d Absatz 1 Satz 1 des Folgejahrs. ²Ein Verlustrücktrag nach § 10d Absatz 1 Satz 1 ist nur möglich, soweit die Beträge nach § 10d Absatz 1 Satz 1 durch den verbleibenden Sanierungsertrag im Sinne des Satzes 4 nicht überschritten werden;

13. den zum Ende des Vorjahrs festgestellten und den im Sanierungsjahr entstehenden
    a) Zinsvortrag nach § 4h Absatz 1 Satz 5,
    b) EBITDA-Vortrag nach § 4h Absatz 1 Satz 3. ²Die Minderung des EBITDA-Vortrags des Sanierungsjahrs und der EBITDA-Vorträge aus vorangegangenen Wirtschaftsjahren erfolgt in ihrer zeitlichen Reihenfolge.

³Übersteigt der geminderte Sanierungsertrag nach Satz 1 die nach Satz 2 mindernden Beträge, mindern sich insoweit nach Maßgabe des Satzes 2 auch der verteilt abziehbare Aufwand, Verluste, negative Einkünfte, Zinsvorträge oder EBITDA-Vorträge einer dem Steuerpflichtigen nahestehenden Person, wenn diese die erlassenen Schulden innerhalb eines Zeitraums von fünf Jahren vor dem Schuldenerlass auf das zu sanierende Unternehmen übertragen hat und soweit der entsprechende verteilt abziehbare Aufwand, die Verluste, negativen Einkünfte, Zinsvorträge oder EBITDA-Vorträge zum Ablauf des Wirtschaftsjahrs der Übertragung bereits entstanden waren. ⁴Der sich nach den Sätzen 2 und 3 ergebende Betrag ist der verbleibende Sanierungsertrag. ⁵Die nach den Sätzen 2 und 3 mindernden Beträge bleiben endgültig außer Ansatz und nehmen an den entsprechenden Feststellungen der verrechenbaren Verluste, verbleibenden Verlustvorträge und sonstigen Feststellungen nicht teil.

(4) ¹Sind Einkünfte aus Land- und Forstwirtschaft, Gewerbebetrieb oder selbständiger Arbeit nach § 180 Absatz 1 Satz 1 Nummer 2 Buchstabe a oder b der Abgabenordnung gesondert festzustellen, ist auch die Höhe des Sanierungsertrags nach Absatz 1 Satz 1 sowie die Höhe der nach Absatz 3 Satz 2 Nummer 1 bis 6 und 13 mindernden Beträge gesondert festzustellen. ²Zuständig für die gesonderte Feststellung nach Satz 1 ist das Finanzamt, das für die gesonderte Feststellung nach § 180 Absatz 1 Satz 1 Nummer 2 der Abgabenordnung zuständig ist. ³Wurden verrechenbare Verluste und Verlustvorträge ohne Berücksichtigung des Absatzes 3 Satz 2 bereits festgestellt oder ändern sich die nach Absatz 3 Satz 2 mindernden Beträge, ist der entsprechende Feststellungsbescheid insoweit zu ändern. ⁴Das gilt auch dann, wenn der Feststellungsbescheid bereits bestandskräftig geworden ist; die Feststellungsfrist endet insoweit nicht, bevor die Festsetzungsfrist des Einkommensteuerbescheids oder Körperschaftsteuerbescheids für das Sanierungsjahr abgelaufen ist.

(5) ¹Erträge aus einer nach den §§ 286 ff. der Insolvenzordnung erteilten Restschuldbefreiung, einem Schuldenerlass auf Grund eines außergerichtlichen Schuldenbereinigungsplans zur Vermeidung eines Verbraucherinsolvenzverfahrens nach den §§ 304 ff. der Insolvenzordnung oder auf Grund eines Schuldenbereinigungsplans, dem in einem Verbraucherinsolvenzverfahren zugestimmt wurde oder wenn diese Zustimmung durch das Gericht ersetzt wurde, sind, soweit es sich um Betriebsvermögensmehrungen oder Betriebseinnahmen handelt, ebenfalls steuerfrei, auch wenn die Voraussetzungen einer unternehmensbezogenen Sanierung im Sinne des Absatzes 2 nicht vorliegen. ²Absatz 3 gilt entsprechend.

Inhaltsübersicht

	Rz.
A. Allgemeine Erläuterungen	1 - 39
I. Normzweck und Bedeutung der Vorschrift	1 - 3
II. Entstehung und Entwicklung der Steuerbefreiung für Sanierungsgewinne	4 - 5
III. Geltungsbereich des § 3a EStG	6 - 10
1. Sachlicher Geltungsbereich	6
2. Persönlicher Geltungsbereich	7
3. Anwendung des § 3a EStG bei Auslandsbeziehungen	8
4. Zeitlicher Anwendungsbereich des § 3a EStG	9 - 10
IV. Vereinbarkeit mit höherrangigem Recht	11 - 17
1. Verfassungsmäßigkeit der Steuerbefreiung	11 - 13
2. Vereinbarkeit mit dem unionsrechtlichen Beihilfeverbot	14 - 17
V. Verhältnis zu anderen Regelungen	18 - 39
1. Verhältnis zu den einkommensteuerrechtlichen Vorschriften	18 - 24
a) Verhältnis zu den Gewinnermittlungsvorschriften	18 - 23
b) Verhältnis zu den Vorschriften über Verlustberücksichtigung	24
2. Verhältnis zur Körperschaftsteuer und Gewerbesteuer	25 - 26
3. Verhältnis zum Schenkungsteuerrecht	27
4. Verhältnis zum Steuererlass (§§ 163, 227 AO)	28
5. Verhältnis zur Umsatzsteuer	29 - 30
6. Verhältnis zum Insolvenzrecht	31 - 39
B. Systematische Kommentierung	40 - 179
I. Überblick zu Tatbestandsvoraussetzungen und Rechtsfolgen des § 3a EStG	40 - 43
1. Unternehmensbezogene Sanierung (§ 3a Abs. 1 bis 3 EStG)	40 - 42
2. Unternehmerbezogene Sanierung (§ 3a Abs. 5 EStG)	43
II. Steuerbefreiung von Sanierungserträgen nach § 3a Abs. 1 EStG	44 - 99
1. Die Sanierung	44 - 52
a) Begriff und Arten der Sanierung	44 - 48
b) Gerichtliches und außergerichtliches Sanierungsverfahren	49 - 52

2.	Begriff des Sanierungsertrags und Anwendungsbereich der Steuerbefreiung	53 - 63
3.	Steuerbefreiung von Amts wegen	64
4.	Sanierungsertrag aus einem Schuldenerlass zum Zwecke der Sanierung	65 - 85
	a) Betrieblich begründeter Schuldenerlass	65 - 67
	b) Forderungsverzichte von Gesellschaftern	68 - 77
	c) Arten des Schuldenerlasses	78 - 82
	d) Nicht begünstigte Sanierungsmaßnahmen (kein sanierungsbedingter Schuldenerlass i. S.d. § 3a EStG)	83 - 85
5.	Schuldenerlass zum Zwecke einer unternehmensbezogenen Sanierung (§ 3a Abs. 1 Satz 1 EStG)	86
6.	Zwang zur gewinnmindernden Ausübung von Wahlrechten im Sanierungs- und Folgejahr (§ 3a Abs. 1 Sätze 2 und 3 EStG)	87 - 99
III.	Unternehmensbezogene Sanierung (§ 3a Abs. 2 EStG)	100 - 125
1.	Begriff der unternehmensbezogenen Sanierung	100 - 107
2.	Die vier Tatbestandsvoraussetzungen der unternehmensbezogenen Sanierung	108 - 125
	a) Gleichzeitiges Vorliegen und Nachweis der Tatbestandsvoraussetzungen für den Zeitpunkt des Schuldenerlasses	108
	b) Sanierungsbedürftigkeit des Unternehmens	109 - 112
	c) Sanierungsfähigkeit des Unternehmens und Sanierungseignung des betrieblich begründeten Schuldenerlasses	113 - 114
	d) Sanierungsabsicht der Gläubiger	115
	e) Nachweis der Sanierungsvoraussetzungen für den Zeitpunkt des Schuldenerlasses	116 - 125
IV.	Verrechnung von Verlustpotenzial mit dem geminderten Sanierungsertrag (§ 3a Abs. 3 EStG)	126 - 169
1.	Bedeutung und Grundsätze der Verrechnungsregelungen	126 - 130
2.	Ermittlung des geminderten Sanierungsertrags (§ 3a Abs. 3 Satz 1 EStG)	131 - 143
3.	Verbrauch von Verrechnungspotenzialen beim sanierungsbedürftigen Unternehmen, Unternehmer oder Mitunternehmer (§ 3a Abs. 3 Satz 2 EStG)	144 - 161
	a) Grundsätze zur Ermittlung des verbleibenden Sanierungsertrags	144 - 145
	b) Reihenfolge der Verlust- und Aufwandsverrechnung	146 - 161
4.	Erweiterung der Minderungsregelungen auf dem Steuerpflichtigen nahestehende Personen (§ 3a Abs. 3 Satz 3 EStG)	162 - 165
5.	Rechtsfolgen des § 3a Abs. 3 Sätze 2 und 3 EStG (§ 3a Abs. 3 Sätze 4 und 5 EStG)	166 - 169
V.	Gesonderte Feststellung sanierungsbedingter Beträge und Korrektur des Feststellungsbescheids (§ 3a Abs. 4 EStG)	170 - 172
VI.	Begünstigung unternehmerbezogener Sanierungen in bestimmten Ausnahmefällen (§ 3a Abs. 5 EStG)	173 - 179
C. Verfahrensfragen		180 - 182

LITERATUR (LITERATUR ZU § 3 NR. 66 A. F. UND ZUM SANIERUNGSERLASS S. VORAUFLAGE UND ONLINE-VERSION)

▶ Weitere Literatur siehe Online-Version

Brandau/Neckenich/Reich/Reimer, Brennpunkt Beihilfenrecht: Das deutsche Steuerrecht auf dem Prüfstand, BB 2017, 1175; *Desens*, Die neue Besteuerung von Sanierungserträgen, FR 2017, 981; *Förster/Hechtner*, Steuerbefreiung von Sanierungsgewinnen gem. §§ 3a, 3c Abs. 4 EStG, DB 2017, 1536; *Hechtner*, Vom Sanierungserlass zur Sanierungsnorm § 3a EStG, NWB 2017, 1275; *Hey*, Steuerbefreiung für Sanierungsgewinne und EU-Beihilferecht – Zum Notifizierungsverfahren, FR 2017, 453; *Kahlert/Schmidt*, Die neue Steuerfreiheit des Sanierungsertrags - Fragen und Antworten, DStR 2017, 1897; *Kanzler*, Vergangenheit und Zukunft des Sanierungsgewinns, NWB 2017, 1409; *Kanzler*, Neuregelung der Steuerbefreiung von Sanierungsgewinnen nach §§ 3a, 3c Abs. 4 EStG, NWB 2017, 2260; *Kanzler*, Steuerbefreiung von Sanierungsgewinnen, NWB 2017, 2260; *Kanzler*, Auch als vertrauensschützende Übergangsregelung für Altfälle ist der Sanierungserlass rechtswidrig, NWB 2017, 3472; *Rätke*, Totgesagte leben länger - Neues zum Sanierungserlass - Reaktion des Gesetzgebers auf BFH-Rechtsprechung und Handlungsempfehlungen, BBK 2017, 411; *Sistermann/Beutel*, Unternehmenssanierungen nach der Grundsatzentscheidung des Großen Senats des BFH, DStR 2017, 1065; *Suchanek/Schaaf/Hannweber*, Interpersoneller Verlustuntergang gemäß der Neuregelung der Sanierungsgewinnbesteuerung, WPg 2017, 909; *Uhländer*, Die Besteuerung von Sanierungsgewinnen in laufenden Verfahren, DB 2017, 1224; *Balbinot*, Europäisches Beihilfeverbot vs. Mitgliedstaatliche Steuersouveränität – eine kritische Untersuchung der Anwendung des Art. 107 Abs. 1 AEUV im Steuerrecht, FR 2018, 729; *de Weerth*, EU-Kommission entscheidet zur Steuerfreistellung von Sanierungsgewinnen, ZInsO 2018, 1893; *Fuhrmann/Brill/Bodden*, Unternehmen in der Krise – Beratungschancen und -risiken im Vorfeld der Krise und in der Krise (kösdi-Spezialseminar), Köln 2018; *Hechtner*, Steuerpolitisches Update aus Berlin: Stand der Gesetzgebung, NWB 2018, 2455; *Hiller/Baschnagel*, Update zur Besteuerung von Sanierungsgewinnen, DStZ 2018, 17; *Kanzler*, Beredtes Schweigen des Gesetzgebers zum Sanierungserlass für Altfälle, NWB 2018, 1353; *Kanzler*, Die Reanimation des steuerfreien Sanierungsgewinns, FR 2018, 794; *Kanzler*, "JStG 2018": Korrektur kleiner und größerer Versäumnisse, NWB 2018, 3577; *Lampe/Breuer/Hotze*, Erfahrungen mit § 3a EStG im Rahmen eines Insolvenzplanverfahrens unter Einholung einer verbindlichen Auskunft, DStR 2018, 173; *Märtens*, Problematik von Nichtanwendungserlassen zulasten des Fiskus am Beispiel der rechts(prechungs)brechenden Anwendung des Sanierungserlasses, DStR 2018, 2301; *Martini*, Gerichtlicher Rechtsschutz im europäischen Beihilfenrecht, StuW 2018, 337; *Möhlenkamp*, Steuerfreie Sanierungsgewinne, EU-Beihilfenverbot und Wettbewerb, ZIP 2018, 1907; *Schmittmann*, Das Ende einer langen Reise: EuGH macht den Weg für die Steuerfreiheit von Sanierungsgewinnen frei, StuB 2018, 515; *Skauradszun*, Die praktische Konkordanz bei der Steuerfreiheit von Sanierungsgewinnen anhand §§ 3a, 3c EStG, § 7b GewStG n. F., ZIP 2018, 1901; *Steinhauff*, Keine Berücksichtigung des sog. Sanierungserlasses im finanzgerichtlichen Verfahren, jurisPR-SteuerR 30/2018 Anm. 1; *Uhländer*, Sanierungsgewinne: "Steuerbefreiung" für Neufälle und auf Antrag für Altfälle, DB 2018, 2788; *Völkel*, EU-Kommission billigt Steuerbefreiung für Sanierungsgewinne - Dennoch Gesetzesänderung erforderlich, DB 2018, 2080; *Willeke/Schädlich/Wons*, Anforderungen an Sanierungskonzepte (IDW S 6), StuB 2018, 700; *Förster/Hechtner*, Neue gesetzliche Rahmenbedingungen im Sanierungssteuerrecht, DB 2019, 10.

LITERATUR ZUM INSOLVENZRECHT:

Eidenmüller, Strategische Insolvenz: Möglichkeiten, Grenzen, Rechtsvergleichung, ZIP 2014, 1197; *Ehlers*, Der Umgang mit dem Insolvenzplan - Eine Sanierungsvariante mit wachsender Bedeutung, NWB 2015, 2880; *Bulgrin*, Die strategische Insolvenz - Zwischen Missbrauch und kunstgerechter Handhabung des Insolvenzplanverfahrens als gesellschaftsrechtliches Gestaltungsinstrument, Tübingen 2016; *Kranzusch*, Das eigenverwaltete Insolvenzverfahren als Sanierungsweg - veränderte Nutzung seit der Insolvenzrechtsreform von 2012, ZInsO 2016, 1077; *Römermann*, Sanierungshandbuch für Steuerberater, Herne, 2017; *Seibt/Bulgrin*, Strategische Insolvenz: Insolvenzplanverfahren als Gestaltungsinstrument zur Überwindung bestandsgefährdender Umstände, ZIP 2017, 353.

A. Allgemeine Erläuterungen

I. Normzweck und Bedeutung der Vorschrift

1 **Steuerrechtlicher Beitrag zu einem modernen Insolvenz- und Restrukturierungsverfahren:** Als normierter Billigkeitserlass dient die Regelung des § 3a EStG der Planungssicherheit des Unternehmens im Sanierungsverfahren und soll zugleich den Interessen der Gläubiger am Fortbestand des sanierungsbedürftigen Unternehmens Rechnung tragen.[1] Dass auch der Fiskus die Bedeutung einer Privilegierung von Sanierungserträgen erkannt hat, wird schon durch die Regelung der Steuerbefreiung in dem vom Großen Senat des BFH beanstandeten BMF-Schrei-

---

1 BT-Drucks. 18/12128, 31; zur Rechts- und Planungssicherheit durch gesetzliche Regelung s. auch Förster, FR 2017, 1002, 1003.

ben[1] und die danach erfolgte gesetzliche Normierung bestätigt. Der Gesetzgeber sieht sich damit auch im Einklang mit Bemühungen der EU–Kommission, die rechtlichen Rahmenbedingungen für eine frühzeitige Restrukturierung notleidender Unternehmen zu verbessern und sinnlose Liquidationen zu verhindern.[2]

Steuersystematisch handelt es sich bei § 3a EStG, wie bereits bei § 3 Nr. 66 EStG a. F., um eine Sozialzweck- oder Lenkungsnorm. Als solche entzieht sie sich einerseits einer „engen" Auslegung, schließt andererseits aber auch eine analoge Anwendung auf andere nicht begünstigte Sanierungsmaßnahmen aus.[3] Unter dem Gesichtspunkt leistungsfähigkeitsgerechter Besteuerung wird das Sanierungsprivileg auch als Bestandteil eines am Übermaßverbot ausgerichteten Regelsteuersystems gesehen.[4]

Bedeutung der Rechtsentwicklung für die Auslegung des § 3a EStG: Die Neuregelung des Sanierungsprivilegs steht ersichtlich in der Tradition seiner Rechtsentwicklung der vergangenen 90 Jahre (s. → Rz. 4 f.). Das zeigt sich nicht nur in der Beschränkung der Steuerbegünstigung auf den Schuldenerlass, sondern ebenso in der Übernahme der von der Rechtsprechung entwickelten Begriffe der unternehmens- und unternehmerbezogenen Sanierung. Auch die nun in das Gesetz aufgenommenen Tatbestandsvoraussetzungen der Sanierungsbedürftigkeit, -fähigkeit, -eignung und -absicht beruhen auf der Rechtsprechung des RFH und des BFH, so dass zur Auslegung der neuen Vorschriften auf die Judikatur zu § 3 Nr. 66 EStG a. F. zurückgegriffen werden kann.

II. Entstehung und Entwicklung der Steuerbefreiung für Sanierungsgewinne

Rechtslage bis zur Neuregelung 2017: Die Steuerbefreiung von Sanierungsgewinnen ist ursprünglich ein Ergebnis richterlicher Rechtsfortbildung für die Einkommensteuer,[5] die die Finanzverwaltung auch für die Körperschaftsteuer übernommen hat.[6] Erst durch KStG 1934[7] wurde die Praxis der Finanzverwaltung mit § 11 Nr. 4 KStG a. F. legalisiert und mit dem KStRG[8] als § 3 Nr. 66 in das EStG übernommen. Diese Regelung nach der „Erhöhungen des Betriebsvermögens, die dadurch entstehen, dass Schulden zum Zweck der Sanierung ganz oder teilweise erlassen werden" steuerfrei waren, wurde ab 1998 durch das UntRefG 1997[9] mit der Begründung aufgehoben, das Sanierungsprivileg führe im Zusammenhang mit dem unbegrenzten Verlustabzug zu einer Doppelbegünstigung.[10] Ab 2003 gab es dann wieder eine Verwaltungsanweisung zur ertragsteuerlichen Behandlung von Sanierungsgewinnen, die unter bestimm-

---

1 BMF v. 27.3.2003, BStBl 2003 I 240.
2 Dazu Richtlinienvorschlag der EU-Kommission vom 22.11.2016 (COM [2016] 723 final über präventive Restrukturierungsrahmen, die zweite Chance und Maßnahmen zur Steigerung der Effizienz von Restrukturierungs-, Insolvenz- und Entschuldungsverfahren und zur Änderung der Richtlinie 2012/30/EU).
3 HHR/Kanzler, § 3 Nr. 66 EStG a. F. Anm. 5 m.w. N. (5/1995) www.ertragsteuerrecht.de/hhr_archiv.htm.
4 So der X. Senat des BFH in seinem Vorlagebeschluss v. 24.3.2915 - X R 23/13, BStBl 2015 II 696; gl. A. *Hey*, FR 2017, 453, 455 m.w. N.
5 RFH v. 30.6.1927 - VI A 297/27, RStBl 1927, 197 und v. 12.12.1928 - VI A 1499/28, RStBl 1929, 86.
6 RdErl. v. 30.1.1930, RStBl 1930, 78.
7 V. 16.10.1934, RGBl I 1934, 1031.
8 V. 31.8.1976, BGBl I 1976, 2597.
9 V. 29.10.1997, BGBl I 1997, 2590.
10 BT-Drucks. 13/7480, 192. Eine Begründung, die schon bald nicht mehr tragfähig war, nachdem der Gesetzgeber den Verlustausgleich und -abzug durch das StEntlG 1999/2000/2002 v. 24. 3. 1999, BGBl I 1999, 402 empfindlich eingeschränkt hatte (dazu *Kanzler*, FR 2003, 480, 481).

ten Voraussetzungen einen Steuererlass aus sachlichen Billigkeitsgründen vorsah,[1] die aber vom BFH wegen Verstoßes gegen den Gesetzesvorbehalt beanstandet wurde (s. → Rz. 5).

5 **Neuregelung der Steuerbefreiung 2017:** Nachdem der Große Senat des BFH diesem BMF-Schreiben wegen Verstoßes gegen den Grundsatz der Gesetzmäßigkeit der Verwaltung seine Anerkennung versagt hatte,[2] sah sich der Gesetzgeber wieder in der Verantwortung.

Lizenzschrankengesetz v. 27.6.2017: Auf Empfehlung des Finanz- und des Wirtschaftsausschusses an den Bundesrat[3] wurden die §§ 3a,[4] 3c Abs. 4 EStG und § 7b GewStG als neue Regelungen zur Steuerbefreiung von Sanierungsgewinnen in das laufende Gesetzgebungsverfahren zur Einführung einer Lizenzschranke aufgenommen. Dieses Gesetz mit dem Titel „Gesetz gegen schädliche Steuerpraktiken im Zusammenhang mit Rechteüberlassungen"[5] sieht zudem Änderungen und Ergänzungen der §§ 8, 8c, 8d und 15 KStG vor, die sich auf die einkommensteuerrechtlichen Regelungen zu Sanierungserträgen beziehen.

JStG 2018: Nach dem Gesetz zur Vermeidung von Umsatzsteuerausfällen beim Handel mit Waren im Internet und zur Änderung weiterer steuerlicher Vorschriften (JStG 2018)[6] treten die Regelungen zur Steuerbefreiung für Sanierungserträge am 5.7.2017, dem Tag nach der Verkündung des Gesetzes gegen schädliche Steuerpraktiken im Zusammenhang mit Rechteüberlassungen vom 27.6.2017 (BGBl 2017 I 2074) auch rückwirkend für alle noch offenen Fälle in Kraft (s. → Rz. 10).

III. Geltungsbereich des § 3a EStG

1. Sachlicher Geltungsbereich

6 Die Steuerbefreiung nach § 3a EStG bezieht sich auf Betriebsvermögensmehrungen oder Betriebseinnahmen aus einem Schuldenerlass. Sie gilt damit nur für die betrieblichen Einkunftsarten, für die der Gewinn durch Betriebsvermögensvergleich oder Einnahmenüberschussrechnung ermittelt wird (s. → Rz. 54). Damit ist § 3a EStG nicht – auch nicht analog – auf einen Sanierungserlass in anderen Einkunftsarten anwendbar. Hier kommen nur Billigkeitsmaßnahmen aufgrund der §§ 163, 227 AO in Betracht, wenn der Erlass überhaupt besteuert wird.

2. Persönlicher Geltungsbereich

7 Die Vorschrift gilt für natürliche Personen, die unbeschränkt estpfl. sind (§ 1 Abs. 1 EStG), und kraft Verweisung in § 8 Abs. 1 KStG auch für alle der KSt unterliegenden Gesellschaften. Beschränkt estpfl. und kstpfl. Personen (§ 1 Abs. 4 EStG; § 8 Abs. 1 KStG) können die Steuerbefreiung nach § 3a EStG für ihre inländischen Gewinneinkünfte i. S. d. § 49 Abs. 1 Nr. 1 bis 3 EStG in Anspruch nehmen; § 50 Abs. 1 EStG enthält insoweit keine Einschränkungen. Soweit daher der Gewinn für eine inländische Betriebsstätte ermittelt wird (§ 49 Abs. 1 Nr. 2 Buchst. a EStG) sind

---

[1] BMF v. 27.3.2003, BStBl 2003 I 240. Eine Regelung, die bereits bei Aufhebung des § 3 Nr. 66 EStG a. F. im Jahr 1997 gefordert wurde (s. *Kanzler*, FR 1997, 677).
[2] BFH v. 28.11.2016 – GrS 1/15, BStBl 2017 II 393 zu Rz. 61 m. w. N.
[3] BR-Drucks. 59/1/17 v. 27.2.2017, 14 f.
[4] § 3a EStG a. F. regelte bis zum VZ 1991 eine Steuerbefreiung für Zinsen aus sog. Sozialpfandbriefen. Das BVerfG hat die Aufhebung dieser Steuerbegünstigung für verfassungsgemäß erklärt (BVerfG v. 5. 2. 2002 - 2 BvR 305, 348/93, BVerfGE 105, 17).
[5] V. 27. 6. 2017, BGBl I 2017, 2074 sog. Lizenzschrankengesetz.
[6] V. 11.12.2018, BGBl 2018 I 2338.

die Erhöhungen des Betriebsvermögens oder Betriebseinnahmen steuerfrei, die durch einen sanierungsbedingten Forderungserlass inländischer oder ausländischer Gläubiger entstehen.

Zum Forderungserlass des Gesellschafters einer KapGes. vgl. → Rz. 22 und → Rz. 72, des Gesellschafters einer PersGes. vgl. → Rz. 21 und → Rz. 69. Zur Anwendung des § 3a EStG bei Auslandsbeziehungen s. → Rz. 8.

3. Anwendung des § 3a EStG bei Auslandsbeziehungen

Ausländische Gewinne werden nach den Vorschriften des EStG ermittelt, soweit es um ihre Besteuerung im Inland, die Anrechnung ausländischer Steuern nach § 34c EStG und § 26 KStG, die Anwendung des Progressionsvorbehalts (§ 32b EStG), die Ermittlung von ausländischen Verlusten i. S. v. §§ 2, 3 AuslInvG und die Zugriffsbesteuerung nach den §§ 7 bis 14 AStG geht. In diesem Rahmen ist auch § 3a EStG anwendbar. Ob ein Forderungs- bzw. Schuldenerlass vorliegt, muss dabei ggf. nach ausländischem Zivilrecht beurteilt werden; das kann auch beim Forderungserlass eines ausländischen Gläubigers gegenüber einem Inländer erforderlich werden.

4. Zeitlicher Anwendungsbereich des § 3a EStG

Einleitung und formlose Beendigung des unionsrechtlichen Notifizierungsverfahrens: Die Regelungen des § 3a EStG und die damit zusammenhängenden Vorschriften des EStG, KStG und GewStG unterlagen einem Inkrafttretensvorbehalt[1], den der Gesetzgeber „aus Gründen der Rechtssicherheit"[2] aufgenommen hatte. Nach Art. 6 Abs. 2 Lizenzschrankengesetz treten die das Sanierungsprivileg betreffenden Vorschriften erst an dem Tag in Kraft, an dem die EU-Kommission durch Beschluss feststellt, dass diese Regelungen entweder keine staatliche Beihilfen i. S. d. Art. 107 Abs. 1 AEUV oder mit dem Binnenmarkt vereinbare Beihilfen sind. Der Tag des Beschlusses der EU-Kommission sowie der Tag des Inkrafttretens werden vom BMF gesondert im Bundesgesetzblatt bekanntgemacht. Nachdem die EU-Kommission dem BMF im Juli 2018 durch einen „letter of comfort"[3] mitgeteilt hat, dass die angezeigten Sanierungsbestimmungen als sog. Altregelungen ohne Verstoß gegen Art. 107 AEUV in Kraft treten können (s. auch → Rz. 13),[4] kam es durch das Gesetz zur Vermeidung von Umsatzsteuerausfällen beim Handel mit Waren im Internet und zur Änderung weiterer steuerlicher Vorschriften (JStG 2018) zu einer entsprechenden Anpassung der Inkrafttretens- und Übergangsregelung (s. → Rz. 10). Danach treten die Regelungen zur Steuerbefreiung für Sanierungserträge am 5.7.2017, dem Tag nach der Verkündung des Gesetzes gegen schädliche Steuerpraktiken im Zusammenhang mit Rechteüberlassungen vom 27.6.2017 (BGBl 2017 I S. 2074) in Kraft. Das JStG 2018 sieht im Übrigen eine rückwirkende Anwendung der Neuregelungen auf alle noch offenen Fälle und unabhängig vom Stichtag des 8.2.2017 (→ Rz. 10) vor, wie dies im Schrifttum gefordert wurde.[5] Die formlose Beendigung des Notifizierungsverfahrens mag der Bundesregierung zwar eine Freigabe unter Auflagen oder Bedingungen erspart haben, sie wird aber durchaus kritisch gesehen, weil der letter of comfort keine Bindungswirkung entfaltet und daher ein nationales Gericht durch Vorlage beim EuGH jederzeit eine europarechtliche Klärung

---

1 S. Art. 6 Abs. 2 Lizenzschrankengesetz.
2 BT-Drucks. 18/12128, 36.
3 Ein – regelmäßig unveröffentlichtes – dem anfragenden Mitgliedstaat übersandtes Bestätigungsschreiben über den Abschluss einer Prüfung, dem zwar keine Bindungswirkung zukommt, das aber einen Dispositionsschutz vermittelt (s. etwa *Brandau/Neckenich/Reich/Reimer*, BB 2017, 1175, 1179).
4 S. nur *Kanzler*, FR 2018, 794 und *Hechtner*, NWB 2018, 2455, 2459.
5 *Kanzler*, FR 2018, 794, 796.

herbeiführen könne.[1] Der letter of comfort wird weder veröffentlicht, noch entfaltet er Rechtswirkungen gegenüber Dritten; er ist damit nicht anfechtbar i. S.d. Art. 263 Abs. 1 Satz 1 AEUV,[2] vermittelt aber immerhin einen Dispositionsschutz.[3]

10 **Anwendungs- und Übergangsregelung für Neu- und Altfälle:** Nach § 52 Abs. 4a Satz 1 und 5 Satz 3 EStG und § 36 Abs. 2c GewStG sind die neuen Vorschriften der §§ 3a, 3c Abs. 4 und § 7b GewStG auf alle Fälle anzuwenden, in denen die Schulden ganz oder teilweise nach dem 8.2.2017, dem Tag der Veröffentlichung des Beschlusses des Großen Senats des BFH[4] erlassen wurden. Nach § 52 Abs. 4a Satz 2 EStG gilt dies bei einem Schuldenerlass nach dem 8.2.2017 nicht, wenn die verwaltungsseitige Vertrauensschutzregelung anzuwenden ist. Nachdem der BFH durch mehrere Entscheidungen wiederholt BMF-Schreiben zur Anwendung des Sanierungserlasses auf Altfälle für unverbindlich erklärt hatte,[5] wurde durch das JStG 2018 dem § 52 Abs. 4a EStG ein Satz 3 angefügt, wonach § 3a EStG auf Antrag des Stpfl. auch in den Fällen anzuwenden ist, in denen die Schulden vor dem 9.2.2017 erlassen wurden. Für diese Fälle wurden auch das BA-Abzugsverbot des § 3c Abs. 4 EStG erweitert und die entsprechenden Regelungen des KStG und des GewStG angepasst.[6] Die durch § 52 Abs. 4a EStG geschaffene Rechtslage führt nun zu drei unterschiedlichen Rechtsfolgen: Sanierungserträge, die nach dem 8.2.2017 anfallen, sind unter den Voraussetzungen des § 3a EStG zwingend steuerfrei zu stellen (Satz 1). Dies gilt allerdings nicht bei einem Schuldenerlass nach dem 8.2.2017, wenn auf Antrag des Stpfl. der Sanierungserlass aus Vertrauenschutzgründen anzuwenden ist. Nach den Vorstellungen des Gesetzgebers soll dem Stpfl. damit ein Wahlrecht zwischen der Anwendung des § 3a EStG und des Sanierungserlasses eingeräumt sein.[7] Schließlich ist bei einem Schuldenerlass vor dem 9.2.2017 § 3a EStG nur auf Antrag des Stpfl. anzuwenden (Satz 3). Da diese Regelung erst geschaffen wurde, nachdem der BFH auch die vertrauensschützende Anwendung des Sanierungserlasses für Altfälle verworfen hatte[8] und daher auf einen Bezug zum Sanierungserlass verzichtet wurde, kann dieses Wahlrecht nur auf die Alternative einer Anwendung oder Nichtanwendung des § 3a EStG, also Steuerbefreiung oder Besteuerung des Sanierungsertrags, gerichtet sein. Diese für die Praxis unbefriedigende Rechtslage begegnet nicht nur wegen der beharrlichen Beibehaltung des Sanierungserlasses verfassungsrechtlichen Zweifeln; die sachlich nicht gerechtfertigten unterschiedlichen Rechtsfolgen verstoßen auch gegen das Gebot der Folgerichtigkeit.

IV. Vereinbarkeit mit höherrangigem Recht

1. Verfassungsmäßigkeit der Steuerbefreiung

11 **Unternehmensbezogene Sanierung verfassungsgemäß:** Die Steuerbefreiung durch § 3a EStG und die sie ergänzenden Regelungen sind verfassungsgemäß. Sie entspricht dem Grundsatz

---

1 S. *Möhlenkamp*, ZIP 2018, 1907 und die Nachweise bei *Kanzler*, FR 2018, 794, 795.
2 *Martini*, StuW 2018, 337, 339.
3 S. o. Fn. 3; gl. A. *Krumm* in Blümich, § 3a Rz. 10. Zum Vertrauensschutz nach Äußerungen der EU-Kommission zu beihilferechtlichen Fragen s. auch EuG v. 15.11.2018 - T-207/10, NWB DokID: UAAAH-03387 Rz. 69 ff.
4 BFH v. 28.11.2016 - GrS 1/15, BStBl 2017 II 393.
5 Dazu ausführlich *Kanzler*, FR 2018, 794, 796 m. w. N. und zum Problem von Nichtanwendungserlassen zulasten des Fiskus am Beispiel des beharrlich beibehaltenen Sanierungserlasses, DStR 2018, 2301.
6 § 34 Abs. 3b KStG – neu – und § 36 Abs. 2c Satz 3 GewStG – neu –.
7 BT-Drucks. 18/12128, 33.
8 S. zuletzt BFH v. 16.4.2018 - X B 13/18, BFH/NV 2018, 817 = NWB DokID: JAAAG-86022 und BFH v. 8.5.2018 - VIII B 124/17, BFH/NV 2018, 822 = NWB DokID: OAAAG-86778.

der Besteuerung nach der wirtschaftlichen Leistungsfähigkeit; zugleich wird das Übermaßverbot berücksichtigt, das durch eine Besteuerung der Sanierungserträge verletzt wäre (s. → Rz. 2). Als Sozialzweck- oder Lenkungsnorm – der Große Senat des BFH bezeichnet die Steuerbefreiung als Beteiligung des Fiskus an Sanierungen durch Steuersubvention[1] – ist § 3a EStG sachlich gerechtfertigt, weil er die Restrukturierung notleidender Unternehmen fördert und damit wirtschafts- und arbeitsmarktpolitische Ziele verfolgt. Die steuerliche Investitions- und Arbeitsplatzförderung wird auch vom BVerfG als Rechtfertigung für eine Begünstigung betrieblicher Einkünfte gegenüber anderen, namentlich privaten Einkunftsarten anerkannt.[2] § 3a EStG begegnet auch insoweit keinen verfassungsrechtlichen Bedenken, als andere Sanierungsmaßnahmen (wie direkte Zuschüsse) nicht begünstigt sind. Dies mag wegen der besonderen Bedeutung des Forderungserlasses als einer typischen und erfolgversprechenden Sanierungsmaßnahme aber auch deshalb sachlich gerechtfertigt sein, weil beim Erlass, anders als beim Ertragszuschuss, liquide Mittel für die Steuerzahlung nicht zur Verfügung stehen.[3] In dieser auf sachlichen Gründen beruhenden Differenzierung liegt kein Verstoß gegen den Gleichheitsgrundsatz.[4]

Beschränkung der unternehmerbezogenen Sanierung verfassungsrechtlich zulässig: Auch die Beschränkung der Steuerbefreiung unternehmerbezogener Sanierungen auf bestimmte Tatbestände ist verfassungsrechtlich nicht zu beanstanden. Für steuerliche Lenkungsnormen fordert das BVerfG neben der Orientierung einer steuerlichen Förderung am Gemeinwohl, dass der Lenkungszweck von einer erkennbaren gesetzgeberischen Entscheidung getragen und seinerseits gleichheitsgerecht verfolgt wird.[5] Die Steuerbefreiung von Sanierungsgewinnen aber ist erkennbar auf die unternehmensbezogene Sanierung ausgerichtet, so dass die unternehmerbezogene Sanierung nach § 3a Abs. 5 EStG als Ausnahme hiervon tatbestandsmäßige Einschränkungen vorsehen kann, ohne zugleich einen Erlass nach § 163 AO aus persönlichen Billigkeitsgründen auszuschließen.

12

Der Inkrafttretensvorbehalt in Art. 6 Abs. 2 Lizenzschrankengesetz (s. → Rz. 9) war verfassungsrechtlich nicht zu beanstanden und verstößt insbesondere nicht gegen das Bestimmtheitsgebot des Art. 82 Abs. 2 Satz 1 GG.[6] Das BVerfG hat die Sollvorschrift des Art. 82 Abs. 2 Satz 1 GG in der sog. Contergan-Entscheidung[7] dahingehend ausgelegt, dass das Inkrafttreten eines Gesetzes auch von einer Bedingung abhängig gemacht werden kann (KKB/Kanzler, § 52 Rz. 9).

13

2. Vereinbarkeit mit dem unionsrechtlichen Beihilfeverbot

Kein Verstoß gegen das Beihilfeverbot (Bestandsschutz für Altregelung): Die EU-Kommission hat die Neuregelungen mit ihrem comfort letter (sinngemäß eine Prüfungsbestätigung) im August 2018 als (vor Abschluss der Römischen Verträge im Jahr 1957 bestehende) Altbeihilfe unter Bestandsschutz gestellt. Die Steuerbefreiung von Sanierungsgewinnen ist seit 1934 gesetzlich geregelt, nachdem sie zuvor vom RFH anerkannt worden war (s. → Rz. 4). Dabei hat die Kommission offenbar nicht gestört, dass die Regelungen des § 11 Nr. 4 KStG a. F., des § 3

14

---

1 BFH v. 28.11.2016 - GrS 1/15, BStBl 2017 II 393 Rz. 139.
2 BVerfG v. 21. 6. 2006 - 2 BvL 2/99, BVerfGE 116, 164, NWB DokID: BAAAC-15713 Rz. 102 f.
3 HHR/*Kanzler*, § 3 Nr. 66 EStG a. F. Anm. 6 m. w. N. (5/1995) www.ertragsteuerrecht.de/hhr_archiv.htm.
4 BFH v. 31. 1. 1985 - IV R 149/82, BStBl 1985 II 365.
5 S. nur BVerfG v. 17. 4. 2008 - 2 BvL 4/05, BVerfGE 121, 108 Rz. 72.
6 *Kanzler*, FR 2018, 794; a. A. P. *Kirchhof* in Kirchhof, § 3a EStG Rz. 6.
7 BVerfG v. 8.7.1976 - 1 BvL 19/75, 1 BvL 20/75, 1 BvR 148/75, BVerfGE 42, 263.

Nr. 66 EStG a. F. und des § 3a EStG nicht durchgängig anwendbar waren und sind. Schon bisher waren weder die Regelung des § 3 Nr. 66 EStG a. F. noch entsprechende Regelungen in anderen EU-Mitgliedstaaten, wie den Niederlanden[1] und Österreich[2] von der Kommission beanstandet worden. Im Übrigen soll die EU-Kommission auch die Vereinbarkeit des Sanierungserlasses mit dem Beihilferecht in einem unveröffentlichten Einzelfall geprüft und gebilligt haben.[3]

15 **Sachliche Rechtfertigung durch das Leistungsfähigkeitsprinzip:** Unabhängig von dem inzwischen abgeschlossenen Notifizierungsverfahren (→ Rz. 9) verstößt das Sanierungsprivileg aber auch sachlich nicht gegen das unionsrechtliche Beihilfeverbot. Die schon für das BMF-Schreiben v. 27.3.2003[4] entscheidende Frage nach der Vereinbarkeit des Sanierungserlasses mit dem Gemeinschaftsrecht konnte der Große Senat des BFH zwar unentschieden lassen, nachdem er den Sanierungserlass für rechtswidrig erklärt hatte.[5] Allerdings hatte der X. Senat des BFH in seinem Vorlagebeschluss den Sanierungserlass bereits als vereinbar mit dem unionsrechtlichen Beihilfeverbot des Art. 107 Abs. 1 AEUV beurteilt und dies ausführlich u. a. damit begründet, dass der Erlass nicht als selektiv begünstigende Ausnahmeregelung anzuwenden sei.[6] Der Fiskus verhält sich nicht anders als die privaten Gläubiger, welche ebenfalls auf ihre Forderungen verzichten.[7] Für § 3a EStG kann nichts anderes gelten. Letztlich muss auch für das gemeinschaftrechtliche Beihilfeverbot maßgebend sein, dass das Sanierungsprivileg durch den das deutsche Steuerrecht beherrschenden Grundsatz der Besteuerung nach der wirtschaftlichen Leistungsfähigkeit[8] sachlich gerechtfertigt ist und ein Steuerzugriff auf Sanierungserträge das Übermaßverbot verletzen würde.[9]

16–17 *(Einstweilen frei)*

V. Verhältnis zu anderen Regelungen

1. Verhältnis zu den einkommensteuerrechtlichen Vorschriften

a) Verhältnis zu den Gewinnermittlungsvorschriften

18 Die Steuerbefreiung wird bei Gewinnermittlung durch Bestandsvergleich (§ 4 Abs. 1 und § 5 EStG) und Einnahmenüberschussrechnung (§ 4 Abs. 3 EStG) gewährt (→ Rz. 54).

19 **Gewinnauswirkung beim Schuldner:** § 3a EStG lässt die allgemeinen Gewinnermittlungsvorschriften der §§ 4 ff. EStG unberührt und bestimmt lediglich die Steuerbefreiung des aufgrund dieser Vorschriften ermittelten Sanierungsgewinns. Handelsrechtlich liegt ein echter Gewinn vor. Bei Aufstellung einer einheitlichen Handels- und Steuerbilanz wird deshalb der Sanierungsgewinn außerhalb der Bilanz vom Gewinn abgesetzt. Im steuerlichen Betriebsvermögensvergleich wird der Sanierungsgewinn wie eine Einlage behandelt. Nur der Restgewinn

---

1 Art. 3.13 Nr. 1a Wet Inkomstenbelasting.
2 § 23a öKStG.
3 Vgl. *Gragert*, NWB 2013, 2141 f.
4 BMF v. 27.3.2003, BStBl 2003 I 240.
5 BFH v. 28.11.2016 - GrS 1/15, BStBl 2017 II 393 Rz. 150.
6 BFH v. 25.3.2015 - X R 23/13, BStBl 2015 II 696.
7 Gl.A. *Förster*, FR 2017, 1002, 1005; a. A. *Kußmaul/Licht*, DB 2017, 1797, 1800.
8 Zu den dem europäischen Beihilfeverbot zugrundeliegenden Prüfungskriterien s. *Balbinot*, FR 2018, 729.
9 S. → Rz. 2 und → Rz. 11; gl. A. *Blumenberg*, ifst-Schrift 516 (2017) 47 m.w. N.; *Hey*, FR 2017, 453, 457 m.w. N. *Desens*, FR 2017, 981, 982 m.w. N.

gehört zu den Einkünften. Zur Anwendung bei Einnahmenüberschussrechnung nach § 4 Abs. 3 EStG und Gewinnermittlung nach Durchschnittssätzen (s. → Rz. 54 f.).

Gewinnauswirkungen beim Gläubiger: Der Forderungsverzicht bedeutet für den Gläubiger eine Vermögensminderung und damit Aufwand. In der Regel liegt der Teilwert der erlassenen Forderung unter ihrem Nominalwert. Das war durch eine Teilwertabschreibung zu berücksichtigen. Der Schuldenerlass mindert dann nur noch den verbliebenen Buchwert der Forderung. Bei einem Teilerlass kann später noch einmal eine Teilwertabschreibung auf die Restforderung erforderlich werden. 20

Sanierung durch den Gesellschafter einer Personengesellschaft: Der Schuldenerlass durch den Gesellschafter-Gläubiger aus gesellschaftsrechtlichen Gründen führt beim Gesellschafter zu einer Einlage und damit nicht zur Entstehung eines Sanierungsgewinns i. S. d. § 3a EStG; die Vorschrift ist nur anwendbar wenn der Schulderlass aus betrieblichen Gründen erfolgt (s. → Rz. 69 f.). 21

Sanierung durch den Gesellschafter einer Kapitalgesellschaft: Ist der Gläubiger Gesellschafter der sanierten KapGes., kommt es auf den Grund des Forderungsverzichts an. Liegen gesellschaftsrechtliche Gründe vor (sog. unechte Sanierung), so führt der Verzicht des Gesellschafters auf eine Forderung gegenüber seiner KapGes. zu einer verdeckten Einlage und bei ihm zum Zufluss des noch werthaltigen Teils der Forderung; dies gilt unabhängig davon, ob der Verzicht durch einen Erlassvertrag (§ 397 BGB), die Abtretung eines Anspruchs, einen Schuldaufhebungsvertrag oder durch eine Teilentlastung im Wege eines Abänderungsvertrags bewirkt wird.[1] 22

Verhältnis zu § 4a EStG: Die Sanierung eines Unternehmens rechtfertigt nicht die Aufteilung des Wj. in einen vor und einen nach der Sanierung liegenden Steuerabschnitt.[2] 23

b) Verhältnis zu den Vorschriften über Verlustberücksichtigung

Der Sanierungsgewinn ist nach § 3a Abs. 3 Sätze 2 ff. EStG mit Verlusten zu verrechnen (s. → Rz. 126 ff.). Früher hatte der Große Senat des BFH eine solche Verlustverrechnung mit der Begründung abgelehnt, dass die sachliche Steuerbefreiung des § 11 Nr. 4 KStG a. F. (später § 3 Nr. 66 EStG a. F.) durch eine Verrechnung mit steuermindernden Verlusten weitgehend vereitelt werde.[3] Diese Rspr. hatte schließlich zur Aufhebung der Steuerbefreiung des § 3 Nr. 66 EStG ab 1998 geführt (s. → Rz. 4). Der Neuregelung durch § 3a EStG liegt wie schon dem vom Großen Senat des BFH[4] beanstandeten Sanierungserlass[5] der Gedanke zugrunde, die Steuerbefreiung durch die vorrangige Verlustverrechnung auf das erforderliche Mindestmaß zu begrenzen und so eine Doppelbegünstigung auszuschließen.[6] 24

---

1 BFH v. 9.6. 1997 - GrS 1/94, BStBl 1998 II 307.
2 RFH v. 20.9.1938 - I 328/38, RStBl 1939, 91.
3 BFH v. 15.7.1968 - GrS 2/67, BStBl 1968 II 666.
4 BFH v. 28.11.2016 - GrS 1/15, BStBl 2017 II 393.
5 BMF v. 27.3.2003, BStBl 2003 I 240.
6 BT-Drucks. 18/12128, 1 und 31.

2. Verhältnis zur Körperschaftsteuer und Gewerbesteuer

25 Im Körperschaftsteuerrecht gilt die Steuerbefreiung nach § 3a EStG über § 8 Abs. 1 Satz 1 KStG. Das Gesetz gegen schädliche Steuerpraktiken im Zusammenhang mit Rechteüberlassungen (Lizenzschrankengesetz)[1] enthält zudem Änderungen und Ergänzungen der §§ 8, 8c, 8d und 15 KStG, die sich auf § 3a EStG beziehen.

26 Das Gewerbesteuergesetz sieht in § 7b GewStG i. d. F. des Lizenzschrankengesetzes[2] eine eigenständige Sonderregelung zur Ermittlung des Gewerbeertrags bei unternehmensbezogener Sanierung vor. Die Vorschrift überträgt die Grundsätze der §§ 3a und 3c Abs. 4 EStG auf die Ermittlung des maßgebenden Gewerbeertrags.[3]

3. Verhältnis zum Schenkungsteuerrecht

27 Der Schuldenerlass kann wie die Gewährung von Sanierungszuschüssen der Schenkungsteuer unterliegen. Es handelt sich um eine freigebige Zuwendung, durch die der Schuldner auf seine Kosten bereichert wird (§ 7 Abs. 1 Nr. 1 ErbStG, § 1 Abs. 1 Nr. 2 ErbStG). Der RFH ist davon ausgegangen, dass der Sanierungsschuldner nicht auf Kosten des Gläubigers bereichert sei, weil dessen Forderung bereits entwertet gewesen sei; der Sanierungsvorgang dürfe nicht mit Schenkungsteuer belastet werden.[4] Im Schrifttum wird vorgeschlagen, sich an den ertragsteuerlichen Grundsätzen zur Behandlung von Sanierungsgewinnen zu orientieren;[5] nach a. A. zu § 3 Nr. 66 EStG a. F. gehören „Sanierungsleistungen" zu den objektiv nicht einkommensteuerbaren Einkünften, die auch nicht der Schenkungsteuer unterliegen.[6]

4. Verhältnis zum Steuererlass (§§ 163, 227 AO)

28 Ein Steuererlass im Rahmen einer unternehmensbezogenen Sanierung ist m. E. auch dann ausgeschlossen, wenn es dem Stpfl misslingt, eine der vier Sanierungsvoraussetzungen nachzuweisen. M. E. schließt § 3a EStG den Steuererlass nach den §§ 163, 227 AO für die unternehmensbezogene Sanierung aus, weil ansonsten die Verlustverrechnung vermieden werden könnte.[7] Ob dies auch für die ausnahmsweise zulässige unternehmerbezogene Sanierung nach § 3a Abs. 5 EStG gelten sollte, mag fraglich sein, weil diese Form der Sanierung nur für bestimmte, abschließend geregelte Verfahren nach der InsO begünstigt ist. M. E. hat der Gesetzgeber aber mit der Regelung des § 3a Abs. 5 EStG eindeutig zum Ausdruck gebracht, dass die unternehmerbezogene Sanierung nur in Ausnahmefällen begünstigt sein soll. Dieser gesetzgeberische Wille würde aber ebenfalls unterlaufen, wenn §§ 163, 227 AO auch außerhalb

---

1 V. 27. 6. 2017, BGBl 2017 I 2074.

2 V. 27. 6. 2017, BGBl 2017 I 2074.

3 Zu Einzelheiten s. BT-Drucks. 18/12128, 35 ff.

4 RFH v. 26. 2. 1942 - III E 15/41, RStBl 1942, 803; die Tragweite dieses Urteils ist ungewiss (vgl. dazu *Langel*, StbJb. 1977/78 S. 359, der empfiehlt, sich bei Abgrenzungsschwierigkeiten zwischen schenkungsteuerfreien und -pflichtigen Zuwendungen an den ertragstrechtl. Grundsätzen zum Sanierungsgewinn zu orientieren); gl. A. *Groß*, Sanierung durch Fortführungsgesellschaften, S. 284. Nach *Lang* (Die Bemessungsgrundlage der ESt, 1981/1988, S. 263) gehören „Sanierungsleistungen" i. S. d. Nr. 66 zu den objektiv nicht einkommensteuerbaren Einkünften, die nicht der Schenkungsteuer unterliegen.

5 Langel, StbJb. 1977/78, 321, 359.

6 *Lang*, Die Bemessungsgrundlage der Einkommensteuer, 1981/1988, S. 263.

7 Zu § 3 Nr. 66 EStG a. F., der keine Verlustverrechnung vorsah, wurde noch die Auffassung eines Nebeneinanders von Steuerbefreiung und Billigkeitserlass vertreten (s. HHR/*Kanzler*, § 3 Nr. 66 EStG a. F. Anm. 32 (5/1995) www.ertragsteuerrecht.de/hhr_archiv.htm.

des Anwendungsbereichs des § 3a Abs. 5 EStG Anwendung fände. Dies gilt auch für den Fall, das ein strategischer, auf eine unternehmerbezogene Sanierung gerichteter Insolvenzplan scheitern sollte. Zur strategischen Sanierung (s. → Rz. 112).

5. Verhältnis zur Umsatzsteuer

Forderungsverzichte können umsatzsteuerliche Folgen haben, wenn die erlassenen Verpflichtungen durch umsatzsteuerbare und umsatzsteuerpflichtige Lieferungen oder sonstige Leistungen begründet sind. Nach der Rspr. handelt es sich nicht um eine Vereinnahmung sondern eine Entgeltskürzung.[1] Dies führt nach § 17 UStG zu gläubiger- und schuldnerseitigen USt-Berichtigungen.

Der Gläubiger kürzt die USt. entsprechend der erlassbedingten Entgeltsminderung. Der Schuldner hat seinen bereits geltend gemachten Vorsteuerabzug zu korrigieren; die dadurch entstehende Umsatzsteuererhöhung kann die anderen Sanierungsmaßnahmen gefährden. Empfohlen wird deshalb, sie zum Gegenstand von Erlassverhandlungen zu machen[2] oder die Lieferungs- bzw. Leistungsforderung vor dem Schuldenerlass in eine Darlehensforderung umzuwandeln. Eine zivilrechtlich wirksame Novation führt umsatzsteuerlich zur Vereinnahmung des Entgelts, so dass der spätere Erlass der Darlehensschuld keine Pflichten mehr i. S. d. § 17 UStG auslöst.[3]

6. Verhältnis zum Insolvenzrecht

Die Steuerbefreiung nach § 3a EStG weist jedenfalls hinsichtlich der unternehmerbezogenen Sanierung gem. § 3a Abs. 5 EStG einen unmittelbaren Bezug zum Insolvenzrecht auf. Nur in den dort genannten Verfahren nach der InsO ist eine unternehmerbezogene Sanierung zulässig. Im Übrigen ist der Gesetzgeber der Auffassung, dass auch die unternehmensbezogene Sanierung nach § 3a Abs. 1 bis 3 EStG mit dem Insolvenzrecht kompatibel ist. Die gesetzliche Normierung der unterschiedslos auf alle Unternehmen anwendbaren Steuerbefreiung der Sanierungsgewinne löst – so die Entwurfsbegründung – den bestehenden Zielkonflikt zwischen dem Besteuerungsverfahren und dem Insolvenzverfahren, weil eine Besteuerung des Sanierungsgewinns das Unternehmen in der Krisensituation nach erfolgtem Schuldenerlass erneut in finanzielle Schwierigkeiten bringen würde.[4] Zum Insolvenzrechtlichen Sanierungsverfahren s. → Rz. 51 f.

(Einstweilen frei)

---

[1] BFH v. 21. 3. 1968 - V 85/65, BStBl 1968 II 466; s. auch *Stadie*, UStG 2. Aufl. 2012, § 17 Rz. 33.
[2] *Groß*, Sanierung durch Fortführungsgesellschaften, S. 282 f.
[3] *Langel*, StbJb. 1977/78, 321, 363 ff., mit weiteren Vorschlägen zur Vermeidung von Umsatzsteuerkorrekturen.
[4] BT-Drucks. 18/12128, 31.

B. Systematische Kommentierung

I. Überblick zu Tatbestandsvoraussetzungen und Rechtsfolgen des § 3a EStG

1. Unternehmensbezogene Sanierung (§ 3a Abs. 1 bis 3 EStG)

40 Die **Tatbestandsvoraussetzungen** der unternehmensbezogenen Sanierung sind in § 3a Abs. 1 und 2 EStG geregelt. Danach müssen vorliegen:

- Sanierungsertrag durch Betriebsvermögensmehrungen oder Betriebseinnahmen (→ Rz. 65 ff.) aus einem
- Schuldenerlass bzw. Forderungsverzicht der Gläubiger (→ Rz. 65) zu
- Sanierungszwecken, also mit der Absicht der Unternehmensfortführung (→ Rz. 85 und → Rz. 115).

Nach § 3a Abs. 2 EStG muss der Schuldner für den Zeitpunkt des Schuldenerlasses ferner nachweisen, die

- Sanierungsbedürftigkeit (→ Rz. 109 ff.) und die
- Sanierungsfähigkeit des Unternehmens (→ Rz. 113), die
- Sanierungseignung des Schuldenerlasses (→ Rz. 114) und die
- Sanierungsabsicht der Gläubiger (→ Rz. 85 und → Rz. 115).

41 **Die (vorläufige) Rechtsfolge der Steuerbefreiung** erfasst nach § 3a Abs. 1 Satz 1 EStG zunächst den reinen Sanierungsertrag (§ 3a Abs. 1 Satz 1 EStG), der aber wiederum Modifizierungen unterliegt, nämlich

- dem Zwang zur gewinnmindernden Ausübung steuerlicher Wahlrechte (→ Rz. 86 ff.),
- der Minderung um nach § 3c Abs. 4 EStG nicht abziehbare Beträge zur Ermittlung des geminderten Sanierungsertrags nach § 3a Abs. 3 Satz 1 EStG (→ Rz. 131 ff.) und
- der Verlust- und Aufwandsverrechnung erster und zweiter Stufe nach § 3a Abs. 3 Sätze 2 ff. EStG zur Ermittlung des verbleibenden Sanierungsertrags (→ Rz. 144 ff.).

42 **Die (abschließende) Rechtsfolge** ist die

- Steuerbefreiung des verbleibenden Sanierungsertrags und der
- Untergang der verbrauchten Verlustverrechnungsmöglichkeiten (§ 3a Abs. 3 Satz 5 EStG).

2. Unternehmerbezogene Sanierung (§ 3a Abs. 5 EStG)

43 Ausnahmsweise ist auch die unternehmerbezogene Sanierung in den abschließend aufgeführten Fällen begünstigt (→ Rz. 173 ff.). Voraussetzung ist auch hier, dass es sich um

- Betriebsvermögensmehrungen oder Betriebseinnahmen (§ 3a Abs. 5 Satz 1 EStG) und einen
- Schuldenerlass handelt.

Auf die Voraussetzungen für eine unternehmensbezogene Sanierung nach § 3a Abs. 2 (Sanierungsbedürftigkeit, -fähigkeit, -eignung und -absicht) wird verzichtet.

Die in § 3a Abs. 5 Satz 2 angeordnete entsprechende Anwendung des § 3a Abs. 3 EStG führt auch bei der unternehmerbezogenen Sanierung zu einer

- Minderung um nach § 3c Abs. 4 EStG nicht abziehbarer Beträge gem. § 3a Abs. 3 Satz 1 EStG (→ Rz. 131 ff.) und der

▶ Verlust- und Aufwandsverrechnung erster und zweiter Stufe nach § 3a Abs. 3 Sätze 2 ff. EStG (→ Rz. 144 ff.).

II. Steuerbefreiung von Sanierungserträgen nach § 3a Abs. 1 EStG

1. Die Sanierung

a) Begriff und Arten der Sanierung

Betriebswirtschaftlicher Sanierungsbegriff: Die Ursachen einer Unternehmenskrise liegen nur selten allein im Bereich der Finanzierung (z. B. hohe Forderungsausfälle).[1] Im Allgemeinen bestehen Mängel in den Bereichen der Leistungserstellung und des Absatzes, die wiederum unterschiedliche Gründe haben können. Diese Mängel müssen durch eine Betriebsanalyse aufgedeckt und beseitigt werden, damit die finanzielle Sanierung Erfolg hat. Dazu ist ein umfassendes Sanierungskonzept[2] zu erstellen, das dann auch Grundlage für die Prüfung der Sanierungsvoraussetzungen des § 3a Abs. 2 EStG ist. Im gerichtlichen Verfahren (s. → Rz. 37) entspricht ein Insolvenzplan, der als Sanierungsplan die Fortführung des Unternehmens regelt, der Absicht des Gesetzgebers. § 1 Satz 1 InsO bezeichnet die erhaltende Sanierung als ein zentrales Ziel der Insolvenzordnung. Danach dient das Insolvenzverfahren dazu, die Gläubiger gemeinschaftlich zu befriedigen, „indem das Vermögen des Schuldners verwertet und der Erlös verteilt oder in einem Insolvenzplan eine abweichende Regelung zum Erhalt des Unternehmens getroffen wird."[3]

44

Ertragsteuerlicher Sanierungsbegriff: Nach § 3a Abs. 1 Satz 1 EStG sind Erträge aus einem Schuldenerlass zum Zwecke einer unternehmensbezogenen Sanierung steuerbefreit. Die Sanierung im ertragsteuerlichen Sinne ist kein juristisch fest umgrenzter Begriff. Mit ihr wird ein Inbegriff von Maßnahmen bezeichnet, die die finanzielle Gesundung eines notleidenden Unternehmens bezwecken und geeignet sind, das Unternehmen vor dem Zusammenbruch zu bewahren und auf Dauer wieder ertragsfähig zu machen.[4] Als Sanierung im engeren Sinne werden daher nur finanztechnische Rettungsmaßnahmen bezeichnet.

45

Fortführende und übertragende Sanierung: Die finanzielle Sanierung kann die Fortführung des bisherigen Unternehmens oder als sog. übertragende Sanierung dessen Übernahme zum Gegenstand haben.[5] In gewissem Sinne ist auch die unternehmerbezogene Sanierung ein Fall der übertragenden Sanierung. Ebenso wie bei § 3 Nr. 66 EStG a. F. betrifft die Steuerbefreiung nach § 3a EStG auch den Fall der übertragenden Sanierung. Dementsprechend werden „Sanierungsgesellschaften" und „Betriebsübernahmegesellschaften" unterschieden. Zwischen diesen beiden Gesellschaftstypen hat sich als Zweckgesellschaft die „Sanierungs-Auffanggesellschaft" etabliert, die sich mit der Sanierung des Krisenunternehmens erledigt, wenn mit ihr als sog. Übernahme-Auffanggesellschaft nicht auch das sanierungsfähige Unternehmen übernommen

46

---

1 Zum betriebswirtschaftlichen Krisenbegriff s. nur *Eberhard* in Becksches Handbuch der Personengesellschaften, 4. Aufl. 2014, § 11 Rz. 1 ff. m.w. N.
2 Zu Anforderungen an die Erstellung von Sanierungskonzepten s. IDW S 6 (Stand: 20.8.2012); ferner *Eberhard* in Becksches Handbuch der Personengesellschaften, 4. Aufl. 2014, § 11 Rz. 25 ff., der auf verschiedene Checklisten zur Sanierung hinweist; s. auch die Checkliste „Sanierungskonzept" NWB DokID: YAAAD-18436.
3 Zu Einzelheiten des Insolvenzplanverfahrens s. etwa *Ehlers*, NWB 2015, 2880.
4 St. Rspr. zuletzt BFH v. 14. 7. 2010 - X R 34/08, BStBl 2010 II 916; zu älterer Rspr. auch des RFH s. HHR/*Kanzler*, § 3 Nr. 66 EStG a. F. Anm. 42 (5/1995) www.ertragsteuerrecht.de/hhr_archiv.htm.
5 Zur Abgrenzung dieser beiden Sanierungsformen s. BFH v. 24. 4. 1986 - IV R 282/84, BStBl 1986 II 672.

werden soll. Oberbegriff für diese Gesellschaftstypen ist der Begriff der Fortführungsgesellschaft.[1]

47 **Einzelfälle übertragender Sanierung:** Zur übertragenden Sanierung nach § 3 Nr. 66 EStG a. F. finden sich eine Reihe von Entscheidungen des BFH, die auch für § 3a EStG von Bedeutung sein können. So zur Fortführung eines Unternehmens durch eine GmbH nach Liquidation einer Familien-OHG,[2] zur Einbringung eines Einzelunternehmens in eine GmbH[3] und zur Auswechslung der Gesellschafter einer KG.[4]

48 **Unternehmensbezogene und Unternehmerbezogene Sanierung:** Nach § 3a Abs. 1 und 2 EStG ist grundsätzlich die unternehmensbezogene Sanierung und nur ausnahmsweise in den in § 3a Abs. 5 EStG abschließend aufgeführten Fällen auch die unternehmerbezogene Sanierung begünstigt (s. → Rz. 103 und → Rz. 173 ff.). Damit ist der zu § 3 Nr. 66 EStG a. F. geführte Streit über die Begünstigung der unternehmerbezogenen Sanierung erledigt.[5]

b) Gerichtliches und außergerichtliches Sanierungsverfahren

49 Die Sanierung kann in einem gerichtlichen oder außergerichtlichen Verfahren durchgeführt werden.

50 **Die außergerichtliche Sanierung** kann vorteilhaft sein, wenn die Unternehmensführung beim Schuldner verbleiben soll und die Sanierung im Konsens von Schuldner und Gläubigern relativ schnell und geräuschlos abzuwickeln ist, so dass Wertverluste vermieden werden. Als nachteilig kann sich das Erfordernis einer Konsenslösung erweisen, wenn der Schuldner zu Zugeständnissen gezwungen wird und dinglich abgesicherte Gläubiger in erster Linie ihre Verwertungsinteressen verfolgen.

51 **Gerichtliches Sanierungsverfahren:** Mit umgekehrten Vorzeichen treffen diese Vor- und Nachteile auf das gerichtliche (Insolvenz-) Verfahren zu. Zwar begünstigt der mit der Insolvenzrechtsreform 1999 eingeführte und zuletzt mit dem Gesetz zur weiteren Erleichterung der Sanierung von Unternehmen (ESUG)[6] weiter geförderte Vorrang der Unternehmensfortführung im Eröffnungsverfahren unternehmensbezogene Sanierungen;[7] allerdings ist mit dem Insolvenzeröffnungsverfahren und dem eigentlichen Insolvenzverfahren für den Schuldner i. d. R. der Verlust der Verwaltungs- und Verfügungsbefugnis nach § 21 Abs. 2 Nr. 2 InsO verbunden, wenn die Fortführung des Unternehmens nicht ausnahmsweise durch Eigenverwaltung erfolgen soll (§ 13 Abs. 1 Satz 6 Nr. 1 und §§ 270 ff. InsO). Die Anordnung der Eigenverwaltung mit dem Schutzschirmverfahren nach § 270b Abs. 1 InsO bedingt jedoch i. d. R., dass die Gläubiger durch Teilzahlungen zu befriedigen sind, während eine Fortführung des Unternehmens durch den Insolvenzverwalter im Rahmen eines Insolvenzplans eine Befriedigung der Gläubiger durch spätere Unternehmensgewinne erleichtert. Im Übrigen ist die unternehmerbezogene Sanierung nach § 3a Abs. 5 EStG nur im gerichtlicher Verfahren begünstigt (→ Rz. 173 ff.).

---

[1] Immer noch grundlegend: *Groß*, Sanierung durch Fortführungsgesellschaften, 2. Aufl. 1988, 131 ff.
[2] BFH v. 24. 4. 1986 - IV R 282/84, BStBl 1986 II 672 und zur Abgrenzung BFH v. 19. 3. 1991 - VIII R 214/85, BStBl 1991 II 633.
[3] BFH v. 14. 3. 1990 - I R 121/88, BStBl 1990 II 806.
[4] BFH v. 23. 9. 1993 - IV R 103/90, BFH/NV 1994, 468 und v. 21.10.1997 - VIII R 65/96, BStBl 1998 II 437.
[5] HHR/*Kanzler*, § 3 Nr. 66 EStG a. F. Anm. 40 (5/1995) www.ertragsteuerrecht.de/hhr_archiv.htm.
[6] V. 7. 12. 2011, BGBl I 2011, 2582.
[7] Allerdings scheint die Eigenverwaltung in der Insolvenz seit dem Inkrafttreten des ESUG häufiger als Sanierungsinstrument genutzt zu werden (*Kranzusch*, ZInsO 2016, 1077).

Insolvenz- oder Sanierungsplan und Insolvenzplanverfahren: Im gerichtlichen Verfahren entspricht ein Insolvenzplan, der als Sanierungsplan die Fortführung des Unternehmens regelt, der Absicht des Gesetzgebers. § 1 Satz 1 InsO bezeichnet die erhaltende Sanierung als ein zentrales Ziel der Insolvenzordnung.[1] Danach dient das Insolvenzverfahren dazu, die Gläubiger gemeinschaftlich zu befriedigen, „indem das Vermögen des Schuldners verwertet und der Erlös verteilt oder in einem Insolvenzplan eine abweichende Regelung zum Erhalt des Unternehmens getroffen wird." Dazu bestimmt § 217 InsO, dass die Befriedigung der Gläubiger, die Verwertung der Insolvenzmasse und deren Verteilung an die Beteiligten sowie die Verfahrensabwicklung und die Haftung des Schuldners nach der Beendigung des Insolvenzverfahrens in einem Insolvenzplan abweichend von den Vorschriften dieses Gesetzes geregelt werden können. Der Insolvenzplan besteht aus einem darstellenden und einem gestaltenden Teil, dem bestimmte in §§ 229 und 230 InsO genannte Anlagen beizufügen sind (§ 219 InsO). 52

2. Begriff des Sanierungsertrags und Anwendungsbereich der Steuerbefreiung

Sanierungsbedingte Betriebsvermögensmehrungen oder Betriebseinnahmen: Nach § 3 Abs. 1 Satz 1 EStG sind Betriebsvermögensmehrungen oder Betriebseinnahmen aus einem Schuldenerlass zum Zwecke einer unternehmensbezogenen Sanierung steuerfrei. Die beiden in einem Klammerzusatz als Sanierungsertrag bezeichneten Tatbestandsvoraussetzungen „Betriebsvermögensmehrungen oder Betriebseinnahmen" verweisen auf den Anwendungsbereich der Steuerbefreiung. Sie ist schon nach der Entwurfsbegründung „unterschiedslos auf alle Unternehmen" anwendbar.[2] 53

Sanierungserträge auch bei Einnahmenüberschussrechnung begünstigt: Während nach § 3 Nr. 66 EStG a. F. nur Erhöhungen des Betriebsvermögens begünstigt waren,[3] sind nach § 3a Abs. 1 Satz 1 EStG auch Betriebseinnahmen aus einem Schuldenerlass steuerbefreit. Damit ist auch die Gewinnermittlung nach § 4 Abs. 3 EStG in die Begünstigung einbezogen.[4] Verbindlichkeiten kommt zwar für die Einnahmenüberschussrechnung keine Bedeutung zu, weil erst die Ausgaben erfasst werden. Erlässt der Gläubiger jedoch dem Stpfl. mit Einnahmenüberschussrechnung eine Verbindlichkeit, die sich auf die Anschaffung eines Anlageguts bezieht, dann ist der Wegfall der Verbindlichkeit als gewinnerhöhende Betriebseinnahme zu erfassen.[5] Der Erlass anderer Verbindlichkeiten führt erst nach einem Übergang zum Bestandsvergleich zu einem Sanierungsgewinn.[6] 54

Durchschnittssatzgewinnermittlungen: Mit § 4 Abs. 3 EStG ist zugleich der Anwendungsbereich für die luf Gewinnermittlung nach Durchschnittssätzen eröffnet. Zwar hat der Wegfall von Verbindlichkeiten im Grundbetragsbereich der pauschalierenden Gewinnermittlung keine Auswirkungen; die Sondergewinne nach § 13a Abs. 7 EStG sind jedoch zwingend nach § 4 Abs. 3 EStG zu ermitteln, sodass Sanierungserträge aus einem Schuldenerlass, der sich auf Verbindlichkeiten im Sondergewinnbereich bezieht, ebenfalls begünstigt sind.[7] Bei der Tonnage- 55

---

1 S. auch BT-Drucks. 18/12128, 31.
2 BT-Drucks. 18/12128, 31.
3 HHR/*Kanzler*, § 3 Nr. 66 EStG a. F. Anm. 70 m. w. N. (5/1995) www.ertragsteuerrecht.de/hhr_archiv.htm.
4 Gl. A. *Förster/Hechtner*, DB 2017, 1536, 1537 re. Sp.
5 S. nur BFH v. 31.8.1972 - IV R 93/67, BStBl 1973 II 51.
6 *Förster/Hechtner*, DB 2017, 1536, 1537; *Fuhrmann/Brill/Bodden*, kösdi-Spezialseminar, 2018, 92.
7 Gl. A. *Förster/Hechtner*, DB 2017, 1536, 1537 re. Sp.

gewinnermittlung (§ 5a EStG) ist § 3a EStG nicht anwendbar, weil sich dort ein Schuldenerlass nicht gewinnerhöhend auswirkt.[1]

56 **Anwendung auf die betrieblichen Einkunftsarten:** Aus der Definition des Sanierungsertrags in § 3a Abs. 1 Satz 1 EStG folgt, dass die Steuerbefreiung nur auf die Einkünfte aus Gewerbebetrieb, LuF und selbständige Arbeit anzuwenden ist. Zur Ermittlung des körperschaftsteuerlichen Einkommens gilt § 3a EStG über § 8 Abs. 1 Satz 1 KStG. Die Steuerbefreiung ist auch auf ausländische Gewinne anwendbar, soweit diese zu Zwecken der Besteuerung im Inland ermittelt werden (s. → Rz. 8).

57–63 *(Einstweilen frei)*

3. Steuerbefreiung von Amts wegen

64 Die Steuerbefreiung ist von Amts wegen mit der Folge des Wahlrechtszwangs (s. → Rz. 86 ff.) und der Verlustverrechnung (s. → Rz. 126 ff.) zu beachten. Der Stpfl. kann auch nicht im Hinblick auf die Verlustverrechnung darauf verzichten. Das im ursprünglichen Entwurf des Bundesrats noch enthaltene Antragserfordernis,[2] das faktisch zu einem Wahlrecht zwischen Steuerbefreiung des Sanierungsgewinns oder Beibehaltung der Verlustverrechnungsmöglichkeiten führte, wurde vom Gesetzgeber nicht übernommen.

4. Sanierungsertrag aus einem Schuldenerlass zum Zwecke der Sanierung

a) Betrieblich begründeter Schuldenerlass

65 **Schuldenerlass und Forderungsverzicht:** Das Gesetz verwendet den Begriff des Schuldenerlasses, weil es um die Begünstigung des Unternehmens oder Unternehmers geht. Aus der Sicht der Gläubiger handelt es sich um einen Forderungsverzicht. Beide Begriffe werden im Zusammenhang mit Sanierungsgewinnen verwendet. Der Begriff des Schuldenerlasses ist gesetzlich nicht definiert. Es muss sich um den „betrieblich begründeten" Erlass (§ 3a Abs. 2 EStG) einer betrieblichen Verbindlichkeit handeln. Ein begünstigter Schuldenerlass liegt daher nicht vor, wenn der Forderungsverzicht privat oder durch das Gesellschaftsverhältnis veranlasst ist (s. → Rz. 69 ff.).

66 **Erlassvertrag:** Der Erlass wird nach § 397 Abs. 1 BGB durch einen Vertrag zwischen Gläubiger und Schuldner gewährt.[3] Nach § 397 Abs. 2 BGB tritt die gleiche Wirkung ein, wenn der Gläubiger in Kenntnis des Bestehens der Schuld durch Vertrag mit dem Schuldner anerkennt, dass das Schuldverhältnis nicht besteht.[4] Steuerbegünstigt sind auch Betriebsvermögensmehrungen aufgrund von Forderungsverzichten im Rahmen eines Insolvenzplanverfahrens (§§ 217 ff. InsO), das nicht auf die Zerschlagung des Unternehmens ausgerichtet ist.[5] Öffentlich-rechtliche Verbindlichkeiten werden i. d. R. durch Verwaltungsakt erlassen. Auch hieraus kann ein begünstigungsfähiger Sanierungsgewinn entstehen.[6]

---

1 Gl. A. *Förster/Hechtner*, DB 2017, 1536, 1537 re. Sp.
2 BR-Drucks. 59/1/17, 10.
3 BFH v. 14. 10. 1987 - I R 381/83, BFH/NV 1989, 141 = NWB DokID: BAAAB-29655 zu 3c.
4 BFH v. 19. 3. 1991 - VIII R 214/85, BStBl 1991 II 633.
5 BT-Drucks. 18/12128, 31; gl.A. *Fuhrmann/Brill/Bodden*, kösdi-Spezialseminar, 2018, 88; *Krumm* in Blümich, § 3a EStG Rz. 20 (11/2017).
6 BMF v. 22.12.2009, BStBl 2010 I 18; gl.A. *Fuhrmann/Brill/Bodden*, kösdi-Spezialseminar, 2018, 88; ebenso schon HHR/ *Kanzler*, § 3 Nr. 66 EStG a. F. Anm. 40 (5/1995) www.ertragsteuerrecht.de/hhr_archiv.htm.

Ein Schuldenerlass kann nicht mit steuerlicher Rückwirkung vereinbart werden, so dass ein Sanierungsgewinn erst mit Vertragsabschluss oder nach Eintritt einer aufschiebenden Bedingung (§ 158 Abs. 1 BGB) entsteht.[1] Beruht ein Sanierungsplan auf einem Bündel unterschiedlicher Maßnahmen, so ist für jede einzelne zu prüfen, ob es sich um einen betrieblich veranlassten Schuldenerlass handelt, der auch die übrigen Tatbestandsvoraussetzungen des § 3a EStG erfüllt.

b) Forderungsverzichte von Gesellschaftern

Der Gesellschafter einer PersGes. kann zur Sanierung der Gesellschafter grundsätzlich in gleicher Weise beitragen wie der Gesellschafter einer KapGes., in erster Linie also durch die Gewährung neuen Eigenkapitals. Das kann auch im Wege einer verdeckten Einlage geschehen, die handelsrechtlich, aber nicht steuerlich den Gewinn erhöht.

Bei Personengesellschaften wird danach unterschieden, ob der Forderungsverzicht aus betrieblichen Gründen oder aufgrund gesellschaftlicher Veranlassung erfolgt.

Eigenbetrieblich veranlasster Forderungsverzicht: Nur der in der Praxis eher seltene sanierungsbedingte Forderungsverzicht eines Gesellschafters aus eigenbetrieblichem Interesse – etwa im Rahmen eines allgemeinen Gläubigerakkords – führt zu einem steuerpflichtigen Sanierungsertrag hinsichtlich des nicht werthaltigen Teils der Forderung. Dieser Gewinn ist entweder allen Gesellschafter nach dem Gewinnverteilungsschlüssel oder nur dem verzichtenden Gesellschafter zuzurechnen.[2]

Bei einem gesellschaftsrechtlich veranlassten Forderungsverzicht, der immer dann anzunehmen ist, wenn die übrigen Gläubiger der sanierungsbedürftigen Gesellschaft einen Forderungsverzicht nicht ausgesprochen haben,[3] entsteht kein Sanierungsgewinn.[4] Die Forderung geht zum Buchwert aus dem Sonderbetriebsvermögen des Mitunternehmers in das Gesamthandsvermögen der Mitunternehmerschaft über und erlischt durch Konfusion. Die erfolgswirksame Behandlung des Forderungsverzichts in der Handelsbilanz bleibt ohne Einfluss auf das erfolgsneutrale steuerliche Ergebnis.[5]

Bei Kapitalgesellschaften führt der Forderungsverzicht eines Gesellschafters durch den Wegfall der zuvor passivierten Verbindlichkeit bei der KapGes. zu einer Vermögensmehrung, die nach handelsrechtlichen Grundsätzen als Gewinn ausgewiesen werden kann. Dem ist steuerrechtlich jedoch durch den Abzug einer verdeckten Einlage zu begegnen, wenn der Gesellschafter den Erlass im Hinblick auf das Gesellschaftsverhältnis gewährt hat.[6]

(Einstweilen frei)

---

1 BR-Drucks. 59/1/17, 10.
2 S. nur *Prinz* in Becksches Handbuch der Personengesellschaften, 4. Aufl. 2014, § 7 Rz. 127 ff. und *Eberhard* in Becksches Handbuch der Personengesellschaften, a. a. O. § 11 Rz. 70 jeweils m. w. N.
3 S. etwa OFD Frankfurt v. 24.1.2018, NWB DokID: EAAAH-02111 Tz. 15 "Forderungsverzicht durch GmbH-Gesellschafter"; FG Münster v. 9.7.2002 - 1 K 430/99 F, EFG 2003, 30 betätigt durch BFH v. 26.4.2004 - IV R 58/02, n.v., NWB DokID: QAAAC-22956.
4 Gl.A. *Desens*, FR 2017, 981, 983; *Levedag* in Schmidt, § 3a EStG Rz. 26; a. A. *Förster/Hechtner*, DB 2017, 1536, 1539.
5 *Prinz* in Becksches Handbuch der Personengesellschaften, 4. Aufl. 2014, § 7 Rz. 129 und *Eberhard* in Becksches Handbuch der Personengesellschaften, a. a. O. § 11 Rz. 70 jeweils m. w. N.
6 Grundlegend: BFH v. 9.6.1997 - GrS 1/94, BStBl 1998 II 307.

c) Arten des Schuldenerlasses

78 Bestehende und künftige Verbindlichkeiten: Gegenstand des Erlasses sind bestehende Verbindlichkeiten. Der Erlass kann sich aber auch auf künftige Forderungen beziehen; ob es sich dabei in Wahrheit um eine Änderung des der Forderung zugrunde liegenden Schuldverhältnisses handelt, ist streitig.[1] Jedenfalls entsteht keine Verbindlichkeit, auch nicht für eine logische Sekunde. Sie kann also nicht passiviert und alsdann unter Realisierung eines steuerfreien Sanierungsgewinnes ausgebucht werden.[2] Die Rechtsprechung hat daher zwar den Erlass bereits aufgelaufener Zinsen, nicht aber die Ermäßigung des Zinssatzes für die Zukunft als steuerbegünstigte Sanierungsmaßnahme angesehen.[3]

> **PRAXISHINWEIS:**
>
> Als Ausweg bietet sich ein Teilerlass der Hauptschuld bei unveränderter Verzinsung des Restbetrags an.[4]

Noch nicht als Aufwand berücksichtigte Verbindlichkeiten sind zunächst einzubuchen; eine Saldierung zwischen Aufwand und Sanierungsgewinn ist unzulässig.[5]

79 Rückstellungen: Der Erlass künftiger Verbindlichkeiten wirkt sich jedoch unmittelbar auf den Gewinn aus, wenn hierfür Rückstellungen (z. B. Pensionsrückstellungen) gebildet wurden und diese sanierungsbedingt ganz oder teilweise aufgelöst werden. § 3a EStG erfasst auch diesen für die Praxis wichtigen Fall.[6]

80 Der Erlass mit Besserungsverpflichtung[7] ist im Zweifel[8] ein sofort wirkender Erlass und daher vom Rangrücktritt (→ Rz. 85) zu unterscheiden;[9] bei Eintritt des Besserungsfalls entsteht dann eine neue Verbindlichkeit für den Schuldner, weil die Forderung „wieder auflebt".[10] In diesem Fall führt der auflösend bedingt vereinbarte Forderungsverzicht für die Dauer der Krise zur Bildung von Eigenkapital des Unternehmens; im Zeitpunkt des Bedingungseintritts wandelt sich jedoch das Eigenkapital wieder in Fremdkapital um.[11] Auch Schuldumwandlungen des Inhalts, dass die Schuld nur aus künftigen Gewinnen getilgt werden soll, sind gewinnwirksam; die Verbindlichkeit ist nicht mehr zu passivieren. Im Ergebnis besteht daher kein Unterschied zum Erlass mit Besserungsverpflichtung.

81 Öffentlich-rechtliche Verbindlichkeiten werden i. d. R. durch Verwaltungsakt erlassen. Auch hieraus kann ein Sanierungsgewinn entstehen.

---

1 Offengelassen in BFH v. 31. 1. 1985 - IV R 149/82, BStBl 1985 II 365 und v. 24. 2. 1994 - IV R 71/92, BFH/NV 1995, 15 = NWB DokID: ZAAAB-34821.
2 RFH v. 21. 12. 1937 - I 326/37, RStBl 1938, 239; BFH v. 8. 6. 2011 -X B 209/10, BFH/NV 2011, 1828 = NWB DokID: EAAAD-90735 m. w. N.
3 RFH v. 21. 12. 1937, a. a. O.; BFH v. 24.2.1994 - IV R 71/92, BFH/NV 1995, 15 = NWB DokID: ZAAAB-34821 m. w. N.
4 HHR/*Kanzler*, § 3 Nr. 66 EStG a. F. Anm. 40 (5/1995) www.ertragsteuerrecht.de/hhr_archiv.htm.
5 Gl. A. HHR/*Kanzler*, § 3 Nr. 66 EStG a. F. Anm. 40 (5/1995) www.ertragsteuerrecht.de/hhr_archiv.htm.
6 BFH v. 19. 5. 1993 - I R 34/92, BStBl 1993 II 804 zu § 3 Nr. 66 EStG a. F., im Streitfall allerdings die Sanierungsbedürftigkeit ablehnend. gl. A. *Förster/Hechtner*, DB 2017, 1536, 1537; *Fuhrmann/Brill/Bodden*, kösdi-Spezialseminar, 2018, 89.
7 Die zivilrechtliche Einordnung der Besserungsabreden ist umstritten (zum Streitstand BFH v. 21. 4. 2009 - II R 57/07, BStBl 2009 II 606 betr. Schenkungsteuer).
8 Inhaltlich können sich die Besserungsabreden unterscheiden, so dass es im Einzelfall darauf ankommt, wie die Abrede auszulegen ist (zu Einzelheiten: *Herlinghaus*, Forderungsverzichte und Besserungsvereinbarungen zur Sanierung von Kapitalgesellschaften, 1994, 83 ff. und *Schrader*, Die Besserungsabrede, 1995, 48 ff.).
9 Vgl. BGH v. 13. 6. 1984 - IVa ZR 196/82, DB 1984, 2454.
10 BGH v. 13. 6. 1984, a. a. O.
11 BFH v. 30. 5. 1990 - I R 41/87, BStBl 1991 II 588.

Der Rückkauf von Darlehensforderungen (sog. Debt-Buy-Back) unter dem Nennwert durch den Schuldner führt zwar zur Konfusion; in Höhe der Differenz zwischen Kaufpreis und passiviertem Wert der Verbindlichkeit entsteht jedoch ein Ertrag, der auf einem teilweisen Verzicht des Gläubigers auf die Darlehensrückzahlung beruht. Sind die übrigen Voraussetzungen des § 3a EStG erfüllt, kann auch insoweit ein steuerfreier Sanierungsgewinn vorliegen.[1] 82

d) Nicht begünstigte Sanierungsmaßnahmen (kein sanierungsbedingter Schuldenerlass i. S. d. § 3a EStG)

Schuldenerlass als typische Sanierungsmaßnahme nicht analogiefähig: Zur Sanierung eines notleidenden Unternehmens können die Gläubiger in unterschiedlicher Weise beitragen. Sie können auf ihnen zustehende Forderungen verzichten, die Erfüllung von Ansprüchen stunden, Zuschüsse gewähren, eigene Ansprüche aus schwebenden Verträgen herabsetzen oder die eigenen Leistungen aus solchen Verträgen erhöhen. Alle diese Maßnahmen können auch Teil eines einheitlichen Sanierungskonzepts sein und früher oder später zu Vermögensmehrungen für den Schuldner führen. Da nach dem Gesetz aber nur der Erlass bereits zugunsten des Gläubigers bestehender Ansprüche begünstigt ist, sind die unterschiedlichen Maßnahmen voneinander abzugrenzen. Da die Begünstigung des Schuldenerlasses auf sachlichen Gründen beruht (→ Rz. 11), kann § 3a EStG nicht auf andere Sanierungsmaßnahmen ausgedehnt werden.[2] 83

Kein begünstigter Schuldenerlass liegt vor, wenn die Vereinbarung zwischen Gläubiger und Schuldner nicht das Erlöschen oder Teilerlöschen des Schuldverhältnisses zum Gegenstand hat (wie etwa bei Rangrücktritt, Stundung oder Schuldübernahme) oder wenn andere Erlöschenstatbestände (wie Aufrechnung oder Umwandlung der Forderung in eine Einlage) verwirklicht werden.[3] 84

ABC der Einzelfälle nicht begünstigter Sanierungsmaßnahmen:[4] 85

Aufrechnung: Die Aufrechnung gegen die Forderung eines Gläubigers ist kein begünstigter Schuldenerlass.[5]

Freistellung von einer Verpflichtung im Rahmen eines Leistungsaustauschs ist kein Schuldenerlass i. S. d. § 3a EStG.[6]

Konfusion: Die Vereinigung von Forderung und Schuld in einer Person ist kein Schuldenerlass;[7] s. aber → Rz. 82 zum Debt-Buy-Back unter dem Nennwert.

Leistungsverweigerungsrechte, die der Schuldner gegenüber seinen Gläubigern im Hinblick auf seine Zahlungsunfähigkeit geltend macht, sind kein Schuldenerlass. Das gilt etwa für die einseitige Herabsetzung von Pensionsansprüchen durch den Arbeitgeber. Vereinbaren Schuldner und Gläubiger allerdings eine Herabsetzung oder den Wegfall der Ansprüche, so handelt es sich um einen Forderungsverzicht, der nach § 3a EStG begünstigt sein kann.

---

1 Gl.A. *Desens*, FR 2017, 981, 983; *Kanzler*, NWB 2017, 2260, 2264; *Sistermann/Beutel*, DStR 2017, 1065, 1066.
2 BFH v. 31. 1. 1985 - IV R 149/82, BStBl 1985 II 365 zu § 3 Nr. 66 EStG a. F.
3 HHR/*Kanzler*, § 3 Nr. 66 EStG a. F. Anm. 41 (5/1995) www.ertragsteuerrecht.de/hhr_archiv.htm.
4 S. auch HHR/*Kanzler*, § 3 Nr. 66 EStG a. F. Anm. 41 (5/1995) www.ertragsteuerrecht.de/hhr_archiv.htm.
5 FG Niedersachsen v. 10.3.1998 - VI 44/94, EFG 1998, 996, rkr.
6 BFH v. 19. 3. 1991 - VIII R 214/85, BStBl 1991 II 633 zu § 3 Nr. 66 EStG a. F. in einem Fall der Übertragung eines Kommanditanteils gegen Barleistung und Freistellung von Verpflichtungen aus negativem Kapitalkonto.
7 BFH v. 14. 10. 1987 - I R 381/83, BFH/NV 1989, 141 = NWB DokID: BAAAB-29655 zu 3c.

Pactum de non petendo: Ein bloßes Stillhalteabkommen ändert nichts am Bestand der Forderung und gleicht einer Stundung;[1] ein zeitlich unbegrenzter Verzicht kommt allerdings einem Schulderlass gleich.

Preiserhöhungen, die der Gläubiger einem notleidenden Schuldner im Rahmen eines bestehenden Vertragsverhältnisses zugesteht, führen nicht zu einem begünstigten Sanierungsertrag;[2] es handelt sich um verdeckte Zuschüsse (s. auch „Zuschüsse").

Rangrücktritt ist die Abrede, erst nach anderen Gläubigern befriedigt zu werden. Da die Forderung bestehen bleibt, entsteht daraus für den Schuldner kein Gewinn.[3] Allerdings kann die Vereinbarung eines qualifizierten Rangrücktritts[4] als Schulderlass anzusehen sein.[5] Aufgrund einer solchen Rangrücktrittsvereinbarung wird die Forderung des Gläubigers nicht mehr passiviert[6] und darf nur im Falle eines die Verbindlichkeiten übersteigenden Aktivvermögens befriedigt werden.[7]

Schuldübernahme: S. „Konfusion".

Stillhalteabkommen: S. „Pactum de non petendo".

Stundung einer Forderung führt nicht zu einem Schuldenerlass.[8] Aus einer zinslosen Stundung können sich früher oder später Vermögensmehrungen für den Schuldner ergeben. Nach dem Gesetz begünstigt ist jedoch allein der Schuldenerlass bereits zugunsten des Gläubigers bestehender Ansprüche (s. → Rz. 78).[9]

Umwandlung einer Gläubigerforderung in Beteiligungskapital (Debt Equity Swap) ist kein Schuldenerlass. Mit der Forderung wird eine Einlage erbracht. Für die Gesellschaft kann sich allerdings ein Gewinn ergeben, wenn die Forderung unter ihrem Nennwert angerechnet wird oder nicht mehr werthaltig war.[10]

Vertragsaufhebungen oder -änderungen: Die Aufhebung oder Änderung eines für den Schuldner nachteiligen Liefervertrags führt nicht zu einem Schuldenerlass.

Warenlieferungen: Sanierungsleistungen sind nicht steuerbefreit, wenn es sich um die unentgeltliche Lieferung von Waren handelt;[11] wie bei Preiserhöhungen handelt es sich um einen

---

1 BFH v. 9.6. 1997 - GrS 1/94, BStBl 1998 II 307 zu II.5.
2 BFH v. 31.1. 1985 - IV R 149/82, BStBl 1985 II 365.
3 St. Rspr. s. nur BFH v. 30.4.1968 - I 161/65, BStBl 1968 II 720, 722; v. 30.3.1993 - IV R 57/91, BStBl 1993 II 502; v. 16.5.2007 - I R 36/06, BFH/NV 2007, 2252 = NWB DokID: TAAAC-60526 und BFH v. 13.12.2016 - X R 4/15, BStBl 2017 II 786. Zur Passivierung von Verbindlichkeiten bei Vereinbarung eines einfachen oder qualifizierten Rangrücktritts s. BMF v. 8.9. 2006, BStBl 2006 I 497.
4 BFH v. 10.11. 2005 - IV R 13/04, BStBl 2006 I 618.
5 BFH v. 30.11.2011 - I R 100/10, BStBl 2012 I 332.
6 Gl.A. *Förster/Hechtner*, DB 2017, 1536, 1538; *Desens*, FR 2017, 981, 983.
7 Zu den Voraussetzungen, der Rechtsnatur und den Rechtsfolgen eines qualifizierten Rangrücktritts s. BGH v. 5.3.2015 - IX ZR 133/14, BGHZ 204, 231 = NWB DokID: RAAAE-87071 m.w.N.
8 BFH v. 31.1. 1985 - IV R 149/82, BStBl 1985 II 365.
9 RFH v. 10.12.1930 - VI A 793/30, RStBl. 1931, 195; beiläufig BFH v. 31.1.1985 - IV R 149/82, BStBl 1985 II 365.
10 Gl.A. OFD Frankfurt v. 24.1.2018, NWB DokID: EAAAH-02111 Tz. 15 Zusatz: „Gewinne aus Dept-to-Equity-Swap-Gestaltungen"; *Desens*, FR 2017, 981, 983; *Fuhrmann/Brill/Bodden*, kösdi-Spezialseminar, 2018, 89 m.w.N.; *Krumm* in Blümich, § 3a Rz. 20; *Levedag* in Schmidt, § 3a EStG Rz. 16; *Sistermann/Beutel*, DStR 2017, 1065, 1066.
11 BFH v. 31.1.1985 - IV R 149/82, BStBl 1985 II 365 und v. 8.4.1992 - I R 41/88, BFH/NV 1992, 799 = NWB DokID: BAAAB-33014.

verdeckten Zuschuss. Der Erlass bereits aufgelaufener Warenverbindlichkeiten ist allerdings begünstigter Schuldenerlass.[1]

Zuschüsse des Gläubigers (oder eines Dritten) „à fonds perdu" bewirken zwar eine Vermögensmehrung oder sind Betriebseinnahmen, sind aber kein Schuldenerlass und daher nicht begünstigt.[2] Die Begünstigung entfällt auch, wenn Zuschüsse verdeckt durch günstige Liefer- oder Abnahmepreise gewährt werden (s.„Preiserhöhungen").

PRAXISHINWEIS:

Gewährt der Gläubiger anstelle des Zuschusses dem Schuldner zunächst ein Darlehen und verzichtet später auf den Rückzahlungsanspruch, kann es sich um einen Forderungsverzicht bzw. Schuldenerlass handeln,[3] soweit sich § 42 AO ausschließen lässt. Die Darlehenshingabe kann bereits eine Sanierungsmaßnahme sein; erkennt der Gläubiger später, dass sich die wirtschaftliche Lage des Schuldners verschlechtert, erweist sich der Forderungsverzicht als weitere sachlich gerechtfertigte Sanierungsmaßnahme, ohne von vornherein beabsichtigt gewesen zu sein.

5. Schuldenerlass zum Zwecke einer unternehmensbezogenen Sanierung (§ 3a Abs. 1 Satz 1 EStG)

Der Schuldenerlass oder Forderungsverzicht muss „zum Zwecke einer ... Sanierung" erfolgen. Dieses als „Sanierungsabsicht" bezeichnete Erfordernis war bereits in § 3 Nr. 66 EStG a. F. enthalten und ließ sich – anders als die Sanierungsbedürftigkeit und die Sanierungseignung – unmittelbar dem Gesetzeswortlaut entnehmen. Inzwischen sind diese Sanierungsvoraussetzungen alle in § 3a Abs. 2 EStG ausdrücklich aufgeführt, ohne allerdings definiert zu werden (s. → Rz. 108 ff.).[4] Der Schuldenerlass muss einer unternehmensbezogenen Sanierung dienen. Wann diese im Unterschied zur unternehmerbezogenen Sanierung vorliegt, ist ebenfalls in § 3a Abs. 2 EStG geregelt (→ Rz. 100 ff.). 86

6. Zwang zur gewinnmindernden Ausübung von Wahlrechten im Sanierungs- und Folgejahr (§ 3a Abs. 1 Sätze 2 und 3 EStG)

Nach § 3a Abs. 1 Satz 2 EStG sind steuerliche Wahlrechte in dem Jahr, in dem ein Sanierungsertrag erzielt wird (Sanierungsjahr) und im Folgejahr im zu sanierenden Unternehmen gewinnmindernd auszuüben. Um welche steuerlichen Wahlrechte es sich dabei handelt, wird nicht geregelt. Als Beispiel („insbesondere") ist in § 3a Abs. 1 Satz 3 EStG lediglich die Teilwertabschreibung nach § 6 Abs. 1 Nr. 1 Satz 2 und Nr. 2 Satz 2 EStG angeführt. 87

Normzweck und Bedeutung dieser Wahlrechtsfestschreibung[5] ist der Ausweis niedrigstmöglicher Gewinne, damit ein größtmögliches Verlustausgleichsvolumen zur Verfügung steht, mit dem der Sanierungsertrag zur Vermeidung einer Doppelbegünstigung zu verrechnen ist; auf diese Weise soll die Steuerbefreiung auf das erforderliche Maß begrenzt werden.[6] Der Gedan- 88

---

1 Beiläufig BFH v. 8.4.1992 - I R 41/88, BFH/NV 1992, 799 = NWB DokID: BAAAB-33014.
2 BFH v. 31.1.1985 - IV R 149/82, BStBl 1985 II 365; v. 24.2.1994 - IV R 71/92, BFH/NV 1995, 15 = NWB DokID: ZAAAB-34821 betr. Zahlung eines Bürgen unter Verzicht auf Rückgriffsforderung.
3 So *Langel*, StbJb 1977/78, 321; a. A. *Schulze zur Wiesche*, GmbHR 1980, 36, 37.
4 BFH v. 16.5.2002 - IV R 11/01, BStBl 2002 II 854 und v. 12.10.2005 - X R 20/03, BFH/NV 2006, 713 = NWB DokID: WAAAB-76596.
5 So die Diktion von *Förster/Hechtner*, DB 2017, 1536, 1542.
6 BT-Drucks. 18/12128, 31.

ke einer teleogischen Reduktion auf Wahlrechte, die nicht auf einer Subventionsregelung beruhen,[1] würde den Regelungszweck unterlaufen,[2] weil den meisten steuerlichen Wahlrechten ein Subventionszweck zugrunde liegt.[3]

89 **Wahlrechtsfestschreibung als Rechtsfolge:** Die Regelung ist eine zwingende Rechtsfolge der von Amts wegen zu berücksichtigenden Steuerbefreiung von Sanierungsgewinnen.[4] § 3a Abs. 1 Satz 2 EStG lautet: „Sind Betriebsvermögensmehrungen oder Betriebseinnahmen aus einem Schuldenerlass nach Satz 1 steuerfrei, sind steuerliche Wahlrechte ... gewinnmindernd auszuüben". Das ist sachgerecht. Denn wäre der Zwang zur Wahlrechtsausübung Voraussetzung der Steuerbefreiung, dann könnte der Stpfl. die gewinnmindernde Ausübung des Wahlrechts verweigern und hätte dann faktisch ein Wahlrecht, die Steuerbefreiung und Verlustuntergang zu vermeiden.

90 **Steuerliche im zu sanierenden Unternehmen auszuübende Wahlrechte:** Mit Ausnahme des in § 3a Abs. 1 Satz 3 EStG aufgeführten Regelbeispiels der Teilwertabschreibung sieht § 3a Abs. 1 Satz 2 EStG nur insoweit eine Einschränkung zur Art der dem Ausübungszwang unterliegenden Wahlrechte vor, als diese „im zu sanierenden Unternehmen" auszuüben sind. Daraus folgt, dass es sich um Gewinnermittlungswahlrechte handeln muss.[5] Von der Regelung werden daher nicht nur die von § 5 Abs. 1 Satz 2 EStG angesprochenen bilanziellen Ansatz- und Bewertungswahlrechte erfasst, die sich aus dem Gesetz ergeben, sondern auch die außerbilanziellen einkommensteuerrechtlichen Wahlrechte, wozu etwa auch die für die Einnahmenüberschussrechnung geltenden Gewinnermittlungswahlrechte gehören. Das Gewinnermittlungswahlrecht selbst unterliegt nicht dem Ausübungszwang, denn die Art der Gewinnermittlung ist Voraussetzung für die Feststellung einer erlassbedingten Betriebsvermögensmehrung oder Betriebseinnahme nach § 3a Abs. 1 Satz 1 EStG. Eine weitere Einschränkung auf gesetzliche Wahlrechte ergibt sich aus dem Gesetzesvorbehalt (Art. 20 Abs. 3 GG), der es verbietet, auch die durch Verwaltungsanordnung eingeräumten Wahlrechte dem Ausübungszwang zu unterwerfen.[6] Der Verwaltung muss es verwehrt bleiben, ohne gesetzliche Grundlage steuerliche Wahlrechte zu schaffen, die dann nach § 3a Abs. 1 Satz 2 EStG eine Belastung bewirken.[7] Die Wahlrechte zur Gewinnübertragung nach R 6.6 Abs. 1 bis 4 EStR und zum Abzug von Zuschüssen von den Anschaffungs- oder Herstellungskosten gem. R 6.5 Abs. 2 EStR werden daher vom Ausübungszwang nicht erfasst.[8]

91 **Zu den steuerbilanziellen Wahlrechten**, die auch für den Bestandsvergleich nach § 4 Abs. 1 EStG gelten, gehören außer dem in § 3a Abs. 1 Satz 3 EStG aufgeführten Regelbeispiel der Teilwertabschreibung nach § 6 Abs. 1 Nr. 1 Satz 2, Nr. 2 Satz 2 EStG etwa die folgenden Maßnahmen:

---

1 So *Förster/Hechtner*, DB 2017, 1536, 1542; *Sistermann/Beutel*, DStR 2017, 1065, 1067.
2 Gl.A. *Desens*, FR 2017, 981, 989.
3 *Kanzler*, NWB 2017, 2260, 2265.
4 *Förster/Hechtner*, DB 2017, 1536, 1542; *Kanzler*, NWB 2017, 2260, 2265.
5 Gl.A. *Desens*, FR 2017, 981, 989 und im Ergebnis gl.A. *Kanzler*, NWB 2017, 2260, 2265.
6 Gl.A. *Desens*, FR 2017, 981, 989.
7 *Desens*, FR 2017, 981, 989.
8 A.A. *Förster/Hechtner*, DB 2017, 1536, 1542; ebenso noch *Kanzler*, NWB 2017, 2260.

- Sofortabschreibungen gem. § 6 Abs. 2 EStG und
- Poolabschreibungen gem. § 6 Abs. 2a EStG,
- Gewinnübertragungen nach § 6b Abs. 1 und Abs. 3 EStG und § 6c EStG
- Wahl der AfA-Methode nach § 7 EStG und
- Wahl erhöhter Abschreibungen und Sonderabschreibungen nach § 7a ff. EStG.

Zu den außerbilanziellen Wahlrechten zählen etwa der Investitionsabzugsbetrag gem. § 7g Abs. 1 EStG und die der Einnahmenüberschussrechnung vorbehaltenen Gewinnermittlungswahlrechte, wie die Gewinnübertragung nach § 6c EStG und ebenfalls der Investitionsabzugsbetrag nach § 7g Abs. 1 Satz 2 Nr. 1 Buchst. c EStG, sowie die Sonderabschreibungen. 92

Umsetzung des Wahlrechtszwangs: Mit dem Zwang zur gewinnmindernden Ausübung steuerlicher Wahlrechte werden diese Wahlrechte im Ergebnis aufgehoben. Bei unterbliebener Inanspruchnahme bilanzieller Wahlrechte ist eine Bilanzkorrektur dann nicht mehr als vom Stpfl. zu beantragende Bilanzänderung nach § 4 Abs. 2 Satz 2 EStG, sondern als eine – ebenfalls vom Stpfl. vorzunehmende – Bilanzberichtigung (§ 4 Abs. 2 Satz 1 EStG) durchzuführen. Denn die Vermögensübersicht entspricht nicht mehr den GoB unter Befolgung des § 3a Abs. 1 Satz 2 EStG.[1] Nach § 4 Abs. 2 Satz 1 EStG „darf" der Stpfl. die Bilanzberichtigung vornehmen. M.E. ergibt sich jedoch aus dem Zwang zur gewinnmindernden Wahlrechtsausübung zugleich eine ausnahmsweise Verpflichtung des Stpfl. zu einer Bilanzberichtigung.[2] Aber selbst wenn man dieser Auffassung nicht folgen wollte, wäre das FA zu einer eigenständigen Gewinnermittlung berechtigt und verpflichtet.[3] Die Korrektur bei Einnahmenüberschussrechnung ist unproblematisch, weil diese Gewinnermittlungsart nicht den Einschränkungen des § 4 Abs. 2 EStG unterliegt. 93

(Einstweilen frei) 94–99

III. Unternehmensbezogene Sanierung (§ 3a Abs. 2 EStG)

1. Begriff der unternehmensbezogenen Sanierung

Wegen der Tatbestandsvoraussetzungen der unternehmensbezogenen Sanierung verweist § 3a Abs. 1 Satz 1 EStG auf den Abs. 2 der Vorschrift, der eine Legaldefinition des Begriffs in Anlehnung an die bisherige Rechtsprechung des BFH zu § 3 Nr. 66 EStG a. F. enthält.[4] 100

Eine unternehmensbezogene Sanierung liegt danach im Unterschied zur unternehmerbezogenen Sanierung vor, wenn der Stpfl. für den Zeitpunkt des Schuldenerlasses 101

- die Sanierungsbedürftigkeit und
- die Sanierungsfähigkeit des Unternehmens,

---

1 Dazu etwa *Kanzler* in Prinz/Kanzler, NWB Praxiskommentar Bilanzsteuerrecht, Rz. 1130 ff.
2 Zu Beispielen für eine Verpflichtung zur Bilanzberichtigung *Kanzler* in Prinz/Kanzler, NWB Praxiskommentar Bilanzsteuerrecht, Rz. 1152.
3 BFH v. 31. 1. 2013 - GrS 1/10, BStBl 2013 II 317 Tz. 72.
4 BFH v. 28.11.2016 - GrS 1/15, BStBl 2017 II 393.

▶ die Sanierungseignung des betrieblich begründeten Schuldenerlasses und

▶ die Sanierungsabsicht der Gläubiger

nachweist.

102 Von diesen vier Merkmalen ging auch bereits der vom BFH beanstandete Sanierungserlass des BMF aus.[1] Nach der höchstrichterlichen Rechtsprechung waren allerdings nur drei Tatbestandsvoraussetzungen zu prüfen, weil die Sanierungseignung des Schuldenerlasses und die Sanierungsfähigkeit des Unternehmens nicht voneinander unterschieden wurden. Die Sanierungsfähigkeit im Sinne einer Feststellung der Überlebensfähigkeit des Unternehmens wurde von der Rechtsprechung zu § 3 Nr. 66 EStG a. F. gewissermaßen als erste Stufe einer Prüfung der Sanierungseignung verstanden.[2] Dementsprechend ging auch der Große Senat des BFH nur von den drei Voraussetzungen der Sanierungsbedürftigkeit, -absicht und -eignung aus.[3]

103 **Bei der unternehmerbezogenen Sanierung** müsste eigentlich die Prüfung der Sanierungsbedürftigkeit und -eignung des Unternehmens entfallen und an die Stelle wirtschaftspolitischer Zwecksetzungen ausschließlich der Gesichtspunkt persönlicher Billigkeit treten.[4] Gleichwohl hat die Rspr. zu § 3 Nr. 66 EStG a. F. auch diese unternehmensbezogenen Tatbestandsvoraussetzungen geprüft und die Sanierungseignung trotz Liquidation des Unternehmens bejaht, „wenn es der Forderungserlass dem Einzelunternehmer ermöglicht, das von ihm betriebene Unternehmen aufzugeben, ohne von weiterbestehenden Schulden beeinträchtigt zu sein".[5] Dieser Schuldenerlass zu dem Zweck, dem Stpfl. oder einem Beteiligten einen schuldenfreien Übergang in sein Privatleben oder den Aufbau einer anderen Existenzgrundlage zu ermöglichen, ist nach § 3a Abs. 5 EStG nur ausnahmsweise und in bestimmten abschließend geregelten Fällen begünstigt (s. → Rz. 173 ff.).

104–107 (Einstweilen frei)

2. Die vier Tatbestandsvoraussetzungen der unternehmensbezogenen Sanierung

a) Gleichzeitiges Vorliegen und Nachweis der Tatbestandsvoraussetzungen für den Zeitpunkt des Schuldenerlasses

108 Anders als nach § 3 Nr. 66 EStG a. F. werden die vier, die Sanierungsvoraussetzungen bestimmenden Begriffe der Sanierungsbedürftigkeit, -fähigkeit, -eignung und -absicht erstmals im Gesetz aufgeführt, bedürfen ihrerseits aber der Definition. Alle vier Voraussetzungen müssen im Zeitpunkt des Schuldenerlasses durch Insolvenzvergleich oder Vereinbarung der Sanierungsmaßnahme, also gleichzeitig, vorliegen. Fehlt nur eine der Voraussetzungen, ist die Steuerbefreiung abzulehnen.[6]

---

1 BMF v. 27.3.2003, BStBl 2003 I 240.
2 Vgl. BFH v. 20.2.1986 - IV R 172/84, BFH/NV 1987, 493 = NWB DokID: NAAAB-28802 zu Nr. 3 der Gründe; gl. A. HHR/*Kanzler*, § 3 Nr. 66 EStG a. F. Anm. 62 m. w. N. (5/1995) www.ertragsteuerrecht.de/hhr_archiv.htm.
3 BFH v. 28.11.2016 - GrS 1/15, BStBl 2017 II 393 zu Rz. 61.
4 S. HHR/*Kanzler*, § 3 Nr. 66 EStG a. F. Anm. 52 m. w. N. (5/1995) www.ertragsteuerrecht.de/hhr_archiv.htm.
5 So BFH v. 14.3.1990 - I R 106/85, BStBl 1990 II 813; v. 12.10.2005 - X R 42/03, BFH/NV 2006, 715 = NWB DokID: GAAAB-76597 jeweils m. w. N.
6 BT-Drucks. 18/12128, 31; s. auch BFH v. 12.10.2006 - XI B 69/06, NWB DokID: TAAAC-35630 m. w. N.; zur älteren Rspr. des BFH betr. § 3 Nr. 66 EStG a. F. s. HHR/*Kanzler*, § 3 Nr. 66 EStG a. F. Anm. 56 (5/1995) www.ertragsteuerrecht.de/hhr_archiv.htm, mit umfangreichen Nachweisen.

b) Sanierungsbedürftigkeit des Unternehmens

Sanierungsbedürftigkeit des Einzelunternehmens: Die nach § 3a Abs. 2 EStG erforderliche Sanierungsbedürftigkeit des Unternehmens liegt bei einem Einzelunternehmer vor, wenn die Existenz des Unternehmens infolge der Überschuldung derart bedroht ist, dass es ohne den Schuldenerlass nicht ertragbringend weitergeführt werden kann.[1] Dies hat auch für den Forderungsverzicht gegenüber einer KapGes. zu gelten. Bei einem Personenunternehmen ist zudem die Höhe des Privatvermögens des Einzelunternehmers[2] oder des persönlich haftenden Gesellschafters zu berücksichtigen.[3] Maßgebend waren ferner die Ertragslage und die Höhe des Betriebsvermögens vor und nach der Sanierung, die Kapitalverzinsung durch die Erträge des Unternehmens, die Möglichkeiten zur Zahlung von Steuern und sonstiger Schulden, d. h. das Verhältnis der flüssigen Mittel zur Höhe der Schuldenlast und die Gesamtleistungsfähigkeit des Unternehmens.[4]

109

Bei einer Mitunternehmerschaft ist auf die Verhältnisse der Gesellschaft abzustellen. Deshalb führt der Erlass von Schulden aus dem Bereich des Sonderbetriebsvermögens eines Gesellschafters nicht zu einem steuerfreien Sanierungsgewinn, wenn die Gesellschaft nicht selbst sanierungsbedürftig ist[5] oder ohne den Schuldenerlass nicht selbst sanierungsbedürftig würde.[6]

110

Mehrere Betriebe eines Unternehmers: Hat ein Unternehmer mehrere Betriebe, so soll die Sanierungsbedürftigkeit nach der Gesamtheit der Betriebe beurteilt werden.[7] Daraus kann aber nicht gefolgert werden, es müssten sämtliche Betriebe sanierungsbedürftig sein; man wird nur fragen müssen, was die übrigen Betriebe zur Sanierung beitragen können.

111

Sanierungsbedürftigkeit bei strategischer Insolvenz: Ob eine sog. strategische Insolvenz die Kriterien der Sanierungsbedürftigkeit erfüllen kann, hängt vom jeweiligen Einzelfall ab. Dieses nach dem ESUG[8] zulässige, freiwillig eingeleitete Insolvenzplanverfahren zur gestaltenden Regelung eines bestandsgefährdenden Umstands und damit zur Unternehmenssanierung,[9] erfreut sich zunehmender Beliebtheit. Strategische Insolvenzpläne werden im Rahmen einer Sanierung in einem Schutzschirmverfahren nach § 270b InsO eingesetzt, um etwa die Rückschlagsperre des § 88 InsO auszulösen, Einzelzwangsvollstreckungsmaßnahmen nach § 89 InsO zu verhindern oder sich von bestimmten belastenden Verträgen nach § 103 InsO oder unvorteilhaften Kündigungsfristen nach § 109 InsO bzw. § 113 InsO zu befreien. Auch in diesen Fällen ist die Sanierungsbedürftigkeit des Unternehmens zu prüfen und nur zu bejahen, wenn die Existenz des Unternehmens infolge der Überschuldung derart bedroht ist, dass es ohne den Schuldenerlass nicht ertragbringend weitergeführt werden kann.

112

---

1 BFH v. 12. 12. 2013 - X R 39/10, BStBl 2014 II 572; gl.A. *Förster/Hechtner*, DB 2017, 1536, 1538.
2 BFH v. 12. 12. 2013 - X R 39/10, BStBl 2014 II 572.
3 BFH v. 10. 4. 2001 - IV R 63/01, BStBl 2004 II 9.
4 BFH v. 28.11.2016 - GrS 1/15, BStBl 2017 II 393, Tz. 62 m.w. N.
5 S. nur BFH v. 3.7.1997 - IV R 31/96, BStBl 1997 II 690 und v. 28. 3. 2000 - VIII R 43/99, BFH/NV 2000, 1330.
6 BFH v. 27. 1. 1998 - VIII R 64/96, BStBl 1998 II 537 m.w. N.
7 BFH v. 25. 10. 1963 - I 359/60 S, BStBl 1964 III 122 und v. 3. 12. 1963 - I 375/60 U, BStBl 1964 III 128; wohl a. A. BFH v. 22. 1. 1985 - VIII R 37/84, BStBl 1985 II 501, der nur von mehreren Betrieben eines Unternehmens ausgeht.
8 A. a. O. Rz. 51 Fn. 2.
9 So *Seibt/Bulgrin*, ZIP 2017, 353; s. auch *Bulgrin*, Die strategische Insolvenz, 2016 und *Eidenmüller*, ZIP 2014, 1197.

c) Sanierungsfähigkeit des Unternehmens und Sanierungseignung des betrieblich begründeten Schuldenerlasses

113 **Die Sanierungsfähigkeit des Unternehmens** ist gegeben, wenn das Überleben des Unternehmens durch den Schuldenerlass und ggf. durch weitere Sanierungsmaßnahmen gesichert ist; sie muss objektiv gegeben sein. Die Prüfung erstreckt sich insoweit auf die Ertragslage und die Höhe des Betriebsvermögens vor und nach der Sanierung, die Kapitalverzinsung durch die Erträge des Unternehmens, die Möglichkeiten zur Zahlung von Steuern und sonstiger Schulden, d. h. das Verhältnis der flüssigen Mittel zur Höhe der Schuldenlast und die Gesamtleistungsfähigkeit des Unternehmens.[1]

114 **Die Sanierungseignung des Schuldenerlasses** ist in einem zweiten Schritt nach Bejahung der Sanierungsfähigkeit des Unternehmens konkret zu prüfen. Danach ist festzustellen, ob der Schuldenerlass ggf. gemeinsam mit anderen Maßnahmen geeignet ist, das Überleben des Unternehmens herbeizuführen.[2] Dafür ist entscheidend, ob die Sanierung im Zeitpunkt des Schuldenerlasses zu erwarten ist, denn nachträglich eingetretene Umstände, die das Gelingen der Sanierung verhindern könnten, rechtfertigen keine andere Beurteilung.[3] Als ungeeignet wurden aber Maßnahmen angesehen, die von vornherein erkennbar nicht ausreichen, das wirtschaftliche Überleben des Unternehmens sicherzustellen.[4]

d) Sanierungsabsicht der Gläubiger

115 Das Erfordernis der Sanierungsabsicht der Gläubiger ergibt sich bereits aus der Formulierung in § 3a Abs. 1 Satz 1 EStG, wonach der Schuldenerlass „zum Zwecke einer ... Sanierung" erfolgen muss (→ Rz. 85). Eine ausschließliche Sanierungsabsicht ist nicht erforderlich. Daher sind eigennützige Motive des Gläubigers, wie etwa die Rettung eines Teils der Restforderung oder der Erhalt von Geschäftsverbindungen unschädlich, sofern die Sanierungsabsicht mitentscheidend war.[5] An die Sanierungsabsicht sind keine strengen Anforderungen zu stellen. Beteiligen sich mehrere Gläubiger an einem Schuldenerlass, kann i. d. R. die Sanierungsabsicht unterstellt werden. Erlässt nur ein einzelner Gläubiger eine Schuld, ist sie im Einzelfall zu prüfen.[6]

e) Nachweis der Sanierungsvoraussetzungen für den Zeitpunkt des Schuldenerlasses

116 **Kein förmlicher Nachweis erforderlich:** Nach § 3a Abs. 2 EStG sind die Voraussetzungen einer unternehmensbezogenen Sanierung vom Stpfl. für den Zeitpunkt des Schuldenerlasses nachzuweisen. Da das Gesetz nicht regelt, wie dieser Nachweis zu erfolgen hat, gelten die Regeln des Freibeweises,[7] wonach das Gericht nicht an förmliche Beweismittel gebunden ist. Der Nachweis kann im Übrigen auch durch Indizien oder Glaubhaftmachung erbracht werden. Dazu kann i. E. auf die bisherige Rspr. zu § 3 Nr. 66 EStG a. F. und die zur Sanierung ergangenen Verwaltungsanweisungen zurückgegriffen werden. Nach dem zwar beanstandeten, aber

---

1 BFH v. 3.12.1963 - I 375/60 U, BStBl 1964 III 128 m. w. N. zur Rspr. des RFH.
2 BFH v. 12.12.2013 - X R 39/10, BStBl 2014 II 572 m. w. N.
3 BFH v. 20.2.1986 - IV R 172/84, BFH/NV 1987, 493 = NWB DokID: NAAAB-28802; v. 19.3.1993 - III R 79/91, BFH/NV 1993, 536 NWB DokID: RAAAB-33736, und v. 19.10.1993 - VIII R 61/92, BFH/NV 1994, 790 = NWB DokID: FAAAB-34122 m. w. N.
4 BFH v. 19.3.1993 - III R 79/91, BFH/NV 1993, 536 NWB DokID: RAAAB-33736.
5 BFH v. 27.1.1998 - VIII R 64/96, BStBl 1998 II 537.
6 BFH v. 27.1.1998 - VIII R 64/96, BStBl 1998 II 537 m. w. N.
7 BFH v. 11.11.2010 - VI R 17/09, BStBl 2011 II 969.

gleichwohl die Auffassung des BMF wiedergebenden Sanierungserlass v. 27. 3. 2003[1] kann davon ausgegangen werden, dass alle Voraussetzungen erfüllt sind, wenn ein Sanierungsplan vorliegt (→ Rz. 44 und → Rz. 52).[2] M.E. muss ein solcher Sanierungsplan zwar nicht den formalen Erfordernissen entsprechen, wie sie das Institut für Wirtschaftsprüfer in Deutschland e.V. in dem IDW Standard S6 (IDW S6)[3] oder das Institut für die Standardisierung von Unternehmenssanierungen (ISU) als Mindestanforderungen an Sanierungskonzepte aufgestellt haben;[4] es müssen jedoch die Sanierungsbedürftigkeit und Sanierungsfähigkeit des Unternehmens sowie die Sanierungseignung des Schuldenerlasses und die Sanierungsabsicht der Gläubiger dargelegt werden.[5]

Nachweis der Sanierungsvoraussetzungen durch den Steuerpflichtigen: Obwohl die Steuerbefreiung von Amts wegen zu gewähren ist (→ Rz. 64), hat der Stpfl. nach dem Gesetzeswortlaut des § 3a Abs. 2 EStG den Nachweis zu erbringen, dass die Sanierungsvoraussetzungen im Zeitpunkt des Schuldenerlasses vorliegen. Ihn trifft damit die Feststellungslast, so dass die Steuerbefreiung entfällt, wenn der Nachweis misslingt. Damit aber steht dem Stpfl. ein faktisches Wahlrecht zu, durch Beweisvereitlung auf die Steuerbefreiung zu verzichten.[6] Ein solcher Verzicht kann sich als vorteilhaft erweisen, um die nachteiligen Rechtsfolgen des Sanierungsprivilegs zu vermeiden, etwa weil die Sanierungskosten den Sanierungsertrag übersteigen, vorhandene Verlustvorträge den Sanierungsertrag abdecken oder der Wahlrechtszwang nach § 3a Abs. 1 Satz 2 und 3 EStG (→ Rz. 86 ff.) umgangen werden soll.[7]

Zum Nachweis der Sanierungsbedürftigkeit seines Unternehmens kann der Stpfl. auf den Sanierungsplan verweisen (→ Rz. 44 und → Rz. 52) oder auf andere geeignete Weise die Überschuldung und Zahlungsunfähigkeit nachweisen. Die Rspr. verlangt den Nachweis, dass die Sanierungsbedürftigkeit, zu dem Zeitpunkt, zu dem der Forderungsverzicht vereinbart wurde, objektiv bestanden hat.[8] Spätere Entwicklungen sind nicht zu berücksichtigen.[9] Der Forderungsverzicht durch mehrere Gläubiger ist ein Anzeichen für die Sanierungsbedürftigkeit des Unternehmens.[10]

Nachweis der Sanierungseignung und -fähigkeit: Die Sanierungseignung des Schuldenerlasses und die Sanierungsfähigkeit des Unternehmens erfordern Feststellungen und Nachweise zur künftigen Ertragslage und zur Eignung des Schuldenerlasses als Maßnahme, die das Überleben sichern kann.[11] Das Fehlen eines vorgefassten Sanierungsplans wurde von der Rspr. als Indiz für mangelnde Sanierungseignung beurteilt.[12]

---

1 BMF v. 27.3.2003, BStBl 2003 I 240.
2 Im Ergebnis gl.A. *Desens*, FR 2017, 981, 984; *Kanzler*, NWB 2017, 2260, 2267; *Förster/Hechtner*, DB 2017, 1536, 1539; *Sistermann/Beutel*, DStR 2017, 1065, 1066.
3 Dazu etwa *Willeke/Schädlich/Wons*, StuB 2018, 700.
4 Gl.A. BGH v. 12.5.2016 - IX ZR 65/14, BGHZ 210, 249 = NWB DokID: XAAAF-75914 und BGH v. 14.6.2018 - IX ZR 22/15, WM 2018, 1703 = NWB DokID: OAAAG-92694 beide zur Widerlegung der Vermutung des § 133 Abs. 1 Satz 2 InsO.
5 BFH v. 24. 3. 2015 - X B 127/14, BFH/NV 2015, 809 = NWB DokID: VAAAE-89031.
6 Gl. A. *Förster/Hechtner*, DB 2017, 1536, 1539; *Desens*, FR 2017, 981, 984; a. A. *Levedag* in Schmidt, § 3a EStG Rz. 29.
7 Gl. A. *Förster/Hechtner*, DB 2017, 1536, 1539; *Desens*, FR 2017, 981, 984; a. A. *Uhländer*, DB 2017, 1224..
8 BFH v. 3. 12. 1963 - I 375/60 U, BStBl 1964 III 128.
9 BFH v. 14. 3. 1990 - I R 64/85, BStBl 1990 II 810.
10 BFH v. 3. 12. 1963 - I 375/60 U, BStBl 1964 III 128 und v. 14. 3. 1990 - I R 64/85, BStBl 1990 II 810.
11 BFH v. 20. 2. 1986 - IV R 172/84, BFH/NV 1987, 493 = NWB DokID: NAAAB-28802.
12 BFH v. 25. 2. 1972 - VIII 30/66, BStBl 1972 II 531 und v. 7. 2. 1985 - IV R 177/83, BStBl 1985 II 504.

120 **Zum Nachweis der Sanierungsabsicht** als einer inneren Tatsache, eignen sich nur Indizien und Vermutungen. So ist der Forderungserlass durch mehrere Gläubiger ein Anzeichen für die Sanierungsabsicht;[1] andererseits spricht der Erlass durch nur einen Gläubiger i. d. R. gegen ein Handeln in Sanierungsabsicht,[2] zumal wenn dieser erkennbar allein an der Fortsetzung seiner Geschäftsbeziehungen zum Schuldner interessiert ist.[3] M.E. sind auch die Merkmale der Sanierungsbedürftigkeit und Sanierungseignung solche Hilfstatsachen. Die ältere Rechtsprechung nahm weitergehend sogar eine Vermutung für das Vorliegen der Sanierungsabsicht an, wenn die Forderung im Rahmen eines allgemeinen Akkords erlassen wurde.[4] Während umgekehrt ein außerhalb eines Gläubigerakkords vereinbarter Vergleich, der nur der teilweisen Realisierung der angeblichen Forderung des einzelnen Gläubigers dient, nicht zu einem nach § 3 Nr. 66 EStG a. F. steuerfreien Gewinn führte.[5]

121–125 (*Einstweilen frei*)

IV. Verrechnung von Verlustpotenzial mit dem geminderten Sanierungsertrag (§ 3a Abs. 3 EStG)

1. Bedeutung und Grundsätze der Verrechnungsregelungen

126 **Verhinderung einer Doppelbegünstigung:** Die Rechtsfolge der Steuerbefreiung des Sanierungsgewinns wird durch vorrangige Verlustverrechnung auf das nach Auffassung des Gesetzgebers erforderliche Mindestmaß begrenzt.[6] Ohne diese auch in dem zuvor geltenden BMF-Schreiben v. 27.3.2003[7] vorgesehene Verlustverrechnung hätte die Steuerbefreiung des Sanierungsgewinns eine sachlich nicht gerechtfertigte Doppelbegünstigung zur Folge, ein Effekt, der zur seinerzeitigen Aufhebung des § 3 Nr. 66 EStG a. F. geführt hatte.[8]

127 In § 3a Abs. 3 EStG ist daher geregelt, dass bis zur Höhe des um die nicht abziehbaren Sanierungskosten i. S. v. § 3c Abs. 4 EStG geminderten Sanierungsertrags bestehende Verlustverrechnungsmöglichkeiten, die sog. Verlustverrechnungspotenziale[9] aus den Vorjahren, dem Sanierungs- und dem Folgejahr verbraucht werden. Dabei handelt es sich jeweils um die Wirtschaftsjahre des Gewerbebetriebs oder des luf Betriebs, bzw. das Kalenderjahr bei den Einkünften selbständiger Arbeit. In § 3a Abs. 3 Satz 2 Nr. 1-13 EStG wird die Verrechnung der verschiedenen Verlustpositionen in einer bestimmten Reihenfolge (nacheinander) angeordnet. Auch diese Verlustverrechnung ist ebenso wie die Wahlrechtsausübung nach § 3a Abs. 1 Satz 2 EStG zwingend. Nach dem BMF-Schreiben v. 27.3.2003[10] entfiel die Steuerbegünstigung noch, wenn sich der Stpfl. gegen eine Verlustverrechnung wandte.

---

1 BFH v. 14.3.1990 - I R 64/85, BStBl 1990 II 810; v. 10.4.2001 - IV R 63/01, BStBl 2004 II 9 und v. 17.11.2004 - I R 11/04, BFH/NV 2005, 102 = NWB DokID: WAAAB-52976 alle betr. § 3 Nr. 66 EStG a. F.
2 BFH v. 28.2.1989 - VIII R 303/84, BStBl 1989 II 711.
3 BFH v. 8.4.1992 - I R 41/88, BFH/NV 1992, 799 = NWB DokID: BAAAB-33014. Allerdings hat der BFH die Sanierungsabsicht in einem Fall bejaht, in dem der einzige gesellschaftsfremde Gläubiger Schulden erlassen, zugleich eine Gesellschafterin auf den ihr gegenüber der Gesellschaft zustehenden Rentenanspruch verzichtet und der Hauptlieferant einen nicht rückzahlbaren Zuschuss geleistet hatte (BFH v. 16.5.2002 - IV R 11/01, BStBl 2002 II 854).
4 S. RFH v. 2.3.1937 - 1 A 305/36, RStBl 1937, 626; BFH v. 25.2.1972 - VIII R 30/66, BStBl 1972 II 531.
5 BFH v. 17.11.2004 - I R 11/04, BFH/NV 2005, 102 = NWB DokID: WAAAB-52976 m.w.N.
6 BT-Drucks. 18/12128, 31.
7 BMF v. 27.3.2003, BStBl 2003 I 240.
8 BT-Drucks. 13/8325.
9 BT-Drucks. 18/12128, 31.
10 BMF v. 27.3.2003, BStBl 2003 I 240 Tz. 8.

Die Verlustverrechnung setzt einen positiven geminderten Sanierungsertrag voraus. Daher scheidet eine Verrechnung aus, wenn die nicht abziehbaren Sanierungsaufwendungen den Sanierungsertrag übersteigen. Im Übrigen entfällt die Verlustverrechnung auch anteilig, sobald der geminderte Sanierungsertrag „aufgebraucht" ist.

Als Rechtsfolge der Verrechnung nach § 3a Abs. 3 EStG bleiben „die nach den Sätzen 2 und 3 mindernden Beträge endgültig außer Ansatz und nehmen an den entsprechenden Feststellungen der verrechenbaren Verluste, verbleibenden Verlustvorträge und sonstigen Feststellungen nicht teil" (§ 3a Abs. 3 Satz 5 EStG), sie gehen also endgültig unter.

Ist der in einer ausländischen Betriebsstätte angefallene Sanierungsertrag aufgrund eines DBA steuerbefreit, dann findet § 3a EStG und mithin auch der Verlustverbrauch nach § 3a Abs. 3 EStG keine Anwendung.[1]

2. Ermittlung des geminderten Sanierungsertrags (§ 3a Abs. 3 Satz 1 EStG)

Nach § 3a Abs. 3 Satz 1 EStG wird der steuerfreie Sanierungsertrag in einem ersten Schritt um die nach § 3c Abs. 4 EStG nicht abziehbaren Beträge gemindert, die in den VZ vor dem Sanierungsjahr und im Sanierungsjahr anzusetzen sind (s. Schaubild → Rz. 183). Nach dem ebenfalls durch das Lizenzschrankengesetz v. 27. 6. 2017[2] eingeführten neuen § 3c Abs. 4 EStG dürfen Betriebsvermögensminderungen oder Betriebsausgaben in unmittelbarem wirtschaftlichem Zusammenhang mit einem steuerfreien Sanierungsgewinn nicht abgezogen werden.

Wechselvolle Behandlung der Sanierungskosten: Früher wurden Sanierungskosten zunächst nicht als Betriebsausgaben anerkannt, sondern minderten den Sanierungsgewinn.[3] Unter Geltung des § 3 Nr. 66 EStG a. F. wurden sie zwar als Betriebsausgaben behandelt, unterfielen aber dem Abzugsverbot des § 3c (heute § 3c Abs. 1) EStG.[4] Auch nach dem Sanierungserlass[5] handelte es sich um Betriebsausgaben, die aber mangels einer Steuerbefreiung nicht vom Abzugsverbot des § 3c Abs. 1 EStG erfasst wurden, sondern den begünstigten Sanierungsgewinn minderten.[6] Mit der nun gesetzlich geregelten Steuerbefreiung hätte eigentlich wieder § 3c Abs. 1 EStG Anwendung finden können, zumal die Rechtsprechung auf einen auf den VZ bezogenen zeitlichen Zusammenhang zwischen Aufwendungen und steuerfreien Einnahmen verzichtet hat.[7]

Klarstellende Neuregelung mit Korrekturvorschriften: Mit der Neuregelung in § 3c Abs. 4 EStG wird also lediglich klargestellt, dass der unmittelbare wirtschaftliche Zusammenhang zwischen Sanierungsertrag und Sanierungskosten ebenso wie in § 3c Abs. 2 Satz 1 und Abs. 3 unabhängig davon zu bejahen ist, in welchem Zeitraum der Sanierungsertrag entsteht.[8] Die entsprechenden Betriebsvermögensminderungen oder Betriebsausgaben dürfen unabhängig davon, ob sie vor, nach oder im Jahr der Entstehung des Sanierungsgewinns anfallen, nicht abgezogen werden.[9] Sind die Aufwendungen bereits in einem der Sanierung vorangegangenen VZ

---

1 Förster/Hechtner, DB 2017, 1536.
2 BGBl I 2017, 2074.
3 RFH v. 17.7.1940 – VI 183/40, RStBl 1940, 730.
4 HHR/Kanzler, § 3 Nr. 66 EStG a. F. Anm. 72 (5/1995) www.ertragsteuerrecht.de/hhr_archiv.htm.
5 BMF v. 27.3.2003, BStBl 2003 I 240.
6 S. etwa OFD Frankfurt v. 22.2.2017, NWB DokID: DAAAG-39997.
7 BFH v. 13. 12. 2012 - IV R 51/09, BStBl 2013 II 203 m. w. N.
8 Gl.A. Desens, FR 2017, 981, 984.
9 BT-Drucks. 18/12128, 33.

als Betriebsausgaben abgezogen worden, ist der entsprechende Steuer- oder Feststellungsbescheid gem. § 3c Abs. 4 Satz 5 und 6 EStG selbst dann zu ändern, wenn bereits Bestandskraft eingetreten ist. In diesem Fall endet die Festsetzungsfrist nicht, bevor die Festsetzungsfrist für das Sanierungsjahr abgelaufen ist (§ 3c Abs. 4 Satz 6 2. Halbsatz EStG).

134 **Betriebsvermögensminderungen und Betriebsausgaben**, die in unmittelbarem wirtschaftlichem Zusammenhang mit dem Sanierungsgewinn stehen, sind insbesondere Zahlungen auf Besserungsscheine (§ 3c Abs. 4 Satz 3 EStG) und Sanierungskosten.[1] Sanierungskosten sind die Aufwendungen zur Erlangung des Schuldenerlasses. Dazu gehören die Ausgaben für das Vergleichsverfahren, insbesondere für den Vergleichsverwalter, den Treuhänder, auch für Sachverständige, sofern sie nicht allgemein zur Beratung des Schuldners herangezogen werden,[2] ferner die Kosten für den Sanierungsplan und die Sanierungsberatung.[3] Nach Auffassung des Gesetzgebers soll dies unabhängig davon gelten, ob die Aufwendungen tatsächlich zu einer entsprechenden Betriebsvermögensmehrung führen.[4]

135 **Aufteilung bei unterschiedlichen Sanierungsmaßnahmen:** Soweit Sanierungskosten und Besserungszahlungen auch in wirtschaftlichem Zusammenhang mit anderen nicht begünstigten Sanierungsmaßnahmen (z. B. Zuschüssen, Miet- oder Pachtzinsermäßigungen) stehen, sind die Beträge nach Maßgabe der unterschiedlichen Sanierungsbeiträge aufzuteilen.[5]

136 **Grenzen des Abzugsverbots:** Da das Abzugsverbot nach dem Gesetzeswortlaut nur im Zusammenhang mit einem steuerfreien Sanierungsertrag anzuwenden ist, entfällt es, wenn die Steuerbefreiung nicht gewährt werden kann. Der Betriebsausgabenabzug ist dann wieder möglich. Nach § 3c Abs. 4 Satz 2 EStG gilt das Abzugsverbot im Übrigen konsequent und folgerichtig nicht, soweit Betriebsvermögensminderungen oder Betriebsausgaben zur Erhöhung von Verlustvorträgen geführt haben, die nach Maßgabe der in § 3a Abs. 3 EStG getroffenen Regelungen entfallen.

137 Schließlich greift das Abzugsverbot nach § 3c Abs. 4 Satz 4 EStG für Betriebsvermögensminderungen oder Betriebsausgaben, die nach dem Sanierungsjahr entstehen, nur insoweit, als noch ein verbleibender Sanierungsertrag i. S. v. § 3a Abs. 3 Satz 4 vorhanden ist. Aus dieser Ausnahmeregelung für die dem Sanierungsjahr folgenden Wirtschaftsjahre ist zu schließen, dass das Abzugsverbot im Sanierungsjahr unbegrenzt, also auch auf die den Sanierungsertrag übersteigenden Aufwendungen, anzuwenden ist.[6] Dies ist eine das Nettoprinzip verletzende und damit rechtfertigungsbedürftige Rechtsfolge.[7]

138–143 *(Einstweilen frei)*

---

1 BT-Drucks. 18/12128, 33.
2 HHR/*Kanzler*, § 3 Nr. 66 EStG a. F. Anm. 72 (5/1995) www.ertragsteuerrecht.de/hhr_archiv.htm.
3 BT-Drucks. 18/12128, 33.
4 BT-Drucks. 18/12128, 33.
5 Gl. A. *Fuhrmann/Brill/Bodden*, kösdi-Spezialseminar, 2018, 99.
6 Gl. A. *Förster/Hechtner*, DB 2017, 1536, 1543; *Kanzler*, NWB 2017, 2260, 2273.
7 Gl. A. *Kanzler*, NWB 2017, 2260, 2273.

3. Verbrauch von Verrechnungspotenzialen beim sanierungsbedürftigen Unternehmen, Unternehmer oder Mitunternehmer (§ 3a Abs. 3 Satz 2 EStG)

a) Grundsätze zur Ermittlung des verbleibenden Sanierungsertrags

Vom geminderten zum verbleibenden Sanierungsertrag: Nach § 3a Abs. 3 Satz 2 EStG verringert der um die nicht abziehbaren Sanierungskosten geminderte Sanierungsertrag nacheinander die in Nr. 1 bis 13 aufgeführten Verlustverrechnungsmöglichkeiten mit der Folge, dass diese untergehen. Nach dem Gesetzeswortlaut „mindert" der geminderte Sanierungsertrag die negativen Einkünfte, Verlustabzüge und Zinsvorträge; damit wird die ansonsten übliche Methode des Abzugs solcher Beträge von der Bemessungsgrundlage „Sanierungsertrag" umgekehrt.[1] Zuerst werden danach die Verlustverrechnungsvolumina, die direkt dem sanierungsbedürftigen Unternehmen zuzurechnen sind, verbraucht. Danach gehen die übrigen Verlustverrechnungsmassen des (Mit-)Unternehmers unter.[2] Nach Auffassung des Gesetzgebers sind bei zusammenveranlagten Ehegatten auch die laufenden negativen Einkünfte und Verlustvorträge des anderen Ehegatten einzubeziehen.[3] Das rechnerische Ergebnis ist der verbleibende Sanierungsertrag (§ 3a Abs. 3 Satz 4 EStG), der der Steuerbefreiung unterliegt. Die mindernden Beträge bleiben endgültig außer Ansatz, d. h. die Verluste gehen unter (§ 3a Abs. 3 Satz 5 EStG).

144

Stellungnahme: Die Einbeziehung der Gesellschafterebene in die Verlustverrechnungsbeschränkung ist unverhältnismäßig und kaum folgerichtig, wenn der Sanierungsgewinn in der Gesellschaft anfällt. Aber auch mit der Berücksichtigung der Verluste „aus allen Einkunftsarten" (§ 3a Abs. 3 Satz 2 Nr. 9 EStG) schießt der Gesetzgeber ebenso über das Ziel hinaus, wie mit der Einbeziehung der laufenden negativen Einkünfte und Verlustvorträge des zusammenveranlagten Ehegatten,[4] die das Subjektsteuerprinzip verletzen würde.[5] Sollte sich letztere nur in der Entwurfsbegründung vertretene Auffassung durchsetzen, dann könnte allein die Wahl der Einzelveranlagung nach § 26a EStG den Verlustverbrauch beim Nichtunternehmer-Ehegatten verhindern. Nach der hier vertretenen Auffassung fällt das Veranlagungswahlrecht nicht unter den Ausübungszwang des § 3a Abs. 1 Satz 2 EStG (s. → Rz. 94).

145

b) Reihenfolge der Verlust- und Aufwandsverrechnung

Im Einzelnen gilt, dass folgende Verlust- und Abzugspositionen der Reihe nach untergehen:

146

▶ **Verpflichtungsübernahmen nach § 4f EStG:** Als erstes reduziert der geminderte Sanierungsertrag den auf Grund einer Verpflichtungsübertragung nach § 4f EStG auf 14 Jahre verteilt abziehbaren Aufwand des zu sanierenden Unternehmens, es sei denn, dieser Aufwand ist auf einen Rechtsnachfolger übergegangen (§ 3a Abs. 3 Satz 2 Nr. 1 i.V. m. § 5 Abs. 7 EStG[6]). Entsprechendes gilt für den Schuldbeitritt oder eine Erfüllungsübernahme (§ 4f Abs. 2 EStG).

147

---

1 So *Förster/Hechtner*, DB 2017, 1536, 1540 f.
2 BT-Drucks. 18/12128, 32.
3 BT-Drucks. 18/12128, 32.
4 BT-Drucks. 18/12128, 32.
5 Gl. A. *Förster/Hechtner*, DB 2017, 1536, 1541.
6 *Förster/Hechtner*, DB 2017, 1536, 1541 halten die Verweisung auf § 5 Abs. 7 EStG für verfehlt, da diese Vorschrift nicht die Rechtsnachfolge in einen verteilt abziehbaren Aufwand betreffe.

Nach dem Gesetzeswortlaut wird nur der nach dem Wj. der Übertragung auf 14 Jahre verteilt abziehbare Aufwand verbraucht, während der auf das Übertragungsjahr entfallende Aufwand nicht verrechnet wird. Ob der von § 4f Abs. 1 Satz 1 EStG abweichende Wortlaut auf einer Absicht oder einem Versehen des Gesetzgebers beruht bleibt unklar. M.E. scheidet eine zweckgerichtete Auslegung angesichts der eindeutigen Formulierung aus.

148 ▶ **Verluste nach § 15a EStG:** Verluste des Sanierungsjahres und die zum Ende des dem Sanierungsjahr vorangegangenen Wirtschaftsjahrs nach § 15a EStG festgestellten Verluste bei beschränkter Haftung aus dem zu sanierenden Betrieb (§ 3a Abs. 3 Satz 2 Nr. 2 und 3 EStG),

149 ▶ **Verluste nach § 15b EStG:** Verluste des Sanierungsjahres und die zum Ende des dem Sanierungsjahr vorangegangenen Wirtschaftsjahrs festgestellten Verluste im Zusammenhang mit Steuerstundungsmodellen nach § 15b EStG (§ 3a Abs. 3 Satz 2 Nr. 4 und 5 EStG). Die Verluste und der Sanierungsertrag müssen aus derselben Einkunftsquelle des Unternehmers stammen,

150 ▶ **Verluste nach § 15 Abs. 4 EStG:** Zu mindern sind die nach § 15 Abs. 4 ausgleichsfähigen oder nicht abziehbaren Verluste des zu sanierenden Unternehmens im Sanierungsjahr und danach der zum Ende des dem Sanierungsjahr vorangegangenen Wirtschaftsjahrs festgestellte Verlustvortrag, soweit er auf das zu sanierende Unternehmen entfällt; also Verluste aus gewerblicher Tierzucht und Tierhaltung, Termingeschäften, stillen Gesellschaften, Unterbeteiligungen oder sonstigen Innengesellschaften an Kapitalgesellschaften (§ 3a Abs. 3 Satz 2 Nr. 6 und 7 EStG),

151 ▶ **der laufende Verlust** des sanierungsbedürftigen Unternehmens im Sanierungsjahr (§ 3a Abs. 3 Satz 2 Nr. 8 EStG),

152 ▶ **der ausgleichsfähige Verlust aus allen Einkunftsarten** (z. B. auch Verluste aus VuV) des VZ, in dem das Sanierungsjahr endet (§ 3a Abs. 3 Satz 2 Nr. 9 EStG); nach der Entwurfsbegründung, einschließlich der Verluste des mit dem Unternehmer zusammenveranlagten Ehegatten (zur Kritik an dieser Mithaftung s. → Rz. 94).

In der Entwurfsbegründung wird weiter eigens auf die Selbstverständlichkeit hingewiesen, dass der horizontale Verlustausgleich innerhalb einer Einkunftsart von der Regelung in § 3a Abs. 3 Satz 2 Nr. 9 EStG nicht ausgeschlossen sei.[1] Dieser horizontale oder interne Verlustausgleich ist jedoch ausgeschlossen, soweit es sich um die Einkunftsart des zu sanierenden Unternehmens handelt, dessen laufender Verlust bereits nach § 3a Abs. 3 Satz 2 Nr. 8 EStG verbraucht wäre. Dem Gesetzeswortlaut „aus allen Einkunftsarten" lässt sich m. E. nicht entnehmen, dass der externe oder vertikale Verlustausgleich, also der Verlustausgleich zwischen verschiedenen Einkunftsarten, unter Verstoß gegen das objektive Nettoprinzip ausgeschlossen sein soll.[2] Die Formulierung soll wohl nur die Berücksichtigung aller Verluste aus den verschiedenen Einkunftsarten außer den bereits verrechneten Verlusten des sanierungsbedürftigen Unternehmens gewährleisten; damit werden die laufenden Verluste des Sanierungsjahrs und die für das vorangegangene Jahr festgestellten Verluste gleichbehandelt,[3]

---

1 BT-Drucks. 18/12128, 32.
2 *Kanzler*, NWB 2017, 2260, 2270; a. A. *Förster/Hechtner*, DB 2017, 1536, 1541. Zum Problem auch *Desens*, FR 2017, 981, 987 mit Berechnungsbeispielen.
3 Zum internen und externen Verlustausgleich s. KKB/Kanzler, § 2 EStG Rz. 323 f.

▶ **Verlustvortrag:** Minderung des zum Ende des dem Sanierungsjahr vorangegangenen Wirtschaftsjahrs nach § 10d Abs. 4 EStG gesondert festgestellten Verlustvortrags (§ 3a Abs. 3 Satz 2 Nr. 10 EStG), 153

▶ **Verlustvorträge und Verluste aus besonderen Verrechnungskreisen,** die nicht mit der Einkunftsquelle, dem Betrieb oder dem Mitunternehmeranteil des Sanierungsunternehmens zusammenhängen (§ 3a Abs. 3 Satz 2 Nr. 11 EStG). Die Verrechnung der Verluste hat in der Reihenfolge der Buchstaben a bis g zu erfolgen, wobei jeweils zunächst der zum Ende des dem Sanierungsjahrs vorangegangenen Wirtschaftsjahrs festgestellte Verlust und danach der Verlust des Sanierungsjahrs untergeht. Nachdem hier bereits die Einbeziehung der Verluste des Ehegatten abgelehnt wurde (s. → Rz. 94), können auch die Verlustverrechnungskreise des Ehegatten nicht von der Regelung in Nr. 11 erfasst sein.[1] Bei der in § 3a Abs. 3 Satz 2 Nr. 11 Buchst. g EStG aufgeführten Verlustverrechnung „nach sonstigen Vorschriften" handelt es sich wohl um eine Auffangregelung, die alle Tatbestände erfasst, die nicht in den Buchstaben a bis f geregelt sind, wie etwa §§ 20 Abs. 6, 22 Nr. 3 Satz 4 EStG,[2] 154

▶ **der Verlustrücktrag** aus dem dem Sanierungsjahr folgenden Wirtschaftsjahr und zwar ohne die Höchstbetragsbegrenzung auf 1 Mio. €. Allerdings ist ein Verlustrücktrag nur möglich, soweit die Höchstbeträge von 1 oder 2 Mio. € durch den verbleibenden Sanierungsertrag i. S. d. § 3a Abs. 3 Satz 4 EStG nicht überschritten werden (§ 3a Abs. 3 Satz 2 Nr. 12 EStG), 155

▶ **der Zins- und EBITDA-Vortrag,** der zum Ende des Vorjahrs festgestellt wurde und der im Sanierungsjahr entstanden ist (§ 3a Abs. 3 Satz 2 Nr. 13 EStG). Der Gesetzgeber hält eine Minderung des Zins- und EBITDA-Vortrags für geboten, um eine Gleichbehandlung mit den Fällen herzustellen, in denen ein Verlustvortrag durch den Sanierungsertrag gemindert wird. Denn Stpfl., bei denen Verlustvorträge in Höhe des steuerfreien Sanierungsertrages gemindert werden, sollten nicht gegenüber den Stpfl. benachteiligt werden, bei denen Zinsaufwendungen im Falle ihrer Abzugsfähigkeit ebenfalls zu einem Verlustvortrag geführt hätten (BT-Drucks. 18/12128, 32). 156

Im Organschaftsfall entspricht die Verfahrensweise beim Zins- und EBITDA-Vortrag der Behandlung der Verlustvorträge.[3] 157

(*Einstweilen frei*) 158–161

4. Erweiterung der Minderungsregelungen auf dem Steuerpflichtigen nahestehende Personen (§ 3a Abs. 3 Satz 3 EStG)

Nach § 3a Abs. 3 Satz 3 EStG gehen nachrangig auch noch die Positionen des § 3a Abs. 3 Satz 2 Nrn. 1 bis 13 EStG unter, die einer dem Stpfl. nahestehenden Person zuzurechnen sind (interpersoneller Verlustuntergang bei der Einkommen- und Körperschaftsteuer). 162

Voraussetzung ist, dass

▶ der geminderte Sanierungsertrag den dem Stpfl. zuzurechnenden verteilt abziehbaren Aufwand, die Verluste, negativen Einkünfte und die Zins- oder EBITDA-Vorträge übersteigt,

---

1 Gl. A. *Förster/Hechtner*, DB 2017, 1536, 1541.
2 Vgl. *Förster/Hechtner*, DB 2017, 1536, 1541; *Kanzler*, NWB 2017, 2260, 2270; *Desens*, FR 2017, 981, 986.
3 BT-Drucks. 18/12128, 32.

- die dem Stpfl. nahestehenden Person die erlassenen Schulden innerhalb eines Zeitraums von fünf Jahren vor dem Schuldenerlass auf das zu sanierende Unternehmen übertragen hat und

- dass der entsprechende verteilt abziehbare Aufwand, die Verluste, negativen Einkünfte, Zinsvorträge oder EBITDA-Vorträge zum Ablauf des Wirtschaftsjahrs der Übertragung bereits entstanden waren.

163 **Normzweck und Inhalt der Erweiterungsregelung:** Die Erweiterung der Minderungsregelungen auf nahestehende Personen soll missbräuchliche Steuergestaltungen verhindern. Denn Stpfl. könnten durch Gestaltungen Verlustpotenzial sichern, indem das zu sanierende Unternehmen einschließlich der später erlassenen Schulden vor einem Schuldenerlass auf einen anderen Rechtsträger übertragen wird. Durch eine Minderung der Beträge i.S.d. § 3a Abs. 3 Satz 2 Nr. 1 bis 13 EStG auch bei anderen Stpfl. werden solche Gestaltungen vereitelt.[1] Die Übertragung des Betriebsvermögens kann beispielsweise im Rahmen von Vorgängen nach dem Umwandlungsgesetz (§§ 20, 24 UmwStG), durch Übertragung nach § 6 Abs. 3 EStG oder durch eine verdeckte Einlage erfolgen. Eine Buchwertfortführung ist für die Anwendung des § 3a Absatz 3 Satz 3 EStG nicht erforderlich.[2]

BEISPIEL 1: V überträgt sein zu sanierendes Unternehmen im März 2017 unentgeltlich auf den Sohn (S). Zum Ende des Wj. (=Kj.) der Übertragung hat er einen Verlust aus VuV. Im Wj. 2019 erreicht S einen Schuldenerlass der zu einem der Beträge nach § 3a Abs. 3 Satz 2 EStG übersteigenden geminderten Sanierungsertrag führt. Dieser geminderte Sanierungsertrag führt auch zur Verrechnung und zum Untergang der Verluste des V aus VuV.

164 **Der Begriff der nahestehenden Person** ist weiter gefasst als der des Angehörigen nach § 15 AO. Das Gesetz bezieht sich auch nicht auf den Begriff der nahestehenden Person in § 1 Abs. 2 AStG oder § 138 InsO. Die Entwurfsbegründung zitiert hierzu lediglich das zur vGA ergangene Urteil des BFH v. 18.12.1996[3] und führt aus, dass es sich dabei um Beziehungen familienrechtlicher, gesellschaftsrechtlicher, schuldrechtlicher oder auch rein tatsächlicher Art handeln könne.[4]

165 **Schuldenidentität und Maßgeblichkeit des Minderungspotentials im Übertragungsjahr:** Der Tatbestand des § 3a Abs. 3 Satz 3 EStG verlangt im Übrigen eine Identität der erlassenen mit der übertragenen Schuld, denn die dem Stpfl. nahestehende Person muss „die erlassenen Schulden innerhalb eines Zeitraums von fünf Jahren vor dem Schuldenerlass auf das zu sanierende Unternehmen übertragen" haben.[5] Dieses Erfordernis der Schuldenidentität soll nicht dadurch vermieden werden können, dass neue Schulden „im Rahmen einer Umschuldung wirtschaftlich an die Stelle der übertragenen Verbindlichkeit treten".[6] Schließlich ist der Verlustuntergang bei der nahestehenden Person der Höhe nach auf das Steuerminderungspoten-

---

1 BT-Drucks. 18/12128, 32.
2 BT-Drucks. 18/12128, 32.
3 BFH v. 18.12.1996 - I R 139/94, BStBl 1997 II 301.
4 BT-Drucks. 18/12128, 32.
5 *Desens*, FR 2017, 981, 989; *Suchanek/Schaaf/Hannweber*, WPg 2017, 909, 913.
6 BT-Drucks. 18/12128, 32.

tial begrenzt, das bereits zum Ablauf des Wirtschaftsjahrs der Übertragung vorhanden war (§ 3a Abs. 3 Satz 3 EStG).[1]

BEISPIEL 2:[2] Die A-GmbH, die im Jahr 01 Schulden i. H.v. 8 Mio. € und einen Verlustvortrag von 10 Mio. €. hat, bringt ihren Betrieb einschließlich der Schulden in die B-GmbH ein und wird dadurch deren Gesellschafter. Im Jahr 04 beträgt der Verlustvortrag der A-GmbH 11 Mio €; die B-GmbH verfügt über einen Verlustvortrag von 2 Mio. € und hat Schulden von 15 Mio. € und erwirkt im selben Jahr einen Schuldenlass von 15 Mio. €, der nach § 3a Abs. 1 EStG steuerfrei ist.

Bei der B-GmbH geht vorrangig der Verlustvortrag von 2 Mio. € unter. Der danach verbleibende steuerfreie Sanierungsertrag von 13 Mio. € ist nicht mit dem Verlustvortrag der A-GmbH von 11 Mio. € aus dem Jahr 04, sondern nur mit dem im Übertragungsjahr vorhandenen Verlustvortrag von 10 Mio. € zu verrechnen. Zu diesem Zeitpunkt bestanden aber nur Schulden i. H.v. 8 Mio. €, die auf die B-GmbH übergegangen waren. Wegen des Erfordernisses der Schuldenidentität geht folglich nur ein Verlustvortrag von 8 Mio. € bei der der B-GmbH nahestehenden A-GmbH unter.

5. Rechtsfolgen des § 3a Abs. 3 Sätze 2 und 3 EStG (§ 3a Abs. 3 Sätze 4 und 5 EStG)

Der um die nach § 3c Abs. 4 EStG nicht abziehbaren Beträge geminderte und mit den Positionen des § 3a Abs. 3 Sätze 2 und 3 verrechnete Sanierungsertrag wird vom Gesetz als verbleibender Sanierungsertrag bezeichnet (§ 3a Abs. 3 Satz 4 EStG). Dieser Betrag unterliegt der Steuerbefreiung nach § 3a Abs. 1 Satz 1 EStG. § 3a Abs. 3 Satz 5 EStG bestimmt, dass die nach den Sätzen 2 und 3 des § 3a Abs. 3 EStG mindernden Beträge endgültig außer Ansatz und von den entsprechenden Feststellungen der verrechenbaren Verluste, verbleibenden Verlustvorträge und sonstigen Feststellungen ausgeschlossen sind. Die verfahrensrechtlichen Folgen dieser Regelungen sind in § 3a Abs. 4 EStG enthalten (s. → Rz. 170 ff.).

(Einstweilen frei)

V. Gesonderte Feststellung sanierungsbedingter Beträge und Korrektur des Feststellungsbescheids (§ 3a Abs. 4 EStG)

Art und Umfang der Feststellungen: In § 3a Abs. 4 EStG sind die verfahrensrechtlichen Folgen für die Fälle geregelt, in denen der Sanierungsertrag von einer Mitunternehmerschaft oder einem Unternehmen erzielt wird, das seinen Sitz nicht im Zuständigkeitsbereich des Wohnsitz-FA des Unternehmers hat (§ 180 Abs. 1 Satz 1 Nr. 2 Buchst. a oder b AO). In diesen Fällen ist der Sanierungsertrag vom für die Mitunternehmerschaft oder den Betriebssitz zuständigen Finanzamt zwingend gesondert festzustellen. Gleiches gilt für die nach § 3a Abs. 3 Satz 2 Nr. 1 bis 6 und 13 EStG mindernden Beträge, die auf Ebene der Mitunternehmerschaft oder am Betriebssitz anfallen (§ 3a Abs. 4 Sätze 1 und 2 EStG). Damit ist sichergestellt, dass die zu verrechnenden Positionen einheitlich entfallen. Die Einspruchs- und Klagebefugnis steht daher anders als nach der ähnlichen Regelung in § 34a Abs. 10 EStG[3] der Gesellschaft zu.

Änderung von Feststellungsbescheiden: § 3a Abs. 4 Sätze 3 und 4 EStG enthalten im Übrigen eigene Änderungsregelungen, wonach die aufgrund der Nichtberücksichtigung des Verlustver-

---

[1] *Desens*, FR 2017, 981, 989; *Suchanek/Schaaf/Hannweber*, WPg 2017, 909, 913.
[2] Ein weiteres Beispiel zum interpersonellen Verlustuntergang bei der Gewerbesteuer findet sich bei *Desens*, FR 2017, 981, 990.
[3] S. KKB/Bäuml, § 34a EStG Rz. 447 m.w. N.

brauchs nach § 3a Abs. 3 EStG fehlerhaften Verlustfeststellungen auch dann korrigiert werden können, wenn der Feststellungsbescheid bereits bestandskräftig geworden ist; die Feststellungsfrist endet dann nicht, bevor die Festsetzungsfrist des Einkommensteuer- oder Körperschaftsteuerbescheids für das Sanierungsjahr abgelaufen ist. In § 3c Abs. 4 Sätze 5 und 6 EStG finden sich entsprechende Korrekturvorschriften zur Berücksichtigung von Betriebsvermögensminderungen oder nicht abziehbaren Betriebsausgaben.

172 Mit „Sanierungsjahr" ist in § 3a Abs. 4 Satz 4, 2. Halbsatz EStG nicht das Wirtschaftsjahr, sondern das Kalenderjahr oder der VZ angesprochen. Als Korrekturvoraussetzung sieht das Gesetz nur die Nichtberücksichtigung oder Veränderung der nach § 3a Abs. 3 Satz 2 EStG mindernden Beträge vor, obwohl auch eine Veränderung der Höhe der nicht abziehbaren Ausgaben Einfluss auf die mindernden Beträge und den Verlustverbrauch hat.[1] Sollte es sich dabei um eine planwidrige Gesetzeslücke handeln, so sind m. E. insoweit die Korrekturvorschriften des § 3c Abs. 4 Sätze 5 und 6 EStG entsprechend anzuwenden.

VI. Begünstigung unternehmerbezogener Sanierungen in bestimmten Ausnahmefällen (§ 3a Abs. 5 EStG)

173 Entsprechend der bisherigen Verwaltungsauffassung ist in bestimmten, abschließend in § 3a Abs. 5 Satz 1 EStG aufgeführten Fällen ausnahmsweise auch eine unternehmerbezogene Sanierung begünstigt. Insoweit folgt das Gesetz der Rspr. zu § 3 Nr. 66 EStG a. F.[2] und den Regelungen im BMF-Schreiben v. 22.12.2009,[3] die der Große Senat des BFH ebenfalls beanstandet hatte.[4]

174 **Begünstigt sind** danach nur die Erträge im Rahmen der Gewinneinkunftsarten aus

► einer Restschuldbefreiung (§§ 286 ff. InsO),

► einem Schuldenerlass aufgrund eines außergerichtlichen Schuldenbereinigungsplans zur Vermeidung eines Verbraucherinsolvenzverfahrens (§§ 304 ff. InsO) oder

► einem Schuldenerlass aufgrund eines Schuldenbereinigungsplans, dem in einem Verbraucherinsolvenzverfahren zugestimmt wurde oder wenn diese Zustimmung durch das Gericht ersetzt wurde.

Gewinne aus einer erteilten Restschuldbefreiung sind dabei grundsätzlich erst im Jahr der Restschuldbefreiung zu berücksichtigen.[5] Etwas anderes gilt, wenn es sich bei der erteilten Restschuldbefreiung um ein rückwirkendes Ereignis nach § 175 Abs. 1 Satz 1 Nr. 2 AO handelt, wie dies z. B. bei einer zwischenzeitlich stattgefundenen Betriebsaufgabe der Fall sein kann.[6] In diesen Fällen ist der Gewinn aus der Restschuldbefreiung bereits im Jahr der Betriebsaufgabe zu berücksichtigen.[7]

---

1 Gl. A. *Förster/Hechtner*, DB 2017, 1536, 1544.
2 S. nur BFH v. 21.10.1997 - VIII R 39/96, BFH/NV 1998, 829 = NWB DokID: IAAAA-97425 m. w. N.
3 BMF v. 22.12.2009, BStBl 2010 I 18. Der sog. Sanierungserlass v. 27.3.2003, BStBl 2003 I 240 Tz. 2 hatte die unternehmerbezogene Sanierung noch von der Begünstigung ausgeschlossen (BFH v. 14. 7. 2010 - X R 34/08, BStBl 2010 II 916).
4 BFH v. 28.11.2016 - GrS 1/15, BStBl 2017 II 393.
5 BFH v. 3. 2. 2016 - X R 25/12, BStBl 2016 II 391.
6 BT-Drucks. 18/12128, 33
7 BFH v. 13.12.2016 - X R 4/15, NWB DokID: QAAAG-45660.

Rechtsfolgen des § 3a Abs. 5 EStG: Auch diese unternehmerbezogenen Sanierungserträge sind steuerbegünstigt, führen aber ebenfalls zum Untergang von Verlustpotential, da § 3a Abs. 5 Satz 2 EStG die entsprechende Anwendung des § 3a Abs. 3 EStG anordnet. Da das Gesetz keine entsprechende Anwendung des § 3a Abs. 1 Satz 2 und 3 EStG vorsieht, bleibt es dabei, dass der Zwang zur gewinnmindernden Ausübung steuerlicher Wahlrechte nur die unternehmensbezogene Sanierung trifft. 175

(Einstweilen frei) 176–179

C. Verfahrensfragen

Steuerbefreiung von Amts wegen ohne Bildung von Rumpfwirtschaftsjahren: § 3a EStG ist mit allen Rechtsfolgen von Amts wegen anzuwenden. Anders als noch in der Empfehlung des Finanz- und Wirtschaftsausschusses vorgesehen,[1] wird sie nicht auf Antrag gewährt; der Stpfl. kann auch nicht auf sie verzichten. Will der Sanierungsschuldner nach der Sanierung ein neues Wj. beginnen, so ist das nur unter den allgemeinen Voraussetzungen des § 4a EStG möglich.[2] 180

Außenprüfung: Vor Erteilung eines Steuerbescheids für einen VZ, in dem ein Sanierungsvergleich abgeschlossen wurde, ist i. d. R. eine Betriebsprüfung durchzuführen, es sei denn, die Voraussetzungen der Steuerbefreiung sind an Amtsstelle zu überprüfen.[3] 181

Verfahrensfragen bei Personengesellschaften: Ob die Gesellschaft einen steuerfreien Sanierungsgewinn erzielt hat, wird ebenso wie die Zuordnung des Gewinns zu einem bestimmten VZ im Gewinnfeststellungsverfahren entschieden.[4] Bei einer GmbH & Co. KG bezieht sich die Feststellung auch auf die körperschaftsteuerlichen Gewinnanteile der GmbH & Co. Beim Wechsel der Gesellschafter einer PersGes. ist der Ertrag aus einem Forderungsverzicht der Gesellschaftsgläubiger dem Neugesellschafter zuzurechnen, wenn nach den im konkreten Fall getroffenen Vereinbarungen der Neugesellschafter die betreffenden Verbindlichkeiten anstelle des Altgesellschafters wirtschaftlich tragen sollte; bei davon abweichender Vereinbarung ist der Sanierungsertrag dem Altgesellschafter zuzurechnen, der durch den Schuldenerlass von seiner Haftung entbunden wird.[5] 182

---

1 BR-Drucks. 59/1/17 v. 27.2.2017, 10 und 16 ff.
2 RFH v. 20. 9. 1938 – I 328/38, RStBl 1939, 91.
3 OFD Hannover v. 18. 2. 1993, StEK EStG § 3 Nr. 584 auch zur Berichtspflicht an die OFD.
4 BFH v. 12. 6. 1980 - IV R 150/79, BStBl 1981 II 8; v. 24. 4. 1986 - IV R 282/84, BStBl 1986 II 672.
5 BFH v. 22. 1. 2015 - IV R 38/10, BStBl 2015 II 389; s. auch BFH v. 23. 9. 1993 - IV R 103/90, BFH/NV 1994, 468 = NWB DokID: YAAAB-33845 betr. Zurechnung bei Neugesellschaftern, die der KG neue Mittel zugeführt hatten.

EStG § 3a

Sanierungserträge

ABB. Prüfungsschema zu § 3a EStG

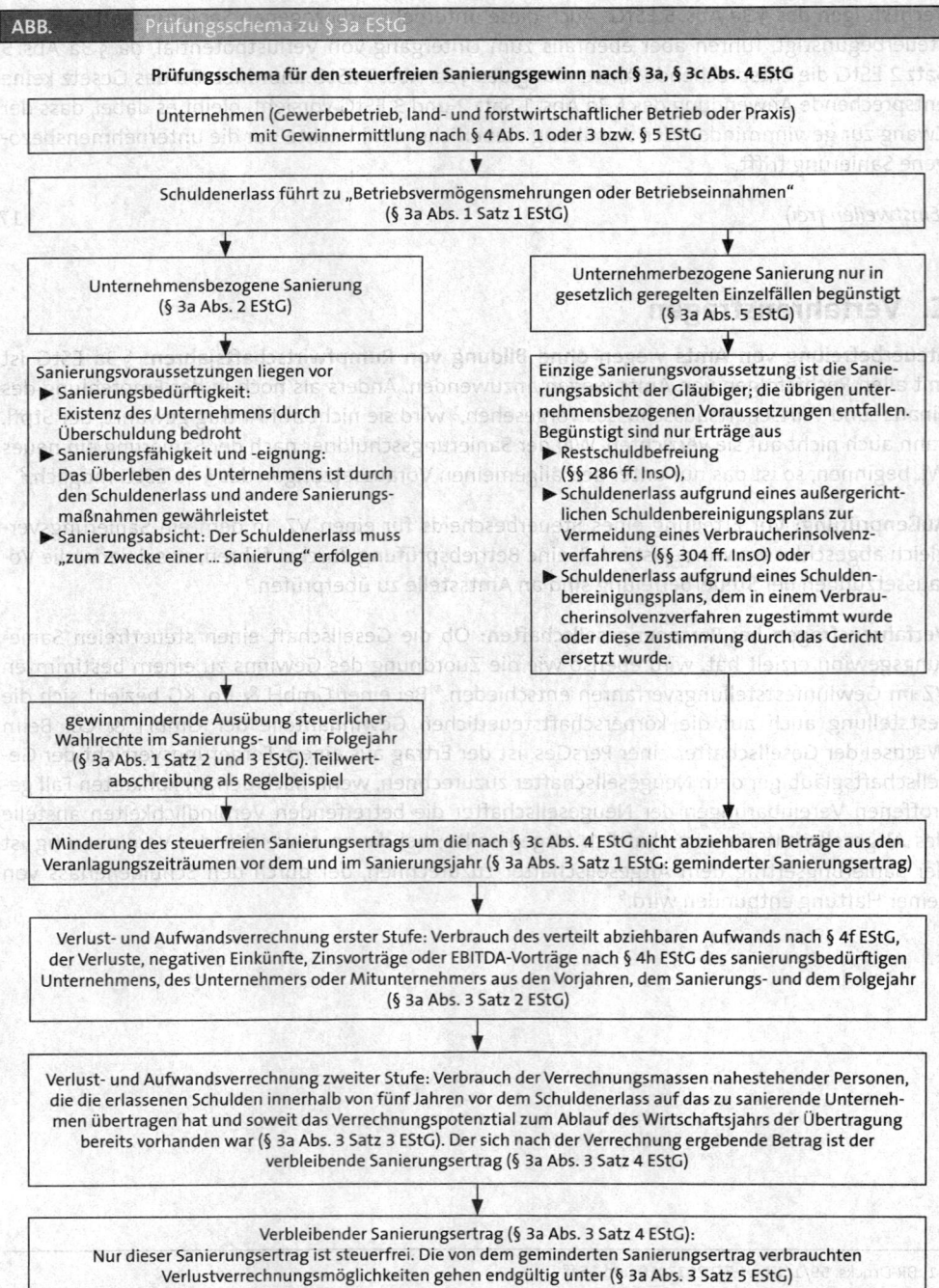

Quelle: NWB 30/2017, das Prüfungsschema kann hier gedownloadet werden: NWB DokID: AAAAG-50151.

§ 3b Steuerfreiheit von Zuschlägen für Sonntags-, Feiertags- oder Nachtarbeit

(1) Steuerfrei sind Zuschläge, die für tatsächlich geleistete Sonntags-, Feiertags- oder Nachtarbeit neben dem Grundlohn gezahlt werden, soweit sie

1. für Nachtarbeit 25 Prozent,
2. vorbehaltlich der Nummern 3 und 4 für Sonntagsarbeit 50 Prozent,
3. vorbehaltlich der Nummer 4 für Arbeit am 31. Dezember ab 14 Uhr und an den gesetzlichen Feiertagen 125 Prozent,
4. für Arbeit am 24. Dezember ab 14 Uhr, am 25. und 26. Dezember sowie am 1. Mai 150 Prozent

des Grundlohns nicht übersteigen.

(2) ¹Grundlohn ist der laufende Arbeitslohn, der dem Arbeitnehmer bei der für ihn maßgebenden regelmäßigen Arbeitszeit für den jeweiligen Lohnzahlungszeitraum zusteht; er ist in einen Stundenlohn umzurechnen und mit höchstens 50 Euro anzusetzen. ²Nachtarbeit ist die Arbeit in der Zeit von 20 Uhr bis 6 Uhr. ³Sonntagsarbeit und Feiertagsarbeit ist die Arbeit in der Zeit von 0 Uhr bis 24 Uhr des jeweiligen Tages. ⁴Die gesetzlichen Feiertage werden durch die am Ort der Arbeitsstätte geltenden Vorschriften bestimmt.

(3) Wenn die Nachtarbeit vor 0 Uhr aufgenommen wird, gilt abweichend von den Absätzen 1 und 2 Folgendes:

1. Für Nachtarbeit in der Zeit von 0 Uhr bis 4 Uhr erhöht sich der Zuschlagssatz auf 40 Prozent,
2. als Sonntagsarbeit und Feiertagsarbeit gilt auch die Arbeit in der Zeit von 0 Uhr bis 4 Uhr des auf den Sonntag oder Feiertag folgenden Tages.

Inhaltsübersicht

	Rz.
A. Allgemeine Erläuterungen	1 - 6
B. Systematische Kommentierung	7 - 21
I. Steuerbefreiung von Zuschlägen (§ 3b Abs. 1 EStG)	7 - 16
1. Allgemeines	7 - 15
2. ABC der steuerfreien Zuschläge	16
II. Begriffsbestimmungen zu Absatz 1 (§ 3b Abs. 2 EStG)	17 - 20
III. Erweiterte Begünstigungen (§ 3b Abs. 3 EStG)	21
IV. Verfahren	

HINWEIS:
R 3b LStR; H 3b LStH.

LITERATUR:
▶ Weitere Lieteratur siehe Online-Version
Bergkemper, Keine Steuerfreiheit von pauschal gezahlten Zuschlägen für Sonntagsarbeit, Feiertagsarbeit oder Nachtarbeit, FR 2012, 323; *Bergkemper*, Keine Steuerfreiheit für Gefahrenzulagen – Keine verfassungsrechtlich gebotene Ausdehnung des § 3b EStG auf andere Zulagen, FR 2012, 139; *Kammeter*, Sonn- und Feiertagszuschläge eines Gesellschafter-Geschäftsführers als verdeckte Gewinnausschüttung, HFR 2012, 744.

A. Allgemeine Erläuterungen

1 **Normzweck und wirtschaftliche Bedeutung:** Die Regelung stellt Zuschläge zum Grundlohn für tatsächlich geleistete Sonntags-, Feiertags- oder Nachtarbeit in bestimmten Umfang steuerfrei. Durch die Steuerfreiheit soll dem Arbeitnehmer ein finanzieller Ausgleich für die besonderen Erschwernisse und Belastungen gewährt werden, die mit dieser Arbeit verbunden sind.[1] Die Steuerbefreiung von ansonsten nach § 19 EStG steuerpflichtigem Arbeitslohn ist sehr umstritten.[2]

2 **Entstehung und Entwicklung der Vorschrift:** Die Vorschrift geht zurück auf entsprechende Verwaltungsanweisungen zur Steuerbefreiung von Zuschlägen für Mehrarbeit der geregelten Art aus der Zeit des Nationalsozialismus.[3] In § 3b EStG ist die Regelung durch das Einkommensteuerreformgesetz v. 5.8.1974[4] aufgenommen worden und hat einige Änderungen in den folgenden Jahrzehnten erhalten. Zuletzt wurde die Vorschrift durch das Steueränderungsgesetz (StÄndG) 2003 v. 15.12.2003[5] geändert. In § 3b Abs. 2 Satz 1 EStG wurde eine Ergänzung aufgenommen, wonach der Grundlohn auf 50 € pro Stunde begrenzt wurde. Zwar erfolgte in der Folgezeit keine weitere Änderung der Vorschrift; aber durch das Haushaltsbegleitgesetz (HBeglG) 2006 v. 29.6.2006[6] wurde bestimmt, dass ab 1.7.2006 die steuerfreien Zuschläge sozialversicherungspflichtig sind.

3 **Vereinbarkeit mit Verfassungsrecht:** Es bestehen seit langem verfassungsrechtliche Bedenken gegen die Vorschrift.[7] Dies führte dazu, dass eine Aufhebung der Vorschrift schon seit Jahrzehnten gefordert wird.[8] Insbesondere bestehen wegen Art. 3 Abs. 1 GG Bedenken gegen die auf Arbeitnehmer mit entsprechenden Zuschlägen für Sonntags-, Feiertags- oder Nachtarbeit begrenzte Steuerbefreiung, obwohl das BVerfG 1978 und der BFH eine Verfassungswidrigkeit abgelehnt hatten.[9] Selbständige, Gewerbetreibende wie auch Arbeitnehmer mit z.B. Nachtarbeit ohne entsprechende Zuschläge sind in der gleichen Situation wie Arbeitnehmer mit Zuschlägen für Sonntags-, Feiertags- oder Nachtarbeit.[10] Eine Ungleichbehandlung ist daher nicht gerechtfertigt.

4 **Vereinbarkeit mit Unionsrecht:** Die Vorschrift ist mit Unionsrecht vereinbar.[11] Ein Verstoß besteht auch nicht, wenn die Steuervergünstigung bei einem Arbeitnehmer wegen fehlender Voraussetzungen nicht anerkannt wird, wenn er bei einem ausländischen Arbeitgeber tätig ist.[12]

---

1 BFH v. 27.5.2009 - VI B 69/08, BStBl 2009 II 730, m.w.N.; BFH v. 17.6.2010 - VI R 50/09, BStBl 2011 II 43.
2 Siehe unten Fn. 7.
3 Siehe Nachweise bei HHR/*Kanzler*, § 3b EStG Rz. 2.
4 BGBl 1974 I 1769.
5 BGBl 2003 I 2645.
6 BGBl 2006 I 1402.
7 Zur verfassungsrechtlichen Kritik s. OVG NRW v. 5.10.2010 - 1 A 3306/08, DVBl 2010, 1587 zur Ungleichbehandlung von Richtern im Bereitschaftsdienst, die keine steuerfreien Zuschläge für Sonntags-, Feiertags- oder Nachtarbeit erhalten; HHR/*Kanzler*, § 3b EStG Rz. 6; *Handzik* in Littmann/Bitz/Pust, § 3b EStG Rz. 8f.; *Erhard* in Blümich, § 3b EStG Rz. 6; v. *Beckerath* in Kirchhof, § 3b EStG Rz. 1; *Wernsmann*, ZRP 2010, 124.
8 Z.B. Bericht der Arbeitsgruppe Steuerrechtsvereinfachung 1993, FinMin Berlin, StR 12/93, 114 ff.; Petersburger Steuervorschläge, NJW 1997, Beil. Zu Heft 13; ebenso HHR/*Kanzler*, § 3b EStG Rz. 6 a. E.; *Kirchhof*, Stbg 1997, 193, 195; v. *Beckerath* in Kirchhof, § 3b EStG Rz. 1; *Tipke*, FR 2006, 949, 955; *Erhard* in Blümich, § 3b EStG Rz. 5.
9 BVerfG v. 2.5.1978 - 1 BvR 174/78, HFR 1978, 383; BFH v. 7.5.1981 - VI R 125/86, BStBl 1981 II 530; BFH v. 21.5.1987 - IV R 339/84, BStBl 1987 II 625.
10 Siehe zur Argumentation z.B. HHR/*Kanzler*, § 3b EStG Rz. 6; *Handzik* in Littmann/Bitz/Pust, § 3b EStG Rz. 8 f.
11 *Erhard* in Blümich, § 3b EStG Rz. 6; s. BFH v. 27.5.2009 - VI B 69/08, BStBl 2009 II 730, zu im Mutterschutzlohn nach § 11 MuSchG enthaltenen an sich steuerfreien Zuschlägen.
12 BFH v. 24.9.2013 - VI R 48/12, BFH/NV 2014, 341 = NWB DokID: ZAAAE-52243.

(Einstweilen frei) 5–6

B. Systematische Kommentierung

I. Steuerbefreiung von Zuschlägen (§ 3b Abs. 1 EStG)

1. Allgemeines

Nach § 3b Abs. 1 EStG sind neben dem Grundlohn gewährte Zuschläge nur dann steuerfrei, wenn sie für tatsächlich geleistete Sonntags-, Feiertags- oder Nachtarbeit gezahlt werden. Die Steuerbefreiung tritt nur ein, wenn die neben dem Grundlohn gewährten Zuschläge für tatsächlich geleistete Nacht-, Sonntags- oder Feiertagsarbeit gezahlt worden sind. Zuschläge für Samstagsarbeit werden von der Steuerbefreiung nicht erfasst.[1] 7

Tatsächlich geleistete Arbeit: Sie setzt deshalb nach ständiger Rechtsprechung des BFH **grundsätzlich Einzelaufstellungen der tatsächlich erbrachten Arbeitsstunden** zur Nachtzeit etc. voraus. Dadurch soll von vornherein gewährleistet sein, dass nur Zuschläge steuerfrei bleiben, bei denen betragsmäßig genau feststeht, dass sie nur für Nacht-, Feiertags- oder Sonntagsarbeit gezahlt werden und keine allgemeinen Gegenleistungen für die Arbeitsleistung darstellen. Eine Ausnahme bildet eine fast ausschließlich zu Nachtzeit zu erbringende Arbeit.[2] 8

Pauschale Zuschläge: Zuschläge in Form pauschaler Zuschläge, die dem Arbeitnehmer ohne Rücksicht auf die Höhe der tatsächlich erbrachten Nachtarbeit gezahlt werden, setzen u. a. jedenfalls voraus, dass diese Zuschläge nach dem übereinstimmenden Willen von Arbeitgeber und Arbeitnehmer als Abschlagszahlungen oder Vorschüsse auf eine spätere Einzelabrechnung geleistet werden. Sie sind nur dann und insoweit steuerfrei, als sie den im Einzelnen ermittelten Zuschlägen für tatsächlich geleistete Stunden zu diesen Zeiten entsprechen; die Zuschläge sind jeweils vor Erstellung der Lohnsteuerbescheinigung, somit regelmäßig spätestens zum Ende des Kalenderjahres bzw. beim Ausscheiden des Arbeitnehmers aus dem Dienstverhältnis zu errechnen. Dabei ist für die Ermittlung der im Einzelnen nachzuweisenden Zuschläge auf das Kalenderjahr oder, im Fall des Ausscheidens aus dem Dienstverhältnis, auf den Zeitraum vom Beginn des Kalenderjahres bis zum Ausscheiden aus dem Dienstverhältnis abzustellen. Stimmt die Summe der Pauschalzahlungen mit der Summe der für den in Betracht kommenden Zeitraum ermittelten steuerfreien Zuschläge nicht überein und hat der Arbeitnehmer weniger zuschlagspflichtige Stunden geleistet, als durch die Pauschalzahlungen abgegolten sind, so ist die Differenz zwischen der Pauschale und dem sich bei der Einzelberechnung ergebenden Betrag steuerpflichtiger Arbeitslohn.[3] Ein Verzicht auf die jährliche Abrechnung kommt nicht in Betracht. Eine Ausnahme ist allenfalls bei Arbeitnehmern zu machen, die fast ausschließlich z. B. zur Nachtzeit (§ 3b Abs. 2 Satz 2 EStG) tätig sind.[4] Werden die streitbefangenen Zuschläge gewährt, ohne dass es hierbei auf die von dem Arbeitnehmer tatsächlich geleistete Tätigkeit zu den nach § 3b Abs. 2 EStG begünstigten Zeiten ankam, dann entfällt die Steuervergünstigung. Hierfür kann sprechen, dass unregelmäßig Sonntags-, Feiertags- bzw. Nacht- 9

---

1 BGH v. 20.9.2018 - IX ZB 41/16, NJW 2018, 3461 m.w. N.
2 BFH v. 8.12.2011 - VI R 18/11, BStBl 2012 II 291.
3 BFH v. 28.11.1990 - VI R 90/87, BStBl 1991 II 293; BFH v. 25.3.1988 - VI R 20/84, BFH/NV 1988, 496 = NWB DokID: QAAAB-30495; BFH v. 23.10.1992 - VI R 55/91, BStBl 1993 II 314; s. auch BFH v. 25.5.2005 - IX R 72/02, BStBl 2005 II 725; BFH v. 22.10.2009 - VI R 16/08, BFH/NV 2010, 201 = NWB DokID: UAAAD-34539; BFH v. 16.12.2010 - VI R 27/10, BStBl 2012 II 288.
4 BFH v. 8.12.2011 - VI R 18/11, BStBl 2012 II 291.

arbeit geleistet wurde, die Höhe der monatlich gewährten Zulage sich aber nicht veränderten. Mithin erhielt der Arbeitnehmer dann die Zuschläge nicht als Abschlagzahlungen oder als Vorschüsse auf eine spätere Einzelabrechnung, sondern endgültig.[1]

10 **Zahlung der Zuschläge:** Eine Steuerbefreiung kommt nur in Betracht, wenn die Zuschläge gezahlt worden sind. Eine Abgeltung von Zuschlägen durch Freizeit begründet keine Steuerfreiheit.[2] Entsprechendes gilt für Zahlungen, die für den nicht in Anspruch genommenen Freizeitausgleich für geleistete Sonntags-, Feiertags- oder Nachtarbeit erfolgten.[3]

11 **Mischzuschläge:** Zuschläge, die auch andere Erschwernisse – z. B. Mehrarbeit – abdecken, sind nicht nach § 3b EStG begünstigt.[4]

12–15 *(Einstweilen frei)*

2. ABC der steuerfreien Zuschläge

16 **Ärzte:** Vergütungen für Bereitschaftsdienste enthalten regelmäßig Grundlohn und werden für Sonn-, Feiertags-, Nacht- und Mehrarbeit gezahlt. Eine Steuerbegünstigung kommt grds. nicht in Betracht.[5]

Altersteilzeit: Zinsen auf Zuschläge nach § 3b EStG, die im Rahmen einer Altersteilzeitregelung gezahlt werden, weil die Zinsen allein wegen der späteren Auszahlung der Zuschläge entstehen, sind nicht steuerfrei.[6]

Apotheker: Eine ohne Aufgliederung pauschal gezahlte Vergütung für Notdienstbereitschaft ist nicht begünstigt.[7] Sie ist aber begünstigt, wenn sowohl Grundvergütung als auch Zuschlag gezahlt werden.[8]

Bäcker: Angestellte Bäcker werden durch § 3b Abs. 3 EStG erweitert begünstigt, wenn ihre Arbeitszeit vor 0.00 Uhr beginnt.[9]

Bahn: Die Zulagen für tatsächlich geleistete Nachtarbeit sind nach § 3b EStG begünstigt.[10]

Bereitschaftsdienst eines Assistensarztes: Eine Zulage für Bereitschaftsdienste ohne Rücksicht darauf, ob die Tätigkeit an einem Samstag oder einem Sonntag oder Feiertag erbracht wird ist nicht steuerbegünstigt.[11]

---

1 BFH v. 24.9.2013 - VI R 48/12, BFH/NV 2014, 341 = NWB DokID: ZAAAE-52243.
2 *Erhard* in Blümich, § 3b EStG Rz. 13.
3 BFH v. 21.2.2006 - IX R 27/05, BFH/NV 2006, 1274 = NWB DokID: PAAAB-83871.
4 BFH v. 28.11.1990 - VI R 144/87, BStBl 1991 II 296; BFH v. 6.9.1957 - VI 125/56 U, BStBl 1957 III 387; BFH v. 29.3.2000 - VI B 399/98, BFH/NV 2000, 1093 = NWB DokID: NAAAA-65897.
5 BFH v. 24.11.1989 - VI R 92/88, BStBl 1990 II 315; zur Rufbereitschaft: FG Schleswig-Holstein v. 29.8.1996 - V 378/96, EFG 1997, 200; FG Berlin-Brandenburg v. 24.3.2010 - 3 K 6251/06 B, EFG 2010, 1677.
6 BMF v. 27.4.2000, DB 2000, 1000.
7 OFD Hamburg v. 21.2.1983, StEK EStG § 3b Nr. 24.
8 OFD Hamburg v. 2.2.1973, StEK § 3b Nr. 24.
9 Siehe FinMin Bay. v. 22.6.1981, StEK EStG § 3b Nr. 19.
10 FinMin Brandenburg v. 23.7.1993, DB 1993, 1696.
11 BFH v. 29.11.2016 - VI R 61/14, BFH/NV 2017, 663.

Bordpersonal: Zwar sind Mehrflugstundenvergütungen und Flugzulagen steuerpflichtig;[1] jedoch, behandelt die Finanzverwaltung Schichtzulagen als steuerfrei.[2] Die Schichtzulagen sind aber nur steuerfrei, wenn sie insbesondere in Form von Abschlagzahlungen geleistet werden, die später einer Abrechnung unterzogen werden.[3]

Elterngeld: Die nach § 3b EStG steuerfreien Zahlungen erhöhen nicht das Bemessungseinkommen nach § 2 BEEG.[4]

Fluglotsen: Die Zulagen, die Fluglotsen für Wechselschichten als solches und nicht ausschließlich für Sonntags-, Feiertags- und Nachtarbeit erhalten, sind nicht nach § 3b EStG steuerbegünstigt.[5]

Gesellschafter-Geschäftsführer: Als Angestellte können auch sie unter besonderen Umständen steuerfreie Zuschläge nach § 3b EStG erhalten. Voraussetzung ist aber für diesen Ausnahmefall, dass insbesondere die mit ihnen betroffene Vereinbarung nicht nur mit dem Gesellschafter-Geschäftsführer, sondern auch mit vergleichbaren gesellschaftsfremden Personen abgeschlossen wird.[6] Ansonsten dürfte es sich um eine vGA handeln.[7]

Insolvenzgeld: Das im Rahmen des Progressionsvorbehalts zu berücksichtigende Insolvenzgeld ist nicht um die Beträge zu kürzen, die außerhalb der Insolvenz als Sonn-, Feiertags- und Nachtarbeitszuschläge hypothetisch nach § 3b EStG steuerfrei wären.[8]

Leitende Angestellte: Soweit die Vergütungen von leitenden Angestellten auf Sonntags-, Feiertags- und Nachtarbeit entfallen, können die Teile steuerfrei sein. Allerdings wird es häufig an entsprechenden vertraglichen Regelungen fehlen.[9]

Mischzuschläge: Zulage für Dienst zu wechselnden Zeiten eines **Polizeibeamten** (= Mischzuschläge), die nicht nur Sonntags-, Feiertags- oder Nachtarbeit abgelten, sondern auch andere Erschwernisse und mit denen sämtliche Erschwernisse einheitlich abgegolten werden, erfüllen die Voraussetzungen des § 3b EStG nicht.[10]

Post: s. Bahn

Raumausstatter: Nachtarbeitszuschläge sind nur steuerfrei, soweit sie für tatsächlich geleistete Nachtarbeit gezahlt werden.[11]

---

1 Zu Mehrflugstundenvergütungen FG Hessen v. 15. 8. 2002 - 12 K 4680/99, EFG 2002, 1581; FG Hessen v. 4. 7. 1991 - 13 K 2597/89, EFG 1992, 7; FG München v. 6. 8. 1999 - 8 K 1181/98, EFG 1999, 1170; zu Flugzulagen FG Hamburg v. 27. 5. 1999 - V 236/96, EFG 1999, 1008; FG Baden-Württemberg v. 8. 3. 2010 - 6 K 2/08; EFG 2010, 1871.
2 FinMin Niedersachsen v. 8. 4. 1991, StEK EStG § 3b Nr. 45; OFD Köln v. 29. 11. 1982, StEK EStG § 3b Nr. 26; OFD Köln v. 20. 6. 1985, StEK EStG § 3b Nr. 31; FinMin Nordrhein-Westfalen v. 6. 7. 1998, StEK EStG § 3b Nr. 56.
3 FG Hessen v. 27. 6. 2002 - 5 K 5571/00, EFG 2002, 1214; FG Hessen v. 4. 7. 1991 - 13 K 2597/89, EFG 1992, 7.
4 BSG v. 5. 4. 2012 - B 10 EG 4/11 R, SozR 4-7837 § 2 Nr. 13.
5 BFH v. 14. 6. 1967 - VI R 226/66, BStBl 1967 III 609.
6 BFH v. 14. 7. 2004 - I R 111/03, BStBl 2005 II 307; BFH v. 27. 3. 2012 - VIII R 27/09, BFH/NV 2012, 1127 = NWB DokID: LAAAE-10984; FG Münster v. 14. 4. 2015 - 1 K 3431/13 E, NWB DokID: WAAAE-91202; OFD Frankfurt v. 8. 11. 2005, DB 2005, 2606.
7 Diese Erwägungen gelten auch für einen Fremd-Geschäftsführer, s. auch BFH v. 19. 3. 1997 - I R 75/96, BStBl 1997 II 577; HHR/*Kanzler*, § 3b EStG Rz. 30.
8 FG Niedersachsen v. 17. 5. 2005 - 16 K 20150/03, EFG 2005, 1670, rkr.
9 BFH v. 13. 12. 2006 - VIII B 31/05, BStBl 2007 II 393.
10 BFH v. 15.2.2017 - VI R 20/16, BFH/NV 2017, 1157; v. 15.2.2017 - VI R 30/16, BStBl 2017 II 644; FG Niedersachsen v. 28. 6. 2016 - 10 K 146/15, NWB DokID: LAAAF-78805; a. A. FG Niedersachsen v. 25. 5. 2016 - 2 K 11208/15, EFG 2016, 1069.
11 v. *Beckerath* in Kirchhof, § 3b EStG, Rz. 4.

Rufbereitschaft: Zuschläge zur Rufbereitschaftsentschädigung können nach § 3b EStG steuerfrei sein,[1] obwohl nach der EuGH-Rechtsprechung[2] nur die tatsächlich zur Arbeitsleistung aufgewendete Zeit zur Arbeitszeit gezählt wird.

Samstagsarbeit: Zuschläge für Samstagsarbeit sind nicht steuerfrei.[3]

Schauspieler: Ein 20-prozentiger Zuschlag zum Grundgehalt eines Schauspielers, der völlig unabhängig von der von ihm für seinen Arbeitgeber tatsächlich während der Sonntags-, Feiertags- und Nachtarbeitszeiten geleisteten Tätigkeiten gezahlt wird, ist nicht steuerfrei.[4]

Spielbanken-Personal: Die Zuschläge, die das spieltechnische Personal erhält, können nach § 3b EStG steuerfrei sein.[5] Ein Herausrechnen aus der Endvergütung reicht aber nicht aus.[6]

Wahlmöglichkeit: Sieht der Tarifvertrag oder Arbeitsvertrag für Feiertagsarbeit wahlweise einen Freizeitausgleich oder einen Lohnzuschlag vor und wird dieser gewählt, ist der Zuschlag nach § 3b EStG steuerfrei.[7]

Wechselschichtzulagen: Zulagen, die für Wechselschichten geleistet werden, sind nicht begünstigt. Regelmäßig und fortlaufend gezahlte Wechselschichtzuschläge sind dem Grundlohn zuzurechnen.[8]

Wohnung: Zulagen für Sonntags-, Feiertags- oder Nachtarbeit sind auch dann steuerbefreit, wenn diese Arbeit nicht am Arbeitsplatz, sondern in der Privatwohnung des Arbeitnehmers geleistet wird.[9]

Zeitungszusteller: Zuschläge für Nachtarbeit eines Zeitungszustellers sind steuerfrei.[10]

Zeitversetzte Auszahlung: Die FinVerw stellt klar, dass die Steuerfreiheit von Zuschlägen auch bei zeitversetzter Auszahlung grds. erhalten bleibt. Voraussetzung ist jedoch, dass vor der Leistung der begünstigten Arbeit bestimmt wird, dass ein steuerfreier Zuschlag als Wertguthaben auf ein Arbeitszeitkonto genommen und getrennt ausgewiesen wird.[11]

II. Begriffsbestimmungen zu Absatz 1 (§ 3b Abs. 2 EStG)

17 **Grundlohn:** Grundlohn ist der auf eine Arbeitsstunde entfallende Anspruch auf laufenden Arbeitslohn, den der Arbeitnehmer für den jeweiligen Lohnzahlungszeitraum aufgrund seiner regelmäßigen Arbeitszeit erwirbt (§ 3b Abs. 2 Satz 1 1. Halbsatz EStG). Dabei ist die regelmäßige Arbeitszeit die für das jeweilige Arbeitsverhältnis vereinbarte Normalarbeitszeit.[12] Der Grundlohn i. S. v. § 3b Abs. 2 Satz 1 EStG besteht aus dem feststehenden **Basisgrundlohn** und der variablen Grundlohnergänzung.[13] Unter den Begriff der Arbeitszeit in diesem Sinne ist allein die

---

1 BFH v. 27. 8. 2002 - VI R 64/96, BStBl 2002 II 883.
2 EuGH v. 3. 10. 2000 - C-303/98, NZA 2000, 1227.
3 BGH v. 20.9.2018 - IX ZB 41/16, NJW 2018, 3461; BAG v. 23.8.2017 10 - AZR 859/16, NJW 2017, 3675.
4 FG Düsseldorf v. 22.2.2018 5 - V 2682/17 A (E), juris.
5 LSt-Kartei OFD Düsseldorf § 3b EStG Karte 103; *Handzik* in Littmann/Bitz/Pust, § 3b EStG Rz. 93.
6 OFD Hannover v. 22. 1. 1976 - S 2343-1/76, LStK § 3b EStG Nr. 4; HHR/*Kanzler*, § 3b EStG Rz. 24.
7 FG Düsseldorf v. 26. 3. 2004 - 18 K 6806/00 E, EFG 2004, 1285; FG Niedersachsen v. 10. 6. 2004 - 11 K 408/02, EFG 2005, 583.
8 BFH v. 7. 7. 2005 - IX R 81/98, BStBl 2005 II 888.
9 FG Münster v. 14. 11. 1995 - 15 K 3202/93 L, EFG 1996, 209.
10 FG Münster v. 14. 11. 1995 - 15 K 3202/93 L, EFG 1996, 209.
11 R 3b Abs. 8 LStR.
12 R 3b Abs. 2 Satz 2 Nr. 1 Buchst. b Satz 3 LStR.
13 Siehe dazu R 3b Abs. 2 Satz 2 Nr. 1. Buchst. b i.V. m. Nr. 3 Satz 1 LStR u. BFH v. 17. 6. 2010 - VI R 50/09, BStBl 2011 II 43.

Dauer der Arbeitsleistung zu fassen. Dies folgt für das Einkommensteuerrecht bereits aus dem systematischen Aufbau des § 3b Abs. 2 Satz 1 EStG, wonach nur der zeitliche Umfang der vom Arbeitnehmer geschuldeten oder erbrachten Arbeitsleistung als mathematische Rechengröße bei der Ermittlung des Stundenlohnes tauglich ist.[1] Als Bemessungsgrundlage für die Steuerbefreiung ist der **Grundlohn ab VZ 2004 auf 50 € begrenzt** (§ 3b Abs. 2 Satz 1 2. Halbsatz EStG). Im Einzelnen gelten bzgl. der Abgrenzung folgende Grundsätze, die auch in den R 3b LStR enthalten sind: *„Der Anspruch auf laufenden Arbeitslohn ist nach R 39b.2 LStR vom Anspruch auf sonstige Bezüge[2] abzugrenzen. Soweit Arbeitslohn-Nachzahlungen oder -Vorauszahlungen zum laufenden Arbeitslohn gehören, erhöhen sie den laufenden Arbeitslohn der Lohnzahlungszeiträume, für die sie nach- oder vorausgezahlt werden; § 41c EStG ist anzuwenden. Ansprüche auf Sachbezüge, Aufwendungszuschüsse und vermögenswirksame Leistungen gehören zum Grundlohn, wenn sie laufender Arbeitslohn sind. Das Gleiche gilt für Ansprüche auf Zuschläge und Zulagen, die wegen der Besonderheit der Arbeit in der regelmäßigen Arbeitszeit gezahlt werden, z. B. Erschwerniszulagen oder Schichtzuschläge, sowie für Lohnzuschläge für die Arbeit in der nicht durch § 3b EStG begünstigten Zeit. ... Nicht zum Grundlohn gehören Ansprüche auf Vergütungen für Überstunden (Mehrarbeitsvergütungen), Zuschläge für Sonntags-, Feiertags- oder Nachtarbeit in der nach § 3b EStG begünstigten Zeit, und zwar auch insoweit, als sie wegen Überschreitens der dort genannten Zuschlagssätze steuerpflichtig sind. Dies gilt auch für steuerfreie und nach § 40 EStG pauschal besteuerte Bezüge. Zum Grundlohn gehören aber die nach § 3 Nr. 56 oder 63 EStG steuerfreien Beiträge des Arbeitgebers, soweit es sich um laufenden Arbeitslohn handelt."*[3]

Stundenlohn: Der Monatsbetrag des Grundlohns (Basislohn und Zusätze) ist durch das 4,35fache der wöchentlichen Arbeitszeit zu teilen. Dies ergibt den maßgeblichen Stundenlohn.[4]

Sonntags-, Nacht- und Feiertagsarbeit: § 3b Abs. 2 Satz 2 und 3 EStG bestimmen, wann von einer Sonntags-, Nacht- und Feiertagsarbeit gesprochen werden kann. Ist ein Sonntag zugleich Feiertag, kann nach den LStR ein Zuschlag nur bis zur Höhe des jeweils in Betracht kommenden Feiertagszuschlags steuerfrei gezahlt werden.[5] Das gilt – so die LStR – auch dann, wenn nur ein Sonntagszuschlag gezahlt wird.[6] Die gesetzlichen Feiertage sind der „Tag der Deutschen Einheit" (3. 10.) und die auf Länderebene festgelegten Feiertage. Hierzu gehören nicht der Rosenmontag oder Weiberfastnacht. Ostersonntag und Pfingstsonntag sind keine gesetzlichen Feiertage, sie müssten daher unter die Regelung für Sonntagsarbeit fallen. Die Finanzverwaltung zählt sie aber zu den gesetzlichen Feiertagen.[7]

Treffen Sonntags-, Nacht- und Feiertagsarbeit mit Mehrarbeitszuschlägen zusammen, so enthalten die LStR folgende Differenzierung mit dazugehörigen Hinweisen:

---

1 BFH v. 7. 7. 2005 - IX R 81/98, BStBl 2005 II 888.
2 Nach R 39b.2 Abs. 2 LStR sind sonstige Bezüge u. a. das 13. und 14. Monatsgehalt, einmalige Abfindungen und Entschädigungen, nicht fortlaufend gezahlte Gratifikationen und Tantiemen, Jubiläumszuwendungen, Erfindervergütungen und Weihnachtszuwendungen, Nachzahlungen und Vorauszahlungen, Ausgleichszahlungen für die in der Arbeitsphase erbrachten Vorleistungen aufgrund eines Altersteilzeitverhältnisses im Blockmodell, das vor Ablauf der vereinbarten Zeit beendet wird und Zahlungen innerhalb eines Kalenderjahres als viertel- oder halbjährliche Teilbeträge. Nach h. M. gehören hierzu auch steuerfreie und pauschal versteuerte Vergütungen (*Erhard* in Blümich, § 3b EStG Rz. 26, m. w. N.).
3 R 3b Abs. 2 Satz 2 Nr. 1 LStR.
4 Siehe Beispiele in H 3b „Grundlohn" LStH.
5 R 3b Abs. 4 Satz 1 LStR.
6 R 3b Abs. 4 Satz 2 LStR.
7 R 3b Abs. 3 Satz 3 LStR; kritisch hierzu zu Recht HHR/*Kanzler*, § 3b EStG Rz. 37.

1. es werden sowohl die in Betracht kommenden Zuschläge für Sonntags-, Feiertags- oder Nachtarbeit als auch für Mehrarbeit gezahlt;
2. es wird nur der in Betracht kommende Zuschlag für Sonntags-, Feiertags- oder Nachtarbeit gezahlt, der ebenso hoch oder höher ist als der Zuschlag für Mehrarbeit;
3. es wird nur der Zuschlag für Mehrarbeit gezahlt;
4. es wird ein einheitlicher Zuschlag (Mischzuschlag) gezahlt, der höher ist als die jeweils in Betracht kommenden Zuschläge, aber niedriger als ihre Summe;
5. es wird ein einheitlicher Zuschlag (Mischzuschlag) gezahlt, der höher ist als die Summe der jeweils in Betracht kommenden Zuschläge.

In den Fällen des Satzes 1 Nr. 1 und 2 ist von den gezahlten Zuschlägen der Betrag als Zuschlag für Sonntags-, Feiertags- oder Nachtarbeit zu behandeln, der dem arbeitsrechtlich jeweils in Betracht kommenden Zuschlag entspricht. Im Falle des Satzes 1 Nr. 3 liegt ein Zuschlag i. S. d. § 3b EStG nicht vor. In den Fällen des Satzes 1 Nr. 4 und 5 ist der Mischzuschlag im Verhältnis der in Betracht kommenden Einzelzuschläge in einen nach § 3b EStG begünstigten Anteil und einen nicht begünstigten Anteil aufzuteilen. Ist für Sonntags-, Feiertags- oder Nachtarbeit kein Zuschlag vereinbart, weil z. B. Pförtner oder Nachtwächter ihre Tätigkeit regelmäßig zu den begünstigten Zeiten verrichten, bleibt von einem für diese Tätigkeiten gezahlten Mehrarbeitszuschlag kein Teilbetrag nach § 3b EStG steuerfrei."[1]

III. Erweiterte Begünstigungen (§ 3b Abs. 3 EStG)

21 § 3b Abs. 3 EStG sieht eine zusätzliche Begünstigung vor, wenn die Nachtarbeit vor 0.00 Uhr aufgenommen wurde. Die zusätzliche Begünstigung beruht darauf, dass der Arbeitnehmer in diesem Fall einer besonderen Belastung ausgesetzt ist. Statt 25 % ist dann maximal 40 % des Grundlohns für einen Zuschlag wegen Sonntags-, Feiertags- oder Nachtarbeit in der Zeit von 0.00 Uhr bis 4.00 Uhr möglich (§ 3b Abs. 3 Nr. 1 EStG). § 3b Abs. 3 Nr. 2 EStG regelt, dass die Zeit von 0.00 Uhr bis 4.00 Uhr der Tage, die einem Sonn- oder Feiertag folgen ebenfalls als Sonn- oder Feiertagsarbeit gelten. Damit soll vermieden werden, dass z. B. die besonders belastende Arbeit zwischen 0.00 Uhr und 4.00 Uhr in der Nacht von Sonntag auf Montag verglichen mit der Arbeit vor 24 Uhr steuerlich schlechter gestellt wird.[2]

IV. Verfahren

22 Die Steuerbefreiung nach § 3b EStG kann im Lohnsteuerabzugsverfahren wie auch unabhängig davon im Einkommensteuerveranlagungsverfahren geltend gemacht werden.[3]

§ 3c Anteilige Abzüge

(1) Ausgaben dürfen, soweit sie mit steuerfreien Einnahmen in unmittelbarem wirtschaftlichen Zusammenhang stehen, nicht als Betriebsausgaben oder Werbungskosten abgezogen werden; Absatz 2 bleibt unberührt.

---

[1] R 3b Abs. 5 Satz 1 ff. LStR.
[2] BT-Drucks. 11/2529, 12.
[3] BFH v. 29.11.2017 - VI B 45/17, BFH/NV 2018, 333.

(2)[1] [1]Betriebsvermögensminderungen, Betriebsausgaben, Veräußerungskosten oder Werbungskosten, die mit den dem § 3 Nummer 40 zugrunde liegenden Betriebsvermögensmehrungen oder Einnahmen oder mit Vergütungen nach § 3 Nummer 40a in wirtschaftlichem Zusammenhang stehen, dürfen unabhängig davon, in welchem Veranlagungszeitraum die Betriebsvermögensmehrungen oder Einnahmen anfallen, bei der Ermittlung der Einkünfte nur zu 60 Prozent abgezogen werden; Entsprechendes gilt, wenn bei der Ermittlung der Einkünfte der Wert des Betriebsvermögens oder des Anteils am Betriebsvermögen oder die Anschaffungs- oder Herstellungskosten oder der an deren Stelle tretende Wert mindernd zu berücksichtigen sind. [2]Satz 1 ist auch für Betriebsvermögensminderungen oder Betriebsausgaben im Zusammenhang mit einer Darlehensforderung oder aus der Inanspruchnahme von Sicherheiten anzuwenden, die für ein Darlehen hingegeben wurden, wenn das Darlehen oder die Sicherheit von einem Steuerpflichtigen gewährt wird, der zu mehr als einem Viertel unmittelbar oder mittelbar am Grund- oder Stammkapital der Körperschaft, der das Darlehen gewährt wurde, beteiligt ist oder war. [3]Satz 2 ist insoweit nicht anzuwenden, als nachgewiesen wird, dass auch ein fremder Dritter das Darlehen bei sonst gleichen Umständen gewährt oder noch nicht zurückgefordert hätte; dabei sind nur die eigenen Sicherungsmittel der Körperschaft zu berücksichtigen. [4]Die Sätze 2 und 3 gelten entsprechend für Forderungen aus Rechtshandlungen, die einer Darlehensgewährung wirtschaftlich vergleichbar sind. [5]Gewinne aus dem Ansatz des nach § 6 Absatz 1 Nummer 2 Satz 3 maßgeblichen Werts bleiben bei der Ermittlung der Einkünfte außer Ansatz, soweit auf die vorangegangene Teilwertabschreibung Satz 2 angewendet worden ist. [6]Satz 1 ist außerdem ungeachtet eines wirtschaftlichen Zusammenhangs mit den dem § 3 Nummer 40 zugrunde liegenden Betriebsvermögensmehrungen oder Einnahmen oder mit Vergütungen nach § 3 Nummer 40a auch auf Betriebsvermögensminderungen, Betriebsausgaben oder Veräußerungskosten eines Gesellschafters einer Körperschaft anzuwenden, soweit diese mit einer im Gesellschaftsverhältnis veranlassten unentgeltlichen Überlassung von Wirtschaftsgütern an diese Körperschaft oder bei einer teilentgeltlichen Überlassung von Wirtschaftsgütern mit dem unentgeltlichen Teil in Zusammenhang stehen und der Steuerpflichtige zu mehr als einem Viertel unmittelbar oder mittelbar am Grund- oder Stammkapital dieser Körperschaft beteiligt ist oder war. [7]Für die Anwendung des Satzes 1 ist die Absicht zur Erzielung von Betriebsvermögensmehrungen oder Einnahmen im Sinne des § 3 Nummer 40 oder von Vergütungen im Sinne des § 3 Nummer 40a ausreichend. [8]Satz 1 gilt auch für Wertminderungen des Anteils an einer Organgesellschaft, die nicht auf Gewinnausschüttungen zurückzuführen sind. [9]§ 8b Absatz 10 des Körperschaftsteuergesetzes gilt sinngemäß.

(3) Betriebsvermögensminderungen, Betriebsausgaben oder Veräußerungskosten, die mit den Betriebsvermögensmehrungen oder Einnahmen im Sinne des § 3 Nummer 70 in wirtschaftlichem Zusammenhang stehen, dürfen unabhängig davon, in welchem Veranlagungszeitraum die Betriebsvermögensmehrungen oder Einnahmen anfallen, nur zur Hälfte abgezogen werden.

(4)[2] [1]Betriebsvermögensminderungen oder Betriebsausgaben, die mit einem steuerfreien Sanierungsertrag im Sinne des § 3a in unmittelbarem wirtschaftlichem Zusammenhang stehen, dürfen unabhängig davon, in welchem Veranlagungszeitraum der Sanierungsertrag entsteht, nicht abgezogen werden. [2]Satz 1 gilt nicht, soweit Betriebsvermögensminderungen oder Be-

---

1 **Anm. d. Red.:** Zur Anwendung des § 3c Abs. 2 siehe § 52 Abs. 5 Sätze 1 und 2.
2 **Anm. d. Red.:** Zur Anwendung des § 3c Abs. 4 siehe § 52 Abs. 5 Sätze 3 und 4.

triebsausgaben zur Erhöhung von Verlustvorträgen geführt haben, die nach Maßgabe der in § 3a Absatz 3 getroffenen Regelungen entfallen. ³Zu den Betriebsvermögensminderungen oder Betriebsausgaben im Sinne des Satzes 1 gehören auch Aufwendungen im Zusammenhang mit einem Besserungsschein und vergleichbare Aufwendungen. ⁴Satz 1 gilt für Betriebsvermögensminderungen oder Betriebsausgaben, die nach dem Sanierungsjahr entstehen, nur insoweit, als noch ein verbleibender Sanierungsertrag im Sinne von § 3a Absatz 3 Satz 4 vorhanden ist. ⁵Wurden Betriebsvermögensminderungen oder Betriebsausgaben im Sinne des Satzes 1 bereits bei einer Steuerfestsetzung oder einer gesonderten Feststellung nach § 180 Absatz 1 Satz 1 der Abgabenordnung gewinnmindernd berücksichtigt, ist der entsprechende Steuer- oder Feststellungsbescheid insoweit zu ändern. ⁶Das gilt auch dann, wenn der Steuer- oder Feststellungsbescheid bereits bestandskräftig geworden ist; die Festsetzungsfrist endet insoweit nicht, bevor die Festsetzungsfrist für das Sanierungsjahr abgelaufen ist.

Inhaltsübersicht

	Rz.
A. Allgemeine Erläuterungen	1 - 20
I. Normzweck und wirtschaftliche Bedeutung	1
II. Entstehung und Entwicklung der Vorschrift	2
III. Vereinbarkeit mit Verfassungsrecht	3 - 12
1. Abzugsverbot (§ 3c Abs. 1 EStG)	3
2. Teilabzugsverbot früher: Halbabzugsverbot; (§ 3c Abs. 2 Satz 1 EStG)	4 - 10
a) Kritik der Literatur	5 - 6
b) Auffassung des BFH	7 - 10
3. Neuregelung durch das Zollkodex-AnpG (§ 3c Abs. 2 Satz 2 bis 6 EStG n. F.)	11
4. Regelung des § 3c Abs. 2 Satz 7 EStG (§ 3c Abs. 2 Satz 2 EStG a. F.)	12
IV. Vereinbarkeit mit Unionsrecht	13
V. Zeitlicher und sachlicher Anwendungsbereich	14 - 20
B. Systematische Kommentierung	21 - 49
I. Abzugsverbot (§ 3c Abs. 1 EStG)	21 - 34
1. Tatbestandliche Voraussetzungen	21 - 27
2. Rechtsfolge des Abzugsverbots	28 - 34
II. Teilabzugsverbot (§ 3c Abs. 2 EStG)	35 - 44
1. § 3c Abs. 2 Satz 1 EStG	35 - 39
2. § 3c Abs. 2 Satz 2 bis 6 EStG	40
3. § 3c Abs. 2 Satz 7 EStG	41
4. § 3c Abs. 2 Satz 8 EStG	42
5. § 3c Abs. 2 Satz 9 EStG	43 - 44
III. Halbabzugsverbot (§ 3c Abs. 3 EStG)	45
IV. Sanierungskostenabzugsverbot (§ 3c Abs. 4 EStG)	46 - 49
1. Materiell-rechtliche Regelungen zum Abzugsverbot (§ 3c Abs. 4 Satz 1 bis 4 EStG)	46 - 48
2. Verfahrensrechtliche Regelungen zum Abzugsverbot (§3c Abs. 4 Satz 5 und Satz 6 EStG)	49

HINWEIS:

H 3c EStH; BMF v. 23. 10. 2013, BStBl 2013 I 1269.

LITERATUR:

▶ Weitere Literatur siehe Online-Version

Korth, Anwendbarkeit des Teilabzugsverbots auf laufende Aufwendungen, AktStR 2013, 375; *Ott*, Zur Anwendung des Teileinkünfteverfahrens in der steuerlichen Gewinnermittlung, StuB 2014, 17; *Rathke/Ritter*, Anwendbarkeit des Teileinkünfteverfahrens bei Kapitalgesellschaften auf Erträge aus Streubesitzbeteiligungen, DStR 2014, 1207; *Jachmann*, Teilabzugsverbot bei Auflösungsverlust, jurisPR-SteuerR 12/2015 Anm. 1; Ott, Neuregelung des § 3c Abs. 2 EStG durch das ZollkodexAnpG. Erweiterung des Teilabzugsverbots für bestimmte Regelungsbereiche, StuB 2015, 203; *Rätke*, Erweiterung des Teilabzugsverbots für GmbH-Gesellschafter ab VZ 2015, Teil 1: Darlehensforderungen und Sicherheiten, BBK 2015, 312; *Rätke*, Erweiterung des Teilabzugsverbots für GmbH-Gesellschafter ab VZ 2015, Teil 2: Betriebsaufspaltung, BBK 2015, 363; *Schmitz-Herscheidt*, Keine Anwendung des Halbeinkünfteverfahrens bei Veräußerung einnahmeloser Aktien trotz Gewinnen aus früherer Veräußerung anderer Aktien derselben Kapitalgesellschaft, jurisPR-SteuerR 8/2015 Anm. 3; *Schmitz-Herscheidt*, Verfassungsmäßigkeit des § 3c Abs. 2 Satz 2 EStG i. d. F. des JStG 2010, FR 2015, 380; *Zaisch*, Erweiterung des Teilabzugsverbots auf Gesellschafterdarlehen und verbilligte Nutzungsüberlassung, NWB 2015, 2453; *Eggert*, Anwendung von § 3c EStG bei Mitunternehmerschaften, BBK 2017, 110.

A. Allgemeine Erläuterungen

I. Normzweck und wirtschaftliche Bedeutung

Die Vorschrift regelt in § 3c Abs. 1 EStG ein Abzugsverbot für Betriebsausgaben und Werbungskosten, die in einem unmittelbaren wirtschaftlichen Zusammenhang mit steuerfreien Einnahmen stehen. Sie entspricht damit dem objektiven Nettoprinzip. Dagegen behandelt § 3c Abs. 2 EStG das Teileinkünfteverfahren im Hinblick auf den Abzug von Ausgaben die in einem wirtschaftlichen Zusammenhang mit den Einnahmen nach § 3 Nr. 40 EStG stehen (das sog. Teilabzugsverfahren). In § 3c Abs. 3 EStG ist das Halbabzugsverfahren bzgl. des Übergangs von Immobilien auf eine Vor-REIT oder REIT-AG bzw. beim Statuswechsel einer Gesellschaft in eine steuerbegünstigte REIT-AG. Diese Regelung ist entsprechend § 3c Abs. 2 EStG ausgestaltet. In § 3c Abs. 4 EStG ist ein Abzugsverbot für Betriebsausgaben oder Betriebsvermögensminderungen geregelt, die in einem unmittelbaren wirtschaftlichen Zusammenhang zu einem Sanierungsgewinn stehen.

II. Entstehung und Entwicklung der Vorschrift

Die Vorschrift geht zurück auf das Gesetz zur Änderung steuerlicher Vorschriften auf dem Gebiet der Steuern vom Einkommen und Ertrag und des Verfahrensrechts v. 18. 7. 1958.[1] Darin wurde das Abzugsverbot für Betriebsausgaben und Werbungskosten bei Ausgaben, die mit steuerfreien Einnahmen in einem unmittelbaren wirtschaftlichen Zusammenhang stehen (jetzt § 3c Abs. 1 EStG) aufgenommen. In letzter Zeit erfolgte eine Änderung durch das Gesetz zur Anpassung der Abgabenordnung an den Zollkodex der Union und zur Änderung weiterer steuerlicher Vorschriften (**Zollkodex-AnpG**) v. 22. 12. 2014, in dem in § 3c Abs. 2 EStG die Sätze 2 bis 6 eingefügt wurden. Mit der Änderung der Vorschrift des § 3c Abs. 2 EStG hat der Gesetzgeber eine seit langem angestrebte Änderung gesetzlich umgesetzt. Schon im Gesetzgebungsverfahren zum JStG 2008 hat der Bundesrat eine entsprechende Änderung vorgeschlagen. Sie ist nun umgesetzt worden und stellt ein sog. Nichtanwendungs-Gesetz zu Entscheidungen des BFH dar.[2] Der BFH hat in diesen Entscheidungen zum Ausdruck gebracht, dass sich das Halbabzugsverfahren (jetzt Teileinkünfteverfahren) nur auf Beteiligungseinnahmen (§ 3 Nr. 40 EStG) und -ausgaben (§ 3c Abs. 2 EStG) bezieht. Von den **Beteiligungen sind aber die Darlehensforderungen zu unterscheiden.** Damit kommt nach Auffassung des BFH auf Teilwert-

---

[1] BGBl 1958 I 473.
[2] BFH v. 18. 4. 2012 - X R 5/10, BStBl 2013 II 785; BFH v. 18. 4. 2012 - X R 7/10, BStBl 2013 II 791; BFH v. 11. 10. 2012 - IV R 45/10, BFH/NV 2013, 518 = NWB DokID: BAAAE-30627.

abschreibungen (z. B. bei Verlust eigenkapitalersetzender Darlehen) § 3c Abs. 2 Satz 1 EStG nicht zur Anwendung. Dies gilt unabhängig davon, ob die Konditionen des Darlehens fremdüblich sind oder nicht. Nach der entgegenstehenden Ansicht der Verwaltung stehen die Darlehensforderungen, wenn sie nicht fremdüblichen Konditionen entsprechen, in einem wirtschaftlichen Zusammenhang zu den Beteiligungserträgen, so dass die damit zusammenhängenden Aufwendungen dem Abzugsverbot des § 3c Abs. 2 Satz 1 EStG unterliegen.[1] Der Gesetzgeber hat mit dem ZollkodexAnpG die Verwaltungsauffassung übernommen. Danach sind nun dem Teilabzugsverfahren (§ 3c Abs. 2 EStG) auch die Aufwendungen unterworfen, die einem Gesellschafter, der zu mehr als einem Viertel unmittelbar oder mittelbar am Grund- oder Stammkapital der Körperschaft, der das Darlehen gewährt wurde, beteiligt ist, entstanden sind (§ 3c Abs. 2 Satz 2 EStG n. F.). Damit sind z. B. Teilwertabschreibungen eigenkapitalersetzender Darlehen, einer GmbH, an der der Steuerpflichtige beteiligt ist, in Zukunft nur zu 60 % abzugsfähig. Einschränkend – entsprechend der bisherigen Ansicht der Verwaltung (s. oben) – gilt dies nur dann nicht, wenn nachgewiesen wird, dass das Darlehen fremdüblich gewährt wurde. Bei dem Fremdvergleich sind nur die Sicherungsmittel der Körperschaft zu berücksichtigen (§ 3c Abs. 2 **Satz 3** EStG n. F.). Des Weiteren gelten diese Grundsätze nach § 3c Abs. 2 **Satz 4** EStG n. F. auch für Forderungen aus Rechtshandlungen, die der Darlehensgewährung wirtschaftlich vergleichbar sind. In § 3c Abs. 2 **Satz 5** EStG n. F. ist geregelt, dass Gewinne durch Wertaufholung nach einer Teilwertabschreibung bei der Einkünfteermittlung außer Ansatz bleiben. Gesetzessystematisch sollte dieses m. E. nicht in § 3c EStG geregelt werden, sondern in § 3 Nr. 40 EStG, in dem die Einnahmen behandelt werden. Darüber hinaus erfasst die Neuregelung in § 3c Abs. 2 **Satz 6** EStG n. F. entsprechend der Regelung im neuen Satz 2 Aufwendungen, soweit diese mit einer im Gesellschaftsverhältnis veranlassten unentgeltlichen Überlassung von Wirtschaftsgütern an diese Gesellschaft im Zusammenhang stehen. Gleiches gilt für teilentgeltliche Überlassungen. Damit wird insbesondere die Überlassung von Wirtschaftsgütern im Rahmen einer Betriebsaufspaltung erfasst.[2] Zuletzt erfolgte eine Änderung des § 3c EStG durch das Gesetz gegen schädliche Steuerpraktiken im Zusammenhang mit Rechteüberlassungen vom 27.6.2017.[3] Es wurde § 3c Abs. 4 EStG eingeführt, der den Abzug von Aufwendungen, die in einem unmittelbaren wirtschaftlichen Zusammenhang mit Sanierungsgewinnen stehen, ausschließt.

III. Vereinbarkeit mit Verfassungsrecht

1. Abzugsverbot (§ 3c Abs. 1 EStG)

3   Die Regelung entspricht dem objektiven Nettoprinzip. Sie ist daher verfassungskonform.[4]

2. Teilabzugsverbot früher: Halbabzugsverbot; (§ 3c Abs. 2 Satz 1 EStG)

4   Von Anfang an stand die Neuregelung des § 3c Abs. 2 EStG im Fokus der Kritik der Literatur. Bereits im Gesetzgebungsverfahren zum SteuerSenkG v. 23. 10. 2000 wurden grundsätzliche Bedenken gegen die Verfassungsmäßigkeit des Halbabzugsverbots geäußert.[5] Der Gesetz-

---

1   BMF v. 8. 11. 2010, BStBl 2010 I 1292 Nr. 2.
2   Siehe zu den offenen Fragen der Neuregelung im Gesetzgebungsverfahren bereits *Bolik/Zöller/Kindler*, BB 2014, 2976 f.
3   BGBl 2017 I 2074.
4   Ebenso *Erhard* in Blümich, § 3c EStG Rz. 9; HHR/*Desens*, § 3c EStG Rz. 6.
5   Z. B. *Schön*, StuW 2000, 154; *Pezzer*, StuW 2000, 149 f.; *Sigloch*; StuW 2000, 166.

geber setzte sich darüber hinweg und blieb bei seiner Ansicht, dass ein Halbeinkünfteverfahren auch das generell anzuwendende Halbabzugsverbot erfordert. Das BMF wies die Kritik zurück. Der hälftige Abzug des § 3c Abs. 2 EStG solle trotz der Literaturansichten bestehen bleiben, da es sich beim Halbeinkünfteverfahren nicht um ein pauschaliertes Anrechnungsverfahren handele.[1] Die Kritik am Halbabzugsverbot gilt auch für das jetzige Teilabzugsverbot.

a) Kritik der Literatur

Ansatzpunkt der weit verbreiteten Kritik ist die Verletzung des Grundsatzes des objektiven Nettoprinzips und Art. 3 Abs. 1 GG. Das Halbeinkünfteverfahren solle sicherstellen, dass der Gewinn, betrachtet man die Besteuerung der Gesellschaft und die des Gesellschafters als Einheit, nur einmal besteuert werde. Mit dieser Prämisse ist es nach Auffassung einer ganz herrschenden Ansicht nicht vereinbar, wenn der Gesetzgeber den Abzug von Aufwendungen, die mit den **Gewinnausschüttungen** in Zusammenhang stehen, nur zur Hälfte zulässt. Zwar mag es zunächst einleuchtend erscheinen, wenn die Aufwendungen, die im Zusammenhang mit den Einnahmen stehen, entsprechend der Besteuerung der Einnahmen begrenzt sind. Insoweit liegt dieser Sichtweise der Rechtsgrundsatz zugrunde, dass die Gewährung doppelter Steuervorteile vermieden werden soll.[2] Die Perspektive ist aber eingeengt auf die Besteuerung des Gesellschafters. Eine solche isolierte Sichtweise (Trennungsprinzip) hat der Gesetzgeber bei der Besteuerung nach dem Halb- bzw. Teileinkünfteverfahren nicht vorgesehen. Denn er geht von einer integrierten Betrachtung der verschiedenen Besteuerungsebenen aus.[3] Da somit bei der Besteuerung auch die Belastung auf der Körperschaftsebene (25 % bzw. 15 % KSt) einbezogen wird, müssen die Beteiligungsaufwendungen unbeschränkt abziehbar sein, da diese bei der Gewinnbesteuerung auf der Körperschaftsebene nicht berücksichtigt wurden.[4] Ebenso trifft dies nach Auffassung der überwiegenden Literatur auch für die Besteuerung der **Veräußerungsgewinne** zu. Hierzu hat der Gesetzgeber ebenfalls den Grundsatz der Einmalbesteuerung hervorgehoben und darauf verwiesen, dass durch eine Veräußerung der Anteile an einer Körperschaft dieser Vorgang einer Totalausschüttung gleichkommt.[5] Die Aufwendungen des Anteilseigners werden aber gerade nicht auf der Kapitalgesellschaftsebene bei der Besteuerung berücksichtigt. Es ist daher auch dann ein Verstoß gegen das objektive Nettoprinzip gegeben, wenn Aufwendungen im Rahmen eines Veräußerungsgewinns nur teilweise abgezogen werden dürfen.

Im Fall der **Liquidation** ergibt sich eine dem Veräußerungsvorgang vergleichbare Betrachtung. Auch bei einer Liquidation werden die Aufwendungen des Anteilseigners bei einer Einmalbetrachtung nur dann korrekt berücksichtigt, wenn sie in voller Höhe zum Abzug zugelassen werden. Sie wurden auf der Ebene der Kapitalgesellschaft nicht gewinnmindernd berücksichtigt. Dann kann auch nur ein voller Abzug auf der Ebene des Einkommensteuerpflichtigen erfolgen.

---

1 Bericht zur Fortentwicklung des Unternehmensteuerrechts, FR 2001, Beil. zu Heft 11, 22.
2 BFH v. 14. 11. 1986 - VI R 209/82, BStBl 1989 II 351.
3 BT-Drucks. 14/2683, 94.
4 Vgl. *Hey* in Tipke/Lang, § 11 Rz. 15, m.w. N. in Fn. 5; *v. Beckerath* in Kirchhof/Söhn/Mellinghoff, § 3c EStG Rz. A 141, m.w. N. in Fn. 7.
5 BT-Drucks. 14/2683, 96.

b) Auffassung des BFH

7 Nach Auffassung des BFH ist die Abzugsregelung in § 3c Abs. 2 Satz 1 EStG nicht verfassungswidrig.[1] Er kommt jedoch zu einer differenzierenden Betrachtung und unterscheidet die Veräußerungsgewinnbesteuerung von der laufenden Gewinnbesteuerung.

8 **Veräußerungsgewinnbesteuerung:** Bei der Besteuerung von Veräußerungsgewinnen ist nach Ansicht des BFH ein Verstoß gegen das objektive Nettoprinzip nicht festzustellen. Denn wird der Veräußerungspreis, der die erzielten Wertsteigerungen beinhalte, nur zur Hälfte steuerrechtlich berücksichtigt, so könne auch nur die Hälfte der damit korrespondierenden Anschaffungs- und Herstellungskosten gegenübergestellt werden.[2] Würden die Anschaffungs- oder Herstellungskosten (oder andere Werte) in vollem Umfang zum Abzug zugelassen, die Veräußerungspreise aber nur zur Hälfte als Einnahmen angesetzt werden, so könnten realisierte Wertsteigerungen entgegen dem Normzweck nicht vollständig, sondern nur noch erfasst werden, soweit sie die Anschaffungskosten übersteigen würden.[3]

9 **Laufende Gewinnbesteuerung:** Hier folgt der BFH zunächst der Kritik der Literatur und bejaht ebenfalls einen Verstoß gegen das objektive Nettoprinzip. Aufgrund des Grundsatzes der Einmalbesteuerung komme es rein gesetzestechnisch zu einer Steuerfreistellung bei den Einnahmen. Bei den Aufwendungen sei aber die Vorbelastung nicht gegeben, so dass – entsprechend der h. M. in der Literatur – ein Verstoß gegen das objektive Nettoprinzip zu konstatieren sei. Jedoch ist der BFH der Ansicht, dass ein solcher Verstoß bei Veräußerungsfällen nicht besteht und im Übrigen gerechtfertigt sei.[4] Die gegen die Entscheidungen des BFH eingelegten Verfassungsbeschwerden wurden vom BVerfG nicht zur Entscheidung angenommen.[5]

10 Die Reaktion in der Literatur auf die Rechtsprechung des BFH ist unterschiedlich. Überwiegend mündet die Kritik an der Entscheidung des BFH in der Feststellung, dass auch bei Veräußerungsvorgängen die Einmalbesteuerung einen Vollabzug der Aufwendungen erfordere. Im Übrigen könne aber auch die gesetzgeberische Grundentscheidung, Veräußerungsvorgänge und Gewinnbesteuerung gleich zu behandeln, die Durchbrechung des objektiven Nettoprinzips nicht rechtfertigen.[6] Dem ist zuzustimmen. Der Gleichlauf von Gewinnausschüttungen und Veräußerungsgewinnen erfordert für beide Vorgänge eine volle Berücksichtigung der Aufwendungen.[7] Für die Praxis bleibt aber festzuhalten, dass trotz der Kritik der Literatur an dem Konzept der Teilabzugsbesteuerung,[8] die Vorschrift des § 3c Abs. 2 EStG weiter anzuwenden ist. Die insofern klare Haltung des BFH und die Erfolglosigkeit der Verfassungsbeschwerden machen dies deutlich.

---

1 BFH v. 19.6.2007 - VIII R 69/05, BStBl 2008 II 551; BFH v. 16.10.2007 - VIII R 51/06, NWB DokID: SAAAC-65389; BFH v. 5.2.2009 - VIII B 59/08, Ubg 2009, 512.
2 In diesem Sinne auch v. *Beckerath* in Kirchhof, § 3c EStG Rz. 29 (Fn. 6) a. E.
3 Dazu BFH v. 27.10.2005 - IX R 15/05, BStBl 2006 II 171; *Heuermann*, DB 2005, 2708.
4 BFH v. 19.6.2007 - VIII R 69/05, BStBl 2008 II 551.
5 BVerfG v. 9.2.2010 - 2 BvR 2221/07 u. 2 BvR 2659/07, StEd 2010, 178.
6 Zustimmend *Heuermann*, StBp 2007, 346; ablehnend *Hey* in Tipke/Lang, § 11 Rz. 15; *Englisch*, FR 2008, 230; *Hamdan/Hamdan*, DStZ 2007, 730; *Intemann*, DB 2007, 2797; *Paus*, DStZ 2008, 145; *Otto*, DStR 2008, 228; HHR/*Nacke* § 3 Nr. 40 EStG Rz. 7; v. *Beckerath* in Kirchhof, § 3c EStG Rz. 2; s. im Einzelnen zur Kritik *Nacke*, FR 2011, 689.
7 Siehe im Einzelnen v. *Beckerath* in Kirchhof, § 3c EStG Rz. 2; *Nacke*, FR 2011, 689.
8 *Englisch* sieht eine erneute gerichtliche Überprüfung für betroffene Steuerpflichtige als lohnend an, s. *Englisch*, FR 2008, 232.

3. Neuregelung durch das Zollkodex-AnpG (§ 3c Abs. 2 Satz 2 bis 6 EStG n. F.)

Die Neuregelung ist m. E. verfassungsrechtlich bedenklich, da sie systemwidrig ist.[1] Die tatbestandliche Erweiterung entspricht nicht der systematisch dazu gehörenden Regelung des § 3 Nr. 40 EStG. Sie weitet das Teilabzugsverbot ungerechtfertigt über den Anwendungsbereich des Teileinkünfteverfahrens aus.[2] Nach dem Grundsatz der Folgerichtigkeit als Ausfluss des Gleichbehandlungsgrundsatzes dürfen nur die Aufwendungen, die mit der Beteiligung selbst im Zusammenhang stehen, dem Abzugsverbot unterworfen werden. Die Darlehensforderungen sind aber eigenständige Schuldverhältnisse und damit von der Beteiligung zu unterscheidende Wirtschaftsgüter. Wegen dieser Selbständigkeit von Darlehensforderung einerseits und Beteiligung andererseits sind auch Substanzverluste getrennt nach den für das jeweilige Wirtschaftsgut zur Anwendung kommenden Vorschriften zu beurteilen.[3] Rechtssystematische Bedenken, die bereits zu der vergleichbaren Regelung in § 8b Abs. 3 Satz 4 bis 8 KStG geäußert wurden, sind daher auch hier einschlägig.[4]

4. Regelung des § 3c Abs. 2 Satz 7 EStG (§ 3c Abs. 2 Satz 2 EStG a. F.)

Verfassungsrechtlich unbedenklich ist die Regelung des § 3c Abs. 2 Satz 7 EStG. Nach der Gesetzesbegründung[5] dient der eingefügte § 3c Abs. 2 Satz 7 EStG der Praktikabilität und der Vereinfachung, da die Regelung verhindern soll, dass aufgrund der in § 3c Abs. 2 EStG verankerten veranlagungszeitraumunabhängigen Begrenzung eine laufende rückwirkende Anpassung vorgenommen werden müsste, wenn in späteren Jahren Einnahmen anfielen. Das Teilabzugsverbot nach § 3c Abs. 2 EStG soll zudem nach dem Willen des Gesetzgebers und der gesetzlichen Systematik nur einen unselbständigen „Baustein" innerhalb des gesamten Regelungswerks zum Teileinkünfteverfahren bilden. Des Weiteren entfällt durch § 3c Abs. 2 Satz 7 EStG die schwierige Abgrenzung, ob und zu welchem Zeitpunkt eine Beteiligung endgültig einnahmelos ist. Da das BVerfG in ständiger Rechtsprechung Typisierungs- und Vereinfachungserfordernisse anerkennt,[6] darf auch hier von Massenvorgängen des Wirtschaftslebens ausgegangen werden, die typisierend geregelt werden.[7]

IV. Vereinbarkeit mit Unionsrecht

Die Vorschrift ist mit Unionsrecht vereinbar.[8] Soweit es um das Abzugsverbot nach § 3c Abs. 4 EStG geht, ist die Wirksamkeit der Vorschrift jedoch von der Zustimmung der Europäischen

---

1 Zur Kritik bereits *Nacke*, StBW 2015, 61.
2 Siehe zur Kritik schon *Otto*, StuB 2012, 627.
3 BFH v. 11. 10. 2012 - IV R 45/10, BFH/NV 2013, 518 = NWB DokID: BAAAE-30627; s. zur Kritik auch *Ott*, StuB 2015, 210.
4 Siehe z. B. *Rengers* in Blümich, § 8b KStG Rz. 291.
5 Vgl. BT-Drucks. 17/2249, 50.
6 Vgl. BVerfG v. 15. 1. 2008 - 1 BvL 2/04, BVerfGE 120, 1, unter C.I.2.a; BVerfG v. 9. 12. 2008 - 2 BvL 1/07, 2 BvL 2/07, 2 BvL 1/08, 2 BvL 2/08, BVerfGE 122, 210, beginnend ab C.I.2.b; BVerfG v. 6. 7. 2010 - 2 BvL 13/09, DStR 2010, 1563, 1565.
7 Der BFH hat daher keine verfassungsrechtlichen Bedenken, s. BFH v. 2. 9. 2014 - IX R 43/13, BStBl 2015 II 257; gl. A. FG Baden-Württemberg v. 27. 4. 2016 - 7 K 1221/14, NWB DokID: NAAAF-76360; HHR/*Desens*, § 3c EStG Rz. 12; *Dötsch/Pung* in Dötsch/Pung/Möhlenbrock, § 3c EStG Rz. 49b; *Schmitz-Herscheidt*, FR 2015, 380; a. A. *Binnewies*, GmbHR 2012, 870.
8 Siehe im Einzelnen *Erhard* in Blümich, § 3c EStG Rz. 9 f.; wegen einer Unionsrechtsverletzung im Jahr 2001, vgl. FG Hamburg v. 18. 6. 2015 - 2 K 158/14, NWB DokID: RAAAE-98729, nachfolgend BFH v. 12.6.2018 - VIII R 46/15, BFH/NV 2018, 1239.

Kommission abhängig. Insoweit erfolgt eine Veröffentlichung dieses Tages und des Tages des Inkrafttretens im BGBl.[1]

V. Zeitlicher und sachlicher Anwendungsbereich

14 Die durch das ZollkodexAnpG eingefügten Regelungen sind nach § 52 Abs. 5 EStG n. F. i. V. m. Art. 16 Abs. 1 ZollkodexAnpG auf Wirtschaftsjahre anzuwenden, die nach dem 31. 12. 2014 beginnen. Damit ist für Zeiträume davor die oben dargelegte Rechtsauffassung des BFH anzuwenden. Dies hatte bereits die Verwaltung durch ein Schreiben zum Ausdruck gebracht.[2] Damit entgeht der Gesetzgeber der Rückwirkungsproblematik, die sich ansonsten ergeben hätte.

15 Die Regelung des § 3c Abs. 2 EStG ist nicht auf der Ebene der einheitlichen und gesonderten Gewinnfeststellung zu berücksichtigen.[3] Die Berücksichtigung erfolgt erst im Folgebescheid.

16 Die Regelung des § 3c Abs. 4 EStG ist nach § 52 Abs. 5 Satz 3 EStG auf alle Betriebsvermögensminderungen und Betriebsausgaben anzuwenden, die in einem unmittelbaren Zusammenhang mit einem Schuldenerlass nach dem 8.2.2017[4] stehen. Für vorherige Schuldenerlasse kommt aus Vertrauensschutzgründen der Sanierungserlass des BMF noch zur Anwendung.[5] Maßgeblich für den Stichtag ist der Vollzug des Forderungsverzichts bzw. wenn es um einen Forderungsverzicht aufgrund eines Insolvenzplans geht, die Rechtskraft des Beschlusses des Insolvenzgerichts über die Bestätigung des Insolvenzplanes.

17–20 (Einstweilen frei)

B. Systematische Kommentierung

I. Abzugsverbot (§ 3c Abs. 1 EStG)

1. Tatbestandliche Voraussetzungen

21 **Einnahmen:** Einnahmen i. S. d. § 3c Abs. 1 EStG sind alle Wirtschaftsgüter, die in Geld oder Geldeswert bestehen und die dem Steuerpflichtigen im Rahmen einer Einkunftsart nach § 2 Abs. 1 Nr. 1 bis 7 EStG zufließen. Damit gehören Einlagen nicht zu den Einnahmen.[6] Auch Darlehensaufnahmen gehören nicht dazu.[7] Des Weiteren ist auch der Hinzurechnungsbetrag nach §§ 7, 10 Abs. 2 AStG nicht als Einnahme i. S. d. § 3c Abs. 1 EStG zu erfassen.[8]

22 **Steuerfreie Einnahmen:** Steuerfrei sind die Einnahmen, wenn sie entweder ausdrücklich steuerfrei gestellt werden, oder aus anderen Gründen steuerfrei sind. Auch faktisch oder technisch[9]

---

1 Siehe Art. 6 Abs. 2 des Gesetzes gegen schädliche Steuerpraktiken im Zusammenhang mit Rechteüberlassungen, BGBl 2017 I 2074.
2 BMF v. 23. 10. 2013, BStBl 2013 I 1269, Rz. 11.
3 BFH v. 18. 7. 2012 - X R 28/10, BStBl 2013 II 444.
4 Tag der Veröffentlichung des Beschl. des GrS des BFH v. 28.11.2016 - GrS 1/15, BStBl 2017 II 393.
5 BT-Drucks. 18/12128, 33 zur Anwendungsvorschrift § 52 Abs. 4a EStG bzgl. § 3a EStG; s. auch BMF v. 27.4.2017, BStBl 2017 I 741.
6 *Erhard* in Blümich, § 3c EStG Rz. 31; sie gehören begrifflich nicht zum Gewinn s. BFH v. 11. 10. 1989 - I R 208/85, BStBl 1990 II 88; HHR/*Desens*, § 3c EStG Rz. 31.
7 BFH v. 20. 10. 2004 - I R 11/03, BStBl 2005 II 581.
8 BFH v. 7. 9. 2005 - I R 118/04, BStBl 2006 II 537.
9 *Levedag* in Schmidt, § 3c EStG Rz. 4 m. w. N.

steuerfrei gestellte Zahlungen fallen unter steuerfreie Einnahmen.[1] Dazu gehört auch eine Steuerfreistellung, wenn sie zwar auf verfassungswidriger Basis erfolgt, diese aber noch für eine Übergangszeit weiter gilt.[2]

Nicht steuerfreie Einnahmen: Nicht erfasst werden Einnahmen, wenn sie zu nicht steuerbaren Einkünften zählen.[3] 23

Ausgaben: Zu erfassen sind alle Aufwendungen, die bei der Einkunftsermittlung für den Abzug als Betriebsausgaben oder als Werbungskosten zu berücksichtigen sind. Sie müssen daher den Betriebsausgaben- bzw. Werbungskostenbegriff erfüllen.[4] Auch hier können die Ausgaben in Geld oder Geldeswert bestehen. Damit gehören zu den Ausgaben auch AfA oder AfaA. Die Vorschrift erfasst jede gewinnmindernde Aufwendung und damit auch solche fiktiver Art.[5] Des Weiteren sind hier zu erfassen Teilwertabschreibungen, Rückstellungen, Rechnungsabgrenzungsposten. 24

Nicht zu erfassende Abzüge: Unter das Abzugsverbot fallen nicht Werbungskostenpauschalen und Einkunftsfreibeträge.[6] 25

Unmittelbarer wirtschaftlicher Zusammenhang: Die Ausgaben sind dann nicht abzugsfähig, wenn sie in einem unmittelbaren wirtschaftlichen Zusammenhang zu den Einnahmen stehen. Es werden nur solche Ausgaben erfasst, die wirtschaftlich in der Weise unmittelbar mit der ausgeübten Tätigkeit zusammenhängen, dass sie sich von dieser Tätigkeit nicht trennen lassen. Somit sind nur solche Kosten zu berücksichtigen, welche nach ihrer Entstehung oder Zweckbindung mit den betreffenden steuerpflichtigen Einnahmen in einem unlösbaren Zusammenhang stehen, also ohne diese nicht angefallen wären, was wiederum eine konkrete Zuordenbarkeit von Bezügen und Aufwendungen erfordert, die im Einzelfall zu prüfen ist; ein bloßer Veranlassungszusammenhang genügt nicht.[7] Es ist kein zeitlicher Zusammenhang erforderlich, so dass es nicht auf einen Zu- und Abfluss im gleichen VZ ankommt.[8] Somit können auch nachträgliche Betriebsausgaben/Werbungskosten oder vorweggenommene Betriebsausgaben/Werbungskosten dem Abzugsverbot unterworfen werden. Auch kommt es nicht darauf an, dass die Einnahmen und Ausgaben innerhalb derselben Einkunftsart entstanden sind.[9] Bei Beteiligungserträgen soll es aber auf einen zeitlichen Zusammenhang ankommen.[10] 26

Unmittelbarkeit: Die tatbestandliche Voraussetzung der Unmittelbarkeit der im wirtschaftlichen Zusammenhang stehenden Aufwendungen ist umstritten. Teilweise wird vertreten, dass dem Tatbestandsmerkmal keine selbständige Bedeutung zukommt.[11] Die Rechtsprechung for- 27

---

1 BFH v. 14.11.1986 - VI R 209/82, BStBl 1989 II 351; BFH v. 24.3.2011 - VI R 48/10, BFH/NV 2011, 1321 = NWB DokID: UAAAD-86117.
2 BFH v. 26.3.2002 - VI R 26/00, BStBl 2002 II 823; *Erhard* in Blümich, § 3c EStG Rz. 31.
3 Zur Abgrenzung s. HHR/*Desens*, § 3c EStG Rz. 32.
4 BFH v. 7.12.2005 - I R 34/05, BFH/NV 2006, 1068 = NWB DokID: PAAAB-81716.
5 BFH v. 4.2.2014 - I R 32/12, BFH/NV 2014, 1090 = NWB DokID: EAAAE-66017.
6 *Erhard* in Blümich, § 3c EStG Rz. 39.
7 BFH v. 24.7.2007 - I R 93/03, BStBl 2008 II 132, vgl. dazu z. B. auch BFH v. 11.2.1993 - VI R 66/91, BStBl 1993 II 450; BFH v. 29.5.1996 - I R 167/94, BStBl 1997 II 60.
8 BFH v. 22.9.2006 - I R 59/05, BStBl 2007 II 756.
9 BFH v. 18.7.2012 - X R 62/09, BStBl 2012 II 721.
10 BFH v. 14.7.2004 - I R 17/03, BStBl 2005 II 53.
11 Ebenso *v. Beckerath* in Kirchhof, § 3c EStG Rz. 10.

dert aber zu Recht einen unmittelbaren Zusammenhang und lässt mittelbare Zusammenhänge außer Acht.[1]

2. Rechtsfolge des Abzugsverbots

28 § 3c Abs. 1 EStG regelt ein Abzugsverbot „soweit" die Ausgaben mit den Einnahmen in einem unmittelbaren wirtschaftlichen Zusammenhang stehen. Dies bedeutet nicht, dass der Abzug auf die Höhe der Einnahmen begrenzt ist.[2] Besteht zugleich ein Zusammenhang mit steuerfreien wie steuerpflichtigen Einnahmen, so ist im Verhältnis dieser Einnahmen auch das Abzugsverbot anzuwenden.[3] Sind die im Zusammenhang stehenden Einnahmen nur bis zu einem bestimmten Betrag steuerfrei, so sind auch die Ausgaben bis zur Höhe dieser Steuerbefreiung nicht abzuziehen.[4] Fallen keine Einnahmen an, so ist des Weiteren zu beachten, dass auch die damit im Zusammenhang stehenden Ausgaben voll abzugsfähig sind.[5]

29–34 (Einstweilen frei)

II. Teilabzugsverbot (§ 3c Abs. 2 EStG)

1. § 3c Abs. 2 Satz 1 EStG

35 Die Regelung beinhaltet einen Sonderfall des Abzugsverbots. Die Vorschrift des § 3c Abs. 2 EStG ist im Zusammenhang mit der Steuerbefreiung nach § 3 Nr. 40 EStG zu sehen. Das ursprünglich als Halbeinkünfteverfahren ausgestaltete Verfahren, sah eine hälftige Besteuerung der Einnahmen der Anteilseigner aus ihren Beteiligungen vor (§ 3 Nr. 40 EStG – ein sog. Halbeinnahmeverfahren). Dem wurde ein Halbabzugsverfahren für die Aufwendungen des Anteilseigners gegenübergestellt (§ 3c Abs. 2 EStG). **Ab VZ 2009** ist das Halbeinkünfteverfahren in ein **Teileinkünfteverfahren** umgewandelt worden. Entsprechend der Herabsetzung der Körperschaftsteuer von 25 % auf 15 % erfolgte eine Herabsetzung der Steuerbefreiung der Einnahmen von 50 % auf 40 % (sog. Teileinnahmeverfahren). Dies erforderte eine entsprechende Heraufsetzung der abzugsfähigen Aufwendungen von 50 % auf 60 % (**sog. Teilabzugsverfahren**). Vergütungen nach § 3 Nr. 40a EStG (sog. carried interest) werden vom Teilabzugsverfahren nach § 3c Abs. 2 Satz 1 EStG ebenfalls erfasst.[6] Die Begriffe, auf die § 3c Abs. 2 Satz 1 EStG zurückgreift (insbes. Werbungskosten, Betriebsausgaben, Betriebsvermögen-Minderungen, Anteile am Betriebsvermögen, Veräußerungskosten), sind nach allgemeinen Grundsätzen zu bestimmen.[7]

36 **Wirtschaftlicher Zusammenhang:** Aufwendungen unterliegen als Werbungskosten (§ 9 Abs. 1 Satz 1 EStG) oder Betriebsausgaben (§ 4 Abs. 4 EStG) dem § 3c Abs. 2 EStG, wenn sie durch die Einkünfteerzielung veranlasst sind. Eine solche Veranlassung ist gegeben, wenn die Aufwendungen mit der Einkünfteerzielung objektiv zusammenhängen und ihr subjektiv zu dienen bestimmt sind, d. h., wenn sie in wirtschaftlichem Zusammenhang mit einer der Einkunftsarten

---

1 Siehe BFH v. 29.5.1996 - I R 167/94, BStBl 1997 II 60; BFH v. 29.5.1996 - I R 21/95, BStBl 1997 II 63; s. im Einzelnen HHR/Desens, § 3c EStG Rz. 37.
2 Siehe Erhard in Blümich, § 3c EStG Rz. 47, m.w.N.
3 BFH v. 2.9.2009 - I R 32/09, BFH/NV 2010, 194 = NWB DokID: LAAAD-33116.
4 BFH v. 30.1.1986 - IV R 247/84, BStBl 1986 II 401; v. 19.10.2016 - VI R 23/15, BStBl 2017 II 345; v. 20.12.2017 III R 23/15, BFH/NV 2018, 672.
5 BFH v. 6.7.2005 - XI R 61/04, BStBl 2006 II 163.
6 Siehe hierzu § 3 Nr. 40a EStG.
7 Siehe Erhard in Blümich, § 3c EStG Rz. 53.

des EStG stehen.[1] Nach dem Grundsatz der Abschnittsbesteuerung ist für jeden Veranlagungszeitraum zu prüfen, ob und ggf. durch welche Einkunftsart bzw. Einnahmen die geltend gemachten Aufwendungen (vorrangig) veranlasst sind. Insoweit kann es zu einem steuerrechtlich zu berücksichtigenden Wechsel des Veranlassungszusammenhangs kommen.[2] Beispielsweise sind Aufwendungen, die mit einem Pachtverhältnis zusammenhängen, aus dem der Gesellschafter Pachtforderungen gegen die Kapitalgesellschaft hat, voll abzugsfähig, wenn das Pachtverhältnis fremdüblich ist. Andererseits unterliegen sie dem Teilabzugsverfahren nach § 3c Abs. 2 EStG, wenn die Nutzungsüberlassung erfolgte, um Erträge aus der Beteiligung zu erzielen.[3] Besteht ein wirtschaftlicher Zusammenhang der Aufwendungen zu mehreren Einkunftsarten, entscheidet der engere und wirtschaftlich vorrangige Veranlassungszusammenhang. Danach sind Aufwendungen der Einkunftsart zuzuordnen, die im Vordergrund steht und die Beziehungen zu den anderen Einkünften verdrängt.[4] Hier ist eine Prüfung für jeden Besteuerungsabschnitt erforderlich.[5]

Keine Unmittelbarkeit: Im Gegensatz zu § 3c Abs. 1 EStG ist kein unmittelbarer wirtschaftlicher Zusammenhang erforderlich.[6]

37

Liquidation: Auch bei der Liquidation i. S. v. § 17 Abs. 4 EStG werden indes Einnahmen erzielt, die dem Teileinkünfteverfahren unterliegen (s. § 3 Nr. 40 Satz 1 Buchst. c EStG), so dass auch das Teilabzugsverbot (§ 3c Abs. 2 EStG) anzuwenden ist.[7] Zu beachten ist aber, dass Rückzahlungen aus dem steuerlichen Einlagekonto i. S. d. § 27 KStG anlässlich einer Liquidation nur dann steuerpflichtig sind und damit auch § 3c Abs. 2 EStG angewandt werden kann, wenn die Zurückzahlung die Anschaffungskosten übersteigt.[8]

38

Feststellungslast für den wirtschaftlichen Zusammenhang: Grundsätzlich trägt das Finanzamt die Feststellungslast für das Vorliegen der Voraussetzungen des § 3c Abs. 2 EStG. Es besteht aber ein Mindestmaß an substantiierter Darlegungspflicht.[9]

39

2. § 3c Abs. 2 Satz 2 bis 6 EStG

Die Regelung des § 3c Abs. 2 Satz 2 EStG, neben den Vorschriften § 3c Abs. 2 Satz 3 bis 6 EStG durch das ZollkodexAnpG eingeführt, erweitert die Teilabzugsbeschränkung des § 3c Abs. 2 Satz 1 EStG auf Gesellschafterdarlehen. Die Regelung gilt z. B. für Teilwertabschreibungen nach dem 31. 12. 2014 (s. oben → Rz. 14 f.). Weist der Gesellschafter nach, dass das Darlehen unter fremdüblichen Bedingungen gegeben wurde, gilt das Teilabzugsverbot nicht (§ 3c Abs. 2 Satz 3 EStG). Bei dem Fremdvergleich sind nur die Sicherungsmittel der Körperschaft zu berücksichtigen. Eine entsprechende Anwendung dieser Grundsätze sieht § 3c Abs. 2 Satz 4 EStG für Forderungen aus Rechtshandlungen, die der Darlehensgewährung wirtschaftlich vergleichbar sind

40

---

[1] BFH v. 28. 2. 2013 - IV R 4/11, BFH/NV 2013, 1081 = NWB DokID: PAAAE-36807.
[2] BFH v. 28. 2. 2013 - IV R 4/11, BFH/NV 2013, 1081 = NWB DokID: PAAAE-36807.
[3] BFH v. 28. 2. 2013 - IV R 4/11, BFH/NV 2013, 1081 = NWB DokID: PAAAE-36807.
[4] BFH v. 28. 2. 2013 - IV R 4/11, BFH/NV 2013, 1081 = NWB DokID: PAAAE-36807.
[5] Nach Ansicht des FG Saarland soll eine quotale Aufteilung der Finanzierungsaufwendungen möglich sein (s. FG Saarland v. 1. 2. 2016 - 1 K 1145/12, EFG 2016, 1013, Rev.: BFH VIII R 4/16, mit Anm. *Jacoby*).
[6] BFH v. 18. 4. 2012 - X R 5/10, BStBl 2013 II 785; FG Münster v. 28. 5. 2004 - 11 K 1743/03 E, EFG 2004, 1507; *v. Beckerath* in Kirchhof, § 3c EStG Rz. 20.
[7] BFH v. 6. 5. 2014 - IX R 19/13, BStBl 2014 II 682, mit Anm. *Trossen*, EStB 2014, 289; FG Niedersachsen v. 19. 5. 2011 - 11 K 496/10, EFG 2012, 1326, unter II.2.
[8] BFH v. 19. 2. 2013 - IX R 24/12, BStBl 2013 II 484; *Trossen*, EStB 2014, 289.
[9] BFH v. 28. 2. 2013 - IV R 4/11, BFH/NV 2013, 1081 = NWB DokID: PAAAE-36807.

(sog. Darlehenssubstitute), vor. Hierzu dürften Forderungen aus Lieferungen und Leistungen sowie Mietforderungen gehören. Dies jedenfalls sieht die Gesetzesbegründung zum gleichlautenden § 8b Abs. 3 Satz 4 ff. KStG vor.[1] Soweit Gewinne durch Wertaufholung nach einer Teilwertabschreibung entstehen, bleiben diese außer Ansatz (§ 3c Abs. 2 Satz 5 EStG). In § 3c Abs. 2 Satz 6 EStG wird entsprechend § 3c Abs. 2 Satz 2 EStG ein Teilabzugsverbot bzgl. Aufwendungen geregelt, soweit diese mit einer im Gesellschaftsverhältnis veranlassten unentgeltlichen Überlassung von Wirtschaftsgütern an diese Gesellschaft im Zusammenhang stehen. Einen wirtschaftlichen Zusammenhang erfordert das Gesetz nicht. Erfolgt die Überlassung aus gesellschaftsrechtlichen Gründen zu nicht fremdüblichen Konditionen (insbes. bei Überlassung von Wirtschaftsgütern in Fällen der Betriebsaufspaltung), soll ebenfalls das Teilabzugsverbot greifen. Denn in diesem Fall – so die Gesetzesbegründung – hingen die BV-Minderungen, Betriebsausgaben oder Veräußerungskosten ganz oder teilweise mit den aus dem Betriebsunternehmen erwarteten Einkünften des Gesellschafters, nämlich den Beteiligungserträgen in Form von Gewinnausschüttungen/Dividenden und den Gewinnen aus einer zukünftigen Veräußerung oder Entnahme des Anteils zusammen.[2] Unter das Teilabzugsverbot des § 3c Abs. 2 Satz 6 EStG fällt jegliches Wirtschaftsgut. Das Wirtschaftsgut muss nicht eine wesentliche Betriebsgrundlage sein.[3]

Qualifizierte Beteiligung: Die nach § 3c Abs. 2 Satz 2 EStG erforderliche qualifizierte Beteiligung von mehr als 25 % muss nicht während der gesamten Laufzeit des Darlehens vorgelegen haben.[4] Damit kann das Teilabzugsverbot nicht durch kurzfristige Reduzierung der Beteiligung erreicht werden.[5] Die Schaffung einer sog. Quartettlösung[6] stellt aber eine Gestaltungsmöglichkeit dar.[7]

3. § 3c Abs. 2 Satz 7 EStG

41 Die Regelung des § 3c Abs. 2 Satz 7 EStG wurde durch das JStG 2010[8] eingeführt (§ 3c Abs. 2 Satz 2 EStG a. F.). Es handelt sich dabei um ein Nichtanwendungsgesetz,[9] mit dem der Gesetzgeber die bisherige Auffassung der Finanzverwaltung aufgenommen hat. Das Teilabzugsverbot kommt nunmehr auch dann zur Anwendung, wenn keine Einnahmen festgestellt werden können, aber der Steuerpflichtige die Absicht hatte, Betriebsvermögensmehrungen, Einnahmen oder Vergütungen zu erzielen. Zu beachten ist, dass bei Fehlen der Absicht nicht ein voller Abzug der Aufwendungen erfolgt, sondern in diesem Fall fehlt vielmehr die für alle Einkunftsarten erforderliche Einkunftserzielungsabsicht, so dass ein völliger Ausschluss des steuermindernden Abzugs in Betracht kommt.[10] Es kommt nicht darauf an, zu welchem Zeitpunkt der Beteiligung die Absicht zur Erzielung von Einnahmen vorlag. Wird ein Auflösungsverlust in einem Jahr festgestellt, in dem bereits die GmbH nicht mehr aktiv ist und damit auch keine Ab-

---

1 BT-Drucks. 16/6290, 73; s. auch *v. Beckerath* in Kirchhof, § 3c EStG Rz. 30b; *Rätke*, BBK 2012, 312.
2 BT-Drucks. 18/3017, 46; s. auch *Rätke*, BBK 2015, 363.
3 Siehe im Einzelnen Darstellung mit Beispielen bei *Zaisch*, NWB 2015, 2458.
4 Vgl. BFH v. 12. 3. 2014 - I R 87/12, BStBl 2014 II 859.
5 Ebenso *Zaisch*, NWB 2015, 2457.
6 Vier Gesellschafter sind zu 25 % beteiligt.
7 Siehe *Zaisch*, NWB 2015, 245.
8 BGBl 2010 I 1768.
9 Dazu insb. BFH v. 25. 6. 2009 - IX R 42/08, BStBl 2010 II 220; s. auch noch BFH v. 1. 10. 2014 - IX R 13/13, BFH/NV 2015, 198 = NWB DokID: YAAAE-81448; s. nunmehr für VZ ab 2011 BFH v. 29.5.2018 IX R 40/17, BFH/NV 2018, 944.
10 *Keß* in Kanzler/Nacke, StRA 2010/2011, 31.

sicht mehr vorlag, noch Einkünfte zu erzielen, so kommt gleichwohl das Teilabzugsverbot nach
§ 3c Abs. 2 EStG zu Anwendung.[1]

4. § 3c Abs. 2 Satz 8 EStG

§ 3c Abs. 2 Satz 8 EStG ordnet eine anteilige Kürzung für Wertminderungen bei Organbeteiligungen an. Dieses Teilabzugsverbot kommt jedoch nicht zur Anwendung, wenn die Wertminderungen auf Gewinnausschüttungen beruhen, die nicht ohne Weiteres zur Teilwertabschreibung berechtigten.[2]

5. § 3c Abs. 2 Satz 9 EStG

Für Wertpapierleihe sieht § 3c Abs. 2 Satz 9 EStG eine Regelung vor, die unerwünschte Gestaltungen zu unterbinden sucht. Eine Wertpapierleihe (bei Aktien auch Aktienleihe oder auch Aktiendarlehen genannt) ist ein Geschäft, bei dem der Darlehensgeber (Verleiher) einem Darlehensnehmer (Entleiher) ein börsengehandeltes Wertpapier für eine begrenzte Zeit zur Nutzung überlässt, wofür er eine Darlehensgebühr erhält. Der Entleiher verpflichtet sich, nach Ablauf der Leihfrist Wertpapiere in der gleichen Ausstattung zurück zu übereignen. Außerdem erbringt der Darlehensnehmer Ausgleichzahlungen an den Darlehensgeber für während der Leihe erhaltene Zins- oder Dividendenzahlungen. Der Entleiher ist wirtschaftlicher Eigentümer. Ein Veräußerungsakt liegt nicht vor, so dass keine stillen Reserven aufgedeckt werden.

Nach § 8b Abs. 1 KStG sind die Dividenden beim Entleiher steuerfrei, wenn es sich um eine Körperschaft handelt. Die Ausgleichszahlungen sind bei der Körperschaft Betriebsausgaben.[3] Dem sich daraus ergebenden Steuersparmodell wirkt § 8b Abs. 10 KStG entgegen. Es soll danach unter bestimmten Umständen der Abzug der Ausgleichszahlungen als Betriebsausgaben bei der Körperschaft verhindert werden. Die sinngemäße Anwendung des § 8b Abs. 10 KStG (s. § 3c Abs. 2 Satz 9 EStG) führt dazu, dass bei steuerpflichtigen Körperschaften (als Entleiher) nach § 3c Abs. 2 Satz 9 EStG der Betriebsausgabenabzug für die Ausgleichszahlung zu 40 % ausgeschlossen ist. Gleiches gilt auch in den Fällen, in denen der Entleiher keine Ausgleichszahlung vornimmt, sondern eine andere Einkunftsquelle (z. B. Schuldverschreibungen) überlässt.[4]

III. Halbabzugsverbot (§ 3c Abs. 3 EStG)

In Absatz 3 des § 3c EStG ist das Pendant zu § 3 Nr. 70 EStG (Steuerbefreiung bei der REIT-AG) normiert. Während die Hälfte der Einnahmen der REIT-AG steuerfrei sind, ist die Hälfte der Aufwendungen nach § 3c Abs. 3 EStG vom Abzug ausgeschlossen. Die Vorschrift ist dem § 3c Abs. 2 entsprechend ausgestaltet.

---

1 Siehe Keß in Kanzler/Nacke, StRA 2010/2011, 31; Förster, GmbHR 2010, 1016.
2 Vgl. BFH v. 22.12.1999 - I B 158/98, BFH/NV 2000, 710 = NWB DokID: TAAAA-65292; BFH v. 13.11.2002 - I R 9/02, BStBl 2003 II 489.
3 Siehe zur Beschreibung der Gestaltung auch v. Beckerath in Kirchhof, § 3c EStG Rz. 33 f.; ausführlich zu dem Steuersparmodell Obermann/Brill/Füllbier, BB 2007, 1647.
4 BT-Drucks. 16/4841, 47.

IV. Sanierungskostenabzugsverbot (§ 3c Abs. 4 EStG)

1. Materiell-rechtliche Regelungen zum Abzugsverbot (§ 3c Abs. 4 Satz 1 bis 4 EStG)

46 **Abzugsverbot für Sanierungskosten:** Wie schon bei der Einführung des § 3c EStG im Jahr 1958 werden auch die Sanierungskosten vom Abzug als Betriebsvermögensminderungen bzw. Betriebsausgaben ausgeschlossen, wenn sie in einem „unmittelbaren wirtschaftlichen Zusammenhang" zu einem steuerfreien Sanierungsertrag stehen (§ 3c Abs. 4 Satz 1 EStG). Die Sanierungskosten mindern zwar den Sanierungsgewinn, wenn sie vor dem und im Sanierungsjahr anzusetzen sind (s. § 3a Abs. 3 EStG);[1] sie unterliegen jedoch ansonsten dem Verbot des Betriebsausgabenabzugs nach § 3c Abs. 4 EStG.[2]

47 **Sanierungskosten:** Zu den Betriebsvermögensminderungen oder Betriebsausgaben, die in einem solchen unmittelbaren wirtschaftlichen Zusammenhang stehen, gehören insbesondere Zahlungen auf Besserungsscheine (§ 3c Abs. 4 **Satz 3** EStG) und Sanierungskosten. Zu den Sanierungskosten gehören Aufwendungen, die unmittelbar der Erlangung von Sanierungsbeiträgen der Gläubiger dienen.[3] Hierzu gehören **Kosten für den Sanierungsplan** und die **Sanierungsberatung**[4], **Rechtsanwaltskosten**, Gerichtskosten und Gutachterkosten. In zeitlicher Hinsicht ist unerheblich, ob diese Aufwendungen vor, nach oder im Jahr der Entstehung des Sanierungsgewinns entstanden sind.[5]

48 **Fälle des Abzugs von Sanierungskosten:** Nach § 3c Abs. 4 **Satz 4** EStG können die Sanierungskosten, die nach dem Sanierungsjahr entstanden sind, jedoch als Betriebsausgaben abgezogen werden, wenn ein Sanierungsertrag i. S.d. § 3a Abs. 3 Satz 4 EStG (= Sanierungsertrag nach Abzug insbesondere des Verlustvortrags und vorher entstandener Sanierungskosten) nicht mehr vorhanden ist.[6] Führten die Sanierungskosten zur Erhöhung von Verlustvorträgen dem Sanierungsjahr vorangegangener Jahre, kommt § 3c Abs. 4 Satz 1 EStG nicht zur Anwendung (§ 3c Abs. 4 **Satz 2** EStG), wenn die Verlustvorträge den Sanierungsgewinn bereits gemindert haben.

2. Verfahrensrechtliche Regelungen zum Abzugsverbot (§ 3c Abs. 4 Satz 5 und Satz 6 EStG)

49 **Änderungs- und Verfahrensvorschriften:** Zu beachten sind die Verfahrensvorschriften in § 3c Abs. 4 Satz 5 und 6 EStG, die systematisch in die AO gehören. Mit § 3c Abs. 4 **Satz 5** EStG wurde eine eigene Änderungsvorschrift geschaffen,[7] die zur Anwendung kommt, wenn eine gewinnmindernder Abzug der Sanierungskosten erfolgt ist. § 3c Abs. 4 **Satz 6 1. Halbsatz** EStG stellt deklaratorisch klar, dass auch bestandskräftige Bescheide geändert werden können. Dagegen

---

1 Der Abzug von Sanierungskosten bei der Ermittlung von Sanierungsgewinnen, die vor dem 8.2.2017 entstanden sind und die im Rahmen einer Billigkeitsmaßnahme erlassen werden, sieht die Verwaltung auch vor (zuletzt OFD Frankfurt v. 10.5.2017 – S 2140 A-4-St 213).
2 Dagegen vermindern nach Ansicht der Verwaltung Sanierungskosten, die im Zusammenhang mit einem Schuldenerlass vor dem 8.2.2017 stehen, den Betriebsausgabenabzug nach § 3c Abs. 1 EStG nicht, da § 3c Abs. 1 EStG wegen fehlender steuerfreier Einnahmen (es handelt sich bei der Steuerfreistellung aufgrund des Sanierungserlasses um eine sachliche Billigkeitsmaßnahme außerhalb der Steuerfestsetzung) nicht zur Anwendung kommt (zuletzt OFD Frankfurt v. 10.5.2017 – S 2140 A-4-St 213, juris; HHR/*Desens*, § 3c Rz 31; a. A. BFH v. 14.11.1986 - VI R 209/82, BStBl 1989 II 351; *Levedag* in Schmidt, § 3c Rz. 4; *Schwahn*, FR 2015, 453). M.E. ist der Ansicht des BFH zu folgen, wonach in § 3c EStG ein allg. Rechtsgrundsatz zum Ausdruck kommt, so dass der Rechtsgrund für die Steuerbefreiung unerheblich ist und somit auch hier § 3c Abs. 1 EStG zur Anwendung kommt.
3 BT-Drucks. 18/12128, 33.
4 BT-Drucks. 18/12128, 33.
5 BT-Drucks. 18/12128, 33.
6 BT-Drucks. 18/12128, 33.
7 BT-Drucks. 18/12128, 33.

ist § 3c Abs. 4 **Satz 6 2. Halbsatz** EStG konstitutiv. Eine Änderung nach Satz 5 des § 3c Abs. 4 EStG kann solange erfolgen, bis die Festsetzungsfrist für die Veranlagung des Sanierungsjahres abgelaufen ist. Damit dürfte die reguläre Festsetzungsfrist (max. 7 Jahre) gemeint sein, so dass die Vorschrift für VZ vorher von Bedeutung ist, in denen Sanierungskosten zum Abzug gelangt sind.

3. Gewinn

§ 4 Gewinnbegriff im Allgemeinen

(1)[1] ¹Gewinn ist der Unterschiedsbetrag zwischen dem Betriebsvermögen am Schluss des Wirtschaftsjahres und dem Betriebsvermögen am Schluss des vorangegangenen Wirtschaftsjahres, vermehrt um den Wert der Entnahmen und vermindert um den Wert der Einlagen. ²Entnahmen sind alle Wirtschaftsgüter (Barentnahmen, Waren, Erzeugnisse, Nutzungen und Leistungen), die der Steuerpflichtige dem Betrieb für sich, für seinen Haushalt oder für andere betriebsfremde Zwecke im Laufe des Wirtschaftsjahres entnommen hat. ³Einer Entnahme für betriebsfremde Zwecke steht der Ausschluss oder die Beschränkung des Besteuerungsrechts der Bundesrepublik Deutschland hinsichtlich des Gewinns aus der Veräußerung oder der Nutzung eines Wirtschaftsguts gleich. ⁴Ein Ausschluss oder eine Beschränkung des Besteuerungsrechts hinsichtlich des Gewinns aus der Veräußerung eines Wirtschaftsguts liegt insbesondere vor, wenn ein bisher einer inländischen Betriebsstätte des Steuerpflichtigen zuzuordnendes Wirtschaftsgut einer ausländischen Betriebsstätte zuzuordnen ist. ⁵Satz 3 gilt nicht für Anteile an einer Europäischen Gesellschaft oder Europäischen Genossenschaft in den Fällen

1. einer Sitzverlegung der Europäischen Gesellschaft nach Artikel 8 der Verordnung (EG) Nr. 2157/2001 des Rates vom 8. Oktober 2001 über das Statut der Europäischen Gesellschaft (SE) (ABl EG Nr. L 294 S. 1), zuletzt geändert durch die Verordnung (EG) Nr. 885/2004 des Rates vom 26. April 2004 (ABl EU Nr. L 168 S. 1), und

2. einer Sitzverlegung der Europäischen Genossenschaft nach Artikel 7 der Verordnung (EG) Nr. 1435/2003 des Rates vom 22. Juli 2003 über das Statut der Europäischen Genossenschaft (SCE) (ABl EU Nr. L 207 S. 1).

⁶Ein Wirtschaftsgut wird nicht dadurch entnommen, dass der Steuerpflichtige zur Gewinnermittlung nach § 13a übergeht. ⁷Eine Änderung der Nutzung eines Wirtschaftsguts, die bei Gewinnermittlung nach Satz 1 keine Entnahme ist, ist auch bei Gewinnermittlung nach § 13a keine Entnahme. ⁸Einlagen sind alle Wirtschaftsgüter (Bareinzahlungen und sonstige Wirtschaftsgüter), die der Steuerpflichtige dem Betrieb im Laufe des Wirtschaftsjahres zugeführt hat; einer Einlage steht die Begründung des Besteuerungsrechts der Bundesrepublik Deutschland hinsichtlich des Gewinns aus der Veräußerung eines Wirtschaftsguts gleich. ⁹Bei der Ermittlung des Gewinns sind die Vorschriften über die Betriebsausgaben, über die Bewertung und über die Absetzung für Abnutzung oder Substanzverringerung zu befolgen.

(2) ¹Der Steuerpflichtige darf die Vermögensübersicht (Bilanz) auch nach ihrer Einreichung beim Finanzamt ändern, soweit sie den Grundsätzen ordnungsmäßiger Buchführung unter Befolgung der Vorschriften dieses Gesetzes nicht entspricht; diese Änderung ist nicht zulässig, wenn die Vermögensübersicht (Bilanz) einer Steuerfestsetzung zugrunde liegt, die nicht mehr

---

1 Anm. d. Red.: Zur Anwendung des § 4 Abs. 1 siehe § 52 Abs. 6 Satz 1.

aufgehoben oder geändert werden kann. ²Darüber hinaus ist eine Änderung der Vermögensübersicht (Bilanz) nur zulässig, wenn sie in einem engen zeitlichen und sachlichen Zusammenhang mit einer Änderung nach Satz 1 steht und soweit die Auswirkung der Änderung nach Satz 1 auf den Gewinn reicht.

(3)[1] ¹Steuerpflichtige, die nicht auf Grund gesetzlicher Vorschriften verpflichtet sind, Bücher zu führen und regelmäßig Abschlüsse zu machen, und die auch keine Bücher führen und keine Abschlüsse machen, können als Gewinn den Überschuss der Betriebseinnahmen über die Betriebsausgaben ansetzen. ²Hierbei scheiden Betriebseinnahmen und Betriebsausgaben aus, die im Namen und für Rechnung eines anderen vereinnahmt und verausgabt werden (durchlaufende Posten). ³Die Vorschriften über die Bewertungsfreiheit für geringwertige Wirtschaftsgüter (§ 6 Absatz 2), die Bildung eines Sammelpostens (§ 6 Absatz 2a) und über die Absetzung für Abnutzung oder Substanzverringerung sind zu befolgen. ⁴Die Anschaffungs- oder Herstellungskosten für nicht abnutzbare Wirtschaftsgüter des Anlagevermögens, für Anteile an Kapitalgesellschaften, für Wertpapiere und vergleichbare nicht verbriefte Forderungen und Rechte, für Grund und Boden sowie Gebäude des Umlaufvermögens sind erst im Zeitpunkt des Zuflusses des Veräußerungserlöses oder bei Entnahme im Zeitpunkt der Entnahme als Betriebsausgaben zu berücksichtigen. ⁵Die Wirtschaftsgüter des Anlagevermögens und Wirtschaftsgüter des Umlaufvermögens im Sinne des Satzes 4 sind unter Angabe des Tages der Anschaffung oder Herstellung und der Anschaffungs- oder Herstellungskosten oder des an deren Stelle getretenen Werts in besondere, laufend zu führende Verzeichnisse aufzunehmen.

(4) Betriebsausgaben sind die Aufwendungen, die durch den Betrieb veranlasst sind.

(4a)[2] ¹Schuldzinsen sind nach Maßgabe der Sätze 2 bis 4 nicht abziehbar, wenn Überentnahmen getätigt worden sind. ²Eine Überentnahme ist der Betrag, um den die Entnahmen die Summe des Gewinns und der Einlagen des Wirtschaftsjahrs übersteigen. ³Die nicht abziehbaren Schuldzinsen werden typisiert mit 6 Prozent der Überentnahme des Wirtschaftsjahrs zuzüglich der Überentnahmen vorangegangener Wirtschaftsjahre und abzüglich der Beträge, um die in den vorangegangenen Wirtschaftsjahren der Gewinn und die Einlagen die Entnahmen überstiegen haben (Unterentnahmen), ermittelt; bei der Ermittlung der Überentnahme ist vom Gewinn ohne Berücksichtigung der nach Maßgabe dieses Absatzes nicht abziehbaren Schuldzinsen auszugehen. ⁴Der sich dabei ergebende Betrag, höchstens jedoch der um 2 050 Euro verminderte Betrag der im Wirtschaftsjahr angefallenen Schuldzinsen, ist dem Gewinn hinzuzurechnen. ⁵Der Abzug von Schuldzinsen für Darlehen zur Finanzierung von Anschaffungs- oder Herstellungskosten von Wirtschaftsgütern des Anlagevermögens bleibt unberührt. ⁶Die Sätze 1 bis 5 sind bei Gewinnermittlung nach § 4 Absatz 3 sinngemäß anzuwenden; hierzu sind Entnahmen und Einlagen gesondert aufzuzeichnen.

(5) ¹Die folgenden Betriebsausgaben dürfen den Gewinn nicht mindern:

1. Aufwendungen für Geschenke an Personen, die nicht Arbeitnehmer des Steuerpflichtigen sind. ²Satz 1 gilt nicht, wenn die Anschaffungs- oder Herstellungskosten der dem Empfänger im Wirtschaftsjahr zugewendeten Gegenstände insgesamt 35 Euro nicht übersteigen;

---

1 **Anm. d. Red.:** Zur Anwendung des § 4 Abs. 3 siehe § 52 Abs. 6 Sätze 2 bis 4.
2 **Anm. d. Red.:** Zur Anwendung des § 4 Abs. 4a siehe § 52 Abs. 6 Sätze 5 bis 7.

2. Aufwendungen für die Bewirtung von Personen aus geschäftlichem Anlass, soweit sie 70 Prozent der Aufwendungen übersteigen, die nach der allgemeinen Verkehrsauffassung als angemessen anzusehen und deren Höhe und betriebliche Veranlassung nachgewiesen sind. ²Zum Nachweis der Höhe und der betrieblichen Veranlassung der Aufwendungen hat der Steuerpflichtige schriftlich die folgenden Angaben zu machen: Ort, Tag, Teilnehmer und Anlass der Bewirtung sowie Höhe der Aufwendungen. ³Hat die Bewirtung in einer Gaststätte stattgefunden, so genügen Angaben zu dem Anlass und den Teilnehmern der Bewirtung; die Rechnung über die Bewirtung ist beizufügen;

3. Aufwendungen für Einrichtungen des Steuerpflichtigen, soweit sie der Bewirtung, Beherbergung oder Unterhaltung von Personen, die nicht Arbeitnehmer des Steuerpflichtigen sind, dienen (Gästehäuser) und sich außerhalb des Orts eines Betriebs des Steuerpflichtigen befinden;

4. Aufwendungen für Jagd oder Fischerei, für Segeljachten oder Motorjachten sowie für ähnliche Zwecke und für die hiermit zusammenhängenden Bewirtungen;

5.[1] Mehraufwendungen für die Verpflegung des Steuerpflichtigen. ²Wird der Steuerpflichtige vorübergehend von seiner Wohnung und dem Mittelpunkt seiner dauerhaft angelegten betrieblichen Tätigkeit entfernt betrieblich tätig, sind die Mehraufwendungen für Verpflegung nach Maßgabe des § 9 Absatz 4a abziehbar;

6. Aufwendungen für die Wege des Steuerpflichtigen zwischen Wohnung und Betriebsstätte und für Familienheimfahrten, soweit in den folgenden Sätzen nichts anderes bestimmt ist. ²Zur Abgeltung dieser Aufwendungen ist § 9 Absatz 1 Satz 3 Nummer 4 Satz 2 bis 6 und Nummer 5 Satz 5 bis 7 und Absatz 2 entsprechend anzuwenden. ³Bei der Nutzung eines Kraftfahrzeugs dürfen die Aufwendungen in Höhe des positiven Unterschiedsbetrags zwischen 0,03 Prozent des inländischen Listenpreises im Sinne des § 6 Absatz 1 Nummer 4 Satz 2 des Kraftfahrzeugs im Zeitpunkt der Erstzulassung je Kalendermonat für jeden Entfernungskilometer und dem sich nach § 9 Absatz 1 Satz 3 Nummer 4 Satz 2 bis 6 oder Absatz 2 ergebenden Betrag sowie Aufwendungen für Familienheimfahrten in Höhe des positiven Unterschiedsbetrags zwischen 0,002 Prozent des inländischen Listenpreises im Sinne des § 6 Absatz 1 Nummer 4 Satz 2 für jeden Entfernungskilometer und dem sich nach § 9 Absatz 1 Satz 3 Nummer 5 Satz 5 bis 7 oder Absatz 2 ergebenden Betrag den Gewinn nicht mindern; ermittelt der Steuerpflichtige die private Nutzung des Kraftfahrzeugs nach § 6 Absatz 1 Nummer 4 Satz 1 oder Satz 3, treten an die Stelle des mit 0,03 oder 0,002 Prozent des inländischen Listenpreises ermittelten Betrags für Fahrten zwischen Wohnung und Betriebsstätte und für Familienheimfahrten die auf diese Fahrten entfallenden tatsächlichen Aufwendungen; § 6 Absatz 1 Nummer 4 Satz 3 zweiter Halbsatz gilt sinngemäß;

6a.[2] die Mehraufwendungen für eine betrieblich veranlasste doppelte Haushaltsführung, soweit sie die nach § 9 Absatz 1 Satz 3 Nummer 5 Satz 1 bis 4 abziehbaren Beträge und die Mehraufwendungen für betrieblich veranlasste Übernachtungen, soweit sie die nach § 9 Absatz 1 Satz 3 Nummer 5a abziehbaren Beträge übersteigen;

---

1 Anm. d. Red.: Zur Anwendung des § 4 Abs. 5 Satz 1 Nr. 5 siehe § 52 Abs. 6 Satz 8.
2 Anm. d. Red.: Zur Anwendung des § 4 Abs. 5 Satz 1 Nr. 6a siehe § 52 Abs. 6 Satz 9.

6b. Aufwendungen für ein häusliches Arbeitszimmer sowie die Kosten der Ausstattung. ²Dies gilt nicht, wenn für die betriebliche oder berufliche Tätigkeit kein anderer Arbeitsplatz zur Verfügung steht. ³In diesem Fall wird die Höhe der abziehbaren Aufwendungen auf 1 250 Euro begrenzt; die Beschränkung der Höhe nach gilt nicht, wenn das Arbeitszimmer den Mittelpunkt der gesamten betrieblichen und beruflichen Betätigung bildet;

7. andere als die in den Nummern 1 bis 6 und 6b bezeichneten Aufwendungen, die die Lebensführung des Steuerpflichtigen oder anderer Personen berühren, soweit sie nach allgemeiner Verkehrsauffassung als unangemessen anzusehen sind;

8. von einem Gericht oder einer Behörde im Geltungsbereich dieses Gesetzes oder von Organen der Europäischen Union festgesetzte Geldbußen, Ordnungsgelder und Verwarnungsgelder. ²Dasselbe gilt für Leistungen zur Erfüllung von Auflagen oder Weisungen, die in einem berufsgerichtlichen Verfahren erteilt werden, soweit die Auflagen oder Weisungen nicht lediglich der Wiedergutmachung des durch die Tat verursachten Schadens dienen. ³Die Rückzahlung von Ausgaben im Sinne der Sätze 1 und 2 darf den Gewinn nicht erhöhen. ⁴Das Abzugsverbot für Geldbußen gilt nicht, soweit der wirtschaftliche Vorteil, der durch den Gesetzesverstoß erlangt wurde, abgeschöpft worden ist, wenn die Steuern vom Einkommen und Ertrag, die auf den wirtschaftlichen Vorteil entfallen, nicht abgezogen worden sind; Satz 3 ist insoweit nicht anzuwenden.

8a. Zinsen auf hinterzogene Steuern nach § 235 der Abgabenordnung;

9. Ausgleichszahlungen, die in den Fällen der §§ 14 und 17 des Körperschaftsteuergesetzes an außenstehende Anteilseigner geleistet werden;

10. die Zuwendung von Vorteilen sowie damit zusammenhängende Aufwendungen, wenn die Zuwendung der Vorteile eine rechtswidrige Handlung darstellt, die den Tatbestand eines Strafgesetzes oder eines Gesetzes verwirklicht, das die Ahndung mit einer Geldbuße zulässt. ²Gerichte, Staatsanwaltschaften oder Verwaltungsbehörden haben Tatsachen, die sie dienstlich erfahren und die den Verdacht einer Tat im Sinne des Satzes 1 begründen, der Finanzbehörde für Zwecke des Besteuerungsverfahrens und zur Verfolgung von Steuerstraftaten und Steuerordnungswidrigkeiten mitzuteilen. ³Die Finanzbehörde teilt Tatsachen, die den Verdacht einer Straftat oder einer Ordnungswidrigkeit im Sinne des Satzes 1 begründen, der Staatsanwaltschaft oder der Verwaltungsbehörde mit. ⁴Diese unterrichten die Finanzbehörde von dem Ausgang des Verfahrens und den zugrunde liegenden Tatsachen;

11. Aufwendungen, die mit unmittelbaren oder mittelbaren Zuwendungen von nicht einlagefähigen Vorteilen an natürliche oder juristische Personen oder Personengesellschaften zur Verwendung in Betrieben in tatsächlichem oder wirtschaftlichem Zusammenhang stehen, deren Gewinn nach § 5a Absatz 1 ermittelt wird;

12. Zuschläge nach § 162 Absatz 4 der Abgabenordnung;

13. Jahresbeiträge nach § 12 Absatz 2 des Restrukturierungsfondsgesetzes.

²Das Abzugsverbot gilt nicht, soweit die in den Nummern 2 bis 4 bezeichneten Zwecke Gegenstand einer mit Gewinnabsicht ausgeübten Betätigung des Steuerpflichtigen sind. ³§ 12 Nummer 1 bleibt unberührt.

(5a) (weggefallen)

(5b) Die Gewerbesteuer und die darauf entfallenden Nebenleistungen sind keine Betriebsausgaben.

(6) Aufwendungen zur Förderung staatspolitischer Zwecke (§ 10b Absatz 2) sind keine Betriebsausgaben.

(7) ¹Aufwendungen im Sinne des Absatzes 5 Satz 1 Nummer 1 bis 4, 6b und 7 sind einzeln und getrennt von den sonstigen Betriebsausgaben aufzuzeichnen. ²Soweit diese Aufwendungen nicht bereits nach Absatz 5 vom Abzug ausgeschlossen sind, dürfen sie bei der Gewinnermittlung nur berücksichtigt werden, wenn sie nach Satz 1 besonders aufgezeichnet sind.

(8) Für Erhaltungsaufwand bei Gebäuden in Sanierungsgebieten und städtebaulichen Entwicklungsbereichen sowie bei Baudenkmalen gelten die §§ 11a und 11b entsprechend.

(9) ¹Aufwendungen des Steuerpflichtigen für seine Berufsausbildung oder für sein Studium sind nur dann Betriebsausgaben, wenn der Steuerpflichtige zuvor bereits eine Erstausbildung (Berufsausbildung oder Studium) abgeschlossen hat. ²§ 9 Absatz 6 Satz 2 bis 5 gilt entsprechend.

Inhaltsübersicht	Rz.
A. Allgemeine Erläuterungen	1 - 50
I. Normzweck und wirtschaftliche Bedeutung der Vorschrift	1 - 2
1. Bedeutung der Vorschrift	1
2. Norminhalt	2
II. Entstehung und Entwicklung der Vorschrift	3 - 9
III. Geltungsbereich	10 - 15
1. Sachlicher Geltungsbereich	10 - 11
2. Persönlicher Geltungsbereich	12
3. Zeitlicher Geltungsbereich	13 - 15
IV. Internationale Bezüge	16 - 28
1. Unbeschränkte Steuerpflicht	16 - 21
2. Beschränkte Steuerpflicht	22 - 28
V. Vereinbarkeit mit höherrangigem Recht	29 - 44
1. Verfassungsrecht	29 - 39
2. Europäisches Recht	40 - 44
VI. Verhältnis zu anderen Regelungen	45 - 50
B. Systematische Kommentierung	51 - 920
I. Betriebsvermögen und Betriebsvermögensvergleich (§ 4 Abs. 1 EStG)	51 - 245
1. Grundsätze der Gewinnermittlung	51 - 89
a) Gewinnermittlungsarten	51 - 60
b) Unterschiede zwischen den Gewinnermittlungsarten	61 - 68
c) Wechsel der Gewinnermittlungsart	69 - 89
2. Steuerlicher Gewinnbegriff (§ 4 Abs. 1 Satz 1 EStG)	90 - 105
a) Definition	90 - 93
b) Betriebsvermögensvergleich	94 - 105
3. Betriebsvermögen	106 - 245
a) Betrieb	108 - 109
b) Wirtschaftsgüter	110 - 140
c) Verbindlichkeiten	141 - 150
d) Rückstellungen	151 - 158
e) Betriebsvermögen	159 - 190
aa) Notwendiges Betriebsvermögen	160 - 163
bb) Gewillkürtes Betriebsvermögen	164 - 167

		cc)	Notwendiges Privatvermögen	168 - 169
		dd)	Gemischt genutzte Wirtschaftsgüter	170 - 174
		ee)	Begründung und Auflösung von Betriebsvermögen	175 - 190
	f)		Zurechnung zum Betrieb	191 - 220
	g)		Bestandsveränderungen, Gewinnrealisation	221 - 245
		aa)	Realisationsprinzip	221 - 225
		bb)	Einzelfälle	226 - 245
II.	Entnahmen und Einlagen (§ 4 Abs. 1 Satz 2 und Satz 8 1. Halbsatz EStG)			246 - 330
	1.	Sinn und Zweck		248 - 254
	2.	Entnahme (§ 4 Abs. 1 Satz 2 EStG)		255 - 280
		a)	Entnahmetatbestand	255 - 257
		b)	Entnahmehandlung	258 - 265
		c)	Entnahme ohne Entnahmehandlung	266
		d)	Entnahmewille	267
		e)	Zeitpunkt der Entnahme	268
		f)	Entnahmegegenstand	269 - 270
		g)	Rechtsfolgen der Entnahme	271 - 280
	3.	Einlage (§ 4 Abs. 1 Satz 8 1. Halbsatz EStG)		281 - 299
		a)	Allgemeine Grundsätze	281 - 282
		b)	Einlagegegenstand	283 - 285
		c)	Einlagehandlung und Einlagewille	286 - 288
		d)	Einlage bei Überführung aus dem Ausland	289
		e)	Rechtsfolgen der Einlage	290 - 299
	4.	Entstrickung und Verstrickung (§ 4 Abs. 1 Satz 3 bis 5 und Satz 8 2. Halbsatz EStG)		300 - 309
	5.	Entstrickungstatbestand (§ 4 Abs. 1 Satz 3 und 4 EStG)		310 - 324
		a)	Voraussetzungen	310 - 314
		aa)	Veräußerung von Wirtschaftsgütern	311 - 313
		bb)	Nutzung von Wirtschaftsgütern	314
		b)	Rechtsfolge	315 - 316
		c)	Ausnahme (§ 4 Abs. 1 Satz 5 EStG)	317 - 324
	6.	Verstrickungstatbestand (§ 4 Abs. 1 Satz 8 2. Halbsatz EStG)		325 - 330
III.	Übergang zur Gewinnermittlung nach § 13a EStG und Nutzungsänderung (§ 4 Abs. 1 Satz 6 und 7 EStG)			331 - 335
IV.	Verweisung auf die Vorschriften über die Betriebsausgaben, Bewertung und AfA (§ 4 Abs. 1 Satz 9 EStG)			336 - 340
V.	Bilanzberichtigung und Bilanzänderung (§ 4 Abs. 2 EStG)			341 - 380
	1.	Bilanzzusammenhang		342 - 350
	2.	Bilanzberichtigung		351 - 380
		a)	Begriff und Voraussetzungen	351 - 352
		b)	Rechtsfolgen	353 - 365
		c)	Bilanzänderung	366 - 380
		aa)	Begriff und Voraussetzungen	366 - 371
		bb)	Rechtsfolgen	372 - 380
VI.	Einnahmenüberschussrechnung (§ 4 Abs. 3 EStG)			381 - 495
	1.	Systematik		381 - 385
	2.	Unterschiede zu anderen Einkunftsermittlungsmethoden		386 - 404
		a)	Zufluss- und Abflussprinzip	388 - 400
		b)	Grundsatz der Gesamtgewinngleichheit	401 - 404
	3.	Tatbestand § 4 Abs. 3 Satz 1 EStG		405 - 458
		a)	Anwendungsbereich	405 - 410
		b)	Tatbestandsvoraussetzungen	411 - 423
		c)	Gewinnermittlungswahlrecht	424 - 435
		d)	Überschuss	436 - 458
		aa)	Betriebseinnahmen	437 - 446
		bb)	Betriebsausgaben	447 - 458

4.	Durchlaufende Posten (§ 4 Abs. 3 Satz 2 EStG)	459 - 464
5.	Anwendbarkeit anderer Vorschriften (§ 4 Abs. 3 Satz 3 EStG)	465 - 470
6.	Besonderheiten bei nicht abnutzbaren WG des Anlagevermögens und bestimmten WG des Umlaufvermögens (§ 4 Abs. 3 Satz 4 EStG)	471 - 480
	a) Voraussetzungen	472 - 474
	b) Rechtsfolgen	475 - 480
7.	Verzeichnisse (§ 4 Abs. 3 Satz 5 EStG)	481 - 495
VII.	Betriebsausgaben (§ 4 Abs. 4 EStG)	496 - 545
1.	Geltungsbereich	497 - 500
2.	Tatbestandsvoraussetzungen	501 - 545
	a) Begriff	501
	b) Aufwendungen	502 - 505
	c) Abflüsse in Geld oder Geldeswert	506 - 520
	d) Betriebliche Veranlassung	521 - 535
	e) Rechtsfolgen	536 - 545
	ABC der Betriebseinnahmen und Betriebsausgaben	537 - 545
VIII.	Schuldzinsen als Betriebsausgaben (§ 4 Abs. 4a EStG)	546 - 620
1.	Tatbestandsvoraussetzungen	556 - 585
	a) Schuldzinsen	556 - 564
	b) Überentnahme nach § 4 Abs. 4a Satz 2 EStG	565 - 585
	aa) Entnahmen und Einlagen	566 - 573
	bb) Wirtschaftsjahr	574
	cc) Gewinn	575 - 585
2.	Ermittlung der Schuldzinsen (§ 4 Abs. 4a Satz 3 EStG)	586 - 597
3.	Rechtsfolge (§ 4 Abs. 4a Satz 4 EStG)	598 - 602
4.	Ausnahme bei Investitionsdarlehen (§ 4 Abs. 4a Satz 5 EStG)	603 - 610
5.	Geltung bei Gewinnermittlung nach § 4 Abs. 3 EStG (§ 4 Abs. 4a Satz 6 EStG)	611 - 620
IX.	Beschränkt abziehbare und nicht abziehbare Betriebsausgaben (§ 4 Abs. 5 EStG)	621 - 875
1.	Systematik	621 - 627
2.	Abzugsverbote nach § 4 Abs. 5 Satz 1 EStG	628 - 865
	a) Geschenke (§ 4 Abs. 5 Satz 1 Nr. 1 EStG)	628 - 638
	aa) Tatbestand	628 - 632
	bb) Rechtsfolge	633 - 638
	b) Bewirtungsaufwendungen (§ 4 Abs. 5 Satz 1 Nr. 2 EStG)	639 - 657
	aa) Tatbestand	639 - 644
	bb) Rechtsfolge	645 - 657
	c) Gästehäuser (§ 4 Abs. 5 Satz 1 Nr. 3 EStG)	658 - 668
	aa) Tatbestand	658 - 662
	bb) Rechtsfolge	663 - 668
	d) Aufwendungen für Jagd, Fischerei, Segel- und Motorjachten und ähnliche Zwecke (§ 4 Abs. 5 Satz 1 Nr. 4 EStG)	669 - 679
	aa) Tatbestand	670 - 672
	bb) Rechtsfolge	673 - 679
	e) Mehraufwendungen für Verpflegung (§ 4 Abs. 1 Satz 1 Nr. 5 EStG)	680 - 686
	aa) Tatbestand	681
	bb) Rechtsfolge	682 - 686
	f) Ausnahmen vom Abzugsverbot (§ 4 Abs. 5 Satz 1 Nr. 5 Satz 2 EStG)	687 - 699
	g) Fahrten zwischen Wohnung und Arbeitsstätte, Familienheimfahrten (§ 4 Abs. 5 Satz 1 Nr. 6 EStG)	700 - 719
	aa) Tatbestand	700 - 702
	bb) Rechtsfolge ohne Nutzung eines betrieblichen Pkw	703
	cc) Rechtsfolgen bei Nutzung des betrieblichen Pkw	704 - 719

		h)	Doppelte Haushaltsführung (§ 4 Abs. 5 Satz 1 Nr. 6a EStG)	720 - 724
		i)	Arbeitszimmer (§ 4 Abs. 5 Satz 1 Nr. 6b EStG)	725 - 805
			aa) Tatbestand Satz 1	732 - 740
			bb) Rechtsfolge	741
			cc) Ausnahme	742 - 744
			dd) Höchstbetrag	745
			ee) Rückausnahme	746 - 805
		j)	Unangemessene Aufwendungen (§ 4 Abs. 5 Satz 1 Nr. 7 EStG)	806 - 820
		k)	Geldbußen u. Ä. (§ 4 Abs. 5 Satz 1 Nr. 8 EStG)	821 - 835
		l)	Hinterziehungszinsen (§ 4 Abs. 5 Satz 1 Nr. 8a EStG)	836 - 840
		m)	Organschaft (§ 4 Abs. 5 Satz 1 Nr. 9 EStG)	841 - 845
		n)	Bestechungs- und Schmiergelder (§ 4 Abs. 5 Satz 1 Nr. 10 EStG)	846 - 855
		o)	Tonnagesteuer (§ 4 Abs. 5 Satz 1 Nr. 11 EStG)	856
		p)	Zuschläge nach § 162 Abs. 4 AO (§ 4 Abs. 5 Satz 1 Nr. 12 EStG)	857
		q)	Beiträge nach dem Restrukturierungsfondsgesetz (§ 4 Abs. 5 Satz 1 Nr. 13 EStG)	858 - 865
	3.	Ausnahme vom Abzugsverbot gem. § 4 Abs. 5 Satz 2 EStG		866 - 870
	4.	Aufwendungen nach § 12 Nr. 1 EStG (§ 4 Abs. 5 Satz 3 EStG)		871 - 875
X.	Abzugsverbot für Gewerbesteuer (§ 4 Abs. 5b EStG)			876 - 885
	1.	Tatbestand		878 - 879
	2.	Rechtsfolge		880 - 885
XI.	Aufwendungen zur Förderung staatspolitischer Zwecke (§ 4 Abs. 6 EStG)			886 - 894
XII.	Besondere Aufzeichnungspflichten (§ 4 Abs. 7 EStG)			895 - 905
XIII.	Erhaltungsaufwand gem. §§ 11a, 11b EStG (§ 4 Abs. 8 EStG)			906 - 910
XIV.	Aufwendungen für erstmalige Berufsausbildung oder Erststudium (§ 4 Abs. 9 EStG)			911 - 920
C. Verfahrensfragen				921 - 926

LITERATUR:

Eggert, Vordrucke ER, SE und AVSE zum Sonderbereich bei der EÜR – Personengesellschaften mit Einnahmen-Überschussrechnung, BBK 9/2016, 430; *Happe*, Der Vordruck zur Einnahmen- Überschussrechnung für 2015 – Ausfülltipps und Checkliste für die Buchführung, BBK 2016, 118; *Happe*, Das Zu- bzw. Abflussprinzip der Einnahmen-Überschussrechnung – Anwendungsfälle und Ausnahmetatbestände, BBK 2016, 229; *Levedag*, Abzugsverbot nach § 4 Abs. 5 Satz 1 Nr. 4 EStG bei „Herrenabenden", NWB 2016, 3766; *Rätke*, Konkludente Ist-Besteuerung bei Einnahmen-Überschussrechnung? – Leserfrage, BBK 2016, 80; *Rupp/ Tritschler*, Grundsätze ordnungsmäßiger Buchführung beim IT-Outsourcing einschließlich Cloud Computing – Anmerkungen zu IDW RS FAIT 5, BBK 2016, 292; *Happe*, Wechsel der Gewinnermittlungsart bei Betriebsveräußerung, Verschmelzung und Einbringung, BBK 2017, 962; *Hilbert*, Häusliches Arbeitszimmer – „Anderer Arbeitsplatz" bei einem Selbständigen, NWB 2017, 1336; *Rätke*, Bilanzielle Möglichkeiten zur Jahresabschluss-Gestaltung 2016/2017, BBK 2017, 75; *Scheffler/Köstler*, Richtlinie über eine gemeinsame Körperschaftsteuer-Bemessungsgrundlage - mehr als eine Harmonisierung der steuerlichen Gewinnermittlung, Berlin 2017; *Seifert*, Aktuelle Entwicklungen beim häuslichen Arbeitszimmer, StuB 2016, 777; *Seifert*, Häusliches Arbeitszimmer: Aktuelle Entwicklungen, StuB 2017, 313; *Velte/Mock*, EU-Richtlinienvorschlag über eine gemeinsame Körperschaftsteuer-Bemessungsgrundlage und kritische Analyse zur steuerlichen Gewinnermittlung, StuW 2017, 126; *Briese*, Besteuerung von Kapitalgesellschaften, StuB 2017, 386; *Happe*, Der Vordruck zur Einnahmen-Überschussrechnung für 2017, BBK 2018, 114; *Seifert*, Neues zur Entfernungspauschale, StuB 2017, 753; *Seifert*, Aktuelle Entwicklungen beim häuslichen Arbeitszimmer, StuB 2017, 881; *Rätke*, Gibt es eine Aufzeichnungspflicht für die Kasse bei der EÜR?, BBK 2017, 1009; *Breer/Goy*, Incentive-Reisen an Geschäftspartner, BBK 2018, 155; *Eggert*, Korrektur der Steuerbilanz nach einer Betriebsprüfung und Abweichungen zur Handelsbilanz, BBK 2018, 261; *Happe*, Erleichterungen bei der Abgabe der Einnahmen-Überschussrechnung 2017, BBK 2018, 662; *Eggert*, Dokumentation von Einlagen in der Buchführung, BBK 2018, 725; *Eggert*, Bilanzberichtigung als Anlass für eine Bilanzänderung, BBK 2018, 857; *Steinhauff*, Zur Anwendung von § 4 Abs. 3 Satz 4 EStG auf den Erwerb einer Rückdeckungsversicherung, NWB 2018, 1960; *Cremer,* Abzug der Aufwendungen für ein häusliches Arbeitszimmer, BBK 2018, 898; *Eggert,* Berechnung nicht abzugsfähiger Schuldzinsen, BBK 2018, 1093; *Cremer,* Aktivierung und Abschreibung von Grundstücks- und Gebäudeteilen, BBK 2018, 1088.

ARBEITSHILFEN UND GRUNDLAGEN ONLINE

Mücke, AfA-Tabellen, Berechnungsprogramm, NWB DokID: CAAAB-87782.

A. Allgemeine Erläuterungen

I. Normzweck und wirtschaftliche Bedeutung der Vorschrift

1. Bedeutung der Vorschrift

§ 4 EStG knüpft systematisch an § 2 Abs. 2 Nr. 1 EStG an und legt für die drei Gewinneinkunftsarten die Methoden für die Ermittlung der Besteuerungsgrundlagen fest. Definiert werden mit dem Betriebsvermögensvergleich nach § 4 Abs. 1 EStG und der Einnahmenüberschussrechnung nach § 4 Abs. 3 EStG zwei Methoden der Gewinnermittlung. Der Vorschrift kommt grundlegende Bedeutung zu bei der Festlegung des steuerlichen Gewinns und damit beim Umfang der Besteuerung der Gewinneinkünfte. Sie wird ergänzt durch § 5 EStG, der die Regularien des § 4 Abs. 1 EStG für die Gewerbetreibenden präzisiert und durch § 13a EStG, der Sonderregelungen für die Einkünfte aus Land- und Forstwirtschaft enthält. Als zentrale Norm der Gewinnermittlung enthält § 4 EStG Regelungen zu den Begriffen „Betrieb", „Betriebsausgabe", „Bilanz", „Entnahme und Einlage".

2. Norminhalt

Grundtatbestand ist § 4 Abs. 1 Satz 1 EStG, der die Gewinnermittlung durch Betriebsvermögensvergleich als generelle Gewinnermittlungsmethode festlegt. § 4 Abs. 1 Satz 2 ff. EStG enthält Regelungen zum Begriff der Entnahme auch bei Überführung von Wirtschaftsgütern ins Ausland. § 5 EStG enthält als Spezialvorschrift für Gewerbetreibende Bestimmungen dazu, welches Betriebsvermögen anzusetzen ist.

§ 4 Abs. 2 EStG enthält Vorschriften zur Bilanzänderung und Bilanzberichtigung.

§ 4 Abs. 3 EStG gestattet bei nicht buchführungspflichtigen Steuerpflichtigen, den Gewinn durch Gegenüberstellung der Einnahmen und Ausgaben zu ermitteln.

§ 4 Abs. 4 EStG definiert den Begriff der Betriebsausgaben, während § 4 Abs. 4a bis Abs. 9 EStG Ausnahmen vom bzw. Besonderheiten beim Betriebsausgabenabzug regeln.

§ 4 Abs. 4a EStG begrenzt den Abzug betrieblich veranlasster Schuldzinsen.

§ 4 Abs. 5 ff. EStG enthalten verschiedene Begrenzungen des Betriebsausgabenabzugs.

II. Entstehung und Entwicklung der Vorschrift

Die Vorschrift wurde eingeführt mit dem **EStG 1934**. Die Änderungen in den Folgejahren betrafen im Wesentlichen Regelungen zum Umfang der Gewinnermittlung, die Beschränkung bestimmter Betriebsausgaben vom Abzug, die Anwendbarkeit der AfA, Präzisierungen der Gewinnermittlungsarten. Wesentliche Neuerungen gab es mit dem **StEntlG 1999/2000/2002** v.

24.3.1999.[1] In § 4 Abs. 2 Satz 2 EStG wurde rückwirkend auch für abgelaufene Veranlagungszeiträume ein absolutes Bilanzänderungsverbot eingeführt, in einem neuen § 4 Abs. 4a EStG wurde der Schuldzinsenabzug eingeschränkt. Beide Vorschriften hatten nur eine begrenzte Haltbarkeit. Mit dem **StBereinG** v. 22.12.1999[2] wurde das Bilanzänderungsverbot aufgelockert und der Schuldzinsenabzug in § 4 Abs. 4a EStG neu geregelt.

Mit dem **HBeglG 2004** v. 29.12.2003[3] wurde die Freigrenze für Geschenke nach § 4 Abs. 5 Nr. 1 EStG auf 35 € festgesetzt, Bewirtungsaufwendungen sind seither nur noch zu 70 % absetzbar (§ 4 Abs. 5 Nr. 2 EStG).

Das **ProtErklG** v. 22.12.2003[4] führte in § 4 Abs. 5 EStG eine neue Nr. 11 zur Einschränkung von Missbräuchen bei der Tonnagebesteuerung ein.

Das **StÄndG 2003** v. 15.12.2003,[5] ließ die doppelte Haushaltsführung nach § 4 Abs. 5 Satz 1 Nr. 6a EStG in Zukunft zeitlich unbeschränkt zu.

4 Das **MissbrauchEindämmG** v. 28.4.2006[6] erweiterte den Katalog des § 4 Abs. 3 Satz 4 EStG, in § 4 Abs. 3 Satz 5 EStG wurde die Pflicht zur Erfassung aller WG des Anlagevermögens in einem Anlageverzeichnis eingeführt, die Verweise auf § 4 Abs. 3 in Abs. 1 Satz 3 und 4 EStG wurden gestrichen.

Mit dem **SEStEG** v. 7.12.2006[7] wurde ein allgemeiner Entstrickungs- und Verstrickungstatbestand in § 4 Abs. 1 Satz 3, 4 und 7 EStG eingeführt.

5 Das **StÄndG 2007** v. 19.6.2007[8] regelte die Abziehbarkeit des häuslichen Arbeitszimmers in § 4 Abs. 5 Satz 1 Nr. 6b Satz 2 EStG neu. Neu geregelt wurde außerdem die Abziehbarkeit von Fahrten zwischen Wohnung- und Arbeitsstätte durch Aufhebung des § 4 Abs. 5 Satz 1 Nr. 6 EStG und Ergänzung um einen neuen Abs. 5a, beides wurde durch das **EntfernungspauschalenG** v. 20.4.2009[9] wieder rückgängig gemacht.

Das **UntStReformG** v. 14.8.2007[10] führte einen neuen § 4 Abs. 5b EStG ein, nachdem die Gewerbesteuer nicht mehr als Betriebsausgabe abziehbar ist.

6 Das **JStG 2008** v. 20.12.2007 ergänzte § 4 Abs. 3 Satz 3 EStG dahin gehend, dass die Neuregelungen des **UntStReformG** für GWG auch für die Gewinnermittlung nach § 4 Abs. 3 EStG gelten. Die Änderungen für die GWG in § 4 Abs. 3 Satz 3 EStG nach **JStG 2008** v. 20.12.2007 gelten für alle GWG, die nach dem 31.12.2007 angeschafft oder eingelegt werden (§ 52 Abs. 16 Satz 17 i.d. F. des **UntStReformG**).

Durch das **JStG 2010** v. 8.12.2010[11] wurden die Entstrickungsregelungen des § 4 Abs. 1 Satz 3 EStG dahin gehend ergänzt, dass die Überführung eines Wirtschaftsgutes von einer inländischen in eine ausländische Betriebsstätte zu einem Ausschluss des inländischen Besteuerungs-

---

1 BGBl 1999 I 402.
2 BGBl 1999 I 2601.
3 BGBl 2003 I 3076.
4 BGBl 2003 I 2840.
5 BGBl 2003 I 2645.
6 BGBl 2006 I 1095.
7 BGBl 2006 I 2782; BStBl 2007 I 4.
8 BGBl 2006 I 1652.
9 BGBl 2009 I 774.
10 BGBl 2007 I 1912.
11 BGBl 2010 I 1786.

rechts und damit zu einer Entnahme führt. Mit gleichem Gesetz wurde auch die Abzugsbeschränkung für das häusliche Arbeitszimmer reformiert.

Mit dem **Restrukturierungsgesetz** v. 9.12.2010[1] wurde § 4 Abs. 5 Satz 1 Nr. 13 EStG eingeführt, mit dem der Betriebsausgabenabzug für Beiträge, die in den Restrukturierungsfonds für systemrelevante Banken gezahlt werden, ausgeschlossen wird.

Um einen Abs. 9 ergänzt wurde § 4 EStG durch das **Beitreibungsrichtlinie-UmsetzungsG** v. 7.12.2011,[2] danach stellen Aufwendungen für eine erstmalige Berufsausbildung oder ein Erststudium, das eine erste Ausbildung vermittelt, keine Betriebsausgaben oder Werbungskosten dar.

Die Neuregelungen des Reisekostenrechts durch das **UntStReiseÄndG** v. 20.2.2013[3] wirkten sich mittelbar auf § 4 EStG aus, § 4 Abs. 5 Satz 1 Nr. 5 EStG verweist auf die Regelungen zu den Mehraufwendungen für Verpflegung in § 9 Abs. 4a EStG. § 4 Abs. 5 Satz 1 Nr. 6a EStG verweist für die Mehraufwendungen einer betrieblich veranlassten doppelten Haushaltsführung und betrieblich veranlasste Übernachtungen auf § 9 Abs. 1 Satz 3 Nr. 5 Satz 1 bis 4 EStG und auf § 9 Abs. 1 Satz 3 Nr. 5a EStG. § 4 Abs. 5 Satz 1 Nr. 6 EStG wurde an die Neufassung des § 9 Abs. 1 Satz 3 Nr. 4 und 5 EStG hinsichtlich der Fahrten zwischen Wohnung und Arbeitsstätte angepasst.

Das **AmtshilfeRLUmsG** v. 26.6.2013[4] verweist in § 4 Abs. 5 Satz 1 Nr. 6 Satz 3 EStG am Ende auf die Regelungen zur Entnahme von Elektrofahrzeugen in § 6 Abs. 1 Nr. 4 Satz 3 2. Halbsatz EStG.

Mit dem **ZollK-AnpG** v. 22.12.2014[5] wurde § 4 Abs. 9 EStG nochmals geändert. Geregelt wird, dass Aufwendungen für eine Erstausbildung oder ein Studium nur dann Betriebsausgaben sind, wenn bereits jeweils zuvor entweder eine Erstausbildung oder ein Studium abgeschlossen waren.

Die EU-Kommission hat mit ihrem Vorschlag für eine Richtlinie des Rates über eine „Gemeinsame Körperschaftsteuer-Bemessungsgrundlage" v. 25.10.2016[6] die Grundlage für eine erneute Diskussion über die **Reform** der steuerlichen Gewinnermittlung gelegt. Bereits in der Vergangenheit wurden im Wesentlichen zwei Reformmodelle diskutiert. So wurde einerseits eine Abkopplung der Steuerbilanz von der Handelsbilanz hin zur Entwicklung einer eigenen Steuerbilanz und einer eigenständigen steuerlichen Gewinnermittlung diskutiert.[7] Zum anderen – und dies legt auch der Richtlinienvorschlag zu Grunde – wird vorgeschlagen, die steuerliche Gewinnermittlung insgesamt der Einnahmenüberschussrechnung anzugleichen.[8] Der Gewinn soll ermittelt werden als Überschuss der realisierten Erträge über die realisierten Aufwendungen (Art. 4 Nr. 8 GKB-RLE), analog stellt ein Überschuss an Aufwendungen über die Erträge ei-

---

1 BGBl 2010 I 1900.
2 BGBl 2011 I 2592.
3 BGBl 2013 I 285.
4 BGBl 2013 I 1809.
5 BGBl 2014 I 2417.
6 EU-Kommission, Vorschlag für eine Richtlinie des Rates über eine Gemeinsame Körperschaftsteuer-Bemessungsgrundlage v. 25.10.2016 (GKB-RLE), https://ec.europa.eu/taxation_customs/sites/taxation/files/com_2016_685_de.pdf; vgl. dazu *Scheffler/Köstler*, Richtlinie über eine Gemeinsame Körperschaftsteuer-Bemessungsgrundlage - mehr als eine Harmonisierung der steuerlichen Gewinnermittlung, Berlin 2017, S. 29 ff.; *Velte/Mock*, StuW 2017, 126.
7 Vgl. zur Diskussion HHR/*Kanzler*, vor §§ 4 – 7 Anm. 31 m.w.N.; *Kanzler* in Prinz/Kanzler, NWB Praxiskommentar Bilanzsteuerrecht, Rz. 140 ff.
8 Vgl. hierzu HHR/*Kanzler*, vor §§ 4 – 7 Anm. 31.

nen Verlust dar (Art. 4 Nr. 9 GKB-RL). Anders als bei der Gewinnermittlung nach § 4 Abs. 3 EStG handelt es sich nicht um eine reine Geldverkehrsrechnung, da an die Realisierung von Ertrag und Aufwand angeknüpft wird.

9 *(Einstweilen frei)*

III. Geltungsbereich

1. Sachlicher Geltungsbereich

10 **Gewinneinkunftsarten:** Die Vorschrift ist anwendbar auf alle Gewinneinkunftsarten. Für Gewerbetreibende gilt vorrangig § 5 EStG, wenn sie aufgrund Handels- oder Steuerrechts verpflichtet sind, Bücher zu führen oder freiwillig Bücher führen und Abschlüsse machen. Durch den Verweis auf § 4 Abs. 1 Satz 1 EStG in § 5 Abs. 1 Satz 1 EStG sind aber auch dessen Vorgaben zu beachten. Erfüllen **Gewerbetreibende** die Voraussetzungen des § 5 EStG nicht, weil sie weder verpflichtet sind, Bücher zu führen, noch dies freiwillig tun, ermitteln sie ihren Gewinn nach § 4 Abs. 3 EStG.[1] Die Gewinnermittlung nach § 4 Abs. 1 EStG ist zwar der Regeltatbestand, hat aber aufgrund der Ausnahmen in § 5 Abs. 1 EStG und § 4 Abs. 3 EStG tatsächlich nur einen engen Anwendungsbereich auf Freiberufler, die freiwillig Bücher führen oder für Land- und Forstwirte, die freiwillig Bücher führen oder aufgrund gesetzlicher Vorschriften dazu verpflichtet sind. Außerdem haben im Inland Stpfl. mit ausländischen Betriebsstätten deren Gewinn nach § 4 Abs. 1 EStG zu ermitteln.[2] Gleiches gilt für ausländische Personengesellschaften ohne Betriebsstätte oder ständigen Vertreter im Inland mit im Inland steuerpflichtigen Gesellschaftern.[3]

11 **Körperschaft- und Gewerbesteuer:** Durch die Verweise in § 8 Abs. 1 Satz 1 KStG und § 7 GewStG hat die Vorschrift auch zentrale Bedeutung für die Gewinnermittlung der Körperschaften und für die Gewerbesteuer.

2. Persönlicher Geltungsbereich

12 Die Vorschrift gilt für unbeschränkt und beschränkt Steuerpflichtige, die Gewinneinkünfte beziehen.

3. Zeitlicher Geltungsbereich

13 § 4 Abs. 1 Satz 3 und Satz 7 2. Halbsatz EStG i. d. F. des **SEStEG** (vgl. → Rz. 4) sind nach § 52 Abs. 8b EStG i. d. F. des SEStEG erstmals für nach dem 31. 12. 2005 endende Wirtschaftsjahre und damit auch auf Sachverhalte anwendbar, die im laufenden Wirtschaftsjahr vor Verabschiedung des Gesetzes am 7. 12. 2006 abgeschlossen waren.

§ 4 Abs. 1 Satz 3 und Satz 4 EStG i. d. F. des **JStG 2010** v. 8. 12. 2010[4] sind nach § 52 Abs. 8b EStG i. d. F. JStG 2010 rückwirkend auf alle offenen Fälle, selbst auf die Fälle vor Einführung der Entstrickungsregelung durch das **SEStEG** in 2006, anwendbar.[5]

---

1 Vgl. auch R 4.1 Abs. 2 Satz 5 EStR.
2 BFH v. 16. 2. 1996 - I R 43/95, BStBl 1997 II 128.
3 BFH v. 13. 9. 1989 - I R 117/87, BStBl 1990 II 57; BFH v. 22. 5. 1991 - I R 32/90, BStBl 1992 II 94.
4 BGBl 2010 I 1786.
5 Zu verfassungsrechtlichen Bedenken im Hinblick auf das Rückwirkungsverbot vgl. → Rz. 29 ff.

§ 4 Abs. 2 Satz 2 EStG i. d. F. des **StEntlG** 1999/2000/2002 und i. d. F. des **StBereinG** 1999 sind gem. § 52 Abs. 9 EStG i. d. F. der jeweiligen Gesetze die Regelungen auch für Bilanzänderungen, die die VZ vor 1999 betreffen, anwendbar.[1]

§ 4 Abs. 3 Satz 4 EStG i. d. F. des **MissbrauchEindämmG** v. 28. 4. 2006[2] ist nach § 52 Abs. 10 Satz 2 und 3 EStG i. d. F. dieses Gesetzes für Wirtschaftsgüter des Anlagevermögens auch vor dem 5. 5. 2006, dem Tag der Verkündung anwendbar, während es für die Wirtschaftsgüter des Umlaufvermögens erst gilt, wenn sie nach dem 4. 5. 2006 angeschafft, hergestellt oder ins Betriebsvermögen eingelegt wurden.

§ 4 Abs. 4a EStG wurde durch das **StBereinG 1999** v. 22. 12. 1999 eingeführt und ist gem. § 52 Abs. 9 EStG i. d. F. des **StBereinG 1999** rückwirkend ab 1. 1. 1999 anwendbar. Die Änderung durch **StÄndG 2001** v. 20. 12. 2001 ist gem. Art. 39 dieses Gesetzes ab Tag nach Verkündung anwendbar. Nach Art. 52 Abs. 11 EStG i. d. F. dieses Gesetzes (aktuell § 52 Abs. 6 Satz 5 bis 7 EStG) sind Über- und Unterentnahmen vorangegangener Wirtschaftsjahre nicht zu berücksichtigen. Bei vor dem 1. 1. 1999 eröffneten Betrieben sind bei der Betriebsaufgabe bei Überführungen von Wirtschaftsgütern aus dem Betriebsvermögen in das Privatvermögen deren Buchwerte nicht als Entnahme anzusetzen. Bei einer Betriebsveräußerung solcher Betriebe ist nur der Veräußerungsgewinn als Entnahme anzusetzen. Dies gilt auch im Rahmen einer teleologischen Anwendung der Norm nicht auch für die Entnahme von Wirtschaftsgütern, die vor dem Jahr 1999 in das Betriebsvermögen eingelegt wurden, auch, wenn die Norm insoweit unvollständig ist.[3] Ein Verstoß gegen den allgemeinen Gleichheitssatz liegt insofern nicht vor.

§ 4 Abs. 5 Satz 1 Nr. 1 Satz 2 EStG i. d. F. des **HBeglG 2004** v. 29. 12. 2003[4] ist erstmals für Wirtschaftsjahre anzuwenden, die nach dem 31. 12. 2003 beginnen (Art. 52 Abs. 12 EStG i. d. F. des HBeglG 2004).

§ 4 Abs. 5 Satz 1 Nr. 2 Satz 1 EStG i. d. F. des **HBeglG 2004** v. 29. 12. 2003[5] ist erstmals für Wirtschaftsjahre anzuwenden, die nach dem 31. 12. 2003 beginnen (Art. 52 Abs. 12 EStG i. d. F. des HBeglG 2004).

§ 4 Abs. 5 Satz 1 Nr. 6 Satz 3 EStG i. d. F. des **MissbrauchEindämmG** v. 28. 4. 2006[6] ist erstmals für Wirtschaftsjahre anzuwenden, die nach dem 31. 12. 2005 beginnen (§ 52 Abs. 12 EStG i. d. F. dieses Gesetzes).

§ 4 Abs. 5 Satz 1 Nr. 5 EStG i. d. F. des **UntStReiseÄndG** v. 20. 2. 2013[7] ist nach Art. 52 Abs. 1 EStG i. d. F. dieses Gesetzes erstmals ab dem 1. 1. 2014 anzuwenden.

§ 4 Abs. 5 Satz 1 Nr. 6a EStG wurde aufgehoben durch das **StÄndG 2003** v. 15. 12. 2003[8] und in geänderter Form wieder eingeführt durch das **UntStReiseÄndG** v. 20. 2. 2013,[9] mit Verweisen auf die Regelungen für Arbeitnehmer in § 9 Abs. 1 Satz 3 Nr. 5a EStG. Das **UntStReiseÄndG** v.

---

1 Zur verfassungsrechtlichen Problematik vgl. → Rz. 34.
2 BGBl 2006 I 1095.
3 BFH v. 24. 11. 2016 - IV R 46/13, BStBl 2017 II 268.
4 BGBl 2003 I 3076.
5 BGBl 2006 I 3076.
6 BGBl 2006 I 1095.
7 BGBl 2013 I 285.
8 BGBl 2003 I 2645.
9 BGBl 2013 I 285.

20. 2. 2013[1] ist nach Art. 52 Abs. 1 EStG i. d. F. dieses Gesetzes erstmals ab dem 1. 1. 2014 anzuwenden.

§ 4 Abs. 5 Satz 1 Nr. 11 EStG i. d. F. des **ProtErklG** v. 22. 12. 2003[2] ist erstmals für das Wirtschaftsjahr anzuwenden, das nach dem 31. 12. 2003 (§ 52 Abs. 12 EStG i. d. F. des ProtErklG) endet.

§ 4 Abs. 5b EStG i. d. F. des **UntStReformG** v. 14. 8. 2007[3] gilt erstmals für Gewerbesteuer, die für Erhebungszeiträume festgesetzt wird, die nach dem 31. 12. 2007 enden (§ 52 Abs. 1 Buchst. c EStG i. d. F. des UntStReformG).

§ 4 Abs. 5 Satz 1 Nr. 6 EStG i. d. F. des **EntfernungspauschalenG** v. 20. 4. 2009[4] ist erstmals ab dem VZ 2007 anzuwenden (§ 52 Abs. 12 EStG i. d. F. des EntfernungspauschalenG).

§ 4 Abs. 5 Satz 1 Nr. 6b Satz 2 und 3 EStG i. d. F. des **JStG 2010** v. 8. 12. 2010[5] ist gem. § 52 Abs. 12 EStG i. d. F. des JStG 2010 erstmals ab dem VZ 2007 anzuwenden.

§ 4 Abs. 5 Satz 1 Nr. 13 EStG i. d. F. des **Restrukturierungsgesetzes** v. 9. 12. 2010[6] ist erstmals für Wirtschaftsjahre anzuwenden, die nach dem 30. 9. 2010 beginnen (§ 52 Abs. 12 EStG i. d. F. des Restrukturierungsgesetz).

§ 4 Abs. 9 EStG i. d. F. des **Beitreibungsrichtlinie-UmsetzungsG** v. 7. 12. 2011[7] ist für VZ ab 2004 § 52 Abs. 12 EStG anzuwenden.[8]

§ 4 Abs. 5 Satz 1 Nr. 5 EStG i. d. F. des **UntStReiseÄndG** v. 20. 2. 2013[9] ist erstmals ab dem 1. 1. 2014 anzuwenden (Art. 52 Abs. 1 i. d. F. dieses Gesetzes).

§ 4 Abs. 5 Satz 1 Nr. 6a EStG i. d. F. des **UntStReiseÄndG** v. 20. 2. 2013[10] ist nach Art. 52 Abs. 1 EStG i. d. F. dieses Gesetzes erstmals ab dem 1. 1. 2014 anzuwenden.

§ 4 Abs. 9 EStG i. d. F. des **ZollK-AnpG** v. 22. 12. 2014[11] ist am 30. 12. 2014 in Kraft getreten (Art. 16 Abs. 1 ZollK-AnpG).

14–15 (*Einstweilen frei*)

IV. Internationale Bezüge

1. Unbeschränkte Steuerpflicht

16 **Allgemeine Grundsätze:** Im Inland unbeschränkt Stpfl., die Gewinneinkünfte beziehen, unterliegen auch hinsichtlich ihrer im Ausland erzielten Einkünfte aufgrund des Welteinkommensprinzips den inländischen Gewinnermittlungsgrundsätzen.[12] Werden gewerbliche Einkünfte erzielt, für die Buchführungspflichten nach § 140, § 141 AO bestehen, so ist die Gewinnermitt-

---

1 BGBl 2013 I 285.
2 BGBl 2003 I 2840.
3 BGBl 2007 I 1912.
4 BGBl 2009 I 774.
5 BGBl 2010 I 1786.
6 BGBl 2010 I 1900.
7 BGBl 2011 I 2592.
8 Zur verfassungsrechtlichen Problematik der Rückwirkung vgl. → Rz. 29 ff.
9 BGBl 2013 I 285.
10 BGBl 2013 I 285.
11 BGBl 2014 I 2417.
12 Vgl. auch § 146 Abs. 2 Satz 4 AO; Art. 3 Abs. 2 OECD-MA; BFH v. 24. 3. 1999 - I R 114797, BStBl 2000 II 399.

lung nach § 5 Abs. 1 EStG durchzuführen, ansonsten ist der Gewinn nach § 4 Abs. 1 EStG, bei Vorliegen der Voraussetzungen auch nach § 4 Abs. 3 EStG zu ermitteln. Erzielen Stpfl. selbst unmittelbar die Einkünfte, so können sie die ausländischen und die inländischen Einkünfte in einer Gewinnermittlung erfassen, müssen aber die ausländischen Einkünfte im Hinblick auf eine Steueranrechnung gesondert aufzeichnen.[1] Gewinne einer ausländischen Betriebsstätte sind in die deutsche Gewinnermittlung einzubeziehen. Der Gewinn der ausländischen Betriebsstätte ist nach deutschen Besteuerungsgrundsätzen zu ermitteln.[2]

Beteiligung an einer ausländischen Personengesellschaft: Besteht eine Beteiligung an einer ausländischen Personengesellschaft, so hat die Personengesellschaft, auch wenn sie weder eine inländische Betriebsstätte noch einen inländischen ständigen Vertreter hat, die Einkünfte nach § 4 Abs. 1 EStG zu ermitteln, sofern kein Wahlrecht nach § 4 Abs. 3 EStG besteht.[3] Dies ist erforderlich, wenn die Einkünfte der deutschen Besteuerung unterliegen, eine Anrechnung erfolgt oder sie im Rahmen eines Progressionsvorbehalts zu berücksichtigen sind. Ist die im Ausland ansässige Personengesellschaft nach dem Recht des ausländischen Staates verpflichtet, eine Bilanz zu erstellen oder erstellt diese freiwillig, so besteht auch im Inland kein Wahlrecht, den Gewinn nach § 4 Abs. 3 EStG zu ermitteln.[4]

17

Inländische Betriebsstätte: Für ausländische Personengesellschaften mit inländischer Betriebsstätte gelten die inländischen Gewinnermittlungsgrundsätze.[5] Hat die ausländische Personengesellschaft bei einer im Inland bestehenden Betriebsstätte einen inländischen Abschluss erstellt,[6] so gilt § 5 Abs. 1 EStG, hat sie den Abschluss in ausländischer Währung erstellt, so ist die Umrechnung in Euro nach einem Kurs vorzunehmen, der den inländischen GoB nicht widerspricht.[7]

18

Ausländische Kapitalgesellschaft: Die Einkünfte ausländischer Kapitalgesellschaften sind nach den jeweiligen für sie anwendbaren ausländischen steuerlichen Gewinnermittlungsvorschriften zu ermitteln, die Beteiligung selbst ist bei inländischen Steuerpflichtigen nach den deutschen Gewinnermittlungsvorschriften zu aktivieren (§ 6 Abs. 1 Satz 1 Nr. 2 EStG).

19

Doppelbesteuerungsabkommen: Eventuell für diese Einkünfte bestehende DBA gelten für die Gewinnermittlung nicht, diese richtet sich nach inländischem Recht für die Einkünfte, die der deutschen Besteuerung unterliegen. Mittelbar haben die Gewinnermittlungsvorschriften aber ihrerseits Einfluss auf die Besteuerung nach DBA.

20

Hinzurechnungsbesteuerung: Einkünfte, die dem Hinzurechnungsbetrag nach § 10 AStG zugrunde liegen, sind nach den im Inland geltenden steuerlichen Gewinnermittlungsvorschriften zu ermitteln (§ 10 Abs. 3 Satz 1 AStG), in Betracht kommt sowohl die Gewinnermittlung nach § 4 Abs. 1 und Abs. 3 EStG als auch die Gewinnermittlung nach § 5 Abs. 1 EStG.

21

---

1 HHR/Kanzler, § 4 EStG Rz. 8; Kanzler in Prinz/Kanzler, NWB Praxishandbuch Bilanzsteuerrecht, Rz. 42.
2 BMF v. 24. 12. 1999, BStBl 1999 I 1070, Tz. 2.1.
3 BFH v. 13. 9. 1989 - I R 117/87, BStBl 1990 II 57; BFH v. 16. 2. 1996 - I R 43/95, BStBl 1997 II 128.
4 BFH v. 25. 6. 2014 - I R 24/13, BStBl 2015 II 141; BFH v. 25. 6. 2014 - I R 3/13, IStR 2015, 253; R 4.1. Abs. 4 Satz 2 EStR.
5 BMF Schreiben v. 24. 12. 1999, BStBl 1999 I 1070, Tz. 2.1.
6 BFH 22. 5. 1991 - I R 32/90, BStBl 1992 II 94; BFH v. 16. 2. 1996 - I R 43/95, BStBl 1997 II 128; BMF v. 24. 12. 1999, BStBl 1999 I 1076, Tz. 1.1.5.4.
7 BFH v. 13. 9. 1989 - I R 117/87, BStBl 1990 II 57.

2. Beschränkte Steuerpflicht

22 Bei der Ermittlung inländischer Gewinneinkünfte beschränkt Steuerpflichtiger sind ebenfalls die Vorschriften des § 4 EStG ggf. des § 5 EStG zu berücksichtigen, sofern gewerbliche Einkünfte vorliegen und Buchführungspflichten bestehen und sich nicht aus § 50 Abs. 1 EStG etwas anderes ergibt.

23–28 (*Einstweilen frei*)

V. Vereinbarkeit mit höherrangigem Recht

LITERATUR:

Kanzler, Die steuerliche Gewinnermittlung zwischen Einheit und Vielfalt, FR 1998, 233 ff.; *Drüen*, Haushaltsvorbehalt bei der Verwerfung verfassungswidriger Steuergesetze, FR 1999, 323; *Eisgruber/Schallmoser*, Bilanzänderungsverbot – Quo Vadis?, DStR 1999, 1936; *Kanzler*, Flüchtige Bemerkungen zum Bilanzänderungsverbot – Zum Konflikt zwischen steuerlichen Wahlrechten und Bilanzänderungsverbot, FR 1999, 833; *Schneider*, Folgt die Tugend gewinnsteuerlicher Bemessungsgrundlagen den Zahlungsströmen?, StuW 2004, 293.

1. Verfassungsrecht

29 § 4 EStG ist in seiner Gesamtheit verfassungskonform.[1] M. E. ist grundsätzlich die Ausgestaltung der Gewinnermittlung in unterschiedliche Arten verfassungsrechtlich unproblematisch,[2] wenn diese zu einem gleich hohen Gesamtgewinn führen (Grundsatz der Gesamtgewinngleichheit).[3] Nicht zwingend erforderlich ist, dass der Gewinn in der Zeit gleich erfasst wird. Ausreichend ist eine gleiche Besteuerung über die Laufzeit des Betriebs.

30 Diskutiert wird die Verfassungswidrigkeit einzelner Vorschriften:

§ 4 Abs. 1 Satz 3 EStG i. V. m. § 52 Abs. 8b EStG i. d. F. des JStG 2010 v. 8. 12. 2010[4] verstößt mangels Vertrauen in eine andere Rechtslage nicht gegen das Rückwirkungsverbot.[5]

§ 4 Abs. 2 Satz 1 2. Halbsatz EStG ordnet an, dass eine Bilanzberichtigung nur noch zulässig ist, wenn die Steuerfestsetzung, die auf der fehlerhaften Bilanz beruht, noch änderbar ist. Für Stpfl., die ihren Gewinn nach § 4 Abs. 3 EStG ermitteln, gilt eine solche Einschränkung nicht, vor diesem Hintergrund sieht *Stapperfend*[6] § 4 Abs. 2 Satz 1 2. Halbsatz EStG wegen eines Verstoßes gegen den Gleichheitsgrundsatz als verfassungswidrig an.

31 § 4 Abs. 2 Satz 2 EStG wird unter dem Gesichtspunkt eines Verstoßes gegen den Grundsatz der Widerspruchsfreiheit und gegen den Grundsatz der Gesamtgewinngleichheit als verfassungsrechtlich problematisch angesehen.[7] Die Voraussetzung des engen zeitlichen Zusammenhangs in § 4 Abs. 2 Satz 2 EStG wird in dem Fall als verfassungsrechtlich kritisch angesehen, in dem die Möglichkeit zur Ausübung eines Wahlrechts zum Zeitpunkt der Bilanzerstellung noch nicht bestand, bspw., weil der Gewinn, der mit einer Rücklage nach § 6b EStG ausgeglichen werden

---

1 So auch HHR/*Kanzler*, § 4 EStG Rz. 3.
2 BVerfG v. 20. 5. 1988 - 1 BvR 273/88, BB 1988, 1716; vgl. i. E. HHR/*Kanzler*, vor § 4 bis 7 EStG Rz. 35.
3 BFH v. 15. 4. 1999 - IV R 68/98, BStBl 1999 II 481; BFH v. 2. 10. 2003 - IV R 13/03, BStBl 2004 II 985; BFH v. 22. 6. 2010 - VIII R 3/08, BStBl 2010 II 1035.
4 BGBl 2010 I 1786.
5 FG Düsseldorf v. 19. 11. 2015 - 8 K 3664/11 -F, NWB DokID: GAAAF-48951, Rev.: BFH I R 95/15; FG Köln v. 16. 2. 2016 - 10 K 2335/11, NWB DokID: PAAAF-72389, Rev. zugelassen.
6 In HHR, § 4 EStG Anm. 357, m. w. N.
7 Vgl. HHR/*Stapperfend*, § 4 EStG Rz. 358, 359.

konnte, noch nicht entstanden ist. Nach der Rechtsprechung des BFH greift § 4 Abs. 2 Satz 2 EStG in diesem Fall nicht,[1] weil keine Bilanzänderung vorliegt, wenn der Stpfl. erstmals nach Einreichung der Bilanz überhaupt die Möglichkeit hat, ein Wahlrecht auszuüben. Nach anderer Ansicht ist die Vorschrift zwar anwendbar, aber verfassungskonform dahin gehend auszulegen, dass eine nachträgliche Wahlrechtsausübung ohne die Beschränkungen des Satzes 2 dann zulässig sein muss, wenn der Stpfl. das Wahlrecht im Zeitpunkt der Bilanzerstellung noch nicht ausüben konnte.[2]

Ein Verstoß gegen den Grundsatz der Gesamtgewinngleichheit liegt nicht vor, weil sich die Einschränkung der Bilanzänderungsmöglichkeit für Stpfl., die ihren Gewinn nach § 4 Abs. 1 EStG ermitteln, auf den Gesamtgewinn über die Laufzeit des Betriebs nicht auswirkt.[3] 32

§ 4 Abs. 2 Satz 2 EStG ist mit StEntlG 1999/2000/2002 eingeführt und mit **StBereinG** 1999 geändert worden. Die Beschränkungen der Bilanzänderungsmöglichkeiten gelten auch für Bilanzänderungen, die die Jahre vor 1999 betreffen. Im Hinblick auf eventuelle Verstöße gegen das Rückwirkungsverbot nimmt die Finanzverwaltung immer einen engen zeitlichen Zusammenhang an,[4] wenn der Antrag auf Bilanzänderung unverzüglich nach Veröffentlichung des diesbezüglichen Schreibens im BStBl am 21. 6. 2000[5] gestellt wurden. 33

Der BFH nimmt ebenfalls keinen Verstoß gegen das Rückwirkungsverbot an, wenn der Antrag auf Bilanzänderung nach dem 31. 3. 1999, dem Tag der Verkündung des **StEntlG** 1999/2000/2002 gestellt wird, weil ab diesem Stichtag die Gesetzesänderung bekannt war.[6] M. E. ist eine Anwendung bei einer Antragstellung vor dem 31. 3. 1999 wegen eines Verstoßes gegen das Rückwirkungsverbot nicht statthaft. 34

§ 4 Abs. 4a EStG wird unter verschiedenen Aspekten verfassungsrechtlich diskutiert. Es liegt weder eine unzulässige Rückwirkung vor,[7] noch ein Verstoß gegen das Demokratieprinzip[8] oder das Nettoprinzip[9] noch gegen den Bestimmtheitsgrundsatz. Verfassungsrechtliche Bedenken bestehen im Hinblick auf den Gleichheitsgrundsatz nach Art. 3 GG wegen der Höhe der nicht abziehbaren Schuldzinsen und der fehlenden Möglichkeit, einen geringeren privaten Zinsaufwand nachzuweisen.[10] Gegebenenfalls sind bei Sachverhalten, in denen die Typisierung zu grob sachwidrigen Ergebnissen führt, zwingend Billigkeitsmaßnahmen nach § 163 AO geboten.[11] Verfassungsrechtliche Zweifel bestehen auch an der Regelung des § 52 Abs. 11 Satz 2 EStG i. d. F. des StÄndG 2001, nach der Unterentnahmen bis zum 31. 12. 2008 nicht zu berücksichtigen sind.[12] 35

---

1 Vgl. BFH v. 25. 1. 2006 - IV R 14/04, BStBl 2006 II 418; gl. A. *Kanzler*, FR 1999, 833; a. A. *Eisgruber/Schallmoser*, DStR 1999, 1936.
2 HHR/*Stapperfend*, § 4 EStG Rz. 358.
3 *Drüen*, FR 1999, 3; *Schneider*, StuW 2004, 293; *Kanzler*, FR 1998, 233.
4 BMF v. 23. 3. 2001, BStBl 2001 I 244.
5 BStBl 2000 I 587.
6 BFH v. 2. 8. 2006 - XI R 34/02, BStBl 2006 II 887; BFH v. 14. 2. 2007 - XI R 16/05, BFH/NV 2007, 1293 = NWB DokID: EAAAC-46917.
7 BFH v. 21. 9. 2005 - X R 47/03, BFH/NV 2006, 180 = NWB DokID: AAAAB-71706.
8 BFH v. 21. 9. 2005 - X R 47/03 BFH/NV 2006, 180 = NWB DokID: AAAAB-71706.
9 BFH v. 7. 3. 2006 - X R 44/04, BStBl 2006 II 588.
10 Vgl. im Einzelnen HHR/*Schallmoser*, § 4 EStG Rz. 1036.
11 HHR/*Schallmoser*, § 4 EStG Rz. 1036.
12 BFH v. 21. 5. 2010 - IV B 88/09, BFH/NV 2010, 1613 = NWB DokID: MAAAD-47461 (verfassungsrechtlich zweifelhaft); BFH v. 9. 5. 2012 - X R 30/06, BStBl 2012 II 667 keine verfassungsrechtlichen Zweifel, Verfassungsbeschwerde 2 BvR 1868/12 nicht zur Entscheidung angenommen.

36 Inwieweit bei den einzelnen Abzugsverboten nach § 4 Abs. 5 EStG verfassungsrechtliche Bedenken bestehen, wird jeweils im Rahmen der systematischen Kommentierung erläutert. Grundsätzlich unterliegt das Verbot, bestimmte Aufwendungen steuerlich zum Abzug zuzulassen, verfassungsrechtlichen Bedenken im Hinblick auf das objektive Nettoprinzip,[1] ein eventueller Verstoß wird damit gerechtfertigt, dass § 4 Abs. 5 EStG überwiegend solche Fälle regelt, in denen der Aufwand die Privatsphäre des Stpfl. trifft.[2]

37 Der BFH hat dem BVerfG die Frage zur Entscheidung vorgelegt, ob der Ausschluss von Kosten für die Erstausbildung oder ein Erststudium in § 4 Abs. 9 EStG gegen Art. 3 Abs. 1 GG verstößt, weil die finanzielle Leistungsfähigkeit einkommensteuerlich nicht ausreichend berücksichtigt wird.[3] Die Neuregelung des § 4 Abs. 9 EStG ändert an dieser grundsätzlichen Frage nichts, da nur der Begriff der erstmaligen Berufsausbildung präzisiert wird.

38–39 (Einstweilen frei)

2. Europäisches Recht

LITERATUR:

Gosch, Rechtmäßigkeit der Entstrickungsbesteuerung nach § 20 UmwStG 1995, EuGH, Urteil vom 23.1.2014 - Rs. C-164/12, DMC Beteiligungsgesellschaft, IWB 2014, 183; *Kahle/Eichholz*, Entstrickung nach § 4 Abs. 1 Satz 3 und 4 EStG, StuB 2014, 867 ff.; *Rasch/Wenzel*, Vereinbarkeit der Entstrickungsbesteuerung nach § 4 Abs. 1 Satz 4 EStG mit der Niederlassungsfreiheit – EuGH, Urteil vom 21.5.2015 – Rs. C-657/13, NWB 2015, 579; *Schiefer*, Entstrickungsbesteuerung vor SEStEG verstößt nicht gegen Europarecht, Europarechtskonformität des § 4g EStG nicht abschließend geklärt, NWB 2015, 2289.

40 Nicht abschließend geklärt ist die Frage, ob § 4 Abs. 1 Sätze 3 und 4 EStG i. V. m. der Stundungsregelung des § 4g EStG mit der **Niederlassungsfreiheit** des Art. 49 AEUV vereinbar ist.[4] Der EuGH hat in der Rechtssache C-657/2013 (Verder LabTec)[5] zur alten Rechtslage entschieden, dass die **Sofortaufdeckung** der stillen Reserven bei einer Überführung eines Wirtschaftsguts von einer inländischen in eine ausländische Betriebsstätte nach der **finalen Entnahmetheorie** grundsätzlich einen Eingriff in die Niederlassungsfreiheit darstellt. Dieser ist nach der Rechtsprechung des EuGH aber gerechtfertigt durch zwingende Gründe des Allgemeinwohls, namentlich der zutreffenden Sicherstellung der **Aufteilung von Besteuerungsgrundlagen** zwischen den Mitgliedsstaaten. Die Maßnahme der sofortigen Realisierung von stillen Reserven ist nach dieser Entscheidung jedenfalls dann verhältnismäßig, wenn die Besteuerung auf zehn Jahre gestreckt werden kann, wie dies der **Betriebsstättenerlass** aus dem Jahr 1999 vorgesehen hat.[6] Ob die fünfjährige Streckung der Besteuerung nach § 4g EStG die grundsätzlich unverhältnismäßige Sofortbesteuerung[7] verhältnismäßig macht, lässt der EuGH in dieser Entscheidung ausdrücklich offen. In der Rechtssache DMC v. 23.1.2014 - C-164/12[8] wurde jedoch festgestellt, dass eine fünfjährige **Steuerstundung** nach § 21 Abs. 2 Sätze 3 bis 6 UmwStG 1995

---

1 Stöcker in Korn, § 4 EStG Rz. 97 f.
2 Stapperfend, § 4 EStG Rz. 1100.
3 BFH v. 17.7.2014 - VI R 2/12, BFH/NV 2014, 1954 = NWB DokID: SAAAE-78515; BFH v. 17.7.2014 - VI R 8/12, BFH/NV 2014, 1970 = NWB DokID: CAAAE-78516.
4 Vgl. Benecke/Schnitger, IStR 2007, 22; Förster, DB 2007, 75; Rödder/Schumacher, DStR 2007, 369; HHR/Musil, § 4 EStG Rz. 226.
5 EuGH v. 21.5.2015 - C-657/13, Verder LabTec, NWB DokID: YAAAE-91181; vgl. dazu auch KKB/Kanzler, § 6b EStG Rz. 27, im Hinblick auf die europarechtliche Problematik des § 6b EStG.
6 BMF v. 24.12.1999, BStBl 1999 I 1076.
7 Vgl. EuGH v. 29.11.2011 - C-371/10, National Grid Indus, BFH/NV 2012, 364 = NWB DokID: LAAAE-00703.
8 EuGH v. 23.1.2014 - C 164-12, BFH/NV 2014, 478, = NWB DokID: NAAAE-54684.

auch gegen **Sicherheitenleistung** verhältnismäßig ist. M. E. entspricht die Regelung in Verbindung mit der Regelung des § 4g EStG europarechtlichen Vorgaben.[1]

(Einstweilen frei) 41–44

VI. Verhältnis zu anderen Regelungen

LITERATUR:

Kanzler, Die steuerliche Gewinnermittlung zwischen Einheit und Vielfalt, FR 1998, 233 ff.; Drüen, Zur Wahl der steuerlichen Gewinnermittlungsart, DStR 1999, 1589 ff.; Kahle/Eichholz, Entstrickung nach § 4 Abs. 1 Satz 3 und 4 EStG, StuB 2014, 867.

Verhältnis zu § 5 EStG: § 5 EStG hat aufgrund der engeren Voraussetzungen Vorrang vor § 4 Abs. 1 EStG, verweist aber immer wieder auf die Regelungen des § 4 Abs. 1 EStG. So wird in § 5 Abs. 1 Satz 1 EStG auf das Betriebsvermögen nach § 4 Abs. 1 Satz 1 EStG Bezug genommen. Auch auf die Vorschriften über Einlagen und Entnahmen in § 4 Abs. 1 Satz 2 EStG, des § 4 Abs. 2 EStG über die Bilanzkorrekturen und § 4 Abs. 4 bis 7 EStG über die abziehbaren Betriebsausgaben wird in § 5 Abs. 6 EStG verwiesen. Umgekehrt sind nach ständiger Rechtsprechung des BFH im Bereich des § 4 Abs. 1 EStG auch die Regeln der GoB, soweit sie in § 5 Abs. 2 bis 5 EStG präzisiert sind,[2] anzuwenden. Im Hinblick auf Rückstellungen gilt die Verpflichtung des § 249 Abs. 1 Satz 1 HGB nicht, dennoch ist der Stpfl. berechtigt, auch im Rahmen der Gewinnermittlung Rückstellungen i. S. d. § 249 HGB zu bilden, soweit dies nicht nach allgemeinen steuerrechtlichen Grundsätzen ausgeschlossen ist. 45

Im Anwendungsbereich von § 4 Abs. 3 EStG ist die Anwendung des § 5 EStG ausgeschlossen.

Grundnorm: § 4 Abs. 1 EStG wird im Verhältnis zu § 4 Abs. 3 EStG zutreffend als die Grundform der Gewinnermittlung[3] angesehen, obwohl alle Einkunftsermittlungsarten gleichwertig nebeneinander stehen[4] mit der Folge, dass bei Schätzungen der Gewinn nicht nach § 4 Abs. 3 EStG, sondern nach § 4 Abs. 1 EStG zu ermitteln ist, auch wenn die Voraussetzungen des § 4 Abs. 3 EStG vorliegen.[5] § 9 Abs. 1 Satz 1 EStG definiert für den Bereich der Überschusseinkünfte den Begriff der Werbungskosten. Trotz des von § 4 Abs. 4 EStG abweichenden Wortlauts legt die Rechtsprechung auch § 9 Abs. 1 Satz 1 EStG dahin gehend aus, das Werbungskosten solche Aufwendungen sind, die durch den Beruf oder die Einnahmeerzielung veranlasst sind.[6] Überschneidungen im Anwendungsbereich ergeben sich nicht, weil § 9 EStG für die Überschusseinkunftsarten und § 4 EStG für die Gewinneinkunftsarten gilt. § 4 Abs. 1 Satz 3 und 4 EStG gehen § 6 Abs. 5 EStG und § 1 AStG vor.[7] 46

(Einstweilen frei) 47–50

---

1 So auch HHR/*Musil*, § 4 Rz. 226, FG Düsseldorf v. 19. 11. 2015 - 8 K 3664/11 F, NWB DokID: GAAAF-48951, nrkr. Rev.: BFH I R 95/15, differenzierend *Kahle/Eichhorn*, StuB 2014, 867 ff.
2 BFH v. 6. 12. 1983 - VIII R 110/79, BStBl 1984 II 227; BFH v. 10. 9. 1998 - IV R 80/96, BStBl 1999 II 21.
3 BFH v. 19. 3. 2009 - IV R 57/07, BStBl 2009 II 659; BFH v. 21. 7. 2009 - X R 46/08, BFH/NV 2010, 186 = NWB DokID: RAAAD-33114; a. A. *Kanzler*, FR 1998, 233 ff. (245), *Drüen*, DStR 1999, 1589 ff.
4 *Kanzler*, FR 1998 233 ff. (240).
5 Vgl. im Einzelnen HHR/*Kanzler*, vor §§ 4 bis 7 EStG Rz. 13.
6 BFH v. 21. 9. 2009 - GrS 1/06, BStBl 2010 II 672.
7 *Kahle/Eichholz*, StuB 2014, 867.

B. Systematische Kommentierung

I. Betriebsvermögen und Betriebsvermögensvergleich (§ 4 Abs. 1 EStG)

> ARBEITSHILFEN UND GRUNDLAGEN ONLINE:
>
> *Grützner*, Bilanzierung von Betriebsvorrichtungen (HGB, EStG), NWB DokID: OAAAE-70917; *Kolbe*, Betriebsvermögen (EStG), NWB DokID: BAAAB-14222; *Schäfer-Elmayer/Stolz*, Betriebsvorrichtung, NWB DokID: XAAAE-33495.

1. Grundsätze der Gewinnermittlung

a) Gewinnermittlungsarten

51 Das Einkommensteuerrecht sieht grundsätzlich zwei verschiedene Einkunftsarten vor, die sich entscheidend durch die Art der Gewinnermittlung unterscheiden, zum einen die Gewinneinkünfte nach § 2 Abs. 2 Nr. 1 bis 3 EStG und die Überschusseinkünfte nach § 2 Abs. 2 Nr. 4 bis 7 EStG. § 4 EStG ist die zentrale Vorschrift des EStG zur Ermittlung des steuerlichen Gewinns.

52 **Zwei Gewinnermittlungsarten:** Auch die Ermittlung des Gewinns bei den Gewinneinkünften ist grundsätzlich auf zwei unterschiedliche Arten möglich, den statischen Bestandsvergleich und die dynamische Gewinnermittlung durch Gegenüberstellung der Einnahmen und Ausgaben. § 4 Abs. 1 Satz 1 EStG gibt für die Stpfl., die aufgrund Handels- oder Steuerrecht verpflichtet sind, Bücher zu führen oder diejenigen, die solche Bücher freiwillig führen, einen Bestandsvergleich als Art der Gewinnermittlung vor. Gewinn ist der Unterschiedsbetrag zwischen dem Betriebsvermögen am Schluss des Wirtschaftsjahrs und dem Betriebsvermögen am Schluss des vorangegangenen Wirtschaftsjahrs, vermehrt um die Entnahmen, vermindert um die Einlagen. Dieser Unterschiedsbetrag kann auch negativ – durch einen Verlust – entstanden sein. Entscheidend bei dieser statischen Form der Gewinnermittlung ist die Frage, welche Bestandsveränderungen jeweils zu erfassen sind (vgl. dazu → Rz. 401 ff.). Die Gewinnermittlung durch Bestandsvergleich beinhaltet auch ein dynamisches Element, die Berücksichtigung der Betriebsausgaben nach § 4 Abs. 4 EStG i. V. m. § 4 Abs. 1 Satz 6 EStG, die über die Aufwandskonten und letztlich die Gewinn- und Verlustrechnung als Unterkonto des Kapitalkontos in die Gewinnermittlung nach § 4 Abs. 1 EStG einfließen.

53 Ergänzend zu dieser Art der Gewinnermittlung per Bestandsvergleich legt § 5 Abs. 1 Satz 1 EStG fest, dass für Gewerbetreibende, die aufgrund gesetzlicher Vorschriften verpflichtet sind, Bücher zu führen, zum Schluss des Wirtschaftsjahrs jeweils das Betriebsvermögen anzusetzen ist, das sich nach den Grundsätzen ordnungsgemäßer Buchführung ergibt, sofern nicht aufgrund der Ausübung steuerlicher Wahlrechte ein anderer Ansatz gewählt wurde. § 5 Abs. 1 EStG stellt insofern keine eigene Art der Gewinnermittlung dar, sondern legt den Bestandsvergleich zugrunde. Die Pflicht, Bücher zu führen, ergibt sich für Gewerbetreibende und Land- und Forstwirte aus § 140 AO i. V. m. §§ 238 ff. HGB, wenn handelsrechtliche Buchführungspflichten bestehen und aus § 141 AO, wenn diese Pflichten nicht bestehen. Für Selbständige, die Einkünfte i. S. d. § 18 EStG erzielen, bestehen keine Buchführungspflichten.

54 § 4 Abs. 3 EStG erlaubt in den Fällen, in denen keine Buchführungspflichten i. S. d. § 4 Abs. 1 EStG bestehen, auch eine dynamische Gewinnermittlung durch Ermittlung des Überschusses aus Einnahmen und Betriebsausgaben. Für diese Art der Gewinnermittlung gilt das Zu- und Abflussprinzip des § 11 EStG. Die Gewinnermittlung nach § 4 Abs. 1 EStG stellt den Regelge-

winnermittlungstatbestand dar, § 4 Abs. 3 EStG die Ausnahme, dennoch stehen beide Einkunftsermittlungsarten gleichwertig nebeneinander.

Besondere Gewinnermittlungsarten sehen § 5a EStG für den Betrieb von Handelsschiffen und § 13a EStG für Betriebe der Land- und Forstwirtschaft vor. 55

(Einstweilen frei) 56–60

b) Unterschiede zwischen den Gewinnermittlungsarten

Zwischen den Gewinnermittlungsarten nach § 4 Abs. 1 EStG und § 5 EStG ergeben sich heute keine Unterschiede mehr. Unabhängig davon, ob die Gewinnermittlung nach § 4 Abs. 1 EStG oder nach § 4 Abs. 3 EStG erfolgt, dürfen sich nach dem Grundsatz der Gesamtgewinngleichheit (s. auch → Rz. 401 ff.) auf die Laufzeit eines Betriebs keine Unterschiede in der Höhe des insgesamt erzielten Gewinns ergeben. Bedingt durch die Anwendung des Zuflussprinzips bei § 4 Abs. 3 EStG und die Geltung des Realisationsprinzips bei § 4 Abs. 1 EStG und § 5 EStG kommt es aber zwingend zur zeitlich unterschiedlichen Erfassung realisierter bzw. zugeflossener Gewinne. 61

Auch im Hinblick auf den Aufwand kann es zu unterschiedlicher zeitlicher Erfassung kommen. Hier bietet die Gewinnermittlung nach § 4 Abs. 1 und Abs. 2 EStG einen weiteren Ermessensspielraum für den Stpfl. Während Betriebsausgaben ausschließlich im Zeitpunkt der tatsächlichen Zahlung steuerlich abziehbar und damit nicht nachholbar sind, verbleibt bei den bilanziell zu erfassenden Passivposten ein Einschätzungsspielraum des Stpfl., ob Passivposten aus Gründen von Vorsicht und Vollständigkeit schon zu erfassen sind. 62

Die Einnahmenüberschussrechnung nach § 4 Abs. 3 EStG ist buchungstechnisch die einfachere Gewinnermittlungsart (vgl. → Rz. 388 ff.), weil weder Bestandskonten zu führen sind, eine Kassenbuchführung nicht zwingend und eine Inventur nicht erforderlich ist. Unterschiede im Hinblick auf die Bildung von gewillkürtem Betriebsvermögen wurden vom BFH im Rahmen einer verfassungskonformen Auslegung des Betriebsvermögensbegriffs abgelehnt.[1] 63

Die Tarifbegünstigung für nicht entnommene Gewinne nach § 34a EStG kann nur von Stpfl. in Anspruch genommen werden, die ihren Gewinn nach § 4 Abs. 1 EStG oder § 5 EStG ermitteln, Gleiches gilt für die Tonnagebesteuerung nach § 5a EStG, die Regelungen über die Bewertungsfreiheit nach § 81 und § 82f EStDV. Billigkeitsmaßnahmen im Zusammenhang mit Sanierungsmaßnahmen sind nur beim Bestandsvergleich möglich.[2] 64

(Einstweilen frei) 65–68

c) Wechsel der Gewinnermittlungsart

Möglichkeiten des Wechsels: Ein Wechsel der Gewinnermittlungsart kommt in Betracht, entweder, weil eine gesetzliche Pflicht zum Wechsel besteht oder weil ein Wahlrecht ausgeübt wird. Ist ein Stpfl. beispielsweise aufgrund Erreichens bestimmter Größenmerkmale verpflichtet, Bücher zu führen (§§ 140, 141 AO) und hat zuvor den Gewinn nach § 4 Abs. 3 EStG ermittelt, muss er zur Gewinnermittlung nach § 4 Abs. 1 EStG übergehen. Auch wenn die Voraussetzungen der §§ 5a oder 13a EStG wegfallen, ist ein Wechsel zwingend. Ein Wechsel der Gewinnermittlungsart ist auch von der Gewinnermittlung nach § 4 Abs. 1 EStG zu § 4 Abs. 3 EStG oder 69

---

1 BFH v. 2. 10. 2003 - IV R 13/03, BStBl 2004 II 985.
2 BMF v. 27. 3. 2003, BStBl 2003 I 240.

umgekehrt möglich, ebenso wie ein Wechsel zur Gewinnermittlung nach § 5a EStG oder § 13a EStG. Nach der Rechtsprechung des BFH und der Auffassung der Finanzverwaltung soll auch die Einbringung eines Betriebs oder eines Mitunternehmeranteils in eine Personen- oder Kapitalgesellschaft (§§ 20, 24 UmwStG) und die Realteilung nach § 16 EStG die Umstellung der Gewinnermittlung von § 4 Abs. 3 EStG zur Gewinnermittlung durch Bestandsvergleich nach § 4 Abs. 1 EStG erzwingen.[1] Nach neuerer Ansicht der Finanzverwaltung ist eine Umstellung der Gewinnermittlung nicht erforderlich, wenn die Einbringung nach § 24 UmwStG in vollem Umfang zum Buchwert erfolgt, wenn über Aufzeichnungen sichergestellt ist, dass die übergehenden Wirtschaftsgüter und ihre Werte vollständig und zutreffend erfasst werden.[2] Auch bei der Betriebsaufgabe oder -veräußerung muss die Gewinnermittlungsart auf § 4 Abs. 1 EStG umgestellt werden (§ 16 Abs. 2 Satz 2 EStG).[3] Keine Betriebsaufgabe stellt der Strukturwandel zur Liebhaberei dar, eine Pflicht zum Wechsel der Gewinnermittlungsart besteht in diesem Zusammenhang nicht.[4]

70 **Wahlrechtsausübung:** Sofern die Voraussetzungen des § 4 Abs. 3 EStG vorliegen, hat der Stpfl. ein Wahlrecht, ob er seinen Gewinn nach dieser Vorschrift oder nach § 4 Abs. 1 EStG ermittelt.[5] Das Wahlrecht steht ausschließlich dem Stpfl. selbst zu,[6] der es zugunsten von § 4 Abs. 1 EStG dadurch ausübt, dass er eine Eröffnungsbilanz aufstellt, eine kaufmännische Buchführung einrichtet und seinen Abschluss durch Bestandsvergleich aufstellt.[7] Sammelt er die Belege und zeichnet seine Einnahmen und Ausgaben auf, so hat er sein Wahlrecht zugunsten der Gewinnermittlung nach § 4 Abs. 3 EStG ausgeübt, daran ist er erst gebunden, wenn er die Steuererklärung abgegeben hat.[8] Entscheidend ist die tatsächliche Handhabung.[9] Wird keine dieser Optionen gewählt, so gilt die Gewinnermittlung nach § 4 Abs. 1 EStG,[10] weil diese aufgrund der Systematik des Gesetzes die Grundnorm für die Gewinnermittlung darstellt.[11]

71 **Bindung:** Wurde das Wahlrecht in dieser Weise ausgeübt, so gilt diese Wahl stillschweigend in den Folgejahren weiter, es sei denn, das Wahlrecht würde in anderer Weise ausgeübt.[12] Der Stpfl. darf ohne wirtschaftlichen Grund nicht laufend zwischen den Gewinnermittlungsarten hin und her wechseln.[13] Ein solcher Grund liegt nicht vor, wenn sich der Stpfl. über steuerliche Folgen seiner Wahlrechtsausübung irrt.[14]

---

1 BFH v. 5.4.1984 - IV R 88/80, BStBl 1984 II 518; BFH v. 15.5.1986 - IV R 146/84, BFH/NV 1988, 84 = NWB DokID: MAAAB-28795; BFH v. 29.1.1998 - IV B 73/95, BFH/NV 1996, 548 = NWB DokID: FAAAB-38046; BFH v. 14.11.2007 - XI R 32/06, BFH/NV 2008, 385 = NWB DokID: MAAAC-70390; 4.5 Abs. 6 Satz 2 EStR; BMF v. 11.11.2011, BStBl 2011 I 1314, Tz. 24.03.
2 OFD NRW v. 9.2.2016, NWB DokID: OAAAF-74530.
3 *Happe*, Wechsel der Gewinnermittlungsart, NWB DokID: PAAAE-23850.
4 BFH v. 11.5.2016 - X R 61/14, BFH/NV 2016, 1371 = NWB DokID: FAAAF-78700.
5 OFD Niedersachsen v. 17.2.2010, NWB DokID: UAAAD-39623.
6 BFH v. 30.9.1980 - VIII R 201/78, BStBl 1981 II 301.
7 BFH v. 19.3.2009 - IV R 57/07, BStBl 2009 II 659.
8 BFH v. 5.11.2015 - III R 13/13, BStBl 2016 II 468; H 4.5 (1) „Wahl der Gewinnermittlungsart" EStH.
9 BFH v. 2.6.2016 - IV R 39/13, BFH/NV 2016, 1613 = NWB DokID: AAAAF-81842.
10 BFH v. 12.10.1994 - X R 192/93, BFH/NV 1995, 587 = NWB DokID: DAAAA-97295; BFH v. 19.3.2009 - IV R 57/07, BStBl 2009 II 659.
11 BFH v. 19.3.2009 - IV R 57/07, BStBl 2009 II 659.
12 BFH v. 24.9.2008 - X R 58/06, BStBl 2009 II 368.
13 BFH v. 24.11.1959 - 147/58 U, BStBl 1960 III 188; BFH v. 19.11.2000 - IV R 18/00, BStBl 2001 II 102.
14 BFH v. 2.6.2016 - IV R 39/13, BFH/NV 2016, 1613 = NWB DokID: AAAAF-81842.

An die Entscheidung den Gewinn nach § 4 Abs. 3 EStG zu ermitteln, ist der Stpfl. grundsätzlich für drei Jahre gebunden,[1] wenn er das Wahlrecht kannte[2] und kein wirtschaftlicher Grund für einen Wechsel, z. B. die Einbringung in eine Personengesellschaft, vorliegt.[3] Im Übrigen ist er berechtigt, eine einmal getroffene Wahl für die Zukunft zu revidieren, sofern die materiellen Voraussetzungen für die Ausübung des Wahlrechts noch gegeben sind.

Zeitliche Möglichkeiten zur Wahlrechtsausübung: In zeitlicher Hinsicht kann das Wahlrecht zur Einnahmenüberschussrechnung noch nach Ende des Wirtschaftsjahrs ausgeübt werden. Zwar sind Stpfl., die ihren Gewinn nach § 4 Abs. 1 EStG ermitteln, verpflichtet, eine Eröffnungsbilanz zu erstellen und die laufende Buchführung zeitnah einzurichten,[4] so dass ein Wahlrecht zur Gewinnermittlung nach § 4 Abs. 1 EStG nicht zulässig ist, wenn dies nicht erfolgt ist. Da die Wahl erst abgeschlossen ist mit Aufstellung eines Abschlusses i. S. d. § 4 Abs. 1 EStG, kann bis zur endgültigen Aufstellung nach Ende des Wirtschaftsjahrs jedoch immer noch ein Wechsel zur Gewinnermittlung nach § 4 Abs. 3 EStG erfolgen.[5] Die Ausübung des Wahlrechts ist möglich bis zum Schluss der mündlichen Verhandlung im Finanzgerichtsverfahren.[6] Das Wahlrecht gilt zutreffend als ausgeübt, wenn eine Steuererklärung eingereicht wurde, der eine Einnahmenüberschussrechnung zugrunde lag.[7]

Da die Ausübung einen tatsächlichen Vorgang darstellt, kann in diesem Fall keine Änderung mehr hin zur Gewinnermittlung nach § 4 Abs. 1 EStG erfolgen. Auch ein Widerruf scheidet aus.[8]

Eröffnungsbilanz: Ein Wechsel von der Gewinnermittlung nach § 4 Abs. 3 EStG hin zur Gewinnermittlung nach § 4 Abs. 1 EStG ist allerdings nur möglich, wenn zeitnah zu Beginn des Wirtschaftsjahrs eine Eröffnungsbilanz aufgestellt und eine Buchführung eingerichtet wurde.[9] In diesem Fall ist die Eröffnungsbilanz als Übergangsbilanz zu erstellen, in der erstmals Forderungen und Verbindlichkeiten zu erfassen sind. Ein daraus resultierender Übergangsgewinn ist als laufender Gewinn steuerpflichtig.[10]

Wechsel von der Einnahmenüberschussrechnung zum Bestandsvergleich:[11] Beim Wechsel von der Einnahmenüberschussrechnung zum Bestandsvergleich ist auf den Anfang des Jahres, in dem der Wechsel erfolgt, eine Übergangsbilanz als Anfangsbilanz zu erstellen. Dabei sind die Besonderheiten zu berücksichtigen, die sich aus der bisherigen Anwendung des Zufluss- und Abflussprinzips und der zukünftigen Erfassung von Bestandsveränderungen ergeben.

---

1 BFH v. 9. 11. 2000 - IV R 18/00, BStBl 2001 II 102, BFH v. 19. 10. 2005 - XI R 4/04, BStBl 2006 II 509; BFH v. 21. 7. 2009 - X R 46/08, BFH/NV 2010, 186 = NWB DokID: RAAAD-33114; H 4.6. „Erneuter Wechsel der Gewinnermittlungsart" EStH.
2 BFH v. 1. 10. 1996 - VIII R 40/94, BFH/NV 1997, 403 = NWB DokID: NAAAA-97351.
3 BFH v. 9. 11. 2000 - IV R 18/00, BStBl 2001 II 102.
4 BFH v. 19. 10. 2005 - XI R 4/04 BStBl 2006 II 509, BFH v. 8. 9. 2005 - IV B 107/04, BFH/NV 2006, 276 = NWB DokID: DAAAB-71115.
5 BFH v. 19. 3. 2009 - IV R 57/07, BStBl 2009 II 659; BFH v. 20. 3. 2013 - X R 15/11, BFH/NV 2013, 1548 = NWB DokID: DAAAE-42766.
6 BFH v. 20. 3. 2013 - X R 15/11, BFH/NV 2013, 1548 = NWB DokID: DAAAE-42766.
7 OFD Niedersachsen v. 17. 2. 2010, NWB DokID: UAAAD-39623; FG Schleswig-Holstein v. 26. 7. 2011 - 2 K 123/10, EFG 2013, 916; BFH v. 5. 11. 2015 - III R 13/13, BStBl 2016 II 468.
8 BFH v. 2. 6. 2016 - IV R 39/13, BFH/NV 2016, 1613 = NWB DokID: AAAAF-81742.
9 BFH v. 19. 10. 2005 - XI R 4/04, BStBl 2006 II 506; H 4.6. „Wechsel zum Betriebsvermögensvergleich" EStH.
10 BFH v. 24. 10. 1972 - VIII R 32/67, BStBl 1973 II 233.
11 Vgl. auch Anlage zu R 4.6. EStR.

75 **Nicht abnutzbare Wirtschaftsgüter** des Anlagevermögens und des Umlaufvermögens i. S. d. § 4 Abs. 3 Satz 4 EStG sind mit den Werten nach § 4 Abs. 3 Satz 5 EStG anzusetzen. Mit diesen Werten waren sie bereits bei der Einnahmenüberschussrechnung erfasst, eine Gewinnerhöhung ergibt sich nicht.

76 Für **abnutzbare Wirtschaftsgüter** des Anlagevermögens ergibt sich aus dem Wechsel der Gewinnermittlungsart grundsätzlich kein Unterschied, sie sind mit den Werten anzusetzen, mit denen sie zu Buche stehen würden, wenn von Anfang an der Gewinn durch Betriebsvermögensvergleich ermittelt worden wäre.[1] Dieser Wert entspricht i. d. R. dem Buchwert bei der Einnahmenüberschussrechnung. Sofern bei der Einnahmenüberschussrechnung Teilwertabschreibungen als nicht zulässig[2] nicht vorgenommen wurden, sind sie bei Erstellung der Übergangsbilanz nachzuholen.

77 **Warenbestand** und Umlaufvermögen ist beim Wechsel von der Einnahmenüberschussrechnung zum Bestandsvergleich gewinnerhöhend im Bestand zu erfassen, wenn deren Anschaffung zu abziehbaren Betriebsausgaben geführt hat.[3] Gleiches gilt für Forderungen, die beim Wechsel zum Bestandsvergleich gewinnerhöhend einzubuchen sind. Ebenso ist mit aktiven Rechnungsabgrenzungsposten zu verfahren. Verbindlichkeiten, sofern es sich nicht um Darlehensverbindlichkeiten handelt, sind gewinnmindernd einzubuchen, gleiches gilt für Rückstellungen und passive Rechnungsabgrenzungsposten.

78 **Wechsel zur Einnahmenüberschussrechnung:** Bei einem Wechsel zur Einnahmenüberschussrechnung sind Warenbestand, Umlaufvermögen, Forderungen und aktive Rechnungsabgrenzungsposten (RAP) gewinnmindernd auszubuchen. Verbindlichkeiten, Rückstellungen und passive RAP sind gewinnerhöhend auszubuchen. Einnahmen, die über mehrere Jahre fließen, erhöhen den Gewinn erst bei Zufluss, Ausgaben mindern den Gewinn zukünftig bei Abfluss, bereits eingegangene Einnahmen, die durch einen passiven Rechnungsabgrenzungsposten ausgeglichen werden, müssen aufgrund des bereits erfolgten Zuflusses als Gewinn erfasst werden.

79 **Verteilung des Übergangsgewinns:** Aufgrund der Erstellung der Übergangsbilanz kann sich ein Übergangsgewinn ergeben. Nach Auffassung der Finanzverwaltung besteht beim Wechsel der Gewinnermittlungsart im laufenden Betrieb die Möglichkeit zur Abmilderung der Progressionseffekte, den Übergangsgewinn auf zwei oder drei Jahre zu verteilen,[4] dies gilt nicht bei einem Wechsel vom Bestandsvergleich zur Einnahmenüberschussrechnung,[5] bei Betriebsveräußerung, Betriebsaufgabe oder Buchwerteinbringung.[6] Veräußert der Stpfl. den Betrieb vor Ablauf des Verteilungszeitraums oder gibt er ihn auf, so sind die Restbeträge des Übergangsgewinns dem letzten Wirtschaftsjahr vor Veräußerung/Aufgabe zuzurechnen.[7] Hintergrund für die Möglichkeit der Verteilung ist die Tatsache, dass mit dem Wechsel der Gewinnermittlungsart kein Liquiditätszufluss verbunden ist und mit einer Sofortversteuerung u. U. der Bestand des Betriebs gefährdet ist. Bei der Einbringung freiberuflicher Praxen kann das Problem

---

1 H 4.6. „Bewertung von Wirtschaftsgütern" EStH.
2 BFH v. 19. 10. 2006 - III R 6/05, BStBl 2007 II 30; a. A. HHR/*Kanzler*, § 4 EStG Rz. 536.
3 BFH v. 28. 5. 1968 - IV R 202/67, BStBl 1968 II 650; BFH v. 24. 1. 1985 - IV R 155/83, BStBl 1985 II 255; H 4.6 „Gewinnberichtigungen" EStH.
4 R 4.6 Abs. 1 Satz 2 EStR.
5 A. A. *Nacke* in Littmann/Bitz/Pust, § 4 EStG Rz. 2255.
6 BFH v. 13. 9. 2001 - IV R 13/01, BStBl 2002 II 287; H 4.6 „Keine Verteilung des Übergangsgewinns" EStH.
7 R 4.6. Abs. 1 Satz 3 EStR.

des Übergangsgewinns dadurch gelöst werden, dass die Praxis zu Beginn des Jahres mit steuerlichem Einbringungsstichtag auch zu Beginn des Jahres erfolgt, weil i. d. R. die noch offenen Forderungen, die in der Übergangsbilanz zu aktivieren sind, im laufenden Jahr zufließen. Auch ein Zurückbehalten von Forderungen beim einbringenden Gesellschafter ist zulässig und führt zu einer Versteuerung bei Zufluss.[1]

In Ausnahmefällen kann beim Wechsel vom Bestandsvergleich zur Einnahmenüberschussrechnung eine Korrektur anzusetzender Änderungen erst in dem Jahr vorgenommen werden, in dem sich der Betriebsvorgang, der dieser Korrektur zugrunde liegt, auswirkt.[2] Aus Vereinfachungsgründen werden die beim Wechsel vom Bestandsvergleich zur Einnahmenüberschussrechnung erforderlichen Hinzurechnungen und Absetzungen im Jahr der Umstellung vorgenommen. In Ausnahmefällen kann auf den tatsächlichen Zu- und Abfluss abzustellen sein. 80

Ein Übergangsverlust ist nicht zu verteilen.[3] 81

Mit dem Wechsel der Gewinnermittlungsart ist keine Entnahme von Wirtschaftsgütern aus dem Betriebsvermögen verbunden (§ 4 Abs. 1 Satz 6 EStG), es kommt nicht zur Aufdeckung von stillen Reserven. 82

(Einstweilen frei) 83–89

2. Steuerlicher Gewinnbegriff (§ 4 Abs. 1 Satz 1 EStG)

a) Definition

§ 4 Abs. 1 Satz 1 EStG definiert den Gewinn als den Unterschiedsbetrag zwischen dem Betriebsvermögen am Schluss des Wirtschaftsjahrs und dem Betriebsvermögen am Schluss des vorangegangenen Wirtschaftsjahrs, vermehrt um die Summe der Entnahmen, vermindert um die Summe der Einlagen. Daraus ergibt sich ein zweistufiges Gewinnermittlungsschema, auf der ersten Stufe erfolgt der eigentliche Bestandsvergleich, auf der zweiten Stufe außerbilanzielle Korrekturen. 90

Erste Stufe der Gewinnermittlung: Auf der ersten Stufe ist das Vermögen am Schluss des Wirtschaftsjahrs zu ermitteln und dem zum Schluss des vorangegangenen Wirtschaftsjahrs ermittelten Betriebsvermögen gegenüber zu stellen. Da ein solcher Bestandsvergleich auch zu negativen Ergebnissen führen kann, schließt § 4 Abs. 1 Satz 1 EStG auch den Verlust ein. Korrekturen erfolgen bereits auf der Ebene des Bestandsvergleichs um steuerliche Ausgleichsposten nach § 4g EStG oder § 14 Abs. 4 KStG. 91

In den Gewinn fließen nach dieser Definition Bestandsveränderungen ein, aber auch Ertrag und Aufwand, weil diese den Bestand erhöht oder gemindert haben. Durch die Erfassung dieser Positionen erhält auch der Bestandsvergleich dynamische Bestandteile, die in der Gewinn- und Verlustrechnung abzubilden sind. Ertrag und Aufwand entsprechen den Begriffen Einnahmen und Ausgaben in der Gewinnermittlung nach § 4 Abs. 3 EStG. Sie sind aber nicht nach dem Zufluss- und Abflussprinzip zu erfassen, sondern entstehen in dem Jahr, dem sie nach den Grundsätzen ordnungsgemäßer Buchführung zuzuordnen sind. 92

---

1 Vgl. BFH v. 14. 11. 2007 - XI R 32/06, BFH/NV 2008, 385 = NWB DokID: MAAAC-70390.
2 BFH v. 17. 1. 1963 - IV 66/62 U, BStBl 1963 III 228.
3 H 4.6 „Keine Verteilung des Übergangsverlusts" EStH; BFH v. 23. 7. 2013 - VIII R 17/10, BStBl 2013 II 820.

93 **Zweite Stufe der Gewinnermittlung:** Auf der zweiten Stufe ist dieses Ergebnis um private Vorfälle, die Auswirkungen auf den Bestand des Betriebsvermögens hatten, sprich Einlagen und Entnahmen, zu korrigieren. Bei Körperschaften sind verdeckte Gewinnausschüttungen dem Gewinn hinzuzurechnen. Gegebenenfalls sind steuerliche Gewinnkorrekturen vorzunehmen, sei es, weil Aufwand steuerlich nicht abziehbar oder Ertrag steuerfrei ist, aber auch Korrekturbeträge nach § 1 AStG und Hinzurechnungen nach § 10 AStG sind auf dieser Ebene der Gewinnermittlung ebenso zu berücksichtigen wie Zinskorrekturen nach § 4h EStG und § 8a KStG.

b) Betriebsvermögensvergleich

94 **Grundlage des Vergleichs:** Als Grundlage des Vergleichs kommt dem Begriff des Betriebsvermögens zentrale Bedeutung bei der Gewinnermittlung nach § 4 Abs. 1 EStG zu. Die Anknüpfung an das Betriebsvermögen zum Schluss des vorangegangenen Wirtschaftsjahrs setzt den Bilanzzusammenhang voraus. Besteuert wird die Differenz zwischen dem bereits besteuerten Vorjahresbestand und dem Jahresendbestand des abgelaufenen Wirtschaftsjahrs. Dies folgt den handelsrechtlichen Grundsätzen, nach denen gem. § 242 Abs. 1 HGB zu Beginn des Handelsbetriebs eine Eröffnungsbilanz und zum Schluss jedes Wirtschaftsjahrs eine Schlussbilanz aufzustellen ist. Außerdem muss eine Gewinn- und Verlustrechnung erstellt werden (§ 242 Abs. 2 HGB), die als Unterkonto des Kapitalkontos in den Bestandsvergleich einfließt.

95 **Ordnungsgemäße Buchführung:** Notwendig für den Vergleich ist die zutreffende Ermittlung des Betriebsvermögens. Grundlage dafür ist sowohl für die Gewinnermittlung nach § 5 Abs. 1 EStG als auch für die Gewinnermittlung nach § 4 Abs. 1 EStG die laufende Buchführung (vgl. § 4 Abs. 2 EStG und § 4 Abs. 3 EStG), in der unterjährig die für die Bilanzerstellung relevanten Positionen aufgezeichnet werden. Die Buchführung muss ordnungsgemäß sein. Wann dies der Fall ist, ergibt sich für § 4 Abs. 1 EStG primär aus §§ 143 bis 146 AO, daneben sind § 238 HGB, § 239 Abs. 4 HGB und § 243 Abs. 1 HGB zu beachten. Es sind die kaufmännisch erforderlichen, formell ordnungsgemäßen Bücher zu führen, deren Inhalt sachlich richtig sein muss.[1] Damit entsprechen die Anforderungen an die Buchführung nach § 4 Abs. 1 EStG den Anforderungen an die Buchführung nach § 5 Abs. 1 EStG.

96 **Vergleichszeitraum:** § 4 Abs. 1 EStG knüpft für den Vergleich jeweils auf den Schluss des Wirtschaftsjahrs und den Schluss des vorangegangenen Wirtschaftsjahrs an. Dies entspricht den handelsrechtlichen Bilanzierungsvorschriften, nach denen der Kaufmann die Bilanz auf den Schluss des Wirtschaftsjahrs aufzustellen hat (§ 242 Abs. 1 Satz 1 HGB).

97 Das Wirtschaftsjahr ist bei Land- und Forstwirten der Zeitraum zwischen 1. 7. und 30. 6. (§ 4a Abs. 1 Satz 1 Nr. 1 EStG), bei Gewerbetreibenden, die im Handelsregister eingetragen sind, der Zeitraum für den sie regelmäßig Abschlüsse machen (§ 4a Abs. 1 Satz 1 Nr. 2 EStG) und bei allen anderen Gewerbetreibenden das Kalenderjahr (§ 4a Abs. 1 Satz 1 Nr. 3 EStG). Für Land- und Forstwirte mit nach § 4a Abs. 1 Satz 1 Nr. 1 EStG abweichendem Wirtschaftsjahr ist der Gewinn nach § 4a Abs. 2 Nr. 1 EStG aufzuteilen. Nach § 8c EStDV können sie ein abweichendes Wirtschaftsjahr bestimmen.[2] Weicht bei Gewerbetreibenden der Zeitraum für den sie regelmäßig Abschlüsse machen, vom Kalenderjahr ab, so gilt der Gewinn als in dem Kalenderjahr bezogen, in dem das solchermaßen abweichende Wirtschaftsjahr endet (§ 4a Abs. 2 Nr. 2 EStG).

---

1 BFH v. 25. 3.1954 - IV D 1/53 S, BStBl 1954 III 195.
2 Vgl. KKB/*Hallerbach*, § 4a EStG Rz. 33.

Für Freiberufler gilt der Grundsatz des § 2 Abs. 7 Satz 2 EStG, nach dem der Gewinn auf das Kalenderjahr zu ermitteln ist. Dies gilt auch, wenn die freiberufliche Tätigkeit in der Rechtsform der KG ausgeübt wird.[1] 98

Dauer des Wirtschaftsjahrs: Grundsätzlich dauert ein Wirtschaftsjahr zwölf Monate (§ 240 Abs. 2 Satz 2 HGB), darf diesen Zeitraum aber auch unterschreiten. Steuerlich darf dieser Zeitraum nach § 8b Satz 2 EStDV unterschritten werden wenn, 99

▶ ein Betrieb eröffnet, erworben, aufgegeben oder veräußert wird oder

▶ ein Stpfl. von regelmäßigen Abschlüssen auf einen bestimmten Tag zu regelmäßigen Abschlüssen auf einen anderen bestimmten Tag übergeht. Bei Umstellung eines Wirtschaftsjahrs, das mit dem Kalenderjahr übereinstimmt, auf ein vom Kalenderjahr abweichendes Wirtschaftsjahr und bei Umstellung eines vom Kalenderjahr abweichenden Wirtschaftsjahrs auf ein anderes vom Kalenderjahr abweichendes Wirtschaftsjahr gilt dies nur, wenn die Umstellung im Einvernehmen mit dem Finanzamt vorgenommen wird.

Die Anfangsbilanz als Grundlage des Vergleichs wird durch die Eröffnungsbilanz ersetzt, wenn der Betrieb eröffnet oder erworben wurde (§ 6 Abs. 1 EStDV). Die Schlussbilanz kann durch die Aufgabebilanz ersetzt werden.[2] 100

(*Einstweilen frei*) 101–105

3. Betriebsvermögen

Allgemeines: § 4 Abs. 1 EStG setzt den Begriff des Betriebsvermögens voraus, ohne ihn zu definieren. Der Begriff des Betriebsvermögens hat zweierlei Bedeutung. Zum einen besteht er in der Differenz zwischen den anzusetzenden Aktiva und Passiva, dem Reinvermögen des Betriebs,[3] zum anderen entspricht er aber auch konkret der Summe aller Wirtschaftsgüter, die dem Betrieb zu dienen bestimmt sind.[4] Der Bestandsvergleich wird also heruntergebrochen auf den Vergleich der einzelnen Wirtschaftsgüter, die nach handelsrechtlichen Grundsätzen anzusetzen sind, sofern nicht §§ 6 ff. EStG Spezialregelungen für den Ansatz enthalten. Das Betriebsvermögen ist abzugrenzen zum steuerlich nicht relevanten Privatvermögen und wird unterteilt in notwendiges und gewillkürtes Betriebsvermögen. 106

Das Betriebsvermögen besteht aus den Aktiv- und Passivpositionen der Bilanz. Auf der Aktivseite sind Wirtschaftsgüter, Rechnungsabgrenzungsposten, geleistete Anzahlungen und Bilanzierungshilfen zu erfassen, auf der Passivseite Verbindlichkeiten, Rückstellungen, Rechnungsabgrenzungsposten, geleistete Anzahlungen und Bilanzierungshilfen. 107

a) Betrieb

Betriebsbegriff: Betrieb ist dabei die Einheit, die die einkünfteerzielende Tätigkeit ausübt und der aufgrund dieses Umstands, die dafür erforderlichen Wirtschaftsgüter oder die Wirtschaftsgüter (notwendiges Betriebsvermögen), die diese Einheit fördern sollen, zuzuordnen sind. Nach der h. M. ist der einkommensteuerliche Betriebsbegriff eng auszulegen, jedes eigenstän- 108

---

1 BFH v. 18. 5. 2000 - IV R 26/99, BStBl 2000 II 498.
2 BFH v. 19. 5. 2005 - IV R 17/02, BStBl 2005 II 637.
3 BFH v. 26. 10. 1987 - GrS 2/86, BStBl 1988 II 348.
4 BFH v. 22. 12. 1955 - IV 537/54, BStBl 1956 III 65.

dig geführte Unternehmen des Stpfl. ist als eigener steuerlicher Betrieb zu werten.[1] Bedeutung hat die Abgrenzung bei der Veräußerung des Betriebs. Hier ist auf die zutreffende Zuordnung von Wirtschaftsgütern zu achten, um nicht ggf. die Besteuerung nach dem begünstigten Steuersatz zu riskieren oder bei einer Betriebsveräußerung versehentlich stille Reserven in Wirtschaftsgütern aufzudecken, die dem falschen Betrieb zugeordnet waren.

109 **Beginn und Ende:** Der Betrieb beginnt nicht bereits vor der Aufnahme einer operativen Tätigkeit, sondern mit der ersten zielgerichteten Vorbereitungshandlung, die mit der geplanten operativen Tätigkeit in unmittelbarem wirtschaftlichen Zusammenhang steht.[2] Umgekehrt endet der Betrieb nicht bereits mit Einstellung der operativen Tätigkeit, sondern mit der letzten Abwicklungshandlung mit der der Betrieb aufgelöst wird.[3]

b) Wirtschaftsgüter

LITERATUR:
Kanzler, Besteuerung des auf ein Arbeitszimmer entfallenden Gewinns bei Verkauf selbstgenutzter Wohnimmobilien – Urteil des FG Köln v. 20.3.2018 - 8 K 1160/15, NWB 2018, 2249; *Kirsch/von Wieding*, Bilanzierung von Bitcoin nach HGB, BB 2017, 2731; *Richter/Augel*, Geld 2.0 (auch) als Herausforderung für das Steuerrecht – Die bilanzielle und ertragsteuerliche Behandlung von virtuellen Währungen anhand des Bitcoins, FR 2017, 937; *Trinks/Trinks*, Besteuerung von Bitcoin und anderen Kryptowährungen – Ein steuerlicher Überblick zum „digitalen Geld", NWB 13/2018 Beilage 1/2018, 21.

110 **Wirtschaftsgüter:** Der Begriff des Wirtschaftsguts ist von Bedeutung beim Umfang des Betriebsvermögens und damit maßgebende Größe für die Gewinnermittlung. Er ist aber auch von Bedeutung bei der Bestimmung von Entnahmen und Einlagen, bei der Bewertung (§ 6 BewG) und bei den Absetzungen für Abnutzung (§ 7 EStG).

Der Begriff des Wirtschaftsguts ist im Steuerrecht nicht definiert, entspricht aber weitgehend dem des Vermögensgegenstands im Handelsrecht. Nach der Rechtsprechung des BFH ist ein Wirtschaftsgut

▶ Sachen und Rechte i. S. d. Bürgerlichen Gesetzbuches (BGB), tatsächliche Zustände und konkrete Möglichkeiten,

▶ sämtliche Vorteile für den Betrieb, deren Erlangung sich beim Erwerb des gesamten Betriebs der Kaufmann etwas kosten lässt,

▶ die greifbar und

▶ mehrjährig nutzbar sind.

111 Ob ein Wirtschaftsgut vorliegt, ist im Rahmen der wirtschaftlichen Betrachtungsweise zu ermitteln.[4] Dazu zählen Vermögengegenstände aller Art, unabhängig davon, ob sie materieller oder immaterieller Art sind, beweglich oder unbeweglich, aber auch unabhängig davon, ob sie abnutzbar oder nicht abnutzbar sind. Auch geringwertige Wirtschaftsgüter zählen zum Betriebsvermögen. Grundsätzlich unerheblich für die Einordnung als Wirtschaftsgut des BV ist, ob es dem Umlauf- oder dem Anlagevermögen zuzuordnen ist. Ob mehrere verbundene bewegliche Wirtschaftsgüter einheitlich oder getrennt zu beurteilen sind, ist nach der allgemei-

---

1 *Wied* in Blümich, § 4 EStG Rz. 63, m. w. N.
2 BFH v. 26. 11. 1993 – III R 58/89, BStBl 1994 II 293; BFH v. 19. 4. 2007 – IV R 28/05, BStBl 2007 II 704.
3 BFH v. 30. 3. 1989 – IV R 45/87, BStBl 1989 II 509.
4 BFH v. 12. 4. 1984 – IV R 112/81, BStBl 1984 II 554.

nen Verkehrsauffassung zu entscheiden.[1] Sind sie einzeln nicht sinnvoll nutzbar, so liegt i. d. R. ein einheitliches Wirtschaftsgut vor.

Einzelbewertung: Wirtschaftsgüter sind einzeln anzusetzen und zu bewerten. Dabei ist nicht zwingend die zivilrechtliche Betrachtungsweise maßgebend. Gegenstände, die nach §§ 93, 94 BGB Grundstücksbestandteile sind, können steuerlich z. B. als Betriebsvorrichtungen selbständige WG sein. Dabei ist nicht erforderlich, dass das Wirtschaftsgut gesondert verkehrsfähig und einzeln übertragbar ist, es reicht aus, dass es im Rahmen des gesamten Betriebs veräußert wird und einer selbständigen Bewertung unterliegt. Maßgebend ist die selbständige Bewertbarkeit.[2] Ein Geschäfts- oder Firmenwert ist denknotwendig nicht ohne den Betrieb übertragbar, in diesem Fall aber aufgrund der selbständigen Bewertbarkeit dennoch als Wirtschaftsgut selbständig aktivierbar. Sofern Kundenstamm oder betriebliches Know-How vom Geschäftswert abgrenzbar und gesondert übertragbar sind, stellen sie eigenständige Wirtschaftsgüter dar.[3]

Zusammengesetzte Wirtschaftsgüter: Sofern Wirtschaftsgüter keine eigene Funktion haben und nicht selbständig nutzbar sind, sondern in einem Nutzungs- und Funktionszusammenhang mit anderen Wirtschaftsgütern stehen, sind sie keine selbständigen Wirtschaftsgüter. Hat bei einem zusammengesetzten Wirtschaftsgut jedes einen selbständigen Nutzungs- und Funktionszusammenhang, so handelt es sich jeweils um selbständige Wirtschaftsgüter.[4]

Bei **Grundstücken** handelt es sich bei Grund- und Boden und darauf stehendem Gebäude anders als nach zivilrechtlicher Betrachtung in § 94 BGB, um zwei selbständige Wirtschaftsgüter (§ 6 Abs. 1 Nr. 2 EStG),[5] die unterschiedlichen Stpfl. zugeordnet werden können.

Im Bereich der Gewinnermittlung stellt das **Arbeitszimmer** ein eigenständiges Wirtschaftsgut dar.[6]

Gebäude und Gebäudeteile: Bei Gebäuden und Gebäudeteilen ist danach zu differenzieren, ob sie selbständig vom Gebäude nutzbar sind oder, ob sie der Nutzung des Gebäudes ohne Rücksicht auf den ausgeübten Betrieb dienen.[7] Stehen sie in einem vom Gebäude verschiedenen Nutzungs- und Funktionszusammenhang, sind sie selbständige Wirtschaftsgüter.[8] Besteht eine Doppelfunktion geht die Gebäudefunktion vor,[9] es sei denn, dass die betriebliche Nutzung überwiegt. Im Ergebnis handelt es sich bei Grenzfällen um eine Einzelfallbetrachtung nach dem Gesamtbild der Verhältnisse, so dass einzelne Einrichtungen im einen Fall **Betriebsvorrichtung** und im anderen nicht selbständiger Gebäudeteil sein können. Maßgebend ist auch im Ertragsteuerrecht die bewertungsrechtliche Einordnung.[10]

Dabei kann nach folgendem Prüfungsschema verfahren werden.[11]

---

1 *Wied* in Blümich, § 4 EStG Rz. 273.
2 *Kanzler* in Prinz/Kanzler, NWB Praxishandbuch Bilanzsteuerrecht, Rz. 111.
3 BFH v. 26. 11. 2009 - III R 40/07, BStBl 2010 II 609.
4 BFH v. 5. 6. 2008 - IV R 67/05, BStBl 2008 II 690.
5 BFH v. 13. 11. 1991 - I R 58/90, BStBl 1992 II 517; BFH v. 14. 5. 2002 - VIII R 30/98, BStBl 2002 II 741.
6 BMF v. 5.10.2000, BStBl 2000 I S. 1383; *Kanzler*, NWB 2018, 2249; a. A. FG Köln v. 20.3.2018 - 8 K 1160/15 EFG 2018, 1256 Nr. 15 = NWB DokID: JAAAG-86288 nrkr., Rev. IX R 11/18,; ob diese Grundsätze auch für den Bereich der Überschusseinkünfte gelten, ist nicht abschließend geklärt vgl. dazu im Einzelnen K/K/B/Bäuml § 23 Rz. 179;
7 BFH v. 28. 10. 1999 - III R 55/97, BStBl 2000 II 150; Gleichlautender Ländererlass v. 5. 6. 2013, BStBl 2013 I 734, Tz. 3.1.
8 R 4.2. Abs. 3 Satz 2 EStR. Vor diesem Hintergrund zählt das Vorratsvermögen zum notwendigen Betriebsvermögen.
9 BFH v. 28. 5. 2003 - II R 41/01, BStBl 2003 II 693; Gleichlautender Ländererlass v. 5. 6. 2013, BStBl 2013 I 734, Tz. 3.1.
10 R 7.1. Abs. 5 EStR.
11 Skizze aus *Schäfer-Elmayer/Stolz*, Betriebsvorrichtung, NWB DokID: XAAAE-33495.

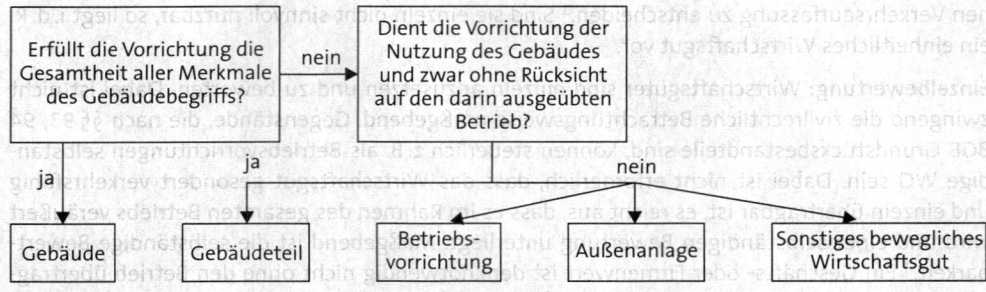

117 Danach sind insbesondere Betriebsvorrichtungen

- Arbeitsbühnen,[1]
- Gaststätten- und Ladeneinbauten, Schaufensteranlagen und ähnliche Einbauten, die einem schnellen Wandel unterliegen,[2]
- Kühleinrichtungen, Absaugeeinrichtungen, Alarmanlagen, Tresoranlagen, Schalteranlagen einer Bank,[3]
- Lastenaufzüge, die einem betrieblichen Vorgang dienen,[4]
- Bäder, sofern sie Heilzwecken oder gewerblichen Zwecken dienen[5]

selbständige Wirtschaftsgüter.[6]

118 Nicht selbständige Wirtschaftsgüter sind

- Heizungsanlagen, Klimaanlagen, Raumlüftungsanlagen, es sei denn, sie dienten ausschließlich betrieblichen Zwecken,[7]
- Personenaufzüge, Rolltreppen,[8]
- Sprinkleranlagen,[9] es sei denn sie dienten unmittelbar dem Betrieb, beispielsweise, weil dieser eine erhebliche Brandgefahr auslöst,[10]
- Rohrleitungsnetz,[11]
- Beleuchtungsanlagen,
- Bäder, sofern sie der Körperpflege dienen.[12]

119 Bei **Photovoltaikanlagen** ist zu differenzieren. Wenn sie auf das Dach aufgesetzt sind, so sind sie nicht für die allgemeine Nutzung des Gebäudes erforderliche, selbständige Betriebsvorrichtungen; sind sie in das Dach integriert, sind sie als Gebäudebestandteile nicht selbständig,

---

1 Vgl. § 68 Abs. 2 Satz 2 BewG; R 7.1 Abs. 3 EStR; Gleichlautender Ländererlass v. 5. 6. 2013, BStBl 2013 I 734.
2 R 4.2. Abs. 3 Satz 3 Nr. 3 EStR; H 4.2. (3) EStH.
3 Gleichlautender Ländererlass v. 5. 6. 2013, BStBl 2013 I 734, Tz 3.7.
4 BFH v. 7. 10. 1977 - III R 48/76, BStBl 1978 II 186.
5 BFH v. 11. 12. 1991 - II R 14/89, BStBl 1992 II 278.
6 Vgl. mit einer Vielzahl weiterer Beispiele: Gleichlautender Ländererlass v. 5. 6. 2013, BStBl 2013 I 734; H 4.2 (5) EStH.
7 BFH v. 5. 12. 1996 - III B 26/94, BFH/NV 1997, 518 = NWB DokID: XAAAB-37898; BFH v. 7. 9. 2000 - III R 48/97, BStBl 2001 II 253; Gleichlautender Ländererlass v. 5. 6. 2013, BStBl 2013 I 734, Tz 3.6.
8 BFH v. 12. 1. 1983 - I R 70/79, BStBl 1983 II 223.
9 BFH v. 7. 10. 1983 - III R 138/80, BStBl 1984 II 262.
10 BFH v. 13. 12. 2001 - III R 21/98, BStBl 2002 II 310.
11 BFH v. 11. 1. 1991 - III R 60/89, BStBl 1992 II 5.
12 BFH v. 12. 8. 1982 - III R 188/79, BStBl 1982 II 782.

weil sie die ansonsten erforderliche Dacheindeckung ersetzen und diese Funktion hinter die unabhängig von Ort und Art des Einbaus mögliche Stromerzeugung zurücktritt.[1]

Außenanlagen: Auch bei Außenanlagen hängt die Einordnung als Gebäude oder als Betriebsvorrichtung davon ab, ob sie der Nutzung des Grundstücks oder des Betriebs dienen.[2] Einfriedungen, Bodenbefestigungen wie Straßen, Wege, Plätze sind Grundstücksbestandteile, während Befestigungen, die nicht ausschließlich dem Verkehr innerhalb eines Werkes und nicht dem sonstigen Grundstücksverkehr dienen (wie Trafostraßen, Schalterstraßen, Teststrecken eines Automobilherstellers), Betriebsvorrichtungen sind.[3] Beleuchtungsanlagen zählen zum Grundstück, Gleisanlagen, Kräne, Verladeeinrichtungen sind Betriebsvorrichtungen ebenso wie Uferbefestigungen, die dem Hafenbetrieb dienen. 120

Jeweils die einzelne **Windkraftanlage** samt Transformator und dazugehöriger Verkabelung stellt innerhalb eines Windparks das Wirtschaftsgut dar.[4] 121

Sand- oder Kiesvorkommen stellen grundsätzlich kein selbständiges Wirtschaftsgut dar, sondern sind mit Grund und Boden untrennbar verbunden, solange sie im Boden lagern und nicht abgebaut werden sollen. Erst wenn der Bodenschatz zur nachhaltigen Nutzung in den Verkehr gebracht wird, indem mit dem Abbau begonnen wird, wandelt er sich in ein selbständig bewertbares Einzelwirtschaftsgut um,[5] 122

Der **Baumbestand**, nicht der einzelne Baum, ist selbständiges Wirtschaftsgut eines forstwirtschaftlichen Betriebs.[6] 123

Ein **Blockheizkraftwerk** steht nicht in einem einheitlichen Nutzungs- und Funktionszusammenhang mit einer Biogasanlage, die das Biogas für die Strom- und Wärmeerzeugung des Blockheizkraftwerks besteuert,[7] auch wenn sie in einer modularen Bauweise errichtet ist. Ansonsten sind Blockheizkraftwerke Gebäudebestandteile, wenn sie neben der Stromerzeugung auch der Warmwasserversorgung und der Beheizung eines Gebäudes dienen. Betriebsvorrichtung sind sie, wenn sie den unmittelbaren betrieblichen Zwecken des Gewerbebetriebs dienen und der allgemeine Funktionszusammenhang mit dem Gebäude in den Hintergrund tritt.[8] 124

Kundenstamm und Know-How im Hinblick auf Lieferanten können vom Betrieb selbständige Wirtschaftsgüter sein, wenn es sich nicht um einen Geschäftswert handelt, sondern sie beispielsweise in Form einer Namensliste abgrenzbar und selbständig bewertbar sind.[9] 125

Nach der Rechtsprechung des BFH fallen dingliche und obligatorische **Nutzungsrechte**, anders als Nutzungsvorteile, unter den Begriff des Wirtschaftsguts.[10] 126

---

1 Gleichlautender Ländererlass v. 5. 6. 2013, BStBl 2013 I 734, Tz. 3.6; a. A. noch OFD Münster v. 10. 7. 2012, NWB DokID: TAAAE-13316.
2 BFH v. 10. 10. 1990 - II R 171/87, BStBl 1991 II 59; BFH v. 22. 9. 2005 - IX R 26/04, BStBl 2006 II 169.
3 Gleichlautender Ländererlass v. 5. 6. 2013, BStBl 2013 I 734, Tz 4.2.
4 BFH v. 14. 4. 2011 - IV R 46/09, BStBl 2011 II 696; H 4.2 (1) EStH.
5 BFH v. 28. 10. 1993 - IV R 73/81, BStBl 1983 II 106; BFH v. 1. 7. 1987 - I R 197/83, BStBl 1987 II 865; BFH v. 26. 11. 1993 - III R 58/89, BStBl 1994 II 293; v. BFH 4. 2. 2016 - IV R 46/12, BStBl 2016 II 818.
6 BFH v. 5. 6. 2008 - IV R 67/05, BStBl 2008 II 690.
7 FG Münster v. 18. 2. 2015, EFG 2015, 891, rkr.; a. A. OFD Münster v. 10. 7. 2012, NWB DokID: TAAAE-13316.
8 OFD Niedersachsen v. 15. 9. 2015, NWB DokID: MAAAF-08270, s. auch zur Übergangsregelung im Hinblick auf die insoweit geänderte Verwaltungsauffassung, NWB 2016, 544; Bayerisches Landesamt für Steuern v. 11. 1. 2016, NWB DokID: OAAAF-49284.
9 BFH v. 18. 12. 1996 - I R 128 129/95, BStBl 1997 II 546; BFH v. 26. 11. 2009 - III R 40/07, BStBl 2010 II 609.
10 BFH v. 26. 10. 1987 - GrS 2/86, BStBl 1988 II 348.

127 Geleistete **Anzahlungen** und **Rechnungsabgrenzungsposten** sind als Bilanzierungshilfen zwar keine Wirtschaftsgüter, aber wie solche zu behandeln.[1]

128 **Kryptowährungen** stellen weder Währungen im eigentlichen Sinne noch Zahlungsmittel dar, weil ihnen die staatliche Autorisierung fehlt.[2] Ist ihr Erwerb betrieblich veranlasst, so sind sie als Wirtschaftsgüter in der Bilanz zu aktivieren, da sie die oben unter → Rz. 110 genannten Tatbestandsmerkmale des Begriffs Wirtschaftsgut erfüllen. Mithin gelten die allgemeinen Grundsätze im Hinblick auf die Behandlung und Zuordnung von Wirtschaftsgütern.[3] Werden sie selbst im Wege des „Mining" geschaffen und zur Veräußerung bestimmt, sind sie mit den Herstellungskosten im Umlaufvermögen zu aktivieren.[4] Im Anlagevermögen gilt das Aktivierungsverbot des § 5 Abs. 2 EStG.

129 **Wirtschaftsgüter des Anlagevermögens:** Wirtschaftsgüter des Anlagevermögens nach § 247 Abs. 2 HGB sind Gegenstände, die dazu bestimmt sind, dauernd dem Geschäft zu dienen. Von den Wirtschaftsgütern des Umlaufvermögens, sind sie durch ihre Zweckbestimmung, mit dem sie im Betrieb eingesetzt werden, zu unterscheiden.[5] Wirtschaftsgüter des Anlagevermögens unterliegen nach §§ 7 ff. EStG der Abschreibung. Zu den Wirtschaftsgütern des Anlagevermögens gehören nach § 266 Abs. 2 Buchst. A HGB die immateriellen Wirtschaftsgüter, Sachanlagen und Finanzanlagen.

130 **Wirtschaftsgüter des Umlaufvermögens:** Wirtschaftsgüter des Umlaufvermögens sind solche, die nicht dazu bestimmt sind, dem Geschäft dauernd zu dienen, die vielmehr in einem einmaligen Akt verbraucht oder verkauft werden.[6] Dazu zählen nach § 266 Abs. 2 Buchst. B HGB Vorräte, Forderungen und sonstige Vermögensgegenstände und Wertpapiere.

131 **Arten von Wirtschaftsgütern:** Wirtschaftsgüter lassen sich unterteilen in bewegliche und unbewegliche, abnutzbare und nicht abnutzbare, materielle und immaterielle Wirtschaftsgüter.

132 **Bewegliche Wirtschaftsgüter** werden gegenüber den nicht beweglichen Wirtschaftsgütern im Wesentlichen nach den Vorschriften des Bürgerlichen Gesetzbuches in § 93 BGB abgegrenzt. Bewegliche Wirtschaftsgüter sind bewegliche Sachen, Scheinbestandteile, Schiffe, Betriebsvorrichtungen i. S. d. § 68 Abs. 2 Nr. 2 BewG, auch wenn sie wesentliche Bestandteile von Gebäuden sind, Feldinventar und stehende Ernte.

133 **Nicht bewegliche Wirtschaftsgüter** sind Grund und Boden, Gebäude, Gebäudeteile, Außenanlagen, Bodenschätze sowie Luftfahrzeuge.

134 Die Abgrenzung ist von Bedeutung für die Abschreibungsmethoden nach § 7 EStG, die Bewertungsfreiheit nach § 6 Abs. 2 EStG und die Bildung von Sammelposten nach § 6 Abs. 2a EStG und den Investitionsabzugsbetrag nach § 7g EStG.

135 **Nicht abnutzbare Wirtschaftsgüter:** Die Definition des Begriffs „nicht abnutzbar" ergibt sich im Umkehrschluss aus der Begriffsbestimmung der abnutzbaren Wirtschaftsgüter in § 253 Abs. 2 HGB, nach dem Wirtschaftsgüter abnutzbar sind, wenn ihre Nutzung aus wirtschaftli-

---

1 Vgl. dazu im Einzelnen KKB/Bisle/Dönmez, § 5 EStG Rz. 311 ff.
2 *Richter/Augel*, FR 2017, 937.
3 Vgl. auch *Kanzler* in Prinz/Kanzler, NWB Praxiskommentar Bilanzsteuerrecht, Rz. 480 ff.
4 *Richter/Augel*, FR 2017, 937
5 FG Hessen v. 12.10.2016 - 9 K 372/16 NWB DokID BAAAG-36502, Rev. BFH: IV R 57/16, erledigt durch Zurücknahme; FG Hessen v. 12.10.2016 - 9 K 373/16, NWB DokID LAAAG-36503, Rev. BFH: IV R 58/16, erledigt durch Zurücknahme.
6 BFH v. 23.9.2008 - I R 47/07, BStBl 2009 II 986.

chen, rechtlichen oder technischen Gründen zeitlich begrenzt ist. Grund und Boden, Beteiligungen und Forderungen sind die wesentlichen nicht abnutzbaren Wirtschaftsgüter.

Abnutzbare Wirtschaftsgüter liegen nach § 253 Abs. 2 HGB vor, wenn ihre Nutzung aus wirtschaftlichen, rechtlichen oder technischen Gründen zeitlich begrenzt ist. Die Abgrenzung ist von Bedeutung im Hinblick auf § 4 Abs. 3 Satz 4 EStG, auf die Bewertung nach § 6 EStG und die Abschreibung nach § 7 EStG. 136

Materielle und immaterielle Wirtschaftsgüter: Materielle Wirtschaftsgüter sind solche, die greifbar sind, Sachen i. S. d. § 90 BGB. Bei Wirtschaftsgütern, die sowohl materiellen wie auch immateriellen Gehalt haben, ist nach dem Schwerpunkt zu entscheiden, wie bei Büchern, CD, Disketten. Entscheidend ist, ob es dem Erwerber auf das Trägermedium oder den Inhalt ankommt.[1] Die Abgrenzung ist von Bedeutung im Hinblick auf das Verbot, selbstgeschaffene oder unentgeltlich erworbene immaterielle Wirtschaftsgüter zu aktivieren (§ 5 Abs. 2 EStG), die Regeln für geringwertige WG nach § 6 Abs. 2 EStG und § 6 Abs. 2a EStG gelten ebenso wenig wie § 7g EStG. 137

(*Einstweilen frei*) 138–140

c) Verbindlichkeiten

Rückstellungen, Wertberichtigungen erhaltene Anzahlungen, RAP: Zum Betriebsvermögen, das in den Bestandsvergleich einzubeziehen ist, zählen neben den WG des Aktivvermögens auch Passivposten, Rückstellungen und Verbindlichkeiten, soweit sie nach den GoB einzustellen sind und nicht ein steuerliches Passivierungsverbot entgegensteht. 141

Verbindlichkeiten: Nach der Rechtsprechung des BFH sind Verbindlichkeiten (§§ 247, 266 HGB) 142
► Verpflichtungen des Unternehmers gegenüber einem Dritten,
► die dem Inhalt und der Höhe nach bestimmt sind,
► erzwingbar sind und
► eine wirtschaftliche Belastung darstellen.[2]
Ob die Verbindlichkeit fällig ist, spielt keine Rolle.[3]

Auflösende Bedingung: Eine Verbindlichkeit ist zu passivieren, wenn die Verpflichtung besteht, aber unter einer auflösenden Bedingung steht.[4] Die bestehende Zahlungsunfähigkeit des Schuldners ändert nichts am Bestehen der Verbindlichkeit, so dass es auch in diesem Fall bei der Passivierung bleibt.[5] Gleiches gilt, wenn Vergleichsverhandlungen über eine Verbindlichkeit geführt werden. Erst bei deren Abschluss kann eine Änderung im Hinblick auf die zu passivierende Verbindlichkeit zu berücksichtigen sein. 143

Passivierungsverbot: Steht die Verbindlichkeit dem Grunde oder der Höhe nicht fest, so ist die Passivierung einer Verbindlichkeit ausgeschlossen, denkbar wäre die Bildung einer Rückstellung. Dies gilt beispielsweise, wenn die Verbindlichkeit der Höhe nach noch nicht feststeht, weil nicht klar ist, in welcher Höhe Provisionen zu zahlen sind. Dem Grunde nach steht sie 144

---

1 BFH v. 30. 10. 2008 - III R 82/06, BStBl 2009 II 421; *Kanzler* in Prinz/Kanzler, NWB Praxishandbuch Bilanzsteuerrecht, Rz. 116.
2 BFH v. 16. 10. 1991 - I R 88/89, BStBl 1992 II 257; BFH v. 14. 5. 2002 - VIII R 30/98, BStBl 2002 II 741.
3 BFH v. 24. 5. 1984 - I R 166/78, BStBl 1984 II 747.
4 *Hoffmann* in Littmann/Bitz/Pust, §§ 4, 5 EStG Anm. 842.
5 BFH v. 9. 2. 1993 - VIII R 29/91, BStBl 1993 II 747.

nicht fest, wenn sie unter einer aufschiebenden Bedingung steht, die noch nicht eingetreten ist.[1] Eine Bürgschaftsverpflichtung steht dem Grunde nach ebenfalls erst fest, wenn die Inanspruchnahme beispielsweise wegen drohender Zahlungsunfähigkeit des Hauptschuldners droht.[2] Korrespondierend ist in diesem Fall der Rückgriffsanspruch gegen den Hauptschuldner nach § 774 BGB zu aktivieren, der jedoch wertgemindert sein kann, wenn ein Rückgriff nicht möglich ist. Ist die Verbindlichkeit mit an Sicherheit grenzender Wahrscheinlichkeit nicht zu erfüllen, kann die Passivierung unterbleiben.[3] Ist davon auszugehen, dass sich der Gläubiger auf die Verjährung beruft, so steht die Verbindlichkeit dem Grunde nach nicht mehr fest.[4] Auch wenn beide Seiten bei einem schwebenden Geschäft ihre Verpflichtungen noch nicht voll erfüllt haben, besteht ein Passivierungsverbot, weil die Verbindlichkeit dem Grunde nach noch nicht entstanden ist und sich beide Leistungen wertmäßig gegenüberstehen.[5]

145–150 (*Einstweilen frei*)

d) Rückstellungen

151 Handelsrechtlich sind Rückstellungen[6] nach § 249 Abs. 1 HGB

▶ Rückstellungen für ungewisse Verbindlichkeiten,
▶ Rückstellungen für drohende Verluste aus schwebenden Geschäften,[7]
▶ Rückstellungen für unterlassene Instandhaltung und Abraumbeseitigung und
▶ Rückstellungen für Gewährleistungen ohne rechtliche Verpflichtung.

152 Grundsätzlich sind aufgrund des Maßgeblichkeitsprinzips nach § 5 Abs. 1 EStG die handelsrechtlich gebildeten Rückstellungen auch in die Steuerbilanz aufzunehmen. Aufgrund steuerlicher Sonderregelungen kommt es aber häufig dazu, dass Rückstellungen, die nach § 249 Abs. 1 HGB zulässig sind, in der Steuerbilanz aufzulösen sind.[8]

153 Hauptfall ist die Rückstellung für ungewisse Verbindlichkeiten nach § 249 Abs. 1 Satz 1 HGB. Diese ist dann zu bilden, wenn

▶ die Entstehung einer betrieblich veranlassten,[9] nicht unwesentlichen[10] Verbindlichkeit entweder dem Grunde und/oder der Höhe nach ungewiss ist,[11]
▶ die Verbindlichkeit der Höhe nach bezifferbar ist,
▶ die Verursachung oder rechtliche Entstehung vor dem Bilanzstichtag liegt,[12]
▶ die Inanspruchnahme wahrscheinlich ist,

---

1 BFH v. 22.1.1992 - X R 22/89, BStBl 1992 II 488.
2 BFH v. 19.1.1989 - IV R 2/87, BStBl 1989 II 393.
3 BFH v. 27.3.1996 - I R 3/95, BStBl 1996 II 470.
4 BFH v. 3.6.1992 - X R 50/91, BFH/NV 1992, 741 = NWB DokID: LAAAA-97236; BFH v. 9.2.1993 - VIII R 21/92, BStBl 1993 II 543.
5 BFH v. 6.12.1989 - II R 11/87, BStBl 1990 II 150; BFH v. 21.9.2011 - I R 50/10, BStBl 2012 II 197; BFH v. 9.1.2013 - I R 33/11, BFH/NV 2013, 1009 = NWB DokID: XAAAE-35439.
6 Vgl. im Einzelnen KKB/C. Kraft/Teschke, § 6 EStG Rz. 182 ff.
7 Vgl. dazu KKB/Bisle/Dönmez, § 5 EStG Rz. 271.
8 Vgl. im Einzelnen KKB/Bisle/Dönmez, § 5 EStG Rz. 271 ff.
9 BFH v. 22.5.1987 - III R 220/83, BStBl 1987 II 711.
10 BFH v. 25.2.1986 - VIII R 134/80, BStBl 1986 II 788.
11 BFH v. 5.2.1987 - IV R 81/84, BStBl 1987 II 845.
12 BFH v. 2.12.1992 - I R 46/91, BStBl 1993 II 109.

- die Verbindlichkeit einem Dritten gegenüber besteht,[1]
- der Schuldner mit der Inanspruchnahme rechnet.[2]

Dabei muss die Inanspruchnahme wahrscheinlicher sein als die Nichtinanspruchnahme.[3]

Die Rückstellung ist in der Schlussbilanz für das Wirtschaftsjahr zu bilden, in dem die Voraussetzungen erstmals vorliegen. Dabei hat der Steuerpflichtige naturgemäß einen Ermessensspielraum bei der Frage der Wahrscheinlichkeit der Inanspruchnahme. Die Rückstellung ist gewinnerhöhend aufzulösen, wenn die Gründe für ihre Bildung weggefallen sind (§ 249 Abs. 2 Satz 2 HGB). Rückstellungen sind nicht zulässig, wenn der Verpflichtung eine Gegenleistung gegenübersteht, die zu aktivierungspflichtigen Wirtschaftsgütern führt (§ 5 Abs. 4b EStG).[4]

154

(*Einstweilen frei*)

155–158

e) Betriebsvermögen

Dreiteilung der Vermögenssphären: Wirtschaftsgüter können sowohl betrieblich als auch privat genutzt sein. Bei der betrieblichen Nutzung ist danach zu differenzieren, ob ein Wirtschaftsgut dem notwendigen oder dem gewillkürten Betriebsvermögen zuzuordnen ist (Dreiteilung der Vermögenssphäre).[5] Wirtschaftsgüter sind grundsätzlich – mit Ausnahme von Grund- und Boden und den aufstehenden Gebäuden – nicht teilbar,[6] daher hat eine einheitliche Zuordnung zu einer der Vermögenssphären zu erfolgen.[7] Für jedes WG ist gesondert zu prüfen, ob es dem Betriebsvermögen oder dem Privatvermögen zuzuordnen ist. Die Vermögenssphären sind nach dem Veranlassungsprinzip abzugrenzen.[8]

159

aa) Notwendiges Betriebsvermögen

Zweckbestimmung: Ein Wirtschaftsgut ist dann dem notwendigen Betriebsvermögen zuzuordnen, wenn seine Anschaffung, Herstellung oder Einlage betrieblich veranlasst war oder anders gesagt, wenn es objektiv erkennbar, dem unmittelbaren Einsatz im Betrieb bestimmt ist[9] bzw. ein objektiver, wirtschaftlicher und tatsächlicher Zusammenhang zum Betrieb besteht.[10] Unerheblich ist die tatsächliche Nutzung im Betrieb, ausreichend ist die entsprechende Zweckbestimmung durch den Stpfl.,[11] mithin ein subjektives Element. Die Zweckbestimmung kann durch schlüssiges Verhalten – bspw. die über 50 %-Nutzung eines beweglichen Wirtschaftsguts des Anlagevermögens für betriebliche Zwecke – erfolgen, ohne, dass dem Stpfl. dadurch

160

---

1 BFH v. 12. 12. 1990 - I R 153/86, BStBl 1991 II 479.
2 BFH v. 19. 10. 1993 - VIII R 14/92, BStBl 1993 II 891; BFH v. 19. 11. 2003 - I R 77/01, BStBl 2010 II 482.
3 BFH v. 17. 4. 2000 - X B 9/00, BFH/NV 2000, 1334 = NWB DokID: EAAAA-64970.
4 Für die Einzelheiten vgl. KKB/Bisle/Dönmez, § 5 EStG Rz. 271 ff.
5 BFH v. 31. 5. 2001 - IV R 49/00, BStBl 2001 II 227; BFH v. 2. 10. 2003 - IV R 13/03, BStBl 2004 II 985.
6 BFH v. 13. 5. 2014 - III B 152/13, BFH/NV 2014, 1364 = NWB DokID: SAAAE-68633.
7 BFH v. 26. 11. 1973 - GrS 5/71, BStBl 1974 II 132; BFH v. 2. 10. 2003 - IV R 13/03, BStBl 2004 II 985.
8 Vgl. dazu KKB/Kanzler, § 2 EStG Rz. 258.
9 BFH v. 30. 4. 1975 - I R 111/73, BStBl 1975 II 582; BFH v. 6. 3. 1991 - X R 57/88, BStBl 1991 II 829; BFH v. 20. 9. 1995 - X R 46/94, BFH/NV 1996, 393 = NWB DokID: PAAAB-37798; BFH v. 6. 10. 2004 - X R 36/03, BFH/NV 2005, 682 = NWB DokID: JAAAB-42747.
10 BFH v. 11. 11. 1987 - I R 7/84, BStBl 1988 II 424; BFH v. 19. 2. 1997 - XI R 1/96, BStBl 1997 II 399.
11 BFH v. 10. 11. 2004 - XI R 32/01, BStBl 2005 II 431; BFH v. 5. 3. 2002 - IV B 22/01, BStBl 2002 II 690; BFH v. 17. 7. 2003 - X B 1/03, BFH/NV 2003, 1424 = NWB DokID: TAAAA-69459.

bewusst wird, dass er mit einem bestimmten Nutzungsverhalten sein WG zum Betriebsvermögen macht.[1]

161 **Fehlen der Zweckbestimmung:** Fehlt es an einer solchen Zweckbestimmung, kann ein Wirtschaftsgut nur als gewillkürtes Betriebsvermögen dem Betrieb zugeordnet werden.[2] Um das notwendige Betriebsvermögen insoweit vom gewillkürten Betriebsvermögen abzugrenzen, muss es innerhalb des Betriebs einen bestimmten Zweck zugewiesen bekommen und objektiv für diese Nutzung geeignet sein,[3] während das gewillkürte Betriebsvermögen nicht diesem bestimmten Zweck dient, sondern ihn lediglich fördern soll.[4]

162 Die tatsächliche Aktivierung im Betriebsvermögen spielt für die rechtliche Einordnung ebenso wenig eine Rolle wie die Erfassung in einem Anlagenverzeichnis nach § 4 Abs. 3 Satz 5 EStG.[5] Ist ein Wirtschaftsgut nachträglich in der Bilanz zu aktivieren, so ist es mit dem Wert zu aktivieren, der anzusetzen wäre, wenn das Wirtschaftsgut von Anfang an zutreffend angesetzt worden wäre.[6]

Bei beweglichen Wirtschaftsgütern liegt notwendiges Betriebsvermögen vor, wenn die betriebliche Nutzung mehr als 50 % beträgt.[7]

163 Typische Beispiele des notwendigen Betriebsvermögens sind
- Grundstücke und Gebäude, auf und in denen unmittelbare betriebliche Nutzung erfolgt,[8] wie Fabrikgebäude/hallen, Bürogebäude, Lagerhallen/plätze, Belegschaftsräume.[9] Auch Wohnungen, die Arbeitnehmern aus betrieblichen Gründen zur Nutzung überlassen wurden, zählen zum notwendigen Betriebsvermögen.[10] § 8 EStDV enthält eine Ausnahme, nach der Grundstücke von untergeordnetem Wert, nicht zum Betriebsvermögen gehören, auch wenn sie der Art nach notwendiges Betriebsvermögen wären.
- Maschinen, unabhängig davon, ob bereits genutzt oder noch nicht genutzt,
- Waren, Vorräte,
- Lizenzen, Patente, Markenrechte.
- Beteiligungen an Kapitalgesellschaften sind dann notwendiges Betriebsvermögen, wenn die Beteiligung unmittelbar für betriebliche Zwecke genutzt wird[11] oder dazu bestimmt ist, diese fördert, als Ersatz für Honorar geleistet wird[12] oder als Tauschobjekt zur Verfügung steht. Bei Architekten kann die Beteiligung an einer Vergabegesellschaft,[13] an ei-

---

1 BFH v. 2.10.2003 - IV R 13/03, BStBl 2004 II 985; BFH v. 13.5.2014 - III B 152/13, BFH/NV 2014, 1364 = NWB DokID: SAAAE-68633.
2 BFH v. 6.3.1991 - X R 57/88, BStBl 1991 II 829.
3 BFH v. 6.3.1991 - X R 57/88, BStBl 1991 II 829.
4 BFH v. 19.2.1997 - XI R 1/96, BStBl 1997 II 399; BFH v. 17.5.2011 - VIII R I/08, BStBl 2011 II 1940; BFH v. 21.8.2012 - VIII R 12/11, NWB DokID: DAAAE-35437.
5 BFH v. 24.10.2011 - X R 153/97, BStBl 2002 II 75; BFH v. 14.1.2010 - IV R 86/06, BFH/NV 2010, 1096 = NWB DokID: OAAAD-40792.
6 BFH v. 24.10.2001 - X R 153/97, BStBl 2002 II 75; BFH v. 22.6.2010 - VIII R 3/08, BStBl 2010 II 1035.
7 BFH v. 13.3.1964 - IV 158/61, BStBl 1964 III 455; BFH v. 23.5.191 - IV R 58/90, BStBl 1991 II 798; BFH v. 2.10.2003 - IV R 13/03, BStBl 2004 II 985; R 4.2. Abs. 1 Satz 4 EStR.
8 HHR/*Musil*, § 4 EStG Rz. 75.
9 BFH v. 1.12.1976 - I R 73/74, BStBl 1977 II 315.
10 BFH v. 27.10.1988 - IV S 11/88, BFH/NV 1990, 416 = NWB DokID: KAAAB-29840.
11 BFH v. 13.9.1988 - VIII R 236/81, BStBl 1989 II 37.
12 BFH v. 29.9.2016 - III R 42/13, BStBl 2017 II 339.
13 BFH v. 25.3.2008 - VIII B 122/07, BFH/NV 2008, 1317 = NWB DokID: WAAAC-83322.

ner Bauträger- oder Wohnungsbau-AG[1] notwendiges Betriebsvermögen sein, bei einem Wirtschaftsprüfer die Beteiligung an einer Treuhandgesellschaft, bei einem Arzt die Beteiligung an einer Gesellschaft, die von ihm entwickelte Präparate vertreibt,[2] klassisches notwendiges Betriebsvermögen ist die Beteiligung an einer Vertriebsgesellschaft[3] oder an einer Organgesellschaft, aber auch die Beteiligung an der Betriebsgesellschaft im Rahmen einer Betriebsaufspaltung[4] und die Beteiligung an einer Absatzgenossenschaft, wenn der Erwerb durch die bestehenden Geschäftsbeziehungen veranlasst war.[5]

▶ Verbindlichkeiten sind notwendiges Betriebsvermögen, wenn ihre Entstehung auf einem Vorgang beruht, der im betrieblichen Bereich liegt,[6] bspw., weil Betriebsvermögen beschafft wird,[7] andere betriebliche Verbindlichkeiten abgelöst werden oder das laufende operative Geschäft finanziert wird. Darlehen zur Finanzierung privater Wirtschaftsgüter, die später in den Betrieb eingelegt werden, werden mit der Einlage zu Verbindlichkeiten des Betriebsvermögens.[8] Unerheblich ist, ob sie durch Betriebsvermögen abgesichert sind.[9] Eine Passivierung ist auch davon unabhängig, ob der betriebliche Vorgang auch durch Eigenmittel hätte finanziert werden können oder die Eigenmittel durch den Stpfl. entnommen wurden.[10] Ist die Begründung der Verbindlichkeit betrieblich veranlasst, so ändert auch die Bestellung privater Sicherheiten nichts an deren betrieblichem Charakter.[11]

▶ Bürgschaftsverpflichtungen zählen dann zum Betriebsvermögen, wenn ihre Entstehung der betrieblichen Sphäre zuzuordnen ist, bspw. weil sonst der Betrieb in seiner Existenz bedroht wäre.[12]

▶ Darlehensforderungen können notwendiges Betriebsvermögen sein, wenn das Darlehen aus betrieblichen Gründen gewährt wurde, bspw., um eine Honorarforderung zu sichern,[13] oder mit den Mitteln ein Wirtschaftsgut erworben werden soll, das dem Betrieb zur Nutzung überlassen werden soll.[14]

▶ Pkw sind dann notwendiges Betriebsvermögen, wenn sie zu mehr als 50 % betrieblich genutzt werden.[15] Bei einer betrieblichen Nutzung zu weniger als 50 % können sie zum gewillkürten Betriebsvermögen gehören. Der Stpfl. kann mehrere betrieblich genutzte Fahrzeuge im Betriebsvermögen halten, wenn diese jeweils zu mehr als 50 % betrieblich genutzt werden.

---

1 BFH v. 14.1.1982 - IV R 168/78, BStBl 1982 II 345.
2 BFH v. 26.4.2001 - IV R 14/00, BStBl 2001 II 798.
3 BFH v. 22.11.2002 - X B 92/02, BFH/NV 2003, 320 = NWB DokID: IAAAA-69629; BFH v. 15.10.2003 - XI R 39/01, BFH/NV 2004, 622 = NWB DokID: DAAAB-17276; BFH v. 2.9.2008 - X R 32/05, BStBl 2009 II 634.
4 BFH v. 18.12.2001 - VIII R 27/00, BStBl 2002 II 733.
5 BFH v. 20.3.1980 - IV R 22/77, BStBl 1980 II 439.
6 BFH v. 6.2.1987 - III R 203/83, BStBl 1987 II 423; BFH v. 4.7.1990 - GrS 2-3/88, BStBl 1990 II 817; BFH v. 8.12.1997 - GrS 1-2/95, BStBl 1998 II 193.
7 BFH v. 17.4.1985 - I R 101/81, BStBl 1985 II 510.
8 BFH v. 4.7.1990 - GrS 2-3/88, BStBl 1990 II 817.
9 BFH v. 24.7.1990 - VIII R 226/84, BFH/NV 1991, 588 = NWB DokID: AAAAA-97205.
10 Hoffmann in Littmann/Bitz/Pust, §§ 4, 5 EStG Rz. 128.
11 BFH v. 17.4.1985 - I R 101/81, BStBl 1985 II 510, für den umgekehrten Fall der durch betriebliche Sicherheiten abgesicherten privaten Schuld.
12 BFH v. 31.5.2005 - X R 36/02, BStBl 2005 II 707.
13 BFH v. 22.4.1980 - VIII R 236/77, BStBl 1980 II 571.
14 BFH v. 12.6.1974 - I R 212/73, BStBl 1974 II 734.
15 BFH v. 13.5.2014 - III B 152/13, BFH/NV 2014, 1364 = NWB DokID: SAAAE-68633.

▶ Wertpapiere sind i. d. R. kein notwendiges Betriebsvermögen, weil sie für die Betriebsführung nicht notwendig sind.[1] Ausnahmen gelten bei gewerblichem Wertpapierhandel.[2]

▶ Versicherungen sind dann notwendiges Betriebsvermögen, wenn betriebliche Risiken abgedeckt werden.[3] Personenversicherungen zählen dann dazu, wenn Risiken für Personen abgedeckt werden, die nicht der Unternehmer sind, bspw. Unfall- oder Rückdeckungsversicherungen für Angestellte.[4] Personenversicherungen, die mit dem Pkw im Betriebsvermögen in Zusammenhang stehen, sind Betriebsvermögen.[5] Sachversicherungen zählen dann zum notwendigen Betriebsvermögen, wenn sie für Wirtschaftsgüter des BV abgeschlossen wurden.[6]

bb) Gewillkürtes Betriebsvermögen

164 **Förderzusammenhang:** Zum gewillkürten Betriebsvermögen zählen Wirtschaftsgüter, die objektiv dazu geeignet sind und dazu bestimmt sind, den Gegenstand des Betriebs zu fördern.[7] Bewegliche Wirtschaftsgüter, deren betriebliche Nutzung zwischen 10 % und 50 % beträgt, sind geeignet zu gewillkürtem Betriebsvermögen gewidmet zu werden.[8] Ebenso wie beim notwendigen Betriebsvermögen ist eine Widmung erforderlich, der Widmungszweck ist aber ein unterschiedlicher. Während dem notwendigen Betriebsvermögen ein bestimmter Zweck innerhalb des Unternehmens zugewiesen werden muss, reicht beim gewillkürten Betriebsvermögen, dass das Wirtschaftsgut den Betriebszweck allgemein fördert.

165 **Aufnahme in das gewillkürte Betriebsvermögen:** Die Widmung muss zeitnah, unmissverständlich und unumkehrbar so dokumentiert sein, dass ein sachverständiger Dritter in der Lage ist, die Zugehörigkeit des Wirtschaftsguts zum Betriebsvermögen zu erkennen.[9] Starkes Indiz für die betriebliche Widmung ist die Aufnahme des WG in die Buchführung[10] oder ein Bestandsverzeichnis, aber auch die ausdrückliche Erklärung gegenüber dem Finanzamt.[11] Die Beweislast für die Betriebsvermögenseigenschaft und den Zeitpunkt der Zuführung trägt der Stpfl.[12]

166 **Gewinnermittlung nach § 4 Abs. 3 EStG:** Auch bei der Gewinnermittlung nach § 4 Abs. 3 EStG ist die Bildung von gewillkürtem Betriebsvermögen aus Gründen des verfassungsrechtlichen Gleichheitssatzes zulässig.[13] Bei Freiberuflern ist aber zu beachten, dass allein der Förderzusammenhang nicht ausreicht, erforderlich ist, dass sich die Geschäftsvorfälle, die sich auf

---

1 HHR/*Musil*, § 4 EStG Rz. 115.
2 BFH v. 19. 1. 1977 - I R 10/74, BStBl 1977 II 287.
3 BFH v. 20. 5. 2009 - VIII R 6/07, BStBl 2010 II 168; BFH v. 3. 3. 2011 - IV R 45/08, BStBl 2011 II 552.
4 BFH v. 14. 3. 1996 - IV R 14/95, BStBl 1997 II 343, BFH v. 28. 6. 2001 - IV R 41/00, BStBl 2002 II 274.
5 BFH v. 15. 12. 1977 - IV R 78/74, BStBl 1978 II 212.
6 BFH v. 3. 10. 1985 - IV R 16/83, BFH/NV 1986, 208 = NWB DokID: AAAAB-28131.
7 BFH v. 19. 2. 1997 - XI R 1/96, BStBl 1997 II 399.
8 R 4.2. Abs. 1 Satz 4 EStR.
9 BFH v. 2. 10. 2003 - IV R 13/03, BStBl 2003 II 985; BFH v. 8. 2. 2011 - VIII R 18/09, BFH/NV 2011, 1847 = NWB DokID: BAAAD-90749; FG Köln v. 25. 9. 2008 – 15 K 1235/04, EFG 2009, 94; BFH v. 21. 8. 2012 - VIII R 11/11, BStBl 2013 II 117, m. w. N.
10 BFH v. 18. 10. 1989 - X R 99/87, BFH/NV 1990, 424 = NWB DokID: EAAAB-31406.
11 BFH v. 2. 10. 2003 - IV R 13/03, BStBl 2003 II 985.
12 BMF v. 17. 11. 2004, BStBl 2004 I 1064.
13 BMF v. 17. 11. 2004, BStBl 2004 I 1064.

die Wirtschaftsgüter beziehen, als Hilfsgeschäfte zur freiberuflichen Tätigkeit darstellen.[1] Dies gilt im Wesentlichen für den Erwerb von Wertpapieren oder die Hingabe von Darlehen.

Einzelfälle:

▶ **Verbindlichkeiten:** Grundsätzlich nicht zulässig ist die Widmung von Verbindlichkeiten zu gewillkürtem Betriebsvermögen,[2] weil diese keine Vermögenswerte sind, die den Betrieb fördern könnten.

▶ **Darlehensforderungen:** Anders ist dies bei Darlehensforderungen, wenn sie die allgemeinen Voraussetzungen Eignung und Bestimmung zur Förderung betrieblicher Zwecke erfüllen. Der objektive Förderzusammenhang ist insbesondere dann zu belegen, wenn die Geschäfte branchenfremd und risikoträchtig sind.[3]

▶ **Wertpapiere** können grundsätzlich zu gewillkürtem Betriebsvermögen gehören, weil sie geeignet sind Betriebszwecke zu fördern.[4] Dies kann beispielsweise dann der Fall sein, wenn sie zur Anlage betrieblicher Mittel dienen, aber auch zur Absicherung von Pensionszusagen. Dagegen spricht nicht, dass die Wertpapiere Risiken unterliegen, da der Unternehmer ohnehin betriebliche Risiken zu tragen hat[5] oder sie fremdfinanziert sind. Voraussetzung ist aber, dass sie nicht nur zur kurzfristigen Anlage gehalten werden.[6] Ausnahmen gelten dann, wenn sie dem Betrieb keinen Nutzen, sondern nur Verluste bringen werden.[7] Auch branchenuntypische Termin- und Optionsgeschäfte sind nicht geeignet, zu gewillkürtem Betriebsvermögen zu gehören.[8] Bei einem Freiberufler liegt i. d. R. der erforderliche Förderungszusammenhang nicht vor, bei diesem können sie nur dann gewillkürtes Betriebsvermögen sein, wenn ausschließlich betriebliche Motive für den Erwerb maßgebend waren,[9] z. B., wenn sie Bestandteil eines Finanzierungskonzepts sind.[10]

▶ **Grundstücke und Gebäude** können zu gewillkürtem Betriebsvermögen gemacht werden, wenn sie nicht zu eigenen Wohnzwecken genutzt werden oder Dritten unentgeltlich zu Wohnzwecken überlassen werden,[11] sondern fremdbetrieblich oder zu fremden Wohnzwecken entgeltlich überlassen werden, sofern sie geeignet und dazu bestimmt sind, den Betrieb zu fördern. Dies gilt auch, wenn eine Überlassung an Arbeitnehmer nicht ausgeschlossen ist,[12] oder sie der Besicherung betrieblicher Verbindlichkeiten dienen.[13]

cc) Notwendiges Privatvermögen

Da das Privatvermögen steuerlich nicht relevant ist, erübrigt sich eine entsprechende Definition. Entscheidend für die Gewinnermittlung nach § 4 Abs. 1 EStG ist die Zuordnung zum Be-

---

1 BFH v. 12. 1. 2010 - VIII R 34/07, BStBl 2010 II 612.
2 BFH v. 22. 7. 1966 - VI 12/65, BStBl 1966 III 542; BFH v. 4. 7. 1990 - GrS 2-3/88, BStBl 1990 II 817; zu Ausnahmen. s. BFH v. 17. 4. 1985 - I R 101/81, BStBl 1985 II 510.
3 BFH v. 9. 2. 2011 - X B 67/10, BFH/NV 2011, 826 = NWB DokID: NAAAD-74746.
4 BFH v. 19. 2. 1997 - XI R 1/96, BStBl 1997 II 399.
5 BFH v. 11. 2. 1997 - IX R 1/96, BStBl 1997 II 399.
6 BFH v. 6. 10. 2004 - X R 36/03, BFH/NV 2005, 682 = NWB DokID: JAAAB-42747.
7 BFH v. 18. 12. 1996 - XI R 52/95, Barrengold, BStBl 1997 II 351; BFH v. 11. 2. 1997 - IX R 1/96, BStBl 1997 II 399.
8 BFH v. 19. 2. 1997 - XI R 1/96, BStBl 1997 II 399; BFH v. 5. 3. 1981 - IV R 94/78, BStBl 1981 II 658.
9 BFH v. 10. 6. 1998 - IV B 54/97, BFH/NV 1998, 1477 = NWB DokID: OAAAB-39764.
10 BFH v. 3. 3. 2011 - IV R 45/08, BStBl 2011 II 552; BFH v. 17. 5. 2011 - VIII R 1/08, BStBl 2011 II 862; FG Hamburg v. 16. 2. 2016 - 2 K 170/13, (rkr.), NWB DokID: FAAAF-71570.
11 BFH v. 22. 7. 1964 - I 353/61 U, BStBl 1964 III 552.
12 BFH v. 23. 9. 1999 - IV R 12/98, BFH/NV 2000, 317 = NWB DokID: DAAAA-63313.
13 BFH v. 13. 8. 1964 - IV 304/63 S, BStBl 1964 III 502.

triebsvermögen. Im Umkehrschluss aus der Definition des Betriebsvermögens ist Privatvermögen das Vermögen, das weder dazu geeignet noch dazu bestimmt ist, betrieblichen Zwecken zu dienen, oder sie zu fördern,[1] mithin Vermögen, das der Lebensführung des Stpfl. dient oder dienen soll. Notwendiges Privatvermögen wird angenommen, wenn die betriebliche Nutzung beweglicher Wirtschaftsgüter weniger als 10 % beträgt.[2]

169 Zum notwendigen Privatvermögen zählen z. B. Personenversicherungen, die persönliche Risiken des Unternehmensinhabers absichern,[3] Privatsteuern oder private Steuererstattungsansprüche.[4]

dd) Gemischt genutzte Wirtschaftsgüter

170 **Allgemeines:** Während Grund und Boden und Gebäude steuerlich selbständige Wirtschaftsgüter sein können, sind bewegliche Wirtschaftsgüter nicht teilbar, sie können nur entweder im Ganzen dem Betriebsvermögen oder im Ganzen dem Privatvermögen zugeordnet werden. Daran ändert auch die Rspr. des Großen Senats des BFH nichts, nach der sich aus § 12 Nr. 1 Satz 2 EStG beim Abzug von Aufwand kein allgemeines Aufteilungs- und Abzugsverbot ergibt.[5] Dies hat allenfalls Auswirkung auf den Abzug von Aufwand, der sich aus der teilweisen betrieblichen Nutzung ergibt.

171 Sofern WG zu mehr als 90 % privat genutzt werden, sind sie zwingend dem Privatvermögen zuzuordnen, werden sie zu mehr als 50 % betrieblich genutzt, so gelten sie als Betriebsvermögen.[6] Wird das WG zu mehr als 10 % und weniger als 50 % betrieblich genutzt, so hat der Stpfl. die Möglichkeit, das WG in vollem Umfang zu gewillkürtem Betriebsvermögen zu bestimmen.[7]

172 **Grund und Boden – und Gebäude:** Grundstücke und Gebäude sind grundsätzlich eigenständige Wirtschaftsgüter,[8] bei gemischter Nutzung ist jeder der unterschiedlich genutzten Gebäudeteile als ein Wirtschaftsgut anzusehen. Dabei sind vier unterschiedliche Sphären denkbar: Möglich ist eine eigenbetriebliche Nutzung, eine fremdbetriebliche Nutzung, eine eigene private und eine fremde private Nutzung (Mietverhältnis).[9] Grund und Boden sind dabei analog der Gebäudenutzung in BV oder PV aufzuteilen.[10]

173 **Gebäudeteile**, die zur Nutzung im eigenen Betrieb des Stpfl. bestimmt sind, sind notwendiges Betriebsvermögen, Gebäudeteile, die zu eigenen Wohnzwecken genutzt werden, sind notwendiges Privatvermögen. Sofern Gebäudeteile fremdvermietet werden, sei es zu Wohnzwecken, zu betrieblichen Zwecken oder zu Wohnzwecken, können sie, wenn dies zur Förderung eigener betrieblicher Zwecke bestimmt ist, zu gewillkürtem Betriebsvermögen werden. Im Rahmen ei-

---

1 *Kanzler* in Prinz/Kanzler, NWB Praxishandbuch Bilanzsteuerrecht, Rz. 508 ff.
2 R 4.2. Abs. 1 Satz 5 EStR.
3 BFH v. 22. 5. 1969 - IV R 144/68, BStBl 1969 II 489, *Wied* in Blümich, § 4 EStG Rz. 397.
4 BFH v. 22. 7. 1966 - VI 12/65, BStBl 1966 III 542.
5 BFH v. 21. 9. 2010 - GrS 1/06, BStBl 2010 II 672.
6 BFH v. 13. 3. 1964 - IV 158/61, BStBl 1964 III 455; BFH v. 23. 5. 1991 - IV R 58/90, BStBl 1991 II 798; BFH v. 2. 10. 2003 - IV R 13/03, BStBl 2004 II 985; R 4.2. Abs. 1 Satz 4 EStR; BMF v. 17. 11. 2004, BStBl 2004 I 1064.
7 BFH v. 13. 3. 1964 - IV 158/61, BStBl 1964 III 455; BFH v. 23. 5. 1991 - IV R 58/90, BStBl 1991 II 798; BFH v. 2. 10. 2003 - IV R 13/03, BStBl 2004 II 985; R 4.2. Abs. 1 Satz 4 EStR.
8 BFH v. 11. 3. 1980 - VIII R 151/76, BStBl 1980 II 740; BFH v. 14. 10. 1982 - IV R 19/79, BStBl 1983 II 202.
9 BFH v. 26. 11. 1973 - GrS 5/71, BStBl 1974 II 132; BFH v. 8. 3. 1990 - IV R 60/89, BStBl 1994 II 559.
10 BFH v. 25. 11. 1997 - VIII R 4/94, BStBl 1998 II 461.

ner Betriebsaufspaltung fremdvermietete Gebäudeteile sind zwingend notwendiges Betriebsvermögen.

Verbindlichkeiten: Die Zuordnung der Verbindlichkeiten folgt bei der Finanzierung gemischt genutzter Wirtschaftsgüter grundsätzlich der Zuordnung der finanzierten Wirtschaftsgüter selbst.[1] Dies gilt auch für Versicherungen, die für die Wirtschaftsgüter abgeschlossen wurden, die Prämien sind nach einem sachgerechten Schlüssel aufzuteilen. Versicherungsleistungen sind danach aufzuteilen, in welchen Sphären der Schaden entstanden ist. — 174

ee) Begründung und Auflösung von Betriebsvermögen

Notwendiges Betriebsvermögen: Die Eigenschaft als Betriebsvermögen wird dadurch hergestellt, dass das Wirtschaftsgut für den objektiven Einsatz im Betrieb bestimmt wird.[2] Dieser Widmungsakt ist sowohl bei notwendigem als auch bei gewillkürtem Betriebsvermögen erforderlich. Dies kann durch Betriebseröffnung, durch entgeltliche oder unentgeltliche Anschaffung auch in Form der Einlage oder Herstellung für den Betrieb erfolgen. Denkbar ist aber auch die Widmung durch tatsächliche Handlung, beispielsweise die betriebliche Nutzung. — 175

Gewillkürtes Betriebsvermögen: Auch beim gewillkürten Betriebsvermögen ist ein entsprechender Widmungsakt erforderlich, der sich in der buchmäßigen Behandlung des Wirtschaftsguts widerspiegelt. Erst die buchmäßige Erfassung des Wirtschaftsguts im Betriebsvermögen durch zeitnahe Aufzeichnungen, z. B. in einem Bestandsverzeichnis, begründet die Betriebsvermögenseigenschaft,[3] der Stpfl. trägt die Beweislast. Indiziell kann die Erfassung von Einnahmen und Ausgaben sein, die mit dem Wirtschaftsgut in Zusammenhang stehen. Eine Nachholung nach Ablauf des Veranlagungszeitraums ist grundsätzlich nicht zulässig.[4] — 176

Ausscheiden aus dem Betriebsvermögen: Wird der betriebliche Zusammenhang gelöst, sei es durch Betriebsaufgabe, Veräußerung, auch im Wege des Tausches, unentgeltliche Abgabe, auch als Entnahme, so scheidet das Wirtschaftsgut aus dem Betriebsvermögen aus. Der Strukturwandel zur Liebhaberei führt nicht zu einem Ausscheiden von Wirtschaftsgütern aus dem Betriebsvermögen.[5] — 177

Zerstörung: Allein die Zerstörung eines Wirtschaftsguts oder sein Verlust, z. B. durch Diebstahl, führen noch nicht zu einer Auflösung des betrieblichen Zusammenhangs, selbst wenn ein Unfall mit einem Betriebs-Pkw auf einer privaten Fahrt geschieht.[6] Ist das Wirtschaftsgut endgültig für den Betrieb nicht mehr nutzbar, so ist der Restwert gewinnmindernd auszubuchen.[7] — 178

Verbindlichkeiten bleiben grundsätzlich so lange Betriebsvermögen, bis sie getilgt sind.[8] Erfolgt die Tilgung aus privaten Mitteln, so sind diese im Vorfeld vom Stpfl. eingelegt worden. Sind die Verbindlichkeiten bei Betriebsveräußerung oder Betriebsaufgabe nicht getilgt, verlieren sie ihren betrieblichen Zusammenhang insoweit als ein eventueller Veräußerungs- oder Liquidationsgewinn nicht zur Tilgung der Verbindlichkeiten verwendet wird.[9] — 179

---

1 BFH v. 4. 7. 1990 - GrS 2-3/88, BStBl 1990 II 817.
2 *Heinicke* in Schmidt, § 4 EStG Rz. 111.
3 BFH v. 17. 11. 1960 - IV 102/59, BStBl 1961 III 53; BFH v. 6. 3. 1991 - X R 57/88, BStBl 1991 II 829.
4 BMF v. 17. 11. 2004, BStBl 2004 I 1064.
5 BFH v. 11. 5. 2016 - X R 61/14, BStBl 2016 II 939.
6 BFH v. 24. 5. 1989 - I R 213/85, BStBl 1990 II 8.
7 BFH v. 24. 5. 1989 - I R 213/85, BStBl 1990 II 8.
8 BFH v. 4. 7. 1990 - GrS 2-3/88, BStBl 1990 II 817; BFH v. 19. 8. 1999 - X R 96/95, BStBl 1999 II 353.
9 BFH v. 15. 5. 2002 - X R 3/99, BStBl 2002 II 809.

180 **Betriebliche Verbindlichkeiten** können Gegenstand einer Entnahme sein, wenn die ursprüngliche Veranlassung der Mittelaufnahme geändert wurde, beispielsweise durch die Entnahme des mit den Fremdmitteln angeschafften Wirtschaftsguts.[1]

181–190 (*Einstweilen frei*)

f) Zurechnung zum Betrieb[2]

LITERATUR:

Bolik, Afa bei auf fremdem Grund und Boden errichtetem Gebäude, NWB 2016, 1480;*Matusche*, Grundlagen des Factoring, NWB 1994, 1126; *Engel*, Allgemeine Grundlagen des Leasings, NWB 2000, 3583; *Hoffmann*, Factoring und „umgekehrtes" Factoring, StuB 2015, 401.

ARBEITSHILFEN UND GRUNDLAGEN ONLINE:

Kolbe, Leasing (HGB, EStG), NWB DokID: RAAAE-56884; *Mujkanovic*, Leasing in Handels- und Steuerbilanz, NWB DokID: AAAAE-68318.

191 **Zivilrechtliches oder wirtschaftliches Eigentum:** Wirtschaftsgüter sind nur dann im Rahmen des Bestandsvergleichs zu erfassen, wenn sie dem Betriebsvermögen des Stpfl. zuzurechnen sind. Grundsätzlich richtet sich die Zurechnung nach den zivilrechtlichen Eigentumsverhältnissen (§ 238 Abs. 1, § 240 Abs. 1, § 242 HGB, § 39 Abs. 1 AO). Daneben kann auch vorrangig das wirtschaftliche Eigentum beachtlich sein (§ 246 Abs. 1 Satz 2 HGB, § 39 Abs. 2 AO) und das zivilrechtliche Eigentum verdrängen.[3] Wirtschaftliches Eigentum ist dann anzunehmen, wenn derjenige, der den Gegenstand tatsächlich nutzt, in der Lage ist, den eigentlichen Eigentümer für die Dauer der gewöhnlichen Nutzungsdauer von der Einwirkung auf den Gegenstand auszuschließen, so dass ein Herausgabeanspruch des Eigentümers nicht geltend gemacht werden kann oder wirtschaftlich leerläuft.[4]

192 **Zurechnung bei Ehegatten:** Grundsätzlich sind Ehegatten im Hinblick auf die Zurechnung von Wirtschaftsgütern zu behandeln wie zwei getrennte Stpfl. Dies gilt unabhängig von der Veranlagungsform, die gewählt wird, und auch weitgehend unabhängig vom Güterstand. Lediglich bei der Gütergemeinschaft stehen die Wirtschaftsgüter den Ehegatten unabhängig von den zivilrechtlichen Eigentumsverhältnissen gemeinschaftlich zu, sie bilden, wenn einer der beiden ein Unternehmen betreibt, zwingend eine Mitunternehmerschaft. Besteht Gesamthandseigentum, so können die Ehegatten – wie andere Gesamthandseigentümer auch – eine Mitunternehmerschaft bilden. Besteht Miteigentum, so gelten ebenfalls die allgemeinen Regeln zu Miteigentumsgemeinschaften. Bei Grund und Boden und Gebäuden zählt zum Betriebsvermögen nur der Miteigentumsanteil des Unternehmerehegatten. Der Anteil des nichtunternehmerischen Ehegatten ist Privatvermögen und kann ggf. im Rahmen einer Vermietung und Verpachtung entgeltlich überlassen werden. Eine AfA-Berechtigung steht dem Unternehmerehegatten nur insoweit zu, als er im eigenen betrieblichen Interesse Aufwand für den im Miteigentum seines Ehegatten stehenden Gebäudeteil getragen hat.[5] Darlehenszinsen sind bei einer gesamtschuldnerischen Darlehensaufnahme auch dann ausschließlich dem Ehegatten zuzurechnen, der das Darlehen in voller Höhe für betriebliche Zwecke verwendet, wenn sie

---

1 BFH v. 4. 7. 1990 - GrS 2-3/88, BStBl 1990 II 817.
2 Vgl. dazu KKB/Kanzler, § 2 EStG Rz. 257 ff.
3 BFH v. 18. 5. 2006 - III R 25/05, BFH/NV 2006, 1747 = NWB DokID: YAAAB-90234; BFH v. 12. 12. 2012 - I R 28/11, BFH/NV 2013, 884 = NWB DokID: AAAAE-32295.
4 BFH v. 26. 1. 1970 - IV R 144/66, BStBl 1970 II 89.
5 BFH v. 23. 8. 1999 - GrS 1/97, BStBl 1999 II 778.

vom Gemeinschaftskonto der Ehegatten gezahlt werden. An der betrieblichen Veranlassung der Schuldzinsen ändert dies nichts.[1]

Zurechnung bei Nießbrauch: Der Nießbraucher ist zivilrechtlich berechtigt, die Sachen (§ 1030 Abs. 1 BGB), Rechte (§ 1068 Abs. 1 BGB) oder das Vermögen (§ 1036 Abs. 1 BGB), an dem ihm ein Nießbrauch eingeräumt ist, zu besitzen und zu nutzen, er trägt die öffentlichen und privaten Lasten (§ 1047 BGB), ist aber zu einer Veräußerung des Gegenstands nicht berechtigt. Zu unterscheiden sind der Zuwendungsnießbrauch und der Vorbehaltsnießbrauch.[2] Beim Zuwendungsnießbrauch bleiben die Eigentumsverhältnisse an Sachen, Rechten oder Vermögen unverändert, dem Nießbraucher wird am Eigentum des Nießbrauchsbestellers ein Nießbrauch eingeräumt. Beim Vorbehaltsnießbrauch überträgt der Nießbraucher das Eigentum und behält sich den Nießbrauch vor.   193

Grundsätzlich ist der Nießbrauchsgegenstand dem zivilrechtlichen Eigentümer zuzurechnen. Dies gilt dann nicht, wenn der Nießbraucher in der Lage ist, den Eigentümer auf Dauer von der Einwirkung auf den belasteten Vermögenswert auszuschließen z. B., weil er über das Wirtschaftsgut verfügen kann, sei es, weil die Dauer des Nießbrauchs so bemessen ist, dass das Wirtschaftsgut nach dem Ablauf nicht mehr nutzbar ist oder er berechtigt ist, die Substanz des Gegenstandes zu verwerten.[3]   194

Zurechnung beim Leasing: Zur Zurechnung beim Leasing vergleiche ausführlich KKB/Bisle/ Dönmez, § 5 EStG Rz. 147 ff.   195

(Einstweilen frei)   196–201

Mietkauf: Zu unterscheiden ist der echte Mietkauf vom unechten Mietkauf. Während beim echten Mietkauf eine angemessene Miete vereinbart wird,[4] eine Kaufoption für den Mieter besteht und die Anrechnung der Miete auf den Kaufpreis häufig erst bei Ausübung der Option vereinbart wird, zeichnet sich der unechte Mietkauf dadurch aus, dass er darauf zielt, den Mietgegenstand im Wege eines verdeckten Ratenkaufs an den Mieter zu veräußern. Ein unechter Mietkauf kann vorliegen, wenn die Mietdauer so bemessen ist, dass das Wirtschaftsgut nach dem Ablauf verbraucht ist und eine Rückgabe an den Vermieter wirtschaftlich sinnlos ist oder die Mietzahlungen ungewöhnlich hoch sind und die Summe der Raten dem Listenpreis bei Abschluss des Vertrags entspricht oder der Restkaufpreis i. d. R. deutlich unter dem Teilwert bei Ende der Mietzeit liegt.[5] Beim echten Mietkauf ist das Wirtschaftsgut dem Vermieter bis zur Veräußerung an den Mieter zuzurechnen, beim unechten Mietkauf ist das Wirtschaftsgut dem Mieter zuzurechnen und bei diesem zu aktivieren.   202

Factoring: Beim Factoring verschafft sich der Gläubiger Liquidität dadurch, dass er Forderungen gegen einen Drittschuldner an einen Factor abtritt, der diese dann einzieht.   203

Echtes Factoring: Zu unterscheiden ist echtes Factoring, bei dem die Forderung an den Factor verkauft wird, der sie dann in eigenem Namen, auf eigene Rechnung und auf eigenes Risiko einzieht. Das zivilrechtliche und das wirtschaftliche Eigentum gehen auf den Factor über, für den ursprünglichen Gläubiger liegt ein Veräußerungsgeschäft vor.[6]   204

---

1 BFH v. 3. 2. 2016 - X R 25/12, BStBl 2016 II 391.
2 Vgl. im Einzelnen BMF v. 24. 7. 1998, BStBl 1998 I 914.
3 BFH v. 2. 6. 1978 - III R 4/76, BStBl 1978 II 507; BFH v. 24. 6. 2004 - III R 50/01, BStBl 2005 II 80.
4 OFD Frankfurt v. 12. 3. 2008, NWB DokID: TAAAC-86800, Nr. 2.
5 OFD Frankfurt v. 12. 3. 2008, NWB DokID: TAAAC-86800, Nr. 2.
6 *Matusche*, NWB 1994, 1126.

205 Unechtes Factoring: Beim unechten Factoring wird die Forderung zwar an den Factor abgetreten, der dies auch vergütet und sie in eigenem Namen und auf eigene Rechnung einzieht, das wirtschaftliche Risiko der Uneinbringlichkeit liegt aber beim Zedenten, der zur Rückerstattung des vom Factor gezahlten Betrags verpflichtet ist, soweit die Forderung nicht eingezogen werden kann.[1] Die Zahlung des Factors stellt sich als Darlehen dar, für das zur Sicherheit die Forderung gegen den Drittschuldner abgetreten wird. Im Hinblick auf die wirtschaftliche Zurechnung stellt der BFH darauf ab, welche der beiden Parteien das Ausfallrisiko trägt. Verbleibt dies – wie beim unechten Factoring üblich – beim Zedenten, so bleibt er wirtschaftlicher Eigentümer der Forderung, zugleich hat er eine Darlehensverbindlichkeit zu passivieren, laufende Entgelte, die an den Factor zu zahlen sind, können Entgelte für Dauerschulden darstellen, die nach § 7 i.V.m § 8 Nr. 1 GewStG, dem gewerblichen Gewinn hinzuzurechnen sind.[2]

206 Bauten auf fremdem Grund und Boden: Grundsätzlich richtet sich die Zurechnung von Bauten auf fremdem Grund und Boden nach den zivilrechtlichen Eigentumsverhältnissen, die beim Grundstückseigentümer liegen (§§ 93, 94, 946 BGB). Errichtet ein Unternehmer Bauten auf fremdem Grund und Boden, so wird der Grundstückseigentümer nach allgemeinen zivilrechtlichen Grundsätzen sowohl zivilrechtlicher als auch wirtschaftlicher Eigentümer der Bauten. Der errichtende Unternehmer hat dennoch die Anschaffungskosten wie ein Gebäude zu aktivieren und entsprechend abzuschreiben.[3] Konsequent zu dieser Auffassung hat der BFH entschieden, dass in diesem Bilanzposten, der kein Wirtschaftsgut darstellt, keine stillen Reserven enthalten sein können,[4] diese entstehen beim zivilrechtlichen und wirtschaftlichen Eigentümer. Scheidet das Gebäude durch Übertragung oder aus anderen Gründen aus dem Betriebsvermögen aus, so sind die AK und der Bilanzposten ergebnisneutral auszubuchen.[5]

207 Grund- und Boden und Gebäude sind in den folgenden Fällen unterschiedlich zuzurechnen:

▶ Zurechnung des Gebäudes nach § 39 Abs. 1 AO zum Bauherrn, wenn er es errichtet hat und aufgrund eines dinglichen Nutzungsrechts dazu berechtigt ist,[6]

▶ Zurechnung nach § 39 Abs. 1 AO, wenn die Verbindung des Gebäudes mit Grund und Boden nur vorübergehend ist,[7]

▶ Zurechnung nach § 39 Abs. 2 AO wegen wirtschaftlichen Eigentums, wenn der Bauherr den Grundstückseigentümer für die Dauer der betriebsgewöhnlichen Nutzungsdauer von der Nutzung des Wirtschaftsguts ausschließen kann. Dies ist dann denkbar, wenn der Bauherr das Gebäude bis zum Ende der Nutzungsdauer aufgrund einer rechtsverbindlichen Regelung nutzen kann oder gegen den Grundstückseigentümer nach Ende des Nutzungsrechts einen rechtsverbindlichen Anspruch auf Ersatz des Verkehrswerts (z.B. nach §§ 952, 812 BGB) hat oder der Bauherr das Gebäude beseitigen muss.[8] Besteht eine solche Möglichkeit, den Eigentümer von der Nutzung auszuschließen, z.B. mangels Ver-

---

1 *Matusche*, NWB 1994, 1126.
2 BFH v. 26.8.2010 - I R 17/09, BFH/NV 2011, 143 = NWB DokID: HAAAD-56607.
3 BFH v. 25.2.2010 - IV R 2/07, BStBl 2010 II 670 m. Anm. *Kanzler*, FR 2010, 662; *Kanzler* in Prinz/Kanzler, NWB Praxishandbuch Bilanzsteuerrecht, Rz. 448.
4 BFH v. 9.3.2016 - X R 46/10, BStBl 2016 II 976; *Bolik*, NWB 2016, 1480.
5 BFH v. 9.3.2016 - X R 46/10, BStBl 2016 II 976; *Bolik*, NWB 2016, 1480; *Korn*, Kösdi 2016, 19830; *Kraft/Kraft*, NWB 2016, 2031.
6 *Wied* in Blümich, § 4 EStG Rz. 322.
7 BFH v. 21.5.1991 - X R 61/91, BStBl 1992 II 944.
8 BFH v. 14.5.2002 - VIII R 30/98, BStBl 2002 II 741.

einbarung nicht, so entspricht das wirtschaftliche Eigentum dem rechtlichen Eigentum.[1] In diesem Fall sind die stillen Reserven aus dem Gebäude unabhängig davon, wer die Kosten der Errichtung getragen hat, dem zivilrechtlichen/wirtschaftlichen Eigentümer des Gebäudes zuzurechnen.

Der Bauherr ist unabhängig von diesen Grundsätzen zur Abschreibung berechtigt, wenn er die Aufwendungen im eigenen betrieblichen Interesse getragen hat und das Gebäude für eigene betriebliche Zwecke nutzen kann.[2] 208

Diese Grundsätze gelten auch, soweit ein Unternehmerehegatte ein Gebäude auf dem in Miteigentum mit seinem Ehegatten stehenden Grundstück errichtet.[3]

Treuhand: Die Zurechnung von Wirtschaftsgütern bei Treuhandverhältnissen hängt von der Art der Treuhand ab. 209

Vollrechtstreuhand: Bei der Vollrechtstreuhand wird das zivilrechtliche Eigentum auf den Treunehmer übertragen, der Treugeber bleibt oder wird wirtschaftlicher Eigentümer des Wirtschaftsguts, weil im Innenverhältnis allein der Treugeber aus dem Treugut berechtigt oder verpflichtet ist, er kann den zivilrechtlichen Eigentümer von der Nutzung des Wirtschaftsguts ausschließen und jederzeit das zivilrechtliche Eigentum ebenfalls an sich ziehen.[4] Der Treugeber hat das Wirtschaftsgut in seiner Steuerbilanz zu aktivieren. 210

Ermächtigungstreuhand: Bei der Ermächtigungstreuhand fallen zivilrechtliches und wirtschaftliches Eigentum nicht auseinander. Der Treugeber räumt dem Treunehmer das Recht ein, im eigenen Namen und auf Rechnung und Weisung des Treugebers über das Treugut zu verfügen.[5] Das Wirtschaftsgut ist beim Treugeber zu aktivieren. 211

Verwaltungs- und Sicherungstreuhand: In beiden Fällen bleiben sowohl das zivilrechtliche als auch das wirtschaftliche Eigentum beim Treugeber. Bei der Verwaltungstreuhand wird das Wirtschaftsgut durch den Treunehmer auf Rechnung des Treugebers verwaltet, bspw. bei der Testamentsvollstreckung. Bei der Sicherungstreuhand bleibt der Treugeber aus dem Wirtschaftsgut berechtigt, nur im Fall des Eintritts des Sicherungsfalls kann der Treugeber das Wirtschaftsgut über die Treuhand an sich ziehen. 212

(*Einstweilen frei*) 213–220

g) Bestandsveränderungen, Gewinnrealisation

LITERATUR:
Hoffmann, Die Abnahme als Realisationstatbestand beim Werkvertrag, StuB 2015, 609.

aa) Realisationsprinzip

LITERATUR:
Kanzler, Sanierungsgewinn auch weiterhin steuerfrei oder: Zurück zu den Wurzeln, FR 1997, 677 ff.; *ders.*, Tod auf Raten – Steht die Steuerbefreiung des Sanierungsgewinns vor dem endgültigen Ableben?, FR

---

1 BFH v. 19.12.2012 - IV R 29/09, BStBl 2013 II 387; BFH v. 9.3.2016 - X R 46/14, BStBl 2016 II 976.
2 BFH v. 23.8.1999 - GrS 1/97, BStBl 1999 II 778.
3 BFH v. 14.05.2002 - VIII R 30/98, BStBl 2002 II 741.
4 *Briesemeister* in Prinz/Kanzler, NWB Praxishandbuch Bilanzsteuerrecht, Rz. 747.
5 BFH v. 11.10.1990 - V R 75/85, BStBl 1991 II 191; *Briesemeister* in Prinz/Kanzler, NWB Praxishandbuch Bilanzsteuerrecht, Rz. 748.

2008, 1116; *Adrian*, Gewinnrealisierung bei Abschlagszahlungen, StuB 2014, 893; *Hoffmann*, Die Abnahme als Realisationstatbestand beim Werkvertrag, StuB 2015, 609; *Schmittmann*, Besteuerung von Sanierungsgewinnen: Der BFH lässt neuerlich die Wirksamkeit des BMF-Schreibens vom 27. 3. 2003 offen, StuB 2015, 389.

221 **Bestandsveränderungen** ergeben sich primär, wenn unterjährig Gewinne realisiert wurden. Vermögensumschichtungen betreffen nur den Bestand und wirken sich nicht auf das Ergebnis aus.

222 Nach § 252 Abs. 1 Nr. 4 2. Halbsatz HGB sind Gewinne nur zu berücksichtigen, wenn sie am Abschlusstag durch einen Umsatz realisiert sind.[1] Dieses Prinzip gilt als Bestandteil der materiellen Grundsätze ordnungsgemäßer Buchführung auch zu den Buchführungsregeln, die im Rahmen der Gewinnermittlung nach § 4 Abs. 1 EStG zu berücksichtigen sind.[2] Dabei ist davon auszugehen, dass analog zu § 4 Abs. 3 EStG alle Zugänge in Geld oder Geldeswert den Bestand des Betriebsvermögens und damit den Gewinn erhöhen.[3]

223 Der Realisationstatbestand kann auf gegenseitigen Vereinbarungen beruhen wie z. B. Lieferungen oder Leistungen gegen Entgelt oder auf Basis eines Tauschgeschäfts. Auch das Ausscheiden eines betrieblichen Wirtschaftsguts aus dem Betriebsvermögen ohne einen Veräußerungstatbestand oder die Ausschüttung von Gewinnen, aber auch die Betriebsaufgabe, stellen Realisationstatbestände dar, die u. U. nicht auf gegenseitigen Rechtsgeschäften beruhen.[4]

224 **Vertragliche Vereinbarung:** Grundlage dafür, ob und wann ein Realisationstatbestand eintritt, ist die vertragliche Vereinbarung über das eigentliche Umsatzgeschäft. Soweit von der Vereinbarung abgewichen wird, ist entscheidend auf die tatsächliche Durchführung abzustellen.[5]

225 **Realisation** liegt dann vor, wenn eine Forderung des Stpfl. bereits rechtlich entstanden ist oder bis zum Abschlussstichtag die wesentlichen wirtschaftlichen Ursachen dergestalt gesetzt wurden, dass der Stpfl. fest mit der Entstehung der Forderung rechnen kann.[6] Ob dies der Fall ist, ist nach wirtschaftlichen Gesichtspunkten zu beurteilen.[7]

bb) Einzelfälle

226 **Veräußerung:** In zeitlicher Hinsicht ist entscheidend auf die Erfüllung des Vertrags abzustellen.[8] Ist die vereinbarte Lieferung oder Leistung dergestalt erbracht, dass der Gläubiger verpflichtet ist, seinerseits die versprochene Gegenleistung zu erbringen und ist dies auch rechtlich durchsetzbar, so entsteht die Forderung unabhängig davon, ob sie bereits in Rechnung gestellt wurde oder fällig ist.[9] In diesem Punkt unterscheidet sich die Gewinnermittlung nach § 4 Abs. 1 EStG von der Gewinnermittlung nach § 4 Abs. 3 EStG, bei der der Gewinn erst mit Zufluss der Gegenleistung und nicht bereits mit Anspruchsentstehung realisiert wird.

---

1 BFH v. 2. 3. 1990 - III R 70/87, BStBl 1990 II 733; BFH v. 18. 5. 2006 - III R 25/05, BFH/NV 2006, 1747 = NWB DokID: YAAAB-90234.
2 Vgl. BFH v. 6. 12. 1983 – VIII R 110/79, BStBl 1984 II 227; BFH v. 10. 9. 1998 - IV R 80/96, BStBl 1999 II 21; BFH v. 20. 3. 2003 - IV R 37/02, BFH/NV 2003, 1403 = NWB DokID: VAAAA-70487.
3 *Wied* in Blümich, § 4 EStG Rz. 115.
4 BFH v. 19. 5. 2005 - IV R 17/02, BStBl 2005 II 637.
5 BFH v. 27. 2. 1986 - IV R 52/83, BStBl 1986 II 552.
6 BFH v. 10. 9. 1998 - IV R 80/96, BStBl 1999 II 21.
7 BFH v. 17. 3. 2010 - X R 28/08, BFH/NV 2010, 2033 = NWB DokID: QAAAD-52395.
8 BFH v. 29. 11. 2007 - IV R 62/05, BStB. 2008 II 557.
9 BFH v. 17. 1. 1963 - IV 335/59 S, BStBl 1963 III 257; BFH v. 3. 8. 2005 - I R 94/03, BStBl 2006 II 20; BFH v. 9. 10. 2013 - I R 15/12, BFH/NV 2014, 907 = NWB DokID: LAAAE-61833.

Vertragserfüllung: Erfüllt wird der Vertrag über die Veräußerung eines WG grundsätzlich mit dem Übergang des Risikos für den zufälligen Untergang, also in dem Zeitpunkt, an dem das wirtschaftliche Eigentum nach § 39 AO übergegangen ist.[1] Bei einem Grundstück ist dies der Zeitpunkt, in dem Besitz, Nutzen und Lasten übergehen.[2] Nicht erforderlich ist der Übergang des zivilrechtlichen Eigentums oder die Auflassungserklärung bei einem Grundstückskaufvertrag.[3] Nur, wenn Besitz, Nutzen und Lasten erst später übertragen werden, ist der Übergang des zivilrechtlichen Eigentums maßgebend.[4] Dies gilt auch, wenn noch ein Rücktrittsrecht besteht.[5] In diesem Fall kann u. U. eine Rückstellung zu bilden sein, wenn die Ausübung des Rücktrittsrechts hinreichend wahrscheinlich ist.[6]

227

Tausch: Der Gewinn wird unabhängig davon realisiert, ob die Gegenleistung in Geld besteht oder ob es sich um einen Tauschvorgang handelt (§ 6 Abs. 6 Satz 1 EStG). Nach alter Rechtslage führte der Tausch nicht zwingend zur Gewinnrealisierung, wenn wert-, art- und funktionsgleiche Wirtschaftsgüter getauscht wurden, insbesondere im Rahmen von Flurbereinigungsverfahren.[7]

228

Gesellschaftsrechte: Tausch ist auch die Übertragung von Wirtschaftsgütern, Anteilen an Kapitalgesellschaften oder Betrieben, Teilbetrieben und Mitunternehmeranteilen gegen Erhöhung oder Minderung von Gesellschaftsrechten. Gleiches gilt beim Ausscheiden aus einer Gesellschaft gegen Sachwertabfindung oder bei Aufspaltung bestehender Personengesellschaften gegen Übernahme von Sachwerten. Erfolgt dieser Vorgang unter den Voraussetzungen des § 6 Abs. 5 Satz 3 EStG, § 16 Abs. 3 Satz 2 EStG oder den §§ 20, 24 UmwStG, so kann die Realisierung von Gewinnen ausscheiden, weil ein Zwang bzw. Wahlrecht zum Buchwertansatz besteht. Gewinne werden auch dann realisiert, wenn ein Gesellschafter mit negativem Kapitalkonto aus einer Gesellschaft ausscheidet und das Kapitalkonto nicht ausgleichen muss. Umgekehrt realisiert er einen Verlust, wenn er ausscheidet und sein positives Kapitalkonto stehen lässt.

229

Werkvertrag: Bei einem reinen Werkvertrag nach § 631 BGB wird der Gewinn mit der Abnahme des Werks nach § 640 BGB realisiert.[8]

230

Anders ist dies bei Planungsleistungen eines Ingenieurs. Im Hinblick auf den Realisationszeitpunkt hat der BFH hier jüngst entgegen seiner bisherigen Rechtsprechung entschieden, dass Gewinnrealisierung eingetreten ist, wenn der Anspruch auf Abschlagszahlung nach § 8 Abs. 2 HOAI entstanden ist. Auf die tatsächliche Abnahme kommt es danach nicht mehr an.[9] Auch der Anspruch auf Abschlagszahlung setzt eine nachgewiesene Leistung voraus und kann durch Vereinbarung individuell gesteuert werden (§ 8 Abs. 2 HOAI). Die Rechtsprechung führt die Ansätze fort, die bereits zur Gewinnrealisierung bei Inkassotätigkeit entwickelt wurden.[10]

---

1 BFH v. 29. 11. 1973 - IV R 181/71, BStBl 1974 II 202.
2 BFH v. 4. 6. 2003 - X R 49/01, BStBl 2003 II 751.
3 BFH v. 27. 2. 1986 - IV R 52/83, BStBl 1986 II 552; BFH v. 2. 3. 1990 - III R 70/87, BStBl 1990 II 733; BFH v. 27. 11. 2008 - IV R 16/06, BFH/NV 2009, 783 = NWB DokID: SAAAD-17962.
4 BFH v. 29. 4. 1987 - I R 192/82, BStBl 1987 II 797; BFH v. 8. 9. 2005 - IV R 40/04, BStBl 2006 II 26; BFH v. 18. 5. 2006 - III R 25/05, BFH/NV 2006, 1747 = NWB DokID: YAAAB-90234.
5 BFH v. 25. 1. 1996 - IV R 114/94, BStBl 1997 II 382.
6 BFH v. 25. 1. 1996 - IV R 114/94, BStBl 1997 II 382.
7 BFH v. 13. 3. 1986 - IV R 1/84, BStBl 1986 II 711.
8 BFH v. 8. 9. 2005 - IV R 40/04, BStBl 2006 II 26; BFH v. 29. 11. 2007 - IV R 62/05, BStBl 2008 II 557.
9 BFH v. 14. 5. 2014 - VIII R 25/11, BStBl 2014 II 968, zustimmend BMF v. 29. 6. 2015, BStBl 2015 I 542.
10 BFH v. 29. 11. 2007 - IV R 62/05, BStBl 2008 II 557.

Die vom BFH zum Werkvertrag entwickelten Grundsätze der Gewinnrealisierung[1] sollen auch für den Vergütungsvorschuss des Insolvenzverwalters gelten[2]. Erhält dieser einen Vergütungsvorschuss nach § 9 InsVV, so dient dieser regemäßig der Abgeltung bereits erbrachter Leistungen des Insolvenzverwalters, der Anspruch steht ihm so gut wie sicher zu, auch, wenn eine Schlussabrechnung erst nach Beendigung des Verfahrens erfolgt.

231 **Dauerschuldverhältnisse:** Bei Dauerschuldverhältnissen, bei denen regelmäßig wiederkehrende Leistungen geschuldet werden (Miete, Pacht, Arbeitsverhältnis), wird der Gewinn jeweils mit Erfüllung der wiederkehrenden Leistung realisiert.[3] Bei Provisionen eines Assekuradeurs oder eines Versicherungsvertreters, die sich auf Verträge mit längerer Laufzeit beziehen, muss die Gewinnrealisierung zeitlich so aufgeteilt werden wie seine Leistungen erbracht werden, inhaltlich ist eine Aufteilung danach erforderlich, welche Leistung der Zahlung zugrunde lag.[4] Soweit es sich um Abschlussprovisionen handelt, sind sie sofort ertragswirksam zu erfassen, soweit Zahlungen erfolgen für Leistungen, die erst nach dem Bilanzstichtag zu erbringen sind, bspw., weil sie die Vertragsverwaltung betreffen, sind sie durch einen passiven Rechnungsabgrenzungsposten zu neutralisieren.

232 **Betriebsverpachtung:** Bei der Betriebsverpachtung hat der Verpächter ein Wahlrecht, ob er den Vorgang als Betriebsaufgabe behandelt und so einen Aufgabegewinn realisiert oder ob er einen ruhenden Betrieb im Wege der Verpachtung fortführt. Das Wahlrecht wird durch Aufgabeerklärung ausgeübt, fehlt es an einer solchen Erklärung, so verbleibt es bei Betriebsvermögen[5] und gewerblichen Einkünften.

233 **Rücktrittsrecht:** Besteht ein vertragliches Rücktrittsrecht oder treten die Voraussetzungen für ein gesetzliches Rücktrittsrecht ein, so wirkt sich dies erst dann realisierend aus, wenn der Rücktritt tatsächlich erklärt wurde.[6] In diesem Fall wandelt sich das vertragliche Rücktrittsrecht in ein Rückgewährschuldverhältnis und es ist jeweils die entsprechende Verbindlichkeit, die daraus entsteht, zu passivieren. Wurde das Rücktrittsrecht noch nicht ausgeübt, so ist nach Auffassung der Finanzverwaltung die Bildung einer entsprechenden Rückstellung nicht zulässig.[7] Demgegenüber gestattet die Finanzverwaltung eine Rückstellung, wenn die Ausübung des Rücktrittsrechts überwiegend wahrscheinlich ist.[8] Im Ergebnis führen die unterschiedlichen Auffassungen allenfalls zu einer zeitlichen Verschiebung. Wird der Rücktritt ausgeübt, so ist auch nach Auffassung der Finanzverwaltung eine ergebniswirksame Rückstellung zu passivieren. Wird das Rücktrittsrecht nicht ausgeübt, so muss die Rückstellung ergebniswirksam wieder aufgelöst werden.

234 **Gewinnansprüche** aus einer Beteiligung an einer Kapitalgesellschaft sind noch nicht realisiert, solange keine Gewinnverwendung beschlossen wurde.[9]

---

1 BFH v. 14. 5. 2014 - VIII R 25/11, BStBl 2014 II 968.
2 FG Düsseldorf v. 28. 1. 2016 - 16 K 647/15 F, NWB DokID: HAAAF-82508, Rev.: BFH, IV R 20/16, NWB DokID: DAAAF-78381.
3 BFH v. 28. 1. 1960 - IV R 226/58, BStBl 1960 III 291; BFH v. 10. 9. 1998 - IV R 80/96, BStBl 1999 II 21; BFH v. 8. 9. 2005 - IV R 40/04, BStBl 2006 II 26.
4 BFH v. 14. 10. 1999 - IV R 12/99, BStBl 2000 II 25; BMF v. 28. 5. 2002, NWB DokID: AAAAA-78692.
5 BFH v. 13. 11. 1963 - GrS 1/63 S, BStBl 1964 III 124; BFH v. 22. 9. 1995 - X R 46/94, BStBl 2005 II 160; BFH v. 18. 12. 2014 - IV R 40/10, BFH/NV 2015, 827 = NWB DokID: DAAAE-88749.
6 BFH v. 25. 1. 1996 - IV R 114/94, BStBl 1997 II 382.
7 BMF v. 2. 6. 1997, BStBl 1997 I 611.
8 BFH v. 25. 1. 1996 - IV R 114/94, BStBl 1997 II 382.
9 BFH v. 7. 8. 2000 - GrS 2/99, BStBl 2000 II 632.

Gebäude auf fremdem Grund und Boden: Bei Gebäuden auf fremdem Grund und Boden führt der nachträgliche Erwerb von Grund und Boden, auf dem das Gebäude steht, nicht zu einer Realisierung eines Gewinns beim Gebäude wegen eines Verzichts auf einen Entschädigungsanspruch. Aufgrund des Erwerbs des Grundstücksanteils ist der Anspruch nicht mehr durchsetzbar, weil der Anspruchsgegner, der Grundstückseigentümer, nicht mehr bereichert ist.[1] 235

Unentgeltliche Vorgänge: Werden Wirtschaftsgüter aus betrieblichen Gründen unentgeltlich übertragen, so ist beim abgebenden Betrieb der Buchwert gewinnmindernd auszubuchen. Alternativ kann mit dem gleichen steuerlichen Ergebnis der Teilwert anzusetzen sein, in Höhe dieses Teilwerts kann aber eine Betriebsausgabe vorliegen. Beim Empfänger kann eine Betriebseinnahme vorliegen. Eine unentgeltliche Übertragung von Wirtschaftsgütern aus privaten Gründen führt zu einer Entnahme. Da diese mit dem Teilwert anzusetzen ist (§ 6 Abs. 1 Nr. 4 EStG), kommt es zu einer Gewinnrealisierung in Höhe der Differenz zwischen dem Buchwert und dem Teilwert. 236

Zufälliger Untergang: Mit dem zufälligen Untergang eines betrieblich genutzten Wirtschaftsguts wird ein Verlust insoweit realisiert als das Wirtschaftsgut mit dem Buchwert auszubuchen ist. Ist der zufällige Untergang im Rahmen einer Privatfahrt entstanden, so ist zu differenzieren. Das Wirtschaftsgut gilt nicht als entnommen, ein Ansatz des Teilwerts entfällt, weil keine Überführung in das Privatvermögen erfolgt ist.[2] Entnommen wird in diesem Fall lediglich die private Nutzung, die mit den Selbstkosten anzusetzen ist.[3] Die Zerstörung des Pkw auf einer privat veranlassten Fahrt führt andererseits aber auch nicht zu einem betrieblichen Verlust in Höhe des Restbuchwerts des Wirtschaftsguts, weil sich das Verlust auslösende Moment dem Privatbereich zuordnen lässt.[4] Bei einer Gewinnermittlung nach § 4 Abs. 3 EStG ist der Restbuchwert nicht als Betriebsausgabe abzuziehen, bei der Gewinnermittlung nach § 4 Abs. 1 EStG kommt es zu einer außerbilanziellen Hinzurechnung des auszubuchenden Restbuchwerts. 237

Sanierungsgewinn: Vgl. hierzu insgesamt die Kommentierung in § 3a EStG. 238

Vergütungsvorschuss: Die vom BFH zum Werkvertrag entwickelten Grundsätze der Gewinnrealisierung[5] sollen auch für den Vergütungsvorschuss des Insolvenzverwalters gelten.[6] Erhält dieser einen Vergütungsvorschuss nach § 9 InsVV, so dient dieser regemäßig der Abgeltung bereits erbrachter Leistungen des Insolvenzverwalters, der Anspruch steht ihm so gut wie sicher zu, auch wenn eine Schlussabrechnung erst nach Beendigung des Verfahrens erfolgt. 239

(Einstweilen frei) 240–245

II. Entnahmen und Einlagen (§ 4 Abs. 1 Satz 2 und Satz 8 1. Halbsatz EStG)

ARBEITSHILFEN UND GRUNDLAGEN ONLINE:

Kolbe, Einlagen und Entnahmen (HGB, EStG), NWB DokID: RAAAE-56884.

---

1 BFH v. 14. 5. 2002 - VIII R 30/98, BStBl 2002 II 741.
2 BFH v. 24. 5. 1989 - I R 213/85, BStBl 1990 II 8.
3 BFH v. 26. 10. 1987 - GrS 2/86, BStBl 1988 II 348.
4 BFH v. 18. 4. 2007 - XI R 60/04, BStBl 2007 II 762.
5 BFH v. 14. 5. 2014 - VIII R 25/11, BStBl 2014 II 968.
6 FG Düsseldorf v. 28. 1. 2016 - 16 K 647/15 F, NWB DokID: HAAAF-82508, Rev.: BFH, IV R 20/16, NWB DokID: DAAAF-78381.

246 Nach § 4 Abs. 1 Satz 1 EStG a. E. sind die Bestandsveränderungen um Einlagen und Entnahmen des laufenden Wirtschaftsjahrs zu korrigieren.

247 **Persönlicher Anwendungsbereich:** Die Regelungen gelten für Einzel- und Mitunternehmer aber auch für Körperschaften (§ 8 Abs. 1 KStG). Allerdings sind bei Körperschaften die Besonderheiten für gesellschaftsrechtlich veranlasste Vermögensmehrungen und Vermögensminderungen im Rahmen der verdeckten Gewinnausschüttung und der verdeckten Einlage zu beachten.

1. Sinn und Zweck

248 Der Bestandsvergleich führt zu einem Ergebnis, dass nicht danach differenziert, ob die Wertveränderungen betrieblich oder privat veranlasst sind. Die Einlage- und Entnahmeregelung soll das Ergebnis dahin gehend korrigieren, dass außerbetrieblich veranlasste Vorgänge neutralisiert werden.[1] Das Betriebsvermögen kann gemindert sein, weil Wirtschaftsgüter des Betriebsvermögens das Betriebsvermögen aus privaten Gründen ohne oder gegen eine zu geringe Gegenleistung verlassen haben. In diesem Fall würden die stillen Reserven den Betrieb verlassen, ohne dass sie der Besteuerung unterlegen haben. Zweck der Entnahmeregelung ist, die Besteuerung der stillen Reserven im Inland sicherzustellen, unabhängig davon, wie das Wirtschaftsgut das Betriebsvermögen verlässt.[2] Flankiert wird dies von § 6 Abs. 1 Nr. 4 EStG, der die Entnahmen mit dem Teilwert bewertet. Das Betriebsvermögen kann erhöht sein, weil dem Betrieb ein Wirtschaftsgut oder Vermögen zugeführt wurde, ohne dass ein betrieblicher Geschäftsvorfall Grundlage war. In diesem Fall würde Gewinn versteuert, der nicht entstanden ist. Durch die Korrektur um Einlagen und Entnahmen werden die nicht betrieblich veranlassten Bestandsveränderungen zutreffend erfasst.[3]

249 Der Bestand des Betriebsvermögens ist um die Einlage zu korrigieren, weil sicher gestellt werden soll, dass Vermögen, das von außerhalb der steuerlichen Sphäre des Stpfl. stammt, nicht gewinnerhöhend den Bestand verändert hat.

250 Entnahmen und Einlagen können als tatsächliche Vorgänge[4] in zeitlicher Hinsicht nur für die Zukunft wirksam erfasst werden.[5]

251–254 *(Einstweilen frei)*

2. Entnahme (§ 4 Abs. 1 Satz 2 EStG)

a) Entnahmetatbestand

255 **Definition:** Der Begriff der Entnahme ist legaldefiniert in § 4 Abs. 1 Satz 2 EStG als Entnahme aller Wirtschaftsgüter (Barentnahmen, Waren, Erzeugnisse, Nutzungen und Leistungen) für betriebsfremde Zwecke. Durch eine Entnahme wird ein Wirtschaftsgut aus dem Betriebsvermögen zu betriebsfremden oder privaten Zwecken entfernt.[6] Die Entnahme führt zu einer Minderung des Vermögensbestands zum Ende des Wirtschaftsjahrs, da diese Minderung nicht

---

[1] BFH v. 26. 10. 1987 - GrS 2/86, BStBl 1988 II 348.
[2] BFH v. 16. 6. 2004 - X R 34/03, BStBl 2005 II 378.
[3] BFH v. 23. 6. 1981 - VIII R 41/79, BStBl 1982 II 18.
[4] BFH v. 22. 6. 1967 - I 192/64, BStBl 1968 II 4.
[5] BFH v. 14. 3. 1996 - IV R 14/95, BStBl 1997 II 343.
[6] BFH v. 31. 3. 1977 - IV R 58/73, BStBl 1977 II 823; BFH v. 17. 7. 2008 - I R 77/06, BStBl 2009 II 464.

betrieblich veranlasst ist, ist der Vermögensbestand um diese Entnahme als Ersatzrealisationstatbestand[1] zu korrigieren (erhöhen). Der Entnahme liegt i. d. R. eine Entnahmehandlung, die vom Entnahmewille getragen ist, zugrunde.

§ 4 Abs. 1 Satz 2 EStG verwendet einen weiten Wirtschaftsgutbegriff, der auch Nutzungen und Leistungen einbezieht.[2]

Endgültiges Ausscheiden: Da für die Eigenschaft als Betriebsvermögen ein funktioneller Zusammenhang zum Betrieb erforderlich ist, entfällt die Qualifikation als Betriebsvermögen, wenn dieser Zusammenhang endgültig gelöst wird. Eine Entnahme liegt danach nur dann vor, wenn das Wirtschaftsgut endgültig aus der betrieblichen Sphäre ausscheidet und eine Besteuerung der stillen Reserven beim wirtschaftlich Berechtigten nicht mehr sichergestellt ist.[3] Gebäude des Betriebsvermögens werden daher nicht bereits dann entnommen, wenn sie vorübergehend privat genutzt werden. Erst eine dauerhafte private Nutzung führt zu notwendigem Privatvermögen.[4] Eine Überführung eines Wirtschaftsguts von einem Betriebsvermögen des Stpfl. in ein anderes Betriebsvermögen führt weder zu einer Entnahme aus dem abgebenden noch zu einer Einlage in das aufnehmende Betriebsvermögen.[5]

b) Entnahmehandlung

Objektives und subjektives Element: Der Entnahme liegt eine Entnahmehandlung zugrunde.[6] Entnahmehandlung ist jedes (schlüssige oder explizite) Verhalten des Stpfl., durch das er eindeutig und unmissverständlich zu erkennen gibt, dass er die Bestimmung des Wirtschaftsguts für betriebliche Zwecke endgültig auflöst.[7] So wie die Überführung eines Wirtschaftsguts ins Betriebsvermögen sowohl beim notwendigen als auch beim gewillkürten Betriebsvermögen ein subjektives Element erfordert, so ist auch für die Entnahme der Wille erforderlich, den betrieblichen Zusammenhang auf Dauer zu lösen. Indiz für die Entnahme ist die Ausbuchung des Wirtschaftsguts im Rahmen der laufenden Buchführung.[8] Andererseits kann dieses Indiz widerlegt werden, wenn ein Wirtschaftsgut zwar ausgebucht und die Entnahme gewinnerhöhend erfasst wurde, das Wirtschaftsgut aber dennoch im Rahmen einer Betriebsverpachtung weiter verpachtet wird.[9] Neben den formalen Erklärungen und Buchungsvorgängen ist eine Entnahmehandlung erforderlich, mit der das Wirtschaftsgut tatsächlich aus dem Betriebsvermögen entfernt wird.

Entnahmewille durch schlüssiges Verhalten: Umgekehrt reicht die Entnahmehandlung aus, wenn durch sie belegt wird, dass das Wirtschaftsgut dauerhaft den betrieblichen Zusammenhang verlassen soll, bspw., weil es dauerhaft selbst privat genutzt oder dauerhaft unentgeltlich einem Dritten überlassen wird und damit zu notwendigem Privatvermögen wird.[10] In diesem Fall wurde der Entnahmewille durch schlüssiges Verhalten dokumentiert. Die Änderung

---

1 BFH v. 7. 10. 1974 - GrS 1/73, BStBl 1975 II 168; BFH v. 16. 6. 2004 - X R 34/03, BStBl 2005 II 378.
2 Vgl. *Kanzler* in Prinz/Kanzler, NWB Praxishandbuch Bilanzsteuerrecht, Rz. 583.
3 BFH v. 7. 10. 1974 - GrS 1/73, BStBl 1975 II 168; BFH v. 16. 6. 2004 - X R 34/03, BStBl 2005 II 378.
4 BFH v. 11. 4. 1989 - VIII R 266/84, BStBl 1989 II 621; BFH v. 23. 1. 1991 - X R 105-107/88, BStBl 1991 II 519.
5 BFH v. 7. 10. 1974 - GrS 1/73, BStBl 1975 II 168; heute geregelt in § 6 Abs. 5 Satz 1 EStG anders bei § 4 Abs. 4a EStG, vgl. unten → Rz. 556 ff.
6 BFH v. 27. 3. 1968 - I 154/65, BStBl 1968 II 522.
7 BFH v. 29.9.2016 - III R 42/13, BStBl 2017 II 339.
8 BFH v. 17. 3. 1966 - IV 186/63, BStBl1966 III 350.
9 BFH v. 17. 9. 1997 - IV R 97/96, BFH/NV 1998, 311 = NWB DokID: EAAAA-97409.
10 BFH v. 10. 11. 2004 - XI R 31/03, BStBl 2005 II 334.

des betrieblichen Funktionszusammenhangs dahin gehend, dass aus notwenigem Betriebsvermögen gewillkürtes Betriebsvermögen wird, reicht nicht aus, um eine Entnahme zu begründen. Auch die tatsächliche Änderung der Verhältnisse dahin gehend, dass ein Wirtschaftsgut nicht mehr zu gewillkürtem Betriebsvermögen geeignet ist,[1] führt nicht zu einer Entnahme. Die Entnahme muss unmissverständlich – entweder ausdrücklich oder durch schlüssiges Verhalten – erklärt werden.[2] Schlüssiges Verhalten kann darin liegen, dass die Nutzung des Wirtschaftsguts nach dem Willen des Stpfl.[3] auf Dauer und nicht nur vorübergehend so geändert wird, dass der Bezug zum Betrieb endet und ausschließlich eine private Nutzung erfolgt.[4] Erforderlich ist darüber hinaus, dass der Stpfl. die notwendigen steuerlichen Schlussfolgerungen aus der Entnahme, also beispielsweise die Erklärung eines Entnahmegewinns zieht.[5]

260 **Änderung der Zurechnung:** Die betriebliche Sphäre verlässt ein Wirtschaftsgut auch dann, wenn sich die Zurechnung zum Stpfl. ändert und das Wirtschaftsgut zukünftig im Betriebsvermögen eines anderen Stpfl. geführt wird. Ein Überspringen stiller Reserven vom einen Stpfl. auf den anderen gestattet das Einkommensteuerrecht außer in den Fällen des § 6 Abs. 3 EStG und den Fällen des § 6 Abs. 5 Satz 3 Nr. 3 EStG nicht.[6] Für die Übertragung von einem Mitunternehmer auf einen anderen Mitunternehmer derselben Mitunternehmerschaft hatte die Rechtsprechung dies bereits vor Einführung des § 6 Abs. 5 Satz 3 Nr. 3 EStG so gesehen, weil die stillen Reserven in derselben Mitunternehmerschaft verhaftet blieben.[7]

261 **Unentgeltliche Übertragung:** Erfolgt eine unentgeltliche Übertragung nicht aus betrieblichen Gründen, so liegt eine Entnahme vor.

262 **Überführung in einen ausländischen Betrieb:** Strittig war, ob ein Wirtschaftsgut die betriebliche Sphäre auch dann verlässt, wenn es in einen ausländischen Betrieb oder eine ausländische Betriebsstätte überführt wird. Nach der finalen Entnahmetheorie wurde eine Entnahme angenommen, wenn das Wirtschaftsgut zwar die betriebliche Sphäre nicht verlässt, aber die Besteuerung der stillen Reserven nicht sichergestellt ist, weil es das Inland verlässt.[8] Diese Rechtsprechung und damit den finalen Entnahmebegriff hat der BFH zwischenzeitlich aufgegeben,[9] eine Entnahme setzt die Verwendung für außerbetriebliche oder private Zwecke voraus, die nicht vorliegt, wenn das Wirtschaftsgut innerhalb des Betriebs ins Ausland überführt werde. Die Überführung ins Ausland führt nicht zu einer Lösung des betrieblichen Funktionszusammenhangs und kann mangels Außenumsatzes nicht als Realisationstatbestand angesehen werden.

263 **Finaler Entnahmebegriff:** Die Finanzverwaltung schloss sich dem finalen Entnahmebegriff an,[10] gestattete aber aus Billigkeitsgründen einen Aufschub der Besteuerung bis zu dem Zeitpunkt, an dem das WG die ausländische Betriebsstätte verlassen hatte, längstens für zehn Jahre. Die Entscheidung des BFH zur Aufgabe der finalen Entnahmetheorie wurde von der Verwal-

---

1 BFH v. 5. 10. 1965 - I 115/63, HFR 1966, 21.
2 BFH v. 7. 10. 1974 - GrS 1/73, BStBl 1975 II 168.
3 BFH v. 14. 2. 2008 - IV R 44/05, BFH/NV 2008, 56 = NWB DokID: NAAAC-80785.
4 BFH v. 14. 4. 2009 - IV R 44/06, BStBl 2009 II 811.
5 BFH v. 29. 9. 2016 - III R 42/13, BStBl 2017 II 339.
6 BFH v. 23. 8. 1999 - GrS 2/97, BStBl 1999 II 872.
7 BFH v. 27. 8. 1992 - IV R 89/90, BStBl 1993 II 225; BFH v. 6. 12. 2000 - VIII R 21/00, BStBl 2003 II 194.
8 BFH v. 7. 10. 1974 - GrS 1/73, BStBl 1975 II 168.
9 BFH v. 17. 7. 2008 - I R 77/06, BStBl 2009 II 474.
10 BMF v. 24. 12. 1999, BStBl 1999 I 1076.

tung über den Einzelfall hinaus für nicht anwendbar erklärt.[1] Der Gesetzgeber hatte bereits durch das SEStEG im Jahr 2006 einen allgemeinen Entstrickungstatbestand in § 4 Abs. 1 Satz 3 ff. EStG eingeführt.

Betriebsaufgabe: Entnahme ist auch die Betriebsaufgabe,[2] bei betrieblich gebundenen Wirtschaftsgütern kann hier die Realisierung stiller Reserven vermieden werden durch Einbringung des Betriebs in eine gewerblich geprägte Personengesellschaft nach § 24 UmwStG.

264

Betriebsverpachtung: Grundsätzlich stellt die Betriebsverpachtung eine Betriebsaufgabe dar, die zur Entnahme führt, wenn sie nicht nur vorübergehend erfolgt.[3] Nach der Rechtsprechung des BFH ist aber eine ausdrückliche Aufgabeerklärung erforderlich, ohne diese wird keine Entnahme angenommen.[4]

265

c) Entnahme ohne Entnahmehandlung

In Einzelfällen ist eine Entnahme auch ohne Entnahmehandlung denkbar.

266

- Scheidet ein Gesellschafter unter Lebenden oder von Todes wegen aus einer Gesellschaft aus, so führt dies automatisch zu einer Entnahme seiner Wirtschaftsgüter des Sonderbetriebsvermögens,[5] weil Sonderbetriebsvermögen zwingend die Mitunternehmerstellung voraussetzt.

- Zur Entnahme führt auch die Beendigung einer Betriebsaufspaltung.[6] In diesem Fall gelten die Wirtschaftsgüter des Besitzunternehmens, zu denen auch die Anteile an der Betriebsgesellschaft gehören, als entnommen. Um diese unerwünschten Rechtsfolgen zu vermeiden, muss eine Gestaltung – wie z. B. eine gewerblich geprägte Personengesellschaft – gewählt werden, die eine Aufdeckung der stillen Reserven durch ungeplante Entnahmen verhindert.

- Der Strukturwandel führt nicht zu einer Entnahme, es fehlt an einer Entnahmehandlung, außerdem bleiben die stillen Reserven steuerverhaftet.[7] Dies gilt auch bei einem Strukturwandel zur Liebhaberei[8]

- Nach § 4 Abs. 1 Satz 5 EStG führt auch der Wechsel der Gewinnermittlungsart nicht zu einer Entnahme.

- Eine Rechtsänderung, die dazu führt, dass ein Wirtschaftsgut bei Anwendung der neuen Regelungen nicht mehr zum Betriebsvermögen zählen würde, führt nicht zu einer Entnahme.[9]

d) Entnahmewille

Weil die Zuordnung zum Betriebsvermögen, den Willen voraussetzt, dem Wirtschaftsgut eine betriebliche Funktion zu verleihen, muss auch die Entnahme vom Willen des Stpfl. getragen

267

---

1 BMF v. 20. 5. 2009, BStBl 2009 I 671.
2 BFH v. 7. 12. 1995 - IV R 109/94, BFH/NV 1996, 663 = NWB DokID: KAAAB-37282.
3 BFH v. 13. 11. 1963 - GrS 1/63 S, BStBl 1964 III 124.
4 BFH v. 13. 11. 1963 - GrS 1/63 S, BStBl 1964 III 124; BFH v. 22. 9. 1995 - X R 46/94, BStBl 2005 II 160; BFH v. 18. 12. 2014 - IV R 40/10, BFH/NV 2015, 827 = NWB DokID: DAAAE-88749.
5 BFH v. 13. 7. 1967 - IV R 174/66, BStBl 1967 III 751.
6 BFH v. 5. 12. 1996 - IV R 138/78, BStBl 1997 II 287.
7 BFH v. 7. 10. 1974 - GrS 1/73, BStBl 1975 II 168.
8 BFH v. 11. 5. 2016 - X R 61/14, BStBl 2016 II 939.
9 HHR/*Musil*, § 4 EStG Rz. 179.

sein, das Wirtschaftsgut künftig nicht mehr für betriebliche, sondern für andere Zwecke zu nutzen.[1] Deswegen liegt im zufälligen Untergang eines Wirtschaftsguts, das für private Zwecke genutzt wird, keine Entnahme dieses Wirtschaftsguts (vgl. oben → Rz. 237).

e) Zeitpunkt der Entnahme

268 Einlagen und Entnahmen sind tatsächliche Handlungen, eine Rückwirkung ist nicht möglich.[2] Einlagen und Entnahmen sind unterschiedliche wirtschaftliche Vorgänge, die nicht saldiert werden können.

f) Entnahmegegenstand

269 **Gegenstand der Entnahme** können nach § 4 Abs. 1 Satz 2 EStG alle im (notwendigen oder gewillkürten) Betriebsvermögen vorhandenen Wirtschaftsgüter, Waren, Erzeugnisse, Nutzungen und Leistungen sein, unabhängig davon, ob sie bilanziert sind oder nicht. Dazu zählen auch selbst geschaffene immaterielle Wirtschaftsgüter. Nur im Rahmen einer Betriebsaufgabe kann der Geschäfts- oder Firmenwert Gegenstand einer Entnahme sein.[3] Wirtschaftsgüter des notwendigen Betriebsvermögens können nur dann Gegenstand einer Entnahme sein, wenn der betriebliche Funktionszusammenhang erkennbar endgültig gelöst wird.[4] Wirtschaftsgüter des gewillkürten Betriebsvermögens können Gegenstand der Entnahme sein, wenn ausdrücklich und erkennbar erklärt wird, dass der betriebliche Zusammenhang gelöst wird.[5]

270 Darüber hinaus sind Gegenstand der Entnahme auch Nutzungen und Leistungen.

Nutzungsentnahme: Werden Wirtschaftsgüter des Betriebsvermögens neben der betrieblichen Nutzung auch für außerbetriebliche Zwecke unentgeltlich oder teilentgeltlich durch den Stpfl. oder Dritte genutzt, so wird nicht das Wirtschaftsgut als solches entnommen, sondern der Wert, der in der Nutzung dieses Wirtschaftsguts für private Zwecke liegt.[6] Entnommen wird der Aufwand, der auf die Nutzung des Wirtschaftsguts entfällt, sprich die anteiligen Kosten, die als Betriebsausgaben erfasst wurden, maximal mit dem Marktwert der Nutzung.[7] Da das Wirtschaftsgut im Betriebsvermögen verbleibt, sind stille Reserven bei der Bemessungsgrundlage für die Nutzungsentnahme nicht anzusetzen. Wird das Wirtschaftsgut bei der privaten Nutzung zerstört, so führt dies mangels Entnahmehandlung und Entnahmewille ebenfalls nicht zu einer Entnahme des Wirtschaftsguts, dieses ist vielmehr mit dem Buchwert auszubuchen.[8] Da dies den Gewinn nicht mindern darf, ist der Aufwand außerbilanziell hinzuzurechnen (vgl. oben → Rz. 237).

Für die private Pkw-Nutzung gelten die Sonderregelungen des § 6 Abs. 1 Nr. 4 EStG.

---

1 BFH v. 6.11.1991 - XI R 27/90, BStBl 1993 II 391.
2 BFH v. 2.8.1983 - VIII R 15/80, BStBl 1983 II 736; BFH v. 12.9.2002 - IV R 66/00, BStBl 2002 II 815.
3 BFH v. 14.1.1998 - X R 57/93, BFH/NV 1998, 1160 = NWB DokID: NAAAA-96781.
4 BFH v. 23.9.2009 - IV R 70/06, BStBl 2010 II 270.
5 Vgl. *Kanzler* in Prinz/Kanzler, NWB Praxishandbuch Bilanzsteuerrecht, Rz. 597.
6 BFH v. 14.1.1998 - X R 57/93, BFH/NV 1998, 1160 = NWB DokID: NAAAA-96781.
7 BFH v. 18.2.1992 - VIII R 9/87, BFH/NV 1992, 590 = NWB DokID: OAAAA-13480; BFH v. 19.12.2002 - IV R 46/00, BFH/NV 2003, 979 = NWB DokID: XAAAA-71856.
8 BFH v. 25.5.1989 - I R 213/85, BStBl 1990 II 8; a. A. BFH v. 23.1.2001 - VIII R 48/98, BStBl 2001 II 395 (Vorlagebeschluss wegen Divergenz zum I. Senat, zurückgenommen mit Beschluss v. 16.3.2004 - VIII R 48/98, BStBl 2004 II 725.

Leistungsentnahme: Gegenstand einer Entnahme können nach § 4 Abs. 1 Satz 2 EStG auch betriebliche Leistungen, insbesondere Dienstleistungen sein, wenn der Stpfl. unentgeltlich oder teilentgeltlich für sich oder Dritte betriebliche Leistungen in Anspruch nimmt. Dazu zählen nicht die Eigenleistungen des Stpfl., weil insoweit keine Betriebsausgaben geltend gemacht wurden, der Betrieb also keinen Wert abgibt. Werden aber Leistungen des Betriebs in Anspruch genommen, die zu betrieblichen Kosten geführt haben, z. B. Arbeitslöhne, dann entsteht in Höhe der Kosten eine betriebliche Entnahme.[1]

g) Rechtsfolgen der Entnahme

Die Entnahme stellt einen Realisierungstatbestand dar. Die Bewertung richtet sich nach § 6 Abs. 1 Nr. 4 EStG und ist mit dem Teilwert vorzunehmen. In Höhe der Differenz zwischen dem Buchwert und dem Teilwert entsteht ein steuerpflichtiger Entnahmegewinn, der außerbilanziell[2] auf der ersten Stufe der Gewinnermittlung hinzuzurechnen ist. Werden Forderungen entnommen, so sind sie ebenfalls mit dem Teilwert anzusetzen, soweit sie sich steuerlich noch nicht ausgewirkt haben und realisierbar sind.[3]

Abschreibung: Mit der Entnahme ins Privatvermögen ändert sich, bei einer fortgeführten Nutzung des Wirtschaftsguts für die Einkünfteerzielung im privaten Bereich die Bemessungsgrundlage für die AfA, da auch in diesem Fall eine Anschaffung i. S. d. § 7 Abs. 4 EStG vorliegt.[4]

Darlehen: Da die betriebliche Verhaftung eines Darlehens an der betrieblichen Verwendung des damit angeschafften Wirtschaftsguts hängt, endet der betriebliche Zusammenhang dieses Darlehens mit der Entnahme des finanzierten Wirtschaftsguts. Wird das Wirtschaftsgut nicht mehr zur Einkünfteerzielung genutzt, so entfällt zukünftig der Schuldzinsenabzug. Etwas anderes kann gelten, wenn das Wirtschaftsgut bei der Betriebsaufgabe nicht so verwertet werden konnte, dass der Darlehensbetrag vollumfänglich getilgt werden konnte. Wird das Wirtschaftsgut weiter zur Einkünfteerzielung z. B. durch Vermietung und Verpachtung genutzt, so können die Schuldzinsen bei der jeweiligen Einkunftsart nach deren Regularien geltend gemacht werden.

Entnahmen werden in folgenden Fällen angenommen:

- Bebauung eines betrieblichen Grundstücks mit einem dauerhaft für eigene Wohnzwecke genutzten Gebäude,[5]
- Entnahme des anteiligen Grund- und Bodens, wenn Betriebsgrundstück nur anteilig dauerhaft außerbetrieblich genutzt wird,[6]
- Darlehensgewährung einer Gesellschaft an ihren Gesellschafter aus privaten Gründen,[7]
- Unentgeltliche Übertragung betrieblicher Wirtschaftsgüter aus privaten Gründen.[8]

---

1 BFH v. 9. 7. 1987 - IV R 87/85, BStBl 1988 II 342.
2 *Kanzler* in Prinz/Kanzler, NWB Praxishandbuch Bilanzsteuerrecht, Rz. 613.
3 BFH v. 16. 1. 1975 - IV R 180/71, BStBl 1975 II 526.
4 BFH v. 4. 4. 2006 - IV B 12/05, BFH/NV 2006, 1460 = NWB DokID: XAAAB-88024; BFH v. 11. 5. 2016 - X R 61/14, BStBl 2016 II 939.
5 BFH v. 27. 1. 1977 - I R 48/75, BStBl 1977 II 388; BFH v. 14. 2. 2008 - IV R 44/05, BFH/NV 2008, 1156 = NWB DokID: NAAAC-80785.
6 BFH v. 24. 11. 1982 - I R 51/82, BStBl 1983 II 365.
7 BFH v. 9. 5. 1996 - IV R 64/93, BStBl 1996 II 642.
8 BFH v. 2. 8. 1983 - VIII R 15/80, BStBl 1983 II 736.

- Umsatzsteuer für unentgeltliche Wertabgaben (§ 12 Nr. 3 EStG),[1]
- Bei nicht buchführungspflichtigen Landwirten kann eine Entnahme i. d. R. nur angenommen werden, wenn sie gegenüber dem Finanzamt ausdrücklich, insbesondere durch eine Entnahmeerklärung in Anlage L, erklärt wird,[2]
- Die Nutzungsänderung eines betrieblich genutzten Grundstücks stellt erst dann eine Entnahme dar, wenn feststeht, dass dauerhaft eine betriebliche Nutzung ausscheidet. Steht das Wirtschaftsgut weiter für eine betriebliche Nutzung zur Verfügung, bleibt es Betriebsvermögen.[3]

275 Keine Entnahme:
- Erklärung von Einkünften aus Vermietung und Verpachtung bezüglich eines bisher betrieblich genutzten Grundstücks bedeutet noch keine Entnahme,[4]
- Bestellung eines entgeltlichen Erbbaurechts an einem Grundstück des Betriebsvermögens,[5]
- Ausbuchung eines fälschlicherweise im Betriebsvermögen geführten Privatgrundstücks,[6]
- Feststellung der fehlenden Einkünfteerzielungsabsicht bei Fortführung des Betriebs,[7]
- eigene Arbeitsleistung[8] kann kein Gegenstand der Entnahme sein, weil er kein Wirtschaftsgut i. S. d. § 4 Abs. Satz 2 EStG ist,
- Geschäftswert kann nicht Entnahmegegenstand sein.[9]

276–280 (Einstweilen frei)

3. Einlage (§ 4 Abs. 1 Satz 8 1. Halbsatz EStG)

a) Allgemeine Grundsätze

281 Definition: Der Begriff der Einlage ist legal definiert in § 4 Abs. 1 Satz 8 2. Halbsatz EStG als Wirtschaftsgüter, die der Stpfl. dem Betrieb innerhalb eines Wirtschaftsjahrs aus dem außerbetrieblichen Bereich zugeführt hat. Damit handelt es sich bei der Einlage wie bei der Entnahme um einen tatsächlichen Vorgang. Die Einlage ist spiegelbildlich zur Entnahme zu sehen, während dem Betrieb durch die Entnahme Vermögen aus außerbetrieblichen Gründen entzogen wird, wird durch die Einlage Vermögen aus der außerbetrieblichen Sphäre zugeführt. Beiden Begriffen liegt – auch ohne Erwähnung in § 4 Abs. 1 Satz 8 2. Halbsatz EStG – derselbe weite Wirtschaftsgutbegriff zugrunde, der auch die Einlage von Nutzungen und Leistungen erfasst.[10]

282 Offene oder verdeckte Einlage: Eine Einlage in das Gesellschaftsvermögen einer Personen- oder Kapitalgesellschaft kann offen oder verdeckt erfolgen, offen erfolgt sie im Einklang mit

---

1 Wiedmann in Blümich, § 4 EStG Rz. 213.
2 BFH v. 14. 4. 2009 - IV R 44/06, BStBl 2009 II 811.
3 BFH v. 6. 11. 1991 - XI R 27/08, BStBl 1993 II 391.
4 BFH v. 9. 8. 1989 - X R 20/86, BStBl 1990 II 128.
5 BFH v. 26. 11. 1987 - IV R 171/85, BStBl 1988 II 490; BFH v. 22. 4. 1998 - XI R 28/97, BStBl 1998 II 665; BFH v. 26. 8. 2004 - IV R 52/02, BFH/NV 2005, 674 = NWB DokID: MAAAB-42759.
6 BFH v. 21. 6. 1972 - I R 189/69, BStBl 1972 II 874.
7 BFH v. 23. 11. 1995 - IV R 36/94, BFH/NV 1996, 398 = NWB DokID: YAAAA-97288.
8 BFH v. 9. 7. 1987 - IV R 87/85, BStBl 1988 II 342.
9 BFH v. 24. 11. 1982 - I R 123/78, BStBl 1983 II 113.
10 Kanzler in Prinz/Kanzler, NWB Praxishandbuch Bilanzsteuerrecht, Rz. 583.

den gesellschaftsrechtlichen Vorgaben, verdeckt ist sie dann, wenn Wirtschaftsgüter ohne Beachtung der gesellschaftsrechtlichen Regularien in das Gesellschaftsvermögen überführt werden. Verdeckte Einlagen können auch mittelbar durch Nichtgesellschafter erfolgen und dem Gesellschafter zuzurechnen sein.

b) Einlagegegenstand

Einlagegegenstand können alle materiellen, immateriellen, beweglichen, nicht beweglichen, abnutzbaren oder nicht abnutzbaren Wirtschaftsgüter des Anlage- oder Umlaufvermögens sein, die im Rahmen des Bestandsvergleichs erfasst werden können.

Die Einlage kann sowohl die Aktiv- als auch die Passivseite der Bilanz betreffen. Auf der Aktivseite ist eine Einlage durch Zuführung von Wirtschaftsgütern denkbar, auf der Passivseite durch Übernahme von Verbindlichkeiten oder durch Verzicht auf Forderungen.

Bei freiberuflicher Tätigkeit gilt die Besonderheit, dass die Einlage von Wirtschaftsgütern, die nicht in den Rahmen der freiberuflichen Berufstätigkeit passen, unzulässig ist.[1]

c) Einlagehandlung und Einlagewille

Notwendiges Betriebsvermögen: Auch die Einlage bedarf einer Einlagehandlung, die von einem Einlagewillen getragen ist.[2] Einlagen in das notwendige Betriebsvermögen erfolgen dadurch, dass der Einlegende das Wirtschaftsgut für einen bestimmten betrieblichen Zweck bestimmt.[3] Nachfolgende Buchungsvorgänge oder das Unterlassen derselben haben rein deklaratorischen Charakter, weil die Zweckbestimmung bzw. die betriebliche Funktionszuweisung das Wirtschaftsgut zwingend zu notwendigem Betriebsvermögen macht.

Gewillkürtes Betriebsvermögen: Bei der Einlage in das gewillkürte Betriebsvermögen muss aus der Einlagehandlung für einen verständigen Dritten unmissverständlich erkennbar sein, dass das Wirtschaftsgut in Zukunft betrieblich genutzt werden soll. Auch hier haben Buchungsvorgänge allein indiziellen Charakter, ausreichend ist jede andere, auch schlüssige Einlagehandlung.[4]

Zeitpunkt der Einlage ist der Zeitpunkt, in dem die eigentliche Einlagehandlung vorgenommen wurde. Auch bei der Einnahme ist wegen ihres tatsächlichen Charakters keine Rückwirkung möglich.

d) Einlage bei Überführung aus dem Ausland

Finaler Entnahmebegriff: Strittig war die Behandlung einer Einbringung eines Wirtschaftsguts aus einem ausländischen Betrieb oder einer ausländischen Betriebsstätte in ein inländisches Betriebsvermögen. Nach der alten Rspr. des BFH war eine Einlage angenommen worden, weil ansonsten die zutreffende Besteuerung der stillen Reserven nicht sichergestellt war.[5] Diesen finalen Entnahmebegriff hat die Rspr. zwischenzeitlich aufgegeben[6] mit der Folge, dass die

---

1 BFH v. 17. 4. 1986 - IV R 115/84, BStBl 1986 II 607.
2 Vgl. oben zur Entnahme → Rz. 259.
3 BFH v. 22. 1. 1981 - IV R 107/77, BStBl 1981 II 564.
4 BFH v. 22. 9. 1993 - X R 37/91, BStBl 1994 II 172.
5 BFH v. 16. 7. 1969 - I 266/65, BStBl 1970 II 175.
6 BFH v. 17. 7. 2008 - I R 77/06, BStBl 2009 II 464.

e) Rechtsfolgen der Einlage

290 **Bewertung:** Die Einlage löst zwei Rechtsfolgen aus. Da sie den Bestand verändert, aber ergebnisneutral erfolgen soll, muss sie im Rahmen des Bestandsvergleichs aus dem Bestand gekürzt werden. Da Wirtschaftsgüter, die eingelegt werden, zukünftig wie alle Wirtschaftsgüter des Betriebsvermögens steuerverstrickt, sind, muss außerdem sichergestellt werden, dass die stillen Reserven, die zuvor im Privatvermögen entstanden sind, steuerlich nicht erfasst werden. Aus diesem Grund erfolgt die Einlage grundsätzlich zum Teilwert (§ 6 Abs. 1 Nr. 5 EStG). Ausnahmen gelten bei der Einlage von Kapitalgesellschaftsanteilen i. S. d. § 17 EStG, die bereits steuerverstrickt sind, weil andernfalls eine Besteuerung nach § 17 EStG erfolgen müsste, ohne, dass Liquidität zufließt. Auch WG, die innerhalb der letzten drei Jahre vor der Einlage angeschafft oder hergestellt wurden, sind höchstens mit den Anschaffungs- oder Herstellungskosten anzusetzen. Geld ist mit dem Nennbetrag anzusetzen.[2] Werden Forderungen eingelegt, sind diese im Rahmen des Bestandsvergleichs aus der Vergleichsrechnung zu eliminieren. Soweit zukünftig Einnahmen aus dieser Forderung resultieren, sind diese durch entsprechende Gewinnminderungen zu neutralisieren.[3]

291 **BEISPIELE:**
- **Bodenschatz:** Der Bodenschatz ist mit dem Beginn der Erschließung selbständiges Wirtschaftsgut und als solches einlagefähig.[4]
- **Geld** kann Gegenstand einer Einlage oder Entnahme sein.[5]
- **Forderungen:** So ist das Aufgeld, das ein Gesellschafter bei der Zeichnung von Gesellschaftsanteilen zahlt, als Einlage zu werten.[6]
- Eigene **Arbeitsleistung und Dienstleistungen** können nicht Gegenstand einer Einlage sein.[7]
- **Verzicht:** Auch der privat oder gesellschaftlich veranlasste Verzicht auf eine Forderung gegenüber dem Betrieb stellt eine Einlage dar,[8] während der betrieblich veranlasste Verzicht zu einer Einnahme führt.
- **Private Forderungen:** Es ist zu prüfen, ob sie dazu geeignet sind, dem Betrieb zu dienen, bspw., weil sie werthaltig sind und das Eigenkapital stärken.[9]
- **Nutzungsmöglichkeiten** scheiden als einlagefähige Wirtschaftsgüter grundsätzlich aus.[10] Dies gilt auch für die eigene Arbeitsleistung, sofern sie sich nicht im Teilwert eines eingelegten Wirtschaftsguts niedergeschlagen hat.
- **Aufwandseinlage:** Eingelegt werden kann aber der Aufwand, der im Privatbereich entstanden ist als Aufwandseinlage.

---

1 Zu den gesetzlichen Neuregelungen in § 4 Abs. 1 Satz 7 EStG s. u. → Rz. 331 ff.
2 BFH v. 16. 1. 1975 - IV R 180/71, BStBl 1975 II 526.
3 BFH v. 31. 10. 1978 - VIII R 196/77, BStBl 1979 II 401.
4 BFH v. 4. 12. 2006 - GrS 1/05, BStBl 2007 II 508.
5 BFH v. 21. 8. 2012 - VIII R 32/09, BStBl 2013 II 16; a. A. FG München v. 26. 1. 2007 - 7 K 3527/04, NWB DokID: YAAAC-43724.
6 BFH v. 30. 11. 2005 - I R 3/04, BStBl 2008 II 809; BFH v. 9. 6. 2007 - GrS 1/94, BStBl 1998 II 807.
7 BFH v. 19. 5. 2005 - IV R 3/04, BFH/NV 2005, 1784 = NWB DokID: WAAAB-58617.
8 BFH v. 9. 6. 1997 - GrS 1/94, BStBl 1998 II 307.
9 BFH v. 10. 12. 1964 - IV 167/64 U, BStBl 1965 III 377.
10 BFH v. 26. 10. 1987 - GrS 2/86, BStBl 1988 II 348.

▶ Auch ein dingliches oder obligatorisches Nutzungsrecht kann als Wirtschaftsgut eingelegt werden.[1]

(Einstweilen frei) 292–299

4. Entstrickung und Verstrickung (§ 4 Abs. 1 Satz 3 bis 5 und Satz 8 2. Halbsatz EStG)

LITERATUR:

Rasch/Wenzel, Vereinbarkeit der Entstrickungsbesteuerung nach § 4 Abs. 1 Satz 4 EStG mit der Niederlassungsfreiheit – zu EuGH v. 21. 5. 2015 - C-57/13, IWB 2015, 579; *Atilgan*, Die bilanziellen Auswirkungen der Steuerentstrickung, NWB 2016, 936.

Nach § 4 Abs. 1 Satz 3 EStG steht der Entnahme eines Wirtschaftsguts der Ausschluss oder die Beschränkung des deutschen Steuerrechts gleich. Sätze 4 und 5 erläutern diesen Tatbestand näher. 300

Die Vorschrift wurde durch das am 13. 12. 2006 in Kraft getretene SEStEG eingeführt und soll ausweislich der Gesetzesbegründung lediglich klarstellenden Charakter haben.[2] Ob die Regelung tatsächlich klarstellenden Charakter hat, ist angesichts der Änderung der Rechtsprechung zum finalen Entnahmebegriff[3] und angesichts der im Vergleich zum Betriebsstättenerlass[4] enger gefassten Verschonungsregelung in § 4g EStG zweifelhaft. Problematisch wurde nach der Rechtsprechungsänderung zum finalen Entnahmebegriff die Frage, ob bei einer Überführung eines Wirtschaftsguts in eine ausländische Betriebsstätte überhaupt eine Beschränkung des deutschen Besteuerungsrechts vorlag, weil die Rechtsprechung davon ausging, dass die Besteuerung der in Deutschland entstandenen stillen Reserven auch nach der Verlagerung des WG ins Ausland sichergestellt sei.[5] Mit dem JStG 2010[6] wurde § 4 Abs. 1 Satz 4 EStG eingeführt, der nunmehr ausdrücklich regelt, dass die Zuordnung eines WGs zu einer ausländischen Betriebsstätte als Entnahme gilt.

Erfasst sind nicht nur die Fälle, in denen das deutsche Besteuerungsrecht aufgrund eines DBA mit Freistellungsmethode ganz entfällt, sondern auch die Fälle, in denen das deutsche Besteuerungsrecht aufgrund Anrechnung ausländischer Steuer eingeschränkt wird. 301

Ob die Regelung europarechtswidrig ist, ist nicht abschließend geklärt.[7] Sie stellt einerseits ausländische Sachverhalte schlechter als inländische Sachverhalte, weil sie bei der Überführung eines Wirtschaftsguts von einer Betriebsstätte in eine andere keine Aufdeckung der stillen Reserven fordert. Andererseits kommt es bei inländischen Sachverhalten nicht zu einem Ausschluss oder einer Beschränkung des Besteuerungsrechts. 302

(Einstweilen frei) 303–309

---

1 BFH v. 29. 4. 1965 - IV 403/62 U, BStBl 1965 III 414; BFH v. 2. 3. 1970 - GrS 1/69, BStBl 1970 II 382; BFH v. 28. 8. 1974 - I R 66/72, BStBl 1975 II 56; BFH v. 26. 10. 1987 - GrS 2/86, BStBl 1988 II 348.
2 BT-Drucks. 16/2710 v. 25. 9. 2006, 28.
3 BFH v. 17. 7. 2008 - I R 77/06, BStBl 2009 II 434; BFH v. 28. 10. 2009 - I R 99/08, BStBl 2011 II 1019; vgl. KKB/Hallerbach, § 4g EStG Rz. 8.
4 BMF v. 24. 12. 1999, BStBl 1999 I 1076.
5 BFH v. 17. 7. 2008 - I R 77/06, BStBl 2009 II 434.
6 JStG 2010 v. 8. 12. 2010, BGBl 2010 I 1768, BStBl 2010 I 1394.
7 Vgl. *Benecke/Schnitger*, IStR 2007, 22; *Förster*, DB 2007, 75; *Rödder/Schumacher*, DStR 2007, 369; HHR/*Musil*, § 4 EStG Rz. 225 f.; vgl. im Einzelnen → Rz. 40.

5. Entstrickungstatbestand (§ 4 Abs. 1 Satz 3 und 4 EStG)

LITERATUR:
► Weitere Literatur siehe Online-Version
Kahle/Eichholz, Entstrickung nach § 4 Abs. 1 Satz 3 und 4 EStG, StuB 2014, 867.

a) Voraussetzungen

310 Nach § 4 Abs. 1 Satz 3 EStG kommt es dann zur Entstrickung, wenn das deutsche Besteuerungsrecht hinsichtlich des Gewinns
► aus der Veräußerung eines WGs oder
► aus der Nutzung eines WGs eingeschränkt oder ausgeschlossen wird.

aa) Veräußerung von Wirtschaftsgütern

311 **Ausschluss des Besteuerungsrechts:** Das Besteuerungsrecht für den Gewinn aus der Veräußerung eines WGs wird ausgeschlossen, wenn das WG endgültig in eine ausländische Betriebsstätte in einem Land überführt wird, mit dem ein DBA mit Freistellungsmethode abgeschlossen wurde.[1] Das gilt auch, wenn sich das WG bereits in einer ausländischen Betriebsstätte befindet, für die ein DBA mit Anrechnungsmethode oder kein DBA gilt und in eine andere ausländische Betriebsstätte überführt wird, für die ein DBA mit Freistellungsmethode gilt.

312 Zu einem Ausschluss des Besteuerungsrechts aus der Veräußerung des Wirtschaftsguts kommt es unabhängig vom Inhalt eines eventuell abgeschlossenen DBA auch dann, wenn ein beschränkt Stpfl. Wirtschaftsgüter aus dem Inland ins Ausland transferiert. In diesem Fall verliert Deutschland endgültig das Besteuerungsrecht, weil aus diesem Wirtschaftsgut keine inländischen Einkünfte mehr resultieren, die der beschränkten Steuerpflicht unterliegen.

313 **Beschränkung des Besteuerungsrechts:** Das Besteuerungsrecht wird eingeschränkt, wenn es in ein Land überführt wird, mit dem ein DBA mit Anrechnungsmethode existiert, weil das Besteuerungsrecht insoweit entfällt, als ausländische Steuer anzurechnen ist.[2] Strittig ist, ob eine Beschränkung des Besteuerungsrechts in der abstrakten Möglichkeit der Anrechnung liegt[3] oder ob eine konkrete Anrechnung erforderlich ist.[4]

bb) Nutzung von Wirtschaftsgütern

314 Nach § 4 Abs. 1 Satz 3 EStG kommt es auch zu einer Entstrickung, wenn das deutsche Besteuerungsrecht an der Nutzung von WG ausgeschlossen oder beschränkt wird. In diesem Fall wird das Wirtschaftsgut nicht dauerhaft, sondern vorübergehend dem deutschen Besteuerungsrecht entzogen. Ein solcher Fall tritt ein, wenn Wirtschaftsgüter des inländischen Betriebs vorübergehend in einer oder mehreren ausländischen Betriebsstätten genutzt werden oder wenn das Wirtschaftsgut sowohl in der inländischen als auch in der ausländischen Betriebsstätte genutzt wird. Das Besteuerungsrecht für das Nutzungsrecht wird unter denselben Vo-

---
[1] BT-Drucks 16/2710 v. 25. 9. 2006, 28, a. A. *Wassermeyer*, DB 2006, 1176, der annimmt, dass das dt. Besteuerungsrecht nicht ausgeschlossen wird, weil Deutschland das Recht zustehe, die stillen Reserven, die bis zum Ausscheiden aus dem Inland entstanden sind, auch danach noch zu besteuern.
[2] BT-Drucks. 16/2710 v. 25. 9. 2006, 28.
[3] *Förster*, DStR 2007, 72; *Stöcker* in Korn, § 3 EStG Rz. 297.12.
[4] *Stadler/Elser*, BB Spezial 2006, 18/19.

raussetzungen eingeschränkt oder ausgeschlossen, nach denen es auch bei der Veräußerung von Wirtschaftsgütern eingeschränkt oder ausgeschlossen wird.

b) Rechtsfolge

Wird das Besteuerungsrecht aus der Veräußerung des Wirtschaftsguts eingeschränkt oder ausgeschlossen, so gilt das Wirtschaftsgut selbst als entnommen. Es ist anders als bei Entnahmen nicht mit dem Teilwert nach § 6 Abs. 1 Nr. 4 Satz 1 1. Halbsatz EStG, sondern nach § 6 Abs. 1 Nr. 4 Satz 1 2. Halbsatz EStG mit dem gemeinen Wert anzusetzen.

315

Wird nur das Besteuerungsrecht an der Nutzung eingeschränkt oder ausgeschlossen, stellt sich die Frage, ob das Wirtschaftsgut als entnommen gilt oder eine Nutzungsentnahme anzunehmen ist. M. E. kann hier nur eine Nutzungsentnahme gemeint sein, die stillen Reserven aus der Veräußerung des Wirtschaftsguts bleiben im Inland steuerpflichtig, es ist mithin kein Grund erkennbar, aus dem diese stillen Reserven bei einer vorübergehenden Nutzung im Ausland aufzudecken sein sollen.[1] Für diese Argumentation spricht auch § 4 Abs. 1 Satz 8 2. Halbsatz EStG, der lediglich die Begründung des Besteuerungsrechts am Gewinn aus der Veräußerung von Wirtschaftsgütern als Einlage behandelt. Würde das Gesetz bei der Entnahme von Nutzungen davon ausgehen, dass das Wirtschaftsgut als solches entnommen würde, so müsste es auch im spiegelbildlichen Fall der Verlagerungen von Nutzungen ins Inland von einer Einlage des WGs ausgehen.

316

c) Ausnahme (§ 4 Abs. 1 Satz 5 EStG)

Zu einer Entstrickung trotz Einschränkung oder Wegfall des inländischen Besteuerungsrechts kommt es nicht, wenn eine Europäische Gesellschaft (SE) oder eine Europäische Genossenschaft ihren Sitz in einen anderen Mitgliedstaat verlegen. In diesem Fall würde das inländische Besteuerungsrecht an diesen Anteilen unabhängig davon, ob sie einer inländischen Betriebsstätte zuzuordnen oder steuerverstrickt nach § 17 EStG waren, enden. Soweit eine Versteuerung gegen Art. 14 der Fusionsrichtlinie verstößt, gelten für Anteile, die in deren Anwendungsbereich fallen, die Entstrickungsregeln ausdrücklich nicht (§ 4 Abs. 1 Satz 5 EStG). Die Anteile bleiben im Inland voll umfänglich steuerverhaftet mit der Folge, dass stille Reserven, die nach der Sitzverlegung entstehen, ebenfalls im Inland steuerpflichtig sind (§ 15 Abs. 1a EStG) und es diesbezüglich zu einer Doppelbesteuerung kommen kann, wenn der ausländische Staat auf diese stillen Reserven ebenfalls Steuern erhebt.[2]

317

(*Einstweilen frei*)

318–324

6. Verstrickungstatbestand (§ 4 Abs. 1 Satz 8 2. Halbsatz EStG)

Als spiegelbildliche Regelung zur Entstrickungsregel in § 4 Abs. 1 Satz 3 EStG ordnet die Verstrickungsregelung des § 4 Abs. 1 Satz 8 2. Halbsatz EStG an, dass die Begründung des deutschen Besteuerungsrechts an dem Gewinn aus der Veräußerung von Wirtschaftsgütern ebenfalls als Einlage behandelt wird. Dabei ist die Begründung dahin gehend zu verstehen, dass erstmals ein Besteuerungsrecht entsteht, unabhängig davon, ob dies beschränkt oder unbeschränkt ist. Wechselt das Besteuerungsrecht von beschränkter zu unbeschränkter Steuerpflicht, liegt keine

325

---

1 So auch *Stöcker* in Korn, § 4 EStG Rz. 297.16; *Hoffmann* in Littmann/Bitz/Pust, § 4 EStG Rz. 263.
2 *Stadler/Elser*, BB Spezial 8/2006, 18 ff. (21).

Einlage vor, da dem Grunde nach bereits ein Besteuerungsrecht bestand.[1] Eine Verstrickung bei Nutzungsverlagerungen ist nicht erforderlich, weil die inländische Nutzung eines WG ohnehin der inländischen Besteuerung unterliegt. Die Regelung ist unabhängig davon, ob ein WG in der Vergangenheit bereits im Inland genutzt wurde und wieder der inländischen Besteuerung zugeführt wird. In diesem Fall gilt zunächst die Entstrickungsregelung des § 4 Abs. 1 Satz 3 EStG und in der Folge die Einlageregelung des § 4 Abs. 1 Satz 8 2. Halbsatz EStG.

326   Bei unbeschränkter Stpfl. kommt es nur zu einer Einlage, wenn ein WG von einer ausländischen Freistellungsbetriebsstätte in das inländische Stammhaus überführt wird.

Bei bestehender beschränkter Steuerpflicht sind folgende Fälle der Einlage aus Ländern mit Freistellungs-DBA denkbar:

- Überführung von WG aus einem ausländischen Stammhaus in eine inländische Betriebsstätte
- Überführung von WG aus einer ausländischen Betriebsstätte in eine inländische Betriebsstätte
- Zuordnung eines WGs aufgrund seiner Funktion zum inländischen Stammhaus ohne Grenzübertritt

327   Bei Zuführung aus Ländern mit Anrechnungs-DBA oder ohne DBA ist keine Einlage denkbar, weil bereits ein inländisches Besteuerungsrecht besteht.

Rechtsfolge der Verstrickung ist die Einlage zum gemeinen Wert nach § 6 Abs. 1 Nr. 5a EStG.

328–330   *(Einstweilen frei)*

III. Übergang zur Gewinnermittlung nach § 13a EStG und Nutzungsänderung (§ 4 Abs. 1 Satz 6 und 7 EStG)

331   § 4 Abs. 1 Satz 6 EStG stellt klar, dass es bei einem Wechsel der Gewinnermittlungsart vom Bestandsvergleich hin zu § 13a EStG nicht zu einer Entnahme kommt. Dies gilt auch beim Wechsel vom Bestandsvergleich zur Gewinnermittlung nach § 4 Abs. 3 EStG, erforderte dort nach Ansicht des Gesetzgebers[2] aber keine gesetzliche Regelung, weil Rechtsprechung und Verwaltung klargestellt haben, dass bei der Gewinnermittlung nach § 4 Abs. 3 EStG ebenfalls die Bildung von gewillkürtem BV statthaft ist.[3]

332   Diese Rechtsfolge gilt auch bei einer Nutzungsänderung von Wirtschaftsgütern durch Stpfl., die ihren Gewinn nicht durch Bestandsvergleich ermitteln. Sie stellt diese Stpfl. denjenigen, die ihren Gewinn durch Bestandsvergleich ermitteln gleich mit der Folge, dass die Regelungen, nach denen eine Nutzungsänderung nicht zu einer Entnahme führt (vgl. → Rz. 27 ff.), für alle Gewinnermittlungsarten gleich gelten.

333–335   *(Einstweilen frei)*

---

1 BT-Drucks. 16/2710 v. 25. 9. 2006, 28.
2 BT-Drucks. 16/634, 13.
3 BFH v. 2. 10. 2003 - IV R 13/03, BStBl 2004 II 985.

IV. Verweisung auf die Vorschriften über die Betriebsausgaben, Bewertung und AfA (§ 4 Abs. 1 Satz 9 EStG)

Die Vorschrift, vormals Satz 6, verweist für die Gewinnermittlung nach § 4 Abs. 1 EStG auf die Vorschriften über die Betriebsausgaben, die Bewertung und die AfA. Im Hinblick auf die Bewertung und die AfA wird lediglich geklärt, mit welchem Wert die Wirtschaftsgüter in die Schlussbilanz, die dem Bestandsvergleich zugrunde liegt, aufzunehmen sind. Mit dem Verweis auf den Betriebsausgabenbegriff des § 4 Abs. 4 EStG weicht sie vom Grundprinzip des § 4 Abs. 1 EStG, dem Bestandsvergleich, ab, indem sie anordnet, dass Betriebsausgaben nicht in den Bestand, der dem Vergleich nach § 4 Abs. 1 EStG zugrunde liegt, einzubeziehen sind. Sie wirken sich vielmehr im Rahmen eines Betriebsausgabenabzugs unmittelbar gewinnmindernd aus. Dies erfolgt über die Buchhaltung, in der die Betriebsausgaben über Aufwandskonten kapitalmindernd zu erfassen sind und auf diesem Wege wieder Aufnahme in den Bestandsvergleich finden. Außerdem begründet die Vorschrift den Gleichlauf des gewinnmindernden Aufwands in § 4 Abs. 1 und § 4 Abs. 3 EStG, indem sie den Begriff der Betriebsausgabe gleichlautend definiert. 336

(*Einstweilen frei*) 337–340

V. Bilanzberichtigung und Bilanzänderung (§ 4 Abs. 2 EStG)

LITERATUR:

▶ Weitere Literatur siehe Online-Version

Broemel/Endert, Bilanzberichtigung nach Aufgabe des subjektiven Fehlerbegriffs, BBK 2013, 805; *Kanzler*, Aufgabe des subjektiven Fehlerbegriffs hinsichtlich bilanzieller Rechtsfragen, NWB 2013, 1405; *Kolbe*, Abschied vom subjektiven Fehlerbegriff, BBK 2013, 357; *Korn*, Kommentar zur Aufgabe des subjektiven Fehlerbegriffs für steuerbilanzielle Rechtsfragen, NWB 2013, 1056; *Rätke*, Aufgabe des subjektiven Fehlerbegriffs, StuB 2013, 399; *Herrfurth*, Die vorläufig endgültige Steuerbilanz, StuB 2014, 123; *Lüdenbach*, Objektiver Fehlerbegriff bei Tatsachenfragen?, StuB 2014, 380; *Hoffmann*, Subjektive und objektive Bilanzierungsfehler, StuB 2015, 321.

ARBEITSHILFEN UND GRUNDLAGEN ONLINE:

Arslan, Bilanzberichtigung, NWB DokID: WAAAE-35007; *Kolbe*, Bilanzänderung und Bilanzberichtigung (EStG), NWB DokID: PAAAB-14427.

§ 4 Abs. 2 EStG regelt in seinem Satz 1 den Umgang mit einer fehlerhaften Bilanz. In seinem Satz 2 enthält er Regelungen für den Fall, dass eine fehlerfreie Bilanz geändert werden soll, beispielsweise wegen der anderweitigen Ausübung von Wahlrechten. Die Vorschriften gelten nur für die Steuerbilanz. 341

Handelsrechtlich kann ein aufgrund eines Fehlers nichtiger Jahresabschluss jederzeit durch einen neuen wirksamen Jahresabschluss ersetzt werden. Auch ein fehlerhafter Jahresabschluss ist handelsrechtlich bis zu seiner Feststellung jederzeit änderbar, ob er danach noch änderbar ist, ist strittig.[1] Eine Änderung ist aber grundsätzlich dann erforderlich, wenn der Fehler gewichtig ist und ohne eine Korrektur kein zutreffendes Bild der Vermögens,- Finanz- und Ertragslage des Unternehmens vermittelt wird.[2]

---

1 Differenzierend *Kanzler*, NWB 2012, 2374.
2 IDW RS HFA v. 12. 4. 2007, Tz. 2.

1. Bilanzzusammenhang

342 Grundsätzlich erfordert der Bestandsvergleich nach § 4 Abs. 1 EStG einen Bilanzzusammenhang, dies entspricht den Grundsätzen ordnungsgemäßer Buchführung und ist für Kaufleute im Hinblick auf die Bewertung in § 252 Abs. 1 Nr. 1 HGB niedergelegt. Um zu zutreffenden Vergleichsergebnissen zu kommen, müssen die Bilanzansätze der jeweiligen Wirtschaftsgüter in der Schlussbilanz eines Wirtschaftsjahrs den Ansätzen in der Anfangsbilanz des Folgejahrs entsprechen.[1] Dies ist unabhängig davon, ob die Wirtschaftsgüter zutreffend erfasst sind oder nicht. Dieser Grundsatz gilt auch für das Eigenkapital und die Verteilung des Kapitals auf mehrere Beteiligte. Ein Bilanzzusammenhang muss sowohl dem Grunde nach (Bilanzansatz) als auch der Höhe nach (Bewertung) bestehen.[2]

343 **Formeller Bilanzzusammenhang:** Nach dem Grundsatz des formellen Bilanzzusammenhangs, der in § 4 Abs. 2 Satz 1 2. Halbsatz EStG kodifiziert ist,[3] darf die Steuerbilanz nicht mehr berichtigt werden, wenn die Steuerfestsetzung, der sie zugrunde gelegt wurde, nicht mehr aufhebbar oder änderbar ist.

344 Der Grundsatz des Bilanzzusammenhangs gilt betriebsbezogen und ist unabhängig vom Betriebsinhaber. Daher findet er Anwendung auch bei unentgeltlicher Nachfolge in den Betrieb oder bei Einbringung eines Betriebs in eine Personengesellschaft.

345 **Auswirkung von Bilanzierungsfehlern:** Aufgrund des Bilanzzusammenhangs wirken sich Bilanzierungsfehler, sofern sie nicht in einer unterlassenen Bilanzierung bestehen, nur im Rahmen einer zeitlichen Verschiebung aus. Zu niedrige Ansätze von Aktivwerten mindern in einem Jahr den Gewinn, führen aber mangels AfA in den Folgejahren zu einem erhöhten Gewinn. Wird eine Forderung fehlerhaft eingebucht, erfolgt die Gewinnerhöhung spätestens im Jahr der Zahlung. Auch ein zu hoher oder niedriger Ansatz von Verbindlichkeiten gleicht sich aus, wenn die Verbindlichkeiten beglichen werden (Zweischneidigkeit der Bilanz).[4]

346 **Korrektur an der Quelle:** Vor diesem Hintergrund sind Fehler an der Quelle, nämlich grundsätzlich in der Bilanz, in der sie erstmals aufgetreten sind, zu korrigieren.[5] In dieser Bilanz ist der falsche Bilanzansatz durch einen zutreffenden zu ersetzen. Dies gilt nach dem Grundsatz des formellen Bilanzzusammenhangs aber nur, soweit eine Steuerfestsetzung noch nicht bestandskräftig ist, nach dem Grundsatz des materiellen Bilanzzusammenhangs ist die Fehlerquelle unabhängig von der steuerlichen Änderbarkeit von Bescheiden immer bis zur Quelle zu berichtigen (vgl. unten → Rz. 355).

347–350 (*Einstweilen frei*)

---

[1] BFH v. 28.4.1998 - VIII R 46/96, BStBl 1998 II 443.
[2] *Hoffmann* in Littmann/Bitz/Pust, § 4 EStG Rz. 511.
[3] So auch schon st. Rspr. des BFH, z. B. BFH v. 11.2.1998 - I R 150/94, BStBl 1998 II 503; BFH v. 6.9.2000 - XI R 18/00, BStBl 2001 II 106.
[4] *Wied* in Blümich, § 4 EStG Rz. 115.
[5] BFH v. 29.11.1965 - GrS 1/65, BStBl 1966 III 142.

2. Bilanzberichtigung

a) Begriff und Voraussetzungen

Unrichtige Bilanz: Eine Bilanz ist unrichtig, wenn sie unter Verstoß gegen die Vorschriften der GoB und der Vorschriften des Einkommensteuerrechts aufgestellt wurde.[1] Die Unrichtigkeit kann das „Ob" der Aktivierung oder Passivierung von Wirtschaftsgütern oder Rechnungsabgrenzungsposten oder Rückstellungen betreffen, sie kann die Höhe eines Ansatzes betreffen, aber auch den zutreffenden Gewinnausweis. Die Regelung betrifft nur die Bilanz selber, nicht erfasst von der Bilanzberichtigung sind die außerbilanziellen Hinzurechnungen und Kürzungen, z. B. nach § 4 Abs. 4a EStG und § 4 Abs. 5 EStG.[2]

351

Objektiver oder subjektiver Fehlerbegriff: Ob ein Fehler vorliegt, der zu einer Bilanzberichtigung führen kann, ist anhand objektiver Maßstäbe zu beurteilen,[3] dies ist vor dem Hintergrund einer gleichheitsgerechten Besteuerung geboten. Dabei ist unerheblich, ob der Bilanzansatz im Zeitpunkt der Aufstellung den Vorgaben von Rechtsprechung und Verwaltung entsprochen hat, die vom Stpfl. zugrunde gelegte Rechtsauffassung vertretbar war, oder ob die Fehlerhaftigkeit für den Stpfl. erkennbar war (subjektiver Fehlerbegriff). Entscheidend ist, dass ein objektiv fehlerhafter Bilanzansatz vorliegt und dieser ersetzt werden muss. Vertrauensschutzaspekte sind bei der Aufstellung einer zutreffenden Bilanz nicht zu berücksichtigen. Dies gilt unabhängig davon, ob der Fehler sich zugunsten oder zu Lasten des Stpfl. auswirkt. Eine Ausnahme gilt nach § 14 Abs. 1 Nr. 3 Satz 4 und 5 KStG, nach denen der Gewinnabführungsvertrag auch als durchgeführt gilt, wenn der Bilanzansatz in der Tochtergesellschaft fehlerhaft ist, dies aber unter Anwendung der Sorgfalt eines ordentlichen Kaufmanns nicht hätte erkannt werden müssen. Die Anwendung von § 4 Abs. 2 Satz 1 EStG setzt voraus, dass die Bilanz bereits beim Finanzamt eingereicht ist. Zuvor kann sie jederzeit in vollem Umfang geändert werden.

352

b) Rechtsfolgen

Berechtigung zur Fehlerberichtigung: Zu berichtigen ist der Fehler nach Satz 1 durch den Stpfl., dessen Bilanz der Besteuerung zugrunde gelegen hat, dieser ist allerdings grundsätzlich nicht verpflichtet, sondern nur berechtigt, den Fehler zu berichtigen.[4] Das Finanzamt seinerseits ist nicht berechtigt, selbst die Bilanzberichtigung vorzunehmen.[5] Es ist aber verpflichtet, wenn ein Fehler erkannt wird, ggf. den Bestandsvergleich des Stpfl. durch eine eigene Gewinnermittlung, z. B. im Rahmen einer Außenprüfung durch eine Prüferbilanz zu ersetzen,[6] weil es die fehlerhafte Bilanz nach § 85 AO nicht der Besteuerung zugrunde legen darf. Ist das Finanzamt zu Unrecht von der richtigen Bilanz des Stpfl. abgewichen, so darf dieser Fehler im Folgejahr nicht korrigiert werden. Der Stpfl. hat eine zutreffende Schlussbilanz eingereicht, an die die Eröffnungsbilanz des Folgejahres anknüpft. Raum für gewinnhöhende oder gewinnmindernde Korrekturen bleibt nicht.[7]

353

---

1 BFH v. 14. 3. 2006 - I R 83/05, BStBl 2006 II 799.
2 BFH v. 23. 1. 2008 - I R 40/07, BStBl 2008 II 669; BMF v. 13. 8. 2008, BStBl 2008 I 845.
3 BFH v. 31. 1. 2013 - GrS 1/10, BStBl 2013 II 317.
4 Zu Ausnahmen vgl. BFH v. 4. 11. 1999 - IV R 70/98, BStBl 2000 II 129; BFH v. 5. 6. 2007 - I R 47/06, BStBl 2007 II 818.
5 BFH v. 4. 11. 1999 - IV R 70/98, BStBl 2000 II 129.
6 BFH v. 31. 1. 2013 - GrS 1/10, BStBl 2013 II 317.
7 BFH v. 4. 11. 1999 - IV R 70/98, BStBl 2000 II 129.

354 **Verpflichtung zur Berichtigung:** In Ausnahmefällen kann der Stpfl. verpflichtet sein, die Bilanz zu berichtigen, sei es weil er
- aufgrund rechtskräftiger Gerichtsentscheidung dazu verpflichtet ist,[1]
- aufgrund einer Selbstanzeige die Fehlerhaftigkeit selbst erklärt hat,[2]
- nach § 150 Abs. 2 AO und § 153 Abs. 1 Satz 1 AO verpflichtet ist, eine Steuererklärung zu berichtigen.[3]

355 **Keine Berichtigung, wenn die Bilanz einer endgültigen Steuerfestsetzung zugrunde lag:** Grundsätzlich ist der Fehler an der Quelle zu korrigieren, d. h. in der Schlussbilanz, in der der Fehler erstmals aufgetreten ist. Liegt die Bilanz einer Steuerfestsetzung zugrunde, so kommt eine Bilanzberichtigung im Jahr, in dem der Fehler entstanden ist, nur noch in Betracht, wenn die Steuerfestsetzung noch aufgehoben oder geändert werden kann. Dies ist bis zu einer rechtskräftigen Entscheidung über den jeweiligen Steuerbescheid der Fall.[4] Wurde die Steuer vorläufig festgesetzt (§ 165 AO) oder unterliegt dem Vorbehalt der Nachprüfung (§ 164 AO) oder greifen Änderungsvorschriften, so ist in dem betreffenden Jahr eine Berichtigung an der Fehlerquelle noch möglich. Andernfalls hat eine Berichtigung im ersten noch offen Folgejahr zu erfolgen.[5]

356 Hat sich der Fehler nicht auf die Besteuerung ausgewirkt, so kann die Bilanz auch in bestandskräftig veranlagten Zeiträumen noch berichtigt werden, soweit dies nach handelsrechtlichen Grundsätzen zulässig ist. Auf die Besteuerung nicht ausgewirkt hat sich der Fehler, wenn die Steuerfestsetzung in dem betreffenden Jahr sowohl der Gewerbesteuer als auch in der Einkommen/Körperschaftsteuer 0 war[6] oder wenn es sich um Einlagen oder Entnahmen handelt.[7] Hatte der Fehler Auswirkung auf einen festzustellenden Verlust, so ist eine Berichtigung in bestandskräftig veranlagten Zeiträumen ebenfalls nicht zulässig[8]

357 Zieht sich der Fehler über mehrere Jahre hin, so ist eine Änderung ab dem ersten Jahr, in dem die Steuerfestsetzung noch nicht bestandskräftig ist und in allen Folgejahren zulässig, soweit diese verfahrensrechtlich noch änderbar sind.[9] Eine Saldierung im letzten offenen Jahr kommt nur dann in Betracht, wenn diese keine Auswirkung auf die Steuerfestsetzung hat.[10]

358 Folgende Fälle sind denkbar:
- **Unterlassene** Bilanzierung eines bilanzierungspflichtigen WG: Dieses ist in der nächsten offenen Bilanz mit dem Wert einzubuchen, den es bei zeitlich korrekter Erfassung hätte, nicht vorgenommene AfA ist nicht nachzuholen, es ist außerbilanziell eine Schattenrechnung erforderlich, um den korrekt zu erfassenden Buchwert nach Abschreibung zu ermitteln.[11]

---

1 BFH v. 4.11.1999 - IV R 70/98, BStBl 2000 II 129.
2 BFH v. 28.4.1998 - VIII R 46/96, BStBl 1998 II 443.
3 Str. a. A. HHR/*Stapperfend*, § 4 EStG Rz. 358.
4 BFH v. 22.8.1968 - IV R 234/67, BStBl 1968 II 801.
5 BFH v. 5.9.2001 - XI R 18/00, BStBl 2001 II 106.
6 BFH v. 7.5.1969 - I R 47/67, BStBl 1969 II 464.
7 BFH v. 19.1.1993 - VIII R 128/84, BStBl 1993 II 594; *Kanzler* in Prinz/Kanzler, NWB Praxishandbuch Bilanzsteuerrecht, Rz. 1157.
8 So auch HHR/*Stapperfend*, § 4 EStG Rz. 414.
9 BFH v. 10.3.1989 - III R 190/85, BFH/NV 1990, 358 = NWB DokID: DAAAA-97175.
10 *Wied* in Blümich, § 4 EStG Rz. 997.
11 BFH v. 12.10.1977 - I R 248/74, BStBl 1978 II 191; BFH v. 24.10.2001 - X R 153/97, BStBl 2002 II 75; BFH v. 22.6.2010 - VIII R 3/08, BStBl 2010 II 1035; a. A. *Wied* in Blümich, 4 EStG Rz. 957.

- **Überhöhte** Abschreibung von aktivierten WG: Eine Korrektur ist nicht zulässig, weil sich dieser Fehler in den Folgejahren von selbst erledigt.[1]
- **Zu niedrige** oder **unterlassene** Abschreibung aktivierter Wirtschaftsgüter: Die Abschreibung ist in der ersten noch offenen Folgebilanz nachzuholen, wenn die Berücksichtigung im zutreffenden Steuerabschnitt nicht mehr vorgenommen werden kann, es sei denn, die Unterlassung der AfA ist willkürlich nicht erfolgt. Dies gilt auch, wenn die AfA insgesamt unterlassen wurde.[2]
- **Willkürlich unterlassene** Abschreibung: Kann nicht nachgeholt werden, wirkt sich aber bei Entnahme oder Veräußerung des Wirtschaftsguts aufgrund des höheren Buchwerts aus.[3] Insofern weicht die Behandlung von der Behandlung eines fehlerhaft nicht als Betriebsvermögen erfassten Wirtschaftsguts ab, bei dem die AfA in einer Schattenrechnung nachzuholen ist und die Einbuchung nur mit dem abgeschriebenen Wert erfolgt. Dies ist sachlich gerechtfertigt, weil das Wirtschaftsgut bereits im Betriebsvermögen erfasst ist.
- **Aktivierung nicht aktivierungspflichtiger** Aufwendungen: Auch hier ist eine Korrektur nicht zulässig, der Fehler ist erst in den Folgejahren dadurch auszugleichen, dass die aktivierten Beträge abgeschrieben werden.[4]
- **Aktivierung von WG des Privatvermögens:** Ausbuchung zum Buchwert, ein Teilwertansatz nach § 6 Abs. 1 Nr. 4 EStG kommt nicht in Betracht, weil es sich nicht um BV handelt. Die zu Unrecht geltend gemachte AfA der Vorjahre kann nur noch korrigiert werden, wenn die Steuerbescheide der Vorjahre änderbar sind.
- **Aktivierung eines bereits entnommenen WG:** Dieses ist erfolgsneutral auszubuchen, im Jahr der Ausbuchung ist kein Teilwertansatz zulässig, weil dieser nach § 6 Abs. 1 Nr. 4 EStG nur im Jahr der Entnahme zulässig ist. Änderung im Jahr der Entnahme und in den Folgejahren ggf. wegen zu Unrecht in Anspruch genommener AfA nur, wenn diese Jahre noch änderbar sind.[5]
- **Aktivierung eines zerstörten WG:** Gewinnminderung im ersten noch änderbaren VZ.[6]
- **Erfassung eines veräußerten WG ohne Erfassung des Veräußerungserlöses:** Ausbuchung hat gewinnwirksam zu erfolgen, weil sich der Bilanzierungsfehler auf den Gewinn ausgewirkt hat.[7]

Auswirkungen: Berichtigungen sind dann erfolgswirksam in der Schlussbilanz vorzunehmen, wenn sich der Fehler erfolgswirksam ausgewirkt hat. Sie sind erfolgsneutral in der Anfangsbilanz vorzunehmen, wenn der Fehler erfolgsneutral geblieben ist oder wenn Entnahmen oder Einlagen fälschlich nicht gebucht wurden. Nach dem Grundsatz von Treu und Glauben sind Berichtigungen in der Anfangsbilanz ohne Auswirkungen zugunsten des Stpfl. vorzunehmen, wenn vom Stpfl. in der Vergangenheit bewusst falsch bilanziert wurde.[8]

Die Bilanzberichtigung unterliegt keinen Formvorschriften und keines Antrags.

---

1 BFH v. 4. 5. 1993 - VIII R 14/90, BStBl 1993 II 661.
2 BFH v. 3. 7. 1956 - 344/55 U, BStBl 1956 III 250.
3 BFH v. 7. 10. 1971 - IV R 181/66, BStBl 1972 II 271; BFH v. 30. 6. 2005 - IV R 20/04, BStBl 2005 II 758.
4 BFH v. 12. 11. 1992 - IV R 59/91, BStBl 1993 II 392.
5 BFH v. 21. 10. 1976 - IV R 222/72, BStBl 1977 II 148.
6 Vgl. § 4 Abs. 2 1. Halbsatz EStG und BFH v. 21. 10. 1976 - IV R 222/772, BStBl 1977 II 148.
7 BFH v. 14. 12. 1982 - VIII R 53/81, BStBl 1983 II 303.
8 BFH v. 7. 10. 1971 - IV R 181/66, BStBl 1972 II 271.

361–365 (*Einstweilen frei*)

c) Bilanzänderung

aa) Begriff und Voraussetzungen

366 Anders als bei der Bilanzberichtigung wird bei der Bilanzänderung ein richtiger Bilanzansatz durch einen anderen richtigen Bilanzansatz ersetzt. Das ergibt sich aus der Formulierung „*darüber hinaus....*".[1] Dies ist der Fall, wenn Ansatz- oder Bewertungswahlrechte erstmals oder anders ausgeübt werden, nur in diesem Fall besteht die Möglichkeit, einen richtigen Ansatz durch einen anderen richtigen Ansatz zu ersetzen. Die Bilanzänderung setzt daneben voraus, dass auch eine Bilanzberichtigung erfolgt ist, mit der die Bilanzänderung in unmittelbarem zeitlichen und sachlichen Zusammenhang steht. Die Bilanzänderung ist auch zulässig, wenn sie nicht einen bereits bestehenden Bilanzansatz ersetzt, sondern erstmalig erfasst wird, der Bilanzansatz aber schon zum Zeitpunkt der Aufstellung der Bilanz zulässig war.[2]

367 **Enger zeitlicher Zusammenhang:** Die Bilanzänderung setzt einen engen zeitlichen Zusammenhang mit einer Bilanzberichtigung voraus. Nach der Rechtsprechung und der Verwaltungsauffassung bedeutet dies, dass sie unverzüglich nach der Bilanzberichtigung zu erfolgen hat.[3] Problematisch ist diese Auffassung, wenn noch nicht abschließend geklärt ist, ob die Bilanzberichtigung rechtmäßig ist. In diesem Fall wird ggf. eine Bilanzänderung vorgenommen, die im Nachhinein nicht erforderlich war, weil sich die Bilanzberichtigung als nicht rechtmäßig herausgestellt hat.[4]

368 **Enger sachlicher Zusammenhang:** Erforderlich ist außerdem ein enger sachlicher Zusammenhang zur Bilanzberichtigung. Dieser wird dann vorliegen, wenn dieselbe Bilanz geändert wird, in der auch die Bilanzberichtigung vorgenommen wurde,[5] dabei spielt es keine Rolle, ob sich die Bilanzänderung auf dieselben Sachverhalte oder Wirtschaftsgüter bezieht wie die Bilanzberichtigung.[6] Grundsätzlich kein enger sachlicher Zusammenhang wird angenommen, wenn die Bilanz eines Folgejahres geändert wird.[7] M. E. kann dies dann nicht gelten, wenn die Bilanzänderung eine Folge der Bilanzberichtigung und Bilanzänderung des Vorjahres ist, so muss eine Rücklage nach § 6b EStG, die im Jahr der Bilanzberichtigung eingestellt wird, auch in den Folgejahren Berücksichtigung in den Bilanzen finden, damit die vom Gesetz vorgesehene Nutzung über einen längeren Zeitraum möglich ist. Nach anderer Ansicht soll ein enger sachlicher Zusammenhang für alle Bilanzen eines Betriebsprüfungszeitraums bestehen.[8]

369 **Betragsmäßige Begrenzung:** Die Bilanzänderung ist nur zulässig, soweit sich betragsmäßig eine Bilanzberichtigung nach § 4 Abs. 2 Satz 1 EStG auf den Gewinn auswirkt. Kommt es in einem Veranlagungszeitraum zu mehreren Bilanzberichtigungen, die mit Bilanzänderungen in

---

[1] BFH v. 1.7.1964 - I 5/63 U, BStBl 1964 III 533.
[2] BFH v. 16.12.2008 - I R 54/08, BFH/NV 2009, 746 = NWB DokID: HAAAC-96725, a. A. HHR/*Stapperfend*, § 4 EStG Rz. 358, Bilanzänderung auch zulässig, wenn Ausübung des Wahlrechts erst nachträglich möglich wird.
[3] BFH v. 31.5.2007 - IV R 25/06, BFH/NV 2007, 2086 = NWB DokID: AAAAC-58374; BMF v. 18.5.2000, BStBl 2000 I 587; a. A. *Zugmaier*, FR 2000, 656.
[4] Vgl. *Strahl* in Korn, § 4 EStG Rz. 445, der daher einen engen zeitlichen Zusammenhang dann annimmt, wenn die Bilanzänderung sich unverzüglich an eine formell und materiell rechtmäßige Bilanzberichtigung anschließt.
[5] BFH v. 31.5.2007 - IV R 25/06, BFH/NV 2007, 2086 = NWB DokID: AAAAC-58374; BMF v. 18.5.2000, BStBl 2000 I 587.
[6] BMF v. 18.5.2000, BStBl 2000 I 587.
[7] BMF v. 18.5.2000, BStBl 2000 I 587.
[8] *Kanzler* in Prinz/Kanzler, NWB Praxishandbuch Bilanzsteuerrecht, Rz. 1182; HHR/*Stapperfend*, § 4 EStG Rz. 459; a. A. *Wied* in Blümich, § 4 EStG Rz. 1035.

unmittelbarem zeitlichen und sachlichen Zusammenhang stehen, so sind die Bilanzberichtigungen zusammenzurechnen. Gegebenenfalls sind positive und negative Auswirkungen von Bilanzberichtigungen zu saldieren.[1]

Die Bilanzänderung soll nur ein vorangehendes Ergebnis einer Bilanzberichtigung neutralisieren, eine weitergehende Bilanzänderung ist unzulässig.[2]

370

Da die Regelung veranlagungszeitraumbezogen ist, bezieht sich der Betrag auch nur auf die Auswirkung im jeweiligen Jahr der Bilanzberichtigung. Wirkt sich die Berichtigung in den Folgejahren aus, so muss im jeweiligen Jahr isoliert geprüft werden, ob die Voraussetzungen des § 4 Abs. 2 Satz 2 EStG vorliegen.

371

bb) Rechtsfolgen

Zuständig für die Bilanzänderung ist der Stpfl., dessen Bilanz der Besteuerung zugrunde gelegt wurde, er muss die geänderte Bilanz beim Finanzamt einreichen. Vor Einreichung der Bilanz kann ein Bilanzansatz jederzeit geändert werden. Wurde die Bilanz beim Finanzamt eingereicht, so ist nach der h. M. eine Änderung nur noch im Rahmen des § 4 Abs. 2 Satz 2 EStG zulässig.[3]

372

Die Folgejahre sind jeweils isoliert vom Jahr der Berichtigung oder Änderung zu sehen. Ermöglichen die Bilanzänderungen des Vorjahres aufgrund des Grundsatzes des formellen Bilanzzusammenhangs eine Berichtigung in den Folgejahren[4] oder ermöglichen sie eine Änderung, weil diese im engen zeitlichen und sachlichen Zusammenhang mit der Berichtigung des Vorjahres steht (vgl. → Rz. 367 f.), können die Änderungen auch in den Folgejahren übernommen werden. Gegebenenfalls können auch Änderungsvorschriften der AO in Betracht kommen, beispielsweise Änderungen wegen neuer Tatsachen oder widerstreitender Steuerfestsetzungen.

373

(*Einstweilen frei*)

374–380

VI. Einnahmenüberschussrechnung (§ 4 Abs. 3 EStG)

1. Systematik

LITERATUR:

Teutemacher, Ordnungsgemäße Kassenführung bei der Einnahmen-Überschussrechnung nach § 4 Abs. 3 EStG, BBK 2014, 752; *Cremer*, Gewinnermittlung durch Einnahmenüberschussrechnung (§ 4 Abs. 3 EStG) – Anlage EÜR – Besonderheiten und aktuelle Praxisfragen, NWB 2015 Beilage 2, 11; *Schoor*, Der Zufluss von Einnahmen, Beilage zu NWB 2015, 6; *Seifert*, Aktuelle Entwicklungen bei der Einnahmen-Überschussrechnung, StuB 2016, 424; *Graf*, Vollständigkeitserklärungen für Einnahmen-Überschussrechnungen?, BBK 2017, 152; *Happe*, Ausübung des Wahlrechts zum Wechsel der Gewinnermittlungsart, BBK 2017, 333.

ARBEITSHILFEN UND GRUNDLAGEN ONLINE:

Geißler, Wechsel der Gewinnermittlungsart (EÜR zu Bilanzierung), Checkliste, NWB DokID: GAAAE-68812; *Geißler*, Wechsel der Gewinnermittlungsart (Bilanzierung zu EÜR), Checkliste, NWB DokID: QAAAE-68813; *Happe*, Einnahmen-Überschussrechnung nach § 4 Abs. 3 EStG, NWB DokID: KAAAE-23480.

---

1 HHR/*Stapperfend*, § 4 EStG Rz. 472.
2 BFH v. 27. 9. 2006 - IV R 7/06, BFH/NV 2007, 326 = NWB DokID: IAAAC-34397.
3 BFH v. 21. 1. 1992 - VIII R 72/87, BStBl 1992 II 958; *Heinicke* in Schmidt, § 4 EStG Rz. 751; a. A. *Strahl* in Korn, § 4 EStG Rz. 442, der im Hinblick auf die ggf. vorhandenen Änderungsmöglichkeiten nach § 164 Abs. 2 AO eine Änderungsmöglichkeit ohne die Voraussetzungen des § 4 Abs. 2 Satz 2 EStG befürwortet.
4 BFH v. 25. 10. 2007 - III R 39/04, BStBl 2008 II 226.

381 § 4 Abs. 3 EStG gewährt dem Stpfl., der Einkünfte nach § 13 EStG, § 15 EStG oder § 18 EStG erzielt, ein Wahlrecht, den Gewinn statt durch Bestandsvergleich durch Gegenüberstellung der Betriebseinnahmen und Betriebsausgaben zu ermitteln (Einnahmenüberschussrechnung). Wie auch beim Bestandsvergleich ist das Ergebnis um zugeflossene Einlagen und abgeflossene Entnahmen zu korrigieren.[1] Die Vorschrift bietet nur eine vereinfachte Möglichkeit der Gewinnermittlung, die selbständig neben dem Bestandsvergleich steht, auf die Gesamtdauer der betrieblichen Tätigkeit aber nicht zu anderen Ergebnissen führen darf.[2] Die Gewinnermittlung durch Bestandsvergleich ist die Regel, die Gewinnermittlung nach § 4 Abs. 3 EStG die Ausnahme, weil sie engere Voraussetzungen hat, sie soll Stpfl., die nicht buchführungspflichtig sind, ersparen, aus steuerlichen Gründen eine Buchführung einrichten zu müssen.[3] In die Ermittlung werden – anders als in eine reine Geldverkehrsrechnung – nicht nur Zu- und Abflüsse in Geld einbezogen, sondern auch in Sachwerten und der Wertverzehr, der über die Abschreibung[4] zu berücksichtigen ist. Neben die Grundstruktur der Geldrechnung treten eben auch Elemente des Bestandsvergleichs, die insbesondere die Wirtschaftsgüter des Anlagevermögens aber auch bestimmte Wirtschaftsgüter des Umlaufvermögens betreffen (vgl. § 4 Abs. 3 Sätze 3 und 4 EStG).

382–385 *(Einstweilen frei)*

2. Unterschiede zu anderen Einkunftsermittlungsmethoden

386 **Überschussrechnung:** Von der Überschussrechnung, die für die Einkünfte nach § 2 Abs. 2 Satz 1 Nr. 2 EStG maßgebend ist, unterscheidet sie sich grundsätzlich dadurch, dass Wirtschaftsgüter, die zur Einkünfteerzielung genutzt werden, dauerhaft steuerlich verhaftet sind.

387 **Bestandsvergleich:** Vom Bestandsvergleich unterscheidet sie sich dadurch, dass Forderungen und Verbindlichkeiten und sonstige Bestandsveränderungen nicht zu erfassen sind, sondern sich erst bei Zufluss und Abfluss auswirken. Die Bildung von Rückstellungen ist unzulässig, Kassenbuchführung und Inventur sind nicht erforderlich. Die Einschränkungen des § 4 Abs. 2 Satz 2 EStG für die Bilanzänderung gelten nicht (s. oben → Rz. 366 ff.). Nach h. M. sind Teilwertabschreibungen bei der Einnahmenüberschussrechnung nicht zulässig.[5] Begründet wird dies mit den gesetzlichen Regelungen in § 6 Abs. 1 Nr. 1 und 2 EStG, die an den Bestandsvergleich anknüpfen und auf die in § 4 Abs. 3 EStG nicht verwiesen wird, eine analoge Anwendung dieser Vorschriften wird mit Hinweis auf den Vereinfachungsgedanken des § 4 Abs. 3 EStG abgelehnt. Dieser Hinweis ist m. E. unzutreffend, weil nach § 4 Abs. 3 Satz 5 EStG ohnehin bereits für die reguläre Afa entsprechende Verzeichnisse zu führen sind, in denen auch die Teilwertabschreibung erfasst werden könnte. Nicht zutreffend ist andererseits, die Zulassung der Teilwertabschreibung auf der Grundlage des Grundsatzes der Gesamtgewinngleichheit zu rechtfertigen,[6] denn spätestens bei Ausscheiden des abzuschreibenden Wirtschaftsguts aus dem Betriebsvermögen wird der Verlust auch bei der Einnahmenüberschussrechnung realisiert.

---

1 BFH v. 8. 10. 1969 - I R 94/97, BStBl 1970 II 44.
2 Grundsatz der Gesamtgewinngleichheit, vgl. BFH v. 23. 2. 1984 - IV R 128/81, BStBl 1984 II 516; BFH v. 8. 9. 1988 - IV R 66/87, BStBl 1989 II 32; BFH v. 22. 9. 1999 - XI R 46/98, BStBl 2000 II 120; BFH v. 2. 10. 2003 - IV R 13/03, BStBl 2004 II 985; BFH v. 22. 6. 2010 - VIII R 3/08, BStBl 2010 II 1035; HHR/*Kanzler*, § 4 EStG Rz. 530.
3 BFH v. 2. 3. 1978 - IV R 45/73, BStBl 1978 II 431; BFH v. 8. 3. 1989 - X R 9/86, BStBl 1989 II 714; BFH v. 19. 3. 2009 - IV R 57/07, BStBl 2009 II 659.
4 Vgl. hierzu *Mücke*, AfA-Tabellen, NWB DokID: CAAAB-87782.
5 BFH v. 8. 10. 1987 - IV R 56/85, BStBl 1988 II 440.
6 Z.B. HHR/*Kanzler*, § 4 EStG Anm. 506, *Nacke* in Littmann/Bitz/Pust, § 4 EStG Rz. 1524.

M. E. ist die Rechtsprechung insoweit inkonsistent, weil einerseits die Vorschriften über die Bewertung nicht entsprechend anzuwenden sein sollten, andererseits sie für die Bewertung von Entnahmen selbstverständlich ohne Diskussion anzuwenden sind.

a) Zufluss- und Abflussprinzip

Grundregel: Für die Einnahmenüberschussrechnung, die grundsätzlich eine Ist- Rechnung ist, gilt das Zufluss- und Abflussprinzip nach § 11 EStG, mit seinen Ausnahmen bei regelmäßig wiederkehrenden Zahlungen und Zahlungen, die mehrere VZ betreffen.[1] Dies ist zugleich einer der Vorteile der Gewinnermittlung nach § 4 Abs. 3 EStG, die auf der erwirtschafteten Liquidität aufbaut. 388

Ausnahmen: Ausnahmen vom Zufluss- und Abflussprinzip ergeben sich, weil bei der Anschaffung und Herstellung von Wirtschaftsgütern des Anlagevermögens nicht der Abfluss zu berücksichtigen ist, sondern eine Aktivierung zu erfolgen hat[2] und die Gewinnminderung erst im Rahmen der Abschreibung über die Nutzungsdauer erfolgt. Wird das Wirtschaftsgut veräußert, gilt wieder das Zufluss- und Abflussprinzip, der Abgang des Wirtschaftsguts ist im Jahr der Veräußerung zu erfassen, der Zugang des Veräußerungserlöses erst bei Zufluss.[3] Demgegenüber ist bei der Veräußerung gegen wiederkehrende Leistungen der Buchwertabgang ratenweise dem Zahlungseingang gegenüber zu stellen (vgl. → Rz. 537). Auch der Ausschluss von durchlaufenden Posten nach § 4 Abs. 3 Satz 2 EStG stellt eine Durchbrechung eines reinen Zufluss- und Abflussprinzips dar, ebenso wie der Ausschluss von Einlagen und Entnahmen in die Betrachtung und die Sonderregelungen für das Umlaufvermögen in § 4 Abs. 3 Satz 4 EStG. Anwendbar sind nach § 4 Abs. 3 Satz 3 EStG die Regelungen über die Bewertungsfreiheit für GWG nach § 6 Abs. 2 EStG und die Bildung von Sammelposten nach § 6 Abs. 2a EStG. In Durchbrechung des Zufluss- und Abflussprinzips ist in verschiedenen Fällen eine Gewinnminderung aufgrund von Rücklagenbildung oder ähnlichen Instrumenten gestattet. So kann nach § 4g Abs. 4 EStG ein Ausgleichsposten für die Entnahme nach § 4 Abs. 1 Satz 3 EStG gebildet werden, ein Gewinn aus der Veräußerung von Wirtschaftsgütern i. S. d. § 6b EStG kann nach § 6c EStG durch eine Rücklage ausgeglichen werden, die Auflösung der Rücklage führt zu Einnahmen. 389

Sonderabschreibungen nach §§ 7c ff. EStG sind ebenso zulässig wie die Bildung eines Investitionsabzugsbetrags. 390

Aufgrund des Abflussprinzips bestehende Gestaltungsspielräume durch Verlagerung von Zahlungsvorgängen können genutzt werden und stellen keinen Gestaltungsmissbrauch i. S. d. § 42 AO dar, es sei denn, der Zahlungszeitpunkt sei willkürlich ohne Bezug zu wirtschaftlichen Gegebenheiten gewählt.[4]

Tausch: Besonderheiten ergeben sich beim Tausch von Wirtschaftsgütern. Hingabe und Erhalt von Sachwerten sind jeweils als eigene Vorfälle zu behandeln. Der Erhalt von Sachwerten führt bei Erlangung der Verfügungsmacht zu einer Einnahme zum gemeinen Wert des erhaltenen WG. 391

---

1 Vgl. hierzu KKB/Korff, § 11 EStG Rz. 81 ff.
2 BFH v. 22. 6. 2010 - VIII R 3/08, BStBl 2010 II 1035.
3 BFH v. 16. 2. 1995 - IV R 29/94, BStBl 1995 II 635; H 4.5. Abs. 2 EStH; a. A. *Nacke* in Littmann/Bitz/Pust, § 4 EStG Rz. 1525.
4 BFH v. 23. 9. 1986 - IX R 113/82, BStBl 1987 II 219.

Wird das erhaltene Wirtschaftsgut betrieblich als Umlaufvermögen verwendet, so ist die Einnahme zugleich durch eine Betriebsausgabe in Höhe des gemeinen Wertes des hingegebenen Wirtschaftsguts zu neutralisieren.[1] Erhält der Stpfl. ein Wirtschaftsgut des Anlagevermögens, so ist die Betriebseinnahme mit dem gemeinen Wert anzusetzen, das Wirtschaftsgut ist mit dem gemeinen Wert des hingegeben Wirtschaftsguts als Anschaffungskosten zu aktivieren und – falls es abnutzbar ist – über die Nutzungsdauer abzuschreiben.

392 Die Abgabe von Wirtschaftsgütern des **Umlaufvermögens** im Wege des Tausches führt nicht mehr zu Betriebsausgaben, wenn der Betriebsausgabenabzug bereits beim Erhalt der Wirtschaftsgüter geltend gemacht wurde. Die Abgabe von Wirtschaftsgütern des **Anlagevermögens** führt neben den Anschaffungskosten für das erworbene Wirtschaftsgut zu einer Betriebsausgabe in Höhe des Restbuchwertes des abgegebenen WG.

393 **Wiederkehrende Leistungen:** Besonderheiten gelten bei Zufluss von wiederkehrenden Leistungen, sofern diese nicht Kaufpreisraten[2] sind. Erhält der Stpfl. bei der Veräußerung eines Betriebs oder Mitunternehmeranteils keine einmalige Zahlung, sondern wiederkehrende Leistungen, hat er die Wahl, ob er einen Veräußerungsgewinn in Höhe des Barwerts sofort versteuert oder ob er die wiederkehrenden Bezüge jeweils bei Zufluss als laufenden Gewinn erfasst.[3] Im ersten Fall erfolgt die Gewinnermittlung nach § 4 Abs. 1 EStG und kann bei Vorliegen der weiteren Voraussetzungen tarifbegünstigt erfolgen, im zweiten Fall ist der Gewinn als laufender Gewinn nach § 4 Abs. 3 EStG zu ermitteln, dabei ist den laufenden Zahlungen, soweit sie auf einen Tilgungsanteil entfallen, zunächst der Buchwert der übertragenen Wirtschaftsgüter und eventuelle Veräußerungskosten gegenüberzustellen. Eine Versteuerung tritt ein, sobald die wiederkehrenden Zahlungen den Buchwert übersteigen. Die in den wiederkehrenden Einnahmen enthaltenen Zinsen, sind jeweils bei Zufluss unabhängig vom Buchwert der veräußerten Wirtschaftsgüter und den Veräußerungskosten als Einkünfte aus Kapitalvermögen zu versteuern.[4]

394 **Wiederkehrende Zahlungen:** Werden einzelne Wirtschaftsgüter gegen wiederkehrende Zahlungen veräußert, gelten keine Besonderheiten. Die Einnahmen sind bei Zufluss zu versteuern, diesen sind jeweils in gleicher Höhe die Restbuchwerte der veräußerten Wirtschaftsgüter gegenüber zu stellen.[5]

395 **Kaufpreisraten:** Bei Kaufpreisraten hat der Veräußerer den gesamten Kaufpreis, soweit er keinen Zinsanteil enthält, zuflussunabhängig im Zeitpunkt der Veräußerung als Einnahme anzusetzen. Zu ermitteln ist der Gewinn nach § 4 Abs. 1 EStG. Bei Vorliegen der Voraussetzungen kann die Tarifbegünstigung nach § 34 Abs. 2 EStG in Anspruch genommen werden. Zinsanteile sind jeweils als laufender Gewinn im Zuflusszeitpunkt zu versteuern.

396 Im Hinblick auf den Leistenden in diesen Fällen gelten keine Besonderheiten, er kann die wiederkehrende Leistung bei Zahlung als Betriebsausgaben abziehen, sofern die Zahlung nicht auf Wirtschaftsgüter des Anlagevermögens entfällt. Insoweit gelten die allgemeinen Grundsätze.

---

1 BFH v. 17. 4. 1986 - IV R 115/84, BStBl 1986 II 606.
2 Zur Abgrenzung vgl. KKB/Handwerker/Franz, § 16 EStG Rz. 486 ff.
3 BFH v. 14. 5. 2002 - VIII R 8/01, BStBl 2002 II 532; BFH v. 14. 1. 2004 - X R 37/02, BStBl 2004 II 493.
4 BMF v. 3. 8. 2004, BStBl 2004 I 1187 f.
5 R.4.5. Abs. 5 Satz 1 EStR, insofern soll sich die Veräußerung einzelner Wirtschaftsgüter gegen wiederkehrende Zahlungen von der Veräußerung von Wirtschaftsgüter gegen Einmalzahlung unterscheiden, bei der der Buchwertabgang sofort zu erfassen ist, die Einnahme aber erst bei Zufluss.

(*Einstweilen frei*) 397–400

b) Grundsatz der Gesamtgewinngleichheit

Nach h. M. in Rechtsprechung und Literatur gilt im Vergleich zur Gewinnermittlung durch Bestandsvergleich der Grundsatz der Gesamtgewinngleichheit.[1] Über die Laufzeit eines Betriebs darf es aufgrund der Anwendung unterschiedlicher Gewinnermittlungsmethoden nicht zu einem unterschiedlichen Gesamtgewinn kommen. Dies ist verfassungsrechtlich geboten, weil sonst der Grundsatz der Gleichmäßigkeit der Besteuerung nicht eingehalten würde.[2] Zulässig ist eine unterschiedliche Verteilung auf die verschiedenen Besteuerungszeiträume mit der Folge einer unterschiedlichen Progression. Ein Wechsel der Gewinnermittlungsart ist erforderlich, wenn ansonsten die Ermittlung eines identischen Gesamtgewinns nicht erfolgen könnte. 401

(*Einstweilen frei*) 402–404

3. Tatbestand § 4 Abs. 3 Satz 1 EStG

a) Anwendungsbereich

Persönlicher Anwendungsbereich: Persönlich gilt das Wahlrecht i. d. R. für Steuerpflichtige, die selbständige Einkünfte erzielen und nicht freiwillig Bücher führen, für Land- und Forstwirte, die unter den Betragsgrenzen des § 141 AO liegen oder keine Aufforderung nach § 141 Abs. 2 AO erhalten haben und solche Gewerbetreibende, die aufgrund ihrer Größe keine Kaufleute im Sinne des HGB sind, nicht freiwillig im Handelsregister eingetragen sind und die Betragsgrenzen des § 141 AO unterschreiten oder keine Aufforderung nach § 141 Abs. 2 AO erhalten haben und auch nicht freiwillig Bücher führen. Nur diese Personengruppen unterliegen keinen Buchführungspflichten. 405

Sachlicher Anwendungsbereich: Sachlich ist § 4 Abs. 3 EStG anzuwenden, wenn die Stpfl. ihr Wahlrecht entsprechend ausgeübt haben. Die Einnahmenüberschussrechnung ist aber auch anzuwenden, wenn ein Betrieb eingestellt wurde und nachträgliche betriebliche Einkünfte nach § 24 Nr. 2 EStG entstehen,[3] denn in diesem Fall bestehen keine gesetzlichen Verpflichtungen, eine Anfangs- oder Schlussbilanz zu erstellen, weil kein Betrieb mehr besteht. 406

(*Einstweilen frei*) 407–410

b) Tatbestandsvoraussetzungen

Ist ein Stpfl. nicht aufgrund von gesetzlichen Vorschriften verpflichtet Bücher zu führen und Abschlüsse zu machen und führt er auch tatsächlich keine Bücher und macht keine Abschlüsse, dann hat er das Recht, seinen Gewinn durch Gegenüberstellung der Betriebseinnahmen und Betriebsausgaben zu ermitteln. 411

---

1 BFH v. 23. 2. 1984 - IV R 128/81, BStBl 1984 II 516; BFH v. 8. 9. 1988 - IV R 66/87, BStBl 1989 II 32; BFH v. 22. 9. 1999 - XI R 46, 98, BStBl 2000 II 120; BFH v. 2. 10. 2003 - IV R 13/03, BStBl 2004 II 985; BFH v. 22. 6. 2010 - VIII R 3/08, BStBl 2010 II 1035; differenzierend HHR/*Kanzler*, § 4 EStG Rz. 506.
2 BFH v. 2. 10. 2003 - IV R 13/03, BStBl 2004 II 985; HHR/*Kanzler*, § 4 EStG Rz. 506 f.
3 *Wied* in *Blümich*, § 4 EStG Rz. 112.

ABB.	Abweichungen zwischen handels- und steuerrechtlicher Buchführungspflicht[1]		
		§ 241a HGB i. V. m. § 140 AO	§ 141 AO
		keine Begründung/Wegfall der Buchführungspflicht	
			Gewerbetreibende / Land- und Forstwirte
kumulative Größenmerkmale — umsatzbezogen	Bezugsgröße	Umsatzerlöse i. S. d. § 275 Abs. 2 Nr. 1 bzw. Abs. 3 Nr. 1 HGB, d. h. aus gewöhnlicher Geschäftstätigkeit bis zu 500.000 €	Umsätze i. S. d. UStG einschl. steuerfreier Umsätze (ausgenommen Umsätze i. S. d. § 4 Nr. 8-10 UStG) und nicht umsatzsteuerbarer Auslandsumsätze bis zu 600 000 €
	Bezugsperiode	Geschäftsjahr	Kalenderjahr
ereignisbezogen	Bezugsgröße	Jahresüberschuss i. S. d. § 275 Abs. 2 Nr. 20 bzw. Abs. 3 Nr. 19 HGB bis zu 60 000 €	Gewinn aus Gewerbebetrieb bis zu 60 000 € / Gewinn aus Land- u. Forstwirtschaft bis zu 600 000 €
	Bezugsperiode	Geschäftsjahr	Wirtschaftsjahr / Kalenderjahr
substanzbezogen		-	Wirtschaftswert (§ 46 BewG) selbstbewirtschafteter Flächen bis zu 25 000 € (Land- u. Forstwirte)
	zeitliche Bedingung	Unterschreitung der Größenmerkmale an Abschlussstichtagen zwei aufeinander folgender Geschäftsjahre; bei Neugründung Unterschreitung am ersten Abschlussstichtag ausreichend	einmalige Unterschreitung der Größenmerkmale ausreichend; Wegfall mit Ablauf des Wj., das auf das Wj. folgt, in dem die Finanzbehörde feststellt, dass die Grenzen unterschritten wurden
		Begründung der Buchführungspflicht	
		kraft Gesetz mit Beginn des Wj., das der Überschreitung eines der beiden Größenmerkmale folgt	durch Verwaltungsakt ab Beginn des Wj., das der Bekanntgabe der Buchführungsmitteilung folgt

412 Gesetzliche Buchführungspflicht: Die gesetzliche Buchführungspflicht kann sich aus steuerlichen und nicht steuerlichen Vorschriften ergeben (vgl. §§ 140, 141 AO).

413 Außersteuerliche Pflichten: § 140 AO verweist auf bereits bestehende außersteuerliche Buchführungspflichten, insbesondere nach Handels-, Gesellschafts- und Genossenschaftsrecht. Kaufleute sind nach § 238, § 252 HGB verpflichtet, Bücher zu führen und Abschlüsse zu erstellen. Entscheidend ist, ob die Kaufmannseigenschaft nach § 1 HGB vorliegt oder ob diese durch Eintragung nach § 2 HGB entstanden ist. Betreiben ausländische Unternehmer eine inländische Zweigniederlassung nach § 13d HGB, dann können für diese ebenfalls inländische Buchführungspflichten bestehen. Ernstlich zweifelhaft ist dies bei einer ausländischen Kapitalgesellschaft, die im Inland nur Vermietungseinkünfte erzielt.[2]

Land- und Forstwirte sind keine Kaufleute, für sie bestehen Buchführungspflichten i. d. R. nur, wenn sie die Betragsgrenzen nach § 141 AO überschritten haben.

414 Steuerliche Pflichten: Sofern keine außersteuerlichen Pflichten bestehen, Bücher zu führen und Abschlüsse zu machen, begründet § 141 AO originäre steuerliche Pflichten beim Über-

---

1 *Briesemeister* in Prinz/Kanzler, NWB Praxishandbuch Bilanzsteuerrecht, Rz. 51.
2 BFH v. 15.10.2015 - I B 93/15, BStBl 2016 II 66.

schreiten bestimmter Größenmerkmale für Gewerbetreibende und Land- und Forstwirte. Inländische Betriebsstätten ausländischer Stammhäuser oder deren ständige inländische Vertreter fallen in den Anwendungsbereich des § 141 AO, wenn sie nicht aufgrund DBA von der inländischen Besteuerung freigestellt sind.[1]

Hinweis nach § 142 Abs. 2 AO: Die originäre steuerliche Buchführungspflicht aus § 141 Abs. 1 AO tritt nicht ein, bevor nicht die Finanzbehörde förmlich darauf hingewiesen hat (§ 141 Abs. 2 AO). Sie beginnt mit Beginn des Wirtschaftsjahres, das dem Jahr, in dem die Mitteilung zugegangen ist, folgt. Umgekehrt endet die Buchführungspflicht erst mit Ende des Jahres, in dem die Finanzbehörde das Wegfallen der Voraussetzungen des § 141 Abs. 1 AO förmlich feststellt und mitteilt. 415

Buchführungspflichten nach § 141 Abs. 1 AO entstehen bei gewerblichen Unternehmern und Land- und Forstwirten in folgenden Fällen: 416

- Umsätze einschließlich der steuerfreien Umsätze, ausgenommen die Umsätze nach § 4 Nr. 8 bis 10 UStG, von mehr als 600 000 € im Kalenderjahr oder
- selbstbewirtschaftete land- und forstwirtschaftliche Flächen mit einem Wirtschaftswert (§ 46 des BewG) von mehr als 25 000 € oder
- einen Gewinn aus Gewerbebetrieb von mehr als 60 000 € im Wirtschaftsjahr oder
- einen Gewinn aus Land- und Forstwirtschaft von mehr als 60 000 € im Kalenderjahr.

Durch das Bürokratieentlastungsgesetz[2] wurden diese Werte geändert. Die Umsatzgrenze wurde von 500 000 € auf 600 000 € angehoben. Die Gewinngrenzen wurden von 50 000 € auf jeweils 60 000 € angehoben. Die Neuregelung ist anwendbar auf Wirtschaftsjahre, die nach dem 31. 12. 2015 enden (Art. 97 § 19 Abs. 3 Satz 3 EGAO). Keine Buchführungspflichten bestehen für Stpfl., die Einkünfte nach § 18 EStG beziehen.

Freiwillige Buchführung: Führen Steuerpflichtige freiwillig Bücher und erstellen Abschlüsse, so entfällt für sie ebenfalls das Wahlrecht nach § 4 Abs. 3 EStG. Dies gilt nicht für Selbständige, die für interne Zwecke Bücher führen, die einer Buchführung nach GoB entsprechen. Solange sie keinen Abschluss erstellen, bleibt das Wahlrecht nach § 4 Abs. 3 EStG bestehen. Gibt ihnen ihre interne Buchführung die Möglichkeit, einen Abschluss zu erstellen, so besteht faktisch für sie die Möglichkeit, erst im Rahmen der Abschlussarbeiten für das abgelaufene Wirtschaftsjahr zu entscheiden, ob sie eine Gewinnermittlung nach § 4 Abs. 1 EStG oder nach § 4 Abs. 3 EStG erstellen. 417

Im Ergebnis steht das Wahlrecht damit i. d. R. Selbständigen, Kleingewerbetreibenden und Land- und Forstwirten zu, sofern diese nicht die Betragsgrenzen des § 141 AO überschreiten. 418

Im Folgenden sind die wesentlichen Buchführungspflichten zusammengefasst.

---

1 BFH v. 14. 9. 1994 - I R 116/93, BStBl 1995 II 238; BMF v. 24. 12. 1999, BStBl 1999 II 1076, Tz. 1.1.3.2.
2 BGBl 2015 I 1400.

ABB.: Verknüpfung von Buchführungspflicht, Einkunftsart und Gewinnermittlungsart[1]

Einkunftsart / Buchführung	Gewerbebetrieb	Selbständige Tätigkeit	Land- und Forstwirtschaft
Buchführungspflicht §§ 140, 141 AO	Bestandsvergleich § 5 Abs. 1 EStG	–	Bestandsvergleich § 4 Abs. 1 EStG
	Gewinnermittlung nach Tonnage § 5a EStG auf Antrag bei Vorliegen der Voraussetzungen		
freiwillige Buchführung	Bestandsvergleich § 5 Abs. 1 EStG	Bestandsvergleich § 4 Abs. 1 EStG	Bestandsvergleich § 4 Abs. 1 EStG auf Antrag bei Vorliegen der Voraussetzungen des § 13a Abs. 1 EStG
	Gewinnermittlung nach Tonnage § 5a EStG auf Antrag bei Vorliegen der Voraussetzungen		
weder Buchführungspflicht noch freiwillige Buchführung	Einnahmen-/Überschuss-Rechnung § 4 Abs. 3 EStG	Einnahmen-/Überschuss-Rechnung § 4 Abs. 3 EStG	Durchschnittssatz-Gewinnermittlung § 13a EStG wenn Voraussetzungen des § 13a Abs. 1 EStG vorliegen und keine Ausübung des Antragswahlrechts zur Gewinnermittlung nach § 4 Abs. 1 oder 3 EStG
			Einnahmen-/Überschuss-Rechnung § 4 Abs. 3 EStG wenn Voraussetzungen nach § 13a EStG nicht erfüllt oder auf Antrag bei Vorliegen der Voraussetzungen des § 13a Abs. 1 EStG

419–423 (*Einstweilen frei*)

c) Gewinnermittlungswahlrecht

424 Zeitraum und Bindung: Das Gewinnermittlungswahlrecht kann zur Eröffnung eines Betriebs, aber auch während des laufenden Betriebs ausgeübt werden, solange die Voraussetzungen für die Ausübung vorliegen. Grundsätzlich ist der Stpfl. nur für das Jahr, in dem er das Wahlrecht ausgeübt hat, an seine Wahl gebunden und kann sie in jedem Wirtschaftsjahr neu tref-

---

1 *Briesemeister* in Prinz/Kanzler, NWB Praxishandbuch Bilanzsteuerrecht, Rz. 61.

fen. Ein dauernder Wechsel ohne sachlichen Grund wird von der Rechtsprechung nicht akzeptiert, beim Übergang von der Einnahmenüberschussrechnung zum Bestandsvergleich soll daher eine dreijährige Bindung bestehen, von der nur durch einen sachlichen Grund – z. B. eine Umstrukturierungsmaßnahme – abgewichen werden kann.[1]

Vor diesem Hintergrund muss der Stpfl. das Wahlrecht auch nicht jedes Jahr erneut ausüben, die einmal ausgeübte Wahl der Einnahmenüberschussrechnung gilt bis auf Widerruf weiter.[2]

Ausübung: Das Gewinnermittlungswahlrecht zugunsten der Einnahmenüberschussrechnung muss ausdrücklich ausgeübt werden. Eine Ausübung ist durch schlüssiges Verhalten möglich.[3]

Bewusste Ausübung: Die Ausübung des Wahlrechts setzt eine bewusste Entscheidung des Stpfl. und damit die Kenntnis davon, dass er Einkünfte erzielt, für die ein Wahlrecht besteht, voraus.[4] Geht er unzutreffend von der Erzielung von Überschusseinkünften aus und stellt sich – wie beim gewerblichen Grundstückshandel – erst nachträglich heraus, dass er Gewinneinkünfte erzielt, so ist er verpflichtet, seinen Gewinn durch Bestandsvergleich zu ermitteln.[5] Entscheidet sich der Stpfl. für die Gewinnermittlung durch Bestandsvergleich, so wird diese Entscheidung dadurch getroffen, dass er eine Buchführung einrichtet und eine Eröffnungsbilanz erstellt. Dennoch bleibt es ihm unbenommen, bis zur Erstellung eines Abschlusses für das jeweilige Wirtschaftsjahr zur Einnahmenüberschussrechnung zu wechseln.[6] Die Ausübung des Wahlrechts zu Beginn des Wirtschaftsjahres ist nicht erforderlich.

Verzichtet der Stpfl. auf eine Eröffnungsbilanz und die Einrichtung einer Buchführung, zeichnet aber die Einnahmen und Ausgaben auf, hat er sein Wahlrecht zugunsten der Einnahmenüberschussrechnung ausgeübt.[7]

Werden keine Aufzeichnungen und Bücher geführt, ist der Gewinn nach der Grundregel des Bestandsvergleichs zu ermitteln und ggf. nach § 162 Abs. 2 Satz 2 AO zu schätzen.[8] Da der Bestandsvergleich die Grundregel ist, ist die Gewinnermittlung auch nach dieser Vorschrift durchzuführen, wenn Aufzeichnungen für beide Gewinnermittlungsarten geführt werden, aber das Wahlrecht nicht ausgeübt wird.

Zusammenfassend gilt im Hinblick auf die zeitliche Ausübung des Wahlrechts, dass ein Bestandsvergleich nicht mehr möglich ist, wenn nicht zeitnah eine Buchführung eingerichtet und eine Eröffnungsbilanz erstellt werden, dass aber die Einnahmenüberschussrechnung auch bei Einrichtung einer Buchführung und Erstellung einer Eröffnungsbilanz gewählt werden kann, bis ein Abschluss erstellt wurde. Die Möglichkeit, einen Abschluss zu erstellen, bleibt for-

---

1 BFH v. 9.11.2000 - IV R 18/00, BStBl 2001 II 102.
2 BFH v. 24.9.2008 - X R 58/06, BStBl 2009 II 368.
3 *Nacke* in Littmann/Bitz/Pust, § 4 EStG Rz. 1503.
4 BFH v. 21.7.2009 - X R 28/06, BFH/NV 2009, 1979 = NWB DokID: CAAAD-29987.
5 BFH v. 9.2.1999 - VIII R 49/97, BFH/NV 1999, 1195 = NWB DokID: LAAAA-97450; BFH v. 21.7.2009 - X R 28/06, BFH/NV 2009, 1979 = NWB DokID: CAAAD-29987.
6 BFH v. 19.3.2009 - IV R 57/07, BStBl 2009 II 659; BFH v. 21.7.2009 - X R 46/08, BFH/NV 2010, 186 = NWB DokID: RAAAD-33114.
7 BFH v. 2.3.1978 - IV R 45/73, BStBl 1978 II 431; BFH v. 9.2.1999 - VIII R 49/97, BFH/NV 1999, 1195 = NWB DokID: LAAAA-97450; BFH v. 15.4.1999 - IV R 68/98, BStBl 1999 II 481; BFH v. 2.3.2006 - IV R 32/04, BFH/NV 2006, 1457 = NWB DokID: CAAAB-89188.
8 BFH v. 12.10.1994 - X R 192/93, BFH/NV 1995, 587 = NWB DokID: DAAAA-97295; BFH v. 21.7.2009 - X R 46/08, BFH/NV 2010, 186 = NWB DokID: RAAAD-33114; *Wied* in Blümich, § 3 EStG Rz. 102; a. A. HHR/*Kanzler*, vor §§ 4 bis 7 Rz. 11, nach dem eine Schätzung nach den Grundlagen der für den jeweiligen Betrieb maßgebenden Gewinnermittlungsart zu erfolgen hat.

mal bis zur Bestandskraft eines Steuerbescheides bzw. bis zur Abgabe einer Steuererklärung bestehen.[1]

431–435 (Einstweilen frei)

d) Überschuss

436 Angesetzt werden kann der Überschuss als Gewinn. Die Vorschrift konstituiert damit keinen neuen Gewinnbegriff, sondern nur eine andere Ermittlungsmethode, den Abzug der Betriebsausgaben von den Betriebseinnahmen, die in einem Wirtschaftsjahr (§ 4a EStG) entstanden sind.

aa) Betriebseinnahmen

ARBEITS-HILFEN UND GRUNDLAGEN ONLINE:
Happe, Betriebseinnahmen – ABC, NWB DokID: YAAAE-20798.

437 Der Begriff der Betriebseinnahmen ist im Einkommensteuerrecht nicht definiert. Er kann daher nur spiegelbildlich aus der Definition der Betriebsausgabe in § 4 Abs. 4 EStG und aus der Definition der Einnahmen in § 8 Abs. 1 EStG abgeleitet werden. Insbesondere der Begriff der Betriebseinnahme und der Einnahme i. S. d. § 8 Abs. 1 EStG sind weitgehend deckungsgleich, Einnahmen sind daher alle Zuflüsse in Geld oder Geldeswert ohne Abzug von Ausgaben.[2]

438 **Einnahmen** sind alle Entgelte, die der Stpfl. aus der Veräußerung von Waren oder Dienstleistungen generiert.

Einnahmen in Geld können in Bar- oder Buchgeld bestehen, Einnahmen in Geldeswert sind Sachbezüge i. S. d. § 8 Abs. 2 Satz 1 EStG, also Sachzuwendungen und Nutzungsvorteile, die einen wirtschaftlichen Wert haben.[3] Einnahmen in Geldeswert sind mit dem gemeinen Wert anzusetzen.

439 **Besonderheiten bei Sacheinnahmen:** Problematisch bei Sacheinnahmen ist, dass diese sowohl bei der Vereinnahmung als auch bei der Verwendung wieder zu Einnahmen führen, anders als bei der Gewinnermittlung durch Bestandsvergleich aber nicht zunächst neutral zu aktivieren sind. Dies führt im Ergebnis zu einer Doppelbesteuerung, weil die Sacheinnahme bei ihrer Vereinnahmung und bei ihrer Verwendung zu Einnahmen führt, ohne dass der Abfluss (mangels Buchwert des eingenommenen Sachwerts) zu einer Betriebsausgabe führt. Die Rechtsprechung erfasst daher zeitgleich mit dem Zufluss eine Betriebsausgabe in gleicher Höhe und versteuert die Einnahme dann nur einmalig bei der Verwendung des jeweiligen Sachwerts.[4]

440 **Betriebliche Veranlassung:** Einnahmen sind – spiegelbildlich zu den Betriebsausgaben – nur dann steuerlich relevant, wenn sie betrieblich veranlasst sind.[5] Ausreichend ist ein objektiver wirtschaftlicher Zusammenhang zum Betrieb, nicht erforderlich ist, dass die Einnahmen auch

---

1 BFH v. 19. 3. 2009 - IV R 57/07, BStBl 2009 II 659; BFH v. 5. 11. 2015 – III R 13/13, BStBl 2016 II 468.
2 BFH v. 19. 6. 1991 - I R 37/90, BStBl 1991 II 914; BFH v. 1. 12. 2010 - IV R 17/09, BStBl 2011 II 419.
3 Vgl. dazu KKB/Wünnemann, § 8 EStG Rz. 17.
4 BFH v. 12. 3. 1992 - IV R 29/91, BStBl 1993 II 36.
5 BFH v. 1. 3. 1993 - III R 3/92, BStBl 1994 II 179.

in das Betriebsvermögen fließen,[1] auch ist nicht erforderlich, dass der Betrieb für den sie bestimmt sind, überhaupt eröffnet wird.[2]

Die Einnahmen sind erst dann in den Vergleich einzustellen, wenn sie zugeflossen sind, d. h. der Stpfl. wirtschaftliche Verfügungsmacht darüber erlangt hat. Keine Einnahmen sind daher ersparte Aufwendungen, weil diese den Wert des Betriebsvermögens nicht erhöht haben.[3] Dies gilt auch für fiktive Einnahmen[4] und den Verzicht[5] auf Einnahmen. 441

Einnahmen sind auch die Beträge, um die eine Rücklage nach § 6c EStG bzw. nach § 6b EStG aufgelöst wird und solche Beträge, die als Anschaffungs- oder Herstellungskosten in die AfA abgezogen wurden, später aber aufgrund einer Korrektur der AK/HK wieder erstattet werden.[6] 442

Bei Einnahmen, die für einen Zeitraum von mehr als fünf Jahren erzielt werden, ist der Steuerpflichtige berechtigt, diese auf den Zeitraum, auf den die Vorauszahlung entfällt, zu verteilen (§ 11 Abs. 1 Satz 3 EStG). 443

Umsatzsteuer: Anders als bei der Gewinnermittlung durch Bestandsvergleich ist die vereinnahmte und erstattete Umsatzsteuer als Betriebseinnahme anzusetzen. 444

Nach § 4 Abs. 3 Satz 2 EStG zählen durchlaufende Posten nicht zu den Einnahmen (s. unten → Rz. 459 ff.). 445

Zeitpunkt der Betriebseinnahme: Für die Einnahmen gilt das Zuflussprinzip nach § 11 Abs. 1 EStG. Einnahmen aus wiederkehrenden Zahlungen für die Veräußerung von Betriebsvermögen sind bei Zufluss als Betriebseinnahmen zu erfassen. Fließen dem Steuerpflichtigen nach einem Strukturwandel zur Liebhaberei noch Einnahmen aus der Veräußerung von Umlaufvermögen zu, für deren Anschaffung Betriebsausgaben geltend gemacht wurden, so ist der Veräußerungserlös als nachträgliche Einnahmen zu erfassen.[7] In Höhe der Betriebseinnahme kann der Stpfl. jeweils den noch verbliebenen Buchwert der übertragenen Wirtschaftsgüter gewinnmindernd ansetzen (§ 4 Abs. 3 Satz 4 EStG). 446

bb) Betriebsausgaben

Der Begriff der Betriebsausgaben ist in § 4 Abs. 4 EStG definiert als alle durch den Betrieb veranlassten Aufwendungen in Geld oder Geldeswert (vgl. dazu → Rz. 496 ff.). 447

Diese Definition gilt einheitlich für alle Gewinneinkunftsarten unabhängig davon, nach welcher Methode der Gewinn ermittelt wird.[8]

Zeitpunkt der Betriebsausgabe: Für die Betriebsausgaben gilt das Abflussprinzip nach § 11 Abs. 2 EStG. Bei wiederkehrenden Zahlungen gilt die Zehn-Tageregelung des § 11 Abs. 2 Satz 2 EStG i.V.m. § 11 Abs. 1 Satz 2 EStG. Bei Ausgaben, die eine Nutzung über einen längeren Zeit- 448

---

1 BFH v. 2.10.1986 - IV R 173/84, BFH/NV 1987, 495 = NWB DokID: GAAAA-97148.
2 BFH v. 7.11.1991 - IV R 50/90, BStBl 1992 II 380.
3 BFH v. 22.7.1988 - III R 5/85, BStBl 1988 II 995.
4 BFH v. 29.11.1966 - I 216/64, BStBl 1967 III 392.
5 BFH v. 16.1.1975 - IV R 180/71, BStBl 1975 II 526.
6 BFH v. 31.8.1972 - IV R 93/67, BStBl 1973 II 51; HHR/*Kanzler*, § 4 EStG Rz. 560, a. A. *Weber-Grellet* in Kirchhof/Söhn/Mellinghoff, § 4 EStG Rz. D 80.
7 BFH v. 11.5.2016 - X R 61/14, BStBl 2016 II 939.
8 Vgl. zum ABC der Betriebsausgaben unten → Rz. 537.

raum als fünf Jahre betreffen, ist der Aufwand gleichmäßig auf den Zeitraum zu verteilen (§ 11 Abs. 2 Satz 3 EStG).[1] Unterlassener Betriebsausgabenabzug kann nicht nachgeholt werden.[2]

449 **Umlaufvermögen:** Das Abflussprinzip gilt grundsätzlich auch bei der Anschaffung von Wirtschaftsgütern des Umlaufvermögens. Mit Zahlung ist der Abfluss gewinnmindernd wirksam. Ausnahmen gelten aber bei bestimmten Wirtschaftsgütern des Umlaufvermögens nach § 4 Abs. 3 Satz 4 EStG, der eingeführt wurde, um steuerliche Gestaltungen zu verhindern, die sich das Abflussprinzip bei der Anschaffung werthaltiger WG des Umlaufvermögens zur Progressionsminderung zu Nutze gemacht haben. Aus diesem Grund sind die Betriebsausgaben erst abziehbar, wenn das Wirtschaftsgut aus dem Betriebsvermögen ausscheidet.

450 **Anlagevermögen:** Nicht nach dem Abflussprinzip ist beim Erwerb von Wirtschaftsgütern des Anlagevermögens zu verfahren (§ 4 Abs. 3 Satz 3 EStG). Ausgaben, die dafür entstanden sind, können nicht sofort als Betriebsausgabe geltend gemacht werden, abweichend vom Abflussprinzip und analog der Gewinnermittlung durch Bestandsvergleich ist der Aufwand über die Nutzungsdauer des jeweiligen Wirtschaftsguts zu verteilen. Nicht zu den Anschaffungskosten eines Wirtschaftsguts des Anlagevermögens zählt die Umsatzsteuer, die als Vorsteuer abgezogen werden kann. Diese kann im Jahr der Zahlung als Betriebsausgabe abgezogen werden (§ 9b Abs. 1 Satz 1 EStG).

451 **Verlust des Wirtschaftsguts:** Unmittelbar im Zusammenhang mit der Behandlung von Wirtschaftsgütern des Anlage- und Umlaufvermögens bei Erwerb und im Bestand steht auch deren Behandlung bei Verlust.

452 **Betrieblich veranlasster Verlust:** Gehen Wirtschaftsgüter des Anlagevermögens aus betrieblichen Gründen unter, so kann dies im Rahmen der Absetzung für außergewöhnliche Belastung steuerlich geltend gemacht werden (§ 7 Abs. 1 Satz 5 EStG).[3] Das Gleiche gilt bei WG des Umlaufvermögens, bei deren Erwerb wegen § 4 Abs. 3 Satz 4 EStG kein Sofortabzug der Betriebsausgaben in Betracht kam. Der betrieblich veranlasste Verlust von WG des Umlaufvermögens, deren Erwerb zum sofortigen Betriebsausgabenabzug geführt hat, löst keinen weiteren steuerlichen Aufwand aus.

453 **Privat veranlasster Verlust:** Bei einem privat veranlasstem Verlust von WG des Anlagevermögens – beispielsweise einem privat verursachten Pkw-Unfall mit Totalschaden – kann der Restbuchwert nicht gewinnmindernd ausgebucht werden, weil kein betrieblicher Anlass vorliegt. Die Rechtsprechung wertet diesen Vorgang als Nutzungsentnahme, aber nicht als Entnahme des gesamten Wirtschaftsguts.[4]

454 **Entnahmen:** Entnahmen sind entsprechend der Einlagen trotz des Abflusses bei der Gewinnermittlung nach § 4 Abs. 3 EStG nicht gewinnmindernd zu berücksichtigen. Gleiches gilt für die Entnahme von Forderungen. Entnahme von Geld ist überhaupt nicht in der Gewinnermittlung zu erfassen.[5] Bei Sachentnahmen ist wie folgt zu verfahren: Die Entnahme ist dem Gewinn in Höhe des Teilwerts (§ 6 Abs. 1 Satz 1 Nr. 4 EStG) des entnommenen Wirtschaftsguts als fiktive

---

1 Ausnahmen gelten bei Damnum und Disagio, BMF v. 15. 4. 2005, BStBl 2005 I 617.
2 BFH v. 21. 6. 2006 - XI R 49/05, BStBl 2006 II 712.
3 BFH v. 22. 9. 1960 - IV 335/58, BStBl 1961 III 499.
4 BFH v. 24. 5. 1989 - I R 213/85, BStBl 1990 II 8; BFH v. 23. 1. 2001 - VIII R 48/98, BStBl 2001 II 395; BFH v. 16. 3. 2004 - VIII R 48/98, BStBl 2004 II 725; vgl. zur Behandlung oben → Rz. 454.
5 BFH v. 16. 1. 1975 - IV R 180/71, BStBl 1975 II 526.

Einnahme hinzuzurechnen.[1] Dieser ist der Restbuchwert des Wirtschaftsguts gegenüber zu stellen, der beim Umlaufvermögen mangels Aktivierung bei null liegt.[2]

(Einstweilen frei) 455–458

4. Durchlaufende Posten (§ 4 Abs. 3 Satz 2 EStG)

Durchlaufende Posten sind weder als Betriebseinnahmen noch als Betriebsausgaben zu erfassen. Dabei handelt es sich um Einnahmen oder Ausgaben, die der Zahlungsempfänger oder der Zahlende auf fremde Rechnung und in fremdem Namen vereinnahmt oder zahlt. Es besteht keine Rechtsbeziehung zwischen ihm und demjenigen, der die Zahlung leistet und demjenigen, der die Zahlung erhält, somit hat er weder einen Anspruch auf die Zahlung noch eine Verpflichtung eine solche zu leisten.[3] Abzugrenzen sind die durchlaufenden Posten für Zahlungen, die der Stpfl. zwar weiterleiten muss, auf die er aber einen Anspruch hat, wie z. B. die fakturierte Umsatzsteuer.[4] Bei Gebühren, die ein Stpfl. vereinnahmt, ist danach zu differenzieren, wer Schuldner der Gebühr ist. Ist er dies selbst, so liegt kein durchlaufender Posten vor, sie ist Einnahme bei Zufluss und Ausgabe bei Abfluss.[5] So sind die Nebenkosten oder Betriebskosten, die ein Vermieter berechnet, keine durchlaufenden Posten, weil er der Schuldner des Aufwands ist. Ist Schuldner ein anderer, liegen durchlaufende Posten vor. 459

Führt der Stpfl. die durchlaufenden Posten nicht ab, so können sie ihren Charakter zu Einnahmen wandeln.[6] 460

Zu den durchlaufenden Posten zählen beispielsweise 461

► Fremdgelder, die ein Rechtsanwalt in Form von Patientenhonoraren einnimmt, dies gilt selbst dann, wenn diese Einnahmen planmäßig über Jahre verwendet werden, um die Betriebsausgaben und Lebenshaltungskosten des Rechtsanwalts zu bestreiten,[7]

► Inkassotätigkeit eines Versicherungsmaklers,[8]

► Mülldeponiegebühren, die ein Entsorgungsunternehmer weiterleitet,[9]

► TÜV-Gebühren, die eine Fahrschule für die Führerscheinprüfung weiterleitet.

(Einstweilen frei) 462–464

5. Anwendbarkeit anderer Vorschriften (§ 4 Abs. 3 Satz 3 EStG)

Die Regelung des § 4 Abs. 3 Satz 3 EStG betrifft abnutzbare WG des Anlagevermögens. Vorschriften über die Bewertungsfreiheit geringwertiger Wirtschaftsgüter nach § 6 Abs. 2 EStG, über die Bildung eines Sammelpostens nach § 6 Abs. 2a EStG und über die Absetzung für Abnutzung und Substanzverringerung bei abnutzbaren WG des Anlagevermögens sind entsprechend anwendbar. Insoweit ist das Abflussprinzip durchbrochen und durch Grundsätze des Be- 465

---

1 BFH v. 14.11.2007 - XI R 37/06, BFH/NV 2008, 365 = NWB DokID: KAAAC-70411.
2 BFH v. 22.5.1969 - IV 31/65 BStBl 1969 II 584.
3 BFH v. 24.2.1966 - V 135/63, BStBl 1966 III 263.
4 BFH v. 29.5.2006 - IV S 6/06, BFH/NV 2006, 1877 = NWB DokID: AAAAB-91843.
5 BFH v. 28.2.1957 - V 153/56, BStBl 1957 III 179.
6 BFH v. 17.10.2012 - VIII S 16/12, BFH/NV 2013, 32 = NWB DokID: SAAAE-22637.
7 BFH v. 17.10.2012 - VIII S 16/12, BFH/NV 2013, 32 = NWB DokID: SAAAE-22637; BFH v. 16.12.2014 - VIII R 19/12, BStBl 2015 II 643.
8 BFH v. 15.5.2008 - IV R 25/07, BStBl 2008 II 715.
9 BFH v. 11.2.1999 - I R 46/98, BStBl 2000 II 100.

standsvergleichs ersetzt,[1] der aber im Rahmen des § 6 Abs. 2 EStG wieder durch eine Abflussbetrachtung ersetzt wird. Dies soll m. E. unzutreffend nicht für Teilwertabschreibungen (s. o. → Rz. 387) gelten. Zwar enthält § 4 Abs. 3 Satz 3 EStG nur den expliziten Verweis auf die Vorschriften für den Ansatz von geringwertigen Wirtschaftsgütern und die Bildung von Sammelposten, dennoch werden auch weitere Bewertungsregeln wie die des § 6 Abs. 1 Nr. 4 EStG für die Einlage und des § 6 Abs. 1 Nr. 5 EStG für die Entnahme entsprechend angewandt. Dies spricht dafür, dass die Vorschrift keine abschließende Regelung im Hinblick auf die Bewertungsregelungen des § 6 EStG enthält, sondern diese insoweit anwendbar sind, als dies mit den Grundprinzipien der Einnahmenüberschussrechnung unter Beachtung der ohnehin anwendbaren Regelungen des Bestandsvergleichs vereinbar ist. Die Regelungen der Teilwertabschreibung sind aber auch mit dem Vereinfachungsgedanken des § 4 Abs. 3 EStG vereinbar, weil die Wirtschaftsgüter, die einer Teilwertabschreibung zugängig sind, ohnehin im Bestandsverzeichnis nach § 4 Abs. 3 Satz 5 EStG erfasst sind.

466 Im Gegensatz zu den Verweisen für die geringwertigen Wirtschaftsgüter enthält der Verweis auf die Absetzungen keinen konkreten Normenverweis. Im Kern ist dies zunächst § 7 EStG, aber auch alle anderen Vorschriften, die entsprechende Absetzungen beinhalten wie § 7a EStG mit den erhöhten Absetzungen und den Sonderabschreibungen.

467–470 *(Einstweilen frei)*

6. Besonderheiten bei nicht abnutzbaren WG des Anlagevermögens und bestimmten WG des Umlaufvermögens (§ 4 Abs. 3 Satz 4 EStG)

LITERATUR:

Korn/Strahl, Beratungspraktische Hinweise zu den Steueränderungsgesetzen 2006, KÖSDI 2006, 15006 ff.

471 § 4 Abs. 3 Satz 4 EStG enthält eine weitere Ausnahme vom Abflussprinzip für nicht abnutzbare WG des Anlagevermögens und bestimmte explizit aufgeführte WG des Umlaufvermögens. Die Anschaffungs- und Herstellungskosten für diese WG sind nicht im Jahr des Abflusses, sondern erst im Jahr der Veräußerung oder Entnahme als Betriebsausgaben abziehbar. Verhindert werden sollen Steuergestaltungen, die aus Gründen der Progression und zur Erzielung von Zinsvorteilen Betriebsausgaben vorziehen.

a) Voraussetzungen

472 **Anlagevermögen:** Es muss sich um nicht abnutzbare WG des Anlagevermögens handeln. Der Begriff des Anlagevermögens in § 4 Abs. 3 Satz 4 EStG entspricht den allgemeinen Begriffsbestimmungen des EStG, die § 247 Abs. 2 HGB folgen.[2] Die Definition des Begriffs nicht abnutzbar ergibt sich im Umkehrschluss aus der Begriffsbestimmung der abnutzbaren Wirtschaftsgüter in § 253 Abs. 2 HGB, nach dem Wirtschaftsgüter abnutzbar sind, wenn ihre Nutzung aus wirtschaftlichen, rechtlichen oder technischen Gründen zeitlich begrenzt ist. Grund und Boden, Beteiligungen und Forderungen sind die wesentlichen nicht abnutzbaren Wirtschaftsgüter.

473 **Umlaufvermögen:** Erfasst von § 4 Abs. 3 Satz 4 EStG sind auch bestimmte Wirtschaftsgüter des Umlaufvermögens,[3] Anteile an Kapitalgesellschaften, Wertpapiere und vergleichbare nicht verbriefte Forderungen und Rechte, Grund und Boden, Gebäude. Zu den mit Wertpapieren ver-

---

1 BFH v. 29. 11. 2007 - IV R 81/05, BStBl 2008 II 561.
2 Vgl. dazu im Einzelnen KKB/C. Kraft/Teschke, § 6 EStG Rz. 100 ff.
3 Vgl. zum Begriff Umlaufvermögen KKB/C. Kraft/Teschke, § 6 EStG Rz. 111 ff.

gleichbaren nicht verbrieften Forderungen und Rechten zählen Kapitalanlagen, für die keine Urkunden ausgestellt werden, z. B. Derivate oder Finanzinnovationen.[1] Grund und Boden und Gebäude sind insbesondere beim gewerblichen Grundstückshandel dem Umlaufvermögen zuzuordnen. Edelmetalle und Rohstoffe des Umlaufvermögens fallen nicht in den Anwendungsbereich der Vorschrift.[2]

Anschaffungs- und Herstellungskosten: Der Begriff der Anschaffungs- und Herstellungskosten richtet sich nach § 255 Abs. 1 und Abs. 2 HGB.[3] Wurden Wirtschaftsgüter im Wege des Tauschs erworben, sind als Anschaffungskosten die gemeinen Werte der hingegebenen Wirtschaftsgüter anzusetzen, unabhängig davon, ob diese beim Tausch einer Besteuerung unterlegen sind.[4] Die Einlage ist mit dem Teilwert nach § 6 Abs. 1 Nr. 5 EStG als fiktive Anschaffungskosten zu bewerten. Hier empfiehlt sich insbesondere bei der Einlage von Grund und Boden und Gebäuden des Umlaufvermögens, ein Teilwertgutachten zur Dokumentation des Einlagewertes zu erstellen und den Aufzeichnungen nach Satz 5 beizufügen. 474

b) Rechtsfolgen

Abweichend vom Zufluss- und Abflussprinzip sind die Anschaffungs- oder Herstellungskosten für die genannten Wirtschaftsgüter erst zum Zeitpunkt des Abgangs aus dem Betriebsvermögen, z. B. durch Veräußerung oder der Entnahme, gewinnmindernd abziehbar. 475

Für den Zufluss des Veräußerungserlöses gelten die allgemeinen Regeln (s. o. → Rz. 388 und KKB/Korff, § 11 EStG Rz. 51 ff.). In der alten Fassung stellte das Gesetz noch auf den Veräußerungszeitpunkt ab, dies ermöglichte Gestaltungsspielräume im Hinblick auf den Betriebsausgabenabzug, ohne dass tatsächlich Mittel geflossen waren. 476

Werden Kaufpreisraten gezahlt, so sind die Anschaffungs- oder Herstellungskosten bis zur Höhe der jeweiligen Kaufpreisrate verrechenbar.[5] 477

(*Einstweilen frei*) 478–480

7. Verzeichnisse (§ 4 Abs. 3 Satz 5 EStG)

Nach § 4 Abs. 3 Satz 5 EStG sind für WG des Anlagevermögens und für die in § 4 Abs. 3 Satz 4 EStG genannten WG des Umlaufvermögens laufende Verzeichnisse zu führen, in denen der Tag der Anschaffung oder der Herstellung zu erfassen ist, die Höhe der Anschaffungs- oder Herstellungskosten oder des an deren Stelle getretenen Werts. Sinn und Zweck der Verzeichnisse sind, dass die Höhe der Anschaffungs- oder Herstellungskosten, die im Veräußerungs- oder Entnahmefall anzusetzen sind, ohne große Schwierigkeiten ermittelbar ist.[6] 481

Tag der Anschaffung ist der Tag, an dem die wirtschaftliche Verfügungsmacht, i. d. R. Besitz, Nutzen und Lasten auf den Stpfl. übergegangen sind.[7] Tag der Herstellung ist das Datum der Fertigstellung, der Tag, ab dem ein bestimmungsgemäßer Gebrauch möglich ist, i. d. R. ist dies der Tag der Abnahme.[8] 482

---

1 *Korn/Strahl*, KÖSDI 2006, 15006 ff.
2 BFH v. 19.1.2017 - IV R 10/14, BStBl 2017 II 466; v. 19.1.2017 - IV R 50/14, BStBl 2017 II 456.
3 Vgl. KKB/C. Kraft/Teschke, § 6 EStG Rz. 61 ff.
4 BFH v. 6.12.2017 - VI R 68/15, NWBDokID: FAAAG-78882.
5 HHR/*Kanzler*, § 4 EStG Rz. 631.
6 BT-Drucks. VI/1901, 11.
7 Vgl. KKB/C. Kraft/Teschke, § 6 EStG Rz. 61 ff.
8 Vgl. KKB/C. Kraft/Teschke, § 6 EStG Rz. 61 ff.

Auch der Tag der Einlage ist zu erfassen,[1] obwohl das Gesetz hierzu keine Regelung enthält, um sicherzustellen, dass die zutreffenden Anschaffungskosten erfasst werden. Die Einlage ist an dem Tag erfolgt, an dem das Wirtschaftsgut den betrieblichen Zwecken gewidmet wurde (vgl. oben → Rz. 175).

483 Zu erfassen sind die Anschaffungs- und Herstellungskosten, bei Einlagen der Teilwert (§ 6 Abs. 1 Satz 1 Nr. 5 EStG) als fiktive Anschaffungskosten.

484 Die Verzeichnisse sind laufend zu führen, eine Form ist nicht vorgeschrieben. Dem Sinn der Vorschrift entsprechend, müssen sie geeignet sein, die Anschaffungs- oder Herstellungskosten zu dokumentieren. Dies kann in elektronischer oder schriftlicher Form erfolgen. Vor diesem Hintergrund ist es auch nicht erforderlich, dass für jedes WG ein gesondertes Verzeichnis geführt wird. Aus dem Begriff „besonderes" lässt sich aber schließen, dass es ein spezielles Verzeichnis für die WG i. S. d. § 4 Abs. 3 Satz 4 EStG sein muss. Laufend bedeutet lediglich, dass die entsprechenden Wirtschaftsgüter in der zeitlichen Reihenfolge ihrer Anschaffung, Herstellung oder Einlage zu erfassen sind. Es ist nicht erforderlich regelmäßige oder zeitnahe Aufzeichnungen[2] zu machen. Gerade Letzteres empfiehlt sich aber aus Beweiszwecken. Je zeitnäher die Werte aufgezeichnet werden, umso eher lassen sie sich – insbesondere im Einlagefall – der Finanzverwaltung gegenüber plausibilisieren.

485 Dem Stpfl. obliegt die Beweislast für den Nachweis der AK/HK. Sofern er keine Verzeichnisse führt, steht es ihm offen, die Anschaffungskosten auf andere Weise zu dokumentieren und nachzuweisen. Das Fehlen von Verzeichnissen führt nicht dazu, dass der Abzug der Anschaffungs- und Herstellungskosten im Veräußerungsfall entfällt.[3]

486–495 (Einstweilen frei)

VII. Betriebsausgaben (§ 4 Abs. 4 EStG)

ARBEITSHILFEN UND GRUNDLAGEN ONLINE:
Happe, Betriebsausgaben – ABC, NWB DokID: XAAAE-21312.

496 § 4 Abs. 4 EStG enthält die Grundregel zum Betriebsausgabenabzug. Sie definiert zunächst, ob und in welchem Umfang Betriebsausgaben vorliegen. In Abs. 5 und Abs. 6 aber auch in § 3c EStG sind dann spezielle Regelungen enthalten, die den Abzug der solchermaßen definierten Aufwendungen ausschließen.

1. Geltungsbereich

497 **Sachlicher Geltungsbereich:** Die Vorschrift ist sachlich anwendbar auf alle Gewinneinkünfte i. S. d. § 2 Abs. 1 Satz 1 Nr. 1 bis 3 EStG unabhängig davon, auf welche Art dieser Gewinn ermittelt wird. Für Gewinneinkünfte, die nach § 4 Abs. 1 EStG ermittelt werden, ergibt sich dies aus § 4 Abs. 1 Satz 8 EStG, für die Einnahmenüberschussrechnung unmittelbar aus § 4 Abs. 3 EStG, der die Betriebsausgaben als einen Bestandteil der Gewinnermittlung enthält und für die Gewinnermittlung nach § 5 EStG durch den Verweis in § 5 Abs. 6 EStG auf § 4 Abs. 1 EStG. Auch auf die Gewinnermittlung von Körperschaften ist die Vorschrift nach § 8 Abs. 1 EStG anzuwenden.

---

[1] So auch HHR/*Kanzler*, § 4 EStG Rz. 640.
[2] BFH v. 9. 8. 1984 - IV R 151/81, BStBl 1985 II 47.
[3] HHR/*Kanzler*, § 4 EStG Rz. 640.

Persönlicher Geltungsbereich: Persönlich ist die Vorschrift auf unbeschränkt Stpfl. nach § 1 Abs. 1 und Abs. 2 EStG anwendbar. Auch bei beschränkt Stpfl., die Gewinneinkünfte erzielen, ist die Vorschrift grundsätzlich anwendbar. Sie wird allerdings durch § 50 Abs. 1 Satz 1 EStG dahin gehend eingeschränkt, dass Betriebsausgaben nur dann abgezogen werden dürfen, wenn sie mit inländischen Einkünften in einem wirtschaftlichen Zusammenhang stehen.[1] 498

(Einstweilen frei) 499–500

2. Tatbestandsvoraussetzungen

a) Begriff

Der Begriff der Betriebsausgaben ist in § 4 Abs. 4 EStG definiert als alle durch den Betrieb veranlasste Aufwendungen in Geld oder Geldeswert. Diese Definition gilt einheitlich für alle Gewinneinkunftsarten, unabhängig davon, nach welcher Methode der Gewinn ermittelt wird. 501

b) Aufwendungen

Definition: Gesetzlich nicht definiert ist der Begriff der Ausgabe, er wird von der Rechtsprechung und der h. M. in der Literatur dahin gehend interpretiert, dass Ausgaben im Umkehrschluss zur Definition des Begriffs Einnahmen in § 8 Abs. 1 EStG alle Güter in Geld oder Geldeswert sind, die beim Stpfl. abfließen.[2] Nicht davon erfasst ist nach dieser Auffassung der betriebliche Wertverzehr in Form von Abschreibungen.[3] Nach anderer Ansicht sind in den Begriff der Ausgaben neben den Ausgaben in Geld oder Geldeswert auch alle Aufwendungen einzubeziehen, die im Rahmen des Wertverzehrs steuerlich geltend gemacht werden können.[4] Dies ist m. E. zutreffend, da im Rahmen des Betriebsausgabenabzugs eben nicht nur tatsächlich abfließendes Geld oder Güter in Geldeswert, sondern auch die Abschreibung, die einen betrieblich veranlassten Aufwand darstellt, gewinnmindernd geltend gemacht werden kann. Im Ergebnis spielt die Differenzierung m. E. keine Rolle, da auch nach der engen Auffassung die Abschreibung in die Gewinnermittlung einzubeziehen ist und bei jedem Aufwand, der steuerwirksam abgezogen werden soll, zu prüfen ist, ob betrieblich veranlasst ist, ob er als Wertverzehr im Rahmen der AfA abziehbar ist oder ob ein steuerliches Abzugsverbot besteht. 502

(Einstweilen frei) 503–505

c) Abflüsse in Geld oder Geldeswert

Geld sind alle in- und ausländischen Zahlungsmittel, sei es, dass sie als Bar- oder als Buchgeld ausgegeben werden. Ausländische Währungen sind in Euro umzurechnen. 506

Abflüsse in Geldeswert sind solche, die als Wirtschaftsgüter in einer Bilanz aktivierbar sind, nicht dazu zählen nicht messbare Nutzungsvorteile.[5] 507

Abfluss: Die Ausgaben müssen tatsächlich nach § 11 Abs. 2 EStG abgeflossen sein,[6] dies gilt unabhängig von der Art der Gewinnermittlung. Strittig ist, ob eine Vermögensminderung ein- 508

---

1 Vgl. dazu KKB/G. Kraft, § 50 EStG Rz. 3.
2 BFH v. 27. 2. 1985 - I R 20/82, BStBl 1985 II 458; BFH v. 4. 7. 1990 - GrS 1/89, BStBl 1990 II 830; *Loschelder* in Schmidt, § 9 EStG Rz. 12.
3 Vgl. hierzu *Mücke*, AfA-Tabellen, NWB DokID: CAAAB-87782.
4 BFH v. 20. 8. 1986 - I R 80/83, BStBl 1986 II 904; vgl. zum Streitstand HHR/*Stapperfend*, § 4 EStG Rz. 751.
5 BFH v. 26. 10. 1987 - GrS 2/86, BStBl 1988 II 348.
6 Vgl. dazu KKB/Korff, § 11 EStG Rz. 181 ff.

getreten sein muss, weil bei der Anschaffung von Wirtschaftsgütern des Umlauf- oder Anlagevermögens, dem Betriebsvermögen ein wertmäßiger Gegenwert zugeht.[1] Im Ergebnis kommen aber beide Auffassungen zu dem Ergebnis, dass auch bei der Anschaffung von gleichwertigen WG spätestens beim Wertverzehr, der der Abschreibung zugrunde liegt oder dem Abgang der WG, eine Vermögensminderung eingetreten sein muss.

509 **Wertverzehr:** Betriebsausgabe i. S. d. § 4 Abs. 4 EStG kann nach der hier vertretenen Auffassung auch der Aufwand sein, dem kein Abfluss in Geld oder Geldeswert, sondern ein Wertverzehr zugrunde liegt, wie bei abnutzbaren WG des Anlagevermögens.

510 **Verlust von Wirtschaftsgütern:** Zu Betriebsausgaben kann auch der zufällige Untergang, der Diebstahl oder die Unterschlagung von Wirtschaftsgütern führen. Dies ist davon unabhängig, ob aufgrund des Verlusts der Wirtschaftsgüter Ansprüche auf Schadensersatz entstehen oder die Zahlung eines solchen erfolgt. Dies ist ein Vorgang der Einnahmen-/Ertragsseite,[2] der nicht mit dem betrieblichen Aufwand zu saldieren ist. Beruht der Verlust auf einer privaten Ursache, beispielsweise während einer Privatnutzung des betrieblichen Wirtschaftsguts, so kann der Restbuchwert nicht als Betriebsausgabe abgezogen werden.[3]

511 **Verlust:** Wie sich der Verlust von Wirtschaftsgütern steuerlich auswirkt hängt von der Einkunftsermittlungsart, von der Art der WG und von der Veranlassung für den Verlust ab.

512 **Anlage- und Umlaufvermögen:** Bei der Einkünfteermittlung nach § 4 Abs. 3 EStG wirkt sich der Verlust von Umlaufvermögen steuerlich nicht mehr aus, sofern die Betriebsausgaben bereits im Zeitpunkt der Anschaffung, Herstellung oder Einlage steuermindernd abgezogen wurden. Der Verlust von Anlagevermögen wirkt sich lediglich in Höhe des Restbuchwerts aus. Bei der Einkünfteermittlung nach § 4 Abs. 1 EStG wirkt sich der Verlust von WG des Anlage- und des Umlaufvermögens in Höhe des noch vorhandenen Buchwerts aus.

513 **Fiktive/Ersparte Betriebsausgaben:** Ebenso wie fiktive Betriebseinnahmen, sind auch fiktive Betriebsausgaben grundsätzlich steuerlich nicht abziehbar, es liegt kein Abfluss vor. Ausnahmen gelten nach Auffassung der Finanzverwaltung, die in Einzelfällen, insbesondere bei selbständiger schriftstellerischer, künstlerischer, journalistischer, oder wissenschaftlicher Tätigkeit, eine Pauschalierung von Betriebsausgaben zulässt.[4] Auch im Rahmen der Rücklagenbildung nach § 6c EStG werden fiktive Betriebsausgaben anerkannt. Ersparte Betriebsausgaben, die sich beispielsweise aufgrund unentgeltlicher Mitarbeit von Angehörigen ergeben, sind nicht abziehbar, weil es auch hier an einem Abfluss fehlt.[5]

514 **Einnahmerückflüsse:** Strittig ist, wie der Rückfluss von Einnahmen des Stpfl. steuerlich zu behandeln ist. Nach einer Ansicht liegen negative Einnahmen im Zeitpunkt der Rückzahlung vor,[6] nach zutreffender anderer Ansicht Betriebsausgaben im selben Zeitpunkt.[7] Im Ergebnis kommen beide Auffassungen zum Ergebnis, dass sich der Rückfluss ergebnismindernd im Veranlagungszeitraum, in dem er erfolgt, auswirkt, sofern die Einnahmen, die zurückfließen, steuerpflichtig waren.[8]

---

1 Bejahend *Bartone* in Blümich, § 4 EStG Rz. 691, m.w.N.; ablehnend HHR/*Stapperfend*, § 4 EStG Rz. 752.
2 BFH v. 6.5.1976 - IV R 79/73, BStBl 1976 II 560.
3 BFH v. 18.4.2007 - XI R 60/04, BStBl 2007 II 762.
4 BMF v. 21.1.1994, BStBl 1994 I 112.
5 BFH v. 1.10.1985 - IX R 58/81, BStBl 1986 II 142.
6 BFH v. 17.9.2009 - VI R 17/08, BStBl 2010 II 299; a. A. HHR/*Stapperfend*, § 4 EStG Rz. 765 (Betriebsausgaben).
7 Vgl. zum Streitstand HHR/*Stapperfend*, § 4 EStG Rz. 765.
8 *Bartone* in Korn, § 4 EStG Rz. 699.

Zuschüsse/Erstattung von Betriebsausgaben: Wie auch eventuelle Schadensersatzzahlungen sind Zuschüsse, die ein Stpfl. zu seinen Betriebsausgaben erhält, nicht mit den Ausgaben zu kompensieren, sondern im Zeitpunkt der Zahlung als Einnahmen oder der Entstehung einer entsprechenden Forderung als Ertrag zu erfassen. 515

Dies gilt auch, wenn dem Stpfl. Betriebsausgaben von dritter Seite erstattet werden. Diese sind als Einnahmen zu erfassen, unabhängig davon, ob die zugrunde liegenden Betriebsausgaben steuerlich abziehbar waren.[1] 516

(*Einstweilen frei*) 517–520

d) Betriebliche Veranlassung

Wirtschaftliche Betrachtungsweise: Die Aufwendungen müssen durch den Betrieb veranlasst sein. Dies ist nach der ständigen Rechtsprechung des BFH dann der Fall, wenn die Aufwendungen objektiv mit dem Betrieb zusammenhängen und ihm subjektiv zu dienen bestimmt sind.[2] Dabei ist analog anderer steuerlicher Zusammenhänge eine wirtschaftliche Betrachtungsweise maßgebend. Unabhängig von der rechtlichen Einordnung ist entscheidend, ob die Ausgaben wirtschaftlich mit dem Betrieb zusammenhängen.[3] Ausreichend ist ein mittelbarer Zusammenhang mit dem Betrieb.[4] Grundsätzlich enthält die Definition der betrieblichen Veranlassung neben dem objektiven ein subjektives Element, das subjektive Element kann aber bei zufälligem Untergang oder Einwirkung Dritter entfallen bzw. ist vorgelagert in der Widmung des Wirtschaftsguts für betriebliche Zwecke zu sehen.[5] 521

Angemessenheit der Aufwendungen: Aufgrund dieser weiten Auslegung des Begriffs spielt es weder eine Rolle, ob die Aufwendungen angemessen oder wirtschaftlich sinnvoll oder zweckdienlich sind,[6] der Stpfl. ist in seiner Freiheit, ob und welche Aufwendungen er für seinen Betrieb tätigen möchte, nicht eingeschränkt.[7] Bei unangemessenen Aufwendungen, die zudem die private Lebenssphäre berühren, ist genau zu prüfen, ob die Aufwendungen tatsächlich betrieblich oder doch privat veranlasst sind.[8] Eine Einschränkung des reinen Veranlassungsgedankens wird allerdings bei Freiberuflern gemacht, die nur solche Aufwendungen als betrieblich veranlasst geltend machen können, die ihrer Tätigkeit, die auf die eigene Arbeitskraft setzt, nicht wesensfremd sind.[9] 522

Gemischte Aufwendungen: Bei Aufwendungen, die nicht nur ausschließlich betrieblich, sondern auch privat veranlasst sind, ist aufzuteilen, sofern die betriebliche Nutzung nicht nur von untergeordneter Bedeutung ist.[10] Die Aufteilung hat anhand eines sachgerechten Maßstabs, bspw. anhand der Nutzungsverhältnisse, zu erfolgen. Ist kein solcher Maßstab vorhanden, steht aber die anteilige betriebliche Veranlassung fest, besteht kein allgemeines Aufteilungs- 523

---

1 BFH v. 18. 6. 2003 - I B 164, 165/02, BFH/NV 2003, 1555, m. w. N. = NWB DokID: GAAAA-69887.
2 BFH v. 27. 11. 1989 - GrS 1/88, BStBl 1990 II 160; BFH v. 29. 10. 1991 - VIII R 148/85, DStR 1992, 1012.
3 BFH v. 21. 9. 2009 - GrS 1/06, BStBl 2010 II 672.
4 H. M. BFH v. 28. 11. 1977 - GrS 2-3/77, BStBl 1978 II 105, *Heinicke* in Schmidt, § 4 EStG Rz. 488; HHR/*Stapperfend*, § 4 EStG Rz. 813.
5 HHR/ *Stapperfend*, § 4 EStG Rz. 793.
6 BFH v. 29. 10. 1991 - VIII R 148/85, BStBl 1992 II 647; BFH v. 29. 3. 2000 - X R 99/95, BFH/NV 2000, 1188 = NWB DokID: RAAAA-65031.
7 BFH v. 10. 5. 1966 - I 290/63, BStBl 1966 III 490; BFH v. 12. 6. 1978 - GrS 1/77, BStBl 1978 II 620.
8 Zur Abgrenzung vgl. unten → Rz. 523.
9 BFH v. 14. 1. 1982 - IV R 168/78, BStBl 1982 II 345.
10 BFH v. 26. 7. 1989 - X R 7/87, BFH/NV 1990, 441 = NWB DokID: QAAAB-31402.

und Abzugsverbot nach § 12 Nr. 1 Satz 2 EStG,[1] die Aufteilung hat dann im Wege der Schätzung zu erfolgen.[2]

524 **Ausgaben vor Beginn des Betriebs:** Aufwendungen können auch dann objektiv wirtschaftlich mit dem Betrieb zusammenhängen, wenn sie bereits vor Aufnahme der werbenden Tätigkeit entstanden sind[3] oder noch nach deren Beendigung entstehen. Auch hier ist erforderlich, dass sie objektiv und subjektiv mit einer bereits durchgeführten oder beabsichtigten betrieblichen Tätigkeit zusammenhängen.[4] Dabei spielt es keine Rolle, ob tatsächlich Einnahmen erzielt werden oder der Betrieb tatsächlich aufgenommen wird. Erforderlich ist neben dem objektiven wirtschaftlichen Zusammenhang der endgültige, ernsthafte Entschluss der Aufnahme einer betrieblichen Tätigkeit. Zu diesen Aufwendungen können Beratungskosten für die Gründung eines Betriebs, Zins- und Finanzierungsaufwand oder Ausbildungskosten für einen Zweitberuf gehören.[5]

525 **Aufwendungen nach Beendigung der Tätigkeit:** Aufwendungen sind nach denselben Grundsätzen abziehbar, wenn sie nach Beendigung der werbenden Tätigkeit entstanden sind (§ 24 Nr. 2 EStG).[6] Besonderheiten gelten bei Aufwendungen, insbesondere Zinsaufwendungen, die mit Wirtschaftsgütern zusammenhängen, die nach Betriebsbeendigung vom Stpfl. zurückbehalten werden. Kann er sie nicht verwerten, bemüht sich aber darum, bleiben die Aufwendungen, die mit dem WG zusammenhängen, Betriebsausgaben,[7] beendet er die Verwertungsbemühungen oder nutzt das Wirtschaftsgut privat, endet der betriebliche Zusammenhang und die Aufwendungen sind nicht mehr abziehbar.[8]

526 **Schuldzinsen** sind nach Betriebsbeendigung und Verwertung aller aktiven Wirtschaftsgüter abziehbar, wenn der Stpfl. den Kredit mit den Verwertungserlösen nicht vollständig tilgen konnte. Hat der Stpfl. die betrieblichen Erlöse nicht zur Tilgung der betrieblichen Schulden verwendet, entfällt der Schuldzinsenabzug.[9]

527 **Beteiligung an Kapitalgesellschaft:** Bei einem Gesellschafter einer Kapitalgesellschaft, der nachträgliche Aufwendungen im Zusammenhang mit der Kapitalgesellschaft trägt, ist zu prüfen, ob dies gesellschaftsrechtlich veranlasst ist. Ist dies der Fall, so ist der nachträglich getragene Aufwand den Anschaffungskosten auf die Beteiligung zuzuordnen.[10]

528 **Veranlassung durch mehrere Einkunftsarten:** Werden Aufwendungen durch mehrere Betriebe des Stpfl. veranlasst, ist nach einem sachgerechten Maßstab, beispielsweise dem Nutzungsumfang eines Wirtschaftsguts, aufzuteilen. Nur dann, wenn die Nutzung für eine Einkunftsart von untergeordneter Bedeutung ist, kann eine Zuordnung zu nur einer Einkunftsart erfolgen.[11]

---

1 BFH v. 21. 9. 2009 - GrS 1/06, BStBl 2010 II 672.
2 Zu Ausnahmen beim Arbeitszimmer vgl. → Rz. 737.
3 St. Rspr. z. B. BFH v. 23. 11. 1961 - IV 344/58 U, BStBl 1962 III 123; BFH v. 29. 11. 1983 - VIII R 160/82, BStBl 1984 II 307.
4 BFH v. 14. 3. 1985 - IV R 8/84, BStBl 1985 II 424; BFH v. 15. 4. 1992 - III R 96/88, BStBl 1992 II 819.
5 Vgl. zu den Ausbildungskosten im Einzelnen unten → Rz. 910 ff.
6 BFH v. 10. 10. 1994 - I B 80/94, BFH/NV 1995, 586 = NWB DokID: TAAAA-97294; BFH v. 22. 1. 2003 - X R 60/99, BFH/NV 2003, 900 = NWB DokID: AAAAA-69662.
7 BFH v. 28. 3. 2007 - X R 15/04, BStBl 2007 II 642.
8 BFH v. 10. 3. 1999 - XI R 26/98, BFH/NV 2000, 11 = NWB DokID: AAAAA-62932; BFH v. 22. 1. 2003 - X R 60/99, BFH/NV 2003, 900 = NWB DokID: AAAAA-69662.
9 BFH v. 12. 11. 1997 - XI R 98/96, BStBl 1998 II 144; BFH v. 28. 3. 2007 - X R 15/04, BStBl 2007 II 507.
10 BFH v. 27. 11. 1995 - VIII B 16/95, BFH/NV 1996, 406 = NWB DokID: RAAAB-37514.
11 BFH v. 23. 1. 1991 - X R 37/86, BStBl 1991 II 398; BFH v. 10. 6. 2008 - VIII R 76/05, BStBl 2008 II 937.

Unterlassener Betriebsausgabenabzug: Betriebsausgaben sind im Zeitpunkt ihres Abflusses abzuziehen, unterlassener Betriebsausgabenabzug kann nicht nachgeholt werden, kann sich aber bei Umlaufvermögen im Zeitpunkt des Abgangs aus dem Betriebsvermögen wieder auswirken.[1] 529

(Einstweilen frei) 530–535

e) Rechtsfolgen

Betriebsausgaben sind gewinnmindernd von Einnahmen und Erträgen abzuziehen. Ein Abzug ist in dem Jahr vorzunehmen, in dem die Betriebsausgabe entstanden ist. Eine Nachholung ist nicht möglich, unterlassene AfA wirkt sich spätestens in dem Veranlagungszeitraum aus, in dem das Wirtschaftsgut das Betriebsvermögen verlassen hat.[2] 536

ABC der Betriebseinnahmen und Betriebsausgaben[3] 537

Abfindungen für einen lästigen Gesellschafter.[4]

Anlagevermögen: Wirtschaftsgüter des Anlagevermögens sind ergebnisneutral zum Teilwert bzw. den Anschaffungs- oder Herstellungskosten nach § 6 Abs. 5 Satz 1 EStG anzusetzen, nach § 4 Abs. 3 Satz 5 EStG in das Verzeichnis aufzunehmen und ggf. abzuschreiben, sofern sie abnutzbar sind. Sofern sie nicht abnutzbar sind, wirkt sich der Teilwert gewinnmindernd erst bei Abgabe des Wirtschaftsguts aus.

Anzahlungen und Vorschüsse sind im Zeitpunkt des Zuflusses als Betriebseinnahmen zu erfassen,[5] unabhängig davon, ob die ihnen zugrunde liegende Leistung bereits erbracht ist. Sind sie zu erstatten, weil die Leistung nicht mehr erbracht wird, sind sie zu diesem Zeitpunkt Betriebsausgaben.

Arbeitsleistung: Stellt der Stpfl. seine Arbeitskraft unentgeltlich zur Verfügung, entsteht keine Einnahme.

Beiträge zu Sportvereinen, Wohltätigkeitsvereinen o. Ä. sind nicht von der privaten Lebensführung abgrenzbar und daher nicht als Betriebsausgaben abziehbar,[6] Beiträge zu Berufsverbänden sind Betriebsausgaben.[7]

Bürgschaften: Zahlungen aus Bürgschaftsverpflichtungen sind nur dann Betriebsausgaben, wenn die Eingehung der Verpflichtung betrieblich veranlasst war.[8]

Darlehen: Die Aufnahme von Darlehen führt nicht zu Betriebseinnahmen.[9]

Diebstahl: Betriebsausgaben entstehen dann, wenn es sich bei den gestohlenen Wirtschaftsgütern nachweislich um Betriebsvermögen gehandelt hat, dies ist insbesondere bei Bargeld

---

1 BFH v. 30. 6. 2005 - IV R 20/04, BStBl 2005 II 758.
2 Vgl. im Einzelnen KKB/Marx, § 7 EStG Rz. 231 ff.
3 *Happe*, Betriebsausgaben-ABC, NWB DokID: YAAAE-20798; *Happe*, Betriebsausgaben-ABC, NWB DokID: XAAAE-21312.
4 BFH v. 26. 10. 1995 - I B 50/95, BFH/NV 1996, 438, m.w. N. = NWB DokID: AAAAB-37041.
5 BFH v. 29. 4. 1982 - IV R 95/79, BStBl 1982 II 593; BFH v. 13. 10. 1989 - III R 30, 31/95, BStBl 1990 II 287.
6 FG Köln v. 16. 6. 2011 - 10 K 3761/08, NWB DokID: RAAAD-90641.
7 BFH v. 7. 6. 1988 - VIII R 76/85, BStBl 1989 II 97.
8 BFH v. 24. 8. 1989 - IV R 80/88, BStBl 1990 II 17.
9 H 4.5. Abs. 2 EStH; H 16 Abs. 2 und H 4.5. Abs. 2 EStH; BFH v. 8. 10. 1969 - I R 94/67, BStBl 1970 II 44.

nur bei einer eindeutigen Zuordnung, beispielsweise durch eine geschlossene Kassenbuchführung, möglich.[1]

Druckbeihilfen: Die Zahlung von Druckbeihilfen führt zu Betriebseinnahmen.[2]

Edelmetalle: Der Zufluss von Edelmetallen, z. B. Altgold beim Zahnarzt, führt im Zeitpunkt des Zuflusses zu einer Einnahme in Höhe des gemeinen Wertes, zugleich wird eine Betriebsausgabe in gleicher Höhe angenommen, wenn das Altgold für betriebliche Zwecke verwendet werden soll. Bei Verwertung wird der Veräußerungserlös als Einnahme angesetzt.[3]

Einlagen sind analog der Regelung in § 4 Abs. 1 Satz 2 EStG nicht als Betriebseinnahmen gewinnerhöhend zu erfassen,[4] weil sie keine betrieblich veranlasste Vermögensmehrung darstellen. Sacheinlagen in das Anlagevermögen sind nach § 6 Abs. 1 Nr. 5 EStG mit dem Teilwert zu erfassen und mit diesem als Anschaffungskosten der Abschreibung zugrunde zu legen. Sacheinlagen in das Umlaufvermögen werden im Einlagezeitpunkt mit dem Teilwert (§ 6 Abs. 1 Nr. 5 EStG) erfasst, der zugeflossene Teilwert ist durch eine fiktive Betriebsausgabe zu neutralisieren.[5] Zugleich wird ergebniswirksam in gleicher Höhe eine Betriebsausgabe für die Anschaffung abgezogen, wenn es sich nicht um Wirtschaftsgüter des Umlaufvermögens nach § 4 Abs. 3 Satz 4 EStG handelt. In diesem Fall ist der Teilwert als Buchwert zu erfassen und die Betriebsausgabe erst im Zeitpunkt der Abgabe abzuziehen. Bei der Abgabe des Wirtschaftsguts ist dann die Einnahme daraus oder bei Entnahme der Teilwert (§ 6 Abs. 1 Nr. 4 EStG) gewinnerhöhend anzusetzen. Geldeinlagen sind in die Gewinnermittlung nicht einzubeziehen.[6]

Entschädigungen: Erhält der Stpfl. Entschädigungen für entgangene betriebliche Einnahmen, so zählt dies zu den Einnahmen,[7] etwas anderes gilt, wenn steuerfreie Einnahmen entschädigt wurden oder Zahlungen, die bereits ihrem Ursprung nach keine Einnahmen waren.[8]

Erstattung von Aufwand: Wird dem Stpfl. von dritter Seite getätigter Aufwand erstattet, der sich als Betriebsausgabe gewinnmindernd ausgewirkt hat, so führt die Erstattung zu einer Betriebseinnahme.[9]

Erziehungsgeld ist dann Einnahme, wenn die Aufnahme des Kindes dem Erwerbszweck der Pflegeeltern dient.[10]

Fiktive Einnahmen/Ausgaben: Es fehlt am Zufluss/Abfluss, daher liegt keine Einnahme/Ausgabe vor.

Forderungen: Verzichtet der Stpfl. aus privaten Gründen auf eine Forderung gegenüber einem Schuldner, so ist dies im Zeitpunkt des Wirksamwerdens des Verzichts als Entnahme gewinnerhöhend zu erfassen,[11] verzichtet ein Gläubiger aus betrieblichen Gründen auf eine Forderung beispielsweise, um eine Geschäftsbeziehung zu einem liquiditätsschwachen Vertragspartner

---

1 BFH v. 12. 12. 2001 - X R 65/98, NWB DokID: OAAAA-67900.
2 BFH v. 3. 7. 1997 - IV R 49/96, BStBl 1998 II 244; H. 4.7. „Druckbeihilfen" EStH.
3 BFH v. 17. 4. 1986 - IV R 115/84, BStBl 1986 II 607; BFH v. 18. 9. 1986 - IV R 50/86, BStBl 1986 II 607.
4 BFH v. 25. 4. 1990 - X R 135/87, BStBl 1990 II 742; BFH v. 14. 11. 2007 - XI R 37/06, BFH/NV 2008, 365 = NWB DokID: KAAAC-70481.
5 BFH v. 18. 9. 1986 - IV R 50/86, BStBl 1986 II 907; BFH v. 25. 4. 1990 - X R 135/87, BStBl 1990 II 742.
6 BFH v. 16. 1. 1975 - IV R 180/71, BStBl 1975 II 526.
7 BFH v. 15. 3. 1994 - IX R 45/91, BStBl 1994 II 840; H 4.7. EStH.
8 BFH v. 16. 8. 1978 - I R 73/76, BStBl 1979 II 120; HHR/Kanzler, § 4 EStG Rz. 570 „Entschädigung".
9 BFH v. 13. 12. 1963 - VI 22/61 S, BStBl 1964 II 184; BFH v. 18. 6. 1998 - IV R 53/97, BStBl 1998 II 621.
10 BMF v. 7. 2. 1990, BStBl 1990 I 109; HHR/Kanzler, § 4 EStG Rz. 570 „Erziehungsgelder".
11 BFH v. 16. 1. 1975 - IV R 180/71, BStBl 1975 II 526.

nicht zu gefährden, so fließt keine Einnahme zu.[1] Verzichtet ein Gläubiger dem Stpfl. gegenüber aus privaten Gründen auf eine Forderung, so entsteht keine Betriebseinnahme, es kann aber eine Einlage vorliegen.

GAP-Reform: Einnahmen eines Landwirts, die er aufgrund der Neuregelung der Beihilfen in der Landwirtschaft erhält (GAP-Reform), führen bei ihm zu Einnahmen, veräußert er die Ansprüche, so führt dies ebenfalls zu Einnahmen nach § 13 EStG.[2]

GEMA-Gebühren fließen dem Künstler erst bei Auszahlung durch die GEMA zu.[3]

Geschenke sind bei betrieblicher Veranlassung Betriebseinnahmen.

Gewinnausschüttungen: Hält der Stpfl. Anteile an Kapitalgesellschaften im Betriebsvermögen, beispielsweise bei der Betriebsaufspaltung, so zählen die Ausschüttungen zu den Einnahmen, auch, wenn sie dem Teileinkünfteverfahren nach § 3 Nr. 40 EStG unterliegen.

Gewinne aus Losen sind dann Einnahmen, wenn die Zuwendung des Loses als zusätzliches Entgelt betrieblich veranlasst ist; wird das Los bereits vom verdienten Entgelt abgezogen, ist es Einkommensverwendung und der Gewinn zählt zu den privat veranlassten Einnahmen.[4]

Gewinne aus Glücksspielen sind nicht steuerbar und daher nicht als Einnahmen zu erfassen.[5]

Honorare sind im Zuflusszeitpunkt als Einnahmen zu erfassen, ungeachtet dessen, dass sie eventuell zurück zu erstatten sind oder nur Vorschüsse darstellen.[6] Dies gilt auch für vereinnahmte Gebühren, sofern diese nicht durchlaufende Posten darstellen.[7]

Incentive-Reisen, die der Stpfl. aus betrieblichen Gründen erhält, sind Betriebseinnahmen,[8] es sei denn, der Zuwendende handelt aus überwiegend eigenbetrieblichem Interesse.[9] Die Höhe der Einnahmen richtet sich nach den Durchschnittspreisen des Verbrauchsortes.[10]

Miles & More: Prämien aus betrieblich veranlassten Vielfliegerprogrammen sind betrieblich veranlasste Einnahmen, aber nach § 3 Nr. 38 EStG teilweise steuerfrei.[11]

Nutzungseinlagen sind ebenfalls nicht als Einnahmen zu erfassen. Die dafür privat entstandenen Kosten können aber anteilig als Betriebsausgaben angesetzt werden. Nutzungsentnahmen und Leistungsentnahmen, beispielsweise durch Leistungen von Arbeitnehmern für den privaten Haushalt des Arbeitnehmers, sind in Höhe der darauf entfallenden Kosten analog der Regelung des § 4 Abs. 1 EStG als Betriebseinnahmen zu erfassen.[12]

---

1 BFH v. 16.1.1975 - IV R 180/71, BStBl 1975 II 526.
2 BMF v. 25.6.2008, BStBl 2008 I 682, Tz. 41; HHR/*Kanzler*, § 4 EStG Rz. 570 „GAP-Reform".
3 BFH v. 27.6.1963 - IV 111/59, BStBl 1963 III 534.
4 BFH v. 2.9.2008 - X R 25/07, BStBl 2010 II 550.
5 BFH v. 16.9.1970 - I R 133/68, BStBl 1970 II 685; anders bei spekulativen Warentermingeschäften, die im Rahmen des Betriebs erfolgen, BFH v. 6.12.1983 - VIII R 172/93, BStBl 1984 II 132.
6 BFH v. 27.5.1963 - I 372/60, HFR 1964, 452.
7 BFH v. 22.11.1962 - IV 179/59 U, BStBl 1963 III 132.
8 BFH v. 26.9.1995 - VIII R 35/93, BStBl 1996 II 273.
9 BFH v. 26.9.1995 - VIII R 35/93, BStBl 1996 II 273; BFH v. 6.10.2004 - X R 36/03, BFH/NV 2005, 682 = NWB DokID: JAAAB-42747; BMF v. 14.10.1996 - BStBl 1996 I 1192.
10 Vgl. § 8 Abs. 2 EStG und BFH v. 26.9.1995 - VIII R 35/93, BStBl 1996 II 273.
11 Vgl. KKB/*Nacke*, § 3 EStG Rz. 319 ff.
12 *Korn* in Blümich, § 4 EStG Rz. 559.

Personenschutz ist wie **Lösegeldzahlungen**[1] auch privat veranlasst.[2]

Pkw-Kosten können von einem Arbeitnehmer, der von seinem Arbeitgeber einen Pkw gestellt bekommt, auch dann nicht im Rahmen einer selbständigen Tätigkeit abgezogen werden, wenn der Arbeitnehmer die private Nutzung mit 1 % versteuert.[3]

Preise sind dann als Betriebseinnahmen zu erfassen, wenn sie eine Gegenleistung für eine Tätigkeit des Stpfl. darstellen.[4] Dies ist dann nicht der Fall, wenn eine Lebensleistung geehrt wird.[5]

Provisionen, die Versicherungsmakler erhalten, zählen zu deren Betriebseinnahmen, das gilt auch dann, wenn die Einnahme auf einem Kautionskonto der Versicherung gutgeschrieben wird, um deren eventuell bestehende Gegenansprüche abzusichern,[6] werden die Ansprüche bedient, so entsteht in Höhe der Zahlung an die Versicherung eine Betriebsausgabe.

Schadensersatzleistungen sind dann Betriebseinnahmen, wenn sie als Ersatz für Wirtschaftsgüter des Betriebsvermögens oder sonstige betrieblich veranlasste Schäden gezahlt werden.[7]

Umsatzsteuer: Schuldner der Umsatzsteuer ist nach § 13a Abs. 1 Nr. 1 UStG der leistende Unternehmer. Dieser seinerseits hat gegenüber dem Leistungsempfänger einen Anspruch auf Zahlung der in Rechnung gestellten Umsatzsteuer. Vor diesem Hintergrund ist die Umsatzsteuer kein durchlaufender Posten, sondern bei Zufluss der in Rechnung gestellten Umsatzsteuer und bei Vereinnahmung von Vorsteuerbeträgen durch das Finanzamt Einnahme und bei Zahlung der vereinnahmten Umsatzsteuer an das Finanzamt bzw. bei Zahlung an den Rechnungsteller, Ausgabe. Sofern die Umsatzsteuer als Vorsteuer abziehbar ist, zählt sie nicht zu den AK/HK von Wirtschaftsgütern des Anlagevermögens, sondern ist mit Zahlung an den Leistenden als Betriebsausgabe abziehbar. Dies gilt nur dann nicht, wenn die gezahlte Umsatzsteuer nicht als Vorsteuer abziehbar ist, beispielsweise, weil steuerfreie Ausgangsumsätze getätigt werden.

Versicherungsleistungen zählen zu den Betriebseinnahmen, wenn die Prämien Betriebsausgaben sind.[8] Werden berufliche Risiken abgesichert, zählen die Einnahmen zu den Betriebseinnahmen und die Aufwendungen zu den Betriebsausgaben. Dabei ist entscheidend darauf abzustellen, welche Risiken versichert sind. Handelt es sich um betriebliche Risiken, so sind die Zuflüsse der Versicherungsleistungen Betriebseinnahmen und die Prämien sind als Aufwand abziehbar, handelt es sich um private Risiken, so sind die Leistungen/Prämien privat veranlasst und nicht als Einnahmen/Ausgaben zu erfassen. Werden sowohl private als auch betriebliche Risiken abgedeckt, so ist nach einem sachgerechten Schlüssel aufzuteilen.[9] Zu den Leistungen, die betrieblich veranlasst sind, zählen Betriebsunterbrechungsversicherungen.[10] Zahlungen aus beruflich abgeschlossenen Haftpflichtversicherungen sind Einnahmen, wenn die eigene

---

1 BStBl 1981 II 303.
2 *Nacke* in Littmann/Bitz/Pust, §§ 4, 5 Anhang I „Personenschutz".
3 BFH v. 16. 7. 2015 – III R 33/14, BStBl 2016 II 44.
4 BFH v. 16. 1. 1975 – IV R 75/74, BStBl 1975 II 558 (Architekturwettbewerb); BMF v. 26. 2. 1996, BStBl 1996 I 1150.
5 BMF v. 26. 2. 1996, BStBl 1996 I 1150.
6 BFH v. 24. 3. 1993 – X R 55/91, BStBl 1993 II 499.
7 BFH. 24. 5. 1989 – I R 213/85, BStBl 1990 II 8; HHR/*Kanzler*, § 4 EStG Rz. 570 „Schadensersatzleistungen".
8 BFH v. 8. 4. 1964 – VI 343/62 S, BStBl 1964 III 271; BFH v. 21. 5. 1987 – IV R 80/85, BStBl 1987 II 710; BFH v. 11. 5. 1989 – IV R 56/87, BStBl 1989 II 656; BFH v. 23. 4. 2013 – VIII R 4/10, BStBl 2013 II 615.
9 BFH v. 19. 5. 2009 – VIII R 6/07, BStBl 2010 II 168.
10 BFH v. 29. 4. 1982 – IV R 177/78, BStBl 1982 II 591.

Zahlung an den Geschädigten Betriebsausgabe ist, beispielsweise, weil ein Haftungsanspruch besteht.[1] Zahlungen von Pkw-Insassenversicherungen zählen zu den Betriebseinnahmen, wenn der Unfall auf einer betrieblichen Fahrt geschieht, zu den Privateinnahmen, wenn die Fahrt privat veranlasst war,[2] die Prämie ist Betriebsausgabe, wenn es sich um einen Pkw im Betriebsvermögen handelt. Lebensversicherungen, die nicht zugunsten des Unternehmers oder Mitunternehmers abgeschlossen wurden sind betrieblich veranlasst,[3] werden die Versicherungen auf das Leben des Unternehmers oder Mitunternehmers abgeschlossen, ist die Versicherung nicht betrieblich veranlasst, auch wenn sie einen betrieblichen Kredit absichert.[4] Praxisausfallversicherungen decken die laufenden Einnahmen des Praxisinhabers und sind daher privat veranlasst,[5] Aufwendungen für Rechtsschutzversicherungen zählen zu den Betriebsausgaben, wenn der Rechtsstreit betrieblich veranlasst ist; Aufwendungen für Sachversicherungen, wenn sie dem Ersatz von Wirtschaftsgütern des Betriebsvermögens dienen.

Zeitschriften: In der Regel wird der Erwerb von Tageszeitungen betrieblich und privat veranlasst sein,[6] hier ist nach der neueren Rechtsprechung zum Aufteilungs- und Abzugsverbot wohl eine Aufteilung im Wege der Schätzung, im Zweifel jeweils hälftige Privat- und betriebliche Nutzung, anzunehmen.[7] Fachzeitschriften und Zeitschriften, die im Wartezimmer ausliegen, führen zu Betriebsausgaben.[8]

Zulagen nach dem Investitionszulagengesetz sind keine steuerbaren Einnahmen und mindern daher auch nicht die Anschaffungs-/Herstellungskosten.[9]

Zuschüsse sind Vermögenszuwendungen, die ein Leistender zumindest auch im eigenen Interesse am Zuschussobjekt zuwendet.[10] In diesem Fall wirken sich Zuschüsse gewinnerhöhend aus, dies kann nach einer Ansicht dadurch erfolgen, dass Anschaffungs-/ oder Herstellungskosten der geförderten WG gemindert werden[11] oder, indem der Zuschuss in vollem Umfang unabhängig von der Anschaffung der Wirtschaftsgüter im Zeitpunkt des Zuflusses als Einnahme erfasst wird. In diesem Fall soll aber ein Wahlrecht zur Minderung der Anschaffungs-/Herstellungskosten bestehen, um eine Sofortversteuerung zu vermeiden.[12] Nach Auffassung der Finanzverwaltung kann er zwischen den beiden Alternativen Minderung der Anschaffungskosten oder Ansatz als Betriebseinnahmen wählen.[13]

Wiederkehrende Zahlungen: Bei wiederkehrenden (Renten-)Zahlungen aus dem Erwerb von Betriebsvermögen ist im Hinblick auf die Abziehbarkeit zu differenzieren. In Höhe des Barwerts der Rentenverpflichtung sind die Anschaffungskosten zu aktivieren, auf die erworbenen Wirtschaftsgüter zu verteilen und entsprechend der Nutzungsdauer abzuschreiben. In Höhe

---

1 HHR/*Kanzler*, § 4 EStG Rz. 570 „Versicherungsleistungen".
2 BFH v. 18.11.1971 - IV R 132/66, BStBl 1972 II 277; BFH v. 15.12.1977 - IV R 78/74, BStBl 1978 II 212.
3 HHR/*Kanzler*, 4 EStG Rz. 570 „Versicherungsleistungen".
4 BFH v. 10.4.1990 - VIII R 63/88, BStBl 1990 II 1017.
5 BFH v. 19.5.2009 - VIII R 6/07, BStBl 2010 II 168.
6 BFH v. 7.4.2005 - VI B 168/04, BFH/NV 2005, 1300 = NWB DokID: DAAAB-53334; Hessisches FG v. 6.6.2002 - 3 K 2440/98, EFG 2002, 1289.
7 So möglicherweise auch *Nacke* in Littmann/Bitz/Pust, §§ 4, 5 Anhang I „Fachzeitschrift".
8 *Nacke* in Littmann/Bitz/Pust, §§ 4, 5 Anhang I „Fachzeitschrift".
9 HHR/*Kanzler*, § 4 EStG Rz. 570 „Investitionszulagen".
10 R. 6.5. Abs. 1, 2 EStR.
11 BFH v. 29.11.2007 - IV R 81/05, BStBl 2008 II 561; *Kanzler*, FR 2008, 918.
12 BFH v. 19.7.1995 - I R 56/94, BStBl 1996 II 28.
13 R 6.5. Abs. 2 EStR.

der Zinsen liegen laufende Betriebsausgaben vor.[1] Der Stpfl. hat jedoch das Recht, statt dieser Vorgehensweise, die zu zahlenden Renten zunächst mit dem ermittelten Rentenbarwert zu verrechnen und darüber hinausgehende Zahlungen in voller Höhe als Betriebsausgaben geltend zu machen.[2]

538–545 (*Einstweilen frei*)

VIII. Schuldzinsen als Betriebsausgaben (§ 4 Abs. 4a EStG)

HINWEIS:

BMF v. 17.11.2005, BStBl 2005 I 1019; BMF v. 7.5.2008, BStBl 2008 I 588; BMF v. 18.2.2013, BStBl 2013 I 197.

LITERATUR:

▶ Weitere Literatur siehe Online-Version

Grützner, Betrieblicher Schuldzinsenabzug nach § 4 Abs. 4a EStG – Anmerkungen zum BMF-Schreiben vom 18.2.2013, StuB 2013, 324; *Hallerbach*, NWB 2018, in Kürze; *Höhmann*, Schuldzinsenabzug gem. § 4 Abs. 4a EStG, KSR 4/2013, 11; *Möller*, Beschränkung des Zinsabzugs bei Überentnahmen (§ 4 Abs. 4a EStG), NWB 2014, 3184; *Schmudlach*, Zinseszinsen als Investitionszinsen i. S. des § 4 Abs. 4a Satz 5 EStG, NWB 2017, 855.

ARBEITSHILFEN UND GRUNDLAGEN ONLINE:

Gemballa, Schuldzinsenabzug – § 4 Abs. 4a EStG, NWB DokID: PAAAE-14940; *Schmidt/Lemke/Leyh*, Betrieblicher Schuldzinsenabzug – Eingeschränkter Schuldzinsenabzug – Zinsschranke, NWB DokID: YAAAE-57242.

546 § 4 Abs. 4a EStG schränkt den Schuldzinsenabzug ein, indem er zwar grundsätzlich den betrieblich veranlassten Abzug von Schuldzinsen vollumfänglich zulässt, im Fall von Überentnahmen aber einen Betrag von 6 % dieser Überentnahme, soweit dieser einen Freibetrag überschreitet, dem Gewinn wieder hinzuzurechnen ist.

547 **Entwicklung der Vorschrift:** Ausgangspunkt für die Einführung des § 4 Abs. 4a EStG waren zwei Entscheidungen des Großen Senats des BFH zum betrieblich veranlassten Schuldzinsenabzug. Zunächst entschied der Große Senat des BFH, dass bei einem Sollsaldo auf einem betrieblichen Kontokorrentkonto, der Schuldzinsenabzug nur insoweit zulässig ist, als die Schuldzinsen nicht auf privat veranlassten Überziehungen beruhten.[3] In einem Folgebeschluss[4] wurden diese Grundsätze bestätigt.

548 **Zwei- oder Mehrkontenmodelle:** Der Große Senat des BFH bestätigte aber auch die Zulässigkeit von Zwei- oder Mehrkontenmodellen, bei denen die privaten Zahlungen ausschließlich von Konten abflossen, auf denen nur Einnahmen eingingen, während die betrieblichen Ausgaben von einem gesonderten Konto getätigt werden.[5] Entsteht auf dem betrieblichen Konto ein Sollsaldo, so ist der Abzug der darauf entfallenden Schuldzinsen in vollem Umfang zulässig, unabhängig davon, ob die Ausgaben von den Einnahmen auf dem gesonderten Konto vor Verwendung für private Zwecke hätten gedeckt werden können. Der Steuerpflichtige ist also

---

[1] BFH v. 2.5.2001 - VIII R 64/93, BFH/NV 2002, 10 = NWB DokID: QAAAA-67600; BMF v. 23.12.1986, BStBl I 1986, 1508.
[2] R 4.5. Abs. 4 Satz 4 EStR.
[3] BFH v. 4.7.1990 - GrS 2-3/88, BStBl 1990 II 817.
[4] BFH v. 8.12.1997 - GrS 1-2/95, BStBl 1998 II 193.
[5] BFH v. 8.12.1997 - GrS 1-2/95, BStBl 1998 II 193.

zum Erhalt des vollen Schuldzinsenabzugs auf den Ausgabekonten nicht verpflichtet, mit den Einnahmen zunächst den Sollsaldo auf seinem Ausgabenkonto auszugleichen.

Prüfung: Auf der Basis dieser Rechtsprechung ist auf einer ersten Stufe zu prüfen, ob Schuldzinsen betrieblich veranlasst sind. Erst im Anschluss ist auf einer zweiten Stufe zu prüfen, ob für die betrieblich veranlassten Schuldzinsen eine Abzugsbeschränkung nach § 4 Abs. 4a EStG in Betracht kommt,[1] der dann insoweit eine private Veranlassung fingiert, indem er die Zinsen vom Abzug ausnimmt, soweit sie auf privat veranlasste Überentnahmen entfallen. 549

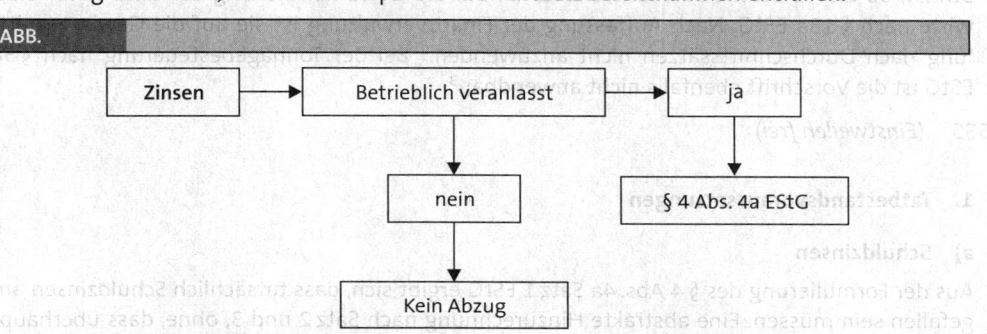

Persönlicher Anwendungsbereich: Persönlich anwendbar ist § 4 Abs. 4a EStG auf unbeschränkt Stpfl., auf beschränkt Stpfl. entsprechend § 4 Abs. 4 EStG, sofern nicht der Betriebsausgabenabzug nach § 50 Abs. 1 EStG ausgeschlossen ist. 550

Anwendung bei Personengesellschaften: Strittig ist die Anwendung bei Personengesellschaften. Aufgrund der betriebsbezogenen Gewinnhinzurechnung (vgl. unten → Rz. 575). ist § 4 Abs. 4a EStG für jede Mitunternehmerschaft gesondert anzuwenden.[2] Hier ist eine gesellschafter-[3] oder eine gesellschaftsbezogene[4] Betrachtungsweise denkbar. Die gesellschafterbezogene Betrachtung ermittelt Gewinn, Entnahmen und Einlagen individuell gesellschafterbezogen, während die gesellschaftsbezogene Betrachtungsweise alle diese Größen auf Ebene der Mitunternehmerschaft unter Einbeziehung von Sonder- und Ergänzungsbilanzen ermittelt, den Sockelbetrag nur einmal abzieht und das Ergebnis unabhängig von den tatsächlich getätigten Entnahmen nach dem allgemeinen Gewinnverteilungsschlüssel verteilt. Bei der gesellschafterbezogenen Betrachtungsweise war darüber hinaus umstritten, ob der Sockelbetrag nach Satz 4 jedem Mitunternehmer oder nur einmalig auf der Ebene der Mitunternehmer gewährt wird.[5] Die Rechtsprechung wendet eine gesellschafterbezogene Betrachtungsweise an, gewährt den Sockelbetrag allerdings nur einmalig und verteilt ihn am Maßstab der Schuldzinsenquote, in die auch die Schuldzinsen im Sonderbetriebsvermögen einzubeziehen sind.[6] Dieser Auffassung hat sich die Finanzverwaltung angeschlossen[7] und gestattet in einer Übergangsregelung, auf einstimmigen Antrag der Gesellschafter, die bisher auf der Basis der gesellschaftsbezogenen Betrachtungsweise ermittelten Über- oder Unterentnahmesalden gemäß 551

---

1 So auch BMF v. 17. 11. 2005, BStBl 2005 I 1019, Tz. 1.
2 BMF v. 7. 5. 2008, BStBl 2008 I Tz. 30.
3 Groh, DStR 2001, 105; Prinz, FR 2000, 134; Wendt, FR 2000, 417; Ley, KÖSDI 2006, 15327.
4 BMF v. 17. 11. 2005, BStBl 2005 I 1019, Tz.
5 Paus, FR 2006, 412, geht von einer Vervielfältigung aus; a. A. Prinz, FR 2000, 134 ff.; HHR/Schallmoser, § 4 EStG Rz. 1041.
6 BFH v. 29. 3. 2007 - IV R 72/02, BStBl 2008 II 420.
7 BMF v. 7. 5. 2008, BStBl 2008 I 588, Tz. 30 ff.

dem Gewinnverteilungsschlüssel auf die Gesellschafter zu verteilen,[1] um eine Rückrechnung bis zur Gründung der Mitunternehmerschaft zu vermeiden. In der Regel werden Gesellschafter, die niedrigere Entnahmen getätigt haben, von der gesellschafterbezogenen Betrachtung profitieren mit der Folge, dass sie einer Festschreibung nicht zustimmen werden.

552 **Sachlicher Anwendungsbereich:** Die Vorschrift ist sachlich anwendbar auf alle Gewinneinkünfte unabhängig davon, ob der Gewinn nach § 4 Abs. 1 EStG oder § 4 Abs. 3 EStG ermittelt wird. Str. ist, ob die Vorschrift auch anwendbar ist auf die Gewinnermittlung der Land- und Forstwirte nach § 13a EStG. Nach Auffassung der Finanzverwaltung ist sie auf die Gewinnermittlung nach Durchschnittssätzen nicht anzuwenden.[2] Bei der Tonnagebesteuerung nach § 5a EStG ist die Vorschrift ebenfalls nicht anwendbar.[3]

553–555 (*Einstweilen frei*)

1. Tatbestandsvoraussetzungen

a) Schuldzinsen

556 Aus der Formulierung des § 4 Abs. 4a Satz 1 EStG ergibt sich, dass tatsächlich Schuldzinsen angefallen sein müssen. Eine abstrakte Hinzurechnung nach Satz 2 und 3, ohne, dass überhaupt betrieblich veranlasste Schuldzinsen entstanden sind, kommt nicht in Betracht.

557 **Begriff der Schuldzinsen:** Der Begriff der Schuldzinsen ist gesetzlich nicht definiert. Nach der Rechtsprechung des BFH sind Schuldzinsen einmalige oder laufende Leistungen in Geld oder Geldeswert, die ein Schuldner an einen Gläubiger für die zeitlich begrenzte Überlassung von Kapital zahlt.[4]

558 Schuldzinsen sind nach dieser Definition

- Bereitstellungszinsen,
- Damnum,
- Vorfälligkeitsentschädigungen.

559 Strittig ist, ob der Begriff der Schuldzinsen darüber hinaus auch Bearbeitungs- und Verwaltungsgebühren, Nachzahlungs- Aussetzungs- und Stundungszinsen umfasst.[5] M.E. sind die Bearbeitungs- und Verwaltungsgebühren nicht erfasst, diese werden nicht als Entgelt für die Überlassung der Mittel, sondern als Entgelt für die Tätigkeit des Darlehensgebers gezahlt.

560 **Betriebliche Veranlassung:** Die Schuldzinsen müssen betrieblich veranlasst sein. Hier gelten zunächst die allgemeinen Grundsätze der betrieblichen Veranlassung, dass sie in wirtschaftlichem Zusammenhang mit einer der Gewinneinkünfte stehen müssen. Fallen sie auf einem Konto an, von dem sowohl betrieblich veranlasste als auch private Zahlungen getätigt werden, so ist nur der Teil der Schuldzinsen als Betriebsausgabe abziehbar, der auf den betrieblichen Sollsaldo entfällt.[6] Fallen sie auf einem Konto an, von dem nur betrieblich veranlasste Aus-

---

1 BMF v. 4.11.2008, BStBl 2008 I 957.
2 BMF v. 17.11.2005, BStBl 2005 I 1019, Tz. 35; a. A. HHR/*Schallmoser*, § 4 EStG Rz. 1040; *Eggesiecker/Ellerbeck*, FR 2000, 689, die § 4 Abs. 4a EStG für anwendbar halten, wenn der Gewinn entsprechend den Grundsätzen des § 4 Abs. 3 EStG durch Einnahmenüberschussrechnung ermittelt wird.
3 BMF v. 17.11.2005, BStBl 2005 I 1019, Tz. 35.
4 BFH v. 6.7.1973 - VI R 379/70, BStBl 1973 II 868.
5 BMF v. 17.11.2005, BStBl 2005 I 1019, Tz. 22, 37a; zweifelnd *Heinicke* in Schmidt, § 4 EStG Rz. 523.
6 BFH v. 4.7.2000 - GrS 2-3/88, BStBl 1990 II 817.

gaben getätigt werden, so sind die Schuldzinsen betrieblich veranlasst und nach der Auffassung der Rechtsprechung und Finanzverwaltung[1] steuerlich abziehbar. Dies ist nach der Rechtsprechung des BFH bei betrieblichen Kontokorrentkonten dann der Fall, wenn der Stpfl. ausschließlich betriebliche Ausgaben von dem betreffenden Konto bestreitet und die Einnahmen auf ein anderes Konto fließen, von dem dann auch die privaten Aufwendungen getragen werden.[2]

Mitunternehmerschaft: Schuldzinsen, die eine Mitunternehmerschaft an ihren Mitunternehmer zahlt, werden im Rahmen der Gesamtgewinnermittlung wieder neutralisiert und sind keine Schuldzinsen i. S. d. § 4 Abs. 4a EStG.[3]   561

(*Einstweilen frei*)   562–564

b) Überentnahme nach § 4 Abs. 4a Satz 2 EStG

Der Schuldzinsenabzug wird nur beschränkt, wenn Überentnahmen getätigt werden. Der Begriff der Überentnahme ist gesetzlich definiert in § 4 Abs. 4a Satz 2 EStG als Betrag, um den die Entnahmen die Summe des Gewinns und der Einlagen des Wirtschaftsjahrs übersteigen.   565

aa) Entnahmen und Einlagen

Die Begriffe der Einlage und Entnahme entsprechen grundsätzlich den allgemeinen Begriffsbestimmungen des § 4 Abs. 1 Satz 2 EStG (vgl. dazu oben → Rz. 246 ff.). Ob die Zwangsentnahme von Wohnungen im Rahmen des Wegfalls der Nutzungswertbesteuerung zu den Entnahmen i. S. d. § 4 Abs. 4a EStG zählt, ist nicht abschließend geklärt. Der BFH lässt dies ausdrücklich offen unter Hinweis auf die überzeugenden Argumente der Vorinstanz.[4] Entnahmen sind auch sog. entnahmefinanzierte Entnahmen.[5] Der Begriff der Entnahme i. S. d. § 4 Abs. 4a EStG ist auch teleologisch nicht dahingehend einzuschränken, dass Entnahmen von Wirtschaftsgütern, die vor 1999 in das Betriebsvermögen gelangt sind, nur insoweit zu berücksichtigen sind, als sie zu einem Gewinn führen.[6]   566

Überführung oder Übertragung von Wirtschaftsgütern: Zu den Entnahmen i. S. d. § 4 Abs. 4a EStG zählen auch Überführungen oder Übertragungen von Wirtschaftsgütern aus einem Betriebsvermögen in ein anderes Betriebsvermögen des Stpfl. Beim aufnehmenden Betriebsvermögen stellen sie Einlagen dar.[7] Dies gilt bei Überführungen deshalb, weil jedes Betriebsvermögen gesondert zu betrachten ist.   567

Sonderbetriebsvermögen: Dies gilt auch, wenn Wirtschaftsgüter vom Sonderbetriebsvermögen des einen Mitunternehmers in das Sonderbetriebsvermögen des anderen Mitunterneh-   568

---

1 BMF v. 17.11.2005, BStBl 2005 I 1019, Tz. 4.
2 BFH v. 8.12.1997 - GrS 1-2/95, BStBl 1998 II 193.
3 BMF v. 7.5.2008, BStBl 2008 II 588, Tz. 32.
4 BFH v. 1.6.2006 - IV R 48/03, BStBl 2006 II 760; a. A. BMF v. 16.6.2003 - IV A 6 - S 2144 - 86/01.
5 Vgl. im Einzelnen HHR/*Schallmoser*, § 4 EStG Rz. 1063.
6 BFH v. 24.11.2016 - IV R 46/13, BStBl 2017 II 268; a. A. FG München v. 26.9.2013 - 5 K 2563/11, NWB DokID: TAAAE-55213.
7 BMF v. 17.11.2005, BStBl 2005 I 1019, Tz. 10; *Wied* in Blümich, § 4 EStG Rz. 619; BFH v. 25.11.2009 - I R 72/08, BStBl 2010 II 471; BFH v. 22.9.2011 - IV R 33/08, BStBl 2012 II 10; BFH v. 24.11.2016 - IV R 46/13, BStBl 2017 II 268; zweifelnd BFH v. 15.4.2010 - IV B 105/09, BStBl 2010 II 971.

mers bei derselben Mitunternehmerschaft übertragen werden. Beim aufnehmenden Gesellschafter stellt dies eine Einlage in sein Sonderbetriebsvermögen dar.[1]

569 Keine Entnahme aus dem Sonderbetriebsvermögen der Betriebsgesellschaft und Einlage in das Sonderbetriebsvermögen der Besitzgesellschaft liegt vor, wenn das Wirtschaftsgut bei Begründung einer mitunternehmerischen Betriebsaufspaltung aufgrund der Lösung der Bilanzierungskonkurrenz zugunsten der Besitzgesellschaft vom Sonderbetriebsvermögen der Besitzpersonengesellschaft in das Sonderbetriebsvermögen der Betriebspersonengesellschaft übergeht. Nach der Rspr. des BFH besteht latentes Sonderbetriebsvermögen bei der Betriebsgesellschaft, das wieder auflebt, wenn die mitunternehmerische Betriebsaufspaltung endet.[2] Dies soll nach der Auffassung der Finanzverwaltung auch bei einer Verschmelzung von zwei Personengesellschaften gelten. Keine Entnahme liegt auch vor, wenn ein bisheriges Einzelunternehmen nach § 24 UmwStG zum Buchwert in eine Personengesellschaft eingebracht wird. Die Rechtsnachfolge erstreckt sich auch auf die Über- und Unterentnahmen des Einzelunternehmens.

570 **Nicht abziehbare Betriebsausgaben:** Nicht abziehbare Betriebsausgaben sind keine Entnahmen i. S. d. § 4 Abs. 4a EStG.[3]

571 **Kurzfristig erbrachte Einlagen**, die nur dem Zweck dienen, die Hinzurechnung nach § 4 Abs. 4a EStG zu vermeiden, stellen steuerlichen Gestaltungsmissbrauch dar, der Gewinn ist so zu ermitteln, als hätte die Einlage nicht stattgefunden.[4]

572 **Geschäftsführervergütungen:** Bei Personengesellschaften liegen Entnahmen auch vor, wenn an einen Gesellschafter eine Geschäftsführervergütung gezahlt wird. Gewährt ein Gesellschafter der Gesellschaft ein Darlehen, so stellt dies steuerlich eine Einlage dar, die Rückzahlung führt zu einer Entnahme.[5]

573 **Zeitpunkt der Einlage und Entnahme:** Einlagen sind getätigt, wenn sie dem aufnehmenden Betriebsvermögen zugeflossen sind. Entnahmen sind getätigt, wenn sie aus dem Betriebsvermögen abgeflossen sind.

bb) Wirtschaftsjahr

574 Das Wirtschaftsjahr entspricht dem § 4a EStG i.V. m. §§ 8b und 8c EStDV.

cc) Gewinn

575 **Betriebsbezogene Anwendung:** Durch die Bezugnahme auf den Gewinn ist die Vorschrift betriebsbezogen zu verstehen,[6] jeder Einzelbetrieb des Stpfl. ist isoliert zu betrachten.

576 **Außerbilanzielle Hinzurechnungen:** Der Begriff des Gewinns geht vom Gewinnbegriff des § 4 Abs. 1 Satz 1 EStG aus,[7] die Finanzverwaltung bezieht außerbilanzielle Hinzurechnungen,

---

1 BMF v. 7. 8. 2008, BStBl 2008 I 588, Tz. 32d.
2 BFH v. 22. 9. 2011 - IV R 33/08, BStBl 2012 II 10; BMF v. 18. 2. 2013, BStBl 2013 I 197.
3 *Korn*, § 4 EStG Rz. 842.1.; *Heinicke* in Schmidt, § 4 EStG Rz. 525.
4 BFH v. 21. 8. 2012 - VIII R 32/09, BStBl 2013 II 16, m. Anm. *Wendt*, FR 2013, 29.
5 BMF v. 7. 5. 2008, BStBl 2008 I 588, Tz. 32d.
6 So auch BMF v. 7. 8. 2008, BStBl 2008 I 588, Tz. 25.
7 BFH v. 6. 8. 2004 - X R 44/04, BStBl 2006 II 588.

sprich nicht abziehbare Betriebsausgaben[1] und steuerfreie Gewinne mit ein.[2] M. E. ist die Hinzurechnung steuerfreier Gewinne zutreffend, weil über die Steuerfreiheit erst nach Abschluss der Gewinnermittlung entschieden wird. Nicht zutreffend ist m. E. aber die Hinzurechnung nicht abziehbarer Betriebsausgaben, weil diese bereits im Rahmen der Gewinnermittlung nach § 4 Abs. 1 EStG berücksichtigt wurden und kein sachlicher Grund ersichtlich ist, diesen Bestandteil der Gewinnermittlung rückgängig zu machen.[3] Nicht einzubeziehen ist eine eventuelle Gewinnerhöhung durch Hinzurechnung nach § 4 Abs. 4a EStG (vgl. § 4 Abs. 4a Satz 3 2. Halbsatz EStG). Gewinn ist der Gewinn aus der Veräußerung des Betriebs, aber auch aus der Entnahme von Wirtschaftsgütern. Diese sind dann mit dem gewinnerhöhenden Teilwert ihrerseits wieder in die Entnahmeberechnung miteinzubeziehen. Gewinn ist auch der Übergangsgewinn, der beim Wechsel der Einkunftsart entsteht.[4]

Verlust: Nach der h. M. beinhaltet der Begriff des Gewinns nach § 4 Abs. 4a EStG nicht nur ein positives Ergebnis sondern – wie der Gewinnbegriff des Abs. 1 – auch Verluste.[5] Dies kann dazu führen, dass sich die Beschränkung des Schuldzinsenabzugs im Verlustjahr auf einen höheren Betrag erstreckt als tatsächlich entnommen wurde.[6] Rechtsprechung, Finanzverwaltung und h. M. in der Literatur legen den Begriff einschränkend dahin gehend aus, dass im Verlustjahr zunächst der Saldo von Einlagen und Entnahmen zu ermitteln ist, die Begrenzung des Schuldzinsenabzugs ist sodann auf den Betrag beschränkt, um den die Entnahmen die Einlagen übersteigen.[7] Entstehen im Verlustjahr oder in den Vorjahren Unterentnahmen, so sind diese mit dem Verlust zu verrechnen.[8] Bei der Ermittlung gilt der Grundsatz, dass nach § 4 Abs. 4a Satz 2 EStG zunächst Vorgänge aus dem laufenden VZ und nach § 4 Abs. 4a Satz 3 EStG Vorgänge aus dem Vorjahr zu erfassen sind.

577

Die Berechnung der Bemessungsgrundlage aus den Vorjahren ist zwischen Rechtsprechung und Finanzverwaltung umstritten. Die Finanzverwaltung spaltet den Vorgang in zwei Berechnungen auf, zum einen wird die Über/Unterentnahme vorgetragen, zum anderen der eventuell um eine Unterentnahme geminderte Verlust. Nach der Rechtsprechung des BFH[9] ist eine einheitliche Berechnung der Über/Unterentnahme durchzuführen. Die jeweilige Bemessungsgrundlage wird gedeckelt durch den Betrag, der sich ergibt, wenn fortgeführt für jedes Jahr seit 1999 die Differenz zwischen Einlagen und Entnahmen ermittelt wird.[10]

578

---

1 *Korn*, § 4 EStG Rz. 841.
2 BMF v. 17. 11. 2005, BStBl 2005 I 1019, Tz. 8.
3 So auch *Wendt*, FR 2000, 417; *Kanzler*, INF 2000, 513; HHR/*Schallmoser*, § 4 EStG Rz. 1062.
4 BFH v. 22. 11. 2011 - VIII R 5/08, BFH/NV 2013, 1418 = NWB DokID: EAAAE-12294; BMF v. 16. 11. 2005, BStBl 2005 I 1019, Tz. 8.
5 BMF v. 17.11.2005, BStBl 2005 I 1019, Tz. 11; BFH v. 3.3.2011 - IV R 53/07, BStBl 2011 II S. 688.
6 Vgl. BMF v. 17. 11. 2005, BStBl 2005 I 1019, Tz 15a.
7 BMF v. 17.11.2005, BStBl 2005 I 1019, Tz.11; BFH v. 22.2.2012 - X R 12/09, BFH/NV 2012 S.1418 = NWB DokID: KAAAE-14518; BMF v. 14.3.2018 - X R 17/16, NWB DokID: IAAAG-88857.
8 BMF v. 17.11.2005, BStBl 2005 I S. 1019, Tz. 11.
9 BFH v. 14.3.2018 - X R 17/16, NWB DokID: IAAAG-88857.
10 BFH v. 14.3.2018 - X R 17/16, NWB DokID: IAAAG-88857.

> **BEISPIEL:**
>
> | | Gewinn | Einlage | Entnahme | Überentnahme | Kum. Überentnahme | Deckelung |
> |---|---|---|---|---|---|---|
> | VZ 01 | ./. 600 000 € | 300 000 € | 610 000 € | 910 000 € | | 310 000 € |
> | VZ 02 | 25 000 € | 250 000 € | 300 000 € | 25 000 € | 935 000 € | 360 000 € |
> | VZ 03 | 200 000 € | 20 000 € | 120 000 € | ./.100 000 € | 835 000 € | 460 000 € |
> | VZ 04 | 85 000 € | 200 000 € | 85 000 € | ./.200 000 € | 635 000 € | 345 000 € |

Diese Berechnung hat Vorteile für den Stpfl. wenn – wie im Beispielsfall – ein Verlust mit hohen Entnahmen zusammentrifft. Negative Folgen kann dies haben, wenn in Gewinnjahren mehr entnommen wird als eingelegt wurde und dann Verlustjahre eintreten.[1]

579 Diese Betrachtungsweise führt dazu, dass Einlagen zwar im laufenden Wirtschaftsjahr vorrangig mit Entnahmen zu verrechnen sind. In Wirtschaftsjahren davor und danach kehrt sich die Verrechnungsreihenfolge zugunsten der Verlustverrechnung um. Denkbar wäre im letzten Beispiel auch gewesen, analog der Systematik im Wj. 03 auch die Unterentnahme aus dem Wj. 03 primär mit der Überentnahme aus dem Wj. 02 zu verrechnen, diese mithin auf 27 000 € zu reduzieren und den Verlust in voller Höhe in die Folgejahre vorzutragen.[2]

580–585 (Einstweilen frei)

2. Ermittlung der Schuldzinsen (§ 4 Abs. 4a Satz 3 EStG)

586 **Typisierende Schuldzinsen:** Satz 3 regelt die Ermittlung des Betrags, der nach Satz 4 dem Gewinn zuzurechnen ist. Das Gesetz geht von typisierenden Schuldzinsen i. H. v. 6 % des Betrags der kumulierten Überentnahme aus. Der Stpfl. hat keine Möglichkeit nachzuweisen, dass die tatsächlich gezahlten Schuldzinsen niedriger sind als dieser Betrag.[3] Der Betrag wird unabhängig davon festgesetzt, zu welchem Zeitpunkt im Wirtschaftsjahr die Überentnahme erfolgt ist.[4]

587 **Bemessungsgrundlage** für die Ermittlung nach Satz 3 sind die Überentnahmen des laufenden Jahres. Diese sind in zweierlei Hinsicht zu korrigieren. Zu addieren sind die Überentnahmen der Vorjahre, abzuziehen sind die Unterentnahmen der Vorjahre. Unterentnahmen sind nach Satz 3 die Beträge, um die ein eventueller Gewinn zuzüglich eventueller Einlagen die Entnahmen übersteigt. Die Ermittlung der Vorjahresbeträge ist zwischen Rechtsprechung und Finanzverwaltung umstritten. Die Finanzverwaltung nimmt eine getrennte Fortentwicklung von Verlusten und Überentnahme an,[5] während die Rechtsprechung eine einheitliche Ermittlung des vorzutragenden Überentnahmebetrags unter Berücksichtigung eventueller Verluste vorsieht.[6]

---

1 Vgl. weitere Beispiele bei *Hallerbach*, NWB 2018, 3220.
2 Krit. zur Auffassung der Finanzverwaltung deshalb *Korn*, § 4 EStG Rz. 843.
3 Zu verfassungsrechtlichen Bedenken hinsichtlich dieser Regelung vgl. → Rz. 37.
4 Zur verfassungsrechtlichen Problematik hinsichtlich dieser Regelung vgl. → Rz. 37.
5 BMF v. 17.11.2005, BStBl 2005 I 1019, Tz 11.
6 BFH v. 14.3.2018 - X R 17/16, NWB DokID: IAAAG-88457.

Ermittlung: Die Überentnahme ist demgemäß wie folgt zu ermitteln: 588

      Gewinn des laufenden Jahres
+   Einlagen
./. Entnahmen
=   Überentnahme (negatives Vorzeichen)/Unterentnahme (positives Vorzeichen)
+   Unterentnahme der Vorjahre (falls vorhanden)

      oder Einlage
./. Entnahme
=   Überentnahme (negatives Vorzeichen)/Unterentnahme (positives Vorzeichen)
./. Überentnahme Vorjahr

Ist ein Verlust entstanden, ist wie folgt vorzugehen:[1] 589

Übernahmeentwicklung beginnend 1999	Deckelung beginnend 1999
VZ 01	**VZ 01**
Verlust des laufenden Jahres	Einlage
+ Einlagen	./. Entnahme
./. Entnahmen	
= Überentnahme (negatives Vorzeichen)/Unterentnahme (positives Vorzeichen)	
+ Über-/Unterentnahme der Vorjahre (falls vorhanden)	
= Bemessungsgrundlage und Über- oder Unterentnahme zum Ende eines VZ	
VZ02	**VZ02**
Gewinn	Einlage
+ Einlage	./. Entnahme
./. Entnahme	+ Deckelungsbetrag des Vorjahres
= Überentnahme (negatives Vorzeichen)/Unterentnahme (positives Vorzeichen)	
+ Über-/Unterentnahme Vorjahr	
= Bemessungsgrundlage und Über- oder Unterentnahme zum Ende eines VZ	

Über- und Unterentnahmen vor dem 1.1.1999: Da Über- und Unterentnahmen laufend fortzuschreiben sind, stellt sich die Frage, wie mit Über- und Unterentnahmen umzugehen ist, die 590

---

[1] Überentnahmen der Vorjahre spielen im Verlustfall nur insoweit eine Rolle, als sie zu vorhandenen Überentnahmen des laufenden Jahres zu addieren sind.

bei Inkrafttreten des Gesetzes zum 1.1.1999 vorhanden waren. Zunächst fehlte eine Übergangsregelung im Hinblick auf die Behandlung bereits bestehender Über- und Unterentnahmen. Die Rechtsprechung schloss daraus, dass zugunsten des Stpfl. Unterentnahmen zum 31.12.1998 zu berücksichtigen waren.[1] Aus Vereinfachungsgründen konnte hier ein positives Kapitalkonto herangezogen werden. Mit StÄndG 2001 hat der Gesetzgeber eine Übergangsregelung geschaffen, nach der ab VZ 2001 Unterentnahmen auf den 31.12.1998 nicht mehr zu berücksichtigen sind. Das Unterentnahmekonto auf den 1.1.1999 war auf null festzusetzen.[2] Das Überentnahmekonto ist aus Gründen des verfassungsrechtlichen Rückwirkungsverbots auf den 1.1.1999 ebenfalls auf null festzusetzen.[3]

591 **Unentgeltlicher Erwerb:** Bei unentgeltlichem Erwerb eines Betriebs sei es nach § 6 Abs. 3 EStG, im Erbfall oder bei Umwandlungen mit Gesamtrechtsnachfolge gehen die Über- oder Unterentnahmebestände auf den Übernehmer oder den übernehmenden Rechtsträger über. Dies muss wohl auch für einen Verlust gelten, da dieser im Zusammenhang mit der Über- oder Unterentnahmeentwicklung steht und kein klassischer Verlustvortrag i.S.d. § 10d EStG ist. Bei unentgeltlicher Übertragung von Teilbetrieben kann analog der Auffassung der Finanzverwaltung zur Einbringung von Teilbetrieben anhand des Verhältnisses des verbleibenden und des übergehenden Buchvermögens aufgeteilt werden, es ist aber auch denkbar, dass Über- oder Unterentnahmebestände beim zurückbleibenden Restbetrieb verbleiben.[4]

592 **Einbringung:** Gleiches soll nach Auffassung der Finanzverwaltung[5] gelten bei einer Einbringung von Betrieben, Teilbetrieben oder Mitunternehmeranteilen in Personengesellschaften nach § 24 UmwStG unabhängig davon, ob der Buchwert oder ein Zwischenwert angesetzt ist. Dies ist zumindest zweifelhaft, da es sich bei der Regelung um einen tauschähnlichen Vorgang und damit um ein Veräußerungsgeschäft handelt.[6]

593–597 *(Einstweilen frei)*

3. Rechtsfolge (§ 4 Abs. 4a Satz 4 EStG)

598 **Außerbilanzielle Hinzurechnung:** § 4 Abs. 4a Satz 4 EStG enthält die Rechtsfolge des Abs. 4a, die Hinzurechnung des nach Satz 3 ermittelten Betrags der nicht abziehbaren Schuldzinsen. Gesetzestechnisch erfolgt die pauschale Kürzung gerade nicht über die Kürzung des Schuldzinsenabzugs, sondern über die außerbilanzielle Hinzurechnung dieses Betrags zum Gewinn. § 4 Abs. 4a Satz 4 EStG enthält eine Höchstgrenze für die Hinzurechnung. Der Hinzurechnungsbetrag ist höchstens mit den angefallenen Schuldzinsen abzüglich eines Sockelbetrags von 2050 € anzusetzen. Angefallen sind die Zinsen, wenn sie im jeweiligen Wirtschaftsjahr als Betriebsausgaben geltend gemacht wurden. Nicht in die Berechnung einzubeziehen sind die Schuldzinsen, die auf Investitionsdarlehen nach § 4 Abs. 4a Satz 5 EStG entfallen.[7]

---

1 BFH v. 1.6.2006 - IV R 48/03, BStBl 2006 II 760; BFH v. 21.9.2005 - X R 47/03, BStBl 2006 II 504; BFH v. 21.9.2005 - X R 40/02, BFH/NV 2006, 512 = NWB DokID: XAAAB-73473; *Wendt*, FR 2000, 417.
2 Zu verfassungsrechtlichen Bedenken im Hinblick auf diese Vorschrift vgl. → Rz. 37.
3 BFH v. 23.3.2011 - X R 28/09, BStBl 2011 II 753.
4 Vgl. BMF v. 17.11.2005, BStBl 2005 I 1019, Rz. 32c.
5 BMF v. 17.11.2005, BStBl 2005 I 1019, Rz. 32c.
6 Zweifelnd *Korn*, § 4 EStG Rz. 848.
7 FG Münster v. 29.3.2006 - 1 K 3456/04, NWB DokID: HAAAB-84591, rkr.; *Wendt*, FR 2000, 417 ff.; *Söffing*, DB 2008, 319.

BEISPIEL: Tatsächlich gezahlt wurden Schuldzinsen i. H.v. 3 500 €. Die kumulierten Überentnahmen betragen 40 000 €. Hinzurechnungsbetrag wäre 2 400 €. Der Höchstbetrag für die Hinzurechnung beträgt 3 500 €./. 2 050 € = 1 450 €. Dem Gewinn ist ein Betrag von 1 450 € als nicht abziehbare Schuldzinsen hinzuzurechnen.

Der Sockelbetrag ist betriebsbezogen zu verstehen und kann vom Stpfl. für jeden Betrieb gesondert geltend gemacht werden.[1] Bei Mitunternehmerschaften ist der Betrag entsprechend der Gewinnverteilungsquote auf die Mitunternehmer zu verteilen.[2]

(Einstweilen frei)

4. Ausnahme bei Investitionsdarlehen (§ 4 Abs. 4a Satz 5 EStG)

Eine Begrenzung des Schuldzinsenabzugs erfolgt nicht, soweit die Schuldzinsen aus Darlehen zur Finanzierung von Anschaffungs- und Herstellungskosten von Wirtschaftsgütern des Anlagevermögens dienen. Für die Definition der Begriffe Wirtschaftsgüter des Anlagevermögens, Anschaffungs- und Herstellungskosten gelten die allgemeinen Begriffe.

Abgrenzung: Ob die Schuldzinsen zur Finanzierung der Anschaffungs-/Herstellungskosten angefallen sind, bestimmt sich ausschließlich nach der tatsächlichen Verwendung der Darlehensmittel. Darlehensmittel für eine begünstigte Investition.[3] Werden die Darlehensmittel für eine solche Investition verwendet, fallen auch Schuldzinsen, die entstehen, weil Zinsen eines Investitionsdarlehens finanziert werden müssen, nicht unter das Abzugsverbot.[4] Nicht erforderlich ist, dass ein gesondertes Darlehen aufgenommen wird. Schuldzinsen auf Darlehen, die zum Zweck der Finanzierung von Anlagevermögen aufgenommen werden, sind unproblematisch vom Abzugsverbot ausgeschlossen. Dies gilt auch, wenn Darlehensmittel zur Finanzierung von Wirtschaftsgütern des Anlagevermögens zunächst auf ein betriebliches Kontokorrentkonto überwiesen werden, von dem die Wirtschaftsgüter bezahlt werden oder zunächst der Kontokorrent belastet wird und dann eine Umfinanzierung durch Darlehensaufnahme erfolgt. Finanzverwaltung und Rechtsprechung erkennen den ungekürzten Abzug der Schuldzinsen für das Darlehen in diesen Fällen nur an, wenn die Darlehensaufnahme in engem zeitlichen und betragsmäßigen Zusammenhang mit der Belastung auf dem Kontokorrentkonto steht.[5] Ein solcher enger zeitlicher Zusammenhang wird danach unwiderlegbar vermutet, wenn die Wirtschaftsgüter innerhalb von 30 Tagen vor oder nach Darlehensaufnahme über das betriebliche Kontokorrentkonto finanziert werden. Bei einem längeren Zeitraum muss der Stpfl. den erforderlichen Finanzierungszusammenhang zwischen Darlehensaufnahme und der Anschaffung/Herstellung von WG des Anlagevermögens nachweisen. Ein solcher Finanzierungszusammenhang liegt nicht vor, wenn die Wirtschaftsgüter über Betriebsmittel finanziert waren und das Darlehen lediglich das Eigenkapital wieder auffüllt.[6]

Grundsätzlich sind auch Schuldzinsen eines gemischten betrieblichen Darlehens von der Kürzung ausgenommen, soweit sie auf die Finanzierung der Anschaffungs-/Herstellungskosten von Wirtschaftsgütern des Anlagevermögens entfallen. Hier ist anhand sachgerechter Metho-

---

1 HHR/*Schallmoser*, § 6 EStG Rz. 1085.
2 BFH v. 29. 3. 2007 - IV R 72/02, BStBl 2008 II 420.
3 BFH v. 23. 3. 2012 - IV R 19/08, BStBl 2013 II 151; BFH v. 7. 7. 2016 - III R 26/15, BStBl 2016 II 837.
4 BFH v. 7. 7. 2016 - III R 26/15, BStBl 2016 II 837.
5 BFH v. 23. 2. 2012 - IV R 19/08, BStBl 2013 II 151; BMF v. 18. 2. 2013, BStBl 2013 I 197, Tz. 27.
6 BFH v. 9. 2. 2010 - VIII R 21/07, BStBl 2011 II 257; BMF v. 18. 2. 2013, BStBl 2013 I 197, Tz. 27.

den – nach Auffassung der Finanzverwaltung nach der Zinsstaffelmethode – aufzuteilen.[1] Schuldzinsen, die für die Finanzierung von Umlaufvermögen entstehen, unterfallen den allgemeinen Kürzungsregeln.[2] Sofern ein Darlehen sowohl auf Wirtschaftsgüter des Anlagevermögens als auch auf andere Wirtschaftsgüter entfällt, sind die Schuldzinsen anhand des Verhältnisses der Teilwerte aufzuteilen.[3] Entfallen die Schuldzinsen auf ein weiteres Darlehen zur Finanzierung der Zinsen aus dem Investitionsdarlehen, so unterliegen auch diese Zinsen nicht der Abzugsbeschränkung des § 4 Abs. 4a EStG.[4]

606 **Sonderbetriebsvermögen:** Auch Schuldzinsen, die im Sonderbetriebsvermögen eines Mitunternehmers entstehen und auf die Finanzierung der Anschaffungs-/Herstellungskosten von Wirtschaftsgütern des Anlagevermögens entfallen, sind ungekürzt abziehbar. Dies gilt auch, soweit die Finanzierung für den Erwerb eines Mitunternehmeranteils anteilig auf diese Wirtschaftsgüter entfällt.[5]

607 Technisch erfolgt die Berücksichtigung, indem bei der Höchstbetragsberechnung nach Satz 4 die genannten Schuldzinsen aus den angefallenen Schuldzinsen herausgerechnet werden.

608–610 *(Einstweilen frei)*

5. Geltung bei Gewinnermittlung nach § 4 Abs. 3 EStG (§ 4 Abs. 4a Satz 6 EStG)

611 Die Sätze 1 bis 5 sind sinngemäß bei der Einnahmenüberschussrechnung anzuwenden. Der Begriff des Gewinns richtet sich nach dem Begriff in Abs. 3, Geldeinlagen und Geldentnahmen haben sich auf diesen Gewinn, anders als Sachentnahmen und Einlagen, nicht ausgewirkt. Die nicht abziehbaren Schuldzinsen sind dem Gewinn zuzurechnen, nachdem zuvor betrieblich veranlasste Schuldzinsen in vollem Umfang den Gewinn gemindert haben. Nach § 4 Abs. 4a Satz 6 2. Halbsatz EStG sind Einlagen und Entnahmen gesondert aufzuzeichnen. Dies gilt auch für Einlagen und Entnahmen in Geld. Fehlen Aufzeichnungen, so ist keine gesetzliche Rechtsfolge vorgesehen. Die Beweislast für die Unterentnahmen obliegt allerdings dem Stpfl. Die Finanzverwaltung erkennt trotz fehlender Aufzeichnungen die grundsätzliche Abziehbarkeit der Schuldzinsen zumindest bis zum Betrag von 2 050 € an, auch der unbeschränkte Abzug von Zinsen für Investitionsdarlehen ist zulässig, wenn die Aufzeichnungen fehlen.[6] Auch darüber hinausgehend stellt die Aufzeichnungspflicht keine materielle Voraussetzung für die Abziehbarkeit von Schuldzinsen dar. Sofern der Stpfl. die Höhe der Entnahmen und Einlagen anderweitig nachweist, kann der Schuldzinsenabzug nicht aufgrund fehlender Aufzeichnungen eingeschränkt werden.[7]

612–620 *(Einstweilen frei)*

---

1 BMF v. 17. 11. 2005, BStBl 2005 I 1019, Tz. 6.
2 BFH v. 23. 3. 2011 - X R 28/09, BStBl 2011 II 753; BFH v. 27. 10. 2011 – III R 60/09, BFH/NV 2012, 576 = NWB DokID: HAAAE-03237; BFH v. 30. 8. 2012 - IV R 48/09, BFH/NV 2013, 187 = NWB DokID: YAAAE-25869.
3 BMF v. 7. 8. 2008, BStBl 2008 I 588, Tz. 32d.
4 FG Düsseldorf v. 29. 9. 2015 - 10 K 4479/11 -F, NWB DokID: FAAAF-18565, Rev. erledigt durch BFH v. 7.7.2016 - III R 26/15, BStBl 2016 II 837.
5 BMF v. 7. 8. 2008, BStBl 2008 I 588, Tz. 32c.
6 BMF v. 17. 11. 2005, BStBl 2005 II 1019, Tz. 34.
7 So auch *Heinicke* in Schmidt, § 4 EStG Rz. 534.

IX. Beschränkt abziehbare und nicht abziehbare Betriebsausgaben (§ 4 Abs. 5 EStG)

1. Systematik

LITERATUR:

Hilbert, Personenbezogene Ermittlung beim häuslichen Arbeitszimmer, NWB 2017, 696; *Geserich*, Aufwendungen für ein häusliches Arbeitszimmer bei Nutzung durch mehrere Steuerpflichtige, NWB 2017, 848.

§ 4 Abs. 5 EStG enthält Abzugsverbote für bestimmte Arten von Betriebsausgaben. Das Abzugsverbot greift nur ein, wenn die Aufwendungen dem Grunde nach betrieblich veranlasst, also Betriebsausgaben sind. Da gerade bei den nicht abziehbaren Betriebsausgaben nach Abs. 5 häufig eine Nähe zu Aufwendungen der Lebensführung besteht, ist die betriebliche Veranlassung sehr häufig bereits im Vorfeld besonders zu prüfen. 621

§ 4 Abs. 5 EStG ordnet im Einleitungssatz bereits die Rechtsfolge an, dass die genannten Betriebsausgaben den Gewinn nicht mindern dürfen. Anders als nach § 4 Abs. 4a EStG erfolgt keine Gewinnhinzurechnung, es besteht bereits im Vorfeld ein Abzugsverbot.

Verfassungsrechtliche Bedenken: Die Abzugsverbote durchbrechen das Prinzip der Besteuerung nach der Leistungsfähigkeit, das sich aus Art. 3 GG herleitet (s. § 4 Abs. 5 Satz 1 Nr. 1, 3, 4, 5, 6[1], 7, 8, 10 EStG), sind aber in der Regel gerechtfertigt, weil sie die private Lebenssphäre berühren und insbesondere auch bei den Fahrten Wohnung/Arbeitsstätte und den Familienheimfahrten eine Typisierung gestattet ist.[2] 622

Die Einschränkung der Bewirtungsaufwendungen auf 70 % der Aufwendungen auch für die bewirteten Personen rechtfertigt sich daraus, dass diese keine Einnahmen zu versteuern haben.[3]

Sachlicher Anwendungsbereich: Die Vorschrift ist sachlich anwendbar bei den Gewinneinkünften nach § 2 Abs. 1 Nr. 1 bis 3 EStG (vgl. § 4 Abs. 3 EStG „Betriebsausgaben" § 4 Abs. 1 Satz 6 EStG), in bestimmten Fällen ist sie nach § 9 Abs. 5 EStG auch bei den Überschusseinkünften anwendbar. Über § 8 Abs. 1 KStG ist sie bei den Körperschaften anwendbar. 623

Persönlicher Anwendungsbereich: Der persönliche Anwendungsbereich richtet sich nach den allgemeinen Regeln für § 4 EStG (vgl → Rz. 13 ff.). 624

(Einstweilen frei) 625–627

2. Abzugsverbote nach § 4 Abs. 5 Satz 1 EStG

a) Geschenke (§ 4 Abs. 5 Satz 1 Nr. 1 EStG)

aa) Tatbestand

§ 4 Abs. 5 Satz 1 Nr. 1 EStG enthält ein Abzugsverbot für betrieblich veranlasste Geschenke an Personen, die nicht Arbeitnehmer sind. 628

---

1 BVerfG v. 9.12.2008 - 2 BvL 1/07, BFH/NV 2009, 338 = NWB DokID: SAAAD-00290.
2 HHR/*Schober*, § 4 EStG Rz. 1365.
3 HHR/*Stapperfend*, § 4 EStG Rz. 1180, zur Frage der formellen Verfassungsmäßigkeit der Absenkung des %Satzes von 80 % auf 70 % s. FG Baden-Württemberg 26.4.2013 - 10 K 2983/11, NWB DokID: JAAAE-61115, Az. des BVerfG: 2 BvL 4/13; OFD Koblenz v. 3.6.2014, NWB DokID: EAAAE-72215.

629 **Geschenke** sind unentgeltliche, vermögenswerte Zuwendungen, die für Beteiligte nicht als Gegenleistung für eine bestimmte Leistung des Empfängers gedacht sind und nicht in unmittelbarem engen zeitlichen und sachlichen Zusammenhang mit einer solchen Leistung stehen.[1] Die Vorschrift ist nicht anwendbar, wenn eine Spezialregelung gilt, wie bei den Bewirtungskosten. Deren Abziehbarkeit richtet sich ausschließlich nach § 4 Abs. 5 Nr. 2 EStG. Geschenke können sowohl in Geld als auch in Geldeswert bestehen. § 4 Abs. 5 Nr. 1 EStG greift nicht, wenn es sich um Geschenke an Arbeitnehmer handelt.

630 **Gegenleistungen** sind alle Handlungen im betrieblichen Interesse, die mit der Zuwendung in Zusammenhang stehen und hinreichend konkret sind. Ziel der Zuwendung muss die Gegenleistung sein.[2] Nicht ausreichend ist die Absicht, die Geschäftsbeziehungen allgemein zu verbessern (Zweckschenkung). Zur Abgrenzung ist immer auch die subjektive Vorstellung des Zuwendenden miteinzubeziehen. Will er mit der Zuwendung eine bestimmte Gegenleistung erreichen dann liegt kein Geschenk vor, selbst wenn die Gegenleistung dann nicht eintritt.[3] Dies gilt auch bei Zuwendungen aus Werbezwecken, die an einen beliebig großen Kreis von Zuwendungsempfängern verteilt werden (Streuwerbung).[4] Auch dies sind unentgeltliche Zuwendungen, die aber in der Absicht gewährt werden, eine Geschäftsbeziehung aufzubauen. Für die Frage, ob ein Geschenk vorliegt, ist es unerheblich, ob der Empfänger die Leistung steuerlich zu erfassen hat. Wendet der Stpfl. seinen Geschäftsfreunden unentgeltlich Leistungen zu (bspw. Eintrittskarten), um geschäftliche Kontakte vorzubereiten und zu begünstigen oder um sich geschäftsfördernd präsentieren zu können, kann es sich um Geschenke i.S.v. § 4 Abs. 5 Satz 1 Nr. 1 EStG handeln.[5]

631 **Auflage:** Eine Auflage ist keine Gegenleistung, ihre Erfüllung kann allenfalls den Wert der Schenkung mindern.[6]

632 Abgrenzung ist u. a. erforderlich in folgenden Fällen

- Schmier- und Bestechungsgelder (keine Geschenke),
- Gutscheine jeder Art mit dem Ziel, ein Geschäft zu generieren (keine Geschenke),
- Geschenke zur Verbesserung oder Vorbereitung der Geschäftsbeziehung (Geschenk),[7]
- Incentive Reisen für Vertreter oder Mitarbeiter (kein Geschenk, zusätzliche Provision oder Arbeitsentgelt),
- Incentive Reisen für Vertreter (Geschenk, wenn allgemein die Geschäftsbeziehung gefördert werden soll),
- Preise bei Preisausschreiben (keine Geschenke, Werbeaufwand),
- Bei VIP-Logen ist bei Zuwendung von Eintrittskarten an Arbeitnehmer kein Geschenk anzunehmen, hier steht der Gegenleistungscharakter im Vordergrund.[8]
- Werden Geschäftsfreunde in die VIP-Loge eingeladen, so ist ebenfalls danach zu differenzieren, welches Ziel mit der Einladung verfolgt wird. Geschenke sind anzunehmen, wenn

---

[1] BFH v. 23.6.1993 - I R 14/93, BStBl 1993 II 808; BFH v. 20.8.1986 - I R 29/85, BStBl 1987 II 296; R 4.10 Abs. 4 EStR.
[2] BFH v. 18.2.1982 - IV R 46/78, BStBl 1982 II 394.
[3] *Seifert* in Korn, § 4 EStG Rz. 902.
[4] Vgl. HHR/*Stapperfend*, § 4 EStG Rz. 1145.
[5] BMF v. 22.8.2005, BStBl 2005 I 856, Tz. 4.
[6] BFH v. 23.6.1993 - I R 14/93, BStBl 1993 II 808.
[7] BFH v. 23.6.1993 - I R 14/93, BStBl 1993 II 808.
[8] BMF v. 22.8.2005, BStBl 2005 II 856, Tz. 8 ff.

lediglich Geschäftsbeziehungen verbessert oder vorbereitet werden sollen, soll eine bestimmte in engem, sachlichen oder sonstigem unmittelbaren Zusammenhang stehende Leistung des Empfängers erreicht werden, handelt es sich um voll abziehbare Betriebsausgaben.[1]

- Parteispenden (kein Geschenk),
- Streuwerbeartikel und Zugaben (keine Geschenke),[2]
- Werbeträger (Geschenk).[3]

bb) Rechtsfolge

Betriebsausgaben für Geschenke sind nicht abziehbar. Nach § 4 Abs. 5 Nr. 1 Satz 2 EStG gilt dies nicht, wenn die Anschaffungs- und Herstellungskosten der Geschenke für den jeweiligen Empfänger insgesamt 35 € nicht überschritten haben. Nicht abschließend geklärt ist, ob die pauschale Einkommensteuer nach § 37b EStG in diesen Betrag einzubeziehen ist. Nach Ansicht des BFH unterliegt die Übernahme der pauschalen Einkommensteuer dem Abzugsverbot des § 4 Abs. 5 Nr. 1 Satz 2 EStG, wenn diese zusammen mit dem Wert des Geschenks den Betrag von 35 € überschreitet.[4] Für den Begriff der Anschaffungs- und Herstellungskosten gelten die allgemeinen Grundsätze. Dazu gehören auch alle Anschaffungsnebenkosten, Geschenkverpackung und die Umsatzsteuer, wenn sie nicht als Vorsteuer abziehbar ist.[5] Empfänger kann auch eine dem Empfänger nahe stehende Person sein, wenn die Zuwendung wirtschaftlich betrachtet, dem Empfänger zuzurechnen ist.

633

Freigrenze: Aus der Formulierung „wenn" ergibt sich, dass es sich um eine Freigrenze handelt, die jährlich für jeden Empfänger anzuwenden ist, unabhängig davon, wie viele Geschenke er erhält. Mit Überschreiten dieser Grenze entfällt die Abziehbarkeit für den Gesamtbetrag der diesem Empfänger zugewendeten Geschenke.

634

(*Einstweilen frei*)

635–638

b) Bewirtungsaufwendungen (§ 4 Abs. 5 Satz 1 Nr. 2 EStG)

LITERATUR:
Seifert, Zur Einschränkung des Bewirtungskostenabzugs, StuB 2012, 114.

aa) Tatbestand

§ 4 Abs. 5 Satz 1 Nr. 2 EStG enthält ein beschränkte Möglichkeit des Abzugs für betrieblich veranlasste Bewirtungsaufwendungen. Die Vorschrift ist Spezialregelung zur Regelung über den beschränkten Abzug von Geschenken nach § 4 Abs. 5 Nr. 1 EStG und Spezialregelung gegenüber § 4 Abs. 4 EStG, nach dem betrieblich veranlasste Aufwendungen den Gewinn in voller Höhe mindern dürfen.

639

---

1 Der Nachweis der betrieblichen Veranlassung ist immer zu führen, BMF v. 11. 7. 2006, BStBl 2006 I 447.
2 BFH v. 21. 9. 1993 - III R 76/88, BStBl 1994 II 170; Streuwerbeartikel, sind nach Auffassung der Finanzverwaltung solche, deren AK/HK 10 € nicht überschreiten, BMF v. 29. 4. 2008, BStBl 2008 I 566.
3 FG Baden-Württemberg v. 12. 4. 2016 - 6 K 2005/11, NWB DokID: CAAAF-76355, Rev.: BFH I R 38/16, NWB DokID: CAAAF-76355.
4 BFH v. 30.3.2017 - IV R 13/14, BStBl 2017 II 892. Nach Auskunft des BdSt soll trotz der Veröffentlichung des Urteils im BStBl das diesbezügliche BMF-Schreiben v. 19.5.2015, BStBl 2015 I 468, weitergelten (vgl. Pressemitteilung des BdSt v. 29.8.2017, NWB DokID KAAAG-55369.
5 R 4.10 Abs. 3 EStR.

640 Die Vorschrift gilt für die Gewinneinkünfte und nach § 9 Abs. 5 EStG auch für die Überschusseinkünfte.

641 **Bewirtungskosten** sind Kosten für die Darreichung von Speisen und Getränken. Bewirtungskosten liegen nur vor, wenn nicht nur der Stpfl., sondern auch ein Dritter bewirtet wird, nur dann ist eine betriebliche Veranlassung der Bewirtung denkbar. Abziehbar sind die Bewirtungskosten des Gastes, aber auch diejenigen des Stpfl., denn auch diese sind betrieblich veranlasst. Der Ort der Bewirtung ist unerheblich, kann allenfalls im Rahmen der Angemessenheitsprüfung eine Rolle spielen. Zu den Bewirtungskosten zählen neben den eigentlichen Aufwendungen für Speisen und Getränke auch die Nebenkosten, wie z. B. Trinkgelder oder Saalmiete.

642 **Betriebliche Veranlassung:** Die Bewirtung ist dann geschäftlich veranlasst, wenn sie im Zusammenhang mit einer bestehenden oder noch zu begründenden Geschäftsbeziehung erfolgt, dies gilt auch für die Bewirtung von Arbeitnehmern, die an einem solchen geschäftlichen Anlass teilnehmen.[1] Nicht geschäftlich veranlasst ist die rein innerbetriebliche Bewirtung von Arbeitnehmern. Diese unterliegt keiner Abzugsbeschränkung seitens des Arbeitgebers.[2] Die Geschäftsbeziehung ist in diesem Zusammenhang weit auszulegen, dazu zählen auch geschäftliche Beziehungen zu Dienstleistern, aber auch die Bewirtung von Dritten im Rahmen von Betriebsbesichtigungen oder Informationsveranstaltungen.[3]

643 **Bewirtung im Rahmen einer Veranstaltung:** Erfolgt die Bewirtung im Rahmen einer anderen Veranstaltung, so gelten nach der Rechtsprechung des BFH und der Auffassung der Finanzverwaltung unterschiedliche Regularien je nach Art der Veranstaltung. Erfolgt die Bewirtung im Rahmen des Besuchs einer Nachtbar, eines Striptease-Lokals oder eines ähnlichen Etablissements, so sollen Bewirtungskosten nur dann vorliegen, wenn die Bewirtung im Vordergrund steht.[4]

644 **Gemischte Aufwendungen:** Im Übrigen können Bewirtungsaufwendungen auch vorliegen, wenn die Bewirtung nicht im Vordergrund steht.[5] Nach Auffassung der Finanzverwaltung soll einerseits zu prüfen sein, ob die Bewirtung im Vordergrund steht,[6] andererseits gestattet sie aber im Zusammenhang mit den VIP-Logen, eine grundsätzliche Aufteilung der Aufwendungen und gestattet sogar eine pauschalierte Ermittlung des anteiligen Bewirtungsaufwandes.[7] M. E. ist auch bei den Bewirtungsaufwendungen analog der Aufteilung von betrieblichem und privatem Aufwand, eine Aufteilung nach sachgerechten Maßstäben zu gestatten. Abzugrenzen ist i. d. R. Aufwand, der in vollem Umfang abziehbar ist, Aufwand für Geschenke nach Nr. 1, Bewirtungskosten und Aufwendungen, die nach § 4 Abs. 5 Nr. 7 EStG nicht abziehbar sind. Soweit möglich sollte der Stpfl., bei gemischten Veranstaltungen die Bewirtungskosten gesondert ausweisen lassen. Ist eine Aufteilung nicht möglich, so muss danach entschieden werden, welcher Aufwand das Gepräge gibt.

---

1 BFH v. 18. 9. 2007 - I R 75/06, BStBl 2008 II 116.
2 BFH v. 18. 9. 2007 - I R 75/06, BStBl 2008 II 116.
3 Vgl. R 10. EStR.
4 BFH v. 16. 2. 1990 - III R 21/86, BStBl 1990 II 575; BFH v. 18. 9. 2007 - I R 75/06, BStBl 2008 II 116.
5 *BFH v. 3. 2. 1993 - I R 57/92, BFH/NV 1993, 530 = NWB DokID: CAAAB-33809.*
6 H 4.10 EStH; R 4.10 Abs. 5 Satz 2 EStR.
7 BMF v. 22. 8. 2005, BStBl 2005 I 856.

bb) Rechtsfolge

Bewirtungskosten dürfen den Gewinn nicht mindern, soweit sie 70 % des Aufwands übersteigen, der nach der allgemeinen Verkehrsauffassung angemessen ist und deren Höhe und betriebliche Veranlassung nachgewiesen ist. Ein vollständiger Abzug ist zulässig, soweit die Bewirtung Gegenstand einer mit Gewinnabsicht ausgeübten Tätigkeit ist (§ 4 Abs. 5 Satz 2 EStG).

Soweit das Gesetz auf die betriebliche Veranlassung und den Nachweis der Höhe der Aufwendungen verweist, ist die Regelung deklaratorisch, denn ein Abzug der Bewirtungskosten kommt bereits nach allgemeinen Grundsätzen nur in Betracht, wenn sie betrieblich veranlasst und nachgewiesen sind. Bei der Frage der betrieblichen Veranlassung spielt keine Rolle, dass der Verzehr durch den Stpfl. selbst grundsätzlich auch seiner privaten Lebensführung dient. Darüber hinausgehende private Anlässe führen aber zur Nichtabziehbarkeit der Bewirtungskosten insgesamt.

Angemessenheit: Der Betriebsausgabenabzug ist nur zulässig, soweit die Aufwendungen angemessen sind. Von den danach verbliebenen angemessenen Aufwendungen können dann 70 % steuermindernd geltend gemacht werden. Ob die Bewirtungskosten angemessen sind, ist im Rahmen einer Einzelfallentscheidung für jede Bewirtungsveranstaltung zu prüfen. Nicht zulässig ist eine veranlagungszeitraumbezogene Gesamtbetrachtung.[1]

Kriterien für die Prüfung können sein

- die Üblichkeit der Aufwendungen bei vergleichbaren Betrieben,
- die Größe des Unternehmens,
- die Bedeutung des geschäftlichen Anlasses,
- Bedeutung der bewirteten Personen für den Betrieb,
- wirtschaftliche Erwartungen, die mit der Bewirtung verbunden sind wie Umsatz- oder Gewinnerwartung.

Nachweisanforderungen: Der Nachweis ist sowohl für die Höhe als auch für die betriebliche Veranlassung gemäß § 4 Abs. 5 Nr. 2 Satz 2 EStG schriftlich unter Angabe von Ort, Tag, Teilnehmer und Anlass der Bewirtung sowie Höhe der Aufwendungen zu führen. Dieser Nachweis ist materielle Voraussetzung für den Betriebsausgabenabzug, fehlt er, ist der Betriebsausgabenabzug ausgeschlossen. Die Aufzeichnungen sind zeitnah zu führen.

Bei einer Bewirtung in der betriebseigenen Kantine ist der Nachweis über die Höhe der Kosten problematisch, eine Rechnung ist nicht erforderlich, da es sich nicht um eine Gaststätte handelt. Die Finanzverwaltung gestattet eine pauschale Festsetzung von 15 € pro Bewirtung,[2] es sei denn, die Pauschalierung führt zu einer offenbar unzutreffenden Besteuerung.

Inhalt: Neben Ortsangabe und Datum der Bewirtung, sind alle bewirteten Personen einschließlich des Stpfl. namentlich zu benennen.[3] Sofern die namentliche Benennung unzumutbar ist, kann sie auch entfallen.[4] Schweigepflicht reicht nicht aus, um die Benennung der Teilnehmer zu verhindern.[5] Der Anlass der Bewirtung muss so konkret wie möglich angegeben

---

1 BFH v. 16. 2. 1990 - III R 21/86, BStBl 1990 II 575.
2 H 4.10 Abs. 6 Satz 9 EStH.
3 BFH v. 1. 10. 1993 - IV R 96/91, BFH/NV 1993, 408 = NWB DokID: YAAAA-97249; R 4.10 Abs. 9 Satz 1 EStR.
4 H 4.10 Abs. 9 EStH.
5 BFH v. 26. 2. 2004 - IV R 50/01, BStBl 2004 II 502.

werden. Allgemeine Beschreibungen wie Geschäftsessen, Arbeitsessen reichen nicht aus. Der Nachweis ist zu unterzeichnen.[1]

651 **Gaststättenrechnung:** Findet die Bewirtung in einer Gaststätte statt, so sind lediglich die Angaben zu Anlass und Teilnehmer zu machen (§ 4 Abs. 5 Nr. 2 Satz 3 EStG). Die übrigen Angaben sind entbehrlich, da sie sich aus der beizufügenden Rechnung ergeben. Die Rechnung muss die Gaststätte, den Ort der Bewirtung und die Höhe der Aufwendungen, also die Angaben enthalten, die der Stpfl. ansonsten in seinen Eigenbeleg nach § 4 Abs. 5 Nr. 2 Satz 2 EStG aufgenommen hätte. Die Rechnung muss nach unzutreffender Auffassung der Finanzverwaltung den Vorgaben des § 14 UStG genügen.[2] Dies ist m. E. nicht erforderlich, da § 4 Abs. 5 Satz 1 Nr. 2 EStG den Inhalt der Rechnung abschließend regelt, ein Rückgriff auf die Vorgaben der Umsatzsteuer, die anderen Zwecken dient, ist nicht erforderlich.

652–657 *(Einstweilen frei)*

c) Gästehäuser (§ 4 Abs. 5 Satz 1 Nr. 3 EStG)
aa) Tatbestand

658 Den Gewinn nicht mindern dürfen Aufwendungen für Einrichtungen des Stpfl. nach § 4 Abs. 5 Nr. 3 EStG, soweit sie der Bewirtung, Beherbergung oder Unterhaltung von Personen dienen, die nicht Arbeitnehmer sind, und sich die Einrichtung nicht am Ort des Betriebs des Stpfl. befindet (Gästehäuser). Hier besteht eine erhebliche Nähe zur privaten Lebensführung des Stpfl., die den Nachweis der betrieblichen Veranlassung erschwert. Selbst wenn die betriebliche Veranlassung vorliegt und nachgewiesen ist, bleibt es beim Verbot, alle Aufwendungen für eine solche Einrichtung abzuziehen.

659 **Verhältnis zu anderen Vorschriften:** Neben § 4 Abs. 5 Satz 1 Nr. 3 EStG ist die Anwendung von § 4 Abs. 5 Nr. 1 und 2 EStG ausgeschlossen.[3] Da § 4 Abs. 5 Satz 1 Nr. 3 und 4 EStG jeweils zu einem vollständigen Abzugsverbot führen, spielen Überschneidungen im Anwendungsbereich keine Rolle. § 4 Abs. 5 Satz 1 Nr. 7 EStG stellt eine Auffangvorschrift auch für § 4 Abs. 5 Satz 1 Nr. 3 EStG dar.

660 Die Einrichtung muss eine Einrichtung des Stpfl., also ihm wirtschaftlich zuzurechnen sein. Zu den Aufwendungen, die in den Anwendungsbereich der Nr. 3 fallen, gehören neben Grund-, Boden- und Gebäudekosten auch die Inneneinrichtung eines solchen Gästehauses. Zweck der Einrichtung ist die Bewirtung, also die Darreichung von Speisen oder Getränken, alternativ auch die Unterhaltung des Stpfl., also Vergnügungseinrichtungen jeder Art, aber auch die Beherbergung, also das Anbieten von Übernachtungsmöglichkeiten. In vollem Umfang abziehbar sind die Kosten für die Einrichtung, wenn sie Arbeitnehmern dienen.

661 Das Abzugsverbot greift nicht, wenn die Einrichtung mit Gewinnabsicht gegen Entgelt betrieben wird (§ 4 Abs. 5 Satz 2 EStG).

662 Die Einrichtung muss sich außerhalb des Ortes des Betriebs des Stpfl. befinden. Im Regelfall ist dies die politische Gemeinde, in der sich auch der Betrieb befindet. Dies ergibt sich aus dem Sinn der Vorschrift, zu verhindern, dass Aufwendungen für Einrichtungen in Gegenden mit ho-

---

[1] BFH v. 26. 2. 2004 - IV R 50/01, BStBl 2004 II 502; H 4.10 Abs. 5 bis 9 „Unterschrift" EStH.
[2] H 4.10 Abs. 8 Satz 8 EStH.
[3] H 4.10 Abs. 4 Satz 6 EStH.

hem Freizeitwert steuerlich geltend gemacht werden. Keine Anwendung findet die Vorschrift, wenn sich die Einrichtung in einem Gebiet befindet, das nicht im eigentlichen Ort des Betriebs liegt, aber aufgrund der verkehrstechnischen Gegebenheiten als Einheit angesehen werden kann (Vorortgemeinde o. Ä.).[1]

bb) Rechtsfolge

Aufwendungen für die Einrichtung dürfen den Gewinn nicht mindern, dazu zählen Gebäude-AfA, AfA auf die Wirtschaftsgüter, die mit der Einrichtung zusammenhängen, laufender Unterhalt, Inneneinrichtung. Aufwendungen für einzelne betrieblich veranlasste Veranstaltungen, die in einer solchen Einrichtung stattfinden, sind abziehbar, wenn die übrigen Voraussetzungen für den Betriebsausgabenabzug gegeben sind und kein Abzugsverbot besteht.[2]

663

Trotz dieses Verbots des Abzugs von Betriebsausgaben ist die Einrichtung zu aktivieren, wenn sie zum notwendigen Betriebsvermögen gehört.[3] Entsprechend ist ein eventueller Veräußerungsgewinn steuerpflichtig, der um die steuerlich nicht wirksamen Abschreibungen zu mindern ist, weil das Wirtschaftsgut auch weiterhin dem Betriebsvermögen angehört und abzuschreiben ist, nur die Abschreibungsbeträge unterliegen dem Abzugsverbot.[4]

664

(*Einstweilen frei*)

665–668

d) Aufwendungen für Jagd, Fischerei, Segel- und Motorjachten und ähnliche Zwecke (§ 4 Abs. 5 Satz 1 Nr. 4 EStG)

Aufwendungen nach § 4 Abs. 5 Satz 1 Nr. 4 EStG sind nicht als Betriebsausgaben abziehbar, weil eine Nähe zur privaten Lebensführung besteht und die Aufwendungen als überflüssige Repräsentationsaufwendungen angesehen werden.

669

Sofern Bewirtungsaufwendungen zum Abzug geltend gemacht werden, verdrängt § 4 Abs. 5 Satz 1 Nr. 4 EStG die Vorschrift des § 4 Abs. 5 Satz 1 Nr. 2 EStG, weil sie das weitergehende Abzugsverbot enthält.

aa) Tatbestand

Aufwendungen, die für die genannten Zwecke getätigt werden, sind nicht abziehbar.

670

Jagd: Der Begriff der Jagd richtet sich nach dem Bundesjagdgesetz. Danach ist die Jagd die Hege, die Aneignung und das Erlegen wildlebender Tiere (§ 1 BJagdG). Jagdaufwendungen sind alle Ausgaben, die mittelbar und unmittelbar mit der Jagd zusammenhängen wie Jagdpacht, Schusswaffen, Jagdbekleidung, Jagdschein oder ähnliche Papiere, Versicherungen, aber auch bauliche Einrichtungen wie Jägerstand, Futterstationen, Jagdhütte. Ausnahmen vom Abzugsverbot gelten für Jäger, die ihre Tätigkeit nach § 4 Abs. 5 Satz 2 EStG mit Gewinnabsicht ausüben.

---

1 BFH v. 3. 8. 2005 - I B 44/05, BFH/NV 2005, 2228 = NWB DokID: UAAAB-68099.
2 HHR/*Stapperfend*, § 4 EStG Rz. 1260.
3 BFH v. 12. 12. 1973 - VIII R 40/69, BStBl 1974 II 207.
4 BFH v. 12. 12. 1973 - VIII R 40/69, BStBl 1974 II 207; BFH v. 25. 3. 2015 - X R 14/12, BFH/NV 2015, 973 = NWB DokID: SAAAE-91546.

Fischerei: Zur Fischerei zählen das Fangen und Erlegen wildlebender Fische. Aufwendungen für die Fischerei sind neben den erforderlichen Gerätschaften wie Angelrute, Köder, Kleidung auch eine eventuelle Fischereipacht, Boot, Angelschein.

Segeljachten sind Boote, die aufgrund ihrer Konstruktion durch Wind angetrieben werden.

Motorjachten werden durch Motorsteuerung angetrieben. Der Begriff der Jacht erfasst im allgemeinen Sprachgebrauch größere Boote.[1] Aufwendungen für kleinere Boote können aufgrund der Einbeziehung ähnlicher Zwecke vom Abzug ausgeschlossen sein.

671 **Ähnliche Zwecke** sind solche, die in vergleichbarer Weise nicht unmittelbar betrieblichen Zwecken, sondern in überdurchschnittlichem Maße Repräsentationszwecken oder der Unterhaltung oder sportlichen Betätigung von Geschäftsfreunden dienen. Dazu zählen

- Sportanlagen wie Tennisplätze, Golfanlagen, Sportplätze, Reitanlagen, Reit- oder Rennställe[2] einschließlich der Reit- und Rennpferden,[3] Schwimmbäder,
- Fahrzeuge, die der Unterhaltung der Geschäftsfreunde dienen wie Rennwagen, Segelflugzeuge, Gleitschirme o. Ä.,
- sportliche Veranstaltungen wie Golfturniere[4]
- Herrenabende, auch wenn sie einen kulturellen Hintergrund haben.[5]

672 Eine Anwendung der § 4 Abs. 5 Satz 1 Nr. 4 EStG kommt in diesen Fällen ohnehin nur in Betracht, wenn die betriebliche Veranlassung der Aufwendungen nachgewiesen ist. Andererseits kann sie auch dergestalt bestehen, dass die Aufwendungen für die genannten Wirtschaftsgüter anderen als Repräsentationszwecken dienen, dann kann auch ein voller Betriebsausgabenabzug in Betracht kommen. Entwickelt ein Unternehmer beispielsweise Bestandteile oder Zubehör von Rennwagen, wäre das Halten eines solchen Fahrzeugs für Testzwecke denkbar. Auch wenn entsprechende Anlagen nur den Arbeitnehmern zur Verfügung stehen, kommt ein Betriebsausgabenabzug in Betracht.[6] Auch bei einem Hotel, dem ein Golfplatz/Tennisplatz/Reitstall angegliedert ist, zählt dieser nicht zu den nicht abziehbaren Repräsentationsaufwendungen, ebenso wie der Betrieb einer solchen Anlage mit Gewinnabsicht (§ 4 Abs. 5 Satz 2 EStG).

bb) Rechtsfolge

673 Aufwendungen, die im Zusammenhang mit der Anschaffung/Herstellung oder dem Unterhalt einer in § 4 Abs. 5 Satz 1 Nr. 4 EStG genannten Anlage oder Einrichtung in Zusammenhang stehen, dürfen den Gewinn nicht mindern, auch ähnliche Aufwendungen dürfen nicht als Betriebsausgaben vom Gewinn abgezogen werden. Dies gilt auch für die damit zusammenhängenden Bewirtungsaufwendungen.

674 Einnahmen, die aus den genannten Anlagen und Einrichtungen erzielt werden, sind unbeschadet des Abzugsverbots für Aufwendungen steuerbar, denn § 4 Abs. 5 Satz 1 Nr. 4 EStG unter-

---

1 BFH v. 10. 5. 2001 - IV R 6/00, BStBl 2001 II 575.
2 BFH v. 19. 7. 1990 - IV R 82/89, BStBl 1991 II 333.
3 BFH v. 11. 8. 1994 - I B 235/93, BFH/NV 1995, 205 = NWB DokID: BAAAB-34547.
4 BFH v. 14. 10. 2015 - I R 74/13, BStBl 2017 II 222; BFH v. 16. 12. 2015 - IV R 24/13, BStBl 2017 II 224.
5 FG Düsseldorf v. 19. 11. 2013 - 10 K 2346/11 F, NWB DokID: QAAAE-83506, nrkr. Rev.: BFH VIII R 26/14, auch zu der Frage, ob § 4 Abs. 5 Satz 1 Nr. 4 EStG verfassungskonform dahingehend auszulegen ist, dass ähnliche Zwecke solche mit sportlichem Hintergrund sein müssen, NWB DokID: QAAAE-83506.
6 BFH v. 30. 7. 1980 - I R 111/77, BStBl 1981 II 58.

sagt nur den Abzug des Aufwands, enthält aber keine Ausnahme von den allgemeinen Grundsätzen der Einnahmenerzielung.

(Einstweilen frei) 675–679

e) Mehraufwendungen für Verpflegung (§ 4 Abs. 1 Satz 1 Nr. 5 EStG)

HINWEIS:

BMF v. 24. 10. 2014, BStBl 2014 I 1412; BMF v. 23. 12. 2014, BStBl 2015 I 26.

LITERATUR:

Freckmann/Wörz, Reisekostenreform 2014 – Gestaltungsmöglichkeiten für Arbeitgeber – Zuordnung der ersten Tätigkeitsstätte, NWB 2014, 2949; *Hilbertz*, Reisekosten als Betriebsausgaben – Auswirkungen der Reform des steuerlichen Reisekostenrechts, KSR 2/2015, 11; *Hörhammer/Harder-Buschner*, Auswirkungen der Reisekostenreform auf die Gewinnermittlung – Anmerkungen zum BMF-Schreiben vom 23. 12. 2014, NWB 2015, 484; *Seifert*, Gewinneinkünfte und neues Reisekostenrecht - Anmerkungen zum BMF-Schreiben vom 23. 12. 2014, StuB 2015, 294.

Die Vorschrift zu den Mehraufwendungen für Verpflegung wurde mit Gesetz zur Änderung und Vereinfachung der Unternehmensbesteuerung und des steuerlichen Reisekostenrechts vom 20. 2. 2013[1] vollständig neu gefasst. § 4 Abs. 5 Satz 1 Nr. 5 EStG schließt grundsätzlich den Abzug von Verpflegungsmehraufwand aus, dieser zählt zu den Kosten der Lebensführung. § 4 Abs. 5 Satz 1 Nr. 5 Satz 2 EStG lässt den Abzug ausnahmsweise nach Maßgabe des § 9 Abs. 4a EStG zu.[2] 680

aa) Tatbestand

Verpflegungsmehraufwand ist der Aufwand, der entsteht, weil der Stpfl. aufgrund einer vorübergehenden Auswärtstätigkeit nicht die Möglichkeit hat, sich zu den gleichen Konditionen zu versorgen wie an seinem üblichen Betriebssitz. Die Aufwendungen müssen wegen der vorübergehenden Abwesenheit entstanden sein und unterscheiden sich dadurch von den Bewirtungsaufwendungen nach Nr. 2. Überschneidungen sind nicht ersichtlich. 681

bb) Rechtsfolge

Verpflegungsmehraufwand ist grundsätzlich nicht als Betriebsausgabe abziehbar. 682

(Einstweilen frei) 683–686

f) Ausnahmen vom Abzugsverbot (§ 4 Abs. 5 Satz 1 Nr. 5 Satz 2 EStG)

Vorübergehende Abwesenheit: Verpflegungsmehraufwand kann dann gewinnmindernd geltend gemacht werden, wenn der Stpfl. vorübergehend von seiner Wohnung und dem Mittelpunkt seiner betrieblichen Tätigkeit entfernt betrieblich tätig ist. 687

Der Mittelpunkt der betrieblichen Tätigkeit entsprach schon nach altem Recht dem Mittelpunkt der dauerhaft angelegten beruflichen Tätigkeit des Arbeitnehmers.[3] Dies führt das Gesetz nun fort, in dem in § 4 Abs. 5 Satz 1 Nr. 5 Satz 2 EStG auf die Regelungen des Werbungskostenabzugs für Arbeitnehmer in § 9 Abs. 4a EStG verwiesen wird.

---

1 BGBl 2013 I 285; BStBl 2013 I 188.
2 Vgl. KKB/Weiss, § 9 EStG Rz. 305 ff. und BMF v. 24. 10. 2014, BStBl 2014 I 1412 und BMF v. 23. 12. 2014, BStBl 2015 I 26.
3 BFH v. 11. 5. 2005 - VI R 16/04, BStBl 2005 II 789.

688 **Wohnung:** Für diese hat der Gesetzgeber mit Gesetz zur Änderung und Vereinfachung der Unternehmensbesteuerung und des steuerlichen Reisekostenrechts vom 20.2.2013[1] den Begriff der Wohnung in § 9 Abs. 4a Satz 4 2. Halbsatz EStG definiert als *„der Hausstand, der den Mittelpunkt der Lebensinteressen des Arbeitnehmers bildet"* und nicht nur gelegentlich aufgesucht wird oder die Zweitwohnung am Ort einer steuerlich anzuerkennenden doppelten Haushaltsführung (insbesondere zu berücksichtigen, wenn der Arbeitnehmer mehrere Wohnungen hat). Da der Gesetzgeber Arbeitnehmer und gewinnerzielende Stpfl. insoweit identisch behandeln wollte,[2] kann diese Definition auch bei diesen herangezogen werden.

689 **Mittelpunkt der betrieblichen Tätigkeit:** Der Mittelpunkt der betrieblichen Tätigkeit ist nach Ansicht der Finanzverwaltung die sog. erste Betriebsstätte.[3] Betriebsstätte ist danach, die von der Wohnung getrennte dauerhafte Tätigkeitsstätte des Stpfl., d. h. eine ortsfeste betriebliche Einrichtung des Stpfl., an der oder von der aus die steuerrechtlich relevante Tätigkeit dauerhaft ausgeübt wird.

690 **Dauerhaftigkeit:** Die Dauerhaftigkeit ist nach § 9 Abs. 4 Satz 3 EStG insbesondere gegeben, wenn die steuerlich erhebliche Tätigkeit an einer Tätigkeitsstätte unbefristet für eine Dauer von voraussichtlich mehr als 48 Monaten oder für die gesamte Dauer der betrieblichen Tätigkeit ausgeübt werden soll. Für die dafür erforderliche Prognose soll analog der Regelung bei Arbeitnehmern auf das Auftragsverhältnis abgestellt werden. Dies ist m. E. bei betrieblicher Tätigkeit ungeeignet, hier muss auf die Dauerhaftigkeit der betrieblichen Einrichtung abgestellt werden. Gerade bei Existenzgründern ist hier eine Prognose über einen Zeitraum von vier Jahren ungeeignet.

691 **Quantitative Kriterien:** Der Gesetzgeber und die Finanzverwaltung[4] gehen anders als die Rechtsprechung[5] zum alten Recht erkennbar von quantitativen Kriterien aus. Auch für die Beurteilung, ob die betriebliche Tätigkeit dauerhaft angelegt ist, muss daher von quantitativen Maßstäben ausgegangen werden. Denkbar wäre, sich an entsprechenden Planungen, Businessplänen oder ähnlichem zu orientieren. Wird die betriebliche Tätigkeit an mehreren Betriebsstätten ausgeübt, so wird die dauerhafte betriebliche Tätigkeit von der ersten Betriebsstätte aus ausgeübt. Welche die erste Betriebsstätte ist, ist nach Auffassung der Finanzverwaltung in Anlehnung an § 9 Abs. 4 Satz 4 EStG ebenfalls anhand quantitativer Kriterien zu ermitteln. Danach soll die erste Betriebsstätte dort liegen, wo der Stpfl. arbeitstäglich oder je Woche an zwei vollen Arbeitstagen oder mindestens zu einem Drittel seiner regelmäßigen Arbeitszeit tätig werden will. Treffen diese Kriterien auf mehrere Tätigkeitsstätten zu, ist die der Wohnung des Stpfl. näher gelegene Tätigkeitsstätte erste Betriebsstätte.

692 **Vorübergehend:** Der Stpfl. muss vorübergehend in diesem Sinne auswärts tätig sein. Der Begriff vorübergehend ist im Gesetz nicht definiert. Der Begriff vorübergehend ist qualitativ, nicht quantitativ auszulegen. Vorübergehend heißt, dass der Stpfl. nicht dauerhaft an der anderen Betriebsstätte tätig ist, sondern dass eine Rückkehr an die erste Betriebsstätte beabsichtigt ist.[6] Ob dies der Fall ist, ist unabhängig von der Dauer der Tätigkeit. Eine längerfristige Tätigkeit kann allenfalls ein Indiz dafür sein, dass keine Rückkehr an die erste Betriebsstätte

---

1 BGBl 2013 I 285; BStBl 2013 I 188.
2 Vgl. auch BMF v. 23.12.2014, BStBl 2015 II 26.
3 Anders als nach § 12 AO BMF v. 23.12.2014, BStBl 2015 I 26.
4 Vgl. § 9 Abs. 4 EStG und BMF v. 23.12.2014, BStBl 2015 I 26.
5 BFH v. 5.8.2004 - VI R 40/03, BStBl 2004 II 1074.
6 HHR/ *Stapperfend/Schober*, § 4 EStG Rz. 1361.

beabsichtigt ist. Das Gesetz geht bei einer längerfristigen beruflichen Tätigkeit davon aus, dass der Abzug von Verpflegungsmehraufwand nach § 9 Abs. 4 a Satz 6 EStG auf maximal drei Monate beschränkt ist. Dass eine Tätigkeit längerfristig ist, heißt zwar noch nicht, dass sie nicht auch vorübergehend ist, dennoch ist der Gesetzgeber wohl insgesamt von einer zeitlichen Obergrenze ausgegangen, bei deren Überschreiten die Tätigkeit nicht mehr vorübergehend ist. Ob dies auch bei der vorübergehenden Tätigkeit gilt, ist demnach zweifelhaft. Sinn und Zweck der partiellen steuerlichen Anerkennung von Verpflegungsmehraufwand ist die Tatsache, dass aufgrund der Auswärtstätigkeit ökonomisch günstigere Verpflegungsmöglichkeiten im Betrieb oder häuslichen Umfeld entfallen. Ist die Tätigkeit tatsächlich nur vorübergehend angelegt, so können diese Mehrkosten auch noch nach mehr als drei Monaten auftreten. Bei einer nicht vorübergehenden Tätigkeit ist die zeitliche Obergrenze berechtigt, da sich der Stpfl. hier an die neuen Gegebenheiten anpassen und entsprechend disponieren kann.

Rechtsfolge: Liegen die Voraussetzungen des § 4 Abs. 5 Satz 1 Nr. 5 Satz 2 EStG vor, so richtet sich der Abzug von Verpflegungsmehraufwand nach § 9 Abs. 4a EStG als Rechtsgrundverweisung.[1]

(Einstweilen frei)

g) Fahrten zwischen Wohnung und Arbeitsstätte, Familienheimfahrten (§ 4 Abs. 5 Satz 1 Nr. 6 EStG)

LITERATUR:

Seifert, Pkw-Nutzung durch einen Unternehmer für Fahrten zwischen Wohnung und Betriebsstätte, StuB 2014, 816; *Bilsdorfer*, Einkommensteuer: Fahrten zwischen Wohnung und Betriebsstätte bei Selbständigen, SteuerStud 2015, 459; *Hilbertz*, Reisekosten als Betriebsausgaben, KSR 2/2015, 11.

aa) Tatbestand

§ 4 Abs. 5 Satz 1 Nr. 6 EStG beschränkt den Abzug von Aufwand für Fahrten zwischen Wohnung und Betriebsstätte und für Familienheimfahrten auf die Höhe der Entfernungspauschale, die auch Arbeitnehmer nach § 9 Abs. 1 Satz 3 Nr. 4 EStG geltend machen können. Dabei wird differenziert zwischen Fahrten, für die ein betriebliches Kfz genutzt wird (Satz 2) und solchen, die mit dem eigenen Pkw oder anderweitig vorgenommen werden (Satz 1). § 4 Abs. 5 Satz 1 Nr. 6 EStG enthält nach seinem Satz 1 abschließende Regelungen für die Abziehbarkeit und die Gewinnzurechnung. Satz 2 und Satz 3 fingieren die betriebliche Veranlassung von Fahrten zwischen Wohnung und Betriebsstätte, begrenzen aber andererseits den Abzug dieser betrieblich veranlassten Aufwendungen.

Anwendungsbereich: Die Vorschrift ist anwendbar für Aufwendungen für Fahrten zwischen Wohnung und Betriebsstätte im Rahmen der Gewinneinkünfte. Der persönliche Anwendungsbereich richtet sich nach den allgemeinen Regeln. Bei Personengesellschaften ist die Regelung auf der Ebene der Gesellschaft anzuwenden, wenn Gesellschafter Pkw des Gesamthandsvermögens nutzen, die Ermittlung hat aber individuell für jeden Gesellschafter zu erfolgen. Ist nichts anderes geregelt, erfolgt die Gewinnzurechnung auf Ebene der Gesellschaft, verteilt wird in diesem Fall nach dem allgemeinen Gewinnverteilungsschlüssel.

---

1 Vgl. dazu KKB/Weiss, § 9 EStG Rz. 305 ff.

702 **Wege** sind die Strecken, die der Stpfl. zwischen Wohnung und Betriebsstätte zurücklegt.[1] Familienheimfahrten sind nach § 9 Abs. 1 Satz 3 Nr. 5 Satz 5 EStG Wege vom Ort der ersten Arbeitsstätte zum Ort des eigenen Hausstandes und zurück.[2] Aufwendungen sind Kosten, die mit der jeweiligen Fahrt im wirtschaftlichen Zusammenhang stehen.

Hinsichtlich der Rechtsfolgen ist zu differenzieren zwischen Satz 2, der den Fall betrifft, dass die Wege nicht mit dem betrieblichen Pkw zurückgelegt werden, und Satz 3. Dieser enthält eine pauschalierte Gewinnzurechnung, die sicherstellen soll, dass auch bei betrieblich genutzten Pkw nur die Entfernungspauschale nach § 9 Abs. 1 Satz 3 Nr. 4 EStG geltend gemacht werden kann.

bb) Rechtsfolge ohne Nutzung eines betrieblichen Pkw

703 In der Rechtsfolge beschränkt § 4 Abs. 5 Satz 1 Nr. 5 Satz 2 EStG den Betriebsausgabenabzug mit einem Verweis auf § 9 Abs. 1 Satz 3 Nr. 4 Satz 2 bis Satz 6 und Nr. 5 Satz 5 bis Satz 7 EStG und § 9 Abs. 2 EStG auf die Höhe der Entfernungspauschale[3] für Fahrten Wohnung, Arbeitsstätte bzw. für Familienheimfahrten. Der Abzug ist zulässig, auch wenn tatsächlich gar keine oder niedrigere Fahrtkosten angefallen sind.

cc) Rechtsfolgen bei Nutzung des betrieblichen Pkw

704 § 4 Abs. 5 Satz 1 Nr. 5 Satz 3 ff. EStG enthält detaillierte Regelungen über die Begrenzung des Betriebsausgabenabzugs bei der Nutzung betrieblicher Pkw auf die nach Satz 2 abziehbare Entfernungspauschale. Ausgangspunkt für die im Vergleich zu Satz 2 komplizierte Berechnung ist der Umstand, dass bei betrieblich genutzten Pkw zunächst der gesamte Aufwand gewinnmindernd geltend gemacht werden kann. Ein Hinweis auf die Regelungen zur Entfernungspauschale allein würde daher leerlaufen. Satz 3 sieht daher eine Gewinnzurechnung nach folgenden Grundsätzen vor.

705 **Sockelbetrag:** Als Sockelbetrag ist der Betrag der Entfernungspauschale nach § 9 Abs. 1 Satz 3 Nr. 4 Satz 2 bis Satz 6 und Nr. 5 Satz 5 bis Satz 7 EStG und § 9 Abs. 2 EStG zu ermitteln. Daneben ist ein Hinzurechnungsbetrag zu ermitteln, der davon abhängt, ob der Stpfl. die private Nutzung eines betrieblichen Pkw mit der 1 %-Regel nach § 6 Abs. 1 Nr. 4 Satz 2 EStG ermittelt oder ein Fahrtenbuch i. S. d. § 6 Abs. 1 Nr. 4 Satz 3 EStG führt.

706 **Private Kfz-Nutzung nach der 1 %-Regel:** In diesem Fall ist für die Wege zwischen Wohnung und Arbeitsstätte, ein Betrag von 0,03 % des Bruttolistenpreises je Kalendermonat für jeden Entfernungskilometer nach § 6 Abs. 1 Nr. 4 Satz 2 EStG[4] anzusetzen. Von diesem Betrag ist die Entfernungspauschale abzuziehen. Der Restbetrag (positiver Unterschiedsbetrag) ist dem Gewinn hinzuzurechnen. Das Gesetz spricht zwar davon, dass dieser Betrag den Gewinn nicht mindern darf, dennoch erfolgt technisch eine außerbilanzielle Hinzurechnung, da die Pkw-Kos-

---

[1] Vgl. dazu KKB/Weiss, § 9 EStG Rz. 37.
[2] Vgl. im Einzelnen KKB/Weiss, § 9 EStG Rz. 116 ff.
[3] Vgl. zu den Abzugsbeschränkungen KKB/Weiss, § 9 EStG Rz. 116 ff.
[4] Vgl. dazu KKB/C. Kraft/Teschke, § 6 EStG Rz. 215.

ten insgesamt den Gewinn bereits ungekürzt gemindert haben. Der Betrag der Hinzurechnung ist gedeckelt auf die tatsächlichen Kosten, die mit der Kfz-Nutzung entstehen.[1]

Ergibt sich bei extrem niedrigen Bruttolistenpreisen ein negativer Unterschiedsbetrag, so kann dieser den Gewinn mindern.[2]

BEISPIEL: Die Entfernung Wohnung zur Betriebsstätte beträgt 10 km. Der Bruttolistenpreis des betrieblich genutzten Pkw beträgt 100 000 €.

Entfernungspauschale	10 x 0,3 x 220 Tage	660
Gewinnzurechnung nach Satz 3	100 000 x 0,03 % x 12 x 10	3 600
Hinzurechnung	3 600 ./. 660	2 940

Für Familienheimfahrten ist anstelle des Betrags von 0,03 % ein Betrag von 0,002 % des Bruttolistenpreises pro Entfernungskilometer für jede Familienheimfahrt abzüglich der Entfernungspauschale nach § 9 Abs. 1 Satz 3 Nr. 4 Satz 2 bis Satz 6 und Nr. 5 Satz 5 bis Satz 7 EStG und § 9 Abs. 2 EStG gewinnerhöhend anzusetzen. Der Betrag ist gedeckelt auf die tatsächlichen Kosten, die mit der Kfz-Nutzung entstehen.[3]

Je weiter die Entfernung zwischen Wohnung und Arbeitsstätte ist, umso höher ist die Hinzurechnung. Dies kann dazu führen, dass der Aufwand für die sonstigen betrieblichen Fahrten nicht mehr abziehbar ist. Andererseits kann sich bei extrem niedrigen Bruttolistenpreisen ein negativer Betrag ergeben, der sich gewinnmindernd auswirkt.

BEISPIEL: Die Entfernung Wohnung zur Betriebsstätte beträgt 50 km. Der Bruttolistenpreis des betrieblich genutzten Pkw beträgt 100 000 €, die jährliche Fahrleistung 30 000 km. Da der Pkw bereits abgeschrieben ist, betragen die tatsächlichen Kosten der Nutzung ca. 10 000 €.

Entfernungspauschale	50 x 0,3 x 220 Tage	3 300
Gewinnzurechnung nach Satz 3	100 000 x 0,03 % x 12 x 50	18 000
Hinzurechnung	18 000 ./. 3 300	14 700

Die Hinzurechnung ist gedeckelt auf die tatsächlichen Kosten von 10 000 €. Die Kosten für $^2/_3$ der betrieblichen Fahrten bleiben steuerlich unberücksichtigt. Vermieden werden kann diese Rechtsfolge durch die Anwendung des Fahrtenbuchs.

Nutzt der Stpfl. mehrere Kfz, so ist zwar für die pauschale Hinzurechnung der Privatnutzung im Allgemeinen für jedes Fahrzeug die 1 %-Regelung anzuwenden. Für die Fahrten zwischen Wohnung und Betriebsstätte ist aber anzunehmen, dass der Stpfl. nur eines dieser Fahrzeuge nutzt. Um Missbrauch zu vermeiden, geht die Finanzverwaltung von der widerlegbaren Vermutung aus, dass das Fahrzeug mit dem höchsten Bruttolistenpreis genutzt wird.[4]

---

1 BMF v. 18.11.2009, BStBl 2009 I 1326, Tz. 18; vgl. im Einzelnen KKB/C. Kraft/Teschke, § 6 EStG Rz. 218; BFH v. 18.9.2012 - VIII R 28/10, BStBl 2013 II 120.
2 HHR/*Schober*, § 4 EStG Rz. 1372.
3 BMF v. 18.11.2008, BStBl 2009 I 1326, Tz. 18; vgl. im Einzelnen KKB/C. Kraft/Teschke, § 6 EStG Rz. 218; BFH v. 18.9.2012 - VIII R 28/10, BStBl 2013 II 120.
4 BMF v. 18.11.2009, BStBl 2009 I 1326, Tz. 12.

711 **Unregelmäßige Fahrten:** Bei unregelmäßiger Nutzung des Pkw gestattet der BFH, analog den Familienheimfahrten die Gewinnzurechnung nur i. H. v. 0,002 % des Bruttolistenpreises[1] pro Tag der Nutzung. Die Rechtsprechung hatte über Fälle zu entscheiden, in denen die Stpfl. die Fahrten Wohnung/Arbeitsstätte nur an einem oder zwei Tagen in der Woche durchführten. Das Gesetz geht von einer durchschnittlichen Zahl von 15 Fahrten Wohnung, Arbeitsstätte im Monat aus, ab welcher Zahl tatsächlich der niedrigere Prozentsatz anzusetzen ist, ist nicht abschließend geklärt. Je näher die Zahl der Fahrten an die 15 hinkommt, umso eher wird es bei der allgemeinen Regel des § 4 Abs. 5 Satz 1 Nr. 5 Satz 3 1. Alt. bleiben. M. E. kann sich bei Anwendung der Rechtsprechung die Nutzung auch von Monat zu Monat ändern, wenn beispielsweise ein Stpfl. in den Sommermonaten das Fahrrad nutzt, um die Betriebsstätte zu erreichen, im Winter aber regelmäßig mit dem Pkw fährt.

712 **Fahrtenbuchmethode:** Ermittelt der Stpfl. seine private Kfz-Nutzung nach § 6 Abs. 1 Nr. 4 Satz 1 oder Satz 3 EStG, so sind anstelle der pauschalen Prozentsätze von 0,03 und 0,002, die auf die Fahrten zwischen Wohnung und Arbeitsstätte und die Familienheimfahrten tatsächlich entfallenden Kosten anzusetzen.

713 **Elektrofahrzeuge:** § 4 Abs. 5 Satz 1 Nr. 6 Satz 3 3. Halbsatz EStG verweist auf die Minderungen des Bruttolistenpreises für Elektrofahrzeuge nach § 6 Abs. 1 Nr. 4 Satz 3 2. Halbsatz EStG, die auch im Rahmen der Hinzurechnung für die Fahrten zwischen Wohnung und Betriebsstätte und Familienheimfahrten zu beachten sind.[2]

714–719 (*Einstweilen frei*)

h) Doppelte Haushaltsführung (§ 4 Abs. 5 Satz 1 Nr. 6a EStG)

LITERATUR:

Seifert, Neues zur doppelten Haushaltsführung, StuB 2015, 110.

ARBEITSHILFEN UND GRUNDLAGEN ONLINE:

Langenkämper, Doppelte Haushaltsführung, NWB DokID: BAAAB-14582; *Schmidt*, Doppelte Haushaltsführung, NWB DokID: IAAAE-70154.

720 Die Regelung wurde aufgehoben durch StÄndG 2003 v. 15. 12. 2003[3] und in geänderter Form wieder eingeführt durch UntStReiseÄndG v. 20. 2. 2013.[4] Verwiesen wird in vollem Umfang hinsichtlich Voraussetzungen und Rechtsfolgen auf die Regelungen für Arbeitnehmer in § 9 Abs. 1 Satz 3 Nr. 5 Satz 1 bis 4 EStG.[5]

721–724 (*Einstweilen frei*)

i) Arbeitszimmer (§ 4 Abs. 5 Satz 1 Nr. 6b EStG)

LITERATUR:

▶ Weitere Literatur siehe Online-Version

---

1 BFH v. 22. 9. 2010 - VI R 57/09, BFH/NV 2011, 349 = NWB DokID. EAAAD-58656; BFH v. 4. 4. 2008 - VI R 85/04, BStBl 2008 II 887; a. A. BMF v. 23. 10. 2008, BStBl 2008 I 961, unter Hinweis auf Sinn und Zweck und Wortlaut der Norm, so auch *Wolf*, DStR 2009, 152.
2 Vgl. BMF v. 5. 6. 2014, BStBl 2014 I 835.
3 BGBl 2003 I 2645; BStBl 2003 I 710.
4 BGBl 2013 I 285.
5 Vgl. hierzu KKB/Weiss, § 9 EStG Rz. 199 ff.

Rolfes/Seifert, Aufwendungen für ein häusliches Arbeitszimmer, StuB 2013, 848; *Meurer*, Das Aufteilungs- und Abzugsgebot beim häuslichen Arbeitszimmer – Vorlage an den Großen Senat des BFH vom 21.11.2013 – XI R 23/12, BB 2014, 1184; *Rolfes*, Aufteilbarkeit von Kosten für ein häusliches Arbeitszimmer – Vorlage an den Großen Senat des BFH, StuB 2014, 261; *Seifert*, Häusliches Arbeitszimmer, StuB 2014, 838; *Geserich*, Häusliches Arbeitszimmer: Mittelpunkt der gesamten betrieblichen und beruflichen Tätigkeit bei einem Pensionär, NWB 2015, 720; *Hilbert*, Häusliches Arbeitszimmer eines Pensionärs im Keller – Einfluss von Bezügen aus früheren Diensten sowie Abgrenzung zwischen Wohn- und Zubehörräumen, KSR 4/2015, 3; *Heger*, Kosten für gemischt genutzte häusliche Arbeitszimmer nicht abziehbar – Zum Beschluss v. 27.7.2015 - GrS 1/14, DB 2016, 249; *Kanzler*, Keine Aufteilung der Kosten für ein häusliches Arbeitszimmer, BFH-Beschluss v., 27.7.2015 - GrS 1/14 – Kritische Anmerkungen und Konsequenzen für die Praxis, NWB 2016, 1071; *Rolfes*, Neues Grundsatzurteil zum häuslichen Arbeitszimmer – Der Beschluss des Großen Senats v. 27.7.2015 - GrS 1/14, StuB 2016, 220; *Seifert*, Häusliches Arbeitszimmer: Kein Abzug bei gemischter Nutzung, StuB 2016, 193.

ARBEITSHILFEN UND GRUNDLAGEN ONLINE:

Langenkämper, Arbeitszimmer, NWB DokID: FAAAA-41694; *Nolte*, Häusliches Arbeitszimmer, NWB DokID: MAAAE-35006. Checkliste „Häusliches und außerhäusliches Arbeitszimmer: Prüfschema und Abgrenzungskriterien", NWB DokID: NAAAE-43350; *Langenkämper*, Berechnungsprogramm „Arbeitszimmer – Berechnungsbogen mit erläuternden Hinweisen", NWB DokID: QAAAE-32657; Mandanten-Merkblatt „Häusliches Arbeitszimmer – Abzugsfähigkeit und Gestaltungsmöglichkeiten", NWB DokID: BAAAE-40227.

Bis zum 31.12.1995 waren Aufwendungen für ein häusliches Arbeitszimmer nach den allgemeinen steuerlichen Grundsätzen abziehbar. Da die Regelung sehr missbrauchsanfällig war, wurde die Abziehbarkeit seit JStG 1996 v. 11.10.1995[1] erheblich eingeschränkt (s. → Rz. 737). 725

Verfassungswidrig wegen Verstoßes gegen den Gleichheitssatz war die Einschränkung durch StÄndG 2007 v. 19.7.2006,[2] weil der Abzug auch dann ausgeschlossen war, wenn dem Stpfl. kein anderer Arbeitsplatz zur Verfügung stand.[3] Hinsichtlich der derzeitig geltenden Regelungen bestehen keine verfassungsrechtlichen Bedenken,[4] ebensowenig wie im Hinblick auf die grundsätzliche Begrenzung der Abziehbarkeit von Aufwendungen für das häusliche Arbeitszimmer.[5] Wegen der rückwirkenden Anwendung der Neuregelung wendet der BFH die Regelung contra legem in den Jahren 2007 bis 2010 auch an, wenn ein anderer Arbeitsplatz zur Verfügung stand.[6] 726

§ 4 Abs. 5 Nr. 6b EStG geht von dem Grundsatz aus, dass Aufwendungen für ein häusliches Arbeitszimmer den Gewinn nicht mindern dürfen. Eine Ausnahme gilt entsprechend den Vorgaben des Bundesverfassungsgerichts nur dann, wenn für die betriebliche oder berufliche Tätigkeit kein anderer Arbeitsplatz zur Verfügung steht. Der Höhe nach ist der Abzug beschränkt auf 1 250 € pro Jahr, es sei denn, das Arbeitszimmer bildet den Mittelpunkt der gesamten betrieblichen und beruflichen Tätigkeit des Stpfl. 727

Systematisch ist der Tatbestand strukturiert durch mehrere Regel-Ausnahmeverhältnisse. 728

Erste Grundregel ist, dass die Aufwendungen für ein häusliches Arbeitszimmer den Gewinn nicht mindern dürfen. Erste Ausnahme ist, dass ein Abzug doch zulässig ist, wenn dem Stpfl. kein anderer Arbeitsplatz für die betriebliche oder berufliche Tätigkeit zur Verfügung steht. 729

---

1 BGBl 1995 I 1250, BStBl 1995 I 438.
2 BGBl 2006 I 1652.
3 BVerfG v. 6.7.2010 - 2 BvL 13/09, BStBl 2011 II 318.
4 *Bergkemper*, DB 2010, 1674 ff.; *Seifert/Odenthal*, DStZ 2010, 683.
5 BVerfG v. 7.12.1999 - 2 BvR 301/98, BVerfGE 101, 297.
6 BFH v. 16.7.2014 - X R 49/11, BFH/NV 2015, 177 = NWB DokID: KAAAE-81444.

Zweite Grundregel ist, dass in diesem Fall der Abzug auf 1 250 € pro Jahr beschränkt ist. Zweite Ausnahme ist, dass dies dann nicht gilt, wenn das Arbeitszimmer den Mittelpunkt der gesamten betrieblichen oder beruflichen Tätigkeit bildet.

ABB.

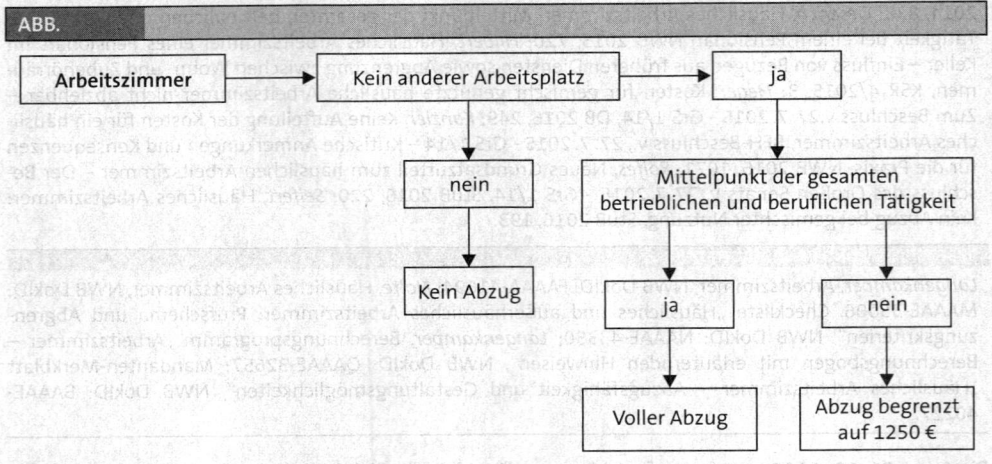

730 **Persönlicher Anwendungsbereich:** Die Vorschrift unterscheidet sich im persönlichen Anwendungsbereich nicht von der Grundregel des § 4 Abs. 1 bis 4a EStG. Die Vorschrift ist anwendbar auf unbeschränkt und beschränkt Stpfl. Bei Körperschaften gilt sie zwar über § 8 Abs. 1 KStG auch, der Anwendungsbereich läuft aber mangels häuslichen Arbeitszimmers leer. Bei Personengesellschaften kann der Aufwand allenfalls im Rahmen von Sonderbetriebsausgaben oder Sonderwerbungskosten anfallen.

731 **Sachlicher Anwendungsbereich:** Bereits aus der Formulierung des § 4 Abs. 5 Satz 1 Nr. 6b EStG ergibt sich, dass die Vorschrift sowohl bei den Gewinneinkünften (betriebliche Tätigkeit) als auch bei den Überschusseinkünften (berufliche Tätigkeit, vgl. auch § 9 Abs. 5 Satz 1 EStG) anwendbar ist.

aa) Tatbestand Satz 1

732 Aufwendungen für ein häusliches Arbeitszimmer sowie die Kosten der Ausstattung dürfen den Gewinn nicht mindern.

733 **Häusliches Arbeitszimmer:** Der Begriff des häuslichen Arbeitszimmers ist gesetzlich nicht definiert, wird aber von Rechtsprechung und Verwaltung einheitlich ausgelegt als ein Raum, „der seiner Lage, Funktion und Ausstattung nach in die häusliche Sphäre des Stpfl. eingebunden ist, vorwiegend der Erledigung gedanklicher, schriftlicher, verwaltungstechnischer oder -organisatorischer Arbeiten dient".[1] Ob ein solcher Raum vorliegt, ist nach dem Gesamtbild der Verhältnisse zu beurteilen. Die Abgrenzung ist deshalb von erheblicher Bedeutung, weil Aufwendungen für Räume, die betrieblich genutzt werden, aber kein Arbeitszimmer darstellen, unbeschränkt steuerlich geltend gemacht werden können. Ein Telearbeitsplatz ist ebenfalls ein häusliches Arbeitszimmer, auch wenn der Arbeitgeber die EDV-Einrichtung stellt, die Kosten

---

[1] BFH v. 16. 10. 2002 - XI R 89/00, BStBl 2003 II 185; BFH v. 19. 9. 2002 - VI R 70/01, BStBl 2003 II 139; BFH v. 26. 3. 2009 - VI R 15/07, BStBl 2009 II 598; BFH v. 23. 9. 2009 - IV R 21/08, BStBl 2010 II 337; BMF v. 2. 3. 2011, BStBl 2011 I 195, Rz. 3.

der Kommunikation übernimmt und der Arbeitnehmer dem Arbeitgeber den Zutritt gestatten muss.[1]

Begriff: Das Arbeitszimmer ist ein büroähnlicher Raum, der typischerweise mit Schreibtisch, Computer und Regalen ausgestattet ist. Vor diesem Hintergrund ist er abzugrenzen von Räumen, die funktionell anderen Zwecken dienen, vom Tonstudio, vom Atelier oder der Werkstatt eines Künstlers, von Praxisräumen, Lager- und Archivräumen.[2] Der Übungsraum eines Musikers, in dem auch Noten, Partituren, CDs und musikwissenschaftliche Unterlagen lagern und der zur Vorbereitung der eigentlichen beruflichen Tätigkeit genutzt wird, ist Arbeitszimmer.[3] Aber auch dann, wenn das Arbeitszimmer diesen ausstattungsmäßigen Anforderungen entspricht, und auch für die klassische Büroarbeit genutzt wird, muss nicht zwingend ein Arbeitszimmer i. S. d. § 6 Abs. 5 Satz 1 Nr. 6b EStG vorliegen. Nach der Rechtsprechung des Großen Senats des BFH[4] muss der Wortlaut der Vorschrift folgend der Begriff des Arbeitszimmers erweiternd dahingehend ausgelegt werden, dass ein solches nur vorliegt, wenn es ausschließlich oder nahezu ausschließlich zur Erzielung von Einnahmen genutzt wird. Dem Begriff des Arbeitszimmers i. S. d. Vorschrift soll mithin anders als im allgemeinen Sprachgebrauch immanent sein, dass es der Erzielung von Einnahmen dient.[5]

734

Betriebsstätte: Abzugrenzen ist die Betriebsstätte des gewinnzielenden Stpfl., insbesondere dann, wenn der Stpfl. ausschließlich von diesem Raum aus tätig wird, z. B. als Rechtsanwalt, in diesem Fall dient der Raum zwar auch der Erledigung gedanklicher oder schriftlicher Arbeiten, er stellt aber i. d. R. eine Betriebsstätte dar, für die § 4 Abs. 6b EStG nicht gilt.[6]

735

Häusliches Arbeitszimmer: Das Arbeitszimmer muss ein häusliches Arbeitszimmer sein, sprich in die häusliche Sphäre eingebunden sein. Entscheidend ist, ob das Arbeitszimmer nach dem Gesamtbild der Verhältnisse unmittelbar oder mittelbar räumlich mit der Wohnung verbunden ist. In die Beurteilung hat einzufließen, dass es sich bei der häuslichen Sphäre um den Bereich handelt, der grundrechtlich über Art. 13 GG besonders geschützt ist. Häuslich ist also immer der Bereich, der als Teil der Wohnung diesem besonderen Schutz unterliegt. Befinden sich Räume nicht in diesem schützenswerten Bereich, so befinden sie sich nicht in der häuslichen Sphäre. Eine Verbindung zur Wohnung ist bei einem Einfamilienhaus beispielsweise anzunehmen, wenn sich das Arbeitszimmer im Keller, Speicher, Hobbyraum oder in einem Anbau befindet,[7] die zur Wohnung gehören und nicht separat angemietet sind. Anders ist dies bei entsprechenden Räumen, die nicht Bestandteil der Wohnung, sondern separat angemietet sind (Zubehörräume[8]).[9] Liegt bei einem Zweifamilienhaus die separate Wohnung auf demselben

736

---

1 BFH v. 26. 2. 2014 - VI R 11/12, BStBl 2014 II 674.
2 BFH v. 19. 3. 2003 - VI R 40/01, BStBl 2003 II 1163; BFH v. 28. 8. 2003 - IV R 53/01, BStBl 2004 II 55; BFH v. 26. 3. 2009 - VI R 15/07, BStBl 2009 II 598.
3 BFH v. 10. 10. 2012 - VIII R 44/10, BFH/NV 2013, 359 = NWB DokID: UAAAE-27609; BFH v. 9. 6. 2015 - VIII R 8/13, NWB DokID: EAAAF - 06777.
4 BFH v. 27. 7. 2015 - GrS 1/14, BStBl 2016 II 265.
5 Vgl. krit. *Kanzler*, NWB 2016, 1071, m. w. N.
6 BFH v. 26. 3. 2009 - VI R 15/07, BStBl 2009 II 598; a. A. BFH v. 2. 12. 2009 - VIII B 219/08, BFH/NV 2010, 431 = NWB DokID: PAAAD-37056.
7 BFH v. 13. 11. 2002 - VI R 164/04, BStBl 2003 II 350; BFH v. 6. 7. 2005 - XI R 47/04, BFH/NV 2006, 43 = NWB DokID: BAAAB-69731. BFH v. 4. 5. 2010 - VIII B 63/09, BFH/NV 2010, 1444 = NWB DokID: OAAAD-45421.
8 BMF v. 6.10.2017, NWBDokID: OAAAG-59325, Tz. 3 mit weiteren Beispielen Tz. 5.
9 BFH v. 26. 2. 2003 - VI R 160/99, BStBl 2003 II 515; BFH v. 20. 6. 2012 - IX R 56/10, BFH/NV 2012, 1776 = NWB DokID: UAAAE-16635.

Stockwerk des Stpfl., so kann ein häusliches Arbeitszimmer vorliegen.[1] Befindet sie sich in einem anderen Stockwerk, so fehlt es an einer Einbindung in die häusliche Sphäre.[2] Unerheblich ist, ob sich das häusliche Arbeitszimmer im Ausland befindet, eine Beschränkung auf inländische Belegenheit ist im Gesetz nicht vorgesehen. Eine Bindung in die häusliche Sphäre ist ausgeschlossen, wenn das Arbeitszimmer für den öffentlichen Publikumsverkehr geöffnet ist[3] oder an den Arbeitgeber vermietet und von diesem an den Arbeitnehmer zurücküberlassen wird.[4]

737 **Betriebliche Veranlassung:** Aufwendungen für ein Arbeitszimmer sind nur dann abziehbar, wenn sie betrieblich veranlasst sind. Aufgrund der räumlichen Nähe zur privaten Lebensführung des Stpfl. ist dieses Merkmal häufig problematisch. Insbesondere kommt es häufig zur gemischten Nutzung des häuslichen Arbeitszimmers. Obwohl der Große Senat des BFH zu § 12 Abs. 1 EStG entschieden hat, dass kein allgemeines Aufteilungs- und Abzugsverbot mehr besteht,[5] lehnt er entgegen der Auffassung des vorlegenden IX. Senats des BFH[6] eine Aufteilung bei der gemischten Nutzung beim häuslichen Arbeitszimmers ab.[7] Lediglich eine unbedeutende private Mitbenutzung (bis zu 10 %) bleibt steuerlich unbeachtlich. Der Große Senat des BFH orientiert sich im Vorfeld der Frage, ob bei einer gemischten Nutzung aufzuteilen ist, an der Auslegung des Begriffs des Arbeitszimmers und kommt zu dem Ergebnis, dass ein solches überhaupt nur vorliegt, wenn der Raum wie ein Büro eingerichtet ist und ausschließlich oder nahezu ausschließlich zur Erzielung von Einnahmen genutzt wird. Diese Auslegung ist m. E. weder dem Gesetzeswortlaut noch dem allgemeinen Sprachgebrauch zu entnehmen. Der Begriff des Arbeitszimmers ist neutral ohne Bezug zur Erzielung von Einnahmen. Liegt nach dem allgemeinen Sprachgebrauch ein Arbeitszimmer vor, so ist bereits im Vorfeld, im Rahmen der Prüfung nach § 4 Abs. 4 EStG zu entscheiden, ob dessen Nutzung betrieblich veranlasst ist und – wenn sie dies nur partiell ist, ob die betriebliche Nutzung anhand sachgerechter Kriterien von der nicht betrieblichen Nutzung abgegrenzt werden kann.[8] Dies wird beim häuslichen Arbeitszimmer naturgemäß schwierig sein und obliegt dem Nachweis durch den Steuerpflichtigen.[9]

M. E. muss auch bei einem häuslichen Arbeitszimmer, dessen gemischte Nutzung nachgewiesen ist, eine Aufteilung dem Grunde nach statthaft sein.[10] Problematisch wird in jedem Fall

---

1 BFH v. 15.1.2013 - VIII R 7/10, BStBl 2013 II 374.
2 BFH v. 10.6.2008 - VIII R 52/07, HFR 2009, 456.
3 BFH v. 31.3.2003 - X R 1/03, BFH/NV 2004, 1387 = NWB DokID: OAAAB-25287.
4 BFH v. 11.9.2003 - IV R 25/02, BStBl 2006 II 10; BMF v. 13.12.2005, BStBl 2006 I 4.
5 BFH v. 21.9.2009 - GrS 1/06, BStBl 2010 II 672; vgl. hierzu KKB/Löbe, § 12 EStG Rz. 32 ff.
6 BFH v. 21.11.2013 - IX R 23/12, BStBl 2014 II 312.
7 BFH v. 27.7.2015 - GrS 1/14, BStBl 2016 II 265; BFH v. 16.2.2016 - IX R 23/12, BFH/NV 2016, 912 = NWB DokID: QAAAF-71544; BFH v. 17.2.2016 - X R 1/13, BFH/NV 2016, 913 = NWB DokID: HAAAF-72289; BFH v. 21.11.2013 - IX R 23/12, BStBl 2014 II 312; so auch BFH v. 8.9.2016 - III R 62/11, BStBl 2017 II 163.
8 Vgl. auch *Kempermann*, Anm. zu BFH v. 27.7.2015, GrS 1/14, FR 2016, 314.
9 Vgl. im Einzelnen *Kanzler*, NWB 2016, 1071; *Rolfes*, StuB 2016, 220.
10 Str. gegen Aufteilung FG Baden-Württemberg v. 2.2.2011 - 7 K 2005/08, NWB DokID: OAAAD-83420, rkr.; BMF v. 6.7.2010, BStBl 2010 I 614, Tz. 4 bis 7; FG Rheinland-Pfalz v. 10.6.2013 - 2 K 2225/11, NWB DokID: VAAAE-67634, rkr. Vgl. BFH v. 22.3.2016 - VIII R 22/14, NWB DokID: AAAAF-73084, FG Düsseldorf v. 4.6.2013 - 10 K 234/11 E, NWB DokID: PAAAE-43358, rkr. (BFH v. 17.2.2016 - X R 26/13, BStBl 2016 II 611; HHR/*Paul*, § 4 EStG Rz. 1513, m.w.N.; a.A. FG Köln v. 19.5.2011 - 10 K 4126/09, NWB DokID: LAAAD-87413, teilweise aufgehoben durch BFH v. 17.2.2016 - X R 32/11, BStBl 2016 II 708; vgl. auch BFH v. 22.3.2016 - VIII R 10/12, BStBl 2016 II 881; v. 22.3.2016 - VIII R 24/12, BStBl 2016 II 884.

der Aufteilungsmaßstab sein, hier wäre eine Aufteilung nach den geschätzten Nutzungsanteilen denkbar.[1] Die Frage der gemischten Nutzung stellt sich insbesondere, wenn keine klare räumliche Trennung zu den übrigen Wohnräumen vorliegt,[2] z. B. bei einer „Arbeitsecke"[3] oder bei einem Durchgangszimmer;[4] aber auch die Ausstattung des Raums mit privat nutzbaren Möbeln,[5] privaten Dekorationsgegenständen[6] kann zu einer privaten Nutzung führen, die nach der Rechtsprechung des Großen Senats des BFH bereits den Begriff des Arbeitszimmers ausschließt, nach der hier vertretenen Auffassung zwar dem Grunde nach eine Aufteilung zuließe, die aber in der Regel nicht berechenbar sein wird.

Notwendiges Betriebsvermögen: Liegen aufgrund der betrieblichen Nutzung des Raums die Voraussetzungen für die Bildung von notwendigem Betriebsvermögen vor, so entsteht dieses unabhängig von der Abziehbarkeit der Aufwendungen für das häusliche Arbeitszimmer. Dies gilt nur dann nicht, wenn der Wert des Arbeitszimmers nicht mehr als ein Fünftel des gemeinen Wertes des Gesamtgrundstücks und nicht mehr als 20 500 € beträgt, also von untergeordnetem Wert ist (§ 8 EStDV). Im Veräußerungsfall kann es zu einer Versteuerung der stillen Reserven im Arbeitszimmer kommen.[7] Auch für ein Arbeitszimmer im Sonderbetriebsvermögen gilt die Absetzungsbeschränkung.[8]

738

Aufwendungen: Erfasst sind zunächst die Raumkosten, soweit sie auf das Arbeitszimmer entfallen, anteilige Miete oder Abschreibung, Schuldzinsen, Bewirtschaftungskosten, Versicherungen, Sanierungs- oder Renovierungskosten.[9] Die Kosten sind nach dem Wohnflächenverhältnis auf der Basis der Wohnflächenverordnung aufzuteilen.[10]

739

Kosten der Ausstattung: Der Begriff der Ausstattung ist funktionell zu bestimmen.[11] Dient ein Gegenstand der eigentlichen Tätigkeit wie Schreibtisch, Computer, Schreibtischstuhl, Bücherregal gehört er zu den in vollem Umfang abziehbaren Arbeitsmitteln (§ 9 Abs. 1 Satz 6 EStG).[12] Zur Ausstattung gehört ausschließlich die Ausstattung des Raums selbst wie Teppiche, Tapeten, Bilder, Rollos.[13]

740

bb) Rechtsfolge

§ 4 Abs. 5 Nr. 6b Satz 1 EStG enthält ein vollständiges Abzugsverbot für die genannten Aufwendungen.

741

---

1 FG Köln v. 19.5.2011 - 10 K 4126/09, NWB DokID: LAAAD-87413, nimmt in Zweifelsfällen eine hälftige Aufteilung vor.
2 BFH v. 21.4.1994 - IV R 98/93, BFH/NV 1994, 853 = NWB DokID: RAAAB-34828.
3 BFH v. 17.2.2016 - X R 32/11, BStBl 2016 II 708, keine Aufteilung, sondern entsprechend BFH v. 27.7.2015 - GrS 1/14, BStBl 2016 II 265 kein Arbeitszimmer.
4 BFH v. 19.8.1988 - VI R 69/85, BStBl 1988 II 1000.
5 Liege BFH v. 28.9.1990 - VI R 111/87, BFH/NV 1991, 298 = NWB DokID: OAAAB-31968.
6 Jagdtrophäen BFH v. 18.3.1988 - VI R 49/85, BFH/NV 1988, 556 = NWB DokID: QAAAB-30511.
7 HHR/*Paul*, § 4 EStG Rz. 1537.
8 BFH v. 15.10.2014 - VIII R 8/11, NWB DokID: IAAAE-97183.
9 BMF v. 2.3.2011, BStBl 2011 I 195; BMF v. 6.10.2017, NWB DokID: OAAAG-59325, Tz. 6.
10 HHR/ *Paul*, § 4 EStG Rz. 1520.
11 BMF v. 2.3.2011, BStBl 2011 I 195.
12 BFH v. 19.6.1997 - VI R 4/97, BStBl 1998 II 351; BVerfG v. 7.12.1999 - 2 BvR 301/98, BStBl 2000 II 162.
13 BFH v. 23.9.2009 - IV R 21/08, BStBl 2010 II 337.

cc) Ausnahme

742 Satz 2 enthält eine Ausnahme vom Abzugsverbot dem Grunde nach, wenn für die betriebliche oder berufliche Tätigkeit kein anderer Arbeitsplatz zur Verfügung steht.

743 Dabei sind folgende Fallkonstellationen denkbar:

- Der Stpfl. übt nur eine Tätigkeit aus, die ausschließlich in seinem häuslichen Arbeitszimmer stattfindet, das keine Betriebsstätte i. S. d. § 12 AO ist. In diesem Fall greift die Ausnahme des § 4 Abs. 5 Satz Nr. 6b Satz 2 EStG.
- Der Stpfl. übt nur eine Tätigkeit aus, hat aber einen weiteren auswärtigen Arbeitsplatz. In diesem Fall ist der Abzug für das Arbeitszimmer nach der Grundregel des Satzes 1 in vollem Umfang nicht abziehbar.
- Der Stpfl. übt mehrere Tätigkeiten aus, von denen für keine ein anderer Arbeitsplatz zur Verfügung steht, in diesem Fall sind die Aufwendungen für das häusliche Arbeitszimmer abziehbar, ggf. hat eine Aufteilung des Aufwands auf die verschiedenen Einkunftsquellen zu erfolgen.[1]
- Der Stpfl. übt mehrere Tätigkeiten aus und hat für einzelne davon einen Arbeitsplatz, die anderen kann er aber nur in seinem häuslichen Arbeitszimmer ausüben. Auch in diesem Fall sind die Aufwendungen bei den Tätigkeiten gewinnmindernd abziehbar, die nur in dem häuslichen Arbeitszimmer ausgeübt werden können.

744 Der anderweitige Arbeitsplatz ist grundsätzlich jeder Arbeitsplatz, der zur Erledigung büromäßiger Arbeiten geeignet ist,[2] er muss so beschaffen sein, dass er den Arbeitsplatz im häuslichen Arbeitszimmer ersetzen kann. Dies ist der Fall, wenn ihn der Stpfl. im konkret erforderlichen Umfang und in der konkret erforderlichen Art und Weise tatsächlich nutzen kann.[3] Ist die Nutzung des anderen Arbeitsplatzes eingeschränkt, so dass der Stpfl. in seinem häuslichen Arbeitszimmer einen nicht unerheblichen Teil seiner beruflichen oder betrieblichen Tätigkeit verrichten muss, kommt das Abzugsverbot nicht zum Tragen.[4] Dies kann auch dann der Fall sein, wenn ein Schreibtischarbeitsplatz zur Verfügung steht, der aber von anderen mitgenutzt wird, so dass vertrauliche Tätigkeiten nicht erledigt werden können. Auch der Standort eines Schreibtisches in Therapieräumen, die nur eingeschränkt für Bürotätigkeiten genutzt werden können, kann gegen einen anderen Arbeitsplatz sprechen.[5] Ein anderer Arbeitsplatz liegt hingegen vor bei einem tatsächlich nutzbaren Amtszimmer eines Beamten, einem Großraumbüro, einem Heimarbeitsplatz, auch dann, wenn der Arbeitsplatz außerhalb der üblichen Bürozeiten nicht nutzbar ist.[6] Anders ist dies bei Bereitschaftstätigkeit, die zwingend von zu Hause aus zu erfolgen hat. Für diese Art der Tätigkeit steht kein anderer Arbeitsplatz zur Verfügung.[7] Ob ein anderer Arbeitsplatz zur Verfügung steht, ist aus einer Gesamtwürdigung der objektiven Umstände des Einzelfalles zu beurteilen.[8] Indizien für die Einordnung können sich dabei aus der Beschaffenheit des Arbeitsplatzes und den Rahmenbedingungen seiner Nutzung erge-

---

1 BMF v. 2. 3. 2011, BStBl 2011 II 195, Rz. 19.
2 BFH v. 22.2.2017 - III R 9/16, BStBl 2017 II 698; BMF v. 6.10.2017, NWB DokID: OAAAG-59325 Tz. 14.
3 BFH v. 22.2.2017 - III R 9/16, BStBl 2017 II 698; BMF v. 6.10.2017, NWB DokID: OAAAG-59325 Tz. 15.
4 BFH v. 22.2.2017 - III R 9/16, BStBl 2017 II 698.
5 BFH v. 22.2.2017 - III R 9/16, BStBl 2017 II 698.
6 BFH v. 7. 8. 2003 - VI R 17/01, BStBl 2004 II 78; BFH v. 10. 2. 2005 - VI B 113/04, BStBl 2005 II 488.
7 BFH v. 7. 8. 2003 - VI R 41/98, BStBl 2004 II 80; BMF v. 2. 3. 2011, BStBl 2011 II 195, Rz. 15.
8 BFH v. 22.2.2017 - III R 9/16, BStBl 2017 II 698.

ben. Steht zwar ein Schreibtisch zur Verfügung, kann dieser aber faktisch nur außerhalb der üblichen Dienstzeiten genutzt werden, so ist dies nicht zwangsläufig ein anderer Arbeitsplatz.

Auch bei einem **Poolarbeitsplatz** kann ein anderer Arbeitsplatz vorliegen, der die Abziehbarkeit eines häuslichen Arbeitszimmers ausschließt, dies gilt auch dann, wenn der Arbeitnehmer keinen individualisierten Arbeitsplatz zur Verfügung hat.[1] Jeweils im Einzelfall wird zu prüfen sein, ob angesichts der Zahl der Personen, die sich den Arbeitsplatz teilen, die zu erledigende Tätigkeit tatsächlich an diesem Arbeitsplatz geschafft werden kann.

dd) Höchstbetrag

Die Aufwendungen für das häusliche Arbeitszimmer und die Ausstattung sind nur abziehbar bis zu einem Höchstbetrag von 1 250 € pro Jahr. Im Hinblick auf die Nutzung eines Arbeitszimmers für mehrere Einkunftsarten gilt Folgendes: Zunächst ist für jede Einkunftsart gesondert zu ermitteln, ob ein anderer Arbeitsplatz zur Verfügung steht. Ist dies nicht für alle Einkunftsarten der Fall, so sind die Kosten für das Arbeitszimmer in einem nächsten Schritt zeitanteilig auf die Einkunftsarten, für die das Arbeitszimmer genutzt wird, aufzuteilen.[2] Der Höchstbetrag seinerseits ist nicht zeitanteilig auf alle Einkunftsarten aufzuteilen, er kann durch die Einkunftsarten, bei denen die Kosten des Arbeitszimmers abziehbar sind, in voller Höhe ausgeschöpft werden, aber insgesamt nur einmal abgezogen werden.[3] Stehen dem Stpfl. mehrere Arbeitszimmer zur Verfügung, deren Aufwendungen dem Grunde nach abziehbar sind, so ist der Höchstbetrag als personenbezogener Abzugsbetrag nur einmal abzuziehen.[4]

745

ee) Rückausnahme

Mittelpunkt: Der Abzug der Aufwendungen ist in vollem Umfang zulässig, wenn das Arbeitszimmer den Mittelpunkt der gesamten betrieblichen und beruflichen Tätigkeit bildet. Aus der Verknüpfung von betrieblicher und beruflicher Tätigkeit ergibt sich, dass der Mittelpunkt der Tätigkeit nicht bereits dann im Arbeitszimmer liegt, wenn für die Tätigkeit notwendige Arbeiten nur dort erledigt werden können.[5] Es ist vielmehr bei mehreren Tätigkeiten zu prüfen, ob die Tätigkeit, die ein häusliches Arbeitszimmer benötigt, den Mittelpunkt darstellt.

746

Eine Tätigkeit: Wird nur eine Tätigkeit ausgeübt, hat diese ihren Mittelpunkt dann im Arbeitszimmer, *„wenn dort diejenigen Handlungen vorgenommen und Leistungen erbracht werden, die für die konkret ausgeübte betriebliche oder berufliche Tätigkeit wesentlich und prägend sind"*.[6] Bei mehreren Tätigkeiten muss zunächst gewichtet werden, welche Tätigkeit den Mittelpunkt der beruflichen und betrieblichen Tätigkeiten ausmacht. In einem zweiten Schritt ist dann zu prüfen, ob diese Tätigkeit mit ihrem Schwerpunkt im Arbeitszimmer ausgeübt wird. Abzustellen ist nur auf die eigentliche Tätigkeit; nicht entscheidend ist, ob Einkünfte aus einer früheren Tätigkeit erzielt werden, denen keine Tätigkeit mehr zugrunde liegt.[7]

747

---

1 BFH v. 26. 2. 2014 - VI R 11/12, BStBl 2014 II 674.
2 BFH v. 3.8.2005 - XI R 42/02 BFH/NV 2006, 504; v. 18.8.2005 -VI R 39/04, BStBl 2006 II 428; v. 25.4.2017 - VIII R 52/13, BStBl 2017 II 949.
3 BFH v. 25.4.2017 - VIII R 52/13, BStBl 2017 II 949; BMF v. 6.10.2017, NWB DokID: OAAAG-59325, Tz. 20.
4 BFH v. 9.5.2017 - VIII R 15/15, BStBl 2017 II 956.
5 *Greite*, DB 2006, Beil. Nr. 6, 26; *Drenseck*, DStR 2006, 1877.
6 BMF v. 2. 3. 2011, BStBl 2011 II 195, Rz. 9.
7 BFH v. 11. 11. 2014 - VIII R 3/12, BStBl 2015 II 382.

748 **Kriterien:** Ob das Arbeitszimmer den Mittelpunkt der gesamten betrieblichen und beruflichen Tätigkeit darstellt, kann sich nach örtlichen,[1] zeitlichen oder qualitativen Kriterien richten. Die zeitliche Nutzung hat nur indizielle Bedeutung.[2] Nach der zutreffenden Rspr. des BFH ist nach qualitativen Maßstäben darauf abzustellen, ob die Tätigkeit, die im Arbeitszimmer ausgeübt wird, dem Gesamtbild nach prägend ist und den Schwerpunkt der Gesamttätigkeit ausmacht.[3] Abzustellen ist dabei auf das Gesamtbild der Verhältnisse und auf die Verkehrsanschauung, nicht auf die Vorstellung des betroffenen Stpfl.[4]

749 **„Außendienst":** Hat ein Stpfl., der nur eine Tätigkeit ausübt, zwar keinen anderen Arbeitsplatz zur Verfügung, ist aber von der Art seiner Tätigkeit her neben der Tätigkeit im Arbeitszimmer mit einem wesentlichen Teil seiner Berufsausübung außerhalb des Arbeitszimmers, im weitesten Sinne im Außendienst tätig, sei es bspw. als Architekt auf Baustellen, als Bauleiter auf Baustellen, sei es als Immobiliensachverständiger, Immobilienmakler, Bildjournalist, Radiomoderator, Film- oder Fernsehregisseur, Lehrer, Hochschullehrer, Musiker, Richter, so ist das Arbeitszimmer nicht der Mittelpunkt der beruflichen Tätigkeit.[5] Auch bei einem Kfz-Sachverständigen ist es m. E. zweifelhaft, ob der Mittelpunkt seiner beruflichen Tätigkeit, die im Begutachten von Kfz besteht, tatsächlich in seinem häuslichen Arbeitszimmer liegt.

750 **Mehrere Tätigkeiten:** Strittig ist die Behandlung von mehreren Tätigkeiten. Hier ist entsprechend dem Wortlaut des § 4 Abs. 6b Satz 3 EStG zunächst in einer Gesamtbetrachtung festzustellen, welche der Tätigkeiten, den Mittelpunkt der beruflichen Tätigkeit ausmacht. Diese muss dann ihren qualitativen Mittelpunkt im häuslichen Arbeitszimmer haben.

751 Die Finanzverwaltung unterscheidet folgende Fälle:[6]

▶ Keine der Tätigkeiten weist einen Schwerpunkt auf. Bilden bei allen Erwerbstätigkeiten – jeweils – die im häuslichen Arbeitszimmer verrichteten Arbeiten den qualitativen Schwerpunkt, so liegt dort auch der Mittelpunkt der Gesamttätigkeit.

▶ Bilden die außerhäuslichen Tätigkeiten – jeweils – den qualitativen Schwerpunkt der Einzeltätigkeiten oder lassen sich diese keinem Schwerpunkt zuordnen, so kann das häusliche Arbeitszimmer auch nicht durch die Summe der darin verrichteten Arbeiten zum Mittelpunkt der Gesamttätigkeit werden.

▶ Bildet das häusliche Arbeitszimmer schließlich den qualitativen Mittelpunkt lediglich einer Einzeltätigkeit, nicht jedoch im Hinblick auf die übrigen Tätigkeiten, ist regelmäßig davon auszugehen, dass das Arbeitszimmer nicht den Mittelpunkt der Gesamttätigkeit bildet. Dem Stpfl. steht der Nachweis des Gegenteils offen.

752–805 *(Einstweilen frei)*

---

1 Ablehnend BFH v. 28. 3. 2003 - IV R 34/02, BStBl 2004 II 53.
2 BFH v. 14. 7. 2010 - VI B 43/10, BFH/NV 2010, 2053 = NWB DokID: EAAAD-52415.
3 BFH v. 5. 12. 2002 - VI R 28/02, BStBl 2004 II 59; BFH v. 17. 6. 2004 - IV R 33/02, BFH/NV 2005, 175 = NWB DokID: GAAAB-40256; BFH v. 16. 7. 2014 - X R 49/11, BFH/NV 2015, 177 = NWB DokID: KAAAE-81444; BFH v. 9. 6. 2015 - VIII R 8/13, NWB DokID: EAAAF-06777.
4 BFH v. 13. 10. 2003 - VI R 27/02, BStBl 2004 II 771; BFH v. 16. 12. 2004 - IV R 19/03, BStBl 2005 II 212.
5 BFH v. 26. 6. 2003 - IV R 9/03, BStBl 2004 II 50; BFH v. 28. 3. 2003 - IV R 34/02, BStBl 2004 II 53; BFH v. 9. 11. 2005 – VI R 19/04, BStBl 2006 II 328; FG München v. 10. 11. 2005 - 5 K 1906/04, NWB DokID: FAAAB-74425, rkr.; BFH v. 15. 12. 2005 - XI B 87/05, BFH/NV 2006, 2045 = NWB DokID: YAAAB-80096; BFH v. 30. 1. 2007 - XI B 84/06, BFH/NV 2007, 913 = NWB DokID: VAAAC-40342; BFH v. 14. 7. 2010 - VI B 43/10, BFH/NV 2010, 2053 = NWB DokID: EAAAD-52415.
6 BMF v. 2. 3. 2011, BStBl 2011 I 195, Rz. 12.

j) Unangemessene Aufwendungen (§ 4 Abs. 5 Satz 1 Nr. 7 EStG)

LITERATUR:

Weiss, Das Abzugsverbot für unangemessene Betriebsausgaben – Neueste Entwicklungen der Rechtsprechung, NWB 2015, 2774.

§ 4 Abs. 5 Satz 1 Nr. 7 EStG untersagt bei anderen als den in Nr. 1 bis 6b bezeichneten Aufwendungen, die die Lebensführung des Stpfl. oder anderer Personen berühren, den Betriebsausgabenabzug, soweit sie nach der allgemeinen Verkehrsauffassung unangemessen sind. Es handelt sich dem Wesen nach um unangemessenen Repräsentationsaufwand,[1] der – wäre er nicht betrieblich veranlasst – zu den Kosten der Lebensführung des Stpfl. gehören würde. Die Regelung ist verfassungskonform, weil der Aufwand starken Bezug zur Privatsphäre hat. Auch ein Verstoß gegen das Bestimmtheitsgebot ist nicht erkennbar.[2] 806

Die Vorschrift ist subsidiär zu § 4 Abs. 5 Satz 1 Nr. 1 bis 6b EStG anwendbar. Greift deren Tatbestand, so ist die Regelung ausgeschlossen, ist keiner der Tatbestände der § 4 Abs. 5 Satz 1 Nr. 1 bis 6b EStG erfüllt, kann der Aufwand nach Nr. 7 nicht abziehbar sein. 807

Betroffen sind Aufwendungen, die die Lebensführung des Stpfl. oder anderer Personen berühren. Andere Personen müssen keine dem Stpfl. nahestehenden Personen sein, dies kann jeder Dritte sein, dessen Lebensführung von den Aufwendungen berührt ist. Dies sind Aufwendungen, die ohne die betriebliche Veranlassung dem privaten Lebensbereich des Stpfl. zuzuordnen wären[3] und nach Auffassung der Rechtsprechung durch die private Lebensführung des Stpfl. mit veranlasst sind.[4] Zu diesen Aufwendungen zählen Incentive-Reisen, Bar- und Bordellbesuche,[5] dazu können auch alle Arten von betrieblich genutzten Verkehrsmitteln gehören.[6] 808

Diese Aufwendungen sind nicht abziehbar, soweit sie unangemessen sind. M. E. betrifft die Vorschrift zwar nicht die Unangemessenheit dem Grunde, sondern nur die Unangemessenheit der Höhe nach, die Formulierung „soweit" kann aber der Höhe nach auch einen vollständigen Ausschluss wegen Unangemessenheit rechtfertigen.[7] 809

Zu prüfen ist nach Maßgabe der Umstände des Einzelfalles jeder einzelne der Aufwandspositionen, die die Lebensführung berühren. Für die Frage der Unangemessenheit ist auf die allgemeine Verkehrsauffassung abzustellen, dies sind nicht nur die Wirtschaftskreise breitester Bevölkerungskreise.[8] 810

Kriterien, die bei der Betrachtung eine Rolle spielen, sind nach der Rechtsprechung die 811

▶ Größe des Betriebs,

▶ Höhe des langfristigen Umsatzes oder Gewinns,

---

[1] BFH v. 30. 7. 1980 - I R 111/77, BStBl 1981 II 58.
[2] HHR/*Stapperfend*, § 4 EStG Rz. 1600.
[3] BFH v. 8. 10. 1987 - IV R 5/85, BStBl 1987 II 853.
[4] BFH v. 20. 8. 1986 - I R 29/85, BStBl 1987 II 108; a. A. HHR/*Stapperfend*, § 4 EStG, Rz. 1620, der den Begriff der Mitveranlassung als zu eng ansieht und von einer ausschließlichen betrieblichen Veranlassung ausgeht, die aber von privaten Motiven und Bedürfnissen des Stpfl. mitgetragen werden.
[5] BFH v. 16. 2. 1990 - III R 21/86, BStBl 1990 II 575; BFH v. 16. 2. 1990 - III R 22/86, BFH/NV 1990, 698 = NWB DokID: IAAAB-31487.
[6] Siehe zu Pkw unten → Rz. 813; BFH v. 4. 8. 1977 - IV R 157/74, BStBl 1978 II 93; FG München v. 2. 3. 1988 - XII 49/83, EFG 1988, 463 (Flugzeug); BFH v. 27. 2. 1985 - I R 20/82, BStBl 1985 II 458 und H 4.10 Abs. 12 EStH (Hubschrauber); BFH v. 10. 5. 2011 - IV R 6/00, BStBl 2001 II 575 (Motorboot).
[7] So wohl auch *Heinicke* in Schmidt, § 4 EStG Rz. 601.
[8] BFH v. 8. 10. 1987 - IV R 5/85, BStBl 1990 II 575.

- Bedeutung des Repräsentationsaufwands für den Geschäftserfolg,
- Üblichkeit in vergleichbaren Betrieben und
- der Grad der Berührung der Lebensführung.[1]

812 Zu den Aufwendungen, die aufgrund fehlender Angemessenheit nicht abziehbar sind, zählen bei Wirtschaftsgütern, soweit deren Anschaffung unangemessen war, die auf den unangemessenen Teil entfallende Abschreibung, die laufenden Kosten, soweit diese nicht auch bei der Anschaffung als angemessen angesehener Wirtschaftsgüter entstanden wären.

813 **Pkw:** Häufiger Gegenstand der Angemessenheitsprüfung durch die Finanzverwaltung sind betrieblich genutzte Pkw der Oberklasse.[2] Grundsätzlich steht es dem Unternehmer frei, zu entscheiden, welche Aufwendungen er für notwendig und angemessen hält, die Rechtsprechung ist daher zurückhaltend bei der Aberkennung des Aufwandes wegen Unangemessenheit. Das Problem entschärft sich seit der Besteuerung der privaten Pkw-Nutzung nach § 6 Abs. 1 Satz 3 Nr. 4 EStG, da hier häufig die Abschreibung auf die Anschaffungskosten nicht sehr viel höher liegt als die pauschale Versteuerung der Privatnutzung.

814 Streitanfällig ist außerdem häufig die hochwertige Ausstattung von Geschäftsräumen, die Kosten der Übernachtung bei Geschäftsreisen, Aufwendungen für Beherbergung und Unterhaltung von Gästen.[3]

815–820 *(Einstweilen frei)*

k) Geldbußen u. Ä. (§ 4 Abs. 5 Satz 1 Nr. 8 EStG)

LITERATUR:
Schall, Steuerliche Behandlung von EU-Bußgeldern wegen Kartellrechtsverstößen, DStR 2008, 1517; *Drüen*, Zum Betriebsausgabenabzug von Geldbußen, DB 2013, 1133; *Grützner*, Zum Abzugsverbot für EU-Kartellbußgelder, StuB 2014, 285; *Haus*, Zur steuerlichen Abzugsfähigkeit von EU-Geldbußen aus kartellrechtlicher Sicht, DB 2014, 2066; *Micker*, Abziehbarkeit von EU-Geldbußen, KSR 4/2014, 3.

821 § 4 Abs. 5 Satz 1 Nr. 8 EStG steht neben den übrigen Abzugsverboten des Abs. 5 und überschneidet sich im Geltungsbereich nicht. Im Vergleich zu Abs. 4 ist er – wie Abs. 5 insgesamt – eine Spezialregelung. Die Vorschrift ist verfassungskonform.[4]

Persönlich und sachlich ist er entsprechend der allgemeinen Regeln anwendbar (vgl. oben → Rz. 37).

822 Nach § 4 Abs. 5 Satz 1 Nr. 8 EStG dürfen Geldbußen, Ordnungsgelder und Verwarnungen, die von einem Gericht oder einer Behörde im Geltungsbereich dieses Gesetzes oder der EU festgesetzt wurden, den Gewinn nicht mindern. Aufgrund des Eingriffscharakters der Norm ist die Aufzählung abschließend. Aufwendungen, die nicht explizit genannt sind, unterliegen nicht dem Abzugsverbot, auch wenn sie im Zusammenhang mit dem Bußgeld stehen, wie beispiels-

---

[1] H 4.10 Abs. 12 EStH.
[2] Z.B. BFH v. 13.11.1987 - III R 227/83, BFH/NV, 1988, 356 = NWB DokID: PAAAB-29458; BFH v. 21.8.2000 - IV B 40/00, BFH/NV 2000, 1145 = NWB DokID: OAAAA-67028; BFH v. 22.12.2008 - III B 154/07, BFH/NV 2009, 579 = NWB DokID: FAAAD-08060; BFH v. 31.7.2009 - VIII B 28/09, BFH/NV 2009, 1967 = NWB DokID: ZAAAD-30580; v. 29.4.2014 - VIII R 20/12, BStBl 2014 II 679.
[3] BFH v. 20.8.1986 - I R 80/83, BStBl 1986 II 904; BFH v. 20.8.1986 - I R 29/05, BStBl 1987 II 108; H 4.10 Abs. 12 EStH.
[4] Vgl. BFH v. 9.6.1999 - I R 64/97, BStBl 1999 II 656.

weise Beratungskosten im Zusammenhang mit Rechtsbehelfen.[1] Auch Zwangsgelder sind nicht genannt und fallen nicht unter das Abzugsverbot. Legen andere Staaten oder Organe als die Genannten Bußgelder fest, so sind diese nicht vom Abzugsverbot des § 4 Abs. 5 Satz 1 Nr. 8 EStG erfasst, dennoch sind ausländische Geldstrafen i. d. R. im Inland nach allgemeinen Grundsätzen nicht abziehbar.[2]

Bußgelder: Der Begriff der Geldbuße ist im Gesetz nicht definiert, als Geldbußen werden nach R 4.13 EStR angesehen: alle Sanktionen, die nach dem Recht der Bundesrepublik Deutschland so bezeichnet sind, insbesondere Geldbußen 823

▶ nach dem Ordnungswidrigkeitenrecht,

▶ nach den berufsgerichtlichen Gesetzen des Bundes oder der Länder sowie

▶ nach den Disziplinargesetzen des Bundes oder der Länder.

Geldbußen, die von Organen der EU festgesetzt werden, sind Geldbußen nach den Art. 101, 102, 103 Abs. 2 des Vertrags über die Arbeitsweise der EU (AEUV). Dazu zählen auch Geldbußen, die nach einer Vielzahl von Einzelgesetzen festgesetzt werden können.

Ordnungsgelder sind gem. R 4.13. EStR, die nach dem Recht der Bundesrepublik Deutschland so bezeichneten Unrechtsfolgen, die namentlich in den Verfahrensordnungen oder in verfahrensrechtlichen Vorschriften anderer Gesetze vorgesehen sind, z. B. das Ordnungsgeld gegen einen Zeugen wegen Verletzung seiner Pflicht zum Erscheinen und das Ordnungsgeld nach § 890 ZPO wegen Verstoßes gegen eine nach einem Vollstreckungstitel (z. B. Urteil) bestehende Verpflichtung, eine Handlung zu unterlassen oder die Vornahme einer Handlung zu dulden. 824

Verwarnungsgelder sind die in § 56 OWiG so bezeichneten geldlichen Einbußen, die dem Betroffenen aus Anlass einer geringfügigen Ordnungswidrigkeit, z. B. wegen falschen Parkens, mit seinem Einverständnis auferlegt werden, um der Verwarnung Nachdruck zu verleihen. 825

Auflagen und Weisungen, die in einem berufsgerichtlichen Verfahren erteilt werden, unterfallen ebenfalls dem Abzugsverbot des § 4 Abs. 5 Satz 1 Nr. 8 EStG, soweit diese nicht lediglich der Wiedergutmachung des durch die Tat verursachten Schadens dienen. Das Abzugsverbot stützt sich darauf, dass diese Maßnahmen i. d. R. einen Ersatz für die sanktionierenden Geldbußen o. Ä. darstellen. Erfasst sind nur solche Auflagen und Weisungen, die durch ein Berufsgericht erteilt werden (§§ 116 ff. BRAO, §§ 105 ff. SteuBerG und § 127 WPO, Ärzte, Architekten). 826

Rechtsfolge: Liegen entsprechende Zahlungsverpflichtungen vor, so sind sie auch dann, wenn sie betrieblich veranlasst sind, vom Betriebsausgabenabzug ausgeschlossen. 827

Ausnahmen gelten nach § 4 Abs. 5 Satz 1 Nr. 8 Satz 4 EStG, soweit durch das Bußgeld ein Vermögensvorteil, der durch den Gesetzesverstoß erlangt wurde, abgeschöpft wurde (vgl. § 17 Abs. 4 OWiG, § 81 Abs. 5 GWB).[3] Dieser ist vom Abzugsverbot ausgeschlossen, mithin sind die Bußgelder in einen sanktionierenden Teil und einen abschöpfenden Teil aufzuteilen. Die Aufteilung ist im Einzelfall nach sachgerechten Kriterien vorzunehmen. 828

---

1 BFH v. 21. 6. 1989 - X R 20/88, BStBl 1989 II 831; BFH v. 12. 6. 2002 - XI R 35/01, BFH/NV 2002, 1441 = NWB DokID: NAAAA-68009.

2 BFH v. 31. 7. 1981 - VIII R 89/86, BStBl 1992 II 85; R 12.3 EStR.

3 BVerfG v. 23. 1. 1990 - 1 BvL 4,5,6,7/87, BStBl 1990 II 483, hatte die doppelte Erfassung durch Besteuerung der Vermögensvorteile einerseits und Abzugsverbot hinsichtlich der abgeschöpften Vermögensvorteile als verfassungswidrig angesehen.

829 **EU-Bußgelder:** Nach Ansicht der Finanzverwaltung haben EU-Bußgelder keinen abschöpfenden, sondern ausschließlich sanktionierenden Charakter und sollen daher in vollem Umfang nicht abziehbar sein.[1] Demgegenüber äußert der BFH ernste Zweifel daran, dass EU-Geldbußen wegen wettbewerbsrechtlichen Verstößen insgesamt nicht abziehbar seien,[2] ausreichend für eine Anwendung des § 4 Abs. 5 Satz 1 Nr. 8 Satz 4 EStG sei, dass sich die Europäische Kommission bei der Festsetzung der Bußgelder keine Gedanken dazu macht. Der Vermögensvorteil muss allerdings korrespondierend der Besteuerung unterlegen haben,[3] sonst ergibt sich ein doppelter Vorteil des Stpfl.

830 **Erstattung von Bußgeldern u. Ä.:** Werden Ausgaben, die nach Satz 1 und 2 nicht abziehbar waren, zurückgezahlt, so darf dies den Gewinn nicht erhöhen (Satz 3), ansonsten läge eine Doppelbelastung dieser Aufwendungen vor.

831–835 *(Einstweilen frei)*

l) Hinterziehungszinsen (§ 4 Abs. 5 Satz 1 Nr. 8a EStG)

836 Zinsen auf hinterzogene Steuern (§ 235 AO) sind nach § 4 Abs. 5 Satz 1 Nr. 8a EStG nicht abziehbar. Es muss der objektive und subjektive Tatbestand der Steuerhinterziehung (§§ 370, 370a, 373 AO) erfüllt sein.[4]

837–840 *(Einstweilen frei)*

m) Organschaft (§ 4 Abs. 5 Satz 1 Nr. 9 EStG)

841 Den Gewinn nicht mindern dürfen nach § 4 Abs. 5 Satz 1 Nr. 9 EStG Ausgleichszahlungen an außenstehende Anteilseigner, die im Rahmen eines körperschaftsteuerlichen Organschaftsverhältnisses nach § 14 und § 17 KStG gezahlt werden. Diese stellen m. E. bereits keinen betrieblich veranlassten, sondern einen gesellschaftsrechtlich veranlassten Aufwand dar. Nach § 304 AktG ist die Aktiengesellschaft verpflichtet, ihren außenstehenden Aktionären Ausgleichszahlungen zu leisten, wenn die AG sich verpflichtet, ihren Gewinn aufgrund eines Gewinnabführungsvertrags an eine andere Kapitalgesellschaft abzuführen. Diese Regelung gilt analog bei der GmbH (vgl. § 17 KStG). Unerheblich ist, ob die Ausgleichszahlung vom Organträger oder der Organgesellschaft oder von inländischen Zweigniederlassungen i. S. d. § 18 KStG geleistet wird.

842 **Rechtsfolge:** Ausgleichszahlungen dürfen den Gewinn der zahlenden Körperschaft nicht mindern.

843–845 *(Einstweilen frei)*

n) Bestechungs- und Schmiergelder (§ 4 Abs. 5 Satz 1 Nr. 10 EStG)

LITERATUR:
Pelz, Steuerliche und strafrechtliche Schritte zur Bekämpfung der Korruption im Auslandsgeschäft, WM 2000, 1568.

---

1 R 4.13 Abs. 2 Satz 2 und Abs. 3 EStR; OFD Münster v. 4. 1. 2011, DStR 2011, 221; BayLfSt v. 5. 11. 2010, DB 2010, 2700; BFH v. 7. 11. 2013 - IV R 4/12, BStBl 2014 II 306; a. A. BFH v. 24. 3. 2004 - I B 203/03, BFH/NV 2004, 959 = NWB DokID: KAAAB-21227; *Haus*, DB 2014, 2066; *Drüen*, DB 2013, 1133; *Schall*, DStR 2008, 1517.
2 BFH v. 24. 3. 2004 - I B 203/03, BFH/NV 2004, 959 = NWB DokID: KAAAB-21227.
3 BFH v. 24. 3. 2004 - I B 203/03, BFH/NV 2004, 959 = NWB DokID: KAAAB-21227; H 4.13 EStH.
4 BFH v. 27. 8. 1991 - VIII R 84/89, BStBl 1992 II 9.

ARBEITSHILFEN UND GRUNDLAGEN ONLINE:
Geißler, Schmiergeld, NWB DokID: OAAAB-26810.

§ 4 Abs. 5 Satz 1 Nr. 10 EStG enthält ein Abzugsverbot für Zuwendungen von Vorteilen und damit Aufwendungen, die eine rechtswidrige Handlung darstellen, die den Tatbestand eines Strafgesetzes oder eines Gesetzes verwirklichen, das die Ahndung mit einer Geldbuße zulässt. Die Vorschrift gilt bei den Gewinneinkünften, über § 9 Abs. 5 EStG bei den Überschusseinkünften. Grundsätzlich bestehen keine Überschneidungen mit den anderen Abzugsverboten nach § 4 Abs. 5 Satz 1 EStG, sofern Überschneidungen im Bereich der Geschenke nach Nr. 1 vorliegen, geht Nr. 10 mit dem weitergehenden Abzugsverbot und im Hinblick auf die Mitteilungspflichten, den weitergehenden Rechtsfolgen vor.[1]

846

Vorteile sind alle tatsächlich zugewendeten Leistungen in Geld oder Geldeswert, nicht ausreichend ist ein lediglich versprochener Vermögensvorteil. Dazu zählen neben Geld- und Sachzuwendungen auch Leistungen, die als Vorteil zugewendet werden, wie Reparaturleistungen, häusliche Dienstleistungen oder andere Dienstleistungen. Das Abzugsverbot kommt nur zur Anwendung, wenn es sich um betrieblich veranlasste Aufwendungen gehandelt hat, die als Betriebsausgaben in die Gewinnermittlung eingeflossen sind.[2] Aufwendungen, die mit diesen Zuwendungen zusammenhängen, sind ebenfalls nicht abziehbar. Dazu zählen Reisekosten, Telefonkosten, Portokosten, Verpackungs- und Transportkosten,[3] Überweisungsgebühren, aber auch Materialkosten oder Handwerkerkosten bei zugewendeten Dienstleistungen. Zu den Aufwendungen, die mit der Zuwendung zusammenhängen, zählen auch Beratungskosten im Vorfeld oder im Nachgang zu der Zuwendung,[4] wie z. B. Verteidigerkosten.[5]

847

Inlands- und Auslandstaten: Die Zuwendung muss eine rechtswidrige Handlung darstellen, die den Tatbestand eines Strafgesetzes bewirkt oder eines Gesetzes, dass zur Ahndung eine Geldbuße zulässt. § 4 Abs. 5 Satz 1 Nr. 10 EStG lässt vom Wortlaut offen, ob es sich um ein inländisches Strafgesetz oder Gesetz handeln muss. Nach einhelliger Meinung handelt es sich hierbei ausschließlich um deutsche Strafgesetze und deutsche Gesetze.[6] Auslandstaten sind dann erfasst, wenn sie im Inland strafrechtlich verfolgt werden können.[7] Die Bestechung ausländischer Amtsträger kann bereits nach im Inland geltenden Straftatbeständen ebenfalls darunter fallen (vgl. § 5 Nr. 14 StGB, IntBestG),[8] insbesondere, wenn sie auf EU-Ebene tätig sind (EU-BestG).

848

Tatbestände: Zu den Tatbeständen, die im Inland durch entsprechende Vorteilszuwendung verwirklicht werden können, zählen neben der klassischen Bestechung nach § 333 StGB auch die Vorteilsgewährung (§ 334 StGB), Wählerbestechung (§ 108b Abs. 1 StGB), Abgeordnetenbestechung (§ 108e StGB), Bestechung im Geschäftsverkehr (§ 299 Abs. 2 StGB). Andere Gesetze können das GWB sein (§ 81 Abs. 1 Nr. 1 GWB i.V. m. § 21 Abs. 2 GWB), Vorteilsgewährung für wettbewerbsschädliches Verhalten, § 405 Abs. 3 Nr. 7 AktG, Bestechung im Zusammen-

849

---

1 A. A. HHR/*Kruschke*, § 4 EStG Rz. 1849.
2 *Heinicke* in Schmidt, § 4 EStG Rz. 610.
3 BMF v. 10. 10. 2002, BStBl 2002 I 1031, Tz. 8; OFD Münster v. 2. 9. 2010, DStR 2010, 1890.
4 BT-Drucks. 13/1686, 18.
5 BFH v. 14. 5. 2014 - X R 23/12, BStBl 2014 II 684.
6 *Stahl* in Korn, § 4 EStG Rz. 1199, HHR/*Kruschke*, § 4 EStG Anm. 1858; *Pelz*, WM 2000, 1568; *Heinicke* in Schmidt, § 4 EStG Rz. 611.
7 BMF v. 10. 10. 2002, BStBl 2002 I 1013, Tz. 26, 40.
8 Umsetzung des EU-BeStG und des IntBestG.

hang mit dem Stimmverhalten bei Hauptversammlungen, § 119 Abs. 1 BetrVG, Bestechung in Bezug auf Betriebsratswahlen.

850 **Tatbestandserfüllung:** Die Handlung muss den objektiven und subjektiven[1] Tatbestand eines solchen Gesetzes erfüllen und rechtswidrig sein. Nicht erforderlich ist, dass die Tat bereits strafrechtlich verfolgt wurde oder gar eine Verurteilung vorgelegen hat. Folge ist, dass die Finanzbehörden die Strafbarkeit in eigener Zuständigkeit prüfen, mit dem Risiko, dass sie insoweit zu einem anderen Ergebnis kommen als dies ein ordentliches Gericht finden würde.

851 **Rechtsfolge** ist die Nichtabziehbarkeit der Vorteile und der damit zusammenhängenden Aufwendungen.

852 **Unterrichtungspflichten:** § 4 Abs. 5 Satz 1 Nr. 10 Satz 2 bis 4 EStG enthalten wechselseitige Unterrichtungspflichten zwischen Strafverfolgungsbehörden, Gerichten und Finanzbehörden. Nach § 4 Abs. 5 Satz 1 Nr. 10 Satz 2 EStG sind die Gerichte, Staatsanwaltschaften oder Verwaltungsbehörden verpflichtet, Tatsachen, die sie dienstlich erfahren und die den Verdacht einer Tat i. S. d. Satzes 1 begründen, der Finanzbehörde für Zwecke des Besteuerungsverfahrens und zur Verfolgung von Steuerstraftaten und Steuerordnungswidrigkeiten mitzuteilen. Umgekehrt haben die Finanzbehörde der Staatsanwaltschaft oder der Verwaltungsbehörde Tatsachen mitzuteilen, die den Verdacht einer Straftat oder einer Ordnungswidrigkeit i. S. d. Satzes 1 begründen. Diese ihrerseits unterrichten die Finanzbehörde von dem Ausgang des Verfahrens und den zugrundeliegenden Tatsachen. Sinn und Zweck der Unterrichtungspflichten ist die umfassende Ahndung dieser Straftaten und die Sicherstellung, dass die zutreffenden steuerlichen Folgen daraus gezogen werden. Im Hinblick auf das Steuergeheimnis haben die Finanzbehörden den Stpfl. auf die Mitteilung hinzuweisen.[2] Für den Verdacht einer Straftat genügt der Anfangsverdacht nach § 152 Abs. 2 StPO.[3]

853–855 (*Einstweilen frei*)

o) Tonnagesteuer (§ 4 Abs. 5 Satz 1 Nr. 11 EStG)

856 Die Regelung beendet ein steuerliches Gestaltungsmodell, das die Vorteile der niedrigen Besteuerung mit Tonnagesteuer nach § 5a EStG kombiniert hat mit dem eigentlich nach § 5a EStG nicht vorgesehenen Betriebsausgabenabzug. Begründet wurde eine kapitalistische Betriebsaufspaltung, indem die Besitzkapitalgesellschaft der Betriebskapitalgesellschaft die unentgeltliche Nutzungsmöglichkeit für ein Seeschiff i. S. d. § 5a EStG überlassen hat. Die Betriebsgesellschaft konnte den Gewinn begünstigt nach § 5a EStG ermitteln, während die Besitzgesellschaft den vollen Betriebsausgabenabzug hatte. Indem nun § 4 Abs. 5 Satz 1 Nr. 11 EStG den Abzug von Aufwendungen, die im Zusammenhang mit der unentgeltlichen Nutzungsüberlassung (nicht einlagefähiger Vorteil nach der Rechtsprechung des Großen Senat zu den Nutzungseinlagen)[4] ausschließt, entfällt die Grundlage für dieses Gestaltungsmodell.

p) Zuschläge nach § 162 Abs. 4 AO (§ 4 Abs. 5 Satz 1 Nr. 12 EStG)

857 Nach § 162 Abs. 4 AO hat die Finanzbehörde Zuschläge festzusetzen, wenn eine Verrechnungspreisdokumentation nicht oder nicht verwertbar oder verspätet vorgelegen hat. Ähnlich der

---

1 Str. abl. *Heinicke* in Schmidt, § 4 EStG Rz. 611; offen HHR/*Kruschke*, § 4 EStG Rz. 1859.
2 BMF v. 10. 10. 2002, BStBl 2002 I 1019, Tz. 30.
3 BFH v. 14. 7. 2008 - VII B 92/08, BStBl 2008 II 850.
4 BFH v. 26. 10. 1987 - GrS 2/86, BStBl 1988 II 348.

Tatbestände in Nr. 8 handelt es sich auch bei dem Zuschlag um eine sanktionierende Maßnahme, die nicht zum Betriebsausgabenabzug berechtigen soll. Nach Nr. 11 dürfen solche Zuschläge den Gewinn nicht mindern.

q) **Beiträge nach dem Restrukturierungsfondsgesetz (§ 4 Abs. 5 Satz 1 Nr. 13 EStG)**

Das Restrukturierungsfondsgesetz beinhaltet Verpflichtungen der Banken, jährlich Beiträge an den Restrukturierungsfonds – ein von der Bundesanstalt für Finanzmarktstabilisierung verwaltetes Sondervermögen des Bundes – zu zahlen (§ 12 Abs. 2 Restrukturierungsfondsgesetz). Der Fonds dient der Restrukturierung oder Abwicklung systemrelevanter Banken. Die in diesen Fonds zu entrichtenden Jahresbeiträge dürfen nach Nr. 13 den Gewinn der Bank nicht mindern, weil andernfalls die Bankensanierung über die Steuerminderungen finanziert würde. 858

(*Einstweilen frei*) 859–865

3. Ausnahme vom Abzugsverbot gem. § 4 Abs. 5 Satz 2 EStG

Werden Tätigkeiten nach § 4 Abs. 5 Satz 1 Nr. 2 bis 4 EStG mit Gewinnabsicht betrieben, so entfällt der Ausschluss des Betriebsausgabenabzugs. Ein Abzugsverbot nach Nr. 2 kann dann nicht gelten, wenn die Bewirtung die Tätigkeit darstellt, mit der der Stpfl. seine steuerbaren Einkünfte erzielt. Gleiches muss gelten, wenn ein Gästehaus außerhalb des Betriebsortes unterhalten wird und der Stpfl. die Absicht hat, dies gewinnzielend zu nutzen. Grundsätzlich ist auch denkbar, dass der Stpfl. Jagd, Fischerei, Motor- und Segeljachten mit Gewinnerzielungsabsicht einsetzt, auch in diesem Fall entfällt die Nähe zur Lebensführung, die den Ausschluss des Betriebsausgabenabzugs rechtfertigt. 866

(*Einstweilen frei*) 867–870

4. Aufwendungen nach § 12 Nr. 1 EStG (§ 4 Abs. 5 Satz 3 EStG)

Nach § 4 Abs. 5 Satz 3 EStG bleiben die Regelungen des § 12 Nr. 1 EStG unberührt. Die Regelung hat klarstellenden Charakter, weil sich bereits aus dem Begriff der Betriebsausgaben ergibt, dass diese steuerlich nur relevant sind, wenn sie betrieblich veranlasst sind, Aufwendungen der Lebensführung bleiben steuerlich unbeachtlich.[1] 871

(*Einstweilen frei*) 872–875

X. Abzugsverbot für Gewerbesteuer (§ 4 Abs. 5b EStG)

LITERATUR:
Quinten/Anton, Nichtabzugsfähigkeit der Gewerbesteuer als Betriebsausgabe, NWB 2012, 4227.

§ 4 Abs. 5b EStG nimmt die Gewerbesteuer aus dem Begriff der Betriebsausgaben heraus, systematisch enthält die Vorschrift ein weiteres, außerhalb von § 4 Abs. 5 EStG geregeltes Abzugsverbot für die Gewerbesteuer und die darauf entfallenden Nebenleistungen. Die Vorschrift ist verfassungskonform.[2] 876

---

1 Zu den Besonderheiten bei gemischten Aufwendungen wegen Wegfall des Aufteilungs- und Abzugsverbots nach BFH v. 21.9.2009 - GrS 1/06, BStBl 2010 II 143; vgl. KKB/Löbe, § 12 EStG Rz. 32 ff.

2 BFH v. 16.1.2014 - I R 21/12, BStBl 2014 II 531; BVerfG v. 12.7.2016 - 2 BvR 1559/14, BStBl 2016 II 812; BFH v. 22.10.2014 - X R 19/12, BFH/NV 2015, 482 = NWB DokID: YAAAE-85265; BFH v. 10.9.2015 - IV R 8/13, BStBl 2015 II 1046.

877 **Persönlicher und sachlicher Anwendungsbereich:** Die Vorschrift ist anwendbar bei Einkünften, die gewerbesteuerpflichtig sind, sie gilt über § 8 Abs. 1 KStG bei der Körperschaftsteuer und über § 7 Abs. 1 Satz 1 GewStG bei der Gewerbesteuer, deren Bemessungsgrundlage ebenfalls nicht mehr um die Gewerbesteuer zu mindern ist. Die Vorschrift unterliegt nach Ansicht des BFH keinen verfassungsrechtlichen Bedenken, weil der Eingriff in das objektive Nettoprinzip gerechtfertigt ist.[1]

1. Tatbestand

878 Die Vorschrift betrifft primär die Gewerbesteuer nach dem deutschen Gewerbesteuergesetz, vergleichbare ausländische Steuern bleiben als Betriebsausgabe abziehbar. Sie betrifft auch die steuerlichen Nebenleistungen nach § 3 Abs. 4 AO, die auf die Gewerbesteuer entfallen. Dies können sein:

- Verspätungszuschläge (§ 152 AO),
- Zuschläge gemäß § 162 Abs. 4 AO,
- Zinsen (§§ 233 bis 237 AO),
- Säumniszuschläge (§ 240 AO),
- Zwangsgelder (§ 329 AO),
- Kosten (§§ 89, 178, 178a und §§ 337 bis 345 AO).

879 Die Nebenleistungen fallen nur dann in den Anwendungsbereich des § 4 Abs. 5b EStG, wenn sie auf die Gewerbesteuer entfallen sind.

2. Rechtsfolge

880 Gewerbesteuer und die genannten Nebenleistungen sind nach dem Wortlaut des Gesetzes keine Betriebsausgaben. M. E. soll diese Formulierung nur den Betriebsausgabenabzug ausschließen, denn die Gewerbesteuer ist betrieblich veranlasster Aufwand und damit Betriebsausgabe.[2] Der Bundesrat hatte in seiner Stellungnahme zum JStG 2008[3] vorgeschlagen, den Ausschluss der Gewerbesteuer vom Betriebsausgabenabzug systematisch korrekt in § 4 Abs. 5 Satz 1 Nr. 12 EStG zu regeln, weil befürchtet wurde, dass die Aufwendungen für die Gewerbesteuer und die auf sie entfallenden Nebenleistungen steuersystematisch als Privatentnahme zu behandeln sind, mit der Folge, dass – besonders in Verlustfällen – eine Nachversteuerung nach § 34a Abs. 4 EStG ausgelöst werden kann. Dieser Vorschlag wurde von der Bundesregierung abgelehnt.[4] Von Bedeutung ist die Differenzierung bei der Frage, ob die Gewerbesteuer, wenn sie nicht Betriebsausgabe ist, als Entnahme i. S. d. § 4 Abs. 4a EStG und des § 34a EStG zu werten ist. Auch wenn sie steuerlich nicht abziehbar ist, stellt sie keine Verwendung für die Lebensführung dar und ist damit keine Entnahme.

881–885 (*Einstweilen frei*)

---

1 BFH v. 16.1.2014 - I R 21/12, BStBl 2014 II 531, m. Anm. *Nöcker*, FR 2014, 198; BFH v. 10.9.2015 - IV R 8/13, BStBl 2015 II 1046; FinMin Schleswig-Holstein v. 12.2.2016 - akt. Kurzinfo ESt 39 2012VI 304 - S 2137 - 229, NWB DokID: IAAAF-66792; BMF, BStBl 2012 I 1174, BStBl 2013 I 159, 459; *Quinten/Anton*, NWB 2012, 4227.
2 Vgl. zur alten Rechtslage BFH v. 23.4.1991 - VIII R 61/87, BStBl 1991 II 752; str. zur neuen Rechtslage wie hier HHR/*Tiede*, § 4 EStG Rz. 1980; *Heinicke* in Schmidt, § 4 EStG Rz. 618; *Seifert* in Korn, § 4 EStG Rz. 1223.6; so wohl auch BMF v. 11.8.2008, BStBl 2008 I 838, im Hinblick auf die Berücksichtigung bei § 34a EStG.
3 BT-Drucks. 16/6739, 6.
4 BT-Drucks. 16/6739, 32.

XI. Aufwendungen zur Förderung staatspolitischer Zwecke (§ 4 Abs. 6 EStG)

§ 4 Abs. 6 EStG legt fest, dass Aufwendungen für die Förderung staatspolitischer Zwecke nach § 10b Abs. 2 EStG nicht Betriebsausgaben sind. 886

Tatbestand: Dies sind Zuwendungen an politische Parteien i. S. d. § 2 Parteiengesetz.[1] Anders als bei § 4 Abs. 5b EStG handelt es sich bei diesen Zahlungen tatsächlich nicht um Betriebsausgaben, denn sie sind aufgrund ihrer Nähe zur politischen Einstellung auch untrennbar privat mitveranlasst und stellen daher Kosten der privaten Lebensführung dar.[2] § 4 Abs. 6 EStG hat insofern nur klarstellenden Charakter. Vor diesem Hintergrund sind diese Zuwendungen m. E. als Entnahmen i. S. d. § 4 Abs. 4a EStG und des § 34a EStG anzusehen. Zuwendungen sind Spenden und Mitgliedsbeiträge. Wird mit der Zahlung eine Gegenleistung verbunden, so liegt keine Spende vor.[3] 887

Rechtsfolge: Die Zuwendungen an Parteien i. S. d. § 10b Abs. 2 EStG sind keine Betriebsausgaben. Soweit keine Zuwendungen i. S. d. § 10b Abs. 2 EStG vorliegen, bleibt der Betriebsausgabenabzug erhalten. 888

(*Einstweilen frei*) 889–894

XII. Besondere Aufzeichnungspflichten (§ 4 Abs. 7 EStG)

§ 4 Abs. 7 EStG enthält besondere Aufzeichnungspflichten für bestimmte, beschränkt abziehbare Aufwendungen nach § 4 Abs. 5 Satz 1 Nr. 1 bis 4, 6b und 7 EStG. 895

Aufzeichnungen sind zu führen für 896

- Geschenke nach § 4 Abs. 5 Satz 1 Nr. 1 EStG an Personen, die nicht Arbeitnehmer sind. Aufzuzeichnen sind die Aufwendungen in vollem Umfang, unabhängig davon, ob sie abziehbar sind oder nicht.[4]
- Aufwendungen für Bewirtung nach § 4 Abs. 5 Satz 1 Nr. 2 EStG, die Aufzeichnungen sind, unabhängig von den Angaben, die nach Nr. 2 Satz 2 zu machen sind.
- Kosten für Gästehäuser nach § 4 Abs. 5 Satz 1 Nr. 3 EStG und Jagd, Fischerei etc. nach Nr. 4.
- Aufwendungen für ein häusliches Arbeitszimmer nach § 4 Abs. 5 Satz 1 Nr. 6b EStG. Auch hier sind zwar nicht die Aufwendungen für das gesamte Gebäude aufzuzeichnen, wohl aber die Aufwendungen, die insgesamt auf das Arbeitszimmer entfallen.[5]
- Aufwendungen, die nach § 4 Abs. 5 Satz 1 Nr. 7 EStG unangemessen sind.

Art und Umfang der Aufzeichnungen: Sinn und Zweck dieser gesonderten Aufzeichnungspflicht ist, der Finanzverwaltung einfach und transparent einen Überblick über diese Art der Aufwendungen zu verschaffen.[6] Die Aufzeichnung setzt eine geordnete Belegsammlung, eine Erfassung der Beträge auf einem gesonderten Konto oder in den damit vergleichbaren Auf- 897

---

1 Vgl. dazu KKB/Eckardt, § 10b EStG Rz. 92 ff.
2 BFH v. 4. 3. 1986 – VIII R 188/84, BStBl 1986 II 373.
3 Vgl. dazu KKB/Eckardt, § 10b EStG Rz. 12 ff.
4 BFH v. 27. 3. 2007 – I B 125/06, BFH/NV 2007, 1306 = NWB DokID: OAAAC-46918; R 4.11. Abs. 1 EStR.
5 Str. wie hier, HHR/*Stapperfend*, § 4 EStG Rz. 2040; a. A. *Seifert* in Korn, § 4 EStG Rz. 1250.
6 BT-Drucks. 1941, 3; BFH v. 19. 8. 1999 – IV R 20/99, BStBl 2000 II 203.

zeichnungen eines Stpfl., der seinen Gewinn nach § 4 Abs. 3 EStG ermittelt, voraus.[1] Nicht ausreichend ist die Führung von Listen außerhalb der Buchführung[2] oder das geordnete Aufbewahren der Belege.[3] Die Aufzeichnung muss einzeln erfolgen, also für jeden Geschäftsvorfall, der in den Anwendungsbereich des § 4 Abs. 7 EStG fällt, gesondert.

898 **Aufzeichnungen für Geschenke:** Aus den Aufzeichnungen für Geschenke muss sich ergeben, wer der Empfänger ist.[4]

899 **Getrennte Erfassung:** Die Aufwendungen sind getrennt von den übrigen Betriebsausgaben aufzuzeichnen, dies bedeutet, dass Betriebsausgaben, die nicht in den Anwendungsbereich der entsprechenden Nummern des § 4 Abs. 5 Satz 1 EStG fallen, nicht in den Aufzeichnungen enthalten sein dürfen.[5] Sie können getrennt auf einem Konto erfasst werden[6] und sind fortlaufend und zeitnah aufzuzeichnen.[7] Ausnahmsweise ist bei den Kosten für ein häusliches Arbeitszimmer gestattet, die Finanzierungskosten unterjährig zu schätzen und nach Ablauf dann exakt aufzuzeichnen. M. E. muss das bei allen Aufwendungen gelten, für die unterjährig Abschlagszahlungen erfolgen, denen dann nach Ablauf des Jahres eine Schlussrechnung folgt.

900 **Rechtsfolgen des Verstoßes gegen die Aufzeichnungspflichten:** Die Aufzeichnungen sind materielle Voraussetzung für den Betriebsausgabenabzug, soweit er in den § 4 Abs. 5 Satz 1 Nr. 1 bis 4, 6b und 7 EStG überhaupt gestattet ist.[8] Relevant wird dies nur für die Nr. 1 und 2, da die übrigen Aufwendungen unabhängig von der Aufzeichnung nicht als Betriebsausgaben abziehbar sind. Zwingend erforderlich ist die getrennte Erfassung der nicht abziehbaren Betriebsausgaben nach § 4 Abs. 5 Satz 1 Nr. 1 bis 4 Nr. 6b und 7 EStG von den anderen Betriebsausgaben. Werden in diesem Sinne nicht abziehbare Betriebsausgaben auf einem Konto für die allgemeinen Betriebsausgaben erfasst, gibt es keine Korrekturmöglichkeit, weil es an den getrennten Aufzeichnungen fehlt. Unproblematisch ist andererseits der Fall, dass Aufwendungen der verschiedenen Nummern des § 4 Abs. 5 Satz 1 EStG auf einem Konto erfasst werden, solange sie einzeln aufgezeichnet werden. Eine Trennung muss nach dem Wortlaut des Gesetzes nur von den übrigen Betriebsausgaben erfolgen.[9] Werden die Aufzeichnungen fehlerhaft geführt, weil versehentlich Betriebsausgaben auf einem Konto für die aufzeichnungspflichtigen Ausgaben erfasst werden, kommt eine Korrektur in Betracht, soweit der Fehler einer offenbaren Unrichtigkeit nach § 129 AO vergleichbar ist.[10] Dies gilt auch, wenn der Fehler aufgrund nicht zutreffender Abgrenzung zwischen den Betriebsausgaben und den Betriebsausgaben nach § 4 Abs. 5 Satz 1 Nr. 1 bis 4, 6b und 7 EStG entstanden ist.[11]

---

1 BFH v. 22.1.1988 - III R 171/82, BStBl 1988 II 535; R 4.11. EStR.
2 BFH v. 28.5.1968 - IV R 150/67, BStBl 1968 II 648.
3 BFH v. 26.2.1988 - III R 20/85, BStBl II 1988 613; BFH v. 13.5.2004 - IV R 47/02, BFH/NV 2004, 1402 = NWB DokID: OAAAB-25008.
4 R 4.11. Abs. 2 Satz 2 EStR.
5 Vgl. dazu FG Baden-Württemberg v. 12.4.2016 - 6 K 2005/11; (nrkr.) Rev.: BFH I R 38/16, NWB DokID: CAAAF-76355.
6 BFH v. 10.3.1988 - IV R 207/85, BStBl 1988 II 611; HHR/*Stapperfend*, § 4 EStG Rz. 2045.
7 BFH v. 22.1.1988 - III R 171/82, BStBl 1988 II 535.
8 BFH v. 22.1.1988 - III R 171/82, BStBl 1988 II 535.
9 So auch HHR/*Stapperfend*, § 4 EStG Rz. 2045.
10 BFH v. 19.8.1999 - IV R 20/99, BStBl 2000 II 203.
11 BFH v. 19.8.1999 - IV R 20/99, BStBl 2000 II 203.

Im Folgenden sind die wesentlichen steuerlichen Aufzeichnungspflichten zusammengefasst.

ABB.:	Sonstige steuerrechtliche Verzeichnis-/Aufzeichnungspflichten[1]
Aufzeichnungspflichten nach Einzelsteuergesetzen	
EStG	
	§ 4 Abs. 3 Satz 5 EStG – Verzeichnispflicht bei EÜR für Wirtschaftsgüter des Anlagevermögens sowie Wirtschaftsgüter des Umlaufvermögens i. S. d. **§ 4 Abs. 3 Satz 4 EStG**
	§ 4 Abs. 4a Satz 6 EStG – Aufzeichnung von Einlagen/Entnahmen bei EÜR zur Begrenzung des Schuldzinsenabzugs bei Überentnahmen
	§ 4 Abs. 7 EStG – Aufzeichnungspflichten für Betriebsausgaben i. S. d. § 4 Abs. 5 Satz 1 Nr. 1-4, 6b, 7 EStG **(R 4.11 EStR)** ▶ Aufwendungen für Geschenke an Nicht-Arbeitnehmer, bei AK/HK pro Wj. und Empfänger > 35 € ▶ Aufwendungen für die Bewirtung von Personen aus geschäftlichem Anlass ▶ Aufwendungen für Gästehäuser außerhalb des Orts eines Betriebs des Stpfl. ▶ Aufwendungen für Jagd, Fischerei, Segel-/Motorjachten o. Ä. und damit zusammenhängende Bewirtungen ▶ Aufwendungen für ein häusliches Arbeitszimmer ▶ Aufwendungen für Lebensführung des Stpfl. o. a. Personen/unangemessene Repräsentationsaufwendungen
	§ 4g Abs. 4 Satz 2-4 EStG – Verzeichnispflicht für Wirtschaftsgüter, für die bei Entnahme nach § 4 Abs. 1 Satz 3 EStG ein Ausgleichsposten gebildet wurde; Aufzeichnungen bzgl. Bildung/Auflösung der Ausgleichsposten
	§ 5 Abs. 1 Satz 2, 3 EStG – Wahlrechtsverzeichnis als Voraussetzung für die Ausübung steuerlicher Wahlrechte
	§ 5a Abs. 4 EStG – Verzeichnispflicht bei Übergang zur Gewinnermittlung nach Tonnage für Unterschiedsbetrag zwischen Buchwert und Teilwert von Wirtschaftsgütern, die unmittelbar dem Betrieb von Handelsschiffen im internationalen Verkehr dienen
	§ 6 Abs. 2 Satz 4 EStG – Verzeichnispflicht für GWG, deren Wert 150 € übersteigt, sofern Angaben nicht aus der Buchführung ersichtlich
	§ 6c Abs. 2 EStG – Verzeichnispflicht für Wirtschaftsgüter, auf die nach § 6c Abs. 1 EStG stille Reserven aus der Veräußerung bestimmter Anlagegüter übertragen wurden, bei Gewinnermittlung nach § 4 Abs. 3 EStG oder nach Durchschnittssätzen
	§ 7a Abs. 8 EStG – Verzeichnispflicht für Wirtschaftsgüter bei Inanspruchnahme erhöhter Absetzungen oder Sonderabschreibungen, sofern Abgaben nicht aus der Buchführung ersichtlich
	§ 41 EStG i. V. m. § 4 LStDV – Aufzeichnungspflichten beim Lohnsteuerabzug
	§§ 40-40b EStG i. V. m. § 4 Abs. 2 Nr. 8 LStDV – Aufzeichnungspflichten bei Pauschalierung der Lohnsteuer (Ausnahmen nach § 4 Abs. 3 LStDV möglich)

---

1 *Briesemeister* in Prinz/Kanzler, NWB Praxishandbuch Bilanzsteuerrecht, Rz. 62.

	§ 43 Abs. 2 Satz 6 EStG – Aufzeichnungspflichten bei nicht vorzunehmendem Steuerabzug in den Fällen des § 43 Abs. 2 Satz 3 Nr. 2 EStG
	§ 45a EStG – besondere Aufzeichnungspflichten bei Anmeldung und Bescheinigung der KESt
UStG	
	Aufzeichnungspflichten nach § 22 UStG und §§ 63 bis 68 UStDV
	Aufzeichnungspflichten für bestimmte Steuerbefreiungen, z. B. nach § 4 Nr. 1a i. V. m. § 6 Abs. 4 und § 7 Abs. 4 UStG sowie § 13 UStDV für Ausfuhrlieferungen/Lohnveredelungen an Gegenständen der Ausfuhr
VersStG: § 10 VersStG – Aufzeichnungen bzgl. Berechnungsgrundlagen der VersSt	
Aufzeichnungspflichten nach AO	
	§ 142 AO – ergänzende Aufzeichnungen originär steuerlich buchführungspflichtiger Land- und Forstwirte: Anbauverzeichnis der Fruchtarten selbstbewirtschafteter Flächen
	§ 143 AO – Aufzeichnungspflicht des Wareneingangs für gewerbliche Unternehmer
	§ 144 AO – Aufzeichnungspflicht des Warenausgangs für gewerbliche Unternehmer und originär buchführungspflichtige Land und Forstwirte, die nach Art ihres Geschäftsbetriebs Waren regelmäßig an gewerbliche Unternehmer zur Weiterveräußerung oder zum Verbrauch als Hilfsstoffe liefern, bzgl. für diese Zwecke bestimmter Waren

901–905 (Einstweilen frei)

XIII. Erhaltungsaufwand gem. §§ 11a, 11b EStG (§ 4 Abs. 8 EStG)

906 § 4 Abs. 8 EStG verweist für die Gewinnermittlung nach § 4 Abs. 1 und Abs. 3 EStG, soweit es um Erhaltungsaufwand für Baudenkmale und Gebäude in Sanierungsgebieten und städtebaulichen Entwicklungsbereichen geht, auf die Spezialvorschriften der §§ 11a und 11b EStG. Diese sind über diesen Verweis auch bei den Gewinneinkünften zu beachten.

907–910 (Einstweilen frei)

XIV. Aufwendungen für erstmalige Berufsausbildung oder Erststudium (§ 4 Abs. 9 EStG)

LITERATUR:

Moritz, Kein Betriebsausgabenabzug für Erststudium, KSR 2/2014, 4.

911 § 4 Abs. 9 EStG schließt für Aufwendungen für eine erstmalige Berufsausbildung oder für ein Studium, ohne jeweils dass eine Berufsausbildung oder ein anderes Studium vorausgegangen sind, den Betriebsausgabenabzug aus. Die Regelung wurde eingeführt mit dem BeitrRlUmsG[1]

---

1 Vom 7. 12. 2011, BGBl 2011 I 2592.

und geändert mit dem ZollKAnpG.¹ Ausgangspunkt der Neuregelungen war eine Entscheidung des BFH vom 28. 7. 2011² mit der festgestellt wurde, dass alle Kosten der Berufsausbildung als Werbungskosten oder Betriebsausgaben abziehbar sind. Mit dem BeitrRlUmsG³ wurde eine Neuregelung eingeführt, nach der Aufwendungen, die der Stpfl. für seine Berufsausbildung oder sein Studium trägt, keine Betriebsausgaben sind, wenn nicht zuvor bereits eine Erstausbildung (Berufsausbildung oder Studium) erfolgt ist. Die Regelung wurde mit dem ZollkAnpG weiter präzisiert, weil der Gesetzgeber auf eine Entscheidung des BFH vom 28. 2. 2013⁴ reagiert hat, mit der der BFH geklärt hatte, dass eine erstmalige Berufsausbildung weder eine bestimmte Ausbildungsdauer noch eine formale Abschlussprüfung voraussetzt.⁵ Geändert wurde im Wesentlichen § 9 Abs. 6 EStG,⁶ der Erstausbildung in Satz 2 ff. näher definiert und auf den § 4 Abs. 9 Satz 2 EStG verweist.

Im Hinblick auf die Beschränkung des Betriebsausgabenabzugs für die Erstausbildung bestehen in zweierlei Hinsicht verfassungsrechtliche Bedenken. Zum einen hat der Gesetzgeber die Neufassung des § 4 Abs. 9 EStG und § 9 Abs. 6 EStG bezüglich der belastenden Rechtsfolgen des Ausschlusses vom Betriebsausgabenabzug mit einer Rückwirkung auf alle offenen Fälle bis einschließlich des VZ 2004 belegt,⁷ zum anderen bestehen verfassungsrechtliche Zweifel daran, ob der Ausschluss der Erstausbildungskosten vom Werbungskosten/Betriebsausgabenabzug gegen den Gleichheitssatz verstößt.⁸ 912

Anders als der VI. Senat des BFH, der die Frage der Verfassungsmäßigkeit der Vorschrift dem BVerfG zur Entscheidung vorgelegt hat,⁹ hält der VIII. Senat die Vorschrift sowohl unter dem Gesichtspunkt eines Verstoßes gegen das Rückwirkungsverbot als auch im Hinblick auf einen Verstoß gegen den Gleichheitsgrundsatz für verfassungskonform.¹⁰

Aufwendungen: Für den Begriff der Aufwendungen gelten die allgemeinen Regeln. Aufwendungen des Stpfl. sind eigene Aufwendungen oder Aufwendungen, die als Drittaufwand anerkannt werden.¹¹ 913

Erste Berufsausbildung: Nachdem die Rechtsprechung des BFH mit Urteil vom 28. 2. 2013¹² entschieden hatte, dass eine Erstausbildung weder eine bestimmte Ausbildungsdauer noch ein Berufsausbildungsverhältnis nach dem Berufsausbildungsgesetz erfordert, hat der Gesetzgeber den Begriff der ersten Berufsausbildung in § 9 Abs. 6 Satz 2 ff. EStG präzisiert. Danach 914

---

1 Vom 22. 12. 2014, BGBl 2014 I 2417.
2 BFH v. 28. 7. 2011 - VI R 7/10, BStBl 2012 II 557; BFH v. 28. 7. 2011 - I R 38/10, BStBl 2012 II 561.
3 Vom 7. 12. 2011, BGBl 2011 I 2592.
4 BFH v. 28. 2. 2013 - VI R 6/12, BStBl 2015 II 180.
5 Nicht über den Einzelfall hinaus anzuwenden nach BMF v. 22. 9. 2010, BStBl 2010 I 721.
6 Vgl. hierzu KKB/Weiss, § 9 EStG Rz. 360 ff.
7 § 52 Abs. 23d Satz 5 EStG i. d. F. des BeitrRUmsG v. 7. 12. 2011, BGBl 2011 I 2592.
8 BFH v. 17. 7. 2014 - VI R 2/12, BFH/NV 2014, 1954 = NWB DokID: SAAAE-78515 und VI R 8/12, NWB DokID: CAAAE-78516, VI R 61/11, NWB DokID: XAAAE-78963, VI R 38/12, NWB DokID: NAAAE-78962, VI R 2/13, NWB DokID: DAAAE-78961, Az. des BVerfG: 2 BvL 23/14 und 24/14.
9 BFH v. 17. 7. 2014 - VI R 2/12, BFH/NV 2014, 1954 = NWB DokID: SAAAE-78515 und VI R 8/12, NWB DokID: CAAAE-78516, VI R 61/11, NWB DokID: XAAAE-78963, VI R 38/12, NWB DokID: NAAAE-78962, VI R 2/13, NWB DokID: DAAAE-78961, Az. des BVerfG: 2 BvL 23/14 und 24/14.
10 BFH v. 5. 11. 2013 - VIII R 22/12, BStBl 2014 II 165.
11 Vgl. dazu KKB/Marx, § 7 EStG Rz. 111 ff.; KKB/Kanzler, § 2 EStG Rz. 267 ff.
12 BFH v. 28. 2. 2013 - VI R 6/12, BStBl 2015 II 180; im Anschluss an BFH v. 27. 10. 2011 - VI R 52/10, BStBl 2012 II 825.

liegt eine erste Berufsausbildung als Erstausbildung nur vor, wenn eine geordnete Ausbildung mit einer Mindestdauer von zwölf Monaten bei vollzeitiger Ausbildung und mit einer Abschlussprüfung durchgeführt wird. Eine geordnete Ausbildung liegt vor, wenn sie auf der Grundlage von Rechts- oder Verwaltungsvorschriften oder internen Vorschriften eines Bildungsträgers durchgeführt wird. Ist eine Abschlussprüfung nach dem Ausbildungsplan nicht vorgesehen, gilt die Ausbildung mit der tatsächlichen planmäßigen Beendigung als abgeschlossen. Eine Berufsausbildung als Erstausbildung hat auch abgeschlossen, wer die Abschlussprüfung einer durch Rechts- oder Verwaltungsvorschriften geregelten Berufsausbildung mit einer Mindestdauer von 12 Monaten bestanden hat, ohne dass er zuvor die entsprechende Berufsausbildung durchlaufen hat.[1] Hat er keine Ausbildung abgeschlossen, so können Berufsausbildungskosten auch dann unbeschränkt steuerlich geltend gemacht werden, wenn er ein Studium abgeschlossen hat.

915 Rechtsfolge des § 4 Abs. 9 EStG ist, dass Kosten der Erstausbildung keine Betriebsausgaben darstellen. Eine Ausnahme gilt dann, wenn die Erstausbildung im Rahmen eines Dienstverhältnisses erfolgt. Die Kosten können nach § 10 Abs. 1 Nr. 7 EStG als Sonderausgaben geltend gemacht werden, aber ohne die Möglichkeit eines Vor- oder Rücktrags. Entscheidend ist, dass die Berufsausbildung eine bestimmte Dauer umfassen muss und grundsätzlich mit einer Prüfung abgeschlossen, aber zumindest planmäßig beendet werden muss (§ 9 Abs. 6 EStG).[2]

916–920 *(Einstweilen frei)*

C. Verfahrensfragen

921 Allgemeines: Aufgrund des Amtsermittlungsgrundsatzes nach § 88 Abs. 1 Satz 1 AO hat die Finanzbehörde die Betriebsausgaben dem Grunde und der Höhe nach zu ermitteln,[3] dabei ist der Stpfl. zur Mitwirkung verpflichtet (§ 90 Abs. 1 AO). Bei Sachverhalten mit Auslandsberührung bestehen erhöhte Mitwirkungspflichten für den Stpfl. (§ 90 Abs. 2 AO), der alle bestehenden rechtlichen und tatsächlichen Möglichkeiten ausschöpfen muss, den Sachverhalt zu ermitteln. Grundsätzlich trägt der Stpfl. die Feststellungslast hinsichtlich ihm günstiger Tatsachen, so dass der Betriebsausgabenabzug entfällt, wenn er die Ausgaben nicht nachweist und auch im Rahmen des Amtsermittlungsgrundsatzes das Vorliegen und die Höhe der Betriebsausgaben nicht feststellbar ist.[4] Sind die Betriebsausgaben bereits dem Grund nach nicht feststellbar, so besteht keine Möglichkeit, diese zu schätzen,[5] andererseits sind offensichtliche Betriebsausgaben von Amts wegen zu berücksichtigen.[6]

922 Empfängerbenennung: Betriebsausgaben sind nach § 160 Abs. 1 AO dann nicht zu berücksichtigen, wenn der Stpfl. dem Verlangen der Finanzbehörde nicht nachkommt, den Empfänger der Leistung zu benennen.

---

1 Vgl. zu den Einzelheiten KKB/Weiss, § 9 EStG Rz. 360 ff.
2 Vgl. KKB/Weiss, § 9 EStG Rz. 360 ff.
3 BFH v. 24. 6. 1997 - VIII R 9/96, BStBl 1998 II 51.
4 BFH v. 15. 2. 1989 - X R 16/86, BStBl 1989 II 462; BFH v. 25. 9. 2009 - I R 88, 89/07, BFH/NV 2009, 2047 = NWB DokID: BAAAD-31278.
5 BFH v. 24. 6. 1997 - VIII R 9/96, BStBl 1998 II 51.
6 BFH v. 24. 6. 1997 - VIII R 9/96, BStBl 1998 II 51.

Aufzeichnungen: Für Stpfl., die ihren Gewinn durch Einnahmenüberschussrechnung ermitteln, ergeben sich Aufzeichnungspflichten i. d. R. aus Spezialvorschriften: 923

- § 4 Abs. 3 Satz 5 EStG, Verzeichnis über die Wirtschaftsgüter des Anlage- und Umlaufvermögens i. S. d. § 4 Abs. 3 Satz 4 EStG,

- § 4 Abs. 7 EStG, Aufzeichnungen über bestimmte nach § 4 Abs. 5 EStG nur partiell oder gar nicht abziehbare Aufwendungen,

- § 7a Abs. 8 EStG,

- § 7g Abs. 1 Satz 2 Nr. 3 EStG,

- § 41 EStG, Pflicht des Arbeitgebers zur Führung von Lohnkonten,

- § 22 Abs. 2 Nr. 1 UStG i. V. m. §§ 63 bis 68 UStDV, Entgelte aus steuerbaren Umsätzen, Vorsteuerbeträge,

- § 147 Abs. 1 AO, der dazu verpflichtet, die Belege über die Einnahmen geordnet aufzubewahren,

- § 143 Abs. 3 AO und § 144 Abs. 3 AO, für die Aufzeichnung von Warenein- und -ausgang.

Auch aus dem allgemeinen Mitwirkungsgrundsatz nach § 90 Abs. 1 AO ergibt sich eine Verpflichtung zur Belegsammlung. Bei Betriebsausgaben hat der Stpfl. selbst ein Interesse an der Aufbewahrung, da ihm die Beweislast für den Nachweis der Betriebsausgaben obliegt.[1] 924

Amtlich vorgeschriebener Vordruck EÜR: Der Steuererklärung ist eine für jeden Betrieb gesondert erstellte[2] Gewinnermittlung auf amtlich vorgeschriebenem Vordruck („EÜR") beizufügen (§ 60 Abs. 4 EStDV), wenn die Betriebseinnahmen über 17 500 € liegen. Strittig ist, ob § 60 Abs. 4 EStDV eine ausreichende Rechtsgrundlage für die Pflicht, die Gewinnermittlung auf dem amtlich vorgeschriebenen Vordruck einzureichen, darstellt.[3] M. E. ist dies nicht der Fall, soweit an die Nichteinreichung negative Rechtsfolgen geknüpft werden. Vor diesem Hintergrund sind an eine fehlende EÜR keine negativen steuerlichen Folgen zu knüpfen, sofern feststeht, dass die Gewinnermittlung materiell zutreffend ist.[4] Für diese bedarf es einer gesetzlichen Grundlage. Nach § 60 Abs. 4 Satz 1 EStG i. V. m. § 84 Abs. 3d EStDV ist die EÜR elektronisch zu übermitteln. 925

Feststellung von Über- und Unterentnahmen: Verfahrensrechtlich sind keine Vorschriften vorgesehen, die eine gesonderte Feststellung der Über- oder Unterentnahmen oder des zu verrechnenden Verlusts nach § 4 Abs. 4a EStG auf den 31. 12. vorsehen. Diese Größen sind formlos festzuhalten.[5] Rechtsbehelfe sind gegen den jeweiligen Steuerbescheid zu führen, in den die Vorjahresgrößen unzutreffend übernommen wurden. 926

---

1 BFH v. 17. 7. 1980 - IV R 140/77, BStBl 1981 II 14.
2 BMF v. 5. 9. 2008, BStBl 2008 I 862.
3 BFH v. 16. 11. 2011 - X R 18/09, BStBl 2012 II 129; a. A. *Wied* in Blümich, § 4 EStG Rz. 140; HHR/*Kanzler*, § 4 Rz. 523, FG Münster v. 17. 12. 2008 - 6 K 2187/08, EFG 2009, 818.
4 So auch *Nacke* in Littmann/Bitz/Pust, § 4 EStG Rz. 1518.
5 BMF v. 17. 11. 2005, BStBl 2005 I 1019, Tz. 12.

§ 4a Gewinnermittlungszeitraum, Wirtschaftsjahr

(1) ¹Bei Land- und Forstwirten und bei Gewerbetreibenden ist der Gewinn nach dem Wirtschaftsjahr zu ermitteln. ²Wirtschaftsjahr ist

1. bei Land- und Forstwirten der Zeitraum vom 1. Juli bis zum 30. Juni. ²Durch Rechtsverordnung kann für einzelne Gruppen von Land- und Forstwirten ein anderer Zeitraum bestimmt werden, wenn das aus wirtschaftlichen Gründen erforderlich ist;

2. bei Gewerbetreibenden, deren Firma im Handelsregister eingetragen ist, der Zeitraum, für den sie regelmäßig Abschlüsse machen. ²Die Umstellung des Wirtschaftsjahres auf einen vom Kalenderjahr abweichenden Zeitraum ist steuerlich nur wirksam, wenn sie im Einvernehmen mit dem Finanzamt vorgenommen wird;

3. bei anderen Gewerbetreibenden das Kalenderjahr. ²Sind sie gleichzeitig buchführende Land- und Forstwirte, so können sie mit Zustimmung des Finanzamts den nach Nummer 1 maßgebenden Zeitraum als Wirtschaftsjahr für den Gewerbebetrieb bestimmen, wenn sie für den Gewerbebetrieb Bücher führen und für diesen Zeitraum regelmäßig Abschlüsse machen.

(2) Bei Land- und Forstwirten und bei Gewerbetreibenden, deren Wirtschaftsjahr vom Kalenderjahr abweicht, ist der Gewinn aus Land- und Forstwirtschaft oder aus Gewerbebetrieb bei der Ermittlung des Einkommens in folgender Weise zu berücksichtigen:

1. ¹Bei Land- und Forstwirten ist der Gewinn des Wirtschaftsjahres auf das Kalenderjahr, in dem das Wirtschaftsjahr beginnt, und auf das Kalenderjahr, in dem das Wirtschaftsjahr endet, entsprechend dem zeitlichen Anteil aufzuteilen. ²Bei der Aufteilung sind Veräußerungsgewinne im Sinne des § 14 auszuscheiden und dem Gewinn des Kalenderjahres hinzuzurechnen, in dem sie entstanden sind;

2. bei Gewerbetreibenden gilt der Gewinn des Wirtschaftsjahres als in dem Kalenderjahr bezogen, in dem das Wirtschaftsjahr endet.

Inhaltsübersicht

	Rz.
A. Allgemeine Erläuterungen	1 - 10
I. Normzweck und wirtschaftliche Bedeutung der Vorschrift	1
II. Entstehung und Entwicklung der Vorschrift	2
III. Geltungsbereich	3 - 4
IV. Internationale Bezüge	5
V. Vereinbarkeit mit höherrangigem Recht	6
VI. Verhältnis zu anderen Vorschriften	7 - 10
B. Systematische Kommentierung	11 - 56
I. Wirtschaftsjahr der Land- und Forstwirte (§ 4a Abs. 1 Satz 2 Nr. 1 EStG)	31 - 44
II. Wirtschaftsjahr der Gewerbetreibenden, die im Handelsregister eingetragen sind (§ 4a Abs. 1 Satz 2 Nr. 2 EStG)	45 - 51
1. Tatbestand	45
2. Rechtsfolge	46
3. Umstellung des Wirtschaftsjahres (§ 4a Abs. 1 Satz 2 Nr. 2 Satz 2 EStG)	47 - 51
III. Das Wirtschaftsjahr bei sonstigen Gewerbetreibenden (§ 4a Abs. 1 Satz 2 Nr. 3 EStG)	52

IV.	Abweichendes Wirtschaftsjahr bei Land- und Forstwirten (§ 4a Abs. 2 Nr. 1 EStG)	53–55
V.	Abweichendes Wirtschaftsjahr bei Gewerbetreibenden (§ 4a Abs. 2 Nr. 2 EStG)	56

HINWEISE:
§§ 8b und 8c EStDV.

A. Allgemeine Erläuterungen

I. Normzweck und wirtschaftliche Bedeutung der Vorschrift

Die Vorschrift ergänzt § 25 Abs. 1 EStG und trägt der Tatsache Rechnung, dass Gewerbetreibende außersteuerlich ihren Gewinn u. U. in einem vom Kalenderjahr abweichenden Wirtschaftsjahr ermitteln, das nicht mit dem Veranlagungszeitraum übereinstimmen muss. Bei Land- und Forstwirten schafft sie durch die Festlegung auf ein abweichendes Wirtschaftsjahr Erleichterungen bei der Gewinnermittlung. Sie ordnet zunächst in § 4a Abs. 1 Satz 1 EStG an, dass der Gewinn bei Gewerbetreibenden und Land- und Forstwirten nach dem Wirtschaftsjahr zu ermitteln ist, definiert in § 4a Abs. 1 Satz 2 EStG den Begriff des Wirtschaftsjahres bei Land- und Forstwirten und Gewerbetreibenden und enthält in § 4a Abs. 2 EStG Regelungen, welchem Veranlagungszeitraum ein Gewinn zuzuordnen ist, wenn das Wirtschaftsjahr vom Kalenderjahr und damit vom Gewinnermittlungszeitraum abweicht. Das Steuerrecht akzeptiert damit partiell die Freiheit des Steuerpflichtigen, sein Wirtschaftsjahr zu wählen, sieht dies als gleichwertig mit dem steuerlichen Veranlagungszeitraum an und zieht lediglich die Schlussfolgerungen aus den Fällen, in denen dieses vom Veranlagungszeitraum, den § 25 Abs. 1 EStG festlegt, abweicht. 1

II. Entstehung und Entwicklung der Vorschrift

Die Regelungen zum Wirtschaftsjahr waren bis zur Einführung des § 4 Abs. 4a EStG durch das EStRG v. 5. 8. 1974[1] in § 2 EStG enthalten, die Vorschrift ist als eine der wenigen Vorschriften im EStG seit ihrer Einführung unverändert geblieben. Zum zeitlichen Anwendungsbereich gibt es keine Besonderheiten zu beachten. 2

III. Geltungsbereich

Sachlicher Geltungsbereich: § 4a EStG ist ausschließlich auf Steuerpflichtige anwendbar, die Einkünfte aus Land- und Forstwirtschaft und Gewerbebetrieb erzielen, unabhängig davon, ob als natürliche Person oder in der Rechtsform der Personengesellschaft. 3

Da ein Freiberufler immer ein mit dem Kalenderjahr identisches Wirtschaftsjahr hat, ist die Vorschrift für ihn nicht anwendbar.[2]

Persönlicher Geltungsbereich: Die Vorschrift ist anwendbar auf beschränkt und unbeschränkt steuerpflichtige natürliche Personen. Gesellschafter einer Personengesellschaft sind mit der 4

---
1 BGBl 1974 I 1769.
2 BFH v. 18. 5. 2000 - IV R 26/99, BStBl 2000 II 498.

Gewinnermittlung in den Sonderbilanzen an die Gewinnermittlung der Personengesellschaft gebunden. Für Körperschaften, die nach handelsrechtlichen Vorschriften verpflichtet sind, Bücher zu führen, gilt vorrangig § 7 Abs. 4 KStG. Nicht buchführungspflichtige Körperschaften fallen über § 8 Abs. 1 KStG in den Anwendungsbereich von § 4a EStG. § 7 GewStG ordnet die Geltung auch für den Bereich der Gewerbesteuer an.

IV. Internationale Bezüge

5   Hat ein inländisches Unternehmen eine ausländische Betriebsstätte, deren Gewinn dem deutschen Besteuerungsrecht unterliegt, so ist der Gewinn unabhängig vom Wirtschaftsjahr der ausländischen Betriebsstätte nach dem Wirtschaftsjahr des inländischen Steuerpflichtigen zu ermitteln.[1] Ist eine inländische Betriebsstätte eines im Ausland ansässigen Unternehmens nach § 13d HGB im Handelsregister eingetragen, so kann diese ein abweichendes Wirtschaftsjahr haben, ansonsten ist der Gewinn nach dem Kalenderjahr zu ermitteln und ggf. zu schätzen.

V. Vereinbarkeit mit höherrangigem Recht

6   Gegen die Vorschrift bestehen grundsätzlich keine verfassungsrechtlichen Bedenken. Eine Ausnahme wird im Hinblick auf die Verlängerung des Besteuerungszeitraums bei Land- und Forstwirten nach § 8c Abs. 2 Satz 2 EStDV (vgl. dazu → Rz. 31 ff.). zum einen im Hinblick auf den Gleichheitssatz,[2] zum anderen im Hinblick auf das Fehlen einer Ermächtigungsgrundlage[3] gesehen.

VI. Verhältnis zu anderen Vorschriften

7   § 7 Abs. 4 KStG hat Vorrang, §§ 8b und 8c EStDV ergänzen die Vorschrift.

8–10   *(Einstweilen frei)*

B. Systematische Kommentierung

11   § 4a Abs. 1 Satz 1 EStG legt fest, dass Land- und Forstwirte und Gewerbetreibende ihren Gewinn nach dem Wirtschaftsjahr zu ermitteln haben. Ergänzt wird die Vorschrift durch § 8b EStDV.

12   **Regeldauer:** Das Wirtschaftsjahr dauert grundsätzlich zwölf Monate (§ 8b Satz 1 EStDV; § 240 Abs. 2 HGB).

---

[1] BFH v. 22. 5. 1991 - I R 32/90, BStBl 1992 II 94.
[2] HHR/*Kanzler*, § 4a EStG Rz. 4.
[3] *Kanzler* in Leingärtner, Besteuerung der Landwirte, Kap. 21 Rz. 13.

Verkürzung des Zeitraums: Eine Verlängerung des Zeitraums ist nicht zulässig.[1] Nach § 8b Satz 2 Nr. 1 EStDV kann das Wirtschaftsjahr aber einen Zeitraum von weniger als zwölf Monaten umfassen, wenn

▶ ein Betrieb eröffnet, erworben, aufgegeben oder veräußert wird,

▶ bei der Umstellung des Wirtschaftsjahres.

Tatsächliche Abweichung: In diesen Fällen kann der Gewinnermittlungszeitraum rein tatsächlich vom Zwölfmonatszeitraum abweichen, weil weder Eröffnung noch Aufgabe noch Veräußerung zwingend mit dem Stichtag des Wirtschaftsjahresendes oder -anfangs einhergehen. Dies gilt sowohl für Land- und Forstwirte als auch für Gewerbetreibende.

Bei der Umstellung des Wirtschaftsjahres kommt es zwingend zu einer Abweichung vom Zwölfmonatszeitraum.

Aus- und Eintritt von Gesellschaftern: Nicht geändert wird das Wirtschaftsjahr, wenn Gesellschafter aus einer Personen- oder Kapitalgesellschaft austreten oder neu eintreten,[2] es sei denn, bei einer Personengesellschaft träten alle Gesellschafter bis auf einen aus oder ein Gesellschafter tritt einem Einzelunternehmen bei. In letzteren beiden Fällen endet oder entsteht eine Gesellschaft mit der Folge, dass jeweils ein Rumpfwirtschaftsjahr zu bilden ist.[3]

Umwandlungen:

▶ **Einbringung:** Wird ein Betrieb in eine Personengesellschaft eingebracht, so entstehen zwei Rumpfwirtschaftsjahre, wenn die Einbringung nicht auf den Abschlussstichtag erfolgt; für den eingebrachten Betrieb endet das Wirtschaftsjahr, für die Gesellschaft, in die der Betrieb eingebracht wird, beginnt ein neues Wirtschaftsjahr.[4]

▶ **Formwechsel:** Der Formwechsel bedingt handelsrechtlich keine Änderung des Geschäftsjahres, auch das Aufstellen einer Zwischenbilanz auf den Stichtag des Formwechsels ist nicht erforderlich, steuerlich wird ein Zwischenabschluss verlangt, wenn durch den Formwechsel das Besteuerungsregime wechselt, sei es vom Personenunternehmen in die Kapitalgesellschaft oder umgekehrt.

▶ Bei der **Verschmelzung zur Aufnahme** ändert sich das Wirtschaftsjahr der aufnehmenden Gesellschaft nicht.

▶ Bei der **Verschmelzung zur Neugründung** kann die neu gegründete Gesellschaft ihr Wirtschaftsjahr frei wählen.

▶ Bei der **Aufspaltung/Abspaltung zur Aufnahme** ändert sich weder bei der aufnehmenden noch bei der abgebenden Gesellschaft das Wirtschaftsjahr.

---

1 BFH v. 28. 11. 1978 – VIII R 146/76, BStBl 1979 II 333.
2 H 4a „Ausscheiden einzelner Gesellschafter" EStH.
3 *Kanzler* in Leingärtner, Besteuerung der Landwirte, Kap. 21 Rz. 14.
4 BFH v. 26. 5. 1994 – IV R 34/92, BStBl 1994 II 891; H 4a „Umwandlung" EStH.

▶ Bei der **Aufspaltung/Abspaltung zur Neugründung** verbleibt es bei der abgebenden Gesellschaft bei dem bestehenden Wirtschaftsjahr, während die neu gegründete Gesellschaft dieses frei wählen kann.

18 **Die Insolvenz** eines Betriebs hat keinen Einfluss auf das Wirtschaftsjahr, es besteht fort.[1] Wird aber aufgrund des nach § 155 Abs. 2 Satz 1 InsO zwingend zu ändernden Geschäftsjahres ein Antrag auf Umstellung des Wirtschaftsjahres gestellt, dann ist diesem zuzustimmen.[2]

19 **Die Liquidation** eines Personenunternehmens hat keinen Einfluss auf das Wirtschaftsjahr, anders ist dies bei einer Kapitalgesellschaft, bei dieser ist handelsrechtlich eine Schlussbilanz für das vor dem Liquidationsbeschluss abgelaufene (Rumpf-)Wirtschaftsjahr zu bilden, daran ist das Steuerrecht gebunden, ohne dass es einer Umstellung bedarf, der das Finanzamt zustimmen muss.[3]

20 Die unentgeltliche **Hofübergabe** eines land- und forstwirtschaftlichen Betriebs führt dazu, dass der Übergeber und Übernehmer auf den Übergabestichtag jeweils ein Rumpfgeschäftsjahr zu bilden haben.[4]

21 **Rumpfwirtschaftsjahr:** In allen diesen Fällen gestattet das Gesetz nicht eine Verlängerung des Gewinnermittlungszeitraums, sondern eine Verkürzung auf ein Rumpfwirtschaftsjahr.

22 **Wechsel vom abweichenden zum abweichenden Wirtschaftsjahr:** Wird durch die Umstellung des Wirtschaftsjahres vom Kalenderjahr abgewichen oder wird von einem abweichenden Wirtschaftsjahr auf ein anderes abweichendes Wirtschaftsjahr umgestellt, so bedarf dies der Zustimmung des Finanzamts (§ 4a Abs. 1 Satz 2 Nr. 2 EStG und § 8b Satz 2 Nr. 2 Satz 2 EStDV). Dies gilt für Gewerbetreibende und Land- und Forstwirte gleichermaßen, unabhängig davon, ob sie verpflichtet sind, Bücher zu führen oder nicht.

23 **Verlängerung des Wirtschaftsjahres:** In Ausnahmefällen gestattet § 8c Abs. 2 Satz 2 EStDV auch eine Verlängerung über den Zeitraum von zwölf Monaten hinaus. Wenn ein Land- und Forstwirt von einem vom Kalenderjahr abweichenden Wirtschaftsjahr auf ein mit dem Kalenderjahr übereinstimmendes Wirtschaftsjahr umstellt, verlängert sich das letzte vom Kalenderjahr abweichende Wirtschaftsjahr bis zum Beginn des ersten mit dem Kalenderjahr übereinstimmenden Wirtschaftsjahres; ein Rumpfwirtschaftsjahr ist nicht zu bilden. Dies gilt auch, wenn ein Land- und Forstwirt das Wirtschaftsjahr für einen Betrieb mit reinem Weinbau auf ein Wirtschaftsjahr i. S. d. § 8c Abs. 1 Satz 1 Nr. 3 EStDV vom 1. 9. bis zum 31. 8. des Folgejahres umstellt.

24–30 *(Einstweilen frei)*

---

1 BFH v. 8. 6. 1972 – IV R 126/66, BStBl 1972 II 784.
2 HHR/*Kanzler*, § 4a EStG Rz. 20.
3 BFH v. 17. 7. 1974 – I R 233/71, BStBl 1974 II 692.
4 Vgl. *Kanzler* in Leingärtner, Besteuerung der Landwirte, Kap. 21 Rz. 7, m. w. N.

I. Wirtschaftsjahr der Land- und Forstwirte (§ 4a Abs. 1 Satz 2 Nr. 1 EStG)

LITERATUR:
Kleeberg, Wahl des Wirtschaftsjahres durch Land- und Forstwirte?, BB 1979, 1029.

Die Regelung ist anwendbar für Stpfl., die nach § 13 EStG Einkünfte aus Land- und Forstwirtschaft erzielen, unabhängig davon, ob sie nach § 3 Abs. 2 HGB ins Handelsregister eingetragen sind. Sie gilt auch für Land- und Forstwirte, die ihren Betrieb verpachtet haben, ohne ihn aufgegeben zu haben. 31

Das Wirtschaftsjahr der Land- und Forstwirte beginnt nach § 4a Abs. 1 Satz 2 Nr. 1 Satz 1 EStG am 1.7. und endet am 30.6. des Folgejahres, dieses Normalwirtschaftsjahr ist grundsätzlich für Land- und Forstwirte verbindlich vorgeschrieben. 32

Sinn und Zweck ist, die Gewinnermittlung durch Bestandsaufnahme zu erleichtern, weil zu diesen Stichtagen die Bestände niedrig sind, weil die Vorjahresernte bereits verkauft und die aktuelle Ernte noch nicht eingeholt ist.[1] Die Regelungen gelten auch für land- und forstwirtschaftlich tätige Personengesellschaften.[2]

Abweichend davon können nach § 8c EStDV Betriebe mit 33

- einem Futterbauanteil von 80 % und mehr der Fläche der landwirtschaftlichen Nutzung den Zeitraum vom 1.5. bis 30.4.,
- reiner Forstwirtschaft den Zeitraum vom 1.10. bis 30.9.,
- reinem Weinbau den Zeitraum vom 1.9. bis 31.8.

bzw. Gartenbaubetriebe und reine Forstbetriebe das Kalenderjahr als Wirtschaftsjahr bestimmen.

Geringe anderweitige Nutzung: § 8c Abs. 1 Satz 2 EStDV gestattet eine geringe anderweitige land- und forstwirtschaftliche Nutzung, ohne dass das Wahlrecht zu einem vom Normalwirtschaftsjahr abweichenden Wirtschaftsjahr eingeschränkt wird. Der Anteil der anderweitigen Nutzung darf 10 % nicht überschreiten.[3] Unproblematisch ist diese Prüfung bei reinen Gartenbau-, Weinbau und Forstbetrieben. Bei Betrieben mit einem Futterbauanteil von 80 % und mehr führt dies zu einer zweistufigen Prüfung. In einer ersten Stufe ist zu prüfen, ob der Futterbauanteil mindestens 80 % der landwirtschaftlich genutzten Fläche beträgt. Ist dies der Fall, so liegt ein Futterbaubetrieb vor. Auf dieser Basis ist in einem zweiten Schritt zu prüfen, ob eine anderweitige geringfügige Nutzung von nicht mehr als 10 % dieses dann mit 100 % angesetzten Futterbaubetriebs vorliegt.[4] 34

Dies bedeutet, dass das Kalenderjahr für Land- und Forstwirte nur im Ausnahmefall gewählt werden kann, nämlich bei reinen Futterbau-, Gartenbau-, Weinbau- und Forstbetrieben. 35

---

1 *Kanzler* in Leingärtner, Besteuerung der Landwirte, Kap. 21 Rz. 8.
2 Str. wie hier *Kanzler* in Leingärtner, Besteuerung der Landwirte, Kap. 21 Rz. 11, a. A. *Kleeberg*, BB 1979, 1029.
3 BFH v. 3.12.1987 - IV R 4/87, BStBl 1988 II 269.
4 BFH v. 3.12.1987 - IV R 4/87, BStBl 1988 II 269.

36 Da für jeden Betrieb eine gesonderte Gewinnermittlung durchzuführen ist, kann auch jeder land- und forstwirtschaftliche Betrieb eines Stpfl. ein unterschiedliches Wirtschaftsjahr haben.[1]

37 **Strukturwandel:** Ändert sich der Gegenstand der land- und forstwirtschaftlichen Tätigkeit im Rahmen eines Strukturwandels und entfallen damit die Voraussetzungen des § 4a Abs. 1 Satz 1 EStG, so endet damit das land- und forstwirtschaftliche Wirtschaftsjahr. Der Vorgang ist im Hinblick auf das Wirtschaftsjahr zu behandeln wie die Betriebsaufgabe und die Betriebseröffnung.[2] Sofern nicht die Bildung eines abweichenden Wirtschaftsjahres zulässig ist, ist zwangsweise auf das Kalenderjahr als Wirtschaftsjahr umzustellen.

38–44 *(Einstweilen frei)*

II. Wirtschaftsjahr der Gewerbetreibenden, die im Handelsregister eingetragen sind (§ 4a Abs. 1 Satz 2 Nr. 2 EStG)

1. Tatbestand

45 Persönlich anwendbar ist die Vorschrift auf Gewerbetreibende, die Einkünfte nach § 15 EStG erzielen oder aufgrund ihrer Rechtsform gewerblich tätig sind. Weitere Voraussetzung ist, dass die Firma des Gewerbetreibenden in das Handelsregister eingetragen ist (§ 29 HGB). In zeitlicher Hinsicht muss die Eintragung spätestens am letzten Tag des Geschäftsjahres erfolgt sein, für das der Abschluss erstellt werden soll.

2. Rechtsfolge

46 Liegen diese Voraussetzungen vor, entspricht der steuerliche Gewinnermittlungszeitraum dem Zeitraum, für den der Gewerbetreibende regelmäßig Abschlüsse macht. Er ist völlig frei bei der Wahl dieses Zeitraums, es sei denn, der Zeitraum würde missbräuchlich gewählt. Dies ist häufig dann der Fall, wenn Mutter- und Tochterpersonengesellschaftsstrukturen mit abweichenden Wirtschaftsjahren begründet werden, um die Gewinne bei der Mutter erst in einem späteren Veranlagungszeitraum anfallen zu lassen.[3] Im Umkehrschluss heißt dies, dass ein Wahlrecht zu einem vom Kalenderjahr abweichenden Gewinnermittlungszeitraum für Gewerbetreibende nur dann besteht, wenn sie im Handelsregister eingetragen sind.

3. Umstellung des Wirtschaftsjahres (§ 4a Abs. 1 Satz 2 Nr. 2 Satz 2 EStG)

47 **Grundsatz:** Stellen Gewerbetreibende, deren Firma ins Handelsregister eingetragen ist, ihr Wirtschaftsjahr auf ein vom Kalenderjahr abweichendes Wirtschaftsjahr um, so bedarf es hierfür der Zustimmung des Finanzamtes.[4]

---

1 *Kanzler* in Leingärtner, Besteuerung der Landwirte, Kap. 21 Rz. 11.
2 *Kanzler* in Leingärtner, Besteuerung der Landwirte, Kap. 21 Rz. 20.
3 BFH v. 18.12.1991 - XI R 40/89, BStBl 1992 II 486; BFH v. 16.12.2003 - VIII R 89/02, BFH/NV 2004, 936 = NWB DokID: JAAAB-21236; BFH v. 9.11.2006 - IV R 21/05, BStBl 2010 II 230.
4 BFH v. 8.10.1969 - I R 167/66, BStBl 1970 II 85.

Freiwillige Umstellung: Umstellung im Sinne dieser Vorschrift ist nur die freiwillige Umstellung des Wirtschaftsjahres durch Wahl eines anderen Abschlussstichtages, nicht diejenige, die aufgrund gesetzlicher Vorgaben zwingend vorgeschrieben ist (vgl. → Rz. 12). 48

Sie setzt voraus, dass der Stpfl. bereits bisher Gewinne im Kalenderjahr oder in einem abweichenden Wirtschaftsjahr ermittelt hat. 49

Ermessensausübung: Das Einvernehmen des Finanzamtes ist nur erforderlich, wenn auf ein vom Kalenderjahr abweichendes Wirtschaftsjahr umgestellt wird. Die Zustimmung dient der Missbrauchskontrolle und steht im Ermessen des Finanzamtes.[1] Abzuwägen sind die Interessen der Allgemeinheit gegenüber den Interessen des Steuerpflichtigen an einer Umstellung. Eine Zustimmung darf nicht erteilt werden, wenn die Umstellung ausschließlich aus steuerlichen Gründen erfolgt, beispielsweise weil eine Steuerpause erreicht werden soll. 50

Eine Zustimmung kann erteilt werden, wenn der Stpfl. einleuchtende, ernsthafte, wirtschaftliche Gründe[2] für die Umstellung vorbringt, z. B.: 51

- ▶ Betriebsverpachtung, Betriebsaufspaltung,[3]
- ▶ Betriebsvergleichsrechnung,[4]
- ▶ Konzernstichtag,
- ▶ Begründung oder Beendigung einer Organstellung,[5]
- ▶ Vereinfachung von Betriebsabläufen,[6]
- ▶ Vorbereitung eines Börsenganges,
- ▶ Anpassung an den Geschäftsverlauf.

III. Das Wirtschaftsjahr bei sonstigen Gewerbetreibenden (§ 4a Abs. 1 Satz 2 Nr. 3 EStG)

Gewerbetreibende, die nicht im Handelsregister eingetragen sind, sind für die Gewinnermittlung an das Kalenderjahr gebunden (§ 4a Abs. 1 Satz 1 EStG). Eine Ausnahme gilt dann, wenn sie als Land- und Forstwirte tatsächlich Bücher führen und Abschlüsse machen (§ 8c Abs. 3 EStDV) und ein Gewerbe betreiben, für das sie ebenfalls Bücher führen und Abschlüsse machen. In diesem Fall können sie aus Vereinfachungsgründen auch das Wirtschaftsjahr des Gewerbebetriebs auf das Wirtschaftsjahr der Land- und Forstwirtschaft nach § 4a Abs. 1 Satz 2 Nr. 1 EStG umstellen. Für die Umstellung ist die Zustimmung des Finanzamtes erforderlich. Fallen die Voraussetzungen des § 4a Abs. 1 Satz 2 Nr. 3 EStG weg, so geht das Wirtschaftsjahr wieder auf das Kalenderjahr über, wenn die Firma des Gewerbebetriebs nicht nach § 4a Abs. 1 Satz 2 Nr. 2 EStG ins Handelsregister eingetragen ist.[7] 52

---

1 BFH v. 23.9.1999 - IV R 4/98, BStBl 2000 II 5.
2 BFH v. 9.1.1974 - I R 141/72, BStBl 1974 II 238.
3 BFH v. 8.10.1969 - I R 167/66, BStBl 1970 II 85.
4 BFH v. 8.9.1971 - I R 165/68, BStBl 1972 II 87.
5 R 14 Abs. 3 Satz 1 KStR.
6 BFH v. 15.6.1983 - I R 76/82, BStBl 1983 II 672.
7 *Kanzler* in Leingärtner, Besteuerung der Landwirte, Kap. 21 Rz. 20.

IV. Abweichendes Wirtschaftsjahr bei Land- und Forstwirten (§ 4a Abs. 2 Nr. 1 EStG)

53 Bei einem abweichenden Wirtschaftsjahr muss der Gewinn steuerlich einem Kalenderjahr zugeordnet werden. Bei Land- und Forstwirten ist der Gewinn zeitanteilig auf die Kalenderjahre aufzuteilen, in denen das Wirtschaftsjahr beginnt und endet. Das Ergebnis wird zur Hälfte dem Kalenderjahr zugeordnet, in dem das Wirtschaftsjahr beginnt und zur Hälfte dem Kalenderjahr, in dem es endet. Sinn und Zweck ist, die gleichmäßige Besteuerung sicherzustellen.[1] Die Gewinnverteilung gilt nur für Einkünfte aus Land- und Forstwirtschaft. Besteht neben dieser ein Gewerbebetrieb, der nach § 4a Abs. 1 Satz 2 Nr. 3 Satz 2 EStG ebenfalls ein abweichendes Wirtschaftsjahr hat, so ist dieser Gewinn entsprechend der Regelung in § 4a Abs. 2 Nr. 2 EStG dem Kalenderjahr zuzurechnen, in dem das Wirtschaftsjahr endet.

> **BEISPIEL:** Ein reiner Weinbaubetrieb erwirtschaftet im Wj. vom 1.9.01 bis 31.8.02 einen Gewinn von 60 000 € und im Wj. vom 1.9.02 bis 31.8.03 einen Verlust von 6 000 €.
>
> Nach § 4a Abs. 2 Nr. 1 Satz 1 EStG ist im Kj. 02 ein Gewinn von 38 000 € (= 8/12 x 60 000 € + 4/12 x (-6 000 €)) bei der Ermittlung des Einkommens zu erfassen.

54 Eine zeitanteilige Aufteilung erfolgt auch, wenn das Wirtschaftsjahr nur ein Rumpfwirtschaftsjahr ist.[2]

55 Veräußerungsgewinn: Enthält der Gewinn einen Veräußerungsgewinn i.S.d. § 14 EStG, so ist dieser gesondert zu ermitteln und dem Kalenderjahr zuzuordnen, in dem er entstanden ist (§ 4a Abs. 2 Nr. 1 Satz 2 EStG). Sinn und Zweck ist, die Tarifbegünstigung nach § 14, 14a, 34 und § 6 Abs. 4 nur in einem Veranlagungszeitraum zu gewähren. Gewinne, die in den Anwendungsbereich dieser Regelung fallen, sind nicht nur Veräußerungsgewinne, sondern auch Aufgabegewinne[3] und Gewinne, die bei Einbringungs- oder Umwandlungsgewinnen entstehen.[4]

> **BEISPIEL:** Ein reiner Weinbaubetrieb erwirtschaftet im Wj. vom 1.9.01 bis 31.8.02 einen Verlust von 6 000 €. In der Zeit vom 1.9.02 bis zur Betriebseinstellung am 31.3.03 erwirtschaftet er einen laufenden Gewinn von 7 000 € sowie einen Veräußerungsgewinn von 60 000 €.
>
> Nach § 4a Abs. 2 Nr. 1 Satz 2 EStG ist im Kj. 02 ein laufender Gewinn von 0 € (= 8/12 x (-6 000 €) + 4/7 x 7 000 €) und im Kj. 03 ein laufender Gewinn von 3 000 € (= 3/7 x 7 000 €) sowie ein Veräußerungsgewinn von 60 000 € bei der Ermittlung des Einkommens zu erfassen.

V. Abweichendes Wirtschaftsjahr bei Gewerbetreibenden (§ 4a Abs. 2 Nr. 2 EStG)

56 Bei Gewerbetreibenden mit abweichendem Wirtschaftsjahr gilt der Gewinn als in dem Kalenderjahr bezogen, in dem das Wirtschaftsjahr endet. Enden mehrere Wirtschaftsjahre in einem Kalenderjahr, beispielsweise weil das Wirtschaftsjahr von einem abweichenden Wirtschaftsjahr auf das Kalenderjahr umgestellt wird, dann ist der Gewinn des abweichenden Wirtschaftsjahres und der des darauf folgenden Rumpfgeschäftsjahres in diesem Kalenderjahr zu erfassen.[5]

---

1 Kanzler in Leingärtner, Besteuerung der Landwirte, Kap. 21 Rz. 8 f.
2 HHR/Kanzler, § 4a EStG Rz. 71.
3 BFH v. 19.5.2005 - IV R 17/02, BStBl 2005 II 637.
4 BFH v. 20.4.1995 - IV R 7/93, BStBl 1995 II 708.
5 BFH v. 4.12.1991 - I R 140/90, BStBl 1992 II 750.

> **BEISPIEL:** Ein Gewerbetreibender erwirtschaftet im Wj. vom 1.9.01 bis 31.8.02 einen Gewinn von 60 000 € und im Wj. vom 1.9.02 bis 31.8.03 einen Verlust von 6 000 €.
>
> Nach § 4a Abs. 2 Nr. 2 EStG ist im Kj. 02 ein Gewinn von 60 000 € und im Kj. 03 ein Verlust von 6 000 € bei der Ermittlung des Einkommens zu erfassen.

§ 4b Direktversicherung

¹Der Versicherungsanspruch aus einer Direktversicherung, die von einem Steuerpflichtigen aus betrieblichem Anlass abgeschlossen wird, ist dem Betriebsvermögen des Steuerpflichtigen nicht zuzurechnen, soweit am Schluss des Wirtschaftsjahres hinsichtlich der Leistungen des Versicherers die Person, auf deren Leben die Lebensversicherung abgeschlossen ist, oder ihre Hinterbliebenen bezugsberechtigt sind. ²Das gilt auch, wenn der Steuerpflichtige die Ansprüche aus dem Versicherungsvertrag abgetreten oder beliehen hat, sofern er sich der bezugsberechtigten Person gegenüber schriftlich verpflichtet, sie bei Eintritt des Versicherungsfalls so zu stellen, als ob die Abtretung oder Beleihung nicht erfolgt wäre.

Inhaltsübersicht

	Rz.
A. Allgemeine Erläuterungen	1 - 15
I. Normzweck und wirtschaftliche Bedeutung der Vorschrift	1 - 4
II. Entstehung und Entwicklung der Vorschrift	5 - 6
III. Geltungsbereich	7 - 9
IV. Vereinbarkeit mit höherrangigem Recht	10
V. Verhältnis zu anderen Vorschriften	11 - 15
B. Systematische Kommentierung	16 - 100
I. Aktivierungsverbot für Versicherungsansprüche aus Direktversicherung gem. § 4b Satz 1 EStG	16 - 90
1. Begriff der Direktversicherung im Arbeits-, Versicherungs- und Steuerrecht	16 - 24
2. Versicherungsanspruch aus einer Direktversicherung	25 - 30
3. Abschluss der Direktversicherung aus betrieblichem Anlass	31 - 39
4. Finanzierung der Beiträge	40 - 44
5. Person, auf deren Leben die Lebensversicherung abgeschlossen ist (versicherte Person)	45 - 50
6. Steuerpflichtiger (Versicherungsnehmer)	51 - 55
7. Bezugsberechtigter für die künftigen Versicherungsleistungen	56 - 65
8. Grundsätze der bilanziellen Erfassung	66 - 70
9. Ausnahmen von der Aktivierungspflicht durch § 4b Satz 1 EStG	71 - 74
10. Rechtsfolgen bei fehlender betrieblicher Veranlassung	75 - 78
11. Rechtsfolgen bei Widerruf der Bezugsberechtigung	79 - 84
12. Besonderheiten bei der Einnahmenüberschussrechnung	85 - 90
II. Abtretung und Beleihung der Versicherungsansprüche gemäß § 4b Satz 2 EStG	91 - 100
1. Voraussetzungen des Satzes 2	91 - 92
2. Rechtsfolgen des Satzes 2	93 - 100
C. Verfahrensfragen	101

ARBEITSHILFEN UND GRUNDLAGEN ONLINE:

Doetsch, Betriebliche Altersversorgung: Praxisfragen, NWB DokID: QAAAE-52794.

A. Allgemeine Erläuterungen

I. Normzweck und wirtschaftliche Bedeutung der Vorschrift

1 Eine Direktversicherung ist – neben der Pensionskasse und dem Pensionsfonds – einer der drei versicherungsförmigen Durchführungswege der betrieblichen Altersversorgung (bAV); nicht versicherungsförmig sind die unmittelbare Pensionszusage und die Unterstützungskasse. Eine gesetzliche Definition findet sich in § 1b Abs. 2 Satz 1 BetrAVG.

2 § 4b EStG regelt die Ausnahme von der Aktivierungspflicht des Versicherungsanspruchs beim ArbG, soweit der ArbN Bezugsberechtigter der Versicherungsleistung ist. Dadurch wirken sich die vom ArbG aufgewendeten Versicherungsprämien – auch bei Entgeltumwandlung durch den ArbN – in voller Höhe gewinnmindernd aus und werden nicht durch eine Aktivierung der Versicherungsansprüche in der GuV neutralisiert. Trotz Nichtaktivierung verbleibt der Versicherungsanspruch im Betriebsvermögen und kann vom ArbN bis zum Eintritt des Versicherungsfalls z. B. abgetreten oder beliehen werden (§ 1b Abs. 2 Satz 3 BetrAVG).

3 Vor allem die Abtretung und Beleihung des Versicherungsanspruchs durch den ArbG sollten durch Einführung des § 4b EStG erleichtert werden,[1] da die Frage, ob eine Aktivierung des Anspruchs in jenen Fällen erforderlich sei, vor Einfügung des § 4b EStG zu Rechtsunsicherheiten geführt hatte.

4 § 4b EStG hat lediglich klarstellende Funktion bei unwiderruflichem Bezugsrecht (vgl. § 1b Abs. 2 Satz 1, Abs. 5 Satz 2, § 2 Abs. 2 Satz 2 Nr. 1 BetrAVG) des Begünstigten,[2] da der Versicherungsanspruch ohnehin dem Bezugsberechtigten und nicht dem ArbG zusteht, auch bei Abtretung bzw. Beleihung durch den ArbG. Bei widerruflichem Bezugsrecht wirkt § 4b EStG dagegen konstitutiv, auch bei bereits unverfallbarer Anwartschaft, da der Bezugsberechtigte nicht wirtschaftlicher Inhaber i. S. d. § 39 Abs. 1 Nr. 1 AO ist.

II. Entstehung und Entwicklung der Vorschrift

5 Gesetzliche Grundlage der Direktversicherung im arbeitsrechtlichen und steuerrechtlichen Bereich ist das BetrAVG v. 19. 12. 1974.[3] Die Regelung des § 4b EStG wurde mit dem BetrAVG zusammen eingeführt[4] und besteht seitdem unverändert. Sie gilt auch für Direktversicherungsverträge, die vor jenem erstmaligen Inkrafttreten abgeschlossen wurden.

6 Mit der Neufassung des EStG v. 19. 10. 2002[5] wurde § 4b EStG an die Rechtschreibreform angepasst.

III. Geltungsbereich

7 Der persönliche Geltungsbereich des § 4b EStG erstreckt sich ausschließlich auf den Arbeitgeber – das kann auch eine Kapital- und sogar eine Personengesellschaft sein, die ihrem Ge-

---

[1] Gesetzesbegründung, BT-Drucks. 7/1281, 21.
[2] ArbN bzw. Hinterbliebene, vgl. BT-Drucks. 7/1281, 21; BT-Drucks. 7/2843, 5.
[3] BGBl 1974 I 3610.
[4] Gem. § 52 Abs. 5a EStG 1975, BStBl 1975 I 33, erstmals für alle Wj., die nach dem 21. 12. 1974 endeten.
[5] BGBl 2002 I 4210.

sellschafter eine Direktversicherung gewährt – und diejenigen unternehmerisch tätigen Auftraggeber aller Art, welche auf das Leben eines Nichtarbeitnehmers i.S.v. § 17 Abs. 1 Satz 2 BetrAVG (z.B. dem selbständigen Steuerberater des Unternehmens) eine Direktversicherung aus Anlass ihrer Tätigkeit für das Unternehmen zugesagt haben („Steuerpflichtiger").

Sachlich ist § 4b EStG ausschließlich auf Versicherungsansprüche aus einer Direktversicherung i.S.v. § 1b Abs. 2 Satz 1 BetrAVG (vgl. → Rz. 16 ff.) anzuwenden, die vom Steuerpflichtigen (vgl. → Rz. 7) aus betrieblichem Anlass (vgl. → Rz. 31 ff.) abgeschlossen wurde. 8

§ 4b EStG gilt auch bei Entsendung von ArbN ins Ausland, soweit die inländische Betriebsstätte weiterhin Versicherungsnehmerin des Direktversicherungsvertrags bleibt oder jener Vertrag auf eine ausländische Betriebsstätte übertragen wird. 9

IV. Vereinbarkeit mit höherrangigem Recht

Die Vorschrift kodifiziert insoweit ein Aktivierungsverbot, wie der Stpfl. (grds. der ArbG) nicht bezugsberechtigt ist. Sie hat damit grundsätzlich klarstellenden Charakter (vgl. → Rz. 1) im Gegensatz zu einer Rückdeckungsversicherung, welche als Finanzierung von unmittelbaren Pensionszusagen und Unterstützungskassen dient und kein eigenständiger Durchführungsweg der betrieblichen Altersversorgung ist. § 4b EStG ist somit verfassungsrechtlich nicht zu beanstanden. 10

V. Verhältnis zu anderen Vorschriften

Insbesondere ist das Verhältnis zu den §§ 4c, 4d, und 4e EStG erwähnenswert, die den BA-Abzug für andere mittelbare Durchführungswege der betrieblichen Altersversorgung beim ArbG bzw. Trägerunternehmen regeln, während § 4b EStG die Zuordnung des Anwartschaftsrechts beinhaltet. Auf Seiten der ArbN finden sich Regeln zur Direktversicherung in den § 3 Nr. 63, § 40b EStG a.F., §§ 10a und 82 EStG bzgl. der steuerlichen Behandlung der Beiträge und § 22 Nr. 5 EStG in Bezug auf die Leistungsbesteuerung. 11

(Einstweilen frei) 12–15

B. Systematische Kommentierung

I. Aktivierungsverbot für Versicherungsansprüche aus Direktversicherung gem. § 4b Satz 1 EStG

1. Begriff der Direktversicherung im Arbeits-, Versicherungs- und Steuerrecht

Das Steuerrecht kennt keine eigene Definition der Direktversicherung. Daher ist die arbeitsrechtliche Begriffsbestimmung in § 1b Abs. 2 Satz 1 BetrAVG für den Regelungsbereich des § 4b EStG relevant.[1] Allerdings sind steuerrechtliche Begriffe in § 4b EStG und arbeitsrechtliche in § 1b Abs. 2 Satz 1 BetrAVG nicht deckungsgleich, was jedoch die Anwendbarkeit des § 4b EStG nicht infrage stellt. 16

Die Direktversicherung ist nach der Legaldefinition des § 1b Abs. 2 Satz 1 BetrAVG eine Lebensversicherung, die der ArbG (Versicherungsnehmer) zum Zweck der betrieblichen Altersversor- 17

---

1 Vgl. BMF v. 24. 7. 2013, BStBl 2013 I 1022, Rz. 284.

gung auf das Leben des ArbN (versicherte Person) abschließt und für deren Leistungen er dem ArbN oder dessen Hinterbliebenen ganz oder teilweise die (widerrufliche oder unwiderrufliche) Bezugsberechtigung einräumt.

18 Gegenstand der Direktversicherung muss daher eine Lebensversicherung sein, deren Leistungen der betrieblichen Altersversorgung und daher der Alters-, Invaliditäts- oder Hinterbliebenenversorgung (§ 1 Abs. 1 Satz 1 BetrAVG) dienen. Die Lebensversicherung ist gesetzlich nicht bestimmt. Ihr Zweck ist es, Vorsorge für biometrische Risiken (Erleben eines bestimmten Alters, Langlebigkeit oder Tod) zu treffen.[1] In Form von Zusatzversicherungen können Leistungen bei Eintritt einer Invalidität eingeschlossen werden (z. B. Beitragsbefreiung oder Rente bei Berufsunfähigkeit).

19 Der Begriff der Direktversicherung geht allerdings weiter als der der Lebensversicherung; er umfasst:
- ▶ gemischte, auch fondsgebundene Lebensversicherungen (auf den Erlebens- und Todesfall),
- ▶ Rentenversicherungen (auf den Erlebensfall) mit oder ohne Kapitalwahlrecht,
- ▶ Risiko-Lebensversicherungen (auf den Todesfall),
- ▶ selbständige Berufsunfähigkeitsversicherungen,
- ▶ selbständige Unfallversicherungen mit Prämienrückgewähr,
- ▶ Dread-Disease-Versicherungen,[2]
- ▶ Unfallzusatzversicherungen und Berufsunfähigkeitszusatzversicherungen, letztere beiden nur im Zusammenhang mit einer Lebensversicherung als Hauptversicherung.

Eine reine Unfallversicherung ist keine Direktversicherung (R 4b Abs. 1 Satz 5 bis 7 EStR), ebenso nicht die Kranken- und Pflegeversicherung. Ausbildungs- und Aussteuerversicherungen sind zwar eine Lebensversicherung, jedoch keine Direktversicherung, weil sie nicht der Altersversorgung dienen, wie es in den § 1 Abs. 1 Satz 1 und § 1b Abs. 2 Satz 1 BetrAVG vorausgesetzt ist. Schließlich stellen keine Direktversicherung dar: befreiende Lebensversicherungen, Lebensversicherungen im Rahmen des 5. VermBG, Rückdeckungsversicherungen und Teilhaberversicherungen. Ist das für eine Lebensversicherung typische Todesfallwagnis oder bereits bei Vertragsabschluss das Rentenwagnis ausgeschlossen, liegt ein atypischer Sparvertrag und keine begünstigte Direktversicherung vor.[3]

20–24 *(Einstweilen frei)*

2. Versicherungsanspruch aus einer Direktversicherung

25 Der Wortlaut des § 4b Satz 1 EStG ist insoweit missglückt, als er „Versicherungsanspruch" verwendet und der Versorgungsfall noch nicht eingetreten ist, da ein solcher Anspruch erst bei Eintritt des Versorgungsfalls (Erleben eines vereinbarten Zeitpunktes oder Tod, § 1 Abs. 1 Satz 2 VVG) in der Leistungsphase entsteht. Dazu bezieht sich § 4b EStG auf die davor bestehende Anwartschaft, die durch den Eintritt des Versorgungsfalls aufschiebend bedingt ist. Innerhalb

---

1 BFH v. 9. 11. 1990 - VI R 164/86, BStBl 1991 II 189.
2 Vgl. BMF v. 1. 10. 2009, BStBl 2009 I 1172, Rz. 36; BMF v. 22. 8. 2002, BStBl 2002 I 827, Rz. 2.
3 BFH v. 9. 11. 1990 - VI R 164/86, BStBl 1991 II 189; H 4b EStH und R 40b.1 Abs. 2 Satz 2 bis 4 LStR.

der Leistungsphase ist es korrekt, von einem „Versicherungsanspruch" zu sprechen, sofern die Leistung durch den Versicherer noch nicht (vollständig) erbracht wurde, z. B. bei Zahlung einer Rente oder Rate.

„Versicherungsanspruch" i. S. v. § 4b EStG umfasst die gesamte bei Eintritt des Versorgungsfalls zu erbringende Leistung der Versicherung, d. h. ggf. Garantieleistung und Überschussbeteiligung. Unerheblich ist, ob diese Anwartschaft dem ArbN ganz oder nur teilweise zusteht; die Einschränkung des Aktivierungsverbots (vgl. → Rz. 71) auf den Teil jener Leistungen, die der versicherten Person (vgl. → Rz. 33) oder ihren Hinterbliebenen zustehen, erfolgt erst durch den zweiten Halbsatz von § 4b Abs. 1 Satz 1 EStG. Die Art der Zusage (Beitragszusage mit Mindestleistung, beitragsorientierte Leistungszusage oder Leistungszusage, vgl. § 1 Abs. 1 und § 1 Abs. 2 Nr. 1 und 2 BetrAVG) und der Finanzierung (arbeitgeberfinanziert, Entgeltumwandlung oder Eigenbeiträge, vgl. § 1 Abs. 2 Nr. 3 und 4, § 1a Abs. 4 BetrAVG; → Rz. 40) spielen ebenfalls keine Rolle. 26

(Einstweilen frei) 27–30

3. Abschluss der Direktversicherung aus betrieblichem Anlass

Unnötig ist der Wortlaut „aus betrieblichem Anlass", da dieser bereits gem. § 4 Abs. 4 EStG erforderlich ist. Er ist insoweit auch problematisch, als bei Kapitalgesellschaften eine gesellschaftsrechtliche – und daher nicht betriebliche – Veranlassung im Rahmen einer vGA bei strenger Auslegung des § 4b Satz 1 EStG zu einer Nichtanwendbarkeit des § 4b EStG führen müsste. Dies kann jedoch nicht gewollt sein, da die vGA erst nach der steuerrechtlichen Prüfung der betrieblichen Veranlassung **außerhalb** der Steuerbilanz dem Steuerbilanzgewinn im Rahmen der Ermittlung des Einkommens gem. § 8 Abs. 3 Satz 2 KStG hinzuzurechnen ist[1] und daher die Grundlagenvorschrift des § 4b EStG durch die vGA nicht berührt wird. 31

Übernimmt der ArbG eine bis dahin private Lebensversicherung, die auf das Leben des ArbN abgeschlossen wurde oder eine Lebensversicherung, die den ArbN bei seinem früheren ArbG als Direktversicherung begünstigte, handelt es sich ebenfalls um einen „Abschluss" i. S. v. § 4b EStG (R 4b Abs. 1 Satz 2 EStR). Keine Direktversicherung liegt jedoch vor, wenn der ArbG für den Ehegatten eines verstorbenen früheren ArbN eine Lebensversicherung abschließt (R 4b Abs. 1 Satz 3 EStR). 32

Unklar ist, ob eine Direktversicherung als Vergütung für eine teilweise unentgeltliche Mitarbeit eines ArbN-Ehegatten als betrieblich veranlasst abgeschlossen angesehen werden kann.[2] M. E. hindert es den betrieblichen Anlass nicht, wenn die Beiträge zur Direktversicherung die einzige Vergütung für die Mitarbeit eines ArbN-Ehegatten darstellen oder der Barlohn bisher zu niedrig war.[3] Liegt ein steuerrechtlich anzuerkennendes Arbeitsverhältnis vor, wird eine Direktversicherung auch als betrieblich veranlasst anerkannt, wenn sie dem ArbN-Ehegatten gewährt wird und folgende Voraussetzungen erfüllt sind: Fremden ArbN mit vergleichbaren Leistungs- und Tätigkeitsmerkmalen müssen entsprechende Direktversicherungen eingeräumt oder ernsthaft angeboten werden.[4] 33

---

1 Vgl. BMF v. 14. 10. 2002, BStBl 2002 I 972, Rz. 1 und 2 sowie R 38 Satz 5 KStR analog.
2 Verneinend: BFH v. 20. 3. 1980 – IV R 53/77, BStBl 1980 II 450, unter 2.e; BFH v. 5. 2. 1987 – IV R 198/84, BStBl 1987 II 557; bejahend: BFH v. 18. 5. 1983 – I R 20/77, BStBl 1983 II 562, für eine Direktzusage an den Vater.
3 Vgl. ähnlich, aber weniger weitgehend *Weber-Grellet* in Schmidt, § 4b EStG Rz. 17.
4 BFH v. 30. 3. 1983 – I R 162/80, BStBl 1983 II 500; für eine ArbG-finanzierte Direktversicherung: BFH v. 28. 7. 1983 – IV R 103/82, BStBl 1984 II 60.

34 Die Frage ist allerdings, welche Rechtsfolgen sich im Rahmen von § 4b EStG ergeben, wenn keine betriebliche Veranlassung vorliegt (vgl. dazu → Rz. 75).

35–39 *(Einstweilen frei)*

4. Finanzierung der Beiträge

40 Für die Rechtsfolgen aus § 4b EStG (vgl. → Rz. 71) ist es unerheblich, ob der ArbG die Beiträge zur Direktversicherung finanziert, indem er sie zusätzlich zum Arbeitsentgelt des ArbN zahlt, oder der ArbN die Direktversicherung, sei es per Entgeltumwandlung (§ 1 Abs. 2 Nr. 3 BetrAVG) oder z. B. bei ruhendem Arbeitsverhältnis, durch Eigenbeiträge finanziert (§ 1 Abs. 2 Nr. 4, § 1a Abs. 4 BetrAVG).

41–44 *(Einstweilen frei)*

5. Person, auf deren Leben die Lebensversicherung abgeschlossen ist (versicherte Person)

45 § 4b EStG geht weiter als § 1b Abs. 2 Satz 1 und § 17 Abs. 1 Satz 2 BetrAVG, da er auch jene versicherte Personen einbezieht, die zwar ArbN im steuerlichen Sinne sind, jedoch nicht unter das BetrAVG fallen, z. B. im arbeitsrechtlichen Sinne beherrschende[1] Gesellschafter-Geschäftsführer einer Kapitalgesellschaft. „Versicherte Personen" einer Direktversicherung können daher auch sein: ArbN-Ehegatten, Gesellschafter-Geschäftsführer einer Kapitalgesellschaft sowie ArbN-Kommanditisten, die keine Mitunternehmer i. S. v. § 15 Abs. 1 Satz 1 Nr. 2 EStG sind. Selbständige, die am Unternehmen des Steuerpflichtigen (vgl. zum Begriff → Rz. 51 f.) nicht beteiligt, jedoch dem Kreis des § 17 Abs. 1 Satz 2 BetrAVG zuzuordnen sind (z. B. Handelsvertreter, Rechtsanwälte), werden bereits über das BetrAVG als „versicherte Person" erfasst.

46 Nicht zur „versicherten Person" i. S. v. § 4b EStG gehören daher: Einzelunternehmer, die selbst Versicherungsnehmer (vgl. zum Begriff → Rz. 51) sind, da Versicherungsnehmer und „versicherte Person" verschieden sein müssen, Mitunternehmer i. S. v. § 15 Abs. 1 Satz 1 Nr. 2 EStG,[2] Angehörige von „versicherten Personen" i. S. v. § 4b EStG.[3]

47–50 *(Einstweilen frei)*

6. Steuerpflichtiger (Versicherungsnehmer)

51 Steuerpflichtiger i. S. v. § 4b EStG ist grds. der Versicherungsnehmer, d. h. der Vertragspartner des Versicherers (vgl. § 1 Satz 2 und § 3 VVG). Dies ist regelmäßig der ArbG (bei Gesellschafter-Geschäftsführern die Kapitalgesellschaft bzw. ArbN-Kommanditisten die KG) bzw. das Unternehmen, welches auf das Leben einer Person i. S. v. § 17 Abs. 1 Satz 2 BetrAVG (z. B. Handelsvertreter, Rechtsanwälte etc.) eine Direktversicherung abschließt (vgl. → Rz. 45).

52 Ist Versicherungsnehmer eine mit dem ArbG verbundene Konzerngesellschaft (z. B. um die Verwaltung der betrieblichen Altersversorgung in einem Konzern durch eine zuständige Servicegesellschaft zu bündeln), schließt dies die Anerkennung als Direktversicherung nicht aus, wenn der Anspruch auf die Versicherungsleistungen durch das Dienstverhältnis veranlasst ist und der ArbG die Beitragslast trägt (H 4b EStH; R 40b.1 Abs. 1 Satz 3 LStR). Die Frage ist jedoch, wer dann als „Steuerpflichtiger" i. S. v. § 4b EStG gilt. Da bei einem gespaltenen Bezugsrecht

---

[1] Vgl. dazu *Briese*, DB 2009, 2346.
[2] BFH v. 11. 6. 1985 - VIII R 252/80, BStBl 1987 II 33.
[3] FG Rheinland-Pfalz v. 21. 2. 1984, EFG 1984, 492, rkr.

(vgl. → Rz. 59) grds. dasjenige Konzernunternehmen für die Teilleistung bezugsberechtigt sein wird, welches die Beitragslast trägt (i. d. R. der ArbG), muss § 4b EStG auch für dessen Betriebsvermögen gelten. Somit ist bei Auseinanderfallen von Versicherungsnehmer und ArbG grds. letzterer „Steuerpflichtiger" i. S. v. § 4b EStG und nicht der Versicherungsnehmer.

(Einstweilen frei) 53–55

7. Bezugsberechtigter für die künftigen Versicherungsleistungen

Für die Rechtsfolgen des § 4b EStG (vgl. → Rz. 71) spielt die Bezugsberechtigung für den „Versicherungsanspruch" (vgl. → Rz. 25 f.) eine entscheidende Rolle (§ 4b Satz 1 2. Halbsatz EStG). § 159 VVG spricht dem Versicherungsnehmer (vgl. → Rz. 51 f.) die Bezugsberechtigung zu. Dieser kann jedoch einen Dritten als Bezugsberechtigten benennen (§ 159 Abs. 1 VVG); bei einer Direktversicherung ist dies der ArbN (inkl. Gesellschafter-Geschäftsführer einer Kapitalgesellschaft) bzw. die Person gem. § 17 Abs. 1 Satz 2 BetrAVG (vgl. → Rz. 45). 56

Die Benennung kann gem. § 159 Abs. 2 und 3 VVG widerruflich oder unwiderruflich ausgestaltet sein. Ein besonderes Formerfordernis schreibt das VVG dazu nicht vor. Der widerruflich Bezugsberechtigte erwirbt das Recht auf die Leistung erst im Zeitpunkt des Eintritts des Versicherungsfalls (§ 159 Abs. 2 VVG), d. h., der Versicherungsnehmer kann die Bezugsberechtigung bis zu diesem Zeitpunkt jederzeit widerrufen. Hingegen erwirbt der unwiderruflich Bezugsberechtigte bereits mit Einräumung der Bezugsberechtigung eine Anwartschaft, die ihm ohne sein Einverständnis nicht mehr entzogen werden kann. 57

Die Direktversicherung setzt nach § 1 Abs. 2 BetrAVG voraus, dass der ArbN oder seine Hinterbliebenen – und nicht, wie bei der Rückdeckungsversicherung der ArbG – hinsichtlich der Leistung des Versicherers ganz oder teilweise bezugsberechtigt sind; dabei hat der Begriff „Bezugsberechtigung" seine Wurzel im Versicherungsrecht. Davon ist die arbeitsrechtliche Unverfallbarkeit i. S. v. § 1b BetrAVG zu trennen. Eine widerrufliche Bezugsberechtigung kann vom Versicherungsnehmer (bei der Direktversicherung grds. der ArbG, vgl. → Rz. 106 f.) gegenüber dem Versicherer auch nach Eintritt der Unverfallbarkeit i. S. d. BetrAVG wirksam widerrufen werden. In diesem Fall macht sich der ArbG im Verhältnis zum ArbN schadensersatzpflichtig. Unverfallbarkeit der Anwartschaft und Unwiderruflichkeit der Bezugsberechtigung unterscheiden sich somit dadurch, dass ein Widerruf gegenüber dem Versicherer bei Unwiderruflichkeit wirkungslos, bei Unverfallbarkeit indes wirksam ist, aber gegen Arbeitsrecht verstößt. 58

Die Bezugsberechtigung des ArbN kann auf Teile der Leistung aus der Direktversicherung beschränkt sein (§ 1b Abs. 2 Satz 1 BetrAVG: ... „ganz oder teilweise" ...); auch der ArbG selbst kann durch eine solche Spaltung Bezugsberechtigter von Leistungsteilen werden. Ein in dieser Weise „gespaltenes Bezugsrecht" kann sich entweder auf einen Teilbetrag der Versicherungsleistung (quantitative Spaltung, z. B. die garantierte Versicherungssumme für den ArbN, die Überschussbeteiligung für den ArbG) oder auf eine Leistungsart (qualitative Spaltung, z. B. erhält der ArbN die Erlebensfall- und der ArbG die Todesfallleistung) beziehen. Die qualitative Spaltung kann zu einer Ablehnung der betrieblichen Altersversorgungs-Eigenschaft führen, z. B. weil gegen das Vererbungsverbot[1] verstoßen wird.[2] Eine Spaltung des Bezugsrechts kann aber auch auf eine Beteiligung des ArbN an der Beitragszahlung durch Entgeltumwandlung 59

---

[1] Vgl. BMF v. 24. 7. 2013, BStBl 2013 I 1022, Rz. 288.
[2] Dies gilt nicht für Direktversicherungen mit Pauschalbesteuerung von Beiträgen gem. § 40b EStG in der am 31. 12. 2004 geltenden Fassung, vgl. BMF v. 24. 7. 2013, BStBl 2013 I 1022, Rz. 288 letzter Satz.

zurückzuführen sein. In einem solchen Fall ist dem ArbN hinsichtlich des auf seinen eigenen Beitragsleistungen beruhenden Teils der Anwartschaft ein unwiderrufliches Bezugsrecht zu gewähren (§ 1b Abs. 5 Satz 2 BetrAVG). Vertraglich kann die Spaltung bereits im Versicherungsvertrag vorgenommen werden oder nachträglich, indem ein vollumfängliches Bezugsrecht später teilweise widerrufen wird. Eine Bezugsrechtsspaltung kann sich auch durch Versorgungsausgleich anlässlich einer Ehescheidung im Rahmen der internen Teilung ergeben; allerdings entsteht daraus alleine keine Anwartschaft, die dem ArbG zusteht.

60–65   *(Einstweilen frei)*

8. Grundsätze der bilanziellen Erfassung

66 Der Steuerpflichtige i. S. v. § 4b EStG (vgl. → Rz. 51 f.) muss die Versicherungsanwartschaft bzw. den Versicherungsanspruch (vgl. → Rz. 25) als Wirtschaftsgut des Anlagevermögens aktivieren, soweit und solange er Bezugsberechtigter (vgl. → Rz. 56 ff.) derselben ist.[1] Nach allgemeinen Grundsätzen der Bilanzierung muss der Stpfl. die Anwartschaft/den Versicherungsanspruch daher aktivieren, soweit ein gespaltenes Bezugsrecht besteht und er daraus begünstigt ist (vgl. → Rz. 59). Darüber hinaus besteht nach allgemeinen Regeln nur dann keine Aktivierungspflicht, wenn der ArbN bzw. die gem. § 17 Abs. 1 Satz 2 BetrAVG begünstigte Person (vgl. → Rz. 45) oder Hinterbliebene unwiderruflich bezugsberechtigt sind. In allen Fällen, in denen jenes Bezugsrecht nur widerruflich ist – auch, bei arbeitsrechtlicher Unverfallbarkeit (vgl. → Rz. 58) –, muss der Stpfl. die Anwartschaft nach den allgemeinen Bilanzierungsregeln aktivieren. Hiervon kodifiziert § 4b Satz 1 EStG Ausnahmen.

67–70   *(Einstweilen frei)*

9. Ausnahmen von der Aktivierungspflicht durch § 4b Satz 1 EStG

71 Im Gegensatz zu diesen allgemeinen Regeln der Bilanzierung besteht nach § 4b Satz 1 EStG auch keine Aktivierungspflicht, soweit die Bezugsberechtigung des ArbN oder seiner Hinterbliebenen nur widerruflich ist, weil *„der Versicherungsanspruch ... dem Betriebsvermögen des Steuerpflichtigen nicht zuzurechnen"* ist. Da dem Steuerpflichtigen (vgl. → Rz. 51 f.) insoweit kein Wahlrecht zusteht, hat der Gesetzgeber mit § 4b Satz 1 EStG ein Aktivierungsverbot kodifiziert. Die Formulierung des § 4b EStG, der Versicherungsanspruch gehöre – auch bei nur widerruflicher Bezugsberechtigung – nicht zum Betriebsvermögen des Steuerpflichtigen, ist eine Fiktion, tatsächlich nach allgemeinen Bilanzierungsregeln jedoch unzutreffend, da der Stpfl. zivilrechtlich weiterhin Rechtsinhaber der Anwartschaft und auch nur deshalb in der Lage ist, sie zu beleihen.

72–74   *(Einstweilen frei)*

10. Rechtsfolgen bei fehlender betrieblicher Veranlassung

75 § 4b Satz 1 EStG fordert, dass die „Direktversicherung ... aus betrieblichem Anlass abgeschlossen wird" (vgl. → Rz. 31 ff.). Mangelt es an dieser Voraussetzung, darf § 4b EStG nicht angewandt werden, so dass die allgemeinen Bilanzierungsgrundsätze (vgl. → Rz. 66) zur Anwendung kommen. Ist daher z. B. eine Lebensversicherung für den ArbN-Ehegatten des Steuer-

---

1 BFH v. 14.3.1996 - IV R 14/95, BStBl 1997 II 343; R 4b Abs. 3 Satz 2 und 5 EStR.

pflichtigen abgeschlossen worden und wird diese nicht als Direktversicherung anerkannt, muss der Stpfl. die Anwartschaft auch im Falle eines widerruflichen Bezugsrechts aktivieren.

(Einstweilen frei) 76–78

11. Rechtsfolgen bei Widerruf der Bezugsberechtigung

Unterblieb die Aktivierung der Anwartschaft aus einer Direktversicherung gem. § 4b Satz 1 EStG bisher und wird die Bezugsberechtigung nun widerrufen, so ist die Anwartschaft zum nächstfolgenden Bilanzstichtag mit dem Teilwert i. S. v. § 6 Abs. 1 Nr. 2 EStG[1] gewinnerhöhend zu aktivieren. Entsteht jedoch durch den Widerruf ein Schadensersatzanspruch des ArbN gegen den Steuerpflichtigen, z. B. nach Eintritt der Unverfallbarkeit (vgl. → Rz. 58), wird in Höhe der Passivierung des Schadensersatzanspruchs die Gewinnauswirkung insoweit neutralisiert. 79

Wird der Widerruf später wieder aufgehoben, z. B. nach Übertragung der Direktversicherung auf einen dritten ArbN, so ist am nächstfolgenden Stichtag der Aktivposten entsprechend der neu erteilten Bezugsberechtigung ganz oder teilweise gewinnmindernd auszubuchen. 80

(Einstweilen frei) 81–84

12. Besonderheiten bei der Einnahmenüberschussrechnung

Mit der Bilanzierungsvorschrift des § 4b EStG sind keine unmittelbaren Folgen für jene Unternehmen verbunden, deren Gewinn gem. § 4 Abs. 3 EStG ermittelt wird, da eine Bilanzierung hier ohnehin nicht erfolgt. § 4b EStG hat jedoch m. E. bei Einnahmenüberschussrechnungen Konsequenzen für die Frage, in welchem Veranlagungszeitraum die Beiträge zur Direktversicherung als BA abgezogen werden können.[2] 85

Bei Direktversicherung handelt es sich m. E., sollten sie im Falle des Betriebsvermögensvergleichs aktivierungspflichtig sein (vgl. → Rz. 66 bis 80), um „nicht abnutzbare Wirtschaftsgüter des Finanzanlagevermögens"; denkbar ist auch, sie den „Wertpapieren (Police) und vergleichbaren nicht verbrieften Forderungen und Rechten" zuzuordnen.[3] Beide Varianten fallen unter § 4 Abs. 3 Satz 4 EStG, d. h., die Beiträge sind erst im Zeitpunkt des Zuflusses der Versicherungsleistung als BA zu berücksichtigen. 86

Scheidet eine Aktivierung der Anwartschaft bzw. des Versicherungsanspruchs (vgl. → Rz. 25) im Falle des Betriebsvermögensvergleichs aufgrund der Anwendung des § 4b EStG hingegen aus (vgl. → Rz. 71), sind die Beiträge zur Direktversicherung beim Stpfl., der seinen Gewinn gem. § 4 Abs. 3 EStG ermittelt, bereits im Veranlagungszeitraum ihres Abflusses (R 4.5 Abs. 2 Satz 1 EStR) als BA anzusetzen; eine andere Anwendung würde m. E. gegenüber dem Betriebsvermögensvergleich zu einem Verstoß gegen die Steuergerechtigkeit führen. 87

(Einstweilen frei) 88–90

---

[1] Deckungskapital einschließlich Gewinnbeteiligung, vgl. BFH v. 25. 2. 2004 - I R 54/02, BStBl 2004 II 654; R 4b Abs. 3 Satz 3 EStR.

[2] Vgl. *HHR*, § 4b EStG Rz. 108; a. A. *Gosch* in Kirchhof/Söhn/Mellinghoff, § 4b EStG Rz. 15.

[3] A. A. *Frotscher/Geurts*, § 4b EStG Rz. 68.

II. Abtretung und Beleihung der Versicherungsansprüche gemäß § 4b Satz 2 EStG

1. Voraussetzungen des Satzes 2

91 § 4b Satz 2 EStG gilt für den Fall, dass der Stpfl. (vgl. → Rz. 51 f.) die „Ansprüche aus dem Versicherungsvertrag abgetreten oder beliehen hat" und geht damit noch einen Schritt weiter als Satz 1. Bei (auch nur teilweiser) Abtretung (§§ 398 ff. BGB) oder Beleihung (§ 1b Abs. 2 Satz 3 BetrAVG, inkl. Policendarlehen, welches eine verzinsliche Vorauszahlung der späteren Versicherungsleistung durch den Versicherer bis zur Höhe des Rückkaufswerts der Lebensversicherung darstellt, vgl. H 4b EStH), aber auch bei bloßer Verpfändung (§§ 1273 ff. BGB) nutzt der Stpfl. (i. d. R der ArbG, vgl. → Rz. 51 f.) die Versicherungsanwartschaft – obwohl sie dem ArbN bzw. der Person gem. § 17 Abs. 1 Satz 2 BetrAVG zusteht (vgl. → Rz. 56) – zunächst für eigene Zwecke und höhlt damit den Versicherungsvertrag aus. Allerdings kann jene Aushöhlung durch arbeitsrechtliche Vereinbarung ausgeschlossen sein; ein derartiger Ausschluss gilt stets durch die gesetzliche Regelung des § 1b Abs. 5 Satz 1 2. Halbsatz Nr. 3 BetrAVG bei Entgeltumwandlung.

92 Die Rechtsfolgen des § 4b Satz 2 EStG (vgl. → Rz. 93) treten indessen nur ein, wenn sich der Stpfl. (vgl. → Rz. 51 f.) „der bezugsberechtigten Person gegenüber schriftlich verpflichtet, sie bei Eintritt des Versicherungsfalls so zu stellen, als ob die Abtretung oder Beleihung nicht erfolgt wäre". § 4b Satz 2 EStG folgt insoweit wörtlich dem § 1b Abs. 2 Satz 4 BetrAVG. Jenes Schuldanerkenntnis muss schriftlich erfolgen und zum betreffenden Bilanzstichtag vorliegen; es ist nicht zu passivieren.

2. Rechtsfolgen des Satzes 2

93 Sind die Voraussetzungen des § 4b Satz 2 EStG erfüllt (vgl. → Rz. 91 f.), berühren selbst Abtretungen, Verpfändungen oder Beleihungen der Anwartschaft der Direktversicherung durch den Stpfl. (vgl. → Rz. 51 f.) das Aktivierungsverbot des § 4b Satz 1 EStG nicht. § 4b Satz 2 EStG wird dadurch zur Kontrollinstanz der Forderung des § 1b Abs. 2 Satz 4 BetrAVG, sich „der bezugsberechtigten Person gegenüber schriftlich zu verpflichten, sie bei Eintritt des Versicherungsfalls so zu stellen, als ob die Abtretung oder Beleihung nicht erfolgt wäre". Liegt nämlich eine derartige schriftliche Verpflichtung am betreffenden Bilanzstichtag nicht vor, muss der Stpfl. die Anwartschaft im Falle der Abtretung, Verpfändung oder Beleihung gewinnerhöhend aktivieren, was er naturgemäß vermeiden will.

94–100 *(Einstweilen frei)*

C. Verfahrensfragen

101 § 4b EStG differenziert hinsichtlich der Direktversicherung nicht nach Alt- (abgeschlossen vor 2005, vgl. § 52 Abs. 28 Satz 4 EStG) oder Neuverträgen (abgeschlossen nach 2004). Auch ist nicht relevant, ob die Beiträge gem. § 40b EStG pauschal besteuert werden oder beim ArbN i. S. v. § 3 Nr. 63 EStG steuerfrei oder, bei Überschreiten der Höchstgrenzen oder im Falle der Eigenbeiträge gem. § 1 Abs. 2 Nr. 3 und § 1a Abs. 4 BetrAVG (vgl. → Rz. 40) steuerpflichtig sind.

§ 4c Zuwendungen an Pensionskassen

(1) ¹Zuwendungen an eine Pensionskasse dürfen von dem Unternehmen, das die Zuwendungen leistet (Trägerunternehmen), als Betriebsausgaben abgezogen werden, soweit sie auf einer in der Satzung oder im Geschäftsplan der Kasse festgelegten Verpflichtung oder auf einer Anordnung der Versicherungsaufsichtsbehörde beruhen oder der Abdeckung von Fehlbeträgen bei der Kasse dienen. ²Soweit die allgemeinen Versicherungsbedingungen und die fachlichen Geschäftsunterlagen im Sinne des § 219 Absatz 3 Nummer 1 Buchstabe b des Versicherungsaufsichtsgesetzes nicht zum Geschäftsplan gehören, gelten diese als Teil des Geschäftsplans.

(2) Zuwendungen im Sinne des Absatzes 1 dürfen als Betriebsausgaben nicht abgezogen werden, soweit die Leistungen der Kasse, wenn sie vom Trägerunternehmen unmittelbar erbracht würden, bei diesem nicht betrieblich veranlasst wären.

Inhaltsübersicht	Rz.
A. Allgemeine Erläuterungen	1 - 15
I. Normzweck und wirtschaftliche Bedeutung der Vorschrift	1 - 3
II. Entstehung und Entwicklung der Vorschrift	4
III. Geltungsbereich	5 - 7
IV. Vereinbarkeit mit höherrangigem Recht	8
V. Verhältnis zu anderen Vorschriften	9 - 15
B. Systematische Kommentierung	16 - 70
I. Einschränkungen des Betriebsausgabenabzugs für Zuwendungen an Pensionskassen gem. § 4c Abs. 1 EStG	16 - 60
1. Begriff der Pensionskasse	16 - 24
2. Begriff des Trägerunternehmens	25 - 30
3. Begriff der Zuwendungen	31 - 35
4. Besondere Voraussetzungen des Betriebsausgabenabzugs nach § 4c Abs. 1 Satz 1 EStG	36 - 48
5. Erweiterung der Zuwendungsgründe nach § 4c Abs. 1 Satz 2 EStG	49 - 52
6. Zeitliche Dimension der Zuwendungen	53 - 55
7. Rechtsfolgen bei Nichtvorliegen der Voraussetzungen des § 4c Abs. 1 EStG	56 - 60
II. Ausschluss des Betriebsausgabenabzugs bei fehlender betrieblicher Veranlassung nach § 4c Abs. 2 EStG	61 - 70
C. Verfahrensfragen	71

HINWEIS:

R 4e Abs. 2 EStR; H 4c EStH.

ARBEITSHILFEN UND GRUNDLAGEN ONLINE:

Doetsch, Betriebliche Altersversorgung, Praxisfragen, NWB DokID: QAAAE-52794.

A. Allgemeine Erläuterungen

I. Normzweck und wirtschaftliche Bedeutung der Vorschrift

Die Pensionskasse ist – neben der Direktversicherung und dem Pensionsfonds – einer der drei versicherungsförmigen Durchführungswege der betrieblichen Altersversorgung; nicht ver-   1 sicherungsförmig sind die unmittelbare Pensionszusage und die Unterstützungskasse. Eine gesetzliche Definition findet sich in § 1b Abs. 3 BetrAVG und § 232 VAG.

2 § 4c EStG regelt die Abzugsfähigkeit von Zuwendungen an Pensionskassen beim Trägerunternehmen. Werden die Voraussetzungen des § 4c Abs. 1 EStG nicht erfüllt oder gilt § 4c Abs. 2 EStG, so dürfen die Zuwendungen des Trägerunternehmens an die Pensionskasse bei ersterem nicht als BA abgezogen werden. § 4c Abs. 1 Satz 1 EStG ist Sonderregel zu § 4 Abs. 4 EStG und gehört sachlich zu den in § 4 Abs. 5 EStG geregelten nichtabziehbaren BA. Da diese handels- und steuerrechtlich betrieblich veranlassten Aufwand darstellen[1] und deshalb in den Bilanzen zu erfassen sind, müssen sie außerhalb der Bilanz gewinnerhöhend korrigiert werden.

3 § 4c Abs. 2 EStG hingegen stellt ein Abzugsverbot dar, welches den nach § 4c Abs. 1 EStG möglichen Betriebsausgabenabzug ausschließt, wenn die Zuwendung nicht betrieblich veranlasst ist. Anders als § 4c Abs. 1 EStG gehört § 4c Abs. 2 EStG daher sachlich nicht zu § 4 Abs. 5 EStG, denn dieser setzt eine betriebliche Veranlassung voraus. Im Falle des § 4c Abs. 2 EStG darf die Zuwendung daher gar nicht erst in der GuV als Aufwand angesetzt werden, sondern ist als Entnahme zu erfassen.

II. Entstehung und Entwicklung der Vorschrift

4 Durch das Gesetz zur Verbesserung der betrieblichen Altersversorgung (BetrAVG, mittlerweile: Betriebsrentengesetz) v. 19.12.1974[2] ist § 4c in das EStG aufgenommen worden mit Geltung für Wj., die nach dem 21.12.1974 endeten (§ 52 Abs. 5a EStG 1975).[3] Der heutige § 4c Abs. 1 Satz 2 EStG wurde durch Art. 14 des Dritten Durchführungsgesetzes zum VAG v. 29.7.1994[4] eingefügt. Rein sprachliche Anpassungen ergaben sich durch das EStG v. 19.10.2002[5] in § 4c Abs. 2 EStG und v. 8.10.2009[6] in § 4c Abs. 1 Satz 2 EStG. Durch das Gesetz zur Modernisierung der Finanzaufsicht über Versicherungen v. 1.4.2015 (FinanzaufsichtsmodernisierungsG, BGBl 2015 I 434) wurde der Verweis des § 4c Abs. 1 Satz 2 EStG auf § 5 Abs. 3 Nr. 2 VAG mit Wirkung ab 1.1.2016 auf § 234 Abs. 3 Nr. 1 VAG geändert; inhaltlich hat sich jedoch insoweit nichts geändert.

III. Geltungsbereich

5 Der persönliche Geltungsbereich des § 4c EStG erstreckt sich ausschließlich auf den unbeschränkt oder beschränkt steuerpflichtigen ArbG („Trägerunternehmen") – das kann auch eine Kapital- (über § 8 Abs. 1 KStG) und sogar eine Personengesellschaft sein, die ihrem Gesellschafter eine Pensionskassen-Versorgung gewährt – und diejenigen unternehmerisch tätigen Auftraggeber aller Art, welche auf das Leben eines Nichtarbeitnehmers i.S.v. § 17 Abs. 1 Satz 2 BetrAVG (z. B. dem selbständigen Steuerberater des Unternehmens) eine Pensionskassen-Versorgung aus Anlass ihrer Tätigkeit für das Unternehmen zugesagt haben.

---

1 BFH v. 29.8.1996 - VIII R 24/95, BFH/NV 1997, 289 = NWB DokID: MAAAA-96777.
2 BGBl 1974 I 3610.
3 BStBl 1975 I 33.
4 BGBl 1994 I 1630.
5 BGBl 2002 I 4210.
6 BGBl 2009 I 3366.

Der sachliche Geltungsbereich ist nicht nur auf Trägerunternehmen, die Gewinneinkünfte 6
i. S. v. § 2 Abs. 2 Nr. 1 EStG erzielen, beschränkt;[1] § 4c EStG gilt auch bei vermögensverwaltender Tätigkeit. Die Gewinnermittlungsart (Betriebsvermögensvergleich gem. §§ 4 Abs. 1 oder 5 Abs. 1 EStG oder Einnahmenüberschussrechnung gem. § 4 Abs. 3 EStG) spielt keine Rolle.

§ 4c EStG gilt auch bei Entsendung von ArbN ins Ausland, soweit die inländische Betriebsstätte 7
weiterhin Trägerunternehmen der Pensionskassen-Versorgung bleibt oder jener Vertrag auf eine ausländische Betriebsstätte übertragen wird.[2] Dies gilt gem. § 50 Abs. 1 Satz 1 EStG und § 49 Abs. 1 Nr. 2 Buchst. a EStG auch für inländische Betriebsstätten eines beschränkt Stpfl. Auch Pensionskassen mit Sitz im Ausland (§§ 243 und 244 VAG) sind eingeschlossen (R 4c Abs. 2 Satz 2 EStR).

IV. Vereinbarkeit mit höherrangigem Recht

§ 4c EStG ist verfassungsrechtlich unbedenklich. Die Einschränkung des BA-Abzugs nach § 4c 8
Abs. 1 EStG ist sachgerecht, da ansonsten eine Gewinnverlagerung auf die Pensionskasse möglich wäre. Das Abzugsverbot gem. § 4c Abs. 2 EStG hat seinen Grund in der Veranlassung durch die private Lebensführung.

V. Verhältnis zu anderen Vorschriften

Insbesondere ist das Verhältnis zu den §§ 4d und 4e EStG erwähnenswert, die den Betriebsaus- 9
gabenabzug für andere mittelbare Durchführungswege der betrieblichen Altersversorgung beim ArbG bzw. Trägerunternehmen regeln. Auf Seiten der ArbN finden sich Vorschriften zur Pensionskasse in den § 3 Nr. 56 und Nr. 63, § 40b a. F. und n. F., § 10 Abs. 1 Nr. 2 Buchst. b, §§ 10a und 82 EStG bzgl. der steuerlichen Behandlung der Beiträge und § 22 Nr. 5 EStG in Bezug auf die Leistungsbesteuerung.

(Einstweilen frei) 10–15

B. Systematische Kommentierung

I. Einschränkungen des Betriebsausgabenabzugs für Zuwendungen an Pensionskassen gem. § 4c Abs. 1 EStG

1. Begriff der Pensionskasse

§ 232 Nr. 1 VAG beschränkt die versicherungsaufsichtsrechtliche Definition der Pensionskasse 16
auf Kassen mit Kapitaldeckungsverfahren; dies gilt allerdings nur für privatrechtliche Pensionskassen, deren Rechtsform auf die AG, SE oder den VVaG beschränkt ist (§ 8 Abs. 2 VAG); i. d. R. firmieren sie als „kleinerer VVaG mit sachlich, örtlich oder dem Personenkreis nach eng beschränktem Wirkungskreis" (§ 210 Abs. 1 und 4 VAG). Öffentlich-rechtliche Kassen in der Rechtsform der öffentlich-rechtlichen Anstalt (z. B. VBL) finanzieren bzw. finanzierten sich meist im Umlageverfahren.[3] Zum 1. 1. 2006 wurden die Pensionskassen durch Änderung des VAG dereguliert. Deregulierte Pensionskassen unterliegen den gleichen Anforderungen an den

---

1 A. A. HHR/*Rätke*, § 4c EStG Rz. 10.
2 BFH v. 16. 2. 1996 - I R 43/95, BStBl 1997 II 128.
3 FG Münster v. 26. 8. 2008 - 9 K 1660/05 K, EFG 2008, 1942; nachfolgend BFH v. 27. 1. 2010 - I R 103/08, BStBl 2010 II 614; *Heger*, BB 2008, 2513.

Rechnungszins und die sonstigen Kalkulationen wie Lebensversicherer. Auf Antrag kann gem. § 233 Abs. 1 VAG der Zustand der Regulierung wieder hergestellt werden, eine Möglichkeit, die besonders Firmen-Pensionskassen genutzt haben, da Voraussetzung für die Regulierung der Verzicht auf einen Abschlusskosten verursachenden Vertriebsapparat ist. Deregulierte Pensionskassen sind hingegen grds. vertrieblich orientierte Unternehmen der Versicherungswirtschaft. Deregulierte Pensionskassen sind körperschaft- und gewerbesteuerpflichtig, regulierte Pensionskassen hingegen befreit, sofern sie nicht das Rückdeckungsgeschäft betreiben.

17 § 4c EStG unterscheidet weder zwischen kapitalgedeckten Kassen und jenen mit Umlage-Finanzierung, noch zwischen regulierten und deregulierten Pensionskassen und verweist auch nicht – anders als § 4e EStG, der hinsichtlich des Pensionsfonds auf § 236 VAG verweist – auf § 232 VAG. Zuwendungen eines Trägerunternehmens an eine Umlage-Kasse richten sich deshalb m. E. ebenfalls nach § 4c EStG[1] und nicht nach den allgemeinen Regeln des § 4 Abs. 4 EStG.[2]

18 In der Praxis existieren Ein-Trägerunternehmen-Pensionskassen und Gruppen-Pensionskassen, welche mehreren Trägerunternehmen, teilweise aus derselben Branche (z. B. BVV Versicherungsverein des Bankgewerbes), teilweise für alle Branchen offen (z. B. S-Pensionskasse) Zugang gestatten. Öffnet sich die Kasse lediglich wirtschaftlich verbundenen Trägerunternehmen, spricht man von einer Konzern-Pensionskasse.

19 Regulierte Pensionskassen (vgl. → Rz. 31) sind unter den Voraussetzungen der § 5 Abs. 1 Nr. 3 Buchst. b und § 5 Abs. 1 Nr. 6 KStG, §§ 1 und 2 KStDV sowie § 3 Nr. 9 GewStG steuerbefreit; ihre Anerkennung als soziale Einrichtung erfordert u. a. eine Begrenzung der Leistungshöhe gem. § 2 KStDV.

20 Von der Unterstützungskasse (§ 4d EStG) unterscheidet sich die Pensionskasse insbesondere dadurch, dass Letztere – im Gegensatz zu Ersterer – auf ihre Leistungen einen Rechtsanspruch gewährt. Anders als die Unterstützungskasse unterliegt die Pensionskasse der Versicherungsaufsicht durch die BaFin bzw., wenn die Pensionskasse nur in einem Bundesland tätig ist, durch die Landesaufsichtsbehörde (nachfolgend einheitlich: Versicherungsaufsichtsbehörde) i. S. v. § 4c Abs. 1 Satz 1 EStG.

21–24 *(Einstweilen frei)*

2. Begriff des Trägerunternehmens

25 Trägerunternehmen ist das Unternehmen, „dass die Zuwendungen leistet" und damit die Pensionskasse dotiert, weil diese die Durchführung der betrieblichen Altersversorgung übernommen hat. Da § 4c EStG den Abzug von BA regelt, gilt der Anwendungsbereich grds. für Unternehmen, die Gewinnermittlungseinkünfte i. S. v. § 2 Abs. 2 Nr. 1 EStG erzielen. Eine entsprechende Anwendung auf vermögensverwaltende Unternehmungen ist jedoch m. E. geboten (vgl. → Rz. 4), da unter § 5 Abs. 1 Nr. 3 KStG nach Buchst. a Doppelbuchst. bb und cc auch Kassen fallen, deren Trägerunternehmen keine wirtschaftlichen Geschäftsbetriebe haben.[3]

---

1 Vgl. BFH v. 22.9.1995 - VI R 52/95, BStBl 1996 II 136 und H 4c EStH.
2 A. A. AFR, 5. Teil, Rz. 22; *Frotscher/Geurts*, § 4c EStG Rz. 2b; zustimmend HHR/*Rätke*, § 4c EStG Rz. 27; offengelassen in BFH v. 27.1.2010 - I R 103/08, BStBl 2010 II 614.
3 A. A. HHR/*Rätke*, § 4c EStG Rz. 46; *Gosch* in Kirchhof, § 4c EStG Rz. 3; für eine Öffnung ebenfalls *Frotscher/Geurts*, § 4c EStG Rz. 12a; *Höfer*, BetrAVG, Bd. 2, Rz. 1906.

Anders als bei der Direktversicherung, die voraussetzt, dass der ArbG der Versicherungsnehmer (VN) ist, kann der bei einer Pensionskasse versicherte ArbN auch selbst der VN sein.[1] Das Trägerunternehmen muss daher nicht selbst VN sein.[2] Auch eine Mitgliedschaft des Trägerunternehmens an der Pensionskasse oder die Stellung als Gesellschafter sind nicht erforderlich. 26

Ist Trägerunternehmen eine mit dem ArbG verbundene Konzerngesellschaft (z. B. um die Verwaltung der betrieblichen Altersversorgung in einem Konzern durch eine zuständige Servicegesellschaft zu bündeln), schließt dies die Anwendung des § 4c EStG nicht aus, wenn der Anspruch auf die Versicherungsleistungen durch das Dienstverhältnis veranlasst ist und der ArbG die Beitragslast trägt (analog H 4b EStH; R 40b.1 Abs. 1 Satz 3 LStR). Die Frage ist jedoch, für wen § 4c EStG dann anzuwenden ist. Die Antwort muss analog § 4b EStG erfolgen, so dass § 4c EStG auf den ArbG anzuwenden ist (vgl. KKB/Dommermuth, § 4b EStG Rz. 52). 27

(Einstweilen frei) 28–30

3. Begriff der Zuwendungen

Zuwendungen i. S. d. § 4c EStG sind Vermögensverlagerungen vom Trägerunternehmen auf die Pensionskasse, bei der letztere einseitig bereichert wird.[3] Es handelt sich um die Beiträge, die die Pensionskasse in die Lage versetzen sollen, die zugesagten Leistungen zu erbringen. Folgende Arten von Zuwendungen sind möglich: Bedarfszuwendungen (sind nach Geschäftsplan oder Satzung notwendig, um das Vermögen der Pensionskasse auf das zur Leistungserbringung erforderliche Deckungskapital aufzufüllen),[4] Beiträge aufgrund einer Entgeltumwandlung, es sei denn, der ArbN zahlt Eigenbeiträge i. S. v. § 1 Abs. 2 Nr. 4 BetrAVG,[5] Deckungskapitaleinschüsse (für den Fall der geschäftsplanmäßigen Erhöhung der Versorgungsleistungen),[6] Zahlungen aufgrund einer Anordnung der Versicherungsaufsichtsbehörde (§ 4c Abs. 1 Satz 1 2. Halbsatz EStG),[7] Zahlungen zur Erfüllung der Solvabilitätsanforderungen,[8] Zuwendungen zur Abdeckung von Fehlbeträgen (§ 4c Abs. 1 Satz 1 2. Halbsatz EStG).[9] 31

Zulässig sind Einmalbeiträge oder laufende jährliche oder unterjährige Beiträge an die Pensionskasse.[10] Eine Gleichverteilung bis zum Eintritt des Versorgungsfalls ist nicht notwendig, so dass – im Gegensatz zu Unterstützungskassen – auch Beitragsschwankungen zulässig sind; auch eine gegenüber der Anwartschaftsphase abgekürzte Beitragszahlungsdauer verstößt nicht – im Gegensatz zu Unterstützungskassen[11] – gegen § 4c EStG. Übersteigt die Zuwendung in einem Veranlagungszeitraum die Höchstgrenzen des § 3 Nr. 63 EStG, entsteht insoweit Lohn- bzw. Einkommensteuerpflicht beim Begünstigten. 32

Keine Zuwendungen i. S. v. § 4c EStG sind Zahlungen des Trägerunternehmens an die Pensionskasse, die nicht unmittelbar die Sicherstellung der zugesagten Leistungen bezwecken, sondern 33

---

1 BFH v. 29. 4. 1991 - VI R 61/88, BStBl 1991 II 647.
2 Vgl. auch BFH v. 5. 11. 1992 - I R 61/89, BStBl 1993 II 185.
3 BFH v. 25. 10. 1972 - GrS 6/71, BStBl 1973 II 79; analog für Unterstützungskassen BFH v. 5. 11. 1992 - I R 61/89, BStBl 1993 II 185.
4 Vgl. AFR, 5. Teil, Rz. 432.
5 Vgl. *Höfer/Veit/Verhuven*, BetrAVG, Bd. II, Rz. 1963, 2034.
6 Vgl. HHR/*Rätke*, § 4c EStG Rz. 48.
7 Vgl. HHR/*Rätke*, § 4c EStG Rz. 49.
8 Vgl. BdF v. 6. 2. 1996 - S 2144, NWB DokID: HAAAA-84720.
9 Vgl. HHR/*Rätke*, § 4c EStG Rz. 50.
10 Vgl. R 4c Abs. 2 EStR und i. E. *Höfer/Veit/Verhuven*, BetrAVG, Bd. II, Rz. 1916, 1927.
11 HHR/*Dommermuth*, § 4d EStG Rz. 99.

auf einem anderen Rechtsgrund (z. B. Miete, Zinsen, Dienstleistung) beruhen. Daher gelten für Zahlungen des Trägerunternehmens zur Deckung eines (nicht durch die Zuwendungen finanzierten) Verwaltungsaufwands oder für die Einbringung des Gründungsstocks (§ 178 VAG) die allgemeinen Regelungen (§ 4 Abs. 4 EStG).

34–35 *(Einstweilen frei)*

4. Besondere Voraussetzungen des Betriebsausgabenabzugs nach § 4c Abs. 1 Satz 1 EStG

36 Zweck des § 4c Abs. 1 EStG ist es, den BA-Abzug von Zuwendungen an Pensionskassen der Höhe nach auf das zur Deckung des Kapitalbedarfs der Kasse erforderliche Maß einzuschränken, da die (regulierte, vgl. →Rz. 16) Pensionskasse grds. steuerfrei ist (vgl. →Rz. 16 und →Rz. 19). Jener Kapitalbedarf ist nach den anerkannten Regeln der Versicherungsmathematik zu berechnen und ergibt sich aus den im Geschäftsplan oder der Satzung erfassten und von der Versicherungsaufsichtsbehörde (vgl. →Rz. 20) genehmigten und überwachten Geschäftsgrundlagen der Pensionskasse. Die Vorschrift ist damit lex specialis zu § 4 Abs. 4 EStG, gehört sachlich zu den in § 4 Abs. 5 EStG geregelten nichtabziehbaren BA und führt daher bei Verstoß insoweit zur außerbilanziellen Gewinnerhöhung (vgl. →Rz. 2).

37 Abziehbar als BA sind nach Satz 1 die Zuwendungen, „soweit sie

▶ auf einer in der Satzung oder im Geschäftsplan der Kasse festgelegten Verpflichtung oder

▶ auf einer Anordnung der Versicherungsbehörde beruhen oder

▶ der Abdeckung von Fehlbeträgen bei der Kasse dienen."

38 Die **Satzung** enthält die organisatorischen und rechtlichen Grundlagen der Kasse und ihres Geschäftsbetriebs, insbesondere die Definition des Kreises der zu Versichernden, der Kassenleistungen sowie der Finanzierungsart. Sie ist gem. § 9 Abs. 3 Nr. 1 VAG Teil des Geschäftsplans der Pensionskasse.

39 Der **Geschäftsplan** ist die Basis für die Erlaubnis der Versicherungsaufsichtsbehörde (vgl. →Rz. 20) zum Geschäftsbetrieb der Pensionskasse (§ 9 Abs. 1 VAG). Er hat den Zweck und die Einrichtung der Kasse, das Gebiet des beabsichtigten Geschäftsbetriebs sowie namentlich auch die Verhältnisse klarzulegen, woraus sich die künftigen Verpflichtungen des Unternehmens als dauernd erfüllbar ergeben sollen (§ 9 Abs. 2 VAG). Der Geschäftsplan muss Angaben enthalten, welche Risiken (Alters-, Invaliditäts- oder/und Hinterbliebenenleistungen) gedeckt werden sollen; darüber hinaus muss er die Tarife und die Grundsätze für die Berechnung der Prämien und der mathematischen Rückstellungen einschließlich der verwendeten Rechnungsgrundlagen, mathematischen Formeln, kalkulatorischen Herleitungen und statistischen Nachweise enthalten (§ 9 Abs. 2 Nr. 2 VAG). Alle diese Angaben können auch in der Satzung erfolgen.

40 Aus diesen Angaben im Geschäftsplan bzw. der Satzung zur Berechnung der Deckungsrückstellungen (vgl. § 341f HGB und für deregulierte Pensionskassen § 2 DeckRV) lassen sich somit im Zusammenhang mit dem jeweiligen Versicherungsbestand die erforderlichen Mittelzuflüsse des Trägerunternehmens zum jeweiligen Bilanzstichtag der Pensionskasse errechnen. Diese stellen die gem. § 4c EStG als BA abzugsfähigen Zuwendungen des Trägerunternehmens an die Pensionskasse nach Satzung oder Geschäftsplan dar.

41 Es kann vorkommen, dass das Kassenvermögen im Verhältnis zu den nach versicherungsmathematischen Grundsätzen berechneten Deckungsrückstellungen, welche die künftigen

Verpflichtungen der Pensionskasse gegenüber den bezugsberechtigten Personen widerspiegeln, zu gering ist (Fehlbetrag). Die Versicherungsaufsichtsbehörde (vgl. → Rz. 20) muss dann eine Auffüllung des Kassenvermögens verlangen (Anordnung i. S. v. § 4c Abs. 1 Satz 1 EStG); stattdessen könnte sie der Kasse freistellen, ihre Leistungen zu kürzen. Der von der Behörde angeordnete Auffüllungsbetrag erfüllt die Voraussetzungen des § 4c Abs. 1 Satz 1 EStG, so dass die zusätzliche Zuwendung in dieser Höhe als BA abzugsfähig ist. Die Anordnung muss bereits im Zeitpunkt der Zuwendung ergangen sein. Wird sie später von der Aufsichtsbehörde aufgehoben, so ändert dies an der Abziehbarkeit nichts, da die Aufhebung kein rückwirkendes Ereignis ist. Dient die Auffüllung nur der vorübergehenden Finanzierung der Pensionskasse und hat das Trägerunternehmen daher ein Rückforderungsrecht, ist die volle Zuwendung beim Trägerunternehmen dennoch gem. § 4c EStG abzugsfähig und der Rückforderungsanspruch zu aktivieren.

Auch ohne Anordnung der Versicherungsaufsichtsbehörde darf die Zuwendung, die der Deckung eines Fehlbetrags im Kassenvermögen zum jeweiligen Bilanzstichtag der Pensionskasse dient, in voller Höhe als BA abgezogen werden. Weder ist eine Feststellung des Fehlbetrags durch die Aufsichtsbehörde erforderlich, noch bedarf es durch sie einer Anordnung. Auch eine rechtliche Verpflichtung des Trägerunternehmens, Fehlbeträge zu beseitigen (z. B. durch Satzungsbestimmung), ist nicht erforderlich. Es genügt die tatsächliche Auffüllung, wenn der Fehlbetrag auf zutreffender Bilanzierung der Leistungsverpflichtungen (vgl. § 341f HGB und für deregulierte Pensionskassen § 2 DeckRV) und korrekter Feststellung des Kassenvermögens (nach handelsrechtlichen Grundsätzen unter Beachtung des Niederstwertprinzips) beruht (vgl. R 4c Abs. 3 Satz 2 EStR). 42

(Einstweilen frei) 43–48

5. Erweiterung der Zuwendungsgründe nach § 4c Abs. 1 Satz 2 EStG

§ 4c Abs. 1 Satz 2 EStG, durch das Dritte Durchführungsgesetz zum VAG 1994 eingefügt (vgl. → Rz. 4), ist notwendig geworden, weil nach § 156a Abs. 3 VAG i. d. F. v. 15. 12. 2004 bei deregulierten Pensionskassen (vgl. → Rz. 16) die Versicherungsbedingungen und die sog. fachlichen Geschäftsunterlagen (nämlich insbesondere die Tarife und die Grundsätze für die Berechnung der Prämien und der mathematischen Rückstellungen einschließlich der verwendeten Rechnungsgrundlagen, mathematischen Formeln, kalkulatorischen Herleitungen und statistischen Nachweise) nicht mehr Bestandteil des Geschäftsplans sein müssen, wie eigentlich in § 5 Abs. 2 Nr. 2 2. Halbsatz VAG vorgesehen. Für deregulierte Pensionskassen fingiert § 4c Abs. 1 Satz 2 EStG die für die Bemessung der Leistungsverpflichtungen notwendigen Berechnungsgrundlagen somit als Bestandteil des Geschäftsplans. 49

(Einstweilen frei) 50–52

6. Zeitliche Dimension der Zuwendungen

Die zeitliche Auswirkung der Zuwendungen beim Trägerunternehmen richtet sich nach den allgemeinen Gewinnermittlungsvorschriften, also nach § 4 Abs. 1, § 5 Abs. 1 oder nach § 4 Abs. 3 EStG. Für Zuwendungen, die vom Trägerunternehmen nach dem Bilanzstichtag des Trägerunternehmens geleistet werden, ist bereits zum Bilanzstichtag ein Passivposten zu bilden, sofern zu diesem Zeitpunkt eine entsprechende Verpflichtung besteht (z. B. Bestimmung in der Satzung oder im Geschäftsplan der Kasse oder Anordnung der Aufsichtsbehörde, vgl. R 4c Abs. 5 Satz 1 EStR). Werden Fehlbeträge der Kasse abgedeckt, ohne dass hierzu eine Verpflich- 53 tung des Trägerunternehmens besteht, kann in sinngemäßer Anwendung des § 4d Abs. 2 EStG zum Bilanzstichtag eine Rückstellung gebildet werden, wenn innerhalb eines Monats nach Aufstellung oder Feststellung der Bilanz des Trägerunternehmens die Zuwendung geleistet oder die Abdeckung des Fehlbetrags verbindlich zugesagt wird; R 4c Abs. 5 Satz 2 EStR ist als allgemeine Billigkeitsanordnung zu verstehen sein.[1] Ein Nachholverbot unterlassener Zuwendungen, wie § 6a Abs. 4 EStG es für Pensionsrückstellungszuführungen kodifiziert (vgl. KKB/Teschke, § 6a EStG Rz. 52 und 69 ff.) existiert nicht.

54–55   (Einstweilen frei)

7. Rechtsfolgen bei Nichtvorliegen der Voraussetzungen des § 4c Abs. 1 EStG

56   Zuwendungen, die gegen die Grundsätze des § 4c Abs. 1 EStG verstoßen, weil sie die durch § 4c Abs. 1 EStG festgelegten Höchstgrenzen übersteigen, dürfen insoweit nicht als BA abgezogen werden und damit den Gewinn des Trägerunternehmens nicht mindern. Als nicht abziehbare BA müssen sie im Wege der Hinzurechnung außerhalb der Bilanz neutralisiert werden (vgl. → Rz. 1). Eine auf diese Weise zu hohe Zuwendung führt grds. zu einer Überdotierung der Pensionskasse i. S.v. § 6 Abs. 1 KStG i. V. m. § 5 Abs. 1 Nr. 3 Buchst. d KStG und damit zu deren partieller Steuerpflicht; diese entfällt jedoch mit Wirkung für die Vergangenheit, soweit das übersteigende Vermögen innerhalb von 18 Monaten nach dem Schluss des Wj., für das es festgestellt worden ist, mit Zustimmung der Versicherungsaufsichtsbehörde für die in § 6 Abs. 2 KStG aufgeführten Maßnahmen (z. B. Rückzahlung an das Trägerunternehmen) verwendet wird. Wenn eine Zuwendung in der Bilanz des Trägerunternehmens ergebnisneutral aktiviert wurde, kommt eine außerbilanzielle Hinzurechnung nicht in Betracht.

57–60   (Einstweilen frei)

II. Ausschluss des Betriebsausgabenabzugs bei fehlender betrieblicher Veranlassung nach § 4c Abs. 2 EStG

61   Zuwendungen an die Pensionskasse dürfen gem. § 4c Abs. 2 EStG nicht als BA abgezogen werden, soweit die Leistungen der Kasse, wenn sie vom Trägerunternehmen unmittelbar – d. h. als Direkt- bzw. unmittelbare Pensionszusage – erbracht würden, bei diesem nicht betrieblich veranlasst wären. Nicht betrieblich veranlasst in dem Sinne sind z. B. Leistungen der Kasse an den Inhaber (Einzelunternehmer bzw. Mitunternehmer bei Personengesellschaften) des Trägerunternehmens oder seine Angehörigen (vgl. R 4c Abs. 4 Satz 2 EStR). Dieser Grundsatz gilt für alle mittelbaren Durchführungswege der betrieblichen Altersversorgung gleichermaßen (so auch ausdrücklich für die Unterstützungskasse in § 4d Abs. 1 Satz 1 EStG; vgl. KKB/Alt/Stadelbauer, § 4d EStG Rz. 26 ff.). Er entspricht der Regelung des § 4 Abs. 4 EStG, wonach als BA nur betrieblich veranlasste Aufwendungen abzugsfähig sind. Sind daher ArbN begünstigt oder Nichtarbeitnehmer i. S.v. § 17 Abs. 1 Satz 2 BetrAVG (z. B. dem selbständigen Steuerberater des Unternehmens), denen die Pensionskassen eine Versorgung aus Anlass ihrer Tätigkeit für das Unternehmen zugesagt hat (vgl. → Rz. 5), so liegt eine betriebliche Veranlassung vor; dasselbe gilt für Gesellschafter von Kapitalgesellschaften.

62   Im Gegensatz zu § 4c Abs. 1 EStG stellt § 4c Abs. 2 EStG ein Abzugsverbot dar, welches den nach § 4c Abs. 1 EStG möglichen BA-Abzug ausschließt, wenn die Zuwendung nicht betrieblich

---

1 Vgl. *Gosch* in Kirchhof, § 4c EStG Rz. 8.

veranlasst ist (vgl. → Rz. 2). Anders als § 4c Abs. 1 EStG gehört § 4c Abs. 2 EStG daher sachlich nicht zu § 4 Abs. 5 EStG, denn dieser setzt betriebliche Veranlassung voraus. Im Falle des § 4c Abs. 2 EStG darf die Zuwendung daher gar nicht erst in der GuV als Aufwand angesetzt werden, sondern ist als Entnahme zu erfassen.

Da vGA nicht betrieblich, sondern durch das Gesellschaftsverhältnis veranlasst sind (R 36 Abs. 1 KStR), schließen FinVerw und Literatur, dass auch bei ihnen das Abzugsverbot des § 4c Abs. 2 EStG greift.[1] Diese Ansicht ist m. E. nicht korrekt. Eine vGA erfordert nämlich im ersten Schritt eine Vermögensminderung (oder verhinderte Vermögensmehrung) und damit einen Aufwand in der steuerlichen GuV (R 36 Abs. 1 Satz 1 KStR). Schuldrechtliche Leistungsbeziehungen (hier: Arbeits- oder Dienstverträge) zwischen der Kapitalgesellschaft und dem Gesellschafter sind grundsätzlich steuerlich anzuerkennen; sie führen auf der Ebene der Kapitalgesellschaft zu Betriebsausgaben, die den Unterschiedsbetrag i. S. d. § 4 Abs. 1 Satz 1 EStG mindern.[2] Erst im zweiten Schritt kommt es, außerhalb der Bilanz, zu einer Gewinnerhöhung aufgrund der gesellschaftsrechtlichen Veranlassung.[3] Wäre dies anders, entstünde nie eine außerbilanzielle Hinzurechnung der vGA, da sie immer bereits im ersten Schritt innerhalb der GuV die Vermögensminderung bzw. verhinderte Vermögensmehrung verhindert hätte. Dies wäre schon bilanziell falsch, da dann das steuerbilanzielle EK zu hoch ausgewiesen würde. Daher ist eine Zuwendung zugunsten des Gesellschafters einer Kapitalgesellschaft, die sich als vGA entpuppt, kein Verstoß gegen die betriebliche Veranlassung und fällt somit nicht unter das Abzugsverbot des § 4c Abs. 2 EStG; erst im zweiten Schritt muss eine solche Zuwendung insoweit, wie sie vGA darstellt, dem steuerlichen Gewinn des Trägerunternehmens hinzugerechnet werden.[4]

63

Für Angehörige gilt das Verbot des § 4c Abs. 2 EStG nicht, soweit die Zuwendungen im Rahmen eines steuerlich anzuerkennenden Arbeitsverhältnisses gemacht werden.

64

(Einstweilen frei)

65–70

C. Verfahrensfragen

§ 4c EStG differenziert hinsichtlich der Pensionskassen-Verträge nicht danach, ob die Beiträge gem. § 40b EStG pauschal besteuert werden oder beim ArbN i. S. v. § 3 Nr. 63 EStG steuerfrei oder, bei Überschreiten der Höchstgrenzen oder im Falle der Eigenbeiträge gem. § 1 Abs. 2 Nr. 3 und § 1a Abs. 4 BetrAVG steuerpflichtig sind.

71

§ 4d Zuwendungen an Unterstützungskassen

(1) ¹Zuwendungen an eine Unterstützungskasse dürfen von dem Unternehmen, das die Zuwendungen leistet (Trägerunternehmen), als Betriebsausgaben abgezogen werden, soweit die Leistungen der Kasse, wenn sie vom Trägerunternehmen unmittelbar erbracht würden, bei diesem betrieblich veranlasst wären und sie die folgenden Beträge nicht übersteigen:

---

1 Vgl. R 4c Abs. 4 Satz 4 2. Halbsatz EStR; HHR/*Rätke*, § 4c EStG Rz. 72; *Höfer/Veit/Verhuven*, BetrAVG, Bd. II, Kap. 23, Rz. 89; *Frotscher/Geurts*, § 4c EStG Rz. 26, 27 und 27a.
2 Vgl. BMF v. 14. 10. 2002, BStBl 2002 I 972, Rz. 1.
3 R 38 Satz 5 KStR analog; BMF v. 28. 5. 2002, BStBl 2002 I 603, Rz. 2; BMF v. 14. 10. 2002, BStBl 2002 I 972, Rz. 2.
4 Vgl. auch BFH v. 22. 8. 2007 - I R 32/06, BStBl 2007 II 961, der unter II. 2 der Entscheidungsgründe feststellt, dass in Ermangelung einer außerbetrieblichen Sphäre der Kapitalgesellschaft zunächst ein BA-Abzug zu erfolgen habe.

1. bei Unterstützungskassen, die lebenslänglich laufende Leistungen gewähren:
   a) das Deckungskapital für die laufenden Leistungen nach der dem Gesetz als Anlage 1 beigefügten Tabelle. ²Leistungsempfänger ist jeder ehemalige Arbeitnehmer des Trägerunternehmens, der von der Unterstützungskasse Leistungen erhält; soweit die Kasse Hinterbliebenenversorgung gewährt, ist Leistungsempfänger der Hinterbliebene eines ehemaligen Arbeitnehmers des Trägerunternehmens, der von der Kasse Leistungen erhält. ³Dem ehemaligen Arbeitnehmer stehen andere Personen gleich, denen Leistungen der Alters-, Invaliditäts- oder Hinterbliebenenversorgung aus Anlass ihrer ehemaligen Tätigkeit für das Trägerunternehmen zugesagt worden sind;
   b) in jedem Wirtschaftsjahr für jeden Leistungsanwärter,
      aa) wenn die Kasse nur Invaliditätsversorgung oder nur Hinterbliebenenversorgung gewährt, jeweils 6 Prozent,
      bb) wenn die Kasse Altersversorgung mit oder ohne Einschluss von Invaliditätsversorgung oder Hinterbliebenenversorgung gewährt, 25 Prozent

      der jährlichen Versorgungsleistungen, die der Leistungsanwärter oder, wenn nur Hinterbliebenenversorgung gewährt wird, dessen Hinterbliebene nach den Verhältnissen am Schluss des Wirtschaftsjahres der Zuwendung im letzten Zeitpunkt der Anwartschaft, spätestens zum Zeitpunkt des Erreichens der Regelaltersgrenze der gesetzlichen Rentenversicherung erhalten können. ²Leistungsanwärter ist jeder Arbeitnehmer oder ehemalige Arbeitnehmer des Trägerunternehmens, der von der Unterstützungskasse schriftlich zugesagte Leistungen erhalten kann und am Schluss des Wirtschaftsjahres, in dem die Zuwendung erfolgt,

      aa) bei erstmals nach dem 31. Dezember 2017 zugesagten Leistungen das 23. Lebensjahr vollendet hat,
      bb) bei erstmals nach dem 31. Dezember 2008 und vor dem 1. Januar 2018 zugesagten Leistungen das 27. Lebensjahr vollendet hat oder
      cc) bei erstmals vor dem 1. Januar 2009 zugesagten Leistungen das 28. Lebensjahr vollendet hat;

      soweit die Kasse nur Hinterbliebenenversorgung gewährt, gilt als Leistungsanwärter jeder Arbeitnehmer oder ehemalige Arbeitnehmer des Trägerunternehmens, der am Schluss des Wirtschaftsjahres, in dem die Zuwendung erfolgt, das nach dem ersten Halbsatz maßgebende Lebensjahr vollendet hat und dessen Hinterbliebene die Hinterbliebenenversorgung erhalten können. ³Das Trägerunternehmen kann bei der Berechnung nach Satz 1 statt des dort maßgebenden Betrags den Durchschnittsbetrag der von der Kasse im Wirtschaftsjahr an Leistungsempfänger im Sinne des Buchstabens a Satz 2 gewährten Leistungen zugrunde legen. ⁴In diesem Fall sind Leistungsanwärter im Sinne des Satzes 2 nur die Arbeitnehmer oder ehemaligen Arbeitnehmer des Trägerunternehmens, die am Schluss des Wirtschaftsjahres, in dem die Zuwendung erfolgt, das 50.. Lebensjahr vollendet haben. ⁵Dem Arbeitnehmer oder ehemaligen Arbeitnehmer als Leistungsanwärter stehen andere Personen gleich, denen schriftlich Leistungen der Alters-, Invaliditäts- oder Hinterbliebenenversorgung aus Anlass ihrer Tätigkeit für das Trägerunternehmen zugesagt worden sind;

c) den Betrag des Beitrages, den die Kasse an einen Versicherer zahlt, soweit sie sich die Mittel für ihre Versorgungsleistungen, die der Leistungsanwärter oder Leistungsempfänger nach den Verhältnissen am Schluss des Wirtschaftsjahres der Zuwendung erhalten kann, durch Abschluss einer Versicherung verschafft. ²Bei Versicherungen für einen Leistungsanwärter ist der Abzug des Beitrages nur zulässig, wenn der Leistungsanwärter die in Buchstabe b Satz 2 und 5 genannten Voraussetzungen erfüllt, die Versicherung für die Dauer bis zu dem Zeitpunkt abgeschlossen ist, für den erstmals Leistungen der Altersversorgung vorgesehen sind, mindestens jedoch bis zu dem Zeitpunkt, an dem der Leistungsanwärter das 55. Lebensjahr vollendet hat, und während dieser Zeit jährlich Beiträge gezahlt werden, die der Höhe nach gleich bleiben oder steigen. ³Das Gleiche gilt für Leistungsanwärter, die das nach Buchstabe b Satz 2 jeweils maßgebende Lebensjahr noch nicht vollendet haben, für Leistungen der Invaliditäts- oder Hinterbliebenenversorgung, für Leistungen der Altersversorgung unter der Voraussetzung, dass die Leistungsanwartschaft bereits unverfallbar ist. ⁴Ein Abzug ist ausgeschlossen, wenn die Ansprüche aus der Versicherung der Sicherung eines Darlehens dienen. ⁵Liegen die Voraussetzungen der Sätze 1 bis 4 vor, sind die Zuwendungen nach den Buchstaben a und b in dem Verhältnis zu vermindern, in dem die Leistungen der Kasse durch die Versicherung gedeckt sind;

d) den Betrag, den die Kasse einem Leistungsanwärter im Sinne des Buchstabens b Satz 2 und 5 vor Eintritt des Versorgungsfalls als Abfindung für künftige Versorgungsleistungen gewährt, den Übertragungswert nach § 4 Absatz 5 des Betriebsrentengesetzes oder den Betrag, den sie an einen anderen Versorgungsträger zahlt, der eine ihr obliegende Versorgungsverpflichtung übernommen hat.

²Zuwendungen dürfen nicht als Betriebsausgaben abgezogen werden, wenn das Vermögen der Kasse ohne Berücksichtigung künftiger Versorgungsleistungen am Schluss des Wirtschaftsjahres das zulässige Kassenvermögen übersteigt. ³Bei der Ermittlung des Vermögens der Kasse ist am Schluss des Wirtschaftsjahres vorhandener Grundbesitz mit 200 Prozent der Einheitswerte anzusetzen, die zu dem Feststellungszeitpunkt maßgebend sind, der dem Schluss des Wirtschaftsjahres folgt; Ansprüche aus einer Versicherung sind mit dem Wert des geschäftsplanmäßigen Deckungskapitals zuzüglich der Guthaben aus Beitragsrückerstattung am Schluss des Wirtschaftsjahres anzusetzen, und das übrige Vermögen ist mit dem gemeinen Wert am Schluss des Wirtschaftsjahres zu bewerten. ⁴Zulässiges Kassenvermögen ist die Summe aus dem Deckungskapital für alle am Schluss des Wirtschaftsjahres laufenden Leistungen nach der dem Gesetz als Anlage 1 beigefügten Tabelle für Leistungsempfänger im Sinne des Satzes 1 Buchstabe a und dem Achtfachen der nach Satz 1 Buchstabe b abzugsfähigen Zuwendungen. ⁵Soweit sich die Kasse die Mittel für ihre Leistungen durch Abschluss einer Versicherung verschafft, ist, wenn die Voraussetzungen für den Abzug des Beitrages nach Satz 1 Buchstabe c erfüllt sind, zulässiges Kassenvermögen der Wert des geschäftsplanmäßigen Deckungskapitals aus der Versicherung am Schluss des Wirtschaftsjahres; in diesem Fall ist das zulässige Kassenvermögen nach Satz 4 in dem Verhältnis zu vermindern, in dem die Leistungen der Kasse durch die Versicherung gedeckt sind. ⁶Soweit die Berechnung des Deckungskapitals nicht zum Geschäftsplan gehört, tritt an die Stelle des geschäftsplanmäßigen Deckungskapitals der nach § 169 Absatz 3 und 4 des Versicherungsvertragsgesetzes berechnete Wert, beim zulässigen Kassenvermögen ohne Berücksichtigung des

Guthabens aus Beitragsrückerstattung. ⁷Gewährt eine Unterstützungskasse anstelle von lebenslänglich laufenden Leistungen eine einmalige Kapitalleistung, so gelten 10 Prozent der Kapitalleistung als Jahresbetrag einer lebenslänglich laufenden Leistung;

2. bei Kassen, die keine lebenslänglich laufenden Leistungen gewähren, für jedes Wirtschaftsjahr 0,2 Prozent der Lohn- und Gehaltssumme des Trägerunternehmens, mindestens jedoch den Betrag der von der Kasse in einem Wirtschaftsjahr erbrachten Leistungen, soweit dieser Betrag höher ist als die in den vorangegangenen fünf Wirtschaftsjahren vorgenommenen Zuwendungen abzüglich der in dem gleichen Zeitraum erbrachten Leistungen. ²Diese Zuwendungen dürfen nicht als Betriebsausgaben abgezogen werden, wenn das Vermögen der Kasse am Schluss des Wirtschaftsjahres das zulässige Kassenvermögen übersteigt. ³Als zulässiges Kassenvermögen kann 1 Prozent der durchschnittlichen Lohn- und Gehaltssumme der letzten drei Jahre angesetzt werden. ⁴Hat die Kasse bereits 10 Wirtschaftsjahre bestanden, darf das zulässige Kassenvermögen zusätzlich die Summe der in den letzten zehn Wirtschaftsjahren gewährten Leistungen nicht übersteigen. ⁵Für die Bewertung des Vermögens der Kasse gilt Nummer 1 Satz 3 entsprechend. ⁶Bei der Berechnung der Lohn- und Gehaltssumme des Trägerunternehmens sind Löhne und Gehälter von Personen, die von der Kasse keine nicht lebenslänglich laufenden Leistungen erhalten können, auszuscheiden.

²Gewährt eine Kasse lebenslänglich laufende und nicht lebenslänglich laufende Leistungen, so gilt Satz 1 Nummer 1 und 2 nebeneinander. ³Leistet ein Trägerunternehmen Zuwendungen an mehrere Unterstützungskassen, so sind diese Kassen bei der Anwendung der Nummern 1 und 2 als Einheit zu behandeln.

(2) ¹Zuwendungen im Sinne des Absatzes 1 sind von dem Trägerunternehmen in dem Wirtschaftsjahr als Betriebsausgaben abzuziehen, in dem sie geleistet werden. ²Zuwendungen, die bis zum Ablauf eines Monats nach Aufstellung oder Feststellung der Bilanz des Trägerunternehmens für den Schluss eines Wirtschaftsjahres geleistet werden, können von dem Trägerunternehmen noch für das abgelaufene Wirtschaftsjahr durch eine Rückstellung gewinnmindernd berücksichtigt werden. ³Übersteigen die in einem Wirtschaftsjahr geleisteten Zuwendungen die nach Absatz 1 abzugsfähigen Beträge, so können die übersteigenden Beträge im Wege der Rechnungsabgrenzung auf die folgenden drei Wirtschaftsjahre vorgetragen und im Rahmen der für diese Wirtschaftsjahre abzugsfähigen Beträge als Betriebsausgaben behandelt werden. ⁴§ 5 Absatz 1 Satz 2 ist nicht anzuwenden.

(3) ¹Abweichend von Absatz 1 Satz 1 Nummer 1 Satz 1 Buchstabe d und Absatz 2 können auf Antrag die insgesamt erforderlichen Zuwendungen an die Unterstützungskasse für den Betrag, den die Kasse an einen Pensionsfonds zahlt, der eine ihr obliegende Versorgungsverpflichtung ganz oder teilweise übernommen hat, nicht im Wirtschaftsjahr der Zuwendung, sondern erst in dem Wirtschaftsjahr der Zuwendung folgenden zehn Wirtschaftsjahren gleichmäßig verteilt als Betriebsausgaben abgezogen werden. ²Der Antrag ist unwiderruflich; der jeweilige Rechtsnachfolger ist an den Antrag gebunden.

Anlage 1 (zu § 4d Absatz 1)

Tabelle für die Errechnung des Deckungskapitals für lebenslänglich laufende Leistungen von Unterstützungskassen

Erreichtes Alter des Leistungsempfängers (Jahre)				Die Jahresbeiträge der laufenden Leistungen sind zu vervielfachen bei Leistungen	
				an männliche Leistungsempfänger mit	an weibliche Leistungsempfänger mit
1				2	3
		bis	26	11	17
27		bis	29	12	17
30				13	17
31		bis	35	13	16
36		bis	39	14	16
40		bis	46	14	15
47		und	48	14	14
49		bis	52	13	14
53		bis	56	13	13
57		und	58	13	12
59		und	60	12	12
61		bis	63	12	11
64				11	11
65		bis	67	11	10
68		bis	71	10	9
72		bis	74	9	8
75		bis	77	8	7
78				8	6
79		bis	81	7	6
82		bis	84	6	5
85		bis	87	5	4
88				4	4
89		und	90	4	3
91		bis	93	3	3
94				3	2
95		und	älter	2	2

EStG § 4d

Inhaltsübersicht

	Rz.
A. Allgemeine Erläuterungen	1 - 5
B. Systematische Kommentierung	6 - 238
I. Begriff der Unterstützungskasse	11 - 15
II. Abzugsfähigkeit von Zuwendungen beim Trägerunternehmen	16 - 145
1. Definition und betriebliche Veranlassung	26 - 35
2. Unterstützungskassen, die lebenslänglich laufende Leistungen gewähren	36 - 45
3. Zuwendungen zum Deckungskapital für Leistungsempfänger	46 - 75
a) Ermittlung des Deckungskapitals	47 - 55
b) Feststellung des Vervielfältiger	56 - 65
c) Jahresbeiträge der Leistung	66 - 75
4. Zuwendungen zum Reservepolster für Leistungsanwärter	76 - 110
a) Ermittlung der Zuwendungen	86 - 90
b) Ermittlung der jährlichen Anwartschaften	91 - 100
c) Leistungsartfaktor	101 - 110
5. Zuwendungen zu Rückdeckungsversicherungen	111 - 135
a) Anforderung an die Rückdeckungsversicherung	116 - 120
b) Gleichbleibende oder steigende Prämien	121 - 130
c) Partielle Rückdeckung	131 - 135
6. Unterstützungskassen, die keine lebenslänglich laufenden Leistungen gewähren	136 - 145
III. Dotierungsgrenzen	146 - 190
1. Tatsächliches Kassenvermögen	151 - 160
2. Zulässiges Kassenvermögen	161 - 165
3. Kassen, die lebenslänglich laufende Leistungen gewähren	166 - 175
4. Kassen, die keine lebenslänglich laufende Leistungen gewähren	176 - 180
5. Mehrere Kassen eines Trägerunternehmens	181 - 185
6. Gruppenunterstützungskassen	186 - 190
IV. Zeitliche Wirksamkeit von Zuwendungen	191 - 200
V. Abfindung unverfallbarer Anwartschaften	201 - 210
VI. Portabilität und Wechsel des Durchführungswegs	211 - 238
1. Beim Arbeitgeberwechsel	212 - 225
2. Bei Liquidation des Trägerunternehmens	226 - 234
3. Insolvenzen des Trägerunternehmens	235
4. Wechsel des Durchführungswegs	236 - 238

HINWEIS:

R 4d EStR.

LITERATUR:

Selig-Kraft, Auslagerung von Gesellschafter-Geschäftsführer-Pensionszusagen auf Unterstützungskassen erschwert, StuB 2017, 63.

ARBEITSHILFEN UND GRUNDLAGEN ONLINE:

Doetsch, Betriebliche Altersversorgung, Praxisfragen, NWB DokID: QAAAE-52794.

A. Allgemeine Erläuterungen

1 § 4d EStG wurde geschaffen, um die steuerlich anerkannten Zuwendungsmöglichkeiten an Unterstützungskassen sowohl dem Grunde, als auch der Höhe nach zu begrenzen. Die Vorschrift ist, wie die Regelungen der §§ 4b, 4c und 4e EStG *lex specialis* zum generell unbegrenzten Betriebsausgabenabzug nach § 4 Abs. 4 EStG.

Da sich Unterstützungskassen entweder im Kapitaldeckungsverfahren durch Zuwendungen ab Rentenbeginn oder im Anwartschaftsdeckungsverfahren über die laufende Besparung einer Rückdeckungsversicherung finanzieren können, hat der Gesetzgeber hierfür unterschiedliche steuerliche Regelungen vorgesehen.[1] Während die Unterstützungskasse vorwiegend ein Durchführungsweg für Leistungen der betrieblichen Altersversorgung i. S. d. § 1 Abs. 1 Satz 1 BetrAVG ist, kann sie aber auch andere Leistungen (z. B. Notfallleistungen bei Krankheit oder Arbeitslosigkeit) erbringen.

(Einstweilen frei) 2–5

B. Systematische Kommentierung

§ 4d EStG wurde im Rahmen der Novellierung des BetrAVG[2] am 19.12.1974 in das EStG eingeführt und galt erstmals für Wirtschaftsjahre, die nach dem 31.12.1974 endeten (§ 52 Abs. 5a Satz 2 EStG 1974). Er löste damit die freizügigeren Regelungen das ZuwG[3] aus dem Jahr 1952 ab. Durch weitere Änderungen in den 1990er Jahren[4] wurden die steuerlichen Zuwendungsmöglichkeiten weiter eingeschränkt. Durch die umfangreichen Reformen der betrieblichen Altersversorgung in den 2000er Jahren mit dem AVmG[5] und dem AltEinkG[6] wurden die Regelungen nur noch im Detail, wie bei der Reduzierung des Mindestalters oder der Flankierung zur Portabilität bei Arbeitgeberwechsel, verändert.

Durch das Gesetz zur Umsetzung der EU-Mobilitätsrichtlinie vom 21.12.2015 wurde mit Wirkung zum 1.1.2018 das Mindestalter für Zusagen, die erstmals nach dem 31.12.2017 erteilt wurden, auf 23 Jahre gesenkt.[7] Die bisher letzte Änderung wurde durch das Gesetz zur Stärkung der betrieblichen Altersversorgung und zur Änderung anderer Gesetze (BRSG) vom 17.8.2017 durchgeführt. Dabei wurde eine steuerliche Flankierung zur Übertragung und Fortführung von Rückdeckungsversicherungen einer Unterstützungskassen infolge einer Insolvenz des Arbeitgebers eingeführt.[8]

6

(Einstweilen frei) 7–10

I. Begriff der Unterstützungskasse

Die Unterstützungskasse ist in § 1b Abs. 4 BetrAVG legal definiert. Sie ist demnach eine rechtsfähige Versorgungseinrichtung, die auf ihre Leistungen keinen Rechtsanspruch gewährt. Diese arbeitsrechtliche Definition ist auch für das Steuerrecht bindend.[9] Die rechtliche Ausgestaltung der Unterstützungskasse heutiger Form war erstmals im Körperschaftsteuergesetz 1934 enthalten.[10] Seither ist die steuerliche Förderung daran gebunden, dass die Kasse rechtsfähig ist und ein Sondervermögen – getrennt vom Vermögen des Arbeitgebers – bildet. Der fehlende

11

---

1 BT-Drucks. 7/1281, 35.
2 BGBl 1974 I 3610.
3 BGBl 1952 I 206.
4 StÄndG 1992, BGBl 1992 I 297; JStG 1996, BGBl 1995 I 1250; JStErgG 1996, BGBl 1995 I 1959; JStG 1997, BGBl 1997 I 2049.
5 BGBl 2001 I 1310.
6 BGBl 2004 I 1427.
7 BGBl 2015 I 2553.
8 BGBl 2017 I 3214.
9 BFH v. 5.11.1992 - I R 61/89, BStBl 1993 II 185.
10 RGBl 1934 I 1031.

Rechtsanspruch ist dabei wesenseigen und grenzt die Unterstützungskasse von den Pensionskassen ab.[1] Aus diesem Grund unterliegt die Kasse selbst auch nicht der Versicherungsaufsicht.[2] Sie kann die Anlage ihres Kassenvermögens demnach frei gestalten. Dies beinhaltet auch die Möglichkeit ihr Vermögen an ein Trägerunternehmen auszuleihen.[3]

12–15 *(Einstweilen frei)*

II. Abzugsfähigkeit von Zuwendungen beim Trägerunternehmen

16 Die steuerliche Abzugsfähigkeit von Zuwendungen des Trägerunternehmens an die Kasse ist doppelt durch

▶ anlassbezogene Höchstgrenzen (→ Rz. 16 ff.) und

▶ durch die Prüfung von Dotierungsgrenzen (→ Rz. 146 ff.)

begrenzt.

17 Dabei gilt generell der Grundgedanke, dass *„die Höhe der Zuwendung in großem Umfange davon abhängig ist, ob die Kasse bereits soziale Leistungen erbringt. Je höher die bereits gewährten Leistungen sind, desto höher sind die zulässigen Zuwendungen."*[4]

18 Hintergrund dieser Regelung waren die Erfahrungen des Gesetzgebers, dass die Kassen ihr Vermögen den Trägerunternehmen wieder als Darlehen zur Verfügung stellten.[5] Um diese Möglichkeiten einzugrenzen, dürfen Trägerunternehmen der Kasse grundsätzlich erst bei Leistungsbeginn die Finanzierungsmittel zur Kapitaldeckung gewähren (§ 4d Abs. 1 Nr. 1 Buchst. a EStG). Während der Anwartschaft ist dagegen nur der Aufbau eines Finanzierungspuffers vorgesehen (§ 4d Abs. 1 Nr. 1 Buchst. b EStG).

19 Eine Ausnahme davon bildet die Möglichkeit, dass die Kasse die erhaltenen Zuwendungen in Rückdeckungsversicherungen investiert. In diesem Fall ist das Kassenvermögen vor dem Zugriff des Trägerunternehmens geschützt.[6] Der Gesetzgeber hat deshalb für diesen Fall auch den Betriebsausgabenabzug im Wege des Anwartschaftsdeckungsverfahrens zugelassen (§ 4d Abs. 1 Nr. 1 Buchst. c EStG).

20 Überschreitet dabei allerdings das tatsächliche Vermögen der Kasse das zulässige Kassenvermögen, so können keine weiteren Zuwendungen steuerlich als Betriebsausgabe abgezogen werden (§ 4d Abs. 1 Satz 2 EStG).

21–25 *(Einstweilen frei)*

1. Definition und betriebliche Veranlassung

26 Unterstützungskassen finanzieren sich überwiegend durch einmalige oder laufende Zuwendungen ihrer Trägerunternehmen (Arbeitgeber)[7] und den daraus erwirtschafteten Erträgen. Als Zuwendungen gelten dabei nur jene Leistungen, die nicht im Rahmen eines Leistungsaus-

---

1 Zur Abgrenzung s. BFH v. 5.11.1992 - I R 61/89, BStBl 1993 II 185.
2 § 1 Abs. 3 Nr. 1 VAG.
3 Vgl. *Weber-Grellet* in Schmidt, § 4d EStG Rz. 4.
4 Vgl. BT-Plenarprotokoll 01/189, 8067 A.
5 Ebenda.
6 Die Abtretung oder Beleihung der Rückdeckungsversicherung durch das Trägerunternehmen ist in diesem Fall nicht zulässig, BFH v. 28.2.2002 - IV R 26/00, BStBl 2002 II 358.
7 Vgl. *Blomeyer/Rolfs/Otto/Rolfs*, BetrAVG, § 1 Rz. 259.

tauschs zwischen der Kasse und dem Trägerunternehmen geleistet werden. Es sind somit Zahlungen, die die Kasse einseitig bereichern.[1]

Zuwendungen sind aber nur dann als Betriebsausgaben abzugsfähig, soweit diese auch betrieblich veranlasst sind. Für die Prüfung der betrieblichen Zulässigkeit wird auf eine fiktive Direktzusage des Arbeitgebers abgestellt. Dies ist insbesondere bei der Zusage an beherrschende Gesellschafter-Geschäftsführer von Bedeutung. Es gelten die unter § 6a EStG entwickelten Prüfungsschemata für die Unterstützungskasse entsprechend. Bei Zusagen, die durch eine Umwandlung von Gehaltsansprüchen des Gesellschafter-Geschäftsführers finanziert werden, ist dabei allerdings die Erdienbarkeitsfrist regelmäßig nicht zu prüfen.[2] 27

Für den Betriebsausgabenabzug unerheblich ist dagegen, ob die Kasse von der Körperschaftsteuer befreit ist oder nicht.[3] 28

Hat die Kasse ihr Vermögen an das Trägerunternehmen ausgeliehen und leistet das Trägerunternehmen hierfür Zinszahlungen, so handelt es sich hierbei nicht um Zuwendungen i. S. d. § 4d EStG. Vielmehr liegen sonstige Betriebsausgaben i. S. d. § 4 Abs. 4 EStG vor. 29

(Einstweilen frei) 30–35

2. Unterstützungskassen, die lebenslänglich laufende Leistungen gewähren

Unter den lebenslänglich laufenden Leistungen sind alle Leistungen subsumiert, die regelmäßig wiederkehren und nicht von vornherein auf einen bestimmten Zeitraum (hinsichtlich einer bestimmten Anzahl von Jahren oder einem bestimmten Lebensalter des Leistungsberechtigten) begrenzt sind. 36

Unschädlich sind nach Ansicht der Finanzverwaltung dabei Vorbehalte die aufgrund einer Wiederverheiratung bei einer Hinterbliebenenversorgung oder aufgrund des Wegfalls einer Invalidität zu einer Beendigung einer Berufsunfähigkeitsversorgung führen können.[4] Eine Berufsunfähigkeitsversorgung wird aber grundsätzlich nur dann als lebenslängliche Rente angesehen, wenn diese bei Erreichen einer bestimmten Altersgrenze von einer Altersleistung der Unterstützungskasse abgelöst wird.[5] 37

Auch als lebenslängliche laufende Leistung gelten Kapitalzahlungen (§ 4d Abs. 1 Nr. 1 Satz 7 EStG), die einmalig oder in Form von Ratenzahlungen erbracht werden. Dabei ist es unerheblich, ob die Zahlung auf einem Kapitalwahlrecht beruht oder von vornherein vereinbart wurde.[6] 38

(Einstweilen frei) 39–45

3. Zuwendungen zum Deckungskapital für Leistungsempfänger

Nach § 4d Abs. 1 Nr. 1 Buchst. a EStG dürfen Trägerunternehmen beim Leistungsempfänger mit steuerlicher Wirkung das vollständige Deckungskapital zuwenden. Nutzt der Arbeitgeber 46

---

1 BFH v. 25.10.1972 - GrS 6/71, BStBl 1973 II 73; BFH v. 5.11.1992 - I R 61/89, BStBl 1993 II 185; H 4d Abs. 1 EStH.
2 BFH v. 7.3.2018 - I R 89/15, BFHE 261, 110.
3 Unterscheidung wurde bei Verabschiedung des § 4d EStG aufgegeben, vgl. BT-Drucks. 7/1281, 35.
4 R 4d Abs. 2 Satz 8 EStR.
5 R 4d Abs. 2 Satz 9 EStR, für rückgedeckte Unterstützungskassen vgl. Billigkeitsregelung des BMF v. 21.4.1998, DStR 1998, 1678 = NWB DokID: MAAAA-22704.
6 BFH v. 15.6.1994 - II R 77/91, BStBl 1995 II 21.

diese Möglichkeit, spricht man auch von der pauschaldotierten oder reservepolsterfinanzierten Unterstützungskasse. Als Leistungsempfänger[1] gilt dabei jeder ehemalige Arbeitnehmer[2] des jeweiligen Trägerunternehmens, der von der Kasse Leistungen erhält bzw. soweit Hinterbliebenenleistungen gezahlt werden, der Hinterbliebene des ehemaligen Arbeitnehmers. Der Bezug auf die ehemaligen Arbeitnehmer **des Trägerunternehmens** soll sicherstellen, dass nur für jene Arbeitnehmer Zuwendungen geleistet werden können, zu denen das Trägerunternehmen ein eigenes Dienstverhältnis hatte.[3]

a) Ermittlung des Deckungskapitals

47 Das dotierungsfähige Deckungskapital ermittelt sich pauschal als Produkt der Jahresbeiträge der laufenden Leistung mit einem altersabhängigen Vervielfältiger aus der Tabelle in Anlage 1 zum EStG. Es kann jederzeit an die Kasse geleistet werden, soweit die Dotierungsgrenzen dies zulassen (vgl. → Rz. 146 ff.). Ein Nachholungsverbot gibt es nicht.[4] Es steht dem Trägerunternehmen somit frei, ob das Deckungskapital sofort bei Leistungsbeginn oder über einen längeren Zeitraum verteilt geltend gemacht wird. Da die Zuwendungsmöglichkeiten für jeden Leistungsempfänger unterschiedlich genutzt werden können, müssen die Zuwendungen durchgängig durch das Trägerunternehmen dokumentiert werden. Bei Tod des Leistungsempfängers nicht zugewendete Deckungskapitale dürfen der Kasse nicht mehr zugewendet werden.

48 Enthält die Versorgungszusage neben einer Altersversorgung auch eine Hinterbliebenenversorgung, so kann nach dem Tod des Altersrentners nochmals das vollständige Deckungskapital für die Hinterbliebenenversorgung zugewendet werden. Eine Anrechnung des im Vervielfältiger der ursprünglichen Altersrente enthaltenen Anteils für die Anwartschaft auf Witwenrente entfällt aus Gründen der Vereinfachung.[5]

49–55 *(Einstweilen frei)*

b) Feststellung des Vervielfältiger

56 Die Vervielfältiger wurden aus den versicherungsmathematischen Altersrentenbarwerten ermittelt und in das EStG als Anlage 1 beigefügt. Sie sind nach dem Geschlecht und dem Alter der Leistungsempfänger abgestuft und unterschiedlich hoch.

Für die Ermittlung des anzuwendenden Vervielfältigers wird auf das Alter des Leistungsempfängers bei Leistungsbeginn abgestellt (R 4d Abs. 3 Satz 5 EStR). Für die Bestimmung des Alters sind die Vorschriften des BGB anzuwenden.[6]

57 Die Methodik des Vervielfältigers wurde bereits im ZuwG eingeführt und bei der Novellierung des § 4d EStG beibehalten. Dabei wurde allerdings die ursprüngliche Vervielfältigertabelle auf einen Zinssatz von 5,5 % umgerechnet.[7] Der Vervielfältiger spiegelt den Barwert der Versor-

---

[1] Das BMF erfasst für die körpersteuerliche Beurteilung der KStDV unter Leistungsempfängern auch die Leistungsanwärter, v. 5. 4. 1984, BStBl 1984 I 264.
[2] Dem Arbeitnehmer stehen dabei die arbeitnehmerähnlichen Personen des § 17 Abs. 1 Satz 2 BetrAVG gleich.
[3] Vgl. BT-Drucks. 12/1108, 52.
[4] Vgl. *Höfer/Höfer*, Bd. II, Kap. 9, Rz. 129; auch R 4d Abs. 3 Satz 1 EStR.
[5] R 4d Abs. 2 Satz 4 EStR. In Frage käme sowieso nur eine Anrechnung der Witwenrente bei einem männlichen Leistungsempfänger, da nur dort im Vervielfältiger eine Hinterbliebenenrente einkalkuliert wurde, vgl. *Höfer/Höfer*, Bd. II, Kap. 9, Rz. 90.
[6] § 187 Abs. 2 Satz 2, § 188 Abs. 2 BGB; vgl. R 4d Abs. 3 EStR.
[7] BT-Drucks. 7/1281, 35.

gung aber nur sehr grob wider.[1] Außerdem ist die zugrundeliegende mittlere Lebenserwartung nach der Allgemeinen Deutschen Sterbetafel von 1949/51 zwischenzeitlich komplett überholt. Während der Gesetzgeber 1981 für die Bewertung von Direktzusagen eine Anhebung des Kalkulationszinses auf 6 %, und auch eine Aktualisierung der Sterbetafeln für nötig erachtete,[2] wurde der Vervielfältiger nicht angepasst. Vergleicht man bspw. die Altersrentenbarwerte einer Direktzusage mit dem zuwendungsfähigen Deckungskapital, so ergeben sich um ca. 5 % bis 15 % niedrigere Werte.[3]

Verfassungsrechtlich bedenklich stimmt hierbei auch die Tatsache, dass für die Ermittlung des Vervielfältigers männlicher Leistungsempfänger eine kollektive Hinterbliebenenversorgung i. H. v. 60 % einkalkuliert wurde. Bei weiblichen Leistungsempfängern wurde dagegen nur die Altersleistung bewertet. Dies dürfte u. E. kaum mit dem Gleichberechtigungsgrundsatz des § 3 Abs. 2 GG vereinbar sein.[4] 58

(Einstweilen frei) 59–65

c) Jahresbeiträge der Leistung

Die Jahresbeiträge der Leistung bemessen sich nach den in der Versorgungszusage bestimmten auszuzahlenden Leistungen multipliziert mit dem vereinbarten Auszahlungsmodus. Wird die Zusage angepasst (bspw. im Rahmen der turnusmäßigen Anpassung nach § 16 BetrAVG), so erhöht sich das Deckungskapital in späteren Jahren entsprechend. 66

Ist in der Zusage eine Kapitalzusage vereinbart, so ist diese i. H. v. 10 % als Jahresleistung zu berücksichtigen (§ 4d Abs. 1 Nr. 1 Satz 7 EStG). Bei Ratenzahlungen ist u. E. analog zur Behandlung in der GKV auf den Gesamtbetrag der Summe der Raten abzustellen.[5] 67

(Einstweilen frei) 68–75

4. Zuwendungen zum Reservepolster für Leistungsanwärter

Nach der Vorstellung des Gesetzgebers sollen lebenslängliche Versorgungsleistungen ausschließlich über Zuwendungen ab Leistungsbeginn finanziert werden. Da der Leistungsbeginn vom Eintreffen eines biometrischen Risikos abhängig ist, kann der genaue Zeitpunkt in der Regel nicht mit absoluter Sicherheit bestimmt werden. Damit die Unterstützungskasse beim Entstehen des Leistungsanspruchs handlungsfähig ist, wurde der Aufbau eines Reservepolsters in § 4d Abs. 1 Nr. 1 Buchst. b EStG vorgesehen.[6] Dieses soll aber nicht der Anwartschaftsfinanzierung dienen, sondern hat lediglich eine Überbrückungsfunktion.[7] 76

Als Leistungsanwärter gelten dabei sowohl aktive als auch ehemalige Arbeitnehmer des Trägerunternehmens, die eine schriftlich Versorgungszusage erhalten haben und zum Schluss des Wirtschaftsjahres, in dem die Zuwendung erfolgt, regelmäßig das 27. Lebensjahr vollendet haben. Bei Zusagen, die erstmals nach dem 31. 12. 2017 erteilt werden, wird die Altersgrenze auf 77

---

1 Vgl. *Höfer/Höfer*, Bd. II, Kap. 9, Rz. 89.
2 BT-Drucks. 9/842, 67.
3 Vgl. *Kolvenbach/Sartoris* (Hrsg.), Bilanzielle Auslagerung von Pensionsverpflichtungen, 300.
4 Zustimmend *Höfer/Höfer*, Bd. II, Kap. 9, Rz. 90.
5 Vgl. Rundschreiben der Spitzenverbände der Krankenkassen, Durchführung des GKV-Modernisierungsgesetzes v. 12. 2. 2004, 12; zustimmend *Heger* in Blümich, § 4d EStG Rz. 57.
6 BT-Drucks. 7/1281, 36.
7 Vgl. *Heger* in Blümich, § 4d EStG Rz. 80.

das 23. Lebensjahr abgesenkt. Bei Zusagen, die vor dem 1.1.2009 erteilt wurden, lag die Altersgrenze dagegen noch bei der Vollendung des 28. Lebensjahres. Die Begrenzung des Betriebsausgabenabzugs auf Arbeitnehmer, die das 27./28. bzw. zukünftig das 23. Lebensjahr vollendet haben, dient als pauschale Berücksichtigung der Fluktuation. Der Gesetzgeber ging dabei davon aus, dass junge Arbeitnehmer tendenziell häufiger den Betrieb wechseln.[1]

78 Für die Einhaltung des Schriftformerfordernisses ist es unerheblich, ob das Trägerunternehmen selbst die schriftliche Versorgungszusage abgegeben hat oder ob der Arbeitgeber die von der Unterstützungskasse erstellten Anwartschaftsbestätigungen dem Arbeitnehmer aushändigt.[2]

79–85 *(Einstweilen frei)*

a) Ermittlung der Zuwendungen

86 Die dotierungsfähige Zuwendung zum Reservepolster ergibt sich pauschal als Produkt der Jahresbeiträge der Anwartschaft mit dem Leistungsartfaktor. Die Zuwendung kann nur im jeweiligen Jahr zugewendet werden, soweit die Dotierungsgrenzen dies zulassen (vgl. → Rz. 146 ff.). Eine nachträgliche Zuwendung unterbliebener Zahlungen ist nicht zulässig.

87–90 *(Einstweilen frei)*

b) Ermittlung der jährlichen Anwartschaften

91 Für die Ermittlung der jährlichen Anwartschaft sieht das Gesetz zwei unterschiedliche Ermittlungsverfahren vor. Nach Wahl des Trägerunternehmens kann der Jahresbetrag anhand der erreichbaren Anwartschaften der Versorgungszusage festgesetzt werden (§ 4d Abs. 1 Nr. 1 Buchst. b Satz 1 EStG). Die erreichbare Anwartschaft bezieht sich dabei auf den Wert, der sich anhand der Verhältnisse am Ende des Wirtschaftsjahres (Stichtagsprinzip) bis zum vorgesehenen Leistungsbeginn ergibt. Es gelten die gleichen Grundsätze wie bei der Bewertung von Direktzusagen.

92 Alternativ können die Zuwendungen für Anwärter auch nach dem Durchschnittsbetrag der laufenden Leistungen der Kasse ermittelt werden (§ 4d Abs. 1 Nr. 1 Buchst. b Satz 3 EStG). Zu diesem Zweck werden die insgesamt gezahlten Leistungen der Kasse im Wirtschaftsjahr durch die am Ende des Wirtschaftsjahres[3] vorhandenen Leistungsempfänger geteilt.[4] Die Durchschnittsbildung kann starken Schwankungen unterliegen, da nur die tatsächlich ausgezahlten Leistungen in die Berechnung eingehen, unabhängig von ihrer Leistungsart und der Anzahl der Leistungsempfänger.

93 Nach Ansicht der Finanzverwaltung ist das Trägerunternehmen für fünf Jahre an ein einmal gewähltes Ermittlungsverfahren gebunden.[5] Diese Vorgabe erscheint willkürlich und findet im Gesetz keine Grundlage.

94–100 *(Einstweilen frei)*

---

1 Vgl. BT-Drucks. 7/1281, 39.
2 BFH v. 14.5.2013 - I R 6/12, BFH/NV 2013, 1817 = NWB DokID: YAAAE-44191.
3 U. E. ist hier auf das Wirtschaftsjahr des Trägerunternehmens abzustellen; vgl. *Heger* in Blümich, § 4d EStG Rz. 105.
4 R 4d Abs. 4 Satz 11 EStR.
5 R 4d Abs. 4 Satz 5 EStR.

c) Leistungsartfaktor

Bei der Bestimmung des Leistungsartfaktors ist es entscheidend, welche Leistungsarten die Kasse im Rahmen ihres Leistungsplans gewährt. 101

▶ Für Kassen, die Altersversorgungen gewähren, beträgt der Faktor 0,25. Dabei bleibt eine eventuell auch zugesagte Invaliden- und/oder Hinterbliebenenversorgung außer Ansatz.

▶ Für Kassen, die nur eine Invaliden- oder nur eine Hinterbliebenenversorgung gewähren, beträgt der Faktor jeweils 0,06.[1]

(Einstweilen frei) 102–110

5. Zuwendungen zu Rückdeckungsversicherungen

Finanziert sich eine Unterstützungskasse durch den Abschluss einer Rückdeckungsversicherung, so kann der Kasse grundsätzlich die jeweilige Versicherungsprämie zugewendet werden (§ 4d Abs. 1 Nr. 1 Buchst. c EStG). Man spricht in diesem Zusammenhang auch von der rückgedeckten Unterstützungskasse. 111

Die Zuwendungsmöglichkeiten sind in diesem Fall der Höhe nach nicht begrenzt,[2] wobei für die Rückdeckungsversicherung besondere Voraussetzungen erfüllt werden müssen. 112

(Einstweilen frei) 113–115

a) Anforderung an die Rückdeckungsversicherung

Im Gegensatz zur pauschaldotierten Unterstützungskasse finanziert sich die rückgedeckte Unterstützungskasse im Anwartschaftsdeckungsverfahren. Dazu muss die zugesagte Leistung kongruent durch die Rückdeckungsversicherung abgebildet werden. Um die Zusage darstellen zu können, muss die Rückdeckungsversicherung eine garantierte Versicherungsleistung für den Erlebensfall bieten.[3] Dies lässt sich aus dem Schriftformerfordernis ableiten, wonach die Leistung sowohl dem Grunde, als auch der Höhe nach konkret bestimmt sein muss.[4] Auch muss die Leistung der Rückdeckungsversicherung ausschließlich der Kasse zustehen. Wird die Leistung abgetreten oder dient zur Sicherung eines Darlehens des Trägerunternehmens, verliert der Rückdeckungsvertrag seine steuerliche Zulässigkeit und kann fortan nur noch im Rahmen der Reservepolsterfinanzierung genutzt werden.[5] 116

(Einstweilen frei) 117–120

b) Gleichbleibende oder steigende Prämien

Die Prämien zur Rückdeckungsversicherung müssen von der Erteilung der Zusage bis zum Zeitpunkt des vorgesehenen Leistungsbeginns gleich bleiben oder steigen, § 4d Abs. 1 Nr. 1 Buchst. c Satz 2 EStG. Der Gesetzgeber wollte durch diese Regelung sicherstellen, dass die Versorgung des Arbeitnehmers durch die laufende Tätigkeit für das Trägerunternehmen erdient 121

---

[1] Werden von einer Kasse sowohl Invaliden-, als auch Hinterbliebenenversorgung zugesagt, so können beide Leistungsarten einzeln dotiert werden, R 4d Abs. 4 Satz 9 EStR.
[2] Auf Ebene der Kasse gelten jedoch die körperschaftsteuerlichen Restriktionen §§ 2, 3 KStDV.
[3] BMF v. 11. 12. 1998, NWB DokID: WAAAA-78436.
[4] Vgl. *Höfer/Höfer*, Bd. II, Kap. 9, Rz. 265.
[5] § 4d Abs. 1 Nr. 1 Buchst. c Satz 4; BFH v. 28. 2. 2000 - IV R 26/00, BStBl 2002 II 358.

wird.[1] Weiterhin sollen dadurch auch die steuerwirksamen Zuwendungsmöglichkeiten unabhängig von der Ertragslage des Unternehmens sein.[2]

122 Als frühesten Zeitpunkt für den Finanzierungsbeginn gilt auch bei der rückgedeckten Unterstützungskasse grundsätzlich das vollendete 27. Lebensjahr. Bei Zusagen, die erstmals nach dem 31.12.2017 erteilt werden, wird die Altersgrenze auf das 23. Lebensjahr abgesenkt. Bei Zusagen, die vor dem 1.1.2009 erteilt wurden, lag die Altersgrenze dagegen noch bei der Vollendung des 28. Lebensjahres. Allerdings kann auch ein früherer Finanzierungsbeginn möglich sein, wenn die Zusage bereits vorher vertraglich oder gesetzlich (§ 1b BetrAVG) unverfallbar geworden ist (§ 4d Abs. 1 Nr. 1 Buchst. c Satz 3 EStG). Der Zeitpunkt des vorgesehenen Leistungsbeginns liegt bei Neuzusagen nicht vor Vollendung des 62. Lebensalters des Versorgungsanwärters.[3] Das gesetzlich vorgesehene Mindestalter von 55 Jahren wird dagegen nur im Ausnahmefall zulässig sein.

123 Zu beachten ist, dass das Erfordernis der gleichbleibenden oder steigenden Prämien nicht nur im Verhältnis zwischen dem Trägerunternehmen und der Unterstützungskasse gilt, sondern auch für die Rückdeckungsversicherung selbst.[4] Wird eine Einmalzahlung in den Vertrag eingezahlt, so ist dieser beschädigt und nicht mehr steuerlich zulässig.

124 Unschädlich ist nur eine Reduzierung aus wichtigem Grund, beispielsweise wenn ein Arbeitnehmer seine Entgeltumwandlung reduziert, sich die Arbeitszeit des Arbeitnehmers verringert oder aufgrund einer Verrechnung von Überschüssen aus dem Rückdeckungsdeckungsvertrag.[5]

125 Eine gleichbleibende Prämie liegt aber auch vor, wenn für einen Leistungsempfänger eine Einmalprämie geleistet wird. Sie ist im Jahr der Beitragszahlung somit in voller Höhe als Betriebsausgabe abzugsfähig.[6]

126–130 *(Einstweilen frei)*

c) Partielle Rückdeckung

131 Bildet die Rückdeckungsversicherung die Zusage nicht kongruent ab, besteht lediglich eine partielle Rückdeckung. Die Abzugsfähigkeit der Zuwendungen ermittelt sich nach § 4d Abs. 1 Nr. 1 Buchst. c Satz 5 EStG dann im Verhältnis zwischen dem versicherungsmathematischen Barwert der Versicherungsleistung zum versicherungsmathematischen Barwert der Versorgungszusage.[7] Die partielle Rückdeckung kann dabei sowohl innerhalb einer Leistungsart vorliegen als auch hinsichtlich der verschiedener Leistungsarten.

132–135 *(Einstweilen frei)*

---

1 BMF v. 16.7.1998 - S 2144c – 30/98, nicht mehr anzuwenden für Steuertatbestände, die nach dem 31.12.2004 verwirklicht werden.
2 BMF v. 28.11.1996, BStBl 1996 I 1435.
3 BMF v. 24.7.2013, BStBl 2013 I 1023, Tz. 286.
4 BMF v. 9.9.2009 - S 2144c/07/10001, n.v.
5 R 4d Abs. 9 EStR.
6 R 4d Abs. 7 EStR.
7 BMF v. 28.11.1996, BStBl 1996 I 1435.

6. Unterstützungskassen, die keine lebenslänglich laufenden Leistungen gewähren

Zu den in § 4d Abs. 1 Satz 1 Nr. 2 EStG genannten sonstigen (nicht lebenslänglichen) Leistungen sind nur solche Versorgungsleistungen zu zählen, die aus besonderem Anlass von Fall zu Fall und vor allem bei Not oder Arbeitslosigkeit, gewährt werden.[1]   136

Die Zuwendungen bemessen sich grundsätzlich nach der Lohn- und Gehaltssumme des Trägerunternehmens aber mindestens mit dem Ersatz der tatsächlich erbrachten Leistungen. Die Zuwendungen können jedoch nur geleistet werden, soweit die Dotierungsgrenzen dies zulassen (vgl. → Rz. 146 ff.).   137

Die Zuwendungsmöglichkeiten sind auf 0,2 % der jährlichen Lohn- und Gehaltssumme des Unternehmens[2] begrenzt. Zur Lohn- und Gehaltssumme gehören dabei sämtliche steuerpflichtige Arbeitslöhne i. S. d. § 2 LStDV i. V. m § 19 Abs. 1 Satz 1 Nr. 1 EStG. Wurden vom Arbeitgeber innerhalb der vorangegangenen fünf Wirtschaftsjahre geringere Zuwendungen geltend gemacht, als tatsächliche Leistungen erbracht wurden, so kann auch der Differenzbetrag der Kasse steuerwirksam zugewendet werden. Dies ist jedoch nur in den Jahren möglich, in denen die tatsächlich ausgezahlten Leistungen mehr als 0,2 % der jährlichen Lohn- und Gehaltssumme betragen.   138

(Einstweilen frei)   139–145

III. Dotierungsgrenzen

Die Abzugsfähigkeit der Zuwendungen eines Wirtschaftsjahres sind begrenzt, wenn das tatsächliche Vermögen der Kasse am Ende des Wirtschaftsjahres das gesetzlich zulässige Vermögen überschreitet (§ 4d Abs. 1 Nr. 1 Satz 2 EStG; § 4d Abs. 1 Nr. 2 Satz 2 EStG). Durch diese Generalnorm wollte der Gesetzgeber sicherstellen, dass einer Unterstützungskasse nur das Vermögen zugewendet werden kann, welches diese zur Erfüllung ihrer Zusagen benötigt.[3] Die Regelungen gelten unabhängig für die rückgedeckte und die pauschaldotierte Kasse, wobei sich das zulässige Kassenvermögen unterschiedlich ermittelt. Das tatsächliche und das zulässige Vermögen bildet allerdings eine Einheit und ist insgesamt zu ermitteln.[4]   146

Nicht vom Abzugsverbot betroffen sind in diesen Fällen aber die Zinszahlungen soweit die Kasse ihr Vermögen als Darlehen an das Trägerunternehmen verleiht oder die Zahlung von Verwaltungskosten. Rein begrifflich liegen dabei nämlich schon keine Zuwendungen vor.   147

(Einstweilen frei)   148–150

1. Tatsächliches Kassenvermögen

Das tatsächliche Kassenvermögen beschreibt die Gesamtaktiva der Kasse, welches zur Erfüllung der Versorgungsverpflichtungen verwendet wird. Für die Bewertung der Aktiva sind in § 4d Abs. 1 Nr. 1 Satz 3 EStG besondere Vorschriften normiert: 151

► Grundbesitz ist mit 200 % des Einheitswerts anzusetzen.

---

[1] BFH v. 15. 6. 1994 - II R 77/91, BStBl 1995 II 21.
[2] Arbeitnehmer, die nach der Satzung oder dem Leistungsplan der Kasse keine nicht lebenslänglichen Leistungen erhalten können, sind hierbei auszuschließen, § 4d Abs. 1 Nr. 2 Satz 6 EStG.
[3] Vgl. BT-Drucks. 7/1281, 35.
[4] Vgl. *Heger* in Blümich, § 4d EStG Rz. 162.

- Rückdeckungsversicherungen sind mit ihrem geschäftsplanmäßigen Deckungskapital zzgl. der Guthaben aus Beitragsrückerstattung anzusetzen.
- Für sonstige Vermögensgegenstände ist ihr gemeiner Wert zu ermitteln.

152 Insbesondere bei den Rückdeckungsversicherungen muss beachtet werden, dass die Guthaben zur Beitragsrückerstattung das tatsächliche Kassenvermögen erhöhen können. Darunter sind fest zugewiesene verzinslich angesammelte Überschussanteile zu verstehen, die aber noch nicht zur Erhöhung der Leistung oder zur Verrechnung mit Beiträgen verwendet wurden.

153 Für alle anderen Vermögensgegenstände ist der gemeine Wert nach § 9 Abs. 2 BewG anzusetzen. Demnach ist der gemeine Wert, der Preis, der im gewöhnlichen Geschäftsverkehr unter normalen Umständen für einen Vermögensgegenstand zu erzielen ist. Ausleihungen sind mit ihrem Nennwert anzusetzen.

154–160 (Einstweilen frei)

2. Zulässiges Kassenvermögen

161 Das zulässige Kassenvermögen bildet die Höchstgrenze des steuerlich zulässigen Dotierungsrahmens. Gewährt eine Kasse lebenslänglich und nicht lebenslänglich laufende Leistungen, so bestehen die Zuwendungsmöglichkeiten nebeneinander. Die Prüfung des Dotierungsrahmens erfolgt aber als Einheit aus beiden Versorgungssystemen.[1]

162–165 (Einstweilen frei)

3. Kassen, die lebenslänglich laufende Leistungen gewähren

166 Das zulässige Kassenvermögen ist bei Kassen, die lebenslänglich laufende Leistungen gewähren die Summe der
- Deckungskapitale aller Leistungsempfänger,
- der achtfachen Reservepolster für jeden Leistungsanwärter und
- der geschäftsplanmäßigen Deckungskapitale aller steuerlich zulässigen Rückdeckungsversicherungen.

167 Bei den Deckungskapitalen für die Leistungsempfänger erfolgt die Ermittlung analog zur Bestimmung der Zuwendungen nach § 4d Abs. 1 Nr. 1 Buchst. b EStG als Produkt der Jahresrente mit dem Vervielfältiger. Allerdings ist für die Prüfung der jeweilige Vervielfältiger nach dem Alter des Leistungsempfängers zum Bilanzstichtag zu verwenden.

168–175 (Einstweilen frei)

4. Kassen, die keine lebenslänglich laufende Leistungen gewähren

176 Das zulässige Kassenvermögen ist bei Kassen, die keine lebenslänglichen laufenden Leistungen gewähren, auf 1 % der durchschnittlichen Lohn- und Gehaltssumme der letzten drei Wirtschaftsjahre begrenzt. Besteht die Kasse bereits seit mind. zehn Jahre, so begrenzt sich das zulässige Kassenvermögen weiterhin auf die Summe aller gewährten Leistungen in diesem Zeitraum (§ 4d Abs. 1 Nr. 2 Satz 3, 4 EStG). Das zulässige Kassenvermögen ist dann das Minimum der beiden Werte.

---

[1] R 4d Abs. 13 Satz 4 EStR.

(Einstweilen frei) 177–180

5. Mehrere Kassen eines Trägerunternehmens

Ist ein Arbeitgeber Trägerunternehmen mehrerer Unterstützungskassen, so werden diese hinsichtlich der Zuwendungsmöglichkeiten als Einheit betrachtet (§ 4d Abs. 1 Satz 3 EStG). Die Regelung stellt sicher, dass die Begrenzungen nicht durch den Beitritt zu mehreren Kassen umgangen werden können. So muss bspw. auf Ebene des Arbeitgebers das tatsächliche Vermögen aller Kassen des Arbeitgebers mit den zulässigen Vermögen aller Kassen verglichen werden. 181

(Einstweilen frei) 182–185

6. Gruppenunterstützungskassen

Eine Gruppenunterstützungskasse wird danach definiert, dass sie für mehrere Trägerunternehmen tätig wird. Für die Ermittlung der Dotierungsgrenzen sind das tatsächliche und das zulässige Kassenvermögen segmentiert auf die einzelnen Trägerunternehmen aufzuteilen. Eine Überdotierung im Segment eines Trägerunternehmens beschädigt somit nicht die Zuwendungsmöglichkeiten eines anderen Trägerunternehmens.[1] Die segmentierte Betrachtung betrifft jedoch ausschließlich die Frage der Dotierungsgrenzen. Die anderen Aspekte bzw. die Frage der partiellen Steuerpflicht oder auch die Möglichkeit zur Rückübertragung von Kassenvermögen wird ausschließlich auf Ebene der gesamten Kasse geprüft.[2] 186

(Einstweilen frei) 187–190

IV. Zeitliche Wirksamkeit von Zuwendungen

Grundsätzlich sind Zuwendungen an Unterstützungskassen wie jede andere Betriebsausgabe dem Wirtschaftsjahr zuzuordnen, in dem sie geleistet werden (§ 4d Abs. 2 Satz 1 EStG). § 4d Abs. 2 Satz 2 EStG erlaubt es auch noch bis zum Ablauf eines Monats nach Aufstellung oder Feststellung der Bilanz rückwirkend Zuwendungen in ein abgeschlossenes Wirtschaftsjahr in Form einer Rückstellung zuzuordnen. Sollen die Zuwendungen in eine Rückdeckungsversicherung fließen, so muss dieser Vertrag spätestens am Schluss des Wirtschaftsjahres geschlossen worden sein.[3] 191

Wurden Zuwendungen getätigt, die die Höchstgrenzen des § 4d EStG übersteigen, so können diese als RAP auf die kommenden drei Wirtschaftsjahre vorgetragen werden (§ 4d Abs. 2 Satz 3 EStG). Dies setzt jedoch voraus, dass in diesen Jahren Zuwendungsmöglichkeiten bestehen. Kann der RAP nicht erfolgswirksam verrechnet werden, ist er aufzulösen. 192

Sowohl die Bildung der Rückstellung für die rückwirkende Zuordnung von Zuwendungen, als auch die Bildung eines RAP zur Verrechnung mit künftigen Zuwendungen ist handelsrechtlich unbeachtlich und nur steuerbilanziell zu beachten (§ 4d Abs. 2 Satz 4 EStG). 193

(Einstweilen frei) 194–200

---

1 R 4d Abs. 14 EStR.
2 BFH v. 26. 11. 2014 - I R 37/13, BStBl 2015 II 813.
3 BMF v. 16. 2. 1994 - S 2144c 4/94, NWB DokID: PAAAA-14965.

V. Abfindung unverfallbarer Anwartschaften

201 Soll eine Versorgungsanwartschaft vor Eintritt des Versorgungsfalls abgefunden werden, so kann das Trägerunternehmen der Kasse den hierfür nötigen Abfindungsbetrag zuwenden (§ 4d Satz 1 Nr. 1 Buchst. d EStG). Dies setzt allerdings voraus, dass die allgemeinen Dotierungsgrenzen nicht überschritten sind.

202 Die Regelung wurde durch das AltEinkG[1] zusammen mit § 3 BetrAVG aufgenommen, um diesen steuerlich zu flankieren. Dabei muss allerdings beachtet werden, dass körperschaftsteuerlich nur die Versorgungen abgefunden werden dürfen, die arbeitsrechtlich abgefunden werden können.[2]

203–210 *(Einstweilen frei)*

VI. Portabilität und Wechsel des Durchführungswegs

211 Mit dem Begriff der Portabilität wird im Allgemein die Übertragung einer bestehenden Versorgungszusage auf einen anderen Arbeitgeber bezeichnet. Erfolgt die Übertragung ohne Wechsel des Arbeitgebers, spricht man von einem Wechsel des Durchführungswegs.

1. Beim Arbeitgeberwechsel

212 Wechselt ein Versorgungsanwärter seinen Arbeitgeber, so sind die Regelungen des § 4 BetrAVG zu beachten. Sie sind *lex specialis* zur Schuldübernahme nach §§ 414 ff. BGB.[3] Demnach besitzt der Arbeitnehmer keinen Rechtsanspruch auf Übertragung seiner Versorgungszusage auf den neuen Arbeitgeber. Allerdings können sich der neue Arbeitgeber, der alte Arbeitgeber und der Versorgungsberechtigte im Rahmen eines dreiseitigen Vertrages auf die Übertragung der Zusage einigen.

213 Dabei kann der neue Arbeitgeber eine wertgleiche Zusage erteilen (§ 4 Abs. 2 Nr. 2 BetrAVG). In der Folge muss der bisherige Arbeitgeber nach § 4 Abs. 5 BetrAVG den versicherungsmathematischen Barwert als Übertragungswert an den neuen Arbeitgeber übertragen. Der alte Arbeitgeber kann der Unterstützungskasse nach § 4d Abs. 1 Nr. 1 Buchst. d EStG den Übertragungswert zuwenden, soweit die allgemeinen Dotierungsgrenzen beachtet werden.[4]

214 Handelt es sich dabei um eine rückgedeckte Unterstützungskasse so muss beachtet werden, dass der Übertragungswert nicht in eine neue Rückdeckungsversicherung einer anderen Unterstützungskasse eingezahlt werden darf. Dies wäre ein Einmalbeitrag und würde gegen die Anforderung der gleichbleibenden oder steigenden Beiträge auf Ebene des Versicherungsvertrages verstoßen.[5]

215 Stattdessen kann der neue Arbeitgeber die Versorgungszusage auch unverändert übernehmen (§ 4 Abs. 2 Nr. 2 BetrAVG). Hierzu muss der neue Arbeitgeber Trägerunternehmen der Kasse werden und sich im Rahmen eines dreiseitigen Vertrages verpflichten, die Versorgung zu übernehmen.

216–225 *(Einstweilen frei)*

---

1 BGBl 2004 I 1427.
2 R 5.4 Abs. 3 KStR 2015.
3 BT-Drucks. 7/1281, 28.
4 Siehe hierzu OFD Koblenz v. 3. 1. 2006, NWB DokID: EAAAB-75526.
5 BMF v. 9. 9. 2009 - S 2144c/07/10001, n. v.

2. Bei Liquidation des Trägerunternehmens

Im Rahmen der Liquidation eines Trägerunternehmens müssen alle bestehenden Schuldverhältnisse beendet werden. Da arbeitsrechtlich eine Zusage des Arbeitgebers vorliegt, die lediglich über die Unterstützungskasse erfüllt wird, muss die Zusage mit schuldbefreiender Wirkung auf einen Dritten übertragen werden. Eine schuldbefreiende Übernahme durch die Unterstützungskasse ist aufgrund des fehlenden Rechtsanspruchs nicht möglich. Stattdessen muss die Zusage auf eine Pensionskasse oder ein Unternehmen der Lebensversicherung übertragen werden. Das Trägerunternehmen darf der Unterstützungskasse den Betrag betriebsausgabenwirksam zuwenden, der hierfür nötig ist, wobei die allgemeinen Dotierungsgrenzen zu beachten sind (§ 4d Abs. 1 Nr. 1 Buchst. d EStG). Körperschaftsteuerlich ist zu beachten, dass hierfür die Zustimmung des ausgeschiedenen Arbeitnehmers gefordert wird, obwohl arbeitsrechtlich eine solche Zustimmung explizit ausgeschlossen wird.[1]

226

(Einstweilen frei)   227–234

3. Insolvenzen des Trägerunternehmens

Bei einer Insolvenz des Trägerunternehmens besteht seit dem 1.1.2018 für Arbeitnehmer die Möglichkeit, einen Anspruchs gegen den Pensionssicherungsverein a.G. bei rückgedeckten Unterstützungskassen gegen die Versicherungsleistung aus einer auf sein Leben abgeschlossenen Rückdeckungsversicherung einzutauschen. Dies setzt voraus, dass die Versorgungszusage auf die Leistungen der Rückdeckungsversicherung verweist. Der Berechtigte nimmt in diesem Fall die Versicherungsnehmerstellung in der Versicherung ein und kann diese mit eigenen Beiträgen fortsetzen. Die Übertragung der Rückdeckungsversicherung ist steuerfrei (§ 3 Nr. 65 Buchst. d EStG). Die späteren Leistungen aus der Versicherung sind nach § 22 Nr. 5 Satz 1 EStG, bzw. bei privater Fortführung nach Satz 2 zu versteuern.

235

4. Wechsel des Durchführungswegs

Grundsätzlich kann eine Versorgung über die Unterstützungskasse durch jeden anderen Durchführungsweg ersetzt werden. Handelt es sich beim Versorgungsberechtigten um einen Gesellschafter-Geschäftsführer, so löst der Wechsel des Durchführungswegs i. d. R. keine neuen Erdienbarkeitsfristen aus, soweit die Übertragung wertgleich erfolgt.[2]

236

Zur Übertragung auf den Pensionsfonds sei auf die Ausführungen in KKB/Alt/Stadelbauer, § 4e EStG Rz. 101 ff. verwiesen.

237

---

1 R 5.4 Abs. 3 Nr. 2 KStR 2015.
2 BFH v. 7.3.2018 - I R 89/15, BFHE 261, 110.

238 Es ergeben sich folgende Auswirkungen:

Ablösender Durchführungsweg	Steuerliche Folge beim Arbeitgeber	Steuerliche Folge beim Arbeitnehmer
Direktzusage	▶ Die Bildung einer Pensionsrückstellung führt zur Betriebsausgabe. Die Rückübertragung des Kassenvermögens ist Betriebseinnahme.[1]	▶ Die Rechtseinräumung aus der Direktzusage ist nicht steuerbar.
Unterstützungskasse (Wechsel des Anbieters)	▶ Betriebsausgabe nur im Rahmen der anlassbezogenen Höchstbeträge.	▶ Die Zusage über die Unterstützungskasse ist nicht steuerbar.
Pensionsfonds[2]	▶ Übertragung ist steuerlich nach § 4d Abs. 3 EStG flankiert. Unterschiedsbetrag aus Pensionsfondsbeitrag und Kassenvermögen ist auf 10 Jahre zu verteilen.	▶ Übertragung kann lohnsteuerfrei erfolgen (§ 3 Nr. 66 i. V. m. § 4d Abs. 3 EStG)
Pensionskasse, Direktversicherung	▶ Beitragszahlung kann deutlich von Kassenvermögen abweichen, dadurch kann zusätzlicher Aufwand entstehen.	▶ Beitragszahlung an den neuen Anbieter ist nur im Rahmen des § 3 Nr. 63 EStG steuerfrei

§ 4e Beiträge an Pensionsfonds

(1) Beiträge an einen Pensionsfonds im Sinne des § 236 des Versicherungsaufsichtsgesetzes dürfen von dem Unternehmen, das die Beiträge leistet (Trägerunternehmen), als Betriebsausgaben abgezogen werden, soweit sie auf einer festgelegten Verpflichtung beruhen oder der Abdeckung von Fehlbeträgen bei dem Fonds dienen.

(2) Beiträge im Sinne des Absatzes 1 dürfen als Betriebsausgaben nicht abgezogen werden, soweit die Leistungen des Fonds, wenn sie vom Trägerunternehmen unmittelbar erbracht würden, bei diesem nicht betrieblich veranlasst wären.

(3) [1]Der Steuerpflichtige kann auf Antrag die insgesamt erforderlichen Leistungen an einen Pensionsfonds zur teilweisen oder vollständigen Übernahme einer bestehenden Versorgungsverpflichtung oder Versorgungsanwartschaft durch den Pensionsfonds erst in den dem Wirtschaftsjahr der Übertragung folgenden zehn Wirtschaftsjahren gleichmäßig verteilt als Betriebsausgaben abziehen. [2]Der Antrag ist unwiderruflich; der jeweilige Rechtsnachfolger ist an den Antrag gebunden. [3]Ist eine Pensionsrückstellung nach § 6a gewinnerhöhend aufzulösen,

---

[1] Die Rückübertragung von Kassenvermögen ist i. d. R. körperschaftsteuerschädlich, vgl. BFH v. 26.11.2014 - I R 37/13, BStBl 2015 II 813.
[2] Siehe hierzu Ausführungen KKB/Alt/Stadelbauer, § 4e EStG Rz. 101 ff.

ist Satz 1 mit der Maßgabe anzuwenden, dass die Leistungen an den Pensionsfonds im Wirtschaftsjahr der Übertragung in Höhe der aufgelösten Rückstellung als Betriebsausgaben abgezogen werden können; der die aufgelöste Rückstellung übersteigende Betrag ist in den dem Wirtschaftsjahr der Übertragung folgenden zehn Wirtschaftsjahren gleichmäßig verteilt als Betriebsausgaben abzuziehen. ⁴Satz 3 gilt entsprechend, wenn es im Zuge der Leistungen des Arbeitgebers an den Pensionsfonds zu Vermögensübertragungen einer Unterstützungskasse an den Arbeitgeber kommt.

Inhaltsübersicht

	Rz.
A. Allgemeine Erläuterungen	1 - 5
B. Systematische Kommentierung	6 - 157
I. Begriff des Pensionsfonds	11 - 60
1. Pensionsfonds mit versicherungsförmigen Garantien	21 - 30
2. Pensionsfonds ohne versicherungsförmige Garantien	31 - 40
3. Kalkulationsgrundlagen	41 - 50
4. Entstehung von Fehlbeträgen	51 - 60
II. Beiträge an einen Pensionsfonds	61 - 140
1. Festgelegte Beitragsverpflichtungen	62 - 65
2. Übernahme einer bereits bestehenden Versorgungsverpflichtung oder Versorgungsanwartschaft	66 - 75
3. Ermittlung der bereits bestehenden Versorgungsverpflichtung	76 - 90
4. Begrenzung des Betriebsausgabenabzugs und Höhe der aufgelösten Rückstellung	91 - 100
5. Übertragung von Zusagen, die bisher über eine Unterstützungskasse finanziert wurden	101 - 110
6. Sonderfälle	111 - 120
a) Wiederholte Übertragungen	111 - 115
b) Übertragung von Zusagen, für die bisher keine Pensionsrückstellung gebildet wurde	116 - 117
c) Berücksichtigung künftiger Rentenanpassungen	118 - 120
7. Antragspflicht	121 - 125
8. Abdeckung von Fehlbeträgen beim Fonds	126 - 130
9. Abzugsverbot für Beiträge, die nicht betrieblich veranlasst sind	131 - 140
III. Portabilität und Wechsel des Durchführungswegs	141 - 157
1. Beim Arbeitgeberwechsel	142 - 150
2. Bei Liquidation des Trägerunternehmens	151 - 155
3. Wechsel des Durchführungswegs	156 - 157

HINWEIS:
H 4 EStH.

LITERATUR:
Janssen, BFH erweitert Möglichkeiten der Entsorgung von Pensionszusagen, NWB 2016, 3776.

ARBEITSHILFEN UND GRUNDLAGEN ONLINE:
Doetsch, Betriebliche Altersversorgung, Praxisfragen, NWB DokID: QAAAE-52794.

A. Allgemeine Erläuterungen

§ 4e EStG regelt den steuerrechtlichen Betriebsausgabenabzug von Unternehmen, die ihre betriebliche Altersversorgung unter Nutzung des Durchführungswegs Pensionsfonds betreiben. Er ist als *lex specialis* zur Generalnorm des § 4 Abs. 4 EStG zu sehen und schränkt die Abzugs- 1 fähigkeit von Beiträgen des Arbeitgebers an einen Pensionsfonds dem Grunde nach ein. Er erfasst dabei sowohl den Aufbau einer zusätzlichen betrieblichen Altersversorgung, als auch die Übertragung einer bereits in einem anderen Durchführungsweg bestehenden Versorgungsanwartschaft bzw. Versorgungsverpflichtung. Im Übertragungsfall besteht außerdem ein Wahlrecht zur Begrenzung des Betriebsausgabenabzugs der Höhe nach.

2–5 (Einstweilen frei)

B. Systematische Kommentierung

6 Der § 4e EStG wurde durch das AVmG[1] v. 26.6.2001 eingeführt und trat zum 1.1.2002 in Kraft (Art. 35 Abs. 1 AVmG). Parallel dazu wurden das BetrAVG (Art. 9 AVmG) und das VAG (Art. 10 AVmG) um arbeitsrechtliche bzw. aufsichtsrechtliche Regelungen für den Pensionsfonds erweitert. Insbesondere die aufsichtsrechtlichen Regelungen §§ 236 bis 242 VAG n. F. (entsprach §§ 112 bis 118 VAG a. F.) wurden seither mehrfach geändert. Von besonderer Bedeutung ist dabei das 7. VAGÄndG vom 29.8.2005[2] wodurch der Pensionsfonds nun auch nach Rentenbeginn keine versicherungsförmige Garantie mehr auf die Höhe der Versorgungsleistungen erteilen muss, soweit sich der Arbeitgeber verpflichtet, bei Bedarf Nachschüsse zu leisten. Die letzte inhaltliche Änderung erfolgte durch Art. 3 Nr. 19 des Gesetzes zur Umsetzung der Richtlinie 2011/89/EU v. 27.6.2013[3] und ermöglicht dem Pensionsfonds die Leistungserbringung auch in Form einer einmaligen Kapitalzahlung. Durch das Gesetz zur Modernisierung der Finanzaufsicht über Versicherungen[4] v. 1.4.2015 wurden die Regelungen dagegen nur redaktionell überarbeitet und deren Nummerierung an die neue Struktur des VAG angepasst.

7–10 (Einstweilen frei)

I. Begriff des Pensionsfonds

11 Nach der Legaldefinition des § 236 VAG handelt es sich bei einem Pensionsfonds um eine rechtsfähige Versorgungseinrichtung,

► die im Wege des Kapitaldeckungsverfahrens, für einen oder mehrere Arbeitgeber zugunsten von Arbeitnehmern Leistungen der betrieblichen Altersversicherung erbringt,

► den Arbeitnehmern gegenüber dem Pensionsfonds einen eigenen Leistungsanspruch einräumt,

► wobei die Höhe der Leistungen oder die Höhe der künftigen Beiträge nicht für alle vorgesehenen Leistungsfälle versicherungsförmig garantiert werden dürfen und

► Leistungen als lebenslange Renten oder als Einmalkapitalzahlung erbringt.

12 Das Erfordernis der Rechtsfähigkeit zielt darauf ab, dass der Gesetzgeber ein Versorgungssystem schaffen wollte, das rechtlich getrennt vom Vermögen des Arbeitgebers errichtet wird. Als Rechtsformen sind in Deutschland nur die Aktiengesellschaft oder der Pensionsfonds auf Gegenseitigkeit (§ 237 Abs. 3 Nr. 1 VAG) zulässig. Pensionsfonds mit Sitz in einem anderen Mitgliedstaat der europäischen Union können für deutsche Arbeitgeber die betriebliche Altersversorgung durchführen, bedürfen hierzu aber einer Zulassung im jeweiligen Mitgliedstaat und

---

1 BGBl 2001 I 1310.
2 BGBl 2005 I 2546.
3 BGBl 2013 I 1862.
4 BGBl 2015 I 434.

müssen ihre Absicht im Vorfeld der deutschen Aufsichtsbehörde anzeigen (§ 242 i.V.m. § 243 VAG). In diesem Fall gelten hinsichtlich der aufsichtsrechtlichen Gestaltung landesspezifische Besonderheiten. Die Regelungen des § 4e EStG sind aber davon unabhängig anzuwenden, da sie nur auf die Anwendbarkeit des EStG beim Arbeitgeber abstellen.

Das Erfordernis zur Kapitaldeckung und die Begrenzung auf Leistungen der betrieblichen Altersversorgung[1] für die der versorgungsberechtigte Arbeitnehmer einen eigenen Rechtsanspruch gegenüber dem Pensionsfonds erhält, sind den Pensionskassen nachempfunden. Der Anspruch kann arbeitsrechtlich nach den abschließend in § 1 BetrAVG aufgeführten Leistungsarten ausgestaltet werden. Es kommen somit sowohl die Leistungszusage, die beitragsorientierte Leistungszusage als auch die Beitragszusage mit Mindestleistung in Betracht. Die Zusageart und die weiteren Leistungsbedingungen werden im Pensionsplan definiert (§ 237 Abs. 3 Nr. 2 VAG). 13

Obwohl das VAG den Begriff des Arbeitnehmers verwendet, gehören auch ausgeschiedene Mitarbeiter und Nicht-Arbeitnehmer i.S.d. § 17 Abs. 1 Satz 2 BetrAVG wie der beherrschende Gesellschafter-Geschäftsführer einer Kapitalgesellschaft zu dem Kreis der versorgungsberechtigten Personen (§ 236 Abs. 3 VAG). Steuerrechtlich gilt für § 4e EStG der Arbeitnehmerbegriff des § 1 Abs. 1 LStDV.[2] 14

Im Unterschied zur Pensionskasse darf der Pensionsfonds jedoch nicht für alle vorgesehenen Leistungsfälle die zugesagten Leistungen oder die Höhe der zukünftigen Beiträge garantieren. 15

Durch die Umsetzung der EU-Mobilitäts-Richtlinie[3] wurde den Pensionsfonds auch die Möglichkeit eingeräumt, im Rahmen tarifvertraglicher Versorgungswerke lebenslange Zahlungen in Form von Mindestrenten zu gestalten. Die tatsächlichen Versorgungen der Arbeitnehmer können dann jährlich (abhängig vom Erfolg des Pensionsfonds) oberhalb der Mindestrente schwanken. Der Arbeitgeber muss in diesem Fall explizit zusichern, selbst für die Erbringung der Mindesthöhe einzustehen. 16

Im Rahmen des Betriebsrentenstärkungsgesetzes[4] wurde weiterhin der arbeitsrechtliche Rahmen der Beitragszusage eingeführt. Danach beschränkt sich die Leistungspflicht des Pensionsfonds auf eine Zielrente mit Garantieverbot. 17

(Einstweilen frei) 18–20

1. Pensionsfonds mit versicherungsförmigen Garantien

Nach § 1 Abs. 2 Satz 1 PFDeckRV spricht man von einer versicherungsförmigen Garantie, wenn sich der Pensionsfonds *„gegen in Höhe und Fälligkeit fest vereinbarte Beiträge zu fest vereinbarten Leistungen"* verpflichtet. Der Pensionsfonds kann die Garantie selbst darstellen oder sich durch einen Rückdeckungsversicherer beschaffen. 21

Wesenseigen ist aber das Bestehen eines festen *„Beitrags-Leistungs-Verhältnisses"*. Der Pensionsfonds muss dazu neben den biometrischen Risiken (Alter, Tod und/oder Invalidität) das 22

---

1 Siehe § 1 Abs. 1 Satz 1 BetrAVG.
2 Vgl. *Höfer/Höfer*, Bd. II, Kap. 29, Rz. 5; auch H 4 EStH.
3 Gesetz v. 21.12.2015, BGBl 2015 I 2553 mit Wirkung v. 31.12.2015.
4 Gesetz v. 17.2.2017, BGBl 2017 I 3214.

Zinsrisiko und das Kostenrisiko übernehmen. Hinsichtlich der Beitragskalkulation unterscheidet sich der Pensionsfonds dann nicht mehr wesentlich von einer Pensionskasse bzw. einem Lebensversicherungsunternehmen.[1] Die Kalkulation erfolgt anhand des gleichen gesetzlichen Höchstrechnungszinses und den Sterbetafeln mit besonderen Sicherheitsmargen (z. B. die empfohlenen Tafeln der Lebensversicherer: DAV 2004 R).

23 Der Pensionsfonds ist nach § 237 Abs. 3 Nr. 6 i.V. m. § 140 Abs. 2 VAG dann aber auch verpflichtet, die Leistungsanwärter und Leistungsempfänger in ausreichendem Maße an den erwirtschaften Überschüssen zu beteiligen. Wurde der Leistungsanspruch im Wege der beitragsorientierten Leistungszusage oder der Beitragszusage mit Mindestleistung ausgestaltet, können sich die Versorgungsleistungen um die Überschussbeteiligung erhöhen. Wurde die Zusage dagegen bspw. im Rahmen der Übertragung einer bereits bestehenden Direktzusage als Leistungszusage gestaltet, so werden die Überschüsse nicht zur Finanzierung des Leistungsanspruchs benötigt. Unter Umständen dürfen sie steuerrechtlich auch nicht zur Erhöhung der Leistung verwendet werden, wenn es sich beim Versorgungsberechtigten um einen beherrschenden Gesellschafter-Geschäftsführer handelt und eine Erhöhung der Zusage nicht mehr erdient werden kann.[2] Die Überschüsse können in diesem Fall an den Arbeitgeber in Form einer Bardividende zurückgewährt werden. Sie müssen dort korrespondierend als Betriebseinnahme erfasst werden (vgl. → Rz. 127).

24–30 *(Einstweilen frei)*

2. Pensionsfonds ohne versicherungsförmige Garantien

31 Der Pensionsfonds ohne versicherungsförmige Garantie wird negativ vom versicherungsförmigen Pensionsfonds abgegrenzt, indem er die in § 1 Abs. 2 PFDeckRV genannten Voraussetzungen nicht erfüllt.

32 Er erteilt dann für mindestens ein übernommenes Risiko keine versicherungsförmige Garantie wodurch sich

▶ die Höhe der zugesagten Leistungen oder
▶ die Höhe der zukünftigen Beiträge auch nach Vertragsabschluss ändern können.

33 Die mit der Zusage verbundenen Risiken werden dann zwischen dem Pensionsfonds und dem Arbeitgeber aufgeteilt.[3] Der Pensionsfonds bildet für die übernommenen Verpflichtungen Sicherungsvermögen (§ 239 VAG) entsprechend seiner Kalkulationsgrundlagen. Wird in der Folge festgestellt, dass das vorhandene Vermögen nicht (mehr) ausreicht, um eine bestehende Versorgung zu erfüllen, kann der Pensionsfonds vom Arbeitgeber zusätzliche Beiträge anfordern. Leistet dieser nicht, wird nach dem Pensionsplan eine Reduzierung der zugesagten Leistungen auf das finanzierbare Maß nötig sein. Der Arbeitgeber ist dann entweder aufgrund des Pensionsplans oder aufgrund der Subsidiärhaftung des § 1 Abs. 1 Satz 3 BetrAVG primär zur Leistung gegenüber dem Rentenempfänger verpflichtet.[4]

34–40 *(Einstweilen frei)*

---

[1] Vgl. *Heger* in Blümich, § 4e EStG Rz. 9.
[2] Zur Erdienbarkeit einer Pensionszusage siehe in st. Rspr. BFH v. 23. 7. 2003 - I R 80/02, BStBl 2003 II 926; BFH v. 21. 12. 1994 - I R 98/93, BStBl 1995 II 419; BFH v. 24. 1. 1996 - I R 41/95, BStBl 1997 II 440.
[3] Siehe *Kolvenbach/Sartoris* (Hrsg.), Bilanzielle Auslagerung von Pensionsverpflichtungen, 34.
[4] In analoger Anwendung der Rechtsprechung des BAG v. 19. 6. 2012 - 3 AZR 408/10, DStR 2012, 14.

3. Kalkulationsgrundlagen

Die Kalkulationsgrundlagen sind in § 3 PFDeckRV definiert. Bei Zusagen ohne versicherungsförmige Garantie erfolgt die Kalkulation anhand des besten Schätzwertes mit einem lediglich *vorsichtig* gewählten Rechnungszins. Der beste Schätzwert wird i. d. R. analog zur Bewertung der Pensionsrückstellungen mit den Sterbetafeln Heubeck RT 2005 G ermittelt. Es kann jedoch auch jede andere, ähnlich valide Datenbasis genutzt werden. Für die Bestimmung des Kalkulationszinses gelten keine strengen, quantitativen Höchstgrenzen, sondern das Vorsichtsprinzip („Prudent Person Principle").[1] Ein Rechnungszins gilt dann als vorsichtig, soweit er die individuelle Vertragslaufzeit und die Vermögenswerte sowohl hinsichtlich ihrer Höhe, als auch ihrer zukünftigen Ertragschancen ausreichend berücksichtigt (§ 3 Abs. 1 Satz 3 PFDeckRV).

Während bei einer versicherungsförmigen Zusage der Rechnungszins in Deutschland aktuell nicht über 0,9 % liegen darf, können so bei einer nicht versicherungsförmigen Zusage deutlich höhere Kalkulationszinsen dargestellt werden. Dadurch vermindert sich der benötigte Beitrag zur Ausfinanzierung einer definierten Leistung bzw. erhöht sich die Leistung bei einem definierten Beitrag. Demzufolge können Arbeitgeber ihre Versorgungszusagen flexibel ausfinanzieren und an die eigenen Bedürfnisse anpassen.

In § 4e EStG sind hinsichtlich der zulässigen Rechnungsgrundlagen keine Regelungen vorgesehen, obwohl sich hierdurch große Beitragsunterschiede ergeben können. Eine aufsichtsrechtlich zulässige Kalkulationsgrundlage ist deshalb grundsätzlich auch steuerlich anzuerkennen.

Pensionsfonds haben auch die Möglichkeit für einzelne Risiken oder auch nur für bestimmte Zeiträume Garantien zu erteilen. So kann der Pensionsfonds bspw. zwar für das Langlebigkeitsrisiko eine Garantie abgeben, aber für das Zinsrisiko nicht bzw. nur während der Rentenphase.

(Einstweilen frei)

4. Entstehung von Fehlbeträgen

Da die gewählten Kalkulationsgrundlagen aufgrund externer Faktoren wie der Kapitalmarktentwicklung oder dem demografischen Wandel von der tatsächlichen Entwicklung abweichen können, muss periodisch geprüft werden, ob die Annahmen noch angemessen sind und ob die vorhandenen finanziellen Mittel ausreichen, um die zugesagten Leistungen zu erfüllen.

Der Vergleich erfolgt i. d. R. anhand der prospektiv ermittelten Deckungsrückstellung aller Leistungsempfänger, unter Verwendung der aktuellen Rechnungsgrundlagen des Pensionsfonds[2] zum allen Versorgungsberechtigten zugeordneten Kapital des Trägerunternehmens. Der Nachschuss entsteht somit nicht erst wenn der Pensionsfonds sein gesamtes Vermögen aufgebraucht hat, sondern bereits wenn absehbar ist, dass das vorhandene Vermögen des Trägerunternehmens unter Beachtung der erwarteten Entwicklung der Rechnungsgrundlagen nicht ausreichen wird, um den Verpflichtungsumfang zu erfüllen.

---

1 Siehe *Kolvenbach/Sartoris* (Hrsg.), a. a. O., 253.
2 § 3 Abs. 2 PFDeckRV.

Risiko wird nicht vom Pensionsfonds übernommen	Nachschuss kann entstehen durch	Beispiele
Biometrisches Risiko	▶ Biometrische Risiken weichen von Rechnungsgrundlagen ab ▶ Rechnungsgrundlagen haben sich geändert	▶ Arbeitnehmer werden häufiger oder länger berufsunfähig ▶ Arbeitnehmer werden älter als statistisch angenommen
Zinsrisiko	▶ Erwirtschafteter Zins weicht von Annahme ab ▶ Zinsannahme ändert sich	▶ Kapitalanlage verliert an Wert ▶ Langanhaltende Niedrigzinsphase
Kostenrisiko	▶ Kosten weichen von Annahme ab ▶ Kosten werden erhöht	▶ Zusatzkosten entstehen ▶ Neue Steuer wird eingeführt

53 Da der Pensionsfonds bei der Gestaltung seiner Kalkulationsgrundlagen seinen Trägerunternehmen Gestaltungsspielräume einräumen kann, obliegt es letztlich den Arbeitgebern, wie sie die Finanzierung der übernommenen Risiken vornehmen möchten. Eine Kalkulation mit einem höheren Rechnungszins führt i. d. R. zunächst zu einem niedrigeren Einmalbeitrag, kann aber in der Folge zu zusätzlichen Nachschüssen führen. Dadurch entstehen aber keine neuen Risiken beim Arbeitgeber.[1] Vielmehr sind die Nachschüsse lediglich Ausfluss der bereits im Vorfeld bestehenden Risikostruktur. Die Nachschüsse sind i. d. R. nach Feststellung des Nachschusses fällig, können jedoch auch abhängig vom Pensionsplan über einen längeren Zeitraum verteilt werden. Die Arbeitgeber müssen dies in ihrer Liquiditätsplanung berücksichtigen.

54–60 *(Einstweilen frei)*

II. Beiträge an einen Pensionsfonds

61 In § 4e EStG sind drei Regelungsbereiche genannt nach denen Beiträge des Trägerunternehmens als Betriebsausgabe abziehbar sind. Als Trägerunternehmen gilt dabei die Einrichtung, die die Beiträge zum Pensionsfonds erbringt.[2] In der Regel handelt es sich dabei um den Arbeitgeber, der die Zusage auf Leistungen an den Arbeitnehmer erteilt.

1. Festgelegte Beitragsverpflichtungen

62 Die Verpflichtung zur Beitragszahlung entsteht i. d. R. aufgrund eines Vertragsverhältnisses zwischen dem Trägerunternehmen und dem Pensionsfonds. Die Beitragshöhe ergibt sich dabei nach den versicherungsmathematischen Rechnungsgrundlagen des Pensionsplans. Die Beiträge werden ausschließlich zur Kapitaldeckung der Verpflichtung verwendet.

63–65 *(Einstweilen frei)*

---

1 Siehe *Kolvenbach/Sartoris* (Hrsg.), a. a. O., 271 ff.
2 Siehe EG-Richtlinie v. 3. 6. 2003 – 2003/41/EG, ABl. L 235 v. 23. 9. 2003, Art. 6 Buchst. b.

2. Übernahme einer bereits bestehenden Versorgungsverpflichtung oder Versorgungsanwartschaft

Handelt es sich bei der festgelegten Beitragsverpflichtung nicht um eine neu zu errichtende Zusage, sondern um die Übernahme einer bereits bestehenden Versorgungsverpflichtung oder Versorgungsanwartschaft, so besteht nach § 4e Abs. 3 EStG ein Wahlrecht zur Geltendmachung der Betriebsausgaben in zeitlich gestreckter Form. Die Nutzung dieses Wahlrechts bewirkt auf Seiten des begünstigten Arbeitnehmers, die Lohnsteuerfreiheit der Beitragszahlung an den Pensionsfonds (§ 3 Nr. 66 EStG).[1]

Die Regelung wurde im Gesetzgebungsverfahren erst im Vermittlungsausschuss[2] auf Wunsch des Bundesrats eingefügt. Die Gründe hierfür waren ausschließlich fiskalpolitisch motiviert, da befürchtet wurde, dass es durch die Übertragung und der damit verbundenen Hebung stiller Lasten aufgrund der systematischen Unterbewertung der steuerlichen Pensionsrückstellungen zu unerwünschten Steuerausfällen kommen könnte.

(Einstweilen frei)

3. Ermittlung der bereits bestehenden Versorgungsverpflichtung

Es steht dem Trägerunternehmen grundsätzlich frei, ob es seine Versorgungszusage vollständig oder nur zum Teil auf den Pensionsfonds überträgt. Dies gilt bei den einzelnen Leistungsarten (z. B. Alters-, Invaliden- oder Hinterbliebenenrenten) sowohl dem Grunde, als auch der Höhe nach.[3] Soll die Lohnsteuerfreiheit nach § 3 Nr. 66 EStG genutzt werden, so geht die Finanzverwaltung[4] davon aus, dass nur der bereits erdiente Anteil (sog. Past Service) der einzelnen Leistungsarten auf den Pensionsfonds übertragen werden darf. Dies wird dadurch begründet, dass nach dem Gesetzeswortlaut auf eine *„bestehende Versorgungsverpflichtung oder Versorgungsanwartschaft"* abgestellt wird.

Nach Ansicht der Finanzverwaltung ist für die Ermittlung des erdienten Anspruchs nunmehr nur noch auf die unverfallbare Anwartschaft gem. § 2 Abs. 1 oder Abs. 5a BetrAVG zum Übertragungszeitpunkt abzustellen.

Für Versorgungszusagen, die vor dem 1.1.2016 auf den Pensionsfonds übertragen wurden, konnte der erdiente Anspruch auch aus dem Quotienten des steuerlichen Teilwerts nach § 6a Abs. 3 Satz 2 Nr. 1 EStG zum Barwert der künftigen Pensionsleistung ermittelt werden („Quotientenmethode").[5]

Bei beherrschenden Gesellschafter-Geschäftsführern ist dabei zu beachten, dass für die Ermittlung der unverfallbaren Anwartschaft aufgrund des steuerlichen Nachzahlungsverbots nicht der Diensteintritt, sondern erst der Zeitpunkt der Zusageerteilung beachtet werden darf.[6]

Häufig ist bei der Übertragung auf einen Pensionsfonds eine Anpassung der Zusage nötig, da bspw. aufgrund des Alters oder des Gesundheitszustands der Versorgungsberechtigten der Pensionsfonds keine Berufsunfähigkeitsabsicherung mehr anbieten kann oder die Struktur der

---

1 Zum lohnsteuerlichen Zufluss von Beiträgen an den Pensionsfonds vgl. BMF v. 4.7.2017, BStBl 2017 I 883.
2 BR-Drucks. 331/01.
3 Vgl. *Heger* in Blümich, § 4e EStG Rz. 52.
4 BMF v. 26.10.2006, BStBl 2006 I 709.
5 BMF v. 10.7.2015, BStBl 2015 I 544, Rz. 9.
6 BMF v. 9.12.2002, BStBl 2002 I 1393.

Zusage nicht identisch im Pensionsfondstarif abbildbar ist. In diesem Fall ist anhand eines Barwertvergleichs die Wertgleichheit des rechnerischen Past Service mit der auf den Pensionsfonds übertragenen Versorgung nachzuweisen. Hierbei sind die Rechnungsgrundlagen für die Bewertung von Pensionsverpflichtungen nach § 6a EStG anzuwenden.

80 Bei sog. Steigerungszusagen, wonach sich die zugesagten Leistungen aufgrund der Dienstzeit ermitteln, kann nach einer Billigkeitsregelung des BMF auf den Barwertvergleich verzichtet werden, soweit ein konstanter Rentenanspruch anhand des zum Übertragungsstichtag erdienten Anspruchs übertragen wird. Bei beitragsorientierten Leistungszusagen (§ 1 Abs. 2 Nr. 1 BetrAVG) und bei Zusagen, die im Wege der Entgeltumwandlungen (§ 1 Abs. 2 Nr. 3 BetrAVG) finanziert wurden, entspricht der erdiente Anteil dem zum Umwandlungszeitpunkt erreichten Altersrentenanspruch (§ 2 Abs. 5a BetrAVG).[1]

81 Ein Verstoß gegen die Begrenzung auf den Past Service führt indes nicht zum Versagen der Abzugsfähigkeit des Pensionsfondsbeitrags. Vielmehr kann in diesem Fall die Lohnsteuerfreiheit nach § 3 Nr. 66 EStG nicht für den übersteigenden Anteil genutzt werden. Der den Past Service übersteigende Anteil des Pensionsfondsbeitrags ist beim Arbeitnehmer dann als Arbeitslohn zu erfassen (§ 19 Abs. 1 Nr. 3 EStG).

82 Der noch nicht erdiente Anteil der Zusage (sog. Future Service) muss stattdessen nach Vorgabe der Finanzverwaltung entweder beim Trägerunternehmen verbleiben oder kann nur ratierlich im Rahmen der steuerlichen Förderung nach § 3 Nr. 63 EStG auf den Pensionsfonds übertragen werden. In der Praxis wird der Future Service i. d. R. gegen laufende Beiträge auf eine rückgedeckte Unterstützungskasse übertragen, um den Arbeitnehmern nicht den Förderrahmen des § 3 Nr. 63 EStG für die weitverbreiteten Direktversicherungsverträge zu nehmen. Dieser Wechsel des Durchführungswegs löst i. d. R. bei Gesellschafter-Geschäftsführerversorgungen keine erneute Erdienbarkeitsfrist aus.[2]

83–90 *(Einstweilen frei)*

4. Begrenzung des Betriebsausgabenabzugs und Höhe der aufgelösten Rückstellung

91 Soll die Übertragung lohnsteuerfrei erfolgen, so kann der Beitrag an den Pensionsfonds nicht sofort in voller Höhe angesetzt werden. Nach dem Gesetzeswortlaut des § 4 Abs. 3 EStG darf dagegen nur der Anteil des Pensionsfondsbeitrags in *„Höhe der aufgelösten Rückstellung als Betriebsausgaben abgezogen"* werden und *„der die aufgelöste Rückstellung übersteigende Betrag"* ist auf die kommenden zehn Wirtschaftsjahre zu verteilen.

92 Dies ist bei Rentenempfängern oder unverfallbar Ausgeschiedenen unproblematisch, da in diesem Fall die vollständige Rückstellung aufgelöst wird. Der übersteigende Beitragsanteil ist im Rahmen der Überleitungsrechnung nach § 60 Abs. 2 EStDV im Jahr der Übertragung außerbilanziell zu korrigieren und in den folgenden zehn Wirtschaftsjahren zu je 10 % in Abzug zu bringen.

93 Da bei Versorgungsanwärtern die Zusage lohnsteuerfrei nur für den bereits erdienten Anteil auf den Pensionsfonds ausgelagert werden kann, geht die Finanzverwaltung davon aus, dass für die Ermittlung der aufgelösten Rückstellung auch nicht die tatsächlich aufgelöste Pensionsrückstellung in Abzug zu bringen ist, sondern nur der Anteil der Rückstellung, der auch auf

---

1 BMF v. 10. 7. 2015, BStBl 2015 I 544, Rz. 10 ff.
2 BFH v. 7.3.2018 - I R 89/15, BFHE 261, 110.

den bereits erdienten Anteil entfällt.[1] Wird eine Zusage bspw. gegen Zahlung eines Einmalbeitrags auf einen Pensionsfonds und gegen laufende Beiträge auf eine Unterstützungskasse aufgeteilt, so ist die Pensionsrückstellung insgesamt ertragswirksam aufzulösen. Da die abzugsfähige Betriebsausgabe für den Pensionsfondsbeitrag auf den bereits erdienten Anteil an der Pensionsrückstellung begrenzt ist,[2] verbleibt ein Ertragsüberhang gegen den nur der laufende Beitrag an die rückgedeckte Unterstützungskasse gegengerechnet werden kann. Im Jahr der Auslagerung kommt es zum Ausweis eines steuerlichen Ertrags, der sich in den folgenden Jahren wieder ausgleicht. Der Gesetzeszweck, nämlich die Ergebnisneutralität im Jahr der Übertragung wird durch die Finanzverwaltung also *ad absurdum* geführt. Dieser Ansicht hat sich zwischenzeitlich auch das FG München[3] angeschlossen. Nach Ansicht des Gerichts muss die Pensionsrückstellung nicht aufgeteilt werden und der Einmalbetrag kann vollständig in Höhe der aufgelösten Pensionsrückstellungen berücksichtigt werden. Die Revision ist unter dem Az. XI R 52/17 beim BFH anhängig. Eine andere Vorgehenweise ist auch vom Wortlaut des Gesetzes nicht gedeckt, da dort auf die tatsächlich „aufgelöste Rückstellung" abgestellt wird. Aus diesem Grund ist auch für den Zeitpunkt der Übertragung keine Zwischenbilanz mit der Pensionsrückstellung zu bilden. Es kommt alleine auf den Auflösungsertrag aus der gebildete Pensionsrückstellung des letzten Bilanzstichtages an.[4]

(Einstweilen frei) 94–100

5. Übertragung von Zusagen, die bisher über eine Unterstützungskasse finanziert wurden

Zusagen, die bisher über eine Unterstützungskasse finanziert wurden, können auf zwei unterschiedlichen Wegen auf einen Pensionsfonds übertragen werden. 101

Erfolgt die Vermögensübertragung direkt von der Unterstützungskasse an den Pensionsfonds, so kann der zusätzliche Beitrag, den das Trägerunternehmen zunächst an die Unterstützungskasse leistet, analog zur Übernahme einer Direktzusage nur über die folgenden zehn Wirtschaftsjahre verteilt als Betriebsausgabe geltend gemacht werden (§ 3 Nr. 66 i. V. m. § 4d Abs. 3 EStG). Dies dürfte vor allem bei der Übertragung aus einer reservepolsterfinanzierten Unterstützungskasse von Bedeutung sein, da dort die Ausfinanzierung steuerrechtlich stark eingeschränkt ist.

Der Gesetzgeber hat aber auch den Fall geregelt, nach dem das vorhandene Vermögen der Unterstützungskasse zunächst auf das Trägerunternehmen zurückgewährt wird[5] und das Trägerunternehmen in der Folge einen Gesamtbeitrag zur Übernahme der Verpflichtung an den Pensionsfonds leistet (§ 4e Abs. 3 Satz 4 EStG). In diesem Fall kann in Höhe des empfangenen Vermögens sofort eine Betriebsausgabe geltend gemacht werden. Der übersteigende Beitrag ist auf die folgenden zehn Wirtschaftsjahre zu verteilen. 102

(Einstweilen frei) 103–110

---

1 BMF v. 10. 7. 2015, BStBl 2015 I 544, Rz. 6.
2 Ein Berechnungsbeispiel ist dem BMF-Schreiben v. 10. 7. 2015, BStBl 2015 I 544 unter Rz. 8 zu entnehmen.
3 FG München v. 4.10.2017 - 6 K 3285/14, BB 2018 S. 1968 = NWB DokID: VAAAG-83559.
4 Zustimmend *Höfer/Höfer*, Bd. II, Kap. 30, Rz. 35.
5 Die Rückübertragung von Kassenvermögen verstößt nicht gegen die satzungsgemäße Vermögensbindung des § 5 Abs. 1 Nr. 3 Buchst. e KStG, soweit es sich um einen Wechsel des Durchführungsweg handelt, R 13 Abs. 4 Satz 2 KStR.

6. Sonderfälle

a) Wiederholte Übertragungen

111 Es ist grundsätzlich nicht zu beanstanden, wenn eine Versorgungszusage in mehreren Teilen ausgelagert wird. § 4e Abs. 3 EStG kann ebenso wie § 3 Nr. 66 EStG mehrfach genutzt werden und erlaubt deshalb ausdrücklich auch die teilweise Übertragung. Die Finanzverwaltung möchte die Lohnsteuerfreiheit des § 3 Nr. 66 EStG aber unterbinden, wenn die Auslagerung sukzessive im Rahmen eines Gesamtplans erfolgt.[1] Dadurch soll vermieden werden, dass durch die wiederholte Nutzung des § 3 Nr. 66 EStG die Begrenzungen des § 3 Nr. 63 EStG umgangen werden.

112–115 *(Einstweilen frei)*

b) Übertragung von Zusagen, für die bisher keine Pensionsrückstellung gebildet wurde

116 Wurde bilanziell für die Pensionsverpflichtung keine Pensionsrückstellung gebildet, so kann im Jahr der Übertragung auch keine Betriebsausgabe geltend gemacht werden. Vielmehr muss der komplette Beitrag auf die folgenden zehn Wirtschaftsjahre verteilt werden.

117 Dies gilt analog, soweit die Verpflichtung nicht vollständig passiviert wurde, bspw. aufgrund des steuerlichen Nachholverbotes (§ 6a Abs. 4 Satz 1 EStG) oder wenn die Zusage im gleichen Wirtschaftsjahr erteilt wurde.

c) Berücksichtigung künftiger Rentenanpassungen

118 Für laufende Versorgungsleistungen an Arbeitnehmer besteht arbeitsrechtlich die Verpflichtung, regelmäßig die Anpassung der Leistungen zu prüfen (§ 16 Abs. 1 BetrAVG). Nach Ansicht des BMF können diese ungewissen Rentenanpassungen grundsätzlich nicht im Rahmen des § 3 Nr. 66 EStG lohnsteuerfrei übertragen werden. Sie stellen keine bestehende Verpflichtung i. S. v. § 4e Abs. 3 Satz 1 EStG dar. Nach einer Billigkeitsregelung des BMF wird es aber nicht beanstandet, wenn für diese Arbeitnehmer eine pauschale jährliche Erhöhung von bis zu einem Prozent berücksichtigt wird.[2] Daneben können nur garantierte Rentenanpassungen bei denen sich der Arbeitgeber vertraglich zur turnusmäßigen Erhöhung der Zusage um einen bestimmten Prozentsatz verpflichtet hat, berücksichtigt werden.

119–120 *(Einstweilen frei)*

7. Antragspflicht

121 Die Übertragung einer Pensionsverpflichtung auf den Pensionsfonds muss nicht durch die Finanzverwaltung genehmigt werden.[3] Wird allerdings das Wahlrecht zur Verteilung des die aufgelöste Rückstellung übersteigenden Anteils des Beitrags auf die kommenden zehn Jahre genutzt, muss dies dem Betriebsstätten-Finanzamt angezeigt werden. Die Anzeige selbst ist formfrei und kann nicht durch die Finanzverwaltung abgelehnt werden. Da durch den Antrag die Lohnsteuerfreiheit nach § 4e EStG i. V. m. § 3 Nr. 66 EStG erreicht wird, ist u. E. für die Frage des Zeitpunkts der Antragsstellung die Regelung des § 38 Abs. 2 Satz 2 EStG zu beachten. Dem-

---

1 BMF v. 24. 7. 2013, BStBl 2013 I 1023, Rz. 322.
2 BMF v. 10. 7. 2015, BStBl 2015 I 544, Rz. 2.
3 Vgl. *Heger* in Blümich, § 4e EStG Rz. 55.

nach entsteht die Lohnsteuer in dem Zeitpunkt, in dem der Arbeitslohn dem Arbeitnehmer zufließt. Da nach § 19 Abs. 1 Satz 1 Nr. 3 EStG i. V. m. § 2 LStDV die Beiträge des Trägerunternehmens an den Pensionsfonds Arbeitslohn darstellen,[1] sollte die Lohnsteuerfreiheit idealerweise im Rahmen der Zahlung des Beitrags an den Pensionsfonds gestellt werden.

Fraglich ist indes, ob nicht auch die Verteilung des Einmalbetrags in der Steuererklärung des Trägerunternehmens als Antrag zu werten ist. Da das Gesetz weder Form noch Frist explizit benennt, spricht aus unserer Sicht nichts gegen eine solche Auslegung. 122

(Einstweilen frei) 123–125

8. Abdeckung von Fehlbeträgen beim Fonds

Neben der Abzugsfähigkeit von Beiträgen zur Finanzierung der Versorgungsverpflichtung hat der Gesetzgeber auch ausdrücklich die Abzugsfähigkeit von Nachschüssen vorgesehen. Erfolgte die Beitragszahlung im Anschluss an eine Übertragung und wurde der Antrag nach §§ 4e Abs. 3 EStG i. V. m. § 3 Nr. 66 EStG gestellt, so gilt die Beitragsverteilung auf zehn Jahre auch für jede spätere Nachschusszahlung.[2] Ist das Trägerunternehmen zur Zahlung eines Nachschusses verpflichtet, so kann in sinngemäßer Anwendung der R 4c Abs. 5 EStR bereits zum Bilanzstichtag auch dann ein Passivposten gebildet werden, wenn der Nachschuss erst nach dem Bilanzstichtag geleistet werden muss. 126

Kommt es dagegen zu einer Erstattung von Pensionsfondsvermögen, da dieses nicht mehr länger für die Versorgung benötigt wird (bspw. weil der letzte Versorgungsberechtigte verstorben ist), so ist dieses korrespondierend als Betriebseinnahme zu erfassen. Es ist dabei nicht geklärt, ob auch die spätere Betriebseinnahme analog zum Nachschuss, auf zehn Wirtschaftsjahre verteilt werden kann. 127

(Einstweilen frei) 128–130

9. Abzugsverbot für Beiträge, die nicht betrieblich veranlasst sind

Beiträge für eine Zusage dürfen nach § 4e Abs. 2 EStG nur dann als Betriebsausgabe abgezogen werden, soweit diese auch bei einer fiktiven Direktzusage des Arbeitgebers betrieblich veranlasst gewesen wäre. Der Gesetzgeber lehnt sich bei der Prüfung der betrieblichen Veranlassung der Beitragszahlungen an die gefestigte Rechtsprechung und die umfangreichen Verwaltungsanweisen zur Direktzusage an. Da alleine auf die betriebliche Veranlassung abgestellt wird ist es u. E. auch zulässig, wenn eine Personengesellschaft nach einem Formwechsel aus einer Kapitalgesellschaft den erdienten Anteil der Direktzusage des damaligen beherrschenden Gesellschafter-Gesellschafters und jetzigen Mitunternehmers[3] auf den Pensionsfonds überträgt. 131

(Einstweilen frei) 132–140

---

1 Vgl. BFH v. 14. 9. 2005 – VI R 148/98, BStBl 2006 II 532.
2 BMF v. 26. 10. 2006, BStBl 2006 I 709.
3 Vgl. hierzu BayLfSt v. 23. 10. 2009 – S 1978a. 1.1, NWB DokID: OAAAD-33141; BMF v. 11. 11. 2011, BStBl 2011 I 1314.

III. Portabilität und Wechsel des Durchführungswegs

141 Mit dem Begriff der Portabilität wird gemeinhin die Übertragung einer bestehenden Versorgungsverpflichtung auf einen anderen Arbeitgeber bezeichnet. Erfolgt die Übertragung ohne Wechsel des Arbeitgebers, spricht man von einem Wechsel des Durchführungswegs bzw. einem Anbieterwechsel.

1. Beim Arbeitgeberwechsel

142 Wechselt ein Versorgungsberechtigter seinen Arbeitgeber, so sind die Regelungen des § 4 BetrAVG zu beachten. Sie sind *lex specialis* zur Schuldübernahme nach §§ 414 ff. BGB.[1] Der Arbeitnehmer besitzt dabei einen Rechtsanspruch auf Übernahme seiner Pensionsfondsversorgung (§ 4 Abs. 3 BetrAVG i.V. m. § 4 Abs. 2 Nr. 2 BetrAVG). Der bisherige Arbeitgeber muss dazu einen Übertragungswert in Höhe des gebildeten Kapitals an den neuen Arbeitgeber übergeben. Der Übertragungswert ist nach § 3 Nr. 55 EStG lohnsteuerfrei. Sowohl beim neuen, wie auch beim alten Arbeitgeber erfolgt die Übertragung ergebnisneutral.

143 Alternativ kann der neue Arbeitgeber aber auch in die bestehende Zusage eintreten (§ 4 Abs. 2 Nr. 1 BetrAVG). Hierzu wird lediglich der neue Arbeitgeber Vertragspartner des Pensionsfonds und der alte Arbeitgeber scheidet schuldbefreiend (§ 4 Abs. 6 BetrAVG) aus der Versorgung aus.

144–150 *(Einstweilen frei)*

2. Bei Liquidation des Trägerunternehmens

151 Im Rahmen der Liquidation eines Trägerunternehmens müssen alle Verpflichtungen erfüllt werden. Da der betrieblichen Altersversorgung stets arbeitsrechtlich eine Zusage des Arbeitgebers zugrunde liegt, muss diese mit schuldbefreiender Wirkung auf einen Dritten übertragen werden. Eine schuldbefreiende Übernahme durch den Pensionsfonds ist aber formaljuristisch aufgrund der Sonderregelung des § 4 Abs. 4 BetrAVG bei Personen, die dem Betriebsrentengesetz unterliegen nicht möglich. Stattdessen muss die Zusage zwingend auf eine Pensionskasse oder ein Unternehmen der Lebensversicherung übertragen werden. Dies ist u. E. nicht nachvollziehbar, da ein Pensionsfonds mit versicherungsförmiger Garantie das gleiche Maß an Sicherheit bieten könnte. Bei Personen, die nicht dem Betriebsrentengesetz unterliegen, wie beispielsweise Gesellschafter-Geschäftsführer, könnte die Übernahme dagegen gemäß §§ 414 ff. BGB mit schuldbefreiender Wirkung vereinbart werden.[2] Der Pensionsfonds wird dann aber natürlich auf eine versicherungsförmige Kalkulation bestehen.

152–155 *(Einstweilen frei)*

3. Wechsel des Durchführungswegs

156 Grundsätzlich kann eine Pensionsfondsversorgung durch jeden anderen Durchführungsweg ersetzt werden. In der Praxis wird wahrscheinlich nur der Fall anzutreffen sein, in dem eine Pensionsfondszusage im Wege der Subsidiärhaftung auf den Arbeitgeber übergeht. Handelt es sich beim Versorgungsberechtigten um einen Gesellschafter-Geschäftsführer, so löst der

---

1 BT-Drucks. 7/1281, 28.
2 Vgl. *Alt/Stadelbauer*, StB 2010, 199.

Wechsel des Durchführungswegs i. d. R. keine neuen Erdienbarkeitsfristen aus, soweit die Übertragung wertgleich erfolgt.[1]

Es ergeben sich folgende Auswirkungen:

157

Ablösender Durchführungsweg	Steuerliche Folge beim Arbeitgeber	Steuerliche Folge beim Arbeitnehmer
Direktzusage	▶ Die Bildung einer Pensionsrückstellung führt zur Betriebsausgabe. ▶ Die Rückübertragung des Pensionsfondsvermögens ist Betriebseinnahme.	▶ Die Rechtseinräumung aus der Direktzusage ist nicht steuerbar.
Unterstützungskasse	▶ An die Unterstützungskasse können nur beschränkt Beiträge gezahlt werden. ▶ Bei abweichenden Rechnungsgrundlagen können außerordentliche Erträge oder Aufwände entstehen.	▶ Die Zusage über die Unterstützungskasse ist nicht steuerbar.
Pensionskasse, Direktversicherung oder Pensionsfonds (Anbieterwechsel)	▶ Die Übertragung von Deckungskapitalen ist ergebnisneutral. ▶ Bei abweichenden Rechnungsgrundlagen können außerordentliche Erträge oder Aufwände entstehen	▶ Die Beitragszahlung ist nur im Rahmen des § 3 Nr. 63 EStG steuerfrei

§ 4f Verpflichtungsübernahmen, Schuldbeitritte und Erfüllungsübernahmen

[2](1) [1]Werden Verpflichtungen übertragen, die beim ursprünglich Verpflichteten Ansatzverboten, -beschränkungen oder Bewertungsvorbehalten unterlegen haben, ist der sich aus diesem Vorgang ergebende Aufwand im Wirtschaftsjahr der Schuldübernahme und den nachfolgenden 14 Jahren gleichmäßig verteilt als Betriebsausgabe abziehbar. [2]Ist auf Grund der Übertragung einer Verpflichtung ein Passivposten gewinnerhöhend aufzulösen, ist Satz 1 mit der Maßgabe anzuwenden, dass der sich ergebende Aufwand im Wirtschaftsjahr der Schuldübernahme in Höhe des aufgelösten Passivpostens als Betriebsausgabe abzuziehen ist; der den aufgelösten Passivposten übersteigende Betrag ist in dem Wirtschaftsjahr der Schuldübernahme und den nachfolgenden 14 Wirtschaftsjahren gleichmäßig verteilt als Betriebsausgabe abzuziehen. [3]Eine Verteilung des sich ergebenden Aufwands unterbleibt, wenn die Schuldübernahme im Rahmen einer Veräußerung oder Aufgabe des ganzen Betriebes oder des gesamten

---

1 BFH v. 7.3.2018 - I R 89/15, BFHE 261, 110.
2 **Anm. d. Red.:** Zur Anwendung des § 4f siehe § 52 Abs. 8.

Mitunternehmeranteils im Sinne der §§ 14, 16 Absatz 1, 3 und 3a sowie des § 18 Absatz 3 erfolgt; dies gilt auch, wenn ein Arbeitnehmer unter Mitnahme seiner erworbenen Pensionsansprüche zu einem neuen Arbeitgeber wechselt oder wenn der Betrieb am Schluss des vorangehenden Wirtschaftsjahres die Größenmerkmale des § 7g Absatz 1 Satz 2 Nummer 1 Buchstabe a bis c nicht überschreitet. ⁴Erfolgt die Schuldübernahme in dem Fall einer Teilbetriebsveräußerung oder -aufgabe im Sinne der §§ 14, 16 Absatz 1, 3 und 3a sowie des § 18 Absatz 3, ist ein Veräußerungs- oder Aufgabeverlust um den Aufwand im Sinne des Satzes 1 zu vermindern, soweit dieser den Verlust begründet oder erhöht hat. ⁵Entsprechendes gilt für den einen aufgelösten Passivposten übersteigenden Betrag im Sinne des Satzes 2. ⁶Für den hinzugerechneten Aufwand gelten Satz 2 zweiter Halbsatz und Satz 3 entsprechend. ⁷Der jeweilige Rechtsnachfolger des ursprünglichen Verpflichteten ist an die Aufwandsverteilung nach den Sätzen 1 bis 6 gebunden.

(2) Wurde für Verpflichtungen im Sinne des Absatzes 1 ein Schuldbeitritt oder eine Erfüllungsübernahme mit ganzer oder teilweiser Schuldfreistellung vereinbart, gilt für die vom Freistellungsberechtigten an den Freistellungsverpflichteten erbrachten Leistungen Absatz 1 Satz 1, 2 und 7 entsprechend.

Inhaltsübersicht

	Rz.
A. Allgemeine Erläuterungen	1 – 15
I. Normzweck und wirtschaftliche Bedeutung der Vorschrift	1 – 4
II. Entstehung und Entwicklung der Vorschrift	5
III. Geltungsbereich	6 – 8
IV. Vereinbarkeit mit höherrangigem Recht	9
V. Verhältnis zu anderen Vorschriften	10 – 15
B. Systematische Kommentierung	16 – 70
I. Generalnorm bei Übertragung bestimmter Verpflichtungen (§ 4f Abs. 1 Satz 1 EStG)	16 – 30
1. Begriff der Übertragung von Verpflichtungen und der Schuldübernahme	16 – 19
2. Ursprünglich Verpflichteter	20 – 22
3. Voraussetzungen des § 4f Abs. 1 Satz 1 EStG beim ursprünglich Verpflichteten	23 – 24
4. Rechtsfolge des § 4f Abs. 1 Satz 1 EStG (Grundfall): Aufwandsverteilung als Betriebsausgabenabzug	25 – 30
II. Sonderfall bei gleichzeitiger Auflösung eines Passivpostens beim ursprünglich Verpflichteten (§ 4f Abs. 1 Satz 2 EStG)	31 – 32
1. Voller Betriebsausgabenabzug bis zur Höhe des aufgelösten Passivpostens (§ 4f Abs. 1 Satz 2 1. Halbsatz EStG)	31
2. Verteilung des übersteigenden Betrags als Betriebsausgabenabzug über 15 Wirtschaftsjahre (§ 4f Abs. 1 Satz 2 2. Halbsatz EStG)	32
III. Ausnahmen, bei denen eine Aufwandsverteilung unterbleibt (§ 4f Abs. 1 Satz 3 EStG)	33 – 41
1. Veräußerung oder Aufgabe des ganzen Betriebes oder des gesamten Mitunternehmeranteils (Ausnahme-Alternative 1)	33 – 36
2. Wechsel des Arbeitnehmers zu einem neuen Arbeitgeber unter Mitnahme seiner erworbenen Pensionsansprüche (Ausnahme-Alternative 2)	37 – 38
3. Betrieb des Arbeitgebers überschreitet die Größenmerkmale des § 7g Abs. 1 EStG nicht (Ausnahme-Alternative 3)	39

Allgemeine Erläuterungen   1   § 4f EStG

4. Weitere Anwendungsfälle der Ausnahmeregelung .... 40 - 41
   a) Anwendung auch bei Asset Deal 40
   b) Keine Anwendung bei Auslagerung einer Direktzusage auf eine
      Unterstützungskasse oder einen Pensionsfonds 41
IV. Sonderfall der Teilbetriebsveräußerung oder -aufgabe mit Veräußerungs-
    oder Aufgabeverlust (§ 4f Abs. 1 Sätze 4 bis 6 EStG) .... 42 - 46
V. Bindung des Rechtsnachfolgers an die Aufwandsverteilung
   (§ 4f Abs. 1 Satz 7 EStG) .... 47 - 60
VI. Entsprechende Anwendung des § 4f Abs. 1 EStG auf Schuldbeitritt und
    Erfüllungsübernahme (§ 4f Abs. 2 EStG) .... 61 - 70
C. Verfahrensfragen 71

LITERATUR:

Benz/Placke, Die neue gesetzliche Regelung durch das AIFM-Steuer-Anpassungsgesetz zur „angeschafften Drohverlustrückstellung", DStR 2013, 2653; *Adrian/Fey*, Verpflichtungsübernahme nach dem AIFM-Steuer-Anpassungsgesetz, StuB 2014, 53; *Altendorf*, Passivierung „angeschaffter" Pensionsrückstellungen im Lichte des AIFM-StAnpG, GmbH-StB 2014, 79; *Förster/Staaden*, Übertragung von Verpflichtungen mit Ansatz- und Bewertungsvorbehalten, Ubg 2014, 1; *Fuhrmann*, Rechtsprechungsbrechende Gesetzgebung zur steuerrechtlichen Behandlung von Verpflichtungsübernahmen durch das AIFM-StAnpG, DB 2014, 13; *Hörhammer/Pitzke*, Verpflichtungsübernahme: Ansatzverbote, -beschränkungen und Bewertungsvorbehalte, NWB 2014, 426; *Korn/Strahl*, Die rechtsprechungsbrechende gesetzliche Kodifikation des mittelbaren Anschaffungsertrags, KÖSDI 2014, 18746; *Lüdenbach/Hoffmann*, Das Nichtanwendungsgesetz zur Hebung stiller Lasten, GmbHR 2014, 123; *Riedel*, Die Neuregelung der sog. angeschafften Rückstellungen nach § 4f und § 5 Abs. 7 EStG, FR 2014, 6; *Ronig/Geiermann*, Steuerliche Neuregelungen durch das AIFM-Steuer-Anpassungsgesetz, StBW 2014, 264; *Schindler*, Die Beschränkung der Hebung stiller Lasten auf der Seite des Übertragenden durch § 4f EStG, GmbHR 2014, 561; *Schultz/Debnar*, Übertragungen von Passiva im AIFM-StAnpG: Steuerliche Anschaffungserträge und Aufwandsverteilungen sind Realität, BB 2014, 107; *Schumann*, Neue Regelungen zur Verpflichtungsübernahme im Steuerrecht, EStB 2014, 65; *Veit/Hainz*, Steuerbilanzielle Zweifelsfragen beim AIFM-StAnpG im Hinblick auf betriebliche Versorgungsverpflichtungen, BB 2014, 1323; *Grützner*, Die Übernahme von Verpflichtungen in der steuerlichen Gewinnermittlung, StuB 2015, 17; *Hänsch*, Bilanzierung übertragener Pensionsverpflichtungen beim Übertrager (§ 4f EStG), BBK 17/2016; *Huth/Schulenberg*, Besonderheiten der Übertragung unmittelbarer Pensionsverpflichtungen beim Arbeitgeberwechsel, StuB 2016, 20; *Bolik*, BMF-Entwurf zu den Steuerfolgen der §§ 4f und 5 Abs. 7 EStG – Hebung stiller Lasten, StuB 2017, 156; *Bolik/Selig-Kraft*, Kaum zu heben - Steuerfolgen der Realisierung stiller Lasten nach dem BMF-Schreiben vom 30.11.2017, NWB 2018, 851; *Hänsch*, Aktuelles zu Schuldübernahmen, -beitritten und Erfüllungsübernahmen, BBK 2018, 321.

ARBEITSHILFEN UND GRUNDLAGEN ONLINE:

Hennemann/Hänsch, Übernahme von Verpflichtungen mit Ansatz- und Bewertungsvorbehalten nach §§ 4f und 5 Abs. 7 EStG, NWB DokID: UAAAF-74836.

A. Allgemeine Erläuterungen

I. Normzweck und wirtschaftliche Bedeutung der Vorschrift

Gesetzgeberische Reaktion auf BFH-Rechtsprechung: § 4f EStG und der damit im Zusammenhang stehende § 5 Abs. 7 EStG wurden geschaffen, um die ständige Rspr. des BFH zur Nichtanwendbarkeit steuerrechtlicher Passivierungsbeschränkungen bei Schuldübernahme von Ver-   1 pflichtungen durch eine andere Person[1] oder Schuldbeitritt[2] außer Kraft zu setzen.[3] Aus Sicht des Gesetzgebers führte jene Rspr. zu ungünstigen fiskalischen Wirkungen[4] und zu möglichen missbräuchlichen Gestaltungen in Konzernen.[5]

2 **Problem nicht marktgerechter Bewertung:** Die Problematik zeigt sich sehr anschaulich bei PensRSt. Wird nämlich eine unmittelbare Pensionsverpflichtung (Direktzusage) auf einen Übernehmer entgeltlich (z. B. 100 000 €) übertragen, so übersteigt dieser Betrag regelmäßig den Teilwert i. S.v. § 6a Abs. 3 EStG deutlich, mit dem die zugehörigen Pensionsrückstellung in der Steuerbilanz des ursprünglich Verpflichteten passiviert waren (z. B. 55 000 €); die meist erhebliche Differenz hat ihren Grund in der nicht marktgerechten steuerrechtlichen Bewertung von Pensionsverpflichtungen, da § 6a EStG insbesondere weder einen marktorientierten Zins (nach wie vor sind 6 % kodifiziert)[6] noch eine der Versicherungswirtschaft entsprechende Sterbetafel noch eine Einbeziehung der Rentenanpassung gem. § 16 BetrAVG zulässt und darüber hinaus ein Mindestalter von 27 (für Zusagen, die nach dem 31. 12. 2017 erteilt werden: 23) für die erstmalige Rückstellungsbildung fordert. Beim ursprünglich Verpflichteten führen jene 100 000 € zu Aufwand, die ausgebuchte Pensionsrückstellung zu Ertrag. In Höhe der Differenz (im Beispiel 45 000 €) wird die in der Pensionsrückstellung liegende stille Last nach Auffassung des BFH realisiert,[7] so dass 45 000 € im Wj. der Schuldübernahme gewinnmindernd abzugsfähig sind.

3 Der Übernehmer der Schuld (im Beispiel: Direktzusage) ist nach Auffassung der Rspr. bei der Passivierung der übernommenen Verpflichtung (im Beispiel: Pensionsrückstellung) nicht an den Bewertungsvorbehalt (im Beispiel: § 6a EStG) gebunden, da ansonsten ein erfolgsneutraler Anschaffungsvorgang, der auch für übernommene Passivposten zu gelten hat,[8] nicht möglich wäre,[9] was einen Verstoß gegen das handelsrechtliche Realisationsprinzip[10] zur Folge hätte. In der Übernehmer-Bilanz fällt daher nach Auffassung der Rspr. kein korrespondierender Erwerbsgewinn an. Um dieses fundamentale Ziel z. B. im Falle der Übernahme einer Direktzusage zu erreichen, hat der Übernehmer diese nach Meinung des BFH nicht nur im Zeitpunkt der Übernahme als ungewisse Verbindlichkeit in Höhe des erhaltenen Entgeltes (im Beispiel: 100 000 €) nach § 6 Abs. 1 Nr. 3 EStG zu passivieren, sondern auch an den nachfolgenden Bilanzstichtagen auf diesem Wert aufzubauen.[11] Jener Grundsatz der erfolgsneutralen Behandlung bei der Anschaffung auch von Passivpositionen greift nach Meinung des BFH nicht nur

---

1 BFH v. 17. 10. 2007 - I R 61/06, BStBl 2008 II 555; BFH v. 14. 12. 2011 - I R 72/10, BStBl 2017 II 1226, BFH/NV 2012, 635 = NWB DokID: GAAAE-03246; BFH v. 12. 12. 2012 - I R 69/11, BStBl 2017 II 1232, BFH/NV 2013, 840 = NWB DokID: KAAAE-32296.
2 BFH v. 16. 12. 2009 - I R 102/08, BStBl 2011 II 566; BFH v. 26. 4. 2012 - IV R 43/09, BStBl 2017 II 1228, BFH/NV 2012, 1248 = NWB DokID: QAAAE-10991.
3 Nichtanwendungs-Gesetz, vgl. *Altendorf*, GmbH-StB 2014, 79.
4 BR-Drucks. 740/13, 75.
5 Vgl. BT-Drucks. 18/68, 73 „um Gestaltungen vorzubeugen".
6 Nach Auffassung des FG Köln (10 K 977/17) ist die aktuelle Höhe des Rechnungszinses von 6 % bezogen auf das Streitjahr 2015 verfassungswidrig. Daher beschloss der erkennende Senat am 12.10.2017, das Klageverfahren 10 K 977/17 auszusetzen und das BVerfG anzurufen.
7 Vgl. BFH v. 26. 4. 2012 - IV R 43/09, BStBl 2017 II 1228, BFH/NV 2012, 1248, Rz. 21 = NWB DokID: QAAAE-10991, für den Sonderfall des Schuldbeitritts.
8 Vgl. auch: BMF v. 30.11.2017, BStBl 2017 I 1619, vor Rz. 1; BMF v. 24. 6. 2011, BStBl 2011 I 627, Rz. 3 (aufgehoben durch BMF v. 30.11.2017, BStBl 2017 I 1619, Rz. 34).
9 BFH v. 12. 12. 2012 - I R 69/11, BStBl 2017 II 1232, BFH/NV 2013, 840, Rz. 22 bis 27 = NWB DokID: KAAAE-32296.
10 § 252 Abs. 1 Nr. 4 2. Halbsatz HGB; BFH v. 12. 12. 2012 - I R 69/11, BFH/NV 2013, 840, Rz. 23 = NWB DokID: KAAAE-32296.
11 Vgl. BFH v. 12. 12. 2012 - I R 69/11, BFH/NV 2013, 840, Rz. 25 f. = NWB DokID: KAAAE-32296.

beim Erwerb von Verpflichtungen Platz, die – wie Pensionsverpflichtungen – unter einem Bewertungsvorbehalt (hier: § 6a EStG) stehen, sondern auch bei der Übernahme von steuerrechtlich beim ursprünglich Verpflichteten nicht bilanzierten – da einem Ansatzverbot oder einer -beschränkung unterliegenden – Verbindlichkeiten.[1]

Auffassung der Finanzverwaltung: Die FinVerw vertrat hinsichtlich der Wirkungen beim Übernehmer eine andere Auffassung[2] und stellte einen Erwerbsgewinn in der ersten für die Besteuerung maßgebenden Schlussbilanz nach der Übernahme von Verpflichtungen fest. Der Gesetzgeber schwächt die sich daraus ergebende gewinnerhöhende Wirkung durch den ab 28.11.2013 anzuwendenden § 5 Abs. 7 EStG ab, indem durch Einführung einer steuerfreien Rücklage die Verteilung des Erwerbsgewinns über max. 15 Jahre ermöglicht wird. Um beim ursprünglich Verpflichteten eine Korrespondenz herbeizuführen, hat der Gesetzgeber im neuen § 4f EStG (Entwicklung vgl. → Rz. 5) eine grds. Verteilung des in → Rz. 2 beschriebenen Aufwandsüberhangs (im Beispiel → Rz. 2: 45 000 €) über 15 Jahre gleich mitgeregelt.

4

II. Entstehung und Entwicklung der Vorschrift

§ 4f EStG a. F. beinhaltete die steuerliche Abzugsfähigkeit erwerbsbedingter Kinderbetreuungskosten, galt für die VZ 2006 bis 2008 und wurde durch das FamLeistG v. 22.12.2008[3] zugunsten einer Regelung in § 10 Abs. 1 Nr. 5 EStG aufgehoben. Der aktuell gültige § 4f EStG i. d. F. des Gesetzes zur Anpassung des Investmentsteuergesetzes und anderer Gesetze an das AIFM-Umsetzungsgesetz[4] regelt die steuerliche Behandlung der Übertragung von Verpflichtungen, die bei den ursprünglich Verpflichteten Passivierungsbeschränkungen (Ansatzverboten, -beschränkungen und Bewertungsvorbehalten) unterlegen haben. Gemäß § 52 Abs. 8 EStG ist die Vorschrift erstmals für Wj. anzuwenden, die nach dem 28.11.2013 enden.

5

III. Geltungsbereich

Der sachliche Geltungsbereich betrifft die Schuldübernahme i. S. v. §§ 414 f. BGB und gem. § 4f Abs. 2 EStG auch den Schuldbeitritt sowie die Erfüllungsübernahme (§ 329 BGB). Grundlage ist dabei immer eine Schuldverpflichtung, die Ansatzverboten, -beschränkungen oder Bewertungsvorbehalten unterliegt. Darunter sind insbesondere die steuerrechtlichen Abweichungen von den handelsbilanziellen Grundsätzen (insbes. § 5 Abs. 2a bis 4b, § 6 Abs. 1 Nr. 3 und 3a sowie § 6a EStG) zu verstehen.

6

Der persönliche Geltungsbereich des § 4f EStG erstreckt sich ausschließlich auf unbeschränkt oder beschränkt stpfl. Bilanzierende, da § 4f Abs. 1 Satz 1 EStG von „Ansatzverboten, -beschränkungen oder Bewertungsvorbehalten" spricht; es kann sich um Einzelunternehmen, Personengesellschaften oder i. V. m. § 8 Abs. 1 KStG Körperschaften handeln. Die Vorschrift bezieht sich auf denjenigen Steuerpflichtigen, der eine Schuldverpflichtung bislang in seiner Steuerbilanz ganz oder teilweise passiviert hatte („Ansatzbeschränkungen oder Bewertungsvorbehal-

7

---

1 Z. B. im Zusammenhang mit Drohverlust- oder Jubiläumsrückstellungen, vgl.: BFH v. 17.10.2007 - I R 61/06, BStBl 2008 II 555, m. w. N.; BFH v. 16.12.2009 - I R 102/08, BStBl 2011 II 566; BFH v. 14.12.2011 - I R 72/10, BStBl 2017 II 1226, BFH/NV 2012, 635 = NWB DokID: GAAAE-03246; BFH v. 26.4.2012 - IV R 43/09, BStBl 2017 II 1226, BFH/NV 2012, 1248 = NWB DokID: QAAAE-10991.
2 BMF v. 24.6.2011, BStBl 2011 I 627, Rz. 4 und 5 (aufgehoben durch BMF v. 30.11.2017, BStBl 2017 I 1619, Rz. 34).
3 BGBl 2008 I 2955.
4 AIFM-StAnpG v. 18.12.2013, BGBl 2013 I 4318; zur Gesetzesbegründung: BT-Drucks. 18/68, 73; BR-Drucks. 740/13, 75.

te") oder aufgrund eines „Ansatzverbotes" nicht passivieren durfte („ursprünglich Verpflichtete") und sie nun auf einen Erwerber überträgt.

8 **Zeitlicher Geltungsbereich:** Gemäß § 52 Abs. 8 ist § 4f EStG i. d. F. des Gesetzes zur Anpassung des Investmentsteuergesetzes und anderer Gesetze an das AIFM-Umsetzungsgesetz[1] erstmals für Wj. anzuwenden, die nach dem 28. 11. 2013 enden.

IV. Vereinbarkeit mit höherrangigem Recht

9 Die Literatur zweifelt m. E. z. T. zu Recht an der Verfassungsmäßigkeit des § 4f EStG vor dem Hintergrund des Grundsatzes der Besteuerung nach der finanziellen Leistungsfähigkeit gem. Art. 3 GG.[2] Der BFH hat in mehrfacher Rspr. klar zum Ausdruck gebracht, dass bei Schuldübernahmen und -beitritten der fundamentale GoB der Realisation auf Seiten des Übernehmers bzw. Beitretenden Vorrang hat vor rein fiskalisch motivierten, steuerrechtlichen „Ansatzverboten, -beschränkungen oder Bewertungsvorbehalten", da es nach Auffassung der höchstrichterlichen Finanzrspr. keine Ausnahme zur Regel der erfolgsneutralen Anschaffung geben darf. Auch innerhalb der Anwendung der Vorschrift gibt es verfassungsrechtliche Bedenken, nämlich bei der in § 4f Abs. 1 Satz 3 2. Halbsatz EStG verankerten Rückausnahme für kleine Betriebe, die am Schluss des vorangehenden Wj. die Größenmerkmale des § 7g Abs. 1 Satz 2 Nr. 1 Buchst. a bis c EStG nicht überschreiten.[3] Im Übrigen werden Zweifel an der Verhältnismäßigkeit der Frist von 15 Jahren geäußert.[4]

V. Verhältnis zu anderen Vorschriften

10 § 4f EStG bildet eine gewisse Einheit mit dem ebenfalls durch AIFM-StAnpG v. 18. 12. 2013[5] eingefügten und erstmals für Wj., die nach dem 28. 11. 2013 enden (§ 52 Abs. 9 EStG), anzuwendenden § 5 Abs. 7 EStG (vgl. KKB/Bisle/Dönmez, § 5 EStG Rz. 406). Während ersterer beim ursprünglich Verpflichteten gilt, ist § 5 Abs. 7 EStG beim Übernehmer der durch Passivierungsbeschränkungen gekennzeichneten Verbindlichkeiten anzuwenden. Darüber hinaus steht § 4f EStG i. V. m. all jenen Vorschriften, welche beim ursprünglich Verpflichteten Passivierungsbeschränkungen (Ansatzverboten, -beschränkungen und Bewertungsvorbehalten) kodifizieren, d. h. insbesondere § 5 Abs. 4, 4a und 4b sowie § 6a EStG. § 4f EStG findet keine Anwendung bei Auslagerung einer Direktzusage auf einen Pensionsfonds, da § 4e Abs. 3 EStG dann „lex specialis" ist.[6] Das bei einer Übertragung von Direktzusagen auf Pensionsfonds bestehende Wahlrecht zur Verteilung der Betriebsausgaben gem. § 4e Abs. 3 i. V. m. § 3 Nr. 66 EStG bleibt unberührt.[7]

11–15 *(Einstweilen frei)*

---

1 AIFM-StAnpG v. 18. 12. 2013, BGBl 2013 I 4318.
2 Vgl. *Lüdenbach/Hoffmann*, GmbHR 2014, 123; *Schindler*, GmbHR 2014, 561; *Adrian/Fey*, StuB 2014, 53; *Korn/Strahl*, KÖSDI 2014, 18746; a. A. HHR/*Schober*, § 4f EStG Rz. J 13-4; *Weber-Grellet* in Schmidt, § 4f EStG Rz. 1.
3 Vgl. *Riedel*, FR 2014, 6, 9.
4 *Kirchhof/Schindler*, § 4f EStG Rz. 6.
5 BGBl 2013 I 4318.
6 Vgl. BMF v. 30.11.2017, BStBl 2017 I 1619, Rz. 4.
7 Vgl. BMF v. 30.11.2017, BStBl 2017 I 1619, Rz. 4.

B. Systematische Kommentierung

I. Generalnorm bei Übertragung bestimmter Verpflichtungen (§ 4f Abs. 1 Satz 1 EStG)

1. Begriff der Übertragung von Verpflichtungen und der Schuldübernahme

Verpflichtungsübernahmen: § 4f EStG erfasst vertragliche (§ 414 BGB) und gesetzliche Verpflichtungsübernahmen.[1] Die Übertragung von Verpflichtungen (Schuldübernahme auf Seiten des Erwerbers) muss zunächst von dem in § 4f Abs. 2 EStG geregelten Schuldbeitritt und der Erfüllungsübernahme mit ganzer oder teilweiser Schuldfreistellung abgegrenzt werden. Für Letztere gelten lediglich die Sätze 1, 2 und 7 des Abs. 1 entsprechend.[2] Im Gegensatz zu Schuldbeitritt und Erfüllungsübernahme (§ 329 BGB) bedingt die Schuldübernahme i.S.v. § 4f Abs. 1 Satz 1 EStG einen zivilrechtlichen Schuldnerwechsel. Bei Einzelrechtsnachfolge (§§ 414, 415 BGB) erfordert der Schuldnerwechsel die Zustimmung des jeweiligen Gläubigers, auch, wenn diese gesetzlich angeordnet wird (z.B. § 613a BGB). Ist Grundlage des Schuldnerwechsels die Gesamtrechtsnachfolge (z.B. nach dem UmwG oder im Falle einer Anwachsung), ist die Zustimmung des jeweiligen Gläubigers nicht erforderlich.

16

Auch gibt es Fälle, die eine Schuldübernahme gesetzlich ausschließen, so z.B. bei der Übertragung von Pensionsverpflichtungen der betrieblichen Altersversorgung. § 4 Abs. 2 i.V.m. Abs. 1 BetrAVG gestattet diese ausschließlich nach Beendigung des Arbeitsverhältnisses im Einvernehmen des ehemaligen mit dem neuen ArbG sowie dem ArbN. Verbleibt der ArbN in seinem bisherigen Arbeitsverhältnis, ist die Schuldübernahme einer unmittelbaren Pensionszusage gesetzlich verboten. Möchte daher z.B. eine Konzerngesellschaft die Pensionsverpflichtungen eines anderen verbundenen Unternehmens übernehmen (weil die potenzielle Übernehmerin z.B. als Verwaltungseinheit für die gesamte betriebliche Altersversorgung des Konzerns eingerichtet wurde), ohne jedoch in die Arbeitsverträge der Begünstigten ArbN einzutreten, müssen an die Stelle der Schuldübernahme der Schuldbeitritt oder die Erfüllungsübernahme treten, die in Abs. 2 geregelt sind.

17

„Verpflichtungen" werden von der Literatur teilweise weit gefasst, indem sie auch Innenverpflichtungen darunter subsumiert, also jene anstehenden Aufwände, die nicht gegenüber einem fremden Dritten, sondern als Obliegenheit gegenüber sich selbst bestehen.[3] Diese Interpretation ist u.E. nicht durch § 4f EStG gedeckt. Schon mit dem Wortlaut „beim ursprünglich Verpflichteten" ist sie nicht kompatibel und erst Recht nicht mit dem Begriff „Schuldübernahme" denn dieser erfordert gem. § 414 BGB „Schuld, Gläubiger und bisherigen Schuldner" und keine dieser drei Voraussetzungen ist bei einer Innenverpflichtung erfüllt.

18

Lediglich entgeltliche Übertragungen werden von § 4f EStG, erfasst, da bei unentgeltlichen Vorgängen kein Aufwand entstehen kann, der über 15 Wj. zu verteilen wäre.

19

---

1 Z.B. § 613a BGB; vgl. OFD Magdeburg v. 2.6.2014 - S 2133-27-St 21, vor 1.
2 Vgl. BMF v. 30.11.2017, BStBl 2017 I 1619, Rz. 25.
3 Z.B. Instandsetzungsmaßnahmen oder Altlastenentsorgungen, vgl. *Kirchhof/Gosch*, § 4f EStG Rz. 10; *Frotscher/Geurts*, § 4f EStG Rz. 9.

2. Ursprünglich Verpflichteter

20 „Ursprünglich Verpflichteter" i. S. v. § 4f Abs. 1 Satz 1 EStG ist derjenige, der durch die Schuldübernahme von einer Verbindlichkeit befreit wird. Wurde die betreffende Verpflichtung vorher bereits (mehrfach) übertragen, so ist § 4f Abs. 1 Satz 1 EStG u. E. auf den bisher Letztübertragenden der Kette anzuwenden.[1] In Bezug auf die beim Verpflichtungsübernehmer anzuwendende Korrespondenzvorschrift des § 5 Abs. 7 EStG gilt nach Meinung der FinVerw derjenige als gem. § 5 Abs. 7 Satz 1 EStG „ursprünglich verpflichtet", der die Schuld erstmalig begründet hat.[2] Diese Auffassung lässt sich jedoch u. E. auf § 4f EStG nicht übertragen, da dessen persönlicher Geltungsbereich (vgl. → Rz. 7) denjenigen Stpfl. (Letztübertragenden) erfasst, der eine Schuldverpflichtung bislang in seiner Steuerbilanz ganz oder teilweise passiviert hatte oder aufgrund eines „Ansatzverbotes" nicht passivieren durfte und sie nun auf einen Erwerber überträgt; die steuerrechtlichen Rahmenbedingungen des Erstübertragenden mögen nach jener Auffassung der FinVerw für § 5 Abs. 7 Satz 1 EStG relevant sein, für den Letztübertragenden hingegen, für den § 4f EStG gilt, ist dies hingegen u. E. irrelevant. Dies gilt auch für die im Zusammenhang mit Pensionsverpflichtungen in § 5 Abs. 7 Satz 4 EStG kodifizierte Sonderregelung, für die das BMF-Schreiben v. 30.11.2017 ausnahmsweise denjenigen als „ursprünglich verpflichtet" ansieht, der zuletzt die Sonderregelung[3] angewendet hat: auch in diesem Fall gilt als „ursprünglich Verpflichteter" i. S. v. § 4f Abs. 1 Satz 1 EStG der Letztübertragende.

21 Überträgt der Erwerber die Verpflichtung im Wj. des Erwerbs weiter, ergibt sich ein Zusammenspiel mit § 5 Abs. 7 EStG. Gemäß Satz 1 dieser Vorschrift ist die diesbzgl. Passivierungsbeschränkung (vgl. → Rz. 17 ff.) erstmals auf den der Übernahme folgenden Abschlussstichtag anzuwenden, nicht hingegen auf den Übernahmezeitpunkt. Ohne Passivierungsbeschränkung jedoch kann § 4f EStG keine Anwendung finden (vgl. → Rz. 23 ff.). Diese Konsequenz ist u. E. auch folgerichtig, da der weiterübertragende Erwerber ansonsten neben dem Nachteil des § 5 Abs. 7 EStG (Besteuerung eines Erwerbsgewinns, vgl. → Rz. 3 f.) gleichzeitig noch den Nachteil des § 4f EStG (Verteilung des Aufwandsüberhangs über 15 Jahre) zu tragen hätte.

22 **Bei Einnahmenüberschuss-Rechnern** i. S. v. § 4 Abs. 3 EStG findet § 4f EStG keine Anwendung, da in Ermangelung von Passivposten auch keine Passivierungsbeschränkungen (vgl. → Rz. 23 ff.) vorliegen können.[4]

3. Voraussetzungen des § 4f Abs. 1 Satz 1 EStG beim ursprünglich Verpflichteten

23 **Drei Arten von Passivierungsbeschränkungen** fallen in den Anwendungsbereich des § 4f EStG. Sie resultieren aus Durchbrechungen der Maßgeblichkeit der Handelsbilanz für die Steuerbilanz:[5]

► Vollständige Ansatzverbote: § 5 Abs. 4a Satz 1, Abs. 4b Satz 1 EStG;

► Ansatzbeschränkungen: § 5 Abs. 2a, 3, 4 und 5 Satz 1 Nr. 2, § 6a Abs. 1 und 2 EStG[6] und

► Bewertungsvorbehalte: § 6 Abs. 1 Nr. 3 und 3a, § 6a Abs. 3 bis 5 EStG.

---

1 Vgl. *Frotscher/Geurts*, EStG, § 4f, Rz. 14; *Benz/Placke*, DStR 2013, 2653; *Adrian/Fey*, StuB 2014, 53, 55; *Schultz/Debnar*, BB 2014, 107; a. A. HHR/*Schober*, § 4f EStG Rz. J 13-9.
2 Vgl. BMF v. 30.11.2017, BStBl 2017 I 1619, Rz. 9.
3 Vgl. BMF v. 30.11.2017, BStBl 2017 I 1619, Rz. 28.
4 Vgl. *Schultz/Debnar*, BB 2014, 107; *Schumann*, EStB 2014, 65.
5 § 5 Abs. 1 Satz 1 EStG, vgl. OFD Magdeburg v. 2. 6. 2014 - S 2133-27-St 21; Übersicht in *Benz/Placke*, DStR 2013, 2653.
6 Auch z. B. insoweit, wie eine Überversorgung besteht, vgl. BMF v. 3. 11. 2004, BStBl 2004 I 1045, Rz. 20.

Rein handelsrechtliche Passivierungsbeschränkungen (z. B. § 249 Abs. 2 Satz 1 HGB) sind nicht relevant, da § 4f EStG auf Abweichungen zwischen Handels- und Steuerbilanz ausgerichtet ist.[1]

4. Rechtsfolge des § 4f Abs. 1 Satz 1 EStG (Grundfall): Aufwandsverteilung als Betriebsausgabenabzug

§ 4f Abs. 1 Satz 1 EStG regelt als Grundsatznorm, dass der sich aus der Übertragung der Verpflichtung ergebende Aufwand (vgl. → Rz. 19 und → Rz. 26) beim Übertragenden (vgl. → Rz. 20 ff.) nicht sofort steuerlich abzugsfähig, sondern über 15 Jahre (Wj. der Übertragung und nachfolgende 14 Jahre) gleichmäßig zu verteilen ist.

Aufwand i. S. d. § 4f EStG ist ausschließlich der aus der Realisierung der stillen Last resultierende Betrag.[2] Etwaige Veräußerungskosten sind demnach weiterhin sofort abziehbar. Andererseits kann ein zu verteilender Aufwand aus einem Übertragungsvorgang auch dann nicht mit Gewinnen aus anderen Geschäftsvorfällen verrechnet werden, wenn diese Gewinne in einem mittelbaren oder unmittelbaren Zusammenhang mit dem Aufwand aus dem Übertragungsvorgang stehen.[3]

Aufwandsverteilung: Übernimmt ein Erwerber eine Schuld, für die der Übertragende (vgl. → Rz. 20 ff.) z. B. eine Rückstellung für drohende Verluste aus schwebenden Geschäften gem. § 249 Abs. 1 Satz 1 HGB in der Handelsbilanz bilden musste, in der Steuerbilanz infolge § 5 Abs. 4a EStG jedoch nicht bilden durfte, und zahlt er dafür einen Ausgleich i. H. v. z. B. 15 000 €, so darf der Übertragende jenen Aufwand nicht in voller Höhe, sondern lediglich zu 1/15 (1 000 €) im Wj. der Leistungserbringung als Betriebsausgabe abziehen. Die restlichen 14/15 (14 000 €) sind gleichmäßig (zu je 1 000 €) auf die folgenden 14 Jahre zu verteilen. In Ermangelung einer entsprechenden steuerlichen Rückstellung (Ansatzverbot, vgl. → Rz. 23) kann keine Auflösung eines solchen passiven Wirtschaftsgutes erfolgen, so dass der gesamte Aufwand (15 000 €) wie dargestellt zu verteilen ist; dasselbe Ergebnis hätte sich bei einer Ansatzbeschränkung (z. B. Jubiläumsrückstellung) eingestellt. Hätte der Übertragende zusätzlich z. B. 500 € für die Vermittlung des Erwerbers gezahlt (Veräußerungskosten), wären diese von der Verteilung des Abs. 1 nicht betroffen, sondern im Wj. ihrer Belastung in voller Höhe als Aufwand zu behandeln gewesen.

Außerbilanzielle Korrektur: Da der Vermögenstransfer des Übertragenden (vgl. → Rz. 20 ff.) an den Erwerber der Schuld zunächst Aufwand und damit eine Vermögensminderung darstellt, reduziert er das Eigenkapital in der Steuerbilanz. Eine Korrektur durch Reduzierung des Aufwands bzw. eine Ertragsbuchung innerhalb Bilanz/GuV verbietet sich daher. FinVerw und Literatur schlagen – wie im Fall einer nicht abziehbaren Betriebsausgabe z. B. i. S. v. § 4 Abs. 5 EStG – eine außerbilanzielle Gewinnerhöhung mit Hilfe eines Merkpostens (14/15 des Gesamtaufwandes im Wj. der Belastung des Übertragenden) vor, der in den folgenden 14 Jahren linear zu verteilen und insoweit außerbilanziell abzuschreiben ist.[4] Auch ein Ausgleichsposten innerhalb

---

1 *Schindler*, GmbHR 2014, 561; *Adrian/Fey*, StuB 2014, 53.
2 Vgl. OFD Magdeburg v. 2. 6. 2014 - S 2133-27-St 21, unter 1.
3 Vgl. BMF v. 30.11.2017, BStBl 2017 I 1619, Rz. 17.
4 Vgl. BMF v. 30.11.2017, BStBl 2017 I 1619, Rz. 16, *Weber-Grellet* in Schmidt, § 4f EStG Rz. 2; *Kirchhof/Gosch*, § 4f EStG Rz. 14; *Korn/Strahl*, KÖSDI 2014, 18746; *Fuhrmann*, DB 2014, 13; *Benz/Placke*, DStR 2013, 2653; *Schindler*, GmbHR 2014, 561; *Schumann*, EStB 2014, 65; *Altendorf*, GmbH-StB 2014, 79.

der Steuerbilanz wird vorgeschlagen.[1] U. E. ist die Bildung eines aktiven RAP i. H. v. 14/15 des Gesamtaufwandes im Wj. der Belastung des Übertragenden nach dem Muster eines Disagios[2] zulässig, welches in den nachfolgenden 14 Wj. gleichmäßig zu je 1/14 aufwandswirksam innerhalb der Bilanz abzuschreiben ist, da kein Verstoß gegen § 5 Abs. 5 Satz 1 Nr. 1 EStG vorliegt.

29 Wendet der Übertragende (vgl. → Rz. 20 ff.) dem Erwerber der Schuld einen Sachwert an Stelle einer Barzahlung zu, ist, bei Übertragung von Anteilen an Körperschaften, Personenvereinigungen und Vermögensmassen, deren Leistungen beim Empfänger zu Einnahmen i. S. d. § 20 Abs. 1 Nr. 1 und Abs. 9 EStG gehören (z. B. Aktien) und daher unter § 3c Abs. 2 Satz 1 EStG oder § 8b Abs. 3 Satz 3 KStG fallen, die Rangordnung jener beiden Vorschriften zu § 4f EStG zu klären. M. E. hat § 4f EStG Vorrang, da der Aufwand i. S. v. § 4f Abs. 1 Satz 1 EStG zunächst als Verbindlichkeit beim Übertragenden erfasst wird. Erst im zweiten Schritt werden die Sachwerte zur Erfüllung dieser Verbindlichkeit übertragen; insoweit entsteht keine steuerlich unbeachtliche Betriebsvermögensminderung i. S. d. § 3c Abs. 2 Satz 1 EStG oder § 8b Abs. 3 Satz 3 KStG.[3]

30 **Wirtschaftsjahr oder Kalenderjahr:** § 4f Abs. 1 Satz 1 EStG spricht im Übertragungszeitpunkt vom „Wirtschaftsjahr" (Wj.), stellt jedoch für den Verteilungszeitraum auf „14 Jahre" ab. Wären damit Zeitjahre, beginnend mit dem zweiten Wj. gemeint, würden Rumpfwirtschaftsjahre für die Verteilung bedeutungslos werden, wodurch sich allerdings eine Kollision mit § 4f Abs. 1 Satz 2 2. Halbsatz EStG ergäbe, der den Verteilungszeitraum auf „14 Wj." festlegt.[4] Eine derartige unterschiedliche Handhabung in beiden Sätzen ist auch nach Meinung der FinVerw sachlich unbegründet, weshalb das BMF-Schreiben v. 30. 11. 2017 auch für Satz 1 auf „14 Wj." abstellt.[5]

II. Sonderfall bei gleichzeitiger Auflösung eines Passivpostens beim ursprünglich Verpflichteten (§ 4f Abs. 1 Satz 2 EStG)

1. Voller Betriebsausgabenabzug bis zur Höhe des aufgelösten Passivpostens (§ 4f Abs. 1 Satz 2 1. Halbsatz EStG)

31 § 4f Abs. 1 Satz 2 EStG stellt eine Erweiterung des Satzes 1 für den Sonderfall dar, dass aufgrund der Schuldübernahme ein Passivposten gewinnerhöhend aufzulösen ist. Jener Sonderfall tritt bei Bewertungsvorbehalten (vgl. → Rz. 23) ein (z. B. im Zusammenhang mit Pensionsrückstellungen, da deren steuerlicher Teilwert gem. § 6a Abs. 3 EStG insbesondere wg. des unrealistisch hohen Rechnungszinses von 6 % – zu weiteren Details vgl. → Rz. 2 – i. d. R. erhebliche stille Lasten enthält), kann aber auch im Zusammenhang mit Ansatzbeschränkungen entstehen (z. B. im Falle einer Überversorgung im Zusammenhang mit einer unmittelbaren Pensionszusage, weil insoweit eine Pensionsrückstellung i. S. v. § 6a EStG nicht gebildet werden darf).[6] Jener Sonderfall ist daher gekennzeichnet durch eine steuerbilanzielle Verbindlichkeit, deren Wert niedriger ist als die tatsächliche Belastung des Übertragende (vgl. → Rz. 20 ff.). Aufgrund der Übertragung ist die Verbindlichkeit auszubuchen, was, isoliert betrachtet, zu einem

---

1 Vgl. *Riedel*, FR 2014, 6; *Schultz/Debnar*, BB 2014, 107.
2 Vgl. H 6.10 „Damnum" und „Zinsfestschreibung" EStH; BFH v. 19. 1. 1978 - IV R 153/72, BStBl 1978 II 262; BFH v. 21. 4. 1988 - IV R 47/85, BStBl 1989 II 722.
3 Ebenso: *Frotscher/Geurts*, § 4f EStG Rz. 18.
4 Vgl. *Frotscher/Geurts*, § 4f EStG Rz. 21.
5 Vgl. BMF v. 30. 11. 2017, BStBl 2017 I 1619, Rz. 16.
6 Vgl. BMF v. 3. 11. 2004, BStBl 2004 I 1045, Rz. 20.

Ertrag in der GuV führt. Die Gegenleistung, die der Übertragende dem Erwerber zuwendet (Aufwand), übersteigt jenen Ertrag. Bis zur Höhe jenes Ertrages (aufgelöster Passivposten) darf der Aufwand in voller Höhe steuermindernd im Wj. der Übertragung abgesetzt werden. Dabei ist immer auf die am vorangegangenen Bilanzstichtag angesetzten Passivposten abzustellen, soweit die Auflösung auf der Übertragung der Verpflichtung beruht; der Bilanzansatz in einer im Zusammenhang mit einem Umwandlungssteuervorgang zum Umwandlungsstichtag erstellten steuerlichen Schlussbilanz ist insoweit unbeachtlich.[1] Eine Zugrundelegung fiktiver Passivposten, welche sich zu einem Umwandlungsstichtag oder zum Bilanzstichtag des Wirtschaftsjahres ergeben hätten, in dem die Übertragung der Verpflichtung vorgenommen wurde, kommt daher nicht in Betracht.[2]

2. Verteilung des übersteigenden Betrags als Betriebsausgabenabzug über 15 Wirtschaftsjahre (§ 4f Abs. 1 Satz 2 2. Halbsatz EStG)

Soweit der Aufwand (vgl. → Rz. 26 und → Rz. 31) den Ertrag übersteigt (Aufwandsüberhang), ist analog Satz 1 (vgl. → Rz. 25 ff.) eine gleichmäßige Verteilung des Aufwandsüberhangs über 15 Wj. vorzunehmen. Veräußerungskosten sind u. E. im Wj. ihrer Entstehung in voller Höhe abziehbar (vgl. → Rz. 26 f.). 32

III. Ausnahmen, bei denen eine Aufwandsverteilung unterbleibt (§ 4f Abs. 1 Satz 3 EStG)

1. Veräußerung oder Aufgabe des ganzen Betriebes oder des gesamten Mitunternehmeranteils (Ausnahme-Alternative 1)

Grundfall: Eine Verteilung des sich ergebenden Aufwands (vgl. → Rz. 26 und → Rz. 31) bzw. Aufwandsüberhangs (vgl. → Rz. 32) unterbleibt gem. § 4f Abs. 1 Satz 3 EStG, wenn die Schuldübernahme im Rahmen einer Veräußerung oder Aufgabe des ganzen Betriebs oder des gesamten Mitunternehmeranteils i. S. d. §§ 14, 16 Abs. 1, 3 und 3a EStG sowie des § 18 Abs. 3 EStG erfolgt. Die Ratio ist offenbar, dass die bisherige betriebliche Einkünftequelle durch jene Veräußerung beim Veräußerer wegfällt und mit ihr regelmäßig die Einkunftsart, von der künftig ein Abzug von jeweils 1/15 des Aufwands vorgenommen werden könnte.[3] Die Ausnahme greift daher nicht, wenn die unternehmerische Tätigkeit aufgrund von Umwandlungsvorgängen nach dem UmwStG in anderer Rechtsform oder durch einen anderen Rechtsträger fortgesetzt wird.[4] 33

Gesamthandsvermögen: Das Schrifttum ist teilweise der Auffassung, § 4f EStG sei im Bereich des Gesamthandsvermögens einer Mitunternehmerschaft nicht anzuwenden, da es beim Erwerb eines Mitunternehmeranteils infolge der weiterhin bestehenden Verpflichtung der Gesamthand zivilrechtlich nicht zu einer Schuldübernahme komme,[5] es sich daher nicht um die Übertragung einer Verpflichtung bzw. um eine Schuldübernahme handele und somit die Kernvoraussetzungen des § 4f Abs. 1 Satz 1 EStG gar nicht erfüllt seien. U. E. liegt eine Übertragung einer Verpflichtung bzw. eine Schuldübernahme insoweit vor, wie ein Mitunternehmeranteil 34

---

1 Vgl. BMF v. 30.11.2017, BStBl 2017 I 1619, Rz. 18.
2 Vgl. BMF v. 30.11.2017, BStBl 2017 I 1619, Rz. 18.
3 Vgl. BR-Drucks. 740/13, 76.
4 Vgl. BR-Drucks. 740/13, 76; *Benz/Placke*, DStR 2013, 2653; a. A: *Frotscher/Geurts*, § 4f EStG Rz. 31 ff., m.w. N.
5 Vgl. *Kirchhof/Gosch*, § 4f EStG Rz. 12; *Schindler*, GmbHR 2014, 564 f.

veräußert wird. Insoweit setzt sich die Gesamthand nämlich neu zusammen. Der Ausgleich für die Schuldübernahme, den der Erwerber des Mitunternehmeranteils per Kaufpreisminderung verlangt; jene Kaufpreisminderung führt zum „Aufwand" i. S. v. § 4f Abs. 1 Satz 1 EStG (vgl. → Rz. 26 und → Rz. 31) bzw. zum „übersteigenden Betrag" (Aufwandsüberhang, vgl. → Rz. 32) i. S. v. § 4f Abs. 1 Satz 2 2. Halbsatz EStG beim Veräußerer des Mitunternehmeranteils, so dass § 4f EStG auch im Zusammenhang mit Gesamthandvermögens einer Mitunternehmerschaft anwendbar ist.[1] Wird allerdings der gesamte Mitunternehmeranteil veräußert, ist die Verteilung über 15 Wj. (vgl. → Rz. 30) gem. Satz 3 nicht vorzunehmen. Dasselbe gilt, wenn Verpflichtungen aus dem Sonderbereich (negatives Sonderbetriebsvermögen) des veräußernden Mitunternehmers übertragen werden.

35 Abs. 1 Satz 3 stellt klar, dass die Ausnahmeregelung auch bei Aufgabe des ganzen Betriebes bzw. des gesamten Mitunternehmeranteils gilt.

36 **Unklar sind die Gesetzesfolgen**, wenn die Schuldübernahme zunächst im Rahmen einer Teilbetriebs- bzw. Teil-Mitunternehmeranteilsveräußerung bzw. -aufgabe vorgenommen wurde (vgl. dazu → Rz. 42 ff.) und innerhalb der folgenden 15 Wj. (vgl. → Rz. 30) der Rest-Betrieb oder -mitunternehmeranteil vollständig veräußert oder aufgegeben wird. Aufgrund der § 4f Abs. 1 Satz 3 EStG zugrunde liegenden Ratio (vgl. → Rz. 33) wäre dann der noch nicht verteilte Restaufwand (vgl. → Rz. 26 und → Rz. 31) bzw. -aufwandsüberhang (vgl. → Rz. 32) im Zeitpunkt der endgültigen Veräußerung oder Aufgabe sofort abziehbar.[2]

2. Wechsel des Arbeitnehmers zu einem neuen Arbeitgeber unter Mitnahme seiner erworbenen Pensionsansprüche (Ausnahme-Alternative 2)

37 **Grundfall:** Die Ratio des § 4f Abs. 1 Sätze 1 und 2 EStG ist die Verhinderung von Missbrauch (vgl. → Rz. 1). Dieser ist nicht ersichtlich, wenn ArbN unter Mitnahme von Pensionsanwartschaften zu einem neuen ArbG wechseln. Die Frage ist, ob dies auch bei einem ArbG-Wechsel innerhalb eines Konzerns gilt, was u. E. zu bejahen ist, wenn jener Wechsel mit einem Transfer zu einem konzernexternen Unternehmen vergleichbar ist.[3]

38 **Nicht explizit geregelt** ist, ob Satz 3 Ausnahme-Alternative 2 auch Fälle des § 613a BGB erfasst oder nur individuelle Arbeitgeberwechsel. U. E. sind keine Gründe ersichtlich, warum nicht auch die kollektiven Wechsel einzubeziehen sind, da insbesondere die in → Rz. 37 erwähnte Ratio nicht dagegen spricht.[4] Die FinVerw sieht dies mit der Begründung anders, der neue Betriebsinhaber würde in diesen Fällen in die Rechte und Pflichten aus den bestehenden Arbeitsverhältnissen eintreten, sodass insoweit kein Unternehmenswechsel erfolge;[5] dieser Ansicht kann nicht zugestimmt werden. Ebenfalls geht aus dem Gesetzeswortlaut nicht hervor, ob Ausnahme-Alternative 2 auch für Jubiläumszusagen, Altersteilzeitvereinbarungen und ähnliche Verpflichtungen gegenüber dem Arbeitnehmer gelten soll; die FinVerw bejaht dies.[6]

---

1 Vgl. *Förster/Staaden*, Ubg 2014, 1; *Benz/Placke*, DStR 2013, 2653; *Schultz/Debnar*, BB 2014, 107.
2 Vgl. *Förster/Staaden*, Ubg 2014, 1; *Korn/Strahl*, KÖSDI 2014, 18746; *Riedel*, Ubg 2014, 421424.
3 Vgl. z. B. PSV-Merkblatt Nr. 300/M 5/9.09 unter Ziff. 4.1, welches die gesetzlichen Unverfallbarkeitsregeln bei einem ArbG-Wechsel innerhalb eines Konzerns grds. ebenso anwendet, wie bei einem Transfer zu einem konzernexternen Unternehmen.
4 Vgl. *Benz/Placke*, DStR 2013, 2653; *Förster/Staaden*, Ubg 2014, 1; *Schindler*, GmbHR 2014, 561; *Kirchhof/Gosch*, § 4f EStG Rz. 17; *Ronig/Geiermann*, StBW 2014, 264; *Korn/Strahl*, KÖSDI 2014, 18746; a. A.: *Veit/Hainz*, BB 2014, 1323.
5 Vgl. BMF v. 30.11.2017, BStBl 2017 I 1619, Rz. 29 und 27.
6 Vgl. BMF v. 30.11.2017, BStBl 2017 I 1619, Rz. 29.

3. Betrieb des Arbeitgebers überschreitet die Größenmerkmale des § 7g Abs. 1 EStG nicht (Ausnahme-Alternative 3)

Ausnahme-Alternative 3 regelt den Fall, dass der Betrieb am Schluss des vorangehenden Wj. die Größenmerkmale des § 7g Abs. 1 Satz 2 Nr. 1 Buchst. a bis c EStG nicht überschreitet. Für Gewerbebetriebe und Betriebe i. S. v. § 18 EStG bedeutet dies eine Grenze des Betriebsvermögens von 235 000 €. Zur Frage der Verfassungsmäßigkeit vgl. → Rz. 9. Der Verweis auf § 7g Abs. 1 Satz 2 Nr. 1 Buchst. c EStG geht allerdings ins Leere, da im Rahmen der Gewinnermittlung nach § 4 Abs. 3 EStG in Ermangelung von Passivposten auch keine Passivierungsbeschränkungen (vgl. → Rz. 23 ff.) vorliegen können (vgl. → Rz. 22). Im Gegensatz zur Ausnahme-Alternative 1 (vgl. → Rz. 33) gilt Alternative 3 auch bei Umwandlungsvorgängen.[1]

4. Weitere Anwendungsfälle der Ausnahmeregelung

a) Anwendung auch bei Asset Deal

Asset Deal: Die Anwendbarkeit der Ausnahme-Alternative 1 (vgl. → Rz. 33 ff.) auf den Asset Deal einer Körperschaft ist im Gesetz nicht explizit geregelt. U. E. sind jedoch keine Gründe ersichtlich, warum jene Ausnahme-Regel nicht auch beim Verkauf sämtlicher Assets einer Körperschaft über § 8 Abs. 1 KStG anwendbar sein sollen, da dieser Vorgang dem Verkauf eines ganzen Betriebes sehr ähnlich ist.[2]

b) Keine Anwendung bei Auslagerung einer Direktzusage auf eine Unterstützungskasse oder einen Pensionsfonds

Auf die Auslagerung einer Direktzusage der betrieblichen Altersversorgung auf eine Unterstützungskasse bzw. einen Pensionsfonds ist § 4f EStG gar nicht anwendbar,[3] da weder die Unterstützungskasse, noch der Pensionsfonds neuer Verpflichteter aufgrund der Schuldübernahme werden, sondern jene Verpflichtung beim bisherigen Trägerunternehmen verbleibt; darüber hinaus ist § 4e Abs. 3 EStG „lex specialis" zu § 4f EStG (vgl. → Rz. 10).

IV. Sonderfall der Teilbetriebsveräußerung oder -aufgabe mit Veräußerungs- oder Aufgabeverlust (§ 4f Abs. 1 Sätze 4 bis 6 EStG)

Die Sätze 4 bis 6 stellen eine Einschränkung der in Satz 3 formulierten Ausnahme-Alternative 1 (vgl. → Rz. 33 ff.) für den Fall einer Teilbetriebsveräußerung bzw. -aufgabe i. S. d. §§ 14, 16 Abs. 1, 3 und 3a EStG sowie § 18 Abs. 3 EStG dar.

Bei derartigen Teilbetriebsveräußerungen bzw. -aufgaben kommt es gem. Abs. 1 Satz 4 nur insoweit zu einer Verteilung des sich ergebenden Aufwands (vgl. → Rz. 26 und → Rz. 31) über 15 Wj. (vgl. → Rz. 30), als die Aufdeckung der stillen Lasten einen Veräußerungs- bzw. Aufgabeverlust begründet oder erhöht hat. Insoweit nämlich wird der Veräußerungs- bzw. Aufgabeverlust um den Aufwand i. S. d. § 4f Abs. 1 Satz 1 EStG vermindert.[4] Der sofort abzugsfähige Aufwand von 1/15 ist im Rahmen der Ermittlung des Veräußerungs- oder Aufgabegewinns

---

[1] Vgl. BR-Drucks. 740/13, 76; *Förster/Staaden*, Ubg 2014, 1.
[2] Vgl. auch: *Frotscher/Geurts*, § 4f EStG Rz. 34; *Riedel*, FR 2014, 6.
[3] Vgl. BMF v. 30.11.2017, BStBl 2017 I 1619, Rz. 4.
[4] Vgl. das ausführliche Zahlenbeispiel in OFD Magdeburg v. 2. 6. 2014 - S 2133-27-St 21, unter 4.1 und 4.3 sowie BMF v. 30.11.2017, BStBl 2017 I 1619, Rz. 19.

nach § 16 Abs. 2 EStG zu berücksichtigen und der verbleibende Betrag auf die folgenden 14 Wj. zu verteilen um beim laufenden Gewinn abzuziehen.[1]

44 **Satz 5 stellt klar**, dass die Regelung des in → Rz. 43 dargestellten Satzes 4 auch auf den „übersteigenden Betrag" (Aufwandsüberhang, vgl. → Rz. 32) anzuwenden ist.

45 **Die Sätze 4 und 5** erwähnen lediglich die Teilbetriebsveräußerung bzw. -aufgabe nicht hingegen die Teil-Mitunternehmeranteilsveräußerung bzw. -aufgabe (vgl. → Rz. 36). Es ist auffällig, dass der Gesetzeswortlaut in Satz 3 die Veräußerung bzw. Aufgabe des gesamten Mitunternehmeranteils explizit erwähnt, in Satz 4 die Teil-Variante jedoch nicht. Da Spezialregelungen wie der § 4f EStG grds. eng auszulegen sind, ist u. E. davon auszugehen, dass der Gesetzgeber die Teil-Mitunternehmeranteilsveräußerung bzw. -aufgabe tatsächlich nicht in den Ausnahmebereich der Sätze 4 und 5 subsumieren wollte (analog § 16 Abs. 1 Satz 1 Nr. 2 EStG), so dass hier eine Verteilung des Aufwands (vgl. → Rz. 26 und → Rz. 31) bzw. Aufwandsüberhangs (vgl. → Rz. 32) über 15 Wj. zwingend zu erfolgen hat.

46 **Satz 6** soll zunächst offenbar klarstellen, dass die Rechtsfolgen der Sätze 4 und 5 auch im Falle des Satzes 2 in Bezug auf den Aufwandsüberhang (vgl. → Rz. 32) gelten; mit dem Verweis auf Satz 3 stiftet Satz 6 indessen Verwirrung: Er will offenbar zeigen, dass die Ausnahmen des Satzes 3 auf die Teilbetriebsveräußerung oder -aufgabe nach den Sätzen 4 und 5 anwendbar sind, geht jedoch bzgl. der Veräußerung oder Aufgabe eines ganzen Betriebs bzw. Mitunternehmeranteils ins Leere, da Satz 3 insoweit die Aufwands(überhangs)verteilung gerade ausschließt.

V. Bindung des Rechtsnachfolgers an die Aufwandsverteilung (§ 4f Abs. 1 Satz 7 EStG)

47 **Der jeweilige Rechtsnachfolger** des „ursprünglich Verpflichteten" (vgl. → Rz. 20 ff.) ist an die Aufwandsverteilung nach den Sätzen 1 bis 6 gebunden. Die Ratio besteht darin, dass beim Übertragenden noch nicht berücksichtigter Aufwand nicht untergehen soll.[2] Ein verbleibender Aufwand ist dadurch im Falle des Todes des ursprünglich Verpflichteten bei diesem nicht sofort vollständig abziehbar ist.

48 **Satz 7** gilt für die Einzelrechts- und die Gesamtrechtsnachfolge und somit auch in Umwandlungsfällen. Bei Umwandlungen gehen u. a. verrechenbare Verluste und verbleibende Verlustvorträge i. d. R. nicht auf den übernehmenden Rechtsträger über (§ 4 Abs. 2 Satz 2 UmwStG). Dem geht § 4f Abs. 1 Satz 7 EStG als „lex specialis" vor.

49–60 (*Einstweilen frei*)

VI. Entsprechende Anwendung des § 4f Abs. 1 EStG auf Schuldbeitritt und Erfüllungsübernahme (§ 4f Abs. 2 EStG)

61 § 4f Abs. 2 EStG erweitert den Anwendungsbereich auf Schuldbeitritt und Erfüllungsübernahme, jeweils mit ganzer oder teilweiser Schuldfreistellung.

62 **Beim Schuldbeitritt** tritt ein weiterer Schuldner als Gesamtschuldner i. S. v. §§ 421 ff. BGB neben den ursprünglichen(„ursprünglich Verpflichteter" i. S. v. → Rz. 20, auch „Freistellungsberechtigter")„ was eine Verbesserung für den Gläubiger bedeutet. Der Beitritt wird dem Gläu-

---
1 Vgl. BMF v. 30.11.2017, BStBl 2017 I 1619, Rz. 19.
2 Vgl. BR-Drucks. 740/13, 76.

biger gegenüber erklärt. Im Innenverhältnis können der Freistellungsberechtigte (ursprünglich Verpflichtete) und der Beitretende (auch „Freistellungsverpflichtete") die Freistellung des ursprünglichen vereinbaren; dann trägt der Beitretende wirtschaftlich die Verpflichtung, während im Außenverhältnis zum Gläubiger beide gesamtschuldnerisch haften. Eine vom Freistellungsberechtigten bislang passivierte Rückstellung[1] ist aufgrund fehlender Wahrscheinlichkeit der Inanspruchnahme gewinnerhöhend aufzulösen; der Freistellungsberechtigte hat in der steuerlichen Gewinnermittlung keinen Freistellungsanspruch[2] gegenüber dem Freistellungsverpflichteten auszuweisen.[3] Hat der Freistellungsberechtigte davon abweichend bislang eine Rückstellung und einen Freistellungsanspruch gegenüber dem Freistellungsverpflichteten angesetzt, ist es nach Auffassung der FinVerw nicht zu beanstanden, wenn Rückstellung und Anspruch spätestens in dem Wj. gewinnwirksam aufgelöst werden, das nach der Veröffentlichung des BMF-Schreibens vom 30.11.2017 im Bundessteuerblatt endet.[4] Die Betriebsausgabenverteilung gem. § 4f Abs. 2 i.V. m. Abs. 1 EStG kommt in diesem Fall allerdings nur dann in Betracht, wenn die Vereinbarung auch ohne Anwendung des BMF-Schreibens v. 16.12.2005[5] in nach dem 28.12.2013 endenden Wj. zu einem Aufwand geführt hätte.[6] Ist unter diesen Voraussetzungen die Gegenleistung für den Schuldbeitritt höher als die bislang passivierte Rückstellung, entsteht ein Aufwand i. S.v. § 4f Abs. 2 i. V. m. Abs. 1 EStG[7], sodass die Rz. 31 und 32 entsprechend gelten.[8]

Die Erfüllungsübernahme (§ 329 BGB) erfordert eine Erklärung nur gegenüber dem ursprünglichen Schuldner. Da der Gläubiger im Gegensatz zum Schuldbeitritt kein Recht erwirbt, handelt es sich um einen unechten Vertrag zugunsten Dritter und damit um eine schwächere Form als der Schuldbeitritt. Im Innenverhältnis hat der ursprüngliche Schuldner einen Freistellungsanspruch gegenüber dem Übernehmer, der die Schuld wirtschaftlich trägt, dieser Anspruch ist jedoch nicht zu aktivieren.[9] Ansonsten gelten die Ausführungen in → Rz. 62 entsprechend.. 63

§ 4f Abs. 2 EStG verweist auf Abs. 1 und stellt damit dessen Rechtsfolgen auch bei Schuldbeitritt und Erfüllungsübernahme her, egal, ob jeweils mit ganzer oder teilweiser Schuldfreistellung. So wie Abs. 1 gilt Abs. 2 auf Seiten des ursprünglichen Schuldners, der in § 4f Abs. 2 EStG als Freistellungsberechtigter bezeichnet wird. 64

Die Regelung des § 4f Abs. 2 EStG gilt für den Aufwand i. S.v. § 4f Abs. 1 Satz 1 EStG (vgl. → Rz. 26 und → Rz. 31) und den Aufwandsüberhang i. S. v. § 4f Abs. 1 Satz 2 EStG (vgl. → Rz. 32). Auch die Rechtsnachfolgerregelung des Abs. 1 Satz 7 ist analog anzuwenden (vgl. → Rz. 47 f.). 65

Nicht anwendbar im Zusammenhang mit Schuldbeitritt und Erfüllungsübernahme sind jedoch die Ausnahmetatbestände der Sätze 3 bis 6 des Abs. 1. Das bedeutet, dass der Aufwand (vgl. → Rz. 26 und → Rz. 31) bzw. Aufwandsüberhang (vgl. → Rz. 32) aus der Realisierung stiller Las- 66

---

1 Vgl. BMF v. 16.12.2005, BStBl 2005 I 1052, Rz. 4 (aufgehoben durch BMF v. 30.11.2017, BStBl 2017 I 1619, Rz.
2 Vgl. BMF v. 16.12.2005, BStBl 2005 I 1052, Rz. 4 (aufgehoben durch BMF v. 30.11.2017, BStBl 2017 I 1619, Rz. 34).
3 Vgl. BFH v. 26.4.2012 - IV R 43/09, BStBl 2017 II 1228 = BFH/NV 2012, 1248 = NWB DokID: QAAAE-10991; BMF v. 30.11.2017, BStBl 2017 I 1619, Rz. 24.
4 Vgl. BMF v. 30.11.2017, BStBl 2017 I 1619, Rz. 35.
5 BStBl 2005 I 1052 (aufgehoben durch BMF v. 30.11.2017, BStBl 2017 I 1619, Rz. 34).
6 Vgl. BMF v. 30.11.2017, BStBl 2017 I 1619, Rz. 35.
7 Vgl. BMF v. 30.11.2017, BStBl 2017 I 1619, Rz. 25.
8 Vgl. hierzu auch das ausführliche Beispiel in BMF v. 30.11.2017, BStBl 2017 I 1619, Rz. 30.
9 Vgl. BMF v. 30.11.2017, BStBl 2017 I 1619, Rz. 24; a. A. noch: BMF v. 16.12.2005, BStBl 2005 I 1052, Rz. 4 (aufgehoben durch BMF v. 30.11.2017, BStBl 2017 I 1619, Rz. 34).

ten stets auf 15 Wj. zu verteilen ist. Soll daher jene Verteilung vermieden werden, ist die Schuldübernahme an Stelle von Schuldbeitritt bzw. Erfüllungsübernahme in Betracht zu ziehen. Allerdings gibt es Fälle, bei denen eine Schuldübernahme gesetzlich ausgeschlossen ist (vgl. → Rz. 17).

67 **Basisentgelt und anschließende Entgelterhöhungen bei Pensionsverpflichtungen:** Verpflichtet sich der Beitretende, den bislang alleine Verpflichteten von den künftigen Pensionsverpflichtungen gegenüber einem Anwärter ganz freizustellen, zahlt der bislang alleine Verpflichtete als Gegenleistung für den Schuldbeitritt aber zunächst nur ein Basisentgelt für die bis zum Beitritt erdiente Versorgungsanwartschaft und vergütet die nach diesem Stichtag erdienten Anwartschaften durch entsprechende Entgelterhöhungen, gilt als Wj. des Schuldbeitrittes für die gesamte Pensionsverpflichtung das Wj., in dem die Verpflichtung zur Zahlung des Basisentgeltes gewinnwirksam wird.[1] Die Verteilungs- und Rücklagenregelung des § 4f EStG kommen nach der von der FinVerw festgelegten Vereinfachungsregel nur für das Basisentgelt in Betracht; die in den dem Schuldbeitritt folgenden Wj. für die neu erdienten Anwartschaften gezahlten Entgelterhöhungen sind beim bislang alleine Verpflichteten uneingeschränkt in voller Höhe als Betriebsausgabe abzugsfähig und beim Beitretenden in voller Höhe als Betriebseinnahme anzusetzen.[2] Dies gilt entsprechend bei Erhöhungsbeträgen, die aufgrund des Inkrafttretens des BilMoG gezahlt werden, wenn der bislang alleine Verpflichtete das handelsrechtliche Wahlrecht zur Verteilung der Rückstellungszuführung nach Art. 65 Abs. 1 EGHGB in Anspruch genommen hat.[3]

68–70 *(Einstweilen frei)*

C. Verfahrensfragen

71 Die Anwendungsvorschrift grenzt nicht den Zeitpunkt ein, an dem die Übertragung der jeweiligen Verpflichtungen vereinbart wurde. Vielmehr sind alle Übertragungen relevant, die in einem Wj. stattgefunden haben, welches nach dem 28. 11. 2013 endet. Somit sind auch Übertragungsvorgänge betroffen, die früher realisiert wurden. Der Extremfall ist ein abweichendes Wj. vom 1. 12. bis 30. 11. Hier werden sogar Schuldübernahmen, -beitritte und Erfüllungsübernahmen erfasst, die ab 1. 12. 2012 vereinbart wurden. Die Gesetzesbegründung stellt gegen den Wortlaut des § 52 Abs. 8 EStG[4] in Bezug auf die Anwendung des 28. 11. 2013 auf den Zeitpunkt ab, an dem die Übertragung der Verpflichtung vereinbart wurde.[5] Jene Einschränkung wird teilweise für verfassungsrechtlich geboten gehalten.[6]

§ 4g Bildung eines Ausgleichspostens bei Entnahme nach § 4 Absatz 1 Satz 3 EStG

(1) [1]Ein unbeschränkt Steuerpflichtiger kann in Höhe des Unterschiedsbetrags zwischen dem Buchwert und dem nach § 6 Absatz 1 Nummer 4 Satz 1 zweiter Halbsatz anzusetzenden Wert

---

1 Vgl. BMF v. 30.11.2017, BStBl 2017 I 1619, Rz. 31.
2 Vgl. BMF v. 30.11.2017, BStBl 2017 I 1619, Rz. 31 mit ausführlichem Beispiel in Rz. 32.
3 Vgl. BMF v. 30.11.2017, BStBl 2017 I 1619, Rz. 33.
4 Vgl. *Veit/Hainz*, BB 2014, 1323; *Schindler*, GmbHR 2014, 561; *Hörhammer/Pitzke*, NWB 2014, 426.
5 Vgl. BR-Drucks. 740/13, 79.
6 Vgl. *Lüdenbach/Hoffmann*, GmbHR 2014, 123; *Korn/Strahl*, KÖSDI 2014, 18746; *Förster/Staaden*, Ubg 2014, 1; *Altendorf*, GmbH-StB 2014, 79; *Schindler*, GmbHR 2014, 561.

eines Wirtschaftsguts des Anlagevermögens auf Antrag einen Ausgleichsposten bilden, soweit das Wirtschaftsgut infolge seiner Zuordnung zu einer Betriebsstätte desselben Steuerpflichtigen in einem anderen Mitgliedstaat der Europäischen Union gemäß § 4 Absatz 1 Satz 3 als entnommen gilt. ²Der Ausgleichsposten ist für jedes Wirtschaftsgut getrennt auszuweisen. ³Das Antragsrecht kann für jedes Wirtschaftsjahr nur einheitlich für sämtliche Wirtschaftsgüter ausgeübt werden. ⁴Der Antrag ist unwiderruflich. ⁵Die Vorschriften des Umwandlungssteuergesetzes bleiben unberührt.

(2) ¹Der Ausgleichsposten ist im Wirtschaftsjahr der Bildung und in den vier folgenden Wirtschaftsjahren zu jeweils einem Fünftel gewinnerhöhend aufzulösen. ²Er ist in vollem Umfang gewinnerhöhend aufzulösen,

1. wenn das als entnommen geltende Wirtschaftsgut aus dem Betriebsvermögen des Steuerpflichtigen ausscheidet,

2. wenn das als entnommen geltende Wirtschaftsgut aus der Besteuerungshoheit der Mitgliedstaaten der Europäischen Union ausscheidet oder

3. wenn die stillen Reserven des als entnommen geltenden Wirtschaftsguts im Ausland aufgedeckt werden oder in entsprechender Anwendung der Vorschriften des deutschen Steuerrechts hätten aufgedeckt werden müssen.

(3) ¹Wird die Zuordnung eines Wirtschaftsguts zu einer anderen Betriebsstätte des Steuerpflichtigen in einem anderen Mitgliedstaat der Europäischen Union im Sinne des Absatzes 1 innerhalb der tatsächlichen Nutzungsdauer, spätestens jedoch vor Ablauf von fünf Jahren nach Änderung der Zuordnung, aufgehoben, ist der für dieses Wirtschaftsgut gebildete Ausgleichsposten ohne Auswirkungen auf den Gewinn aufzulösen und das Wirtschaftsgut mit den fortgeführten Anschaffungskosten, erhöht um zwischenzeitlich gewinnerhöhend berücksichtigte Auflösungsbeträge im Sinne der Absätze 2 und 5 Satz 2 und um den Unterschiedsbetrag zwischen dem Rückführungswert und dem Buchwert im Zeitpunkt der Rückführung, höchstens jedoch mit dem gemeinen Wert, anzusetzen. ²Die Aufhebung der geänderten Zuordnung ist ein Ereignis im Sinne des § 175 Absatz 1 Nummer 2 der Abgabenordnung.

(4) ¹Die Absätze 1 bis 3 finden entsprechende Anwendung bei der Ermittlung des Überschusses der Betriebseinnahmen über die Betriebsausgaben gemäß § 4 Absatz 3. ²Wirtschaftsgüter, für die ein Ausgleichsposten nach Absatz 1 gebildet worden ist, sind in ein laufend zu führendes Verzeichnis aufzunehmen. ³Der Steuerpflichtige hat darüber hinaus Aufzeichnungen zu führen, aus denen die Bildung und Auflösung der Ausgleichsposten hervorgeht. ⁴Die Aufzeichnungen nach den Sätzen 2 und 3 sind der Steuererklärung beizufügen.

(5) ¹Der Steuerpflichtige ist verpflichtet, der zuständigen Finanzbehörde die Entnahme oder ein Ereignis im Sinne des Absatzes 2 unverzüglich anzuzeigen. ²Kommt der Steuerpflichtige dieser Anzeigepflicht, seinen Aufzeichnungspflichten nach Absatz 4 oder seinen sonstigen Mitwirkungspflichten im Sinne des § 90 der Abgabenordnung nicht nach, ist der Ausgleichsposten dieses Wirtschaftsguts gewinnerhöhend aufzulösen.

Inhaltsübersicht	Rz.
A. Allgemeine Erläuterungen	1 - 14
I. Normzweck und wirtschaftliche Bedeutung der Vorschrift	1
II. Entstehung und Entwicklung der Vorschrift	2

III. Geltungsbereich	3 - 6
1. Sachlicher Geltungsbereich	3
2. Persönlicher Geltungsbereich	4 - 5
3. Zeitlicher Geltungsbereich	6
IV. Vereinbarkeit mit höherrangigem Recht	7 - 8
V. Verhältnis zu anderen Vorschriften	9 - 14
B. Systematische Kommentierung	**15 - 59**
I. Bildung eines Ausgleichspostens (§ 4g Abs. 1 EStG)	15 - 24
1. Entnahme von Wirtschaftsgütern des Anlagevermögens nach § 4g Abs. 1 Satz 3 EStG	15
2. Antrag	16
3. Rechtsfolge	17 - 24
II. Auflösung des Ausgleichspostens (§ 4g Abs. 2 EStG)	25 - 30
1. Regelmäßige Auflösung (§ 4g Abs. 2 Satz 1 EStG)	25
2. Sofortauflösung (§ 4g Abs. 2 Satz 2 EStG)	26 - 30
III. Gewinnneutrale Auflösung (§ 4g Abs. 3 EStG)	31 - 44
1. Aufhebung der Zuordnung zu einer ausländischen Betriebsstätte	32
2. Rückführung innerhalb von höchstens fünf Jahren	33
3. Rechtsfolge (§ 4g Abs. 3 EStG)	34 - 37
4. Rückführung als rückwirkendes Ereignis nach § 175 Abs. 1 Nr. 2 AO (§ 4g Abs. 3 Satz 2 EStG)	38 - 44
IV. Ausgleichsposten bei der Gewinnermittlung nach § 4 Abs. 3 EStG	45 - 54
V. Mitwirkungspflichten (§ 4g Abs. 5 EStG)	55 - 59
1. Tatbestand	55 - 58
2. Rechtsfolge	59

HINWEIS:
BMF v. 24. 12. 1999, BStBl 1999 I 1076; BMF v. 25. 8. 2009, BStBl 2009 I 888.

LITERATUR:
Kessler/Winterhalter/Huck, Überführung und Rückführung von Wirtschaftsgütern: Die Ausgleichspostenmethode des § 4g EStG, DStR 2007, 133; *Kahle*, Entstrickung einzelner Wirtschaftsgüter des Betriebsvermögens, StuB 2011, 903; *Schiefer*, Entstrickungsbesteuerung vor SEStEG verstößt nicht gegen Europarecht, NWB 2015, 2289; *Atilgan*, Die bilanziellen Auswirkungen der Steuerentstrickung – Besteuerungsrisiken bei der Überführung von Wirtschaftsgütern, NWB 2016, 307.

A. Allgemeine Erläuterungen

I. Normzweck und wirtschaftliche Bedeutung der Vorschrift

1 Die Vorschrift stellt eine Ergänzung zu den Entstrickungsregeln des § 4 Abs. 1 Satz 3 und 4 EStG und der Veräußerungsfiktion nach § 12 Abs. 1 Satz 1 1. Halbsatz KStG dar. Sie mildert die Steuerfolgen, die sich aus der Aufdeckung stiller Reserven wegen des Ausschlusses oder der Beschränkung des Besteuerungsrechts für ein Wirtschaftsgut nach § 4 Abs. 1 Satz 3 und 4 EStG und § 12 Abs. 1 Satz 1 KStG ergeben. Anders als in § 6 Abs. 5 AStG wird die Steuer nicht zinslos gestundet, sondern auf fünf Jahre gestreckt. Sie knüpft an die Regelungen im Betriebsstättenerlass[1] an, der auf der Basis der Rechtsprechung des BFH zur finalen Entnahme von Wirtschaftsgütern,[2] Billigkeitsmaßnahmen in Form von bis zu zehnjährigen Stundungsmöglichkeiten geschaffen hat, um die Steuerbelastung, der kein Liquiditätszufluss zugrunde lag, zu entschärfen.

---

1 BMF v. 24. 12. 1999, BStBl 1999 I 1076, Tz. 2.6.
2 Vgl. hierzu KKB/Hallerbach, § 4 EStG Rz. 288 ff.

II. Entstehung und Entwicklung der Vorschrift

Die Vorschrift wurde zusammen mit der Entstrickungsregelung in § 4 Abs. 1 Satz 3 und 4 EStG und der Veräußerungsfiktion in § 12 Abs. 1 Satz 1 KStG eingeführt durch das SEStEG v. 7. 12. 2006.[1] Der Verweis auf diese Vorschrift auch in § 12 Abs. 1 Satz 1 KStG wurde erst mit JStG 2008 v. 20. 12. 2007[2] aufgenommen.

III. Geltungsbereich

1. Sachlicher Geltungsbereich

Die Vorschrift ist anwendbar auf alle Einkunftsarten, die Betriebsvermögen voraussetzen, also auf alle Gewinneinkünfte nach § 2 Abs. 2 Nr. 1 EStG, unabhängig von der Art der Gewinnermittlung. Die Vorschrift ist nach § 12 Abs. 1 Satz 1 KStG auch im Körperschaftsteuerrecht anwendbar.

2. Persönlicher Geltungsbereich

Die Vorschrift ist nach § 4g Abs. 1 Satz 1 EStG nur anwendbar auf unbeschränkt Steuerpflichtige. Beschränkt Steuerpflichtige, bei denen es zu einer Entstrickung nach § 4 Abs. 1 Sätze 3 und 4 EStG kommt, können den entstandenen Gewinn nicht durch Bildung eines Ausgleichspostens auf fünf Jahre verteilen. Für diese Steuerpflichtigen besteht die Möglichkeit, nach § 1 Abs. 3 EStG zur unbeschränkten Steuerpflicht zu optieren, wenn sie mindestens 90 % steuerpflichtige Einkünfte im Inland erzielen.

Die Personengesellschaft ist zwar selbst nicht unbeschränkt steuerpflichtig, als Objekt der Gewinnermittlung kann sie aber eine Betriebsstätte im Inland und eine im Ausland unterhalten, zwischen denen Wirtschaftsgüter mit den Steuerfolgen der § 4 Abs. 1 Sätze 3 und 4 EStG überführt werden. Diese Betriebsstätten gelten dann als solche des Steuerpflichtigen selbst.[3] Wird ein Wirtschaftsgut vom Gesamthandsvermögen einer Personengesellschaft in eine ausländische Betriebsstätte dieser Personengesellschaft überführt, so ist die Vorschrift anwendbar und in der Gesamthandsbilanz kann ein entsprechender Ausgleichsposten gebildet werden. Soweit beschränkt Steuerpflichtige an der Gesellschaft beteiligt sind, ist der Ausgleichsposten in deren Ergänzungsbilanz zu neutralisieren.[4] Wird ein Wirtschaftsgut vom Sonderbetriebsvermögen des Steuerpflichtigen in sein Sonderbetriebsvermögen bei der ausländischen Betriebsstätte dieser Personengesellschaft überführt, ist die Vorschrift ebenfalls anwendbar.

3. Zeitlicher Geltungsbereich

Nachdem § 4g EStG zunächst anwendbar war für alle Wirtschaftsjahre, die nach dem 31. 12. 2005 endeten,[5] wurde der zeitliche Anwendungsbereich durch § 52 Abs. 8b Satz 2 und 3 EStG i. d. F. des JStG 2010[6] auch auf die Jahre vor 2006 erweitert.

---

1 BGBl 2006 I 2782.
2 BGBl 2007 I 3150.
3 BFH v. 16. 10. 2002 - I R 17/01, BStBl 2003 II 631.
4 *Bodden* in Korn, § 4g EStG Rz. 29.
5 § 52 Abs. 1 Satz 1 EStG i. d. F. des SEStEG v. 7. 12. 2006, BGBl 2006 I 2782.
6 Vom 8. 12. 2010, BGBl 2010 I 1768.

IV. Vereinbarkeit mit höherrangigem Recht

7 Verfassungsrechtliche Bedenken bestehen im Hinblick auf die rückwirkende Anwendung der Vorschrift auf Sachverhalte vor dem Jahr 2006, soweit die Neuregelung zu Lasten des Steuerpflichtigen von den Grundsätzen des Betriebsstättenerlasses[1] abweicht.[2]

8 Die Vorschrift begegnet europarechtlichen Bedenken. Zum einen wird die Bildung eines Ausgleichspostens nur unbeschränkt Steuerpflichtigen gestattet, zum anderen kann die lediglich gestreckte Versteuerung der stillen Reserven ohne Aufdeckung derselben gegen die Rechtsprechung des EuGH verstoßen, der zwar die Aufdeckung der stillen Reserven bei Beendigung des Besteuerungsrechts als gemeinschaftskonform ansieht, die sofortige Versteuerung aber als gemeinschaftswidrig wertet.[3]

PRAXISHINWEIS:

Mit Beschluss v. 5.12.2013 hatte das FG Düsseldorf[4] die Frage der Europarechtskonformität der Entstrickungsklausel nach § 4 Abs. 1 Satz 3 und 4 EStG dem Gerichtshof der Europäischen Union zur Vorabentscheidung vorgelegt. Der EuGH hat in der Rechtssache C-657/2013 (Verder LabTec)[5] auf die Vorlagefrage des FG Düsseldorf entschieden, dass die Sofortaufdeckung der stillen Reserven bei einer Überführung eines Wirtschaftsguts von einer inländischen in eine ausländische Betriebsstätte nach der finalen Entnahmetheorie grundsätzlich einen Eingriff in die Niederlassungsfreiheit darstellt. Dieser ist nach der Rechtsprechung des EuGH aber gerechtfertigt durch zwingende Gründe des Allgemeinwohls, namentlich die zutreffende Sicherstellung der Aufteilung von Besteuerungsgrundlagen zwischen den Mitgliedstaaten.[6] Die Maßnahme der sofortigen Realisierung von stillen Reserven ist nach dieser Entscheidung jedenfalls dann verhältnismäßig, wenn die Besteuerung auf zehn Jahre gestreckt werden kann, wie dies der Betriebsstättenerlass aus dem Jahr 1999 vorgesehen hat.[7] Ob die fünfjährige Streckung der Besteuerung nach § 4g EStG die grundsätzlich unverhältnismäßige Sofortbesteuerung[8] verhältnismäßig macht, lässt der EuGH in dieser Entscheidung ausdrücklich als nicht entscheidungserheblich offen. In der Rechtssache DMC vom 23.1.2014 - C-164/12[9] wurde jedoch festgestellt, dass eine fünfjährige Steuerstundung nach § 21 Abs. 2 Sätze 3 bis 6 UmwStG 1995 auch gegen Sicherheitenleistung verhältnismäßig ist. M. E. entspricht die Regelung des § 4 Abs. 1 Satz 3 und 4 EStG in Verbindung mit der Regelung des § 4g EStG europarechtlichen Vorgaben.[10]

V. Verhältnis zu anderen Vorschriften

9 **Verhältnis zu § 4 Abs. 1 Sätze 3 und 4 EStG, § 12 Abs. 1 KStG:** Die Vorschrift knüpft an die Entstrickungsregeln in § 4 Abs. 1 Sätze 3 und 4 EStG und die Veräußerungsfiktion in § 12 KStG an.

---

1 BMF v. 24.12.1999, BStBl 1999 I 1076.
2 *Bodden* in Korn, § 4g EStG Rz. 16.1; a. A. FG Düsseldorf v. 19.11.2015 - 8 K 3664/11 F, NWB DokID: GAAAF-48951, nrkr., Rev.: BFH I R 95/15.
3 Vgl. EuGH v. 29.11.2009 - C-371/10, DStR 2011, 2334; EuGH v. 6.9.2012 - C 38/10, BFH/NV 2012, 1757 = NWB DokID: LAAAE-17273; EuGH v. 31.1.1013 - C 301/11, ABl. EU 2013 Nr.C 86, 4; EuGH v. 25.4.2013 - C 64/11, DStZ 2013, 451; FG Düsseldorf v. 5.12.2013 - 8 K 3664/11 F, EFG 2014, 119; HHR/*Kolbe*, § 4g EStG Anm. 6; *Hoffmann* in Littmann/Bitz/Pust, § 4g EStG Rz. 2, 32.
4 FG Düsseldorf v. 5.12.2013 - 8 K 3664/11 F, EFG 2014, 119.
5 EuGH v. 21.5.2015 - C-657/13, *Verder Labtec*, NWB DokID: YAAAE-91181 vgl. dazu auch KKB/Kanzler, § 6b EStG Rz. 27, im Hinblick auf die europarechtliche Problematik des § 6b EStG.
6 So jetzt auch FG Düsseldorf v. 19.11.2015 - 8 IC 3664/11 F, NWB DokID: GAAAF-48951, nrkr., Rev.: BFH I R 95/15.
7 BMF v. 24.12.1999, BStBl 1999 I 1076.
8 Vgl. EuGH v. 29.11.2011 - C-371/10, *National Grid Indus*, BFH/NV 2012, 364 = NWB DokID: LAAAE-00703.
9 EuGH v. 23.1.2014 - C-164/12, BFH/NV 2014, 478 = NWB DokID: NAAAE-54684.
10 So auch HHR/*Musil*, § 4 EStG Anm. 226, FG Düsseldorf v. 19.11.2015 - 8 K 3664/11 F, NWB DokID: GAAAF-48951, nrkr., Rev.: BFH I R 95/15; differenzierend *Kahle/Eichhorn*, StuB 2014, 867 ff.

Verhältnis zu § 6 Abs. 5 EStG: § 6 Abs. 5 EStG gestattet die Buchwertfortführung bei Übertragung oder Überführung in andere Betriebsvermögen. Diese Vorschrift ist nach § 6 Abs. 5 Satz 1 2. Halbsatz EStG im Fall der Entstrickung nicht anwendbar.

Verhältnis zum UmwStG: Das Umwandlungssteuergesetz regelt den Übergang betrieblicher Einheiten. § 4g EStG ist auf die dort geregelten Sachverhalte nicht anwendbar.

(*Einstweilen frei*) 10–14

B. Systematische Kommentierung

I. Bildung eines Ausgleichspostens (§ 4g Abs. 1 EStG)

1. Entnahme von Wirtschaftsgütern des Anlagevermögens nach § 4g Abs. 1 Satz 3 EStG

Fiktive Entnahme, fiktive Veräußerung: Die Vorschrift setzt eine fiktive Entnahme nach § 4 Abs. 1 Satz 3 EStG oder eine fiktive Veräußerung nach § 12 Abs. 1 KStG voraus. Sie greift nur für die Entnahme von Wirtschaftsgütern des Anlagevermögens, die Nutzungsentnahme ist nicht erfasst, weil § 4g Abs. 1 Satz 1 EStG nur die fiktive Sachentnahme regelt. 15

2. Antrag

Weitere Voraussetzung ist ein Antrag des Stpfl., der Antrag ist nicht frist- oder formgebunden und kann durch Ausweis eines Ausgleichspostens in der Steuerbilanz konkludent gestellt werden. Da der Antrag nicht fristgebunden ist, kann er bis zur Bestandskraft der Veranlagung gestellt werden. 16

> **PRAXISHINWEIS:**
> Erwartet der Stpfl. ein negatives zu versteuerndes Einkommen, kann es sinnvoll sein, von einer Antragsstellung und der Bildung eines Ausgleichspostens abzusehen. Der fingierte Entnahme- bzw. Veräußerungsgewinn führt als Teil des negativen zu versteuernden Einkommens nicht zu einer Steuerzahlung. Der Entstrickungsgewinn mindert dann lediglich den steuerlichen Verlustvortrag. In späteren Wirtschaftsjahren mit positiven Ergebnissen kommt es dann nicht zu einer gewinn- bzw. steuererhöhenden Auflösung des Ausgleichspostens.[1]

3. Rechtsfolge

Ausgleichsposten: Liegen die Voraussetzungen vor, so hat der Steuerpflichtige das Wahlrecht, einen Ausgleichsposten als Bilanzierungshilfe[2] auf der Passivseite der Steuerbilanz zu bilden und so die sofortige Versteuerung des fiktiven Gewinns zu vermeiden. Der Ausgleichsposten ist zu bilden in Höhe der Differenz zwischen dem Buchwert des entnommenen Wirtschaftsguts im Entnahmezeitpunkt und dem gemeinen Wert (§ 6 Abs. 1 Nr. 4 Satz 1 EStG) zu diesem Stichtag. Eine Bildung dieses Postens in der Handelsbilanz kommt nicht in Betracht, da die stillen Reserven handelsrechtlich nicht aufzudecken sind.[3] 17

Einheitlicher Ausweis: Wird für mehrere Wirtschaftsgüter ein Ausgleichsposten gebildet, so ist dieser für jedes Wirtschaftsgut gesondert auszuweisen (§ 4g Abs. 1 Satz 2 EStG). 18

---

[1] So auch *Bodden* in Korn, § 4g EStG Rz. 42.
[2] HHR/*Kolbe*, § 4g EStG Rz. 21; *Heinicke* in Schmidt, § 4g EStG Rz. 6.
[3] *Hoffmann* in Littmann/Bitz/Pust, § 4g EStG Rz. 31.

19 Einheitlicher Antrag: Gelten in einem Jahr mehrere Wirtschaftsgüter einer Betriebsstätte nach § 4 Abs. 1 EStG als entnommen oder nach § 12 Abs. 1 KStG als veräußert, so ist der Antrag für alle Wirtschaftsgüter einheitlich zu stellen (§ 4g Abs. 1 Satz 3 EStG). Für mehrere Betriebsstätten ist jeweils ein unterschiedlicher Ausweis zulässig.

20 Unwiderruflich: Der Antrag ist nach § 4g Abs. 1 Satz 4 EStG unwiderruflich zu stellen.

Kein Antrag bei Entstrickung in Umwandlungsfällen: Erfolgt die Gewinnrealisierung aus anderen Gründen als der Entstrickung nach § 4 Abs. 1 Satz 3 EStG und § 12 Abs. 1 KStG, so ist die Bildung eines Ausgleichspostens unzulässig, für die Gewinnrealisierung nach UmwStG stellt § 4g Abs. 1 Satz 5 EStG dies klar.

21–24 (Einstweilen frei)

II. Auflösung des Ausgleichspostens (§ 4g Abs. 2 EStG)

1. Regelmäßige Auflösung (§ 4g Abs. 2 Satz 1 EStG)

25 Der Ausgleichsposten ist im Wirtschaftsjahr der Bildung und in den vier folgenden Wirtschaftsjahren gleichmäßig gewinnerhöhend aufzulösen (§ 4g Abs. 2 Satz 1 EStG). Dies ist unabhängig von einer eventuell kürzeren Nutzungsdauer des Wirtschaftsguts. Faktisch kommt es damit zu einer Gewinnminderung im Jahr der fiktiven Entnahme/Veräußerung von 80 %.

> **BEISPIEL:** A überführt im Wirtschaftsjahr 01 ein abnutzbares Wirtschaftsgut des Anlagevermögens (Restnutzungsdauer zehn Jahre, stille Reserven 100) von seinem deutschen Stammhaus in eine Betriebsstätte nach Italien. Auf Antrag bildet er einen Ausgleichsposten nach § 4g EStG i. H. v. 100. Nach § 4g Abs. 2 Satz 1 EStG ist der Ausgleichsposten bereits im Wirtschaftsjahr 01 zu einem Fünftel aufzulösen. Auf die Restnutzungsdauer kommt es nicht an.

2. Sofortauflösung (§ 4g Abs. 2 Satz 2 EStG)

26 § 4g Abs. 2 Satz 2 EStG sieht drei Fälle vor, in denen der Ausgleichsposten sofort gewinnerhöhend aufzulösen ist:

- ▶ **Ausscheiden aus dem Betriebsvermögen:** Scheidet das Wirtschaftsgut aus dem Betriebsvermögen des Steuerpflichtigen aus, ist der Ausgleichsposten sofort in voller Höhe aufzulösen, unabhängig davon, ob ein Veräußerungserlös erzielt wird oder das Wirtschaftsgut untergegangen[1] ist (§ 4g Abs. 2 Satz 2 Nr. 1 EStG). Auszuscheiden sein soll auch die Umwandlung, da diese mit einem Rechtsträgerwechsel verbunden ist.[2] Bei Einbringungen des Betriebsvermögens in das Gesamthandsvermögen einer Personengesellschaft sollte das jeweilige Wirtschaftsgut im Sonderbetriebsvermögen verbleiben bis der Ausgleichsposten aufgelöst ist. Wird es eingebracht, sind Regelungen zur Verteilung des Auflösungsgewinns zu treffen.

- ▶ **Ausscheiden aus der Besteuerungshoheit der EU-Mitgliedstaaten:** Scheidet das Wirtschaftsgut aus dem Besteuerungsrecht eines EU-Mitgliedstaats aus, weil es zwar nicht das Betriebsvermögen verlässt, aber in eine Betriebsstätte außerhalb der EU überführt wird, so ist der Ausgleichsposten sofort aufzulösen (§ 4g Abs. 2 Satz 2 Nr. 2 EStG).

---

1 Hoffmann in Littmann/Bitz/Pust, § 4 EStG Rz. 47.
2 HHR/Kolbe, § 4g EStG Rz. 12.

▶ **Aufdeckung stiller Reserven:** § 4g Abs. 2 Satz 2 Nr. 3 EStG enthält zwei Alternativen, in denen es zu einer Sofortauflösung des Ausgleichspostens kommt:

– **Tatsächliche Aufdeckung der stillen Reserven:** Wird das Wirtschaftsgut in der ausländischen Betriebsstätte veräußert oder entnommen, so ist der Ausgleichsposten sofort aufzulösen.

– **Fiktive Auflösung der stillen Reserven:** Ist nach dem Steuerrecht, das für die ausländische Betriebsstätte gilt, eine Entstrickungsregel analog § 4 Abs. 1 Satz 3 EStG oder § 12 Abs. 1 KStG nicht vorgesehen, so kommt es dennoch zur Auflösung des Ausgleichspostens, wenn bei Anwendung dieser beiden Vorschriften im Staat der ausländischen Betriebsstätte eine fiktive Entnahme oder eine fiktive Veräußerung anzunehmen wäre, weil das ausländische Besteuerungsrecht ausgeschlossen oder beschränkt wird.

(Einstweilen frei) 27–30

III. Gewinnneutrale Auflösung (§ 4g Abs. 3 EStG)

§ 4g Abs. 3 EStG regelt den Fall, dass durch Rückführung des Wirtschaftsguts in die inländische Betriebsstätte das deutsche Besteuerungsrecht wiederhergestellt wird. 31

1. Aufhebung der Zuordnung zu einer ausländischen Betriebsstätte

Die Zuordnung des Wirtschaftsguts zur Betriebsstätte in einem EU-Mitgliedstaat muss aufgehoben werden. In Abgrenzung zu § 4g Abs. 2 Satz 2 EStG bedeutet dies, dass das Wirtschaftsgut weder veräußert noch entnommen, noch in eine andere Betriebsstätte innerhalb oder außerhalb eines EU-Mitgliedstaats, sondern in eine inländische Betriebsstätte zurückgeführt wird. 32

2. Rückführung innerhalb von höchstens fünf Jahren

§ 4g Abs. 3 EStG ist nur anwendbar, wenn das Wirtschaftsgut innerhalb seiner tatsächlichen Nutzungsdauer, spätestens nach fünf Jahren zurückgeführt wird. Vorrangig ist die tatsächliche Nutzungsdauer zu betrachten. Läuft diese länger als fünf Jahre, so bildet der Ablauf von fünf Jahren nach dem Überführungszeitpunkt, die zeitliche Höchstgrenze. Die Frist ist taggenau zu berechnen. Wird das Wirtschaftsgut nach Ablauf der Frist rückgeführt, gelten die allgemeinen Regeln mit der Einlage zum Teilwert nach § 4 Abs. 1 Satz 8 2. Halbsatz EStG i. V. m. § 6 Abs. 1 Nr. 5a EStG.[1] Die Regelung setzt außerdem das Bestehen eines Ausgleichspostens voraus. Sie ist daher nicht anwendbar, wenn im Zeitpunkt der Rückführung kein Ausgleichsposten mehr besteht, bspw., weil er nach § 4g Abs. 2 EStG aufgelöst wurde. 33

PRAXISHINWEIS:
Hinsichtlich des Rückführungswerts besteht somit je nach Wahl des Rückführungszeitpunkts Gestaltungspotenzial.

---

[1] Vgl. *Heinicke* in Schmidt, § 4g EStG Rz. 17; HHR/*Kolbe*, § 4 EStG Rz. 36; a. A. *Kessler/Winterhalter/Huck*, DStR 2007, 133 (135).

3. Rechtsfolge (§ 4g Abs. 3 EStG)

34 § 4g Abs. 3 EStG regelt sowohl die Rechtsfolgen für den Ausgleichsposten als auch die Bewertung des rückgeführten Wirtschaftsguts.

35 **Auflösung Ausgleichsposten:** Der Ausgleichsposten ist für die Wirtschaftsgüter, die rückgeführt werden, gewinnneutral aufzulösen. Der Gewinn, der durch die Auflösung in der Bilanz ausgelöst wird, ist außerbilanziell wieder zu korrigieren.

36 **Bewertung:** Das rückgeführte Wirtschaftsgut ist wie folgt zu bewerten. Anzusetzen sind die fortgeführten Anschaffungs-/Herstellungskosten des Wirtschaftsguts, die anzusetzen wären, wenn das Wirtschaftsgut das deutsche Besteuerungsregime nicht verlassen hätte. Zu addieren ist der bereits gewinnerhöhend berücksichtigte Auflösungsbetrag nach § 4g Abs. 2 EStG, damit insoweit die stillen Reserven nicht doppelt versteuert werden. Um sicherzustellen, dass die im Ausland entstandenen stillen Reserven nicht in das deutsche Besteuerungsrecht einbezogen werden, ist außerdem der Rückführungswert zu addieren, d. h. der Wert, den der ausländische Staat der Besteuerung zugrunde gelegt hat, abzüglich des dortigen Buchwerts. Wird die Rückführung vom ausländischen Staat nicht besteuert, so unterbleibt die Addition eines Rückführungswerts. Das Wirtschaftsgut ist maximal mit dem gemeinen Wert anzusetzen.

37 Daraus ergibt sich folgendes Berechnungsschema:

	Fortgeführte AK/HK
+	Auflösungsbetrag
+	(Rückführungswert ./. Auslandsbuchwert)
=	Zuführungswert (maximal gemeiner Wert)

> **BEISPIEL:** 1.1.01 Anschaffung WG, AK 100 000, Nutzungsdauer zehn Jahre, 31.12.03, Überführung WG in EU-Betriebsstätte, gemeiner Wert zu diesem Zeitpunkt 105 000, Rückführung ins Inland 31.12.06. Gemeiner Wert zum Zeitpunkt der Rückführung 150 000.
>
> **Lösung:**
> Buchwert im Zeitpunkt der Überführung 70 000, gemeiner Wert zu diesem Zeitpunkt 105 000, Gewinn 35 000. Ausgleichsposten im VZ 03 35 000, noch vorhandener Ausgleichsposten im VZ 06, 7 000, dieser ist gewinnneutral aufzulösen.
>
> Einlagewert:
>
> | | | |
> |---|---|---|
> | | 40 000 | Fortgeführte AK/HK |
> | + | 28 000 | Auflösungsbetrag |
> | + | (150 000 ./. 60 000)[1] | (Rückführungswert ./. Auslandsbuchwert) |
> | = | 158 000, begrenzt auf 150 000 | Zuführungswert (maximal gemeiner Wert) |

4. Rückführung als rückwirkendes Ereignis nach § 175 Abs. 1 Nr. 2 AO (§ 4g Abs. 3 Satz 2 EStG)

38 Die Rückführung stellt ein rückwirkendes Ereignis i. S. d. § 175 Abs. 1 Nr. 2 AO dar. U. E. läuft die Regelung leer. Alle Rechtsfolgen, die § 4g Abs. 3 EStG an die Rückführung anknüpft, erfolgen im Jahr der Rückführung selbst, die Höhe des in der Vergangenheit aufgelösten Ausgleichspos-

---

1 105 000 gemeiner Wert bei Überführung abzgl. drei Jahre AfA bei Restnutzungsdauer von sieben Jahren.

tens wird nicht tangiert. Mangels materieller Änderungsmöglichkeiten bedarf es keiner verfahrensrechtlich rückwirkenden Änderungsoption.[1]

(*Einstweilen frei*) 39–44

IV. Ausgleichsposten bei der Gewinnermittlung nach § 4 Abs. 3 EStG

Entsprechende Anwendung: Auch bei der Gewinnermittlung nach § 4 Abs. 3 EStG sind die Entnahmeregelungen des § 4 Abs. 1 Satz 3 und 4 EStG entsprechend anwendbar. In diesem Fall ist auch die Bildung eines Ausgleichspostens zulässig (§ 4g Abs. 4 EStG), der gewinnerhöhend im Jahr der Bildung und den vier Folgejahren aufzulösen ist. 45

Verzeichnis: Nach § 4g Abs. 4 Satz 2 EStG muss der Steuerpflichtige die Wirtschaftsgüter, für die ein Ausgleichsposten gebildet wurde, in ein laufend zu führendes Verzeichnis aufnehmen. 46

Aufzeichnungen: Daneben sind Aufzeichnungen zu führen, aus denen die Bildung und die Auflösung des Ausgleichspostens hervorgehen. 47

Steuererklärung: Beides ist in die Steuererklärung mit aufzunehmen. 48

(*Einstweilen frei*) 49–54

V. Mitwirkungspflichten (§ 4g Abs. 5 EStG)

1. Tatbestand

Der Steuerpflichtige ist verpflichtet, die Entnahme oder ein Ereignis i. S. d. § 4g Abs. 2 EStG unverzüglich anzuzeigen. 55

Entnahme: Entnahme in diesem Zusammenhang ist nur die Entnahme i. S. d. § 4 Abs. 1 Satz 3 EStG, denn nur für diese kann ein Ausgleichsposten gebildet werden.[2] Über die entsprechende Anwendung, die in § 12 Abs. 1 KStG angeordnet wird, ist auch die fiktive Veräußerung anzuzeigen. 56

Ereignis: Ebenso sind die Sachverhalte anzuzeigen, die eine sofortige Auflösung des Ausgleichspostens nach § 4g Abs. 2 EStG zur Folge haben. 57

Unverzüglich bedeutet „ohne schuldhaftes Zögern" nach § 121 Abs. 1 Satz 1 BGB. Dies soll dem Steuerpflichtigen längstens eine Frist von zwei Wochen geben, in dem er rechtskundigen Rat für das weitere Vorgehen einholen kann.[3] Ein Abwarten bis zur Abgabe der Steuererklärung ist nicht zulässig. 58

> **PRAXISHINWEIS:**
> Da für die Frage, ob die Anzeige „unverzüglich" erfolgte der Stpfl. die Beweislast trägt, sollte – um Streit mit der Finanzverwaltung zu vermeiden – eine sorgfältige Dokumentation erfolgen.

2. Rechtsfolge

Werden die Anzeigepflichten nach § 4g Abs. 5 Satz 1 EStG oder Aufzeichnungspflichten nach § 4g Abs. 4 Satz 2 und Satz 3 EStG oder sonstige Mitwirkungspflichten nach § 90 AO im Zusam- 59

---

1 So auch *Bodden* in Korn, § 4g EStG Rz. 75; *Heinicke* in Schmidt, § 4g EStG Rz. 15; HHR/*Kolbe*, § 4g EStG Rz. 38.
2 Vgl. *Bodden* in Korn, § 4g EStG Rz. 75.
3 HHR/*Kolbe*, § 4g EStG Anm. 47.

menhang mit der fiktiven Entnahme oder fiktiven Veräußerung verletzt, so ist entweder die Bildung des Ausgleichspostens als solcher unzulässig (fehlende oder verspätete Anzeige) oder der Ausgleichsposten ist sofort in vollem Umfang gewinnerhöhend aufzulösen.

§ 4h Betriebsausgabenabzug für Zinsaufwendungen (Zinsschranke)

(1) ¹Zinsaufwendungen eines Betriebs sind abziehbar in Höhe des Zinsertrags, darüber hinaus nur bis zur Höhe des verrechenbaren EBITDA. ²Das verrechenbare EBITDA ist 30 Prozent des um die Zinsaufwendungen und um die nach § 6 Absatz 2 Satz 1 abzuziehenden, nach § 6 Absatz 2a Satz 2 gewinnmindernd aufzulösenden und nach § 7 abgesetzten Beträge erhöhten und um die Zinserträge verminderten maßgeblichen Gewinns. ³Soweit das verrechenbare EBITDA die um die Zinserträge geminderten Zinsaufwendungen des Betriebs übersteigt, ist es in die folgenden fünf Wirtschaftsjahre vorzutragen (EBITDA-Vortrag); ein EBITDA-Vortrag entsteht nicht in Wirtschaftsjahren, in denen Absatz 2 die Anwendung von Absatz 1 Satz 1 ausschließt. ⁴Zinsaufwendungen, die nach Satz 1 nicht abgezogen werden können, sind bis zur Höhe der EBITDA-Vorträge aus vorangegangenen Wirtschaftsjahren abziehbar und mindern die EBITDA-Vorträge in ihrer zeitlichen Reihenfolge. ⁵Danach verbleibende nicht abziehbare Zinsaufwendungen sind in die folgenden Wirtschaftsjahre vorzutragen (Zinsvortrag). ⁶Sie erhöhen die Zinsaufwendungen dieser Wirtschaftsjahre, nicht aber den maßgeblichen Gewinn.

(2) ¹Absatz 1 Satz 1 ist nicht anzuwenden, wenn

a) der Betrag der Zinsaufwendungen, soweit er den Betrag der Zinserträge übersteigt, weniger als drei Millionen Euro beträgt,

b) der Betrieb nicht oder nur anteilmäßig zu einem Konzern gehört oder

c) der Betrieb zu einem Konzern gehört und seine Eigenkapitalquote am Schluss des vorangegangenen Abschlussstichtages gleich hoch oder höher ist als die des Konzerns (Eigenkapitalvergleich). ²Ein Unterschreiten der Eigenkapitalquote des Konzerns um bis zu zwei Prozentpunkte ist unschädlich.

³Eigenkapitalquote ist das Verhältnis des Eigenkapitals zur Bilanzsumme; sie bemisst sich nach dem Konzernabschluss, der den Betrieb umfasst, und ist für den Betrieb auf der Grundlage des Jahresabschlusses oder Einzelabschlusses zu ermitteln. ⁴Wahlrechte sind im Konzernabschluss und im Jahresabschluss oder Einzelabschluss einheitlich auszuüben; bei gesellschaftsrechtlichen Kündigungsrechten ist insoweit mindestens das Eigenkapital anzusetzen, das sich nach den Vorschriften des Handelsgesetzbuchs ergeben würde. ⁵Bei der Ermittlung der Eigenkapitalquote des Betriebs ist das Eigenkapital um einen im Konzernabschluss enthaltenen Firmenwert, soweit er auf den Betrieb entfällt, und um die Hälfte von Sonderposten mit Rücklagenanteil (§ 273 des Handelsgesetzbuchs) zu erhöhen sowie um das Eigenkapital, das keine Stimmrechte vermittelt – mit Ausnahme von Vorzugsaktien –, die Anteile an anderen Konzerngesellschaften und um Einlagen der letzten sechs Monate vor dem maßgeblichen Abschlussstichtag, soweit ihnen Entnahmen oder Ausschüttungen innerhalb der ersten sechs Monate nach dem maßgeblichen Abschlussstichtag gegenüberstehen, zu kürzen. ⁶Die Bilanzsumme ist um Kapitalforderungen zu kürzen, die nicht im Konzernabschluss ausgewiesen sind und denen Verbindlichkeiten im Sinne des Absatzes 3 in mindestens gleicher Höhe gegenüber-

stehen. [7]Sonderbetriebsvermögen ist dem Betrieb der Mitunternehmerschaft zuzuordnen, soweit es im Konzernvermögen enthalten ist.

[8]Die für den Eigenkapitalvergleich maßgeblichen Abschlüsse sind einheitlich nach den International Financial Reporting Standards (IFRS) zu erstellen. [9]Hiervon abweichend können Abschlüsse nach dem Handelsrecht eines Mitgliedstaats der Europäischen Union verwendet werden, wenn kein Konzernabschluss nach den IFRS zu erstellen und offen zu legen ist und für keines der letzten fünf Wirtschaftsjahre ein Konzernabschluss nach den IFRS erstellt wurde; nach den Generally Accepted Accounting Principles der Vereinigten Staaten von Amerika (US-GAAP) aufzustellende und offen zu legende Abschlüsse sind zu verwenden, wenn kein Konzernabschluss nach den IFRS oder dem Handelsrecht eines Mitgliedstaats der Europäischen Union zu erstellen und offen zu legen ist. [10]Der Konzernabschluss muss den Anforderungen an die handelsrechtliche Konzernrechnungslegung genügen oder die Voraussetzungen erfüllen, unter denen ein Abschluss nach den §§ 291 und 292 des Handelsgesetzbuchs befreiende Wirkung hätte. [11]Wurde der Jahresabschluss oder Einzelabschluss nicht nach denselben Rechnungslegungsstandards wie der Konzernabschluss aufgestellt, ist die Eigenkapitalquote des Betriebs in einer Überleitungsrechnung nach den für den Konzernabschluss geltenden Rechnungslegungsstandards zu ermitteln. [12]Die Überleitungsrechnung ist einer prüferischen Durchsicht zu unterziehen. [13]Auf Verlangen der Finanzbehörde ist der Abschluss oder die Überleitungsrechnung des Betriebs durch einen Abschlussprüfer zu prüfen, der die Voraussetzungen des § 319 des Handelsgesetzbuchs erfüllt.

[14]Ist ein dem Eigenkapitalvergleich zugrunde gelegter Abschluss unrichtig und führt der zutreffende Abschluss zu einer Erhöhung der nach Absatz 1 nicht abziehbaren Zinsaufwendungen, ist ein Zuschlag entsprechend § 162 Absatz 4 Satz 1 und 2 der Abgabenordnung festzusetzen. [15]Bemessungsgrundlage für den Zuschlag sind die nach Absatz 1 nicht abziehbaren Zinsaufwendungen. [16]§ 162 Absatz 4 Satz 4 bis 6 der Abgabenordnung gilt sinngemäß.

[2]Ist eine Gesellschaft, bei der der Gesellschafter als Mitunternehmer anzusehen ist, unmittelbar oder mittelbar einer Körperschaft nachgeordnet, gilt für die Gesellschaft § 8a Absatz 2 und 3 des Körperschaftsteuergesetzes entsprechend.

(3) [1]Maßgeblicher Gewinn ist der nach den Vorschriften dieses Gesetzes mit Ausnahme des Absatzes 1 ermittelte steuerpflichtige Gewinn. [2]Zinsaufwendungen sind Vergütungen für Fremdkapital, die den maßgeblichen Gewinn gemindert haben. [3]Zinserträge sind Erträge aus Kapitalforderungen jeder Art, die den maßgeblichen Gewinn erhöht haben. [4]Die Auf- und Abzinsung unverzinslicher oder niedrig verzinslicher Verbindlichkeiten oder Kapitalforderungen führen ebenfalls zu Zinserträgen oder Zinsaufwendungen. [5]Ein Betrieb gehört zu einem Konzern, wenn er nach dem für die Anwendung des Absatzes 2 Satz 1 Buchstabe c zugrunde gelegten Rechnungslegungsstandard mit einem oder mehreren anderen Betrieben konsolidiert wird oder werden könnte. [6]Ein Betrieb gehört für Zwecke des Absatzes 2 auch zu einem Konzern, wenn seine Finanz- und Geschäftspolitik mit einem oder mehreren anderen Betrieben einheitlich bestimmt werden kann.

(4) [1]Der EBITDA-Vortrag und der Zinsvortrag sind gesondert festzustellen. [2]Zuständig ist das für die gesonderte Feststellung des Gewinns und Verlusts der Gesellschaft zuständige Finanzamt, im Übrigen das für die Besteuerung zuständige Finanzamt. [3]§ 10d Absatz 4 gilt sinn-

gemäß. ⁴Feststellungsbescheide sind zu erlassen, aufzuheben oder zu ändern, soweit sich die nach Satz 1 festzustellenden Beträge ändern.

(5) ¹Bei Aufgabe oder Übertragung des Betriebs gehen ein nicht verbrauchter EBITDA-Vortrag und ein nicht verbrauchter Zinsvortrag unter. ²Scheidet ein Mitunternehmer aus einer Gesellschaft aus, gehen der EBITDA-Vortrag und der Zinsvortrag anteilig mit der Quote unter, mit der der ausgeschiedene Gesellschafter an der Gesellschaft beteiligt war. ³§ 8c des Körperschaftsteuergesetzes ist auf den Zinsvortrag einer Gesellschaft entsprechend anzuwenden, soweit an dieser unmittelbar oder mittelbar eine Körperschaft als Mitunternehmer beteiligt ist.

Inhaltsübersicht

	Rz.
A. Allgemeine Erläuterungen	1 - 10
I. Normzweck und wirtschaftliche Bedeutung der Vorschrift	1
II. Entstehung und Entwicklung der Vorschrift	2
III. Geltungsbereich	3
IV. Vereinbarkeit der Vorschrift mit höherrangigem Recht	4
V. Verhältnis zu anderen Vorschriften	5 - 10
B. Systematische Kommentierung	11 - 225
I. Mindestzinsabzug nach § 4h Abs. 1 EStG	11 - 70
1. Prüfreihenfolge	11 - 20
2. Zinsabzug bis zur Höhe der Zinserträge	21 - 30
3. Zinsabzug bis zur Höhe des verrechenbaren EBITDA	31 - 40
4. EBITDA-Vortrag	41 - 55
5. Zinsvortrag	56 - 70
II. Ausnahmen von der Anwendung der Zinsschranke (§ 4h Abs. 2 EStG)	71 - 120
1. Freigrenze	71 - 85
2. Konzernklausel	86 - 100
3. Escape-Klausel	101 - 110
4. Rückausnahme bei schädlicher Fremdfinanzierung	111 - 120
III. Maßgeblicher Gewinn und Zinsschrankenzinsen (§ 4h Abs. 3 EStG)	121 - 149
1. Maßgeblicher Gewinn	121 - 135
2. Zinsschrankenzinsen	136 - 149
IV. Konzernbegriff	150 - 170
V. Verfahrensrechtliche Regelungen zum EBITDA- und Zinsvortrag (§ 4h Abs. 4 EStG)	171 - 180
VI. EBITDA- und Zinsvortrag bei Betriebsaufgabe oder -übertragung und Gesellschafterwechsel (§ 4h Abs. 5 EStG)	181 - 225
1. Aufgabe oder Übertragung des Betriebs (§ 4h Abs. 5 Satz 1 EStG)	183 - 200
2. Ausscheiden eines Mitunternehmers aus einer Mitunternehmerschaft (§ 4h Abs. 5 Satz 2 EStG)	201 - 215
3. Anwendung des § 8c KStG (§ 4h Abs. 5 Satz 3 EStG)	216 - 225
C. Verfahrensfragen	226

HINWEIS:
H 4h EStH; BMF v. 4. 7. 2008, BStBl 2008 I 718.

LITERATUR:
▶ Weitere Literatur siehe Online-Version

Bahlburg/Endert, Fortwährende Zweifel an der Verfassungsmäßigkeit der Zinsschranke, StuB 2014, 566; *Cortez/Schmidt*, Ernstliche Zweifel an der Verfassungsmäßigkeit des § 4h EStG n. F., zu BFH, Beschluss vom 18. 12. 2013 - I B 85/13, IWB 2014, 507; *München/Mückl*, Die Vereinbarkeit der Zinsschranke mit dem Grundgesetz, DStR 2014, 1469; *Schmidt*, Die Zinsschranke im Fokus der Betriebsprüfung, mit zwei Prüfschemata, NWB 2015, 1840; *Bolik*, BFH hält Zinsschranke für verfassungswidrig, StuB 2016, 180; *Feldgen*, Interdependenzen zwischen Zinsschranke und steuerlichen Verlustvorträgen sowie Gewerbesteuer,

StuB 2016, 259; *Püttner*, Ist die Zinsschranke verfassungswidrig? – Anmerkungen zum Vorlagebeschluss des BFH, BBK 2016, 444.

ARBEITSHILFEN UND GRUNDLAGEN ONLINE:

Gemballa, Zinsschranke § 4h EStG/§ 8a KStG – Ermittlung des Abzugs von Zinsaufwendungen, NWB DokID: EAAAD-75640; *Schmidt/Lemke/Leyh*, Betrieblicher Schuldzinsenabzug – Eingeschränkter Schuldzinsenabzug – Zinsschranke, NWB DokID: YAAAE-57242.

A. Allgemeine Erläuterungen

I. Normzweck und wirtschaftliche Bedeutung der Vorschrift

Die Vorschrift soll „echte Missbrauchsfälle" bzw. Fälle der exzessiven Fremdfinanzierung durch BA-Abzugsbeschränkungen eindämmen. Die Zinsschranke verhindert somit bei Vorliegen bestimmter Voraussetzungen den steuerlichen BA-Abzug von Zinsen auf Ebene des zinszahlenden Unternehmens. Auf Ebene der Anteilseigner kommt es nicht zu einer Umqualifizierung der Zinsen.

1

II. Entstehung und Entwicklung der Vorschrift

Die Zinsschranke wurde im Rahmen der Unternehmensteuerreform 2008 als Gegenfinanzierungsmaßnahme eingeführt. Im Wachstumsbeschleunigungsgesetz[1] wurde die zunächst vorgesehene Befristung[2] der Anhebung der Freigrenze auf 3 Mio. € aufgehoben.[3] Zudem wurde der Toleranzbereich beim Eigenkapitalquotenvergleich im Rahmen der Escape-Klausel auf 2 Prozentpunkte ausgeweitet und ein EBITDA-Vortrag für fünf Jahre eingeführt. Beide Änderungen gelten für Wirtschaftsjahre, die nach dem 31.12.2009 enden.

2

III. Geltungsbereich

Der Zinsschranke unterliegen Zinsaufwendungen eines Betriebs. Zur Abgrenzung des **sachlichen Anwendungsbereichs** enthält die Vorschrift in § 4h Abs. 3 Satz 2 bis 4 EStG eine eigene Zinsdefinition. Danach wird allein auf die Qualifikation bestimmter Aufwendungen als Zinsen abgestellt. Der Empfänger der Zinsen oder die Laufzeit der zugrunde liegenden Kapitalüberlassung sind unerheblich. In **persönlicher Beziehung** betrifft die Zinsschranke die Gewinnermittlung bei beschränkt und unbeschränkt steuerpflichtigen natürlichen Personen als Einzelunternehmer sowie Gesellschafter von gewerblich tätigen oder geprägten Personengesellschaften jeweils mit ihren Gewinneinkünften. Über die Verweisung des § 8 Abs. 1 KStG auf die einkommensteuerlichen Regelungen gilt sie auch für Körperschaften. Die Zinsschranke ist weder rechtsform- noch personenbezogen und knüpft nicht an eine persönliche Steuerpflicht, sondern an das Vorhandensein von Gewinneinkünften und damit mittelbar an das Vorliegen eines Betriebs an.

3

IV. Vereinbarkeit der Vorschrift mit höherrangigem Recht

Schon seit Einführung der Zinsschranke wurden in der Literatur Zweifel an der Verfassungsmäßigkeit dieser Norm geäußert. Auch der BFH teilt diese Zweifel. In seinem Beschluss v.

4

---

1 BGBl 2009 I 3950 ff.
2 Bürgerentlastungsgesetz Krankenversicherung, BGBl 2009 I 1959 ff.
3 Die Anhebung der Freigrenze gilt rückwirkend ab dem Wj. 2008.

14.10.2015 hält der BFH die Zinsschranke für verfassungswidrig. Der I. Senat des BFH hat dem BVerfG die Frage zur Klärung vorgelegt, ob die Regelung der Zinsschranke (§ 4h EStG, § 8a KStG) gegen den allgemeinen Gleichheitsgrundsatz des Art. 3 Abs. 1 GG verstößt und damit verfassungswidrig ist.[1]

Bereits Ende 2013 hatte der BFH ernstliche Zweifel an der Verfassungsmäßigkeit der Zinsschranke geäußert und die Vollziehung eines Körperschaftsteuerbescheides ausgesetzt.[2] Darauf hat die Finanzverwaltung mit einem Nichtanwendungserlass reagiert.[3] Das BMF teilt die vom BFH geäußerten Zweifel an der Verfassungskonformität der Zinsschranke nicht und sieht auch kein besonderes Aussetzungsinteresse. Nach Auffassung des BMF wird ein Verstoß gegen das objektive Nettoprinzip schon durch die veranlagungszeitraumübergreifende Ausgestaltung der Zinsschranke vermieden. Das sieht der BFH anders. Seiner Meinung nach hat der Gesetzgeber mit der Zinsschranke – anders als bei der Mindestgewinnbesteuerung – keine veranlagungszeitraumübergreifende Grundentscheidung zur Abzugsfähigkeit von Betriebsaufwand getroffen. Vielmehr werde (nur) ein betriebsindividuell zu ermittelnder Teil des grundsätzlich abzugsfähigen Finanzierungsaufwands im Abzug beschränkt. Diese Beschränkung vermag laut BFH der Zins- und EBITDA-Vortrag nur im Einzelfall abzumildern.[4]

V. Verhältnis zu anderen Vorschriften

5   Die Zinsabzugsbeschränkung des § 4h EStG steht inhaltlich in einer Normenkonkurrenz zu folgende Vorschriften:

▶ Betriebsausgabenabzug für Zinsaufwendungen bei Körperschaften nach § 8a KStG
▶ Schuldzinsen im Zusammenhang mit Überentnahmen nach § 4 Abs. 4a EStG
▶ Verlustverrechnungsvorschrift des § 10d EStG
▶ sonstige Verlustabzugsbeschränkungen nach §§ 2a, 15a, 15b EStG
▶ gewerbesteuerliche Hinzurechnungen nach § 8 Nr. 1 GewStG
▶ Gestaltungsmissbrauch nach § 42 AO

§ 8a KStG stellt eine spezielle Regelung für die Anwendung der Zinsschranke bei Körperschaften dar. Abweichungen gehen den allgemeinen Zinsschrankenvorschriften in § 4h EStG vor. Die in § 8a KStG geregelten Sondervorschriften für Körperschaften können nach § 4h Abs. 2 EStG auch für Personengesellschaften gelten.

Nach § 4 Abs. 4a EStG sind **Schuldzinsen im Zusammenhang mit Überentnahmen** (z. B. bei nachgeordneten Personengesellschaften) nur im Rahmen der in § 4 Abs. 4a EStG ausgeführten Einschränkungen abziehbar. Diese Vorschrift hat Vorrang vor der Zinsschrankenregelung nach § 4h EStG und § 8a KStG.

§ 4h EStG hat Vorrang vor der Anwendung des **§ 10d EStG**. Folglich kann die Anwendung der Zinsschranke durch vollständige oder teilweise Versagung des Betriebsausgabenabzugs von Zinsaufwendungen dazu führen, dass sich aus einem Verlust (vor Berücksichtigung des § 4h EStG) ein Gewinn ergibt oder sich ein Verlust reduziert und insoweit § 10d EStG zu anderen Ergebnissen führt. Entsprechend kann der Abbau eines Zinsvortrags aus einem Gewinn (vor

---

1 BFH v. 14.10.2015 - I R 20/15, BFH/NV 2016, 475 = NWB-DokID: TAAAF-66181.
2 BFH v. 18.12.2013 - I B 85/13, BStBl 2014 II 947.
3 BMF v. 13.11.2014, BStBl 2014 I 1516.
4 Zum Vorlagebeschluss des BFH siehe auch: *Bolik*, StuB 2016, 180 und *Püttner*, BBK 2016, 444

Berücksichtigung des § 4h EStG) zu einem Verlust führen, der im Rahmen des § 10d EStG zu berücksichtigen ist.

Der Vorrang des § 4h EStG gilt analog für **Verlustabzugsbeschränkungen nach §§ 2a, 15a, 15b EStG**.

Im Rahmen der **gewerbesteuerlichen Hinzurechnungen nach § 8 Nr. 1 GewStG** werden nur die Zinsaufwendungen i. H. v. 25 % dem Gewerbeertrag hinzugerechnet, soweit sie nach Anwendung der Zinsschranke abzugsfähig sind. Die nicht abzugsfähigen Zinsen werden erst dann gewerbesteuerlich hinzugerechnet, wenn sie im Rahmen der Zinsschranke abgezogen werden (Zinsvortrag).

Auch im Verhältnis zu § 1 Abs. 1 AStG ist § 4h EStG vorrangig anzuwenden. Bei der Hinzurechnungsbesteuerung bleibt § 4h EStG gem. § 10 Abs. 3 Satz 4 AStG unberücksichtigt.[1]

Gestaltungsmissbrauch nach § 42 AO stellt eine vom Steuerpflichtigen gewählte Struktur grundsätzlich in Frage und ist damit vorrangig vor der Zinsschrankenregelung nach § 4h EStG zu prüfen.[2]

(Einstweilen frei) 6–10

B. Systematische Kommentierung

I. Mindestzinsabzug nach § 4h Abs. 1 EStG

1. Prüfreihenfolge

§ 4h Abs. 1 EStG definiert einen Mindestzinsabzug und damit einen Mindestumfang der als Betriebsausgaben abzugsfähigen Zinsaufwendungen. Wenn eine der **drei Ausnahmeregelungen** des § 4h Abs. 2 EStG (Freigrenze, Konzernklausel und Escape-Klausel) greift, ist ein vollumfänglicher Betriebsausgabenabzug für Zinsaufwendungen möglich. 11

Die **Ermittlung des Mindestzinsabzugs** nach § 4h Abs. 1 EStG erfolgt in **zwei Schritten**. Zunächst sind Zinsaufwendungen bis zur Höhe der Zinserträge des Betriebs abzugsfähig (Schritt 1). Darüber hinaus dürfen Zinsaufwendungen bis zur Höhe des verrechenbaren EBITDA abgezogen werden (Schritt 2). Siehe dazu das nachfolgende Schaubild. 12

---

1 Vgl. *Oellerich* in Mössner/Seeger, § 8a KStG Rz. 83.
2 Vgl. *Möhlenbrock/Pung* in Dötsch/Jost/Pung/Witt, § 8a KStG Rz. 23.

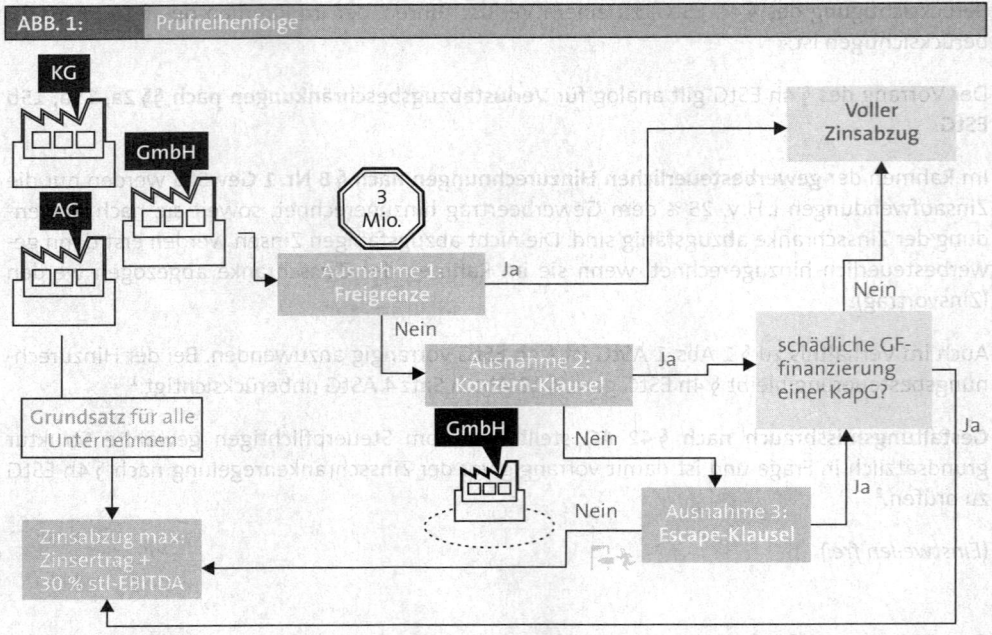

ABB. 1: Prüfreihenfolge

13 Die Abzugsfähigkeit der Zinsen nach § 4h EStG ist jeweils für das Wirtschaftsjahr zu prüfen.[1]

14–20 (*Einstweilen frei*)

2. Zinsabzug bis zur Höhe der Zinserträge

21 In einem ersten Schritt sind nach § 4h Abs. 1 Satz 1 1. Halbsatz EStG Zinsaufwendungen bis zur Höhe der Zinserträge desselben Betriebs als Betriebsausgaben abziehbar.

Betrieb im Sinne der Zinsschranke ist jede Gewinnermittlungseinheit. § 4h EStG enthält keine eigenständige Betriebsdefinition. Für das Vorliegen eines Betriebs ist das Erzielen von Gewinneinkünften ausreichend. Die Gewinnermittlungseinheit einer Mitunternehmerschaft umfasst die Gesamthandsbilanz, Ergänzungs- und Sonderbilanzen.[2]

Inländische und ausländische **Betriebsstätten** bilden keinen eigenständigen Betrieb.[3] Ihre Einkünfte werden vom Betrieb des Stammhauses erzielt.

Mehrere Betriebe können nach § 4h Abs. 3 EStG einen Zinsschrankenkonzern begründen. Von diesem Grundsatz gibt es verschiedene Ausnahmen:

- Bei körperschaftsteuerlicher **Organschaft** gelten Organträger und Organgesellschaft als einheitlicher Betrieb i. S. v. § 4h EStG (§ 15 Satz 1 Nr. 3 KStG).
- Ein Einzelunternehmer mit mehreren Quellen gewerblicher Einkünfte kann mehrere Betriebe haben, begründet jedoch keinen Konzern.[4]

---

1 Vgl. *Oellerich* in Mössner/Seeger, § 8a KStG Rz. 154.
2 BMF v. 4. 7. 2008, BStBl 2008 I 718, Tz. 6.
3 BMF v. 4. 7. 2008, BStBl 2008 I 718, Tz. 9.
4 BMF v. 4. 7. 2008, BStBl 2008 I 718, Tz. 3, 62, 64.

▶ Eine GmbH & Co. KG oder eine Betriebsaufspaltung stellen jeweils mehrere Betriebe dar, die zusammen jedoch meist keinen Konzern begründen.

Der Umfang der relevanten Zinserträge ist nach § 4h Abs. 3 Satz 3 EStG zu bestimmen. Danach sind Zinserträge Erträge aus Kapitalforderungen jeder Art, die den maßgeblichen Gewinn erhöht haben. Steuerfreie Zinserträge erhöhen den Mindestzinsabzug nicht.

Übersteigen die Zinserträge des Betriebs die Zinsaufwendungen, sind die Zinsaufwendungen ohne weitere Prüfung vollumfänglich als Betriebsausgaben abzugsfähig. Ein solcher Zinsertragsüberschuss ist jedoch nicht im Rahmen des EBITDA-Vortrags in spätere Wirtschaftsjahre vortragsfähig.

(*Einstweilen frei*)

3. Zinsabzug bis zur Höhe des verrechenbaren EBITDA

Ein über die Zinserträge hinausgehender Betriebsausgabenabzug für Zinsaufwendungen ist bis zur Höhe des verrechenbaren EBITDA (Earnings Before Interest, Taxes, Depreciation and Amortisation) möglich.

Das verrechenbare EBITDA beträgt 30 % des steuerlichen EBITDA. Zur Ermittlung des steuerlichen EBITDA verwendet die Finanzverwaltung[1] folgendes Berechnungsschema:

Steuerpflichtiger Gewinn vor Anwendung der Zinsschranke (§ 4h Abs. 3 Satz 1 EStG)

+ Zinsaufwendungen
./. Zinserträge
+ als Betriebsausgabe abgezogene Aufwendungen für Geringwertige Wirtschaftsgüter bis 410 € (§ 6 Abs. 2 Satz 1 EStG)
+ als Betriebsausgabe abgezogene Aufwendungen aus der Auflösung von Sammelposten für Geringwertige Wirtschaftsgüter (§ 6 Abs. 2a Satz 2 EStG)
+ als Betriebsausgabe abgezogene Absetzungen für Abnutzungen oder Substanzverringerungen (§ 7 EStG)

= steuerliches EBITDA

BEISPIEL: ▶ Ein Unternehmen erzielt einen Gewinn i. H. v. 12 Mio. €. Die Zinserträge betragen 2 Mio. €, der Zinsaufwand 13 Mio. €. Bei der Gewinnermittlung wurden Abschreibungen i. H. v. 2 Mio. € berücksichtigt.

Steuerlichen EBITDA = Gewinn + Zinsaufwendungen − Zinserträge + Abschreibungen: 12 Mio. € + 13 Mio. € - 2 Mio. € + 2 Mio. € = 25 Mio. €

Verrechenbarer EBITDA = 30 % des steuerlichen EBITDA: 30 % x 25 Mio. € = 7,5 Mio. €

Im Ergebnis können 9,5 Mio. € Zinsaufwand (Zinserträge 2 Mio. € + verrechenbares EBITDA 7,5 Mio. €) geltend gemacht werden. Der steuerpflichtige Gewinn beträgt somit: 15,5 Mio. € (Gewinn 12 Mio. € + nichtabzugsfähiger Zinsaufwand 3,5 Mio. €).

---

1 BMF v. 4. 7. 2008, BStBl 2008 I 718, Tz. 40.

33 Liegt das steuerliche EBITDA im negativen Bereich (bspw. in einer Verlustsituation) oder ist es gleich Null, beträgt das verrechenbare EBITDA Null mit der Folge, dass der Mindestzinsabzug auf die Höhe der Zinserträge begrenzt ist.[1]

34–40 (Einstweilen frei)

4. EBITDA-Vortrag

41 Ziel des EBITDA-Vortrags ist es, dass ein Betrieb, der mit seinen Zinsaufwendungen den Abzugsrahmen des Mindestzinsabzugs nach § 4h Abs. 1 EStG nicht ausschöpft, den ungenutzten Teil seines verrechenbaren EBITDA von Amts wegen in Folgejahre vortragen kann.[2]

42 Zur Ermittlung eines EBITDA-Vortrags wird das verrechenbare EBITDA, soweit es den Zinsaufwandsüberhang des Betriebs übersteigt, in die folgenden fünf Wirtschaftsjahre vorgetragen (EBITDA-Vortrag).

	Verechenbares EBITDA
+	Zinsertrag
./.	Zinsaufwendungen
=	EBITDA-Vortrag

Der EBITDA-Vortrag erhöht nach § 4h Abs. 1 Satz 4 EStG in den Folgejahren die Abzugsmöglichkeit für Zinsaufwendungen, soweit nicht schon das EBITDA des laufenden Jahres den vollen Zinsabzug zulässt.

43 In den Jahren, in denen eine der drei Ausnahmeregelungen (Freigrenze, Konzernklausel und Escape-Klausel) gegriffen hätte, entsteht kein EBITDA-Vortrag.

44 Der EBITDA-Vortrag ist zeitlich auf fünf Jahre beschränkt. Dabei gilt der jeweils älteste EBITDA-Vortrag als zuerst verbraucht – dies entspricht dem Verbrauchsfolgeverfahren **First-In-First-Out** (FiFo-Methode).[3] Ein bis zum Ende des 5. Jahres nach Entstehen noch nicht verbrauchter EBITDA-Vortrag verfällt automatisch.

Die Möglichkeit zur Ermittlung eines EBITDA-Vortrags besteht erstmals für Wirtschaftsjahre, die nach dem 31. 12. 2009 enden. Auf Antrag sind für das erste Wirtschaftsjahr, das nach dem 31. 12. 2009 endet, das verrechenbare EBITDA um die fiktiv ermittelten EBITDA-Vorträge der Wirtschaftsjahre zu erhöhen, die nach dem 31. 12. 2006 beginnen und vor dem 1. 1. 2010 enden (bei Wirtschaftsjahr = Kalenderjahr die Wirtschaftsjahre 2007 bis 2009). Die fiktiven EBITDA-Vorträge erhöhen das verrechenbare EBITDA einmalig für das erste nach dem 31. 12. 2009 beginnende Wirtschaftsjahr.

> **BEISPIEL:** In den Jahren 2010 bis 2013 ist der Zinsaufwandsüberschuss bei einem in 2010 gegründeten Unternehmen geringer als das verrechenbare EBITDA. Hierdurch wird ein EBITDA-Vortrag i. H. v. 10 Mio. € aufgebaut. Der Nettozinsaufwand liegt mit 6,5 Mio. € erstmals im Jahr 2014 über der Grenze von 30 % des steuerlichen EBITDA (6 Mio. €), so dass der EBITDA-Vortrag genutzt werden kann, um den gesamten Zinsaufwand des Jahres 2014 steuermindernd geltend zu machen. Hierdurch mindert sich der EBITDA-Vortrag im Jahr 2014 um 0,5 Mio. € (6,5 Mio. € Zinsaufwandsüberschuss – 6 Mio. € verrechenbares EBITDA des Wirtschaftsjahres 2014) auf 9,5 Mio. €. Im Jahr 2015 wird der EBITDA-Vortrag

---

1 Vgl. *Möhlenbrock/Pung* in Dötsch/Jost/Pung/Witt, § 8a KStG Rz. 50.
2 Vgl. *Lenz/Dörfler/Adrian*, Ubg 2010, 1; *Kessler/Lindemer*, DB 2010, 472.
3 Vgl. *Lenz/Dörfler/Adrian*, Ubg 2010, 1, 3; *Gemmel/Loose*, NWB 2010, 266.

i. H. v. 2,5 Mio. € genutzt. Zusätzlich verfällt am Ende des Jahres 2015 der EBITDA-Vortrag des Jahres 2010, der bis zu diesem Zeitpunkt nicht genutzt wurde. Da der EBITDA-Vortrag aus dem Jahr 2010 (5 Mio. €) im Jahr 2014 i. H. v. 0,5 Mio. € und im Jahr 2015 i. H. v. 2,5 Mio. € genutzt wurde, verfällt er am Ende des Jahres 2015 i. H. v. 2 Mio. €. Damit beträgt der EBITDA-Vortrag Ende 2015 noch 5 Mio. €.

Jahr	2010	2011	2012	2013	2014	2015
	TEUR	TEUR	TEUR	TEUR	TEUR	TEUR
Steuerliches EBITDA i. S. d. § 4h Abs. 1 EStG	40 000	35 000	30 000	30 000	20 000	15 000
Nettozinsaufwand	7 000	7 000	9 000	7 500	6 500	7 000
verrechenbares EBITDA (30 % des steuerlichen EBITDA)	12 000	10 500	9 000	9 000	6 000	4 500
genutzter EBITDA-Vortrag	0	0	0	0	0	0
Veränderung EBITDA-Vortrag	+5 000	+3 500	0	+1 500	-500	-2 500
steuerlich abzugsfähiger Zinsaufwand	7 000	7 000	9 000	7 500	6 500	7 000
Entwicklung EBITDA-Vortrag						
EBITDA-Vortrag Vorjahr	0	5 000	8 500	8 500	10 000	9 500
Zuführung zum EBITDA-Vortrag	5 000	3 500	0	1 500	0	0
Verbrauch EBITDA	0	0	0	0	-500	-2 500
Verfall EBITDA-Vortrag > 5 Jahre	0	0	0	0	0	-2 000
EBITDA-Vortrag	5 000	8 500	8 500	10 000	9 500	5 000

PRAXISHINWEIS:

Die Zinsschrankenvorschriften sind auf Ebene der Organgesellschaft nicht anzuwenden[1]. Vielmehr gelten Organträger und Organgesellschaft als ein einheitlicher Betrieb. Ein EBITDA-Vortrag kann deshalb nur auf Ebene des Organträgers entstehen. Er umfasst sämtliche EBITDA-Überschüsse von Organgesellschaften.

(Einstweilen frei) 45–55

5. Zinsvortrag

Die dem Abzugsverbot der Zinsschranke unterliegenden Schuldzinsen dürfen nach § 4h Abs. 1 Satz 5 EStG in die Folgejahre vorgetragen werden (sog. Zinsvortrag). Der Zinsvortrag erfolgt zeitlich unbegrenzt und ist gesondert festzustellen (s. → Rz. 161 ff.).

Vorgetragene Zinsen erhöhen nach § 4h Abs. 1 Satz 6 EStG die Zinsaufwendungen späterer Jahre, bleiben jedoch im Rahmen der 30 %igen Vergleichsgröße (steuerliches EBITDA) zur Bestimmung der abzugsfähigen Zinsen des jeweiligen Folgejahres unberücksichtigt. Zinsvorträge können zusammen mit den laufenden Zinsaufwendungen des Wirtschaftsjahres dazu führen, dass die Freigrenze überschritten wird.[2] Zum Untergang des Zinsvortrags siehe → Rz. 181 ff.

---

[1] Vgl. zu den Besonderheiten des EBITDA-Vortrags bei Organschaftsverhältnissen: *Bohn/Loose*, DStR 2011, 1009.
[2] Vgl. BMF v. 4. 7. 2008, BStBl 2008 I 718, Tz. 46.

58 Zinsvorträge können zur Berücksichtigung aktiver latenter Steuern nach den §§ 274 und 306 HGB führen.[1]

59–70 (Einstweilen frei)

II. Ausnahmen von der Anwendung der Zinsschranke (§ 4h Abs. 2 EStG)

1. Freigrenze

71 Die Freigrenze in § 4h Abs. 2 Satz 1 Buchst. a EStG ist eine der drei Ausnahmeregelungen (Freigrenze, Konzernklausel und Escape-Klausel), deren Rechtsfolge ist, dass der Betriebsausgabenabzug für Zinsaufwendungen des Betriebs vollumfänglich zulässig ist. Ziel der Freigrenze ist es, kleinen und mittleren Betrieben den vollen Betriebsausgabenabzug für Zinsaufwendungen zu ermöglichen.

72 Der Betriebsausgabenabzug für Zinsaufwendungen ist nicht auf den Mindestzinsabzug nach § 4h Abs. 1 Satz 1 EStG beschränkt, wenn der Zinsaufwandsüberschuss weniger als 3 Mio. € beträgt. Maßgebend für die Ermittlung des Zinsaufwandsüberschusses sind die Zinsdefinitionen des § 4h Abs. 3 EStG. Dadurch gehen in die Prüfung der Freigrenze nur Zinsen ein, die sich auf den maßgeblichen Gewinn ausgewirkt haben.

73 Die Freigrenze ermöglicht somit einen unbeschränkten Betriebsausgabenabzug für Zinsaufwendungen, solange die Zinsaufwendungen des Betriebs die steuerpflichtigen Zinserträge um maximal 2 999 999,99 € übersteigen. Ab einem Zinsaufwandsüberschuss von 3 Mio. € und mehr sind ihre Tatbestandsvoraussetzungen nicht erfüllt.

74 Die Freigrenze ist für jede Gewinnermittlungseinheit und je Gewinnermittlungszeitraum separat zu prüfen. Jedem Betrieb wird eine eigene Freigrenze zugesprochen. Die Freigrenze wird für einen Organkreis nur einmal gewährt.[2]

75 Vorgetragene Zinsaufwendungen erhöhen nach § 4h Abs. 1 Satz 6 EStG den Zinsaufwand im Vortragsjahr und sind damit in die Prüfung der Freigrenze einzubeziehen.

76–85 (Einstweilen frei)

2. Konzernklausel

86 Die Konzernklausel in § 4h Abs. 2 Satz 1 Buchst. b EStG ist die zweite Ausnahmeregelung des § 4h Abs. 2 Satz 1 Buchst. a bis c EStG. Sie regelt, dass der Betriebsausgabenabzug für Zinsaufwendungen nicht auf den Mindestzinsabzug nach § 4h Abs. 1 Satz 1 EStG beschränkt ist, wenn der betreffende Betrieb nicht oder nur anteilig zu einem Konzern gehört. Ziel der Konzernklausel ist es, konzernfreien Betrieben den vollumfänglichen Betriebsausgabenabzug für Zinsaufwendungen zu ermöglichen („Stand-Alone-Klausel").[3]

87 Die Konzernzugehörigkeit ist nach § 4h Abs. 3 Satz 5 und 6 EStG zu prüfen. Ein Zinsschrankenkonzern setzt mindestens zwei Betriebe voraus.[4] Für Zwecke der Zinsschranke gilt ein erweiterter **Konzernbegriff**. Nicht konzerngebunden sind insbesondere Einzelunternehmer, die keine

---

[1] Vgl. ausführlich *Bolik/Linzbach*, DStR 2010, 1588; *Lenz/Dörfler/Adrian*, Ubg 2010, 1, 5.
[2] Vgl. BMF v. 4. 7. 2008, BStBl 2008 I 718, Tz. 57.
[3] Im Anwendungsbereich des § 8a Abs. 2 KStG muss dazu nachgewiesen werden, dass keine schädliche Gesellschafterfremdfinanzierung vorliegt.
[4] Vgl. *Loschelder* in Schmidt, EStG, § 4h EStG Rz. 27.

weiteren Beteiligungen halten, und Kapitalgesellschaften, deren Anteile sich im Streubesitz befinden und ebenfalls keine weiteren Beteiligungen halten. Ebenfalls keinen Konzern bildet ein Einzelunternehmen oder eine Gesellschaft nur deshalb, weil sie eine oder mehrere Betriebsstätten im Ausland hat. Auch ein nicht konzernverbundenes Einzelunternehmen mit mehreren Betrieben stellt keinen Konzern dar.

Ein sog. Unterordnungskonzern nach § 4h Abs. 3 Satz 5 EStG liegt grundsätzlich vor, wenn ein Betrieb nach dem für die Escape-Klausel maßgeblichen Rechnungslegungsstandard mit einem oder mehreren Betrieben konsolidiert wird oder werden könnte.[1]

Keine Konzernzugehörigkeit nach § 4h Abs. 3 Satz 5 EStG liegt vor, wenn ein Unternehmen gemeinschaftlich geführt wird und nach § 310 HGB oder anderen zur Anwendung kommenden Rechnungslegungsstandards (z. B. IAS 31) nur anteilsmäßig im Wege einer Quotenkonsolidierung in einen Konzernabschluss einbezogen wird. Konzernzugehörig sind assoziierte Unternehmen nach § 311 HGB oder vergleichbare Unternehmen.[2]

(Einstweilen frei)

3. Escape-Klausel

Die Escape-Klausel nach § 4h Abs. 2 Satz 1 Buchst. c EStG ist die dritte Ausnahmeregelung. Sie ist **alternativ** zur Konzernklausel anzuwenden. Ziel der Escape-Klausel ist es, asymmetrisch hohe Fremdfinanzierungen zu sanktionieren.[3]

Die Escape-Klausel regelt, dass der Betriebsausgabenabzug für Zinsaufwendungen nicht auf den Mindestzinsabzug nach § 4h Abs. 1 Satz 1 EStG beschränkt ist, wenn der Betrieb zu einem Konzern gehört und seine Eigenkapitalquote am Schluss des vorangegangenen Abschlussstichtages gleich hoch oder höher ist, als die des Konzerns, zu dem der betreffende Zinsschrankenbetrieb gehört. Ein Unterschreiten der Eigenkapitalquote des Konzerns um bis zu zwei Prozentpunkte ist unschädlich.

Die **Eigenkapitalquote** bemisst sich nach § 4h Abs. 2 Satz 1 Buchst. c Satz 3 EStG als Verhältnis des Eigenkapitals zur Bilanzsumme (= Eigenkapital/Bilanzsumme x 100). Maßgebender Vergleichsmaßstab ist jeweils der Konzernabschluss, der den Betrieb umfasst. Der Eigenkapitalquotenvergleich ist jeweils auf Basis der Eigenkapitalquoten am vorangegangenen Abschlussstichtag durchzuführen. Bei Neugründungen ist auf die Eröffnungsbilanz abzustellen.[4]

Bei der Ermittlung der relevanten Eigenkapitalquoten sind verschiedene **Korrekturen** vorzunehmen. Das Eigenkapital des relevanten Betriebs ist zu erhöhen um den Betrag eines im Konzernabschluss enthaltenen Firmenwertes, soweit dieser auf diesen Betrieb entfällt, und um die Hälfte der Sonderposten mit Rücklageanteil (§ 273 HGB). Das Eigenkapital ist im Gegenzug zu kürzen um Eigenkapital, das keine Stimmrechte vermittelt (mit Ausnahme der Vorzugsaktien), um Anteile an anderen Konzerngesellschaften und um Einlagen der letzten sechs Monate vor dem Abschlussstichtag, soweit diesen Einlagen Entnahmen der ersten sechs Monate nach dem Abschlussstichtag gegenüberstehen. Bei der Ermittlung der Eigenkapitalquote ist außerdem die Bilanzsumme um Kapitalforderungen zu kürzen, die nicht im Konzern-

---

1 Vgl. Brunsbach, IStR 2010, 745.
2 Vgl. BMF v. 4. 7. 2008, BStBl 2008 I 718, Tz. 61.
3 Im Anwendungsbereich des § 8a Abs. 3 KStG muss nachgewiesen werden, dass konzernweit keine schädliche Gesellschafterfremdfinanzierung vorliegt.
4 Vgl. BMF v. 4. 7. 2008, BStBl 2008 I 718, Tz. 70.

abschluss ausgewiesen sind und denen Verbindlichkeiten in mindestens gleicher Höhe gegenüberstehen. Aus praktischer Sicht besonders bedeutsam ist die Kürzung von Eigenkapital und Bilanzsumme um Anteile an anderen Konzerngesellschaften. Anteile an Organgesellschaften sind von der Kürzung ausgenommen. § 4h Abs. 2 Satz 1 Buchst. c Satz 4 bis 15 EStG enthält detaillierte Bestimmungen zur Durchführung des Eigenkapitalquotenvergleichs.

105 In der Literatur wird die Ausgestaltung des Eigenkapitalquotenvergleichs als „in der Praxis kaum handhabbar"[1] eingestuft. Jedenfalls ist er mit hohen Kosten verbunden.

106–110 (Einstweilen frei)

4. Rückausnahme bei schädlicher Fremdfinanzierung

111 Die Konzern- und die Escape-Klauseln kommen nur zur Anwendung, wenn keine schädliche Gesellschafter-Fremdfinanzierung gem. § 8a Abs. 2 und 3 KStG vorliegt.[2]

112 Gehört danach eine Körperschaft bzw. eine nachgeordnete Personengesellschaft zu keinem Konzern, sind Vergütungen für Fremdkapital i. H. v. mehr als 10 % des negativen Zinssaldos schädlich, wenn diese an einen Anteilseigner gezahlt werden, der wesentlich (über 25 %) unmittelbar oder mittelbar am Grund- oder Stammkapital beteiligt ist. Schädlichkeit liegt auch vor bei Vergütungen, die an eine dem (wesentlich beteiligten) Anteilseigner nahe stehende Person (§ 1 Abs. 2 AStG) oder an einen Dritten, der seinerseits auf den Anteilseigner oder die ihm nahe stehende Person zurückgreifen kann, gezahlt werden.

113 Die Escape-Klausel kommt nicht zur Anwendung, wenn eine Körperschaft bzw. eine nachgeordnete Personengesellschaft, die zu einem Konzern gehört, entweder selbst oder ein anderer zum Konzern gehörender Rechtsträger schädliche Vergütungen erhält. Dies gilt nur bei konzernexterner Fremdfinanzierung, bei der der Fremdkapitalgeber außerhalb des Vollkonsolidierungskreises steht. Dies gilt vergleichbar für einen rückgriffsberechtigten Dritten: Nur wenn sich der Rückgriff gegen einen selbst nicht zum Konzern gehörenden Gesellschafter oder eine diesem nahe stehende Person richtet, greift die Rückausnahme des § 8a Abs. 3 Satz 1 KStG.

Die Beweislast zum Ausschluss der Rückausnahme liegt beim Steuerpflichtigen.

114–120 (Einstweilen frei)

III. Maßgeblicher Gewinn und Zinsschrankenzinsen (§ 4h Abs. 3 EStG)

1. Maßgeblicher Gewinn

121 Um den Mindestzinsabzug bestimmen zu können, muss der verrechenbare EBITDA ermittelt werden. Ausgangsgröße für die Ermittlung des verrechenbaren EBITDA ist der maßgebliche Gewinn, der in § 4h Abs. 3 Satz 1 EStG definiert wird. Da die Vorschrift auf den steuerpflichtigen Gewinn abstellt, bleiben **steuerfreie Gewinnkomponenten** bei der Ermittlung des verrechenbaren EBITDA unberücksichtigt. Dazu gehören Erträge, die bspw. nach § 3 EStG (insbes. § 3 Nr. 40 EStG), § 8b KStG oder dem Investitionszulagengesetz steuerfrei sind.[3] Beträge, die bspw. nach § 4 Abs. 4a, 5 EStG oder nach § 3c Abs. 1 und 2 EStG nicht abzugsfähig sind, sind

---

[1] Vgl. Hick in H/H/R, § 4h EStG, Rz. 45.
[2] Vgl. ausführlich Oellerich in Mössner/Seeger, § 8a KStG Rz. 371 ff. und 476 ff.
[3] Vgl. Tschesche in Bordewin/Brand, § 4h EStG Rz. 52.

im steuerlichen EBITDA enthalten. Außerbilanzielle Einkommenskorrekturen, die außerhalb der Gewinnermittlung liegen, bleiben unberücksichtigt.[1]

Ausländische Einkünfte sind nur insoweit im steuerlichen EBITDA zu berücksichtigen, als sie im Inland steuerpflichtig sind. Bei Inbound-Investitionen geht nur der im Inland steuerpflichtige Teil der Einkünfte in die Ermittlung des steuerlichen EBITDA nach § 4h Abs. 1 EStG ein. 122

Mitunternehmerschaften sind eigenständige Gewinnermittlungssubjekte und stellen deshalb eigenständige Zinsschrankenbetriebe dar. Der maßgebliche **Gewinn einer Mitunternehmerschaft** umfasst den Gesamthandsbereich der Mitunternehmerschaft einschließlich Ergänzungsbilanzen und den Sonderbereich der Mitunternehmer. Im Rahmen des § 4h EStG nicht abzugsfähige Zinsaufwendungen sind den Mitunternehmern auch dann nach dem allgemeinen Gewinnverteilungsschlüssel zuzurechnen, wenn die Zinsaufwendungen aus dem Sonderbereich eines Mitunternehmers stammen.[2] 123

Sondervergütungen bleiben ohne Einfluss auf den maßgeblichen Gewinn einer Mitunternehmerschaft, da sie sowohl im Gesamthandsgewinn der Mitunternehmerschaft als auch (mit gegenteiligem Vorzeichen) im Sonderbereich des Mitunternehmers berücksichtigt sind. 124

(*Einstweilen frei*) 125–135

2. Zinsschrankenzinsen

Die Zinsschranke enthält eine eigenständige Definition der Zinsschrankenzinsen. Zinsaufwendungen sind nach § 4h Abs. 3 Satz 2 EStG „Vergütungen für Fremdkapital, die den maßgeblichen Gewinn gemindert haben". Zinserträge sind „Erträge aus Kapitalforderungen jeder Art, die den maßgeblichen Gewinn erhöht haben". 136

Zinsaufwendungen einer Mitunternehmerschaft, die als Sondervergütungen an den Mitunternehmer geleistet werden, bleiben ohne Einfluss auf den maßgeblichen Gewinn einer Mitunternehmerschaft, da sie im Sonderbereich des Mitunternehmers als Zinsertrag zu erfassen sind und damit weder die Zinsaufwendungen noch die korrespondierenden Zinserträge die Voraussetzungen für Zinsschrankenzinsen erfüllen.[3] Damit können Zinsschrankenzinsen im Sonderbereich eines Mitunternehmers lediglich im Sonderbetriebsvermögen II entstehen. 137

Zinsschrankenzinsen liegen nur vor, wenn die Rückzahlung des Fremdkapitals bzw. der Kapitalforderung oder ein Entgelt für die Überlassung des Fremdkapitals bzw. der Kapitalforderung zur Nutzung zugesagt oder gewährt worden ist, auch wenn die Höhe des Entgelts von einem ungewissen Ereignis abhängt. Dies ist bspw. der Fall, wenn eine **gewinn- oder umsatzabhängige Verzinsung** vereinbart wurde.[4] Sonstige Vergütungen für eine Kapitalüberlassung werden nur insoweit erfasst, als sie wirtschaftlich einen Zinscharakter haben (bspw. ein Disagio). 138

Bereitstellungszinsen oder **Vorfälligkeitsentschädigungen** werden hingegen nicht für eine Kapitalüberlassung entrichtet, und können somit – mangels Kapitalüberlassung – auch keine Vergütung für eine (nicht vorhandene) Kapitalüberlassung sein. 139

Fremdkapitalüberlassungen sind nur dann für Zinsschrankenzwecke beachtlich, wenn es sich um Kapitalzuführungen in Geld handelt, die beim Schuldner als Verbindlichkeit zu passivieren 140

---

1 Vgl. *Frotscher* in Frotscher/Geurts, § 8a KStG Rz. 108.
2 Vgl. BMF v. 4. 7. 2008, BStBl 2008 I 718, Tz. 51.
3 Vgl. BMF v. 4. 7. 2008, BStBl 2008 I 718, Tz. 16.
4 Vgl. BMF v. 4. 7. 2008, BStBl 2008 I 718, Tz. 15.

sind. Die Zinsschranke erfasst dabei nur Aufwendungen und Erträge aus der vorübergehenden Überlassung von Geldkapital. Vergütungen für **Sachkapitalüberlassungen** (Mieten, Pachten, Lizenzen etc.) führen nicht zu Zinsschrankenzinsen.

141 Steuerlich nicht abziehbare Zinsaufwendungen können nicht zusätzlich noch der Zinsschranke unterliegen. Betroffen sind bspw. Zinsaufwendungen, die als verdeckte Gewinnausschüttungen qualifizieren und/oder die den Abzugsbeschränkungen des § 3c Abs. 1 und 2 EStG, § 4 Abs. 4a EStG, § 4 Abs. 5 Satz 1 Nr. 8a EStG unterliegen.

142 **Gesellschafter-Fremdfinanzierung** führt genauso wie reine Bankfinanzierungen zu Zinsen i. S. d. Zinsschranke. Das Verhältnis des Darlehensgebers zum Zinsschrankenbetrieb ist unbeachtlich.

143 **Auf- und Abzinsungen unverzinslicher oder niedrig verzinslicher Forderungen und Verbindlichkeiten** führen nach § 4h Abs. 3 Satz 4 EStG ebenfalls zu Zinserträgen und Zinsaufwendungen. Bei Abzinsungen vertritt die Finanzverwaltung jedoch eine dem klaren und eindeutigen Gesetzeswortlaut entgegenstehende Rechtsauffassung und sieht in Abzinsungen keine Zinsschrankenzinserträge bzw. -aufwendungen.[1] Dieser Rechtsauffassung ist nicht zu folgen. Dies gilt umso mehr, als dann zwar die Abzinsungen unbeachtlich bleiben, jedoch die späteren korrespondierenden Aufzinsungen zu Zinsschrankenzinsen führen. Auf- und Abzinsung im Zusammenhang mit Rückstellungen bleiben unberücksichtigt.[2]

144–149 *(Einstweilen frei)*

IV. Konzernbegriff

150 Die Konzernabgrenzung nach § 4h Abs. 3 Satz 5 und 6 EStG hat einerseits Bedeutung für die Anwendbarkeit der Konzernklausel, da diese Ausnahmeregelung nur Anwendung findet, wenn ein Betrieb nicht oder nur anteilig zu einem Konzern gehört. Andererseits ist die Konzernabgrenzung für die Escape-Klausel bedeutend, da die zutreffende Konzernabgrenzung nicht nur für die Berechnung der Konzerneigenkapitalquote, sondern auch für die konzernweite Prüfung auf eine schädliche Gesellschafter-Fremdfinanzierung nach § 8a Abs. 3 KStG unerlässlich ist.

151 Ein Zinsschrankenkonzern umfasst mindestens zwei Zinsschrankenbetriebe. Maßgebend für die Konzernabgrenzung der Zinsschranke ist nach der Gesetzesbegründung jeweils der größtmögliche Konsolidierungskreis. Ein börsennotierter Teilkonzern muss danach nicht zwangsläufig auch für Zinsschrankenzwecke die zutreffende Konzernabgrenzung sein.[3]

152 Für die Frage, ob und zu welchem Konzern ein Betrieb gehört, ist grundsätzlich auf die Verhältnisse am vergangenen Abschlussstichtag abzustellen. Der **Zeitpunkt der Konzernzugehörigkeit** gilt auch bei unterjährigem Erwerb/unterjähriger Veräußerung von Gesellschaften.[4]

153 Nach der Grundregel des **§ 4h Abs. 3 Satz 5 EStG** (erste Stufe) gehört ein Zinsschrankenbetrieb dann zu einem Konzern, wenn er nach dem für die Anwendung der Escape-Klausel aus § 4h Abs. 2 Satz 1 Buchst. c EStG zugrunde gelegten Rechnungslegungsstandard mit einem oder mehreren anderen Zinsschrankenbetrieben konsolidiert wird oder werden könnte. Ausreichend

---

[1] Vgl. BMF v. 4. 7. 2008, BStBl 2008 I 718, Tz. 28.
[2] Vgl. BMF v. 4. 7. 2008, BStBl 2008 I 718, Tz. 22.
[3] Vgl. BT-Drucks. 16/4841, 50.
[4] Vgl. BMF v. 4. 7. 2008, BStBl 2008 I 718, Tz. 68.

für die Konzernzugehörigkeit ist damit bereits die **(Voll-)Konsolidierungsmöglichkeit**. § 4h Abs. 3 Satz 5 EStG bestimmt damit in der ersten Stufe als Konzernkreis der Zinsschranke den Umfang eines **handelsrechtlichen Unterordnungskonzerns**.

Unternehmen, die nur quotal (z. B. nach § 310 HGB oder IAS 31) in einen Konzernabschluss einbezogen werden oder werden können, sind als nicht zu einem Zinsschrankenkonzern zugehörig einzustufen (**Quotenkonsolidierung**).[1] Gleiches gilt für Unternehmen, die in einem Konzernabschluss nach der **Equity Methode** zu berücksichtigen sind.

In der zweiten Stufe der Konzernabgrenzung sieht **§ 4h Abs. 3 Satz 6 EStG** eine rein steuerliche Erweiterung des Konzernkreises vor. Danach gehört ein Betrieb auch dann zu einem Zinsschrankenkonzern, wenn seine Finanz- und Geschäftspolitik mit einem oder mehreren anderen Zinsschrankenbetrieben einheitlich bestimmt werden kann (**steuerlicher Gleichordnungskonzern**). Eine Konzernzugehörigkeit nach § 4h Abs. 3 Satz 6 EStG liegt auch vor, wenn eine natürliche Person an der Spitze steht und mehrere Zinsschrankenbetriebe beherrschen kann. Der Gesetzgeber hat sich bei der Frage, ob die Finanz- und Geschäftspolitik einheitlich bestimmt wird, ausweislich der Gesetzesbegründung an einem Beherrschungsverhältnis, welches in Anlehnung an IAS 27 bestimmt werden soll, orientiert.[2]

Das Vorliegen eines Gleichordnungskonzerns nach § 4h Abs. 3 Satz 6 EStG ist allein anhand des Kriteriums der Möglichkeit zur einheitlichen Bestimmung der Finanz- und Geschäftspolitik zu prüfen. Hinsichtlich der Bestimmung der Finanz- und Geschäftspolitik kann IAS 27 als Auslegungshilfe dienen. Die Möglichkeit zur Bestimmung der Finanz- und Geschäftspolitik nach § 4h Abs. 3 Satz 6 EStG muss auf einem Gesellschaftsvertrag beruhen.

Durch den Verweis aus § 4h Abs. 3 Satz 5 EStG auf § 4h Abs. 2 Satz 1 Buchst. c Satz 8 und 9 EStG ist die Konzernabgrenzung auf der ersten Stufe auf Basis des maßgeblichen Rechnungslegungsstandards für die Escape-Klausel vorzunehmen. Dazu ist vorrangig auf die International Financial Reporting Standards (IFRS) abzustellen. Wenn kein Konzernabschluss nach IFRS zu erstellen und offenzulegen ist und für keines der letzten fünf Wirtschaftsjahre ein Konzernabschluss nach IFRS erstellt wurde, ist die Konzernabgrenzung nach § 4h Abs. 3 Satz 5 EStG auf Basis des Handelsrechts eines Mitgliedstaats der Europäischen Union (sog. Local-GAAP) heranzuziehen. Nur nachrangig nach IFRS und dem Handelsrecht eines Mitgliedstaats der Europäischen Union kann die Konzernabgrenzung nach den Generally Accepted Accounting Principles der Vereinigten Staaten von Amerika (US-GAAP) erfolgen.

Sofern der **Zinsschrankenkonzern nach IFRS** abzugrenzen ist, muss die Prüfung der Konsolidierung nach IAS 27 und SIC 12 erfolgen. Sofern der **Zinsschrankenkonzern nach deutschem HGB** abzugrenzen ist, erfolgt die Abgrenzung des Konzernkreises nach § 290 HGB. Nach § 290 Abs. 1 HGB hat eine Konsolidierung zu erfolgen, wenn das Mutterunternehmen über ein anderes Unternehmen (Tochterunternehmen) unmittelbar oder mittelbar beherrschenden Einfluss ausüben kann. In den handelsrechtlichen Konsolidierungskreis sind nach § 294 Abs. 1 HGB neben dem Mutterunternehmen alle Tochterunternehmen einzubeziehen ohne Rücksicht auf den Sitz des Tochterunternehmens.

---

1 Vgl. BT-Drucks. 16/4841, 50.
2 Vgl. BT-Drucks. 16/4841, 50.

159 **Beteiligungsgesellschaften der öffentlichen Hand** und im Besitz von Körperschaften des öffentlichen Rechts stehende Holdinggesellschaften des privaten Rechts können Teil eines Zinsschrankenkonzerns sein oder einen solchen bilden.[1]

160 Ergibt sich im Falle einer klassischen **Betriebsaufspaltung** die Gewerblichkeit des Besitzunternehmens nur aus einer personellen und sachlichen Verflechtung mit dem Betriebsunternehmen, begründen diese beiden gewerblichen Betriebe für sich genommen noch keinen Konzern. Besitz- und Betriebsgesellschaft sind steuerlich als einheitliches Unternehmen anzusehen.[2] Ist das Besitzunternehmen hingegen originär gewerblich tätig oder nach § 15 Abs. 3 EStG gewerblich geprägt oder infiziert, oder wird es in der Rechtsform einer Kapitalgesellschaft betrieben, kann nach § 4h Abs. 3 Satz 5 und 6 EStG ein Zinsschrankenkonzern vorliegen.

161 **Betriebsstätten** sind keine Zinsschrankenbetriebe und können deshalb nur mittelbar über das Stammhaus Teil eines Zinsschrankenkonzerns sein.[3]

162 Ein **Einzelunternehmer** kann mehrere Betriebe unmittelbar führen, ohne dadurch einen Konzern zu begründen.[4] Hält der Einzelunternehmer hingegen eine Mehrheitsbeteiligung an einer Kapitalgesellschaft, liegt ein Zinsschrankenkonzern vor.

163 Bei einer typischen **GmbH & Co. KG** gelten die KG und die als Komplementär allein haftende GmbH als ein Betrieb i. S. d. Zinsschranke, wenn sich die Tätigkeit der GmbH neben ihrer Vertretungsbefugnis der KG in der Übernahme der Haftung und Geschäftsführung für die KG erschöpft und weder die GmbH noch die KG anderweitig zu einem Konzern gehören.[5]

164 **Gewerblich geprägte oder infizierte Personengesellschaften** nach § 15 Abs. 3 EStG sind Betriebe i. S. d. Zinsschranke und können mit anderen Betrieben gemeinsam einen Konzern bilden.[6]

165 **Körperschaften des öffentlichen Rechts** (z. B. Gebietskörperschaften und Kirchen) bilden mit ihren Betrieben gewerblicher Art und ihren Beteiligungen an anderen Unternehmen, soweit sie nicht in einem Betrieb gewerblicher Art gehalten werden, keinen Gleichordnungskonzern nach § 4h Abs. 3 Satz 6 EStG.[7]

166 **Mitunternehmerschaften** sind mit ihren Gesamthands-, Ergänzungs- und Sonderbilanzen nur jeweils ein Betrieb, der in einem Zinsschrankenkonzern sowohl Konzernspitze als auch Konzerngesellschaft darstellen kann.

167 **Natürliche Personen** ohne eigenen Zinsschrankenbetrieb können Konzernspitze eines steuerlichen Gleichordnungskonzerns nach § 4h Abs. 3 Satz 6 EStG sein.[8] Für Zwecke des § 8a KStG werden sie dann als konzernaußenstehend angesehen.

---

1 Vgl. BMF v. 4. 7. 2008, BStBl 2008 I 718, Tz. 92.
2 Vgl. BMF v. 4. 7. 2008, BStBl 2008 I 718, Tz. 63; nach *Möhlenbrock/Pung* in Dötsch/Jost/Pung/Witt, § 8a KStG Rz. 81 gilt dies auch, wenn es sich bei der Besitzgesellschaft um eine GmbH & Co. KG handelt, die die Voraussetzungen des BMF v. 4. 7. 2008, BStBl 2008 I 718, Tz. 66 erfüllt.
3 Vgl. BMF v. 4. 7. 2008, BStBl 2008 I 718, Tz. 9, 64.
4 Vgl. BMF v. 4. 7. 2008, BStBl 2008 I 718, Tz. 62.
5 Vgl. BMF v. 4. 7. 2008, BStBl 2008 I 718, Tz. 66.
6 Vgl. BMF v. 4. 7. 2008, BStBl 2008 I 718, Tz. 5.
7 Vgl. BMF v. 4. 7. 2008, BStBl 2008 I 718, Tz. 91.
8 Vgl. BMF v. 4. 7. 2008, BStBl 2008 I 718, Tz. 60.

Ein **Organkreis** ist nach § 15 Satz 1 Nr. 3 KStG als einheitlicher Betrieb anzusehen. Der Organkreis kann Teil eines Zinsschrankenkonzerns sein.[1] Die Wertung eines Organkreises als einheitlicher Konzern gilt auch bei mehrstufigen Organschaftsverhältnissen. 168

(*Einstweilen frei*) 169–170

V. Verfahrensrechtliche Regelungen zum EBITDA- und Zinsvortrag (§ 4h Abs. 4 EStG)

Der EBITDA- und Zinsvortrag sind **gesondert festzustellen**. Die Feststellung erfolgt betriebsbezogen, also für jede Gewinnermittlungseinheit. 171

Der Feststellungsbescheid, der einen eigenen Verwaltungsakt darstellt, ist jeweils an den Betriebsinhaber zu richten. Eine Personengesellschaft oder Körperschaft ist selbst Adressat des Feststellungsbescheids, nicht die hinter dem Betrieb stehenden Mitunternehmer oder Anteilseigner.[2] 172

Nach § 4h Abs. 4 Satz 3 EStG sind die Vorschriften des § 10d EStG für die Feststellungen von EBITDA- und Zinsvorträgen sinngemäß anzuwenden. Anders als die Feststellung des Verlustvortrags zum Schluss eines Veranlagungszeitraums erfolgen die Feststellungen von EBITDA- und Zinsvorträgen auf den Schluss des jeweiligen Wirtschaftsjahres.[3] Die Feststellungsbescheide sind zu erlassen, aufzuheben oder zu ändern, soweit sich entsprechende Anpassungserfordernisse in der Feststellungsgrundlage, also aus den EBITDA- und Zinsvorträgen ergeben (§ 4h Abs. 4 Satz 4 EStG). Setzt das Finanzamt EBITDA- und Zinsvorträge nicht von sich aus fest, sollte der Steuerpflichtige dies beantragen, um Nachteile im Rahmen der Zinsschranke zu vermeiden. 173

Der Feststellungsbescheid über EBITDA- und Zinsvorträge stellt einen **Grundlagenbescheid** i.S.v. § 351 Abs. 2 AO dar. Er ist zugleich Folgebescheid auf den vorangegangenen Feststellungszeitpunkt.[4] Stimmt der Steuerpflichtige mit dem festgestellten Betrag der EBITDA- und Zinsvorträge nicht überein, muss er seine Einwände gegen den Feststellungsbescheid selbst geltend machen. 174

(*Einstweilen frei*) 175–180

VI. EBITDA- und Zinsvortrag bei Betriebsaufgabe oder -übertragung und Gesellschafterwechsel (§ 4h Abs. 5 EStG)

Beim EBITDA- und Zinsvortrag handelt es sich um eine **betriebsbezogene** und nicht um eine personenbezogene Größe. Bei Personengesellschaften und anderen Mitunternehmerschaften sind damit nicht die Mitunternehmer Träger des EBITDA- oder Zinsvortrags, sondern die Mitunternehmerschaft selbst. 181

Nicht verbrauchte EBITDA- und Zinsvorträge gehen in den folgenden Fällen (vgl. → Rz. 183 ff.) unter bzw. nicht mit auf übernehmende Rechtsträger über. 182

---

1 Vgl. BMF v. 4. 7. 2008, BStBl 2008 I 718, Tz. 65.
2 Vgl. BMF v. 4. 7. 2008, BStBl 2008 I, 718, Tz. 49.
3 *Hick* in H/H/R, § 4h EStG Rz. 102; a. A. *Oellerich* in Mössner/Seeger, § 8a KStG, Rz. 641.
4 Vgl. *Dörfler* in Erle/Sauter, § 4h EStG/Anh 1 zu § 8a KStG Rz. 318.

1. Aufgabe oder Übertragung des Betriebs (§ 4h Abs. 5 Satz 1 EStG)

183 Bei Betriebsaufgabe/-übertragung geht ein nicht verbrauchter EBITDA- oder Zinsvortrag unter. Eine Aufgabe oder Übertragung des Betriebs setzt eine Übertragung der wesentlichen Betriebsgrundlagen voraus. Der Umfang der wesentlichen Betriebsgrundlagen ist (analog zu § 16 EStG) anhand einer funktionalen Sichtweise abzugrenzen.[1]

184 Auch unentgeltliche Vorgänge, wie z. B. Schenkung oder Erbfall, führen zum Untergang von EBITDA- und Zinsvorträgen.

185 Nach Auffassung der Finanzverwaltung soll auch bei Aufgabe oder Übertragung eines **Teilbetriebs** ein nicht verbrauchter Zinsvortrag anteilig untergehen.[2] Als Aufgabe eines Teilbetriebs soll auch das Ausscheiden einer Organgesellschaft aus einem Organkreis gelten. Im BMF-Schreiben ist zwar nicht ausgeführt, dass dies auch für den EBITDA-Vortrag gilt. Es ist aber davon auszugehen, dass die Finanzverwaltung diese Rechtsauffassung analog auf EBITDA-Vorträge anwendet.[3]

> **PRAXISHINWEIS:**
> Da der Gesetzeswortlaut eindeutig nur die Aufgabe und Übertragung von Betrieben und keine Teilbetriebe erfasst, ist die von der Finanzverwaltung gewollte Analogie wegen der fehlenden Rechtsgrundlage abzulehnen.[4] Die Finanzverwaltung äußert sich nicht dazu, wie die von ihr gewünschte Zuordnung zum Teilbetrieb in der Praxis durchzuführen ist. Wenn keine konkrete Berechnung möglich ist, muss der Steuerpflichtige eine wirtschaftlich angemessene und verursachungsgerechte Zuordnung auf dem Wege einer sachgerechten Schätzung durchführen.

186–200 *(Einstweilen frei)*

2. Ausscheiden eines Mitunternehmers aus einer Mitunternehmerschaft (§ 4h Abs. 5 Satz 2 EStG)

201 Beim Ausscheiden eines Mitunternehmers aus einer Mitunternehmerschaft in Höhe seiner Beteiligungsquote (§ 4h Abs. 5 Satz 2 EStG) gehen EBITDA- und Zinsvortrag unter. Die Vorschrift findet auf entgeltliche und unentgeltliche Übertragungen von Anteilen an Mitunternehmerschaften Anwendung.

202 Es gelten die Grundsätze des § 10a GewStG entsprechend. Damit sind Zinsvorträge und EBITDA-Vorträge auf die Mitunternehmer nach dem allgemeinen Gewinnverteilungsschlüssel zu verteilen. Dies soll selbst dann gelten, wenn die Zinsaufwendungen im Sonderbereich eines Mitunternehmers angefallen sind.[5] Evtl. sollte ein gesellschaftsvertraglicher Ausgleich dieser unerwünschten Drittwirkung geregelt werden.

203 Da § 4h Abs. 5 Satz 2 EStG auf das Ausscheiden eines Mitunternehmers, also die vollumfängliche Aufgabe der Mitunternehmerstellung abstellt, sollte die **Reduzierung der Beteiligung** nicht erfasst sein.

204 Bei einer **doppelstöckigen Personengesellschaft** führt das Ausscheiden eines Gesellschafters der Obergesellschaft grundsätzlich nicht zum Untergang von Zinsvorträgen und EBITDA-Vor-

---

1 Vgl. *Dörfler* in Erle/Sauter, § 4h EStG/Anh 1 zu § 8a KStG Rz. 325.
2 Vgl. BMF v. 4. 7. 2008, BStBl 2008 I 718, Tz. 49.
3 Der EBITDA-Vortrag wurde erst nach Veröffentlichung des BMF Schreibens eingeführt.
4 Dies ist nach Ansicht von *Herzig/Liekenbrock*, Ubg 2011, 107, die herrschende Literaturauffassung.
5 Vgl. BMF v. 4. 7. 2008, BStBl 2008 I 718, Tz. 52.

trägen nach § 4h Abs. 5 Satz 2 EStG, da der Mitunternehmer an der Untergesellschaft unverändert beteiligt bleibt. In diesen Fällen ist jedoch § 4h Abs. 5 Satz 3 EStG zu prüfen.

(Einstweilen frei) 205–215

3. Anwendung des § 8c KStG (§ 4h Abs. 5 Satz 3 EStG)

In § 4h Abs. 5 Satz 3 EStG geht es um die Anwendung des § 8c KStG beim Erwerb von Anteilen an Kapitalgesellschaften und Personengesellschaften, soweit eine Kapitalgesellschaft unmittelbar oder mittelbar als Mitunternehmer beteiligt ist. Die Vorschrift des § 4h Abs. 5 Satz 3 EStG bezieht sich nur auf den Zinsvortrag. Deshalb ist § 8c KStG in entsprechenden Fällen nicht auf den EBITDA-Vortrag anzuwenden. 216

Betroffen sind auch Fälle, bei denen Kapitalgesellschaften mittelbar oder unmittelbar an einer Personengesellschaft beteiligt sind und bei der beteiligten Kapitalgesellschaft ein schädlicher Anteilseignerwechsel stattfindet. Somit gehen auch Zinsvorträge einer Personengesellschaft in analoger Anwendung der Mantelkaufvorschriften nach § 8c KStG unter, soweit an dieser unmittelbar oder mittelbar eine Kapitalgesellschaft als Mitunternehmerin beteiligt ist. 217

In Umwandlungsfällen, z. B. bei Verschmelzungen (§ 4 Abs. 2 Satz 2 UmwStG), Spaltungen (§ 15 Abs. 3 UmwStG) und Einbringungen (§ 20 Abs. 9 UmwStG und § 24 Abs. 6 UmwStG), gilt: Durch die Anwendung der für die Verlustnutzung und den Verlustübergang geltenden Regelungen auf den EBITDA-Vortrag, wird der Übergang des EBITDA-Vortrags auf den übernehmenden Rechtsträger vermieden. 218

(Einstweilen frei) 219–225

C. Verfahrensfragen

Siehe hierzu bereits → Rz. 161 ff. 226

§ 4i Sonderbetriebsausgabenabzug bei Vorgängen mit Auslandsbezug

¹Aufwendungen dürfen nicht als Sonderbetriebsausgaben abgezogen werden, soweit sie auch die Steuerbemessungsgrundlage in einem anderen Staat mindern. ²Satz 1 gilt nicht, soweit diese Aufwendungen Erträge desselben Steuerpflichtigen mindern, die bei ihm sowohl der inländischen Besteuerung unterliegen als auch nachweislich der tatsächlichen Besteuerung in dem anderen Staat.

Inhaltsübersicht

	Rz.
A. Allgemeine Erläuterungen	1 - 15
I. Normzweck und Bedeutung der Vorschrift	1 - 4
II. Entstehung und Entwicklung der Vorschrift	5
III. Geltungsbereich	6
IV. Vereinbarkeit des § 4i EStG mit höherrangigem Recht	7 - 8
V. Verhältnis zu anderen Vorschriften	9 - 15
B. Systematische Kommentierung	16 - 39
I. Abzugsverbot für doppelt berücksichtigte Sonderbetriebsausgaben (§ 4i Satz 1 EStG)	16 - 29
II. Ausnahme vom Abzugsverbot bei § 4i Satz 2 EStG	30 - 39

C. Verfahrensfragen   40 - 41

LITERATUR:

▶ Weitere Literatur siehe Online-Version

V. Freeden/Liekenbrock, Neue Zinsabzugsbeschränkung für Inbound-Akquisitionsfinanzierungen durch § 14 Abs. 1 Nr. 5 KStG n. F.?, DB 2013, 1690; *Kahlenberg*, Neue Beschränkungen des Zinsabzugs: Regelungsempfehlungen gegen doppelte Nichtbesteuerungs- und Double-Dip-Strukturen, ISR 2015, 91; *Milanin*, Vereinbarkeit sog Linking Rules mit der Niederlassungs- und der Kapitalverkehrsfreiheit unter Berücksichtigung einer möglichen Rechtfertigung, insbesondere durch die Kohärenz des Steuersystems, IStR 2015, 861; *Sommer/Retzer*, Entwurf eines Gesetzes zur Umsetzung der Änderungen der EU-Amtshilferichtlinie und von weiteren Maßnahmen gegen Gewinnkürzungen und -verlagerungen: Stellungnahme des Bundesrates vom 23.9.2016, ISR 16, 377; *Adrian/Fey/Selzer*, BEPS-Umsetzungsgesetz 1, StuB 2017, 94; *Bärsch/Böhmer*, Internationale Unternehmensbesteuerung in Deutschland nach dem Anti-BEPS-Umsetzungsgesetz, DB 2017, 567; *Heckerodt*, Der neue § 4i EStG, IWB 2017, 720; *Hörster*, Steuerumgehungsbekämpfungsgesetz und Lizenzschrankengesetz im Überblick, NWB 2017, 1875; *Jehl-Magnus*, Änderungen im Internationalen Steuerrecht durch das Anti-BEPS-Umsetzungsgesetz I, NWB 2017, 179; *Bergmann*, Double dip ade – Erste Einordnung des neuen § 4i EStG, FR 2017, 126; *Heckerodt*, Der neue § 4i EStG, IWB 2017, 720; *Kanzler*, Das neue Abzugsverbot des § 4i EStG für Sonderbetriebsausgaben – A Farewell to Double-Dip, NWB 2017, 326; *Kudert/Kahlenberg*, Abzugsverbot für Sonderbetriebsausgaben – die Wirkungsweise des neuen § 4i EStG, PIStB 2017, 44; *Kudert/Kahlenberg*, Bekämpfung von Besteuerungslücken auf Kosten der Rechtssicherheit – Aufruf an den Gesetzgeber zur Reformierung des § 4i EStG, StuW 2017, 344; *U. Prinz*, Finanzierungsbezogene Sonderbetriebsausgaben eines im Ausland ansässigen Mitunternehmers, GmbHR 2017, 553; *Schnitger*, Weitere Maßnahmen zur BEPS-Gesetzgebung in Deutschland, IStR 2017, 214; *Gah/Wangler*, Sonderbetriebseinnahmen und -ausgaben im Inbound-Fall, IStR 2018, 817; *Kahle/Braun*, Zur Beschränkung des Abzugs von Sonderbetriebsausgaben nach § 4i EStG, DStZ 2018, 381; *Käshammer/Gasser/Bellgardt*, § 4i EStG: Das Ende des Double-Dip? – Anwendbarkeit in bestehenden Strukturen und Lösungsmöglichkeiten, ISR 2018, 115; *Nielsen/Westermann*, Das Sonderbetriebsausgabenabzugsverbot des § 4i EStG im Lichte einer unionsrechtlichen Auslegung, FR 2018, 1035; *Oertel*, Bekämpfung internationaler Steuerschlupflöcher durch abgestimmte Korrespondenzvorschriften, BB 2018, 351; *U. Prinz*, Verfehlte finanzierungsbezogene Abwehrgesetzgebung zu grenzüberschreitenden Mitunternehmerschaften – Abgrenzungsfragen des § 4i EStG, DB 2018, 1615; *Radmanesh/Gebhardt*, Korrespondenzregelungen - Linking rules zwischen materiellem Recht und Verfahrensrecht, IWB 2018, 580; *Rüsch*, Zum korrespondierenden Besteuerungstatbestand des § 4i EStG aus materieller und verfahrensrechtlicher Sicht, FR 2018, 299; *Schumacher*, Der neue § 4i EStG (kein Double Dip bei Sonderbetriebsausgaben), JbFfSt 2017/2018, 118.

A. Allgemeine Erläuterungen

I. Normzweck und Bedeutung der Vorschrift

1   **Regelung als Teil der BEPS-Maßnahmen:** Die Regelung ist als Teil der Maßnahmen gegen Gewinnkürzungen und -verlagerungen im internationalen Steuerrecht erst auf Vorschlag des Bundesrats in das sog. BEPS[1]-Umsetzungsgesetz (s. → Rz. 5) aufgenommen worden.[2] Grundlage der Maßnahmen gegen Gewinnkürzungen und -verlagerungen sind die am 5.10.2015 veröffentlichten OECD/G20-Empfehlungen.[3] Zu Doppelabzügen von Sonder-BA kommt es, weil die ausländischen Steuerrechtsordnungen das deutsche Besteuerungskonzept für Gesell-

---

1   Das Akronym steht für: Base Erosion and Profit Shifting.
2   BT-Drucks. 18/9956, 2.
3   Siehe http://www.oecd.org/tax/addressing-the-tax-challenges-of-the-digital-economy-action-1-2015-final-report-9789264241046-en.htm und einen Überblick auf Deutsch: https://www.bundesfinanzministerium.de/Content/DE/Monatsberichte/2015/10/Inhalte/Kapitel-3-Analysen/3-3-beps-gewinnverkuerzung-und-gewinnverlagerung.html.

schafter von Personengesellschaften nicht kennen und dieser Umstand missbräuchliche Gestaltungen durch sog. „double-dip-Strukturen" begünstigt hat.[1]

Vorab-Regelungsbedarf: Da sich der Gesetzgeber nicht sicher war, ob Doppelabzüge bei Personengesellschaften in Deutschland und einem anderen Staat von den OECD-Empfehlungen unmittelbar erfasst werden (Empfehlung 6 der OECD soll den Doppelabzug „hybrider Zahlungen" verhindern), wurde § 4i EStG als Sofortmaßnahme unabhängig von (späterer) der Umsetzung der OECD-Empfehlungen mit der Begründung eingeführt, das in den Ländern bekanntgewordene Betriebsausgabenvolumen in Milliardenhöhe dulde keinen weiteren Aufschub.[2] Von Beraterseite wird die Rechtsfolge eines Doppelabzugs als belastungsmindernder Steuereffekt bezeichnet, der „nicht Folge einer modellhaften Steuergestaltung" sei.[3]

Nach der Entwurfsbegründung folgt der Regelungsbedarf aber auch aus der fehlenden Berücksichtigung der Personengesellschaft in der „Richtlinie (EU) 2016/1164 des Rates vom 12.7.2016.[4] Diese Richtlinie enthält zwar eine Regelung zu hybriden Gestaltungen in Art. 9, die aber ausdrücklich nur für Körperschaftsteuerpflichtige gilt. Die Bundesregierung hat auf die von der EU-Kommission (für Oktober 2016) angekündigten Folgearbeiten zu hybriden Gestaltungen im Rahmen der Anti Tax Avoidance Directive hingewiesen.[5] Die Vorschrift steht daher unter Vorbehalt einer möglichen anderweitigen Regelung.

Steuersystematisch handelt es sich um eine grenzüberschreitende Korrespondenzregelung, die auf den Besonderheiten des deutschen Mitunternehmerkonzepts beruht.[6] Nach dem OECD-Sprachgebrauch dient sie als „linking rule" (Verknüpfungsregelung) der Sicherung des nationalen Haushaltsaufkommens und der Missbrauchsabwehr. Als solche ist sie mit der Niederlassungs- und der Kapitalverkehrsfreiheit in Einklang zu bringen.[7] Kritisiert wird die Regelung als Teil verschiedener punktuell wirkender Abzugsbegrenzungsnormen für Finanzierungssachverhalte, die insgesamt unzureichend aufeinander abgestimmt sind.[8] Am Verhältnis des § 4i EStG zu anderen Vorschriften und den dazu vertretenen streitigen Auffassungen im Schrifttum wird dies besonders deutlich (s. → Rz. 9).

Bedeutung für die Steuerpflichtigen: Betroffene Gesellschaften haben zu prüfen, welche Auswirkungen das neue Abzugsverbot auf bereits bestehende Finanzierungsgestaltungen hat und ob geplante Finanzierungsstrukturen noch sinnvoll umzusetzen sind.[9] Die Regelung führt unbestreitbar zu erheblichen Praxisproblemen. Dass dies dazu führen müsse, Personengesellschaften nur noch im reinen Inlandsfall einzusetzen,[10] ist eine skeptische Sicht, die vielleicht für bewusst gestaltete Double-Dip-Strukturen gelten mag. Personengesellschaften werden aber nicht nur aus steuerlichen Gründen errichtet.

---

1 BT-Drucks. 18/9956, 2. Zur Kritik an der Norm i. d. F. des BEPS-UmsG (s. → Rz. 5) vgl. *U. Prinz*, GmbHR 2017, 553, 557 (Kein „Vorbild" für gute Gesetzgebungskunst); *Sommer/Retzer*, ISR 16, 377.
2 BT-Drucks. 18/9956, 3.
3 *V. Freeden*, http://blog.handelsblatt.com/steuerboard/2016/09/19/neues-zinsabzugsverbot-fuer-inbound-strukturen/
4 ABl. v. 19.7.2016 - L 193/1.
5 BT-Drucks. 18/9956, 22.
6 *Nielsen/Westermann*, FR 2018, 1035, 1041.
7 *Milanin*, IStR 2015, 861, 867.
8 *U. Prinz*, DB 2018, 1615, 1620.
9 Gl.A. *Prinz*, GmbHR 2017, 553, 557; *Käshammer/Gasser/Bellgardt*, ISR 2018, 115, 125.
10 Siehe *Bergmann*, FR 2017, 126, 129.

II. Entstehung und Entwicklung der Vorschrift

5 **BEPS-Umsetzungsgesetz:** Das Abzugsverbot und die dazugehörende Ausnahme wurden durch das Gesetz zur Umsetzung der Änderungen der EU-Amtshilferichtlinie und von weiteren Maßnahmen gegen Gewinnkürzungen und -verlagerungen v. 20. 12. 2016 – sog. BEPS-Umsetzungsgesetz[1] eingefügt. Die Regelungen sind am 1. 1. 2017 in Kraft getreten (Art. 19 Abs. 2 BEPS-Umsetzungsgesetz).

Bereits zuvor hatte der Finanzausschuss in seiner Stellungnahme zu dem Regierungsentwurf eines Zollkodexanpassungsgesetzes an den Bundesrat vorgeschlagen, ein umfassenderes Abzugsverbot für doppelt berücksichtigte BA einzuführen.[2] Die Regelung nach § 4 Abs. 5a E-EStG war allerdings insoweit umfassender, als sie jedwede Beteiligungsverhältnisse erfasste und überdies verfassungs- und unionsrechtlichen Bedenken begegnete;[3] sie wurden letztlich nicht umgesetzt.

Steuerumgehungsbekämpfungsgesetz: Mit dem StUmgBG v. 23.6.2017[4] wurde die Überschrift zur präziseren Beschreibung des Regelungsgehalts der Vorschrift geändert und die Bezeichnung „des Gesellschafters einer Personengesellschaft" zur „Vermeidung von Missverständnissen und zur Vereinfachung" gestrichen. Nach der Entwurfsbegründung handelt es sich um eine redaktionelle Änderung, weil bereits das Tatbestandsmerkmal der „Sonderbetriebsausgaben" hinreichend den Kreis der betroffenen Stpfl. beschreibt (s. → Rz. 17).[5] Auch die geänderte Fassung des § 4i EStG ist ab 1.1.2017 anwendbar (Art. 11 Abs. 1 StUmgBG).

III. Geltungsbereich

6 **Sachlich** gilt die Vorschrift nur für das EStG, weil sie sich auf die Besteuerung von Mitunternehmern gleich welcher Rechtsform[6] bezieht; sie schlägt allerdings auf die Gewerbesteuer durch (§§ 2 Abs. 1, 7 Abs. 1 Satz 1 GewStG). Sie ist auf alle betrieblichen Einkunftsarten anwendbar, wird aber in der Praxis wohl ausschließlich die Einkünfte aus Gewerbebetrieb treffen.[7] Da sich § 4i Satz 1 EStG nur auf „Sonderbetriebsausgaben" bezieht (s. → Rz. 19), gilt das Abzugsverbot nicht für vermögensverwaltende Personengesellschaften.[8] Von der gesetzgeberischen Intention her gilt die Regelung für Inbound-Fälle bei beschränkt stpfl. Mitunternehmern inländischer Personengesellschaften; mangels einer ausdrücklichen gesetzlichen Beschränkung erfasst sie aber auch Outbound-Sachverhalte.[9]

Persönlich gilt die Regelung für beschränkt wie unbeschränkt estpfl. bzw. kstpfl. Mitunternehmer.[10]

---

1 BGBl 2016 I 3000.
2 BR-Drucks. 432/1/14, 12; BT-Drucks. 18/3158, 7.
3 Siehe etwa *Kahlenberg*, ISR 2015, 91.
4 BGBl 2017 I 1682.
5 BT-Drucks. 18/12127, 61.
6 Es kommen daher auch Personengesellschaften und juristische Personen als Mitunternehmer in Betracht.
7 Gl.A. *Bodden* in Korn, § 4i EStG Rz. 7.
8 Siehe nur *Kahle/Braun*, DStZ 2018, 381, 383 m. w. N.; a. A. *Heckerodt*, IWB 2017, 723.
9 HHR/*Hick*, § 4i EStG Anm. 8; *Pohl* in Blümich, § 4i EStG Rz. 45; *Wacker* in Schmidt, § 4i EStG Rz. 11; a. A. hier 2. Aufl. Rz. 3; *Bodden* in Korn, EStG, § 4i EStG, Rz. 7; *Kahle/Braun*, DStZ 2018, 381, 383; *Sommer/Retzer*, ISR 16, 377.
10 *Rüsch*, FR 2018, 299; *Wacker* in Schmidt, § 4i EStG Rz. 11; a. A. *Sommer/Retzer*, ISR 2016, 377, 381; Bodden in Korn, EStG, § 4i EStG, Rz. 7 (10/2017); die von KKB/Kanzler noch in der 2. Aufl. vertretene a. A. wurde aufgegeben.

Die Anwendung auf Auslandsbeziehungen ist der Normzweck des Abzugsverbots. § 4i EStG ist auf den DBA-Fall ebenso anzuwenden, wie auf den Nicht-DBA-Fall, denn auch in DBA-Fällen richtet sich die Einkünfteermittlung nach deutschem Recht.[1] Allerdings sind im DBA-Fall die Abkommensregelungen, insbesondere die abkommensrechtlichen Diskriminierungsverbote entsprechend Art. 24 Abs. 3 Satz 1 OECD MA zu beachten. Da es den Vertragsstaaten danach untersagt ist, für den Betriebsausgabenabzug auf die Ansässigkeit abzustellen, bestehen Zweifel, ob § 4i EStG wegen Verstoßes gegen das Diskriminierungsverbot überhaupt anzuwenden ist.[2]

Zeitlicher Geltungsbereich: § 4i EStG i. d. F. des BEPS-UmsG ist ebenso wie die Änderung durch das StUmgBG, am 1. 1. 2017 in Kraft getreten (Art. 19 Abs. 2 BEPS-UmsG und Art. 11 Abs. 1 StUmgBG; § 52 Abs. 1 EStG) und ist u. E. auch im Fall der tatbestandlichen Rückanknüpfung bzw. unechten Rückwirkung anwendbar (s. → Rz. 4).

IV. Vereinbarkeit des § 4i EStG mit höherrangigem Recht

Verfassungsrechtliche Vereinbarkeit: Das Abzugsverbot dient der Verwirklichung des Gleichheitssatzes, weil der vor Inkrafttreten des § 4i EStG mögliche doppelte Abzug der Aufwendungen zu Wettbewerbsvorteilen gegenüber den Unternehmen geführt hatte, die nur im Inland oder nur im Ausland besteuert wurden.[3] Dieser Normzweck rechtfertigt auch eine rückwirkende Anwendung des § 4i EStG, wenn das Abzugsverbot an Umstände (z. B. Beteiligungserwerb oder Darlehensgewährung) vor Inkrafttreten der Norm anknüpft.[4]

Unionsrechtliche Vereinbarkeit: Während dem im Entwurf zum ZollkodexAnpG geplanten und nicht verwirklichten § 4 Abs. 5a E-EStG[5] eine Verletzung der Kapitalverkehrsfreiheit[6] und der Niederlassungsfreiheit[7] attestiert wurde, weil sie ein generelles Abzugsverbot ohne Verknüpfung mit einer konkreten Besteuerungsregel enthielt, ist § 4i EStG unionskonform. Die Beschränkungen der Niederlassungsfreiheit (Art. 49, 54 AEUV)[8] und der auch im Verhältnis zu Drittstaaten geltenden Kapitalverkehrsfreiheit (Art. 63 AEUV) sind hinreichend wegen Missbrauchsabwehr[9] und der Kohärenz des Steuersystems gerechtfertigt. Zur unionsrechtlichen Bedeutung der Rückausnahme vom Abzugsverbots. → Rz. 11. und zum Grundsatz der Verhältnismäßigkeit bei den Nachweisanforderungen s. → Rz. 16.

V. Verhältnis zu anderen Vorschriften

Verhältnis zu § 4 Abs. 4, 4a und 5 und zu § 4h EStG, sowie den Gewinnermittlungsarten: Das Abzugsverbot schränkt den BA-Abzug nach § 4 Abs. 4 EStG ein. Soweit bereits Abzugsverbote

---

1 Siehe etwa BFH v. 9.6.2010 - I R 107/09, BFH/NV 2010, 1744 = NWB DokID: EAAAD-48038 zum DBA-Frankreich.
2 *Bodden* in Korn, § 4i EStG Rz. 15; *Schnitger*, IStR 2017, 214, 219.
3 Gl.A. *Pohl* in Blümich, § 4i EStG Rz. 9.
4 Gl.A. *Wacker* in Schmidt, § 4i EStG Rz. 5.
5 BT-Drucks. 18/3158, 7.
6 *Kahlenberg*, ISR 2015, 91.
7 *Milanin*, IStR 2015, 861, 868.
8 Wohl gl.A. *Bodden* in Korn, § 4i EStG Rz. 16; zweifelnd etwa *Adrian/Fey/Selzer*, StuB 2017, 94, 96; *Schnitger*, IStR 2017, 214, 219.
9 Gl.A. *Pohl*, in Blümich § 4i EStG Rz. 12; a. A. *Nielsen/Westermann*, FR 2018, 1035, 1040 f. m. w. N.

nach § 4 Abs. 4a oder 5 bzw. nach § 4h EStG bestehen, gehen diese vor.[1] § 4i EStG gilt für alle Gewinnermittlungsarten, soweit bei ihnen die Sonderbetriebsausgaben von Bedeutung sind, also nicht nur für die beiden Formen des Betriebsvermögensvergleichs und die Einnahmenüberschussrechnung, sondern auch für die Pauschalgewinnermittlungsarten des § 5a Abs. 4a EStG und den Sondergewinnbereich des § 13a Abs. 7 EStG.[2]

Verhältnis zu § 15 Abs. 1 Satz 1 Nr. 2 EStG: Da die Regelung zielgenau ausschließlich Sonderbetriebsausgaben erfasst, hat sie keine Auswirkungen auf das Gesamthandsvermögen der Mitunternehmerschaft.[3]

Verhältnis zu § 50d Abs. 9 und 10 EStG: Zweck des § 50d Abs. 9 Nr. 1 EStG ist die Vermeidung der doppelten Nichtbesteuerung im Outbound-Fall, während § 4i EStG vor allem den Inbound-Fall regelt. Wegen der unterschiedlichen Voraussetzungen und Normzwecke kommt es im Allgemeinen nicht zu einer Konkurrenz zwischen § 4i und § 50d Abs. 9 EStG.[4] Entsteht ausnahmsweise doch ein Konflikt, käme der neueren Regelung des § 4i EStG Vorrang zu.[5] Auch im Verhältnis zu § 50d Abs. 10 EStG hat § 4i EStG Vorrang.[6] Gegenstand des § 50d Abs. 10 EStG ist die Besteuerung von Sondervergütungen im DBA-Fall; diese Sondervergütungen werden der Betriebsstätte der in- oder ausländischen Personengesellschaft zugerechnet. Demgegenüber ist § 4i EStG eine Gewinnermittlungsvorschrift des nationalen Steuerrechts. Daher ist zunächst zu prüfen, ob die Aufwendungen nach § 15 Abs. 1 Satz 1 Nr. 2 EStG als Sonderbetriebsausgaben abzugsfähig sind. Anschließend ist gem. § 50d Abs. 10 EStG zu untersuchen, ob die ggf. durch die Sonderbetriebsausgaben geminderten Sondervergütungen dem Unternehmensgewinn nach Art. 7 OECD-MA zuzuordnen sind. Handelt es sich um SBV II bei dem es keine Sondervergütungen gibt, scheidet § 50d Abs. 10 EStG aus,[7] denn § 50d Abs. 10 Satz 2 EStG setzt das Vorhandensein von Sondervergütungen voraus.[8]

Verhältnis zum GewStG: Das Abzugsverbot schlägt auch auf die GewSt durch (→ Rz. 6[9]). Dass der andere Staat eine der GewSt entsprechende Abgabe erhebt, wird nicht vorausgesetzt.[10]

Verhältnis zum KStG: Das Abzugsverbot ist auch auf eine eine Körperschaft als Mitunternehmerin einer von § 4i EStG erfassten Mitunternehmerschaft und auf eine PersGes. als Organträger anzuwenden, denn § 14 Abs. 1 Satz 1 Nr. 5 KStG erfasst diese Fallgruppe nicht.[11]

Verhältnis zu den Doppelbesteuerungsabkommen: Zum Verstoß gegen das Diskriminierungsverbot, s. → Rz. 6; Zur Minderung der Bemessungsgrundlage im DBA-Fall s. → Rz. 20 (Beispiel) und zur Doppelerfassung von Einkünften bei fehlendem DBA s. → Rz. 32.

---

1 Gl.A. HHR/*Hick*, § 4i EStG Anm. 10; *Schumacher*, JbFfSt 2017/2018, 118, 123 A; a. A. *Kahle/Braun*, DStZ 2018, 381, 388; *U. Prinz*, GmbHR 2017, 553, 556, wonach § 4i EStG als die speziellere und jüngere Norm dem § 4h EStG vorgeht; ders., DB 2018, 1615, 1616.
2 HHR/Kanzler, § 13a EStG Anm. 16 m. w. N.; *Kahle/Braun*, DStZ 2018, 381, 388.
3 BT-Drucks. 18/9956, 3 und 18/10506, 77; s. auch *Bärsch/Böhmer*, DB 2017, 567, 568; *Bodden* in Korn, § 4i EStG Rz. 9; *Kudert/Kahlenberg*, PIStB 2017, 44, 48; *Schnitger*, IStR 2017, 214, 215; *Sommer/Retzer* ISR 16, 377.
4 Gl.A. *Kahle/Braun*, DStZ 2018, 381, 388; *Stahl* in Lademann, § 4i EStG Rz. 50, 52.
5 Gl.A. *Kahle/Braun*, DStZ 2018, 381, 388; *Pohl* in Blümich, § 4i EStG Rz. 18; a. A. hier 2. Aufl.; *Bergmann*, FR 2017, 126, 128 f.; *Bodden* in Korn, § 4i EStG Rz. 10.1.
6 So die h,M. im Schrifttum, s. nur *Käshammer/Gasser/Bellgardt*, ISR 2018, 115, 121; *Kahle/Braun*, DStZ 2018, 381, 388 m.w.N. auch zur a. A.
7 BMF v. 26.9.2014, BStBl 2014 I 1258 zu 5.1.1.; *U. Prinz*, DB 2018, 1615, 1618.
8 FG Düsseldorf v. 21.5.2015 - 8 K 2541/12 G, IStR 2015, 828, rkr.
9 Gl. A. *Kanzler*, NWB 2017, 326, 327.
10 Gl.A. *Pohl* in Blümich, § 4i EStG Rz. 25; *Wacker* in Schmidt, § 4i Rz. 13.
11 *V. Freeden/Liekenbrock*, DB 2013, 1690; *Kahle/Braun*, DStZ 2018, 381, 389 m.w.N.; *Pohl* in Blümich, § 4i EStG Rz. 24.

Verhältnis zu AStG: Das Abzugsverbot ist auch bei der Hinzurechnungsbesteuerung zu beachten, da § 4i EStG nicht ausdrücklich in § 10 Abs. 3 Satz 4 AStG von einer Anwendung ausgenommen ist.[1]

(Einstweilen frei) 10–15

B. Systematische Kommentierung

I. Abzugsverbot für doppelt berücksichtigte Sonderbetriebsausgaben (§ 4i Satz 1 EStG)

Das Abzugsverbot betrifft nur Aufwendungen, die als Sonderbetriebsausgaben abgezogen werden und nicht mehr, wie ursprünglich formuliert, „Aufwendungen eines Gesellschafters einer Personengesellschaft" (s. → Rz. 5). Erfasst werden damit die Aufwendungen eines unmittelbar oder mittelbar an der Gesellschaft beteiligten Mitunternehmers i. S. d. § 15 Abs. 1 Nr. 2 EStG. Das Abzugsverbot erfasst daher auch doppel- und mehrstöckige Personengesellschaften.[2]

Bedeutung der Änderung des Wortlauts: Nach der urprünglichen Fassung des § 4i Satz 1 EStG (i. S. d. BEPS-UmsG) bezog sich das Abzugsverbot noch auf die „Aufwendungen eines Gesellschafters einer Personengesellschaft". Diese Formulierung wurde zur Vereinfachung und „Vermeidung von Missverständnissen" gestrichen (s. → Rz. 5). Die Vereinfachung der Regelung und ihre Verzichtbarkeit wird damit begründet, dass bereits das Tatbestandsmerkmal der „Sonderbetriebsausgaben" hinreichend den Kreis derjenigen Stpfl. beschreibe, bei denen Sonderbetriebsausgaben entstehen können. „Denn Sonderbetriebsausgaben können nur im Rahmen der steuerlichen Gewinnermittlung von Mitunternehmern vorkommen".[3] Welche Missverständnisse vermieden werden sollen, wird in der Entwurfsbegründung nicht ausgeführt. Tatsächlich konnte die Formulierung „Gesellschafter einer Personengesellschaft" als tatbestandliche Einschränkung verstanden werden, die Gesellschafter von Mitunternehmerschaften ausschloss, die keine Personengesellschaften sind, wie z. B. atypisch stille Gesellschaften und Unterbeteiligungen[4] oder die gesellschaftsähnlichen Rechtsgemeinschaften, wie Güter- und Erbengemeinschaften.[5] Schließlich sollten mittelbare Gesellschafter nicht vom Abzugsverbot erfasst werden und § 4i EStG durch Begründung von Doppelstockstrukturen praktisch leerlaufen.[6] Angesichts dieser Auslegungsrisiken ist die in der Entwurfsbegründung vertretene Auffassung, es handele sich um eine „redaktionelle Streichung", also wohl nur um eine deklaratorische Änderung, abzulehnen.[7] Gleichwohl ist die Rückwirkung der Änderung innerhalb des VZ 2017 unbedenklich. Zur Rückwirkung i. Ü. s. → Rz. 7.

---

[1] Gl.A. *Bodden* in Korn, § 4i EStG Rz. 13; *Schnitger*, IStR 2017, 214, 217.
[2] Gl.A. *Kahle/Braun*, DStZ 2018, 381, 383 m. w. N.; *Pohl* in Blümich, § 4i EStG Rz. 44.
[3] BT-Drucks. 18/12127, 59.
[4] *Bärsch/Böhmer*, DB 2017, 567, 568; *Schnitger*, IStR 2017, 214, 215. Das sieht auch *Hörster* (NWB 2017, 1875, 1878) als Grund der Änderung an.
[5] *Bodden* in Korn, § 4i EStG Rz. 23; *Schnitger*, IStR 2017, 214, 215; a. A. *Wacker* in Schmidt, § 4i EStG Rz. 10.
[6] *Bärsch/Böhmer*, DB 2017, 567, 568; *Bodden* in Korn, § 4i EStG Rz. 23; zu Recht a. A. *U. Prinz*, GmbHR 2017, 553, 557; *Wacker* in Schmidt, § 4i EStG Rz. 11.
[7] Gl.A. *Käshammer/Gasser/Bellgardt*, ISR 2018, 115, 124, die darauf hinweisen, dass § 4i EStG nun auch sachgerecht und dem Normziel entsprechend beim mitunternehmerischen Nießbrauch, für persönlich haftende Gesellschafter einer KGaA und bei einer Gruppenbesteuerung des ausländischen Gesellschafters anzuwenden ist.

18 Aufwendungen dürfen nicht als Sonderbetriebsausgaben abgezogen werden: Der Wortlaut ist missverständlich, denn für die Aufwendungen i.S.d. § 4i Satz 1 EStG gibt es keine andere Abzugsmöglichkeit, wenn die Voraussetzungen der Vorschrift vorliegen.[1] Die Formulierung „Sonderbetriebsausgaben dürfen nicht abgezogen werden …" hätte also durchaus genügt.

19 Der Begriff der Sonderbetriebsausgaben wurde von der Rspr. des BFH geschaffen und mit § 4i EStG nun erstmals in das EStG eingeführt, ohne allerdings definiert zu werden. Sonderbetriebsausgaben sind alle Aufwendungen, die allein dem Mitunternehmer entstehen;[2] sie unterliegen den allgemeinen Grundsätzen zu BA,[3] ebenso wie den Regelungen zu den nicht abziehbaren BA. Ihre betriebliche Veranlassung kann sich auf das SonderBV I und II, die Beteiligung an der PersGes., die Sondervergütungen und sonstige Sonderbetriebseinnahmen beziehen. Von § 4i Satz 1 EStG erfasste Sonderbetriebsausgaben haben danach die Gesellschafter einer GbR, OHG, KG (oft GmbH & Co. KG) und PartG. Von § 4i Satz 1 EStG werden auch der atypisch stille Gesellschafter,[4] sowie die Beteiligten an gesellschaftsähnlichen Gemeinschaftsverhältnissen (Erben-, Güter- und Bruchteilsgemeinschaften) erfasst. Schließlich unterliegt auch der persönlich haftende Gesellschafter einer KGaA dem Abzugsverbot, weil auf ihn § 15 Abs. 1 Nr. 2 EStG anzuwenden ist, obwohl es sich um eine Kapitalgesellschaft handelt.[5]

20 Sonderbetriebsausgaben i.S.d. § 4i EStG: Das Abzugsverbot des § 4i Satz 1 EStG zielt – ohne dies ausdrücklich zu formulieren[6] - auf den Sonderfall von Aufwendungen im Rahmen hybrider Gestaltungen, nämlich der Finanzierung von Inbound-Akquisitionen ab.[7]

> **BEISPIEL:**[8] Der ausländische Investor, die ausländische (Erwerber-)Kapitalgesellschaft A, erwirbt die Beteiligung an der inländischen (Ziel-)Kapitalgesellschaft D-GmbH über eine inländische (Zwischen-)Personengesellschaft, die A-GmbH & Co. KG. Der Erwerb der Zielbeteiligung wird mit einem verzinslichen Bankdarlehen finanziert, das der KG zur Verfügung gestellt wird, damit diese die Beteiligung an der Zielgesellschaft erwirbt. Da das zur Refinanzierung der Einlage aufgenommene Darlehen zum Sonderbetriebsvermögen II des Kommanditisten bei der inländischen Personengesellschaft gehört, war der Refinanzierungsaufwands als Sonderbetriebsausgabe in der Gewinnermittlung der Mitunternehmerschaft zu berücksichtigen. Beim ausländischen Gesellschafter, der im anderen Staat unbeschränkt steuerpflichtig ist, sind die Zinszahlungen regelmäßig auch abzugsfähige Betriebsausgaben. Im Ergebnis konnte es infolge der Zinszahlung zu einer Minderung der ausländischen Bemessungsgrundlage der Erwerbergesellschaft und zu einer Minderung ihrer inländischen Bemessungsgrundlage (freigestellte Betriebsstätteneinkünfte im DBA-Fall) kommen. Diese doppelte gewinnmindernde Auswirkung des Finanzierungsaufwands soll durch das Abzugsverbot des § 4i EStG verhindert werden.

Das Abzugsverbot erfasst aber nicht nur doppelt berücksichtigte Zinsen ausländischer Mitunternehmer, sondern auch Aufwendungen im Zusammenhang mit Dienstleistungen und Nutzungsüberlassungen, sowie periodisierten Aufwand (z.B. AfA).[9] Aufwendungen im Zusammenhang mit Sondervergütungen und SonderBE fallen unter die Rückausnahme des § 4i Satz 2 EStG (→ Rz. 11). Nicht zu den Aufwendungen i.S.d. § 4i Satz 1 EStG gehört der die Zinsaufwen-

---

1 Ähnlich *Rüsch*, FR 2018, 299, 300.
2 BFH v. 18.5.1995 - IV R 46/94, BStBl 1996 II 295.
3 Siehe etwa BFH v. 29.5.1996 - I R 167/94, BStBl 1997 II 60, 62.
4 BFH v. 9.8.2010 - IV B 123/09, BFH/NV 2010, 2266 = NWB DokID: XAAAD-53557; BFH v. 15.12.1998 - VIII R 62/97, BFH/NV 1999, 773 = NWB DokID: PAAAA-64466 m.w.N.
5 BFH v. 21.6.1989 - X R 14/88, BStBl 1989 II 881.
6 Gl. A. *Kudert/Kahlenberg*, StuW 2017, 344, 349.
7 BT-Drucks. 18/9956, 2 f.; der Gesetzeswortlaut gibt das aber nicht her, vgl. *Rüsch*, FR 2018, 299.
8 Siehe auch das Beispiel in BT-Drucks. 18/9956, 2.
9 Gl.A. *Kahle/Braun*, DStZ 2018, 381, 384; *Bodden* in Korn, § 4i EStG Rz. 20 m.w.N.; *Rüsch*, FR 2018, 299, 300.

dungen erhöhende Zinsvortrag nach § 4 h Abs. 1 Satz 5 f. EStG[1] und der Aufwand aus der Fortschreibung von Ergänzungsbilanzen. Auch die durch das Gesamthandsvermögen veranlassten Aufwendungen sind nicht betroffen (s. → Rz. 9). Sind Aufwendungen des Gesellschafters erfolgsneutral zu aktivieren, ist § 4i EStG ebenfalls nicht anzuwenden.[2]

Eine Minderung der Steuerbemessungsgrundlage in dem anderen Staat ist Voraussetzung für das Abzugsverbot. Eine Steuerzahlung in diesem Staat ist aber nicht erforderlich.[3] Dabei kann es nicht auf die Bemessungsgrundlage einer der deutschen Rechtslage vergleichbaren Steuerart ankommen; maßgebend sind vielmehr alle denkbaren ertragsteuerlichen Bemessungsgrundlagen.[4] Die Bemessungsgrundlage wird durch Abzug der nämlichen Sonderbetriebsausgaben (z. B. ein und desselben Finanzierungsaufwands) im Ausland – ungeachtet ihrer Qualifizierung als BA oder WK[5] gemindert, der auch zum Abzug der Sonderbetriebsausgaben im Inland berechtigen würde.[6] Hieran fehlt es, wenn die Aufwendungen im anderen Staat dem nicht steuerbaren Bereich zugeordnet sind, aufgrund einer sachlichen oder persönlichen Steuerbefreiung einem Abzugsverbot oder nur dem Progressionsvorbehalt unterliegen.[7] An einer Minderung der Steuerbemessungsgrundlage fehlt es auch, wenn Aufwendungen aufgrund eines Konsolidierungsprozesses im Rahmen einer ausländischen Gruppenbesteuerung entfallen oder weil ein Darlehen als Eigenkapital qualifiziert wird.[8] Erzielt die Erwerbergesellschaft im Ausland Verluste, dann würde es zwar an einem doppelten Abzug der Sonderbetriebsausgaben fehlen,[9] die Bemessungsgrundlage würde aber gleichwohl gemindert, so dass das Abzugsverbot auch im Verlustfall greift.[10] Auch ein späterer Ausgleich durch einen unabhängig von der Minderung erfolgenden Vorgang (z. B. Verlustübernahme durch - oder Gewinnabführung an - eine Obergesellschaft) hat ebensowenig Einfluss auf das Abzugsverbot, wie eine Verrechnung zwischen Ober- und Untergesellschaft.[11] Die Minderung der ausländischen Bemessungsgrundlage ist konkret und nicht abstrakt (z. B. aufgrund von Vermutungen oder Erfahrungen aus anderen Fällen) zu bestimmen; sie lässt sich daher endgültig und zweifelsfrei erst auf der Grundlage der ausländischen Steuerveranlagung feststellen.[12]

Nachweispflicht und Feststellungslast für die Minderung der ausländischen Steuerbemessungsgrundlage treffen als Tatbestandsvoraussetzung für das inländische Abzugsverbot zwar

---

1 *Bodden* in Korn, § 4i EStG Rz. 20; *Schnitger*, IStR 2017, 214, 217.
2 *Kahle/Braun*, DStZ 2018, 381, 384; *Pohl* in Blümich, § 4i EStG Rz. 28.
3 *Rüsch*, FR 2018, 299, 304 m. w. N.; *Nielsen/Westermann*, FR 2018, 1035, 1037.
4 Gl. A. *Rüsch*, FR 2018, 299, 301.
5 Gl.A. *Rüsch*, FR 2018, 299, 300; *Wacker* in Schmidt, § 4i EStG Rz. 13; a.A. nur BA: HHR/Hick, § 4i EStG Anm. J 16-8 (5/2017).
6 Die in der ursprünglichen Fassung enthaltene Formulierung, „soweit diese Aufwendungen auch …", hat das Erfordernis der Nämlichkeit der vom Abzugsverbot erfassten Aufwendungen stärker betont (dazu HHR/*Hick*, § 4i EStG J 16-8). Der Verzicht auf diese Wendung ist aber ohne Bedeutung; es muss sich nach wie vor um ein- und dieselben Aufwendungen handeln.
7 Gl.A. *Bodden* in Korn, § 4i EStGRz. 25; *Wacker* in Schmidt, § 4i EStG Rz. 13.
8 *Schnitger*, IStR 2017, 214, 215.
9 *Jehl-Magnus*, NWB 2017, 179, 180.
10 Gl. A. *Heckerodt*, IWB 2017, 720, 725; HHR/*Hick*, § 4i EStG Anm. J 16-8 (5/2017); *Kanzler*, NWB 2017, 326, 328; *Pohl* in Blümich, § 4i EStG Rz. 52; *Rüsch*, FR 2018, 299, 300; *Wacker* in Schmidt, § 4i EStG Rz. 15 und wohl auch *Bodden* in Korn, § 4i EStG Rz. 27; nach a. A. wird die Steuerbemessungsgrundlage erst bei einer späteren Verlustverrechnung mit der Folge gemindert, dass der Sonderbetriebsausgabenabzug wegen der periodenübergreifenden Rechtsfolge (s. → Rz. 24) rückwirkend greift und eine Änderung nach § 175 Abs. 1 Nr. 2 AO erforderlich wird (*Schnitger*, IStR 2017, 214, 215; Kahle/Braun, DStZ 2018, 381, 385)..
11 Gl.A. *Rüsch*, FR 2018, 299, 301; a. A. *Kudert/Kahlenberg*, StuW 2017, 344, 348.
12 *Bodden* in Korn, § 4i EStG Rz. 26; *Oertel*, BB 2018, 351, 355; *Schnitger*, IStR 2017, 214, 216.

die Finanzbehörde.[1] Die nach § 90 Abs. 2 AO erweiterte Mitwirkungspflicht des Stpfl. bei Auslandssachverhalten kann bei mangelnder Kooperation nicht nur nachteilige Schlüsse rechtfertigen, sondern sogar eine Umkehr der Beweislast bewirken.[2]

23 **Rechtsfolge des Satzes 1** ist das Abzugsverbot als Sonderbetriebsausgabe im Inland „soweit" dieselben Aufwendungen auch die Steuerbemessungsgrundlage in dem anderen Staat mindern, in dem der Gesellschafter unbeschränkt steuerpflichtige ist. Die Konjunktion „soweit" begrenzt das Abzugsverbot betragsmäßig. Sind Teile des Finanzierungsaufwands im Ausland nicht abziehbar, dann bleibt es insoweit bei dem Abzug als Sonderbetriebsausgabe nach deutschem Steuerrecht; ebenso bleibt es beim vollen Abzug, wenn im Ausland ein Abzugsverbot für die Aufwendungen gilt. Den Nachweis für solche steuermindernden Umstände hat der Mitunternehmer zu erbringen, den erhöhte Mitwirkungspflichten (§ 90 Abs. 2 AO) treffen und der auch die Feststellungslast nach den Beweislastgrundsätzen zur Normenbegünstigung und Sphärenverantwortlichkeit trägt. Bei einer Aufwandsverteilung über mehrere Jahre greift das Abzugsverbot entsprechend zeitversetzt.[3] Eine zeitliche Korrespondenz ist aber kaum möglich, wenn unterschiedliche Abschreibungsmethoden im In- und Ausland befolgt werden.[4]

24 **Wirtschaftsjahr- und personenübergreifendes Abzugsverbot:** Nach der Entwurfsbegründung soll das Abzugsverbot auch greifen, wenn der Abzug im anderen Staat in einem vorhergehenden oder einem nachfolgenden VZ, Steuerjahr, Wj. oder Kj. geltend gemacht wird.[5] Noch weitergehend soll auch unbeachtlich sein, bei welcher Person die Aufwendungen die Bemessungsgrundlage mindern.[6] Die wirtschaftsjahrübergreifende Verknüpfung der in- und ausländischen Abzugstatbestände lässt sich m. E. noch aus der im Gesetz verwendeten Konjunktion „soweit" herleiten, die das Abzugsverbot zwar betragsmäßig begrenzt, aber im Übrigen keine zeitliche Beschränkung beinhaltet.[7] Die personenübergreifende Wirkung des Abzugsverbots in § 4i Satz 1 EStG folgt m. E. aus der Gegenüberstellung mit der Regelung in Satz 2. Die dort geregelte Beschränkung auf eine Minderung der Erträge „desselben Steuerpflichtigen", hat der Gesetzgeber für das Abzugsverbot in Satz 1 nicht vorgesehen. Zur Korrektur von Steuerfestsetzungen aufgrund späterer Erkenntnisse s. → Rz. 41.

25-29 (Einstweilen frei)

II. Ausnahme vom Abzugsverbot bei § 4i Satz 2 EStG

30 Das Abzugsverbot des Satzes 1 gilt nicht, wenn es zu einer Doppelerfassung von Erträgen im In- und Ausland kommt. Es gilt dann § 4 Abs. 4 EStGund die Aufwendungen können doppelt (im In- und Ausland) abgezogen werden.

---

1 *Bergmann*, FR 2017, 126, 127; *Pohl* in Blümich, § 4i EStG Rz. 55; *Gosch* in Kirchhof, § 4i Rz. 5; *Bodden* Korn, § 4i EStG Rz. 30; *Schnitger*, IStR 2017, 214, 216; vgl. zur Beweislast auch *Radmanesh/Gebhardt*, IWB 2018, 582.
2 S. nur BFH v. 7.11.2001 - I R 14/01, BStBl 2002 II 861 m. w. N.
3 *Rüsch*, FR 2018, 299, 301.
4 Dazu ausführlich *Kudert/Kahlenberg* (StuW 2017, 344, 349 ff.) mit Lösungsvorschlägen.
5 Siehe auch BT-Drucks. 18/9956, 3; 18/10506, 77.
6 So ohne Begründung HHR/*Hick*, § 4i EStG Anm. J 16-8; *Wacker* in Schmidt, § 4i EStG Rz. 13 unter Hinweis auf hybride Personengesellschaften.
7 Im Ergebnis gl.A. *Bodden* in Korn, § 4i EStG Rz. 32, der von einer zeitlich offenen Gesetzesformulierung ausgeht; s. auch *U. Prinz* (GmbHR 2017, 553, 557), wonach sich die periodenübergreifende Anwendung des § 4i Satz 1 EStG dem Wortlaut nicht ausdrücklich entnehmen lässt. Für eine extensive Auslegung (wohl des Begriffs „mindern"): *Rüsch*, FR 2018, 299, 302 m. w. N.

Bedeutung der Ausnahme vom Abzugsverbot: Die Rückausnahme vom Abzugsverbot soll nach der Vorstellung des Gesetzgebers „überschießende Wirkungen" vermeiden. Die doppelte Aufwandsberücksichtgung ist die systemgerechte Folge der zweifachen Besteuerung, auch wenn diese durch Steueranrechnung gemildert wird (§ 34c EStG oder § 26 KStG i.V. m. dem jeweiligen DBA).[1] Im Fall der Doppelerfassung von Einkünften würde das Abzugsverbot im Inland zu einer sachlich nicht gerechtfertigten Benachteiligung gegenüber anderen Unternehmen führen. Auch unionsrechtlich wäre das Abzugsverbot in diesen Fällen zu beanstanden, weil es den Grundsatz der Verhältnismäßigkeit verletzen würde. Der Grundsatz der Verhältnismäßigkeit gehört nach ständiger Rechtsprechung des EuGH zu den allgemeinen Grundsätzen des Gemeinschaftsrechts.[2]

Der Begriff der Erträge wird in § 4i Satz 2 EStG nicht definiert. Es muss sich um Erträge aus der Beteiligung des Ausländers an der inländischen Mitunternehmerschaft handeln. Geht man von einem einheitlichen Verständnis des Begriffs im EStG aus, dann sind – wie etwa in § 20 Abs. 1 Nr. 7 Satz 1 EStG – Einnahmen bzw. Betriebseinnahmen gemeint. Dem Mitunternehmer werden aber nicht Erträge, sondern Gewinne und Verluste aus der Beteiligung zugerechnet.[3] Ohne Einschränkung erfasst der Begriff der Erträge nicht nur Sonder-BE – es muss sich daher auch nicht um mit den Sonderbetriebsausgaben korrespondierende Erträge handeln[4] – sondern darüberhinaus Einnahmen aus dem Gesamthands- oder Ergänzungsbereich.[5]

Die Aufwendungen mindern Erträge desselben Steuerpflichtigen, wenn dieser tatsächlich im In- und Ausland besteuert wird. Aus der Formulierung „desselben Steuerpflichtigen" wird m. E. zu Unrecht eine persönliche Korrespondenz der Vorschrift abgeleitet.[6] Maßgebend ist die Besteuerung von Erträgen desselben Steuerpflichtigen in Deutschland und in dem anderen Staat, von denen die Aufwendungen i. S. d. § 4i Satz 1 EStG abgezogen werden.[7] Derselbe Steuerpflichtige ist nach deutschem Recht der Mitunternehmer, unabhängig von der gewerbesteuerlichen Qualifikation der PersGes. und der Beurteilung der Gesellschaft und deren Gesellschaftern im anderen Staat. Zu einer Doppelerfassung von Einkünften kann es insbesondere im Rahmen einer Steueranrechnung oder bei fehlendem DBA kommen.[8]

Die tatsächliche Besteuerung der Erträge im anderen Staat liegt vor, wenn und soweit die Erträge in die steuerliche Bemessungsgrundlage einbezogen werden.[9] Das kann auch in einem vorhergehenden oder einem nachfolgenden VZ, Steuerjahr, Wj. oder Kj. erfolgen[10] und gilt im Übrigen für den Fall, dass die Aufwendungen die Erträge übersteigen.[11] An einer tatsächlichen Besteuerung fehlt es, wenn der andere Staat die Erträge nicht besteuern kann, insbesondere

---

1 *Wacker* in Schmidt, § 4i EStG Rz. 14.
2 EuGH v. 11. 7. 1989 - C-265/87, *Schräder*, Slg. 1989, 2237 Rz. 21 und v. 19. 9. 2000 - C-177/99, BB 2001, 315 Rz. 42.
3 Nach *Bodden* in Korn, § 4i EStG Rz. 35, ist daher auf eine Minderung der inländischen Einkünfte abzustellen. Zur Kritik auch HHR/Hick, § 4i EStG Anm. J 16-11.
4 BT-Drucks. 18/9956, 4; 18/10506, 77.
5 Gl.A. *Pohl* in Blümich, § 4i EStG Rz. 61.
6 *Gosch* in Kirchhof, EStG, § 4i EStG Rz. 7; *Heckerodt*, IWB 2017, 720, 726; *Oertel*, BB 2018, 351, 353 f.; a. A. *Rüsch*, FR 2018, 299, 302.
7 BT-Drucks. 18/9956, 3.
8 BT-Drucks. 18/9956,3; 18/10506, 77.
9 BR-Drucks. 406-1-16, 5.
10 BT-Drucks. 18/9956, 4; 18/10506, 77.
11 *Wacker* in Schmidt, § 4i EStG Rz. 15; wohl a. A. *Jehl-Magnus*, NWB 2017, 179, 180.

weil diese nicht steuerbar bzw. sachlich steuerbefreit sind oder der Stpfl. persönlich steuerbefreit ist, oder aus anderen Gründen eine tatsächliche Besteuerung unterbleibt.[1]

35 **Beschränkte Ausnahme vom Abzugsverbot:** Das Abzugsverbot ist nach § 4i Satz 2 EStG nur insoweit wieder aufgehoben, als die Sonderbetriebsausgaben die im In- und Ausland besteuerten Beträge mindern. Auch hier führt die Konjunktion „soweit" zu einer betragsmäßigen Begrenzung (s. → Rz. 23) und zwar zu einer Begrenzung der Rückausnahme. Der vollständige Abzug der Sonderbetriebsausgaben im Inland erfordert daher, dass die doppelt erfassten Erträge die doppelt berücksichtigten BA erreichen oder übersteigen. Andernfalls sind die Sonderbetriebsausgaben nur teilweise bis zur Höhe der Erträge abziehbar, sofern sich im DBA-Fall nicht ein Abzug nach § 50d Abs. 10 EStG ergibt (s. → Rz. 9).[2]

> **BEISPIEL:** Dem in einem Nicht-DBA-Staat ansässigen Gesellschafter wurden als Kommanditisten an einer inländischen GmbH & Co. KG Sonderbetriebsausgaben i.H.v. 20.000 € und Erträge (z. B. Sondervergütungen i.H.v. 15.000 € zugerechnet. Nach dem im anderen Staat anzuwendenden Welteinkommensprinzip sind sowohl die Sonderbetriebsausgaben als auch die Sondervergütungen zu berücksichtigen. In Deutschland (Quellenstaatprinzip) sind die Sonderbetriebsausgaben nur i.H.v. 15.000 € zu berücksichtigen und fallen iÜ unter das Abzugsverbot des § 4i Satz 1 EStG.

36 **Der Nachweis der tatsächlichen Besteuerung** im anderen Staat ist Tatbestandsvoraussetzung für die Rückausnahme vom Abzugsverbot. Diesem Nachweis kommt Tatbestandswirkung zu. Der Nachweis ist damit materielle Voraussetzung für den Abzug der Aufwendungen nach § 4 Abs. 4 EStG. Solange die erforderlichen (?) Nachweise nicht oder nicht vollständig erbracht sind, findet die Ausnahmeregelung des § 4i Satz 2 EStG keine Anwendung.[3] Da das Gesetz nicht regelt, in welcher Form dieser Nachweis zu erbringen ist, wird dieses Erfordernis entweder durch eine Verwaltungsanordnung oder durch die Rspr. zu präzisieren sein. Dass den Stpfl. dabei erhöhte Mitwirkungspflichten treffen folgt aus § 90 Abs. 2 AO.[4]

37-39 *(Einstweilen frei)*

C. Verfahrensfragen

40 **Zumutbarkeit von Nachweisanforderungen:** Die Regelung zum Nachweis der tatsächlichen Besteuerung im Ausland bedeutet einen höheren Verwaltungsaufwand für den Stpfl. und die Finanzverwaltung (s. → Rz. 22). Die Finanzverwaltung kann sich insoweit auf § 90 Abs. 2 AO stützen. Der EuGH jedenfalls hält einen erhöhten Verwaltungsaufwand in grenzüberschreitenden Fällen nicht von vornherein für unzulässig.[5] Bei den Nachweisanforderungen ist jedoch der Grundsatz der Verhältnismäßigkeit zu beachten. Zur objektiven Beweislast und etwaigen Beweislastumkehr bei Feststellung einer Minderung der ausländischen Bemessungsgrundlage s. → Rz. 22 und zum Nachweis der tatsächlichen Besteuerung im anderen Staat s. → Rz. 36.

41 **Ungewisse oder zweifelhafte Sachverhalte:** Fehlende oder unzureichende Nachweise, die das Abzugsverbot (Satz 1) und die Rückausnahme vom Abzugsverbot (Satz 2) betreffen oder die zu erwartende Minderung der Bemessungsgrundlage im Ausland in einem späteren VZ können –

---

1 BT-Drucks. 18/9956, 4; 18/10506, 77.
2 *Bergmann*, FR 2017, 126, 128; *Bodden* in Korn, § 4i Rz. 44; s. auch KKB/*Gebhardt*, § 50d EStG Rz. 177 ff.
3 BR-Drucks. 406-1-16, 5.
4 Ebenso BT-Drucks. 18/9956, 4.
5 EuGH v. 12.12.2006 – C-446/04, *Test Claimants in the FII Group Litigation*, Slg. 2006, I 2006, 11814 = NWB DokID: FAAAC-34586.

sofern der Stpfl. nicht nach § 165 AO vorläufig veranlagt wurde – eine Änderung der StFestsetzung nach § 173 AO oder § 175 Abs. 1 Satz 1 Nr. 2 AO rechtfertigen.[1] Die Minderung der Bemessungsgrundlage im Ausland müsste dann als neue Tatsache oder rückwirkendes Ereignis die Berichtigung ermöglichen.[2] In jedem Fall wäre eine vorläufige Steuerfestsetzung nach § 165 Abs. 1 Satz 1 AO ermessensgerecht und praktikabel.[3]

§ 4j Aufwendungen für Rechteüberlassungen

[4](1) [1]Aufwendungen für die Überlassung der Nutzung oder des Rechts auf Nutzung von Rechten, insbesondere von Urheberrechten und gewerblichen Schutzrechten, von gewerblichen, technischen, wissenschaftlichen und ähnlichen Erfahrungen, Kenntnissen und Fertigkeiten, zum Beispiel Plänen, Mustern und Verfahren, sind ungeachtet eines bestehenden Abkommens zur Vermeidung der Doppelbesteuerung nur nach Maßgabe des Absatzes 3 abziehbar, wenn die Einnahmen des Gläubigers einer von der Regelbesteuerung abweichenden, niedrigen Besteuerung nach Absatz 2 unterliegen (Präferenzregelung) und der Gläubiger eine dem Schuldner nahestehende Person im Sinne des § 1 Absatz 2 des Außensteuergesetzes ist. [2]Wenn auch der Gläubiger nach Satz 1 oder eine andere dem Schuldner nach Satz 1 nahestehende Person im Sinne des § 1 Absatz 2 des Außensteuergesetzes wiederum Aufwendungen für Rechte hat, aus denen sich die Rechte nach Satz 1 unmittelbar oder mittelbar ableiten, sind die Aufwendungen nach Satz 1 ungeachtet eines bestehenden Abkommens zur Vermeidung der Doppelbesteuerung auch dann nur nach Maßgabe des Absatzes 3 abziehbar, wenn die weiteren Einnahmen des weiteren Gläubigers einer von der Regelbesteuerung abweichenden, niedrigen Besteuerung nach Absatz 2 unterliegen und der weitere Gläubiger eine dem Schuldner nach Satz 1 nahestehende Person im Sinne des § 1 Absatz 2 des Außensteuergesetzes ist; dies gilt nicht, wenn die Abziehbarkeit der Aufwendungen beim Gläubiger oder der anderen dem Schuldner nahestehenden Person bereits nach dieser Vorschrift beschränkt ist. [3]Als Schuldner und Gläubiger gelten auch Betriebsstätten, die ertragsteuerlich als Nutzungsberechtigter oder Nutzungsverpflichteter der Rechte für die Überlassung der Nutzung oder des Rechts auf Nutzung von Rechten behandelt werden. [4]Die Sätze 1 und 2 sind nicht anzuwenden, soweit sich die niedrige Besteuerung daraus ergibt, dass die Einnahmen des Gläubigers oder des weiteren Gläubigers einer Präferenzregelung unterliegen, die dem Nexus-Ansatz gemäß Kapitel 4 des Abschlussberichts 2015 zu Aktionspunkt 5, OECD (2016) „Wirksamere Bekämpfung schädlicher Steuerpraktiken unter Berücksichtigung von Transparenz und Substanz", OECD/G20 Projekt Gewinnverkürzung und Gewinnverlagerung*, entspricht. [5]Die Sätze 1 und 2 sind insoweit nicht anzuwenden, als auf Grund der aus den Aufwendungen resultierenden Einnahmen ein Hinzurechnungsbetrag im Sinne des § 10 Absatz 1 Satz 1 des Außensteuergesetzes anzusetzen ist.

(2) [1]Eine niedrige Besteuerung im Sinne des Absatzes 1 liegt vor, wenn die von der Regelbesteuerung abweichende Besteuerung der Einnahmen des Gläubigers oder des weiteren Gläubigers zu einer Belastung durch Ertragsteuern von weniger als 25 Prozent führt; maßgeblich ist bei mehreren Gläubigern die niedrigste Belastung. [2]Bei der Ermittlung, ob eine niedrige

---

* Amtl. Anm.: Zu beziehen unter OECD Publishing, Paris, http://dx.doi.org/10.1787/9789264258037-de.
1 Gl.A. *Pohl* in Blümich, § 4i EStG Rz. 66; wohl a. A. *Sommer/Retzer*, ISR 16, 377.
2 Im Einzelnen sehr umstritten, s. *Rüsch*, FR 2018, 299, 304.
3 Gl.A. *Rüsch*, FR 2018, 299, 304.
4 **Anm. d. Red.:** Zur Anwendung des § 4j siehe § 52 Abs. 8a.

Besteuerung vorliegt, sind sämtliche Regelungen zu berücksichtigen, die sich auf die Besteuerung der Einnahmen aus der Rechteüberlassung auswirken, insbesondere steuerliche Kürzungen, Befreiungen, Gutschriften oder Ermäßigungen. ³Werden die Einnahmen für die Überlassung der Nutzung oder des Rechts auf Nutzung von Rechten einer anderen Person ganz oder teilweise zugerechnet oder erfolgt die Besteuerung aus anderen Gründen ganz oder teilweise bei einer anderen Person als dem Gläubiger oder dem weiteren Gläubiger, ist auf die Summe der Belastungen abzustellen. ⁴§ 8 Absatz 3 Satz 2 und 3 des Außensteuergesetzes gilt entsprechend.

(3) ¹Aufwendungen nach Absatz 1 sind in den Fällen einer niedrigen Besteuerung nach Absatz 2 nur zum Teil abziehbar. ²Der nicht abziehbare Teil ist dabei wie folgt zu ermitteln:

$$\frac{25\,\% - \text{Belastung durch Ertragsteuern in \%}}{25\,\%}$$

Inhaltsübersicht	Rz.
A. Allgemeine Erläuterungen	1 - 35
I. Normzweck und Bedeutung der Vorschrift	1 - 3
II. Geltungsbereich	4 - 9
III. Vereinbarkeit der Vorschrift mit höherrangigem Recht	10 - 21
1. Verfassungsrecht	10 - 13
2. Unionsrecht	14 - 19
3. Abkommensrecht	20 - 21
IV. Verhältnis zu anderen Vorschriften	22 - 35
1. Verhältnis zur Hinzurechnungsbesteuerung, insbesondere § 10 AStG	22
2. Verhältnis zu § 8 Abs. 3 Satz 2 und 3 AStG	23
3. Verhältnis zu § 8 Nr. 1 Buchst. f GewStG	24
4. Verhältnis zu § 50d Abs. 3 EStG	25 - 35
B. Systematische Kommentierung	36 - 70
I. Grundstruktur der Lizenzschrankenregelung (§ 4j Abs. 1 EStG)	36 - 56
1. Überblick und grundsätzliches Regelungsanliegen	36
2. Gegenstand der Regelung	37 - 39
3. Gläubiger der Lizenzeinnahmen	40 - 43
4. Präferenzregelung	44 - 48
a) Allgemeines zur Struktur von Präferenzregimen	44 - 46
b) Präferenzregelungen	47 - 48
5. Tatbestandsvoraussetzung: Näheverhältnis zwischen Lizenzgeber und Lizenznehmer	49 - 51
6. Ausnahme der „substanziellen Geschäftstätigkeit"	52
7. Ausnahmen der „Hinzurechnungsbesteuerung"	53 - 56
II. Definition der niedrigen Besteuerung (§ 4j Abs. 2 EStG)	57 - 60
III. Ermittlung des nichtabziehbaren Teils der Betriebsausgaben (§ 4j Abs. 3 EStG)	61 - 70
C. Verfahrensfragen; Inkrafttreten	71 - 73

LITERATUR:

▶ Weitere Literatur siehe Online-Version

Quilitzsch, Die Hinzurechnungsbesteuerung: eine rechtsökonomische Analyse der Regelungen in Deutschland und Japan, 1. Auflage, Baden-Baden 2013; *Kraft/Moser/Hentschel*, The German CFC Rules - Overview, Deficits and Reform Proposals, Intertax 2014, 334; *Pross/Radmanesh*, Seminar A: Patentboxen, IStR 2015, 579; *Vogel/Lehner*, DBA-Kommentar, 6. Auflage, München 2015; *Thiede*, Besitzen Patentboxregime eine Zukunft? – Eine beihilferechtliche Untersuchung, IStR 2016, 283; *Kraft/Kempf*, Die Umschaltklausel des

§ 20 Abs. 2 AStG im Praxistest bei Personengesellschaften als zivilrechtliche Träger von Betriebsstätten, IStR 2016, S. 220; *Benz/Böhmer*, Der RegE eines § 4j EStG zur Beschränkung der Abziehbarkeit von Lizenzzahlungen (Lizenzschranke), DB 2017, 206; *Böhmer*, Bedeutung und Einwirkung des europäischen Steuerrechts auf die nationale Rechtsordnung, IWB 2017, 843; *Brandt*, „Lizenzschranke" auf der Zielgeraden des Gesetzgebungsverfahrens (Gastkommentar), DB 2017 Heft 19, M5; *Höreth/Stelzer*, Entwurf einer Lizenzschranke – Einschränkung des Betriebsausgabenabzugs, DStZ 2017, 270; *Lüdicke*, Wogegen richtet sich die Lizenzschranke?, DB 2017, 1482; *Märtens*, Unionsrecht und Hinzurechnungsbesteuerung von Zwischeneinkünften mit Kapitalanlagecharakter im Drittstaatenfall, DB 2017, DB1236897; *Schneider/Junior*, Die Lizenzschranke – Überblick über den Regierungsentwurf zu § 4j EStG, DStR 2017, 417; *van Lück/Niemeyer*, Die Lizenzschranke in § 4j EStG, IWB 2017, 440.

A. Allgemeine Erläuterungen

I. Normzweck und Bedeutung der Vorschrift

Der Gesetzgeber begründet die Notwendigkeit einer entsprechenden Vorschrift mit der Überlegung, dass sich immaterielle Wirtschaftsgüter wie Patente, Lizenzen, Konzessionen oder Markenrechte besonders einfach auf andere Rechtsträger bzw. über Staatsgrenzen hinweg übertragen ließen.[1] Dies habe in der Vergangenheit dazu geführt, dass immer mehr Staaten durch besondere Präferenzregelungen in einen Steuerwettbewerb mit anderen Staaten getreten seien. Derartige Präferenzregelungen sind schlagwortartig unter den Termini „IP-Boxen", „Lizenzboxen" oder „Patentboxen" bekannt geworden.[2] Der Gesetzgeber lässt sich der Beurteilung solcher Präferenzregime offenbar von der auch von der OECD geteilten Einschätzung leiten, dass diese als schädlich einzustufen sein sollen, soweit die Anwendung der Präferenzregelungen nicht an ein Mindestmaß an tatsächlicher Geschäftstätigkeit geknüpft ist.

Multinationale Konzerne – so die gesetzgeberische Mutmaßung – können diese Präferenzregime zur Gewinnverlagerung nutzen. Diese steuerplanerische Option aufgrund von Präferenzbesteuerungssystemen für „Intangibles", also immaterielle Wirtschaftsgüter, steht im dezidierten Widerspruch zum Abschlussbericht zu Aktionspunkt 5 („Wirksamere Bekämpfung schädlicher Steuerpraktiken unter Berücksichtigung von Transparenz und Substanz") des BEPS-Projekts. Im BEPS-Projekt[3] (Gewinnkürzung und Gewinnverlagerung) von OECD und G20 haben sich die beteiligten Staaten auf Rahmenbedingungen einer substanziellen Geschäftstätigkeit im Zusammenhang mit der Besteuerung immaterieller Wirtschaftsgüter verständigt. Insbesondere wurde ein Substanzerfordernis in Form eines sog. „Nexus-Ansatz" entwickelt. Nach dem Nexus-Ansatz darf ein Staat für Einkünfte aus Lizenzboxen nur insoweit steuerliche Vergünstigungen (z. B. in Form eines Präferenzsteuersatzes) gewähren, wie das geistige Eigentum in dem jeweiligen Staat selbst geschaffen wurde. Lizenzen, die auf geistigem Eigentum beruhen, das in einem anderen Staat (z. B. in Form von Auftragsforschung) geschaffen wurde oder das erworben wird, darf grundsätzlich nicht begünstigt besteuert werden. Regelungen, die diesem Ansatz nicht entsprechen, dürfen nach den Leitlinien der OECD noch bis zum 30. 6. 2021 weiter angewandt werden, soweit Stpfl. das Präferenzregime bis zum 30. 6. 2016 bereits in Anspruch genommen haben.

Der Gesetzgeber schließt nicht aus, dass Staaten auch künftig Präferenzregelungen, die nicht dem Nexus-Ansatz entsprechen, für Zwecke des Steuerwettbewerbs einsetzen. Hinzu tritt der

---

1 BT-Drucks. 18/11233, 7.
2 Vgl. *Pross/Radmanesh*, IStR 2015, 579; *Schneider/Junior*, DStR 2017, 417.
3 Das Akronym steht für: Base Erosion and Profit Shifting.

Umstand, dass eine Vielzahl der deutschen Doppelbesteuerungsabkommen einen Nullsteuersatz auf Lizenzzahlungen vorsieht. Darunter befinden sich auch Abkommen mit Staaten, die nicht der OECD angehören und damit allein deshalb nicht an den Nexus-Ansatz gebunden sind. Folglich wäre es möglich, dass es multinationalen Unternehmen auch weiterhin gelingen könnte, Gewinne durch Lizenzzahlungen auch in solche Staaten zu verlagern, die über eine nicht dem Nexus-Ansatz entsprechende Lizenzboxregelung verfügen. Da nach Einschätzung des Gesetzgebers Steuern jedoch dem Staat zustehen sollen, in dem die der Wertschöpfung zugrunde liegende Aktivität stattfindet und nicht dem Staat, der den höchsten Steuerrabatt bietet, wird die Einführung einer entsprechenden Abwehrgesetzgebung in Form des § 4j EStG für erforderlich gehalten.

II. Geltungsbereich

4 **Sachlich** erfasst die Vorschrift Aufwendungen für die Überlassung der Nutzung von Rechten oder die Überlassung des Rechts auf Nutzung von Rechten. Die komplizierte Formulierung darf getrost als „copy-and-paste-Produkt" aus § 50a Abs. 1 Nr. 3 EStG bezeichnet werden und ist als abschließende Aufzählung zu verstehen. Erfasst werden damit bestimmte Einkünfte, die sich als Sammelbegriff für Vergütungen anzusehen sind, die dafür gezahlt werden, dass geistiges Eigentum (als Übersetzung von „intellectual property" – abgekürzt üblicherweise als IP) vom Inhaber der Rechte an diesem geistigen Eigentum einem Nutzer zur Nutzung überlassen werden. Die gemeinsame Klammer besteht somit darin, dass gegen Entgelt IP zur Nutzung überlassen wird.

5 Der sperrig zu lesende, zu verstehende und zu interpretierende Wortlaut erfasst neben der Überlassung der Nutzung oder des Rechts auf Nutzung von Rechten noch die Überlassung der Nutzung oder des Rechts auf Nutzung bestimmter Erfahrungen, Kenntnisse und Fertigkeiten.

6 Als von der Vorschrift erfasste Rechte sind zu nennen:

- Urheberrechte,
- gewerbliche Schutzrechte, z. B. Patente, Gebrauchsmuster, Geschmacksmuster, nach dem Markengesetz geschützte Kennzeichenrechte,
- gewerbliche, technische, wissenschaftliche und ähnliche Erfahrungen, Kenntnisse und Fertigkeiten, z. B. Pläne, Muster und Verfahren (§ 4j Abs. 1 Satz 1 EStG).

7 **Persönlich** gilt die Regelung allein für nahestehende Personen i. S. d. § 1 Abs. 2 AStG. Letztlich erfasst die Regelung damit im Wesentlichen konzerninterne Lizenzverträge. Rechteüberlassungen zwischen fremden Dritten lösen dabei keine Begrenzungen der Lizenzaufwendungen aus.

8 Als Schuldner und Gläubiger kommen auch Betriebsstätten in Betracht (§ 4j Abs. 1 Satz 3 EStG). Diese Regelung erweitert den Anwendungsbereich der Bestimmung erheblich. Denn im Auge zu behalten ist, dass nicht nur direkt von Stammhäusern in einem anderen Staat gegründete, erworbene, errichtete und betriebene Betriebsstätten betroffen sind. Auch Personengesellschaften, die ihrerseits wiederum Betriebsstätten in einem anderen Staat betreiben, können Adressat der Regelung über die Lizenzschranke sein. Der Grund dafür ist darin zu sehen, dass nach der Rechtsprechung des BFH[1] jeder individuelle Gesellschafter einer Personengesellschaft eine eigene, „anteilige" Betriebsstätte betreibt.[2] Denn generell vermittelt unabhängig

---

1 Vgl. BFH v. 16. 10. 2002 - I R 17/01, BStBl 2003 II 631 und v. 13. 2. 2008 - I R 75/07, BStBl 2010 II 1028.
2 *Kraft/Kempf*, IStR 2016, 220.

vom Bestehen oder Nichtbestehen eines DBA die Beteiligung an einer in- oder ausländischen Personengesellschaft dem inländischen Gesellschafter dann eine ausländische Betriebsstätte, wenn die jeweilige Personengesellschaft zivilrechtliche Trägerin einer solchen Betriebsstätte ist. Diese Sichtweise rezipiert auch die FinVerw.[1]

Nach § 4j Abs. 1 Satz 1 EStG sind Aufwendungen für die Überlassung der Nutzung oder des Rechts auf Nutzung von Rechten nur dann eingeschränkt als Betriebsausgaben abziehbar, wenn die Einnahmen beim Gläubiger einer von der Regelbesteuerung abweichenden, niedrigen Besteuerung nach § 4j Abs. 2 EStG unterliegen.

III. Vereinbarkeit der Vorschrift mit höherrangigem Recht

1. Verfassungsrecht

Betrieblich veranlasste Lizenzaufwendungen sind prinzipiell ungeachtet ihrer – ggf. „niedrigen" – Besteuerung beim Empfänger abzugsfähig. § 4j EStG bewirkt von diesem Grundsatz eine Ausnahme, wenn die „niedrige" Besteuerung Folge der Anwendung eines beim Empfänger anwendbaren Lizenzbox-Regimes ist. Dies wird vom Gesetzgeber abstrakt missbilligt. Hier sind die verfassungsrechtlichen Anforderungen an die Rechtfertigung einer Ungleichbehandlung anzulegen. Diese sind umso höher, je weniger die Merkmale, an die die gesetzliche Differenzierung anknüpft, für den Einzelnen verfügbar sind.[2] Im Regelfall hat der Lizenznehmer keinen Einfluss auf das Besteuerungsregime, dem der Lizenzgeber unterliegt. Da die Ungleichbehandlung verschiedener Lizenznehmer keinerlei Bezug zu deren steuerlicher Leistungsfähigkeit erkennen lässt, ist ein rechtfertigender Grund nicht ersichtlich.[3]

Die Verbindlichkeit des Verweises auf den entsprechenden BEPSReport der OECD dürfte aus verfassungsrechtlichen Gründen nicht bedenkenfrei sein. Denn zum einen stellt sich die Zulässigkeit dynamischer Verweisungen als problematisch dar. Hier ist zu bedenken, dass die Perspektive der OECD zu Lizenzboxen möglicherweise künftigen Änderungen unterliegen wird. So wird darauf verwiesen, dass die OECD in Zukunft durch das Forum of Harmful Tax Practices (FHTP) auf Basis modifizierter Kriterien eine Einzelfallbewertung von Lizenzboxen veröffentlichen wird.[4]

Als noch weitaus problematischer aus verfassungsrechtlicher Sicht dürfte sich der Umstand erweisen, dass die (dynamische) Verweisung auf Verlautbarungen außerparlamentarischer Institutionen nach der Judikatur des BVerfG höchst fraglich sein dürfte. Verweist der Gesetzgeber auf andere Vorschriften bzw. Verlautbarungen außerparlamentarischer Institutionen in ihrer jeweils geltenden Fassung (dynamische Verweisung), kann dies dazu führen, dass er den Inhalt seiner Vorschriften nicht mehr in eigener Verantwortung bestimmt. Damit sind sie der Entscheidung Dritter – hier der OECD – überlassen. Nun sind dynamische Verweisungen aus verfassungsrechtlicher Sicht zwar nicht schlechthin ausgeschlossen. Sie sind indessen nur in dem Rahmen zulässig, den die Prinzipien der Rechtsstaatlichkeit, der Demokratie und der Bundesstaatlichkeit ziehen. Bei fehlender Identität der Gesetzgeber bedeutet eine dynamische Verweisung mehr als eine bloße gesetzestechnische Vereinfachung. Sie vermag zur versteckten – und damit zur verfassungsrechtlich problematischen – Verlagerung von Gesetzgebungs-

---

1 Vgl. BMF v. 26. 9. 2014, Tz 2.2.3.
2 BVerfG v. 29. 3. 2017 - 2 BvL 6/11, RS1239057, zu § 8c KStG, Rz. 105, m. w. N.
3 Vgl. *Lüdicke*, DB 2017, 1482.
4 Vgl. *Brandt*, DB 2017 Nr. 19, M5.

befugnissen zu führen. Eine weitere Einengung ergibt sich aus grundrechtlichen Gesetzesvorbehalten.[1]

13 Angesichts dieser evidenten Bedenken erscheint es – aus verfassungsrechtlicher Perspektive – verwunderlich, dass der Gesetzgeber auf Anregung des Bundesrats die Definition des Nexus-Ansatzes durch einen Verweis auf den entsprechenden BEPSReport der OECD ersetzt hat.[2]

2. Unionsrecht

14 Zweifel an der Vereinbarkeit der Bestimmung des § 4j EStG mit Unionsrecht könnten sich zunächst an der Zins- und Lizenzgebührenrichtlinie entzünden. Deren Anwendungsbereich ist indessen auf den Vergütungsempfänger beschränkt, in der im Rahmen des § 4j EStG gewählten Terminologie ist dies der Gläubiger. Aus diesem Grunde erscheint ein Konflikt der Richtlinie konzeptionell aufgrund des Abzugsverbots beim Zahlenden als eher unwahrscheinlich.[3]

15 Vereinzelt wird die Bestimmung des § 4j EStG als unionsrechtlich bedenkenfrei eingestuft.[4] Danach soll die fehlende substanzielle Geschäftstätigkeit im LizenzboxStaat als hinreichender sachlicher Rechtfertigungsgrund anzusehen sein, um einen Verstoß gegen die EU-Grundfreiheiten verneinen zu können. Dieser Auffassung wurde – mit validen Erwägungen – entgegengetreten.[5]

16 Da § 4j EStG faktisch nur grenzüberschreitende Fälle betrifft, ist zu untersuchen, ob der Anwendungsbereich der Dienstleistungsfreiheit bzw. der Niederlassungsfreiheit eröffnet ist. Insoweit tritt eine Beschränkung offen zutage, da der grenzüberschreitende Erwerb einer Lizenz schlechter behandelt wird als der rein nationale Fall. Ein Rechtfertigungsgrund ist wohl kaum auszumachen. Sofern die Lizenzgewährung in den Schutzbereich der EU-Grundfreiheiten fällt, wird der in der Ungleichbehandlung liegende Eingriff somit schwerlich zu rechtfertigen sein. Allein eine „niedrige" Besteuerung des ausländischen Lizenzgebers und erst recht die abstrakte Missbilligung des Steuersystems eines anderen Mitgliedstaats dürften dafür wohl kaum genügen.

17 Zentraler Bestandteil einer grundfreiheitsrechtlichen Analyse ist die Wahl des geeigneten Vergleichspaars. Überlässt bspw. ein in einer sog. inländischen „Gewerbesteueroase" ansässiges Unternehmen einem verbundenen Unternehmen Rechte, Intellectual Property oder vergleichbare immaterielle Wirtschaftsgüter gegen eine Lizenzzahlung, so greift die Bestimmung der Lizenzschranke tatbestandlich aus mehreren Gründen nicht. Eine Gewerbesteueroase liegt vor bei gemeindlichen Hebesätzen unter ca. 262 %, da in solchen Fällen die Effektivbelastung mit Körperschaftsteuer, Solidaritätszuschlag und Gewerbesteuer unter 25 % liegt. Beträgt bspw. der Gewerbesteuerhebesatz 260 %, ergibt sich eine Gesamtbelastung mit Ertragsteuern bei Körperschaften von 24,93 % (15,825 Prozentpunkte Körperschaftsteuer und Solidaritätszuschlag nebst 9,1 = 3,5 %*260 % Prozentpunkten Gewerbesteuer). Beim gewerbesteuerlichen Mindesthebesatz i. H. v. 200 % ergibt sich entsprechend eine Gesamtbelastung mit Ertragsteuern bei Körperschaften von 22,83 % (15,825 Prozentpunkte Körperschaftsteuer und Solidaritätszuschlag nebst 7,0 = 3,5 %*200 % Prozentpunkten Gewerbesteuer).

---

1 BVerfG v. 21.9.2016 - 2 BvL 1/15, RS1222253 = NJW 2016, 3648; BVerfGE 47, 285, 312 ff.; 78, 32, 36; BVerfG v. 17.2.2016 - 1 BvL 8/10, NWB DokID: HAAAF-69970, Rz. 75.
2 BTDrucks. 18/12128, Bericht des Finanzausschusses zur Regelung in § 4j Abs. 1 Satz 4 EStG.
3 Vgl. Benz/Böhmer, DB 2017, 207 (210).
4 Vgl. Brandt, DB 2017 Nr. 19, M5.
5 Vgl. Lüdicke, DB 2017, 1482.

Obgleich in derartigen Fällen von einer niedrigen Besteuerung im Sinne der Vorschrift auszugehen ist, kommt es nicht zu einer (teilweisen) Versagung des Betriebsausgabenabzugs auf Ebene des die Lizenz entrichtenden Unternehmens. Angesichts der nicht erfolgten Definition der „Präferenzregelung" stellt sich die Frage, ob extrem niedrige Hebesätze als solche anzusehen sind. Denn immerhin liegt der gewogene Durchschnittshebesatz in Deutschland bei weit über 400 % und es ist nicht auszuschließen, dass Gemeinden bewusst Gewerbesteuerhebesatzpolitik betreiben, um IP-lastige Unternehmen anzuziehen.

Weitaus evidenter indessen bei der Vergleichspaarbildung ist der Umstand, dass ausschließlich Auslandsfälle vom Regelungsbereich der Lizenzschranke betroffen sind. Dies ergibt sich daraus, dass die nahestehende Person i. S. d. § 1 Abs. 2 AStG i.V. m. § 1 Abs. 1 AStG an eine Geschäftsbeziehung zum Ausland geknüpft ist. Zwischen zwei inländischen Unternehmen kann daher niemals eine Geschäftsbeziehung in diesem Sinne existieren. Damit wird augenscheinlich, dass der Auslandsfall in vielen Konstellationen gegenüber dem Inlandsfall schlechter behandelt wird, da es im Inlandsfall nicht zu einer (teilweisen) Versagung des Betriebsausgabenabzugs kommen kann. Zudem ist zu konstatieren, dass nach deutschem Steuerrecht eine vollständige oder teilweise Steuerbefreiung von Lizenzeinnahmen nicht vorgesehen ist und somit keine schädliche Präferenzregelung gegeben sein kann und die Lizenzschranke nur grenzüberschreitende Sachverhalte erfassen kann. Dieses Ergebnis gibt Anlass zur Sorge, dass grundfreiheitsrechtliche Beschränkungen in Form einer Verletzung der Niederlassungsfreiheit und/oder der Dienstleistungsfreiheit nicht zu leugnen sind.

3. Abkommensrecht

Der Abzug bestimmter Aufwendungen ist nach § 4j Abs. 1 Satz 1 EStG „ungeachtet eines bestehenden DBA" nur unter den weiteren Voraussetzungen des § 4j EStG erlaubt. Dieser Formulierung bedient sich der Gesetzgeber regelmäßig, wenn er – im Einklang mit früherer BFH-Judikatur[1] – einen Treaty Override zu rechtfertigen beabsichtigt. Im Hinblick auf die Verteilungsartikel der DBA dürfte einen Treaty Override indessen ausscheiden, da der Betriebsausgabenabzug allein bei dem Zahlenden verwehrt wird. Anders gewendet bleibt die Besteuerung der Lizenzeinnahme unberührt. Dies bewirkt, dass kein Verstoß gegen Art. 12 Abs. 1 OECD-MA entsprechenden Vorschriften vorliegt, die das Besteuerungsrecht an den Lizenzeinnahmen dem Ansässigkeitsstaat des Lizenzgebers zuweisen. Mithin handelt es sich im Hinblick auf DBA, die dem OECD-MA entsprechen, insoweit nicht um ein Treaty Override. Das Differenzierungserfordernis zwischen der Beschränkung des Betriebsausgabenabzugs auf der einen Seite und der Versagung der Steuerbefreiung auf der anderen Seite lässt sich (auch) aus der BFH-Rspr. zur Frage ableiten, ob die Schachtelstrafe des § 8b Abs. 5 KStG ein Treaty Override darstellt.[2]

Die offenkundigen Bedenken des Gesetzgebers im Hinblick auf die Vereinbarkeit mit dem abkommensrechtlichen Diskriminierungsverbot lassen sich auf mit Art. 24 Abs. 4 OECD-MA vergleichbare Regelungen stützen.[3] Art. 24 Abs. 4 OECD-MA bestimmt, dass Lizenzgebühren und andere Zahlungen die ein Unternehmen eines Vertragsstaats an eine im anderen Vertrags-

---

1 Nach früherer Judikatur des BFH wurde ein Treaty Override dann für zulässig erachtet, wenn der Gesetzgeber klar – etwa durch die Wortfolge „ungeachtet eines bestehenden DBA" - zum Ausdruck gebracht hatte, dass er dieses „überschreiben" wollte; vgl. BFH v. 13. 7. 1994 - I R 120/93, BStBl 1995 II 129; BFH v. 17. 5. 1995 - I B 183/94, BStBl 1995 II 781.
2 Vgl. *Benz/Böhmer*, DB 2017, 206; BFH v. 29. 8. 2012 - I R 7/12, BStBl 2013 II 89 = DB 2012, 2665, Rz. 16.
3 Vgl. Begründung zum Regierungsentwurf S. 11.

staat ansässige Person leistet, bei der Ermittlung der steuerpflichtigen Gewinne dieses Unternehmens unter den gleichen Bedingungen wie Zahlungen an eine im erstgenannten Staat ansässige Person zum Abzug zuzulassen sind, soweit nicht Art. 12 Abs. 4 OECD-MA anzuwenden ist. Da nach der BFH-Rspr. von abkommensrechtlichen Diskriminierungsverboten nicht nur offene, sondern auch versteckte Diskriminierungen erfasst sind, sind die diesbezüglichen Bedenken nicht völlig ausgeräumt.[1]

IV. Verhältnis zu anderen Vorschriften

1. Verhältnis zur Hinzurechnungsbesteuerung, insbesondere § 10 AStG

22 Soweit die korrespondierenden Einnahmen bereits als Hinzurechnungsbetrag gem. § 10 Abs. 1 Satz 1 AStG anzusetzen sind, weil der Lizenzgeber im Verhältnis zum Lizenznehmer bzgl. der IP-Einkünfte zugleich eine Zwischengesellschaft i. S. d. § 8 AStG ist, gilt die Lizenzschranke nicht (§ 4j Abs. 1 Satz 5 EStG). § 10 Abs. 3 Satz 4 AStG regelt, welche Gewinnermittlungsvorschriften bei der Ermittlung des Hinzurechnungsbetrags für Zwecke der Hinzurechnungsbesteuerung keine Anwendung finden sollen. Die Bezugnahme in § 10 Abs. 3 Satz 4 AStG auf § 4j EStG bewirkt, dass diese Vorschrift bei der Ermittlung der Einkünfte, die dem Hinzurechnungsbetrag zugrunde zu legen sind, nicht anzuwenden ist. Der Hintergrund dieser Bezugnahme ist darin zu sehen, dass Doppelbesteuerungen vermieden werden sollen. Diese könnten sich einerseits durch die Anwendung des § 4j EStG selbst, andererseits dadurch ergeben, dass bei der Ermittlung des Hinzurechnungsbetrags ansonsten ein teilweises Abzugsverbot statuiert würde.

2. Verhältnis zu § 8 Abs. 3 Satz 2 und 3 AStG

23 Der Verweis auf § 8 Abs. 3 Satz 2 und 3 AStG bewirkt, dass die dort angeordneten Regeln zur Bestimmung niedriger Besteuerung entsprechend anzuwenden sind. Somit sind in die erforderliche Belastungsberechnung Ansprüche einzubeziehen, die der Staat oder das Gebiet der ausländischen Gesellschaft im Fall einer Gewinnausschüttung der ausländischen Gesellschaft dem unbeschränkt Stpfl. oder einer anderen Gesellschaft, an der der Stpfl. direkt oder indirekt beteiligt ist, gewährt. Ferner liegt eine niedrige Besteuerung – ebenfalls für Zwecke des § 4j EStG – auch dann vor, wenn Ertragsteuern von mindestens 25 % zwar rechtlich geschuldet, jedoch nicht tatsächlich erhoben werden.

3. Verhältnis zu § 8 Nr. 1 Buchst. f GewStG

24 Gemäß § 7 GewStG ist für die Ermittlung des Gewerbeertrags der für einkommensteuerliche bzw. körperschaftsteuerliche Zwecke ermittelte Gewinn maßgeblich. Somit würde sich die Lizenzschranke unmittelbar auf die Höhe des Gewerbeertrags auswirken und zu einer höheren Gewerbesteuerbelastung führen. Haben indessen Lizenzaufwendungen infolge der Anwendung der Lizenzschranke den Gewerbeertrag nicht gemindert, kommt eine nochmalige Berücksichtigung im Rahmen der Hinzurechnung nach § 8 Nr. 1 Buchst. f GewStG aus systematischen Gründen nicht in Betracht. Greift demnach die Lizenzschranke, sollte keine Hinzurechnung für Lizenzaufwendungen nach § 8 Nr. 1 Buchst. f GewStG erfolgen. Dies lässt sich damit begrün-

---

1 Vgl. *Benz/Böhmer*, DB 2017, 206; BFH v. 8.9.2010 - I R 6/09, BStBl 2013 II 186 = DB 2010, 2703, Rz. 23; BFH v. 16.1.2014 - I R 30/12, BStBl 2014 II 721 = DB 2014, 873, Rz. 12; a. A. *Rust* in Vogel/Lehner, DBA, Art. 24 Rz. 5.

den, dass insofern die Aufwendungen den Gewinn als Ausgangsgröße des Gewerbeertrags nicht gemindert haben.[1]

4. Verhältnis zu § 50d Abs. 3 EStG

Das deutsche internationale Steuerrecht kennt mit § 50d Abs. 3 EStG bereits eine (Missbrauchsvermeidungs-)Vorschrift, die im Falle grenzüberschreitender Lizenzvergütungen deutsches (Quellen-)Steuersubstrat sichert. Insoweit wird die Gefahr gesehen, dass sich im Zusammenspiel mit § 4j EStG nicht zu rechtfertigende steuerliche Doppelbelastungen im Rahmen von Gruppen ergeben können.[2] 25

Denn bereits auf Ebene des Lizenzgebers unterliegen die Lizenzvergütungen (zunächst) i. H. v. 15 % deutscher Quellensteuer (vgl. § 49 Abs. 1 Nr. 2, 6 oder 9 EStG i.V. m. § 50a Abs. 1 Nr. 3 EStG für beschränkte steuerpflichtige Lizenzgeber). Regelmäßig tritt eine Reduktion aufgrund eines DBA bzw. innerhalb der EU aufgrund der Zins- und Lizenzrichtlinie ein. In zahlreichen Fällen reduziert sich die Quellensteuerbelastung auf 0 %. Hier kommt § 50d Abs. 3 EStG zur Anwendung, der – vereinfacht dargestellt – eine solche Quellensteuerentlastung nur zulässt, wenn der Lizenzgeber keine bloß zwischengeschaltete, substanzlose oder -schwache Gesellschaft ist, für deren Einschaltung es keine außersteuerlichen Gründe gibt. 26

Erfüllt der Lizenzgeber die strengen Anforderungen des § 50d Abs. 3 EStG nicht, hat der deutsche Fiskus dadurch bereits 15 % der Lizenzvergütungen besteuert. Dies gilt vollkommen unabhängig davon, ob und wie die IP-Einkünfte im Ansässigkeitsstaat des Lizenzgebers der Besteuerung unterliegen. Würden die Einnahmen im theoretischen Extremfall zudem noch von einer „0 %-Lizenzbox" erfasst, würden sich die Steuereinnahmen aufgrund der Lizenzschranke nochmals um ca. 30 % der Lizenzvergütungen erhöhen. Die Besteuerung der Lizenzvergütungen würde auf der Einnahmenseite, die Erhöhung der Bemessungsgrundlage würde auf der „Ausgabenseite" erfolgen. Folglich würde der deutsche Fiskus aus einer derartigen Sachverhaltskonstellation Steuermehreinnahmen von insgesamt rund 45 % der Lizenzvergütungen generieren. Dies folgt daraus, dass die Belastung durch – deutsche – Quellensteuern nach dem Wortlaut nicht in die Berechnung der Ertragsteuerbelastung im Rahmen des § 4j EStG eingeht. Zur Vermeidung der dargestellten Belastungswirkungen wäre dies indessen dringend geboten. Im Rahmen einer solchen Fallkonstellation müsste bereits die Niedrigbesteuerung verneint werden. 27

(*Einstweilen frei*) 28–35

B. Systematische Kommentierung

I. Grundstruktur der Lizenzschrankenregelung (§ 4j Abs. 1 EStG)

1. Überblick und grundsätzliches Regelungsanliegen

Lizenzaufwendungen und andere Aufwendungen für Rechteüberlassungen sollen nur noch eingeschränkt als Betriebsausgaben abziehbar sein, sofern diese an eine nahestehende Person 36

---

1 Vgl. *Höreth/Stelzer*, Entwurf, DStZ 2017, 270 (275); *Benz/Böhmer*, DB 2017, 206, 210; *Schneider/Junior*, DStR 2017, 417, 423.
2 Vgl. *Schneider/Junior*, DStR 2017, 417.

im Ausland gezahlt werden und dort aufgrund eines als schädlich einzustufenden Präferenzregimes einer niedrigen Besteuerung unterliegen.

2. Gegenstand der Regelung

37 Gegenstand der Regelung sind die Aufwendungen für die Überlassung der Nutzung oder des Rechts auf Nutzung von Rechten, insbesondere von Urheberrechten und gewerblichen Schutzrechten, von gewerblichen, technischen, wissenschaftlichen und ähnlichen Erfahrungen, Kenntnissen und Fertigkeiten, z. B. Plänen, Mustern und Verfahren. Diese Gesetzesformulierung ist an jene des § 50a Abs. 1 Nr. 3 EStG angenähert.[1]

38 Damit werden von § 4j EStG Aufwendungen für die Überlassung der Nutzung von Rechten oder die Überlassung des Rechts auf Nutzung von Rechten erfasst. Als hiervon erfasste Rechte werden insbesondere genannt:

▶ Urheberrechte,

▶ gewerbliche Schutzrechte, z. B. Patente, Gebrauchsmuster, Geschmacksmuster, nach dem Markengesetz geschützte Kennzeichenrechte,

▶ gewerbliche, technische, wissenschaftliche und ähnliche Erfahrungen, Kenntnisse und Fertigkeiten, B. Pläne, Muster und Verfahren (§ 4j Abs. 1 Satz 1 EStG).

39 Unklar erscheint insoweit der Umfang des Begriffs der Rechteüberlassung. Nach ihrer systematischen Stellung begründet die Vorschrift ein Abzugsverbot für betrieblich veranlasste Lizenzaufwendungen, die – das ist zu betonen – der Höhe nach angemessen und namentlich nicht als Entnahme, verdeckte Gewinnausschüttung oder verdeckte Einlage zu qualifizieren sind.

3. Gläubiger der Lizenzeinnahmen

40 Die Lizenzschranke greift nur dann, wenn der Gläubiger der aus der Rechteüberlassung resultierenden Lizenzgebühren eine dem Schuldner nahestehende Person i. S.d. § 1 Abs. 2 AStG ist (§ 4j Abs. 1 Satz 1 a. E. EStG). Damit ist zu prüfen, ob der Lizenznehmer am Lizenzgeber – oder umgekehrt – zu mindestens 25 % unmittelbar oder mittelbar beteiligt ist. Da aber bei einer solchen Minderheitsbeteiligung nicht davon ausgegangen werden kann, dass Patente oder andere immaterielle Wirtschaftsgüter zum Zwecke der Gewinnverlagerung und Steuervermeidung übertragen werden, forderten die Wirtschaftsverbände in ihrer Stellungnahme[2] zum Referentenentwurf der Lizenzschranke – vergeblich – eine Anhebung auf mehr als 50 %. Demzufolge fallen Rechteüberlassungen unter fremden Dritten insgesamt nicht unter die geplante Regelung.

41 Der Wortlaut der Norm enthält zwar keine Einschränkung auf nahestehende Personen im Ausland. Da aber, wie zuvor schon ausgeführt, nach deutschem Steuerrecht eine vollständige oder teilweise Steuerbefreiung von Lizenzeinnahmen nicht vorgesehen ist und entsprechend keine schädliche Präferenzregelung gegeben sein kann, erfasst die Lizenzschranke folglich nur grenzüberschreitende Sachverhalte.

---

1 Vgl. ausführlich hierzu KKB/*G. Kraft/Weigert*, § 50a EStG, Rn 19.
2 Stellungnahme der Wirtschaftsverbände (8er-Stellungnahme) vom 11.1.2017 zum Referentenentwurf des BMF v. 19.12.2016, unter http://bdi.eu/suche/?id=684&L=0&q=Lizenzschranke#/artikel/news/stellungnahme-der-spitzenverbaende-zum-referentenentwurf-fuer-eine-lizenzschranke/, 7; vgl. auch *Höreth/Stelzer*, DStZ 2017, 270.

Explizit erfasst werden soll aber die Rechteüberlassung zwischen einer inländischen Gruppengesellschaft und einer ausländischen Betriebsstätte einer anderen Gruppengesellschaft. Gleiches gilt für Betriebsstätten von Gruppengesellschaften in unterschiedlichen Staaten (§ 4j Abs. 1 Satz 3 EStG). Nicht hingegen unter die geplante Lizenzschranke fallen sollten nach dem Authorized-OECD-Approach (AOA) anzunehmende Rechteüberlassungen zwischen einem Stammhaus und seiner Betriebsstätte in einem anderen Staat. Dies lässt sich damit begründen, dass die eigene Betriebsstätte keine nahestehende Person i. S. d. § 1 Abs. 2 AStG sein kann. 42

Im Falle der Zwischenschaltung einer weiteren nahestehenden Person in einem Staat ohne schädliche Präferenzregelung soll die Umgehung der Lizenzschranke dadurch verhindert werden, dass auf die dahinter stehende nahestehende Person abgestellt wird, an die die Lizenzeinnahmen weitergeleitet werden (§ 4j Abs. 1 Satz 2 EStG). Diese Bestimmung erinnert an die Regelung zu nachgeschalteten Zwischengesellschaften i. S. d. § 14 AStG. 43

4. Präferenzregelung

a) Allgemeines zur Struktur von Präferenzregimen

Im Einzelnen sind Präferenzregime verschiedener Staaten sehr unterschiedlich ausgestaltet. Im Schrifttum[1] werden zwei Ansätzen der Steuervergünstigung unterschieden. So lassen sich Staaten identifizieren, die Vergünstigung an den „Forschung und Entwicklung-Input" (FuE) „knüpfen. Dies bedeutet, dass dem forschenden und entwickelnden Unternehmen entstandene, IP-bezogene Aufwendungen steuerlich begünstigt werden. Andere Staaten richten den Blick auf die Ertragsseite. Dadurch wird erreicht, dass nicht der „FuE-Input", sondern der „FuE-Output" begünstigt wird. Letztlich läuft ein derartiger Ansatz darauf hinaus, dass die aus der IP-Verwertung generierten Erträge einer steuerlich begünstigten Behandlung unterworfen werden. 44

Output-orientierte Systeme bewirken die Steuervergünstigung überwiegend dadurch, dass die Brutto- oder Nettoerträge aus der laufenden Verwertung und ggf. aus der Veräußerung von IP ganz oder teilweise steuerfrei gestellt oder einem reduzierten Steuersatz unterworfen werden. Bei der „Nettomethode" stellt sich die begünstigte Bemessungsgrundlage als Bruttoerträge abzüglich der IP-Aufwendungen dar. Bei der „Bruttomethode" mindern die IP-Aufwendungen demgegenüber (weiterhin) die der übrigen Besteuerung zugrunde liegende Bemessungsgrundlage.[2] Schließlich sind Varianten vorstellbar, bei denen bspw. eine Verringerung der Bemessungsgrundlage etwa durch an die Lizenzeinnahmen geknüpfte fiktive Betriebsausgaben erreicht wird.[3] 45

Die Bandbreite der Begünstigung von Lizenzboxen reicht von der Begünstigung nur selbstentwickelter IPs über die Möglichkeit der Auslagerung einzelner FuE-Aktivitäten bis hin zur begünstigungsunschädlichen Verlagerung der gesamten FuE-Aktivitäten und bis hin zur begünstigungsunschädlichen Verlagerung der gesamten FuE-Tätigkeit auf ein anderes Unternehmen. Außer Frage steht, dass je niedriger die qualitativen Anforderungen sind, desto eher die Lizenzboxen dazu anregen, entsprechende Erträge in diese zu verlagern. 46

---

1 Vgl. *Schneider/Junior*, DStR 2017, 417.
2 Dazu *Thiede*, IStR 2016, 283 (284), m. w. N. mit Länderbeispielen.
3 Vgl. Begründung zum Regierungsentwurf, S. 14.

b) Präferenzregelungen

47 Vorausgesetzt wird von der Vorschrift weiter, dass Einnahmen „beim Gläubiger einer von der Regelbesteuerung abweichenden, niedrigen Besteuerung nach Absatz 2 ... (Präferenzregelung)" unterliegen. Eine Definition der Regelbesteuerung enthält der Wortlaut nicht. In der Begründung zum Regierungsentwurf wird klargestellt, dass „Zahlungen, die beim Empfänger aufgrund eines auch für die übrigen Einkünfte anzuwendenden Regelsteuersatzes niedrig besteuert werden", nicht unter § 4j EStG fallen.

48 Indessen enthält der Gesetzeswortlaut eine Legaldefinition der Einnahmen aus Rechteüberlassungen. Danach ist eine Präferenzregelung für Einnahmen aus Rechteüberlassungen gegeben, wenn diese einer niedrigen Besteuerung nach § 4j Abs. 2 EStG unterliegen. Von einer niedrigen Besteuerung ist nach § 4j Abs. 2 EStG auszugehen, wenn die Einnahmen aus der Rechteüberlassung beim Gläubiger einer Belastung durch Ertragsteuern von weniger als 25 % unterliegen.

5. Tatbestandsvoraussetzung: Näheverhältnis zwischen Lizenzgeber und Lizenznehmer

49 Gläubiger ist eine dem Schuldner nahestehende Person i. S. d. § 1 Abs. 2 AStG (im Grundsatz: wesentliche Beteiligung von mind. 25 % oder beherrschender Einfluss), d. h. Lizenzzahlungen an fremde Dritte fallen grundsätzlich nicht unter die Regelung. Durch den Verweis auf § 1 Abs. 2 AStG werden die dort normierten Konstellationen eines „Näheverhältnisses" mithin auch für die Zinsschranke relevant. Somit wird die dort geregelte Definition des Nahestehens im Bereich des § 4j EStG bedeutsam.

50 Danach ist eine Person nahestehend, wenn zwischen ihr und dem Stpfl. eine wesentliche Beteiligung (§ 1 Abs. 2 Nr. 1 und 2 AStG), ein Beherrschungsverhältnis (§ 1 Abs. 2 Nr. 1 und 2 AStG), eine Einflussmöglichkeit außerhalb der Geschäftsbeziehungen (§ 1 Abs. 2 Nr. 3 1. Alt. AStG) oder eine Interessenidentität (§ 1 Abs. 2 Nr. 3 2. Alt. AStG) besteht. Mit dem Kriterium der wesentlichen Beteiligung hat der Gesetzgeber eine Beteiligungsgrenze geschaffen, ab der ein Nahestehen unwiderlegbar angenommen wird. Ob eine tatsächliche Einflussmöglichkeit gegeben ist, spielt keine Rolle. In der Praxis dürften somit überwiegend Konzernstrukturen erfasst werden. Die darüber hinaus gehenden Regelungen haben, nicht nur wegen der unklar definierten Voraussetzungen, kaum Bedeutung.

51 Dabei sind nach dem konstruktiven Ansatz des § 1 Abs. 2 AStG die folgenden Konstellationen zu unterscheiden:

- § 1 Abs. 2 Nr. 1 1 Alt. AStG: Nahestehen qua gesellschaftsrechtlicher Beteiligung
- § 1 Abs. 2 Nr. 1 2 Alt. AStG: Nahestehen qua beherrschenden Einflusses
- § 1 Abs. 2 Nr. 2 AStG: Nahestehen mittels einer dritten Person
- § 1 Abs. 2 Nr. 3 1. Alt. AStG: Geschäftsfremde Einflussmöglichkeit zwischen nahestehender Person und Stpfl.
- § 1 Abs. 2 Nr. 3 2. Alt. AStG: Interessenidentität

Zur begrifflichen Umschreibung ist insoweit auf die Kommentierungen des § 1 Abs. 2 AStG zu verweisen.[1]

---

[1] Vgl. *Kraft*, AStG-Kommentar, § 1, Rz. 167 ff.

6. Ausnahme der „substanziellen Geschäftstätigkeit"

Nach der gesetzlichen Konzeption greift die Lizenzschranke dem Grunde nach bei jeder niedrigen Besteuerung entsprechender Einnahmen ein. Allerdings gilt insoweit der Vorbehalt der Unschädlichkeit der Niedrigbesteuerung bei sog. substanzieller Geschäftstätigkeit. Diese in § 4j Abs. 1 Satz 4 EStG vorgesehene Ausnahme hat zum Ziel, den sog. Nexus-Ansatz des Abschlussberichts zu BEPS-AP 5 umzusetzen. Danach dürfen Einnahmen aus der Verwertung von IP nur in dem Umfang begünstigt besteuert werden, wie die qualifizierten IP-Aufwendungen zu den gesamten IP-Aufwendungen stehen. Die qualifizierten IP-Aufwendungen dienen als Nachweis der notwendigen Substanz, die eine IP-Box aufweisen muss, um nicht als steuerschädlich zu qualifizieren. Qualifizierte IP-Aufwendungen sind nach dem Abschlussbericht zu AP 5 alle Aufwendungen für eigene Forschung und Entwicklung für IP, nicht aber Anschaffungskosten sowie Aufwand für Auftragsforschung.[1] Dies gilt indessen nicht unbeschränkt. Vielmehr können 30 % dieser Aufwendungen als qualifizierte Aufwendungen behandelt werden (sogenannter „Uplift"). Die Berechnung der begünstigungsfähigen Quote an Einnahmen wird fortgeschrieben, so dass Zähler und Nenner des Bruchs jedes Jahr um die entsprechenden Aufwendungen erhöht werden, was zu Veränderungen der Quote führen kann.

7. Ausnahmen der „Hinzurechnungsbesteuerung"

In Fällen, in denen die Lizenzgeberin als ausländische Zwischengesellschaft qualifiziert und diese Einkünfte aus passivem Erwerb i. S. d. § 8 Abs. 1 AStG erzielt, die der Hinzurechnungsbesteuerung nach § 10 Abs. 1 Satz 1 AStG unterliegen, ist die Anwendung der Lizenzschranke nicht weiter zu prüfen. Soweit für die aus den Aufwendungen resultierenden Einnahmen ein Hinzurechnungsbetrag anzusetzen ist, sollen die Aufwendungen nicht der Abzugsbeschränkung unterliegen (§ 4j Abs. 1 Satz 5 EStG).

Ohne diese Ausnahme käme es durch das (teilweise) Betriebsausgabenabzugsverbot zu einer Doppelbesteuerung. Diese würde zum einen aus der Besteuerung des Hinzurechnungsbetrags beim Anteilseigner des Gläubigers und zum anderen aus der Versagung des Betriebsausgabenabzugs beim Schuldner resultieren. Eine Ausnahme für Fälle, in denen die Lizenz einem Betriebsstättenvermögen tatsächlich zuzurechnen ist, eine Betriebsstätte mithin als Lizenzgeber angesehen werden kann und aufgrund der Existenz der Betriebsstätte § 20 Abs. 2 AStG prinzipiell Anwendung finden müsste, ist allerdings nicht enthalten. In derartigen Fällen erscheint es fraglich, ob bereits bei der Ermittlung der „Belastung durch Ertragsteuern" berücksichtigt werden muss, dass § 20 Abs. 2 AStG die Freistellung der Betriebsstätten-Einkünfte versagt und die Betriebsstätten-Einkünfte auf das inländische Steuerniveau angehoben werden, sodass schon die Tatbestandsvoraussetzungen des § 4j EStG nicht erfüllt wären.

Die auf den ersten Blick unscheinbare Verweisung auf die Hinzurechnungsbesteuerung dürfte in der Praxis zu erheblichen Anwendungsproblemen führen. Denn oftmals ist erst nach langwieriger Untersuchung festzustellen, ob die Tatbestandsvoraussetzungen der Hinzurechnungsbesteuerung erfüllt sind. Insbesondere gilt dies im Hinblick auf den sog. Unions-Escape des § 8 Abs. 2 AStG (Motivtest). Die mit dem überaus komplexen Regelwerk der Hinzurechnungsbesteuerung verbundenen Probleme werden damit in die Anwendung der Lizenzschranke importiert.

---

[1] Vgl. *Benz/Böhmer*, DB 2017, 206.

56 Hinzu tritt der Umstand, dass sich nach Ansicht des BFH die Hinzurechnungsbesteuerung erheblichen unionsrechtlichen Bedenken gegenüber sieht. Diese Zweifel an der Unionsrechtskompatibilität der Hinzurechnungsbesteuerung pflanzen sich dann als Automatismus in den Regelungsbereich der Lizenzschranke fort. Der I. Senat des BFH hat mit Beschluss v. 12.10.2016[1] das Verfahren ausgesetzt und dem EuGH zur Vorabentscheidung vorgelegt. Materiell geht es darum, ob die Regelungsmaterie der sog. Zwischeneinkünfte mit Kapitalanlagecharakter im Drittstaatenfall mit der in Art. 64 AEUV garantierten Kapitalverkehrsfreiheit in Konflikt steht. Im Schrifttum[2] wurde darauf hingewiesen, dass der Vorlagebschluss „nur" die Hinzurechnungsbesteuerung von Zwischeneinkünften mit Kapitalanlagecharakter (§ 7 Abs. 6 und 6a AStG) betrifft. Allerdings kann die nunmehr vom EuGH zu klärende Streitfrage allgemein für Beteiligungen an Gesellschaften mit Sitz außerhalb der EU und des EWR von Bedeutung sein. Denn die Erwägungen des Vorlagebeschlusses dürften sich mit einigen Modifikationen auf die „allgemeine" Hinzurechnungsbesteuerung nach § 7 Abs. 1 AStG in Drittstaatensachverhalten übertragen lassen.

II. Definition der niedrigen Besteuerung (§ 4j Abs. 2 EStG)

57 Niedrige Besteuerung liegt vor, wenn die „von der Regelbesteuerung abweichende Besteuerung beim Gläubiger ... zu einer Belastung der Einnahmen aus der Rechteüberlassung durch Ertragsteuern von weniger als 25 Prozent führt." Die Vorschrift stellt nur auf die Belastung der Einnahmen ab. Die zurzeit vorhandenen Präferenzregelungen[3] sind sehr unterschiedlich ausgestaltet. So sehen – wie weiter oben ausgeführt - einige einen besonderen Steuersatz für Lizenzeinkünfte vor, andere befreien Teile der Lizenzeinnahmen.

58 Die Nichtberücksichtigung dieser Unterschiede kann zu wirtschaftlich fragwürdigen Ergebnissen führen. Sieht z. B. die Lizenzbox im Ausland einen besonderen Steuersatz für Lizenzeinkünfte vor und stehen den Einnahmen aus der Rechteüberlassung Aufwendungen in gleicher Höhe gegenüber, d. h. betragen die Einkünfte 0 €, ergäbe sich weder bei Anwendung der Regelbesteuerung noch im Rahmen der Lizenzbox eine steuerliche Belastung und somit insgesamt kein Vorteil im Ausland aus den Lizenzeinkünften. § 4j EStG beschränkt dennoch die Abzugsfähigkeit der Lizenzaufwendungen.

59 Unklar ist, ob § 4j EStG nur Anwendung findet, wenn der Regelsteuersatz über 25 % liegt und in Fällen, in denen schon der Regelsteuersatz unter 25 % liegt, die Norm gar nicht zur Anwendung kommt. Die in anderem Zusammenhang vorgebrachten Einwände gegen die „Niedrigsteuerschwelle" i. H. v. 25 % greifen auch im Rahmen der Lizenzschranke durch. Es entspricht der fast unbestrittenen Meinung in der Literatur, dass die aktuell anwendbare Niedrigsteuerschwelle der Hinzurechnungsbesteuerung zu hoch und völlig willkürlich bemessen ist. Dieser Befund gilt angesichts des deutschen Ertragssteuerniveaus.[4] Die Körperschaftsteuer beträgt in Deutschland gem. § 23 Abs. 1 KStG 15 %. Ohne Berücksichtigung der Gewerbesteuer würde sich für eine unbeschränkt steuerpflichtige Kapitalgesellschaft eine kumulierte Ertragsteuerbelastung auf thesaurierte Gewinne von deutlich unter 25 % ergeben. Demnach wäre, gemessen

---

[1] BFH v. 12.10.2016 - I R 80/14, BStBl 2017 II 615.
[2] Vgl. *Märtens*, DB 2017, DB1236897.
[3] Vgl. Gesetzentwurf der Bundesregierung S. 11.
[4] H. M. *Kraft*, IStR 2010, 377 (377ff.); *Wassermeyer/Schönfeld*, IStR 2008, 496 (496ff.); *Haas*, IStR 2011, 353 (360); *Roser*, IStR 2000, 78 (80); *Richter/Heyd*, BFuP 2011, 524 (540); *Flick*, RIW/AWD-BB 1973, 501 (501); *Quilitzsch*, Die Hinzurechnungsbesteuerung: Eine rechtsökonomische Analyse der Regelungen in Deutschland und Japan, Baden-Baden 2013, 336 ff.; *Kraft/Moser/Hentschel*, Intertax 2014, 334.

an der Niedrigsteuerschwelle des § 8 Abs. 3 AStG, Deutschland im Einzelfall selbst ein Niedrigsteuerland.[1] Konsequenterweise wird allgemein das Referenzkriterium der Niedrigbesteuerung i. H. v. 25 % als im internationalen Vergleich deutlich zu hoch beurteilt, im Schrifttum[2] wurde eine Referenzschwelle von 15 % vorgeschlagen, die auf breite Zustimmung gestoßen ist.[3] Dieser Vorwurf der deutlich zu hohen Niedrigsteuerreferenzschwelle ist demzufolge auch gegenüber des im Rahmen der Lizenzschranke angeordneten Kriteriums zu erheben.

Die von der OECD empfohlene für die Anwendung von CFC-Regelungen zu überschreitende Niedrigsteuerschwelle soll „signifikant" unter der Steuerbelastung des regelnden Landes liegen. Ihre Berechnung soll sich nach der tatsächlichen Steuerbelastung im konkreten Fall ergeben, mithin unter Berücksichtigung von Steuersatz und Bemessungsgrundlage. Zwar werden keine konkreten Vorgaben gemacht, allerdings findet sich der Hinweis, dass die Systeme zahlreicher Länder die Schwelle bei 75 % der inländischen Steuerbelastung verorten.[4]

III. Ermittlung des nichtabziehbaren Teils der Betriebsausgaben (§ 4j Abs. 3 EStG)

Die zentrale Rechtsfolge des § 4j EStG besteht darin, dass die Abziehbarkeit der Lizenzvergütungen als Betriebsausgaben ganz oder teilweise gekürzt wird. Zu betonen ist, dass dies daran geknüpft ist, dass die Substanzausnahme nicht greift. Der nicht abziehbare Teil berechnet sich nach der vom Gesetz vorgegebenen Formel: (25 %-Ertragsteuerbelastung in %)/25 %.

Unterliegen demgemäß die Lizenzvergütungen beim Lizenzgeber z. B. einer Ertragsteuerbelastung von 10 %, wird der entsprechende Betriebsausgabenabzug beim Lizenznehmer um 60 % gekürzt. Oder anders ausgedrückt wären bei einer Ertragsteuerbelastung des Lizenzgebers von 10 % mithin 40 % der Aufwendungen des dem Lizenzgebers nahestehenden Lizenznehmers abzugsfähig.

Dies illustriert den Wirkungsmechanismus der Lizenzschranke. Sie beschränkt die Abzugsfähigkeit der Aufwendungen auf der Ebene des Lizenznehmers und erhöht damit dessen Besteuerungsgrundlagen. Der Lizenznehmer unterliegt somit im Inland deshalb einer höheren Besteuerung, weil sein Vertragspartner im Ausland eine steuerliche Begünstigung für Lizenzeinnahmen beansprucht.

(Einstweilen frei)

C. Verfahrensfragen; Inkrafttreten

Nach § 52 Abs. 8a EStG ist das Abzugsverbot des § 4j EStG erstmals für Aufwendungen anzuwenden, die nach dem 31.12.2017 entstehen. Somit ist im Falle eines abweichenden Wirtschaftsjahres des Schuldners innerhalb des Wirtschaftsjahres 2017/2018 zu differenzieren.

Da diese zeitliche Regelung gegen den OECD-Bestandsschutz für nicht BEPS-konforme Lizenzboxen verstößt, sollten entsprechende Rechtsbehelfe erwogen werden. Denn nach der Lesart der OECD dürfen diese nach dem 30.6.2016 zwar nicht neu in Kraft treten. Bereits bestehende Lizenzboxen müssen jedoch erst bis zum 30.6.2021 angepasst oder aufgehoben werden. In der

---

1 Vgl. *Wassermeyer/Schönfeld*, IStR 2008, 396 (397ff.); *Wassermeyer*, IStR 2000, 114 (115).
2 Vgl. *Kraft*, IStR 2010, 377 (378).
3 Statt vieler: BDI, Vorschläge für eine Reform der Hinzurechnungsbesteuerung, Berlin 2017, S. 17 f.
4 Vgl. OECD Action 3 - 2015 Final Report, Rz. 64 ff.

Zwischenzeit dürfen sie nur von Stpfl. in Anspruch genommen werden, die dies bereits am 30.6.2016 konnten. Mithin gewährt die OECD eine „Grandfather-clause". Von der deutschen Regelung werden somit auch konzerninterne Fälle angegriffen, in denen die OECD Bestandsschutz gewährt hat. Die gesetzgeberische Begründung, der lange Übergangszeitraum sei notwendig, weil sonst „erhebliche Gestaltungsmöglichkeiten zur Steuervermeidung" eröffnet würden,[1] erscheint zweifelhaft.

73 Ebenfalls sollten Rechtsbehelfe gegen auf die Vorschrift gestützte Verwaltungsakte aus Gründen des höherrangigen Rechts erwogen werden.

§ 5 Gewinn bei Kaufleuten und bei bestimmten anderen Gewerbetreibenden

(1) ¹Bei Gewerbetreibenden, die auf Grund gesetzlicher Vorschriften verpflichtet sind, Bücher zu führen und regelmäßig Abschlüsse zu machen, oder die ohne eine solche Verpflichtung Bücher führen und regelmäßig Abschlüsse machen, ist für den Schluss des Wirtschaftsjahres das Betriebsvermögen anzusetzen (§ 4 Absatz 1 Satz 1), das nach den handelsrechtlichen Grundsätzen ordnungsmäßiger Buchführung auszuweisen ist, es sei denn, im Rahmen der Ausübung eines steuerlichen Wahlrechts wird oder wurde ein anderer Ansatz gewählt. ²Voraussetzung für die Ausübung steuerlicher Wahlrechte ist, dass die Wirtschaftsgüter, die nicht mit dem handelsrechtlich maßgeblichen Wert in der steuerlichen Gewinnermittlung ausgewiesen werden, in besondere, laufend zu führende Verzeichnisse aufgenommen werden. ³In den Verzeichnissen sind der Tag der Anschaffung oder Herstellung, die Anschaffungs- oder Herstellungskosten, die Vorschrift des ausgeübten steuerlichen Wahlrechts und die vorgenommenen Abschreibungen nachzuweisen.

(1a) ¹Posten der Aktivseite dürfen nicht mit Posten der Passivseite verrechnet werden. ²Die Ergebnisse der in der handelsrechtlichen Rechnungslegung zur Absicherung finanzwirtschaftlicher Risiken gebildeten Bewertungseinheiten sind auch für die steuerliche Gewinnermittlung maßgeblich.

(2) Für immaterielle Wirtschaftsgüter des Anlagevermögens ist ein Aktivposten nur anzusetzen, wenn sie entgeltlich erworben wurden.

(2a) Für Verpflichtungen, die nur zu erfüllen sind, soweit künftig Einnahmen oder Gewinne anfallen, sind Verbindlichkeiten oder Rückstellungen erst anzusetzen, wenn die Einnahmen oder Gewinne angefallen sind.

(3) ¹Rückstellungen wegen Verletzung fremder Patent-, Urheber- oder ähnlicher Schutzrechte dürfen erst gebildet werden, wenn

1. der Rechtsinhaber Ansprüche wegen der Rechtsverletzung geltend gemacht hat oder
2. mit einer Inanspruchnahme wegen der Rechtsverletzung ernsthaft zu rechnen ist.

²Eine nach Satz 1 Nummer 2 gebildete Rückstellung ist spätestens in der Bilanz des dritten auf ihre erstmalige Bildung folgenden Wirtschaftsjahres gewinnerhöhend aufzulösen, wenn Ansprüche nicht geltend gemacht worden sind.

---

1 Vgl. BT-Drucks. 18/11233, 4.

(4) Rückstellungen für die Verpflichtung zu einer Zuwendung anlässlich eines Dienstjubiläums dürfen nur gebildet werden, wenn das Dienstverhältnis mindestens zehn Jahre bestanden hat, das Dienstjubiläum das Bestehen eines Dienstverhältnisses von mindestens 15 Jahren voraussetzt, die Zusage schriftlich erteilt ist und soweit der Zuwendungsberechtigte seine Anwartschaft nach dem 31. Dezember 1992 erwirbt.

(4a) ¹Rückstellungen für drohende Verluste aus schwebenden Geschäften dürfen nicht gebildet werden. ²Das gilt nicht für Ergebnisse nach Absatz 1a Satz 2.

(4b) ¹Rückstellungen für Aufwendungen, die in künftigen Wirtschaftsjahren als Anschaffungs- oder Herstellungskosten eines Wirtschaftsguts zu aktivieren sind, dürfen nicht gebildet werden. ²Rückstellungen für die Verpflichtung zur schadlosen Verwertung radioaktiver Reststoffe sowie ausgebauter oder abgebauter radioaktiver Anlagenteile dürfen nicht gebildet werden, soweit Aufwendungen im Zusammenhang mit der Bearbeitung oder Verarbeitung von Kernbrennstoffen stehen, die aus der Aufarbeitung bestrahlter Kernbrennstoffe gewonnen worden sind und keine radioaktiven Abfälle darstellen.

(5) ¹Als Rechnungsabgrenzungsposten sind nur anzusetzen

1. auf der Aktivseite Ausgaben vor dem Abschlussstichtag, soweit sie Aufwand für eine bestimmte Zeit nach diesem Tag darstellen;
2. auf der Passivseite Einnahmen vor dem Abschlussstichtag, soweit sie Ertrag für eine bestimmte Zeit nach diesem Tag darstellen.

²Auf der Aktivseite sind ferner anzusetzen

1. als Aufwand berücksichtigte Zölle und Verbrauchsteuern, soweit sie auf am Abschlussstichtag auszuweisende Wirtschaftsgüter des Vorratsvermögens entfallen,
2. als Aufwand berücksichtigte Umsatzsteuer auf am Abschlussstichtag auszuweisende Anzahlungen.

(6) Die Vorschriften über die Entnahmen und die Einlagen, über die Zulässigkeit der Bilanzänderung, über die Betriebsausgaben, über die Bewertung und über die Absetzung für Abnutzung oder Substanzverringerung sind zu befolgen.

(7)[1]¹Übernommene Verpflichtungen, die beim ursprünglich Verpflichteten Ansatzverboten, -beschränkungen oder Bewertungsvorbehalten unterlegen haben, sind zu den auf die Übernahme folgenden Abschlussstichtagen bei dem Übernehmer und dessen Rechtsnachfolger so zu bilanzieren, wie sie beim ursprünglich Verpflichteten ohne Übernahme zu bilanzieren wären. ²Dies gilt in Fällen des Schuldbeitritts oder der Erfüllungsübernahme mit vollständiger oder teilweiser Schuldfreistellung für die sich aus diesem Rechtsgeschäft ergebenden Verpflichtungen sinngemäß. ³Satz 1 ist für den Erwerb eines Mitunternehmeranteils entsprechend anzuwenden. ⁴Wird eine Pensionsverpflichtung unter gleichzeitiger Übernahme von Vermögenswerten gegenüber einem Arbeitnehmer übernommen, der bisher in einem anderen Unternehmen tätig war, ist Satz 1 mit der Maßgabe anzuwenden, dass bei der Ermittlung des Teilwertes der Verpflichtung der Jahresbetrag nach § 6a Absatz 3 Satz 2 Nummer 1 so zu bemessen ist, dass zu Beginn des Wirtschaftsjahres der Übernahme der Barwert der Jahresbeträge zusammen mit den übernommenen Vermögenswerten gleich dem Barwert der künftigen Pensionsleistungen ist; dabei darf sich kein negativer Jahresbetrag ergeben. ⁵Für einen

---

1 **Anm. d. Red.:** Zur Anwendung des § 5 Abs. 7 siehe § 52 Abs. 9.

Gewinn, der sich aus der Anwendung der Sätze 1 bis 3 ergibt, kann jeweils in Höhe von vierzehn Fünfzehntel eine gewinnmindernde Rücklage gebildet werden, die in den folgenden 14 Wirtschaftsjahren jeweils mit mindestens einem Vierzehntel gewinnerhöhend aufzulösen ist (Auflösungszeitraum). ⁶Besteht eine Verpflichtung, für die eine Rücklage gebildet wurde, bereits vor Ablauf des maßgebenden Auflösungszeitraums nicht mehr, ist die insoweit verbleibende Rücklage erhöhend aufzulösen.

Inhaltsübersicht

	Rz.
A. Allgemeine Erläuterungen	1 - 20
I. Normzweck und wirtschaftliche Bedeutung der Vorschrift	1
II. Entstehung und Entwicklung der Vorschrift	2
III. Geltungsbereich	3 - 7
IV. Vereinbarkeit mit höherrangigem Recht	8
V. Verhältnis zu anderen Vorschriften	9 - 20
B. Systematische Kommentierung	21 - 412
I. Gewinnermittlung der Gewerbetreibenden durch Betriebsvermögensvergleich nach § 4 Abs. 1 EStG	21 - 160
1. Tatbestandsvoraussetzungen des § 5 Abs. 1 Satz 1 EStG	21 - 34
a) Buchführungspflicht	22 - 27
b) Gewerbetreibende	28 - 34
2. Rechtsfolge: Maßgeblichkeit des handelsrechtlichen Jahresabschlusses	35 - 68
a) Überblick	35
b) Reichweite des Maßgeblichkeitsgrundsatzes	36 - 49
c) Handelsrechtliche Grundsätze ordnungsgemäßer Buchführung (GoB)	50 - 68
3. Wahlrechtsvorbehalte	69 - 89
a) Ausübung steuerlicher Wahlrechte (§ 5 Abs. 1 Satz 1 2. Halbsatz EStG)	69 - 79
b) Aufzeichnungspflichten bei der Ausübung steuerlicher Wahlrechte (§ 5 Abs. 1 Satz 2 und 3 EStG)	80 - 89
4. Aktivierung und Passivierung	90 - 160
a) Allgemeines	90
b) Aktivierung	91 - 124
c) Passivierung	125 - 140
d) ABC der Aktivierung und Passivierung	141 - 160
II. Verrechnungs-/Saldierungsverbot, Bewertungseinheiten (§ 5 Abs. 1a EStG)	161 - 180
1. Verrechnungs-/Saldierungsverbot (§ 5 Abs. 1a Satz 1 EStG)	161 - 164
2. Bewertungseinheiten (§ 5 Abs. 1a Satz 2 EStG)	165 - 180
III. Aktivierungsverbot für nicht entgeltlich erworbene immaterielle Wirtschaftsgüter des Anlagevermögens (§ 5 Abs. 2 EStG)	181 - 220
IV. Bedingt rückzahlbare Verpflichtungen (§ 5 Abs. 2a EStG)	221 - 240
V. Rückstellungen wegen Schutzrechtsverletzungen (§ 5 Abs. 3 EStG)	241 - 255
VI. Rückstellungen für Dienstjubiläumszuwendungen (§ 5 Abs. 4 EStG)	256 - 270
VII. Rückstellungen für drohende Verluste aus schwebenden Geschäften (§ 5 Abs. 4a EStG)	271 - 290
VIII. Rückstellungen für Anschaffungs- oder Herstellungskosten und für die Verpflichtung zur schadlosen Verwertung radioaktiver Stoffe (§ 5 Abs. 4b EStG)	291 - 310
1. Rückstellungen für Anschaffungs- oder Herstellungskosten (§ 5 Abs. 4b Satz 1 EStG)	292 - 299

2. Rückstellungen für die Verpflichtung zur schadlosen Verwertung radioaktiver Stoffe (§ 5 Abs. 4b Satz 2 EStG)	300 - 310
IX. Aktive und passive Rechnungsabgrenzungsposten (§ 5 Abs. 5 EStG)	311 - 400
1. Allgemeines	311 - 315
2. Aktive Rechnungsabgrenzungsposten (§ 5 Abs. 5 Satz 1 Nr. 1 EStG)	316 - 355
3. Passive Rechnungsabgrenzungsposten (§ 5 Abs. 5 Satz 1 Nr. 2 EStG)	356 - 380
4. Zu aktivierende Zölle und Verbrauchsteuern (§ 5 Abs. 5 Satz 2 Nr. 1 EStG)	381 - 400
X. Vorrang steuerrechtlicher Spezialvorschriften (§ 5 Abs. 6 EStG)	401 - 405
XI. Übernahme von Passivierungsbeschränkungen unterliegenden Verpflichtungen (§ 5 Abs. 7 EStG)	406 - 412

HINWEIS: (ZU ABS. 1):

BMF v. 19. 4. 1971, BStBl 1971 I 264; BMF v. 21. 3. 1972, BStBl 1972 I 188; BMF v. 15. 1. 1976, BStBl 1976 I 66; (zu Abs. 2a): BMF v. 8. 5. 1978, BStBl 1978 I 203; BMF v. 20. 11. 1986, BStBl 1986 I 532; (zu Abs. 4): BMF v. 28. 12. 1987, BStBl 1987 I 770; BMF v. 23. 12. 1991, BStBl 1992 I 13; (zu Abs. 2): BMF v. 13. 1. 1993, BStBl 1993 I 80; BMF v. 29. 10. 1993, BStBl 1993 I 898; (zu Abs. 5): BMF v. 15. 3. 1995, BStBl 1995 I 183; BMF v. 9. 1. 1996, BStBl 1996 I 9; BMF v. 12. 3. 1996, BStBl 1996 I 372; (zu Abs. 4a): BMF v. 2. 6. 1996, BStBl 1997 I 382; (zu Abs. 4b): BMF v. 28. 4. 1997, BStBl 1997 I 398; BMF v. 2. 6. 1997, BStBl 1997 I 611; BMF v. 13. 11. 1997, FR 1998, 78; BMF v. 23. 12. 1997, BStBl 1997 I 1021; BMF v. 25. 3. 1998, BStBl 1998 I 268; BMF v. 27. 4. 1998, BStBl 1998 I 368; BMF v. 12. 4. 1999, BStBl 1999 I 434; BMF v. 12. 7. 1999, BStBl 1999 I 686; BMF v. 29. 2. 2000, BStBl 2000 I 372; BMF v. 18. 5. 2000, BStBl 2000 I 587; BMF v. 25. 5. 2000, BStBl 2000 I 375; BMF v. 14. 11. 2000, BStBl 2000 I 1514; BMF v. 23. 1. 2001, BStBl 2001 I 175; BMF v. 14. 2. 2002, BStBl 2002 I 335; BMF v. 27. 5. 2003, BStBl 2003 I 361; BMF v. 12. 1. 2004, BStBl 2004 I 192; BMF v. 18. 8. 2004, BStBl 2004 I 850; BMF v. 20. 6. 2005, BStBl 2005 I 801; BMF v. 4. 10. 2005, BStBl 2005 I 916; BMF v. 18. 11. 2005, BStBl 2005 I 1025; BMF v. 8. 12. 2008, BStBl 2008 I 1013; BMF v. 11. 3. 2010, BStBl 2010 I 227; BMF v. 12. 3. 2010, BStBl 2010 I 239; (zu Abs. 1a): BMF v. 25. 8. 2010, DB 2010, 2024; OFD Rheinland Verfügung v. 11. 3. 2011, DStZ 2011, 298; BMF v. 12. 10. 2011, BStBl 2011 I 967.

LITERATUR:

► Weitere Literatur siehe Online-Version

Benz/Placke, Die neue gesetzliche Regelung durch das AIFM-Steuer-Anpassungsgesetz zur „angeschafften Drohverlustrückstellung" in § 4f und § 5 Abs. 7 EStG, DStR 2013, 2653; *Broemel*, Bilanzierung und Buchung beim Factoring, BBK 2013, 298; *Broemel*, Bilanzierung von Mietkautionen, BBK 2013, 1049; *Broemel*, Aktivierung von Internetauftritten in Handels- und Steuerbilanz, BBK 2013, 1173; *Endert/Sepetanz*, Bilanzierung eines Disagios in der Handels- und Steuerbilanz, BBK 2013, 60; *Grützner*, Wichtige Regelungen der EStÄR 2012 zur Unternehmensbesteuerung, BBK 2013, 736; *Happe*, Rückstellungen für Prozesskosten und Prozessrisiken – Eine Bestandsaufnahme mit Bezug zur aktuellen Rechtsprechung, BBK 2013, 261; *Happe*, Rückstellungen für zukünftige Betriebsprüfungen zulässig – BFH bestätigt FG-Rechtsprechung, BBK 2013, 64; *Horst*, Überblick über Entschuldungsinstrumente und ihre bilanz- und steuerrechtlichen Auswirkungen, DB 2013, 656; *Horst*, Nießbrauch an Betriebsvermögen, BBK 2013, 521; *Prinz*, Drohendes Aus für die steuerwirksame Hebung stiller Lasten, Ubg 2013, 57; *Rätke*, Der Forderungsverzicht (mit Besserungsabrede), BBK 2013, 75; *Tiede*, Bilanzierung übernommener Verpflichtungen, BBK 2013, 870; *Weitnauer*, Der Rangrücktritt – Welche Anforderungen gelten nach aktueller Rechtsprechung?, GWR 2012, 193; *Broemel*, Bildung einer Rückstellung für strittige Teststellungen durch die Betriebsprüfung, BBK 2014, 699; *Broemel*, Unter- und unverzinsliche Darlehen an Betriebsangehörige, BBK 2014, 459; *Broemel*, Korrektur einer unterlassenen Bilanzierung von notwendigem Betriebsvermögen, BBK 2014, 1141; *Broemel*, Bilanzielle Abbildung der Uneinbringlichkeit bei Forderungen aus Lieferungen und Leistungen, BBK 2014, 64; Broemel, Steuerliche Folgen des Gebäudeerwerbs mit Abbruchabsicht, BBK 2014, 176; *Broemel*, Ertragsteuerliche Berücksichtigung von Vorsteuerberichtigungen, BBK 2014, 268; *Broemel*, Ausgleichzahlungen an außenstehende Anteilseigner in der Organschaft, BBK 2014, 612; *Herrfurth*, Die vorläufig endgültige Steuerbilanz, StuB 2014, 123; *Köhler*, Buchung und Bilanzierung von Investitionszuschüssen, BBK 2014, 661; *Prinz/Kanzler*, NWB Praxishandbuch, Bilanzsteuerrecht, Herne 2014; *Rätke*, Aufteilung der Vorsteuer bei gemischt genutzten Gebäuden, BBK 2014, 706; *Rätke*, Bilanzielle Gestaltungsspielräume für den Jahresabschluss 2014, BBK 2014, 1147; *Rätke*, Beschränkung von Rückstellungen durch die EStR 2012, BBK 2014, 1; *Broemel*, Anpassung von Ansammlungsrückstellungen bei Vertragsverlängerung, BBK 2015, 157; *Broemel*, Korrespondierende Bilanzierung und Instandhaltungsansprüche, BBK 2015, 446; *Broemel* Entnahme einer Kaufoption aus einem Leasingvertrag, BBK 2015, 589; *Broemel*, Zur Zulässigkeit von Teilwertabschreibungen, BBK 2015, 262; *Broemel*, Bewertung von Immobilien des Anlagevermögens in der Handels- und Steuerbilanz, BBK 2015, 683; *Eggert*, Nutzungsdauer der selbst erstellten immateriellen Vermögensgegenstände sowie des Geschäfts- oder Firmenwerts, BBK 2015, 809; *Endert*, Kapitalerhöhung aus Gesellschaftsmitteln und anschließende Kapitalherabsetzung, BBK 2015, 831; *Hänsch*, Gesellschafter-Verrechnungskosten bei einer GmbH, BBK 2015, 604; *Happe*, Berechnung der Körperschaft- und Gewerbesteuerrückstellung, BBK 2015, 460; *Hoffmann*, Gibt es eine Maßgeblichkeit?, StuB 2015, 649; *Hoffmann*, Rangrücktritt als steuerlicher Eigenkapitalgenerator, StuB 2015, 561; *Hoffmann*, Gibt es eine Maßgeblichkeit?, StuB 2015, 649; *Kraft/Schreiber*, Bilanzierung von Verbindlichkeiten bei Rangrücktritt, NWB 2015, 2640; *Lüdenbach*, An zukünftigen Bilanzgewinn geknüpfter Rangrücktritt, StuB 2015, 148; *Rätke*, Beck'sches Steuer- und Bilanzrechtslexikon, Edition 1/15; *Rätke*, Digitaler Zugriff des Finanzamts auf Einzelverkaufsdaten einer PC Kasse, BBK 2015, 454; *Schoor* Bilanzierung und Abschreibung von Mietereinbauten in der Steuerbilanz, BBK 2015, 556; *Taplan/Baumgartner/Baumgartner*, Die Rangrücktrittsvereinbarung im Insolvenz- und Steuerrecht, GmbHR 2015, 347; *Goy*, Bilanzielle Erfassung eines Disagios bei einem Annuitätendarlehen, BBK 2016, 166; *Goy*, Bilanzierung von Fremdwährungsforderungen, BBK 10/2016; *Happe*, Pauschalwertberichtigungen bei der Bewertung von Forderungen - Vorgehensweise und Zulässigkeit in der Steuerbilanz, BBK 14/2016, 685; *Hiller/Baschnagel/Eichholz*, Reformbedarf des Maßgeblichkeitsprinzips, StuB 2016, 694; *Hiller*, Währungsumrechnung in Handels- und Steuerbilanz, StuB 2016, 487; *Hoffmann*, Forderungsausfall und Wertberichtigung, StuB 2016, 85; *Hoffmann*, Bilanzierung des qualifizierten Rangrücktritts, StuB 2016, 285; *Hoffmann*, Sonstiges freies Vermögen beim Rangrücktritt, StuB 2016, 405; *Marx*, Grundsätze der Gewinnrealisierung im Handels- und Steuerbilanzrecht, StuB 2016, 327; *Marx*, Vergütungen für Dienstfindungen als Bilanzierungsvorgänge in Handels- und Steuerbilanz, StuB 2016, 607; *Weinzierl/Risse-Möller*, Die Vorratsbewertung im Kontext der internationalen Rechnungslegung sowie des Handels- und Steuerrechts, StuB 2016, 172; *Bolik*, BMF-Entwurf zu den Steuerfolgen der §§ 4f und 5 Abs. 7 EStG – Hebung stiller Lasten, StuB 2017, 156; *Hänsch*, Bilanzierung von Dienstfindungen, BBK 2017, 862; *Happe*, Betragsmäßige Begrenzung von Rückstellungen in der Steuerbilanz, BBK 2017, 516; *Happe*, Bilanzierung von Mehrsteuern aufgrund einer Betriebsprüfung, BBK 2017, 404; *Happe*, Stichtagsbezogene Anpassung einer Ansammlungsrückstellung, BBK 2017, 244; *Happe*, Wirtschaftliches Eigentum bei Sale-and-lease-back-Verträgen, BBK 2017, 702; *Hoffmann*, Behandlung der gesellschaftsrechtlich veranlassten Verbindlichkeitstilgung, StuB 2017, 1; *Köhler*, Rückzahlung von Investitionszuschüssen, BBK 2017, 318; *Prinz*, Aktuelle Trends im Bilanzsteuerrecht, StuB 2017, 91; *Happe*, Rückstellungen für Beiträge zur Künstlersozialversicherung, BBK 2017, 1094; *Lüdenbach*, Latente Steuern bei unverzinslichem und „ewigem" Gesellschafterdarlehen, StuB 2017, 476; *L'habitant*, Darlehensvertragliche Gestaltungen bei Mietvertragsanpassungen, StuB 2017, 853; *Rätke*, Bilanzielle Überlegungen und Gestaltungsalternativen zum Jahresabschluss 2017, BBK 2018, 162; *Endert*, Bilanzierung bestrittener Steueransprüche, BBK 2018, 108; *Farwick*, Rückstellungen für zukünftige Anschaffungs- oder Herstellungskosten, StuB 495; *Bolik/Selig-Kraft*, Kaum zu heben - Steuerfolgen der Realisierung stiller Lasten nach dem BMF-Schreiben vom 30.11.2017, NWB 2018, 851; *Hänsch*, Aktuelles zu Schuldübernahmen, -beitritten und Erfüllungsübernahmen, BBK 2018, 321; *Marx*, Die Abbildung laufender Steuern in Handels- und Steuerbilanz, StuB 2018, 157; *Marx*, Die Erfüllung ausstehender steuerlicher Verpflichtungen, StuB 2018, 197; *Happe*, Fallstricke bei der Ausgestaltung von Tantiemevereinbarungen für Gesellschafter-Geschäftsführer, BBK 2018, 729.

ARBEITSHILFEN UND GRUNDLAGEN ONLINE:

Hennemann/Hänsch, Übernahme von Verpflichtungen mit Ansatz- und Bewertungsvorbehalten nach §§ 4f und 5 Abs. 7 EStG, NWB DokID: UAAAF-74836; *Schäfer-Elmayer/Stolz*, Betriebsvorrichtung, NWB DokID: XAAAE-33495; *Michel/Hülsmann*, Mietereinbauten und -umbauten, NWB DokID: UAAAE-35025; *Mujkanovic*, Leasing in Handels- und Steuerbilanz, NWB DokID: AAAAE-68318.

A. Allgemeine Erläuterungen

I. Normzweck und wirtschaftliche Bedeutung der Vorschrift

§ 5 EStG ist als zentrale Norm des Bilanzsteuerrechts anzusehen und enthält spezielle Vorschriften für die Gewinnermittlung der Gewerbetreibenden durch Betriebsvermögensvergleich nach § 4 Abs. 1 EStG. Während § 4 EStG die Frage regelt, ob Betriebsvermögen vorliegt und ob ein WG in den Betriebsvermögensvergleich einzubeziehen ist, enthält § 5 EStG Regelungen zu der Frage, ob überhaupt ein bilanzierungsfähiges WG vorliegt, also Regelungen zum Bilanzansatz.

II. Entstehung und Entwicklung der Vorschrift

Die Gewinnermittlung für buchführungspflichtige Gewerbetreibende ist seit dem EStG 1934 v. 16.10.1934[1] in § 5 EStG geregelt.

StNG v. 16.12.1954:[2] § 5 Abs. 1 Satz 1 EStG erhält mit Wirkung für nach dem VZ 1955 endende Wj. seinen jetzigen Wortlaut.

EStÄndG v. 16.5.1969:[3] § 5 Abs. 1 EStG wird getrennt, indem Satz 1 zu Abs. 1 und Satz 2 zu Abs. 4 (jetzt Abs. 6) wird. Zudem werden mit Wirkung für im VZ 1968 endende Wj. der jetzige Abs. 2 und als Abs. 3 der jetzige Abs. 5 Satz 1 Nr. 1 und 2 EStG eingefügt.

EGAO v. 14.12.1976:[4] In § 5 Abs. 3 EStG (jetzt Abs. 5 Satz 2 Nr. 1 EStG) wird mit Wirkung ab dem 1.1.1977 ein neuer Aktivposten für Zölle und Verbrauchsteuern, die auf das Vorratsvermögen entfallen, eingeführt.

Gesetz zur Änderung des EStG, des KStG und anderer Gesetze v. 20.8.1980:[5] § 5 Abs. 3 EStG wird um einen Satz 2 ergänzt, so dass das Gesetz die Fassung des jetzigen § 5 Abs. 5 Satz 2 Nr. 2 EStG erhält. Die Gesetzesänderung trat am 29.8.1980 in Kraft, galt aber auch für noch nicht bestandskräftige Veranlagungen aus VZ vor 1981.

HBeglG 1983 v. 20.12.1982:[6] Mit Wirkung für nach dem 24.12.1982 endende Wj. wird der jetzige Abs. 3 eingefügt. Die bisherigen Abs. 3 und 4 werden die Abs. 4 und 5.

StRefG 1990 v. 25.7.1988:[7] Der jetzige § 5 Abs. 4 EStG wird mit Wirkung für nach dem 30.12.1988 endende Wj. neu eingefügt. Die bisherigen Abs. 4 und 5 werden die Abs. 5 und 6.

WoBauFG v. 22.12.1989:[8] § 5 Abs. 1 EStG wird mit Wirkung für Wj., die nach dem 31.12.1989 enden, um einen Satz 2 erweitert (sog. umgekehrte Maßgeblichkeit).

---

1 RStBl 1934, 1261.
2 BStBl 1954 I 575.
3 BStBl 1969 I 320.
4 BStBl 1976 I 694.
5 BStBl 1980 I 589.
6 BStBl 1982 I 972.
7 BStBl 1988 I 224.
8 BStBl 1989 I 505; HHR/*Anzinger*, § 5 EStG, Rz. 81 ff.

Gesetz zur Fortführung der Unternehmenssteuerreform v. 29.10.1997:[1] Mit Wirkung für nach dem 31.12.1996 endende Wj. wird der jetzige § 5 Abs. 4a Satz 1 EStG eingefügt.

StEntlG 1999/2000/2002 v. 24.3.1999:[2] § 5 Abs. 4 EStG wird redaktionell angepasst und § 5 Abs. 4b EStG mit Wirkung ab dem VZ 1999 eingefügt.

StBereinG 1999 v. 22.12.1999:[3] § 5 Abs. 2a EStG wird mit Wirkung für nach dem 31.12.1998 beginnende Wj. neu eingefügt.

StÄndG 2001 v. 20.12.2001:[4] § 5 Abs. 4b Satz 1 EStG erhält seinen heutigen Wortlaut, in Kraft getreten am 21.12.2001.

Gesetz zur Eindämmung missbräuchlicher Steuergestaltungen v. 24.4.2006:[5] Mit Wirkung ab dem VZ 2006 werden § 5 Abs. 1a EStG (jetzt § 5 Abs. 1a Satz 2 EStG) und Satz 2 in § 5 Abs. 4a EStG eingefügt.

JStG 2007 v. 13.12.2006:[6] In der Überschrift zu § 5 EStG wird mit Wirkung ab dem VZ 2007 das Wort „Vollkaufleuten" durch „Kaufleuten" ersetzt.

BilMoG v. 25.5.2009:[7] § 5 Abs. 1 Satz 2 EStG wird durch die neuen Sätze 2 und 3 ersetzt und § 5 Abs. 1a Satz 1 EStG eingefügt, so dass der bisher einzige Satz in § 5 Abs. 1a EStG zu Satz 2 wird. Dementsprechend wird auch der Verweis in § 5 Abs. 4a Satz 2 EStG angepasst. Das Gesetz ist am 29.5.2009 in Kraft getreten.

AIFM-StAnpG v. 18.12.2013:[8] § 5 Abs. 7 EStG wird eingefügt. Die Neuregelung gilt erstmals für Wj., die nach dem 28.11.2013 enden, auf Antrag auch früher (vgl. KKB/Kanzler, § 52 Abs. 9 EStG).

III. Geltungsbereich

3 **Sachlicher Geltungsbereich:** Die Norm gilt nur für den laufenden Gewinn aus Gewerbebetrieb.[9] Bei der Ermittlung anderer Einkünfte aus Gewerbebetrieb greifen spezielle Vorschriften (§ 16 EStG, § 17 EStG), wobei z.T. auf § 5 EStG verwiesen wird (vgl. z.B. KKB/Franz/Handwerker, § 16 Abs. 2 Satz 2 EStG).

4 Vorbehaltlich vorrangiger Spezialvorschriften gilt § 5 EStG auch für die Körperschaftsteuer (§ 7 Abs. 1, § 8 Abs. 1 und 2 KStG) und der nach § 5 EStG ermittelte Gewinn ist auch Ausgangsgröße für den Gewerbeertrag (§ 7 GewStG). Seit dem 1.1.1993 bis zum 1.1.1997 galten die Steuerbilanzwerte auch weitgehend für die Feststellung des Einheitswerts des Betriebsvermögens (§§ 95 ff., 109 BewG a.F., sog. verlängerte Maßgeblichkeit)[10].

5 **Persönlicher Geltungsbereich:** § 5 EStG ist eine Spezialvorschrift für buchführungspflichtige oder freiwillig buchführende Gewerbetreibende. Anknüpfungspunkt ist somit die Einkunftsart

---

1 BStBl 1997 I 928.
2 BStBl 1999 I 304.
3 BStBl 2000 I 13.
4 BStBl 2002 I 4.
5 BStBl 2006 I 353.
6 BStBl 2007 I 28.
7 BStBl 2009 I 650.
8 BStBl 2014 I 2.
9 BFH v. 26.3.1991 - VIII R 315/84, BStBl 1992 II 472.
10 BFH v. 25.10.2000 - II R 58/98, BStBl 2001 II 92.

des § 15 EStG, wobei es unerheblich ist, ob ein Einzelgewerbebetrieb, eine PersGes oder eine KapGes (vgl. § 8 Abs. 1 und 2 KStG) die Einkünfte erzielt.

Zeitlicher Geltungsbereich: Siehe → Rz. 2.

Internationale Bezüge: § 5 EStG gilt auch bei unbeschränkt Stpfl. mit ausländischen gewerblichen Einkünften.[1] Weist allerdings ein DBA dem ausländischen Staat das Besteuerungsrecht zu, erlangt die Ermittlung der ausländischen Einkünfte nur im Rahmen der §§ 2a, 32 und 34c EStG Bedeutung. Bei der Ermittlung des Gewinnanteils für unbeschränkt steuerpflichtige Beteiligte an einer ausländischen PersGes greift dagegen § 4 Abs. 1 EStG ein.[2] Ebenso findet § 5 EStG Anwendung, wenn ein beschränkt Stpfl. gewerbliche Einkünfte i. S. d. § 15 EStG i. V. m. § 49 Abs. 1 Nr. 2 Buchst. a EStG erzielt.[3]

IV. Vereinbarkeit mit höherrangigem Recht

Verfassungsmäßigkeit: Zur Frage der Verfassungsmäßigkeit von § 5 Abs. 4 und Abs. 4a EStG s. → Rz. 258 und → Rz. 273.

V. Verhältnis zu anderen Vorschriften

Verhältnis zu anderen Gewinnermittlungsarten: Nach dem sog. Pluralismus der Gewinneinkunftsarten[4] besteht keine einheitliche Gewinnermittlungsart für alle Gewinneinkunftsarten. Vielmehr sieht das Gesetz neben dem Betriebsvermögensvergleich nach § 4 Abs. 1 EStG und nach § 5 EStG die Einnahmenüberschussrechnung nach § 4 Abs. 3 EStG und pauschalierte Gewinnermittlungen für Land- und Forstwirte (§ 13a EStG) und Reeder (§ 5a EStG) vor. Ein Wahlrecht zwischen dem Betriebsvermögensvergleich nach § 4 Abs. 1 EStG und der Überschussrechnung nach § 4 Abs. 3 EStG besteht allerdings nur für Selbständige und für Gewerbetreibende, die nicht aufgrund gesetzlicher Vorschriften verpflichtet sind, Bücher zu führen und regelmäßig Abschlüsse zu machen, und die auch freiwillig keine Bücher führen und regelmäßig Abschlüsse machen. Für alle anderen Gewerbetreibenden kommt nur der Betriebsvermögensvergleich nach § 5 EStG in Betracht.[5]

Zwischen §§ 4 und 5 EStG besteht eine Wechselbeziehung.[6] § 4 Abs. 1 EStG bestimmt, dass der Gewinn durch Betriebsvermögensvergleich zu ermitteln ist, regelt aber nicht, was als Betriebsvermögen anzusetzen ist. Demgegenüber verweist § 5 Abs. 1 Satz 1 EStG hinsichtlich der Gewinnermittlungsmethode auf § 4 Abs. 1 EStG und bestimmt zusätzlich, dass als Betriebsvermögen das Betriebsvermögen anzusetzen ist, das nach den handelsrechtlichen GoB anzusetzen ist.[7] Soweit steuerliche Spezialvorschriften dem nicht entgegenstehen, gelten die handelsrechtlichen GoB auch für die Gewinnermittlung nach § 4 Abs. 1 EStG.[8] Ebenso sind aus Gründen der Gleichmäßigkeit der Besteuerung § 5 Abs. 2 bis 5 EStG bei der Gewinnermittlung nach

---

1 Ausführlich HHR/*Stobbe*, § 5 EStG Rz. 11 ff.
2 BFH v. 13. 9. 1989 - I R 117/87, BStBl 1990 II 57; a. A. *Mathiak*, DStR 1990, 255.
3 BMF v. 24. 12. 1999, BStBl 1999 I 1076, Tz. 1.1.3.2.
4 Vgl. hierzu z. B. *Kanzler*, FR 1998, 233.
5 Vgl. z. B. BFH v. 19. 10. 2005 - XI R 4/04, BStBl 2005 II 347.
6 Ausführlich hierzu HHR/*Kanzler*, vor §§ 4 bis 7 EStG Rz. 23; HHR/*Stobbe*, § 5 EStG Rz. 16, HHR/*Anzinger*, § 5 Rz. 90.
7 *Schiffers* in Korn, § 5 EStG Rz. 24.
8 BFH v. 20. 11. 1980 - IV R 126/78, BStBl 1981 II 398; BFH v. 24. 3. 1982 - IV R 96/78, BStBl 1982 II 643; *Schiffers* in Korn, § 5 EStG Rz. 24.

§ 4 Abs. 1 EStG anzuwenden.[1] Materiell unterscheidet sich hingegen die Gewinnermittlung nach § 4 Abs. 1 und § 5 EStG nicht.[2]

11 **Verhältnis zu § 4 Abs. 3 EStG:** Vom subjektiven Anwendungsbereich schließt sich die Gewinnermittlung nach § 5 und § 4 Abs. 3 EStG aus, da § 4 Abs. 3 EStG nur für Stpfl. gilt, die nicht aufgrund gesetzlicher Vorschriften verpflichtet sind, Bücher zu führen und regelmäßig Abschlüsse zu machen, und die auch freiwillig keine Bücher führen und regelmäßig Abschlüsse machen. In sachlicher Hinsicht unterscheidet sich die Gewinnermittlung nach § 5 EStG deutlich von der Überschussrechnung gem. § 4 Abs. 3 EStG als reine Geldrechnung (§ 11 EStG), wobei bei beiden Gewinnermittlungsmethoden über die Gesamtlebensdauer des Betriebs der gleiche Totalgewinn erfasst wird.[3]

12 **Verhältnis zu §§ 140, 141 AO:** Nach § 140 AO müssen Stpfl., die nach außersteuerrechtlichen Vorschriften Bücher und Aufzeichnungen zu führen haben, diese Pflichten auch für Zwecke der Besteuerung erfüllen (sog. abgeleitete Buchführungs- und Abschlusspflicht). Hingegen ordnet § 141 AO originäre steuerrechtliche Buchführungspflichten an. §§ 143, 144 AO enthalten originäre steuerrechtliche Aufzeichnungspflichten. Aufgrund des in § 5 Abs. 1 Satz 1 EStG verankerten Maßgeblichkeitsgrundsatzes (vgl. → Rz. 35 ff.) kommt § 140 AO nur insofern eine eigenständige Bedeutung zu, als Pflichten über die handelsrechtlichen GoB hinausgehen.[4]

13 **Ermittlung von Veräußerungsgewinnen (§ 16, § 17 EStG):** Siehe → Rz. 3.

14 **Verhältnis zum Europarecht:** Durch den Maßgeblichkeitsgrundsatz in § 5 Abs. 1 Satz 1 EStG besteht eine enge Verbindung der steuerbilanziellen Gewinnermittlung mit der Handelsbilanz. Das Handelsbilanzrecht (§§ 238 ff. HGB) basiert seinerseits auf der 4.[5] und 7.[6] EG-Richtlinie, die zwischenzeitlich durch die neue Bilanzrichtlinie 2013/34/EU v. 26. 6. 2013[7] abgelöst wurden. Die nationale Umsetzung erfolgte im Rahmen des Bilanzrichtlinie-Umsetzungsgesetzes (BilRUG),[8] welches verpflichtend erstmals für Geschäftsjahre beginnend nach dem 31. 12. 2015 anzuwenden ist. Die vormals separaten Regelungsrahmen für die europäische Rechnungslegung im Jahres- und Konzernabschluss wurden durch die Überarbeitung zusammengefasst (ehemals 4. und 7. EG-Richtlinie) und modifiziert.[9] Kontrovers wird in diesem Zusammenhang die Zuständigkeit des EuGH für Fragen des deutschen Bilanzsteuerrechts diskutiert. Die wohl h. M. in der Literatur bejaht diese unter Bezugnahme auf die bindende Verweisung des § 5 Abs. 1 Satz 1 EStG auf die handelsrechtlichen Bilanzierungsvorschriften, die es erzwinge, die entsprechenden Bilanzierungsvorschriften im Handels- und Steuerrecht einheitlich und damit richtlinienkonform auszulegen. Daraus resultiere eine Vorlagepflicht des BFH an den EuGH auch in Fragen des deutschen Steuerbilanzrechts.[10] Der EuGH selbst hält sich für Fragen der steuerlichen Gewinnermittlung von deutschen Einzelunternehmen, PersGes und KapGes für

---

1 BFH v. 8. 11. 1979 - IV R 145/77, BStBl 1980 II 146; BFH v. 6. 12. 1983 - VIII R 110/79, BStBl 1984 II 227.
2 *Kanzler*, FR 1998, 233.
3 BFH v. 8. 9. 1988 - IV R 66/87, BStBl 1989 II 32.
4 *Schiffers* in Korn, § 5 EStG Rz. 29; *Crezelius* in Kirchhof, § 5 EStG Rz. 17.
5 78/660/EWG, ABl. EG L 222/1978 11.
6 83/349/EWG, ABl. EG L 193/1/1983 1.
7 ABl. EG L 182/2013 19.
8 BGBl 2015 I 1245; HHR/*Anzinger*, § 5 EStG Rz. 90 ff.
9 Ausführlich *Jaufmann/Velte*, NWB 2015, 2492.
10 Zum Streitstand *Bärenz*, DStR 2003, 492, m. w. N.; *Schütz*, DB 2003, 688.

zuständig, wenn mittelbar auf die Bilanzrichtlinie verwiesen wird, betont allerdings die Kompetenz der nationalen Gerichte, über die Erforderlichkeit einer Vorabentscheidung zu befinden.[1] Der BFH verneint eine Vorlagepflicht jedenfalls dann, wenn es sich um eine eigenständige steuerrechtliche Regelung, wie z. B. § 6 EStG[2] handelt und soweit nicht KapGes betroffen sind.[3]

(*Einstweilen frei*) 15–20

B. Systematische Kommentierung

I. Gewinnermittlung der Gewerbetreibenden durch Betriebsvermögensvergleich nach § 4 Abs. 1 EStG

1. Tatbestandsvoraussetzungen des § 5 Abs. 1 Satz 1 EStG 21

Die Gewinnermittlung nach § 5 Abs. 1 Satz 1 EStG setzt zwei Sachen voraus. Zum einen muss es sich um einen Gewerbetreibenden handeln, zum anderen muss dieser buchführungspflichtig sein oder zumindest freiwillig Bücher führen.

a) Buchführungspflicht

Handelsrechtliche Buchführungspflicht: Nach den Vorschriften des HGB ist jeder Kaufmann (§§ 1 bis 6 HGB) buchführungspflichtig. Durch das Bilanzrechtsmodernisierungsgesetz wurden jedoch für Geschäftsjahre, die nach dem 31.12.2007 beginnen, größenabhängige Erleichterungen geregelt (§ 241a HGB).[4] Danach unterliegen Einzelkaufleute, die an den Abschlussstichtagen von zwei aufeinander folgenden Geschäftsjahren nicht mehr als 600 000 € Umsatzerlöse (bis 31.12.2015: 500 000 €) und 60 000 € (bis 31.12.2015 50 000 €) Jahresüberschuss aufweisen, nicht der handelsrechtlichen Buchführungspflicht (§§ 238 bis 241 HGB). Diese Erleichterung gilt jedoch nicht für PersGes und KapGes. 22

Maßgeblich für die handelsrechtliche Buchführungspflicht ist somit die **Kaufmannseigenschaft**. Nach § 1 Abs. 1 HGB ist Kaufmann, wer ein Handelsgewerbe betreibt **(Istkaufmann)**. Handelsgewerbe ist hierbei jeder Gewerbebetrieb, es sei denn, dass das Unternehmen nach Art oder Umfang einen in kaufmännischer Weise eingerichteten Geschäftsbetrieb nicht erfordert (§ 1 Abs. 2 HGB). Daneben gilt ein gewerbliches Unternehmen nach § 2 HGB auch dann als Handelsgewerbe, wenn die Firma des Unternehmens in das Handelsregister eingetragen ist **(Kaufmann kraft Eintragung)**. Strittig ist jedoch hierbei, ob § 2 HGB eine Bilanzierungspflicht nach sich zieht.[5] Handelsgesellschaften hingegen sind stets buchführungspflichtig (§ 6 Abs. 1 HGB, **Formkaufmann**). Hierbei gelten KapGes allein aufgrund ihrer Rechtsform als Handelsgesellschaften (§ 6 HGB, § 3 AktG, §§ 1, 13 Abs. 3 GmbHG). Personengesellschaften hingegen müssen tatsächlich ein Handelsgewerbe betreiben bzw. ins Handelsregister eingetragen werden. Hierbei ist zu beachten, dass bei Buchführungspflicht einer PersGes sich diese lediglich auf das Gesamthandsvermögen und nicht auf das Sonderbetriebsvermögen der Gesell- 23

---

1 EuGH v. 7.1.2003 - C-306/99, *BIAO*, BStBl 2004 II 144; EuGH v. 18.10.1990 - C-297/88, *Dzodzi*, EuGHE 1990, I-3763; EuGH v. 17.7.1997 - C-28/95, *Leur-Bloem*, DB 1997, 1851.
2 BFH v. 25.10.1994 - VIII R 65/91, BStBl 1995 II 312.
3 BFH v. 28.3.2000 - VIII R 77/96, BStBl 2002 II 227.
4 Ausführlich hierzu *Prinz/Kanzler*, NWB Praxishandbuch Bilanzsteuerrecht, Rz. 13 bis 21.
5 *Hüttemann/Meinert*, BB 2007, 1436.

schafter bezieht. **Nicht buchführungspflichtig** sind beispielsweise Freiberufler, Partnerschaftsgesellschaften und Kleingewerbetreibende, welche die Kaufmannseigenschaft nicht durch freiwillige Eintragung ins Handelsregister begründet haben.

24 **Steuerrechtliche Buchführungspflicht:** Im Steuerrecht müssen zum einen die abgeleitete Buchführungspflicht (§ 140 AO) und zum anderen die originäre Buchführungspflicht (§ 141 AO) unterschieden werden.

25 Gemäß § 140 AO hat derjenige, der nach anderen Gesetzen als den Steuergesetzen Bücher und Aufzeichnungen zu führen hat, die für die Besteuerungen von Bedeutung sind, die Verpflichtungen, die ihm nach den anderen Gesetzen obliegen, auch für die Besteuerungen zu erfüllen (**abgeleitete Buchführungspflicht**).

26 Nach § 141 AO sind ferner buchführungspflichtig gewerbliche Unternehmer sowie Land- und Forstwirte, sofern sie

► Umsätze einschließlich der steuerfreien Umsätze, ausgenommen die Umsätze nach § 4 Nr. 8 bis 10 UStG, von mehr als 600 000 € im Kalenderjahr oder (ab 1. 1. 2016: 600 000 € bis 31. 12. 2015: 500 000 €)

► selbstbewirtschaftete land- und forstwirtschaftliche Flächen mit einem Wirtschaftswert (§ 46 BewG) von mehr als 25 000 € oder

► einen Gewinn aus Gewerbebetrieb von mehr als 60 000 € im Wj. oder (ab 1. 1. 2016: 60 000€ bis 31. 12. 2015: 50 000 €)

► einen Gewinn aus Land- und Forstwirtschaft von mehr als 60 000 € im Kalenderjahr (ab 1. 1. 2016: 60 000 € bis 31. 12. 2015: 50 000 €)

gehabt haben (**originäre Buchführungspflicht**). Zu beachten ist, dass in die Ermittlung des Umsatzes auch Auslandsumsätze einzubeziehen und im Rahmen der Gewinnberechnung Sonderabschreibungen und erhöhte AfA unberücksichtigt zu lassen sind.

27 **Beginn und Ende der Buchführungspflicht:** Die handelsrechtliche und die abgeleitete Buchführungspflicht nach § 140 AO beginnt mit Vorliegen der Kaufmannseigenschaft und endet mit Verlust der Kaufmannseigenschaft. Die Buchführungspflicht des **Istkaufmanns** beginnt mit dessen Tätigkeit. Beim **Kaufmann kraft Eintragung** beginnt die Buchführungspflicht zum Zeitpunkt der Eintragung ins Handelsregister und endet mit Löschung im Handelsregister. Bei den Körperschaften (**Formkaufmann**) beginnt die Buchführungspflicht spätestens mit der Registereintragung.[1] Die Buchführungspflicht endet erst nach vollständiger Abwicklung. Nach § 141 Abs. 2 AO ist die Buchführungspflicht vom Beginn des Wj. an zu erfüllen, das auf die Bekanntgabe der Mitteilung folgt, durch die die Finanzbehörde auf den Beginn dieser Verpflichtung hingewiesen hat. Unterbleibt die Mitteilung hingegen, beginnt die Buchführungspflicht nicht. Bei einer verspäteten Mitteilung verschiebt sich der Beginn um ein Jahr, wobei es hierbei keiner erneuten Mitteilung bedarf.[2] Die Verpflichtung endet mit dem Ablauf des Wj., das auf das Wj. folgt, in dem die Finanzbehörde feststellt, dass die Voraussetzungen nach § 141 Abs. 1 AO nicht mehr vorliegen.

---

[1] *Weber-Grellet* in Schmidt, § 5 EStG Rz. 13.
[2] BFH v. 17. 10. 1985 - IV R 187/83, BStBl 1986 II 39.

b) Gewerbetreibende

Gewerbetreibender ist, wer gewerbliche Einkünfte nach § 15 EStG erzielt. Gewerbetreibende können hierbei sowohl natürliche Personen, als auch PersGes und KapGes sein. Keine Gewerbetreibenden sind somit Selbständige gem. § 18 EStG, Land- und Forstwirte gem. § 13 EStG und Stpfl. mit Einkünften aus anderen Einkunftsarten. 28

(Einstweilen frei) 29–34

2. Rechtsfolge: Maßgeblichkeit des handelsrechtlichen Jahresabschlusses

a) Überblick

Nach § 5 Abs. 1 Satz 1 EStG ist bei Gewerbetreibenden, die aufgrund gesetzlicher Vorschriften verpflichtet sind, Bücher zu führen und regelmäßig Abschlüsse zu machen oder die ohne eine solche Verpflichtung Bücher führen und regelmäßig Abschlüsse machen, für den Schluss des Wj. das Betriebsvermögen anzusetzen, das nach den handelsrechtlichen Grundsätzen ordnungsgemäßer Buchführung (GoB) auszuweisen ist, es sei denn, im Rahmen der Ausübung eines steuerlichen Wahlrechts wird oder wurde ein anderer Ansatz gewählt. Hierbei handelt es sich um den Grundsatz der Maßgeblichkeit der Handelsbilanz für die Steuerbilanz, welcher auch nach dem BilMoG mit gewissen Einschränkungen gilt.[1] Folglich sind die handelsrechtlichen Ansätze maßgeblich, sofern für den Ansatz oder die Bewertung eines Bilanzpostens keine eigenständigen steuerlichen Vorschriften existieren. Eine Durchbrechung des Maßgeblichkeitsgrundsatzes liegt vor, wenn das Steuerrecht eigene Regelungen enthält.[2] Voraussetzung für die Ausübung **steuerlicher Wahlrechte** ist nach § 5 Abs. 1 Satz 2 und 3 EStG, dass die WG, die nicht mit dem handelsrechtlich maßgeblichen Wert in der steuerlichen Gewinnermittlung ausgewiesen werden, in besondere laufend zu führende Verzeichnisse aufgenommen werden. In den Verzeichnissen sind hierbei der Tag der Anschaffung oder Herstellung, die Anschaffungs- oder Herstellungskosten, die Vorschrift des ausgeübten steuerlichen Wahlrechts und die vorgenommenen Abschreibungen nachzuweisen. 35

b) Reichweite des Maßgeblichkeitsgrundsatzes

Materielle Maßgeblichkeit: Die materielle Maßgeblichkeit besagt, dass die handelsrechtlichen Grundsätze ordnungsgemäßer Buchführung (GoB) maßgeblich für die Steuerbilanz sind. Die Maßgeblichkeit erstreckt sich zum einen auf den Ansatz dem Grunde nach und zum anderen auf den Ansatz der Höhe nach. Strittig ist hierbei, auf welche Bereiche sich die materielle Maßgeblichkeit erstreckt. Nach der h. M. umfasst diese sowohl den Bilanzansatz, als auch die Bewertung.[3] 36

Anwendung der handelsrechtlichen GoB: Nach dem Gesetzeswortlaut sind für die Steuerbilanz die handelsrechtlichen GoB maßgeblich. Hierbei handelt es sich um einen unbestimmten Rechtsbegriff. Nach höchstrichterlicher Rechtsprechung sind die GoB Rechtsnormen.[4] Sie werden vom Gläubigerschutz sowie vom Vorsichts- und Objektivierungsprinzip geleitet.[5] Durch das BiRiLiG v. 19. 12. 1985 wurden die GoB weitgehend kodifiziert (§§ 238 bis 263 HGB). 37

---

1 *Hoffmann*, StuB 2015, 649.
2 *Weber* in Beck'sches Steuer- und Bilanzrechtslexikon, Stichwort „Steuerbilanz", Rz. 9.
3 HHR/*Stobbe*, § 5 EStG Rz. 256; *Schiffers* in Korn, § 5 EStG Rz. 78 ff.
4 Vgl. hierzu *Beisse*, StuW 1984, 1 (6).
5 *Korn*, § 5 EStG Rz. 96.

Daneben werden auch die Gliederungsvorschriften für KapGes (§§ 265, 266, 275 und 277 HGB) sowie die speziellen Bewertungsregeln (§§ 279, 280, 282, 283 HGB) als GoB angesehen.[1]

38 Im Rahmen des Bilanzansatzes ist jedoch zunächst die Frage zu klären, ob das WG in der Steuerbilanz bilanzierungsfähig ist. Dies ist nach h. M. nach den handelsrechtlichen GoB zu beurteilen.[2] Infolgedessen sind **handelsrechtliche Aktivierungs- und Passivierungsgebote** auch in der Steuerbilanz zu beachten. Bestehen **handelsrechtliche Aktivierungs- und Passivierungsverbote**, dürfen diese Posten auch in der Steuerbilanz nicht angesetzt werden. **Handelsrechtliche Aktivierungswahlrechte** führen zu steuerlichen Aktivierungsgeboten, wohingegen **handelsrechtliche Passivierungswahlrechte** zu steuerrechtlichen Passivierungsverboten führen. Durch Einführung des BilMoG wurden jedoch etliche handelsrechtliche Wahlrechte abgeschafft.[3]

39 Keine Anwendung findet der Maßgeblichkeitsgrundsatz für **handelsrechtliche Aktivierungshilfen** (z. B. aktivische latente Steuern), da es sich hierbei weder um WG noch um RAP handelt.

40 Unterschiede zwischen der Steuer- und Handelsbilanz ergeben sich auch bei PersGes bezüglich des Sonderbetriebsvermögens, da dieses mangels Zugehörigkeit zum Gesamthandsvermögen in der Handelsbilanz nicht auszuweisen ist. In der Praxis ist es jedoch üblich, dass eine Gesamthandsbilanz und daneben eine Steuerbilanz erstellt werden (additive Gesamtbilanz) und keine Gesamtsteuerbilanz.

41 Ferner sind im Rahmen des Maßgeblichkeitsgrundsatzes die Ansatzvorbehalte des § 5 Abs. 2 bis 5 EStG zu beachten.

42 **Bewertung:** Zu beachten ist, dass der Maßgeblichkeitsgrundsatz nicht nur hinsichtlich der Bilanzierung dem Grunde nach, sondern auch bezüglich der Bilanzierung der Höhe nach von Bedeutung ist.[4] Hierbei sind jedoch die vorrangigen steuerlichen Bewertungsvorschriften zu beachten (z. B. § 6 EStG).

43 **Formelle Maßgeblichkeit:** Unter der formellen Maßgeblichkeit versteht man die Bindung der Steuerbilanz an die Handelsbilanz.[5] Nach der formellen Maßgeblichkeit darf ein sowohl handelsrechtlich als auch steuerrechtlich bestehendes Wahlrecht in der Steuerbilanz nicht anders ausgeübt werden als in der Handelsbilanz.[6] Die formelle Maßgeblichkeit wurde durch das BilMoG aufgehoben.[7]

44 **Umgekehrte Maßgeblichkeit:** Hierunter versteht man die Maßgeblichkeit der Steuerbilanz für die Handelsbilanz bei der Ausübung steuerlicher Wahlrechte. Auch dieser Grundsatz gilt seit dem VZ 2009 nicht mehr.[8]

45–49 *(Einstweilen frei)*

---

1 Vgl. hierzu auch *Korn*, § 5 EStG Rz. 98.
2 BFH v. 26. 2. 1975 - I R 72/73, BStBl 1976 II 13.
3 Beispiele hierzu in *Korn*, § 5 EStG Rz. 103.
4 A. A. BFH v. 12. 6. 1978 - GrS 1/77, BStBl 1978 II 620; *Sauer*, DB 1987, 2369; *Weilbach*, BB 1986, 1677, 1679; *Wittig*, DStR 1986, 526, 528.
5 *Schiffers* in Korn, § 5 EStG Rz. 78; HHR/*Stobbe*, § 5 EStG Rz. 270.
6 *Krumm* in Blümich, § 5 EStG Rz. 181.
7 Zur Weitergeltung der formellen Maßgeblichkeit nach Auffassung der Finanzverwaltung siehe HHR/ *Stobbe*, § 5 EStG Rz. 270.
8 Siehe hierzu auch *Schiffers* in Korn, § 5 EStG Rz. 78.

c) Handelsrechtliche Grundsätze ordnungsgemäßer Buchführung (GoB)

50 Bei den handelsrechtlichen GoB handelt es sich um Regeln fachgerechter kaufmännischer Rechnungslegung für sämtliche Kaufleute. Sie haben Rechtsnormcharakter, der auch auf das Steuerbilanzrecht einwirkt.[1]

51 **Vorsichtsprinzip:** Gemäß § 252 Abs. 1 Nr. 4 HGB ist bei der Bewertung der im Jahresabschluss ausgewiesenen Vermögensgegenstände und Schulden vorsichtig zu bewerten. Das Vorsichtsprinzip besagt, dass Aktiva eher niedriger und Passiva eher höher zu bewerten sind.[2] Das Vorsichtsprinzip wird durch das Imparitätsprinzip, das Realisationsprinzip und die Regeln über schwebende Geschäfte konkretisiert.[3]

52 **Imparitätsprinzip:** Das Imparitätsprinzip findet sich in § 252 Abs. 1 Nr. 4 1. Halbsatz HGB wieder. Danach sind alle vorhersehbaren Risiken und Verluste, die bis zum Abschlussstichtag entstanden sind, zu berücksichtigen, selbst wenn diese erst zwischen dem Abschlussstichtag und dem Tag der Aufstellung des Jahresabschlusses bekanntgeworden sind (Grundsatz der Wertaufhellung).

53 Aus dem Imparitätsprinzip kann das **Niederstwertprinzip** (§ 253 Abs. 2 Satz 3 HGB und § 253 Abs. 3 Satz 1 und 2 HGB) abgeleitet werden. Fraglich ist, ob das Imparitätsprinzip auch im Steuerbilanzrecht Anwendung findet, insbesondere aufgrund der Neuregelung der Maßgeblichkeit. Der BFH[4] befürwortet die Anwendung, wohingegen im Schrifttum ein Verstoß gegen das Prinzip der Leistungsfähigkeit gesehen wird.[5]

54 **Realisationsprinzip:** Eine Ausprägung des Vorsichtsprinzips stellt ferner das Realisationsprinzip dar. Nach § 252 Abs. 1 Nr. 4 2. Halbsatz HGB sind Gewinne nur zu berücksichtigen, wenn sie am Abschlussstichtag realisiert sind. Bei Umsatzgeschäften gilt der Gewinn als realisiert, wenn die Leistung erbracht und der Anspruch auf die Gegenleistung entstanden ist. Gleichzeitig verlangt das Realisationsprinzip die Passivierung realisierten Aufwandes.[6]

55 **Nichtbilanzierung schwebender Geschäfte:** Unter einem schwebenden Geschäft versteht man einen schuldrechtlichen Vertrag, der noch von keinem der Vertragspartner bis zum Abschlussstichtag erfüllt wurde.[7] Ausreichend ist es jedoch auch, wenn der Stpfl. ein Angebot abgegeben hat und die Annahme nur eine Frage der Zeit ist.[8] Aufgrund des Vorsichtsprinzips dürfen schwebende Geschäfte nicht bilanziert werden, da noch keine Gewinnrealisierung eingetreten ist.[9]

56 **Nominalwertprinzip:** Nach § 244 HGB ist der Jahresabschluss in Euro aufzustellen.

57 **Aufstellungsgrundsätze:** Der Jahresabschluss ist gem. § 243 Abs. 3 HGB innerhalb der einem ordnungsmäßigen Geschäftsgang entsprechenden Zeit aufzustellen und muss sowohl klar als auch übersichtlich sein (§ 243 Abs. 2 HGB). Der Jahresabschluss sollte grundsätzlich spätestens

---

1 Siehe zu Rechtscharakter und Herkunft *Prinz/Kanzler*, NWB Praxishandbuch Bilanzsteuerrecht, Rz. 390.
2 HHR/*Richter/Sailer Khuepach*, § 5 EStG Rz. 374 ff.
3 *Krumm* in Blümich, § 5 EStG Rz. 240 ff.
4 BFH v. 27. 6. 2001 - I R 45/97, BStBl 2003 II 121; BFH v. 17. 2. 1998 - VIII R 28/95, BStBl 1998 II 507.
5 Siehe hierzu auch HHR/*Richter/Sailer Khuepach*, § 5 EStG Rz. 384 ff.
6 BFH v. 25. 8. 1989 - III R 95/87, BStBl 1989 II 893; BFH v. 12. 12. 1990 - I R 153/86, BStBl 1991 II 479; siehe auch *Schiffers* in Korn, § 5 EStG Rz. 128.
7 BFH v. 13. 11. 1991 - I R 78/89, BStBl 1992 II 177.
8 BFH v. 16. 11. 1982 - VIII R 95/81, BStBl 1983 II 361.
9 Sehr ausführlich hierzu *Krumm* in Blümich, § 5 EStG Rz. 243 ff.

zwölf Monate nach Ablauf des Geschäftsjahres aufgestellt werden.[1] Kapitalgesellschaften sollen hingegen innerhalb von sechs Monaten den Jahresabschluss erstellen (§ 264 Abs. 1 HGB).

58 **Stichtagsprinzip, Wertaufhellung:** Das Stichtagsprinzip ist in § 252 Abs. 1 Nr. 3 HGB normiert. Danach sind Vermögensgegenstände und Schulden zum Abschlussstichtag einzeln zu bewerten. Hierbei ist das Wertaufhellungsprinzip zu beachten, welches in § 252 Abs. 1 Nr. 4 1. Halbsatz HGB geregelt ist. Danach ist vorsichtig zu bewerten. Es sind alle vorhersehbaren Risiken und Verluste, die bis zum Abschlussstichtag entstanden sind, zu berücksichtigen, selbst wenn diese erst zwischen dem Abschlussstichtag und dem Tag der Aufstellung des Jahresabschlusses bekanntgeworden sind. Hierbei ist auf die Erkenntnisse des Kaufmanns bei fristgerechter Bilanzaufstellung abzustellen.[2]

59 **Vollständigkeitsgebot:** Nach § 246 Abs. 1 HGB muss der Jahresabschluss vollständig sein, er muss mithin sämtliche Vermögensgegenstände, Schulden, RAP sowie Aufwendungen und Erträge enthalten.

60 **Saldierungsverbot:** Das Saldierungsverbot ergibt sich aus § 246 Abs. 2 HGB und § 5 Abs. 1a Satz 1 EStG. Danach dürfen grundsätzlich Posten der Aktivseite nicht mit Posten der Passivseite, Aufwendungen nicht mit Erträgen und Grundstücksrechte nicht mit Grundstückslasten verrechnet werden.

61 **Prinzipien des Bilanzzusammenhangs und der Stetigkeit:** Die Wertansätze in der Eröffnungsbilanz des Geschäftsjahres müssen mit denen der Schlussbilanz des vorhergehenden Geschäftsjahres übereinstimmen (§ 252 Abs. 1 Nr. 1 HGB, Grundsatz des Bilanzzusammenhangs). Ferner sind nach § 252 Abs. 1 Nr. 6 HGB die auf den vorhergehenden Jahresabschluss angewandten Bewertungsmethoden beizubehalten (Grundsatz der Stetigkeit).

62 **Grundsatz der Wesentlichkeit:** Hierbei handelt es sich um einen nicht kodifizierten handelsrechtlichen GoB. Danach sollen nur wesentliche Tatsachen berücksichtigt werden. Dieser Grundsatz steht in einem Spannungsverhältnis zum Vollständigkeitsgrundsatz.[3]

63–68 *(Einstweilen frei)*

3. Wahlrechtsvorbehalte

a) Ausübung steuerlicher Wahlrechte (§ 5 Abs. 1 Satz 1 2. Halbsatz EStG)

69 Nach § 5 Abs. 1 Satz 1 EStG ist bei Gewerbetreibenden, die aufgrund gesetzlicher Vorschriften verpflichtet sind, Bücher zu führen und regelmäßig Abschlüsse zu machen oder die ohne eine solche Verpflichtung Bücher führen und regelmäßig Abschlüsse machen, für den Schluss des Wj. das Betriebsvermögen anzusetzen, das nach den handelsrechtlichen GoB auszuweisen ist, es sei denn, im Rahmen der Ausübung eines steuerlichen Wahlrechts wird oder wurde ein anderer Ansatz gewählt. Der steuerliche Wahlrechtsvorbehalt umfasst sowohl GoB-inkonforme (originär steuerliche Wahlrechte) als auch GoB-konforme Wahlrechte (mit dem Handelsrecht übereinstimmende steuerliche Wahlrechte).[4]

---

[1] BFH v. 6. 12. 1983 - VIII R 110/79, BStBl 1984 II 227.
[2] BFH v. 5. 6. 2007 - I R 47/06, BStBl 2007 II 818.
[3] *Prinz/Kanzler*, NWB Praxishandbuch Bilanzsteuerrecht, Rz. 406.
[4] Dies entspricht auch der Auffassung der Finanzverwaltung (BMF v. 12. 3. 2010, BStBl 2010 I 239), ist jedoch strittig. Siehe hierzu u. a. *Schiffers* in Korn, § 5 EStG Rz. 150.3 ff; *Prinz/Kanzler*, NWB Praxishandbuch Bilanzsteuerrecht, Rz. 360 ff.

Beispiele für GoB-inkonforme Wahlrechte:

In § 6b EStG ist die Übertragung stiller Reserven bei der Veräußerung bestimmter Anlagegüter geregelt. Eine solche Minderung der AK oder HK oder die Bildung einer entsprechenden Rücklage in der Handelsbilanz ist nach den Vorschriften des HGB nicht zulässig.[1]

Nach § 253 Abs. 3 Satz 3, § 253 Abs. 4 HGB sind Vermögensgegenstände des Anlage- und Umlaufvermögens bei voraussichtlich dauernder Wertminderung außerplanmäßig abzuschreiben (**Teilwertabschreibung**). Die außerplanmäßige Abschreibung in der Handelsbilanz ist nicht zwingend in der Steuerbilanz vorzunehmen. Nach § 6 Abs. 1 Nr. 1 Satz 2 und Nr. 2 Satz 2 EStG kann bei einer voraussichtlich dauernden Wertminderung der Teilwert angesetzt werden, muss aber nicht.[2]

Gleiches gilt für **steuerliche Sonderabschreibungen** nach beispielsweise §§ 7c, 7d, 7g, 7h, 7i, 7k EStG.[3]

Beispiele für GoB-konforme Wahlrechte:

Verbrauchsfolgeverfahren: Nach § 256 HGB kann für den Wertansatz gleichartiger Vermögensgegenstände des Vorratsvermögens unterstellt werden, dass die zuerst oder dass die zuletzt angeschafften oder hergestellten Vermögensgegenstände zuerst verbraucht oder veräußert worden sind (Fifo und Lifo). Steuerrechtlich gilt dieses Wahlrecht nach § 6 Abs. 1 Nr. 2a EStG nur für das Lifo-Verfahren. Für die Anwendung des Verbrauchsfolgeverfahrens in der Steuerbilanz ist es nicht erforderlich, dass der Stpfl. die WG auch in der Handelsbilanz unter Anwendung des Verbrauchsfolgeverfahrens bewertet hat.[4]

Lineare und degressive AfA: Bei Vermögensgegenständen des Anlagevermögens, deren Nutzung zeitlich begrenzt ist, sind die Anschaffungs- oder Herstellungskosten um planmäßige Abschreibungen zu vermindern (§ 253 Abs. 3 Satz 1 HGB). Folglich ist handelsrechtlich eine lineare oder degressive Abschreibung und eine Leistungsabschreibung sowie eine progressive Abschreibung möglich. Nach § 7 Abs. 2 EStG kann der Stpfl. bei beweglichen WG des Anlagevermögens bei Vorliegen der dortigen Voraussetzungen eine lineare bzw. degressive AfA vornehmen. Dies setzt jedoch nicht voraus, dass der Stpfl. auch in der Handelsbilanz eine degressive Abschreibung vornimmt.[5]

Herstellungskosten: Nach Wegfall der umgekehrten Maßgeblichkeit können Wahlrechte bei der Ermittlung der Herstellungskosten steuerlich unabhängig vom handelsrechtlichen Ansatz ermittelt werden.[6]

(Einstweilen frei)

b) Aufzeichnungspflichten bei der Ausübung steuerlicher Wahlrechte (§ 5 Abs. 1 Satz 2 und 3 EStG)

Voraussetzung für die Ausübung steuerlicher Wahlrechte ist, dass die WG, die nicht mit dem handelsrechtlich maßgeblichen Wert in der steuerlichen Gewinnermittlung ausgewiesen wer-

---

1 BMF v. 12. 3. 2010, BStBl 2010 I 239, Tz. 14.
2 BMF v. 12. 3. 2010, BStBl 2010 I 239, Tz. 15.
3 *Schiffers* in Korn, § 5 EStG Rz. 150.6; *Prinz/Kanzler*, NWB Praxishandbuch Bilanzsteuerrecht, Rz. 361.
4 BMF v. 12. 3. 2010, BStBl 2010 I 239, Tz. 17.
5 BMF v. 12. 3. 2010, BStBl 2010 I 239, Tz. 18.
6 *Schiffers* in Korn, § 5 EStG Rz. 150.7.

den, in besondere, laufend zu führende Verzeichnisse aufgenommen werden (§ 5 Abs. 1 Satz 2 EStG). Nach § 5 Abs. 1 Satz 3 EStG sind in den Verzeichnissen der Tag der Anschaffung oder Herstellung, die Anschaffungs- oder Herstellungskosten, die Vorschrift des ausgeübten steuerlichen Wahlrechts und die vorgenommenen Abschreibungen nachzuweisen. Eine gesonderte Aufzeichnung ist jedoch bei der Ausübung steuerlicher Wahlrechte für Wirtschaftsgüter des Sonderbetriebsvermögens nicht erforderlich. Dasselbe gilt für Umwandlungsvorgänge des Umwandlungssteuerrechts.[1]

81 Es wird keine besondere Form des Verzeichnisses vorgeschrieben. Ausreichend ist die Dokumentation, wenn die Angaben bereits im Anlagenverzeichnis oder in einem Verzeichnis für geringwertige Wirtschaftsgüter (GWG) aufgeführt sind bzw. das Anlagenverzeichnis um diese Angaben ergänzt wird.

82 Vom zeitlichen Aspekt ist es ausreichend, wenn das Verzeichnis erst nach Ablauf des Wj. im Rahmen der Erstellung der Steuererklärung aufgestellt wird.[2]

83 Um das steuerliche Wahlrecht wirksam ausüben zu können, muss das Verzeichnis laufend geführt werden. Andernfalls ist der Gewinn bezüglich des betreffenden WG durch die Finanzbehörden so zu ermitteln, als hätte der Stpfl. von seinem steuerlichen Wahlrecht keinen Gebrauch gemacht. Dieses Wahlrecht kann auch im Rahmen der Bilanzänderung erstmals ausgeübt werden.[3]

84 Bei Bildung von steuerlichen Rücklagen ist es ausreichend, wenn diese in der Steuerbilanz abgebildet werden. Wird diese Rücklage jedoch später auf die Anschaffungs- oder Herstellungskosten eines WG übertragen, ist dieses WG mit den erforderlichen Angaben in das besondere, laufend zu führende Verzeichnis aufzunehmen.[4]

85 Bei Zuschüssen für Anlagegüter kann der Stpfl. diese erfolgsneutral behandeln, indem er die Anschaffungs- oder Herstellungskosten für das WG um die erhaltenen Zuschüsse mindert. In diesem Fall ist eine gesonderte Aufzeichnung nach § 5 Abs. 1 Satz 2 EStG erforderlich. Eine solche Aufzeichnungspflicht besteht mithin nicht, wenn die Zuschüsse erfolgswirksam als Betriebseinnahmen angesetzt werden.[5]

86–89 *(Einstweilen frei)*

4. Aktivierung und Passivierung

a) Allgemeines

90 **Aktivierung und Passivierung:** Unter diesen Begrifflichkeiten versteht man den Ansatz eines Postens auf der Aktiv- oder Passivseite der Bilanz. Die Aktivierung und Passivierung betreffen hierbei den Ansatz dem Grunde nach. Die Bewertung des Postens erfolgt in einem zweiten Schritt.

---

1 BMF v. 12. 3. 2010, BStBl 2010 I 239, Tz. 19.
2 BMF v. 12. 3. 2010, BStBl 2010 I 239, Tz. 20.
3 BMF v. 12. 3. 2010, BStBl 2010 I 239, Tz. 21.
4 BMF v. 12. 3. 2010, BStBl 2010 I 239, Tz. 22.
5 BMF v. 12. 3. 2010, BStBl 2010 I 239, Tz. 23.

b) Aktivierung

Im Rahmen der Aktivierung stellt sich zunächst die Frage der **Aktivierungsfähigkeit**. Steuerlich aktivierungsfähig sind WG, aktive RAP und geleistete Anzahlungen. Darüber hinaus muss das WG dem Betriebsvermögen zuzuordnen sein **(Zugehörigkeit zum Betriebsvermögen)**. Hierbei ist eine Abgrenzung zum Privatvermögen vorzunehmen. Ferner muss geprüft werden, ob das WG aktiviert werden kann oder ob der Aktivierung ein **Aktivierungsverbot** entgegensteht. Aufgrund der Maßgeblichkeit der Handelsbilanz für die Steuerbilanz führen handelsrechtliche **Aktivierungsgebote** und **Aktivierungswahlrechte** steuerlich zur **Aktivierungspflicht**. Eine Ausnahme hiervon liegt vor, wenn die Aktivierung in der Steuerbilanz aufgrund einer steuerlichen Regelung ausgeschlossen ist. Steuerliche Wahlrechte können unabhängig vom handelsrechtlichen Wertansatz ausgeübt werden.[1]

91

Handelsrechtlich sind nach § 246 Abs. 1 Satz 1 HGB sämtliche Vermögensgegenstände und aktive RAP zu aktivieren. Dies gilt nach § 5 Abs. 1 Satz 1 1. Halbsatz EStG auch für die Steuerbilanz. Im Steuerrecht wird statt des Begriffs „Vermögensgegenstand", der Begriff des „Wirtschaftsguts" verwendet, wobei diese jedoch deckungsgleich sind.

92

Eine Gliederung der Aktivseite der Bilanz ergibt sich aus § 266 Abs. 2 HGB:

93

- Anlagevermögen,
- Umlaufvermögen,
- Rechnungsabgrenzungsposten,
- Aktive latente Steuern,
- Aktiver Unterschiedsbetrag aus der Vermögensverrechnung.

Anlagevermögen: Eine Legaldefinition des Anlagevermögens findet sich in § 247 Abs. 2 HGB. Danach stellen Vermögensgegenstände, die dazu bestimmt sind, dauernd dem Geschäftsbetrieb zu dienen, Anlagevermögen dar. Die Gliederung des Anlagevermögens ist aus § 266 Abs. 2 A. HGB ersichtlich.

94

Immaterielle WG: Zum Anlagevermögen gehören insbesondere immaterielle Vermögensgegenstände. Nach § 266 Abs. 2 A. Nr. 1 HGB sind immaterielle Vermögensgegenstände:

95

- selbstgeschaffene gewerbliche Schutzrechte und ähnliche Rechte und Werte,
- entgeltlich erworbene Konzessionen, gewerbliche Schutzrechte und ähnliche Rechte und Werte sowie Lizenzen an solchen Rechten und Werten,
- Geschäfts- oder Firmenwert[2] und
- geleistete Anzahlungen.

Nach § 248 Abs. 2 HGB dürfen **selbstgeschaffene immaterielle Vermögensgegenstände des Anlagevermögens** als Aktivposten in die Bilanz aufgenommen werden. Es handelt sich mithin um ein **Aktivierungswahlrecht**. Nicht aufgenommen werden dürfen jedoch selbstgeschaffene Marken, Drucktitel, Verlagsrechte, Kundenlisten oder vergleichbare immaterielle Vermögensgegenstände des Anlagevermögens. Die Bewertung richtet sich nach § 255 Abs. 2a HGB. Danach sind als Herstellungskosten die bei der Entwicklung des selbst geschaffenen immateriellen Vermögensgegenstandes angefallenen Aufwendungen, die nach § 255 Abs. 2 HGB zu ermitteln sind, anzusetzen. Steuerrechtlich dürfen diese nach § 5 Abs. 2 HGB nicht aktiviert wer-

96

---

[1] Siehe hierzu ausführlich *Maier* in Beck'sches Steuer- und Bilanzrechtslexikon, Stichwort „Aktivierung".
[2] *Eggert*, BBK 2015, 809.

den, es besteht ein **Aktivierungsverbot**. Danach ist für immaterielle WG des Anlagevermögens ein Aktivposten nur anzusetzen, wenn diese entgeltlich erworben wurden.[1] Bei **selbstgeschaffenen immateriellen Vermögensgegenständen des Umlaufvermögens** besteht ein **Aktivierungsgebot**.

97 **Sachanlagen:** Nach § 266 Abs. 2 A. Nr. 2 HGB sind Sachanlagen

- Grundstücke, grundstücksgleiche Rechte und Bauten auf fremden Grundstücken,
- technische Anlagen und Maschinen,
- andere Anlagen, Betriebs- und Geschäftsausstattung, sowie
- geleistete Anzahlungen und Anlagen im Bau.

98 **Grundstücke:** Ertragsteuerlich stellen der Grund und Boden sowie das Gebäude selbständige WG dar. Wird das Grundstück unterschiedlich genutzt, kann es in mehrere WG aufgeteilt werden (R 4.2 Abs. 4 EStR):

- eigenbetrieblich genutzter Gebäudeteil/Grund und Boden,
- fremdbetrieblich genutzter Gebäudeteil/Grund und Boden,
- zu fremden Wohnzwecken genutzter Gebäudeteil/Grund und Boden,
- zu eigenen Wohnzwecken genutzter Gebäudeteil/Grund und Boden.

Dies hat zur Folge, dass für jedes WG die Anschaffungs- oder Herstellungskosten separat zu ermitteln sind.

99 Zum notwendigen Betriebsvermögen zählen **eigenbetrieblich genutzte** Gebäudeteile (R 4.2 Abs. 7 EStR). In diesen Fällen stellt auch der anteilige Grund und Boden notwendiges Betriebsvermögen dar.

100 Wird das Gebäude an fremde Betriebe zu deren betrieblicher Nutzung vermietet **(fremdbetrieblich genutzt)**, kann es gewillkürtes Betriebsvermögen darstellen (R 4.2 Abs. 9 EStR).

101 Zu **fremden Wohnzwecken** vermietete Gebäude können als gewillkürtes Vermögen ausgewiesen werden (R 4.2 Abs. 9 EStR).

102 Zu **eigenen Wohnzwecken** genutzte Gebäude stellen hingegen zwingend Privatvermögen dar (R 4.2 Abs. 9 Satz 1, R 4.2 Abs. 10 Satz 2 EStR).

103 **Grundstücksgleiche Rechte:** Grundstücksgleiche Rechte sind solche, auf die nach dem BGB die Vorschriften über Grundstücke anzuwenden sind, wie beispielsweise ein Erbbaurecht oder Nießbrauch.

104 **Bauten auf fremden Grundstücken:** Auch wenn das Gebäude auf einem fremden Grund und Boden errichtet wurde, ist es zu bilanzieren, wenn es Betriebsvermögen darstellt (R 7.1 Abs. 5 EStR).

---

1 Ausführliche Einzelfälle zu immateriellen WG in *Lippross*, Basiskommentar, § 5 EStG Rz. 66 ff.

Technische Anlagen und Maschinen: Hierbei handelt es sich um WG, die der Produktion dienen, wie bspw. Betriebsvorrichtungen,[1] Scheinbestandteile,[2] Ladeneinbauten[3] und Mietereinbauten.[4] 105

Andere Anlagen sowie Betriebs- und Geschäftsausstattung: Hierzu zählen insbesondere Einrichtungsgegenstände für Büro- und Werkräume. 106

Geleistete Anzahlungen: In der Bilanz werden Vorleistungen des Stpfl. aktiviert, wenn der Vertragspartner seine Leistungen aus dem gegenseitigen Vertrag noch nicht eingebracht hat. 107

Anlagen im Bau: Hierbei handelt es sich um Aufwendungen des Stpfl. für Gegenstände des Sachanlagevermögens, welche noch nicht fertig gestellt sind und somit auch noch nicht abgeschrieben werden können. 108

Finanzanlagen: Eine Auflistung der Finanzanlagen findet sich in § 266 Abs. 2 A. Nr. 3 HGB. Finanzanlagen sind somit: 109

- Anteile an verbundenen Unternehmen,
- Ausleihungen an verbundene Unternehmen,
- Beteiligungen,
- Ausleihungen an Unternehmen, mit denen ein Beteiligungsverhältnis besteht,
- Wertpapiere des Anlagevermögens,
- sonstige Ausleihungen.

Große und mittelgroße KapGes gem. § 267 Abs. 3 HGB müssen sich zwingend an diese Untergliederung halten. Bei kleinen KapGes, Einzelunternehmen und PersGes reicht es hingegen, wenn diese zwischen Anteilen an verbundenen Unternehmen, Beteiligungen, Wertpapieren des Anlagevermögens und sonstigen Finanzanlagen unterscheiden. 110

Anteile an verbundenen Unternehmen: Die Legaldefinition findet sich in § 271 Abs. 2 HGB. 111

Beteiligungen: Siehe → Rz. 142. 112

Wertpapiere des Anlagevermögens: Sollen die Wertpapiere dauerhaft dem Betrieb dienen, so sind diese als Anlagevermögen zu aktivieren. Hierbei kann in notwendiges oder gewillkürtes Betriebsvermögen differenziert werden.[5] 113

Umlaufvermögen: Beim Umlaufvermögen handelt es sich um Vermögensgegenstände, die dem Betrieb nur kurzfristig dienen sollen. Aus § 266 Abs. 2 B. HGB kann die Gliederung des Umlaufvermögens ersehen werden: 114

- Vorräte,
- Forderungen und sonstige Vermögensgegenstände,
- Wertpapiere,
- Kassenbestand, Bundesbankguthaben, Guthaben bei Kreditinstituten und Schecks.

---

1 Sehr ausführlich hierzu Beck'sches Steuer- und Bilanzrechtslexikon, Stichwort „Betriebsvorrichtung"; Beispiele hierzu in *Lippross*, Basiskommentar, § 5 EStG Rz. 99.
2 *Korn*, § 5 EStG Rz. 163; Beispiele hierzu in *Lippross*, Basiskommentar, § 5 EStG Rz. 100.
3 Beispiele hierzu in *Lippross*, Basiskommentar, § 5 EStG Rz. 101.
4 *Korn*, § 5 EStG Rz. 163; Beispiele hierzu in *Lippross*, Basiskommentar, § 5 EStG Rz. 102.
5 Beispiele hierzu in *Lippross*, Basiskommentar, § 4 EStG Rz. 39 ff.

115 **Vorräte:** Roh-, Hilfs- und Betriebsstoffe; unfertige Erzeugnisse, unfertige Leistungen; fertige Erzeugnisse und Waren; geleistete Anzahlungen.

116 **Forderungen und sonstige Vermögensgegenstände:** Forderungen aus Lieferungen und Leistungen, Forderungen gegen verbundene Unternehmen; Forderungen gegen Unternehmen, mit denen ein Beteiligungsverhältnis besteht; sonstige Vermögensgegenstände.

117 **Wertpapiere:** Anteile an verbundenen Unternehmen und sonstige Wertpapiere.

118 **Aktive RAP:** Bei dieser Bilanzposition handelt es sich um kein WG, sondern lediglich um eine Korrekturposition für die periodengerechte Gewinnermittlung. Nach § 250 Abs. 1 HGB sind als aktive RAP Ausgaben vor dem Abschlussstichtag auszuweisen, soweit sie Aufwand für eine bestimmte Zeit nach diesem Tag darstellen.

119–124 *(Einstweilen frei)*

c) Passivierung

125 **Allgemeines:** Aufgrund § 5 Abs. 1 Satz 1 1. Halbsatz EStG ist für die Steuerbilanz die Maßgeblichkeit der Handelsbilanz zu beachten. Aus einem **handelsrechtlichen Passivierungsgebot** folgt auch ein steuerrechtliches Passivierungsgebot, sofern keine steuerrechtlichen Vorschriften entgegenstehen. **Handelsrechtliche Passivierungswahlrechte und Passivierungsverbote** führen zu steuerlichen Passivierungsverboten.

126 Eine Gliederung der Passivseite der Bilanz ist § 266 Abs. 3 HGB zu entnehmen:

- Eigenkapital,
- Rückstellungen,
- Verbindlichkeiten,
- Rechnungsabgrenzungsposten,
- Passive latente Steuern.

127 **Eigenkapital:** Bei **Einzelunternehmen** stellt das Eigenkapital die Differenz zwischen Aktiva und Passiva dar.

128 Bei **PersGes** hat jeder Gesellschafter mindestens zwei Kapitalkonten, ein festes Kapitalkonto und ein variables Kapitalkonto. Aus dem festen Kapitalkonto sind die Beteiligungsverhältnisse der Gesellschafter ersichtlich. Auf dem variablen Kapitalkonto bilden sich die Einlagen, Entnahmen und Gewinnanteile ab.

129 Das Eigenkapital von **KapGes** gliedert sich gem. § 266 Abs. 3 A. HGB wie folgt:

- Gezeichnetes Kapital,
- Kapitalrücklage,
- Gewinnrücklage,
- Gewinnvortrag/Verlustvortrag,
- Jahresüberschuss/Jahresfehlbetrag.

Rückstellungen:[1] Rückstellungen sind das Resultat des Vorsichtsprinzips, welches in § 252 Abs. 1 Nr. 4 HGB normiert ist. Das **Passivierungsgebot** für nachfolgende Rückstellungen ergibt sich aus § 249 Abs. 1 HGB: 130

- Rückstellung für ungewisse Verbindlichkeiten,[2]
- Rückstellung für drohende Verluste aus schwebenden Geschäften,[3]
- Rückstellung für im Geschäftsjahr unterlassene Aufwendungen für Instandhaltung, die im folgenden Geschäftsjahr innerhalb von drei Monaten nachgeholt werden,[4]
- Rückstellung für Abraumbeseitigung, die im folgenden Geschäftsjahr nachgeholt werden,[5]
- Rückstellung für Gewährleistung, die ohne rechtliche Verpflichtung erbracht werden (Kulanzrückstellung).[6]

Aufgrund des Maßgeblichkeitsgrundsatzes gelten die handelsrechtlichen Passivierungsgebote auch für das Steuerrecht, soweit im Steuerrecht keine abweichende Regelung besteht.   131

Nach § 249 Abs. 2 Satz 1 HGB dürfen für andere als in § 249 Abs. 1 HGB bezeichnete Zwecke keine Rückstellungen gebildet werden **(Passivierungsverbot)**.   132

Nach § 5 EStG sind **steuerrechtliche Besonderheiten** im Rahmen der Bildung von Rückstellungen zu beachten: 133

- Rückstellungen sind für Verpflichtungen, die nur zu erfüllen sind, soweit künftige Einnahmen oder Gewinne anfallen, erst zu bilden, wenn die Einnahmen oder Gewinne angefallen sind (§ 5 Abs. 2a EStG).
- Rückstellungen wegen Verletzung fremder Patent-, Urheber- oder ähnlicher Schutzrechte dürfen erst gebildet werden, wenn der Rechtsinhaber Ansprüche wegen der Rechtsverletzung geltend gemacht hat oder mit einer Inanspruchnahme wegen der Rechtsverletzung ernsthaft zu rechnen ist (§ 5 Abs. 3 EStG).
- Rückstellungen für die Verpflichtung zu einer Zuwendung anlässlich eines Dienstjubiläums dürfen nur gebildet werden, wenn das Dienstverhältnis mindestens zehn Jahre bestanden hat, das Dienstjubiläum das Bestehen eines Dienstverhältnisses von 15 Jahren voraussetzt, die Zusage schriftlich erteilt ist und der Zuwendungsberechtigte seine Anwartschaft nach dem 31. 12. 1992 erwirbt (§ 5 Abs. 4 EStG).
- Rückstellungen für drohende Verluste aus schwebenden Geschäften dürfen nicht gebildet werden (§ 5 Abs. 4a EStG).
- Rückstellungen für Aufwendungen, die in künftigen Wj. als Anschaffungs- oder Herstellungskosten eines WG zu aktivieren sind, dürfen nicht gebildet werden. Rückstellungen für die Verpflichtung zur schadlosen Verwertung radioaktiver Reststoffe sowie ausgebauter oder abgebauter radioaktiver Anlagenteile dürfen nicht gebildet werden, soweit Aufwendungen im Zusammenhang mit der Bearbeitung oder Verarbeitung von Kernbrenn-

---

1 Einzelfälle Rückstellungen: *Happe*, BBK 2013, 64; *Happe*, BBK 2013, 261; *Broemel*, BBK 2014, 699; *Broemel*, BBK 2015, 157.
2 HHR/*Tiedchen*, § 5 EStG Rz. 679 ff; Beispiele hierzu in *Lippross*, Basiskommentar, § 5 EStG Rz. 171 bis 174.
3 HHR/*Tiedchen*, § 5 EStG Rz. 710; Beispiele hierzu in *Lippross*, Basiskommentar, § 5 EStG Rz. 178 bis 186.
4 Beispiele hierzu in *Lippross*, Basiskommentar, § 5 EStG Rz. 190 bis 195.
5 Beispiele hierzu in *Lippross*, Basiskommentar, § 5 EStG Rz. 198 f.
6 Beispiele hierzu in *Lippross*, Basiskommentar, § 5 EStG Rz. 202 f.

stoffen stehen, die aus der Aufarbeitung bestrahlter Kernbrennstoffe gewonnen worden sind und keine radioaktiven Abfälle darstellen (§ 5 Abs. 4b EStG).

► Pensionsrückstellungen (§ 6a EStG).

134 **Verbindlichkeiten:** Die zu passivierenden Verbindlichkeiten ergeben sich aus § 266 Abs. 3 C. HGB:

► Anleihen,
► Verbindlichkeiten gegenüber Kreditinstituten,
► Erhaltene Anzahlungen auf Bestellungen,
► Verbindlichkeiten aus Lieferungen und Leistungen,
► Verbindlichkeiten aus der Annahme gezogener Wechsel und der Ausstellung eigener Wechsel,
► Verbindlichkeiten gegenüber verbundenen Unternehmen,
► Verbindlichkeiten gegenüber Unternehmen, mit denen ein Beteiligungsverhältnis besteht,
► sonstige Verbindlichkeiten.

135 Die Verbindlichkeit ist am Bilanzstichtag zu passivieren, wenn sie dem Grunde und der Höhe nach besteht. Es dürfen jedoch keine Verbindlichkeiten aus **schwebenden Geschäften** bilanziert werden.

136 **Passive RAP:** Gemäß § 250 Abs. 2 HGB sind auf der Passivseite als RAP Einnahmen vor dem Abschlussstichtag auszuweisen, soweit sie Ertrag für eine bestimmte Zeit nach diesem Tag darstellen. Aufgrund des Maßgeblichkeitsgrundsatzes ist das handelsrechtliche Passivierungsgebot auch steuerrechtlich zu übernehmen.

137–140 *(Einstweilen frei)*

d) ABC der Aktivierung und Passivierung

141 ► **Arbeitsverhältnisse**

Grundsätzlich stellen Leistungen des Arbeitgebers an den Arbeitnehmer, die im Zusammenhang mit dessen Einstellung gewährt werden, Betriebsausgaben dar. Etwas anderes kann bei Transferentschädigungen für einen Fußballspieler gelten, die an den abgebenden Club gezahlt werden. Diese sind ausnahmsweise als Anschaffungskosten des immateriellen WG „Spielererlaubnis" zu aktivieren.[1]

Aktivierung von Vorleistungen des Arbeitgebers: In den Fällen, in denen lediglich der Arbeitgeber seine Leistungen aus dem Arbeitsverhältnis erfüllt hat, indem er in Vorleistung getreten ist, kann er diese als RAP abbilden oder als Forderung aktivieren.[2]

Passivierung von Erfüllungsrückständen: Im umgekehrten Fall – der Arbeitnehmer ist in Vorleistung getreten und hat vom Arbeitgeber keine entsprechende Vergütung erhalten – ist dieser Vergütungsrückstand des Arbeitgebers als Rückstellung zu passivieren, wenn davon auszugehen ist, dass der Arbeitnehmer seine Arbeitsleistung nicht unentgeltlich erbringen wollte.[3]

---

[1] BFH v. 26. 8. 1992 - I R 24/91, BStBl 1992 II 977; HHR/*Schulz*, § 5 EStG Rz. 908; a. A. *Kaiser*, DB 2004, 1109.
[2] BFH v. 26. 6. 1980 - I R 35/74, BStBl 1980 II 506; *Schiffers* in Korn, § 5 EStG Rz. 228.2; HHR/ *Schulz* § 5 EStG Rz. 916.
[3] BFH v. 8. 2. 1962 - IV 303/58 S, BStBl 1962 III 412; *Schiffers* in Korn, § 5 EStG Rz. 229 f.; sehr ausführlich hierzu mit Einzelfällen HHR/*Schulz*, § 5 EStG Rz. 922 ff.

▶ **Beteiligungen** 142

Eine Beteiligung an einem anderen Unternehmen ist zu aktivieren. Stellt die Beteiligung eine dauerhafte Verbindung mit dem Unternehmen dar, ist sie im Anlagevermögen unter „Finanzanlagen" auszuweisen. Andernfalls ist die Beteiligung im Umlaufvermögen unter „Wertpapiere" oder „sonstige Vermögensgegenstände" zu aktivieren. Eine Legaldefinition des Begriffs findet sich in § 271 Abs. 1 HGB. Danach sind Beteiligungen Anteile an anderen Unternehmen, die bestimmt sind, dem eigenen Geschäftsbetrieb durch Herstellung einer dauernden Verbindung zu jenen Unternehmen zu dienen. Unerheblich ist es hierbei, ob die Anteile in Wertpapieren verbrieft sind oder nicht. Die Beteiligung ist vorrangig unter der Bilanzposition „verbundene Unternehmen" auszuweisen, wenn dessen Voraussetzungen vorliegen.

Die Beteiligung ist gem. § 255 HGB mit den Anschaffungskosten zu aktivieren. Wird für sie ein Entgelt gezahlt, so stellt der Kaufpreis die Anschaffungskosten dar. Hinzuzurechnen sind die Anschaffungsnebenkosten, wie beispielsweise Beurkundungs- und Eintragungsgebühren. Als angeschafft gelten auch die bei Gründung oder Kapitalerhöhung erlangten Kapitalanteile. Im Rahmen der Gründung ist zu unterscheiden, ob es sich um eine Sacheinlage oder **Bareinlage** handelt. Im Rahmen einer **Sacheinlage** ist steuerrechtlich zu unterscheiden, ob das WG in eine PersGes oder KapGes eingelegt wird. Darüber hinaus ist zu differenzieren, ob das WG aus dem Privatvermögen eingelegt wird oder aus dem Betriebsvermögen.

Stammt das WG aus dem **Privatvermögen** des Stpfl., ist es gem. § 6 Abs. 1 Nr. 5 EStG mit dem Teilwert des hingegebenen WG als Anschaffungskosten zu aktivieren, unabhängig davon, ob es in eine PersGes oder KapGes eingelegt wird.

Wird das WG aus dem **Betriebsvermögen** des Stpfl. in eine PersGes eingelegt, ist nach § 6 Abs. 5 Satz 3 EStG der Buchwert anzusetzen.

Wird hingegen das aus dem Betriebsvermögen des Stpfl. stammende WG, in eine KapGes eingelegt, so ist gem. § 6 Abs. 6 EStG der gemeine Wert des hingegebenen WG als Anschaffungskosten zu aktivieren.

Erfolgt eine **Kapitalerhöhung aus Gesellschaftsmitteln,** müssen die Anschaffungskosten der alten Anteile nach dem Verhältnis der Nennbeträge auf die alten und neuen Anteile verteilt werden.[1]

Beteiligungen an KapGes: Es können nicht nur Beteiligungen an deutschen KapGes, sondern auch Anteile an ausländischen KapGes bilanziert werden. Eine Aktivierung kann erst dann erfolgen, wenn der Erwerber wirtschaftliches Eigentum erlangt hat, d. h. nach dem Willen der Vertragsparteien über die Anteile verfügen kann.[2] Anteile, die von einer KapGes unmittelbar gehalten werden, stellen Betriebsvermögen dar.

▶ **Computerprogramme** 143

Hierbei handelt es sich um ein immaterielles WG. Eine Ausnahme hiervon bilden Datenträger, die nur Datenbestände und keine Befehle[3] enthalten sowie Trivialprogramme (Anschaffungskosten nicht mehr als 410 €). Diese stellen bewegliche WG dar.

---

1 Sehr ausführlich hierzu *Heß* in Beck'sches Steuer- und Bilanzrechtslexikon, Stichwort „Beteiligungen".
2 BFH v. 11. 7. 2006 - VIII R 32/04, BStBl 2007 II 296; BFH v. 10. 3. 1988 - IV R 226/85, BStBl 1988 II 832.
3 BFH v. 5. 2. 1988 - III R 49/83, BStBl 1988 II 737.

144 ▶ **Darlehensverbindlichkeit**

Ein Darlehen ist zu passivieren, wenn es mit dem Betrieb in einem wirtschaftlichen Zusammenhang steht, bspw. um betriebliche WG anzuschaffen oder betriebliche Schulden zu tilgen.[1] Liegen diese Voraussetzungen nicht vor, ist das Darlehen dem Privatvermögen zuzuordnen. Ein privates Darlehen ist auch dann nicht zu passivieren, wenn es durch ein betrieblich genutztes Grundvermögen dinglich gesichert wird.[2] Bei der Darlehensgewährung von nahen Angehörigen sind bestimmte Voraussetzungen zu beachten, damit diese steuerlich anerkannt werden (H 4.8 EStH „Darlehensverhältnisse zwischen Angehörigen").[3] Das Darlehen ist mit seinem Rückzahlungsbetrag gem. § 253 Abs. 1 Satz 2 HGB zu passivieren. Darlehenszinsvorauszahlungen sind aktiv abzugrenzen.[4] Unverzinsliche Darlehen sind gem. § 6 Abs. 1 Nr. 3 EStG abzuzinsen. Liegt ein Disagio (vorausbezahlter Zins) vor, muss es in der Steuerbilanz als RAP aktiviert werden.[5]

Gewährt ein Gesellschafter der PersGes ein Darlehen, so ist dieses als „Verbindlichkeit gegenüber Gesellschafter" in der Gesamthandsbilanz zu passivieren.[6] Der Gesellschafter hat diese Darlehensforderung hingegen in seiner Sonderbilanz zu aktivieren (Sonderbetriebsvermögen I).[7] Die Zinsen, welche die Gesellschaft an ihren Gesellschafter zahlen muss, stellen bei dieser Betriebsausgaben dar. Der Gesellschafter, welcher das Darlehen gewährt hat, erzielt hierdurch Sonderbetriebseinnahmen.

145 ▶ **Finanzprodukte**

Optionen

Begriff: Bei Optionsgeschäften wird einer Partei (Optionsinhaber) das Recht eingeräumt mit der anderen Partei (Stillhalter) ein bestimmtes Vertragsverhältnis einzugehen bzw. vom Stillhalter die Zahlung eines bestimmten Geldbetrages zu verlangen.[8] Hierfür zahlt der Optionsberechtigte an den Stillhalter eine Optionsprämie.

Bilanzierung beim Optionsinhaber: Der Optionsinhaber hat die Kaufoptionen (long calls) und Verkaufsoptionen (long puts) mit den Anschaffungskosten zu aktivieren. Diese können nicht planmäßig abgeschrieben werden. Eine Teilwertabschreibung nach § 6 Abs. 1 Nr. 1 bzw. Nr. 2 EStG kann jedoch aufgrund einer Folgebewertung in Betracht kommen.[9]

Der Optionsinhaber kann die Option ausüben, verkaufen, verfallen lassen oder glattstellen. Bei Ausübung der Kaufoption ist Teil der Anschaffungskosten des neuen WG der Buchwert der Option.[10] Bei Ausübung der Verkaufsoption sind die Basiswerte und Optionen auszubuchen und

---

1 BFH v. 17.4.1985 - I R 101/81, BStBl 1985 II 510; BFH v. 15.3.1991 - III R 121/86, BFH/NV 1991, 809 = NWB DokID: CAAAB-32192.
2 BFH v. 17.4.1985 - I R 101/81, BStBl 1985 II 510.
3 Siehe hierzu BMF v. 30.5.2001, BStBl 2001 I 348.
4 BFH v. 12.8.1982 - IV R 184/79, BStBl 1982 II 696.
5 BFH v. 21.4.1988 - IV R 47/85, BStBl 1989 II 722; *Weber-Grellet* in Schmidt, § 5 EStG Rz. 270.
6 BFH v. 12.12.1996 - IV R 77/93, BStBl 1998 II 180.
7 BFH v. 18.12.1982 - I R 9/79, BStBl 1983 II 570; *Wacker* in Schmidt, § 15 EStG Rz. 540.
8 Sehr ausführlich HHR/*Haisch*, § 5 EStG Rz. 1071 ff.; *Häuselmann/Wiesenbart*, DB 1990, 641.
9 *Häuselmann*, DB 1987, 1745; HHR/*Haisch*, § 5 EStG Rz. 1072.
10 HHR/*Haisch*, § 5 EStG Rz. 1072; *Korn*, § 5 EStG Rz. 257; Kritisch: *Schmidt/Renner*, DStR 2005, 815.

im Gegenzug die erhaltenen Basispreise zu aktivieren. Die Differenz zwischen den Basispreisen abzüglich der Buchwerte der Optionen und den Buchwerten der Basiswerte stellt einen Gewinn oder Verlust dar.[1] Gleiches gilt bei einer rechtlichen Glattstellung. Lässt der Optionsinhaber dagegen die Option verfallen, stellen die getätigten Aufwendungen Aufwand dar und die Optionsprämie ist erfolgswirksam auszubuchen.[2]

Bilanzierung beim Stillhalter: Der Stillhalter von Kaufoptionen (short calls) und Verkaufsoptionen (short puts) hat die Prämien abzüglich der Kosten als Verbindlichkeiten zu passivieren.[3]

Bei **Ausübung von Kaufoptionen** sind die Basiswerte und die passivierten Prämien auszubuchen und die erhaltenen Basispreise zu aktivieren. Die Differenz zwischen den Basispreisen zuzüglich des Erlöses aus der Ausbuchung der Prämien und den Buchwerten der Basiswerte stellt einen Gewinn oder Verlust dar.[4]

Bei **Ausübung von Verkaufsoptionen** sind die für die Prämien passivierten Verbindlichkeiten auszubuchen. Zudem sind die Basiswerte zu aktivieren. Die Basispreise abzüglich des Betrags der ausgebuchten Verbindlichkeiten sind die Anschaffungskosten der Basiswerte.[5]

Bei einer **rechtlichen Glattstellung** stellt die Differenz zwischen den erhaltenen und den gezahlten Prämien einen Gewinn oder Verlust dar.[6]

Zinsbegrenzungsvereinbarungen

Begriff: Hierbei handelt es sich um vertraglich festgelegte Grenzen der Verzinsung:[7]

- ► **Cap:** Zinsobergrenze
- ► **Floor:** Zinsuntergrenze
- ► **Collar:** Zinskorridor

Bilanzierung beim Käufer: Die Zinsbegrenzungsvereinbarung ist mit den Anschaffungskosten zu aktivieren. Liegt keine einmalige Prämienzahlung vor, sondern eine auf die Laufzeit verteilte Prämie, bemessen sich die Anschaffungskosten nach deren Barwert. Die Zinsbegrenzungsvereinbarung ist als sonstiger Vermögensgegenstand linear über die Laufzeit aufzulösen.[8]

Bilanzierung beim Verkäufer: Der Verkäufer hat die Prämien als Verbindlichkeiten zu passivieren. Diese sind über die Laufzeit aufzulösen.[9]

Swapgeschäfte

Begriff: Swapgeschäfte stellen einen Austausch von Zahlungsforderungen und Verpflichtungen dar.[10] Die häufigsten Formen sind hierbei Zinsswaps (interest rate swaps) und Währungsswaps (cross currency swaps).

---

1 HHR/*Haisch*, § 5 EStG Rz. 1072.
2 *Korn*, § 5 EStG Rz. 257.
3 BFH v. 18. 12. 2002 - I R 17/02, BStBl 2004 II 126; BMF v. 12. 1. 2004, BStBl 2004 I 192.
4 HHR/*Haisch*, § 5 EStG Rz. 1073.
5 HHR/*Haisch*, § 5 EStG Rz. 1073.
6 HHR/*Haisch*, § 5 EStG Rz. 1073.
7 *Förschle/Usinger* in Beck'scher Bilanzkommentar, § 254 HGB Rz. 90 ff.
8 *Korn*, § 5 EStG, Rz. 260.2; *Förschle/Usinger* in Beck'scher Bilanzkommentar, § 254 HGB Rz. 94.
9 HHR/*Haisch*, § 5 EStG Rz. 1076.
10 *Korn*, § 5 EStG Rz. 261.

Zinsswaps: Hierbei vereinbaren die Parteien, zu bestimmten Terminen Zinsbeträge in gleicher Währung auszutauschen, die aus Forderungen oder Verbindlichkeiten aus Grundgeschäften mit Dritten resultieren. Die Kapitalbeträge dienen dabei als Berechnungsgrundlage für die Zinsbeträge.[1]

Währungsswaps: Hierbei vereinbaren die Parteien, zu bestimmten Zahlungsterminen während der Laufzeit Kapitalbeträge in unterschiedlichen Währungen und die daraus entstehenden Zinsbeträge auszutauschen.[2]

▶ **Bilanzierung:** Als schwebende Geschäfte sind Swapverträge grundsätzlich nicht zu bilanzieren.[3] Die während der Laufzeit ausgetauschten Zahlungen sind ertragswirksam zu vereinnahmen. Für vorab gezahlte bzw. erhaltene aperiodische Zahlungen (up front payments) sind aktive bzw. passive RAP zu bilden, die über die Laufzeit erfolgswirksam aufzulösen sind. Für nachschüssige aperiodische Zahlungen (balloon payments) sind Forderungen bzw. Verbindlichkeiten auszuweisen.[4]

146 ▶ **Firmenwert**

Bei dem Firmenwert handelt es sich um ein immaterielles WG, welches den Geschäftswert des Unternehmens verkörpert. Hierbei ist zu unterscheiden zwischen dem entgeltlich erworbenen Firmenwert (**derivativen Firmenwert**) und dem selbstgeschaffenen Firmenwert (**originären Firmenwert**).

Entgeltlich erworbener Firmenwert: Gemäß § 246 Abs. 1 Satz 4 HGB[5] besteht handelsrechtlich ein Aktivierungsgebot. Nach § 253 Abs. 3 HGB ist dieser über die voraussichtliche Nutzungsdauer planmäßig abzuschreiben (regelmäßig fünf Jahre). Steuerrechtlich ist das Aktivierungsgebot des § 5 Abs. 2 EStG zu beachten. Eine Abschreibung erfolgt über 15 Jahre (§ 7 Abs. 1 Satz 3 EStG). Ein negativer Firmenwert darf nicht in der Bilanz ausgewiesen werden.

Selbstgeschaffener Firmenwert: Für den originären Firmenwert gilt auch steuerlich ein Aktivierungsverbot.

147 ▶ **Leasing**[6]

Zu klären ist bei Leasingverträgen, ob der Leasinggegenstand beim Leasinggeber oder Leasingnehmer zu aktivieren ist. Die Finanzverwaltung hat sich mit dieser Thematik in vier Leasing-Erlassen beschäftigt.

▶ Leasing-Verträge über bewegliche Wirtschaftsgüter (BMF v. 19. 4. 1971, BStBl 1971 I 264),

▶ Finanzierungs-Leasing-Verträge über unbewegliche Wirtschaftsgüter (BMF v. 21. 3. 1972, BStBl 1972 I 188),

▶ Teilamortisations-Leasing-Verträge über bewegliche Wirtschaftsgüter
(BMF v. 22. 12. 1975, NWB DokID: BAAAA-76904),

---

1 HHR/*Haisch*, § 5 EStG Rz. 1079.
2 HHR/*Haisch*, § 5 EStG Rz. 1079.
3 *Korn*, § 5 EStG Rz. 263; HHR/*Haisch*, § 5 EStG Rz. 1080.
4 HHR/*Haisch*, § 5 EStG Rz. 1080.
5 Diese Vorschrift i. d. F. des BilMoG v. 25. 5. 2009 ist nach Art. 66 Abs. 3 Satz 1 EGHGB erstmals auf Jahresabschlüsse für das nach dem 31. 12. 2009 beginnende Geschäftsjahr anzuwenden. Beachte jedoch die Möglichkeit nach Art. 66 Abs. 3 Satz 6 HGB (vorzeitige Anwendung ab 1. 1. 2009).
6 *Mujkanovic*, NWB DokID: AAAAE-68318.

▶ Teilamortisations-Leasing-Verträge über unbewegliche Wirtschaftsgüter (BMF v. 23.12.1991, BStBl 1992 I 13).

Leasing-Verträge über bewegliche Wirtschaftsgüter:[1] Ein Finanzierungs-Leasing in dem Sinne liegt vor, wenn der Vertrag über eine bestimmte Zeit abgeschlossen wird (Grundmietzeit), während er von keiner Vertragspartei gekündigt werden kann. Darüber hinaus muss der Leasingnehmer mit den in der Grundmietzeit zu entrichtenden Raten mindestens die Anschaffungs- oder Herstellungskosten sowie alle Nebenkosten einschließlich der Finanzierungskosten des Leasinggebers decken.

Hierbei sind nachfolgende Vertragstypen zu unterscheiden:

▶ **Leasing-Verträge ohne Kauf- oder Verlängerungsoption**
  – Hierbei hat der Leasingnehmer nicht die Option, nach Ablauf der Grundmietzeit den Leasinggegenstand zu erwerben. In diesen Fällen ist der Leasinggegenstand dem **Leasinggeber** zuzurechnen, wenn die Grundmietzeit mindestens 40 % und höchstens 90 % der betriebsgewöhnlichen Nutzungsdauer des Leasinggegenstandes beträgt. Der Leasinggegenstand ist hingegen dem **Leasingnehmer** zuzurechnen, wenn die Grundmietzeit weniger als 40 % oder mehr als 90 % der betriebsgewöhnlichen Nutzungsdauer beträgt.

▶ **Leasing-Verträge mit Kaufoption**
  – Bei einem solchen Vertrag hat der Leasingnehmer das Recht, nach Ablauf der Grundmietzeit den Leasinggegenstand zu erwerben. Bei dieser Vertragskonstellation ist der Leasinggegenstand dem **Leasinggeber** zuzurechnen, wenn die Grundmietzeit mindestens 40 % und höchstens 90 % der betriebsgewöhnlichen Nutzungsdauer des Leasinggegenstandes beträgt und zudem der für den Fall der Ausübung des Optionsrechts vorgesehene Kaufpreis nicht niedriger ist als der unter Anwendung der linearen AfA ermittelte Buchwert oder der niedrigere gemeine Wert im Zeitpunkt der Veräußerung. Es erfolgt hingegen eine Zurechnung beim **Leasingnehmer**, wenn die Grundmietzeit weniger als 40 % oder mehr als 90 % der betriebsgewöhnlichen Nutzungsdauer beträgt oder wenn bei einer Grundmietzeit von mindestens 40 % und höchstens 90 % der betriebsgewöhnlichen Nutzungsdauer der vorgesehene Kaufpreis bei Ausübung der Kaufoption niedriger ist als der unter Anwendung der linearen AfA ermittelte Buchwert oder der niedrigere gemeine Wert im Zeitpunkt der Veräußerung.

▶ **Leasing-Verträge mit Mietverlängerungsoption**
  – Bei dieser Vertragsgestaltung hat der Leasingnehmer das Recht, nach Ablauf der Grundmietzeit das Vertragsverhältnis auf bestimmte oder unbestimmte Zeit zu verlängern. Hierbei ist der Gegenstand dem **Leasinggeber** zuzurechnen, wenn die Grundmietzeit mindestens 40 % und höchstens 90 % der betriebsgewöhnlichen Nutzungsdauer des Leasinggegenstandes beträgt und darüber hinaus die Anschlussmiete so bemessen ist, dass sie den Wertverzehr für den Leasinggegenstand deckt. Demgegenüber ist der Leasinggegenstand dem **Leasingnehmer** zuzurechnen, wenn die Grundmietzeit weniger als 40 % oder mehr als 90 % der betriebsgewöhnlichen Nutzungsdauer des Leasinggegenstandes beträgt. Ferner findet eine Zurechnung beim Leasingnehmer statt, wenn bei einer Grundmietzeit von mindestens

---

[1] Siehe hierzu ausführlich BMF v. 19.4.1971, BStBl 1971 I 264.

40 % und höchstens 90 % der betriebsgewöhnlichen Nutzungsdauer die Anschlussmiete so bemessen ist, dass sie den Wertverzehr für den Leasinggegenstand nicht deckt.

▶ **Verträge über Spezial-Leasing**
- Ist der Leasinggegenstand speziell auf die Verhältnisse des Leasingnehmers zugeschnitten und somit nach Ablauf der Grundmietzeit grundsätzlich nur noch beim Leasingnehmer wirtschaftlich sinnvoll verwendbar, handelt es sich um ein Spezial-Leasing. Hierbei ist der Leasinggegenstand regelmäßig dem **Leasingnehmer** zuzurechnen.

Bilanzielle Behandlung bei Zurechnung zum Leasinggeber: Der **Leasinggeber** muss den Leasinggegenstand mit seinen Anschaffungs- oder Herstellungskosten aktivieren und kann AfA vornehmen. Die Leasingraten stellen bei ihm Betriebseinnahmen dar.

Beim **Leasingnehmer** stellen die Leasingraten im Gegenzug Betriebsausgaben dar.

Bilanzielle Behandlung bei Zurechnung zum Leasingnehmer: Ist der Leasinggegenstand dem **Leasingnehmer** zuzurechnen, so hat er diesen Gegenstand zu aktivieren. Strittig ist jedoch der Wertansatz. Nach der Finanzverwaltung hat dieser den Leasinggegenstand mit dessen Anschaffungs- oder Herstellungskosten zu aktivieren. Hierbei gelten als Anschaffungs- oder Herstellungskosten die Anschaffungs- oder Herstellungskosten des Leasinggebers, die der Berechnung der Leasingraten zugrunde gelegt wurden. Hinzu kommen etwaige weitere Anschaffungs- oder Herstellungskosten, die nicht in den Leasingraten enthalten sind. Zudem kann der Leasingnehmer die AfA geltend machen. In Höhe der aktivierten Anschaffungs- oder Herstellungskosten mit Ausnahme der nicht in den Leasingraten berücksichtigten Anschaffungs- oder Herstellungskosten des Leasingnehmers ist eine Verbindlichkeit gegenüber dem Leasinggeber zu passivieren. Die Leasingraten sind in einen Zins- und Kostenanteil sowie einen Tilgungsanteil aufzuteilen. Hierbei stellt der Zins- und Kostenanteil sofort abzugsfähige Betriebsausgaben dar. Die h. M. hingegen verlangt eine Aktivierung mit dem Barwert der Leasingraten.[1]

Der **Leasinggeber** hingegen aktiviert eine Kaufpreisforderung in Höhe der den Leasingraten zugrunde gelegten Anschaffungs- oder Herstellungskosten. Auch hierbei sind die Leasingraten in einen Zins- und Kostenanteil sowie Tilgungsanteil aufzuteilen. Hierbei stellen der Zins- und Kostenanteil Betriebseinnahmen dar.

Finanzierungs-Leasing-Verträge über unbewegliche Wirtschaftsgüter:[2] Auch hier stellt sich dieselbe Ausgangsfrage, wem der Gegenstand zuzurechnen ist. Hierbei sind die Kriterien für Gebäude und Grund und Boden getrennt zu prüfen.

▶ **Leasing-Verträge ohne Kauf- oder Verlängerungsoption**
Der Grund und Boden ist grundsätzlich dem Leasinggeber zuzurechnen.

▶ **Leasing-Verträge mit Mietverlängerungsoption**
Der Grund und Boden ist grundsätzlich dem Leasinggeber zuzurechnen.

▶ **Leasing-Verträge mit Kaufoption**
Der Grund und Boden ist dem Leasingnehmer zuzurechnen, wenn auch das Gebäude dem Leasingnehmer zugerechnet wird.

---

[1] *Buciek* in Blümich, § 5 EStG Rz. 740; *Korn*, § 5 EStG Rz. 205.
[2] BMF v. 21. 3. 1972, BStBl 1972 I 188.

▶ **Spezial-Leasing**
Der Grund und Boden ist dem Leasingnehmer zuzurechnen, wenn auch das Gebäude dem Leasingnehmer zugerechnet wird.

▶ **Zurechnung des Gebäudes**
Ist die Grundmietzeit kürzer als 40 % oder länger als 90 % der betriebsgewöhnlichen Nutzungsdauer, so ist das Gebäude grundsätzlich dem Leasingnehmer zuzurechnen.

Beträgt die Grundmietzeit mindestens 40 % und höchstens 90 % der betriebsgewöhnlichen Nutzungsdauer, so ist folgendermaßen zu differenzieren:

- **ohne Kauf- oder Mietverlängerungsoption**: Leasinggeber;
- **mit Kaufoption**: Leasinggeber, wenn der für den Fall der Ausübung des Optionsrechts vorgesehene Gesamtkaufpreis nicht niedriger ist als der unter **Anwendung** der linearen AfA ermittelte Buchwert des Gebäudes zuzüglich des Buchwertes für den Grund und Boden oder der niedrigere gemeine Wert des Grundstücks im Zeitpunkt der Veräußerung;
- **mit Mietverlängerungsoption**: Leasinggeber, wenn die Anschlussmiete mehr als 75 % des Mietentgeltes beträgt, das für ein nach Art, Lage und Ausstattung vergleichbares Grundstück üblicherweise gezahlt wird;
- **Spezial-Leasing**: Leasingnehmer.

Bilanzielle Behandlung bei Zurechnung zum Leasinggeber: Der **Leasinggeber** aktiviert den Leasinggegenstand mit seinen Anschaffungs- oder Herstellungskosten. Die Leasingraten stellen Betriebseinnahmen dar. Beim **Leasingnehmer** stellen die Leasingraten folglich Betriebsausgaben dar.

Bilanzielle Behandlung bei Zurechnung zum Leasingnehmer: Ist der Leasinggegenstand dem **Leasingnehmer** zuzurechnen, so hat er diesen Gegenstand zu aktivieren. Strittig ist jedoch der Wertansatz. Nach der Finanzverwaltung hat dieser den Leasinggegenstand mit dessen Anschaffungs- oder Herstellungskosten zu aktivieren. Hierbei gelten als Anschaffungs- oder Herstellungskosten die Anschaffungs- oder Herstellungskosten des Leasinggebers, die der Berechnung der Leasingraten zugrunde gelegt wurden. Hinzu kommen etwaige weitere Anschaffungs- oder Herstellungskosten, die nicht in den Leasingraten enthalten sind. Zudem kann der Leasingnehmer die AfA geltend machen. In Höhe der aktivierten Anschaffungs- oder Herstellungskosten mit Ausnahme der nicht in den Leasingraten berücksichtigten Anschaffungs- oder Herstellungskosten des Leasingnehmers ist eine Verbindlichkeit gegenüber dem Leasinggeber zu passivieren. Die Leasingraten sind in einen Zins- und Kostenanteil sowie einen Tilgungsanteil aufzuteilen. Hierbei stellt der Zins- und Kostenanteil sofort abzugsfähige Betriebsausgaben dar. Die h. M. hingegen verlangt eine Aktivierung mit dem Barwert der Leasingraten.[1]

Der **Leasinggeber** hingegen aktiviert eine Kaufpreisforderung in Höhe der den Leasingraten zugrunde gelegten Anschaffungs- oder Herstellungskosten. Auch hierbei sind die Leasingraten in einen Zins- und Kostenanteil sowie Tilgungsanteil aufzuteilen. Hierbei stellen der Zins- und Kostenanteil Betriebseinnahmen dar.

Teilamortisations-Leasing-Verträge über bewegliche Wirtschaftsgüter:[2]

Hierbei wird der Leasinggegenstand dem Leasinggeber zugerechnet, wenn

---

[1] *Buciek* in Blümich, § 5 EStG Rz. 740; *Korn*, § 5 EStG Rz. 205.
[2] BMF v. 22.12.1975, NWB DokID: BAAAA-76904.

- eine unkündbare Grundmietzeit von mindestens 40 % und höchstens 90 % der betriebsgewöhnlichen Nutzungsdauer vereinbart wird und
- der Leasinggeber am Ende der Grundmietzeit ein Andienungsrecht hat oder
- der Leasinggeber zur Veräußerung des Leasinggegenstandes zum Ende der Vertragslaufzeit verpflichtet ist und der Leasingnehmer einen möglichen Verlust tragen muss **oder**
- bei einem kündbaren Vertrag nach Ablauf der Grundmietzeit von 40 % der betriebsgewöhnlichen Nutzungsdauer i. V. m. einer Abschlusszahlung, welche mindestens die durch die Leasingraten noch nicht gedeckten Gesamtkosten des Leasinggebers deckt.

Teilamortisations-Leasing-Verträge über unbewegliche Wirtschaftsgüter:[1]
Bei diesen Verträgen erfolgt grundsätzlich eine Zurechnung beim Leasinggeber. Ausnahmsweise kann eine Zurechnung beim Leasingnehmer erfolgen, wenn

- ein Spezial-Leasing-Vertrag vorliegt oder
- die Grundmietzeit mindestens 90 % der betriebsgewöhnlichen Nutzungsdauer entspricht oder
- bei Vereinbarung einer kürzeren Grundmietzeit und Kaufoption der Kaufpreis geringer ist als der Restwert des Leasinggegenstandes oder
- bei einer Mietverlängerungsoption die Anschlussmiete nicht 75 % der ortsüblichen Miete entspricht oder
- bei einem Vertrag mit Kauf- oder Mietverlängerungsoption, wenn der Leasingnehmer die Gefahr des zufälligen ganzen oder teilweisen Untergangs des Leasinggegenstandes trägt.

Unabhängig hiervon ist der Grund und Boden grundsätzlich dem Leasinggeber zuzurechnen. Ausnahmsweise erfolgt eine Zurechnung beim Leasingnehmer, wenn

- Gegenstand des Leasingvertrags auch ein aufstehendes Gebäude ist,
- das Gebäude dem Leasingnehmer zuzuordnen ist und
- für den Grund und Boden eine Kaufoption zugunsten des Leasingnehmers besteht.

Mieterabfindungen: Mieterabfindungen liegen vor, wenn der Vermieter dem Mieter zur Räumung des Grundstücks vor Ablauf der Mietzeit eine Abfindung zahlt. Wird das Grundstück im Anschluss selbst durch den Vermieter genutzt, so stellt die Abfindungszahlung ein immaterielles WG dar.[2] In diesem Fall ist die Abfindung linear auf die Restmietlaufzeit abzuschreiben. Wurde jedoch lediglich ein Grundstück vermietet und die Abstandszahlung erfolgt, um auf dem Grundstück ein Betriebsgebäude zu errichten, so stellen die Aufwendungen Herstellungskosten des Gebäudes dar.[3]

148 ▶ **Mietereinbauten und Mieterumbauten**[4]

Mietereinbauten und Mieterumbauten sind Baumaßnahmen, die der Mieter auf seine Rechnung an dem gemieteten Gebäude oder Gebäudeteil vornehmen lässt, wenn die Aufwendungen keinen Erhaltungsaufwand darstellen.

---

1 BMF v. 23. 12. 1991, BStBl 1992 I 13.
2 BFH v. 2. 3. 1970 - GrS 1/69, BStBl 1970 II 382.
3 BFH v. 9. 2. 1983 - I R 29/79, BStBl 1983 II 451.
4 BMF v. 15. 1. 1976, BStBl 1976 I 66; *Michel/Hülsmann*, Mietereinbauten und -umbauten, Grundlagen, NWB DokID: UAAAE-35025.

Hierbei kann es sich um

▶ Scheinbestandteile,

▶ Betriebsvorrichtungen oder

▶ sonstige Mietereinbauten oder Mieterumbauten handeln.

Scheinbestandteil: Werden durch die Baumaßnahmen Sachen zu einem vorübergehenden Zweck in das Gebäude eingefügt, liegt ein Scheinbestandteil vor. Ein vorübergehender Zweck ist anzunehmen, wenn die Nutzungsdauer der eingefügten Sache länger als die voraussichtliche Mietdauer ist, die eingebauten Sachen nach ihrem Ausbau einen beachtlichen Wiederverwendungswert haben und nach den gesamten Umständen damit gerechnet werden kann, dass die eingebauten Sachen wieder entfernt werden.[1] Der Mieter ist hierbei rechtlicher und wirtschaftlicher Eigentümer des Scheinbestandteils. Entsteht durch die Baumaßnahme des Mieters ein Scheinbestandteil, so handelt es sich um ein bewegliches WG des Anlagevermögens.

Betriebsvorrichtung:[2] Betriebsvorrichtungen liegen vor, wenn durch sie das Gewerbe unmittelbar betrieben wird. Nicht ausreichend ist es, wenn die WG für die Tätigkeit nützlich oder notwendig sind.[3] Betriebsvorrichtungen stellen keinen Teil des Gebäudes dar, sondern sind selbständige WG (R 7.1 Abs. 3 EStR). Entsteht durch die Baumaßnahme des Mieters eine Betriebsvorrichtung, so handelt es sich um ein bewegliches WG des Anlagevermögens.

Sonstige Mietereinbauten oder Mieterumbauten: Liegen weder Scheinbestandteile noch Betriebsvorrichtungen vor, liegen Aufwendungen für die Herstellung eines materiellen WG des Anlagevermögens vor, wenn

▶ entweder der Mieter wirtschaftlicher Eigentümer der von ihm geschaffenen sonstigen Mietereinbauten oder Mieterumbauten ist oder

▶ die Mietereinbauten oder Mieterumbauten unmittelbar dem besonderen betrieblichen oder beruflichen Zweck des Mieters dienen und mit dem Gebäude nicht in einem einheitlichen Nutzungs- oder Funktionszusammenhang stehen.

In diesen Fällen handelt es sich um ein unbewegliches WG, bei der sich die AfA nach der voraussichtlichen Mietdauer richtet. Ist die voraussichtliche betriebsgewöhnliche Nutzungsdauer kürzer, so ist diese maßgebend.

▶ **Miet- und Pachtverhältnisse**

Mietvorauszahlungen: Hierbei handelt es sich um im Voraus bezahlte Mietzinsleistungen. Bei dem Mieter handelt es sich somit um einen Aufwand für einen bestimmten Mietzeitraum nach dem Bilanzstichtag. Dieser Aufwand ist infolgedessen als aktiver RAP abzubilden.[4] Dieser RAP ist während der Mietdauer zeitanteilig aufzulösen.[5] Der Vermieter muss hingegen einen passiven RAP bilden.

---

1 BFH v. 24. 11. 1970 - VI R 143/69, BStBl 1971 II 157; BFH v. 4. 12. 1970 - VI R 157/68, BStBl 1971 II 165.
2 *Schäfer-Elmayer/Stolz,* Betriebsvorrichtung, Grundlagen, NWB DokID: XAAAE-33495.
3 BFH v. 11. 6. 1997 - XI R 77/96, BStBl 1997 II 774.
4 BFH v. 11. 10. 1983 - VIII R 61/81, BStBl 1984 II 267.
5 BFH v. 20. 11. 1969 - IV R 3/39, BStBl 1970 II 209.

Mietrückstände: Im Gegenzug hierzu sind Mietrückstände beim Mieter als Verbindlichkeiten auszuweisen. Wurde der Mieter am Anfang mietfrei gestellt, führt dies nicht zu einem Mietrückstand.[1] Die rückständige Miete ist beim Vermieter als Forderung zu aktivieren.

Entfernungs- und Wiederherstellungsverpflichtungen: Eine solche Verpflichtung des Mieters kann sich aus Gesetz (§ 535 BGB), vertraglicher Vereinbarung der Parteien oder aus öffentlich-rechtlicher Verpflichtung ergeben. Sind solche Aufwendungen des Mieters zu erwarten (Verpflichtung zur Entfernung von Mieterein- oder -umbauten, Wiederherstellung der Mietsache in den ursprünglichen Zustand), ist eine Rückstellung zu bilden. Am Bilanzstichtag sind die voraussichtlichen Kosten für die Erfüllung dieser Verpflichtung für die Höhe der Rückstellung ggf. zu schätzen.

150 ▶ Wiederkehrende Bezüge

Allgemeines:

Es ist zu unterscheiden zwischen

▶ **Veräußerungsrenten**, welche wiederkehrende Leistungen im Austausch mit einer Gegenleistung sind. Sie werden in einen Tilgungs- und einen Zinsanteil aufgeteilt. Dabei kann der Tilgungsanteil steuerbar oder nichtsteuerbar sein.

▶ Der Veräußerer versteuert den Zinsanteil als Kapitaleinkünfte. Zu beachten ist, dass Kapitaleinkünfte unter Nahestehenden voll versteuert werden, da die Abgeltungsteuer keine Anwendung findet.

▶ **Versorgungsrenten**, bei welchen das Korrespondenzprinzip gilt. Kann der Geber die Versorgungsrente als Sonderausgaben i. S. d. § 10 Abs. 1 Nr. 1a EStG geltend machen, so hat der Nehmer die Versorgungsrente als wiederkehrende Bezüge gem. § 22 Nr. 1 Buchst. b EStG zu versteuern.

▶ **Unterhaltsrenten**, die nicht abgezogen werden können, da das Abzugsverbot des § 12 Nr. 2 EStG greift. Unterhaltsleistungen können bei Vorliegen der Voraussetzungen nur als außergewöhnliche Belastungen bis derzeit 8 004 € abgezogen werden.

Erscheinungsformen der Renten

Leibrenten

▶ **Typische Leibrente:** Eine Leibrente setzt gleichbleibende Bezüge voraus, die für die Dauer der Lebenszeit einer Bezugsperson gezahlt werden. Folglich liegt keine Leibrente vor, wenn die Bezüge von einer wesentlich schwankenden Größe abhängen, z. B. vom Umsatz oder Gewinn eines Unternehmens. Unerheblich sind Vereinbarungen von Wertsicherungsklauseln, die nur der Anpassung der Kaufkraft an geänderte Verhältnisse dienen sollen (H 22.3 „Begriff der Leibrente" EStH).

▶ **Abgekürzte Leibrente:** Abgekürzte Leibrenten sind auf eine bestimmte Zeit beschränkt. Ihr Ertragsanteil wird nach § 55 Abs. 2 EStDV versteuert. Bei einer unentgeltlich bestellten abgekürzten Leibrente muss die zeitliche Befristung mindestens zehn Jahre umfassen. Die abgekürzte Leibrente erlischt, wenn die Person, von deren Lebenszeit sie abhängt, vor Ablauf der zeitlichen Beschränkung stirbt. Andernfalls endet die abgekürzte Leibrente mit ihrem Zeitablauf (H 22.4 EStH).

---

[1] BFH v. 5. 4. 2006 - I R 43/05, BStBl 2006 II 593; a. A. *Hoffmann*, DStR 2006, 1125.

- **Verlängerte Leibrente:** Auch bei der verlängerten Leibrente ist die Laufzeit abhängig von der Lebenszeit einer Person. Im Gegensatz zur abgekürzten Leibrente geht jedoch der Rentenanspruch bei Tod der begünstigten Person für die noch auf die Mindestzeit fehlende Zeit auf die Erben über.
- **Zeitrenten:** Die Laufzeit der Zeitrente beläuft sich auf mindestens zehn Jahre. Das Rentenstammrecht ist vererblich (H 22.4 „Zeitrente" EStH).
- **Steuerliche Behandlung der betrieblichen Renten:** Betriebliche Renten sind solche, die mit einer Gewinnermittlungsart in wirtschaftlichem Zusammenhang stehen. Je nach Vereinbarung und wirtschaftlichem Gehalt der vereinbarten Renten kann wiederum zwischen betrieblicher Veräußerungsrente und betrieblicher Versorgungsrente differenziert werden. Renten hingegen, die mit den Überschusseinkunftsarten oder mit keiner Einkunftsart in wirtschaftlichem Zusammenhang stehen, werden als private Renten bezeichnet.

Ob eine betriebliche oder private Rente vorliegt, ist seitens des Rentenberechtigten und seitens des Rentenverpflichteten separat zu untersuchen.

- **Betriebliche Veräußerungsrente:** Wird ein Betrieb, Teilbetrieb, Mitunternehmeranteil oder ein einzelnes WG des Betriebsvermögens veräußert und erhält der Veräußerer als Gegenleistung hierfür eine Rente, die nach kaufmännischen Gesichtspunkten wie unter Fremden abgewogen wurde, liegt eine betriebliche Veräußerungsrente vor.

Bei Betriebsübertragungen zwischen nahen Angehörigen spricht eine widerlegliche Vermutung dafür, dass eine unentgeltliche Betriebsübertragung i.V.m. Versorgungsleistungen vorliegt.

Leistung und Gegenleistung müssen objektiv gleichwertig sein. Ferner müssen die Beteiligten auch subjektiv von der Gleichwertigkeit der Leistungen ausgehen. Ausnahmsweise kann es ausreichend sein, wenn sich zwar die Leistungen objektiv nicht gleichwertig gegenüberstehen, die Parteien jedoch subjektiv von der Gleichwertigkeit ausgegangen sind.[1]

Leibrente: Bei Vorliegen einer Leibrente hat der Käufer den Barwert der Rente zu passivieren. Der Barwert stellt zugleich die Anschaffungskosten des erworbenen WG dar. Der Zinsanteil kann als Betriebsausgaben geltend gemacht werden.[2]

Der Verkäufer hingegen hat ein Wahlrecht zwischen einer Sofortversteuerung und einer laufenden Versteuerung. Dieses Wahlrecht ist in R 16 Abs. 11 Satz 1 und R 17 Abs. 7 Satz 2 EStR normiert.

Im Falle der Sofortversteuerung stellt der Barwert der Rente den Veräußerungspreis dar. Auf den Veräußerungsgewinn sind die Tarifvergünstigungen des § 34 Abs. 1, 2 bzw. 3 EStG anzuwenden. Der Rentenanspruch stellt sodann Privatvermögen des Rentenberechtigten dar. Der Ertragsanteil der Renteneinnahmen wird nach R 16 Abs. 11 Satz 5 EStR gem. § 22 Nr. 1 Satz 3 Buchst. a Doppelbuchst. bb EStG versteuert.

Entscheidet sich der Rentenberechtigte hingegen für die laufende Versteuerung, bleibt der Rentenanspruch Betriebsvermögen. Übersteigen die Zahlungen das Kapitalkonto zzgl. der Veräußerungskosten, liegen nachträgliche Betriebseinnahmen gem. § 24 Nr. 2 i.V.m. §§ 13, 15, 18 EStG vor. Weder der Freibetrag gem. § 16 Abs. 4 EStG, noch § 34 EStG finden Anwendung.

---

1 BFH v. 29. 1. 1992 - X R 193/87, BStBl 1992 II 465.
2 BFH v. 24. 10. 1990 - X R 64/89, BStBl 1991 II 358.

Der Tilgungsanteil wird nach Verrechnung mit den Anschaffungskosten der Beteiligung und etwaigen Veräußerungskosten im Jahr des Zuflusses als nachträgliche Einkünfte aus Gewerbebetrieb i. S. v. § 17 i. V. m. §§ 15, 24 Nr. 2 EStG versteuert. Nur auf den Tilgungsanteil ist nach § 3 Nr. 40 Buchst. b bzw. c EStG das Halbeinkünfteverfahren (ab 2009 Teileinkünfteverfahren) anzuwenden. Der Zinsanteil ist bei Veräußerungsleibrenten nach der Tabelle in § 22 Nr. 1 Satz 3 Buchst. a Doppelbuchst. bb EStG zu ermitteln.

Zeitrente: Bei Vorliegen einer Zeitrente stellt die Sofortversteuerung den Grundsatz dar. Nur ausnahmsweise kommt die laufende Versteuerung in Betracht.[1] Dies ist dann der Fall, wenn die Bezüge nicht nur Entgelt sind, sondern zudem dem Versorgungsinteresse des Veräußerers dienen und eine Laufzeit von mehr als zehn Jahren haben. Ferner ist die laufende Versteuerung möglich, wenn die Versorgung des Berechtigten nur Nebenzweck ist, die Bezüge hingegen eine besonders lange Laufzeit haben.[2]

Betriebliche Versorgungsrente: Betriebliche Versorgungsrenten kommen seltener vor. Sie können bei Vorliegen von drei Fallvarianten einschlägig sein. Sie liegt insbesondere dann vor, wenn die Rente der Versorgung des Vermögensübergebers oder dessen Ehegatten dient oder die Rente aus betrieblichen Gründen bezahlt wird oder die Rente kein Entgelt für die übertragenen WG darstellt.

Versorgungsleistungen im Zusammenhang mit einer unentgeltlichen Vermögensübertragung: Das BMF-Schreiben v. 16. 9. 2004,[3] ist für nach dem 31. 12. 2007 vereinbarte Vermögensübertragungen überholt. Für diese Fälle ist das BMF-Schreiben v. 11. 3. 2010[4] anzuwenden.

Vermögensübertragungen gem. § 10 Abs. 1 Nr. 1a EStG: Bei Vorliegen der nachfolgenden Voraussetzungen liegen beim Begünstigten grundsätzlich wiederkehrende Bezüge gem. § 22 Nr. 1b EStG vor. Der Vermögensübernehmer kann im Gegenzug die Versorgungsleistungen in voller Höhe als Sonderausgaben nach § 10 Abs. 1 Nr. 1a EStG geltend machen.

Die Rentenverpflichtung stellt eine private Schuld dar, so dass ein Abzug als Betriebsausgaben oder Werbungskosten nicht möglich ist.

Begriff der Vermögensübertragung: Versorgungsleistungen i. S. d. § 10 Abs. 1 Nr. 1a EStG sind wiederkehrende Leistungen im Zusammenhang mit der Übertragung begünstigten Vermögens. Die Vermögensübergabe erfolgt i. d. R. mit Rücksicht auf die künftige Erbfolge. Eine Vermögensübertragung in diesem Sinne kann auch im Rahmen einer Verfügung von Todes wegen erfolgen, wenn sie im Wege der vorweggenommen Erbfolge zu Lebzeiten des Erblassers ebenfalls begünstigt wäre.[5] Der Vermögensübergeber behält sich dabei durch die Versorgungsleistungen Erträge seines Vermögens vor, die nunmehr jedoch vom Vermögensübernehmer erwirtschaftet werden.[6]

Empfänger des Vermögens: Begünstigte Vermögensübertragungen sind stets unter Angehörigen, aber auch unter Fremden möglich. Bei Übertragungen unter Angehörigen sind grundsätzlich familiäre Erwägungen maßgebend. Folglich spricht eine widerlegliche Vermutung dafür,

---

1 H 16 Abs. 11 „Zeitrente" EStH; H 16 Abs. 11 „Ratenzahlungen" EStH.
2 BFH v. 26. 7. 1984 – IV R 137/82, BStBl 1984 II 829 (25 Jahre); BFH v. 12. 6. 1968 – IV 254/62, BStBl 1968 II 653 (20 Jahre).
3 BStBl 2004 I 922.
4 BStBl 2010 I 227.
5 BFH v. 11. 10. 2007 – X R 14/06, BStBl 2008 II 123.
6 BMF v. 11. 3. 2010, BStBl 2010 I 227, Tz. 2.

dass Leistung und Gegenleistung nicht nach kaufmännischen Gesichtspunkten gegeneinander abgewogen wurden.[1]

Unentgeltlichkeit: Voraussetzung ist ferner, dass der Übernehmer wenigstens teilweise eine unentgeltliche Zuwendung erhält. Bei Angehörigen spricht eine widerlegbare Vermutung dafür, dass die wiederkehrenden Leistungen nach dem Versorgungsbedürfnis des Berechtigten und nach der wirtschaftlichen Leistungsfähigkeit des Verpflichteten bemessen worden sind.[2] Unter Fremden besteht hingegen eine widerlegbare Vermutung dafür, dass Leistung und Gegenleistung nach kaufmännischen Gesichtspunkten gegeneinander abgewogen sind.[3]

▶ **Gegenstand der Vermögensübertragung:** Erforderlich ist darüber hinaus, dass privilegiertes Vermögen i. S. d. § 10 Abs. 1 Nr. 1a Satz 2 EStG übertragen wird. Begünstigte Vermögen sind:

▶ Mitunternehmeranteile an einer PersGes mit landwirtschaftlicher, gewerblicher oder freiberuflicher Tätigkeit, Betriebe oder Teilbetriebe, ein mindestens 50 % betragender Anteil an einer GmbH, wenn der Übergeber als Geschäftsführer tätig war und der Übernehmer diese Tätigkeit nach der Übertragung übernimmt.[4]

Auch die Übertragung eines Mitunternehmeranteils an einer atypisch stillen Gesellschaft gilt als begünstigtes Vermögen. Als PersGes gelten ferner Erbengemeinschaften oder Gütergemeinschaften. Erforderlich ist die Übertragung des gesamten Mitunternehmeranteils einschließlich Sonderbetriebsvermögens, eines Teils eines Mitunternehmeranteils einschließlich der quotalen Übertragung der wesentlichen Betriebsgrundlagen des Sonderbetriebsvermögens oder die unentgeltliche Aufnahme des Übernehmers in ein bestehendes Einzelunternehmen.[5]

Auch die Übertragung eines Betriebs oder Teilbetriebs kann Vermögen i. S. d. § 10 Abs. 1 Nr. 1a Satz 2 Buchst. b EStG sein. Erforderlich ist, dass der Teilbetrieb als solcher bereits vor der Vermögensübertragung bestanden haben muss. Er muss einen mit einer gewissen Selbständigkeit ausgestatteten, organisch geschlossenen Teil des Gesamtbetriebs darstellen, alle Merkmale eines Betriebs aufweisen und für sich lebensfähig sein. Zu beachten ist ferner, dass die Teilbetriebsfiktion des § 16 Abs. 1 Satz 1, Nr. 1 Satz 2 EStG für die Fälle der begünstigten Vermögensübertragung im Zusammenhang mit Versorgungsleistungen nicht anzuwenden ist.[6]

Eine begünstigte Vermögensübertragung kann auch vorliegen, wenn Anteile einer der GmbH vergleichbaren Gesellschaftsform eines anderen Mitgliedstaats der Europäischen Union oder eines Staates, auf den das Abkommen über den Europäischen Wirtschaftsraum anwendbar ist, übertragen werden.[7]

Ferner ist es nicht erforderlich, dass der Übergeber seinen gesamten Anteil überträgt, sofern der übertragene Anteil mindestens 50 % beträgt.[8]

---

1 BMF v. 11. 3. 2010, BStBl 2010 I 227, Tz. 4.
2 BMF v. 11. 3. 2010, BStBl 2010 I 227, Tz. 5.
3 BMF v. 11. 3. 2010, BStBl 2010 I 227, Tz. 6.
4 BMF v. 11. 3. 2010, BStBl 2010 I 227, Tz. 7.
5 BMF v. 11. 3. 2010, BStBl 2010 I 227, Tz. 8.
6 BMF v. 11. 3. 2010, BStBl 2010 I 227, Tz. 13, 14.
7 BMF v. 11. 3. 2010, BStBl 2010 I 227, Tz. 15.
8 BMF v. 11. 3. 2010, BStBl 2010 I 227, Tz. 16.

Übertragung von Vermögen unter Nießbrauchsvorbehalt: Wird begünstigtes Vermögen im Zusammenhang mit Versorgungsleistungen übertragen, ist dies unschädlich, solange der Nießbrauch lediglich Sicherungszwecken dient und der Vermögensübergeber gleichzeitig mit der Bestellung des Nießbrauchs dessen Ausübung nach § 1059 BGB dem Vermögensübernehmer überlässt.[1]

Ausreichend ertragbringendes Vermögen: Das übertragene Vermögen muss ausreichend ertragbringend sein, um die Versorgung des Übergebers aus dem übernommenen Vermögen zumindest teilweise zu sichern. Dies ist dann der Fall, wenn nach überschlägiger Berechnung die wiederkehrenden Leistungen nicht höher sind als der langfristig erzielbare Ertrag des übergebenen Vermögens. Diesbezüglich gibt es eine Beweiserleichterung bei der Übertragung eines Betriebs oder Teilbetriebs, wenn diese vom Übernehmer tatsächlich fortgeführt werden. Entsprechendes gilt bei Übertragungen i.S.d. § 10 Abs.1 Nr. 1a Satz 2 Buchst. a oder c EStG. Bei verpachteten oder überwiegend verpachteten Betrieben, Teilbetrieben, (Teil-)Mitunternehmeranteilen und GmbH-Anteilen oder bei PersGes, die selbst ihren gesamten Betrieb verpachtet haben, gilt die Beweiserleichterung jedoch nicht.[2]

Versorgungsleistungen gem. § 10 Abs. 1 Nr. 1a EStG

Umfang der Versorgungsleistungen: Versorgungsleistungen sind wiederkehrende Leistungen in Geld oder Geldeswert, insbesondere Geldleistungen, Übernahme von Aufwendungen und Sachleistungen. Hat der Vermögensübergeber neben begünstigtem Vermögen auch nicht begünstigtes Vermögen übertragen, ist es grundsätzlich nicht zu beanstanden, wenn die wiederkehrenden Leistungen in vollem Umfang der Übertragung des begünstigten Vermögens zugeordnet werden. Zu beachten ist ferner, dass Versorgungsleistungen, die mit steuerbefreiten Einkünften des Übernehmers in wirtschaftlichem Zusammenhang stehen, nicht als Sonderausgaben berücksichtigt werden können.[3]

Empfänger der Versorgungsleistungen: Empfänger der Versorgungsleistungen können der Übergeber des Vermögens, dessen Ehegatte und die gesetzlich erb- und pflichtteilsberechtigten Abkömmlinge[4] des Übergebers sowie der Lebenspartner einer eingetragenen Lebenspartnerschaft sein. Auch die Eltern des Übergebers können Empfänger von Versorgungsleistungen sein, wenn der Übergeber das übergebene Vermögen seinerseits von den Eltern im Wege der Vermögensübertragung im Zusammenhang mit Versorgungsleistungen erhalten hat. Bei Geschwistern als Empfänger besteht die widerlegbare Vermutung, dass diese nicht versorgt, sondern gleichgestellt werden sollen.[5]

Korrespondenzprinzip: Versorgungsleistungen in diesem Sinne sind im Wege des Korrespondenzprinzips vom Berechtigten als Einkünfte gem. § 22 Nr. 1b EStG zu versteuern, wenn der Verpflichtete zum Abzug der Leistungen als Sonderausgaben gem. § 10 Abs. 1 Nr. 1a EStG berechtigt ist.[6]

Wiederkehrende Leistungen auf die Lebenszeit des Empfängers der Versorgungsleistungen: Im Gegensatz hierzu sind wiederkehrende Leistungen auf die Lebenszeit des Empfängers der

---

1 BMF v. 11.3.2010, BStBl 2010 I 227, Tz. 24.
2 BMF v. 11.3.2010, BStBl 2010 I 227, Tz. 26 bis 29.
3 BMF v. 11.3.2010, BStBl 2010 I 227, Tz. 44 bis 49.
4 BMF v. 11.3.2010, BStBl 2010 I 227, Tz. 56.
5 BMF v. 11.3.2010, BStBl 2010 I 227, Tz. 50.
6 BMF v. 11.3.2010, BStBl 2010 I 227, Tz. 51 f.

Versorgungsleistungen, die für eine Mindestlaufzeit zu erbringen oder auf eine bestimmte Zeit beschränkt sind, nach den Grundsätzen über die einkommensteuerrechtliche Behandlung wiederkehrender Leistungen im Austausch mit einer Gegenleistung zu behandeln.[1]

Liegen die Voraussetzungen des § 10 Abs. 1 Nr. 1a EStG nicht vor, ist ein (teil-)entgeltliches Rechtsgeschäft gegeben, ohne Rücksicht darauf, dass Leistung und Gegenleistung nicht nach kaufmännischen Grundsätzen abgewogen sind, sondern die Versorgung des Übergebers bezwecken.[2]

Eine Ausnahme hiervon liegt vor, wenn der Verkehrswert des übertragenen Vermögens die 50 %-Grenze nicht erreicht. In diesen Fällen liegt eine Unterhaltsrente vor.[3]

▶ Sonstiges　　　　　　　　　　　　　　　　　　　　　　　　　　　　　　　　　　　151

Nachteilsausgleich bei Altersteilzeitvereinbarungen (BMF)

Das BMF hat zur Anwendung des BFH-Urteils v. 27.9.2017 - I R 53/15 zu Rückstellungen für den sog. Nachteilsausgleich bei Altersteilzeitvereinbarungen Stellung genommen.[4]

Zusatzbeiträge zur Handwerkskammer (BFH)

Für Kammerbeiträge eines künftigen Beitragsjahres, die sich nach der Höhe des in einem vergangenen Steuerjahr erzielten Gewinns bemessen, kann keine Rückstellung gebildet werden.[5]

Rückstellung für Entsorgungspflichten von Elektrogeräten (BFH)

Rückstellungen für die Entsorgung von nach dem 13.8.2005 in Verkehr gebrachten Elektro- und Elektronikgeräten können erst gebildet werden, wenn sich die Verpflichtung durch den Erlass einer sog. Abholanordnung hinreichend konkretisiert hat.[6]

Rückstellung für künftige Wartungsaufwendungen (BFH)

Die Wartungsverpflichtung nach § 6 LuftBO ist wirtschaftlich nicht in der Vergangenheit verursacht, weil wesentliches Merkmal der Überholungsverpflichtung das Erreichen der zulässigen Betriebszeit ist.[7]

(Einstweilen frei)　　　　　　　　　　　　　　　　　　　　　　　　　　　　　　152–160

II. Verrechnungs-/Saldierungsverbot, Bewertungseinheiten (§ 5 Abs. 1a EStG)

1. Verrechnungs-/Saldierungsverbot (§ 5 Abs. 1a Satz 1 EStG)

Durch das BilMoG (→ Rz. 2) wurde in § 5 Abs. 1a Satz 1 EStG ein allgemeines Verrechnungsverbot von Posten der Aktivseite mit Posten der Passivseite normiert. Damit wurde für die steuerliche Gewinnermittlung eine Ausnahme zu dem in § 246 Abs. 2 Satz 2 HGB durch das BilMoG eingeführten Verrechnungsgebot geschaffen, wonach Vermögensgegenstände, die dem Zugriff aller übrigen Gläubiger entzogen sind und ausschließlich der Erfüllung von Schulden aus　　　　　　　　　　　　　　　　　　　　　　　　　　　　　　　　　　　　161

1　BMF v. 11. 3. 2010, BStBl 2010 I 227, Tz. 56.
2　BMF v. 11. 3. 2010, BStBl 2010 I 227, Tz. 57.
3　BMF v. 11. 3. 2010, BStBl 2010 I 227, Tz 66.
4　BMF v. 22.10.2018, BStBl 2018 I S. 1112.
5　BFH v. 5.4.2017 - X R 30/15, BStBl 2017 II S. 900.
6　BFH, Urteil vom 25.1.2017 - I R 70/15, BStBl 2017 II S. 780.
7　BFH v. 9.11.2016 - I R 43/15, BStBl 2017 II S. 379.

Altersversorgungsverpflichtungen oder vergleichbaren langfristig fälligen Verpflichtungen dienen, in der Handelsbilanz zwingend mit diesen Schulden zu verrechnen sind (sog. Planvermögen). Durch das steuerliche Saldierungs- und Verrechnungsverbot für Planvermögen will der Gesetzgeber[1] den Grundsatz der Einzelbewertung (§ 6 Abs. 1 EStG) in diesen Fällen sicherstellen.

162–164 *(Einstweilen frei)*

2. Bewertungseinheiten (§ 5 Abs. 1a Satz 2 EStG)

165 **Übersicht:** Nach § 5 Abs. 1a Satz 2 EStG finden die Ergebnisse der in der handelsrechtlichen Rechnungslegung zur Absicherung finanzwirtschaftlicher Risiken gebildeten Bewertungseinheiten unmittelbar auch Eingang in die steuerliche Gewinnermittlung (sog. konkrete Maßgeblichkeit).[2]

166 **Handelsrechtliche Rechnungslegung als Anknüpfungspunkt:** § 5 Abs. 1a Satz 2 EStG knüpft an die in der handelsrechtlichen Rechnungslegung gebildeten Bewertungseinheiten an. Grundsätzlich sind Vermögensgegenstände und Schulden in der Handelsbilanz allerdings einzeln (§ 252 Abs. 1 Nr. 3 HGB), unter Beachtung des Realisations- und Imparitätsprinzip zu bewerten (§ 252 Abs. 1 Nr. 4 HGB). Hinsichtlich der Bildung von Bewertungseinheiten ist zwischen der Zeit vor und nach Inkrafttreten des BilMoG zu unterscheiden:

167 Schon vor Inkrafttreten des BilMoG bestand im Ergebnis Einigkeit,[3] dass der Einzelbewertungsgrundsatz sowie das Realisations- und Imparitätsprinzip einer Einschränkung bedürfen, wenn bewusst zwei gegenläufige Positionen (Grund- und Sicherungsgeschäft) gebildet wurden, um das Grundgeschäft durch das Sicherungsgeschäft abzusichern, so dass in diesen Fällen das Grund- und Sicherungsgeschäft zu einer Bewertungseinheit zusammengefasst werden durften.

Im Rahmen des BilMoG wurde für nach dem 31.12.1999 endende Geschäftsjahre diese bestehende Praxis zur Bildung von Bewertungseinheiten in § 254 HGB ausdrücklich kodifiziert. Nach der Neuregelung sind nunmehr für alle Unternehmensbranchen sowohl Mikro Hedges, als auch Makro Hedges, Portfolio Hedges und unter bestimmten Voraussetzungen auch antizipative Hedges zulässig.[4]

168 **Absicherung finanzwirtschaftlicher Risiken:** Erfasst werden nach § 5 Abs. 1a Satz 2 EStG nur solche Bewertungseinheiten, die zur Absicherung finanzwirtschaftlicher Risiken gebildet werden. Damit weicht der Wortlaut von § 254 HGB ab, so dass die handelsbilanziellen Bewertungseinheiten deutlich über den steuerlichen Erfassungsbereich hinausgehen könnten.[5] Mit Blick auf die Gesetzesbegründung, wonach Sicherungsgeschäfte zur Absicherung von Kursrisiken erfasst werden sollen,[6] dürfen aber wohl alle nach § 254 HGB gebildeten Bewertungseinheiten auch steuerlich erfasst werden.[7]

---

1 BT-Drucks. 16/10067, 99.
2 *Herzig/Briesemeister*, WPg 2010, 63.
3 *Tiedchen* in MüKoBilR, § 254 HGB Rz. 1 f., m.w. N.
4 Zu den Arten der Bewertungseinheiten vor und nach BilMoG und deren Abgrenzung vgl. *Tiedchen* in MüKoBilR, § 254 HGB Rz. 5 f., 8 ff., 15 ff.
5 So *Prinz*, GmbHR 2009, 1027.
6 BT-Drucks. 16/634, 10.
7 So auch *Schiffers* in Korn, § 5 EStG Rz. 452.1; *Herzig/Briesemeister*, Ubg 2009, 157.

Kompensatorische Bewertung: Ist eine Bewertungseinheit zu bilden, sind Grund- und Sicherungsgeschäft in einer Bewertungseinheit zusammenzufassen und damit unrealisierte Gewinne und Verluste der einzelnen Bewertungsobjekte zu saldieren (sog. kompensatorische Bewertung). Die steuerliche Gewinnermittlung folgt dabei der konkreten Abbildung in der Handelsbilanz. 169

Die Darstellung der Bewertungseinheit in der Bilanz kann nach überwiegender Auffassung[1] wahlweise nach der sog. Einfrierungsmethode (auch Nettomethode) oder der Durchbuchungsmethode (auch Bruttomethode) erfolgen. § 254 HGB schreibt keine bestimmte bilanzielle Abbildung vor. Die Finanzverwaltung spricht sich für den Vorrang der Einfrierungsmethode aus.[2] 170

Einfrierungsmethode: Wertänderungen von Grund- und Sicherungsgeschäften werden weder in der Bilanz noch in der GuV dargestellt,[3] soweit sie auf den effektiven Teil der Sicherungsbeziehung fallen, sich also ausgleichen (sog. kompensatorische Bewertung). Lässt der ineffektive Teil der Bewertungseinheit (die negativen Wertänderungen übersteigen die positiven) einen Verlust erwarten, ist dieser unrealisierte Verlust gemäß dem Imparitätsprinzip erfolgswirksam zu erfassen, hingegen darf ein nicht realisierter Gewinn nach dem Realisationsprinzip nicht erfasst werden. 171

Durchbuchungsmethode: Sämtliche Wertänderungen von Grund- und Sicherungsgeschäft werden ergebniswirksam erfasst. Die ergebniswirksame Berücksichtigung der Wertänderung innerhalb der Bewertungseinheit erfolgt aber nur insoweit, wie die Sicherungsbeziehung effektiv ist, wohingegen der ineffektive Teil nach allgemeinen handelsrechtlichen Grundsätzen behandelt wird. Die beiden Methoden führen somit hinsichtlich des effektiven Teils der Bewertungseinheit stets zu identischen Ergebnissen.[4] 172

Zur Passivierung von Drohverlustrückstellungen bei Verlusten aus handelsrechtlich gebildeten Bewertungseinheiten gem. § 5 Abs. 4a Satz 2 EStG vgl. → Rz. 282. 173

(Einstweilen frei) 174–180

III. Aktivierungsverbot für nicht entgeltlich erworbene immaterielle Wirtschaftsgüter des Anlagevermögens (§ 5 Abs. 2 EStG)

Anwendungsbereich: § 5 Abs. 2 EStG gilt sowohl für die Gewinnermittlung nach § 5 Abs. 1 EStG, § 4 Abs. 1 EStG als auch nach § 4 Abs. 3 EStG.[5] 181

Steuerrechtliches Aktivierungsverbot: Nach § 5 Abs. 2 EStG dürfen selbstgeschaffene immaterielle WG des Anlagevermögens nicht aktiviert werden; die Aufwendungen zur Herstellung stellen sofort abziehbare Betriebsausgaben gem. § 4 Abs. 4 EStG dar.[6] Hingegen sind immaterielle WG des Umlaufvermögens, wie z. B. EDV-Programme, stets zu aktivieren.[7] 182

Handelsrechtliches Aktivierungswahlrecht: Demgegenüber dürfen nach § 248 Abs. 2 HGB i. d. F. des BilMoG nun (§ 246 Abs. 1 Satz 1 i.V. m. § 248 Abs. 2 HGB a. F.: Aktivierungsverbot) – 183

---

1 Vgl. nur *Tiedchen* in MüKoBilR, § 254 HGB Rz. 73, m.w. N.
2 BMF v. 25.8.2010, NWB DokID: WAAAD-51343; OFD Rheinland v. 11.3.2011, DStZ 2011, 298.
3 Sondern nur in einer Nebenrechnung.
4 *Tiedchen* in MüKoBilR, § 254 HGB Rz. 76.
5 BFH v. 8.11.1979 - IV R 145/77, BStBl 1980 II 146.
6 BFH v. 8.9.2011 - IV R 5/09, BStBl 2012 II 122.
7 *Weber-Grellet* in Schmidt, § 5 EStG Rz. 161.

mit Ausnahme selbstgeschaffener Marken, Drucktitel, Verlagsrechte, Kundenlisten oder vergleichbarer immaterieller Vermögensgegenstände des Anlagevermögens – auch nicht entgeltlich erworbene immaterielle Vermögensgegenstände des Anlagevermögens aktiviert werden, wobei die Ausschüttungssperre des § 268 Abs. 8 HGB zu beachten ist. Bei Inanspruchnahme des handelsrechtlichen Aktivierungswahlrechts verbleibt es steuerlich beim Aktivierungsverbot.[1]

184 **Verhältnis zu anderen Vorschriften:** Keine Anwendung findet § 5 Abs. 2 EStG auf Einlagen,[2] verdeckte Einlagen in KapGes,[3] Entnahmen bzw. ihnen gleichstehende Betriebsaufgaben und vGA[4] sowie Übertragungen bei Liquidation von KapGes.[5] § 6 Abs. 3 EStG geht als speziellere Norm dem § 5 Abs. 2 EStG vor, so dass die Buchwerte aktivierter immaterieller WG bei unentgeltlichem Erwerb eines (Teil)Betriebs oder Mitunternehmeranteils fortzuführen sind. Ebenso geht § 6 Abs. 4 EStG (unentgeltliche Übertragung aus einem Betriebsvermögen in das Betriebsvermögen eines anderen Stpfl. aus betrieblichem Anlass) vor.[6]

Im Umwandlungssteuerrecht enthalten die §§ 3 Abs. 1 Satz 1 und 11 Abs. 1 Satz 1 UmwStG für die Schlussbilanz der übertragenden Gesellschaft bei Übertragungen zum gemeinen Wert ein ausdrückliches Ansatzgebot für immaterielle WG des Anlagevermögens, das als speziellere Regelung dem Ansatzverbot des § 5 Abs. 2 EStG vorgeht.[7] Die übertragende Gesellschaft ist insofern berechtigt, in ihrer steuerlichen Schlussbilanz in Durchbrechung des Aktivierungsverbots des § 5 Abs. 2 EStG auch selbstgeschaffene immaterielle Wirtschaftsgüter anzusetzen.[8] Für den Vermögensübergang zu Buch- oder Zwischenwerten gem. §§ 3 Abs. 2, 11 Abs. 2 UmwStG bleibt es hingegen bei der Geltung von § 5 Abs. 2 UmwStG.[9]

185 **Begriff immaterielles WG:** Nach allgemeinem Sprachgebrauch sind immaterielle WG unkörperliche Werte, wohingegen materielle WG körperliche Werte darstellen.[10] § 266 Abs. 2 A. I HGB weist als immaterielle WG selbstgeschaffene gewerbliche Schutzrechte und ähnliche Rechte und Werte, entgeltlich erworbene Konzessionen, gewerbliche Schutzrechte und ähnliche Rechte und Werte sowie Lizenzen an solchen Rechten und Werten, den Geschäfts- oder Firmenwert und geleistete Anzahlungen auf immaterielle WG aus. Trotz „Unkörperlichkeit" zählen danach nicht zu den immateriellen WG grundstücksgleiche Rechte (z. B. Erbbaurecht, vgl. auch § 266 Abs. 2 A. II. 1 HGB), Bauten auf fremdem Grund und Boden (vgl. § 266 Abs. 2 A. II. 1 HGB), Finanzanlagen (vgl. § 266 Abs. 2 A. III HGB), Forderungen und sonstige Vermögensgegenstände (vgl. § 266 Abs. 2 B. II HGB), Wertpapiere (vgl. § 266 Abs. 2 A. III. 5 und B. III HGB) und Bankbestände, Schecks u. Ä. (§ 266 Abs. 2 B. IV HGB). Der bilanzrechtliche Begriff des immateriellen WG ist hier somit enger als der nach dem allgemeinen Sprachgebrauch.

---

1 *Schiffers* in Korn, § 5 EStG Rz. 501.
2 BFH v. 26. 10. 1987 - GrS 2/86, BStBl 1988 II 348; BFH v. 20. 8. 1986 - I R 150/82, BStBl 1987 II 455.
3 BFH v. 26. 10. 1987 - GrS 2/86, BStBl 1988 II 348; BFH v. 20. 8. 1986 - I R 150/82, BStBl 1987 II 455.
4 BFH v. 26. 10. 1987 - GrS 2/86, BStBl 1988 II 348; BFH v. 20. 8. 1986 - I R 150/82, BStBl 1987 II 455; BFH v. 5. 6. 2002 - I R 6/01, BFH/NV 2003, 88 = NWB DokID: FAAAA-68123.
5 *Weber-Grellet* in Schmidt, § 5 EStG Rz. 165.
6 *Weber-Grellet* in Schmidt, § 5 EStG Rz. 166.
7 Vgl. auch FG Düsseldorf v. 3. 12. 2012 - 6 K 1882/10 F, EFG 2013, 337, aus verfahrensrechtlichen Gründen aufgehoben durch BFH v. 21. 10. 2014 - I R 1/13, BFH/NV 2015, 660 = NWB DokID: KAAAE-86097.
8 BFH v. 10. 9. 2015 - IV R 49/14, BStBl 2016 II 722 (für allgemein anwendbar erklärt durch BMF am 21. 7. 2016).
9 HHR/*Anzinger*, § 5 Rz. 1776.
10 BFH v. 5. 10. 1979 - III R 78/75, BStBl 1980 II 16; BFH v. 30. 10. 2008 - III R 82/06, BStBl 2009 II 421.

Bei einheitlichen WG, die sowohl materielle als auch immaterielle Elemente aufweisen, ist vorrangig auf das wirtschaftliche Interesse abzustellen, d. h., wofür der Kaufpreis gezahlt wird (Werterelation) und ob es dem Erwerber überwiegend auf den materiellen oder immateriellen Gehalt ankommt. Daneben ist auch danach zu unterscheiden, ob der Verkörperung eine eigenständige Bedeutung zukommt oder ob sie lediglich als „Träger" den immateriellen Gehalt festhalten soll. Bücher und Tonträger sind danach als materielle WG anzusehen.[1] Standardsoftware ist hingegen nach einer neueren Entscheidung auch dann als immaterielles WG anzusehen, wenn die Software auf einem Datenträger gespeichert ist.[2]

186

Weitere immaterielle WG sind z. B.[3] Alleinvertriebsrechte, Belieferungsrechte, Erfindungen, Fabrikationsverfahren, Firmen- oder Geschäftswert, Gebrauchsmuster, Gewinnchancen aus schwebenden Geschäften, Güterfernverkehrsgenehmigungen, Handelsvertreterrecht, Knowhow, Konzessionen, Kundenstamm, soweit nicht im Firmen-/Geschäftswert enthalten, Lizenzen, Markenrechte, Optionsrechte, Patente, Spielerlaubnis nach dem Lizenzspielerstatut des Deutschen Fußball-Bundes, Tonträger, Urheberrechte, Verlagsrechte, Vorkaufsrechte, Wettbewerbsverbote.

187

Entgeltlicher Erwerb als Aktivierungsvoraussetzung: In der Steuerbilanz sind immaterielle WG des Anlagevermögens nach § 5 Abs. 2 EStG verpflichtend zu aktivieren, sofern diese entgeltlich erworben wurden.

188

Erwerb bedeutet dabei nur den abgeleiteten Erwerb von einem Dritten, nicht hingegen die Herstellung durch den Stpfl.[4] Der abgeleitete Vertrag kann dabei durch Vertrag (z. B. Kauf oder Tausch), durch Hoheitsakt (z. B. öffentlich-rechtliche Betriebsrechte) oder kraft Gesetzes (z. B. Zuschlag bei einer Zwangsversteigerung) erfolgen. Auch WG, die erst durch das Erwerbsgeschäft entstehen (z. B. entgeltlich erworbene Belieferungsrechte) können gem. § 5 Abs. 2 EStG erworben werden.[5] Zur Einlage siehe unten → Rz. 196, zu Umwandlungsvorgängen siehe unten → Rz. 201.

189

Entgeltlichkeit ist gegeben, wenn für das immaterielle WG als solches eine geldwerte Gegenleistung erbracht wird. Die Art des Entgelts ist unerheblich,[6] so dass eine Geldzahlung keine tatbestandliche Voraussetzung für eine Aktivierung nach § 5 Abs. 2 EStG ist. Als Gegenleistung kommt z. B. auch ein Sachbezug oder die Einräumung eines sonstigen Vorteils, etwa die (zeitlich befristete) Einräumung eines Nutzungsrechts oder eine zinslose bzw. niedrig verzinste Darlehensgewährung, in Betracht.[7]

190

Wiederkehrende Gegenleistungen können Entgelt i. S. d. § 5 Abs. 2 EStG darstellen, soweit nicht der Grundsatz des Verbots der Bilanzierung schwebender Geschäfte eingreift, der dem Aktivierungsgebot des § 5 Abs. 2 EStG vorgeht.[8] Unter einem schwebenden Geschäft ist ein zweiseitig verpflichtender Vertrag zu verstehen, der auf einen Leistungsaustausch gerichtet ist

191

---

1 H 5.5 „Abgrenzung zu materiellen Wirtschaftsgütern" EStH; BFH v. 30. 10. 2008 - III R 82/06, BStBl 2009 II 421.
2 BFH v. 18. 5. 2011 - X R 25/09, BStBl 2011 II 865.
3 Siehe hierzu auch die Aufzählung bei BFH v. 4. 12. 2006 - GrS 1/05, BStBl 2007 II 508 sowie H 5.5 EStH.
4 HHR/*Anzinger*, § 5 EStG Rz. 1831, m. w. N.
5 HHR/*Anzinger*, § 5 EStG Rz. 1832, m. w. N.; R 5.5 Abs. 2 „Entgeltlicher Erwerb" EStR.
6 *Weber-Grellet* in Schmidt, § 5 EStG Rz. 192.
7 *Prinz/Kanzler*, NWB Praxishandbuch Bilanzsteuerrecht, Rz. 3160.
8 Vgl. BFH v. 19. 6. 1997 - IV R 16/95, BStBl 1997 II 808; BFH v. 12. 8. 1982 - IV R 184/79, BStBl 1982 II 696; BFH v. 26. 8. 1992 - I R 24/91, BStBl 1992 II 977.

und den der zu Sach- oder Dienstleistung Verpflichtende noch nicht erfüllt hat.[1] Bezieht sich die wiederkehrende Gegenleistung allerdings auf schwankende, ungewisse Bezugsgrößen, wie z. B. Umsatz oder Gewinn, liegt zwar ein entgeltlicher Erwerb vor, die Anschaffungskosten können aber praktisch nicht ermittelt werden. In diesen Fall kann eine Aktivierung unterbleiben und die tatsächlichen Zahlungen können als laufende Betriebsausgaben abgezogen werden.[2]

192 **Eine gesonderte Vereinbarung oder ein gesonderter Ausweis des Entgelts** ist nicht erforderlich. Ausreichend ist vielmehr, dass Aufwendungen getätigt werden, die nach dem Inhalt des Erwerbsvertrags oder jedenfalls nach den Vorstellungen beider Vertragspartner[3] Gegenleistung für die erlangten Vorteile sind.[4] Das Entgelt muss sich allerdings auf den Vorgang des abgeleiteten Erwerbs des immateriellen WG als solchen beziehen. Danach genügt es nicht, dass dem Erwerber gelegentlich irgendwelche Aufwendungen entstanden sind.[5] So ist es z. B. nicht ausreichend, wenn Provisionszahlungen im Rahmen des Erwerbs des immateriellen WG gezahlt werden.[6]

193 **Tausch und verlorener Zuschuss:** Auch beim Tausch eines immateriellen WG gegen ein anderes (immaterielles) WG liegt ein entgeltlicher Erwerb vor.[7] Bei der Hingabe eines sog. verlorenen Zuschusses liegt ein entgeltlicher Erwerb eines immateriellen WG vor, wenn der Zuschussgeber von dem Zuschussempfänger eine bestimmte Gegenleistung erhält oder eine solche nach den Umständen zu erwarten ist oder wenn der Zuschussgeber durch die Zuschusshingabe einen besonderen Vorteil erlangt, der nur für ihn wirksam ist.[8]

194 **Kein entgeltlicher Erwerb**[9] liegt u. a. vor bei

▶ Aufwendungen, die nicht Entgelt für den Erwerb eines WG von einem Dritten, sondern nur Arbeitsaufwand oder sonstiger Aufwand, z. B. Honorar für Dienstleistungen, für einen im Betrieb selbstgeschaffenen Wert oder Vorteil sind;[10]

▶ Aufwendungen, die lediglich einen Beitrag zu den Kosten einer vom Stpfl. mitbenutzten Einrichtung bilden, z. B. Beiträge zum Ausbau einer öffentlichen Straße oder zum Bau einer städtischen Kläranlage; diese Aufwendungen gehören zu den nicht aktivierbaren Aufwendungen für einen selbstgeschaffenen Nutzungsvorteil;[11]

▶ selbstgeschaffene immaterielle WG, z. B. Patente.[12]

PRAXISHINWEIS:
Soll es zu einer Aktivierung immaterieller WG kommen, kann die bewusste entgeltliche Übertragung an verbundene Unternehmen oder Gesellschaften erfolgen. Nach h. M. kann nämlich auch ein Erwerb zwischen verbundenen bzw. konzernangehörigen Unternehmen als entgeltlich i. S. d. § 5 Abs. 2 EStG angesehen werden.[13]

---

1 BFH v. 11.12.1985 - I B 49/85, BFH/NV 1986, 595 = NWB DokID: DAAAB-27910.
2 BFH v. 18.1.1989 - X R 10/86, BStBl 1982 II 550, m.w. N.
3 BFH v. 26.2.1975 - I R 72/73, BStBl 1976 II 13.
4 BFH v. 3.8.1993 - VIII R 37/92, BStBl 1994 II 444; BFH v. 16.5.2002 - III R 45/98, BStBl 2003 II 10.
5 BFH v. 3.8.1993 - VIII R 37/92, BStBl 1994 II 444; BFH v. 13.12.1984 - VIII 249/80, BStBl 1985 II 289.
6 BFH v. 3.8.1993 - VIII R 37/92, BStBl 1994 II 444.
7 BFH v. 13.7.1971 - VIII 15/65, BStBl 1971 II 731.
8 R 5.5 Abs. 2 Satz 4 EStR.
9 Vgl. auch H 5.5 EStH.
10 BFH v. 26.2.1975 - I R 184/73, BStBl 1975 II 443.
11 BFH v. 26.2.1980 - VIII R 80/77, BStBl 1980 II 687.
12 BFH v. 8.11.1979 - IV R 145/77, BStBl 1980 II 146.
13 Vgl. nur HHR/Anzinger, § 5 EStG Rz. 1845, m.w. N. zum Streitstand.

Abgrenzung zur Herstellung: Während für selbsthergestellte immaterielle WG des Anlagevermögens gem. § 5 Abs. 2 EStG ein Aktivierungsverbot besteht, sind selbstgeschaffene immaterielle WG des Umlaufvermögens aktivierungspflichtig. Für die Abgrenzung der entgeltlichen Anschaffung zu den Aufwendungen für die Herstellung ist maßgeblich, ob der Stpfl. derjenige ist, der das Herstellungsgeschehen beherrscht und auf dessen Gefahr und Rechnung die Erstellung des Gutes erfolgt (= nichtaktivierungsfähiger Herstellungsaufwand).[1]   195

(Verdeckte) Einlage, verdeckte Gewinnausschüttung, Entnahme und Liquidation: Bei **Einlagen** findet sowohl nach Ansicht der Finanzverwaltung[2] als auch der Rechtsprechung des BFH[3] das Aktivierungsverbot für nicht entgeltlich erworbene immaterielle WG keine Anwendung, so dass auch selbstgeschaffene und unentgeltlich erworbene immaterielle WG zu aktivieren sind, wenn diese in das Betriebsvermögen eingelegt werden.   196

Eine verdeckte Einlage liegt vor, wenn der Gesellschafter[4] außerhalb der gesellschaftsrechtlichen Einlagen der Körperschaft einen einlagefähigen Vermögensvorteil zuwendet und diese Zuwendung durch das Gesellschaftsverhältnis veranlasst ist. Dabei kann auch ein immaterielles WG Gegenstand einer verdeckten Einlage sein. Zwar steht in diesem Fall der Vorteilsgewährung des Gesellschafters kein Entgelt der Gesellschaft gegenüber, gleichwohl ist das immaterielle WG zu aktivieren (Ausnahme: reine Nutzungsvorteile), da die Regelungen in § 8 Abs. 3 Satz 3 bis 6 KStG dem Aktivierungsverbot nach § 5 Abs. 2 EStG vorgehen.[5]   197

Auch vGA an den Gesellschafter erfolgen regelmäßig ohne Gegenleistung. Jedoch hat auch hier der Gesellschafter das immaterielle WG zu aktivieren, da die Regelungen zur verdeckten Gewinnausschüttung § 5 Abs. 2 EStG vorgehen.[6]   198

Entnahmen sind alle WG, die der Stpfl. dem Betrieb für sich, für seinen Haushalt oder für andere betriebsfremde Zwecke im Laufe des Wj. entnommen hat (§ 4 Abs. 1 Satz 2 EStG). Die Entnahmefähigkeit eines immateriellen WG gilt dabei unabhängig von der Aktivierbarkeit. Somit können auch nicht aktivierte immaterielle WG, wie z. B. selbstgeschaffene Patente, Gegenstand einer Entnahme sein.[7]   199

Die Liquidation ist kein entgeltlicher Vorgang.[8] Gleichwohl wird überwiegend angenommen, dass ein immaterielles WG, das der Gesellschafter aufgrund der Liquidation der KapGes erhält, beim Gesellschafter zu aktivieren ist.[9]   200

Umwandlungsfälle nach dem UmwG können einen entgeltlichen Erwerb i. S. d. § 5 Abs. 2 EStG auslösen. So z. B. wenn eine KapGes ihrem ausscheidenden Gesellschafter eine Abfindung zahlt, die u. a. von ihr selbstgeschaffene und bisher nicht bilanzierte WG abgilt.[10]   201

Abgrenzung zu (unselbständigen) geschäftswertbildenden Faktoren: Unselbständige geschäftswertbildende Faktoren sind auch bei einem entgeltlichen Erwerb nicht als selbständige   202

---

1 *Crezelius* in Kirchhof, § 5 EStG Rz. 68.
2 R 5.5 Abs. 2 Satz 1 EStR.
3 BFH v. 22. 1. 1980 - VIII R 74/77, BStBl 1980 II 244.
4 Oder eine ihm nahe stehende Person.
5 BFH v. 20. 8. 1986 - I R 150/82, BStBl 1987 II 455.
6 BFH v. 20. 8. 1986 - I R 150/82, BStBl 1987 II 455.
7 *Weber-Grellet* in Schmidt, § 5 EStG Rz. 301.
8 BFH v. 19. 4. 1977 - VIII R 23/75, BStBl 1977 II 12.
9 Vgl. nur *Krumm* in Blümich, § 5 EStG Rz. 551.
10 *Krumm* in Blümich, § 5 EStG, Rz. 537.

immaterielle Einzel-WG aktivierbar.[1] Geschäftswert ist der Mehrwert, der einem gewerblichen Unternehmen über den Wert der einzelnen materiellen und immateriellen WG des Betriebsvermögens hinaus innewohnt. Er ist Ausdruck für die Gewinnchancen eines Unternehmens, soweit sie nicht in den einzelnen WG verkörpert sind.[2] Eine Aktivierung als Anschaffungskosten für einen Anteil am Geschäftswert ist demnach (nur) geboten, soweit die Aufwendungen nicht nachweisbar als Entgelt für bestimmte materielle oder immaterielle Einzel-WG bzw. die stillen Reserven in solchen Einzel-WG bezahlt worden sind.[3] Für die Frage, ob Aufwendungen Anschaffungskosten für bestimmte immaterielle Einzel-WG sind, können bilanzsteuerrechtlich die Erklärungen der Vertragsparteien, insbesondere die im Einzelfall gewählte Bezeichnung für den Gegenstand des entgeltlichen Erwerbs nur insoweit maßgeblich sein, als sie den objektiven Gegebenheiten entsprechen.[4] Dabei kann in Zweifelsfällen auch bedeutsam sein, ob die Vertragsparteien bei oder vor Vertragsabschluss im Rahmen der Preisfindung erkennbar eine rational nachvollziehbare Einzelbewertung bestimmter tatsächlicher oder rechtlicher Verhältnisse des Unternehmens vorgenommen und damit deren selbständige Bewertbarkeit als immaterielle Einzel-WG indiziert haben.[5]

203 **Bilanzierung ausgewählter immaterieller WG (EDV-Software und Nutzungsrechte):** Bei EDV-Software ist für steuerbilanzrechtliche Zwecke zunächst zwischen Systemsoftware (Betriebssoftware) und Anwendersoftware (z. B. Textverarbeitungsprogramme) zu unterscheiden, wobei die Anwendersoftware als Individualsoftware speziell für den einzelnen Anwender oder als Standardsoftware für eine unbestimmte Anzahl von Anwendern ausgestaltet sein kann.[6] Dabei ist Software grundsätzlich nicht als Einheit mit der Hardware, sondern steuerbilanziell gesondert zu behandeln. Dies gilt auch für Systemsoftware, für die abgrenzbare Kosten von den Aufwendungen für die Hardware entstanden sind – z. B. aufgrund gesonderten Ausweises in der Rechnung oder aufgrund gesonderter Anschaffung.[7] Hingegen bildet die Hardware zusammen mit der Software eine Einheit, sofern die Software ohne gesonderte Berechnung und ohne Aufteilbarkeit des Entgelts zur Verfügung gestellt wird.[8]

204 **Standardsoftware** wird nach geänderter BFH-Rechtsprechung[9] zwischenzeitlich als immaterielles WG angesehen.[10] Ausgenommen sind allerdings Trivialprogramme, die als abnutzbare bewegliche und selbständig nutzbare WG angesehen werden, wobei die Finanzverwaltung bei Anschaffungskosten von weniger als 410 € typisierend von Trivialprogrammen ausgeht.[11] Ebenfalls keine immateriellen WG sind Computerprogramme, die keine Befehlsstruktur enthalten, sondern nur Bestände von Daten, die allgemein bekannt und jedermann zugänglich sind, z. B. Zahlen und Buchstaben.[12]

---

1 BFH v. 7.11.1985 - VI R 7/83, BStBl 1986 II 176; BFH v. 26.11.2009 - III R 40/07, BStBl 2010 II 609.
2 BFH v. 12.8.1982 - IV R 43/79, BStBl 1982 II 652.
3 BFH v. 25.11.1981 - I R 54/77, BStBl 1982 II 189.
4 BFH v. 25.11.1981 - I R 54/77, BStBl 1982 II 189.
5 BFH v. 7.11.1985 - VI R 7/83, BStBl 1986 II 176.
6 *Schiffers* in Korn, § 5 EStG Rz. 531.
7 BFH v. 28.7.1994 - III R 47/92, BStBl 1994 II 873.
8 BFH v. 28.7.1994 - III R 47/92, BStBl 1994 II 873.
9 Vgl. BFH v. 18.5.2011 - X R 26/09, BStBl 2011 II 865.
10 Zunächst ging die Rechtsprechung von einem materiellen WG aus, da die immaterielle Eigenschaft in Folge der häufigen Vervielfältigung untergehe, vgl. z. B. BFH v. 28.10.2008 - IX R 22/08, BStBl 2009 II 527; BFH v. 30.10.2008 - III R 82/06, BStBl 2009 II 421.
11 Vgl. hierzu R 5.5 Abs. 1 Satz 2 und 3 EStR.
12 H 5.5 „Keine immateriellen Wirtschaftsgüter" EStH.

Bei Individualsoftware ist typischerweise von einem immateriellen WG auszugehen.[1] Aus- 205
genommen sind auch hier Trivialprogramme sowie Programme mit fehlender Befehlsstruktur.

Bei Softwarelösungen, die aus mehreren Modulen bestehen, liegen grundsätzlich mehrere 206
WG vor, soweit voneinander unabhängig nutzbare Teileinheiten bestehen, die auch einer getrennten Bewertung zugänglich sind.[2] Auch ERP-Software ist ein Softwaresystem, das zur Optimierung von Geschäftsprozessen eingesetzt und aus verschiedenen Modulen (z. B. Fertigung, Finanzen, Logistik, Personal, Vertrieb) zusammengestellt wird. Es handelt sich dabei regelmäßig um Standardsoftware und bei entgeltlichem Erwerb somit um ein aktivierungspflichtiges immaterielles WG des Anlagevermögens. Dabei bilden alle Module zusammen – wegen ihres einheitlichen Nutzungs- und Funktionszusammenhangs – ein Softwaresystem, d. h. ein WG.[3] Kosten der Installation, des Customizing und der Implementierung gehören grundsätzlich zu den Anschaffungsnebenkosten, soweit die Aufwendungen dazu dienen, die Software in einen betriebsbereiten Zustand zu versetzen.[4] Customizing bezeichnet dabei die Anpassung an die Struktur des Unternehmens und die Organisationsabläufe ohne Programmierung (nur branchen- und unternehmensspezifische Einstellungen in Tabellen).[5] Planungskosten, die in direktem Zusammenhang mit der Software stehen, gehören ebenso zu den Anschaffungsnebenkosten. Hingegen sind Kosten der Datenmigration und Schulungskosten sofort abziehbare Betriebsausgaben (§ 4 Abs. 4 EStG).[6]

PRAXISHINWEIS

Bei der Einführung eines neuen Softwaresystems ist somit eine sorgfältige Dokumentation der einzelnen Arbeitsschritte durch den Stpfl. erforderlich, um eine Abgrenzung zwischen Anschaffungskosten und abzugsfähigen Betriebsausgaben vornehmen zu können.

Auch bei Updates dürfte es sich regelmäßig um sofort abzugsfähigen Aufwand handeln, dies 207
jedenfalls dann, wenn das Update lediglich Programmpflege ist, um die Software auf einen aktuellen Stand zu bringen.[7]

Nutzungsrechte können dinglicher oder schuldrechtlicher Art sein. Dingliche Nutzungsrechte 208
sind z. B. das Erbbaurecht (§ 1 ErbbauRG), der Nießbrauch (§ 1030 BGB), das Wohnungsrecht (§ 1039 BGB), das Dauerwohn- und Dauernutzungsrecht (§ 31 WEG) sowie die ausschließliche Lizenz (§ 15 Abs. 2 PatG; § 31 Abs. 3 UrhG) und das Verlagsrecht (§ 8 VerlagsG). Schuldrechtliche Nutzungsrechte sind insbesondere Miete (§ 535 BGB), Pacht (§ 581 BGB) sowie die Leihe (§ 598 BGB) und das Leasing.[8]

Die WG-Qualität von dinglichen und schuldrechtlichen Nutzungsrechten ist jedenfalls dann zu 209
bejahen, wenn dem Nutzenden eine rechtlich gesicherte Position eingeräumt wird, die ihm

---

1 BFH v. 28. 7. 1994 - III R 47/92, BStBl 1994 II 873; BFH v. 8. 2. 1996 - III R 76/90, BFH/NV 1996, 643 = NWB DokID: EAAAA-97328.
2 *Schiffers* in Korn, § 5 EStG Rz. 533.
3 BMF v. 18. 11. 2005, BStBl 2005 I 1025, Tz. 1, 2.
4 BMF v. 18. 11. 2005, BStBl 2005 I 1025, Tz. 6.
5 BMF v. 18. 11. 2005, BStBl 2005 I 1025, Tz. 6.
6 BMF v. 18. 11. 2005, BStBl 2005 I 1025, Tz. 15, 19.
7 So z. B. auch FG Niedersachsen v. 16. 1. 2003 - 10 K 82/99, EFG 2003, 601, rkr.
8 Zu den dinglichen und schuldrechtlichen Nutzungsrechten s. auch *Schiffers* in Korn, § 5 EStG Rz. 537.

ohne seinen Willen nicht mehr entzogen werden kann.[1] Ist danach das Vorliegen eines WG zu bejahen, handelt es sich grundsätzlich um ein immaterielles WG.[2]

210 **Hinsichtlich der Bilanzierungsfähigkeit von Nutzungsrechten** ist zum einen zu berücksichtigen, dass es sich i. d. R. um Dauerschuldverhältnisse und damit um schwebende Geschäfte handelt, die grundsätzlich nur bei Vorausleistung oder Unausgewogenheit von Leistung und Gegenleistung bilanziert werden können.[3] Zum anderen können bzw. müssen sie als immaterielle WG nach § 5 Abs. 2 EStG nur bei entgeltlichem Erwerb aktiviert werden.

211 **Beim Erwerb des Nutzungsrechts von einem Dritten** gelten für dessen Bilanzierung keine Besonderheiten.[4] Bei entgeltlichem Erwerb, z. B. durch Zahlung an einen Dritten für den Eintritt in Automatenaufstellungsverträge,[5] hat zwingend eine Aktivierung zu erfolgen.

212 **Bei Einräumung des Nutzungsrechts durch den Inhaber bzw. Eigentümer** des zu nutzenden WG, ist dies die Gegenleistung für das Nutzungsentgelt. Damit ist die Leistung des Eigentümers/Inhabers grundsätzlich erst bei vereinbartem Laufzeitende vollständig erbracht. Daher greift hier i. d. R. der Grundsatz der Nichtbilanzierung schwebender Geschäfte ein. Es liegen keine Aufwendungen für den Erwerb eines Nutzungsrechts, d. h. keine Anschaffungskosten, vor.[6] Betroffen von diesem Aktivierungsverbot sind insbesondere laufende Nutzungsentgelte, wie Lizenzgebühren, Miete oder Pacht.[7] Vorauszahlungen sind aber regelmäßig über aktive RAP (vgl. z. B. → Rz. 338 und → Rz. 342) oder Aktivierung einer Anzahlung (vgl. → Rz. 96) zu erfassen.

213–220 *(Einstweilen frei)*

IV. Bedingt rückzahlbare Verpflichtungen (§ 5 Abs. 2a EStG)

221 **Übersicht:** Das steuerrechtliche Passivierungsverbot des § 5 Abs. 2a EStG greift ein, wenn eine Verpflichtung nur zu erfüllen ist, wenn und soweit künftig Einnahmen oder Gewinne anfallen. Betroffen sind insbesondere das Druck- und Verlagswesen sowie die bedingte Rückzahlbarkeit öffentlicher Zuschüsse.

222 **Entwicklung:** Der durch das StBereinG 1999 eingefügte § 5 Abs. 2a EStG (vgl. hierzu und zum zeitlichen Anwendungsbereich → Rz. 5) ist als rechtsprechungsbrechende Korrekturvorschrift[8] zu verstehen. Nach Ansicht des BFH sind Verbindlichkeitsrückstellungen auszuweisen, sofern eine bedingte Rückzahlungsverpflichtung aus öffentlich-rechtlichen, vertraglichen oder gesetzlichen Zuschussverhältnissen besteht[9] oder sofern diese ausschließlich aus künftig bestehenden Gewinnen zu erfüllen ist.[10] Die Finanzverwaltung hatte auf diese Rechtsprechung des BFH

---

1 BFH v. 26. 10. 1987 - GrS 2/86, BStBl 1988 II 348; BFH v. 22. 1. 1980 - VIII R 74/77, BStBl 1980 II 244; BFH v. 20. 11. 1980 - IV R 117/79, BStBl 1981 II 68; BFH v. 2. 8. 1983 - VIII R 57/80, BStBl 1983 II 739; BFH v. 19. 6. 1997 - IV R 16/95, BStBl 1997 II 808; *Krumm* in Blümich, § 5 EStG Rz. 585; *Schiffers* in Korn, § 5 EStG Rz. 538.
2 BFH v. 26. 10. 1987 - GrS 2/86, BStBl 1988 II 348; BFH v. 20. 11. 2012 - VIII R 31/09, BFH/NV 2013, 527 = NWB DokID: NAAAE-30140.
3 BFH v. 19. 6. 1997 - IV R 16/95, BStBl 1997 II 808, m. w. N.
4 *Krumm* in Blümich, § 5 EStG Rz. 589; *Prinz/Kanzler*, NWB Praxishandbuch Bilanzsteuerrecht, Rz. 3184.
5 BFH v. 17. 3. 1977 - IV R 218/72, BStBl 1977 II 595.
6 BFH v. 11. 10. 1983 - VIII R 61/81, BStBl 1984 II 267; *Krumm* in Blümich, § 5 EStG Rz. 590.
7 BFH v. 19. 10. 1993 - VIII R 87/91, BStBl 1994 II 109; BFH v. 25. 10. 1994 - VIII R 65/91, BStBl 1995 II 312; BFH v. 19. 6. 1997 - IV R 16/95, BStBl 1997 II 808.
8 Vgl. BT-Drucks. 14/2070, 40; kritisch hierzu *Crezelius* in Kirchhof, § 5 EStG Rz. 134.
9 BFH v. 3. 7. 1997 - IV R 49/96, BStBl 1998 II 244.
10 BFH v. 20. 9. 1995 - X R 225/93, BStBl 1997 II 320; BFH v. 3. 7. 1997 - IV R 49/96, BStBl 1998 II 244.

zunächst mit einem Nichtanwendungserlass reagiert.[1] Nachdem der BFH seine Rechtsprechung bestätigt hatte,[2] bestätigte der Gesetzgeber mit § 5 Abs. 2a EStG die Verwaltungsauffassung.

Voraussetzung für den Passivierungsaufschub des § 5 Abs. 2a EStG ist, dass eine Verpflichtung ausschließlich im Fall künftiger Einnahmen oder Gewinne zu erfüllen ist. Insofern ist § 5 Abs. 2a EStG nicht einschlägig bei Verpflichtungen, für deren Erfüllung der Eintritt anderer Ereignisse Bedingung ist.[3] Unerheblich ist es hingegen nach Ansicht des FG Münster,[4] ob die Schuld gerade aus den künftigen Einnahmen oder Gewinnen zu erfüllen ist. Ausreichend für die Eröffnung des Anwendungsbereichs des § 5 Abs. 2a EStG ist vielmehr eine innere Verknüpfung.[5]

223

Einnahmen- oder Gewinnanfall: Verbindlichkeiten oder Rückstellungen sind in den Fällen des § 5 Abs. 2a EStG erst dann anzusetzen, wenn die Einnahmen oder Gewinne angefallen sind. Für die Frage des Vorliegens von Einnahmen oder Gewinnen sind § 8 Abs. 1 bzw. § 4 Abs. 1 EStG maßgeblich.[6] Fallen zwar Einnahmen oder Gewinne i. S. v. § 5 Abs. 2a EStG an, sind diese aber zur vollständigen Tilgung der Verbindlichkeit nicht ausreichend, besteht auch das Passivierungsverbot anteilig hinsichtlich desjenigen Teils der Verbindlichkeit fort, der nicht aus den erwirtschafteten Beträgen getilgt werden konnte. Würde man einen vollständigen Ausweis der Verbindlichkeit bereits bei teilweiser Vereinnahmung von Gewinnen oder Einnahmen zulassen,[7] würde eine Verbindlichkeit ausgewiesen werden, die dann – entgegen dem Ziel der Regelung – anteilig von künftigen Einnahmen und Gewinnen abhängig ist.[8]

224

Rechtsfolgen: Liegen die Voraussetzungen des § 5 Abs. 2a EStG vor, besteht ein zeitweiliges Passivierungsverbot sowohl von Verbindlichkeiten als auch für Rückstellungen für ungewisse Verbindlichkeiten bis zu dem Wj., in dem die entsprechenden Einnahmen oder Gewinne anfallen. Zu berücksichtigen ist aber andererseits, dass Zuwendungen, deren Rückzahlung von künftigen Einnahmen oder Gewinnen abhängt, ergebniswirksam zu vereinnahmen und damit der Besteuerung zu unterwerfen sind.[9]

225

Rangrücktritt: Der Rangrücktritt hat sich in der Praxis als vorinsolvenzrechtliches Sanierungsinstrument zur Überschuldungsbeseitigung bewährt. Allgemein versteht man unter Rangrücktritt den zwischen Gläubiger und Schuldner vereinbarten Nachrang einer schuldrechtlichen Verpflichtung bzw. einer bestehenden Forderung, wobei zunächst sämtliche übrigen Verbindlichkeiten zu tilgen sind, bis die Unternehmenskrise überwunden ist.[10] Beim Rangrücktritt ändert sich somit nur die Rangordnung, wohingegen die Verbindlichkeit an sich bestehen bleibt.

226

---

1 BMF v. 27. 4. 1998, BStBl 1998 I 368; BMF v. 28. 4. 1997, BStBl 1997 I 398.
2 BFH v. 17. 12. 1998 - IV R 21/97, BStBl 2000 II 116.
3 HHR/*Richter*, § 5 EStG Rz. 1916.
4 FG Münster v. 17. 8. 2010 - 1 K 3969/07 F, EFG 2011, 468, rkr.
5 Zustimmend; *Krumm* in Blümich, § 5 EStG Rz. 762a; ablehnend: *Prinz/Kanzler*, NWB Praxishandbuch Bilanzsteuerrecht, Rz. 6178.
6 *Krumm* in Blümich, § 5 EStG Rz. 762b: maßgeblich ist, welche Vorgänge nach den jeweiligen Vereinbarungen die Erfüllungspflicht auslösen.
7 So *Strahl* in Korn, § 5 EStG Rz. 548.
8 *Prinz/Kanzler*, NWB Praxishandbuch Bilanzsteuerrecht, Rz. 6178; HHR/*Richter*, § 5 EStG Rz. 1775.
9 *Prinz/Kanzler*, NWB Praxishandbuch Bilanzsteuerrecht, Rz. 6178; HHR/*Richter*, § 5 EStG Rz. 1780.
10 *Braun*, DStR 2012, 1360.

Hierdurch unterscheidet er sich vom Forderungserlass (§ 397 BGB), bei dem die betroffene Verbindlichkeit erlischt.[1]

227 **Die steuerliche Behandlung eines Rangrücktritts** richtet sich nach § 5 Abs. 2a EStG. Dabei differenziert die Finanzverwaltung[2] zwischen dem sog. einfachen und dem sog. qualifizierten Rangrücktritt. Beim qualifizierten Rangrücktritt erklärt der Gläubiger sinngemäß, er wolle wegen der Forderung erst nach Befriedigung sämtlicher anderer Gläubiger der Gesellschaft und – bis zur Abwendung der Krise – auch nicht vor, sondern nur zugleich mit den Einlagenrückgewähransprüchen der Gesellschafter berücksichtigt, also so behandelt werden, als handle es sich bei seiner Forderung um statuarisches Eigenkapital.[3] Demgegenüber vereinbaren beim einfachen Rangrücktritt Schuldner und Gläubiger, dass eine Rückzahlung der Verbindlichkeit nur dann zu erfolgen habe, wenn der Schuldner dazu aus zukünftigen Gewinnen,[4] aus einem Liquidationsüberschuss oder aus anderen – freien – Vermögen künftig in der Lage ist und der Gläubiger mit seiner Forderung im Rang hinter alle anderen Gläubiger zurücktritt.[5] Nach Ansicht der Finanzverwaltung ist ein qualifizierter Rangrücktritt stets unschädlich i. S. d. § 5 Abs. 2a EStG, d. h. die Verbindlichkeit bleibt passiviert.[6] Hingegen ist § 5 Abs. 2a EStG beim einfachen Rangrücktritt anzuwenden, sofern eine Bezugnahme auf die Möglichkeit einer Tilgung auch aus sonstigem freien Vermögen fehlt, so dass in diesem Fall der Ansatz von Verbindlichkeiten oder Rückstellungen ausgeschlossen ist.[7]

228 **Das Urteil des BFH v. 30. 11. 2011 - I R 100/10**[8] hat hinsichtlich dieser eigentlich als gesichert erscheinenden steuerlichen Rechtslage für Verunsicherung gesorgt. So wurde aus dem Schlagwort „Keine Passivierung bei sog. qualifiziertem Rangrücktritt" über dem amtlichen Leitsatz teilweise gefolgert,[9] der BFH stelle sich gegen die Auffassung der Finanzverwaltung, wonach ein qualifizierter Rangrücktritt keine steuerlichen Folgen auslöst. Nachdem der zugrunde liegende Sachverhalt allerdings eindeutig einen einfachen Rangrücktritt betraf, ist davon auszugehen, dass das Schlagwort möglicherweise unzutreffend ist[10] bzw. die Behandlung in der Überschuldungsbilanz gemeint ist,[11] so dass auch nach dieser Entscheidung des BFH ein qualifizierter Rangrücktritt nicht zur Anwendung des § 5 Abs. 2a EStG führt.[12]

229 **Durch das MoMiG**[13] wurde Satz 2 in § 19 Abs. 2 InsO eingefügt, der klarstellt, welchen Inhalt eine Rangrücktrittserklärung haben muss. Das Erfordernis eines einfachen bzw. qualifizierten Rangrücktritts ist damit hinfällig geworden.[14] Nachdem die Finanzverwaltung das obige BMF-Schreiben bislang noch nicht an die neue Rechtslage angepasst hat und auch noch keine

---

1 Zum Forderungsverzicht (mit Besserungsabrede) s. a. *Rätke*, BBK 2013, 75.
2 BMF v. 8. 9. 2006, BStBl 2006 I 497.
3 BMF v. 8. 9. 2006, BStBl 2006 I 497, Tz. 2.
4 Zum an einen zukünftigen Bilanzgewinn geknüpften Rangrücktritt s. *Lüdenbach*, StuB 2015, 148; zu Gestaltungsüberlegungen auch *Hoffmann*, StuB 2015, 561.
5 BMF v. 8. 9. 2006, BStBl 2006 I 497, Tz. 1.
6 BMF v. 8. 9. 2006, BStBl 2006 I 497, Tz. 7.
7 BMF v. 8. 9. 2006, BStBl 2006 I 497, Tz. 1.
8 BStBl 2012 II 332.
9 Vgl. nur *Braun*, DStR 2012, 1360.
10 So *Horst*, DB 2013, 656.
11 Vgl. *Weitnauer*, GWR 2012, 193.
12 So auch *Taplan/Baumgartner/Baumgartner*, GmbHR 2015, 347; *Horst*, DB 2013, 656.
13 Gesetz zur Modernisierung des GmbH-Rechts und zur Bekämpfung von Missbräuchen (MoMiG) v. 23. 10. 2008, BGBl 2008 I 2026.
14 *Taplan/Baumgartner/Baumgartner*, GmbHR 2015, 347.

Rechtsprechung zur Rechtslage nach MoMiG vorliegt, wird aus steuerlicher Sicht als sicherster Weg empfohlen, auch bei der Formulierung eines Rangrücktritts i. S. d. § 19 Abs. 2 Satz 2 InsO den Vorbehalt der Tilgung aus anderem – freien – Vermögen aufzunehmen.[1]

Urteil des BGH v. 5. 3. 2015 - IX ZR 133/14[2] **und Urteil des BFH v. 15. 4. 2015 - I R 44/14:**[3] Zwei aktuelle Entscheidungen des BGH und des BFH schaffen nunmehr sowohl aus insolvenzrechtlicher[4] als auch aus steuerlicher Sicht weitere Klarheit für die Gestaltung eines Rangrücktritts in der Praxis. 230

Der BGH hat sich in seinem Urteil zu den insolvenzrechtlichen Anforderungen an Rangrücktrittsvereinbarungen geäußert und darin einige bisher umstrittene Fragen geklärt.[5] So hat das Gericht klargestellt, dass ein Rangrücktritt nur für die Zeit der Insolvenz nicht ausreichend ist. Soll durch die Rangrücktrittsvereinbarung eine Passivierungspflicht vermieden werden, muss sich ihr Regelungsbereich vielmehr auf den Zeitraum vor und nach Insolvenzeröffnung erstrecken. Andernfalls wäre der Gläubiger nicht gehindert, seine Forderung vor Verfahrenseröffnung durchzusetzen und damit würde der Überschuldungsstatus die Schuldendeckungsfähigkeit nicht richtig wiedergeben. Ebenfalls nicht ausreichend ist ein zeitlich begrenzter Rangrücktritt. Vielmehr muss der Gläubiger aufgrund der bestehenden Vereinbarung dauerhaft daran gehindert sein, seine Forderung geltend zu machen. Auch zur erforderlichen Rangtiefe des Rücktritts hat sich der BGH geäußert. Danach muss die Rangrücktrittsvereinbarung keine Gleichstellung mit den Einlagerückgewähransprüchen beinhalten, d. h. ein Rücktritt in den Rang des Eigenkapitals ist nicht erforderlich. Hingegen kann die Vereinbarung eines Rücktritts nur hinter bestimmte einzelne Gläubiger eine Überschuldung nicht vermeiden. Erneut bekräftigt hat der IX. Zivilsenat, dass eine Rangrücktrittsvereinbarung nicht nur zwischen einer Gesellschaft und ihrem Gesellschafter, sondern auch mit außenstehenden Gläubigern getroffen werden kann und zudem klargestellt, dass die Beschränkung der Wirkung des Rangrücktritts auf Gestaltungen einer drohenden Insolvenzreife unschädlich ist.

Der BFH hat in der Entscheidung seine bisherige Rechtsprechung zum Teil bestätigt und geändert.[6] Bestätigt hat das Gericht ein Passivierungsverbot, wenn der Rangrücktritt zur Vermeidung einer Überschuldung dergestalt erfolgt ist, dass die Verbindlichkeit nur aus einem zukünftigen Bilanzgewinn und aus einem etwaigen Liquidationsüberschuss zu tilgen ist. Geändert hat der BFH seine Auffassung hingegen dahin gehend, dass eine etwaige durch das Passivierungsverbot in der Steuerbilanz entstehende Gewinnerhöhung bei der Ermittlung des Einkommens der Kapitalgesellschaft ertragsteuerlich zu neutralisieren ist, soweit der Wegfall gesellschaftsrechtlich veranlasst und die Forderung des Gläubigers im Zeitpunkt des Rangrücktritts noch einbringlich ist;[7] bisher wurde eine verdeckte Einlage nicht anerkannt.

---

1 So auch *Taplan/Baumgartner/Baumgartner*, GmbHR 2015, 347; *Wälzholz*, GmbH-StB 2009, 75.
2 DB 2015, 732.
3 DB 2015, 1633.
4 Zwar lag auch dieser Entscheidung eine Sachverhalt vor Inkrafttreten des MoMiG zugrunde, der BFH nimmt aber bereits umfassend zur neuen Rechtslage seit 2008 Stellung.
5 Siehe hierzu auch *Wälzholz*, GmbH-StB 2015, 259.
6 Siehe hierzu auch *Bergmann/Clemens*, DB 2015, 1867; *Kraft/Schreiber*, NWB 2015, 2640; *Schnitger*, DB 2015, 1989; *Wälzholz*, GmbH-StB 2015, 259.
7 BFH v. 15.4.2015 - I R 44/14 bestätigt durch das Urteil des BFH v. 10.8.2016 - I R 25/15, BFH/NV 2017, 155; zu den steuerbilanziellen Folgen eines Rangrücktritts nach der jüngere Rspr. des I. Senats des BFH vgl. auch *Wacker*, DB 2017, 26.

231

PRAXISHINWEIS:

Für einen steuerunschädlichen Rangrücktritt, der auch den neuen insolvenzrechtlichen Vorgaben gerecht wird, bietet sich in der Praxis folgende Formulierung an:[1]

§ 1 Sachverhalt

... (Name)

– im Folgenden Darlehensgeber genannt –

hat der ... (Firma) GmbH mit dem Sitz in ... (Ort) –

im Folgenden Darlehensnehmer genannt –

mit Darlehensvertrag vom ... ein Darlehen i. H.v. Euro ... zzgl. ...% Zinsen pro Jahr gewährt. Der Darlehensvertrag ist dieser Vereinbarung als Anlage beigefügt.

Zur Vermeidung einer möglichen insolvenzrechtlichen Überschuldung und Zahlungsunfähigkeit wird folgende Rangrücktrittsvereinbarung mit Stundungsabrede getroffen, die den Bestand der Verbindlichkeit als solcher unberührt lässt. Ein Verzicht auf die Forderung wird nicht vereinbart.

§ 2 Rangrücktritt

Der Darlehensgeber tritt mit seinem Anspruch auf Tilgung und Verzinsung des vorstehend bezeichneten Darlehens im Rang hinter sämtliche Forderungen anderer Gläubiger in der Weise zurück, dass Tilgung und Verzinsung des Darlehens ab sofort und in der Insolvenz nur nachrangig nach allen anderen Gläubigern im Rang des § 39 Abs. 1 Nr. 1 bis 5 InsO, also im Rang des § 39 Abs. 2 InsO verlangt werden können – oder aus sonstigem freiem, also insolvenzrechtlich ungebundenem Vermögen. In jedem Fall erfolgt der Rangrücktritt vorrangig in der Weise, dass die Verbindlichkeit nach § 19 Abs. 2 Satz 2 InsO nicht mehr im Überschuldungsstatus zu passivieren ist.

Soweit für den Anspruch, für den der Rangrücktritt erklärt wird, Sicherheiten bestellt wurden, verzichtet der Darlehensgeber auf diese auf den Zeitpunkt der berechtigten Insolvenzantragsstellung.

Der Darlehensgeber verpflichtet sich bindend und unwiderruflich, dieses Darlehen in der Krise der Gesellschaft nicht abzuziehen und nicht zu kündigen, sondern die Darlehensvaluta der Gesellschaft zu belassen bis zum Ende der Krise. Diese Vereinbarung kann und darf nur außerhalb einer Unternehmenskrise wieder aufgehoben oder gekündigt werden, nämlich soweit die Verbindlichkeit erfüllt werden kann, ohne dass Überschuldung oder Zahlungsunfähigkeit eintreten oder unmittelbar drohen.

Die Zins- und Tilgungsansprüche aus dem Darlehen sind – unbeschadet der Durchsetzungssperre aufgrund des Rangrücktritts selbst – bis auf Weiteres gestundet, mindestens jedoch bis zum ... (Datum). Nur außerhalb einer Krise und erst nach wirksamer Aufhebung dieses Rangrücktritts ist der Darlehensgeber wieder befugt, seine Rechte aus dem Darlehen geltend zu machen und Erfüllung zu verlangen. Eine Erfüllung der Tilgungs- und Zinsansprüche darf ausdrücklich nicht nur aus künftigen Einnahmen oder Gewinnen erfolgen, sondern auch aus sonstigem freiem Vermögen der Gesellschaft.

Den Beteiligten ist die Anfechtbarkeit von Zahlungen an den Darlehensgeber unter bestimmten Umständen bekannt.

Der Darlehensgeber kann von der Gesellschaft den Abschluss einer Aufhebungsvereinbarung verlangen, soweit in diesem Zeitpunkt die Aufhebung der Rangrücktrittsvereinbarung weder zur Überschuldung noch zur Zahlungsunfähigkeit führt....

(Ort), den ... (Datum)

GeschäftsführerDarlehensgeber

232 Das Passivierungsverbot nach § 5 Abs. 2a EStG soll auch dann nicht greifen, wenn die Tilgung aus entstehenden Jahresüberschüssen, einem Liquidationsüberschuss oder aus einem die sonstigen Verbindlichkeiten der Gesellschaft übersteigenden freien Vermögen erfolgen soll, der Schuldner aufgrund einer fehlenden operativen Geschäftstätigkeit aber aus der Sicht des Bilanzstichtages nicht in der Lage sein wird, freies Vermögen zu schaffen und eine tatsächliche

---

[1] Formulierungsvorschlag nach *Wälzholz*, GmbH-StB 2015, 259.

Belastung des Schuldnervermögens nicht eintritt, da nach dem Rangrücktritt sukzessive Forderungsverzichte erklärt werden.[1]

(Einstweilen frei) 233–240

V. Rückstellungen wegen Schutzrechtsverletzungen (§ 5 Abs. 3 EStG)

Übersicht: Rückstellungen wegen Schutzrechtsverletzungen stellen handelsrechtlich Rückstellungen für ungewisse Verbindlichkeiten i. S. d. § 249 Abs. 1 Satz 1 HGB dar, die zu bilden sind, wenn mit einer Inanspruchnahme wegen der Rechtsverletzung ernsthaft zu rechnen ist. Steuerrechtlich ist bei der Bildung der Rückstellung die Sonderregelung des § 5 Abs. 3 EStG zu beachten. 241

Entwicklung: Der jetzige § 5 Abs. 3 EStG wurde durch das HBeglG 1983 v. 20.12.1982 (vgl. hierzu und zur zeitlichen Anwendung → Rz. 2) in das EStG eingefügt. Der Gesetzgeber reagierte damit auf eine ihm insbesondere hinsichtlich der zeitlichen Begrenzung der Rückstellungsbilanzierung zu weitgehende BFH-Rechtsprechung.[2] 242

Voraussetzungen: Nach § 5 Abs. 3 EStG ist – neben dem Vorliegen der allgemeinen Voraussetzungen für die Rückstellungsbildung – für die Bildung einer Rückstellung für Schutzrechtsverletzung erforderlich, dass 243

▶ der Rechtsinhaber Ansprüche wegen der Rechtsverletzung bereits geltend macht (§ 5 Abs. 3 Satz 1 Nr. 1 EStG) oder

▶ der Rechtsinhaber noch keine Ansprüche geltend macht, mit der Inanspruchnahme jedoch ernsthaft zu rechnen ist (§ 5 Abs. 3 Satz 1 Nr. 2 EStG). Bei dieser Alternative ist nach § 5 Abs. 3 Satz 2 EStG die Rückstellung zwingend spätestens in der Steuerbilanz des dritten auf die erstmalige Bildung folgenden Wj. gewinnerhöhend aufzulösen, wenn Ansprüche bis dahin nicht geltend gemacht worden sind. Damit besteht ab diesem Zeitpunkt ein Bilanzierungsverbot, wenn der Rechtsinhaber bis dahin keine Ansprüche geltend gemacht hat, was zu einer Durchbrechung des Maßgeblichkeitsgrundsatzes (vgl. → Rz. 35 ff.) führt.

Schutzrechte: Unter § 5 Abs. 3 EStG fallen Patent-, Gebrauchsmuster-, Geschmacksmuster-, Warenzeichen-, Dienstleistungsmarken- und Ausstattungsrechte, ausländische Schutzrechte, Nutzungsrechte dinglicher Art an Patent-, Gebrauchsmuster- oder Geschmacksmusterrechten sowie Urheberrechte, Leistungsschutzrechte und Nutzungsrechte dinglicher Art an urheberrechtlich geschützten Werken.[3] 244

Geltendmachung (§ 5 Abs. 3 Satz 1 Nr. 1 EStG): Ansprüche wegen der Rechtsverletzung sind geltend gemacht, sobald sie gegenüber dem Stpfl. mündlich oder schriftlich erhoben werden; eine Klageerhebung ist nicht erforderlich.[4] 245

Mit einer Inanspruchnahme ist ernsthaft zu rechnen (§ 5 Abs. 3 Satz 1 Nr. 2 EStG), wenn die Rechtsverletzung, d. h. das Bestehen einer Verbindlichkeit, wahrscheinlich ist.[5] Nicht erforderlich ist, dass der Rechtsinhaber von der Schutzrechtsverletzung Kenntnis hat oder dass Ansprü- 246

---

[1] FG Münster v. 13.9.2018 - 10 K 504/15 K, NWB DokID: MAAAH-00575, Rev.: BFH XI R 32/18.
[2] Vgl. BFH v. 11.11.1981 - I R 157/79, BStBl 1982 II 748.
[3] Hierzu im Einzelnen HHR/*Anzinger*, § 5 EStG Rz. 1965 ff.; *Weber-Grellet* in Schmidt, § 5 EStG Rz. 398 f.
[4] BT-Drucks. 9/1956, 40; *Krumm* in Blümich, § 5 EStG Rz. 833.
[5] HHR/*Anzinger*, § 5 EStG Rz. 1975.

che schon tatsächlich geltend gemacht werden.[1] Bei Lizenzrechten wird hingegen die Kenntnis des Inhabers des Schutzrechts von der Rechtsverletzung verlangt, da anders als bei Patenten eine ständige Marktbeobachtung und damit Kenntnis von der Rechteverletzung für urheberrechtliche Schutzrechte nicht gegeben sei.[2]

247 **Dreijahresfrist (§ 5 Abs. 3 Satz 2 EStG):** Die Dreijahresfrist, an deren Ende die Rückstellung aufzulösen ist, sofern bis zur Aufstellung der Bilanz für dieses Wj. keine Geltendmachung erfolgt ist, beginnt mit dem Wj., in dem der Stpfl. aufgrund der Wahrscheinlichkeit der Inanspruchnahme erstmals eine Rückstellung bilden müsste. Wird ein Schutzrecht in mehreren Wj. verletzt, erfolgt die Ermittlung des Auflösungszeitpunkts der Rückstellung gleichwohl ausgehend vom Jahr der erstmaligen Verletzung dieses Rechts.[3]

248 **Rückstellungsbemessung:** Die Höhe der Rückstellung richtet sich nach dem möglichen Anspruch des Rechtsinhabers.[4]

> **BEISPIEL:** Der Gewerbetreibende A verletzt in 02 ein Patent des B, der allerdings noch keine Ansprüche geltend macht. Der zutreffen ermittelte mögliche Anspruch des B beläuft sich auf 500 000 €. Bis zum 31.12.05 hat B zwar immer noch keine Ansprüche geltend gemacht, A muss jedoch weiterhin ernsthaft mit einer Inanspruchnahme rechnen.
> Gem. § 249 Abs. 1 Satz 1 HGB i.V. m. § 5 Abs. 1 Satz 1 1. Halbsatz EStG und § 5 Abs. 3 Satz 1 Nr. 2 EStG muss A sowohl in der Handels- als auch in der Steuerbilanz zum 31.12.02 eine Rückstellung von 500 000 € bilden. Da A weiterhin ernsthaft mit einer Inanspruchnahme zu rechnen hat (was handelsrechtlich stets kritisch zu prüfen ist), muss in der Handelsbilanz zum 31.12.05 die Rückstellung beibehalten werden. In der Steuerbilanz zum 31.12.05 ist die Rückstellung hingegen gem. § 5 Abs. 3 Satz 2 EStG gewinnerhöhend aufzulösen, da B bislang noch keine Ansprüche geltend gemacht hat.

249–255 *(Einstweilen frei)*

VI. Rückstellungen für Dienstjubiläumszuwendungen (§ 5 Abs. 4 EStG)

256 **Übersicht:** In der Handelsbilanz sind für sämtliche rechtsverbindlich zugesagten Leistungen des Arbeitgebers aus Anlass von Dienstjubiläen seiner Arbeitnehmer Rückstellungen gem. § 249 Abs. 1 Satz 1 HGB zu bilden. Steuerlich sind nach § 5 Abs. 4 EStG Rückstellungen für Dienstjubiläumszuwendungen sachlich nur noch unter engen Voraussetzungen und zeitlich nur dann zulässig, wenn die Anwartschaft des Dienstverpflichteten nach 1992 erworben wurde. Damit kommt es zu einer Durchbrechung des Maßgeblichkeitsgrundsatzes (vgl. → Rz. 35 ff.) der Handelsbilanz für die Steuerbilanz.

257 **Entwicklung:** Mit der ursprünglichen Einfügung des § 5 Abs. 4 EStG durch das StRefG 1990 (vgl. hierzu und zur zeitlichen Anwendung → Rz. 2) reagierte der Gesetzgeber auf die Entscheidung des BFH v. 5.2.1987,[5] wonach Rückstellungen für Dienstjubiläumszusagen auch steuerlich zulässig und geboten sind.[6] Die aufgrund dieser Rechtsprechungsänderung zu erwartende um-

---

1 BFH v. 9.2.2006 - IV R 33/05, BStBl 2006 II 517; H 5.7 Abs. 10 „Patentverletzung" EStH.
2 Thüringer FG v. 26.6.2014 - 1 K 240/12, EFG 2014, 1661 (rkr.).
3 *Prinz/Kanzler*, NWB Praxishandbuch Bilanzsteuerrecht, Rz. 5588.
4 *Weber-Grellet* in Schmidt, § 5 EStG Rz. 400.
5 BFH v. 5.2.1987 - IV R 81/84, BStBl 1987 II 845.
6 Anders noch BFH v. 19.7.1960 - I 160/59 U, BStBl 1960 III 347.

fassende Rückstellungsbildung und die damit verbundenen Steuerausfälle sollten durch die Neuregelung begrenzt werden.[1]

Verfassungsmäßigkeit: Die Verfassungsmäßigkeit der Neuregelung war umstritten.[2] Das BVerfG hält allerdings ein vollständiges Rückstellungsverbot für Dienstjubiläumszusagen für verfassungsgemäß.[3] 258

Voraussetzungen: Rückstellungen dürfen in der Steuerbilanz nur unter den folgenden Voraussetzungen gebildet werden: 259

- das Dienstverhältnis muss bei Zusage mindestens zehn Jahre bestanden haben,
- die Zuwendung[4] muss ein Dienstverhältnis von mindestens 15 Jahren voraussetzen,
- die Zusage muss schriftlich erteilt sein und
- die Anwartschaft muss nach dem 31.12.1992 erworben sein.

Nicht erforderlich ist, dass die Zusage rechtsverbindlich, unwiderruflich und vorbehaltslos erteilt wird.[5] Bei einem vereinbarten Widerrufsvorbehalt ist aber das erforderliche Merkmal der Wahrscheinlichkeit der Inanspruchnahme im Rahmen der Rückstellungsbildung genauer zu prüfen.[6] 260

Bewertung der Verpflichtung: Zum Umfang der Verpflichtung, Berücksichtigung der Wahrscheinlichkeit des Ausscheidens, dem Bewertungsverfahren und zur Kürzung der Rückstellung bei Beginn des Dienstverhältnisses vor dem 1.1.1993 siehe BMF v. 8.12.2008,[7] Tz. 6 ff. Ein Arbeitgeber, der Jubiläumsrückstellungen in seiner Bilanz anhand der Pauschalwerttabelle des BMF-Schreibens vom 12.4.1999[8] bemessen hatte, darf später im Rahmen einer noch „offenen" Veranlagung zur Anwendung der im BMF-Schreiben vom 8.12.2008[9] veröffentlichten Pauschalwerttabelle übergehen.[10] 261

Keine Anwendung finden die einschränkenden Voraussetzungen des § 5 Abs. 4 EStG bei der Rückstellungsbildung für rechtsverbindlich zugesagte Zuwendungen aus Anlass eines Geschäfts- oder Firmenjubiläums.[11] 262

(Einstweilen frei) 263–270

VII. Rückstellungen für drohende Verluste aus schwebenden Geschäften (§ 5 Abs. 4a EStG)

Übersicht: Handelsrechtlich besteht nach § 249 Abs. 1 Satz 1 HGB die Pflicht, Rückstellungen für drohende Verluste aus schwebenden Geschäften zu bilden. Steuerlich dürfen vorbehaltlich des § 5 Abs. 4a Satz 2 EStG gem. § 5 Abs. 4a Satz 1 EStG keine Verlustrückstellungen mehr ge- 271

---

1 BT-Drucks. 100/88, 230; BT-Drucks. 11/503, 6; BT-Drucks. 11/2157, 126.
2 Vgl. hierzu ausführlich HHR/*Anzinger*, § 5 EStG Rz. 2004 ff.
3 BVerfG v. 12.5.2009 - 2 BvL 1/00, BStBl 2009 II 685 gegen BFH v. 10.11.1999 - X R 60/95, BStBl 2000 II 131.
4 Zum Begriff: BMF v. 8.12.2008, BStBl 2008 I 1013, Tz. 1.
5 BMF v. 8.12.2008, BStBl 2008 I 1013, Tz. 4.
6 BFH v. 18.1.2007 - IV R 42/04, BStBl 2008 II 956; BMF v. 8.12.2008, BStBl 2008 I 1013, Tz. 4.
7 BMF v. 8.12.2008, BStBl 2008 I 1013.
8 BMF v. 12.4.1999, BStBl 1999 I 434.
9 BMF v. 8.12.2008, BStBl 2008 I 1013.
10 BFH v. 27.9.2017 - I R 53/15, NWB DokID: LAAAG-72049.
11 BFH v. 29.11.2000 - I R 31/00, BStBl 2004 II 41.

bildet werden. Damit kommt es zu einer Durchbrechung des Maßgeblichkeitsgrundsatzes (vgl. → Rz. 35 ff.) der Handelsbilanz für die Steuerbilanz (§ 5 Abs. 1 EStG).

272 **Entwicklung:** Bis zum Jahr 1997 waren über den Maßgeblichkeitsgrundsatz (vgl. → Rz. 35 ff.) in der Handelsbilanz zu bildende Drohverlustrückstellungen zwingend auch in der Steuerbilanz zu bilden.[1] Mit dem Gesetz zur Fortführung der Unternehmenssteuerreform v. 29.10.1997 (vgl. hierzu und zur zeitlichen Anwendung → Rz. 2) wurde § 5 Abs. 4a EStG eingefügt und ein grundsätzliches Passivierungsverbot für Drohverlustrückstellungen in der Steuerbilanz normiert. Dieses gänzliche Rückstellungsverbot wurde durch das Gesetz zur Eindämmung missbräuchlicher Steuergestaltungen v. 24.4.2006 (vgl. hierzu und zur zeitlichen Anwendung → Rz. 2) für Bewertungseinheiten (vgl. → Rz. 165 ff.) teilweise wieder aufgehoben.

273 **Verfassungsmäßigkeit:** Die Verfassungsmäßigkeit der Norm wird bezweifelt, da sie nicht alle bilanzierenden Stpfl. gleichmäßig trifft und eine Ungleichbehandlung innerhalb der Gruppe der Verpflichtungsrückstellungen gebietet.[2] Bejaht wurde die Verfassungsmäßigkeit hingegen von einigen FG.[3] Die Rechtsprechung des BVerfG zum Verbot von Jubiläumsrückstellungen (vgl. → Rz. 258) dürfte auch auf Drohverlustrückstellungen übertragbar sein.[4]

274 **Persönlicher Anwendungsbereich:** § 5 Abs. 4a EStG ist auch auf nach § 4 Abs. 1 EStG bilanzierende Freiberufler und Land- und Forstwirte anwendbar.[5]

275 **Gegenstand und Ziel der Rückstellung:** Gegenstand der Drohverlustrückstellung ist der Verpflichtungsüberschuss aus einem schwebenden Geschäft. Ziel ist die Verlustantizipation (Vorsichtsprinzip, § 252 Abs. 1 Nr. 4 HGB) und die Vollständigkeit der Schuldenerfassung.

276 **Schwebendes Geschäft:** Ein schwebendes Geschäft ist immer dann gegeben, wenn ein zweiseitig verpflichtender Vertrag geschlossen wurde, der hinsichtlich der vereinbarten Sach- oder Dienstleistungspflicht, abgesehen von unwesentlichen Nebenpflichten noch nicht voll erfüllt ist.[6] Zu unterscheiden ist das schwebende Absatzgeschäft (Bilanzierender ist der zur Lieferung/Leistung Verpflichtete) und das schwebende Beschaffungsgeschäft (Bilanzierender ist der Vertragspartner).

277 **Verpflichtungsüberschuss:** Rückstellungsfähig ist nur der Verpflichtungsüberschuss[7] aus einem schwebenden Geschäft. Dieser ergibt sich aus der Saldierung der wechselseitigen Ansprüche und Verpflichtungen aus dem Schuldverhältnis. Dabei sind die wechselseitigen Leistungen, zu denen sich die Vertragsparteien verpflichtet haben, um die Gegenleistung des anderen Vertragspartners zu erhalten, in die Saldierung einzubeziehen, wobei eine wirtschaftliche Betrachtungsweise gilt.[8] Hingegen wird bei der Verbindlichkeitenrückstellung nicht nur der Verpflichtungsüberschuss als Saldogröße, sondern die gesamte Verpflichtung passiviert.

---

1 BFH v. 23.6.1997 - GrS 2/93, BStBl 1997 II 735.
2 Vgl. Moxter, DB 1997, 1477; Arndt/Wiesbrock, DStR 2000, 718; a.A. Weber-Grellet in Schmidt, § 5 EStG Rz. 450, m.w.N.; offen gelassen BFH v. 11.4.2003 - IV B 176/02, BFH/NV 2003, 919 = NWB DokID: ZAAAA-70425.
3 FG Bremen v. 26.8.2004 - 1 K 99/04 (1), EFG 2004, 1588 (aufgehoben durch BFH v. 11.10.2007 - IV R 52/04, BStBl 2009 II 705); FG Rheinland-Pfalz v. 18.11.2002 - 5 K 1468/01, EFG 2003, 289 (aufgehoben durch BFH v. 7.9.2005 - VIII R 1/03, BStBl 2006 II 298).
4 So auch HHR/Anzinger, § 5 EStG Rz. 2053.
5 Weber-Grellet in Schmidt, § 5 EStG Rz. 450; Kanzler, FR 1998, 421; a.A. Strahl in Korn, § 5 EStG Rz. 604; Bordewin, FR 1998, 226.
6 BFH v. 3.2.1993 - I R 37/91, BStBl 1993 II 441; BFH v. 23.6.1997 - GrS 2/93, BStBl 1997 II, 735.
7 BFH v. 3.2.1993 - I R 37/91, BStBl 1993 II 441.
8 BFH v. 23.6.1997 - GrS 2/93, BStBl 1997 II 735.

Abgrenzung zu Verbindlichkeitenrückstellungen: Drohverlust- und Verbindlichkeitenrückstellungen lassen sich grundsätzlich über ihren zeitlichen Bezug voneinander abgrenzen.[1] Rückstellungen für ungewisse Verbindlichkeiten bilden regelmäßig Aufwand ab, der wirtschaftlich der Vergangenheit zuzuordnen ist. Demgegenüber ist bei Drohverlustrückstellungen der abzubildende Aufwand regelmäßig der Zukunft zuzuordnen. 278

Dauerschuldverhältnisse: Insoweit schwebende Geschäfte, als sie noch nicht abgewickelt sind, so dass eine Drohverlustrückstellung nur für den noch nicht abgewickelten Teil in Frage kommt. Hinsichtlich des bereits abgewickelten Teils kann ein Erfüllungsrückstand bestehen, für den auch in der Steuerbilanz zwingend eine Verbindlichkeitenrückstellung zu bilden ist.[2] 279

Angeschaffte Drohverlustrückstellungen: Nach der Rechtsprechung des BFH[3] hat der Erwerber einer Drohverlustrückstellung (im entschiedenen Fall im Rahmen eines Asset Deal) diese trotz Passivierungsverbot in § 5 Abs. 4a EStG im Zeitpunkt des Erwerbs und auch zu den folgenden Bilanzstichtagen zu passivieren, solange der Schwebezustand für die entsprechenden Geschäfte anhält (vgl. hierzu aber → Rz. 406 ff. zu Abs. 7). 280

Verhältnis zur Teilwertabschreibung: Bei langfristigen Fertigungsaufträgen kann es zu einem Konkurrenzverhältnis zwischen Drohverlustrückstellungen und Teilwertabschreibungen kommen, wenn sich am Bilanzstichtag abzeichnet, dass sich aus dem angearbeiteten Auftrag insgesamt ein Verlust ergeben wird, da der vereinbarte Preis unter den bis zur vollständigen Fertigstellung voraussichtlich anfallenden Selbstkosten liegt. Dieser drohende Verlust kann grundsätzlich entweder durch eine Teilwertabschreibung auf das unfertige WG (Aktivseite) oder die Bildung einer Drohverlustrückstellung (Passivseite) antizipiert werden. Nach Ansicht des BFH[4] besteht in diesen Fällen grundsätzlich ein Vorrang der Teilwertabschreibung, so dass der ganze drohende Verlust bis zur vollständigen Abschreibung der mit den Kosten aktivierten halbfertigen Erzeugnisse berücksichtigt werden kann. Nur wenn der gebildete Aktivposten in seiner Höhe nicht ausreicht, den „Drohverlust" durch eine Teilwertabschreibung darzustellen, bildet der überhängende Betrag eine Drohverlustrückstellung, die nicht abzugsfähig ist.[5] 281

Ausnahme für Bewertungseinheiten (§ 5 Abs. 4a Satz 2 EStG): § 5 Abs. 4a Satz 2 EStG enthält eine Einschränkung des steuerlich grundsätzlich geltenden Passivierungsverbots für Drohverlustrückstellungen und ist im Zusammenhang mit § 5 Abs. 1a EStG zu sehen, der eine konkrete Maßgeblichkeit der in der Handelsbilanz gebildeten Bewertungseinheiten für die Steuerbilanz vorschreibt. Die Bewertungseinheiten in der Handelsbilanz sind in die Steuerbilanz zu übernehmen. Seit dem BilMoG findet sich hierzu in § 254 HGB eine ausdrückliche gesetzliche Regelung. Danach können Vermögensgegenstände, Schulden, schwebende Geschäfte oder mit hoher Wahrscheinlichkeit erwartete Transaktionen zum Ausgleich gegenläufiger Wertänderungen oder Zahlungsströme aus dem Eintritt vergleichbarer Risiken mit Finanzinstrumenten unter bestimmten Voraussetzungen zusammengefasst werden (vgl. hierzu ausführlich → Rz. 165 ff.). Wenn die Bewertungseinheit nicht zu einem vollständigen Ausgleich bestehender Risiken führt, verbleibt ein Verpflichtungsüberhang, der in der Handelsbilanz üblicherweise 282

---

1 So auch *Krumm* in Blümich, § 5 EStG Rz. 855.
2 *Strahl* in Korn, § 5 EStG Rz. 611.
3 BFH v. 16.12.2009 - I R 102/08, BStBl 2011 II 566; s. hierzu auch *Tiede*, BBK 2013, 870.
4 BFH v. 7.9.2005 - VIII R 1/03, BStBl 2006 II 298.
5 So auch *Prinz/Kanzler*, NWB Praxishandbuch Bilanzsteuerrecht, Rz. 5618.

als Drohverlustrückstellung ausgewiesen wird. Eine solche Drohverlustrückstellung kann ausnahmsweise in die Steuerbilanz übernommen werden.[1]

283 **Einzelfälle:**

Arbeitsverhältnisse: Begründen regelmäßig schwebende Dauerschuldverhältnisse, bei denen sich ein Erfüllungsrückstand des Arbeitgebers ergeben kann, so dass eine Rückstellung zu bilden ist. So z. B. für rückständiges Weihnachtsgeld,[2] nicht genommenen Urlaub[3] oder für Altersteilzeitmodelle,[4] bei denen der Arbeitnehmer nach dem sog. Blockmodell seine Arbeitsleistung im Vornhinein erbringt.

Bürgschaftsverpflichtungen: Bei wahrscheinlicher Inanspruchnahme aus einem einseitig verpflichtenden Bürgschaftsvertrag ist eine Verbindlichkeitenrückstellung zu passivieren.[5] Hingegen besteht kein Erfüllungsrückstand des Bürgen, wenn die Bürgschaftsprovision nicht bei Übernahme der Bürgschaft, sondern erst dann vereinnahmt wird, wenn kein Kreditausfall zu verzeichnen ist.[6]

Garantie- oder Gewährleistungsverpflichtungen: Muss mit der Inanspruchnahme des Auftraggebers ernsthaft gerechnet werden, ist eine Gewährleistungsrückstellung zu bilden. § 5 Abs. 4a Satz 1 EStG findet keine Anwendung, da der Vertrag von Seiten des zur Leistung Verpflichteten bereits erfüllt ist.[7] **Optionsgeschäfte** sind grundsätzlich schwebende Geschäfte, die dadurch gekennzeichnet sind, dass der Stillhalter (Optionsverpflichtete) bei Abschluss des Optionsgeschäfts eine nicht zurückzuzahlende Optionsprämie erhält. Auf Seiten des Stillhalters ist nach Ansicht des BFH für die Option in Höhe der vereinnahmten Prämie eine Rückstellung für ungewisse Verbindlichkeiten zu bilden, da der Berechtigte seine Leistung schon erbracht hat, während der Stillhalter seine Leistung noch schuldet.[8] Droht hingegen aus dem Optionsgeschäft ein Risiko, da der vereinbarte Optionspreis zum Bilanzstichtag unter dem Marktpreis liegt und der Stillhalter zum Marktpreis liefern muss, handelt es sich um einen drohenden Verlust aus einem schwebendem Geschäft, für den § 5 Abs. 4a Satz 1 EStG gilt.[9]

Rückkaufverpflichtungen: Gebrauchtwagen eines Kfz-Händlers sind zum Zeitpunkt der Veräußerung als Rückstellungen für ungewisse Verbindlichkeiten zu passivieren.[10]

284–290 *(Einstweilen frei)*

VIII. Rückstellungen für Anschaffungs- oder Herstellungskosten und für die Verpflichtung zur schadlosen Verwertung radioaktiver Stoffe (§ 5 Abs. 4b EStG)

291 Ab 1999 ist bei dem Ansatz von Rückstellungen auch der durch das StEntlG 1999/2000/2002 neu eingefügte § 5 Abs. 4b EStG (vgl. → Rz. 2) zu beachten:

---

1 *Prinz/Kanzler*, NWB Praxishandbuch Bilanzsteuerrecht, Rz. 5619.
2 BFH v. 26. 6. 1980 - IV R 35/74, BStBl 1980 II 506.
3 BFH v. 29. 1. 2008 - I B 100/07, BFH/NV 2008, 943 = NWB DokID: BAAAC-78262.
4 BFH v. 30. 11. 2005 - I R 110/04, BStBl 2007 II 251.
5 BFH v. 24. 7. 1990 - VIII R 226/84, BFH/NV 1991, 588 = NWB DokID: AAAAA-97205.
6 HHR/*Rade/Stobbe*, § 5 EStG Rz. 2055.
7 HHR/*Rade/Stobbe*, § 5 EStG Rz. 2055.
8 BFH v. 18. 12. 2002 - I R 17/02, BStBl 2004 II 126.
9 So auch *Prinz/Kanzler*, NWB Praxishandbuch Bilanzsteuerrecht, Rz. 5621.
10 BFH v. 11. 10. 2007 - IV R 52/04, BStBl 2009 II 705; vgl. hierzu BMF v. 12. 10. 2011, BStBl 2011 I 967.

1. Rückstellungen für Anschaffungs- oder Herstellungskosten (§ 5 Abs. 4b Satz 1 EStG)

§ 5 Abs. 4b Satz 1 EStG untersagt Rückstellungen für Aufwendungen, die in zukünftigen Wj. zu AK/HK eines WG führen. Eine Rückstellung kommt somit nur in Betracht, wenn die ungewisse Verbindlichkeit dem Grunde nach zu sofort abzugsfähigen Betriebsausgaben führt.

Die Neuregelung entspricht der bisherigen BFH-Rechtsprechung, wonach keine Rückstellungen für Aufwendungen gebildet werden konnten, die zum Zeitpunkt ihres Anfalls als AK/HK eines WG zu aktivieren sind, da ein WG erst zum Zeitpunkt der Anschaffung oder Herstellung über die AfA zu Betriebsausgaben führen darf.[1]

§ 5 Abs. 4b Satz 1 EStG gilt nicht

▶ für AK/HK von WG, die nur der Erfüllung einer künftigen Sachleistungspflicht dienen, wie z. B. bei Regalen für die Aufbewahrung von Geschäftsunterlagen,[2]

▶ für Rückstellungen für die ausstehenden Rechnungen über bereits erfolgte aktivierungspflichtige Lieferungen oder Leistungen, die in der Praxis z. B. bei bezogenen Bauleistungen zum Zeitpunkt der Bilanzaufstellung regelmäßig noch nicht vollständig vorliegen,[3]

▶ für künftige AK/HK auf WG, die einem Dritten zuzurechnen sind.[4]

Hingegen dürfen auf von Anfang an wertlose WG, auf die nach ihrem Zugang sogleich eine Teilwertabschreibung vorzunehmen wäre, wegen des klaren Wortlauts der Norm entgegen dem Handelsrecht keine Rückstellungen passiviert werden.[5] Mit Urteil vom 8.11.2016[6] hat nunmehr auch der BFH angesichts des eindeutigen Wortlauts der Norm eine teleologische Reduktion des § 5 Abs. 4b Satz 1 EStG bezogen auf in künftigen Wj. als Anschaffungs- oder Herstellungskosten eines Wirtschaftsgutes zu aktivierende Aufwendungen, die zu keinem künftigen Ertrag mehr führen können und daher „wertlos" sind, ausgeschlossen.

(Einstweilen frei)

2. Rückstellungen für die Verpflichtung zur schadlosen Verwertung radioaktiver Stoffe (§ 5 Abs. 4b Satz 2 EStG)

§ 5 Abs. 4b Satz 2 EStG enthält eine Sonderregelung für Kernkraftwerke und verbietet die Rückstellungsbildung für die Verpflichtung zur schadlosen Verwertung radioaktiver Reststoffe sowie ausgebauter oder abgebauter radioaktiver Anlagenteile, soweit Aufwendungen im Zusammenhang mit der Bearbeitung oder Verarbeitung von Kernbrennstoffen stehen, die aus der Aufarbeitung bestrahlter Kernbrennstoffe gewonnen worden sind und keine radioaktiven Abfälle darstellen. Nach § 9a Abs. 1 AtomG ist die schadlose Verwertung für nach dem 1. 7. 2005 an eine Wiederaufbereitungsanlage gelieferte Kernbrennstoffe nicht mehr zulässig.[7]

Dabei ist zu differenzieren: Stellen die Aufwendungen für die Wiederaufbereitung AK/HK eines WG dar, ergibt sich das Bilanzierungsverbot bereits aus § 5 Abs. 4 Satz 1 EStG. Zählen die

---

1 BFH v. 19. 8. 1998 - XI R 8/96, BStBl 1999 II 18.
2 Günkel/Fenzel, DStR 1999, 649; Krumm in Blümich, § 5 EStG Rz. 890; BFH v. 11. 10. 2012 - I R 66/11, BStBl 2013 II 676.
3 Vgl. Prinz/Kanzler, NWB Praxishandbuch Bilanzsteuerrecht, Rz. 5596, unter Hinweis auf OFD München v. 19. 7. 2000 - S 2000 - 42 St 41/42.
4 Günkel/Hörger/Thömmes, DStR 1999, 1873, dann aber u. U. nicht abziehbarer Drittaufwand.
5 So auch HHR/Tiedchen, § 5 EStG Rz. 2107; Prinz/Kanzler, NWB Praxishandbuch Bilanzsteuerrecht, Rz. 5596; a. A. Krumm in Blümich, § 5 EStG Rz. 890, m. w. N.
6 BFH v. 8.11.2016 - I R 35/15, BStBl 2017 II 768.
7 Vgl. dazu Kühne/Brodowski, NJW 2002, 1458.

Aufwendungen hingegen nicht zu den AK/HK eines WG greift das Passivierungsverbot nach § 5 Abs. 4 Satz 2 EStG. Dadurch sollen Abgrenzungsschwierigkeiten vermieden werden, inwieweit Wiederaufbereitungskosten zu AK/HK führen oder sofort abziehbaren Aufwand darstellen.[1]

302 **Ausgenommen vom Rückstellungsverbot** sind Be- oder Verarbeitungsaufwendungen von radioaktiven Abfällen.[2]

303–310 *(Einstweilen frei)*

IX. Aktive und passive Rechnungsabgrenzungsposten (§ 5 Abs. 5 EStG)

1. Allgemeines

311 **Übersicht:** Bildung und Auflösung von RAP dienen der wirtschaftlich periodengerechten Zuordnung von Aufwendungen und Erträgen.[3] Rechnungsabgrenzungsposten sind aus dem Realisationsprinzip abgeleitet[4] und stellen keine WG,[5] sondern Verrechnungsposten[6] dar. § 5 Abs. 5 EStG enthält als Bilanzierungsvorschrift abschließende („nur") Regelungen[7] zu unterschiedlichen Arten von RAP, nämlich

- in Satz 1 Nr. 1 zu aktiven RAP,
- in Satz 1 Nr. 2 zu passiven RAP,
- in Satz 2 Nr. 1 zu Zöllen und Verbrauchssteuern und
- in Satz 2 Nr. 2 zur Umsatzsteuer auf erhaltene Anzahlungen.

312 **Geltungsbereich:** Rechnungsabgrenzungsposten sind bei der Gewinnermittlung durch Betriebsvermögensvergleich nach § 5 Abs. 1 EStG und bei der Gewinnermittlung nach § 4 Abs. 1 EStG zu bilden.[8] Hingegen sind bei der Gewinnermittlung nach § 4 Abs. 3 EStG sowie im Bereich der Überschusseinkünfte keine RAP zu bilden. Einnahmen und Ausgaben sind hier gem. § 11 EStG grundsätzlich (vgl. aber § 11 Abs. 1 Satz 2 EStG) in dem Jahr zu erfassen, in dem sie zu- bzw. abfließen.[9]

313 **Bilanzierungsgebot:** Aus § 5 Abs. 5 Satz 1 und 2 EStG folgt für RAP grundsätzlich ein Bilanzierungsgebot („sind anzusetzen"). Geringfügige RAP müssen nicht angesetzt werden (Bilanzierungswahlrecht),[10] wobei zur Bemessung der Geringfügigkeitsgrenze auf § 6 Abs. 2 EStG zurückgegriffen werden kann.[11]

314–315 *(Einstweilen frei)*

---

1 BT-Drucks. 14/23, 236.
2 *Strahl* in Korn, § 5 EStG Rz. 621.
3 BFH v. 28.5.2015 - IV R 3/13, BFH/NV 2015, 1577 = NWB DokID: BAAAF-01616; BFH v. 29.11.1990 - IV R 131/89, BStBl 1992 II 715; BFH v. 25.10.1994 - VIII R 65/91, BStBl 1995 II 312.
4 BFH v. 9.12.1993 - IV R 130/91, BStBl 1995 II 202.
5 BFH v. 26.10.1987 - GrS 2/86, BStBl 1988 II 348.
6 *Fuhrmann* in Korn, § 5 EStG Rz. 622.
7 BFH v. 26.4.1995 - I R 92/64, BStBl 1995 II 594; BFH v. 27.5.2015 - X B 72/14, BFH/NV 2015, 1252.
8 BFH v. 17.9.1987 - IV R 49/86, BStBl 1988 II 327; H 5.6 „Gewinnermittlung nach § 4 Abs. 1 EStG" EStH; *Fuhrmann* in Korn, § 5 EStG Rz. 624.
9 BFH v. 11.10.1983 - VIII R 61/81, BStBl 1984 II 267, m.w. N.
10 BFH v. 18.3.2010 - X R 20/09, BFH/NV 2010, 1796, m.w. N. = NWB DokID: YAAAD-48053.
11 BFH v. 18.3.2010 - X R 20/09, BFH/NV 2010, 1796, m.w. N. = NWB DokID: YAAAD-48053.

2. Aktive Rechnungsabgrenzungsposten (§ 5 Abs. 5 Satz 1 Nr. 1 EStG)

Übersicht: Nach § 5 Abs. 5 Satz 1 Nr. 1 EStG sind aktive RAP nur anzusetzen für Ausgaben vor dem Abschlussstichtag, soweit sie Aufwand für eine bestimmte Zeit nach diesem Tag darstellen. Die Rechnungsabgrenzung ist dabei auf die sog. transitorischen Posten beschränkt,[1] d. h. auf (vorausgeleistete) Zahlungen aus i. d. R. gegenseitigen Verträgen, deren Erfolgswirkung aber erst in späteren Perioden auftritt (periodengerechte Erfolgsabgrenzung).[2] Antizipative RAP (Ausgaben oder Einnahmen nach dem Bilanzstichtag, die Aufwand oder Ertrag für einen Zeitraum vor diesem Tag darstellen) dürfen nach § 5 Abs. 5 Satz 1 EStG nicht gebildet werden. Antizipative Sachverhalte können aber u. U. als Forderungen oder Verbindlichkeiten bzw. Rückstellungen zu bilanzieren sein.[3]

Verhältnis zu anderen Aktivposten: (1) Eine Abgrenzung zu § 5 Abs. 2 EStG kann erforderlich werden, wenn sowohl die Voraussetzungen des § 5 Abs. 2 EStG als auch die des § 5 Abs. 5 Satz 1 Nr. 1 EStG (RAP) erfüllt sind. Überwiegend wird dabei dem Aktivierungsgebot für entgeltlich erworbene immaterielle WG in § 5 Abs. 2 EStG der Vorrang eingeräumt.[4] (2) Auch geleistete und erhaltene Anzahlungen betreffen wie RAP Zahlungen für Gegenleistungen, die erst in einer nachfolgenden Rechnungsperiode erbracht werden.[5] Die Abgrenzung hat dabei nach wohl überwiegender Auffassung nach dem zeitlichen Element zu erfolgen. Danach sind Vorauszahlungen als Anzahlungen auszuweisen, soweit sie für eine einmalige, nicht zeitraumbezogene Gegenleistung erbracht werden, hingegen ist ein RAP zu bilden, sofern die Vorleistung im Rahmen eines Rechtsverhältnisses geleistet wird, das zeitraumbezogen ist (z. B. Miete, Darlehen).[6]

Tatbestand aktiver RAP nach § 5 Abs. 5 Satz 1 Nr. 1 EStG: Es müssen folgende Voraussetzungen kumulativ erfüllt sein, nämlich:

- Es muss sich um „Ausgaben vor dem Abschlussstichtag" handeln,
- die „Aufwand für eine bestimmte Zeit nach diesem Tag" darstellen.
- Zudem wird von der Rechtsprechung grundsätzlich das Bestehen eines zeitbezogenen Gegenleistungsanspruchs des Vorleistenden gefordert.

Ausgaben vor dem Abschlussstichtag: Unter Ausgaben sind Betriebsvermögensminderungen jeder Art zu verstehen. Diese können durch bare und unbare Geldzahlungen, durch geldwerte Sach- oder Dienstleistungen sowie andere Forderungsabgänge und Verbindlichkeitenzugänge erfolgen.[7] Unerheblich ist dabei, ob es sich um eine einmalige oder wiederkehrende Leistung handelt.[8]

„Vor" dem Abschlussstichtag ist als „vor dem Ende" des Abschlussstichtags zu lesen, so dass auch Zahlungen „am" Abschlussstichtag abzugrenzen sind.[9]

---

1 R 5.6 Abs. 1 EStR.
2 *Crezelius* in Kirchhof, § 5 EStG Rz. 88.
3 R 5.6 Abs. 3 EStR; *Krumm* in Blümich, § 5 EStG Rz. 655.
4 *Weber-Grellet* in Schmidt, § 5 EStG Rz. 244; *Krumm* in Blümich, § 5 EStG Rz. 694 f.; offen gelassen: BFH v. 12.8.1982 - IV R 184/79, BStBl 1982 II 696.
5 *Krumm* in Blümich, § 5 EStG Rz. 695a.
6 *Fuhrmann* in Korn, § 5 EStG Rz. 628; *Krumm* in Blümich, § 5 EStG Rz. 695a.
7 Vgl. nur *Krumm* in Blümich, § 5 EStG Rz. 670, m. w. N.
8 BFH v. 5.4.1984 - IV R 96/82, BStBl 1984 II 552.
9 *Fuhrmann* in Korn, § 5 EStG Rz. 634.

320 **Aufwand für eine bestimmte Zeit nach dem Abschlussstichtag:** Aufwand ist jede (in der GuV zu erfassende) Verminderung des Reinvermögens,[1] insbesondere Zahlungen im Rahmen von Dauerschuldverhältnissen (z. B. Miete, Pacht, Leasing, Darlehen).

321 Der RAP ist nur zu bilden, wenn die Vorleistung Aufwand für eine (bestimmte) Zeit nach dem Abschlussstichtag darstellt. Der wirtschaftliche Grund der Ausgabe muss also zunächst in einer Zeit nach dem Abschlussstichtag liegen.[2]

322 Für die Bildung eines aktiven RAP ist es nicht ausreichend, dass die Ausgabe einer zukünftigen Periode zugeordnet wird. Nach dem Wortlaut des § 5 Abs. 5 Satz 1 Nr. 1 EStG müssen sie vielmehr gerade Aufwand für eine „bestimmte Zeit" nach dem Abschlussstichtag darstellen. Dabei werden unterschiedliche Anforderungen an die Bestimmtheit der Zeit gestellt. Ausreichend ist nach übereinstimmender Auffassung jedenfalls eine kalendermäßige Festlegung,[3] wie es regelmäßig z. B. bei den üblichen Miet-, Pacht- und Darlehensverträgen der Fall ist. Nach heute wohl h. M.[4] kann die Zeit aber auch in anderer Weise festgelegt sein. So hat der BFH z. B. im Fall eines Ausbeutevertrags über Mineralien, bei dem die Abbauzeit nicht nach dem Kalender vorbestimmt war, die Bestimmbarkeit der Zeit nach der Abbaumenge, die jeweils am Ende des Jahres genau festgestellt werden könne, bejaht.[5] Auch die Möglichkeit, aufgrund der Vereinbarung der Parteien einen Mindestzeitraum bestimmen zu können, wurde als ausreichend angesehen.[6] Ungenügend sind hingegen individuelle Schätzungen[7] sowie die Rechnungsabgrenzung nach Maßgabe der betriebsgewöhnlichen Nutzungsdauer des WG.[8] Die bestimmte Zeit muss keine kurze Zeit sein, so dass eine Rechnungsabgrenzung auch über längere Zeiträume in Betracht kommt.[9]

323 **Zeitbezogener Gegenleistungsanspruch des Vorleistenden:** Nach Auffassung des BFH setzt die aktive Rechnungsabgrenzung zudem grundsätzlich voraus, dass der Vorleistung eine nicht erbrachte zeitbezogene Gegenleistung des Vertragspartners gegenübersteht.[10] § 5 Abs. 5 Satz 1 Nr. 1 EStG erfasst somit typischerweise Vorleistungen im Rahmen von gegenseitigen Verträgen, möglich sind aber auch öffentlich-rechtliche Verpflichtungen.[11]

324 **Rechtsfolgen des § 5 Abs. 5 Satz 1 Nr. 1 EStG:** Liegen die Tatbestandsvoraussetzungen vor, besteht grundsätzlich Aktivierungspflicht (zum Aktivierungswahlrecht bei geringfügigen Beträgen vgl. → Rz. 313). Ist die erforderliche Bildung eines RAP unterblieben, ist sie unter Beachtung des formellen Zusammenhangs im ersten Folgejahr nachzuholen.[12] Liegen die Voraussetzungen des § 5 Abs. 5 Satz 1 Nr. 1 EStG hingegen nicht vor, greift ein Aktivierungsverbot ein.

---

1 HHR/*Tiedchen*, § 5 EStG Rz. 2187.
2 BFH v. 12. 8. 1982 - IV R 184/79, BStBl 1982 II 696.
3 BFH v. 3. 11. 1982 - I B 23/82, BStBl 1983 II 132; *Weber-Grellet* in Schmidt, § 5 EStG Rz. 244; *Krumm* in Blümich, § 5 EStG Rz. 682.
4 Vgl. zum Streitstand ausführlich HHR/*Tiedchen*, § 5 EStG Rz. 2190.
5 BFH v. 25. 10. 1994 - VIII R 65/91, BStBl 1995 II 312.
6 BFH v. 9. 12. 1993 - IV R 130/91, BStBl 1995 II 202.
7 BFH v. 9. 12. 1993 - IV R 130/91, BStBl 1995 II 202.
8 BFH v. 22. 1. 1992 - X R 23/89, BStBl 1992 II 488.
9 *Krumm* in Blümich, § 5 EStG Rz. 682; BFH v. 20. 11. 1980, BStBl 1981 II 398: 99 Jahre; BFH v. 9. 12. 1993 - IV R 130/91, BStBl 1995 II 202: 25 Jahre.
10 Z. B. BFH v. 17. 7. 1974 - I R 195/72, BStBl 1974 II 684; BFH v. 26. 5. 1976 - I R 80/74, BStBl 1976 II 622.
11 BFH v. 22. 7. 1982 - IV R 111/79, BStBl 1982 II 655; BFH v. 5. 4. 1984 - IV R 96/82, BStBl 1984 II 552.
12 BFH v. 8. 12. 1988 - IV R 33/87, BStBl 1989 II 407; *Krumm* in Blümich, § 5 EStG Rz. 692.

Der Höhe nach richtet sich der Ansatz des RAP nach dem Umfang der Vorauszahlung und dem Wert der nach dem Bilanzstichtag noch ausstehenden Gegenleistung im Verhältnis zur gesamten Gegenleistung. Maßgebend ist, welcher Anteil der Vorleistung sich auf die nach dem Abschlussstichtag zu erbringende zeitraumbezogene Gegenleistung bezieht.[1] Unberücksichtigt bleiben später anfallende Kosten, die durch die Gegenleistung verursacht sind.[2] Die Höhe eines RAP ergibt sich somit durch Berechnung und nicht durch Bewertung nach § 6 EStG.[3] Ausgeschlossen sind somit auch Teilwertabschreibungen auf aktive RAP.[4]

325

Hinsichtlich der planmäßigen Auflösung des RAP ist zu unterscheiden:[5] Eine zeitanteilige Auflösung kommt in Betracht, sofern Leistung und Gegenleistung während des Abgrenzungszeitraums gleichbleiben, z. B. gleichbleibende Miete oder Leasingraten.[6] In anderen Fällen ist eine leistungsabhängige Auflösung bzw. degressive Verteilung bzw. progressive Auflösung denkbar.

326

Eine außerplanmäßige Auflösung bzw. Herabsetzung des RAP ist vorzunehmen, wenn die Voraussetzungen der Rechnungsabgrenzung dem Grunde nach nicht mehr gegeben sind.[7]

327

Einzelfälle:

328

Ausbeuteverträge: Entrichtet der aufgrund von Ausbeutevorratsverträgen zum Abbau von Mineralien berechtigte Unternehmer das Entgelt für das Aneignungsrecht im Voraus, ist die Zahlung auch dann gewinnneutral zu behandeln, wenn der Vorratszeitraum und die Abbaudauer nicht nach dem Kalender vorherbestimmt werden können.[8] Für Vorausleistungen auf bereits begonnene Abbauarbeiten ist ein RAP zu aktivieren und in Höhe des Werts des tatsächlichen Abbaus aufzulösen. Ist mit dem Abbau vor dem Bilanzstichtag noch nicht begonnen worden (sog. Vorratszeitraum), sind Vorausleistungen als geleistete Anzahlungen zu behandeln.

Bankgebühren: Nach der Rechtsprechung des BFH sind Verwaltungsgebühren, die ein Darlehensnehmer im Zusammenhang mit der Aufnahme eines Bankdarlehens an das Bankinstitut zu entrichten hat, grundsätzlich auf die Laufzeit des Darlehens aktiv abzugrenzen. Bearbeitungsgebühren, die ein Schuldner an ein Bankinstitut für die Übernahme einer Bürgschaft zu zahlen hat, sind auf die Zeit, für die sich das Bankinstitut vertraglich verbürgt hat, aktiv abzugrenzen.[9] Mit Urteil v. 22. 7. 2011 hat der BFH[10] diese Rechtsprechung fortentwickelt und entschieden, unter welchen Voraussetzungen der Darlehensnehmer ein bei Vertragsschluss zu leistendes einmaliges Entgelt („Bearbeitungsentgelt") für ein betriebliches Darlehen sofort in voller Höhe steuermindernd absetzen kann. Ein sofortiger Abzug ist danach möglich, wenn der Darlehensnehmer das gezahlte Entgelt nicht zurückverlangen könnte, falls der Darlehensvertrag vorzeitig beendet wird. Anders ist es aber, wenn die besagte vorzeitige Vertragsbeendigung ganz unwahrscheinlich ist, etwa weil vereinbart wurde, dass der Darlehensvertrag nur aus wichtigem Grund gekündigt werden kann. Dann hat der Darlehensnehmer das Bearbei-

329

---

1 BFH v. 10. 9. 1998 - IV R 80/96, BStBl 1999 II 21; BFH v. 24. 7. 1996 - I R 94/95, BStBl 1997 II 122.
2 BFH v. 31. 5. 1967 - I 208/63, BStBl 1967 III 706.
3 BFH v. 31. 5. 1967 - I 208/63, BStBl 1967 III 706; *Weber-Grellet* in Schmidt, § 5 EStG Rz. 253.
4 BFH v. 20. 11. 1969 - IV R 3/69, BStBl 1970 II 209; *Krumm* in Blümich, § 5 EStG Rz. 690.
5 Siehe hierzu HHR/*Tiedchen*, § 5 EStG Rz. 2202.
6 BFH v. 24. 7. 1996 - I R 94/95, BStBl 1997 II 122.
7 Siehe hierzu mit ausführlichen Beispielen: HHR/*Tiedchen*, § 5 EStG Rz. 2203.
8 BFH v. 25. 10. 1994 - VIII R 65/91, BStBl 1995 II 312.
9 BFH v. 19. 1. 1978 - IV R 153/72, BStBl 1978 II 262.
10 BFH v. 22. 7. 2011 - I R 7/10, BStBl 2011 II 870.

tungsentgelt mithilfe aktiver RAP auf die gesamte Laufzeit des Darlehens zu verteilen und kann es nur in jährlichen Teilbeträgen steuermindernd absetzen.

330 **Darlehen mit fallenden Zinssätzen (Step-Down-Gelder):** Ob der Darlehensnehmer bei Vereinbarung jährlich fallender Zinssätze zu Beginn der Vertragslaufzeit einen aktiven RAP bilden muss, hängt grundsätzlich davon ab, ob der Darlehensnehmer im Falle einer vorzeitigen Vertragsbeendigung die anteilige Erstattung der bereits gezahlten Zinsen verlangen könnte. Sollte ein solcher Erstattungsanspruch nicht bestehen, ist gleichwohl ein RAP zu aktivieren, wenn das Darlehensverhältnis nur aus wichtigem Grund gekündigt werden kann und wenn konkrete Anhaltspunkte dafür fehlen, dass die Vertragsparteien der Möglichkeit einer vorzeitigen Beendigung des Vertragsverhältnisses durch eine solche Kündigung mehr als rein theoretische Bedeutung beigemessen haben. Der Möglichkeit einer einvernehmlichen Vertragsaufhebung oder -änderung kommt in diesem Zusammenhang keine Bedeutung zu.[1]

331 **Disagio:** Ist bei einem Darlehen der Rückzahlungsbetrag höher als der Ausgabebetrag, muss der Schuldner für den Unterschiedsbetrag (sog. Disagio oder Damnum) in der Steuerbilanz (Handelsbilanz: Ansatzwahlrecht gem. § 250 Abs. 3 HGB) einen aktiven RAP bilden.[2] Die Auflösung hat grundsätzlich auf die Darlehenslaufzeit zu erfolgen, bei Zinsfestschreibung auf den ggf. kürzeren Festschreibungszeitraum.[3] Bei vorzeitiger (teilweiser) Rückzahlung, Laufzeitverkürzung oder Betriebsaufgabe bzw. -veräußerung ist der aktive RAP (anteilig) aufzulösen.[4]

332 **Entschädigungszahlungen:** Entschädigungszahlungen, die ein Kaufinteressent für die mehrjährige Bindung des Grundstückseigentümers an ein notariell beurkundetes Angebot zum Abschluss eines Grundstückskaufvertrags zahlt, sind als Betriebsausgaben zu behandeln und periodengerecht über einen aktiven RAP zu verteilen.[5]

333 **Emissionsdisagio:** Für ein bei der Ausgabe einer verbrieften festverzinslichen Schuldverschreibung mit bestimmter Laufzeit vereinbartes Disagio ist in der Steuerbilanz ein RAP zu aktivieren.[6]

334 **Erbbauzinsen und Erschließungsbeiträge:** Erbbauzinsen und ähnliche Entgelte für die Grundstücksnutzung sind beim Erbbauberechtigten aktiv abzugrenzen, wenn sie im gegenseitigen Austauschverhältnis Vorauszahlungscharakter haben.[7] Insofern ist ein aktiver RAP anzusetzen und auf die Dauer des Rechts linear aufzulösen, sofern der Erbbauzins (einmalig) vorausbezahlt wird.[8] Die Übernahme von Erschließungsbeiträgen durch den Erbbauberechtigten ist auch dann ein neben den Erbbauzins tretendes zusätzliches Entgelt, wenn die Beiträge für die Ersetzung oder Modernisierung bereits vorhandener Erschließungsanlagen gezahlt werden (sog. Ergänzungsbeiträge). Für die Ausgabe ist ein aktiver RAP zu bilden. Wird die Zahlung mehrere Jahre nach der Verbesserung der Erschließungsanlage erbracht, ist ein RAP nur für die

---

1 BFH v. 27.7.2011 - I R 77/10, BStBl 2012 II 284.
2 BFH v. 24.11.1999 - X R 144/96, BStBl 2000 II 263; *Endert*, BBK 2013, 60.
3 BFH v. 12.7.1984 - IV R 76/82, BStBl 1984 II 713; *Endert*, BBK 2013, 60.
4 *Krumm* in Blümich, § 5 EStG Rz. 740.
5 BFH v. 4.6.1991 - X R 136/87, BStBl 1992 II 70.
6 BFH v. 29.11.2006 - I R 46/05, BStBl 2009 II 955.
7 HHR/*Tiedchen*, § 5 EStG Rz. 2330 und Rz. 2163.
8 BFH v. 26.3.1991 - IV B 132/90, BFH/NV 1991, 736 = NWB DokID: HAAAB-32309]: keine degressive Auflösung; FG Berlin v. 8.5.2000 - 8 K 8113/98, EFG 2001, 38, rkr.: keine progressive Auflösung.

noch ausstehende Duldungsverpflichtung des Eigentümers zu bilden; hinsichtlich des Restbetrages ist sie auf den Erfüllungsrückstand zu verrechnen.[1]

Gebäude auf fremdem Grund und Boden: Nach der neueren BFH-Rechtsprechung kommt für die vom Stpfl. getragenen Herstellungskosten für fremde Gebäude kein aktiver RAP in Betracht. Vielmehr sind diese bilanztechnisch „wie ein materielles Wirtschaftsgut" zu behandeln und nach den für Gebäude geltenden AfA-Regeln abzuschreiben. 335

Kfz-Steuer: Für in einem Wj. gezahlte Kfz-Steuer ist ein RAP zu aktivieren, soweit die Steuer auf die voraussichtliche Zulassungszeit des Fahrzeugs im nachfolgenden Wj. entfällt.[2] 336

Leasingraten: Degressive Leasingraten beim Immobilienleasing sind nach Ansicht der Rechtsprechung aktiv abzugrenzen und linear auf die Grundmietzeit zu verteilen.[3] Demgegenüber ist für degressive Raten beim Leasing beweglicher WG des Anlagevermögens regelmäßig kein aktiver RAP zu bilden.[4] 337

Lizenzgebühren, die für eine bestimmte Zeit vorausgeleistet werden, sind bei Lizenznehmern aktiv abzugrenzen und entsprechend den vertraglichen Lizenzvereinbarungen verursachungsentsprechend zu verteilen.[5] 338

Maklerprovisionen, die im Zusammenhang mit dem Abschluss eines Mietvertrages gezahlt worden sind, sind als laufende Betriebsausgaben abzugsfähig. Ein aktiver RAP ist nicht zu bilden, da es insoweit an einer zeitbezogenen Gegenleistung fehlt.[6] 339

Mobilfunkdienstleistungen: Überlässt ein Telekommunikationsunternehmen seinen Kunden verbilligt Mobilfunktelefone, so liegt nach Ansicht der Finanzverwaltung mit dem Abfluss des Sachwertes eine Ausgabe vor, wenn es die Verfügungsmacht über den hingegebenen Gegenstand verliert.[7] Diese Ausgabe ist als Aufwand dem Ertragszeitraum (Zeitraum, in dem die Gebühren zufließen) wirtschaftlich im Wege eines aktiven RAP zuzurechnen.[8] Mit Urteil v. 15.5.2013 wurde diese Sichtweise der FinVerw vom BFH bestätigt.[9] 340

Öffentlich-Private-Partnerschaften (ÖPP): Bei der rechtlichen Ausgestaltung eines Verkehrsprojekts nach dem sog. A-Modell werden von den Konzessionsnehmern Autobahnstreckenabschnitte errichtet und auch im verkehrsrechtlichen Sinne betrieben, der Bund (Konzessionsgeber) bleibt jedoch Eigentümer des Autobahnstreckenabschnitts und allein berechtigt, für die Benutzung Mautgebühren zu erheben. Nach Ansicht der FinVerw[10] liegt in diesen Fällen in Höhe der Ausbaukosten abzüglich einer etwaigen Anschubfinanzierung eine Vorleistung des Konzessionsnehmers vor. Die anfallenden Aufwendungen sind daher während der Bauphase ebenso wie eine Anschubfinanzierung gewinnneutral zu behandeln (d.h. wie eine Anzahlung) und nach Fertigstellung und Abnahme des Bauwerkes in einen aktiven RAP einzustellen. Dieser Posten ist bis zum Ende des Konzessionszeitraums in gleichmäßigen Raten aufzulösen. 341

---

1 BFH v. 19.10.1993 - VIII R 87/91, BStBl 1994 II 109.
2 BFH v. 19.5.2010 - I R 65/09, BStBl 2010 II 967.
3 BFH v. 12.8.1982 - IV R 184/79, BStBl 1982 II 696.
4 BFH v. 28.2.2001 - I R 51/00, BStBl 2001 II 645.
5 BFH v. 11.10.1983 - VIII R 61/81, BStBl 1984 II 267.
6 BFH v. 19.6.1997 - IV R 16/95, BStBl 1997 II 808.
7 BMF v. 20.6.2005, BStBl 2005 I 801, Tz. 5.
8 BMF v. 20.6.2005, BStBl 2005 I 801, Tz. 6.
9 BFH v. 15.5.2013 - I R 77/08, BStBl 2013 II 730.
10 BMF v. 4.10.2005, BStBl 2005 I 916, Tz. III. 2.

342 **Pachtvorauszahlungen,** die neben dem laufenden Pachtzins durch einen Bilanzierenden geleistet werden, sind in einen aktiven RAP einzustellen und entsprechend der Laufzeit der Nutzungsüberlassung aufzulösen.[1]

343 **Umsatzsteuer auf erhaltene Anzahlungen:** Vgl. → Rz. 391 f.

344 **Urlaubsgeld:** Es hängt von den Vereinbarungen der Vertragspartner ab, ob Urlaubsgeld, das bei einem abweichenden Wj. vor dem Bilanzstichtag für das gesamte Urlaubsjahr bezahlt wird, anteilig aktiv abzugrenzen ist. Ein aktiver RAP ist zu bilden, wenn es vom Arbeitnehmer bei vorzeitigem Ausscheiden zurückzuzahlen ist. Insoweit handelt es sich um eine Vorleistung des Arbeitgebers, die erst mit der Erbringung der Gegenleistung durch den Arbeitnehmer aufwandswirksam wird. Ist die Rückforderung hingegen ausgeschlossen, stellt die Zahlung des Urlaubsgeldes keine Vorleistung des Arbeitgebers dar, so dass die Aktivierung eines RAP ausscheidet.[2]

345 **Wechseldiskontgeschäfte:** Die im Rahmen eines typischen Wechseldiskontgeschäfts durch eine Bank erworbenen Wechsel und Forderungen sind mit den Anschaffungskosten zu aktivieren. Der auf die Zeit zwischen Erwerb des Wechsels und Bilanzstichtag rechnerisch entfallende Diskont kann in der Steuerbilanz nicht als aktiver RAP angesetzt werden.[3]

346 **Zölle und Verbrauchsteuern:** Vgl. → Rz. 381 ff.

347–355 *(Einstweilen frei)*

3. Passive Rechnungsabgrenzungsposten (§ 5 Abs. 5 Satz 1 Nr. 2 EStG)

356 **Übersicht:** Nach § 5 Abs. 5 Satz 1 Nr. 2 EStG sind passive RAP nur anzusetzen für Einnahmen vor dem Abschlussstichtag, soweit sie Ertrag für eine bestimmte Zeit nach diesem Tag darstellen. Die Norm ist somit das Gegenstück zu § 5 Abs. 5 Satz 1 Nr. 1 EStG, so dass dieselben Grundsätze wie für aktive RAP (vgl. → Rz. 316) gelten.[4] Das Passivierungsgebot dient der abschnittsbezogenen wirtschaftlichen Erfolgszuordnung bei laufenden Betriebseinnahmen.[5] Einnahmen sollen demnach dem Jahr zugeordnet werden, zu dem sie wirtschaftlich gehören. Die Ertragswirkung der Einnahmen soll in die Periode verlagert werden, in der die korrespondierenden Aufwendungen anfallen.[6]

357 **Verhältnis zu anderen Passivposten:** (1) Die Abgrenzung von erhaltenen Anzahlungen hat auch bei den passiven RAP durch die Zeitbezogenheit der Leistungen des Bilanzierenden zu erfolgen.[7] Insofern kann auf die Ausführungen der Abgrenzung zwischen aktiven RAP und geleisteten Anzahlungen verwiesen werden (vgl. → Rz. 317). (2) Auch Rückstellungen dienen der Periodenabgrenzung. Im Gegensatz zu diesen sind bei passiven RAP jedoch Grund, Höhe und Fälligkeit der Zahlung bekannt. Eine Abzinsung findet, im Gegensatz zu Verbindlichkeiten und Rückstellungen, bei passiven RAP nicht statt.[8]

---

1 BFH v. 11.10.1983 - VIII R 61/81, BStBl 1984 II 267.
2 BFH v. 6.4.1993 - VIII R 86/91, BStBl 1993 II 709.
3 BFH v. 26.4.1995 - I R 92/94, BStBl 1995 II 594.
4 *Krumm* in Blümich, § 5 EStG Rz. 901.
5 *Prinz/Kanzler*, NWB Praxishandbuch Bilanzsteuerrecht, Rz. 6390.
6 BFH v. 24.6.2009 - IV R 26/06, BStBl 2009 II 781.
7 *Krumm* in Blümich, § 5 EStG Rz. 908.
8 *Krumm* in Blümich, § 5 EStG Rz. 907; *Fuhrmann* in Korn, § 5 EStG Rz. 630.

Tatbestand passiver RAP: Nach § 5 Abs. 5 Satz 1 Nr. 2 EStG müssen folgende Voraussetzungen kumulativ erfüllt sein, nämlich: 358

- Es muss sich um „Einnahmen vor dem Abschlussstichtag" handeln,
- die „Ertrag für eine bestimmte Zeit nach diesem Tag" darstellen.
- Zudem wird von der Rechtsprechung grundsätzlich das Bestehen einer zeitbezogenen Gegenleistungsverpflichtung des Empfängers der Vorleistung gefordert.

Einnahmen vor dem Abschlussstichtag: Grundsätzlich gelten die Ausführungen zu den Ausgaben vor dem Abschlussstichtag sinngemäß (vgl. → Rz. 319). Einnahmen i. S. d. § 5 Abs. 5 Satz 1 Nr. 2 EStG sind demnach insbesondere nicht nur Zahlungszuflüsse, sondern auch Forderungszugänge und Verbindlichkeitsabgänge.[1] Kein passiver RAP darf allerdings für ersparten Aufwand gebildet werden.[2] 359

Ertrag für eine bestimmte Zeit nach dem Abschlussstichtag: Die Ausführungen zum Aufwand vor dem Abschlussstichtag gelten grundsätzlich sinngemäß (vgl. → Rz. 319); insbesondere bestimmt sich die Frage, ob ein Ertrag für eine bestimmte Zeit nach dem Abschlussstichtag vorliegt grundsätzlich danach, ob der wirtschaftliche Grund der Einnahme vor dem Ende des Abschlussstichtages oder nach dem Abschlussstichtag liegt. Uneinigkeit besteht allerdings darüber, wie das Merkmal „bestimmte Zeit" in § 5 Abs. 1 Satz 1 Nr. 1 und 2 EStG auszulegen ist. Hier wird teilweise die Auffassung vertreten, das Merkmal „bestimmte Zeit" sei „imparitätisch" auszulegen, also auf der Aktivseite unter Rückgriff auf das Vorsichtsprinzip eng und auf der Passivseite im Hinblick auf das Realisationsprinzip weit.[3] Zutreffender dürfte im Hinblick auf die Gesetzessystematik (Stellung der Worte „bestimmte Zeit" im selben Satz) sowie den Gesetzeszweck (auch auf der Passivseite solle eine willkürliche Beeinflussung des Gewinns durch nicht nachprüfbare Annahmen verhindert werden) aber eher eine einheitliche Auslegung des Merkmals „bestimmte Zeit" in § 5 Abs. 5 Satz 1 Nr. 1 (vgl. → Rz. 320) und 2 EStG sein.[4] 360

Zeitbezogene Gegenleistungsverpflichtung des Empfängers der Vorleistung: Erträge aus empfangenen Vorleistungen für eine zeitraumbezogene Gegenleistung sind durch Bildung eines passiven RAP über die Dauer der Gegenleistung zu verteilen.[5] § 5 Abs. 5 Satz 1 Nr. 2 EStG soll nach der Rechtsprechung des BFH gewährleisten, dass ein vom Stpfl. vereinnahmtes Entgelt für eine von ihm noch zu erbringende zeitbezogene Gegenleistung erst nach der Leistungserbringung durch Auflösung des RAP vereinnahmt wird.[6] Entscheidend für die Passivierung ist dabei, dass für den Zahlungsempfänger nach dem Bilanzstichtag noch eine Pflicht zu künftigem Handeln oder Unterlassen besteht.[7] 361

Rechtsfolgen des § 5 Abs. 5 Satz 1 Nr. 2 EStG: Liegen die Tatbestandsvoraussetzungen vor, besteht grundsätzlich Passivierungspflicht, bei Nichtvorliegen greift hingegen ein Passivierungsverbot. Zum Ansatzwahlrecht bei geringfügigen Beträgen, der Höhe sowie der Auflösung des 362

---

1 BFH v. 17. 9. 1987 - IV R 49/86, BStBl 1988 II 327; *Crezelius* in Kirchhof, § 5 EStG Rz. 92.
2 BFH v. 20. 1. 1993 - I R 115/91, BStBl 1993 II 373.
3 So z. B. *Weber-Grellet* in Schmidt, § 5 EStG Rz. 250, m. w. N.; *Crezelius* in Kirchhof, § 5 EStG Rz. 93.
4 So im Ergebnis auch BFH v. 25. 10. 1994 - VIII R 65/91, BStBl 1995 II 312; BFH v. 9. 12. 1993 - IV R 130/91, BStBl 1995 II 202; *Krumm* in Blümich, § 5 EStG Rz. 685, m. w. N.
5 BFH v. 30. 11. 1980 - IV R 126/78, BStBl 1981 II 398.
6 BFH v. 11. 2. 1998 - I R 23/96, BStBl 1998 II 381; BFH v. 3. 5. 1983 - VIII R 100/81, BStBl 1983 II 572.
7 BFH v. 29. 11. 1990 - IV R 131/89, BStBl 1992 II 715; BFH v. 9. 11. 1994 - I B 12/94, BFH/NV 1995, 786 = NWB DokID: IAAAB-34510.

RAP gelten die Ausführungen zu den aktiven RAP entsprechend (vgl. → Rz. 313 und → Rz. 326 f.).

363 Einzelfälle – Abschlussgebühren bei Bausparkassen: Nach Ansicht des BFH sind erhaltene Abschlussgebühren bei Bausparkassen sofort als Ertrag zu verbuchen und steuerbilanziell nicht passiv abzugrenzen.[1] Begründet wird dies damit, dass es sich bei der Abschlussgebühr lediglich um eine auf den Vertragsschluss gerichtete Zahlung handle, was sich bereits aus dem begrifflichen Verständnis der Abschlussgebühren ergebe. Demnach stelle aus Sicht des Zahlenden die Abschlussgebühr lediglich das „Eintrittsgeld" in den Vertrag dar und werde nicht für zukünftig zu empfangende Leistungen erbracht.[2]

364 Ausbietungsgarantie: Erhaltene Vergütungen für die Übernahme einer Ausbietungsgarantie (= zeitlich befristete Haftung eines Garantiegebers, z. B. im Rahmen eines Immobilienanlagemodells, gegenüber Gläubigerbank im Fall einer Zwangsversteigerung) sind beim Garantiegeber passiv abzugrenzen. Der RAP ist an den folgenden Bilanzstichtagen insoweit aufzulösen, als die Vergütungen auf den bereits abgelaufenen Garantiezeitraum entfallen.[3]

365 Ausbildungsplatzzuschuss: Erhält ein bilanzierender Gewerbetreibender einen öffentlichen Zuschuss zur zeitlich befristeten Besetzung eines Ausbildungsplatzes, ist als Kompensation für den vereinnahmten Vermögenszugang ein passiver RAP zu bilden.[4]

366 Baukostenzuschüsse, die ein Gasversorgungsunternehmen von seinen Abnehmern anlässlich der Einrichtung von Gasanschlüssen erhält, sind grundsätzlich zu passivieren und auf den Zeitraum der Verpflichtung zur Gegenleistung (Gewährleistung der Betriebssicherheit, Instandhaltungen und kostenlose Erneuerungen) zu verteilen, wobei der BFH offen lässt, ob die Passivierung als Rückstellung oder RAP zu erfolgen hat.[5] Die Finanzverwaltung gewährt hingegen bei nicht rückzahlbaren Baukostenzuschüssen bei Energieversorgungsunternehmen ein Wahlrecht dahin gehend, die empfangenen Zuschüsse als Betriebseinnahme oder erfolgsneutrale Kürzung von den Anschaffungs- oder Herstellungskosten für die Versorgungsanschlüsse zu behandeln.[6]

367 Dauerleistungsentgelt: Nach Ansicht des BFH sind Einnahmen vor dem Abschlussstichtag für eine zeitlich nicht befristete Dauerleistung bereits dann passiv abzugrenzen, wenn sie rechnerisch Ertrag für einen bestimmten Mindestzeitraum nach diesem Tag darstellen.[7] Die FinVerw hat sich dieser Auffassung angeschlossen.[8]

368 Erbbauverpflichteter: In der Übernahme von Erschließungskosten durch den Erbbauberechtigten liegt ein zusätzliches Entgelt für die Nutzung des Grundstücks. Gehört das Grundstück zum Betriebsvermögen des Erbbauverpflichteten, so ist dieses Entgelt mittels eines passiven RAP über die Dauer des Erbbaurechts zu verteilen.[9] Von einem Grundstückseigentümer im Voraus vereinnahmte Erbbauzinsen sind über einen passiven RAP abzugrenzen und entsprechend der Laufzeit des Erbbaurechtsvertrags regelmäßig linear gewinnerhöhend aufzulösen. Abwei-

---

1 BFH v. 11. 2. 1998 - I R 23/96, BStBl 1998 II 381.
2 Kritisch hierzu u. a. *Herzig/Joisten*, DB 2011, 1014.
3 BFH v. 23. 3. 1995 - IV R 66/94, BStBl 1995 II 772.
4 BFH v. 5. 4. 1984 - IV R 96/82, BStBl 1984 II 552.
5 BFH v. 23. 2. 1977 - I R 104/75, BStBl 1977 II 392.
6 BMF v. 27. 5. 2003, BStBl 2003 I 361.
7 BFH v. 9. 12. 1993 - VI R 130/91, BStBl 1995 II 202.
8 *BMF* v. 15. 3. 1995, BStBl 1995 I 183.
9 BFH v. 20. 11. 1980 - IV R 126/78, BStBl 1981 II 398.

chend hiervon kommt allenfalls eine progressive, nicht aber degressive Auflösung in Betracht.[1] Beiträge, die der Erbbauberechtigte zur erstmaligen Erschließung eines mit einem Erbbaurecht belasteten Grundstücks aufwendet, sind beim bilanzierenden Grundstückseigentümer (Erbbauverpflichteter) als Vermögenszugang beim Grund und Boden zu aktivieren. Dem Vermögenszugang ist ein passiver RAP in gleicher Höhe gegenüberzustellen und zu jedem Bilanzstichtag linear aufzulösen.[2]

Forderungsforfaitierung aus Leasingverträgen: Einnahmen aus der Forfaitierung von nicht fälligen Leasingraten sind passiv abzugrenzen. Dieser Passivposten ist linear aufzulösen, wenn der Leasinggeber zu gleichbleibenden Leistungen gegenüber dem Leasingnehmer verpflichtet bleibt. Die Gleichmäßigkeit der Leasingrate ist grundsätzlich Ausdruck einer solchen gleichmäßigen Leistungsverpflichtung.[3] Behält sich hingegen der Leasinggeber gegenüber dem Leasingnehmer bei Abschluss des Leasingvertrags das Recht auf ein unwiderrufliches Kaufangebot des Leasingnehmers nach Ablauf der Grundmietzeit vor (sog. Andienungsrecht) und forfaitiert er die ihm nach Ausübung dieses Andienungsrechts zustehenden künftigen Ansprüche aus der Verwertung des jeweiligen Leasinggegenstandes an einen Dritten (sog. Restwertforfaitierung aus Teilamortisations-Leasingverträgen), so ist die Zahlung des Dritten steuerlich als ein Darlehen an den Leasinggeber zu beurteilen. Die Forfaitierungserlöse sind von ihm nicht als Erträge aus zukünftigen Perioden passiv abzugrenzen, sondern als Verbindlichkeiten auszuweisen und bis zum Ablauf der Grundmietzeit ratierlich aufzuzinsen.[4]

369

Franchise-Vertragsgebühren sind beim Franchisegeber i. d. R. als vorausgezahltes Entgelt für eine zeitbezogene Gegenleistung passiv abzugrenzen und auf die Mindestlaufzeit des Franchisevertrags erfolgserhöhend zu verteilen. Gegebenenfalls kommt eine umsatzabhängige Auflösung in Betracht.[5]

370

Investitionszuschüsse:[6] Nach R 6.5 EStR besteht bei aus öffentlichen Mitteln gewährten Investitionszuschüssen ein Wahlrecht, diese als sofort zu versteuernde Betriebseinnahme zu erfassen oder die Anschaffungs- oder Herstellungskosten des geförderten WG entsprechend zu kürzen. Die Bildung eines passiven RAP scheidet mangels Zeitraumbezug aus.

371

Mobilfunkdienstleistungen: Durch die verbilligte Überlassung des Mobilfunktelefons liegt beim Leistungsempfänger, bei dem das Mobilfunktelefon Betriebsvermögen wird, mit Erlangung der Verfügungsmacht eine Einnahme vor. Diese ist Ertrag für eine bestimmte Zeit nach dem Abschlussstichtag, der bei bilanzierenden Stpfl. grundsätzlich passiv abzugrenzen ist. Handelt es sich bei dem Mobilfunktelefon um ein GWG, weil die Summe aus gezahltem Barpreis und erhaltener Vergünstigung die in § 6 Abs. 2 EStG festgelegte Wertgrenze nicht übersteigt, kann von der Bildung eines passiven RAP abgesehen werden. In diesem Fall ist nur der gezahlte Barpreis als Anschaffungskosten zu behandeln.[7]

372

Stillhaltevergütungen: Für die Verpflichtung des Veräußerers einer Option (Stillhalter), auf Verlangen des Optionsberechtigten innerhalb der Optionsfrist den Optionsgegenstand zu verkaufen oder zu kaufen (Call/Put-Option), ist eine Verbindlichkeit in Höhe der dafür verein-

373

---

1 BFH v. 26. 3. 1991 - IV B 132/90, BFH/NV 1991, 736 = NWB DokID: HAAAB-32309.
2 BFH v. 4. 9. 1997 - IV R 40/96, BFH/NV 1998, 569 = NWB DokID: PAAAA-97414.
3 BFH v. 24. 7. 1996 - I R 94/95, BStBl 1997 II 122; BMF v. 9. 1. 1996, BStBl 1996 I 9, Tz. III. 2a.
4 BFH v. 8. 11. 2000 - I R 37/99, BStBl 2001 II 722.
5 *Prinz/Kanzler*, NWB Praxishandbuch Bilanzsteuerrecht, Rz. 6421.
6 Zur buchhalterischen und bilanziellen Behandlung s. a. *Köhler*, BBK 2014, 661.
7 BMF v. 20. 6. 2005, BStBl 2005 I 801, Tz. 11.

nahmten Prämie auszuweisen; die Verbindlichkeit ist erst bei Ausübung oder Verfall der Option auszubuchen. Die Verbindlichkeit des Stillhalters ist nicht zeitlich oder periodisch aufteilbar. Zwar ist die Stillhalteleistung laufzeitbezogen. Der Umfang der Leistungsverpflichtung selbst bleibt aber während der gesamten Laufzeit der Option unverändert. Andererseits besteht auch keine qualitativ gleichbleibende Dauerverpflichtung, die einem „Wertverzehr" unterliegen könnte. Der Stillhalter schuldet vielmehr auf Verlangen des Optionsberechtigten einen einmaligen bestimmten Erfolg. Damit scheidet ein passiver RAP aus.[1]

374 **Vorfälligkeitsentschädigung:** Eine Vergütung, die der Kreditgeber für seine Bereitschaft zu einer für ihn nachteiligen Änderung der Vertragskonditionen vom Kreditnehmer vereinnahmt hat, ist in der Bilanz des Kreditgebers nicht passiv abzugrenzen, da es regelmäßig an dem für einen passiven RAP erforderlichen Zusammenhang zwischen den Zahlungen des Kreditnehmers und nach dem Abschlussstichtag von der Bank noch zu erbringenden Leistungen fehlt.[2]

375 **Zinszuschuss:** Der kapitalisiert ausgezahlte Zinszuschuss für die Aufnahme eines langjährigen Kapitalmarktdarlehens ist passiv abzugrenzen. Der RAP ist ratierlich über die gesamte Darlehenslaufzeit und je nach Ausgestaltung des Darlehensvertrags linear oder degressiv aufzulösen. Bei vorzeitiger Sondertilgung des Darlehens ist der Passivposten im Verhältnis der Sondertilgung zu dem Gesamtdarlehensbetrag aufzulösen.[3]

Wird der Betrieb aufgegeben, der betroffene Kredit aber nicht zurückgezahlt, sondern in das steuerliche Privatvermögen überführt, entsteht durch die Auflösung des noch vorhandenen Teils des Rechnungsabgrenzungspostens ein Gewinn, der noch nicht in der steuerlichen Schlussbilanz, sondern in der steuerlichen Aufgabebilanz zu zeigen ist und infolgedessen den Aufgabegewinn i. S. des § 16 Abs. 2, 3 EStG erhöht. Zum Aufgabegewinn gehören nicht nur stille Reserven in den in das steuerliche Privatvermögen überführten Wirtschaftsgütern, sondern ebenso aufgabebedingt aufzulösende Passivposten, die keine Wirtschaftsgüter sind, etwa steuerfreie Rücklagen (was bereits geklärt war) und auch passive Rechnungsabgrenzungsposten. Etwas anderes gilt, wenn ein Kredit, dessen Zinsen bezuschusst wurden, vor Aufgabe des Betriebs oder in zeitlichem Zusammenhang damit zurückgezahlt wird, denn dann entsteht durch den Wegfall der passiven Rechnungsabgrenzung ein laufender, nicht begünstigter Gewinn.[4]

376–380 *(Einstweilen frei)*

4. Zu aktivierende Zölle und Verbrauchsteuern (§ 5 Abs. 5 Satz 2 Nr. 1 EStG)

381 **Ein Aktivierungsgebot** besteht nach § 5 Abs. 5 Satz 2 Nr. 1 EStG auch für als Aufwand berücksichtigte Zölle und Verbrauchsteuern, soweit sie auf am Abschlussstichtag auszuweisende WG des Vorratsvermögens entfallen. Dadurch soll sichergestellt werden, dass Abgaben erst in dem Wj. aufwandswirksam werden, in dem das abgabenbelastete Produkt veräußert und dabei die in dem Preis einkalkulierte Abgabe wirtschaftlich vergütet wird.[5]

---

1 BFH v. 18. 12. 2002 - I R 17/02, BStBl 2004 II 126.
2 BFH v. 7. 3. 2007 - I R 18/06, BStBl 2007 II 697.
3 BFH v. 24. 6. 2009 - IV R 26/06, BStBl 2009 II 781.
4 BFH v. 25.4.2018 - VI R 51/16, NWB DokID: VAAAG-94183. Offen gelassen hat der Senat, ob die Rechtsprechung des BFH (v. 18.10.2000 - X R 70/97, NWB DokID: LAAAA-66501 und BFH v. 25.1.2000 - VIII R 55/97, BStBl 2000 II S. 458), der zufolge der Aufwand für die anlässlich einer Betriebsveräußerung oder -aufgabe gebotene Kreditablösung nicht den laufenden Gewinn, sondern den Veräußerungsgewinn mindert, noch aufrecht erhalten wird.
5 So *Krumm* in Blümich, § 5 EStG Rz. 712.

Zölle sind Abgaben, die nach Maßgabe des Zolltarifs (§ 21 Abs. 1 ZollG) von der Warenbewegung über die Zollgrenze erhoben werden.[1]   382

Verbrauchsteuern sind Steuern, für deren Entstehung ein bestimmter Gegenstand bzw. dessen Übertritt aus einem der Besteuerung unterliegenden Bereich in einen steuerlich nicht gebundenen Verkehr und das Halten oder Verbrauchen bestimmter Güter maßgebend ist,[2] wie z. B. Branntweinabgaben, Bier-, Kaffee-, Mineralöl-, Schaumwein- und Tabaksteuer.[3] Keine Verbrauchsteuer i. S. d. § 5 Abs. 5 Satz 2 Nr. 1 EStG ist die Umsatzsteuer sowie die Einfuhr-Umsatzsteuer (§ 1 Abs. 1 Nr. 4 UStG).[4]   383

Als Aufwand berücksichtigt sind Zölle und Verbrauchsteuern, wenn sie sich gewinnmindernd ausgewirkt haben, also gezahlt oder passiviert wurden,[5] nicht hingegen, wenn sie als Anschaffungs- oder Herstellungskosten der WG des Vorratsvermögens zu aktivieren sind (keine Minderung des Netto- oder Reinvermögens).   384

Aufzulösen ist der Aktivposten in dem Wj., in dem das abgabenbelastete WG veräußert oder entnommen wird oder die Voraussetzungen für seine Bildung nachträglich wegfallen.[6]   385

(*Einstweilen frei*)   386–390

5. Umsatzsteuer auf erhaltene Anzahlungen (§ 5 Abs. 5 Satz 2 Nr. 2 EStG)

Das Aktivierungsgebot des § 5 Abs. 5 Satz 2 Nr. 2 EStG regelt nur die bilanzielle Behandlung der Umsatzsteuer auf erhaltene Anzahlungen, betrifft somit nur die Steuerbilanz des Anzahlungsempfängers. Dieser hat für als Aufwand berücksichtigte Umsatzsteuer auf am Abschlussstichtag auszuweisende Anzahlungen einen eigenen Aktivposten zu bilden. Die Norm setzt dabei voraus, dass der Anzahlungsempfänger die Anzahlung einschließlich Umsatzsteuer (brutto) passiviert hat. Ziel der Vorschrift ist es, eine gewinnmindernde Wirkung der Umsatzsteuer zu verhindern.[7]   391

Aufzulösen ist der Aktivposten sobald auch der Passivposten „erhaltene Anzahlungen" wegen Gewinnrealisierung oder Nichtlieferung aufgelöst wird.[8]   392

(*Einstweilen frei*)   393–400

X. Vorrang steuerrechtlicher Spezialvorschriften (§ 5 Abs. 6 EStG)

§ 5 Abs. 6 EStG schränkt den Maßgeblichkeitsgrundsatz dahin gehend ein, dass die dort genannten steuerrechtlichen Spezialvorschriften vorrangig zu beachten sind. Enthalten die steuerrechtlichen Vorschriften Regelungslücken, bleiben die handelsrechtlichen GoB nach § 5 Abs. 1 EStG subsidiär anwendbar.[9]   401

Im Einzelnen verweist § 5 Abs. 6 EStG auf die Vorschriften über (1) Entnahmen und Einlagen (§ 4 Abs. 1 i. V. m. § 6 Abs. 1 Nr. 4 und Nr. 5 EStG), (2) die Zulässigkeit der Bilanzänderung (§ 4   402

---

1 BFH v. 12.12.1970 - V B 33, 34, 48, 59, 68, 90, 120/69, BStBl 1970 II 246.
2 BFH v. 27.6.1973 - II R 179/71, BStBl 1973 II 807.
3 *Krumm* in Blümich, § 5 EStG, Rz. 715.
4 *Krumm* in Blümich, § 5 EStG, Rz. 715a; *Fuhrmann* in Korn, § 5 EStG Rz. 648.
5 *Krumm* in Blümich, § 5 EStG, Rz. 716; *Fuhrmann* in Korn, § 5 EStG Rz. 647.
6 *Krumm* in Blümich, § 5 EStG, Rz. 719.
7 *Krumm* in Blümich, § 5 EStG, Rz. 720 ff.; *Fuhrmann* in Korn, § 5 EStG Rz. 649.
8 *Krumm* in Blümich, § 5 EStG, Rz. 723; *Fuhrmann* in Korn, § 5 EStG Rz. 649.
9 HHR/*Stobbe*, § 5 EStG Rz. 2355.

Abs. 2 EStG), (3) Betriebsausgaben (§ 4 Abs. 4 bis 8, §§ 3c, 4b, 4c, 4d, 4e, 9b EStG), (4) die Bewertung (§§ 6, 6a, 6b, 6d EStG), sowie über (5) die AfA oder Substanzverringerung (§§ 7 bis 7k EStG, §§ 81, 82a, 82f, 82g, 82i EStDV).

403–405 *(Einstweilen frei)*

XI. Übernahme von Passivierungsbeschränkungen unterliegenden Verpflichtungen (§ 5 Abs. 7 EStG)

406 **Entwicklung:** § 5 Abs. 7 EStG wurde korrespondierend zu § 4f EStG (siehe KKB/Dommermuth, § 4f EStG Rz. 4 und Rz. 8) durch das AIFM-StAnpG v. 18. 12. 2013 in das EStG eingefügt (vgl. hierzu und zum zeitlichen Anwendungsbereich → Rz. 5) und ist die Reaktion des Gesetzgebers auf die Rechtsprechung des BFH, wonach stille Lasten durch die entgeltliche Übertragung von Passivierungsbeschränkungen unterliegenden Verpflichtungen („angeschaffte Verpflichtungen") steuerwirksam realisiert werden konnten,[1] was insbesondere durch konzernverbundene Unternehmen genutzt wurde.

407 **Voraussetzungen: Verpflichtungen** gem. § 5 Abs. 7 Satz 1 EStG können Verbindlichkeiten oder Rückstellungen sein.[2] Diese müssen beim ursprünglich Verpflichteten Ansatzverboten (z. B. § 5 Abs. 4a Satz 1, § 5 Abs. 4b Satz 1 EStG), Ansatzbeschränkungen (z. B. § 5 Abs. 2a, § 5 Abs. 3, § 5 Abs. 4, § 6a Abs. 1 und § 6 Abs. 2 EStG) oder Bewertungsvorbehalten (z. B. § 6 Abs. 1 Nr. 3, Nr. 3a, § 6a Abs. 3 EStG) unterlegen haben.

408 **Verpflichtungsübernahme:** § 5 Abs. 7 EStG erfasst nicht nur die Schuldübernahme, sondern nach § 5 Abs. 7 Satz 2 EStG auch den Schuldbeitritt und die Erfüllungsübernahme mit vollständiger oder teilweiser Schuldfreistellung. Bei der Schuldübernahme kommt es zu einem Schuldnerwechsel, indem ein Dritter an die Stelle des bisherigen Schuldners tritt (§§ 414, 415 BGB). Hingegen tritt beim Schuldbeitritt im Außenverhältnis ein Dritter als weiterer Schuldner gegenüber dem Gläubiger hinzu, der sich im Innenverhältnis gegenüber dem bisherigen Schuldner zur Erfüllung der Schuld verpflichtet. Auch bei der Erfüllungsübernahme kommt es zu keinem Schuldnerwechsel. Hier verpflichtet sich der Dritte lediglich gegenüber dem bisherigen Schuldner, die Schuld zu erfüllen. Letztendlich kommt es allerdings nicht auf das „Rechtskleid" der Verpflichtungsübernahme an. Entscheidend ist vielmehr, dass der ursprünglich Verpflichtete zumindest wirtschaftlich von seiner Verpflichtung mit bilanzsteuerrechtlicher Wirkung entlastet worden ist. § 5 Abs. 7 Satz 2 EStG ist insofern nicht abschließend.[3]

409 **Rechtsfolge:** Die übernommene Verpflichtung ist beim Erwerber im Zugangszeitpunkt auch in der Steuerbilanz zunächst erfolgsneutral einzubuchen. In der ersten offenen Folgebilanz sind steuerrechtlich sodann die ursprünglich für den Veräußerer geltenden Ansatz- und Bewertungsvorbehalte zu beachten. Durch die Neubewertung ergibt sich ein Erwerbsgewinn, der nach § 5 Abs. 7 Satz 5 EStG auf bis zu 15 Jahre verteilt werden kann. In diesem Fall ist im Erstjahr eine gewinnmindernde Rücklage von 14/15 zu bilden, die in den Folgejahren mit mindestens 1/14 jährlich gewinnerhöhend aufzulösen ist. Besteht die Verpflichtung bereits vor Ab-

---

[1] Vgl. z. B. BFH v. 12. 12. 2012 - I R 69/11, BFH/NV 2013, 840 = NWB DokID: KAAAE-32296; BFH v. 12. 12. 2012 - I R 28/11, BFH/NV 2013, 884 = NWB DokID: AAAAE-32295; BFH v. 26. 4. 2012 - IV R 43/09, BFH/NV 2012, 1248 = NWB DokID: QAAAE-10991.
[2] *Prinz*, Ubg 2013, 57.
[3] *Krumm* in Blümich, § 5 EStG Rz. 242b; a. A. M. *Prinz*, Ubg 2013, 57.

lauf des 14-jährigen Auflösungszeitraums nicht mehr, ist sie gem. § 5 Abs. 7 Satz 6 EStG insoweit vorzeitig aufzulösen.

BEISPIEL: ▶ Die B-GmbH hat in ihrer Handelsbilanz gem. § 249 Abs. 1 Satz 1 HGB eine Rückstellung für drohende Verluste aus schwebenden Geschäften i. H.v. 60 000 € gebildet. Steuerrechtlich ist diese Rückstellung nach § 5 Abs. 4a EStG nicht zulässig. Die A-GmbH übernimmt die Verpflichtung zur Ausführung des schwebenden Geschäfts und erhält hierfür von der B-GmbH 60 000 €.

Die A-GmbH bucht den Anschaffungsvorgang zunächst erfolgsneutral: Per Bank 60 000 € an Rückstellung 60 000 €. In der Steuerbilanz zum 31.12. ist gem. § 5 Abs. 7 Satz 1 EStG von der A-GmbH § 5 Abs. 4a EStG zu berücksichtigen, so dass ein Erwerbsgewinn i. H.v. 60 000 € entsteht: Per Rückstellung 60 000 € an sonstiger betrieblicher Ertrag 60 000 €.

Den Gewinn kann die A-GmbH über maximal 15 Jahre verteilen. Insofern kann im Übertragungsjahr eine Rücklage von 56 000 € (14/15 von 60 000 €) gebildet werden: Per sonstiger betrieblicher Aufwand 56 000 € an Rücklage gem. § 5 Abs. 7 Satz 5 EStG 56 000 €. Ab dem Folgejahr ist die Rücklage mit mindestens 1/14 jährlich aufzulösen.

Besonderheiten bei Erwerb eines Mitunternehmeranteils: § 5 Abs. 7 Satz 3 EStG ordnet die entsprechende Anwendung des Satzes 1 für den Erwerb eines Mitunternehmeranteils an. Andernfalls würde § 5 Abs. 7 Satz 1 EStG für Verpflichtungen einer PersGes leerlaufen, da diese zivilrechtlich nicht vom Erwerber übernommen werden. Die stille Last ist deshalb, dem Transparenzprinzip folgend, zunächst erfolgsneutral in einer Ergänzungsbilanz des neuen Mitunternehmers zu erfassen und dort dann gewinnerhöhend ggf. unter Bildung der Rücklage nach § 5 Abs. 7 Satz 5 EStG auszubuchen.[1]

Besonderheiten bei Übernahme von Pensionsverpflichtungen: Nach Auffassung des BFH[2] sollte bei der Übernahme von Pensionsverpflichtungen § 6a EStG nur für den im Zeitpunkt der Übernahme noch nicht erdienten Teil gelten, hingegen der erdiente Teil mit den Anschaffungskosten bewertet werden. Nach § 5 Abs. 7 Satz 1 EStG ist die Pensionsrückstellung beim Übernehmer nunmehr in gleicher Höhe wie beim Übertragenden anzusetzen. Zudem übernimmt § 5 Abs. 7 Satz 4 EStG die Regelung in R 6a Abs. 13 EStR und enthält eine Sonderregelung für die Rückstellungsbildung beim Arbeitgeberwechsel, wenn die Pensionsverpflichtung unter gleichzeitiger Übertragung von Vermögenswerten übernommen wird. Soweit die mitübertragenen Vermögenswerte die Pensionsverpflichtung decken, ist beim neuen Arbeitgeber der Anschaffungsbarwert anzusetzen. Für den restlichen Teil der Pensionsverpflichtung ist der Teilwert so zu berechnen, als wäre eine neue Pensionsverpflichtung erteilt worden.

Verwaltungsanweisung: Nach dem BMF-Schreiben zur Anwendung von § 5 Abs. 7 EStG (und § 4f EStG) vom 30.11.2017 gilt Folgendes:

Bilanzierung beim Verpflichtungsübernehmer im Falle der Schuldübernahme (§§ 414 ff. BGB): Bei Wirtschaftsjahren, die vor dem 29.11.2013 enden grundsätzlich Anwendung der o. g. BFH-Rspr. (Ansatz mit den „Anschaffungskosten" oder einem höheren Teilwert, vgl. → Rz. 406), aber Anwendung von § 5 Abs. 7 EStG auf Antrag einheitlich für alle erworbenen Schulden möglich (§ 52 Abs. 9 Satz 2 EStG). Bei Wirtschaftsjahren, die nach dem 28.11.2013 enden, zwingende Anwendung von § 5 Abs. 7 EStG, d. h. Beachtung aller Bilanzierungsvorschriften, die ohne Erwerb für den ursprünglich Verpflichteten gegolten hätten. Dabei sind die Regelungen des HGB und EStG auch dann maßgeblich, wenn der ursprünglich Verpflichtete nicht dem deutschen

---

1 *Benz/Placke*, DStR 2013, 2653; *Krumm* in Blümich, § 5 EStG Rz. 242g.
2 Vgl. BFH v. 12.12.2012 - I R 69/11, BFH/NV 2013, 840 = NWB DokID: KAAAE-32296.

Handels- und Steuerrecht unterlag. Bei mehrfacher Übertragung einer Verpflichtung ist auf die Bilanzierung bei demjenigen abzustellen, der die Schuld erstmalig begründet hat. Steuerliche Wahlrechte darf der Übernehmer jedoch eigenständig, d. h. abweichend vom ursprünglich Verpflichteten, ausüben. Zur Kompensation des sich ergebenden Gewinns besteht gem. § 5 Abs. 7 Satz 5 EStG die Möglichkeit zur Bildung einer gewinnmindernden Rücklage.

Bilanzierung beim Übernehmer/Beitretenden im Falle der Übernahme von mit einer Verpflichtung verbundenen Lasten (Schuldbeitritte und Erfüllungsübernahmen mit vollständiger oder teilweiser Schuldfreistellung): Passivierung der Freistellungsverpflichtung wie im Fall der Schuldübernahme (s. o.), § 5 Abs. 7 Satz 2 EStG. Erhaltende Zahlungen sind Betriebseinnahmen.

Übertragungen und Schuldbeitritte im Zusammenhang mit Pensionsverpflichtungen (§ 6a EStG): Steuerliche Wahlrechte dürfen abweichend vom ursprünglich Verpflichteten ausgeübt werden; Fehlbeträge, die beim Rechtsvorgänger dem Nachholverbot (§ 6a Abs. 4 EStG) unterlagen, gelten für den Übernehmer in der ersten Bilanz nach der Übernahme nicht. Die Sonderregelung für die Ermittlung des Teilwerts der Verpflichtung (§ 5 Abs. 7 Satz 4 EStG, vgl. → Rz. 411) gilt nur bei Arbeitgeberwechsel unter gleichzeitiger Übernahme von Vermögenswerten, nicht bei Betriebsübergängen gem. § 613a BGB. Zeitliche Anwendung: Anwendung in allen offenen Fällen. Aufhebung der BMF-Schreiben vom 16.12.2005[1] sowie vom 24.6.2011.[2]

§ 5a Gewinnermittlung bei Handelsschiffen im internationalen Verkehr

(1) ¹Anstelle der Ermittlung des Gewinns nach § 4 Absatz 1 oder § 5 ist bei einem Gewerbebetrieb mit Geschäftsleitung im Inland der Gewinn, soweit er auf den Betrieb von Handelsschiffen im internationalen Verkehr entfällt, auf unwiderruflichen Antrag des Steuerpflichtigen nach der in seinem Betrieb geführten Tonnage zu ermitteln, wenn die Bereederung dieser Handelsschiffe im Inland durchgeführt wird. ²Der im Wirtschaftsjahr erzielte Gewinn beträgt pro Tag des Betriebs für jedes im internationalen Verkehr betriebene Handelsschiff für jeweils volle 100 Nettotonnen (Nettoraumzahl)

0,92 Euro bei einer Tonnage bis zu 1 000 Nettotonnen,

0,69 Euro für die 1 000 Nettotonnen übersteigende Tonnage bis zu 10 000 Nettotonnen,

0,46 Euro für die 10 000 Nettotonnen übersteigende Tonnage bis zu 25 000 Nettotonnen,

0,23 Euro für die 25 000 Nettotonnen übersteigende Tonnage.

(2) ¹Handelsschiffe werden im internationalen Verkehr betrieben, wenn eigene oder gecharterte Seeschiffe, die im Wirtschaftsjahr überwiegend in einem inländischen Seeschiffsregister eingetragen sind, in diesem Wirtschaftsjahr überwiegend zur Beförderung von Personen oder Gütern im Verkehr mit oder zwischen ausländischen Häfen, innerhalb eines ausländischen Hafens oder zwischen einem ausländischen Hafen und der Hohen See eingesetzt werden. ²Zum Betrieb von Handelsschiffen im internationalen Verkehr gehören auch ihre Vercharterung, wenn sie vom Vercharterer ausgerüstet worden sind, und die unmittelbar mit ihrem Einsatz oder ihrer Vercharterung zusammenhängenden Neben- und Hilfsgeschäfte einschließlich der

---

1 BStBl 2005 I 1052.
2 BStBl 2011 I 627.

Veräußerung der Handelsschiffe und der unmittelbar ihrem Betrieb dienenden Wirtschaftsgüter. ³Der Einsatz und die Vercharterung von gecharterten Handelsschiffen gilt nur dann als Betrieb von Handelsschiffen im internationalen Verkehr, wenn gleichzeitig eigene oder ausgerüstete Handelsschiffe im internationalen Verkehr betrieben werden. ⁴Sind gecharterte Handelsschiffe nicht in einem inländischen Seeschiffsregister eingetragen, gilt Satz 3 unter der weiteren Voraussetzung, dass im Wirtschaftsjahr die Nettotonnage der gecharterten Handelsschiffe das Dreifache der nach den Sätzen 1 und 2 im internationalen Verkehr betriebenen Handelsschiffe nicht übersteigt; für die Berechnung der Nettotonnage sind jeweils die Nettotonnen pro Schiff mit der Anzahl der Betriebstage nach Absatz 1 zu vervielfältigen. ⁵Dem Betrieb von Handelsschiffen im internationalen Verkehr ist gleichgestellt, wenn Seeschiffe, die im Wirtschaftsjahr überwiegend in einem inländischen Seeschiffsregister eingetragen sind, in diesem Wirtschaftsjahr überwiegend außerhalb der deutschen Hoheitsgewässer zum Schleppen, Bergen oder zur Aufsuchung von Bodenschätzen eingesetzt werden; die Sätze 2 bis 4 sind sinngemäß anzuwenden.

(3)¹¹Der Antrag auf Anwendung der Gewinnermittlung nach Absatz 1 ist im Wirtschaftsjahr der Anschaffung oder Herstellung des Handelsschiffs (Indienststellung) mit Wirkung ab Beginn dieses Wirtschaftsjahres zu stellen. ²Vor Indienststellung des Handelsschiffs durch den Betrieb von Handelsschiffen im internationalen Verkehr erwirtschaftete Gewinne sind in diesem Fall nicht zu besteuern; Verluste sind weder ausgleichsfähig noch verrechenbar. ³Bereits erlassene Steuerbescheide sind insoweit zu ändern. ⁴Das gilt auch dann, wenn der Steuerbescheid unanfechtbar geworden ist; die Festsetzungsfrist endet insoweit nicht, bevor die Festsetzungsfrist für den Veranlagungszeitraum abgelaufen ist, in dem der Gewinn erstmals nach Absatz 1 ermittelt wird. ⁵Wird der Antrag auf Anwendung der Gewinnermittlung nach Absatz 1 nicht nach Satz 1 im Wirtschaftsjahr der Anschaffung oder Herstellung des Handelsschiffs (Indienststellung) gestellt, kann er erstmals in dem Wirtschaftsjahr gestellt werden, das jeweils nach Ablauf eines Zeitraumes von zehn Jahren, vom Beginn des Jahres der Indienststellung gerechnet, endet. ⁶Die Sätze 2 bis 4 sind insoweit nicht anwendbar. ⁷Der Steuerpflichtige ist an die Gewinnermittlung nach Absatz 1 vom Beginn des Wirtschaftsjahres an, in dem er den Antrag stellt, zehn Jahre gebunden. ⁸Nach Ablauf dieses Zeitraumes kann er den Antrag mit Wirkung für den Beginn jedes folgenden Wirtschaftsjahres bis zum Ende des Jahres unwiderruflich zurücknehmen. ⁹An die Gewinnermittlung nach allgemeinen Vorschriften ist der Steuerpflichtige ab dem Beginn des Wirtschaftsjahres, in dem er den Antrag zurücknimmt, zehn Jahre gebunden.

(4) ¹Zum Schluss des Wirtschaftsjahres, das der erstmaligen Anwendung des Absatzes 1 vorangeht (Übergangsjahr), ist für jedes Wirtschaftsgut, das unmittelbar dem Betrieb von Handelsschiffen im internationalen Verkehr dient, der Unterschiedsbetrag zwischen Buchwert und Teilwert in ein besonderes Verzeichnis aufzunehmen. ²Der Unterschiedsbetrag ist gesondert und bei Gesellschaften im Sinne des § 15 Absatz 1 Satz 1 Nummer 2 einheitlich festzustellen. ³Der Unterschiedsbetrag nach Satz 1 ist dem Gewinn hinzuzurechnen:

1. in den dem letzten Jahr der Anwendung des Absatzes 1 folgenden fünf Wirtschaftsjahren jeweils in Höhe von mindestens einem Fünftel,

---

1 Anm. d. Red.: Zur Anwendung des § 5a Abs. 3 siehe § 52 Abs. 10 Sätze 1 bis 3.

2. in dem Jahr, in dem das Wirtschaftsgut aus dem Betriebsvermögen ausscheidet oder in dem es nicht mehr unmittelbar dem Betrieb von Handelsschiffen im internationalen Verkehr dient,

3. in dem Jahr des Ausscheidens eines Gesellschafters hinsichtlich des auf ihn entfallenden Anteils.

⁴Die Sätze 1 bis 3 sind entsprechend anzuwenden, wenn der Steuerpflichtige Wirtschaftsgüter des Betriebsvermögens dem Betrieb von Handelsschiffen im internationalen Verkehr zuführt.

(4a) ¹Bei Gesellschaften im Sinne des § 15 Absatz 1 Satz 1 Nummer 2 tritt für die Zwecke dieser Vorschrift an die Stelle des Steuerpflichtigen die Gesellschaft. ²Der nach Absatz 1 ermittelte Gewinn ist den Gesellschaftern entsprechend ihrem Anteil am Gesellschaftsvermögen zuzurechnen. ³Vergütungen im Sinne des § 15 Absatz 1 Satz 1 Nummer 2 und Satz 2 sind hinzuzurechnen.

(5)¹¹Gewinne nach Absatz 1 umfassen auch Einkünfte nach § 16. ²§§ 34, 34c Absatz 1 bis 3 und § 35 sind nicht anzuwenden. ³Rücklagen nach den §§ 6b und 6d sind beim Übergang zur Gewinnermittlung nach Absatz 1 dem Gewinn im Erstjahr hinzuzurechnen; bis zum Übergang in Anspruch genommene Investitionsabzugsbeträge nach § 7g Absatz 1 sind nach Maßgabe des § 7g Absatz 3 rückgängig zu machen. ⁴Für die Anwendung des § 15a ist der nach § 4 Absatz 1 oder § 5 ermittelte Gewinn zugrunde zu legen.

(6) In der Bilanz zum Schluss des Wirtschaftsjahres, in dem Absatz 1 letztmalig angewendet wird, ist für jedes Wirtschaftsgut, das unmittelbar dem Betrieb von Handelsschiffen im internationalen Verkehr dient, der Teilwert anzusetzen.

Inhaltsübersicht	Rz.
A. Allgemeine Erläuterungen	1 - 45
I. Normzweck und wirtschaftliche Bedeutung der Vorschrift	1 - 5
II. Entstehung und Entwicklung der Vorschrift	6 - 10
III. Geltungsbereich	11 - 20
IV. Vereinbarkeit mit höherrangigem Recht	21 - 30
V. Verhältnis zu anderen Vorschriften	31 - 45
B. Systematische Kommentierung	46 - 145
I. Tonnagesteuer (§ 5a Abs. 1 EStG)	46 - 75
1. Gewerbebetrieb im Inland mit Gewinnermittlung nach § 5 EStG i.V.m. § 4 Abs. 1 EStG	46 - 55
2. Bereederung im Inland	56 - 65
3. Rechtsfolgen	66 - 75
II. Betrieb von Handelsschiffen im internationalen Verkehr (§ 5a Abs. 2 EStG)	76 - 95
1. Schiffseinsatz	76 - 85
2. Vercharterung, Hilfsgeschäfte	86 - 95
III. Antrag und Bindungswirkung (§ 5a Abs. 3 EStG)	96 - 105
IV. Feststellung der stillen Reserven beim Übergang zur Tonnagegewinnermittlung (§ 5a Abs. 4 EStG)	106 - 115
V. Personengesellschaften als Steuerpflichtige bei der Tonnagegewinnermittlung	116 - 125
VI. Verhältnis zu anderen Vorschriften (§ 5a Abs. 5 EStG)	126 - 135

---

1 Anm. d. Red.: Zur Anwendung des § 5a Abs. 5 siehe § 52 Abs. 10 Satz 4.

Allgemeine Erläuterungen 1–6 § 5a EStG

VII. Teilwertansatz beim Übergang zum Betriebsvermögensvergleich
(§ 5a Abs. 6 EStG) 136 - 145
C. Verfahrensfragen 146

HINWEIS:

H 5a EStR; BMF v. 12.6.2002, BStBl 2002 I 614, unter Berücksichtigung der Änderungen durch BMF v. 31.10.2008, BStBl 2008 I 956 und BMF v. 24.3.2000, BStBl 2000 I 453, BMF v. 10.9.2013, BStBl 2013 I 1152.

LITERATUR:

▶ Weitere Literatur siehe Online-Version

Dißars/Kahl-Hinsch, Steuerliche Folgen einer Aufgabe der Tonnagebesteuerung, DStR 2013, 2092; *Dißars*, Die Gewinnermittlung nach § 5a EStG in der neueren Rechtsprechung des BFH, NWB 2014, 1793; *Dißars*, Beginn und Ende eines Gewerbebetriebs bei Gewinnermittlung nach § 5a EStG, NWB 2014, 3614; *Jacobs*, Raus aus der Tonnagesteuer, DB 2014, 863.

A. Allgemeine Erläuterungen

I. Normzweck und wirtschaftliche Bedeutung der Vorschrift

Zur Förderung der internationalen Wettbewerbsfähigkeit deutscher Reeder und zur langfristigen Bindung des aktiven Schifffahrtsbetriebs an den maritimen Standort Deutschland,[1] erlaubt § 5a EStG eine von den allgemeinen Vorschriften abweichende Gewinnermittlung durch eine vom erzielten Ertrag unabhängige, pauschal auf den Frachtraum der eingesetzten Schiffe bezogene Steuer (sog. **Tonnagesteuer**). § 5a EStG wird deshalb zu Recht auch als eine als Gewinnermittlungsvorschrift getarnte **Subventionsnorm** bezeichnet.[2]   1

(Einstweilen frei)   2–5

II. Entstehung und Entwicklung der Vorschrift

SeeschifffahrtsAnpG v. 9.9.1998:[3] § 5a Abs. 1 bis 3, Abs. 4a bis 6 EStG wird mit Wirkung für Wj., die nach dem 31.12.1998 enden, neu in das EStG eingefügt. § 5a Abs. 4 EStG ist erstmals für Wj. anzuwenden, die vor dem 1.1.1999 enden.   6

StEntlG 1999 ff. v. 24.3.1999:[4] § 5a Abs. 5 Satz 3 EStG wird für Wj., die nach dem 31.12.1998 enden, auch auf Rücklagen nach § 6d EStG ausgedehnt.

StBerG 1999 v. 22.12.1999:[5] Die Regelung in § 5a Abs. 4 Satz 3 EStG wird verschärft und § 5a Abs. 5 Satz 4 EStG eingefügt. Die Änderungen sind erstmals in dem Wj. anzuwenden, das nach dem 31.12.1999 endet.

StEuglG v. 19.12.2000:[6] Die DM-Beträge in § 5a Abs. 1 Satz 2 EStG werden mit Wirkung ab 1.1.2002 auf Euro-Beträge umgestellt.

---

1 BT-Drucks. 13/8023, 32.
2 *Weiland* in Littmann/Bitz/Pust, § 5a EStG Rz. 2.
3 BStBl 1998 I 1158.
4 BStBl 1999 I 304.
5 BStBl 2000 I 13.
6 BStBl 2001 I 3.

StÄndG 2001 v. 20.12.2001:[1] Der Verweis auf § 32c entfällt in § 5 Abs. 5 Satz 2 EStG und rückwirkend ab VZ 2001 wird ein Verweis auf § 35 eingefügt.

HBeglG 2004 v. 29.12.2003:[2] Das Antragsstellungsverfahren in § 5a Abs. 3 EStG wird für Wj., die nach dem 31.12.2005 enden, weitestgehend neu gefasst.

UntStReformG 2008 v. 14.8.2007:[3] Im Hinblick auf § 7g EStG n. F. wird auch § 5a Abs. 5 Satz 3 EStG redaktionell angepasst. Die Neuregelung ist erstmals für das nach dem 17.8.2007 endende Wj. anzuwenden.

SeeVerkRÄndG v. 8.4.2008:[4] Die Wörter „oder zur Vermessung von Energielagerstätten unter dem Meeresboden" werden mit Wirkung zum 18.4.2008 in § 5a Abs. 2 Satz 5 EStG gestrichen.

BestG-HBeglG v. 5.4.2001:[5] Die durch das HBeglG 2004 eingeführte Neuregelung wird bestätigt, da die Änderung formell nicht verfassungsmäßig[6] war.

7–10 *(Einstweilen frei)*

III. Geltungsbereich

11 **Persönlicher Geltungsbereich:** § 5a EStG gilt für unbeschränkt und beschränkt steuerpflichtige Schifffahrtsunternehmen.

12 **Sachlicher Geltungsbereich:** Erfasst werden Gewerbebetriebe mit Geschäftsleitung im Inland, die ihren Gewinn ohne Anwendung des § 5a nach § 4 Abs. 1 bzw. § 5 EStG zu ermitteln haben und die Handelsschiffe im internationalen Verkehr oder ihnen gleichgestellte Schiffe betreiben und im Inland bereedern.

13 **Zeitlicher Geltungsbereich:** Die Norm ist erstmalig für Wj. anzuwenden, die nach dem 31.12.1998 enden. Vgl. auch → Rz. 6.

14 **Internationale Bezüge:** Konflikte mit Art. 8 und Art. 13 Abs. 3 OECD-MA können sich aus § 5a EStG als rein innerstaatliche Gewinnermittlungsvorschrift nicht ergeben.

15–20 *(Einstweilen frei)*

IV. Vereinbarkeit mit höherrangigem Recht

21 **Verfassungsmäßigkeit:** Wegen der Begünstigung einer Berufsgruppe innerhalb der Gewerbetreibenden ist die Verfassungsmäßigkeit der Norm umstritten.[7] Mit Blick auf den sog. „Tarifbegrenzungsbeschlusses" des BVerfG[8] dürfte jedoch die vom Gesetzgeber mit § 5a EStG bezweckte Bindung des aktiven Schifffahrtsbetriebs an den Standort Deutschland (→ Rz. 1) die Rechtfertigung für die gleichheitswidrige Steuerbegünstigung einzelner Steuerpflichtiger sein.[9]

---

1 BStBl 2002 I 4.
2 BStBl 2004 I 120.
3 BStBl 2007 I 630.
4 BGBl 2008 I 706.
5 BStBl 2011 I 310.
6 BVerfG v. 8.12.2009 – 2 BvR 758/07, BVerfGE 125, 104.
7 Bejahend: u. a. BFH v. 26.9.2013 – IV R 46/10, BStBl 2014 II 253; BFH v. 19.7.2011 – IV R 42/10, BStBl 2011 II 878; a. A. u. a. *Gosch* in Kirchhof, § 5a EStG Rz. 1.
8 BVerfG v. 21.6.2006 – 2 BvL 2/99, BVerfGE 116, 164 = DStR 2006, 1316.
9 BFH v. 26.9.2013 – IV R 46/10, BStBl 2014 II 253; *Kanzler*, NWB 2006, 3191.

Vereinbarkeit mit Unionsrecht: EU-rechtlich[1] begegnet die Vorschrift trotz der Genehmigung durch die EU-Kommission[2] Bedenken, da sie zu einer nicht gerechtfertigten indirekten Diskriminierung von EU-Ausländern führen kann.[3]   22

(Einstweilen frei)   23–30

V. Verhältnis zu anderen Vorschriften

Verhältnis zu den Gewinnermittlungsvorschriften: § 5a EStG schließt als lex specialis eine Gewinnermittlung durch Betriebsvermögensvergleich aus. Steuerbilanzen sind aber fortzuführen und den Steuererklärungen beizufügen (§ 60 Abs. 1 Satz 1 i.V. m. Abs. 2 EStDV).[4] Zu § 4 Abs. 5 Satz 1 Nr. 11 EStG siehe KKB/Hallerbach, § 4 EStG Rz. 856.   31

Verhältnis zu § 15a EStG: Anzuknüpfen ist nicht an den nach § 5a Abs. 1 EStG ermittelten Gewinn, sondern an den nach § 4 Abs. 1 oder § 5 EStG ermittelten Gewinn. Hinzugerechnete Unterschiedsbeträge dürfen nicht mit einem verrechenbaren Verlust saldiert werden.[5]   32

Verhältnis zu den Einkünften nach § 16 EStG: Anteilige Veräußerungs- und Aufgabegewinne werden durch die pauschale Steuer abgegolten (§ 5a Abs. 5 Satz 1 EStG). Der Freibetrag gem. § 16 Abs. 4 EStG findet keine Anwendung.[6]   33

Verhältnis zu den Tarifvorschriften gem. §§ 34, 34c Abs. 1 bis Abs. 3, 35 EStG (§ 26 KStG): Die Anwendung der Tarifermäßigungen scheidet aus (§ 5a Abs. 5 Satz 2 EStG). Die Ausschlüsse beziehen sich dabei nur auf den nach § 5a EStG ermittelten Gewinn und nicht auch auf die Hinzurechnungen nach § 5a Abs. 4 und Abs. 4a EStG.[7]   34

Verhältnis zum KStG: Für Zwecke der Körperschaftsteuer ist der nach § 5a EStG ermittelte Gewinn weder um vGA (§ 8 Abs. 3 Satz 2 KStG, § 8a Abs. 1 KStG) noch um nichtabziehbare Ausgaben (§ 10 KStG) oder den nichtabziehbaren Teil der Ausgaben i. S. d. § 9 Abs. 1 Nr. 2 KStG zu korrigieren.[8]   35

Verhältnis zum GewStG: Nach § 7 Satz 3 GewStG gilt der nach § 5a EStG ermittelte Gewinn als Gewerbeertrag nach § 7 Satz 1 GewStG, wobei Hinzurechnungen und Kürzungen gem. §§ 8 und 9 GewStG nicht in Betracht kommen.[9] Dies gilt auch für die nach § 5a Abs. 4 EStG dem Gewinn hinzuzurechnende Tonnagesteuerrücklage, für die die 80%-Kürzung für Handelsschiffe gem. § 9 Nr. 3 Satz 2 ff. GewStG nicht gilt.[10] Nicht abschließend geklärt ist dabei, ob dies auch dann gilt, wenn der Steuerpflichtige bereits wieder zur Gewinnermittlung durch Bestandsvergleich gem. §§ 4 Abs. 1, 5 EStG optiert hat.[11]   36

(Einstweilen frei)   37–45

---

1 Vgl. auch EuGH v. 26. 10. 1999 - C-294/97, *Eurowings*, BStBl 1999 II 851.
2 BGBl 1998 I 4023.
3 Kritisch z. B. *Gosch* in Kirchhof, § 5a EStG Rz. 1.
4 Die Prüfung der Gewinnerzielungsabsicht erfolgt mittels Steuerbilanz, BMF v. 12. 6. 2002, BStBl 2002 I 614, Tz. 33.
5 BFH v. 31. 5. 2012 - IV R 14/09, BStBl 2013 II 673; BMF v. 10. 9. 2013, BStBl 2013 I 1152.
6 FG Niedersachsen v. 7. 12. 2006 - 16 K 10427/05, EFG 2007, 998, rkr.
7 *Gosch* in Kirchhof, § 5a EStG Rz. 15; wohl auch BMF v. 31. 10. 2008, BStBl 2008 I 956, Tz. 35.
8 BMF v. 24. 3. 2000, BStBl 2000 I 453.
9 BMF v. 31. 10. 2008, BStBl 2008 I 956, Tz. 37.
10 BFH v. 26. 6. 2014 - IV R 10/11, BStBl 2015 II 300.
11 Bejahend FG Hamburg v. 16. 6. 2016 - 6 K 215/14, NWB DokID: CAAAF-79764 (Revision eingelegt BFH IV R 40/16).

B. Systematische Kommentierung

I. Tonnagesteuer (§ 5a Abs. 1 EStG)

1. Gewerbebetrieb im Inland mit Gewinnermittlung nach § 5 EStG i. V. m. § 4 Abs. 1 EStG

46 **Ein Gewerbebetrieb mit Geschäftsleitung im Inland** muss vorliegen (§ 5a Abs. 1 Satz 1 EStG). Geschäftsleitung ist der Mittelpunkt der geschäftlichen Oberleitung (§ 10 AO). Letztere befindet sich dort, wo der für die Geschäftsführung maßgebende Wille gebildet wird.[1]

47 **Einnahmenüberschussrechnung (§ 4 Abs. 3 EStG) nicht ausreichend:** Der Steuerpflichtige muss bisher zur Gewinnermittlung nach § 5 EStG i. V. m. § 4 Abs. 1 EStG verpflichtet gewesen sein.

48–55 *(Einstweilen frei)*

2. Bereederung im Inland

56 **Bereederung:** Kommerzielle, technische und personelle Geschäftsbesorgungsmaßnahmen[2] (z. B. Vertragsschlüsse bzgl. des Schiffseinsatzes und der Mannschaft, Ausrüstung, Verproviantierung, Befrachtung und Erhaltung des Schiffes, Rechnungslegung[3]), die vom Inland aus erfolgen müssen.

57 **Inlandsbezug:** Ausreichend, wenn die wesentlichen Tätigkeiten der Bereederung zumindest fast ausschließlich tatsächlich im Inland durchgeführt werden. Im Rahmen einer Gesamtbetrachtung sind qualitative und quantitative Gesichtspunkt zu berücksichtigen.[4]

58–65 *(Einstweilen frei)*

3. Rechtsfolgen

66 **Pauschale Gewinnermittlung:** Gewinn kann nach der im Betrieb geführten Tonnage ermittelt werden, soweit er auf den Betrieb der Handelsschiffe im internationalen Verkehr fällt. Bei sog. Mischbetrieben, ist klare buchmäßige Zuordnung der Betriebseinnahmen und Betriebsausgaben zu den einzelnen Tätigkeitsbereichen erforderlich. Gegebenenfalls ist zu schätzen.[5] Der Gewinn ist für jedes einzelne Handelsschiff pro Betriebstag (= alle Kalendertage ausgenommen Tage des Umbaus und der Großreparatur[6]) gesondert zu ermitteln (§ 5a Abs. 1 Satz 2 EStG).

67 **Degressiver Staffeltarif:** Der Gewinn beträgt bei einer Tonnage bis zu 1 000 Nettotonnen (nt) = 0,92 €, von bis 1 000 nt bis zu 10 000 nt = 0,69 €, von 10 000 nt bis zu 25 000 nt = 0,46 € und über 25 000 nt = 0,23 € (§ 5a Abs. 1 Satz 2).

68–75 *(Einstweilen frei)*

---

1 BFH v. 23.1.1991 - I R 22/90, BStBl 1991 II 554.
2 *Gosch* in Kirchhof, § 5a EStG Rz. 9; *Hildesheim*, DStZ 1999, 283.
3 BMF v. 12.6.2002, BStBl 2002 I 614 Tz. 1.
4 FG Schleswig-Holstein v. 22.4.2010 - 3 K 66/08, EFG 2010, 1482 (rkr.); a. A. Auslandsanteil größer 10 % (*Seeger* in Schmidt, § 5a EStG Rz. 13) bzw. 50 % (*Tormöhlen* in Korn, § 5a EStG Rz. 24) schädlich; HHR/*Voß*, § 5a EStG Rz. 25: 100 % der Geschäftsleitungsaufgaben müssen im Inland vorgenommen werden.
5 BMF v. 12.6.2002, BStBl 2002 I 614, Tz. 3.
6 BMF v. 12.6.2002, BStBl 2002 I 614 Tz. 4; *Seeger* in Schmidt, § 5a EStG Rz. 14; a. A. *Hofmeister* in Blümich, § 5a EStG Rz. 23.

II. Betrieb von Handelsschiffen im internationalen Verkehr (§ 5a Abs. 2 EStG)

1. Schiffseinsatz

Eigene oder gecharterte Handelsschiffe werden im internationalen Verkehr betrieben, wenn (1) sie im Wj. überwiegend (= mehr als die Hälfte des Wj.; maßgebend ist der Anteil der entsprechenden Reisetage an der Gesamtzahl der Reisetage des Schiffes in einem Wj.; Wartezeiten im betriebsbereiten Zustand gelten als Reisetage[1]) in einem inländischen Seeschiffsregister eingetragen sind (§ 5a Abs. 2 Satz 1 1. Halbsatz EStG)[2] und (2) in diesem Wj. unter Berührung eines ausländischen Hafens zur Beförderung von Personen oder Gütern eingesetzt werden (§ 5a Abs. 2 Satz 1 2. Halbsatz EStG). 76

Besonderheiten beim Einsatz gecharterte Schiffe: Erforderlich ist der gleichzeitige Einsatz eigener Seeschiffe im internationalen Verkehr (§ 5a Abs. 2 Satz 3 EStG). Beim fehlenden Eintrag in einem inländischen Seeschiffsregister, darf außerdem die Nettotonnage im Wj. das Dreifache der nach § 5a Abs. 2 Satz 1 und 2 EStG betriebenen Schiffe nicht übersteigen (§ 5a Abs. 2 Satz 4 1. Halbsatz EStG). Für die Ermittlung der Nettotonnage ist für jedes Schiff die Anzahl der Betriebstage mit der jeweiligen Nettotonnage des Schiffes zu vervielfältigen (§ 5a Abs. 2 Satz 4 2. Halbsatz EStG). 77

Dem Betrieb von Schiffen i. S. v. § 5a Abs. 2 Satz 1 und 2 EStG gleichgestellt sind der überwiegende Einsatz eigener oder gecharterter Seeschiffe im Wj. außerhalb deutscher Hoheitsgewässer zum Schleppen, Bergen oder zur Aufsuchung von Bodenschätzen (§ 5a Abs. 2 Satz 5 EStG). Voraussetzung: Seeschiffe müssen im Wj. überwiegend (zu mehr als der Hälfte) in einem inländischen Seeschiffsregister eingetragen sein und der entsprechende Einsatz muss auch in diesem Wj. erfolgen. 78

Absicht des Steuerpflichtigen zum langfristigen Betrieb von Handelsschiffen ist im Hinblick auf Sinn und Zweck der Regelung (vgl. → Rz. 1) sowie die Bindungsfrist nach § 5a Abs. 3 Satz 7 EStG erforderlich,[3] auch wenn § 5a EStG keine bestimmte Mindestzeit für den Betrieb von Handelsschiffen ausdrücklich vorsieht. 79

(Einstweilen frei) 80–85

2. Vercharterung, Hilfsgeschäfte

Vercharterung eigener oder gecharterter Schiffe wird erfasst, sofern die Schiffe vom Vercharterer ausgerüstet worden sind (§ 5a Abs. 2 Satz 2 1. Halbsatz EStG) und alle wesentlichen Tätigkeiten der dem Vercharterer obliegenden Aufgaben im Inland erfüllt werden.[4] 86

---

1 BMF v. 12. 6. 2002, BStBl 2002 I 614, Tz. 7.
2 Nach Ansicht der Finanzverwaltung ist diese Voraussetzung nur dann erfüllt, wenn das Handelsschiff in einem bei den deutschen Amtsgerichten geführten Seeschiffsregister im Sinne der §§ 1 und 3 der Seeschiffsregisterordnung (SchRegO) eingetragen ist (sog. Erstregister). Die Zuständigkeit der Seeschiffsregister richtet sich nach dem Heimathafen des Seeschiffes, d. h. nach dem Hafen, von dem aus das Schiff betrieben wird. In Abgrenzung dazu ist lediglich eine Eintragung im Internationalen Seeschifffahrtsregister (ISR, sog. Zweitregister), das vom Bundesamt für Seeschifffahrt und Hydrographie geführt wird, nicht ausreichend, ebenso wenig wie für sich gesehen das Recht zum Führen der Bundesflagge nach dem Flaggenrechtsgesetz (FlaggRG), vgl. BayLfSt v. 22. 5. 2015 - S -2133a 1.1.-8/2 St 32, IStR 2015, 796.
3 BFH v. 26. 9. 2013 - IV R 45/11, BFH/NV 2014, 271 = NWB DokID: HAAAE-52249; a. A. *Gosch* in Kirchhof, § 5a EStG Rz. 10.
4 BMF v. 12. 6. 2002, BStBl 2002 I 614, Tz. 10.

87 **Neben- und Hilfsgeschäfte,**[1] die unmittelbar mit dem Einsatz oder der Vercharterung zusammenhängen, sind begünstigt, einschließlich der Veräußerung der Schiffe und der betriebsdienlichen WG (§ 5a Abs. 2 Satz 2 EStG). So z. B. Gewinne aus der Betreuung von Passagieren, Anschaffung von Betriebsstoffen und Ersatzteilen, Zinserträge aus laufenden Geschäftskonten, nicht jedoch Erträge aus Kapitalanlagen bzw. Beteiligungen an Kapitalgesellschaften.[2] Devisen-Kaufgeschäfte haben zunächst den Charakter von Hilfsgeschäften, da sie gewährleisten sollen, dass die zur Bedienung der in fremder Währung zu leistenden Kaufpreisraten für das Schiff bei Fälligkeit zu gesicherten Wechselkursen erworben werden können. Gewinn aus Devisen-Termin fallen jedoch nicht unter die Tonnagesteuer, wenn der ursprünglich bestehende Zusammenhang dieser Geschäfte mit der Finanzierung der Anschaffungskosten des Schiffes wieder gelöst wird und die Gewinne an die Initiatoren der Einheitsgesellschaft ausgeschüttet wird.[3] Gleiches gilt für Gewinne aus Devisen-Termingeschäften zur Absicherung des Währungsrisikos für den Schiffskaufpreis, die in der Zeit vor Ablieferung und Inbetriebnahme des Schiffes erzielt werden, da solche vermögensverwaltenden Tätigkeiten das Maß dessen überschreiten, was zur Aufnahme der originäre gewerblichen Tätigkeit erforderlich und üblich ist, und damit keine Vorbereitungshandlungen eines späteren Schiffsbetriebes darstellen.[4]

88 **Voraussetzung für die Unmittelbarkeit** i. S. des § 5a Abs. 2 Satz 2 EStG ist nach Ansicht des BFH aber in jedem Fall, dass die konkrete Investitionsentscheidung für den Betrieb eines Handelsschiffs im internationalen Verkehr bereits getroffen wurde. Vor diesem Zeitpunkt vorgenommene Geschäfte erfüllen insofern das Unmittelbarkeitserfordernis nicht. Die Gründung einer Gesellschaft stellt danach noch kein Hilfsgeschäft dar, das in unmittelbarem Zusammenhang mit dem Einsatz oder der Vercharterung eines Handelsschiffs steht. Denn erst nach der Gründung der Gesellschaft kann die Investitionsentscheidung für die Gesellschaft getroffen werden. Die konkrete Investitionsentscheidung zeigt sich spätestens im Abschluss des Bau- oder Kaufvertrags über das zu betreibende Schiff. Regelmäßig wird sie aber schon vor diesem Zeitpunkt getroffen sein. Entscheidend sind die Umstände des konkreten Einzelfalls.[5]

89-95 *(Einstweilen frei)*

III. Antrag und Bindungswirkung (§ 5a Abs. 3 EStG)

96 **Antrag:** Ist für das Wj. der Indienststellung (= Wj. der Anschaffung oder Herstellung des Handelsschiffs), (schriftlich)[6] zu stellen (§ 5a Abs. 3 Satz 1 EStG). Er ist unwiderruflich. Vor Indienststellung erwirtschaftete Gewinne und Verluste werden steuerlich nicht berücksichtigt (§ 5a Abs. 3 Satz 2 EStG), etwaige erlassene Steuerbescheide sind insoweit zu ändern (§ 5a Abs. 3 Satz 3 und 4 EStG). Wird der Antrag nicht bei Indienststellung gestellt, kann er erstmals wieder in dem Wj. gestellt werden, das nach Ablauf eines Zeitraums von zehn Jahren, vom Beginn des Jahres der Indienststellung gerechnet, endet (§ 5a Abs. 3 Satz 5 EStG), so dass § 5a Abs. 3 Satz 2 bis 4 EStG unanwendbar ist (§ 5a Abs. 3 Satz 6 EStG).

---

1 Zu den Begriffen: BMF v. 12. 6. 2002, BStBl 2002 I 614, Tz. 6.
2 BMF v. 12. 6. 2002, BStBl 2002 I 614, Tz. 6.
3 FG Niedersachsen v. 28. 5. 2015 - 1 K 91/13, EFG 2016, 150 (Rechtsausführungen bestätigt durch BFH v. 13.4.2017 - IV R 49/15, BFH/NV 2017, 1129 = NWB DokID: PAAAG-48086).
4 Rechtsausführungen bestätigt durch BFH v. 13.4.2017 - IV R 49/15, BFH/NV 2017, 1129 = NWB-DokID: PAAAG-48086.
5 BFH v. 7.6.2018 - IV R 16/16, NWB DokID: EAAAG-90833
6 So zumindest die Finanzverwaltung, BMF v. 12. 6. 2002, BStBl 2002 I 614, Tz. 20.

Bindungswirkung: Zehn Jahre vom Beginn des Wj. der Antragstellung an (§ 5a Abs. 3 Satz 7 EStG). Danach kann der Antrag mit Wirkung für den Beginn jedes folgenden Wj. bis zum Ende dieses Jahres unwiderruflich zurückgenommen werden (§ 5a Abs. 3 Satz 8 EStG). Vom Jahr der Rücknahme des Antrags an ab dem Beginn dieses Wj. besteht für zehn Jahre Bindung an die Gewinnermittlung nach § 4 Abs. 1, § 5 EStG (§ 5a Abs. 3 Satz 9 EStG).Die Bindung an die Tonnagebesteuerung entfällt nicht dadurch, dass eine Einschiffsgesellschaft nach dem Verkauf des Schiffes liquiduiert wird, so dass die Tonnagebesteuerung auch für den Liquidationszeitraum Anwendung findet.[1]

(Einstweilen frei)

IV. Feststellung der stillen Reserven beim Übergang zur Tonnagegewinnermittlung (§ 5a Abs. 4 EStG)

Zur Feststellung der stillen Reserven beim Übergang zur Tonnagegewinnermittlung ist am Schluss des Übergangsjahrs (Wj. das der erstmaligen Anwendung von § 5a Abs. 1 EStG vorangeht) für jedes WG, das unmittelbar dem Betrieb von Handelsschiffen im internationalen Verkehr dient, der Unterschiedsbetrag zwischen Buch- und Teilwert in ein besonderes Verzeichnis aufzunehmen (§ 5a Abs. 4 Satz 1 EStG). Nichtbilanzierungsfähige WG sind nicht zu erfassen.[2] Der Teilwert kann aus Vereinfachungsgründen auch dadurch ermittelt werden (Ausnahme: Handelsschiff wird zeitnah zum Feststellungszeitpunkt veräußert[3]), dass von den ursprünglichen AK oder HK die AfA nach § 7 Abs. 1 Satz 1 EStG abgezogen wird.[4] Auszugehen ist von einer Nutzungsdauer von 25 Jahren; ein Schrottwert bleibt außer Ansatz. Bei Veränderungen oder Zuführungen (§ 5a Abs. 4 Satz 4 EStG) ist das Verzeichnis fortzuschreiben.[5]

Der Unterschiedsbetrag ist gesondert und ggf. einheitlich festzustellen (§ 5a Abs. 4 Satz 2 EStG)[6] und beim Übergang zur regulären Gewinnermittlung dem Gewinn hinzuzurechnen und zu versteuern (§ 5a Abs. 4 Satz 3 Nr. 1 bis 3 EStG). Dies kann (Nr. 1) verteilt auf fünf Jahre oder (Nr. 2) beim Ausscheiden des WG aus dem Betriebsvermögen bzw. beim Wegfall seiner unmittelbar dienenden Funktion für den Betrieb von Handelsschiffen im internationalen Verkehr erfolgen. Beim Ausscheiden eines Gesellschafters ist der Unterschiedsbetrag im Jahr des Ausscheidens anteilig aufzulösen und hinzuzurechnen (Nr. 3).

Nach einer aktuellen Entscheidung des FG Hamburg[7] gehen die Unterschiedsbeträge nach § 5a Abs. 4 Sätze 1 und 2 EStG nicht steuerneutral beim Wechsel von Gesellschaftern einer Personengesellschaft auf die neuen Gesellschafter über. Die Unterschiedsbeträge sind vielmehr bei jeder Art des Ausscheidens eines Gesellschafters gem. § 5a Abs. 4 Satz 3 Nr. 3 EStG gewinnerhöhend aufzulösen. Damit hat das Gericht ein Gestaltungsmodell bei der Tonnagebesteuerung verworfen, bei dem die Versteuerung des Unterschiedsbetrags dadurch vermieden werden sollte, dass die Kommanditanteile des Gesellschafters steuerneutral zu Buchwerten in neu gegründete Kommanditgesellschaften eingebracht werden, an denen sich der einbringende Gesellschafter nur in einem geringfügigen Umfang als Kommanditist beteiligt (zumeist 1 %).

---

1 Niedersächsisches FG v. 21.11.2017 - 15 K 202/14, EFG 2018, 1374 (Rev.: BFH IV R 3/18).
2 BFH v. 29.11.2012 - IV R 47/09, BStBl 2013 II 324; a. A. *Gosch* in Kirchhof, § 5a EStG Rz. 21.
3 BMF v. 31.10.2008, BStBl 2008 I 956, Tz. 21.
4 BFH v. 30.11.1988 - II R 237/83, BStBl 1989 II 183.
5 BMF v. 12.6.2002, BStBl 2002 I 614, Tz. 24.
6 Im Einzelnen: BMF v. 12.6.2002, BStBl 2002 I 614, Tz. 23.
7 FG Hamburg v. 19.12.2017 - 2 K 277/16, EFG 2018, 655 (Rev.: BFH IV R 4/18).

Der einzige persönlich haftende Gesellschafter ist dann eine GmbH, die den weit überwiegenden Anteil am Gesellschaftsvermögen hält (zumeist 99 %) und dem geringeren Körperschaftsteuersatz von 15 % unterliegt.

109–115 *(Einstweilen frei)*

V. Personengesellschaften als Steuerpflichtige bei der Tonnagegewinnermittlung

116 **Bei PersGes als Steuerpflichtige** ist die pauschale Gewinnermittlung einheitlich durch die PersGes auszuüben und der Gewinn den Gesellschaftern (Mitunternehmern) entsprechend ihrem Anteil am Gesellschaftsvermögen zuzurechnen (§ 5a Abs. 4a Satz 2 EStG).

117 **Sondervergütungen** (auch nachträgliche, § 15 Abs. 1 Satz 1 Nr. 2, Abs. 1 Satz 2 EStG) sind dem Gewinnanteil des Gesellschafters hinzuzurechnen (§ 5a Abs. 4a Satz 3 EStG), nicht aber ein Vorabgewinn. Die Abgrenzung hat nach dem wirtschaftlichen Gehalt (strikte Gewinnabhängigkeit) der getroffenen Vereinbarung zu erfolgen (unerheblich: Bezeichnung als „Vorabgewinn", buchtechnische Abwicklung[1]). Gleiches gilt für das Bereederungsentgelt eines am Schiff beteiligten Reeders, soweit das Bereederungsentgelt zuzüglich des für die Bereederung gezahlten Vorabgewinns 4 % der Bruttofrachten nicht übersteigt. Beim Überschreiten dieses Höchstbetrages kann auch der dazugehörende Aufwand nur anteilig berücksichtigt werden. Auf die Anzahl der beteiligten Vertragsreeder kommt es dabei nicht an.[2] Haben die Gesellschafter einer Schifffahrtsgesellschaft, die ihren Gewinn nach § 5a EStG ermittelt, aufgrund gesellschaftsvertraglicher Regelungen die Gewerbesteuer, die auf Sonderbetriebseinnahmen der Gesellschafter entfällt, an die Gesellschaft zu erstatten, so führen die Erstattungszahlungen der Gesellschafter nach Ansicht des FG Bremen infolge der durch die Sondervergütungen bei der Gesellschaft verursachten Gewerbesteuer zu Sonderbetriebsausgaben, die von den damit zusammenhängenden Vergütungen i. S. d. § 5a Abs. 4a Satz 3 EStG abgesetzt werden können.[3] Dem folgt der BFH nicht. Stellt eine Personengesellschaft als Schuldner der Gewerbesteuer ihren Gesellschaftern aufgrund einer gesellschaftsvertraglichen Vereinbarung eine Erstattung von Gewerbesteuer in Rechnung, handelt es sich nach Auffassung des BFH um eine Gewinnverteilungsabrede, die bei den betroffenen Gesellschaftern nicht zu Sonderbetriebsausgaben führt; dies gilt auch im Rahmen der Hinzurechnung nach § 5a Abs. 4a Satz 3 EStG.[4]

118–125 *(Einstweilen frei)*

VI. Verhältnis zu anderen Vorschriften (§ 5a Abs. 5 EStG)

126 **Rücklagen gem. §§ 6b und 6d EStG:** Vorhandene Rücklagen sind beim Übergang zur pauschalen Gewinnermittlung dem Gewinn im Erstjahr hinzuzurechnen (§ 5a Abs. 5 Satz 3 1. Halbsatz EStG), müssen also in dem Wj., in dem erstmals der Gewinn nach der Tonnage zu ermitteln ist,[5] gewinnerhöhend aufgelöst werden.[6] Gleiches gilt für Rücklagen i. S. d. § 7g Abs. 3 EStG in der bis zum 17. 8. 2007 geltenden Fassung (Ansparabschreibungen).

---

1 BMF v. 12. 6. 2002, BStBl 2002 I 614, Tz. 34.
2 BMF v. 12. 6. 2002, BStBl 2002 I 614, Tz. 34.
3 FG Bremen v. 11. 2. 2016 - 1 K 49/13(6), (gegen BMF v. 12. 6. 2002, BStBl 2002 I 614, Tz. 29).
4 BFH v. 19.7.2018 - IV R 14/16, NWB DokID: QAAAG-97786.
5 *Hofmeister* in Blümich, § 5a EStG Rz. 106.
6 Zur Übertragung einer § 6b-Rücklage: FG Hamburg v. 25. 4. 2007 - 2 K 207/05, EFG 2007, 1754, rkr.

Investitionsabzugsbeträge gem. § 7g EStG sind, soweit sie bis zum Übergang der Gewinnermittlung nach der Tonnage in Anspruch genommen und im Übergangszeitpunkt noch nicht nach § 7g Abs. 2 EStG dem Gewinn wieder hinzugerechnet wurden, gem. § 7g Abs. 3 EStG, mithin im Wirtschaftsjahr des gewinnmindernden Abzugs nach § 7g Abs. 1 EStG, rückgängig zu machen (§ 5a Abs. 5 Satz 3 2. Halbsatz EStG). 127

(Einstweilen frei) 128–135

VII. Teilwertansatz beim Übergang zum Betriebsvermögensvergleich (§ 5a Abs. 6 EStG)

Beim Übergang zum Betriebsvermögensvergleich müssen in der Schlussbilanz des Wj., in dem § 5a Abs. 1 EStG letztmalig angewendet wird, die unmittelbar dem Betrieb von Handelsschiffen im internationalen Verkehr dienenden WG mit dem Teilwert angesetzt werden[1] (§ 5a Abs. 6 EStG). Entsprechendes gilt für einzelne WG, die aus dem Bereich der Gewinnermittlung nach der Tonnage in die Gewinnermittlung durch Betriebsvermögensvergleich wechseln.[2] Bemessungsgrundlage der AfA bei den nachfolgenden Gewinnermittlungen sind die nach § 5a Abs. 6 EStG angesetzten Teilwerte und nicht die AK oder HK aus der fortzuführenden Steuerbilanz.[3] 136

(Einstweilen frei) 137–145

C. Verfahrensfragen

Siehe hierzu → Rz. 107. 146

§ 5b Elektronische Übermittlung von Bilanzen sowie Gewinn- und Verlustrechnungen

[4](1) [1]Wird der Gewinn nach § 4 Absatz 1, § 5 oder § 5a ermittelt, so ist der Inhalt der Bilanz sowie der Gewinn- und Verlustrechnung nach amtlich vorgeschriebenem Datensatz durch Datenfernübertragung zu übermitteln. [2]Enthält die Bilanz Ansätze oder Beträge, die den steuerlichen Vorschriften nicht entsprechen, so sind diese Ansätze oder Beträge durch Zusätze oder Anmerkungen den steuerlichen Vorschriften anzupassen und nach amtlich vorgeschriebenem Datensatz durch Datenfernübertragung zu übermitteln. [3]Der Steuerpflichtige kann auch eine den steuerlichen Vorschriften entsprechende Bilanz nach amtlich vorgeschriebenem Datensatz durch Datenfernübertragung übermitteln. [4]Im Fall der Eröffnung des Betriebs sind die Sätze 1 bis 4[5] für den Inhalt der Eröffnungsbilanz entsprechend anzuwenden.

(2) [1]Auf Antrag kann die Finanzbehörde zur Vermeidung unbilliger Härten auf eine elektronische Übermittlung verzichten. [2]§ 150 Absatz 8 der Abgabenordnung gilt entsprechend.

---

1 Zur Teilwertermittlung: *Dißars/Kahl-Hinsch*, DStR 2013, 2092; *Jacobs*, DB 2014, 863.
2 *Gosch* in Kirchhof, § 5a EStG Rz. 21; *Hofmeister* in Blümich, § 5a EStG Rz. 110.
3 *Dißars/Kahl-Hinsch*, DStR 2013, 2092; *Jacobs*, DB 2014, 863; a. A. *Gosch* in Kirchhof, § 5a EStG Rz. 21.
4 **Anm. d. Red.:** Zur Anwendung des § 5b siehe § 52 Abs. 11.
5 **Anm. d. Red.:** Müsste statt „Sätze 1 bis 4" jetzt „Sätze 1 bis 3" heißen nach der Änderung des Absatzes 1 durch Gesetz v. 18. 7. 2016 (BGBl I S. 1679).

Inhaltsübersicht

	Rz.
A. Allgemeine Erläuterungen	1 – 26
I. Normzweck und wirtschaftliche Bedeutung der Vorschrift	1 – 4
II. Entstehung und Entwicklung der Vorschrift	5 – 9
III. Geltungsbereich	10 – 26
1. Persönlicher und sachlicher Geltungsbereich	10 – 16
2. Zeitlicher Geltungsbereich	17 – 20
3. Internationale Bezüge	21 – 26
B. Systematische Kommentierung	27 – 64
I. Elektronische Übermittlung von Bilanz und Gewinn- und Verlustrechnung (§ 5b Abs. 1 EStG)	27 – 39
1. Handelsrechtliche Bilanz und Gewinn- und Verlustrechnung (§ 5b Abs. 1 Satz 1 EStG)	28 – 32
2. Steuerliche Abweichungen (§ 5b Abs. 1 Satz 2 EStG)	33 – 35
3. Steuerbilanz (§ 5b Abs. 1 Satz 3 EStG)	36 – 38
4. Eröffnungsbilanz (§ 5b Abs. 1 Satz 5 EStG)	39
II. Übermittlungsform, Taxonomie, Übermittlungsfrist (§ 51 Abs. 1 Nr. 1a und Abs. 4 Nr. 1b EStG)	40 – 59
1. Übermittlungsform	40 – 44
2. Taxonomie	45 – 55
3. Übermittlungsfrist	56 – 59
III. Verzicht auf elektronische Übermittlung aus Billigkeitsgründen (§ 5b Abs. 2 EStG)	60 – 64
C. Verfahrensfragen	65

> **HINWEIS:**
> BT-Drucks. 16/10188; SteuerbürokratieabbauG v. 20.12.2008, BStBl 2009 I 124; AnwendungszeitpunktverschiebungsVO v. 20.12.2010, BGBl 2010 I 2135; BMF v. 19.1.2010, BStBl 2010 I 47; BMF v. 28.9.2011, BStBl 2011 I 855.

> **LITERATUR:**
> *Bergan/Martin*, DStR 2010, 1755; *Kolbe/Schumann*, SteuK 2011, 522; *Prinz/Kanzler*, NWB Praxishandbuch Bilanzsteuerrecht, Herne 2014; *Riepolt/Steinegger*, E-Bilanz einer Personengesellschaft, StuB 2015, 667; *Riepolt*, E-Bilanz: Änderungen der Taxonomie 6.0, StuB 2016, 541; *Riepolt*, E-Bilanz: Änderungen der Taxonomie 6.1, StuB 2017, 544; *Riepolt*, E-Bilanz der atypisch stillen Gesellschaft, StuB 2017, 132.

A. Allgemeine Erläuterungen

I. Normzweck und wirtschaftliche Bedeutung der Vorschrift

1   Durch die Einführung dieser Vorschrift soll das Besteuerungsverfahren vereinfacht und entbürokratisiert werden.[1] Ferner dient die elektronische Übermittlung der Bilanz sowie der Gewinn- und Verlustrechnung und die damit verbundene Standardisierung der Inhalte der Modernisierung des Besteuerungsverfahren. Dies bringe auch Vorteile für den Steuerpflichtigen, da er hierdurch Zeit und Kosten spare. Der Gesetzgeber geht hierbei davon aus, dass die zu übermittelnden Daten ohnehin elektronisch verfügbar sind.[2]

2–4   *(Einstweilen frei)*

---

1 BT-Drucks. 16/10188, 14.
2 BT-Drucks. 16/10188, 24.

II. Entstehung und Entwicklung der Vorschrift

SteuerbürokratieabbauG v. 20.12.2008:[1] § 5b EStG wird eingeführt und soll nach § 52 Abs. 15a EStG erstmals für Wirtschaftsjahre gelten, die nach dem 31.12.2010 beginnen. 5

AnwendungszeitpunktverschiebungsVO v. 20.12.2010:[2] Der Anwendungsbeginn der Vorschrift wird um ein Jahr verschoben, so dass die Vorschrift erstmals für Wirtschaftsjahre anzuwenden ist, die nach dem 31.12.2011 beginnen. 6

BMF-Schreiben vom 28.9.2011:[3] Von der Finanzverwaltung wird es für das Wirtschaftsjahr, das nach dem 31.12.2011 beginnt, nicht beanstandet, wenn die Bilanz sowie Gewinn- und Verlustrechnung nicht als E-Bilanz übermittelt werden. 7

(Einstweilen frei) 8–9

III. Geltungsbereich

1. Persönlicher und sachlicher Geltungsbereich

Nach dem Gesetzeswortlaut betrifft die Pflicht zur elektronischen Übermittlung von Bilanzen sowie Gewinn- und Verlustrechnungen Steuerpflichtige, die ihren Gewinn nach § 4 Abs. 1, § 5 oder § 5a EStG ermitteln, unabhängig von der Rechtsform und der Größenklasse des bilanzierenden Unternehmens.[4] Folglich müssen auch freiwillig bilanzierende Steuerpflichtige die Inhalte ihrer Bilanz sowie Gewinn- und Verlustrechnung durch Datenfernübertragung (sog. E-Bilanz) übermitteln.[5] 10

Auch in den Fällen, in denen bspw. eine Bilanz aufgrund der Änderung der Gewinnermittlungsart, anlässlich einer Betriebsveräußerung oder Betriebsaufgabe zu erstellen ist oder für Zwischenbilanzen oder Liquidationsbilanzen, gilt § 5b EStG.[6] 11

Keine Anwendung findet die Vorschrift auf unbeschränkt körperschaftsteuerpflichtige Körperschaften, die von der Körperschaftsteuer befreit sind.[7] 12

Inländische Unternehmen mit ausländischer Betriebsstätte müssen bei Gewinnermittlung nach § 4 Abs. 1, § 5 oder § 5a EStG für das Unternehmen als Ganzes eine Bilanz und GuV erstellen. Die Finanzverwaltung hat für Besonderheiten der ausländischen Gewinnermittlung Auffangpositionen für ausländische Betriebsstätten vorgesehen.[8] 13

Bei ausländischen Unternehmen mit inländischer Betriebsstätte greifen die Vorgaben des § 5b EStG nur für die inländische Betriebsstätte.[9] 14

(Einstweilen frei) 15–16

---

1 BStBl 2009 I 124.
2 BGBl 2010 I 2135.
3 BStBl 2011 I 855.
4 BMF v. 28.9.2011, BStBl 2011 I 855, Rz. 1.
5 BMF v. 28.9.2011, BStBl 2011 I 855, Rz. 1; *Bergan/Martin*, DStR 2010, 1755; *Kolbe/Schumann*, SteuK 2011, 522; *Littmann*, § 5b EStG Rz. 4.
6 BMF v. 28.9.2011, BStBl 2011 I 855, Rz. 1.
7 BMF v. 28.9.2011, BStBl 2011 I 855, Rz. 5.
8 *Prinz/Kanzler*, NWB Praxishandbuch Bilanzsteuerrecht, Rz. 1266, 1314.
9 BMF v. 28.9.2011, BStBl 2011 I 855, Rz. 4; s. hierzu ausführlich *Prinz/Kanzler*, NWB Praxishandbuch Bilanzsteuerrecht, Rz. 1267.

2. Zeitlicher Geltungsbereich

17 Die Vorschrift ist erstmals für Wirtschaftsjahre anzuwenden, die nach dem 31.12.2011 beginnen.[1] Von der Finanzverwaltung wird es jedoch nicht beanstandet, wenn die Bilanz und GuV für das erste nach dem 31.12.2011 beginnende Wirtschaftsjahr noch in Papierform abgegeben werden.[2] Folglich ist § 5b EStG erstmals verpflichtend für das Wirtschaftsjahr 2013 bzw. bei abweichendem Geschäftsjahr 2013/2014 zu berücksichtigen.

18 Ferner wird es für nachfolgende Konstellationen nicht beanstandet, wenn die Inhalte von Bilanz und GuV erstmals für Wirtschaftsjahre, die nach dem 31.12.2014 beginnen, nach den Vorgaben der Taxonomie elektronisch übermittelt werden:[3]

▶ Ergebnisse ausländischer Betriebsstätten inländischer Unternehmen

▶ Inländische Betriebsstätten ausländischer Unternehmen

▶ Unbeschränkt steuerpflichtige Körperschaften, die nur für einen Teil ihrer Einkünfte steuerbefreit sind, im Übrigen aber § 5b EStG unterliegen

▶ Juristische Personen des öffentlichen Rechts mit Betrieben gewerblicher Art

19–20 *(Einstweilen frei)*

3. Internationale Bezüge

21 Hat ein inländisches Unternehmen eine **ausländische Betriebsstätte**, ist für das Unternehmen insgesamt die Bilanz sowie Gewinn-und Verlustrechnung als E-Bilanz zu übermitteln.[4]

22 Hat ein ausländisches Unternehmen eine **inländische Betriebsstätte**, müssen die Bilanz sowie Gewinn- und Verlustrechnung der inländischen Betriebsstätte elektronisch übermittelt werden.[5]

23–26 *(Einstweilen frei)*

B. Systematische Kommentierung

I. Elektronische Übermittlung von Bilanz und Gewinn- und Verlustrechnung (§ 5b Abs. 1 EStG)

27 Gegenstand der Übermittlung sind nach § 5b EStG die Handelsbilanz und die GuV (Abs. 1 Satz 1), die Steuerbilanz und die dazugehörige GuV (Abs. 1 Satz 3) sowie Eröffnungsbilanzen im Fall der Eröffnung eines Betriebs (Abs. 1 Satz 5).

1. Handelsrechtliche Bilanz und Gewinn- und Verlustrechnung (§ 5b Abs. 1 Satz 1 EStG)

28 Nach § 5b Abs. 1 Satz 1 EStG sind sowohl die Bilanz als auch die GuV zu übermitteln. Darüber hinaus sind nach Ansicht der Finanzverwaltung auch die Bilanzen zu übermitteln, welche anlässlich einer Betriebsveräußerung oder -aufgabe, Änderung der Gewinnermittlungsart oder

---

1 Vgl. auch → Rz. 5
2 BMF v. 28.9.2011, BStBl 2011 I 855, Rz. 27.
3 BMF v. 28.9.2011, BStBl 2011 I 855, Rz. 2 bis 7.
4 BMF v. 28.9.2011, BStBl 2011 I 855, Rz. 3.
5 BMF v. 28.9.2011, BStBl 2011 I 855, Rz. 4.

aufgrund von Umwandlungen aufzustellen sind.[1] Zudem sind die bei einem Gesellschafterwechsel aufzustellenden Zwischenbilanzen und auch Liquidationsbilanzen elektronisch zu übermitteln.[2]

Personengesellschaften müssen neben der Gesamthandsbilanz einschließlich der Kapitalkontenentwicklung, auch die Ergänzungsbilanzen sowie Sonderbilanzen nach Auffassung der Finanzverwaltung elektronisch übermitteln.[3] Dieser Auffassung ist jedoch nicht zu folgen. In § 5b EStG werden nur Gewinnermittlungen nach § 4 Abs. 1, § 5 und § 5a EStG erwähnt. Sonderbilanzen und die zugehörigen GuV-Rechnungen dienen dazu, besonders sich nicht regelmäßig wiederholende Geschäftsvorfälle zu erfassen. Der Erkenntnisgewinn der Finanzverwaltung durch die Auswertung einer größeren Zahl von elektronischen Sonderbilanzen wird in keinem angemessenen Verhältnis zu dem Aufwand stehen.[4]

(Einstweilen frei) 30–32

2. Steuerliche Abweichungen (§ 5b Abs. 1 Satz 2 EStG)

Bei steuerlichen Abweichungen von der Handelsbilanz sind diese nach § 5b Abs. 1 Satz 2 EStG ebenfalls elektronisch zu übermitteln. Außerbilanzielle Korrekturen werden von diesen Vorschriften hingegen nicht erfasst.

(Einstweilen frei) 34–35

3. Steuerbilanz (§ 5b Abs. 1 Satz 3 EStG)

Nach § 5b Abs. 1 Satz 3 EStG kann der Steuerpflichtige auch eine den steuerlichen Vorschriften entsprechende Bilanz nach amtlich vorgeschriebenem Datensatz durch Datenfernübertragung übermitteln. In diesem Fall muss er die Handelsbilanz, die handelsrechtliche GuV und die steuerlichen Abweichungen nicht übermitteln.

(Einstweilen frei) 37–38

4. Eröffnungsbilanz (§ 5b Abs. 1 Satz 5 EStG)

Liegt eine Eröffnungsbilanz vor, so muss auch diese elektronisch übermittelt werden. 39

II. Übermittlungsform, Taxonomie, Übermittlungsfrist (§ 51 Abs. 1 Nr. 1a und Abs. 4 Nr. 1b EStG)

1. Übermittlungsform

Die Bilanz sowie GuV-Rechnung und etwaige Überleitungsrechnungen sollen nach amtlich vorgeschriebenem Datensatz an die zuständigen Finanzbehörden übermittelt werden. Hierbei wurde als Übermittlungsformat XBRL (extensible Business Reporting Language) festgelegt.[5]

(Einstweilen frei) 41–44

---

1 BMF v. 28.9.2011, BStBl 2011 I 855, Rz. 1.
2 BMF v. 28.9.2011, BStBl 2011 I 855, Rz. 1.
3 BMF v. 28.9.2011, BStBl 2011 I 855, Rz. 21, 22.
4 Siehe hierzu auch *Blümich*, § 5b EStG, Rz. 27.
5 BMF v. 19.1.2010, BStBl 2010 I 47.

2. Taxonomie

45 Gemäß § 51 Abs. 4 Nr. 1b EStG wird das BMF ermächtigt im Einvernehmen mit den obersten Finanzbehörden der Länder den Mindestumfang der nach § 5b EStG elektronisch zu übermittelnden Bilanz und GuV-Rechnung zu bestimmen. Die von der Verwaltung festgelegte Taxonomie gibt vor wie die Jahresabschlussdaten aufzugliedern sind. Hierbei wird zum einen geregelt welche Datenbestände zu übermitteln sind (bspw. Bilanz, GuV etc.). Zum anderen wird die kontenmäßige Aufgliederung der jeweiligen Datensätze vorgegeben.

Das BMF hat das aktualisierte Datenschema der Taxonomien (Version 6.1) als amtlich vorgeschriebener Datensatz nach § 5b EStG veröffentlicht.[1]

46 Kerntaxonomie: Die Bilanz- und GuV sind nach den Vorgaben der Taxonomie elektronisch zu übermitteln. Die Kerntaxonomie gibt unabhängig von Größe und Rechtsform den allgemein geforderten Mindestumfang wieder.

47–48 *(Einstweilen frei)*

49 Ergänzungstaxonomie: Neben der Kerntaxonomie existieren

Ergänzungstaxonomien zur Abbildung branchenspezifischer handelsrechtlicher Rechnungslegungsvorschriften für:[2]

- Wohnungswirtschaftliche Unternehmen
- Verkehrsunternehmen
- Land- und forstwirtschaftliche Unternehmen
- Krankenhäuser
- Pflegeeinrichtungen
- Kommunale Eigenbetriebe

Nach Auffassung der Finanzverwaltung ist die Ergänzungstaxonomie bei Übermittlung einer Handelsbilanz zu berücksichtigen, jedoch nicht bei Übermittlung einer Steuerbilanz.[3]

50 In einigen anderen Bereichen, wie z. B. bei Banken, Versicherungen und Zahlungsinstituten wird die Kerntaxonomie durch eine Spezialtaxonomie ergänzt.

51 Die Taxonomien werden von der FinVerw im Internet unter www.esteuer.de veröffentlicht. Sie werden regelmäßig von der Finanzverwaltung aktualisiert, wobei sich diese die Erweiterung der Branchentaxonomien vorbehält.[4]

52–55 *(Einstweilen frei)*

3. Übermittlungsfrist

56 Aufgrund der Tatsache, dass die E-Bilanz keine Steuererklärung ist, darf ein Verspätungszuschlag gem. § 152 AO wegen Verletzung der Übermittlungspflicht nach § 5b EStG nicht festgesetzt werden.[5] Die Finanzverwaltung kann jedoch die Erfüllung der Übermittlungspflicht

---

1 BMF v. 16.5.2017, BStBl 2017 I S. 776.
2 BMF v. 28.9.2011, BStBl 2011 I 855 Rz. 10.
3 BMF v. 28.9.2011, BStBl 2011 I 855 Rz. 10.
4 BMF v. 28.9.2011, BStBl 2011 I 855, Rz. 28.
5 *Weber-Grellet* in Schmidt, § 5b EStG Rz. 6; *Klein*, § 152 AO Rz. 5, 6 (strittig); a. A. *Prinz/Kanzler*, NWB Praxishandbuch Bilanzsteuerrecht, Rz. 1321.

mit Zwangsmitteln durchsetzen.¹ Ferner kommt auch eine Schätzung gem. § 162 AO in Betracht.

(Einstweilen frei) 57–59

III. Verzicht auf elektronische Übermittlung aus Billigkeitsgründen (§ 5b Abs. 2 EStG)

Auf Antrag kann die Finanzbehörde zur Vermeidung unbilliger Härten auf eine elektronische Übermittlung verzichten, § 5b Abs. 2 EStG. Hierbei handelt es sich um eine Ermessensentscheidung. Nach § 150 Abs. 8 AO (§ 5b Abs. 2 Satz 2 EStG) ist einem solchen Antrag zu entsprechen, wenn eine Erklärungsabgabe nach amtlich vorgeschriebenem Datensatz durch Datenfernübertragung für den Steuerpflichtigen wirtschaftlich oder persönlich unzumutbar ist. Dies ist insbesondere dann der Fall, wenn die Schaffung der technischen Möglichkeiten nur mit einem nicht unerheblichen finanziellen Aufwand möglich wäre oder wenn der Steuerpflichtige nach seinen individuellen Kenntnissen und Fähigkeiten nicht oder nur eingeschränkt in der Lage ist, die Möglichkeiten der Datenfernübertragung zu nutzen.² 60

(Einstweilen frei) 61–64

C. Verfahrensfragen

Der *Verzicht* der Finanzverwaltung *auf die elektronische Übermittlung* aus Billigkeitsgründen ist *antragsgebunden* (§ 5b Abs. 2 Satz 1 EStG). Auch, wenn für den Antrag weder eine Frist, noch eine Form vorgeschrieben sind, ist es empfehlenswert diesen schriftlich zu stellen. Wird dieser Antrag abgelehnt, so kann der Steuerpflichtige hiergegen einen Verpflichtungseinspruch (§ 347 AO) einlegen und nach erfolglosem Einspruchsverfahren eine Verpflichtungsklage (§ 40 FGO) erheben.³ 65

§ 6 Bewertung

(1) Für die Bewertung der einzelnen Wirtschaftsgüter, die nach § 4 Absatz 1 oder nach § 5 als Betriebsvermögen anzusetzen sind, gilt das Folgende:

1. ¹Wirtschaftsgüter des Anlagevermögens, die der Abnutzung unterliegen, sind mit den Anschaffungs- oder Herstellungskosten oder dem an deren Stelle tretenden Wert, vermindert um die Absetzungen für Abnutzung, erhöhte Absetzungen, Sonderabschreibungen, Abzüge nach § 6b und ähnliche Abzüge, anzusetzen. ²Ist der Teilwert auf Grund einer voraussichtlich dauernden Wertminderung niedriger, so kann dieser angesetzt werden. ³Teilwert ist der Betrag, den ein Erwerber des ganzen Betriebs im Rahmen des Gesamtkaufpreises für das einzelne Wirtschaftsgut ansetzen würde; dabei ist davon auszugehen, dass der Erwerber den Betrieb fortführt. ⁴Wirtschaftsgüter, die bereits am Schluss des vorangegangenen Wirtschaftsjahres zum Anlagevermögen des Steuerpflichtigen gehört haben, sind in den folgenden Wirtschaftsjahren gemäß Satz 1 anzusetzen,

---

1 *Bergan/Martin*, DStR 2010, 1755.
2 BMF v. 19.1.2010, BStBl 2010 I 47, Rz. 2; BFH v. 14.3.2012 - XI R 33/09, BStBl 2012 II 477.
3 Siehe hierzu auch *Bergan/Martin*, DStR 2010, 1755 (1758).

es sei denn, der Steuerpflichtige weist nach, dass ein niedrigerer Teilwert nach Satz 2 angesetzt werden kann.

1a. ¹Zu den Herstellungskosten eines Gebäudes gehören auch Aufwendungen für Instandsetzungs- und Modernisierungsmaßnahmen, die innerhalb von drei Jahren nach der Anschaffung des Gebäudes durchgeführt werden, wenn die Aufwendungen ohne die Umsatzsteuer 15 Prozent der Anschaffungskosten des Gebäudes übersteigen (anschaffungsnahe Herstellungskosten). ²Zu diesen Aufwendungen gehören nicht die Aufwendungen für Erweiterungen im Sinne des § 255 Absatz 2 Satz 1 des Handelsgesetzbuchs sowie Aufwendungen für Erhaltungsarbeiten, die jährlich üblicherweise anfallen.

1b.[1] ¹Bei der Berechnung der Herstellungskosten brauchen angemessene Teile der Kosten der allgemeinen Verwaltung sowie angemessene Aufwendungen für soziale Einrichtungen des Betriebs, für freiwillige soziale Leistungen und für die betriebliche Altersversorgung im Sinne des § 255 Absatz 2 Satz 3 des Handelsgesetzbuchs nicht einbezogen zu werden, soweit diese auf den Zeitraum der Herstellung entfallen. ²Das Wahlrecht ist bei Gewinnermittlung nach § 5 in Übereinstimmung mit der Handelsbilanz auszuüben.

2. ¹Andere als die in Nummer 1 bezeichneten Wirtschaftsgüter des Betriebs (Grund und Boden, Beteiligungen, Umlaufvermögen) sind mit den Anschaffungs- oder Herstellungskosten oder dem an deren Stelle tretenden Wert, vermindert um Abzüge nach § 6b und ähnliche Abzüge, anzusetzen. ²Ist der Teilwert (Nummer 1 Satz 3) auf Grund einer voraussichtlich dauernden Wertminderung niedriger, so kann dieser angesetzt werden. ³Nummer 1 Satz 4 gilt entsprechend.

2a. ¹Steuerpflichtige, die den Gewinn nach § 5 ermitteln, können für den Wertansatz gleichartiger Wirtschaftsgüter des Vorratsvermögens unterstellen, dass die zuletzt angeschafften oder hergestellten Wirtschaftsgüter zuerst verbraucht oder veräußert worden sind, soweit dies den handelsrechtlichen Grundsätzen ordnungsmäßiger Buchführung entspricht. ²Der Vorratsbestand am Schluss des Wirtschaftsjahres, das der erstmaligen Anwendung der Bewertung nach Satz 1 vorangeht, gilt mit seinem Bilanzansatz als erster Zugang des neuen Wirtschaftsjahres. ³Von der Verbrauchs- oder Veräußerungsfolge nach Satz 1 kann in den folgenden Wirtschaftsjahren nur mit Zustimmung des Finanzamts abgewichen werden.

2b. ¹Steuerpflichtige, die in den Anwendungsbereich des § 340 des Handelsgesetzbuchs fallen, haben die zu Handelszwecken erworbenen Finanzinstrumente, die nicht in einer Bewertungseinheit im Sinn des § 5 Absatz 1a Satz 2 abgebildet werden, mit dem beizulegenden Zeitwert abzüglich eines Risikoabschlages (§ 340e Absatz 3 des Handelsgesetzbuchs) zu bewerten. ²Nummer 2 Satz 2 ist nicht anzuwenden.

3. ¹Verbindlichkeiten sind unter sinngemäßer Anwendung der Vorschriften der Nummer 2 anzusetzen und mit einem Zinssatz von 5,5 Prozent abzuzinsen. ²Ausgenommen von der Abzinsung sind Verbindlichkeiten, deren Laufzeit am Bilanzstichtag weniger als zwölf Monate beträgt, und Verbindlichkeiten, die verzinslich sind oder auf einer Anzahlung oder Vorausleistung beruhen.

3a. Rückstellungen sind höchstens insbesondere unter Berücksichtigung folgender Grundsätze anzusetzen:

---

1 Anm. d. Red.: Zur Anwendung des § 6 Abs. 1 Nr. 1b siehe § 52 Abs. 12 Satz 1.

a) bei Rückstellungen für gleichartige Verpflichtungen ist auf der Grundlage der Erfahrungen in der Vergangenheit aus der Abwicklung solcher Verpflichtungen die Wahrscheinlichkeit zu berücksichtigen, dass der Steuerpflichtige nur zu einem Teil der Summe dieser Verpflichtungen in Anspruch genommen wird;

b) Rückstellungen für Sachleistungsverpflichtungen sind mit den Einzelkosten und den angemessenen Teilen der notwendigen Gemeinkosten zu bewerten;

c) künftige Vorteile, die mit der Erfüllung der Verpflichtung voraussichtlich verbunden sein werden, sind, soweit sie nicht als Forderung zu aktivieren sind, bei ihrer Bewertung wertmindernd zu berücksichtigen;

d) ¹Rückstellungen für Verpflichtungen, für deren Entstehen im wirtschaftlichen Sinne der laufende Betrieb ursächlich ist, sind zeitanteilig in gleichen Raten anzusammeln. ²Rückstellungen für gesetzliche Verpflichtungen zur Rücknahme und Verwertung von Erzeugnissen, die vor Inkrafttreten entsprechender gesetzlicher Verpflichtungen in Verkehr gebracht worden sind, sind zeitanteilig in gleichen Raten bis zum Beginn der jeweiligen Erfüllung anzusammeln; Buchstabe e ist insoweit nicht anzuwenden. ³Rückstellungen für die Verpflichtung, ein Kernkraftwerk stillzulegen, sind ab dem Zeitpunkt der erstmaligen Nutzung bis zum Zeitpunkt, in dem mit der Stilllegung begonnen werden muss, zeitanteilig in gleichen Raten anzusammeln; steht der Zeitpunkt der Stilllegung nicht fest, beträgt der Zeitraum für die Ansammlung 25 Jahre;

e) ¹Rückstellungen für Verpflichtungen sind mit einem Zinssatz von 5,5 Prozent abzuzinsen; Nummer 3 Satz 2 ist entsprechend anzuwenden. ²Für die Abzinsung von Rückstellungen für Sachleistungsverpflichtungen ist der Zeitraum bis zum Beginn der Erfüllung maßgebend. ³Für die Abzinsung von Rückstellungen für die Verpflichtung, ein Kernkraftwerk stillzulegen, ist der sich aus Buchstabe d Satz 3 ergebende Zeitraum maßgebend; und

f) bei der Bewertung sind die Wertverhältnisse am Bilanzstichtag maßgebend; künftige Preis- und Kostensteigerungen dürfen nicht berücksichtigt werden.

4.¹ ¹Entnahmen des Steuerpflichtigen für sich, für seinen Haushalt oder für andere betriebsfremde Zwecke sind mit dem Teilwert anzusetzen; in den Fällen des § 4 Absatz 1 Satz 3 ist die Entnahme mit dem gemeinen Wert anzusetzen. ²Die private Nutzung eines Kraftfahrzeugs, das zu mehr als 50 Prozent betrieblich genutzt wird, ist für jeden Kalendermonat mit 1 Prozent des inländischen Listenpreises im Zeitpunkt der Erstzulassung zuzüglich der Kosten für Sonderausstattung einschließlich Umsatzsteuer anzusetzen; bei der privaten Nutzung von Fahrzeugen mit Antrieb ausschließlich durch Elektromotoren, die ganz oder überwiegend aus mechanischen oder elektrochemischen Energiespeichern oder aus emissionsfrei betriebenen Energiewandlern gespeist werden (Elektrofahrzeuge), oder von extern aufladbaren Hybridelektrofahrzeugen, ist der Listenpreis dieser Kraftfahrzeuge

1. soweit Nummer 2 keine Anwendung findet und bei Anschaffung vor dem 1. Januar 2023 um die darin enthaltenen Kosten des Batteriesystems im Zeitpunkt der Erstzulassung des Kraftfahrzeugs wie folgt zu mindern: für bis zum 31. Dezember 2013

---

1 **Anm. d. Red.:** Zur Anwendung des § 6 Abs. 1 Nr. 4 siehe § 52 Abs. 12 Satz 2.

angeschaffte Kraftfahrzeuge um 500 Euro pro Kilowattstunde der Batteriekapazität, dieser Betrag mindert sich für in den Folgejahren angeschaffte Kraftfahrzeuge um jährlich 50 Euro pro Kilowattstunde der Batteriekapazität; die Minderung pro Kraftfahrzeug beträgt höchstens 10 000 Euro; dieser Höchstbetrag mindert sich für in den Folgejahren angeschaffte Kraftfahrzeuge um jährlich 500 Euro, oder

2. bei Anschaffung nach dem 31. Dezember 2018 und vor dem 1. Januar 2022 nur zur Hälfte anzusetzen; bei extern aufladbaren Hybridelektrofahrzeugen muss das Fahrzeug die Voraussetzungen des § 3 Absatz 2 Nummer 1 oder 2 des Elektromobilitätsgesetzes erfüllen.

³Die private Nutzung kann abweichend von Satz 2 mit den auf die Privatfahrten entfallenden Aufwendungen angesetzt werden, wenn die für das Kraftfahrzeug insgesamt entstehenden Aufwendungen durch Belege und das Verhältnis der privaten zu den übrigen Fahrten durch ein ordnungsgemäßes Fahrtenbuch nachgewiesen werden; bei der privaten Nutzung von Fahrzeugen mit Antrieb ausschließlich durch Elektromotoren, die ganz oder überwiegend aus mechanischen oder elektrochemischen Energiespeichern oder aus emissionsfrei betriebenen Energiewandlern gespeist werden (Elektrofahrzeuge), oder von extern aufladbaren Hybridelektrofahrzeugen, sind

1. soweit Nummer 2 keine Anwendung findet und bei Anschaffung vor dem 1. Januar 2023 die der Berechnung der Entnahme zugrunde zu legenden insgesamt entstandenen Aufwendungen um Aufwendungen für das Batteriesystem zu mindern; dabei ist bei zum Betriebsvermögen des Steuerpflichtigen gehörenden Elektro- und Hybridelektrofahrzeugen die der Berechnung der Absetzungen für Abnutzung zugrunde zu legende Bemessungsgrundlage um die nach Satz 2 in pauschaler Höhe festgelegten Aufwendungen zu mindern, wenn darin Kosten für ein Batteriesystem enthalten sind, oder

2. bei Anschaffung nach dem 31. Dezember 2018 und vor dem 1. Januar 2022 bei der Ermittlung der insgesamt entstandenen Aufwendungen die Anschaffungskosten für das Kraftfahrzeug oder vergleichbare Aufwendungen nur zur Hälfte zu berücksichtigen; bei extern aufladbaren Hybridelektrofahrzeugen muss das Fahrzeug die Voraussetzungen des § 3 Absatz 2 Nummer 1 oder 2 des Elektromobilitätsgesetzes erfüllen.

⁴Wird ein Wirtschaftsgut unmittelbar nach seiner Entnahme einer nach § 5 Absatz 1 Nummer 9 des Körperschaftsteuergesetzes von der Körperschaftsteuer befreiten Körperschaft, Personenvereinigung oder Vermögensmasse oder einer juristischen Person des öffentlichen Rechts zur Verwendung für steuerbegünstigte Zwecke im Sinne des § 10b Absatz 1 Satz 1 unentgeltlich überlassen, so kann die Entnahme mit dem Buchwert angesetzt werden. ⁵Satz 4 gilt nicht für die Entnahme von Nutzungen und Leistungen. ⁶Die private Nutzung eines betrieblichen Fahrrads, das kein Kraftfahrzeug im Sinne des Satzes 2 ist, bleibt außer Ansatz.

5.[1] ¹Einlagen sind mit dem Teilwert für den Zeitpunkt der Zuführung anzusetzen; sie sind jedoch höchstens mit den Anschaffungs- oder Herstellungskosten anzusetzen, wenn das zugeführte Wirtschaftsgut

---

1 **Anm. d. Red.:** Zur Anwendung des § 6 Abs. 1 Nr. 5 siehe § 52 Abs. 12 Satz 3.

a) innerhalb der letzten drei Jahre vor dem Zeitpunkt der Zuführung angeschafft oder hergestellt worden ist,

b) ein Anteil an einer Kapitalgesellschaft ist und der Steuerpflichtige an der Gesellschaft im Sinne des § 17 Absatz 1 oder Absatz 6 beteiligt ist; § 17 Absatz 2 Satz 5 gilt entsprechend, oder

c) ein Wirtschaftsgut im Sinne des § 20 Absatz 2 oder im Sinne des § 2 Absatz 4 des Investmentsteuergesetzes ist.

²Ist die Einlage ein abnutzbares Wirtschaftsgut, so sind die Anschaffungs- oder Herstellungskosten um Absetzungen für Abnutzung zu kürzen, die auf den Zeitraum zwischen der Anschaffung oder Herstellung des Wirtschaftsguts und der Einlage entfallen. ³Ist die Einlage ein Wirtschaftsgut, das vor der Zuführung aus einem Betriebsvermögen des Steuerpflichtigen entnommen worden ist, so tritt an die Stelle der Anschaffungs- oder Herstellungskosten der Wert, mit dem die Entnahme angesetzt worden ist, und an die Stelle des Zeitpunkts der Anschaffung oder Herstellung der Zeitpunkt der Entnahme.

5a. In den Fällen des § 4 Absatz 1 Satz 8 zweiter Halbsatz ist das Wirtschaftsgut mit dem gemeinen Wert anzusetzen.

6. Bei Eröffnung eines Betriebs ist Nummer 5 entsprechend anzuwenden.

7. Bei entgeltlichem Erwerb eines Betriebs sind die Wirtschaftsgüter mit dem Teilwert, höchstens jedoch mit den Anschaffungs- oder Herstellungskosten anzusetzen.

(2)¹ ¹Die Anschaffungs- oder Herstellungskosten oder der nach Absatz 1 Nummer 5 bis 6 an deren Stelle tretende Wert von abnutzbaren beweglichen Wirtschaftsgütern des Anlagevermögens, die einer selbständigen Nutzung fähig sind, können im Wirtschaftsjahr der Anschaffung, Herstellung oder Einlage des Wirtschaftsguts oder der Eröffnung des Betriebs in voller Höhe als Betriebsausgaben abgezogen werden, wenn die Anschaffungs- oder Herstellungskosten, vermindert um einen darin enthaltenen Vorsteuerbetrag (§ 9b Absatz 1), oder der nach Absatz 1 Nummer 5 bis 6 an deren Stelle tretende Wert für das einzelne Wirtschaftsgut 800 Euro nicht übersteigen. ²Ein Wirtschaftsgut ist einer selbständigen Nutzung nicht fähig, wenn es nach seiner betrieblichen Zweckbestimmung nur zusammen mit anderen Wirtschaftsgütern des Anlagevermögens genutzt werden kann und die in den Nutzungszusammenhang eingefügten Wirtschaftsgüter technisch aufeinander abgestimmt sind. ³Das gilt auch, wenn das Wirtschaftsgut aus dem betrieblichen Nutzungszusammenhang gelöst und in einen anderen betrieblichen Nutzungszusammenhang eingefügt werden kann. ⁴Wirtschaftsgüter im Sinne des Satzes 1, deren Wert 250 Euro übersteigt, sind unter Angabe des Tages der Anschaffung, Herstellung oder Einlage des Wirtschaftsguts oder der Eröffnung des Betriebs und der Anschaffungs- oder Herstellungskosten oder des nach Absatz 1 Nummer 5 bis 6 an deren Stelle tretenden Werts in ein besonderes, laufend zu führendes Verzeichnis aufzunehmen. ⁵Das Verzeichnis braucht nicht geführt zu werden, wenn diese Angaben aus der Buchführung ersichtlich sind.

(2a)² ¹Abweichend von Absatz 2 Satz 1 kann für die abnutzbaren beweglichen Wirtschaftsgüter des Anlagevermögens, die einer selbständigen Nutzung fähig sind, im Wirtschaftsjahr der Anschaffung, Herstellung oder Einlage des Wirtschaftsguts oder der Eröffnung des Be-

---

1 Anm. d. Red.: Zur Anwendung des § 6 Abs. 2 siehe § 52 Abs. 12 Sätze 4 und 5.
2 Anm. d. Red.: Zur Anwendung des § 6 Abs. 2a siehe § 52 Abs. 12 Satz 7.

triebs ein Sammelposten gebildet werden, wenn die Anschaffungs- oder Herstellungskosten, vermindert um einen darin enthaltenen Vorsteuerbetrag (§ 9b Absatz 1), oder der nach Absatz 1 Nummer 5 bis 6 an deren Stelle tretende Wert für das einzelne Wirtschaftsgut 250 Euro, aber nicht 1 000 Euro übersteigen. ²Der Sammelposten ist im Wirtschaftsjahr der Bildung und den folgenden vier Wirtschaftsjahren mit jeweils einem Fünftel gewinnmindernd aufzulösen. ³Scheidet ein Wirtschaftsgut im Sinne des Satzes 1 aus dem Betriebsvermögen aus, wird der Sammelposten nicht vermindert. ⁴Die Anschaffungs- oder Herstellungskosten oder der nach Absatz 1 Nummer 5 bis 6 an deren Stelle tretende Wert von abnutzbaren beweglichen Wirtschaftsgütern des Anlagevermögens, die einer selbständigen Nutzung fähig sind, können im Wirtschaftsjahr der Anschaffung, Herstellung oder Einlage des Wirtschaftsguts oder der Eröffnung des Betriebs in voller Höhe als Betriebsausgaben abgezogen werden, wenn die Anschaffungs- oder Herstellungskosten, vermindert um einen darin enthaltenen Vorsteuerbetrag (§ 9b Absatz 1), oder der nach Absatz 1 Nummer 5 bis 6 an deren Stelle tretende Wert für das einzelne Wirtschaftsgut 250 Euro nicht übersteigen. ⁵Die Sätze 1 bis 3 sind für alle in einem Wirtschaftsjahr angeschafften, hergestellten oder eingelegten Wirtschaftsgüter einheitlich anzuwenden.

(3) ¹Wird ein Betrieb, ein Teilbetrieb oder der Anteil eines Mitunternehmers an einem Betrieb unentgeltlich übertragen, so sind bei der Ermittlung des Gewinns des bisherigen Betriebsinhabers (Mitunternehmers) die Wirtschaftsgüter mit den Werten anzusetzen, die sich nach den Vorschriften über die Gewinnermittlung ergeben, sofern die Besteuerung der stillen Reserven sichergestellt ist; dies gilt auch bei der unentgeltlichen Aufnahme einer natürlichen Person in ein bestehendes Einzelunternehmen sowie bei der unentgeltlichen Übertragung eines Teils eines Mitunternehmeranteils auf eine natürliche Person. ²Satz 1 ist auch anzuwenden, wenn der bisherige Betriebsinhaber (Mitunternehmer) Wirtschaftsgüter, die weiterhin zum Betriebsvermögen derselben Mitunternehmerschaft gehören, nicht überträgt, sofern der Rechtsnachfolger den übernommenen Mitunternehmeranteil über einen Zeitraum von mindestens fünf Jahren nicht veräußert oder aufgibt. ³Der Rechtsnachfolger ist an die in Satz 1 genannten Werte gebunden.

(4) Wird ein einzelnes Wirtschaftsgut außer in den Fällen der Einlage (§ 4 Absatz 1 Satz 8) unentgeltlich in das Betriebsvermögen eines anderen Steuerpflichtigen übertragen, gilt sein gemeiner Wert für das aufnehmende Betriebsvermögen als Anschaffungskosten.

(5)¹ ¹Wird ein einzelnes Wirtschaftsgut von einem Betriebsvermögen in ein anderes Betriebsvermögen desselben Steuerpflichtigen überführt, ist bei der Überführung der Wert anzusetzen, der sich nach den Vorschriften über die Gewinnermittlung ergibt, sofern die Besteuerung der stillen Reserven sichergestellt ist; § 4 Absatz 1 Satz 4 ist entsprechend anzuwenden. ²Satz 1 gilt auch für die Überführung aus einem eigenen Betriebsvermögen des Steuerpflichtigen in dessen Sonderbetriebsvermögen bei einer Mitunternehmerschaft und umgekehrt sowie für die Überführung zwischen verschiedenen Sonderbetriebsvermögen desselben Steuerpflichtigen bei verschiedenen Mitunternehmerschaften. ³Satz 1 gilt entsprechend, soweit ein Wirtschaftsgut

1. unentgeltlich oder gegen Gewährung oder Minderung von Gesellschaftsrechten aus einem Betriebsvermögen des Mitunternehmers in das Gesamthandsvermögen einer Mitunternehmerschaft und umgekehrt,

---

1 Anm. d. Red.: Zur Anwendung des § 6 Abs. 5 siehe § 52 Abs. 12 Satz 6.

2. unentgeltlich oder gegen Gewährung oder Minderung von Gesellschaftsrechten aus dem Sonderbetriebsvermögen eines Mitunternehmers in das Gesamthandsvermögen derselben Mitunternehmerschaft oder einer anderen Mitunternehmerschaft, an der er beteiligt ist, und umgekehrt oder

3. unentgeltlich zwischen den jeweiligen Sonderbetriebsvermögen verschiedener Mitunternehmer derselben Mitunternehmerschaft

übertragen wird. ⁴Wird das nach Satz 3 übertragene Wirtschaftsgut innerhalb einer Sperrfrist veräußert oder entnommen, ist rückwirkend auf den Zeitpunkt der Übertragung der Teilwert anzusetzen, es sei denn, die bis zur Übertragung entstandenen stillen Reserven sind durch Erstellung einer Ergänzungsbilanz dem übertragenden Gesellschafter zugeordnet worden; diese Sperrfrist endet drei Jahre nach Abgabe der Steuererklärung des Übertragenden für den Veranlagungszeitraum, in dem die in Satz 3 bezeichnete Übertragung erfolgt ist. ⁵Der Teilwert ist auch anzusetzen, soweit in den Fällen des Satzes 3 der Anteil einer Körperschaft, Personenvereinigung oder Vermögensmasse an dem Wirtschaftsgut unmittelbar oder mittelbar begründet wird oder dieser sich erhöht. ⁶Soweit innerhalb von sieben Jahren nach der Übertragung des Wirtschaftsguts nach Satz 3 der Anteil einer Körperschaft, Personenvereinigung oder Vermögensmasse an dem übertragenen Wirtschaftsgut aus einem anderen Grund unmittelbar oder mittelbar begründet wird oder dieser sich erhöht, ist rückwirkend auf den Zeitpunkt der Übertragung ebenfalls der Teilwert anzusetzen.

(6) ¹Wird ein einzelnes Wirtschaftsgut im Wege des Tausches übertragen, bemessen sich die Anschaffungskosten nach dem gemeinen Wert des hingegebenen Wirtschaftsguts. ²Erfolgt die Übertragung im Wege der verdeckten Einlage, erhöhen sich die Anschaffungskosten der Beteiligung an der Kapitalgesellschaft um den Teilwert des eingelegten Wirtschaftsguts. ³In den Fällen des Absatzes 1 Nummer 5 Satz 1 Buchstabe a erhöhen sich die Anschaffungskosten im Sinne des Satzes 2 um den Einlagewert des Wirtschaftsguts. ⁴Absatz 5 bleibt unberührt.

(7) Im Fall des § 4 Absatz 3 sind

1. bei der Bemessung der Absetzungen für Abnutzung oder Substanzverringerung die sich bei der Anwendung der Absätze 3 bis 6 ergebenden Werte als Anschaffungskosten zugrunde zu legen und

2. die Bewertungsvorschriften des Absatzes 1 Nummer 1a und der Nummern 4 bis 7 entsprechend anzuwenden.

Inhaltsübersicht

	Rz.
A. Allgemeine Erläuterungen	1 - 59
I. Normzweck und wirtschaftliche Bedeutung der Vorschrift	1 - 6
II. Entstehung und Entwicklung der Vorschrift	7 - 8
III. Geltungsbereich	9 - 12
IV. Vereinbarkeit mit höherrangigem Recht	13 - 15
V. Verhältnis zu anderen Vorschriften	16 - 25
VI. Erläuterung der Wertmaßstäbe	26 - 59
1. Anschaffungskosten	26 - 33
2. Herstellungskosten	34 - 45
3. Teilwert	46 - 59

B. Systematische Kommentierung — 60 - 407

I. Bewertung von Wirtschaftsgütern (§ 6 Abs. 1 EStG) — 60 - 273

1. Bewertung von abnutzbaren Wirtschaftsgütern des Anlagevermögens (§ 6 Abs. 1 Nr. 1 EStG) — 60 - 86
   a) Grundsätzliche Bewertung mit fortgeführten Anschaffungs- und Herstellungskosten (§ 6 Abs. 1 Nr. 1 Satz 1 EStG) — 61 - 64
      aa) Tatbestandsvoraussetzungen (§ 6 Abs. 1 Nr. 1 Satz 1 EStG) — 61 - 63
      bb) Rechtsfolgen des § 6 Abs. 1 Nr. 1 Satz 1 EStG — 64
   b) Niedrigerer Teilwertansatz (§ 6 Abs. 1 Nr. 1 Satz 2 EStG) — 65 - 69
   c) Wertaufholungsgebot (§ 6 Abs. 1 Nr. 1 Satz 4 EStG) — 70 - 72
   d) Übertragung stiller Reserven nach R 6.6 EStR — 73 - 86
2. Anschaffungsnahe Herstellungskosten (§ 6 Abs. 1 Nr. 1a EStG) — 87 - 95
3. Aktivierungswahlrecht für Kosten der allgemeinen Verwaltung (§ 6 Abs. 1 Nr. 1b EStG) — 96 - 99
4. Bewertung von Umlaufvermögen und nicht abnutzbarem Anlagevermögen (§ 6 Abs. 1 Nr. 2 EStG) — 100 - 143
   a) Bewertungsgrundsätze — 101 - 102
   b) Fallkonstellationen — 103 - 143
      aa) Nicht abnutzbares Anlagevermögen — 103 - 105
      bb) Abgrenzung von Grund und Boden sowie Gebäuden — 106 - 110
      cc) Umlaufvermögen — 111 - 114
      dd) Vorratsvermögen — 115 - 123
      ee) Beteiligungen — 124 - 128
      ff) Festverzinsliche Wertpapiere — 129
      gg) Forderungen — 130 - 143
         (1) Grundsätzliche Bewertung zu Anschaffungs- und Herstellungskosten — 130
         (2) Niedrigerer Teilwertansatz — 131 - 143
5. Verbrauchsfolgeverfahren beim Vorratsvermögen (§ 6 Abs. 1 Nr. 2a EStG) — 144 - 159
   a) Voraussetzungen und Rechtsfolgen bzgl. des Lifo-Verfahrens — 144 - 149
   b) Übergang zwischen Lifo-Verfahren und Regelbewertung (§ 6 Abs. 1 Nr. 2a Satz 2, 3 EStG) — 150 - 151
   c) Niedrigerer Teilwert — 152 - 159
6. Finanzinstrumente (§ 6 Abs. 1 Nr. 2b EStG) — 160 - 166
7. Verbindlichkeiten (§ 6 Abs. 1 Nr. 3 EStG) — 167 - 181
   a) Bewertung gem. § 6 Abs. 1 Nr. 3 Satz 1 EStG — 167 - 174
      aa) Bezugnahme auf § 6 Abs. 1 Nr. 2 EStG — 167
      bb) Abzinsung — 168
      cc) Begriff der Anschaffungs- und Herstellungskosten — 169 - 170
      dd) Höhere Bewertung (§ 6 Abs. 1 Nr. 3 Satz 2 EStG) — 171 - 172
      ee) Ausgewählte Fallkonstellationen — 173 - 174
   b) Ausnahmen von der Abzinsung (§ 6 Abs. 1 Nr. 3 Satz 2 EStG) — 175 - 181
8. Rückstellungen (§ 6 Abs. 1 Nr. 3a EStG) — 182 - 206
   a) Allgemeine Regelungen zur Rückstellungsbewertung — 182 - 184
   b) Begrenzung der Höhe nach gem. § 6 Abs. 1 Nr. 3a Buchst. a bis f EStG — 185 - 206
      aa) Rückstellungen für gleichartige Verpflichtungen (§ 6 Abs. 1 Nr. 3a Buchst. a EStG) — 186
      bb) Rückstellungen für Sachleistungsverpflichtungen (§ 6 Abs. 1 Nr. 3a Buchst. b EStG) — 187 - 188
      cc) Berücksichtigung künftiger Vorteile (§ 6 Abs. 1 Nr. 3a Buchst. c EStG) — 189 - 190
      dd) Ansammlungsrückstellungen (§ 6 Abs. 1 Nr. 3a Buchst. d EStG) — 191 - 194
         (1) Grundsatz (§ 6 Abs. 1 Nr. 3a Buchst. d Satz 1 EStG) — 191

(2)	Rücknahmeverpflichtung (§ 6 Abs. 1 Nr. 3a Buchst. d Satz 2 EStG)	192 – 193
(3)	Verpflichtung zur Stilllegung von Atomkraftwerken (§ 6 Abs. 1 Nr. 3a Buchst. d Satz 3 EStG)	194
ee)	Abzinsung (§ 6 Abs. 1 Nr. 3a Buchst. e EStG)	195 – 198
ff)	Maßgeblichkeit der Wertverhältnisse am Bilanzstichtag (§ 6 Abs. 1 Nr. 3a Buchst. f EStG)	199
gg)	Ausgewählte Fallgestaltungen	200 – 206
9. Entnahme (§ 6 Abs. 1 Nr. 4 EStG)		207 – 231
a) Teilwertbewertung (§ 6 Abs. 1 Nr. 4 Satz 1 1. Halbsatz EStG)		207 – 212
aa) Grundsätzliche Bewertung von Entnahmen		207 – 208
bb) Bewertung einzelner Entnahmearten		209 – 212
b) Bewertung mit dem gemeinen Wert (§ 6 Abs. 1 Nr. 4 Satz 1 2. Halbsatz EStG)		213 – 214
c) Bewertung der privaten Nutzung eines betrieblichen Kfz (§ 6 Abs. 1 Nr. 4 Satz 2, 3 EStG)		215 – 221
aa) 1 %-Regelung (§ 6 Abs. 1 Nr. 4 Satz 2 EStG)		218 – 220
bb) Fahrtenbuchmethode (§ 6 Abs. 1 Nr. 4 Satz 3 EStG)		221
d) Bewertung von Sachspenden (§ 6 Abs. 1 Nr. 4 Satz 4, 5 EStG)		222 – 231
10. Einlage (§ 6 Abs. 1 Nr. 5 EStG)		232 – 249
a) Grundsätzliche Teilwertbewertung (§ 6 Abs. 1 Nr. 5 Satz 1 EStG)		232 – 235
b) Niedrigere Anschaffungskosten (§ 6 Abs. 1 Nr. 5 Satz 1 Buchst. a; Satz 2 EStG)		236 – 237
c) Einlage einer Beteiligung i. S. d. § 17 EStG (§ 6 Abs. 1 Nr. 5 Satz 1 Buchst. b EStG)		238 – 241
d) Einlage eines Wirtschaftsguts i. S. d. § 20 Abs. 2 EStG (§ 6 Abs. 1 Nr. 5 Satz 1 Buchst. c EStG)		242
e) Einlage bei vorheriger Entnahme (§ 6 Abs. 1 Nr. 5 Satz 3 EStG)		243 – 249
11. Begründung des deutschen Besteuerungsrechts (§ 6 Abs. 1 Nr. 5a EStG)		250 – 256
12. Betriebseröffnung (§ 6 Abs. 1 Nr. 6 EStG)		257 – 265
13. Bewertung bei entgeltlichem Erwerb eines Betriebs (§ 6 Abs. 1 Nr. 7 EStG)		266 – 273
II. Sofortabschreibung (§ 6 Abs. 2 EStG)		274 – 289
1. Grundsatz des Wahlrechtes zur Sofortabschreibung (§ 6 Abs. 2 Satz 1 EStG)		274 – 278
2. Fähigkeit zu einer selbständigen Nutzung (§ 6 Abs. 2 Satz 2, 3 EStG)		279 – 280
3. Besonderes Verzeichnis (§ 6 Abs. 2 Satz 4, 5 EStG)		281 – 289
III. Sammelposten (§ 6 Abs. 2a EStG)		290 – 304
1. Grundsatz (§ 6 Abs. 2a Satz 1 EStG)		290 – 291
2. Rechtsfolgen (§ 6 Abs. 2a Satz 2 EStG)		292 – 294
3. Ausscheiden (§ 6 Abs. 2a Satz 3 EStG)		295
4. Sofortiger Abzug (§ 6 Abs. 2a Satz 4 EStG)		296
5. Einheitliche Anwendung (§ 6 Abs. 2a Satz 4 EStG)		297
6. Zusammenfassung		298 – 304
IV. Festwerte/Durchschnittswerte		305 – 309
V. Unentgeltliche Übertragung eines Betriebs, Teilbetriebs oder Mitunternehmeranteils (§ 6 Abs. 3 EStG)		310 – 329
1. Voraussetzungen und Zweck		310
2. Durch § 6 Abs. 3 Satz 1 1. Halbsatz EStG begünstigte Wirtschaftseinheiten		311 – 314
a) Betrieb		311
b) Teilbetrieb		312
c) Mitunternehmeranteil		313 – 314
3. Unentgeltliche Aufnahme in ein Einzelunternehmen, Übertragung eines Anteils an einem Mitunternehmeranteil (§ 6 Abs. 3 Satz 1 2. Halbsatz EStG)		315

4. Unentgeltlichkeit		316
5. Rechtsfolge des § 6 Abs. 3 Satz 1 EStG		317 - 318
6. Erweiterte Zurückbehaltung von Sonderbetriebsvermögen (§ 6 Abs. 3 Satz 2 EStG)		319 - 326
7. Verhältnis zur Realteilung		327 - 329
VI. Unentgeltliche Übertragung einzelner Wirtschaftsgüter des Betriebsvermögens (§ 6 Abs. 4 EStG)		330 - 337
VII. Überführung und Übertragung eines Wirtschaftsguts des Betriebsvermögens in ein anderes Betriebsvermögen (§ 6 Abs. 5 EStG)		338 - 386
1. Überblick		338 - 339
2. Überführung einzelner Wirtschaftsgüter zwischen Betriebsvermögen desselben Steuerpflichtigen (§ 6 Abs. 5 Satz 1 EStG)		340 - 343
3. Überführung einzelner Wirtschaftsgüter bei Mitunternehmerschaften (§ 6 Abs. 5 Satz 2 EStG)		344 - 347
4. Übertragung einzelner Wirtschaftsgüter bei Mitunternehmerschaften (§ 6 Abs. 5 Satz 3 EStG)		348 - 386
a) Überblick		348 - 350
b) Übertragung zwischen Gesamthandsvermögen und eigenem Betriebsvermögen (§ 6 Abs. 5 Satz 3 Nr. 1 EStG)		351 - 360
c) Übertragung zwischen Gesamthandsvermögen und Sonderbetriebsvermögen (§ 6 Abs. 5 Satz 3 Nr. 2 EStG)		361 - 363
d) Übertragung zwischen dem Sonderbetriebsvermögen verschiedener Mitunternehmer derselben Mitunternehmerschaft (§ 6 Abs. 5 Satz 3 Nr. 3 EStG)		364 - 365
e) Übertragung zwischen Schwesterpersonengesellschaften		366 - 368
f) Buchwertfortführung als Rechtsfolge		369 - 371
g) Rückwirkender Teilwertansatz für Entnahmen und Veräußerungen innerhalb der Sperrfrist (§ 6 Abs. 5 Satz 4 EStG)		372 - 378
h) Teilwertansatz bei Begründung oder Erhöhung des Anteils einer Körperschaft (§ 6 Abs. 5 Satz 5, 6 EStG)		379 - 386
VIII. Tausch und verdeckte Einlage von Wirtschaftsgütern des Betriebsvermögens (§ 6 Abs. 6 EStG)		387 - 404
1. Tausch		387 - 396
a) Überblick		387
b) Anwendungsbereich		388
c) Begriff des Tauschs		389
d) Einzelfälle des Tauschs		390 - 392
e) Rechtsfolgen des Tauschs		393 - 394
f) Ausnahmen von der Gewinnrealisierung		395 - 396
2. Verdeckte Einlage		397 - 404
a) Überblick		397 - 398
b) Verdeckte Einlage eines einzelnen Wirtschaftsguts		399 - 400
c) Rechtsfolge beim Einlegenden		401 - 403
d) Rechtsfolge bei der aufnehmenden Kapitalgesellschaft		404
IX. Bewertungsvorschrift im Falle der Einnahmen-Überschussrechnung (§ 6 Abs. 7 EStG)		405 - 407

HINWEISE (ZU ABS. 1 BIS 2A ESTG): (ZU ABS. 3) (ZU ABS. 5):

(zu Abs. 5): BMF v. 20. 12. 1977, BStBl 1978 I 8 (Mitunternehmer-Erlass); BMF v. 3. 3. 2005, BStBl 2005 I 458 (zu § 6 Abs. 3 EStG); BMF v. 11. 7. 2011, BStBl 2011 I 713 (Kapitalkonten); BMF v. 8. 11. 2011, BStBl 2011 I 1279 (§ 6 Abs. 5 EStG); BMF v. 12. 9. 2013, BStBl 2013 I 1164 (Nichtanwendungserlass); BMF v. 2. 9. 2016, BStBl 2016 I 995.

LITERATUR (ZU ABS. 1 BIS 2A):

▶ Weitere Literatur siehe Online-Version

Becker/Sandlos, Reformierungsbedarf des Abzinsungsgebots langfristiger Rückstellungen vor dem Hintergrund der Niedrigzinsentwicklung auf den europäischen Kapitalmärkten, StB 2013, 194; *Bingel/Göttsching*, Die Anforderungen an ein ordnungsgemäßes Fahrtenbuch – in der Praxis noch zu leisten?, DStR 2013, 690; *Bode* in FS Kirchhof, Band I, 2013, 1879; *Briesemeister/Joisten/Vossel*, Handelsrechtlicher Bewertungsvorbehalt im Rahmen steuerrechtlicher Rückstellungsbewertung nach § 6 Abs. 1 Nr. 3a EStG, FR 2013, 164; *Engel-Ciric*, Praktische Anwendungsfragen der Rückstellungsbewertung, BC 2013, 240; *Haisch/Helios*, Anteile an Zwischengesellschaften im Handelsbuch – oder: Vermeidung einer Doppelbesteuerung aufgrund § 6 Abs. 1 Nr. 2b EStG und AStG, IStR 2013, 842; *Hennrichs* in Münchener Kommentar zum Bilanzrecht, 1. Aufl., München 2013; *Hey* in Tipke/Lang, Steuerrecht, 21. Aufl., Köln 2013.; *Hüttemann/Meinert*, Anwendungsfragen der Lifo-Methode in Handels- und Steuerbilanz, DB 2013, 1865; *Joisten*, Auswirkungen einer Vertragsverlängerung auf die Bilanzierung von Verteilungsrückstellungen, FR 2013, 455; *Löbe*, Keine Teilwertabschreibung wegen Unverzinslichkeit einer Forderung, NWB 2013, 1802; *Löbe*, Teilwertabschreibung auf börsennotierte Aktien im Anlagevermögen bei voraussichtlichen dauernder Wertminderung, NWB 2013, 1802; *Marx/Noack*, Verhältnis zwischen anschaffungsnahen Aufwendungen nach § 6 Abs. 1 Nr. 1a Satz 1 EStG und Aufwendungen nach § 7i Abs. 1 Satz 1 EStG, § 11b Satz 1 EStG, DStR 2013, 173; *Riepolt*, Aufwandseinlagen bei betrieblicher Kfz-Nutzung nach der modifizierten Fahrtenbuchmethode, DStR 2013, 157; *Wöltge*, Die modifizierte Fahrtenbuchmethode – Zur verursachungsgerechten Ermittlung des privaten Pkw-Nutzungsanteils, DStR 2013, 1318; *Zwirner/Künkele*, Steuerbilanzpolitische Wahlrechtsausübungen: Kein Raum für ein Stetigkeitsgebot in der Steuerbilanz, DStR 2013, 2078; *Adrian/Helios*, Teilwertabschreibung, voraussichtliche dauernde Wertminderung und Wertaufholung – Anmerkung zum Entwurf eines BMF-Schreibens vom 17. 1. 2014, DStR 2014, 721 ff.; *Behrens*, Teilwertabschreibung im Autohaus – Bilanzierung unter Beachtung des neuen BMF-Schreibens, NWB 2014, 2575; *Dörre/Blank*, FG Kassel zu Teilwertabschreibung auf börsengehandelte Wertpapiere im Umlaufvermögen, DB 2014, 861; *Fahlenbach*, Steuern wir im Zusammenhang mit der Anwendung des § 6 Abs. 1 Nr. 1a EStG endgültig auf eine Durchbrechung des Maßgeblichkeitsgrundsatzes zu? – Kritische Beleuchtung des BFH-Beschlusses vom 27. 5. 2013, DStR 2014, 1902 ff.; *Förster*, Der BMF-Entwurf zu Teilwertabschreibungen, DB 2014, 382; *Hanning*, Neufassung des sog. Teilwerterlasses: noch viele Fragen offen, BB 2014, 752; *Herzig*, Lifo-Methode in der Steuerbilanz, DB 2014, 1756; *Hörhammer/Schumann*, Wesentliche Neuerungen zur Teilwertabschreibung, StuB 2014, 551; *Kaponig*, Rückstellungsbildung für Rückbauverpflichtungen und Anpassungsbuchungen in der Handelsbilanz, BC 2014, 225; *Luft*, Was Selbstständige für die steuerliche Behandlung ihrer gemischt genutzten Kraftfahrzeuge wissen sollten, SteuK 2014, 441; *Meyer*, Das neue BMF-Schreiben zu Teilwertabschreibungen, NWB 2014, 2683; *Oblau*, Das neue BMF-Schreiben zur Teilwertabschreibung, BC 2014, 449 ff.; *Oser*, Teilauflösung von Ansammlungsrückstellungen bei Verlängerung des Nutzungsverhältnisses, DB 2014, 2487; *Pfeifer/Heggemann*, Die künftigen Vorteile bei der steuerlichen Rückstellungsbewertung, DStR 2014, 1074; *Prinz*, BMF-Schreiben vom 16. 7. 2014 zur Teilwertabschreibung wegen voraussichtlich dauernder Wertminderung, DB 2014, 1825; *Scharfenberg/Müller*, Ansatz von Schrott- oder Schlachtwerten bei der Bewertung von Anlagevermögen, DB 2014, 921; *Scheffler*, Besteuerung von Unternehmen II, 8. Aufl., Heidelberg 2014; *Schumann*, Ansatz und Bewertung von Rückstellungen, EStB 2014, 441; *Schumann*, Teilwertabschreibung gem. § 6 Abs. 1 Nr. 1 und 2 EStG, EStB 2014, 301; *Strahl* in Korn, Steuerliche Hinweise und Dispositionen zum Jahresende 2014 – Teil 4: Checklisten und Erläuterungen, NWB 2014, 3812 ff.; *Thouet*, Die Änderung des Ansammlungszeitraumes bei der Ansammlungsrückstellung, DStR 2014, 2550; *Zwirner/Zimny*, Teilwertabschreibung auf Wertpapiere, SteuK 2014, 485; *Burkhardt/Müller/Bucherer*, Bewertung des Vorratsvermögens nach der Lifo-Methode, BBK 2015, 1142; *Görgen*, Grenzen zulässiger Teilwertabschreibungen auf Warenvorräte durch Gängigkeitsverfahren, DStR 2015, 2250; *Maier* in Beck'sches Steuer- und Bilanzrechtslexikon, Edition 1/15, „Entnahme", Kapitel D; *Meyering/Gröne/Portheine*, Das BMF-Schreiben zur Teilwertabschreibung wegen voraussichtlich dauernder Wertminderung, DStZ 2015, 84; *Moritz/Rüsch*, Teileinkünfteverfahren und § 8b KStG, DStR 2015, 2305; *OFD Nordrhein-Westfalen*, Kurzinformation Einkommensteuer Nr. 01/2015; *Schöpflin/Schönwald*, Besteuerung von Photovoltaikanlagen – Ertrag- und umsatzsteuerliche Grundsätze, NWB 2015, 856; *Vogl* in Beck'sches Steuer- und Bilanzrechtslexikon, Edition 1/15, Stichwort „Einnahmen-Überschussrechnung", Kapitel B. III; *Volk*, Der Aufstieg aus der Atomkraft und die Rückstellungsproblematik, DStR 2015, 2193; *Wengerofsky*, Geringwertige Wirtschaftsgüter de lege ferenda – Erfordernis für eine umfassende Neuausrichtung, DStR 2015, 2744; *Zwirner/Zimny*, Lifo-Verfahren: BMF-Schreiben unterstreicht eigenständige Steuerbilanzpolitik, BC 2015, 64 ff.; *Zwirner/Zimny*, Anwendung der Lifo-Methode vor dem Hintergrund des BMF-Schreibens v. 12.5.2015, SteuK 2015, 483; *Bäuml*, Neues zur Teilwertabschreibung, StuB 2016, 763; *Bolik/Schuhmann*, Ansatz und Bewertung von Umstrukturierungs- und Sozialplanrückstellungen, StuB 2016, 679; *Cremer*, Außerplanmäßige Abschreibungen: Teilwert und beizulegender Wert, NWB 2016, 13; *Goy*, Bilanzierung von Fremdwährungsverbindlichkeiten, BBK 2016, 527; *Goy*, Bilanzierung von Fremdwährungsforderungen, BBK 2016, 472; *Goy*, Bilanzierung von geringwertigen Wirtschaftsgütern und Investitionsabzugsbeträgen, BBK 2016, 60;*Grützner*, Nutzungsentschädigung für einen auch privat genutzten betrieblichen Pkw, StuB 2016, 455; *Hainz*, Rückstellungen für Jubiläumsverpflichtungen: Beschränkung durch R 6.11 EStR, BB 2016, 1194; *Happe*, Das neue BMF-Schreiben zu Teilwertabschreibungen im Steuerrecht, STUK 2016, 495; *Hoffmann*, Teilwertabschreibung auf Lagerbestände, StuB 2016, 205; *ders.*, Anschaffungsnahe Herstellungskosten, StuB 21/2016, 801; *Marx*, Bestandsaufnahme und Bewertung des Vorratsvermögens, SteuerStud 2016, 346; *Meyering/Gröne*, Die Neuregelung zu den Bestandteilen der steuerlichen Herstellungskosten, DStR 2016, 1696; *Phillipps*, Neues zu den Herstellungskosten in der steuerlichen Gewinnermittlung, BBK 2016, 641; *Rätke*, Übertragung eines Wirtschaftsguts gegen Gutschrift auf Kapitalkonto II, StuB 2016, 287; *Rukaber*, Anschaffungsnahe Herstellungskosten – Aktuelle BFH-Rechtsprechung und Abgrenzung von Erhaltungsaufwendungen zu Anschaffungs- und Herstellungskosten, NWB 2016, 3476; *Schießl*, Neues zu den anschaffungsnahen Herstellungskosten i.S.des § 6 Abs.1 Nr.1a EStG, StuB 2016, 719; *Schmudlach*, Einbringung eines Wirtschaftsguts aus dem Privatvermögen in eine Personengesellschaft – Auswirkungen der jüngsten BFH-Rechtsprechung zur Bedeutung des Kapitalkontos II, NWB 2016, 3305; *Schoor*, Übertragung von Wirtschaftsgütern aus dem Privat- in das betriebliche Gesamthandsvermögen – Unterscheidung von Einbringung und Einlage, BBK 2016, 285; *Velte*, Herstellungskosten nach dem Gesetz zur Modernisierung des Besteuerungsverfahrens, StuB 2016, 407; *KolbeWeinzierl/Risse/Möller*, Die Vorratsbewertung im Kontext der internationalen Rechnungslegung sowie des Handels- und Steuerrechts, StuB 2016, 172; *Wichmann*, Nachträgliche Anschaffung und Herstellung - Plädoyer für eine sachgerechte Unterscheidung im Handels- und Ertragsteuerrecht, DB 2016, 2493; *Dürr*, Aufwendungen für Beseitigung nachträglicher Schäden: Sofort abzugsfähiger Aufwand oder anschaffungsnahe Herstellungskosten?, DB 2016, 2380; *Adrian/Fey/Selzer*, BEPS-Umsetzungsgesetz 1, StuB 2017, 94; *Hechtner*, Steuerpolitisches Update aus Berlin: Stand der Gesetzgebung, NWB 2017, 637; *ders.*, Geänderte Abschreibungsregelungen für geringwertige Wirtschaftsgüter, NWB 2017, 2252; *Hoffmann*, Behandlung der gesellschaftsrechtlich veranlassten Verbindlichkeitstilgung, StuB 2017, 1; *Kolbe*, Der Ausweis von Verbindlichkeiten oder Rückstellungen aus einem schwebenden Geschäft, StuB 2017, 12; *Meyer/Schmidt*, Umqualifizierung anschaffungsnaher Aufwendungen als Herstellungskosten, NZW 2017, 401; *Seifert*, Neues zur Gestaltung und Abrechnung von Job-Bikes, NWB 2017, 2500; ders.,Zweites Bürokratieentlastungsgesetz und Auswirkungen auf Gewinneinkünfte, StuB 2017, 356; *Zwirner/Zimny*, Steuerbilanzpolitik im Zusammenhang mit Teilwertabschreibungen, StuB 2017, 43; *Eggert*, Buchungen und Bilanzierung bei Gründung einer Personengesellschaft, BBK 2017, 582; *Ertel/Rosnitschek/Schanz*, Abweichungen zwischen Handelsbilanz und Steuerbilanz vor und nach dem BilMoG, DStR 2017, 2068; *Hechtner*, Geänderte Abschreibungsregelungen für geringwertige Wirtschaftsgüter, NWB 2017, 2252; *Meyering/Brodersen/Gröne*, Außerplanmäßige Abschreibung im Steuerrecht: Alter Wein in neuen Schläuchen, DStR 2017, 1175; *Saure*, Teilwertabschreibungen in der Steuerbilanz auf Warenbestände von Handelsunternehmen, DStR 2017, 408; *Schoor*, Aufwendungen für die Erneuerung von Einbauküchen in einem Mietobjekt, BBK 2017, 579; *Grützner*, Bildung einer Rückstellung für die Verpflichtung zur Nachbetreuung von Versicherungsverträgen, StuB 2017, 918; *Atilgan*, Steuerfalle: Teilwertabschreibung, StuB 2017, 456; *Seifert*, Anschaffungsnahe Herstellungskosten, StuB 2017, 923; *Wengerofsky*, Neuregelung bei den geringwertigen Wirtschaftsgütern, StuB 2017, 369; *Seifert*, Geringwertige Wirtschaftsgüter und Gesetzesänderung, StuB 2017, 436; *Hänsch*, Geringwertige Wirtschaftsgüter und Bildung eines Sammelpostens, BBK 2018, 25; *Seifert*, Softwareprogramme und sofortiger Betriebsausgabenabzug, StuB 2017, 518; *Siegel*, Realteilung: Die Kapitalausgleichsposten-Methode als second-best-Lösung, StuB 2017, 529; *Dorn*, Abgrenzung von anschaffungsnahen Herstellungskosten und Erhaltungsaufwand - ein Spannungsfeld, NWB 2018, 18; *Schoor*, Abgrenzung zwischen Teilwertabschreibung und AfaA, BBK 2018, 364; *Kowanda*, Anschaffungsnahe Herstellungskosten – Neuausrichtung der BFH-Rechtsprechung und Übernahme durch das BMF-Schreiben v. 20.10.2017, DStR 2017, 2640; *Lüdenbach*, Teilwertabschreibung eines unbebauten Grundstücks, StuB 2018, 259; *Thurow*, Teilwertzuschreibung bei Fremdwährungsverbindlichkeiten in Schweizer Franken, BC 2018, 7; *Marx*, Streitfragen der Passivierung steuerbilanzieller Rückstellungen, Steuer und Studium 4/2018, 253; *Cremer*, Aktivierung anschaffungsnaher Herstellungskosten, BBK 2018, 608; *ders.*, Forderungen und Verbindlichkeiten in Fremdwährungen, NWB 2018, 17; *Fischer/Schmid*, Sind steuerliche Rückstellungen für Stock Appreciation Rights während der Wartezeit dem Grunde nach zulässig?, DStR 2018, 1629; *Köhler*, Herstellungskosten nach Handels- und Steuerrecht unter Berücksichtigung der Neuregelung des § 6 Abs. 1 Nr. 1b EStG, StBp 2018, 165; *Schmudlach*, Gängigkeitsabschläge im Handels- und Steuerrecht, NWB 2018, 1843; *Kahle*, Aktuelle Entwicklungen der Bilanzierung von Rückstellungen, DStR 2018, 976; *Schmudlach*, Gängigkeitsabschläge bei der Warenbewertung im Handels- und Steuerrecht, NWB 2018, 1843; *Seifert*, Teilwertabschreibung eines unbebauten Grundstücks, StuB 2018, 259; *Farwick*, Wertaufholung nach einer Teilwertabschreibung – Kürzung der Gewinnübertragung nach § 6b EStG, StuB 2018, 315; *Cremer*, Aktivierung anschaffungsnaher Herstellungskosten, BBK 2018, 608; *Weber*, Neue Leitlinien zur Überlassung von Firmenwagen an Arbeitnehmer, BBK 2018, 804; *Rätke*, Einlage einer wesentlichen GmbH-Beteiligung in das Betriebsvermögen, BBK 2018, 992; *Rätke*, Einlage einer Darlehensforderung eines wesentlich beteiligten GmbH-Gesellschafters, BBK 2018, 1039.

ARBEITSHILFEN UND GRUNDLAGEN ONLINE:

Grützner, Steuerrechtliche Bewertungsvorschriften (außerhalb des EStG), NWB DokID: BAAAE-72349; *Happe*, Rückstellungen: Generalüberholung, NWB DokID: WAAAC-42877; *Happe*, Rückstellungen: Grundsteuer, NWB DokID: KAAAC-42894; *Krauß*, Finanzbuchhaltung Jahresabschluss: Wann ist eine Forderung uneinbringlich?, NWB DokID: IAAAE-68538; *Krauß*, Finanzbuchhaltung Jahresabschluss: Wie werden Einzelwertberichtigungen erfasst?, NWB DokID: SAAAE-68539; *Krauß*, Finanzbuchhaltung Jahresabschluss: Was ist steuerrechtlich als anschaffungsnaher Aufwand zu berücksichtigen, NWB DokID: OAAAE-68494; *Krauß*, Finanzbuchhaltung Jahresabschluss: Welche Wahlrechte bestehen bei dem Ansatz und der Bewertung von GWG?, NWB DokID: LAAAE-68524; *Krauß*, Finanzbuchhaltung Jahresabschluss: Welche Aufzeichnungspflichten gelten für GWG?, NWB DokID: VAAAE-68525; *Langenkämper*, Erhaltungsaufwand/Modernisierungsaufwand, NWB DokID: YAAAB-05660; *Langenkämper*, Firmenwagen, NWB DokID: YAAAB-04811; *Rosseburg*, Finanzbuchhaltung Jahresabschluss: Unter welchen Voraussetzungen können geringwertige Wirtschaftsgüter im Jahr des Zugangs vollumfänglich abgeschrieben werden?, NWB DokID: ZAAAE-76962; *Rosseburg*, Finanzbuchhaltung Jahresabschluss: Wie kann die Anschaffung bzw. Herstellung geringwertiger Wirtschaftsgüter und deren Sofortabschreibung bilanzpolitisch eingesetzt werden?, NWB DokID: PAAAE-76961; *Schmidt*, Herstellungskosten (HGB, EStG), NWB DokID: HAAAB-05670.

LITERATUR (ZU ABS. 3):

► Weitere Literatur siehe Online-Version

Bohn/Pelters, Aktuelle Entwicklungen zu Übertragungen des Betriebsvermögens von Personengesellschaften, DStR 2013, 281; *Brandenberg*, Abschied vom Gesamtplan – neuer Betriebsbegriff, DB 2013, 17; *Strahl*, Unentgeltliche Übertragung eines Mitunternehmeranteils, KÖSDI 2013, 18216; *Vees*, Neue Sicht auf § 6 Abs. 3 und § 6 Abs. 5 EStG: Kann die Auffassung des BFH überzeugen?, DStR 2013, 743; *Dornheim*, Ist die Gesamtplanrechtsprechung bei betrieblichen Umstrukturierungen am Ende?, DStZ 2014, 46; *Herlinghaus*, Betriebsbegriff und „Gesamtplan" bei Unternehmensveräußerungen und -umstrukturierungen, FR 2014, 441; *Kanzler*, Keine Gesamtplanrechtsprechung zugunsten des Steuerpflichtigen – BFH präzisiert seine Rechtsprechung zum Gesamtplan, NWB 2014, 902; *Schoor*, Übertragung betrieblicher Sachgesamtheiten im Wege vorweggenommener Erbfolge, NWB 2014, 2954; *Schulze zur Wiesche*, Der Einzelbetrieb als Gegenstand der Einbringung, StBp 2014, 133; *Hänsch*, BFH erteilt Anwendung der Gesamtplanrechtsprechung bei Übertragung nach § 6 Abs. 3 EStG eine Absage, NWB 2015, 1914; *Hoheilsel/Tippelhofer*, Endgültiges Ende der Gesamtplanrechtsprechung bei Umstrukturierungen, StuB 2015, 334; *Ott*, Auslagerung wesentlicher Betriebsgrundlagen bei Umstrukturierungen und Unternehmensnachfolge, StuB 2015, 488; *El Mourabit*, Aufdeckung stiller Reserven bei unentgeltlicher Übertragung von Einzelunternehmen und Mitunternehmeranteilen unter Nießbrauchsvorbehalt im Wege der vorweggenommenen Erbfolge, ZEV 2016, 14; *Hoheisel/Tippelhofer*, „Gleitende" Unternehmensnachfolge im Lichte aktueller BFH-Rechtsprechung, StuB 2016, 650; *Kraft, C.*, Keine Behaltefrist für zurückbehaltenes Sonderbetriebsvermögen bei unentgeltlicher Übertragung nach § 6 Abs. 3 EStG - Anmerkungen zum Urteil des BFH vom 12. 5. 2016 IV R 12/15, NWB 2016, 2646; *Hänsch*, Änderung des § 6 Abs. 3 EStG durch das Anti-BEPS-Umsetzungsgesetz I, NWB 2017, 935; *Hubert*, Sonderfragen der Realteilung im Jahre 2017, StuB 2017, 305; *Kraft, G.*, Der Nießbrauch in der Praxis der Unternehmensnachfolgegestaltung - Notwendigkeit einer Neubewertung, NWB 2017, 2972.

LITERATUR (ZU ABS. 5):

▶ Weitere Literatur siehe Online-Version

Dornheim, Die Aufgabe der „reinen" Trennungstheorie, DStZ 2013, 397; *Gossert/Liepert/Sahm*, Die Aufgabe der reinen Trennungstheorie durch die aktuelle BFH-Rechtsprechung und deren Folgen auf der Erwerberseite, DStZ 2013, 242; *Haberland*, Anwendbarkeit des § 6 Abs. 5 Satz 4 EStG auf die Einmann-GmbH & Co KG, FR 2013, 538; *Rogall/Dreßler*, Wirtschaftsgutübertragungen nach § 6 Abs. 5 Satz 3 EStG und das Zusammenspiel mit § 6 Abs. 3 EStG, Ubg 2013, 73; *Rosenberg/Placke*, Einbringungen nach § 24 UmwStG gegen Mischentgelt, DB 2013, 2821; *Strahl*, Aufgabe der Trennungstheorie – Auswirkungen und Reichweite, KÖSDI 2013, 18528; *Vees*, Einheitstheorie oder Trennungstheorie: Eine kritische Würdigung, DStR 2013, 681; *Wacker*, Buchwerteinbringung ohne negative Ergänzungsbilanz, NWB 2013, 3377; *Wendt*, Verbilligte Wirtschaftsgutübertragung im Anwendungsbereich von § 6 Abs. 5 EStG, DB 2013, 834; *Cropp*, Wirtschaftsguttransfer zwischen Schwester-Personengesellschaften, NWB 2014, 1656; *Heurung/Bresgen*, Übertragung und Überführung von Wirtschaftsgütern bei grenzüberschreitenden Mitunternehmerschaften, GmbHR 2014, 187; *Hubert*, Vom BFH gebilligter Buchwerttransfer bei Mitunternehmerschaften durch neues BMF-Schreiben gefährdet?, StuB 2014, 21; *Lipp*, Übertragung einzelner Wirtschaftsgüter bei der mitunternehmerischen Innengesellschaft, NWB 2014, 1725; *Broemel*, Umsatzsteuerliche Probleme bei der Überführung von Wirtschaftsgütern in das Sonderbetriebsvermögen, BBK 2015, 492; *Tiede*, Einigkeit zwischen I. und IV. BFH-Senat: Die Sperrfrist des § 6 Abs. 5 Satz 4 EStG gilt nicht für eine Einmann-GmbH & Co. KG, StuB 2015, 177; *Bisle*, Realteilung: Sachwertabfindung durch Hingabe von Einzelwirtschaftsgütern - Anmerkungen zum BFH-Urteil vom 17.9.2015, NWB 22/2016, 1646; *Eggert*, Veräußerungsgewinn bei teilentgeltlicher Übertragung - Veräußerungsgewinn bei teilentgeltlicher Übertragung BFH-Vorlagebeschluss zur Trennungstheorie, BBK 5/2016, 224; *Hoheisel/Tippelhofer*, Strenge versus modifizierte Trennungstheorie bei teilentgeltlichen Übertragungen?, StuB 2016, 127; *Kraft, C.*, Ermittlung des Veräußerungsgewinns bei teilentgeltlichen Übertragungen („Trennungstheorie") - Vorlage an den Großen Senat des BFH, NWB 2016, 488; *Kraft, G.*, Die „Kapitalkonten-Falle" bei einer Personengesellschaft - Zugleich Anmerkung zum BFH-Urteil v. 29.7.2015 - IV R 15/14, NWB 2016, 996; *Rätke*, Übertragung eines Wirtschaftsguts gegen Gutschrift auf Kapitalkonto II, StuB 2016, 287; *Schmidt/Siegmund*, Neue Möglichkeiten zur steuerneutralen Umstrukturierung von Personengesellschaften - Anwendung der Realteilungsgrundsätze auf die Sachwertabfindung, NWB 2016, 1422; *Tiede*, Zum zwingenden Teilwertansatz von Beteiligungen gem. § 6 Abs. 5 Satz 3 EStG i. d. F. des StEntlG 1999/2000/2002, StuB 2016, 373; *Rennar*, Überführung und Übertragung von Einzelwirtschaftsgütern, NWB 2017, 343; *Eggert*, Schuldenzuordnung bei Übertragungen nach § 6 Abs. 5 Satz 3 EStG, BBK 2017, 1018; *Steger/Raible*, Zurückbehaltene Schulden bei der Übertragung von Einzelwirtschaftsgütern nach § 6 Abs. 5 EStG, NWB 2018, 426.

LITERATUR (ZU ABS. 6):

▶ Weitere Literatur siehe Online-Version

Kraft, Einlagen in Personen- und Kapitalgesellschaften außerhalb des Umwandlungssteuergesetzes, FR 2013, 825.

ARBEITSHILFEN UND GRUNDLAGEN ONLINE:

Hänsch, Unentgeltliche Übertragung eines Betriebs, Teilbetriebs oder Mitunternehmeranteils nach § 6 Abs. 3 EStG, NWB DokID: PAAAE-90361.

A. Allgemeine Erläuterungen

I. Normzweck und wirtschaftliche Bedeutung der Vorschrift

1   Während §§ 4, 5 EStG den Ansatz dem Grunde nach zum Inhalt haben, befasst sich § 6 EStG mit der **Bewertung** von Wirtschaftsgütern. Für die Praxis entfaltet § 6 EStG große Bedeutung, beispielsweise auch im Hinblick auf Teilwertabschreibungen[1] oder die buchwertneutrale Übertragung/Überführung von Wirtschaftsgütern. Eine Bewertungsvorschrift war beispielsweise bereits in § 19 Abs. 1, Abs. 2 Satz 1 EStG 1925 enthalten; hier erfolgte jedoch grundsätzlich ein

---

1 Vgl. etwa für die diesbezügliche Relevanz bei Außenprüfungen *Oblau*, BC 2014, 449.

Allgemeine Erläuterungen

Ansatz mit dem gemeinen Wert.[1] In den letzten Jahrzehnten unterlag § 6 EStG zahlreichen Änderungen; auch die Auslegung des § 6 EStG ist Änderungen unterworfen.[2]

§ 6 Abs. 1 EStG befasst sich insbesondere mit der Bewertung verschiedener Arten von aktiven und passiven Wirtschaftsgütern und der Bewertung von Entnahmen und Einlagen. Satz 2 und 2a haben die AfA auch von geringwertigen Wirtschaftsgütern zum Inhalt.

Satz 3 bis 7 regeln sowohl die Bewertung als auch die Gewinnrealisierung bei bestimmten Überführungs- und Übertragungstatbeständen, da die Bewertung im aufnehmenden Betriebsvermögen und die Bewertung im abgebenden Betriebsvermögen verknüpft sind. Satz 3 und 5 sollen Umstrukturierungen und die Unternehmensnachfolge erleichtern, indem – in Abweichung vom Grundsatz der Individualbesteuerung – unter bestimmten Bedingungen Buchwertfortführung und damit der Übergang von stillen Reserven auf andere Rechtsträger erfolgt.

(Einstweilen frei)

II. Entstehung und Entwicklung der Vorschrift

§ 6 Abs. 1 EStG wurde in den vergangenen Jahrzehnten mehrfach geändert, zuletzt durch das JStG 2010. § 6 Abs. 2 EStG wurde durch das Wachstumsbeschleunigungsgetz[3] dahin gehend geändert, dass ein Wahlrecht für Sonderabschreibungen eingeführt wurde. In diesem Rahmen wurden auch die Regelungen zur sog. Poolabschreibung des § 6 Abs. 2a EStG geändert.

Die Abs. 3 bis 7 sind durch das StEntlG 1999[4] eingeführt worden. § 6 Abs. 3, 4 und 7 EStG übernahmen nahezu unverändert die bis dahin in § 7 EStDV a. F. enthaltenen Regelungen zur unentgeltlichen Übertragung einzelner Wirtschaftsgüter, eines Betriebs, Teilbetriebs oder Mitunternehmeranteils. Materielle Änderungen erfolgten 2001 durch das UntStFG.[5] Durch die Einfügung des neuen § 6 Abs. 3 Satz 1 2. Halbsatz EStG sowie § 6 Abs. 3 Satz 2 EStG wurde zusätzlich die unentgeltliche Aufnahme von natürlichen Personen in ein Einzelunternehmen sowie die unentgeltliche Übertragung von Teilen eines Mitunternehmeranteils erfasst. Durch das BEPS-UmsG v. 20.12.16 (BGBl 2016 I 3000, 3009) wurde § 6 Abs. 3 Satz 1 neu gefasst. Nach § 6 Abs. 3 Satz 1 Halbs. 1 ist die Buchwertfortführung nunmehr ausdrücklich an die Voraussetzung geknüpft, dass „die Besteuerung der stillen Reserven sichergestellt ist". Die Neuregelung tritt nach Art. 19 Abs. 1 BEPS-UmsG am 24.12.16 in Kraft und ist erstmals im VZ 2017 anzuwenden.[6] § 6 Abs. 4 EStG hat zum 1.1.1999 § 7 Abs. 2 EStDV ersetzt.

Der mit dem StEntlG 1999 eingefügte Abs. 5 sah in Abweichung vom bis dato geltenden Mitunternehmererlass nur noch Buchwertfortführung bei Überführungen vor, während Übertragungen grundsätzlich zu Gewinnrealisierung führten. Um Umstrukturierungen bei Mitunternehmerschaften nicht zu erschweren, wurde nach nur zweijähriger Geltung mit dem StSenkG[7] die steuerneutrale Übertragung wieder ermöglicht. Eine klarstellende Änderung erfuhren die Regelungen des § 6 Abs. 5 Satz 3 bis 6 EStG durch das UntStFG.[8]

---

1 Vgl. *Moxter*, Bilanzrechtsprechung, 268.
2 Vgl. für einen Überblick über Bewertungsvorschriften außerhalb des EStG *Grützner*, NWB DokID: BAAAE-72349.
3 Wachstumsbeschleunigungsgesetz v. 22.12.2009, BGBl 2009 I 3950.
4 Vgl. Steuerentlastungsgesetz (StEntlG) 1999/2000/2002 v. 24.3.1999, BGBl 1999 I 402.
5 Vgl. Unternehmensteuerfortentwicklungsgesetz (UntStFG) v. 20.12.2001, BGBl 2001 I 3858.
6 Vgl. § 52 Abs. 1 i. d. F. des InvStRefG v. 19.7.2016, BGBl I2016 I 1730, 1754.
7 Vgl. Steuersenkungsgesetz (StSenkG) v. 23.10.2000, BGBl 2000 I 1433.
8 Vgl. Unternehmensteuerfortentwicklungsgesetz (UntStFG) v. 20.12.2001, BGBl 2001 I 3858.

Mit der Einführung des § 6 Abs. 6 EStG durch das StEntlG 1999 wurde erstmalig die Bewertung von im Wege des Tauschs erworbenen Wirtschaftsgütern gesetzlich geregelt. Die bis dahin im Einzelfall mögliche Buchwertfortführung wurde durch eine grundsätzliche Bewertung mit dem gemeinen Wert und damit durch eine Gewinnrealisierung ersetzt. Durch das UntStFG wurde der Vorrang des § 6 Abs. 5 EStG vor Abs. 6 geklärt (§ 6 Abs. 6 Satz 4 EStG).

Mit der Anfügung des § 6 Abs. 7 EStG durch das StEntlG 1999 wurde die zuvor in § 7 Abs. 3 EStDV a. F. enthaltene Regelung zur Bemessung der Abschreibungen bei Gewinnermittlung durch Einnahmen-Überschussrechnung (§ 4 Abs. 3 EStG) inhaltlich unverändert übernommen.

8   (Einstweilen frei)

III. Geltungsbereich

9   § 6 EStG ist sowohl bei **unbeschränkt als auch bei beschränkt Einkommensteuerpflichtigen**[1] – und durch die Verweise des § 8 Abs. 1 KStG und § 7 GewStG auch bei **Körperschaft- und Gewerbesteuersubjekten** – anzuwenden.[2] Da §§ 4 bis 7k EStG die Gewinnermittlung zum Inhalt haben, erstreckt sich § 6 EStG in erster Linie auf die Bewertung im Rahmen der Gewinneinkunftsarten. Hierbei findet § 6 EStG insbesondere auf **Wirtschaftsgüter des Betriebsvermögens** beim Betriebsvermögensvergleich (§ 4 Abs. 1, §§ 5, 13a EStG) Anwendung. Die Bewertung ist für alle Wirtschaftsgüter des Betriebsvermögens vorzunehmen, somit auch in dem Fall, dass entsprechende Aufwendungen (beispielsweise auch AfA) den Gewinn nicht mindern dürfen, z. B. im Rahmen des § 4 Abs. 5 EStG; in diesem Fall ist der entsprechende Aufwand außerbilanziell hinzuzurechnen.[3] Da § 6 EStG nach dessen Wortlaut die Bewertung von Wirtschaftsgütern beinhaltet, kann eine Bewertung von Rechnungsabgrenzungsposten nicht nach § 6 EStG erfolgen; somit ist insbesondere keine Teilwertabschreibung von aktiven RAP möglich.[4]

10 Bei der **Einnahmenüberschussrechnung** (§ 4 Abs. 3 EStG) erfolgt die Bewertung auf der Grundlage des § 6 EStG in dem Rahmen, den § 6 Abs. 7 EStG vorgibt (s. → Rz. 405 ff.). Bei Überschusseinkunftsarten ist nur § 6 Abs. 2 Satz 1 bis 3 EStG heranzuziehen.[5]

11 Der **persönliche Geltungsbereich** der Abs. 3 bis 7 erstreckt sich auf unbeschränkt und beschränkt steuerpflichtige natürliche Personen sowie auf Kapitalgesellschaften, die Mitunternehmer von Personengesellschaften sind.[6] Für Kapitalgesellschaften sind die Ausnahmen des § 6 Abs. 3 Satz 1 2. Halbsatz EStG sowie § 6 Abs. 5 Satz 5 und 6 EStG zu beachten.

In **sachlicher** Hinsicht gelten die Abs. 3 bis 7 sowohl für die Gewinnermittlung durch Betriebsvermögensvergleich (§ 4 Abs. 1, § 5 Abs. 1 EStG) als auch für die Einnahmenüberschussrechnung (§ 4 Abs. 3 EStG). Die Bewertung von Überführungen und Übertragungen von betrieblichen Wirtschaftsgütern werden geregelt, zum Teil im aufnehmenden und abgebenden Betriebsvermögen (Abs. 3 und 5), zum Teil nur auf Seiten des aufnehmenden Betriebsvermögens (Abs. 4, Abs. 6 Satz 1 und Abs. 7) und zum Teil nur auf Seiten des abgebenden Betriebsver-

---

1 Vgl. etwa für die Ermittlung des Betriebsstättengewinns BMF v. 24. 12. 1999, BStBl 1999 I 1076, Tz. 1.1.3.1a.
2 Vgl. für den Verweis des § 7 GewStG bspw. BFH v. 14. 4. 2011 - IV R 52/09, BStBl 2011 II 929.
3 Vgl. BFH v. 8. 10. 1987 - IV R 5/85, BStBl 1977 II 853, Tz. I.3b; am Beispiel des § 1 AStG vgl. Teschke/Langkau/Sundheimer, DStR 2011, 2021.
4 Vgl. hinsichtlich der Nichtanwendbarkeit des § 6 EStG BFH v. 31. 5. 1967 - I 208/63, BStBl 1967 III 607.
5 Siehe § 9 Abs. 1 Satz 3 Nr. 7 Satz 2 EStG.
6 Vgl. BFH v. 31. 7. 2013 - I R 44/12, BStBl 2015 II 450.

Allgemeine Erläuterungen

mögens (Abs. 6 Satz 2). Auf Wirtschaftsgüter des Privatvermögens sind die Vorschriften nicht anwendbar.[1]

(Einstweilen frei) 12

IV. Vereinbarkeit mit höherrangigem Recht

§ 6 Abs. 5 EStG setzt für die Buchwertfortführung bei Überführungen und Übertragungen von einzelnen Wirtschaftsgütern voraus, dass die Besteuerung der im Überführungszeitpunkt vorhandenen stillen Reserven im Inland gesichert ist. Durch § 6 Abs. 5 Satz 1 letzter Halbsatz EStG wird mit der entsprechenden Anwendung des § 4 Abs. 1 Satz 4 EStG klargestellt, dass eine Besteuerung der stillen Reserven dann nicht sichergestellt ist, wenn ein bisher einer inländischen Betriebsstätte des Steuerpflichtigen zuzuordnendes Wirtschaftsgut einer ausländisches Betriebsstätte zuzuordnen ist. Damit ist eine Buchwertfortführung insbesondere bei Überführungen in eine ausländische Betriebsstätte sowie bei grenzüberschreitenden Einbringungen nicht möglich.[2] Bei Überführungen in das EU-Ausland bestehen gegen § 6 Abs. 5 EStG dieselben **unionsrechtlichen Bedenken** hinsichtlich einer **Verletzung der Niederlassungsfreiheit** und der **Dienstleistungsfreiheit**, die sich auch aus der Regelung des § 4 Abs. 1 Satz 4 EStG ergeben. Darüber hinaus fordert die Finanzverwaltung, dass auch die ab dem Überführungszeitpunkt in der Zukunft noch entstehenden stillen Reserven der deutschen Besteuerung nicht entgehen dürfen.[3] Dies ist nicht vom Sinn und Zweck der Vorschrift gedeckt und löst weitergehende unionsrechtliche Bedenken aus.[4] 13

Zudem ist die Buchwertübertragung von einzelnen Wirtschaftsgütern gem. § 6 Abs. 5 Satz 3 EStG dem Verdacht ausgesetzt, in gleichheitswidriger Weise Schwesterpersonengesellschaften von dieser Begünstigung auszuschließen und damit **gegen Art. 3 GG** zu verstoßen (vgl. dazu ausführlich → Rz. 366). Nach der stark am Gesetzeswortlaut orientierten Rechtsprechung des I. Senats des BFH wird eine Anwendbarkeit des § 6 Abs. 5 Satz 3 EStG auf Übertragungen zwischen Schwesterpersonengesellschaften verneint.[5] Diese Auffassung vertritt auch die Finanzverwaltung.[6] Dagegen bejaht der eher am Normzweck orientierte IV. Senat des BFH die Anwendbarkeit der Buchwertfortführung nach § 6 Abs. 5 Satz 3 EStG.[7] Der I. Senat des BFH sieht in der Versagung der Buchwertübertragung zwischen Schwesterpersonengesellschaften einen nach Art. 3 GG gleichheitswidrigen Begünstigungsausschluss. Durch die Vorlage an das BVerfG[8] soll dieser mögliche Grundrechtsverstoß abgeklärt werden.[9] 14

(Einstweilen frei) 15

---

1 Vgl. *Kulosa* in Schmidt, § 6 EStG Rz. 645; a. A. BFH v. 6. 4. 2009 - IX B 204/08, BFH/NV 2009, 1262, zu § 17 Abs. 2 = NWB DokID: OAAAD-23340.
2 Vgl. *Mitschke*, Ubg 2011, 332; vgl. *Heurung/Bresgen*, GmbHR 2014, 192.
3 Vgl. BMF v. 8. 12. 2011, BStBl 2011 I 1279, Tz. 7.
4 Vgl. *Fischer*, JbFfSt 2012/2013, 432; zur möglichen Unvereinbarkeit mit Unionsrecht s. *Prinz*, GmbHR 2012, 198.
5 Vgl. BFH v. 25. 11. 2009 - I R 72/08, BStBl 2010 II 471; BFH v. 10. 4. 2013 - I R 80/12, BStBl 2013 II 1004 (Vorlagebeschluss); BFH v. 31. 7. 2013 - I R 44/12, BStBl 2015 II 450, m. w. N. zum Meinungsstand; BFH v. 4. 9. 2014 - IV R 44/13, BFH/NV 2015, 209 = NWB DokID: JAAAE-81774.
6 Vgl. BMF v. 8. 12. 2011, BStBl 2011 I 1279, Tz. 18; vgl. BMF v. 29. 10. 2010, BStBl 2010 I 1206.
7 Vgl. BFH v. 15. 4. 2010 - IV B 105/09, BStBl 2010 II 971 (AdV-Beschluss); FG Niedersachsen v. 31. 5. 2012 - 1 K/271/10, EFG 2012, 2106; BFH v. 27. 12. 2013 - IV R 28/12, BFH/NV 2014, 535 = NWB DokID: HAAAE-54608; BFH v. 10. 4. 2013 - I R 80/12, BStBl 2013 I 1004.
8 Vgl. BFH v. 10. 4. 2013 - I R 80/12, BStBl 2013 II 1004 (Vorlagebeschluss), Az. des BVerfG 2 BvL 8/13.
9 Bis zur Entscheidung des BVerfG ausgesetzt worden ist FG Niedersachsen v. 31. 5. 2012 - 1 K/271/10, EFG 2012, 2106; BFH v. 27. 12. 2013 - IV R 28/12, BFH/NV 2014, 535 = NWB DokID: HAAAE-54608.

V. Verhältnis zu anderen Vorschriften

16 Im **Handels- und Steuerrecht** bestehen teilweise voneinander abweichende Bewertungsvorschriften.[1] Dies ist auch darin ursächlich, dass im Steuerrecht dem Leistungsfähigkeitsprinzip, welches aus dem Gleichheitssatz des Art. 3 Abs. 1 GG hergeleitet wird, systemtragende Bedeutung zukommt.[2] Dem Handelsrecht ist demgegenüber der Leistungsfähigkeitsgedanke fremd.[3]

17 Eine Verknüpfung von Handels- und Steuerrecht besteht im Rahmen des **Maßgeblichkeitsgrundsatzes** (§ 5 Abs. 1 Satz 1 EStG). Dieser gibt vor, dass bilanzierende Gewerbetreibende grundsätzlich für den Schluss des Wirtschaftsjahrs das Betriebsvermögen anzusetzen haben, das nach den handelsrechtlichen Grundsätzen ordnungsmäßiger Buchführung auszuweisen ist.[4] Der handelsrechtliche Ansatz – dem Grunde und der Höhe nach – ist zu übernehmen, falls nicht steuerlich ein abweichender Ansatz vorgeschrieben ist oder ein entsprechendes Wahlrecht besteht. Im Rahmen der Bewertung enthält § 6 EStG abweichende Regelungen vom Handelsrecht, die nach dem Bewertungsvorbehalt des § 5 Abs. 6 EStG losgelöst von handelsrechtlichen Regelungen anzuwenden sind;[5] im Falle einer Abweichung von der Handelsbilanz sind die aufgrund des Bewertungsvorbehalts abweichend zu bewertenden Wirtschaftsgüter gem. § 5 Abs. 1 Satz 2 EStG in laufend zu führenden Verzeichnissen aufzunehmen.

18 Da § 6 EStG sich lediglich mit Bewertungsfragen befasst, kann der Ansatz eines Wirtschaftsguts nicht mit § 6 EStG begründet werden. Vielmehr muss der Anwendung des § 6 EStG die Prüfung des Ansatzes dem Grunde nach (§§ 4, 5 EStG) vorgeschaltet werden. Nur wenn demnach ein Ansatz in der Bilanz erfolgt, kommt es in einem zweiten Schritt zur Anwendung der Bewertungsregelungen. Bei einem **Aktivierungsverbot**,[6] bei dem Steuerpflichtigen nicht zuzurechnenden Wirtschaftsgütern oder bei kurzlebigen Wirtschaftsgütern[7] stellt sich somit die Frage der Bewertung nicht.

19 Innerhalb des § 6 EStG kann eine Hierarchie dahingehend erkannt werden, dass § 6 Abs. 1 EStG als Grundregel hinter die Abs. 2 bis 7 zurücktritt (lex specialis).[8] Des Weiteren sind die Regelungen der **§§ 6a,[9] 6b, 6c, 16, 17 EStG als speziellere Regelungen** gegenüber dem § 6 EStG vorrangig; § 6 EStG geht jedoch den Regelungen des BewG (§§ 2 bis 16 BewG) vor.[10] Im Verhältnis zu **§§ 7 ff. EStG** stellt sich die Problematik eines Rangverhältnisses grundsätzlich nicht, vielmehr ergänzen diese die Grundregel des § 6 Abs. 1 EStG hinsichtlich der AfA.

20 Das Verhältnis der Begünstigungsregelungen der § 6 Abs. 3 bis 7 EStG untereinander sowie zu § 24 UmwStG ist teilweise strittig.

§ 6 Abs. 3 EStG geht als lex specialis Abs. 5 Satz 3 grundsätzlich vor, wenn ein Betrieb, Teilbetrieb oder Mitunternehmeranteil unentgeltlich übertragen wird. Satz 3 und 5 können aber

---

1 Vgl. für Abweichungen zwischen Handels- und Steuerrecht Ertel/Rosnitschek/Schanz, DStR 2017, 2068.
2 Vgl. etwa *Hey* in Tipke/Lang, Steuerrecht, 68 ff.
3 Vgl. *Bode* in FS Kirchhof, Band I, 1879; hinsichtlich einer Einschränkung des Vorsichtsprinzips im Steuerrecht *Tiedchen* in Münchener Kommentar zum Bilanzrecht, § 252 HGB Rz. 50.
4 Vgl. auch für eine Darstellung der Historie des Maßgeblichkeitsgrundsatzes *Schulze-Osterloh*, DStR 2011, 534; für einen Vergleich auch mit anderen europäischen Ländern *Dziadkowski*, IStR 2007, 361; für die herausgehobene Bedeutung des Maßgeblichkeitsgrundsatzes *Wehrheim/Fross*, DStR 2010, 1348.
5 Vgl. zum Bewertungsvorbehalt *Förschle/Kropp* in Budde/Förschle/Winkeljohann, Sonderbilanzen, Kapitel B, Rz. 172.
6 BFH v. 26.10.1987 - GrS 2/86, BStBl 1988 II 348.
7 Vgl. zu dieser Problematik *Mössner*, StBp 1993, 88 ff.; BFH v. 26.8.1993 - IV R 127/91, BStBl 1994 II 232.
8 *Hoffmann* in Littmann/Bitz/Hellwig, § 6 EStG Rz. 26.
9 Vgl. BFH v. 25.5.1988 - I R 10/84, BStBl 1988 II 720.
10 *Hoffmann* in Littmann/Bitz/Hellwig, § 6 EStG Rz. 27.

auch nebeneinander anwendbar sein, wenn zeitgleich mit der unentgeltlichen Übertragung eines Mitunternehmeranteils nach Abs. 3 Wirtschaftsgüter gem. Abs. 5 zum Buchwert ausgegliedert werden.[1] Werden einzelne Wirtschaftsgüter des Sonderbetriebsvermögens in Zusammenhang mit der Übertragung des Mitunternehmeranteils über- oder unterquotal übertragen, gilt § 6 Abs. 3 Satz 2 EStG.[2] Da § 6 Abs. 3 EStG Unentgeltlichkeit voraussetzt, kommt im Fall des Tauschs § 6 Abs. 6 EStG zur Anwendung. Das gilt nach § 6 Abs. 6 Satz 2 EStG ebenso im Fall der verdeckten Einlage. Zum Verhältnis des § 6 Abs. 3 EStG zu § 5a EStG vgl. FG Hamburg v. 19.12.2017.[3]

§ 6 Abs. 4 EStG geht als speziellere Norm Abs. 3 vor. Gegenüber § 6 Abs. 5 Satz 3 EStG ist Abs. 4 dagegen nachrangig.[4]

§ 6 Abs. 5 EStG geht als lex specialis der Entnahmevorschrift des § 6 Abs. 1 Nr. 4 Satz 1 EStG vor, soweit für die unentgeltliche Übertragung eine Bewertung mit dem Buchwert angeordnet ist.[5] Gleiches gilt für die Einlage in Bezug auf § 6 Abs. 1 Nr. 5 EStG. Im Verhältnis zu § 6 Abs. 3 EStG tritt Abs. 5 bei der unentgeltlichen Übertragung von Betrieben, Teilbetrieben und Mitunternehmeranteilen hinter Abs. 3 zurück.[6] Bei der Übertragung einzelner Wirtschaftsgüter gilt § 6 Abs. 5 EStG, ggf. neben der Anwendung des § 6 Abs. 3 EStG (→ Rz. 314). Nach der Rechtsprechung des BFH stehen Abs. 3 und Abs. 5 gleichberechtigt nebeneinander.[7] Der von der Finanzverwaltung konstatierte Vorrang des § 6 Abs. 5 EStG findet keinen Rückhalt im Wortlaut der Normen.

Die Vorschriften über Tausch und verdeckte Einlage nach § 6 Abs. 6 EStG sind gegenüber § 6 Abs. 5 Satz 3 EStG ausdrücklich nachrangig (§ 6 Abs. 6 Satz 4 EStG).

Eine **Realteilung nach § 16 Abs. 3 Satz 2 EStG** setzte nach bisherigem Rechtsverständnis voraus, dass die bisherige Mitunternehmerschaft unter Fortführung zumindest eines Teilbetriebs durch einen Mitunternehmer beendet wird. Nach der neueren Rechtsprechung gelangen die Realteilungsgrundsätze auch zur Anwendung, wenn die Gesellschaft zwischen den verbleibenden Gesellschaftern fortgesetzt wird.[8] Da auch § 6 Abs. 3 und Abs. 5 EStG von der Fortführung der bisherigen Mitunternehmerschaft ausgehen, kann sich ein überschneidender Anwendungsbereich ergeben, soweit bei der Realteilung einzelne Wirtschaftsgüter übertragen werden. Bei einer Realteilung mit unschädlicher Übertragung von Einzelwirtschaftsgütern und Verbindlichkeiten ist § 16 EStG vorrangig.[9]

Eine Buchwertfortführung bei Übertragung nach § 6 Abs. 3 EStG schließt eine Begünstigung der anschließenden Veräußerung der Mitunternehmeranteile nach **§ 16 Abs. 4, § 34 EStG** dann

---

1 Vgl. BFH v. 2.8.2012 - IV R 41/11, EFG 2011, 2142; zum Nichtanwendungserlass vgl. BMF v. 12.9.2013, BStBl 2013 I 1164.
2 Vgl. BMF v. 3.3.2005, BStBl 2005 I 458, Tz. 10 ff.
3 Vgl. FG Hamburg v. 19.12.2017 - 2 K 277/16, EFG 2018, 655 = NWB DokID: SAAAG-77469; anhängig beim BFH: IV R 4/18.
4 Vgl. *Kulosa* in Schmidt, § 6 EStG Rz. 710.
5 Vgl. BFH v. 19.9.2012 - IV R 11/12, BFH/NV 2012, 1880 = NWB DokID: TAAAE-19330; BFH v. 10.4.2013 - I R 80/12, BStBl 2013 II 1004.
6 Vgl. BMF v. 8.11.2011, BStBl 2011 I 1279, Tz. 36.
7 Vgl. BFH v. 2.8.2012 - IV R 41/11, NWB DokID: TAAAE-19933.
8 Vgl. BFH v. 17.9.2015 - III R 49/13, BFH/NV 2016, 624 = NWB DokID: WAAAF-66770.
9 Vgl. BFH 16.3.2017 - IV R 31/14, BFH/NV 2017, 1093 = NWB DokID: FAAAG-48085; *Hubert*, Sonderfragen der Realteilung im Jahre 2017, StuB 2017, 305.

aus, wenn von einem Gesamtplan auszugehen ist.[1] Dagegen ist neben der Buchwertübertragung nach § 6 Abs. 3 die Begünstigung der Veräußerungsgewinne nach § 16 Abs. 4 und/ oder § 34 EStG möglich, wenn betriebliche Einheiten vor oder zeitgleich veräußert werden, die eigenständig für eine Begünstigung nach § 34 Abs. 2 EStG qualifizieren.[2]

§ 50i Abs. 2 Satz 2 EStG schließt die Buchwertfortführung nach § 6 Abs. 3 und Abs. 5 EStG aus, wenn die Sachgesamtheit Wirtschaftsgüter oder Anteile i. S. d. § 50i Abs. 1 EStG enthält oder Anteile nach § 6 Abs. 5 EStG übertragen werden.[3]

§ 8b KStG tritt gegenüber **§ 6 Abs. 5 Satz 3 EStG** zurück. Bringt eine Kapitalgesellschaft Anteile an einer anderen Kapitalgesellschaft in eine Mitunternehmerschaft ein, ist ausschließlich die Buchwertfortführung nach Satz 3 anzuwenden. Soweit sich allerdings die Beteiligung einer anderen Kapitalgesellschaft an dem eingebrachten Wirtschaftsgut erhöht und damit grundsätzlich der Teilwert gem. § 6 Abs. 5 Satz 4 EStG anzusetzen ist, kann auf den realisierten Gewinn § 8b Abs. 2 Satz 1, 6 KStG mit der Konsequenz der weitgehenden Steuerfreiheit anzuwenden sein.

§ 24 UmwStG, der die Einbringung von Betrieben, Teilbetrieben und Mitunternehmeranteilen (d. h. nicht einzelner Wirtschaftsgüter) in eine Mitunternehmerschaft regelt, hat als speziellere Vorschrift grundsätzlich Vorrang gegenüber § 6 Abs. 3 EStG, sofern eine Einlage durch den eintretenden Gesellschafter geleistet wird.[4] Ohne eine derartige Einlage wird die Mitunternehmerstellung unentgeltlich erlangt, so dass ausschließlich § 6 Abs. 3 EStG anwendbar ist. § 24 UmwStG und § 6 Abs. 3 EStG können auch nebeneinander zur Anwendung kommen, wenn ein Steuerpflichtiger einen Betrieb in eine Mitunternehmerschaft einbringt und zugleich Dritten unentgeltlich Mitunternehmeranteile zuwendet.[5] § 6 Abs. 5 Satz 3 EStG weist wegen der Übertragung einzelner Wirtschaftsgüter grundsätzlich keinen Überschneidungsbereich mit § 24 UmwStG auf. Wenn aber ein Dritter gegen Einlage eines Wirtschaftsguts i. S. d. § 6 Abs. 5 Satz 3 EStG in eine Mitunternehmerschaft eintritt, wird für die Altgesellschafter nach h. M. § 24 UmwStG angewendet, indem die bisherigen Mitunternehmeranteile in eine neue (erweiterte) Mitunternehmerschaft eingebracht werden.[6] § 24 UmwStG sieht im Gegensatz zu § 6 Abs. 5 Satz 4 bis 5 EStG weder Haltefristen noch eine Körperschaftsklausel vor.

§ 4 Abs. 1 Satz 3 EStG ist vorrangig vor § 6 Abs. 3 bis 5 EStG und schließt damit die Begünstigungsregelungen der Abs. 3 bis 5 EStG selbst dann grundsätzlich aus, wenn die Bedingung, dass die Besteuerung der stillen Reserven sichergestellt ist, nicht explizit Bestandteil der Begünstigungsnorm ist.

21–25 *(Einstweilen frei)*

---

1 Vgl. BFH v. 9. 12. 2014 - IV R 36/13 BStBl 2015 II 529.
2 Vgl. BFH v. 28. 5. 2015 - IV R 26/12, BStBl 2015 II 797.
3 Vgl. BMF v. 5.1.2017, BStBl 2017 I 32.
4 Vgl. *Kulosa* in Schmidt, § 6 EStG Rz. 658.
5 Vgl. BFH v. 18. 9. 2013 - X R 42/10, BFH/NV 2013, 2006 = NWB DokID: IAAAE-47925.
6 Vgl. *HHR*, § 6 EStG Rz. 1460; *Mayer*, DStR 2003, 1553.

VI. Erläuterung der Wertmaßstäbe

1. Anschaffungskosten

Im Rahmen des § 6 EStG wird auf den Anschaffungs- und Herstellungskostenbegriff Bezug genommen, ohne dass diese im Steuerrecht konkretisiert werden. Durch das Maßgeblichkeitsprinzip finden daher die diesbezüglichen Begrifflichkeiten der § 255 Abs. 1, 2 HGB auch im Steuerrecht Anwendung. Der Ansatz zu Anschaffungs- und Herstellungskosten soll somit die grundsätzliche Erfolgsneutralität des Anschaffungs- und Herstellungsvorgangs gewährleisten,[1] so dass eine Erfolgsauswirkung grundsätzlich nicht bei Anschaffung bzw. Herstellung, sondern erst insbesondere durch AfA, Teilwertabschreibungen und bei einem Realisationsakt vorliegt.

Anschaffungskosten sind gem. § 255 Abs. 1 HGB Aufwendungen, die geleistet werden, um einen Vermögensgegenstand zu erwerben und in einen betriebsbereiten Zustand zu versetzen; hierzu gehören auch Anschaffungsnebenkosten, soweit sie dem Vermögensgegenstand einzeln zugeordnet werden können. Anschaffungspreisminderungen gehören nicht zu den Anschaffungskosten.[2] Bei Gebäuden ist die Regelung des § 6 Abs. 1 Nr. 1a EStG zu den anschaffungsnahen Herstellungskosten zu beachten (s. → Rz. 68).

Ausgewählte Fallkonstellationen:

- Im Fall von **Ablösezahlungen im Profifußball** sind nach Auffassung von Finanzverwaltung und Rechtsprechung Zahlungen an den abgebenden Verein grundsätzlich aktivierungspflichtige Anschaffungskosten; das gilt nicht für Provisionen, die für Spieler gezahlt werden, die ablösefrei wechseln.[3]

- Bei Vorliegen einer Anschaffung, bei der die Gegenleistung in **ausländischer Währung** erbracht wurde, ist der Wechselkurs im Anschaffungszeitpunkt maßgebend.[4]

- Ein **Rabatt** mindert grundsätzlich die Anschaffungskosten. Ein derartiger Rabatt kann einerseits vom Verkäufer, andererseits auch von einem Agenten, der einen Preisnachlass im Hinblick auf seine Provision gewährt, vorliegen.[5]

- Zu den **Anschaffungskosten von Grund und Boden** gehören beispielsweise Erdarbeiten, Erschließungsbeiträge, Straßenanliegerbeiträge, Hausanschlusskosten und Kosten für eine Zwangsräumung.[6]

- Beim Erwerb eines Grundstücks im Rahmen eines Zwangsversteigerungsverfahrens gehört nicht nur das Gebot und die dazugehörigen Kosten zu den Anschaffungskosten, sondern auch die gem. § 91 des Zwangsversteigerungsgesetzes erloschenen nachrangigen eigenen Grundpfandrechte des Gläubigers, soweit sie nicht ausgeboten sind, wenn ihr Wert durch den Verkehrswert des ersteigerten Grundstücks gedeckt ist.[7]

---

1 Vgl. *Scheffler*, Besteuerung von Unternehmen II, 144; *Roser*, DStR 2015, 724.
2 Vgl. zum Begriff der Anschaffung *Wichmann*, DB 2016, 2493; zu den Anschaffungskosten *Meyering*, StuW 2009, 42 ff.; am Beispiel von Photovoltaikanlagen *Schöpflin/Schönwald*, NWB 2015, 859.
3 Vgl. H 6.2 „Ablösezahlungen im Profifußball" EStH; BFH v. 14.12.2011 - I R 108/10, BStBl 2012 II 238; *Teschke/Knipping/Sundheimer*, DB 2012, M 10.
4 Vgl. BFH v. 16.12.1977 - III R 92/75, BStBl 1978 II 233.
5 Vgl. BFH v. 22.4.1988 - III R 54/83, BStBl 1988 II 901.
6 Vgl. H 6.4 „Anschaffungskosten des Grund und Bodens" EStH.
7 Vgl. H 6.2 „Zwangsversteigerung" EStH.

► Bei **Investitionszuschüssen** im Rahmen des Betriebs besteht ein Wahlrecht:[1] Der Steuerpflichtige kann die Zuschüsse als Betriebseinnahmen erfassen; Auswirkungen auf die Abschreibungen des Wirtschaftsguts ergeben sich in diesem Fall nicht. Alternativ kann der Zuschuss erfolgsneutral behandelt werden; die Anschaffungskosten und die AfA-Bemessungsgrundlage sind in diesem Fall um den Zuschuss zu verringern.[2] Für den Fall, dass die Bewertung von der Handelsbilanz abweicht, ist das Wirtschaftsgut in ein besonderes, laufend zu führendes Verzeichnis aufzunehmen (§ 5 Abs. 1 Satz 2 EStG). Voraussetzung für dieses Wahlrecht ist das Vorliegen eines Zuschusses; diesen knüpft die Finanzverwaltung an die Bedingung, dass der Zuschussgeber die Zuwendung auch in seinem eigenen Interesse durchführt und grundsätzlich kein unmittelbarer wirtschaftlicher Zusammenhang mit einer Leistung des Zuschussempfängers vorliegt; anderenfalls liegt kein Zuschuss vor.[3] Bei nachträglich gewährten Zuschüssen, die erfolgsneutral behandelt werden sollen, sind nachträglich die Anschaffungs- oder Herstellungskosten zu mindern.[4] Für den Fall eines im Voraus – vor Anschaffung oder Herstellung eines Wirtschaftsguts – gewährten Zuschusses kann eine steuerfreie Rücklage gebildet werden, die bei Anschaffung oder Herstellung auf das entsprechende Wirtschaftsgut übertragen werden muss.[5]

28–33 *(Einstweilen frei)*

2. Herstellungskosten

34 Im Fall der Herstellung[6] findet grundsätzlich der Herstellungskostenbegriff nach § 255 Abs. 2 HGB Anwendung.[7]

35 Gemäß § 255 Abs. 2 Satz 1 HGB sind **Herstellungskosten** Aufwendungen, die durch den Verbrauch von Gütern und die Inanspruchnahme von Diensten für die Herstellung eines Vermögensgegenstands, seine Erweiterung oder für eine über seinen ursprünglichen Zustand hinausgehende wesentliche Verbesserung entstehen. Einzubeziehen sind **Material- und Fertigungseinzelkosten,** sowie Material- und Fertigungsgemeinkosten, Sonderkosten der Fertigung sowie der durch die Herstellung des Wirtschaftsguts veranlasste Wertverzehr des Anlagevermögens.[8] Beispiele für Material- und Fertigungsgemeinkosten sind Kosten für Lagerhaltung, Transport und Prüfung des Fertigungsmaterials, Vorbereitung und Kontrolle der Fertigung, Werkzeuglager, Betriebsleitung, Räume und Sachversicherungen.[9]

36 Für Kosten der **allgemeinen Verwaltung,** der angemessenen Aufwendungen für soziale Einrichtungen des Betriebs, für freiwillige soziale Leistungen und für die betriebliche Altersversorgung besteht im Handelsrecht ein **Wahlrecht** (§ 255 Abs. 2 Satz 3 HGB). Die Kosten der all-

---

[1] Vgl. hierzu *Broemel/Endert*, BBK 2014, 655; für Buchungssätze *Köhler*, BBK 2014, 661.
[2] Vgl. R 6.5 Abs. 2 EStR; *Zwirner/Künkele*, BC 2011, 461; BFH v. 26. 11. 1996 - VIII R 58/93, BStBl 1997 II 390.
[3] Vgl. R 6.5 Abs. 2 EStR.
[4] Vgl. R 6.5 Abs. 3 EStR.
[5] Vgl. R 6.5 Abs. 4 EStR.
[6] Vgl. zum Begriff der Herstellung *Winnefeld*, Bilanz-Handbuch, Kapitel E, Rz. 740; bzgl. des Herstellungsbegriffs bei pharmazeutischer Forschung und Entwicklung *Schmidt*, DStR 2010, 544; zur Abgrenzung zum Anschaffungskostenbegriff *Schmidt*, NWB DokID: HAAAB-05670.
[7] Vgl. für eine Darstellung des Herstellungskostenbegriffs auch hinsichtlich eines Vergleichs mit früheren Regelungen *Küting*, DStR 2009, 288 ff.; zur Ermittlung der Herstellungskosten von selbstgeschaffenen Vermögensgegenständen *Küting/Ellmann*, DStR 2010, 1300 ff.
[8] Vgl. R 6.3 Abs. 1 EStR; zum Herstellungskostenbegriff *Tiedchen*, in Münchener Kommentar zum Bilanzrecht, § 255 HGB Rz. 82 ff.
[9] Vgl. R 6.3 Abs. 2 EStR; *Schoor*, StuB 2015, 1865.

gemeinen Verwaltung beinhalten z. B. Kosten für Geschäftsleitung, Einkauf, Wareneingang, Betriebsrat, Personalbüro, Nachrichtenwesen, Ausbildungswesen, Rechnungswesen, Feuerwehr und Werkschutz;[1] zu den Aufwendungen für soziale Einrichtungen zählen z. B. Aufwendungen für die Kantine.[2] Freiwillige soziale Leistungen sind nicht arbeitsvertraglich oder tarifvertraglich geregelte Leistungen, z. B. Wohnungsbeihilfen, Jubiläumsgeschenke und Weihnachtszuwendungen.[3] Das Wahlrecht gilt durch die Einführung des § 6 Abs. 1 Nr. 1b EStG (s. → Rz. 96) auch für das Steuerrecht und ist in Übereinstimmung mit dem Handelsrecht auszuüben.[4]

Fremdkapitalzinsen dürfen grundsätzlich nicht aktiviert werden (§ 255 Abs. 3 Satz 1 HGB). Für den Fall der sog. Bauzeitzinsen[5] sieht das Handelsrecht ein Wahlrecht nach § 255 Abs. 3 Satz 2 HGB vor, welches auch im Steuerrecht Anwendung findet (vgl. R 6.3 Abs. 4 EStR); für den Fall, dass die Bauzeitzinsen handelsrechtlich als Herstellungskosten angesetzt wurden, ist nach Auffassung der Finanzverwaltung auch ein steuerlicher Ansatz erforderlich.[6] 37

Kalkulatorische Kosten, etwa Zinsen für Eigenkapital, gehören nicht zu den Herstellungskosten;[7] aus dem objektiven Nettoprinzip folgt, dass diese auch nicht als Betriebsausgaben oder Werbungskosten abgezogen werden dürfen, da die wirtschaftliche Leistungsfähigkeit hierdurch nicht vermindert wird. 38

(Einstweilen frei) 39–45

3. Teilwert

Der Teilwertbegriff wird gleichlautend in § 6 Abs. 1 Nr. 1 Satz 3 EStG und § 10 BewG definiert. Demnach ist der **Teilwert** der Betrag, den ein Erwerber des ganzen Betriebs im Rahmen des Gesamtkaufpreises für das einzelne Wirtschaftsgut ansetzen würde, wobei davon auszugehen ist, dass der Erwerber den Betrieb fortführt. Der Teilwertbegrifflichkeit liegt der Gedanke zugrunde, dass das einzelne Wirtschaftsgut als Teil des Betriebs einen Wert zum gesamten Betrieb beisteuert. Das Bild des gedachten Erwerbers soll die Objektivität einer von außen auf den Betrieb schauenden Person verdeutlichen.[8] Die Teilwertbewertung soll somit insbesondere unabhängig von den Kenntnissen und Fertigkeiten des Betriebsinhabers erfolgen;[9] der Teilwert wird i. d. R. durch Schätzung ermittelt werden müssen.[10] 46

Für den Fall, dass Wirtschaftsgüter problemlos wiederbeschaffbar sind, müsste der Teilwert aus konzeptioneller Sicht dem Wiederbeschaffungswert entsprechen, weil ein Erwerber des gesamten Betriebs nicht bereit wäre, für ein derartiges Wirtschaftsgut einen diesen übersteigenden Preis zu bezahlen.[11] Für den Fall, dass die mit dem Wirtschaftsgut verbundenen Rück- 47

---

1 Vgl. R 6.3 Abs. 3 Satz 1 EStR.
2 Vgl. R 6.3 Abs. 3 Satz 2 EStR.
3 Vgl. R.6 Abs. 3 Satz 3 EStR.
4 Vgl. für eine Kritik an der früheren Auffassung der Finanzverwaltung, die eine diesbezügliche Aktivierungspflicht vorsah *Günkel/Teschke*, Ubg 2010, 401; *Kaminski*, DStR 2010, 1395.
5 Zum Begriff der Bauzeitzinsen *Haupt*, DStR 2008, 1814.
6 Vgl. BMF v. 12. 3. 2010, BStBl 2010 I 239, unter I. 1. b; zur Kritik *Zwirner*, SteuK 2010, 271.
7 Vgl. H 6.3 „Kalkulatorische Kosten" EStH.
8 Vgl. BFH v. 6. 12. 1995 - I R 51/95, BStBl 1998 II 781, unter 2a; zur Kritik an der Teilwertidee *Schult/Richter*, DStR 1991, 1261 ff.
9 Vgl. H 6.7 „Teilwertbegriff" EStH.
10 Vgl. R 6.7 Satz 1 EStR; *Cremer*, NWB 2016, 13.
11 Vgl. zu diesem Gedanken BFH v. 19. 7. 1995 - I R 56/94, BStBl 1996 II 28, unter II. 5. c bb.

flüsse absehbar sind, etwa bei einem Leasinggut aus Sicht des Leasinggebers, würde ein möglicher Erwerber diese Rückflüsse bei der Bemessung des Kaufpreises berücksichtigen, so dass sie Eingang in die Teilwertbewertung finden müssten.[1]

48 Für die Ermittlung des niedrigeren Teilwerts hat die Finanzverwaltung auch unter Bezugnahme auf die Rechtsprechung folgende **Teilwertvermutungen** entwickelt:[2]

▶ Im Zeitpunkt des Erwerbs oder der Fertigstellung eines Wirtschaftsguts entspricht der Teilwert den Anschaffungs- oder Herstellungskosten;[3] dieser Grundsatz ist nicht ohne Weiteres anwendbar bei Erwerb eines Unternehmens oder Mitunternehmeranteils.[4]

▶ Bei nicht abnutzbaren Wirtschaftsgütern des Anlagevermögens entspricht der Teilwert auch zu späteren, dem Zeitpunkt der Anschaffung oder Herstellung nachfolgenden Bewertungsstichtagen den Anschaffungs- oder Herstellungskosten.[5]

▶ Bei abnutzbaren Wirtschaftsgütern des Anlagevermögens entspricht der Teilwert zu späteren, dem Zeitpunkt der Anschaffung oder Herstellung nachfolgenden Bewertungsstichtagen den um die lineare AfA verminderten Anschaffungs- oder Herstellungskosten.[6]

▶ Bei Wirtschaftsgütern des Umlaufvermögens entspricht der Teilwert grundsätzlich den Wiederbeschaffungskosten. Der Teilwert von zum Absatz bestimmten Waren hängt jedoch auch von dem voraussichtlichen Veräußerungserlös (Börsen- oder Marktpreis) ab.[7]

▶ Der Teilwert einer Beteiligung entspricht im Zeitpunkt ihres Erwerbs den Anschaffungskosten. Für ihren Wert sind nicht nur die Ertragslage und die Ertragsaussichten, sondern auch der Vermögenswert und die funktionale Bedeutung des Beteiligungsunternehmens, insbesondere im Rahmen einer Betriebsaufspaltung, maßgebend.[8]

49 Die Teilwertvermutungen sind **widerlegbar**, insbesondere wenn es sich um eine Fehlmaßnahme handelt oder der Marktwert des Wirtschaftsguts gesunken ist.[9]

50 Eine **Fehlmaßnahme** ist zu bejahen, wenn der wirtschaftliche Nutzen aus der Anschaffung oder Herstellung geringer als der im Rahmen des Erwerbs oder der Herstellung entstandene Aufwand ist und dementsprechend von einem gedachten Erwerber des gesamten Betriebs bei der Bemessung des Kaufpreises nicht honoriert würde.[10] Die Zahlung eines Überpreises alleine reicht für ein Widerlegen der Teilwertvermutungen nicht aus;[11] ebenso können „**bewusste Verlustprodukte**" bei rentablen Betrieben nicht ohne weitere Anhaltspunkte zu einer Teilwertabschreibung führen.[12] Zudem können hinsichtlich einer Teilwertermittlung Vorzugspreise einer Gemeinde, die diese Erwerbern vergleichbarer Grundstücke aus ansiedlungspolitischen

---

1 Vgl. zur retrograden Teilwertermittlung BFH v. 9.11.1994 - I R 68/92, BStBl 1995 II 336; für die Feststellung, dass der Teilwert zwischen Substanz- und Ertragswert wechseln kann *Beiser*, DStR 2002, 1777.
2 Siehe hierzu H 6.1 „Teilwertvermutungen" EStH.
3 BFH v. 13.4.1988 - I R 104/86, BStBl 1988 II 892.
4 BFH v. 6.7.1995 - IV R 104/86, BStBl 1985 II 831.
5 BFH v. 21.7.1982 - I R 177/77, BStBl 1982 II 758.
6 BFH v. 30.11.1988 - II R 237/83, BStBl 1989 II 183.
7 BFH v. 27.10.1983 - IV R 143/80, BStBl 1984 II 35.
8 BFH v. 6.11.2003 - IV R 10/01, BStBl 2004 II 416.
9 Vgl. *Schlotter* in Münchener Kommentar zum Bilanzrecht, § 253 HGB Rz. 22.
10 Vgl. BFH v. 20.5.1988 - III R 151/86, BStBl 1989 II 269.
11 Vgl. BFH v. 7.2.2002 - IV R 87/99, BStBl 2002 II 294; H 6.7 „Überpreis" EStH.
12 H 6.7 „Verlustprodukte" EStH; *Oblau*, BC 2014, 449.

Gründen gewährt, nur berücksichtigt werden, wenn hierdurch nachhaltig in das Marktgeschehen eingegriffen wird.[1]

Weicht der Steuerpflichtige von den Teilwertvermutungen ab, so muss er einen niedrigeren Teilwert und das Vorliegen einer voraussichtlich dauernden Wertminderung **nachweisen**.[2] Diese Nachweisführung seitens des Steuerpflichtigen ist anhand konkreter Tatsachen und Umstände möglich; etwa im Fall von Fehlmaßnahmen oder gesunkener Wiederbeschaffungskosten.[3]

51

Der Teilwert findet u. a. Anwendung als Korrekturwert im Falle des § 6 Abs. 1 Nr. 1 Satz 2 und Nr. 2 Satz 2 EStG bei einer voraussichtlich dauernden Wertminderung.[4] Diese liegt vor, wenn der Wert des Wirtschaftsguts voraussichtlich nachhaltig unter den maßgeblichen Buchwert sinkt.[5] Die Finanzverwaltung konkretisiert die voraussichtlich dauernde Wertminderung dergestalt, dass der Steuerpflichtige mit dieser am Bilanzstichtag aufgrund objektiver Anzeichen ernsthaft zu rechnen haben muss;[6] es müssen mehr Gründe für die Wertminderung als dagegen sprechen. Dies ist grundsätzlich der Fall, wenn der Wert des Wirtschaftsguts die um planmäßige AfA geminderten Anschaffungskosten/Herstellungskosten während eines erheblichen Teils der voraussichtlichen Verweildauer im Unternehmen nicht mehr erreichen wird.[7] Von Dauer sind grundsätzlich Wertminderungen, für die z. B. Katastrophen oder der technische Fortschritt ursächlich sind.[8] Die voraussichtlich dauernde Wertminderung ist bezogen auf die Eigenart der Wirtschaftsgüter zu beurteilen.[9]

52

Die Teilwertabschreibung ist **nur am Bilanzstichtag**, nicht jedoch zwischen zwei Bilanzstichtagen möglich.[10] Werterhellende Erkenntnisse, die vor dem Bilanzstichtag eingetreten sind und bis zur Aufstellung der Handelsbilanz bekannt werden, sind zu berücksichtigen, nicht jedoch Ereignisse, die nach dem Bilanzstichtag eingetreten sind.[11]

53

(Einstweilen frei) 54–59

---

1 Vgl. BFH v. 8. 9. 1994 - IV R 16/94, BStBl 1995 II 309.
2 Vgl. BMF v. 2. 9. 2016, BStBl 2016 I 995, Rz. 4; für eine Checkliste hinsichtlich der Nachweis- und Dokumentationspflichten *Oblau*, BC 2014, 449.
3 Vgl. R 6.7 EStR.
4 Vgl. auch hinsichtlich des Verhältnisses von Teilwertabschreibung und Drohverlustrückstellung *Herzig/Teschke*, DB 2006, 576; *Rätke*, BBK 2014, 849.
5 Vgl. BMF v. 2. 9. 2016, BStBl 2016 I 995, Rz. 5; *Happe*, SteuK 2012, 348.
6 Vgl. BMF v. 2. 9. 2016, BStBl 2016 I 995, Rz. 6; zur Kritik an der Auffassung der Finanzverwaltung zur voraussichtlich dauernden Wertminderung bezogen auf die Entwurfsfassung des diesbezüglichen BMF-Schreibens *Hanning*, BB 2014, 752; für den Hinweis, dass derartige Überlegungen in der Praxis „schwer umsetzbar" sind, *Strahl* in Korn, NWB 2014, 3812; *Förster*, DB 2014, 382.
7 Vgl. BMF v. 2. 9. 2016, BStBl 2016 I 995, Rz. 6; *Adrian/Helios*, DStR 2014, 721; zur Kritik *Marx*, StuB 2014, 591.
8 Vgl. BMF v. 2. 9. 2016, BStBl 2016 I 995, Rz. 6.
9 Siehe *Meyering/Gröne/Portheine*, DStZ 2015, 84.
10 Vgl. BFH v. 5. 2. 1981 - IV R 87/77, BStBl 1981 II 432.
11 Vgl. BMF v. 2. 9. 2016, BStBl 2016 I 995, Rz. 6.

B. Systematische Kommentierung

I. Bewertung von Wirtschaftsgütern (§ 6 Abs. 1 EStG)

1. Bewertung von abnutzbaren Wirtschaftsgütern des Anlagevermögens (§ 6 Abs. 1 Nr. 1 EStG)

60 § 6 Abs. 1 Nr. 1 EStG regelt die Bewertung von abnutzbaren Wirtschaftsgütern des Anlagevermögens. Grundsätzlich erfolgt demnach ein Ansatz mit den historischen Anschaffungs- oder Herstellungskosten, der insbesondere um AfA zu vermindern ist (§ 6 Abs. 1 Nr. 1 Satz 1 EStG). Für den Fall einer voraussichtlich dauernden Wertminderung sieht Satz 2 ein Wahlrecht für die Vornahme einer Teilwertabschreibung vor. Während Satz 3 eine Definition des Teilwerts beinhaltet, hat Satz 4 die Wertaufholung zum Inhalt, für den Fall, dass eine voraussichtlich dauernde Wertminderung nicht mehr nachgewiesen wird.

a) Grundsätzliche Bewertung mit fortgeführten Anschaffungs- und Herstellungskosten (§ 6 Abs. 1 Nr. 1 Satz 1 EStG)

aa) Tatbestandsvoraussetzungen (§ 6 Abs. 1 Nr. 1 Satz 1 EStG)

61 Für eine Anwendung des § 6 Abs. 1 Nr. 1 Satz 1 EStG muss es sich um Wirtschaftsgüter des **Anlagevermögens** handeln, die abnutzbar sind. Der Begriff des Anlagevermögens wird im Steuerrecht nicht definiert, so dass über den Grundsatz der Maßgeblichkeit die Begrifflichkeit des § 247 Abs. 2 HGB anzuwenden ist.[1] Demnach sind beim Anlagevermögen nur Gegenstände auszuweisen, die dazu bestimmt sind, dauernd dem Geschäftsbetrieb zu dienen.[2] Zentrale Bedeutung kommt hierbei der Zweckbestimmung des Wirtschaftsguts zu; die bisherige Bilanzierung des Wirtschaftsguts kann einen Anhaltspunkt für die Zuordnung zum Anlagevermögen darstellen, falls die Zweckbestimmung nicht eindeutig feststellbar ist.[3]

62 Während der Zugehörigkeit zum Betriebsvermögen kann es dazu kommen, dass ein bisher dem Anlagevermögen zuzurechnendes Wirtschaftsgut fortan zum Umlaufvermögen gehört und umgekehrt. Hierfür ist grundsätzlich die **Zweckbestimmung** am Bewertungsstichtag entscheidend;[4] nach Auffassung der Finanzverwaltung bleibt ein Wirtschaftsgut des Anlagevermögens, dessen Veräußerung beabsichtigt ist, so lange Anlagevermögen, wie sich seine bisherige Nutzung nicht ändert, auch wenn bereits Vorbereitungen für die Veräußerung getroffen wurden.[5]

63 **Abnutzbarkeit** liegt vor, wenn die Nutzung zeitlich begrenzt ist (s. hierzu auch § 253 Abs. 3 Satz 1 HGB); dies kann etwa durch technische, wirtschaftliche oder rechtliche Gründe der Fall sein. Beispiele für abnutzbare Wirtschaftsgüter sind Gebäude, technische Anlagen, Maschinen

---

1 Vgl. BFH v. 13. 12. 2006 - VIII R 51/04, BStBl 2008 II 137.
2 Vgl. auch R 6.1 Abs. 1 EStR sowie H 6.1 EStH; zur Abgrenzung von Anlage- und Umlaufvermögen *Kußmaul/Huwer*, DStR 2010, 2471.
3 Vgl. R 6.1 Abs. 1 Satz 3 EStR.
4 Vgl. BFH v. 14. 12. 2006 - III R 64/05, BFH/NV 2007, 1659 = NWB DokID: IAAAC-50798.
5 Vgl. R 6.1 Abs. 1 Satz 7 EStR.

und Betriebs- und Geschäftsausstattung.[1] Demgegenüber sind beispielsweise Beteiligungen und Grund und Boden nicht abnutzbar.[2]

bb) Rechtsfolgen des § 6 Abs. 1 Nr. 1 Satz 1 EStG

Der Ansatz erfolgt gem. § 6 Abs. 1 Satz 1 EStG in Höhe der Anschaffungs- oder Herstellungskosten oder (etwa im Fall der Einlage, s. hierzu § 6 Abs. 1 Nr. 5 EStG) dem an deren Stelle tretenden Wert. Dieser Zugangswert wird vermindert um AfA, erhöhte Absetzungen, Sonderabschreibungen, Abzüge nach § 6b EStG und ähnliche Abzüge.

b) Niedrigerer Teilwertansatz (§ 6 Abs. 1 Nr. 1 Satz 2 EStG)

Für den Fall, dass der Teilwert aufgrund einer voraussichtlich dauernden Wertminderung niedriger als der Ansatz nach Satz 1 ist, besteht ein Wahlrecht,[3] den niedrigeren Teilwert anzusetzen.[4] Da § 6 EStG grundsätzlich nur im Rahmen der Bilanzierung Anwendung findet, kann bei der Einnahmen-Überschussrechnung eine Teilwertabschreibung nicht erfolgen.[5]

Das Kriterium der voraussichtlich dauernden Wertminderung wird für Wirtschaftsgüter des abnutzbaren Anlagevermögens von Rechtsprechung und Finanzverwaltung dergestalt ausgelegt, dass der Teilwert voraussichtlich für mindestens die **Hälfte der Restnutzungsdauer** unterhalb des planmäßigen Buchwerts liegen muss.[6] Die verbleibende Restnutzungsdauer ist bei Gebäuden auf der Grundlage des § 7 Abs. 4, 5 EStG und bei anderen Wirtschaftsgütern auf Grundlage der AfA-Tabellen zu ermitteln.[7] Ohne Bedeutung ist hierbei, ob der Steuerpflichtige beabsichtigt, das Wirtschaftsgut ggf. vor Ablauf der Restnutzungsdauer zu veräußern.[8]

Das Abstellen auf die Hälfte der Restnutzungsdauer zur Konkretisierung des Merkmals der voraussichtlich dauernden Wertminderung ist u. E. nicht vom Gesetzeswortlaut gedeckt. Eine voraussichtlich dauernde Wertminderung könnte aus konzeptioneller Sicht bejaht werden, wenn der Teilwert den aktuellen Buchwert unterschreitet und diesen aktuellen Buchwert voraussichtlich nicht mehr erreichen wird. Dies würde auch dem Leistungsfähigkeitsprinzip entsprechen, da durch den geringeren Wert eine Verminderung der Leistungsfähigkeit eingetreten ist; diese würde beim Abstellen auf die hälftige Restnutzungsdauer ggf. nicht berücksichtigt.[9]

---

1 Vgl. R 6.1 Abs. 1 Satz 5 EStR.
2 Vgl. zur Abnutzbarkeit am Beispiel entgeltlich erworbener Warenzeichen *Boorberg/Strüngmann/Wendelin*, DStR 1998, 1113.
3 Das Bestehen eines Wahlrechts ergibt sich aus der Verwendung des Wortes „kann" in § 6 Abs. 1 Nr. 1 Satz 2 EStG, vgl. *Herzig*, DStR 2010, 1900 ff.; hinsichtlich der Auffassung, dass kein eigenständiges steuerliches Wahlrecht besteht *Schulze-Osterloh*, DStR 2011, 534 ff.
4 Vgl. zum Teilwertbegriff → Rz. 27 sowie zu allgemeinen Ausführungen zur voraussichtlich dauernden Wertminderung → Rz. 36.
5 Vgl. auch *Vogl* in Beck'sches Steuer- und Bilanzrechtslexikon, Edition 1/15, Stichwort „Einnahmen-Überschussrechnung", Kapitel B. III. 2. a.
6 Vgl. BMF v. 2.9.2016, BStBl 2016 I 995, Rz. 8; BFH v. 29.4.2009 - I R 74/08, BStBl 2009 II 899; für den Fall von Geschäfts- und Firmenwerten *Neufang/Otto*, DStR 2012, 225; *Meyering/Brodersen/Gröne*, DStR 2017, 1175.
7 Vgl. BMF v. 2.9.2016, BStBl 2016 I 995, Rz. 8 ff.
8 Vgl. BFH v. 29.4.2009 - I R 74/08, BStBl 2009 II 899.
9 Vgl. *Teschke*, DStZ 2006, 661.

68 BEISPIELE:[1]

► Die Anschaffung einer Maschine erfolgte im Jahr 01, Anschaffungskosten = 100 000 €, Nutzungsdauer = zehn Jahre, jährliche AfA = 10 000 €, der Teilwert beträgt in 02 30 000 € bei einer Restnutzungsdauer von acht Jahren.

► Eine voraussichtlich dauernde Wertminderung liegt vor, weil der Buchwert bei planmäßiger Abschreibung erst nach fünf Jahren, somit nach mehr als der Hälfte der Restnutzungsdauer den Teilwert erreicht. Eine Teilwertabschreibung auf 30 000 € ist somit zulässig.

► In 01 wird eine Maschine mit Anschaffungskosten von 100 000 € erworben. Die betriebliche Nutzungsdauer beträgt zehn Jahre, jährliche AfA erfolgt mit 10 000 €. Im Jahre 02 sinkt der Teilwert auf 50 000 €.

► Eine voraussichtlich dauernde Wertminderung liegt somit nicht vor, da der Wert von 50 000 € bereits bei planmäßiger AfA nach drei Jahren – somit nach weniger als der Hälfte der Restnutzungsdauer – erreicht wird. Die Teilwertabschreibung ist in diesem Fall nicht zulässig, da die Minderung voraussichtlich nicht von Dauer ist.

69 PRAXISHINWEIS:

Ein (vorübergehender) Verzicht auf eine Teilwertabschreibung könnte beispielsweise bei Verlustvorträgen, bei einem zu erwartenden zukünftig höheren Steuersatz oder zur Vermeidung zukünftiger negativer steuerlicher Auswirkungen im Rahmen der Wertaufholung (s. → Rz. 56) sinnvoll sein.[2]

c) Wertaufholungsgebot (§ 6 Abs. 1 Nr. 1 Satz 4 EStG)

70 § 6 Abs. 1 Satz 1 Nr. 1 Satz 4 EStG beinhaltet ein Wertaufholungsgebot. Demnach ist ein niedrigerer Ansatz als der planmäßige Buchwert in den Folgejahren nicht zulässig, wenn der Steuerpflichtige den niedrigeren Teilwert und die bestehende voraussichtlich dauernde Wertminderung nicht nachweist.[3] Obergrenze ist der planmäßige Buchwert, der sich bei von Beginn an zutreffender planmäßiger Abschreibung ergeben hätte. Somit muss eine Wertaufholung nach einer vorangegangenen Teilwertabschreibung bis maximal zu dieser Obergrenze erfolgen.[4]

71 Außerbilanzielle Korrekturen, wie z. B. im Rahmen des Teileinkünfteverfahrens, haben keine Auswirkung hinsichtlich der innerbilanziellen Würdigung der Teilwertabschreibung oder des Wertaufholungsgebots (s. auch → Rz. 111).[5]

72 PRAXISHINWEIS:

Zwirner/Künkele beschreiben die Möglichkeit, bei einer vorangegangenen Teilwertabschreibung in späteren Jahren – etwa um einen Untergang eines Verlustvortrags zu vermeiden – auf den Nachweis des geringeren Teilwerts zu verzichten und somit eine Wertaufholung vorzunehmen. In späteren Jahren könnte bei Fortbestehen der voraussichtlich dauernden Wertminderung erneut eine Teilwertabschreibung erfolgen.[6]

---

1 BMF v. 2.9.2016, BStBl 2016 I 995, Rz. 9 ff.; vgl. für Beispiele auch *Hörhammer/Schumann*, StuB 2014, 551 sowie für Buchungssätze *Broemel/Endert*, BBK 2013, 997.
2 Vgl. *Herzig*, DStR 2010, 1902.
3 Vgl. BMF v. 2.9.2016, BStBl 2016 I 995, Rz. 4; für einen Vergleich des Wertaufholungsgebots nach Handels- und Steuerrecht *Zwirner/Künkele/Mugler*, DStR 2012, 532; vgl. für eine Checkliste zur Überprüfung des Wertaufholungsgebots *Oblau*, BC 2014, 449.
4 Vgl. BMF v. 2.9.2016, BStBl 2016 I 995, Rz. 26; *Ronig*, BBK 2015, 177.
5 Vgl. BMF v. 2.9.2016, BStBl 2016 I 995, Rz. 28; vgl. hinsichtlich einer Anwendung des § 1 AStG im Fall einer vorgenommenen Teilwertabschreibung BMF v. 29.3.2011, BStBl 2011 I 277; sowie *Ditz/Liebchen*, IStR 2012, 97.
6 Vgl. auch hinsichtlich der Grenzen dieser Gestaltung *Zwirner/Künkele*, DStR 2013, 2078.

d) Übertragung stiller Reserven nach R 6.6 EStR

R 6.6 EStR eröffnet die Möglichkeit, bei einer Ersatzbeschaffung stille Reserven zu übertragen und ist aus konzeptioneller Sicht somit mit § 6b EStG vergleichbar.[1] Die Voraussetzungen sind gem. R 6.6 Abs. 1 Satz 2 EStR: **73**

▶ Das Wirtschaftsgut muss infolge **höherer Gewalt** oder infolge oder zur Vermeidung eines behördlichen Eingriffs gegen Entschädigung aus dem Betriebsvermögen ausscheiden.

▶ Innerhalb einer bestimmten **Frist** muss ein funktionsgleiches Wirtschaftsgut angeschafft oder hergestellt werden, auf dessen Anschaffungs- oder Herstellungskosten die aufgedeckten stillen Reserven übertragen werden.

▶ Das Wirtschaftsgut muss nach § 5 Abs. 1 Satz 2 EStG wegen der Abweichung von der Handelsbilanz in ein laufend zu führendes **Verzeichnis** aufgenommen werden.

Der Begriff der **Entschädigung** ist dergestalt auszulegen, dass diese nur insoweit vorliegt, als dass die Entschädigung für das entsprechende Wirtschaftsgut geleistet wurde, nicht für Schäden, die infolge des Ausscheidens aus dem Betriebsvermögen bestehen.[2] So sind die Leistungen einer Betriebsunterbrechungsversicherung Entschädigungen, soweit sie Mehrkosten für eine beschleunigte Wiederbeschaffung eines durch Brand zerstörten Wirtschaftsguts übernehmen.[3] **74**

Hinsichtlich des **Ersatzwirtschaftsguts** muss ein der Art nach funktionsgleiches Wirtschaftsgut vorliegen, welches auch funktionsgleich genutzt wird.[4] **75**

Das Vorliegen von **höherer Gewalt** ist zu bejahen, wenn Elementarereignisse, wie z. B. Brand, Sturm oder Überschwemmung oder andere unabwendbare Ereignisse, wie z. B. Diebstahl, vorliegen;[5] ein behördlicher Eingriff kann bei einer Enteignung[6] oder bei behördlichen Bauverboten[7] vorhanden sein. So bejaht die Rechtsprechung höhere Gewalt bei Abriss eines Gebäudes wegen erheblicher, kurze Zeit nach der Fertigstellung auftretender Baumängel[8] und bei Ausscheiden eines Wirtschaftsguts infolge eines unverschuldet erlittenen Verkehrsunfalls;[9] verneint wird dies jedoch bei Unbrauchbarwerden einer Maschine infolge eines Material-, Konstruktions- oder Bedienfehlers.[10] **76**

Soweit noch keine Ersatzbeschaffung am Schluss des Wirtschaftsjahres, in dem das Wirtschaftsgut aus dem Betriebsvermögen ausgeschieden ist, vorgenommen wurde, kann eine steuerfreie **Rücklage** gebildet werden; Voraussetzung ist, dass eine Ersatzbeschaffung ernstlich geplant und zu erwarten ist.[11] Für den Fall, dass eine Rücklage aufgrund des Ausscheidens eines beweglichen Wirtschaftsguts gebildet wurde, ist diese am Schluss des ersten auf ihre **77**

---

1 Zu einer Checkliste zu §§ 6b, 6c EStG und R 6.6 EStR s. *Kanzler*, Gewinnübertragung nach §§ 6b, 6c EStG und R 6.6 EStR, NWB DokID: QAAAF-75202.
2 Vgl. H 6.6 Abs. 1 „Entschädigung" EStH.
3 BFH v. 9.12.1982 - IV R 54/80, BStBl 1982 II 371.
4 Vgl. BFH v. 19.12.1972 - VIII R 124/69, BStBl 1973 II 297.
5 Vgl. R 6.6 Abs. 2 EStR.
6 Vgl. BFH v. 14.11.1990 - X R 85/87, BStBl 1991 II 222.
7 Vgl. BFH v. 6.5.1971 - VII ZR 232/69, BStBl 1971 II 664.
8 Vgl. BFH v. 18.9.1987 - III R 254/84, BStBl 1988 II 330.
9 Vgl. BFH v. 14.10.1999 - IV R 15/99, BStBl 2001 II 130.
10 Vgl. BFH v. 15.5.1975 - IV R 138/70, BStBl 1975 II 692.
11 Vgl. R 6.6 Abs. 4 Satz 1 EStR.

Bildung folgenden Wirtschaftsjahres gewinnerhöhend aufzulösen, wenn bis dahin keine Anschaffung oder Herstellung eines Ersatzwirtschaftsguts erfolgt ist.[1]

78 Für den Fall einer erhaltenen Entschädigung, die nicht in voller Höhe zur Beschaffung eines Ersatzwirtschaftsguts verwendet wird (sog. „Mehrheitsentschädigung", ist nur eine anteilige Übertragung der aufgedeckten stillen Reserven auf das Ersatzwirtschaftsgut möglich.[2]

BEISPIEL:[3]

Letzter Buchwert des ausgeschiedenen Wirtschaftsguts	30 000 €
Entschädigung oder Gegenleistung für das ausgeschiedene Wirtschaftsgut (Wert des Ersatzwirtschaftsguts zuzüglich der erhaltenen Barzahlung)	50 000 €
Aufgedeckte stille Reserven	20 000 €
Anschaffungs- oder Herstellungskosten des Ersatzwirtschaftsguts	40 000 €
Zu übertragende stille Reserven anteilig $\dfrac{20\,000\,€ \times 40\,000\,€}{50\,000\,€} =$	16 000 €
Das Ersatzwirtschaftsgut wird angesetzt mit (40 000 € - 16 000 € =)	24 000 €
Steuerpflichtiger Gewinn in Höhe der nicht übertragbaren stillen Reserven (20 000 € - 16 000 € =)	4 000 €

79 Für den Fall einer Entschädigung, die aufgrund der **Beschädigung** des Wirtschaftsguts durch höhere Gewalt oder durch einen behördlichen Eingriff gezahlt wird, ist eine Rücklagenbildung möglich, wenn das Wirtschaftsgut in einem späteren Wirtschaftsjahr repariert wird. Die Rücklage ist entsprechend nach erfolgter Reparatur aufzulösen, spätestens am Ende des ersten, und bei Wirtschaftsgütern i. S. d. § 6b Abs. 1 Satz 1 EStG am Ende des vierten, auf die Bildung der Rücklage folgenden Wirtschaftsjahres.[4]

80–86 *(Einstweilen frei)*

2. Anschaffungsnahe Herstellungskosten (§ 6 Abs. 1 Nr. 1a EStG)

87 Unter den Voraussetzungen des § 6 Abs. 1 Nr. 1a EStG sind Instandsetzungs- und Modernisierungsaufwendungen von Gebäuden nicht als Erhaltungsaufwand aufwandswirksam zu erfassen, sondern als „anschaffungsnahe Herstellungskosten" zu aktivieren. Sie werden somit nicht sofort steuerlich wirksam, sondern insbesondere erst im Rahmen der AfA.[5] Der Anwendungsbereich erstreckt sich neben der Gewinnermittlung durch Betriebsvermögensvergleich auch auf die Einnahmenüberschussrechnung und auf die Einkünfteermittlung bei Überschusseinkunftsarten.[6] In der Beratungspraxis stellt diese Regelung aufgrund zahlreicher Unklarheiten und der möglicherweise für den Steuerpflichtigen gravierenden Rechtsfolgen ein nicht zu unterschätzendes Risiko dar.

---

1 Vgl. auch hinsichtlich einer möglichen längeren Frist R 6.6 Abs. 4 Satz 3 ff. EStR.
2 Vgl. BFH v. 3. 9. 1957 - I 315/56, BStBl 1957 III 386.
3 H 6.6 Abs. 3 „Mehrentschädigung" EStH.
4 Vgl. R 6.6 Abs. 7 EStR.
5 Vgl. bspw. *Marx/Noack*, DStR 2013, 173; Meyer/Schmidt, NZM 2017, 401; *Kowanda*, DStR 2017, 2640; für Buchungssätze *Cremer*, BBK 2018, 608.
6 Vgl. § 9 Abs. 5 Satz 2 EStG.

Der Anwendungsbereich des § 6 Abs. 1 Nr. 1a EStG ist eröffnet, wenn die Nettoaufwendungen für Instandsetzungs- und Modernisierungsmaßnahmen, die innerhalb von drei Jahren nach der Anschaffung des Gebäudes durchgeführt werden, **15 % der Anschaffungskosten** des Gebäudes **übersteigen**.[1] 88

Die zur Prüfung des Überschreitens der 15 %-Grenze erforderliche Ermittlung der Summe der Instandsetzungs- und Modernisierungsmaßnahmen ist nicht problemlos möglich. So vertritt der BFH die Auffassung, dass „alle Aufwendungen im Rahmen einer umfassenden Instandsetzung und Modernisierung ... insgesamt" bei der Prüfung der 15 %-Grenze einzubeziehen sind.[2] Diesbezüglich sind insbesondere folgende Fallkonstellationen Gegenstand der Diskussion bei Finanzverwaltung, Rechtsprechung und Schrifttum:[3] 89

- **Kosten für eine wesentliche Verbesserung** des Gebäudes sind nach Auffassung des BFH in die Prüfung der 15 %-Grenze einzubeziehen.[4]
- **Aufwendungen für die Herstellung der Betriebsbereitschaft** (d.h. Herstellung der Vermietbarkeit) sind nach Auffassung des BFH in die Prüfung der 15 %-Grenze einzubeziehen.[5]
- **Schönheitsreparaturen**: Der Einbezug war lange Zeit strittig.[6] Der BFH kommt in seiner neueren Rechtsprechung zu dem Ergebnis, dass Schönheitsreparaturen bei der Prüfung der 15 %-Grenze einzubeziehen sind. Hierzu gehören z. B. das Tapezieren, Anstreichen von Wänden und Decken sowie das Anstreichen von Türen und Heizkörpern.[7]
- Aufwendungen für die **Erweiterung** i. S. d. § 255 Abs. 2 Satz 1 HGB: Diese zählen gem. § 6 Abs. 1 Nr. 1a Satz 2 EStG nicht dazu;[8] in die Prüfung der 15 %-Grenze sind jedoch nach Auffassung der Finanzverwaltung Aufwendungen zur Beseitigung der Funktionsuntüchtigkeit und zur Hebung des Standards einzubeziehen.[9]
- Aufwendungen für **Erhaltungsarbeiten**, die üblicherweise jährlich anfallen: Hiermit scheinen im Wesentlichen Wartungsarbeiten an der Heizungsanlage gemeint zu sein, da andere Arbeiten meist nicht jährlich anfallen. Da diese Wartungsarbeiten i. d. R. auf Mieter umgelegt werden, ergibt sich ein Anwendungsbereich nur in Ausnahmefällen.[10]
- Beseitigung **versteckter Mängel**: Diese sind nach Auffassung der Finanzverwaltung einzubeziehen.[11]
- Kosten zur Beseitigung von nach Anschaffung mutwillig herbeigeführter Substanzschäden sind keine anschaffungsnahen Herstellungskosten, BFH v. 9.5.2017 - IX R 6/16; *Dürr*, DB 2016, 2380.

---

1 Vgl. jedoch für den Fall von Baudenkmälern die Regelung des § 11b EStG: *Götz*, DStR 2012, 1217; für ein Berechnungsschema bei Baudenkmälern vgl. *Marx/Noack*, DStR 2013, 173.
2 Vgl. BFH v. 27.5.2013 - IX B 3/13, BFH/NV 2013, 1408 = NWB DokID: LAAAE-40442; zur Kritik *Fahlenbach*, DStR 2014, 1902 ff.
3 Vgl. für weitere Fallgestaltungen *Langenkämper*, NWB DokID: YAAAB-05660.
4 Vgl. BFH v. 14.6.2016 - IX R 25/14, BStBl 2016 II 992; a. A. *Fahlenbach*, DStR 2014, 1902.
5 Vgl. BFH v. 14.6.2016 - IX R 15/15, BStBl 2016 II 996.
6 Vgl. zu dieser Problematik *Trossen*, DStR 2012, 448.
7 Vgl. BFH v. 14.6.2016 - IX R 25/14, BStBl 2016 II 992; BFH v. 14.6.2016 - IX R 22/15, BStBl 2016 II 999; vgl. *Cremer*, BBK 2018, 608.
8 Vgl. *Götz*, DStR 2011, 1016.
9 Vgl. OFD Rheinland v. 6.7.2010, DB 2010, 1910.
10 Vgl. *Trossen*, DStR 2012, 449.
11 Vgl. R 6.4 Abs. 1 Satz 1 EStR.

► Unvermutete Aufwendungen für Renovierungsmaßnahmen, die lediglich dazu dienen, Schäden zu beseitigen, welche aufgrund des langjährigen vertragsgemäßen Gebrauchs der Mietsache durch den Nutzungsberechtigten entstanden sind, führen unter den weiteren Tatbestandsvoraussetzungen des § 6 Abs. 1 Nr. 1a EStG zu anschaffungsnahen Herstellungskosten.[1]

90 Zudem wird diskutiert, ob bei einer Nutzung zu **unterschiedlichen Zwecken** die 15 %-Grenze bezogen auf das Gesamtgebäude zu prüfen ist (so die Auffassung der Finanzverwaltung)[2] oder ob in diesem Fall auf den entsprechenden Gebäudeteil abzustellen ist (so der BFH).[3]

91 Auch stellt sich die Frage, ob Maßnahmen einzubeziehen sind, mit denen zwar innerhalb der Dreijahreszeitspanne begonnen wurde, die jedoch nach deren Ablauf **noch nicht beendet** wurden. Nach Auffassung der Finanzverwaltung sind diese zu berücksichtigen, soweit sie innerhalb der Frist erbracht wurden.[4] Im Schrifttum besteht demgegenüber die abweichende Auffassung, dass noch nicht beendete Leistungen nicht einzubeziehen sind.[5]

92 In der Praxis wird die 15 %-Grenze häufig nicht im Rahmen der ersten Veranlagung nach Erwerb des Gebäudes erreicht; in diesem Fall liegt ein Ereignis mit steuerlicher Rückwirkung vor, so dass eine Korrektur der Steuerbescheide nach § 175 Abs. 1 Nr. 2 AO erfolgen muss.

93 PRAXISHINWEIS:
Gestaltungsansätze zur Ermöglichung eines sofortigen Abzugs der Aufwendungen können somit darin bestehen, die 15 %-Grenze innerhalb der ersten drei Jahre nicht zu überschreiten. Dies wird im Regelfall voraussetzen, dass bei Kauf des Gebäudes zu beachten ist, dass eine Nutzung innerhalb des Dreijahreszeitraums möglich ist und umfangreichere Modernisierungs- und Erhaltungsmaßnahmen nach Ablauf der Frist erfolgen, wobei zu berücksichtigen ist, dass z. B. Aufwendungen für eine Standardhebung ohnehin zu den Anschaffungs- bzw. Herstellungskosten zählen.

94–95 *(Einstweilen frei)*

3. Aktivierungswahlrecht für Kosten der allgemeinen Verwaltung (§ 6 Abs. 1 Nr. 1b EStG)

96 *(Einstweilen frei)*

97 Durch das Gesetz zur Modernisierung des Besteuerungsverfahrens wurde § 6 Abs. 1 Nr. 1b EStG eingefügt.[6] Demnach besteht ein Aktivierungswahlrecht für angemessene Teile der Kosten der allgemeinen Verwaltung sowie angemessene Aufwendungen für soziale Einrichtungen des Betriebs, für freiwillige soziale Leistungen und für die betriebliche Altersvorsorge i. S. d. § 255 Abs. 2 Satz 3 HGB soweit diese auf den Zeitraum der Herstellung entfallen. Gemäß Satz 2 ist dieses Wahlrecht in Übereinstimmung mit der Handelsbilanz auszuüben.[7] Eine Anwendung von § 6 Abs. 1 Nr. 1b EStG ist gemäß § 52 Abs. 12 EStG auch in früheren Wirtschaftsjahren möglich.

---

1 BFH v. 13.3.2018 - IX R 41/17, NWB DokID: AAAAG-88530..
2 Vgl. auch für diesbezügliche Beispiele Bayerisches Landesamt für Steuern v. 24.11.2005, DB 2005, 2718.
3 Vgl. für den Fall der Nutzung eines Gebäudes zu eigenen Wohnzwecken und im Rahmen der Vermietung und Verpachtung BFH v. 25.9.2007 - IX R 28/07, BStBl 2008 II 218.
4 Vgl. BayLfSt, DStR 2010, 1941; OFD Niedersachsen, DB 2010, 1910, Rz. 6.
5 Vgl. auch zu dem Fall, dass Maßnahmen innerhalb des Dreijahreszeitraumes vorbereitet werden, jedoch erst nach dessen Ablauf durchgeführt werden *Pezzer*, DStR 2004, 527.
6 Vgl. Gesetz zur Modernisierung des Besteuerungsverfahrens, BGBl. 2016 I 1679; *Köhler*, StBp 2018, 165.
7 Vgl. für eine diesbezügliche Kritik *Meyering/Gröne*, DStR 2016, 1696.

Das Aktivierungswahlrecht entspricht der bisherigen Verwaltungsauffassung (R 6.3 Abs. 4 EStR 2008). Zwar hat sich die Finanzverwaltung zwischenzeitlich für das Bestehen einer Aktivierungspflicht ausgesprochen;[1] dies fand jedoch keine Anwendung.[2] 98

Diese gesetzliche Regelung wird auch aufgrund der hierdurch eingetretenen Rechtssicherheit im Schrifttum begrüßt.[3] 99

4. Bewertung von Umlaufvermögen und nicht abnutzbarem Anlagevermögen (§ 6 Abs. 1 Nr. 2 EStG)

§ 6 Abs. 1 Nr. 2 EStG regelt die Bewertung der nicht in Nr. 1 genannten Wirtschaftsgüter, somit des nicht abnutzbaren Anlagevermögens und des Umlaufvermögens; diese sind nach § 6 Abs. 1 Nr. 2 EStG grundsätzlich mit den Anschaffungs- und Herstellungskosten (Satz 1) bzw. bei einer voraussichtlich dauernden Wertminderung im Rahmen eines Wahlrechts mit dem niedrigeren Teilwert (Satz 2) zu bewerten.[4] Eine außerplanmäßige Abschreibung im Handelsrecht muss somit nicht zwangsläufig im Steuerrecht nachvollzogen werden;[5] bei Abweichung von der Handelsbilanz sind die Wirtschaftsgüter jedoch gem. § 5 Abs. 1 Satz 2 EStG in besondere, laufend zu führende Verzeichnisse aufzunehmen. 100

a) Bewertungsgrundsätze

§ 6 Abs. 1 Nr. 2 EStG erfasst die nicht in Nr. 1 genannten Wirtschaftsgüter. Nach dem Klammerzusatz in Nr. 2 werden insbesondere Grund und Boden, Beteiligungen und Umlaufvermögen erfasst. Die Klammeraufzählung ist nicht abschließend, so dass z. B. auch Wertpapiere einzubeziehen sind.[6] 101

Die Bewertung hat nach § 6 Abs. 1 Nr. 2 Satz 1 EStG mit den Anschaffungs- oder Herstellungskosten oder – etwa im Fall der Einlage – dem an deren Stelle tretenden Wert, vermindert um Abzüge nach § 6b EStG und ähnliche Abzüge zu erfolgen. Planmäßige AfA kann nicht erfolgen. Für den Fall einer voraussichtlich dauernden Wertminderung, die grundsätzlich vorliegt, wenn die Gründe für eine niedrigere Bewertung voraussichtlich anhalten werden, besteht das Wahlrecht, den niedrigeren Teilwert anzusetzen (s. → Rz. 47).[7] § 6 Abs. 1 Nr. 2 Satz 3 EStG verweist auf Nr. 1 Satz 4, so dass auch hier ein Wertaufholungsgebot Anwendung findet (s. → Rz. 54).[8] 102

---

1 Vgl. BMF v. 12. 3. 2010, BStBl 2010 I 239 sowie Günkel/Teschke, Ubg 2010, 401.
2 Vgl. BMF v. 22. 6. 2010, BStBl 2010 I 597.
3 Vgl. Velte, NWB DokID: HAAAF-74687.
4 Vgl. für Umlaufvermögen am Beispiel mehrjähriger Kulturen in Baumschulbetrieben BMF v. 8. 9. 2009, BStBl 2009 I 927.
5 Vgl. etwa für Vorratsvermögen R 6.8 Abs. 1 EStR.
6 Vgl. BFH v. 21. 9. 2011 - I R 89/10, BStBl 2014 II 612.
7 Vgl. BMF v. 2. 9. 2016, BStBl 2016 I 995, Rz. 11.
8 Nach Auffassung des BFH erstreckt sich das Wertaufholungsgebot auch auf Beteiligungen, die vor Inkrafttreten des Wertaufholungsgebots (1.1.99) auf einen niedrigeren Teilwert abgeschrieben wurden, vgl. BFH v. 9.11.2017 - IV R 19/14, NWB DokID: UAAAG-72072.

b) Fallkonstellationen

aa) Nicht abnutzbares Anlagevermögen

103 Das Vorliegen von voraussichtlich dauernden Wertminderungen bei **Grund und Boden** konkretisiert die Finanzverwaltung anhand der folgenden Beispiele:[1]

a) Für ein mit Altlasten verseuchtes Grundstück, mit ursprünglichen Anschaffungskosten für Grund und Boden von 200 000 €, ermittelt ein Gutachter zum Bilanzstichtag einen Wert von 10 000 €. Grundsätzlich liegt die Verpflichtung zur Beseitigung der Altlasten vor, die zuständige Behörde wird diese aber erst bei Änderung der Nutzung des Grundstückes fordern. Die Bildung einer Rückstellung ist in diesem Zusammenhang somit nicht zulässig. In diesem Fall liegt eine voraussichtlich dauernde Wertminderung vor und somit ist eine Teilwertabschreibung i. H.v. 190 000 € gerechtfertigt. Sollten die Altlasten zu einem späteren Zeitpunkt beseitigt werden, muss eine entsprechende Zuschreibung bis **höchstens** zu den Anschaffungskosten erfolgen.

b) Bei Grund und Boden unterschreitet der Teilwert die Anschaffungskosten aufgrund von marktbedingten Schwankungen. Eine voraussichtlich dauernde Wertminderung verneint die Finanzverwaltung in diesem Fall, so dass eine Teilwertabschreibung nicht zulässig ist. Der BFH bejaht bei Grundstücken eine voraussichtliche Wertminderung, wenn mehr Gründe für als gegen die Wertminderung sprechen.[2]

104 Bei **festverzinslichen Wertpapieren**, die am Ende der Laufzeit zu 100 % des Nennwerts eingelöst werden, ist eine Teilwertabschreibung auf einen unterhalb des Nennwerts liegenden Wert nicht möglich. Die Finanzverwaltung bezieht sich hierbei auf das Beispiel von festverzinslichen Wertpapieren mit einer Restlaufzeit von vier Jahren, die zum Wert von 102 % des Nennwerts erworben wurden und bei Fälligkeit zu 100 % des Nennwerts eingelöst werden. Durch nachhaltige Veränderung des Zinsniveaus sinkt der Kurs auf 98 % zum Bilanzstichtag. Eine Teilwertabschreibung ist nur auf 100 % des Nennwerts zulässig; der niedrigere Börsenkurs ist nicht von Dauer, da die Wertpapiere zu 100 % des Nennwerts eingelöst werden.[3]

105 Bei **börsennotierten Aktien** wird eine voraussichtlich dauernde Wertminderung grundsätzlich bejaht, wenn die Wertminderung mehr als 5 % des Börsenkurses bei Erwerb beträgt. Dies konkretisiert die Finanzverwaltung anhand der folgenden Beispiele:[4]

a) Aktien der X-AG, die zur langfristigen Kapitalanlage bestimmt sind, wurden für 100 €/Stück erworben. Durch Kursschwankungen nach der Anschaffung beträgt der Börsenpreis am Bilanzstichtag 90 €. Auch am Tag der Bilanzaufstellung liegt ein Börsenkurs von 90 € vor.

Die Teilwertabschreibung auf 90 € ist zulässig, da die Bagatellgrenze von 5 % überschritten wird.

b) Wie a, jedoch beträgt der Börsenpreis 92 € am Tag der Bilanzaufstellung.

Auch hier ist die Teilwertabschreibung zulässig, da die 5 %-Grenze überschritten wurde. Die Kursentwicklung nach dem Bilanzstichtag ist unerheblich.

c) Wie a, jedoch beträgt der Kurswert 80 € am Tag der Bilanzaufstellung.

---

1 BMF v. 2.9.2016, BStBl 2016 I 995.
2 BFH. v. 21.9.2016 - X R 58/14, NWB DokID: FAAAF-89538; Lüdenbach, StuB 2018, 259.
3 BMF v. 2.9.2016, BStBl 2016 I 995.
4 BMF v. 2.9.2016, BStBl 2016 I 995; Tiede, StuB 2016, 373.

Die Teilwertabschreibung ist nur auf 90 € zulässig, die Grenze von 5 % wurde überschritten und die Kursentwicklung nach dem Bilanzstichtag ist nicht relevant.

d) Wie a, jedoch beträgt der Wert am Bilanzstichtag 98 €, am Tag der Bilanzaufstellung 80 €. Eine Teilwertabschreibung ist nicht zulässig. Es liegt nur eine vorübergehende Wertminderung vor, da die Grenze von 5 % nicht überschritten wurde und die Entwicklung nach dem Bilanzstichtag unerheblich ist.

bb) Abgrenzung von Grund und Boden sowie Gebäuden

Grund und Boden sowie Gebäude stellen separate Wirtschaftsgüter dar, so dass die Anschaffungskosten ggf. auf Grund und Boden und Gebäude aufzuteilen sind.[1] Die Finanzverwaltung akzeptiert pauschale Aufteilungen nicht. Zudem soll es auch nicht möglich sein, den Grund und Boden mit dem Bodenrichtwert anzusetzen und den Rest dem Gebäude zuzurechnen.[2] Eine vertragliche Kaufpreisaufteilung von Grundstück und Gebäude soll grundsätzlich bei der Bemessung der AfA auf das Gebäude Anwendung finden, wenn diese nicht nur zum Schein erfolgt ist und kein Gestaltungsmissbrauch vorliegt.[3] Für die Aufteilung stellt die Finanzverwaltung eine Arbeitshilfe zur Verfügung;[4] hierbei handelt es sich um eine qualifizierte Schätzung, die widerlegbar ist.

PRAXISHINWEIS:

Es sollte überprüft werden, ob das Ergebnis dieser Schätzung den tatsächlichen Wertverhältnissen von Grund und Boden sowie Gebäude entspricht. Da im Regelfall zur Geltendmachung einer möglichst hohen AfA ein hoher Gebäude-Anteil angestrebt wird, sollte ggf. der Nachweis eines abweichenden Wertverhältnisses geführt werden.

Für den Fall, dass ein Gebäude oder Gebäudeteil **abgerissen** wird, ist zwischen den folgenden Fallkonstellationen zu differenzieren:[5]

1. Das Gebäude wurde durch den Steuerpflichtigen auf einem ihm bereits gehörenden Grundstück errichtet.

2. Das Gebäude wurde durch den Steuerpflichtigen in der Absicht erworben, dieses zu nutzen (keine Abbruchabsicht).

3. Das Gebäude wurde vom Steuerpflichtigen mit Abbruchabsicht erworben.

4. Der Steuerpflichtige legt ein bisher zum Privatvermögen gehörendes Gebäude mit Abbruchabsicht ein, um ein betriebliches Gebäude zu errichten.

Bei den Fallgestaltungen 1 und 2 stellen die Abbruchkosten und der Restbuchwert des abgebrochenen Gebäudes Betriebsausgaben im Jahr des Abbruchs dar.[6]

Bei Fall 3 ist zu differenzieren: Falls das Gebäude technisch oder wirtschaftlich nicht verbraucht war, stellen sein Buchwert und die Abbruchkosten entweder Herstellungskosten eines

---

[1] Für den Fall, dass gemischt genutzte Grundstücke vorliegen, besteht nicht nur die Problematik einer Aufteilung auf Grund und Boden sowie Gebäude, sondern zudem auch die Zuordnungsproblematik auf die einzelnen Verwendungszwecke, vgl. Schallmoser, DStR 2009, 1685.

[2] BFH v. 10. 10. 2000 - IX R 86/97, BStBl 2001 II 183.

[3] Vgl. BFH v. 16. 9. 2015 – IX R 12/14, NWB DokID: YAAAF-19026.

[4] Vgl. Arbeitshilfen, NWB DokID: LAAAE-61859; Jardin/Roscher, NWB 2014, 3155; Burkhardt/Müller/Schuster, BBK 2014, 80.

[5] Vgl. H 6.4 „Abbruchkosten" EStH.

[6] Vgl. BFH v. 21. 6. 1963 - VI 330/6 U, BStBl 1963 III 477; BFH v. 12. 6. 1978 - GrS 1/77, BStBl 1978 II 620.

neuen Wirtschaftsguts dar, wenn der Abbruch des Gebäudes in einem engen wirtschaftlichen Zusammenhang zu der Herstellung des neuen Wirtschaftsguts steht. Liegt ein solcher Zusammenhang nicht vor, liegen Anschaffungskosten des Grund und Bodens vor.[1]

Für den Fall, dass ein Gebäude in Teilabbruchabsicht erworben wurde und der Abriss umfangreicher als geplant erfolgt, stellen die Abbruchkosten und der Restwert des abgerissenen Gebäudes insoweit Herstellungskosten des neuen Gebäudes dar, als sie auf Gebäudeteile entfallen, die ohnehin bei zum Erwerbszeitpunkt geplanten Umbaumaßnahmen hätten entfernt werden müssen.[2] Für den Fall, dass das Gebäude bei Erwerb objektiv wertlos war, bestehen hinsichtlich des gesamten Anschaffungspreises Anschaffungskosten für den Grund und Boden.[3]

110 (*Einstweilen frei*)

cc) Umlaufvermögen

111 Der Begriff des Umlaufvermögens wird gesetzlich nicht definiert. Da Wirtschaftsgüter, die nicht zum Anlagevermögen gehören, Umlaufvermögen sind,[4] lässt sich aus der Definition des Anlagevermögens eine Konkretisierung des Umlaufvermögens herleiten. Demnach gehören die Wirtschaftsgüter zum Umlaufvermögen, die nicht dazu bestimmt sind, dauernd dem Geschäftsbetrieb zu dienen, so dass Wirtschaftsgüter, die zum Verbrauch oder zur Weiterveräußerung bestimmt sind, einbezogen werden.[5]

112 Die Teilwertvermutungen (s. → Rz. 47) gelten auch für Umlaufvermögen. Grundsätzlich kann für die Dauerhaftigkeit darauf abgestellt werden, ob die Wertminderung bis zur Veräußerung oder Verwendung anhält.[6]

113 Grundsätzlich ist eine **Einzelbewertung** erforderlich; bei sog. vertretbaren Wirtschaftsgütern, die nach Maß, Zahl oder Gewicht bestimmt werden und bei denen die Anschaffungs- oder Herstellungskosten wegen schwankender Einkaufspreise nicht mehr eindeutig ermittelt werden können, ist grundsätzlich eine Schätzung erforderlich; insbesondere kann die Durchschnittsbewertung angewandt werden.[7] Zur Vereinfachung ist möglich, dass gleichartige – nicht zwangsläufig gleichwertige[8] – Wirtschaftsgüter zu einer Gruppe zusammengefasst werden und mit einem gewogenen Durchschnitt angesetzt werden. Gruppenbildung und Gruppenbewertung dürfen jedoch nicht gegen die GoB verstoßen.[9]

114 **BEISPIELE:**

a) Im Umlaufvermögen befindliche festverzinsliche Wertpapiere, die für 102 €/Stück angeschafft wurden, haben einen Nennwert von 100 €. Bei Fälligkeit werden 100 % des Nennwerts eingelöst. Am Bilanzstichtag beträgt der Börsenkurs nur noch 98 % des Nennwerts, am Tag der Bilanzaufstellung jedoch wieder 98,5 % des Nennwerts.

---

1 Vgl. BFH v. 4.12.1984 - IX R 5/79, BStBl 1985 II 208.
2 Vgl. H 6.4 „Abbruchkosten" EStH; BFH v. 15.10.1996 - IX R 2/93, BStBl 1997 II 325.
3 Vgl. H 6.4 „Abbruchkosten" EStH; BFH v. 15.2.1989 - X R 97/87, BStBl 1989 II 604.
4 Vgl. zur Abgrenzung von Umlauf- und Anlagevermögen BFH v. 13.1.1972 - V R 47/71, BStBl 1972 II 744.
5 Vgl. R 6.1 Abs. 2 EStR sowie H 6.1 EStH; BFH v. 25.10.2001 - IV R 47, 48/00, BStBl 2002 II 289; für eine Zuordnung zum Umlaufvermögen das „ABC des Umlaufvermögens": *Ehmcke* in Blümich, § 6 EStG Rz. 930.
6 Vgl. *Meyer*, NWB 2014, 2683; vgl. auch hinsichtlich einer Übersicht von Umständen und Indizien für eine Teilwertabschreibung am Beispiel eines Autohändlers *Behrens*, NWB 2014, 2575.
7 Vgl. R 6.8 Abs. 3 Satz 3 EStR.
8 Vgl. R 6.8 Abs. 4 Satz 3 EStR; *Günter*, Stbg 2009, 395.
9 Vgl. R 6.8 Abs. 4 Satz 2 EStR.

Eine Teilwertabschreibung ist nur auf 100 € zulässig. Die Haltung im Umlaufvermögen hat keine besondere Bedeutung, da bei festverzinslichen Wertpapieren 100 % des Nennwerts eingelöst werden.

b) Die Anschaffungskosten der Aktien der X-AG (im Umlaufvermögen) betragen 100 €/Stück. Zum Bilanzstichtag beträgt der Börsenpreis 90 €. Am Tag der Bilanzaufstellung liegt ein Börsenpreis von 80 € vor.
Eine Teilwertabschreibung ist zulässig; die 5 %-Grenze wurde überschritten, der Börsenpreis nach Bilanzstichtag ist nicht relevant.

c) Wie b, jedoch liegt der Preis pro Aktie am Bilanzstichtag bei 98 € und bei Bilanzaufstellung bei 80 €.
Eine Teilwertabschreibung ist nicht möglich, da der Kursverlust nicht mehr als 5 % beträgt. Die Preisentwicklung nach dem Bilanzstichtag ist unerheblich.

dd) Vorratsvermögen

Bei Vorratsvermögen bestehen auch aufgrund besonderer Charakteristika ergänzende Regelungen für die Teilwertermittlung. Zum Vorratsvermögen zählen insbesondere Roh-, Hilfs- und Betriebsstoffe, unfertige und fertige Erzeugnisse und Waren.

Der Teilwert beim Vorratsvermögen deckt sich für den Fall, dass der Einkaufspreis unter die Anschaffungskosten gesunken ist, grundsätzlich – auch wenn die Veräußerungspreise nicht gesunken sind – mit den niedrigeren Wiederbeschaffungskosten;[1] dies entspricht dem Teilwertgedanken, weil ein Erwerber des gesamten Betriebs bei der Bemessung des Kaufpreises für Vorratsvermögen grundsätzlich wohl keinen höheren Betrag als den Einkaufspreis bezahlen würde.

Bei **nicht zum Absatz bestimmten Vorräten**, wie z. B. bei Ärztemustern, ist der Einzelveräußerungspreis nicht von Bedeutung, da eine tatsächliche Veräußerung in diesem Fall nicht beabsichtigt ist.[2]

Für den Fall, dass eine Wertminderung bei zum Absatz bestimmten Wirtschaftsgütern des Vorratsvermögens – etwa aufgrund von Lagerung oder verändertem Geschmack – vorliegt, ist der Teilwert dergestalt zu ermitteln, dass von dem voraussichtlich erzielbaren Veräußerungserlös der durchschnittliche Unternehmergewinn und der nach dem Bilanzstichtag noch anfallende betriebliche Aufwand abzuziehen sind. Dies entspricht dem Teilwertgedanken, weil ein gedachter Erwerber von einem zu erzielenden Veräußerungspreis ausgehen würde und zudem die Erwirtschaftung eines Unternehmerlohns anstreben wird. Nach Auffassung der Finanzverwaltung entspricht der Teilwert im Regelfall dem Betrag, der sich durch Subtraktion des nach dem Bilanzstichtag noch anfallenden Teils des durchschnittlichen Rohgewinnaufschlags von dem voraussichtlichen Verkaufserlös ergibt (Subtraktionsmethode).[3]

Wenn die Subtraktionsmethode jedoch insbesondere aufgrund der betrieblichen Abläufe, wie dem Fehlen entsprechender Daten, nicht möglich ist, kann die Formelmethode angewendet werden. Demnach ergibt sich der Teilwert durch folgende Formel:

$X = Z : (1 + Y1 + Y2 \times W)$

---

1 Vgl. R 6.8 Abs. 2 Satz 1 EStR; hinsichtlich verschiedener Inventurverfahren *Köhler*, BBK 2013, 1188; zum sog. Gängigkeitsverfahren *Görgen*, DStR 2015, 2250 sowie *Schmudlach*, NWB 2018, 1843.
2 Vgl. R 6.8 Abs. 2 Satz 2 EStR; *Happe*, BBK 2015, 802.
3 Vgl. R 6.8 Abs. 2 Satz 4 EStR, für die Bewertung von Warenbeständen von Handelsunternehmen *Saure*, DStR 2017, 408; für die Ermittlung der Anschaffungskosten im Rahmen der Prüfung einer voraussichtlich dauernden Wertminderung *Saure*, DStR 2018, 1193.

120 „X" steht hier für die zu suchende Menge, der erzielbare Verkaufspreis wird durch „Z" definiert. Der Prozentsatz des durchschnittlichen Unternehmergewinns, bezogen auf die Anschaffungskosten, wird durch „Y1" dargestellt, hinzu addiert wird der Rohgewinnaufschlagrest „Y2". Der Rohgewinnaufschlagrest wird zuvor mit dem Prozentsatz, der noch nach Abzug des durchschnittlichen Unternehmergewinnprozentsatzes vom Rohgewinnaufschlagssatz, der nach dem Bilanzstichtag anfällt, multipliziert.

121 Den **Nachweis** der dauernden Wertminderung beim Vorratsvermögen kann der Steuerpflichtige etwa durch seine tatsächlich erzielten Verkaufspreise führen, wobei die Finanzverwaltung eine derart große Anzahl von Fällen verlangt, dass hierdurch „allgemeine Schlussfolgerungen" gezogen werden können.[1]

122–123 (Einstweilen frei)

ee) Beteiligungen

124 Der Anwendungsbereich des § 6 Abs. 1 Nr. 2 EStG erstreckt sich auch auf Beteiligungen im Anlage- und Umlaufvermögen. Unter den Beteiligungsbegriff fallen Anteile an Unternehmen, die dazu bestimmt sind, dem eigenen Geschäftsbetrieb durch Herstellung einer dauernden Verbindung zu jenen Unternehmen zu dienen (§ 271 Abs. 1 Satz 1 HGB).

125 Bestandteile der Anschaffungskosten sind der Kaufpreis und die Anschaffungsnebenkosten.[2] Hierzu gehören beispielsweise Provisionen und Bankspesen. Im Fall einer verdeckten Einlage kommt es zu nachträglichen Anschaffungskosten der Beteiligung.[3] Bei börsennotierten Wertpapieren ist davon auszugehen, dass der Teilwert grundsätzlich dem Börsenkurs entspricht.[4] Für den Fall eines Paketzuschlags können nach Auffassung der Rechtsprechung jedoch nicht die Wiederbeschaffungskosten herangezogen werden.[5] Das Kriterium der voraussichtlich dauernden Wertminderung wurde von der Finanzverwaltung in der Vergangenheit unterschiedlich ausgelegt;[6] inzwischen wird eine voraussichtlich dauernde Wertminderung bejaht, wenn der Kursverlust 5 % der Bewertung bei Erwerb überschreitet.[7]

126 Für den Fall, dass zu vorangehenden Bilanzstichtagen bereits eine Teilwertabschreibung vorgenommen wurde, ist die 5 %-Grenze ausgehend von dem Bilanzansatz am vorangegangenen Bilanzstichtag zu ermitteln.[8] Nach Auffassung der Finanzverwaltung kann der Teilwert nur dann nicht nach dem Kurswert ermittelt werden, wenn dieser dem tatsächlichen Wert, etwa aufgrund von Insidergeschäften, nicht entspricht.[9] Bei Anteilen an Investmentfonds, die im An-

---

1 Vgl. R 6.8 Abs. 2 Satz 9 EStR; für Beispiele Weinzierl/Risse/Möller, StuB 2016, 172.
2 Vgl. für den Fall nachträglicher Anschaffungskosten bei Beteiligungen Eilers/Ottermann in Lüdicke/Sistermann, Unternehmenssteuerrecht, § 8, Rz. 49.
3 Kleinmanns, BB 2014, 1648.
4 Vgl. BFH v. 26. 9. 2007 - I R 58/06, BStBl 2009 II 294.
5 Vgl. BFH v. 7. 11. 1990 - I R 116/86, BStBl 1991 II 342.
6 Vgl. für die frühere Auffassung des Abstellens auf eine 25 %- und 40 %-Grenze Thurow, BC 2011, 431.
7 Die 5 %-Regel findet auch im Umlaufvermögen Anwendung, vgl. OFD Nordrhein-Westfalen, Kurzinformation Einkommensteuer Nr. 01/2015; BMF v. 16. 7. 2014, BStBl 2014 I 1162, Rz. 15; zur Problematik der Teilwertabschreibungen auch in Bezug auf die frühere Auffassung des BMF Dörre/Blank, DB 2014, 861; für Beispiele Grieser/Faller, DStR 2012, 727.
8 Vgl. BMF v. 2. 9. 2016, BStBl 2016 I 995, Rz. 15; für die Anwendung des Teileinkünfteverfahrens, Moritz/Rüsch, DStR 2015, 2305.
9 Vgl. BMF v. 2. 9. 2016, BStBl 2016 I 995, Rz. 15; vgl. hierzu auch Zwirner/Zimny, SteuK 2014, 485.

lagevermögen gehalten werden, sind die Grundsätze zu börsennotierten Aktien entsprechend anzuwenden, wenn mehr als 50 % ihres Werts in Aktien investiert sind.[1]

Für den Fall eines körperschaftsteuerpflichtigen Anteilseigners sind Teilwertabschreibungen als bilanzielle Rechtsfolgen unter den genannten Voraussetzungen zulässig; außerbilanziell sind diese jedoch nach § 8b Abs. 3 Satz 3 KStG hinzuzurechnen. Bei einer späteren Wertaufholung ist ein außerbilanzieller Abzug vorzunehmen; jedoch sind grundsätzlich 5 % als nichtabziehbare Betriebsausgabe hinzuzurechnen (§ 8b Abs. 3 Satz 1 KStG). Aus Sicht des Steuerpflichtigen kann es somit sinnvoll sein, auf die (steuerlich ohne Auswirkung bleibende) Teilwertabschreibung zu verzichten, um somit auch im Fall einer Wertaufholung oder einer späteren Realisation die 5 %ige Besteuerung zu vermeiden.[2]

127

Bei nicht börsennotierten Beteiligungen kommt nur eine Schätzung des Teilwerts in Betracht, dies könnte auf Grundlage von Veräußerungen in der Vergangenheit, einer Substanz- oder Ertragswertbewertung oder auch des Stuttgarter Verfahrens erfolgen.[3]

128

ff) Festverzinsliche Wertpapiere

Bei festverzinslichen Wertpapieren kann sich die Frage einer möglichen Teilwertabschreibung für den Fall stellen, dass der Kurswert die Anschaffungskosten unterschreitet. Eine voraussichtlich dauernde Wertminderung verneint die Finanzverwaltung jedoch, soweit der Kurs den garantierten Einlösebetrag unterschreitet. Die Finanzverwaltung konkretisiert dies anhand des Beispiels des Erwerbs eines festverzinslichen Wertpapiers zum Kurs von 102 %, wobei am Ende der Laufzeit 100 % zurückgezahlt werden. Für den Fall, dass der Kurs am Bilanzstichtag 98 % beträgt, kann lediglich eine Abschreibung auf 100 % des Nennwerts erfolgen, da nur insoweit eine voraussichtlich dauernde Wertminderung vorliegt.[4] Die 5 %-Grenze, die bei börsennotierten Aktien Anwendung findet, entfaltet somit bei festverzinslichen Wertpapieren keine Relevanz.[5]

129

gg) Forderungen
(1) Grundsätzliche Bewertung zu Anschaffungs- und Herstellungskosten

Forderungen sind dem nicht abnutzbaren Anlage- oder Umlaufvermögen zuzuordnen, so dass in beiden Fällen die Bewertung nach § 6 Abs. 1 Nr. 2 EStG mit den Anschaffungs-/Herstellungskosten bzw. dem niedrigeren Teilwert (s. → Rz. 15) erfolgt.[6] Der Ansatz von Geldforderungen erfolgt grundsätzlich mit dem Nennwert,[7] auch wenn diese unverzinslich sind.

130

---

1 Vgl. BMF v. 2. 9. 2016, BStBl 2016 I 995, Rz. 17; *Oblau*, BC 2014, 453; vgl. zu dieser Problematik auch BFH v. 21. 9. 2011 - I R 7/11, BStBl 2014 II 616.

2 Vgl. *Happe*, SteuK 2012, 347.

3 Vgl. *Ehmcke* in Blümich, § 6 EStG Rz. 864.

4 Vgl. BMF v. 2. 9. 2016, BStBl 2016 I 995, Rz. 14; zur Kritik *Adrian/Helios*, DStR 2014, 725.

5 Vgl. OFD Nordrhein-Westfalen, Kurzinformation Einkommensteuer Nr. 01/2015.

6 In der Fachwelt ist nicht geklärt, ob es sich bei der Forderungsentstehung um einen Anschaffungs- oder Herstellungsvorgang handelt und ob dementsprechend Anschaffungs- oder Herstellungskosten vorliegen; für die Bilanzierung der Höhe nach ist diese Frage jedoch grundsätzlich ohne Auswirkung, vgl. *Ehmcke* in Blümich, § 6 EStG Rz. 882; für Fremdwährungsforderungen *Goy*, NWB DokID: LAAAF-73319.

7 Vgl. BFH v. 20. 8. 2003 - I R 49/02, BStBl 2003 II 941; für den Fall eines Zuschusses BFH v. 24. 7. 2013 - IV R 30/10, BFH/NV 2014, 304 = NWB DokID: UAAAE-52236.

(2) Niedrigerer Teilwertansatz

131 Eine Wertberichtigung von Forderungen kann als Einzelwertberichtigung, Pauschalwertberichtigung oder als Kombination aus beiden Verfahren erfolgen.

Eine Einzelwertberichtigung ist insbesondere dann anzuwenden, wenn die Wahrscheinlichkeit des Zahlungsausfalls das allgemeine Ausfallrisiko übersteigt.[1] Mit der Einzelwertberichtigung ist der Vorteil verbunden, dass eine mögliche Wertminderung genauer als im Rahmen einer Pauschalwertberichtigung erfasst werden kann.[2]

132 Im Fall einer voraussichtlich **uneinbringlichen Forderung**[3] ist grundsätzlich eine Abschreibung in voller Höhe vorzunehmen; in diesem Fall kann die Forderung nicht aktiviert werden.[4] Bei zweifelhaften Forderungen ist die Bemessung der Einzelwertberichtigung in der Praxis mit Problemen verbunden. Abzustellen ist auf das Gesamtbild der Verhältnisse, wobei auch Erfahrungen aus der Vergangenheit zu berücksichtigen sind.[5]

133 Aus dem Teilwertgedanken folgt, dass bei zweifelhaften Forderungen auch noch **weitere Kosten**, wie z. B. für Mahnungen und Inkasso, einzubeziehen sind, da auch ein Erwerber des ganzen Betriebs derartige Kosten kaufpreismindernd berücksichtigen würde.[6] Demgegenüber würde jedoch ein möglicher Erwerber Aufrechnungsmöglichkeiten, Besicherungen (z. B. Hypotheken, Grundpfandrechte),[7] Sicherungsgeschäfte, Rückgriffsansprüche gegenüber Dritten, Versicherungsansprüche aus Ausfallversicherungen dahin gehend berücksichtigen, dass insoweit keine tatsächliche Minderung des Ausfallrisikos besteht.[8]

134 Fallkonstellationen:

▶ Eine Wertberichtigung von Forderungen kann auch erfolgen, wenn die Forderung am Tage **nach der Bilanzerstellung** teilweise **erfüllt** wurde und der Gläubiger den Schuldner weiterhin beliefert hat.[9]

▶ Für den Fall, dass lediglich **Ausfallerfahrungen aus der Vergangenheit** vorliegen, ohne dass darüber hinaus Gründe für eine Wertberichtigung bestehen, kann keine Einzelwertberichtigung erfolgen.

▶ Aus der Teilwertkonzeption müsste aus konzeptioneller Sicht folgen, dass eine **Un- oder Niedrigverzinslichkeit** zu einer Wertminderung führen müsste, da ein Erwerber bei der Ermittlung des Kaufpreises eines ganzen Unternehmens diese Un- oder Niedrigverzinslichkeit mindernd berücksichtigen würde.[10] Dieser Gedanke wird jedoch auch von der

---

1 Vgl. BFH v. 15. 6. 2009 - I B 46/09, BFH/NV 2009, 1843 = NWB DokID: DAAAD-28967; zum Vorgehen bei der Einzelwertberichtigung *Krauß*, NWB DokID: SAAAE-68539.
2 Vgl. BFH v. 1. 4. 1958 - I 60/57 U, BStBl 1958 III 291.
3 Vgl. für den Begriff der Uneinbringlichkeit *Krauß*, NWB DokID: IAAAE-68538.
4 Vgl. BFH v. 15. 6. 2009 - I B 46/09, BFH/NV 2009, 1843 = NWB DokID: DAAAD-28967.
5 Vgl. BFH v. 20. 8. 2003 - I R 49/02, BStBl 2003 II 941.
6 Vgl. BFH v. 7. 5. 1998 - IV R 24/97, BFH/NV 1998, 1471 = NWB DokID: BAAAA-97394; für den Fall, dass bei derartigen Aufwendungen jedoch ein Erstattungsanspruch gegenüber dem Schuldner besteht, könnte auch aus Teilwertgesichtspunkten argumentiert werden, dass insoweit keine Minderung des Teilwerts vorliegt, vgl. hierzu (jedoch in Bezug auf die Pauschalwertberichtigung) OFD Rheinland v. 6. 11. 2008, DB 2008, 2623.
7 Die Wertberichtigung kann insoweit zulässig sein, als die Forderung im Rahmen einer Besicherung nicht vollständig gedeckt ist, vgl. BFH v. 7. 5. 1998 - IV R 24/97, BFH/NV 1998, 1471 = NWB DokID: BAAAA-97394.
8 Vgl. BFH v. 8. 11. 2000 - I R 10/98, BStBl 2001 II 349.
9 Vgl. BFH v. 20. 8. 2003 - I R 49/02, BStBl 2003 II 941.
10 Vgl. zu diesem Gedanken BFH v. 24. 10. 2006 - I R 2/06, BStBl 2007 II 469; zu dieser Problematik auch *Löbe*, NWB 2003, 1802.

Rechtsprechung nicht in Reinform umgesetzt,[1] beispielsweise soll ein unverzinsliches Darlehen an Betriebsangehörige grundsätzlich nicht die Voraussetzungen einer voraussichtlich dauernden Wertminderung erfüllen.[2]

▶ Falls bei einer Darlehensgewährung ein **Disagio** einbehalten wird, kann diesbezüglich keine Abschreibung der Forderung erfolgen; vielmehr ist der Differenzbetrag passiv abzugrenzen und entsprechend aufzulösen.[3]

Im Rahmen einer **Pauschalwertberichtigung** werden die Forderungen um einen einheitlichen Vomhundertsatz abgeschrieben. Eine Pauschalwertberichtigung kommt in Betracht, wenn eine individuelle Ermittlung des Ausfallrisikos nicht möglich oder mit einem unangemessen hohen Aufwand verbunden ist.[4] Die Höhe der Pauschalwertberichtigung kann insbesondere aus Vergangenheitswerten hergeleitet werden. 135

Bei einer Kombination von Einzel- und Pauschalwertberichtigungen ist die Einzelwertberichtigung wie oben beschrieben vorzunehmen. Die Pauschalwertberichtigung hat sich in diesem Fall nur auf den Forderungsbestand der nicht bereits einzelwertberichtigten Forderungen zu beziehen.[5] In diesem Fall muss bei der Ermittlung der Höhe der Pauschalwertberichtigung berücksichtigt werden, dass die allgemeinen Erfahrungswerte des Ausfallrisikos aus der Vergangenheit modifiziert werden müssten, da die in besonderem Ausmaß ausfallgefährdeten Forderungen bereits abgeschrieben wurden.[6] 136

Wird eine einzelfallberichtigte Forderung beglichen, ist die Forderung entsprechend auszubuchen, so dass für den Fall, dass der Zahlungsbetrag dem Buchwert der Forderung nicht entspricht, entweder ein Ertrag oder ein Aufwand entsteht. Wurde eine einzelwertberichtigte Forderung bis zum nächsten Bilanzstichtag noch nicht beglichen und sind die Wertminderungsgründe entfallen, so ist der Wert entsprechend aufzuholen. 137

(Einstweilen frei) 138–143

5. Verbrauchsfolgeverfahren beim Vorratsvermögen (§ 6 Abs. 1 Nr. 2a EStG)

a) Voraussetzungen und Rechtsfolgen bzgl. des Lifo-Verfahrens

§ 6 Abs. 1 Nr. 2a EStG[7] sieht ein Wahlrecht vor, gleichartige Wirtschaftsgüter des Vorratsvermögens nach dem Lifo-Verfahren zu bewerten (s. zur Bewertung von Vorratsvermögen Satz 3 und → Rz. 150).[8] Demnach wird hinsichtlich der Verbrauchsfolge davon ausgegangen, dass die zuletzt angeschafften oder hergestellten Vorräte zuerst verbraucht werden. Voraussetzung für die Anwendung des Lifo-Verfahrens ist zudem eine Gewinnermittlung nach § 5 EStG, so dass Bilanzierende nach § 4 Abs. 1 EStG ausgeschlossen sind. Es muss sich somit um Gewerbetreibende handeln, die aufgrund gesetzlicher Vorschriften zur Führung von Büchern verpflichtet sind oder freiwillig Bücher führen. 144

---

1 Vgl. *Löbe*, NWB 2013, 1802.
2 Vgl. BFH v. 30.11.1988 - I R 114/84, BStBl 1990 II 117.
3 Vgl. BFH v. 8.11.1989 - II R 29/86, BStBl 1990 II 207.
4 BFH v. 7.5.1998 - IV R 24/97, BFH/NV 1998, 1471 = NWB DokID: BAAAA-97394.
5 Vgl. BFH v. 16.7.1981 - IV R 89/80, BStBl 1981 II 766.
6 Vgl. BFH v. 6.8.1962 - I 40/61, HFR 1962, 337.
7 Zum Lifo-Verfahren s. *Bolik/Burek*, NWB 2015, 2214; *Marx*, StuB 2015, 443; *Marx*, StStud 2016, 346.
8 Vgl. jedoch *Strahl/Korn*, NWB 2014, 3696, für den Hinweis auf Diskussionen hinsichtlich einer möglichen Abschaffung der steuerlichen Zulässigkeit des Lifo-Verfahrens.

145 Der Anwendungsbereich des Lifo-Verfahrens beschränkt sich auf **Vorratsvermögen**. Mangels Definition im Steuerrecht ist die handelsrechtliche Konkretisierung maßgeblich. Gemäß des Gliederungsschemas des § 266 Abs. 2 HGB, sind Vorräte Teil des Umlaufvermögens und bestehen aus Roh-, Hilfs- und Betriebsstoffen, unfertigen Erzeugnissen, unfertigen Leistungen, fertigen Erzeugnissen und Waren.[1]

146 Der Gesetzeswortlaut gibt vor, dass das Lifo-Verfahren nur zulässig ist, soweit dies den handelsrechtlichen **GoB** entspricht. Diese Voraussetzung überrascht, da es beim Lifo-Verfahren gerade nicht zu einer Bewertung nach dem Einzelbewertungsgrundsatz kommt und somit ein Verstoß gegen die GoB vorliegen müsste.[2] Nach Auffassung der Finanzverwaltung liegt diese Voraussetzung vor, wenn die am Schluss des Wirtschaftsjahres vorhandenen Wirtschaftsgüter mengenmäßig vollständig erfasst sind und wenn es durch die Lifo-Methode zu einer Vereinfachung bei der Bewertung des Vorratsvermögens kommt. Die Finanzverwaltung stellt heraus, dass die Lifo-Bewertung eine Ausnahme vom Einzelbewertungsgrundsatz darstellt; eine über die Merkmale der vollständigen Erfassung und des Vorliegens einer nach dem Wirtschaftlichkeits- und Wesentlichkeitsgrundsatz vorliegenden Bewertungsvereinfachung hinaus ist nicht erforderlich.[3] Die Lifo-Methode muss nicht mit der tatsächlichen Verbrauchs- oder Veräußerungsfolge übereinstimmen und ist somit auch anwendbar, wenn ordnungsrechtliche Vorschriften, z. B. des Lebensmittelrechts dieser widersprechen. Bei verderblichen Waren ist die Anwendung der Lifo-Methode nicht zulässig, da diese den tatsächlichen betrieblichen Abläufen nicht entspricht. Bei dauerhaft haltbaren Vorräten ist die Lifo-Methode jedoch zulässig; die Finanzverwaltung bejaht eine dauerhafte Haltbarkeit bei Vorräten im Falle einer Haltbarkeit von mindestens einem Jahr. Bei Handelswaren – d. h. bei zum Verkauf und nicht zur weiteren Be- und Verarbeitung vorgesehenen Vorräten – ist eine Anwendung der Lifo-Methode unzulässig, wenn durch im Betrieb eingesetzte EDV-Systeme technisch möglich ist, die individuellen Anschaffungskosten der einzelnen Wirtschaftsgüter problemlos zu ermitteln. Hingegen ist eine Bewertung nach dem Lifo-Verfahren möglich, wenn die EDV-Systeme eine Einzelbewertung grundsätzlich ermöglichen, hierzu aber weitere Rechen- oder Ermittlungsschritte erforderlich wären.[4] Auch bei Einsatz eines elektronischen Warenwirtschaftsystems ist die Anwendung der Lifo-Methode zulässig.[5]

147 Für die Anwendung der Lifo-Methode ist es möglich, gleichartige Wirtschaftsgüter zu einer **Gruppe** zusammenzufassen.[6] Die Gleichartigkeit ist nach Auffassung der Finanzverwaltung gegeben, wenn es sich bei den Wirtschaftsgütern entweder um eine gleichartige Warengattung handelt oder diese funktionsgleich sind. Das Wahlrecht zur Lifo-Bewertung kann für die einzelnen Gruppen unterschiedlich ausgeübt werden, wobei die einzelnen Wirtschaftsgüter einer Bewertungsgruppe nach einheitlichen Grundsätzen zu bewerten sind.[7] Für den Fall, dass eine Gleichartigkeit nicht gegeben ist, könnten mehrere Gruppen gleichartiger Wirtschaftsgüter des Vorratsvermögens gebildet werden und das Lifo-Verfahren bezogen auf jede einzelne Gruppe angewendet werden.[8]

---

1 Vgl. BMF v. 12. 5. 2015, BStBl 2015 I 462, Rz. 1.
2 Vgl. *Hennrichs* in Münchener Kommentar zum Bilanzrecht, § 256 HGB Rz. 16.
3 Vgl. BMF v. 12. 5. 2015, BStBl 2015 I 462, Rz. 3.
4 Vgl. BMF v. 12. 5. 2015, BStBl 2015 I 462, Rz. 6.
5 Vgl. BMF v. 12. 5. 2015, BStBl 2015 I 462, Rz. 27.
6 Vgl. R 6.9 Abs. 3 Satz 1 EStR.
7 Vgl. BMF v. 12. 5. 2015, BStBl 2015 I 462, Rz. 4.
8 Vgl. *Kulosa* in Schmidt, § 6 EStG Rz. 414.

Bei be- oder verarbeiteten Erzeugnissen, die im Betrieb nach einer weiteren Ver- oder Bearbeitung herstellt wurden, sind bei der Ermittlung der Anschaffungs- oder Herstellungskosten **weitere Kosten** zu berücksichtigen, die im Rahmen des Fertigungsprozesses entstanden sind. 148

Andere Verbrauchsfolgeverfahren, wie z.B. Fifo, sind im Steuerrecht nicht zugelassen, so dass Vorratsvermögen grundsätzlich entweder nach der Durchschnittsmethode (R 6.8 Abs. 4 EStR) oder nach dem Lifo-Verfahren bewertet wird. Bei der Lifo-Methode ist ein permanentes Lifo-Verfahren oder auch ein Perioden-Lifo-Verfahren möglich. 149

> **PRAXISHINWEIS:**
> Die Anwendung der Lifo-Methode in der Steuerbilanz setzt nicht voraus, dass diese in der Handelsbilanz ebenfalls angewandt wird;[1] bei Abweichungen sind die entsprechenden Wirtschaftsgüter in besondere, laufend zu führende Verzeichnisse aufzunehmen (§ 5 Abs. 1 Satz 2 EStG). Bei steigenden Preisen führt das Lifo-Verfahren zu einer niedrigeren Bewertung und somit zu einem niedrigeren steuerlichen Gewinn. Falls handelsrechtlich ein hohes Ergebnis angestrebt wird, könnte im Handelsrecht das Fifo-Verfahren angewandt werden.[2]

b) Übergang zwischen Lifo-Verfahren und Regelbewertung (§ 6 Abs. 1 Nr. 2a Satz 2, 3 EStG)

Beim Übergang von der Regelbewertung zum Lifo-Verfahren ist der Vorratsbestand am Schluss des vorangegangenen Wirtschaftsjahres gem. § 6 Abs. 1 Nr. 2a Satz 2 EStG als erster Zugang für das Lifo-Verfahren anzusetzen. Für den Fall, dass von der gewählten Lifo-Bewertung in folgenden Wirtschaftsjahren abgewichen wird, ist hierfür die Zustimmung des Finanzamtes erforderlich (§ 6 Abs. 1 Nr. 2a Satz 3 EStG). Es handelt sich hierbei um eine Ermessensentscheidung,[3] insbesondere soll Willkür vermieden werden. 150

Für den umgekehrten Fall des Wechsels von der Regelbewertung zur Lifo-Methode ist eine Zustimmung des Finanzamtes nicht erforderlich;[4] der Grundsatz der Bewertungsstetigkeit ist zu beachten.[5] 151

c) Niedrigerer Teilwert

Der niedrigere Teilwertansatz gem. § 6 Abs. 1 Nr. 2 Satz 2 EStG kann bei Vorliegen einer voraussichtlich dauernden Wertminderung erfolgen (s. hierzu oben); hierfür ist der Teilwert der zu einer Gruppe zusammengefassten Wirtschaftsgüter mit dem Wertansatz nach der Lifo-Bewertung zu vergleichen.[6] Bei der Layer-Bildung ist der Vergleich bezogen auf jeden einzelnen Layer durchzuführen.[7] 152

(Einstweilen frei) 153–159

---

[1] Vgl. BMF v. 12.5.2015, BStBl 2015 I 462, Rz. 10; *Zwirner/Zimny*, BC 2015, 64; vgl. für die Auffassung, dass eine isolierte Bewertung nach dem Lifo-Verfahren in der Steuerbilanz nicht zulässig ist *Hüttemann/Meinert*, DB 2013, 1865.
[2] Vgl. *Zwirner/Zimny*, BC 2015, 66; vgl. zu weiteren Fallgestaltungen bei der Anwendung der Lifo-Methode *Herzig*, DB 2014, 1756; sowie *Zwirner/Zimny*, Steuk 2015, 483; *Burkhardt/Müller/Bucherer*, BBK 2015, 1142.
[3] Vgl. zum Ermessensbegriff § 5 AO.
[4] Vgl. R 6.9 Abs. 5 Satz 2 EStR.
[5] Vgl. R 6.9 Abs. 5 Satz 3 EStR.
[6] Vgl. R 6.9 Abs. 6 Satz 1 EStR.
[7] Vgl. R 6.9 Abs. 6 Satz 2 EStR.

6. Finanzinstrumente (§ 6 Abs. 1 Nr. 2b EStG)

160 § 6 Abs. 1 Nr. 2b EStG regelt die **Bewertung von zu Handelszwecken erworbenen Finanzinstrumenten** bei Steuerpflichtigen, die unter § 340 HGB fallen; hiervon werden insbesondere Banken erfasst. Weitere Voraussetzung ist, dass die Finanzinstrumente nicht im Rahmen einer Bewertungseinheit (§ 5 Abs. 1a Satz 2 EStG) abgebildet werden.

Als Rechtsfolge ist eine Bewertung mit dem beizulegenden Zeitwert, jedoch abzüglich eines Risikoabschlags (§ 340e Abs. 3 HGB) vorzunehmen. Dies bedeutet somit, dass die Obergrenze nicht den historischen Anschaffungskosten entspricht[1] und dass bei einem gesunkenen Wert der entsprechend niedrigere Ansatz erfolgen muss; das Kriterium einer voraussichtlich dauernden Wertminderung besteht somit im Rahmen des § 6 Abs. 1 Nr. 2b EStG nicht.

161–166 *(Einstweilen frei)*

7. Verbindlichkeiten (§ 6 Abs. 1 Nr. 3 EStG)

a) Bewertung gem. § 6 Abs. 1 Nr. 3 Satz 1 EStG

aa) Bezugnahme auf § 6 Abs. 1 Nr. 2 EStG

167 Die Frage des Ansatzes von Verbindlichkeiten dem Grunde nach, ist nach §§ 4, 5 EStG zu beurteilen. Für den Fall, dass der Ansatz dem Grunde nach bejaht wird, ist die Bewertung gem. § 6 Abs. 1 Nr. 3 EStG vorzunehmen. Während handelsrechtlich Verbindlichkeiten nach § 253 Abs. 1 Satz 2 HGB grundsätzlich mit ihrem Erfüllungsbetrag anzusetzen sind, gibt das Steuerrecht in § 6 Abs. 1 Nr. 3 EStG vor, dass für die Bewertung sinngemäß § 6 Abs. 1 Nr. 2 EStG anzuwenden ist. Dieser Verweis auf Nr. 2 führt somit dazu, dass Verbindlichkeiten mit Anschaffungs- und Herstellungskosten oder dem an deren Stelle tretenden Wert anzusetzen sind; sie unterliegen zudem dem Abzinsungsgebot (s. → Rz. 168). Für den Fall, dass aufgrund einer voraussichtlich dauernden Werterhöhung ein die Anschaffungs- oder Herstellungskosten übersteigender Teilwert vorliegt, besteht ein Wahlrecht bzgl. des Ansatzes des höheren Teilwerts.[2] Wenn diese Werterhöhung bei zukünftigen Bilanzstichtagen nicht mehr besteht, ist eine entsprechende Abwertung entsprechend § 6 Abs. 1 Satz 1 Nr. 1 Satz 4 EStG vorzunehmen.

bb) Abzinsung

168 Während im Handelsrecht nur Rückstellungen und Rentenverbindlichkeiten abgezinst werden, muss im Steuerrecht eine Abzinsung nach § 6 Abs. 1 Nr. 3 Satz 1 2. Halbsatz EStG mit einem Zinssatz von 5,5 % erfolgen.[3] Hierdurch soll dem Umstand Rechnung getragen werden, dass Verbindlichkeiten naturgemäß zwar eine Minderung der wirtschaftlichen Leistungsfähigkeit bedeuten, diese jedoch umso geringer ausfällt, je weiter der Begleichungszeitpunkt in der Zukunft liegt. Verbindlichkeiten, die in der Zukunft zu begleichen sind, werden grundsätzlich nicht nur einen Tilgungsanteil, sondern auch einen Zinsanteil enthalten.[4] In Niedrigzinsphasen führt der kodifizierte Zinssatz i. H. v. 5,5 % zu einer übermäßigen Reduktion des Ansatzes der

---

1 Vgl. für verfassungsrechtliche Zweifel *Helios/Schlotter*, DStR 2009, 551; hinsichtlich einer möglichen Doppelbesteuerung im Zusammenhang mit der Hinzurechnungsbesteuerung der §§ 7 ff. AStG *Haisch/Helios*, IStR 2013, 842.
2 Vgl. bspw. *Dziadkowski*, BB 2012, 2167.
3 Vgl. BMF v. 26. 5. 2005, BStBl 2005 I 699.
4 Vgl. jedoch auch für Ausnahmen BFH v. 30. 11. 2005 - I R 110/04, BStBl 2007 II 251.

Verbindlichkeiten.[1] In der Praxis werden jedoch zahlreiche Verbindlichkeiten wegen der Ausnahmeregelung des § 6 Abs. 1 Nr. 3 Satz 2 EStG nicht der Abzinsung unterliegen (s. → Rz. 175).

cc) Begriff der Anschaffungs- und Herstellungskosten

Der Begriff der Anschaffungs- und Herstellungskosten im Zusammenhang mit Verbindlichkeiten bereitet Schwierigkeiten, da im engeren Wortsinn kein Anschaffungs- oder Herstellungsvorgang vorliegt. Die Rechtsprechung hat diese Unklarheit dahin gehend gelöst, dass sie den den Anschaffungskosten entsprechenden Wert heranzieht.[2]

Mangels näherer Konkretisierungen ist die handelsrechtliche Bewertung maßgeblich, so dass die Bewertung vor Anwendung der Abzinsung grundsätzlich nach dem **Erfüllungsbetrag** (§ 253 Abs. 1 Satz 2 HGB) zu erfolgen hat; dies ist grundsätzlich der Nennwert bzw. Rückzahlungsbetrag,[3] wobei die Eigenart der entsprechenden Verbindlichkeit relevant ist.[4]

dd) Höhere Bewertung (§ 6 Abs. 1 Nr. 3 Satz 2 EStG)

Korrespondierend zu einer Teilwertabschreibung von aktiven Wirtschaftsgütern kommt im Fall einer Verbindlichkeit unter sinngemäßer Anwendung des § 6 Abs. 1 Nr. 2 Satz 2 EStG eine Erhöhung des Bilanzansatzes als Wahlrecht in Betracht. Für den Fall, dass jedoch sehr wahrscheinlich nicht mit einer Inanspruchnahme gerechnet werden kann oder eine Einrede der Verjährung möglich ist, muss eine Bewertung zu einem niedrigeren Teilwert erfolgen.[5] Korrespondierend zu § 6 Abs. 1 Nr. 2 Satz 3 EStG muss bei einer vorangegangenen höheren Teilwertbewertung eine Abwertung vorgenommen werden, falls der Grund für die höhere Bewertung entfallen ist.

Für den Fall, dass die Zahlungsverpflichtung von einem Kurswert abhängt, wie z. B. bei Fremdwährungsverbindlichkeiten, wird der Zugangswert auf Grundlage des Kurses bei Entstehen der Verbindlichkeit ermittelt.[6] Liegt eine dauernde Erhöhung der Verbindlichkeit vor, besteht das Wahlrecht, diesen höheren Wert anzusetzen (§ 6 Abs. 1 Nr. 3 Satz 1 EStG). Eine dauernde Erhöhung liegt nach Auffassung von Finanzverwaltung und Rechtsprechung vor, wenn die Änderung voraussichtlich nachhaltig ist, d. h., es müssen mehr Gründe für als gegen eine Nachhaltigkeit sprechen.[7]

ee) Ausgewählte Fallkonstellationen

Falls eine **Sach- oder Dienstleistungsverpflichtung** vorliegt, ist die Verbindlichkeit grundsätzlich in der Höhe anzusetzen, in der der Verpflichtete Aufwendungen voraussichtlich erbringen

---

1 Vgl. *Becker/Sandlos*, StB 2013, 194.
2 Vgl. BFH v. 18. 12. 2002 - I R 17/02, BStBl 2004 II 126.
3 Vgl. BFH v. 15. 9. 2004 - I R 5/04, BStBl 2009 II 100.
4 Vgl. BFH v. 19. 2. 1975 - I R 28/73, BStBl 1975 II 480.
5 Vgl. BFH v. 27. 3. 1996 - I R 3/95, BStBl 1996 II 470.
6 Vgl. *Goy*, BBK 2016, 527.
7 Vgl. BMF v. 12. 8. 2002, BStBl 2002 I 793; vgl. für eine Teilwerterhöhung im Rahmen der Festlegung eines Mindestkurses FG Baden-Württemberg v. 11.7.2017 - 5 K 1091/15, NWB DokID: RAAAG-68380; vgl. dazu NWB-Nachricht v. 27.12.2017, NWB DokID: JAAAG-68403; für Buchungssätze *Cremer*, NWB 26/2018 Beilage 2/2018, 17.

muss.¹ Einzubeziehen sind Einzel- und Gemeinkosten inklusive AfA jedoch ohne kalkulatorische Kosten;² zukünftige Preissteigerungen sind nicht einzubeziehen.³

174 Für den Fall, dass der Rückzahlungsbetrag höher als der Ausgabebetrag ist (**Damnum**), erfolgt der Ansatz der Verbindlichkeit mit dem Rückzahlungsbetrag; in Höhe der Differenz ist ein RAP zu bilden, der auf die Laufzeit des Darlehens aufzuteilen ist.⁴

b) Ausnahmen von der Abzinsung (§ 6 Abs. 1 Nr. 3 Satz 2 EStG)

175 Von der Abzinsung sind gem. § 6 Abs. 1 Nr. 3 Satz 2 EStG Verbindlichkeiten ausgenommen, deren Laufzeit am Bilanzstichtag weniger als zwölf Monate beträgt oder Verbindlichkeiten, die verzinslich sind oder auf einer Anzahlung oder Vorausleistung beruhen. Strittig ist, ob eine Abzinsung bei einer geringen Verzinsung erfolgen muss oder ob (eine geringe) Verzinslichkeit die Abzinsung ausschließt.⁵

176–181 *(Einstweilen frei)*

8. Rückstellungen (§ 6 Abs. 1 Nr. 3a EStG)

a) Allgemeine Regelungen zur Rückstellungsbewertung

182 Für den Fall, dass eine Rückstellung dem Grunde nach gebildet werden darf oder muss (§§ 4, 5 EStG), regelt § 6 Abs. 1 Nr. 3a EStG den Ansatz der Rückstellung der Höhe nach; § 6 Abs. 1 Nr. 3a EStG wurde durch das StEntlG 1999 eingeführt. Im Rahmen der Rückstellungsbewertung ist das Risiko grundsätzlich zu schätzen.⁶ Die Schätzung darf nicht willkürlich und unrichtig sein und die diesbezüglichen Erfahrungen des Steuerpflichtigen sind zu berücksichtigen. Hierzu gibt das Handelsrecht gem. § 253 Abs. 1 Satz 2 HGB eine Bewertung in Höhe des nach vernünftiger kaufmännischer Beurteilung notwendigen Erfüllungsbetrags vor.⁷

183 Im Steuerrecht weicht § 6 Abs. 1 Nr. 3a EStG teilweise von den handelsrechtlichen Regelungen⁸ ab und beschränkt die Höhe der steuerbilanziellen Rückstellung. Dies wird auch durch die in beiden Rechtsgebieten voneinander abweichenden Grundprinzipien des Vorsichtsprinzips im Handelsrecht und des Leistungsfähigkeitsprinzips im Steuerrecht begründet. Somit liegt eine Durchbrechung des Grundsatzes der Maßgeblichkeit vor, wenn der Wertansatz nach § 6 Abs. 1 Nr. 3a EStG den handelsrechtlichen Ansatz unterschreitet.⁹ Für den Fall, dass steuerlich keine Sondervorschrift existiert, ist der handelsrechtliche Wertansatz zu übernehmen. Falls § 6 Abs. 1 Nr. 3a EStG zu einem höheren Ansatz als im Handelsrecht führt, soll nach Auffassung der Finanzverwaltung der niedrigere handelsrechtliche Rückstellungsbetrag für die steuerliche Be-

---

1 Vgl. BFH v. 30. 11. 2005 - I R 110/04, BStBl 2007 II 251.
2 Vgl. BFH v. 15. 9. 2004 - I R 5/04, BStBl 2009 II 100.
3 Vgl. BFH v. 30. 11. 2005 - I R 110/04, BStBl 2007 II 251.
4 Vgl. auch für den Fall von Verwaltungsgebühren BFH v. 19. 1. 1978 - IV R 153/72, BStBl 1978 II 262.
5 So BFH v. 29. 6. 2009 - I B 57/09, BFH/NV 2009, 1804 = NWB DokID: OAAAD-27987.
6 Vgl. zur Wahrscheinlichkeit im Zusammenhang mit der Rückstellung *Rätke*, StuB 2015, 658; zum Passivierungszeitpunkt *Kahle*, DStR 2018, 976.
7 Vgl. zur handelsrechtlichen Rückstellungsbewertung *Engel-Ciric*, BC 2013, 240.
8 Vgl. zur Rückstellungsbildung im Handelsrecht NWB DokID: MAAAE-42990.
9 Vgl. BFH v. 11. 10. 2012 - I R 66/11, BStBl 2013 II 676.

wertung der Rückstellung maßgeblich sein.[1] Dem ist insbesondere auch im Hinblick auf den Gesetzeswortlaut und der Zielsetzung des Gesetzgebers nicht zuzustimmen.[2]

184

PRAXISHINWEIS:
Ausgehend von der Verwaltungsauffassung, dass der steuerliche Ansatz der Rückstellung den handelsrechtlichen Ansatz nicht übersteigen darf, bietet es sich im Falle eines handelsrechtlichen Bewertungsspielraums ggf. an, einen möglichst hohen Ansatz anzustreben.[3]

b) Begrenzung der Höhe nach gem. § 6 Abs. 1 Nr. 3a Buchst. a bis f EStG

§ 6 Abs. 1 Nr. 3a EStG enthält in einer Auflistung verschiedene Rückstellungsarten bzw. Bewertungsvorgaben, die „insbesondere" anzuwenden sind; diese Aufzählung ist somit nicht abschließend;[4] die allgemeinen Grundsätze für die Bewertung von Verbindlichkeiten und Rückstellungen finden ebenso Anwendung.[5]

185

aa) Rückstellungen für gleichartige Verpflichtungen (§ 6 Abs. 1 Nr. 3a Buchst. a EStG)

Gemäß § 6 Abs. 1 Nr. 3a Buchst. a EStG ist bei Rückstellungen für gleichartige Verpflichtungen zu berücksichtigen, dass der Steuerpflichtige nur hinsichtlich eines Teils der Summe dieser Verpflichtungen in Anspruch genommen wird, wobei hinsichtlich der Wahrscheinlichkeit der Inanspruchnahme auf die Erfahrungen der Vergangenheit aus der Abwicklung solcher Verpflichtungen abzustellen ist. Im Wesentlichen ist dies auch im Rahmen allgemeiner Grundsätze herleitbar, da eine Leistungsfähigkeitsminderung, z. B. bei Gewährleistungsverpflichtungen, nur in Höhe einer voraussichtlichen Inanspruchnahme vorliegt.[6]

186

bb) Rückstellungen für Sachleistungsverpflichtungen (§ 6 Abs. 1 Nr. 3a Buchst. b EStG)

Gemäß § 6 Abs. 1 Nr. 3a Buchst. b EStG sind Rückstellungen für Sachleistungsverpflichtungen mit den Einzelkosten und den angemessenen Teilen der notwendigen Gemeinkosten zu bewerten. Hiervon werden beispielsweise Verpflichtungen für die Aufbewahrung von Geschäftsunterlagen oder Nachbetreuung von Versicherungsverträgen erfasst; Geldleistungsverpflichtungen werden nicht einbezogen.

187

Dem Gesetzeswortlaut ist eine Kostenbegrenzung, z. B. auf variable Gemeinkosten, nicht zu entnehmen, so dass Einzelkosten, variable und fixe Gemeinkosten anzusetzen sind.[7] Auch Finanzierungskosten sind einzubeziehen, wobei Darlehenszinsen ggf. nur anteilig zu berücksichtigen sind.[8] Kalkulatorische Kosten sind nicht einzubeziehen.[9]

188

---

1 Vgl. OFD Münster v. 13.7.2012, DStR 2012, 1606; *Maus*, NWB 2012, 3542; insbesondere in Bezug auf Jubiläumsrückstellungen *Hainz*, BB 2016, 1194.
2 Vgl. *Briesemeister/Joisten/Vossel*, FR 2013, 164.
3 Vgl. *Kulosa* in Schmidt, § 6 EStG Rz. 473.
4 BFH v. 11.10.2012 - I R 66/11, BStBl 2013 II 676.
5 Vgl. zur Berechnung von Rückstellungen im Handels- und Steuerrecht NWB DokID: AAAAE-01553.
6 BFH v. 25.4.2006 - VIII R 40/04, BStBl 2006 II 749.
7 Vgl. BFH v. 11.10.2012 - I R 66/11, BStBl 2013 II 676; Bayerisches Landesamt für Steuern v. 31.1.2014, NWB DokID: QAAAE-54576.
8 BFH v. 11.10.2012 - I R 66/11, BStBl 2013 II 676.
9 Vgl. BFH v. 15.9.2004 - I R 5/04, BStBl 2009 II 100.

cc) Berücksichtigung künftiger Vorteile (§ 6 Abs. 1 Nr. 3a Buchst. c EStG)

189 Gemäß § 6 Abs. 1 Nr. 3a Buchst. c EStG sind künftige Vorteile, die mit der Erfüllung der Verpflichtung voraussichtlich verbunden sein werden, bei ihrer Bewertung wertmindernd zu berücksichtigen. Dieser Einbezug künftiger Vorteile erfolgt nur bei Rückstellungen, nicht jedoch bei Verbindlichkeiten. Für den Fall, dass hinsichtlich des Vorteils die Voraussetzungen für die Aktivierung einer Forderung vorliegen, kommt eine Minderung der Rückstellungshöhe nicht in Betracht.

190 Der voraussichtliche Vorteil muss derart konkret sein, dass mit diesem voraussichtlich zu rechnen sein muss. Dies legen Finanzverwaltung und Rechtsprechung dergestalt aus, dass bzgl. des Vorteilseintritts mehr Gründe dafür als dagegen sprechen müssen;[1] die Möglichkeit des Vorliegens künftiger Vorteile reicht nicht aus. Ein Vertrag hinsichtlich des Vorteils ist jedoch nicht erforderlich.[2] Zwischen der Verpflichtung und dem zukünftigen Vorteil muss zumindest ein sachlicher Zusammenhang bestehen; ein unmittelbarer Zusammenhang, der nach der früheren Rechtslage vor Einführung des § 6 Abs. 1 Nr. 3a EStG erforderlich war, ist nicht notwendig. Beispiele für dementsprechende zukünftige Vorteile können Kippentgelte bei der Verpflichtung zur Rekultivierung sein;[3] auch anhand dieses Beispiels wird deutlich, dass die Bewertung der zukünftigen Vorteile nicht problemlos ist.[4]

dd) Ansammlungsrückstellungen (§ 6 Abs. 1 Nr. 3a Buchst. d EStG)

(1) Grundsatz (§ 6 Abs. 1 Nr. 3a Buchst. d Satz 1 EStG)

191 Gemäß § 6 Abs. 1 Nr. 3a Buchst. d Satz 1 EStG sind Rückstellungen für Verpflichtungen, für deren Entstehen im wirtschaftlichen Sinne der laufende Betrieb ursächlich ist, zeitanteilig in **gleichen Raten** anzusammeln.[5] Der Anwendungsbereich erstreckt sich auf echte Ansammlungsrückstellungen, die am Bilanzstichtag feststehen, aber hinsichtlich ihres Entstehens auf mehrere Geschäftsjahre verteilt werden müssen.[6] Beispiele können Verpflichtungen für die Erneuerung oder zum Abbruch von Betriebsanlagen sein.[7] Unechte Ansammlungsrückstellungen werden hiervon nicht erfasst; hierbei handelt es sich um Verpflichtungen, die am Bilanzstichtag noch nicht feststehen, weil sich die Höhe der Rückstellung in jedem Jahr ändern kann. Diese werden nicht in gleichen Raten, sondern anhand der tatsächlichen Entstehung angesammelt.[8] Am Bilanzstichtag ist die Rückstellung in Höhe der Rückstellungsraten der vergangenen Bilanzstichtage auf das Preisniveau dieses Stichtags als Einmalbetrag – somit nicht auf mehrere Wirtschaftsjahre gestreckt – anzuheben.[9]

---

1 Vgl. R 6.11 Abs. 1 Satz 1 EStR; so auch BFH v. 21. 8. 2013 - I B 60/12, BFH/NV 2014, 28 = NWB DokID: TAAAE-47917.
2 Vgl. OFD Koblenz v. 28. 8. 2012, DB 2012, 2841.
3 BFH v. 21. 8. 2013 - I B 60/12, BFH/NV 2014, 28 = NWB DokID: TAAAE-47917.
4 Vgl. hierzu *Pfeifer/Heggemann*, DStR 2014, 1074; siehe auch die Arbeitshilfe für das beim BFH anhängige Verfahren (X R 29/15) hinsichtlich des Totalausfalls von Nebenkostenzahlungen, NWB DokID: RAAAF-76324.
5 Vgl. auch hinsichtlich der Betrachtung der Ansammlungsrückstellungen nach HGB und IFRS *Marx*, BB 2012, 563; *Oser/Wirtz*, StuB 2015, 3; *Happe*, NWB DokID: WAAAC-42877.
6 Vgl. für den Fall einer Änderung des Ansammlungszeitraumes BFH v. 2. 7. 2014 - I R 46/12, BStBl 2014 II 979; sowie *Thouet*, DStR 2014, 2550; *Oser*, DB 2014, 2487.
7 Vgl. R 6.1 Abs. 2 Satz 2 EStR; für Auswirkungen von Vertragsverlängerungen auf die Bilanzierung von Verteilungsrückstellungen *Joisten*, FR 2013, 455.
8 Vgl. BFH v. 5. 5. 2011 - IV R 32/07, BStBl 2012 II 98.
9 Vgl. R 6.11 Abs. 2 Satz 5, 6 EStR.

(2) Rücknahmeverpflichtung (§ 6 Abs. 1 Nr. 3a Buchst. d Satz 2 EStG)

Gemäß § 6 Abs. 1 Nr. 3a Buchst. d Satz 2 EStG sind Rückstellungen für gesetzliche Verpflichtungen zur Rücknahme und Verwertung von Erzeugnissen, die vor Inkrafttreten entsprechender gesetzlicher Verpflichtungen in Verkehr gebracht worden sind, zeitanteilig in gleichen Raten bis zum Beginn der jeweiligen Erfüllung anzusammeln, wobei die Abzinsung des Buchst. e nicht anzuwenden ist. 192

Die Voraussetzung der gesetzlichen Verpflichtung des § 6 Abs. 1 Nr. 3a Buchst. d Satz 2 EStG führt dazu, dass freiwillige Rücknahmeverpflichtungen nicht erfasst werden; zudem ist zu beachten, dass das Inverkehrbringen vor Inkrafttreten der gesetzlichen Regelung erfolgt sein muss. 193

(3) Verpflichtung zur Stilllegung von Atomkraftwerken (§ 6 Abs. 1 Nr. 3a Buchst. d Satz 3 EStG)

Nach § 6 Abs. 1 Nr. 3a Buchst. d Satz 3 EStG sind Rückstellungen für die Stilllegungsverpflichtung eines Kernkraftwerkes ab dem Zeitpunkt der erstmaligen Nutzung bis zum Zeitpunkt, in dem mit der Stilllegung begonnen werden muss, zeitanteilig in gleichen Raten anzusammeln. In dem Fall, dass der Zeitpunkt der Stilllegung nicht feststeht, beträgt der Zeitraum für die Ansammlung 25 Jahre.[1] Durch diese Verpflichtung soll sichergestellt werden, dass die Rückstellungsbildung nicht auf einmal in voller Höhe erfolgt. 194

ee) Abzinsung (§ 6 Abs. 1 Nr. 3a Buchst. e EStG)

§ 6 Abs. 1 Nr. 3a Buchst. e EStG enthält das Abzinsungsgebot für Rückstellungen für Verpflichtungen mit dem Zinssatz von 5,5 %. Hierbei ist nach Auffassung der Finanzverwaltung unerheblich, ob die Verpflichtung einen verdeckten Zins enthält.[2] Da im Handelsrecht eine Abzinsung mit dem durchschnittlichen Marktzinssatz erfolgt (§ 253 Abs. 2 Satz 1 HGB n. F.), können somit die Bewertungen in der Handels- und der Steuerbilanz voneinander abweichen. 195

Gemäß § 6 Abs. 1 Nr. 3a Buchst. e Satz 1 2. Halbsatz EStG ist Nr. 3 Satz 2 entsprechend anzuwenden, so dass die dort genannten Abzinsungsausnahmen (s. → Rz. 175) greifen. Demnach erfolgt keine Abzinsung, wenn die Laufzeit der Rückstellung zugrunde liegenden Verpflichtung weniger als zwölf Monate beträgt, wenn sie verzinslich ist oder auf einer Anzahlung oder Vorausleistung beruht. 196

Das Abzinsungsgebot ist auf Rückstellungen für Geld- und für Sachleistungsverpflichtungen anzuwenden,[3] wobei der Zeitraum der Abzinsung bei Rückstellungen für Sachleistungsverpflichtungen bis zum Beginn der Erfüllung läuft (§ 6 Abs. 1 Nr. 3a Buchst. e Satz 2 EStG). Somit kommt es nicht zu einer Abzinsung, wenn die Erfüllung innerhalb von zwölf Monaten beginnt, sich dann aber über einen längeren Zeitraum hinzieht (z. B. bei der Aufbewahrung von Geschäftsunterlagen). 197

§ 6 Abs. 1 Nr. 3a Buchst. e Satz 3 EStG gibt für die Abzinsung von Rückstellungen für die Stilllegungsverpflichtung eines Kernkraftwerkes vor, dass hierfür der Zeitraum nach § 6 Abs. 1 Nr. 3a Buchst. d Satz 3 EStG maßgebend ist; dies ist der Zeitpunkt, zu dem mit der Stilllegung 198

---

1 Vgl. *Volk*, DStR 2015, 2193.
2 Vgl. BMF v. 26. 5. 2005, BStBl 2005 I 699.
3 Vgl. BFH v. 19. 7. 2011 - X R 26/10, BStBl 2012 II 856; BMF v. 26. 5. 2005, BStBl 2005 I 699.

begonnen werden muss. Steht dieser nicht fest, ist ein Zeitraum von 25 Jahren zugrunde zu legen.

ff) Maßgeblichkeit der Wertverhältnisse am Bilanzstichtag (§ 6 Abs. 1 Nr. 3a Buchst. f EStG)

199 Gemäß § 6 Abs. 1 Nr. 3a Buchst. f EStG hat die Bewertung bezogen auf die **Wertverhältnisse am Bilanzstichtag zu erfolgen**. Zukünftige Preis- und Kostensteigerungen dürfen nicht berücksichtigt werden, weil deren Verursachung noch nicht erfolgte.[1] Somit weicht hier das Steuerrecht von den handelsrechtlichen Regelungen ab, die im Rahmen des § 253 Abs. 1 Satz 2 HGB inzwischen durch den Ansatz des notwendigen Erfüllungsbetrags auch zukünftige Wertänderungen berücksichtigen.[2]

gg) Ausgewählte Fallgestaltungen

200 ▶ **Aufbewahrung von Geschäftsunterlagen:** Eine Rückstellung für die Aufbewahrung von Geschäftsunterlagen ist in Höhe des voraussichtlichen Erfüllungsbetrags zu bilden; somit ist zu berücksichtigen, welche Unterlagen tatsächlich über welche Dauer aufbewahrungspflichtig sind.[3]

▶ **Urlaubsverpflichtung:** Bei der Ermittlung der Höhe der rückständigen Urlaubsverpflichtungen sind das Bruttoarbeitsentgelt, die Arbeitgeberanteile zur Sozialversicherung, das Urlaubsgeld und andere lohnabhängige Nebenkosten zu berücksichtigen. **Nicht** einzubeziehen sind jährlich vereinbarte Sondervergütungen (z. B. Weihnachtsgeld, Tantiemen oder Zuführungen zu Pensions- und Jubiläumsrückstellungen) sowie Gehaltssteigerungen nach dem Bilanzstichtag.[4]

▶ **Weihnachtsgeld**: Bei der Bemessung der Rückstellung für zu zahlendes Weihnachtsgeld bei abweichendem Wirtschaftsjahr kann nur der Teil der Vergütung berücksichtigt werden, der bei zeitproportionaler Aufteilung des Weihnachtsgeldes auf die Zeit vom Beginn des Kalenderjahres bis zum Bilanzstichtag entfällt.[5]

▶ **Rückgriffsansprüche:** (Unbestrittene) Rückgriffsansprüche sind bei der Bewertung von Rückstellungen zu berücksichtigen, wenn sie nicht als eigenständige Forderung zu aktivieren sind und derart in einem unmittelbaren Zusammenhang mit der drohenden Inanspruchnahme stehen, dass sie dieser wenigstens teilweise spiegelbildlich entsprechen, in rechtlich verbindlicher Weise der Entstehung oder Erfüllung der Verbindlichkeit zwangsläufig nachfolgen und vollwertig sind.[6]

▶ **Verwendung von Wirtschaftsgütern:** Können Wirtschaftsgüter, z. B. Roh-, Hilfs- und Betriebsstoffe oder unfertige Erzeugnisse, die bereits am Bilanzstichtag vorhanden waren, bei der Erfüllung von Sachleistungsverpflichtungen verwendet werden, sind sie mit ihren Buchwerten zu berücksichtigen.[7]

▶ **Sparprämien:** Rückstellungen über die Leistungen einer Sparprämie bei Ablauf eines Sparvertrags sind über die Laufzeit des Sparvertrags anzusammeln und abzuzinsen.

---

1 BFH v. 5. 5. 2011 - IV R 32/07, BStBl 2012 II 98; *Kaponig*, BC 2014, 225.
2 Vgl. *Schumann*, EStB 2014, 441.
3 Vgl. BFH v. 18. 1. 2011 - X R 14/09, BStBl 2011 II 496.
4 Vgl. BFH v. 6. 12. 1995 - I R 14/95, BStBl 1996 II 406.
5 Vgl. BFH v. 26. 6. 1980 - IV R 35/74, BStBl 1980 II 506.
6 Vgl. BFH v. 17. 2. 1993 - X R 60/89, BStBl 1993 II 437; BFH v. 3. 8. 1993 - VIII R 37/92, BStBl 1994 II 444.
7 Vgl. BFH v. 26. 6. 1975 - IV R 59/73, BStBl 1975 II 700.

▶ **Grundsteuer:** Eine Rückstellung kommt insbesondere in Betracht, wenn der Grundsteuermessbetrag noch nicht feststeht.[1]

▶ **Stock Appreciation Rights:** Im Schrifttum werden bezüglich einer Rückstellungsbildung unterschiedlichen Auffassungen vertreten.[2]

(Einstweilen frei) 201–206

9. Entnahme (§ 6 Abs. 1 Nr. 4 EStG)

a) Teilwertbewertung (§ 6 Abs. 1 Nr. 4 Satz 1 1. Halbsatz EStG)

aa) Grundsätzliche Bewertung von Entnahmen

§ 6 Abs. 1 Nr. 4 Satz 1 EStG behandelt die Bewertung der Entnahme; dem vorgeschaltet muss eine Prüfung erfolgen, ob dem Grunde nach eine Entnahme vorliegt (s. hierzu § 4 Abs. 1 Satz 2 EStG).[3] Auch bei der Überführung in ein anderes Betriebsvermögen des Steuerpflichtigen liegt eine Entnahme grundsätzlich vor,[4] siehe hierzu jedoch § 6 Abs. 5 EStG. Gemäß § 6 Abs. 1 Nr. 4 Satz 1 1. Halbsatz EStG erfolgt die Bewertung der Entnahme grundsätzlich mit dem Teilwert;[5] der Teilwertbegriff ist identisch mit der Konkretisierung in § 6 Abs. 1 Nr. 1 Satz 3 EStG (s. → Rz. 46).

Der Anwendungsbereich der Teilwertbewertung der Entnahme erstreckt sich sowohl auf die Gewinnermittlung nach § 4 Abs. 1, § 5 EStG als auch auf die Einnahmen-Überschussrechnung des § 4 Abs. 3 EStG.[6] Im Ergebnis kommt es somit zu einer Aufdeckung stiller Reserven; dies entspricht der Reinvermögenszugangstheorie bei den Gewinneinkunftsarten, wonach die während der Zugehörigkeit zum Betriebsvermögen erwirtschafteten stillen Reserven der Besteuerung unterliegen sollen.

bb) Bewertung einzelner Entnahmearten

Bei **Barentnahmen** entspricht der Teilwert unstrittig dem Nennwert; für den Fall, dass eine Barentnahme in einer fremden Währung erfolgt, ist diese mit dem Umrechnungskurs zum Entnahmezeitpunkt zu bewerten.

Bei der **Entnahme von Gegenständen** müsste aus dem Teilwertbegriff – und der damit verbundenen Sichtweise eines Käufers des gesamten Unternehmens – folgen, dass grundsätzlich auf einen Wiederbeschaffungswert abzustellen sein müsste.[7] Dies folgt auch daraus, dass der Erwerber das Unternehmen ohne das entsprechende Wirtschaftsgut erwerben und sich das Wirtschaftsgut separat am Markt beschaffen könnte. Bei zum Absatz bestimmten Wirt-

---

1 Vgl. NWB DokID: EAAAD-87369.
2 Vgl. *Fischer/Schmid*, DStR 2018, 1629.
3 Vgl. zum Begriff der Entnahme *Maier* in Beck'sches Steuer- und Bilanzrechtslexikon, Edition 1/15, „Entnahme", Rz. 1; zum Entnahmebegriff auch hinsichtlich des Rangverhältnisses zur verdeckten Gewinnausschüttung *Gosch* in Gosch, § 8 KStG Rz. 750.
4 Vgl. auch für den Fall von Schwester-Personengesellschaften BFH v. 25.11.2009 - I R 72/08, BStBl 2010 II 471.
5 Vgl. bspw. *Wassermeyer*, DB 2003, 2616.
6 Vgl. BFH v. 14.11.2007 - XI R 37/06, BFH/NV 2008, 365 = NWB DokID: KAAAC-70411; *Maier* in Beck'sches Steuer- und Bilanzrechtslexikon, Edition 1/15, „Entnahme", Kapitel D.
7 Vgl. BFH v. 19.5.1972 - III R 21/71, BStBl 1972 II 748.

schaftsgütern soll eine Bewertung auf Grundlage des Einzelveräußerungspreises (Marktwert) erfolgen.[1]

211 Korrespondierend hierzu soll sich der Teilwert von entnommenen **Wirtschaftsgütern, die zuvor hergestellt wurden**, auf Grundlage der Wiederherstellungskosten ergeben; dies soll dem Marktwert entsprechen.[2] Demnach ist somit neben den Einzel- und Gemeinkosten auch die Arbeitsleistung des Steuerpflichtigen, für den Fall, dass sie in das Wirtschaftsgut eingegangen ist, zu berücksichtigen,[3] so dass stille Reserven aufgedeckt werden. Ein Unternehmerlohn kann jedoch – wie im Anschaffungsfall – nicht im Teilwert enthalten sein, weil ein Erwerber des gesamten Betriebs für das einzelne Wirtschaftsgut nur eine Gegenleistung in der Höhe erbringen würde, dass ihm noch ein Unternehmerlohn verbleibt.[4]

212 **Nutzungs- und Leistungsentnahmen** werden von dem Wortlaut des § 6 Abs. 1 Nr. 4 Satz 1 EStG nicht erfasst, da sich § 6 Abs. 1 EStG lediglich auf die „Bewertung der einzelnen Wirtschaftsgüter" bezieht. Nutzungen und Leistungen sind daher mit Selbstkosten anzusetzen.[5] Dies gilt auch für die Entnahme von Arbeitsleistungen der Arbeitnehmer, die mit den Selbstkosten, somit den Lohn- und Lohnnebenkosten, zu bewerten sind.[6] Einzubeziehen sind die Gesamtaufwendungen; dies beinhaltet neben den Material-, Lohn- und Gemeinkosten auch die AfA.[7] Demgegenüber sollen Teilwertabschreibungen und der Wert der eigenen Arbeitsleistung nicht angesetzt werden.[8]

b) Bewertung mit dem gemeinen Wert (§ 6 Abs. 1 Nr. 4 Satz 1 2. Halbsatz EStG)

213 § 6 Abs. 1 Nr. 4 Satz 1 2. Halbsatz EStG sieht bei Anwendung des allgemeinen Entstrickungstatbestandes des § 4 Abs. 1 Satz 3 EStG[9] – somit bei Ausschluss oder Beschränkung des deutschen Besteuerungsrechts hinsichtlich des Gewinns aus der Veräußerung eines Wirtschaftsguts – eine Bewertung der Entnahme mit dem gemeinen Wert vor.

214 Da der gemeine Wert nach h.M. grundsätzlich dem erzielbaren Veräußerungspreis entspricht[10] und somit einen Gewinnaufschlag beinhaltet,[11] kann der gemeine Wert höher als der Teilwert sein. Die (fingierten) Entnahmetatbestände sind somit mit voneinander abweichenden Rechtsfolgen verbunden.[12] Für den Fall, dass sich der Ausschluss oder die Beschränkung des Besteuerungsrechts auf einen Betrieb, Teilbetrieb oder Mitunternehmeranteil bezieht, stellt sich die Frage, ob ein Geschäfts- oder Firmenwert den gemeinen Wert erhöht. Dies

---

1 Vgl. auch bzgl. der Berücksichtigung eines Unternehmergewinns BFH v. 7.9.2005 - VIII R 1/03, BStBl 2006 II 298.
2 Vgl. BFH v. 6.8.1985 - VIII R 280/81, BStBl 1986 II 17.
3 Vgl. in Bezug auf § 23 EStG BFH v. 31.8.1994 - X R 66/92, BFH/NV 1995, 391 = NWB DokID: BAAAB-35412.
4 BFH v. 21.4.2010 - X R 43/08, BFH/NV 2010, 1436 = NWB DokID: FAAAD-45758; BFH v. 10.7.2002 - I R 79/01, BStBl 2002 II 784.
5 Vgl. BFH v. 26.10.1987 - GrS 2/86, BStBl 1988 II 348.
6 Vgl. BFH v. 4.8.1959 - I 69/58 U, BStBl 1959 III 421.
7 Vgl. BFH v. 19.12.2002 - IV R 46/00, BFH/NV 2003, 979 = NWB DokID: XAAAA-71856.
8 Vgl. BFH v. 9.7.1987 - IV R 87/85, BStBl 1988 II 342.
9 Vgl. hinsichtlich der Diskussion über die Aufgabe der finalen Entnahmetheorie zur früheren Rechtslage *Ditz*, IStR 2009, 115.
10 Vgl. *Maier* in Beck'sches Steuer- und Bilanzrechtslexikon, Edition 1/15, Stichwort „Gemeiner Wert", Rz. 2.
11 Vgl. hinsichtlich diesbezüglicher Kritik *Bilitewski*, FR 2007, 58.
12 Vgl. *Stadler/Elser*, BB 2006, Beilage 8, S. 18.

scheint nach Auffassung des Gesetzgebers der Fall zu sein;[1] wird jedoch im Schrifttum[2] kritisiert.

c) Bewertung der privaten Nutzung eines betrieblichen Kfz (§ 6 Abs. 1 Nr. 4 Satz 2, 3 EStG)

Nach allgemeinen Grundsätzen gehört ein bewegliches Wirtschaftsgut, welches zu weniger als 10 % betrieblich genutzt wird, zum notwendigen Privatvermögen.[3] Bei einer **betrieblichen Nutzung zwischen 10 und 50 %** besteht ein Wahlrecht; der Steuerpflichtige kann das bewegliche Wirtschaftsgut als Betriebsvermögen behandeln (gewillkürtes Betriebsvermögen). Bei einer betrieblichen Nutzung von mehr als 50 % liegt notwendiges Betriebsvermögen vor. Im Fall eines Kfz ist der Umfang der betrieblichen Nutzung grundsätzlich durch geeignete Unterlagen glaubhaft zu machen, wobei ein Fahrtenbuch nicht erforderlich ist.[4] Wenn bereits nach Art und Umfang der beruflichen Tätigkeit eine betriebliche Nutzung von über 50 % wahrscheinlich ist (wie z. B. bei einem Taxiunternehmen), kann nach Auffassung des BMF auf einen Nachweis verzichtet werden. Wenn Betriebsvermögen vorliegt, sind die Aufwendungen inklusive der AfA als Betriebsausgaben zu erfassen;[5] da die private Nutzung sich aus steuersystematischer Sicht grundsätzlich nicht steuermindernd auswirken kann (s. z. B. § 12 Nr. 1 EStG), muss daher eine Korrektur erfolgen. 215

Falls das Kfz **zu mehr als 50 % betrieblich genutzt** wird, kann die private Nutzung gem. § 6 Abs. 1 Nr. 4 Satz 2 EStG auf Grundlage der 1 %-Regelung oder nach der Fahrtenbuchmethode des § 6 Abs. 1 Nr. 4 Satz 3 EStG ermittelt werden.[6] Die Wahl trifft der Steuerpflichtige im Rahmen der Steuererklärung; das Wahlrecht kann bis zur Bestandskraft ausgeübt werden. Ein Wechsel der Ermittlungsmethode ist nach Auffassung von Rechtsprechung und Finanzverwaltung während des Wirtschaftsjahres außer im Fall des Kraftfahrzeugwechsels nicht möglich.[7] 216

Bei einer betrieblichen Nutzung zwischen 10 und 50 % kann eine Anwendung der 1 %-Regelung nicht erfolgen. In diesem Fall ist die private Nutzung im Rahmen des § 6 Abs. 1 Nr. 4 Satz 1 EStG in Höhe der auf die Privatnutzung entfallenden Selbstkosten zu ermitteln. Bei Fahrten zwischen Wohnung und Betriebsstätte und bei Familienheimfahren ist die Regelung des § 4 Abs. 5 Satz 1 Nr. 6 Satz 3 2. Alt. EStG hinsichtlich der nichtabziehbaren Betriebsausgaben zu beachten.[8] 217

aa) 1 %-Regelung (§ 6 Abs. 1 Nr. 4 Satz 2 EStG)

Die Bemessungsgrundlage für die Anwendung der **1 %-Regelung** entspricht dem inländischen Listenpreis des Kfz bei Erstzulassung zuzüglich der Kosten für Sonderausstattungen einschließ- 218

---

1 Vgl. BT-Drucks. 16/2710, 28.
2 Vgl. *Förster*, DB 2007, 74.
3 Vgl. für diesen Fall hinsichtlich der sog. Aufwandseinlage bei der betrieblichen Nutzung des Kfz *Riepolt*, DStR 2013, 2157.
4 Vgl. hierzu im Einzelnen BMF v. 18. 11. 2009, BStBl 2009 I 1326, Rz. 4 ff.
5 Für den Fall, dass jedoch unangemessen hohe Aufwendungen vorliegen, ist das Abzugsverbot des § 4 Abs. 5 Nr. 7 EStG zu beachten.
6 Vgl. *Langenkämper* NWB DokID: YAAAB-04811 zur Kritik an der 1 %-Regelung *Frommherz*, DAR 2012, 55; als Entscheidungshilfe hinsichtlich der 1 %-Regelung und der Fahrtenbuchmethode NWB DokID: ZAAAD-37232.
7 Vgl. BMF v. 18. 11. 2009, BStBl 2009 I 1326, Rz. 8; s. auch das Mandaten-Merkblatt NWB DokID: OAAAC-96017.
8 Vgl. BMF v. 18. 11. 2009, BStBl 2009 I 1326, Rz. 31.

lich der Umsatzsteuer.[1] Die private Nutzung stellt für jeden Kalendermonat 1 % dieser Bemessungsgrundlage dar.[2]

Für den Fall, dass der Nutzungswert auf der Grundlage der 1 %-Regelung ermittelt wird und der pauschale Nutzungswert nach § 6 Abs. 1 Nr. 4 Satz 2 EStG und die nicht abziehbaren Betriebsausgaben nach § 4 Abs. 5 Satz 1 Nr. 6 EStG die tatsächlich entstandenen Aufwendungen für das Kfz übersteigen, ist nach Auffassung der Finanzverwaltung – bei entsprechendem Nachweis durch den Steuerpflichtigen – höchstens ein Betrag in Höhe der Gesamtkosten anzusetzen.[3]

219 Bei Elektrofahrzeugen ist die Bemessungsgrundlage für die 1 %-Regelung gem. § 6 Abs. 1 Nr. 4 Satz 2 2. Halbsatz EStG zu verringern. Voraussetzung ist, dass es sich um ein Fahrzeug mit Antrieb ausschließlich durch Elektromotoren, die ganz oder überwiegend aus mechanischen oder elektrochemischen Energiespeichern oder aus emissionsfrei betriebenen Energiewandlern gespeist werden, oder um extern aufladbare Hybridelektrofahrzeuge handelt.[4]

220 Als Rechtsfolge sieht § 6 Abs. 1 Nr. 4 Satz 2 2. Halbsatz EStG eine Verminderung der Bemessungsgrundlage für die Anwendung der 1 %-Regelung vor, nämlich um die im Listenpreis enthaltenen Kosten des Batteriesystems im Zeitpunkt der Erstzulassung. Demnach entspricht die Minderung für bis zum 31. 12. 2013 angeschaffte Fahrzeuge 500 € pro Kilowattstunde der Batteriekapazität. Bei in Folgejahren angeschafften Kfz ist dieser Betrag jährlich um 50 € pro Kilowattstunde zu mindern. Die Reduzierung der Bemessungsgrundlage beträgt höchstens 10 000 € und verringert sich bei in Folgejahren angeschafften Kfz um jährlich 500 €.

bb) Fahrtenbuchmethode (§ 6 Abs. 1 Nr. 4 Satz 3 EStG)

221 Bei der **Fahrtenbuchmethode** des § 6 Abs. 1 Nr. 4 Satz 3 EStG kann die private Nutzung abweichend von der 1 %-Reglung dergestalt ermittelt werden, dass die durch Belege nachgewiesenen Aufwendungen für das Kfz anteilig auf private und betriebliche Fahrten aufgeteilt werden. An das Fahrtenbuch stellt die Finanzverwaltung besondere Anforderungen wie Zeitnähe, Führung in geschlossener Form sowie Vollständigkeit hinsichtlich der Fahrten und der Angaben zu Datum, Kilometerstand zu Beginn und Ende der einzelnen Fahrten, Ziel der Fahrten und aufgesuchten Geschäftspartnern.[5] Dies kann aufwendig sein; *Bingel/Göttsching* erläutern hierzu das Beispiel einer Fahrt zu zwei Kundenterminen, zwischen welchen ein privater Termin wahrgenommen wird und dem anschließenden Tanken; hierbei ermitteln sie eine erforderliche Vornahme von zwanzig Fahrtenbucheinträgen.[6] Bei Elektrofahrzeugen werden unter den Voraussetzungen des § 6 Abs. 1 Nr. 4 Satz 3 EStG die für die Berechnung der Entnahme zugrunde zu legenden gesamten Aufwendungen um die Aufwendungen für ein Batteriesystem gemindert.

---

1 Vgl. BMF v. 18. 11. 2009, BStBl 2009 I 1326, Rz. 10; für den Fall eines Importfahrzeugs mit nicht vorhandenem Bruttolistenpreis BFH v. 9.11.2017 - III R 20/16, NWB DokID: WAAAG-77741.
2 Vgl. auch für Beispiele *Luft*, SteuK 2014, 441.
3 Vgl. auch hinsichtlich eines Beispiels BMF v. 18. 11. 2009, BStBl 2009 I 1326, Rz. 18.
4 Vgl. für die Begriffe Elektrofahrzeug und Hybridelektrofahrzeug BMF v. 5. 6. 2014, BStBl 2014 I 835.
5 *Vgl.* hierzu das Mandanten-Merkblatt, NWB DokID: WAAAE-37243.
6 Vgl. *Bingel/Göttsching*, DStR 2013, 690; für Vereinfachungen bei einzelnen Berufsgruppen BMF v. 18. 11. 2009, BStBl 2009 I 1326, Rz. 23 f.

PRAXISHINWEISE:

► In der Praxis kann ein elektronisches Fahrtenbuch Arbeit ersparen; dies ist anzuerkennen, wenn es dieselben Informationen wie ein manuelles Fahrtenbuch beinhaltet und nachträgliche Veränderungen ausgeschlossen sind bzw. entsprechend dokumentiert werden.[1]

► Die Fahrtenbuchmethode ist für den Steuerpflichtigen ggf. mit dem Nachteil verbunden, dass die Fixkosten nach Maßgabe der Fahrleistung aufgeteilt werden, was einen Verstoß gegen das Verursachungsprinzip darstellen kann.[2]

► Für die Anwendung im Fall von sog. „Job-Bikes" Seifert.[3]

d) Bewertung von Sachspenden (§ 6 Abs. 1 Nr. 4 Satz 4, 5 EStG)

Bei Sachspenden besteht unter den Voraussetzungen des § 6 Abs. 1 Nr. 4 Satz 4 EStG das Wahlrecht, eine Entnahme mit dem Buchwert zu bewerten, so dass die Aufdeckung stiller Reserven vermieden werden kann.[4]

222

Voraussetzungen für die Bewertung zum Buchwert:

223

► Bei der Entnahme muss es sich um ein Wirtschaftsgut handeln;[5] Nutzungen und Leistungen werden nicht erfasst (§ 6 Abs. 1 Nr. 4 Satz 5 EStG), diese sind mit den Selbstkosten zu bewerten (s. o.).

► Unmittelbarkeit: Das Wirtschaftsgut muss unmittelbar nach seiner Entnahme für die in § 6 Abs. 1 Nr. 4 Satz 4 EStG genannten Zwecke verwendet werden. Insbesondere ist es schädlich, wenn zwischenzeitlich eine Nutzung zu privaten Zwecken erfolgt.

► Das Wirtschaftsgut muss an eine von der Körperschaftsteuer befreiten Körperschaft, Personenvereinigung oder Vermögensmasse oder einer juristischen Person des öffentlichen Rechts überlassen werden.

► Eine Verwendung muss zu steuerbegünstigten Zwecken i. S. d. § 10b Abs. 1 Satz 1 EStG erfolgen; dies setzt keine unmittelbare Verwendung für derartige Zwecke voraus; vielmehr wäre auch erfasst, wenn der Empfänger das Wirtschaftsgut veräußert und den Veräußerungserlös für die steuerbegünstigten Zwecke verwendet.[6]

► Unentgeltlichkeit: Eine unentgeltliche Überlassung bedeutet, dass keine Gegenleistung des Empfängers erfolgen darf. Anwendbar ist diese Regelung auch auf letztwillige Zuwendungen.[7]

► Überlassung: Die erforderliche Überlassung ist dergestalt auszulegen, dass eine reine Zurverfügungstellung nicht ausreicht, vielmehr muss das Wirtschaftsgut Eigentum des Empfängers werden.

Als Rechtsfolge sieht § 6 Abs. 1 Nr. 4 Satz 4 EStG vor, dass ein Wahlrecht besteht, die Entnahme mit dem Buchwert anzusetzen. Erfolgt ein Buchwertansatz, ist dieser Wert ggf. auch im Rahmen des Sonderausgabenabzugs maßgeblich (§ 10b Abs. 3 Satz 2 EStG).

224

(Einstweilen frei)

225–231

---

1 Vgl. BMF v. 18.11.2009, BStBl 2009 I 1326, Rz. 23.
2 Vgl. *Wöltge*, DStR 2013, 1318; *Kiermaier*, NWB 2013, 2406.
3 *Seifert*, NWB 2017, 2500; OFD NRW Kurzinformation LSt v. 17.5.2017, NWB DokID: GAAAG-48439.
4 Vgl. auch für Beispielbuchungssätze *Hoffmann*, BC 2010, 464.
5 Vgl. *Schauhoff* in Handbuch Gemeinnützigkeit, § 11 Rz. 54.
6 R 6.12 Abs. 3 EStR.
7 Vgl. BFH v. 5.2.2002 - VIII R 53/99, BStBl 2003 II 237.

10. Einlage (§ 6 Abs. 1 Nr. 5 EStG)

a) Grundsätzliche Teilwertbewertung (§ 6 Abs. 1 Nr. 5 Satz 1 EStG)

232 § 6 Abs. 1 Nr. 5 EStG hat die Bewertung von Einlagen zum Inhalt; dem vorgelagert muss die Prüfung des Vorliegens einer Einlage dem Grunde nach erfolgen (§ 4 Abs. 1 Satz 8 1. Halbsatz EStG). Unterschieden wird hierbei zwischen offenen und verdeckten Einlagen. Während bei einer offenen Einlage eine Gewährung von Gesellschaftsrechten erfolgt, kommt es bei einer verdeckten Einlage nicht zu einer Eigenleistung. Gegenstand der Einlage muss ein einlagefähiges Wirtschaftsgut sein, so dass etwa Nutzungsvorteile nicht einlagefähig sind.

233 Nach dem Grundsatz des § 6 Abs. 1 Nr. 5 Satz 1 1. Halbsatz EStG sind Einlagen mit dem Teilwert im Zeitpunkt der Einlage zu bewerten. Der Teilwertbegriff ist identisch mit der Konkretisierung in § 6 Abs. 1 Nr. 1 Satz 3 EStG (s. → Rz. 46). Die Bewertung ist jedoch auf die Anschaffungs- oder Herstellungskosten beschränkt, wenn das zugeführte Wirtschaftsgut innerhalb der letzten drei Jahre vor dem Zeitpunkt der Zuführung angeschafft oder hergestellt wurde (§ 6 Abs. 1 Nr. 5 Satz 1 2. Halbsatz Buchst. a EStG), ein Anteil an einer Kapitalgesellschaft i. S. d. § 17 EStG (Buchst. b) oder ein Wirtschaftsgut i. S. d. § 20 Abs. 2 EStG (Buchst. c) vorliegt.

234 Dem Teilwert kommt somit die Bedeutung der grundsätzlichen Bewertung zu, während dieser im Rahmen des § 6 Abs. 1 Satz 1 EStG lediglich ein Korrekturwert ist. Die Bewertung hat zum Zeitpunkt der Einlage zu erfolgen. Aus konzeptioneller Sicht führt der Teilwertansatz dazu, dass die vergangene Wertentwicklung, z. B. bei der Einlage von bisherigem Privatvermögen, keine steuerlichen Auswirkungen im Rahmen des Betriebs hat.[1] Für den Fall, dass Privatvermögen eingelegt wird, ist die Anwendung des § 23 Abs. 1 Satz 5 Nr. 1 EStG zu prüfen. Bezüglich der AfA von bisher zur Erzielung von Überschusseinkünften verwendeten Wirtschaftsgütern vgl. § 7 Abs. 1 Satz 5 EStG.[2]

235 Die grundsätzliche Teilwertbewertung von Einlagen erfolgt sowohl bei einer Gewinnermittlung nach § 4 Abs. 1, 5 EStG als auch § 4 Abs. 3 EStG und ebenfalls im Rahmen der Körperschaftsteuer.[3]

b) Niedrigere Anschaffungskosten (§ 6 Abs. 1 Nr. 5 Satz 1 Buchst. a; Satz 2 EStG)

236 Für den Fall, dass das zugeführte Wirtschaftsgut innerhalb der letzten drei Jahre vor dem Zeitpunkt der Zuführung angeschafft oder hergestellt worden ist, stellen die Anschaffungs- und Herstellungskosten die Obergrenze der Bewertung dar (§ 6 Abs. 1 Nr. 5 Satz 1 2. Halbsatz Buchst. a EStG). Für den Fall, dass der Teilwert unterhalb der Anschaffungs- und Herstellungskosten liegt, ist dieser anzusetzen.[4] Somit wird verhindert, dass Wertminderungen im Privatvermögen in den betrieblichen Bereich verlagert werden und somit Steuerwirksamkeit entfalten.

237 Die Obergrenze der Anschaffungs-/Herstellungskosten ist gem. § 6 Abs. 1 Nr. 5 Satz 2 EStG um die AfA, die auf den Zeitraum zwischen Anschaffung und Einlage entfällt, zu vermindern. Dies bedeutet, dass die AfA-Kürzung keine Anwendung findet, wenn ein Teilwertansatz erfolgt, weil die Voraussetzungen des § 6 Abs. 1 Nr. 5 EStG nicht erfüllt sind. Für die Prüfung der Anwen-

---

[1] Vgl. BFH v. 26. 10. 1987 - GrS 2/86, BStBl 1988 II 348.
[2] Vgl. BMF v. 27. 10. 2010, BStBl 2010 I 1204.
[3] Vgl. BFH v. 26. 10. 1987 - GrS 2/86, BStBl 1988 II 348; BFH v. 9. 11. 2000 - IV R 45/99, BStBl 2001 II 190.
[4] Vgl. BFH v. 7. 12. 1978 - I R 142/76, BStBl 1979 II 729.

dung des Buchst. a ist somit der Teilwert und die um AfA gekürzten Anschaffungs-/Herstellungskosten gegenüber zu stellen, wobei sowohl planmäßige Abschreibungen als auch erhöhte Absetzungen und Sonderabschreibungen einzubeziehen sind. Auch für den Fall, dass keine steuerwirksame Abschreibung vorgenommen wurde, etwa weil das Wirtschaftsgut nicht zur Einkünfteerzielung genutzt wurde, sind die Anschaffungs-/Herstellungskosten um eine fiktive AfA zu mindern.[1] Dies trägt dem Umstand Rechnung, dass auch bei einer privaten Nutzung eine Abnutzung vorliegen kann.

c) Einlage einer Beteiligung i. S. d. § 17 EStG (§ 6 Abs. 1 Nr. 5 Satz 1 Buchst. b EStG)

§ 6 Abs. 1 Nr. 5 Satz 1 Buchst. b EStG sieht vor, dass die Einlage eines Anteils an einer Kapitalgesellschaft i. S. d. § 17 EStG mit dem Teilwert, jedoch höchstens mit den Anschaffungskosten eingelegt wird.[2] Durch diese Regelung soll verhindert werden, dass die Rechtsfolgen des § 17 EStG durch Einlage in ein Betriebsvermögen umgangen werden.[3] Würde diese Regelung nicht bestehen, könnte eine Beteiligung i. S. d. § 17 EStG zum Teilwert eingelegt werden, so dass der Wertzuwachs bis zum Einlagezeitpunkt nicht der Besteuerung unterliegen würde. Zwar kommt es durch § 6 Abs. 1 Nr. 5 Satz 1 Buchst. b EStG nicht zu einer Besteuerung im Rahmen des § 17 EStG, jedoch ist nach der Einlage die Besteuerung der stillen Reserven im Falle eines späteren Realisationsaktes gesichert. Diese Rechtsfolgen treten auch ein, wenn ein Einbringungsfall (§ 17 Abs. 6 EStG) vorliegt.[4]

238

Für den Fall, dass der Teilwert unterhalb der Anschaffungskosten liegt, müsste nach dem Gesetzeswortlaut der niedrigere Teilwert angesetzt werden. Hierdurch würde jedoch bei einem späteren Realisationsvorgang ein Betrag der Besteuerung unterliegen, der höher ist als die Differenz zwischen den historischen Anschaffungskosten und dem Veräußerungserlös. Nach Auffassung der Rechtsprechung ist daher der Wertansatz in Höhe der Anschaffungskosten vorzunehmen.[5] Eine Teilwertabschreibung der Anteile soll in diesem Fall jedoch nicht möglich sein; der gesunkene Wert kann sich somit erst bei einem späteren Realisationsvorgang steuerlich auswirken.[6]

239

Die Steuerpflichtige muss eine Beteiligung i. S. d. § 17 Abs. 1 oder 6 EStG haben; nicht erforderlich ist, dass Gegenstand der Einlage eine Beteiligung in diesem Sinne ist. Demnach würde auch eine Beteiligungshöhe von unter 1 % als Gegenstand der Einlage ausreichen, wenn der Steuerpflichtige (etwa aufgrund bei ihm verbleibender Anteile) die Voraussetzungen des § 17 Abs. 1 oder 6 EStG erfüllt.[7]

240

Für den Fall, dass eine verdeckte Einlage in eine Kapitalgesellschaft erfolgt, kommt es bereits zu einer Besteuerung im Rahmen des § 17 Abs. 1 Satz 2 EStG, so dass der Wertzuwachs bereits besteuert wurde. Daher kann die Anwendung des § 6 Abs. 1 Nr. 5 Satz 1 Buchst. b EStG nicht in Betracht kommen, da dies eine anschließende Doppelbesteuerung zur Folge hätte.[8] Der Wertansatz hat in diesem Fall zum Teilwert zu erfolgen.

241

---

1 Vgl. R 6.12 Abs. 1 Satz 1 EStR; BFH v. 20. 4. 2005 - X R 53/04, BStBl 2005 II 698.
2 Vgl. BMF v. 21. 12. 2011, BStBl 2012 I 42.
3 Vgl. BFH v. 5. 6. 2008 - IV R 73/05, BStBl 2008 II 965.
4 Vgl. für die Berücksichtigung von Veräußerungskosten BMF v. 16.12.15, BStBl 2016 I 11.
5 Vgl. BFH v. 5. 6. 2008 - IV R 73/05, BStBl 2008 II 965.
6 Vgl. BFH v. 2. 9. 2008 - X R 48/02, BStBl 2010 II 162.
7 Vgl. BFH v. 5. 6. 2008 - IV R 73/05, BStBl 2008 II 965.
8 Vgl. BFH v. 11. 2. 1998 - I R 89/97, BStBl 1998 II 691.

d) Einlage eines Wirtschaftsguts i. S. d. § 20 Abs. 2 EStG (§ 6 Abs. 1 Nr. 5 Satz 1 Buchst. c EStG)

242 Im Fall eines Wirtschaftsguts i. S. d. § 20 Abs. 2 EStG erfolgt ein Ansatz ebenfalls höchstens mit Anschaffungs-/Herstellungskosten. Da hierbei keine Besteuerung im Rahmen des § 20 EStG ausgelöst wird, bleiben somit entstandene Wertsteigerungen steuerverstrickt und unterliegen bei einem späteren Realisationsakt der Besteuerung; für den Steuerpflichtigen ist hierbei zu beachten, dass nicht die Abgeltungsteuer und der Sparer-Pauschbetrag – sondern stattdessen das **Teileinkünfteverfahren** – Anwendung finden.

Im Fall einer verdeckten Einlage in eine Kapitalgesellschaft kommt jedoch § 6 Abs. 1 Nr. 5 Satz 1 EStG nicht zur Anwendung, da § 20 Abs. 2 Satz 2 EStG hierfür eine Besteuerung des Wertzuwachses vorsieht und somit ein Anschaffungskostenansatz zu einer Doppelbesteuerung führen würde.

e) Einlage bei vorheriger Entnahme (§ 6 Abs. 1 Nr. 5 Satz 3 EStG)

243 Für den Fall, dass ein Wirtschaftsgut vor einer Einlage aus einem anderen Betriebsvermögen entnommen wurde, muss die Einlage mit dem Entnahmewert erfolgen. Hierdurch soll verhindert werden, dass künstlich neues Abschreibungsvolumen geschaffen wird.[1] Für den Fall der Überführung eines Wirtschaftsguts ist dieser Vorgang unter den Voraussetzungen des § 6 Abs. 5 EStG erfolgsneutral.

244–249 *(Einstweilen frei)*

11. Begründung des deutschen Besteuerungsrechts (§ 6 Abs. 1 Nr. 5a EStG)

250 § 6 Abs. 1 Nr. 5a EStG sieht einen Ansatz eines Wirtschaftsguts mit dem gemeinen Wert für den Fall des § 4 Abs. 1 Satz 8 2. Halbsatz EStG vor. Demnach wird die Einlage der Begründung des Besteuerungsrechts Deutschlands hinsichtlich des (späteren) Gewinns aus der Veräußerung gleichgestellt. Erfasst werden somit insbesondere Fälle, in denen Wirtschaftsgüter aus einer ausländischen Betriebsstätte nach Deutschland überführt werden, so dass zukünftig entstehende stille Reserven in Deutschland steuerverstrickt sind.

251–256 *(Einstweilen frei)*

12. Betriebseröffnung (§ 6 Abs. 1 Nr. 6 EStG)

257 § 6 Abs. 1 Nr. 6 EStG gibt vor, dass die Bewertungsregelungen der Nr. 5 auch für den Fall der Eröffnung eines Betriebs gelten. Nach Auffassung des BFH sind die Bewertungsregelungen bzgl. der Einlage (§ 6 Abs. 1 Nr. 5 EStG) nur bei bestehenden Betrieben anwendbar, nicht jedoch im Fall einer Eröffnung des Betriebs.[2] Wirtschaftlich gesehen sind die Fallkonstellationen der Verwendung eines Wirtschaftsguts im Privatvermögen oder im Betriebsvermögen mit anschließender Entnahme und eine anschließende Einlage in ein Betriebsvermögen oder eine Eröffnung eines Betriebs jedoch grundsätzlich identisch, so dass eine gleiche Behandlung beider Sachverhalte naheliegt.

258 Voraussetzung ist eine Eröffnung des Betriebs; dies bedeutet die Aufnahme einer Tätigkeit, die unter die Gewinneinkunftsarten fällt. Typischer Fall ist hierbei eine Neugründung,[3] aber

---

1 Vgl. BFH v. 20. 4. 2005 - X R 53/04, BStBl 2005 II 698.
2 Vgl. BFH v. 30. 6. 1960 - IV 150/58 U, BStBl 1960 III 346.
3 Vgl. BFH v. 24. 6. 1976 - IV R 200/72, BStBl 1976 II 672.

auch der Übergang von der nicht einkommensteuerlich relevanten Sphäre zu den Gewinneinkunftsarten (z. B. ein Vorgang der Liebhaberei wird Gewerbebetrieb) oder von einer Tätigkeit, die bisher den Überschusseinkunftsarten zuzuordnen war, zu einer Tätigkeit im Bereich der Gewinneinkunftsarten (z. B. gewerblicher Grundstückshandel). Nicht erfasst wird der unentgeltliche Erwerb des Betriebs (§ 6 Abs. 3 EStG), der entgeltliche Erwerb des Betriebs, die Realteilung, die Fortführung eines bisher ruhenden Betriebs oder eine Überführung von Wirtschaftsgütern aus einem anderen Betriebsvermögen (§ 6 Abs. 5 EStG).

Als Rechtsfolge sieht § 6 Abs. 1 Nr. 6 EStG vor, dass Nr. 5 entsprechend anzuwenden ist, so dass eine Gleichbehandlung mit dem Fall der Einlage in einen bestehenden Betrieb vorliegen soll. Die Bewertung hat somit mit dem Teilwert bzw. den niedrigeren Anschaffungs-/Herstellungskosten zu erfolgen. Für diesen Fall der Neugründung ist der Teilwertbegriff auszulegen. Der Wert, den ein fremder Dritter im Rahmen der Kaufpreisbemessung für das einzelne Wirtschaftsgut bei einer Eröffnung des Betriebs zahlen würde, müsste den Beschaffungskosten des Wirtschaftsguts entsprechen.[1]   259

(Einstweilen frei)   260–265

13. Bewertung bei entgeltlichem Erwerb eines Betriebs (§ 6 Abs. 1 Nr. 7 EStG)

Gemäß § 6 Abs. 1 Nr. 7 EStG sind die Wirtschaftsgüter bei einem entgeltlichen Erwerb eines Betriebs mit dem Teilwert, höchstens jedoch mit den Anschaffungs- oder Herstellungskosten anzusetzen. Somit ist ein Kaufpreis auf die einzelnen Wirtschaftsgüter entsprechend aufzuteilen. Übersteigt der Kaufpreis die Teilwerte der einzelnen Wirtschaftsgüter, entfällt der Restbetrag auf einen Geschäfts- oder Firmenwert.   266

Die Regelung setzt einen entgeltlichen Erwerb eines Betriebs voraus. Das Kriterium des Erwerbs eines Betriebs erfordert, dass nicht einzelne Wirtschaftsgüter oder nicht lebensfähige Betriebsteile erworben werden, sondern alle wesentlichen Betriebsgrundlagen. Liegt dies nicht vor, erfolgt die Bewertung nach § 6 Abs. 1 Nr. 1 bis 6 EStG. Nummer 7 findet auch bei einem teilentgeltlichen Erwerb Anwendung.[2]   267

(Einstweilen frei)   268–273

II. Sofortabschreibung (§ 6 Abs. 2 EStG)

1. Grundsatz des Wahlrechtes zur Sofortabschreibung (§ 6 Abs. 2 Satz 1 EStG)

§ 6 Abs. 2 EStG ermöglicht eine Sofortabschreibung bei sog. **geringwertigen Wirtschaftsgütern**. Hierdurch soll eine Vereinfachung und eine Stärkung der Selbstfinanzierung von Unternehmen erreicht werden.[3]   274

Die Sofortabschreibung ist anwendbar, wenn es sich um abnutzbare bewegliche Wirtschaftsgüter des Anlagevermögens handelt, die einer selbständigen Nutzung fähig sind, und die An-   275

---

1 Vgl. auch bzgl. der Berücksichtigung von Anschaffungsnebenkosten BFH v. 29. 4. 1999 - IV R 63/97, BStBl 2004 II 639.
2 Vgl. zur Abgrenzung von entgeltlichem und teilentgeltlichem Erwerb die Ausführungen zu § 6 Abs. 3 EStG.
3 Vgl. *Maier*, SteuK 2010, 485; *Scharfenberg/Müller*, DB 2014, 921; für den Fall der Rücksendung von geringwertigen Wirtschaftsgütern *Rinker*, BBK 2014, 867; für bilanzpolitische Überlegungen *Rosseburg*, NWB DokID: PAAAE-76961.

schaffungs- oder Herstellungskosten für das einzelne Wirtschaftsgut 800 €[1] nicht übersteigen.[2]

276 Zur Ermittlung der diesbezüglichen 800 €-Grenze ist bei Inanspruchnahme von § 6b, § 6c, § 7g EStG und R 6.6 EStR von dem um den Abzug geminderten Betrag auszugehen. Auch werden im Fall eines erfolgsneutral behandelten Zuschusses (R 6.5 EStR) die Anschaffungskosten entsprechend gemindert.[3] Die Umsatzsteuer ist nicht einzubeziehen, unabhängig davon, ob der Steuerpflichtige zum Abzug der Vorsteuer berechtigt ist.[4]

277 Voraussetzung für die Sofortabschreibung ist, dass es sich um ein abnutzbares bewegliches Wirtschaftsgut des Anlagevermögens handelt, welches **einer selbständigen Nutzung fähig** ist (s. → Rz. 279). § 6 Abs. 2 EStG ist grundsätzlich bei allen Einkunftsarten anwendbar;[5] bei den Gewinneinkunftsarten sowohl im Rahmen der Bilanzierung als auch bei der Einnahmen-Überschussrechnung.[6] Für den Fall, dass der Steuerpflichtige die Sammelpostenbildung des Abs. 2a anwendet, finden die Regelungen des Abs. 2 für alle geringwertigen Wirtschaftsgüter keine Anwendung. In diesem Fall ist die geringere Betragsgrenze i. H. v. 250 € heranzuziehen (s. → Rz. 290). Das Wirtschaftsgut muss zum Anlagevermögen gehören und abnutzbar sein (s. → Rz. 41/→ Rz. 44). Bei immateriellen Wirtschaftsgütern ist die Sofortabschreibung nicht möglich; auch Umlaufvermögen und nicht abnutzbares Anlagevermögen, wie z. B. Grund und Boden oder Beteiligungen, fallen nicht unter den Anwendungsbereich des § 6 Abs. 2 EStG.

278 Neben dem in der Praxis häufigen Fall der Anschaffung oder Herstellung eines Wirtschaftsguts wird auch die Übertragung von Wirtschaftsgütern nach § 6 Abs. 4 EStG, der Tausch nach § 6 Abs. 6 Satz 1 EStG und Einbringungen sowie Einlagen und einlageähnliche Vorgänge, wie z. B. die Begründung des Besteuerungsrechts (§ 6 Abs. 1 Nr. 5a EStG), und die Betriebseröffnung (§ 6 Abs. 1 Nr. 6 EStG) erfasst. Nicht Gegenstand der Sofortabschreibung ist die Überführung oder Übertragung zu Buchwerten (s. hierzu § 6 Abs. 3 oder Abs. 5 EStG); in diesem Fall ist der Bilanzansatz fortzuführen.

2. Fähigkeit zu einer selbständigen Nutzung (§ 6 Abs. 2 Satz 2, 3 EStG)

279 Ein Wirtschaftsgut ist einer selbständigen Nutzung nicht fähig, wenn es nach seiner betrieblichen Zweckbestimmung nur zusammen mit anderen Wirtschaftsgütern des Anlagevermögens genutzt werden kann und die in den Nutzungszusammenhang eingefügten Wirtschaftsgüter aufeinander abgestimmt sind (§ 6 Abs. 2 Satz 2 EStG); dies kann auch dann der Fall sein, wenn das Wirtschaftsgut aus dem betrieblichen Nutzungszusammenhang gelöst und in einen anderen betrieblichen Nutzungszusammenhang eingefügt werden kann (§ 6 Abs. 2 Satz 3 EStG). Das Vorliegen der Voraussetzung der Fähigkeit zur selbständigen Nutzung verneint die Finanzverwaltung, wenn nicht alle der folgenden Voraussetzungen vorliegen:[7]

► Das Wirtschaftsgut kann nach seiner Zweckbestimmung nur zusammen mit anderen Wirtschaftsgütern des Anlagevermögens genutzt werden.

---

[1] Für Anschaffung/Herstellung vor 2018 findet der Betrag in Höhe von 410 € Anwendung.
[2] Geänderte Abschreibungsregelungen für geringwertige Wirtschaftsgüter *Hechtner*, NWB 2017, 2252.
[3] Vgl. R 6.13 Abs. 2 EStR.
[4] Vgl. BFH v. 17. 12. 1974 - VIII R 66/71, BStBl 1975 II 365.
[5] Vgl. für die Anwendung bei den Überschusseinkunftsarten § 9 Abs. 1 Satz 3 Nr. 7 Satz 2 EStG.
[6] Vgl. § 4 Abs. 3 Satz 3 EStG; für die Anwendung bei der Einnahmen-Überschussrechnung *Vogl* in Beck'sches Steuer- und Bilanzrechtslexikon, Edition 1/15, Stichwort „Einnahmen-Überschussrechnung", Kapitel B. III. 1.
[7] Vgl. auch für Beispiele R 6.12 Abs. 1 Satz 3 EStR; am Beispiel von Hard- und Software *Jüttner*, BC 2010, 107.

► Das Wirtschaftsgut ist zusammen mit anderen Wirtschaftsgütern des Anlagevermögens in einen ausschließlich betrieblichen Nutzungszusammenhang eingefügt, insbesondere tritt es mit anderen Wirtschaftsgütern des Anlagevermögens nach außen hin als einheitliches Ganzes in Erscheinung.

► Das Wirtschaftsgut ist auf andere Wirtschaftsgüter des Anlagevermögens technisch abgestimmt. Für die Abgestimmtheit der Wirtschaftsgüter ist nicht erforderlich, dass diese fest miteinander verbunden sind[1] oder ein einheitliches Design aufweisen.[2]

Wirtschaftsgüter, die zwar technisch aufeinander abgestimmt und in einen betrieblichen Nutzungszusammenhang eingefügt sind, bei denen eine Nutzung jedoch auch ohne die anderen Wirtschaftsgüter möglich ist, sind grundsätzlich selbständig nutzungsfähig; die Finanzverwaltung zieht hierzu das Beispiel von Müllbehältern in einem Müllabfuhrunternehmen heran.[3] Wirtschaftsgüter, die im Hinblick auf ihre betriebliche Zweckbestimmung nur zusammen mit anderen Wirtschaftsgütern genutzt werden können, jedoch nicht dergestalt zusammen genutzt werden, dass sie als Einheit in Erscheinung treten, sind ebenfalls selbständig nutzungsfähig, wie z. B. Besteck. Die selbständige Nutzungsfähigkeit wird ebenfalls bejaht bei Wirtschaftsgütern, die zwar nur zusammen mit anderen Wirtschaftsgütern genutzt werden, jedoch mit diesen technisch nicht abgestimmt sind, wie z. B. Paletten. 280

3. Besonderes Verzeichnis (§ 6 Abs. 2 Satz 4, 5 EStG)

Wirtschaftsgüter, deren Wert 250 € übersteigt, sind in ein besonderes Verzeichnis aufzunehmen. Zu erfassen sind der Tag der Anschaffung, Herstellung, Einlage oder der Eröffnung des Betriebs und die Höhe der Anschaffungskosten oder des nach § 6 Abs. 1 Nr. 5 bis 6 EStG an deren Stelle tretenden Werts. Nicht erforderlich ist dies, wenn die Angaben aus der Buchführung ersichtlich sind (§ 6 Abs. 2 Satz 5 EStG).[4] Wirtschaftsgüter mit einem Wert bis zu 250 € müssen nicht in ein Verzeichnis aufgenommen werden. 281

(Einstweilen frei) 282–289

III. Sammelposten (§ 6 Abs. 2a EStG)

1. Grundsatz (§ 6 Abs. 2a Satz 1 EStG)

Gemäß § 6 Abs. 2a EStG besteht ein Wahlrecht zur Vornahme von Poolabschreibungen; dies soll der Vereinfachung dienen.[5] Die Sammelpostenbewertung ist zulässig bei abnutzbaren beweglichen Wirtschaftsgütern des Anlagevermögens, die einer selbständigen Nutzung fähig sind und deren Anschaffungs- und Herstellungskosten 250 €[6] übersteigen, nicht jedoch 1 000 €;[7] zur Ermittlung dieser Beträge s. → Rz. 276. 290

---

1 BFH v. 15. 3. 1991 - III R 57/86, BStBl 1991 II 682.
2 Vgl. BFH v. 21. 7. 1998 - III R 110/95, BStBl 1998 II 789.
3 Vgl. R 6.13 Abs. 1 Satz 4 EStR.
4 Vgl. auch hinsichtlich des Hinweises, dass eine analoge handelsrechtliche Vorgehensweise bedenkenlos möglich sein müsste, *Siegle*, DStR 2010, 1068; zu den Aufzeichnungspflichten für geringwertige Wirtschaftsgüter *Krauß*, NWB DokID: VAAAE-68525.
5 Vgl. z. B. *Schlotter* in Münchener Kommentar zum Bilanzrecht, § 253 Rz. 174; zur Herausarbeitung, dass das Ziel der Vereinfachung nicht gelungen ist, *Koch/Thies/Gondert*, NWB 2007, F. 17, 2201; *Wengerofsky*, DStR 2015, 2744.
6 Vor 2018: 150 €.
7 *Maier*, SteuK 2010, 487; demgegenüber *Melchior*, DStR 2009, 2632, der die Anwendbarkeit der Sammelpostenbewertung im Rahmen eines Wahlrechts auch bei Wirtschaftsgütern mit Anschaffungskosten unter 250 € bejaht.

291 Der persönliche Anwendungsbereich des § 6 Abs. 2a EStG erstreckt sich auf Gewinneinkünfte und zwar sowohl im Fall der Gewinnermittlung durch Betriebsvermögensvergleich als auch bei der Einnahmenüberschussrechnung.[1] Der Begriff der fehlenden selbständigen Nutzbarkeit ergibt sich aus § 6 Abs. 2 Satz 2, 3 EStG (s. → Rz. 279). Bei der Ermittlung der Höhe der Anschaffungs-/Herstellungskosten sind die Regelungen des § 6 Abs. 2 EStG anzuwenden (s. o.); somit ist die Umsatzsteuer nicht einzubeziehen. Aufzeichnungspflichten sind nur noch hinsichtlich der Zugänge zu beachten.

2. Rechtsfolgen (§ 6 Abs. 2a Satz 2 EStG)

292 Bezüglich der Anschaffungen ist ein Sammelposten für jedes Wirtschaftsjahr gesondert zu bilden.[2] Dieser ist im Jahr der Bildung und in den folgenden vier Wirtschaftsjahren zwingend **mit jeweils einem Fünftel gewinnmindernd aufzulösen**. Somit ist nicht entscheidend, in welchem Monat während des Wirtschaftsjahres das Wirtschaftsgut angeschafft wurde oder ob das angeschaffte Wirtschaftsgut eine ggf. nur geringe Nutzungsdauer hat.[3] Teilwertabschreibungen und Abschreibungen wegen außergewöhnlicher technischer oder wirtschaftlicher Abnutzung sind nicht zulässig, da der Sammelposten eine Rechengröße und kein Wirtschaftsgut ist.[4]

293 Im Fall **nachträglicher Anschaffungs- und Herstellungskosten**, die in einem auf die Anschaffung oder Herstellung folgenden Wirtschaftsjahr anfallen, ist der Sammelposten in dem Wirtschaftsjahr ihrer Entstehung zu erhöhen.[5] Bei **gemischt genutzten Wirtschaftsgütern** vertritt die Finanzverwaltung die Auffassung, dass die vollen Anschaffungskosten in den Sammelposten einzustellen sind und somit eine entsprechende jährliche Minderung zu erfolgen hat. Der private Anteil soll dann wieder hinzugerechnet werden.[6] Problematisch ist hierbei die ggf. umständliche und zeitaufwendige Ermittlung des privaten Anteils.

294 **PRAXISHINWEIS**

Gegenüber der Regelabschreibung führt die Bildung des Sammelpostens somit zu Nachteilen bei Wirtschaftsgütern mit einer geringeren als fünfjähriger Nutzungsdauer sowie bei Wirtschaftsgütern mit Anschaffungs-/Herstellungskosten mit mehr als 250 € und weniger als 800 €.[7] Steuergestalterisch könnte es sich – falls grundsätzlich die Bildung eines Sammelpostens erfolgen soll – somit anbieten, Wirtschaftsgüter anzuschaffen, die Anschaffungs-/Herstellungskosten von weniger als 250 € oder mehr als 1 000 € aufweisen. Auch die Nichtzulässigkeit von Teilwertabschreibungen stellt einen Nachteil dar, der bei der Ausübung des Wahlrechts beachtet werden sollte.[8]

3. Ausscheiden (§ 6 Abs. 2a Satz 3 EStG)

295 Die Entwicklung des Sammelpostens erfolgt unabhängig davon, ob das Wirtschaftsgut im Betriebsvermögen verbleibt, veräußert wird, untergeht, nach § 6 Abs. 3 oder Abs. 5 EStG übertra-

---

1 Vgl. zur Anwendung bei der Einnahmen-Überschussrechnung *Vogl* in Beck'sches Steuer- und Bilanzrechtslexikon, Edition 1/15, Stichwort „Einnahmen-Überschussrechnung", Kapitel B. III. 1.
2 Vgl. R 6.13 Abs. 1 Satz 1 EStR.
3 Vgl. *Pitzke/Wißborn*, NWB 2010, 3522.
4 Vgl. R 6.13 Abs. 6 Satz 1 EStR.
5 Vgl. R 6.13 Abs. 5 Satz 2 EStR.
6 Eine Ermittlung der als Entnahme zu behandelnden Selbstkosten muss ggf. durch Schätzung erfolgen, vgl. BMF v. 30. 9. 2010, BStBl 2010 I 75, Rz. 18.
7 Vgl. *Siegle*, DStR 2010, 1068.
8 Vgl. *Goy*, BBK 2016, 60, für die Anwendung des Investitionsabzugsbetrags bei geringwertigen Wirtschaftsgütern.

gen oder überführt wird. Für den Fall, dass das Wirtschaftsgut jedoch bereits im Wirtschaftsjahr des Zugangs das Betriebsvermögen wieder verlässt, ist es nicht in den Sammelposten aufzunehmen.[1]

4. Sofortiger Abzug (§ 6 Abs. 2a Satz 4 EStG)

Im Gegensatz zu § 6 Abs. 2 EStG findet hinsichtlich des Sofortabzugs nicht die 800-€-Grenze, sondern die 250 €-Grenze Anwendung. Demnach besteht ein Wahlrecht, im Wirtschaftsjahr der Anschaffung, Herstellung oder Einlage des Wirtschaftsguts oder der Eröffnung des Betriebs die Anschaffungs- oder Herstellungskosten oder den an deren Stelle tretenden Wert in voller Höhe als Betriebsausgaben anzusetzen (s. hinsichtlich der 250 €- und 800 €-Grenze die Zusammenfassung in s. → Rz. 276).

296

5. Einheitliche Anwendung (§ 6 Abs. 2a Satz 4 EStG)

Das Wahlrecht ist einheitlich auszuüben. Dies bedeutet, dass für den Fall, dass der Steuerpflichtige den Sammelposten bildet, nicht die 800 €-Grenze Anwendung findet, sondern die 250 €-Grenze des § 6 Abs. 2 Satz 4 EStG.

297

6. Zusammenfassung

Somit sind **vier Fallgruppen** zu unterscheiden:

298

1. Wirtschaftsgüter, die selbständig nutzbar sind und weniger als 250 € kosten, könnten direkt als Betriebsausgabe abgezogen werden.

2. Wirtschaftsgüter mit einem Nettowert von 251 € bis 800 € können sofort abgeschrieben werden (§ 6 Abs. 2 EStG). Falls eine Sammelpostenbildung erfolgt, sind diese Wirtschaftsgüter in den Sammelposten aufzunehmen.

3. Wirtschaftsgüter mit einem Nettowert von 800 € bis 1 000 € sind entweder planmäßig über die Nutzungsdauer oder im Rahmen des Sammelpostens zu berücksichtigen.

4. Wirtschaftsgüter mit Anschaffungs- oder Herstellungskosten über 1 000 € müssen über ihre Nutzungsdauer abgeschrieben werden.

Die nachfolgende Übersicht verdeutlicht die Bilanzierungsmöglichkeiten:

---

[1] Eine Ermittlung der als Entnahme zu behandelnden Selbstkosten muss ggf. durch Schätzung erfolgen, vgl. BMF v. 30. 9. 2010, BStBl 2010 I 75, Rz. 10.

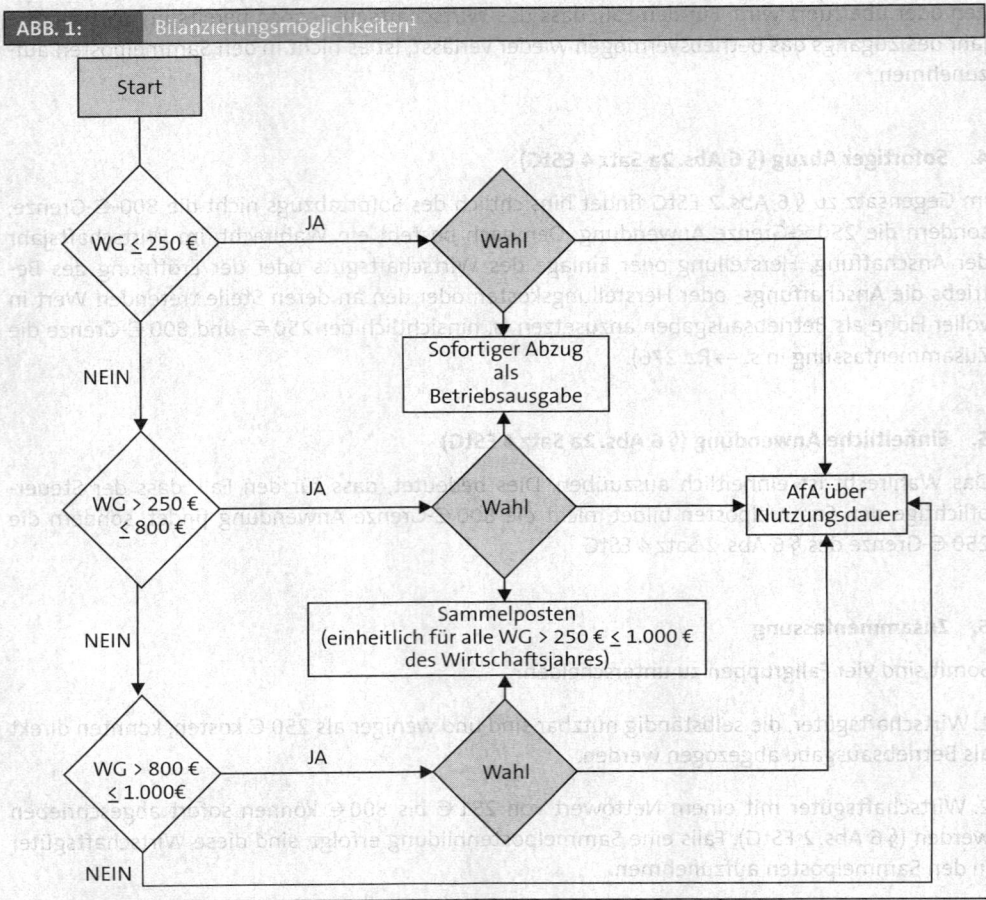

ABB. 1: Bilanzierungsmöglichkeiten[1]

299–304 *(Einstweilen frei)*

IV. Festwerte/Durchschnittswerte

305 Die Festwertbewertung des § 240 Abs. 3 HGB i.V. m. § 256 Satz 2 HGB kann auch im Steuerrecht Anwendung finden.[2] Voraussetzung ist, dass es sich um Wirtschaftsgüter des Sachanlagevermögens oder Roh-, Hilfs- und Betriebsstoffe handelt,[3] sie regelmäßig ersetzt werden und ihr Gesamtwert für das Unternehmen von nachrangiger Bedeutung ist. Zudem darf ihr Bestand in seiner Größe, seinem Wert und seiner Zusammensetzung nur geringen Veränderungen unterliegen. Eine Festwertbewertung ist nicht möglich bei Wirtschaftsgütern des Anlagevermögens, deren Nutzungsdauer zwölf Monate nicht übersteigt.[4] Zur Beurteilung der Nach-

---

1 Ortmann-Babel/Bolik/Schönefeldt, NWB 2013, 1380, 1389; vgl. auch Krauß, NWB DokID: LAAAE-68524.
2 Vgl. H 6.8 „Festwert" EStH; zu den Voraussetzungen und Rechtsfolgen im Einzelnen Speich, NWB 1996, F. 17, 1491.
3 Bei Wirtschaftsgütern des Vorratsvermögens, die zum Verkauf bestimmt sind, kann eine Bewertung nach dem Festwert nicht erfolgen, vgl. BFH v. 21. 8. 2012 - X B 5/12, BFH/NV 2013, 35 = NWB DokID: JAAAE-23450.
4 Vgl. BFH v. 26. 8. 1993 - IV R 127/91, BStBl 1994 II 232.

rangigkeit stellt die Finanzverwaltung auf die Bilanzsumme ab; demnach liegt eine Nachrangigkeit vor, wenn der Gesamtwert der für den einzelnen Festwert in Betracht kommenden Wirtschaftsgüter den dem Bilanzstichtag vorangegangenen fünf Bilanzstichtagen durchschnittlich 10 % der Bilanzsumme nicht überstiegen hat.[1]

Die Finanzverwaltung hebt hervor, dass der Festwert nur der Erleichterung der Inventur dienen darf, nicht hingegen dem Ausgleich von Preisschwankungen, insbesondere Preissteigerungen.[2]

306

(Einstweilen frei)

307–309

V. Unentgeltliche Übertragung eines Betriebs, Teilbetriebs oder Mitunternehmeranteils (§ 6 Abs. 3 EStG)

1. Voraussetzungen und Zweck

Nach § 6 Abs. 3 EStG sollen unentgeltliche Vermögensübergänge durch vorweggenommene Erbfolge, Erbfall, Erbauseinandersetzung und andere Schenkungen erfasst werden. Durch die zwingend vorgesehene Buchwertverknüpfung kommt es – in Abweichung vom Grundsatz der Individualbesteuerung – zu einer interpersonellen Verlagerung von stillen Reserven vom Übertragenden auf den Empfänger.[3] § 6 Abs. 3 EStG erfordert, dass ein Betrieb, Teilbetrieb oder Mitunternehmeranteil unentgeltlich übertragen wird. Dies setzt voraus, dass im Zeitpunkt der Übertragung ein gewerbliches, freiberufliches oder land- und forstwirtschaftliches Betriebsvermögen vorhanden ist.[4] Ist der ursprüngliche Betrieb zuvor aufgegeben/aufgelöst worden, kommt eine Buchwertübertragung nach § 6 Abs. 3 EStG nicht in Betracht.[5]

310

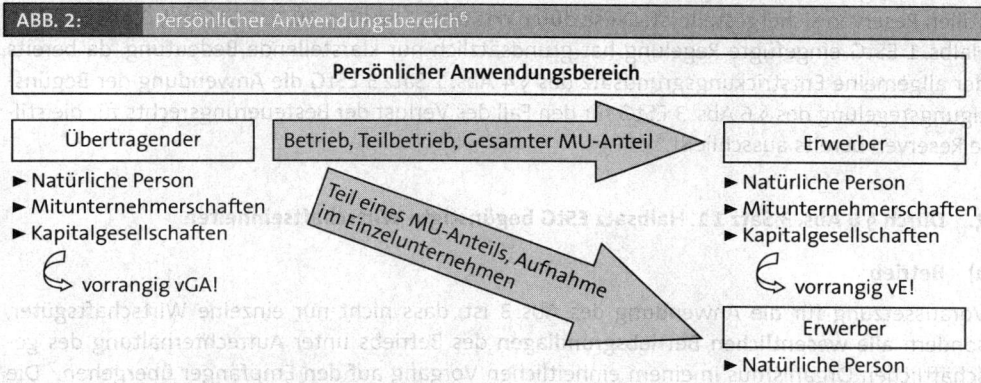

ABB. 2: Persönlicher Anwendungsbereich[6]

Übertragender und aufnehmender Rechtsträger können natürliche Personen, Mitunternehmerschaften und Kapitalgesellschaften sein.[7] Da der Gesetzeswortlaut keine Einschränkung enthält, ist der Anwendungsbereich des § 6 Abs. 3 EStG neben Kapitalgesellschaften auch anderen Körperschaften eröffnet, insbesondere auch privatnützigen oder gemeinnützigen Stif-

---

1 Vgl. BMF v. 8. 3. 1993, BStBl 1993 I 276.
2 Vgl. H 6.8 „Festwert" EStH; für Beispiele *Broemel/Endert*, BBK 2011, 1179.
3 Vgl. BFH v. 17. 12. 2007 - GrS 2/04, BStBl 2008 II 608, Tz. 81; BFH v. 6. 5. 2010 - IV R 52/08, BStBl 2011 II 261.
4 Vgl. BFH v. 18. 8. 2009 - X R 47/06, BFH/NV 2010, 400 = NWB DokID: MAAAD-35168.
5 Vgl. BFH v. 16. 12. 2009 - IV R 7/07, BStBl 2010 II 431.
6 *Hänsch*, NWB DokID: PAAAE-90361, Tz. 44.
7 Vgl. BMF v. 3. 3. 2005, BStBl 2005 I 458, Tz. 1.

tungen. Dagegen lehnt die Finanzverwaltung die Anwendung des § 6 Abs. 3 EStG bei der unentgeltlichen Übertragung eines Mitunternehmeranteils an einer gewerblich geprägten Personengesellschaft auf eine gemeinnützige Körperschaft mit der Begründung ab, dass der Anteil an einer gewerblich geprägten Personengesellschaft bei der aufnehmenden gemeinnützigen Körperschaft nicht zu einem wirtschaftlichen Geschäftsbetrieb führt und es damit beim aufnehmenden Rechtsträger an der Voraussetzung der Erzielung betrieblicher Einkünfte fehlt.[1]

In den Fällen der Übertragung von Teilen eines Mitunternehmeranteils sowie der unentgeltlichen Aufnahme in ein Einzelunternehmen (§ 6 Abs. 3 Satz 1 2. Halbsatz EStG und § 6 Abs. 3 Satz 2 EStG) ist die Übertragung nur auf eine natürliche Person zulässig. Bei unentgeltlichen Übertragungen auf eine Kapitalgesellschaft, z. B. durch Erbschaft, Schenkung oder Stiftungsgeschäft, kommt § 6 Abs. 3 EStG nur dann zur Anwendung, wenn weder der Übertragende noch eine ihm nahestehende Person Gesellschafter der Kapitalgesellschaft sind.[2] Wenn dagegen der Übertragende oder empfangende Rechtsträger Gesellschafter der Kapitalgesellschaft ist, gelten die Vorschriften der verdeckten Gewinnausschüttung (§ 8 Abs. 3 KStG) und verdeckten Einlage (§ 6 Abs. 6 Satz 2 EStG) vorrangig.[3] Absatz 3 setzt nicht die Übertragung auf *eine* Person voraus. Sie gilt daher auch, wenn der Betrieb von mehreren Rechtsnachfolgern durch Schenkung, vorweggenommene Erbfolge oder Erbfolge übernommen wird, sofern die übernommene Betriebsteile für sich jeweils lebensfähige Teilbetriebe darstellen.[4] Landwirtschaftliche Nutzflächen von mehr als 3 000 qm stellen nicht allein im Hinblick auf ihre Größe landwirtschaftliche Teilbetriebe dar.[5]

Zusätzliche Voraussetzung für die Buchwertfortführung bildet, dass die Besteuerung der in dem unentgeltlich übertragenen Betrieb, Teilbetrieb oder Mitunternehmeranteil vorhandenen stillen Reserven sichergestellt ist. Diese durch das BEPS-UmsG v. 20.12.2016 in § 6 Abs. 3 Satz 1 Halbs. 1 EStG eingefügte Regelung hat grundsätzlich nur klarstellende Bedeutung, da bereits der allgemeine Entstrickungsgrundsatz des § 4 Abs. 1 Satz 3 EStG die Anwendung der Begünstigungsregelung des § 6 Abs. 3 EStG für den Fall des Verlust der Besteuerungsrechts für die stille Reserven bereits ausschließt.[6]

2. Durch § 6 Abs. 3 Satz 1 1. Halbsatz EStG begünstigte Wirtschaftseinheiten

a) Betrieb

311   Voraussetzung für die Anwendung des Abs. 3 ist, dass nicht nur einzelne Wirtschaftsgüter, sondern **alle wesentlichen Betriebsgrundlagen** des Betriebs unter Aufrechterhaltung des geschäftlichen Organismus in einem einheitlichen Vorgang auf den Empfänger übergehen.[7] Die Wesentlichkeit bestimmt sich dabei nach **funktionalen** Kriterien, auf das Vorhandensein erheblicher stiller Reserven kommt es nicht an.[8] Der Übertragende muss seine bisherige betriebliche Tätigkeit durch Übertragung des geschäftlichen Organismus beenden. Fehlt es an einer

---

1 Vgl. FinMin Schleswig-Holstein, Kurzinformation v. 9. 6. 2016 – VI 306 – S 2241 – 299, DStR 2016, 1474.
2 Vgl. BMF v. 3. 3. 2005, BStBl 2005 I 458, Tz. 2.
3 Vgl. BFH v. 15. 9. 2004 - I R 7/02 BStBl 2005 II 867.
4 Vgl. BFH v. 6. 5. 2010 - IV R 52/08, BStBl 2011 II 261, m. w. N.
5 Vgl. BFH v. 16.11.2017 - VI R 63/15, BFHE 260, 138.
6 Vgl. *Hänsch*, Änderung des § 6 Abs. 3 EStG durch das Anti-BEPS-Umsetzungsgesetz I, NWB 2017, 935.
7 Vgl. BFH v. 14. 7. 1993 - X R 74-75/90, BStBl 1994 II 15; BFH v. 15. 6. 2005 - X B 180/03, BFH/NV 2005, 1843 = NWB DokID: DAAAB-58188; *Ott*, StuB 2015, 488.
8 Vgl. BMF v. 3. 3. 2005, BStBl 2005 I 458, Tz. 3; *Schoor*, NWB 2014, 2954.

dieser Voraussetzungen, liegt eine gewinnrealisierende Betriebsaufgabe vor (s. KKB/Franz/ Handwerker, § 16 EStG Rz. 389 ff.).[1] So lehnt es der BFH in seiner Entscheidung vom 25.1.2017 ab, dass bei einer unentgeltlichen Übertragung eines Einzelunternehmens unter Nießbrauchvorbehalt das Erfordernis der Tätigkeitseinstellung des bisherigen Betriebsinhabers als erfüllt anzusehen und damit die Buchwertfortführung möglich ist.[2] Für die unentgeltliche Übertragung eines Mitunternehmeranteils unter Nießbrauchvorbehalt an einem Wirtschaftsgut des Sonderbetriebsvermögens wird die Buchwertfortführung dagegen bejaht.[3]

PRAXISHINWEIS:

Wegen der Versagung der Buchwertübertragung von Betrieben und Mitunternehmeranteilen unter Nießbrauchsvorbehalt können als gestalterische Mittel Versorgungsleistungen, Ertragsnießbrauch oder die Kombination der Buchwertprivilegien von § 6 Abs. 3 und Abs. 5 EStG genutzt werden.[4]

Wirtschaftsgüter, die keine wesentliche Betriebsgrundlage darstellen, können unter Aufdeckung der stillen Reserven veräußert oder entnommen werden, ohne dass dies die Buchwertfortführung nach Abs. 3 für das restliche Betriebsvermögen gefährdet. Die Beurteilung, ob **alle wesentlichen** Betriebsgrundlagen übertragen wurden, bestimmt sich nach dem Umfang des Betriebsvermögens im Übertragungszeitpunkt. Daher steht es der Anwendung des Abs. 3 nicht entgegen, wenn **vor** der unentgeltlichen Übertragung Wirtschaftsgüter unter Aufdeckung der stillen Reserven veräußert oder entnommen werden – selbst wenn ein enger zeitlicher und sachlicher Zusammenhang mit der nachfolgenden unentgeltlichen Übertragung besteht.[5] Auch eine steuerneutrale Überführung oder Übertragung nach Abs. 5 in zeitlichem Zusammenhang mit der unentgeltlichen Übertragung ist nach der Rechtsprechung des BFH unschädlich, da die Begünstigungsnormen des Abs. 3 und Abs. 5 gleichberechtigt nebeneinander stehen und damit auch gleichzeitig zur Anwendung gelangen können.[6]

b) Teilbetrieb

Die begünstigte Übertragung eines Teilbetriebs setzt voraus, dass ein organisatorisch geschlossener, mit einer gewissen Selbständigkeit ausgestatteter Teil eines Gesamtbetriebs übertragen wird, der alle Merkmale eines Betriebs im Sinne des EStG aufweist und für sich lebensfähig ist.[7] Für den Teilbetriebsbegriff des § 6 Abs. 3 EStG gelten die für § 16 Abs. 1 Nr. 1 Satz 1 EStG entwickelten Grundsätze (s. dazu ausführlich KKB/Franz/Handwerker, § 16 EStG Rz. 186 ff.) mit der Einschränkung, dass die Fiktion eines Teilbetriebs bei einer 100 %igen Beteiligung am Nennkapital einer Kapitalgesellschaft keinen Teilbetrieb i. S. d. § 6 Abs. 3 EStG darstellt.[8]

---

1 Vgl. BFH v. 8.9.2005 - IV B 101/04, BFH/NV 2006, 53 = NWB DokID: AAAAB-70212, m.w.N.
2 Vgl. BFH v. 25.1.2017 - X R 59/14, NWB DokID: LAAAG-47393; *Kraft, G.*, NWB 2017, 2972.
3 Vgl. FG Münster v. 24.6.2014 - 3 K 3886/12 F, EFG 2014, 1951.
4 Vgl. *Kraft, G.*, NWB 2017, 2972, NWB DokID ZAAAG-57399; *El Mourabit, N.*, Aufdeckung stiller Reserven bei unentgeltlicher Übertragung von Einzelunternehmen und Mitunternehmeranteilen unter Nießbrauchvorbehalt im Wege der vorweggenommenen Erbfolge?, ZEW 2016, 14.
5 Vgl. BFH v. 2.8.2012 - IV R 41/11, NWB DokID: TAAAE-19933; *Bode*, DB 2012, 2375; *Herlinghaus*, FR 2014, 448; *Weber-Grellet*, BB 2013, 50; ablehnend: BMF v. 3.3.2005, BStBl 2005 I 458; BMF v. 12.9.2013, BStBl 2013 I 1164.
6 Vgl. BFH v. 2.8.2012 - IV R 41/11, NWB DokID: TAAAE-19933; zustimmend *Kanzler*, FR 2012, 1120; *Schulze zur Wiesche*, DStR 2012, 2414; *Bohn/Pelters*, DStR 2013, 281, m.w.N.; *Levedag*, GmbHR 2014, 342; kritisch: *Kulosa* in Schmidt, § 6 EStG Rz. 650; ablehnend *Blümich*, § 6 EStG Rz. 1222c.
7 Vgl. BFH v. 22.6.2010 - I R 77/09, BFH/NV 2011, 10 = NWB DokID: IAAAD-56595; BFH v. 12.12.2013 - X R 33/11, BFH/NV 2014, 693 = NWB DokID: XAAAE-56603.
8 Vgl. BFH v. 20.7.2005 - X R 22/02, BStBl 2006 II 457; *HHR*, § 6 EStG Rz. 1355.

Bei der Übertragung eines Teilbetriebs gelten die obigen Voraussetzungen und Rechtsfolgen der Übertragung eines Betriebs entsprechend, wenn alle wesentlichen Betriebsgrundlagen des Teilbetriebs durch einen einheitlichen Vorgang und unter Aufrechterhaltung des geschäftlichen Organismus des Teilbetriebs auf einen Erwerber übergehen und der bisherige Betriebsinhaber die in dem Teilbetrieb entfaltete Tätigkeit endgültig aufgibt.[1]

c) Mitunternehmeranteil

313 § 6 Abs. 3 EStG begünstigt auch die unentgeltliche Übertragung eines *gesamten* Mitunternehmeranteils auf einen Erwerber.[2] Dasselbe gilt, wenn der gesamte Mitunternehmeranteil in einem einheitlichen Akt durch Erbfall oder Schenkung auf mehrere Erwerber übertragen wird sowie beim Ausscheiden eines Gesellschafters aus einer zweigliedrigen Personengesellschaft.[3] Der gesamte Mitunternehmeranteil umfasst nicht nur den Anteil am Gesamthandsvermögen der Personengesellschaft, sondern auch die Wirtschaftsgüter des Sonderbetriebsvermögens, soweit sie funktional wesentliche Betriebsgrundlagen bilden.[4] Wird funktional wesentliches (Sonder-)Betriebsvermögen im Zuge einer unentgeltlichen Übertragung des Mitunternehmeranteils zurückbehalten, ist die Buchwertfortführung nach § 6 Abs. 3 EStG ausgeschlossen. Vielmehr liegt eine gewinnrealisierende Aufgabe des Mitunternehmeranteils gem. § 16 Abs. 3 EStG vor.[5] Maßgeblich für die Beurteilung, ob alle wesentlichen Betriebsgrundlagen übertragen werden, ist das Betriebsvermögen zum Zeitpunkt der unentgeltlichen Übertragung. Die Anwendung des § 6 Abs. 3 Satz 1 1. Halbsatz EStG ist daher auch eröffnet, wenn der Mitunternehmer ein funktional wesentliches Wirtschaftsgut des Sonderbetriebsvermögens aufgrund einheitlicher Planung veräußert oder entnimmt, bevor er den ihm verbleibenden Mitunternehmeranteil unentgeltlich nach § 6 Abs. 3 EStG überträgt. Das zuvor oder zeitgleich entnommene Sonderbetriebsvermögen bildet keinen Bestandteil des Mitunternehmeranteils mehr. In der einheitlichen Planung ist auch kein Gestaltungsmissbrauch zuerkennen, wenn das übertragene Sonderbetriebsvermögen dauerhaft veräußert oder entnommen ist.[6] Auch die vorherige Übertragung eines Teils des Mitunternehmeranteils steht der Buchwertübertragung des restlichen Anteils nicht entgegen.[7]

Dagegen kommt eine Buchwertübertragung nach § 6 Abs. 3 Satz 1 EStG auch bei Erfüllung der Behaltefrist des § 6 Abs. 3 Satz 2 EStG insgesamt nicht in Betracht, wenn der Mitunternehmer funktional wesentliche Wirtschaftsgüter des bisherigen (Sonder-)Betriebsvermögens nicht mitüberträgt. Bei Übertragung des gesamten Mitunternehmeranteils verlieren diese ihre Qualität als Sonderbetriebsvermögen, so dass insoweit auch nicht die Bedingung des Satzes 2 erfüllt werden kann.[8]

---

1 Vgl. BFH v. 9.12.2009 - X R 4/07, BFH/NV 2010, 888 = NWB DokID: ZAAAD-39254.
2 Vgl. BFH v. 9.12.2009 - X R 4/07, BFH/NV 2010, 888 = NWB DokID: ZAAAD-39254.
3 Vgl. BFH v. 10.3.1998 - VIII R 76/96, BStBl 1999 II 269; BFH v. 20.6.2012 - X B 165/11, BFH/NV 2012, 1593 = NWB DokID: IAAAE-15385.
4 Vgl. BFH v. 22.9.2011 - IV R 33/08, BStBl 2012 II 10; BFH v. 6.5.2010 - IV R 52/08, BStBl 2011 II 261; s. auch OFD NRW v. 17.6.2014 - S 2242 - 2014/0003 - St 114, zu Anteilen an einer Komplementär-GmbH als funktional wesentliche Beteiligung, NWB DokID: CAAAE-67503.
5 Vgl. BFH v. 31.8.1995 - VIII B 21/93, BStBl 1995 II 890.
6 Vgl. BFH v. 2.8.2012 - IV R 41/11, NWB DokID: TAAAE-19933; BFH v. 9.12.2014 - IV R 29/14, BFH/NV 2015, 415, NWB DokID: CAAAE-83408.
7 Vgl. BFH v. 2.8.2012 - IV R 41/11, NWB DokID: TAAAE-19933.
8 Vgl. BMF v. 3.3.2005, BStBl 2005 II 458, Tz. 5.

Die Buchwertfortführung nach § 6 Abs. 3 Satz 1 EStG ist nach der Rechtsprechung des BFH 314
auch dann möglich, wenn zeitgleich (funktional nicht wesentliche) Wirtschaftsgüter des Sonderbetriebsvermögens unentgeltlich nach § 6 Abs. 5 EStG überführt oder übertragen werden
(**Kombination der Buchwertprivilegien**).[1] Diese Rechtsauffassung kann mittlerweile als gefestigt angesehen werden,[2] so dass eine Aufhebung des Nichtanwendungserlasses der Finanzverwaltung zu fordern ist.[3]

BEISPIEL: V ist zu 50 % Mitunternehmer der UV-OHG und hält in seinem Sonderbetriebsvermögen ein Grundstück, das er der UV-OHG als Lagerplatz vermietet. Am 1.1. überführt er das Grundstück in sein Einzelunternehmen unter Fortführung des Buchwerts nach § 6 Abs. 5 Satz 1 EStG. Am 1.3. des Jahres überträgt er seinen Mitunternehmeranteil an der UV-OHG unentgeltlich auf seinen Sohn S.

Lösung: Da das Grundstück im Zeitpunkt der Übertragung des Mitunternehmeranteils nicht (mehr) zum (Sonder-)Betriebsvermögen der UV-OHG gehört, erfolgt die Übertragung des gesamten Mitunternehmeranteils. Damit ist die Anwendung des § 6 Abs. 3 Satz 1 EStG eröffnet.[4]

Wird bei der Übertragung des gesamten Mitunternehmeranteils nur ein Teil des funktional wesentlichen Sonderbetriebsvermögens mitübertragen, liegt in der Quote, in der die Mitübertragung von Sonderbetriebsvermögen erfolgt, die erfolgsneutrale Übertragung eines Mitunternehmer-Teilanteils nach § 6 Abs. 3 Satz 1 2. Halbsatz EStG vor. Im Übrigen liegen weder die Voraussetzungen des Abs. 3 Satz 1 noch des Satzes 2 vor.[5]

3. Unentgeltliche Aufnahme in ein Einzelunternehmen, Übertragung eines Anteils an einem Mitunternehmeranteil (§ 6 Abs. 3 Satz 1 2. Halbsatz EStG)

Die unentgeltliche Aufnahme einer natürlichen Person in ein Einzelunternehmen, durch die 315
eine zweigliedrige Mitunternehmerschaft entsteht, ist wirtschaftlich mit der Übertragung eines Teilanteils an einem Mitunternehmeranteil vergleichbar.[6] Seit dem Veranlagungszeitraum 2001 ist durch § 6 Abs. 3 Satz 1 2. Halbsatz EStG für beide Alternativen zwingend der Buchwert fortzuführen. Dabei handelt es sich – entgegen der Auffassung des Gesetzgebers – nicht nur um eine klarstellende Gesetzesänderung.[7]

Der Anwendungsbereich des § 6 Abs. 3 EStG und damit eine zwingende Buchwertfortführung ist dagegen nicht eröffnet, soweit der Einzelunternehmer seinen Betrieb nicht unentgeltlich, sondern gegen Gewährung von Gesellschaftsrechten in eine Personengesellschaft einbringt.[8] In diesem Fall ergeben sich die Rechtsfolgen aus § 24 UmwStG.

Die Beschränkung auf natürliche Personen als übernehmender Rechtsträger soll ein Übergehen stiller Reserven auf Körperschaften verhindern (s. auch § 6 Abs. 5 Satz 5, 6 EStG). Die Aufnahme einer Mitunternehmerschaft in ein bestehendes Einzelunternehmen ist nach dem Ge-

---

1 Vgl. BFH v. 2.8.2012 - IV R 41/11, NWB DokID: TAAAE-19933; a. A. BMF v. 3.3.2005, BStBl 2005 II 458, Tz. 7.
2 Vgl. BFH v. 30.6.2016 - IV B 2/16, BFH/NV 2016, 1452 = NWB DokID: SAAAF-80034, Nichtzulassungsbeschwerde der Finanzverwaltung wird als unbegründet abgewiesen.
3 Vgl. BMF v. 12.9.2013, BStBl 2013 I 1164.
4 Vgl. BFH v. 2.8.2012 - IV R 41/11, NWB DokID: TAAAE-19933, der selbst bei einer zeitgleichen Überführung eine Buchwertübertragung bejaht; es liegt auch keine missbräuchliche Gestaltung im Sinne eines Gesamtplans vor, soweit keine Weiterübertragung des Grundstücks auf S erfolgt; a. A. BMF v. 12.9.2013, BStBl 2013 I 1164 (Nichtanwendungserlass).
5 HHR, § 6 EStG Rz. 1362.
6 Vgl. BFH v. 7.4.2010 - I R 55/09, BStBl 2010 II 1094.
7 Vgl. Kulosa in Schmidt, § 6 EStG Rz. 66; zur Rechtslage vor 2001 s. Ehmcke in Blümich, § 6 EStG Rz. 1238; BFH v. 18.10.1999 - GrS 2/98 BStBl 2000 II 123; BFH v. 12.10.2005 - X R 35/04, BFH/NV 2006, 521 = NWB DokID: RAAAB-73877; BFH v. 13.12.2005 - X R 49/03, BFH/NV 2006, 1094 = NWB DokID: MAAAB-82498; HHR, § 6 EStG, Rz. 1368.
8 Vgl. BFH v. 18.9.2013 - X R 42/10, BStBl 2016 II 639; BMF v. 11.11.2011, BStBl 2011 I 1314,Tz. 01.47.

setzeswortlaut wohl ebenfalls nicht begünstigt.[1] Nach zutreffender Auffassung ist aber die Aufnahme mehrerer natürlicher Personen in ein Einzelunternehmen wie auch die Übertragung mehrerer Teilanteile eines Mitunternehmeranteils vom Anwendungsbereich des Satzes 1 2. Halbsatz erfasst.[2]

BEISPIEL: ► V nimmt seine beiden Kinder unentgeltlich in sein bisheriges Einzelunternehmen auf, bzw. überträgt seinen Mitunternehmeranteil von 50 % an der UV-OHG je zu $^{1}/_{2}$ auf seine beiden Kinder.

Lösung: Der Mitunternehmer-Teilanteil umfasst neben dem Anteil am Gesamthandsvermögen auch quotal das funktional wesentliche Sonderbetriebsvermögen.[3] Folglich müssen grundsätzlich alle als funktional wesentliche Betriebsgrundlage qualifizierenden Wirtschaftsgüter des Sonderbetriebsvermögens in dem dem übertragenen Mitunternehmeranteil entsprechenden Bruchteil (quotenkongruent) unentgeltlich mitübertragen werden, um die Buchwertfortführung nach Satz 1 zu erhalten, ohne dass die Behaltefrist nach Satz 2 ausgelöst wird.

BEISPIEL: ► V ist zu 50 % Mitunternehmer der UV-OHG und hält in seinem Sonderbetriebsvermögen ein Grundstück, das er der UV-OHG als Lagerplatz vermietet. Er überträgt die Hälfte seines Mitunternehmeranteils an der UV-OHG unentgeltlich auf seinen Sohn S.

Lösung: Wenn er zusätzlich das Lagergrundstück zur Hälfte auf seinen Sohn überträgt (quotale Übertragung von Sonderbetriebsvermögen) kommt insgesamt die Buchwertfortführung nach Abs. 3 Satz 1 zur Anwendung, die Behaltefrist nach § 6 Abs. 3 Satz 2 EStG wird nicht ausgelöst.

Die Notwendigkeit der quotalen Übertragung von Sonderbetriebsvermögen betrifft bei der unentgeltlichen Übertragung von Anteilen an einer GmbH & Co. KG insbesondere auch die Anteile an der Komplementär-GmbH, wenn diese als funktional wesentliche Betriebsgrundlage im Rahmen des Sonderbetriebsvermögens II qualifiziert sind.[4]

BEISPIEL: ► V ist zu 50 % als Mitunternehmer an der UV-GmbH & Co. KG beteiligt. Komplementärin ist die V-GmbH, deren Anteile V zu 100 % gehören. V überträgt die Hälfte seines Mitunternehmeranteils an der GmbH & Co. KG unentgeltlich auf seinen Sohn S.

Lösung: Da die GmbH-Beteiligung funktional wesentliches Betriebsvermögen darstellt,[5] kommt die Buchwertfortführung nach § 6 Abs. 3 Satz 1 EStG ohne Auslösen der Behaltefrist nach Satz 2 nur zur Anwendung, wenn zusätzlich die Hälfte der Anteile an der Komplementär-GmbH unentgeltlich auf S übertragen wird.

4. Unentgeltlichkeit

316 § 6 Abs. 3 EStG erfordert eine **unentgeltliche Übertragung** unter Lebenden oder von Todes wegen.[6] Die Übernahme betrieblicher Verbindlichkeiten stellt im Rahmen der Sonderregelungen des § 6 Abs. 3 EStG keine Gegenleistung dar.[7] Diese Nettobetrachtung soll eine Buchwertfortführung bei der Übertragung von Betrieben, Teilbetrieben und Mitunternehmeranteilen auch dann ermöglichen, wenn – wie in den meisten Fällen – zu der übertragenen Einheit auch Schulden gehören.[8] Ebenso qualifiziert die Übertragung des Betriebs gegen Versorgungsleistungen als unentgeltlich.[9] Eine unentgeltliche Übertragung von Kommanditanteilen liegt auch

---

1 Vgl. BMF v. 3. 3. 2005, BStBl 2005 I 458, Tz. 1.
2 Vgl. BFH v. 18. 9. 2013 - X R 42/10, BStBl 2016 II 639.
3 Vgl. BFH v. 6. 5. 2010 - IV R 52/08, BStBl 2011 II 261.
4 Vgl. BFH v. 16. 4. 2015 - IV R 1/12, BStBl 2015 II 705.
5 Vgl. OFD NRW v. 17. 6. 2014, NWB DokID: CAAAE-67503.
6 Vgl. BFH v. 20. 7. 2005 - X R 22/02, BStBl 2006 II 457.
7 Vgl. BFH v. 6. 5. 2010 - IV R 52/08, BStBl 2011 II 261; Hänsch, NWB DokID: PAAAE-90361, Rz. 67 ff.
8 Vgl. BFH v. 11. 12. 2001 - VIII R 58/98, BStBl 2002 II 420.
9 Vgl. BFH v. 9. 9. 2010 - IV R 22/07, BFH/NV 2011, 31 = NWB DokID: WAAAD-56599.

dann vor, wenn der verrechenbare Verlust gem. § 15a Abs. 4 EStG durch die Anteilsübertragung nach § 6 Abs. 3 EStG dem Übernehmer zuzurechnen ist.[1] Dagegen fallen entgeltliche Übertragungen – auch tauschähnliche Vorgänge, wenn die Gegenleistung in Gesellschaftsrechten besteht – nicht in den Anwendungsbereich des § 6 Abs. 3 EStG.[2] Das gilt auch für die Einbringung eines Betriebs nach § 20 UmwStG zu Buchwerten in eine Kapitalgesellschaft.[3] Als Entgelt werden insbesondere Ausgleichs- oder Abstandszahlungen an den Übergeber oder Dritte und/oder die Übernahme von Verbindlichkeiten des Übergebers, die nicht zum passiven Betriebsvermögen des übertragenen Betriebs gehören qualifiziert.[4]

Bei **teilentgeltlicher Übertragung** gilt – anders als im Rahmen des § 6 Abs. 5 EStG – nach der ständigen Rechtsprechung des BFH die sog. **Einheitstheorie**.[5] Sofern das Entgelt niedriger ist als die Buchwerte des Betriebsvermögens, handelt es sich insgesamt um einen unentgeltlichen Vorgang, auf den § 6 Abs. 3 EStG anwendbar ist. Dabei ist es ohne Bedeutung, ob der entgeltliche oder unentgeltliche Teil des Rechtsgeschäfts überwiegt. Wenn das Teilentgelt die Buchwerte übersteigt, handelt es sich dagegen um eine Veräußerung i. S. d. § 16 EStG.[6]

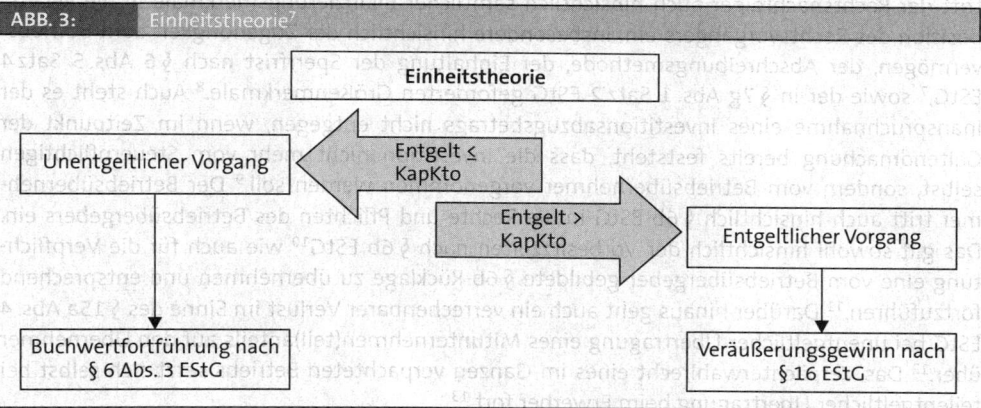

ABB. 3: Einheitstheorie[7]

Wenn im Rahmen einer unentgeltlichen (Teil-)Betriebsübertragung einzelne Wirtschaftsgüter zu fremdüblichen Bedingungen veräußert werden, kann auf die unentgeltliche Übertragung des Teilbetriebs oder Mitunternehmeranteils § 6 Abs. 3 EStG auch bei Übertragungen zwischen nahen Angehörigen anwendbar sein, sofern keine rechtsmissbräuchliche Gestaltung vorliegt.[8] Die Gesamtplanrechtsprechung kommt in diesem Fall nicht zur Anwendung, wenn funktional

---

1 Vgl. BFH v. 1.3.2018 - IV R 16/15, BStBl 2018 II 527.
2 Vgl. BFH v. 17.7.2008 - I R 77/06, BStBl 2009 II 464; BFH v. 18.9.2013 - X R 42/10, BFH/NV 2012, 2006 = NWB DokID: IAAAE-47925.
3 Vgl. BFH v. 10.3.2016 - IV R 14/12, BStBl 2016 II 763.
4 Vgl. BFH v. 5.7.1990 GrS 4-6/89, BStBl II 1990, 847; BFH v. 6.4.2016 X R 52/13, DStR 2016, 1591 = NWB DokID: WAAAF-77663.
5 Vgl. BFH v. 4.4.2006 - IV B 12/05, BFH/NV 2006, 1460 = NWB DokID: XAAAB-88024, m. w. N; BFH v. 27.9.2006 - X B 71/06, BFH/NV 2007, 37 = NWB DokID: MAAAC-19467; BFH v. 18.9.2013 - X R 42/10, BFH/NV 2012, 2006 = NWB DokID: IAAAE-47925; BFH v. 22.10.2013 - X R 14/11, BStBl 2014 II 158.
6 Vgl. BFH v. 11.12.2001 - VIII R 58/98, BStBl 2002 II 420.
7 Hänsch, NWB DokID: PAAAE-90361, Tz. 83.
8 Vgl. BFH v. 22.10.2013 - X R 14/11, BStBl 2014 II 158.

eigenständige Teilschritte realisiert werden und es dem Steuerpflichtigen auf die wirtschaftlichen Ergebnisse dieser Teilschritte ankommt (sog. Plan in Einzelakten).[1]

5. Rechtsfolge des § 6 Abs. 3 Satz 1 EStG

317 § 6 Abs. 3 EStG sieht eine zwingende Buchwertfortführung vor. Der bisherige Betriebsinhaber realisiert keinen Gewinn oder Verlust, da Wirtschaftsgüter und Schulden mit den Werten anzusetzen sind, die sich aus der Buchführung ergeben. Ein Wahlrecht zum Ansatz eines höheren Teilwerts oder Zwischenwerts besteht nicht.[2] Die unentgeltliche Übertragung des Betriebs ist weder eine Betriebsveräußerung, noch eine Betriebsaufgabe oder Entnahme.[3]

Der Rechtsnachfolger ist an die Buchwerte des Übertragenden gebunden (§ 6 Abs. 3 Satz 3 EStG), so dass es zwingend zur interpersonellen Verlagerung von stillen Reserven auf den Rechtsnachfolger kommt.[4] Beim Rechtsnachfolger liegt weder ein entgeltlicher Betriebserwerb noch eine Einlage oder Betriebseröffnung vor.[5] Vielmehr wird in einer streng objekt- und einkunftsquellenbezogenen Betrachtungsweise der Bilanzenzusammenhang gewahrt.[6] Damit tritt der Rechtsnachfolger auch hinsichtlich sämtlicher Bilanzierungsmerkmale in die Rechtsposition des Rechtsvorgängers ein, insbesondere hinsichtlich der Zugehörigkeit zum Betriebsvermögen, der Abschreibungsmethode, der Einhaltung der Sperrfrist nach § 6 Abs. 5 Satz 4 EStG,[7] sowie der in § 7g Abs. 1 Satz 2 EStG geforderten Größenmerkmale.[8] Auch steht es der Inanspruchnahme eines Investitionsabzugsbetrags nicht entgegen, wenn im Zeitpunkt der Geltendmachung bereits feststeht, dass die Investition nicht mehr vom Steuerpflichtigen selbst, sondern vom Betriebsübernehmer vorgenommen werden soll.[9] Der Betriebsübernehmer tritt auch hinsichtlich § 6b EStG in die Rechte und Pflichten des Betriebsübergebers ein. Das gilt sowohl hinsichtlich der Vorbesitzzeiten nach § 6b EStG[10] wie auch für die Verpflichtung eine vom Betriebsübergeber gebildete § 6b-Rücklage zu übernehmen und entsprechend fortzuführen.[11] Darüber hinaus geht auch ein verrechenbarer Verlust im Sinne des § 15a Abs. 4 EStG bei unentgeltlicher Übertragung eines Mitunternehmer(teil)anteils auf den Übernehmer über.[12] Das Verpächterwahlrecht eines im Ganzen verpachteten Betriebs setzt sich selbst bei teilentgeltlicher Übertragung beim Erwerber fort.[13]

318 Nach dem neugefassten Wortlaut des § 6 Abs. 3 EStG ist der Ansatz der Buchwerte davon abhängig, dass „die **Besteuerung der stillen Reserven sichergestellt** ist". Dadurch hat sich keine inhaltliche Änderung ergeben. Vielmehr war auch bislang – ohne die explizite Regelung – die

---

[1] Vgl. BFH v. 22.10.2013 - X R 14/11, BStBl 2014 II 158, m. Anm. Prinz, FR 2014, 234; vgl. Hoheisel/Tippelhofer, StuB 2015, 334.
[2] Vgl. BFH v. 28.8.2001 - VIII B 54/01, BFH/NV 2002, 24 = NWB DokID: UAAAA-67548.
[3] Vgl. BFH v. 9.5.1996 - IV R 77/95, BStBl 1996 II 476.
[4] Vgl. BFH v. 22.10.2008 - X B 162/08, BFH/NV 2009, 156 = NWB DokID: XAAAD-02160.
[5] Vgl. BFH v. 22.9.2011 - IV R 33/08, BStBl 2012 II 10; BFH v. 12.12.2013 - IV R 17/10, BStBl 2014 II 316.
[6] Vgl. BFH v. 10.12.2013 - IV B 63/13, BFH/NV 2014, 512 = NWB DokID: AAAAE-55040; unrichtige Ansätze in der Bilanz des Rechtsvorgängers sind ggf. in der Bilanz des Rechtsnachfolgers zu korrigieren, vgl. BFH v. 21.8.2012 - I B 179/11, BFH/NV 2013, 21 = NWB DokID: QAAAE-22616.
[7] Vgl. BMF v. 8.12.2011, BStBl 2011 I 1279, Tz. 36.
[8] Vgl. BFH v. 28.8.2001 - VIII B 54/01, BFH/NV 2002, 24 = NWB DokID: UAAAA-67548.
[9] Vgl. BFH v. 10.3.2016 - IV R 14/12, DStR 2016, 1859 = NWB DokID: AAAAF-79166.
[10] Vgl. BFH v. 23.4.2009 - IV R 9/06, BStBl 2010 II 664, Tz. 39; BFH v. 7.11.2000 - VIII R 27/98, BFH/NV 2001, 262 = NWB DokID: RAAAA-97059, m.w.N.
[11] Vgl. BFH v. 22.6.2017 - VI R 84/14, BStBl 2018 II 171.
[12] Vgl. BFH v. 1.3.2018 - IV R 16/15, BStBl 2018 II 527.
[13] BFH v. 6.4.2016 - X R 52/13, DStR 2016, 1591 = NWB DokID: WAAAF-77663.

Begünstigungsregelungen des § 6 Abs. 3 EStG nach dem allgemeinen Entstrickungsgrundsatz des § 4 Abs. 1 Satz 3 EStG grundsätzlich ausgeschlossen, wenn das Besteuerungsrecht für die übertragenen stillen Reserven eingeschränkt wird oder verloren geht.[1]

Werden nicht sämtliche wesentlichen Betriebsgrundlagen übertragen, kommt § 6 Abs. 3 EStG nicht zur Anwendung. Vielmehr handelt es sich dann um die gewinnrealisierende Aufgabe des Betriebs oder Mitunternehmensanteils (vgl. dazu KKB/Franz/Handwerker, § 16 EStG Rz. 389 ff., 454 ff.). Das Zurückbehalten von unwesentlichen Betriebsgrundlagen ist dagegen für die Buchwertfortführung unschädlich.[2]

Eine gleichzeitige Anwendung der Tarifbegünstigung der §§ 16 Abs. 4 und 34 EStG neben der Buchwertübertragung nach § 6 Abs. 3 EStG ist grundsätzlich auch dann möglich, wenn die Gewinne aus der aufgrund einheitlicher Planung und in engem zeitlichen Zusammenhang mit der Buchwertübertragung getätigten Veräußerung eigenständig als außerordentliche Einkünfte i. S. d. § 34 Abs. 2 EStG qualifizieren.[3]

6. Erweiterte Zurückbehaltung von Sonderbetriebsvermögen (§ 6 Abs. 3 Satz 2 EStG)

Bei Übertragung eines Teils eines Mitunternehmeranteils auf eine natürliche Person sowie bei Aufnahme einer natürlichen Person in ein Einzelunternehmen, d. h. in den Fällen des § 6 Abs. 3 Satz 1 2. Halbsatz EStG, ermöglicht Satz 2 die Buchwertfortführung auch bei Zurückbehalten von funktional wesentlichen Wirtschaftsgütern des Sonderbetriebsvermögens.[4] Dadurch kann eine Buchwertfortführung **unter der Bedingung**, dass der Rechtsnachfolger den übernommenen Mitunternehmeranteil über einen **Zeitraum von fünf Jahren** nicht veräußert oder aufgibt, auch bei **disquotaler Übertragung** des Mitunternehmeranteils und des dazugehörenden Sonderbetriebsvermögens erfolgen.[5] Bei quotaler Übertragung von Sonderbetriebsvermögen ist dagegen § 6 Abs. 3 Satz 1 EStG erfüllt.

Da die zurückbehaltenen Wirtschaftsgüter weiterhin zum Betriebsvermögen derselben Mitunternehmerschaft gehören müssen, ist Satz 2 auf die Übertragung von ganzen Betrieben, Teilbetrieben und ganzen Mitunteranteilen nicht anwendbar, da für das zurückbehaltene Vermögen eine Zugehörigkeit zu *demselben* Betriebsvermögen nicht mehr vorliegen kann.[6] Die Voraussetzungen sind jedoch bei Übertragung eines Mitunternehmer-Teilanteils auch dann erfüllt, wenn Wirtschaftsgüter des Sonderbetriebsvermögens nach § 6 Abs. 5 Satz 3 EStG zum Buchwert in das Sonderbetriebsvermögen eines anderen Mitunternehmers bei derselben Mitunternehmerschaft übertragen werden.[7]

Bei **unterquotaler Übertragung** erfolgt eine vollständige Zurückbehaltung von Sonderbetriebsvermögen oder eine Übertragung in geringerem Umfang, als es der Beteiligungsquote des Übertragungsempfängers entspricht. In diesem Fall gilt die Behaltefrist für das gesamte übertra-

---

[1] Vgl. *Hänsch*, NWB 2017, 935.
[2] Vgl. *Kulosa* in Schmidt, § 6 EStG Rz. 648.
[3] Vgl. BFH v. 10. 3. 2016 - IV R 22/13, BFH/NV 2016, 1438 = NWB DokID: VAAAF-79655; BFH v. 28. 5. 2015 - IV R 26/12, BStBl 2015 II 797; BFH v. 9. 12. 2014 - R 36/13, BStBl 2015 II 529.
[4] Vgl. *Kulosa* in Schmidt, § 6 EStG Rz. 648.
[5] Vgl. dazu BMF v. 3. 3. 2005, BStBl 2005 I 458, Tz. 13.
[6] Vgl. *Förster*, FR 2002, 649.
[7] Vgl. HHR, § 6 EStG Rz. 1369b; *Littmann*, § 6 EStG Rz. 1017a; *Wendt*, FR 2005, 471.

gene Vermögen und das mit dem Mitunternehmeranteil übertragene funktional wesentliche Sonderbetriebsvermögen.[1]

321 Bei **überquotaler Übertragung** wird funktional wesentliches Sonderbetriebsvermögen mit einer höheren Quote übertragen als es dem übertragenen Mitunternehmeranteil entspricht. Nach Auffassung der Rechtsprechung ist dieser Vorgang insgesamt nach § 6 Abs. 3 Satz 1 EStG (Buchwertfortführung ohne Behaltefrist) zu beurteilen, wenn der Wert des insgesamt übertragenen Sonderbetriebsvermögens den Gesamtwert des der Quote entsprechenden Teils des Sonderbetriebsvermögens nicht übersteigt.[2] Gegenüber dieser rein wertmäßigen Betrachtung vertritt die Finanzverwaltung eine gegenstandsbezogene Betrachtung, die auf den gegenständlich bezogenen überquotalen Anteil die Buchwertfortführung nach § 6 Abs. 5 Satz 2 Nr. 3 EStG anwenden möchte, mit der Konsequenz, dass die dreijährige Sperrfrist des § 6 Abs. 5 Satz 4 EStG zur Anwendung kommt. Zudem ist die Übernahme von Verbindlichkeiten im Rahmen von § 6 Abs. 5 EStG als Teilentgelt zu werten, das zu einer Aufteilung des Vorgangs in einen entgeltlichen und einen unentgeltlichen Teil führt.[3]

322 Entsteht durch die Übertragung von Sonderbetriebsvermögen eine **mitunternehmerische Betriebsaufspaltung** mit dem Sonderbetriebsvermögen als Besitzgesellschaft und der das Sonderbetriebsvermögen nutzenden Mitunternehmerschaft als Betriebsgesellschaft, fällt die Übertragung des Wirtschaftsguts auf den Empfänger (1. Stufe) unter § 6 Abs. 3 Satz 1 EStG. Die anschließende Überführung in das Gesamthandsvermögen der Besitzgesellschaft (2. Stufe) erfolgt nach § 6 Abs. 5 Satz 3 Nr. 2 EStG ebenfalls zum Buchwert.[4] Ist die Besitzgesellschaft dagegen Bruchteilsgemeinschaft, zu deren Betriebsvermögen das Wirtschaftsgut gehört, bestimmt sich die Überführung der 2. Stufe nach § 6 Abs. 5 Satz 2 EStG.[5] Für die 1. Stufe ist entsprechend BFH v. 12. 5. 2016[6] auch bei unterquotaler Übertragung die fünfjährige Behaltefrist des § 6 Abs. 3 Satz 2 EStG nicht anwendbar, für die 2. Stufe bei Überführung in das Gesamthandsvermögen kommt dagegen die dreijährige Sperrfrist des § 6 Abs. 5 Satz 4 EStG zum Tragen.[7]

323 Die Buchwertfortführung für die unentgeltliche Aufnahme in ein Einzelunternehmen bzw. die entgeltliche Übertragung von Teilanteilen einer Mitunternehmerschaft setzt voraus, dass der Übernehmer den **erhaltenen Mitunternehmeranteil fünf Jahre nicht veräußert oder aufgibt**. Der Veräußerung des Mitunternehmeranteils gleichgestellt sind offene und verdeckte Einlagen in Kapitalgesellschaften sowie Einbringung und Formwechsel gem. §§ 20, 24, 25 UmwStG, unabhängig davon, ob Buchwert, gemeiner Wert oder Zwischenwertansatz gewählt wird.[8] In Ausnahme dazu liegt bei einer nachfolgenden **Buchwerteinbringung** nach § 20, 24 UmwStG keine schädliche Veräußerung i. S. d. § 6 Abs. 3 Satz 2 EStG vor, wenn der Einbringende die hierfür erhaltenen Anteile über einen Zeitraum von mindestens fünf Jahren – beginnend mit der ursprünglichen Übertragung des Mitunternehmeranteils nach § 6 Abs. 3 Satz 2 EStG – nicht veräußert oder aufgibt und die aufnehmende Gesellschaft den eingebrachten

---

1 Vgl. BMF v. 3.3.2005, BStBl 2005 I 458, Tz. 10; *Kulosa* in Schmidt, § 6 EStG Rz. 665; a. A. *Rogal/Stangl*, DStR 2005, 1073, 1078, m. w. N.
2 Vgl. BFH v. 2. 8. 2012 - IV R 41/11, NWB DokID: TAAAE-19933; *Wendt*, FR 2005, 476.
3 Vgl. BMF v. 3. 3. 2005, BStBl 2005 I 458, Tz. 16 bis 18.
4 Vgl. BMF v. 3. 3. 2005, BStBl 2005 I 458, Tz. 22.
5 Vgl. BFH v. 18. 8. 2005 - IV R 59/04, BStBl 2005 II 830.
6 Vgl. BFH v. 12. 5. 2016 - IV R 12/15, DStR 2016, 1518 = NWB DokID: NAAAF-77196.
7 Vgl. BMF v. 3.3.2005, BStBl 2005 I 458, Tz. 22.
8 Vgl. BMF v. 3. 3. 2005, BStBl 2005 I 458, Tz. 13.

Mitunternehmeranteil oder die eingebrachten Wirtschaftsgüter innerhalb der genannten Frist nicht veräußert.[1]

Ob bereits die *Veräußerung eines Teils* des erhaltenen Mitunternehmeranteils eine vollständige, nur anteilige oder gar keine Verletzung der Behaltefrist auslöst, ist strittig.[2] War der Übernehmer bereits vor der unentgeltlichen Teilanteilsübertragung an der Mitunternehmerschaft beteiligt, ist von einer Veräußerung oder Entnahme des übernommenen Anteils erst auszugehen, wenn der Anteil der Beteiligung nach der Veräußerung oder Entnahme des (Teil-)Mitunternehmeranteils unter dem Anteil der übernommenen Beteiligung liegt.[3]

324

BEISPIEL: V und S sind jeweils zu 50 % an einer OHG beteiligt. V überträgt unter Zurückbehaltung seines Sonderbetriebsvermögens unentgeltlich einen Teil seines Gesellschaftsanteils auf S, so dass V jetzt zu 20 % und S zu 80 % an der OHG beteiligt sind. S reduziert innerhalb der Fünfjahresfrist seine Beteiligung auf 20 % und veräußert entsprechend einen Teil seines Mitunternehmeranteils.
Lösung: Es liegt eine Übertragung von V auf S nach § 6 Abs. 3 Satz 2 EStG vor, bei der die Behaltefristen zu beachten sind. Da der Anteil des S nach der Veräußerung (20 %) unter dem Anteil der übernommenen Beteiligung (30 %) liegt, hat er auch einen Teil des übernommenen Mitunternehmeranteils veräußert. Nach Auffassung der Finanzverwaltung und der wohl h. M., ist für die ursprüngliche Übertragung von V auf S damit insgesamt § 6 Abs. 3 EStG nicht anwendbar.[4] Dagegen wird auch eine nur anteilige (hier zu einem Drittel)[5] oder keine nachträgliche Korrektur[6] des Buchwertansatzes vertreten.

Ebenso ist strittig, ob die **Veräußerung oder unentgeltliche Übertragung** von wesentlichen Betriebsgrundlagen des **mitübernommenen Sonderbetriebsvermögens** innerhalb der Fünfjahresfrist mit der h. M. als Aufgabe des Mitunternehmeranteils anzusehen ist und damit zur Nachversteuerung führt.[7] Auch eine Einbringung des übernommenen Sonderbetriebsvermögens gegen Gewährung von Gesellschaftsrechten nach § 6 Abs. 5 Satz 3 EStG verletzt die Behaltefrist des § 6 Abs. 3 Satz 2 EStG.[8] Der Rechtsnachfolger kann sich von einem solchen Wirtschaftsgut in steuerunschädlicher Weise nur dann trennen, wenn es nicht mehr als wesentliche Betriebsgrundlage qualifiziert ist.[9] Erfolgt dagegen eine Weiterübertragung des gesamten übernommenen Teilanteils gem. § 6 Abs. 3 EStG, geht die Behaltefrist auf den Rechtsnachfolger über.

325

Bei **Verletzung der Behaltefrist** erzielt der Übertragende einen laufenden Gewinn[10] aus den gesamten stillen Reserven des übertragenen Betriebsvermögens im Übertragungszeitpunkt, der auch der Gewerbesteuer unterliegt.[11]

PRAXISHINWEIS:
Durch eine Vertragsklausel im Übertragungsvertrag sollte sich der Übertragende gegen negativ steuerliche Folgen durch eine vorzeitige Weiterübertragung durch den Übernehmenden absichern.

---

1 Vgl. BMF v. 3.3.2005, BStBl 2005 I 458, Tz. 13.
2 Bejahend: BMF v. 3.3.2005, BStBl 2005 I 458, Tz. 11; *Kulosa* in Schmidt, § 6 EStG Rz. 666; *Neufang*, BB 2005, 1595, 1599; anteilig bejahend: *HHR*, § 6 EStG Rz. 1388; ablehnend: *Förster*, FR 2002, 649, 655; *Kempermann*, FR 2003, 321, 327; *Wendt*, FR 2005, 477.
3 Vgl. BMF v. 3.3 2005, BStBl 2005 I 458, Tz. 12.
4 Vgl. BMF v. 3.3.2005, BStBl 2005 I 458, Tz. 12; ebenso *Kulosa* in Schmidt, § 6 EStG Rz. 666; *Ehmcke* in Blümich, § 6 EStG Rz. 1247, m.w.N.
5 So *HHR*, § 6 EStG Rz. 1388.
6 Vgl. *Wendt*, FR 2005, 477.
7 So *Kulosa* in Schmidt, § 6 EStG Rz. 666; *Ehmcke* in Blümich, § 6 EStG Rz. 1247, m.w.N.; a. A. *Kempermann*, FR 2003, 321, 327; *Wendt*, FR 2005, 468, 477.
8 Vgl. BMF v. 3.5.2005, BStBl 2005 I 458, Tz. 14.
9 Vgl. *Kulosa* in Schmidt, § 6 EStG Rz. 666.
10 § 16 Abs. 1 Nr. 2 EStG ist nicht anwendbar, da nur eine Teilanteilsübertragung erfolgt.
11 Vgl. BFH v. 14.12.2006 - IV R 3/05, BStBl 2007 II 777.

Der Bescheid des Übertragungsjahres ist rückwirkend gem. § 175 Abs. 1 Satz 1 Nr. 2 AO zu ändern.[1] Beim Übernehmenden entstehen Anschaffungskosten, die zu einer entsprechenden Änderung der Abschreibungsbemessungsgrundlagen führen.[2]

326   Ob die **Behaltefrist für das zurückbehaltene Sonderbetriebsvermögen** des übertragenden Mitunternehmers gilt, ist fraglich. Aus der Formulierung „weiterhin zum Betriebsvermögen derselben Mitunternehmerschaft gehören", folgert die Finanzverwaltung, dass Veräußerungen und Entnahmen von Sonderbetriebsvermögen zumindest innerhalb einer Frist von fünf Jahren nach einer Buchwertübertragung gem. § 6 Abs. 3 EStG schädlich sind, da insoweit von einem Gesamtplan auszugehen ist.[3] Nach der h. M. in der Literatur und der Auffassung des BFH ist aus dem Gesetzeswortlaut keine Behaltefrist für zurückbehaltenes Sonderbetriebsvermögen ableitbar, so dass auch bei zeitnaher Veräußerung oder Buchwertübertragung von zunächst zurückbehaltenem Sonderbetriebsvermögen die Buchwertfortführung nicht rückwirkend entfällt.[4] Das FG Düsseldorf bejaht auch eine Buchtwertfortführung bei tagglechem Verkauf von Wirtschaftsgütern des Sonderbetriebsvermögens.[5]

7. Verhältnis zur Realteilung

327   Wenn das Betriebsvermögen einer Mitunternehmerschaft im Wege der Realteilung auf die Mitunternehmer aufgeteilt wird und die Wirtschaftsgüter weiterhin im Betriebsvermögen der Realteiler bleiben, so ist nicht § 6 Abs. 3 EStG, sondern § 16 Abs. 3 Satz 2 ff. EStG anzuwenden. Vgl. dazu im Einzelnen KKB/Franz/Handwerker, § 16 Rn 556 ff. Nach bisher h. M. lag eine Realteilung nur dann vor, wenn die Mitunternehmerschaft nach der Realteilung nicht fortbesteht.[6] Nach geänderter Rechtsprechung werden dagegen die Realteilungsgrundsätze auch dann vorrangig vor den Regelungen des § 6 Abs. 3 und 5 EStG angewendet, wenn ein Mitunternehmer gegen Übernahme eines Teilbetriebs aus einer mit den verbleibenden Mitunternehmern fortgesetzten Mitunternehmerschaft ausscheidet (sog. unechte Realteilung).[7] Dasselbe gilt bei Auswechslung der Mitunternehmer vor der Realteilung[8] sowie – in ausdrücklicher Abweichung von der Auffassung der Finanzverwaltung[9] - auch bei Ausscheiden eines Gesellschafters gegen Übertragung einzelner Wirtschaftsgüter.[10]

---

1   Kritisch wegen der Abhängigkeit vom Verhalten eines Dritten: *Crezelius,* FR 2002, 805; *Kanzler,* Festschrift Korn 2005, 287, 302.
2   Vgl. *Kulosa* in Schmidt, § 6 EStG Rz. 667.
3   Vgl. BMF v. 3. 3. 2005, BStBl 2005 I 458, Tz. 13 sowie die Argumentation des FA in BFH v. 12. 5. 2016 - IV R 12/15, BFH/NV 2016, 1376 = NWB DokID: NAAAF-77196.
4   Vgl. BFH v. 12. 5. 2016 - IV R 12/15, DStR 2016, 1518 = NWB DokID: NAAAF-77196; BFH v. 6. 9. 2000 - IV R 18/99, BStBl 2001 II 229, wo von „einigen Wochen" gesprochen wird; BFH v. 2. 8. 2012 - IV R 41/11, BFHE 238, 135 (keine Versagung der Begünstigung bei Verkauf des Sonderbetriebsvermögens 2 1/2 Monate nach der Übertragung) = NWB DokID: TAAAE-19933; *Hoheisel/Tippelhofer,* StuB 17/2016, 650; *Schoor,* NWB 2014, 2954; *Hänsch,* NWB 2015, 1914; *Kanzler,* NWB 2014, 902; *Kraft, C.,* Keine Behaltefrist für zurückbehaltenes Sonderbetriebsvermögen bei unentgeltlicher Übertragung nach § 6 Abs. 3 EStG – Anmerkungen zum Urteil des BFH v. 12. 5. 2016 - IV R 12/15, NWB 2016, 2646.
5   Vgl. FG Düsseldorf v. 19.4.2018 - 15 K 1187/17 F, EFG 2018, 1092 = NWB DokID: JAAAG-87059; anhängig beim BFH: IV R 14/18.
6   Vgl. BFH v. 10.3.1998 VIII R 76/96, BStBl II 99, 269; BMF v. 8.12.2011, BStBl I 2011, 1279 Tz. 37.
7   Vgl. BFH v. 17.9.2015- III R 49/13, BFHE 252, 17 mit Anm. *Kanzler* FR 16, 573; BFH v. 16.3.2017 - IV R 31/14, BFH/NV 2017, 1093; v. 30.3.2017 - IV R 11/15, BFH/NV 2017, 1125.
8   Vgl. BFH v. 16.12.1015 - IV R 8/12, BFHE 252, 141.
9   Vgl. BMF v. 20.12.2016 - IV C – S 2242/07/10002:004, BStBl 2017 I 36.
10 Vgl. BFH v. 30.3.2017 - IV R 11/15, BFH/NV 2017, 1125; Schmidt/Siegmund, Neue Möglichkeiten zur steuerneutralen Umstrukturierung von Personengesellschaften - Anwendung der Realteilungsgrundsätze auf die Sachwertabfindung, NWB 2016, 1422; *Hubert,* Sonderfragen der Realteilung im Jahre 2017, StuB 2017, 305.

(Einstweilen frei) 328–329

VI. Unentgeltliche Übertragung einzelner Wirtschaftsgüter des Betriebsvermögens (§ 6 Abs. 4 EStG)

§ 6 Abs. 4 EStG, der ab dem 1.1.1999 § 7 Abs. 2 EStDV ersetzt, regelt die Bewertung von unentgeltlich übertragenen **einzelnen** Wirtschaftsgütern im aufnehmenden Betriebsvermögen, während bei der unentgeltlichen Übertragung von Betrieben, Teilbetrieben und Mitunternehmeranteilen § 6 Abs. 3 EStG Anwendung findet. Die Bewertung im aufnehmenden Betriebsvermögen erfolgt – außer in den Fällen der Einlage – mit dem gemeinen Wert.[1] 330

Sowohl **zuwendender als auch aufnehmender Rechtsträger** im Rahmen des § 6 Abs. 4 EStG können Einzelunternehmer, Personengesellschaften oder Körperschaften sein.[2] Unentgeltliche Übertragungen in das/aus dem (Sonder)Betriebsvermögen einer Personengesellschaft fallen nach h. M. nicht unter den Anwendungsbereich des § 6 Abs. 4 EStG, sondern unter die speziellere Norm des § 6 Abs. 5 Satz 3 EStG.[3] Der praktische Anwendungsbereich erstreckt sich vor allem auf die Bewertung von Werbegeschenken, Gewinnen aus Händlerwettbewerben und -verlosungen.[4] 331

Im Rahmen des § 6 Abs. 4 EStG muss ein bestehendes Wirtschaftsgut unentgeltlich **in das Betriebsvermögen des aufnehmenden Rechtsträgers** übertragen werden, wobei es auf die Zugehörigkeit zum Anlage- oder Umlaufvermögens nicht ankommt. Auf eine unentgeltliche Übertragung in das Privatvermögen ist nicht § 6 Abs. 4 EStG, sondern § 11d EStDV anwendbar.[5] Die Anwendung des § 6 Abs. 4 EStG setzt voraus, dass die Übertragung **unentgeltlich** erfolgt (s. dazu → Rz. 353). Bei einer **teilentgeltlichen** Übertragung eines einzelnen Wirtschaftsguts kommt nach h. M. die Trennungstheorie zur Anwendung.[6] Beim aufnehmenden Unternehmen entstehen danach Anschaffungskosten in Höhe des bezahlten Teilentgelts für den entgeltlichen Teil, während der unentgeltlich erworbene Teil mit dem anteiligen gemeinen Wert anzusetzen ist. Allerdings führen Trennungs- und Einheitstheorie in diesem Fall zu demselben Ergebnis. 332

§ 6 Abs. 4 EStG ist ausdrücklich **nicht anwendbar** in den Fällen der **Einlage** (KKB/Hallerbach, § 4 EStG Rz. 281), in denen durch die Bewertung nach § 6 Abs. 1 Nr. 5 EStG mit dem Teilwert keine Gewinnrealisierung beim aufnehmenden Rechtsträger erfolgt. Entscheidend ist, ob die Übertragung aus Sicht des Empfängers auf einem betrieblichen Anlass (§ 6 Abs. 4 EStG) oder privaten Anlass (Einlage, § 4 Abs. 1 Satz 8 EStG) beruht.[7] 333

Rechtsfolge beim Zuwendungsempfänger ist die Bewertung des unentgeltlich erhaltenen Wirtschaftsguts mit dem gemeinen Wert und damit der Ausweis eines **gewinnwirksamen Ertrags in Höhe des gemeinen Werts**.[8] Da die Vorschrift nur die Bewertung und nicht den Ansatz 334

---

1 Gegenüber der Vorgängerregelung des § 7 Abs. 2 EStDV, der eine Bewertung mit den fiktiven Anschaffungskosten vorsah, stellt die Bewertung mit dem gemeinen Wert keine materielle Änderung da; vgl. BT-Drucks. 14/443, 53.
2 Vgl. *Ehmcke* in Blümich, § 6 EStG Rz. 1261.
3 Vgl. *Kulosa* in Schmidt, § 6 EStG Rz. 671; *Kirchhof*, § 6 EStG Rz. 204; *Korn*, § 6 EStG Rz. 19.5; *Wendt*, FR 2002, 64; a. A. Blümich/Ehmcke, § 6 EStG Rz. 1261; *van Lishaut*, DB 2000, 1785; *ders.*, DB 2001, 1521, m. w. N.
4 Vgl. HHR, § 6 EStG Rz. 1424.
5 Vgl. BFH v. 16.5.2013 - III R 54/12, BFH/NV 2013, 1916 = NWB DokID: HAAAE-47613.
6 Vgl. *Kulosa* in Schmidt, § 6 EStG Rz. 673; HHR, § 6 EStG Rz. 1432.
7 Vgl. *Kulosa* in Schmidt, § 6 EStG Rz. 674.
8 Zur Besonderheit bei Einnahmenüberschussrechnungen vgl. BFH v. 16.5.2013 - III R 54/12, BFH/NV 2013, 1916 = NWB DokID: HAAAE-47613.

dem Grunde nach regelt, ist die Behandlung unentgeltlich übertragener immaterieller Wirtschaftsgüter des Anlagevermögens strittig. Für eine zutreffende Besteuerung im Betriebsvermögen des aufnehmenden Rechtsträgers sollte ähnlich der Einlage eine Aktivierung mit dem gemeinen Wert erfolgen.[1]

335 **Rechtsfolge beim Zuwendenden:** Da § 6 Abs. 4 EStG ausschließlich die Bewertung im aufnehmenden Betriebsvermögen regelt, kann das Wirtschaftsgut aus dem Betriebs- oder Privatvermögen des Zuwendenden stammen.[2] Auch kommt es für die Anwendung des § 6 Abs. 4 EStG nicht auf einen betrieblichen oder privaten Anlass für die Zuwendung an. Liegen für eine Zuwendung aus dem Betriebsvermögen des abgebenden Rechtsträgers betriebliche Gründe vor, handelt es sich um eine Betriebsausgabe, bei privaten Gründen um eine Entnahme.[3]

BEISPIEL: Unternehmer U überträgt unentgeltlich eine gebrauchte Maschine (Buchwert 20 000 €, Teilwert 30 000 €, gemeiner Wert 50 000 €) aus seinem Betriebsvermögen an Unternehmer V, der durch einen Brandschaden fast sein ganzes Betriebsvermögen verloren hat,

a) als spontane private Hilfsmaßnahme,

b) da V ein wichtiger Zulieferer für das Unternehmen des U darstellt und ein großes betriebliches Interesse an einer baldigen Wiederaufnahme der Produktion besteht.[4]

Lösung: Bei Unternehmer V ist die Maschine nach § 6 Abs. 4 EStG mit dem gemeinen Wert anzusetzen, was zu einem Ertragsausweis von 50 000 € führt. Bei Unternehmer U führt die unentgeltliche Übertragung

a) wegen der privaten Veranlassung zu einer Entnahme gem. § 4 Abs. 1 Satz 3 EStG i.V.m. § 6 Abs. 1 Nr. 4 EStG mit dem Teilwert,

b) einem o. a. Aufwand von 20 000 € aufgrund der betrieblichen Veranlassung.

Erfolgt die unentgeltliche Zuwendung aus dem Privatvermögen, ergeben sich beim Zuwendenden keine steuerlichen Folgen – auch nicht nach §§ 17, 20 Abs. 2 oder 23 EStG.[5] Dies ist steuersystematisch konsequent, da der Erwerbsgewinn beim Zuwendungsempfänger der Besteuerung unterliegt.

336–337 *(Einstweilen frei)*

VII. Überführung und Übertragung eines Wirtschaftsguts des Betriebsvermögens in ein anderes Betriebsvermögen (§ 6 Abs. 5 EStG)

1. Überblick

338 § 6 Abs. 5 Satz 1 und 2 EStG regeln die **Überführung von einzelnen Wirtschaftsgütern** zwischen verschiedenen Betriebsvermögen desselben Steuerpflichtigen. Eine solche Überführung, bei der kein Rechtsträgerwechsel stattfindet und damit keine stillen Reserven auf einen anderen Rechtsträger übergehen, erfolgt – soweit die Besteuerung der stillen Reserven sichergestellt ist

---

[1] Vgl. *Weber-Grellet* in Schmidt, § 5 EStG Rz. 197; *Frotscher*, § 6 EStG Rz. 180; *Lademann*, § 6 EStG Rz. 1022; a. A. das Aktivierungsverbot nach § 5 Abs. 2 bejahend: *Ehmcke* in Blümich, § 6 EStG Rz. 1268; *HHR*, § 6 EStG Rz. 1436; *Korn*, § 6 EStG Rz. 19.10.

[2] Vgl. *HHR*, § 6 EStG Rz. 1434a; *Kirchhof/Söhn/Mellinghoff*, § 6 EStG Rz. K 12; *Kulosa* in Schmidt, § 6 EStG Rz. 671; BFH v. 16. 5. 2013 - III R 54/12, BFH/NV 2013, 1916 = NWB DokID: HAAAE-47613. Insoweit liegt ein Unterschied zur Vorgängerregelung des § 7 Abs. 2 EStDV vor, der auch für das Herkunftsvermögen ein Betriebsvermögen erforderte.

[3] Vgl. *HHR*, § 6 EStG Rz. 1434a; *Kulosa* in Schmidt, § 6 EStG Rz. 671.

[4] Zur steuerlichen Behandlung von Zuwendungen aus dem Betriebsvermögen aus Anlass des Hochwassers in Deutschland s. BMF v. 21. 6. 2013, BStBl 2013 I 769, Abschn. I. 4.

[5] Vgl. *Ehmcke* in Blümich, § 6 EStG Rz. 1268.

– zwingend zu Buchwerten. Bei **Übertragungen von einzelnen Wirtschaftsgütern** geht das Wirtschaftsgut ganz oder anteilig auf einen anderen Rechtsträger über. Nach § 6 Abs. 5 Satz 3 EStG ist auch für die in § 6 Abs. 5 Satz 3 Nr. 1 bis 3 EStG genannten Fälle bei Übertragungen zwischen Mitunternehmern und Mitunternehmerschaften grundsätzlich die Buchwertfortführung zwingend vorgesehen. Um missbräuchliche Gestaltungen bei der interpersonellen Verlagerung von stillen Reserven zu vermeiden, ist die Buchwertübertragung an die in § 6 Abs. 5 Satz 4 bis 6 EStG enthaltenen zusätzlichen Voraussetzungen (Sperrfristklausel, Körperschaftklausel) geknüpft.

Der mit dem StEntlG 1999[1] eingefügte § 6 Abs. 5 EStG sah in Abweichung vom bis dato geltenden Mitunternehmererlass[2] nur noch die Buchwertfortführung bei Überführungen vor, während Übertragungen grundsätzlich zur Gewinnrealisierung führten. Um Umstrukturierungen bei Mitunternehmerschaften nicht zu erschweren, wurde nach nur zweijähriger Geltung mit dem StSenkG[3] die steuerneutrale Übertragung wieder ermöglicht. Eine klarstellende Änderung erfuhren die Regelungen des § 6 Abs. 5 Satz 3 bis 6 EStG durch das UntStFG.[4]

2. Überführung einzelner Wirtschaftsgüter zwischen Betriebsvermögen desselben Steuerpflichtigen (§ 6 Abs. 5 Satz 1 EStG)

Wird ein **einzelnes Wirtschaftsgut** zwischen verschiedenen Betriebsvermögen **desselben Steuerpflichtigen** überführt, ist der Wert für das überführte Wirtschaftsgut anzusetzen, der sich nach den Gewinnermittlungsvorschriften ergibt. Der Begriff des Wirtschaftsguts (KKB/Hallerbach, § 4 EStG Rz. 110) und des Betriebsvermögens (KKB/Hallerbach, § 4 EStG Rz. 159 ff.) bestimmt sich nach den allgemeinen Grundsätzen. Es ist unerheblich, ob das Wirtschaftsgut materiell oder immateriell ist und zum Anlage- oder Umlaufvermögen gehört.[5] Obwohl der Wortlaut der Vorschrift auf einzelne Wirtschaftsgüter abstellt, sprechen keine Gründe für eine Gewinnrealisierung, wenn mehrere Wirtschaftsgüter, Teilbetriebe oder Mitunternehmeranteile zwischen verschiedenen Betriebsvermögen desselben Steuerpflichtigen überführt werden.[6]

Eine **natürliche Person** kann unterschiedliche betriebliche Tätigkeiten entfalten, die zu getrennten Betriebsvermögen derselben Gewinneinkunftsart oder auch unterschiedlicher Gewinneinkunftsarten (§§ 13, 15, 18 EStG) führen. Eine Buchwertüberführung setzt nicht voraus, dass das abgebende und aufnehmende Betriebsvermögen derselben Einkunftsart angehören. Eine Verhaftung der stillen Reserven für die Gewerbesteuer ist nicht Voraussetzung für die Buchwertfortführung.[7] So erfolgt die Überführung von einem gewerblichen Betriebsvermögen in ein land- und forstwirtschaftliches Betriebsvermögen desselben Steuerpflichtigen ebenso zu Buchwerten und damit die gewerbesteuerliche Entstrickung der im überführten Wirtschaftsgut vorhandenen stillen Reserven wie die Überführung aus einem freiberuflichen in ein gewerbliches Betriebsvermögen und damit die erstmalige steuerliche Verstrickung der stillen Reserven. Da **Mitunternehmerschaften** wegen § 15 Abs. 3 Nr. 1 EStG grundsätzlich nur einen

---

1 Vgl. Steuerentlastungsgesetz (StEntlG) 1999/2000/2002 v. 24. 3. 1999, BGBl 1999 I 402.
2 Vgl. BMF v. 20. 12. 1977, BStBl 1978 I 8.
3 Vgl. Steuersenkungsgesetz (StSenkG) v. 23. 10. 2000, BGBl 2000 I 1433.
4 Vgl. Unternehmensteuerfortentwicklungsgesetz (UntStFG) v. 20. 12. 2001, BGBl 2001 I 3858.
5 Vgl. BMF v. 8. 12. 2011, BStBl 2011 I 1279, Tz. 3 f.
6 So auch BMF v. 8. 12. 2011, BStBl 2011 I 1279, Tz. 6; *Kulosa* in Schmidt, § 6 EStG Rz. 681.
7 Vgl. BMF v. 8. 12. 2011, BStBl 2011 I 1279, Tz. 5.

Betrieb haben, können Überführungen i. S. d. § 6 Abs. 5 Satz 1 EStG nicht stattfinden.[1] Überführt eine natürliche Person Wirtschaftsgüter zwischen dem eigenen Betriebsvermögen und dem Sonderbetriebsvermögen einer Mitunternehmerschaft oder zwischen den Sonderbetriebsvermögen bei mehreren Mitunternehmerschaften, an denen sie beteiligt ist, so ist nicht § 6 Abs. 5 Satz 1 EStG, sondern § 6 Abs. 5 Satz 2 EStG anzuwenden. **Unbeschränkt steuerpflichtige Kapitalgesellschaften** weisen wegen § 8 Abs. 2 KStG nur **ein** gewerbliches Betriebsvermögen auf, so dass § 6 Abs. 5 Satz 1 EStG nicht anwendbar ist. Dagegen sind Buchwertüberführungen nach § 6 Abs. 5 Satz 1 EStG bei **beschränkt steuerpflichtigen Kapitalgesellschaften** möglich, die beispielsweise im Inland einen land- und fortwirtschaftlichen Betrieb (§ 49 Abs. 1 Nr. 1 EStG) und einen gewerblichen Betrieb (§ 49 Abs. 1 Nr. 2 Buchst. a EStG) betreiben können.

342 Die **Rechtsfolge** bei Vorliegen der Voraussetzungen des § 6 Abs. 5 Satz 1 EStG ist, dass zwingend der Wert anzusetzen ist, der sich nach den Vorschriften über die Gewinnermittlung ergibt. Damit ist der **Buchwert fortzuführen**. Auch die Abschreibungsmethode und Vorbesitzzeiten gem. § 6b EStG u. Ä. sind zu übernehmen.[2] Die vorherige Inanspruchnahme der Begünstigung nicht entnommener Gewinne nach § 34a Abs. 1 EStG kann bei Überführungen nach § 6 Abs. 5 Satz 1 EStG zu einer Nachversteuerung nach § 34a Abs. 5 EStG führen (s. dazu im Einzelnen KKB/Bäuml, § 34a EStG Rz. 316 ff.). Anders als bei Übertragungen nach Satz 3 ist bei Überführungen zwischen verschiedenen Betriebsvermögen desselben Steuerpflichtigen nicht zwischen entgeltlichen und unentgeltlichen Vorgängen zu differenzieren. Die gleichzeitige Übernahme von Verbindlichkeiten ist daher für die Buchwertfortführung unschädlich.[3]

343 Eine Buchwertfortführung ist nur dann ausgeschlossen, wenn die **Besteuerung der stillen Reserven nicht sichergestellt** ist. Daher setzt die Buchwertfortführung voraus, dass die im Überführungszeitpunkt vorhandenen stillen Reserven des Wirtschaftsguts weiterhin der deutschen Besteuerung unterliegen müssen. Darüber hinaus fordert die Finanzverwaltung, dass auch die ab dem Überführungszeitpunkt in der Zukunft noch entstehenden stillen Reserven der deutschen Besteuerung nicht entgehen dürfen.[4] Dies geht jedoch über Sinn und Zweck der Vorschrift hinaus.[5] Durch § 6 Abs. 5 Satz 1 letzter Halbsatz EStG wird mit der entsprechenden Anwendung des § 4 Abs. 1 Satz 4 EStG klargestellt, dass eine Besteuerung der stillen Reserven dann nicht sichergestellt ist, wenn ein bisher einer inländischen Betriebsstätte des Steuerpflichtigen zuzuordnendes Wirtschaftsgut einer ausländisches Betriebsstätte zuzuordnen ist. Damit ist eine Buchwertfortführung, insbesondere bei Überführungen in eine ausländische Betriebsstätte sowie bei grenzüberschreitenden Einbringungen, nicht möglich.[6]

3. Überführung einzelner Wirtschaftsgüter bei Mitunternehmerschaften (§ 6 Abs. 5 Satz 2 EStG)

344 Nach § 6 Abs. 5 Satz 2 EStG ist eine entsprechende Anwendung von Satz 1 und damit eine Buchwertfortführung auch bei Überführungen von einzelnen Wirtschaftsgütern zwischen dem eigenen Betriebsvermögen eines Steuerpflichtigen und seinem Sonderbetriebsvermögen

---

1 Vgl. BMF v. 8. 12. 2011, BStBl 2011 I 1279, Tz. 2; *Kulosa* in Schmidt, § 6 EStG Rz. 683; a. A. *Ehmcke* in Blümich, § 6 EStG Rz. 1288; *HHR*, § 6 EStG Rz. 1447d.
2 Vgl. *Kulosa* in Schmidt, § 6 EStG Rz. 684.
3 Vgl. BMF v. 8. 12. 2011, BStBl 2011 I 1279, Tz. 3.
4 Vgl. BMF v. 8. 12. 2011, BStBl 2011 I 1279, Tz. 7.
5 Vgl. *Fischer*, JbFfSt 12/13, 432; zur möglichen Unvereinbarkeit mit Unionsrecht s. *Prinz*, GmbHR 2012, 198.
6 Vgl. *Mitschke*, Ubg 2011, 332; vgl. *Heurung/Bresgen*, GmbHR 2014, 192.

bei einer Mitunternehmerschaft (*Alt. 1*), sowie zwischen den Sonderbetriebsvermögen eines Steuerpflichtigen bei verschiedenen Mitunternehmerschaften (*Alt. 2*) vorgesehen. Steuerpflichtiger im Sinne dieser Vorschrift ist der Mitunternehmer. Auch in diesem Fall findet kein Rechtsträgerwechsel statt. *Alternative 1* findet insbesondere Anwendung, wenn ein Mitunternehmer ein Wirtschaftsgut seines Betriebsvermögens einer Personengesellschaft, an der er beteiligt ist, zur Nutzung überlässt oder ein Wirtschaftsgut, das er bisher der Personengesellschaft zur Nutzung überlassen hat, zukünftig in seinem Einzelunternehmen nutzt. *Alternative 2* erfasst die Fälle, in denen der Steuerpflichtige an mindestens zwei Personengesellschaften als Mitunternehmer beteiligt ist und ein Wirtschaftsgut, das er bisher Personengesellschaft 1 zur Nutzung überlassen hat, von nun an Personengesellschaft 2 zur Nutzung überlässt. Die Buchwertfortführung ist in beiden Alternativen **zwingend** vorgesehen.

Durch die entsprechende Anwendung des Satzes 1 ist eine Buchwertfortführung auch im Fall von § 6 Abs. 5 Satz 2 EStG an die Sicherstellung der Besteuerung der stillen Reserven geknüpft. 345

BEISPIEL: ▸ Mitunternehmer U überlässt eine bisher in seinem Einzelunternehmen genutzte maschinelle Anlage (Buchwert 5 000 €, Teilwert 10 000 €, gemeiner Wert 12 000 €) einer Personengesellschaft, an der er zu 50 % beteiligt ist.

a) Die Personengesellschaft ist die nach deutschem Recht gegründete UV-OHG, die die maschinelle Anlage in ihrer inländischen Betriebsstätte nutzt.

b) Die Personengesellschaft ist die nach niederländischem Recht gegründete UV-CV (besloten commanditaire vennootschap), die die maschinelle Anlage in ihrer niederländischen Betriebsstätte nutzt.

Lösung:

a) Durch die Überführung zählt die maschinelle Anlage zum Sonderbetriebsvermögen des U bei der UV-OHG. Durch die Zurechnung zu einer inländischen Betriebsstätte ist die Besteuerung der stillen Reserven sichergestellt. Die Überführung aus dem Betriebsvermögen des Einzelunternehmens des U in sein Sonderbetriebsvermögen bei der UV-OHG erfolgt zwingend zum Buchwert nach § 6 Abs. 5 Satz 2 EStG.

b) Durch die Überführung zählt die maschinelle Anlage zum Sonderbetriebsvermögen des U bei der niederländischen UV-CV. Durch die Zurechnung zu einer ausländischen Betriebsstätte ist die Besteuerung der stillen Reserven nicht mehr sichergestellt. Durch entsprechende Anwendung des § 4 Abs. 1 Satz 4 EStG muss die Überführung aus dem inländischen Betriebsvermögen des Einzelunternehmens des U in sein ausländisches Sonderbetriebsvermögen bei der UV-CV zwingend zum gemeinen Wert (12 000 €) erfolgen (§ 6 Abs. 1 Nr. 4 Satz 1 2. Halbsatz EStG). § 6 Abs. 5 Satz 2 EStG ist in diesem Fall nicht anwendbar. Eine Aufschiebung der Gewinnrealisation nach § 4g EStG kommt in Betracht. Zu den daraus resultierenden unionsrechtlichen Problemen (vgl. im Einzelnen KKB/Hallerbach, § 4g EStG Rz. 8).

(Einstweilen frei) 346–347

4. Übertragung einzelner Wirtschaftsgüter bei Mitunternehmerschaften (§ 6 Abs. 5 Satz 3 EStG)

a) Überblick

Rechtsentwicklung: Bis 1998 existierte für Übertragungen zwischen Gesamthandsvermögen, Sonderbetriebsvermögen und eigenem Betriebsvermögen des Mitunternehmers keine gesetzliche Regelung. Die Finanzverwaltung hatte im **Mitunternehmererlass**[1] für Übertragungen zwischen diesen Vermögenssphären, die unentgeltlich oder gegen Gewährung von Gesellschaftsrechten erfolgten, jeweils **Wahlrechte für den Buchwert oder Teilwertansatz** vorgesehen. Dies 348

---

1 Vgl. BMF v. 20. 12. 1977, BStBl 1978 I 8.

entsprach auch der ständigen Rechtsprechung des BFH.[1] Durch Kodifizierung des § 6 Abs. 5 Satz 3 EStG i. d. F. des StEntlG 1999[2] ist in den **Veranlagungszeiträumen 1999 und 2000** für die Übertragungen zwischen dem Gesamthandsvermögen, dem eigenen Betriebsvermögen des Mitunternehmers und dem Sonderbetriebsvermögen zwingend eine gewinnwirksame Bewertung zum Teilwert vorzunehmen. Dem lag die Überlegung zugrunde, dass die stillen Reserven eines einzelnen Wirtschaftsguts im Falle seiner Übertragung auf einen anderen Rechtsträger aufgedeckt und versteuert werden sollen, während im Falle einer Überführung von Wirtschaftsgütern in ein anderes Betriebsvermögen desselben Steuerpflichtigen ohne Rechtsträgerwechsel die Buchwerte fortzuführen sind.[3]

349 Mit **§ 6 Abs. 5 Satz 3 EStG in der vorliegenden Fassung**, der auf Übertragungen anzuwenden ist, die nach dem 31. 12. 2000 erfolgen, kehrt der Gesetzgeber nach nur zweijähriger Geltung mit dem StSenkG[4] zur **Buchwertübertragung** zurück, um Umstrukturierungen bei Mitunternehmerschaften nicht zu erschweren. Damit sind auch für die in § 6 Abs. 5 Satz 3 Nr. 1 bis 3 EStG genannten Fälle bei Übertragungen zwischen Mitunternehmern und Mitunternehmerschaften grundsätzlich die Buchwertfortführung zwingend vorgesehen. Daraus resultiert eine interpersonelle Verlagerung von stillen Reserven.[5] Um missbräuchliche Gestaltungen bei der interpersonellen Verlagerung von stillen Reserven zu vermeiden, ist die Buchwertübertragung an die in § 6 Abs. 5 Satz 4 bis 6 EStG enthaltenen zusätzlichen Voraussetzungen (Sperrfristklausel, Körperschaftklausel) geknüpft. Eine klarstellende Änderung erfuhren die Regelungen des § 6 Abs. 5 Satz 3 bis 6 EStG durch das UntStFG.[6]

350 **Persönlicher und sachlicher Anwendungsbereich:** Als Mitunternehmerschaften qualifizieren nicht nur **inländische Personengesellschaften**, deren Gesellschafter die Mitunternehmerkriterien erfüllen, sondern auch **ausländische Personengesellschaften** (s. auch KKB/Bäuml/Meyer, § 15 EStG Rz. 58 f.).[7] Da auch in den Fällen des § 6 Abs. 5 Satz 3 EStG durch die entsprechende Anwendung von § 6 Abs. 5 Satz 1 EStG eine Buchwertfortführung an die Bedingung geknüpft ist, dass die Besteuerung der stillen Reserven sichergestellt sein muss, ist der Anwendungsbereich im Wesentlichen auf die inländischen Betriebsstätten in- und ausländischer Personengesellschaften begrenzt. In zeitlicher Hinsicht ist es ausreichend, dass die Mitunternehmerschaft oder die Mitunternehmereigenschaft erst mit dem Übertragungsvorgang begründet wird.[8] Über den Wortlaut hinaus wird § 6 Abs. 5 Satz 3 EStG auch auf Mitunternehmerschaften ohne Gesamthandsvermögen angewendet, deren Bruchteilsvermögen dann wie Gesamthandsvermögen behandelt wird.[9]

Ob § 6 Abs. 5 Satz 3 Nr. 1 bis 3 EStG eine abschließende Aufzählung der Übertragungsvorgänge enthält, ist insbesondere im Hinblick auf Übertragungen zwischen Schwesterpersonengesellschaften strittig (s. dazu ausführlich → Rz. 366).

---

1 Vgl. BFH v. 15. 7. 1976 - I R 17/74, BStBl 1976 II 748; BFH v. 11. 12. 2001 - VIII R 58/98, BStBl 2002 II 420; BFH v. 17. 7. 2008 - I R 77/06, BStBl 2009 II 464; BFH v. 6. 12. 2000 - VIII R 21/00, BStBl 2003 II 194.
2 Vgl. StEntlG 1999/2000/2002 v. 24. 3. 1999, BGBl 1999 I 402.
3 Vgl. BT-Drucks. 14/23, 172, 241.
4 Vgl. Steuersenkungsgesetz (StSenkG) v. 23. 10. 2000, BGBl 2000 I 1433.
5 Vgl. *Wehrheim/Nickel*, BB 2006, 1365.
6 Vgl. Unternehmensteuerfortentwicklungsgesetz (UntStFG) v. 20. 12. 2001, BGBl 2001 I 3858.
7 Vgl. *Kulosa* in Schmidt, § 6 EStG Rz. 691.
8 Vgl. *Winkeljohann/Stegemann*, DB 2003, 2033, m. w. N.
9 Vgl. HHR, § 6 EStG, Rz. 1474k; *Kulosa* in Schmidt, § 6 EStG Rz. 691, m. w. N.; BMF v. 8. 12. 2011, BStBl 2011 I 1279, Tz. 9.

Durch die Neuausrichtung der höchstrichterlichen Rechtsprechung zur Realteilung von Personengesellschaften gelangen die Realteilungsgrundsätze auch zur Anwendung, wenn die Gesellschaft zwischen den verbleibenden Gesellschaftern fortgesetzt wird[1] (sog. unechte Realteilung). Zudem werden die Realteilungsgrundsätze auch dann vorrangig vor den Regelungen des § 6 Abs. 5 EStG angewendet, wenn ein Mitunternehmer – in ausdrücklicher Abweichung von der Auffassung der FinVerw - gegen Übertragung einzelner Wirtschaftsgüter (sog. Sachwertabfindung) ausscheidet.[2] Der daraus resultierende teilweise überschneidende Anwendungsbereich ist derzeit noch nicht klar konturiert.[3]

b) Übertragung zwischen Gesamthandsvermögen und eigenem Betriebsvermögen (§ 6 Abs. 5 Satz 3 Nr. 1 EStG)

Nach § 6 Abs. 5 Satz 3 Nr. 1 EStG gilt Satz 1 dieser Vorschrift – und damit die zwingende Buchwertfortführung – entsprechend, soweit ein einzelnes Wirtschaftsgut *unentgeltlich* oder *gegen Gewährung oder Minderung von Gesellschaftsrechten* aus einem *Betriebsvermögen des Mitunternehmers* in das *Gesamthandsvermögen einer Mitunternehmerschaft* und *umgekehrt* übertragen wird.[4]

351

Diese Regelung erfasst die Fälle, in denen der Mitunternehmer (natürliche Person, Personengesellschaft oder Kapitalgesellschaft) zugleich einen Betrieb hat und als Mitunternehmer an einer Mitunternehmerschaft beteiligt ist.[5] Wird ein Wirtschaftsgut vom **Betriebsvermögen des Mitunternehmers** in das Gesamthandsvermögen der Personengesellschaft – oder umgekehrt – übertragen, findet ein Rechtsträgerwechsel statt, d. h. ein Übergang des rechtlichen oder wirtschaftlichen Eigentums. Dies führt zumindest anteilig zu einer interpersonellen Verlagerung von stillen Reserven.

§ 6 Abs. 5 Satz 3 EStG ist nach dem Wortlaut nur auf die Übertragung einzelner Wirtschaftsgüter anwendbar,[6] bei gleichzeitiger unentgeltlicher Übertragung eines Betriebs, Teilbetriebs oder Mitunternehmeranteils nach § 6 Abs. 3 EStG steht nach der Rechtsprechung des BFH dem Zweck der beiden Normen eine gleichzeitige Anwendung von Abs. 3 und Abs. 5 nicht entgegen (**Kombination der Buchwertprivilegien**).[7] Diese Rechtsauffassung kann mittlerweile als gefestigt angesehen werden,[8] so dass eine Aufhebung des Nichtanwendungserlasses der Finanzverwaltung zu fordern ist.[9]

352

§ 6 Abs. 5 Satz 3 Nr. 1 EStG setzt voraus, dass die Übertragung das Betriebsvermögen des Mitunternehmers berührt.[10] Werden Wirtschaftsgüter in das oder aus dem **Privatvermögen** des Mitunternehmers unentgeltlich übertragen, gelten dagegen die Vorschriften über Entnahmen

---

1 Vgl. BFH v. 17. 9. 2015 - III R 49/13, BFH/NV 2016, 624 = NWB DokID: WAAAF-66770.
2 Vgl. BFH v. 30.3.2017 - IV R 11/15, BFH/NV 2017, 1125; v. 16.3.2017 - IV R 31/14, BFH/ NV 2017, 1093, NWB DokID: FAAAG-48085; *Rennar*, Überführung und Übertragung von Einzelwirtschaftsgütern, NWB 2017, 343.
3 Vgl. BFH v. 16.3.2017 - IV R 31/14, BFH/NV 2017, 1093, NWB DokID: FAAAG-48085; v. 30.3.207 - IV R 11/15, BFH/NV 2017, 1125.
4 *Gragert/Wißborn*, NWB 2012, 972; *Sören/Ungemach*, NWB 2012, 2539; *Hubert*, StuB 2014, 21.
5 Vgl. BFH v. 15. 7. 1976 - I R 17/74, BStBl 1976 II 748; *Lipp*, NWB 2014, 1725.
6 Vgl. *Kulosa* in Schmidt, § 6 EStG Rz. 690, 710; diff. *Korn*, § 6 EStG Rz. 498.4; vgl. BMF v. 8. 12. 2011, BStBl 2011 I 1279, Tz. 12.
7 Vgl. BFH v. 2. 8. 2012 - IV R 41/11, NWB DokID: TAAAE-19933; a. A. BMF v. 3. 3. 2005, BStBl 2005 II 458, Tz. 7.
8 Vgl. BFH v. 30. 6. 2016 - IV B 2/16, BFH/NV 2016, 1452 = NWB DokID: SAAAF-80034, Nichtzulassungsbeschwerde der Finanzverwaltung wird als unbegründet abgewiesen.
9 Vgl. BMF v. 12. 9. 2013, BStBl I 2013, 1164.
10 Vgl. BMF v. 8. 12. 2011, BStBl 2011 I 1279, Tz. 13.

und Einlagen, bei Übertragungen gegen Gewährung von Gesellschaftsrechten handelt es sich um einen Tauschvorgang.

353 Die **Buchwertfortführung** setzt voraus, dass die Übertragung unentgeltlich oder gegen Gewährung oder Minderung von Gesellschaftsrechten erfolgt. Eine **unentgeltliche Übertragung** liegt dann vor, wenn keinerlei Gegenleistung (auch nicht in Form von Gesellschaftsrechten) gewährt wird. Eine Gegenleistung liegt insbesondere dann nicht vor, wenn weder eine Geld- oder Sachleistung, noch die Einräumung einer Forderung oder Übernahme einer Verbindlichkeit, noch die Gutschrift auf einem Kapitalkonto erfolgt, nach dem sich die maßgebenden Gesellschaftsrechte, insbesondere das Gewinnbezugsrecht, richten.[1] Ohne die Regelung des § 6 Abs. 5 Satz 3 Nr. 1 EStG wären die unentgeltlichen Übertragungen als Entnahmen und Einlagen gem. § 6 Abs. 1 Nr. 4 u. 5 EStG zu würdigen.[2]

354 **Entgeltliche Übertragungen** fallen nicht unter den Anwendungsbereich des Satzes 3 (Ausnahme: das Entgelt besteht in Gesellschaftsrechten, s. → Rz. 359). Vielmehr erzielt der Veräußerer einen Veräußerungserlös, den er nach den allgemeinen Regeln der Besteuerung zu unterwerfen hat (u. U. kommt ein Aufschub der Besteuerung nach § 6b EStG zur Anwendung). Der Erwerber hat erfolgsneutral Anschaffungskosten für das Wirtschaftsgut zu aktivieren.[3] Diese Grundsätze gelten auch, soweit der Mitunternehmer über seine Gesellschafterstellung indirekt anteilig an dem Wirtschaftsgut beteiligt bleibt.[4] Als Entgelt sind nicht nur Zahlungsvorgänge anzusehen, sondern auch die Einräumung von Forderungen oder die Übernahme von Verbindlichkeiten.[5] Dies gilt – anders als bei der Übertragung von Betrieben, Teilbetrieben und Mitunternehmeranteilen nach § 6 Abs. 3 EStG – bei der Übertragung von einzelnen Wirtschaftsgütern selbst dann, wenn die Verbindlichkeiten in engem wirtschaftlichen Zusammenhang mit dem übertragenen Wirtschaftsgut stehen.[6]

355 Eine **teilentgeltliche Übertragung** liegt vor, wenn das Entgelt geringer als der Verkehrswert im Zeitpunkt der Übertragung ist. Nach der Auffassung der Finanzverwaltung, der die Rechtspraxis folgte, wurde **bislang** in diesen Fällen die **strenge Trennungstheorie** angewendet.[7] Danach führen Teilentgelte in dem Verhältnis, in dem das bezahlte Entgelt zum Verkehrswert steht, zu einer Realisierung der stillen Reserven. Diese teilweise Gewinnrealisierung kann auch nicht durch die Erstellung einer Ergänzungsbilanz verhindert werden.

BEISPIEL: U überträgt ein bisher in seinem Einzelunternehmen genutztes Grundstück (Buchwert 200 000 €, gemeiner Wert 500 000 €) unentgeltlich in das Gesamthandsvermögen der UV-OHG, an der er zu 50 % beteiligt ist. Die UV-OHG übernimmt lediglich die auf dem Grundstück lastende Grundschuld i. H. v. 100 000 €. Eine weitere Gegenleistung ist nicht vereinbart.

LÖSUNG NACH DER STRENGEN TRENNUNGSTHEORIE: Nach der Trennungstheorie erfolgt die Übertragung, soweit die Schuldübernahme stattfindet, entgeltlich. Die Entgeltlichkeitsquote beträgt 1/5 (Übernah-

---

1 Vgl. BFH v. 29. 7. 2015 IV R 15/14, BStBl 2016 II 593; BFH v. 4. 2. 2016 - IV R 46/12, BStBl 2016 II 607; BMF v. 26. 7. 2016 BStBl 2016 I 684.
2 Vgl. BFH v. 20. 5. 2010 - IV R 42/08, BStBl 2010 II 820; BMF v. 8. 12. 2011, BStBl 2011 I 1279, Tz. 8.
3 Vgl. *HHR*, § 6 EStG Rz. 1445a.
4 Vgl. BFH v. 1. 12. 2001 - VIII R 58/98, BStBl 2002 II 367.
5 Vgl. BFH v. 24. 1. 2008 - IV R 37/06, BStBl 2011 II 617; BFH v. 19. 9. 2012 - IV R 11/12, BFH/NV 2012, 1880 = NWB DokID: TAAAE-19350; *Eggert*, Schuldenzuordnung bei Übertragungen nach § 6 Abs. 5 Satz 3 EStG, BBK 2017, 1018; *Steger/Raible*, Zurückbehaltene Schulden bei der Übertragung von Einzelwirtschaftsgütern nach § 6 Abs. 5 EStG, NWB 2018, 426.
6 Vgl. BFH v. 11. 12. 1997 - IV R 28/97, BFH/NV 1998, 836 = NWB DokID: MAAAA-97428; BFH v. 11. 12. 2001 - VIII R 58/98, BStBl 2002 II 420, m. w. N.; BMF v. 8. 12. 2011, BStBl 2011 I 1279, Tz. 16.
7 Vgl. BMF v. 8. 12. 2011, BStBl 2011 I 1279, Tz. 15.

me der Verbindlichkeit 100 000 € im Verhältnis zum Verkehrswert 500 000 = 1/5). Damit werden die im Grundstück vorhandenen stillen Reserven im Umfang von 1/5 realisiert. Der Veräußerungsgewinn des U beträgt 60 000 € (100 000 € Entgelt - 1/5 des Buchwerts von 200 000 €). Die UV-OHG hat in Höhe der übernommenen Verbindlichkeiten Anschaffungskosten, zu 4/5 ist der bisherige Buchwert fortzuführen. Der Ansatz in der Bilanz der UV-OHG beträgt 260 000 € (100 000 € + 4/5 des Buchwerts von 200 000).

Dagegen vertritt der IV. Senat des BFH in der jüngeren Rechtsprechung die sog. **modifizierte Trennungstheorie,** nach der dem Teilentgelt der gesamte Buchwert des teilentgeltlich übertragenden Wirtschaftsguts gegenübergestellt wird.[1] Solange das (Teil-)Entgelt genauso hoch oder niedriger ist als der Buchwert, wird nach der modifizierten Trennungstheorie kein Gewinn realisiert. 356

LÖSUNG DES OBIGEN BEISPIELS NACH DER MODIFIZIERTEN TRENNUNGSTHEORIE: Da das Entgelt in Form der übernommenen Verbindlichkeit (100 000 €) niedriger ist als der Buchwert des Grundstücks (200 000 €) wird durch die teilentgeltliche Übertragung kein Gewinn realisiert.

Die geänderte Rechtsprechung des IV. Senats beruht auf der Auffassung, dass die Trennungstheorie nach der gegenwärtigen Rechtslage keine gesetzliche Grundlage hat.[2] Dagegen lehnt die Gegenauffassung die modifizierte Trennungstheorie wegen einer Verletzung des Veranlassungsprinzips ab.[3] Zudem sprechen aus Sicht des X. Senats die bessere Vereinbarkeit mit dem Subjektprinzip und weitere steuersystematische Gründe für die strenge Trennungstheorie.[4] Wegen der sich abzeichnenden divergierenden Rechtsauffassung des IV. und X. Senats hat der X. Senat mit Beschl. v. 27. 10. 2015 den großen Senat des BFH in dieser Sache angerufen.[5] Die Finanzverwaltung wendet die modifizierte Trennungstheorie bis zum Ausgang des beim BFH zu diesem Problembereich derzeit anhängigen Verfahrens, in dem der BFH das BMF ausdrücklich zum Beitritt aufgefordert hat,[6] vorläufig nicht an.[7] Wenn man der modifizierten Trennungstheorie folgt, müsste diese spiegelbildlich auch auf Seiten des Erwerbers Anwendung finden.[8] Siehe Kraft zur ausführlichen Darstellung der unterschiedlichen Rechtspositionen und des Verfahrensstands.[9] Mit Beschluss v. 30.10.2018, der am 28.11.2018[10] veröffentlicht wurde, ist das Verfahren ohne eine Entscheidung über die vorgelegte Rechtsfrage dadurch beendet worden, dass dem Begehren des Steuerpflichtigen entsprochen wurde. Damit hat die Finanzverwaltung den Streitfall durch Anwendung der modifizierten Trennungstheorie beigelegt. Al- 357

---

1 Vgl. BFH 19. 9. 2012 - IV R 11/12, BFH/NV 2012, 1880 = NWB DokID: TAAAE-19330; zustimmend *Wendt*, StbJb 12/13, 42; *ders.*, DB 2013, 838; ähnlich BFH v. 10. 4. 2013 - I R 80/12, BStBl 2013 II 1004, Tz. 22; soweit aus dieser Rechtsprechung gefolgert wird, der IV. Senat vertrete nun auch bei der teilentgeltlichen Übertragung einzelner Wirtschaftsgüter des Betriebsvermögens die reine Einheitstheorie (so *Prinz/Hütig*, DB 2012, 2597), beruht dies auf einem Missverständnis.
2 Vgl. BFH v. 19. 9. 2012 - IV R 11/12, BFH/NV 2012, 1880 = NWB DokID: TAAAE-19330; zustimmend *Bode*, DB 2012, 2376; *Kempermann*, FR 2012, 1183; *Prinz/Hütig*, DB 2012, 2597, m. w. N.; *Wendt*, DB 2013, 834; *Wit*, DStR 2012, 1503, 2053.
3 Vgl. *Ehmcke* in Blümich, § 6 EStG Rz. 1320a; *Dötsch*, jurisPR-SteuerR 49/12, Anm. 2; *Dornheim*, Ubg 2012, 622; *ders.*, DStZ 2013, 399; *Heuermann*, DB 2013, 1329; *HHR*, § 6 EStG Rz.1453; *Mitschke*, FR 2013, 315; *ders.*, FR 2013, 649; *Kulosa* in Schmidt, § 6 EStG Rz. 697, m. w. N.
4 BFH v. 19. 3. 2014 - X R 28/12, BStBl 2014 II 629, Tz. 111 ff.
5 BFH v. 27. 10. 2015 - X R 28/12, NWB DokID: TAAAF-18423, Rev.: BFH GrS 1/16.
6 Vgl. BFH v. 19. 3. 2014 - X R 28/12, BStBl 2014 II 629 (Beitrittsaufforderung an das BMF).
7 Vgl. BMF v. 12. 9. 2013, BStBl 2013 I 1164 (Nichtanwendungserlass).
8 So *Förster*, DB 2013, 2051; *Gossert/Liepert/Sahm*, DStZ 2013, 245; vgl. *Mitschke*, FR 2013, 315.
9 Vgl. *Kraft, C.*, NWB 2016, 488.
10 Vgl. BFH v. 30.11.2018 - GrS 1/16, NWB DokID: DAAAH-00821.

lerdings bleibt offen, wie die Finanzverwaltung in der Zukunft in vergleichbaren Fällen entscheiden wird, insbesondere ob der bestehende Nichtanwendungserlass[1] aufgehoben wird.

358 Bei Übertragung eines einzelnen Wirtschaftsguts gegen ein **Mischentgelt,** d. h., bei Leistung eines Teilentgelts und zusätzlicher Gewährung von Gesellschaftsrechten, ist zudem zweifelhaft, ob der Buchwert des Wirtschaftsguts – entsprechend der reinen Trennungstheorie – anteilig auf die beiden Teilentgelte aufzuteilen,[2] oder – entsprechend der modifizierten Trennungstheorie – allein dem nicht in Gewährung von Gesellschaftsrechten bestehenden Teilentgelt zuzuordnen ist.[3] Bei der Einbringung von betrieblichen Sachgesamtheiten gegen Mischentgelt vertritt der BFH[4] in jüngerer Zeit zu § 24 UmwStG entsprechend der modifizierten Trennungstheorie die Auffassung, dass bei Wahl der Buchwertfortführung kein Gewinn realisiert werde, wenn die Summe der gemischten Entgelte den Buchwert des eingebrachten Einzelunternehmens nicht übersteigt. Fraglich ist, ob diese Auffassung auf die Beurteilung der Übertragung einzelner Wirtschaftsgüter gegen Mischentgelt auf Seiten des Erwerbers übertragen werden kann.[5]

359 **Übertragungen gegen Gewährung oder Minderung von Gesellschaftsrechten** werden im Bereich des § 6 Abs. 5 Satz 3 Nr. 1 EStG den unentgeltlichen Übertragungen gleichgestellt, obwohl es sich um einen tauschähnlichen Vorgang handelt.[6] § 6 Abs. 6 Satz 4 EStG ordnet ausdrücklich den Vorrang des § 6 Abs. 5 EStG gegenüber Tauschvorgängen an. Daher ist auch bei Übertragungen zwischen dem Betriebsvermögen eines Mitunternehmers und dem Gesamthandsvermögen, wenn als Gegenleistung Gesellschaftsrechte gewährt oder gemindert werden, zwingend der Buchwert fortzuführen. Eine Gewährung oder Minderung von Gesellschaftsrechten setzt einen entsprechenden Ausweis auf einem für die Beteiligung maßgebenden Kapitalkonto voraus.[7] Insbesondere reicht der Ausweis auf dem gesamthänderisch gebundenen Rücklagenkonto nicht aus.[8] Eine Einbringung gegen Gewährung von Gesellschaftsrechten liegt insbesondere dann nicht vor, wenn der Gegenwert für die Einbringung eines Wirtschaftsguts allein dem Kapitalkonto II gutgeschrieben wird, wenn sich nach den Regelungen im Gesellschaftsvertrag die maßgeblichen Gesellschaftsrechte, insbesondere das Gewinnbezugsrecht, ausschließlich nach dem Kapitalkonto I richten.[9] Zur Abgrenzung des Kapitalkontos von Darlehenskonten und vom gesamthänderisch gebundenen Rücklagenkonto s. ausführlich KKB/Sobanski, § 15a EStG Rz. 58 ff.

Auch bei Gewährung oder Minderung von Gesellschaftsrechten ist der Buchwert nur fortzuführen, wenn die Besteuerung der stillen Reserven gesichert ist (s. → Rz. 343).

---

1 Vgl. BMF v. 29.10.2010, BStBl 2010 I 1206.
2 Vgl. BFH v. 11.12.2001 - VIII R 58/98, BStBl 2002 II 420; BFH v. 27.10.2015 - X R 28/12, NWB DokID: TAAAF-18423; *Förster*, DB 2013, 2052.
3 Vgl. *Levedag*, GmbHR 2013, 678; *Prinz/Hütig*, DB 2012, 2600; *Strahl*, Ubg 2013, 764.
4 Vgl. BFH v. 18.9.2013 - X R 42/10, BFH/NV 2013, 2006 = NWB DokID: IAAAE-47925; entgegen BMF v. 11.11.2011, BStBl 2011 I 1314; dem BFH zustimmend *Rosenberg/Placke*, DB 2013, 2823.
5 Vgl. BFH v. 19.3.2014 - X R 28/12, BStBl 2014 II 629; a. A. BFH v. 11.12.2001 - VIII R 58/98, BStBl 2002 II 420.
6 Vgl. *Groh*, DB 2003, 1404; *Wehrheim/Nickel*, BB 2006, 1362.
7 Vgl. BFH v. 5.6.2002 - I R 81/00, BStBl 2004 II 344; BFH v. 17.7.2008 - IV R 77/06, BStBl 2009 II 464; BFH v. 31.7.2013 - I R 44/12, BStBl 2015 II 450; zur Unterscheidung der Kapitalkonten im Einzelnen BMF v. 11.7.2011, BStBl 2011 I 713; teilweise überholt durch BMF v. 26.7.2016, BStBl 2016 I 684.
8 Vgl. *Crezelius*, DB 2004, 397, 399; *Carlé/Bauschatz*, FR 2002, 1153.
9 Vgl. BFH v. 29.7.2015 - IV R 15/14, BStBl 2016 II 593 = NWB DokID: HAAAF-49311; BFH v. 4.2.2016 - IV R 46/12, BStBl 2016 II 607; BMF v. 26.7.2016, BStBl 2016 I 684. Vgl. *Kraft, G.*, NWB 2016, 996.

Typische Praxisfälle für § 6 Abs. 5 Satz 3 Nr. 1 EStG sind der Eintritt eines Gesellschafters in eine Personengesellschaft durch eine Sacheinlage aus dem Betriebsvermögen gegen Gewährung von Gesellschaftsrechten sowie das Ausscheiden aus einer Personengesellschaft durch Sachwertabfindung in das Betriebsvermögen gegen Minderung der Gesellschaftsrechte. Zur Abgrenzung von der Realteilung s. KKB/Franz/Handwerker, § 16 EStG Rz. 556 ff. Bei Zahlung eines **Entgelts zusätzlich zur Gewährung oder Minderung von Gesellschaftsrechten** ist der Vorgang in eine entgeltliche Veräußerung und eine unter Satz 3 fallende unentgeltliche Übertragung entsprechend der Trennungstheorie aufzuteilen.[1] Zu der Kontroverse um die Trennungstheorie s. → Rz. 355.

360

Auch bei Ausscheiden eines Mitunternehmers aus der Mitunternehmerschaft gegen Sachwertabfindung aus dem mitunternehmerischen Vermögen wendet die höchstrichterliche Rechtsprechung - entgegen der Auffassung der FinVerw - die Realteilungsgrundsätze vorrangig vor § 6 Abs. 5 EStG an.[2] Zur Übertragung auf eine Schwesterpersonengesellschaft s. → Rz. 366.

c) Übertragung zwischen Gesamthandsvermögen und Sonderbetriebsvermögen (§ 6 Abs. 5 Satz 3 Nr. 2 EStG)

Die Buchwertfortführung gilt durch die entsprechende Anwendung von Satz 1 nach Satz 3 Nr. 2 auch bei Übertragungen zwischen dem Gesamthandsvermögen einer Mitunternehmerschaft und dem Sonderbetriebsvermögen des Mitunternehmers bei dieser Mitunternehmerschaft (*Alt. 1*),[3] sowie bei Übertragungen zwischen dem Gesamthandsvermögen bei einer Mitunternehmerschaft und dem Sonderbetriebsvermögen einer weiteren Mitunternehmerschaft, an der der Gesellschafter ebenfalls beteiligt ist (*Alt. 2*), sofern diese unentgeltlich oder gegen Gewährung von Gesellschaftsrechten erfolgen. Im Falle der unentgeltlichen Übertragung gem. Alt. 1 hat die Vorschrift lediglich deklaratorische Bedeutung. In diesem Fall findet zwar zivilrechtlich ein Rechtsträgerwechsel statt, wegen des steuerlichen Transparenzprinzips umfasst das Betriebsvermögen einer Personengesellschaft neben dem Gesamthandsvermögen auch das Sonderbetriebsvermögen. Insoweit liegt aus steuerlicher Sicht in diesem Fall kein Besteuerungstatbestand vor, auf den die Bewertungsvorschrift des § 6 Abs. 5 EStG angewendet werden könnte.[4] Wird ein fremdfinanziertes Grundstück des Sonderbetriebsvermögens unter Zurückbehaltung der Darlehensverbindlichkeit unentgeltlich in das Gesamthandsvermögen einer anderen Mitunternehmerschaft zum Buchwert übertragen, so ist die Darlehensverbindlichkeit bei der anderen Mitunternehmerschaft als negatives Sonderbetriebsvermögen in voller Höhe zu erfassen.[5]

361

Zum Begriff des Sonderbetriebsvermögens s. KKB/Bäuml/Meyer, § 15 EStG Rz. 215 ff. Zu den Voraussetzungen einer unentgeltlichen Übertragung s. → Rz. 353 sowie zur Übertragung gegen Gewährung oder Minderung von Gesellschaftsrechten s. → Rz. 359.

362

In der Praxis werden Übertragungen zwischen dem Sonderbetriebsvermögen bei verschiedenen Mitunternehmerschaften, insbesondere im Vorfeld von Unternehmensumstrukturierun-

363

---

[1] Vgl. BFH v. 11.12.2001 - VIII R 58/98, BStBl 2002 II 420.
[2] BFH v. 30.3.2017 - IV R 11/15, BFH/ NV 2017, 1125 entgegen BMF v. 20.12.2016 IV C 6 - S 2242/07/10002:004, BStBl 2017 I 36.
[3] Vgl. BFH v. 22.9.2011 - IV R 33/08, BStBl 2012 II 10; BFH v. 29.7.1997 - VIII R 57/94, BStBl 1997 II 652.
[4] Vgl. BFH v. 19.9.2012 - IV R 11/12, BFH/NV 2012, 1880 = NWB DokID: TAAAE-19330.
[5] Vgl. BFH v. 27.4.2017 - IV B 53/16, BFH/NV 2017, 1032; *Steger/Raible*, Zurückbehaltene Schulden bei der Übertragung von Einzelwirtschaftsgütern nach § 6 Abs. 5 EStG, NWB 2018, 426.

gen, dazu genutzt, Wirtschaftsgüter, die nicht mit übertragen werden sollen, aus dem Mitunternehmeranteil auszugliedern, um bei der eigentlichen Umstrukturierung dann einen ganzen Mitunternehmeranteil mit allen wesentlichen Betriebsgrundlagen zu übertragen, und dadurch ggf. steuerliche Vergünstigungen gem. §§ 6 Abs. 3, 16 Abs. 1 EStG, § 24 UmwStG zu erhalten.

Auch bei Übertragungen zwischen dem Gesamthandsvermögen und dem Sonderbetriebsvermögen ist der Buchwert nur fortzuführen, wenn die Besteuerung der stillen Reserven gesichert ist (s. → Rz. 343).

d) Übertragung zwischen dem Sonderbetriebsvermögen verschiedener Mitunternehmer derselben Mitunternehmerschaft (§ 6 Abs. 5 Satz 3 Nr. 3 EStG)

364 Bei **unentgeltlichen** Übertragungen zwischen dem **Sonderbetriebsvermögen** zweier Mitunternehmer **derselben** Mitunternehmerschaft ist nach Satz 3 Nr. 3 der Buchwert ebenfalls fortzuführen.[1] Eine Übertragung gegen Gewährung von Gesellschaftsrechten ist in diesem Fall nicht möglich, da das Gesamthandsvermögen nicht betroffen ist. In diesem Fall kommt es zu einer vollständigen interpersonellen Verlagerung von den im übertragenen Wirtschaftsgut enthaltenen stillen Reserven auf den übernehmenden Mitunternehmer. Dies wird dadurch gerechtfertigt, dass das Wirtschaftsgut den betrieblichen Funktionszusammenhang nicht verlässt und die stillen Reserven im Gesamtvermögen der Mitunternehmerschaft verbleiben.[2] Die Übertragung zwischen den Sonderbetriebsvermögen verschiedener Mitunternehmer bei unterschiedlichen Mitunternehmerschaften wird dagegen nicht erfasst.[3]

365 Handelt es sich beim übertragenden Mitunternehmer um eine **Kapitalgesellschaft** und erfolgt die unentgeltliche Übertragung des Sonderbetriebsvermögens auf einen Mitunternehmer, der als Gesellschafter an der Kapitalgesellschaft beteiligt ist, liegt eine verdeckte Gewinnausschüttung nach § 8 Abs. 3 KStG vor. § 8 Abs. 3 KStG hat Vorrang vor § 6 Abs. 5 Satz 3 Nr. 3 EStG.[4] Ist der erwerbende Mitunternehmer eine Kapitalgesellschaft, kommt aufgrund der Körperschaftklausel nach § 6 Abs. 5 Satz 5 EStG nicht die Buchwertfortführung, sondern der Teilwert zum Ansatz (s. dazu ausführlich → Rz. 379 ff.).

Auch bei unentgeltlichen Übertragungen zwischen dem Sonderbetriebsvermögen zweier Mitunternehmer derselben Mitunternehmerschaft ist der Buchwert nur fortzuführen, wenn die Besteuerung der stillen Reserven gesichert ist (s. → Rz. 343).

e) Übertragung zwischen Schwesterpersonengesellschaften

366 Übertragungen zwischen den jeweiligen Gesamthandsvermögen von Schwesterpersonengesellschaften waren bis zur Kodifizierung des § 6 Abs. 5 EStG zum Buchwert zulässig.[5] In der jetzt geltenden Fassung des § 6 Abs. 5 EStG ist die Übertragung von einzelnen Wirtschaftsgütern zwischen Schwesterpersonengesellschaften nicht ausdrücklich geregelt. Strittig ist daher, ob die Regelung des § 6 Abs. 5 Satz 3 EStG abschließenden Charakter hat oder entsprechend dem Normzweck analog auf Übertragungen zwischen Schwesterpersonengesellschaf-

---

1 *Gragert/Wißborn*, NWB 2012, 972; *Sören/Ungemach*, NWB 2012, 2539.
2 Vgl. BFH v. 6. 12. 2000 – VIII R 21/00, BStBl 2003 II 194.
3 Vgl. BMF v. 8. 12. 2011, BStBl 2011 I 1279, Tz. 21.
4 Vgl. BFH v. 15. 9. 2004 – I R 7/02, BStBl 2005 II 867.
5 Vgl. BFH v. 6. 9. 2000 – IV R 18/99, BStBl 2001 II 229; BFH v. 25. 11. 2009 – I R 72/08, BStBl 2010 II 471.

ten ausgedehnt werden kann.[1] Nach der am Gesetzeswortlaut orientierten Rechtsprechung des I. Senats des BFH wird eine Anwendbarkeit des § 6 Abs. 5 Satz 3 EStG auf Übertragungen zwischen Schwesterpersonengesellschaften verneint.[2] Mangels Regelungslücke hält der I. Senat selbst bei Personen- und Beteiligungsidentität eine analoge Anwendung auf diesen Sachverhalt nicht für zulässig.[3] Auch nach Auffassung der Finanzverwaltung, die sich auf die Rechtsprechung des I. Senats stützt, stellt die Übertragung von einzelnen Wirtschaftsgütern des Gesamthandsvermögens zwischen Schwesterpersonengesellschaften keinen Anwendungsfall des § 6 Abs. 5 Nr. 3 EStG dar. Eine Buchwertfortführung wird in diesem Fall abgelehnt.[4] Die Finanzverwaltung gewährt aber die Aussetzung der Vollziehung.[5] Dagegen bejaht der eher am Normzweck orientierte IV. Senat des BFH die Anwendbarkeit der Buchwertfortführung nach § 6 Abs. 5 Satz 3 EStG.[6]

Der I. Senat des BFH sieht in der Versagung der Buchwertübertragung zwischen Schwesterpersonengesellschaften durch den Gesetzgeber einen nach Art. 3 GG gleichheitswidrigen Begünstigungsausschluss. Durch die Vorlage an das BVerfG[7] soll dieser mögliche Grundrechtsverstoß abgeklärt werden.[8]

Für die gesetzliche Versagung der Buchwertfortführung zwischen Schwesterpersonengesellschaften insbesondere bei Personen- und Beteiligungsidentität sprechen m. E. keine steuersystematischen Gründe, da es nicht zu einem Übergang von stillen Reserven auf andere Rechtsträger kommt. Insoweit sollte diese Differenzierung vom Gesetzgeber korrigiert werden.[9]

PRAXISHINWEIS:

Eine erfolgsneutrale Übertragung von Wirtschaftsgütern zwischen Schwesterpersonengesellschaften kann auch nach der derzeitigen Rechtslage durch zwei verschiedene Gestaltungsalternativen erreicht werden:

1. **Gestaltungsalternative:** Das Wirtschaftsgut des Gesamthandsvermögens von Personengesellschaft 1 wird zunächst gem. § 6 Abs. 5 Satz 3 Nr. 2 1. Alt. EStG unentgeltlich zum Buchwert in das Sonderbetriebsvermögen eines Mitunternehmers übertragen. Der Mitunternehmer überführt dieses Wirtschaftsgut im zweiten Schritt zum Buchwert nach § 6 Abs. 5 Satz 3 Nr. 2 2. Alt. EStG in sein Sonderbetriebsvermögen bei Personengesellschaft 2. Im nächsten Schritt überträgt er das Sonderbetriebsvermögen in das Gesamthandsvermögen von Personengesellschaft 2 gem. § 6 Abs. 5 Satz 3 Nr. 2 1. Alt. EStG. Da alle drei Teilschritte zwingend zum Buchwert erfolgen, gelangt das Wirtschaftsgut ohne Auflösung der darin enthaltenen stillen Reserven in das Betriebsvermögen der Schwesterpersonengesellschaft. Wegen der Hintereinanderreihung verschiedener Teilschritte

---

1 *Cropp*, NWB 2014, 1656.
2 Vgl. BFH v. 25.11.2009 - I R 72/08, BStBl 2010 II 471; BFH v. 10.4.2013 - I R 80/12, BStBl 2013 II 1004 (Vorlagebeschluss); BFH v. 31.7.2013 - I R 44/12, BStBl 2015 II 450, m.w. N. zum Meinungsstand; BFH v. 4.9.2014 - IV R 44/13, BFH/NV 2015, 209 = NWB DokID: JAAAE-81774.
3 Vgl. BFH v. 25.11.2009 - I R 72/08, BStBl 2010 II 471; BFH v. 10.4.2013 - I R 80/12, BStBl 2013 II 1004 (Vorlagebeschluss).
4 Vgl. BMF v. 8.12.2011, BStBl 2011 I 1279, Tz. 18.
5 Vgl. BMF v. 29.10.2010, BStBl 2010 I 1206.
6 Vgl. BFH v. 15.4.2010 - IV B 105/09, BStBl 2010 II 971 (AdV-Beschluss); FG Niedersachsen v. 31.5.2012 - 1 K/271/10, EFG 2012, 2106; BFH v. 27.12.2013 - IV R 28/12, BFH/NV 2014, 535 = NWB DokID: HAAAE-54608; BFH v. 10.4.2013 - I R 80/12, BStBl 2013 II 1004.
7 Vgl. BFH v. 10.4.2013 - I R 80/12, BStBl 2013 II 1004 (Vorlagebeschluss), Az. des BVerfG: 2 BvL 8/13.
8 Bis zur Entscheidung des BVerfG ausgesetzt worden ist FG Niedersachsen v. 31.5.2012 - 1 K/271/10, EFG 2012, 2106; BFH v. 27.12.2013 - IV R 28/12, BFH/NV 2014, 535 = NWB DokID: HAAAE-54608.
9 So auch *Ehmcke* in Blümich, § 6 EStG Rz. 1347; *Wendt*, FR 2010, 387; *Bareis*, FR 2011, 153; *Bernütz/Loll*, DB 2013, 665, m.w.N.

ist diese Gestaltung jedoch – zumindest bei einem engen zeitlichen Zusammenhang der einzelnen Teilschritte – dem Verdacht der rechtsmissbräuchlichen Gestaltung ausgesetzt.[1]

2. **Gestaltungsalternative:** Bei der Übertragung von Wirtschaftsgütern, die unter die Begünstigung des § 6b EStG fallen, wird das Wirtschaftsgut zu fremdüblichen Preisen aus dem Betriebsvermögen von Personengesellschaft 1 an die Schwesterpersonengesellschaft (Personengesellschaft 2) veräußert. Der realisierte Veräußerungsgewinn wird bei Personengesellschaft 1 nach § 6b EStG in eine Rücklage eingebracht, die auf die aufnehmende Personengesellschaft 2 und dort auf das erworbene Wirtschaftsgut übertragen wird.[2] Nach der Übertragung der § 6b-Rücklage wird das übertragene Wirtschaftsgut mit seinem ursprünglichen Buchwert im Betriebsvermögen der Schwesterpersonengesellschaft ausgewiesen.

f) Buchwertfortführung als Rechtsfolge

369 Die in den Fällen des Satzes 3 vorgesehene Buchwertfortführung ergibt sich durch den Verweis auf Satz 1 als **zwingende** Rechtsfolge, sofern die Besteuerung der stillen Reserven sichergestellt ist (s. dazu im Einzelnen → Rz. 342). Aus der Buchwertfortführung folgen auch die Fortführung der Abschreibung des Rechtsvorgängers sowie die nahtlose Fortsetzung der Besitzzeit i. S. d. § 6b EStG.[3] Sofern eine vollständige oder teilweise Realisation der stillen Reserven gewünscht ist, kann dies durch die Gestaltung der Übertragung als voll entgeltliches oder teilentgeltliches Veräußerungsgeschäft erreicht werden.[4]

Buchtechnisch wird die Buchwertübertragung dadurch umgesetzt, dass der Buchwert des überführten oder übertragenen Wirtschaftsguts aus- bzw. eingebucht wird und entsprechend das Kapitalkonto verringert oder erhöht wird. Wenn im Rahmen der Gesamthandsbilanz der Personengesellschaft die Kapitalkonten die Beteiligungsverhältnisse widerspiegeln sollen, sind ggf. (erfolgsneutrale) Anpassungen vorzunehmen.[5]

370 Die Buchwertfortführung kann per Saldo auch dadurch gewährleistet werden, dass in der Gesamthandsbilanz der aufnehmenden Personengesellschaft der Verkehrswert des Wirtschaftsguts angesetzt wird und dem übertragenden Gesellschafter die stillen Reserven durch eine negative Ergänzungsbilanz zugeordnet werden.[6] Diese Vorgehensweise vermeidet zugleich die rückwirkende Versteuerung nach § 6 Abs. 5 Satz 4 2. Halbsatz EStG, wenn das Wirtschaftsgut innerhalb der Sperrfrist von drei Jahren veräußert oder entnommen wird (s. → Rz. 372 ff.).

371 Eine Zuordnung der stillen Reserven durch eine negative Ergänzungsbilanz kommt wegen des Charakters der Ergänzungsbilanz als Wertkorrektur zur Gesamthandsbilanz nur in Betracht, wenn Wirtschaftsgüter vom (Sonder-)Betriebsvermögen des Gesellschafters in das Gesamthandsvermögen der Mitunternehmerschaft übertragen werden.[7] Dies entspricht auch dem Wortlaut des § 6 Abs. 5 Satz 4 2. Halbsatz EStG, der die stillen Reserven „dem übertragenden Gesellschafter" mittels Ergänzungsbilanz zuordnet. Die Anwendbarkeit von Ergänzungsbilanzen scheidet auch im Fall der Übertragung zwischen den Sonderbetriebsvermögen zweier Mitunternehmer gem. § 6 Abs. 5 Satz 3 Nr. 3 EStG aus, da hier das Gesamthandsvermögen nicht berührt ist.

---

1 Vgl. BMF v. 8.12.2011, BStBl 2011 I 1279, Tz. 19 = NWB DokID: SAAAD-88773.
2 Vgl. R 6b.2 Abs. 7 Nr. 1 und Nr. 4 EStR.
3 Vgl. OFD Kiel, DStR 2001, 2025; *Hoffmann*, GmbHR 2002, 125, 130.
4 Vgl. *Groh*, DB 2003, 1403.
5 Vgl. dazu detailliert *Ley*, DStR 2001, 1997, 2006 ff.
6 Vgl. *Groh*, DB 2003, 1403.
7 So auch *Kulosa* in Schmidt, § 6 EStG Rz. 707.

g) Rückwirkender Teilwertansatz für Entnahmen und Veräußerungen innerhalb der Sperrfrist (§ 6 Abs. 5 Satz 4 EStG)

Als Ausnahme vom Grundsatz der Buchwertfortführung bei Übertragung eines einzelnen Wirtschaftsguts nach § 6 Abs. 5 Satz 3 EStG ist **rückwirkend auf den Zeitpunkt der Übertragung der Teilwert** anzusetzen, wenn das übertragene Wirtschaftsgut innerhalb der Sperrfrist von drei Jahren aus dem aufnehmenden Betriebsvermögen veräußert oder entnommen wird. Die rückwirkende Realisierung der im Übertragungszeitpunkt vorhandenen stillen Reserven kann nur verhindert werden, sofern die bis zur Übertragung entstandenen stillen Reserven durch **Erstellung einer Ergänzungsbilanz** dem übertragenden Gesellschafter zugeordnet wurden. 372

Nach dem Zweck der Vorschrift soll typisierend durch die dreijährige Sperrfrist eine interpersonelle Verlagerung von stillen Reserven nur dann möglich sein, wenn die Übertragung der Unternehmensumstrukturierung und Fortsetzung des unternehmerischen Engagements dient.[1] Bei Veräußerungen oder Entnahmen innerhalb von drei Jahren wird unwiderlegbar unterstellt, dass die Übertragung nicht diesem Zweck diente.[2] Bei Überführungen nach § 6 Abs. 5 Satz 1 und 2 EStG gilt keine Sperrfrist. Dies ist steuersystematisch auch nicht erforderlich, da es nicht zum Übergang stiller Reserven auf ein anderes Steuersubjekt kommt.[3] 373

Voraussetzung für den rückwirkenden Teilwertansatz ist die **Veräußerung oder Entnahme** des übertragenen Wirtschaftsguts. Dabei spielt der Grund für die Veräußerung bzw. Entnahme grundsätzlich keine Rolle. In Ausnahme dazu sieht die Finanzverwaltung von einem rückwirkenden Teilwertansatz ab, wenn das Wirtschaftsgut aufgrund höherer Gewalt ausscheidet.[4] Keine Sperrfristverletzung liegt vor, wenn das Wirtschaftsgut innerhalb der Sperrfrist gem. § 6 Abs. 5 Satz 3 EStG zwingend zum Buchwert weiterübertragen wird. Es wird dadurch aber eine neue Sperrfrist ausgelöst, die an die Stelle der bisherigen tritt. Dagegen stellen Überführungen nach § 6 Abs. 5 Satz 1 oder 2 EStG weder eine Sperrfristverletzung dar noch lösen sie eine neue Sperrfrist aus.[5] Die Finanzverwaltung bejaht eine Sperrfristverletzung auch bei Einbringungen und Formwechsel innerhalb der Dreijahresfrist, unabhängig davon, ob Buchwerte oder gemeine Werte angesetzt werden.[6] Obwohl diese Sicht systematisch zutreffend ist, da die Einbringung einen entgeltlichen Vorgang darstellt, sollte aus dem Zweck der Vorschrift des § 24 UmwStG von einer Sperrfristverletzung abgesehen werden.[7] 374

Die Sperrfrist **beträgt drei Jahre**. Ihr Beginn ist nicht an den Zeitpunkt der Übertragung des Wirtschaftsguts geknüpft, sondern an den Zeitpunkt, zu dem der Übertragende die Steuererklärung für den Übertragungszeitraum abgibt (§ 6 Abs. 5 Satz 4 2. Halbsatz EStG). Damit läuft die Sperrfrist nach dem Wortlaut nicht ab, wenn der Übertragende keine Steuererklärung abgibt. In diesem Fall endet die Sperrfrist nach Auffassung der Finanzverwaltung mit Ablauf des sechsten Jahres des auf den Übertragungszeitpunkt folgenden Veranlagungszeitraums.[8] Für diese grundsätzlich sachgerechte Lösung findet sich keine Rechtsgrundlage.[9] 375

---

1 Vgl. BT-Drucks. 14/6882, 32; BFH v. 31.7.2013 - I R 44/12, BStBl 2015 II 450.
2 Vgl. *Kulosa* in Schmidt, § 6 EStG Rz. 715.
3 Vgl. BR-Drucks. 638/01, 50; *Groh*, DB 2003, 1404.
4 Vgl. BMF v. 8.12.2011, BStBl 2011 I 1279, Tz. 23; kritisch *Ehmcke* in Blümich, § 6 EStG Rz. 1352.
5 Vgl. BMF v. 8.12.2011, BStBl 2011 I 1279, Tz. 23.
6 Vgl. BMF v. 8.12.2011, BStBl 2011 I 1279, Tz. 33.
7 Vgl. *Ehmcke* in Blümich, § 6 EStG Rz. 1352; *Kulosa* in Schmidt, § 6 EStG Rz. 715.
8 Vgl. BMF v. 8.12.2011, BStBl 2011 I 1279, Tz. 22.
9 Vgl. *Ehmcke* in Blümich, § 6 EStG Rz. 1354.

376 **Rechtsfolge** der Sperrfristverletzung **im Betriebsvermögen des Übertragenden** ist der rückwirkende Ansatz des Teilwerts für die Übertragung nach Satz 3. Wenn die Übertragung gegen Gesellschaftsrechte erfolgte, wird der Vorgang rückwirkend als gewinnrealisierendes Veräußerungsgeschäft angesehen, mit der Konsequenz, dass ggf. § 6b EStG rückwirkend anwendbar ist. Sofern die Übertragung unentgeltlich erfolgte, handelt es sich um eine Entnahme, für die die Vergünstigung des § 6b EStG nicht möglich ist (vgl. KKB/Kanzler, § 6b EStG Rz. 73).

> **PRAXISHINWEIS:**
> Da die rückwirkende Gewinnrealisierung vom Verhalten des Übernehmenden und damit vom Verhalten einer dritten Person abhängig ist, sollten sich der Übertragende bei Buchwertübertragungen gem. § 6 Abs. 5 Satz 3 EStG gegen die negativen Rechtsfolgen, die durch nachfolgende Veräußerungen und Entnahmen durch den Übernehmenden für ihn entstehen können, durch vertragliche Klauseln absichern.[1]

Im Betriebsvermögen des Übernehmenden führt der rückwirkende Teilwertansatz zu einer höheren Abschreibungsbemessungsgrundlage und zur Anwendung der im Übertragungszeitpunkt geltenden Abschreibungsmethoden. Daraus resultiert i. d. R. ein geringerer Gewinn aus der schädlichen Veräußerung oder Entnahme.

377 Als **Rückausnahme** von der Ausnahme des rückwirkenden Teilwertansatzes sieht § 6 Abs. 5 Satz 4 EStG die **Buchwertfortführung** auch bei Veräußerungen und Entnahmen innerhalb der Sperrfrist vor, wenn die bis zur ersten Übertragung entstandenen stillen Reserven durch Erstellung einer **Ergänzungsbilanz** dem übertragenden Gesellschafter zugeordnet werden.[2] Eine Sperrfrist ist in diesem Fall nicht erforderlich, weil durch die Erstellung der Ergänzungsbilanz sichergestellt ist, dass die im ersten Übertragungszeitpunkt vorhandenen stillen Reserven bei demjenigen versteuert werden, bei dem sie entstanden sind.[3] Der **Aufstellung einer Ergänzungsbilanz** zur Vermeidung der Sperrfristenregelung bedarf es dagegen auch im Fall des § 6 Abs. 5 Satz 3 EStG nach zutreffender Auffassung nicht, wenn zum Zeitpunkt der Einbringung der einbringende Gesellschafter zu 100 % am Ergebnis und dem Betriebsvermögen der aufnehmenden Personengesellschaft beteiligt ist und sich hieran bis zur Veräußerung des eingebrachten Wirtschaftsguts innerhalb der Sperrfrist nichts ändert.[4] In diesem Fall kann es nicht zu einer interpersonellen Verlagerung von stillen Reserven kommen.[5] Insoweit ist der Anwendungsbereich des § 6 Abs. 5 Satz 4 1. Halbsatz EStG durch teleologische Reduktion zu beschränken. Wichtigster Anwendungsfall ist die Übertragung eines Wirtschaftsguts aus dem Betriebsvermögen des Einzelunternehmers auf eine Ein-Mann-GmbH & Co. KG, an deren Gesamthandsvermögen der Übertragende zu 100 % beteiligt ist.[6] Für die bisherige Auffassung der Finanzverwaltung, dass in diesem Fall im Zeitpunkt der Übertragung der Teilwert anzusetzen ist, fehlt es an der Rechtsgrundlage.[7] Aus der mittlerweile erfolgten Veröffentlichung der ein-

---

1 Vgl. *Wendt*, FR 2002, 53, 65; kritisch zur Steuerbelastung, die durch Drittverhalten ausgelöst wird, *Marx/Löffler/Kläne*, StuW 2010, 65.
2 Vgl. BFH v. 26. 6. 2014 - IV R 31/12, BStBl II 2015, 463;; v. 31. 7. 2013 - I R 44/12, BStBl 2015 II 450; *Wacker*, NWB 2013, 3383; a. A. BFH v. 26. 6. 2014 - IV R 31/12, BStBl 2015 II 463; *Kulosa* in Schmidt, § 6 EStG Rz. 720 m. w. N.
3 Vgl. BR-Drucks. 638/01, 51.
4 Vgl. BFH v. 31. 7. 2013 - I R 44/12, BStBl 2015 II 450; zustimmend *Gosch*, BFH/PR 2013, 444; *Blaas/Sombeck*, DStR 2012, 2569, m. w. N.; *Schulze zur Wiesche*, DStZ 2014, 108; *Kulosa* in Schmidt, § 6 EStG Rz. 720; *Wacker*, NWB 2013, 2282; ders., HFR 2014, 121; *Levedag*, GmbHR 2014, 340; BMF v. 8. 12. 2011, BStBl 2011 I 1279, Tz. 26.
5 *Tiede*, StuB 2015, 177.
6 Vgl. BFH v. 31. 7. 2013 - I R 44/12, BStBl 2015 II 450; BFH v. 26. 6. 2014 - IV R 31/12, BStBl 2015 II 463.
7 *Vgl. BMF* v. 8. 12. 2011, BStBl 2011 I 1279, Tz. 26; so auch *Ehmcke* in Blümich, § 6 EStG Rz. 1352; *Kulosa* in Schmidt, § 6 EStG Rz. 720.

schlägigen Urteile im Bundessteuerblatt kann geschlossen werden, dass die Finanzverwaltung sich dieser Rechtsauffassung und der herrschenden Literaturmeinung anschließt.

Die gesetzestechnische Ausgestaltung der Sperrfrist wird dem verfolgten Zweck nur bedingt gerecht. Zudem ist die Regelung unterschiedlicher langer Fristen (drei Jahre Sperrfrist nach § 6 Abs. 5 Satz 4 EStG, fünf Jahre Behaltefrist nach § 6 Abs. 3 Satz 2 EStG und sieben Jahre Sperrfrist nach § 6 Abs. 5 Satz 6 EStG) nicht praxisgerecht.[1]

Verfahrensrechtlich stellt die nachfolgende Veräußerung oder Entnahme ein rückwirkendes Ereignis gem. § 175 Abs. 1 Satz 1 Nr. 2 AO dar, durch das Steuerbescheide für den Übertragenden und den Übernehmer für den Veranlagungszeitraum der Übertragung und die folgenden Veranlagungszeiträume unabhängig voneinander zu ändern sind.[2]

h) Teilwertansatz bei Begründung oder Erhöhung des Anteils einer Körperschaft (§ 6 Abs. 5 Satz 5, 6 EStG)

Durch die sog. „Körperschaftsklausel" wird die Buchwertfortführung zum Zeitpunkt der Übertragung versagt, soweit durch die Übertragung der Anteil einer Körperschaft an dem übertragenen Wirtschaftsgut unmittelbar oder mittelbar begründet wird oder sich erhöht (Satz 5). Dies gilt auch rückwirkend, soweit in den folgenden sieben Jahren der Anteil einer Körperschaft an dem übertragenen Wirtschaftsgut unmittelbar oder mittelbar begründet wird oder sich erhöht (Satz 6). Auch durch die Bildung von Ergänzungsbilanzen kann der anteilige Teilwertansatz in diesem Fall nicht verhindert werden, da eine Rückausnahme wie in Satz 4 nicht existiert.[3] Der Teilwertansatz ist beschränkt auf Übertragungen i. S. d. Satzes 3, bei Überführungen nach Satz 1 und 2 findet er dagegen keine Anwendung.[4]

Zweck der Vorschrift ist es, den Übergang der in den übertragenen Wirtschaftsgütern enthaltenen stillen Reserven auf Körperschaften zu verhindern, die bei einer Realisierung durch die Körperschaft dann nur dem verhältnismäßig niedrigen Körperschaftsteuersatz unterliegen oder nach § 8b KStG steuerfrei bleiben und bei Ausschüttung zudem durch das Teileinkünfteverfahren nach § 3 Nr. 40 EStG oder die Abgeltungsteuer nach § 32d EStG begünstigt sind.[5]

Die **Begründung oder Erhöhung eines Anteils an einer Körperschaft** umfasst unmittelbare und mittelbare Beteiligungen der Körperschaften i. S. d. § 1 KStG (Kapitalgesellschaften, Personenvereinigungen und Vermögensmassen). Eine mittelbare Beteiligung setzt voraus, dass die Körperschaft über eine weitere Mitunternehmerschaft an der Mitunternehmerschaft beteiligt ist, in der der Übertragungsvorgang stattfindet.[6] Eine mittelbare Beteiligung über eine Körperschaft reicht dagegen nicht aus.[7]

Überträgt eine Kapitalgesellschaft ein Wirtschaftsgut ihres Betriebsvermögens auf eine Mitunternehmerschaft, an der sie **zu 100 %** beteiligt ist, liegen die Voraussetzungen des § 6 Abs. 5 Satz 5 EStG nicht vor, da ihr (ideeller) Anteil an dem Wirtschaftsgut unverändert bleibt.[8] Das-

---

1 Vgl. zur Kritik auch *Reiß*, BB 2001, 1228; *Crezelius*, FR 2002, 805.
2 Vgl. *Wacker*, NWB 2013, 3382.
3 *Kulosa* in Schmidt, § 6 EStG Rz. 724; BMF v. 8. 12. 2011, BStBl 2011 I 1279, Tz. 28; a. A. *Groh*, DB 2003, 1407.
4 BFH v. 18. 6. 2015 - IV R 5/12, BStBl 2015 II 935.
5 Vgl. BR-Drucks. 638/01, 51; *Groh*, DB 2003, 1403; *Rogall*, DStR 2005, 992, 994.
6 Zu Fallgruppen, in denen ein Anteil einer Körperschaft an dem Wirtschaftsgut unmittelbar oder mittelbar über eine weitere Mitunternehmerschaft begründet wird, s. im Einzelnen HHR, § 6 EStG Rz. 1474h.
7 Vgl. OFD Frankfurt, DStR 2004, 1086; OFD Düsseldorf, DStR 2005, 153.
8 Vgl. BMF v. 8. 12. 2011, BStBl 2011 I 1279, Tz. 29.

selbe gilt, wenn an der Mitunternehmerschaft ausschließlich Körperschaften beteiligt sind, selbst dann, wenn durch die Übertragung eines Wirtschaftsguts von einer beteiligten Körperschaft auf die Mitunternehmerschaft stille Reserven von der Übertragenden auf die anderen beteiligten Körperschaften übergehen.[1]

382 **Rechtsfolge** des § 6 Abs. 5 Satz 5 EStG ist, dass sowohl im Betriebsvermögen des Übertragenden als auch im Betriebsvermögen des Übernehmenden *insoweit* der Teilwert anzusetzen ist, als der Anteil der Körperschaft unmittelbar oder mittelbar begründet wird oder sich erhöht. Im Gegensatz zu Satz 4 erfolgt nur eine anteilige Bewertung mit dem Teilwert. Sofern natürliche Personen anteilig beteiligt sind oder die Beteiligung durch Körperschaften bereits bestand, ist der Buchwert nach Satz 3 fortzuführen.

BEISPIEL: An der A-GmbH & Co. KG sind A als Kommanditist mit 70 % und die B-GmbH & Co. KG als Komplementärin zu 30 % beteiligt. An der B-GmbH & Co. KG ist – neben natürlichen Personen als Kommanditisten – die B-GmbH zu 50 % beteiligt.

A überträgt ein Grundstück (Buchwert 100 000 €, Teilwert 400 000 €), das er der A-GmbH & Co. KG seit Jahren zur Nutzung überlassen hat, unentgeltlich auf die A-GmbH & Co. KG.

Lösung: Durch die unentgeltliche Übertragung des Grundstücks aus dem Sonderbetriebsvermögen des A in das Gesamthandsvermögen der A-GmbH & Co. KG nach § 6 Abs. 5 Satz 3 Nr. 2 EStG begründet sich mittelbar der Anteil der B-GmbH an dem Grundstück. Entsprechend der mittelbaren Beteiligungsquote der B-GmbH an der A-GmbH & Co. KG (30 % x 50 % = 15 %) ist nach § 6 Satz 5 EStG der Teilwertansatz zwingend. In der Bilanz der A-GmbH & Co. KG erfolgt der Ansatz des Grundstücks mit 145 000 € (85 000 € + 60 000 € durch 85 % Buchwertfortführung + 15 % Teilwertansatz). Damit wird durch die Übertragung ein Gewinn von 45 000 € realisiert. Dies entspricht 15 % der im Wirtschaftsgut enthaltenen stillen Reserven.

383 Der Ansatz des Teilwerts wird nicht nur durch eine Übertragung nach § 6 Abs. 5 Satz 3 EStG ausgelöst, sondern auch während **der Sperrfrist von sieben Jahren**, wenn **aus einem anderen Grund** der Anteil einer Körperschaft an dem übertragenen Wirtschaftsgut nachträglich begründet wird oder sich erhöht (Satz 6). Dies ist insbesondere bei der Änderung des Gesellschafterkreises in den folgenden sieben Jahren der Fall, wenn beispielsweise eine Körperschaft der Mitunternehmerschaft beitritt oder sich die Beteiligungsquote der Körperschaft erhöht. Gleiches gilt für den Formwechsel der Mitunternehmerschaft in eine Körperschaft[2] sowie für die Einbringung des Mitunternehmeranteils oder der ganzen Personengesellschaft in eine Kapitalgesellschaft gem. § 20 UmwStG.[3] Die Sperrfrist beginnt mit dem Tag der Übertragung des Wirtschaftsguts und endet nach genau sieben Jahren. Mehrfache Erhöhungen innerhalb der Sperrfrist führen jeweils erneut zu einer Änderung.[4]

Eine nachträgliche Verringerung oder der Wegfall des unmittelbaren oder mittelbaren Anteils einer Körperschaft an dem übertragenen Wirtschaftsgut innerhalb der Siebenjahresfrist führt dagegen nicht zu einer nachträglichen Korrektur des im Übertragungszeitpunkt angesetzten Teilwerts.[5]

384–386 *(Einstweilen frei)*

---

[1] Vgl. BMF v. 8.12.2011, BStBl 2011 I 1279, Tz. 31; zustimmend *Kulosa* in Schmidt, § 6 EStG Rz. 723; a. A. *Rödder/Schumacher*, DStR 2001, 1634, 1637.
[2] Vgl. *Brandenberg*, FR 2000, 1182, 1188.
[3] Vgl. BMF v. 8.12.2011, BStBl 2011 I 1279, Tz. 34; *HHR*, § 6 EStG Rz. 1474s; *Blaas/Sombeck*, DStR 2012, 2573; *Herrmann/Neufang*, BB 2000, 2603; a. A. *Scharfenberg*, DB 2012, 197.
[4] Kritisch dazu *Wendt*, FR 2002, 61.
[5] Vgl. BMF v. 8.12.2011, BStBl 2011 I 1279, Tz. 30; *Korn*, § 6 EStG Rz. 503.11; a. A. *van Lishaut*, DB 2000, 1787.

VIII. Tausch und verdeckte Einlage von Wirtschaftsgütern des Betriebsvermögens (§ 6 Abs. 6 EStG)

1. Tausch

a) Überblick

Der durch das Steuerentlastungsgesetz 1999[1] eingefügte § 6 Abs. 6 Satz 1 EStG schreibt für nach dem 31. 12. 1998 abgeschlossene Tauschverträge die Bewertung des durch einen Tausch erworbenen Wirtschaftsguts mit dem gemeinen Wert des hingegeben Wirtschaftsguts vor. Auch vor der Kodifizierung galt der Tausch grundsätzlich als gewinnrealisierender Umsatzakt. Lediglich die bis dahin im Einzelfall durch das Tauschgutachten mögliche Buchwertfortführung bei nämlichen Wirtschaftsgütern wurde durch eine regelmäßige Bewertung mit dem gemeinen Wert ersetzt.[2] Damit führen Tauschgeschäfte einkommensteuerlich zur Gewinnrealisation, während handelsrechtlich ein Wahlrecht zum Ansatz mit dem Buchwert des hingegebenen Wirtschaftsguts besteht.[3] § 6 Abs. 6 EStG regelt nur die Bewertung im **aufnehmenden** Betriebsvermögen, auf die Bewertung des hingegebenen Wirtschaftsguts im abgebenden Betriebsvermögen ist die Vorschrift nicht anwendbar.[4]

387

b) Anwendungsbereich

§ 6 Abs. 6 EStG ist durch § 6 Abs. 1 EStG auf **Tauschvorgänge des Betriebsvermögens** beschränkt. Für Tauschgeschäfte im Rahmen des Privatvermögens erfolgt die Bewertung mangels einer eigenständigen einkommensteuerlichen Vorschrift gem. § 1 Abs. 1 BewG mit dem gemeinen Wert des hingegebenen Wirtschaftsguts nach § 9 BewG.[5]

388

§ 6 Abs. 6 EStG setzt die Übertragung eines **einzelnen Wirtschaftsguts** voraus. Wird nicht nur ein einzelnes Wirtschaftsgut, sondern ein Betrieb, Teilbetrieb oder Mitunternehmeranteil (ein-)getauscht, sind weder § 6 Abs. 6 Satz 1 EStG noch § 6 Abs. 3 EStG anwendbar,[6] sondern auf Seiten des abgebenden Betriebsvermögens § 16 EStG, auf Seiten des aufnehmenden Betriebsvermögens § 6 Abs. 1 Nr. 7 EStG. Liegen zugleich die Voraussetzungen des § 6 Abs. 5 EStG vor, geht dieser als speziellere Regelung dem § 6 Abs. 6 EStG vor. Vorrangig sind auch die Vorschriften des UmwStG, die tatbestandlich zahlreiche Tauschvorgänge erfassen und i. d. R. eine Buchwertfortführung ermöglichen (vgl. z. B. § 21 UmwStG).

c) Begriff des Tauschs

Zivilrechtlich stellt ein Tausch i. S. d. § 480 BGB einen gegenseitigen Vertrag zur Übertragung eines individuellen Vermögensgegenstands gegen einen anderen individuellen Vermögensgegenstand oder eine Gattungssache dar, wobei ein Kaufpreis in Geld grundsätzlich fehlt.[7] Es

389

---

1 Vgl. Steuerentlastungsgesetz (StEntlG) 1999/2000/2002 v. 24. 3. 1999, BGBl 1999 I 402.
2 Zum Tauschgutachten vgl. BMF v. 9. 2. 1998, BStBl 1998 I 163.
3 Vgl. *Schubert/Gadeck*, Beck'scher Bilanz-Kommentar, § 255 HGB Rz. 40; teilweise kritisch *Lüdenbach/Freiberg*, DB 2012, 2701.
4 Vgl. *Heuermann*, HFR 2009, 125; a. A. BFH v. 6. 4. 2009 - IX B 204/08, BFH/NV 2009, 1262, m. w. N. = NWB DokID: OAAAD-23340, zum Weg-Tausch nach § 17 Abs. 2 EStG.
5 Vgl. BFH v. 28. 10. 2008 - IX R 96/07, BStBl 2009 II 45, zu § 17 EStG; s. auch BFH v. 13. 4. 2010 - IX R 36/09, BStBl 2010 II 792, zur Ermittlung der Anschaffungskosten i. S. d. § 23 Abs. 3 EStG eines durch Tausch angeschafften Grundstücks.
6 Vgl. *Kirchhof/Söhn/Mellinghoff*, § 6 EStG Rz. M 5; *Ladermann*, § 6 EStG Rz. 1052; diff. *Korn*, § 6 EStG Rz. 521.
7 Vgl. *Palandt*, § 480 BGB Rz. 1.

können an einem Tauschgeschäft aber auch mehr als zwei Tauschpartner beteiligt sein (Ringtausch).[1] Eine Zuzahlung zum Ausgleich von Wertunterschieden in den eingetauschten Wirtschaftsgütern schließt ein Tauschgeschäft nicht aus, soweit der Geldbetrag nicht Hauptleistung ist (**Tausch mit Baraufgabe**).

d) Einzelfälle des Tauschs

390 Ein Tauschgeschäft i. S. d. § 6 Abs. 6 Satz 1 EStG liegt auch bei einer **offenen Sacheinlage in eine Kapitalgesellschaft** vor. Leistet der Gesellschafter einer Kapitalgesellschaft seine gesellschaftsrechtlich zu erbringende Einlage im Rahmen der Gründung oder Kapitalerhöhung einer Kapitalgesellschaft als Sacheinlage *aus seinem Privatvermögen*, so stellt die Gewährung der Gesellschaftsrechte im Austausch gegen das eingebrachte Wirtschaftsgut ein Tauschgeschäft i. S. d. § 6 Abs. 6 EStG dar, wenn er die Anteile an der Kapitalgesellschaft in seinem Betriebsvermögen hält.[2] Die offene Einlage ist nicht nach den Bewertungsvorschriften für Einlagen (§ 6 Abs. 1 Nr. 5 EStG) zu bewerten,[3] sondern als tauschähnlicher Vorgang[4] bzw. Anschaffung zu qualifizieren.[5] Insoweit sind auch nicht die Begrenzungen des Einlagewerts nach § 6 Abs. 1 Nr. 5 Satz 2 EStG zu beachten.[6] Auch die Einbringung von einzelnen Wirtschaftsgütern des *Betriebsvermögens* gegen Gewährung von Gesellschaftsrechten stellt einen nach § 6 Abs. 6 EStG zu bewertenden Tausch dar.[7] Dies gilt auch, soweit der gemeine Wert der Sacheinlage den Nennwert der gewährten Anteile übersteigt und der Kapitalrücklage zugeführt wird.[8] Gegenstand der offenen Einlage können materielle und immaterielle Wirtschaftsgüter, nicht jedoch Nutzungen und Leistungen sein. Auf verdeckte Einlagen ist dagegen Satz 2 anzuwenden.

391 Auch bei einer **gemischten Sacheinlage**, d. h., bei der Einbringung gegen Gewährung von Gesellschaftsrechten und Zuzahlung, Schuldübernahme u. Ä., liegt ein entgeltlicher Anschaffungsvorgang vor.[9] Der Gesellschafter muss die erworbenen Gesellschaftsanteile mit deren Anschaffungskosten, d. h. mit dem gemeinen Wert der hingegebenen Sacheinlage, korrigiert um erhaltene oder geleistete Zuzahlungen, ansetzen.[10]

> **BEISPIEL:** Unternehmer A erbringt aufgrund der gesellschaftsrechtlichen Vereinbarung seine Pflichteinlage in die AB-GmbH durch Übertragung einer maschinellen Anlage (Buchwert 10 000 €, gemeiner Wert 80 000 €) aus seinem Einzelunternehmen an die AB-GmbH. Die AB-GmbH übernimmt das für die Anschaffung der maschinellen Anlage aufgenommene Finanzierungsdarlehen i. H.v. 30 000 €. A erhält einen GmbH-Anteil im Wert von 50 000 €.
>
> **Lösung:** Der im Rahmen der Sachwerteinlage erworbene GmbH-Anteil ist nach § 6 Abs. 6 Satz 1 EStG mit den Anschaffungskosten in Höhe des gemeinen Werts des hingegebenen Wirtschaftsguts, vermindert um die erhaltene Zuzahlung in Form der Schuldenübernahme durch die GmbH zu bewerten (ma-

---

1 Vgl. *Palandt*, § 480 BGB Rz. 2; BFH v. 2. 4. 2008 - IX R 18/06, BStBl 2008 II 679.
2 Vgl. *Kulosa* in Schmidt, § 6 EStG Rz. 735.
3 Vgl. BFH v. 5. 6. 2002 - I R 6/01, BFH/NV 2003, 88 = NWB DokID: FAAAA-68123.
4 Vgl. zu § 23 BFH v. 6. 4. 2011 - IX R 41/10, BFH/NV 2011, 1850 = NWB DokID: GAAAD-90756; BFH v. 20. 4. 2011 - I R 97/10, BStBl 2011 II 815.
5 Vgl. die ständige Rechtsprechung: BFH v. 19. 9. 2002 - X R 51/98, BStBl 2003 II 394; BFH v. 8. 11. 2005 - VIII R 11/02, BStBl 2006 II 253; BFH v. 24. 4. 2007 - I R 35/05, BStBl 2008 II 253, m. w. N.
6 Vgl. *Groh*, FR 1990, 528, 529.
7 Vgl. BFH v. 20. 4. 2011 - I R 2/10, BStBl 2011 II 761, m. w. N.; BFH v. 12. 12. 2012 - I R 28/11, BFH/NV 2013, 884, m. w. N. = NWB DokID: AAAAE-32295.
8 Vgl. BFH v. 24. 4. 2007 - I R 35/05, BStBl 2008 II 253.
9 Vgl. BFH v. 24. 6. 2009 - X R 36/06, BStBl 2010 II 171; BFH v. 12. 12. 2012 - I R 28/11, BFH/NV 2013, 884, m. w. N. = NWB DokID: AAAAE-32295.
10 Vgl. BFH v. 12. 12. 2012 - I R 28/11, BFH/NV 2013, 884, m. w. N. = NWB DokID: AAAAE-32295.

schinelle Anlage: 80 000 € - 30 000 € = 50 000 €). Durch die Sachwerteinlage realisiert A einen Gewinn von 40 000 €.

Auf Ebene der GmbH sind als Anschaffungskosten der maschinellen Anlage der gemeine Wert des Gesellschaftsanteils zuzüglich der übernommenen Verbindlichkeit anzusetzen (50 000 € + 30 000 € = 80 000 €).

Ein Tauschgeschäft liegt auch bei einer **offenen Sacheinlage in eine betrieblich tätige Personengesellschaft** (Mitunternehmerschaft) vor, wenn der Gesellschafter seine gesellschaftsrechtliche Einlageverpflichtung bei erstmaliger Gewährung oder Erweiterung der Gesellschaftsrechte durch Übertragung eines Vermögensgegenstands erfüllt.[1] Allerdings erfolgt eine Bewertung des Anschaffungsvorgangs auf Ebene der Personengesellschaft mit dem gemeinen Wert nach § 6 Abs. 6 Satz 1 EStG nur, soweit ein Wirtschaftsgut **aus dem Privatvermögen des Gesellschafters** in die Personengesellschaft gegen Gewährung oder Erweiterung von Gesellschaftsrechten eingelegt wird. Erfolgt dagegen eine **Sacheinlage** gegen Gewährung/Erweiterung von Gesellschaftsrechten **aus einem Betriebsvermögen des Gesellschafters** (Betriebsvermögen im Rahmen seines Einzelunternehmens, Gesamthandsvermögen bei einer Mitunternehmerschaft oder steuerliches Sonderbetriebsvermögen), so kommt zwingend die Buchwertfortführung des § 6 Abs. 5 EStG zur Anwendung, die gegenüber § 6 Abs. 6 EStG vorrangig ist (§ 6 Abs. 6 Satz 4 EStG).

392

Wird ein Wirtschaftsgut des Privatvermögens gegen Gewährung von Gesellschaftsrechten in eine **vermögensverwaltende Personengesellschaft** eingebracht, liegt wegen der Bruchteilsbetrachtung des § 39 Abs. 2 Satz 2 AO eine Anschaffung auf Ebene der Personengesellschaft nur insoweit vor, als die den übrigen Gesellschaftern zuzurechnenden Anteile an dem Wirtschaftsgut betroffen sind.[2]

Im Gegensatz zu einem freiwilligen Tausch ist nach der h. M. der erzwungene Austausch von Grundstücken im Rahmen eines Flurbereinigungs- oder Umlegungsverfahrens nach dem FlurbG oder §§ 45 ff. BauGB zu beurteilen. Die Umlegung bedeutet ihrem Wesen nach eine ungebrochene Fortsetzung des Eigentums an einem verwandelten Grundstück; die zugeteilten Grundstücke sind Surrogat für die eingebrachten Grundstücke. Daher ist das in das Umlegungsverfahren eingebrachte Grundstück und das in Erfüllung des sog. Sollanspruchs gem. § 56 Abs. 1 Satz 1 BauGB zugeteilte Grundstück wirtschaftlich identisch.[3] Daher findet weder eine Veräußerung noch eine Anschaffung von Grundbesitz im Wege des Tauschs statt. Ob Grundstücksübertragungen gemäß § 68 FlurbG im Wege des freiwilligen Landtauschs nach §§ 103 ff. FlurbG dem Regelungsgehalt des § 6 Abs. 6 Satz 1 EStG unterliegen und damit zu einer Gewinnrealisierung führen, ist dagegen strittig. Nach Auffassung der Finanzgerichte liegt auch im Rahmen des freiwilligen Landtauschverfahrens keine Veräußerung und Anschaffung von Grundbesitz vor, vielmehr verbleibt der weggetauschte Grundbesitz bei wirtschaftlicher Betrachtungsweise in „verwandelter" Form beim Steuerpflichtigen, so dass § 6 Abs. 6 nicht zur Anwendung gelangt.[4]

---

1 Vgl. BFH v. 24.1.2008 - IV R 37/06, BStBl 2011 II 617; BFH v. 17.7.2008 - I R 77/06, BStBl 2009 II 464, m.w. N.; dieser Auffassung folgt auch die Finanzverwaltung, vgl. BMF v. 20.5.2009, BStBl 2009 I 671; s. im Einzelnen BMF v. 11.7.2011, BStBl 2011 I 713.
2 Vgl. BFH v. 18.10.2011 - IX R 15/11, BStBl 2012 II 205, m.w. N.
3 Vgl. BFH v. 23.9.2009 - IV R 70/06, BStBl 2010 II 270; ebenso BMF v. 19.4.1988, BStBl 1988 I 152.
4 Vgl. FG Münster v. 7.4.2017 - 4 K 2406/16 F, EFG 2017, 902, Rev. BFH VI R 25/17; FG Nürnberg v. 8.2.2017 - 5 K 152/15, BeckRS 2017, 117021, Rev. BFH VI R 9/17.

e) Rechtsfolgen des Tauschs

393 Als Rechtsfolge sieht § 6 Abs. 6 Satz 1 EStG (nur) vor, dass sich die Anschaffungskosten des angeschafften Wirtschaftsguts nach dem **gemeinen Wert** des hingegebenen Wirtschaftsguts bemessen.[1] Daraus resultiert eine Gewinnrealisierung in Höhe des Differenzbetrags zum Buchwert des hingegebenen Wirtschaftsguts. Die Anschaffung des durch Tausch erworbenen Wirtschaftsguts erfolgt erfolgsneutral, während die Abgabe des hingetauschten Wirtschaftsguts mit dem gemeinen Wert zu einem Gewinnausweis führt, soweit dieser vom Buchwert abweicht. Das gilt auch für den Fall, dass die Gewinnermittlung nach § 4 Abs. 3 EStG erfolgt und der Gewinn im Tauschzeitpunkt fälschlicherweise nicht erklärt wurde.[2] In welchem Zeitpunkt der Gewinnausweis bei einer vorzeitig gekündigten Umtauschanleihe, die bei einer steuerlich rückwirkenden Verschmelzung übernommen wurde, stattfinden muss, ist strittig.[3]

394 Erhält der Steuerpflichtige neben dem erworbenen Wirtschaftsgut eine **Zuzahlung**, so bemessen sich die Anschaffungskosten des erworbenen Wirtschaftsguts nach dem gemeinen Wert des hingegebenen Wirtschaftsguts abzüglich der Zuzahlung.[4] Leistet der Steuerpflichtige eine Zuzahlung, so ergeben sich die Anschaffungskosten des erworbenen Wirtschaftsguts als Summe aus dem gemeinen Wert des hingegebenen Wirtschaftsguts zuzüglich der geleisteten Zuzahlung.[5]

> **BEISPIEL:** Unternehmer A und Unternehmer B vereinbaren folgenden Tausch: Unternehmer A gibt den in seinem Betriebsvermögen befindlichen Lkw (Buchwert 3 000 €, gemeiner Wert 12 000 €) im Tausch für einen Kleintransporter an Unternehmer B. Der Kleintransporter steht im Betriebsvermögen des B mit 5 000 € zu Buche (gemeiner Wert 10 000 €). B leistet zusätzlich eine Ausgleichszahlung von 2 000 € an A.
>
> **Lösung:** Der erworbene Kleintransporter ist im **Betriebsvermögen des A** mit dem gemeinen Wert des hingegebenen Wirtschaftsguts (Lkw: 12 000 €) abzüglich der erhaltenen Zuzahlung (2 000 €) zu bewerten. Wertansatz des Kleintransporters im Betriebsvermögen des A: 10 000 €. Durch die Hingabe des Lkw realisiert A einen Gewinn von 9 000 €.
>
> Der erworbene Lkw ist im **Betriebsvermögen des B** mit dem gemeinen Wert des hingegebenen Wirtschaftsguts (Kleintransporter: 10 000 €) zuzüglich der geleisteten Zuzahlung (2 000 €) zu bewerten. Wertansatz des Lkw im Betriebsvermögen des B: 12 000 €. Durch die Hingabe des Kleintransporters realisiert B einen Gewinn von 5 000 €.

Ein im Rahmen einer Kapitalerhöhung durch Sacheinlage erworbener Anteil an einer Kapitalgesellschaft ist mit dem gemeinen Wert des als Sacheinlage hingegebenen Wirtschaftsguts zu aktivieren. Besteht die Sacheinlage in einer gegen die Kapitalgesellschaft gerichteten Darlehensforderung, so steht der Bemessung des gemeinen Werts mit einem Betrag unter dem Nominalwert der sog. Rückhalt im Konzern nicht entgegen.[6]

Ist die Ermittlung des gemeinen Werts des hingegebenen Wirtschaftsguts außerordentlich schwierig oder gar unmöglich, kann dieser anhand des gemeinen Werts des erworbenen Wirt-

---

1 Vgl. BFH v. 13. 4. 2010 - IX R 36/09, BStBl 2010 II 792.
2 Vgl. BFH v. 6.12.2017 - VI R 68/15, BFHE 260, 264.
3 Vgl. FG Köln v. 18.01.2017 - 10 K 3615/14, EFG 2017, 1012, Rev. BFH I R 20/17.
4 Vgl. BFH v. 27. 3. 2007 - VIII R 28/04, BStBl 2007 II 699. Zur Bewertung von im Wege des Tauschs erworbenen Anteilen an einer überschuldeten Tochtergesellschaft vgl. FG Köln v. 16. 4. 2015 - 10 K 2087/14, NWB DokID: ZAAAF-18609, anhängig BFH: I R 36/15.
5 Vgl. *Lüdenbach/Freiberg*, DB 2012, 2701, 2704.
6 Vgl. BFH v. 12.4.2017 - I R 36/15, BFH/NV 2018, 58 = NWB DokID: XAAAG-61379; *Weiß*, StuB 2017, 927.

schaftsguts bestimmt werden.[1] Dies gilt insbesondere, wenn ein selbstgeschaffenes immaterielles Wirtschaftsgut des Anlagevermögens als Entgelt für ein erworbenes Wirtschaftsgut hingegeben wird.[2]

f) Ausnahmen von der Gewinnrealisierung

Beim Erwerb von Wirtschaftsgütern im Wege des Tauschs kommt es nach § 6 Abs. 6 Satz 1 EStG durch den Ansatz des gemeinen Werts des hingegebenen Wirtschaftsguts grundsätzlich zu einer Realisierung der im eingetauschten Wirtschaftsgut vorhandenen stillen Reserven. Dies gilt ausnahmslos auch bei wirtschaftlicher Nämlichkeit der getauschten Wirtschaftsgüter, da die Grundsätze des Tauschgutachtens obsolet sind.[3]

Eine Vermeidung der Gewinnrealisierung ist bei Wirtschaftsgütern des § 6b EStG möglich. Die stillen Reserven des hingegebenen Wirtschaftsguts können im Rahmen der Voraussetzungen des § 6b EStG auf das eingetauschte Wirtschaftsgut übertragen werden. Die Hingabe eines Anteils an einer Kapitalgesellschaft durch eine Kapitalgesellschaft im Wege des Tauschs erfüllt zwar den Tatbestand des § 6 Abs. 6 EStG, wegen § 8b Abs. 2 KStG – vorbehaltlich des § 8b Abs. 3 KStG – bleibt der realisierte Gewinn jedoch von der Körperschaftsteuer frei, auch wenn der Austausch gegen ein anderes Wirtschaftsgut erfolgt.[4] Wenn im Zeitpunkt des Tauschs eine § 6b EStG-Rücklage nicht gebildet wurde und der Gewinnausweis fälschlicherweise nicht erfolgt ist, kann der Steuerpflichtige nicht nachträglich so gestellt werden, als habe er von seinem Wahlrecht nach § 6c EStG i.V. m. § 6b Gebrauch gemacht.[5]

Als Ausnahme stellt der erzwungene Austausch von Grundstücken im Flurbereinigungsverfahren oder im Umlegungsverfahren nach § 45 BauGB kein Veräußerungs- oder Anschaffungsvorgang dar, so dass die Tauschgrundsätze nicht zur Anwendung kommen.[6] Ob dagegen Grundstücksübertragungen im Wege des freiwilligen Landtauschs nach §§ 103 ff. FlurbG dem Reglungsgehalt des § 6 Abs. 6 Satz 1 EStG unterliegen und damit zu einer Gewinnrealisierung führen, ist strittig. Nach Auffassung der Finanzgerichte liegt auch im Rahmen des freiwilligen Landtauschverfahrens keine Veräußerung und Anschaffung von Grundbesitz vor, vielmehr verbleibt der weggetauschte Grundbesitz bei wirtschaftlicher Betrachtungsweise in „verwandelter" Form beim Steuerpflichtigen, so dass § 6 Abs. 6 nicht zur Anwendung gelangt.[7]

Bei der Erneuerungsverpflichtung durch den Betriebspächter liegt weder ein Tausch noch ein Sachwertdarlehen vor.[8] Ebenso liegt kein Tauschgeschäft bei Ausübung des Umtauschrechts bei Wandelschuldverschreibungen vor.[9]

---

1 Vgl. BFH v. 9.7.2012 - III B 66/11, BFH/NV 2012, 1631, m.w. N. = NWB DokID: ZAAAE-16026.
2 Vgl. *Ehmcke* in Blümich, § 6 EStG Rz. 1407.
3 Vgl. BT-Drucks. 14/23, 241 f.; h.M.: BFH v. 23.5.2006 - X B 18/06, BFH/NV 2006, 1651, Tz. 9 = NWB DokID: EAAAB-89760; BFH v. 24.4.2007 - I R 16/06, BStBl 2007 II 707, Tz. 22; BFH v. 6.4.2009 - IX B 204/08, BFH/NV 2009, 1262, Tz. 14, m.w. N. = NWB DokID: OAAAD-23340; *Weber-Grellet* in Schmidt, § 5 EStG Rz. 634; zum Meinungsstand vgl. *Scholten/Griemla/Theunissen*, Ubg 2009, 628.
4 Vgl. *Kulosa* in Schmidt, § 6 EStG Rz. 734.
5 Vgl. BFH v. 6.12.2017 - VI R 68/15, BFHE 260, 264.
6 Vgl. BFH v. 23.9.2009 - IV R 70/06, BStBl 2010 II 270; ebenso BMF v. 19.4.1988, BStBl 1988 I 152.
7 Vgl. FG Münster v. 7.4.2017 - 4 K 2406/16 F, EFG 2017, 902, Rev. BFH VI R 25/17; FG Nürnberg v. 8.2.2017 - 5 K 152/15, BeckRS 2017, 117021, Rev. BFH VI R 9/17.
8 Vgl. dazu ausführlich *Ehmcke* in Blümich, § 6 EStG Rz. 1399.
9 Vgl. BFH v. 30.11.1999 - IX R 70/96, BStBl 2000 II 262.

2. Verdeckte Einlage

a) Überblick

397 Nach § 6 Abs. 6 Satz 2 EStG führt auch die **verdeckte Einlage** eines einzelnen Wirtschaftsguts des Betriebsvermögens **in eine Kapitalgesellschaft** zu einer Erhöhung des Beteiligungsbuchwerts an dieser Kapitalgesellschaft in Höhe des Teilwerts des übertragenen Wirtschaftsguts. Damit regelt § 6 Abs. 6 Satz 2 EStG mit Wirkung für verdeckte Einlagen nach dem 31.12.1998[1] nur die Auswirkung auf den Beteiligungsansatz auf Ebene des abgebenden Betriebsvermögens. Die Vorschrift enthält dagegen keine Aussage dazu, wie das verdeckt eingelegte Wirtschaftsgut bei seinem Ausscheiden aus dem (Herkunfts-)Betriebsvermögen des Einlegenden und bei seinem Zugang in dem Betriebsvermögen der aufnehmenden Kapitalgesellschaft zu bewerten ist. Dies ergibt sich vielmehr aus den allgemeinen Regeln zur Entnahme bzw. Einlage, § 4 Abs. 1, § 6 Abs. 1 Nr. 4 und 5 EStG.

398 § 6 Abs. 6 Satz 2 EStG ist unabhängig davon anwendbar, ob die verdeckte Einlage durch eine natürliche Person, eine Personengesellschaft oder eine Kapitalgesellschaft als einlegendem Rechtsträger erfolgt. Andererseits regelt die Vorschrift die Bewertung „der Beteiligung an der Kapitalgesellschaft". Damit wird die verdeckte Einlage in eine **Kapitalgesellschaft als aufnehmende Rechtsperson** durch den an ihr Beteiligten vorausgesetzt. Bei (verdeckten) Einlagen in das Betriebsvermögen eines Einzelunternehmens oder einer Personengesellschaft ist § 6 Abs. 6 Satz 2 EStG somit nicht anwendbar.

b) Verdeckte Einlage eines einzelnen Wirtschaftsguts

399 Der Begriff **der verdeckten Einlage** ist weder in § 6 Abs. 6 EStG noch an sonstiger Stelle im Gesetz definiert. Nach ständiger Rechtsprechung setzt die verdeckte Einlage die Zuwendung eines einlagefähigen Vermögensvorteils an die Kapitalgesellschaft durch deren Gesellschafter oder durch eine dem Gesellschafter nahestehende Person voraus, die ihre Ursache im Gesellschaftsverhältnis hat und für die der Gesellschafter keine neuen Gesellschaftsanteile erhält.[2] Im Gegensatz zum Tausch, der einen betrieblich veranlassten, entgeltlichen Gewinnrealisierungstatbestand darstellt, ist die verdeckte Einlage ihrem Wesen nach nicht betrieblich, sondern durch das Gesellschaftsverhältnis veranlasst und als unentgeltlicher Vorgang anzusehen.[3] Die mit der verdeckten Einlage einhergehende Wertsteigerung der Anteile des Einlegenden ist nur Reflexwirkung, nicht aber Gegenleistung der Einlage.[4] Gegenstand der verdeckten Einlage können nur bilanzierungsfähige Vermögensvorteile sein, die sich durch Ansatz oder Erhöhung eines Aktivpostens sowie Minderung oder Wegfall eines Passivpostens materialisieren. Dagegen qualifizieren Nutzungs- und Leistungseinlagen nicht als einlagefähige Vermögensvorteile.[5]

400 Durch die Anknüpfung des § 6 Abs. 6 Satz 2 EStG an „die Übertragung" folgt, dass auch für die verdeckte Einlage die **Übertragung eines einzelnen Wirtschaftsguts** vorliegen muss. Dazu ge-

---

1 Vgl. Steuerentlastungsgesetz (StEntlG) 1999/2000/2002 v. 24.3.1999, BGBl 1999 I 402.
2 Vgl. BFH v. 22.7.2005 - X R 22/02, BStBl 2006 II 457; BFH v. 15.5.2013 - VI R 24/12, BStBl 2014 II 495, m.w.N.; BFH v. 4.3.2009 - I R 32/08, BStBl 2012 II 341, m.w.N.; R 40 KStR.
3 Vgl. *Kulosa* in Schmidt, § 6 EStG Rz. 741.
4 Vgl. BFH v. 22.7.2005 - X R 22/02, BStBl 2006 II 457; BFH v. 4.3.2009 - I R 32/08, BStBl 2012 II 341; BFH v. 11.2.2009 - X R 56/06, BFH/NV 2009, 1411, m.w.N. = NWB DokID: NAAAD-24467; BFH v. 14.3.2011 - I R 40/10, BStBl 2012 II 21, Tz. 11, m.w.N.
5 So schon BFH v. 26.10.1987 - GrS 2/86, BStBl 1988 II 348, Tz. 91; BFH v. 2.9.2008 - X R 32/05, BStBl 2009 II 634, Tz. 46.

hören auch 100%ige Beteiligungen an Kapitalgesellschaften, da die Teilbetriebsfiktion des § 16 Abs. 1 Nr. 1 Satz 2 EStG im Rahmen des § 6 Abs. 6 EStG nicht gilt.[1] Dagegen ist die Anwendung des § 6 Abs. 6 Satz 2 EStG nicht eröffnet, wenn ein Betrieb, Teilbetrieb oder Mitunternehmeranteil im Wege der verdeckten Einlage in eine Kapitalgesellschaft übertragen wird.[2] In diesem Fall bestimmt sich die Bewertung des Anteils des Einbringenden an der Kapitalgesellschaft nicht nach § 6 Abs. 6 Satz 2 EStG. Auch bei verdeckter Einlage betrieblicher Einheiten ist § 6 Abs. 3 EStG und damit eine Buchwertfortführung nicht anwendbar, da der verdeckten Einlage zwangsläufig eine gewinnrealisierende (wenn auch nach § 16 EStG begünstigte) Betriebsaufgabe vorausgeht.[3]

PRAXISHINWEIS:
In der Beratungspraxis kann diese unerwünschte Gewinnrealisierung durch eine offene Einlage gegen Gewährung von Gesellschaftsrechten vermieden werden, für die die Buchwertfortführung nach §§ 20, 21 UmwStG eröffnet ist.

c) Rechtsfolge beim Einlegenden

Da § 6 Abs. 6 Satz 2 EStG ausschließlich die Bewertung der Beteiligung an der Kapitalgesellschaft regelt, wird implizit vorausgesetzt, dass diese **Beteiligung zum Betriebsvermögen** des Einlegenden gehört.[4] Diese Bedingung ist auch dann erfüllt, wenn die Beteiligung erst mit der Einlage des Wirtschaftsguts Betriebsvermögen des Einlegenden wird.[5] Nach § 6 Abs. 6 Satz 2 EStG erhöhen sich Anschaffungskosten der Beteiligung an der aufnehmenden Kapitalgesellschaft um den Teilwert des verdeckt eingelegten Wirtschaftsguts; insoweit sind **nachträgliche Anschaffungskosten** zu aktivieren. Gleichzeitig führt diese Aufstockung des Wertansatzes zur **Realisierung eines laufenden Gewinns** in Höhe der Differenz zwischen Teilwert und Buchwert des eingelegten Wirtschaftsguts. Bei einer nachfolgenden Beteiligungsveräußerung mindern die nachträglichen Anschaffungskosten einen entstehenden Veräußerungsgewinn bzw. erhöhen einen Veräußerungsverlust.[6]

401

BEISPIEL:[7] Die unbeschränkt steuerpflichtige natürliche Person X ist an der unbeschränkt steuerpflichtigen X-GmbH beteiligt. X überträgt der X-GmbH ohne Gegenleistung ein selbst geschaffenes und daher steuerbilanziell nach § 5 Abs. 2 EStG nicht aktiviertes Patent des Anlagevermögens (Teilwert: 50 000 €), welches bislang dem steuerlichen Betriebsvermögen des Einzelunternehmens des X zugeordnet war.

Lösung: Nach § 6 Abs. 6 Satz 2 EStG liegt eine verdeckte Einlage eines einlagefähigen Wirtschaftsguts aus dem Betriebsvermögen des Einzelunternehmers in eine Kapitalgesellschaft vor, deren Anteile in dem Betriebsvermögen des Einzelunternehmens gehaltenen werden. Der Buchwert der Beteiligung an der Kapitalgesellschaft ist um den Teilwert des eingelegten Patents zu erhöhen.[8] Konsequenz ist die Gewinnrealisierung in Höhe der Differenz zwischen dem Teilwert des verdeckt eingelegten Wirtschaftsguts (50 000 €) und dem bisherigen Buchwert (0 €) des aus dem Betriebsvermögen des Übertragenden ausscheidenden Wirtschaftsguts.

---

1 Vgl. *Kulosa* in Schmidt, § 6 EStG Rz. 746.
2 Vgl. *Kulosa* in Schmidt, § 6 EStG Rz. 746; *Korn*, § 6 EStG Tz. 538; *Lademann*, § 6 EStG Rz. 1052; *Littmann*, § 6 EStG Rz. 1421; a. A. *HHR*, § 6 EStG Rz. 1488a.
3 BFH v. 11. 2. 2009 - X R 56/06, BFH/NV 2009, 1411, m.w. N. = NWB DokID: NAAAD-24467.
4 Vgl. *Kulosa* in Schmidt, § 6 EStG Rz. 748.
5 Vgl. BFH v. 22. 7. 2005 - X R 22/02, BStBl 2006 II 457, Tz. 27.
6 Vgl. BFH v. 16. 5. 1990 - I R 96/88, BStBl 1990 II 797.
7 Vgl. *Kraft*, FR 2013, 825, 830.
8 Diese Bestimmung stellt den Grundfall dar; zur Problematik des Satzes 3 des § 6 Abs. 6 EStG – der verdeckten Einlage in eine Kapitalgesellschaft zu Buchwerten – vgl. *Füger/Rieger*, DStR 2003, 628.

402 Bei der verdeckten Einlage von **Anteilen an einer Kapitalgesellschaft** aus dem Betriebsvermögen eines Einzelunternehmers oder einer Personengesellschaft ist der entstehende Gewinn nach dem Teileinkünfteverfahren (§ 3 Nr. 40 Satz 1 Buchst. a EStG) zu 40 % steuerfrei. Stammen die eingelegten Kapitalgesellschaftsanteile aus dem Betriebsvermögen einer Körperschaft, ist der realisierte Gewinn nach § 8b Abs. 2 Satz 6 KStG – **abgesehen von der 5 %igen Hinzurechnung fiktiver nicht abziehbarer Betriebsausgaben nach § 8b Abs. 3 Satz 1 KStG** – steuerfrei. Dies gilt nach § 8b Abs. 6 KStG auch bei mittelbarer Beteiligung der Körperschaft an einer Personengesellschaft.

> **BEISPIEL:**[1] Eine unbeschränkt steuerpflichtige Kapitalgesellschaft A-AG weist neben der Beteiligung an ihrer 100 %igen, ebenfalls unbeschränkt steuerpflichtigen, Tochtergesellschaft A-GmbH eine 20 %ige Beteiligung an der Y-GmbH (Anschaffungskosten = Buchwert 50 000 €) aus. Die 20 %ige Beteiligung an der Y-GmbH (Teilwert 80 000 €) überträgt die A-AG ohne Gegenleistung auf ihre Tochtergesellschaft A-GmbH.
>
> **Lösung:** Es findet eine verdeckte Einlage in die A-GmbH statt, die auf der Ebene der A-AG gem. § 6 Abs. 6 Satz 2 EStG eine Erhöhung der Beteiligung an der A-GmbH um den Teilwert des eingelegten Wirtschaftsguts erfordert. Die Zuschreibung auf dem Beteiligungskonto führt zu einer steuerpflichtigen Realisierung der in der Beteiligung an der Y-GmbH ruhenden stillen Reserven in Höhe der Differenz zwischen Teilwert und Buchwert (30 000 €). Der durch die verdeckte Einlage realisierte Gewinn der A-AG bleibt nach § 8 Abs. 3 KStG steuerfrei. Lediglich 5 % des Gewinns unterliegen als fiktive nicht abziehbare Betriebsausgaben der Körperschaftsteuer (§ 8b Abs. 3 Satz 1 KStG). Die Bewertung der Beteiligung an der Y-GmbH hat bei der aufnehmenden A-GmbH steuerrechtlich nach § 6 Abs. 1 Nr. 5 EStG mit dem Teilwert (80 000 €) zu erfolgen.

403 Bei einer verdeckten Einlage eines Wirtschaftsguts **innerhalb der Dreijahresfrist** seit seiner Anschaffung werden nach § 6 Abs. 6 Satz 3 EStG die Anschaffungskosten der Beteiligung an der Kapitalgesellschaft nicht um den Teilwert, sondern um den Einlagewert des Wirtschaftsguts gem. § 6 Abs. 1 Nr. 5 Satz 1 Buchst. a EStG erhöht. Die Bezugnahme auf § 6 Abs. 1 Nr. 5 EStG ist insoweit gesetzestechnisch unglücklich, als § 6 Abs. 6 EStG verdeckte Einlagen aus dem Betriebsvermögen erfasst, während sich § 6 Abs. 1 Nr. 5 EStG grundsätzlich auf Einlagen aus dem Privatvermögen in ein Betriebsvermögen bezieht.[2] Bei sinnerhaltender Auslegung von § 6 Abs. 6 Satz 3 EStG sind verdeckte Einlagen von Wirtschaftsgütern, die innerhalb von drei Jahren vor dem Zeitpunkt der verdeckten Einlage angeschafft oder hergestellt wurden, mit dem Teilwert, höchstens jedoch mit den Anschaffungs- oder Herstellungskosten anzusetzen (s. → Rz. 236).[3] Als Rechtsfolge des § 6 Abs. 6 Satz 3 EStG ergibt sich, dass eine Gewinnrealisierung beim Einlegenden durch den Ansatz der Anschaffungs- oder Herstellungskosten als Einlagewert unterbleibt. Im eingelegten Wirtschaftsgut vorhandene stille Reserven gehen damit ohne Realisierung auf die aufnehmende Kapitalgesellschaft über.

d) Rechtsfolge bei der aufnehmenden Kapitalgesellschaft

404 Die Bewertung des verdeckt eingelegten Wirtschaftsguts im Betriebsvermögen der aufnehmenden Kapitalgesellschaft bestimmt sich nach § 8 Abs. 1 KStG i.V.m. § 6 Abs. 1 Nr. 5 EStG.[4] Sie erfolgt daher grundsätzlich mit dem Teilwert; unter den Voraussetzungen des § 6 Abs. 1

---

1 Vgl. *Kraft*, FR 2013, 825, 833.
2 Vgl. dazu *Kulosa* in Schmidt, § 6 EStG Rz. 752.
3 So auch *HHR*, § 6 EStG Rz. 1489a; *Ehmcke* in Blümich, § 6 EStG Rz. 1394.
4 Vgl. die ständige Rechtsprechung des BFH v. 11. 2. 1998 - I R 89/97, BStBl 1998 II 691; BFH v. 20. 7. 2005 - X R 22/02, BStBl 2006 II 457; BFH v. 14. 3. 2011 - I R 40/10, BStBl 2012 II 281; *HHR*, § 6 EStG Rz. 1212; *Kulosa* in Schmidt, § 6 EStG Rz. 754.

Nr. 5 Satz 1 2. Halbsatz EStG ist der Einlagewert auf die Anschaffungs- oder Herstellungskosten begrenzt. Auf der Passivseite ist **handelsrechtlich** gewinnneutral die Kapitalrücklage zu erhöhen, wenn ein Einlagewille erkennbar ist, ansonsten ist handelsrechtlich ein außerordentlicher Ertrag auszuweisen.[1] **Steuerrechtlich** ist der Vorgang grundsätzlich gem. § 8 Abs. 3 Satz 3 KStG gewinnneutral zu behandeln und das Einlagekonto (§ 27 KStG) um den Einlagewert zu erhöhen. Lediglich wenn die verdeckte Einlage beim einlegenden Gesellschafter nicht als solche erkannt wurde und damit eine Gewinnrealisierung unterblieben ist, ist das Einkommen der Kapitalgesellschaft nach § 8 Abs. 3 Satz 4 KStG zu erhöhen.[2]

IX. Bewertungsvorschrift im Falle der Einnahmen-Überschussrechnung (§ 6 Abs. 7 EStG)

§ 6 Abs. 7 EStG regelt, dass die Bewertungsvorschriften des § 6 Abs. 3 bis 6 EStG sowie bestimmte Bewertungsvorschriften des § 6 Abs. 1 EStG auch bei Gewinnermittlung durch Einnahmen-Überschussrechnung nach § 4 Abs. 3 EStG gelten. Die Notwendigkeit, die Rechtsfolgen des § 6 Abs. 3 bis 6 EStG auch bei der Gewinnermittlung nach § 4 Abs. 3 EStG zu berücksichtigen, ergibt sich bereits aus dem allgemeinen Grundsatz der Gleichheit des Totalgewinns.[3] 405

Nummer 1: Bei Gewinnermittlung nach § 4 Abs. 3 EStG kommt mangels Bilanzierung eine Bewertung der Wirtschaftsgüter mit Anschaffungs- oder Herstellungskosten sowie mit dem niedrigeren Teilwert grundsätzlich nicht in Betracht.[4] Zur Bemessung der Absetzung für Abnutzung und Substanzverringerung sind die Anschaffungs- und Herstellungskosten aber gleichwohl von Bedeutung (§ 4 Abs. 3 Satz 3 EStG). Für diese Zwecke regelt § 6 Abs. 7 EStG, dass die Buchwertfortführung der Abs. 3 und 5 sowie der Ansatz der gemeinen Werte der Abs. 4 und 6 als Anschaffungskosten und damit als Abschreibungsbemessungsgrundlage im Rahmen der Gewinnermittlung nach § 4 Abs. 3 EStG gelten. Die Regelung bezieht sich nur auf die Ermittlung der Anschaffungskosten als Abschreibungsbemessungsgrundlage; Abschreibungsmethode und (Rest-)Nutzungsdauer, Besitzzeiten etc. sind dagegen nicht unmittelbar betroffen.[5] 406

Nummer 2: Durch die Regelung wird klargestellt,[6] dass die Bewertungsvorschriften des § 6 Abs. 1 EStG zu anschaffungsnahen Herstellungskosten (Nr. 1a, s. → Rz. 87 bis → Rz. 99), zu Entnahmen (Nr. 4, s. → Rz. 207 bis → Rz. 231), zu Einlagen (Nr. 5, s. → Rz. 232 bis → Rz. 249) sowie zu den Einlagen gleichgestellten Verstrickungen (Nr. 5a, s. → Rz. 250 bis → Rz. 256), zur Betriebseröffnung (Nr. 6, s. → Rz. 257 bis → Rz. 265) und zum Betriebserwerb (Nr. 7, s. → Rz. 266 bis → Rz. 273) für die Einnahmen-Überschussrechnung nach § 4 Abs. 3 EStG gelten. Auch ohne expliziten Verweis kommen § 6 Abs. 1 Nr. 1b EStG sowie § 6 Abs. 2 und 2a EStG für die Einnahmen-Überschussrechnung ohne Einschränkung aufgrund der systematischen Bedeutung als Vorschriften zur Ermittlung der Herstellungskosten und der Abschreibungen (s. → Rz. 274 bis → Rz. 304) zur Anwendung. 407

Die Auslegung der Vorschrift wirft in der Praxis offenbar keine Probleme auf.[7]

---

1 Vgl. *Kußmaul/Klein*, DStR 2001, 189, 191, m. w. N.
2 Vgl. *Kulosa* in Schmidt, § 6 EStG Rz. 754.
3 Vgl. *Korn*, § 6 EStG Rz. 544.
4 Vgl. BFH v. 21. 6. 2006 - XI R 49/05, BStBl 2006 II 712; BFH v. 19. 10. 2006 - III R 6/05, BStBl 2007 II 301.
5 Vgl. *Kirchhof/Söhn/Mellinghoff*, § 6 EStG Rz. N 2; *Lademann*, § 6 EStG Rz. 1064.
6 Vgl. BT-Drucks. 17/11220, 34; AmtshilfeRLUmsG v. 26. 6. 2013, BGBl 2013 I 1809.
7 Vgl. *Ehmcke* in Blümich, § 6 EStG Rz. 1433.

§ 6a Pensionsrückstellung

(1) Für eine Pensionsverpflichtung darf eine Rückstellung (Pensionsrückstellung) nur gebildet werden, wenn und soweit

1. der Pensionsberechtigte einen Rechtsanspruch auf einmalige oder laufende Pensionsleistungen hat,
2. die Pensionszusage keine Pensionsleistungen in Abhängigkeit von künftigen gewinnabhängigen Bezügen vorsieht und keinen Vorbehalt enthält, dass die Pensionsanwartschaft oder die Pensionsleistung gemindert oder entzogen werden kann, oder ein solcher Vorbehalt sich nur auf Tatbestände erstreckt, bei deren Vorliegen nach allgemeinen Rechtsgrundsätzen unter Beachtung billigen Ermessens eine Minderung oder ein Entzug der Pensionsanwartschaft oder der Pensionsleistung zulässig ist, und
3. die Pensionszusage schriftlich erteilt ist; die Pensionszusage muss eindeutige Angaben zu Art, Form, Voraussetzungen und Höhe der in Aussicht gestellten künftigen Leistungen enthalten.

(2) Eine Pensionsrückstellung darf erstmals gebildet werden

1. vor Eintritt des Versorgungsfalls für das Wirtschaftsjahr, in dem die Pensionszusage erteilt wird, frühestens jedoch für das Wirtschaftsjahr, bis zu dessen Mitte der Pensionsberechtigte bei
    a) erstmals nach dem 31. Dezember 2017 zugesagten Pensionsleistungen das 23. Lebensjahr vollendet,
    b) erstmals nach dem 31. Dezember 2008 und vor dem 1. Januar 2018 zugesagten Pensionsleistungen das 27. Lebensjahr vollendet,
    c) erstmals nach dem 31. Dezember 2000 und vor dem 1. Januar 2009 zugesagten Pensionsleistungen das 28. Lebensjahr vollendet,
    d) erstmals vor dem 1. Januar 2001 zugesagten Pensionsleistungen das 30. Lebensjahr vollendet

    oder bei nach dem 31. Dezember 2000 vereinbarten Entgeltumwandlungen im Sinne von § 1 Absatz 2 des Betriebsrentengesetzes für das Wirtschaftsjahr, in dessen Verlauf die Pensionsanwartschaft gemäß den Vorschriften des Betriebsrentengesetzes unverfallbar wird,
2. nach Eintritt des Versorgungsfalls für das Wirtschaftsjahr, in dem der Versorgungsfall eintritt.

(3) ¹Eine Pensionsrückstellung darf höchstens mit dem Teilwert der Pensionsverpflichtung angesetzt werden. ²Als Teilwert einer Pensionsverpflichtung gilt

1. vor Beendigung des Dienstverhältnisses des Pensionsberechtigten der Barwert der künftigen Pensionsleistungen am Schluss des Wirtschaftsjahres abzüglich des sich auf denselben Zeitpunkt ergebenden Barwerts betragsmäßig gleich bleibender Jahresbeträge, bei einer Entgeltumwandlung im Sinne von § 1 Absatz 2 des Betriebsrentengesetzes mindestens jedoch der Barwert der gemäß den Vorschriften des Betriebsrentengesetzes unverfallbaren künftigen Pensionsleistungen am Schluss des Wirtschaftsjahres. ²Die Jahresbeträge sind so zu bemessen, dass am Beginn des Wirtschaftsjahres, in dem das Dienst-

verhältnis begonnen hat, ihr Barwert gleich dem Barwert der künftigen Pensionsleistungen ist; die künftigen Pensionsleistungen sind dabei mit dem Betrag anzusetzen, der sich nach den Verhältnissen am Bilanzstichtag ergibt. ³Es sind die Jahresbeträge zugrunde zu legen, die vom Beginn des Wirtschaftsjahres, in dem das Dienstverhältnis begonnen hat, bis zu dem in der Pensionszusage vorgesehenen Zeitpunkt des Eintritts des Versorgungsfalls rechnungsmäßig aufzubringen sind. ⁴Erhöhungen oder Verminderungen der Pensionsleistungen nach dem Schluss des Wirtschaftsjahres, die hinsichtlich des Zeitpunktes ihres Wirksamwerdens oder ihres Umfangs ungewiss sind, sind bei der Berechnung des Barwerts der künftigen Pensionsleistungen und der Jahresbeträge erst zu berücksichtigen, wenn sie eingetreten sind. ⁵Wird die Pensionszusage erst nach dem Beginn des Dienstverhältnisses erteilt, so ist die Zwischenzeit für die Berechnung der Jahresbeträge nur insoweit als Wartezeit zu behandeln, als sie in der Pensionszusage als solche bestimmt ist. ⁶Hat das Dienstverhältnis schon vor der Vollendung des nach Absatz 2 Nummer 1 maßgebenden Lebensjahres des Pensionsberechtigten bestanden, gilt es als zu Beginn des Wirtschaftsjahres begonnen, bis zu dessen Mitte der Pensionsberechtigte das nach Absatz 2 Nummer 1 maßgebende Lebensjahr vollendet; bei nach dem 31. Dezember 2000 vereinbarten Entgeltumwandlungen im Sinne von § 1 Absatz 2 des Betriebsrentengesetzes gilt für davor liegende Wirtschaftsjahre als Teilwert der Barwert der gemäß den Vorschriften des Betriebsrentengesetzes unverfallbaren künftigen Pensionsleistungen am Schluss des Wirtschaftsjahres;
2. nach Beendigung des Dienstverhältnisses des Pensionsberechtigten unter Aufrechterhaltung seiner Pensionsanwartschaft oder nach Eintritt des Versorgungsfalls der Barwert der künftigen Pensionsleistungen am Schluss des Wirtschaftsjahres; Nummer 1 Satz 4 gilt sinngemäß.

³Bei der Berechnung des Teilwerts der Pensionsverpflichtung sind ein Rechnungszinsfuß von 6 Prozent und die anerkannten Regeln der Versicherungsmathematik anzuwenden.

(4) ¹Eine Pensionsrückstellung darf in einem Wirtschaftsjahr höchstens um den Unterschied zwischen dem Teilwert der Pensionsverpflichtung am Schluss des Wirtschaftsjahres und am Schluss des vorangegangenen Wirtschaftsjahres erhöht werden. ²Soweit der Unterschiedsbetrag auf der erstmaligen Anwendung neuer oder geänderter biometrischer Rechnungsgrundlagen beruht, kann er nur auf mindestens drei Wirtschaftsjahre gleichmäßig verteilt der Pensionsrückstellung zugeführt werden; Entsprechendes gilt beim Wechsel auf andere biometrische Rechnungsgrundlagen. ³In dem Wirtschaftsjahr, in dem mit der Bildung einer Pensionsrückstellung frühestens begonnen werden darf (Erstjahr), darf die Rückstellung bis zur Höhe des Teilwerts der Pensionsverpflichtung am Schluss des Wirtschaftsjahres gebildet werden; diese Rückstellung kann auf das Erstjahr und die beiden folgenden Wirtschaftsjahre gleichmäßig verteilt werden. ⁴Erhöht sich in einem Wirtschaftsjahr gegenüber dem vorangegangenen Wirtschaftsjahr der Barwert der künftigen Pensionsleistungen um mehr als 25 Prozent, so kann die für dieses Wirtschaftsjahr zulässige Erhöhung der Pensionsrückstellung auf dieses Wirtschaftsjahr und die beiden folgenden Wirtschaftsjahre gleichmäßig verteilt werden. ⁵Am Schluss des Wirtschaftsjahres, in dem das Dienstverhältnis des Pensionsberechtigten unter Aufrechterhaltung seiner Pensionsanwartschaft endet oder der Versorgungsfall eintritt, darf die Pensionsrückstellung stets bis zur Höhe des Teilwerts der Pensionsverpflichtung gebildet werden; die für dieses Wirtschaftsjahr zulässige Erhöhung der Pensionsrückstellung kann auf dieses Wirtschaftsjahr und die beiden folgenden Wirtschaftsjahre gleichmäßig verteilt werden. ⁶Satz 2 gilt in den Fällen der Sätze 3 bis 5 entsprechend.

EStG § 6a — Pensionsrückstellung

(5) Die Absätze 3 und 4 gelten entsprechend, wenn der Pensionsberechtigte zu dem Pensionsverpflichteten in einem anderen Rechtsverhältnis als einem Dienstverhältnis steht.

Inhaltsübersicht

	Rz.
A. Allgemeine Erläuterungen	1 - 10
I. Normzweck und wirtschaftliche Bedeutung der Vorschrift	1 - 2
II. Geltungsbereich	3 - 5
III. Verhältnis zu anderen Vorschriften	6 - 10
B. Systematische Kommentierung	11 - 87
I. Aufbau des § 6a EStG	11
II. Voraussetzungen der Pensionsrückstellungsbildung (§ 6a Abs. 1 EStG)	12 - 38
1. Rechtsanspruch (§ 6a Abs. 1 Nr. 1 EStG)	19 - 20
2. Keine Gewinnabhängigkeit und keine Widerrufsvorbehalte (§ 6a Abs. 1 Nr. 2 EStG)	21 - 27
3. Schriftform (§ 6a Abs. 1 Nr. 3 EStG)	28 - 38
III. Erstmalige Rückstellungsbildung (§ 6a Abs. 2 EStG)	39 - 50
1. Vor Eintritt des Versorgungsfalls (§ 6a Abs. 2 Nr. 1 EStG)	44 - 46
2. Nach Eintritt des Versorgungsfalls (§ 6a Abs. 2 Nr. 2 EStG)	47 - 50
IV. Bewertung (§ 6a Abs. 3 EStG)	51 - 68
1. Teilwert als Obergrenze (§ 6a Abs. 3 Satz 1 EStG)	52
2. Fiktion des Teilwertes bei einer Pensionsverpflichtung (§ 6a Abs. 3 Satz 2 EStG)	53 - 62
a) Teilwert vor Beendigung des Dienstverhältnisses (§ 6a Abs. 3 Satz 2 Nr. 1 EStG)	54 - 61
b) Teilwert nach Beendigung des Dienstverhältnisses (§ 6a Abs. 3 Satz 2 Nr. 2 EStG)	62
3. Rechnungszinsfuß und Anwendung der Regeln der Versicherungsmathematik (§ 6a Abs. 3 Satz 3 EStG)	63 - 68
V. Erhöhungen (§ 6a Abs. 4 EStG)	69 - 78
VI. Ausweitung auf andere Rechtsverhältnisse als Dienstverhältnisse (§ 6a Abs. 5 EStG)	79 - 82
VII. Fallkonstellationen	83 - 87
1. Gesellschafter einer Kapitalgesellschaft als Pensionsberechtigter	83
2. Angeschaffte Pensionsrückstellungen	84
3. Verzicht auf eine Pensionszusage bei einer Körperschaft	85
4. Erhöhte Rentenaltersgrenze	86
5. Arbeitnehmer-Ehegatten	87

LITERATUR:

▶ Weitere Literatur siehe Online-Version

Hottmann, Berücksichtigung von gewinnabhängigen Pensionsleistungen bei der Bewertung von Pensionsrückstellungen nach § 6a EStG, DStR 2013, 2277; *Schwinger/Stöckler*, Betriebliche Altersversorgung: Aktuelle Bewertungsfragen und notwendige Modernisierung, DStR 2013, 2306; *Bolik*, Bilanzierung; Pensionszahlungen an ausgeschiedenen Mitunternehmer, NWB 2014, 2224; *Fuhrmann*, Mindestpensionsalter bei Versorgungszusage an Gesellschafter-Geschäftsführer einer GmbH?, NWB 2014, 1048; *Hoffmann*, Abwicklung der Pensionszusage an den Gesellschafer-Geschäftsführer, StuB 2014, 313; *Janssen*, Einbeziehung von Vordienstzeiten bei der Pensionsrückstellung, NWB 2014, 80; *Metz/Lindner*, Fehlerhafte Steuerbilanzen für Pensionszusagen an Gesellschafter-Geschäftsführer — Vorschläge zur richtigen Korrektur der Pensionsrückstellung, DStR 2014, 2037; *Osterloh*, Darlehensverträge zwischen nahen Angehörigen und die Voraussetzungen für deren steuerrechtliche Anerkennung, DStR 2014, 393; *Rätke*, Neue BFH-Rechtsprechung zu Pensionszusagen, StuB 2014, 402; *Rätke*, Verzicht auf eine Pensionszusage, BBK 2014, 299; *Uckermann/Heilck*, Versorgungszusagen an Gesellschafter-Geschäftsführer — Vermeidung einer vGA durch Fremdvergleich und klare Vereinbarung, NZA 2014, 1187; *Wübbelsmann*, Aktuelle Stolpersteine bei der Pensionszusage, DStR 2014, 1861; *Hainz*, Pensionsrückstellungen bei sinkendem Zinsniveau, BC 2015,

482; *Mayer/Dietrich*, Pensionsrückstellungen im Lichte des BAG-Urteils vom 15.05.2012, DStR 2015, 136; *Mayer/Dietrich*, Die Bilanzierung von Pensionsrückstellungen, StuB 2015, 283; *Mester*, Was prüfen die Finanzämter in diesem Jahr insbesondere?, DStR 2015, 628; *Schwinger/Stöckler*, Betriebliche Altersversorgung: Aktuelle Themen und Überlegungen im Kontext der Direktzusage, DStR 2015, 15; *Bolik*, Inhaltliche Bestimmtheit und Überversorgung einer Pensionszusage, NWB 2016, 240; *Fuhrmann*, Wichtige GeSetzesänderungen im Bereich der Pensionsrückstellungen, NWB 2016, 1568; *Fuhrmann*, wichtige Gesetzesänderungen im Bereich der Pensionsrückstellungen, NWB 2016, 596; *Hoheisel/Tippelhofer/Zwirner*, Der Gesellschafter-Geschäftsführer der GmbH, StuB 2016, Beilage 1, 1; *Ott*, Die steuerrechtliche Behandlung von Pensionszusagen, StuB 2016, 214; *Prinz/Keller,*, Pensionsrückstellungen in der Niedrigzinsphase – Ein strukturierter Überblick, DB 2016, 1033; *Zwirner*, Neuregelung zur handelsrechtlichen Bewertung von Pensionsrückstellungen, StuB 2016, 207; *Bolik/Selig-Kraft*, Bilanzsteuerrechtliche Berücksichtigung der Schuldübernahme - Anmerkungen zum BMF-Entwurf zu § 4f und § 5 Abs. 7 EStG, DStR 2017, 169; *Briese*, Altersgrenze in der betrieblichen Altersversorgung von Gesellschafter-Geschäftsführern, StuB 2017, 271; *Briese*, Pensionsverzicht durch Gesellschafter-Geschäftsführer: Grundsätzliches zur verdeckten Einlage und deren Bewertung, DStR 2017, 2135; *Fuhrmann*, Handelsrechtliche Neubewertung von Pensionsrückstellungen, NWB 2017 1003; *Janssen*, Maßgebendes Pensionsalter bei der Bewertung von Versorgungszusagen - BMF-Schreiben vom 9.12.2016, NWB 2017, 6; *Wickerle*, Zum Abzinsungszinssatz des § 6a Abs. 3 Satz 3 EStG, DB 2017, 1284; *Marx*, Maßgeblichkeit des Handelsbilanzansatzes für Rückstellungen in der Steuerbilanz?, StuB 2017, 449; *Bolig/Selig-Kraft*, Bilanzsteuerrechtliche Berücksichtigung der Schuldübernahme – Anmerkung zum BMF-Entwurf zu § 4f und § 5 Abs. 7 EStG, DStR 2017, 169; *Otto*, Leistungen aus der betrieblichen Altersversorgung bei einem weiterlaufenden Dienstverhältnis, DStR 2018, 55; *Geberth/Sedemund*, Steuergerechtigkeit und Reformstau am Beispiel des § 6a EStG, DStR 2018, 217; *Stöckler*, Betriebliche Altersversorgung: § 6a EStG – Fragen außerhalb der Rechnungszinsthematik, DStR 2018, 223; *Melan*, § 6a-Pensionsrückstellung: Die Bruttogesamtkapitalrendite als zutreffender Typisierungsmaßstab für die Abzinsung, DStR 2018, 1512; *Weiss*, Pensionsrückstellungen bei der Personengesellschaft, StuB 2018, 503.

A. Allgemeine Erläuterungen

I. Normzweck und wirtschaftliche Bedeutung der Vorschrift

§ 6a EStG beinhaltet vom Handelsrecht abweichende Regelungen für die Bildung von Pensionsrückstellungen. Nach Auffassung von FinVerw und Rechtsprechung wird lediglich die unmittelbare Pensionszusage vom Anwendungsbereich des § 6a EStG erfasst.[1] Nicht einbezogen werden pensionsähnliche Verpflichtungen wie z. B. bei Arbeitszeitkontenmodellen.[2] Für die Praxis ist die Regelung aufgrund der diesbezüglich hohen Rückstellungsbeträge und der daraus folgenden steuerlichen Auswirkungen von großer Bedeutung.[3] So stellen Pensionsrückstellungen in 2015 bspw. einen Prüfungsschwerpunkt bei der Steuerveranlagung dar.[4]

1

Durch § 6a EStG wurde die Rechtsprechung des RFH in das EStG übernommen. Der Gesetzeswortlaut wurde in den letzten Jahrzehnten mehrfach geändert;[5] auch im Schrifttum erfreut sich diese Thematik ständiger Beliebtheit.[6]

2

---

1 Vgl. BFH v. 16.12.1992 - I R 105/91, BStBl 1993 II 792.
2 Vgl. für Arbeitszeitkonten BMF v. 11.11.1999, BStBl 1999 I 959; *Hilbert/Paul*, Lohnsteuerliche Behandlung von Arbeitszeiten, NWB 2014, 3391.
3 Vgl. *Mayer/Dietrich*, DStR 2015, 136.
4 Vgl. *Mester*, DStR 2015, 628; zur Darstellung verschiedener „Stolpersteine" *Wübbelsmann*, DStR 2014, 1861.
5 Vgl. zur Änderungsdokumentation NWB DokID: WAAAD-31083.
6 Vgl. auch für einen Überblick über die bisherige Entwicklung *Heger*, DStR 2008, 585; zu aktuellen Problematik in der Niedrigzinsphase *Hainz*, BC 2015, 482; *Prinz/Keller*, DB 2016, 1033.

II. Geltungsbereich

3 § 6a EStG kann aufgrund der diesbezüglichen Rückstellungsbildung nur bei der Gewinnermittlung durch Betriebsvermögensvergleich (§§ 4 Abs. 1, 5 EStG) Anwendung finden. Vor dem Hintergrund der grundsätzlichen Zahlungsbasierung bei der **Einnahmenüberschussrechnung** des § 4 Abs. 3 EStG ist die Bildung einer Pensionsrückstellung nicht möglich.[1] § 6a EStG ist bei der **Einkommensteuer, Körperschaftsteuer und Gewerbesteuer** anzuwenden, wobei bei Körperschaftsteuersubjekten, ggf. im Rahmen der verdeckten Gewinnausschüttung, eine außerbilanzielle Korrektur in Betracht kommt;[2] bei Personengesellschaften ist eine entsprechende Aktivierung in den Sonderbilanzen der Gesellschafter zu beachten.[3]

4 Der Anspruchsberechtigte muss eine **natürliche Person** sein. Bereits aufgrund der Charakteristika des Pensionsbegriffs, durch welche biologische Risiken wie Alter, Tod und Invalidität abgesichert werden, wird deutlich, dass eine juristische Person nicht Pensionsberechtigter sein kann. Oftmals ist der Anspruchsberechtigte Arbeitnehmer, jedoch kann gem. § 6a Abs. 5 EStG auch ein anderes Rechtsverhältnis als ein Dienstverhältnis vorliegen.[4]

5 Auch **Hinterbliebene** können anspruchsberechtigt sein, wenn der Verstorbene in einem Dienst- oder sonstigen Rechtsverhältnis zu dem Verpflichteten stand. Die FinVerw bezieht in den Kreis der Hinterbliebenen den Ehegatten, die Kinder und den früheren Ehegatten ein; es kann auch eine Hinterbliebenenversorgung für die Lebensgefährtin/den Lebensgefährten in Betracht kommen.[5]

III. Verhältnis zu anderen Vorschriften

6 Die Regelung des § 6a EStG beinhaltet vom Handelsrecht abweichende Regelungen zum Ansatz von Pensionsrückstellungen dem Grunde und der Höhe nach. Im Handelsrecht sind Neu-Pensionszusagen, die nach dem 31. 12. 1986 erteilt wurden, gem. § 249 Abs. 1 Satz 1 HGB als Rückstellung für ungewisse Verbindlichkeit zu passivieren (Passivierungspflicht).[6] Nach dem Grundsatz der Maßgeblichkeit soll nach Auffassung der FinVerw die handelsrechtliche Passivierungspflicht – bei Vorliegen der übrigen Voraussetzungen des § 6a EStG – auch für die steuerliche Gewinnermittlung gelten, so dass der Begriff „darf" in § 6a Abs. 1 EStG nicht als selbständiges steuerliches Wahlrecht dem Grunde nach zu verstehen sein soll.[7] Dies wird im Schrifttum kritisiert.[8]

7 Beim Ansatz der Höhe nach ist § 6a EStG als **lex specialis** aufzufassen,[9] so dass § 6a EStG vorrangig anzuwenden ist[10] und der steuerliche Ansatz der Höhe nach unabhängig vom Handelsrecht möglich ist. Somit kann die steuerliche Bewertung von der handelsrechtlichen Bewer-

---

1 Vgl. hinsichtlich der Unzulässigkeit von Rückstellungen bei der Einnahmenüberschussrechnung Vogl in Beck'sches Steuer- und Bilanzrechtslexikon, Edition 1/15, Stichwort „Einnahmen-Überschussrechnung", Kapitel A.III.
2 Vgl. *Uckermann/Heilck*, NZA 2014, 1187; hierzu auch → Rz. 83.
3 Vgl. *Bolik*, NWB 2014, 2224.
4 Vgl. auch BFH v. 21. 2. 1974 - I R 160/71, BStBl 1974 II 363.
5 Vgl. z. B. BFH v. 29. 11. 2000 - I R 90/99, BStBl 2001 II 204.
6 Vgl. zur Neuregelung der handelsrechtlichen Bewertung von Pensionsrückstellungen *Zwirner*, StuB 2016, 207.
7 Vgl. BMF v. 12. 3. 2010, BStBl 2010 I 239; BFH v. 13. 2. 2008 - I R 44/07, BStBl 2008 II 673.
8 Vgl. für die Diskussion dieser Thematik *Herzig/Briesemeister*, DB 2009, 976; für eine Erörterung hinsichtlich der Auswirkungen des Maßgeblichkeitsprinzips *Döring/Heger*, DStR 2009, 2064.
9 Vgl. *Höfer*, DB 2011, 140.
10 Vgl. *Mayer/Dietrich*, DStR 2015, 136.

tung auch dergestalt abweichen, dass der steuerliche Ansatz den handelsrechtlichen Ansatz übersteigt.[1]

(*Einstweilen frei*)   8–10

B. Systematische Kommentierung

I. Aufbau des § 6a EStG

§ 6a Abs. 1 EStG beinhaltet Beschränkungen dem Grunde und der Höhe nach, Abs. 2 stellt die Voraussetzungen für eine erstmalige Bildung einer Pensionsrückstellung dar, Abs. 3 und Abs. 4 beschränken den Ansatz der Höhe nach und Abs. 5 erweitert den Anwendungsbereich auch für die Fälle, dass der Pensionsberechtigte zu dem Verpflichteten in einem anderen Rechtsverhältnis als einem Dienstverhältnis steht.   11

II. Voraussetzungen der Pensionsrückstellungsbildung (§ 6a Abs. 1 EStG)

Nach dem Wortlaut des § 6a Abs. 1 EStG darf eine Pensionsrückstellung nur gebildet werden, „wenn und soweit" die folgenden Voraussetzungen erfüllt sind: 12

- Der Pensionsberechtigte muss einen **Rechtsanspruch** auf einmalige oder laufende Pensionsleitungen haben.
- Die Pensionszusage darf **keine gewinnabhängigen Pensionsleistungen** vorsehen.
- Die Pensionszusage darf **keine steuerschädlichen Vorbehalte** beinhalten.
- Die Pensionszusage muss **schriftlich** erteilt worden sein.
- Die Pensionszusage muss **eindeutige Angaben** zu Art, Form, Voraussetzungen und Höhe der Pensionsleistungen beinhalten.

Demnach kann eine Pensionsrückstellung für den Teil einer Pensionszusage in Betracht kommen, für den die einzelnen Voraussetzungen erfüllt sind.[2] Das Wahlrecht zur Bildung von Pensionsrückstellungen darf nicht dahin gehend verstanden werden, dass eine zum letzten Bilanzstichtag zutreffend gebildete Pensionsrückstellung ohne Herabsetzung der Pensionsverpflichtung gemindert werden darf.[3]   13

§ 6a Abs. 1 EStG setzt das Vorliegen einer **Pensionsverpflichtung** voraus. Dieser Begriff setzt sich aus dem beiden Teilbegriffen „Pension" und „Verpflichtung" zusammen. Nach Auffassung des BMF sind hierunter zugesagte Leistungen eines Arbeitgebers an den Arbeitnehmer zur Absicherung eines biometrischen Risikos (Alter, Tod, Invalidität) zu verstehen, wobei die Ansprüche von dem Eintritt dieser Ereignisse abhängen.   14

PRAXISHINWEIS

- Falls Leistungen zusagt werden für einen Zeitpunkt zu dem das Dienstverhältnis noch nicht beendet ist, kann eine Rückstellung nach § 6a EStG nicht gebildet werden.[4]

---

1 Vgl. BMF v. 12. 3. 2010, BStBl 2010 I 239.
2 Vgl. für den Fall von Versorgungsleistungen, die ohne die Voraussetzung des Ausscheidens aus dem Dienstverhältnis gewährt werden BMF v. 18.9.2017, BStBl 2017 I 1293; *Otto*, DStR 2018, 55.
3 Vgl. BFH v. 22. 6. 1977 - I R 8/75, BStBl 1977 II 798.
4 Vgl. BMF v. 11. 11. 1999, BStBl 1999 I 959, Rz. 2.

- Eine Pensionsrückstellung darf nicht gebildet werden, soweit Leistungen anzurechnen sind, etwa einer Pensions- oder Unterstützungskasse;[1] der ArbG muss die Pensionsleistung selbst an den Pensionsberechtigten erbringen.
- Zusagen, nach welchen Pensionären oder aktiven Mitarbeitern während Ihres Ruhestandes in Krankheits-, Geburts- oder Todesfällen Beihilfen gewährt werden sollen, stellen keine Pensionsverpflichtungen dar.[2]
- Für Jahreszusatzleistungen im Jahr des Eintritts des Versorgungsfalls darf keine Pensionsrückstellung gebildet werden.[3]

15–18 (Einstweilen frei)

1. Rechtsanspruch (§ 6a Abs. 1 Nr. 1 EStG)

19 Der Pensionsberechtige muss einen Rechtsanspruch auf einmalige oder laufende Pensionsleistungen haben; dieses Kriterium des Rechtsanspruchs ergibt sich bereits aus allgemeinen Passivierungskriterien. Der Pensionsanspruch muss **einklagbar** sein und dem Grunde und der Höhe nach bestehen. So ist erforderlich, dass verbindlich festgelegt ist, wie sich die Bezüge berechnen lassen. Falls die Pensionszusage nicht rechtsverbindlich ist, soll nach Auffassung der Rechtsprechung steuerlich keine Rückstellung gebildet werden können, auch wenn in arbeitsrechtlicher Hinsicht ein Anspruch besteht.

20 Die FinVerw vertritt die Auffassung, dass für den Fall, dass die Pensionsleistung von dem Wert bestimmter Wertpapiere bei Eintritt des Versorgungsfalls abhängig ist, kein Rechtanspruch besteht. Für den Fall, dass keine Mindestleistung garantiert wird, kann eine Rückstellungsbildung nicht erfolgen.[4] An einem Rechtsanspruch kann es auch fehlen, wenn es sich z.B. um ein Scheingeschäft handelt, die Pension nicht finanzierbar ist,[5] der Zusagende keine Vertretungsmacht hat oder die Zusage sittenwidrig ist.

2. Keine Gewinnabhängigkeit und keine Widerrufsvorbehalte (§ 6a Abs. 1 Nr. 2 EStG)

21 Nach dem Wortlaut des § 6a Abs. 1 Nr. 2 EStG darf eine Pensionsrückstellung nur gebildet werden, wenn die Pensionszusage keine Pensionsleistungen in Abhängigkeit von künftigen gewinnabhängigen Bezügen vorsieht und keinen Vorbehalt enthält. Diese beiden Bedingungen werden dem Wortlaut nach zwar mit einem „und" verknüpft; dies ist jedoch als „oder" zu verstehen. Wenn somit eine der Bedingungen erfüllt ist und es sich entweder um eine Gewinnabhängigkeit oder um einen Vorbehalt handelt, ist dies für die Bildung der Pensionsrückstellung schädlich.

22 Die Nichtabhängigkeit von zukünftigen Gewinnen soll insbesondere verhindern, dass es zu jährlich schwankenden Zuführungen kommt.[6]

23 Für den Fall einer **bereits feststehenden gewinnabhängigen Pension**, die dem Grunde und der Höhe nach eindeutig ist und deren Erhöhung schriftlich, unter Beachtung der inhaltlichen Anforderungen des § 6a Abs. 1 Nr. 3 EStG erteilt wurde, kann unter den Voraussetzungen des § 6a

---

1 Vgl. R 6a Abs. 15 Satz 1 EStR; BFH v. 16.12.2002 - VIII R 14/01, BStBl 2013 II 914.
2 Vgl. BFH v. 30.1.2002 - I R 71/00, BStBl 2003 II 279.
3 Vgl. BFH v. 11.11.1999, BStBl 1999 I 959.
4 Vgl. BMF v. 17.12.2002, BStBl 2002 I 1397.
5 Vgl. BFH v. 4.9.2002 - I R 7/01, BStBl 2005 II 662.
6 Vgl. BT-Drucks. 13/5952, 94.

EStG eine Pensionsrückstellung gebildet werden.[1] Der Arbeitgeber müsste somit bei einer gewinnabhängigen Pension die entsprechende (auf vergangenen Gewinnen beruhende) unverfallbare Anwartschaft jährlich schriftlich bestätigen, damit insoweit unter den Voraussetzungen des § 6a EStG eine Rückstellungsbildung zulässig ist.[2]

Eine Pensionsrückstellung ist nach § 6a Abs. 1 Nr. 2 EStG nicht möglich, wenn ein Widerrufsvorbehalt besteht, nach dem der Arbeitgeber seine Pensionszusage beliebig widerrufen kann;[3] die arbeitsrechtliche Würdigung ist hierbei nicht relevant. Derartige Formulierungen, die dazu führen, dass die Bildung von Pensionsrückstellungen nicht möglich ist, sind z. B. „freiwillig und ohne Rechtsanspruch" oder „jederzeitiger Widerruf vorbehalten";[4] bei der Beurteilung soll ein strenger Maßstab Anwendung finden.[5] 24

Unschädlich sind demgegenüber Vorbehalte, dass der Arbeitgeber bei geänderten Verhältnisse nur nach billigem Ermessen die Pensionsleistungen widerrufen darf, etwa bei einer wesentlichen Verschlechterung der wirtschaftlichen Lage des Unternehmens in dem Fall, dass eine Aufrechterhaltung der zugesagten Leistungen nicht mehr zugemutet werden kann.[6] Ein Vorbehalt, der bspw. lediglich einen Umsatz- oder Gewinnrückgang beinhaltet, ist für die Bildung einer Pensionsrückstellung schädlich.[7] 25

Nach Auffassung der FinVerw soll eine Rückstellung nicht möglich sein, wenn vereinbart ist, die Pensionsverpflichtung nach Eintritt des Versorgungsfalls auf eine Unterstützungskasse zu übertragen.[8] 26

(Einstweilen frei) 27

3. Schriftform (§ 6a Abs. 1 Nr. 3 EStG)

§ 6a Abs. 1 Nr. 3 EStG gibt vor, dass eine Pensionszusage für die Bildung einer Pensionsrückstellung schriftlich erfolgen muss; eindeutige Angaben sind zu Art, Form, Voraussetzungen und der Höhe der in Aussicht gestellten künftigen Leistung erforderlich.[9] Die FinVerw legt den Gesetzeswortlaut dergestalt aus, dass falls die Ermittlung der Leistungen erforderlich ist, die anzuwendenden Rechnungsgrundlagen, wie etwa Zinsfuß oder biometrische Daten ebenfalls schriftlich festzulegen sind.[10] Die Annahme der Pension durch den Pensionsberechtigten kann jedoch mündlich erfolgen.[11] 28

Die Pensionszusage kann eine **Einzel- oder Gesamtzusage**, wie bspw. im Rahmen des Tarifvertrags oder einer Betriebsvereinbarung darstellen. Somit ist eine Aushändigung an jeden einzelnen Berechtigten nicht erforderlich; eine allgemeine schriftliche Bekanntmachung etwa durch 29

---

1 Vgl. BMF v. 18. 10. 2013, BStBl 2013 I 1268.
2 Vgl. *Schwinger/Stöckler*, DStR 2015, 15.
3 Vgl. *Beck*, DStR 2005, 2062.
4 Vgl. R 6a Abs. 3 Satz 4, beachte hier die Ausnahme für den Fall des Ruhestandseintritts: R 6a Abs. 3 Satz 6 EStR.
5 Vgl. BFH v. 6. 10. 1967 - VI 61/64, BStBl 1968 II 90.
6 Vgl. auch hinsichtlich der diesbezüglichen Voraussetzungen und entsprechenden Formulierungsbeispielen R 6a Abs. 4 EStR.
7 Vgl. R 6a Abs. 5 Satz 3 EStR.
8 Vgl. H 6a Abs. 3 „Übertragung auf eine Unterstützungskasse" EStH.
9 Vgl. auch hinsichtlich der Frage, ob allgemeine Auslegungsregeln hinzugezogen werden dürfen BFH v. 8. 12. 2004 - I B 125/04, BFH/NV 2005, 1036 = NWB DokID: SAAAB-52973; *Schwinger/Stöckler*, DStR 2015, 15; *Bolik*, NWB 2016, 240.
10 Vgl. H 6a Abs. 7 „Schriftformerfordernis" EStH; *Mayer/Dietrich*, StuB 2015, 283.
11 BFH v. 27. 4. 2005 - I R 75/04, BStBl 2005 II 702.

Aushang im Betrieb muss jedoch nachgewiesen werden.[1] Das Schriftlichkeitserfordernis wird nicht erfüllt, wenn die Pensionsverpflichtung lediglich auf betrieblicher Übung oder auf dem Gleichbehandlungsgrundsatz beruht, selbst wenn der Pensionsanspruch aus arbeitsrechtlicher Sicht (§ 1b Abs. 1 Satz 4 Betriebsrentengesetz) nicht verfallbar ist.[2]

30 Für den Fall, dass dem Schriftlichkeitserfordernis erst zu einem späteren Zeitpunkt nachgekommen wird, kann die Rückstellung zu dem folgenden Bilanzstichtag gebildet werden.[3]

31 Falls Pensionszusagen an **Angehörige** erteilt werden, besteht wie bei anderen Arten von Angehörigenverträgen die Problematik, dass einerseits der grundgesetzliche Schutz von Ehe und Familie eine Benachteiligung verbietet, andererseits jedoch einander nahe stehende Personen Vorgänge allein zur Steuerminimierung durchführen könnten, so dass im Ergebnis eine geringere Leistungsfähigkeit als die tatsächliche bestehende ausgewiesen werden soll. Die Rechtsprechung hat daher Kriterien für die Anerkennung von Angehörigenverträgen entwickelt,[4] die grundsätzlich auch bei Pensionsrückstellungen Anwendung finden.

32 Für den Fall von Pensionszusagen an **Arbeitnehmer-Ehegatten** sind nach Auffassung des BFH für eine Pensionsrückstellung die folgenden Voraussetzungen zu erfüllen:

▶ Die Verpflichtung muss ernstlich gewollt, klar und eindeutig vereinbart sein.
▶ Die Zusage muss dem Grunde nach angemessen sein.
▶ Der Arbeitgeber-Ehegatte muss tatsächlich mit der Inanspruchnahme aus der Pensionszusage rechnen.[5]

33 Eine ernstlich gewollte und dem Grunde nach angemessene Pensionszusage kann bei einem mitarbeitenden Ehegatten bspw. vorliegen, wenn familienfremden Arbeitnehmern eine vergleichbare Pensionszusage eingeräumt wurde und die Tätigkeit der fremden Arbeitnehmer mit der des mitarbeitenden Ehegatten vergleichbar ist oder gegenüber der Tätigkeit des fremden Arbeitnehmers höherwertig ist, der fremde Arbeitnehmer beim Pensionszusagezeitpunkt nicht wesentlich länger dem Betrieb angehört hat und der fremde Arbeitnehmer kein höheres Pensionsalter als der mitarbeitende Ehegatte hat.[6]

34–38 (*Einstweilen frei*)

III. Erstmalige Rückstellungsbildung (§ 6a Abs. 2 EStG)

39 § 6a Abs. 2 EStG bestimmt den erstmaligen Zeitpunkt der Bildung einer Pensionsrückstellung. Der Anwendung des Abs. 2 vorgelagert muss die Prüfung des Vorliegens der Voraussetzungen des § 6a Abs. 1 EStG erfolgen.[7]

40 Im Rahmen des Abs. 2 wird zwischen der Pensionszusage vor Eintritt des Versorgungsfalls (Nr. 1) und der Pensionszusage nach Eintritt des Versorgungsfalls (Nr. 2) differenziert. Bei einer Pension als Altersleistung tritt der Versorgungsfall mit Erreichen der in der Pensionszusage vorgesehenen Altersgrenze ein, anderenfalls insbesondere bei Invalidität oder Tod.

---

1 R 6a Abs. 7 Satz 2 EStR.
2 R 6a Abs. 7 Satz 4 EStR.
3 Vgl. BMF v. 18. 10. 2013, BStBl 2013 I 1268.
4 Vgl. hierzu beispielsweise *Osterloh*, DStR 2014, 393.
5 Vgl. H 6a Abs. 9 „Anerkennungsgrundsätze" EStH; *Brenzel*, Pensionszusagen an Ehegatten-Arbeitnehmer in Personenunternehmen, NWB 2010, 2147.
6 Vgl. BMF v. 4. 9. 1984, BStBl 1984 I 495.
7 Vgl. HHR/*Dommermuth*, § 6a EStG Rz. 50.

(Einstweilen frei) 41–43

1. Vor Eintritt des Versorgungsfalls (§ 6a Abs. 2 Nr. 1 EStG)

Nach § 6a Abs. 2 Nr. 1 EStG darf eine Pensionsrückstellung vor Eintritt des Versorgungsfalls erstmals für das Wirtschaftsjahr gebildet werden, in dem die Pensionszusage erteilt wird. Vor Erteilung einer Pensionszusage ist somit keine Rückstellungsbildung möglich. 44

Für **verfallbare** Pensionsanwartschaften darf eine Pensionsrückstellung frühestens gebildet werden für Wirtschaftsjahre, bis zu dessen Mitte der Pensionsberechtigte die in Abs. 2 Nr. 1 Buchst. a bis d genannten Anzahl der Lebensjahre vollendet hat.[1] Der Grund für diese Altersgrenze besteht darin, dass es bei jüngeren Berufstätigen aufgrund der größeren Fluktuation häufig nicht zu einem tatsächlichen Pensionsanspruch kommt. 45

Zudem sieht § 6a Abs. 2 Nr. 1 2. Alt. EStG für nach dem 31.12.2000 vereinbarte Entgeltumwandlungen vor, dass eine Pensionsrückstellung für das Wirtschaftsjahr gebildet werden darf, in dessen Verlauf die Pensionsanwartschaft **unverfallbar** wird. In diesem Fall ist die Altersgrenze nicht von Bedeutung. 46

2. Nach Eintritt des Versorgungsfalls (§ 6a Abs. 2 Nr. 2 EStG)

Unabhängig vom Alter sind die Voraussetzungen für die Bildung einer Pensionsrückstellung unter den übrigen Voraussetzungen des § 6a EStG erfüllt, wenn der Versorgungsfall (insbesondere Invalidität oder Tod) eingetreten ist. Somit entfaltet die Altersgrenze des § 6a Abs. 2 Nr. 1 EStG in diesem Fall keine Relevanz. 47

(Einstweilen frei) 48–50

IV. Bewertung (§ 6a Abs. 3 EStG)

§ 6a Abs. 3 EStG regelt – falls ein Ansatz dem Grunde nach erfolgt – die Bewertung der Pensionsrückstellung.[2] Satz 1 bestimmt den Teilwert als Obergrenze; Satz 2 konkretisiert den Teilwertbegriff im Zusammenhang mit Pensionsrückstellungen und Satz 3 legt einen Rechnungszinsfuß von 6 % fest. 51

1. Teilwert als Obergrenze (§ 6a Abs. 3 Satz 1 EStG)

Die Obergrenze für die Bewertung einer Pensionsrückstellung ist gem. § 6a Abs. 3 Satz 1 EStG der Teilwert. Während sich somit der Begriff „darf" in Abs. 1 auf die Bilanzierung dem Grunde nach bezieht, ist das „darf" in Abs. 3 Satz 1 eine Begrenzung der Höhe nach. Demnach ist auch möglich, bei der Zuführung zur Pensionsrückstellung unterhalb des Teilwertes zu bleiben, in diesem Fall greift jedoch für folgende Wirtschaftsjahre das grundsätzliche **Nachholverbot**.[3] 52

2. Fiktion des Teilwertes bei einer Pensionsverpflichtung (§ 6a Abs. 3 Satz 2 EStG)

Da die allgemeine Teilwertdefinition bei der Bewertung der Pensionsrückstellungen wenig hilfreich ist, enthält § 6a Abs. 3 Satz 2 eine Fiktion hinsichtlich der Höhe des Teilwertes. Differen- 53

---

[1] *Fuhrmann*, NWB 2016, 596.
[2] *Mayer/Dietrich*, StuB 2015, 283.
[3] Vgl. HHR/Dommermuth, § 6a EStG Rz. 100.

ziert wird zwischen den Fallgestaltungen vor Beendigung des Dienstverhältnisses (§ 6a Abs. 3 Satz 2 Nr. 1 EStG) und nach Beendigung des Dienstverhältnisses (§ 6a Abs. 3 Satz 2 Nr. 2 EStG).

a) Teilwert vor Beendigung des Dienstverhältnisses (§ 6a Abs. 3 Satz 2 Nr. 1 EStG)

54 Für den Fall der Teilwertbewertung vor Beendigung des Dienstverhältnisses differenziert § 6a Abs. 3 Satz 2 Nr. 1 Satz 1 EStG zwischen zwei Fallgestaltungen: Dem Fall einer arbeitgeberfinanzierten Pensionszusage und dem Fall einer Entgeltumwandlung.

55 Bei einer **Arbeitgeberfinanzierung** entspricht der Teilwert der Pensionsverpflichtung vor Beendigung des Dienstverhältnisses dem Barwert der künftigen Pensionsleistungen am Schluss des Wirtschaftsjahres, wobei betragsmäßig gleich bleibende Jahresbeiträge abzuziehen sind. Mindestwert ist der Barwert der unverfallbaren Pensionsleistungen am Schluss des Wirtschaftsjahres. Hierdurch soll erreicht werden, dass die Zuführung zur Pensionsrückstellung sachgerecht auf die Dauer der Dienstzeit aufgeteilt wird.

56 Im Fall einer **Entgeltumwandlung** verzichtet der Arbeitnehmer hingegen zugunsten späterer Pensionsleistungen auf einen Teil seines Bruttogehaltes.[1] Für diesen Fall sieht § 6a Abs. 3 Satz 2 Nr. 1 Satz 1 2. Alt. EStG einen Mindestteilwert in Höhe des Barwerts der nach dem Betriebsrentengesetz unverfallbaren künftigen Pensionsleistungen vor.[2]

57 § 6a Abs. 3 Satz 2 Nr. 1 Satz 2 EStG befasst sich mit der **Höhe der Jahresbeträge**. Diese sind so zu bemessen, dass deren Barwert am Beginn des Wirtschaftsjahres, in dem das Dienstverhältnis begonnen hat, bis zu dem nach der Pensionszusage vorgesehenen Eintritt des Versorgungsfalls rechnungsmäßig aufzubringen sind. Dies bedeutet, dass der Teilwert zu Beginn des Dienstverhältnisses Null beträgt. Der Barwert der Pensionsleistungen steigt mit der Dienstdauer, während der Barwert der gleichbleibenden Jahresbeträge sinkt. Diese Differenz ist grundsätzlich der Teilwert der Pensionszusage. Das Gesetz stellt auf das Wirtschaftsjahr des Dienstbeginns und nicht auf den Zusagezeitpunkt der Pensionszusage ab. Somit kann grundsätzlich bei Zusage der Pension und bei Erfüllung der weiteren Voraussetzungen des § 6a EStG eine Bemessung der Pensionsrückstellung dergestalt erfolgen, dass auch der Betrag, der auf den Zeitraum zwischen dem Wirtschaftsjahr des Dienstbeginns und dem Zusagezeitpunkt entfällt, passiviert wird.

58 § 6a Abs. 3 Satz 3 EStG gibt hierbei vor, dass die Jahresbeträge zu berücksichtigen sind, die vom Beginn des Wirtschaftsjahres, in dem das Dienstverhältnis begonnen hat, bis zu dem in der Pensionszusage vorgesehenen Zeitpunkt des Eintritts des Versorgungsfalls rechnungsmäßig aufzubringen sind.[3] Bezüglich des Pensionsalters besteht ein Spielraum. Demnach kann von einem höheren Pensionsalter ausgegangen werden, wenn damit zu rechnen ist, dass der Arbeitnehmer über sein vertraglich vereinbartes Pensionsalter hinaus tätig wird.[4] Auch kann ein niedrigeres Pensionsalter zugrunde gelegt werden, welches dem Zeitpunkt der frühest möglichen Inanspruchnahme der vorzeitigen Altersrente der gesetzlichen Rentenversicherung entspricht.[5] Je nach Fallkonstellation kann ein höheres oder niedrigeres Pensionsalter zu höheren oder niedrigeren Zuführungen beim Pensionsrückstellungsbetrag führen.

---

1 Siehe § 1 Abs. 2 Nr. 3 BetrAVG.
2 Vgl. zur Entgeltumwandlung § 1 Abs. 2 BetrAVG.
3 Vgl. hierzu Stöckler, DStR 2018, 223.
4 Vgl. auch für die weiteren Voraussetzungen R 6a Abs. 11 Satz 2 EStR.
5 Vgl. auch für die weiteren Voraussetzungen R 6a Abs. 11 Satz 3 EStR.

Erhöhungen oder Verminderungen der Pensionsleistungen nach dem Schluss des Wirtschaftsjahres, sind gem. § 6a Abs. 3 Satz 4 EStG bei der Berechnung des Barwerts der künftigen Pensionsleistungen erst zu berücksichtigen, wenn sie eingetreten sind, falls sie hinsichtlich des Zeitpunktes des Wirksamwerdens oder ihres Umfangs ungewiss sind. Dies bedeutet bspw., dass bei Pensionsleistungen, die von dem Gehalt bei Pensionseintritt abhängen, mögliche Gehaltssteigerungen bis zum Pensionseintrittsalter nicht zu berücksichtigen sind. Für den Fall, dass jedoch fest zugesagte Rentenerhöhungen vorliegen, kann eine Ungewissheit verneint werden.[1]

Für den Fall, dass die Pensionszusage erst **nach Dienstbeginn** erteilt wird, sieht § 6a Abs. 3 Satz 2 Nr. 1 Satz 5 EStG vor, dass der Zeitraum zwischen Dienstbeginn und Zusagezeitpunkt der Pension nur insoweit dieser in der Pensionszusage als solcher bestimmt ist, als Wartezeit zu behandeln ist. Der Begriff der Wartezeit bestimmt hierbei die Zeitspanne zwischen einer Pensionszusage und dem Beginn der Leistungspflicht. Dies hat Bedeutung für Leistungen im Invaliditäts- oder Todesfall. Durch diese Vorschrift soll gewährleistet werden, dass Personen mit gleichem Eintrittsdatum, gleicher Pensionshöhe und sonstigen gleichen Merkmalen, jedoch mit unterschiedlichen Pensionszusagezeitpunkten keinen voneinander abweichenden Teilwert der Pensionszusage aufweisen.

§ 6a Abs. 3 Nr. 1 Satz 6 EStG gibt vor, dass bei einer Pensionszusage vor Vollendung des in § 6a Abs. 2 Nr. 1 EStG genannten Lebensjahres der Teilwertprämienzeitraum erst mit dem Wirtschaftsjahr beginnt, zu dessen Mitte der Pensionsberechtigte das in § 6a Abs. 2 Nr. 1 EStG genannte Lebensjahr vollendet.[2] Da zu diesem Zeitpunkt grundsätzlich erst eine Pensionsrückstellung gebildet werden darf (§ 6a Abs. 2 Nr. 1 EStG), ist der frühestmögliche Zeitpunkt der Bildung der Pensionsrückstellung mit dem Beginn des Teilwertprämienzeitraums identisch.

b) Teilwert nach Beendigung des Dienstverhältnisses (§ 6a Abs. 3 Satz 2 Nr. 2 EStG)

Nach Beendigung des Dienstverhältnisses aufgrund des Eintritts des Versorgungsfalls oder aufgrund Ausscheidens aus dem Unternehmen entspricht der Teilwert gem. § 6a Abs. 3 Satz 2 Nr. 2 EStG dem Barwert der künftigen Pensionsleistungen am Schluss des Wirtschaftsjahres; auf zukünftige Jahresbeiträge kann es in diesem Fall nicht mehr ankommen, da diese entsprechend nicht mehr erfolgen.

3. Rechnungszinsfuß und Anwendung der Regeln der Versicherungsmathematik (§ 6a Abs. 3 Satz 3 EStG)

§ 6a Abs. 3 Satz 3 EStG gibt vor, dass für die Berechnung des Teilwertes der Pensionsverpflichtung ein **Rechnungszinsfuß von 6 %** und die **anerkannten Regeln der Versicherungsmathematik anzuwenden** sind.[3] Hierbei wird insbesondere auf die Rechnungsrundlagen von Heubeck Bezug genommen.[4] In Betracht kommt auch die Anwendung anderer oder modifizierter biometrischer Rechnungsgrundlagen, soweit dies nach unternehmensspezifischen Verhältnissen

---

[1] Vgl. BFH v. 17. 5. 1995 - I R 105/94, BStBl 1996 II 423.

[2] Vgl. hierzu die Änderung durch das Gesetz zur Umsetzung der EU-Mobilitätsrichtlinie v. 21.12.2015 (BGBl 2015 I 2553) sowie *Fuhrmann*, NWB 2016, 1568.

[3] Vgl. für eine verfassungsrechtliche Würdigung *Weckerle*, DB 2017, 1284; bezüglich einer Abweichung vom Handelsrecht *Fuhrmann*, NWB 2017, 1003; für die Erörterung der Sinnhaftigkeit einer Anpassung an den Marktzinssatz *Weckerle*, DB 2017, 1284 und *Geberth/Sedemund*, DStR 2018, 217 sowie *Melan*, DStR 2018, 1512.

[4] Vgl. *Schwinger/Stöckler*, DStR 2013, 2306.

erforderlich ist. Nach Auffassung der FinVerw kommt eine Anwendung vollständig neuer unternehmensspezifischer biometrischer Rechnungsgrundlagen nur ausnahmsweise in Betracht.[1]

64–68 (*Einstweilen frei*)

V. Erhöhungen (§ 6a Abs. 4 EStG)

69 § 6a Abs. 4 EStG enthält ein grundsätzliches Nachholverbot.[2] Gemäß § 6a Abs. 4 Satz 1 EStG darf eine Pensionsrückstellung in einem Wirtschaftsjahr höchstens um den Unterschiedsbetrag zwischen dem Teilwert der Pensionsverpflichtung am Ende des Wirtschaftsjahres und dem Teilwert am Ende des vorangegangenen Wirtschaftsjahrs erhöht werden. Dies bedeutet, dass bei einer in früheren Wirtschaftsjahren unterlassenen Passivierung keine Nachholung des vollständigen Betrags, sondern eine Passivierung lediglich in Höhe der Teilwertdifferenz erfolgen darf. Die aufgrund des Nachholverbots nicht passivierten Beträge dürfen unter den Voraussetzungen des § 6a EStG erst bei Vorliegen des Versorgungsfalls bzw. bei Beendigung des Dienstverhältnisses passiviert werden.[3] Das Nachholverbot greift nach Auffassung der Rechtsprechung auch, wenn einer Passivierungspflicht irrtümlicherweise nicht nachgekommen wurde;[4] hierdurch sollen willkürliche steuerliche Auswirkungen vermieden werden.[5] Auch für den Fall, dass rechtsirrtümlich keine Pensionsrückstellung gebildet wurde, greift das Nachholverbot.[6] Ebenso findet das Nachholverbot Anwendung, wenn in einem vorangegangenen Wirtschaftsjahr aufgrund einer zulässigen Berechnungsmethode die Pensionsrückstellung niedriger als möglich berechnet wurde.[7] Für den Fall, dass eine Pensionszusage jedoch erhöht wird, greift das Nachholverbot nicht.[8] Ebenso soll das Nachholverbot etwa dann nicht eingreifen, wenn die Rechtsprechung zunächst eine Bildung einer Pensionsrückstellung versagt hat, später ihre Auffassung jedoch geändert hat[9] bzw. wenn in Vorjahren eine Pensionsverpflichtung zwar bestand, jedoch keine Rückstellung gebildet werden durfte.[10]

70 § 6a Abs. 4 Satz 2 EStG sieht Ausnahmen vom Nachholverbot vor; die genannten Ausnahmen sind abschließend.[11] Für den Fall, dass der Unterschiedsbetrag auf neuen oder geänderten biometrischen Rechnungsgrundlagen beruht, sieht § 6a Abs. 4 Satz 1 EStG vor, dass der Unterschiedsbetrag insoweit nur auf mindestens drei Wirtschaftsjahre gleichmäßig verteilt der Pensionsrückstellung zugeführt werden darf. Unter biometrischen Rechnungsgrundlagen sind die Wahrscheinlichkeiten für Tod oder Invalidität zu verstehen. Der Zeitraum muss mindestens drei Wirtschaftsjahre betragen, er kann aber auch beliebig länger gewählt werden. Aufgrund des Einzelbewertungsgrundsatzes kann der Zeitraum in diesem Rahmen bezogen auf jede einzelne Pensionszusage separat bestimmt werden. Ein Wechsel auf andere biometrische Rech-

---

1 Vgl. BMF v. 9.12.2011, BStBl 2011 I 1247.
2 Vgl. zur Kritik *Heger*, DStR 2008, 585.
3 Vgl. R 6a Abs. 20 EStR.
4 Vgl. BFH v. 13.2.2008 - I R 44/07, BStBl 2008 II 673.
5 Vgl. BFH v. 9.11.1995 - IV R 2/93, BStBl 1996 II 589.
6 Vgl. FG Rheinland-Pfalz v. 8.9.2005 - 6 K 1613/04, DStRE 2005, 1372; ebenso greift das Nachholverbot bei zu niedrigen Zuführungen zur Pensionsrückstellung aufgrund eines Fehlers des Versicherungsmathematikers, vgl. BFH v. 14.1.2009 - I R 5/08, BStBl 2009 II 457.
7 Vgl. BFH v. 10.7.2002 - I R 88/01, BStBl 2003 II 936.
8 Vgl. H 6a Abs. 20 „Nachholverbot" EStH.
9 Vgl. BFH v. 7.4.1994 – IV R 56/92, BStBl 1994 II 740.
10 Vgl. BFH v. 8.10.2008 - I R 3/06, BStBl 2010 II 186.
11 Vgl. BFH v. 13.2.2008 - I R 44/07, BStBl 2008 II 673.

nungsgrundlagen liegt vor, wenn ein anderes anerkanntes Regelungswerk der Versicherungsmathematik verwendet wird.

Für den Fall, dass die Voraussetzungen für die Bildung einer Pensionsrückstellung **erstmals erfüllt** sind, besteht gem. § 6a Abs. 4 Satz 3 EStG kein Nachholverbot, so dass die Rückstellung in Höhe des Teilwertes gebildet werden darf. Diese Passivierung in Höhe des Teilwertes würde bereits aus § 6a Abs. 3 Satz 1 EStG folgen und hat insoweit klarstellenden Charakter. Sie darf auch auf das Wirtschaftsjahr, in dem die Voraussetzungen erstmals erfüllt sind, und auf die folgenden zwei Wirtschaftsjahre aufgeteilt werden. 71

> **PRAXISHINWEIS:**
> Das Nachholverbot kann somit vermieden werden, wenn der Pensionsverpflichtete die Voraussetzungen insbesondere des § 6a Abs. 1 EStG bisher nicht erfüllt hat und in dem Wirtschaftsjahr, zu dessen Ende die Pensionsrückstellung gebildet werden soll, die Voraussetzungen erfüllt. So könnte z. B. eine bisher nur mündlich zugesagte Pension schriftlich erteilt werden.[1]

Falls sich der Barwert der künftigen Pensionsleistung um mehr als 25 % in einem Wirtschaftsjahr gegenüber dem vorangegangenen Wirtschaftsjahr erhöht, besteht gem. § 6a Abs. 4 Satz 4 EStG ein Wahlrecht, die zulässige Erhöhung auf dieses Wirtschaftsjahr und die drei folgenden Wirtschaftsjahre zu verteilen. 72

Aufgrund des Nachholverbots nicht passivierte Beträge dürfen gem. § 6a Abs. 4 Satz 5 EStG erst am Schluss des Wirtschaftsjahres, in dem das Dienstverhältnisses unter Aufrechterhaltung der Pensionsanwartschaft geendet hat, oder bei Eintritt des Versorgungsfalls passiviert werden. Sie können auf dieses Wirtschaftsjahr und die beiden folgenden Wirtschaftsjahre verteilt werden. 73

Gemäß § 6a Abs. 4 Satz 6 EStG findet Satz 2 in den Fällen der Sätze 3 bis 5 Anwendung. Dies ist der Fall, wenn die Änderung der Rechnungsgrundlagen nach Satz 2 mit den Fallgestaltungen der Sätze 3 bis 4 zusammen treffen. 74

(*Einstweilen frei*) 75–78

VI. Ausweitung auf andere Rechtsverhältnisse als Dienstverhältnisse (§ 6a Abs. 5 EStG)

Im Regelfall ist ein Dienstverhältnis die Grundlage für eine Pensionsberechtigung; jedoch kann der Pensionsberechtigte auch **in einem anderen Verhältnis als einem Dienstverhältnis** zu dem Pensionsverpflichteten stehen.[2] Demnach muss ein die Pensionszusage begründendes Rechtsverhältnis zwischen dem Pensionsberechtigen und dem -verpflichteten vorliegen, welches nicht die Pension als solches sein darf. Denkbar ist bspw. ein Miet- oder Werkvertrag. 79

(*Einstweilen frei*) 80–82

VII. Fallkonstellationen

1. Gesellschafter einer Kapitalgesellschaft als Pensionsberechtigter

Falls eine Pensionsrückstellung bei Körperschaftsteuersubjekten gebildet wurde, bedarf es der Prüfung, ob eine verdeckte Gewinnausschüttung mit der Rechtsfolge einer außerbilanziellen 83

---

1 Vgl. *Höfer* in Littmann/Bitz/Hellwig, § 6a EStG Rz. 61.
2 Vgl. auch BFH v. 28. 4. 2010 - I R 78/08, BStBl 2013 II 41.

Korrektur vorliegt.[1] Das diesbezüglich zentrale Merkmal der Veranlassung durch das Gesellschaftsverhältnis wird insbesondere durch die Kriterien der Ernsthaftigkeit, Erdienbarkeit und Angemessenheit konkretisiert.[2] Als Maßstab hat sich der Fremdvergleich entwickelt, der im Rahmen von internen, externen oder hypothetischen Maßstäben erfolgen kann;[3] als Leitbild wird hierbei auf das Handeln eines ordentlichen und gewissenhaften Geschäftsleiters abgestellt.[4]

Auch ein formaler Fremdvergleich wird insbesondere bei beherrschenden Gesellschaftern angewandt; so soll etwa bei zivilrechtlicher Unwirksamkeit eine verdeckte Gewinnausschüttung vorliegen.[5] Auch aufgrund zahlreicher Entscheidungen in der Rechtsprechung zur verdeckten Gewinnausschüttung wird die Pensionszusage von Kolbe als „Minenfeld der steuerlichen Praxis"[6] bezeichnet.

PRAXISHINWEISE:

▶ Bei neu gegründeten Unternehmen ist eine Pensionszusage aufgrund der finanziellen Belastung häufig problembehaftet. Ein ordentlicher und gewissenhafter Geschäftsleiter würde eine Pension in diesem Fall wohl nur zusagen, wenn die Ertragslage gesichert ist; daher besteht bei ungesicherten Zukunftsaussichten die Gefahr des Vorliegens einer verdeckten Gewinnausschüttung.[7]

▶ Grundsätzlich ist zur Vermeidung des Vorliegens einer verdeckten Gewinnausschüttung eine Probezeit von etwa zwei bis drei Jahren erforderlich; dies resultiert aus dem Gedanken, dass ein ordentlicher und gewissenhafter Geschäftsleiter eine Pensionszusage erst erteilen würde, wenn er sich von den Fähigkeiten der entsprechenden Person überzeugt hat.[8]

▶ Beim Merkmal der Erdienbarkeit wird auch auf eine Altersgrenze von 60 Jahren abgestellt. Demnach wäre bei einer Pensionszusage nach Vollendung des 60. Lebensjahrs die verbleibende Tätigkeitsdauer zu kurz, als dass noch ein Pensionsanspruch erdienbar wäre;[9] abzuwarten bleibt, ob mit einer allgemeinen Erhöhung des Rentenalters, auch eine Erhöhung dieser 60-Jahres-Grenze einhergehen könnte.[10] Die Voraussetzung der Erdienbarkeit bezieht sich sowohl auf Neuzusagen als auch auf nachträgliche Erhöhungen bereits zugesagter Pensionszusagen.[11]

▶ Pensionszahlungen an einen Gesellschafter-Geschäftsführer, der nach Erreichen der vereinbarten Altersgrenze weiterbeschäftigt wird und bei dem die Auszahlung der Pension an ein vorheriges Ausscheiden geknüpft wurde, stellen eine verdeckte Gewinnausschüttung dar.[12]

2. Angeschaffte Pensionsrückstellungen

84 Im Fall von sog. „angeschafften Pensionsrückstellungen" greift § 4f EStG beim übertragenden Arbeitgeber und § 5 Abs. 7 EStG beim übernehmenden Arbeitgeber.[13] Gemäß § 4f EStG erfolgt bei der übertragenden Person eine gleichmäßige außerbilanzielle Verteilung des Aufwands

---

1 Vgl. *Metz/Lindner*, DStR 2014, 2073; *Hoheisel/Tippelhofer/Zwirner*, StuB 2016, Beilage 1, 1; *Ott*, StuB 2016, 214.
2 Vgl. R 38 Satz 6 EStR; vgl. für das Kriterium der Probezeit *Bisle*, SteuK 2013, 182.
3 Vgl. *Uckermann/Heilck*, NZA 2014, 1187.
4 Vgl. *Mayer/Dietrich*, StuB 2015, 283.
5 Vgl. H 36 „zivilrechtliche Wirksamkeit" EStH; zur Kritik am formalen Fremdvergleich *Teschke*, Konzeption einer Besteuerung des laufenden Ertrags von Netzwerken nahestehender, Diss. rer. pol., 2009, S. 79.
6 Vgl. *Kolbe*, StuB 2014, 831.
7 Vgl. BFH v. 11. 2. 1998 - I R 73/97, BFH/NV 1998, 1262 = NWB DokID: BAAAB-39738.
8 Vgl. BFH v. 28. 4. 2010 - I R 78/08, BStBl 2013 II 41.
9 Vgl. BFH v. 11. 9. 2013 - I R 26/12, BFH/NV 2014, 728 = NWB DokID: HAAAE-60349.
10 Vgl. hierzu *Rätke*, StuB 2014, 402.
11 Vgl. BFH v. 20. 5. 2015 - I R 17/14, BFH/NV 2015, 1521 = NWB DokID: VAAAF-01618.
12 Vgl. BFH v. 23. 10. 2013 - I R 89/12, BStBl 2014 II 729; zur Diskussion *Rätke*, StuB 2014, 402.
13 Vgl. hierzu auch *Huth/Wittenstein*, DStR 2015, 1088; *Bolig/Selig-Kraft*, DStR 2017, 169.

aus der Realisierung der stillen Lasten auf 15 Jahre; § 5 Abs. 7 Satz 4 EStG beinhaltet eine Sonderregelung für Pensionsrückstellungen (s. hierzu die Ausführungen zu § 5 Abs. 7 Satz 4 EStG).[1]

3. Verzicht auf eine Pensionszusage bei einer Körperschaft

Bei einem Verzicht auf eine Pensionszusage ist die Pensionsrückstellung grundsätzlich erfolgswirksam aufzulösen. Bei einem Verzicht durch einen Gesellschafter oder eine diesem nahe stehenden Person wird grundsätzlich eine Veranlassung durch das Gesellschaftsverhältnis vorliegen, da ein fremder Dritter nicht auf die Pensionszusage verzichten würde. Somit kann eine verdeckte Einlage in Höhe des Teilwertes vorliegen, die ggf. außerbilanziell abzuziehen ist.[2]

85

4. Erhöhte Rentenaltersgrenze

Für den Fall, dass eine Pensionszusage auf das Regelalter der gesetzlichen Rentenversicherung abstellt, stellt sich die Frage der Bewertung der Pensionsrückstellung vor dem Hintergrund der Anhebung des Rentenalters.[3] Das BMF hat hierzu einen Entwurf für ein BMF-Schreiben vorgelegt.[4]

86

5. Arbeitnehmer-Ehegatten

Pensionszusagen an Arbeitnehmer-Ehegatten unterliegen – wie auch andere Angehörigenverträge – erhöhten Anforderungen für die steuerliche Anerkennung. Hierzu sind insbesondere die folgenden Kriterien zu prüfen:

87

▶ Es muss eine ernstlich gewollte, klar und eindeutig vereinbarte Verpflichtung vorliegen.
▶ Die Zusage muss dem Grunde nach angemessen sein.
▶ Der Arbeitgeber-Ehegatte muss auch tatsächlich mit der Inanspruchnahme aus der Pensionszusage rechnen.[5]

§ 6b Übertragung stiller Reserven bei der Veräußerung bestimmter Anlagegüter

(1) ¹Steuerpflichtige, die

Grund und Boden,

Aufwuchs auf Grund und Boden mit dem dazugehörigen Grund und Boden, wenn der Aufwuchs zu einem land- und forstwirtschaftlichen Betriebsvermögen gehört,

Gebäude oder Binnenschiffe

veräußern, können im Wirtschaftsjahr der Veräußerung von den Anschaffungs- oder Herstellungskosten der in Satz 2 bezeichneten Wirtschaftsgüter, die im Wirtschaftsjahr der Veräußerung oder im vorangegangenen Wirtschaftsjahr angeschafft oder hergestellt worden sind, ei-

---

1 Vgl. zur Problematik angeschaffter Pensionsrückstellungen *Schwinger/Stöckler*, DStR 2013, 2306; *Riedel*, DStR 2013, 1047; *Bolik/Selig-Kraft*, DStR 2017, 169.
2 Vgl. auch hinsichtlich weiterer Rechtsfolgen wie nachträglicher Anschaffungskosten OFD Frankfurt v. 4.11.2010, NWB DokID: PAAAD-61771; *Moorkamp*, StuB 2011, 741; *Briese*, DStR 2017, 2135.
3 Vgl. *Schwinger/Stöckler*, DStR 2013, 2306.
4 Nicht amtlich veröffentlicht vgl. etwa *Schwinger/Stöckler*, DStR 2015, 15.
5 H 6a Abs. 9 „Anerkennungsgrundsätze" EStH.

nen Betrag bis zur Höhe des bei der Veräußerung entstandenen Gewinns abziehen. ²Der Abzug ist zulässig bei den Anschaffungs- oder Herstellungskosten von

1. Grund und Boden,

    soweit der Gewinn bei der Veräußerung von Grund und Boden entstanden ist,

2. Aufwuchs auf Grund und Boden mit dem dazugehörigen Grund und Boden, wenn der Aufwuchs zu einem land- und forstwirtschaftlichen Betriebsvermögen gehört,

    soweit der Gewinn bei der Veräußerung von Grund und Boden oder der Veräußerung von Aufwuchs auf Grund und Boden mit dem dazugehörigen Grund und Boden entstanden ist,

3. Gebäuden,

    soweit der Gewinn bei der Veräußerung von Grund und Boden, von Aufwuchs auf Grund und Boden mit dem dazugehörigen Grund und Boden oder Gebäuden entstanden ist, oder

4. Binnenschiffen,

    soweit der Gewinn bei der Veräußerung von Binnenschiffen entstanden ist.

³Der Anschaffung oder Herstellung von Gebäuden steht ihre Erweiterung, ihr Ausbau oder ihr Umbau gleich. ⁴Der Abzug ist in diesem Fall nur von dem Aufwand für die Erweiterung, den Ausbau oder den Umbau der Gebäude zulässig.

(2) ¹Gewinn im Sinne des Absatzes 1 Satz 1 ist der Betrag, um den der Veräußerungspreis nach Abzug der Veräußerungskosten den Buchwert übersteigt, mit dem das veräußerte Wirtschaftsgut im Zeitpunkt der Veräußerung anzusetzen gewesen wäre. ²Buchwert ist der Wert, mit dem ein Wirtschaftsgut nach § 6 anzusetzen ist.

(2a)[1] ¹Werden im Wirtschaftsjahr der Veräußerung der in Absatz 1 Satz 1 bezeichneten Wirtschaftsgüter oder in den folgenden vier Wirtschaftsjahren in Absatz 1 Satz 2 bezeichnete Wirtschaftsgüter angeschafft oder hergestellt oder sind sie in dem der Veräußerung vorangegangenen Wirtschaftsjahr angeschafft oder hergestellt worden, die einem Betriebsvermögen des Steuerpflichtigen in einem anderen Mitgliedstaat der Europäischen Union oder des Europäischen Wirtschaftsraums zuzuordnen sind, kann auf Antrag des Steuerpflichtigen die festgesetzte Steuer, die auf den Gewinn im Sinne des Absatzes 2 entfällt, in fünf gleichen Jahresraten entrichtet werden; die Frist von vier Jahren verlängert sich bei neu hergestellten Gebäuden auf sechs Jahre, wenn mit ihrer Herstellung vor dem Schluss des vierten auf die Veräußerung folgenden Wirtschaftsjahres begonnen worden ist. ²Der Antrag kann nur im Wirtschaftsjahr der Veräußerung der in Absatz 1 Satz 1 bezeichneten Wirtschaftsgüter gestellt werden. ³§ 36 Absatz 5 Satz 2 bis 5 ist sinngemäß anzuwenden. ⁴Unterbleibt der Nachweis einer in Satz 1 genannten Anschaffung oder Herstellung durch den Steuerpflichtigen, sind für die Dauer des durch die Ratenzahlung gewährten Zahlungsaufschubs Zinsen in entsprechender Anwendung des § 234 der Abgabenordnung zu erheben. ⁵Unterschreiten die Anschaffungs- oder Herstellungskosten der angeschafften oder hergestellten Wirtschaftsgüter den Gewinn im Sinne des Absatzes 2, gilt Satz 4 mit der Maßgabe, dass die Zinsen nur auf den Unterschiedsbetrag erhoben werden. ⁶Bei der Zinsberechnung ist davon auszugehen, dass der Unterschiedsbetrag anteilig auf alle Jahresraten entfällt.

---

1 Anm. d. Red.: Zur Anwendung des § 6b Abs. 2a siehe § 52 Abs. 14 Sätze 1 und 3.

(3) ¹Soweit Steuerpflichtige den Abzug nach Absatz 1 nicht vorgenommen haben, können sie im Wirtschaftsjahr der Veräußerung eine den steuerlichen Gewinn mindernde Rücklage bilden. ²Bis zur Höhe dieser Rücklage können sie von den Anschaffungs- oder Herstellungskosten der in Absatz 1 Satz 2 bezeichneten Wirtschaftsgüter, die in den folgenden vier Wirtschaftsjahren angeschafft oder hergestellt worden sind, im Wirtschaftsjahr ihrer Anschaffung oder Herstellung einen Betrag unter Berücksichtigung der Einschränkungen des Absatzes 1 Satz 2 bis 4 abziehen. ³Die Frist von vier Jahren verlängert sich bei neu hergestellten Gebäuden auf sechs Jahre, wenn mit ihrer Herstellung vor dem Schluss des vierten auf die Bildung der Rücklage folgenden Wirtschaftsjahres begonnen worden ist. ⁴Die Rücklage ist in Höhe des abgezogenen Betrags gewinnerhöhend aufzulösen. ⁵Ist eine Rücklage am Schluss des vierten auf ihre Bildung folgenden Wirtschaftsjahres noch vorhanden, so ist sie in diesem Zeitpunkt gewinnerhöhend aufzulösen, soweit nicht ein Abzug von den Herstellungskosten von Gebäuden in Betracht kommt, mit deren Herstellung bis zu diesem Zeitpunkt begonnen worden ist; ist die Rücklage am Schluss des sechsten auf ihre Bildung folgenden Wirtschaftsjahres noch vorhanden, so ist sie in diesem Zeitpunkt gewinnerhöhend aufzulösen.

(4) ¹Voraussetzung für die Anwendung der Absätze 1 und 3 ist, dass

1. der Steuerpflichtige den Gewinn nach § 4 Absatz 1 oder § 5 ermittelt,
2. die veräußerten Wirtschaftsgüter im Zeitpunkt der Veräußerung mindestens sechs Jahre ununterbrochen zum Anlagevermögen einer inländischen Betriebsstätte gehört haben,
3. die angeschafften oder hergestellten Wirtschaftsgüter zum Anlagevermögen einer inländischen Betriebsstätte gehören,
4. der bei der Veräußerung entstandene Gewinn bei der Ermittlung des im Inland steuerpflichtigen Gewinns nicht außer Ansatz bleibt und
5. der Abzug nach Absatz 1 und die Bildung und Auflösung der Rücklage nach Absatz 3 in der Buchführung verfolgt werden können.

²Der Abzug nach den Absätzen 1 und 3 ist bei Wirtschaftsgütern, die zu einem land- und forstwirtschaftlichen Betrieb gehören oder der selbständigen Arbeit dienen, nicht zulässig, wenn der Gewinn bei der Veräußerung von Wirtschaftsgütern eines Gewerbebetriebs entstanden ist.

(5) An die Stelle der Anschaffungs- oder Herstellungskosten im Sinne des Absatzes 1 tritt in den Fällen, in denen das Wirtschaftsgut im Wirtschaftsjahr vor der Veräußerung angeschafft oder hergestellt worden ist, der Buchwert am Schluss des Wirtschaftsjahres der Anschaffung oder Herstellung.

(6) ¹Ist ein Betrag nach Absatz 1 oder 3 abgezogen worden, so tritt für die Absetzungen für Abnutzung oder Substanzverringerung oder in den Fällen des § 6 Absatz 2 und Absatz 2a im Wirtschaftsjahr des Abzugs der verbleibende Betrag an die Stelle der Anschaffungs- oder Herstellungskosten. ²In den Fällen des § 7 Absatz 4 Satz 1 und Absatz 5 sind die um den Abzugsbetrag nach Absatz 1 oder 3 geminderten Anschaffungs- oder Herstellungskosten maßgebend.

(7) Soweit eine nach Absatz 3 Satz 1 gebildete Rücklage gewinnerhöhend aufgelöst wird, ohne dass ein entsprechender Betrag nach Absatz 3 abgezogen wird, ist der Gewinn des Wirtschaftsjahres, in dem die Rücklage aufgelöst wird, für jedes volle Wirtschaftsjahr, in dem die Rücklage bestanden hat, um 6 Prozent des aufgelösten Rücklagenbetrags zu erhöhen.

(8) ¹Werden Wirtschaftsgüter im Sinne des Absatzes 1 zum Zweck der Vorbereitung oder Durchführung von städtebaulichen Sanierungs- oder Entwicklungsmaßnahmen an einen der in Satz 2 bezeichneten Erwerber übertragen, sind die Absätze 1 bis 7 mit der Maßgabe anzuwenden, dass

1. die Fristen des Absatzes 3 Satz 2, 3 und 5 sich jeweils um drei Jahre verlängern und
2. an die Stelle der in Absatz 4 Nummer 2 bezeichneten Frist von sechs Jahren eine Frist von zwei Jahren tritt.

²Erwerber im Sinne des Satzes 1 sind Gebietskörperschaften, Gemeindeverbände, Verbände im Sinne des § 166 Absatz 4 des Baugesetzbuchs, Planungsverbände nach § 205 des Baugesetzbuchs, Sanierungsträger nach § 157 des Baugesetzbuchs, Entwicklungsträger nach § 167 des Baugesetzbuchs sowie Erwerber, die städtebauliche Sanierungsmaßnahmen als Eigentümer selbst durchführen (§ 147 Absatz 2 und § 148 Absatz 1 Baugesetzbuch).

(9) Absatz 8 ist nur anzuwenden, wenn die nach Landesrecht zuständige Behörde bescheinigt, dass die Übertragung der Wirtschaftsgüter zum Zweck der Vorbereitung oder Durchführung von städtebaulichen Sanierungs- oder Entwicklungsmaßnahmen an einen der in Absatz 8 Satz 2 bezeichneten Erwerber erfolgt ist.

(10)[1] ¹Steuerpflichtige, die keine Körperschaften, Personenvereinigungen oder Vermögensmassen sind, können Gewinne aus der Veräußerung von Anteilen an Kapitalgesellschaften bis zu einem Betrag von 500 000 Euro auf die im Wirtschaftsjahr der Veräußerung oder in den folgenden zwei Wirtschaftsjahren angeschafften Anteile an Kapitalgesellschaften oder angeschafften oder hergestellten abnutzbaren beweglichen Wirtschaftsgüter oder auf die im Wirtschaftsjahr der Veräußerung oder in den folgenden vier Wirtschaftsjahren angeschafften oder hergestellten Gebäude nach Maßgabe der Sätze 2 bis 10 übertragen. ²Wird der Gewinn im Jahr der Veräußerung auf Gebäude oder abnutzbare bewegliche Wirtschaftsgüter übertragen, so kann ein Betrag bis zur Höhe des bei der Veräußerung entstandenen und nicht nach § 3 Nummer 40 Satz 1 Buchstabe a und b in Verbindung mit § 3c Absatz 2 steuerbefreiten Betrags von den Anschaffungs- oder Herstellungskosten für Gebäude oder abnutzbare bewegliche Wirtschaftsgüter abgezogen werden. ³Wird der Gewinn im Jahr der Veräußerung auf Anteile an Kapitalgesellschaften übertragen, mindern sich die Anschaffungskosten der Anteile an Kapitalgesellschaften in Höhe des Veräußerungsgewinns einschließlich des nach § 3 Nummer 40 Satz 1 Buchstabe a und b in Verbindung mit § 3c Absatz 2 steuerbefreiten Betrags. ⁴Absatz 2, Absatz 4 Satz 1 Nummer 1, 2, 3, 5 und Satz 2 sowie Absatz 5 sind sinngemäß anzuwenden. ⁵Soweit Steuerpflichtige den Abzug nach den Sätzen 1 bis 4 nicht vorgenommen haben, können sie eine Rücklage nach Maßgabe des Satzes 1 einschließlich des nach § 3 Nummer 40 Satz 1 Buchstabe a und b in Verbindung mit § 3c Absatz 2 steuerbefreiten Betrags bilden. ⁶Bei der Auflösung der Rücklage gelten die Sätze 2 und 3 sinngemäß. ⁷Im Fall des Satzes 2 ist die Rücklage in gleicher Höhe um den nach § 3 Nummer 40 Satz 1 Buchstabe a und b in Verbindung mit § 3c Absatz 2 steuerbefreiten Betrag aufzulösen. ⁸Ist eine Rücklage am Schluss des vierten auf ihre Bildung folgenden Wirtschaftsjahres noch vorhanden, so ist sie in diesem Zeitpunkt gewinnerhöhend aufzulösen. ⁹Soweit der Abzug nach Satz 6 nicht vorgenommen wurde, ist der Gewinn des Wirtschaftsjahres, in dem die Rücklage aufgelöst wird, für jedes volle Wirtschaftsjahr, in dem die Rücklage bestanden hat, um 6 Prozent des nicht nach § 3 Nummer 40 Satz 1 Buchstabe a und b in Verbindung mit § 3c Absatz 2 steuerbefreiten aufgelösten

---

1 Anm. d. Red.: Zur Anwendung des § 6b Abs. 10 siehe § 52 Abs. 14 Satz 2.

Rücklagenbetrags zu erhöhen. [10]Für die zum Gesamthandsvermögen von Personengesellschaften oder Gemeinschaften gehörenden Anteile an Kapitalgesellschaften gelten die Sätze 1 bis 9 nur, soweit an den Personengesellschaften und Gemeinschaften keine Körperschaften, Personenvereinigungen oder Vermögensmassen beteiligt sind.

Inhaltsübersicht

	Rz.
A. Allgemeine Erläuterungen	1 - 50
I. Normzweck und wirtschaftliche Bedeutung der Vorschrift	1 - 10
II. Entstehung und Entwicklung der Vorschrift	11 - 15
III. Geltungsbereich	16 - 25
IV. Vereinbarkeit mit höherrangigem Recht	26 - 35
V. Verhältnis zu anderen Vorschriften	36 - 50
B. Systematische Kommentierung	51 - 270
I. Gewinnübertragung nach § 6b Abs. 1 EStG	51 - 130
1. Überblick zu den Tatbestandsvoraussetzungen und Rechtsfolgen des § 6b EStG	51 - 60
2. Tatbestandsvoraussetzungen des § 6b Abs. 1 EStG	61 - 90
a) Begünstigte Steuerpflichtige (§ 6b Abs. 1 Satz 1 EStG)	61 - 70
b) Begünstigte Veräußerungen bestimmter Wirtschaftsgüter (§ 6b Abs. 1 Satz 1 1. Halbsatz EStG)	71 - 90
3. Gewinnübertragung als Rechtsfolge (§ 6b Abs. 1 Satz 1 2. Halbsatz EStG)	91 - 110
4. Begünstigte Reinvestitionsgüter (§ 6b Abs. 1 Satz 2 EStG)	111 - 120
5. Erweiterung, Ausbau oder Umbau von Gebäuden (§ 6b Abs. 1 Sätze 3 und 4 EStG)	121 - 130
II. Ermittlung des übertragbaren Gewinns (§ 6b Abs. 2 EStG)	131 - 138
III. Unionskonformes Wahlrecht für EU- und EWR-Auslandsinvestitionen (§ 6b Abs. 2a EStG)	139 - 155
IV. Bildung und Auflösung einer Rücklage (§ 6b Abs. 3 EStG)	156 - 170
V. Weitere Anwendungsvoraussetzungen (§ 6b Abs. 4 EStG)	171 - 195
VI. Gewinnübertragung bei vorgezogener Investition (§ 6b Abs. 5 EStG)	196 - 210
VII. Anschaffungs- oder Herstellungskosten nach Gewinnübertragung (§ 6b Abs. 6 EStG)	211 - 225
VIII. Gewinnzuschlag bei Auflösung ohne Gewinnübertragung (§ 6b Abs. 7 EStG)	226 - 235
IX. Reinvestitionsfristen und Besitzzeit bei Übertragungen zu städtebaulichen Sanierungs- und Entwicklungszwecken (§ 6b Abs. 8 und 9 EStG)	236 - 245
X. Übertragung von Gewinnen aus der Veräußerung von Kapitalgesellschaftsanteilen durch Personenunternehmen (§ 6b Abs. 10 EStG)	246 - 270
C. Verfahrensfragen	271 - 273

HINWEIS:
R 6b.1 bis 3 EStR; BMF v. 7.3.2018, BStBl 2018 I 309 betr. Stundungsregelung bei Auslandsinvestitionen.

LITERATUR:
▶ Weitere Literatur siehe Online-Version

Kanzler, Zur Korrektur eines überschießenden Gesetzeswortlauts bei der Reinvestitionsvergünstigung, FR 2013, 229; *Kanzler*, Zu den Folgen einer missglückten Gewinnübertragung, FR 2013, 513; *Kanzler*, Zum gewerblichen Grundstückshandel der Land- und Forstwirte – Ein vermeidbares Übel, DStZ 2013, 822; *Tiede*, Übertragung stiller Reserven zwischen verschiedenen Betriebsvermögen, BBK 2013, 412; *Adrian*, Europarechtswidrigkeit des § 6b EStG, StuB 2015, 483; *Adrian/Tigges*, Europäisierung des § 6b EStG durch das Steueränderungsgesetz, StuB 2015, 858; *Förster*, Die Neuregelung des § 6b Abs. 2a EStG für Reinvestitionen im EU/EWR-Ausland, Wpg 2015, 1319; *Kanzler*, Unionsrechtliche Nachhilfe aus Luxemburg – Der Inlandsbezug des § 6b EStG verstößt gegen die Niederlassungsfreiheit, FR 2015, 465; *Kanzler*, Die Umsetzung der Entscheidung des EuGH zum Inlandsbezug des § 6b EStG durch das StÄndG 2015 – Anwendungsfragen zur Neuregelung der Reinvestitionsrücklage, NWB 2015, 3814; *Marciniak/Gebhardt/Buchholz*, Zur Neuregelung in § 6b Abs. 2a EStG i. R. d. Steueränderungsgesetzes 2015, Ubg 2015, 685; *Rathke/Ritter*, Anwendbarkeit des § 6b EStG bei einer GmbH & atypisch still, NWB 2015, 3014; *Schiefer*, Steuerstundung bei grenzüberschreitender Übertragung stiller Reserven, zu EuGH, Urteil vom 16. 4. 2015 - Rs. C-591/13, IWB 2015, 539; *Sydow*, Reinvestitionsrücklage – EuGH fordert keine Ausdehnung auf das EU-/EWR-Ausland, NWB 2015, 1980; *Vogel/Cortez*, Zur Europarechtskonformität der Bezugnahme auf eine „inländische Betriebsstätte" in den §§ 6b und 7g EStG, FR 2015, 437; *Hartman*, Abweichende Steuerfestsetzung nach § 163 AO bei fehlgeschlagener Übertragung einer Rücklage nach § 6b EStG, EFG 2016, 7; *Loschelder*, Zinslose Steuerstundung für Reinvestitionen in das Betriebsvermögen einer EU-/EWR -Betriebsstätte, DStR 2016, 9; *Richter*, Berechnungen zu § 6b EStG, FR 2016, 652; *Schiefer/Scheuch*, Zur Steuerstundung bei virtuell grenzüberschreitender Übertragung stiller Reserven – Kritische Analyse des neuen § 6b Abs. 2a EStG, FR 2016, 11; *F. Schmidt*, Zinsschranke und 6b-Rücklage – Ist die Bildung einer 6b-Rücklage sinnvoll?, NWB 2016, 920; *Schmudlach*, Übertragungsmöglichkeiten einer Rücklage nach § 6b EStG bei mehrstöckigen Personengesellschaften – Rücklage nach § 6b EStG im Gesamthandsvermögen, StuB 2016, 132; *Watrin/Riegler*, Steuerfreie Rücklage oder Steuerstundung? – Barwertkalküle zu § 6b Abs. 2a EStG, FR 2016, 345; *Neu/Hamacher*, Bilanz- und Gewerbesteuerrechtliche Fragen und Risiken der Bildung und Auflösung von 6b-Rücklagen bei Veräußerung des gesamten Mitunternehmeranteils, GmbHR 2016, 1; *Weiss*, § 6b EStG nach dem Steueränderungsgesetz 2015 – Neue Steuerplanungsmöglichkeiten und erhebungstechnische Fragestellungen, EStB 2016, 102; *Adrian*, Übertragung einer § 6b-Rücklage auf eine ausländische EU/EWR-Betriebsstätte, StuB 2017, 739. *Buchholz/Gebhardt*, Übertragung einer § 6b-Rücklage auf eine EU-Betriebsstätte, IStR 2017, 832; *Geserich*, Übertragung einer 6b-Rücklage auf eine EU-Betriebsstätte, NWB 2017, 2901; *Herrler*, Die Frist nach § 6b EStG bei Reinvestition in Gebäude, StuB 2017, 501; *Kanzler*, § 6b EStG – weitere Inlandsklausel auf dem Prüfstand, NWB 2017, 1533; *Neufang/Schäfer*, Steueroptimierung durch § 6b, § 6c EStG sowie die RfE, StB 2017, 127; *Geserich*, Übertragung einer 6b-Rücklage auf eine EU-Betriebsstätte, NWB 2017, 2901; *Buchholz*, Gewinnübertragung nach § 6b EStG: Veräußerung an Schwesterpersonengesellschaft; Ubg 2018, 242; *Kanzler*, Zur Übertragung des Gewinns aus der Veräußerung eines GmbH-Anteils im Gesamthandsvermögen zwischen Schwesterpersonengesellschaften; NWB 2018, 535 und FR 2018, 370; *Kanzler*, Gewinnübertragung nach § 6b EStG: Veräußerung an Schwesterpersonengesellschaft; Ubg 2018, 240; *Kanzler*, Stundungsregelung des § 6b Abs. 2a EStG bei Reinvestitionen in einem anderen EU- oder EWR-Mitgliedstaat — Gelöste und ungelöste Zweifelsfragen durch BMF-Schreiben vom 7.3.2018, NWB 2018, 1668; *Neumann*, Gewinnübertragung nach § 6b EStG: Veräußerung an Schwesterpersonengesellschaft, Ubg 2018, 244; *Schäfer/Bolik*, Grundstückstausch und späterer Entnahmegewinn, StuB 2018, 394; *Strahl*, Zur steuerneutralen Übertragung von Wirtschaftsgütern zwischen Schwesterpersonengesellschaften, NWB 2018, 132.

ARBEITSHILFEN UND GRUNDLAGEN ONLINE:

Detmering/Tetzlaff, Rücklagen: Reinvestitionsrücklage (§ 6b EStG) und Rücklage für die Ersatzbeschaffung (R 6.6 EStR), NWB DokID: RAAAE-54165; *Kanzler*, Gewinnübertragungen nach §§ 6b, 6c EStG und R 6.6 EStR, NWB DokID: QAAAF-75202.

A. Allgemeine Erläuterungen

I. Normzweck und wirtschaftliche Bedeutung der Vorschrift

1 **Normzweck:** Durch Einführung des § 6b EStG sollte die „ökonomisch sinnvolle Anpassung der Wirtschaft an strukturelle Veränderungen produktionstechnischer, verteilungswirtschaftlicher und regionaler Art" gefördert, eine Substanzbesteuerung des Anlagevermögens vermieden, der Grundstücksverkehr belebt und die Finanzierungsmöglichkeiten der Unternehmen verbes-

Allgemeine Erläuterungen 2–11 § 6b EStG

sert werden.[1] Damit ist § 6b EStG eine Lenkungs- oder Sozialzwecknorm mit Subventionscharakter.

Bedeutung kommt der Reinvestitionsvergünstigung vor allem bei den Einkünften aus Land- und Forstwirtschaft zu, wenn betrieblich genutzte Flächen zu Bauland werden und die Besteuerung hoher stiller Reserven vermieden werden soll.[2] Aber auch bei den Einkünften aus Gewerbebetrieb kann die Vorschrift dazu dienen, „den Unternehmen durch Veräußerung nicht mehr benötigter Anlagegüter Mittel für dringende Investitionsvorhaben zu verschaffen".[3] Von zunehmender Bedeutung ist auch die Reinvestition in sog. § 6b-Fonds,[4] die – gemessen am Normzweck – als Fehlentwicklung beurteilt wird, weil es sich um reine Kapitalanlagen handelt.[5]

Gestaltungsmöglichkeiten: Die Vorschrift hat einen Stundungseffekt, der bei geschickter Anwendung auch zu einer Steuerermäßigung oder gar zur völligen Steuerbefreiung führen kann.[6] Die vielfältigen Wahlrechte ermöglichen weitere Gestaltungen (→ Rn. 97). Das mit dem StÄndG 2015 v. 2.11.2015[7] eingeführte Wahlrecht für Auslandsinvestitionen eröffnet sogar unmittelbar eine Steuerstundung und damit weitere Steuerplanungs- und Steueroptimierungsmöglichkeiten.[8]

Reformvorschläge: § 6b EStG stand seit seiner Einführung als Monstrum in der Kritik.[9] So hatte der Wissenschaftliche Beirat beim BMF die Streichung der §§ 6b, 6c EStG empfohlen und die Steuerreformkommission 1971 Einschränkungen der Reinvestitionsregelungen ausführlich erwogen; gleichwohl wurde die Regelung beibehalten und hat sich bewährt.[10] Vergleichbare Regelungen, die auch den Anwendungsbereich unserer Rücklage für Ersatzbeschaffung abdecken, kennt man etwa in Österreich[11] und den USA.[12]

2

3

4

(Einstweilen frei) 5–10

II. Entstehung und Entwicklung der Vorschrift[13]

StÄndG 1964 v. 16.11.1964:[14] § 6b EStG wurde nach dem Vorbild des § 30 des Gesetz zur Förderung der Rationalisierung im Steinkohlenbergbau v. 29.7.1963[15] in das EStG eingefügt.

11

---

1 RegEntw. des StÄndG 1964 BT-Drucks. 4/2400, 46, 62 und BT-Drucks. 4/2617, 3; dazu auch BFH v. 7.5.1987 - IV R 150/84, BStBl 1987 II 670.
2 Siehe etwa *Kanzler* in FS Beisse, Düsseldorf 1997, 251, m.w.N.
3 Bericht des FinAussch., BT-Drucks. 4/2617, 4.
4 Dazu *Götzenberger*, BB 2010, 806.
5 Empfehlungen des Ausschüsses, BR-Drucks. 318/1/10, 16.
6 So, wenn ein Veräußerungsgewinn über die Rücklagebildung in einen tarifbegünstigten oder steuerfreien Gewinn umgewandelt wird (dazu *Kanzler* in FS Beisse, Düsseldorf 1997, 251, 262; s. auch KKB/Kanzler, § 6c EStG Rn. 13).
7 BGBl 2015 I 1834.
8 Dazu → Rn. 139.
9 *Littmann*, Das Einkommensteuerrecht, 13. Aufl. 1981, § 6b Anm. 2.
10 Zu diesen Reformansätzen und der Abschaffung der Gewinnübertragung in Frankreich s. *Kanzler*, FR 2002, 117.
11 Siehe § 12 öEStG.
12 Die sog. like-kind-exchanges nach 26 USC § 1031 – Exchange of property held for productive use or investment (https://www.law.cornell.edu.uscode/text/26/1031). Zu den Auswirkungen dieser Gewinnübertragungen auf die deutsche Hinzurechnungsbesteuerung s. *Kraft/Zielinski*, RIW 2012, 596.
13 Wiedergabe nur der grundlegenden Änderungen; für eine umfassende Darstellung der Rechtsentwicklung s. etwa HHR/Marchal, § 6b EStG Anm. 2.
14 BGBl 1964 I 885.
15 BGBl 1963 I 549, BStBl 1963 I 585.

Kanzler 831

JStG 1996 v. 11.10.1995:[1] Durch § 52 Abs. 8 EStG wurde § 6b EStG erweitert und begünstigte auch Gewinnübertragungen auf die Anschaffungskosten für Anteile an bestimmten Kapitalgesellschaften im Beitrittsgebiet. Nach einer Entscheidung des EuGH war die Vorschrift aber nicht mehr anzuwenden (§ 52 Abs. 59e EStG; s. auch → Rn. 27).

StEntlG 1999/2000/2002 v. 24.3.1999:[2] Ab VZ 1999 entfallen die Begünstigungen für Anlagen im Grund und Boden und für abnutzbare bewegliche WG. Damit stimmen die Begünstigungstatbestände der §§ 6b und 6c EStG überein, so dass sich eine Zwangsauflösung entsprechender Rücklagen beim Übergang zur Gewinnermittlung nach § 4 Abs. 3 EStG oder § 13a EStG erübrigt (KKB/Kanzler, § 6c EStG Rn. 2). Mit einem neuen Abs. 10 wurde die sog. gesellschaftsbezogene Betrachtung umgesetzt. Danach waren Übertragungen stiller Reserven zwischen dem Gesamthandsvermögen von PersGes oder Gemeinschaften und ihren Gesellschaftern in den VZ 1999 bis 2001 ausgeschlossen.

UntStFG v. 20.12.2001:[3] Mit der Rückkehr zur gesellschafterbezogenen Betrachtung ab VZ 2002 wurde in Abs. 10 ein neuer Begünstigungstatbestand für Personenunternehmen geschaffen, die Anteile an KapGes veräußern.

JStG 1996 v. 11.10.1995:[4] Durch § 52 Abs. 8 EStG wurde § 6b EStG erweitert und begünstigte auch Gewinnübertragungen auf die Anschaffungskosten für Anteile an bestimmten Kapitalgesellschaften im Beitrittsgebiet. Nach einer Entscheidung des EuGH war die Vorschrift aber nicht mehr anzuwenden (§ 52 Abs. 59e EStG; s. auch → Rn. 27).

FördWachsG v. 26.4.2006:[5] Binnenschiffe wurden zunächst für einen begrenzten Zeitraum von fünf Jahren wieder in die Begünstigung aufgenommen.

JStG 2010 v. 8.12.2010:[6] Nach § 52 Abs. 18b EStG wurden Binnenschiffe über den 31.12.2010 hinaus dauerhaft begünstigt.

AmtshilfeRLUmsG v. 26.6.2013:[7] Redaktionelle Korrekturen in § 6b Abs. 5 und Abs. 8 EStG.

StÄndG 2015 v. 2.11.2015:[8] Mit einer Neuregelung in § 6b Abs. 2a EStG reagierte der Gesetzgeber auf das Urteil des EuGH in der Rechtssache C-591/13,[9] mit dem das Gericht entschieden hatte, dass das Inlandserfordernis in § 6b Abs. 4 Satz 1 Nr. 3 EStG nicht mit der Niederlassungsfreiheit des Art. 49 AEUV sowie des Art. 31 des EWR-Abkommens vereinbar ist. Die neue Vorschrift eröffnet ein weiteres Wahlrecht für Reinvestitionen des Stpfl. in sein Betriebsvermögen in einem anderen EU- oder EWR-Mitgliedstaat. Danach kann die Steuer auf den begünstigten Veräußerungsgewinn in fünf gleichen Jahresraten entrichtet werden. Begünstigt sind allerdings nur Reinvestitionsgüter i. S. d. § 6b Abs. 1 Satz 2 EStG; der Begünstigungstatbestand des § 6b Abs. 10 EStG wird nicht erfasst. Nach § 52 Abs. 14 Satz 1 EStG ist die Neuregelung auch auf Veräußerungsgewinne anzuwenden, die vor dem 6.11.2015 entstanden sind (s. → Rn. 150).

---

1 BGBl 1995 I 1250.
2 BGBl 1999 I 402.
3 BGBl 2001 I 3858.
4 BGBl 1995 I 1250.
5 BGBl 2006 I 1091.
6 BGBl 2010 I 1768.
7 BGBl 2013 I 1809.
8 BGBl 2015 I 1834.
9 EuGH v. 16.4.2015 - C-591/13, NWB DokID: VAAAE-89472; i. E. dazu → Rn. 140 ff.

JStG 2018:[1] Nach dem Gesetz zur Vermeidung von Umsatzsteuerausfällen beim Handel mit Waren im Internet und zur Änderung weiterer steuerlicher Vorschriften (zuvor JStG 2018) wurde die Stundungsregelung des § 6b Abs. 2a EStG um eine Verzinsungsregelung für den Fall einer ganz oder teilweise ausbleibender Auslands-Reinvestition ergänzt.[2] Diese Vorschrift ist erstmals auf Gewinne i. S. d. § 6b Abs. 2 EStG anzuwenden, die in nach dem 31.12.2017 beginnenden Wj. entstanden sind (§ 52 Abs. 14 Satz 3 EStG).

Reformvorhaben: Eine vom BR vorgeschlagene Regelung zum Ausschluss sog. „§ 6b Fonds"[3] hat der Gesetzgeber ebenso wenig umgesetzt, wie den Änderungsantrag des Ausschusses für Ernährung, Landwirtschaft und Forsten zum JStG 1996, nachdem auch Gewinne aus der Veräußerung immaterieller WG (Milch- und Zuckerrübenlieferrechte oder Brennrechte) in die Begünstigung einbezogen werden sollten.[4]

(Einstweilen frei) 12–15

III. Geltungsbereich

Sachlicher Geltungsbereich: Die Vorschrift gilt für alle drei betrieblichen Einkunftsarten, sofern der Gewinn durch Bestandsvergleich nach § 4 Abs. 1 oder § 5 EStG und nicht aufgrund einer Schätzung[5] ermittelt wird. Das Übertragungsverbot des § 6b Abs. 4 Satz 2 für Veräußerungsgewinne eines Gewerbebetriebs auf Investitionen in einem land- und forstwirtschaftlichen Betrieb oder eine der selbständigen Arbeit dienende Praxis ist zu beachten (s. → Rn. 180). § 6c EStG erweitert den Anwendungsbereich auf andere Gewinnermittlungsarten (s. KKB/Kanzler, § 6c EStG), wie die Einnahmenüberschussrechnung nach § 4 Abs. 3 EStG und die Durchschnittssatzgewinnermittlung der Landwirte nach § 13a EStG, soweit dort begünstigte WG der Gewinnermittlung nach § 4 Abs. 3 EStG unterliegen (s. § 13a Abs. 7 EStG). Auf die Tonnagegewinnermittlung nach § 5a EStG ist § 6b nicht anwendbar. Vor dem Übergang zu Gewinnermittlung nach § 5a EStG sind bestehende Rücklagen gewinnerhöhend aufzulösen (§ 5a Abs. 5 Satz 2 EStG).

Im Übrigen gilt § 6b EStG mit Ausnahme des § 6b Abs. 10 EStG über die Verweisung in § 8 Abs. 1 Satz 1 KStG auch für die KSt; die Stundungsregelung des § 6b Abs. 2a EStG ist über § 31 Abs. 1 Satz 1 KStG auch auf die KSt anwendbar. Überdies wirkt § 6b EStG mit Ausnahme des § 6b Abs. 2a EStG auch auf die GewSt (§ 7 GewStG). Die durch § 6b EStG eingeräumten Wahlrechte sind für die ESt, Gewinnfeststellung und die GewSt einheitlich auszuüben, weil die Bezugnahme auf die Gewinnermittlungsvorschriften in § 7 GewStG eine Bindung an die einkommensteuerrechtlich zulässigen konkreten Ansätze in der Steuerbilanz bewirkt.[6] Da § 6b Abs. 2a EStG keinen Einfluss auf die Steuerbilanz hat, schlägt die Stundungsregelung nicht auf die GewSt durch.[7]

---

1 V. 11.12.2018, BGBl 2018 I 2338.
2 S. BR-Drucks. 372/18 (Beschluss) und Änderungsantrag der Fraktionen CDU/CSU und SPD zur BT-Drucks. 19/4455 (Umdruck 1).
3 BR-Drucks. 318/10, 16 f.
4 BT-Drucks. 13/1558, 129.
5 BFH v. 24.1.1990 - I R 152-153/85, BStBl 1990 II 426; BFH v. 16.9.2008 - X B 42/08, BFH/NV 2008, 2055 = NWB DokID: EAAAC-93946; zum Ausschluss sog. Schätzungslandwirte s. *Kanzler* in FS Beisse, Düsseldorf 1997, 251, 258.
6 BFH v. 25.4.1985 - IV R 83/83, BStBl 1986 II 350 und BFH v. 21.1.1992 - VIII R 72/87, BStBl 1992 II 958.
7 Gl. A. *Marczniak/Gebhardt/Buchholz*, Ubg 2015, 685, 689; a. A. *Förster*, Wpg 2015, 1319, 1323, der für eine unionskonforme Auslegung eintritt, die m. E. ausscheidet, weil sich der Gesetzgeber bewusst gegen eine Rücklagelösung entschieden hat.

17 **Persönlicher Geltungsbereich:** § 6b EStG gilt für natürliche und – mit Ausnahme des Abs. 10 – auch juristische Personen (§ 8 Abs. 1 KStG). Bei Mitunternehmerschaften ist der einzelne Mitunternehmer begünstigt (sog. gesellschafterbezogene Betrachtung, s. → Rn. 37, → Rn. 62, → Rn. 97, → Rn. 154, → Rn. 249).[1] Da § 50 EStG keine Einschränkung vorsieht, gilt § 6b auch für beschränkt steuerpflichtige Personen. Zum Geltungsbereich des Abs. 10 s. → Rn. 248.

18 **Auslandsbezug des § 6b EStG:** Zu beachten sind die sechsjährige Zugehörigkeit des begünstigten Wirtschaftsguts zum Anlagevermögen einer inländischen Betriebsstätte (§ 6b Abs. 4 Satz 1 Nr. 2 EStG) und das Übertragungsverbot auf Reinvestitionsgüter einer ausländischen Betriebsstätte (§ 6b Abs. 4 Satz 1 Nr. 3 EStG). Nach Auffassung des Niedersächsischen FG sollte für das Gemeinschaftsgebiet auf den Inlandsbezug in § 6b Abs. 4 Satz 1 Nr. 3 EStG zu verzichten sein.[2] Nachdem der Gesetzgeber jedoch § 6b Abs. 2a EStG mit Rückwirkung eingeführt hat, gilt für Gewinnübertragungen auf Reinvestitionsgüter einer ausländischen Betriebsstätte die Stundungslösung.[3] Zum Auslandsbezug des Abs. 10 s. → Rn. 249. Da Veräußerungsgewinne im Rahmen des Entstrickungstatbestands gem. § 4 Abs. 1 Satz 3 EStG einer Entnahme gleichgestellt sind, ist eine Gewinnübertragung in diesen Fällen ausgeschlossen. Zur Unvereinbarkeit des Inlandsbezugs mit dem Unionsrecht, s. → Rn. 27.

19–25 *(Einstweilen frei)*

IV. Vereinbarkeit mit höherrangigem Recht

26 **Verfassungsmäßigkeit:** Stand die Verfassungsmäßigkeit der Vorschrift insgesamt bislang nicht in Frage, so hat sich die Rechtsprechung[4] jedoch zu einzelnen Bestimmungen des § 6b EStG geäußert. Danach verstößt es nicht gegen den Gleichheitssatz, wenn § 6b EStG nur auf WG des Anlagevermögens und nicht auch des Umlaufvermögens anwendbar ist.[5] M. E. ist die Reinvestitionsvergünstigung als Lenkungsmaßnahme auch insoweit sachlich gerechtfertigt, als sie für private Veräußerungsgewinne ausscheidet, denn bei den Überschusseinkunftsarten besteht kaum die Notwendigkeit, einen Strukturwandel zu fördern.[6] Die vorübergehende Aussetzung der gesellschafterbezogenen Anwendung der Reinvestitionsvergünstigung in den VZ 1999 bis 2001 (s. → Rn. 1 und → Rn. 62) ist ebenfalls verfassungsrechtlich nicht zu beanstanden;[7] es gibt keine Gleichheit in der Zeit.[8]

27 **Vereinbarkeit mit Unionsrecht:** Der EuGH hat in dem Übertragungsverbot auf Wirtschaftsgüter einer ausländischen Betriebsstätte gem. § 6b Abs. 4 Satz 1 Nr. 3 EStG einen Verstoß gegen die Niederlassungsfreiheit (Art. 49 AEUV und Art. 31 EWR-Abkommen) gesehen.[9] Die Grundsätze des Urteils können auch für den Inlandsbezug in § 7g EStG von Bedeutung sein,[10]

---

1 Zur Anwendung auf atypisch stillen Gesellschafter s. *Rathke/Ritter*, NWB 2015, 3014.
2 FG Niedersachsen v. 1.12.2011 - 6 K 435/09, EFG 2012, 1031, rkr. (Rev. unzulässig: BFH v. 20.8.2012 - I R 3/12, BFH/NV 2012, 1990 = NWB DokID: BAAAE-19294).
3 BFH v. 22.6.2017 - VI R 84/14, BStBl 2018 II 171 mit Anm. *Geserich*, NWB 2017, 2901 und *jh*, StuB 2017, 679.
4 Das BVerfG hat eine Prüfung einfachen Rechts in Bezug auf § 6b EStG in zwei Beschlüssen auch einfach abgelehnt (BVerfG v. 19.3.1982 - 1 BvR 695/81 (Juris) und BVerfG v. 10.2.1987 - 1 BvR 703/86, INF 1987, 214).
5 BVerfG v. 1.7.1975 - 1 BvR 74/75, HFR 1975, 462.
6 Gl. A. HHR/*Marchal*, § 6b EStG Anm. 3.
7 BFH v. 9.2.2006 - IV R 23/04, BStBl 2006 II 538; hierzu *Kanzler*, FR 2006, 691.
8 BFH v. 20.5.2010 - IV R 42/08, BStBl 2010 II 820, zu § 6 Abs. 5 EStG.
9 EuGH v. 16.4.2015 - C-591/13, NWB DokID: VAAAE-89472. Dazu auch *Adrian*, StuB 2015, 483; *Kanzler*, FR 2015, 465; *Schiefer*, IWB 2015, 539; *Sydow*, NWB 2015, 1980, NWB DokID: KAAAE-93066; *Vogel/Cortez*, FR 2015, 437.
10 *Kanzler*, FR 2015, 465, 467 und *Vogel/Cortez*, FR 2015, 437, 443.

nicht aber für die der Reinvestitionsvergünstigung sehr ähnliche Rücklage für Ersatzbeschaffung.[1]

Als Reaktion auf diese Entscheidung wurde durch das StÄndG 2015 (s. → Rn. 11) ein neuer Abs. 2a in § 6b EStG eingefügt, der dem Stpfl. ein Wahlrecht eröffnet, den realisierten Gewinn gleichmäßig auf fünf Jahre zu verteilen. Zur Begründung dieser Fünf-Jahres-Verteilung beruft sich der Gesetzgeber auf die EuGH-Urteile in den Rechtssachen „National Grid Indus",[2] „DMC"[3] und „Verder Lab Tec"[4], die zur Entstrickungsbesteuerung ergangen sind.[5] Nach dem Urteil des BFH v. 22.6.2017[6] ist die neue Stundungsregelung EU-konform, nach hier vertretener Auffassung aber nicht geeignet, die Unionsrechtswidrigkeit des Inlandserfordernisses in § 6b Abs. 4 Satz 1 Nr. 3 EStG zu beseitigen (s. → Rn. 139).

Weiterhin offen ist noch die Frage, ob das Inlandserfordernis der Mindestzugehörigkeit zu einer inländischen Betriebsstätte in § 6b Abs. 4 Satz 1 Nr. 2 EStG (→ Rn. 173) unionskonform ist. Bereits 2012 hatte die Europäische Kommission das Vorverfahren gem. Art. 258 Abs. 1 2. Halbsatz AEUV unter dem Az. 2012/4037 eröffnet und inzwischen die Bundesrepublik mit Beschluss v. 15.2.2017 zu einer ergänzenden Stellungnahme nach Art. 258 AEUV aufgefordert.[7] Während das Urteil des EuGH[8] eine Outbound-Situation zum Gegenstand hatte, betrifft das Vorverfahren 2012/4037 den Inbound-Fall, bei dem das Inlandserfordernis nach § 6b Abs. 4 Satz 1 Nr. 2 EStG m. E. nicht nur gegen die Niederlassungsfreiheit (Art. 49 ff. AEUV), sondern auch gegen die Kapitalverkehrsfreiheit (Art. 63 ff. AEUV) verstößt.

BEISPIEL: ▶ Die französische X-SA hatte am 1.3.2009 eine inländische Immobilie erworben, die sie ohne zusätzliche Leistungen vermietet und zum 1.2.2017 veräußert hat. Nach § 49 Abs. 1 Nr. 2 Buchst. f Satz 2 EStG gelten die laufenden Einkünfte und der Veräußerungsgewinn als gewerbliche Einkünfte. Diese gesetzliche Fiktion begründet aber keine inländische Betriebsstätte, wenn die Immobilie im Ausland verwaltet wird, weil es an der tatsächlichen Verfügungsgewalt des Vermieters über den vermieteten Gegenstand fehlt.[9] Nach § 6b Abs. 4 Satz 1 Nr. 2 EStG ist der X-SA aber verwehrt, den Veräußerungsgewinn auf die Anschaffungs- oder Herstellungskosten eines Reinvestitionsguts zu übertragen. Die X-SA ist damit gegenüber inländischen Kapitalgesellschaften, aber auch gegenüber ausländischen Gesellschaften, mit Inlands-Betriebsstätte ohne rechtfertigenden Grund benachteiligt.

Früher schon hatte die EU-Kommission in der Erweiterung des § 6b EStG durch § 52 Abs. 8 EStG i. d. F. des JStG 1996 (s. → Rn. 11), der Gewinnübertragungen auf die Anschaffungskosten für Anteile an bestimmten Kapitalgesellschaften im Beitrittsgebiet begünstigte, eine mit dem Gemeinsamen Markt unvereinbare und durch die Lasten der Wiedervereinigung nicht gerechtfertigte staatliche Beihilfe gesehen.[10]

(Einstweilen frei) 28–35

---

[1] *Kanzler*, FR 2015, 465, 467.
[2] EuGH v. 29.11.2011 - C-371/10, NWB DokID: LAAAE-00703.
[3] EuGH v. 23.1.2014 - C-164/12, NWB DokID: NAAAE-54684.
[4] EuGH v. 21.5.2015 - C-697/13, NWB DokID: YAAAE-91181.
[5] BR-Drucks. 18/6094, 81.
[6] BFH v. 22.6.2017 - VI R 84/14, BStBl 2018 II 171 mit Anm. *Geserich*, NWB 2017, 2901 und jh, StuB 2017, 679.
[7] http://ec.europa.eu/atwork/applying-eu-law/infringements-proceedings/infringement_decisions/index.cfm.
[8] EuGH v. 16.4.2015 - C-591/13, NWB DokID: VAAAE-89472.
[9] Siehe z. B. HHR/*Peffermann*, § 49 Anm. 616, m. w. N. zur Rechtsprechung des BFH.
[10] BMF v. 29.12.2000, BStBl 2001 I 45.

V. Verhältnis zu anderen Vorschriften

36 **Verhältnis zu § 4 und § 5 EStG:** Nach Aufgabe der umgekehrten Maßgeblichkeit durch das BilMoG,[1] kann eine Reinvestitionsrücklage in der Steuerbilanz abweichend von der Handelsbilanz gebildet werden. Beim Übergang vom Bestandsvergleich nach § 4 Abs. 1 oder § 5 EStG zur Einnahmenüberschussrechnung (§ 4 Abs. 3 EStG) oder Durchschnittssatzgewinnermittlung (§ 13a EStG) ist eine gebildete Rücklage als Gewinnabzug nach § 6c EStG fortzuführen, weil sich die Tatbestandsvoraussetzungen seit dem StEntlG 1999/2000/2002 (s. → Rn. 2) nicht mehr unterscheiden. Beim Wechsel von der Einnahmenüberschussrechnung oder der Durchschnittssatzgewinnermittlung zum Betriebsvermögensvergleich ist in Höhe der noch nicht übertragenen Gewinne eine Rücklage in der Übergangsbilanz auszuweisen, die dann den Regelungen des § 6b EStG unterliegt.[2] Zur Inanspruchnahme der Steuerbegünstigung im Wege der Bilanzänderung oder -berichtigung s. → Rn. 271. Bei der Zinsschranke kann die Bildung einer 6b-Rücklage nach der Regelung in § 4h Abs. 1 EStG zu einer steuerlichen Mehrbelastung führen, weil die Abschreibungen aus der Übertragung der Rücklage bei der Berechnung des EBITDA nicht anzusetzen sind.[3]

37 **Verhältnis zu § 6 EStG:** § 6b und § 6 Abs. 5 EStG sind gesellschafterbezogen anzuwenden und schließen daher einander aus.[4] Allerdings wurde die gesellschafterbezogene Konzeption des früheren Mitunternehmererlasses für § 6 Abs. 5 EStG bereits ab VZ 2001 und für § 6b EStG erst ab VZ 2002 wieder eingeführt.[5] Da es sich bei den Tatbeständen des § 6 Abs. 5 EStG um Übertragungen von Wirtschaftsgütern zum Buchwert handelt, bedarf es keiner Gewinnübertragung nach § 6b ESG. Allerdings wird die Anwendung des § 6b EStG in den Fällen empfohlen,[6] in denen eine Buchwertübertragung ausscheidet, wie dies nach Auffassung der FinVerw bei Übertragungen zwischen Schwesterpersonengesellschaften der Fall ist.[7] Zur Berücksichtigung des Wertaufholungsgebots nach § 6 Abs. 1 Nr. 1 Satz 4 EStG s. →Rn. 134.

38 **Verhältnis zu § 15a EStG:** Wird das Kapitalkonto eines Kommanditisten unter Berücksichtigung einer negativen Ergänzungsbilanz, die wegen Inanspruchnahme des § 6b EStG aufzustellen war, negativ, so sind Verluste, die zu einer Erhöhung des Negativsaldos führen, nicht ausgleichsfähig. Eine tatsächlich geleistete Einlage steht damit bis zur Höhe des in der negativen Ergänzungsbilanz ausgewiesenen Negativkapitals nicht als Verlustausgleichsvolumen zur Verfügung, weil sich die Steuerfreistellung des Veräußerungsgewinns durch § 6b EStG unabhängig davon nicht zweifach auswirken darf, ob der Kommanditist seine Einlage geleistet hat oder nicht.[8]

39 **Verhältnis zu §§ 16, 34 EStG:** Bei Veräußerung und Aufgabe betrieblicher Einheiten kann eine bestehende Reinvestitionsrücklage fortgeführt werden. Der bei Veräußerung (nicht bei Aufgabe) auf begünstigte Wirtschaftsgüter entfallende Gewinn kann in eine neue Rücklage einge-

---

1 BilMoG v. 25. 5. 2009, BGBl 2009 I 1102; dazu auch BMF v. 12. 3. 2010, BStBl 2010 I 239.
2 R 6b.2 Abs. 11 EStR.
3 Siehe *Schmidt*, NWB 2016, 920, der mit Berechnungsbeispielen darlegt, dass sich dann sogar höhere Steuerzahlungen ergeben können, als ohne Bildung der 6b-Rücklage.
4 Zum Verhältnis beider Vorschriften zueinander s. auch *Brandenberg*, JbFfSt 2003/2004, 370.
5 Zu dieser verwirrenden Rechtslage der unterschiedlichen Wiedereinführung der gesellschafterbezogenen Anwendung beider Vorschriften beiläufig: BFH v. 9. 2. 2006 – IV R 23/04, BStBl 2006 II 538, zu II.4.
6 Siehe etwa *Kanzler*, FR 2010, 761.
7 Vgl. BMF v. 29. 10. 2010, BStBl 2010 II 1206.
8 BFH v. 18. 5. 2017 – IV R 36/14, BStBl 2017 II 905. Zum Problem bereits *Bordewin*, DStR 1994, 852.

stellt werden.¹ Wird eine bestehende Rücklage bei Betriebsveräußerung aufgelöst, dann ist der daraus entstehende Gewinn Teil des tarifbegünstigten Veräußerungsgewinns.² Die Fortführung oder Bildung einer Rücklage im Zusammenhang mit der Veräußerung betrieblicher Einheiten schließt den Freibetrag und die Tarifbegünstigung nur aus (§ 34 Abs. 1 Satz 4 und Abs. 3 Satz 6 EStG), wenn die Rücklage stille Reserven enthält, die bei der Veräußerung einer wesentlichen Grundlage des Betriebs aufgedeckt worden sind.³ Im Übrigen steht die Bildung einer Rücklage für Gewinne aus einer Anteilsveräußerung nach § 6b Abs. 10 EStG der Anwendung des § 34 Abs. 1 EStG auf den verbleibenden Teil des Veräußerungsgewinns nicht entgegen; § 34 Abs. 1 Satz 4 EStG ist im Wege teleologischer Reduktion dahingehend auszulegen, dass die Steuerermäßigung nicht ausgeschlossen ist, wenn eine Rücklage nach § 6b Abs. 10 EStG gebildet wird, weil der Begünstigungsausschuss nach der Vorstellung des Gesetzgebers des StEntlG 1999/2000/2002 (s. →Rn. 11) nur die Veräußerungsgewinne i. S. d. § 34 Abs. 2 Nr. 1 EStG erfassen soll.⁴

Verhältnis zu §§ 17, 23 EStG: Die Steuerpflicht von Veräußerungsgewinnen macht die entsprechenden Wirtschaftsgüter noch nicht zu Betriebsvermögen; daher ist § 6b EStG auf private Veräußerungsgewinne nicht anwendbar.⁵ 40

Verhältnis zu § 34b EStG: Anders als bei § 34 EStG bleibt die Tarifbegünstigung für Holznutzungen für den verbleibenden Gewinn auch dann erhalten, wenn bei Veräußerung eines Waldgrundstücks oder bei Empfang einer Entschädigung §§ 6b, 6c EStG oder R 6.6 EStR (RfE) in Anspruch genommen wird.⁶ 41

Verhältnis zu anderen steuerfreien Rücklagen (insbes. zur Rücklage für Ersatzbeschaffung): Andere gesetzlich geregelte oder im Billigkeitswege zugelassene Rücklagen sind grundsätzlich neben der Reinvestitionsrücklage anwendbar.⁷ Allein die Rücklage für Ersatzbeschaffung (RfE nach R 6.6 EStR) und die Reinvestitionsrücklage schließen einander aus.⁸ wobei der Reinvestitionsrücklage für den Bereich der Strukturanpassung Vorrang zukommt.⁹ Sind die Tatbestandsvoraussetzungen beider Rücklagen erfüllt, so steht dem Stpfl. ein Wahlrecht zu, den Veräußerungsgewinn in vollem Umfang in die eine oder andere Rücklage einzustellen¹⁰ oder teilweise nach § 6b EStG und im Übrigen nach R 6.6 EStR zu behandeln.¹¹ 42

---

1 Dazu R 6b.2 Abs. 10 EStR.
2 BFH v. 25. 6. 1975 - I R 201/73, BStBl 1975 II 848 und BFH v. 17. 10. 1991 - IV R 97/89, BStBl 1992 II 392; gl. A. R 6b.2 Abs. 10 Satz 5 EStR.
3 R 6b.2 Abs. 10 Satz 3 EStR.
4 FG Münster v. 23. 9. 2015 - 10 K 4079/14 F; EFG 2016, 20, rkr. (Rev.: BFH IV R 48/15 nach Rücknahme eingestellt), unter Hinweis auf BT-Drucks. 14/443, 29.
5 BFH v. 19. 3. 1981 - IV R 167/80, BStBl 1981 II 527, zu einbringungsgeborenen Anteilen.
6 Gl. A. HHR/*Stalbold*, § 34b EStG Anm. 5.
7 Zu den einzelnen Rücklagen s. *Kanzler* in Leingärtner, Kap. 31 Rn. 198.
8 *Kanzler*, FR 2001, 1224.
9 BFH v. 29. 4. 1999 - IV R 7/98, BStBl 1999 II 488, m. w. N. zu 2.d.
10 Gl. A. HHR/*Marchal*, § 6b EStG Anm. 15; *Loschelder* in Schmidt, § 6b EStG Rn. 37.
11 Gl. A. *Kanzler* in Leingärtner, Kap. 31 Rn. 20; *Welbers* in Lademann, § 6b EStG Rn. 173; HHR/*Marchal*, § 6b EStG Anm. 15.

43 Rücklage für Ersatzbeschaffung und Reinvestitionsrücklage: Rechtsprechung und FinVerw lassen zu, dass stille Reserven auf ein funktionsgleiches Ersatzwirtschaftsgut übertragen werden, wenn sie durch Ausscheiden eines Wirtschaftsguts aus dem Betriebsvermögen infolge höherer Gewalt oder aufgrund oder zur Vermeidung eines behördlichen Eingriffs aufgedeckt wurden.[1] Dieses Institut der Gewinnübertragung[2] wird zum Teil auf gewohnheitsrechtlicher Grundlage anerkannt, nach a. A. beruht es auf einer einschränkenden Auslegung des Realisationsgrundsatzes;[3] jedenfalls ist diese Rechtsprechung verfassungsrechtlich insoweit unbedenklich, als sie die Gewinnübertragungen nur bei Anschaffung oder Herstellung funktionsgleicher Wirtschaftsgüter zulässt.[4]

44 Verhältnis der Reinvestitionsrücklage zur Rücklage für Ersatzbeschaffung: War die Rücklage für Ersatzbeschaffung ursprünglich Muster für die Reinvestitionsrücklage,[5] so ist inzwischen die Regelung der Reinvestitionsrücklage Modell für eine Fortentwicklung der Grundsätze zur Rücklage für Ersatzbeschaffung.[6] Gleichwohl bestehen gewichtige Unterschiede zwischen beiden Rücklagen (s. die Checkliste „Gewinnübertragungen nach §§ 6b, 6c EStG und R 6.6 EStR" = NWB DokID: QAAAF-75202). Obwohl der EuGH in seinem Urteil v. 16. 4. 2015[7] ständig den Begriff des Ersatzwirtschaftsguts und nicht den des Reinvestitionsguts verwendet, kann die unionskonforme Erweiterung des § 6b EStG durch das StÄndG 2015 (s. → Rn. 11) auch nicht im Wege einer Analogie auf die RfE übertragen werden. Denn einen Outbound-Fall kann es hierbei nicht geben, weil die notwendige Voraussetzung der Anschaffung eines funktionsgleichen Wirtschaftsguts eine Ersatzbeschaffung in einer anderen Betriebsstätte ausschließt.[8] Auch in dem Fall, dass ausnahmsweise ein im Ausland befindliches Wirtschaftsgut einer inländischen Betriebsstätte funktional zuzuordnen ist, kann das Problem nicht auftreten.[9]

45 Verhältnis zum UmwStG: Verschiedenen Vorschriften des UmStG verweisen auf die Besitzzeitregelungen des § 6b EStG (s. Rn. →173 und Rn. →176). Bei einer Aufwärtsverschmelzung sind die Anteile an der übertragenden Körperschaft bei der übernehmenden Körperschaft nach § 12 Abs. 1 Satz 2 i. V. m. § 4 Abs. 1 Satz 2 UmwStG 2006 zum steuerlichen Übertragungsstichtag mit dem Buchwert, erhöht um in früheren Jahren vorgenommen Abschreibungen, sowie um Abzüge nach § 6b EStG und ähnliche Abzüge, höchstens mit dem gemeinen Wert, anzusetzen.[10]

46 Verhältnis zur AO (§ 163 AO): Im Fall einer gescheiterten Gewinnübertragung bei mittelbarer Grundstücksschenkung (s. → Rn. 63) weist der BFH beiläufig darauf hin, dass eine abweichen-

---

1 Zuerst und grundlegend RFH v. 2. 4. 1930, RStBl 1930, 313; ferner RFH v. 3. 5. 1944, RStBl 1944, 619; seither wird die Rücklage für Ersatzbeschaffung von der FinVerw (R 6.6 EStR) und der Rspr. anerkannt (s. etwa BFH v. 17. 10. 1961 - I 283/60 S, BStBl 1961 III 566; BFH v. 11. 4. 1989 - VIII R 302/84, BStBl 1989 II 697; BFH v. 2. 3. 1990 - III R 70/87, BStBl 1990 II 733; BFH v. 17. 10. 1991 - IV R 97/89, BStBl 1992 II 392 und BFH v. 4. 2. 1999 - IV R 57/97, BStBl 1999 II 602, m. w. N., sowie zuletzt BFH v. 12. 1. 2012 - IV R 4/09, BStBl 2014 II 443.
2 Ausführlich zur Rücklage für Ersatzbeschaffung *Marchal*, Die steuerrechtlichen Grundlagen der Rücklage für Ersatzbeschaffung, Diss., Berlin 2006 und *Sievert* in Prinz/Kanzler, NWB Praxishandbuch Bilanzsteuerrecht, Rn. 5485 ff.
3 Zum Meinungsstreit s. BFH v. 13. 10. 2010 - I R 79/09, BStBl 2014 II 943.
4 BVerfG v. 20. 5. 1988 - 1 BvR 273/88, INF 1989, 454, BB 1988, 1716.
5 BT-Drucks. IV/2400, 62.
6 Siehe BFH v. 12. 1. 2012 - IV R 4/09, BStBl 2014 II 443 und *Kanzler*, FR 2012, 830.
7 EuGH v. 16. 4. 2015 - C-591/13, NWB DokID: VAAAE-89472.
8 Siehe nur BFH v. 22. 1. 2004 - IV R 65/02, BStBl 2004 II 42.
9 Gl. A. *Kanzler*, FR 2015, 465, 467, m. w. N.
10 BFH v. 30. 7. 2014 - I R 58/12, BStBl 2014 II 199, Verfassungsbeschwerde: 2 BvR 84/17 anhängig.

de Steuerfestsetzung aus Billigkeitsgründen (§ 163 Satz 1 AO) begründet sei, im konkreten Verfahren aber nicht entschieden werden könne.[1]

(Einstweilen frei) 47–50

B. Systematische Kommentierung

I. Gewinnübertragung nach § 6b Abs. 1 EStG

1. Überblick zu den Tatbestandsvoraussetzungen und Rechtsfolgen des § 6b EStG

Die Voraussetzungen, die erfüllt sein müssen, damit eine Übertragung der stillen Reserven in Betracht kommt, sind außer in § 6b Abs. 1 EStG auch noch in §§ 6b Abs. 4 EStG wie folgt geregelt: 51

- ▶ Veräußerung bestimmter Anlagegüter (§ 6b Abs. 1 Satz 1 und Abs. 10 EStG; s. → Rn. 51),
- ▶ Entstehung eines Veräußerungsgewinns (§ 6b Abs. 1 Satz 1 und Abs. 2 EStG),
- ▶ Gewinnermittlung nach § 4 Abs. 1 oder § 5 EStG (§ 6b Abs. 4 Satz 1 Nr. 1 EStG),
- ▶ sechsjährige Zugehörigkeit der veräußerten Anlagegüter zu einer inländischen Betriebsstätte (§ 6b Abs. 4 Satz 1 Nr. 2 EStG),
- ▶ Zugehörigkeit der Reinvestitionsgüter zum inländischen Betriebsvermögen (§ 6b Abs. 4 Satz 1 Nr. 3 EStG); s. aber § 6b Abs. 2a EStG (→ Rn. 139 ff.),
- ▶ Veräußerungsgewinn im Inland steuerpflichtig (§ 6b Abs. 4 Satz 1 Nr. 4 EStG),
- ▶ Gewinnübertragung in der Buchführung zu verfolgen (§ 6b Abs. 4 Satz 1 Nr. 5 EStG).

Als Rechtsfolge ist die wahlrechtsabhängige Gewinnübertragung auf die AK oder HK bestimmter WG vorgesehen, die zum Anlagevermögen einer inländischen Betriebsstätte gehören und zwar 52

- ▶ entweder durch Abzug von den AK oder HK der im Wj. der Veräußerung oder dem der Veräußerung vorangegangenen Wj. angeschafften oder hergestellten Anlagegüter (§ 6b Abs. 1 Satz 1 EStG)
- ▶ oder durch Bildung einer Rücklage und deren Übertragung in einem späteren Wj. (§ 6b Abs. 3 EStG).

(Einstweilen frei) 53–60

2. Tatbestandsvoraussetzungen des § 6b Abs. 1 EStG

a) Begünstigte Steuerpflichtige (§ 6b Abs. 1 Satz 1 EStG)

Begünstigt sind „Steuerpflichtige", also der einzelne Stpfl. als natürliche oder juristische Person (s. → Rn. 17) und nicht der Betrieb als Gewinnermittlungseinheit. Die Reinvestitionsvergünstigung ist damit nicht betriebs-, sondern personenbezogen anzuwenden. Der Stpfl. oder sein unentgeltlicher Rechtsnachfolger kann daher nach § 6b EStG stille Reserven aus einem Betrieb in einen anderen, ihm gehörenden Betrieb übertragen.[2] Die praktischen Konsequenzen der personenbezogenen Auslegung zeigen sich nicht nur bei der Überführung von WG aus ei- 61

---

[1] BFH v. 23.4.2009 - IV R 9/06, BStBl 2010 II 664; dazu ausführlich *Kanzler*, NWB 2009, 3172; a. A. FG Niedersachsen v. 16.9.2015 - 9 K 58/14, EFG 2016, 3, kritisch dazu *Hartman*, EFG 2016, 7.

[2] BFH v. 23.4.2009 - IV R 9/06, BStBl 2010 II 664, Tz. 45, m.w.N.

nem BV in ein anderes BV des Stpfl. oder einer Mitunternehmerschaft (s. → Rn. 62 f., → Rn. 96, → Rn. 99 und → Rn. 162), sondern auch bei der Ausübung der Wahlrechte des § 6b (s. → Rn. 91, → Rn. 97 ff.) und bei Einhaltung der Sechs-Jahres-Frist des § 6b Abs. 4 Nr. 2 EStG (s. → Rn. 173).

62 **Gesellschafterbezogene Anwendung:** Nach Auffassung der FinVerw[1] und Rspr.[2] sowie ganz überwiegender Meinung im Schrifttum[3] folgt aus der personenbezogenen Auslegung des § 6b EStG bei Mitunternehmerschaften zugleich eine gesellschafterbezogene Anwendung der Reinvestitionsvergünstigung. Stpfl. i. S. d. § 6b EStG ist danach nicht die Mitunternehmerschaft,[4] sondern der jeweilige Mitunternehmer. Daher ist das Bilanzierungswahlrecht für die Bildung, Fortführung und Auflösung der § 6b-Rücklage anlässlich der Veräußerung eines gesamten Mitunternehmeranteils auf Ebene des veräußernden Gesellschafters durch Abgabe entsprechender Bilanzen im Rahmen seiner Einkommensteuererklärung auszuüben. Auch wird die für den veräußernden Gesellschafter geltende Reinvestitionsfrist nicht durch auf der Ebene der Gesellschaft veranlasste Ereignisse verkürzt.[5] (s. → Rn. 62 m. w. N.). In den VZ 1999 bis 2001 galt vorübergehend eine gesellschaftsbezogene Fassung des § 6b EStG, die wieder aufgegeben wurde, weil sie zu einer allzu starken Einschränkung der Gestaltungsmöglichkeiten bei Umstrukturierungen von PersGes geführt hatte.[6]

63 **Personenidentität zwischen Steuerpflichtigem, Veräußerer und Erwerber:** Der begünstigte „Steuerpflichtige" muss derselbe sein, der durch die Veräußerung den Gewinn realisiert und diesen auf ein von ihm angeschafftes Reinvestitionsgut überträgt. Daher kann eine § 6b-Rücklage auch nicht auf ein im Wege der mittelbaren Grundstücksschenkung erworbenes Grundstück übertragen werden.[7] Soweit allerdings bei Mitunternehmerschaften die anteilige Übertragung stiller Reserven aus dem Gesamthandsvermögen auf WG eines BV und Sonder-BV des Mitunternehmers oder auf WG einer anderen Mitunternehmerschaft, an der er beteiligt ist (und umgekehrt), zugelassen wird,[8] ist der Grundsatz der Personenidentität dem Normzweck des § 6b EStG entsprechend eingeschränkt.[9]

64–70 *(Einstweilen frei)*

b) **Begünstigte Veräußerungen bestimmter Wirtschaftsgüter (§ 6b Abs. 1 Satz 1 1. Halbsatz EStG)**

71 Begünstigt ist nur die Veräußerung bestimmter Wirtschaftsgüter, nicht deren Entnahme. Der *Begriff der Veräußerung* i. S. d. § 6b Abs. 1 und 3 EStG unterscheidet sich von anderen Veräußerungsbegriffen, wie etwa dem des § 23 Abs. 1 EStG. Maßgebend ist nicht das Verpflichtungs-

---

[1] R 6b.2 Abs. 6 Satz 2 und 7 EStR.
[2] Siehe nur BFH v. 30. 3. 1989 - IV R 81/87, BStBl 1989 II 558 und BFH v. 7. 11. 2000 - VIII R 27/98, BFH/NV 2001, 262 = NWB DokID: RAAAA-97059.
[3] Z. B. *Schlenker* in Blümich, § 6b EStG Rn. 230 ff.; HHR/*Marchal*, § 6b EStG Anm. 25, m. w. N.; *Loschelder* in Schmidt, § 6b EStG Rz. 4, 76.
[4] So aber *Knobbe-Keuk*, Bilanz- und Unternehmenssteuerrecht, 9. Aufl., 1993; *Schön*, Gewinnübertragungen bei Personengesellschaften nach § 6b EStG, 1986, 11 ff.
[5] Vgl. FinMin Schleswig-Holstein v. 2. 9. 2014, NWB DokID: GAAAE-72531; *Neu/Hamacher*, GmbHR 2016, 1.
[6] Siehe nur BFH v. 9. 2. 2006 - IV R 23/04, BStBl 2006 II 538; zur damaligen Rechtslage auch *Kanzler*, FR 2002, 117.
[7] BFH v. 23. 4. 2009 - IV R 9/06, BStBl 2010 II 664; dazu ausführlich *Kanzler*, NWB 2009, 3172.
[8] Siehe nur BFH v. 30. 3. 1989 - IV R 81/87, BStBl 1989 II 558; gl. A. R 6b.2 Abs. 6 und 7 EStR.
[9] HHR/*Marchal*, § 6b EStG Anm. 27.

geschäft,[1] sondern der Übergang des wirtschaftlichen Eigentums, also der Übergang von Besitz, Nutzungen und Lasten eines Grundstücks.[2] Veräußerung i. S. d. § 6b Abs. 3 Satz 1 EStG ist danach die Übertragung zivilrechtlichen oder wirtschaftlichen Eigentums an einem WG gegen Entgelt auf einen anderen Rechtsträger. Dabei ist für die Beurteilung der Entgeltlichkeit auf das von den Parteien gewollte wirtschaftliche Ergebnis abzustellen, das durch die zivilrechtliche Gestaltung bewirkt wird.[3] Die Veräußerung kann freiwillig oder unter Zwang erfolgen. Daher kann die Veräußerung eines WG zur Vermeidung einer behördlichen Enteignung[4] sowohl nach § 6b EStG als auch nach R 6.6 (RfE) begünstigt sein (dazu → Rn. 40). Die Veräußerung ist nicht begünstigt, wenn die Voraussetzungen des § 6b Abs. 4 EStG nicht erfüllt sind (s. etwa → Rn. 173 zur Sechs-Jahres-Frist der Zugehörigkeit zum AV).

Weitere entgeltliche Übertragungstatbestände sind die Betriebsveräußerung, die Einbringungsvorgänge nach §§ 20, 24 UmwStG und der Tausch.[5]

Bei der Betriebsveräußerung kann der Stpfl. § 6b EStG auf die begünstigten Einzel-WG anwenden, muss aber für den Restgewinn auf die Tarifbegünstigung des § 34 EStG verzichten (→ Rn. 38); auch die spätere Auflösung der Rücklage ist nicht nach § 34 EStG begünstigt.[6]

Bei Einbringung eines Betriebs, Teilbetriebs oder -anteils in eine KapGes oder PersGes gegen Gewährung von Gesellschaftsrechten zum gemeinen Wert oder zu einem Zwischenwert sind die §§ 6b, 6c EStG auf den Einbringungsgewinn ebenfalls anzuwenden, soweit dieser auf begünstigte WG entfällt.[7] Das gilt aber nur für WG, die auf die Gesellschaft übertragen, nicht für WG, die Sonderbetriebsvermögen werden, denn insoweit liegt keine Veräußerung vor.

Der Tausch ist eine Veräußerung, die stets zur Gewinnrealisierung führt.[8] Wird allerdings das betriebliche WG gegen ein WG des notwendigen Privatvermögens eingetauscht, so liegt keine Veräußerung sondern eine nicht begünstigte Entnahme vor.[9] Gleiches gilt, wenn die Gegenleistung in der Befreiung von einer familienrechtlichen Schuld (z. B. einem Zugewinnausgleichsanspruch) besteht.[10] Besteht die Gegenleistung für die tauschweise Hingabe eines betrieblichen WG allerdings in dem Anspruch auf Übertragung eines WG, so kann selbst dann eine Rücklage nach § 6b Abs. 3 EStG gebildet werden, wenn das eingetauschte WG später in das Privatvermögen überführt wird.[11] Im Unterschied zur vE (dazu s. → Rn. 74) ist auch die offene Einlage nach den für Tauschgeschäfte geltenden Regeln und damit als Veräußerung zu behandeln.[12]

---

1 BFH v. 25. 10. 2001 - IV R 47, 48/00, BStBl 2002 II 289.
2 BFH v. 7. 11. 1991 - IV R 43/90, BStBl 1992 II 398.
3 BFH v. 14. 2. 2008 - IV R 61/05, BFH/NV 2008, 1460 = NWB DokID: LAAAC-83998, betr. Grundstücksveräußerung an Ehefrau, die mit der Kaufpreiszahlung nicht belastet werden sollte.
4 R 6b.1 Abs. 1 EStR; BFH v. 29. 6. 1995 - VIII R 2/94, BStBl 1996 II 60.
5 BFH v. 14. 12. 1982 - VIII R 53/81, BStBl 1983 II 303.
6 St. Rspr. s. nur BFH v. 30. 3. 1989 - IV R 81/87, BStBl 1989 II 558, m. w. N.
7 UmwStErl v. 11. 11. 2011, BStBl 2011 I 1314, Tz. 20.26 und Tz. 24.03; s. auch den Sachverhalt zu BFH v. 18. 5. 2017 - IV R 36/14, BStBl 2017 II 905.
8 R 6b.1 Abs. 1 Satz 3 EStR.
9 BFH v. 23. 6. 1981 - VIII R 41/79, BStBl 1982 II 18 und BFH v. 27. 2. 2006 - IV B 196/04, BFH/NV 2006, 977 = NWB DokID: MAAAB-80852.
10 BFH v. 23. 6. 1981 - VIII R 41/79, BStBl 1982 II 18.
11 BFH v. 29. 6. 1995 - VIII R 2/94, BStBl 1996 II 60 in Abgrenzung zu BFH v. 23. 6. 1981 - VIII R 41/79, BStBl 1982 II 18.
12 BFH v. 24. 4. 2007 - I R 35/05, BStBl 2008 II 253.

73 **Teilentgeltliche Übertragungen** können zu einer Veräußerung und zur Anwendung des § 6b EStG führen. Zu unterscheiden ist die Übertragung eines Einzelwirtschaftsguts und die Übertragung betrieblicher Einheiten gegen ein Teilentgelt. Die teilentgeltliche Übertragung eines Einzelwirtschaftsguts wird bei privater bzw. gesellschaftsrechtlicher Veranlassung nach der sog. Trennungstheorie in einen entgeltlichen als begünstigte Veräußerung und einen unentgeltlichen als nicht nach § 6b EStG begünstigte Entnahme oder Einlage zu behandelnden Teil aufgespalten.[1] Bei der teilentgeltlichen Übertragung betrieblicher Einheiten (Betrieben, Teilbetrieben oder Mitunternehmeranteilen) gilt die Einheitstheorie:[2] Übersteigt das Entgelt den Buchwert (Kapitalkonto) des übertragenen Betriebsvermögens, liegt ein einheitliches Veräußerungsgeschäft vor und der Veräußerungsgewinn ist nach § 6b EStG begünstigt.

74 **Keine Veräußerung** ist die Entnahme, die Schenkung und die Betriebsaufgabe, sofern nicht einzelne begünstigte WG im Rahmen einer Betriebsaufgabe veräußert werden. Mangels Leistungsaustauschs ist die vGA ebensowenig eine Veräußerung,[3] wie die vE,[4] in beiden Fällen fehlt es an einem Veräußerungsentgelt.

75 **Veräußerung bei Mitunternehmerschaften:** Veräußert der Stpfl. einen *Mitunternehmeranteil*, kann er die Steuervergünstigung in Anspruch nehmen, soweit ihm begünstige WG der Mitunternehmerschaft im Gesamthandsvermögen anteilig zuzurechnen sind (§ 39 Abs. 2 Nr. 2 AO). Der begünstigte Veräußerungsgewinn ergibt sich aus dem anteiligen Veräußerungspreis des Mitunternehmeranteils, soweit er auf die begünstigten WG entfällt, abzüglich der anteiligen Buchwerte.[5] § 6b EStG ist auch auf Veräußerungsvorgänge zwischen PersGes und Gesellschafter und umgekehrt anzuwenden.[6] Bei Betriebsveräußerungen einer PersGes kann jeder Gesellschafter für seinen Anteil entscheiden, ob er § 6b EStG in Anspruch nimmt;[7] die Veräußerungsgewinne der Gesellschafter, die § 6b EStG nicht anwenden, werden tarifbegünstigt (§§ 16, 34 EStG) besteuert.[8] Die Einbringung von Einzel-WG in das Gesamthandsvermögen einer PersGes erfolgt zum Buchwert (§ 6 Abs. 5 EStG), so dass § 6b EStG entbehrlich ist. Zur Veräußerung von WG aus dem Gesamthandsvermögen s. →Rn. 99. Begünstigt sind ferner die Gewinne aus der Veräußerung eines WG des Sonderbetriebsvermögens eines Mitunternehmers. Bei der Veräußerung von WG des Gesamthandsvermögens folgt aus der gesellschafterbezogenen Anwendung des § 6b EStG, dass jeder Mitunternehmer die anteilig auf ihn entfallenden stillen Reserven auf Reinvestitionsgüter übertragen kann und dass die Wahlrechte von den jeweiligen Mitunternehmern unterschiedlich ausgeübt werden können. Zu den Reinvestitionsmöglichkeiten bei Mitunternehmerschaften s. → Rn. 97 ff.

---

1 So BMF v. 8.12.2011, BStBl 2011 I 1279 Rn. 15; gl. A. BFH v. 27.10.2015 - X R 28/12, BStBl 2016 II 81, betr. Vorlagebeschluss zum Großen Senat des BFH; a. A. sog. Einheitstheorie: BFH v. 21.6.2012 - IV R 1/08, NWB DokID: KAAAE-13306 und BFH v. 19.9.2012 - IV R 11/12, NWB DokID: TAAAE-19330. Im Hinblick auf diese Urteile des IV. BFH-Senats ruhen Einsprüche gem. § 363 Abs. 2 Satz 2 AO bis zur endgültigen Klärung der Problematik (BMF v. 12.9.2013, BStBl 2013 I 1164, zu II).
2 Siehe nur BFH v. 22.10.2013 - X R 14/11, BStBl 2014 II 158, m.w. N.; H 16 (7) EStH.
3 BFH v. 27.7.1988 - I R 147/83, BStBl 1989 II 271; gl. A. *Eversloh* in Bordewin/Brandt, § 6b EStG Rn. 160; *Heger* in Kirchhof/Söhn/Mellinghoff, § 6b EStG Rn. B 177; HHR/*Marchal*, § 6b EStG Anm. 170 „verdeckte Gewinnausschüttung"; a. A. *Geissen*, JbFfSt 1987/88, 431. Weil die vE keine Veräußerung ist, bedurfte es der Veräußerungsfiktion des § 23 Abs. 1 Satz 5 Nr. 2 EStG.
4 Gl. A. *Eversloh* in Bordewin/Brandt, § 6b EStG Rn. 160; *Heger* in Kirchhof/Söhn/Mellinghoff, § 6b EStG Rn. B 177; HHR/*Marchal*, § 6b EStG Anm. 170 „verdeckte Einlage"; a. A. *Förster*, DStR 2001, 1913.
5 BFH v. 25.4.1985 - IV R 83/83, BStBl 1986 II 350.
6 BFH v. 10.7.1980 - IV R 136/77, BStBl 1981 II 84.
7 BFH v. 25.1.2006 - IV R 14/04, BStBl 2006 II 418.
8 BFH v. 30.3.1989 - IV R 81/87, BStBl 1989 II 558.

Begünstigte Veräußerungsobjekte sind derzeit nur noch Grund und Boden, Aufwuchs, Gebäude oder Binnenschiffe (s. → Rn. 76 ff.) und Anteile an Kapitalgesellschaften (s. → Rn. 246 ff.). Diese begünstigten WG sind von den nicht begünstigten immateriellen WG abzugrenzen. Zu diesen immateriellen WG gehören jedoch nicht die unselbständigen Teile, die wertbildenden Faktoren, wie z. B. geschäftswertbildende Rechtsreflexe oder Nutzungsvorteile eines begünstigten WG;[1] auch wenn dafür ein besonderes Entgelt ausgewiesen wird, erhöht dies den begünstigten Veräußerungsgewinn. 76

Grund und Boden: Hierunter fällt nur der „nackte" Grund und Boden, d. h. ohne die mit dem Boden verbundenen WG wie Gebäude, Aufwuchs, Dränagen, Wege oder eine Windkraftanlage[2] und andere Betriebsvorrichtungen, die als abnutzbare bewegliche WG seit 1998 nicht mehr als Veräußerungsobjekte aber nach § 6b Abs. 10 EStG als Reinvestitionsobjekte begünstigt sind. Dagegen gehört die Grasnarbe von Weideland zum Grund und Boden.[3] Nicht zum Grund und Boden gehören immaterielle WG, die zwar wirtschaftlich mit ihm verbunden, aber gleichwohl bilanzsteuerrechtlich selbständige WG sind, z. B. Brennrechte, das Jagdrecht, das stehende Holz und andere landwirtschaftliche Kulturen, einschl. des Feldinventars, die Milchreferenzmenge[4] und Wasserrechte.[5] Zur Kaufpreisaufteilung in diesen Fällen s. → Rn. 112, → Rn. 132 f. Kein selbständiges WG ist ein sog. „Auffüllrecht" für Klärschlamm;[6] auch die bloße Nutzungsmöglichkeit eines Grundstücks ist nur wertbildender Faktor und kann nicht zu einem selbständigen immateriellen WG erstarken.[7] Das für das Auffüllrecht und die bloße Nutzungsmöglichkeit des Grund und Bodens (z. B. zur Erzeugung von Windkraft) gezahlte Entgelt gehört zum begünstigten Veräußerungsgewinn. Der Grund und Boden muss zum *Anlagevermögen* gehören (§ 6b Abs. 4 Satz 1 Nr. 2 EStG), was beim gewerblichen Grundstückshandel i. d. R. ausgeschlossen ist.[8] Allerdings können auch bei einem gewerblichen Grundstückshändler einzelne Grundstücke dem Anlagevermögen zuzuordnen sein; insbesondere dann, wenn sie sechs Jahre zum Betriebsvermögen des Stpfl. gehört haben und keine besonderen Gründe ersichtlich sind, die einer Zurechnung zum Anlagevermögen entgegenstehen.[9] 77

Aufwuchs auf oder Anlagen im Grund und Boden mit dem dazugehörigen Grund und Boden sind nur begünstigt, wenn sie zusammen mit dem dazugehörigen Grund und Boden in engem zeitlichen und wirtschaftlichen Zusammenhang auch an zwei verschiedene Erwerber veräußert werden.[10] Auch der Aufwuchs muss als Veräußerungsobjekt zum Anlagevermögen gehören. Da das Holz nach dem Einschlag zum Umlaufvermögen gehört,[11] darf es der Stpfl. vor 78

---

1 BFH v. 10. 3. 2016 - IV R 41/13, BStBl 2016 II 984.
2 BFH v. 6. 6. 2014 - IV R 41/10, BFH/NV 2014, 847 = NWB DokID: TAAAE-61839.
3 BFH v. 16. 2. 1984 - IV R 229/81, BStBl 1984 II 424.
4 BFH v. 24. 8. 1993 - IV B 20/93, BFH/NV 1994, 172 = NWB DokID: PAAAB-33835.
5 BFH v. 24. 8. 1989 - IV R 38/88, BStBl 1989 II 1016; s. auch H 6b.1 „Nicht begünstigte Wirtschaftsgüter" EStH.
6 BFH v. 20. 3. 2003 - IV R 27/01, BStBl 2003 II 878.
7 BFH v. 10. 3. 2016 - IV R 41/13, BStBl 2016 II 984.
8 Zu den Besonderheiten des gewerblichen Grundstückshandels bei Landwirten s. *Kanzler*, DStZ 2013, 822, m. w. N. Wird das Grundstück zunächst an den zwischengeschalteten Ehegatten verkauft, um einen gewerblichen Grundstückshandel zu vermeiden und den Veräußerungsgewinn neutralisieren zu können, so kann ein Gestaltungsmissbrauch anzunehmen sein (Niedersächsisches FG v. 7.7.2016 - 6 K 11029/14 und 6 K 11031/14, NWB DokID: OAAAG-72330 und YAAAG-72331, Rev. X R 21/17 und X R 22/17 mit Anm. *Kreft*, DB 2018, 224. Mit Zwischenbeschluss v. 11.1.2018 - X R 21/17 (BFH/NV 2018, 529 = NWB DokID: LAAAG-77736) hat der BFH eine notwendige Beiladung beteiligter Dritter abgelehnt.
9 So BFH v. 8. 2. 2017 - X B 138/16, BFH/NV 2017, 579 = NWB DokID: LAAAG-40086 unter Hinweis auf R 6b.3 Abs. 1 Satz 2 EStR und m. w. N. zur Rspr. des BFH.
10 BFH v. 7. 5. 1987 - IV R 150/84, BStBl 1987 II 670.
11 BFH v. 5. 6. 2008 - IV R 50/07, BStBl 2008 II 968.

dem Verkauf nicht fällen. Die Veräußerungsgewinne für Grund und Boden sowie den Aufwuchs und die Anlagen im Grund und Boden sind wegen unterschiedlicher Übertragungsmöglichkeiten getrennt zu ermitteln; im Übrigen ist bei Grund und Boden, der gem. § 55 Abs. 1 EStG bewertet wurde, die Verlustausschlussklausel (§ 55 Abs. 6 EStG) zu beachten.

79 **Der Aufwuchs muss zum land- und forstwirtschaftlichen Betriebsvermögen gehören:** Diese Voraussetzung ist auch erfüllt, wenn das veräußerte WG zum Betrieb einer Körperschaft, Personenvereinigung oder Vermögensmasse gehört und dieser Betrieb ausschließlich die LuF zum Gegenstand hat.[1] Erzielt der Landwirt gewerbliche Einkünfte aus seinem Hof (z. B. weil die Tierbestandsgrenzen überschritten sind), dann ist bei Veräußerung von Flächen, der Aufwuchs nicht begünstigt. Zum Strukturwandel nach Rücklagebildung s. → Rn. 147.

80 **Gebäude** ist ein Bauwerk, das Menschen oder Sachen durch räumliche Umschließung Schutz gegen Witterungseinflüsse gewährt, den Aufenthalt von Menschen gestattet, fest mit dem Grund und Boden verbunden, von einiger Beständigkeit und ausreichend standfest ist.[2] Auch rechtlich selbständige Gebäudeteile, z. B. Eigentumswohnungen, rechnen zu den Gebäuden in diesem Sinne.[3] Entscheidend ist die Abgrenzung der Gebäude von den Betriebsvorrichtungen und den unbeweglichen Außenanlagen. Das Gebäude muss nicht zusammen mit dem Grund und Boden veräußert werden, der Stpfl. muss jedoch wirtschaftlicher Eigentümer des Gebäudes sein. Auch Gebäude, die ein Nießbrauchs- oder Erbbauberechtigter errichtet hat und veräußert, sind begünstigt, weil sie zumindest im wirtschaftlichen Eigentum des Stpfl. stehen (§ 95 Abs. 1 Satz 2 BGB; §§ 1, 12 ErbbauVO). Eine begünstigte Veräußerung ist auch dann anzunehmen, wenn einem Dritten entgeltlich das Recht zum Gebäudeabbruch eingeräumt wird.[4] Gebäude auf fremden Grund und Boden, die zur Aktivierung der HK berechtigen, sind weder bei Veräußerung nach § 6b EStG begünstigt, noch kann Gewinn hierauf übertragen werden.[5] Mietereinbauten sind begünstigt, wenn es sich um unbewegliche WG im wirtschaftlichen Eigentum des Mieters handelt.

81 **Binnenschiffe** sind ab VZ 2006 begünstigt (s. → Rn. 11), um die Konkurrenzfähigkeit der deutschen Binnenschifffahrts-Flotte im europäischen Vergleich zu gewährleisten,[6] Maßgebend für den Begriff des Binnenschiffs ist die Legaldefinition des § 3 Abs. 3 Schiffsregisterordnung.

82–90 *(Einstweilen frei)*

3. Gewinnübertragung als Rechtsfolge (§ 6b Abs. 1 Satz 1 2. Halbsatz EStG)

91 **Vielfaches Wahlrecht auf Gewinnübertragung:** Die Gewinnübertragung erfolgt durch Abzug von den Anschaffungs- und Herstellungskosten des Reinvestitionsguts. Der Stpfl. kann im Wj. der Veräußerung von den Anschaffungs- und Herstellungskosten der in Satz 2 bezeichneten WG, die im Wj. der Veräußerung oder im vorangegangenen Wj. angeschafft oder hergestellt worden sind, einen Betrag bis zur Höhe des bei der Veräußerung entstandenen Gewinns abziehen. Dem Stpfl. steht damit ein zweifaches Wahlrecht zu, einmal zwischen Sofortversteuerung und Gewinnübertragung und zum anderen hinsichtlich des Umfangs der Übertragung, bis zu

---

1 BFH v. 5. 9. 1980 - VI R 183/77, BStBl 1981 II 76.
2 BFH v. 28. 5. 2003 - II R 41/01, BStBl 2003 II 693 und dem folgend Ländererlasse v. 5. 6. 2013, BStBl 2013 I 734, zu 2.2; R 7.1 Abs. 5 EStR.
3 Ländererlasse v. 5. 6. 2013, BStBl 2013 I 734, zu 3.
4 BFH v. 13. 11. 1991 - I R 58/90, BStBl 1992 II 517.
5 BFH v. 19. 12. 2012 - IV R 29/09, BStBl 2013 II 387; überholt: BFH v. 10. 10. 1997 - IV R 12/96, BStBl 1997 II 718.
6 BT-Drucks. 16/753.

100 % des Veräußerungsgewinns. Hinzu kommt das Wahlrecht auf Bildung einer Rücklage nach § 6b Abs. 3 EStG. Diese Wahlrechte sind hinsichtlich ESt oder KSt und GewSt einheitlich auszuüben.[1]

Abzug im Wirtschaftsjahr der Veräußerung: Der Abzug erfolgt frühestens im Wj. der Veräußerung, in dem auch der Veräußerungsgewinn entsteht. Das ist der Zeitpunkt, in dem das wirtschaftliche Eigentum auf den Erwerber übergeht.[2] Das gilt auch für die vorgezogene Anschaffung oder Herstellung (s. → Rn. 196). Allerdings wird der Abzug aus buchführungs- und bilanztechnischen Gründen i. d. R. nicht im Wj., sondern erst bei Aufstellung des Jahresabschlusses vorgenommen.[3]

92

Anschaffung oder Herstellung als Reinvestitionstatbestand: Der Abzug erfolgt von den AHK der angeschafften oder hergestellten WG. Es gelten die entsprechenden Begriffe in § 6 Abs. 1 Nr. 1 EStG. Die Anschaffung setzt als Kehrseite der Veräußerung den entgeltlichen Erwerb eines WG voraus. Sie ist anzunehmen, wenn das wirtschaftliche Eigentum auf den Erwerber übergegangen ist.[4] Das Jahr der Anschaffung ist das Jahr der Lieferung (§ 9a EStDV). Gehen Besitz, Nutzungen und Lasten eines Grundstücks zum ersten Tag eines Wj. auf den Erwerber über, so ist das Grundstück regelmäßig in diesem Wj. Angeschafft.[5] Die Einlage eines WG aus dem Privatvermögen in das Betriebsvermögen ist keine Anschaffung i. S. v. § 6b EStG, so dass ein Abzug vom Teilwert des eingelegten WG ausscheidet.[6]

93

Begriff der Anschaffungs- oder Herstellungskosten: Der Begriff der AK bestimmt sich nach § 255 Abs. 1 HGB[7] als die Aufwendungen, die geleistet werden, um einen Vermögensgegenstand zu erwerben und ihn in einen betriebsbereiten Zustand zu versetzen, soweit sie dem Vermögensgegenstand einzeln zugeordnet werden können. HK sind nach § 255 Abs. 2 HGB auch steuerrechtlich[8] die Aufwendungen, die durch den Verbrauch von Gütern und die Inanspruchnahme von Diensten für die Herstellung eines Vermögensgegenstands, seine Erweiterung oder für eine über seinen ursprünglichen Zustand hinausgehende wesentliche Verbesserung entstehen.

94

Durchführung des Abzugs von den Anschaffungs- oder Herstellungskosten: Der Abzug der begünstigten Gewinne erfolgt in der Steuerbilanz von den Anschaffungs- und Herstellungskosten des Reinvestitionsguts. In der Handelsbilanz ist ein Abzug nicht mehr möglich, da die handelsrechtliche Öffnungsklausel in § 254 HGB a. F. seit dem 1. 1. 2010 nicht mehr gilt. Nach § 5 Abs. 1 Satz 2 EStG, muss der Stpfl. die WG, die nicht mit dem handelsrechtlichen Wert in der steuerlichen Gewinnermittlung ausgewiesen werden, in besondere, laufend zu führende Verzeichnisse aufnehmen (s. KKB/Bisle/Dönmez, § 5 EStG Rn. 80 ff.). Der Abzug erfolgt grundsätzlich von den Anschaffungs- und Herstellungskosten der Reinvestitionsobjekte. Ist das Reinvestitionsobjekt aber im vorhergehenden Wj. angeschafft oder hergestellt worden, erfolgt der Abzug nach § 6b Abs. 5 EStG vom Buchwert, den das WG am Schluss des Wj. der Anschaffung oder Herstellung hat (s. → Rn. 196).

95

---

1 BFH v. 9. 8. 1989 - X R 110/87, BStBl 1990 II 195.
2 BFH v. 7. 11. 1991 - IV R 43/90, BStBl 1992 II 398; s. a. → Rn. 71.
3 BFH v. 28. 1. 1981 - IV R 111/77, BStBl 1981 II 430.
4 BFH v. 7. 11. 1991 - IV R 43/90, BStBl 1992 II 398.
5 BFH v. 14. 11. 1990 - X R 85/87, BStBl 1991 II 222 und BFH v. 7. 11. 1991 - IV R 43/90, BStBl 1992 II 398.
6 BFH v. 11. 12. 1984 - IX R 27/82, BStBl 1985 II 250.
7 BFH v. 19. 10. 2006 - III R 6/05, BStBl 2007 II 301, m. w. N.
8 Siehe etwa BFH v. 21. 10. 1993 - IV R 87/92, BStBl 1994 II 176.

96 Gewinnübertragung in anderen Betrieb des Steuerpflichtigen: Der Stpfl. kann die Gewinnübertragung auch in einem anderen ihm gehörenden Betrieb derselben oder einer anderen Einkunftsart vornehmen. Zur Sicherung des GewSt-Aufkommens besteht ein Übertragungsverbot nur für gewerbliche Gewinne, wenn der Abzug bei WG eines luf oder der selbständigen Arbeit dienenden Betriebs erfolgen soll (s. → Rn. 180). Bei Gewinnübertragungen in das Betriebsvermögen eines anderen Betriebs ist das Wahlrecht in der Bilanz des veräußernden Betriebs auszuüben.[1] Handelt es sich bei dem anderen Betrieb um eine Mitunternehmerschaft, so ist die Übertragung stiller Reserven aus dem Einzelunternehmen des Stpfl. auf ein WG des Gesamthandsvermögens nur insoweit zulässig, als das Reinvestitionsgut ihm anteilig zuzurechnen ist; bilanztechnisch zwingt dies zur Aufstellung einer negativen Ergänzungsbilanz.[2]

> **BEISPIEL:** A überträgt einen nach § 6b EStG begünstigten und in eine Rücklage eingestellten Gewinn von 100 000 € aus seinem Einzelunternehmen auf die AK eines Grundstücks der X GmbH & Co. KG, an der er zu 50 % beteiligt ist. Die Rücklage wird erfolgsneutral ausgebucht (s. → Rn. 165) und bei der KG ein passiver Ausgleichsposten zu den auf A anteilig entfallenden AK des Grundstücks (300 000 €) in einer Ergänzungsbilanz gebildet. Über diesen Korrekturposten werden dem A höhere Veräußerungs- oder Entnahmegewinne zugeordnet.

97 Gewinnübertragungen bei Mitunternehmerschaften: Die gesellschafterbezogene Auslegung der Reinvestitionsregelung eröffnet vielfältige und weitgehende Übertragungsmöglichkeiten, die optimal zur Gewinnglättung, Verlustverrechnung, Progressionsmilderung[3] oder Umstrukturierung von Unternehmen genutzt werden können. Zur Veräußerung des gesamten Mitunternehmeranteils siehe → Rn. 62 m.w. N.

98 Einen im Sonderbetriebsvermögen entstandenen Gewinn kann der Mitunternehmer auch auf WG übertragen, die er in seinem Einzelunternehmen angeschafft oder hergestellt hat.[4] Der im Einzelunternehmen oder im Sonderbetriebsvermögen des Stpfl. entstandene Gewinn kann auch auf WG einer PersGes übertragen werden, an der der Stpfl. als Mitunternehmer beteiligt ist, soweit ihm diese WG im Zeitpunkt ihrer Anschaffung oder Fertigstellung anteilig zuzurechnen sind. Maßgebend ist die prozentuale Beteiligung am Gesellschaftsvermögen, nicht am Gewinn. Die Aufteilung ist deshalb nach dem Verhältnis der Kapitalkonten, ggf. erhöht um die ihnen zuzurechnenden stillen Reserven im Zeitpunkt der Investition vorzunehmen.[5]

> **PRAXISHINWEIS:**
> Um den Gewinn auf die vollen Anschaffungs- und Herstellungskosten eines Reinvestitionsguts übertragen zu können, empfiehlt sich zunächst dessen Anschaffung oder Herstellung im Sonderbetriebsvermögen, um es nach der Gewinnübertragung in das Gesellschaftsvermögen einzubringen.

99 Stille Reserven aus dem Gesamthandsvermögen lassen sich unterschiedlich übertragen, und zwar auf Reinvestitionsgüter,[6] die

- zum Gesamthandsvermögen der veräußernden PersGes gehören, wobei das Wahlrecht von allen Mitunternehmern einheitlich ausgeübt werden soll;[7] m. E. folgt aus der gesell-

---

1 BFH v. 19. 12. 2012 - IV R 41/09, BStBl 2013 II 313, mit Anm. *Kanzler*, FR 2013, 513; s. auch *Tiede*, BBK 2013, 412.
2 Zum umgekehrten Fall der Veräußerung eines zum Gesellschaftsvermögen gehörenden WG an einen Gesellschafter s. → Rn. 99.
3 BFH v. 17. 9. 1987 - IV R 8/86, BStBl 1988 II 56.
4 BFH v. 28. 1. 1981 - IV R 111/77, BStBl 1981 II 430.
5 Gl. A. HHR/*Marchal*, § 6b EStG Anm. 27.
6 Dazu auch R 6b.2 Abs. 7 Nr. 1 bis 4 EStR.
7 HHR/*Marchal*, § 6b EStG Anm. 50 und so noch R 41b Abs. 7 Nr. 1 EStR 1998.

▶ schafterbezogenen Betrachtung auch eine individuelle Wahlrechtsausübung mit Korrekturen durch Ergänzungsbilanzen,[1]
▶ zum Gesamthandsvermögen einer Schwesterpersonengesellschaft gehören, wobei die Übertragung auf die Anschaffungskosten des nämlichen WG möglich ist.

BEISPIEL (NACH BFH V. 9.11.2017[2]): Die Klägerin, eine KG (A) veräußerte im Jahr 2006 ihre Beteiligung an einer GmbH an eine andere KG (B), die kurz zuvor gegründet worden war. Der Kommanditist R, ist zu 99 % an der Klägerin und zu 100 % an der B-KG beteiligt. Als Wirtschaftsgut des Anlagevermögens war die GmbH-Beteiligung ein nach § 6b Abs. 10 EStG begünstigtes Veräußerungsobjekt und zugleich Reinvestitionsgut. Nach der seit dem VZ 2002 wieder geltenden gesellschafterbezogenen Auslegung des Begriffs des Stpfl. in § 6b Abs. 1 EStG, die auch für die gleiche Formulierung in § 6b Abs. 10 Satz 1 EStG gilt, konnte R den anteilig zu 99 % auf ihn entfallenden Veräußerungsgewinn auf die Anschaffungskosten des nämlichen Wirtschaftsguts bei der B-KG übertragen.

▶ zum Sonderbetriebsvermögen eines Mitunternehmers der veräußernden PersGes gehören, soweit die stillen Reserven nach der vereinbarten Gewinnverteilung anteilig auf den Mitunternehmer entfallen,[3]
▶ vorbehaltlich des Übertragungsverbots in § 6b Abs. 4 Satz 2 EStG zum Betriebsvermögen eines als Einzelunternehmen geführten Betriebs eines Mitunternehmers gehören, soweit der Gewinn anteilig auf diesen Mitunternehmer entfällt;[4] das gilt auch für Veräußerungsgewinne einer Forstgenossenschaft oder anderen Realgemeinde i. S. v. § 13 Abs. 1 Nr. 4 EStG, so dass die Reinvestitionen in den Betrieben der Mitglieder begünstigt sind,[5]
▶ zum Gesellschaftsvermögen einer anderen (auch mehrstöckigen[6]) PersGes oder zum Sonderbetriebsvermögen des Mitunternehmers bei einer anderen PersGes gehören, soweit diese WG dem Mitunternehmer der Gesellschaft, aus deren Betriebsvermögen das veräußerte WG ausgeschieden ist, zuzurechnen sind, und soweit die aufgedeckten stillen Reserven anteilig auf ihn entfallen; auch insoweit ist das Übertragungsverbot in § 6b Abs. 4 Satz 2 EStG zu beachten. Zulässig ist auch die Übertragung auf Investitionen einer nachgeordneten PersGes an welcher der Gesellschafter nur mittelbar beteiligt ist.[7]

TAB. 1:	Übertragungsmöglichkeiten des Mitunternehmers nach Kanzler in Leingärtner, Kap. 31 Rz. 108.		
Stille Reserven eines WG aufgedeckt im	Gewinnübertragung auf		
	Gesamthandsvermögen	Sonderbetriebsvermögen	Einzelunternehmen
Gesamthandsvermögen	ja voll	ja anteilig	ja anteilig
Sonderbetriebsvermögen	ja anteilig	ja voll	ja voll
Einzelunternehmen	ja anteilig	ja voll	ja voll

1 Gl. A. *Loschelder* in Schmidt, § 6b EStG Rn. 45; *Kahle* in Prinz/Kanzler, NWB Praxishandbuch Bilanzsteuerrecht, Rn. 1385; kritisch schon *Korn/Strahl*, § 6b EStG Rn. 62; offengelassen in BFH v. 30. 3. 1989 - IV R 81/87, BStBl 1989 II 558.
2 BFH v. 9.11.2017 - IV R 19/14, BFH/NV 2018, 487 = NWB DokID: IAAAG-72050 mit Anm. *Buchholz*, Ubg 2018, 242; *Kanzler*, NWB 2018, 535 und FR 2018, 370; *Kanzler*, Ubg 2018, 240 und *Neumann*, Ubg 2018, 244.
3 BFH v. 26. 5. 1994 - IV R 77/92, BFH/NV 1995, 214 = NWB DokID: TAAAB-34823.
4 BFH v. 26. 5. 1994 - IV R 77/92, BFH/NV 1995, 214 = NWB DokID: TAAAB-34823.
5 BFH v. 9. 10. 1986 - IV R 331/84, BStBl 1987 II 169 und BFH v. 28. 4. 1988 - IV R 298/83, BStBl 1988 II 885.
6 Dazu *Schmudlach*, StuB 2016, 132.
7 Gl. A. *Strahl*, NWB 2018, 1290, 1296 mit Schaubildern; wohl a. A. *Schmudlach*, StuB 2016, 132.

101 **Gewinnübertragungen bei Kapitalgesellschaften** sind in mehrfacher Hinsicht denkbar. Die Veräußerung an einen fremden Dritten ist ebenso begünstigt, wie die Veräußerung an den Gesellschafter der KapGes zu fremdüblichen Bedingungen. Zu vgA und vE, die keine Veräußerungen i. S. d. § 6b EStG sind s. → Rn. 74.

Rücklagen im Organkreis: § 6b EStG ist auch auf Veräußerungen im Organkreis oder zwischen Organgesellschaften anwendbar, weil es sich dabei um jeweils selbständige Unternehmen handelt, die ihr Einkommen getrennt ermitteln.[1] Begünstigt sind allerdings nur Reinvestitionen des veräußernden Unternehmens, das im Übrigen auch selbst alle Voraussetzungen des § 6b Abs. 4 EStG erfüllen muss. Die Beschränkung nach § 14 Abs. 1 Nr. 4 KStG gilt nicht für die Zuführung zum Sonderposten mit Rücklageanteil i. S. d. §§ 247 Abs. 3, 273 HGB, z. B. Rücklagen i. S. d. § 6b EStG, RfE und für die Bildung stiller Reserven.[2] Vororganschaftliche stille Reserven können daher auf begünstigte Reinvestitionen übertragen oder in eine Rücklage zu lasten des Organeinkommens eingestellt werden.

Gewinnübertragungen zwischen Kapital- und Tochterpersonengesellschaften: Zulässig ist auch die Übertragung stiller Reserven nach § 6b EStG von einer Kapitalgesellschaft auf das Reinvestitionsgut einer Personengesellschaft an der die Kapitalgesellschaft beteiligt ist.[3] Nach BMF folgt dies aus der Analogie zur Gewinnübertragung eines Einzelunternehmers in das BV der PersGes, an der er beteiligt ist (R 6b.2 Abs. 6 Satz 1 Nr. 2 EStR); daher ist die Übertragung der Höhe nach nur zulässig, soweit die Reinvestitionsgüter der KapGes zuzurechnen sind. Da R 6b.2 Abs. 7 Nr. 3 EStR gem. § 8 Abs. 1 KStG i. V. m. R 32 Abs. 1 KStR entsprechend Anwendung findet, ist auch die Übertragung in umgekehrter Richtung einer auf Ebene der PersGes gebildeten Rücklage auf die an ihr beteiligte KapGes in dem Umfang ihres Beteiligungsverhältnisses möglich.[4]

102–110 *(Einstweilen frei)*

4. Begünstigte Reinvestitionsgüter (§ 6b Abs. 1 Satz 2 EStG)

111 **Voraussetzungen für Reinvestitionsgüter:** Die Gewinnübertragung ist nur auf bestimmte in § 6b Abs. 1 Satz 2 EStG genannte Reinvestitionsgüter möglich. Diese müssen weitere in Abs. 4 genannte Voraussetzungen erfüllen (s. → Rn. 171 ff.). Nicht vorausgesetzt wird, dass das Reinvestitionsgut neu ist,[5] der Ersatzbeschaffung dient, mit eigenen Mitteln beschafft wurde oder eine wirtschaftliche Bedeutung hat; auch eine Verbleibensfrist ist nicht vorgesehen.

112 **Die Reinvestitionsgüter im Einzelnen:** Als Reinvestitionsgüter bezeichnet das Gesetz dieselben WG, die in Satz 1 als begünstigte Veräußerungsobjekte aufgeführt sind (s. → Rn. 76 ff.):

Grund und Boden (§ 6b Abs. 1 Satz 2 Nr. 1 EStG): Gesamtkaufpreise für bebaute Grundstücke sind aufzuteilen, weil stille Reserven von Gebäuden nicht auf Grund und Boden übertragen werden können; das gilt auch für Nebenkosten.

---

1 *Müller* in Mössner/Seeger, KStG,, Vor §§ 14-19 KStG Rn. 4, § 14 KStG Rn. 72 und 611 ff.
2 *Müller* in Mössner/Seeger, § 14 KStG Rn. 518.
3 BMF v. 15. 1. 2008, StuB 2008, 107 und BMF v. 29. 2. 2008, BStBl 2008 I 495 mit Ausführungen zur inzwischen aufgegebenen umgekehrten Maßgeblichkeit (s. → Rn 36); dazu *Grützner*, StuB 2008, 178, mit Beispielen; s. auch *Ortmann-Babel*, DB 2008, 202.
4 OFD Magdeburg v. 29. 5. 2013, Juris.
5 Beiläufig BFH v. 19. 5. 1976 - I R 164/74, BStBl 1977 II 60; die Absicht, die Anschaffung „neuer" WG zu begünstigen (BT-Drucks. 4/2400, 64) hat im Gesetz keinen Niederschlag gefunden.

Aufwuchs Luf Grund und Boden (§ 6b Abs. 1 Satz 2 Nr. 2 EStG): Der Aufwuchs muss mit dem dazugehörigen Grund und Boden angeschafft werden und wie der veräußerte Aufwuchs zu einem luf Betriebsvermögen gehören.

Gebäude (§ 6b Abs. 1 Satz 2 Nr. 3 EStG): Gebäude können ohne den dazugehörenden Grund und Boden erworben werden. Nicht begünstigt ist der Erwerb von Betriebsvorrichtungen.

Binnenschiffe (§ 6b Abs. 1 Satz 2 Nr. 4 EStG): Die früher geltende Begünstigung von Erweiterungen, Aus- und Umbauten der Schiffe wurde durch das StEntlG 1999/2000/2002 (→ Rn. 11) aufgehoben.

Das Gesetz sieht in § 6b Abs. 1 Satz 2 und Abs. 10 EStG unterschiedliche Möglichkeiten der Gewinnübertragung auf die genannten Reinvestitionsgüter vor.

TAB. 2:	Schematische Darstellung der Übertragungstatbestände des § 6b EStG nach *Kanzler* in Leingärtner, Kap. 31 Rn. 55.					
Übertragung der Gewinne auf Veräußerungs-gewinn aus	Grund und Boden	Aufwuchs auf Grund und Boden mit dem dazuge-hörigen Grund und Boden	Gebäude	Binnen-schiffe seit 2006	abnutzba-re beweg-liche WG	Anteile an KapGes im Betriebs-vermögen von Per-sonenun-ternehmen
Grund und Boden	ja (zu 100%) auf AK	ja (zu 100%) auf AK	ja (zu 100%) auf AK	nein	nein	nein
Aufwuchs auf Grund und Boden mit dem dazuge-hörigen Grund und Boden	nein	ja (zu 100%) auf AK oder HK	ja (zu 100%) auf AK oder HK	nein	nein	nein
Gebäuden	nein	nein	ja (zu 100%) auf AK	nein	nein	nein
Binnenschiffen seit 2006	nein	nein	nein	ja (zu 100%)	nein	nein
Anteilen an Kap-Ges im Betriebs-vermögen von Personenunter-nehmen	nein	nein	ja (zu 60% bis 500 000 €) auf AK	nein	ja (zu 60% bis 500 000 €) auf AK oder HK	ja (bis 500 000 €) auf AK

(Einstweilen frei) 114–120

5. Erweiterung, Ausbau oder Umbau von Gebäuden (§ 6b Abs. 1 Sätze 3 und 4 EStG)

121 **Erweiterungen, Aus- oder Umbauten von Gebäuden** werden nach § 6b Abs. 1 Satz 3 EStG als eigenständige Reinvestition, der Anschaffung oder Herstellung von Gebäuden gleichgestellt. Dabei kommt die Anschaffung nur bei der Gebäudeerweiterung in Betracht, während die Herstellung bei allen drei Maßnahmen begünstigt ist. Da es sich um einen eigenständigen Reinvestitionstatbestand handelt, ist der Abzug nach § 6b Abs. 1, 3 oder 10 EStG unabhängig vom Zeitpunkt der ursprünglichen Anschaffung oder Herstellung dieses Wirtschaftsgutes zulässig,[1] aber auch auf den Aufwand für diese Maßnahmen beschränkt (§ 6b Abs. 1 Satz 4 EStG).

> **BEISPIEL:** Der Stpfl. erwirbt im Wj. 01 ein Gebäude für 800 000 € und überträgt stille Reserven von 500 000 € auf die AK. Im Wj. 03 führt er Umbaumaßnahmen i.H.v. 150 000 € durch und beabsichtigt eine Rücklage von 400 000 € zu übertragen. Die Rücklage ist nur zu 150 000 € übertragbar; die verbliebenen AK des zuvor angeschafften Gebäudes (300 000 € ./. AfA) sind nicht begünstigt.

122 **Begriffe und Abgrenzung:** Die begünstigten Maßnahmen können einzeln oder zusammen getroffen werden. Eine Abgrenzung, die schwierig sein kann, ist wegen der gleichen Rechtsfolgen nicht erforderlich. Allerdings kann eine Abgrenzung zum Neubau erforderlich sein, weil nur dafür die verlängerte Frist von sechs Jahren gilt (→ Rn. 173).

Erweiterungen, die handelsrechtlich zu den HK gehören (§ 255 Abs. 2 Satz 1 HGB), dienen der Einfügung „bisher nicht vorhandener Bestandteile in das Gebäude (Substanzmehrung)" oder der Vergrößerung der Nutzfläche.[2]

Ausbau ist „der unter wesentlichem Bauaufwand durchgeführte Umbau" betrieblicher Räume[3] und unter

Umbau ist die bauliche Veränderung eines bestehenden Gebäudes zu verstehen.[4]

123–130 *(Einstweilen frei)*

II. Ermittlung des übertragbaren Gewinns (§ 6b Abs. 2 EStG)

131 Die **Legaldefinition** in § 6b Abs. 2 EStG bestimmt den nach Abs. 1 übertragbaren Veräußerungsgewinn als Unterschiedsbetrag zwischen Veräußerungspreis abzüglich Veräußerungskosten und Buchwert im Veräußerungszeitpunkt.

132 **Veräußerungspreis** ist die in Geld oder Geldeswert erbrachte Gegenleistung für die Veräußerung des WG, der Kaufpreis für den Erwerber.

Gesamtpreise sind aufzuteilen, soweit sie auf begünstigte und nichtbegünstigte WG entfallen. Das gilt z. B. für Betriebsveräußerungen, Veräußerungen von Grund und Boden einschließlich immaterieller WG (s. → Rn. 76)[5] oder von WG des Betriebs- und Privatvermögens. Auch Entschädigungen, die außer dem Sachwert auch einen Ertragswert berücksichtigen, sind aufzutei-

---

1 R 6b.2 Abs. Satz 9 EStR.
2 BFH v. 15. 5. 2013 - IX R 36/12, BStBl 2013 II 732, m.w. N.
3 BFH v. 14. 5. 2003 - X R 32/00, BFH/NV 2003, 1178 = NWB DokID: MAAAA-69645, betr. Wohnraumausbau.
4 BFH v. 28. 6. 1977 - VIII R 115/73, BStBl 1977 II 725.
5 Siehe nur LfSt Bayern v. 27. 3. 2014, NWB DokID: OAAAE-67966.

len,[1] es sei denn die Entschädigung sei zur Verschleierung des Kaufpreises geleistet worden.[2] Die Aufteilung erfolgt nach dem Verhältnis der Teilwerte.[3]

Einzelpreise für mehrere gleichzeitig veräußerte WG, die nur zum Teil unter die Begünstigung fallen, sind ebenso auf ihre Angemessenheit hin zu überprüfen, wie überhöhte Entgelte. Bei einer Differenz zwischen Kaufpreis und höherem Verkehrswert ist der tatsächlich gezahlte Kaufpreis maßgebend.[4]

Veräußerungskosten sind nur die in unmittelbarer sachlicher Beziehung zum Veräußerungsgeschäft stehenden Aufwendungen. Der Begriff der Veräußerungskosten in den §§ 6b, 16 Abs. 2 und § 17 EStG ist der Sache nach derselbe und einheitlich auszulegen.[5] Die Aufwendungen müssen in einem Veranlassungszusammenhang mit dem Veräußerungsvorgang stehen.[6] Dazu gehören z. B. Notariatskosten, Maklerprovisionen, Grundbuchgebühren, Reise-, Beratungs- und Gutachterkosten sowie Verkehrsteuern, nicht dagegen die Kosten für den Abbruch eines WG, die im Zusammenhang mit der Veräußerung eines anderen WG anfallen.[7] Gesamtveräußerungskosten sind ggf. auf die gemeinsam veräußerten WG aufzuteilen.[8] 133

Buchwert ist der Wert mit dem das WG im Veräußerungszeitpunkt nach § 6 EStG anzusetzen ist (§ 6b Abs. 2 Satz 2 EStG), wenn zu diesem Zeitpunkt eine Bilanz aufzustellen wäre so dass ein "fiktiver" Buchwert zu ermitteln ist[9, 10] Daher sind noch AfA, erhöhte Absetzungen, etwaige Sonderabschreibungen[11] sowie m. E. auch Teilwertabschreibungen für den Zeitraum vom letzten Bilanzstichtag bis zum Veräußerungszeitpunkt zulässig; auch eine Wertaufholung ist geboten;[12] diese kommt allerdings nur insoweit in Betracht, als sich das WG noch im gleichen Umfang wie zum Zeitpunkt der Teilwertabschreibung im Betriebsvermögen befindet.[13] Ist ein früherer Veräußerungsgewinn in der Gewinnermittlung nicht enthalten, so rechtfertigt das nicht den Schluss, dieser Gewinn habe auf ein Reinvestitionsgut übertragen werden sollen.[14] Bei Veräußerung eines Mitunternehmeranteils ist der Buchwert des Kapitalkontos des Veräußerers maßgebend.[15] 134

Nachträgliche Änderungen des Veräußerungsgewinns sind zu berücksichtigen, soweit dies verfahrensrechtlich möglich ist. Ein verringerter Veräußerungsgewinn führt im Veräußerungsjahr zu einem entsprechend verringerten Abzug. Spätere Ermäßigungen führen als rückwirkendes Ereignis zu einer Minderung der Rücklage (§ 175 Abs. 1 Satz 1 Nr. 2 AO). Drohende Ermäßigungen, die eine Rückstellung begründen, haben keinen Einfluss auf die Gewinnübertragung, die 135

---

1 BFH v. 11. 7. 1973 - I R 140/71, BStBl 1973 II 840; FG Hamburg v. 4. 4. 2011 - 2 K 91/10, EFG 2011, 2052, rkr.
2 BFH v. 22. 1. 2004 - IV R 32/03, BFH/NV 2004, 1092 = NWB DokID: AAAAB-22237.
3 BFH v. 16. 6. 1971 - IV R 84/70, BStBl 1972 II 451.
4 FG Rheinland-Pfalz v. 17. 2. 1981 - II 243/78, EFG 1981, 550, rkr.
5 BFH v. 27. 10. 1977 - IV R 60/74, BStBl 1978 II 100.
6 BFH v. 16. 12. 2009 - IV R 22/08, BStBl 2010 II 736.
7 BFH v. 27. 2. 1991 - XI R 14/87, BStBl 1991 II 628.
8 BFH v. 20. 12. 1961 - IV 363/59 U, BStBl 1962 III 186.
9 BFH v. 6.12.2017 - VI R 68/15, BFH/NV 2018, 566 = NWB DokID: GAAAG-78873.
10 R 6b.1 Abs. 2 Satz 1 EStR.
11 R 6b.1 Abs. 2 Satz 2 EStR.
12 R 6b.1 Abs. 2 Satz 3 EStR.
13 BFH v. 9.11.2017 - IV R 19/14, BFH/NV 2018, 487 = NWB DokID: IAAAG-72050 mit Anm. *Buchholz*, Ubg 2018, 242; *Kanzler*, NWB 2018, 535 und FR 2018, 370; *Kanzler*, Ubg 2018, 240 und *Neumann*, Ubg 2018, 244.
14 BFH v. 6.12.2017 - VI R 68/15, BFH/NV 2018, 566 = NWB DokID: [GAAAG-78873] mit Anm. *Schäfer/Bolik*, StuB 2018, 394.
15 BFH v. 7. 11. 2000 - VIII 27/98, BFH/NV 2001, 262 = NWB DokID: RAAAA-97059.

sich nur auf den Veräußerungsgewinn und nicht auf den Gesamtgewinn des Betriebs bezieht.[1] Erhöhungen des Veräußerungsgewinns im Veräußerungsjahr (z. B. durch Minderung der Veräußerungskosten oder Kaufpreiserhöhungen) rechtfertigen einen höheren Abzug. Gewinnerhöhungen in einem späteren Wj. ermöglichen als rückwirkendes Ereignis eine Aufstockung der Rücklage[2] und eine Berichtigung der Bilanz; die rückwirkende Änderung tatsächlicher Vorgänge ist keine Bilanzänderung, so dass Bilanzkorrekturen nicht den Beschränkungen des § 4 Abs. 2 Satz 2 EStG unterliegen.[3] Die rückwirkende Bildung oder Erhöhung der Rücklage gilt entsprechend auch für die Einnahmenüberschussrechnung und die Anwendung des § 6c EStG.[4] Schadensersatzzahlungen haben keinen Einfluss auf den Veräußerungsgewinn,[5] es sei denn sie dienten der Verschleierung des Veräußerungspreises (s. → Rn. 132).

136–138 (Einstweilen frei)

III. Unionskonformes Wahlrecht für EU- und EWR-Auslandsinvestitionen (§ 6b Abs. 2a EStG)

139 **Bedeutung und Vereinbarkeit mit höherrangigem Recht:** Nachdem der EuGH mit Urteil v. 16. 4. 2015[6] in der Rechtssache C-591/13 entschieden hatte, dass das Inlandserfordernis des § 6b Abs. 4 Satz 1 Nr. 3 EStG nicht mit der Niederlassungsfreiheit des Art. 49 AEUV sowie Art. 31 des EWR-Abkommens vereinbar ist, fügte der Gesetzgeber durch das StÄndG 2015 mit Abs. 2a ein „zusätzliches" Wahlrecht[7] in § 6b EStG ein,[8] ohne allerdings die beanstandete Inlandsklausel ausdrücklich aufzugeben.[9] Anstelle der Sofortversteuerung des Gewinns aus der Veräußerung eines begünstigten WG i. S. d. § 6b Abs. 1 Satz 1 EStG kann der Stpfl. rückwirkend die Verteilung der auf diesen Veräußerungsgewinn festgesetzten Steuer auf fünf Jahre beantragen. Diese Rechtsfolge entspricht der Vorschrift des § 36 Abs. 5 EStG, dessen Sätze 2 bis 5 nach § 6b Abs. 2a Satz 3 EStG sinngemäß anzuwenden sind. Soweit das Wahlrecht nach § 6b Abs. 10 EStG von der Begünstigung ausgeschlossen ist, bleibt es in jedem Fall bei dem Verstoß sowohl gegen die Niederlassungsfreiheit, als auch gegen die Kapitalverkehrsfreiheit.[10] Denn die Veräußerung von Anteilen an Kapitalgesellschaften ist nach § 6b Abs. 2a Satz 1 EStG ebenso wenig begünstigt, wie die Reinvestition in dieses WG. Darin liegt zugleich eine durch sachliche Gründe nicht gerechtfertigte gleichheitswidrige Benachteiligung dieser Unternehmer und ein Verstoß gegen das Gebot einer folgerichtigen Umsetzung und Konkretisierung dieser Belastungsentscheidung (Art. 3 Abs. 1 GG).[11]

BEISPIEL: U veräußert Beteiligungen seines Betriebsvermögens und erwirbt bebaute Grundstücke in Spanien, die seinem dortigen Betriebsvermögen zuzuordnen sind. Obwohl Grund und Boden sowie Gebäude als Reinvestitionsobjekte durch Verweisung auf § 6b Abs. 1 Satz 2 EStG aufgeführt sind, kann das

---

1 FG Nürnberg v. 9. 11. 1999 - I 186/97, EFG 2000, 209, rkr.; *Strahl*, FR 2000, 803.
2 BFH v. 13. 9. 2000 - X R 148/97, BStBl 2001 II 641.
3 *Kanzler* in Prinz/Kanzler, NWB Praxishandbuch Bilanzsteuerrecht, Rn. 1172, m.w. N.
4 BFH v. 10. 3. 2016 - IV R 41/13, BStBl I 2016 II 984, betr. einen Abzug nach § 6c EStG.
5 BFH v. 11. 7. 1973 - I R 140/71, BStBl 1973 II 840; BFH v. 13. 9. 2000 - X R 148/97, BStBl 2001 II 641.
6 In der Rechtssache C-591/13, mit Anm. *Kanzler*, FR 2015, 465; *Sydow*, NWB 2015, 1980 und *Vogel/Cortez*, FR 2015, 437.
7 BT-Drucks. 18/6094, 81.
8 Das über § 6c Abs. 1 Satz 1 EStG auch für nichtbuchführende Betriebe gilt (*Kanzler*, NWB 2015, 3814, 3818).
9 Zu dieser Neuregelung auch *Loschelder*, DStR 2016, 9; *Schiefer/Scheuch*, FR 2016, 11 und *Weiss*, EStB 2016, 102.
10 *Kanzler*, NWB 2015, 3814, 3817; gl. A. *Adrian/Tigges*, StuB 2015, 858, 863.
11 *Kanzler*, NWB 2015, 3814, 3818.

Wahlrecht nicht in Anspruch genommen werden, weil Kapitalgesellschaftsanteile keine begünstigten Veräußerungsobjekte sind.

Solange der Gesetzgeber § 6b Abs. 10 EStG nicht in die Stundungsregelung einbezieht, sind die stillen Reserven aus der Veräußerung von Kapitalgesellschaftsbeteiligungen entgegen § 6b Abs. 4 Satz 1 Nr. 3 EStG auch auf Auslandsinvestitionen übertragbar.[1] Eine Erweiterung des Anwendungsbereichs des § 6b Abs. 2a EStG auf die Reinvestitionsgüter des § 6b Abs. 10 EStG im Wege unionskonformer Auslegung scheitert am klaren Wortlaut des Gesetzes, der in Kenntnis der Entscheidung des EuGH verabschiedet wurde.[2]

Steuersystematisch ist die neue Regelung verfehlt, weil die Stundungslösung mit der ansonsten den § 6b EStG beherrschenden bilanziellen Konzeption unvereinbar ist. § 6b Abs. 2a EStG führt als Fremdkörper in der ansonsten klar strukturierten Reinvestitionsregelung zu neuen Verwerfungen und sachlich nicht gerechtfertigten benachteiligenden wie begünstigenden Gleichheitsverstößen.[3] Die Regelung beseitigt aber auch nicht die unionswidrige Rechtslage in ausreichendem Maße. Denn zum einen schlägt sie nicht auf die GewSt durch (s. → Rn. 16); zum Anderen wird der Gesetzgeber mit der kurzen Stundungsfrist von fünf Jahren den Besonderheiten der Reinvestitionsregelung nicht gerecht, deren Stundungseffekt bei Grund und Boden wie Gebäuden meist über mehrere Jahrzehnte wirkt.[4] Vor diesem Hintergrund kann nicht von einer ausgewogenen Aufteilung der Besteuerungsbefugnis zwischen den Mitgliedstaaten ausgegangen werden, wie sie der EuGH gefordert hat,[5] um auch dem Risiko der Nichteinziehung der Steuer gerecht zu werden, das sich mit der Zeit erhöht.[6] Auf diese Entscheidungen des EuGH beruft sich allerdings der deutsche Gesetzgeber in der Entwurfsbegründung zu § 6b Abs. 2a EStG.[7]

Steuerplanungs- und Steueroptimierungsüberlegungen, die sich aus dem auf In- und Auslandsinvestionen gerichtete Wahlrecht ergeben, lassen sich mit Hilfe der Barwertmethode durchführen. Im Ergebnis erweist sich danach die Rücklagebildung im Inland als günstigere Variante, während die auslandsbezogene Steuerstundung auch unter Berücksichtigung der bis zum 31.12.2017 fehlenden Verzinsung bei Nichtinvestition (s. → Rn. 11 „JStG 2018") vorteilhafter ist, wenn die Inlandsreinvestition ausbleibt oder nicht beabsichtigt ist; diese Rangfolge ändert sich allerdings ab einem Diskontierungsfaktor von 10,8 %.[8]

Tatbestandsvoraussetzungen und Rechtsfolge des § 6b Abs. 2a Satz 1 EStG: Begünstigt sind nur die Gewinne aus der Veräußerung der in § 6b Abs. 1 Satz 1 EStG bezeichneten WG, wenn die in § 6b Abs. 1 Satz 2 EStG bezeichneten Reinvestitionsgüter angeschafft oder hergestellt werden. Wie auch in § 6b Abs. 1 Satz 1 und Abs. 3 Satz 2 EStG geregelt, kann die Reinvestition

---

1 Ebenso schon FG Niedersachsen v. 1.12.2011 - 6 K 435/09, NWB DokID: UAAAE-00778, rkr.; und FG München v. 7.7.2014 - 5 K 1206/14, NWB DokID: SAAAE-72031, nach rückwirkendem Inkrafttreten des § 6b Abs. 2a EStG durch BFH v. 22.6.2017 -VI R 84/14, BStBl 2018 II 171 aufgehoben.
2 A. A. *Loschelder*, DStR 2016, 9, 11.
3 Ähnlich *Schiefer/Scheuch*, FR 2016, 11.
4 Gl. A. *Marcziniak/Gebhardt/Buchholz*, Ubg 2015, 685, 689; zweifelnd schon *Kanzler*, FR 2015, 460, 467; a. A. BFH v. 22.6.2017 - VI R 84/14, BStBl 2018 II 171, der allerdings die Fragen der Nichtberücksichtigung von Gewinnen aus der Veräußerung von Kapitalgesellschaftsanteilen (§ 6b Abs. 10 EStG) und die fehlende Regelung für die Gewerbesteuer (s. → Rn. 16) in seinem Fall nicht für entscheidungserheblich gehalten hat.
5 EuGH v. 29.11.2011 - C-371/10, *National Grid Indus*, NWB DokID: LAAAE-00703, Rn. 73.
6 Zuletzt EuGH v. 21.5.2015 - C-657/13, *Verder LabTec*, NWB DokID: YAAAE-91181, Rn. 50, m.w. N.
7 BT-Drucks. 18/6094, 81.
8 Zu Einzelheiten *Watrin/Riegler*, FR 2016, 345, 350, mit Berechnungsbeispielen; s. auch *Richter*, FR 2016, 652, mit weiteren Berechnungen.

in dem der Veräußerung vorangegangenen Wj. oder in den folgenden vier Wj. erfolgen; bei neu hergestellten Gebäuden verlängert sich die Vierjahresfrist auf sechs Jahre, wenn mit ihrer Herstellung vor dem Schluss des vierten auf die Veräußerung folgenden Wj. begonnen worden ist (§ 6b Abs. 2a Satz 1 2. Halbsatz EStG). Da die Neuregelung keine Gewinnübertragung bzw. Rücklagebildung und -auflösung, sondern eine Steuerstundung vorsieht, ist weder die Vorschrift des § 6b Abs. 4 Satz 1 Nr. 5 EStG (Verfolgbarkeit der Gewinnübertragung in der Buchführung), noch die dazu ergangene Rspr. zum Übertragungsverbot bei Schätzung[1] anwendbar.[2]

BEISPIEL: Einzelunternehmer U, dessen Gewinn geschätzt wurde, kann für eine beabsichtigte Inlandsreinvestition zwar keine Gewinnübertragung vornehmen, für seine Auslandsreinvestition aber die Steuerstundung beantragen.

Andererseits folgt aus dem gesetzgeberischen Willen, ein zusätzliches Wahlrecht zu ermöglichen,[3] Gewinnübertragungen nach § 6b Abs. 1 und 3 EStG und Stundungsregelung zwar einander ausschließen,[4] im Übrigen aber alle wahlrechtsbezogenen Regelungen und die dazu ergangenen Urteile des BFH unmittelbar anzuwenden sind. Dies gilt vor allem für die personenbezogene Anwendung des § 6b EStG bei Mitunternehmerschaften. Danach steht das neue Wahlrecht jedem Mitunternehmer einzeln zu und kann von den Mitunternehmern auch unterschiedlich ausgeübt werden kann.

BEISPIEL: Den Gewinn aus der Veräußerung eines Grundstücks aus dem Gesamthandsvermögen der ABC-OHG will A sofort versteuern, B in eine Rücklage einstellen und C für eine Auslandsinvestition nutzen, so dass er den Antrag auf Verteilung nach § 6b Abs. 2a EStG stellt.

Weitere Voraussetzungen sind in § 6b Abs. 2a EStG nicht gefordert. Gleichwohl ist davon auszugehen, dass die begünstigten Veräußerungsobjekte auch die Voraussetzungen des § 6b Abs. 4 Satz 1 Nr. 1, 2 und 4 EStG erfüllen müssen, also insbesondere im Zeitpunkt der Veräußerung mindestens sechs Jahre ununterbrochen zu einem inländischen Betriebsvermögen gehört haben. Dies folgt aus dem Willen des Gesetzgebers, ein zusätzliches Wahlrecht einzuräumen.[5]

BEISPIEL: Den Gewinn aus der Veräußerung eines Grundstücks aus dem Gesamthandsvermögen der ABC-OHG wollen die Gesellschafter für eine Auslandsinvestition verwenden. Da C erst zwei Jahre vor dem Wj. der Veräußerung in die OHG aufgenommen wurde, kann er weder eine Gewinnübertragung vornehmen noch die Verteilung nach § 6b Abs. 2a Satz 1 EStG beanspruchen.

Nach Auffassung des BMF greift § 6b Abs. 2a EStG „grundsätzlich nicht ein, soweit der Gewinn i. S. d. § 6b Abs. 2 EStG nach § 6b Abs. 1 EStG übertragen oder in eine Rücklage nach § 6b Abs. 3 EStG eingestellt wurde und dieser Bilanzansatz nicht nach § 4 Abs. 2 Satz 2 EStG geändert werden kann."[6]

BEISPIEL: Stellt der Stpfl. den begünstigten Veräußerungsgewinn von 2 Mio. € in vollem Umfang in eine Rücklage ein oder überträgt er ihn zu 500.000 € auf ein Reinvestitionsgut und bildet im Übrigen eine Rücklage in Höhe von 1,5 Mio. €, dann ist der Antrag nach § 6b Abs. 2a EStG gesperrt. Wird die Rücklage im Jahr 02 aufgelöst, dann kann der Stpfl. für die auf den Auflösungsgewinn entfallende Steuer nicht die Stundungsregelung beanspruchen (s. aber die davon abweichende Behandlung der Altfälle

---

1 BFH v. 24. 1. 1990 - I R 152-153/85, BStBl 1990 II 426; BFH v. 16. 9. 2008 - X B 42/08, BFH/NV 2008, 2055 = NWB DokID: EAAAC-93946.
2 *Kanzler*, NWB 2015, 3814, 3819.
3 BT-Drucks. 18/6094, 81.
4 BMF v. 7.3.2018, BStBl 2018 I 309 Tz. 7.
5 BT-Drucks. 18/6094, 81.
6 BMF v. 7.3.2018, BStBl 2018 I 309 Tz. 7.

→Rn. 150). Der Auflösungsgewinn ist nicht mehr der Gewinn im Sinne des § 6b Abs. 2 EStG, auf den in § 6b Abs. 2a Satz 1 Halbs. 1 EStG verwiesen wird.[1]

Sanktionen bei ausbleibender Reinvestition: In § 6b Abs. 2a EStG wird zwar auf eine Rückabwicklung (ähnlich dem § 7g Abs. 3 EStG) der Stundung und Sofortversteuerung des Gewinns verzichtet, ab 2018 ist aber eine Verzinsung der Stundungsraten (entsprechend § 6b Abs. 7 EStG) für den Fall einer ganz oder teilweise ausbleibenden Reinvestition vorgesehen. Eine sinngemäße Anwendung des § 36 Abs. 5 Satz 4 EStG i. V. m. § 6b Abs. 2a Satz 3 EStG (sofortige Fälligkeit der Steuer bei Ausbleiben der Reinvestition) scheidet aus, weil die Fälle der Betriebseinstellung, -veräußerung oder -verlegung nicht mit dem Tatbestand des Verzichts auf eine Reinvestition zu vergleichen sind.[2]

Die Verzinsungsregelung (§ 6b Abs. 2a Satz 4 bis 6 EStG) wurde vorgeschlagen, um „Missbrauch und ungewollte Steuergestaltungen zu verhindern".[3] In der Literatur sei „bereits aufgezeigt, wie die fehlende Sanktion für Zwecke der Steueroptimierung genutzt werden" könne.[4]

Nach § 6b Abs. 2a Satz 4 EStG sind für die Dauer des durch die Ratenzahlung gewährten Zahlungsaufschubs Zinsen zu erheben, wenn der Nachweis einer Reinvestition durch den Stpfl. unterbleibt. Bei geringeren AK oder HK werden die Zinsen mit der Maßgabe nur auf den gewinnbezogenen Unterschiedsbetrag erhoben (Satz 5), dass der Unterschiedsbetrag anteilig auf alle Jahresraten entfällt (Satz 6). Danach ist der Nachweis einer Auslandsreinvestition mindestens in Höhe des begünstigten Gewinns materiell-rechtliche Voraussetzung für eine zinslose Stundung der auf den begünstigten Gewinn entfallenden Steuer.

BEISPIEL: Beantragt der Stpfl. die Einkommensteuer auf einen begünstigten Gewinn von 600.000 € zu stunden, so wäre bei einer Auslandsinvestition mit AK von 500.000 € die auf den Minderbetrag von 100.000 € entfallende Steuer verteilt auf 5 Jahre zu verzinsen.

Das Gesetz regelt die Form des Nachweises nicht und sieht auch keine entsprechende Ermächtigungsgrundlage – wie etwa in § 33b Abs. 7 EStG – vor. Ändert der Stpfl. seine Pläne und verzichtet vor Ablauf des Stundungszeitraums auf die Reinvestition, so ist weder eine Sofortversteuerung des begünstigten Gewinns möglich, noch kann die Verzinsung aller Raten vermieden werden.

Keine Reinvestitionsabsicht: Auch eine Reinvestitionsabsicht wird nicht vorausgesetzt;[5] insoweit gilt die zu § 6b EStG in der ursprünglichen Fassung ergangene Rspr. des BFH.[6] Das Erfordernis einer auf die Auslandsinvestition bezogenen Reinvestitionsabsicht hätte der Gesetzgeber in Kenntnis dieser Rechtsprechung ausdrücklich regeln müssen. Für das BMF folgt daraus zugleich, dass der Stpfl. nicht zwingend bereits vor Stellung des Antrags nach § 6b Abs. 2a EStG eine Betriebsstätte im begünstigten Ausland unterhalten muss. Das BMF hält es daher für ausreichend, dass eine spätere Reinvestition in das Betriebsvermögen einer EU-/EWR- Betriebsstätte „denkbar und möglich" ist.[7] Vor dem Hintergrund, dass eine partielle oder ausblei-

---

1 A.A. *Buchholz/Gebhardt*, IStR 2017 S. 832, 833; wohl auch *Adrian*, StuB 2017 S. 298, 299.
2 *Kanzler*, NWB 2015, 3814, 3822.
3 BR-Drucks. 372/18, 2 (Beschluss).
4 BR-Drucks. 372/18, 2 unter Hinweis auf den Beitrag von *Kanzler*, NWB 2018, 1668.
5 Gl. A. BMF v. 7.3.2018, BStBl 2018 I 309 Tz. 10.
6 BFH v. 7. 3. 1996 - IV R 34/95, BStBl 1996 II 568; BFH v. 27. 2. 1997 - IV R 62/96, BStBl 1997 II 512 und BFH v. 5. 6. 1997 - III R 218/94, BFH/NV 1997, 754 = NWB DokID: AAAAB-04913.
7 BMF v. 7.3.2018, BStBl 2018 I 309 Tz. 10; gl.A. *Adrian/Tigges*, StuB 2015, 858, 861; a. A. *Kanzler*, NWB 2015, 3814, 3822.

bende Reinvestition in eine EU/EWR-Betriebsstätte keinerlei Sanktionen auslöst und nicht einmal zu einer Aufhebung der gewährten Ratenzahlung führt,[1] lässt diese Formulierung nur den Schluss zu, dass das BMF auch eine missbräuchliche Inanspruchnahme der Stundungsregelung akzeptiert.[2]

141 **Gegenstand des Wahlrechts auf Stundung** nach § 6b Abs. 2a Satz 1 EStG ist die Steuer auf den Veräußerungsgewinn i. S. d. § 6b Abs. 2 EStG. Im Unterschied zur Regelung in § 6b Abs. 1 Satz 1 oder Abs. 3 Satz 2 EStG fehlt in § 6b Abs. 2a EStG eine Bezugnahme zur Höhe der Anschaffungs- oder Herstellungskosten des Reinvestitionsguts. Begünstigt ist also die Steuer auf den gesamten Veräußerungsgewinn, selbst wenn die Anschaffungs- oder Herstellungskosten des Reinvestitionsguts die Höhe dieses Gewinns nicht erreichen. Die danach auf den Veräußerungsgewinn bezogene Steuerfestsetzung ist gesondert vorzunehmen und bildet einen selbständig anfechtbaren Teil des Steuerbescheids i. S. d. § 157 Abs. 2 AO.[3] Als selbständige Besteuerungsgrundlage ist sie auch nicht zu ändern, wenn die Anschaffungs- oder Herstellungskosten des Reinvestitionsguts die Höhe des Veräußerungsgewinns nicht erreichen. Die Steuer ist auf den Veräußerungsgewinn i. S. d. § 6b Abs. 2 EStG festzusetzen; nur wenn sich dieser Gewinn ändert, sind auch die Jahresraten anzupassen.[4]

BEISPIEL: Der Veräußerungsgewinn nach § 6b Abs. 2 EStG beträgt 2 Mio. €. Der Stpfl. schafft ein Reinvestitionsgut für 500 000 € in seinem Betriebsvermögen im EU-Ausland an. Das Wahlrecht nach § 6b Abs. 2a EStG ist auf Verteilung der auf den gesamten Veräußerungsgewinn von 2 Mio. € festgesetzten Steuer gerichtet. Die auf den Unterschiedsbetrag entfallenden Steuer-Jahresraten sind zu verzinsen. Nur wenn sich der Veräußerungsgewinn nachträglich erhöht und vermindert, sind die Fünfjahresraten gem. § 6b Abs. 2a Satz 3 i. V. m. § 36 Abs. 5 Satz 5 EStG entsprechend anzupassen. Nachträgliche Herstellungskosten oder Anschaffungskostenminderungen beim Reinvestitionsgut haben keinen Einfluss auf die Fünfjahresraten.

In Verlustfällen läuft die Regelung leer,[5] weil die Steuer auf den Veräußerungsgewinn und nicht der Gewinn selbst Ausgangsgröße der Begünstigung ist. Erzielt der Stpfl. aber ein positives zu versteuerndes Einkommen, dann lässt sich die auf den Veräußerungsgewinn entfallende ESt feststellen, gesondert festsetzen und antragsgemäß stunden.

142 **Ausübung des Wahlrechts durch Antrag (§ 6b Abs. 2a Satz 2 EStG):** Der Antrag nach § 6b Abs. 2a Satz 2 EStG ist nicht formgebunden[6] und kann nach dem Gesetzeswortlaut nur im Wj. der Veräußerung der begünstigten WG gestellt werden. Nach der Entwurfsbegründung soll damit die Gleichbehandlung mit Inlandsfällen hergestellt werden. Obwohl diese Bilanzierungswahlrechte nicht antragsgebunden sind (s. → Rn. 271). muss der Steuerpflichtige auch in soweit bereits im Wirtschaftsjahr der Veräußerung entscheiden, ob er den Veräußerungsgewinn unmittelbar auf ein Reinvestitionswirtschaftsgut übertragen oder aber (alternativ) eine Rücklage gem. § 6b Abs. 3 EStG bilden will.[7] Zu der entsprechenden Regelung in § 6b

---

1 BMF v. 7.3.2018, BStBl 2018 I 309 Tz. 11.
2 Kanzler, NWB 2018, 1668, 1675 mit kritischen Ausführungen zur Feststellungslast.
3 *Kanzler*, NWB 2015, 3814, 3820.
4 *Kanzler*, NWB 2015, 3814, 3820.
5 Gl. A. *Adrian/Tigges*, StuB 2015, 858, 859; *Marcziniak/Gebhardt/Buchholz*, Ubg 2015, 685, 689.
6 BMF v. 7.3.2018, BStBl 2018 I 309 Tz. 6. BT-Drucks. 18/6094, 81 f.
7 BT-Drucks. 18/6094, 81 f.

Abs. 1 Satz 1 EStG hat der BFH entschieden, dass es ausreicht, wenn der Abzug erst bei der Bilanzierung – und nicht bereits in der laufenden Buchführung – vorgenommen wird.[1] Dem entspricht es, wenn der Gesetzgeber es für ausreichend hält, dass der Antrag des Stpfl. zusammen mit der Steuererklärung für das Veräußerungsjahr gestellt wird.[2] Für Altfälle ist allerdings eine Ausnahme geboten und die nachträgliche Antragstellung zulässig, weil nur so die Stundungsregelung gem. § 52 Abs. 14 Satz 1 EStG rückwirkend anzuwenden ist (s. → Rn. 150).

Das BMF geht allerdings noch weiter und lässt auch für Gewinne, die erst nach der Verkündung des StÄndG 2015 entstanden sind, eine verspätete Antragstellung bis zum Eintritt der materiellen Bestandskraft des betroffenen Steuerbescheids zu. Dieser Steuerbescheid ist bei vom Kj. abweichendem Wj. von Land- und Forstwirten derjenige, in dem der anteilige Gewinn i.S. des § 6b Abs. 2 EStG aus der Veräußerung des begünstigten WG erfasst ist. Diese dem Wortlaut des Gesetzes widersprechende Anordnung für Veräußerungsfälle nach Inkrafttreten des StÄndG 2015 begründet das BMF mit einer „gebotene(n) unionsrechtskonforme(n) Handhabung zu Gunsten des Steuerpflichtigen".[3]

Bei Erlass von Feststellungsbescheiden ist der Stundungsantrag beim Wohnsitz-FA zu stellen.[4]

Das Stundungswahlrecht bei betrieblichen Veränderungen: Wie die Steuerstundung bei betrieblichen Veränderungen zu behandeln ist, ergibt sich nicht aus dem Gesetz. Das BMF sieht nur eine Regelung für den Fall der Betriebsveräußerung oder -aufgabe vor.   143

Bei Betriebsveräußerungen soll nach Auffassung des BMF „im Hinblick auf die gebotene unionsrechtskon-forme Handhabung zu Gunsten des Steuerpflichtigen die Regelung in R 6b.2 Absatz 10 EStR ... entsprechende Anwendung" finden.[5] Dies entspricht dem gesetzgeberischen Willen, ein zusätzliches Wahlrecht zu ermöglichen,[6] so dass alle wahlrechtsbezogenen Regelungen und die dazu ergangene Rspr. des BFH unmittelbar auch auf die Stundungsregelung des § 6b Abs. 2a EStG anzuwenden sind (s. → Rn. 140).[7] Daher kann eine bereits gewährte Ratenzahlung nach § 6b Abs. 2a EStG auch noch für die Zeit weitergeführt werden, für die sie ohne Veräußerung des Betriebs zulässig gewesen wäre. Für den Betriebsveräußerungsgewinn entfällt dann aber der Freibetrag nach § 16 Abs. 4 EStG und die Tarifermäßigung nach § 34 EStG, es sei denn die Ratenzahlung beruhte auf stillen Reserven, die bei der Veräußerung einer wesentlichen Betriebsgrundlage aufgedeckt worden sind (R 6b.2 Abs. 10 Satz 3 EStR). Diese Grundsätze gelten auch für eine **Betriebsaufgabe**, soweit der Betriebsaufgabegewinn auch Gewinne aus der Veräußerung einzelner Anlagegüter enthält, die entweder oder auch nicht zu den wesentlichen Betriebsgrundlagen gehören. Der Stpfl. kann aber auch die restlichen Raten auf einmal entrichten, sodass sie Teil des begünstigten Veräußerungs- oder Aufgabegewinns werden. Auf diese Parallele zur Auflösung einer Reinvestitionsrücklage im Rahmen einer Betriebsveräußerung oder -aufgabe[8] geht das BMF zwar nicht ausdrücklich ein; die dazu ergangene Regelung in R 6b.2 Abs. 10 Satz 5 EStR ist aber ebenso auf die Ratenzahlung nach § 6b Abs. 2a EStG anzuwenden.   144

---

[1] BFH v. 28. 1. 1981 - IV R 111/77, BStBl 1981 II 430.
[2] BT-Drucks. 18/6094, 82.
[3] BMF v. 7.3.2018, BStBl 2018 I 309 Tz. 2; a. A. Kanzler, NWB 2018, 1668, 1670: Eine solche Regelung ist dem Gesetzgeber vorbehalten.
[4] BMF v. 7.3.2018, BStBl 2018 I 309 Tz. 3; Kanzler, NWB 2018, 1668, 1671.
[5] BMF v. 7.3.2018, BStBl 2018 I 309 Tz. 4.
[6] BT-Drucks. 18/6094, 81.
[7] Kanzler, NWB 2018, 1668, 1671.
[8] S. BFH v. 25.6.1975 - I R 201/73, BStBl 1975 II 848 und BFH v. 17.10.1991 - IV R 97/89, BStBl 1992 II 392.

Wird demgegenüber für den Gewinn aus der Veräußerung einzelner begünstigter Anlagegüter im Rahmen der Betriebsveräußerung oder -aufgabe erstmals ein Stundungsantrag nach § 6b Abs. 2a EStG gestellt, so scheidet gem. § 34 Abs. 1 Satz 4 und Abs. 3 Satz 6 EStG die Steuerermäßigung für außerordentliche Einkünfte i. S.d. § 34 Abs. 2 Nr. 1 EStG aus.[1] Entsprechendes gilt für die Veräußerung eines Mitunternehmeranteils und die Auflösung einer Personengesellschaft (R 6b.2 Abs. 10 Satz 6).

145 **Bei unentgeltlicher Betriebsübertragung** wird eine bereits gewährte Ratenzahlung vom Rechtsnachfolger ebenso übernommen, wie eine einmal gebildete Rücklage, die der Rechtsnachfolger fortführen kann.[2] Anders als bei der Reinvestitionsrücklage kann der Rechtsnachfolger aber die ratenweise noch zu entrichtende Steuer nicht vorzeitig zurückzahlen, weil das Gesetz „fünf gleiche Jahresraten" vorschreibt.

146 **Umwandlung und Realteilung:** Kann der bisherige Einzelunternehmer bei der Umwandlung eines Einzelunternehmens in eine Personengesellschaft eine von ihm gebildete 6b-Rücklage in einer Ergänzungsbilanz fortführen (R 6b.2 Abs. 9 Satz 1 EStR), so sollte er auch eine ihm gewährte Ratenzahlung fortführen können; im umgekehrten Fall, sowie bei der Realteilung einer Personengesellschaft in Einzelunternehmen ist die Ratenzahlung in entsprechender Anwendung der Regelung in R 6b.2 Abs. 9 Satz 2 f. anteilig fortzuführen.[3]

147 **Beim Strukturwandel** vom land- und forstwirtschaftlichen Betrieb zum Gewerbebetrieb kann die Ratenzahlung fortgeführt werden. Das für Rücklagen geltende Übertragungsverbot des § 6b Abs. 4 Satz 2 EStG zur Sicherung des Anspruchs auf Gewerbesteuer findet keine Anwendung, weil die Steuerstundung keinen Einfluss auf den Gewinn hat (s. → Rn. 140).[4] Auch der Übergang zur Vollschätzung des Gewinns hat keinen Einfluss auf eine Ratenzahlung, weil weder die Vorschrift des § 6b Abs. 4 Satz 1 Nr. 5 EStG (Verfolgbarkeit der Gewinnübertragung in der Buchführung), noch die dazu ergangene Rechtsprechung zum Übertragungsverbot bei Schätzung[5] auf das Wahlrecht nach § 6b Abs. 2a EStG anzuwenden ist.[6]

148 **Der Wechsel der Gewinnermittlungsart** vom Betriebsvermögensvergleich zur Einnahmenüberschussrechnung oder zur Durchschnittssatzgewinnermittlung für Landwirte führt nicht zu einer zwangsweisen Zahlung der noch nicht entrichteten Steuer, weil das Wahlrecht nach § 6b Abs. 2a EStG über § 6c Abs. 1 Satz 1 EStG auch für nichtbuchführende Stpfl. gilt und nach beiden Vorschriften dieselben Wirtschaftsgüter begünstigt sind. Daher hat auch der umgekehrte Wechsel zum Betriebsvermögensvergleich keinen Einfluss auf eine einmal gewährte Ratenzahlung.[7]

149 **Die sinngemäße Anwendung des § 36 Abs. 5 Satz 2 bis 5 EStG (§ 6b Abs. 2a Satz 3 EStG)** betrifft allein die Fälligkeit und Anpassung der fünf gleichen Jahresraten aus der auf den Veräußerungsgewinn gesondert festgesetzten Steuer (→ Rn. 141). Danach bestimmt Satz 2 die Fälligkeit der Jahresraten einen Monat nach Bekanntgabe des Steuerbescheids für die erste Rate und jeweils am 31. 5. der Folgejahre, also unabhängig von etwaigen ESt-Vorauszahlungs- oder -ab-

---

1 BMF v. 7.3.2018, BStBl 2018 I 309 Tz. 5.
2 BFH v. 22.9.1994 - IV R 61/93, BStBl 1995 II 367; *Kanzler*, NWB 2018, 1668, 1672.
3 *Kanzler*, NWB 2018, S. 1668, 1672.
4 *Kanzler*, NWB 2018, S. 1668, 1672.
5 Vgl. BFH v. 24.1.1990 - I R 152-153/85, BStBl 1990 II 426; BFH v. 16.9.2008 - X B 42/08, BFH/NV 2008, 2055 = NWB DokID: EAAAC-93946.
6 *Kanzler*, NWB 2015 S. 3814, 3819.
7 *Kanzler*, NWB 2018, S. 1668, 1672 f.

schlusszahlungen. Nach § 36 Abs. 5 Satz 3 EStG sind die Jahresraten nicht zu verzinsen, dies auch dann nicht, wenn die Investition ausbleibt. Bei Einstellung (Aufgabe) des Auslandsbetriebs, seiner Veräußerung oder Verlegung in einen Nicht-EU- oder EWR-Staat wird die noch nicht entrichtete Steuer binnen Monatsfrist und unabhängig von den regulären Zahlungsterminen fällig (§ 36 Abs. 5 Satz 4 1. und 2. Halbsatz EStG).

BEISPIEL: Im Jahr 03 nach Bekanntgabe des Steuerbescheids wird der Auslandsbetrieb zum 30. 5. veräußert. Für die Rate 03 bleibt es bei der Fälligkeit zum 31. 5., während die Restraten 04 und 05 am 30. 6. 03 fällig sind (§§ 187, 188 BGB).

Nach § 36 Abs. 5 Satz 5 EStG sind die Jahresraten an eine geänderte festgesetzte Steuer entsprechend anzupassen. Maßgebend ist nicht die festgesetzte ESt schlechthin, sondern die auf den Veräußerungsgewinn entfallende Steuer (s. auch § 36 Abs. 5 Satz 1 EStG),[1] so dass die (künftigen) Raten nur an einen erhöhten oder verminderten Veräußerungsgewinn anzupassen sind (s. → Rn. 141).

BEISPIEL: Im Jahr 03 nach Bekanntgabe des Steuerbescheids stellt sich heraus, dass der auf ein Grundstück entfallende Veräußerungsgewinn statt 1,5 Mio. € (Jahresraten von 300 000 €) 1,2 Mio. € (Jahresraten von 240 000 €) beträgt. Die Raten 04 und 05 sind auf je 150 000 € zu mindern.

Rückwirkende Anwendung des neuen Wahlrechts: Nach § 52 Abs. 14 Satz 1 EStG ist die Neuregelung des § 6b Abs. 2a EStG „europarechtsfreundlich"[2] auch auf Veräußerungsgewinne anzuwenden, die vor dem 6. 11. 2015 entstanden sind. Anders als die Bilanzierungswahlrechte des § 6b Abs. 1 und 3 EStG ist der Antrag auf Steuerstundung nicht von der Beschränkung der Bilanzänderung auf den Zusammenhang und den Umfang einer Bilanzberichtigung nach § 4 Abs. 2 Satz 2 EStG betroffen, da die Bilanz nicht berührt wird. Das Wahlrecht nach § 6b Abs. 2a EStG ist daher problemlos rückwirkend auszuüben.[3] Die rückwirkende Anwendung des neuen Wahlrechts ist daher nach dem Wortlaut des § 52 Abs. 14 Satz 1 EStG nur durch den Eintritt der Festsetzungs- oder Feststellungsverjährung beschränkt. Zwar soll das Wahlrecht nach der Entwurfsbegründung rückwirkend nur „in allen noch offenen Fällen", also beschränkt durch den Eintritt der Bestandskraft des entsprechenden Bescheids, anwendbar sein;[4] diese Einschränkung ist dann allerdings nicht in die Gesetzesfassung übernommen worden.[5] Im Übrigen kann die Vergünstigung rückwirkend nur gewährt werden, wenn der entsprechende Antrag unabhängig von einer Steuererklärung oder Gewinnermittlung für das zurückliegende Wirtschaftsjahr der Veräußerung gestellt werden kann.[6]

Das BMF hat die rückwirkende Anwendung der Stundungsregelung allerdings erheblich eingeschränkt und auf die sog. Altfälle begrenzt. Ein solcher Fall hatte dem BFH zur Entscheidung vorgelegen: Vor dem Urteil des EuGH und vor Inkrafttreten des § 6b Abs. 2a EStG hatten zwei FG in Auslandsfällen bereits § 6b Abs. 4 Satz 1 Nr. 3 EStG unionskonform angewendet und die Übertragung einer im inländischen Betriebsvermögen gebildeten Rücklage auf die AK eines

---

1 Gl. A. *Tormöhlen* in Korn, § 36 EStG Rn. 78.
2 So BT-Drucks. 18/6094, 82.
3 *Kanzler*, NWB 2018, 1668, 1676; a. A. *Marcziniak/Gebhardt/Buchholz*, Ubg 2015, 685, 686.
4 BT-Drucks. 18/6094, 82.
5 Siehe *Kanzler*, NWB 2015, 3814, 3822.
6 *Kanzler*, NWB 2015, 3814, 3822; a. A. *Adrian/Tigges*, StuB 2015, 858, 862.

Reinvestitionsguts im Ausland zugelassen.[1] Da § 6b Abs. 2a EStG rückwirkend anzuwenden ist (→ Rn. 150), hob der BFH in der Revisionssache VI R 84/14 das Urteil des FG München v. 7.7.2014 auf und wies die Klage mit der Begründung ab, die Steuerbelastung bei Auflösung der Rücklage habe der rückwirkend anwendbaren Stundung und Fünfjahresverteilung der Steuer nach § 6b Abs. 2a EStG „wirtschaftlich am ehesten entsprochen"[2]. Das BMF hat dieses Urteils umgesetzt und Regelungen zur Behandlung der Fälle getroffen, auf die § 6b Abs. 2a EStG nach § 52 Abs. 14 Satz 1 EStG rückwirkend anzuwenden ist (sog. Altfälle).[3] Danach liegt ein solcher Altfall vor,

- wenn ein nach § 6b EStG begünstigter Veräußerungsgewinn vor der Verkündung des StÄndG 2015 am 6.11.2015 entstanden und zulässigerweise in eine Rücklage nach § 6b Abs. 3 EStG eingestellt worden ist,
- wenn die Steuererklärung vor dem 6.11.2015 abgegeben worden ist und
- soweit Anschaffungs- oder Herstellungskosten für in § 6b Abs. 1 Satz 2 EStG bezeichnete Wirtschaftsgüter angefallen sind, die vor Auflösung der Rücklage angeschafft oder hergestellt worden sind und die einem Betriebsvermögen des Stpfl. in einem anderen Mitgliedstaat der EU oder des EWR zuzuordnen sind.

Bei dieser Konstellation ist zur rückwirkenden Anwendung des § 6b Abs. 2a EStG das Jahr, in dem der Auflösungsbetrag für die gesetzwidrig nach § 6b Abs. 3 EStG gebildete Rücklage zu versteuern ist, als das Jahr der Veräußerung zu werten und die auf den Auflösungsbetrag entfallende Steuer auf Antrag zu stunden. Dabei soll es nach Auffassung des BMF „auf die Möglichkeit der Bilanzänderung nicht" ankommen (s. o.).[4] Dieser Antrag kann formlos und abweichend von § 6b Abs. 2a Satz 2 EStG nach dem Wj. der Veräußerung gestellt werden.[5]

151–155   (Einstweilen frei)

IV. Bildung und Auflösung einer Rücklage (§ 6b Abs. 3 EStG)

156   **Mehrfaches Wahlrecht:** Wie bei der Gewinnübertragung im Veräußerungsjahr stehen dem Stpfl. bei Bildung und Übertragung der Rücklage Wahlrechte nach Grund und Höhe zu. Er kann den gesamten Gewinn oder nur einen Teil in die Rücklage einstellen, diese Rücklage während der Reinvestitionsfrist ganz oder teil- auch ratenweise auflösen[6] und bis zum Ablauf der Reinvestitionsfrist auf die Anschaffungs- und Herstellungskosten der im Gesetz genannten Reinvestitionsgüter übertragen.

157   **Bildung einer Rücklage bei späterem Zugang eines Reinvestitionsguts (§ 6b Abs. 3 Satz 1 EStG):** Zur Gewinnübertragung auf die Anschaffungs- und Herstellungskosten eines erst nach dem Veräußerungsjahr angeschafften oder hergestellten Reinvestitionsguts, ist in der Schlussbilanz des Veräußerungsjahrs[7] eine steuerfreie, den Gewinn mindernde Rücklage bis zur Höhe des Veräußerungsgewinns zu bilden, die im Wj. der Anschaffung oder Herstellung des Reinvestitionsobjekts von dessen Anschaffungs- und Herstellungskosten abgezogen wird. Eine Reinvesti-

---

1 So FG Niedersachsen v. 1.12.2011 - 6 K 435/09, NWB DokID: UAAAE-00778, rkr.; und FG München v. 7.7.2014 - 5 K 1206/14, NWB DokID: SAAAE-72031, aufgehoben von BFH v. 22.6.2017 - VI R 84/14, BStBl 2018 II 171.
2 BFH v. 22.6.2017 - VI R 84/14, BStBl 2018 II 171.
3 BMF v. 7.3.2018, BStBl 2018 I 309 Tz. 8. Dazu *Kanzler*, NWB 2018, 1668, 1675 f.
4 BMF v. 7.3.2018, BStBl 2018 I 309 Tz. 9.
5 BMF v. 7.3.2018, BStBl 2018 I 309 Tz. 2.
6 BFH v. 17. 9. 1987 - IV R 8/86, BStBl 1988 II 56.
7 BFH v. 30. 3. 1989 - IV R 72/88, BStBl 1989 II 560.

tionsabsicht wird nicht vorausgesetzt,[1] weshalb die Rücklage auch noch nach Ablauf der Reinvestitonsfristen gebildet werden kann.[2] Bei Betriebsveräußerung oder -aufgabe ist die Rücklage in der Schlussbilanz und bei Anteilsveräußerung in der Veräußerungsbilanz zu bilden.

Bei Mitunternehmerschaften kann das Wahlrecht auf Bildung einer Rücklage für den Gewinn aus der Veräußerung eines WG des Gesamthandsvermögens gesellschafterbezogen und daher unterschiedlich ausgeübt werden (s. → Rn. 99). Das Wahlrecht zur Bildung einer Rücklage für den Gewinn aus der Veräußerung von Sonderbetriebsvermögen ist ebenfalls vom Mitunternehmer persönlich auszuüben.[3] Die Rücklage für diesen Gewinn ist in der durch die Mitunternehmerschaft aufzustellenden Sonderbilanz zu passivieren. Grundsätzlich wird widerlegbar vermutet, dass die Sonderbilanz mit dem Mitunternehmer abgestimmt ist. Diese Vermutung gilt jedoch nicht für einen ausgeschiedenen Gesellschafter. In diesem Fall ist die von der Mitunternehmerschaft aufgestellte Sonderbilanz keine Bilanz, die das Änderungsverbot des § 4 Abs. 2 Satz 2 EStG auslöst. Die Rücklage kann dann unabhängig von einer Bilanzberichtigung gebildet werden.[4]

158

Bildung und Fortführung der Rücklage bei betrieblichen Veränderungen: Eine Rücklage geht bei unentgeltlicher Betriebsübertragung auf den Rechtsnachfolger über.[5] Bei Umwandlung eines Einzelunternehmens in eine PersGes kann der bisherige Einzelunternehmer die Rücklage in einer Ergänzungsbilanz fortführen; im umgekehrten Fall, sowie bei der Realteilung einer PersGes in entsprechende Einzelunternehmen kann die Rücklage anteilig fortgeführt werden.[6] Eine bei Betriebsveräußerung oder -aufgabe und der Veräußerung eines Mitunternehmeranteils gebildete Rücklage kann für die Zeit weitergeführt werden, für die sie ohne den Veräußerungsvorgang zulässig gewesen wäre.[7] Eine vor der Veräußerung betrieblicher Einheiten gebildete Rücklage kann nur weitergeführt werden, wenn sie keine stillen Reserven aus einer wesentlichen Betriebsgrundlage enthält; im Übrigen ist sie im Rahmen des begünstigten Gewinns aufzulösen (s. → Rn. 38).[8]

159

Die Vollschätzung des Gewinns für ein Wj. nach Rücklagebildung führt nach Auffassung der FinVerw zur gewinnerhöhenden Zwangsauflösung der Rücklage.[9] Zum Wechsel der Gewinnermittlungsart s. → Rn. 36 und zum Übertragungsverbot bei Strukturwandel, s. → Rn. 161.

160

Der Strukturwandel vom Gewerbebetrieb zum land- und forstwirtschaftlichen Betrieb führt nicht zur Zwangsauflösung der Rücklage, weil dieser Tatbestand nicht vom Übertragungsverbot des § 6b Abs. 4 Satz 2 EStG erfasst wird.[10] Der umgekehrte Strukturwandel vom land- und forstwirtschaftlichen Betrieb zum Gewerbebetrieb führt nur insoweit zu einer Einschränkung der Gewinnübertragung, als für das Reinvestitionsgut die Zugehörigkeit zum land- und forstwirtschaftlichen Betriebsvermögen vorgeschrieben ist. Ist daher die Reinvestition in Aufwuchs

161

---

1 BFH v. 7.3.1996 - IV R 34/95, BStBl 1996 II 568, betr. Veräußerung eines Kommanditanteils; BFH v. 27.2.1997 - IV R 62/96, BStBl 1997 II 512, betr. Land- und Forstwirtschaft und BFH v. 5.6.1997 - III R 218/94, BFH/NV 1997, 754 = NWB DokID: AAAAB-04913, betr. Betriebsveräußerung.
2 BFH v. 7.3.1996 - IV R 34/95, BStBl 1996 II 568; s. auch BFH v. 12.12.2000 - VIII R 10/99, BStBl 2001 II 282.
3 BFH v. 24.3.1992 - VIII R 48/90, BStBl 1993 II 93, m.w.N.
4 BFH v. 25.1.2006 - IV R 14/04, BStBl 2006 II 418.
5 BFH v. 22.9.1994 - IV R 61/93, BStBl 1995 II 367.
6 R 6b.2 Abs. 9 EStR.
7 R 6b.2 Abs. 10 Sätze 1 und 6 EStR. Zu den Übertragungsmöglichkeiten s. → Rn. 97 ff.
8 R 6b.2 Abs. 10.
9 R 6b.2 Abs. 4 EStR; a. A. hier → Rn. 164.
10 *Kanzler* in Leingärtner, Kap. 31 Rn. 143 m.w.N.; *Loschelder* in Schmidt, § 6b EStG Rn. 82.

der zum Anlagevermögen eines Gewerbebetriebs gehört ausgeschlossen, so wäre aber der Gewinn auf Gebäudeinvestitionen übertragbar (§ 6b Abs. 1 Satz 2 Nr. 3 EStG).[1] Zur Vermeidung der gewerbesteuerliche Verstrickung kann der Stpfl. die Rücklage in der Schlussbilanz des letzten Wj. der land- und forstwirtschaftlichen Betätigung freiwillig, aber zuschlagspflichtig (evtl. Billigkeitserlass) auflösen.

162 Die „Übertragung" der Rücklage (§ 6b Abs. 3 Satz 2 EStG) erfolgt im Jahr der Anschaffung oder Herstellung des Reinvestititonsguts[2] durch Auflösung des Passivpostens und Abzug von den Anschaffungs- und Herstellungskosten des Reinvestititonsguts entweder im Zeitpunkt der Einbuchung des WG oder – wie allgemein üblich – bei Bilanzaufstellung (→ Rn. 92).[3] Soll die Gewinnübertragung in einen anderen Betrieb erfolgen, so ist das Wahlrecht für die Bildung und Auflösung der § 6b-Rücklage immer durch entsprechenden Bilanzansatz im „veräußernden" Betrieb auszuüben; andernfalls scheitert die Gewinnübertragung in der „reinvestierenden" Gesellschaft, während die Rücklage im veräußernden Betrieb bis zur zinsbelasteten Zwangsauflösung (→ Rn. 226) fortgeführt wird.[4] Da danach das Wahlrecht auf Gewinnübertragung stets im veräußernden Betrieb auszuüben ist, kann auch eine Rücklage erst nach Anschaffung oder Herstellung des Reinvestititonsguts im anderen Betrieb übertragen werden; mit einer vorzeitigen Übertragung der Rücklage auf den anderen Betrieb, entfällt daher das Wahlrecht im veräußernden Betrieb gewinnerhöhend und zuschlagspflichtig.[5]

163 **Reinvestitionsfristen (§ 6b Abs. 3 Sätze 2 und 3 EStG):** Nach Bildung einer Rücklage sieht das Gesetz eine Reinvestitionsfrist von vier dem Veräußerungsjahr folgenden Wj. vor. Diese Regelfrist verlängert sich bei „neuhergestellten Gebäuden" auf sechs Jahre, wenn mit ihrer Herstellung vor dem Schluss des vierten, auf die Bildung der Rücklage folgenden Wj. begonnen worden ist. Mit dem Begriff der „Neuherstellung" von Gebäuden sollen Erweiterungs-, Aus- und Umbaumaßnahmen ausgeschlossen werden, denn nur bei der Gebäudeherstellung ist die Erweiterung der Frist wegen der längeren Planungszeiten gerechtfertigt.[6] Der Beginn der Herstellung kann in der Stellung eines Bauantrags gesehen werden, der sich konkret auf das später tatsächlich errichtete Gebäude bezieht.[7] Wird ein Gebäude abgebrochen, um ein neues zu errichten, so ist der Abbruch der Beginn der Herstellung.[8] Zur weiteren Verlängerung der Reinvestitionsfrist für städtebauliche Sanierungs- oder Entwicklungsmaßnahmen, s. → Rn. 236.

164 **Reinvestitionsfrist bei verkürztem und verlängertem Wirtschaftsjahr:** Wj. i. S. d. § 6b Abs. 3 EStG sind auch das Rumpf-Wj. (§ 8b Satz 2 EStDV)[9] oder das verlängerte Wj. (§ 8c Abs. 2 Satz 2 EStDV).[10] Bei unentgeltlichen Betriebsübernahmen im laufenden Wj. ist jedoch das zwingend entstehende Rumpf-Wj. beim Betriebsübergeber mit dem entstehenden Rumpf-Wj. beim Be-

---

1 *Kanzler* in Leingärtner, Kap. 31 Rn. 143.
2 R 6b.2 Abs. 8 Satz 3 EStR.
3 BFH v. 28.1.1981 - IV R 111/77, BStBl 1981 II 430.Zur Brutto- und Nettomethode der Übertragung s. HHR/*Marchal*, § 6b EStG Anm. 94, m. w. N.
4 BFH v. 19.12.2012 - IV R 41/09, BStBl 2013 II 313.
5 A. A. FG Münster v. 13.5.2016 - 7 K 716/13, EFG 2016, 1164, StuB 2016, 517, Rev.: VI R 50/16, betr. eine Gewinnübertragung nach § 6c EStG.
6 BT-Drucks. 4/2617. Daher gibt es auch keine Verlängerung der Reinvestitionsfrist für Anschaffungsvorgänge (BFH v. 19.11.2015 - IV B 103/14, NWB DokID: KAAAF-19022).
7 BFH v. 14.3.2012 - IV R 6/09, BFH/NV 2012, 1122 = NWB DokID: HAAAE-10326.
8 BFH v. 12.6.1978 - GrS 1/77, BStBl 1978 II 620.
9 BFH v. 10.11.2004 - XI R 69/03, BStBl 2005 II 596.
10 BFH v. 23.4.2009 - IV R 9/06 BStBl 2010 II 664.

triebsübernehmer zu verklammern und lediglich auch für den Zinszuschlag nach § 6b Abs. 7 EStG als ein Wj. i. S. d. § 6b Abs. 3 EStG zu werten.[1]

Auflösung der Rücklage (§ 6b Abs. 3 Satz 4 und 5 EStG): Bei Abzug der in die Rücklage eingestellten stillen Reserven auf das Reinvestitionsgut ist die Rücklage gewinnerhöhend aufzulösen (§ 6b Abs. 3 Satz 4 EStG). Eine zinsbelastete Zwangsauflösung ist geboten, wenn die Reinvestition bis zum Ablauf der Fristen unterbleibt (§ 6b Abs. 3 Satz 5 EStG) oder die Voraussetzungen für eine Verlängerung der Reinvestitionsfristen entfallen sind.[2] Nach Auffassung der FinVerw soll auch die Vollschätzung des Gewinns für ein Wj. nach Rücklagebildung zur gewinnerhöhenden und zinsbelasteten Zwangsauflösung der Rücklage führen.[3] Diese Rechtsfolge lässt sich dem Gesetz nicht entnehmen, denn danach ist nur erforderlich, dass der Abzug, die Bildung und Auflösung der Rücklage „in der Buchführung verfolgt werden können"; nach dem Gesetzeswortlaut ist es daher unschädlich, wenn der Stpfl. für die Zwischenjahre wieder zur Vollschätzung übergeht.[4] Eine freiwillige Auflösung vor Ablauf der Reinvestitionsfristen ist jederzeit möglich, löst aber den Zinszuschlag nach § 6b Abs. 7 EStG aus (→ Rn. 226).[5] Die Auflösung der Rücklage ist buchungstechnisch ebenso wie die Bildung oder ihre Übertragung auch im Laufe des Wj. (unterjährig) zulässig.[6] 165

(Einstweilen frei) 166–170

V. Weitere Anwendungsvoraussetzungen (§ 6b Abs. 4 EStG)

§ 6b Abs. 4 EStG stellt in Satz 1 Nr. 1 bis 5 fünf weitere Voraussetzungen für die Gewinnübertragungen nach § 6b Abs. 1 und Abs. 3 EStG auf (s. → Rn. 172 bis → Rn. 179) und enthält in Satz 2 ein Übertragungsverbot bei Gewerbesteuerentstrickung (→ Rn. 180). 171

Gewinnermittlung durch Bestandsvergleich (§ 6b Abs. 4 Satz 1 Nr. 1 EStG): Voraussetzung ist, dass der Gewinn bei der Übertragung nach § 4 Abs. 1 EStG oder § 5 EStG ermittelt wird. Eine Gewinnschätzung in den Jahren der Gewinnübertragung ist daher schädlich (→ Rn. 16); ob dies auch für die Wj. bis zum Ablauf der Reinvestitionsfristen gilt, ist umstritten (→ Rn. 165). Die Gewinnübertragung in einen anderen Betrieb des Stpfl. mit Gewinnermittlung durch Einnahmenüberschussrechnung oder nach Durchschnittssätzen ist auch nach § 6c EStG möglich. 172

Mindestzugehörigkeit zum Anlagevermögen (Sechs-Jahres-Frist nach § 6b Abs. 4 Satz 1 Nr. 2 EStG): Im Veräußerungszeitpunkt muss das WG mindestens sechs Jahre ununterbrochen zum Anlagevermögen einer inländischen Betriebsstätte gehört haben (dazu → Rn. 177). Die FinVerw geht davon aus, dass WG, die sechs Jahre zum Betriebsvermögen des Stpfl. gehört haben, i. d. R. zum Anlagevermögen gehören, wenn nicht besondere Gründe dieser Vermutung entgegenstehen (R 6b.3 Abs. 1 Satz 2 EStR).[7] Zur Verkürzung der Besitzzeit bei städtebaulichen Sanierungsmaßnahmen auf zwei Jahre s. → Rn. 236. Die Zugehörigkeit zu verschiedenen Be- 173

---

1 BFH v. 23. 4. 2009 - IV R 9/06 BStBl 2010 II 664.
2 BFH v. 26. 10. 1989 - IV R 83/88, BStBl 1990 II 290.
3 R 6b.2 Abs. 4 EStR.
4 Gl. A. *Kanzler* in FS Beisse, Düsseldorf 1997, 251, 258; ähnlich HHR/*Marchal*, § 6b EStG Anm. 106, m. w. N. Das dort zitierte Urteil des FG Niedersachsen v. 27. 10. 1994 - II 484/88 (EFG 1995, 797, rkr.) widerspricht dem von BFH entschiedenen Rücklageverbot bei Vollschätzung s. BFH v. 24. 1. 1990 - I R 152-153/85, BStBl 1990 II 426 und → Rn. 16.
5 BFH v. 17. 9. 1987 - IV R 8/86, BStBl 1988 II 56 und BFH v. 22. 6. 2010 - I R 77/09, BFH/NV 2011, 10 = NWB DokID: IAAAD-56595.
6 BFH v. 26. 10. 1989 - IV R 83/88, BStBl 1990 II 290.
7 Dazu auch BFH v. 8. 2. 2017 - X B 138/16, BFH/NV 2017, 579 = NWB DokID: LAAAG-40086.

trieben oder Betriebsstätten unterschiedlicher Einkunftsarten ist unschädlich.[1] Gewinnübertragungen in ausländischen Betrieben oder Betriebsstätten waren allerdings bis zum Inkrafttreten des StÄndG 2015 v. 2.11.2015 und bis zur Einfügung der Stundungsregelung durch § 6b Abs. 2a EStG (s. → Rn. 11) nicht begünstigt (s. → Rn. 27 zur Unvereinbarkeit mit dem Unionsrecht). Die Sechs-Jahres-Frist wird bei unentgeltlicher Betriebsübernahme nicht unterbrochen.[2] Bei entgeltlichem Erwerb des Betriebs beginnt die Frist beim Erwerber mit der Anschaffung neu. Die Frist ist daher bei Veräußerung von WG des Gesamthandsvermögens einer PersGes insoweit nicht gewahrt, als diese WG infolge einer entgeltlichen Änderung der personellen Zusammensetzung oder der Beteiligungsverhältnisse der PersGes anteilig Gegenstand entgeltlicher oder teilentgeltlicher Veräußerungs- und Anschaffungsgeschäfte der Gesellschafter waren,[3] es sei denn eine Sonderregelung zur Besitzzeitanrechnung (z. B. § 24 Abs. 4 1. Halbsatz UmwStG i.V. m. §§ 23 Abs. 1, 12 Abs. 3 und § 4 Abs. 2 Satz 3 UmwStG) finde Anwendung.[4]

BEISPIEL: Bei Gründung der ABC-OHG zwischen A, B und C wurde im Jahr 2009 ein Betriebsgrundstück erworben, das sich im Gesamthandsvermögen befindet (Buchwert: 2 Mio. €). Im Jahr 2013 überträgt A seinen Gesellschaftsanteil zum Verkehrswert auf D. Anfang 2016 veräußert die Gesellschaft das Grundstück zum Verkehrswert von 8 Mio. € an einen Dritten und erwirbt aus dem Erlös ein Ersatzgrundstück.

Durch die Anteilsveräußerung von A an D ist im Hinblick auf das Gesellschaftsgrundstück die Besitzzeit (anteilig) unterbrochen worden. Daher kann die OHG eine Übertragung nach § 6b EStG nur in Höhe der Beteiligung der verbliebenen Gesellschafter B und C vornehmen. Für den auf D anteilig entfallenden Veräußerungsgewinn ist eine Begünstigung ausgeschlossen.[5]

Beim sukzessiven Erwerb von Teilflächen, Gebäudeteilen oder Aufwuchs muss die Sechs-Jahres-Frist für jedes gesonderte WG erfüllt sein.

Der Begriff der Veräußerung in § 6b Abs. 4 Satz 1 Nr. 2 EStG entspricht dem Veräußerungsbegriff in § 6b Abs. 1 EStG. Daraus folgt auch, dass der Veräußerungsgewinn außerhalb der Sechsjahresfrist zu realisieren ist, will man eine Gewinnübertragung sicherstellen.

PRAXISHINWEIS:
Bestehen vorteilhafte Verkaufschancen für ein Grundstück vor Ablauf der Sechs-Jahres-Frist, so bietet sich an, dem Interessenten eine Kaufoption oder ein Vorkaufsrecht einzuräumen, diese Rechte durch Auflassungsvormerkung zu sichern und – falls der künftige Erwerber das Grundstück bereits vorher nutzen will – ihm das Grundstück befristet zu verpachten. Diese Maßnahmen führen nach der Rspr. nicht zum Übergang des wirtschaftlichen Eigentums, weil es sich noch nicht um Positionen handelt, die dem Erwerber gegen seinen Willen nicht mehr entzogen werden können.[6]

174 **Bei teilentgeltlicher Übertragung betrieblicher Einheiten** kommt es zu einer Besitzzeitunterbrechung, weil der Vorgang nicht in ein entgeltliches und ein unentgeltliches Geschäft zu zerlegen ist (sog. Einheitstheorie).[7] Dem Rechtsnachfolger kann deshalb die Besitzzeit des Rechts-

---

1 R 6b.3 Abs. 1 Satz 3 EStR.
2 R 6b.3 Abs. 5 EStR.
3 BFH v. 7. 11. 2000 - VIII R 27/98, BFH/NV 2001, 262 = NWB DokID: RAAAA-97059.
4 BFH v. 10. 7. 1980 - IV R 136/77, BStBl 1981 II 84 und BFH v. 10. 7. 1980 - IV R 12/80, BStBl 1981 II 90.
5 BFH v. 7. 11. 2000 - VIII R 27/98, BFHE 193, 549 = NWB DokID: RAAAA-97059.
6 BFH v. 4.7.2007 - VIII R 68/05, BStBl 2007 II 937 zu Aktienoptionen, v. 10. 6. 1988 - III R 18/85, BFH/NV 1989, 348 = NWB DokID: SAAAB-29444 und v. 15.10.2013 - I B 159/12, BFH/NV 2014, 291 = NWB DokID: BAAAE-52225 zu Kaufoptionen sowie BFH v. 19.10.1971 - VIII R 84/71, BStBl 1972 II 452 zu Vorkaufsrecht, Verpachtung und Auflassungsvormerkung i. R.d. § 23 EStG.
7 BFH v. 10. 7. 1986 - IV R 12/81, BStBl 1986 II 811.

vorgängers nicht, auch nicht teilweise angerechnet werden, soweit diese auf den ausscheidenden Mitunternehmer entfällt.[1]

Eine Besitzzeitanrechnung erfolgt auch bei Ersatzwirtschaftsgütern i. S. d. R 6.6 EStR[2] oder bei Anlagegütern, die aufgrund eines funktionsgleichen Tausches (z. B. im Umlegungsverfahren) erworben wurden. Ebenso wenn Anteile an einer Kapitalgesellschaft durch Kapitalerhöhung aus Gesellschaftsmitteln entstanden sind oder Bezugsrechte von (alten) Anteilsrechten abgespalten wurden. Dagegen beginnt die Sechs-Jahres-Frist bei Anteilsrechten, die bei einer Kapitalerhöhung gegen Leistung einer Einlage erworben wurden, neu.[3]

175

Besitzzeitanrechnung bei Personengesellschaften: Bei Mitunternehmerschaften erfolgt immer dann eine Besitzzeitanrechnung, wenn WG zum Buchwert übergehen. Im Einzelnen:

176

► **Einbringung eines Betriebs oder Teilbetriebs in eine Mitunternehmerschaft** unter Fortführung der Buchwerte[4] oder Ansatz von Zwischenwerten gem. § 24 Abs. 2 Satz 2 UmwStG,[5] unabhängig davon, ob die WG Gesellschaftsvermögen oder Sonderbetriebsvermögen des Einbringenden werden (§ 24 Abs. 4 i. V. m. § 23 Abs. 1 und § 4 Abs. 2 Satz 3 UmwStG).[6]

► **Gründung einer Personengesellschaft** zwischen dem bisherigen Betriebsinhaber und Familienangehörigen zum Buchwert (§ 24 Abs. 2 Satz 2 UmwStG). Die Beteiligung der Familienangehörigen am Gesellschaftsvermögen erfolgt unentgeltlich gem. § 24 UmwStG und § 6 Abs. 3 EStG.

► **Realteilung** (§ 16 Abs. 3 Satz 2 ff. EStG) durch Zuweisung von Teilbetrieben, Mitunternehmeranteilen oder Einzel-WG mit und ohne Spitzenausgleich, weil der die Rücklage übernehmende Gesellschafter die Buchwerte fortführt. Der rückwirkende Ansatz des gemeinen Werts (§ 16 Abs. 3 Satz 3 und 4 EStG) unterbricht die Besitzzeit.

► **Überführung eines WG** aus dem Betriebsvermögen eines inländischen Betriebs des Mitunternehmers in sein Sonderbetriebsvermögen *bei* der Mitunternehmerschaft gem. § 6 Abs. 5 EStG. Dies gilt auch für die Übertragung eines WG zwischen Schwester-Personengesellschaften.[7] Ebenso die Überführung des WG aus einem gesonderten Betrieb oder dem Sonderbetriebsvermögen in das Gesellschaftsvermögen zum Buchwert.

► **Unentgeltliche Übertragung eines WG des Sonderbetriebsvermögens** von einem Mitunternehmer in das Sonderbetriebsvermögen eines anderen Mitunternehmers des Betriebs (§ 6 Abs. 5 Satz 3 Nr. 3 EStG).

► **Unentgeltliche Rechtsnachfolge in einen Mitunternehmeranteil** einschließlich des Sonderbetriebsvermögens (§ 6 Abs. 3 EStG). Bei einer Teilanteilsübertragung ist das Sonderbetriebsvermögen zeitgleich quotal mitzuübertragen.

Zugehörigkeit der Reinvestitionsgüter zu einer inländischen Betriebsstätte (§ 6b Abs. 4 Satz 1 Nr. 3 EStG): Die angeschafften oder hergestellten WG müssen zum Anlagevermögen einer inländischen Betriebsstätte gehören. Der spätere Übergang zum Umlaufvermögen ist ebenso

177

---

1 BFH v. 7. 11. 2000 - VIII 27/98, BFH/NV 2001, 262 = NWB DokID: RAAAA-97059.
2 R 6b.3 Abs. 4 EStR.
3 R 6b.3 Abs. 6 EStR zur Gewinnübertragungen nach Abs. 10 (s. → Rn. 246 ff.).
4 BFH v. 9. 9. 2010 - IV R 22/07, BFH/NV 2011, 31 = NWB DokID: WAAAD-56599.
5 UmwStErl v. 11. 11. 2011, BStBl 2011 I 1314, Tz. 03.04.
6 Siehe auch UmwStErl v. 11. 11. 2011, BStBl 2011 I 1314, Tz. 24.03 i. V. m. Tz. 23.06.
7 BFH v. 15. 4. 2010 - IV B 105/09, BStBl 2010 II 971, mit Anm. *Kanzler*, FR 2010, 761; a. A BFH v. 25. 11. 2009 - I R 72/08, BStBl 2010 II 471 und BFH v. 10. 4. 2013 - I R 80/12, BStBl 2013 II 1004, betr. Vorlage zum BVerfG: 2 BvL 8/13.

unschädlich, wie die alsbaldige Veräußerung oder Entnahme; das Gesetz sieht keine Verbleibensvoraussetzungen vor. Zugehörigkeit bedeutet wirtschaftliche Zuordnung durch Bilanzierung, so dass ein WG (z. B. Binnenschiff) tatsächlich auch im Ausland eingesetzt werden kann. Im Übrigen verstößt der Inlandsbezug in § 6b Abs. 4 Satz 1 Nr. 3 EStG gegen die Niederlassungsfreiheit des EU-Vertrags (s. → Rn. 27).

178 **Übertragungsverbot für steuerfreie Gewinne (§ 6b Abs. 4 Satz 1 Nr. 4 EStG):** Der Veräußerungsgewinn darf bei Ermittlung des inländischen Gesamtgewinns nicht „außer Ansatz" bleiben. Der Normzweck ist unklar; es versteht sich von selbst, dass ein außer Ansatz bleibender Gewinn keiner Neutralisierung bedarf.[1] Der Gewinn bleibt außer Ansatz, wenn Steuerfreibeträge gelten oder die Besteuerung aufgrund eines DBA entfällt, nicht dagegen, wenn er sich steuerlich durch Verlustverrechnung nicht auswirkt.[2]

179 **Buchnachweis (§ 6b Abs. 4 Satz 1 Nr. 5 EStG):** Nach § 6b Abs. 4 Satz 1 Nr. 5 EStG müssen der Abzug des Veräußerungsgewinns von den Anschaffungs- und Herstellungskosten begünstigter WG sowie die Bildung und Auflösung von Rücklagen in der Buchführung verfolgt werden können. Der Gewinnermittlung nach § 4 Abs. 1 EStG oder § 5 EStG muss daher eine Buchführung zugrunde liegen, die nicht notwendigerweise ordnungsgemäß sein muss, solange sich Abzug, Bildung und Auflösung verfolgen lassen. Im Übrigen ist eine Bilanz aufzustellen, weil die Bilanzierungswahlrechte nur in der Bilanz ausgeübt werden können.[3] Zur Gewinnschätzung in Wj. nach Bildung und vor Übertragung der Rücklage s. → Rn. 165.

180 **Übertragungsverbot zur Gewerbesteuerentstrickung:** Nach § 6b Abs. 4 Satz 2 EStG ist die Gewinnübertragungen „nicht zulässig, wenn der Gewinn bei der Veräußerung von Wirtschaftsgütern eines Gewerbebetriebs entstanden ist". Einziger Zweck dieses Übertragungsverbots ist es, eine Gewerbesteuerentstrickung zu verhindern. Aufgrund zweckgerichteter Auslegung der Vorschrift sind daher nicht der GewSt unterliegende Gewinne aus einer Betriebsveräußerung oder -aufgabe nach § 6b EStG übertragbar.[4] Diese Auslegung des Übertragungsverbots ist daher folgerichtig auch auf die einer Veräußerung gleichzusetzenden Fälle der Einbringung eines gewerblichen Betriebs, Teilbetriebs oder Mitunternehmeranteils in eine Kapital- oder Personengesellschaft zum gemeinen Wert ebenso anzuwenden, wie auf Gewinne aus der Veräußerung von Anlagegütern eines verpachteten Gewerbebetriebs, die ebenfalls nicht der Gewerbesteuer unterliegen; andererseits müssten Gewinne aus der Veräußerung an sich selbst (§ 16 Abs. 2 Satz 3 EStG) systemgerecht wieder dem Übertragungsverbot unterliegen.[5]

181–195 *(Einstweilen frei)*

VI. Gewinnübertragung bei vorgezogener Investition (§ 6b Abs. 5 EStG)

196 Für Gewinnübertragungen auf Reinvestitionsgüter, die der Stpfl bereits im Wj vor der Veräußerung des begünstigten WG angeschafft oder hergestellt hat, sind nicht die AHK, sondern der Buchwert dieser WG am Schluss des Wj der Anschaffung oder Herstellung maßgebend. Der Abzug erfolgt daher von den um die AfA geminderten AHK des Reinvestitionsguts.

---

1 *Kanzler* in FS Beisse, Düsseldorf 1997, 251, 252.
2 BFH v. 11. 6. 1980 – I R 253/78, BStBl 1980 II 577.
3 BFH v. 24. 1. 1990 – I R 152-153/85, BStBl 1990 II 426.
4 BFH v. 30. 8. 2012 – IV R 28/09, BStBl 2012 II 877, im Anschluss an die h. M. im Schrifttum; ebenso schon *Kanzler*, INF 1983, 509, 515.
5 *Kanzler*, FR 2013, 229.

> **PRAXISHINWEIS:**
>
> Im Hinblick auf mögliche Sonderabschreibungen, sollte daher die Investition im Wj. vor der Veräußerung erfolgen, wenn die höchstmöglichen Abschreibungen ausgeschöpft werden sollen.[1]

(Einstweilen frei) 197–210

VII. Anschaffungs- oder Herstellungskosten nach Gewinnübertragung (§ 6b Abs. 6 EStG)

Die Gewinnübertragung nach Abs. 1 oder Abs. 3 führt nach Abs. 6 Satz 1 zu einer Minderung der Anschaffungs- und Herstellungskosten oder des Buchwerts im Fall der vorgezogenen Anschaffung oder Herstellung (s. → Rn. 196). Damit verringern sich auch die AfA- und AfS-Beträge, sowie die Abschreibungsdauer. Teilwertabschreibungen sind dann nur zulässig, wenn der nach Abzug verbleibende Betrag unterschritten wird;[2] dieser Betrag bildet auch die Obergrenze für Teilwertzuschreibungen.[3] 211

> **PRAXISHINWEIS:**
>
> Reinvestitionsgüter, die im Veräußerungsjahr angeschafft oder hergestellt wurden, können daher durch die Gewinnübertragungen zu GWG werden. Das ist bei vorgezogener Anschaffung oder Herstellung ausgeschlossen, weil die Bewertungsfreiheit nur im Wj. der Anschaffung oder Herstellung des Anlageguts beansprucht werden kann.[4]

Ausnahmsweise wird bei Gebäuden die Bemessungsgrundlage vom Wj. des Abzugs an nur um den Abzugsbetrag nach § 6b EStG gekürzt, der Abzug also von den historischen AHK und nicht den um die AfA geminderten Anschaffungs- und Herstellungskosten vorgenommen (§ 6b Abs. 6 Satz 2 EStG). Nach der Entwurfsbegründung sollen die festen Abschreibungssätze die Berücksichtigung einer verkürzten Restnutzungsdauer nicht zulassen.[5] 212

(Einstweilen frei) 213–225

VIII. Gewinnzuschlag bei Auflösung ohne Gewinnübertragung (§ 6b Abs. 7 EStG)

Wird eine steuerfreie Rücklage nicht übertragen, so ist sie spätestens nach Ablauf der Reinvestitionsfrist gewinnerhöhend aufzulösen. Dieser Betrag erhöht sich noch um 6 % „für jedes volle Wj., in dem die Rücklage bestanden hat". Als Verzinsung der Rücklage wird dieser Gewinnzuschlag sowohl bei der zwangsweisen, als auch der freiwilligen vorzeitigen Auflösung erhoben. Der Zuschlag kann nicht durch eine vorzeitige, unterjährige Rücklageauflösung vermieden werden, weil das Ende des Wj. maßgebend ist.[6] Rumpfwirtschaftsjahre gelten zwar als volle Wj. mit der entsprechenden Konsequenz für die Reinvestitionsfristen (s. → Rn. 164). Da jedoch der Gewinnzuschlag offenkundig den Zinsvorteil mit monatlich 0,5 % abschöpfen soll, ist für 226

---

1 *Kanzler* in Leingärtner, Kap. 31 Rn. 63.
2 BFH v. 5. 2. 1981 - IV R 87/77, BStBl 1981 II 432, betr. a. E.
3 BFH v. 4. 6. 2008 - I R 84/07, BStBl 2009 II 187 und BMF v. 11. 2. 2009, BStBl 2009 I 397.
4 BT-Drucks. 11/5970, 37 a. E.
5 BT-Drucks. 11/5970, 37; s. das Beispiel bei *Schoor*, FR 1997, 251, 255.
6 BFH v. 26. 10. 1989 - IV R 83/88, BStBl 1990 II 290.

verkürzte, wie für verlängerte Wj. eine zweckgerechte Auslegung geboten, die zu einer zeitanteiligen Erhebung des Zuschlags führt.[1]

227–235 *(Einstweilen frei)*

IX. Reinvestitionsfristen und Besitzzeit bei Übertragungen zu städtebaulichen Sanierungs- und Entwicklungszwecken (§ 6b Abs. 8 und 9 EStG)

236 **Sanierungsbezogene Reinvestitionsfristen und Besitzzeit (§ 6b Abs. 8 EStG):** Abs. 8 Satz 1 Nr. 1 sieht eine Verlängerung der Reinvestitionsfristen von vier bzw. sechs Wj. jeweils um weitere drei Jahre auf sieben bzw. neun Wj. vor, wenn die WG für bestimmte städtebauliche Sanierungs- oder Entwicklungsmaßnahmen übertragen werden. Nach § 6b Abs. 8 Satz 1 Nr. 2 EStG verkürzt sich in diesem Fall die Sechs-Jahresfrist des § 6b Abs. 4 Nr. 2 EStG (s. → Rn. 173) auf zwei Jahre. § 6b Abs. 8 Satz 2 EStG setzt voraus, dass die Veräußerung an einen der dort aufgeführten Erwerber erfolgt. Nach der Rspr. setzt eine Verlängerung der Investitionsfrist allerdings voraus, dass der Stpfl. ein konkretes Investitionsvorhaben begonnen und nicht nur eine Absicht bekundet oder einen Bauantrag vorgelegt hat.[2]

237 **Sanierungsbezogenes Bescheinigungsverfahren (§ 6b Abs. 9 EStG):** Die Anwendung von Abs. 8 setzt eine Bescheinigung der zuständigen Landesbehörde (nach dem BauGB die Gemeinde) voraus, dass die Übertragung zu Sanierungszwecken an die dafür bestimmten Erwerber erfolgt.[3] Die Bescheinigung ist Grundlagenbescheid i. S. v. §§ 171 Abs. 10, 175 Abs. 1 Satz 1 Nr. 1 AO und bindet das FA daher hinsichtlich der Fristen.[4] Für Streitigkeiten mit der Gemeinde über den Inhalt der Bescheinigung ist der Verwaltungsrechtsweg gegeben.

238–245 *(Einstweilen frei)*

X. Übertragung von Gewinnen aus der Veräußerung von Kapitalgesellschaftsanteilen durch Personenunternehmen (§ 6b Abs. 10 EStG)

246 Nach dem durch StEntlG 1999/2000/2002 (→ Rn. 11) eingeführten § 6b Abs. 10 EStG sind auch Übertragungen von Gewinnen aus der Veräußerung von Kapitalgesellschaftsanteilen durch Personenunternehmen begünstigt. Die zehn Sätze der Vorschrift enthalten zum Teil Sonderregelungen wegen des für Kapitalbeteiligungen geltenden Teileinkünfteverfahrens und ordnen im Übrigen die sinngemäße Anwendung anderer Absätze des § 6b EStG an (s. → Rn. 249 ff.).

247 **Bedeutung des § 6b Abs. 10 EStG:** Die Übertragung von Gewinnen aus Anteilsveräußerungen durch Personenunternehmen wurde „zur weiteren Verbesserung der für Investitionen zur Verfügung stehenden Liquidität bei Personenunternehmen" und als „Mittelstandskomponente" des Unternehmenssteuerrechts ermöglicht.[5]

---

1 Gl. A. *Korn/Strahl*, § 6b EStG Rn. 47; *Kanzler* in Leingärtner, Kap. 31 Rn. 76; *Loschelder* in Schmidt, § 6b EStG Rn. 88, jeweils m. w. N.; a. A. HHR/*Marchal*, § 6b EStG Anm. 151, m. w. N.; FG Niedersachsen v. 24. 5. 2006 - 2 K 14/05, EFG 2006, 1732, rkr.
2 FG München v. 14. 2. 2017 - 6 K 2143/16, EFG 2017, 643 = NWB DokID: DAAAG-42225; Rev.: BFH X R 7/17; ausführlich dazu *Herrler*, StuB 2017, 501.
3 Siehe etwa OFD Kiel v. 14. 2. 2000, NWB DokID: MAAAA-84873.
4 FG Sachsen-Anhalt v. 24. 7. 2001 - 3 V 15/01, EFG 2001, 1358, rkr.
5 BT-Drucks. 14/6882, 33.

Geltungsbereich der Regelung: Nach § 6b Abs. 10 Satz 1 EStG ist die Regelung ihrem Gesetzeszweck entsprechend auf Stpfl. beschränkt, die keine Körperschaften, Personenvereinigungen oder Vermögensmassen sind, also Einzel- und Mitunternehmer. Soweit Körperschaften, usw. an einer PersGes beteiligt sind, besteht ein Übertragungsverbot hinsichtlich der Anteile im Gesamthandsvermögen. Aufgrund der Verweisung auf § 6b EStG in § 6c Abs. 1 Satz 1 EStG gilt die Regelung auch bei den Gewinnermittlungsarten nach § 4 Abs. 3 EStG und § 13a EStG.[1] 248

Die Rücklagenbildung nach § 6b Abs. 10 EStG steht der Anwendung des § 34 Abs. 1 EStG auf den verbleibenden Teil des Veräußerungsgewinns nicht entgegen; § 34 Abs. 1 Satz 4 EStG ist im Wege teleologischer Reduktion dahingehend auszulegen, dass die Steuerermäßigung nicht ausgeschlossen ist, wenn eine Rücklage nach § 6b Abs. 10 EStG gebildet wird, weil der Begünstigungsausschluss nach der Vorstellung des Gesetzgebers des StEntlG 1999/2000/2002 (s. → Rn. 11) nur die Veräußerungsgewinne i. S. d. § 34 Abs. 2 Nr. 1 EStG erfassen soll.[2]

Wahlrecht auf Gewinnübertragung (§ 6b Abs. 10 Satz 1 und Satz 4 EStG): Satz 1 eröffnet das Wahlrecht, Gewinne aus der Veräußerung von Anteilen an KapGes steuerneutral auf die AK anderer Anteile an KapGes, oder auf die Anschaffungs- und Herstellungskosten von Gebäuden oder abnutzbaren beweglichen WG bis zu einem Betrag von 500 000 € zu übertragen. Die Reinvestitionsfrist beträgt zwei Jahre für KapGes-Anteile und bewegliche Anlagegüter sowie vier Jahre für Gebäude. Grund und Boden ist nicht begünstigt. Gesamtkaufpreise für bebaute Grundstücke sind daher aufzuteilen.[3] Der Höchstbetrag bezieht sich als Jahresbetrag auf die Veräußerungsgewinne eines Wj. vor Anwendung des Teileinkünfteverfahrens. Da § 6b Abs. 10 Satz 4 EStG einerseits auf die Besitzzeitregelung in § 6b Abs. 4 Satz 1 Nr. 2 EStG und andererseits auf die Voraussetzung der Zugehörigkeit des Reinvestitionsgutes zum Anlagevermögen in § 6b Abs. 4 Satz 1 Nr. 3 EStG verweist, müssen die Beteiligungen (aber auch die anderen Reinvestitionsgüter) sowohl als begünstigtes Veräußerungs-, als auch als Reinvestitionsobjekt zum Anlagevermögen des Personenunternehmens gehören. Für die veräußerten KapGes-Anteile gilt die gesellschafterbezogene Besitzzeitregelung von sechs Jahren. Die Übertragungsfrist beträgt grundsätzlich zwei und für die Anschaffung oder Herstellung von Gebäuden vier Jahre. Die Gewinne können auch auf ausländische Anteile an KapGes[4] oder im Ausland belegene Gebäude übertragen werden, wenn diese WG zu einem inländischen Betriebsvermögen gehören. Das Urteil des EuGH v. 16. 4. 2015,[5] wonach das Übertragungsverbot auf Wirtschaftsgüter einer ausländischen Betriebsstätte gem. § 6b Abs. 4 Satz 1 Nr. 3 EStG als Verstoß gegen die Niederlassungsfreiheit (Art. 49 AEUV und Art. 31 EWR-Abkommen) zu sehen ist, hat auch für § 6b Abs. 10 EStG Bedeutung.[6] 249

Zu beachten ist ferner der Buchnachweis (→ Rn. 179) und das Übertragungsverbot für stille Reserven aus einem Gewerbebetrieb (→ Rn. 180). Wie sich aus der Verweisung in § 6b Abs. 10 250

---

1 R 6c Abs. 3 EStR; ebenso schon *Kanzler*, FR 2002, 117, 123.
2 FG Münster v. 23. 9. 2015 - 10 K 4079/14 F, EFG 2016, 20, rkr. (Rev.: BFH v. 15.11.2016 - IV R 48/15, BFH/NV 2017, 284 nach Rücknahme eingestellt), unter Hinweis auf BT-Drucks. 14/443, 29.
3 Dazu die Arbeitshilfe Kaufpreisaufteilung des BMF v. 4. 2. 2015, NWB DokID: LAAAE-61859.
4 Art. 13 Abs. 2 OECD-MA.
5 C-591/13, NWB DokID: VAAAE-89472.
6 *Kanzler*, FR 2015, 465, 466.

Satz 4 EStG auf Abs. 5 ergibt, ist auch die **vorgezogene Anschaffung der Reinvestitionsgüter** begünstigt.[1]

251 **Gewinnübertragungen auf Anschaffungs- oder Herstellungskosten für Gebäude und bewegliche Wirtschaftsgüter (§ 6b Abs. 10 Satz 2 EStG)** sind nur bis zur Höhe des bei der Veräußerung entstandenen und nicht nach § 3 Nr. 40 Satz 1 Buchst. a und b i.V. m. § 3c Abs. 2 EStG steuerbefreiten Betrags von den Anschaffungs- und Herstellungskosten zulässig; übertragbar ist daher nur der nach dem Teileinkünfteverfahren steuerpflichtige Betrag (60 %). Die Rücklage kann jedoch in voller Höhe gebildet werden (→ Rn. 252).

252 **Gewinnübertragungen auf Anteile an Kapitalgesellschaften (§ 6b Abs. 10 Satz 3 EStG)** erfolgen im Unterschied zu § 6b Abs. 10 Satz 2 EStG in voller Höhe, also ohne Rücksicht auf das Teileinkünfteverfahren. Erst die Gewinne aus der Veräußerung dieser Anteile unterliegen dann der Besteuerung durch das Teileinkünfteverfahren.

253 **Rücklagebildung (§ 6b Abs. 10 Satz 5 EStG):** Anstelle der Reinvestition im Jahr der Anteilsveräußerung kann eine steuerfreie Rücklage in Höhe des Veräußerungsgewinns also einschließlich des nach § 3 Nr. 40 EStG und § 3c Abs. 2 EStG steuerbefreiten Betrages gebildet werden. Diese Rücklage wird durch den Einzelunternehmer bzw. die PersGes auf die AK später erworbener Anteile an KapGes bzw. die Anschaffungs- und Herstellungskosten der anderen begünstigten WG i. S. d. § 6b Abs. 10 Satz 1 EStG übertragen oder in späteren Wj. gewinnwirksam und zuschlagspflichtig aufgelöst (§ 6b Abs. 10 Satz 8 EStG).

254 **Übertragung der Rücklage (§ 6b Abs. 10 Sätze 6 und 7 EStG):** Nach § 6b Abs. 10 Satz 6 EStG gelten bei der Auflösung, d. h. Übertragung der Rücklage die Sätze 2 und 3 sinngemäß. Die Rücklage ist daher auf die AK von Anteilen an KapGes und die Anschaffungs- und Herstellungskosten abnutzbarer beweglicher WG nach zwei, sowie auf die AHK von Gebäuden spätestens nach vier Wj. zu übertragen. Nach § 6b Abs. 10 Satz 7 EStG ist die Rücklage „im Fall des Satzes 2, ... in gleicher Höhe um den nach § 3 Nr. 40 Satz 1 Buchst. a und b EStG i.V. m. § 3c Abs. 2 EStG steuerbefreiten Betrag aufzulösen". Die Rücklage unterliegt damit, soweit sie mit dem steuerfreien Teil auf Gebäude und abnutzbare bewegliche WG nicht übertragbar ist, der Zwangsauflösung, die dann allerdings keinen Zinszuschlag auslöst (§ 6b Abs. 10 Satz 9 EStG).

255 **Zwangsauflösung der Rücklage und Zinszuschlag (§ 6b Abs. 10 Sätze 8 und 9 EStG):** Eine am Schluss des vierten Wj. noch vorhandene Rücklage ist zu diesem Zeitpunkt gewinnerhöhend aufzulösen. Obwohl eine Rücklage auf die AK von Anteilen an KapGes oder abnutzbaren beweglichen Anlagegütern bereits nach zwei Jahren zu übertragen ist, kann auch eine dafür gebildete Rücklage vier Wj. beibehalten werden, weil eine Zwangsauflösung für alle Rücklagen einheitlich erst nach vier Jahren geboten ist. Nach § 6b Abs. 10 Satz 9 EStG ist daher der Gewinn des Wj., in dem die Rücklage mangels Übertragung der stillen Reserven aufgelöst wird, für jedes volle der vier Wj., in dem die Rücklage bestanden hat, um 6 % des nicht nach § 3 Nr. 40 Satz 1 Buchst. a und b EStG i.V. m. § 3c Abs. 2 EStG steuerbefreiten aufgelösten Rücklagenbetrags zu erhöhen. Der Stpfl. könnte demgegenüber nicht einwenden, die Rücklage sei schon nach zwei Jahren aufzulösen gewesen, weil für ihn eine Gebäudeherstellung oder -an-

---

1 Gl. A. FG München v. 27. 4. 2010 - 12 K 4/06, EFG 2011, 426, rkr. und h. M. im Schrifttum, s. nur *Kanzler*, FR 2002, 125; HHR/*Marchal*, § 6b Anm. 163 und *Loschelder* in Schmidt, § 6b EStG Rn. 97, jeweils m.w. N.; a. A. aber R 6 b.2 Abs. 13 EStR.

schaffung von Anfang an nicht in Frage gekommen sei; deshalb sei auch der Zuschlag nur für zwei Wj. anzusetzen.[1]

Übertragungsverbot für Körperschaften (§ 6b Abs. 10 Satz 10 EStG): Für die zum Gesamthandsvermögen von PersGes oder Gemeinschaften gehörenden KapGes-Anteile ist die Gewinnübertragung ausgeschlossen, soweit an den PersGes und Gemeinschaften, Körperschaften, Personenvereinigungen oder Vermögensmassen beteiligt sind, für die die Veräußerung von Anteilen an KapGes grundsätzlich nach § 8b Abs. 2 KStG steuerbefreit ist.[2] M. E. folgt aus dem der Einschränkung des § 6b Abs. 10 Satz 10 EStG zugrunde liegenden Gesetzeszweck einer Angleichung von Personenunternehmen und KapGes hinsichtlich der Behandlung ihrer Gewinne aus Anteilsveräußerungen, dass eine KapGes auch keine Rücklage i. S. d. § 6b Abs. 10 Satz 5 EStG fortführen kann. Die Einbringung des rücklageführenden Personenunternehmens in eine KapGes zu Buch- oder Zwischenwerten müsste dann zu einer zuschlagspflichtigen Zwangsauflösung der Rücklage führen, wie dies für das Übertragungsverbot nach § 6b Abs. 4 Satz 2 EStG ausdrücklich vorgesehen ist.[3]

(Einstweilen frei)

C. Verfahrensfragen

Ausübung der Bilanzierungswahlrechte des § 6b EStG: Die Reinvestitionsvergünstigung setzt keinen Antrag voraus; die vielfältigen Bilanzierungswahlrechte des § 6b EStG (s. → Rn. 52, → Rn. 179) werden durch entsprechende Buchung und Bilanzierung ausgeübt. Die für die Rücklage erforderliche Dokumentation kann auch noch im zweiten Rechtsgang geschaffen oder dargelegt werden.[4] Bei fehlerhafter Anwendung des § 6b EStG ist eine Bilanzberichtigung gem. § 4 Abs. 2 Satz 1 EStG nach Maßgabe des objektiven Fehlerbegriffs möglich; die Ausübung der Wahlrechte im gesetzlich zulässigen Rahmen ist jedoch nur durch Bilanzänderung gem. § 4 Abs. 2 Satz 2 EStG möglich, die allein zur Kompensation einer Bilanzberichtigung zugelassen ist. Zur Ausübung des Bilanzierungswahlrechts im veräußernden Betrieb s. → Rn. 162. Im Unterschied zu den Bilanzierungswahlrechten des § 6b Abs. 1 und 3 EStG ist die Stundungsregelung für Auslandsinvestitionen antragsgebunden (s. → Rn. 150).

Finanzbehördliche Entscheidung über Rücklage: Über die Frage, ob und in welchem Umfang eine Rücklage nach §§ 6b, 6c EStG wirksam gebildet worden ist, wird erstmals und ausschließlich in dem Einkommensteuerbescheid verbindlich entschieden, in dem sich die Bildung, Auflösung oder teilweise Übertragung der Rücklage auf ein Reinvestitionsobjekt erstmalig gewinnwirksam auswirkt. Daher kann auch eine Klage gegen eine Nullfestsetzung zulässig sein.[5]

Besonderes Verzeichnis zur Handelsbilanz: Nachdem mit der Aufgabe der umgekehrten Maßgeblichkeit durch das BilMoG,[6] eine Reinvestitionsrücklage in der Steuerbilanz auch abweichend von der Handelsbilanz gebildet werden kann, sieht das Gesetz besondere Aufzeichnungspflichten durch laufende Führung eines Verzeichnisses vor (§ 5 Abs. 1 Satz 2 EStG). Zur

---

1 Siehe BFH v. 15. 3. 1990 - IV R 90/88, BStBl 1990 II 689, zu einem vergleichbaren Fall.
2 BT-Drucks. 14/6882, 33.
3 *Kanzler*, FR 2002, 117, 124; *Loschelder* in Schmidt, § 6b EStG Rn. 110; a. A. *Förster*, DStR 2001, 1913, 1916.
4 BFH v. 30. 1. 2013 - III R 72/11, BStBl 2013 II 684 – Checkliste zu §§ 6b, 6c EStG und R 6.6 EStR, NWB DokID: QAAAF-75202.
5 BFH v. 10. 3. 2016 - IV R 41/13, BStBl 2016 II 984.
6 Vom 25. 5. 2009, BGBl 2009 I 1102; dazu auch BMF v. 12. 3. 2010, BStBl 2010 I 239.

Erfüllung dieser Aufzeichnungspflichten ist bei der Bildung der steuerfreien Rücklage der Ansatz in der Steuerbilanz ausreichend;[1] die Aufnahme des Wirtschaftsguts in das besondere Verzeichnis ist erst bei Übertragung der Rücklage erforderlich.[2]

§ 6c Übertragung stiller Reserven bei der Veräußerung bestimmter Anlagegüter bei der Ermittlung des Gewinns nach § 4 Absatz 3 EStG oder nach Durchschnittssätzen

(1) [1]§ 6b mit Ausnahme des § 6b Absatz 4 Nummer 1 ist entsprechend anzuwenden, wenn der Gewinn nach § 4 Absatz 3 oder die Einkünfte aus Land- und Forstwirtschaft nach Durchschnittssätzen ermittelt werden. [2]Soweit nach § 6b Absatz 3 eine Rücklage gebildet werden kann, ist ihre Bildung als Betriebsausgabe (Abzug) und ihre Auflösung als Betriebseinnahme (Zuschlag) zu behandeln; der Zeitraum zwischen Abzug und Zuschlag gilt als Zeitraum, in dem die Rücklage bestanden hat.

(2) [1]Voraussetzung für die Anwendung des Absatzes 1 ist, dass die Wirtschaftsgüter, bei denen ein Abzug von den Anschaffungs- oder Herstellungskosten oder von dem Wert nach § 6b Absatz 5 vorgenommen worden ist, in besondere, laufend zu führende Verzeichnisse aufgenommen werden. [2]In den Verzeichnissen sind der Tag der Anschaffung oder Herstellung, die Anschaffungs- oder Herstellungskosten, der Abzug nach § 6b Absatz 1 und 3 in Verbindung mit Absatz 1, die Absetzungen für Abnutzung, die Abschreibungen sowie die Beträge nachzuweisen, die nach § 6b Absatz 3 in Verbindung mit Absatz 1 als Betriebsausgaben (Abzug) oder Betriebseinnahmen (Zuschlag) behandelt worden sind.

Inhaltsübersicht

	Rz.
A. Allgemeine Erläuterungen	1 - 10
B. Systematische Kommentierung	11 - 34
I. Gewinnübertragung entsprechend § 6b EStG durch Abzug und Zuschlag (§ 6c Abs. 1 EStG)	11 - 20
II. Laufend zu führende Verzeichnisse (§ 6c Abs. 2 EStG)	21 - 34
1. Verzeichnis als Voraussetzung (§ 6c Abs. 2 Satz 1 EStG)	21 - 25
2. Inhalt des Verzeichnisses (§ 6c Abs. 2 Satz 2 EStG)	26 - 34
C. Verfahrensfragen	35 - 38

HINWEIS:
R 6c EStR.

LITERATUR:
Schießl, Rückwirkende Bildung einer Rücklage nach § 6c EStG, StuB 2016, 567; *Geserich*, Grundstückstausch: Ermittlung der Anschaffungskosten bei Grundstücksentnahme, jurisPR-SteuerR 18/2018 Anm. 1; *Schäfer/Bolik*, Grundstückstausch und späterer Entnahmegewinn, StuB 2018, 394.
Siehe das Schrifttum zu § 6b EStG.

ARBEITSHILFEN UND GRUNDLAGEN ONLINE:
Kanzler, Gewinnübertragungen nach §§ 6b, 6c EStG und R 6.6 EStR, NWB DokID: QAAAF-75202.

---
[1] R 6b.2 Abs. 2 EStR.
[2] R 6b.2 Abs. 1 Satz 1 EStR.

A. Allgemeine Erläuterungen

Normzweck und Bedeutung der Vorschrift: Die Vorschrift dient der Verwirklichung von Zweck und Bedeutung des § 6b EStG (s. KKB/Kanzler, § 6b EStG Rz. 1 f.) auch bei den Gewinnermittlungsarten ohne Buchführung.[1]   1

Entstehung und Entwicklung der Vorschrift: Bis zum VZ 1998 waren die Gewinnübertragungsmöglichkeiten nach § 6c EStG gegenüber dem Tatbestand des § 6b EStG eingeschränkt, so dass der Wechsel vom Bestandsvergleich zur Einnahmenüberschussrechnung oder zur Gewinnermittlung nach Durchschnittssätzen zu einer Zwangsauflösung der Rücklagen führte, die nicht als Abzug i. S. d. § 6c Abs. 1 Satz 2 EStG fortgeführt werden konnten. Erst durch das StEntlG 1999/2000/2002 v. 24. 3. 1999[2] wurde eine Übereinstimmung der Begünstigungstatbestände herbeigeführt (vgl. KKB/Kanzler, § 6b EStG Rz. 3), so dass das Erfordernis einer Zwangsauflösung entfiel (KKB/Kanzler, § 6b EStG Rz. 11). Seitdem finden auch alle Rechtsänderungen des § 6b EStG wegen der in § 6c EStG enthaltenen Verweisungen auf Tatbestand und Rechtsfolgen dieser Vorschrift automatisch auf § 6c EStG Anwendung.   2

Der Geltungsbereich des § 6c EStG erfasst in sachlicher Beziehung alle nach § 4 Abs. 3 EStG ermittelten betrieblichen Einkünfte und zusätzlich die nach § 13a EStG ermittelten Einkünfte aus Land- und Forstwirtschaft. In persönlicher und auslandsbezogener Hinsicht entspricht der Geltungsbereich dem des § 6b EStG (vgl. KKB/Kanzler, § 6b EStG Rz. 16 ff.).   3

Das Verhältnis zu anderen Vorschriften entspricht dem des § 6b EStG (vgl. KKB/Kanzler, § 6b EStG Rz. 36 ff.).   4

(Einstweilen frei)   5–10

B. Systematische Kommentierung

I. Gewinnübertragung entsprechend § 6b EStG durch Abzug und Zuschlag (§ 6c Abs. 1 EStG)

Voraussetzung für die Anwendung des § 6c EStG ist eine Gewinnermittlung nach § 4 Abs. 3 EStG oder § 13a EStG (§ 6c Abs. 1 Satz 1 EStG). Schätzungslandwirte wurden bewusst nicht in den § 6c EStG einbezogen.[3] Die Steuervergünstigung kann auch in Anspruch genommen werden, wenn das FA die Einnahmenüberschussrechnung trotz Buchführungspflicht des Stpfl. akzeptiert hat.[4] Die Ermittlung des Überschusses der Einnahmen über die WK ist grundsätzlich keine Einnahmen-Überschussrechnung i. S. d. § 4 Abs. 3 EStG.[5] Auch eine Vollschätzung nach den Grundsätzen des § 4 Abs. 3 EStG schließt die Anwendung des § 6c EStG aus.[6] Bei der Gewinnermittlung nach Durchschnittssätzen ist § 6c EStG auf solche Gewinne aus der Veräußerung von WG i. S. d. § 6b Abs. 1 und Abs. 10 EStG anzuwenden, die als Sondergewinne nach § 13a Abs. 7 EStG erfasst werden.   11

---

1 BT-Drucks. 4/3189, 6.
2 BGBl 1999 I 402.
3 BT-Drucks. VI/2350, 3.
4 BFH v. 12. 11. 1992 – IV R 92/91, BStBl 1993 II 366.
5 BFH v. 30. 1. 2013 – III R 72/11, BStBl 2013 II 684.
6 R 6c Abs. 2 EStR.

12 **Rechtsfolge** ist die entsprechende Anwendung des § 6b EStG mit Ausnahme des § 6b Abs. 4 Nr. 1 (Gewinnermittlung nach § 4 Abs. 1 EStG oder § 5 EStG). Ausgenommen ist auch die Regelung des § 6b Abs. 3 EStG zur Bildung und Auflösung von Rücklagen, weil § 6c EStG insoweit eine Sonderregelung vorsieht (→ Rz. 21). Alle anderen Regelungen des § 6b EStG sind hinsichtlich Tatbestandsvoraussetzungen und Rechtsfolgen auch für § 6c EStG maßgebend, da es sich um eine Rechtsgrund- und Rechtsfolgeverweisung handelt. Dies gilt nicht nur hinsichtlich der begünstigten Veräußerungs- und Reinvestitionsobjekte nach § 6b Abs. 1 und Abs. 10 EStG,[1] sondern auch in Bezug auf die Wahlrechte, die in der einzureichenden Einnahmenüberschussrechnung[2] oder Gewinnermittlung nach § 13a EStG ausgeübt werden. Auch das durch StÄndG 2015[3] eingeführte Wahlrecht auf Stundung des Veräußerungsgewinns bei Reinvestitionen einem anderen Mitgliedstaat der EU oder des EWR nach § 6b Abs. 2a EStG ist über § 6c Abs. 1 Satz 1 EStG ebenso anwendbar, wie die durch JStG 2018 eingeführte Verzinsungsregelung für den Fall ganz oder teilweise ausbleibender Auslandsreinvestitionen (s. KKB/Kanzler, § 6b EStG Rn. 11 und 140).[4] Bei einer Übertragung der „Rücklage" in einen anderen Betrieb des Stpfl. ist das Wahlrecht im veräußernden Betrieb[5] und daher erst nach Anschaffung oder Herstellung des Reinvestititonsguts im anderen Betrieb auszuüben; mit einer vorzeitigen Gewinnübertragung auf den anderen Betrieb, entfällt daher das Wahlrecht im veräußernden Betrieb gewinnerhöhend und zuschlagspflichtig.[6] Im Übrigen bedeutet die entsprechende, sinngemäße Anwendung des § 6b Abs. 2 EStG, dass bei Ermittlung des Veräußerungsgewinns nicht das Zu- und Abflussprinzip gilt. Begünstigter Gewinn ist der Betrag, um den der Veräußerungspreis nach Abzug der Veräußerungskosten die Aufwendungen für das veräußerte WG übersteigt, die bis zu seiner Veräußerung noch nicht als BA abgesetzt worden sind.[7] Bei Ermittlung des Buchwerts darf nicht unterstellt werden, dass ein früherer Veräußerungsgewinn aus einem Grundstückstausch durch Inanspruchnahme des § 6c EStG i. V. m. § 6b EStG neutralisiert wurde.[8] Wegen der weiteren Voraussetzungen und Rechtsfolgen der Abs. 4 bis 10 s. die Erläuterungen bei KKB/Kanzler, § 6b EStG.

13 **Nichtbesteuerung stiller Reserven:** Bei der Gewinnermittlung nach § 13a EStG kann die entsprechende Anwendung des § 6b Abs. 6 EStG (Minderung der AK und HK) zur endgültigen Nichtbesteuerung von Gewinnen führen, wenn etwa stille Reserven aus der Veräußerung von Anteilen an KapGes auf abnutzbare WG übertragen werden (zulässig nach § 6c i. V. m. § 6b Abs. 10 Satz 1 EStG), die bis zur völligen Abnutzung im Betrieb verbleiben. Da die AfA bei den gesetzlich festgelegten Durchschnittssätzen bereits berücksichtigt ist, kann die Bemessungsgrundlage für die Ermittlung der AfA wegen Anwendung des § 6c EStG nicht korrigiert werden.[9]

14 **Gewinnabzug und -zuschlag (§ 6c Abs. 1 Satz 2 EStG):** Anstelle der Rücklagebildung ist eine als Abzug bezeichnete fiktive BA und anstelle der Auflösung der Rücklage eine als Zuschlag be-

---

[1] R 6c Abs. 3 EStR.
[2] BFH v. 11. 6. 2014 - IV B 46/13, BFH/NV 2914, 1369 = NWB DokID: JAAAE-69835.
[3] Vom 2. 11. 2015, BGBl 2015 I 1834.
[4] *Kanzler*, NWB 2015, 3814, 3818.
[5] BFH v. 19. 12. 2012 - IV R 41/09, BStBl 2013 II 313.
[6] *Kanzler*, NWB 2015, 3814, 3818; a. A. FG Münster v. 13. 5. 2016 - 7 K 716/13 E, EFG 2016, 1164 = StuB 2016, 517; Rev. anhängig, Az. beim BFH: VI R 50/16.
[7] R 6c Abs. 1 Satz 2 ff. EStR.
[8] BFH v. 6.12.2017 - VI R 68/15, BFH/NV 2018, 566 = NWB DokID: GAAAG-78873 mit Anm. *Schäfer/Bolik*, StuB 2018, 394.
[9] *Kanzler* in Leingärtner, Kap. 31 Rz. 136, m. w. N.

zeichnete fiktive BE vorgesehen (Satz 2 1. Halbsatz). Zur Ausübung dieser Wahlrechte mit der vorgelegten Gewinnermittlung s. → Rz. 12. Die Fiktion, wonach der Zeitraum zwischen Abzug und Zuschlag als Zeitraum gilt, in dem die Rücklage bestanden hat (Satz 2 2. Halbsatz), hat Bedeutung für die Übertragungsfristen (§ 6b Abs. 3 EStG) und die Verzinsung bei Zwangsauflösung der „Rücklage" (§ 6b Abs. 7 EStG), die auch dann erfolgt, wenn der Stpfl. kein Verzeichnis i. S. d. Abs. 2 führt.[1] Die Schätzung des Gewinns nach § 4 Abs. 3 EStG oder § 13a Abs. 7 EStG für ein Wj. während dieses Zeitraums führt zur Zwangsauflösung der „Rücklage" mit Zinszuschlag.[2]

Nachträgliche Änderungen des Veräußerungsgewinns sind zu berücksichtigen, soweit dies verfahrensrechtlich möglich ist (s. KKB/Kanzler, § 6b EStG Rz. 135). Der Stpfl. kann daher den Gewinnabzug (Rücklage) nach § 6c Abs. 1 Satz 1 i.V. m. § 6b Abs. 3 EStG rückwirkend bilden, wenn sich der Veräußerungspreis in einem späteren Veranlagungszeitraum erhöht und dadurch erstmals ein Veräußerungsgewinn entsteht.[3] Auch wenn die Veräußerung des begünstigten WG (z. B. Grund und Boden) und der Zufluss des gewinnerhöhenden Betrags (z. B. eine Entschädigung), der u.U. sogar erstmals zu einem Veräußerungsgewinn führt, in unterschiedliche Wj. bzw. VZ fallen, ist die Rücklage gem. § 6c Abs. 1 Satz 2 EStG als BA im Wj. der Veräußerung bzw. des Zuflusses des ersten Teils des Kaufpreises, zu behandeln. Dies folgt aus der in § 6c EStG angeordneten entsprechenden Anwendung des § 6b Abs. 2 EStG, die zur Erfassung des vollen Veräußerungserlöses im Jahr der Veräußerung ohne Rücksicht auf den Zeitpunkt des tatsächlichen Zufließens der Nachzahlung führt (s. auch R 6c Abs. 1 Satz 2 und 3 EStR und H 6c EStH).[4] Insoweit ist das die Einnahmen-Überschussrechnung beherrschende Zuflussprinzip in § 11 Abs. 1 EStG aufgehoben und die Bildung der „Rücklage" im Veräußerungsjahr gewinnneutral. 15

(Einstweilen frei) 16–20

II. Laufend zu führende Verzeichnisse (§ 6c Abs. 2 EStG)

1. Verzeichnis als Voraussetzung (§ 6c Abs. 2 Satz 1 EStG)

Verzeichnis als Ersatz fehlender Buchführung: Das in § 6c Abs. 2 EStG geforderte laufend zu führende Verzeichnis ist materiell-rechtliche Voraussetzung für die Gewinnübertragung bei Einnahmen-Überschussrechnung und Gewinnermittlung nach § 13a EStG und ersetzt die bei diesen Gewinnermittlungsarten fehlende Buchführung. Wie das Erfordernis der Verfolgbarkeit in der Buchführung (§ 6b Abs. 4 Satz 1 Nr. 5 EStG) dient das Verzeichnis der Kontrolle der Gewinnübertragung. 21

Besondere, laufend zu führende Verzeichnisse setzen keine zeitnahen Aufzeichnungen voraus; es genügt, wenn das Verzeichnis im Zeitpunkt der Ausübung des Wahlrechts[5] oder im 2. Rechtsgang[6] erstellt wird. Noch weitergehend, soll auch eine der ESt-Erklärung beigefügte Auflistung der WG und ihrer AK und HK genügen.[7] 22

---

1 BFH v. 15. 3. 1990 - IV R 90/88, BStBl 1990 II 689.
2 R 6c Abs. 2 EStR.
3 BFH v. 10. 3. 2016 - IV R 41/13, BStBl 2016 II 984.
4 BFH v. 10. 3. 2016 - IV R 41/13, BStBl 2016 II 984.
5 BFH v. 9. 8. 1984 - IV R 151/81, BStBl 1985 II 47.
6 BFH v. 30. 1. 2013 - III R 72/11, BStBl 2013 II 684.
7 FG Baden-Württemberg v. 28. 10. 1997 - 7 K 137/95, EFG 1998, 544, rkr., betr. RfE.

23-25 *(Einstweilen frei)*

2. Inhalt des Verzeichnisses (§ 6c Abs. 2 Satz 2 EStG)

26 **Das Verzeichnis muss ausweisen:** (1) Tag der Anschaffung oder Herstellung des jeweiligen Reinvestitionsguts, von dem ein Abzug von den AK und HK vorgenommen wird, (2) AHK des Reinvestitionsguts, (3) Abzug nach § 6b Abs. 1, 3 oder 10 EStG i.V. m. § 6c Abs. 1 EStG, (4) die fiktiven BA und BE (Abzug und Zuschlag) gem. § 6b Abs. 3 i.V. m. § 6c Abs. 1 Satz 2 EStG und (5) AfA und Sonder-AfA. Kein ausreichendes Verzeichnis i. S. v. § 6c Abs. 2 EStG ist eine unvollständige Baukostenaufstellung.[1]

27 **Mängel des Verzeichnisses** führen zur Versagung der Steuervergünstigung. Ein bereits vorgenommener Abzug ist mit Zinszuschlag rückgängig zu machen.

28-34 *(Einstweilen frei)*

C. Verfahrensfragen

35 **Ausübung der Gewinnermittlungswahlrechte des § 6c EStG:** Wie bei § 6b EStG ist die Reinvestitionsvergünstigung des § 6c EStG nicht von einem formellen Antrag abhängig (KKB/Kanzler, § 6b Rz. 271). Da bei der Einnahmen-Überschussrechnung und der Gewinnermittlung nach Durchschnittssätzen eine Wahlrechtsausübung durch entsprechende Buchung und Bilanzierung nicht möglich ist, setzt die Ausübung des Wahlrechts voraus, dass zunächst ein Gewinn nach § 6c i.V. m. § 6b Abs. 2 EStG erklärt, der sodann durch Abzug einer Betriebsausgabe wieder neutralisiert wird.[2] Ist ein früherer Veräußerungsgewinn in der Gewinnermittlung nicht enthalten, so rechtfertigt das nicht den Schluss, dieser Gewinn habe auf ein Reinvestitionsgut übertragen werden sollen.[3]

36 **Befristung der Wahlrechte:** Die nach § 6c EStG eröffneten Wahlrechte können bis zum Eintritt der formellen und materiellen Bestandskraft der Steuerfestsetzung ohne Beschränkung durch § 4 Abs. 2 Satz 2 EStG (Bilanzänderung) ausgeübt werden. Dies gilt für die Nachholung der Rücklage (Gewinnabzug) wie für deren Auflösung (Gewinnzuschlag).[4] Verfahrensrechtlich wird dieses Wahlrecht nach § 175 Abs. 1 Satz 1 Nr. 2 AO analog durchgesetzt.[5] Der Gewinnabzug kann durch geänderte Gewinnermittlung nach § 4 Abs. 3 oder § 13a EStG auch dann noch vorgenommen werden, wenn die Reinvestitionsfrist abgelaufen ist.[6] Allerdings kommt eine Änderung im Falle einer partiellen Bestandskraft nur in Betracht, wenn ihre steuerlichen Folgen nicht über den durch § 351 Abs. 1 AO gesetzten Rahmen hinausgehen.[7]

37 **Änderung bestandskräftiger Bescheide:** Im Hinblick auf neue Tatsachen unterliegt der Stpfl. mangels Buchführung einer erhöhten Mitwirkungspflicht, gegenüber der eine Verletzung des Amtsermittlungsgrundsatzes nicht ins Gewicht fällt.[8]

---

1 FG Nürnberg v. 5.6.1985 - V 261/79, EFG 1985, 600, rkr.
2 BFH v. 6.12.2017 - VI R 68/15, BFH/NV 2018, 566 = NWB DokID: GAAAG-78873 zu Rz. 24.
3 BFH v. 6.12.2017 - VI R 68/15, BFH/NV 2018, 566 = NWB DokID: GAAAG-78873.
4 BFH v. 11.6.2014 - IV B 46/13, BFH/NV 2014, 1369 = NWB DokID: JAAAE-69835.
5 BFH v. 30.8.2001 - IV R 30/99, BStBl 2002 II 49.
6 BFH v. 22.9.1994 - IV R 61/93, BStBl 1995 II 367.
7 BFH v. 9.12.2015 - X R 56/13, BFH/NV 2016, 618 = NWB DokID: MAAAF-68577, zu § 34 Abs. 3 EStG.
8 BFH v. 10.4.1997 - IV R 47/96, BFH/NV 1997, 757 = NWB DokID: EAAAB-39027.

Maßgebender Steuerbescheid für die Gewinnübertragung: Über die Frage, ob und in welchem 38
Umfang eine „Rücklage" (Gewinnabzug) nach § 6c EStG wirksam gebildet worden ist, wird
erstmals und ausschließlich in dem Einkommensteuerbescheid verbindlich entschieden, in
dem sich die Bildung, Auflösung oder teilweise Übertragung der „Rücklage" auf ein Reinvestitionsobjekt erstmalig gewinnwirksam auswirkt.[1]

§ 6d Euroumrechnungsrücklage

(1) [1]Ausleihungen, Forderungen und Verbindlichkeiten im Sinne des Artikels 43 des Einführungsgesetzes zum Handelsgesetzbuch, die auf Währungseinheiten der an der Europäischen Währungsunion teilnehmenden anderen Mitgliedstaaten oder auf die ECU im Sinne des Artikels 2 der Verordnung (EG) Nr. 1103/97 des Rates vom 17. Juni 1997 (ABl EG Nr. L 162 S. 1) lauten, sind am Schluss des ersten nach dem 31. Dezember 1998 endenden Wirtschaftsjahres mit dem vom Rat der Europäischen Union gemäß Artikel 109l Absatz 4 Satz 1 des EG-Vertrages unwiderruflich festgelegten Umrechnungskurs umzurechnen und mit dem sich danach ergebenden Wert anzusetzen. [2]Der Gewinn, der sich aus diesem jeweiligen Ansatz für das einzelne Wirtschaftsgut ergibt, kann in eine den steuerlichen Gewinn mindernde Rücklage eingestellt werden. [3]Die Rücklage ist gewinnerhöhend aufzulösen, soweit das Wirtschaftsgut, aus dessen Bewertung sich der in die Rücklage eingestellte Gewinn ergeben hat, aus dem Betriebsvermögen ausscheidet. [4]Die Rücklage ist spätestens am Schluss des fünften nach dem 31. Dezember 1998 endenden Wirtschaftsjahres gewinnerhöhend aufzulösen.

(2) [1]In die Euroumrechnungsrücklage gemäß Absatz 1 Satz 2 können auch Erträge eingestellt werden, die sich aus der Aktivierung von Wirtschaftsgütern auf Grund der unwiderruflichen Festlegung der Umrechnungskurse ergeben. [2]Absatz 1 Satz 3 gilt entsprechend.

(3) Die Bildung und Auflösung der jeweiligen Rücklage müssen in der Buchführung verfolgt werden können.

HINWEIS:
Die Regelung ist durch Zeitablauf überholt. Zur Kommentierung s. 3. Aufl.

§ 7 Absetzung für Abnutzung oder Substanzverringerung

(1) [1]Bei Wirtschaftsgütern, deren Verwendung oder Nutzung durch den Stpfl. zur Erzielung von Einkünften sich erfahrungsgemäß auf einen Zeitraum von mehr als einem Jahr erstreckt, ist jeweils für ein Jahr der Teil der Anschaffungs- oder Herstellungskosten abzusetzen, der bei gleichmäßiger Verteilung dieser Kosten auf die Gesamtdauer der Verwendung oder Nutzung auf ein Jahr entfällt (Absetzung für Abnutzung in gleichen Jahresbeträgen). [2]Die Absetzung bemisst sich hierbei nach der betriebsgewöhnlichen Nutzungsdauer des Wirtschaftsguts. [3]Als betriebsgewöhnliche Nutzungsdauer des Geschäfts- oder Firmenwerts eines Gewerbebetriebs oder eines Betriebs der Land- und Forstwirtschaft gilt ein Zeitraum von 15 Jahren. [4]Im Jahr der Anschaffung oder Herstellung des Wirtschaftsguts vermindert sich für dieses Jahr der Absetzungsbetrag nach Satz 1 um jeweils ein Zwölftel für jeden vollen Monat, der dem Monat der Anschaffung oder Herstellung vorangeht. [5]Bei Wirtschaftsgütern, die nach einer Verwendung

---

1 BFH v. 10. 3. 2016 - IV R 41/13, BStBl 2016 II 984.

zur Erzielung von Einkünften im Sinne des § 2 Absatz 1 Satz 1 Nummer 4 bis 7 in ein Betriebsvermögen eingelegt worden sind, mindert sich der Einlagewert um die Absetzungen für Abnutzung oder Substanzverringerung, Sonderabschreibungen oder erhöhte Absetzungen, die bis zum Zeitpunkt der Einlage vorgenommen worden sind, höchstens jedoch bis zu den fortgeführten Anschaffungs- oder Herstellungskosten; ist der Einlagewert niedriger als dieser Wert, bemisst sich die weitere Absetzung für Abnutzung vom Einlagewert. [6]Bei beweglichen Wirtschaftsgütern des Anlagevermögens, bei denen es wirtschaftlich begründet ist, die Absetzung für Abnutzung nach Maßgabe der Leistung des Wirtschaftsguts vorzunehmen, kann der Stpfl. dieses Verfahren statt der Absetzung für Abnutzung in gleichen Jahresbeträgen anwenden, wenn er den auf das einzelne Jahr entfallenden Umfang der Leistung nachweist. [7]Absetzungen für außergewöhnliche technische oder wirtschaftliche Abnutzung sind zulässig; soweit der Grund hierfür in späteren Wirtschaftsjahren entfällt, ist in den Fällen der Gewinnermittlung nach § 4 Absatz 1 oder nach § 5 eine entsprechende Zuschreibung vorzunehmen.

(2)[1] [1]Bei beweglichen Wirtschaftsgütern des Anlagevermögens, die nach dem 31. Dezember 2008 und vor dem 1. Januar 2011 angeschafft oder hergestellt worden sind, kann der Stpfl. statt der Absetzung für Abnutzung in gleichen Jahresbeträgen die Absetzung für Abnutzung in fallenden Jahresbeträgen bemessen. [2]Die Absetzung für Abnutzung in fallenden Jahresbeträgen kann nach einem unveränderlichen Prozentsatz vom jeweiligen Buchwert (Restwert) vorgenommen werden; der dabei anzuwendende Prozentsatz darf höchstens das Zweieinhalbfache des bei der Absetzung für Abnutzung in gleichen Jahresbeträgen in Betracht kommenden Prozentsatzes betragen und 25 Prozent nicht übersteigen. [3]Absatz 1 Satz 4 und § 7a Absatz 8 gelten entsprechend. [4]Bei Wirtschaftsgütern, bei denen die Absetzung für Abnutzung in fallenden Jahresbeträgen bemessen wird, sind Absetzungen für außergewöhnliche technische oder wirtschaftliche Abnutzung nicht zulässig.

(3) [1]Der Übergang von der Absetzung für Abnutzung in fallenden Jahresbeträgen zur Absetzung für Abnutzung in gleichen Jahresbeträgen ist zulässig. [2]In diesem Fall bemisst sich die Absetzung für Abnutzung vom Zeitpunkt des Übergangs an nach dem dann noch vorhandenen Restwert und der Restnutzungsdauer des einzelnen Wirtschaftsguts. [3]Der Übergang von der Absetzung für Abnutzung in gleichen Jahresbeträgen zur Absetzung für Abnutzung in fallenden Jahresbeträgen ist nicht zulässig.

(4)[2] [1]Bei Gebäuden sind abweichend von Absatz 1 als Absetzung für Abnutzung die folgenden Beträge bis zur vollen Absetzung abzuziehen:

1. bei Gebäuden, soweit sie zu einem Betriebsvermögen gehören und nicht Wohnzwecken dienen und für die der Bauantrag nach dem 31. März 1985 gestellt worden ist, jährlich 3 Prozent,

2. bei Gebäuden, soweit sie die Voraussetzungen der Nummer 1 nicht erfüllen und die

    a) nach dem 31. Dezember 1924 fertiggestellt worden sind, jährlich 2 Prozent,

    b) vor dem 1. Januar 1925 fertiggestellt worden sind, jährlich 2,5 Prozent

der Anschaffungs- oder Herstellungskosten; Absatz 1 Satz 5 gilt entsprechend. [2]Beträgt die tatsächliche Nutzungsdauer eines Gebäudes in den Fällen des Satzes 1 Nummer 1 weniger als 33 Jahre, in den Fällen des Satzes 1 Nummer 2 Buchstabe a weniger als 50 Jahre, in den Fällen

---

1 Anm. d. Red.: Zur Anwendung des § 7 Abs. 2 siehe § 52 Abs. 15 Satz 1.
2 Anm. d. Red.: Zur Anwendung des § 7 Abs. 4 siehe § 52 Abs. 15 Sätze 2 und 3.

des Satzes 1 Nummer 2 Buchstabe b weniger als 40 Jahre, so können anstelle der Absetzungen nach Satz 1 die der tatsächlichen Nutzungsdauer entsprechenden Absetzungen für Abnutzung vorgenommen werden. ³Absatz 1 letzter Satz bleibt unberührt. ⁴Bei Gebäuden im Sinne der Nummer 2 rechtfertigt die für Gebäude im Sinne der Nummer 1 geltende Regelung weder die Anwendung des Absatzes 1 letzter Satz noch den Ansatz des niedrigeren Teilwerts (§ 6 Absatz 1 Nummer 1 Satz 2).

(5)[1] ¹Bei Gebäuden, die in einem Mitgliedstaat der Europäischen Union oder einem anderen Staat belegen sind, auf den das Abkommen über den Europäischen Wirtschaftsraum (EWR-Abkommen) angewendet wird, und die vom Stpfl. hergestellt oder bis zum Ende des Jahres der Fertigstellung angeschafft worden sind, können abweichend von Absatz 4 als Absetzung für Abnutzung die folgenden Beträge abgezogen werden:

1. bei Gebäuden im Sinne des Absatzes 4 Satz 1 Nummer 1, die vom Stpfl. auf Grund eines vor dem 1. Januar 1994 gestellten Bauantrags hergestellt oder auf Grund eines vor diesem Zeitpunkt rechtswirksam abgeschlossenen obligatorischen Vertrags angeschafft worden sind,

   – im Jahr der Fertigstellung
     und in den folgenden 3 Jahren   jeweils   10 Prozent,
   – in den darauf folgenden 3 Jahren   jeweils   5 Prozent,
   – in den darauf folgenden 18 Jahren   jeweils   2,5 Prozent,

2. bei Gebäuden im Sinne des Absatzes 4 Satz 1 Nummer 2, die vom Stpfl. auf Grund eines vor dem 1. Januar 1995 gestellten Bauantrags hergestellt oder auf Grund eines vor diesem Zeitpunkt rechtswirksam abgeschlossenen obligatorischen Vertrags angeschafft worden sind,

   – im Jahr der Fertigstellung
     und in den folgenden 7 Jahren   jeweils   5 Prozent,
   – in den darauf folgenden 6 Jahren   jeweils   2,5 Prozent,
   – in den darauf folgenden 36 Jahren   jeweils   1,25 Prozent,

3. bei Gebäuden im Sinne des Absatzes 4 Satz 1 Nummer 2, soweit sie Wohnzwecken dienen, die vom Steuerpflichtigen

   a) auf Grund eines nach dem 28. Februar 1989 und vor dem 1. Januar 1996 gestellten Bauantrags hergestellt oder nach dem 28. Februar 1989 auf Grund eines nach dem 28. Februar 1989 und vor dem 1. Januar 1996 rechtswirksam abgeschlossenen obligatorischen Vertrags angeschafft worden sind,

      – im Jahr der Fertigstellung
        und in den folgenden 3 Jahren   jeweils   7 Prozent,
      – in den darauf folgenden 6 Jahren jeweils   5 Prozent,
      – in den darauf folgenden 6 Jahren jeweils   2 Prozent,
      – in den darauf folgenden 24 Jahren jeweils   1,25 Prozent,

---

1 **Anm. d. Red.**: Zur Anwendung des § 7 Abs. 5 siehe § 56.

b) auf Grund eines nach dem 31. Dezember 1995 und vor dem 1. Januar 2004 gestellten Bauantrags hergestellt oder auf Grund eines nach dem 31. Dezember 1995 und vor dem 1. Januar 2004 rechtswirksam abgeschlossenen obligatorischen Vertrags angeschafft worden sind,

- im Jahr der Fertigstellung und in den folgenden 7 Jahren jeweils 5 Prozent,
- in den darauf folgenden 6 Jahren jeweils 2,5 Prozent,
- in den darauf folgenden 36 Jahren jeweils 1,25 Prozent,

c) auf Grund eines nach dem 31. Dezember 2003 und vor dem 1. Januar 2006 gestellten Bauantrags hergestellt oder auf Grund eines nach dem 31. Dezember 2003 und vor dem 1. Januar 2006 rechtswirksam abgeschlossenen obligatorischen Vertrags angeschafft worden sind,

- im Jahr der Fertigstellung und in den folgenden 9 Jahren jeweils 4 Prozent,
- in den darauf folgenden 8 Jahren jeweils 2,5 Prozent,
- in den darauf folgenden 32 Jahren jeweils 1,25 Prozent

der Anschaffungs- oder Herstellungskosten. ²Im Fall der Anschaffung kann Satz 1 nur angewendet werden, wenn der Hersteller für das veräußerte Gebäude weder Absetzungen für Abnutzung nach Satz 1 vorgenommen noch erhöhte Absetzungen oder Sonderabschreibungen in Anspruch genommen hat. ³Absatz 1 Satz 4 gilt nicht.

(5a) Die Absätze 4 und 5 sind auf Gebäudeteile, die selbständige unbewegliche Wirtschaftsgüter sind, sowie auf Eigentumswohnungen und auf im Teileigentum stehende Räume entsprechend anzuwenden.

(6) Bei Bergbauunternehmen, Steinbrüchen und anderen Betrieben, die einen Verbrauch der Substanz mit sich bringen, ist Absatz 1 entsprechend anzuwenden; dabei sind Absetzungen nach Maßgabe des Substanzverzehrs zulässig (Absetzung für Substanzverringerung).

Inhaltsübersicht

	Rz.
A. Allgemeine Erläuterungen	1 - 170
I. Normzweck und wirtschaftliche Bedeutung der Vorschrift	1 - 20
II. Entstehung und Entwicklung der Vorschrift	21 - 40
III. Geltungsbereich	41 - 130
1. Sachlicher Geltungsbereich	41 - 80
a) Wirtschaftsgut zur Erzielung von Einkünften	41 - 50
b) Abnutzbarkeit	51 - 60
c) Jahresfrist	61 - 70
d) Zugehörigkeit zum Anlagevermögen	71 - 80
2. Persönlicher Geltungsbereich	81 - 130
a) Allgemeine Voraussetzungen	81 - 85
b) Miteigentum	86 - 90
c) Leasing	91 - 95
d) Nießbrauch	96 - 100
e) Nutzungsbefugnis	101 - 110
f) Drittaufwand	111 - 120
g) Besonderheiten bei Rechtsnachfolge	121 - 130

Absetzung für Abnutzung oder Substanzverringerung § 7 EStG

    IV. Vereinbarkeit mit höherrangigem Recht .... 131 - 145
    V. Verhältnis zu anderen Vorschriften .... 146 - 170
B. Systematische Kommentierung .... 171 - 540
    I. AfA bei Wirtschaftsgütern, die keine Gebäude sind (§ 7 Abs. 1 EStG) .... 171 - 385
        1. Lineare AfA (§ 7 Abs. 1 Sätze 1 bis 5 EStG) .... 171 - 285
            a) Anwendungsbereich .... 171 - 180
            b) Verfahrensgrundsätze .... 181 - 190
            c) Abschreibungszeitraum .... 191 - 220
                aa) Beginn und Ende der AfA .... 191 - 195
                bb) Nutzungsdauerschätzung .... 196 - 220
            d) Geschäfts- oder Firmenwert und Praxiswert .... 221 - 230
            e) Zeitanteilige AfA im Jahr der Anschaffung oder Herstellung und bei
               Ausscheiden .... 231 - 240
            f) Bemessungsgrundlage der AfA .... 241 - 270
                aa) Allgemeines .... 241 - 245
                bb) Nachträgliche Anschaffungs- oder Herstellungskosten ...... 246 - 255
                cc) Nachträgliche Minderung der Bemessungsgrundlage .... 256 - 260
                dd) AfA nach Teilwertabschreibung oder AfaA .... 261 - 270
            g) AfA nach Einlage .... 271 - 280
            h) AfA nach Entnahme und Betriebsaufgabe .... 281 - 285
        2. AfA nach Maßgabe der Leistung (§ 7 Abs. 1 Satz 6 EStG) .... 286 - 300
            a) Anwendungsbereich .... 286 - 290
            b) Bemessung .... 291 - 295
            c) Wechsel .... 296 - 300
        3. AfA für außergewöhnliche technische oder wirtschaftliche Abnutzung
           (AfaA)
           (§ 7 Abs. 1 Satz 7 EStG) .... 301 - 365
            a) Anwendungsbereich .... 301 - 310
            b) Außergewöhnliche technische Abnutzung .... 311 - 320
            c) Außergewöhnliche wirtschaftliche Abnutzung .... 321 - 330
            d) Beispiele aus der Rechtsprechung .... 331 - 340
            e) Höhe und Zeitpunkt .... 341 - 345
            f) Wahlrecht und Folgewirkungen .... 346 - 355
            g) Wertaufholung .... 356 - 365
        4. Degressive AfA und Wechsel zwischen degressiver und linearer AfA
           (§ 7 Abs. 2 und 3 EStG) .... 366 - 385
            a) Anwendungsbereich .... 366 - 375
            b) Wechsel zwischen degressiver und linearer AfA (§ 7 Abs. 3 EStG) . 376 - 385
    II. AfA bei Gebäuden (§ 7 Abs. 4 bis 5a EStG) .... 386 - 500
        1. Lineare AfA (§ 7 Abs. 4 EStG) .... 386 - 445
            a) Gebäudebegriff .... 386 - 400
            b) Lineare Gebäude-AfA mit typisierter Nutzungsdauer .... 401 - 410
            c) Gebäude-AfA nach tatsächlicher Nutzungsdauer .... 411 - 420
            d) Nachträgliche Anschaffungs- oder Herstellungskosten und
               Minderung der AfA-Bemessungsgrundlage .... 421 - 430
            e) AfA nach Einlage .... 431 - 435
            f) AfaA und Teilwertabschreibung .... 436 - 445
        2. Stufen-degressive Gebäude-AfA .... 446 - 480
            a) Anwendungsbereich .... 446 - 455
            b) Staffelsätze .... 456 - 465
            c) Wahlrecht .... 466 - 470
            d) Nachträgliche Anschaffungs- oder Herstellungskosten .... 471 - 480
        3. AfA auf selbständige Gebäudeteile (§ 7 Abs. 5a EStG) .... 481 - 490
        4. AfA im Anschluss an nachträgliche Herstellungskosten .... 491 - 500
    III. Absetzung für Substanzverringerung (AfS) (§ 7 Abs. 6 EStG) .... 501 - 540
        1. Anwendungsbereich .... 501 - 505

2.	Bodenschatz als Wirtschaftsgut	506 - 515
3.	Bemessung der AfS	516 - 525
4.	AfS, AfaA und Teilwertabschreibung	526 - 540
C. Verfahrensfragen		541 - 562
I.	Allgemeines	541 - 550
II.	Nachholung unterlassener AfA	551 - 560
III.	Korrektur überhöhter AfA	561 - 562

HINWEIS:

BMF v. 15.12.2000, BStBl 2000 I 1532; BMF v. 6.12.2001, BStBl 2001 I 860; OFD Frankfurt a. M. v. 31.7.2006, DStR 2006, 1890; BMF v. 12.3.2010, BStBl 2010 I 239 (Folgen der Aufgabe der sog. Umgekehrten Maßgeblichkeit durch das BilMoG); BMF v. 27.10.2010, BStBl 2010 I 1204; BMF v. 16.5.2011, BStBl 2011 I 530 (Einkünfte aus VuV gemäß § 49 Abs. 1 Nr. 2 Buchst. f Doppelbuchst. aa und § 49 Abs. 1 Nr. 6 EStG); R 7.1 bis 7.5 EStR; H 7.1 bis 7.5 EStH; BMF v. 25.7.2005, BStBl I 2005 826.

LITERATUR:

► Weitere Literatur siehe Online-Version

Grützner, Wichtige Regelungen der EStÄR 2012 zur Unternehmensbesteuerung, BBK 2013, 736; *Prinz/Kanzler*, Handbuch Bilanzsteuerrecht, 3. Aufl., 2018; *Trossen*, Berichtigung zu hoch vorgenommener AfA bei Gebäuden, NWB 2014, 1786; *Wiedmann/Böcking/Gros*, Bilanzrecht, 3. Aufl., 2014; *Broemel/Endert*, Abschreibung von Wirtschaftsgütern in der Ergänzungsbilanz nach einem Anteilserwerb, BBK 2015, 635; *Falterbaum u. a.*, Buchführung und Bilanz, 22. Aufl., Achim 2015; *Maier*, Beck'sches Steuer- und Bilanzrechtslexikon, Edition 1/15; *Schoor*, Bilanzierung und Abschreibung von Mietereinbauten in der Steuerbilanz, BBK 2015, 556; *Beck'scher Bilanzkommentar*, 10. Aufl., 2016; *Burkhardt/Müller/Schuster*, Neues zur Kaufpreisaufteilung bei bebauten Grundstücken – Anmerkungen zur aktualisierten Arbeitshilfe des BMF, BBK 12/2016, 590; *Rätke*, Kaufpreisaufteilung auf Gebäude und Grund und Boden – Trauen Sie niemandem!, BBK 7/2016, 305; *Tippelhofer/Zwirner*, Abschreibungen in Handels- und Steuerbilanz, StuB 2016, Beilage 2; *Weiss*, Steuerliche Abziehbarkeit von Aufwendungen für die Erneuerung einer Einbauküche in einer vermieteten Wohnung, NWB 2016, 3840; *Bolik*, Abgrenzung zwischen Firmenwert aus Praxisverkauf und immateriellem Wirtschaftsgut „Vertragsarztzulassungen", NWB 2017, 1632; *Farwick*, Berechnung der AfA anlässlich eines Gesellschafterwechsels bei einer Mitunternehmerschaft, StuB 2017, 175; *Hoffmann/Lüdenbach*, NWB Kommentar Bilanzierung, 8. Aufl., 2017; *Weiss*, Neuere Rechtsprechung zu AfaA: Aufzeigen von Grenzen, BB 2017, 2027; *Tiede*, AfA beim Erwerb einer Arztpraxis, StuB 2017, 548; *Schoor*, Abgrenzung zwischen Teilwertabschreibung und AfaA, BBK 2018, 364.

ARBEITSHILFEN UND GRUNDLAGEN ONLINE:

Abschreibung bei Gebäuden, NWB DokID: TAAAB-04642; Abschreibung des beweglichen und unbeweglichen Anlagevermögens (ohne Gebäudeabschreibung), NWB DokID: YAAAB-04636; AfA-Tabellen, NWB DokID: CAAAB-87782; *Heinrich*, Abschreibungen, NWB DokID: NAAAE-76525; Kaufpreisaufteilung: Berechnung für bebaute Grundstücke, NWB DokID: LAAAE-61859; *Ronig*, Erhaltungsaufwand und Herstellungsaufwand bei Baumaßnahmen, NWB DokID: NAAAE-31472.

A. Allgemeine Erläuterungen

I. Normzweck und wirtschaftliche Bedeutung der Vorschrift

1 § 7 EStG hat als Einkünfteermittlungsnorm zentrale Bedeutung für alle Einkunftsarten des EStG und ist einheitlich auszulegen.[1] Eingeordnet in den Normbereich der Gewinneinkunftsarten hat § 7 EStG vor allem Bedeutung für die Gewinneinkunftsarten (§ 2 Abs. 1 Nr. 1 bis 3 EStG) und ergänzt § 6 Abs. 1 Nr. 1 Satz 1 EStG.[2] Die Abschreibung beeinflusst als Aufwands-

---

[1] Vgl. BFH v. 23.8.1999 - GrS 1/97, BStBl 1999 II 778.
[2] Vgl. *Brandis* in Blümich, § 7 EStG Rz. 85.

komponente maßgeblich die Höhe des Periodenerfolgs.[1] Im Rahmen der Einnahmenüberschussrechnung ist § 7 EStG ebenfalls zu befolgen. Für die Überschusseinkünfte führt § 9 Abs. 1 Satz 3 Nr. 7 EStG Absetzungen für Abnutzung und für Substanzverringerung sowie erhöhte Absetzungen als Werbungskosten auf.

Durch den Einsatz abnutzbarer Wirtschaftsgüter werden Gewinn- und Überschusseinkünfte erzielt. Der im kaufmännischen Sprachgebrauch und im Handelsbilanzrecht als Abschreibung verwendete Begriff wird steuerrechtlich mit dem Terminus Absetzung für Abnutzung (AfA) bezeichnet. Diese wird einerseits in einer dynamischen Sicht durch die sog. Aufwandsverteilungsthese und andererseits durch die Wertverzehrthese aus einer statisch geprägten Perspektive gerechtfertigt.[2] Die Aufwandsverteilungsthese interpretiert die AfA als Regel zur Verteilung der AK/HK des Wirtschaftsguts über einen bestimmten Zeitraum, da der Sofortabzug gesetzlich ausgeschlossen ist (§ 4 Abs. 1; § 5 i.V.m. § 6 Abs. 1 Nr. 1; § 4 Abs. 3 Satz 3; § 9 Abs. 1 Satz 3 Nr. 7 EStG). Demgegenüber qualifiziert die Wertverzehrthese Anschaffungs-/Herstellungsvorgänge abnutzbarer Wirtschaftsgüter zunächst als erfolgsneutrale vermögensumschichtende Vorgänge, so dass erst die nachfolgende Nutzung einen Wertverzehr darstellt, der einkünftemindernd zu berücksichtigen ist.

Während die Aufwandsverteilungsthese primär auf die periodengerechte Einkünfteermittlung ausgerichtet ist, zielt die Wertverzehrthese auf die Angleichung des Buchwerts infolge Benutzung des Wirtschaftsguts.[3] Es ist zu bedenken, dass § 7 EStG nicht die tatsächliche Werteinbuße berücksichtigt, sondern nur einen typisierten Wertverzehr des betreffenden Wirtschaftsguts erfasst. In der jüngeren BFH-Rechtsprechung wird der Aufwandsverteilungsthese der Vorzug gegeben.[4] „... § 7 EStG dient nicht dem Ausgleich eines eingetretenen Wertverzehrs ohne Aufwand, sondern ist nach seinem Wortlaut und Zweck dazu bestimmt, Aufwendungen des Stpfl. in Gestalt von AK/HK für das jeweilige Wirtschaftsgut typisierend periodengerecht zu verteilen."[5] Das bedeutet allerdings nicht, dass dadurch die AK/HK nicht abnutzbarer Wirtschaftsgüter bei den Überschusseinkünften als Werbungskosten qualifiziert werden.[6] Bilanzsteuerrechtlich wird die AfA durch den auf eine Erfassung des vollen Gewinns abzielenden Bewertungsvorbehalt (§ 5 Abs. 6 EStG) geprägt.[7] Im Vordergrund steht auch bei der bilanziellen Gewinnermittlung die periodengerechte Erfolgsermittlung. Der Vermögensausweis nimmt demgegenüber eine nachrangige Bedeutung ein, so dass auch hier der Aufwandsverteilungsthese der Vorrang eingeräumt werden kann.[8] Im Übrigen stehen zur Angleichung des Wertes neben der AfA die außerplanmäßige Wertkorrektur nach § 7 Abs. 1 Satz 6 EStG (AfaA) und die Teilwertabschreibung (§ 6 Abs. 1 Nr. 1 Satz 2 EStG) zur Verfügung.

---

1 Vgl. *Dietz*, Die Normierung der Abschreibung in Handels- und Steuerbilanz, 12.
2 Vgl. *Moxter*, Bilanzrechtsprechung, 2007, 247; *ders.*, Grundsätze ordnungsgemäßer Rechnungslegung, 201 f.; *Breidert*, 1994, 57 f., 88 f.; *Kulosa* in Schmidt, § 7 EStG Rz. 1. Zu Finanzierungs-, Risiko- und Verlustantizipationswirkungen der Abschreibungen vgl. *Dietz*, Die Normierung der Abschreibung in Handels- und Steuerbilanz, 78 ff.
3 Vgl. *Ballwieser* in HURB, 34; vgl. *Grube*, FR 2011, 633, zu Belegen in der Rspr. für Wertverzehr- und Aufwandsverteilungsthese.
4 Vgl. z. B. BFH v. 26. 4. 2006 – IX R 24/04, BStBl 2006 II 754; weitere Nachweise bei *Handzik* in Littmann/Bitz/Pust, § 7 Rz. 9.
5 So BFH v. 19. 12. 2007 – IX R 50/06, BStBl 2008 II 480; vgl. auch BFH v. 23. 8. 1999 – GrS I/97, BStBl 1999 II 778; demgegenüber BFH v. 12. 6. 1978 – GrS I/77, BStBl 1978 II 620; vgl. auch *Stuhrmann* in Bordewin/Brandt/Bode, § 7 EStG Rz. 5 ff.
6 Vgl. *Brandis* in Blümich, § 7 EStG Rz. 31.
7 Vgl. *Moxter*, Bilanzrechtsprechung, 246; *Schubert/Andrejewski/Roscher*, Beck'scher Bilanzkommentar, § 253 Anm. 250.
8 Vgl. *Niemann*, IFSt-Schrift Nr. 447, 8.

4 Die wirtschaftliche Bedeutung der AfA liegt dementsprechend im Betriebsausgaben-/Werbungskostencharakter, der zur Einkünfte- und Steuerminderung führt. Voraussetzung ist der Einsatz des Wirtschaftsguts zur Erzielung von besteuerbaren Einkünften.[1] Durch Vornahme der AfA können im Zeitverlauf sog. stille Reserven entstehen, wenn die Absetzungsbeträge höher sind als die tatsächlich eingetretene Nutzeneinbuße. Im umgekehrten Fall entstehen stille Lasten als negative Bewertungsdifferenzen. In den einzelnen Jahren der Nutzung können unterschiedliche Konstellationen eintreten. Bei fehlenden Kompensationsmöglichkeiten können Verluste definitiv werden.[2] Abschreibungsverfahren treffen durch ihre Typisierung regelmäßig nicht den in der Realität tatsächlich eingetretenen Verzehr. Das ist letztlich der Preis für die mit der Normierung verbundenen Vereinfachungen und Objektivierungen.[3] Mögliche betriebswirtschaftliche Abschreibungsverfahren (z. B. progressive Abschreibung, arithmetisch-degressive/digitale Abschreibung, Ertragswertabschreibung oder Kombinationsformen) werden durch in § 7 EStG zugelassene Methoden eingeengt.[4]

5 Nach § 5 Abs. 1 Satz 1 EStG gilt die Maßgeblichkeit der GoB, so dass auch für die Bemessung der AfA darauf zurückgegriffen wird.[5] Eine Bindung an die handelsrechtlich zulässigen oder tatsächlich vorgenommenen Abschreibungen besteht indes nicht mehr. Gemäß § 253 Abs. 3 Satz 1 HGB sind bei Vermögensgegenständen des Anlagevermögens, deren Nutzung zeitlich begrenzt ist, die AK/HK um planmäßige Abschreibungen zu vermindern. Das HGB lässt alle Abschreibungsmethoden zu, die den GoB entsprechen.[6]

6 So ist nach HGB im Unterschied zum EStG beispielsweise neben der linearen Abschreibung auch die progressive Abschreibung in bestimmten Fällen möglich, wenn die Anlagen erst sukzessive in die volle Nutzung hineinwachsen.[7] Nach Abschaffung der formellen und der umgekehrten Maßgeblichkeit durch das BilMoG[8] ist die steuerliche Abschreibung unabhängig von der handelsrechtlichen Abschreibung. Die AfA in der Steuerbilanz setzt nicht voraus, dass der Stpfl. auch in der Handelsbilanz dieselbe Methode wählt.[9] Aufgrund der eigenständigen Wahlrechtsausübung in der Steuerbilanz sieht das Schrifttum keine Begrenzung durch den Grundsatz der Bewertungsstetigkeit, zumal ein Methodenwechsel gesetzlich vorgesehen ist (§ 7 Abs. 3 EStG).[10] Auch hinsichtlich der Bestimmung der Nutzungsdauern können Handels- und Steuerbilanz voneinander abweichen.[11]

7 Wie in der Handelsbilanz die Abschreibung abnutzbarer Anlagegüter ist die AfA für abnutzbare Wirtschaftsgüter pflichtweise vorzunehmen (§ 253 Abs. 3 Satz 1 HGB und § 6 Abs. 1 Nr. 1

---

1 Vgl. *Brandis* in Blümich, § 7 EStG Rz. 1.
2 Vgl. *Großmann*, 1930, 115.
3 Vgl. *Breidert*, 1994, 61.
4 Zu den betriebswirtschaftlichen und bilanztheoretischen Verfahren vgl. *Ballwieser* in HURB, 35 ff.; vgl. auch *Hoffmann/Lüdenbach*, § 253 Rz. 165; *Schubert/Andrejewski/Roscher*, Beck'scher Bilanzkommentar, § 253 Anm. 238 ff.; zu praktischen Beispielen vgl. *Falterbaum* u. a., Buchführung und Bilanz, 812 ff.
5 Vgl. *Kulosa* in Schmidt, § 7 EStG Rz. 21.
6 Vgl. *Hennrichs*, Ubg 2011, 789; zu denkbaren betriebswirtschaftlichen Abschreibungsmethoden vgl. *Großmann*, 1930, 67 ff.; zu den handelsrechtlich zulässigen Abschreibungsmethoden vgl. *Marx* in Hachmeister/Kahle/Mock/Schüppen, § 253 Rz. 105 ff.
7 Vgl. *Böcking/Gros*, § 253 HGB Rz. 58; *Niemann*, IFSt-Schrift Nr. 447, 11. *Schubert/Andrejewski/Roscher*, Beck'scher Bilanzkommentar, § 253 Anm. 246.
8 BilMoG v. 25. 5. 2009, BGBl 2009 I 1102.
9 Vgl. BMF v. 12. 3. 2010, BStBl 2010 I 239; *Hennrichs*, Ubg 2011, 789.
10 Vgl. *Zwirner/Künkele*, DStR 2013, 2077.
11 Vgl. *Hennrichs*, Ubg 2011, 788; *Meinel*, DStR 2011, 1724; *Zwirner*, DStR 2013, 322.

Satz 1 EStG).[1] Eine AfA entfällt nur im Fall der Leistungs-AfA, wenn das Wirtschaftsgut keine messbaren Einsätze aufzuweisen hat; vgl. → Rz. 291. Fehler bei der Vornahme der Absetzungen sind zu korrigieren; vgl. → Rz. 551 ff.

(Einstweilen frei) 8–20

II. Entstehung und Entwicklung der Vorschrift

Schon das Preußische Einkommensteuergesetz v. 24.6.1891 kannte mit § 9 Abs. 1 Nr. 5 PrEStG (vgl. auch § 8 Abs. 1 Nr. 4 PrEStG i. d. F.v. 19.6.1906) die „regelmäßigen jährlichen Absetzungen für Abnutzung von Gebäuden, Maschinen, Betriebsgerätschaften usw."[2] Nach § 13 Abs. 1 Buchst. b und c PrEStG von 1920 waren der Abzug der „jährlichen den Verhältnissen entsprechenden Abschreibungen für Wertminderungen" und Abschreibungen für Substanzverringerung zulässig.[3] Der Wortlaut der Norm (Wertminderung und Substanzverringerung) wurde durch Gesetz v. 24.3.1921 RGBl 1921, 313, in AfA geändert, um auch bei steigenden Wiederbeschaffungskosten in Inflationszeiten AfA zu berücksichtigen.[4] Das EStG 1925 sah zwar grundsätzlich die Bewertung mit dem gemeinen Wert vor, ließ jedoch die Absetzung von AK/HK ohne Rücksicht auf eine Wertminderung zu. 21

Das EStG 1934 erfasste mit § 7 EStG[5] Gebäude und sonstige Wirtschaftsgüter, deren Verwendung oder Nutzung durch den Stpfl. zur Erzielung von Einkünften sich erfahrungsgemäß auf einen Zeitraum von mehr als einem Jahr erstreckt. Für Bergbauunternehmen, Steinbrüche und andere Betriebe, die einen Verbrauch der Substanz mit sich bringen, waren nach Abs. 2 Absetzungen für Substanzverringerung zulässig. 22

Durch Gesetz v. 18.7.1958[6] wurde § 7 EStG neu strukturiert: Abs. 1 wies die AfA in gleichen Jahresbeträgen und in Satz 3 die AfA nach Maßgabe der Leistung aus. In Abs. 2 wurde erstmals ausdrücklich die degressive AfA verankert (mit max. dem Zweieinhalbfachen bzw. 25 %), Abs. 3 ermöglichte den Wechsel der AfA-Methode und Abs. 4 ließ die AfS zu. Zuvor war in den AfA-Regeln nur eine „Verteilung" der Kosten genannt, so dass neben der gleichmäßigen Verteilung auch andere Verfahren zulässig waren, ohne explizit genannt zu sein. So hatte der RFH schon 1931 die Möglichkeit einer degressiven AfA bejaht.[7] 23

Die zahlreichen und vielfältigen weiteren Änderungen an der Norm in den folgenden Jahrzehnten können hier nicht im Detail dargestellt werden.[8] Änderungen des § 7 EStG waren vor allem in den letzten Jahrzehnten konjunkturpolitisch motiviert. So wurde aufgrund einer Ermächtigung in § 51 Abs. 2 EStG 1969 § 7 Abs. 2 EStG aus konjunkturpolitischen Gründen aufgehoben, so dass vorübergehend (vom 6.7.1970 bis 31.1.1971 und vom 9.5. bis 30.11.1973) nicht mehr degressiv abgeschrieben werden konnte.[9] Das Gesetz zur Steuerentlastung und Investitionsförderung v. 4.11.1977[10] dehnte die stufendegressive Gebäude-AfA wieder auf alle 24

---

1 Vgl. *Böcking/Gros*, § 253 HGB Rz. 51, zum handelsrechtlichen Abschreibungsgebot.
2 Vgl. zur Rechtsentwicklung ausführlich HHR/*Anzinger*, § 7 EStG Anm. 2.
3 Vgl. *Klinger*, Drittaufwendungen als Werbungskosten des Steuerpflichtigen, 1996, 110 ff.
4 Vgl. *Brandis* in Blümich, § 7 EStG Rz. 3.
5 RStBl 1934, 1005.
6 BGBl 1958 I 412.
7 Vgl. *Niemann*, IFSt-Schrift Nr. 447, 13, mit Hinweis auf RFH-Urteil v. 1.7.1931, RStBl 1931, 877.
8 Ausführlich dazu HHR/*Anzinger*, § 7 EStG Anm. 2.
9 Vgl. *Niemann*, IFSt-Schrift Nr. 447, 17.
10 BGBl 1977 I 1965.

Gebäude aus, nachdem das Steueränderungsgesetz 1973[1] diese Abschreibung erheblich eingeschränkt hatte.[2] Bestimmte Förderelemente (geometrisch-degressive und stufen-degressive AfA) sind inzwischen ohne zeitliche Begrenzung weggefallen und daher nur noch für Altfälle relevant.

25 Durch das Bilanzrichtliniengesetz v. 19.12.1985[3] wurde der Geschäfts- oder Firmenwert als abnutzbares Wirtschaftsgut mit einer gesetzlich festgelegten Nutzungsdauer von fünfzehn Jahren geregelt.

26 Durch das Haushaltsbegleitgesetz 2004 v. 29.12.2003[4] wurde die stufendegressive AfA in Abs. 5 abgesenkt. Das Gesetz zum Einstieg in ein steuerliches Sofortprogramm v. 22.12.2005[5] beseitigte die degressive Wohngebäude-AfA in den Fällen (Abs. 5 Satz 1 Nr. 3), in denen das Objekt nach dem 31.12.2005 angeschafft oder aufgrund eines nach dem 31.12.2005 gestellten Bauantrags hergestellt wurde.

27 Durch Gesetz v. 21.12.2008[6] wurde die degressive AfA zeitlich befristet wieder zugelassen. Dies galt für Anschaffungs-/Herstellungsvorgänge, die nach dem 31.12.2008 und vor dem 1.1.2011 stattgefunden haben. Zuvor hatte das Unternehmensteuerreformgesetz 2008 v. 14.8.2007[7] zur Abschaffung der degressiven AfA für nach dem 31.12.2007 angeschaffte oder hergestellte Wirtschaftsgüter geführt (vgl. § 52 Abs. 21a Satz 3 EStG).

28 Durch das BilMoG v. 25.5.2009[8] wurde die formelle Maßgeblichkeit abgeschafft, so dass Wahlrechte, die sowohl handelsrechtlich als auch steuerrechtlich bestehen, nach § 5 Abs. 1 Satz 1 2. Halbsatz EStG in der Handelsbilanz und in der Steuerbilanz unterschiedlich ausgeübt werden können.[9]

29 Das EU-Vorgabengesetz v. 8.4.2010[10] dehnte den räumlichen Anwendungsbereich des Abs. 5 auf das EU-/EWR-Gebiet auch auf Veranlagungszeiträume vor 2010 aus, soweit noch keine Bestandskraft gegeben war (vgl. § 52 Abs. 21c EStG). Das JStG 2010 v. 8.12.2010[11] fasste Abs. 1 Satz 5 im Anschluss an die Rechtsprechung des BFH neu. Dies gilt im Hinblick auf Abs. 2 konstitutiv und auch nur für Einlagen, die nach dem 31.12.2010 erfolgen (vgl. § 52 Abs. 21 Satz 4 EStG).

30 Durch das JStG 2010 v. 8.12.2010[12] wurde Abs. 1 Satz 5 im Anschluss an die BFH-Rechtsprechung neu geregelt. Die Änderungen erfolgten teilweise klarstellend, teilweise auch konstitutiv und insoweit auch nur für Einlagen, die nach dem 31.12.2010 vorgenommen werden (§ 52 Abs. 21 Satz 4 EStG i. d. F. des JStG 2010).

---

1 BGBl 1973 I 676.
2 Vgl. *Stuhrmann* in Bordewin/Brandt/Bode, § 7 EStG Rz. 1; *Handzik* in Littmann/Bitz/Pust, § 7 Rz. 311.
3 BGBl 1985 I 2355.
4 BGBl 2003 I 3076.
5 BGBl 2005 I 3682; dazu BT-Drucks. 16/105, 7.
6 BGBl 2008 I 2896.
7 BGBl 2007 I 1912.
8 BGBl 2009 I 1102.
9 Vgl. BMF v. 12.3.2010, BStBl 2010 I 239, Tz. 16.
10 BGBl 2010 I 386.
11 BGBl 2010 I 1768.
12 BGBl 2010 I 1768.

Das Gesetz zur bestätigenden Regelung verschiedener steuerlicher und verkehrsrechtlicher Vorschriften des HbeglG 2004 v. 5.4.2011[1] wirkt Bedenken gegen die formelle Verfassungsmäßigkeit der Änderungen in Abs. 5 durch faktische Wiederholung der Regelung entgegen.[2]   31

(Einstweilen frei)   32–40

III. Geltungsbereich

1. Sachlicher Geltungsbereich

a) Wirtschaftsgut zur Erzielung von Einkünften

Voraussetzung für die AfA ist das Vorhandensein eines zur Einkunftserzielung genutzten Wirtschaftsguts, dessen AK/HK getragen wurden.[3] In Betracht kommen bewegliche Wirtschaftsgüter, immaterielle Wirtschaftsgüter, Gebäude oder Gebäudeteile und sonstige unbewegliche Wirtschaftsgüter, die weder Gebäude noch Gebäudeteile sind. Nach dem Einzelbewertungsgrundsatz ist AfA-Objekt das einzelne Wirtschaftsgut; eine Gesamtabschreibung mehrerer selbständiger Wirtschaftsgüter ist deshalb nicht zulässig.[4]   41

Die Vorschrift hat Bedeutung für alle Einkunftsarten.[5] § 7 Abs. 1, 4 bis 6 EStG gelten bei Gewinn- und Überschusseinkunftsarten, § 7 Abs. 2 u. 3 EStG gelten nur für die Gewinneinkünfte. Das gilt ebenfalls für die sogenannte Leistungs-AfA (§ 7 Abs. 1 Satz 6 EStG). Diese Form und die degressive AfA sind bezogen auf bewegliche Wirtschaftsgüter. Die nach § 7 Abs. 5 EStG zulässige staffel-degressive AfA bei Gebäuden gilt nur noch für Neubauten (Bauantrag/obligatorischer Vertrag) vor dem 1.1.2006.[6] Die Absetzung für Substanzverringerung nach § 7 Abs. 6 EStG bezieht sich auf die Ausbeute von Bodenschätzen. Das Wahlrecht, die Absetzungen entweder in Form der linearen AfA oder nach der Substanzverringerung in Anspruch zu nehmen, gilt bei allen Einkunftsarten.   42

Voraussetzung für die AfA ist die Nutzung des Wirtschaftsguts zur Erzielung von Einkünften. Sofern dies nicht der Fall ist, scheidet der Anteil der AfA aus der Einkünfteermittlung aus, der anteilig auf eine nicht der Einkünfteerzielung dienende Nutzung entfällt. Für Wirtschaftsgüter der privaten Lebensführung ist eine AfA nicht zulässig.[7]   43

(Einstweilen frei)   44–50

b) Abnutzbarkeit

Der AfA unterliegen nur Wirtschaftsgüter, die abnutzbar sind. Dem Wortlaut der Norm nach erstreckt sich die Verwendung „erfahrungsgemäß auf einen Zeitraum von mehr als einem Jahr" (§ 7 Abs. 1 Satz 1 EStG). Die Nutzbarkeit des Wirtschaftsguts durch den Stpfl. muss aufgrund des technischen Wertverzehrs zeitlich begrenzt sein, der wirtschaftliche Wertverzehr ist   51

---

1 BGBl 2011 I 554.
2 Vgl. Brandis in Blümich, § 7 EStG Rz. 17, mit Zweifeln, ob Bedenken gegen die formelle Verfassungswidrigkeit auch für die Vergangenheit beseitigt wurden.
3 Ggf. kommt ein Ersatztatbestand in Betracht.
4 Vgl. Stuhrmann in Bordewin/Brandt/Bode, § 7 EStG Rz. 13; zur Kollektivabschreibung im REStG vor 1925 vgl. Großmann, 1930, 160.
5 Vgl. Stuhrmann in Bordewin/Brandt/Bode, § 7 EStG Rz. 2.
6 Vgl. zur Maßgeblichkeit des Bauantrags OFD Frankfurt/M., Rundverfügung v. 31.7.2006, DStR 2006, 1890.
7 Vgl. Pfirrmann in Kirchhof, § 7 EStG Rz. 34.

hierfür nicht maßgebend.[1] Nicht abnutzbar sind beispielsweise Grund und Boden, antike Möbel und Sammlungs-, Anschauungs- oder Dekorationsobjekte (z. B. Münz- oder Briefmarkensammlungen, Grafiken, Plastiken), Anteile an Kapitalgesellschaften, Geldforderungen, Wertpapiere und Bargeld.[2] Für Oldtimer erscheint es sachgerecht, keine planmäßigen Abschreibungen vorzunehmen.[3] Nicht abnutzbar sind auch Gemälde anerkannter Meister, da sich die technische Abnutzung hier in einem solch großen Zeitraum zeigt, der nach Ansicht der Rechtsprechung steuerlich vernachlässigt werden kann.[4] Demgegenüber unterliegen historische Musikinstrumente (z. B. eine Meistergeige) einem technischen Verschleiß, der trotz positiver Wertentwicklungen eine AfA rechtfertigt.

52   Eine Abnutzbarkeit kann auch aufgrund von vertraglichen Vereinbarungen und anderen rechtlichen Gegebenheiten vorliegen.[5] Zu denken ist hier vor allem an die zeitliche Beschränkung von Rechten (Patente, Wettbewerbsverbote, Konzessionen, Urheberrechte, Belieferungsrechte, Handelsvertreterrechte).[6] Bei entgeltlich erworbenen Warenzeichen (Marken) untersagt die Rechtsprechung eine planmäßige AfA, ebenso bei Aufwendungen zur Erlangung eines Domain-Namens.[7]

53–60   *(Einstweilen frei)*

c) Jahresfrist

61   Weitere sachliche Voraussetzung für die AfA ist, dass die Nutzung oder Verwendung des Wirtschaftsguts sich erfahrungsgemäß über einen Zeitraum von mehr als einem Jahr erstreckt. Abzustellen ist hier auf die Erfahrungen des Stpfl. aus der Nutzung von Wirtschaftsgütern in der Vergangenheit. Eine vorübergehende fehlende Nutzung des Wirtschaftsguts steht der Annahme eines Nutzungs- oder Verwendungszeitraums von mehr als einem Jahr nicht entgegen.[8] Ist die geschätzte Nutzungsdauer geringer als zwölf Monate, sind die AK/HK sofort als BA/WK geltend zu machen. Das gilt auch dann, wenn die Nutzungsdauer über einen Jahreswechsel (Wj./Kj.) hinausreicht.

62–70   *(Einstweilen frei)*

d) Zugehörigkeit zum Anlagevermögen

71   AfA bezieht sich auf Wirtschaftsgüter, die dem Anlagevermögen zugehören. Auf Wirtschaftsgüter des Umlaufvermögens darf AfA nicht vorgenommen werden. Zur Abgrenzung von Anlage- und Umlaufvermögen vgl. KKB/Teschke/C. Kraft, § 6 EStG Rz. 111.

72–80   *(Einstweilen frei)*

---

1 Vgl. BFH v. 19. 11. 1997 - X R 78/94, BStBl 1998 II 59.
2 Vgl. *Weber-Grellet* in Schmidt, § 5 EStG Rz. 116; *Kulosa* in Schmidt, § 7 EStG Rz. 1, 169; *Winnefeld*, Bilanz-Handbuch, Rz. 497; vgl. *Grube*, FR 2011, 634, als Beleg für die Anwendung der Wertverzehrthese.
3 Vgl. IDW Life 2016, 448 f.
4 Vgl. BFH v. 2. 12. 1977 - III R 58/75, BStBl 1978 II 164; vgl. auch FG Berlin-Brandenburg v. 6. 12. 2007 - 1 K 7418/04 B, DStRE 2008, 675, rkr.; auch lebende Künstler können hierzu rechnen, vgl. *Stuhrmann* in Bordewin/Brandt/Bode, § 7 EStG Rz. 100. Kritisch *Ebling*, DStR 2008, 1522, da strukturelle und funktionale Änderungen des Kunstmarktes unberücksichtigt bleiben.
5 Vgl. *Ehmcke* in Blümich, § 6 EStG Rz. 708.
6 Vgl. *Pfirrmann* in Kirchhof, § 7 EStG Rz. 35; zur heimfallsbedingten Wertminderung vgl. *Großmann*, 1930, 43 f.
7 Vgl. *Pfirrmann* in Kirchhof, § 7 EStG Rz. 35, mit dem Hinweis auf eine abweichende Beurteilung bei sog. qualified domains bei Ableitung aus einer Marke; vgl. auch *Brandis* in Blümich, § 7 EStG Rz. 212.
8 Vgl. *Kulosa* in Schmidt, § 7 EStG Rz. 28.

2. Persönlicher Geltungsbereich

a) Allgemeine Voraussetzungen

Der persönliche Anwendungsbereich des § 7 EStG bezieht sich sowohl auf natürliche Personen als auch auf Körperschaften. § 7 EStG gilt auch für die Ermittlung ausländischer Einkünfte von unbeschränkt Steuerpflichtigen, soweit diese im Inland berücksichtigt werden. Beschränkt Stpfl. können Absetzungen für Abnutzung nach § 7 EStG nur geltend machen, wenn diese mit inländischen Einkünften in wirtschaftlichem Zusammenhang stehen. 81

Für die Inanspruchnahme der Abschreibung muss der Stpfl. den Tatbestand der Einkunftserzielung erfüllen. Ihm muss das Wirtschaftsgut als zivilrechtlichem oder wirtschaftlichem Eigentümer (§ 39 Abs. 1 Nr. 2 AO) zugeordnet werden. Zum anderen müssen AK/HK von ihm getragen werden oder ihm steuerlich zuzurechnen sein.[1] 82

(Einstweilen frei) 83–85

b) Miteigentum

Im Fall des Miteigentums (als Bruchteilsgemeinschaft §§ 741 ff. BGB, als Gesamthandsgemeinschaft §§ 705 ff. BGB), in dem mehrere Stpfl. das Wirtschaftsgut zur getrennten Einkunftserzielung einsetzen, macht jeder Miteigentümer die seinem Anteil entsprechende AfA geltend und übt diesbezügliche Wahlrechte eigenständig aus.[2] Eine einheitliche Ausübung ist allerdings bei der Leistungs-AfA (§ 7 Abs. 1 Satz 6 EStG), bei der AfaA (§ 7 Abs. 1 Satz 7 EStG) und bei der Gebäude-AfA nach einer kürzeren tatsächlichen Nutzungsdauer (§ 7 Abs. 4 Satz 2 EStG) möglich.[3] Hat ein Miteigentümer die AK/HK für das Wirtschaftsgut allein getragen und kann er das Wirtschaftsgut aufgrund einer Vereinbarung mit den anderen Miteigentümern unentgeltlich zur Einkunftserzielung nutzen, kann er die Aufwendungen in Form der AfA geltend machen.[4] 86

(Einstweilen frei) 87–90

c) Leasing

Die Sonderform der entgeltlichen Nutzungsüberlassung von beweglichen oder unbeweglichen Wirtschaftsgütern zeigt sich in unterschiedlichsten vertraglichen Ausgestaltungen. Die AfA-Befugnis ist von der Zuordnung des Wirtschaftsguts zum Leasinggeber als zivilrechtlichem Eigentümer oder zum Leasingnehmer als wirtschaftlichem Eigentümer i. S. d. § 39 Abs. 1 Nr. 2 AO abhängig. 91

(Einstweilen frei) 92–95

---

1 BFH v. 4. 6. 1996 - IX R 59/94, BStBl 1998 II 431.
2 Vgl. *Kulosa* in Schmidt, § 7 EStG Rz. 56 f.
3 Vgl. *Kirchhof/Söhn/Mellinghoff*, § 7 EStG Anm. 135 ff.; *Kulosa* in Schmidt, § 7 EStG Rz. 56.
4 Vgl. BFH v. 30. 1. 1995 - GrS 4/92, BStBl 1995 II 281; BFH v. 9. 11. 1995 - IV R 60/92, BStBl 1996 II 192; BFH v. 10. 4. 1997 - IV R 12/96, BStBl 1997 II 718; BFH v. 19. 12. 2012 - IV R 29/09, BStBl 2013 II 387; FG Düsseldorf v. 12. 2. 2014 - 7 K 407/13 E, NWB DokID: OAAAE-57241; BFH v. 21.2.2017 - VIII R 10/14, BStBl 2017 II 819; vgl. *Bartone* in Korn, § 7 EStG Rz. 43, für Ehegattenfälle. Zweifelnd, ob dies auch bei fremden Miteigentümern gilt, *Kulosa* in Schmidt, § 7 EStG Rz. 54.

d) Nießbrauch

96 Grundsätzlich ist die AfA verknüpft mit der Zuordnung des betreffenden Wirtschaftsguts zum Einkünfteermittlungsbereich des Steuerpflichtigen, die sich nach dem zivilrechtlichen/wirtschaftlichen Eigentum und der tatsächlichen Nutzung richtet. Der Nießbrauch an einem Wirtschaftsgut führt als solcher noch nicht zur Berechtigung des Nießbrauchers zur AfA.[1] Nur in Ausnahmefällen wird man den Nießbraucher als wirtschaftlichen Eigentümer ansehen können, wenn zusätzliche Bedingungen vorliegen, die eine abweichende Zuordnung nach § 39 Abs. 2 Nr. 1 AO rechtfertigen. Daher bleibt der Eigentümer üblicherweise weiter zur AfA berechtigt, wenn das Wirtschaftsgut zur Erzielung von Einkünften eingesetzt wird.[2] Die unentgeltliche Nießbrauchbestellung führt regelmäßig dazu, dass der Eigentümer die AfA nicht mehr geltend machen kann.[3]

97–100 *(Einstweilen frei)*

e) Nutzungsbefugnis

101 AfA kann aber geltend gemacht werden, wenn das Wirtschaftsgut aufgrund des zivilrechtlichen oder wirtschaftlichen Eigentums zwar einem Dritten zuzuordnen ist, aber eine Nutzungsbefugnis vorbehalten worden ist. So steht im Fall des Vorbehaltsnießbrauchs dem bisherigen Eigentümer die AfA aufgrund der getragenen AK/HK weiter zu, wenn das Wirtschaftsgut zur Erzielung steuerpflichtiger Einnahmen eingesetzt wird.[4] Dies gilt sowohl für den Bereich der Überschusseinkünfte als auch für die Gewinneinkünfte. Bei den Überschusseinkünften darf der Vorbehaltsnießbraucher die AfA wie zuvor als Eigentümer in Anspruch nehmen.[5] Bei den Gewinneinkünften ist die Bemessung der AfA ungeklärt. Es liegt nahe, auch hier die Bemessung an den ursprünglichen AK/HK auszurichten.[6]

102 Obligatorische Nutzungsverhältnisse wie Miete oder Pacht rechtfertigen regelmäßig keine AfA auf Seiten des Nutzungsberechtigten. Hier ist der Verpächter AfA-berechtigt. Das gilt auch bei einer Substanzerhaltungs- und -erneuerungsverpflichtung auf Seiten des Pächters (§ 582a Abs. 2 BGB).[7] Allerdings sind Aufwendungen für Mieterein- und -umbauten zu aktivieren und abzuschreiben, ohne dass es auf das wirtschaftliche Eigentum ankommt.[8] Scheinbestandteile und Betriebsvorrichtungen sind als bewegliche Wirtschaftsgüter nach Abs. 1 oder (noch) Abs. 2 abzuschreiben, andere Wirtschaftsgüter nach Abs. 4 oder (noch) Abs. 5.[9]

103 Werden dennoch Aufwendungen für AK/HK für ein Wirtschaftsgut getragen, das nicht im wirtschaftlichen Eigentum steht (Eigenaufwand), kann die steuerliche Berücksichtigung der Aufwendungen auf das objektive Nettoprinzip gestützt werden.[10] Handelt es sich beispiels-

---

[1] Vgl. *Bartone* in Korn, § 7 EStG Rz. 30.
[2] Vgl. *Bartone* in Korn, § 7 EStG Rz. 34.
[3] Zur Besonderheit des unentgeltlichen Nießbrauchs an einem Betrieb oder an einem Mitunternehmeranteil, die zur AfA berechtigen kann, vgl. *Bartone* in Korn, § 7 EStG Rz. 35.
[4] Vgl. BMF v. 30.9.2013, BStBl 2013 I 1184.
[5] BFH v. 28.7.1981 - VIII R 35/79, BStBl 1982 II 380, BFH v. 24.9.1985 - IX R 62/83, BStBl 1986 II 12, und BFH v. 30.1.1995 - GrS 4/92, BStBl 1995 II 281.
[6] Vgl. *Kulosa* in Schmidt, § 7 EStG Rz. 65 m.w.N.; *Bartone* in Korn, § 7 EStG Anm. 32.
[7] Vgl. *Falterbaum u.a.*, Buchführung und Bilanz, 811.
[8] Zu Einzelheiten vgl. *Engelberth*, NWB 2011, 3220; BFH v. 15.10.1996 - VIII R 44/94, BStBl 1997 II 533.
[9] Vgl. *Kulosa* in Schmidt, § 7 EStG Rz. 39.
[10] Vgl. *Pfirrmann* in Kirchhof, § 7 EStG Rz. 21.

weise um ein Gebäude, sind AfA nach den typisierten Sätzen der Gebäude-AfA zulässig.[1] Für die Behandlung von HK eines fremden Gebäudes „wie ein materielles Wirtschaftsgut" ist ohne Bedeutung, ob

- die Nutzungsbefugnis des Stpfl. auf einem unentgeltlichen oder auf einem entgeltlichen Rechtsverhältnis beruht,
- dem Stpfl. zivilrechtliche Ersatzansprüche gegen den Eigentümer des Grundstücks zustehen oder ob er von vornherein auf solche Ansprüche verzichtet und
- die Übernahme der HK durch den Stpfl. eine unentgeltliche Zuwendung an den Eigentümer des Grundstücks oder Entgelt für die Nutzungsüberlassung des Grundstücks ist.[2]

Die Rechtsprechung fingiert hier ein materielles Wirtschaftsgut als Bilanzposten.[3]

(Einstweilen frei) 104–110

f) Drittaufwand

Grundsätzlich macht der Stpfl. nur Eigenaufwand geltend. Eigenaufwand liegt auch dann vor, wenn dieser aus geschenkten, geerbten Mitteln oder aus Darlehen bestritten wird.[4] Eine AfA-Befugnis ohne das Tragen von eigenen Aufwendungen für das Wirtschaftsgut (Drittaufwand) wird von der Rechtsprechung mit Bezug auf das Subjektsteuerprinzip und die Erfassung der individuellen Leistungsfähigkeit nicht zugestanden.[5] Grundsätzlich ist nur AfA-befugt, wer die AK/HK des Wirtschaftsguts getragen hat.[6] Daher kann der Ehegatte, der sich an den AK/HK des Wirtschaftsguts beteiligt und dies zur Einkunftserzielung nutzt (unechter Drittaufwand), AfA geltend machen.[7] Zahlungen von einem gemeinsamen Konto der Ehegatten gelten unabhängig davon, aus wessen Mitteln das Guthaben stammt, jeweils für Rechnung desjenigen geleistet, der den Betrag schuldet, sofern keine besonderen Vereinbarungen getroffen wurden.[8]

111

Auch in den Fällen des abgekürzten Zahlungsweges können Aufwendungen Dritter durch den Stpfl. wie eigene Aufwendungen geltend gemacht werden. Um den Ausfall von AfA zu vermeiden, empfiehlt es sich in Drittaufwandskonstellationen Mietverträge abzuschließen, die dann zum BA/WK-Abzug beim Nutzenden und zur Geltendmachung der AfA auf Seiten des Eigentümers führen.

112

(Einstweilen frei) 113–120

g) Besonderheiten bei Rechtsnachfolge

§ 11d EStDV regelt die Geltendmachung von AfA im Falle der unentgeltlichen Rechtsnachfolge. Bestimmt wird aber lediglich die Bemessungsgrundlage und über den Hundertsatz der Abzugszeitraum. Davon sind insbesondere die Fälle der vorweggenommenen Erbfolge und der Erbauseinandersetzung betroffen (vgl. KKB/Franz/Handwerker, § 16 EStG Rz. 72 ff.). Im Falle

121

---

1 Vgl. *Kulosa* in Schmidt, § 7 EStG Rz. 83.
2 So BFH v. 25. 2. 2010 - IV R 2/07, BStBl 2010 II 670.
3 Vgl. *Pfirrmann* in Kirchhof, § 7 EStG Rz. 21.
4 Vgl. *Maier*, Beck'sches Steuer- und Bilanzlexikon, 1/2015, Rz. 13.
5 BFH v. 23. 8. 1999 - GrS 1/97, BStBl 1999 II 778; BFH v. 23. 8. 1999 - GrS 2/97, BStBl 1999 II 782; BFH v. 23. 8. 1999 - GrS 3/97, BStBl 1999 II 787, und BFH v. 23. 8. 1999 - GrS 5/97, BStBl 1999 II 774.
6 Vgl. allgemein zum Drittaufwand KKB/Hallerbach, § 4 EStG Rz. 267.
7 Vgl. *Langenkämper*, Infocenter, NWB DokID: OAAAB-05364.
8 BFH v. 21.2.2017 - VIII R 10/14, BStBl 2017 II 819; *Weiss*, BB 2017, 1650; *Paus*, NWB 2017, 1532.

der unentgeltlichen Übertragung eines Wirtschaftsguts erfüllen regelmäßig weder der Übertragende noch der Empfänger die Voraussetzungen zur Inanspruchnahme der AfA. § 11d Abs. 1 Satz 1 EStDV sieht aber vor, dass der Rechtsnachfolger die AfA nach den AK/HK des Rechtsvorgängers oder dem Wert, der bei diesem an deren Stelle getreten ist, geltend machen kann. Zu berücksichtigen sind darüber hinaus eigene HK des Rechtsnachfolgers. Die AfA richtet sich nach dem Prozentsatz, der für den Rechtsvorgänger maßgebend sein würde. AfA sind nur bis zur vollen Absetzung zulässig.

122 Das betrifft auch die Fälle der Übertragung und Umstrukturierung nach § 6 Abs. 3 bis 5 u. 7 EStG.

123 Im Fall einer mittelbaren Grundstücksschenkung kann der Stpfl. nach § 11d Abs. 1 Satz 1 EStDV AfA auf die vom Schenker getragenen Anschaffungskosten geltend machen.[1]

124–130 *(Einstweilen frei)*

IV. Vereinbarkeit mit höherrangigem Recht

131 § 7 EStG ist sowohl bei der Ermittlung der inländischen Einkünfte eines beschränkt Stpfl. als auch bei der Ermittlung der ausländischen Einkünfte eines unbeschränkt Stpfl. anzuwenden, soweit nicht das DBA etwas anderes regelt.[2]

132 § 7 Abs. 5 EStG wurde europarechtskonform geändert, nachdem der EuGH einen Verstoß der Altregelung gegen die Kapitalverkehrsfreiheit festgestellt hatte.[3] Die EU-Kommission hat das Vertragsverletzungsverfahren eingestellt.[4]

133 Die allgemein geltenden AfA-Regelungen werden grds. nicht als „staatliche Beihilfen" i. S.v. Art. 107 Abs. 1 AEUV qualifiziert.[5]

134 Entwürfe zur Harmonisierung der Gewinnermittlung – und damit auch der AfA – existieren auf EU-Ebene schon seit geraumer Zeit.[6] Am 16. 3. 2011 hat die Europäische Kommission mit dem 136 Artikel umfassenden Richtlinienentwurf ein System gemeinsamer Regeln für die Ermittlung und Aufteilung der Steuerbemessungsgrundlage von Unternehmen mit steuerlichem Sitz in der EU und von EU-Niederlassungen von Drittlandsunternehmen vorgestellt.[7] Inzwischen wurde der Richtlinienentwurf mehrfach überarbeitet, wobei eine Konzentration auf die Entwicklung einer gemeinsamen Bemessungsgrundlage erfolgte, die auch eine Angleichung der Abschreibungsregime beinhaltet.[8] Am 25.10.2016 hat die EU-Kommission einen Richtlinienentwurf über eine Gemeinsame Körperschaftsteuer-Bemessungsgrundlage (GKB-E) vorgelegt.[9] Vorgesehen sind u. a. im Vergleich zum nationalen Recht stärker reglementierte Ab-

---

1 Vgl. BFH v. 4.10.2016 - IX R 26/15, BStBl 2017 II 343.
2 Vgl. *Bartone* in Korn, § 7 EStG Rz. 17.
3 Vgl. EuGH v. 15.10.2009 - C-35/08, BFH/NV 2009, 2091 = NWB DokID: OAAAD-33047; Vorabentscheidungsverfahren des FG Baden-Württemberg v. 22.1.2008 - 6 K 234/07, NWB DokID: DAAAC-79576.
4 Vgl. *Kessler/Spengel*, DB 2018, Beilage 1 zu Heft 5.
5 Vgl. *Stuhrmann* in Bordewin/Brandt/Bode, § 7 EStG Rz. 7; *Brandis* in Blümich, § 7 EStG Rz. 50, mit Hinweis auf v. *Schweinitz*, Abschreibungen zwischen Aufwands- und Subventionstatbestand. Eine beihilferechtliche Problematik sehen aber *Brandau/Reich/Reimer*, BB 2017, 1180. Zur Diskussion auch HHR/*Anzinger*, § 7 Rz. 28.
6 Vgl. *Marx*, DStZ 2011, 547.
7 Vorschlag für eine Richtlinie des Rates über eine Gemeinsame konsolidierte Körperschaftsteuer-Bemessungsgrundlage (GKKB), KOM (2011) 121 endg., BR-Drucks. 155/11.
8 Vgl. *Scheffler/Köstler*, DStR 2014, 664.
9 COM (2016) 685 final v. 25.10.2016.

schreibungsvorschriften mit standardisierten Nutzungsdauern.[1] An der grundsätzlichen Ausrichtung hat sich gegenüber dem Vorschlag von 2011 nichts geändert. Tendenziell werden aber mehr Vermögenswerte in den Anwendungsbereich der Einzelabschreibung fallen, da mittellebige Sachanlagen aus dem Poolsystem gestrichen worden sind.[2]

Die Realisierungschancen sind angesichts des Einstimmigkeitsprinzips derzeit als gering einzustufen. Hinzu kommt, dass bestehende Gewinnermittlungsregeln gewachsene Systeme darstellen, die zum Teil eine lange Tradition aufweisen.[3] Ungeachtet einer baldigen Umsetzung können die Vorschläge die nationale Gesetzgebung und weitergehend auch Konvergenzbemühungen befruchten. 135

(Einstweilen frei) 136–145

V. Verhältnis zu anderen Vorschriften

AfA sind wesentlicher Bestandteil der Gewinn- und Überschussermittlungen bei den einzelnen Einkunftsarten i.S.d. § 2 Abs. 1 Satz 1 Nr. 1 bis 7 EStG. Sie stellen als betrieblich veranlasste Aufwendungen Betriebsausgaben i. S. d. § 4 Abs. 4 EStG dar. Im Rahmen der Gewinnermittlung nach § 5 EStG ergibt sich eine unmittelbare Bezugnahme durch den steuerrechtlichen Bewertungsvorbehalt des § 5 Abs. 6 EStG. Für die Totalüberschussprognose zur Prüfung der Einkünfteerzielungsabsicht bei den Einkünften aus Vermietung und Verpachtung ist bei der Gebäudeabnutzung von der AfA gem. § 7 Abs. 4 EStG auszugehen.[4] 146

Im Rahmen der Einnahmen-Überschussrechnung sind nach § 4 Abs. 3 Satz 3 EStG die Regelungen für die Absetzung für Abnutzung oder Substanzverringerung zu befolgen. AK/HK abnutzbarer Wirtschaftsgüter, deren Verwendung oder Nutzung sich erfahrungsgemäß auf einen Zeitraum von mehr als einem Jahr erstreckt, werden damit nicht schon in voller Höhe bei ihrem Abfluss als Betriebsausgaben abgezogen, sondern erst über die betriebsgewöhnliche Nutzungsdauer in Form der AfA verteilt.[5] Das Abflussprinzip wird insoweit eingeschränkt. 147

Im Rahmen der Zinsschranke (§ 4h EStG) sind AfA zu beachten. Bei Ermittlung des EBITDA sind die nach § 7 EStG abgesetzten Beträge dem Gewinn wieder hinzuzurechnen (§ 4h Abs. 1 Satz 2 EStG). 148

Bemessungsgrundlagen der AfA bildet regelmäßig AK/HK, in Sonderfällen auch der Teilwert.[6] 149

Bezüge zur Teilwertabschreibung nach § 6 Abs. 1 Nr. 1 Satz 2 EStG sind zu beachten. Das Wahlrecht zur Teilwertabschreibung gilt nur bei einer voraussichtlich dauernden Wertminderung. Erfasst werden deshalb Werteinbußen, die von AfA oder AfS gerade nicht abgedeckt werden. Die Teilwertabschreibung setzt voraus, dass der Gewinn durch Betriebsvermögensvergleich (§ 4 Abs. 1, § 5 Abs. 1 EStG) ermittelt wird. Eine Teilwertabschreibung kann demnach weder bei einer Einnahmen-Überschussrechnung (§ 4 Abs. 3 EStG) noch bei Ermittlung der Überschusseinkünfte erfolgen. 150

---

1 Vgl. *Kahle* in Prinz/Kanzler, Handbuch Bilanzsteuerrecht, Rz. 3078; *Krauß*, IStR 2017, 479.
2 Vgl. COM (2016) 685 final v. 25.10.2016, S. 12.
3 Vgl. *Herzig* in Brandt (Hrsg.), Für ein europataugliches Steuerrecht, 29.
4 Vgl. *Hilbertz*, NWB DokID: FAAAE-40149.
5 Zu weiteren Normzusammenhängen vgl. *Bartone* in Korn, § 7 EStG.
6 Vgl. KKB/Teschke/C. Kraft, § 6 EStG Rz. 46 ff.

151 Nach § 6 Abs. 2 EStG können die AK/HK oder der nach § 6 Abs. 1 Nr. 5 bis 6 EStG eintretende Wert von abnutzbaren beweglichen Wirtschaftsgütern des Anlagevermögens, die einer selbständigen Nutzung fähig sind, im Wirtschaftsjahr der Anschaffung, Herstellung, Einlage oder Betriebseröffnung in voller Höhe als Betriebsausgaben abgezogen werden. Dies gilt bis zu einer Grenze von 800 € bei Anschaffung/Herstellung nach dem 31.12.2017; vgl. KKB/Teschke/ C. Kraft, § 6 EStG Rz. 274 ff. Neben dieser Bewertungsvereinfachung gewährt § 6 Abs. 2a EStG die Möglichkeit zur Bildung eines Sammelpostens (Poolabschreibung); vgl. KKB/Teschke/ C. Kraft, § 6 EStG Rz. 290 ff.

152 Auch bei den Überschusseinkünften stellt die AfA einen wesentlichen Bestandteil der Einkunftsermittlung dar. Nach § 9 Abs. 1 Satz 3 Nr. 7 EStG sind Werbungskosten auch die Absetzungen für Abnutzung und Substanzverringerung und erhöhte Absetzungen. Das Zufluss-/Abflussprinzip, das die sofortige Erfolgswirksamkeit der Aufwendungen zur Folge hat, wird insoweit eingeschränkt.[1]

153 Im Rahmen der Sonderausgaben nach § 10 EStG ist die Verteilung des Wertverlusts eines Wirtschaftsguts im Wege der AfA grundsätzlich nicht vorgesehen.[2]

154 AfA sind bei Mitunternehmern nach § 15 Abs. 1 Satz 1 Nr. 2 EStG auf die im Zeitpunkt des Anteilserwerbs geltende Restnutzungsdauer eines abnutzbaren Wirtschaftsguts des Gesellschaftsvermögens vorzunehmen. Dabei stehen dem Mitunternehmer in der Ergänzungsbilanz die Abschreibungswahlrechte zu, die auch ein Einzelunternehmer in Anspruch nehmen könnte, wenn er ein entsprechendes Wirtschaftsgut im Zeitpunkt des Anteilserwerbs angeschafft hätte.

155–170 *(Einstweilen frei)*

B. Systematische Kommentierung

I. AfA bei Wirtschaftsgütern, die keine Gebäude sind (§ 7 Abs. 1 EStG)

1. Lineare AfA (§ 7 Abs. 1 Sätze 1 bis 5 EStG)

a) Anwendungsbereich

171 Die AfA in gleichen Jahresbeträgen wird bei allen beweglichen immateriellen und unbeweglichen Wirtschaftsgütern eingesetzt, soweit es sich nicht um Gebäude oder Gebäudeteile handelt. Für Letztere sind die Abgrenzungskriterien des Bewertungsrechts maßgebend.

172 In den Anwendungsbereich der linearen AfA fallen

▶ bewegliche Wirtschaftsgüter: Sachen (§ 90 BGB), Tiere (§ 90a BGB) und Scheinbestandteile (§ 95 BGB: bewegliche Wirtschaftsgüter, die zu einem vorübergehenden Zweck in ein Gebäude eingefügt wurden). Schiffe und Flugzeuge sind bewegliche Wirtschaftsgüter, auch wenn sie im Schiffsregister bzw. in der Luftfahrzeugrolle eingetragen sind.[3] Be-

---

[1] Vgl. KKB/Weiss, § 9 EStG Rz. 266 ff.
[2] Vgl. BFH v. 30.10.1984 - IX R 2/84, BStBl 1985 II 610; vgl. aber BFH v. 18.10.1994 - IX R 46/88, BStBl 1995 II 169.
[3] Vgl. *Stuhrmann* in Bordewin/Brandt/Bode, § 7 EStG Rz. 115.

triebsvorrichtungen[1] sind selbständige bewegliche Wirtschaftsgüter, da sie nicht in einem einheitlichen Nutzungs- und Funktionszusammenhang mit dem Gebäude stehen.[2]

▶ immaterielle (unkörperliche) Wirtschaftsgüter: Rechte, rechtsähnliche Werte und sonstige Vorteile. Zum Begriff der immateriellen Wirtschaftsgüter vgl. KKB/Bisle/Dönmez, § 5 EStG Rz. 95, 185. Abnutzungen kommen bei dieser Kategorie durch die zeitlich begrenzte Verwertbarkeit in Betracht. Beispiele bilden entgeltlich erworbene Konzessionen, gewerbliche Schutzrechte und ähnliche Rechte und Werte sowie Lizenzen an solchen Rechten und Werten, Spielerlaubnisse im Profisport sowie Geschäfts- und Firmenwerte.[3] Die Nutzungsdauer des Geschäfts- oder Firmenwerts ist in § 7 Abs. 1 Satz 3 EStG gesetzlich festgelegt.

▶ unbewegliche Wirtschaftsgüter, die weder Gebäude noch Gebäudeteile sind.

(Einstweilen frei) 173–180

b) Verfahrensgrundsätze

Die lineare AfA folgt einem Abschreibungsplan, der durch fünf Elemente bestimmt wird: Abschreibungsobjekt, Bemessungsgrundlage, Nutzungsdauer und -intensität sowie Restwert.[4] Bei der linearen AfA wird ein jährlich konstanter Abschreibungsbetrag verrechnet, der sich aus der Anwendung eines einheitlichen AfA-Satzes auf die Bemessungsgrundlage ergibt. Zugrunde gelegt wird dabei eine betriebsgewöhnliche Nutzungsdauer, die sich nach dem Zeitraum bestimmt, in dem das Wirtschaftsgut unter Berücksichtigung der jeweiligen betrieblichen Verhältnisse eingesetzt wird. Ein Restwert (Schrottwert) soll nur dann berücksichtigt werden, wenn dieser wesentlich ist und mit Sicherheit erwartet werden kann.[5] Das kann bei erheblichen Materialwerten der Fall sein.[6] Regelmäßig wird bis auf einen gesetzlich nicht vorgeschriebenen, aber praktikablen Erinnerungswert von 1 € abgeschrieben, und zwar auch dann, wenn ein Veräußerungserlös oder eine Enteignungsentschädigung zu erwarten ist.[7]

181

Im Betriebsvermögen errechnet sich der Abschreibungszeitraum nach der betriebsgewöhnlichen Nutzungsdauer. Bei Überschusseinkünften wird die Nutzungsdauer zugrunde gelegt, in der das Wirtschaftsgut nach seiner voraussichtlichen technischen und wirtschaftlichen Lebensdauer zur Einkünfteerzielung eingesetzt wird.

182

§ 11c Abs. 1 EStDV definiert die Nutzungsdauer bei Gebäuden als den Zeitraum, in dem das Wirtschaftsgut voraussichtlich seiner Zweckbestimmung entsprechend benutzt oder verwendet werden kann. Diese Definition gilt über Gebäude hinaus für alle Wirtschaftsgüter.[8] Trotz notwendiger Typisierungen sind für bestimmte Gruppen anderer Wirtschaftsgüter oder für bestimmte Nutzungen jeweils individuelle Nutzungsdauern zugrunde zu legen. Es ist durchaus

183

---

1 *Schäfer/Stoez*, Betriebsvorrichtungen, NWB DokID: XAAAE-33495.
2 Vgl. KKB/Bisle/Dönmez, § 5 EStG Rz. 148.
3 Zu Zahlungsansprüchen als abnutzbare immaterielle Wirtschaftsgüter vgl. BFH v. 21.10.2015 - X R 6/12, BFH/NV 2016, 802; NWB DokID: IAAAE-07768. Typisierende Schätzung der Zahlungsansprüche nach der GAP-Reform 2003 mit zehn Jahren.
4 Vgl. *Hoffmann/Lüdenbach*, NWB Kommentar Bilanzierung, § 253 Rz. 143.
5 Vgl. *Kulosa* in Schmidt, § 7 EStG Rz. 115 mit Beispielen aus der Rechtsprechung; *Brandis* in Blümich, § 7 EStG Rz. 246, mit der Differenzierung von relativer und absoluter Erheblichkeit; *Hennrichs*, Ubg 2011, 790.
6 Bei Schiffen nimmt der BFH einen Schrottwert aus der Bemessung der AfA aus; vgl. BFH v. 2.12.1987 - X R 19/87, BStBl 1988 II 502.
7 Vgl. *Moxter*, Bilanzrechtsprechung, 2007, 254 f.: „Prinzip der Restwertvernachlässigung"; vgl. auch HHR/*Anzinger*, § 7 EStG Rz. 142. Eine unterbleibende Kürzung der AfA-Bemessungsgrundlage kann wegen der nur partiellen Erfassung privater Veräußerungsgewinne eine definitive Auswirkung haben, vgl. *Brandis* in Blümich, § 7 EStG Rz. 247.
8 Vgl. *Grube*, FR 2011, 634.

möglich, dass nach HGB, IFRS und EStG unterschiedliche Nutzungsdauern zugrunde gelegt werden.[1] Bei gebrauchten Wirtschaftsgütern bemisst sich die AfA nach der betriebsgewöhnlichen Restnutzungsdauer des Wirtschaftsguts.[2]

184 Für jedes Wirtschaftsgut ist singulär AfA anzusetzen. Im Bereich der bilanziellen Gewinnermittlung ergibt sich dies aus dem GoB der Einzelbewertung (§ 252 Abs. 1 Nr. 3 HGB). Für eine Einzelabschreibung spricht auch der Wortlaut des Abs. 1 Satz 1.[3] Ausnahmen bilden Wirtschaftsgüter, die zusammen eine Gesamtanlage ergeben, so dass eine einheitliche Abschreibung vorgenommen werden sollte. Gleichartige Wirtschaftsgüter können vereinfachend unter Angabe der Stückzahl in das Bestandsverzeichnis aufgenommen und zusammengefasst abgeschrieben werden.[4] Bei den Bewertungsvereinfachungen § 6 Abs. 2 (GWG) u. 2a (Sammelposten) EStG sowie der Festbewertung (§ 240 Abs. 3 HGB) handelt es sich nicht um Absetzungen für Abnutzung.[5]

185–190 *(Einstweilen frei)*

c) Abschreibungszeitraum

aa) Beginn und Ende der AfA

191 Die AfA beginnt, sobald das Wirtschaftsgut angeschafft oder hergestellt worden ist. § 9a EStDV definiert als Jahr der Anschaffung das Jahr der Lieferung und als Jahr der Herstellung das Jahr der Fertigstellung. Die Anschaffung setzt die wirtschaftliche Verfügungsmöglichkeit voraus, die bei Übergang von Eigenbesitz, Gefahr, Nutzen und Lasten gegeben ist.[6] Muss das Wirtschaftsgut erst im Betrieb aufgebaut werden, ist der Abschluss der Montage maßgebend.[7] Findet vor der Abnahme ein Probebetrieb statt, ist der Gefahrübergang für den Erwerb des wirtschaftlichen Eigentums zwingend erforderlich.[8] Die Fertigstellung wird als Zeitpunkt bestimmt, ab dem das Wirtschaftsgut zweckentsprechend eingesetzt werden kann.[9] Die tatsächliche Ingebrauchnahme des Wirtschaftsguts ist für die AfA nicht entscheidend. Auch ein nicht verwendetes Wirtschaftsgut unterliegt bereits einer wirtschaftlichen Abnutzung.[10]

192 Bei Anschaffung/Herstellung innerhalb des Jahres ist die AfA zeitanteilig für jeden angefangenen Monat zu berechnen. Die AfA endet erst, wenn das Wirtschaftsgut infolge Veräußerung, Entnahme oder Nutzungsänderung nicht mehr zur Erzielung von Einnahmen eingesetzt wird, und ist dann im Letztjahr ggf. zeitanteilig zu ermitteln. Das Ende der Abschreibung wird durch

---

1 Zu den steuerlichen Risiken abweichender Nutzungsdauern vgl. *Zwirner*, IRZ 2013, 133, 135.
2 Vgl. *Stuhrmann* in Bordewin/Brandt/Bode, § 7 EStG Rz. 106; *Brandis* in Blümich, § 7 EStG Rz. 354.
3 Vgl. *Bartone* in Korn, § 7 EStG Rz. 48.
4 Vgl. *Bartone* in Korn, § 7 EStG Rz. 50.
5 Vgl. KKB/Teschke/C. Kraft, § 6 EStG Rz. 151.
6 Vgl. *Brandis* in Blümich, § 7 EStG Rz. 61; vgl. auch BFH v. 14. 11. 2011 - IV R 52/09, BStBl 2011 II 929; BFH v. 8. 9. 2011 - IV R 43/07, BFH/NV 2012, 222 = NWB DokID: NAAAD-98622; BFH v. 6. 2. 2014 - IV R 41/10, BFH/NV 2014, 847 = NWB DokID: TAAAE-61839. Vgl. auch BFH v. 22. 9. 2016 - IV R 1/14, DStR 2016, 2895, wonach es auf den Übergang des wirtschaftlichen Eigentums ankommt, das erst im Zeitpunkt des Gefahrenübergangs auf den Erwerber übergeht.
7 Vgl. *Pfirrmann* in Kirchhof, § 7 EStG Rz. 29.
8 Zum Abschreibungsbeginn bei Windkraftanlagen BFH v. 22.9.2016 - IV R 1/14, BStBl 2017 II 171.
9 Vgl. *Brandis* in Blümich, § 7 EStG Rz. 62. Zu Einzelfällen der Fertigstellung vgl. H 7.4 „Fertigstellung" EStH.
10 Vgl. BFH v. 25. 3. 1977 - V R 113/74, BStBl 1977 II 708; FG Saarland v. 9. 5. 2012 - 2 K 1073/10, EFG 2012, 1630, zum AfA-Beginn bei Vermietung eines Gebäudes als Rohbau.

die Beendigung des betriebstypischen Einsatzes markiert.[1] Die AfA endet auch bei Weiternutzung des Wirtschaftsguts, wenn das AfA-Volumen aufgezehrt ist.

(Einstweilen frei) 193–195

bb) Nutzungsdauerschätzung

Nutzungsdauer ist der Zeitraum, in dem das Wirtschaftsgut erfahrungsgemäß verwendet oder genutzt werden kann.[2] Die Nutzungsdauer eines Wirtschaftsguts umfasst auch Zeiten, in denen es nicht zur Erzielung von Einkünften genutzt wird.[3] „Betriebsgewöhnliche" Nutzungsdauer bedeutet, dass die besonderen betrieblichen Verhältnisse zu berücksichtigen sind, unter denen das Wirtschaftsgut eingesetzt wird.[4] Es ist auf objektive Verhältnisse abzustellen. Nicht entscheidend ist, über welchen Zeitraum der Stpfl. das Wirtschaftsgut tatsächlich nutzen will.[5] Im Wesentlichen wirken drei Faktoren auf die Bemessung der Nutzungsdauer ein. Zum einen ist dies der Ge- oder Verbrauch des Wirtschaftsguts, der einen substanziellen Verschleiß bewirkt. Daneben tritt die wirtschaftliche Entwertung des Wirtschaftsguts, die durch technische und realökonomische Verbesserungen in Produktionsverfahren, durch Nachfrageverschiebungen auf den Märkten, Modewechsel und durch technische und wirtschaftliche Überholung eintritt. Das ist also der Zeitraum, in dem das Wirtschaftsgut rentabel eingesetzt werden kann. Darüber hinaus ist eine Entwertung des Wirtschaftsguts durch Zeitablauf gegeben, wenn eine gesetzliche oder vertragliche Grenze der Nutzbarkeit des Wirtschaftsguts vorliegt. Regelmäßig ist die zeitliche Begrenzung bei Rechten unabhängig von evtl. Verlängerungen zu beachten.[6] 196

Ausgehend von diesen Gründen zur Bestimmung der Nutzungsdauer kann unterschieden werden zwischen einer technischen Nutzungsdauer, die allein von der technischen Einsatzfähigkeit des Wirtschaftsguts abhängt, und der wirtschaftlichen Nutzungsdauer, also dem Zeitraum, in dem das Wirtschaftsgut voraussichtlich einen wirtschaftlichen Nutzen erbringt. Für die Bestimmung der „betriebsgewöhnlichen" Nutzungsdauer sind die besonderen betrieblichen Verhältnisse zu beachten, unter denen das Wirtschaftsgut eingesetzt wird. Dabei ist nicht auf die Dauer der betrieblichen Nutzung durch den einzelnen Stpfl. abzustellen, sondern auf die objektive Nutzbarkeit eines Wirtschaftsguts unter Berücksichtigung der besonderen betriebstypischen Beanspruchung.[7] 197

Für die Ermittlung der betriebsgewöhnlichen Nutzungsdauer ist nach Ansicht der Rechtsprechung auf den jeweils kürzeren Zeitraum der technischen oder wirtschaftlichen Nutzungsdauer abzustellen.[8] Eine mit wirtschaftlicher Abnutzung begründete kürzere Nutzungsdauer kann der AfA-Bemessung allerdings nur zugrunde gelegt werden, wenn das Wirtschaftsgut vor Ablauf der technischen Nutzungsdauer objektiv wirtschaftlich verbraucht ist.[9] Das ist der Fall, wenn die Möglichkeit einer wirtschaftlich sinnvollen (anderweitigen) Nutzung oder Verwer- 198

---

1 Vgl. *Lambrecht* in Kirchhof, § 7 EStG Rz. 31.
2 Vgl. BFH v. 14.4.2011 - IV R 8/10, BStBl 2011 II 709.
3 Vgl. FG München v. 21.1.2016 - 10 K 965/15, DStRE 2017, 715, rkr.
4 Vgl. BFH v. 9.12.1999 - III R 74/97, BStBl 2001 II 311; vgl. auch *Breidert*, 1994, 64 u. *Moxter*, Bilanzrechtsprechung, 2007, 250.
5 Vgl. *Grube*, FR 2011, 635.
6 Vgl. *Brandis* in Blümich, § 7 EStG Rz. 212, zur Abgrenzung von immerwährenden/ewigen Rechten.
7 Vgl. BFH v. 26.7.1991 - VI R 82/89, BStBl 1992 II 1000; BFH v. 19.11.1997 - X R 78/94, BStBl 1998 II 59, jeweils m.w.N.
8 Vgl. BFH v. 26.7.1991 - VI R 82/89, BStBl 1992 II 1000; BFH v. 4.3.2008 - IX R 16/07, BFH/NV 2008, 1310 = NWB DokID: HAAAC-81438; BFH v. 14.4.2011 - IV R 8/10, BStBl 2011 II 709.
9 BFH v. 28.10.2008 - IX R 16/08, BFH/NV 2009, 899 = NWB DokID: WAAAD-19024.

tung endgültig entfallen ist. Eine Kompensation zwischen technischer und wirtschaftlicher Nutzungsdauer findet nicht statt.[1] Die Stpfl. können sich auf die für sie jeweils günstigere Nutzungsdauer beziehen.[2]

199 Werden Wirtschaftsgüter regelmäßig vor Ablauf ihrer technischen Nutzungsdauer veräußert, führt dies nicht zur Annahme einer auf die durchschnittliche Haltedauer begrenzten Nutzungsdauer, soweit i. d. R. ein adäquater Verkaufspreis erzielt werden kann.[3] Auch bei bestehender Absicht, ein Wirtschaftsgut vor Ablauf der normalen technischen oder wirtschaftlichen Nutzungsdauer zu beseitigen oder zu zerstören, ist die reguläre betriebsgewöhnliche Nutzungsdauer zugrunde zu legen. Steht die Beseitigung oder Zerstörung allerdings bereits fest, verkürzt sich die Nutzungsdauer auf die sog. Restnutzungsdauer.[4]

200 Die Schätzung der betriebsgewöhnlichen Nutzungsdauer obliegt dem Stpfl. aufgrund der Vielzahl der sie beeinflussenden Gegebenheiten. Sie ist nach den Gegebenheiten des konkreten Betriebs bzw. nach den tatsächlichen Verhältnissen des einzelnen Stpfl. unter Berücksichtigung aller Umstände des Einzelfalls durchzuführen.[5] Die Schätzung bezieht sich auf das einzelne Wirtschaftsgut. Unselbständige Teile des Wirtschaftsguts, die eine unterschiedliche Nutzungsdauer aufweisen, werden für die Schätzung einheitlich behandelt. Maßgebend ist hier die Nutzungsdauer des Teils, der dem Wirtschaftsgut das Gepräge gibt.[6]

201 Fehler bei der Nutzungsdauerschätzung werden für die Zukunft korrigiert, wenn sich die Schätzung erheblich von der zutreffenden Nutzungsdauer unterscheidet. Die Korrektur erfolgt in der Weise, dass der Restbuchwert auf die Restnutzungsdauer zu verteilen ist.[7]

202 Große praktische Bedeutung bei der Bestimmung der Nutzungsdauer haben die amtlichen AfA-Tabellen.[8] Mit ihnen wird die Abschreibung normiert.[9] Ziel der Anwendung der vom BMF herausgegebenen AfA-Tabellen ist eine gleichheitsgerechte Anwendung von Abschreibungsregeln für die Steuerbilanz. Sie sind nicht verbindlich für die Handelsbilanz.[10] Die unter Beteiligung der Wirtschaftsverbände erarbeiteten AfA-Tabellen dienen als Anhaltspunkte für die Beurteilung der Angemessenheit der steuerlichen AfA. Sie basieren auf einer sachverständigen Beurteilung und einer Auswertung zahlreicher repräsentativer Einzeldaten und berücksichtigen ausschließlich die technische Abnutzung eines unter üblichen Bedingungen arbeitenden Betriebs.[11] Sie sind bei Gewinn- und Überschusseinkunftsarten anwendbar.[12] Die derzeit anwendbaren AfA-Tabellen gelten für die seit dem 1.1.2001 angeschafften oder hergestellten

---

1 Vgl. BFH v. 26. 1. 2001 - VI R 26/98, BStBl 2001 II 194.
2 Vgl. *Kulosa* in Schmidt, § 7 EStG Rz. 155.
3 BFH v. 19. 11. 1997 - X R 78/94, BStBl 1998 II 59; BFH v. 23. 9. 2008 - I R 47/07, BStBl 2009 II 986; BFH v. 29. 4. 2009 - I R 74/08, BStBl 2009 II 899.
4 BFH v. 22. 8. 1984 - I R 198/80, BStBl 1985 II 126.
5 BFH v. 26. 7. 1991 - VI R 82/89, BStBl 1992 II 1000; BFH v. 14. 4. 2011 - IV R 8/10, BStBl 2011 II 709.
6 Vgl. *Kulosa* in Schmidt, § 7 EStG Rz. 161.
7 Vgl. *Stuhrmann* in Bordewin/Brandt/Bode, § 7 EStG Rz. 102; HHR/*Anzinger*, § 7 EStG Anm. 180 zu unterschiedlichen Fallkonstellationen. Im Fall einer zu kurzen Einschätzung der Nutzungsdauer soll es zu keiner Änderung kommen, da ansonsten in allen Fällen jährliche Überprüfungen notwendig wären; a. A. *Kulosa* in Schmidt, § 7 EStG Rz. 163.
8 Vgl. Anlage AfA-Tabelle für allgemein verwendbare Anlagegüter.
9 Vgl. *Dietz*, Die Normierung der Abschreibung in Handels- und Steuerbilanz, 152 ff.
10 Vgl. *Hennrichs*, Ubg 2011, 791.
11 Vgl. *Hennrichs*, Ubg 2011, 791, der darauf hinweist, dass die derzeitigen AfA-Tabellen auf Auswertungen der steuerlichen Außenprüfungen bis zum 1.1.2000 basieren. Durch die E-Bilanz (§ 5b) wird sich die Datenbasis künftig stark ausweiten; vgl. hierzu *Briesemeister* in Prinz/Kanzler, Handbuch Bilanzsteuerrecht, Rz. 1334 ff.
12 Vgl. BFH v. 7. 2. 1975 - VI R 133/72, BStBl 1975 II 478; BFH v. 28. 10. 2008 - IX R 16/08, BFH/NV 2009, 899 = NWB DokID: WAAAD-19024.

Wirtschaftsgüter. In Teilbereichen sind die Tabellenwerte bedingt durch zwischenzeitliche technische und wirtschaftliche Entwicklungen sicherlich überarbeitungsbedürftig.[1]

Für gebraucht angeschaffte Wirtschaftsgüter können die AfA-Tabellen grundsätzlich nicht genutzt werden. Realitätsgerechter ist hier die individuelle Schätzung einer Restnutzungsdauer.[2] 203

Die Tabellenwerte beruhen auf Erfahrungswerten bei einer einschichtigen Nutzung des Wirtschaftsgutes. Sind abweichende Verhältnisse und Bedingungen wie z. B. die Nutzung im Mehrschichtbetrieb, der Einfluss von Nässe, Säuren, Salzen, Dämpfen usw., die in einem Wirtschaftszweig üblich sind, bereits bei der Ermittlung der Nutzungsdauer berücksichtigt, so ist dies in den Vorbemerkungen der jeweiligen AfA-Tabellen angegeben. 204

Bei ganzjähriger Nutzung von schichtabhängigen Anlagegütern in Doppelschicht kann der lineare Afa-Satz um 25 % und in Drei- oder Vierfachschicht um 50 % erhöht werden, soweit dies nicht schon bei der Festlegung der Nutzungsdauer berücksichtigt worden ist. Für unbewegliche Anlagegüter kommen Mehrschichtzuschläge nicht in Betracht. 205

Die Sammlung des BMF enthält eine AfA-Tabelle für die allgemein verwendbaren Anlagegüter und darüber hinaus AfA-Tabellen für verschiedene Wirtschaftszweige (100 Wirtschaftszweige).[3] Die AfA-Tabellen haben für die Finanzverwaltung den Charakter einer Dienstanweisung. Will die Finanzbehörde hiervon abweichen, ist eine detaillierte Auseinandersetzung mit den eigenen Erkenntnisgrundlagen erforderlich. Aus Sicht der Stpfl. handelt es sich um das Angebot der Verwaltung für eine tatsächliche Verständigung im Rahmen einer Schätzung, das sie (z. B. durch die Anwendung der Tabellen bei der Gewinnermittlung) annehmen können, aber nicht müssen.[4] Auch die Gerichte sind an die Tabellen nicht gebunden.[5] 206

BEISPIEL:[6] Die Rechtsprechung nimmt bei Pkw eine achtjährige Nutzungsdauer an. Dementsprechend beträgt der AfA-Satz 12,5 %. Der Stpfl. kann eine kürzere Nutzungsdauer nachweisen.[7] In den amtlichen AfA-Tabellen geht die Finanzverwaltung von einer sechsjährigen Nutzungsdauer für Pkw aus, und zwar auch bei einer geringen jährlichen Fahrleistung (unter 15 000 km).[8] Beim Kauf eines gebrauchten Pkw wird nur noch eine entsprechend verkürzte Nutzungsdauer zugrunde gelegt. Beim Kauf eines fünf Jahre alten oder älteren Pkw kann sofort der volle Kaufpreis abgesetzt werden.[9]

Die von der Finanzverwaltung verwendete Prüfungssoftware IDEA wird zur Identifikation von Abweichungen der AfA mit den Nutzungsdauern der amtlichen AfA-Tabellen eingesetzt.[10] 207

Wirtschaftsgüter werden nach einer einheitlichen Nutzungsdauer abgeschrieben. Eine Aufteilung des Wirtschaftsguts für Zwecke der AfA kommt nach der Rechtsprechung aus Vereinfachungserwägungen nicht in Betracht, auch wenn sich dadurch die periodengerechte Gewinnermittlung verbessert.[11] Nach einem Rechnungslegungshinweis des Instituts der Wirt- 208

---

1 Vgl. *Trinks/Heine*, NWB 2015, S. 2434 zur Nutzungsdauer von Smartphones.
2 Vgl. BFH v. 17. 4. 2001 - VI B 306/00, BFH/NV 2001, 1255 = NWB DokID: KAAAA-67265.
3 Vgl. NWB-Berechnungsprogramm AfA-Tabellen November 2015.
4 FG Niedersachsen, v. 9. 7. 2014 - 9 K 98/14, BB 2014, 2226.
5 BFH v. 9. 12. 1999 - III R 74/97, BStBl 2001 II 311.
6 Vgl. *Maier*, Beck'sches Steuer- und Bilanzlexikon, 1/2015, Rz. 30.
7 BFH v. 26. 7. 1991 - VI R 82/89, BStBl 1992 II 1000; BFH v. 2. 10. 2001 - VI B 111/01, BFH/NV 2002, 190 = NWB DokID: MAAAA-67208.
8 Vgl. AfA-Tabelle für die allgemein verwendbaren Anlagegüter, Tz. 4.2.1, Rz. 208.
9 BMF v. 3. 12. 1992, BStBl 1992 I 734.
10 Vgl. *Groß/Vogel*, BC 2004, 249, 250; vgl. auch BMF v. 14. 11. 2014, BStBl 2014 I 1450, betr. Grundsätze zur ordnungsmäßigen Führung und Aufbewahrung von Büchern, Aufzeichnungen und Unterlagen in elektronischer Form sowie zum Datenzugriff (GoBD).
11 Vgl. *Moxter*, Bilanzrechtsprechung, 2007, 251 f.

schaftsprüfer (IDW) ist es allerdings handelsrechtlich zulässig, bei stark unterschiedlichen Lebensdauern einzelner Komponenten des einheitlichen Vermögensgegenstands unterschiedliche Nutzungsdauern zu wählen und die Komponenten separat abzuschreiben (komponentenweise planmäßige Abschreibung von Sachanlagen).[1] Das ist mit dem Einzelbewertungsgrundsatz (§ 252 Abs. 1 Nr. 3 HGB) vereinbar, da der einzelne Vermögensgegenstand realitätsnäher bewertet wird. Dieses Vorgehen wird von der höchstrichterlichen Finanzrechtsprechung nicht akzeptiert.[2] Nach dem Grundsatz der Einheitlichkeit der Abschreibung ist eine komponentenweise Abschreibung nicht statthaft.[3] Für eine komponentenweise Differenzierung spricht indes die exaktere periodengerechte Gewinnermittlung.[4] Der Vereinfachungsgedanke tritt angesichts moderner IT-Anwendungen zurück.

209 Die AfA-Tabelle für die allgemein verwendbaren Anlagegüter gilt für alle Anlagegüter, die nach dem 31. 12. 2000 angeschafft oder hergestellt worden sind.[5]

210–220 (Einstweilen frei)

d) Geschäfts- oder Firmenwert und Praxiswert

221 Geschäfts- oder Firmenwert ist nach § 246 Abs. 1 Satz 4 HGB der Unterschiedsbetrag, um den die für die Übernahme eines Unternehmens bewirkte Gegenleistung den Wert der einzelnen Vermögensgegenstände des Unternehmens abzüglich der Schulden im Zeitpunkt der Übernahme übersteigt. Die handelsrechtliche Fiktion beendet die im Schrifttum geführte Diskussion um die Rechtsnatur des derivativen Geschäfts- oder Firmenwerts, ohne den Vermögensgegenstandsbegriff zu ändern.[6] Steuerrechtlich wird der Geschäfts- oder Firmenwert als Wirtschaftsgut qualifiziert.[7] Die betriebsgewöhnliche Nutzungsdauer des Geschäfts- oder Firmenwerts wird in § 7 Abs. 1 Satz 3 EStG einheitlich auf fünfzehn Jahre festgelegt. Die Kodifizierung erfolgte durch das Bilanzrichtliniengesetz v. 19. 12. 1985 und gilt seit 1987 unverändert.[8] Die typisierte Nutzungsdauer galt auch bereits für Alt-Geschäftswerte, die vor der Einfügung des Satzes 3 vorhanden waren.[9]

222 Vom Geschäfts- oder Firmenwert sind die geschäfts- oder firmenwertähnlichen Wirtschaftsgüter abzuspalten. Von der gesetzlich determinierten Nutzungsdauer des Geschäfts- oder Firmenwerts kann nur bei offensichtlich unzutreffender Besteuerung abgewichen werden.[10] Selbst bei personenbezogenen Gewerbebetrieben kommt eine kürzere Frist grundsätzlich nicht in Betracht.[11] Allerdings entfällt eine Abschreibung auf einen derivativen Geschäftswert, sofern der Käufer das Unternehmen sofort nach Erwerb stilllegt.[12]

---

1 Vgl. IDW RH 1.016; zu einer Differenzierung zwischen HGB und IFRS vgl. *Hennrichs*, Ubg 2011, 790.
2 Vgl. BFH v. 14. 4. 2011 - IV R 46/09, BStBl 2011 II 696, Rz. 24; zustimmend *Kulosa* in Schmidt, § 7 EStG Rz. 26.
3 Vgl. *Tiedchen* in Münchener Kommentar zum Bilanzrecht, § 253 Rz. 81.
4 Vgl. *Moxter*, Bilanzrechtsprechung, 251 f.
5 NWB DokID: JAAAC-85331.
6 Vgl. *Böcking/Gros*, § 246 HGB Rz. 10.
7 Vgl. BFH v. 12. 7. 2007 - X R 5/05, BStBl 2007 II 959; vgl. hierzu *Weber-Grellet* in Schmidt, § 5 EStG Rz. 222.
8 BGBl 1985 I 2355.
9 Vgl. *Kulosa* in Schmidt, § 7 EStG Rz. 171.
10 Vgl. BFH v. 28. 9. 1993 - VIII R 67/92, BStBl 1994 II 449. Der BFH erläutert aber nicht, wann eine offensichtlich unzutreffende Besteuerung vorliegt.
11 BFH v. 22. 4. 1998 - IV B 24/97, BFH/NV 98, 1467 = NWB DokID: HAAAA-97392; BFH v. 28. 9. 1993 - VIII R 67/92, BStBl 1994 II 449.
12 Vgl. *Pfirrmann* in Kirchhof, § 7 EStG Rz. 55, mit Hinweis auf BFH v. 25. 1. 1979 - IV R 21/75, BStBl 1979 II 369.

Ist zwar kein Unterschreiten der gesetzlich fixierten Nutzungsdauer des Geschäfts- oder Firmenwerts möglich, kann dennoch eine Teilwertabschreibung nach § 6 Abs. 1 Nr. 1 Satz 2 EStG in Betracht kommen. Auch im gewerblichen Bereich zeigt sich die geringe Halbwertzeit mit kurzen Produktlebenszyklen, schnellen Veränderungen gesetzlicher oder vertraglicher Rahmenbedingungen bei gleichzeitig hohem Wettbewerbsdruck.[1] Neubewertungsanlass ist insbesondere auch die wirtschaftliche Krisensituation.[2] Solange die Nutzungsdauer aber mit fünfzehn Jahren gesetzlich festgeschrieben ist, bleibt allein der Weg über eine Teilwertabschreibung.[3]

223

Vom Geschäfts- oder Firmenwert ist der sog. Praxiswert bei Freiberuflern zu unterscheiden. § 7 Abs. 1 Satz 3 EStG ist hierbei nicht anzuwenden. Das gilt auch dann, wenn sich ein Praxiswert durch Übertragung in einen Geschäftswert wandelt.[4] Üblicherweise wird eine Nutzungsdauer des Praxiswerts von drei bis fünf Jahren geschätzt.[5] Bei sog. Sozietätspraxiswerten wird die Nutzungsdauer regelmäßig doppelt so lange eingeschätzt (sechs bis zehn Jahre).[6] Das gilt auch in den Fällen, in denen eine Einzelpraxis in eine GmbH eingebracht wird und der frühere Praxisinhaber Alleingesellschafter der GmbH wird oder wenn eine freiberufliche Gemeinschaft ihre Rechtsform ändert und der persönliche Einfluss der bisherigen Beteiligten erhalten bleibt.[7] Die Vertragsarztzulassung vermittelt ein höchst persönliches, öffentlich-rechtliches Statusrecht, gesetzlich krankenversicherte Patienten zu behandeln und die Leistungen gegenüber den gesetzlichen Krankenkassen abzurechnen. Beim Erwerb einer Vertragsarztpraxis wird in der Regel neben dem Praxiswert kein weiteres abnutzbares immaterielles Wirtschaftsgut erworben. Die Übertragung von Vertragsarztpraxen berechtigt den Erwerber nur dann zu AfA auf einen Praxiswert und das miterworbene Inventar, wenn Erwerbsgegenstand die gesamte Praxis und nicht nur eine Vertragsarztzulassung ist.[8]

224

Für sog. firmenwertähnliche Wirtschaftsgüter, das sind Rechtspositionen oder faktische Verhältnisse, die mit dem Unternehmen und seinen Gewinnchancen verbunden, aber selbständig übertragbar sind, ist § 7 Abs. 1 Satz 3 EStG nicht anzuwenden.[9] Ihre betriebsgewöhnliche Nutzungsdauer ist eigenständig zu bestimmen.

225

(Einstweilen frei)

226–230

e) Zeitanteilige AfA im Jahr der Anschaffung oder Herstellung und bei Ausscheiden

Nach § 7 Abs. 1 Satz 4 EStG vermindert sich die AfA im Jahr der Anschaffung oder Herstellung des Wirtschaftsguts um jeweils ein Zwölftel für jeden vollen Monat, der dem Monat der Anschaffung oder Herstellung vorangeht. Wird das Wirtschaftsgut beispielsweise im April angeschafft, darf im Erstjahr nur eine anteilige Jahres-AfA von 9/12 angesetzt werden.[10] Das Prinzip gilt auch bei Ausscheiden des Wirtschaftsguts. Diese durch das Haushaltsbegleitgesetz

231

---

1 Vgl. *Marx*, StuB 2012, 291.
2 Vgl. *Forst/Schaaf* in Prinz/Kanzler, Handbuch Bilanzsteuerrecht, Rz. 2157 ff.
3 Vgl. *Neufang/Otto*, DStR 2012, 225.
4 Vgl. *Pfirrmann* in Kirchhof, § 7 EStG Rz. 56, mit Hinweis auf Rspr.
5 BFH v. 28. 9. 1993 – VIII R 67/92, BStBl 1994 II 449; BFH v. 24. 2. 1994 – IV R 33/93, BStBl 1994 II 590; s. a. BMF v. 15. 1. 1995, BStBl 1995 I 14.
6 BFH v. 24. 2. 1994 – IV R 33/93, BStBl 1994 II 590.
7 BMF v. 15. 1. 1995, BStBl 1995 I 14.
8 BFH v. 21. 2. 2017 – VIII R 56/14, BStBl 2017 II 694; BFH v. 21. 2. 2017 – VIII R 7/14, BStBl 2017 II 689, *Bolik*, NWB 2017, 1632.
9 Vgl. *Winnefeld*, Bilanz-Handbuch, Rz. 498.
10 Vgl. *Adrian* in Prinz/Kanzler, Handbuch Bilanzsteuerrecht, Rz. 3526.

2004 eingefügte Regelung betrifft alle Wirtschaftsgüter, die nach dem 31.12.2003 angeschafft oder hergestellt werden (vgl. § 52 Abs. 21 EStG). Die zeitanteilige Verrechnung der AfA ist geboten, obwohl in der Praxis oft zu beobachten ist, dass die AfA im Jahr des Ausscheidens aus Vereinfachungsgründen nicht verrechnet wird, da dies durch ein geringeres buchmäßiges Veräußerungsergebnis wieder ausgeglichen wird.[1] Erforderlich ist dies bspw. aufgrund der korrekten Erfassung privatanteiliger Fahrzeugkosten.[2]

232–240   (Einstweilen frei)

f) Bemessungsgrundlage der AfA

aa) Allgemeines

241 Als pagatorische Rechnung bemisst die Steuerbilanz die AfA von den AK/HK. Das ergibt sich unmittelbar aus § 7 Abs. 1 Satz 1 EStG. Zum Begriff der AK wird auf die Kommentierung zu § 6 verwiesen, ebenso zum Begriff der HK sowie zur Abgrenzung vom Erhaltungsaufwand.[3]

242 Es ist nicht relevant, ob der Stpfl. den Kaufpreis bereits entrichtet hat. In der Praxis kann die Aufteilung von AK anhand der realen Wertverhältnisse auf verschiedene Wirtschaftsgüter notwendig sein.[4] Eine vertragliche Kaufpreisaufteilung ist der Berechnung der AfA zugrunde zu legen, sofern sie nicht nur zum Schein getroffen wurde und keinen Gestaltungsmissbrauch darstellt.[5] Bei unangemessen hohen AK/HK sind Korrekturen notwendig (§ 4 Abs. 5 Satz 1 Nr. 7 EStG).[6] Die Übertragung von stillen Reserven führt nach § 6b Abs. 6 EStG zur Kürzung der AfA-Bemessungsgrundlage und zur Reduktion des AfA-Volumens. Gleiches gilt bei erfolgsneutraler Behandlung eines Zuschusses nach R 6.5 Abs. 2 Satz 3 EStR. Statt der AK/HK kommt der an deren Stelle tretende Wert zum Ansatz, z. B. § 6 Abs. 5 Satz 4 bis 6, § 7a Abs. 9, § 7g Abs. 2 Satz 2 EStG; §§ 10 und 10a EStDV.

BEISPIEL:[7]

AfA Maschine 1.1.01	100 000 €
./. lineare AfA, ND 10 Jahre	10 000 €
= Buchwert 31.12.01	90 000 €
./. Buchgewinn § 6b	50 000 €
Restwert, 9 Jahre RND	40 000 €
./. AfA	4 444 €
= Buchwert 31.12.02	35 556 €

243 Zur Bemessung der AfA bei unentgeltlicher Rechtsnachfolge vgl. → Rz. 121 f.

---

1 Vgl. *Falterbaum u. a.*, Buchführung und Bilanz, 826.
2 Vgl. *Falterbaum u. a.*, Buchführung und Bilanz, 826 f., mit weiteren praxisrelevanten Beispielen.
3 Vgl. KKB/*Teschke/C. Kraft*, § 6 EStG Rz. 26 ff. und Rz. 34 ff. Zu Einzelfällen der AK vgl. auch H 7.3 EStH.
4 Vgl. BMF-Arbeitshilfe Kaufpreisaufteilung v. 28.3.2018 TAAAG-79991; *Burkhardt/Müller/Schuster*, BBK 2016, 590; Berechnungsprogramm „Kaufpreisaufteilung: Berechnung für bebaute Grundstücke"; NWB DokID: LAAAE-61859. Zur Frage der vorzunehmenden Bewertungsmethode bei Mietwohngrundstücken im Privatvermögen für die Kaufpreisaufteilung sowie der Prüfung der Angemessenheit der Kaufpreisfindung bei nahestehenden Personen vgl. BFH IX R 38/17.
5 BFH v. 16.9.2015 - IX R 12/14, BStBl 2016 II 397.
6 Vgl. zur Aufteilung eines Gesamtkaufpreises KKB/*Hallerbach*, § 4 EStG Rz. 806 ff.
7 Entnommen aus *Maier*, Beck'sches Steuer- und Bilanzlexikon, Rz. 34.

(Einstweilen frei) 244–245

bb) Nachträgliche Anschaffungs- oder Herstellungskosten

Sind für ein Wirtschaftsgut nachträgliche AK/HK in späteren Monaten des Erstjahrs angefallen, ohne dass hierdurch ein anderes Wirtschaftsgut entstanden ist, bemisst sich die weitere AfA in den Fällen des § 7 Abs. 1 EStG nach dem Buchwert oder Restwert zuzüglich der nachträglichen AK/HK.[1] Diese sind so zu behandeln, als wären sie zum Zeitpunkt der ursprünglichen AK/HK aufgewendet worden. Durch nachträgliche AK/HK verändern sich damit sowohl Bemessungsgrundlage als auch AfA-Volumen. Bei in späteren Jahren angefallenen AK/HK ist die Restnutzungsdauer unter Berücksichtigung des Zustands des Wirtschaftsguts im Zeitpunkt der Beendigung der nachträglichen HK neu zu schätzen.[2] Nur in den Fällen des § 7 Abs. 4 Satz 2 EStG ist es aus Vereinfachungsgründen nicht zu beanstanden, wenn die weitere AfA nach dem bisher zugrunde gelegten Prozentsatz bemessen wird. 246

Buchwert/Restwert
+ nachträgliche AK/HK
= neue AfA-Bemessungsgrundlage

Bei umfangreichen nachträglichen HK ist zu prüfen, ob ein neues Wirtschaftsgut entstanden ist. Dann beginnt die AfA neu. 247

(Einstweilen frei) 248–255

cc) Nachträgliche Minderung der Bemessungsgrundlage

Die AfA-Bemessungsgrundlage und das AfA-Volumen können sich durch die Übertragung steuerfreier Rücklagen (z. B. § 6b EStG, R 6.6 EStR) vermindern. Der verbleibende Betrag tritt an die Stelle der (fortgeführten) AK/HK (vgl. § 6b Abs. 6 Satz 1 EStG). 256

Eine nachträgliche Minderung der Bemessungsgrundlage ist auch in anderen Fällen denkbar (Anschaffungspreisminderungen, § 255 Abs. 1 Satz 3 HGB).[3]

(Einstweilen frei) 257–260

dd) AfA nach Teilwertabschreibung oder AfaA

Über eine Teilwertabschreibung hinaus darf nicht zusätzlich die periodische AfA geltend gemacht werden, denn der niedrigere Teilwert umfasst auch die Werteinbuße des laufenden Wirtschaftsjahres.[4] Ist der Teilwert beim abnutzbaren Anlagevermögen niedriger und wird von dem Wahlrecht nach § 6 Abs. 1 Nr. 1 Satz 2 EStG Gebrauch gemacht, so ist zunächst die periodische AfA zu verrechnen und die dann noch verbleibende Wertdifferenz als Teilwertabschreibung geltend zu machen.[5] 261

---

1 BFH v. 25. 11. 1970 - I R 165/67, BStBl 1971 II 142.
2 Vgl. R 7.4 Abs. 9 EStR.
3 Vgl. *Böcking/Gros*, § 255 HGB Rz. 26.
4 Vgl. *Falterbaum u. a.*, Buchführung und Bilanz, 828.
5 Vgl. *Falterbaum u. a.*, Buchführung und Bilanz, 828.

BEISPIEL: Die Anschaffungskosten einer Maschine betragen 100 000 € bei einer Nutzungsdauer von fünf Jahren. Es wird linear abgeschrieben. Am Ende des zweiten Wirtschaftsjahres liegt der Teilwert der Maschine nur noch bei 35 000 €.

Buchwert zu Beginn des zweiten Jahres	80 000 €
./. AfA zweites Jahr	20 000 €
= fortgeführte Anschaffungskosten	60 000 €
./. Teilwertabschreibung	25 000 €
= Buchwert am Ende des zweiten Jahres	35 000 €

262 Im Anschluss an eine Teilwertabschreibung nach § 6 Abs. 1 Nr. 1 Satz 2 EStG bemisst sich die AfA nach dem Restbuchwert und der Restnutzungsdauer. Die Restnutzungsdauer ist ggf. neu zu schätzen.

263–270 *(Einstweilen frei)*

g) AfA nach Einlage

271 Im Anschluss an eine Einlage in das Betriebsvermögen, die steuerrechtlich als anschaffungsähnlicher Vorgang qualifiziert wird, ist grds. der Teilwert im Zeitpunkt der Überführung Bemessungsgrundlage für die AfA (§ 6 Abs. 1 Nr. 5 Satz 1 1. Halbsatz EStG). Erfolgt die Einlage innerhalb von drei Jahren seit Anschaffung oder Herstellung, sind höchstens die fortgeführten AK/HK anzusetzen (§ 6 Abs. 1 Nr. 5 Satz 1 2. Halbsatz und Satz 2 EStG). Diese bilden dann die AfA-Bemessungsgrundlage (AfA-BMG).

272 Für Wirtschaftsgüter, die im Anschluss an eine Verwendung im Rahmen der Überschusseinkünfte (§ 2 Abs. 1 Satz 1 Nr. 4 bis 7 EStG) eingelegt worden sind, mindert sich der Einlagewert um die AfA (die AfS, Sonderabschreibungen oder erhöhte Absetzungen), die bis zum Zeitpunkt der Einlage vorgenommen worden sind. Nach § 7 Abs. 1 Satz 5 EStG ist eine vom Einlagewert nach § 6 Abs. 1 Nr. 5 Satz 1 EStG abweichende AfA-Bemessungsgrundlage zu ermitteln. Die Minderung erfolgt jedoch höchstens bis zu den fortgeführten AK/HK. Ist der Einlagewert niedriger als dieser Wert, so bemisst sich die weitere AfA vom Einlagewert unter Berücksichtigung, dass bei einer Einlage in das Betriebsvermögen grundsätzlich der Teilwert maßgebend ist (§ 6 Abs. 1 Nr. 5 Satz 1 1. Halbsatz). Dies gilt auch in den Fällen der unentgeltlichen Einzelrechtsnachfolge und der Gesamtrechtsnachfolge.[1]

273 Es soll hiermit die mehrfache Abschreibung von Wirtschaftsgütern verhindert werden, bei denen der Stpfl. nur einmal AK/HK getragen hat. Nach einer Änderung durch das JStG 2010[2] zielt die Norm vorrangig auf eine Begrenzung des AfA-Volumens für Einlagen ab dem 1. 1. 2011 (vgl. § 52 Abs. 21 Satz 4 EStG).[3]

---

[1] Vgl. BFH v. 18. 8. 2009 - X R 40/06, BStBl 2010 II 961; BFH v. 28. 10. 2009 - VIII R 46/07, BStBl 2010 II 964; BFH v. 17. 3. 2010 - X R 34/09, BFH/NV 2010, 1625 = NWB DokID: YAAAD-46352.
[2] Gesetz v. 8. 12. 2010, BGBl 2010 I 1768.
[3] Zu den unterschiedlichen Fallkonstellationen vgl. BMF v. 27. 10. 2010, BStBl 2010 I 1204.

Fallgruppe 1	Fallgruppe 2	Fallgruppe 3	Fallgruppe 4
Einlagewert ≥ AK/HK	Einlagewert < AK/HK ≥ fortgeführte AK/HK	Einlagewert < fortgeführte AK/HK	Einlagewert = fortgeführte AK/HK (§ 6 Abs. 1 Nr. 5 Satz 1 2. Halbsatz Buchst. a EStG i. V. m. Satz 2)
Einlagewert ./. AfA = AfA-BMG	fortgeführte AK/HK = AfA-BMG	Einlagewert = AfA-BMG	fortgeführte AK/HK = AfA-BMG

(Einstweilen frei) 274–280

h) AfA nach Entnahme und Betriebsaufgabe

Die Entnahme eines Wirtschaftsguts in einen einkunftserzielenden Bereich des Privatvermögens wird steuerrechtlich als anschaffungsähnlicher Vorgang qualifiziert.[1] Im Anschluss an eine Entnahme bemessen sich die AfA nach dem Teilwert als Entnahmewert nach § 6 Abs. 1 Nr. 4 EStG.[2] Im Anschluss an eine Betriebsaufgabe, die zur Totalentnahme führt, bemessen sich die AfA nach dem gemeinen Wert (vgl. § 16 Abs. 3 Satz 7 EStG).[3] Ist der Entnahme-/Aufgabevorgang – mit Ausnahme des Freibetrags nach § 16 Abs. 4 EStG – steuerlich nicht erfasst worden, so bemessen sich die AfA nicht nach dem Teilwert oder gemeinen Wert, sondern nach den ursprünglichen AK/HK.[4] Die Bemessung der AfA im Anschluss an einen irrtümlich nicht erfassten Entnahme- oder Aufgabegewinn ist offen.[5]

(Einstweilen frei) 282–285

2. AfA nach Maßgabe der Leistung (§ 7 Abs. 1 Satz 6 EStG)

a) Anwendungsbereich

Nach § 7 Abs. 1 Satz 6 EStG kann es bei beweglichen Wirtschaftsgütern des Anlagevermögens wirtschaftlich begründet sein, die AfA nach Maßgabe der Leistung vorzunehmen. Die Option steht dem Stpfl. zu, wenn er den auf das einzelne Jahr entfallenden Umfang der Leistung nachweist und die Gesamtleistung schätzen kann. Die Leistungs-AfA kommt nur bei Gewinneinkunftsarten in Betracht, denn § 7 Abs. 1 Satz 6 EStG nennt den bilanzrechtlichen Begriff des

---

1 Vgl. BFH v. 29. 4. 1992 - XI R 5/90, BStBl 1992 II 969.
2 Vgl. BFH v. 9. 8. 1983 - VIII R 177/80, BStBl 1983 II 759; BFH v. 2. 7. 1992 - IX B 169/91, BStBl 1992 II 909.
3 Vgl. BFH v. 29. 4. 1992 - XI R 5/90, BStBl 1992 II 969.
4 Vgl. *Kulosa* in Schmidt, § 7 EStG Rz. 118, mit Hinweis auf BFH v. 3. 5. 1994 - IX R 59/92, BStBl 1994 II 749; BFH v. 14. 12. 1999 - IX R 62/96, BStBl 2000 II 656; BFH v. 21. 2. 2008 - IX B 233/07, BFH/NV 2008, 952 = NWB DokID: ZAAAC-76527.
5 Vgl. BFH v. 29. 4. 1992 - XI R 5/90, BStBl 1992 II 969; Nichtanwendungserlass BMF, BStBl 1992 I 651; vgl. auch R 7.3 Abs. 6 Satz 1 EStR.

Anlagevermögens (§ 247 Abs. 2 HGB). Sie ermöglicht eine aussagekräftige Gegenüberstellung von Aufwendungen und Erträgen.[1] Die Beschränkung der Leistungs-AfA auf bewegliche Wirtschaftsgüter bewirkt, dass sie weder bei immateriellen Wirtschaftsgütern noch bei Gebäuden Anwendung findet. Wirtschaftlich begründet ist die Leistungs-AfA, wenn die schwankende Leistungsabgabe in Leistungs- oder Zeiteinheiten gemessen werden kann, so dass die Leistungs-AfA die tatsächlich eingetretene Nutzeneinbuße reflektiert.[2]

287–290 *(Einstweilen frei)*

b) Bemessung

291 Bemessungsgrundlage der Leistungs-AfA bilden die AK/HK des Wirtschaftsguts, ggf. unter Berücksichtigung nachträglicher Kosten (vgl. → Rz. 241 ff.). Für die Berechnung der periodischen Leistungs-AfA kommen die Messung von Kilometerleistungen, Maschinenlaufzeiten oder Ausbringungsstückzahlen oder -mengen in Betracht.[3] Der Nachweis der Jahresleistung kann z. B. durch ein die Anzahl der Arbeitsvorgänge registrierendes Zählwerk, einen Betriebsstundenzähler oder bei einem Kraftfahrzeug durch den Kilometerzähler geführt werden.[4] Die Gesamtleistung des Wirtschaftsguts ist im Voraus anhand von Erfahrungswerten zu schätzen. Die AfA ergibt sich dann in Höhe des Anteils der Jahresleistung an der Gesamtleistung. Eine Beschränkung in der Höhe besteht nicht.[5] Die wirtschaftliche Begründetheit zeigt sich insbesondere dann, wenn die Leistung des Wirtschaftsguts in den einzelnen Jahren der Nutzung erheblich schwankt und die Nutzeneinbuße daher unterschiedlich ausfällt. Im Unterschied zur linearen AfA entfällt die Leistungs-AfA in dem Jahr, in dem das Wirtschaftsgut keine messbaren Leistungen erbringt.

BEISPIEL: Ein Lkw mit einer geschätzten Gesamtfahrleistung von 400 000 km wird angeschafft und in den einzelnen Jahren mit stark abweichenden Laufleistungen genutzt. Dies reflektiert die Leistungs-AfA:

	Laufleistung in km	Leistungs-AfA in %
1. Jahr	120 000	30
2. Jahr	130 000	32,5
3. Jahr	90 000	22,5
4. Jahr	60 000	15
Gesamt	400 000	100

292–295 *(Einstweilen frei)*

c) Wechsel

296 Ein Wechsel von der Leistungs-AfA zur linearen AfA nach § 7 Abs. 1 Satz 1 u. 2 EStG ist zulässig. Entfallen die wirtschaftlichen Gründe zur Vornahme der Leistungs-AfA, kann die Abschreibungsmethode dennoch beibehalten werden. Ein Wechsel von der linearen AfA nach § 7 Abs. 1

---

1 Vgl. *Ballwieser* in HURB, 35; *Breidert*, 1994, 9 f. zur umsatzadäquaten Aufwandszuordnung.
2 *Schubert/Andrejewski/Roscher*, Beck'scher Bilanzkommentar, § 253 Anm. 245.
3 Vgl. *Niemann*, IFSt-Schrift Nr. 447, 11.
4 Vgl. R 7.4 Abs. 5 Satz 3 EStR.
5 Vgl. *Falterbaum u. a.*, Buchführung und Bilanz, 814.

Sätze 1 u. 2 EStG zur Leistungs-AfA ist ebenfalls zulässig. In diesem Fall wird der Restbuchwert des Wirtschaftsguts leistungsabhängig abgeschrieben.

(Einstweilen frei) 297–300

3. AfA für außergewöhnliche technische oder wirtschaftliche Abnutzung (AfaA) (§ 7 Abs. 1 Satz 7 EStG)

a) Anwendungsbereich

Die AfaA ist bei außergewöhnlicher technischer oder wirtschaftlicher Abnutzung sämtlicher Wirtschaftsgüter zulässig und gilt für alle Einkunftsarten. Voraussetzung ist entweder eine Substanzeinbuße eines bestehenden Wirtschaftsguts (als technische Abnutzung) oder eine Einschränkung seiner Nutzungsmöglichkeit (als wirtschaftliche Abnutzung).[1] Eine außergewöhnliche Abnutzung erfolgt durch Einwirken von außen auf das Wirtschaftsgut im Zusammenhang mit seiner steuerbaren Nutzung.[2] Eine AfaA ist nicht zulässig bei einer von Beginn an bestehenden Beeinträchtigung oder auch bei einer überhöhten Entgeltzahlung.[3] Eine rein marktbedingte Reduzierung der Rentabilität des Objekts rechtfertigt keine AfaA.[4]   301

Ein Ausschluss findet sich allerdings in § 7 Abs. 2 Satz 4 EStG für Wirtschaftsgüter, die degressiv abgeschrieben werden. Nach R 7.4 Abs. 11 EStR sind AfaA auch bei Gebäuden nicht zu beanstanden, bei denen AfA nach § 7 Abs. 5 EStG vorgenommen wird. Da die Norm keine Begrenzung auf Wirtschaftsgüter, die der Abnutzung unterliegen, vornimmt, ist eine AfaA auch bei nicht abnutzbaren Wirtschaftsgütern zulässig. Dies kann auf das objektive Nettoprinzip gestützt werden. Der Stpfl. hat ein Wahlrecht zur Vornahme einer AfaA. Das ergibt sich aus dem Wortlaut der Norm („sind zulässig").[5] Bei vollständiger Nutzlosigkeit des Wirtschaftsguts zur Einkunftserzielung soll die AfaA nach h. M. allerdings zwingend sein.[6]   302

AfaA sind regelmäßig im Jahr des Schadenseintritts, spätestens jedoch im Jahr der Entdeckung des Schadens vorzunehmen.[7] Das gilt unabhängig von evtl. Ersatzansprüchen gegen eine Versicherung.[8]   303

(Einstweilen frei) 304–310

b) Außergewöhnliche technische Abnutzung

Indem § 7 Abs. 1 Satz 7 EStG zum einen auf eine außergewöhnliche technische Abnutzung abstellt, legt die Norm eine besondere Beeinträchtigung der Substanz des Wirtschaftsguts zugrunde. Hier sind Fälle der Beschädigung, Zerstörung oder des Verlusts von Wirtschaftsgütern denkbar, die zu einer wesentlichen Substanzeinbuße oder sogar zum vollständigen Substanz-   311

---

1 Vgl. ständige Rspr. des BFH, z. B. v. 30. 8. 1994 - IX R 23/92, BStBl 1995 II 306, und BFH v. 9. 7. 2002 - IX R 29/98, BFH/NV 2003, 21 = NWB DokID: NAAAA-69403.
2 BFH v. 14. 1. 2004 - IX R 30/02, BStBl 2004 II 592, unter II.1.a, m. w. N.; BFH v. 8. 4. 2014 - IX R 7/13, BFH/NV 2014, 1202 = NWB DokID: PAAAE-67435; FG München v. 21. 1. 2016 - 10 K 965/15, DStRE 2017, 715, rkr.
3 Vgl. *Pfirrmann* in Kirchhof, § 7 EStG Rz. 66; *Stuhrmann* in Bordewin/Brandt/Bode, § 7 EStG Rz. 137.
4 Vgl. BFH v. 8.4.2014 - IX R 7/13, BFH/NV 2014, 1202; BFH v. 10.5.2016 - IX R 33/14, BFH/NV 2014, 1446, vgl. dazu auch *Weiss*, BB 2017, 2028.
5 Zur weiteren Diskussion vgl. *Breidert*, 1994, 67 f.
6 *Kulosa* in Schmidt, § 7 EStG Rz. 192.
7 BFH v. 24. 3. 1987 - IX R 17/84, BStBl 1987 II 694; BFH v. 1. 12. 1992 - IX R 189/85, BStBl 1994 II 11.
8 BFH v. 13. 3. 1998 - VI R 27/97, BStBl 1998 II 443.

verlust führen.[1] Typische Beispiele sind die Abnutzungen infolge von Hochwasser, Sturm, Brand, Explosion, Kontamination, tektonischen Störungen, Insektenfraß oder Sachbeschädigungen.[2] AfaA ist nicht gerechtfertigt bei mangelhaften Bauleistungen oder bestehenden Gebäudemängeln.[3] Maßstab ist die Nutzbarkeit des Wirtschaftsguts im Erwerbszeitpunkt.[4]

312–320 *(Einstweilen frei)*

c) Außergewöhnliche wirtschaftliche Abnutzung

321 Die Einbuße bezieht sich hier auf die wirtschaftliche Nutzungsfähigkeit des Wirtschaftsguts, die auf neue technische Entwicklungen oder Marktänderungen (Modewechsel) zurückzuführen ist. Ein vollständiger wirtschaftlicher Verbrauch ist nur anzunehmen, wenn objektiv die Möglichkeit einer wirtschaftlich sinnvolleren Nutzung oder Verwertung endgültig entfallen ist.[5] Es müssen außergewöhnliche Umstände vorliegen, die sich objektiv nachprüfen lassen.[6] Das zeigt sich bei Immobilien, wenn bei Beendigung eines Mietverhältnisses erkennbar wird, dass das Gebäude wegen einer auf den bisherigen Mieter ausgerichteten Gestaltung nicht oder nur noch ganz eingeschränkt an Dritte vermietbar ist.[7]

Davon abzugrenzen sind bloße Rentabilitätseinbußen, die bspw. aufgrund eines Überangebotes eintreten.[8] Sie rechtfertigen nach Ansicht der Rechtsprechung grds. keine AfaA.[9]

322–330 *(Einstweilen frei)*

d) Beispiele aus der Rechtsprechung[10]

331 Die Beendigung der Erzielung von Überschusseinkünften rechtfertigt für sich genommen keine AfaA.[11]

Die Beschädigung eines im Privatvermögen gehaltenen Fahrzeugs bei einer betrieblich veranlassten Fahrt führt zur AfaA. Die bei der Bemessung der AfaA zugrunde zu legenden Anschaffungskosten sind um die (normale) AfA zu kürzen, die der Stpfl. hätte in Anspruch nehmen können, wenn er das Fahrzeug ausschließlich zur Einkünfteerzielung verwendet hätte.[12]

Baumängel vor Fertigstellung eines Gebäudes rechtfertigen auch dann keine AfaA, wenn infolge dieser Baumängel noch in der Bauphase unselbständige Gebäudeteile wieder abgetragen werden.[13] Dies gilt auch, wenn die Baumängel erst nach Fertigstellung oder Anschaffung entdeckt werden.[14]

---

1 BFH v. 7. 5. 1969 - I R 47/67, BStBl 1969 II 464; BFH v. 24. 1. 2008 – IV R 45/05, BStBl 2009 II 449.
2 Vgl. *Brandis* in Blümich, § 7 EStG Rz. 393.
3 Vgl. *Brandis* in Blümich, § 7 EStG Rz. 393.
4 Vgl. BFH v. 8. 4. 2014 - IX R 7/13, BFH/NV 2014, 1202 = NWB DokID: PAAAE-67435.
5 FG München v. 21. 1. 2016 - 10 K 965/15, DStRE 2017, 715, rkr.
6 BFH v. 8. 7. 1980 - VIII R 176/78, BStBl 1980 II 743.
7 BFH v. 17. 9. 2008 - IX R 64/07, BStBl 2009 II 301; BFH v. 28. 10. 1980 - VIII R 34/76, BStBl 1981 II 161; vgl. zu weiteren Fällen *Brandis* in Blümich, § 7 EStG Rz. 532, m. w. N. Nicht ausreichend ist hingegen eine bloße Wertminderung, vgl. BFH v. 24. 1. 2008 – IV R 45/05, BStBl 2009 II 449.
8 Vgl. *Falterbaum u. a.*, Buchführung und Bilanz, 810.
9 Vgl. *Brandis* in Blümich, § 7 EStG Rz. 394; *Kulosa* in Schmidt, § 7 EStG Rz. 187, m. w. N.; a. A. *Grube*, FR 2011, 987.
10 Entnommen aus H 7.4 EStH.
11 BFH v. 15. 12. 1992 - VIII R 27/91, BFH/NV 1993, 599 = NWB DokID: VAAAB-33311.
12 BFH v. 24. 11. 1994 - IV R 25/94, BStBl 1995 II 318.
13 BFH v. 30. 8. 1994 - IX R 23/92, BStBl 1995 II 306; BFH v. 31. 3. 1992 - IX R 164/87, BStBl 1992 II 805.
14 BFH v. 27. 1. 1993 - IX R 146/90, BStBl 1993 II 702 und BFH v. 14. 1. 2004 - IX R 30/02, BStBl 2004 II 592.

Eine AfaA ist vorzunehmen, wenn bei einem Umbau bestimmte Teile eines Gebäudes ohne vorherige Abbruchabsicht entfernt werden[1] oder ein Gebäude abgebrochen wird (zum Gebäudeabbruch vgl. KKB/Teschke/C. Kraft, § 6 EStG, Rz. 107 ff.).

Eine AfaA ist nicht vorzunehmen, wenn ein zum Privatvermögen gehörendes objektiv technisch oder wirtschaftlich noch nicht verbrauchtes Gebäude abgerissen wird, um ein unbebautes Grundstück veräußern zu können.[2] Gleiches gilt, wenn das Gebäude in der Absicht eines grundlegenden Umbaus erworben wird.[3]

Eine AfaA ist nicht zulässig bei Beendigung der Nutzung eines Wirtschaftsguts zum Zwecke der Einkunftserzielung.[4]

(Einstweilen frei) 332–340

e) Höhe und Zeitpunkt

Die AfaA ist bei außergewöhnlicher technischer Abnutzung in Höhe des eingetretenen Substanzverlusts vom Buchwert vorzunehmen. Bei außergewöhnlicher wirtschaftlicher Abnutzung ist das Verhältnis der verminderten Nutzbarkeit zur normalen Nutzbarkeit zugrunde zu legen. Die Absetzung ist bei Eintritt des beeinträchtigenden Ereignisses oder spätestens bei Entdeckung vorzunehmen.[5]   341

(Einstweilen frei) 342–345

f) Wahlrecht und Folgewirkungen

Die AfaA darf optional in Anspruch genommen werden. Eine AfaA ist dann in dem VZ vorzunehmen, in dem das Schadensereignis eingetreten ist, spätestens jedoch bei Schadensentdeckung.[6] Eine Pflicht zur Vornahme der AfaA lässt sich aus dem Wortlaut des § 7 Abs. 1 Satz 7 nicht herleiten. Bei vollständiger Nutzlosigkeit des Wirtschaftsguts, die das Ausscheiden zur Folge hat, nimmt die h. M. eine Verpflichtung zur Vornahme der AfaA an.[7]   346

Die AfaA ergänzt die reguläre AfA, die in dem betreffenden Jahr zunächst in Anspruch genommen werden muss.[8] Im Anschluss an eine AfaA bemessen sich die AfA nach dem verbleibenden Buchwert (Restwert) und der ggf. neu zu ermittelnden Restnutzungsdauer.[9] Bei Gebäuden bemessen sich die AfA bei unverändertem AfA-Satz von dem folgenden Wirtschaftsjahr oder Kalenderjahr an im Anschluss an die AfaA nach den AK/HK des Gebäudes abzüglich des Betrags der Absetzung für außergewöhnliche technische oder wirtschaftliche Abnutzung (§ 11c Abs. 2 Satz 1 EStDV).   347

(Einstweilen frei) 348–355

---

1 BFH v. 15. 10. 1996 - IX R 2/93, BStBl 1997 II 325; zu Problemfeldern der AfaA bei Gebäuden vgl. *Handzik* in Littmann/Bitz/Pust, § 7 Rz. 413.
2 BFH v. 6. 3. 1979 - VIII R 110/74, BStBl 1979 II 551.
3 BFH v. 4. 12. 1984 - IX R 5/79, BStBl 1985 II 208; BFH v. 20. 4. 1993 - IX R 122/88, BStBl 1993 II 504.
4 FG München v. 21.1.2016 - 10 K 965/15, DStRE 2016, 715, rkr.; vgl. *Weiss*, BB 2017, 2029.
5 Vgl. HHR/*Anzinger*, § 7 EStG Anm. 240; *Kulosa* in Schmidt, § 7 EStG Rz. 191, 193.
6 Vgl. *Pfirrmann* in Kirchhof, § 7 EStG Rz. 69.
7 Vgl. *Kulosa* in Schmidt, § 7 EStG Rz. 192; *Pfirrmann* in Kirchhof, § 7 EStG Rz. 69.
8 Vgl. FG Hessen v. 9. 5. 2000 - 9 K 438/99, EFG 2000, 1377, rkr.
9 Vgl. *Kulosa* in Schmidt, § 7 EStG Rz. 131.

g) Wertaufholung

356 Wurde im Rahmen der bilanziellen Gewinnermittlung (§ 4 Abs. 1 und 5 EStG) eine AfaA durchgeführt und ist der Grund für die AfaA in einem späteren Gewinnermittlungszeitraum weggefallen, so ist eine Wertaufholung (Zuschreibung) durchzuführen (§ 7 Abs. 1 Satz 7 2. Halbsatz EStG). Das gilt in den Fällen der Beseitigung der außergewöhnlichen technischen oder wirtschaftlichen Abnutzung. Hier zeigt sich eine Parallele zum Wertaufholungsgebot nach § 6 Abs. 1 Nr. 1 Satz 4 und Nr. 2 Satz 3 EStG. Die Finanzbehörde trägt die Feststellungslast für den steuererhöhenden Umstand.[1] Das Zuschreibungsgebot greift nicht, wenn die Werterhöhung nicht auf die vorangegangene AfaA zurückgeführt werden kann, sondern auf anderen Gründen basiert.[2]

357 Bei Gebäuden erhöht sich im Fall der Zuschreibung nach § 11c Abs. 2 Satz 3 EStDV die Bemessungsgrundlage für die Absetzungen für Abnutzung von dem folgenden Wirtschaftsjahr oder Kalenderjahr an um den Betrag der Zuschreibung oder Wertaufholung.

358–365 *(Einstweilen frei)*

4. Degressive AfA und Wechsel zwischen degressiver und linearer AfA (§ 7 Abs. 2 und 3 EStG)

a) Anwendungsbereich

366 § 7 Abs. 2 EStG sieht für bewegliche Wirtschaftsgüter des Anlagevermögens die AfA in fallenden Jahresbeträgen vor (degressive AfA). Sie wird auch als Buchwert-AfA bezeichnet, ist handelsrechtlich zulässig und kommt in Betracht, wenn die Wirtschaftsgüter in den ersten Jahren besonders intensiv genutzt werden oder wenn abzusehen ist, dass sie aufgrund technischer oder wirtschaftlicher Entwicklungen schnell an Wert einbüßen.[3] Die degressive AfA gilt allerdings nur für Wirtschaftsgüter, die nach dem 31. 12. 2008 und vor dem 1. 1. 2011 angeschafft oder hergestellt worden sind. Die degressive AfA, die auf die Gewinneinkünfte beschränkt ist, wird nach einem einheitlichen Prozentsatz vom jeweiligen Buchwert errechnet. Sie darf das Zweieinhalbfache der linearen AfA nicht überschreiten. Ob die degressive AfA künftig wieder eingeführt wird, ist derzeit noch nicht absehbar. Zurzeit hat sie noch Bedeutung für diejenigen Wirtschaftsgüter, die vor dem 1. 1. 2011 angeschafft oder hergestellt worden sind.

TAB.
Entwicklung der degressiven AfA

Anschaffung/Herstellung	2001–2005	2006–2007	2008	2009–2010	seit 2011
Relation zur linearen AfA	Zweifach	Dreifach	–	Zweieinhalbfach	–
Höchstsatz	20 %	30 %	–	25 %	–

367 Nach § 7 Abs. 2 Satz 4 EStG ist eine Absetzung für außergewöhnliche technische oder wirtschaftliche Abnutzung (AfaA) bei degressiv abgeschriebenen Wirtschaftsgütern nicht zulässig.

---

1 Vgl. *Stuhrmann* in Bordewin/Brandt/Bode, § 7 EStG Rz. 143; HHR/*Anzinger*, § 7 EStG Anm. 242.
2 Vgl. *Falterbaum u. a.*, Buchführung und Bilanz, 824.
3 Vgl. *Niemann*, IFSt-Schrift Nr. 447, 10.

Ein möglicher Wechsel von der degressiven zur linearen AfA ist in Abs. 3 Satz 1 vorgesehen. Dann bemisst sich die AfA nach dem Restbuchwert und der Restnutzungsdauer des Wirtschaftsguts. Zur Bestimmung des optimalen Wechselzeitpunkts ist der Bilanzstichtag zu finden, von dem ab die lineare Restwertabschreibung größer ist als die degressive Abschreibung. 368

Aus ökonomischer Sicht ist zu fragen, welche Abschreibungsmethode dem tatsächlichen Wertverzehr des Wirtschaftsgutes am ehesten entspricht. Die degressive Abschreibung unterstellt hohe Wertminderungen zu Beginn der Nutzungszeit, die periodischen Abschreibungen sinken im Zeitablauf. Ein solcher unterstellter Wertverzehr bei abnutzbaren Wirtschaftsgütern ist in der Realökonomie durchaus anzutreffen.[1] Dabei muss im Zuge fortschreitender Abnutzung des Wirtschaftsguts im Regelfall mit steigenden Instandhaltungsaufwendungen gerechnet werden, so dass hier den fallenden periodischen Abschreibungsbeträgen steigende laufende Betriebsausgaben gegenüberstehen. Dies ist dem Gesetzgeber, der den Wegfall mit der Abschaffung einer Ausnahmeregelung begründet, entgegenzuhalten.[2] Die Abschaffung der degressiven AfA wird vom Gesetzgeber begründet mit der weltweit vorherrschenden Tendenz, Ausnahmen abzuschaffen und stattdessen die Steuersätze zu senken. Das Argument kann allerdings nicht überzeugen, da hier isoliert eine Bewertungsregel aufgegriffen wird, ohne den gesamten Bewertungskatalog einer Prüfung zu unterziehen. Außerdem wird verschwiegen, dass von der Steuersatzsenkung nur ein Teil der Unternehmen profitiert. Der vom Gesetzgeber genannte Trend zur Abschaffung der degressiven AfA ist auch nicht zu erkennen.[3] Auch die – häufig als Referenzpunkt angeführten – IFRS kennen im Bereich des Sachanlagevermögens neben linearer und verbrauchsabhängiger AfA die geometrisch-degressive Methode (diminishing balance method, IAS 16.62) im Rahmen von Methodenwahlrechten, die sich daran ausrichten, dass die Abschreibung am genauesten den erwarteten Verlauf des Verbrauchs des zukünftigen wirtschaftlichen Nutzens widerspiegelt.[4] 369

(Einstweilen frei) 370–375

b) Wechsel zwischen degressiver und linearer AfA (§ 7 Abs. 3 EStG)

Für die Bestimmung des optimalen Zeitpunktes des Wechsels von der degressiven zur linearen AfA ist der Bilanzstichtag zu finden, von dem ab die lineare Restwertabschreibung größer ist als die degressive Abschreibung. 376

(Einstweilen frei) 377–385

II. AfA bei Gebäuden (§ 7 Abs. 4 bis 5a EStG)

1. Lineare AfA (§ 7 Abs. 4 EStG)

a) Gebäudebegriff

Gebäude stellen nach den Abgrenzungsmerkmalen des Bewertungsrechts (§§ 68 ff. BewG) Bauwerke dar, die nach der Verkehrsauffassung durch räumliche Umschließung Menschen oder Sachen Schutz gegen äußere Einflüsse bieten, den nicht nur vorübergehenden Aufenthalt von Menschen gestatten, fest mit dem Grund und Boden verbunden sowie von einiger Bestän- 386

---

1 Vgl. *Ortmann-Babel/Bolik* in BDI/Ernst & Young (Hrsg.), Die Unternehmensteuerreform 2008, 103.
2 Vgl. *Klapdor* in Breithecker/Förster/Förster/Klapdor, UntStRefG, 2007, § 7 Rz. 3.
3 Vgl. *Strunk*, Stbg 2007, 101, 103; *Ehret/Kraft* in Blumenberg/Benz, Die Unternehmensteuerreform 2008, 101.
4 Vgl. *Niemann*, IFSt-Schrift Nr. 447, 39; *Hennrichs*, Ubg 2011, 790.

digkeit und Standfestigkeit sind.[1] Dabei ist es unerheblich, ob sich das Bauwerk auf dem eigenen oder fremdem Grund und Boden befindet.[2] Das Gebäude muss nicht über die Erdoberfläche hinausragen; Gebäude sind auch Tiefgaragen, Lager- oder Gärkeller und sonstige unterirdische Betriebsräume.[3]

387 Gebäude bilden mit ihren unselbständigen Bestandteilen eine Einheit. Voraussetzung dafür ist ein einheitlicher Nutzungs- und Funktionszusammenhang, so dass das Gebäude ohne die zugeordneten Gebäudeteile als unvollständig erscheint. Beispiele hierfür sind Bäder und Schwimmbecken in Hotels, Heizungsanlagen, Beleuchtungsanlagen, Personenaufzüge und Rolltreppen sowie Umzäunungen und Garagen.[4]

388 Demgegenüber stellen Gebäudeteile, die nicht in einem einheitlichen Nutzungs- und Funktionszusammenhang mit dem Gebäude stehen, selbständige Wirtschaftsgüter dar (Betriebsvorrichtungen, Scheinbestandteile, Ladeneinbauten, sonstige Mietereinbauten und sonstige selbständige Gebäudeteile), die auch gesondert abgeschrieben werden.[5]

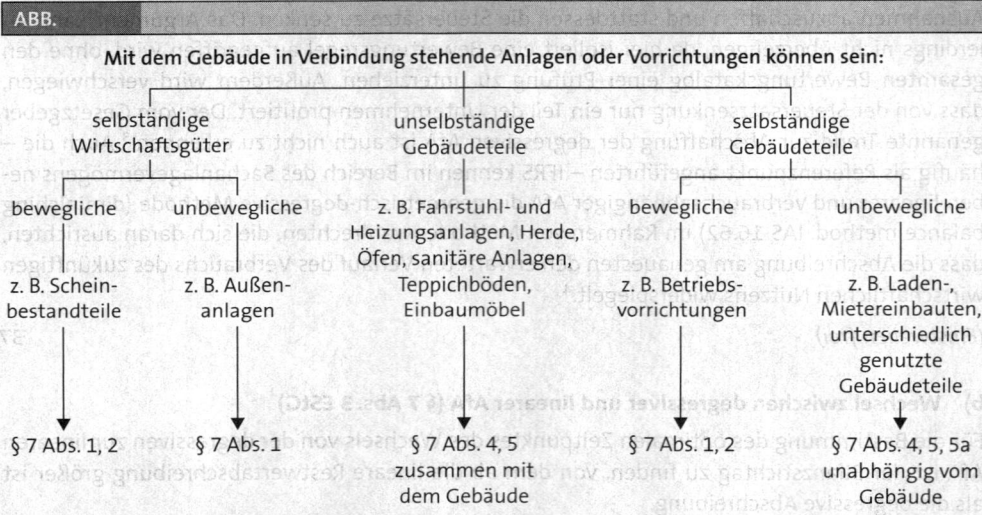

389 Photovoltaikanlagen, Blockheizkraftwerke und unbewegliche Wirtschaftsgüter, die keine Gebäude sind, sind daher nicht nach Abs. 4 abzuschreiben. Sie sind Betriebsvorrichtungen, die nach § 68 Abs. 2 Nr. 2 BewG als Maschinen und sonstige Vorrichtungen aller Art zu einer Betriebsanlage gehören, also selbständige bewegliche Wirtschaftsgüter darstellen, die unabhängig vom Gebäude nach Abs. 1 abzuschreiben sind. Dazu gehören bspw. Abladevorrichtungen, Arbeitsbühnen, Hebebühnen, Feuerlöschanlagen, Kühleinrichtungen, Silos und Transportbänder.[6]

---

1 BFH v. 10.6.1988 - III R 65/84, BStBl 1988 II 847; BFH v. 23.9.2008 - I R 47/07, BStBl 2009 II 986; Beispiele für eine feste Verbindung mit dem Grund und Boden bei *Handzik* in Littmann/Bitz/Pust, § 7 Rz. 326.
2 Vgl. *Adrian* in Prinz/Kanzler, Handbuch Bilanzsteuerrecht, Rz. 3417.
3 Vgl. *Adrian* in Prinz/Kanzler, Handbuch Bilanzsteuerrecht, Rz. 3417; zu den Abgrenzungskriterien vgl. gleichlautenden Erlass zur Abgrenzung des Grundvermögens von den Betriebsvorrichtungen v. 5.6.2013, BStBl 2013 I 734; *Eisele*, NWB 2013, 2473.
4 Vgl. H 4.2 Abs. 5 EStH, mit weiteren Beispielen und Details.
5 Vgl. R 4.2 Abs. 3 EStR; zu Problemfällen vgl. *Nürnberg*, DStR 2017, 1719.
6 Vgl. *Stuhrmann* in Bordewin/Brandt/Bode, § 7 EStG Rz. 114, mit weiteren Beispielen.

Mehrere Gebäude sind nur dann als einheitliches Wirtschaftsgut zu qualifizieren, wenn sie baulich derart miteinander verbunden sind, dass die Teile nicht ohne weitere erhebliche Investitionen voneinander getrennt werden können.[1] Ein Gebäude und damit ein eigenständig abschreibbares Wirtschaftsgut bildet auch eine Eigentumswohnung.[2] Bei einem Gebäude, das teils eigenbetrieblich, teils fremdbetrieblich, teils zu eigenen und teils zu fremden Wohnzwecken genutzt wird, ist jeder der vier unterschiedlich genutzten Gebäudeteile ein eigenes Wirtschaftsgut, da das Gebäude in verschiedenen Nutzungs- und Funktionszusammenhängen steht. Im Fall des Miteigentums ist jeder selbständige Gebäudeteil in so viele Wirtschaftsgüter aufzuteilen, wie Gebäudeeigentümer vorhanden sind.[3]

Zu weiteren Abgrenzungsfragen bei Gebäuden vgl. KKB/Hallerbach, § 4 EStG Rz. 170 ff.

Zur AfA auf selbständige Gebäudeteile vgl. → Rz. 481 f.

Wirtschaftsgebäude sind Wirtschaftsgüter, die zu einem Betriebsvermögen gehören und nicht Wohnzwecken dienen. Demgegenüber dient ein Gebäude Wohnzwecken, wenn es dazu bestimmt und geeignet ist, Menschen dauerhaft Aufenthalt und Unterkunft zu ermöglichen.[4] Wohnzwecken dienen auch Wohnungen, die aus besonderen betrieblichen Gründen an Betriebsangehörige (z. B. Hausmeister, Fachpersonal, Angehörige der Betriebsfeuerwehr) überlassen werden.[5] Gebäude dienen nicht Wohnzwecken, soweit sie zur vorübergehenden Beherbergung von Personen bestimmt sind, wie z. B. Ferienwohnungen sowie Gemeinschaftsunterkünfte, in denen einzelne Plätze, z. B. für ausländische Flüchtlinge, zur Verfügung gestellt werden. Kurheime und Sanatorien dienen i. d. R. nicht Wohnzwecken, da die Überlassung von Wohnraum durch die Betreuungsleistungen überlagert wird; das ist auch bei Altenheimen zu prüfen.[6]

(Einstweilen frei)

b) Lineare Gebäude-AfA mit typisierter Nutzungsdauer

§ 7 Abs. 4 Satz 1 EStG verwendet für die lineare Gebäude-AfA verschiedene typisierte Sätze mit unterschiedlichen Voraussetzungen. Dabei sind drei Fallkonstellationen zu unterscheiden. Ein Wahlrecht für den Stpfl. besteht nicht.[7] Drei Prozent Abschreibung gelten für Gebäude, soweit sie zu einem Betriebsvermögen gehören, nicht Wohnzwecken dienen und der Bauantrag nach dem 31. 3. 1985 gestellt worden ist (Wirtschaftsgebäude). Nicht erheblich ist, ob das Gebäude zum notwendigen oder gewillkürten Betriebsvermögen gehört.

Das Gesetz nimmt für diese Fälle eine typisierte Nutzungsdauer des Gebäudes von 33 Jahren an. Die nachfolgende Abbildung zeigt die Abschreibungsprozentsätze in den jeweiligen Fallgruppen. Neben der Fallgruppe 10 ist die Fallgruppe 21 mit einer angenommenen Nutzungsdauer von 50 Jahren und einer Abschreibung von 2 % von aktueller Bedeutung. Darüber hinaus sind die Fallkonstellationen (11 und 211) nach § 7 Abs. 4 Satz 2 zu beachten, bei denen die tatsächliche Nutzungsdauer unterhalb der typisierten Nutzungsdauer liegt.

---

1 Vgl. BFH v. 5. 12. 1974 - V R 30/74, BStBl 1975 II 344; BFH v. 21. 7. 1977 - V R 58/75, BStBl 1978 II 78; BFH v. 15. 9. 1977 - V R 14/76, BStBl 1978 II 123.
2 Vgl. BFH v. 26. 2. 2002 - IX R 42/99, BStBl 2002 II 472.
3 BFH v. 9. 7. 1992 - IV R 115/90, BStBl 1992 II 948.
4 Vgl. HHR/*Anzinger*, § 7 EStG Rz. 294.
5 Vgl. R 4.2 Abs. 4 EStR.
6 Vgl. HHR/*Anzinger*, § 7 EStG Rz. 294, mit Rechtsprechungsnachweisen.
7 Vgl. *Brandis* in Blümich, § 7 EStG Rz. 519.

403 Im Erstjahr und im Letztjahr der Nutzung ist die AfA jeweils nur zeitanteilig zulässig.

TAB.

Fallgruppe 10 ▶ Gebäude im BV ▶ nicht Wohnzwecken dienend ▶ Bauantrag nach 31.3.1985 3 % p. a.	Fallgruppe 20 Gebäude, die die Voraussetzungen der Fallgruppe 1 nicht erfüllen	
	Fallgruppe 21 Fertigstellung nach 31.12.1924 2 % p. a.	Fallgruppe 22 Fertigstellung vor 1.1.1925 2,5 % p. a.
Fallgruppe 11 tatsächliche ND < 33 Jahre AfA nach der tatsächlichen ND	Fallgruppe 211 tatsächliche ND < 50 Jahre AfA nach der tatsächlichen ND	Fallgruppe 222 tatsächliche ND < 40 Jahre AfA nach der tatsächlichen ND

404–410 *(Einstweilen frei)*

c) Gebäude-AfA nach tatsächlicher Nutzungsdauer

411 § 7 Abs. 4 Satz 2 EStG lässt bei Gebäuden eine AfA nach der tatsächlichen Nutzungsdauer zu, wenn abweichend von der gesetzlich typisierten Nutzungsdauer mit einer geringeren Nutzungsdauer zu rechnen ist. Nutzungsdauer eines Gebäudes ist nach § 11c Abs. 1 EStDV der Zeitraum, in dem ein Gebäude voraussichtlich seiner Zweckbestimmung entsprechend genutzt werden kann. Die Nutzungsdauerschätzung hat dabei neben der technischen Abnutzung auch die wirtschaftliche Entwertung sowie rechtliche Beschränkungen zu berücksichtigen.[1] Die Bedeutung dürfte angesichts der auslaufenden degressiven AfA nach § 7 Abs. 5 EStG und der schnelleren Änderung von Bedürfnissen und Anforderungen gestiegen sein.[2] Hinsichtlich der Bestimmung der technischen und der wirtschaftlichen Abnutzung kann auf → Rz. 196 ff. hingewiesen werden. Stpfl. tragen die Feststellungslast für die kürzere Nutzungsdauer.[3] Ihnen steht ein Wahlrecht zu, das sie individuell steueroptimal ausschöpfen können. Eine Bindung an die handelsrechtlichen Abschreibungen besteht nicht.

412 Ergibt sich im Laufe der Nutzung des Gebäudes eine neue Prognose der voraussichtlichen Nutzungsdauer, die die bisher angenommene Nutzungsdauer unterschreitet, so ist der Restbuchwert auf die Restnutzungsdauer zu verteilen. Verlängert sich die Nutzungsdauer, so ist eine Anpassung bis zu den nach § 7 Abs. 4 Satz 1 EStG zugrunde gelegten Nutzungsdauern vorzunehmen.[4]

413–420 *(Einstweilen frei)*

---

1 Vgl. *Pfirrmann* in Kirchhof, § 7 EStG Rz. 89.
2 Vgl. *Kulosa* in Schmidt, § 7 EStG Rz. 208.
3 Vgl. BFH v. 22.4.2013 – IX B 181/12, BFH/NV 2013, 1267 = NWB DokID: DAAAE-39293; zu den Anforderungen an eine Glaubhaftmachung der technischen oder wirtschaftlichen Umstände vgl. HHR/*Anzinger*, § 7 EStG Anm. 306.
4 Vgl. *Pfirrmann* in Kirchhof, § 7 EStG Rz. 90.

d) Nachträgliche Anschaffungs- oder Herstellungskosten und Minderung der AfA-Bemessungsgrundlage

Im Anschluss an nachträgliche AK/HK bemisst sich die weitere AfA in den Fällen des Abs. 4 Satz 1 (typisierte Nutzungsdauer) nach der bisherigen Bemessungsgrundlage zuzüglich der nachträglichen AK/HK, die so zu berücksichtigen sind, als wären sie zu Beginn des Jahres aufgewendet worden.[1]

421

Bisherige Bemessungsgrundlage

+ nachträgliche AK/HK

= neue AfA-Bemessungsgrundlage

Der bisherige AfA-Satz ist weiter zugrunde zu legen. Dadurch kommt es zu einer verlängerten Abschreibungsdauer. Ist die tatsächliche Nutzungsdauer geringer, besteht die Möglichkeit der Verteilung des um die nachträglichen AK/HK erhöhten Restwerts auf die tatsächliche Restnutzungsdauer.[2] Das gilt auch, wenn die nachträglichen AK/HK erst anfallen, wenn das ursprüngliche AfA-Volumen bereits ausgeschöpft ist.[3]

In den Fällen des § 7 Abs. 4 Satz 2 EStG (AfA nach tatsächlicher Nutzungsdauer) bemisst sich die AfA nach dem Buchwert oder Restwert zuzüglich der nachträglichen AK/HK.[4] Grundsätzlich ist die Restnutzungsdauer neu zu schätzen. Aus Vereinfachungsgründen lässt die Finanzverwaltung die Anwendung des bisherigen AfA-Satzes zu.[5] Das kann vorteilhaft sein, wenn sich durch die nachträglichen Kosten die Nutzungsdauer erhöht hat.[6]

422

Die AfA-Bemessungsgrundlage kann sich nachträglich bspw. durch die Übertragung steuerfreier Rücklagen (§ 6b EStG u. R 6.6 EStR) verringern. Der typisierte AfA-Satz nach § 7 Abs. 4 Satz 1 EStG ist dann auf die neue Bemessungsgrundlage anzuwenden. Wurde die AfA nach § 7 Abs. 4 Satz 2 EStG ermittelt, ist der Restwert zu mindern und auf die Restnutzungsdauer zu verteilen.[7] Beim abgehenden Wirtschaftsgut ist die AfA zeitanteilig bis zum Ausscheiden aus dem Betriebsvermögen zu berechnen.

423

(Einstweilen frei) 424–430

e) AfA nach Einlage

Die Einlage erfolgt nach § 6 Abs. 1 Nr. 5 EStG grundsätzlich mit dem Teilwert. Die Einlage wird allerdings höchstens mit den fortgeführten AK/HK bewertet, wenn die Einlage innerhalb eines Dreijahreszeitraums seit Anschaffung oder Herstellung erfolgt. Die Regelung des § 7 Abs. 1 Satz 5 EStG ist auch bei Gebäuden zu beachten (vgl. → Rz. 271 ff.).

431

(Einstweilen frei) 432–435

---

1 BFH v. 20.2.1975 - IV R 241/69, BStBl 1975 II 412 und BFH v. 20.1.1987 - IX R 103/83, BStBl 1987 II 491.
2 BFH v. 7.6.1977 - VIII R 105/73, BStBl 1977 II 606.
3 Vgl. *Kulosa* in Schmidt, § 7 EStG Rz. 133.
4 Vgl. BFH v. 25.11.1970 - I R 165/67, BStBl 1971 II 142.
5 Vgl. R 7.4 Abs. 9 Satz 2 EStR.
6 Vgl. *Kulosa* in Schmidt, § 7 EStG Rz. 135.
7 Vgl. HHR/*Anzinger*, § 7 EStG Rz. 136.

f) AfaA und Teilwertabschreibung

436 Nach § 7 Abs. 4 Satz 3 EStG ist auch für Gebäude eine AfaA zulässig. Zu den Voraussetzungen einer AfaA vgl. → Rz. 301 ff. Nach § 11c Abs. 2 Satz 1 EStG bemessen sich die AfA von dem folgenden Wirtschaftsjahr oder Kalenderjahr an nach den AK/HK des Gebäudes abzüglich des Betrags der Absetzung für außergewöhnliche technische oder wirtschaftliche Abnutzung.

437 Teilwertabschreibung und AfaA haben Gemeinsamkeiten, aber auch wesentliche Unterschiede.

	Teilwertabschreibung	AfaA
Gesetzliche Grundlagen	§ 6 Abs. 1 Satz 1 Nr. 1 Satz 2 EStG	§ 7 Abs. 1 Satz 7 EStG § 7 Abs. 4 Satz 3 EStG
zulässige Einkunftsarten	Gewinneinkünfte, Gewinnermittlung durch Bestandsvergleich	alle Einkunftsarten
Art der Wirtschaftsgüter	abnutzbare WG des Anlagevermögens und andere WG des Betriebs (Grund und Boden, Beteiligungen, Umlaufvermögen)	alle abnutzbaren WG, gleichgültig, ob es sich um materielle oder immaterielle, bewegliche oder unbewegliche WG handelt
Voraussetzungen	voraussichtlich dauernde Wertminderung	Außergewöhnliche technische oder wirtschaftliche Abnutzung
Steuerliches Wahlrecht?	ja	ja
Mögliche Höhe der Teilwertabschreibung bzw. AfaA	Differenz zwischen Restbuchwert und niedrigerem Teilwert	Teil des Rest(buch)werts, der bei wirtschaftlicher Abnutzung den Substanzverlust repräsentiert bzw. bei technischer Abnutzung die Verminderung der Nutzungsmöglichkeit beinhaltet
Wertaufholung zwingend?	ja: nach § 6 Abs. 1 Nr. 1 Satz 4 EStG, § 6 Abs. 1 Nr. 2 Satz 3 EStG	ja: aber nur bei Gewinneinkünften und Gewinnermittlung nach § 4 Abs. 1 EStG, § 5 EStG
Gründe für eine Wertaufholung	Werterhöhung bzw. Wegfall der voraussichtlich dauernden Wertminderung	Wegfall des konkreten Grundes für die vorgenommene AfaA

Quelle: *Schoor*, BBK 2018, 352, abgeändert.

438 Im Hinblick auf die Voraussetzungen zur Teilwertabschreibung von Gebäuden nach § 6 Abs. 1 Nr. 1 Satz 2 EStG ist auf KKB/Teschke/C. Kraft, § 6 Rz. 66 EStG zu verweisen. Die Teilwertabschreibung führt ebenfalls zu einer Verringerung der Bemessungsgrundlage (§ 11c Abs. 2 Satz 2 EStDV).

Wird eine Zuschreibung nach § 7 Abs. 4 Satz 3 EStG i.V. m. § 7 Abs. 1 Satz 7 EStG oder eine Wertaufholung nach § 6 Abs. 1 Nr. 1 Satz 4 EStG vorgenommen, erhöht sich die Bemessungsgrundlage für die AfA von dem folgenden Wirtschaftsjahr oder Kalenderjahr an um den Betrag der Zuschreibung oder Wertaufholung.

(Einstweilen frei)

2. Stufen-degressive Gebäude-AfA

a) Anwendungsbereich

Die stufendegressive Abschreibung betrifft Gebäude, die in einem Mitgliedstaat der Europäischen Union oder einem anderen Staat belegen sind, nachdem das Abkommen über den Europäischen Wirtschaftsraum angewendet wird.

In den Anwendungsbereich fallen Gebäude, die vom Stpfl. hergestellt oder bis zum Ende des Jahres der Fertigstellung angeschafft worden sind, wobei vom Hersteller für das veräußerte Gebäude weder AfA nach § 7 Abs. 1 EStG vorgenommen noch erhöhte Absetzungen oder Sonderabschreibungen in Anspruch genommen worden sind (§ 7 Abs. 5 Satz 2 EStG). Die Regelung ist daher auf Neubauten begrenzt.[1] Die Beschränkung auf im Inland belegene Gebäude wurde aufgrund eines durch den EuGH erkannten Verstoßes gegen die Kapitalverkehrsfreiheit aufgegeben,[2] so dass ab 2010 mit Rückwirkung für die noch offenen Fälle auch Gebäude aus anderen EU-/EWR-Staaten nach § 7 Abs. 5 EStG abgeschrieben werden können.

Die AfA nach § 7 Abs. 5 EStG betrifft sowohl Gebäude, die zu einem Betriebsvermögen gehören, als auch andere Gebäude, die Wohnzwecken dienen.

Im Fall der Anschaffung des Gebäudes kann die stufendegressive AfA nur in Anspruch genommen werden, wenn der Hersteller für das veräußerte Gebäude keine stufen-degressive AfA, keine erhöhten Absetzungen oder Sonderabschreibungen in Anspruch genommen hat (§ 7 Abs. 5 Satz 2 EStG).[3]

Die Norm, die auslaufendes Recht darstellt, legt unterschiedliche Zeiträume der Herstellung oder Anschaffung zugrunde, die zum einen den Förderungszweck, zum anderen die fiskalische Begrenzung widerspiegeln. Im Herstellungsfall wird an den Zeitpunkt der Stellung des Bauantrags angeknüpft, während im Anschaffungsfall auf den Zeitpunkt des rechtswirksam abgeschlossenen obligatorischen Vertrags abgestellt wird. Bauantrag ist der nach den jeweiligen landesrechtlichen Normen vorgeschriebene formelle Antrag, der das Erteilen einer Baugenehmigung zum Gegenstand hat.[4] Bei Fehlen eines Bauantrags kommt es auf den Zeitpunkt an, in dem die betreffenden Bauunterlagen bei der zuständigen Behörde eingegangen sind.[5]

(Einstweilen frei)

---

1 Vgl. BFH v. 25. 5. 2004 - VIII R 6/01, BStBl 2004 II 783.
2 Vgl. EuGH v. 15. 10. 2009 - C-35/08, Slg 2009 I - 9807, *Busley und Cibrian Fernandez*, NWB DokID: BAAAD-33047; Vorabentscheidungsersuchen des FG Baden-Württemberg v. 22. 1. 2008 - 6 K 234/07.
3 Zu anderen Konstellationen, in denen die doppelte Begünstigung ausgeschlossen werden soll, vgl. *Pfirrmann* in Kirchhof, § 7 EStG Rz. 95 in der 14. Aufl.
4 Vgl. FG Münster v. 10. 1. 2008 - 1 K 4890/04 G, F, EFG 2008, 934.
5 Vgl. FG Berlin-Brandenburg v. 16. 2. 2012 - 7 K 7063/09, EFG 2012, 1242, rkr.

b) Staffelsätze

456 Die AfA nach § 7 Abs. 5 EStG unterscheidet sich deutlich von der geometrisch-degressiven Abschreibung nach § 7 Abs. 2 EStG. § 7 Abs. 5 EStG legt je nach Gebäudeart und Investitionszeitpunkt feste fallende Abschreibungsprozentsätze zugrunde. Diese sind bezogen auf die AK/HK, so dass die Degression im Unterschied zur geometrisch-degressiven AfA über die gestaffelten Prozentsätze bei konstanter Bemessungsgrundlage zustande kommt.

Abs. 5 Satz 3 bringt zum Ausdruck, dass die stufendegressive AfA nicht zeitanteilig, sondern ausschließlich als Jahres-AfA geltend gemacht wird.

TAB.					
Gebäude, die zum Betriebsvermögen gehören, soweit sie nicht Wohnzwecken dienen Bauantrag/ obligatorischer Vertrag vor dem 1.1.1994	**Andere Gebäude** Bauantrag/ obligatorischer Vertrag vor dem 1.1.1995	**Andere Gebäude, die Wohnzwecken dienen** Bauantrag/obligatorischer Vertrag			
		zwischen 1.3.1989 und 31.12.1995	zwischen 1.1.1996 und 31.12.2003	nach dem 31.12.2003 und vor dem 31.12.2006	
Im Jahr der Fertigstellung/Anschaffung und in den folgenden					
3 Jahren je 10 %	7 Jahren je 5 %	3 Jahren je 7 %	7 Jahren je 5 %	9 Jahren je 4 %	
in den darauffolgenden 3 Jahren je 5 %	6 Jahren je 2,5 %	6 Jahren je 5 %	6 Jahren je 2,5 %	8 Jahren je 2,5 %	
In den darauffolgenden 18 Jahren je 2,5 %	36 Jahren je 1,25 %	6 Jahren je 2 % 24 Jahren je 1,25 %	36 Jahren je 1,25 %	32 Jahren je 1,25 %	

457–465 *(Einstweilen frei)*

c) Wahlrecht

466 § 7 Abs. 5 EStG gewährte ein Wahlrecht, anstelle der AfA nach Abs. 4 die festen fallenden AfA-Prozentsätze von der Bemessungsgrundlage in Anspruch zu nehmen. Zulässig sind nur die in der Norm vorgeschriebenen Staffelsätze. Durch nachträgliche AK/HK verändert sich der Prozentsatz nicht. In solchen Fällen verbleibt am Ende des Abschreibungszeitraums ein Restwert, der nach § 7 Abs. 4 Satz 1 EStG abzusetzen ist.[1] Besteht ein Gebäude aus selbständigen Gebäudeteilen, sind für die einzelnen Gebäudeteile unterschiedliche AfA-Methoden und AfA-Sätze zulässig.

---

1 Vgl. *Pfirrmann* in Kirchhof, § 7 EStG Rz. 102 in der 14. Aufl.

Das Wahlrecht des § 7 Abs. 5 EStG ist nicht reversibel. Der Stpfl. ist an die ursprüngliche Wahl gebunden und kann nicht von der stufen-degressiven AfA zur linearen AfA übergehen.[1] Auch der umgekehrte Weg ist nicht zulässig.[2]

(Einstweilen frei)   468–470

d) Nachträgliche Anschaffungs- oder Herstellungskosten

Fallen nachträgliche AK/HK an, so bemisst sich die AfA gemäß § 7 Abs. 5 EStG nach der bisherigen Bemessungsgrundlage zuzüglich der nachträglichen Kosten.

(Einstweilen frei)   472–480

3. AfA auf selbständige Gebäudeteile (§ 7 Abs. 5a EStG)

Die Regelung dient vor allem der Klarstellung.[3] Die die Gebäudeabschreibung regelnden Abs. 4 u. 5 sind nach Abs. 5a auf selbständige Gebäudeteile, Eigentumswohnungen und auf in Teileigentum stehende Räume entsprechend anzuwenden. Für die Gebäude-AfA gelten die in einem unterschiedlichen Nutzungs- und Funktionszusammenhang stehenden Gebäudeteile als selbständige Wirtschaftsgüter; das gilt ohnehin für Wohnungseigentum und Teileigentum.

Selbständige Gebäudeteile sind Mietereinbauten und -umbauten, die keine Scheinbestandteile oder Betriebsvorrichtungen sind, Ladeneinbauten und ähnliche Einbauten (R 4.2 Abs. 3 Satz 3 Nr. 3 EStR) sowie sonstige selbständige Gebäudeteile i. S. d. R 4.2 Abs. 3 Satz 3 Nr. 5 EStR. Zur Abgrenzung gegenüber unselbständigen Gebäudeteilen vgl. → Rz. 387 ff. Bewegliche oder immaterielle Wirtschaftsgüter fallen nicht unter § 7 Abs. 5a EStG.

(Einstweilen frei)   483–490

4. AfA im Anschluss an nachträgliche Herstellungskosten

Bei nachträglichen HK für Wirtschaftsgüter, die nach § 7 Abs. 4 Satz 2 EStG abgeschrieben werden, ist die Restnutzungsdauer unter Berücksichtigung des Zustands des Wirtschaftsguts im Zeitpunkt der Beendigung der nachträglichen Herstellungsarbeiten neu zu schätzen. Aus Vereinfachungsgründen ist es nicht zu beanstanden, wenn die weitere AfA nach dem bisher angewandten Prozentsatz bemessen wird.

Bei der Bemessung der AfA für das Jahr der Entstehung von nachträglichen AK/HK sind diese so zu berücksichtigen, als wären sie zu Beginn des Jahres aufgewendet worden. Ist durch die nachträglichen Herstellungsarbeiten ein anderes Wirtschaftsgut entstanden, ist die weitere AfA nach § 7 Abs. 4 Satz 2 EStG und der voraussichtlichen Nutzungsdauer des anderen Wirtschaftsguts oder nach § 7 Abs. 4 Satz 1 EStG zu bemessen.

(Einstweilen frei)   493–500

---

[1] Vgl. BFH v. 29.5.2018 - IX R 33/16, BB 2018, 1905 m. Anm. *Stark*.
[2] Zu den Ausnahmen vgl. *Pfirrmann* in Kirchhof, § 7 EStG Rz. 105 in der 14. Aufl.
[3] Vgl. *Pfirrmann* in Kirchhof, § 7 EStG Rz. 106.

III. Absetzung für Substanzverringerung (AfS) (§ 7 Abs. 6 EStG)

1. Anwendungsbereich

501 Bei Bergbauunternehmen, Steinbrüchen und anderen Betrieben, die einen Verbrauch der Substanz mit sich bringen, gelten ebenfalls die Grundsätze der AfA nach § 7 Abs. 1 EStG. Zulässig sind dabei aber auch Absetzungen nach Maßgabe des Substanzverzehrs (Absetzung für Substanzverringerung, AfS).[1] Die Norm zielt auf eine adäquate Verteilung des Aufwands für Bodenschätze auf den Zeitraum ihrer Nutzung.[2] Das BbergG definiert Bodenschätze als alle mineralischen Rohstoffe in festem oder flüssigem Zustand außer Wasser und Gasen, die in natürlichen Ablagerungen oder Ansammlungen in oder auf der Erde oder auf dem Meeresgrund, im Meeresuntergrund und im Wasser vorkommen.[3] In Betracht kommen Bodenschätze, deren Substanz sich durch Abbau mengenmäßig verringert. Das sind Kohle-, Mineral-, Lehm-, Kies-, Torf- und Mergelvorkommen sowie Erdöl- und Erdgasvorräte. Dazu rechnen auch Abbauberechtigungen und sonstige Gewinnungsrechte als immaterielle Wirtschaftsgüter, die sich durch die Inanspruchnahme ebenfalls in ihrer Substanz vermindern. Abzugrenzen sind Quellwasservorkommen, die sich laufend ergänzen,[4] und vergleichbare regenerative Güter. Unter § 7 Abs. 6 EStG einzuordnen sind wohl Wasservorräte, die sich durch Entnahmen verbrauchen.[5]

502 § 7 Abs. 6 EStG gilt sowohl für die Gewinneinkünfte als auch für die Überschusseinkünfte. Nicht der AfS zugänglich sind Wirtschaftsgüter, die zum Abbau der Bodenschätze benötigt werden. AfS setzen ein abschreibungsfähiges Wirtschaftsgut voraus, das bei Bodenschätzen erst dann vorliegt, wenn der Grundeigentümer oder der Berechtigte Maßnahmen ergriffen hat, das Aufkommen in den Verkehr zu bringen.[6]

503–505 *(Einstweilen frei)*

2. Bodenschatz als Wirtschaftsgut

506 Erst mit der nachhaltigen Nutzung des Bodenschatzes entsteht das eigenständige Wirtschaftsgut. Dazu ist es notwendig, dass die erforderlichen behördlichen Genehmigungen vorliegen, die sich auf die Ausbeutung eines bestimmten Bodenschatzes beziehen. Wird ein bodenschatzführendes Grundstück veräußert, entsteht der Bodenschatz in der Sphäre des Veräußerers, dem neben dem Kaufpreis für den Grund und Boden ein besonderes Entgelt für den Bodenschatz gezahlt wird. Bei Veräußerung eines bodenschatzführenden Grundstücks zu einem einheitlichen Entgelt ist die Aufteilung des Kaufpreises auf den Grund und Boden einerseits und auf den Bodenschatz andererseits erforderlich. Die Einlage eines bodenschatzführenden Grundstücks tritt zur Entstehung des Wirtschaftsguts Bodenschatz im Zeitpunkt der Einlage. Wird der Bodenschatz auf einem dem Stpfl. gehörenden Grundstück entdeckt, liegen keine Anschaffungskosten vor, so dass eine AfS entfällt (vgl. § 11d Abs. 2 EStG).

---

1 Zur substanzbedingten Wertminderung vgl. grundlegend *Großmann*, 1930, 35 ff.
2 Vgl. BFH v. 13. 9. 1988 - VIII R 236/81, BStBl 1989 II 37.
3 Vgl. § 3 Abs. 1 BbergG v. 13. 8. 1980, BGBl 1980 I 1314.
4 Vgl. BFH v. 30. 10. 1967 - VI 331/64, BStBl 1968 II 30.
5 Vgl. *Kulosa* in Schmidt, § 7 EStG Rz. 224.
6 Vgl. BFH v. 4. 12. 2006 - GrS 1/05, BStBl 2007 II 508 (514); BFH v. 24. 1. 2008 - IV R 45/05, BStBl 2009 II 449.

Wird der Wert des Grund und Bodens infolge des Abbaus des Bodenschatzes verringert, kommt eine Teilwertabschreibung in Betracht.[1] Es ist streitig, ob eine AfaA auch bei nicht abnutzbaren Wirtschaftsgütern zulässig ist, denn § 7 Abs. 1 Satz 7 EStG ist eingeordnet in § 7 Abs. 1 EStG, der im Einleitungssatz auf abnutzbare Wirtschaftsgüter abstellt. Gegebenenfalls ist zu prüfen, ob neben dem Grund und Boden und dem Bodenschatz ein drittes Wirtschaftsgut „Deckschicht" entsteht. 507

Ein im Privatvermögen entdecktes Kiesvorkommen ist bei Zuführung zum Betriebsvermögen nach § 6 Abs. 1 Nr. 5 Satz 1 1. Halbsatz EStG mit dem Teilwert anzusetzen. Wird das Kiesvorkommen abgebaut, dürfen Absetzungen für Substanzverringerung nicht vorgenommen werden.[2]

(Einstweilen frei) 508–515

3. Bemessung der AfS

Bemessungsgrundlage der AfS bilden die Anschaffungskosten oder entsprechende Hilfswerte nach Einlage, Entnahme, Nutzungsänderung oder nach dem Übergang zur Buchführung. Die AfS bemisst sich nach dem Verhältnis der im Wirtschaftsjahr/Kalenderjahr abgebauten oder geförderten Menge zur ursprünglich geschätzten Abbau- oder Fördermenge:[3] 516

$$\text{AfS} = \frac{\text{Anschaffungskosten} \times \text{tatsächlich geförderte Menge}}{\text{geschätzte Gesamtmenge der Substanz}}$$

Die AfS beginnt, wenn der Bodenschatzabbau einsetzt. AfS, die unterblieben sind, um dadurch unberechtigte Steuervorteile zu erlangen, dürfen nicht nachgeholt werden (R 7.5 Satz 4 EStR 2012). In sonstigen Fällen dürfen unterbliebene AfS nachgeholt werden. Dabei werden die unterbliebenen AfS in gleichen Beträgen auf die restliche Nutzungsdauer verteilt.[4] Die Schätzung hat das abbauwürdige Vorkommen zu bestimmen. Außer Betracht bleibt deshalb das Vorkommen, das wegen wirtschaftlicher technischer geologischer oder sonstiger Gründe nicht gewinnbar ist. Nur selten wird die Schätzung der Substanz zutreffend sein. Wird die Schätzung korrigiert, ist die AfS unter Berücksichtigung der neu geschätzten Substanz zu berechnen.[5] 517

$$\text{AfS} = \frac{\text{Restbuchwert} \times \text{tatsächlich geförderte Menge}}{\text{neu geschätzte Restmenge}}$$

Eine Neuschätzung der abbaufähigen Substanz führt nicht zur Aufstockung des AfS-Volumens, da die Anschaffungskosten als Bemessungsgrundlage unverändert bleiben. 518

(Einstweilen frei) 519–525

---

[1] Ggf. auch AfaA, vgl. *Kulosa* in Schmidt, § 7 EStG Rz. 225 und 120; ebenso *Grube*, DB 2006, 63.
[2] Vgl. BFH v. 4.12.2006 - GrS 1/05, BStBl 2007 II 508 und *Marx*, StuB 2012, 291 - 296; BFH, v. 4.2.2016 - IV R 46/12, BFH/NV 2016, 816, auch keine AfS bei Überlassung an Dritte zur Substanzausbeute.
[3] Vgl. *Stuhrmann* in Bordewin/Brandt/Bode, § 7 EStG Rz. 258.
[4] Vgl. BFH v. 21.2.1967 - VI R 145/66, BStBl 1967 III 460.
[5] Vgl. *Brandis* in Blümich, § 7 EStG Rz. 609.

4. AfS, AfaA und Teilwertabschreibung

526 Die Absetzung für außergewöhnliche technische oder wirtschaftliche Abnutzung nach § 7 Abs. 1 Satz 7 EStG gilt für sämtliche Wirtschaftsgüter und daher auch für Bodenschätze. Die außergewöhnliche Abnutzung liegt bei einer außergewöhnlichen Substanzverringerung vor, die technische Ursachen haben kann. Auch eine Teilwertabschreibung nach § 6 Abs. 1 Nr. 1 Satz 2 ist möglich. Eine wirtschaftliche Verschlechterung der Substanz ist ein Anwendungsfall für eine AfaA. Ein im eigenen Grund und Boden entdecktes und damit unentgeltlich und originär im Privatvermögen erworbenes Kiesvorkommen ist mit dem Teilwert in den Betrieb einzulegen.[1] Nach dem Beschluss des Großen Senats des BFH v. 4. 12. 2006 sind Absetzungen für Substanzverringerung unzulässig. Auch abbaubedingte Teilwertabschreibungen sind unzulässig.[2]

527–540 *(Einstweilen frei)*

C. Verfahrensfragen

I. Allgemeines

541 § 7 Abs. 1 Satz 1 EStG verpflichtet den Steuerpflichtigen, eine AfA geltend zu machen. Ein diesbezügliches Wahlrecht existiert nicht, so dass es auch in Verlustjahren eine Verpflichtung zur Vornahme von AfA gibt.[3] Allerdings steht dem Stpfl. ein Wahlrecht hinsichtlich der anzuwendenden Abschreibungsmethode zu. Die Feststellung der persönlichen AfA-Berechtigung und die Entscheidung über die Vornahme der AfA sind in dem Verfahren zu treffen, das der Ermittlung der Einkünfte dient (Veranlagungs-/Feststellungsverfahren). Widersprechende Entscheidungen der Finanzämter, die den Eigentümer und einen Dritten betreffen, sind möglich.

542 Als steuermindernde Tatsache trifft den Steuerpflichtigen, der nach § 90 AO zur Mitwirkung bei der Ermittlung des Sachverhalts verpflichtet ist, die objektive Darlegungs- und Beweislast (Feststellungslast) für die AfA. Steuermindernde Tatsachen muss er vortragen, entsprechende Nachweise führen und Aufzeichnungspflichten erfüllen.[4] Die Schätzung der betriebsgewöhnlichen Nutzungsdauer hat der Stpfl. vorzunehmen (Abs. 1 Satz 2; Abs. 4 Satz 2). Zur Nutzung und Abweichung von den amtlichen AfA-Tabellen vgl. → Rz. 202 ff.

543 Im Verlauf der Nutzungsdauer ist abschnittsbezogen, d. h. ohne Bindung an die Vorjahre jeweils neu zu entscheiden.

544 § 5b EStG schreibt die elektronische Übermittlung des Inhalts der Bilanz, der Gewinn- und Verlustrechnung sowie einer ggf. notwendigen Überleitungsrechnung an die Finanzverwaltung („E-Bilanz") vor.[5] Gemäß § 51 Abs. 4 Nr. 1b EStG ist das BMF in Übereinstimmung mit den obersten Finanzbehörden der Länder ermächtigt, durch BMF-Schreiben den Mindestumfang der zu übermittelnden Bilanz und der GuV (sog. Mussfelder) zu bestimmen. Die Positionen in den Ebenen unter „Abschreibungen auf immaterielle Vermögensgegenstände des Anlagever-

---

[1] Vgl. BFH v. 22. 8. 2007 - III R 8/98 NV, DStR 2007, 2311 = NWB DokID: KAAAC-63844.
[2] Vgl. Großer Senat unter C II 2c, dd; vgl. auch *Kanzler*, DStR 2007, 1106, zu Gestaltungsüberlegungen.
[3] BFH v. 21. 6. 2006 - IX R 49/05, BStBl 2006 II 712; BFH v. 8. 4. 2008 - VIII R 64/06, BFH/NV 2008, 1660 = NWB DokID: WAAAC-87366; BFH v. 22. 6. 2010 - VIII R 3/08, BStBl 2010 II 1035.
[4] Vgl. *Grube*, FR 2011, 636.
[5] Vgl. *Briesemeister* in Prinz/Kanzler, Handbuch Bilanzsteuerrecht, 1260 ff.

mögens und Sachanlagen" können ohne Wert (NIL-Wert) übermittelt werden, wenn der Datensatz die Angaben in einem freiwillig übermittelten Anlagespiegel im XBRL-Format enthält.[1]

(Einstweilen frei) 545–550

II. Nachholung unterlassener AfA

Grundsätzlich darf eine unterlassene AfA in einem späteren VZ nachgeholt werden.[2] Dies gilt im Bereich der Gewinnermittlungseinkünfte und ist hier gestützt auf den Grundsatz des Bilanzenzusammenhangs. Für den Bereich der Überschusseinkünfte gilt dies ebenso im Sinne einer Gleichbehandlung. Eine Nachholung ist bei versehentlich unterlassener oder zu gering geschätzter AfA möglich. Dann wird der verbleibende Wert auf die Restnutzungsdauer aufgeteilt.[3] 551

Eine Nachholung ist allerdings ausgeschlossen, wenn der Stpfl. willkürlich gehandelt hat, um steuerliche Vorteile zu erreichen.[4] Die Verteilung des Restwerts auf die Restnutzungsdauer ist damit ebenso ausgeschlossen wie eine AfaA oder eine Teilwert-Abschreibung.[5] Eine Nachholung ist ebenfalls in den Fällen ausgeschlossen, in denen das Wirtschaftsgut bislang nicht bilanziert wurde und erst später eingebucht wird.[6] Wird die Nachholung verwehrt, ist die unterbliebene AfA steuerlich bedeutungslos. Das heißt, sie wird unter Durchbrechung des Bilanzenzusammenhangs erfolgsneutral vom Buchwert abgesetzt und bleibt steuerunwirksam. 552

(Einstweilen frei) 553–560

III. Korrektur überhöhter AfA

In den Fällen der § 7 Abs. 1, Abs. 2, § 7 Abs. 4 Satz 2 EStG ist der Restbuchwert auf die Restnutzungsdauer zu verteilen. In den Fällen des § 7 Abs. 4 Satz 1 u. Abs. 5 EStG sind die vorgeschriebenen AfA-Sätze auf die bisherige Bemessungsgrundlage bis zur vollen Absetzung anzuwenden. Im Ergebnis kommt es damit zu einer zukünftigen Fehleraufholung.[7] 561

Die Berichtigung zu hoch vorgenommener und verfahrensrechtlich nicht mehr änderbarer AfA ist bei Gebäuden im Privatvermögen in der Weise vorzunehmen, dass die gesetzlich vorgeschriebenen Abschreibungssätze auf die bisherige Bemessungsgrundlage bis zur vollen Absetzung des noch vorhandenen Restbuchwerts angewendet werden.[8] Daraus resultiert eine Verkürzung der AfA-Dauer. Bei anderen Wirtschaftsgütern ist der verbleibende Restbuchwert gleichmäßig auf die verbleibenden Jahre des Nutzungszeitraums zu verteilen.[9] 562

---

1 BMF v. 28. 9. 2011, BStBl 2011 I 855.
2 BFH v. 21. 2. 1967 - VI R 145/66, BStBl 1967 III 460.
3 Vgl. *Stuhrmann* in Bordewin/Brandt/Bode, § 7 EStG Rz. 9.
4 BFH v. 7. 11. 1971 - IV R 181/66, BStBl 1972 II 271; BFH v. 3. 7. 1980 - IV R 31/77, BStBl 1981 II 255; BFH v. 8. 4. 2008 - VIII R 64/06, BFH/NV 2008, 1660 = NWB DokID: WAAAC-87366.
5 Vgl. *Stuhrmann* in Bordewin/Brandt/Bode, § 7 EStG Rz. 9.
6 BFH v. 24. 10. 2001 - X R 153/97, BStBl 2002 II 75; BFH v. 29. 10. 2009 - X B 100/09, BFH/NV 2010, 205 = NWB DokID: FAAAD-34784.
7 Vgl. *Brandis* in Blümich, § 7 EStG Rz. 320.
8 BFH v. 21. 11. 2013 - IX R 12/13, BStBl 2014 II 563; *Trossen*, NWB 2014, 1786.
9 Vgl. FG Niedersachsen v. 22. 5. 2013 - 4 K 185/12, EFG 2013, 1833, rkr.

§ 7a Gemeinsame Vorschriften für erhöhte Absetzungen und Sonderabschreibungen

(1) ¹Werden in dem Zeitraum, in dem bei einem Wirtschaftsgut erhöhte Absetzungen oder Sonderabschreibungen in Anspruch genommen werden können (Begünstigungszeitraum), nachträgliche Herstellungskosten aufgewendet, so bemessen sich vom Jahr der Entstehung der nachträglichen Herstellungskosten an bis zum Ende des Begünstigungszeitraums die Absetzungen für Abnutzung, erhöhten Absetzungen und Sonderabschreibungen nach den um die nachträglichen Herstellungskosten erhöhten Anschaffungs- oder Herstellungskosten. ²Entsprechendes gilt für nachträgliche Anschaffungskosten. ³Werden im Begünstigungszeitraum die Anschaffungs- oder Herstellungskosten eines Wirtschaftsguts nachträglich gemindert, so bemessen sich vom Jahr der Minderung an bis zum Ende des Begünstigungszeitraums die Absetzungen für Abnutzung, erhöhten Absetzungen und Sonderabschreibungen nach den geminderten Anschaffungs- oder Herstellungskosten.

(2) ¹Können bei einem Wirtschaftsgut erhöhte Absetzungen oder Sonderabschreibungen bereits für Anzahlungen auf Anschaffungskosten oder für Teilherstellungskosten in Anspruch genommen werden, so sind die Vorschriften über erhöhte Absetzungen und Sonderabschreibungen mit der Maßgabe anzuwenden, dass an die Stelle der Anschaffungs- oder Herstellungskosten die Anzahlungen auf Anschaffungskosten oder die Teilherstellungskosten und an die Stelle des Jahres der Anschaffung oder Herstellung das Jahr der Anzahlung oder Teilherstellung treten. ²Nach Anschaffung oder Herstellung des Wirtschaftsguts sind erhöhte Absetzungen oder Sonderabschreibungen nur zulässig, soweit sie nicht bereits für Anzahlungen auf Anschaffungskosten oder für Teilherstellungskosten in Anspruch genommen worden sind. ³Anzahlungen auf Anschaffungskosten sind im Zeitpunkt der tatsächlichen Zahlung aufgewendet. ⁴Werden Anzahlungen auf Anschaffungskosten durch Hingabe eines Wechsels geleistet, so sind sie in dem Zeitpunkt aufgewendet, in dem dem Lieferanten durch Diskontierung oder Einlösung des Wechsels das Geld tatsächlich zufließt. ⁵Entsprechendes gilt, wenn anstelle von Geld ein Scheck hingegeben wird.

(3) Bei Wirtschaftsgütern, bei denen erhöhte Absetzungen in Anspruch genommen werden, müssen in jedem Jahr des Begünstigungszeitraums mindestens Absetzungen in Höhe der Absetzungen für Abnutzung nach § 7 Absatz 1 oder 4 berücksichtigt werden.

(4) Bei Wirtschaftsgütern, bei denen Sonderabschreibungen in Anspruch genommen werden, sind die Absetzungen für Abnutzung nach § 7 Absatz 1 oder 4 vorzunehmen.

(5) Liegen bei einem Wirtschaftsgut die Voraussetzungen für die Inanspruchnahme von erhöhten Absetzungen oder Sonderabschreibungen auf Grund mehrerer Vorschriften vor, so dürfen erhöhte Absetzungen oder Sonderabschreibungen nur auf Grund einer dieser Vorschriften in Anspruch genommen werden.

(6) Erhöhte Absetzungen oder Sonderabschreibungen sind bei der Prüfung, ob die in § 141 Absatz 1 Nummer 4 und 5 der Abgabenordnung bezeichneten Buchführungsgrenzen überschritten sind, nicht zu berücksichtigen.

(7) ¹Ist ein Wirtschaftsgut mehreren Beteiligten zuzurechnen und sind die Voraussetzungen für erhöhte Absetzungen oder Sonderabschreibungen nur bei einzelnen Beteiligten erfüllt, so dürfen die erhöhten Absetzungen und Sonderabschreibungen nur anteilig für diese Beteiligten vorgenommen werden. ²Die erhöhten Absetzungen oder Sonderabschreibungen dürfen

von den Beteiligten, bei denen die Voraussetzungen dafür erfüllt sind, nur einheitlich vorgenommen werden.

(8) ¹Erhöhte Absetzungen oder Sonderabschreibungen sind bei Wirtschaftsgütern, die zu einem Betriebsvermögen gehören, nur zulässig, wenn sie in ein besonderes, laufend zu führendes Verzeichnis aufgenommen werden, das den Tag der Anschaffung oder Herstellung, die Anschaffungs- oder Herstellungskosten, die betriebsgewöhnliche Nutzungsdauer und die Höhe der jährlichen Absetzungen für Abnutzung, erhöhten Absetzungen und Sonderabschreibungen enthält. ²Das Verzeichnis braucht nicht geführt zu werden, wenn diese Angaben aus der Buchführung ersichtlich sind.

(9) Sind für ein Wirtschaftsgut Sonderabschreibungen vorgenommen worden, so bemessen sich nach Ablauf des maßgebenden Begünstigungszeitraums die Absetzungen für Abnutzung bei Gebäuden und bei Wirtschaftsgütern im Sinne des § 7 Absatz 5a nach dem Restwert und dem nach § 7 Absatz 4 unter Berücksichtigung der Restnutzungsdauer maßgebenden Prozentsatz, bei anderen Wirtschaftsgütern nach dem Restwert und der Restnutzungsdauer.

Inhaltsübersicht

	Rz.
A. Allgemeine Erläuterungen	1 - 35
I. Normzweck und wirtschaftliche Bedeutung der Vorschrift	1 - 10
II. Entstehung und Entwicklung der Vorschrift	11 - 15
III. Geltungsbereich	16 - 20
IV. Verhältnis zu anderen Regelungen	21 - 35
B. Systematische Kommentierung	36 - 141
I. Nachträgliche Änderungen der Anschaffungs-/Herstellungskosten im Begünstigungszeitraum (§ 7a Abs. 1 EStG)	36 - 55
1. Berücksichtigung nachträglicher Anschaffungs-/Herstellungskosten (§ 7a Abs. 1 Satz 1 und 2 EStG)	36 - 45
2. Nachträgliche Minderung von Anschaffungs-/Herstellungskosten (§ 7a Abs. 1 Satz 3 EStG)	46 - 55
II. Anzahlungen auf Anschaffungskosten und Teilherstellungskosten (§ 7a Abs. 2 EStG)	56 - 75
1. Berücksichtigung bei den erhöhten Absetzungen oder Sonderabschreibungen	56 - 60
2. Anzahlungen auf Anschaffungskosten	61 - 65
3. Teilherstellungskosten	66 - 75
III. Mindest-AfA (§ 7a Abs. 3 EStG)	76 - 85
IV. Regel-AfA bei Sonderabschreibungen (§ 7a Abs. 4 EStG)	86 - 95
V. Kumulationsverbot (§ 7a Abs. 5 EStG)	96 - 105
VI. Prüfung des Überschreitens der Buchführungsgrenzen (§ 7a Abs. 6 EStG)	106 - 115
VII. Vornahme erhöhter Absetzungen und Sonderabschreibungen bei mehreren Beteiligten (§ 7a Abs. 7 EStG)	116 - 130
VIII. Aufzeichnungspflichten (§ 7a Abs. 8 EStG)	131 - 140
IX. Restwertabschreibung (§ 7a Abs. 9 EStG)	141

A. Allgemeine Erläuterungen

I. Normzweck und wirtschaftliche Bedeutung der Vorschrift

1 § 7a EStG schafft für durch andere Normen begünstigte Wirtschaftsgüter, für die erhöhte Absetzungen und Sonderabschreibungen in einem bestimmten Zeitraum möglich sind, gemeinsame Rahmenbedingungen. Die Norm ist lex generalis und gewährt selbst keine Vergünstigungen.[1] § 7a EStG ist auch auf alle erhöhten Absetzungen und Sonderabschreibungen anzuwenden, die ihre Rechtsgrundlage nicht im EStG haben. Steuervergünstigungen, die nicht als erhöhte Absetzungen oder Sonderabschreibungen gewährt werden (z. B. § 6 Abs. 2, Abs. 2a EStG, §§ 6b, 7g Abs. 1 EStG), fallen **nicht** in den Anwendungsbereich. Auch die degressiven und stufen-degressiven AfA-Verfahren nach § 7 Abs. 2 und 5 EStG gehören **nicht** zu den erhöhten Absetzungen.[2]

2 Die Norm setzt also voraus, dass nach anderen Regelungen Vergünstigungen gewährt werden, wobei den Steuerpflichtigen i. d. R. ein Wahlrecht („können") eingeräumt wird, ob sie die erhöhte Abschreibungsmöglichkeit oder Sonderabschreibung in Anspruch nehmen. Aktuelle Bedeutung haben bei den erhöhten Absetzungen, die anstelle der regulären AfA vorgenommen werden können, derzeit nur noch die §§ 7h und 7i EStG, weil der Begünstigungszeitraum der anderen Begünstigungsnormen in den für die Praxis bedeutsamen Fällen abgelaufen ist. Sonderabschreibungen können neben der regulären AfA in Anspruch genommen werden. Sie gehören zu den Wahlrechten nach § 5 Abs. 1 Satz 1 2. Halbsatz EStG, die unabhängig von der handelsrechtlichen Gewinnermittlung ausgeübt werden können. § 7g Abs. 5 und 6 EStG gewährt eine Sonderabschreibung zur Förderung kleiner und mittlerer Betriebe. Ist die Voraussetzung einer erhöhten Absetzung oder Sonderabschreibung erfüllt und fallen im Begünstigungszeitraum nachträglich Herstellungs- oder Anschaffungskosten an oder werden solche nachträglich gemindert, enthält § 7a EStG abweichende Regelungen zu § 7 EStG.

3 Die AfA vom Jahr der Entstehung nachträglicher Kosten oder vom Jahr der Minderung bemessen sich dann nach den nachträglich erhöhten oder geminderten Herstellungs- oder Anschaffungskosten.

4 § 7a EStG steht im systematischen Zusammenhang mit den §§ 4 ff. und §§ 8 ff. EStG, die die Ermittlung des Gewinns oder des Überschusses der Einnahmen über die Werbungskosten zum Gegenstand haben. Seine Tatbestandsvoraussetzungen sind daher im Sinne der Normen zur Gewinn- und Überschussermittlung zu sehen. Insoweit kann auf die Erläuterungen der zentralen Begriffe Wirtschaftsgut, Anschaffungs- und Herstellungskosten sowie Restnutzungsdauer in den entsprechenden Kommentierungen verwiesen werden.

5–10 (*Einstweilen frei*)

II. Entstehung und Entwicklung der Vorschrift

11 § 7a EStG gilt seit nunmehr über vierzig Jahren inhaltlich nahezu unverändert. Das EStRG 1974 führte § 7a EStG ein.[3] Die letzte inhaltliche Änderung brachte das WoBauFördG[4] durch die Ein-

---

[1] Vgl. *Brandis* in Blümich, § 7a EStG Rz. 1.
[2] BFH v. 24. 11. 1993 - X R 28/93, BStBl 1994 II 322; BFH v. 25. 5. 2004 - VIII R 6/01, BStBl 2004 II 783.
[3] EStRG v. 5. 8. 1974, BGBl 1974 I 1769; BStBl 1974 I 530. Vgl. zur Rechtsentwicklung ausführlich HHR/*Anzinger/Siebenhüter*, § 7a EStG Anm. 2.
[4] Wohnbauförderungsgesetz v. 22. 12. 1989, BGBl 1989 I 2408 = BStBl 1989 I 505.

führung des § 7a Abs. 1 Satz 3 EStG, durch den die nachträgliche Minderung begünstigender Anschaffungs- oder Herstellungskosten geregelt wird. Lediglich redaktioneller Art war die Neufassung der Norm durch die Bekanntmachung des EStG v. 8. 10. 2009.[1] § 7a EStG ist zeitlich nicht begrenzt.[2]

(Einstweilen frei) 12–15

III. Geltungsbereich

Sachlich gilt § 7a EStG für die Bewertung von Wirtschaftsgütern des Betriebs- und Privatvermögens. Die Vorschrift hat deshalb Bedeutung für Gewinn- und Überschusseinkünfte. Der persönliche Geltungsbereich ist auf alle unbeschränkt und beschränkt steuerpflichtigen, natürlichen oder juristischen Personen bezogen.[3] 16

Auch wenn § 7a EStG keine zeitliche Begrenzung enthält, ist seine Anwendbarkeit abhängig von der Existenz von Vergünstigungen gewährenden Normen. Die Zahl der noch wirksamen Regelungen ist in den vergangenen Jahren stark zurückgegangen, was allerdings nicht ausschließt, dass der Gesetzgeber zukünftig wieder verstärkt neue Möglichkeiten zu erhöhten Absetzungen oder Sonderabschreibungen schafft oder ausgelaufene Begünstigungsnormen revitalisiert. 17

(Einstweilen frei) 18–20

IV. Verhältnis zu anderen Regelungen

§ 7a EStG legt die Grundlagen für erhöhte Absetzungen und Sonderabschreibungen und knüpft an die Regelungen der §§ 6, 7 EStG an. Die Vorschrift findet nur Anwendung, soweit die Vergünstigungen gewährenden Normen keine spezielleren Regelungen enthalten. Für die Prüfung der Einkünfteerzielungsabsicht werden erhöhte Absetzungen und Sonderabschreibungen nicht einbezogen, so dass § 7a EStG ebenfalls nicht zu berücksichtigen ist.[4] 21

Für die Überprüfung des Über-/Unterschreitens der Buchführungsgrenzen nach § 141 Abs. 1 Nr. 4 und 5 AO sieht § 7a Abs. 6 EStG die Eliminierung von erhöhten Absetzungen und Sonderabschreibungen vor. 22

§ 7a EStG gilt auch für erhöhte Absetzungen und Sonderabschreibungen in einkommensteuerlichen Nebengesetzen.[5] In Betracht kommen darüber hinaus Sonderabschreibungen zur steuerlichen Erleichterung in Katastrophenfällen, die im Billigkeitswege gem. § 163 AO gewährt werden.[6] 23

(Einstweilen frei) 24–35

---

1 Bekanntmachung der Neufassung des EStG v. 8. 10. 2009, BGBl 2009 I 3366.
2 Vgl. *Bartone* in Korn, § 7a EStG Rz. 2.
3 Vgl. HHR/*Anzinger/Siebenhüter*, § 7a EStG Anm. 2.
4 Vgl. *Bartone* in Korn, § 7a EStG Rz. 3.
5 Vgl. *Brandis* in Blümich, § 7a EStG Rz. 20; R 7a Abs. 1 EStR.
6 Vgl. *Falterbaum u. a.*, Buchführung und Bilanz, 934.

B. Systematische Kommentierung

I. Nachträgliche Änderungen der Anschaffungs-/Herstellungskosten im Begünstigungszeitraum (§ 7a Abs. 1 EStG)

1. Berücksichtigung nachträglicher Anschaffungs-/Herstellungskosten (§ 7a Abs. 1 Satz 1 und 2 EStG)

36 Die Tatbestandsvariante erfasst den Fall, dass der Steuerpflichtige für das hergestellte Wirtschaftsgut, für das er erhöhte Absetzungen oder Sonderabschreibungen in Anspruch nimmt, während des Begünstigungszeitraums weitere Anschaffungs- oder Herstellungskosten aufwendet. Nur unter der Voraussetzung, dass nachträgliche Anschaffungs- oder Herstellungskosten innerhalb dieses Zeitraums anfallen, findet § 7a EStG Anwendung.[1] § 7a Abs. 1 Satz 1 EStG umschreibt den Begünstigungszeitraum als den Zeitraum, „in dem bei einem Wirtschaftsgut erhöhte Absetzungen oder Sonderabschreibungen in Anspruch genommen werden können." Als allgemeine Regelung, die die Gewährung von Vergünstigungen nach anderen gesetzlichen Vorgaben voraussetzt, lassen sich aus § 7a EStG keine konkreten Angaben über das zeitliche Ausmaß einer Vergünstigung entnehmen. Diese ergeben sich vielmehr im Einzelfall aus der Norm, die erhöhte Absetzungen oder Sonderabschreibungen vorsieht.

37 Um nachträgliche Herstellungskosten handelt es sich, wenn auf das bereits hergestellte Wirtschaftsgut weitere Aufwendungen getätigt werden, ohne dass es sich um reinen Erhaltungsaufwand handelt oder diese zur Herstellung eines neuen Wirtschaftsguts führen (zur Abgrenzung von Herstellungs- und Erhaltungsaufwand vgl. Kommentierung zu § 6 EStG). Auch Kosten, die Folge einer Änderung der ursprünglichen Herstellungskosten, etwa durch Nachkalkulation sind, fallen hierunter.[2] Demgegenüber erfasst § 7a Abs. 1 EStG keine nachträglichen Herstellungskosten, die selbständig abgesetzt werden können, wie dies etwa die §§ 7h, 7i EStG ermöglichen.[3] Dabei ist zu beachten, dass keine Verpflichtung zur selbständigen erhöhten Absetzung nach einer Begünstigungsnorm besteht, so dass sich bei Verzicht die Absetzungen nach der allgemeinen Vorschrift des § 7a EStG bemessen.[4] Nachträgliche Anschaffungskosten betreffen Aufwendungen für bereits gelieferte Wirtschaftsgüter. Eine nachträgliche Veränderung der Abschreibungsbasis ergibt sich auch bei der Rückzahlung von bereits gewährten Zuschüssen.

38 Nachträgliche Anschaffungs- oder Herstellungskosten werden nach § 7a Abs. 1 Satz 1 und 2 EStG vom Jahr ihrer Entstehung so berücksichtigt, als wären sie zu Beginn des Jahres aufgewendet worden. Ein Wahlrecht zum zeitanteiligen Ansatz oder zu einer anderweitigen Steuerbemessungsgrundlagenminderung besteht nicht.[5]

39–45 (*Einstweilen frei*)

---

[1] Vgl. *Kulosa* in Schmidt, § 7a EStG Rz. 2.
[2] Vgl. *Kulosa* in Schmidt, § 7a EStG Rz. 2.
[3] Vgl. *Bartone* in Korn, § 7a EStG Rz. 5.
[4] Vgl. HHR/*Anzinger/Siebenhüter*, § 7a EStG Anm. 14.
[5] Vgl. *Kulosa* in Schmidt, § 7a EStG Rz. 2; HHR/*Anzinger/Siebenhüter*, § 7a EStG Anm. 14; *Pfirrmann* in Kirchhof, § 7a Rz. 9.

2. Nachträgliche Minderung von Anschaffungs-/Herstellungskosten (§ 7a Abs. 1 Satz 3 EStG)

Die Verringerung von Anschaffungs-/Herstellungskosten innerhalb des Begünstigungszeitraums wird von § 7a Abs. 1 Satz 3 EStG erfasst und spiegelt die Regelungen des Satzes 1 und 2 wider: Vom Jahr der Minderung bis zum Ende des Begünstigungszeitraums bemessen sich die AfA, erhöhten Absetzungen und Sonderabschreibungen nach den geminderten Anschaffungs- oder Herstellungskosten.[1]

46

Minderungen ergeben sich etwa durch die erfolgreiche Geltendmachung von Gewährleistungsansprüchen, durch Kaufpreisnachlässe, Zuschüsse und überhaupt sämtliche Ermäßigungen der Herstellungs- und Anschaffungskosten.[2]

47

Auch die Übertragung stiller Reserven bei der Veräußerung bestimmter Anlagegegenstände nach § 6b Abs. 1 oder 3 EStG führt zur Minderung der Anschaffungs- oder Herstellungskosten.

48

(*Einstweilen frei*)

49–55

II. Anzahlungen auf Anschaffungskosten und Teilherstellungskosten (§ 7a Abs. 2 EStG)

1. Berücksichtigung bei den erhöhten Absetzungen oder Sonderabschreibungen

Werden in den Begünstigungsnormen bereits Anzahlungen oder Teilherstellungskosten für die erhöhten Absetzungen oder Sonderabschreibungen anerkannt, so treten diese „an die Stelle" der Anschaffungs- oder Herstellungskosten und das Jahr der Anzahlung oder Teilherstellung „an die Stelle" des Jahres der Anschaffung oder Herstellung. Es bedarf also einer expliziten Regelung in der jeweiligen Begünstigungsnorm, mit der der Gesetzgeber zusätzliche Investitionsanreize schaffen will.[3]

56

(*Einstweilen frei*)

57–60

2. Anzahlungen auf Anschaffungskosten

Eine Anzahlung ist eine Teilleistung des Schuldners. Zwar stellt § 266 BGB fest, dass der Schuldner zu Teilleistungen, d. h. zu einer unvollständigen Leistung nicht berechtigt ist. Die Norm ist allerdings abdingbar, so dass zwischen Gläubiger und Schuldner Teilleistungen vereinbart werden können.[4] Die Anzahlung stellt dann die erste Rate eines in mindestens zwei Raten zu zahlenden Kaufpreises dar. Steuerrechtlich sind Anzahlungen Vorleistungen, die in Erfüllung eines zu einem späteren Zeitpunkt noch zu vollziehenden Anschaffungsgeschäfts erbracht werden.[5] Die Berücksichtigung von Anzahlungen nach § 7a EStG setzt voraus, dass sich das Schuldverhältnis auf ein konkretes Wirtschaftsgut bezieht.[6]

61

---

1 Vgl. *Pfirrmann* in Kirchhof, § 7a Rz. 9.
2 BFH v. 16.3.2004 – IX R 46/03, BStBl 2004 II 1046; *Kulosa* in Schmidt, § 7a EStG Rz. 2.
3 Vgl. HHR/*Anzinger/Siebenhüter*, § 7a EStG Anm. 24.
4 Abdingbar, auch konkludent und durch die Natur des Schuldverhältnisses vgl. *Jauernig*, § 266 BGB Rz. 2.
5 BFH v. 2.6.1978 – III R 48/77, BStBl 1978 II 475 und BFH v. 21.11.1980 – III R 19/79, BStBl 1981 II 179.
6 Vgl. *Brandis* in Blümich, § 7a EStG Rz. 42.

62 Nach der MaBV ist der Bauträger ermächtigt, Abschlagszahlungen entsprechend dem Bauablauf anzufordern.[1] Entsprechen die Anzahlungen den in § 3 Abs. 2 MaBV vorgesehenen Teilbeträgen, sind diese zu berücksichtigen. Willkürlich geleistete Zahlungen sind hingegen keine Anzahlungen.[2] **Keine** Anzahlungen sind auch Zahlungen auf ein Treuhand- oder Notaranderkonto.[3]

63–65 (*Einstweilen frei*)

3. Teilherstellungskosten

66 Teilherstellungskosten sind die Aufwendungen, die bis zum Ende des Wirtschaftsjahres durch den Verbrauch von Gütern und die Inanspruchnahme von Diensten für die Herstellung eines Wirtschaftsguts entstanden sind. Es gilt die Definition in § 255 Abs. 2 Satz 1 HGB.[4] Teilherstellungskosten müssen vor dem Kalenderjahr der Fertigstellung (§ 9a EStDV) anfallen. Sie setzen die Bauherreneigenschaft des Steuerpflichtigen voraus.[5] Zu den Teilherstellungskosten eines Gebäudes gehören auch die Aufwendungen für das bis zum Ende des Wirtschaftsjahrs auf der Baustelle angelieferte, aber noch nicht verbaute Baumaterial.[6] Anzahlungen auf Teilherstellungskosten sind nicht begünstigt.[7]

67 Soweit bereits Abschreibungen für Anzahlungen oder Teilherstellungskosten in Anspruch genommen wurden, dürfen insoweit keine erhöhten Absetzungen oder Sonderabschreibungen in Anspruch genommen werden. So soll sichergestellt werden, dass die Objektförderung nur einmal geltend gemacht werden kann.

68–75 (*Einstweilen frei*)

III. Mindest-AfA (§ 7a Abs. 3 EStG)

76 § 7a Abs. 3 EStG befasst sich ausschließlich mit erhöhten Absetzungen. Bei Wirtschaftsgütern, bei denen solche in Anspruch genommen werden, sind in jedem Jahr des Begünstigungszeitraums mindestens Absetzungen in Höhe der Absetzungen für Abnutzung nach § 7 Abs. 1 oder 4 EStG zu berücksichtigen. Der AfA-Betrag muss also zumindest der linearen AfA entsprechen (sog. Mindest-AfA), wobei die Vorschrift keine eigenständige AfA-Regelung schafft, sondern die jeweiligen Voraussetzungen erfüllt sein müssen (Rechtsgrundverweisung).[8] Die Absetzungen sind „in jedem Jahr" des Begünstigungszeitraums in Höhe der Mindest-AfA in Anspruch zu nehmen.[9] Fehlt eine Regel-AfA ist Abs. 3 ohne Relevanz.[10] Die Regelung schränkt die Gestaltungsmöglichkeiten bei der Inanspruchnahme der Vergünstigungen ein.

---

1 Verordnung über die Pflichten der Makler, Darlehensvermittler, Bauträger und Baubetreuer (Makler- und Bauträgerverordnung – MaBV): in der Fassung der Bekanntmachung v. 7.11.1990, BGBl 1990 I 2479, zuletzt geändert durch Art. 2 VO zur Einführung einer FinanzanlagenvermittlungsVO v. 2.5.2012, BGBl 2012 I 1006.
2 BFH v. 3.2.1987 - IX R 85/85, BStBl 1987 II 492.
3 Vgl. R 7a Abs. 5 Satz 9 EStR mit weiteren Details.
4 BFH v. 15.11.1985 - III R 110/80, BStBl 1986 II 367.
5 Vgl. *Brandis* in Blümich, § 7a EStG Rz. 46.
6 Vgl. R 7a Abs. 6 Satz 1 EStR.
7 BFH v. 10.3.1982 - I R 75/79, BStBl 1982 II 426.
8 Vgl. HHR/*Anzinger/Siebenhüter*, § 7a EStG Anm. 34; Pfirrmann in Kirchhof, § 7a Rz. 16.
9 Vgl. HHR/*Anzinger/Siebenhüter*, § 7a EStG Anm. 34.
10 Vgl. *Brandis* in Blümich, § 7a EStG Rz. 50.

Nur ausnahmsweise darf der Betrag der linearen AfA unterschritten werden, wenn aufgrund   77
von Sonderbestimmungen wegen erhöhter Absetzungen zu Beginn des Abschreibungszeitraums kein ausreichendes Abschreibungsvolumen mehr verbleibt.[1]

(Einstweilen frei) 78–85

IV. Regel-AfA bei Sonderabschreibungen (§ 7a Abs. 4 EStG)

§ 7a Abs. 4 EStG betrifft ausschließlich die Fälle der Inanspruchnahme von Sonderabschreibungen. Die Norm schließt die degressiven AfA-Methoden nach § 7a Abs. 2 und 5 EStG aus, wenn der Steuerpflichtige Sonderabschreibungen in Anspruch nimmt. Möglich ist aber eine Spezialregelung, nach der neben der Sonderabschreibung auch die degressive AfA zulässig ist (so als Ausnahme geregelt in § 7g Abs. 5 EStG). Aus Abs. 4 folgt somit regelmäßig zwingend die Pflicht zum Ansatz der linearen AfA (§ 7a Abs. 1 oder 4 EStG) oder zur Leistungs-AfA (§ 7a Abs. 1 Satz 6 EStG).   86

Aufgrund des Auslaufens der degressiven AfA ab VZ 2011 hat die Norm derzeit keine praktische Bedeutung.[2]   87

(Einstweilen frei) 88–95

V. Kumulationsverbot (§ 7a Abs. 5 EStG)

§ 7a Abs. 5 EStG schließt die Möglichkeit der Inanspruchnahme von erhöhten Absetzungen oder Sonderabschreibungen nach mehreren Vorschriften für ein Wirtschaftsgut aus. Die Möglichkeit der Inanspruchnahme verschiedener Begünstigungen für erhöhte Absetzungen oder Sonderabschreibungen ist durchaus möglich. So konkurrieren bspw. die erhöhten Absetzungen nach §§ 7h und 7i EStG miteinander.   96

Durch das Kumulationsverbot wird die Mehrfachbegünstigung verhindert. Das Verbot zwingt den Steuerpflichtigen also, eine Begünstigung auszuwählen. Die Entscheidung wird in der Bilanz bzw. in der Steuererklärung getroffen und kann bis zur Rechtskraft der Steuerfestsetzung noch geändert werden.[3]   97

Andere Vergünstigungen werden vom sog. Kumulationsverbot hingegen nicht erfasst. So fällt etwa die stufen-degressive AfA gem. § 7 Abs. 5 EStG nicht in den Anwendungsbereich der Norm, da es sich hierbei weder um eine erhöhte Absetzung noch um eine Sonderabschreibung handelt (vgl. § 7 Abs. 5 Satz 2 EStG).[4] Ebenso nicht betroffen ist die Geltendmachung einer AfaA nach § 7 Abs. 1 Satz 7 EStG.[5] Auch wenn aufgrund verschiedener Vorschriften neben der Abschreibungsvergünstigung für das ursprüngliche Wirtschaftsgut eine solche für nachträgliche Anschaffungs- und/oder Herstellungskosten gegeben ist, findet Abs. 5 keine Anwendung.[6]   98

(Einstweilen frei) 99–105

---

1 *Pfirrmann* in Kirchhof, § 7a EStG Rz. 16.
2 Vgl. *Kulosa* in Schmidt, § 7a EStG Rz. 9.
3 Vgl. HHR/*Anzinger/Siebenhüter*, § 7a EStG Anm. 48.
4 Die stufen-degressive AfA nach § 7 Abs. 5 EStG ist für Neubauten mit Bauantrag/obligatorischem Vertrag ab 1. 1. 2006 nicht mehr zulässig.
5 Vgl. *Pfirrmann* in Kirchhof, § 7a EStG Rz. 19.
6 *Bartone* in Korn, § 7a EStG Rz. 15; *Pfirrmann* in Kirchhof, § 7a EStG Rz. 20.

VI. Prüfung des Überschreitens der Buchführungsgrenzen (§ 7a Abs. 6 EStG)

106 Gemäß § 141 Abs. 1 Nr. 4 und 5 der AO sind gewerbliche Unternehmer sowie Land- und Forstwirte, die nach den Feststellungen der Finanzbehörde für den einzelnen Betrieb einen Gewinn aus Gewerbebetrieb von mehr als 50 000 € im Wirtschaftjahr (Nr. 4) oder einen Gewinn aus Land- und Forstwirtschaft von mehr als 50 000 € im Kalenderjahr (Nr. 5) ermittelt haben, auch dann verpflichtet, für diesen Betrieb Bücher zu führen und aufgrund jährlicher Bestandsaufnahmen Abschlüsse zu machen, wenn sich eine Buchführungspflicht nicht aus § 140 AO ergibt. Bei der Errechnung des maßgeblichen Gewinns i. S. v. § 141 Abs. 1 Nr. 4 AO bleiben nach § 7a Abs. 6 EStG erhöhte Absetzungen oder Sonderabschreibungen unberücksichtigt. Nur die die Normal-AfA (§ 7 Abs. 1 und 4 EStG) übersteigenden Beträge sind zu eliminieren.[1] Durch diese Regelung soll verhindert werden, dass die Buchführungsverpflichtung allein durch die Inanspruchnahme erhöhter Absetzungen oder Sonderabschreibungen umgangen werden kann.[2] Die Regelung ist auch bei der Prüfung des Weiterbestehens der Buchführungspflicht zu beachten.

107 § 7a Abs. 6 EStG bezieht sich nur auf diejenigen steuerlichen Vergünstigungen, die im Gesetz selbst als erhöhte Absetzungen oder Sonderabschreibungen ausgewiesen sind, nicht dagegen auf andere steuerliche Vergünstigungen, wie etwa die Sofortabschreibung nach § 6 Abs. 2 EStG, die Poolabschreibung nach § 6 Abs. 2a EStG und die steuerfreie Rücklage nach § 6b EStG.[3]

108–115 *(Einstweilen frei)*

VII. Vornahme erhöhter Absetzungen und Sonderabschreibungen bei mehreren Beteiligten (§ 7a Abs. 7 EStG)

116 § 7a Abs. 7 erfasst die Möglichkeit, dass ein Wirtschaftsgut mehreren Beteiligten zuzurechnen ist. Gemeint sind die Fälle von Gesamthandseigentum bei Gesellschaften des Bürgerlichen Rechts, bei OHG und KG, bei Erben- oder Gütergemeinschaften sowie Miteigentum nach Bruchteilen (§§ 741, 1008 BGB) und auch die Fälle des wirtschaftlichen Eigentums i. S. d. § 39 Abs. 1 Nr. 2 AO. Die Norm findet keine Anwendung auf Fälle, bei denen sich die Begünstigung auf die Personengesellschaft/Gemeinschaft bezieht.[4]

117 Sind die Voraussetzungen für erhöhte Absetzungen oder Sonderabschreibungen nur bei einzelnen Beteiligten erfüllt, so dürfen diese nach Satz 1 nur anteilig für die Beteiligten vorgenommen werden. Das kommt bspw. dann in Betracht, wenn die unbeschränkte Steuerpflicht oder die Bauherreneigenschaft nicht bei allen Beteiligten vorliegt.[5] Scheidet ein Gesellschafter nach Durchführung der begünstigten Maßnahme aus der Gesellschaft aus und übernehmen die übrigen Gesellschafter dessen Anteil (Anwachsung), so sind jedem der verbliebe-

---

[1] Vgl. *Brandis* in Blümich, § 7a EStG Rz. 54; AEAO § 141 Nr. 4.
[2] Vgl. *Kulosa* in Schmidt, § 7a EStG Rz. 11. Vgl. dazu auch *Bartone* in Korn, § 7a EStG Rz. 16, m. w. N.; *Pfirrmann* in Kirchhof, § 7a EStG Rz. 21.
[3] Vgl. *Brandis* in Blümich, § 7a EStG Rz. 21; HHR/*Anzinger/Siebenhüter*, § 7a EStG Rz. 12, 54.
[4] Vgl. *Brandis* in Blümich, § 7a EStG Rz. 55.
[5] Vgl. *Bartone* in Korn, § 7a EStG Rz. 17.

nen Gesellschafter nur in Höhe seiner ursprünglichen Beteiligung begünstigte Anschaffungs- oder Herstellungskosten zuzurechnen.[1]

Die Aufteilung der Begünstigung erfolgt grundsätzlich nach dem rechnerischen Anteil am Gesamthandsvermögen oder an der Bruchteilsgemeinschaft.[2] Denkbar ist auch das Abstellen auf eine gegenüber der Vermögensbeteiligung abweichende Finanzierungsbeteiligung des Steuerpflichtigen.[3]

Nach Satz 2 dürfen die erhöhten Absetzungen und Sonderabschreibungen von den Beteiligten, die die Voraussetzungen erfüllen, nur einheitlich in Anspruch genommen werden. Geklärt ist dies nach der Rechtsprechung für die Inanspruchnahme der Höhe nach. Der BFH hat aber die Frage, ob sich dies auch auf die Inanspruchnahme dem Grunde nach bezieht, offengelassen.[4] Hier wird die Ansicht vertreten, dass sich die einheitliche Inanspruchnahme auf beide Bereiche erstreckt.[5]

Daraus folgt, dass eine einheitliche Inanspruchnahme von erhöhten Absetzungen und Sonderabschreibungen auch dann vorgenommen werden muss, wenn sämtliche Beteiligte die Voraussetzungen erfüllen.[6]

(Einstweilen frei)

VIII. Aufzeichnungspflichten (§ 7a Abs. 8 EStG)

Voraussetzung für die Inanspruchnahme von erhöhten Absetzungen oder Sonderabschreibungen ist nach Abs. 8 ein besonderes, laufend zu führendes Verzeichnis mit bestimmten Mindestangaben. Damit schafft § 7a EStG eine aus den Einzelvorschriften nicht unmittelbar erkennbare Begünstigungsvoraussetzung, mit der die Berechtigung und der Umfang der Inanspruchnahme besser überprüft werden soll.[7]

Das Verzeichnis muss den Tag der Anschaffung oder Herstellung, die Anschaffungs- oder Herstellungskosten, die betriebsgewöhnliche Nutzungsdauer und die Höhe der jährlichen Absetzungen für Abnutzung, erhöhten Absetzungen und Sonderabschreibungen ausweisen.

Das Verzeichnis muss erst im Zeitpunkt der Inanspruchnahme der Vergünstigungen angelegt werden.[8] Nach § 7a Satz 2 EStG braucht das Verzeichnis nicht geführt zu werden, wenn sich die Angaben aus der Buchführung ergeben, was regelmäßig der Fall sein dürfte. Werden die Aufzeichnungspflichten im Erstjahr der Inanspruchnahme erfüllt, nicht aber in einem späteren Jahr, führt dies nicht zur rückwirkenden Versagung der Begünstigung.[9]

(Einstweilen frei)

---

[1] BFH v. 17.7.2001 - IX R 50/98, BStBl 2001 II 760.
[2] Vgl. *Brandis* in Blümich, § 7a EStG Rz. 60.
[3] Vgl. HHR/*Anzinger/Siebenhüter*, § 7a EStG Rz. 63; *Brandis* in Blümich, § 7a EStG Rz. 59, *Handzik* in Littmann/Bitz/Pust, § 7a Rz. 56.
[4] Vgl. *Bartone* in Korn, § 7a EStG Rz. 17, mit Hinweis auf BFH v. 13.2.1990 - IX R 102/85, BStBl 1990 II 953.
[5] So auch *Bartone* in Korn, § 7a EStG Rz. 17; *Kulosa* in Schmidt, § 7a EStG Rz. 14; *Brandis* in Blümich, § 7a EStG Rz. 60.
[6] BFH v. 7.8.1986 - IV R 137/83, BStBl 1986 II 910.
[7] Vgl. *Brandis* in Blümich, § 7a EStG Rz. 65.
[8] BFH v. 9.8.1984 - IV R 151/81, BStBl 1985 II 47.
[9] Vgl. *Kulosa* in Schmidt, § 7a EStG Rz. 15.

IX. Restwertabschreibung (§ 7a Abs. 9 EStG)

141 § 7a Abs. 9 EStG gilt nur nach Inanspruchnahme von Sonderabschreibungen, nicht hingegen bei erhöhten Absetzungen, bei denen sich die Restwert-AfA aus den einzelnen Begünstigungsnormen ergibt.[1] Abs. 9 EStG bestimmt, dass nach Inanspruchnahme von Sonderabschreibungen die AfA bei Gebäuden und bei Wirtschaftsgütern i. S. d. § 7 Abs. 5a EStG nach dem Restwert und dem nach § 7 Abs. 4 EStG unter Berücksichtigung der Restnutzungsdauer maßgebenden Prozentsatz zu ermitteln ist. Der Restwert tritt an die Stelle der ursprünglichen Bemessungsgrundlage.[2] Der Betrag ist auf die verbleibende fiktive Nutzungsdauer gleichmäßig zu verteilen.

Bei anderen Wirtschaftsgütern ist in solchen Fällen die AfA nach dem Restwert und der – neu bestimmten – Restnutzungsdauer zu berechnen.

§§ 7b-f (weggefallen)

▶ zur Kommentierung siehe Online-Version, 1. Aufl. 2016.

▶ Mit dem Gesetz zur steuerlichen Förderung des Mietwohnungsneubaus soll ein neuer § 7b EStG eingeführt werden. Das Gesetzgebungsverfahren war bei Drucklegung des Werkes noch nicht abgeschlossen. Eine erste Kommentierung findet sich allerdings in der Online-Fassung des Kommentars unter der NWB DokID: LAAAH-081877.

§ 7g Investitionsabzugsbeträge und Sonderabschreibungen zur Förderung kleiner und mittlerer Betriebe

(1) ¹Stpfl. können für die künftige Anschaffung oder Herstellung von abnutzbaren beweglichen Wirtschaftsgütern des Anlagevermögens, die mindestens bis zum Ende des dem Wirtschaftsjahr der Anschaffung oder Herstellung folgenden Wirtschaftsjahres in einer inländischen Betriebsstätte des Betriebes ausschließlich oder fast ausschließlich betrieblich genutzt werden, bis zu 40 Prozent der voraussichtlichen Anschaffungs- oder Herstellungskosten gewinnmindernd abziehen (Investitionsabzugsbeträge). ²Investitionsabzugsbeträge können nur in Anspruch genommen werden, wenn

1. der Betrieb am Schluss des Wirtschaftsjahres, in dem die Abzüge vorgenommen werden, die folgenden Größenmerkmale nicht überschreitet:

    a) bei Gewerbebetrieben oder der selbständigen Arbeit dienenden Betrieben, die ihren Gewinn nach § 4 Absatz 1 oder § 5 ermitteln, ein Betriebsvermögen von 235 000 Euro;

    b) bei Betrieben der Land- und Forstwirtschaft einen Wirtschaftswert oder einen Ersatzwirtschaftswert von 125 000 Euro oder

---

1 Vgl. *Kulosa* in Schmidt, § 7a EStG Rz. 16.
2 Vgl. *Pfirrmann* in Kirchhof, § 7a EStG Rz. 26, mit Hinweis auf BFH v. 21. 11. 2013 - IX R 12/12, BStBl 2014 II 563.

c) bei Betrieben im Sinne der Buchstaben a und b, die ihren Gewinn nach § 4 Absatz 3 ermitteln, ohne Berücksichtigung der Investitionsabzugsbeträge einen Gewinn von 100 000 Euro;

2. der Stpfl. die Summen der Abzugsbeträge und der nach den Absätzen 2 bis 4 hinzuzurechnenden oder rückgängig zu machenden Beträge nach amtlich vorgeschriebenen Datensätzen durch Datenfernübertragung übermittelt. ²Auf Antrag kann die Finanzbehörde zur Vermeidung unbilliger Härten auf eine elektronische Übermittlung verzichten; § 150 Absatz 8 der Abgabenordnung gilt entsprechend. ³In den Fällen des Satzes 2 müssen sich die Summen der Abzugsbeträge und der nach den Absätzen 2 bis 4 hinzuzurechnenden oder rückgängig zu machenden Beträge aus den beim Finanzamt einzureichenden Unterlagen ergeben.

³Abzugsbeträge können auch dann in Anspruch genommen werden, wenn dadurch ein Verlust entsteht oder sich erhöht. ⁴Die Summe der Beträge, die im Wirtschaftsjahr des Abzugs und in den drei vorangegangenen Wirtschaftsjahren nach Satz 1 insgesamt abgezogen und nicht nach Absatz 2 hinzugerechnet oder nach den Absätzen 3 oder 4 rückgängig gemacht wurden, darf je Betrieb 200 000 Euro nicht übersteigen.

(2) ¹Im Wirtschaftsjahr der Anschaffung oder Herstellung eines begünstigten Wirtschaftsguts können bis zu 40 Prozent der Anschaffungs- oder Herstellungskosten gewinnerhöhend hinzugerechnet werden; die Hinzurechnung darf die Summe der nach Absatz 1 abgezogenen und noch nicht nach den Absätzen 2 bis 4 hinzugerechneten oder rückgängig gemachten Abzugsbeträge nicht übersteigen. ²Die Anschaffungs- oder Herstellungskosten des Wirtschaftsguts können in dem in Satz 1 genannten Wirtschaftsjahr um bis zu 40 Prozent, höchstens jedoch um die Hinzurechnung nach Satz 1, gewinnmindernd herabgesetzt werden; die Bemessungsgrundlage für die Absetzungen für Abnutzung, erhöhten Absetzungen und Sonderabschreibungen sowie die Anschaffungs- oder Herstellungskosten im Sinne von § 6 Absatz 2 und 2a verringern sich entsprechend.

(3) ¹Soweit in Anspruch genommene Investitionsabzugsbeträge nicht bis zum Ende des dritten auf das Wirtschaftsjahr des jeweiligen Abzugs folgenden Wirtschaftsjahres nach Absatz 2 Satz 1 hinzugerechnet wurden, sind die Abzüge nach Absatz 1 rückgängig zu machen; die vorzeitige Rückgängigmachung von Investitionsabzugsbeträgen vor Ablauf der Investitionsfrist ist zulässig. ²Wurde der Gewinn des maßgebenden Wirtschaftsjahres bereits einer Steuerfestsetzung oder einer gesonderten Feststellung zugrunde gelegt, ist der entsprechende Steuer- oder Feststellungsbescheid insoweit zu ändern. ³Das gilt auch dann, wenn der Steuer- oder Feststellungsbescheid bestandskräftig geworden ist; die Festsetzungsfrist endet insoweit nicht, bevor die Festsetzungsfrist für den Veranlagungszeitraum abgelaufen ist, in dem das dritte auf das Wirtschaftsjahr des Abzugs folgende Wirtschaftsjahr endet. ⁴§ 233a Absatz 2a der Abgabenordnung ist nicht anzuwenden.

(4) ¹Wird in den Fällen des Absatzes 2 ein begünstigtes Wirtschaftsgut nicht bis zum Ende des dem Wirtschaftsjahr der Anschaffung oder Herstellung folgenden Wirtschaftsjahres in einer inländischen Betriebsstätte des Betriebes ausschließlich oder fast ausschließlich betrieblich genutzt, sind die Herabsetzung der Anschaffungs- oder Herstellungskosten, die Verringerung der Bemessungsgrundlage und die Hinzurechnung nach Absatz 2 rückgängig zu machen. ²Wurden die Gewinne der maßgebenden Wirtschaftsjahre bereits Steuerfestsetzungen oder gesonderten Feststellungen zugrunde gelegt, sind die entsprechenden Steuer- oder Feststellungsbescheide insoweit zu ändern. ³Das gilt auch dann, wenn die Steuer- oder Feststellungs-

bescheide bestandskräftig geworden sind; die Festsetzungsfristen enden insoweit nicht, bevor die Festsetzungsfrist für den Veranlagungszeitraum abgelaufen ist, in dem die Voraussetzungen des Absatzes 1 Satz 1 erstmals nicht mehr vorliegen. ⁴§ 233a Absatz 2a der Abgabenordnung ist nicht anzuwenden.

(5) Bei abnutzbaren beweglichen Wirtschaftsgütern des Anlagevermögens können unter den Voraussetzungen des Absatzes 6 im Jahr der Anschaffung oder Herstellung und in den vier folgenden Jahren neben den Absetzungen für Abnutzung nach § 7 Absatz 1 oder Absatz 2 Sonderabschreibungen bis zu insgesamt 20 Prozent der Anschaffungs- oder Herstellungskosten in Anspruch genommen werden.

(6) Die Sonderabschreibungen nach Absatz 5 können nur in Anspruch genommen werden, wenn

1. der Betrieb zum Schluss des Wirtschaftsjahres, das der Anschaffung oder Herstellung vorangeht, die Größenmerkmale des Absatzes 1 Satz 2 Nummer 1 nicht überschreitet, und
2. das Wirtschaftsgut im Jahr der Anschaffung oder Herstellung und im darauf folgenden Wirtschaftsjahr in einer inländischen Betriebsstätte des Betriebs des Stpfl. ausschließlich oder fast ausschließlich betrieblich genutzt wird; Absatz 4 gilt entsprechend.

(7) Bei Personengesellschaften und Gemeinschaften sind die Absätze 1 bis 6 mit der Maßgabe anzuwenden, dass an die Stelle des Stpfl. die Gesellschaft oder die Gemeinschaft tritt.

Inhaltsübersicht

	Rz.
A. Allgemeine Erläuterungen	1 - 15
I. Normzweck und wirtschaftliche Bedeutung der Vorschrift	1 - 2
II. Entstehung und Entwicklung der Vorschrift	3
III. Geltungsbereich	4 - 6
IV. Vereinbarkeit mit höherrangigem Recht	7 - 9
V. Verhältnis zu anderen Vorschriften	10 - 15
B. Systematische Kommentierung	16 - 177
I. Inanspruchnahme des Investitionsabzugsbetrags (§ 7g Abs. 1 EStG)	16 - 85
1. Persönliche Voraussetzungen	17 - 22
2. Betriebliche Voraussetzungen	23 - 40
a) Allgemeines	23 - 28
b) Betriebliche Größenmerkmale	29 - 40
aa) Grundsätzliches	29 - 30
bb) Betriebsvermögen	31
cc) Wirtschaftswert	32
dd) Gewinn	33 - 40
3. Begünstigte Wirtschaftsgüter	41 - 75
a) Eigenschaften des Wirtschaftsguts	41 - 44
b) Absicht der voraussichtlichen Anschaffung oder Herstellung	45 - 55
c) Nutzung des Wirtschaftsguts	56 - 65
d) Formale Voraussetzungen – Elektronische Übermittlung von Investitionsabzugsbeträgen	66 - 67
e) Funktionsbenennung (bis 31.12.2015)	68 - 75
4. Investitionsabzugsbetrag	76 - 85
II. Folgen der Inanspruchnahme des Investitionsabzugsbetrags (§ 7g Abs. 2 EStG)	86 - 105
1. Hinzurechnung des Investitionsabzugsbetrags	87 - 92
2. Herabsetzung der Anschaffungs- oder Herstellungskosten	93 - 97
3. Verringerung der Bemessungsgrundlage für Absetzungen	98 - 105

III. Rückgängigmachung des Investitionsabzugsbetrags bei unterlassener Investition (§ 7g Abs. 3 EStG)	106 - 120
1. Rückgängigmachung des Investitionsabzugsbetrags	106 - 112
2. Verfahrensrecht und Verzinsung	113 - 120
IV. Rückgängigmachung des Investitionsabzugsbetrags bei Verstoß gegen die Bindungsvoraussetzungen (§ 7g Abs. 4 EStG)	121 - 140
1. Voraussetzungen	121 - 130
2. Rechtsfolgen bei Verstoß gegen die Voraussetzungen	131 - 134
3. Verfahrensrecht und Verzinsung	135 - 140
V. Sonderabschreibung (§ 7g Abs. 5 und 6 EStG)	141 - 168
1. Persönliche Voraussetzungen	142 - 145
2. Betriebliche Voraussetzungen	146 - 150
3. Begünstigte Wirtschaftsgüter	151 - 155
4. Folgen der Inanspruchnahme der Sonderabschreibung	156 - 162
5. Rückgängigmachung bei Verstoß gegen die Bindungsvoraussetzungen	163 - 168
VI. Anwendung auf Personengesellschaften und Gemeinschaften (§ 7g Abs. 7 EStG)	169 - 175
VII. Beispielhafte Subventionswirkung des § 7g EStG	176 - 177

HINWEIS:

BMF v. 25. 2. 2004, BStBl 2004 I 337; BMF v. 8. 5. 2009, BStBl 2009 I 633; OFD Rheinland v. 5. 5. 2009, BB 2009, 1292; FinSen. Berlin v. 26. 1. 2011, BStBl 2011 I 152; Oberste Finanzbehörden der Länder v. 26. 1. 2011, BStBl 2011 I 152; OFD Koblenz v. 16. 8. 2011, NWB DokID: SAAAD-91001; OFD Münster v. 9. 6. 2011, NWB DokID: PAAAD-85258; Bayerisches Landesamt für Steuern v. 15. 5. 2012, ESt-Kartei BY § 13 EStG Karte 32.9; OFD Niedersachsen v. 26. 3. 2012, DStR 2012, 1185; BMF v. 20. 11. 2013, BStBl 2013 I 1493; BMF v. 15. 8. 2014, BStBl 2014 I 1174; BMF v. 15. 1. 2016, NWB DokID: LAAAF-46560; BMF v. 20.3.2017, BStBl 2017 I 423, NWB DokID: TAAAG-41398.

LITERATUR:

► Weitere Literatur siehe Online-Version

Schoor, Geltendmachung des Investitionsabzugsbetrags nach § 7g EStG, BBK 2013, 328; *Grützner*, Zweifelsfragen zum Investitionsabzugsbetrag, StuB 2014, 12; *Grützner*, Verzinsung bei der Rückgängigmachung von Vergünstigungen nach § 7g EStG, StuB 2014, 808; *Pitzke*, BMF beantwortet Zweifelsfragen zum Investitionsabzugsbetrag nach § 7g – Die Änderungen im Überblick, NWB 2014, 18; *Schmitting*, Investitionsabzugsbetrag und Sonderabschreibung nach § 7g EStG, BBK 2014, 954; *Egner/Quinten*, Steuerliche Fragestellungen mittelständischer Unternehmen, in Becker/Ulrich, BWL im Mittelstand, 1. Aufl., Stuttgart 2015, 576; *Grützner*, Inanspruchnahme von Investitionsabzugsbeträgen nach § 7g – Anmerkung zum BFH-Urteil vom 12. 11. 2014 – X R 4/13 und mögliche gesetzliche Änderungen, StuB 2015, 301; *Hörster*, Entwurf eines Gesetzes zur Umsetzung der Protokolländerung zum Zollkodex-Anpassungsgesetz – Ein Nachschlag zu den Steuergesetzen 2014, NWB 2015, 1052; *Lipp*, Aktuelle Entwicklungen beim Investitionsabzugsbetrag – Fallvarianten und Konsequenzen bei Nichteinhalten der Tatbestandsvoraussetzungen, NWB 2015, 1414; *Reddig*, Neue Gestaltungsmöglichkeiten beim Investitionsabzugsbetrag, Aktuelles zu § 7g EStG durch das StÄndG 2015, NWB 2015, 3574; *Goy*, Bilanzierung von geringwertigen Wirtschaftsgütern und Investitionsabzugsbeträgen, BBK 2016, 60; *Grützner*, Aktuelle Rechtsprechung des BFH zum Investitionsabzugsbetrag, StuB 2016, 688; *Grützner*, Aufstockung eines Investitionsabzugsbetrags nach § 7g EStG a. F., StuB 2016, 178; *Happe*, Änderungen beim Investitionsabzugsbetrag nach § 7g EStG – Erleichterungen durch das StÄndG 2015, BBK 2016, 327; *ders.*, Investitionsabzugsbetrag bei Veräußerung oder Umwandlung – Vereinfachte Bildung nach dem StÄndG 2015, BBK 2016, 748; *Lechner/Bührer*, Sonder-AfA nach § 7g EStG, NWB 2016, 1712; *Reddig*, § 7g EStG – Nachträglicher Investitionsabzug zum Ausgleich von Gewinnerhöhung zulässig, NWB 2016, 2624; *Riepolt*, Investitionsabzugsbetrag nach § 7g EStG bei der E-Bilanz, StuB 2016, 62; *Hänsch*, Elektronische Übermittlung von Investitionsabzugsbeträgen, BBK 2017, 279; *Happe*, Investitionszeitraum bei Aufstockung eines Investitionsabzugsbetrags, BBK 2017, 156; *Hänsch*, Aktualisierungen zum Investitionsabzugsbetrag nach § 7g EStG, BBK 2017, 552; *Reddig*, BMF klärt Zweifelsfragen zum neuen Investitionsabzugsbetrag, NWB 2017, 2022; *Reddig*, BMF klärt Zweifelsfragen zum neuen Investitionsabzugsbetrag - Anmerkung zum BMF-Schreiben vom 20.3.2017, NWB 2017, 2022; *Rosarius*, BMF nimmt zu Zweifelsfragen im Zusammenhang mit Investitionsabzugsbeträgen ab 2016

Stellung, DStZ 2017, 401; *Tiede*, Keine Abschreibung vor Gefahrübergang, StuB 2017, 151; *Weiss*, Aktuelle Gesetzgebung, Rechtsprechung und Verwaltungsanweisungen zur Ansparabschreibung bzw. zum Investitionsabzugsbetrag des § 7g EStG, BB 2017, 1003; *Seifert*, Softwareprogramme und sofortiger Betriebsausgabenabzug, StuB 2017, 518; *ders.*, Investitionsabzugsbetrag und Investitionsabzugsbetrag und Photovoltaikanlage, StuB 2017, 436; *Baltromejus/Hiller*, Zweifelsfragen zu den Investitionsabzugsbeträgen nach § 7g Abs. 1-4 und 7 EStG i. d. F. des StÄndG 2015, StuB 2017, 415; *Hänsch*, Investitionsabzugsbeträge im Gesamthands- und Sonderbetriebsvermögen, BBK 2018, 512.

ARBEITSHILFEN UND GRUNDLAGEN ONLINE:

Überwachungsbogen § 7g, NWB DokID: GAAAE-45169; Berechnungshilfe § 7g, NWB DokID: LAAAE-71190; Investitionsabzugsbetragsrechner, NWB DokID: UAAAC-73205; AfA-Ansparrücklage (§ 7g EStG), NWB DokID: IAAAB-87780; *Schmidt*, Investitionsabzugsbetrag, NWB DokID: FAAAE-44825.

A. Allgemeine Erläuterungen

I. Normzweck und wirtschaftliche Bedeutung der Vorschrift

1 § 7g EStG soll kleine und mittlere Betriebe (Betriebsbezogenheit) im Bereich gewerblicher, selbständiger und land- und forstwirtschaftlicher Tätigkeit fördern, helfen, deren Liquidität, Eigenkapitalausstattung sowie Investitions- und Innovationskraft zu verbessern und somit deren Wettbewerbskraft stärken.[1] Dies geschieht durch eine Steuerstundung, indem Abschreibungspotenzial (Investitionsabzug) in ein Wirtschaftsjahr vor Anschaffung bzw. Herstellung (Ansparphase) begünstigter Wirtschaftsgüter verlagert werden kann und die Möglichkeit einer Sonderabschreibung (Nutzungsphase) eingeräumt wird. Die beiden Fördermaßnahmen können unabhängig voneinander für ein Wirtschaftsgut in Anspruch genommen werden. Der Investitionsabzugsbetrag bzw. Abzugsbetrag kann max. 200 000 € und max. 40 % der Anschaffungs- bzw. Herstellungskosten betragen. Die Sonderabschreibung beträgt max. 20 % der Anschaffungs- bzw. Herstellungskosten. Kumuliert ergibt sich somit max. eine zusätzliche Abschreibungswirkung bis Ende des ersten Jahres nach Anschaffung bzw. Herstellung i. H. v. 52 % (40 % Abzugsbetrag + 20 % Sonderabschreibung auf 60 %).

2 Ob der Norm in ihrer derzeitigen Ausgestaltung eine größere Bedeutung bei der Förderung kleiner und mittlerer Betrieb beizumessen ist, ist kritisch zu beurteilen. Der betroffene Personenkreis ist relativ stark eingeschränkt. Hinzu kommt, dass der absolute Subventionswert, insbesondere vor dem Hintergrund der teils komplexen Ausgestaltung der Vorschrift, relativ gering ist.[2] Demgegenüber kann § 7g EStG neben der reinen Subventionswirkung, die Liquiditätsplanung erleichtern und bietet Unternehmen die Möglichkeit, ihr steuerliches Jahresergebnis in einem gewissen Ausmaß zu steuern, was insbesondere bei Progressionseinkünften einen zusätzlichen Subventionswert generieren kann. Innerhalb nachhaltiger Verlustphasen (z. B. Unternehmensgründung, Umstrukturierung) ist die Förderwirkung hingegen zu vernachlässigen. Für beschäftigungsintensive Unternehmen stellt die Abschreibungsvergünstigung insgesamt eine unwirksame Fördermaßnahme dar.

---

1 BT-Drucks. 11/257, 8; 12/4487, 33; 16/4841, 51; BR-Drucks. 220/07, 85.
2 *Egner/Quinten*, 582 f.

II. Entstehung und Entwicklung der Vorschrift

§ 7g EStG wurde durch das StEntlG 1984 v. 22.12.1983[1] eingeführt.[2] Zweck war damals wie heute die Unterstützung und Förderung kleiner und mittlerer Unternehmen.[3] Danach unterlag § 7g EStG mehreren Änderungen.[4] Letztmals umfassend geändert wurde § 7g EStG durch das UntStReformG v. 14.8.2007.[5] § 7g Abs. 1 bis 4 und 7 EStG sind erstmals für Wirtschaftsjahre anwendbar, die nach dem 17.8.2007 enden, die Absätze 5 und 6 erstmals für Wirtschaftsgüter, die nach dem 31.12.2007 angeschafft oder hergestellt wurden (§ 52 Abs. 23 Satz 1 und 2 EStG). Ziel war eine aufkommensneutrale Umgestaltung und Vereinfachung der Norm,[6] in deren Zuge die Ansparabschreibung (§ 7g Abs. 3 bis 7 EStG a. F.) durch den außerbilanziellen Investitionsabzugsbetrag ersetzt wurde. Den Förderzweck der Norm verdeutlicht die Änderung v. 21.12.2008,[7] als der Gesetzgeber infolge der Finanz- und Wirtschaftskrise die betrieblichen Größenkriterien (§ 7g Abs. 1 Satz 2 Nr. 1 EStG) für Wirtschaftsjahre, die nach dem 31.12.2008 begannen und vor dem 1.1.2011 endeten, anhob. Im Steueränderungsgesetz 2015 (vorher Gesetz zur Umsetzung der Protokollerklärung zum Zollkodex-Anpassungsgesetz)[8] ist eine weitere Änderung des § 7g EStG enthalten, die die Funktionsbezeichnung der Wirtschaftsgüter, die Nutzungsabsicht und die Investitionsabsicht für Wirtschaftsjahre, die nach dem 31.12.2015 enden, abschafft.[9] Dadurch wird eine zu begrüßende Vereinfachung und Flexibilisierung der Vorschrift erreicht.[10]

III. Geltungsbereich

Sachlich gilt § 7g EStG für inländische Betriebe mit Einkünften aus Land- und Forstwirtschaft, Gewerbebetrieb oder aus selbständiger Arbeit, die bestimmte Größenmerkmale erfüllen.

Der persönliche Geltungsbereich umfasst natürliche Personen, Mitunternehmerschaften i. S. d. § 15 Abs. 1 Nr. 2 EStG sowie Körperschaften, Personenvereinigungen und Vermögensmassen i. S. d. § 1 KStG. Begünstigt werden sowohl unbeschränkt als auch beschränkt Steuerpflichtige.

Zeitlich ist der Investitionsabzugsbetrag für Wirtschaftsjahre, die nach dem 17.8.2007 enden, anwendbar. Die Sonderabschreibung kann für Wirtschaftsgüter, die nach dem 31.12.2007 angeschafft wurden, genutzt werden. Die Verzinsung einer möglichen Steuernachzahlung richtet sich ab dem VZ 2013 nach § 7g Abs. 3 Satz 4 EStG (s. → Rz. 113 ff.). Die Funktionsbenennung und die Investitionsabsicht sind für Wirtschaftsjahre, die nach dem 31.12.2015 enden nicht mehr anzuwenden (vgl. → Rz. 3).

---

1 BGBl 1983 I 1583.
2 Zwischen 1953 und 1954 gab es schon einmal einen § 7g EStG, der die Höchstgrenzen für die Abzugsfähigkeit von Zuschüssen und Darlehen regelte, BGBl 1953 I 1355; BGBl 1954 I 373.
3 BT-Drucks. 10/336.
4 Ausführlich hierzu: *Bugge* in Kichhof/Söhn/Mellinghoff, § 7g EStG Rz. A 35 ff. Aktuelle und alte Rechtslage im Vergleich: *Guschl*, SteuerStud 2018, 335.
5 BGBl 2007 I 1912.
6 BT-Drucks. 16/4841, 51 ff.
7 BGBl 2008 I 2896.
8 Drucks. 18/6094.
9 Ausführlich: *Hörster*, NWB 2015, 1054 ff.; BT-Drucks. 18/6094, 10 ff.
10 Ausführlich zu neuen Gestaltungsmöglichkeiten vgl. *Reddig*, NWB 2015, 3574.

IV. Vereinbarkeit mit höherrangigem Recht

7 Das Leistungsfähigkeitsprinzip wird durch die steuerlichen Begünstigungen des § 7g EStG durchbrochen, indem bestimmte Einkunftsarten und Betriebsgrößen bevorzugt werden. Dies betrifft den Wirkungsbereich des Art. 3 Abs. 1 GG.[1] Verfassungsrechtliche Bedenken bestehen jedoch nicht. Der Gesetzgeber hat einen weiten Spielraum, nichtfiskalische Förderungsziele zu verfolgen, solange diese – wie hier – zweckgerichtet sind, die Entlastungswirkung gerechtfertigt und frei von Willkür ist.[2]

8 Eine verbotene staatliche Beihilfe i. S. d. Art. 107 Abs. 1 AEUV liegt nicht vor.[3] Es werden keine bestimmten Unternehmen oder Produktionszweige begünstigt.[4] Die Förderung kann alle Unternehmen unabhängig von der Tätigkeit erreichen. Es ist auch nicht ersichtlich, dass aufgrund der Förderinstrumente des § 7g EStG (und ihres relativ geringen Einflusses) der Wettbewerb verfälscht wird.

9 Zweifel bestehen, ob § 7g Abs. 1 Satz 2 Nr. 2 Buchst. b EStG, der die geförderten Investitionen auf einen inländischen Betrieb beschränkt, mit Art. 49 AEUV (Niederlassungsfreiheit) vereinbar ist.[5] Durch die Überführung des Wirtschaftsguts in eine ausländische Betriebsstätte können dem Stpfl. Nachteile entstehen. Die Versagung des Investitionsabzugs aufgrund der Übertragung eines Wirtschaftsguts in eine EU-Betriebsstätte verstößt u. E. gegen Unionsrecht. Laut EuGH ist ein Verstoß zumindest dann zu bejahen, wenn die Einkünfte aus dem Einsatz des Wirtschaftsguts im Ausland im Inland der Besteuerung unterworfen werden können.[6] Unmittelbar übertragbar ist diese Ansicht aber nicht, da bei § 7g EStG der Einsatz im Ausland allein (ohne Übertragung des Wirtschaftsguts in eine ausländische Betriebsstätte) nicht schädlich ist.[7] In neuster Rechtsprechung[8] zu § 6b EStG hat der EuGH jedoch die Beschränkung der Förderung auf inländische Betriebsstätten als Verstoß gegen die Niederlassungsfreiheit gewertet.[9]

V. Verhältnis zu anderen Vorschriften

10 **§ 5a Abs. 5 Satz 3 EStG:** Beim Wechsel zur Gewinnermittlung nach § 5a EStG sind die Investitionsabzugsbeträge rückgängig zu machen (vgl. KKB/Bisle, § 5a EStG Rz. 127).

§ 6 Abs. 1 Nr. 1 Satz 1 EStG: Investitionsabzugsbetrag und Sonderabschreibung mindern den steuerlichen Ansatz des Wirtschaftsguts.

§ 6 Abs. 2, 2a EStG: Die AHK sind nach R 6.13 Abs. 2 Nr. 2 EStR um den Herabsetzungsbetrag zu mindern.

---

1 Vgl. auch *Bugge* in Kichhof/Söhn/Mellinghoff, § 7g EStG Rz. A 70 ff.
2 BFH v. 21. 7. 1999 - I R 57/98, NWB-DokID: VAAAA-97010; BVerfG v. 6. 3. 2002 - 2 BvL 17/99, BStBl 2002 II 618.
3 *Koenig/Förtsch* in Streinz, Art. 107 AEUV Rz. 68 ff.; *Bugge* in Kirchhof/Söhn/Mellinghoff, § 7g EStG Rz. A74.
4 FG Münster v. 30. 8. 2006 - 6 K 6539/03, EFG 2006, 255.
5 Ebenso z. B. *Kulosa* in Schmidt, § 7g EStG Rz. 9.
6 EuGH v. 4. 12. 2008 - C-330/07, *Jobra*, BFH/NV 2009, 336 = NWB DokID: MAAAD-10819; v. 22. 12. 2010 - C-287/110, *Tankreederei*, BFH/NV 2011, 396 = NWB DokID: OAAAD-59843.
7 *Brandis* in Blümich, § 7g EStG Rz. 24.
8 EuGH v. 16. 4. 2015 -C-591/13, *Kommission gegen Deutschland*, NWB DokID: VAAAE-89472.
9 Ausführlich hierzu *Schiefer*, IWB 2015, 539 ff. Vgl. hierzu auch BFH v. 22.6.2017 - VI R 84/14, BFH/NV 2017, 1377 = NWB DokID: BAAAG-54429.

§ 6 Abs. 3 Satz 1 EStG:[1] Erfolgt eine Betriebsübertragung, gehen die Besteuerungsmerkmale grundsätzlich auf den Erwerber über. Dies gilt ebenso für den eintretenden Gesellschafter (s. KKB/Teschke/C. Kraft, § 6 EStG Rz. 317).

§§ 6b, 6c EStG: Minderung der Bemessungsgrundlage für die Sonderabschreibung.

§ 7 Abs. 1 EStG: Sonderabschreibung muss nach § 7g Abs. 1 Satz 1 EStG neben der regulären AfA durchgeführt werden.

§ 7a EStG: Es liegt keine Sonderabschreibung i. S. d. § 7a Abs. 6 EStG vor. In Verbindung mit dem Verbot der doppelten Sonderabschreibung des § 7a Abs. 5 EStG ist in der Praxis zu prüfen, ob § 7g EStG die bestmöglichste Alternative für den Stpfl. ist. Der Investitionsabzugsbetrag bleibt hiervon unberührt (s. KKB/Marx, § 7a EStG Rz. 2, 106).

§ 15a EStG: Verlust durch Investitionsabzugsbetrag ist abzugsfähig, da er als außerbilanzielle Korrektur das Kapitalkonto nicht berührt (anders als die innerbilanziellen Minderungen der Anschaffungs- oder Herstellungskosten).[2]

§§ 16, 34 EStG: Der Investitionsabzugsbetrag kann aufgrund der Hinzurechnung kein Teil eines begünstigten Aufgabe- oder Veräußerungsgewinns sein (s. KKB/Franz/Handwerker, § 16 EStG Rz. 523).[3]

§ 33a EStG: Das verfügbare Nettoeinkommen ist um den Investitionsabzugsbetrag zu erhöhen, da dieser die Leistungsfähigkeit des Stpfl. nicht mindert (s. KKB/Bleschick, § 33a EStG Rz. 36).[4]

Investitionszuschuss: Mögliche Minderung der Bemessungsgrundlage für Sonderabschreibung (R 6.5 Abs. 3 EStR).

UmwStG: Mögliche Auswirkung auf die Anschaffungs-, Herstellungs(absicht) (s. → Rz. 45 ff.).

Handelsrecht: Sonderabschreibung und Investitionsabzugbetrag bzw. Herabsetzungsbetrag entfalten nur steuerliche Wirkung und können nur über die Bildung latenter Steuern[5] Auswirkungen auf die Handelsbilanz haben. Aufgrund der außerbilanziellen Hinzurechnung nach § 7g Abs. 2 Satz 1 EStG wird aus der passiven latenten Steuer eine tatsächliche Steuerrückstellung.

(Einstweilen frei) 11–15

---

1 Ausführlich zu den Problemen: HHR/*Meyer*, § 7g EStG Rz. 5.
2 FG Baden-Württemberg v. 19.11.2014 - 1 K 3220/12, EFG 2015, 636; FG Münster v. 15.4.2014 - 1 K 3247/11 F, EFG 2015, 899; BMF v. 20.3.2017, BStBl 2017 I 423 = NWB DokID: TAAAG-41398, Rz. 58; vgl. zu möglichen Auswirkungen *Rund*, EStB 2018, 150..
3 Ebenso z. B. HHR/*Meyer*, § 7g EStG Rz. 5.
4 BFH v. 6.2.2014 - VI R 34/12, BStBl 2014 II 619; a. A. BMF v. 7.6.2010, BStBl 2010 I 582, Rz. 10.
5 *Siegle*, NWB 2009, 1768; a.A.: Keine Bildung latenter Steuern bei Inanspruchnahme des Abzugsbetrags, *Zimmert*, DStR 2010, 826; für kleine KapG vgl. *Ott*, StuB 2015, 403; *Krudewig*, NWB 2013, 3015.

B. Systematische Kommentierung

I. Inanspruchnahme des Investitionsabzugsbetrags (§ 7g Abs. 1 EStG)

ABB.: Inanspruchnahme des Investitionsabzugsbetrags[1]

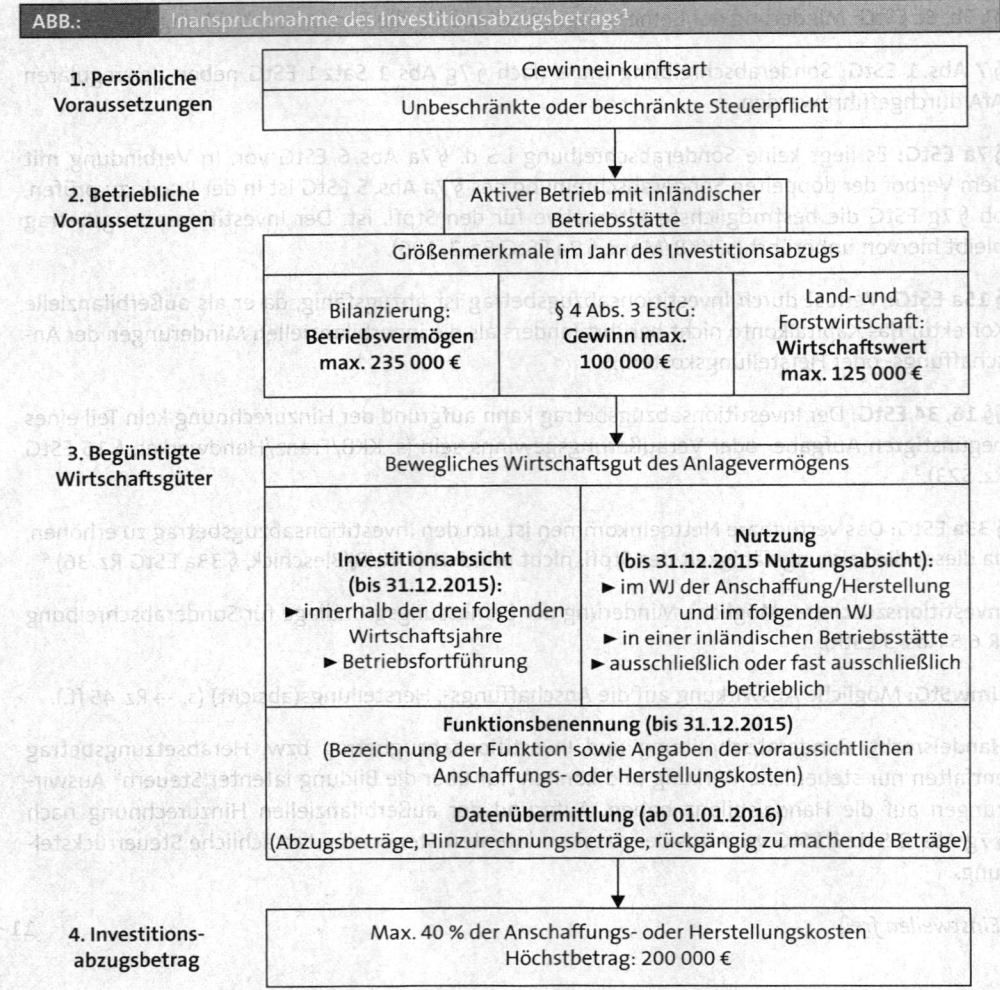

1. Persönliche Voraussetzungen

Mögliche Begünstigte sind natürliche und juristische Personen, die als unbeschränkt oder beschränkt Stpfl. der ESt oder der KSt unterliegen. Die Förderung des § 7g EStG beschränkt sich auf die Gewinneinkunftsarten i. S. d. § 2 Abs. 1 Nr. 1 bis 3 EStG. Dies ergibt sich durch die Voraussetzung des „Betriebs" und die Begrenzung der Maßnahmen auf das Anlagevermögen des Steuerpflichtigen. Da keine spezielle Gewinnermittlungsart vorgeschrieben wird, ist die Norm auch für Stpfl. zugänglich, die ihren Gewinn nach § 4 Abs. 3 EStG ermitteln.

---

1 In Anlehnung an *Happe*, BBK 2008, 624.

Begünstigungsfähig nach § 7g Abs. 7 EStG sind auch Personengesellschaften und Gemeinschaften. Diese können den Investitionsabzugsbetrag vom Gesamthandsgewinn abziehen. Entgegen dem Wortlaut der Vorschrift geht die FinVerw davon aus, dass bei Investitionen im Sonderbetriebsvermögen der Mitunternehmer selbst die Begünstigung als Sonderbetriebsausgabe geltend machen kann.[1] Gesellschaften oder Gemeinschaften ohne eigenes Betriebsvermögen (z. B. vermögensverwaltende Gesellschaft) sowie deren Gesellschafter (auch wenn die Beteiligung im Betriebsvermögen liegt) sind nicht anspruchsberechtigt.[2]   18

Strittig war die Anwendbarkeit des § 7g EStG bei Land- und Forstwirten, die ihren Gewinn nach Durchschnittssätzen (§ 13a EStG) ermitteln.[3] Laut Auffassung der FinVerw war dies jedoch möglich.[4] Für Wirtschaftsjahre, die nach dem 30.12.2015 enden, ist § 7g EStG nach § 13 Abs. 3 Satz 2 EStG nicht mehr anwendbar.   19

(Einstweilen frei)   20–22

2. Betriebliche Voraussetzungen

a) Allgemeines

§ 7g EStG ist eine betriebsbezogene Förderung. Besitzt der Stpfl. mehrere Betriebe, kann er die Begünstigungen unabhängig voneinander für jeden Betrieb in Anspruch nehmen. Der Betrieb muss aktiv am Wirtschaftsleben bzw. am wirtschaftlichen Verkehr teilnehmen.[5] Die Betriebsverpachtung im Ganzen und die langfristige Betriebsunterbrechung erfüllen diese Voraussetzung nicht mehr und sind daher nicht förderberechtigt.[6] Bei einer Betriebsaufspaltung sind das Besitz- und das Betriebsunternehmen anspruchsberechtigt, da das Besitzunternehmen über das Betriebsunternehmen weiterhin aktiv am wirtschaftlichen Verkehr teilnimmt. Entsprechend ist die Anspruchsberechtigung jeweils gesondert zu prüfen.[7]   23

Der Betrieb braucht zumindest eine inländische Betriebsstätte, da § 7g Abs. 1 Satz 2 Nr. 2 Buchst. b EStG fordert, dass das Wirtschaftsgut in einer solchen zumindest fast ausschließlich genutzt wird.   24

§ 7g EStG enthält keine eigene Betriebsdefinition. Allgemein ist unter einem Betrieb eine organisatorische Zusammenfassung personeller, sachlicher und anderer Arbeitsmittel zu einer selbständigen Einheit zu verstehen.[8] Personen- bzw. Kapitalgesellschaften sind immer (auch wenn sie mehrere verschiedene Tätigkeiten ausführen) als ein einheitlicher Gewerbebetrieb zu behandeln.[9] Noch nicht abschließend geklärt ist die Frage, unter welchen Voraussetzungen es   25

---

1 BMF v. 20.3.2017, BStBl 2017 I 423 = NWB DokID: TAAAG-41398, Rz. 5.
2 BFH v. 15.1.2002 - IX R 21/98, BStBl 2002 II 309; BFH v. 17.7.2007 - IX R 5/07, NWB DokID: XAAAC-58388.
3 Z. B. *Bugge* in Kirchhof/Söhn/Mellinghoff, § 7g EStG Rz. B 3.
4 BMF v. 20.11.2013, BStBl 2013 I 1493, Rz. 1.
5 Ebenso z. B. *Lambrecht* in Kirchhof, § 7g EStG Rz. 10.
6 BFH v. 27.9.2001 - X R 4/99, BStBl 2002 II 136; BFH v. 19.11.2007 - VIII B 70/07, NWB DokID: TAAAC-67512; BMF v. 20.3.2017, BStBl 2017 I 423 = NWB DokID: TAAAG-41398, Rz. 1.
7 BFH v. 17.7.1991 - I R 98/88, BStBl 1992 II 246.
8 BFH v. 13.10.1988 - IV R 136/85, BStBl 1989 II 7.
9 Für Partnerschaftsgesellschaften schließt der BFH mehrere Betriebe nicht abschließend aus. Vgl. BFH v. 13.7.2016 - VIII R 56/13, NWB DokID: UAAAF-83720.

sich bei mehreren (Kanzlei) Standorten eines Selbständigen um mehrere Betriebe und nicht um einen handeln könnte.[1]

26–28 (*Einstweilen frei*)

b) Betriebliche Größenmerkmale

aa) Grundsätzliches

29 Folgende Größenmerkmale dürfen nach § 7g Abs. 1 Satz 2 Nr. 1 EStG am Ende des Wirtschaftsjahrs, in dem der Abzug vorgenommen wird, vom jeweiligen Betrieb nicht überschritten werden.

Gewerbebetrieb und selbständige Arbeit (Gewinnermittlung nach §§ 4 Abs. 1 oder 5 EStG)	Einnahmeüberschussrechnung nach § 4 Abs. 3 EStG	Land- und Forstwirtschaft
Betriebsvermögen bis 235 000 €	Gewinn (ohne Investitionsabzugsbetrag) bis 100 000 €	Wirtschaftswert bis 125 000 €

30 Die Verhältnisse des Vorjahres und der noch folgenden Jahre sind irrelevant. Der Stpfl. weiß somit ggf. erst nach Ablauf des Wirtschaftsjahrs, ob er den Abzugsbetrag in Anspruch nehmen kann. Werden die maßgebenden Betriebsgrößenobergrenzen bzw. der Gewinn oder der Wirtschaftswert nachträglich durch eine Änderung z. B. im Rahmen einer Außenprüfung über- oder unterschritten, ist der Steuerbescheid nach den §§ 164, 165, 172 ff. AO zu ändern.[2] Ist diese Möglichkeit verfahrensrechtlich gegeben, kommt es aber noch materiell-rechtlich auf die Besonderheiten des Einzelfalls an. Entscheidend ist, ob der Stpfl. in einem der drei folgenden Wirtschaftsjahre tatsächlich in ein begünstigungsfähiges Wirtschaftsgut investiert hat und (bis 31. 12. 2015) eine Erklärung, warum dies schon im Veranlagungsjahr geplant war, möglich ist.[3]

PRAXISHINWEIS:
Überschreitet der Stpfl. ein Größenmerkmal knapp, sollten die Größenmerkmale weiterhin überwacht werden. Falls sie durch nachträgliche Änderung doch noch unterschritten werden, ist ein Investitionsabzug grundsätzlich noch möglich.

bb) Betriebsvermögen

31 Das Betriebsvermögen nach § 7g Abs. 1 Satz 2 Nr. 1 Buchst. a EStG entspricht dem in der Bilanz nach steuerrechtlicher Ermittlung auszuweisenden Kapitalkonto. Entscheidend ist somit der Buchwert des steuerlichen Kapitalkontos. Zum Betriebsvermögen zählt auch das ggf. vorhandene ausländische Betriebsvermögen.[4] Etwaige Gestaltungen mit einer Ausschüttung, die

---

1 Vgl. FG Hessen v. 31.1.2013 - 4 K 985/11, NWB-DokID: FAAAE-33410; BFH v. 20.3.2014 - VIII S 13/13, NWB-DokID: AAAAE-67842, BFH v. 27.8.2014 - VIII R 16/13; Ausführlich *Lipp*, NWB 2015, 1415 f.
2 BMF v. 20.3.2017, BStBl 2017 I 423 = NWB DokID: TAAAG-41398, Rz. 20.
3 *Bugge* in Kichhof/Söhn/Mellinghoff, § 7g EStG Rz. B 22.
4 Vgl. BFH v. 15.2.2012 - I B 124/11 NWB DokID: MAAAE-07583.

nach dem Bilanzstichtag beschlossen wurde (Passivierungsverbot), sind daher nicht möglich.[1] Gestaltungsspielraum hat der Stpfl. durch die (Nicht-)Ausübung von Wahlrechten, die Zuordnung gewillkürten Betriebsvermögens sowie Vorabausschüttungen, Einlagenrückgewähr und Entnahmen. Außerbilanzielle Werte wie z. B. der Investitionsabzugsbetrag oder selbst geschaffene immaterielle Wirtschaftsgüter sind nicht zu berücksichtigen.[2] Ein Anspruch auf Investitionszulage (Forderung) ist bei der Bestimmung des Betriebsvermögens zu berücksichtigen.[3] Bei der Berechnung der Steuerrückstellung darf die Minderung durch den in Anspruch genommenen Investitionsabzugsbetrag unberücksichtigt bleiben.[4] Das Betriebsvermögen bei Personengesellschaften umfasst sowohl die Sonderbilanzen,[5] als auch die Ergänzungsbilanzen[6]. Die FinVerw gibt folgendes, den §§ 4 Abs. 1, 5 Abs. 1 EStG entsprechendes Ermittlungsschema, vor.[7]

PRAXISHINWEIS:

Der Stpfl. hat die Möglichkeit z. B. durch die (Nicht-)Ausübung von Wahlrechten, die Zuordnung gewillkürten Betriebsvermögens, Vorabausschüttungen, Einlagenrückgewähr und Entnahmen die Größenmerkmale zu beeinflussen.

	Anlagevermögen
+	Umlaufvermögen
+	gewinnwirksame Auflösung früherer Ansparabschreibungen[8]
+	aktive Rechnungsabgrenzungsposten
-	Rückstellungen
-	Verbindlichkeiten
-	steuerbilanzielle Rücklagen (z. B. § 6b EStG)
-	noch passivierte Ansparabschreibung gem. § 7g Abs. 3 ff. EStG a. F.[9]
-	passive Rechnungsabgrenzungsposten
=	Betriebsvermögen i. S. d. § 7g Abs. 1 Satz 2 Nr. 1 Buchst. a EStG

cc) Wirtschaftswert

Der Wirtschaftswert (§§ 33 ff. BewG) nach § 7g Abs. 1 Satz 2 Nr. 1 Buchst. b EStG umfasst nur die Eigentumsflächen des Land- und Forstwirts und zwar unabhängig davon, ob diese bewirtschaftet oder verpachtet sind.[10] Die Feststellung des betrieblichen Einheitswerts ist für die Anwendung des § 7g EStG laut h. M. nicht mehr als Grundlagenbescheid i. S. d. § 171 Abs. 10 AO

---

1 BFH v. 25. 2. 2014 - I B 133/13, NWB DokID: VAAAE-61338.
2 Rosarius in F/K/S § 7g, Rz. 24.
3 BFH v. 3.8.2017 - IV R 12/14, NWB DokID: BAAAG-61395.
4 BMF v. 20.3.2017, BStBl 2017 I 423 = NWB DokID: TAAAG-41398, Rz. 13, Rz. 57.
5 BFH v. 2. 8. 2012 - IV R 41/11, NWB DokID: TAAAE-19933.
6 Lechner/Bührer, NWB 2016, 1718 ff.
7 BMF v. 20.3.2017, BStBl 2017 I 423 = NWB DokID: TAAAG-41398, Rz. 12 und 57.
8 BFH v. 15. 4. 2015 - VIII R 29/13, BStBl 2015 II 832.
9 Ist bei Altfällen noch zu berücksichtigen. Vgl. BMF v. 20. 11. 2013, BStBl 2013 I 1493, Rz. 8.
10 BMF v. 20.3.2017, BStBl 2017 I 423 = NWB DokID: TAAAG-41398, Rz. 14.

zu sehen.[1] Bei land- und forstwirtschaftlichen Betrieben, die in den neuen Bundesländern belegen sind, ist nach § 7g Abs. 1 Satz 2 Nr. 1 Buchst. b EStG nicht der Wirtschaftswert maßgeblich, sondern der Ersatzwirtschaftswert nach den §§ 125 ff. BewG entscheidend.[2] Die FinVerw berücksichtigt hier zugunsten des Stpfl. nur den Anteil, der im Eigentum des Stpfl. steht.[3] Der Bundesrechnungshof kritisiert die Wirtschaftswert-Sonderregelung für LuF, da dadurch auch große Betriebe begünstigt werden können.[4]

dd) Gewinn

33 Bezugsgröße für Betriebe, bei denen die Gewinnermittlung nach § 4 Abs. 3 EStG erfolgt, ist nach § 7g Abs. 1 Satz 2 Nr. 1 Buchst. b EStG der Gewinn ohne Berücksichtigung des Investitionsabzugsbetrags. Dementsprechend darf die spätere gewinnerhöhende Zurechnung nach § 7g Abs. 2 Satz 1 EStG auch keine Auswirkung auf den maßgeblichen Gewinn haben.[5] Die Auflösung einer nach § 7g EStG a. F. gebildeten Ansparrücklage wirkt sich jedoch laut FinVerw und der BFH-Rechtsprechung dem Wortlaut des § 7g EStG a. F. entsprechend, auf den Gewinn aus.[6] Vor dem Hintergrund des Normzwecks und der realen wirtschaftlichen Leistungskraft des Stpfl. kann man hier aber auch zur gegenteiligen Auffassung kommen.[7] Bei einer unterjährigen Übertragung nach § 6 Abs. 3 EStG sind die Ergebnisanteile des Rechtsvorgängers und des Rechtsnachfolgers zu berücksichtigen.[8] Infolge der Betriebsbezogenheit der Norm sind die Gewinnanteile ausscheidender und eintretender Gesellschafter in den maßgeblichen Gewinn einzubeziehen. Bei Personengesellschaften sind analog zur Berechnung des Betriebswerts Sonderbetriebseinnahmen und -ausgaben sowie die Ergebnisse der Ergänzungsbilanzen zu berücksichtigen.

34 Land- und Forstwirten, die ihren Gewinn nach § 4 Abs. 3 EStG ermitteln, räumt die FinVerw[9] das Wahlrecht ein, den Investitionsabzugsbetrag entweder auf die Gewinngrenze oder auf den Wirtschaftswert des Betriebs zu stützen. Der Stpfl. muss in diesem Fall somit nur eine der beiden Grenzen nicht überschreiten. Ob dies so aus dem Gesetz abgeleitet werden kann, ist zweifelhaft,[10] aber aufgrund der für den Stpfl. günstigen Lösung in der Praxis unstrittig.

> **PRAXISHINWEIS:**
> Land- und Forstwirte können entweder die Gewinngrenze oder den Betriebswert als Größenmerkmal wählen.

---

1 Vgl. z. B. *Kulosa* in Schmidt, § 7g EStG Rz. 16; *Brandis* in Blümich, § 7g EStG Rz 56. Noch a. A. *Bartone* in Korn, § 7g EStG Rz. 36; *Rosarius* in F/K/S, § 7g EStG Rz. 30.
2 Zur Geeignetheit dessen als Bemessungsgrundlage vgl. FG Sachsen-Anhalt v. 12.11.2013 - 4 K 791/04, EFG 2014, 430 (BFH v. 22.6.2017 - VI R 97/13, BStBl 2017 II 1181).
3 BMF v. 20.3.2017, BStBl 2017 I 423 = NWB DokID: TAAAG-41398, Rz. 15; zur Rechtlage vor 2008 bestätigt durch BFH v. 6.3.2014 - IV R 11/11, BStBl 2017 II 1177; BFH v. 22.6.2017 - VI R 97/13, BStBl 2017 II 1181; a. A. *Rosarius* in F/K/S, § 7g EStG Rz. 32.
4 Bundesrechnungshof 2016, Bemerkungen Band I Nr. 61, NWB DokID: CAAAF-86652.
5 Ebenso z. B. *Bugge* in Kirchhof/Söhn/Mellinghoff, § 7g EStG Rz. B 18.
6 BMF v. 20.11.2013, BStBl 2013 I 1493, Rz. 13; BFH v. 15.4.2015 - VIII R 29/13, BFH/NV 2015, 1463 = NWB DokID: PAAAE-99395; BFH v. 27.1.2016 - X R 2/14, BStBl 2016 II, 534 = NWB DokID: YAAAF-73089.
7 FG Köln v. 10.4.2013 - 4 K 2910/10, EFG 2013, 1386; aufgehoben durch BFH v. 15.4.2015 - VIII R 29/13, BFH/NV 2015, 1463 = NWB DokID: PAAAE-99395.
8 BMF v. 20.3.2017, BStBl 2017 I 423 = NWB DokID: TAAAG-41398, Rz. 18.
9 BMF v. 20.3.2017, BStBl 2017 I 423 = NWB DokID: TAAAG-41398, Rz. 16.
10 Z. B. *Kulosa* in Schmidt, § 7g EStG Rz. 16.

Der Höchstgewinn von 100 000 € kann vor dem Hintergrund, auch mittlere Unternehmen fördern zu wollen, als kritisch betrachtet werden.[1] Ergänzend kann hier die fehlende Unterscheidung von Einzelunternehmen und Personengesellschaften bemängelt werden, da dies für Personengesellschaften wie eine zusätzliche Verschärfung der Gewinngrenze wirkt.[2] Beim Wechsel der Gewinnermittlung von § 4 Abs. 3 EStG zu § 4 Abs. 1 EStG, § 5 EStG ist das Merkmal des Betriebsvermögens erstmals mit Ablauf des ersten Wirtschaftsjahrs mit der neuen Gewinnermittlung anzuwenden.[3] 35

(*Einstweilen frei*) 36–40

3. Begünstigte Wirtschaftsgüter

a) Eigenschaften des Wirtschaftsguts

Begünstigte Wirtschaftsgüter können nach § 7g Abs. 1 Satz 1 EStG nur bewegliche, selbständige[4] Wirtschaftsgüter (s. KKB/Hallerbach, § 4 EStG Rz. 130) des Anlagevermögens sein. Damit sind nichtabnutzbare Wirtschaftsgüter, unbewegliche Wirtschaftsgüter[5] (s. KKB/Hallerbach, § 4 EStG Rz. 131) und immaterielle Wirtschaftsgüter[6] (s. KKB/Hallerbach, § 4 EStG Rz. 135) ausgeschlossen. Nicht unter die Förderung fallen auch nachträgliche Herstellungsarbeiten.[7] Geringwertige Wirtschaftsgüter i. S. d. § 6 Abs. 2 EStG sind hingegen begünstigungsfähig, da es sich selbst bei der sofortigen Vollabschreibung um abnutzbare Wirtschaftsgüter des Anlagevermögens handelt (s. KKB/Teschke/C. Kraft, § 6 EStG Rz. 276). Da der Wortlaut des Gesetzes nicht auf neue Wirtschaftsgüter abzielt, fallen auch gebrauchte Wirtschaftsgüter unter die Regelung. Dies fördert die Praktikabilität der Vorschrift und bietet dem Stpfl. einen Gestaltungsspielraum. Nicht begünstigt sind konsequenterweise Wirtschaftsgüter, die der Stpfl. unentgeltlich erwirbt oder einlegt. 41

(*Einstweilen frei*) 42–44

b) Absicht der voraussichtlichen Anschaffung oder Herstellung

§ 7g Abs. 1 Satz 1 EStG verlangt die künftige Anschaffung oder Herstellung eines Wirtschaftsguts. Die konkrete Investitionsabsicht (§ 7g Abs. 1 Satz 2 Nr. 2 Buchst. a EStG a. F.) entfällt für Wirtschaftsjahre, die nach dem 31.12.2015 enden. Damit ist auch die nachträgliche Inanspruchnahme zur Minderung der Einkommenserhöhung (vgl. → Rz. 48) möglich.[8] Missbräuchliche Gestaltungen werden dadurch aber nicht lohnenswert, da der Steuervorteil nach § 7g Abs. 3 und 4 EStG weiterhin vollumfänglich rückgängig gemacht und verzinst wird (vgl. 45

---

1 Als verfassungskonform bestätigt. Vgl. FG Schleswig-Holstein v. 14.12.2016 - 4 K 37/16 NWB DokID: EAAAG-37363.
2 *Peetz*, DStZ 2008, 682.
3 HHR/*Meyer*, § 7g EStG Rz. 30.
4 Blockheizkraftwerke, die keine Betriebsvorrichtung sind unselbstständige Gebäudebestandteile (Übergangsregelung für vor dem 1.1.2017 tatsächlich angeschafft oder hergestellte Blockheizkraftwerke). Vgl. BayLfSt v. 11.1.2016 - S 2240.1.1-6/7 St 32, 6, NWB DokID: OAAAF-49284.
5 FG Berlin-Brandenburg v. 20.8.2009 - 11 K 636/05, EFG 2010, 36.
6 BFH v. 18.5.2011 - X R 26/09, BStBl 2011 II 865. Ausnahme: Trivialsoftware, BMF v. 20.3.2017, BStBl 2017 I 423 = NWB DokID: TAAAG-41398, Rz. 6.
7 *Rosarius* in F/K/S, § 7g EStG Rz. 37.
8 So auch *Reddig*, NWB 2015, 3580; vgl hierzu auch BFH v. 27.10.2015 - X R 44/13, BStBl 2016 II 278.

→ Rz. 106 ff.). Vielmehr vereinfacht sich die Anwendung der Norm in der Praxis. Die Möglichkeit der Investition darf u. E. dennoch nicht von vornherein ausgeschlossen sein.[1]

46 Nach § 7g Abs. 1 Satz 2 Nr. 1 Buchst. a EStG a. F. (bis 31. 12. 2015) muss der Stpfl. beabsichtigen, innerhalb von drei Jahren nach dem Wirtschaftsjahr des Investitionsabzugs ein begünstigtes Wirtschaftsgut anzuschaffen oder herzustellen. Die voraussichtliche Anschaffung oder Herstellung ist ein zentrales Tatbestandsmerkmal der Vorschrift, das wesentlich für die Anwendung der Norm in der Praxis ist.[2] Grundsätzlich kann der Investitionsabzugsbetrag nur für zukünftige Investitionen und nicht im Jahr der Anschaffung oder Herstellung eines Wirtschaftsguts in Anspruch genommen werden.[3] Dies zeigt den Fördercharakter der Vorschrift. Der Stpfl. kann die Steuerersparnis für die Investition verwenden. Die Absicht, innerhalb der nächsten drei Jahre[4] in ein Wirtschaftsgut zu investieren, muss am Ende des Wirtschaftsjahres, in dem der Investitionsabzug durchgeführt wird, hinreichend konkret sein und ernsthaft vorliegen (Prognoseentscheidung).[5] Die Darlegungs- und Feststellungslast liegt beim Steuerpflichtigen.[6] Der spätere Nachweis, dass tatsächlich investiert wurde, reicht bei fehlender Investitionsabsicht somit nicht aus, wobei die Durchführung der Investition ein Indiz hierfür ist.[7] Liegen keine Umstände vor, die Anlass für eine Prüfung geben, kann vom Vorliegen der Investitionsabsicht ausgegangen werden.

47 Eine Investitionsabsicht liegt bei beabsichtigter Betriebsveräußerung bzw. -aufgabe nicht vor.[8] Ausnahmen sind die Durchführung der Investition vor Betriebsaufgabe und die Teilfortführung des Betriebs.[9] Strittig[10] ist die Beurteilung bei Einbringung in eine Kapital- bzw. Personengesellschaft (§§ 20, 24 UmwStG) und die Übertragung nach § 6 Abs. 3 EStG vor Durchführung der Investition innerhalb des Dreijahreszeitraums. Die Finanzgerichte haben den Investitionsabzug versagt[11] oder bei der Einbringung an die Buchwertfortführung geknüpft.[12] Der X. Senat[13] des BFH wollte im Gegensatz zum I. Senat[14] den Investitionsabzug bei Einbringung in eine Kapitalgesellschaft gewähren. Der Große Senat des BFH hat die Inanspruchnahme abgelehnt.[15] Die FinVerw schließt die Inanspruchnahme zumindest nicht aus.[16] Bei der unentgeltlichen Betriebsübertragung (§ 6 Abs. 3 EStG) hat der BFH den Investitionsabzugsbetrag zugelassen, wenn objektiv erwartet werden kann, dass der Betriebsübernehmer die Investition fristgemäß tätigt.[17]

---

1 Zur Diskussion hierzu vgl. *Kulosa* in Schmidt, § 7g EStG Rz. 20; *Rosarius* in F/K/S, § 7g EStG Rz. 45 f.
2 *Bugge* in Kirchhof/Söhn/Mellinghoff, § 7g EStG Rz. B 35a.
3 BFH v. 12. 11. 2014 - X R 19/13, NWB DokID: YAAAE-82916.
4 Rumpfwirtschaftsjahre verkürzen den Zeitraum nicht. BMF v. 20. 11. 2013, BStBl 2013 I 1493, Rz. 8 und 18; Taggenaue Berechnung BFH v. 17. 6. 2010 - III R 43/06, BStBl 2013 II 8.
5 BFH v. 19. 9. 2002 - X R 51/00, BStBl 2004 II 184; BFH v. 9. 4. 2009 - IV B 115/08, NWB DokID: VAAAD-26589.
6 BFH v. 6. 4. 2016 - X R 28/14, NWB DokID: TAAAF-84766; BFH v. 6. 4. 2016 - X R 15/14, NWB DokID: JAAAF-84765.
7 BFH v. 6. 4. 2016 - X R 28/14, NWB DokID: TAAAF-84766; BFH v. 6. 4. 2016 - X R 15/14, NWB DokID: JAAAF-84765.
8 BFH v. 20. 12. 2006 - X R 31/03, BStBl 2007 II 862.
9 BFH v. 10. 8. 2007 - X R41/06, BStBl 2008 II 106.
10 Ausführlich: HHR/*Meyer*, § 7g EStG Rz. 5 f.; *Bugge* in Kichhof/Söhn/Mellinghoff, § 7g EStG Rz. B 51.
11 FG Münster v. 26. 5. 2011 - 3 K 1416/08, EFG 2001, 1695; FG Niedersachsen v. 11. 4. 2012 - 4 K 210/11, EFG 2012, 1537.
12 FG Niedersachsen v. 25. 3. 2009 - 2 K 273/706, EFG 2009, 1478.
13 BFH v. 22. 8. 2012 - X R 21/09, BStBl 2014 II 447.
14 BFH v. 19. 5. 2010 - I R 70/09, NWB DokID: VAAAD-51313.
15 BFH v. 14. 4. 2015 - GrS 2/12, BStBl 2014 II 447. Für Personengesellschaften abgelehnt durch BFH v. 27.1.2016 - X R 31/11, NWB DokID: JAAAF-74121.
16 BMF v. 20. 11. 2013, BStBl 2013 I 1493, Rz. 18.
17 BFH v. 10. 3. 2016 - IV R 14/12, BStBl 2016 II 763.

Eine Inanspruchnahme bzw. Erhöhung des Investitionsabzugsbetrags nach erstmaliger Steuerfestsetzung ist grundsätzlich möglich, wenn der Stpfl. darlegen kann, warum der Abzugsbetrag erst jetzt in Anspruch genommen wird und die Investitionsabsicht schon im begünstigten Jahr bestand.[1] Ob hingegen im Zeitpunkt der Anschaffung bzw. Herstellung eine Absicht bestand, vom Investitionsabzugsbetrag Gebrauch zu machen, ist nicht relevant.[2] Nicht möglich ist dies in Fällen, in denen die Investitionsfrist ohne das Tätigen einer Investition bereits abgelaufen ist oder innerhalb der Frist keine Investition mehr möglich ist.[3] Hier ist davon auszugehen, dass keine Investitionsabsicht bestand. Möglich ist die Nachholung des Investitionsabzugs, um eine nachträgliche Einkommenserhöhung im Anschluss an eine Außenprüfung zu mindern.[4] Der typisierende Ausschluss der Investitionsabsicht in Fällen, in denen der Investitionsabzugsbetrag mehr als drei Jahre nach der Investition beantragt wird,[5] ist kritisch zu sehen, da er auf dem Finanzierungszusammenhang zwischen Abzugsbetrag und Investition beruht. Das Wahlrecht ist u. E. unbefristet bis zum Eintritt der Bestandskraft auszuüben.[6] 48

Der Finanzierungszusammenhang,[7] für den keine einheitliche Definition in der Literatur zu finden ist, ist nach Ansicht des BFH nicht mehr notwendig[8] und wird im Gegensatz zu früheren Verwaltungsanweisungen[9] auch nicht mehr von der FinVerw. gefordert.[10] 49

Höhere Anforderungen werden bei Betrieben gestellt, deren Eröffnung im Jahr des Investitionsabzugs noch nicht abgeschlossen ist. Der Investitionsabzug ist im Veranlagungszeitraum vor Betriebseröffnung möglich, wenn absehbar ist, dass mit der Betriebseröffnung zu rechnen ist.[11] Dies hat der Stpfl. anhand geeigneter Unterlagen, wie z. B. der endgültigen Belastung mit Aufwendungen, nachzuweisen.[12] Eine verbindliche Bestellung des begünstigten Wirtschaftsguts ist nicht erforderlich.[13] Bei einer wesentlichen Betriebserweiterung müssen die strengeren Anforderungen nicht erfüllt werden.[14] Dies gilt auch für die Erweiterungsabsicht im direkten Anschluss an die Gründungsphase.[15] 50

(Einstweilen frei) 51–55

---

1 BMF v. 20.11.2013, BStBl 2013 I 1493, Rz. 24 ff., Ausnahme: Schätzungsbescheid. BFH v. 8.6.2011 - I R 90/10, BStBl 2013 II 719; kritisch zu den erhöhten Darlegungspflichten *Bugge* in Kirchhof/Söhn/Mellinghoff, § 7g EStG Rz. B 47a.
2 BFH v. 17.1.2012 - VIII R 48/10, BStBl 2013 II 952.
3 BFH v. 17.1.2012 - VIII R 48/10, BStBl 2013 II 952.
4 BFH v. 23.3.2016 - IV R 9/14, NWB-DokID: UAAAF-79664; BFH v. 28.4.2016 - I R 31/15, NWB-DokID: KAAAF-79663; a. A. BMF v. 20.11.2013, BStBl 2013 I 1493, Rz. 26; ausführlich Weiss, BB 2017, 1006 f.
5 BFH v. 29.4.2008 - VIII R 62/06, BStBl 2008 II 747; BMF v. 20.11.2013, BStBl 2013 I 1493, Rz. 26; FG Niedersachsen v. 2.4.2014 - 9 K 308/12, EFG 2014, 1285.
6 FG Sachsen v. 15.7.2014 - 6 K 824/14, NWB-DokID: QAAAE-70536.
7 Ausführlich *Bugge* in Kirchhof/Söhn/Mellinghoff, § 7g EStG Rz. B 42 ff.
8 BFH v. 17.1.2012 - VIII R 48/10, BStBl 2013 II 952, Rz. 12; BFH v. 23.3.2016 - IV R 9/14, NWB-DokID: UAAAF-79664; Rz. 19; BFH v. 6.4.2016 - X R 28/14, NWB DokID: TAAAF-84766; BFH v. 6.4.2016 - X R 15/14, NWB DokID: JAAAF-84765.
9 BMF v. 8.5.2009, BStBl 2013 I 1493, Rz. 19.
10 BMF v. 20.11.2013, BStBl 2013 I 1493; BMF v. 20.3.2017, BStBl 2017 I 423 = NWB DokID: TAAAG-41398.
11 BFH v. 22.8.2012 - X R 42/11, BStBl 2013 II 719; ausführlich hierzu BFH v. 4.3.2015 - IV R 38/12, BFH/NV 2015, 984 = NWB DokID: RAAAE-91555 und IV R 30/12, BFH/NV 2015, 971 = NWB DokID: HAAAE-91554.
12 BMF v. 20.3.2017, BStBl 2017 I 423 = NWB DokID: TAAAG-41398, Rz. 2 f.
13 BFH v. 20.6.2012 - X R 42/11, BStBl 2013 II 719.
14 BMF v. 20.11.2013, BStBl 2013 I 1493, Rz. 32.
15 Hierzu und zur Abgrenzung der Gründungsphase FG Rheinland-Pfalz v. 20.8.2015 - 4 K 1297/14, NWB DokID: AAAAF-45706, rkr.

c) Nutzung des Wirtschaftsguts

56 Der Stpfl. muss, das Wirtschaftsgut nach § 7g Abs. 1 Satz 1 EStG mindestens bis zum Ende des Wirtschaftsjahrs, das dem Wirtschaftsjahr der Anschaffung bzw. Herstellung folgt, in einer inländischen Betriebsstäte des Betriebs nutzen (Bereithaltung für spätere Nutzung reicht nicht). Zusätzlich muss der Steuerpflichtige, das Wirtschaftsgut nach § 7g Abs. 1 Satz 1 EStG ausschließlich oder fast ausschließlich betrieblich nutzen.

57 Aufgrund der Betriebsbezogenheit der Regelung ist es unschädlich, wenn der Betrieb nach der Investition, jedoch innerhalb des Bindungszeitraums, veräußert, verpachtet, übertragen wird oder ein Vermögensübergang i. S. d. UmwStG stattfindet, solange keine wesentlichen Betriebsgrundlagen zurückgehalten werden und der Betrieb fortgeführt wird.[1] Sonderbetriebsvermögen zählt zum Betrieb einer Personengesellschaft. Ebenfalls unschädlich ist eine Betriebsaufspaltung, solange die Verflechtung zwischen der Besitz- und Betriebsgesellschaft bestehen bleibt.[2] Kurzfristige Vermietungen von bis zu drei Monaten stehen der Verbleibensvoraussetzung nicht entgegen.[3] Schädlich sind hingegen die Veräußerung oder Entnahme des Wirtschaftsguts, die Überführung in eine ausländische Betriebsstätte sowie in einen anderen Betrieb oder in das Umlaufvermögen. Ausnahme ist die Überführung in einen anderen Betrieb, wenn die Nutzung in beiden Betrieben von Anfang an geplant war und die Größenmerkmale gemeinsam eingehalten werden.[4] Unschädlich können auch der Einsatz und die zwischenzeitliche Lagerung von Werkzeugen bei (ausländischen) Auftragnehmern sein.[5]

58 Die Nutzung erfolgt ausschließlich oder fast ausschließlich betrieblich, wenn nicht mehr als 10 % privat genutzt wird.[6] Die schädliche Nutzung ist dabei zeitraum- und nicht wirtschaftsjahrbezogen zu prüfen. Nach Ablauf der Frist des § 7g Abs. 1 Satz 1 EStG ist die Art der Nutzung für den Investitionsabzug irrelevant. Bei Kapitalgesellschaften ist eine außerbetriebliche Nutzung im Rahmen von offenen und verdeckten Gewinnausschüttungen gegeben. Bei Kfz ist ein Fahrtenbuch zu führen. Die 1 %-Regelung schließt die ausreichende betriebliche Nutzung aus.[7] Bei Photovoltaikanlagen vertritt die FinVerw die für den Stpfl. günstige Auffassung, dass der Eigenverbrauch für die betriebliche Nutzung unschädlich ist, genauso wie bei Blockheizkraftwerken soweit diese eine Betriebsvorrichtigung darstellen.[8]

PRAXISHINWEIS:
Soll ein PKW ausschließlich bzw. fast ausschließlich betrieblich genutzt werden, ist ein Fahrtenbuch zu führen. Die 1 %-Regelung darf nicht gewählt werden.

59 Die Tatbestandsvoraussetzungen der Nutzung nach § 7g Abs. 1 Satz 1 EStG endsprechen den Nutzungsvoraussetzungen in § 7g Abs. 4 EStG. Über § 7g Abs. 4 EStG werden Verstöße gegen diese Nutzungsbedingungen geahndet. Dies vereinfacht die Rechtsanwendung im Vergleich zur Rechtslage bis zum 31. 12. 2015.

---

1 BMF v. 20.3.2017, BStBl 2017 I 423 = NWB DokID: TAAAG-41398, Rz. 38 ff.; *Kulosa* in Schmidt, § 7g EStG Rz. 7; a. A. bei Betriebsverpachtung im Ganzen *Rosarius* in F/K/S, § 7g EStG Rz. 11.
2 BFH v. 29. 11. 2007 - IV R 82/05, BStBl 2008 II 471.
3 BFH v. 23. 5. 1986 - III R 66/85, BStBl 1986 II 916.
4 BFH v. 19. 3. 2014 - X R 46/11, NWB DokID: QAAAE-66334; *Baltromejus/Hiller*, StuB 2017, 418.
5 FG Niedersachsen v. 15.5.2018 - 3 K 74/18, EFG 2018, 1356 = NWB DokID: YAAAG-90018, Rev.: BFH IV R 16/18.
6 BMF v. 20.3.2017, BStBl 2017 I 423 = NWB DokID: TAAAG-41398, Rz. 42 ff.; BT-Drucks. 16/4841, 52; BFH v. 19. 3. 2014 - X R 46/11, NWB DokID: QAAAE-66334.
7 BMF v. 20.3.2017, BStBl 2017 I 423 = NWB DokID: TAAAG-41398, Rz. 44; BFH v. 3. 1. 2006 - XI B 106/05, NWB DokID: FAAAB-84320.
8 BMF v. 20.3.2017, BStBl 2017 I 423 = NWB DokID: TAAAG-41398, Rz.45.

Nach § 7g Abs. 1 Satz 2 Nr. 2 Buchst. b EStG a. F. war eine der tatsächlichen Nutzung entsprechende Nutzungsabsicht für die Inanspruchnahme des Investitionsabzugsbetrags notwendig. Dabei ist die Nutzungsbenennung wirtschaftsgutbezogen durchzuführen. Der bisherigen Betriebspraxis kommt hierbei keine Bedeutung zu.[1] Diese Absichtsvoraussetzungen schränken die Inanspruchnahme des Investitionsabzugs für nicht begünstigte Fälle zwar von vornherein ein, sind aber nicht unbedingt notwendig, da § 7g Abs. 4 EStG den tatsächlichen Verstoß gegen diese Voraussetzungen mit der Rückabwicklung und Verzinsung des Investitionsabzugs ahndet. Nutzt der Stpfl. das Wirtschaftsgut den Voraussetzungen entsprechend, ohne dass die Absicht von vornherein gegeben war, müsste, dem Wortlaut des § 7g Abs. 1 Satz 2 Nr. 2 Buchst. b EStG a. F. (bis 31. 12. 2015) nach, der Investitionsabzug versagt werden. Eine derartige Anwendung erscheint in der Praxis, insbesondere bei nachträglicher Geltendmachung des Investitionsabzugs, aber schwer durchführbar und überprüfbar.[2]

60

(*Einstweilen frei*)

61–65

d) Formale Voraussetzungen – Elektronische Übermittlung von Investitionsabzugsbeträgen

Nach § 7g Abs. 1 Satz 2 Nr. 2 EStG, der für Wirtschaftsjahre, die nach dem 31. 12. 2015 enden, gilt, wird auf die Funktionsbezeichnung (§ 7g Abs. 1 Satz 2 Nr. 3 EStG a. F.) verzichtet. Dies ist zu begrüßen, da sich die Anwendung für den Stpfl. vereinfacht. Der Stpfl. muss zukünftig keine weiteren Angaben mehr machen, um den Investitionsabzug in Anspruch zu nehmen. Dafür muss er nach § 7g Abs. 1 Satz 2 Nr. 2 EStG die Summe der Abzugsbeträge (§ 7g Abs. 1 EStG), der Hinzurechnungsbeträge und der rückgängig zu machenden Beträge (§ 7g Abs. 2 bis 4 EStG) nach amtlich vorgeschriebenen Datensätzen durch Datenfernübertragung übermitteln.[3] Die E-Bilanz Taxonomie ist zu nutzen um die Angaben zum Investitionsabzugsbetrag nach § 7g Abs. 2 EStG systematisch an die FinVerw. zu übermitteln. Hierfür gibt es im Berichtsteil „Steuerliche Gewinnermittlung" ein sog. Mussfeld.[4] Bei der Gewinnermittlung nach § 4 Abs. 3 EStG ist die „Anlage EÜR" zu verwenden.[5] Bei Körperschaften, die die E-Bilanz hierzu momentan nicht nutzen können,[6] werden die entsprechenden Angaben in der Körperschaftsteuererklärung mit der „Anlage GK" übermittelt.[7] Für die Rückgängigmachung nach § 7g Abs. 3 oder 4 EStG, nachträgliche Beanspruchung oder Änderung, muss für das entsprechende Wirtschaftsjahr (Hinzurechnungs- und/oder Abzugsjahr) ein neuer Datensatz übermittelt werden.[8] Die elektronische Übermittlung ist zwingend für die Inanspruchnahme des Investitionsabzugs. Einzige Ausnahme ist unbillige Härte, wenn aufgrund wirtschaftlicher oder persönlicher Gründe eine elektronische Datenübermittlung unzumutbar ist.[9] Ein Verzicht auf die elektronische Übermittlung aufgrund unbilliger Härte ist nur auf Antrag möglich (§ 7g Abs. 1 Satz 2 Nr. 2 Satz 2

66

---

1 BMF v. 20. 11. 2013, BStBl 2013 I 1493, Rz. 42.
2 Ebenso: *Bugge* in Kirchhof/Söhn/Mellinghoff, § 7g EStG Rz. B 55 ff.
3 Ausführlich hierzu z. B. *Hänsch*, BBK 2017, 279.
4 BMF v. 20.3.2017, BStBl 2017 I 423 = NWB DokID: TAAAG-41398, Rz. 24. Ausführlich zu § 7g EStG im Rahmen der E-Bilanz und Taxonomie 5.3 und 5.4 *Riepolt*, StuB 2015, 62; sowie zu Taxonomie 6.1 *Riepolt*, StuB 2017, 547.
5 BMF v. 20.3.2017, BStBl 2017 I 423 = NWB DokID: TAAAG-41398, Rz. 24.
6 Hierzu *Polka/Arnold*, Elektronische Übermittlung von Bilanzdaten in 2016, DStZ 2016, 577.
7 BMF v. 20.3.2017, BStBl 2017 I 423 = NWB DokID: TAAAG-41398, Rz. 24.
8 BMF v. 1.4.2015, BStBl 2015 I 541; BMF v. 20.3.2017, BStBl 2017 I 423 = NWB DokID: TAAAG-41398, Rz. 24.
9 BMF v. 20.3.2017, BStBl 2017 I 423 = NWB DokID: TAAAG-41398, Rz. 25.

EStG i.V. m. § 150 Abs. 8 AO). Nach § 7g Abs. 1 Satz 2 Nr. 2 Satz 3 EStG müssen sich in solchen Fällen, die grundsätzlich elektronisch zu übertragenden Werte, aus den beim Finanzamt ersatzweise eingereichten Unterlagen ergeben.[1]

67 Dadurch wird die Inanspruchnahme bzw. die Verwendung des Investitionsabzugsbetrags für ein beliebiges, innerhalb der Fristen angeschafftes bzw. hergestelltes begünstigtes Wirtschaftsgut möglich. Bei diesem müssen dann die Abzugsbeträge fristgerecht zugerechnet werden. In der Praxis bedeutet dies für den Stpfl. Flexibilität bezüglich seiner Investitionsentscheidungen aus steuerlicher Sicht.

e) Funktionsbenennung (bis 31.12.2015)

68 Nach § 7g Abs. 1 Satz 2 Nr. 3 EStG a. F. (bis 31. 12. 2015) muss der Stpfl. dem Finanzamt die Funktion des begünstigten Wirtschaftsguts sowie dessen voraussichtliche Anschaffungs- oder Herstellungskosten angeben.[2] Bestimmte Aufzeichnungspflichten sind nicht zu beachten. Dabei ist es ausreichend, die Unterlagen bis spätestens zum Klageverfahren nachzureichen.[3] Schädlich ist es aber, wenn die geforderten Angaben aufgrund von Nachweisen gemacht werden, die bei der Abgabe der Steuererklärung noch nicht existierten.[4]

69 Entscheidend ist eine hinreichend genaue Bezeichnung (z. B. in Form einer Anlage zur Steuererklärung) der Investition bzw. Darlegung der geforderten Angaben, die sich nicht auf bloße Sammelbegriffe (z. B. Maschine, Büromöbel) stützt.[5] Die Dokumentation ist grundsätzlich für jedes Wirtschaftsgut einzeln durchzuführen.[6] Aus den Nachweisen muss hervorgehen, dass die beabsichtige Investition wirtschaftlich und finanziell für den Betrieb möglich ist.[7] Der geplante Investitionszeitpunkt muss nicht genannt werden.

70–75 (Einstweilen frei)

4. Investitionsabzugsbetrag

76 Der Investitionsabzugsbetrag darf nach § 7g Abs. 1 Satz 1 EStG bis zu 40 % der voraussichtlichen Anschaffungs- oder Herstellungskosten betragen. Der Stpfl. hat auch die Möglichkeit, einen Teil davon in Anspruch zu nehmen. Bei einer Erhöhung der voraussichtlichen Anschaffungs- oder Herstellungskosten kann der Stpfl. auch den Investitionsabzugsbetrag erhöhen. Strittig ist, ob der Investitionsabzugsbetrag, soweit er erstmals unterhalb der 40 %-Grenze gebildet wurde, auf 40 % erhöht werden darf. Die FinVerw schloss dies aus, auch wenn der max. Abzug i. H. v. 40 % aufgrund des Höchstbetrags von insgesamt 200 000 € nicht in Anspruch genommen werden konnte.[8] Stimmen in der Literatur bejahen hingegen eine mögliche Aufstockung.[9] Der BFH folgt dieser Sichtweise (Grenzwerte und Investitionszeitraum beziehen sich

---

1 BMF v. 20.3.2017, BStBl 2017 I 423 = NWB DokID: TAAAG-41398, Rz. 26.
2 Bsp. hierfür: BMF v. 20. 11. 2013, BStBl 2013 I 1493, Rz. 34.
3 BFH v. 8. 6. 2011 - I R 90/10, BStBl 2013 II 949.
4 FG Baden-Württemberg v. 6. 9. 2012 - 13 K 3836/09, EFG 2012, 2275.
5 BFH v. 19. 10. 2011 - X R 25/10, BFH/NV 2012, 718 = NWB DokID: WAAAE-03540.
6 BFH v. 30. 11. 2010 - VIII B 3/10, BFH/NV 2011, 432 = NWB DokID: FAAAD-60305, Ausnahme sind mehrere funktionsgleiche Wirtschaftsgüter mit voraussichtlich übereinstimmenden AHK; BMF v. 20. 11. 2013, BStBl 2013 I 1493, Rz. 34.
7 BFH v. 19. 9. 2002 - X R 51/00, BStBl 2004 II 184.
8 BMF v. 20. 11. 2013, BStBl 2013 I 1493, Rz. 6.
9 Z. B. Grützner, StuB 2015, 301.

aufs Erstjahr der Inanspruchnahme).[1] Mittlerweile folgt die FinVerw dieser Sichtweise.[2] Mit Wegfall der Investitionsabsicht und Funktionsbenennung nach § 7g EStG n. F. kommt diesem Sachverhalt keine Bedeutung mehr bei.[3]

Die zweite Grenze und absolute Höchstgrenze für den Investitionsabzugsbetrag beträgt gem. § 7g Abs. 1 Satz 4 EStG je Betrieb für das Wirtschaftsjahr des Abzugs und die drei vorangegangen Wirtschaftsjahre insgesamt 200 000 €. Bei Personengesellschaften sind das Gesamthands- und das Sonderbetriebsvermögen entsprechend zusammen zu berücksichtigen. Noch nicht gewinnerhöhend aufgelöste Ansparabschreibungen nach § 7g Abs. 3 oder 7 EStG a. F. sind auf die Grenze von 200 000 € anzurechnen. Ob ein Verlust durch den Investitionsabzug entsteht, ist gem. § 7g Abs. 1 Satz 3 EStG nicht relevant. Der Höchstbetrag der begünstigten Investitionen bei voller Ausschöpfung der 40 %-Grenze beträgt somit 500 000 €. Wird ein Abzugsbetrag hinzugerechnet (§ 7g Abs. 2 EStG), steht dieser Betrag wieder zur Verfügung.

Berechnung des Höchstbetrags:

    Investitionsabzugsbetrag des laufenden Wirtschaftsjahrs

    Investitionsabzugsbeträge der drei vorherigen Wirtschaftsjahre

- Hinzurechnungsbetrag nach § 7g Abs. 2 EStG
- Rückgängig gemachte Investitionsabzugsbeträge nach § 7g Abs. 3 und 4 EStG

= max. 200 000 €

Der Abzug ist außerhalb der Gewinnermittlung abzuziehen und hat somit keine Auswirkung auf diese. Dadurch hat der Investitionsabzugsbetrag keine Auswirkung auf Größen, die von der Gewinnermittlung abhängig sind. Sind Investitionen aufgrund von Unangemessenheit nach § 4 Abs. 5 Satz 1 Nr. 7 EStG ertragsteuerrechtlich nicht zu berücksichtigen, kann dies Auswirkung auf die Abzugsfähigkeit des Investitionsabzugsbetrags haben.[4] Gewerbesteuerliche Auswirkung hat der Investitionsabzugsbetrag erst ab Beginn der sachlichen Gewerbesteuerpflicht.[5]

(*Einstweilen frei*)

---

1 BFH v. 12. 11. 2014 - X R 4/13, BStBl 2016 II 38.
2 BMF v. 15. 1. 2016, BStBl 2016 I 83, NWB DokID: LAAAF-46560. Für die Erhöhung gelten die entsprechenden Regelungen der erstmaligen Inanspruchnahme.
3 Ausführlich: *Grützner*, StuB 2015, 301 ff. und 907.
4 Negativ zur Ansparabschreibung BFH v. 10.10.2017 - X R 33/16, BStBl 2018 II 185; dadurch überholt FG Düsseldorf v. 7. 6. 2004 - 7 K 5808/02 E, EFG 2004, 167.
5 BFH v. 4. 3. 2015 - IV R 38/12, BFH/NV 2015, 984 = NWB DokID: RAAAE-91555.

II. Folgen der Inanspruchnahme des Investitionsabzugsbetrags (§ 7g Abs. 2 EStG)

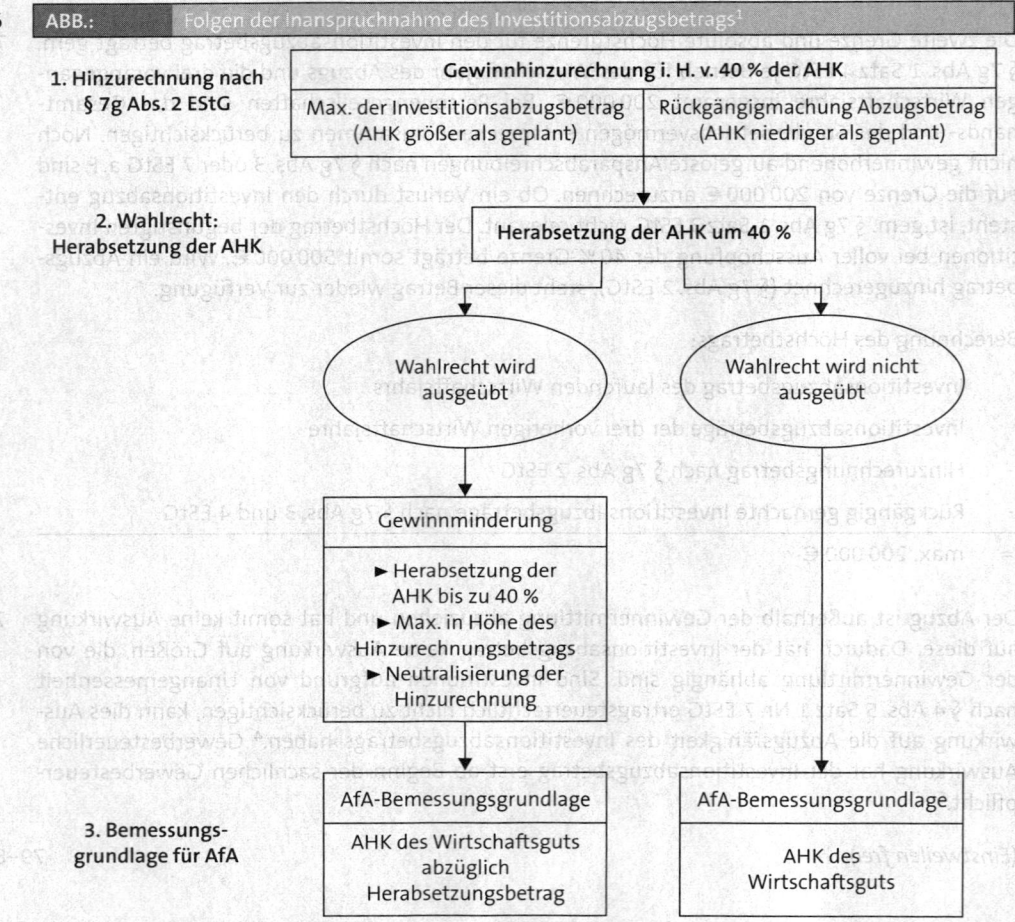

ABB.: Folgen der Inanspruchnahme des Investitionsabzugsbetrags[1]

1. Hinzurechnung des Investitionsabzugsbetrags

Im Wirtschaftsjahr der Anschaffung oder Herstellung eines begünstigten Wirtschaftsguts können nach § 7g Abs. 2 Satz 1 EStG 40 % der Anschaffungs- oder Herstellungskosten, maximal jedoch der Investitionsabzugsbetrag, gewinnerhöhend außerhalb der Gewinnermittlung hinzugerechnet werden. Im Ergebnis wird durch die Hinzurechnung die Gewinnminderung durch den Investitionsabzugsbetrag wieder rückgängig gemacht. Für den Stpfl. verbleibt ein Steuerstundungsvorteil. Sind die Anschaffungs- oder Herstellungskosten niedriger als angenommen, ist der Teil des Investitionsabzugsbetrags, der die Hinzurechnung übersteigt, am Ende des In-

---

1 In Anlehnung an *Happe*, BBK 2008, 628.

vestitionszeitraums nach § 7g Abs. 3 EStG rückgängig zu machen. Möglich ist auch eine Verrechnung mit nachträglichen Anschaffungs- oder Herstellungskosten.[1]

Aus Billigkeitsgründen verzichtet die FinVerw auf eine Hinzurechnung bei der Gewerbesteuer, wenn der Abzug vor Betriebseröffnung durchgeführt wurde und somit keine Auswirkung auf den Gewerbeertrag hatte.[2] 88

Da nach § 7g EStG n. F. der Investitionsabzugsbetrag für ein beliebiges begünstigungsfähiges Wirtschaftsgut in Anspruch genommen werden kann, ist es von Bedeutung, dass entsprechend beim Erwerb von Wirtschaftsgütern die Abzugsbeträge nach § 7g Abs. 2 EStG fristgerecht hinzugerechnet werden. 89

(Einstweilen frei) 90–92

2. Herabsetzung der Anschaffungs- oder Herstellungskosten

Im Wirtschaftsjahr der begünstigten Investition hat der Stpfl. (außer Land- und Forstwirte, die ihren Gewinn nach Durchschnittssätzen i. S. d. § 13a EStG ermitteln) nach § 7g Abs. 2 Satz 2 EStG das Wahlrecht, die Anschaffungs- oder Herstellungskosten des Wirtschaftsguts um bis zu 40 % zu mindern, maximal jedoch in Höhe des Hinzurechnungsbetrags nach § 7g Abs. 2 Satz 1 EStG. Der Abzug ist hier, da er die Anschaffungs- bzw. Herstellungskosten betrifft, innerhalb der Bilanz vorzunehmen. Zwingende Voraussetzung für die Herabsetzung ist die vorherige Inanspruchnahme des Investitionsabzugsbetrags.[3] 93

Der Stpfl. kann somit eine zusätzliche Sonder-AfA bis zu 40 % der Anschaffungs- oder Herstellungskosten in Anspruch nehmen. Anders ausgedrückt kann der Stundungseffekt, der durch die Hinzurechnung beendet wird, verlängert werden. Eine Auswirkung auf den Gesamtgewinn des Betriebs ist – abgesehen von Zins- und Stundungseffekten – nicht zu erreichen. 94

(Einstweilen frei) 95–97

3. Verringerung der Bemessungsgrundlage für Absetzungen

Wird der Abzug in Anspruch genommen, vermindert er nach § 7g Abs. 2 Satz 2 EStG die AfA-Bemessungsgrundlage (auch bei geringwertigen WG). Dies gilt auch für die Sonderabschreibung nach § 7g Abs. 5 EStG. Erreicht ein Wirtschaftsgut dadurch die Grenzen des § 6 Abs. 2 bzw. 2a EStG, kann es entsprechend behandelt werden.[4] 98

(Einstweilen frei) 99–105

---

1 BMF v. 20.3.2017, BStBl 2017 I 423 = NWB DokID: TAAAG-41398, Rz. 28.
2 Gleichlautender Erlass der obersten Finanzbehörden der Länder v. 26.1.2011, BStBl 2011 I 152.
3 BFH v. 12.11.2014 - X R 19/13, BFH/NV 2015, 328, NWB DokID: YAAAE-82916.
4 Ausführlich zur Bilanzierung von geringwertigen WG und Investitionsabzugsbetrag *Goy*, BBK 2016, 60.

III. Rückgängigmachung des Investitionsabzugsbetrags bei unterlassener Investition (§ 7g Abs. 3 EStG)

1. Rückgängigmachung des Investitionsabzugsbetrags

106 Wird der Investitionsabzugsbetrag nicht bis zum Ende des dritten auf das Wirtschaftsjahr des Abzugs folgenden Wirtschaftsjahres nach § 7g Abs. 2 Satz 1 EStG hinzugerechnet, ist der ursprüngliche Investitionsabzugsbetrag nach § 7g Abs. 3 Satz 1 EStG rückgängig zu machen.[1] Auch Investitionsabzugsbeträge, die nicht hätten in Anspruch genommen werden dürfen, sind rückgängig zu machen.[2] Der Stpfl. hat die Verpflichtung, dem Finanzamt spätestens mit Abgabe der Steuererklärung für das Wirtschaftsjahr mitzuteilen, wenn ein für die Rückabwicklung auslösendes Ereignis eintritt.[3] Auslösende Ereignisse sind u. a.:

- Unterbleibende Investition innerhalb der Frist
- Investition ist objektiv nicht mehr durchführbar
- Überhöhter Abzug (vgl. → Rz. 87)
- Betriebsveräußerung oder Aufgabe vor Investition[4]
- Vorzeitige freiwillige Rückgängigmachung (aus Verzinsungsgründen)[5]
- Investition in ein nicht funktionsgleiches Wirtschaftsgut (bis 31. 12. 2015)
- Aufgabe der Investitionsabsicht[6] (bis 31. 12. 2015)

107 In der Neufassung des § 7g Abs. 3 Satz 1 2. Halbsatz EStG wird klargestellt, dass eine vorzeitige freiwillige Rückgängigmachung von Investitionsabzugsbeträgen vor Ablauf der Investitionsfrist möglich ist. Besteht die Investitionsabsicht weiter fort, kann der Steuerpflichtige, um die Rückgängigmachung auszugleichen, erneut einen Investitionsabzug (für das gleiche Wirtschaftsgut) vornehmen. Dies erfordert aber eine überzeugende Begründung des Steuerpflichtigen.

108–112 (*Einstweilen frei*)

2. Verfahrensrecht und Verzinsung

113 Die Rückgängigmachung erfolgt durch Erhöhung des Gewinns des Wirtschaftsjahres, in dem der Investitionsabzugsbetrag durchgeführt wurde. Der Gewinn, der durch die Rückgängigmachung entsteht, kann nicht dem begünstigten Veräußerungsgewinn im Jahr der Rückgängigmachung zugerechnet werden.[7] War der Gewinn bereits Grundlage einer Steuerfestsetzung oder gesonderten Feststellung, ist der entsprechende Bescheid nach § 7g Abs. 3 Satz 2 EStG (eigenständige Änderungsvorschrift i. S. d. § 172 Abs. 1 Satz 1 Nr. 2 Buchst. d AO) zu ändern. Nach § 7g Abs. 3 Satz 3 EStG wird die Ablaufhemmung verlängert. Die Festsetzungsfrist endet erst,

---

1 Dies beeinflusst nicht die grundsätzliche Möglichkeit der Bildung eines Investitionsabzugsbetrags. FG München v. 6.6.2016 - 11 K 2876/13, EFG 2017, 1430, Rz. 27 (BFH Az. X R 13/17).
2 BFH v. 5.2.2018 - X B 161/17, NWB DokID: FAAAG-79572.
3 BMF v. 20.3.2017, BStBl 2017 I 423 = NWB DokID: TAAAG-41398, Rz. 56.
4 BMF v. 20.3.2017, BStBl 2017 I 423 = NWB DokID: TAAAG-41398, Rz. 33
5 BMF v. 20.3.2017, BStBl 2017 I 423 = NWB DokID: TAAAG-41398, Rz. 56.
6 BFH v. 11. 7. 2013 - IV R 9/12, BStBl 2014 II 609.
7 FG Niedersachsen v. 12. 11. 2014 - 3 K 3/13, NWB DokID: QAAAF-45689, BFH v. 27.4.2016 - X R 16/15, NFH/NV 2016, 1444 = NWB DokID: XAAAF-80028.

wenn die Festsetzungsfrist für den Veranlagungszeitraum, in dem das dritte auf das Wirtschaftsjahr des Abzugs folgende Wirtschaftsjahr endet, abgelaufen ist.

Zusätzlich festzusetzende Steuer aufgrund der Rückgängigmachung unterliegt der Vollverzinsung i. H. v. 6 % p. a. nach § 233a AO. § 233a Abs. 2a AO ist nach § 7g Abs. 3 Satz 4 EStG nicht anzuwenden. Der Zinslauf beginnt deshalb 15 Monate nach Ablauf des Kalenderjahres der Bildung des Investitionsabzugsbetrags. Durch die Rückgängigmachung und die Verzinsung des Abzugsbetrags ist es somit uninteressant zu versuchen, einen Investitionsabzug trotz fehlender Investitionsabsicht vorzunehmen. Es besteht vielmehr ein Zinsrisiko für den Steuerpflichtigen. 114

PRAXISHINWEIS:
Durch die Vollverzinsung nach § 233a AO entsteht dem Stpfl. bei Rückgängigmachung des Investitionsabzugsbetrags ein Zinsrisiko.

Strittig ist, ab wann die Rechtsänderung,[1] dass § 233 Abs. 2a AO keine Anwendung mehr findet (bzw. § 7g Abs. 3 Satz 4 EStG anzuwenden ist), gilt. In der Literatur wird zum Teil die Meinung vertreten, dass diese für alle Investitionsabzugsbeträge, die ab dem VZ 2013 rückgängig gemacht werden, gilt.[2] Die FinVerw möchte sie (für den Stpfl. günstig) erst für Investitionsabzugsbeträge anwenden, die erstmals für nach dem 31. 12. 2012 endende Wirtschaftsjahre in Anspruch genommen werden.[3] Nach der Altregelung ist die Nichtinvestition als rückwirkendes Ereignis zu sehen. Es kommt somit nicht zu der rückwirkenden Verzinsung.[4] 115

(Einstweilen frei) 116–120

IV. Rückgängigmachung des Investitionsabzugsbetrags bei Verstoß gegen die Bindungsvoraussetzungen (§ 7g Abs. 4 EStG)

1. Voraussetzungen

§ 7g Abs. 4 Satz 1 EStG bestimmt, dass das Wirtschaftsgut ab dem Anschaffungs- bzw. Herstellungszeitpunkt bis zum Ende des folgenden Wirtschaftsjahres ausschließlich oder fast ausschließlich betrieblich in einer inländischen Betriebsstätte des Betriebs genutzt werden darf. Fristbeginn ist der Tag nach der Anschaffung bzw. Herstellung des begünstigten Wirtschaftsguts (§ 187 BGB). Fristende ist der letzte Tag des folgenden Wirtschaftsjahrs. Rumpfwirtschaftsjahre sind dabei zu berücksichtigen. 121

Für Wirtschaftsgüter i. S. d. § 6 Abs. 2 und Abs. 2a EStG, für die keine Aufzeichnungspflichten bestehen, verzichtet die FinVerw aus Vereinfachungsgründen auf eine Prüfung der Nutzungsvoraussetzungen.[5] Für alle anderen Wirtschaftsgüter fordert sie, trotz gesetzlich nicht vorhandener Pflicht, eine Anzeige bei Verstoß gegen die Nutzungsvoraussetzungen.[6] 122

---

1 BGBl 2013 I 1809; vgl Rz. 3.
2 Z.B. *Pitzke*, NWB 2014, 18 und 24. Sogar rückwirkend lt. FG Berlin-Brandenburg v. 29. 4. 2014 - 3 K 3061/14, EFG 2014, 1375, rkr.
3 BMF v. 15. 8. 2014, BStBl 2014 I 1174, Rz. 1 ff.
4 BFH v. 11. 7. 2013 - IV R 9/12, BStBl 2014 II 609. Vgl. zur Altregelung auch FG Hamburg v. 7. 10. 2015 - 6 K 161/15, NWB DokID: WAAAF-18594.
5 BMF v. 20.3.2017, BStBl 2017 I 423 = NWB DokID: TAAAG-41398, Rz. 36.
6 BMF v. 20.3.2017, BStBl 2017 I 423 = NWB DokID: TAAAG-41398, Rz. 56.

123 Die einzelnen Tatbestandsmerkmale entsprechen der Ausgestaltung der Nutzung nach § 7g Abs. 1 Satz 1 EStG (s. daher → Rz. 56 ff.). Nicht schädlich ist das Ausscheiden des Wirtschaftsguts aufgrund Ablaufs der Nutzungsdauer, wegen Umtauschs aufgrund von Mangelhaftigkeit oder aufgrund höherer Gewalt bzw. behördlicher Eingriffe.[1]

124–130 (Einstweilen frei)

2. Rechtsfolgen bei Verstoß gegen die Voraussetzungen

131 Werden die qualifizierenden Nutzungsvoraussetzungen vom Stpfl. nicht eingehalten, ist der Investitionsabzugsbetrag[2] nach § 7g Abs. 4 Satz 1 EStG (parallele Regelung zu § 7g Abs. 3 EStG) im Jahr, in dem er geltend gemacht wurde, wieder rückgängig zu machen. Des Weiteren ist die Hinzurechnung zum Gewinn im Jahr der Anschaffung oder Herstellung nach § 7g Abs. 2 Satz 1 EStG zu korrigieren. Hat der Stpfl. das Wahlrecht der Herabsetzung der Anschaffungsbzw. Herstellungskosten nach § 7g Abs. 2 Satz 2 EStG in Anspruch genommen und wurde dementsprechend die Bemessungsgrundlage für die AfA angepasst, sind auch diese Vorgänge rückgängig zu machen. Dementsprechend sind auch die zu geringe AfA aufgrund der zu niedrigen Bemessungsgrundlage zu korrigieren, sowie sonstige Rechtsnormen, die durch § 7g EStG beeinflusst sind.

132 Die Rückgängigmachung des Investitionsabzugs ist nach § 7g Abs. 4 EStG nicht mehr zwangsweise vorzunehmen. So können die entsprechenden Beträge ggf. für ein anderes vorhandenes begünstigungsfähiges Wirtschaftsgut verwendet werden. Ist dies nicht möglich und die Investitionsfrist abgelaufen oder es wird während bestehender Frist nicht mehr investiert, dann ist der entsprechende Abzugsbetrag nach § 7g Abs. 3 EStG rückgängig zu machen.[3]

133–134 (Einstweilen frei)

3. Verfahrensrecht und Verzinsung

135 Wurden die Gewinne der maßgebenden bzw. durch die Korrekturen betroffenen Wirtschaftsjahre bereits Grundlage einer Steuerfestsetzung oder gesonderten Feststellung, dann ist der entsprechende Bescheid nach § 7g Abs. 4 Satz 2 EStG (eigenständige Änderungsvorschrift i. S. d. § 172 Abs. 1 Satz 1 Nr. 2 Buchst. d AO) zu ändern.[4] Dies gilt auch bei Bestandskraft. Nach § 7g Abs. 4 Satz 3 EStG wird die Ablaufhemmung verlängert. Die Festsetzungsfrist endet erst, wenn die Festsetzungsfrist für den Veranlagungszeitraum, in dem die Verletzung der Nutzungsvoraussetzungen eingetreten ist, abgelaufen ist.

136 Zusätzlich festzusetzende Steuer aufgrund der Rückgängigmachung unterliegt der Vollverzinsung i. H. v. 6 % p. a. nach § 233a AO.[5] § 233a Abs. 2a AO ist nach § 7g Abs. 4 Satz 4 EStG nicht anzuwenden. Der Zinslauf beginnt deshalb 15 Monate nach Ablauf der betroffenen Kalenderjahre. Durch die Rückgängigmachung und die Verzinsung der Änderungsbeträge wird der Stundungsvorteil, der durch die Regelungen zum Investitionsabzug erreicht wurde, vollständig eliminiert und es entsteht ein Zinsrisiko für den Steuerpflichtigen.

137–140 (Einstweilen frei)

---

1 Hottmann, DStR 2009, 1237.
2 Bis 31.12.2015 Rz. 132.
3 Hörster, NWB 2015, 1055.
4 A. A. Rosarius in F/K/S, § 7g EStG Rz. 89. Änderung nach § 175 Abs. 1 Satz 1 Nr. 2 AO.
5 Ausführlich zur Verzinsung Grützner, StuB 2014, 808.

V. Sonderabschreibung (§ 7g Abs. 5 und 6 EStG)

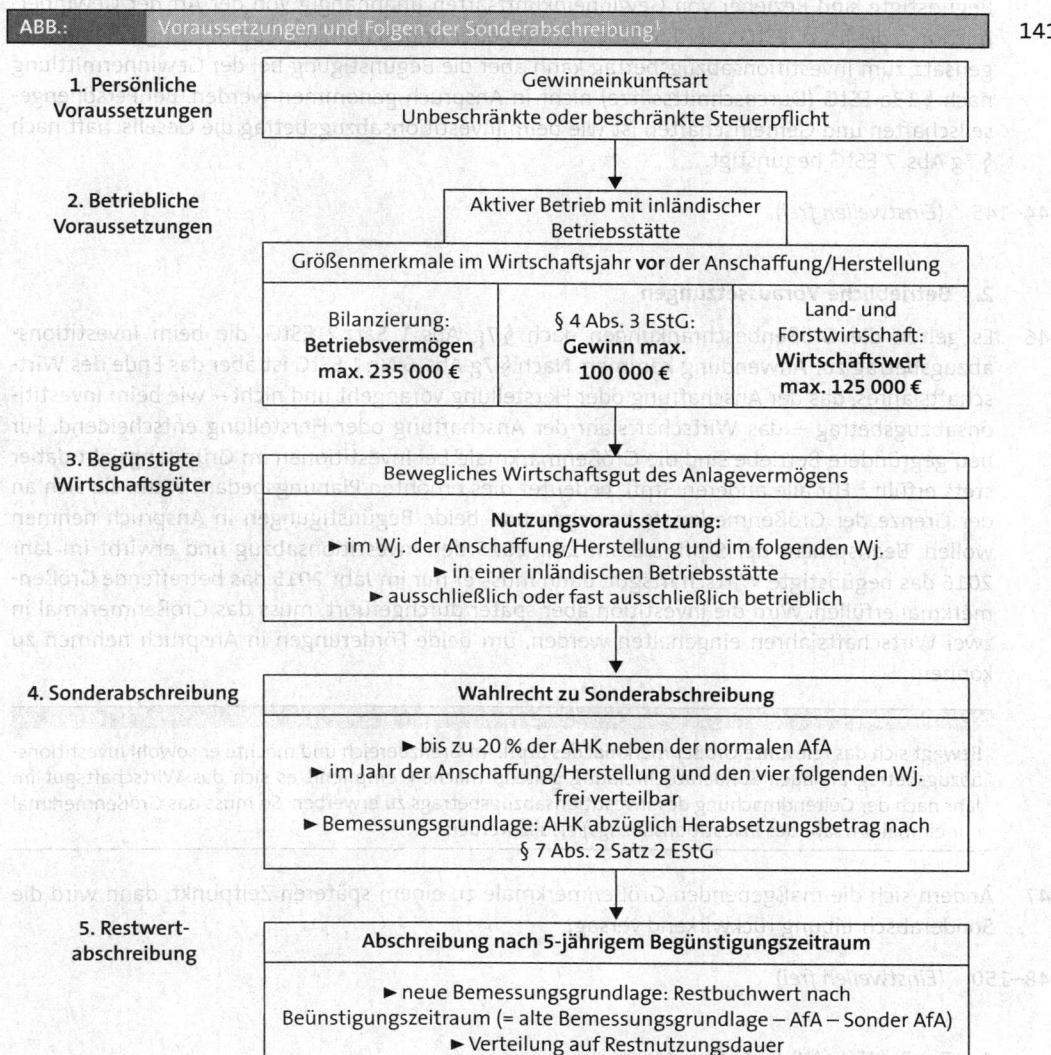

ABB.: Voraussetzungen und Folgen der Sonderabschreibung[1]

1. Persönliche Voraussetzungen

Die Sonderabschreibung nach § 7g Abs. 5 und 6 EStG ist ein eigenständiges zusätzliches Förderinstrument. Die Inanspruchnahme hängt nicht von der Geltendmachung des Investitionsabzugsbetrags nach § 7g Abs. 1 EStG oder der Herabsetzung der Anschaffungs- bzw. Herstellungskosten nach § 7g Abs. 2 Satz 2 EStG ab.

---

[1] In Anlehnung an Happe, BBK 2008, 629.

143 Die Sonderabschreibung betrifft denselben Personenkreis wie der Investitionsabzugsbetrag. Begünstigte sind Bezieher von Gewinneinkunftsarten unabhängig von der Art der Gewinnermittlung, die i. S. d. EStG oder KStG beschränkt oder unbeschränkt steuerpflichtig sind. Im Gegensatz zum Investitionsabzugsbetrag kann aber die Begünstigung bei der Gewinnermittlung nach § 13a EStG (Durchschnittssätze) nicht in Anspruch genommen werden. Bei Personengesellschaften und Gemeinschaften ist wie beim Investitionsabzugsbetrag die Gesellschaft nach § 7g Abs. 7 EStG begünstigt.

144–145 (Einstweilen frei)

2. Betriebliche Voraussetzungen

146 Es gelten die Größenbeschränkungen nach § 7g Abs. 1 Satz 2 EStG, die beim Investitionsabzugsbetrag zur Anwendung kommen. Nach § 7g Abs. 6 Nr. 1 EStG ist aber das Ende des Wirtschaftsjahres, das der Anschaffung oder Herstellung vorangeht und nicht – wie beim Investitionsabzugsbetrag – das Wirtschaftsjahr der Anschaffung oder Herstellung entscheidend. Für neu gegründete Betriebe sind die Größenmarkmale bei Investitionen im Gründungsjahr daher stets erfüllt.[1] Für alle anderen Stpfl. bedeutet dies erhöhten Planungsbedarf, wenn sie sich an der Grenze der Größenmerkmale bewegen und beide Begünstigungen in Anspruch nehmen wollen. Beansprucht der Stpfl. z. B. im Jahr 2015 den Investitionsabzug und erwirbt im Jahr 2016 das begünstigte Wirtschaftsgut, dann muss er nur im Jahr 2015 das betreffende Größenmerkmal erfüllen. Wird die Investition aber später durchgeführt, muss das Größenmerkmal in zwei Wirtschaftsjahren eingehalten werden, um beide Förderungen in Anspruch nehmen zu können.

PRAXISHINWEIS:
Bewegt sich das relevante Größenmerkmal des Stpfl. im Grenzbereich und möchte er sowohl Investitionsabzugsbetrag als auch Sonderabschreibung geltend machen, empfiehlt es sich das Wirtschaftsgut im Jahr nach der Geltendmachung des Investitionsabzugsbetrags zu erwerben. So muss das Größenmerkmal nur einmal (im Jahr des Investitionsabzugs) erfüllt werden.

147 Ändern sich die maßgebenden Größenmerkmale zu einem späteren Zeitpunkt, dann wird die Sonderabschreibung rückwirkend versagt.[2]

148–150 (Einstweilen frei)

3. Begünstigte Wirtschaftsgüter

151 Ebenso wie beim Investitionsabzug nach § 7g Abs. 1 EStG sind bei der Sonderabschreibung nach § 7g Abs. 5 EStG abnutzbare, bewegliche Wirtschaftsgüter des Anlagevermögens begünstigungsfähig. Dies gilt grundsätzlich auch für Wirtschaftsgüter, die im Sammelposten nach § 6 Abs. 2a EStG abgeschrieben werden.[3]

152 Das Wirtschaftsgut muss im Jahr der Anschaffung bzw. Herstellung und im darauffolgenden Jahr nach § 7g Abs. 6 Nr. 2 EStG ausschließlich oder fast ausschließlich betrieblich in einer in-

---

[1] BFH v. 17. 5. 2006 - X R 43/03, BStBl 2006 II 868.
[2] BMF v. 25. 2. 2004, BStBl 2004 I 337, Rz. 14.
[3] A. A. FG München v. 19. 12. 2013 - 10 K 1076/12, EFG 2014, 522.

ländischen Betriebsstätte des Stpfl. genutzt werden. Über § 7g Abs. 6 Nr. 2 2. Halbsatz EStG findet auch die im 1. Halbsatz nicht genannte Voraussetzung „bis zum Ende" des darauffolgenden Wirtschaftsjahrs Anwendung. Grundsätzlich ist hier auf die Ausführungen zum Investitionsabzugsbetrag zu verweisen. Im Vergleich zu § 7g Abs. 4 EStG wird hier die zusätzliche Voraussetzung „des Steuerpflichtigen" verlangt. Strittig ist, ob es sich hierbei tatsächlich um ein zusätzliches vom Gesetzgeber gewolltes Tatbestandsmerkmal handelt oder ob dies keine inhaltliche Abweichung zu § 7g Abs. 1 Satz 2 Nr. 2 Buchst. b und Abs. 4 EStG darstellt.[1] Bei einem zusätzlichen Tatbestandsmerkmal wäre jede Form der Übertragung des (gesamten) Betriebs schädlich.

(*Einstweilen frei*) 153–155

4. Folgen der Inanspruchnahme der Sonderabschreibung

Die Sonderabschreibung nach § 7g Abs. 5 EStG wird zusätzlich zur normalen linearen oder, falls gerade gesetzlich zugelassen, degressiven AfA[2] innerbilanziell vorgenommen. Der Begünstigungszeitraum beträgt nach § 7g Abs. 5 EStG fünf Jahre. Innerhalb dieses Zeitraums kann der Stpfl. nach freiem Ermessen bis zu 20 % der Anschaffungs- und Herstellungskosten als Sonderabschreibung geltend machen. Dadurch hat der Stpfl. ein Gestaltungsmittel, seine Steuerbelastung entsprechend seiner Grenzsteuersätze zu steuern. Die Bemessungsgrundlage für die normale AfA bleibt unverändert. Nachträgliche Anschaffungs- oder Herstellungskosten können innerhalb des Begünstigungszeitraums berücksichtigt werden. Die Inanspruchnahme des 40 %igen Abzugs nach § 7g Abs. 2 Satz 2 EStG mindert die Bemessungsgrundlage. 156

Im Unterschied zum Investitionsabzugsbetrag gibt es keine Höchstbetragsgrenze. Nach Ablauf des fünfjährigen Begünstigungszeitraums (auch wenn die vollen 20 % bereits in Jahr 1 verbraucht wurden) bemisst sich die gewöhnliche Abschreibung nach § 7a Abs. 9 EStG nach dem verbleibenden Restwert des Wirtschaftsguts. 157

Der Begünstigungszeitraum von fünf Jahren ist losgelöst von den Nutzungs- bzw. Bindungsvoraussetzungen, die für die Inanspruchnahme der Sonderabschreibung erfüllt werden müssen.[3] D. h., ab dem dritten Jahr kann z. B. der Pkw hauptsächlich privat genutzt werden. 158

(*Einstweilen frei*) 159–162

5. Rückgängigmachung bei Verstoß gegen die Bindungsvoraussetzungen

Ist ein Verstoß gegen die Nutzungs- bzw. Bindungsvoraussetzungen festzustellen, dann ist die Sonderabschreibung nach § 7g Abs. 6 Nr. 2 i. V. m. Abs. 4 EStG rückgängig zu machen. Die Rückgängigmachung erfolgt entsprechend § 7g Abs. 4 EStG für das jeweilige betroffene Wirtschaftsjahr. Dies betrifft auch die Verzinsung. Dementsprechend ist auf obige Ausführungen zu verweisen (vgl. → Rz. 113 f.). 163

(*Einstweilen frei*) 164–168

---

1 So *Bugge* in Kirchhof/Söhn/Mellinghoff, § 7g EStG Rz. F 13.
2 *Bugge* in Kirchhof/Söhn/Mellinghoff, § 7g EStG Rz. F 2.
3 A. A. BT-Drucks. 16/4841, 53.

VI. Anwendung auf Personengesellschaften und Gemeinschaften (§ 7g Abs. 7 EStG)

169 § 7g Abs. 7 EStG beinhaltet die Klarstellung, dass § 7g Abs. 1 bis 6 EStG auch von Personengesellschaften und Gemeinschaften in Anspruch genommen werden kann. An die Stelle des begünstigungsberechtigten Stpfl. tritt die Gesellschaft oder Gemeinschaft, die somit zum Anspruchsberechtigten (auch Sonderbetriebsvermögen) wird. Zusammenfassend hat dies in der Praxis folgende weitere Auswirkungen:

▶ Investitionsabzugsbetrag und Sonderabschreibung sind in die Feststellungserklärung der Gesellschaft aufzunehmen

▶ Keine Erhöhung bzw. Vervielfältigung der Größenmerkmale und Abzugsgrenzen

▶ Ergänzungsbilanzen und Sonderbetriebsvermögen werden für die Ermittlung der Grenzen und Größenmerkmale berücksichtigt

▶ Begünstigungen gelten auch für Ergänzungsbilanzen und Sonderbetriebsvermögen[1]

▶ Verbringen von begünstigten Wirtschaftsgütern innerhalb der verschiedenen Vermögensbestandteile ist unschädlich

▶ Begünstigung hat auf der Ebene zu erfolgen, der das begünstigte Wirtschaftsgut zugeordnet ist

170 Wird ein neuer Gesellschafter aufgenommen, führt dies aufgrund der Betriebsbezogenheit nicht zur quotalen Auflösung des Investitionsabzugsbetrags.[2] Der Eintretende hat die Mehrsteuer aus dem Hinzurechnungsbetrag nach § 7g Abs. 2 EStG im Wege der außerbilanziellen Hinzurechnung zu tragen. Bei einem ausscheidenden Gesellschafter verbleibt der Steuervorteil bei Austritt vor Hinzurechnung endgültig (Ausnahme: Abzug im Sonderbetriebsvermögen).[3]

171 Bei unterjährigem Gesellschafterwechsel erscheint für die Sonderabschreibung sowohl eine anteilige Zurechnung, als auch eine Zurechnung anhand der Beteiligungsverhältnisse am Bilanzstichtag möglich.[4]

172 Unschädlich ist, falls der Investitionsabzugsbetrag im Gesamthandsvermögen vorgenommen wurde und die Investition im Sonderbetriebsvermögen erfolgt (oder umgekehrt).[5] Die außerbilanzielle Hinzurechnung ist dem BFH nach in dem Vermögensbereich vorzunehmen, in dem die Investition durchgeführt wurde.[6]

173–175 (Einstweilen frei)

---

[1] BFH v. 15.11.2017 - VI R 44/16, NWB DokID: AAAAG-34956.
[2] FG Berlin-Brandenburg v. 6.4.2011 - 1 K 1370/07, EFG 2011, 1531.
[3] HHR/Meyer, § 7g EStG Rz. 100.
[4] Ausführlich hierzu Lechner/Bührer, NWB 2016, 1714 ff.
[5] BFH v. 15.11.2017 - VI R 44/16, NWB DokID: AAAAG-34956; vgl. zu dieser Problematik auch Reddig, NWB 2017, 2028; Grützner, StuB 2018, 321; Paus, NWB 2018, 1212, Hänsch, BBK 2018, 512 und zu möglichen Auswirkungen bei § 15a EStG Rund, EStB 2018, 150.
[6] BFH v. 15.11.2017 - VI R 44/16, NWB DokID: AAAAG-34956; a. A. HHR/Meyer, § 7g EStG Rz. 65 f.; Bugge in Kirchhof/Söhn/Mellinghoff, § 7g EStG Rz. G 10; FG Münster v. 28.6.2017 - 6 K 3183/14 F, EFG 2017, 1594 = NWB DokID: RAAAG-58540, rkr.

VII. Beispielhafte Subventionswirkung des § 7g EStG[1]

Anschaffungskosten: 500 000 €; Nutzungsdauer: fünf Jahre; Absetzung für Abnutzung: linear; Steuersatz: 40 %; Zinssatz vor Steuern: 6 %; Zinssatz nach Steuern: 3,6 %.

176

TAB.

Referenzwert Normal-AfA	t_0	t_1	t_2	t_3	t_4	t_5
AK	-500 000					
AfA		(100 000)	(100 000)	(100 000)	(100 000)	(100 000)
BMG		(-100 000)	(-100 000)	(-100 000)	(-100 000)	(-100 000)
ZR Steuer		40 000	40 000	40 000	40 000	40 000
ZR Gesamt	-500 000	40 000	40 000	40 000	40 000	40 000
NBW	(-319 908)					

1.

§ 7g EStG	t_{-2}	t_{-1}	t_0	t_1	t_2	t_3	t_4	t_5
AK			-500 000					
Investitionsabzugsbetrag	(200 000)		(-200 000)					
Herabsetzung AK			(200 000)					
AfA				(60 000)	(60 000)	(60 000)	(60 000)	(60 000)
BMG	(-200 000)			(-60 000)	(-60 000)	(-60 000)	(-60 000)	(-60 000)
ZR Steuer[1]	80 000			24 000	24 000	24 000	24 000	24 000
ZR Gesamt	80 000		-500 000	24 000	24 000	24 000	24 000	24 000
NBW			(-306 081)					
Subventionswert			13 827					

2.

	t_0	t_1	t_2	t_3	t_4	t_5
AK	-500 000					
Sonder-AfA	(100 000)					
AfA		(100 000)	(100 000)	(100 000)	(100 000)	0
BMG	(-200 000)	(-100 000)	(-100 000)	(-100 000)	(0)	
ZR Steuer[1]	80 000	40 000	40 000	40 000	0	
ZR Gesamt	-500 000	80 000	0 000	40 000	40 000	0
NBW	(-314 815)					
Subventionswert	5 093					

---

[1] In Anlehnung an *Egner/Quinten*, Steuerliche Fragestellungen mittelständischer Unternehmen, 583; weitere Beispiele Schmitting/Rohleder, BBK 2014, 954.

3.

AK		-500 000					
Investitionsabzugsbetrag	(200 000)		(-200 000)				
Herabsetzung AK			(200 000)				
Sonder-AfA			(60 000)				
AfA			(60 000)	(60 000)	(60 000)	(60 000)	0
BMG	(-200 000)		(-120 000)	(-60 000)	(-60 000)	(-60 000)	(0)
ZR Steuer[1]	80 000		48 000	24 000	24 000	24 000	0
ZR Gesamt	80 000	-500 000	48 000	24 000	24 000	24 000	0
NBW		(-303 025)					
Subventionswert		16 883					

177 Die erste Berechnung zeigt den maximalen Subventionswert, der durch die Inanspruchnahme des Investitionsabzugsbetrages i.V. m. der Inanspruchnahme der Herabsetzung der Anschaffungskosten erreicht werden kann. Durch die zweite Rechnung wird dargestellt, wie hoch der Subventionswert maximal ist, wenn nur die Sonderabschreibung in Anspruch genommen wird. Dafür muss der Höchstbetrag von 20 % der Anschaffungskosten in Jahr 1 nach Anschaffung in Anspruch genommen werden. Bei Inanspruchnahme beider Förderinstrumente, wird der höchstmögliche Subventionswert erreicht. Im Beispiel bringt die Geltendmachung der Sonderabschreibung ergänzend zum Investitionsabzugsbetrag einen zusätzlichen Subventionswert – im Vergleich zum 1. Fall (nur Investitionsabzugsbetrag) – i. H. v. 3 056 (= 16 883 – 13 827). Die absolute Höhe der Sonderabschreibung und somit auch ihr Subventionswert sind hier geringer als im 2. Fall (nur Sonderabschreibung), da der Investitionsabzugsbetrag die Bemessungsgrundlage der Sonderabschreibung mindert.

§ 7h Erhöhte Absetzungen bei Gebäuden in Sanierungsgebieten und städtebaulichen Entwicklungsbereichen

(1) ¹Bei einem im Inland belegenen Gebäude in einem förmlich festgelegten Sanierungsgebiet oder städtebaulichen Entwicklungsbereich kann der Steuerpflichtige abweichend von § 7 Absatz 4 und 5 im Jahr der Herstellung und in den folgenden sieben Jahren jeweils bis zu 9 Prozent und in den folgenden vier Jahren jeweils bis zu 7 Prozent der Herstellungskosten für Modernisierungs- und Instandsetzungsmaßnahmen im Sinne des § 177 des Baugesetzbuchs absetzen. ²Satz 1 ist entsprechend anzuwenden auf Herstellungskosten für Maßnahmen, die der Erhaltung, Erneuerung und funktionsgerechten Verwendung eines Gebäudes im Sinne des Satzes 1 dienen, das wegen seiner geschichtlichen, künstlerischen oder städtebaulichen Bedeutung erhalten bleiben soll, und zu deren Durchführung sich der Eigentümer neben bestimmten Modernisierungsmaßnahmen gegenüber der Gemeinde verpflichtet hat. ³Der Steu-

---

1 Annahme: Eine sofortige Verlustverrechnung mit hinreichenden anderen Gewinnen ist möglich.

erpflichtige kann die erhöhten Absetzungen im Jahr des Abschlusses der Maßnahme und in den folgenden elf Jahren auch für Anschaffungskosten in Anspruch nehmen, die auf Maßnahmen im Sinne der Sätze 1 und 2 entfallen, soweit diese nach dem rechtswirksamen Abschluss eines obligatorischen Erwerbsvertrags oder eines gleichstehenden Rechtsakts durchgeführt worden sind. ⁴Die erhöhten Absetzungen können nur in Anspruch genommen werden, soweit die Herstellungs- oder Anschaffungskosten durch Zuschüsse aus Sanierungs- oder Entwicklungsförderungsmitteln nicht gedeckt sind. ⁵Nach Ablauf des Begünstigungszeitraums ist ein Restwert den Herstellungs- oder Anschaffungskosten des Gebäudes oder dem an deren Stelle tretenden Wert hinzuzurechnen; die weiteren Absetzungen für Abnutzung sind einheitlich für das gesamte Gebäude nach dem sich hiernach ergebenden Betrag und dem für das Gebäude maßgebenden Prozentsatz zu bemessen.

(2) ¹Der Steuerpflichtige kann die erhöhten Absetzungen nur in Anspruch nehmen, wenn er durch eine Bescheinigung der zuständigen Gemeindebehörde die Voraussetzungen des Absatzes 1 für das Gebäude und die Maßnahmen nachweist. ²Sind ihm Zuschüsse aus Sanierungs- oder Entwicklungsförderungsmitteln gewährt worden, so hat die Bescheinigung auch deren Höhe zu enthalten; werden ihm solche Zuschüsse nach Ausstellung der Bescheinigung gewährt, so ist diese entsprechend zu ändern.

(3) Die Absätze 1 und 2 sind auf Gebäudeteile, die selbständige unbewegliche Wirtschaftsgüter sind, sowie auf Eigentumswohnungen und auf im Teileigentum stehende Räume entsprechend anzuwenden.

Inhaltsübersicht

	Rz.
A. Allgemeine Erläuterungen	1 - 40
I. Normzweck und wirtschaftliche Bedeutung der Vorschrift	1 - 5
II. Entstehung und Entwicklung der Vorschrift	6 - 10
III. Geltungsbereich	11 - 15
IV. Vereinbarkeit der Vorschrift mit höherrangigem Recht	16 - 20
V. Verhältnis zu anderen Vorschriften	21 - 25
VI. Verfahrensfragen	26 - 40
1. Zweigeteiltes Prüfverfahren	26 - 28
2. Bescheinigung	29 - 31
3. Prüfungsrecht der Finanzbehörde	32 - 40
B. Systematische Kommentierung	41 - 76
I. Erhöhte Absetzungen	41 - 65
1. Absetzungsberechtigter	42
2. Begünstigte Gebäude und Maßnahmen	43 - 55
3. Bemessungsgrundlage	56 - 65
II. Höhe der Absetzungen	66 - 75
III. Gebäudeteile	76
C. Verfahrensfragen	77

HINWEIS:

BMF v. 20. 10. 2003, BStBl 2003 I 546; BMF v. 8. 11. 2004, BStBl 2004 I 1049; BMF (Anwendung des BFH-Urteils v. 22. 9. 2005 - IX R 13/04, BStBl 2007 II 373) v. 16. 5. 2007, BStBl 2007 I 475; OFD Magdeburg, (Anwendung der BFH-Urteile v. 2. 9. 2008 - X R 7/07, BStBl 2009 II 596) v. 24. 6. 2009 - X R 8/08, BStBl 2009 II 960 und v. 3. 5. 2011, StEK EStG § 7h Nr. 22; OFD Nordrhein-Westfalen v. 17. 2. 2015 – Kurzinfo ESt 5/2015, NWB DokID: UAAAE-85262.

LITERATUR:

Kaligin, Immobilieninvestitionen unter Inanspruchnahme der erhöhten Absetzungen nach §§ 7h, 7i EStG, DStR 2008, 1763; *Beck*, Erhöhte Absetzungen bei der Umnutzung von Gebäuden in einem Sanierungsgebiet, DStR 2015, 158; *Beck*, Der X. Senat des BFH ändert seine Rechtsprechung zur Bindungswirkung der Bescheinigung nach § 7h Abs. 2 EStG, NWB 2015, 1318; *ders.*, Bindungswirkung der Bescheinigung nach § 7h Abs. 2 EStG – Bei unterschiedlicher Nutzung des Gebäudes gesonderte Bescheinigungen erforderlich, DStR 2017, 1469; *Neufang*, Afa bei Baudenkmälern und in Sanierungsgebieten, StB 2018, 218.

A. Allgemeine Erläuterungen

I. Normzweck und wirtschaftliche Bedeutung der Vorschrift

1 § 7h EStG gewährt erhöhte Absetzungen für Gebäude in Sanierungsgebieten und städtebaulichen Entwicklungsbereichen. Gebäude und selbständig bewertbare Gebäudeteile im Betriebs- oder Privatvermögen sind begünstigt. Als Subventionsnorm soll § 7h EStG die Wohnraumverbesserung, Bestandserhaltung und Gebäudesanierung unterstützen.[1] Die Norm gewährt eine personenbezogene Abschreibungsbegünstigung für natürliche und juristische Personen, die (un-)beschränkt steuerpflichtig sind.[2]

2 Die Bedeutung der Norm ergibt sich aus der im Jahr der Herstellung und in den folgenden sieben Jahren erhöhten Absetzung von bis zu 9 %. Innerhalb von acht Jahren können demnach maximal 72 % der Herstellungskosten für Modernisierungs- und Instandsetzungsmaßnahmen geltend gemacht werden, die an die Stelle der AfA nach § 7 Abs. 4 EStG treten.[3] Im Anschluss daran können in vier Jahren jeweils bis zu 7 % erhöhte Absetzungen erfolgen (insgesamt 28 %), so dass im Vergleich zur regulären AfA erhebliche Bemessungsgrundlagenminderungen erreicht werden können. Als subventionelle Steuervergünstigung steht die Norm zu Recht in der Kritik.[4]

3 Nach Ablauf des zwölfjährigen Begünstigungszeitraums besteht die Möglichkeit, ein im Privatvermögen angeschafftes und vermietetes Gebäude im Angehörigenkreis zum Verkehrswert zu veräußern. Beim Veräußerer führt dies aufgrund des abgelaufenen Zehnjahreszeitraums nicht zu einem steuerpflichtigen Veräußerungsgeschäft i. S. d. § 23 Abs. 1 Satz 1 Nr. 1 EStG. Beim Erwerber entsteht neues AfA-Potenzial.[5]

4–5 *(Einstweilen frei)*

II. Entstehung und Entwicklung der Vorschrift

6 § 7h EStG ist die Nachfolgeregelung von § 82g EStDV, der letztmals für Baumaßnahmen galt, die vor dem 1.1.1991 abgeschlossen wurden (§ 51 Abs. 1 Nr. 2 Buchst. x Satz 1 2. Halbsatz EStG). § 7h EStG wurde durch das Wohnungsbauförderungsgesetz vom 22.12.1989[6] einge-

---

1 Vgl. *Stuhrmann*, DStZ 1990, 107; BFH v. 3.6.1997 - IX R 24/96, BFH/NV 1998, 155 = NWB DokID: KAAAB-39064; BFH v. 29.3.2001 - IV R 49/99, BStBl 2001 II 437.
2 Vgl. *Pfirrmann* in Kirchhof, § 7h EStG Rz. 1.
3 Die stufen-degressive AfA nach § 7 Abs. 5 ist ausgelaufen und daher aktuell nicht mehr in den Vergleich einzubeziehen.
4 Vgl. *Kulosa* in Schmidt, § 7h EStG Rz. 1; als „letzte Steuerparoase" bei *Kaligin*, DStR 2008, 1763, bezeichnet.
5 Vgl. *Neufang*, StB 2018, 222.
6 BGBl 1989 I 2408.

führt. Durch das Haushaltsbegleitgesetz 2004 vom 29.12.2003[1] wurden die Absetzungsbeträge von 10 mal 10% auf 8 mal 9% und 4 mal 7% abgesenkt. Sprachliche Änderungen erfolgten durch das JStG 2007.[2] Durch Gesetz vom 5.4.2011[3] wurden keine inhaltlichen Änderungen bewirkt.[4]

(Einstweilen frei) 7–10

III. Geltungsbereich

§ 7h EStG betrifft bislang nur im Inland belegene Gebäude des Betriebs- oder Privatvermögens. Die Gebäude müssen in einem förmlich festgelegten Sanierungsgebiet oder in einem städtebaulichen Entwicklungsbereich belegen sein. Erforderlich ist dazu eine Bescheinigung der zuständigen Gemeindebehörde, die weder in rechtlicher noch in tatsächlicher Hinsicht der Nachprüfung durch die Finanzbehörden unterliegt. Die Bescheinigung stellt einen Verwaltungsakt in Form eines Grundlagenbescheides i. S. d. § 175 Abs. 1 Satz 1 Nr. 1 AO dar. 11

(Einstweilen frei) 12–15

IV. Vereinbarkeit der Vorschrift mit höherrangigem Recht

§ 7h EStG begünstigt bislang nur im Inland belegene Gebäude. Bei einer Inlandsvoraussetzung liegt die Überprüfung der europarechtlichen Vereinbarkeit mit den Grundverkehrsfreiheiten nahe.[5] Die Frage ist derzeit noch unbeantwortet.[6] 16

(Einstweilen frei) 17–20

V. Verhältnis zu anderen Vorschriften

§ 7a EStG, der gemeinsame Vorschriften für erhöhte Absetzungen und Sonderabschreibungen enthält, ist zu beachten. 21

§ 7h EStG stellt eine erhöhte Absetzung dar. Es handelt sich nicht um eine Sonder-AfA, denn die Absetzungen nach § 7h EStG treten an die Stelle der AfA nach § 7 Abs. 4 und 5 EStG. § 7a Abs. 1, 3 und 5 bis 8 EStG sind daher zu berücksichtigen. § 7h EStG gilt für Gewinn- und Überschusseinkünfte. Nach § 9 Abs. 1 Nr. 7 EStG sind die erhöhten Absetzungen als Werbungskosten zu berücksichtigen.

Zu Überschneidungen mit § 7i EStG kann es kommen, wenn Baudenkmale in einem Sanierungsgebiet oder in einem städtebaulichen Entwicklungsbereich liegen.[7] § 7a Abs. 5 EStG spricht in diesen Fällen ein Kumulationsverbot aus.

---

1 BGBl 2003 I 3076.
2 JStG 2007 v. 13.6.2006, BGBl 2006 I 2878.
3 BGBl 2011 I 454.
4 Nachdem das BVerfG das HBeglG 2004 für mit dem GG unvereinbar erklärt hatte, zugleich aber die vorläufige Anwendbarkeit der Normen bis zu einer Neuregelung, spätestens bis zum 30.6.2011 anordnete, hat der Gesetzgeber mit Gesetz v. 5.4.2011 die Regelungen des HBeglG 2004 bestätigt.
5 Vgl. *Cloer/Vogel*, DB 2010, 1901, 1903.
6 In der Liste potenziell EU-rechtswidriger Normen von *Kessler/Spengel*, DB 2017, Beilage 1 zu Heft 6 taucht § 7h EStG indes nicht auf.
7 Vgl. *Bartone* in Korn, § 7 EStG Rz. 5.

§ 10f EStG, der u. a. eine Steuerbegünstigung für zu eigenen Wohnzwecken genutzte Gebäude in Sanierungsgebieten und städtebaulichen Entwicklungsbereichen gewährt, knüpft insoweit an die Voraussetzungen des § 7h EStG an.

§ 11a EStG ermöglicht die gleichmäßige Verteilung von Erhaltungsaufwand bei Gebäuden in Sanierungsgebieten und städtebaulichen Entwicklungsbereichen auf zwei bis fünf Jahre.

Potenzielle Berührungspunkte sind zur Verlustverrechnungsbeschränkung nach § 15b EStG möglich.[1]

22–25 (Einstweilen frei)

VI. Verfahrensfragen

1. Zweigeteiltes Prüfverfahren

26 Die Voraussetzungen zur Inanspruchnahme des § 7h EStG werden nur in dem Veranlagungszeitraum geprüft, in dem die begünstigten Baumaßnahmen fertiggestellt worden sind. Es ist ohne Bedeutung, wenn die zugrundeliegende Sanierungssatzung während oder nach Durchführung der Maßnahme aufgehoben wird.[2] Die Nachholung versehentlich unterlassener erhöhter Absetzungen nach § 7h EStG ist nicht möglich.[3]

27 Das förmliche Prüfverfahren ist zweigeteilt. Es obliegt zunächst allein der zuständigen Gemeindebehörde. Sie muss nach den länderspezifischen Bescheinigungsrichtlinien prüfen, ob sich das Gebäude in einem förmlich festgelegten Sanierungsgebiet oder einem städtebaulichen Entwicklungsbereich befindet, ob Modernisierungs- und Instandsetzungsmaßnahmen i. S. d. § 177 BauGB oder andere Maßnahmen i. S. d. § 7h Abs. 1 Satz 2 EStG durchgeführt worden sind, in welcher Höhe Aufwendungen angefallen und inwieweit Zuschüsse aus öffentlichen Mitteln durch eine der für Sanierungsgebiete oder städtebauliche Entwicklungsbereiche zuständigen Behörden bewilligt worden sind oder nach Ausstellung der Bescheinigung bewilligt werden. Auf Basis der Wertungen des Baugesetzbuchs muss entschieden werden, wie die Begriffe „Modernisierung" und „Instandsetzung" zu verstehen sind und ob darunter auch ein Neubau in bautechnischem Sinne zu subsumieren ist.[4]

28 Eine Übersicht über die Veröffentlichung der länderspezifischen Bescheinigungsrichtlinien enthält das BMF-Schreiben vom 8.11.2004.[5] Zur Änderung der Bescheinigung vgl. R 7h Abs. 4 Satz 1 EStR.

2. Bescheinigung

29 Die Bescheinigung ist materiell-rechtliche Abzugsvoraussetzung und stellt einen Verwaltungsakt in Form eines Grundlagenbescheides dar, an den die Finanzbehörden im Rahmen des gesetzlich vorgegebenen Umfangs gebunden sind (§ 175 Abs. 1 Satz 1 Nr. 1 AO). Die Bindungswirkung ist unabhängig von der Rechtmäßigkeit der Bescheinigung.[6] Das erstreckt sich auf die Tatbestandsmerkmale des § 7h Abs. 1 EStG, nämlich auf die Feststellung, ob das Gebäude in

---

1 Vgl. Kaligin, DStR 2008, 1767.
2 Vgl. R 7h Abs. 7 EStR.
3 Vgl. R 7h Abs. 3 Satz 2 EStR.
4 BFH v. 22.10.2014 – X R 15/13, BStBl 2015 II 367.
5 BMF v. 8.11.2004, BStBl 2004 I 1049.
6 BFH v. 10.10.2017 – X R 6/16, Rz. 25, DStRE 2018, 335 = NWB DokID: RAAAG-77118.

einem Sanierungsgebiet belegen ist, ob Modernisierungs- und Instandsetzungsmaßnahmen i. S. d. § 177 BauGB bzw. Maßnahmen i. S. d. § 7h Abs. 1 Satz 2 EStG durchgeführt und ob Zuschüsse aus Sanierungs- oder Entwicklungsfördermitteln gewährt worden sind.[1] Allein die Gemeinde prüft, ob Modernisierungs- und Instandsetzungsmaßnahmen i. S. d. § 177 BauGB durchgeführt wurden, und entscheidet insbesondere nach Maßgabe des BauGB, wie die Begriffe „Modernisierung" und „Instandsetzung" zu verstehen sind. Eine wirksame Bescheinigung, die nicht zurückgenommen oder widerrufen ist, muss zugrunde gelegt werden. Ist allerdings offensichtlich, dass die Bescheinigung für Maßnahmen erteilt worden ist, bei denen die Voraussetzungen nicht vorliegen, hat die Finanzbehörde diesbezüglich ein Remonstrationsrecht und ist auf den Verwaltungsrechtsweg verwiesen.[2] Sie kann die Gemeindebehörde zur Überprüfung veranlassen sowie um Rücknahme oder Änderung der Bescheinigung (§ 48 Abs. 1 VwVfG) bitten.[3] Die Gemeindebehörde teilt dem Finanzamt die Rücknahme oder Änderung der Bescheinigung mit (§ 4 EStG Mitteilungsverordnung).[4]

Eine Änderung der Sanierungssatzung während oder nach Durchführung der Maßnahmen ist unschädlich.[5] In Fällen, in denen ein Gebäude mehrere Wirtschaftsgüter bildet, weil es in unterschiedlichen Nutzungszusammenhängen steht, ist für jedes Wirtschaftsgut eine eigene Bescheinigung erforderlich.[6]

Die Entscheidung über das Vorliegen der übrigen steuerrechtlich bedeutsamen Tatbestandsmerkmale, insbesondere die Höhe der Herstellungskosten, fällt jedoch in die Zuständigkeit der Finanzbehörden.[7]

Die Bindungswirkung der Bescheinigung schließt die persönliche Abschreibungsberechtigung nicht mit ein.[8]

Soweit für die Festsetzung einer Steuer ein anderer Verwaltungsakt bindend ist (Grundlagenbescheid), endet die Festsetzungsfrist nach § 171 Abs. 10 AO nicht vor Ablauf von zwei Jahren nach Bekanntgabe des Grundlagenbescheids. Grundlagenbescheide ressortfremder Behörden – so bspw. die nach § 7h EStG erforderliche Bescheinigung der Gemeinde – bewirken nach der BFH-Rechtsprechung nur dann eine Ablaufhemmung, wenn sie vor Ablauf der Festsetzungsfrist für die betroffene Steuer erlassen worden sind.[9]

---

1 BFH v. 17.4.2018 - IX R 27/17, Rz. 14 = NWB DokID: YAAAG-90835.
2 Vgl. R 7h Abs. 4 Satz 4 EStR; BFH v. 21.8.2001 - IX R 20/99, BStBl 2003 II 910; BFH v. 6.5.2014 - IX R 15/13, BFH/NV 2014, 1818 = NWB DokID: DAAAE-72866; IX R 16/13, BFH/NV 2014, 1729 = NWB DokID: JAAAE-73554; IX R 17/13, BFH/NV 2014, 1731 = NWB DokID: TAAAE-73555; vgl. dazu Beck, DStR 2015, 158; Neufang, StB 2018, 219 f.
3 BFH v. 17.12.1996 - IX R 91/94, BStBl 1997 II 398.
4 Mitteilungsverordnung v. 7.9.1993, BGBl 1993 I 1554.
5 Vgl. R 7h Abs. 7 EStR.
6 BFH v. 6.12.2016 - IX R 17/15, BStBl. 2017 II 523 = NWB DokID: NAAAG-41510; kritisch Beck, DStR 2017, 1469.
7 Vgl. BFH v. 22.10.2014 - X R 15/13, DStRE 2015, 308; keine Bindungswirkung besteht hinsichtlich der Höhe der begünstigten Herstellungskosten, da bei Maßnahmen des § 7h EStG nicht gesetzlich vorgeschrieben ist, dass sich aus der Bescheinigung auch der Höhe der begünstigten Aufwendungen ergeben muss.
8 Vgl. BFH v. 21.8.2001 - IX R 20/99, BStBl 2003 II 910.
9 Vgl. BFH v. 21.2.2013 - V R 27/11, BStBl 2013 II 529.

3. Prüfungsrecht der Finanzbehörde

32 In dem zweigeteilten Verfahren hat die Finanzbehörde ein eigenständiges Prüfungsrecht. Dabei wird beurteilt,

- ob die vorgelegte Bescheinigung von der zuständigen Gemeindebehörde ausgestellt worden ist,
- ob die bescheinigten Aufwendungen steuerrechtlich dem Gebäude i. S. d. § 7h Abs. 1 EStG zuzuordnen sind,
- ob die bescheinigten Aufwendungen zu den Herstellungskosten oder den nach § 7h Abs. 1 Satz 3 EStG begünstigten Anschaffungskosten, zu den sofort abziehbaren Betriebsausgaben oder Werbungskosten, insbesondere zum Erhaltungsaufwand, oder zu den nicht abziehbaren Ausgaben gehören,
- ob weitere Zuschüsse für die bescheinigten Aufwendungen gezahlt werden oder worden sind,
- ob die Aufwendungen bei einer Einkunftsart oder bei einem zu eigenen Wohnzwecken genutzten Gebäude wie Sonderausgaben (§ 10f EStG) berücksichtigt werden können,
- in welchem VZ die erhöhten Absetzungen, die Verteilung von Erhaltungsaufwand (§ 11a EStG) oder der Abzug wie Sonderausgaben (§ 10f EStG) erstmals in Anspruch genommen werden können.

33 Einer Begünstigung nach § 7h EStG steht nicht entgegen, dass die Modernisierungs- und Instandhaltungsmaßnahmen aufgrund einer konkreten vertraglichen Vereinbarung zwischen Eigentümer und Gemeinde durchgeführt werden; es besteht auch hier die Prüfungs- und Bescheinigungspflicht.[1]

34–40 (Einstweilen frei)

B. Systematische Kommentierung

I. Erhöhte Absetzungen

41 Der von § 7h EStG vorgesehene Begünstigungszeitraum umfasst insgesamt zwölf Jahre und beginnt mit dem Jahr der Herstellung i. S. v. § 9a EStDV oder mit dem Jahr, in dem die geförderte Maßnahme abgeschlossen wird. Innerhalb des Begünstigungszeitraums von zwölf Jahren kann mit 8 x 9 % und mit 4 x 7 % eine Vollabschreibung erreicht werden.

1. Absetzungsberechtigter

42 Die erhöhten Absetzungen nach § 7h EStG kann geltend machen, wer das Gebäude zur Erzielung von Einkünften einsetzt und die Aufwendungen getragen hat.[2] Die Steuervergünstigung gilt grds. für alle Einkunftsarten.[3] Begünstigt sind sowohl Investitionen natürlicher als auch juristischer Personen. Bei Personengesellschaften ist jeweils der Gesellschafter berechtigt.[4] Den Miteigentümern eines Gebäudes stehen erhöhte Absetzungen nach § 7h EStG grundsätzlich im Verhältnis ihrer Eigentumsanteile zu (vgl. § 7a Abs. 7 EStG). Abweichende Vereinbarun-

---

1 Vgl. R 7h Abs. 6 EStR.
2 Vgl. HHR/Clausen, § 7h EStG Anm. 4, mit Hinweis auf BFH v. 21. 8. 2001 - IX R 20/99, BStBl 2003 II 910.
3 Vgl. Erhard in Blümich, § 7h EStG Rz. 11.
4 Vgl. BFH v. 17. 7. 2011 - IX R 50/98, BStBl 2001 II 760; BFH v. 7. 11. 2006 - VIII R 13/04, BStBl 2008 II 545.

gen können berücksichtigt werden, wenn diese bürgerlich-rechtlich wirksam sind und wirtschaftlich vernünftige Gründe vorliegen. Die erhöhten Absetzungen nach § 7h EStG können nur demjenigen Miteigentümer zugerechnet werden, der die Anschaffungs- oder Herstellungskosten getragen hat.[1]

Die persönliche Abzugsberechtigung wird von der Bescheinigung nicht erfasst.[2]

Zu den Besonderheiten bei Baumaßnahmen i. S. d. § 7h EStG im Rahmen von Bauherrenmodellen vgl. BMF v. 20. 10. 2003.[3]

2. Begünstigte Gebäude und Maßnahmen

Begünstigt sind Investitionsmaßnahmen an inländischen Gebäuden des Betriebs- oder Privatvermögens. An den Gebäudebegriff sind die allgemeinen Anforderungen hinsichtlich eines einheitlichen Nutzungs- und Funktionszusammenhangs zu stellen. Selbständige Gebäudeteile, Eigentumswohnungen oder Teileigentum sind den Gebäuden gleichgestellt (vgl. § 7h Abs. 3 EStG). § 7h EStG knüpft an die allgemeinen Voraussetzungen zur Geltendmachung der AfA an. Daher sind Gebäude, die dem Umlaufvermögen zuzuordnen sind, nicht der erhöhten Absetzung zugänglich.[4]

Die Gebäude müssen in einem förmlich festgestellten Sanierungsgebiet (§ 142 Abs. 1 Satz 1 BauGB) oder in einem städtebaulichen Entwicklungsbereich (§ 165 Abs. 3 Satz 1 und Abs. 4 Satz 1 BauGB) belegen sein, was voraussetzt, dass die Gemeinde eine entsprechende Sanierungssatzung oder eine Entwicklungssatzung beschlossen hat.[5]

Erfasst werden Baumaßnahmen an bestehenden Gebäuden, die auf einem Modernisierungs- und Instandsetzungsgebot gem. § 177 BauGB oder einer konkreten vertraglichen Vereinbarung mit der Gemeinde basieren.[6] Nicht begünstigt sind deshalb Baumaßnahmen auf freiwilliger Grundlage. Auch die bloße Auflage in einer Baugenehmigung ist nicht ausreichend.[7]

Die in § 177 BauGB vorgesehenen Maßnahmen betreffen die Beseitigung von Missständen und Mängeln, zu deren Durchführung die Gemeinde den Eigentümer zwingen kann.

§ 7h Abs. 1 Satz 2 EStG bezieht sich auf Herstellungskosten für Maßnahmen, die der Erhaltung, Erneuerung und funktionsgerechten Verwendung eines Gebäudes dienen, das wegen seiner geschichtlichen, künstlerischen oder städtebaulichen Bedeutung erhalten bleiben soll, sofern sich der Eigentümer gegenüber der Gemeinde dazu verpflichtet hat.[8] Das betrifft freiwillig aufgewendete Herstellungskosten zur Erhaltung, Erneuerung und funktionsgerechten Verwendung eines Gebäudes.[9]

Der Steuerpflichtige kann die erhöhten Absetzungen ebenfalls für Anschaffungskosten in Anspruch nehmen, die auf Maßnahmen i. S. d. Sätze 1 und 2 entfallen, soweit diese nach dem

---

1 Vgl. R 7h Abs. 1 u. R 21.6 EStR.
2 Vgl. BFH v. 21. 8. 2001 - IX R 20/99, BStBl 2003 II 910.
3 Vgl. BMF v. 20. 10. 2003, BStBl 2003 I 546.
4 Vgl. *Pfirrmann* in Kirchhof, § 7 EStG Rz. 1.
5 Vgl. *Bartone* in Korn, § 7h EStG Rz. 6.
6 Zum öffentlich-rechtlichen Vertrag vgl. *Bartone* in Korn, § 7h EStG Rz. 7.
7 Vgl. *Bartone* in Korn, § 7h EStG Rz. 7.
8 Vgl. *Kulosa* in Schmidt, § 7h EStG Rz. 3, mit dem Hinweis, dass in diesem Fall ein Gebot nach § 177 BauGB nicht ergehen kann.
9 Vgl. HHR/*Clausen*, § 7h EStG Anm. 18.

rechtswirksamen Abschluss eines obligatorischen Erwerbsvertrages oder eines gleichstehenden Rechtsakts durchgeführt worden sind (§ 7h Abs. 1 Satz 3 EStG). Als obligatorische Erwerbsverträge kommen Kaufvertrag (§ 433 BGB) und Tauschvertrag (§ 480 BGB) in Betracht. Gleichstehende Rechtsakte sind der Erbfall (§ 1922 BGB), ein angenommenes Vermächtnis (§§ 2147 ff., 2180 BGB), der Zuschlag in einem Zwangsversteigerungsverfahren (§§ 56, 90 ZVG) oder der Erwerb von Anteilen an einer Personengesellschaft.[1]

48 Für Teilherstellungskosten können noch keine erhöhten Absetzungen geltend gemacht werden.[2]

49 Erhaltungsaufwand bei Gebäuden in Sanierungsgebieten und städtebaulichen Entwicklungsbereichen kann nach § 11a EStG auf zwei bis fünf Jahre gleichmäßig verteilt werden.

50 Wird ein Gebäude, bei dem erhöhte Absetzungen nach § 7h EStG vorgenommen werden, aus dem Betriebsvermögen in das Privatvermögen oder umgekehrt überführt, ist eine sich dabei ergebende Erhöhung oder Minderung der Bemessungsgrundlage dem Teil des Gebäudes zuzuordnen, für den keine erhöhten Absetzungen nach § 7h EStG gewährt werden.[3] Die Bemessungsgrundlage für die erhöhte Absetzung soll sich durch den Transfer nicht ändern.[4]

51–55 (Einstweilen frei)

3. Bemessungsgrundlage

56 Bemessungsgrundlage für die erhöhten Absetzungen nach § 7h EStG sind die Herstellungskosten. § 7h Abs. 1 Satz 1 EStG verweist insoweit auf § 177 BauGB. Darüber hinaus sind die bereits genannten Maßnahmen zur Erhaltung, Erneuerung und funktionsgerechten Verwendung (§ 7h Abs. 1 Satz 2 EStG) begünstigt.

57 Erhaltungsaufwand kann unter den Voraussetzungen des § 7h EStG auf bis zu fünf Jahre verteilt werden.[5] § 7h Abs. 1 Satz 3 EStG begünstigt Anschaffungskosten, wenn der Erwerber des Gebäudes nicht als Bauherr anzusehen ist (Sanierung im Rahmen von Erwerbermodellen). Anschaffungskosten sind nur insoweit begünstigt, als sie Herstellungskosten betreffen und nach Abschluss des obligatorischen Erwerbsvertrags oder des gleichstehenden Rechtsakts durchgeführt worden sind.[6] Dabei wird nur der Teil, der auf Baumaßnahmen i. S. d. § 7h Abs. 1 Satz 1 und 2 EStG entfällt, begünstigt, so dass der Kaufpreis aufzuteilen ist.

58 Die Bemessungsgrundlage wird nach § 7h Abs. 1 Satz 4 EStG um gewährte Zuschüsse für begünstigte Baumaßnahmen gekürzt. Es muss sich dabei um Zuschüsse handeln, die aus Sanierungs- oder Entwicklungsmitteln gewährt werden (vgl. § 177 Abs. 4 und 5 BauGB). Auch andere Zuschüsse werden nach allgemeinen Grundsätzen ebenfalls abgezogen.[7] Bei nachträglicher Zuschussgewährung mindert sich die Bemessungsgrundlage vom Jahr der Zuschussgewäh-

---

1 Vgl. *Bartone* in Korn, § 7h EStG Rz. 11.2, mit Negativabgrenzung gegenüber einem unwiderruflichen notariellen Kaufangebot.
2 Vgl. *Kulosa* in Schmidt, § 7h EStG Rz. 3.
3 So R 7h Abs. 2 EStR.
4 Vgl. *Bartone* in Korn, § 7h EStG Rz. 12.
5 § 11a EStG; *Kulosa* in Schmidt, § 7h EStG Rz. 3.
6 Vgl. *Kulosa* in Schmidt, § 7h EStG Rz. 5: „Erst kaufen, dann sanieren"; vgl. *Beck*, DStR 2015, 158.
7 Vgl. HHR/*Clausen*, § 7h EStG Anm. 19; *Kulosa* in Schmidt, § 7h EStG Rz. 6, offen bei *Bartone* in Korn, § 7h EStG Rz. 14.

rung an (§ 7a Abs. 1 Satz 3 EStG). Werden Darlehensmittel in Zuschüsse umgewandelt, wirkt sich dies nicht auf die Qualifikation zum Zahlungszeitpunkt aus.[1]

(Einstweilen frei) 59–65

II. Höhe der Absetzungen

Der Begünstigungszeitraum des § 7h EStG beginnt mit dem Jahr der Herstellung oder Anschaffung (vgl. § 9a EStDV). Die jährlichen Absetzungen betragen in den ersten acht Jahren des Begünstigungszeitraums maximal 9 %, in den folgenden vier Jahren maximal 7 %, so dass am Ende des Begünstigungszeitraums die vollständige Absetzung erreicht werden kann, aber nicht muss. 66

Allerdings nennt die Norm die jeweiligen Höchstsätze, von denen der Steuerpflichtige nach unten abweichen kann. Eine Nachholung nicht ausgeschöpfter Beträge ist nicht möglich.[2] Nach Ablauf des Begünstigungszeitraums ist ein Restwert den Herstellungs- oder Anschaffungskosten des Gebäudes oder dem an deren Stelle tretenden Wert hinzuzurechnen. Der Restwert wird damit im Ergebnis wie nachträgliche Herstellungskosten behandelt. 67

Die AfA sind einheitlich für das gesamte Gebäude nach dem sich hiernach ergebenden Betrag mit dem für das Gebäude maßgebenden Prozentsatz zu bemessen. 68

Die erhöhten Absetzungen sind grds. Ganzjahresbeträge. Auch im Jahr der Veräußerung kann der volle Betrag geltend gemacht werden.[3] 69

Bleibt nach dem Ausschöpfen der erhöhten Absetzungen noch ein Restwert, so ist dieser nach § 7h Abs. 1 Satz 5 EStG in die Bemessungsgrundlage für die normale Gebäude-AfA einzubeziehen.[4] 70

(Einstweilen frei) 71–75

III. Gebäudeteile

Nach § 7h Abs. 3 EStG sind Gebäudeteile, die selbständige unbewegliche Wirtschaftsgüter darstellen, ebenfalls begünstigte Objekte. Weiterhin sind begünstigt Eigentumswohnungen sowie das Teileigentum i. S. v. § 1 Abs. 3 WoEigG.[5] Die Regelung ist wortgleich mit § 7 Abs. 5a EStG. 76

C. Verfahrensfragen

Siehe hierzu → Rz. 26 ff. 77

---

1 Vgl. BFH v. 7.12.2010 - IX R 46/09, BStBl 2012 II 310.
2 Vgl. *Erhard* in Blümich, § 7h EStG Rz. 32.
3 Vgl. BFH v. 18.6.1996 - IX R 40/95, BStBl 1996 II 645 zu § 7i; ablehnend *Kulosa* in Schmidt, § 7h EStG Rz. 8.
4 Bei einem Gebäude, das aus mehreren Wirtschaftsgütern besteht, ist der Restwert auf die Bemessungsgrundlagen der einzelnen Wirtschaftsgüter aufzuteilen; vgl. *Kulosa* in Schmidt, § 7h EStG Rz. 9.
5 Vgl. *Erhard* in Blümich, § 7h EStG Rz. 46.

§ 7i Erhöhte Absetzungen bei Baudenkmalen

(1) ¹Bei einem im Inland belegenen Gebäude, das nach den jeweiligen landesrechtlichen Vorschriften ein Baudenkmal ist, kann der Steuerpflichtige abweichend von § 7 Absatz 4 und 5 im Jahr der Herstellung und in den folgenden sieben Jahren jeweils bis zu 9 Prozent und in den folgenden vier Jahren jeweils bis zu 7 Prozent der Herstellungskosten für Baumaßnahmen, die nach Art und Umfang zur Erhaltung des Gebäudes als Baudenkmal oder zu seiner sinnvollen Nutzung erforderlich sind, absetzen. ²Eine sinnvolle Nutzung ist nur anzunehmen, wenn das Gebäude in der Weise genutzt wird, dass die Erhaltung der schützenswerten Substanz des Gebäudes auf die Dauer gewährleistet ist. ³Bei einem im Inland belegenen Gebäudeteil, das nach den jeweiligen landesrechtlichen Vorschriften ein Baudenkmal ist, sind die Sätze 1 und 2 entsprechend anzuwenden. ⁴Bei einem im Inland belegenen Gebäude oder Gebäudeteil, das für sich allein nicht die Voraussetzungen für ein Baudenkmal erfüllt, aber Teil einer Gebäudegruppe oder Gesamtanlage ist, die nach den jeweiligen landesrechtlichen Vorschriften als Einheit geschützt ist, kann der Steuerpflichtige die erhöhten Absetzungen von den Herstellungskosten für Baumaßnahmen vornehmen, die nach Art und Umfang zur Erhaltung des schützenswerten äußeren Erscheinungsbildes der Gebäudegruppe oder Gesamtanlage erforderlich sind. ⁵Der Steuerpflichtige kann die erhöhten Absetzungen im Jahr des Abschlusses der Baumaßnahme und in den folgenden elf Jahren auch für Anschaffungskosten in Anspruch nehmen, die auf Baumaßnahmen im Sinne der Sätze 1 bis 4 entfallen, soweit diese nach dem rechtswirksamen Abschluss eines obligatorischen Erwerbsvertrags oder eines gleichstehenden Rechtsakts durchgeführt worden sind. ⁶Die Baumaßnahmen müssen in Abstimmung mit der in Absatz 2 bezeichneten Stelle durchgeführt worden sein. ⁷Die erhöhten Absetzungen können nur in Anspruch genommen werden, soweit die Herstellungs- oder Anschaffungskosten nicht durch Zuschüsse aus öffentlichen Kassen gedeckt sind. ⁸§ 7h Absatz 1 Satz 5 ist entsprechend anzuwenden.

(2) ¹Der Steuerpflichtige kann die erhöhten Absetzungen nur in Anspruch nehmen, wenn er durch eine Bescheinigung der nach Landesrecht zuständigen oder von der Landesregierung bestimmten Stelle die Voraussetzungen des Absatzes 1 für das Gebäude oder Gebäudeteil und für die Erforderlichkeit der Aufwendungen nachweist. ²Hat eine der für Denkmalschutz oder Denkmalpflege zuständigen Behörden ihm Zuschüsse gewährt, so hat die Bescheinigung auch deren Höhe zu enthalten; werden ihm solche Zuschüsse nach Ausstellung der Bescheinigung gewährt, so ist diese entsprechend zu ändern.

(3) § 7h Absatz 3 ist entsprechend anzuwenden.

Inhaltsübersicht

	Rz.
A. Allgemeine Erläuterungen	1 - 45
I. Normzweck und wirtschaftliche Bedeutung der Vorschrift	1 - 5
II. Entstehung und Entwicklung der Vorschrift	6 - 10
III. Geltungsbereich	11 - 15
IV. Vereinbarkeit der Vorschrift mit höherrangigem Recht	16 - 20
V. Verhältnis zu anderen Vorschriften	21 - 25
VI. Verfahrensfragen	26 - 45
1. Zweigeteiltes Prüfverfahren	26 - 35
2. Bescheinigung	36 - 45

B. Systematische Kommentierung — 46 - 80
I. Erhöhte Absetzungen — 46 - 60
1. Absetzungsberechtigter — 47 - 48
2. Begünstigte Gebäude und Maßnahmen — 49 - 51
3. Bemessungsgrundlage — 52 - 60
II. Höhe der Absetzungen — 61 - 70
1. Erhöhte Absetzungen im Begünstigungszeitraum — 61 - 62
2. Restwert-AfA — 63 - 70
III. Nachweis der Erforderlichkeit der Maßnahmen — 71 - 75
IV. Selbständige Gebäudeteile — 76 - 80
C. Verfahrensfragen — 81

HINWEIS:

BMF v. 20.10.2003, BStBl 2003 I 546; BMF v. 8.11.2004, BStBl 2004 I 1049; BMF (Anwendung des BFH-Urteils v. 22.9.2005 - IX R 13/04, BStBl 2007 II 373) v. 16.5.2007, BStBl 2007 I 475; OFD Magdeburg (Anwendung der BFH-Urteile v. 2.9.2008 – X R 7/07, BStBl 2009 II 596, v. 24.6.2009 - X R 8/08, BStBl 2009 II 960 und v. 3.5.2011, StEK EStG § 7h Nr. 22; OFD Nordrhein-Westfalen v. 17.2.2015 – Kurzinfo ESt 5/2015, NWB DokID: UAAAE-85262.

LITERATUR:

Kaligin, Immobilieninvestitionen unter Inanspruchnahme der erhöhten Absetzungen nach §§ 7h, 7i EStG, DStR 2008, 1763; *Beck*, Erhöhte Absetzungen bei der Umnutzung von Gebäuden in einem Sanierungsgebiet, DStR 2015, 158; *Haupt*, BFH zur Feststellungsverjährung bei Denkmalabschreibung – Bauträgerfälle als Verjährungsfalle?, BB 2016, 160; *Klein*, Aktuelle Zweifelsfragen der Steuerbegünstigung von Baudenkmälern, DStR 2016, 1399.

A. Allgemeine Erläuterungen

I. Normzweck und wirtschaftliche Bedeutung der Vorschrift

§ 7i EStG gewährt erhöhte Absetzungen für Baudenkmale. Gebäude und selbständig bewertbare Gebäudeteile sowie Gebäude oder Gebäudeteile, die für sich nicht allein die Voraussetzungen für ein Baudenkmal erfüllen, aber Teil einer Gebäudegruppe oder Gesamtanlage sind, werden durch § 7i EStG begünstigt. Als Subventionsnorm soll § 7i EStG den Denkmalschutz über eine erhöhte Absetzung mit steuerstundender Wirkung unterstützen.[1]

Die Norm gewährt eine personenbezogene Abschreibungsbegünstigung für natürliche und juristische Personen, die (un-)beschränkt steuerpflichtig sind.[2] Die Bedeutung der Norm ergibt sich aus der im Jahr der Herstellung und in den folgenden sieben Jahren erhöhten Absetzung von jeweils bis zu 9 %. Innerhalb von acht Jahren können demnach maximal 72 % der Herstellungskosten für Baumaßnahmen, die nach Art und Umfang zur Erhaltung des Gebäudes als Baudenkmal oder zu seiner sinnvollen Nutzung erforderlich sind, geltend gemacht werden. Diese treten an die Stelle der AfA nach § 7 Abs. 4 EStG.[3] Nach Ablauf des ersten Begünstigungszeitraums können in vier Jahren jeweils bis zu 7 % der Herstellungskosten geltend gemacht werden (insgesamt 28 %), so dass im Vergleich zur regulären AfA nach § 7 Abs. 4 EStG (mit 2

---

[1] Vgl. *Bruckmeier* in Kirchhof/Söhn/Mellinghoff, § 7i Rz. A1.
[2] Vgl. *Pfirrmann* in Kirchhof, § 7i EStG Rz. 1.
[3] Die stufen-degressive AfA nach § 7 Abs. 5 EStG ist zum 1.1.2006 (Bauantrag/obligatorischer Vertrag) ausgelaufen und daher aktuell nicht mehr in den Vergleich einzubeziehen.

oder 3 % p. a.) erhebliche Bemessungsgrundlagenminderungen und Steuerstundungen erreicht werden können. Als subventionelle Steuervergünstigung steht die Norm zu Recht in der Kritik.[1]

3–5 (Einstweilen frei)

II. Entstehung und Entwicklung der Vorschrift

6 § 7i EStG ist die Nachfolgeregelung zu § 82i EStDV, der letztmals für Baumaßnahmen galt, die vor dem 1. 1. 1991 abgeschlossen wurden (§ 51 Abs. 1 Nr. 2 Buchst. y Satz 1 EStG). Für Denkmalschutzinvestitionen, die im Gebiet der ehemaligen DDR verwirklicht wurden, kam § 82i EStDV nie zur Anwendung (§ 57 Abs. 2 EStG).[2] Das WoBauFG vom 22. 12. 1989[3] führte § 7i EStG ein und erweiterte die Förderung gegenüber § 82i EStDV durch Anwendung auf bestimmte Anschaffungsfälle.

7–10 (Einstweilen frei)

III. Geltungsbereich

11 § 7i betrifft bislang nur im Inland belegene Gebäude des Betriebs- oder Privatvermögens. Die Gebäude müssen nach landesrechtlichen Vorschriften als Baudenkmal anerkannt sein. Erforderlich ist dazu eine Bescheinigung der Denkmalbehörde, die weder in rechtlicher noch in tatsächlicher Hinsicht der Nachprüfung durch die Finanzbehörden unterliegt. Die Bescheinigung stellt einen Verwaltungsakt in Form eines Grundlagenbescheids i. S. d. § 175 Abs. 1 Satz 1 Nr. 1 AO dar.[4]

12–15 (Einstweilen frei)

IV. Vereinbarkeit der Vorschrift mit höherrangigem Recht

16 § 7i EStG begünstigt wie § 7h EStG bislang nur im Inland belegene Gebäude. Bei einer Inlandsvoraussetzung liegt die Überprüfung der europarechtlichen Vereinbarkeit mit den Grundverkehrsfreiheiten nahe.[5] Die Frage ist derzeit noch unbeantwortet.[6] Allerdings hat der EuGH eine vergleichbare niederländische Regelung bereits akzeptiert.[7] Der Erhalt von Baudenkmalen kann als innerstaatliche Kulturangelegenheit zum Schutz des nationalen kulturgeschichtlichen Erbes interpretiert werden.[8]

17–20 (Einstweilen frei)

---

1 Vgl. *Kulosa* in Schmidt, § 7i EStG Rz. 9; als „letzte Steuersparoase" bei *Kaligin*, DStR 2008, 1763 bezeichnet; zur Rechtfertigung der Förderung *Klein*, DStR 2016, 1399.
2 HHR/ *Clausen*, § 7i EStG Rz. 2.
3 BGBl 1989 I 2408.
4 Vgl. HHR/*Clausen*, § 7i Rz. 35; Kulosa in Schmidt, § 7i Rz. 8.
5 Vgl. *Cloer/Vogel*, DB 2010, 1901, 1903.
6 In der Liste potenziell EU-rechtswidriger Normen von *Kessler/Spengel*, DB 2018, Beilage 1 zu Heft 5, taucht § 7i EStG indes nicht auf.
7 Vgl. EuGH v. 18. 12. 2014 – C-87/13, IStR 2015, 70.
8 Vgl. *Klein*, DStR 2016, 1401; HHR/ *Clausen*, § 7i Rz. 10.

V. Verhältnis zu anderen Vorschriften

Die erhöhten Absetzungen nach § 7i EStG stellen Betriebsausgaben i. S. d. § 4 Abs. 4 EStG oder Werbungskosten i. S. d. § 9 Abs. 1 Satz 3 Nr. 7 EStG dar. § 7a EStG, der gemeinsame Vorschriften für erhöhte Absetzungen und Sonderabschreibungen enthält, ist zu beachten. § 6 Abs. 1 Nr. 1a EStG ist vorrangig anzuwenden.[1] § 7h EStG stellt eine erhöhte Absetzung dar. Es handelt sich nicht um eine Sonder-AfA, denn die Absetzungen nach § 7h EStG treten an die Stelle der AfA nach § 7 Abs. 4 und 5 EStG. § 7 Abs. 1, 3 und 5 bis 8 EStG sind daher zu berücksichtigen. Zu Überschneidungen mit § 7h EStG kann es kommen, wenn Baudenkmale in einem Sanierungsgebiet oder in einem städtebaulichen Entwicklungsbereich liegen.[2] Insoweit besteht ein Wahlrecht, wobei die Förderung nach § 7h weitergehend sein kann.[3]

§ 10f EStG, der u. a. eine Steuerbegünstigung für zu eigenen Wohnzwecken genutzte Baudenkmale vorsieht, knüpft insoweit an die Voraussetzungen des § 7i EStG an. § 10g EStG fördert gleichartige Aufwendungen bei denselben Objekten, wenn sie weder einer Einkunftsart zugeordnet werden können noch eigenen Wohnzwecken dienen.[4] § 11b EStG ermöglicht die gleichmäßige Verteilung von Erhaltungsaufwand bei Baudenkmalen auf zwei bis fünf Jahre. Potenzielle Berührungspunkte sind zur Verlustverrechnungsbeschränkung nach § 15b EStG möglich.[5]

(Einstweilen frei)

VI. Verfahrensfragen

1. Zweigeteiltes Prüfverfahren

Die Voraussetzungen zur Inanspruchnahme des § 7i EStG werden nur in dem Vereinbarungszeitraum geprüft, in dem die begünstigten Baumaßnahmen fertiggestellt worden sind. Nachholung versehentlich unterlassener erhöhter Absetzungen nach § 7i EStG ist nicht möglich.[6] Das förmliche Prüfverfahren ist zweigeteilt. Es obliegt zunächst allein der zuständigen Denkmalbehörde. Die nach Landesrecht zuständige Denkmalbehörde hat zu prüfen und zu bescheinigen,

- ob das Gebäude oder der Gebäudeteil nach den landesrechtlichen Vorschriften ein Baudenkmal ist,

- ob die Baumaßnahmen nach Art und Umfang
    - zur Erhaltung des Gebäudes oder Gebäudeteils als Baudenkmal oder zu seiner sinnvollen Nutzung,
    - bei einem Gebäude, das Teil einer geschützten Gesamtanlage oder Gebäudegruppe ist, zur Erhaltung des schützenswerten äußeren Erscheinungsbildes der Gesamtanlage oder Gebäudegruppe erforderlich waren,

- ob die Bauarbeiten vor Beginn und bei Planungsänderungen vor Beginn der geänderten Vorhaben mit der Bescheinigungsbehörde abgestimmt waren,

---

1 Vgl. *Klein*, DStR 2016, 1401; *Haupt*, BB 2016, 160.
2 Vgl. *Bartone* in Korn, § 7i EStG Rz. 5.
3 Vgl. *Bruckmeier* in Kirchhof/Söhn/Mellinghoff, § 7i Rz. A49.
4 Vgl. *Bruckmeier* in Kirchhof/Söhn/Mellinghoff, § 7i Rz. A1.
5 Vgl. *Kaligin*, DStR 2008, 1767.
6 Vgl. R 7i Abs. 1 i. V. m. R 7h Abs. 3 EStR.

- in welcher Höhe Aufwendungen, die die vorstehenden Voraussetzungen erfüllen, angefallen sind,

- ob und in welcher Höhe Zuschüsse aus öffentlichen Mitteln durch eine für den Denkmalschutz oder die Denkmalpflege zuständige Behörde bewilligt worden sind oder nach Ausstellung der Bescheinigung bewilligt werden (Änderung der Bescheinigung).[1]

27 Durch die Bezugnahme auf die Denkmalschutzgesetze der Länder kann kein einheitlicher Denkmalbegriff zugrunde gelegt werden.[2] Fällt die Eigenschaft als Baudenkmal innerhalb des Begünstigungszeitraums fort, können die erhöhten Absetzungen ab dem Folgejahr nicht weiter in Anspruch genommen werden.[3]

28–35 (Einstweilen frei)

2. Bescheinigung

36 Die Bescheinigung ist materiell-rechtliche Abzugsvoraussetzung und stellt einen Verwaltungsakt in Form eines Grundlagenbescheids dar, an den die Finanzbehörde im Rahmen des gesetzlich vorgegebenen Umfangs gebunden ist (§ 175 Abs. 1 Satz 1 Nr. 1 AO). Die Bindungswirkung betrifft nur den Nachweis denkmalschutzrechtlicher Voraussetzungen zur Anwendung des § 7i EStG.[4] Sind die bescheinigten Aufwendungen steuerrechtlich den (nachträglichen) Herstellungskosten eines selbständigen, vom Bau getrennten Wirtschaftsguts (z. B. den Außenanlagen, dem Grund und Boden, einer getrennt vom Baudenkmal errichteten Tiefgarage) zuzurechnen, sind die Finanzbehörden nicht an die Bescheinigung gebunden.[5]

37 Ob ein zusätzlich errichtetes Bauwerk einen Bestandteil des denkmalgeschützten Gebäudes oder ein selbständiges neues Gebäude darstellt, ist eine steuerrechtliche Frage, die von den Finanzbehörden eigenständig geprüft werden muss.[6] In anderen Fällen sind die Finanzbehörden auch dann an die Bescheinigung der Denkmalbehörde gebunden, wenn diese unzutreffend ist.[7] Die Finanzbehörde hat allerdings ein Remonstrationsrecht und ist dabei auf den Verwaltungsrechtsweg angewiesen. Sie kann die Gemeindebehörde zur Überprüfung veranlassen sowie um Rücknahme der Bescheinigung bitten.[8] Die Bindungswirkung der Bescheinigung erstreckt sich nicht darauf, wer die Aufwendungen getragen hat und wem diese zuzurechnen sind.[9]

38 Wird die Bescheinigung nachträglich vorgelegt oder erteilt, führt dies nicht zur Änderung eines bestandskräftigen Steuerbescheides (§ 175 Abs. 1 Satz 1 Nr. 2 AO); § 175 Abs. 2 Satz 2 AO schließt dies ausdrücklich aus.[10]

39–45 (Einstweilen frei)

---

1 R 7i Abs. 2 EStR.
2 HHR/ Clausen, § 7i EStG Anm. 10; Bruckmeier in Kirchhof/Söhn/Mellinghoff, § 7i Rz. B 4.
3 R 7i Abs. 2 Satz 2 EStR.
4 Vgl. Bartone in Korn, § 7i EStG Rz. 15.1.
5 Vgl. BFH v. 15. 10. 1996 - IX R 47/92, BStBl 1997 II 176.
6 Vgl. BFH v. 14. 1. 2003 - IX R 72/00, BStBl 2003 II 916.
7 Zum Umfang der Bindungswirkung vgl. Beck, DStR 2009, 1412.
8 Vgl. Bruckmeier in Kirchhof/Söhn/Mellinghoff, § 7i Rz. C 6.
9 Vgl. BFH v. 6. 3. 2001 - IX R 64/97, BStBl 2001 II 796.
10 Vgl. Bartone in Korn, § 7i EStG Rz. 15.3.

B. Systematische Kommentierung

I. Erhöhte Absetzungen

Der von § 7i EStG vorgesehene Begünstigungszeitraum umfasst insgesamt zwölf Jahre und beginnt mit dem Jahr der Herstellung i. S. v. § 9a EStDV. Innerhalb des Begünstigungszeitraums von zwölf Jahren kann mit 8 mal 9 % und mit 4 mal 7 % eine Vollabschreibung erreicht werden. In der Inanspruchnahme der erhöhten Absetzung ist der Stpfl. allerdings frei.

1. Absetzungsberechtigter

Die erhöhten Absetzungen nach § 7i EStG kann geltend machen, wer das Gebäude zur Erzielung von Einkünften einsetzt und die Aufwendungen getragen hat. In Betracht kommen neben natürlichen Personen auch Personengesellschaften und Körperschaften. Erwirbt ein Steuerpflichtiger erst nach Durchführung der Baumaßnahmen durch unentgeltliche Übertragung Miteigentum, kann er die Absetzungen nach § 7i EStG ausschöpfen, wenn er zusammen mit dem ursprünglichen Eigentümer die Herstellungskosten für das Baudenkmal getragen hat.[1]

Die persönliche Abzugsberechtigung wird von der Bescheinigung der Denkmalbehörde nicht erfasst. Zu den Besonderheiten bei Baumaßnahmen i. S. d. § 7i EStG im Rahmen von Bauherrenmodellen vgl. BMF vom 20. 10. 2003.[2]

2. Begünstigte Gebäude und Maßnahmen

Begünstigt sind Investitionsmaßnahmen an inländischen Gebäuden des Betriebs- oder Privatvermögens. An den Gebäudebegriff sind die allgemeinen Anforderungen hinsichtlich eines einheitlichen Nutzungs- und Funktionszusammenhangs zu stellen.[3] Selbständige Gebäudeteile, Eigentumswohnungen oder Teileigentum sind den Gebäuden gleichgestellt (Abs. 3 verweist auf § 7h Abs. 3 EStG). Bei dem zu begünstigenden Objekt muss es sich nach landesrechtlichen Vorschriften um ein Baudenkmal handeln.

Nach § 7i Abs. 1 Satz 3 EStG bezieht sich die erhöhte Absetzung auch auf einen im Inland belegenen Gebäudeteil (§ 7i Abs. 1 Satz 3 EStG). Gebäude oder Gebäudeteile, die für sich allein nicht die Voraussetzung für ein Baudenkmal erfüllen, aber Teil einer Gebäudegruppe oder Gesamtanlage sind, können ebenfalls begünstigt werden (§ 7i Abs. 1 Satz 4 EStG).[4]

Darüber hinaus werden Gebäude erfasst, die Investoren mit einem sogenannten Sanierungsversprechen erwerben.[5] Dazu ist es erforderlich, dass die Baumaßnahmen nach dem rechtswirksamen Abschluss eines obligatorischen Erwerbsvertrages oder eines gleichgestellten Rechtsakts durchgeführt worden sind (§ 7i Abs. 1 Satz 5 EStG). Es ist der Grundsatz zu beachten: „Erst kaufen, dann renovieren."[6] Der Aufteilung des Gesamtaufwands auf das Grundstück, die unsanierte Altbausubstanz, auf begünstigte Sanierungsaufwendungen und andere Sanie-

---

1 Vgl. *Bartone* in Korn, § 7i EStG Rz. 12, m. w. N.
2 Vgl. BMF v. 20. 10. 2003, BStBl 2003 I 546.
3 Vgl. *Bruckmeier* in Kirchhof/Söhn/Mellinghoff, § 7i Rz. D 1.
4 Vgl. BFH v. 25. 5. 2004 - VIII R 6/01, BStBl 2004 II 783.
5 Vgl. *Pfirrmann* in Kirchhof, § 7i EStG Rz. 2.
6 Vgl. *Klein*, DStR 2016, 1399 mit Hinweis auf *Pfirrmann* in Kirchhof, § 7i EStG Rz. 3.

rungsaufwendungen kommt besondere Bedeutung zu.[1] Die getroffenen Vereinbarungen müssen Objektivierungskriterien standhalten.[2]

3. Bemessungsgrundlage

52 Bemessungsgrundlage für die erhöhten Absetzungen nach § 7i EStG sind die Herstellungskosten i. S. v. § 255 Abs. 2 HGB und § 6 Abs. 1 Nr. 1b EStG. Nach Abs. 1 Satz 5 werden in bestimmten Fällen auch die Anschaffungskosten erfasst. Nicht begünstigt sind Teilherstellungskosten, sofort abzugsfähiger Erhaltungsaufwand (vgl. aber § 11b EStG). Zuschüsse aus öffentlichen Kassen sind für die Inanspruchnahme der erhöhten Absetzung schädlich (§ 7i Abs. 1 Satz 7 EStG). Für Zuschüsse von privater Seite gilt dies gleichermaßen.[3]

53–60 (Einstweilen frei)

II. Höhe der Absetzungen

1. Erhöhte Absetzungen im Begünstigungszeitraum

61 Der zwölfjährige Begünstigungszeitraum ist zweigeteilt. Die jährlichen Absetzungen betragen in den ersten acht Jahren des Begünstigungszeitraums maximal 9 %, in den folgenden vier Jahren maximal 7 %, so dass am Ende des Begünstigungszeitraums die vollständige Absetzung erreicht werden kann, aber nicht muss (9 x 8 % + 4 x 7 % = 100 %). Die erhöhten Absetzungen können ab dem Jahr der Herstellung oder der Anschaffung (§ 9a EStDV) geltend gemacht werden.

62 Unterlassene Absetzungsbeträge können nicht nachgeholt werden. Die erhöhte Absetzung ist im Jahr der Veräußerung nicht zu kürzen.[4] Bleibt nach dem Ausschöpfen der erhöhten Absetzungen noch ein Restwert, so ist dieser nach § 7i Abs. 1 Satz 8 EStG i. V. m. § 7h Abs. 1 Satz 5 EStG in die Bemessungsgrundlage für die normale Gebäude-AfA einzubeziehen.

2. Restwert-AfA

63 Verbleibt nach Inanspruchnahme der erhöhten Absetzungen im Begünstigungszeitraum ein Restwert, erhöht dieser die Bemessungsgrundlage der regulären Gebäude-AfA. Die weitere AfA ist einheitlich für das gesamte Gebäude nach dem maßgebenden Prozentsatz zu berechnen. § 7i Abs. 1 Satz 8 EStG verweist auf die Regelung des § 7h Abs. 1 Satz 5 EStG. § 7a Abs. 9 EStG ist nicht anwendbar, da es sich um eine erhöhte Absetzung handelt.[5]

64–70 (Einstweilen frei)

III. Nachweis der Erforderlichkeit der Maßnahmen

71 Für die Inanspruchnahme der erhöhten Absetzungen ist es notwendig, eine Bescheinigung der nach Landesrecht zuständigen oder von der Landesregierung bestimmten Stelle, die die Vo-

---

[1] Vgl. Haupt, BB 2016, 160.
[2] Vgl. näher Klein, DStR 2016, 1400.
[3] Vgl. Pfirrmann in Kirchhof, § 7i EStG Rz. 3; Bruckmeier in Kirchhof/Söhn/Mellinghoff, § 7i Rz. B 27.
[4] Vgl. BFH v. 18. 6. 1996 – IX R 40/95, BStBl 1996 II 645.
[5] Vgl. Kulosa in Schmidt, § 7i EStG Rz. 9.

raussetzungen des § 7i Abs. 1 EStG für das Gebäude oder den Gebäudeteil und für die Erforderlichkeit der Aufwendungen dokumentiert, vorzulegen.

Eine Übersicht über die zuständigen Bescheinigungsbehörden gibt BMF v. 6.1.2009.[1] Die länderspezifischen Beteiligungsrichtlinien sind im BMF-Schreiben v. 10.11.2000[2] und v. 8.11.2004[3] enthalten. Die Bescheinigung nach § 7i Abs. 2 EStG ist materiell-rechtliche Voraussetzung für die Inanspruchnahme der erhöhten Absetzung. Sie stellt einen Grundlagenbescheid i.S.v. § 171 Abs. 10 AO dar, an den das Finanzamt auch bei materiell-rechtlicher Fehlerhaftigkeit gebunden ist.[4]

(Einstweilen frei) 73–75

IV. Selbständige Gebäudeteile

Nach § 7i Abs. 3 ist § 7h Abs. 3 EStG entsprechend anzuwenden. Danach sind Gebäudeteile, die selbständige unbewegliche Wirtschaftsgüter darstellen, ebenfalls begünstigte Objekte. Weiterhin sind begünstigt Eigentumswohnungen sowie das Teileigentum i.S.v. § 1 Abs. 3 WoEigG. Die Regelung ist wortgleich mit § 7 Abs. 5a EStG.

(Einstweilen frei) 77–80

C. Verfahrensfragen

Siehe hierzu → Rz. 26. 81

§ 7k (weggefallen)

▶ Zur Kommentierung siehe Online-Version, 1. Aufl. 2016

4. Überschuss der Einnahmen über die Werbungskosten

§ 8 Einnahmen

(1) Einnahmen sind alle Güter, die in Geld oder Geldeswert bestehen und dem Steuerpflichtigen im Rahmen einer der Einkunftsarten des § 2 Absatz 1 Satz 1 Nummer 4 bis 7 zufließen.

(2) ¹Einnahmen, die nicht in Geld bestehen (Wohnung, Kost, Waren, Dienstleistungen und sonstige Sachbezüge), sind mit den um übliche Preisnachlässe geminderten üblichen Endpreisen am Abgabeort anzusetzen. ²Für die private Nutzung eines betrieblichen Kraftfahrzeugs zu privaten Fahrten gilt § 6 Absatz 1 Nummer 4 Satz 2 entsprechend. ³Kann das Kraftfahrzeug auch für Fahrten zwischen Wohnung und erster Tätigkeitsstätte sowie Fahrten nach § 9 Absatz 1 Satz 3 Nummer 4a Satz 3 genutzt werden, erhöht sich der Wert in Satz 2 für jeden Kalendermonat um 0,03 Prozent des Listenpreises im Sinne des § 6 Absatz 1 Nummer 4 Satz 2 für

---

1 BMF v. 6.1.2009, BStBl 2009 I 39.
2 BMF v. 10.11.2000, BStBl 2000 I 1513.
3 BMF v. 8.11.2004, BStBl 2004 I 1049.
4 Vgl. *Erhard* in Blümich, § 7i EStG Rz. 41, mit Hinweis auf BFH v. 24.6.2009 - X R 8/08, BStBl 2009 II 960.

jeden Kilometer der Entfernung zwischen Wohnung und erster Tätigkeitsstätte sowie der Fahrten nach § 9 Absatz 1 Satz 3 Nummer 4a Satz 3. ⁴Der Wert nach den Sätzen 2 und 3 kann mit dem auf die private Nutzung und die Nutzung zu Fahrten zwischen Wohnung und erster Tätigkeitsstätte sowie Fahrten nach § 9 Absatz 1 Satz 3 Nummer 4a Satz 3 entfallenden Teil der gesamten Kraftfahrzeugaufwendungen angesetzt werden, wenn die durch das Kraftfahrzeug insgesamt entstehenden Aufwendungen durch Belege und das Verhältnis der privaten Fahrten und der Fahrten zwischen Wohnung und erster Tätigkeitsstätte sowie Fahrten nach § 9 Absatz 1 Satz 3 Nummer 4a Satz 3 zu den übrigen Fahrten durch ein ordnungsgemäßes Fahrtenbuch nachgewiesen werden; § 6 Absatz 1 Nummer 4 Satz 3 zweiter Halbsatz gilt entsprechend. ⁵Die Nutzung des Kraftfahrzeugs zu einer Familienheimfahrt im Rahmen einer doppelten Haushaltsführung ist mit 0,002 Prozent des Listenpreises im Sinne des § 6 Absatz 1 Nummer 4 Satz 2 für jeden Kilometer der Entfernung zwischen dem Ort des eigenen Hausstands und dem Beschäftigungsort anzusetzen; dies gilt nicht, wenn für diese Fahrt ein Abzug von Werbungskosten nach § 9 Absatz 1 Satz 3 Nummer 5 Satz 5 und 6 in Betracht käme; Satz 4 ist sinngemäß anzuwenden. ⁶Bei Arbeitnehmern, für deren Sachbezüge durch Rechtsverordnung nach § 17 Absatz 1 Satz 1 Nummer 4 des Vierten Buches Sozialgesetzbuch Werte bestimmt worden sind, sind diese Werte maßgebend. ⁷Die Werte nach Satz 6 sind auch bei Steuerpflichtigen anzusetzen, die nicht der gesetzlichen Rentenversicherungspflicht unterliegen. ⁸Wird dem Arbeitnehmer während einer beruflichen Tätigkeit außerhalb seiner Wohnung und ersten Tätigkeitsstätte oder im Rahmen einer beruflich veranlassten doppelten Haushaltsführung vom Arbeitgeber oder auf dessen Veranlassung von einem Dritten eine Mahlzeit zur Verfügung gestellt, ist diese Mahlzeit mit dem Wert nach Satz 6 (maßgebender amtlicher Sachbezugswert nach der Sozialversicherungsentgeltverordnung) anzusetzen, wenn der Preis für die Mahlzeit 60 Euro nicht übersteigt. ⁹Der Ansatz einer nach Satz 8 bewerteten Mahlzeit unterbleibt, wenn beim Arbeitnehmer für ihm entstehende Mehraufwendungen für Verpflegung ein Werbungskostenabzug nach § 9 Absatz 4a Satz 1 bis 7 in Betracht käme. ¹⁰Die oberste Finanzbehörde eines Landes kann mit Zustimmung des Bundesministeriums der Finanzen für weitere Sachbezüge der Arbeitnehmer Durchschnittswerte festsetzen. ¹¹Sachbezüge, die nach Satz 1 zu bewerten sind, bleiben außer Ansatz, wenn die sich nach Anrechnung der vom Steuerpflichtigen gezahlten Entgelte ergebenden Vorteile insgesamt 44 Euro im Kalendermonat nicht übersteigen.

(3) ¹Erhält ein Arbeitnehmer auf Grund seines Dienstverhältnisses Waren oder Dienstleistungen, die vom Arbeitgeber nicht überwiegend für den Bedarf seiner Arbeitnehmer hergestellt, vertrieben oder erbracht werden und deren Bezug nicht nach § 40 pauschal versteuert wird, so gelten als deren Werte abweichend von Absatz 2 die um 4 Prozent geminderten Endpreise, zu denen der Arbeitgeber oder der dem Abgabeort nächstansässige Abnehmer die Waren oder Dienstleistungen fremden Letztverbrauchern im allgemeinen Geschäftsverkehr anbietet. ²Die sich nach Abzug der vom Arbeitnehmer gezahlten Entgelte ergebenden Vorteile sind steuerfrei, soweit sie aus dem Dienstverhältnis insgesamt 1 080 Euro im Kalenderjahr nicht übersteigen.

Inhaltsübersicht

	Rz.
A. Allgemeine Erläuterungen	
I. Normzweck und wirtschaftliche Bedeutung der Vorschrift	1 - 2
II. Entstehung und Entwicklung der Vorschrift	3 - 4
III. Geltungsbereich	5 - 6

IV.	Verhältnis zu anderen Vorschriften	7
V.	Verfahrensfragen	8 - 15

B. Systematische Kommentierung .... 16 - 175
    I. Einnahmebegriff (§ 8 Abs. 1 EStG) .... 16 - 30
        1. Güter in Geld oder Geldeswert .... 17 - 20
        2. Zufluss bei Überschusseinkünften .... 21 - 30
            a) Zufluss 22
            b) Überschusseinkünfte .... 23 - 30
                aa) Persönliche Zurechnung/Veranlassung durch das individuelle Dienstverhältnis ... 24
                bb) Nicht erfasste Einnahmen .... 25 - 30
    II. Bewertung von Sachzuwendungen (§ 8 Abs. 2 EStG) .... 31 - 135
        1. Grundsatz: Einzelbewertung von Sachbezügen (§ 8 Abs. 2 Satz 1 EStG) ... 31 - 50
            a) Abgrenzung Bar-/Sachzuwendungen .... 33 - 40
            b) Üblicher Endpreis .... 41 - 44
                aa) Bestimmung des Endpreises 41
                bb) Minderung um übliche Preisnachlässe 42
                cc) Abgabeort 43
                dd) Bewertungszeitpunkt 44
            c) ABC der Sachbezüge .... 45 - 50
        2. Bewertung der privaten Nutzung eines betrieblichen Kfz (§ 8 Abs. 2 Satz 2 bis 5 EStG) ... 51 - 100
            a) Betriebliche Kfz .... 52 - 57
            b) Pauschale Ermittlung der Privatnutzung mit der 1 %-Regelung (§ 8 Abs. 2 Satz 2 EStG) ... 58 - 80
                aa) Privatnutzung .... 59 - 62
                      (1) Anscheinsbeweis .... 60 - 61
                      (2) Sonderfall Privatnutzungsverbot 62
                bb) Bruttolistenpreis .... 63 - 65
                cc) Sonderfall Elektrofahrzeuge 66
                dd) Nutzung mehrerer Kfz .... 67 - 68
                ee) Gestellung eines Kfz mit Fahrer 69
                ff) Zuzahlungen des Arbeitnehmers .... 70 - 71
                gg) Abgeltungswirkung der 1 %-Regelung .... 72 - 80
                      (1) Sonderfall Unfallkosten 72
                      (2) Möglichkeit der Kostendeckelung .... 73 - 80
            c) Fahrten zwischen Wohnung und Arbeitsstätte (0,03 %-Regelung) (§ 8 Abs. 2 Satz 3 EStG) ... 81 - 86
                aa) Tatsächliche Kfz-Nutzung 82
                bb) Alternative Einzelbewertung .... 83 - 86
            d) Ermittlung des Privatanteils durch Einzelnachweis (Fahrtenbuch) (§ 8 Abs. 2 Satz 4 EStG) ... 87 - 95
                aa) Anforderungen an das Fahrtenbuch 88
                bb) Berufsspezifische Erleichterungen 89
                cc) Gesamtkosten 90
                dd) Ausübung des Wahlrechts .... 91 - 95
            e) Familienheimfahrten (§ 8 Abs. 2 Satz 5 EStG) .... 96 - 100
        3. Bewertung von Sachbezügen mit amtlichen Sachbezugswerten ..... 101 - 110
        4. Bewertung der Mahlzeitengestellung .... 111 - 120
            a) Übliche Mahlzeiten bei Auswärtstätigkeiten (§ 8 Abs. 2 Satz 8 EStG) ... 112 - 113
            b) Sonderfall Belohnungsessen (60 €-Grenze) 114
            c) Verzicht auf Versteuerung bei Anspruch auf Verpflegungspauschale (§ 8 Abs. 2 Satz 9 EStG) ... 115 - 120
        5. Sonstige Durchschnittswerte (§ 8 Abs. 2 Satz 10 EStG) .... 121 - 125
        6. Monatliche 44 €-Freigrenze für Sachbezüge (§ 8 Abs. 2 Satz 11 EStG) ... 126 - 135
            a) Höhe der Freigrenze 127

	b) Gutscheine	128 - 129
	c) Reformbedarf	130 - 135
III.	Personalrabatte (§ 8 Abs. 3 EStG)	136 - 175
	1. Anwendungsbereich	136 - 137
	2. Bewertung mit marktüblichem Endpreis (§ 8 Abs. 3 Satz 1 EStG)	138 - 160
	a) Waren/Dienstleistungen des Arbeitgebers	145 - 146
	b) Unternehmenseigene Sachzuwendungen	147 - 149
	c) Keine pauschale Versteuerung nach § 40 EStG	150
	d) Bestimmung des Endpreises	151 - 154
	e) Pauschaler Abschlag von 4 %	155 - 160
	3. Rabattfreibetrag (§ 8 Abs. 3 Satz 2 EStG)	161
	4. Rabattgewährung durch Dritte	162 - 175
	a) Kein Arbeitslohn	162 - 165
	b) Aktive Mitwirkung des Arbeitgebers	166 - 167
	c) Konzernrabatte	168 - 175
C. Verfahrensfragen		176

LITERATUR:

▶ Weitere Literatur siehe Online-Version

Balmes, Neues zur Nutzungswertbesteuerung des Automobils, BB 2013, 2459; *Harder-Buschner/Schramm*, Die Reform des steuerlichen Reisekostenrechts: Darstellung der neuen gesetzlichen Regelungen, Beilage zu NWB 2013, 2; *Hilber/Paul*, Neue BFH-Rechtsprechung zur Besteuerung von Firmenwagen, BBK 2013, 1003; *Niermann*, Die Neuregelung des steuerlichen Reisekostenrechts ab 2014, DB 2013, 1015; *Ronig*, Reform der Reisekosten 2014 – Eine praxisorientierte Erläuterung des BMF-Schreibens vom 30. 9. 2013, BBK 2013, 3; *Schneider*, Die Reform des Reisekostenrechts: Übereinstimmungen und Abweichungen zur bisherigen BFH-Rechtsprechung, Beilage zu NWB 2013, 44; *Weber*, Die Reform des Reisekostenrechts: Auswirkungen auf die Erstattung von Reisekosten aus Sicht des Arbeitgebers, Beilage zu NWB 2013, 21; *Wünnemann/Gödtel*, Die Reform des Reisekostenrechts: Erste Anwendungs- und Umsetzungsfragen aus Sicht der Wirtschaft, Beilage zu NWB 2013, 36; *Schneider*, Kraftfahrzeuge und Arbeitnehmerbesteuerung, NWB 2014, 2078; *Strohner*, Fortentwicklung des ganz überwiegenden eigenbetrieblichen Interesses nötig, DStR 2014, 731; *Broemel*, Überlassung von Parkplätzen an Arbeitnehmer, BBK 2015, 216; *Geserich*, Der neue Rabatterlass, NJW 2015, 1610; *Hilbert*, Zurechnung eines vom Arbeitgeber geleasten Kfz beim Arbeitnehmer, BBK 2015, 499; *Mayer/Gries*, Geldwerter Vorteil und Arbeitnehmerhaftung bei der Berufshaftpflichtversicherung, NWB 2015, 1699; *Plenker*, LStR 2015 unter Berücksichtigung des Zollkodexanpassungsgesetzes, DB 2015, 94; *Rolfes*, Die steuerliche Behandlung von Arbeitgeberdarlehen, StuB 2015, 627; *Strohner*, Kein Arbeitslohn mehr bei Rabatten, DB 2015, 580; *Wengerofsky*, Arbeitslohn von dritter Seite, DStR 2015, 806; *Schmitz-Herscheidt*, Dienstwagenüberlassung an Gesellschafter-Geschäftsführer — quo vadis? – Spannungsfeld zwischen verdeckter Gewinnausschüttung und Arbeitslohn, NWB 19/2016, 1429; *Seifert*, Mahlzeitengestellungen während einer Auswärtstätigkeit bzw. einer doppelten Haushaltsführung – Aktuelle Entwicklungen in der Lohnsteuer, NWB 2/2016, 128; *Geserich*, Firmenwagenbesteuerung: "Neuordnung" der Berücksichtigung von Zuzahlungen des Arbeitnehmers, NWB 2017, 706; *Graf*, Alternative Buchungssystematik für den geldwerten Vorteil aus der privaten Pkw-Nutzung?, BBK 2017, 773; *Seifert*, Neues zur Gestellung und Abrechnung von Job-Bikes, NWB 2017, 2500;*Weber*, 1 %-Regelung für private Pkw-Nutzung bei geleasten Fahrzeugen, BBK 2017, 71; *Wohlfarth/Uhlig*, Unentgeltliche Wertabgaben bei angestellten nahen Angehörigen, BBK 2017, 428; *Wohlfarth*, Sponsoring von Arbeitnehmern bei sportlichen Veranstaltungen, BBK 2017, 968; *Weber*, Beteiligung von Mitarbeitern an den Kosten für den Firmenwagen, BBK 2017, 1058; *Seifert*, Großbuchstabe „M": Verlängerung der Aufzeichnungsbefreiung?, StuB 2017, 599; *Seifert*, Rabattfreibetrag: Sind Überführungskosten zu berücksichtigen?, StuB 2017, 677.

ARBEITSHILFEN UND GRUNDLAGEN ONLINE:

ABC der Betriebseinnahmen, NWB DokID: YAAAE-20798; Warengutschein/Tankgutschein, NWB DokID: WAAAE-74432; Berechnungsprogramm „Kfz-Rechner: 1 %-Methode vs. Fahrtenbuch", NWB DokID: ZAAAD-37232; Checkliste „1 %-Regelung bei Arbeitnehmern", NWB DokID: VAAAE-40524; Kfz-Kosten/Unfallkosten: Interaktive Checkliste zur Ermittlung der berücksichtigungsfähigen Aufwendungen, NWB DokID: BAAAE-41854; Mandanten-Merkblatt „Fahrtenbücher richtig führen", NWB DokID: WAAAE-37243; infoCenter „Firmenwagen", NWB DokID: YAAAB-04811; *Schmidt/Wiebecke*, Firmenwagen: Besteuerung der Gestellung an Arbeitnehmer, NWB DokID: MAAAE-60557; *Schmidt/Wiebecke*, Sachzuwendungen an Arbeitnehmer, NWB DokID: IAAAE-67929.

A. Allgemeine Erläuterungen

I. Normzweck und wirtschaftliche Bedeutung der Vorschrift

§ 8 EStG beantwortet die Frage, was Einnahmen sind, die nicht in Geld bestehen (= Sachbezüge, § 8 Abs. 1 EStG) und mit welchem Wert diese anzusetzen sind (§ 8 Abs. 2 und 3 EStG).

Sachzuwendungen an Arbeitnehmer und deren Besteuerung nehmen in der heutigen Arbeitswelt eine zunehmende Bedeutung ein. Hierfür spielt die in § 8 Abs. 2 EStG geregelte Bewertung von Sachbezügen im Falle einer Steuerpflicht eine große Rolle. Für die Praxis relevante Schwerpunkte sind dabei insbesondere die Bewertung der privaten Nutzung von betrieblichen Kfz/Firmenwagen (§ 8 Abs. 2 bis 5 EStG) sowie die Bewertung und Erfassung von Personalrabatten (§ 8 Abs. 3 EStG). Da es im Bereich der Gewinneinkünfte keine eigenständige Bewertungsvorschrift für Sachbezüge gibt, gelten diese Grundsätze entsprechend auch für die Privatnutzung des Geschäftswagens des Firmeninhabers oder Gesellschafters einer Personengesellschaft.

Die Definition der Einnahmen für den Bereich der Überschusseinkünfte in § 8 Abs. 1 EStG nimmt nur eine untergeordnete Bedeutung ein, denn die sachliche Zurechnung von Einkünften bestimmt sich nach §§ 19 bis 23 EStG, die persönliche Zurechnung nach §§ 1, 2 Abs. 1 EStG und die zeitliche Zurechnung nach § 11 Abs. 1 EStG (Zuflussprinzip).

II. Entstehung und Entwicklung der Vorschrift

Die Vorschrift des § 8 EStG ist die zentrale Vorschrift über Einnahmen bei den Überschusseinkünften und zur Bewertung von Sachbezügen. Die bis heute maßgebende Definition der Einnahmen besteht seit 1934.[1] In den nachfolgenden Jahren bzw. Jahrzehnten sind die Regelungen zur Bedeutung von Sachbezügen ergänzt worden, z. B. im Jahr 1977, die Bewertung der Sachbezüge nach der Sachbezugsverordnung (SachBezV);[2] im Jahr 1988, die Einführung des Begriffs – üblicher Endpreis am Abgabeort –[3] und im Jahr 1996, die Sonderregelung zur Bewertung der privaten Nutzung von Kfz.[4]

Reformvorschläge der letzten Jahre wie z. B. die Absenkung der 44 €-Freigrenze oder eine ökologische Ausgestaltung der Firmenwagenbesteuerung sind vor allem politisch motiviert, stehen allerdings im Widerspruch zur Steuervereinfachung bzw. sind systemwidrig.[5]

Reformbedarf besteht allerdings hinsichtlich der Abgrenzung von Bar- und Sachlohn. Mit Blick auf die 44 €-Freigrenze (Möglichkeiten der steuerfreien Überlassung von Waren- oder Tankgutscheinen) hat diese Abgrenzung eine hohe Praxisrelevanz und ist nach wie vor nicht grundlegend systematisch geklärt. Seit der neueren BFH-Rechtsprechung[6] und deren Anwendung

---

1 § 8 EStG 1934 v. 18. 10. 1934, RGBl 1934 I 1008.
2 EStGÄndG 1977 v. 16. 8. 1977, BGBl 1977 I 2365.
3 StReformG 1990 v. 25. 7. 1988, BGBl 1088 I 1093.
4 JStG 1996 v. 11. 10. 1995, BGBl 1995 I 1250 und JStGErgG 1996 v. 18. 12. 1995, BGBl 1995 I 1959.
5 Das hat auch der Finanzausschuss des Deutschen Bundestags als Ergebnis seiner Anhörung am 7. 11. 2012 (Antrag von Bündnis 90/Die Grünen, BT-Drucks. 17/8462) bestätigt.
6 BFH v. 11. 11. 2010 - VI R 21/09, BStBl 2011 II 383; VI R 27/09, BStBl 2011 II 386; VI R 41/10, BStBl 2011 II 389.

von Seiten der FinVerw[1] ist zwar eine Klarstellung hinsichtlich der Gutscheinfälle erfolgt, wonach diese unter bestimmten Voraussetzungen auch als Sachbezug angesehen werden können (s. u. unter → Rz. 128). Damit ist jedoch keine grundlegende systematische Lösung mit dem Ziel langfristiger Rechtssicherheit hinsichtlich der Voraussetzungen des Vorliegens von Sachbezügen erfolgt.

III. Geltungsbereich

5   Unmittelbar anwendbar ist die Vorschrift nur bei der Ermittlung der sog. Überschusseinkünfte („Überschuss der Einnahmen über die Werbungskosten"). Dies sind:
- ▶ die Einkünfte aus nichtselbständiger Arbeit (§ 19 EStG),
- ▶ die Einkünfte aus Kapitalvermögen (§ 20 EStG),
- ▶ die Einkünfte aus Vermietung und Verpachtung (§ 21 EStG) und
- ▶ die sonstigen Einkünfte (§ 22 EStG).

Im Gegensatz dazu bemessen sich die Gewinneinkünfte (Land- und Forstwirtschaft, Gewerbebetrieb und selbständige Arbeit) nach dem Gewinn und damit nach den Vorschriften der §§ 4 bis 7k EStG. Gewinneinkünfte werden danach entweder durch Vermögensvergleich (Bilanz), d. h. einem periodenbezogenen Vergleich des einkommensteuerlich relevanten Betriebsvermögens (§ 4 Abs. 1 EStG) oder durch Einnahmenüberschussrechnung (§ 4 Abs. 3 EStG) ermittelt. Der Einnahmebegriff ergibt sich bei den Gewinneinkünften aus der Methode der Gewinnermittlung nach § 4 Abs. 1 EStG (Betriebsvermögensvergleich) oder nach § 4 Abs. 3 EStG (Einnahmenüberschussrechnung). In Anlehnung an § 8 Abs. 1 EStG versteht man unter Betriebseinnahmen alle Zugänge in Geld oder Geldeswert, die durch den Betrieb veranlasst sind (Definition des Einnahmebegriffs in § 8 Abs. 1 EStG strahlt auf die Gewinneinkünfte aus).[2]

6   Dasselbe gilt für die Bewertungsvorschriften nach § 8 Abs. 2 und 3 EStG. Diese Vorschriften gelten aus systematischen Gründen zwar nicht unmittelbar für die Gewinneinkünfte, sind jedoch bei diesen entsprechend anzuwenden.[3] Die Bewertungsvorschrift des § 6 EStG bezieht sich nur auf Wirtschaftsgüter und eine eigenständige Bewertungsvorschrift für Sachbezüge gibt es bei den Gewinneinkünften nicht. Somit gelten insbesondere die Vorschriften zur Bewertung der privaten Kfz-Nutzung entsprechend (hier enthält auch § 8 Abs. 2 Satz 2 EStG bereits direkt den Verweis auf die Regelung der 1 %-Methode in § 6 Abs. 1 Nr. 4 Satz 2 EStG und zeigt das Zusammenspiel beider Vorschriften).

IV. Verhältnis zu anderen Vorschriften

7   Die Vorschrift des § 8 EStG stellt ein Bindeglied im Rahmen der sachlichen und zeitlichen Steuerpflicht bei den Überschusseinkünften dar. Anhand der Tatbestandsvoraussetzungen des § 8 Abs. 1 EStG wird eine Verbindung zu den Vorschriften des § 2 Abs. 1 Satz 1 Nr. 4 bis 7 EStG, den Einzelregelungen der Überschusseinkunftsarten (§§ 19 ff. EStG) und der Bestimmung des zeitlichen Zuflusses der Einkünfte (§ 11 Abs. 1 EStG) geschaffen. Bei der Bewertung von Sachbezügen besteht im Bereich der Firmenwagenbesteuerung eine Wechselwirkung mit den Regelungen des § 6 Abs. 1 Nr. 4 EStG.

---

1 H 8.1. Abs. 1 bis 4 LStH; OFD Münster v. 17. 5. 2011, NWB DokID: JAAAD-83692.
2 So auch *Kirchhof/Söhn/Mellinghoff*, § 8 EStG Rz. A7; a. A. *HHR*, § 8 EStG Rz. 5.
3 So auch BFH v. 3. 12. 1987 - IV R 41/85, BStBl 1988 II 266; nach BFH v. 21. 4. 2010 - X R 43/08, BFH/NV 2010, 1436 = NWB DokID: FAAAD-45758, sogar unmittelbare Anwendung des § 8 Abs. 2 Satz 1 auf Gewinneinkünfte.

V. Verfahrensfragen

Die Bestimmung und Definition von Einnahmen spielt im Steuerverfahren eine Rolle, um steuerlich relevante Einkünfte von lediglich privaten Einnahmen abzugrenzen. Schadensersatzleistungen, aufgenomme Darlehen oder Zahlungen (Geldgeschenke) von Privatpersonen sind keine steuerlich relevanten Geschäfte. Eine Einnahme kann darüber hinaus nicht angesetzt bzw. eine Schätzung nicht vorgenommen werden, wenn ein Vermögenszufluss beim Steuerpflichtigen nicht mit hinreichender Sicherheit festgestellt werden kann. Es besteht eine Beweislast des Finanzamts hinsichtlich der Tatsachen, die die Besteuerung oder die Erhöhung der Steuer begründen. Etwas anderes gilt bei der Ermittlung der privaten Nutzung eines betrieblichen Kfz (Anscheinsbeweis). Siehe unter → Rz. 60.

8

Generell nehmen geldwerte Vorteile in Form von Sachbezügen als Alternative oder Ergänzung zum Arbeitslohn in der heutigen Unternehmenspraxis eine zunehmende Bedeutung ein, so dass auch die Bewertung dieser Sachbezüge eine stärkere Relevanz hat. Besonders bei größeren Unternehmen mit einer Vielzahl vom Arbeitgeber zu bewertenden Arten von geldwerten Vorteilen in Form von Sachbezügen ergeben sich aufgrund der Arbeitgeberhaftung (§ 42d EStG) unter Umständen hohe Lohnnebenkostenbelastungen der Unternehmen. Insofern nimmt das Ziel einer Rechtssicherheit in Anwendung der Vorschrift des § 8 EStG hohe Priorität für Arbeitgeber, Arbeitnehmer und FinVerw ein.

(*Einstweilen frei*)

9–15

B. Systematische Kommentierung

I. Einnahmebegriff (§ 8 Abs. 1 EStG)

Die Vorschrift des § 8 EStG definiert in Abs. 1 generell den Einnahmebegriff für den Bereich der Überschusseinkünfte (Legaldefinition). Erfasst sind die Bruttoeinnahmen,[1] das Nettoprinzip wird durch Abzug der Werbungskosten von den Einnahmen verwirklicht (§ 2 Abs. 2 Nr. 2 EStG).

16

1. Güter in Geld oder Geldeswert

Einnahmen sind alle Güter, die in Geld oder Geldeswert bestehen und dem Steuerpflichtigen im Rahmen der Einkunftsarten des § 2 Abs. 1 Satz 1 Nr. 4 bis 7 EStG zufließen.

17

Unter Geld im Sinne dieser Vorschrift sind nicht nur im Inland gültige Zahlungsmittel (Bargeld, Buchgeld), sondern auch ausländische Zahlungsmittel zu verstehen.[2] Voraussetzung ist, dass die ausländischen Zahlungsmittel in einer gängigen, frei konvertiblen und im Inland handelbaren ausländischen Währung bestehen. Umrechnungsmaßstab ist der auf den Umrechnungszeitpunkt bezogene Euro-Referenzkurs der EZB.[3] Einnahmen in Geld liegen auch vor, wenn der Zuwendende zur Abkürzung des Zahlungsweges an einen Gläubiger des Zuwendungsempfängers leistet.[4]

---

[1] BFH v. 4. 7. 1984 - I R 195/81, BStBl 1984 II 842.
[2] BFH v. 27. 10. 2004 - VI R 29/02, BStBl 2005 II 135; *Schneider*, NWB 2011, 508; H 8.1 Abs. 1 bis 4 LStH.
[3] Umrechnung anhand der monatlichen Durchschnittsreferenzkurse, es sei denn, es wird eine erhebliche Abweichung zum Tagesreferenzkurs geltend gemacht, BFH v. 3. 12. 2009 - VI R 4/08, BStBl 2010 II 698.
[4] BFH v. 13. 9. 2007 - VI R 26/04, BStBl 2008 II 204; *Bergkemper*, FR 2008, 282.

Güter in Geldeswert sind alle nicht in Geld bestehenden wirtschaftlichen Vorteile.[1] Umfasst sind dabei vor allem alle Sachbezüge, aber auch Forderungen, Ansprüche gegen Dritte,[2] oder ein Recht, eine Sach- oder Dienstleistung beziehen zu können.[3] Der Begriff der geldwerten Güter geht über den Begriff des Wirtschaftsguts hinaus und erfasst auch Dienstleistungen, Nutzungsvorteile und sonstige Vorteile aller Art.[4] Entscheidend ist, dass der Bereicherung ein wirtschaftlicher Wert zukommt. Lediglich ideelle Vorteile,[5] ersparte Aufwendungen oder der Verzicht auf eine Einnahme sind daher keine geldwerten Güter i. S. v. § 8 Abs. 1 EStG.[6]

18–20 (Einstweilen frei)

2. Zufluss bei Überschusseinkünften

21 Voraussetzung einer Einnahme i. S. d. § 8 Abs. 1 EStG ist, dass diese im Rahmen einer Überschusseinkunftsart „zugeflossen" ist:

a) Zufluss

22 Der Zufluss setzt voraus, dass beim Steuerpflichtigen eine Vermögensmehrung eintritt (objektive Bereicherung) und er die Verfügungsmacht über die Vermögensmehrung erlangt (Auszahlung von Geld in bar, Gutschrift auf Konto, Eintritt des Leistungserfolges bei Gütern in Geldeswert). Die Vermögensmehrung muss „von außen" kommen, daher sind bloße Wertsteigerungen im vorhandenen Vermögen, durchlaufende Posten oder ersparte Aufwendungen keine zugeflossenen Einnahmen. Allerdings muss die Person des Zuwendenden nicht unmittelbarer Vertragspartner des Empfängers sein. Auch Vorteilszuwendungen durch Dritte, die durch das Arbeitsverhältnis veranlasst sind, können zugeflossener Arbeitslohn sein.[7] Details s. unten unter → Rz. 162.

b) Überschusseinkünfte

23 Um steuerlich relevante Einnahmen handelt es sich nur, wenn dem Steuerpflichtigen Geld oder geldwerte Vorteile im Rahmen einer Einkunftsart des § 2 Abs. 1 Nr. 4 bis 7 EStG zufließen (Überschusseinkünfte). Der Zufluss muss daher im Zusammenhang mit der Arbeitsleistung (§ 2 Abs. 1 Nr. 4 EStG), der Verwertung von Vermögen (§ 2 Abs. 1 Nr. 5 bis 6 EStG) oder der Abwicklung von Rechtsgeschäften (§ 2 Abs. 1 Nr. 7 EStG) stehen.

aa) Persönliche Zurechnung/Veranlassung durch das individuelle Dienstverhältnis

24 Die Einnahmen müssen dem Steuerpflichtigen persönlich zugerechnet werden, d. h., es muss ein Zusammenhang zwischen Einkunftsart und Einnahme bestehen. Dieser liegt dann vor,

---

1 BFH v. 11.11.2010 - VI R 27/09, BStBl 2011 II 386.
2 BFH v. 11.12.2008 - VI R 9/05, BStBl 2009 II 385.
3 BFH v. 11.11.2010 - VI R 21/09, BStBl 2011 II 383; zum verbilligten Erwerb der Lizenz zur Nutzung eines Home Use Programms siehe Wünnemann, NWB 2011, 2850.
4 BFH v. 26.10.1987 - GrS 2/86, BStBl 1988 II 348.
5 BFH v. 6.10.2004 - X R 36/03, BFH/NV 2005, 682 = NWB DokID: JAAAB-42747.
6 BFH v. 6.10.2004 - X R 36/03, BFH/NV 2005, 682 = NWB DokID: JAAAB-42747; BFH v. 25.11.1993 - VI R 115/92, BStBl 1994 II 424.
7 Nach § 38 Abs. 1 Satz 3 EStG besteht eine Lohnsteuerabzugspflicht des Arbeitgebers auch bei Arbeitslohn durch Dritte.

wenn die Zuwendung durch die einkunftserzielende Tätigkeit veranlasst ist (sog. Veranlassungszusammenhang).[1] Dies ist dann der Fall, wenn es sich um eine eigene Leistung des Steuerpflichtigen handelt, die der Erzielung von Einkünften einer der Überschusseinkunftsarten dient. Keine Veranlassung liegt hingegen vor, wenn der Anlass der Einnahme in einem anderen Leistungsverhältnis oder in privaten Umständen zu sehen ist. Entscheidend ist, dass der Steuerpflichtige den Tatbestand einer der Überschusseinkunftsarten (§ 2 Abs. 1 Nr. 4 bis 7 EStG) erfüllt, auch wenn die Einkünfte auf einen Dritten übertragen werden. Es ist nicht erforderlich, dass die Einnahme des Arbeitnehmers Gegenleistung für eine konkrete (einzelne) Dienstleistung des Arbeitnehmers ist.[2]

Folgende Zuwendungen an einen Dritten werden daher dem Steuerpflichtigen auch persönlich zugerechnet:

- Drittzuwendungen zu Lebzeiten: Übertragung/Abtretung von Ansprüchen und Forderungen, gesetzlicher Forderungsübergang auf Dritte
- Drittzuwendungen im Todesfall: Gesamtrechtsnachfolge, Einzelrechtsnachfolge

bb) Nicht erfasste Einnahmen

Folgende Einnahmen fallen nicht unter den Einnahmebegriff für den Bereich der Überschusseinkünfte:

- Aufgedrängte Bereicherung: Keine Veranlassung durch das Arbeitsverhältnis, wenn der Arbeitnehmer sich nicht entziehen kann.[3]
- Aufnahme von Darlehen: Durch Darlehensaufnahme wird das Vermögen nicht vermehrt.[4]
- Auslagenersatz
- Durchlaufende Posten: (Echte) durchlaufende Posten (für Rechnung eines Dritten vereinnahmt und weitergeleitet, d. h. bei Stellvertretung) gelangen wirtschaftlich nicht in das Vermögen des Steuerpflichtigen.[5] Kein durchlaufender Posten, wenn keine Verpflichtung zur Weiterleitung des zugeflossenen Betrags besteht.[6]
- Fiktive Einnahmen/Ersparte Aufwendungen: Ersparte Aufwendungen sind keine Einnahmen, die Bereicherung muss von außen zufließen.[7]
- Schadensersatzleistungen: Einnahme nur dann, wenn die Schadensersatzleistung des Arbeitgebers an den Arbeitgeber ihre Grundlage im Arbeitsverhältnis hat; ansonsten privater Vermögensbereich.[8]
- Verdeckte Gewinnausschüttungen: führen nicht zu Einnahmefiktionen, allerdings Einnahme hinsichtlich des Zinsvorteils.[9]

---

1 BFH v. 20.12.2000 - XI R 32/00, BStBl 2001 II 596.
2 BFH v. 7.12.1984 - VI R 164/70, BStBl 1985 II 164; *Mayer/Gries*, NWB 2015, 1699.
3 BFH v. 17.9.1982 - VI R 75/79, BStBl 1983 II 39; zur verpflichtenden Teilnahme an einer Betriebsveranstaltung BFH v. 22.3.1985 - VI R 170/82, BStBl 1985 II 529.
4 BFH v. 8.10.1969 - I R 94/67, BStBl 1970 I 44; *HHR*, § 8 EStG Rz. 35.
5 BFH v. 30.1.1975 - VI R 190/71, BStBl 1975 II 776; *HHR*, § 8 EStG Rz. 35.
6 BFH v. 19.2.1975 - I R 154/73, BStBl 1975 II 441.
7 *HHR*, § 8 EStG Rz. 27; aber Einnahme bei Gewährung zinsloser Darlehen, BFH v. 9.10.2002 - VI R 164/01, BStBl 2003 II 373.
8 BFH v. 20.9.1996 - VI R 57/95, BStBl 1997 II 144.
9 BFH v. 19.3.1975 - I R 137/73, BStBl 1975 II 722; *HHR*, § 8 EStG Rz. 35.

▶ Zuwendungen im ganz überwiegend eigenbetrieblichen Interesse des Arbeitgebers: Kein Zufluss von Arbeitslohn, wenn die Vermögensmehrung nicht durch die individuelle Arbeitsleistung, sondern durch übergeordnete betriebliche Erwägungen veranlasst und daher als notwendige Begleiterscheinung betriebsfunktionaler Zielsetzungen anzusehen ist.[1]

26–30 (*Einstweilen frei*)

II. Bewertung von Sachzuwendungen (§ 8 Abs. 2 EStG)

1. Grundsatz: Einzelbewertung von Sachbezügen (§ 8 Abs. 2 Satz 1 EStG)

31 Sachbezüge, die Arbeitnehmer vom Arbeitgeber erhalten, sind mit ihrem Geldwert lohnsteuerpflichtiger Arbeitslohn. Hinsichtlich der Bewertung von Sachbezügen gilt der **Grundsatz der Einzelbewertung**: Einnahmen, die nicht in Geld bestehen, sind mit dem **günstigsten Marktpreis**, d. h. nach § 8 Abs. 2 Satz 1 EStG mit dem **um übliche Preisnachlässe geminderten üblichen Endpreis am Abgabeort** anzusetzen. Bei bestimmten Sachbezügen (Gewährung von Verpflegung oder Unterkunft) gelten aus Vereinfachungsgründen bundeseinheitlich festgelegte „amtliche Sachbezugswerte" (§ 8 Abs. 2 Satz 6 EStG). Sachzuwendungen bis zu einem Wert von 44 € brutto können steuerfrei überlassen werden (monatliche 44 €-Freigrenze, § 8 Abs. 2 Satz 11 EStG).

32 Sonderregelungen gelten für die Bewertung eines geldwerten Vorteils aus der privaten Nutzung eines betrieblichen Kfz (§ 8 Abs. 2 Satz 2 bis 5 EStG) und für die Bewertung von arbeitgeberseitig gestellten Mahlzeiten (§ 8 Abs. 2 Satz 8 bis 9 EStG). Für die Bewertung von Personalrabatten oder auch Arbeitsgeberdarlehen gilt ein **Wahlrecht** zwischen der Bewertung mit dem **günstigsten Marktpreis** (= üblicher Endpreis am Abgabeort § 8 Abs. 2 EStG; ohne Bewertungsabschlag und Rabattfreibetrag) und dem **Angebotspreis** des Arbeitgebers (§ 8 Abs. 3 EStG; mit Bewertungsabschlag und Rabattfreibetrag).[2]

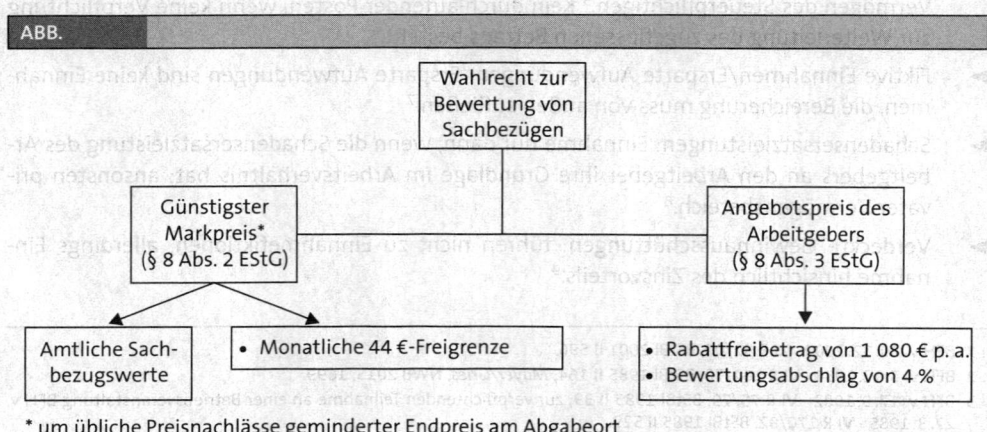

* um übliche Preisnachlässe geminderter Endpreis am Abgabeort

---

[1] St. Rspr. des BFH, s. BFH v. 17.9.1982 - VI R 75/79, BStBl 1983 II 39; BFH v. 12.12.2012 - VI R 79/10, BFH/NV 2013, 637 = NWB DokID: FAAAE-30147; BFH v. 18.10.2012 - VI R 64/11, BStBl 2015 II 184; BFH v. 21.1.2010 - VI R 2/08, BStBl 2010 II 639; s. auch *Strohner*, DStR 2014, 731; *Albert/Heitmann*, DB 1985, 2524; *Mayer/Gries*, NWB 2015, 1699.
[2] Siehe dazu umfassend BMF v. 16.5.2013, BStBl 2013 I 729; s. auch *Rolfes*, StuB 2015, 627.

a) Abgrenzung Bar-/Sachzuwendungen

33 Von entscheidender Bedeutung für die Geltung der Regelungen des § 8 Abs. 2 EStG ist die Abgrenzung einer Sachzuwendung von einer Barzuwendung. Sachbezüge sind alle „nicht in Geld bestehenden Einnahmen." Ob Barlohn oder ein steuerbegünstigter Sachbezug vorliegt, entscheidet sich danach, welche Leistung der Arbeitnehmer vom Arbeitgeber auf Grundlage seines Arbeitsvertrages beanspruchen kann.[1] Maßgeblich ist der Rechtsgrund des Zuflusses, also auf Grundlage der arbeitsvertraglichen Vereinbarungen danach, was der Arbeitnehmer vom Arbeitgeber beanspruchen kann.[2] Es kommt nicht darauf an, auf welche Art und Weise der Arbeitgeber den Anspruch erfüllt und seinem Arbeitnehmer den zugesagten Vorteil verschafft.[3]

34 Seit der neuen BFH-Rechtsprechung aus dem Jahr 2010[4] und deren Anwendung von Seiten der FinVerw[5] können auch Gutscheine (z. B. Waren- oder Tankgutscheine) unter bestimmten Voraussetzungen mit dem günstigsten Marktpreis nach § 8 Abs. 2 EStG besteuert bzw. im Rahmen der 44 €-Freigrenze steuerfrei überlassen werden, auch wenn der Gutschein nur auf einen Euro-Betrag lautet.[6] Details s. unten → Rz. 8, → Rz. 128 ff.

35 Die Umwandlung von Barlohn in Sachlohn (Gehaltsumwandlung) setzt voraus, dass der Arbeitnehmer unter Änderung des Arbeitsvertrages oder Geschäftsführer-Anstellungsvertrages auf einen Teil seines Barlohns verzichtet und ihm der Arbeitgeber stattdessen Sachlohn gewährt.[7] Ob ein Anspruch auf Barlohn oder Sachlohn besteht, ist auf den Zeitpunkt bezogen zu entscheiden, zu dem der Arbeitnehmer über seinen Lohnanspruch verfügt.[8]

(Einstweilen frei) **36–40**

b) Üblicher Endpreis

aa) Bestimmung des Endpreises

41 Üblicher Endpreis ist der Preis, der im allgemeinen Geschäftsverkehr von Letztverbrauchern in der Mehrzahl der Verkaufsfälle am Abgabeort für gleichartige Waren oder Dienstleistungen tatsächlich gezahlt wird.[9] Er schließt die Umsatzsteuer und sonstige Preisbestandteile ein. Maßstab ist im Ergebnis der Endpreis (einschl. USt), zu dem der Arbeitgeber die konkrete Ware oder Dienstleistung fremden Letztverbrauchern im allgemeinen Geschäftsverkehr am Ende von Verkaufsverhandlungen anbietet (auch Einbeziehung von Internetgeboten).[10] Bietet der Arbeitgeber die zu bewertende Ware oder Dienstleistung unter vergleichbaren Bedingungen in nicht unerheblichem Umfang fremden Letztverbrauchern zu einem niedrigeren als dem üb-

---

1 H 8.1 Abs. 1 bis 4 LStH.
2 H 8.1 Abs. 1 bis 4 LStH; BFH v. 11. 11. 2010 - VI R 21/09, BStBl 2011 II 383; VI R 27/09, BStBl 2011 II 386; VI R 41/10, BStBl 2011 II 389.
3 H 8.1 Abs. 1 bis 4 LStH; BFH v. 11. 11. 2010 - VI R 21/09, BStBl 2011 II 383; VI R 27/09, BStBl 2011 II 386; VI R 41/10, BStBl 2011 II 389.
4 Geänderte BFH-Rechtsprechung zur Abgrenzung von Bar- und Sachlohn; BFH v. 11. 11. 2010 - VI R 21/09, BStBl 2011 II 383.
5 H 8.1. Abs. 1 bis 4 LStH; OFD Münster v. 17. 5. 2011, NWB DokID: JAAAD-83692.
6 Beispiele s. *Schmidt/Wiebecke*, NWB DokID: IAAAE-67929, Rz. 32.
7 H 8.1 Abs. 1 bis 4 LStH.
8 H 8.1. Abs. 1 bis 4 LStH; BFH v. 6. 3. 2008- VI R 6/05, BStBl 2008 II 530.
9 R 8.1 Abs. 2 Satz 2 LStR; LStÄR 2015 v. 22. 10. 2014, BStBl 2014 I 1344; maßgebliche Handelsstufe ist der Einzelhandel, Sonderkonditionen ausgeschlossen, HHR/*Birk/Kister*, § 8 EStG Rz. 60 f.
10 BMF v. 16. 5. 2013, BStBl 2013 I 729.

lichen Preis an, ist dieser Preis anzusetzen.¹ Bei einem umfangreichen Warenangebot, von dem fremde Letztverbraucher ausgeschlossen sind, kann der übliche Preis einer Ware auch aufgrund repräsentativer Erhebungen über die relative Preisdifferenz für die gängigsten Einzelstücke jeder Warengruppe ermittelt werden.²

bb) Minderung um übliche Preisnachlässe

42 Erhält der Arbeitnehmer eine Ware oder Dienstleistung, die nach § 8 Abs. 2 Satz 1 EStG zu bewerten ist, so kann sie aus Vereinfachungsgründen mit 96 % des Endpreises (R 8.2 Abs. 2 LStR) bewertet werden, zu dem sie der Abgebende oder dessen Abnehmer fremden Letztverbrauchern im allgemeinen Geschäftsverkehr anbietet.³ Dieser **Bewertungsabschlag** von 4 % gilt allerdings nicht, wenn als Endpreis der günstigste Preis am Markt angesetzt, ein Sachbezug durch eine (zweckgebundene) Geldleistung des Arbeitgebers verwirklicht oder ein Warengutschein mit Betragsangabe hingegeben wird.⁴

cc) Abgabeort

43 Maßgebend für die Preisfeststellung ist der Ort, an dem der Arbeitgeber dem Arbeitnehmer den Sachbezug anbietet und übergibt (Verschaffung der Verfügungsmacht). Lässt sich an diesem Ort der übliche Preis nicht feststellen, z. B. weil dort gleichartige Güter an fremde Letztverbraucher nicht abgegeben werden (kein güterspezifischer Absatzmarkt in Region), so ist der übliche Preis zu schätzen.

dd) Bewertungszeitpunkt

44 Maßgeblicher Zeitpunkt für die Bewertung ist der Zeitpunkt der Abgabe der Sachzuwendung,⁵ d. h., der Tag der Übergabe an den Arbeitnehmer. Fallen Bestell- und Liefertag auseinander, sind die Verhältnisse am Bestelltag für die Preisfeststellung maßgebend.⁶

c) ABC der Sachbezüge

45 ▶ Arbeitgeberdarlehen⁷
▶ Aufmerksamkeiten⁸
▶ Benzingutschein⁹
▶ Buchgutschein¹⁰
▶ Geschenke¹¹

---

1 R 8.1 Abs. 2 Satz 4 LStR.
2 R 8.1 Abs. 2 Satz 2 LStR.
3 R 8.1 Abs. 2 Satz 3 LStR.
4 R 8.1 Abs. 2 Satz 4 LStR.
5 R 8.1 Abs. 2 Satz 1 LStR.
6 BMF v. 16. 5. 2013, BStBl 2013 I 729, Rz. 4.
7 Details s. BMF v. 1. 10. 2008, BStBl 2008 I 892.
8 Steuerfreier Sachbezug bis Wert von 60 € je Anlass (R 19.6 LStR).
9 Steuerfreier Sachbezug im Rahmen der 44-€-Freigrenze (§ 8 Abs. 2 Satz 11 EStG), BFH v. 11. 11. 2010 - VI R 21/09, BStBl 2011 II 383; VI R 27/09, BStBl 2011 II 386; VI R 41/10, BStBl 2011 II 389; bei Überschreiten steuerpflichtiger Sachbezug, H 8.1 LStH.
10 BFH v. 11. 11. 2010 - VI R 21/09, BStBl 2011 II 383.
11 Steuerfreier Sachbezug im Rahmen der 44-€-Freigrenze (§ 8 Abs. 2 Satz. 11 EStG).

- Jobticket/Monatskarte[1]
- Kreditkarte
- Mietnachlässe
- Mitarbeitergenussrecht
- Vermögensbeteiligung
- Verzicht auf Bauspar-Abschlussgebühr
- Zinsermäßigung

(*Einstweilen frei*) 46–50

2. Bewertung der privaten Nutzung eines betrieblichen Kfz (§ 8 Abs. 2 Satz 2 bis 5 EStG)

Für die Bewertung der privaten Nutzung eines betrieblichen Kfz gibt es Sonderregelungen.[2] Danach kann dieser Vorteil entweder pauschal mit der 1%-Methode[3] oder durch Einzelnachweis anhand eines Fahrtenbuchs ermittelt werden.[4] Diese Methoden sind für die Gewinneinkünfte in der Vorschrift des § 6 Abs. 1 Nr. 4 Satz 2 EStG geregelt, auf die § 8 Abs. 2 Satz 2 EStG zur entsprechenden Anwendung für die Überschusseinkünfte verweist.[5] 51

a) Betriebliche Kfz

Die besonderen Bewertungsregeln (1%-Methode, Fahrtenbuch) gelten nur für „betriebliche Kfz". Dabei muss es sich zunächst um ein Kfz handeln, das von sog. Nutzfahrzeugen abzugrenzen ist. Kfz ist jedes Fahrzeug, das nach der Lebenserfahrung auch für Privatfahrten eingesetzt wird.[6] Damit sind Lkw, Zugmaschinen, Busse und reine Werkstattwagen[7] grundsätzlich aus dem Anwendungsbereich der Vorschrift ausgeschlossen.[8] 52

Entscheidende Voraussetzung ist, dass es sich um ein „betriebliches Kfz" (wirtschaftliches Eigentum des Arbeitgebers) und nicht um ein Privatfahrzeug handelt. Der **Umfang der betrieblichen Nutzung** bei wirtschaftlicher Betrachtung entscheidet, ob ein Kfz als Betriebs- oder Privatvermögen zu behandeln ist (dieselben Grundsätze gelten auch für geleaste Fahrzeuge):[9] Wird das Kfz überwiegend, d.h. **zu mehr als 50%** zu betrieblichen Zwecken genutzt, gehört der Geschäftswagen zwingend zum Betriebsvermögen.[10] Liegt die betriebliche Nutzung des Kfz **unter 10%**, handelt es sich um einen Privatwagen, der Privatvermögen darstellt. Bei einer betrieblichen Nutzung **zwischen 10% und 50%**, kann das Kfz entweder dem Betriebsvermögen oder dem Privatvermögen zugeordnet werden (sog. „gewillkürtes" Betriebsvermögen).

---

1 BFH v. 14.11.2012 - VI R 56/11, BStBl 2013 II 382; Schmidt/Wiebecke, NWB DokID: IAAAE-67929; H 8.1 Abs. 1 bis 4 LStH; s.a. R 8.1 Abs. 9, 10 LStR.
2 Regelungen des § 8 Abs. 2 Satz 2 bis 5 EStG eingeführt durch das JStErgG 1996 v. 18.12.1995, BGBl 1995 I 1959.
3 Siehe Arbeitshilfe, NWB DokID: ZAAAD-37232.
4 Überblick hierzu s. *Balmes*, BB 2011, 2263 und BB 2013, 2263.
5 Zu dem Verhältnis zwischen § 6 Abs. 1 Nr. 4 Satz 2 und § 8 Abs. 2 Satz 2 EStG s. BFH v. 21.3.2013 - VI R 31/10, BStBl 2013 II 700, mit Anm. *Geserich*, DStR 2013, 1424.
6 BFH v. 13.2.2003 - X R 23/01, BStBl 2003 II 472.
7 BFH v. 18.12.2008 - VI R 34/07, BStBl 2009 II 381.
8 BMF v. 18.11.2009, BStBl 2009 I 1326.
9 Siehe dazu auch KKB/Teschke/C. Kraft, § 6 EStG Rz. 215 ff.; R 4.2 EStR.
10 Vgl. R 4.2 EStR.

Bei Neuanschaffung eines Kfz ist der Anteil der betrieblichen Nutzung vom Steuerpflichtigen nachzuweisen bzw. glaubhaft zu machen.[1]

TAB.	Übersicht Betriebliche/Private Nutzung		
Betriebliche Nutzung	**> 50 %**	**10-50 %**	**< 10 %**
Betriebsausgabenabzug	Alle Kosten	Alle Kosten	Alle beruflich gefahrenen km, Fahrten Wohnung/Betrieb i. H. d. Entfernungspauschale
Ermittlung des Privatanteils	1 %-Methode oder Fahrtenbuch	Fahrtenbuch oder Schätzung	Keine Besteuerung
Verkauf	Betriebseinnahme	Betriebseinnahme	Keine Besteuerung

53 Stellt der Unternehmer seinem Arbeitnehmer aus betrieblichen Gründen ein Kfz zur Verfügung (Firmenwagen), gehört dieses ebenfalls zum Betriebsvermögen. Alle Kfz-Kosten sind steuerlich als Betriebsausgaben abziehbar. Die Privatfahrten, die Fahrten zwischen Wohnung und Arbeitsstätte und die Familienheimfahrten im Rahmen einer doppelten Haushaltsführung sind vom Arbeitnehmer als geldwerter Vorteil über die monatliche Lohnabrechnung zu versteuern.

54–57 *(Einstweilen frei)*

b) Pauschale Ermittlung der Privatnutzung mit der 1 %-Regelung (§ 8 Abs. 2 Satz 2 EStG)

58 Der Anteil der Privatnutzung des Kfz kann pauschal mit monatlich 1 % des Bruttolistenpreises des Kfz (einschließlich USt) ermittelt werden, siehe Verweis auf § 6 Abs. 1 Nr. 4 Satz 2 EStG. In der Praxis stellt die Anwendung der 1 %-Regelung den Regelfall dar, da die Anwendung der 1 %-Regelung zwingend ist, wenn für das betroffene Fahrzeug kein Fahrtenbuch mit den entsprechenden Belegen vorgelegt wird (Grund: sehr hoher Aufwand).[2] Die 1 %-Regelung auf Grundlage des Bruttolistenpreises ist verfassungsgemäß, da der Steuerpflichtige die Wahl hat, den vom Arbeitgeber zugewandten Nutzungsvorteil auch nach der Fahrtenbuchmethode zu ermitteln und zu bewerten.[3] Der Gesetzgeber ist daher nach Auffassung des BFH nicht verpflichtet, die typisierende Bewertung der privaten Nutzung eines Firmenwagens unter Ansatz des Bruttoneuwagenlistenpreises zu überprüfen und an die veränderten Marktverhältnisse anzupassen.[4] Durch die 1 %-Methode sind sämtliche Privatfahrten abgegolten, auch private Urlaubsreisen. Beim Firmenwagen-Leasing im Wege der Gehaltsumwandlung ist die Anwendung der 1 %-Methode streitig und ggf. nur unter bestimmten Voraussetzungen möglich.[5]

aa) Privatnutzung

59 Voraussetzung für die Anwendung der 1 %-Regelung ist die private Nutzungsmöglichkeit eines Kfz. Privatnutzung ist jede Nutzung außer der betrieblichen Nutzung des Unternehmers oder

---

[1] Ausnahme bei bestimmten Berufsgruppen wie Handelsvertreter, Taxiunternehmer etc.; Details s. BMF v. 18. 11. 2009, BStBl 2009 I 1326.
[2] BMF v. 18. 11. 2009, BStBl 2009 I 1326; BFH v. 7. 11. 2006 - VI R 95/04, BStBl 2007 II 269.
[3] BFH v. 13. 12. 2012 - VI R 51/11, BStBl 2013 II 385.
[4] BFH v. 13. 12. 2012 - VI R 51/11, BStBl 2013 II 385.
[5] Siehe BFH v. 18. 12. 2014 - VI R 75/13, BStBl 2015 II 670.

des Arbeitnehmers für den Arbeitgeber. **Keine Privatnutzung**, sondern lediglich sog. betriebsfunktionale Einsätze sind: vorübergehende Rufbereitschaft, Einsatz für einen Rettungsdienst, Heimfahrt mit einem Werkstattwagen.[1] Keine Privatnutzung ist auch die Nutzung des Kfz für Fahrten zwischen Wohnung und „erster Tätigkeitsstätte" (bis 2013 „Arbeitsstätte"). Die Möglichkeit des Werbungskostenabzugs für solche Fahrten (Entfernungspauschale) zeigt, dass diese Fahrten generell der Erwerbssphäre zuzuordnen sind, obwohl mit dem 0,03 %-Zuschlag ein Ausgleich für abziehbare, tatsächlich aber nicht entstandene Werbungskosten geschaffen werden soll.[2]

(1) Anscheinsbeweis

Ein betriebliches Kfz, das einem Arbeitnehmer auch zur privaten Nutzung überlassen wird, führt unabhängig vom Umfang der tatsächlichen Privatnutzung stets zu einem lohnsteuerlich relevanten geldwerten Vorteil (sog. Anscheinsbeweis).[3] Eine Privatnutzung sowie eine Nutzung für Fahrten zwischen Wohnung und Arbeitsstätte werden stets dann unterstellt, wenn der Arbeitnehmer das Fahrzeug nach seiner Arbeitszeit und am Wochenende mit nach Hause nehmen kann. Dies gilt selbst dann, wenn der Firmenwagen tatsächlich nicht vom Arbeitnehmer privat genutzt wird. Die Behauptung des Arbeitnehmers, dass das betriebliche Kfz nicht für Privatfahrten eingesetzt wurde oder dass diese ausschließlich mit einem privaten Kfz durchgeführt wurden, genügt damit nicht mehr, um die Erfassung eines geldwerten Vorteils nach der 1 %-Methode zu vermeiden.

60

Sonderfall Fahrzeugpool: Ist dem Arbeitnehmer für die dienstliche Nutzung kein bestimmtes Fahrzeug zugewiesen, sondern steht ein Fahrzeugpool zur dienstlichen Nutzung zur Verfügung, genügt ein schriftliches Verbot der Nutzung für private Zwecke, um den ersten Anschein einer privaten Nutzung auszuschließen.[4]

61

(2) Sonderfall Privatnutzungsverbot

Die Besteuerung eines geldwerten Vorteils kann durch ein ausdrücklich arbeitsvertraglich vereinbartes Privatnutzungsverbot oder ein ordnungsmäßig geführtes Fahrtenbuch verhindert werden.[5] Einer besonderen Überwachung des Nutzungsverbots durch den Arbeitgeber bedarf es zwar nicht,[6] aber es ist ratsam, zumindest stichprobenhafte **Kontrollmaßnahmen durch den Arbeitgeber** durchzuführen (Verbot „nur zum Schein" nicht ausreichend). Das gilt auch bei (Allein-)Geschäftsführern und bei Gesellschafter-Geschäftsführern.[7]

62

bb) Bruttolistenpreis

Bemessungsgrundlage für die Anwendung der 1 %-Methode ist der inländische Listenpreis eines Fahrzeugs im Zeitpunkt der Erstzulassung zzgl. der Kosten für Sonderausstattung ein-

63

---

1 H 8.1 Abs. 9, 10 LStH.
2 BFH v. 22. 9. 2010 - VI R 57/09, BStBl 2011 II 359; VI R 55/09, BStBl 2011 II 358; VI R 54/09, BStBl 2011 II 354.
3 H 8.1 Abs. 9, 10 LStH; BFH v. 21. 3. 2013 - VI R 31/10, BStBl 2013 II 700 und BFH v. 6. 2. 2014 - VI R 39/13, BStBl 2014 II 641.
4 H 8.1 Abs. 9, 10 LStH; BFH v. 21. 4. 2010 - VI R 46/08, BStBl 2010 II 848.
5 H 8.1 Abs. 9, 10 LStH; BFH v. 21. 4. 2010 - VI R 46/08, BStBl 2010 II 848; allgemein zum Nutzungsverbot auch *Schmidt/Wiebecke*, NWB DokID: MAAAE-60557, Rz. 30 ff.
6 BFH v. 14. 11. 2013 - VI R 25/13, BFH/NV 2014, 678 = NWB DokID: IAAAE-59401.
7 BFH v. 21. 3. 2013 - VI R 46/11, BStBl 2012 II 362.

schließlich Umsatzsteuer.[1] Zeitpunkt der Erstzulassung ist der Tag, an dem das Kfz das erste Mal in Deutschland zum Straßenverkehr zugelassen worden ist (auch bei Gebrauchtfahrzeugen).[2]

HINWEIS:
Der Listenpreis ist auch dann einzusetzen, wenn das Fahrzeug gebraucht oder geleast ist.[3]

64 Nicht einzubeziehen sind die Kosten für den nachträglichen Einbau einer Sonderausstattung (z. B. Navigationssystem, Diebstahlsicherungssystem). Außer Ansatz bleiben auch variable, nicht fest eingebaute Anlagen wie ein Autotelefon, ein weiterer Satz Reifen o. Ä.[4]

65 Zu beachten ist, dass der so ermittelte Bruttolistenpreis auch für geleaste und gebrauchte Fahrzeuge gilt. Im Ergebnis ist der Bruttolistenpreis ein fiktiver Wert, der in den meisten Fällen über dem tatsächlichem Kaufpreis liegt. Folge ist, dass sich die 1 %-Methode besonders in diesen Fällen nachteilig auswirken kann und die Fahrtenbuchmethode günstiger ist.

BEISPIEL 1 %-METHODE: Abteilungsleiter A hat im Jahr 2018 einen Pkw mit einem Bruttopreis von 80 000 € als Dienstwagen erhalten. Er nutzt diesen auch privat an 220 Tagen – auch für Fahrten von seiner Wohnung zum Betrieb (10 km Entfernung).

A muss im Jahr 2018 als geldwerten Vorteil versteuern:

1 % von 80 000 € x 12 Monate	9 600 €
+ 0,03 % von 80 000 € x 10 km x 12 Monate	2 880 €
insgesamt (Höhe geldwerter Vorteil)	12 480 €

cc) Sonderfall Elektrofahrzeuge

66 Bei der Ermittlung des Anteils der Privatnutzung des Firmenwagens ist bei **Elektrofahrzeugen nur die Hälfte des Bruttolistenpreises für die 1 %-Methode oder Fahrtenbuchmethode** anzusetzen. Dies gilt für reine Elektrofahrzeuge und Hybridelektrofahrzeuge (hierbei unter der Voraussetzung, dass diese CO_2-Emissionen von max. 50g/km haben und eine Reichweite von mind. 40 km bei rein elektrischer Nutzung). Die Hälfte des Bruttolistenpreises als Bemessungsgrundlage gilt auch für die Fahrten zwischen Wohnung und Betriebsstätte sowie für Familienheimfahrten im Rahmen einer doppelten Haushaltsführung.

Zusätzlich wird eine pauschale Minderung des Bruttolistenpreises um die Batteriekosten im Rahmen der Firmenwagenbesteuerung (1 %-Methode oder Fahrtenbuchmethode) anerkannt.

Der Bruttolistenpreis als Bemessungsgrundlage für die Firmenwagenbesteuerung wird dabei je nach dem Jahr des Kaufs des Fahrzeugs um einen Pauschalbetrag pro kWh-Batteriekapazität (s. Feld 22 der Zulassungsbescheinigung) reduziert:[5]

Für bis zum 31. 12. 2013 angeschaffte Elektrofahrzeuge wird der Listenpreis um 500 €/kWh der Batteriekapazität gemindert, insgesamt maximal 10 000 € pro Fahrzeug.[6] Der Betrag von 500 € mindert sich für in den Folgejahren angeschaffte Kraftfahrzeuge um jährlich 50 €/kWh

---

1 § 6 Abs. 1 Nr. 4 Satz 2 EStG.
2 BMF v. 18.11.2009, BStBl 2009 I 1326.
3 BFH v. 1.3.2001 - IV R 27/00, BStBl 2001 II 403; *Schmidt/Wiebecke*, NWB DokID: MAAAE-60557, Rz. 45.
4 R 8.1 Abs. 9 Nr. 1 LStR.
5 Einzelheiten regelt ein BMF-Schreiben v. 5.6.2014, BStBl 2014 I 835.
6 Siehe dazu auch KKB/Teschke/C. Kraft, § 6 EStG Rz. 219 f.

der Batteriekapazität; der Höchstbetrag von 10 000 € mindert sich in den Folgejahren um jährlich 500 € (2019: Minderung um 200 €/kWh, Höchstbetrag i. H. v. 7 000 €).[1]

BEISPIEL: Anschaffung eines Elektrofahrzeugs (Bruttolistenpreis 35 000 €) im Januar 2019 mit einer Batteriekapazität von 22 kWh. Bemessungsgrundlage für 1 %-Methode bzw. Fahrtenbuchmethode:

35 000 €
./. 5 500 €
= 29 500 €

→ Deckelung in 2019 auf 7 000 € (hier 22 kWh x 200 € = 4 400 €)

Zu beachten ist hierbei, dass die um die Batteriekosten geminderte Bemessungsgrundlage nicht bei der Umsatzsteuer gilt, wie das BMF in einem gesonderten Schreiben v. 5. 6. 2014 klargestellt hat.[2] Diese Verwaltungsentscheidung ist bedauerlich, da hiermit zwingend eine Abweichung von ertrags- und umsatzsteuerlicher Bemessungsgrundlage vorliegt und die praktische Umsetzung in der Finanz- oder Lohn- und Gehaltsbuchhaltung unnötig erschwert.[3]

Die Sonderregelungen für Elektrofahrzeuge sind befristet bis 31.12.2021 (hälftiger Bruttolistenpreis) bzw. 31.12.2022 (Minderung des Bruttolistenpreises um die Batteriekosten).

dd) Nutzung mehrerer Kfz

Sind in einem Einzelunternehmen mehrere betriebliche Kfz vorhanden, die z. B. von anderen Familienangehörigen genutzt werden, wird für alle Fahrzeuge eine pauschal bewertete Privatnutzung angenommen.[4] Die bloße Behauptung, ein Kfz werde nicht privat genutzt oder Privatfahrten würden ausschließlich mit anderen Kfz durchgeführt, reicht nicht aus, um vom Ansatz eines privaten Nutzungsanteils abzusehen.

67

Eine Ausnahme gilt bei Kfz, die für eine Privatnutzung ungeeignet sind (z. B. Werkstattwagen), ausschließlich eigenen Arbeitnehmern zur Nutzung überlassen werden oder zur privaten Nutzung tatsächlich nicht zur Verfügung stehen (z. B. Vorführwagen oder zur Vermietung bestimmte Fahrzeuge). Für diese Fahrzeuge muss kein zusätzlicher pauschaler Nutzungswert angesetzt werden.[5]

68

ee) Gestellung eines Kfz mit Fahrer

Stellt der Arbeitgeber dem Arbeitnehmer für Fahrten zwischen Wohnung und Arbeitsstätte ein Kraftfahrzeug mit Fahrer zur Verfügung, so ist der für diese Fahrten ermittelte Nutzungswert des Kraftfahrzeugs um 50 % zu erhöhen.[6] Bei sonstigen Privatfahrten ist der entsprechende private Nutzungswert anteilig um 50 % zu erhöhen, wenn der Fahrer überwiegend in Anspruch genommen wird, und zu 40 % oder 25 %, wenn der Arbeitnehmer das Fahrzeug häufig oder überwiegend selbst steuert.[7]

69

---

1 Einzelheiten regelt ein BMF-Schreiben v. 5. 6. 2014, BStBl 2014 I 835.
2 Siehe BMF-Schreiben v. 5. 6. 2016, BStBl 2014 I 896.
3 So auch *Becker*, NWB 2014, 2870
4 BMF v. 18. 11. 2009, BStBl 2009 I 1326.
5 BMF v. 15. 11. 2012, BStBl 2012 I 1099.
6 R 8.1 Abs. 10 LStR; BMF v. 15. 7. 2014, BStBl 2014 I 1109.
7 BMF v. 15. 7. 2014, BStBl 2014 I 1109; s. a. R 8.1 Abs. 10 LStR.

Wünnemann

ff) Zuzahlungen des Arbeitnehmers

70 Zuzahlungen des Arbeitnehmers zu den Anschaffungskosten eines ihm auch zur privaten Nutzung überlassenen Kfz können nicht nur im Zahlungsjahr der Anschaffungskosten, sondern auch in den darauf folgenden Kalenderjahren **auf den geldwerten Vorteil angerechnet** werden.[1] Im Ergebnis führen die Zuzahlungen des Arbeitnehmers zu den Anschaffungskosten eines Firmenwagens also zu einer fahrzeugbezogenen Minderung des geldwerten Vorteils.[2] Dies gilt entsprechend bei vom Arbeitnehmer übernommenen Leasingraten einschließlich der Übernahme einer Leasingsonderzahlung durch den Arbeitnehmer.

Bei laufenden Zuzahlungen des Arbeitnehmers können sowohl Pauschalzahlungen (z. B. monatlich 100 €) als auch kilometerbezogene Zuzahlungen (z. B. 0,10 € je privat gefahrener Kilometer) angerechnet werden, unabhängig davon, ob der geldwerte Vorteil für die Privatnutzung nach der 1 %-Methode oder nach der Fahrtenbuchmethode ermittelt wird.

71 Nach neuerer Rspr. erfolgt auch bei **Übernahme einzelner** individueller **Kfz-Kosten** (z. B. Benzinkosten) durch den Arbeitnehmer eine Kürzung des geldwerten Vorteils, wenn der geldwerte Vorteil pauschal nach der 1 %-Methode ermittelt wurde.[3] Bei der Fahrtenbuchmethode fließen vom Mitarbeiter selbst getragene individuelle Kraftfahrzeugkosten allerdings grundsätzlich weiterhin nicht in die Gesamtkosten ein und erhöhen damit nicht den individuellen Nutzungswert. Es wird jedoch im Sinne einer Meistbegünstigungsregelung nicht beanstandet, wenn bei der Fahrtenbuchmethode vom Mitarbeiter selbst getragene Kosten davon abweichend in die Gesamtkosten einbezogen und wie bei der pauschalen Nutzungswertmethode als Nutzungsentgelt behandelt werden. Der Arbeitnehmer ist allerdings in der Pflicht, seine getragenen Aufwendungen i. E. umfassend darzulegen und belastbar nachzuweisen.[4] Übersteigt der Betrag der Eigenleistungen des Arbeitnehmers den geldwerten Vorteil, führt dies weder zu negativem Arbeitslohn noch kann er vom Arbeitnehmer als Werbungskosten aus nichtselbständiger Arbeit abgezogen werden.[5] Ein verbleibender „Restbetrag" verbleibt daher ohne steuerliche Auswirkungen (der geldwerte Vorteil kann im Ergebnis nur bis auf 0 € gemindert werden).

> **HINWEIS:**
> Es kommt nicht darauf an, ob der Arbeitnehmer die Zuzahlung an den Arbeitgeber oder an einen Dritten, z. B. das Autohaus, leistet.

gg) Abgeltungswirkung der 1 %-Regelung

Mit der 1 %-Regelung sind die durch die Kfz-Nutzung anfallenden Kosten abgegolten, die unmittelbar dem Halten und dem Betrieb des Kfz zu dienen bestimmt sind und zwangsläufig gewöhnlich bei der Nutzung anfallen. Das sind insbesondere Treibstoffe (Benzin/Diesel, bei Elektrofahrzeugen Strom), Schmierstoffe, Haftpflichtversicherung, Kfz-Steuer, AfA, Parkgebühren)[6]. Mautgebühren oder Schutzbriefkosten, die der Arbeitgeber zahlt, stellen demgegenüber einen zusätzlichen geldwerten Vorteil dar[7].

---

1 R 8.1 Abs. 9 Nr. 4 LStR; BMF v. 19. 4. 2013, BStBl 2013 I 513.
2 Zur Höhe der Entfernungspauschale s. BMF v. 31. 10. 2013, BStBl 2013 I 1376.
3 BMF v. 21.9.2017 BFH v. 30.11.2016 - VI R 2/15.
4 BFH v. 30.11.2016 - VI R 2/15, NWB DokID: AAAAG-3760.
5 BFH v. 30.11.2016 - VI R 49/14 = NWB DokID: UAAAG-37605.
6 BFH v. 14. 11. 2005 - VI R 37/03, BStBl II 2006, 72.
7 Urban, FR 2005, 1140.

(1) Sonderfall Unfallkosten

Bei vom Arbeitgeber übernommenen Unfallkosten auf beruflichen Fahrten (z. B. im Rahmen einer Auswärtstätigkeit oder bei Fahrten Wohnung – Arbeitsstätte) wird auf den Ansatz eines geldwerten Vorteils ganz verzichtet, es sei denn, es handelt sich z. B. um eine Trunkenheitsfahrt.[1] Vom Arbeitgeber getragene Unfallkosten für einen Unfall bei einer reinen Privatfahrt müssen bis zu einem Freibetrag i. H. v. 1 000 € (zzgl. USt) – bezogen auf den einzelnen Schadensfall und nach Erstattungen von dritter Seite, z. B. Versicherungen – nicht als gesonderter geldwerter Vorteil angesetzt werden.[2] Dieser Freibetrag deckt i. d. R. einen Selbstbehalt bei der Versicherung ab.

(2) Möglichkeit der Kostendeckelung

Da die 1 %-Methode nicht dazu führen soll, dass für die Privatfahrten und Fahrten zwischen Wohnung und Betriebsstätte mehr versteuert werden muss, als die für das Kfz entstandenen Gesamtkosten, wurde eine Kostendeckelung eingeführt: Übersteigt der nach der 1 %-Methode pauschal ermittelte Privatanteil die jährlichen Gesamtkosten des Fahrzeugs, so wird der zu besteuernde Privatanteil auf die tatsächlich entstandenen Gesamtkosten beschränkt.[3]

PRAXISHINWEIS:
Positiv auswirken kann sich die Kostendeckelung insbesondere bei voll abgeschriebenen Gebrauchtwagen.

BEISPIEL (KOSTENDECKELUNG): Ein Abteilungsleiter nutzt einen Dienstwagen (Bruttolistenpreis 30 000 €) auch für Privatfahrten und Fahrten zwischen Wohnung und Arbeitsstätte (Entfernung 25 km). Die jährlichen Gesamtkosten für das bereits abgeschriebene Kfz betragen 5 000 €.

Privatfahrten (1 % von 30 000 € x 12 Monate):	3 600 €
Fahrten Wohnung – Betriebsstätte:	
0,03 % von 30 000 € x 25 km x 12 Monate	2 700 €
Insgesamt (Entnahmeanteil)	6 300 €
Vergleich jährliche Gesamtkosten	5 000 €

Die jährlichen Gesamtkosten sind niedriger, so dass der Entnahmewert auf die Gesamtkosten zu begrenzen ist und lediglich 5 000 € beträgt.

(Einstweilen frei)

c) Fahrten zwischen Wohnung und Arbeitsstätte (0,03 %-Regelung) (§ 8 Abs. 2 Satz 3 EStG)

Für Fahrten zwischen Wohnung und Arbeitsstätte erhöht sich der pauschale Wert des geldwerten Vorteils **für jeden Entfernungskilometer (= einfache Entfernung) um 0,03 % des inländischen Bruttolistenpreises**, § 8 Abs. 2 Satz 3 EStG.[4] Im Rahmen der Einkommensteuerveranlagung kann der Arbeitnehmer im Gegenzug die Entfernungspauschale von 0,30 € vom ersten

---

1 R 8.1 Abs. 9 Nr. 2 Satz 13 LStR.
2 R 8.1 Abs. 9 Nr. 2 Satz 12 LStR.
3 Zur Kostendeckelung bei Vermietung eines Kfz von einem Gesellschafter an die Gesellschaft, BFH v. 18. 9. 2012 - VIII R 28/10, BStBl 2013 II 120.
4 Die Zuschlagsregelung stellt einen Korrekturposten zum Werbungskostenabzug dar und kommt daher nur insoweit zur Anwendung, wie der Arbeitnehmer den Dienstwagen tatsächlich für Fahrten zwischen Wohnung und Arbeitsstätte benutzt hat, BFH v. 22. 9. 2010 - VI R 54/09, BStBl 2011 II 354; VI R 55/09, BStBl 2011 II 358 und VI R 57/09, BStBl 2011 II 359; *Schneider*, NWB 2011, 112.

Entfernungskilometer an geltend machen (0,03 %-Zuschlag ist keine zusätzliche Besteuerung, sondern Ausgleich für abziehbare, tatsächlich aber nicht entstandene Erwerbsaufwendungen).[1] Der Zuschlag entfällt nur auf die Fahrten zwischen Wohnung und erster Tätigkeitsstätte.[2] Dem pauschalen Nutzungswert ist die einfache Entfernung zwischen Wohnung und erster Tätigkeitsstätte zugrunde zu legen; diese ist auf den nächsten vollen Kilometerbetrag abzurunden. Maßgebend ist die kürzeste benutzbare Straßenverbindung.[3] Der pauschale Wert des geldwerten Vorteils für Fahrten zwischen Wohnung und Arbeitsstätte vervielfacht sich nicht dadurch, dass täglich mehrere Fahrten zwischen Wohnung und Arbeitsstätte zurückgelegt werden.[4] Fährt der Arbeitnehmer abwechselnd zu verschiedenen Wohnungen, ist bei Anwendung der 0,03 %-Regelung der pauschale Monatswert unter Zugrundelegung der Entfernung zur näher gelegenen Wohnung anzusetzen.[5]

aa) Tatsächliche Kfz-Nutzung

82 Die Zuschlagsregelung stellt einen Korrekturposten zum Werbungskostenabzug dar und kommt daher nur insoweit zur Anwendung, wie der Arbeitnehmer den Dienstwagen tatsächlich für Fahrten zwischen Wohnung und Arbeitsstätte benutzt.[6] Statt des pauschalen monatlichen 0,03 %-Zuschlags (Annahme von durchschnittlich 15 Arbeitstagen im Monat) kann die Höhe des geldwerten Vorteils für Fahrten zwischen Wohnung und Arbeitsstätte auch von dem Umfang der tatsächlichen Nutzung durch den Arbeitnehmer abhängig gemacht werden (z. B. wenn der Dienstwagen nur einmal wöchentlich für Fahrten zwischen Wohnung und Arbeitsstätte genutzt wird).[7] Der Arbeitnehmer hat insofern ein Wahlrecht zwischen der pauschalen Zuschlagsregelung (0,03 %) und einer Einzelbewertung.[8]

bb) Alternative Einzelbewertung

83 Die Einzelbewertung der tatsächlich durchgeführten Fahrten zwischen Wohnung und Arbeitsstätte muss dann mit 0,002 % des Bruttolistenpreises je Entfernungskilometer und Fahrt vorgenommen werden.[9] Nutzt der Arbeitnehmer das Fahrzeug lediglich für eine Teilstrecke der Entfernung zwischen Wohnung und Arbeitsstätte und legt den restlichen Fahrtweg per Bahn zurück (park and ride), so ist der Zuschlag von 0,03 % des Listenpreises für jeden Entfernungskilometer nur auf die tatsächlich mit dem Dienstwagen zurückgelegte Teilstrecke zu beschränken.[10]

BEISPIEL ZUM VERGLEICH 0,03 %-ZUSCHLAG/EINZELBEWERTUNG: ▶ Ein Arbeitnehmer nutzt seinen Dienstwagen (Bruttolistenpreis 50 000 €) regelmäßig auch für Privatfahrten und für Fahrten zum Betrieb

---

1 § 9 Abs. 1 Satz 3 Nr. 4 EStG.
2 Zum Begriff der „ersten Tätigkeitsstätte" s. BMF v. 24. 10. 2014, zur Reform des Reisekostenrechts ab 1. 1. 2014, BStBl 2014 I 1412; Niermann, DB 2013, 1015 und DB 2014, 2793.
3 H 8.1 Abs. 9, 10 LStH.
4 BMF v. 18. 11. 2009, BStBl 2009 I 1326.
5 H 8.1 Abs. 9, 10 LStH.
6 BMF v. 1. 4. 2011, BStBl 2011 I 301; v. 22. 9. 2010 - VI R 54/09, BStBl 2011 II 354; VI R 55/09, BStBl 2011 II 358; VI R 57/09, BStBl 2011 II 359; gilt nicht für Selbständige und Gewerbetreibende, OFD Magdeburg v. 23. 4. 2012, NWB DokID: LAAAE-09092.
7 BMF v. 1. 4. 2011, BStBl 2011 I 301; BFH v. 22. 9. 2010 - VI R 54/09, BStBl 2011 II 354.
8 Die Einzelbewertung ist umso günstiger, an je weniger Tagen das Fahrzeug tatsächlich für die Fahrt zur Arbeit genutzt wird, je weiter die Entfernung zur Arbeit ist und je teurer das Fahrzeug ist.
9 BMF v. 1. 4. 2011, BStBl 2011 I 301.
10 Details s. BMF v. 1. 4. 2011, BStBl 2011 I 301; BFH v. 4. 4. 2008 - VI R 68/05, BStBl 2008 II 890.

(einfache Entfernung 20 km). Im Monat Juli nutzt er den Dienstwagen an lediglich fünf Tagen für Fahrten zwischen Wohnung und Betrieb. Vergleich der Berechnung des geldwerten Vorteils für den Monat Juli:

Pauschale Bewertung mit 0,03 %-Zuschlag:

0,03 % von 50 000 € x 20 km   300 €

Einzelbewertung des geldwerten Vorteils

(0,002 % je Entfernungskilometer und Fahrt):

0,002 % von 50 000 € x 20 km x 5 Arbeitstage   100 €

(Einstweilen frei)   84–86

d) Ermittlung des Privatanteils durch Einzelnachweis (Fahrtenbuch) (§ 8 Abs. Satz 4 EStG)

Anstelle der pauschalen Ermittlung des Privatanteils (1 %-Regelung) kann der Betriebsinhaber auch den Privatanteil **durch Einzelnachweis aller Fahrten und der Gesamtkosten** ermitteln, § 8 Abs. 2 Satz 4 EStG.[1] Dies setzt voraus, dass er durch ein Fahrtenbuch lückenlos nachweist, welche Fahrleistung jeweils im Kalenderjahr auf betriebliche und private Nutzung entfällt. Die Gesamtkosten des Fahrzeugs werden dann im Verhältnis der gefahrenen Kilometer in einen beruflichen und privaten Anteil aufgeteilt.[2] Der so ermittelte auf die betrieblichen Fahrten entfallende Anteil an den Kosten kann als Betriebsausgabe in Abzug gebracht werden.[3]

87

aa) Anforderungen an das Fahrtenbuch

Das Fahrtenbuch ist das ganze Jahr über laufend und zeitnah zu führen, die Erfassung eines repräsentativen Zeitraums reicht also nicht aus (gesondertes Aufwandskonto).[4] Das Fahrtenbuch muss mindestens folgende Angaben enthalten:

88

- Datum und km-Stand zu Beginn und Ende jeder einzelnen betrieblichen Fahrt (Umweg muss erläutert werden)
- Reiseziel
- Reisezweck und aufgesuchte Geschäftspartner

Bei allen Privatfahrten reichen km-Stände und Datumsangaben.

Das Fahrtenbuch kann auch in elektronischer Form geführt werden. Voraussetzung ist, dass die geforderten Angaben erfasst und bei Ausdruck nachträgliche Veränderungen der Aufzeichnungen zumindest dokumentiert werden („Manipulationssicherheit"). Wird das Fahrtenbuch als nicht ordnungsgemäß geführt vom Finanzamt verworfen, greift automatisch die 1 %-Regelung.[5]

---

1 I.V. m. § 6 Abs. 1 Nr. 4 Satz 3 EStG; s. a. KKB/Teschke/C. Kraft, § 6 EStG Rz. 221.
2 Bei Elektrofahrzeugen sind die Anschaffungskosten für die Ermittlung der Gesamtkosten pauschal zu mindern, BMF v. 5. 6. 2014, BStBl 2014 I 835.
3 Zur Ermittlung der Gesamtkosten s. auch *Schmidt/Wiebecke*, NWB DokID: MAAAE-60557, Rz. 65 ff.
4 R 8.1 Abs. 9 Nr. 2 Satz 5 LStR.
5 Zu den Anforderungen an ein elektronisches Fahrtenbuch Verfügung der OFD Rheinland und Münster v. 18. 2. 2013, DB 2013, 489.

bb) Berufsspezifische Erleichterungen

89 Für bestimmte Berufsgruppen sind Erleichterungen bei der Führung des Fahrtenbuchs möglich.[1]

- Handelsvertreter, Kurierdienstfahrer, Kundendienstmonteure: Ausreichend anzugeben, welche Kunden an welchem Ort besucht wurden. Angaben zu den Entfernungen sind nur bei größerer Differenz zwischen direkter Entfernung und tatsächlich gefahrenen Kilometern erforderlich.

- Taxifahrer: Bei Fahrten im sog. Pflichtfahrgebiet ist es ausreichend, täglich zu Beginn und zu Ende der Gesamtheit dieser Fahrten den Kilometerstand anzugeben (z. B. Angabe „Taxifahrten im Pflichtfahrgebiet"). Wurden Fahrten durchgeführt, die über dieses Gebiet hinausgehen, kann auf die genaue Angabe des Reisezieles nicht verzichtet werden.

- Fahrlehrer: Ausreichend, in Bezug auf Reisezweck und aufgesuchtem Geschäftspartner „Lehrfahrten" oder „Fahrschulfahrten" anzugeben.

- Lieferanten: Werden regelmäßig dieselben Kunden aufgesucht und werden die Kunden mit Name und (Liefer-)Adresse in einem Kundenverzeichnis unter einer Nummer geführt, unter der sie später identifiziert werden können, ist es ausreichend, wenn im Fahrtenbuch jeweils zu Beginn und Ende der Lieferfahrten nur das Datum und der Kilometerstand sowie die Nummern der aufgesuchten Geschäftspartner angegeben werden (Kundenverzeichnis beizufügen).

cc) Gesamtkosten

90 Die entstandenen Kfz-Kosten werden dann im Verhältnis der gefahrenen Kilometer in einen beruflichen und privaten Anteil aufgeteilt (**Gesamtkostenmethode**). Zu den Gesamtkosten gehören nur solche Kosten, die dazu bestimmt sind, unmittelbar dem Halten und dem Betrieb des Kraftfahrzeugs zu dienen und im Zusammenhang mit seiner Nutzung typischerweise entstehen. Dazu gehören insbesondere: Betriebskosten, z. B. Kraftstoffkosten[2] oder Wagenwäsche, Wartungs- und Reparaturkosten, Garagenkosten, Kfz-Steuer, Beiträge zu Halterhaftpflicht- und Fahrzeugversicherungen, Abschreibungen (AfA), Zinsen für Anschaffungskredite, Unfallkosten, Leasingraten.[3]

dd) Ausübung des Wahlrechts

91 Es besteht für jedes einzelne Fahrzeug ein Wahlrecht zwischen der 1 %-Methode und der Fahrtenbuchmethode. Dieses muss jährlich mit Abgabe der Steuererklärung ausgeübt werden. Während des Kalenderjahres darf das Verfahren bei demselben Fahrzeug nicht gewechselt werden.[4]

92–95 (*Einstweilen frei*)

---

1 BMF v. 18. 11. 2009, BStBl 2009 I 1326.
2 Siehe BMF-Schreiben vom 21.9.2017.
3 *Gesamtkosten sind periodengerecht den jeweiligen Nutzungs-Zeiträumen zuzuordnen (betr. auch Leasingsonderzahlung),* BFH v. 3. 9. 2015 - VI R 27/14, NWB DokID: OAAAF-08291.
4 BFH v. 20. 3. 2014 - VI R 35/12, DB 2014, 1465; *Schneider,* NWB 2014, 2078.

e) Familienheimfahrten (§ 8 Abs. 2 Satz 5 EStG)

Die Nutzung des Kfz zu einer Familienheimfahrt im Rahmen einer doppelten Haushaltsführung[1] ist **zusätzlich mit 0,002 % des Bruttolistenpreises des Kfz für jeden Kilometer** der Entfernung zwischen dem Ort des eigenen Hausstandes und dem Beschäftigungsort anzusetzen.[2] Dies gilt allerdings bei Arbeitnehmern nur dann, wenn das Kfz zu mehr als einer Familienheimfahrt wöchentlich genutzt wird. Der Arbeitnehmer darf eine Familienheimfahrt wöchentlich durchführen, ohne dass ein geldwerter Vorteil berechnet werden muss (bei Selbständigen/Unternehmern ist abweichend davon jede Familienheimfahrt nach der 0,002 %-Methode gewinnerhöhend zu berücksichtigen).[3]

HINWEIS:

Zu beachten ist hierbei, dass umsatzsteuerlich – anders als bei der Lohnsteuer – jede Familienheimfahrt der Umsatzsteuer zu unterwerfen ist.

(*Einstweilen frei*) 97–100

3. Bewertung von Sachbezügen mit amtlichen Sachbezugswerten

Bei bestimmten, häufig vorkommenden Sachbezügen werden statt einer Einzelbewertung bundeseinheitliche Werte festgelegt, um das lohnsteuerliche „Massenverfahren" in diesem Bereich zu vereinfachen.[4] Hierzu wird die für das Sozialversicherungsrecht geltende Sozialversicherungsentgeltverordnung (SvEV),[5] auch für das Steuerrecht übernommen (§ 8 Abs. 2 Satz 6 EStG).[6] Für die unentgeltliche oder verbilligte Gewährung von Verpflegung, Unterkunft oder Wohnung werden pauschale Werte (sog. amtliche Sachbezugswerte) festgesetzt, die jedes Jahr angepasst werden. Die Anwendung der amtlichen Sachbezugswerte bei sozialversicherungspflichtigen Arbeitnehmern ist zwingend, auch wenn in einem Tarifvertrag, einer Betriebsvereinbarung oder einem Arbeitsvertrag höhere oder niedrigere Werte festgelegt sind.[7]

Amtlicher Sachbezug und Mahlzeitengestellung

In der Praxis sind vor allem der Ansatz der amtlichen Sachbezugswerte zur Bewertung einer einzelnen Mahlzeit von Bedeutung (Sachbezugswerte 2019: Frühstück 1,77 €; Mittag- oder Abendessen 3,30 €).[8] Verbilligt erhaltene Kantinenmahlzeiten unterliegen ebenso einer Besteuerung mit dem Sachbezugswert, wenn und soweit der vom Arbeitnehmer für eine Mahlzeit gezahlte Preis (einschließlich USt) den maßgebenden amtlichen Sachbezugswert unterschreitet.[9]

Dasselbe gilt für Barzuschüsse in Form von **Essensmarken,** die vom Arbeitgeber an die Arbeitnehmer verteilt und von einer Gaststätte oder vergleichbaren Einrichtung (Annahmestelle) bei

---

1 Zu den Voraussetzungen einer doppelten Haushaltsführung s. KKB/Weiss, § 9 EStG Rz. 199 ff.
2 Nicht abziehbare Betriebsausgabe gem. § 4 Abs. 5 Satz 1 Nr. 6 Satz 3 EStG.
3 BFH v. 19.6.2013 - VIII R 24/09, BStBl 2013 II 812; H 8.1 Abs. 9, 10 LStH.
4 Keine Ermittlung der Werte im Einzelfall, sondern pauschalierende und typisierende Regelung, BFH v. 6.2.1987 - VI R 24/84, BStBl 1987 II 355.
5 Sozialversicherungsentgeltverordnung (SvEV v. 21.12.2006, BGBl 2006 I 3385); jährliche Anpassung, zuletzt für 2017 durch die 9. SvEVÄndV vom 21.11.2016, BGBl. I S. 2637.
6 R 8.1. Abs. 4 Satz 1 LStR.
7 R 8.1 Abs. 4 Satz 3 LStR.
8 BMF v. 16.11.2018, BStBl 2018 I S. 1231.
9 Details s. R 8.1 Abs. 7 LStR.

der Abgabe einer Mahlzeit in Zahlung genommen werden. Hierfür gelten besondere Voraussetzungen.[1] Die FinVerw lässt es im Ergebnis zu, dass die zweckgebundene Essensmarke mit dem amtlichen Sachbezugswert bewertet wird, selbst wenn der Verrechnungswert maximal 3,10 € über dem jeweiligen amtlichen Sachbezugswert liegt. Der Mahlzeitenansatz mit dem Sachbezugswert ist auch dann möglich, wenn statt Papier-Essensmarken ein vollelektronisches System verwendet wird (zum Beispiel Nutzung eines App-Dienstes für Bezuschussung von arbeitstäglichen Mahlzeiten).[2] Der Arbeitgeber hat die entsprechenden Voraussetzungen nachzuweisen. Dabei kann er, entweder die ihm vom Arbeitnehmer vorgelegten Einzelbelegnachweise manuell überprüfen oder sich entsprechender elektronischer Verfahren bedienen. Der Arbeitgeber hat die Belege oder die Abrechnung zum Lohnkonto aufzubewahren.[3]

102 Die amtlichen Sachbezugswerte sind auch bei Steuerpflichtigen anzuwenden, die nicht der gesetzlichen Rentenversicherungspflicht unterliegen.[4] Dies sind z. B. Beamte, Richter, Soldaten, Rentner oder Pensionäre, Vorstandsmitglieder von Aktiengesellschaften oder unter bestimmten Voraussetzungen auch GmbH-Geschäftsführer. Bei Arbeitnehmern, die die Beitragsbemessungsgrenze bei der Rentenversicherung überschreiten, gelten die amtlichen Sachbezugswerte bereits unmittelbar aus § 8 Abs. 2 Satz 6 EStG.

103–110 (Einstweilen frei)

4. Bewertung der Mahlzeitengestellung

111 Aufwendungen für Mahlzeiten sind grundsätzlich Kosten der privaten Lebensführung und damit weder als Betriebsausgaben noch als Werbungskosten abziehbar.[5] Eine Ausnahme von diesem Abzugsverbot besteht in folgenden Fällen:

► Mehraufwendungen für Verpflegung anlässlich von Auswärtstätigkeiten

► Mehraufwendungen für Verpflegung anlässlich einer doppelten Haushaltsführung

Ein lohnsteuerpflichtiger geldwerter Vorteil entsteht, wenn der Arbeitgeber dem Arbeitnehmer die Aufwendungen für Mahlzeiten während der Arbeitszeit ganz oder teilweise ersetzt. Arbeitgebergestellt ist eine Mahlzeit, wenn sie entweder vom Arbeitgeber selbst gewährt wird oder der Arbeitnehmer auf Veranlassung des Arbeitgebers eine Mahlzeit von einem Dritten erhält (Kosten werden vom Arbeitgeber erstattet und die Rechnung ist auf den Arbeitgeber ausgestellt). Hinsichtlich der Bewertung der Mahlzeitengestellung durch den Arbeitgeber gibt es einige Sonderregeln:

a) Übliche Mahlzeiten bei Auswärtstätigkeiten (§ 8 Abs. 2 Satz 8 EStG)

112 Mahlzeiten mit einem **Preis von bis zu 60 €** (brutto, inkl. USt) werden als „übliche Mahlzeiten" bei Auswärtstätigkeiten angesehen. Solche „üblichen Mahlzeiten" müssen nach § 8 Abs. 2 Satz 8 EStG zwingend mit einem amtlich vorgeschriebenen Sachbezugswert (s.o. unter → Rz. 101) bewertet werden. Im Jahr 2019 ist für ein Frühstück ein Betrag i. H.v. 1,77 € anzu-

---

[1] Details s. R 8.1 Abs. 7 LStR und H 8.1 Abs. 7 LStH; BMF v. 5.1.2015, BStBl 2015 I 119.
[2] BMF v. 24.2.2016, BStBl 2016 I 238; OFD Frankfurt am Main v. 11.7.2016, NWB DokID: FAAAF-79173.
[3] Einzelheiten siehe BMF v. 24.2.2016, IV C 5 - S 2334/08/10006.
[4] H 8.1 Abs. 1 bis 4 LStH.
[5] § 12 Nr. 1 EStG; dies gilt auch dann, wenn berufsbedingt erhöhte Kosten anfallen, BFH v. 21.1.1994 - VI R 112/92, BStBl 1994 II 418.

setzen und für ein Mittag- oder Abendessen ein Betrag i. H. v. 3,30 €.[1] Zu den Mahlzeiten gehören alle Speisen und Lebensmittel, die üblicherweise der Ernährung dienen, einschließlich der dazu üblichen Getränke.[2] Sog. Zwischenmahlzeiten (z. B. Snacks auf Flügen oder Bahnreisen) sind steuerlich nicht zu erfassen, da sie nach Auffassung der FinVerw die Kriterien für eine Mahlzeit nicht erfüllen.[3]

TAB. 1:	Übersicht zur „Mahlzeitengestellung bei Auswärtstätigkeiten"	
	Mahlzeiten bis max. 60 €	Mahlzeiten > 60 €
Bewertung	Amtlicher Sachbezugswert	Tatsächlicher Wert
Besteuerung	Keine Besteuerung, aber Kürzung der Verpflegungspauschale: – i. H. v. 4,80 € (Frühstück) – i. H. v. 9,60 € (Mittag- oder Abendessen)	Besteuerung mit individuellem Steuersatz des Arbeitnehmers oder pauschal i. H. v. 30 % nach § 37b Abs. 2 EStG
Option	Zusätzlich Option: Pauschalbesteuerung i. H. v. 25 %	

Ein geldwerter Vorteil ist nur dann als Arbeitslohn zu erfassen, wenn und soweit der vom Arbeitnehmer gezahlte Preis (einschl. USt) den maßgeblichen amtlichen Sachbezugswert unterschreitet.[4]

PRAXISHINWEIS:

Arbeitgeber, die keine Aufzeichnung über die Abwesenheitszeiten der Arbeitnehmer führen möchten oder Arbeitnehmer haben, die keinen Anspruch auf eine Verpflegungspauschale haben (z. B. bei weniger als 8 Stunden Abwesenheit), können die mit dem Sachbezugswert bewerteten Mahlzeiten auch vereinfacht mit 25 % pauschal versteuern (sozialversicherungsfrei), § 40 Abs. 2 Nr. 4 EStG.

b) Sonderfall Belohnungsessen (60 €-Grenze)

Mahlzeiten mit einem Wert von **mehr als 60 €** (brutto), sog. Belohnungsessen, die z. B. für eine beruflich veranlasste Auswärtstätigkeit oder doppelte Haushaltsführung zur Verfügung gestellt werden, müssen mit dem individuellen Steuersatz des Arbeitnehmers oder pauschal nach § 37 Abs. 2 EStG versteuert werden. Diese Mahlzeiten sind nicht mit dem Sachbezugswert, sondern mit ihrem tatsächlichen Wert zu bewerten.[5] Ein vom Arbeitnehmer an den Arbeitgeber oder an einen Dritten gezahltes Entgelt ist auf den tatsächlichen Preis anzurechnen.[6]

---

1 Für Tätigkeiten im Ausland gibt es gesonderte Pauschalen, siehe BMF v. 28.11.2018, NWB DokID: PAAAH-02087.
2 H 8.1 Abs. 7 LStH; BFH v. 21. 3. 1975 - VI R 94/72, BStBl 1975 II 486.
3 BMF v. 24. 10. 2014, BStBl 2014 I 1412, Rz. 74; ausführlich dazu auch *Niermann*, DB 2014, 2793.
4 Zu Kantinenmahlzeiten und Essensmarken s. die steuerlichen Ausführungen in R 8.1 Abs. 7 LStR.
5 R 8.1 Abs. 8 Satz 1 und 2 LStR.
6 R 8.1 Abs. 8 Satz 3 LStR; Ausnahme für Getränk s. R 8.1 Abs. 8 Satz 4 LStR.

c) **Verzicht auf Versteuerung bei Anspruch auf Verpflegungspauschale (§ 8 Abs. 2 Satz 9 EStG)**

115 Keine Versteuerung der Mahlzeiten mit dem Sachbezugswert muss erfolgen, wenn der Arbeitnehmer Anspruch auf eine Verpflegungspauschale hat. Für die arbeitgeberseitig gestellte Mahlzeit ist dann lediglich eine Kürzung der Verpflegungspauschale notwendig, d. h., für ein Frühstück ist eine Kürzung i. H. v. 4,80 € und für ein Mittag- oder Abendessen ein Kürzung i. H. v. 9,60 € vorzunehmen.[1] Diese pauschale Kürzung ist tagesbezogen und maximal bis auf 0 € vorzunehmen. Eine solche **Kürzung ist nicht erforderlich**, wenn der Arbeitnehmer an einer geschäftlich veranlassten Bewirtung durch einen Dritten teilnimmt (Einladungen bei Kundenterminen, Essen bei Seminaren, Veranstaltungen etc.), an einem Arbeitsessen eines Dritten teilnimmt oder bei Belohnungsessen (Wert von mehr als 60 €). Ebenso ist eine Kürzung der Verpflegungspauschale nicht bei sog. Zwischenmahlzeiten (z. B. Snacks im Flugzeug) erforderlich.[2]

BEISPIELE ZUR KÜRZUNG DER VERPFLEGUNGSPAUSCHALEN:

► Ein Arbeitnehmer ist auf einer ganztätigen Veranstaltung und erhält auf Veranlassung des Arbeitgebers ein Mittagessen (Anspruch auf Verpflegungspauschale i. H. v. 12 €, Kürzung um 9,60 €), so dass er im Ergebnis eine steuerfreie Verpflegungspauschale von nur 2,40 € erhält.

► Ein Arbeitnehmer ist auf einer zweitägigen Dienstreise und übernachtet auf Kosten des Arbeitgebers im Hotel mit Frühstück. Er hat Anspruch auf zwei Verpflegungspauschalen i. H. v. 12 € (= 24 €), die wegen des Frühstücks um 4,80 € gekürzt werden müssen, so dass er im Ergebnis steuerfreie Verpflegungspauschalen von 19,20 € erhält.

116–120 *(Einstweilen frei)*

5. Sonstige Durchschnittswerte (§ 8 Abs. 2 Satz 10 EStG)

121 Neben den amtlichen Sachbezugswerten (§ 8 Abs. 2 Satz 6 und 7 EStG) können für bestimmte weitere Sachbezüge Durchschnittwerte von der FinVerw festgesetzt werden (§ 8 Abs. 2 Satz 10 EStG). Es handelt sich hierbei um Spezialregeln für bestimmte Branchen, die von den obersten Finanzbehörden der Länder mit Zustimmung des Bundesfinanzministeriums festgesetzt werden können. Die Bedeutung dieser Durchschnittswerte ist heute jedoch nur noch relativ gering.

BEISPIELE: Durchschnittswerte für Freiflüge bzw. Standby-Flüge,[3] für unentgeltlich überlassene Rundfunkgeräte[4] oder für die Seeschifffahrt und Fischerei.[5]

122–125 *(Einstweilen frei)*

---

1 Geltung seit dem 1.1.2014 durch Reform des steuerlichen Reisekostenrechts (Gesetz zur Änderung und Vereinfachung der Unternehmensbesteuerung und des steuerlichen Reisekostenrechts v. 20.2.2013, BGBl 2013 I 285); s. a. *Harder-Buschner/Schramm*, NWB Beilage 2013 zu Nr. 9, 2; *Wünnemann/Gödtel*, NWB-Beilage zu Nr. 9, 36; *Weber*, NWB Beilage zu Nr. 9, 21.
2 Klarstellung durch BMF v. 24.10.2014, BStBl 2014 I 1412, Rz. 74; ausführlich dazu auch *Niermann*, DB 2014, 2793.
3 Quelle s. bei Rabatten.
4 FinMin Baden-Württemberg v. 15.10.2001, LSt-Kartei BW, § 8 F. 3 Nr. 104.
5 Gleichlautender Ländererlass v. 15.2.2012, BStBl 2012 I 480.

6. Monatliche 44 €-Freigrenze für Sachbezüge (§ 8 Abs. 2 Satz 11 EStG)

Von hoher praktischer Bedeutung ist die sog. „44 €-Freigrenze" nach § 8 Abs. 2 Satz 11 EStG, wonach der Arbeitgeber dem Arbeitnehmer jede Art von Sachzuwendung bis zu einem Wert von 44 € (brutto) steuerfrei überlassen kann.[1] Die mit dem üblichen Endpreis (Marktpreis) bewerteten Sachbezüge bleiben außer Ansatz, wenn die Vorteile für den Arbeitnehmer insgesamt 44 € im Kalendermonat nicht übersteigen (Vereinfachungszweck für kleinere Zuwendungen). Genutzt wird diese Freigrenze für alle Sachzuwendungen des Arbeitgebers, z. B. für sog. Jobtickets, die den Arbeitnehmern auf diesem Weg ganz oder zumindest z. T. steuerfrei überlassen werden können. Ab 1.1.2019 werden Jobtickets generell steuerfrei gestellt: Zusätzlich zum ohnehin geschuldeten Arbeitslohn gewährte Arbeitgeberleistungen (Zuschüsse und Sachbezüge) zu den Aufwendungen der Arbeitnehmer für die Nutzung öffentlicher Verkehrsmittel im Linienverkehr (ohne Luftverkehr) zwischen Wohnung und erster Tätigkeitsstätte werden steuerfrei gestellt (§ 3 Nr. 15 EStG), so dass die 44 €-Grenze hierfür nicht mehr benötigt wird.

126

a) Höhe der Freigrenze

Sachzuwendungen bleiben bis zu 44 € brutto außer Ansatz (§ 8 Abs. 2 Satz 11 EStG).[2] Aufgrund des Bewertungsabschlags von 4 %[3] kann im Ergebnis eine direkte Sachzuwendung bis einem Betrag i. H. v. 45,83 € steuerfrei bleiben. Dies gilt allerdings nicht bei Gutscheinen, wenn dabei eine zweckgebundene Geldleistung oder ein Gutschein mit Betragsangabe hingegeben werden.[4]

127

HINWEIS:

Vorsicht ist wegen eines möglichen Überschreitens der Freigrenze geboten: Wird die Freigrenze im jeweiligen Kalendermonat überschritten, unterliegt der gesamte geldwerte Vorteil der Besteuerung. Für die Prüfung, ob die Freigrenze überschritten wurde, sind alle in einem Kalendermonat zufließenden Vorteile zusammenzurechnen und im Lohnkonto aufzuzeichnen. Nicht möglich ist eine Übertragung nicht ausgeschöpfter Freigrenzen in einen anderen Monat.

b) Gutscheine

Die 44 €-Freigrenze gilt nicht für Barlohn, so dass die in der Praxis häufig schwierige Abgrenzung zwischen Bar- und Sachlohn eine große Rolle spielt, insbesondere bei Überlassung von Gutscheinen vom Arbeitgeber an den Arbeitnehmer. Seit der neuen BFH-Rechtsprechung aus dem Jahr 2010[5] und deren Anwendung von Seiten der FinVerw[6] können auch Warengutscheine oder Tankgutscheine unter bestimmten Voraussetzungen im Rahmen der 44 €-Freigrenze steuerfrei überlassen werden, auch wenn der Gutschein nur auf einen Euro-Betrag lautet (zweckgebundene Geldleistung oder ein Gutschein mit Betragsangabe).[7] Voraussetzung ist,

128

---

1 Für Personalrabatte gilt die 44 €-Freigrenze nicht, sondern die Sonderregelung des § 8 Abs. 3 EStG (Rabattfreibetrag).
2 Für VZ ab 2009 wurde die Freigrenze für Sachbezüge von bisher 50 € auf 44 € abgesenkt (HBeglG 2004 v. 29.12.2003, BGBl 2003 I 3076).
3 R 8.1 Abs. 2 Satz 3 LStR.
4 R 8.1 Abs. 2 Satz 4 LStR.
5 Geänderte BFH-Rechtsprechung zur Abgrenzung von Bar- und Sachlohn: BFH v. 11.11.2010 - VI R 21/09, BStBl 2011 II 383; VI R 27/09, BStBl 2011 II 386; VI R 41/10, BStBl 2011 II 389; *Schneider*, NWB 2011, 508; zu einer Gesetzesinitiative im Jahr 2014 s. *Plenker*, DB 2015, 94.
6 H 8.1 Abs. 1 bis 4 LStH; OFD Münster v. 17.5.2011, NWB DokID: JAAAD-83692.
7 Veröffentlichung des BFH-Urteils im BStBl, dafür Streichung von R 8.1 Abs. 1 Satz 2 LStR.

dass der Arbeitgeber einen Warengutschein ausgibt, der **zum Bezug einer bestimmten, der Art und Menge nach konkret bezeichneten Ware oder Dienstleistung** bei einem Dritten berechtigt. Zu beachten ist allerdings, dass der Bewertungsabschlag von 4% nicht bei Gutscheinen gilt, wenn dabei eine zweckgebundene Geldleistung oder ein Gutschein mit Betragsangabe hingegeben werden. Siehe unten unter → Rz. 41.[1]

129 Besonderheiten gelten auch hinsichtlich des Zuflusszeitpunktes: Ist der Gutschein beim Arbeitgeber selbst einzulösen, fließt der Vorteil erst im Zeitpunkt der Einlösung des Gutscheins zu.[2] Gutscheine, die bei fremden Dritten einzulösen sind, gelten bereits mit der Übergabe an den Arbeitnehmer als zugeflossen, weil er ab diesem Zeitpunkt einen Rechtsanspruch gegen den Dritten hat.[3]

BEISPIELE ZU WARENGUTSCHEINEN:

- Der Arbeitgeber schenkt einem Arbeitnehmer einen Gutschein für ein Kaufhaus i. H. v. 40 €. Es handelt sich um einen steuerfreien Sachbezug.
- Der Arbeitgeber übergibt einem Arbeitnehmer 40 € in bar mit der Auflage, dass er hierfür gegen Quittung Benzin für den privaten Pkw tanken darf. Es handelt sich um einen steuerfreien Sachbezug (Bargeld gegen bestimmte Verwendung), da der Arbeitnehmer auch hier kein Wahlrecht zwischen Bar- oder Sachlohn hat.
- Der Arbeitgeber schenkt dem Arbeitnehmer einen Tankgutschein i. H. v. 40 €. Der Gutschein ist ein steuerfreier Sachbezug und gilt mit der Übergabe an den Arbeitnehmer als zugeflossen (Zeitpunkt der Einlösung des Gutscheins unbeachtlich).

c) Reformbedarf

130 Politisch unterliegt die 44 €-Freigrenze immer wieder der Kritik und seit vielen Jahren wird immer wieder von Seiten einzelner Bundesländer eine Gesetzesinitiative zur Abschaffung oder Absenkung dieser Freigrenze eingebracht,[4] bisher jedoch ohne Erfolg. Unter dem Gesichtspunkt einer systematisch sinnvollen Vereinfachung des Lohnsteuerrechts und dem nicht unerheblichen administrativen Aufwand der Arbeitgeber hinsichtlich der 44 €-Freigrenze wäre langfristig eine grundlegende systematische Neuregelung wünschenswert, bei der die verschiedenen Beträge des Lohnsteuerrechts (44 €-Freigrenze für Sachbezüge, 40 € für Aufmerksamkeiten, 35 € für Geschenke) überprüft und sinnvoll zusammengeführt werden.

131–135 *(Einstweilen frei)*

III. Personalrabatte (§ 8 Abs. 3 EStG)

1. Anwendungsbereich

136 Rabatte für Waren und Dienstleistungen, die ein Arbeitnehmer vom Arbeitgeber erhält, sind als geldwerter Vorteil lohnsteuerpflichtig, werden aber nach § 8 Abs. 3 EStG begünstigt besteuert. Es muss sich um Rabatte handeln, die ihren Rechtsgrund im Arbeitsverhältnis[5] haben,

---

1 R 8.1 Abs. 2 Satz 4 LStR.
2 R 38.2 Abs. 3 Satz 2 LStR.
3 R 38.2 Abs. 3 Satz 1 LStR; s. auch Arbeitshilfe, NWB DokID: WAAAE-74432.
4 Zuletzt als Länderinitiative im Rahmen des sog. „ZollkodexAnpG" v. 22.12.2014, BGBl 2014 I 2417.
5 Es ist unerheblich, ob die Leistungen aus einem gegenwärtigen, früheren oder zukünftigen Arbeitsverhältnis stammen, BFH v. 8.11.1996 - VI R 100/95, BStBl 1997 II 331.

also eine Verbilligung für eine Beschäftigung darstellen.[1] Ob es sich überhaupt um steuerpflichtigen Arbeitslohn handelt, entscheidet sich nach § 19 EStG, die Vorschrift des § 8 Abs. 3 EStG regelt lediglich die Bewertung der Personalrabatte.

Ein lohnsteuerpflichtiger geldwerter Vorteil entsteht auch dann, wenn der Rabatt durch Dritte gewährt wird.[2] Hauptanwendungsfall sind sog. Konzernrabatte, wonach dem Mitarbeiter einer Tochtergesellschaft von der Konzernmutter ein Rabatt gewährt wird. Der Rabattfreibetrag und der 4%-Abschlag nach § 8 Abs. 3 EStG greifen für die Vorteile von Dritten und für Arbeitnehmer von Konzerngesellschaften nicht. Arbeitnehmer von Konzerngesellschaften und der außerbetriebliche Belegschaftshandel sollen durch die Regelungen des § 8 Abs. 3 EStG nicht begünstigt sein.[3]

2. Bewertung mit marktüblichem Endpreis (§ 8 Abs. 3 Satz 1 EStG)

Es besteht ein **Wahlrecht des Arbeitgebers**, wie der Personalrabatt bewertet wird: Entweder nach § 8 Abs. 2 EStG mit dem um übliche Preisnachlässe geminderten üblichen Endpreis am Abgabeort (günstigster Marktpreis) oder nach § 8 Abs. 3 EStG mit dem Endpreis (Angebotspreis oder „Ladenpreis") des Arbeitgebers, unter Anwendung eines Rabattfreibetrages i. H. v. 1 080 € und eines pauschalen Abschlags von 4 %.[4] In den meisten Fällen sind die Mitarbeiterrabatte wegen des jährlichen Freibetrages i. H. v. 1 080 € damit lohnsteuerfrei. Ausnahmen bestehen vor allem bei Waren mit hohem Wert wie z. B. in der Automobilindustrie, wenn den Mitarbeitern ein Jahreswagen verbilligt überlassen wird. Die FinVerw erkennt hierbei an, dass ein Abzug von 100 % des Preisnachlasses vorgenommen werden kann, der durchschnittlich beim Verkauf an fremde Letztverbraucher tatsächlich gewährt wird.[5]

(*Einstweilen frei*)

a) Waren/Dienstleistungen des Arbeitgebers

Begünstigt sind nur Waren oder Dienstleistungen des Arbeitgebers. Umfasst sind alle Sachbezüge und damit die gesamte eigene Liefer- und Leistungspalette des jeweiligen Arbeitgebers. Die Begriffe Waren und Dienstleistungen sind dabei im wirtschaftlichen Sinne zu verstehen: Zu den Waren gehören alle Wirtschaftsgüter, die im Wirtschaftsverkehr wie Sachen behandelt werden, also auch Strom und Wärme.[6] Dazu gehören auch Rohstoffe, Zutaten und Halbfertigprodukte, wenn diese mengenmäßig überwiegend in die Erzeugnisse des Betriebs eingehen.[7]

Als Dienstleistungen kommen alle anderen Leistungen in Betracht, die üblicherweise gegen Entgelt erbracht werden.[8]

---

1 Beschränkung auf Arbeitnehmer verfassungsgemäß, BFH v. 21.4.2010 - X R 43/08, BFH/NV 2010, 1436 = NWB DokID: FAAAD-45758.
2 Grundlegend hierzu *Strohner*, DB 2015, 580.
3 BT-Drucks. 11/2157, 142; BFH v. 8.11.1995 - VI R 100/95, BStBl 1997 II 330.
4 Siehe umfassend dazu BMF v. 16.5.2013, BStBl 2013 I 729.
5 BMF v. 16.5.2013, BStBl 2013 I 729.
6 R 8.2 Abs. 1 Nr. 2 Satz 2 LStR.
7 R 8.2 Abs. 1 Nr. 3 LStR.
8 R 8.2 Abs. 1 Nr. 2 Satz 3 LStR.

BEISPIELE:[1]

► Lebensmittelrabatte für Arbeitnehmer von Kaufhäusern, Mitarbeiterrabatte von Möbelhäusern, Jahreswagenrabatte für Werksangehörige von Automobilherstellern;

► Verbilligung von Zinsdarlehen,[2] Krankenkassenbeiträgen;[3]

► Verbilligte Zuwendung von Strom,[4] Beförderung[5], Beratungs-, Werbe- oder Datenverarbeitungsleistungen;

► Verbilligung von Flugkosten[6], Versicherungs- und Reiseveranstaltungsleistungen;

► Verbilligte Nutzungsüberlassung von Grundstücken, Wohnungen,[7] möblierten Zimmern.

b) Unternehmenseigene Sachzuwendungen

147 Voraussetzung für die Anwendung des § 8 Abs. 3 EStG ist, dass es sich bei den verbilligten Zuwendungen an den Arbeitnehmer um unternehmenseigene Sachzuwendungen des Arbeitgebers handelt, **die der Arbeitgeber nicht überwiegend für den Bedarf seiner Arbeitnehmer hergestellt, vertrieben oder erbracht hat**. Der Arbeitgeber muss mit den Waren oder Dienstleistungen im eigenen Namen selbst Marktteilnehmer sein.[8] Es muss sich um Leistungen des Arbeitgebers handeln (Liefer- und Leistungspalette des Arbeitgebers),[9] auch wenn sie nicht zu seinem üblichen Geschäftsgegenstand gehören.[10] Nicht erforderlich ist, dass der Arbeitgeber den Herstellungs- oder Vertriebsprozess alleine durchführt, es reicht, wenn er sie auf eigene Kosten nach seinen Vorgaben und Plänen von einem Dritten produzieren lässt oder vergleichbar gewichtige Beiträge zur Herstellung erbringt.[11]

148 Im Ergebnis betrifft der Anwendungsbereich des § 8 Abs. 3 EStG damit im Wesentlichen die verbrauchsorientierte Branche (Anbieter von Verbrauchsgütern wie z. B. Kaufhäuser, Automobilhersteller, Reiseunternehmen, Banken, Versicherungen). Die Entscheidung, ob es sich um eine Arbeitgeberleistung aus einem betriebstypischen Angebot oder einem arbeitnehmertypischen Angebot handelt, kann in der Praxis allerdings immer wieder Abgrenzungsfragen hervorrufen und dies steht im Widerspruch zu dem Vereinfachungsgedanken des § 8 Abs. 3 EStG.[12]

149 Die vereinfachte Bewertung und der Rabattfreibetrag finden keine Anwendung, wenn der Arbeitnehmer den als Lohn zu beurteilenden Sachbezug auf Veranlassung des Arbeitgebers von einem Dritten erhält, es sich also nicht um Waren oder Dienstleistungen des Arbeitgebers

---

1 Siehe auch H 8.2 LStH.
2 BFH v. 4. 11. 1994 - VI R 81/93, BStBl 1995 II 338.
3 BFH v. 28. 10. 2004 - VI B 176/03, BFH/NV 2005, 205 = NWB DokID: HAAAB-40260.
4 BFH v. 15. 1. 1993 - VI R 32/92, BStBl 1993 II 356.
5 FG Berlin v. 26. 6. 2003 - 1 K 1485/02, EFG 2003, 1530.
6 Gleichl. Erlass der obersten Finanzbehörden der Länder v. 9. 11. 2009, BStBl 2009 I 1314.
7 BFH v. 16. 2. 2005 - VI R 46/03, BStBl 2005 II 529.
8 BFH v. 4. 5. 2006 - VI R 67/03, BStBl 2006 II 914; BFH v. 7. 11. 2006 - VI R 81/02, BFH/NV 2007, 426 = NWB DokID: PAAAC-34386.
9 BFH v. 4. 11. 1994 - VI R 81/93, BStBl 1995 II 338.
10 H 8.2 LStH.
11 H 8.2 LStH; BFH v. 1. 10. 2009 - VI R 22/07, BStBl 2010 II 204.
12 Beispiel Standby-Flüge für Mitarbeiter von Fluggesellschaften: Bewertung nach § 8 Abs. 3 EStG, wenn die Mitarbeiter *die gleichen Beförderungsbedingungen wie betriebsfremde Fluggäste* und Bewertung nach § 8 Abs. 2 EStG, wenn die Mitnahme davon abhängig ist, dass ausreichend Plätze vorhanden sind oder die Lohnsteuer pauschal erhoben wird (gleichl. Erlass der obersten Finanzbehörden der Länder v. 26. 9. 2012, BStBl 2012 I 940).

handelt.[1] Damit scheiden insbesondere Konzernleistungen aus dem Anwendungsbereich des § 8 Abs. 3 EStG aus (Details s. unten).

c) Keine pauschale Versteuerung nach § 40 EStG

Arbeitgeberrabatte können nur dann nach § 8 Abs. 3 EStG vermindert bewertet oder freigestellt werden, wenn die für den geldwerten Vorteil zu erhebende Lohnsteuer nicht nach § 40 EStG pauschaliert wird. Grundsätzlich hat der Arbeitgeber die Wahl bei jedem Sachbezug entweder eine Pauschalbesteuerung nach § 40 EStG durchzuführen oder den Freibetrag bzw. die verminderte Bewertung nach § 8 Abs. 3 EStG anzuwenden, wenn die jeweiligen Voraussetzungen erfüllt sind. Wird die Vorschrift des § 8 Abs. 3 EStG angewendet, ist eine gesonderte Erfassung und Aufzeichnung auf dem Lohnkonto des Arbeitnehmers vorzunehmen.[2]

150

d) Bestimmung des Endpreises

Maßstab für die Bewertung des Personalrabatts ist der Endpreis (einschl. USt), zu dem der Arbeitgeber die konkrete Ware oder Dienstleistung fremden Letztverbrauchern im allgemeinen Geschäftsverkehr **am Ende von Verkaufsverhandlungen** durchschnittlich anbietet.[3] Einbezogen werden können dabei z. B. auch allgemein zugängliche Internetangebote.[4] Im Ergebnis handelt es sich um den jeweiligen **Angebotspreis des Arbeitgebers**.

151

Bei der Ermittlung des Angebotspreises sind auch üblicherweise eingeräumte Rabatte zu berücksichtigen.[5] Die FinVerw erkennt einen vollständigen Abzug des Preisnachlasses (100 %) an, der durchschnittlich beim Verkauf an fremde Letztverbraucher tatsächlich gewährt wird.[6] Sonderrabatte, die nur bestimmten Gruppen von Abnehmern eingeräumt werden (z. B. gewerblichen Vermietern oder Behörden) sind nicht anzusetzen.[7] Ob üblicherweise berechnete Überführungskosten zum Endpreis gehören, ist umstritten.[8]

152

Abgabeort ist der Ort, an dem der Arbeitgeber seinem Arbeitnehmer den Rabatt einräumt, d. h. grundsätzlich der Sitz des Arbeitgebers, an dem zentral über die Rabattgewährung entschieden wird.[9] Wenn die Waren dort nicht selbst vertrieben werden bzw. die Dienstleistung nicht angeboten wird, muss auf den Endpreis des nächstgelegenen Einzelhändlers bzw. das nächstgelegene Dienstleistungsunternehmen abgestellt werden.[10] Daher ist der Abgabeort bspw. in der Automobilbranche bei der verbilligten Überlassung eines Neuwagens nicht bei dem jeweiligen Händler, sondern dort, wo die organisatorischen Vorkehrungen für die Rabattgewährung getroffen werden (Herstellerwerk, Verwaltungssitz). In diesen Fällen kommt es dann nicht auf die Angebotspreise der einzelnen – ggf. auf das gesamte Bundesgebiet verteilte

153

---

[1] Zum Arbeitslohn von dritter Seite s. BMF v. 20. 1. 2015, BStBl 2015 I 143.
[2] § 4 Abs. 2 Nr. 3 LStDV.
[3] R 8.2 Satz 1 LStR; BMF v. 16. 5. 2013, BStBl 2013 I 729; BFH v. 26. 7. 2012 - VI R 30/09, BStBl 2013 II 400.
[4] BMF v. 16. 5. 2013, BStBl 2013 I 729.
[5] BMF v. 16. 5. 2013, BStBl 2013 I 729; BFH v. 26. 7. 2012 - V R 30/09, BStBl 2012 II 400.
[6] In der Automobilbranche wurde bis zum Jahr 2013 lediglich zugelassen, dass zur Ermittlung des Angebotspreises 80 % der durchschnittlich gewährten Rabatte abgezogen werden, s. BMF v. 18. 12. 2009, BStBl 2010 I 20 (Fortgeltung dieses BMF-Schreibens für die Automobilbranche, mit Ausnahme dieser Regelung).
[7] BFH v. 26. 7. 2012 - VI R 27/11, BStBl 2013 II 402.
[8] A. A. *Balmes*, DStR 2007, 2048.
[9] BFH v. 5. 9. 2006 - VI R 41/02, BStBl 2007 II 309.
[10] R 8.2 Abs. 2 Satz 3 LStR.

– Händler an, sondern allein auf den dem Arbeitgeber nächstgelegenen Händler.[1] Dies führt zur Vereinfachung, da somit nur ein einheitlicher maßgebender Angebotspreis für sämtliche Rabatte zu ermitteln ist.[2]

154 Maßgeblicher Zeitpunkt für die Preisfeststellung ist der Tag, an dem die Ware oder Dienstleistung an den Arbeitnehmer abgegeben wird.[3] Fallen Bestell- und Liefertag auseinander, sind die Verhältnisse am Bestelltag für die Ermittlung des Angebotspreises maßgebend.[4] Ist eine Preisfeststellung an diesem Tag aufgrund sich ständig ändernder Preisgestaltung nicht möglich (z. B. bei Konsumartikeln), ist der Arbeitgeber auch berechtigt, im Nachhinein die maßgeblichen Letztverbraucherpreise festzustellen bzw. ggf. auch zu schätzen.

e) Pauschaler Abschlag von 4 %

155 Von dem ermittelten Endpreis ist ein pauschaler Abschlag von 4 % vorzunehmen, um mögliche Bewertungsungenauigkeiten zu Lasten des Arbeitnehmers auszugleichen. Der Wert des Sachbezugs ist der um 4 % geminderte Endpreis, von dem das vom Arbeitnehmer gezahlte Entgelt für den Sachbezug anschließend abzuziehen ist. Im Ergebnis ist der zu versteuernde geldwerte Vorteil (Arbeitslohn) somit der Unterschiedsbetrag zwischen dem um 4 % geminderten Endpreis und dem vom Arbeitnehmer gezahlten Entgelt.[5]

BEISPIEL ZUR BEWERTUNG EINES MITARBEITERRABATTS:	
Bruttolistenpreis	32 000 €
./. Durchschnittsrabatt (15 %)	./. 4 800 €
Angebotspreis des Arbeitgebers	27 200 €
./. 4 % Bewertungsabschlag	./. 1 088 €
Reduzierter Angebotspreis	25 912 €
./. Zahlung des Arbeitnehmers (Bruttolistenpreis mit 20 % Rabatt)	./. 25 600 €
Rest	312 €
./. Rabattfreibetrag	1 080 €
Zu versteuernder Rabattvorteil	0 €

156–160 (*Einstweilen frei*)

3. Rabattfreibetrag (§ 8 Abs. 3 Satz 2 EStG)

161 Der geldwerte Vorteil aus der verbilligten Überlassung einer Ware oder Dienstleistung (Mitarbeiterrabatt) ist bis zum einem Betrag von 1 080 € **pro Kalenderjahr** steuerfrei.[6] Dies gilt für jedes einzelne Dienstverhältnis eines Arbeitnehmers und bezieht sich nicht auf die einkunfts-

---

1 BMF v. 18. 11. 2009, BStBl 2009 I 1326.
2 BFH v. 4. 6. 1993 - VI R 95/92, BStBl 1993 II 687; BFH v. 5. 9. 2006 - VI R 41/02, BStBl 2007 II 309.
3 R 8.2 Abs. 2 Satz 6 LStR.
4 R 8.2 Abs. 2 Satz 7 LStR.
5 *R 8.2 Abs. 2 Satz 9 LStR.*
6 Absenkung im Jahr 2004 von 1 244 € auf 1 080 € (HBeglG 2004 v. 29. 12. 2003, BGBl 2003 I 3076); zur Anwendung des Rabattfreibetrags s. H 8.2 LStH.

erzielende Tätigkeit des Arbeitnehmers insgesamt.[1] Zu versteuern ist damit nur der den Freibetrag übersteigende Betrag aus dem geldwerten Vorteil des Personalrabatts.

4. Rabattgewährung durch Dritte

a) Kein Arbeitslohn

Rabatte und Preisvorteile, die der Arbeitnehmer von Dritten (Fremdfirmen oder verbundene Unternehmen im Konzern) erhält, führen nach neuer Rspr. und Verwaltungsauffassung nur noch in Ausnahmefällen zu steuerpflichtigem Arbeitslohn.[2] Preisvorteile, die Arbeitnehmern von dritter Seite eingeräumt werden,[3] sind nur dann Arbeitslohn, wenn sie sich für den Arbeitnehmer als „Frucht seiner Arbeit" für den Arbeitgeber darstellen („Entlohnungscharakter") und wenn sie im Zusammenhang mit dem Dienstverhältnis stehen.[4] Ein überwiegend eigenwirtschaftliches Interesse des Dritten schließt die Annahme von Arbeitslohn dagegen in der Regel aus.[5]

162

Werden die Preisvorteile einer bestimmten Personengruppe allgemein und nicht für die Arbeitsleistung bei einem bestimmten Arbeitgeber eingeräumt, besteht i. d. R. kein Zusammenhang mit dem Dienstverhältnis. Deshalb liegt kein steuerpflichtiger Arbeitslohn vor, wenn ein Dritter den Arbeitnehmern einer Belegschaft einen allgemein üblichen „Mengenrabatt" gewährt, selbst wenn der Arbeitgeber in die Vorteilsgewährung eingeschaltet ist. Von steuerpflichtigem Arbeitslohn kann vielmehr erst dann ausgegangen werden, wenn sich die Zuwendung als durch den Dritten vermittelter Arbeitslohn des Arbeitgebers darstellt, der Arbeitgeber beispielsweise einen ihm zustehenden Vorteil etwa im abgekürzten Zahlungswege als Arbeitsentgelt an seine Mitarbeiter weitergibt.[6]

163

BEISPIEL: Alle Mitarbeiter einer Tochtergesellschaft eines Konzerns erhalten im Wege eines „Mitarbeiter-Vorteilsprogramms" Preisvorteile (über fremdübliche Rabatte hinausgehend) für den Kauf der Lebensmittel, die der Konzern herstellt. Die Preisvorteile/Rabatte sind nicht steuerpflichtig (kein steuerpflichtiger Arbeitslohn).

Der Arbeitgeber ist grundsätzlich nicht verpflichtet, für die Arbeitnehmer, die die Preisvorteile von Dritten erhalten haben, Lohnsteuer einzubehalten. Zwar besteht gem. § 38 Abs. 1 Satz 3 EStG eine Verpflichtung des Arbeitgebers, die Lohnsteuer von Drittlöhnen einzubehalten, wenn der Arbeitgeber „weiß oder erkennen kann", dass derartige Vergütungen erbracht werden. Das bloße Dulden einer allgemein üblichen Vorteilsgewährung kann allerdings die Lohnsteuerabzugsverpflichtung nach § 38 Abs. 1 Satz 3 EStG nicht begründen.[7] Sind Arbeitgeber und Dritte konzernverbundene Unternehmen (§ 15 AktG), wird die Kenntnis des Arbeitgebers zwar in § 38 Abs. 1 Satz 3 2. Halbsatz EStG widerlegbar vermutet, allerdings kann eine Lohn-

164

---

1 R 8.2 Abs. 1 Nr. 1 Satz 2 LStR.
2 Nach bisheriger Auffassung der FinVerw (bis 2014) führten Preisvorteile und Rabatte von Dritten stets zu Arbeitslohn, s. BMF v. 27. 9. 1993, BStBl 1993 I 814.
3 Beispiel: Arbeitnehmer eines Krankenhauses erhalten verbilligte Apothekenartikel (Mitarbeiter-Vorteilsprogramm) von einer Apotheke, die aufgrund eines Versorgungsvertrages auch das Krankenhaus beliefert, s. BFH v. 18. 10. 2012 - VI R 64/11, BStBl 2015 II 184.
4 BFH v. 18. 10. 2012 - VI R 64/11, BStBl 2015 II 184; BFH v. 10. 4. 2014 - VI R 62/11; BFH v. 17. 7. 2014 - VI R 69/13, BStBl 2015 II 41; Geserich, NJW 2015, 1610; Geserich, NWB 2012, 4140; Strohner, DB 2015, 580.
5 BMF v. 20. 1. 2015, BStBl 2015 I 143, Rz. 1.
6 BFH v. 18. 10. 2012 - VI R 64/11, BStBl 2015 II 184; Geserich, NWB 2012, 4140.
7 Geserich, NWB 2012, 4140.

steuerabzugsverpflichtung auch in diesen Fällen regelmäßig durch eine fehlende aktive Mitwirkung des Arbeitgebers[1] (s. u.) vermieden werden.

165 Aufgrund der unbestimmten Rechtsbegriffe des „Erkennen Könnens" des Arbeitgebers[2] ist die Vorschrift des § 38 Abs. 1 Satz 3 EStG in der Praxis kaum justitiabel[3] und eine rechtssichere Klarstellung langfristig geboten.

b) Aktive Mitwirkung des Arbeitgebers

166 Preisvorteile/Rabatte von Dritten gehören jedoch dann zum Arbeitslohn, wenn der Arbeitgeber an der Verschaffung dieser Preisvorteile aktiv mitgewirkt hat.[4] Eine aktive Mitwirkung des Arbeitgebers in diesem Sinne liegt vor, wenn

- aus dem Handeln des Arbeitgebers ein Anspruch des Arbeitnehmers auf den Preisvorteil entstanden ist oder

- der Arbeitgeber für den Dritten Verpflichtungen übernommen hat, z. B. Inkassotätigkeit oder Haftung.[5]

167 Die Mitwirkung des Betriebsrats oder Personalrats an der Verschaffung von Preisvorteilen durch Dritte ist für die steuerliche Beurteilung dieser Vorteile dem Arbeitgeber nicht zuzurechnen und führt allein nicht zur Annahme von Arbeitslohn.[6]

PRAXISHINWEIS:
Wenn der Betriebsrat/Personalrat den Mitarbeitern den steuerfreien Rabatt anbietet (Aushang an schwarzem Brett o. Ä.), kann ein lohnsteuerpflichtiger geldwerter Vorteil in diesen Fällen vermieden werden.

c) Konzernrabatte

168 Konzernrabatte stellen nach diesen Grundsätzen nur dann einen geldwerten Vorteil des Arbeitnehmers dar (Lohn von dritter Seite, § 38 Abs. 1 Satz 3 EStG), wenn eine aktive Mitwirkung des Arbeitgebers vorliegt.[7] Für diese Rabatte finden die verminderte Bewertung (4 %-Abschlag) und der Rabattfreibetrag allerdings keine Anwendung.[8] Arbeitnehmer von Konzerngesellschaften und der außerbetriebliche Belegschaftshandel sollen durch § 8 Abs. 3 EStG nicht begünstigt sein. Auch dann, wenn die Dritten wie konzernzugehörige Unternehmen dem Arbeitgeber nahe stehen, greifen die Steuerbegünstigungen nach § 8 Abs. 3 EStG nicht.[9] Steuersystematisch ist es jedoch nicht nachvollziehbar, warum Preisnachlässe von Konzernunternehmen, die genauso Arbeitslohn sind wie Preisnachlässe des Arbeitgebers selbst, bei der Bewertung nach § 8 Abs. 3 EStG nicht gleich behandelt werden. Zumindest bei verbundenen Unternehmen erscheint diese Unterscheidung sachfremd, da sich z. B. bei nachträglichen Umstrukturierungen

---

1 BMF v. 20. 1. 2015, BStBl 2015 I 143.
2 „Ausdehnung der Abzugspflicht auf die unsichere Erkennbarkeitssphäre des Arbeitgebers", s. Drüen, FR 2014, 1134.
3 Krüger in Schmidt, § 38 EStG Rz. 7; Albert, FR 2009, 857.
4 Kritisch zur arbeitslohnbegründenden „Mitwirkungstypisierung" siehe Geserich, NWB 2015, 1610; Wengerofsky, DStR 2015, 806.
5 Details siehe BMF v. 20. 1. 2015, BStBl 2015 I 143.
6 BMF v. 20. 1. 2015, BStBl 2015 I 143, Rz. 6.
7 Siehe o., BMF v. 20. 1. 2015, BStBl 2015 I 143.
8 Siehe auch Schmidt/Wiebecke, NWB DokID: IAAAE-67929, Rz. 55.
9 BFH v. 1. 10. 2009 - VI R 22/07, BStBl 2009 II 204.

gleichheitswidrige Folgen und Verzerrungswirkungen ergeben können.[1] Eine folgerichtige Umsetzung des Themas „Arbeitslohn von Dritten" wäre nicht nur bei der Rabattgewährung, sondern grundlegend notwendig.[2]

(*Einstweilen frei*) 169–175

C. Verfahrensfragen

Hinweise zu einigen grundlegenden Verfahrensfragen finden sich in → Rz. 8. 176

§ 9 Werbungskosten

(1) [1]Werbungskosten sind Aufwendungen zur Erwerbung, Sicherung und Erhaltung der Einnahmen. [2]Sie sind bei der Einkunftsart abzuziehen, bei der sie erwachsen sind. [3]Werbungskosten sind auch

1. Schuldzinsen und auf besonderen Verpflichtungsgründen beruhende Renten und dauernde Lasten, soweit sie mit einer Einkunftsart in wirtschaftlichem Zusammenhang stehen. [2]Bei Leibrenten kann nur der Anteil abgezogen werden, der sich nach § 22 Nummer 1 Satz 3 Buchstabe a Doppelbuchstabe bb ergibt;
2. Steuern vom Grundbesitz, sonstige öffentliche Abgaben und Versicherungsbeiträge, soweit solche Ausgaben sich auf Gebäude oder auf Gegenstände beziehen, die dem Steuerpflichtigen zur Einnahmeerzielung dienen;
3. Beiträge zu Berufsständen und sonstigen Berufsverbänden, deren Zweck nicht auf einen wirtschaftlichen Geschäftsbetrieb gerichtet ist;
4. Aufwendungen des Arbeitnehmers für die Wege zwischen Wohnung und erster Tätigkeitsstätte im Sinne des Absatzes 4. [2]Zur Abgeltung dieser Aufwendungen ist für jeden Arbeitstag, an dem der Arbeitnehmer die erste Tätigkeitsstätte aufsucht, eine Entfernungspauschale für jeden vollen Kilometer der Entfernung zwischen Wohnung und erster Tätigkeitsstätte von 0,30 Euro anzusetzen, höchstens jedoch 4 500 Euro im Kalenderjahr; ein höherer Betrag als 4 500 Euro ist anzusetzen, soweit der Arbeitnehmer einen eigenen oder ihm zur Nutzung überlassenen Kraftwagen benutzt. [3]Die Entfernungspauschale gilt nicht für Flugstrecken und Strecken mit steuerfreier Sammelbeförderung nach § 3 Nummer 32. [4]Für die Bestimmung der Entfernung ist die kürzeste Straßenverbindung zwischen Wohnung und erster Tätigkeitsstätte maßgebend; eine andere als die kürzeste Straßenverbindung kann zugrunde gelegt werden, wenn diese offensichtlich verkehrsgünstiger ist und vom Arbeitnehmer regelmäßig für die Wege zwischen Wohnung und erster Tätigkeitsstätte benutzt wird. [5]Nach § 8 Absatz 2 Satz 11 oder Absatz 3 steuerfreie Sachbezüge für Fahrten zwischen Wohnung und erster Tätigkeitsstätte mindern den nach Satz 2 abziehbaren Betrag; ist der Arbeitgeber selbst der Verkehrsträger, ist der Preis anzusetzen, den ein dritter Arbeitgeber an den Verkehrsträger zu entrichten hätte. [6]Hat ein Arbeitnehmer mehrere Wohnungen, so sind die Wege von einer Wohnung, die nicht der ersten Tätigkeitsstätte am nächsten liegt, nur zu berücksichtigen,

---

1 Siehe auch *Schneider*, HFR 2010, 117; *Schmidt*, § 8 EStG Rz. 73; a. A. HHR/*Kister*, § 8 EStG Rz. 161.
2 Siehe dazu auch *Albert*, FR 2009, 857.

wenn sie den Mittelpunkt der Lebensinteressen des Arbeitnehmers bildet und nicht nur gelegentlich aufgesucht wird;

4a. Aufwendungen des Arbeitnehmers für beruflich veranlasste Fahrten, die nicht Fahrten zwischen Wohnung und erster Tätigkeitsstätte im Sinne des Absatzes 4 sowie keine Familienheimfahrten sind. ²Anstelle der tatsächlichen Aufwendungen, die dem Arbeitnehmer durch die persönliche Benutzung eines Beförderungsmittels entstehen, können die Fahrtkosten mit den pauschalen Kilometersätzen angesetzt werden, die für das jeweils benutzte Beförderungsmittel (Fahrzeug) als höchste Wegstreckenentschädigung nach dem Bundesreisekostengesetz festgesetzt sind. ³Hat ein Arbeitnehmer keine erste Tätigkeitsstätte (§ 9 Absatz 4) und hat er nach den dienst- oder arbeitsrechtlichen Festlegungen sowie den diese ausfüllenden Absprachen und Weisungen zur Aufnahme seiner beruflichen Tätigkeit dauerhaft denselben Ort oder dasselbe weiträumige Tätigkeitsgebiet typischerweise arbeitstäglich aufzusuchen, gilt Absatz 1 Satz 3 Nummer 4 und Absatz 2 für die Fahrten von der Wohnung zu diesem Ort oder dem zur Wohnung nächstgelegenen Zugang zum Tätigkeitsgebiet entsprechend. ⁴Für die Fahrten innerhalb des weiträumigen Tätigkeitsgebietes gelten die Sätze 1 und 2 entsprechend;

5. notwendige Mehraufwendungen, die einem Arbeitnehmer wegen einer beruflich veranlassten doppelten Haushaltsführung entstehen. ²Eine doppelte Haushaltsführung liegt nur vor, wenn der Arbeitnehmer außerhalb des Ortes seiner ersten Tätigkeitsstätte einen eigenen Hausstand unterhält und auch am Ort der ersten Tätigkeitsstätte wohnt. ³Das Vorliegen eines eigenen Hausstandes setzt das Innehaben einer Wohnung sowie eine finanzielle Beteiligung an den Kosten der Lebensführung voraus. ⁴Als Unterkunftskosten für eine doppelte Haushaltsführung können im Inland die tatsächlichen Aufwendungen für die Nutzung der Unterkunft angesetzt werden, höchstens 1 000 Euro im Monat. ⁵Aufwendungen für die Wege vom Ort der ersten Tätigkeitsstätte zum Ort des eigenen Hausstandes und zurück (Familienheimfahrt) können jeweils nur für eine Familienheimfahrt wöchentlich abgezogen werden. ⁶Zur Abgeltung der Aufwendungen für eine Familienheimfahrt ist eine Entfernungspauschale von 0,30 Euro für jeden vollen Kilometer der Entfernung zwischen dem Ort des eigenen Hausstandes und dem Ort der ersten Tätigkeitsstätte anzusetzen. ⁷Nummer 4 Satz 3 bis 5 ist entsprechend anzuwenden. ⁸Aufwendungen für Familienheimfahrten mit einem dem Steuerpflichtigen im Rahmen einer Einkunftsart überlassenen Kraftfahrzeug werden nicht berücksichtigt;

5a. notwendige Mehraufwendungen eines Arbeitnehmers für beruflich veranlasste Übernachtungen an einer Tätigkeitsstätte, die nicht erste Tätigkeitsstätte ist. ²Übernachtungskosten sind die tatsächlichen Aufwendungen für die persönliche Inanspruchnahme einer Unterkunft zur Übernachtung. ³Soweit höhere Übernachtungskosten anfallen, weil der Arbeitnehmer eine Unterkunft gemeinsam mit Personen nutzt, die in keinem Dienstverhältnis zum selben Arbeitgeber stehen, sind nur diejenigen Aufwendungen anzusetzen, die bei alleiniger Nutzung durch den Arbeitnehmer angefallen wären. ⁴Nach Ablauf von 48 Monaten einer längerfristigen beruflichen Tätigkeit an derselben Tätigkeitsstätte, die nicht erste Tätigkeitsstätte ist, können Unterkunftskosten nur noch bis zur Höhe des Betrags nach Nummer 5 angesetzt werden. ⁵Eine Unterbrechung dieser beruflichen Tätigkeit an derselben Tätigkeitsstätte führt zu einem Neubeginn, wenn die Unterbrechung mindestens sechs Monate dauert;

6. Aufwendungen für Arbeitsmittel, zum Beispiel für Werkzeuge und typische Berufskleidung. ²Nummer 7 bleibt unberührt;

7. Absetzungen für Abnutzung und für Substanzverringerung und erhöhte Absetzungen. ²§ 6 Absatz 2 Satz 1 bis 3 ist in Fällen der Anschaffung oder Herstellung von Wirtschaftsgütern entsprechend anzuwenden.

(2) ¹Durch die Entfernungspauschalen sind sämtliche Aufwendungen abgegolten, die durch die Wege zwischen Wohnung und erster Tätigkeitsstätte im Sinne des Absatzes 4 und durch die Familienheimfahrten veranlasst sind. ²Aufwendungen für die Benutzung öffentlicher Verkehrsmittel können angesetzt werden, soweit sie den im Kalenderjahr insgesamt als Entfernungspauschale abziehbaren Betrag übersteigen. ³Behinderte Menschen,

1. deren Grad der Behinderung mindestens 70 beträgt,

2. deren Grad der Behinderung weniger als 70, aber mindestens 50 beträgt und die in ihrer Bewegungsfähigkeit im Straßenverkehr erheblich beeinträchtigt sind,

können anstelle der Entfernungspauschalen die tatsächlichen Aufwendungen für die Wege zwischen Wohnung und erster Tätigkeitsstätte und für Familienheimfahrten ansetzen. ⁴Die Voraussetzungen der Nummern 1 und 2 sind durch amtliche Unterlagen nachzuweisen.

(3) Absatz 1 Satz 3 Nummer 4 bis 5a sowie die Absätze 2 und 4a gelten bei den Einkunftsarten im Sinne des § 2 Absatz 1 Satz 1 Nummer 5 bis 7 entsprechend.

(4) ¹Erste Tätigkeitsstätte ist die ortsfeste betriebliche Einrichtung des Arbeitgebers, eines verbundenen Unternehmens (§ 15 des Aktiengesetzes) oder eines vom Arbeitgeber bestimmten Dritten, der der Arbeitnehmer dauerhaft zugeordnet ist. ²Die Zuordnung im Sinne des Satzes 1 wird durch die dienst- oder arbeitsrechtlichen Festlegungen sowie die diese ausfüllenden Absprachen und Weisungen bestimmt. ³Von einer dauerhaften Zuordnung ist insbesondere auszugehen, wenn der Arbeitnehmer unbefristet, für die Dauer des Dienstverhältnisses oder über einen Zeitraum von 48 Monaten hinaus an einer solchen Tätigkeitsstätte tätig werden soll. ⁴Fehlt eine solche dienst- oder arbeitsrechtliche Festlegung auf eine Tätigkeitsstätte oder ist sie nicht eindeutig, ist erste Tätigkeitsstätte die betriebliche Einrichtung, an der der Arbeitnehmer dauerhaft

1. typischerweise arbeitstäglich tätig werden soll oder

2. je Arbeitswoche zwei volle Arbeitstage oder mindestens ein Drittel seiner vereinbarten regelmäßigen Arbeitszeit tätig werden soll.

⁵Je Dienstverhältnis hat der Arbeitnehmer höchstens eine erste Tätigkeitsstätte. ⁶Liegen die Voraussetzungen der Sätze 1 bis 4 für mehrere Tätigkeitsstätten vor, ist diejenige Tätigkeitsstätte erste Tätigkeitsstätte, die der Arbeitgeber bestimmt. ⁷Fehlt es an dieser Bestimmung oder ist sie nicht eindeutig, ist die der Wohnung örtlich am nächsten liegende Tätigkeitsstätte die erste Tätigkeitsstätte. ⁸Als erste Tätigkeitsstätte gilt auch eine Bildungseinrichtung, die außerhalb eines Dienstverhältnisses zum Zwecke eines Vollzeitstudiums oder einer vollzeitigen Bildungsmaßnahme aufgesucht wird; die Regelungen für Arbeitnehmer nach Absatz 1 Satz 3 Nummer 4 und 5 sowie Absatz 4a sind entsprechend anzuwenden.

(4a) ¹Mehraufwendungen des Arbeitnehmers für die Verpflegung sind nur nach Maßgabe der folgenden Sätze als Werbungskosten abziehbar. ²Wird der Arbeitnehmer außerhalb seiner Wohnung und ersten Tätigkeitsstätte beruflich tätig (auswärtige berufliche Tätigkeit), ist zur

Abgeltung der ihm tatsächlich entstandenen, beruflich veranlassten Mehraufwendungen eine Verpflegungspauschale anzusetzen. ³Diese beträgt

1. 24 Euro für jeden Kalendertag, an dem der Arbeitnehmer 24 Stunden von seiner Wohnung und ersten Tätigkeitsstätte abwesend ist,

2. jeweils 12 Euro für den An- und Abreisetag, wenn der Arbeitnehmer an diesem, einem anschließenden oder vorhergehenden Tag außerhalb seiner Wohnung übernachtet,

3. 12 Euro für den Kalendertag, an dem der Arbeitnehmer ohne Übernachtung außerhalb seiner Wohnung mehr als 8 Stunden von seiner Wohnung und der ersten Tätigkeitsstätte abwesend ist; beginnt die auswärtige berufliche Tätigkeit an einem Kalendertag und endet am nachfolgenden Kalendertag ohne Übernachtung, werden 12 Euro für den Kalendertag gewährt, an dem der Arbeitnehmer den überwiegenden Teil der insgesamt mehr als 8 Stunden von seiner Wohnung und der ersten Tätigkeitsstätte abwesend ist.

⁴Hat der Arbeitnehmer keine erste Tätigkeitsstätte, gelten die Sätze 2 und 3 entsprechend; Wohnung im Sinne der Sätze 2 und 3 ist der Hausstand, der den Mittelpunkt der Lebensinteressen des Arbeitnehmers bildet sowie eine Unterkunft am Ort der ersten Tätigkeitsstätte im Rahmen der doppelten Haushaltsführung. ⁵Bei einer Tätigkeit im Ausland treten an die Stelle der Pauschbeträge nach Satz 3 länderweise unterschiedliche Pauschbeträge, die für die Fälle der Nummer 1 mit 120 sowie der Nummern 2 und 3 mit 80 Prozent der Auslandstagegelder nach dem Bundesreisekostengesetz vom Bundesministerium der Finanzen im Einvernehmen mit den obersten Finanzbehörden der Länder aufgerundet auf volle Euro festgesetzt werden; dabei bestimmt sich der Pauschbetrag nach dem Ort, den der Arbeitnehmer vor 24 Uhr Ortszeit zuletzt erreicht, oder, wenn dieser Ort im Inland liegt, nach dem letzten Tätigkeitsort im Ausland. ⁶Der Abzug der Verpflegungspauschalen ist auf die ersten drei Monate einer längerfristigen beruflichen Tätigkeit an derselben Tätigkeitsstätte beschränkt. ⁷Eine Unterbrechung der beruflichen Tätigkeit an derselben Tätigkeitsstätte führt zu einem Neubeginn, wenn sie mindestens vier Wochen dauert. ⁸Wird dem Arbeitnehmer anlässlich oder während einer Tätigkeit außerhalb seiner ersten Tätigkeitsstätte vom Arbeitgeber oder auf dessen Veranlassung von einem Dritten eine Mahlzeit zur Verfügung gestellt, sind die nach den Sätzen 3 und 5 ermittelten Verpflegungspauschalen zu kürzen:

1. für Frühstück um 20 Prozent,

2. für Mittag- und Abendessen um jeweils 40 Prozent,

der nach Satz 3 Nummer 1 gegebenenfalls in Verbindung mit Satz 5 maßgebenden Verpflegungspauschale für einen vollen Kalendertag; die Kürzung darf die ermittelte Verpflegungspauschale nicht übersteigen. ⁹Satz 8 gilt auch, wenn Reisekostenvergütungen wegen der zur Verfügung gestellten Mahlzeiten einbehalten oder gekürzt werden oder die Mahlzeiten nach § 40 Absatz 2 Satz 1 Nummer 1a pauschal besteuert werden. ¹⁰Hat der Arbeitnehmer für die Mahlzeit ein Entgelt gezahlt, mindert dieser Betrag den Kürzungsbetrag nach Satz 8. ¹¹Erhält der Arbeitnehmer steuerfreie Erstattungen für Verpflegung, ist ein Werbungskostenabzug insoweit ausgeschlossen. ¹²Die Verpflegungspauschalen nach den Sätzen 3 und 5, die Dreimonatsfrist nach den Sätzen 6 und 7 sowie die Kürzungsregelungen nach den Sätzen 8 bis 10 gelten entsprechend auch für den Abzug von Mehraufwendungen für Verpflegung, die bei einer beruflich veranlassten doppelten Haushaltsführung entstehen, soweit der Arbeitnehmer vom eigenen Hausstand im Sinne des § 9 Absatz 1 Satz 3 Nummer 5 abwesend ist; dabei ist für jeden Kalendertag innerhalb der Dreimonatsfrist, an dem gleichzeitig eine Tätigkeit im

Sinne des Satzes 2 oder des Satzes 4 ausgeübt wird, nur der jeweils höchste in Betracht kommende Pauschbetrag abziehbar. ¹³Die Dauer einer Tätigkeit im Sinne des Satzes 2 an dem Tätigkeitsort, an dem die doppelte Haushaltsführung begründet wurde, ist auf die Dreimonatsfrist anzurechnen, wenn sie ihr unmittelbar vorausgegangen ist.

(5)¹ ¹§ 4 Absatz 5 Satz 1 Nummer 1 bis 4, 6b bis 8a, 10, 12 und Absatz 6 gilt sinngemäß. ²Die §§ 4j und 6 Absatz 1 Nummer 1a gelten entsprechend.

(6) ¹Aufwendungen des Steuerpflichtigen für seine Berufsausbildung oder für sein Studium sind nur dann Werbungskosten, wenn der Steuerpflichtige zuvor bereits eine Erstausbildung (Berufsausbildung oder Studium) abgeschlossen hat oder wenn die Berufsausbildung oder das Studium im Rahmen eines Dienstverhältnisses stattfindet. ²Eine Berufsausbildung als Erstausbildung nach Satz 1 liegt vor, wenn eine geordnete Ausbildung mit einer Mindestdauer von 12 Monaten bei vollzeitiger Ausbildung und mit einer Abschlussprüfung durchgeführt wird. ³Eine geordnete Ausbildung liegt vor, wenn sie auf der Grundlage von Rechts- oder Verwaltungsvorschriften oder internen Vorschriften eines Bildungsträgers durchgeführt wird. ⁴Ist eine Abschlussprüfung nach dem Ausbildungsplan nicht vorgesehen, gilt die Ausbildung mit der tatsächlichen planmäßigen Beendigung als abgeschlossen. ⁵Eine Berufsausbildung als Erstausbildung hat auch abgeschlossen, wer die Abschlussprüfung einer durch Rechts- oder Verwaltungsvorschriften geregelten Berufsausbildung mit einer Mindestdauer von 12 Monaten bestanden hat, ohne dass er zuvor die entsprechende Berufsausbildung durchlaufen hat.

Inhaltsübersicht

	Rz.
A. Allgemeine Erläuterungen	1 – 25
I. Normzweck und wirtschaftliche Bedeutung der Vorschrift	1 – 2
II. Entstehung und Entwicklung der Vorschrift	3 – 7
III. Geltungsbereich	8 – 14
IV. Vereinbarkeit mit höherrangigem Recht	15 – 19
V. Verhältnis zu anderen Vorschriften	20 – 25
B. Systematische Kommentierung	26 – 372
I. Definition der Werbungskosten	26 – 75
1. Tatbestand des § 9 Abs. 1 Satz 1 EStG	26 – 65
2. Abzug von Werbungskosten (§ 9 Abs. 1 Satz 2 EStG)	66 – 75
II. Gesetzlich geregelte Tatbestände der Werbungskosten (§ 9 Abs. 1 Satz 3 EStG)	76 – 295
1. Bedeutung der gesetzlich geregelten Tatbestände	76 – 83
2. Schuldzinsen und ähnliche Aufwendungen (§ 9 Abs. 1 Satz 3 Nr. 1 EStG)	84 – 95
3. Steuern vom Grundbesitz (§ 9 Abs. 1 Satz 3 Nr. 2 EStG)	96 – 108
4. Beiträge zu Berufsständen (§ 9 Abs. 1 Satz 3 Nr. 3 EStG)	109 – 115
5. Entfernungspauschale (§ 9 Abs. 1 Satz 3 Nr. 4 EStG)	116 – 184
a) Erste Tätigkeitsstätte (§ 9 Abs. 4 EStG)	125 – 155
b) Ansatz und Abgeltungswirkung der Entfernungspauschale (§ 9 Abs. 1 Satz 3 Nr. 4 Satz 2 bis 6, Abs. 2 EStG)	156 – 184
6. Aufwendungen für sonstige beruflich veranlasste Fahrten (§ 9 Abs. 1 Satz 3 Nr. 4a EStG)	185 – 198
7. Doppelte Haushaltsführung (§ 9 Abs. 1 Satz 3 Nr. 5 EStG)	199 – 230
8. Übernachtungskosten (§ 9 Abs. 1 Satz 3 Nr. 5a EStG)	231 – 247
9. Aufwendungen für Arbeitsmittel (§ 9 Abs. 1 Satz 3 Nr. 6 EStG)	248 – 265
10. AfA (§ 9 Abs. 1 Satz 3 Nr. 7 EStG)	266 – 275

---

1 Anm. d. Red.: Zur Anwendung des § 9 Abs. 5 siehe § 52 Abs. 16a.

11.	Weitere, nicht in § 9 Abs. 1 Satz 3 EStG genannte wichtige Werbungskosten	276 - 295
	a) Umzugskosten	276 - 285
	b) Sprachkurse	286
	c) Kosten der Steuerberatung	287
	d) Strafverteidigungskosten	288
	e) Krankheitskosten	289 - 295
III.	Anwendung bei anderen Überschusseinkunftsarten (§ 9 Abs. 3 EStG)	296 - 304
IV.	Verpflegungsaufwendungen bei auswärtiger beruflicher Tätigkeit (§ 9 Abs. 4a EStG)	305 - 335
V.	Nichtabziehbare Werbungskosten (§ 9 Abs. 5 EStG)	336 - 359
VI.	Aufwendungen für Berufsausbildung und Studium (§ 9 Abs. 6 EStG)	360 - 372
C. Verfahrensrecht		373 - 375

HINWEIS:

EStDV; LStDV; R 9.1 - 9.14 LStR; BMF v. 6. 7. 2010, BStBl 2010 I 614; BMF v. 22. 9. 2010, BStBl 2010 I 721; BMF v. 31. 10. 2013, BStBl 2013 I 1376; BMF v. 24. 10. 2014, BStBl 2014 I 1412; BMF v. 19. 12. 2014, BStBl 2015 I 34.

LITERATUR:

▶ Weitere Literatur siehe Online-Version

Harder-Buschner/Schramm, Die Reform des steuerlichen Reisekostenrechts: Darstellung der neuen gesetzlichen Regelungen, Beilage zu NWB 2013, 6; *Niermann*, Die Neuregelung des steuerlichen Reisekostenrechts ab 2014, DB 2013, 1015, 1017; *Painter*, Das Gesetz zur Änderung und Vereinfachung der Unternehmensbesteuerung und des steuerlichen Reisekostenrechts im Überblick, DStR 2013, 217; *Schneider*, Die Reform des Reisekostenrechts: Übereinstimmungen und Abweichungen zur bisherigen BFH-Rechtsprechung, Beilage zu NWB 2013, 44; *Weber*, Die Reform des Reisekostenrechts: Auswirkungen auf die Erstattung von Reisekosten aus Sicht des Arbeitgebers, Beilage zu NWB 2013, 21; *Wünnemann/Gödtel*, Die Reform des Reisekostenrechts: Erste Anwendungs- und Umsetzungsfragen aus Sicht der Wirtschaft, Beilage zu NWB 2013, 36; *Harder-Buschner/Schramm*, Die „erste Tätigkeitsstätte" – Gesetzliche Definition und Sonderfälle, NWB 2014, 26; *Harder-Buschner/Schramm*, Die neuen Verpflegungspauschalen und die Behandlung vom Arbeitgeber zur Verfügung gestellter Mahlzeiten, NWB 2014, 175, mit Grafik Prüfschema Mahlzeitengestellung bei Auswärtstätigkeit; *Harder-Buschner/Schramm*, Fahrtkostenzuschüsse, Unterkunftskosten und doppelte Haushaltsführung ab 1. 1. 2014, NWB 2014, 256; *Niermann*, Das steuerliche Reisekostenrecht ab 2014 in der Anwendungspraxis, DB 2014, 2793; *Schmidt*, Fahrten zum Mietobjekt unter Berücksichtigung des neuen Reisekostenrechts, NWB 2014, 782; *Schneider*, Kraftfahrzeuge und Arbeitnehmerbesteuerung, NWB 2014, 2078; *Schneider*, Kraftfahrzeuge und Arbeitnehmerbesteuerung, NWB 2014, 2078; *Foerster*, Ergänztes Anwendungsschreiben der Finanzverwaltung zum steuerlichen Reisekostenrecht, StuB 2015, 89; *Krüger*, Werbungskosten bei gemischt veranlassten Feiern – Anmerkung zum BFH-Urteil v. 8. 7. 2015 – VI R 46/14, DStR 2015, 2820; *Painter*, Das Gesetz zur Anpassung der Abgabenordnung an den Zollkodex der Union und zur Änderung weiterer steuerlicher Vorschriften im Überblick, DStR 2015, 1; *Schmidt*, Das neue lohnsteuerliche Reisekostenrecht – einfacher oder nur anders?, NWB 2015, 1758; *Trinks/Heine*, Smartphones in der Einkommensteuer – Abschreibung Privatnutzung Steuerbefreiung, NWB 2015, 2433; *Yilmaz/Nunnenkamp*, Feststellung von Verlustvorträgen – BFH entscheidet zugunsten zahlreicher Steuerpflichtiger, NWB 2015, 1832; *Werth*, Erste BFH-Rechtsprechung zur Abgeltungsteuer, DStR 2015, 1343; *Bruschke*, Bürgschafts- und Darlehnsverluste von Arbeitnehmern, DStZ 2016, 623; *Cropp*, Überprüfung der Entfernungspauschale und der Abzugsbeschränkungen für Aufwendungen für ein Arbeitszimmer sowie für die eigene Berufsausbildung am Maßstab des pflichtbestimmten Aufwands, FR 2016, 58; *Engelberth*, Behandlung nachträglicher Schuldzinsen, NWB 2016, 20; *Geserich*, Doppelte Haushaltsführung: Kosten der Unterkunft am Beschäftigungsort, NWB 2016, 2258; *Güsmer/Wick*, Abzugsfähigkeit von gemischt veranlassten Aufwendungen im internationalen Kontext, DB 2016, 1465; *Haase*, Abgrenzungsfragen bei der Zuordnung von Aufwendungen zu laufenden Einnahmen oder Veräußerungsgewinnen FR 2016, 159; *Hermes*, Die nicht erkannte oder ungewollte erste Tätigkeitsstätte, NWB 2016, 2022; *Heuser*, Auslandsreisekosten ab 1. 1. 2016 – BMF-Schreiben und Arbeitshilfe zu Verpflegungsmehraufwendungen und Übernachtungskosten, BBK 5/2016, 218; *Hilbert*, Abgeltung von Unfallkosten durch die Entfernungspauschale, NWB 18/2016, 1334; *Geserich*, Feste feiern mit dem Finanzamt?, NWB 2016, 2500; *Knebusch*, Vierter Weg beim Drittaufwand?!, NWB 2016, 1266; *Meindl-Ringler*, Die Frage der Verfassungskonformität des Ausschlusses des Werbungskostenabzugs für erstmalige Berufsausbildungskosten, DStZ 2016, 308; *Schneider*, Werbungskosten der Arbeitnehmer durch Bürgschafts- und Darlehensverluste, NWB 2016, 480; *Seifert*, Neue Entwicklungen im steuerlichen Reisekostenrecht, NWB 2016, 3253; *Trossen*, Entfernungspauschale bei den Einkünften aus Vermietung und Verpachtung?, NWB 2016, 1256; *Weiss*, Abgeltungsteuer – Übergangsprobleme, Ausnahmetatbestände und Günstigerprüfung, NWB 2016, 334; *Weiss*, Zu- und Abflussprinzip des § 11 EStG (Teil 1) – Grundlagen und Wirkungen, EStB 2016, 257; *Weiss*, Zu- und Abflussprinzip des § 11 EStG (Teil 2), EStB 2016, 299; *Weiss*, Zur Einkünfteerzielungsabsicht bei der Abgeltungsteuer, StuB 2016, 657; *Schießl*, Neues zu den anschaffungsnahen Herstellungskosten i. S. d. § 6 Abs. 1 Nr. 1a EStG, StuB 2016, 719; *Geserich*, Aufwendungen für ein häusliches Arbeitszimmer bei Nutzung durch mehrere Steuerpflichtige, NWB 2017, 848; *Hermes*, Steuerliches Reisekostenrecht: aktuelle Entwicklungen und Zweifelsfragen, NWB 2017, 1278; *Holle/Weiss*, Einschränkung des Abzugs für Aufwendungen aus einer Rechteüberlassung, FR 2017, 217; *Kanzler*, Die Einbauküche in der vermieteten Wohnung, NWB 2017, 1870; *Schmitt*, Neue Entwicklungen bei der ersten Tätigkeitsstätte, NWB Beilage 3/2017; *Seifert*, Reisekosten und Leiharbeitnehmer: Wann ist ein Einsatz „dauerhaft"?, NWB 2017, 996; *Trossen*, Vermietung und Verpachtung: Abzug von Werbungskosten nach gescheitertem Anschaffungsgeschäft, NWB 2017, 2080; *Weiss*, Neue Rechtsprechung zur AfaA, BB 2017, 2027; *Wengerofsky*, Neuregelung bei den geringwertigen Wirtschaftsgütern, StuB 2017, 369; *Seifert*, Studium im Rentenalter, StuB 2017, 754; *Seifert*, Kosten für das Vorhalten einer Wohnung am künftigen Beschäftigungsort, StuB 2017, 753; *Dürr*, Doppelte Haushaltsführung nur bei unzumutbarer Fahrzeit zwischen Hauptwohnung und Arbeitsstätte?, NWB 2018, 844.

ARBEITSHILFEN UND GRUNDLAGEN ONLINE:

Ronig, Erhaltungsaufwand und Herstellungsaufwand bei Baumaßnahmen, NWB DokID: NAAAE-31472; *Nolte*, Häusliches Arbeitszimmer, NWB DokID: MAAAE-35006; *Schmidt*, Reisekosten, NWB DokID: PAAAE-49479; *Heinrich*, Werbungskosten bei nichtselbständiger Arbeit, Kapitalvermögen, Vermietung und Verpachtung, NWB DokID: BAAAE-52183; *Schmidt/Wiebecke*, Entfernungspauschale bzw. Pendlerpauschale, NWB DokID: BAAAE-61939; *Schmidt*, Doppelte Haushaltsführung, NWB DokID: IAAAE-70154; *Schmidt*, Umzugskosten, NWB DokID: WAAAE-83381; *Schmidt*, Studiengebühren/Studienkosten/Bildungsaufwendungen, NWB DokID: CAAAE-86172; Vermietung und Verpachtung: Werbungskosten – Interaktive Checkliste zur Erfassung der berücksichtigungsfähigen Aufwendungen, NWB DokID: HAAAE-57359; Dienst- und Fortbildungsreisen von Arbeitnehmern ins Ausland: Einkommen- und lohnsteuerrechtliche Aspekte, NWB DokID: RAAAD-93554; Erstausbildung und Erststudium: Checkliste für die Ermittlung der abziehbaren Aufwendungen, NWB DokID: UAAAE-39685; Häusliches und außerhäusliches Arbeitszimmer: Prüfschema und Abgrenzungskriterien, NWB DokID: NAAAE-43350; Umzugskosten: Checkliste zur Ermittlung der berücksichtigungsfähigen Aufwendungen, NWB DokID: BAAAE-55297; Doppelte Haushaltsführung – Checkliste zur Erfassung der berücksichtigungsfähigen Aufwendungen, NWB DokID: CAAAE-09766; Reisekosten-Abrechnung Inland, Berechnungsprogramm, NWB DokID: AAAAF-19222; Reisekosten-Abrechnung Ausland, Berechnungsprogramm, NWB DokID: EAAAF-19225.

A. Allgemeine Erläuterungen

I. Normzweck und wirtschaftliche Bedeutung der Vorschrift

Die Regelung stellt die zentrale Norm zur Berücksichtigung von Aufwendungen bei den Überschusseinkunftsarten des § 2 Abs. 1 Satz 1 Nr. 4 bis 7 EStG dar. Sie soll damit das „objektive Nettoprinzip" als Ausprägung der verfassungsrechtlich gebotenen Besteuerung nach der Leistungsfähigkeit umsetzen.[1] Danach darf der ertragsteuerliche Zugriff nur auf den Saldo von Einnahmen und Ausgaben erfolgen, da die Ausgaben für den Stpfl. nicht disponibel sind.[2]

---

1 BVerfG v. 9.12.2008 - 2 BvL 1, 2/07, 1, 2/08, BFH/NV 2009, 338 = NWB DokID: SAAAD-00290.
2 *Thürmer* in Blümich, § 9 EStG Rz. 10.

2   Die Norm wird ergänzt durch eine Pauschalierung der Werbungskosten bei den Einkünften aus nichtselbständiger Arbeit und Teilen der sonstigen Einkünfte in § 9a EStG und bei den Einkünften aus Kapitalvermögen in § 20 Abs. 9 EStG. Bei geringen Werbungskosten bei den Einkünften aus nichtselbständiger Arbeit erübrigt sich damit in zahlreichen Fällen die genaue Ermittlung der Werbungskosten.

II. Entstehung und Entwicklung der Vorschrift

3   Die historischen Wurzeln der Norm lassen sich bis in das Jahr 1807 zurückverfolgen. Das Wort „Werbungskosten" selbst wurde erstmals im Preußischen Einkommensteuergesetz v. 19. 6. 1906 verwendet.[1] Die Norm ist seither ohne Unterbrechung in den Vorgängern des heutigen Einkommensteuergesetzes und im EStG selbst enthalten gewesen. Die Höhe einzelner Pauschalen, insbesondere der besonders fiskalisch bedeutsamen „Entfernungspauschale" des § 9 Abs. 1 Satz 3 Nr. 4 EStG, hat im Verlaufe der Jahrzehnte stark geschwankt.[2] Die heutige Fassung des § 9 EStG ist im Wesentlichen mit der Fassung des Steueränderungsgesetzes 1966[3] identisch.

4   Eine wichtige Änderung hat die Norm in jüngerer Zeit durch das „Gesetz zur Fortführung der Gesetzeslage 2006 bei der Entfernungspauschale" v. 20. 4. 2009[4] erfahren. In diesem musste der Gesetzgeber die Entscheidung des BVerfG zur Entfernungspauschale[5] umsetzen und die ursprünglich vorgesehene Beschränkung auf über 20 Entfernungskilometer hinausgehende Distanzen aufgeben (s. → Rz. 116 ff.).

5   Die Norm hat eine sehr grundlegende Änderung durch das „Gesetz zur Änderung und Vereinfachung der Unternehmensbesteuerung und des steuerlichen Reisekostenrechts" v. 20. 2. 2013[6] erfahren. Dadurch sind weite Teile des Reisekostenrechts geändert und an wichtigen Stellen an die BFH-Rechtsprechung angepasst worden.[7]

6   Im Rahmen des Zollkodex-Anpassungsgesetzes[8] ist § 9 Abs. 6 EStG (zu Berufsausbildungskosten als Werbungskosten) geändert worden. Zugleich wurde das Abzugsverbot des § 12 Nr. 5 EStG aufgehoben.[9]

7   Die letzte Änderung wurde mit dem sog. Lizenzschrankengesetz[10] vorgenommen, siehe dazu → Rz. 266 ff. Für eine ausführliche Darstellung der Entwicklung der Norm siehe die Darstellung von *Thürmer*.[11]

---

1 Ges.-Slg. 1906, 206; siehe zum Ganzen HHR/*Kreft*, § 9 EStG Rz. 3.
2 *Thürmer* in Blümich, § 9 EStG Rz. 250.
3 Vom 23. 12. 1966, BGBl 1966 I 702.
4 BGBl 2009 I 774.
5 BVerfG v. 9. 12. 2008 - 2 BvL 1/07, 2 BvL 2/07, 2 BvL 1/08, 2 BvL 2/08, BFH/NV 2009, 338 = NWB DokID: SAAAD-00290; dazu BMF v. 31. 8. 2009, BStBl 2009 I 891.
6 BGBl 2013 I 285.
7 *Painter*, DStR 2013, 217.
8 Vom 22. 12. 2014, BGBl 2014 I 2417.
9 *Painter*, DStR 2015, 1, 6.
10 Vom 27.6.2017, BGBl 2017 I 2074.
11 *Thürmer* in Blümich, § 9 EStG Rz. 12 ff.

III. Geltungsbereich

Persönlich ist die Vorschrift auf alle Einkommensteuerpflichtigen anwendbar. Bei beschränkter Steuerpflicht (§ 1 Abs. 4 EStG) sind die Einschränkungen des § 50 Abs. 1 Satz 1 EStG und § 50 Abs. 2 Satz 1 EStG zu beachten. Beim Wechsel zwischen unbeschränkter und beschränkter Steuerpflicht während eines Veranlagungszeitraums gilt § 2 Abs. 7 Satz 3 EStG.[1]   8

Auch Körperschaften i. S. d. KStG können Werbungskosten geltend machen, § 8 Abs. 1 Satz 1 KStG.[2] Dies gilt, wenn sie nicht unter die Fiktion der Gewerblichkeit i. S. d. § 8 Abs. 2 KStG fallen und Einkünfte i. S. d. § 2 Abs. 1 Nr. 5 bis 7 EStG erzielen. Damit sind in- und ausländische Körperschaftsteuersubjekte nach dem § 1 Abs. 1 Nr. 4 bis 6 KStG, wie etwa Vereine oder Stiftungen, und beschränkt steuerpflichtige Körperschaften (§ 2 KStG) angesprochen.[3]   9

Sachlich ist die Vorschrift auf die Ermittlung von Einkünften bei den Einkunftsarten des § 2 Abs. 1 Nr. 4 bis 7 EStG, den Überschusseinkunftsarten, anwendbar, § 2 Abs. 2 Satz 1 Nr. 2 EStG.[4]   10

(Einstweilen frei)   11–14

IV. Vereinbarkeit mit höherrangigem Recht

Die Norm ist mehrfach Gegenstand von Entscheidungen des BVerfG gewesen.[5] Insbesondere die Verfassungsmäßigkeit der Pendlerpauschale wurde dabei vom BVerfG abgelehnt, nachdem der Gesetzgeber mit dem Steueränderungsgesetz 2007[6] diese nur noch ab dem 21. Entfernungskilometer zum Abzug zulassen wollte.[7] Zur derzeitigen verfassungsrechtlichen Beurteilung der Entfernungspauschale siehe auch BFH v. 15.11.2016.[8] Die Regelung zur Absetzbarkeit von Kosten für ein häusliches Arbeitszimmer wurde ebenfalls aufgrund eines Verstoßes gegen Art. 3 Abs. 1 GG beanstandet.[9]   15

Der Abzug von Berufsausbildungskosten nach § 9 Abs. 6 EStG ist derzeit Gegenstand mehrerer Vorlagen des BFH an das BVerfG (s. dazu → Rz. 360).   16

(Einstweilen frei)   17–19

V. Verhältnis zu anderen Vorschriften

Der Abzug von dem Grunde nach gegebenen Werbungskosten (§ 9 Abs. 1 Satz 1 EStG) unterliegt Einschränkungen. Abgesehen von den in § 9 Abs. 5 Satz 1 EStG angeordneten Beschränkungen (s. dazu → Rz. 336 ff.) existieren folgende Beschränkungen nach Regelungen außerhalb des § 9 EStG:[10]   20

---

1 BFH v. 17.4.1996 - I R 78/95, BStBl 1996 II 571; siehe hierzu KKB/Kanzler, § 2 EStG Rz. 382 f.
2 Siehe auch R 8.1 Abs. 1 Nr. 1 KStR 2015; *Suchanek/Rüsch*, DStZ 2015, 628.
3 *Von Bornhaupt* in Kirchhof/Söhn/Mellinghoff, § 9 EStG B 750.
4 Zu Besonderheiten bei Werbungskosten bei § 23 EStG und zur Unterscheidung zu laufenden Werbungskosten siehe auch *Haase*, FR 2016, 159.
5 Siehe zur verfassungsrechtlichen Bedeutung auch *Breinersdorfer*, DStR 2010, 2492; *Cropp*, FR 2016, 58.
6 Gesetz v. 19.7.2006 (BGBl 2006 I 1652); *Melchior*, DStR 2006, 1301.
7 BVerfG v. 9.12.2008 - 2 BvL 1, 2/07, 1, 2/08, BFH/NV 2009, 338 = NWB DokID: SAAAD-00290.
8 BFH v. 15.11.2016 - VI R 48/15, BFH/NV 2017, 284 = NWB DokID: OAAAF-89548.
9 BVerfG v. 6.7.2010 - 2 BvL 13/09, BStBl 2011 II 318.
10 Siehe dazu auch die Auflistungen bei *Köhler* in Bordewin/Brandt, § 9 EStG Rz. 40; *von Bornhaupt* in Kirchhof/Söhn/Mellinghoff, § 9 EStG A 72 ff.

- **§ 3 Nr. 26 Satz 2 EStG,** wonach Werbungskosten im Zusammenhang mit der Übungsleiterpauschale nur begrenzt abgezogen werden dürfen.[1] Ähnliches gilt für § 3 Nr. 26a EStG. Zur Anwendung des Abzugsverbots bei Einnahmen und Werbungskosten unterhalb des steuerfreien Betrags von derzeit 2 400 € siehe FG Thüringen v. 30. 9. 2015.[2]
- **§ 3c Abs. 1 EStG,** bei unmittelbarem wirtschaftlichem Zusammenhang mit steuerfreien Einnahmen dürfen Werbungskosten nicht abgezogen werden.[3] Siehe zu den steuerfreien Erstattungen nach § 3 Nr. 13 EStG BFH vom 19.10.2016,[4] zu Gemeinkosten im Zusammenhang mit steuerfreien ausländischen Einkünften FG Köln v. 11. 12. 2014.[5] Allerdings können vorweggenommene Werbungskosten[6] zur Erzielung zukünftiger steuerfreier Einkünfte bei der Ermittlung des Steuersatzes unter dem Progressionsvorbehalt des § 32b EStG zu beachten sein.[7] Allein die bloße Möglichkeit, dass die Berufstätigkeit später auch im Ausland ausgeübt werden könnte, begründet noch keinen unmittelbaren wirtschaftlichen Zusammenhang i. S. d. § 3c Abs. 1 EStG zwischen vorweggenommenen Werbungskosten und späteren steuerfreien Auslandseinkünften.[8] Zur Rückzahlung steuerfreien Arbeitslohns nach einem Auslandseinsatz s. FG Köln v. 28. 1. 2015.[9]
- **§ 3c Abs. 2 EStG,** bei wirtschaftlichem Zusammenhang mit nach § 3 Nr. 40 EStG (Teileinkünfteverfahren) oder § 3 Nr. 40a EStG teilweise steuerfreien Einnahmen nach § 8 EStG dürfen Werbungskosten nur zu 60 % abgezogen werden. Siehe auch den Verweis in § 10 Abs. 2 Satz 4 AStG bei Werbungskosten im Zusammenhang mit Zwischengesellschaften im Rahmen der Hinzurechnungsbesteuerung (§§ 7 bis 14 AStG).[10]
- **§ 4h EStG, § 8a Abs. 1 Satz 4 KStG** (Zinsschranke), falls Körperschaften Einkünfte nach § 2 Abs. 2 Satz 1 Nr. 2 EStG erzielen.[11]
- **§ 12 Nr. 1 EStG,** wonach u. a. bei den einzelnen Einkunftsarten die in § 12 Nr. 1 EStG genannten für den Haushalt des Stpfl. und für den Unterhalt seiner Familienangehörigen aufgewendeten Beträge nicht abgezogen werden dürfen. Dazu gehören nach Satz 2 der Regelung auch die Aufwendungen für die Lebensführung, die die wirtschaftliche oder gesellschaftliche Stellung des Stpfl. mit sich bringt, auch wenn sie zur Förderung des Berufs oder der Tätigkeit des Stpfl. erfolgen. Diese Grundsätze werden nur durch den Einleitungssatz durchbrochen, wonach der Abzug von Sonderausgaben und außergewöhnlichen Belastungen unberührt bleibt.[12] Der Große Senat hat seine bisherige Rechtsprechung zum Aufteilungsverbot[13] bei § 12 Nr. 1 EStG im Jahr 2009 aufgegeben.[14] Demnach können gemischt veranlasste Aufwendungen nun entsprechend ihren privaten und be-

---

1 R 3.26 Abs. 9 LStR.
2 FG Thüringen v. 30. 9. 2015 - 3 K 480/14, NWB DokID: DAAAF-49574, Rev., Az. des BFH: III R 23/15.
3 BMF v. 12. 11. 2014, BStBl 2014 I 1467, Rz. 47; s. etwa zu Gemeinkosten FG Köln v. 11. 12. 2014 - 10 K 2892/14, EFG 2015, 573, rkr.; *Müller*, NWB 2015, 472; *Güsmer/Wick*, DB 2016, 1465.
4 BFH v. 19. 10. 2016 - VI R 23/15, BStBl 2017 II 345.
5 FG Köln v. 11. 12. 2014 - 10 K 2892/14, EFG 2015, 573, rkr.; *Müller*, NWB 2015, 472.
6 Siehe dazu unten → Rz. 36.
7 BFH v. 20. 9. 2006 - I R 59/05, BStBl 2007 II 756; *Heinicke* in Schmidt, § 3c EStG Rz. 15, „steuerfreie Auslandseinkünfte".
8 BFH v. 28. 7. 2011 - VI R 5/10, BStBl 2012 II 553; ausführlich HHR/*Kreft*, § 9 EStG Rz. 17, m. w. N.
9 FG Köln v. 28. 1. 2015 - 12 K 178/12, NWB DokID: SAAAE-96254; Verfahren erledigt durch BFH v. 10.8.2016 - VI B 28/15, NWB DokID: UAAAF-06857.
10 *Kraft/Moser*, ISR 2012, 77.
11 *Mattern* in Schnitger/Fehrenbacher, § 8a KStG Rz. 57; BMF v. 4. 7. 2008, BStBl 2008 I 718, Rz. 7.
12 Siehe hierzu im Einzelnen KKB/*Löbe*, § 12 EStG Rz. 9.
13 BFH v. 19. 10. 1970 - GrS 2/70, BStBl 1971 II 17.
14 BFH v. 21. 9. 2009 - GrS 1/06, BStBl 2010 II 672.

ruflichen Anteilen getrennt werden.[1] So hat der BFH die Aufteilung der Kosten für eine Feier zur Bestellung zum Steuerberater, die mit einer Geburtstagsfeier verbunden wurde, für teilweise abziehbar gehalten: Die Teilnehmer ließen sich klar und eindeutig dem privaten oder beruflichen Umfeld zuordnen.[2] Die Kosten für eine Feier zum 40-jährigen Dienstjubiläums eines Finanzbeamten wurden vollständig zum Abzug zugelassen.[3]

PRAXISHINWEIS:

Für eine berufliche Veranlassung spricht regelmäßig,[4] dass die Feier in betrieblichen Räumen des Arbeitgebers stattfindet,[5] dass der Anlass der Feier ein beruflicher ist,[6] dass ein Einfluss der Feier auf die zukünftigen steuerpflichtigen Einnahmen des Steuerpflichtigen vorliegt,[7] dass der Teilnehmerkreis nach objektiven Kriterien, nicht nach persönlicher Neigung, ausgewählt wird (etwa die gesamte Abteilung, in der der Steuerpflichtige arbeitet),[8] dass sich die finanziellen Aufwendungen im Rahmen vergleichbarer betrieblicher Veranstaltungen bewegen.[9]

▶ Nur wenn eine derartige Trennung beruflicher und privater Anteile nicht nach objektiven Kriterien möglich ist, bleibt es bei dem Abzugsverbot für die gesamten Aufwendungen.[10] Steht die allein berufliche Veranlassung demgegenüber fest, werden die Ausgaben teilweise durch das Gesetz zutreffend für abziehbar erklärt, wie etwa bei typischer Berufskleidung, § 9 Abs. 1 Satz 3 Nr. 6 Satz 1 EStG.[11] Das allgemeine private Bedürfnis nach Bekleidung tritt dann hinter der beruflichen Veranlassung zurück.[12] Aufteilungsmaßstab kann bei gemischten Aufwendungen, z. B. bei Reisekosten, etwa der zeitliche Anteil privater und beruflicher Betätigung sein.[13] Teilweise können bei Reisekosten auch andere Maßstäbe sinnvoll sein,[14] etwa wenn einzelne Bestandteile, wie z. B. eine Gebühr für einen beruflich veranlassten Kongressbesuch, eindeutig der beruflichen Sphäre zuzuordnen sind.[15]

▶ § 12 Nr. 3 EStG, wonach Steuern vom Einkommen und sonstige Personensteuern sowie in bestimmten Fällen Umsatzsteuer und die jeweils zugehörigen Nebenleistungen (§ 3 Abs. 4 AO) nicht abziehbar sind. Zu den nicht abziehbaren Nebenleistungen gehört auch die Vollverzinsung nach § 233a AO, unabhängig davon, ob der Stpfl. den nachzuzahlenden Betrag vor der Nachzahlung zur Erzielung von Überschusseinkünften eingesetzt

---

1 *Fischer*, NWB 2010, 412.
2 BFH v. 8.7.2015 - VI R 46/14, BStBl 2015 II 1013; *Schneider*, NWB 2015, 3296; zur vollständigen Abzugsfähigkeit der Kosten einer Geburtstagsfeier FG Rheinland-Pfalz v. 12.11.2015 - 6 K 1868/13, NWB DokID: JAAAF-28826; bestätigt durch BFH v. 10.11.2016 - VI R 7/16, BStBl 2017 II 409 = NWB DokID: SAAAF-89564.
3 BFH v. 20.1.2016 - VI R 24/15, BStBl 2016 II 744; *Weiss*, EStB 2016, 286.
4 Zusammenfassend zuletzt BFH v. 20.1.2016 - VI R 24/15, BStBl 2016 II 744; *Krüger*, DStR 2015, 2820; *Geserich*, NWB 2016, 2500.
5 FG Sachsen v. 15.4.2015 - 2 K 542/11, NWB DokID: RAAAF-08507, zurückgewiesen durch BFH v. 18.8.2016 - VI R 52/15, NWB DokID: QAAAF-87988.
6 BFH v. 26.1.2010 - VI B 95/09, BFH/NV 2010, 875 = NWB DokID: NAAAD-39592.
7 FG Thüringen v. 9.10.2013 - 3 K 306/12, NWB DokID: FAAAE-79834, rkr., zu Stornierungskosten einer Skifreizeit mit Mitarbeitern.
8 FG Münster v. 29.5.2015 - 4 K 3236/12 E, NWB DokID: HAAAE-96489; *Müller*, NWB 2015, 2336.
9 BFH v. 10.11.2016 - VI R 7/16, BStBl 2017 II 409 = NWB DokID: SAAAF-89564.
10 FG Rheinland-Pfalz v. 3.6.2013 - 5 K 1261/12, NWB DokID: TAAAE-39415; FG Baden-Württemberg v. 19.2.2016 - 13 K 2981/13, NWB DokID: GAAAF-69846.
11 R 9.1 Abs. 2 LStR; FG München v. 10.7.2014 - 15 K 1016/12, NWB DokID: IAAAE-73148, rkr.
12 *Von Beckerath* in Kirchhof, § 9 EStG Rz. 133.
13 BFH v. 21.4.2010 - VI R 5/07, BStBl 2010 II 687.
14 BFH v. 24.2.2011 - VI R 12/10, BStBl 2011 II 796.
15 BMF v. 6.7.2010, BStBl 2010 I 614, Rz. 11; *Seiler* in Kirchhof, § 12 EStG Rz. 8.

hat.[1] Die Steuerbarkeit von Erstattungszinsen nach § 233a AO gem. § 20 Abs. 1 Nr. 7 Satz 3 EStG bleibt zu beachten; der BFH hat die Regelungen für verfassungsgemäß erachtet.[2]

▶ **§ 20 Abs. 9 EStG,** wonach bei Einkünften aus Kapitalvermögen ein „Sparer-Pauschbetrag" von 801 € für einzeln veranlagte Stpfl. abzuziehen ist.[3] Nach § 2 Abs. 2 Satz 2 EStG tritt § 20 Abs. 9 EStG an die Stelle der §§ 9, 9a EStG.[4] Die Regelung beurteilt der BFH als verfassungsgemäß.[5] Dies gilt jedoch nur vorbehaltlich der Regelung des § 32d Abs. 2 EStG.[6] Ein Abzug des Sparer-Pauschbetrags ist in den Fällen des § 32d Abs. 2 EStG auch bei tatsächlichen Werbungskosten, die geringer als der Pauschbetrag sind, nicht möglich.[7] Auch negative Einlagezinsen fallen nach Auffassung der Finanzverwaltung unter den Pauschbetrag.[8]

▶ **§ 21 Abs. 2 EStG,** falls das Entgelt für die Überlassung einer Wohnung zu Wohnzwecken weniger als 66 % der ortsüblichen Marktmiete beträgt. Rechtsfolge der Unterschreitung dieser Schwelle ist, dass Werbungskosten nur im Verhältnis von Entgelt und ortsüblicher Miete abziehbar sind.[9]

▶ **§ 22 Nr. 3 Satz 3 EStG,** wonach bei Einkünften aus Leistungen wie gelegentlichen Vermietungen bei einem Überschuss von Werbungskosten kein Verlustausgleich stattfinden darf.[10]

▶ **§ 22 Nr. 4 Satz 2 und 3 EStG** bei durch das Mandat von Abgeordneten veranlassten Werbungskosten.

▶ **§ 50 Abs. 1 Satz 1 EStG:** Bei beschränkt Stpfl. ist der Abzug von Werbungskosten nur möglich, soweit sie in einem wirtschaftlichen Zusammenhang mit inländischen Einkünften stehen.

▶ **§ 50 Abs. 2 Satz 1 EStG:** Bei beschränkt Stpfl. wird grundsätzlich bei Einkünften, die dem Steuerabzug unterliegen, keine Veranlagung durchgeführt. Damit ist ein Abzug von Werbungskosten grundsätzlich nicht möglich. Bei vorweggenommenen oder nachträglichen Werbungskosten des beschränkt Steuerpflichtigen kann die Abgeltungswirkung zu verneinen und ein Abzug möglich sein.[11] Im Falle von Körperschaften erfüllt § 32 Abs. 1 KStG dieselbe Funktion.

---

1 BFH v. 2. 9. 2008 - VIII R 2/07, BStBl 2010 II 25.
2 BFH v. 12. 11. 2013 - VIII R 36/10, BStBl 2014 II 168; BFH v. 12. 11. 2013 - VIII R 1/11, BFH/NV 2014, 830 = NWB DokID: OAAAE-60338; Verfassungsbeschwerde BVerfG, 2 BvR 482/14.
3 Dies gilt auch bei Wahl der Günstigerprüfung nach § 32d Abs. 6 EStG: BFH v. 28. 1. 2015 - VIII R 13/13, BStBl 2015 II 393; *Werth*, DStR 2015, 1343.
4 Zur Bedeutung bei vermögensverwaltenden Personengesellschaften mit Einkünften aus Kapitalvermögen *Weiss*, EStB 2016, 59.
5 BFH v. 9. 6. 2015 - VIII R 12/14, BStBl 2016 II 199, m. w. N.
6 *Weiss*, NWB 2016, 334, 337 ff.
7 BFH v. 30. 11. 2016 - VIII R 11/14, BStBl 2017 II 443 = NWB DokID: IAAAG-42498, Rz. 24 ff.
8 BMF v. 27. 5. 2015, BStBl 2015 I 473.
9 *Kulosa* in Schmidt, § 21 EStG Rz. 123; FG Düsseldorf v. 22. 6. 2015 - 4 K 2268/14 E, NWB DokID: WAAAF-66099; zurückverwiesen an das FG durch BFH v. 10.5.2016 - IX R 44/15, BStBl 2016 II 835 = NWB DokID: LAAAF-81432.
10 Siehe zuletzt BFH v. 16. 6. 2015 - IX R 26/14, DStR 2015, 2321 = NWB DokID: AAAAF-05925, m. Anm. *Weiss*, Steuk 2015, 489.
11 LSF Sachsen v. 1. 10. 2015 - S 2300-30/4-212, IStR 2016, 308.

- **§ 8 Abs. 6 KStG,** wonach ein Abzug von Werbungskosten bei Körperschaften nicht zulässig ist, wenn nur Einkünfte, von denen ein Steuerabzug vorzunehmen ist, das Einkommen bilden. Bei Veranlagung gilt das Verbot allerdings nicht.[1]

- **§ 8b Abs. 5 Satz 1 KStG,** zum Verhältnis der Fiktion nichtabziehbarer Ausgaben zu den Werbungskosten siehe FG Düsseldorf v. 22. 1. 2015.[2]

- **§ 160 Abs. 1 AO,** wonach Werbungskosten regelmäßig nur zu berücksichtigen sind, wenn der Stpfl. auf Verlangen der Finanzbehörden den Empfänger genau benennt.[3] Dabei können bei eindeutig nicht der deutschen Ertragsbesteuerung unterliegenden Empfängern Ausnahmen gemacht werden.[4] Diese Mitwirkungspflicht des Stpfl. kann bei Auslandsbeziehungen nach § 16 Abs. 1 AStG noch gesteigert werden. Für die sinngemäße Anwendung im Finanzgerichtsprozess siehe § 96 Abs. 1 Satz 1 FGO.

- Bei Annahme von bzw. Übergang zur „Liebhaberei"[5] sind Werbungskosten nicht bzw. nicht mehr abziehbar.[6]

- **§ 3 Nr. 16 EStG:** Leistungen für Arbeitnehmer außerhalb des öffentlichen Dienstes, die diese von ihrem Arbeitgeber zur Erstattung von Reisekosten, Umzugskosten oder Mehraufwendungen bei doppelter Haushaltsführung erhalten, sind steuerfrei, soweit sie die nach § 9 EStG als Werbungskosten abziehbaren Aufwendungen nicht übersteigen.[7] Für Arbeitnehmer im öffentlichen Dienst siehe § 3 Nr. 13 EStG.

- **§ 4 Abs. 4 EStG:** Betriebsausgaben sind bei den Gewinneinkunftsarten des § 2 Abs. 1 Nr. 1 bis 3 EStG anzusetzen, während § 9 EStG für den Bereich der Überschusseinkunftsarten des § 2 Abs. 1 Nr. 4 bis 7 EStG einschlägig ist. Die beiden Begriffe schließen sich demgemäß gegenseitig aus. Wenn der Stpfl. sowohl Gewinneinkunftsarten als auch Überschusseinkunftsarten erzielt, kann eine Aufteilung erforderlich werden.[8]

  Allerdings wird der Begriff der Werbungskosten über § 9 Abs. 5 EStG mit dem der Betriebsausgaben verbunden, indem einige Abzugsverbote für entsprechend anwendbar erklärt werden. Rechtsprechung und h. M. gehen zu Recht davon aus, dass beide Begriffe, trotz der unterschiedlichen Formulierungen in § 4 Abs. 4 EStG und § 9 Abs. 1 Satz 1 EStG, gleich auszulegen sind.[9]

- **§ 4 Abs. 4a EStG** zum Schuldzinsenabzug betrifft nur den Abzug von Betriebsausgaben bei den Gewinneinkunftsarten und ist damit für Werbungskosten nicht anwendbar.[10]

- **§ 4 Abs. 5 EStG:** Die Abzugsverbote für Betriebsausgaben gelten gem. § 9 Abs. 5 Satz 1 EStG teilweise entsprechend für Werbungskosten (s. hierzu unten → Rz. 336). Allerdings

---

1 *Kümpel* in Rödder/Herlinghaus/Neumann, § 8 KStG Rz. 1814.
2 FG Düsseldorf v. 22. 1. 2015 - 16 K 2858/13 F, NWB DokID: WAAAF-75761; NZB BFH I B 23/15, unbegründet.
3 *Von Bornhaupt* in Kirchhof/Söhn/Mellinghoff, § 9 EStG A 280.
4 BMF v. 31. 1. 2014, BStBl 2014 I 290; AEAO § 160 Nr. 4.
5 Siehe hierzu KKB/Kanzler, § 2 EStG Rz. 195; BFH v. 16. 9. 2004 - X R 29/02, BStBl 2006 II 234, zur Prognose bei Überprüfung auf Liebhaberei.
6 *Loschelder* in Schmidt, § 9 EStG Rz. 106.
7 *Weber,* Beilage zu NWB 9/2013, 21.
8 *Von Bornhaupt* in Kirchhof/Söhn/Mellinghoff, § 9 EStG A 84.
9 HHR/*Kreft*, § 9 EStG Rz. 23 ff., m. w. N.
10 Siehe zum Verhältnis FG München v. 27. 1. 2015 - 2 K 3487/12, NWB DokID: HAAAE-98702, bestätigt durch BFH v. 12. 7. 2016 - IX R 29/15, BFH/NV 2016, 1698 = NWB DokID: LAAAF-83710; BFH v. 18. 8. 2009 - X R 8/09, BFH/NV 2010, 161 = NWB DokID: WAAAD-33309.

► gibt es keinen Verweis auf § 4 Abs. 7 EStG, so dass gesonderte Aufzeichnungen insoweit nicht erforderlich sind.[1]

► **§ 4 Abs. 5b EStG:** Das Abzugsverbot für die Gewerbesteuer betrifft naturgemäß nur Betriebsausgaben, da die sachliche Gewerbesteuerpflicht einen Gewerbebetrieb i. S. d. EStG voraussetzt (§ 2 Abs. 1 GewStG).

► **§ 4 Abs. 6 EStG:** Die Regelung ist nach § 9 Abs. 5 Satz 1 EStG auf Werbungskosten entsprechend anwendbar.

► **§ 4j EStG:** Die Regelung zur Lizenzschranke[2] ist nach § 9 Abs. 5 Satz 2 EStG entsprechend anwendbar.

► **§ 6 EStG:** Die Regelung des § 6 Abs. 1 Nr. 1a EStG ist nach § 9 Abs. 5 Satz 2 EStG entsprechend anwendbar.[3] § 6 EStG regelt die Bewertung von Wirtschaftsgütern des steuerlichen Betriebsvermögens. Dementsprechend muss die Anwendung der Regelung bei den Überschusseinkunftsarten speziell angeordnet werden. Die übrigen Regelungen des § 6 EStG sind im Umkehrschluss nicht anwendbar. Teilweise enthalten andere Normen Regelungen, die für Wirtschaftsgüter des Betriebsvermögens in § 6 EStG enthalten sind (etwa die Ermittlung von AfA-Bemessungsgrundlagen bei unentgeltlichem Erwerb von Wirtschaftsgütern, § 11d EStDV, die für BV durch § 6 Abs. 3 bis 5 EStG geregelt ist).

► **§ 7 Abs. 1 Satz 5 EStG:** Bei Einlage eines Wirtschaftsguts ins Betriebsvermögen nach Erzielung von Einkünften der § 2 Abs. 1 Nr. 4 bis 7 EStG, sind die als Werbungskosten geltend gemachten AfA usw. von der AfA-Bemessungsgrundlage abzuziehen. Siehe KKB/Marx, § 7 EStG Rz. 272.

► **§ 8 EStG:** Dieser regelt die Einnahmen bei den Überschusseinkunftsarten des § 2 Abs. 1 Nr. 4 bis 7 EStG. Die Aussage, dass Werbungskosten auch in Gütern, die in Geldeswert bestehen, liegen können, wird aus einem Umkehrschluss aus § 8 Abs. 1 Satz 1 EStG gewonnen.[4]

► **§ 9a EStG:** Die Werbungskosten-Pauschbeträge des § 9a EStG kommen zur Anwendung, wenn keine höheren Werbungskosten nachgewiesen werden. Damit werden unwiderlegbar Werbungskosten in Höhe der Pauschbeträge vermutet.[5] Bei dem in den VZ 1996 bis 1998 geltenden Pauschbetrag für die Werbungskosten bei Vermietung und Verpachtung war ein Abzug von Werbungskosten hingegen auch neben dem Pauschbetrag möglich.[6]

► **§ 9b Abs. 1 EStG:** Zum Zusammenhang mit der Zuordnungsentscheidung bei der USt siehe FG Köln v. 9. 12. 2015.[7] Zur Frage der rechtsmissbräuchlichen Inanspruchnahme des Vorsteuerabzugs im Zusammenhang mit § 9b Abs. 1 EStG siehe BFH v. 12. 4. 2016.[8]

► **§ 9b Abs. 2 EStG:** Bei einer Vorsteuerkorrektur nach § 15a UStG sind Minderbeträge als Werbungskosten zu behandeln, wenn sie „*der Erwerbung, Sicherung und Erhaltung von Einnahmen dienen*" (§ 9b Abs. 2 Satz 1 EStG). Durch den letzteren Zusatz, der durch die

---

1 *Weiss*, NWB 2015, 2744.
2 Siehe hierzu *Hörster*, NWB 2017, 1875 und Rz. 266 ff.
3 *Schumann*, EStB 2015, 374.
4 *Köhler* in Bordewin/Brandt, § 9 EStG Rz. 150.
5 HHR/*Kreft*, § 9 EStG Rz. 26.
6 BFH v. 19. 11. 2003 - IX R 32/00, BFH/NV 2004, 766 = NWB DokID: CAAAB-17862.
7 FG Köln v. 9. 12. 2015 - 3 K 2557/11, NWB DokID: NAAAF-70868, rkr.
8 BFH v. 12. 4. 2016 - VIII R 60/14, BFH/NV 2016, 1455 = NWB DokID: GAAAF-79660.

Änderungen im Rahmen des AIFM-Umsetzungsgesetzes[1] v. 18. 12. 2013[2] eingeführt wurde, ist die Regelung weitgehend redundant, da § 9 Abs. 1 Satz 1 EStG für einen Werbungskostenabzug erfüllt sein muss.

▶ **§ 10 EStG:** Sonderausgaben nach § 10 EStG sind ausdrücklich nur anzunehmen, wenn sie keine Werbungskosten sind und auch nicht wie Werbungskosten behandelt werden, § 10 Abs. 1 EStG. Werbungskosten sind bei Ermittlung des zu versteuernden Einkommens bei den Einkünften abzuziehen, § 2 Abs. 2 Satz 1 EStG. Sonderausgaben sind dagegen vom Gesamtbetrag der Einkünfte abzuziehen, § 2 Abs. 4 EStG. Aus dieser Reihenfolge wird auf die Nachrangigkeit der Sonderausgaben geschlossen.[3] Scheidet ein Abzug als Werbungskosten aufgrund schädlicher privater Mitveranlassung aus (§ 12 Nr. 1 EStG), so ist ein Abzug als Sonderausgaben weiterhin möglich.[4]

Einige Ausgaben, wie etwa Altersvorsorgebeiträge, sind vom Gesetzgeber den Sonderausgaben zugewiesen worden. Dem ist zu folgen, auch wenn daneben dem Grunde nach Werbungskosten (bei den sonstigen Einkünften nach § 22 EStG) vorliegen.[5] Ähnliches gilt für Beiträge zu einer Risikolebensversicherung, die zum Zweck einer Umfinanzierung bei den Einkünften aus Vermietung und Verpachtung anfallen.[6]

▶ **§ 10 Abs. 1 Nr. 7 EStG:** Im Verhältnis zu Werbungskosten nach § 9 Abs. 6 EStG ist der Sonderausgabenabzug subsidiär, wie aus dem Eingangssatz zu § 10 Abs. 1 EStG zu ersehen ist.[7] Sind die Voraussetzungen des § 9 Abs. 6 EStG nicht gegeben, kann der Sonderausgabenabzug geltend gemacht werden.[8]

▶ **§ 11 Abs. 2 EStG:** Der Abzug von Ausgaben hat bei Ermittlung der Überschusseinkünfte nach dem Abflussprinzip zu erfolgen. Danach sind Ausgaben für das Kalenderjahr abzusetzen, in dem sie geleistet worden sind, § 11 Abs. 2 Satz 1 EStG.[9] Allerdings sind für Wirtschaftsgüter mit AK/HK von mehr als 800 €[10] die Vorschriften über die AfA zu beachten, § 9 Abs. 1 Satz 3 Nr. 7 EStG. Diese Vorschrift geht dem Abflussprinzip vor.[11] Ausnahmen ergeben sich zudem im Rahmen der „Zehn-Tages-Regel", Satz 2. Ausgaben für eine Nutzungsüberlassung für mehr als fünf Jahre sind nach Satz 3 zwingend gleichmäßig zu verteilen. Bei einem Disagio wird hiervon eine Ausnahme gemacht, soweit dieses marktüblich ist.[12] Zu Besonderheiten bei § 22 Nr. 3 EStG s. H 22.8 „Zeitpunkt des Werbungskostenabzugs" EStH.[13]

▶ **§ 20 Abs. 4 Satz 1 EStG:** Aufwendungen, die im unmittelbaren sachlichen Zusammenhang mit einem Veräußerungsgeschäft nach § 20 Abs. 2 EStG stehen, sind bei der Ermittlung des zu besteuernden „Gewinns" abzuziehen. Insoweit werden entgegen § 20 Abs. 9

---

1 *Meyer*, FR 2014, 876.
2 BGBl 2013 I 4318.
3 Zur Bedeutung dieser Reihenfolge BFH v. 18. 4. 1996 - VI R 54/95, BFH/NV 1996, 740 = NWB DokID: OAAAB-38513.
4 BMF v. 6. 7. 2010, BStBl 2010 I 614, unter 2.
5 BFH v. 16. 9. 2015 - I R 61/13, BFH/NV 2016, 401 = NWB DokID: NAAAF-41497, m.w. N; *Weiss*, ISR 2016, 131.
6 BFH v. 13. 10. 2015 - IX R 35/14, BStBl 2016 II 210, m. Anm. *Kanzler*, FR 2016, 375.
7 *Fischer* in Kirchhof, § 10 EStG Rz. 40.
8 HHR/*Bergkemper*, § 9 EStG Rz. 613.
9 Grundlegend *Weiss*, EStB 2016, 257.
10 Zur Anhebung der Grenze auf 800 € *Wengerofsky*, StuB 2017, 369.
11 BFH v. 4. 6. 1991 - IX R 12/89, BStBl 1991 II 759.
12 Zur Marktüblichkeit BFH v. 8. 3. 2016 - IX R 38/14, NWB DokID: PAAAF-75532; *Paus*, KSR 7/2016, 3; *Weiss*, EStB 2016, 244.
13 *Weiss*, EStB 2015, 400.

EStG Aufwendungen auch bei den Einkünften aus Kapitalvermögen abgezogen, die über den Sparer-Pauschbetrag hinausgehen.[1] Zur wichtigen Unterscheidung der beiden Kategorien siehe BMF v. 18. 1. 2016, Rz. 93 ff.[2]

▶ **§ 23 EStG:** Zur Aufteilung bei § 23 EStG siehe BFH v. 6. 5. 2014.[3]

▶ **§ 26b EStG:** Im Falle der Zusammenveranlagung von Ehegatten oder Lebenspartnern (§ 2 Abs. 8 EStG) bleibt Steuersubjekt der einzelne Stpfl. Es sind grundsätzlich nur solche Aufwendungen als Werbungskosten zu berücksichtigen, die seine persönliche Leistungsfähigkeit mindern.[4]

▶ **§ 32b EStG:** Für Zwecke des Progressionsvorbehalts sind Werbungskosten ebenfalls zu berücksichtigen, da der Einkünftebegriff des § 2 Abs. 2 EStG auch für diese Zwecke gilt.[5] Dabei gelten Einschränkungen nach § 32b Abs. 2 EStG.[6] Bei Rückkehr aus dem Ausland und Erstattung der Kosten des Auslandsaufenthalts ist zwischen Werbungskosten bei der inländischen Besteuerung und solchen im Rahmen des Progressionsvorbehalts zu unterscheiden. Dabei kommt es auf den engeren wirtschaftlichen Zusammenhang an.[7] Bei den Überschusseinkunftsarten ist der Progressionsvorbehalt im Wesentlichen bei den Einkünften aus nichtselbständiger Arbeit, § 19 EStG, und aus Vermietung und Verpachtung, § 21 EStG, einschlägig. Einkünfte aus Kapitalvermögen werden dagegen auch als ausländische Einkünfte grundsätzlich abgeltend besteuert (§ 32d Abs. 3 Satz 2 EStG).

▶ **§ 32d Abs. 2 Nr. 1 Buchst. a EStG:** Bei nahestehenden Personen[8] als Gläubiger und Schuldner eines Darlehens ist der Werbungskostenabzug beim Schuldner Anlass, die Anwendung des Abgeltungsteuersatzes nach § 32d Abs. 1 Satz 1 EStG (möglicherweise anteilig, „soweit") zu verneinen.

▶ **§§ 33, 33a, 33b EStG:** Außergewöhnliche Belastungen sind nach § 33 Abs. 2 Satz 2 EStG nicht anzunehmen, wenn sie Werbungskosten darstellen.[9] Dies gilt auch für die speziell in §§ 33a, 33b EStG geregelten außergewöhnlichen Belastungen.[10] Scheidet ein Abzug als Werbungskosten aufgrund schädlicher privater Mitveranlassung aus (§ 12 Nr. 1 EStG), so ist ein Abzug als außergewöhnliche Belastung weiterhin möglich.[11]

▶ **§ 34 EStG:** Zum Ansatz von Werbungskosten bei der Ermittlung der Einkünfte siehe R 34.4 Abs. 3 EStR.

▶ **§ 34c Abs. 2 und Abs. 3 EStG:** Ausländische Ertragsteuern sind grundsätzlich ebenso wie inländische Ertragsteuern nicht als Werbungskosten abziehbar, § 12 Nr. 3 EStG. Allerdings wird bei ausländischen Steuern auf Antrag statt der Anrechnung nach § 34c Abs. 1 EStG der Abzug nach Abs. 2 gewährt. In den Fällen des Abs. 3 wird der Abzug von Amts

---

1 Siehe *von Beckerath* in Kirchhof, § 20 EStG Rz. 186, für weitere Beispiele; FG Düsseldorf v. 27. 6. 2014 - 1 K 3740/13 E, NWB DokID: XAAAE-72748, Rev. unbegründet: BFH v. 12. 1. 2016 - IX R 49/14, BStBl 2016 II 459.
2 BMF v. 18. 1. 2016, BStBl 2016 I 85; *Korn*, KÖSDI 2010, 16853, Rz. 11 ff.
3 BFH v. 6. 5. 2014 - IX R 27/13, BFH/NV 2016, 270 = NWB DokID: LAAAE-72204.
4 BFH v. 3. 12. 2002 - IX R 14/00, BFH/NV 2003, 468 = NWB DokID: IAAAA-71540.
5 BFH v. 1. 2. 2012 - I R 34/11, BStBl 2012 II 405.
6 BFH v. 16. 9. 2015 - I R 61/13, BFH/NV 2016, 401 = NWB DokID: NAAAF-41497; *Weiss*, ISR 2016, 131, 133.
7 FG Köln v. 28. 1. 2015 - 12 K 178/12, NWB DokID: SAAAE-96254; Verfahren erledigt durch BFH v. 10. 8. 2016 - VI B 28/15, NWB DokID: UAAAF-06857.
8 Siehe zum spezifischen Begriff des „Nahestehens" für Zwecke der Vorschrift *Weiss*, NWB 2016, 334, 337; *Werth*, DStR 2015, 1343, 1344.
9 *Loschelder* in Schmidt, § 9 EStG Rz. 5; BFH v. 9. 11. 2015 - VI R 36/13, BFH/NV 2016, 194 = NWB DokID: AAAAF-18892.
10 HHR/*Kreft*, § 9 EStG Rz. 35.
11 BMF v. 6. 7. 2010, BStBl 2010 I 614, unter 2.

wegen vorgenommen.[1] Die Steuer wird in beiden Varianten „wie Werbungskosten" abgezogen.[2] Für Körperschaften, die Überschusseinkünfte erzielen,[3] gelten diese Regelungen über § 26 Abs. 1 Satz 1 Nr. 1 KStG entsprechend. Für beschränkt Stpfl. sind die Regelungen unter den Bedingungen des § 50 Abs. 3 EStG anwendbar.

▶ § 35a EStG: Die Steuerermäßigung für haushaltsnahe Beschäftigungsverhältnisse, haushaltsnahe Dienstleistungen und Handwerkerleistungen ist nach § 35a Abs. 5 Satz 1 EStG nachrangig gegenüber Werbungskosten.

▶ § 50a Abs. 3 EStG: Grundsätzlich wird beim Steuerabzug für beschränkt Stpfl. nach § 50a Abs. 1 EStG der Bruttobetrag zugrunde gelegt. Allerdings kann nach § 50a Abs. 3 Satz 1 EStG ein Abzug von Werbungskosten vorgenommen werden, wenn die Werbungskosten in nachprüfbarer Form nachgewiesen werden. Dies gilt nur für Staatsangehörige von EU-Staaten, die auch in einem dieser Staaten ansässig sind (Satz 2).[4]

▶ Im Rahmen des Gesetzgebungsverfahrens zum „Zollkodex-Anpassungsgesetz" wurde die Einführung eines § 4 Abs. 5a EStG-E diskutiert.[5] Dieser sollte eine Umsetzung der Vorschläge der OECD zu „Hybrid Mismatches" im Rahmen des BEPS-Projektes darstellen.[6] Ihrem Wortlaut nach wäre die Regelung nur auf Betriebsausgaben, nicht aber auf Werbungskosten anwendbar gewesen.[7] Der neue § 4j EStG ("Lizenzschranke") ist nach § 9 Abs. 5 Satz 2 EStG auf Werbungskosten anwendbar (siehe dazu unten → Rz. 352).[8]

▶ §§ 14, 180 AO: Bei originär vermögensverwaltenden Personengesellschaften (§ 14 Satz 3 AO), die nicht unter § 15 Abs. 3 EStG fallen, sind die Einkünfte als Überschuss der Einnahmen über die Werbungskosten zu ermitteln.[9] Diese sind im Rahmen der einheitlichen und gesonderten Feststellung der Einkünfte (§ 180 Abs. 1 Satz 1 Nr. 2 Buchst. a AO) festzustellen und grundsätzlich nach dem zivilrechtlichen Beteiligungsverhältnis den Gesellschaftern zuzurechnen, solange die Miteigentümer keine abweichende, auch steuerrechtlich zu berücksichtigende Vereinbarung getroffen haben.[10] Erst auf Ebene des Gesellschafters sind die Einkünfte möglicherweise in gewerbliche Einkünfte umzuqualifizieren, wenn der Gesellschafter selbst gewerbliche Einkünfte erzielt, etwa aufgrund § 8 Abs. 2 KStG.[11] Zu Begriff und Anerkennung von „Sonderwerbungskosten" (Aufwendungen auf den eigenen Anteil des Gesellschafters einer vermögensverwaltenden Personengesellschaft) siehe BFH (GrS) v. 23. 11. 2004,[12] *Engel*,[13] sowie *Kreft*.[14]

---

1 H 12.4 „Personensteuern" EStH.
2 HHR/*Kuhn*, § 34c EStG Rz. 110, 126.
3 Siehe oben → Rz. 8.
4 *Gradl*, IWB 2014, 489.
5 *Linn*, IStR 2014, 920; *Heinicke* in Schmidt, § 4 EStG Rz. 490a.
6 Siehe hierzu *Schnitger/Weiss*, IStR 2014, 508.
7 BR-Drucks. 432/1/14, 12.
8 Siehe dazu KKB/*Kanzler*, § 4j EStG.
9 HHR/*Kreft*, § 9 EStG Rz. 50, m. w. N.; *Weiss*, EStB 2015, 179.
10 BFH v. 23. 11. 2004 - IX R 12/04, BFH/NV 2005, 851, m. w. N. = NWB DokID: SAAAB-44834; siehe zuletzt zur Einlagenrückgewähr BFH v. 7. 5. 2015 - IX B 146/14, BFH/NV 2015, 1088 = NWB DokID: AAAAE-91967.
11 BFH v. 11. 4. 2005 - GrS 2/02, BStBl 2005 II 679.
12 BFH v. 23. 11. 2004 - IX R 59/01, BStBl 2005 II 454; zuletzt auch BFH v. 10. 5. 2016 - IX R 33/14, BFH/NV 2016, 1446 = NWB DokID: QAAAF-79661.
13 *Engel*, Vermögensverwaltende Personengesellschaften im Ertragsteuerrecht, 2. Aufl., Herne 2015, Rz. 271 ff.
14 HHR/*Kreft*, § 9 EStG Rz. 50; auch FG Düsseldorf v. 15. 8. 2006 - 3 K 2463/04 F, NWB DokID: VAAAC-48365.

- **§ 165 AO:** Bei Unsicherheit über die Einkünfteerzielungsabsicht des Steuerpflichtigen kann die Steuer vorläufig festgesetzt werden, mit der Folge der Ablaufhemmung des § 171 Abs. 8 AO. Bei den Einkünften aus Vermietung und Verpachtung darf aus einem mindestens zehnjährigen Leerstand der Immobilie regelmäßig auf die fehlende Einkünfteerzielungsabsicht geschlossen werden.[1]
- **§ 1 Abs. 2a, § 1 Abs. 3 GrEStG:** Zur Behandlung der Grunderwerbsteuer bei Änderungen im Gesellschafterbestand einer Personengesellschaft bzw. Vereinigung der Anteile an einer Kapitalgesellschaft hat der BFH entschieden, dass diese nicht als Anschaffungskosten der inländischen Grundstücke zu behandeln sind, sondern sofort abzugsfähige Betriebsausgaben bzw. Werbungskosten darstellen.[2] Die Finanzverwaltung hat sich dieser Sichtweise inzwischen angeschlossen.[3]
- **UStG:** Die Umsatzsteuer ist bei den Überschusseinkunftsarten als Einnahme und Werbungskosten zu behandeln.[4] Dies betrifft insbesondere Fälle der Vermietung und Verpachtung nach § 21 EStG, in denen zur Steuerpflicht unter dem UStG optiert worden ist (§ 9 UStG).[5] Nach § 9b Abs. 2 EStG sind bei einer Berichtigung des Vorsteuerabzug nach § 15a UStG Minderbeträge als Werbungskosten zu behandeln, wenn sie der Erwerbung, Sicherung und Erhaltung von Einnahmen dienen.
- **GrStG:** Die Grundsteuer kann nach § 9 Abs. 1 Satz 3 Nr. 2 EStG als Steuer vom Grundbesitz Werbungskosten darstellen, soweit sie sich auf Gebäude oder auf Gegenstände bezieht, die dem Stpfl. zur Einnahmeerzielung dienen.
- **§ 2 AStG:** Auch bei der sog. erweiterten beschränkten Steuerpflicht gilt § 50 Abs. 1 Satz 1 EStG, wonach der Abzug von Werbungskosten nur möglich ist, wenn sie in einem wirtschaftlichen Zusammenhang mit inländischen Einkünften stehen.[6]
- **§ 10 AStG:** Die Einkünfte von Zwischengesellschaften i. S. d. Hinzurechnungsbesteuerung (§§ 7 bis 14 AStG) werden grundsätzlich nach den Grundsätzen des § 4 Abs. 1 EStG oder wahlweise nach § 4 Abs. 3 EStG ermittelt, § 10 Abs. 3 EStG. Betreibt die ausländische Gesellschaft nur Vermögensverwaltung und werden die Anteile an der Gesellschaft im Privatvermögen gehalten, sind die Zwischeneinkünfte jedoch nach § 2 Abs. 2 Nr. 2 EStG zu ermitteln.[7] Damit können auch bei ihrer Ermittlung Werbungskosten angesetzt werden.
- **Doppelbesteuerungsabkommen:** Die DBA regeln die Aufteilung von Besteuerungsrechten zwischen den beiden Vertragsstaaten. Der Abzug von Aufwendungen steht dabei nicht im Mittelpunkt. Quellensteuerrechte, die nach den DBA bestehen bleiben, beziehen sich meist auf Bruttogrößen (Art. 10 Abs. 2 OECD-MA 2010). Durch die von den DBA häufig gebotene Freistellung im Ansässigkeitsstaat Deutschland werden Werbungskosten häufig von § 3c Abs. 1 EStG erfasst sein. Berührungspunkte ergeben sich vorwiegend bei Art. 6 OECD-MA 2010 (Einkünfte aus unbeweglichem Vermögen) und Art. 15 OECD-MA

---

1 BFH v. 16. 6. 2015 - IX R 27/14, BStBl 2016 II 144, m. w. N.
2 *Schießl*, DStR 2015, 1902.
3 OFD Nordrhein-Westfalen v. 21. 4. 2015, NWB DokID: SAAAE-89340; *Böing*, GmbH-StB 2015, 165.
4 H 9b „Gewinnermittlung nach § 4 Abs. 3 EStG und Ermittlung des Überschusses der Einnahmen über die Werbungskosten" EStH. Für die Einnahmenüberschussrechnung nach § 4 Abs. 3 EStG zuletzt BFH v. 12. 11. 2014 - X R 39/13, BFH/NV 2015, 486 = NWB DokID: QAAAE-84154. Für die Überschusseinkünfte BFH v. 4. 6. 1991 - IX R 12/89, BStBl 1991 II 759.
5 Siehe zur Ausübung der Option FG Köln v. 9. 12. 2015 - 3 K 2557/11, NWB DokID: NAAAF-70868, rkr.
6 BMF v. 14. 5. 2004, BStBl 2004 I 3, Rz. 2.5.1.1.
7 BMF v. 14. 5. 2004, BStBl 2004 I 3, Rz. 10.1.1.2.

2010 (unselbständige Arbeit).[1] Wichtig sind auch Fälle, in denen Stpfl. Aufwendungen noch als Werbungskosten geltend machen wollen, obwohl sie zukünftig nach DBA steuerfreie Einnahmen erzielen werden. In diesen Fällen hat der BFH den Abzug versagt; eine Berücksichtigung im Rahmen des Progressionsvorbehalts (§ 32b EStG) bleibt aber möglich.[2] Auch die Aufteilung auf steuerfreie und steuerpflichtige Einkünfte kann in diesem Zusammenhang zweifelhaft sein.[3]

(Einstweilen frei) 22–25

B. Systematische Kommentierung

I. Definition der Werbungskosten

1. Tatbestand des § 9 Abs. 1 Satz 1 EStG

Werbungskosten sind nach der Definition des § 9 Abs. 1 Satz 1 EStG *„Aufwendungen zur Erwerbung, Sicherung und Erhaltung der Einnahmen"*. Damit wird ein finaler Zusammenhang zwischen geleisteten Aufwendungen und den zugehörigen Einnahmen (§ 8 EStG) gefordert. Für einzelne Werbungskosten wird dieser Zusammenhang noch durch den Katalog des § 9 Abs. 1 Satz 3 EStG konkretisiert, etwa durch den „wirtschaftlichen Zusammenhang" i. S. d. Nr. 1 Satz 1. 26

Erforderlich ist nach der Rechtsprechung des BFH, dass objektiv ein Zusammenhang der Aufwendungen mit der auf Einnahmeerzielung gerichteten Tätigkeit besteht und die Aufwendungen subjektiv zur Förderung dieser steuerlich relevanten Tätigkeit getragen werden.[4] 27

Bei welcher der Überschusseinkunftsarten die entsprechenden Aufwendungen abzuziehen sind, regelt § 9 Abs. 1 Satz 2 EStG. 28

„Aufwendungen" i. S. d. § 9 Abs. 1 Satz 1 EStG sind, als Spiegelbild des gesetzlich geregelten Begriffs der „Einnahmen" (§ 8 Abs. 1 EStG), alle Güter, die in Geld oder Geldeswert bestehen und im Rahmen einer der Einkunftsarten des § 2 Abs. 1 Nr. 4 bis 7 EStG aus dem Vermögen des Stpfl. abfließen.[5] Der Begriff ist für alle Überschusseinkunftsarten gleich auszulegen.[6] Bei den Einkünften aus Kapitalvermögen (§ 20 EStG) gilt die Sonderregelung des § 2 Abs. 2 Satz 2 EStG. 29

Aufwendungen müssen grundsätzlich tatsächlich angefallen sein, um als Werbungskosten berücksichtigt werden zu können. Im Rahmen der in § 9 Abs. 1 Satz 3 EStG enthaltenen Pauschalregelungen, wie etwa der „Pendlerpauschale" der Nr. 4 oder der entsprechenden Regelung für „Familienheimfahrten" bei doppelter Haushaltsführung, Nr. 5, ist jedoch anerkannt, dass diese unabhängig von tatsächlich angefallenen Aufwendungen zu gewähren sind.[7] 30

Aufwendungen, die zur Erzielung steuerfreier Einnahmen geleistet werden, sind damit nicht abziehbar, § 3c Abs. 1 EStG. Dies gilt grundsätzlich auch bei Vorbereitungshandlungen zur Er- 31

---

1 Siehe hierzu *Bourseaux/Levedag* in Schönfeld/Ditz, DBA, Art. 15 Rz. 24 ff.; BMF v. 12. 11. 2014, BStBl 2014 I 1467; dazu *Ziesecke/Riehle/Muscheites*, DStR 2015, 969 (Teil I) und 1029 (Teil II).
2 BFH v. 20. 9. 2006 - I R 59/05, BStBl 2007 II 756.
3 BFH v. 11. 2. 2009 - I R 25/08, BStBl 2010 II 536.
4 BFH v. 7. 2. 2008 - VI R 75/06, BStBl 2010 II 48.
5 HHR/*Kreft*, § 9 EStG Rz. 65, m.w.N.
6 *Loschelder* in Schmidt, § 9 EStG Rz. 11.
7 BFH v. 18. 4. 2013 - VI R 29/12, BStBl 2013 II 735.

zielung zukünftiger steuerfreier Einkünfte.[1] Bei einem Zusammenhang sowohl mit steuerpflichtigen als auch mit steuerfreien Einkünften ist eine Aufteilung entsprechend des Verhältnisses der zugehörigen Einnahmen vorzunehmen.[2]

32 Ebenfalls sind Aufwendungen nicht als Werbungskosten abziehbar, wenn der Stpfl. keinen Überschuss der Einnahmen über die Werbungskosten über die Totalperiode anstrebt (Liebhaberei). Diese Frage stellt sich insbesondere im Bereich der Einkünfte aus Vermietung und Verpachtung (§ 21 EStG) bei länger andauerndem Leerstand von Wohnungen. Die konkrete Absicht zur Erzielung zukünftiger Einnahmen aus Vermietung und Verpachtung muss anhand von Beweisanzeichen nachgewiesen werden. Siehe hierzu die Kommentierung zu § 21 EStG.

33 Einnahmen (§ 8 EStG) und Werbungskosten (§ 9 EStG) sind grundsätzlich nach dem Zu- und Abflussprinzip des § 11 EStG zu berücksichtigen.[3] Zahlt ein Arbeitnehmer Arbeitslohn zurück, der dem Lohnsteuerabzug unterlegen hat, so bleibt der früher gezahlte Arbeitslohn zugeflossen i. S. d. § 11 Abs. 1 EStG.[4] Der tatsächliche Vorgang des Zuflusses kann nicht durch später bewirkte tatsächliche Rückzahlungen ungeschehen gemacht werden. Auch ein rückwirkendes Ereignis i. S. d. § 175 Abs. 1 Satz 1 Nr. 2 AO liegt nicht vor.[5] Dies gilt sogar, wenn das zugrunde liegende Dienstverhältnis zivilrechtlich unwirksam war (§ 41 Abs. 1 AO).[6] Spätere Rückzahlungen von Einnahmen können sich als Werbungskosten oder negative Einnahmen darstellen.[7] Die zutreffende h. M. in der Literatur geht von Werbungskosten aus, mit der Folge, dass Pauschbeträge i. S. d. § 9a EStG durch die Rückzahlung verbraucht werden können.[8] Die Finanzverwaltung spricht von „steuermindernder Auswirkung", was bezüglich der Unterscheidung nicht eindeutig ist.[9] Ist die Einkünfteerzielung zwischenzeitlich aufgegeben worden, handelt es sich um nachträgliche Werbungskosten.[10] Ob sich die Rückzahlung noch steuerlich auswirkt, ist unerheblich, da die Folgen der Abschnittsbesteuerung bei der Einkommensteuer (§ 2 Abs. 7 EStG, § 11 EStG) hinzunehmen sind. Daher kommt auch keine Billigkeitsmaßnahme in Betracht.[11]

34 Bei nachträglichem Rückfluss von Werbungskosten handelt es sich entsprechend um Einnahmen (§ 8 EStG) bei der Einkunftsart, bei der die Werbungskosten geltend gemacht wurden.[12] Auch hier bleibt der ursprüngliche Werbungskostenabzug im Veranlagungszeitraum des Abflusses erhalten. Fallen der Veranlagungszeitraum des Zuflusses der Erstattung und Abflusses der Werbungskosten zusammen, so werden sie saldiert.

35 Zeitlich können Werbungskosten vor, während oder nach der Erzielung von Einnahmen i. S. d. § 8 EStG anfallen.

---

1 BFH v. 20. 9. 2006 - I R 59/05, BStBl 2007 II 756.
2 BFH v. 26. 3. 2002 - VI R 26/00, BStBl 2002 II 823.
3 Ausführlich *Weiss*, EStB 2016, 257.
4 BFH v. 17. 9. 2009 - VI R 17/08, BStBl 2010 II 299, m. w. N.
5 BFH v. 4. 5. 2006 - VI R 33/03, BStBl 2006 II 911.
6 FG Köln v. 13. 2. 2014 - 6 K 2745/10, EFG 2014, 843, rkr.
7 Offengelassen mangels Entscheidungserheblichkeit in BFH v. 4. 5. 2006 - VI R 33/03, BStBl 2006 II 911 und BFH v. 17. 9. 2009 - VI R 24/08, BStBl 2010 II 198; zuletzt auch BFH v. 14. 4. 2016 - VI R 13/14, BStBl 2016 II 778.
8 HHR/*Kreft*, § 9 EStG Rz. 80, m. w. N.; *Loschelder* in Schmidt, § 9 EStG Rz. 108; a. A. *Fuhrmann* in Korn, § 9a EStG Rz. 12.
9 H 11 „Rückzahlung von Arbeitslohn" LStH.
10 *Loschelder* in Schmidt, § 9 EStG Rz. 111.
11 BFH v. 7. 11. 2006 - VI R 2/05, BStBl 2007 II 315.
12 FG Nürnberg v. 12. 12. 2007 - V 225/2005, NWB DokID: AAAAC-75721.

Vorweggenommene Werbungskosten sind anzuerkennen, wenn ein hinreichender Bezug zur 36 späteren Erzielung von steuerpflichtigen Einnahmen (§ 8 EStG) erkennbar ist.[1] Die Annahme von Werbungskosten bei nichtselbständiger Arbeit setzt nicht voraus, dass im selben Kalenderjahr, in dem die Aufwendungen geleistet werden, Arbeitslohn zufließt.[2] Da Werbungskosten aufgrund des Abflussprinzips (§ 11 Abs. 2 EStG) grundsätzlich im Veranlagungszeitraum ihres Abflusses berücksichtigt werden, die zugehörigen Einnahmen (§ 8 EStG) aber möglicherweise erst später zufließen (§ 11 Abs. 1 EStG), muss ein Zusammenhang i. S. d. § 9 Abs. 1 Satz 1 EStG auch über Veranlagungszeiträume hinweg hergestellt werden können.[3]

Dies ist nach neuerer Rechtsprechung der Fall, wenn der Stpfl. sich endgültig entschlossen hat, 37 einen Überschuss steuerbarer Einnahmen einer Überschusseinkunftsart über die Werbungskosten zu erzielen, und diese Entscheidung später nicht aufgegeben hat.[4]

Dabei handelt es sich bei dem Entschluss zur Einkünfteerzielung um eine innere Tatsache, die 38 anhand äußerlicher Merkmale zu beurteilen ist. Der endgültige Entschluss des Stpfl. zur Vermietung muss sich anhand objektiver Umstände belegen lassen.[5] Zu den Anforderungen an die Tatsachenwürdigung durch das Finanzgericht siehe BFH v. 1. 12. 2015.[6]

Spezielle Fragestellungen ergeben sich beim Übergang zur Abgeltungsteuer bezüglich vorweg- 39 genommener Werbungskosten.[7] Diese resultieren daraus, dass mit § 2 Abs. 2 Satz 2 EStG, § 20 Abs. 9 Satz 1 EStG ein Abzugsverbot für tatsächliche Werbungskosten eingeführt worden ist. Stattdessen ist „als Werbungskosten" ein Betrag von 801 € für einzeln veranlagte Stpfl. abzuziehen. Diese Regelung ist nach § 52a Abs. 10 Satz 10 EStG 2009 erstmals auf nach dem 31. 12. 2008 zufließende Kapitalerträge anwendbar. Das Abzugsverbot hält der BFH für verfassungsgemäß.[8]

Als vorweggenommene Werbungskosten anerkannt wurde die vorab gezahlte Verwaltungs- 40 gebühr beim sog. „Grand-Slam-Programm". Diese war noch kurz vor Einführung des Abzugsverbots nach § 20 Abs. 9 EStG gezahlt worden.[9] Allein aus der Tatsache, dass Werbungskosten noch kurz vor Einführung der Abgeltungsteuer gezahlt wurden, wurde nicht auf eine missbräuchliche Gestaltung i. S. d. § 42 AO geschlossen.[10]

Aufwendungen werden auch dann zur „Erwerbung, Sicherung und Erhaltung der Einnahmen" 41 i. S. d. Satz 1 aufgewendet, wenn es, entgegen der ursprünglich vorhandenen Absicht, nicht zur Erzielung von Einnahmen kommt („Vergebliche Werbungskosten").[11] Vergebliche Aufwendungen sind bspw. anzunehmen, wenn die vom Arbeitgeber zunächst angeordnete Versetzung nicht durchgeführt wird. Die vom Arbeitnehmer aufgewendeten Umzugskosten sind dann als

---

1 BFH v. 17. 7. 2014 - VI R 2/12, BFH/NV 2014, 1954, Rz. 73, m. w. N. = NWB DokID: SAAAE-78515; H 9.1 „Vorweggenommene Werbungskosten" LStH; zuletzt zu den Beweisanforderungen BFH v. 1. 12. 2015 - IX R 9/15, BStBl 2016 II 335.
2 R 9.1 Abs. 3 LStR.
3 Grundlegend BFH v. 4. 7. 1990 - GrS 1/89, BStBl 1990 II 830.
4 BFH v. 11. 12. 2012 - IX R 14/12, BStBl 2013 II 279; BFH v. 13. 1. 2015 - IX R 46/13, BFH/NV 2015, 668 = NWB DokID: VAAAE-86105.
5 BFH v. 12. 5. 2009 - IX R 18/08, BFH/NV 2009, 1627 = NWB DokID: GAAAD-27728.
6 BFH v. 1. 12. 2015 - IX R 9/15, BStBl 2016 II 335.
7 Karrenbrock, NWB 2015, 1310.
8 BFH v. 1. 7. 2014 - VIII R 53/12, BStBl 2014 II 975, Rz. 14.
9 Weiss, NWB 2016, 334, 336.
10 BFH v. 24. 2. 2015 - VIII R 44/12, DB 2015, 1449; Werth, DStR 2015, 1343, 1349.
11 BFH v. 4. 7. 1990 - GrS 1/89, BStBl 1990 II 830, unter C. III. 2. a.; zuletzt BFH v. 9.5. 2017 - IX R 24/16, NWB DokID: AAAAG-48574; Trossen, NWB 2017, 2080.

vergebliche Werbungskosten abziehbar.[1] Ebenso ist bei einem vergeblich aufgewendeten Kaufpreis für ein Mietobjekt ein sofortiger Abzug der Aufwendungen (im Zeitpunkt des Abflusses, § 11 Abs. 2 EStG) geboten. Die vergeblichen Aufwendungen werden in diesen Fällen nicht den Anschaffungskosten eines in Zukunft tatsächlich angeschafften Objekts zugerechnet.[2]

42 Im Unterschied zur „Liebhaberei" muss zur Annahme „vergeblicher Werbungskosten" zunächst eine Einkünfteerzielungsabsicht bestanden haben,[3] die sich im weiteren Verlauf nicht in einem tatsächlichen Überschuss der Einnahmen über die Werbungskosten realisiert.[4] Die Rechtsprechung hat bspw. Aufwendungen für die Einräumung nicht handelbarer Aktienoptionsrechte nach Verfall bei den Einkünften aus nichtselbständiger Arbeit als vergebliche Werbungskosten anerkannt.[5]

43 Nachträgliche Werbungskosten sind anzuerkennen, wenn ein hinreichender wirtschaftlicher Zusammenhang mit den vormals erzielten steuerpflichtigen Einnahmen besteht.[6] Diesen Zusammenhang anerkennt der BFH auch noch, wenn durch einen nach § 23 EStG steuerbaren Veräußerungserlös eines Grundstücks die damit zusammenhängenden Verbindlichkeiten nicht (vollständig) getilgt werden können, für die Zinsen auf die verbliebene Verbindlichkeit.[7] Ob diese Rechtsprechung auch auf Fälle übertragbar ist, bei denen die Veräußerung nicht nach § 23 EStG steuerbar ist, war in der Literatur umstritten.[8] Der BFH hat eine Berücksichtigung auch nach einer solchen Veräußerung, unter der Bedingung der Schuldentilgung, bejaht.[9] Die Finanzverwaltung hat sich dieser Rechtsauffassung angeschlossen.[10] Bei Einsatz des Veräußerungserlöses zur Anschaffung eines anderen Wirtschaftsguts wird der Veranlassungszusammenhang allerdings unterbrochen.[11]

44 Bei den Einkünften aus Vermietung und Verpachtung können Zinsen für ein Darlehen, das zur Finanzierung von Erhaltungsaufwendungen aufgenommen wurde, auch nach Veräußerung des Mietobjekts abgezogen werden. Allerdings muss auch hier der Veräußerungserlös zur Tilgung des Darlehens eingesetzt werden. Nur Zinsen auf die verbleibende Restverbindlichkeit können dann als nachträgliche Werbungskosten behandelt werden.[12]

45 Bei nachträglichen Werbungskosten bei den Einkünften aus Kapitalvermögen hat die Rechtsprechung den Abzug ab dem VZ 2009 versagt, wenn die zugrunde liegende Beteiligung i. S. d. § 17 EStG bereits veräußert war. Zwar seien nachträgliche Werbungskosten auch nach Veräußerung der Beteiligung nach neuerer Rechtsprechung des BFH dem Grunde nach anzuerken-

---

1 BFH v. 24.5.2000 - VI R 17/96, BStBl 2000 II 584.
2 BFH v. 9.5.2017 - IX R 24/16, BFH/NV 2017, 1106 = NWB DokID: AAAAG-48574, Rz. 21; *Trossen*, NWB 2017, 2080.
3 Zur speziellen Problematik bei der Abgeltungsteuer FG Düsseldorf v. 24.5.2016 - 13 K 3369/14 E, NWB DokID: NAAAF-84541; Rev. Az. des BFH: VIII R 19/16; *Weiss*, StuB 2016, 657.
4 BFH v. 16.2.2016 - IX R 1/15, BFH/NV 2016, 1261 = NWB DokID: MAAAF-77662.
5 BFH v. 3.5.2007 - VI R 36/05, BStBl 2007 II 647.
6 *Loschelder* in Schmidt, § 9 EStG Rz. 99.
7 BFH v. 20.6.2012 - IX R 67/10, BStBl 2013 II 275.
8 Bejahend *Engelberth*, NWB 2016, 20, 29; *Knauppp*, SteuK 2012, 438.
9 BFH v. 1.12.2015 - IX R 42/14, BStBl 2016 II 332; BFH v. 8.4.2014 - IX R 45/13, BStBl 2015 II 635.
10 BMF v. 27.7.2015, BStBl 2015 I 581.
11 FG Münster v. 11.3.2016 - 4 K 173/13 E, EFG 2016, 805, rkr.
12 BMF v. 27.7.2015,, BStBl 2015 I 581; *Engelberth*, NWB 2016, 20.

nen.[1] Durch das Abzugsverbot des § 20 Abs. 9 EStG ab dem Veranlagungszeitraum 2009 sei der Werbungskostenabzug jedoch gesperrt.[2]

Entsprechend wurde auch der Abzug von nachträglichen Werbungskosten für vor dem 1.1.2009 zugeflossene Einkünfte aus Kapitalvermögen versagt, wenn der Abfluss der Werbungskosten erst nach dem 1.1.2009 stattfand. Auch bei Wahl der Günstigerprüfung nach § 32d Abs. 6 EStG sei das Abzugsverbot zu beachten.[3]

Werbungskosten müssen nicht freiwillig geleistet werden. Durch Anerkennung auch unfreiwillig geleisteter Werbungskosten wird das objektive Nettoprinzip zur Geltung gebracht.[4] Insoweit wird das subjektive Element des § 9 Abs. 1 Satz 1 EStG („zur Erwerbung ...") zurückgedrängt, da der Stpfl. die Aufwendungen gerade nicht tätigen wollte, um Einnahmen zu erzielen. Vielmehr wird er durch äußere Umstände dazu gezwungen. Als Voraussetzung für die Anerkennung fordert die Rechtsprechung des BFH, dass die Gründe für die unfreiwilligen Aufwendungen in der Berufs- bzw. Erwerbssphäre des Stpfl. liegen und damit nicht oder nur unwesentlich auf der privaten Lebensführung des Stpfl. (§ 12 Nr. 1 EStG) beruhen.[5]

BEISPIELE ZU UNFREIWILLIGEN WERBUNGSKOSTEN:
- ▶ Entwendung eines Pkw,[6] auch während einer Dienstreise,[7]
- ▶ Verlust von Gegenständen aus dem für die Durchführung einer Dienstreise notwendigen persönlichen Gepäck,[8]
- ▶ Zerstörung eines privat genutzten Pkw aus in der Berufssphäre liegenden Gründen durch Einwirkung Dritter (Pkw eines Polizeibeamten),[9]
- ▶ Zahlung an einen betrügerischen Immobilienmakler, der das Geld für sich selbst verwendet,[10]
- ▶ Schadensersatzleistungen aufgrund einer strafbaren Handlung,[11]
- ▶ Verlust einer Darlehensforderung gegen den Arbeitgeber. Als Argumente für einen Abzug als Werbungskosten kann u.a. darauf verwiesen werden, dass ein außenstehender Dritter das Darlehen nicht mehr gewährt hätte,[12]
- ▶ nicht bei Verlust einer Geldbörse auf einer beruflich veranlassten Vortragsreise ins Ausland,[13]
- ▶ nicht bei Verkauf von Aktien auf Druck des Arbeitgebers,[14]
- ▶ nicht bei Diebstahl eines beruflich genutzten Pkw während eines privat veranlassten Umwegs.[15]

---

1 BFH v. 29.10.2013 - VIII R 13/11, BStBl 2014 II 251, m.w.N.; ODF Nordrhein-Westfalen v. 22.4.2015, NWB DokID: CAAAE-89341.
2 BFH v. 1.7.2014 - VIII R 53/12, BStBl 2014 II 975; *Werth*, DStR 2015, 1343, 1348; BFH v. 21.10.2014 - VIII R 48/12, BStBl 2015 II 270, m. Anm. *Weiss*, SteuK 2015, 146.
3 BFH v. 2.12.2014 - VIII R 34/13, BStBl 2015 II 387; Verfassungsbeschwerde eingelegt, erledigt durch BVerG v. 24.3.2016 - 2 BvR 878/15, NWB DokID: VAAAE-99114; insgesamt zu nachträglichen Werbungskosten *Geißler*, NWB 2015, 332; *Weiss*, NWB 2016, 334, 342.
4 BFH v. 4.7.1986 - VI R 227/83, BStBl 1986 II 771.
5 BFH v. 9.12.2003 - VI R 185/97, BStBl 2004 II 491, Verlust der Violine einer Musikerin; BFH v. 20.10.2016 - VI R 27/15, BFH/NV 2017, 223 = NWB DokID: KAAAF-89049, Schadensersatzleistungen als Erwerbsaufwendungen.
6 BFH v. 29.4.1983 - VI R 139/80, BStBl 1983 II 586.
7 BFH v. 25.5.1992 - VI R 171/88, BStBl 1993 II 44.
8 BFH v. 30.6.1995 - VI R 26/95, BStBl 1995 II 744.
9 BFH v. 19.3.1982 - VI R 25/80, BStBl 1982 II 442.
10 BFH v. 9.5.2017 - IX R 24/16, BFH/NV 2017, 1106 = NWB DokID: AAAAG-48574; *Trossen*, NWB 2017, 2080.
11 BFH v. 20.10.2016 - VI R 27/15, BFH/NV 2017, 223 = NWB DokID: KAAAF-89049.
12 BFH v. 10.4.2014 - VI R 57/13, BStBl 2014 II 850; ausführlich *Bruschke*, DStZ 2016, 623.
13 BFH v. 4.7.1986 - VI R 227/83, BStBl 1986 II 771.
14 FG Düsseldorf v. 15.3.2005 - 9 K 7059/03 E, NWB DokID: KAAAC-16439, NZB unbegründet BFH v. 10.11.2005 - VI B 47/05, BFH/NV 2006, 296 = NWB DokID: JAAAB-73093.
15 BFH v. 18.4.2007 - XI R 60/04, BStBl 2007 II 762, zu Betriebsausgaben (§ 4 Abs. 4 EStG).

49 Die Bewertung von Werbungskosten ist gesetzlich nicht geregelt.[1] Bei in Geld bestehenden Werbungskosten bereitet sie grundsätzlich keine Probleme, ausländische Währungen sind – entsprechend der Handhabung bei Einnahmen[2] – im Zeitpunkt des Abflusses nach § 11 Abs. 2 EStG mit dem Tageskurs umzurechnen. Auch die Umrechnung mit den monatlichen Umsatzsteuer-Umrechnungskursen sollte als sachgerecht gelten. Aus wechselkursbedingten höheren Tilgungen entstehen jedoch keine Werbungskosten.[3]

50 Nach § 9 Abs. 1 Satz 3 Nr. 7 Satz 1 EStG sind jedoch auch die Vorschriften über die AfA zu beachten. Insoweit wird vom Zufluss- und Abflussprinzip des § 11 EStG, ähnlich der Regelung des § 4 Abs. 3 Satz 3 EStG bei der Einnahmenüberschussrechnung, abgewichen.

Als Bemessungsgrundlage dienen auch hier gem. § 7 Abs. 1 Satz 1 EStG die Anschaffungs- oder Herstellungskosten. Diese sind nach § 255 HGB zu bemessen, obwohl der Besteuerung bei den Überschusseinkunftsarten gerade keine Buchführung nach dem HGB zugrunde liegt.[4]

51 Bei Werbungskosten, die in Geldeswert bestehen, kann die Bewertung für nicht in Geld bestehende Einnahmen nach § 8 Abs. 2 EStG entsprechend angewendet werden.[5] Der BFH selbst stellt die Verbindung zwischen Einnahmen und Werbungskosten her, wenn er anmerkt: *„Der Begriff der Aufwendungen in § 9 Abs. 1 EStG entspricht dem der Einnahmen in § 8 Abs. 1 EStG und umfasst deshalb nicht nur Geldzahlungen, sondern auch den Abfluss geldwerter Güter."*[6]

52 Fiktive Werbungskosten sind grundsätzlich nicht anzuerkennen.[7] Ist der Wert eines Kfz aufgrund eines Unfalls dauerhaft gemindert, so können nur Vermögenseinbußen, die sich entweder aufgrund einer tatsächlich eingetretenen und fortbestehenden technischen Wertminderung des Fahrzeugs oder aufgrund tatsächlich geleisteter Reparaturkosten ergeben, als Aufwendungen i. S. d. § 9 EStG berücksichtigt werden (s. a. unten → Rz. 267). Wird der Schaden hingegen selbst behoben, kann für die eigene Arbeitsleistung kein fiktiver Werbungskostenabzug beansprucht werden.[8]

53 Allerdings wird von dieser Regel eine begründete Ausnahme gemacht, wenn sich ein als Einnahme versteuerter Vorteil „verbraucht". Typisch für diese Fallgruppe ist die Hingabe eines zinslosen oder vergünstigten Darlehens durch den Arbeitgeber. Der Arbeitnehmer versteuert eine entsprechende Einnahme bei den Einkünften aus nichtselbständiger Arbeit (§ 8 Abs. 2 EStG).[9] Wird das vergünstigte Darlehen zur Finanzierung eines Wirtschaftsguts bei einer anderen Überschusseinkunftsart eingesetzt, so darf der versteuerte Vorteil als fiktive Werbungskosten angesetzt werden.[10] Insoweit wird der Stpfl. so gestellt, als ob die Darlehensgewährung

---

1 *Zimmer* in Littmann/Bitz/Pust, § 9 EStG Rz. 17.
2 BFH v. 3. 12. 2009 - VI R 4/08, BStBl 2010 II 698.
3 FG Hamburg v. 21. 5. 2015 - 2 K 197/14, NWB DokID: OAAAE-98730, m. Anm. *Weiss*, SteuK 2015, 421; NZB unbegründet: BFH v. 4. 3. 2016 - IX B 85/15, NWB DokID: MAAAF-71100.
4 BFH v. 14. 6. 2012 - VI R 89/10, BStBl 2012 II 835, Rz. 14, m.w. N.
5 *Zimmer* in Littmann/Bitz/Pust, § 9 EStG Rz. 18.
6 BFH v. 22. 9. 1994 - IX R 47/89, BFH/NV 1995, 294 = NWB DokID: UAAAA-97285.
7 BFH v. 3. 12. 1982 - VI R 228/80, BStBl 1983 II 467, unter 4; HHR/*Kreft*, § 9 EStG Rz. 100, m. w. N.zuletzt auch FG Baden-Württemberg v. 13.10.2017 - 13 K 1967/15, NWB DokID: IAAAG-67641. Gegen das Urteil wurde NZB eingelegt. Das Verfahren ist beim BFH unter dem Az. IX B 123/17 anhängig.
8 BFH v. 27. 8. 1993 - VI R 7/92, BStBl 1994 II 235; s. a. BFH v. 1. 10. 1985 - IX R 58/81, BStBl 1986 II 142; zu in Lotterien gewonnenen Wirtschaftsgütern BFH v. 26. 4. 2006 - IX R 24/04, BStBl 2006 II 754.
9 Siehe hierzu BMF v. 19. 5. 2015, BStBl 2015 I 484.
10 *Lochte* in Frotscher/Geurts, § 9 EStG Rz. 45; *Loschelder* in Schmidt, § 9 EStG Rz. 15.

voll entgeltlich gewesen wäre.[1] Die steuerliche Behandlung ähnelt der Konstellation des „verbrauchenden Aufwands" bei Körperschaften im Dreiecksverhältnis.[2]

Da in diesen Fällen kein tatsächlicher Abfluss i. S. d. § 11 Abs. 2 EStG festgestellt werden kann, wird man die Fiktion von Werbungskosten dem Grunde nach (§ 9 Abs. 1 Satz 1 EStG) auch auf deren Abfluss ausdehnen müssen.[3] Die entsprechenden Werbungskosten sind damit in dem Zeitpunkt abziehbar, in dem sie bei vollentgeltlicher Abwicklung der zugrunde liegenden Darlehensbeziehung abziehbar gewesen wären.[4] Für die Einnahmenseite hat der BFH dies entsprechend entschieden.[5]

Abzugsberechtigt ist grundsätzlich der Stpfl., der die Aufwendungen selbst getragen hat.[6] Die Herkunft der Mittel ist nicht entscheidend; sie können auch aus Unterhaltsleistungen stammen.[7] Dies gilt auch bei Zusammenveranlagung nach § 26b EStG, da die „gemeinsame" Behandlung als Stpfl. schon nach dem Wortlaut der Regelung erst nach Ermittlung der Einkünfte („sodann"),[8] die der einzelne Ehegatte erzielt hat, einsetzt.[9] Grundsätzlich sind demnach Aufwendungen dem einzelnen Ehegatten zuzurechnen, auch wenn sie sich auf ein gemeinsam bewohntes Haus beziehen.[10]

54

Allerdings können Aufwendungen in den Fällen des sog. „abgekürzten Zahlungswegs" als eigene Aufwendungen des Stpfl. zu werten sein.[11] In diesen Fällen tilgt der Zuwendende im Einvernehmen mit dem Stpfl. dessen Schuld (§ 267 Abs. 1 BGB), der Dritte leistet für Rechnung des Stpfl. an dessen Gläubiger.[12] So liegt der Fall etwa, wenn ein Ehegatte die Werbungskosten des anderen Ehegatten begleicht.[13]

55

Davon sind die Fälle des sog. „abgekürzte Vertragswegs" zu unterscheiden.[14] In diesem Fall schließt der Dritte im eigenen Namen für den Stpfl. einen Vertrag und leistet auch selbst die geschuldeten Zahlungen.[15] Nach der für das Steuerrecht maßgebenden wirtschaftlichen Betrachtungsweise ist die Direktzahlung des Dritten dem Zahlungsumweg über den Stpfl. im Rahmen zweier zweiseitiger Rechtsbeziehungen gleich zu behandeln.[16] Das Rechtsinstitut des „abgekürzten Vertragswegs" hat der BFH inzwischen grundsätzlich anerkannt, nachdem in der Entscheidung des Großen Senats aus dem Jahr 1999[17] dies noch offen geblieben war.[18]

56

---

1 BFH v. 4. 6. 1996 - IX R 70/94, BFH/NV 1997, 20, m. w. N. = NWB DokID: VAAAB-38126.
2 BFH v. 26. 10. 1987 - GrS 2/86, BStBl 1988 II 348; zum Halbeinkünfteverfahren BFH v. 4. 2. 2014 - I R 32/12, BFH/NV 2014, 1090, m. Anm. *Weiss*, SteuK 2014, 475 = NWB DokID: EAAAE-66017.
3 Ausführlich *Weiss*, EStB 2016, 257, 260.
4 Siehe hierzu auch HHR/*Kister*, § 11 EStG Rz. 36.
5 BFH v. 22. 9. 1994 - IX R 47/89, BFH/NV 1995, 294 = NWB DokID: UAAAA-97285.
6 H 9.14 „Drittaufwand" LStH; *Köhler* in Bordewin/Brandt, § 9 EStG Rz. 160.
7 BFH v. 15. 1. 2008 - IX R 45/07, BStBl 2008 II 572.
8 BFH v. 23. 8. 1999 - GrS 2/97, BStBl 1999 II 782, unter C.IV 1. b.
9 BFH v. 3. 12. 2002 - IX R 14/00, BFH/NV 2003, 468, m. w. N. = NWB DokID: IAAAA-71540.
10 BFH v. 23. 8. 1999 - GrS 1/97, BStBl 1999 II 778.
11 *Knebusch*, NWB 2016, 1266.
12 BFH v. 23. 8. 1999 - GrS 2/97, BStBl 1999 II 782, unter C.IV 1. c.
13 BFH v. 7. 2. 2008 - VI R 41/05, BFH/NV 2008, 1136 = NWB DokID: EAAAC-78851.
14 *Knebusch*, NWB 2016, 1266.
15 BFH v. 23. 8. 1999 - GrS 2/97, BStBl 1999 II 782, unter C.IV 1. c).
16 BFH v. 15. 11. 2005 - IX R 25/03, BStBl 2006 II 623; *Gregier*, NWB 2006, 6.
17 BFH v. 23. 8. 1999 - GrS 2/97, BStBl 1999 II 782.
18 BFH v. 28. 9. 2010 - IX R 42/09, BStBl 2011 II 271, m. w. N.

57 Nicht abziehbar ist demgegenüber „Drittaufwand". Dieser liegt vor, wenn ein Dritter Kosten trägt, die durch die Einkunftserzielung des Stpfl. veranlasst sind.[1] Die Abziehbarkeit hatte der Große Senat im Jahr 1995 mangels Entscheidungserheblichkeit noch offen gelassen.[2] Im Jahr 1999 hat der Große Senat die Abziehbarkeit dann verneint.[3]

58 Die Beweislast für die Feststellung, dass und in welcher Höhe Werbungskosten vorliegen, trägt grundsätzlich der Stpfl.[4] Will der Stpfl. bspw. weiterhin Werbungskosten bei den Einkünften aus Vermietung und Verpachtung geltend machen, obwohl das Vermietungsobjekt dauerhaft leer steht, muss die weiter bestehende Absicht zur Fremdvermietung aufgrund objektiver Umstände feststellbar sein. Besteht diesbezüglich Ungewissheit, entfällt ein Werbungskostenabzug. Aufgrund der abschnittsbezogenen Besteuerung bei der Einkommensteuer ist dieser Nachweis in jedem Veranlagungszeitraum erneut zu erbringen. Eine Bindung des FA an die Behandlung in früheren Veranlagungszeiträumen besteht nicht.[5] Die Verpflichtung, die Empfänger nach § 160 Abs. 1 AO zu benennen, besteht zusätzlich. Auch bei Aufwendungen, die erst über AfA zu Werbungskosten werden (§ 9 Abs. 1 Satz 3 Nr. 7 EStG), ist die Verpflichtung nach § 160 Abs. 1 AO nach der jüngsten BFH-Rechtsprechung zu beachten.[6]

59 Nach formeller Bestandskraft eines Steuerbescheids können Werbungskosten nachträglich nur noch unter den Voraussetzungen des § 173 Abs. 1 Nr. 2 AO geltend gemacht werden.[7] Nach § 173 Abs. 1 Nr. 2 Satz 1 AO gilt dies nur, soweit Tatsachen oder Beweismittel nachträglich bekannt werden, die zu einer niedrigeren Steuer führen und den Stpfl. kein grobes Verschulden am nachträglichen Bekanntwerden trifft.[8] Das Verschulden ist bei unmittelbarem oder mittelbarem Zusammenhang mit Tatsachen oder Beweismitteln, die zu einer höheren Steuer führen (Nr. 1), unbeachtlich, Satz 2.

60 Die Aufbewahrungspflichten des § 147a AO sind zu beachten.[9]

61–65 *(Einstweilen frei)*

2. Abzug von Werbungskosten (§ 9 Abs. 1 Satz 2 EStG)

66 Werbungskosten sind bei der Einkunftsart abzuziehen, bei der sie erwachsen sind, § 9 Abs. 1 Satz 2 EStG. Die Regelung stellt eine Verpflichtung zum Abzug von Werbungskosten auf („sind"). Der Stpfl. soll damit grundsätzlich nicht auf den Ansatz verzichten können.[10] Allerdings zeigt der Eingangssatz des § 9a EStG, dass das Gesetz nicht immer auf die tatsächlich ansetzbaren, sondern durchaus auf die vom Stpfl. nachgewiesenen Werbungskosten abstellt. In Fällen, in denen die Höhe der Werbungskosten von einem Antrag des Stpfl. abhängt, kann der Stpfl. hingegen das Wahlrecht nach seinen Wünschen ausüben, so etwa bei § 9 Abs. 1 Satz 3 Nr. 7 Satz 2 EStG – Sofortabschreibung geringwertiger Wirtschaftsgüter.

---

1 Zur Bedeutung bei Bildungsaufwendungen *Braun*, NWB 2014, 3834, 3836.
2 BFH v. 30. 1. 1995 - GrS 4/92, BStBl 1995 II 281.
3 BFH v. 23. 8. 1999 - GrS 2/97, BStBl 1999 II 782, unter C.IV-V.
4 BFH v. 7. 2. 1997 - VI R 33/96, BFH/NV 1997, 400 = NWB DokID: GAAAB-39424; FG Bremen v. 16. 3. 2006 - 1 K 422/02 3, NWB DokID: GAAAD-58356.
5 FG München v. 22. 10. 2008 - 1 K 77/07, EFG 2009, 250,rkr.
6 BFH v. 11. 7. 2013 - IV R 27/09, BStBl 2013 II 989.
7 *Von Bornhaupt* in Kirchhof/Söhn/Mellinghoff, § 9 EStG Rz. A 274.
8 Siehe zum Prüfungsmaßstab für das grobe Verschulden, insbesondere bei elektronischer Übermittlung der Steuererklärung, BFH v. 10. 2. 2015 - IX R 18/14, BStBl 2017 II 7.
9 *Fuhrmann* in Korn, § 9 EStG Rz. 9.1.
10 HHR/*Kreft*, § 9 EStG Rz. 57, m. w. N; FG Rheinland-Pfalz v. 5. 4. 2006 - 1 K 1076/04, NWB DokID: TAAAB-88167.

Dabei ist der Abzug bei der Einkunftart des § 2 Abs. 1 Nr. 4 bis 7 EStG vorzunehmen, bei der die Werbungskosten „erwachsen" sind. Besteht ein wirtschaftlicher Zusammenhang der Aufwendungen zu mehreren Einkunftsarten, entscheidet nach st. Rspr. des BFH der engere und wirtschaftlich vorrangige Veranlassungszusammenhang. Danach sind Aufwendungen der Einkunftsart zuzuordnen, die im Vordergrund steht und die Beziehungen zu den anderen Einkünften verdrängt.[1]

Besondere Bedeutung erlangt diese Unterscheidung in Fällen, in denen die entsprechenden Ausgaben bei der einen Einkunftsart voll abzuziehen sind, während sie bei der anderen Einkunftsart nicht oder nur begrenzt steuerlich berücksichtigt würden.[2] Damit sind besonders Fälle angesprochen, bei denen zu den Einkünften aus Kapitalvermögen abzugrenzen ist.[3] Auch bei Werbungskosten bei § 19 EStG oder § 22 Nr. 3 EStG spielt die Abgrenzung eine wichtige Rolle, da § 22 Nr. 3 Satz 3 EStG eine enge Schedule für den durch Werbungskostenüberhänge entstehenden Verlust vorsieht.[4]

Derartige Fälle ergeben sich etwa, wenn Arbeitnehmer Darlehen an ihre Arbeitgeber vergeben und diese Darlehen ausfallen. In diesen Fällen ist zwischen Werbungskosten bei nichtselbständiger Arbeit und begrenzt steuerlich relevanten Verlusten von Forderungen[5] bei den Einkünften aus Kapitalvermögen abzugrenzen. Nach der st. Rspr. des BFH ist für die Abgrenzung die Einkunftsart maßgebend, die im Vordergrund steht und die Beziehungen zu den anderen Einkünften verdrängt.[6] Ähnliche Fragestellungen ergeben sich bei Aufwendungen aus der Übernahme einer Bürgschaft zugunsten des Arbeitgebers.[7] Für diese Fälle hat der BFH entschieden, dass die Höhe der Beteiligung am Arbeitgeber für die Veranlassung durch die Einkünfte aus nichtselbständiger Arbeit entscheidend ist.[8] Je niedriger diese liegt, desto eher ist dieser Veranlassungszusammenhang vorrangig.[9] Dabei kann es sich auch um eine mittelbare oder erst zukünftig angestrebte Beteiligung handeln.[10] Auch bei fehlgeschlagenem Erwerb einer Beteiligung und angestrebtem Anstellungsverhältnis kommen Werbungskosten bei den Einkünften aus nichtselbständiger Arbeit in Betracht.[11] Anders kann die Fragestellung zu beurteilen sein, wenn eine Bürgschaft nicht zugunsten des Arbeitgebers, sondern eines Kunden besteht, und der Steuerpflichtige daraus in Anspruch genommen wird.[12]

§ 9 Abs. 1 Satz 2 EStG leistet nur die Zuordnung zu einzelnen Einkunftsarten. Innerhalb derselben Einkunftsart kann eine weitere Zuordnung zu einzelnen „Einkunftsquellen" erforderlich werden.[13]

---

1 BFH v. 10. 4. 2014 - VI R 57/13, BStBl 2014 II 850; *Schneider*, NWB 2016, 480, 482.
2 *Schneider*, NWB 2016, 480, 481.
3 BFH v. 10. 4. 2014 - VI R 57/13, BStBl 2014 II 850; BFH v. 5. 4. 2006 - IX R 80/01, BFH/NV 2006, 1817 = NWB DokID: WAAAB-92958; FG Baden-Württemberg v. 29. 7. 2014 - 6 K 767/14, EFG 2014, 1958, rkr.
4 BFH v. 16. 6. 2015 - IX R 26/14, BStBl 2015 II 1019; KKB/Eckardt, § 22 EStG Rz. 192.
5 BFH v. 24.10.2017 - VIII R 13/15, DStR 2017, 2801.
6 BFH v. 7. 2. 2008 - VI R 75/06, BStBl 2010 II 48, m. w. N.
7 BFH v. 8. 7. 2015 - VI R 77/14, BStBl 2016 II 60.
8 Zusammenfassend *Bruschke*, DStZ 2016, 623.
9 BFH v. 3. 9. 2015 - VI R 58/13, BStBl 2016 II 305.
10 *Schneider*, NWB 2016, 480, 483.
11 BFH v. 17.5.2017 - VI R 1/16, BStBl 2017 II 1073.
12 FG Münster, 15. 10. 2015 - 3 K 472/14 E, EFG 2016, 282, rkr.
13 *Von Beckerath*, in Kirchhof, § 9 EStG Rz. 29.

71 Zur Unterscheidung von Werbungskosten bei den inländischen Einkünften und beim Progressionsvorbehalt siehe → Rz. 21, Stichwort „§ 32b".

72–75 *(Einstweilen frei)*

II. Gesetzlich geregelte Tatbestände der Werbungskosten (§ 9 Abs. 1 Satz 3 EStG)

1. Bedeutung der gesetzlich geregelten Tatbestände

76 Die Definition der Werbungskosten enthält § 9 Abs. 1 Satz 1 EStG. Durch diese Regelung werden die dem Grunde nach abzugsfähigen Werbungskosten festgelegt. Der Katalog des § 9 Abs. 1 Satz 3 EStG enthält lediglich Beispiele besonders wichtiger Werbungskosten („... sind auch ..."). So sind etwa Umzugskosten in gewissen Grenzen als Werbungskosten abziehbar, auch wenn sie nicht in dem Katalog des § 9 Abs. 1 Satz 3 EStG genannt sind.[1]

77 Weiterhin wird in dem Katalog des § 9 Abs. 1 Satz 3 EStG jedoch auch eine Einschränkung des Abzugs von Werbungskosten angeordnet. So enthält § 9 Abs. 1 Satz 3 Nr. 4 Satz 2 EStG eine pauschalierende Regelung zum Abzug von Kosten für die Wege von der Wohnung zur ersten Tätigkeitsstätte des Stpfl.[2] Ein Nachweis höherer Aufwendungen ist im Regelfall dann nicht möglich.[3] Gleichzeitig wird durch die gesetzliche Regelung betont, dass dem Grunde nach der Werbungskostenabzug für diese Aufwendungen gegeben ist.

78 Auch durch den Verweis des § 9 Abs. 1 Satz 3 Nr. 7 Satz 1 EStG auf die Vorschriften zur Absetzung für Abnutzung (§ 7 EStG) wird der sofortige Abzug von Werbungskosten, der nach § 11 Abs. 2 Satz 1 EStG eigentlich geboten wäre, eingeschränkt.

79–83 *(Einstweilen frei)*

2. Schuldzinsen und ähnliche Aufwendungen (§ 9 Abs. 1 Satz 3 Nr. 1 EStG)

84 Nach § 9 Abs. 1 Satz 3 Nr. 1 Satz 1 EStG sind Werbungskosten auch Schuldzinsen und auf besonderen Verpflichtungsgründen beruhende Renten und dauernde Lasten, soweit sie mit einer Einkunftsart in wirtschaftlichem Zusammenhang stehen. Die Regelung ist deklaratorischer Natur, da der allgemeine Werbungskostenbegriff des § 9 Abs. 1 Satz 1 EStG erfüllt ist.

85 Allerdings wird zusätzlich für den Abzug ein „wirtschaftlicher Zusammenhang" mit einer Einkunftsart gefordert. Gemeint ist hiermit ein wirtschaftlicher Zusammenhang mit den Überschusseinkunftsarten des § 2 Abs. 1 Nr. 4 bis 7 EStG.[4]

86 Ansonsten ist eventuell ein Betriebsausgabenabzug nach § 4 Abs. 4 EStG zu prüfen. Gegenüber der Regelung der Nr. 1 ist § 10 Abs. 1a Nr. 2 EStG nachrangig: Sonderausgaben sind nur anzunehmen, wenn es sich nicht um Werbungskosten handelt, § 10 Abs. 1 EStG. Die Regelung ist dagegen zu prüfen, wenn die Definition der Werbungskosten nicht erfüllt ist. Auch ein Abzug als außergewöhnliche Belastung (§ 33 EStG) kann für Schuldzinsen in Betracht kommen.[5]

---

1 Siehe zu wichtigen Fallgruppen nicht genannter Werbungskosten unten → Rz. 276 ff.
2 HHR/*Kreft*, § 9 EStG Rz. 1.
3 Siehe jedoch § 9 Abs. 2 Satz 3 EStG für den Ansatz von Wegekosten für behinderte Menschen.
4 *Von Beckerath* in Kirchhof, § 9 EStG Rz. 31.
5 H 33.1 -33.4 „Zinsen" EStH.

Durch Satz 2 der Regelung wird eine Einschränkung bei Leibrenten auf die beim Empfänger nach § 22 Nr. 1 Satz 3 Buchst. a Doppelbuchst. bb EStG steuerpflichtigen Ertragsanteile vorgenommen, so dass sich eine Korrespondenz des Abzugs von Werbungskosten mit der Besteuerung beim Empfänger ergibt. Eine formelle Korrespondenz bezüglich der unbeschränkten Steuerpflicht des Empfängers wie im Bereich der Sonderausgaben des § 10 Abs. 1a EStG wird allerdings nicht gefordert. 87

Schuldzinsen i. S. d. Vorschrift werden von der Rechtsprechung zwar weit ausgelegt. Dazu gehören alle Leistungen in Geld oder Geldeswert, die ein Schuldner für die Überlassung von Kapital an den Gläubiger zu erbringen hat, und darüber hinaus alle Aufwendungen zur Erlangung oder Sicherung eines Kredits, d. h. Kosten, die bei wirtschaftlicher Betrachtung des Vorgangs als Vergütung für die Überlassung von Kapital angesehen werden können.[1] 88

Nach der Begrenzung auf Zinsen, die im wirtschaftlichen Zusammenhang mit einer Einkunftsart stehen, sind solche Schuldzinsen nicht als Werbungskosten abzugsfähig, die der Stpfl. zur Finanzierung von Sonderausgaben oder außergewöhnlichen Belastungen aufnimmt. Auch die Finanzierungskosten für die Finanzierung von Pflichtteils- und Erbersatzansprüchen dürfen nicht als Werbungskosten abgezogen werden.[2] 89

(Einstweilen frei) 90–95

3. Steuern vom Grundbesitz (§ 9 Abs. 1 Satz 3 Nr. 2 EStG)

Nach § 9 Abs. 1 Satz 3 Nr. 2 EStG stellen Steuern vom Grundbesitz, sonstige öffentliche Abgaben und Versicherungsbeiträge Werbungskosten dar. Dies gilt insoweit, als solche Ausgaben sich auf Gebäude oder auf Gegenstände beziehen, die dem Stpfl. zur Einnahmeerzielung dienen. 96

Die Vorschrift ist deklaratorischer Natur, da der allgemeine Werbungskostenbegriff des § 9 Abs. 1 Satz 1 EStG erfüllt ist.[3] Sie betrifft im Wesentlichen die Einkunftsart „Vermietung und Verpachtung", § 21 EStG. 97

Steuern vom Grundbesitz sind zumindest die deutsche Grundsteuer einschließlich darauf entfallender Nebenleistungen (§ 3 Abs. 4 AO). Das Abzugsverbot des § 12 Nr. 3 EStG ist auf diese nicht anwendbar, da es sich nicht um Ertragsteuern oder Personensteuern handelt. 98

Auch die zugehörigen Nebenleistungen (§ 3 Abs. 4 AO) werden erfasst, nicht dagegen die Grunderwerbsteuer (s. hierzu → Rz. 20).

Auch ausländische Steuern, die der deutschen Grundsteuer ähnlich sind, können unter die Regelung fallen, soweit sie nicht auf nicht steuerpflichtige Einnahmen entfallen (§ 3c Abs. 1 EStG). 99

Auch öffentliche Abgaben sind Werbungskosten. Dazu gehören u. a. Gebühren (Beispiel: Straßenreinigung), Beiträge und Sonderabgaben. Bei Einsatz eines Kfz als Arbeitsmittel (§ 9 Abs. 1 Satz 3 Nr. 6 EStG) gehört auch die Kfz-Steuer hierzu. 100

Versicherungsbeiträge sind als Werbungskosten abziehbar, wenn sie zur Sicherung der zugehörigen Einnahmen (§ 8 EStG) aufgewendet werden, wie von § 9 Abs. 1 Satz 1 EStG vorgege- 101

---

1 BFH v. 22. 9. 2005 - IX R 44/03, BFH/NV 2006, 279, m. w. N. = NWB DokID: CAAAB-71701.
2 BMF v. 14. 3. 2006, BStBl 2006 I 253, Rz. 35.
3 HHR/*Bergkemper*, § 9 EStG Rz. 410.

ben. Insoweit substituieren sie lediglich Werbungskosten, die anfallen würden, wenn sich die versicherten Risiken realisieren würden, so etwa bei Versicherung gegen Ereignisse wie Feuer oder Wasserschäden.[1] Im Versicherungsfall sind Leistungen der Versicherungen entsprechend Einnahmen bei der Einkunftsart, bei der die Versicherungsprämien abgezogen worden sind. Abzugrenzen davon sind Versicherungen für die persönlichen Risiken des Stpfl., die nicht mit der Erzielung von Einnahmen im Rahmen der Überschusseinkunftsarten verbunden sind. Dementsprechend sind Hausrat- und Privathaftpflichtversicherungen nicht als Werbungskosten abziehbar (§ 12 Nr. 1 EStG).[2] Ein Sonderausgabenabzug (§ 10 EStG) ist gesondert zu prüfen.[3]

102 Allerdings muss bei der Beurteilung von Werbungskosten nach § 9 Abs. 1 Satz 3 Nr. 2 EStG von den AK/HK des Gebäudes oder des Grundstücks abgegrenzt werden, die sich nur über die AfA (§ 9 Abs. 1 Satz 3 Nr. 7 Satz 1 EStG, § 7 Abs. 4 bis 5a EStG) als Werbungskosten auswirken dürfen. Auch im Bereich der Überschusseinkunftsarten gilt der Begriff der AK/HK des § 255 HGB.[4]

103 Die entsprechenden Aufwendungen sind nur insoweit abziehbar, als sie auf zur Einnahmeerzielung genutzte Gegenstände oder Gebäude geleistet werden. Durch die Verwendung des Wortes „soweit" wird indiziert, dass die Aufwendungen auch nur teilweise abziehbar sein können. Dies ist z. B. für die Grundsteuer der Fall, wenn ein Teil eines Gebäudes fremdvermietet und ein weiterer selbst genutzt wird. Dieselbe Rechtsfolge ergibt sich bereits aus § 9 Abs. 1 Satz 1 EStG[5] und § 12 Nr. 1 EStG.

104–108 *(Einstweilen frei)*

4. Beiträge zu Berufsständen (§ 9 Abs. 1 Satz 3 Nr. 3 EStG)

109 Nach § 9 Abs. 1 Satz 3 Nr. 3 EStG stellen Beiträge zu Berufsständen und sonstigen Berufsverbänden, deren Zweck nicht auf einen wirtschaftlichen Geschäftsbetrieb gerichtet ist, Werbungskosten dar. Die Vorschrift ist nach h. M. deklaratorischer Natur und lex specialis gegenüber § 9 Abs. 1 Satz 1 EStG, da Beiträge zu den genannten Organisationen typischerweise durch die berufliche Tätigkeit veranlasst sind.[6]

110 Weicht die Geschäftsführung des Berufsstands oder Berufsverbands von seinen satzungsgemäßen Zielen in schädlicher Weise ab, wird der Abzug als Werbungskosten nicht zwingend versagt. Insoweit kommt es darauf an, ob die zuständigen Organe der Klägerin positiv wussten oder billigend in Kauf genommen haben, dass die Geschäftsführung in Widerspruch zu den satzungsmäßigen Zielen steht. Bei fehlendem bösen Glauben ist der Werbungskostenabzug weiterhin möglich.[7]

111 Auch im Bereich des § 9 Abs. 1 Satz 3 Nr. 3 EStG ist eine private Veranlassung der Aufwendungen nach § 12 Nr. 1 EStG zu prüfen. Insbesondere muss für den Werbungskostenabzug nachgewiesen werden, dass der Berufsverband, zu dem der Arbeitnehmer Beiträge leistet, nicht nur die Belange anderer Berufe oder Berufsstände wahrnimmt, sondern jedenfalls u. a. auch diejenigen des Berufs, aus dem der Arbeitnehmer seine Einkünfte aus nichtselbständiger Arbeit er-

---

1 BFH v. 25. 2. 1976 - VIII B 81/74, BStBl 1980 II 294; *von Beckerath* in Kirchhof, § 9 EStG Rz. 39.
2 *Loschelder* in Schmidt, § 9 EStG Rz. 173.
3 Siehe zur Schätzung der Aufteilung zwischen WK und SA etwa BMF v. 28. 10. 2009, BStBl 2009 I 1275.
4 Zuletzt bestätigt durch BFH v. 10. 5. 2016 - IX R 33/14, BFH/NV 2016, 1446 = NWB DokID: QAAAF-79661; *von Bornhaupt* in Kirchhof/Söhn/Mellinghoff, § 9 EStG I 9.
5 HHR/*Bergkemper*, § 9 EStG Rz. 421.
6 BFH v. 13. 8. 1993 - VI R 51/92, BStBl 1994 II 33, m. w. N.; *von Beckerath* in Kirchhof, § 9 EStG Rz. 40.
7 Zu entsprechenden Betriebsausgaben BFH v. 7. 6. 1988 - VIII R 76/85, BStBl 1989 II 97.

zielt. Je breiter die Mitgliederstruktur des Verbands ist und je weiter der Satzungszweck gefasst ist, desto näher liegt eine private Veranlassung von Beiträgen.[1]

(Einstweilen frei) 112–115

5. Entfernungspauschale (§ 9 Abs. 1 Satz 3 Nr. 4 EStG)

Nach § 9 Abs. 1 Satz 3 Nr. 4 Satz 1 EStG sind Aufwendungen des Arbeitnehmers für die Wege zwischen Wohnung und erster Tätigkeitsstätte i. S. d. Abs. 4 Werbungskosten. „Zur Abgeltung" ist eine Pauschale nach Satz 2 anzusetzen, die unabhängig von den tatsächlich entstandenen Aufwendungen ist.[2] Die Abgeltungswirkung der Pauschale wird durch § 9 Abs. 2 EStG konkretisiert. Demnach gilt grundsätzlich eine Abgeltung für „sämtliche Aufwendungen", § 9 Abs. 2 Satz 1 EStG. Bei Benutzung öffentlicher Verkehrsmittel kann ein die Pendlerpauschale übersteigender Betrag abgezogen werden, § 9 Abs. 2 Satz 2 EStG. Für behinderte Menschen, bei denen der Grad der Behinderung mindestens 50 % beträgt, sieht die Regelung eine Ausnahme von der Abgeltungswirkung vor, § 9 Abs. 2 Satz 3 EStG. 116

Die Pauschale beträgt nach Satz 2 der Regelung derzeit 0,30 € für jeden vollen Kilometer der Entfernung zwischen der Wohnung des Stpfl. und seiner ersten Tätigkeitsstätte. Die Pauschale wird für jeden Arbeitstag gewährt, an dem der Stpfl. seine erste Tätigkeitsstätte aufsucht. Sie gilt unabhängig vom verwendeten Verkehrsmittel und von der Entstehung tatsächlicher Aufwendungen.[3] So wird sie etwa auch jedem Ehegatten bei gemeinsamer Fahrt zu nahe beieinander liegenden ersten Tätigkeitsstätten gewährt, obwohl die Kosten der Fahrt sich nicht verdoppeln.[4] Ob darin eine „verkappte Steuerbefreiung" zu sehen ist, die nach dem System des EStG in § 3 hätte verortet werden sollen, erscheint zweifelhaft.[5] 117

Ihre Höhe und Ausgestaltung hat über die letzten Jahrzehnte hinweg stark geschwankt. Zwischen den VZ 1967 und 2000 etwa wurden „höchstens" zwischen 0,36 und 0,70 DM pro Kilometer gewährt, wobei für Motorräder und -roller abweichende Sätze galten.[6] Seit VZ 2001 gelten Pauschbeträge pro Entfernungskilometer, die von dem gewählten Verkehrsmittel und den entstandenen Kosten unabhängig sind.[7] 118

Aufgrund ihrer großen fiskalischen Bedeutung ist die sog. „Pendlerpauschale" immer wieder Gegenstand von politischen Diskussionen gewesen. In der Diskussion ist insbesondere ihre Rechtsnatur streitig gewesen. Dabei geht es vor allem um die Frage, ob die Vorschrift rein deklaratorischer Natur ist, da die Definition des § 9 Abs. 1 Satz 1 EStG erfüllt ist, oder ob sie den Werbungskostenabzug erst ermöglicht, weil die Pendelkosten eigentlich privat veranlasst sind oder zumindest einen privaten Anteil enthalten.[8] 119

---

1 BFH v. 13.8.1993 - VI R 51/92, BStBl 1994 II 33.
2 *Schmidt/Wiebecke*, Entfernungspauschale bzw. Pendlerpauschale, NWB DokID: BAAAE-61939.
3 Für Familienheimfahrten im Rahmen der doppelten Haushaltsführung BFH v. 18.4.2013 - VI R 29/12, BStBl 2013 II 735; für § 9 Abs. 1 Satz 3 Nr. 4 EStG BFH v. 12.12.2013 - VI R 49/13, BFH/NV 2014, 681 = NWB DokID: GAAAE-56613; s. a. BMF v. 31.10.2013, BStBl 2013 I 1376, unter 1.9.
4 *Loschelder* in Schmidt, § 9 EStG Rz. 179.
5 *Thürmer* in Blümich, § 9 EStG Rz. 260.
6 Siehe zur historischen Entwicklung sehr ausführlich BFH v. 10.1.2008 - VI R 17/07, BStBl 2008 II 234, unter B. II.
7 *Thürmer* in Blümich, § 9 EStG Rz. 252.
8 *Lochte* in Frotscher/Geurts, § 9 EStG Rz. 112.

120 Der Gesetzgeber hatte sich mit dem Steueränderungsgesetz 2007[1] auf den Standpunkt gestellt, dass die Pendelkosten privat veranlasst seien und damit dem sog. „Werkstorprinzip" Geltung verschafft. Demzufolge hatte er die ersten 20 km der Strecke zwischen Wohnung und (damals noch) regelmäßiger Arbeitsstätte des Stpfl. nicht mehr zum Werbungskostenabzug zugelassen, § 9 Abs. 2 Satz 1 EStG a. F. Vielmehr sollte nur noch die Pauschale für die 20 km übersteigende Wegstrecke „wie Werbungskosten" abziehbar sein, § 9 Abs. 2 Satz 2 EStG a. F. Entsprechende Regelungen galten für Familienheimfahrten und Wege zwischen der Wohnung und der Betriebsstätte des Stpfl. Die Regelung galt gem. § 52 Abs. 1 EStG a. F. ab dem VZ 2007.

121 Die daran anschließende Diskussion kreiste insbesondere um die Verfassungsmäßigkeit einer solchen Regelung.[2] Die Verfassungsmäßigkeit der Regelung wurde auf eine Vorlage des BFH[3] hin vom BVerfG verneint.[4] In der vom Gesetzgeber getroffenen Regelung liege ein Verstoß gegen Art. 3 Abs. 1 GG. Die Regelung lasse die notwendige Folgerichtigkeit vermissen.[5]

122 Daraufhin wurde durch das Gesetz zur Fortführung der Gesetzeslage 2006 bei der Entfernungspauschale vom 20. 4. 2009[6] die Rechtslage des VZ 2006 rückwirkend ab 1. 1. 2007 wiederhergestellt.[7]

123 Anzusetzen ist die Pauschale nach der Rechtslage seit VZ 2014 für Wege des Stpfl. zwischen Wohnung und erster Tätigkeitsstätte i. S. d. § 9 Abs. 4 EStG. Andere Aufwendungen des Stpfl. für beruflich veranlasste Fahrten sind demgegenüber nach § 9 Abs. 1 Satz 3 Nr. 4a EStG als Werbungskosten zu behandeln.

124 Bei der Gewinnermittlung sind die Regelungen nach Maßgabe des § 4 Abs. 5 Satz 1 Nr. 6 EStG teilweise entsprechend anzuwenden.[8] Für den Sonderausgabenabzug bei Aufwendungen für die eigene Berufsausbildung gilt die Regelung nach § 10 Abs. 1 Nr. 7 Satz 4 EStG.[9]

a) Erste Tätigkeitsstätte (§ 9 Abs. 4 EStG)

125 Zum Veranlagungszeitraum 2014 ist das Reisekostenrecht geändert worden.[10] Ziele der Änderung waren der Bürokratieabbau und die Vereinfachung des Reisekostenrechts sowie seine Anpassung an die neuere Rechtsprechung des BFH, eine grundlegende Änderung war hingegen nicht beabsichtigt.[11] Die Bestimmung der „ersten Tätigkeitsstätte" i. S. d. § 9 Abs. 4 EStG ist für das neue Reisekostenrecht zentral.[12] Sie wird in Nr. 4, 4a, 5 und 5a des § 9 Abs. 1 Satz 3 EStG sowie in § 9 Abs. 2 und Abs. 4a EStG in Bezug genommen und tritt im Wesentlichen an die Stelle der „regelmäßigen Arbeitsstätte" nach altem Recht.[13] Auch für die Einnahmenseite stellt

---

1 Gesetz v. 19. 7. 2006, BGBl 2006 I 1652; *Melchior*, DStR 2006, 1301.
2 Siehe bspw. die Diskussion zwischen *Offerhaus*, BB 2006, 129 und *Lenk*, BB 2006, 1305.
3 BFH v. 10. 1. 2008 - VI R 17/07, BStBl 2008 II 234.
4 BVerfG v. 9. 12. 2008 - 2 BvL 1, 2-07, 1, 2/08, BFH/NV 2009, 338 = NWB DokID: SAAAD-00290.
5 *Weber-Grellet*, DStR 2009, 349.
6 BStBl 2009 I 536.
7 BMF v. 31. 8. 2009, BStBl 2009 I 891.
8 BMF v. 23. 12. 2014, BStBl 2015 I 26, Rz. 1.
9 Siehe hierzu KKB/Wilhelm, § 10 EStG Rz. 121.
10 *Schmidt*, Reisekosten, NWB DokID: PAAAE-49479.
11 *Harder-Buschner/Schramm*, Beilage zu NWB 9/2013, 2.
12 *Schneider*, Beilage zu NWB 2013, 44, 45; zu Risiken siehe *Hermes*, NWB 2016, 2022.
13 Siehe zur alten Rechtslage insbesondere die bei *Schneider*, Beilage zu NWB 2013, 44, 46 genannten BFH-Urteile.

§ 8 Abs. 2 EStG auf sie ab.[1] Sie löst die „regelmäßige Arbeitsstätte" ab, die keine gesetzliche Definition erfahren hatte und daher im Wesentlichen durch die Rechtsprechung ausgefüllt werden musste.[2]

Die „erste Tätigkeitsstätte" ist dabei aufgrund des § 9 Abs. 3 EStG auch für andere als Einkünfte aus nichtselbständiger Arbeit maßgeblich. So kann der Vermieter im Rahmen des § 21 EStG in seinem Mietobjekt – in Ausnahmefällen – seine erste Tätigkeitsstätte haben.[3] Abzugrenzen ist dabei allerdings von den Herstellungskosten des Mietobjekts (§ 255 HGB).[4]

126

Eine erste Tätigkeitsstätte muss nicht notwendigerweise vorliegen, § 9 Abs. 4 Satz 5 EStG. Bei fehlender erster Tätigkeitsstätte ist zunächst § 9 Abs. 1 Satz 3 Nr. 4 EStG mangels Tatbestandsmerkmals nicht anwendbar. Es bleibt dann jedoch die Regelung des § 9 Abs. 1 Satz 3 Nr. 4a Satz 3 EStG zu beachten.[5]

127

Nach § 9 Abs. 4 Satz 1 EStG ist die erste Tätigkeitsstätte die ortsfeste betriebliche Einrichtung des Arbeitgebers, eines verbundenen Unternehmens (§ 15 AktG) oder eines vom Arbeitgeber bestimmten Dritten, der der Arbeitnehmer dauerhaft[6] zugeordnet ist.[7] Durch diese Regelung wird die bisherige Rechtsprechung des BFH überschrieben, die die damalige *regelmäßige Arbeitsstätte* als *"jede dauerhafte betriebliche Einrichtung des Arbeitgebers, der der Arbeitnehmer zugeordnet ist und die er nachhaltig, fortdauernd und immer wieder aufsucht"*, definiert hatte.[8] Die erste Tätigkeitsstätte nach neuem Recht kann demgegenüber auch einem vom Arbeitgeber bestimmten Dritten oder einem i. S. d. § 15 AktG verbundenen Unternehmen gehören.[9]

128

Zu den „ortsfesten betrieblichen Einrichtungen" gehören etwa Baucontainer, nicht aber Flugzeuge oder Schiffe. Allerdings kann der Arbeitgeber von Berufsgruppen, wie Piloten[10] oder Schifffahrtskapitänen eine erste Tätigkeitsstätte, wie etwa einen Flughafen[11] oder Seehafen, aufgrund dienst- oder arbeitsrechtlicher Festlegung bestimmen, § 9 Abs. 4 Satz 2 EStG.[12] Auch das häusliche Arbeitszimmer zählt nicht zu den „ortsfesten betrieblichen Einrichtungen", auch nicht, wenn der Arbeitgeber die Räume vom Arbeitnehmer anmietet.[13]

129

Die Zuordnung des Arbeitnehmers zur ersten Tätigkeitsstätte, die nach Satz 1 erforderlich ist, wird durch Satz 2 definiert. Sie wird durch die dienst- oder arbeitsrechtlichen Festlegungen sowie die diese ausfüllenden Absprachen und Weisungen bestimmt. Den arbeitsrechtlichen Fest-

130

---

1 Siehe hierzu KKB/Wünnemann, § 8 EStG Rz. 81.
2 *Painter*, DStR 2013, 217, 219, m. w. N.
3 *Von Beckerath* in Kirchhof, § 9 EStG Rz. 140; siehe dazu unten → Rz. 296 ff.
4 *Loschelder* in Schmidt, § 9 EStG Rz. 253, m. w. N. zur BFH-Rechtsprechung.
5 *Wünnemann/Gödtel*, Beilage zu NWB 2013, 38.
6 Zur Frage der Dauerhaftigkeit bei Leiharbeitnehmern Niedersächsisches FG v. 30. 11. 2016 - 9 K 130/16, NWB DokID: TAAAF-37212; Rev. Az. des BFH: VI R 6/17; *Seifert*, NWB 2017, 996.
7 *Harder-Buschner/Schramm*, NWB 2014, 26, mit Prüfungsschemata; z. B. von Polizeibeamten Niedersächsisches FG v. 24.4.2017 - 2 K 168/16, NWB DokID: FAAAG-47732; Überblick bei *Seifert*, NWB 2016, 3253, ausführlich *Schmitt*, NWB Beilage 3, 2017.
8 BFH v. 15. 5. 2013 - VI R 18/12, BStBl 2013 II 838, m. w. N.
9 BMF v. 24. 10. 2014, BStBl 2014 I 1412, Rz. 4.
10 Speziell zu Flugpersonal siehe Bayerisches Landesamt für Steuern v. 15. 2. 2016 - S 2353.1.1-16/1 St32, NWB DokID: XAAAF-69032.
11 Zu den Besonderheiten bei Flugpersonal auch Hessisches FG v. 23.2.2017 - 1 K 1824/15, NWB DokID: OAAAG-46650, Rev., Az. des BFH: VI R 17/17; FG Hamburg v. 13. 10. 2016 - 6 K 20/16, NWB DokID: DAAAF-88626, Rev., Az. des BFH: VI R 40/16; *Hermes*, NWB 2017, 1278.
12 *Harder-Buschner/Schramm*, Beilage zu NWB 2013, 6.
13 BMF v. 24. 10. 2014, BStBl 2014 I 1412, Rz. 3; ebenso *Niermann*, DB 2014, 2793; dagegen allerdings *Schmidt*, NWB 2015, 1758.

legungen des Arbeitgebers wird damit auch für steuerliche Zwecke Geltung verschafft, so dass von Arbeitgeberseite nicht mehr zwischen arbeitsrechtlichen und steuerrechtlichen Überlegungen abgewogen werden muss.

131 Die Zuordnungsentscheidung des Arbeitgebers kann sowohl schriftlich als auch mündlich erfolgen und muss eindeutig sein (siehe dazu § 9 Abs. 4 Satz 4 EStG). Sie kann etwa durch Regelungen im Arbeitsvertrag, im Tarifvertrag oder in Protokollnotizen dokumentiert werden.[1] Sie erfordert nicht, dass an der ersten Tätigkeitsstätte der Hauptteil der Arbeitsleistung des Arbeitnehmers erbracht wird.[2] Diese Gesetzeslage steht im Gegensatz zur bisherigen Rechtsprechung des BFH, nach der *„der regelmäßigen Arbeitsstätte hinreichend zentrale Bedeutung gegenüber den weiteren Tätigkeitsorten zukommen"* musste.[3]

132 Vielmehr wird lediglich vorausgesetzt, dass der Arbeitnehmer zumindest in ganz geringem Umfang dort tätig wird. Das „Tätigwerden" erfordert dabei ein persönliches Erscheinen.

133 Die Zuordnung eines Arbeitnehmers zu einer betrieblichen Einrichtung allein aus tarifrechtlichen, mitbestimmungsrechtlichen oder organisatorischen Gründen, ohne dass der Arbeitnehmer in dieser Einrichtung tätig werden soll, ist keine Zuordnung i. S. d. § 9 Abs. 4 EStG.[4]

134 Allerdings ist die Zuordnungsentscheidung nur in den Grenzen des § 42 AO anzuerkennen. Sie ist insbesondere bei Gleichlauf der Interessen des Arbeitgebers und Arbeitnehmers, also etwa bei Gesellschafter-Geschäftsführern, Arbeitnehmer-Ehegatten/Lebenspartnern und sonstigen, mitarbeitenden Familienangehörigen daraufhin zu überprüfen, ob sie einem Fremdvergleich standhält.[5]

135 Die Dauerhaftigkeit der Zuordnung, die von § 9 Abs. 4 Satz 1 EStG vorausgesetzt wird, wird in § 9 Abs. 4 Satz 3 EStG definiert und durch Regelbeispiele ausgefüllt. Demnach ist von einer dauerhaften Zuordnung insbesondere auszugehen, wenn der Arbeitnehmer unbefristet, für die Dauer des Dienstverhältnisses oder über einen Zeitraum von 48 Monaten hinaus an einer solchen Tätigkeitsstätte tätig werden soll. Aufgrund des Wortlauts „tätig werden soll" wird deutlich, dass es sich hierbei um eine Prognoseentscheidung handelt.[6] Weicht die tatsächliche Zuordnung des Arbeitnehmers von der Prognoseentscheidung ab, so bleibt die „ex-ante"-Zuordnungsentscheidung dennoch bestehen.[7] Die Zuordnung wird dabei ausschließlich durch dienst- oder arbeitsrechtliche Weisungen des Arbeitgebers festgelegt. Eine Absprache mit einem Kunden ist demgegenüber nicht maßgeblich.[8]

136 Aufgrund des Wortes „insbesondere" in § 9 Abs. 4 Satz 3 EStG ist davon auszugehen, dass auch in anderen Fällen eine „dauerhafte Zuordnung" angenommen werden kann.[9]

137 Zu Kettenabordnungen und Beispielen bezüglich der Dauerhaftigkeit siehe BMF v. 24. 10. 2014, Rz. 13 ff.[10] Zur grenzüberschreitenden Entsendung von Arbeitnehmern siehe *Niermann*.[11]

---

1 Siehe BMF v. 24. 10. 2014, BStBl 2014 I 1412, Rz. 10, für weitere Beispiele.
2 *Harder-Buschner/Schramm*, Beilage zu NWB 2013, 5.
3 BFH v. 9. 6. 2011 - VI R 36/10, BStBl 2012 II 36; dazu BMF v. 24. 10. 2014, BStBl 2014 I 1412, Rz. 8.
4 BMF v. 24. 10. 2014, BStBl 2014 I 1412, Rz. 6.
5 BMF v. 24. 10. 2014, BStBl 2014 I 1412, Rz. 9.
6 *Arens/Pelke*, DStR 2014, 1239, 1241.
7 *Harder-Buschner/Schramm*, Beilage zu NWB 2013, 5; *Niermann*, DB 2014, 2793, 2794.
8 *Niermann*, DB 2014, 2793, 2794.
9 *Weber*, Beilage zu NWB 2013, 22.
10 BMF v. 24. 10. 2014, BStBl 2014 I 1412.
11 *Niermann*, DB 2014, 2793, 2794.

Fehlt die für § 9 Abs. 4 Satz 1 EStG erforderliche dauerhafte Zuordnung des Arbeitnehmers zu einer ersten Tätigkeitsstätte i. S. d. Satz 2 und 3 oder ist sie nicht eindeutig, so ist nach § 9 Abs. 4 Satz 4 EStG die erste Tätigkeitsstätte die berufliche Einrichtung, an der der Arbeitnehmer dauerhaft entweder typsicherweise arbeitstäglich tätig werden soll oder pro Arbeitswoche zwei volle Arbeitstage oder mindestens ein Drittel seiner vereinbarten regelmäßigen Arbeitszeit tätig werden soll. Nur im Falle der fehlenden oder nicht eindeutigen Zuordnungsentscheidung des Arbeitgebers wird somit auf einer zweiten Prüfungsstufe überprüft, ob die erste Tätigkeitsstätte nach anderen Kriterien ermittelt werden kann. Durch Unterlassen einer expliziten Zuordnung kann der Arbeitgeber somit die Anwendung der Kriterien des Satz 4 auslösen.[1]

138

Dabei wird in § 9 Abs. 4 Satz 4 EStG auf quantitative Kriterien bezüglich der Tätigkeit des Arbeitnehmers abgestellt. Auch hier handelt es sich um eine Prognose („tätig werden soll"). Tritt die Prognose nicht ein, bleibt die Zuordnung unverändert.[2] Die Prognose ist dabei – entsprechend der bei der Einkommensteuer anzuwendenden Abschnittsbesteuerung – pro Veranlagungszeitraum zu treffen. Bei einem grundlegenden Wechsel der Tätigkeit des Arbeitnehmers kann auch eine unterjährige Veränderung der Prognose erforderlich sein.[3]

139

Je Dienstverhältnis hat der Arbeitnehmer höchstens eine erste Tätigkeitsstätte, § 9 Abs. 4 Satz 5 EStG. Die Möglichkeit, dass ein Arbeitnehmer aufgrund mehrerer Dienstverhältnisse mehrere erste Tätigkeitsstätten hat, ist damit im Gesetz angelegt.[4] Ebenso geht das Gesetz davon aus, dass eine erste Tätigkeitsstätte in manchen Konstellationen nicht bestimmt werden kann („höchstens"). Dann liegen ausschließlich „auswärtige Tätigkeitsstätten" vor.[5] Dieser Fall tritt ein, wenn keine Festlegung der ersten Tätigkeitsstätte durch den Arbeitgeber erfolgt und auch die Kriterien des § 9 Abs. 4 Satz 4 EStG zu keiner Zuordnung führen.[6]

140

Liegen die Voraussetzungen des § 9 Abs. 4 Satz 1 bis 4 EStG für mehrere Tätigkeitsstätten vor, ist diejenige Tätigkeitsstätte erste Tätigkeitsstätte, die der Arbeitgeber bestimmt, § 9 Abs. 4 Satz 6 EStG. Die Auswahl zwischen verschiedenen möglichen ersten Tätigkeitsstätten obliegt damit dem Arbeitgeber. Sie ist notwendig, um § 9 Abs. 4 Satz 5 EStG gerecht zu werden, nach dem höchstens eine erste Tätigkeitsstätte je Dienstverhältnis vorliegen kann.

141

Fehlt es an dieser Bestimmung oder ist sie nicht eindeutig, ist die der Wohnung örtlich am nächsten liegende Tätigkeitsstätte die erste Tätigkeitsstätte, § 9 Abs. 4 Satz 7 EStG. Damit wird nur für die der Wohnung am nächsten liegende Tätigkeitsstätte die Entfernungspauschale des § 9 Abs. 1 Satz Nr. 4 EStG angesetzt, so dass Wege zu weiter entfernten Tätigkeitsstätten mit den tatsächlichen Kosten als Werbungskosten angesetzt werden (Meistbegünstigung).[7] Im Gegensatz zur Pauschale müssen diese Aufwendungen tatsächlich geleistet worden sein, so dass sich nicht in jedem Fall eine Besserstellung gegenüber dem Ansatz der Pauschale ergibt.

142

Nach § 9 Abs. 4 Satz 8 EStG gilt als erste Tätigkeitsstätte auch eine Bildungseinrichtung, die außerhalb eines Dienstverhältnisses zum Zwecke eines Vollzeitstudiums oder einer vollzeiti-

143

---

1 BMF v. 24. 10. 2014, BStBl 2014 I 1412, Rz. 12.
2 *Harder-Buschner/Schramm*, Beilage zu NWB 2013, 7.
3 *Niermann*, DB 2013, 1015, 1017.
4 BMF v. 24. 10. 2014, BStBl 2014 I 1412, Rz. 29.
5 BMF v. 24. 10. 2014, BStBl 2014 I 1412, Rz. 2.
6 *Von Beckerath* in Kirchhof, § 9 EStG Rz. 55.
7 *Harder-Buschner/Schramm*, Beilage zu NWB 2013, 8.

gen Bildungsmaßnahme aufgesucht wird; die Regelungen für Arbeitnehmer nach § 9 Abs. 1 Satz 3 Nr. 4 und 5 sowie Abs. 4a EStG sind dabei entsprechend anzuwenden.

144 Zu den Wegekosten beim Aufsuchen von Bildungseinrichtungen hatte der BFH seine Rechtsprechung im Jahr 2012 geändert und entschieden,[1] dass diese bei vollzeitigen Bildungsmaßnahmen mit den tatsächlichen Aufwendungen statt der Entfernungspauschale anzusetzen sind.[2]

145 Entgegen dieser Rechtsprechung gilt unter dem neuen Reisekostenrecht nach § 9 Abs. 4 Satz 8 EStG auch eine Bildungseinrichtung als erste Tätigkeitsstätte. Erforderlich ist, dass diese zum Zwecke eines Vollzeitstudiums oder einer vollzeitigen Bildungsmaßnahme aufgesucht wird. „Vollzeitig" sind diese Maßnahmen „insbesondere" dann, wenn vor, wenn der Stpfl. daneben entweder keiner Erwerbstätigkeit nachgeht oder während der gesamten Dauer der Maßnahme eine Erwerbstätigkeit mit durchschnittlich bis zu 20 Stunden regelmäßiger wöchentlicher Arbeitszeit oder in Form eines geringfügigen Beschäftigungsverhältnisses i. S. d. §§ 8 und 8a SGB IV ausübt.[3]

146 Zudem muss das Studium oder die Maßnahme außerhalb eines Dienstverhältnisses durchgeführt werden. Dies ist der Fall, wenn sie ohne arbeitsvertragliche Verpflichtung absolviert werden und nicht Gegenstand des Dienstverhältnisses ist. Eine Förderung durch den Arbeitgeber, wie z. B. durch ein Stipendium, ist unschädlich.[4]

147 Da die betroffenen Stpfl. gerade keine „Arbeitnehmer" (i. S. d. § 1 Abs. 1 LStDV) sind, wird durch § 9 Abs. 4 Satz 8 2. Halbsatz EStG die Anwendbarkeit der Regelungen zur Entfernungspauschale, zur doppelten Haushaltsführung und zu Verpflegungsmehraufwendungen auf diese Stpfl. explizit bestätigt.

148 Der Ansatz der Entfernungspauschale für Wegekosten, der durch die Regelung induziert wird, muss nicht notwendigerweise nachteilig sein. Denn die Pauschalierung wird auch angewendet, wenn keine tatsächlichen Aufwendungen vorliegen.[5]

149 Die Beschränkungen des § 9 Abs. 6 EStG bezüglich der grundsätzlichen Abziehbarkeit der Aufwendungen für eine Berufsausbildung oder ein Studium als Werbungskosten sind zusätzlich zu beachten. Siehe hierzu → Rz. 360.

150 Die von der Bundesagentur für Arbeit geförderten vollzeitigen Bildungsmaßnahmen bleiben von der Regelung des § 9 Abs. 4 Satz 8 EStG unberührt, da sie nach § 3 Nr. 2 EStG steuerfrei sind.[6]

151–155 (Einstweilen frei)

b) Ansatz und Abgeltungswirkung der Entfernungspauschale (§ 9 Abs. 1 Satz 3 Nr. 4 Satz 2 bis 6, Abs. 2 EStG)

156 Nach § 9 Abs. 1 Satz 3 Nr. 4 Satz 2 EStG wird die Entfernungspauschale „zur Abgeltung" der Aufwendungen für Wege zwischen Wohnung und Tätigkeitsstätte gewährt. Gem. § 9 Abs. 2

---

[1] BFH v. 9. 2. 2012 - VI R 44/10, BStBl 2013 II 234; BFH v. 9. 2. 2012 - VI R 42/11, BStBl 2013 II 236.
[2] Geserich, NWB 2012, 1226.
[3] BMF v. 24. 10. 2014, BStBl 2014 I 1412, Rz. 33.
[4] BMF v. 24. 10. 2014, BStBl 2014 I 1412, Rz. 32.
[5] Schmidt, NWB 2015, 1758, 1764.
[6] Harder-Buschner/Schramm, Beilage zu NWB 2013, 8.

Satz 1 EStG sind durch die Entfernungspauschalen sämtliche Aufwendungen abgegolten, die durch die Wege zwischen Wohnung und erster Tätigkeitsstätte i. S. d. Abs. 4 und durch die Familienheimfahrten veranlasst sind. Die Wirkungen der Abgeltung sieht der BFH als verfassungsgemäß an.[1] Auch im Rahmen der doppelten Haushaltsführung ist für Familienheimfahrten eine Entfernungspauschale nach § 9 Abs. 1 Satz 3 Nr. 5 Satz 6 EStG anzusetzen. Daher spricht § 9 Abs. 2 Satz 1 EStG im Plural von „Entfernungspauschalen".

Für Flugstrecken und Strecken mit steuerfreier Sammelbeförderung nach § 3 Nr. 32 EStG gilt die Entfernungspauschale nicht, § 9 Abs. 1 Satz 3 Nr. 4 Satz 3 EStG. Bei längeren Flugstrecken würde sich ein im Vergleich zum tatsächlich geleisteten Entgelt stark überhöhter Betrag ergeben. Für diese Strecken sind die tatsächlichen Kosten anzusetzen. Demgegenüber sind die Anfahrt zum Flughafen und die Abfahrt vom Flughafen mit der Entfernungspauschale abgegolten.[2] Die Regelung ist nach Auffassung des BFH verfassungsgemäß.[3]

Ausnahmen von der Abgeltungswirkung ergeben sich zum einen in persönlicher Hinsicht für behinderte Menschen, § 9 Abs. 2 Satz 3 EStG. Diese können (Wahlrecht) anstelle der Entfernungspauschalen die tatsächlichen Aufwendungen für die Wege zwischen Wohnung und erster Tätigkeitsstätte und für Familienheimfahrten ansetzen.

Voraussetzung für das Wahlrecht des § 9 Abs. 2 Satz 3 EStG ist ein Grad der Behinderung, der mindestens 70 % beträgt. In diesen Fällen kann die Regelung des Satz 3 ohne weitere Prüfung in Anspruch genommen werden. Bei einem Grad der Behinderung zwischen 50 % und 70 % wird zusätzlich vorausgesetzt, dass der Stpfl. in seiner Bewegungsfähigkeit im Straßenverkehr erheblich beeinträchtigt ist. Diese Voraussetzungen sind durch amtliche Unterlagen nachzuweisen, § 9 Abs. 2 Satz 4 EStG. § 65 EStDV (zum Nachweis des Grades der Behinderung bei agB nach § 33b EStG) gilt entsprechend.[4]

Ist die Regelung des § 9 Abs. 2 Satz 3 EStG dem Grunde nach erfüllt, kann der Stpfl. die tatsächlichen Aufwendungen als Werbungskosten ansetzen. Wird der Stpfl., der die Regelung erfüllt, von einem Dritten zur oder von der ersten Tätigkeitsstätte transportiert, können auch die dabei auftretenden Leerfahrten in tatsächlicher Höhe oder in sinngemäßer Anwendung von § 9 Abs. 1 Satz 3 Nr. 4a Satz 2 EStG als Werbungskosten abgezogen werden.[5]

Bei Herabsetzung des Grads der Behinderung unter die mindestens erforderliche Schwelle von 50 % wird kein „Nachwirkungszeitraum" i. S. d. Sozialgesetzgebung (§ 38 Abs. 1 SchwbG bzw. § 116 Abs. 1 SGB IX) gewährt. Vielmehr entfällt der sachliche Grund für die steuerliche Begünstigung erheblich behinderter Stpfl. im Verhältnis zu anderen nicht- oder nur minderbehinderten Stpfl. bereits im Zeitpunkt der Neufeststellung.[6]

Zum anderen werden in sachlicher Hinsicht neben der Entfernungspauschale grundsätzlich keine weiteren Aufwendungen als Werbungskosten für Wege zwischen Wohnung und erster Tätigkeitsstätte und für Familienheimfahrten anerkannt. Kosten wie Parkgebühren für das Abstellen des Kraftfahrzeugs während der Arbeitszeit, Finanzierungskosten, Beiträge für Kraft-

---

1 BFH v. 20. 3. 2014 - VI R 29/13, BStBl 2014 II 849; BFH v. 15.11.2016 - VI R 4/15, BStBl 2017 II 228; Verfassungsbeschwerde nicht zur Entscheidung angenommen; BVerfG v. 7.7.2017 - 2 BvR 308/17; Seifert, StuB 2017, 783.
2 BMF v. 31. 10. 2013, BStBl 2013 I 1376, unter 1.2.
3 Zur Entfernungspauschale bei doppelter Haushaltsführung BFH v. 26. 3. 2009 - VI R 42/07, BStBl 2009 II 724.
4 R 9.10 Abs. 3 Satz 3 LStR; FG Rheinland-Pfalz v. 21. 3. 2013 - 4 K 1032/10, NWB DokID: QAAAE-64578; NZB unbegründet BFH v. 11. 3. 2014 - VI B 95/13, BStBl 2014 II 525.
5 R 9.10 Abs. 3 Satz 2 LStR.
6 BFH v. 11. 3. 2014 - VI B 95/13, BStBl 2014 II 525, m. w. N.

fahrerverbände, Versicherungsbeiträge für einen Insassenunfallschutz oder Aufwendungen infolge Diebstahls sind damit beispielsweise abgegolten.[1] Zu derartigen Kosten hat der BFH auch die Kosten einer Falschbetankung des Fahrzeugs gerechnet.[2]

163 Allerdings wird bei Unfallkosten, die auf einer Fahrt zwischen Wohnung und erster Tätigkeitsstätte oder auf einer zu berücksichtigenden Familienheimfahrt entstehen, von Seiten der Finanzverwaltung eine Ausnahme gemacht: Diese sind als „außergewöhnliche Aufwendungen" (nicht: außergewöhnliche Belastungen) nach der Grundregel des § 9 Abs. 1 Satz 1 EStG neben der Entfernungspauschale zu berücksichtigen.[3] Ob diese Ausnahme angesichts des klaren Wortlauts des § 9 Abs. 2 Satz 1 EStG dauerhaft Bestand haben wird,[4] wird von der wohl h. M. zu Recht bezweifelt. Die Rechtsprechung lässt ebenfalls keinen Abzug zu.[5] Für Reparaturkosten hat das FG Baden-Württemberg einen Abzug zugelassen.[6]

164 Die Entfernungspauschale wird grundsätzlich unabhängig vom gewählten Verkehrsmittel und auch für zu Fuß bewältigte Strecken gewährt.[7] Anzusetzen ist die Distanz zwischen der Wohnung des Stpfl. und der ersten Tätigkeitsstätte, § 9 Abs. 1 Satz 3 Nr. 4 Satz 2 EStG. Dabei ist nach dem Wortlaut der Regelung auf volle Kilometer abzurunden.[8] Die Entfernungspauschale beträgt 0,30 € pro vollen Kilometer und ist für jeden Arbeitstag zu gewähren, an dem der Stpfl. seine erste Tätigkeitsstätte aufsucht. Dies gilt auch, wenn die Strecke mehrfach pro Tag zurückgelegt wird.[9] Der sich ergebende Betrag wird bis zu einem Höchstbetrag von 4 500 € als Werbungskosten angesetzt. Bei Benutzung eines eigenen oder zur Nutzung überlassenen Kraftwagens wird dagegen kein Höchstbetrag angewandt (§ 9 Abs. 1 Satz 3 Nr. 4 Satz 2 2. Halbsatz EStG). Insoweit wird die Unabhängigkeit von dem genutzten Verkehrsmittel durchbrochen.

165 Bei Benutzung öffentlicher Verkehrsmittel wird dieses Prinzip erneut durchbrochen, § 9 Abs. 2 Satz 2 EStG. Die Kosten für deren Benutzung können angesetzt werden, soweit sie den im Kalenderjahr insgesamt als Entfernungspauschale abziehbaren Betrag übersteigen. Dabei ist nach dem Wortlaut der Regelung auf den insgesamt im Kalenderjahr abziehbaren Betrag abzustellen. Dies gilt demnach auch, wenn öffentliche Verkehrsmittel nur während eines Teils des Kalenderjahrs benutzt werden und die Kosten für öffentliche Verkehrsmittel entsprechend gering sind.[10]

166 Die erste Tätigkeitsstätte i. S. d. Regelung wird durch § 9 Abs. 4 EStG legal definiert. Liegt keine erste Tätigkeitsstätte vor, so fallen die entsprechenden Aufwendungen nicht unter § 9 Abs. 1 Satz 3 Nr. 4 EStG. § 9 Abs. 1 Satz 3 Nr. 4a Satz 3 EStG bleibt zu beachten.[11]

---

1 BMF v. 31. 10. 2013, BStBl 2013 I 1376, unter 4.
2 BFH v. 20. 3. 2014 - VI R 29/13, BStBl 2014 II 849; dazu *Schneider*, NWB 2014, 2078, 2080.
3 BMF v. 31. 10. 2013, BStBl 2013 I 1376, unter 4; zu den Fallgruppen siehe H 9.10 „Unfallschäden" LStH.
4 *Schneider*, NWB 2014, 2078, 2081; *Warnke*, EStB 2015, 24, 26; HHR/*Bergkemper*, § 9 EStG Rz. 593 m. w. N; a. A. *Fuhrmann* in Korn, § 9 EStG Rz. 202.
5 FG Rheinland-Pfalz v. 23. 2. 2016 - 1 K 2078/15, NWB DokID: JAAAF-71273, rkr. m. w. N; *Hilbert*, NWB 2016, 1334.
6 FG Baden-Württemberg v. 24. 6. 2014 - 4 K 3997/11, NWB DokID: SAAAE-86252; erledigt in der Hauptsache; *Kühnen*, EFG 2016, 819.
7 BMF v. 31. 10. 2013, BStBl 2013 I 1376, unter 1.1.
8 BMF v. 31. 10. 2013, BStBl 2013 I 1376, unter 1.4.
9 BMF v. 31. 10. 2013, BStBl 2013 I 1376, unter 1.7; bei Rückfahrt an einem anderen Tag siehe FG Münster v. 14. 7. 2017 - 6 K 3009/15 E, NWB DokID: YAAAG-58234, Rev. anh. BFH VI R 42/17.
10 BMF v. 31. 10. 2013, BStBl 2013 I 1376, Beispiel 1.
11 BMF v. 31. 10. 2013, BStBl 2013 I 1376, unter 1.1.

167 Liegen dagegen mehrere erste Tätigkeitsstätten vor, weil mehrere Dienstverhältnisse bestehen (§ 9 Abs. 4 Satz 5 EStG), so ist die Entfernungspauschale mehrfach täglich anzusetzen, wenn der Arbeitnehmer zwischenzeitlich in seine Wohnung zurückkehrt. Werden die ersten Tätigkeitsstätten dagegen nacheinander und ohne Rückkehr in die Wohnung angefahren, so gilt die Fahrt zur zuerst erreichten ersten Tätigkeitsstätte als Umwegstrecke zur nächsten ersten Tätigkeitsstätte.[1]

168 Der Begriff der „Wohnung" i. S. d. Regelung ist dabei weit auszulegen, da der Gesetzgeber mit der Vorschrift alle Sachverhalte erfassen wollte, in denen einem Arbeitnehmer durch die Fahrt von einer irgendwie gearteten Unterkunft zum Arbeitsplatz und zurück Aufwendungen entstehen.[2] Dazu gehört bspw. ein möbliertes Zimmer, die Unterkunft auf einem Schiff oder in Holzbaracken, ein Holzhaus in einem Schrebergarten oder auf einem Wochenendgrundstück.[3]

169 Hat der Arbeitnehmer mehrere Wohnungen, so sind die Wege von einer Wohnung, die nicht der ersten Tätigkeitsstätte am nächsten liegt, nur zu berücksichtigen, wenn sie den Mittelpunkt der Lebensinteressen des Arbeitnehmers bildet und nicht nur gelegentlich aufgesucht wird, § 9 Abs. 4 Satz 6 EStG. Dabei wird der Mittelpunkt der Lebensinteressen bei einem verheirateten Stpfl. regelmäßig dort vermutet, wo seine Familie tatsächlich wohnt, wenn er sich im Kalenderjahr mindestens sechsmal dort aufhält.[4]

170 Bei anderen Arbeitnehmern wird hingegen auf die „engeren persönlichen Beziehungen" abgestellt, um den Mittelpunkt der Lebensinteressen festzustellen. Diese persönlichen Beziehungen können insbesondere in Bindungen an Personen, z. B. Eltern, Verlobte bestehen. Sucht der Arbeitnehmer diese Wohnung im Durchschnitt mindestens zweimal monatlich auf, ist davon auszugehen, dass sich dort der Mittelpunkt seiner Lebensinteressen befindet.[5]

171 Die Entfernung zur Berechnung der Entfernungspauschale ist zunächst als die kürzeste Straßenverbindung zwischen Wohnung und erster Tätigkeitsstätte zu bestimmen, § 9 Abs. 1 Satz 3 Nr. 4 Satz 4 1. Halbsatz EStG.

172 Diese ist unabhängig vom tatsächlich benutzten Verkehrsmittel für alle Fahrzeuge einheitlich zu bestimmen und damit unabhängig von etwaigen Einschränkungen bezüglich der Nutzbarkeit der Verbindung für gewisse Fahrzeugtypen. Es muss sich allerdings um *„öffentliche Straßen i. S. d. § 2 des Straßenverkehrsgesetzes, die dem allgemeinen Kraftfahrzeugverkehr dienen"*, handeln. Eine Ermittlung der kürzesten Strecke in Abhängigkeit von dem gewählten Verkehrsmittel würde dem Vereinfachungsgedanken der Entfernungspauschale zuwider laufen.[6]

173 Ist eine andere als die kürzeste Straßenverbindung offensichtlich verkehrsgünstiger und wird sie vom Arbeitnehmer regelmäßig für die Wege zwischen Wohnung und erster Tätigkeitsstätte benutzt, kann diese zugrunde gelegt werden, § 9 Abs. 1 Satz 3 Nr. 4 Satz 4 2. Halbsatz EStG. Eine abweichende Strecke ist verkehrsgünstiger, wenn der Arbeitnehmer die erste Tätigkeitsstätte in der Regel schneller und pünktlicher erreicht[7] bzw. wenn sich jeder unvoreingenom-

---

1 BMF v. 31. 10. 2013, BStBl 2013 I 1376, unter 1.8 mit Beispiel.
2 R 9.10 Abs. 1 LStR; *Zimmer* in Littmann/Bitz/Pust, § 9 EStG Rz. 827, 828.
3 BFH v. 20. 12. 1982 - VI R 64/81, BStBl 1983 II 306, m. w. N.
4 R 9.10 Abs. 1 Satz 4 LStR
5 R 9.10 Abs. 1 Satz 6 bis 8 LStR
6 BFH v. 24. 9. 2013 - VI R 20/13, BStBl 2014 II 259.
7 BMF v. 31. 10. 2013, BStBl 2013 I 1376, unter 1.4.

mene, verständige Verkehrsteilnehmer unter den gegebenen Verkehrsverhältnissen für die Benutzung der Strecke entschieden hätte.[1]

174 Auch Fährverbindungen sind sowohl bei der Ermittlung der kürzesten Straßenverbindung als auch bei der Ermittlung der verkehrsgünstigsten Straßenverbindung einzubeziehen. Dies gilt jedoch nur, soweit sie zumutbar und wirtschaftlich sinnvoll erscheinen. Die Fahrtstrecke der Fähre selbst ist dann jedoch nicht Teil der maßgebenden Entfernung. An ihrer Stelle können die tatsächlichen Fährkosten berücksichtigt werden.[2]

175 Zu Fahrgemeinschaften siehe BMF v. 31. 10. 2013,[3] unter 1.5.

176 Zur Anzahl der relevanten Arbeitstage siehe *Schmidt*.[4]

177–184 *(Einstweilen frei)*

6. Aufwendungen für sonstige beruflich veranlasste Fahrten (§ 9 Abs. 1 Satz 3 Nr. 4a EStG)

185 Werbungskosten sind auch Aufwendungen des Arbeitnehmers für beruflich veranlasste Fahrten, die nicht Fahrten zwischen Wohnung und erster Tätigkeitsstätte i. S. d. Abs. 4 sowie keine Familienheimfahrten sind, § 9 Abs. 1 Satz 3 Nr. 1 Satz 1 EStG. Durch Satz 1 wird der Anwendungsbereich der Nr. 4a negativ eingegrenzt. Familienheimfahrten im Rahmen der doppelten Haushaltsführung und Wege zwischen Wohnung und erster Tätigkeitsstätte i. S. d. § 9 Abs. 4 EStG werden grundsätzlich durch Entfernungspauschalen als Werbungskosten berücksichtigt. Alle anderen beruflich veranlassten Fahrten werden hingegen grundsätzlich mit den „tatsächlichen Aufwendungen" als Werbungskosten anerkannt.[5]

186 Zur Ermittlung der tatsächlichen Aufwendungen kann bei Benutzung eines eigenen Fahrzeugs des Arbeitnehmers ein Teilbetrag der jährlichen Gesamtkosten dieses Fahrzeugs angesetzt werden, der dem Anteil der zu berücksichtigenden Fahrten an der Jahresfahrleistung entspricht. Dieser Anteil kann durch einen Kilometersatz errechnet werden, der aufgrund der für einen Zeitraum von zwölf Monaten ermittelten Gesamtkosten errechnet wird. Solange sich die Verhältnisse nicht wesentlich ändern (z. B. bei Ablauf des Abschreibungszeitraums), kann der so ermittelte Kilometersatz beibehalten werden.[6]

187 Anstelle der tatsächlichen Aufwendungen, die dem Arbeitnehmer durch die persönliche Benutzung eines Beförderungsmittels entstehen, können die Fahrtkosten mit den pauschalen Kilometersätzen angesetzt werden, die für das jeweils benutzte Beförderungsmittel (Fahrzeug) als höchste Wegstreckenentschädigung nach dem Bundesreisekostengesetz festgesetzt sind, § 9 Abs. 1 Satz 3 Nr. 4a Satz 2 EStG.

188 Nach § 9 Abs. 1 Satz 3 Nr. 4a Satz 3 EStG gilt Abs. 1 Satz 3 Nr. 4 und Abs. 2 für die Fahrten von der Wohnung zu diesem Ort oder dem zur Wohnung nächstgelegenen Zugang zum Tätigkeitsgebiet entsprechend, wenn ein Arbeitnehmer keine erste Tätigkeitsstätte (§ 9 Abs. 4 EStG) hat und er nach den dienst- oder arbeitsrechtlichen Festlegungen sowie den diese ausfüllenden Absprachen und Weisungen zur Aufnahme seiner beruflichen Tätigkeit dauerhaft denselben

---

[1] BFH v. 16. 11. 2011 - VI R 46/10, BStBl 2012 II 470.
[2] BMF v. 31. 10. 2013, BStBl 2013 I 1376, unter 1.4.
[3] BMF v. 31. 10. 2013, BStBl 2013 I 1376.
[4] NWB 2011, 1000.
[5] R 9.5 Abs. 1 Satz 1 LStR.
[6] R 9.5 Abs. 1 Satz 2 bis 4 LStR.

Ort oder dasselbe weiträumige Tätigkeitsgebiet typischerweise arbeitstäglich aufsuchen muss.[1]

Durch § 9 Abs. 1 Satz 3 Nr. 4a Satz 3 EStG werden die Regelungen zur Entfernungspauschale und ihrer Abgeltungswirkung auf Fälle übertragen, in denen keine erste Tätigkeitsstätte für das jeweilige Dienstverhältnis vorliegt. Zudem muss der Arbeitgeber durch dienst- oder arbeitsrechtliche Festlegungen dauerhaft denselben Ort zur Aufnahme der beruflichen Tätigkeit bestimmt haben („Sammelpunkt").[2] Bei einer von Arbeitnehmern organisierten Fahrgemeinschaft fehlt es an einer solchen Festlegung durch den Arbeitgeber.[3]

Dasselbe gilt für den Zugang zu einem „weiträumigen Tätigkeitsgebiet", wie es etwa für Postboten oder Waldarbeiter typisch ist.[4] Ein „weiträumiges Tätigkeitsgebiet" liegt in Abgrenzung zur ersten Tätigkeitsstätte vor, wenn die vertraglich vereinbarte Arbeitsleistung auf einer festgelegten Fläche und nicht innerhalb einer ortsfesten betrieblichen Einrichtung des Arbeitgebers, eines verbundenen Unternehmens (§ 15 AktG) oder bei einem vom Arbeitgeber bestimmten Dritten ausgeübt werden soll.

Für Fahrten zum Sammelpunkt oder zu dem der Wohnung nächstgelegenen Zugang zum weiträumigen Tätigkeitsgebiet wird die Entfernungspauschale nach § 9 Abs. 1 Satz 3 Nr. 4 EStG angesetzt. Damit ist allerdings keine Fiktion einer ersten Tätigkeitsstätte verbunden. Vielmehr wird nur die Entfernungspauschale für entsprechend anwendbar erklärt; weitere Regelungen, die an die erste Tätigkeitsstätte anknüpfen, bleiben unberührt.[5]

Für die Fahrten innerhalb des weiträumigen Tätigkeitsgebiets gelten Satz 1 und 2 entsprechend, § 9 Abs. 1 Satz 3 Nr. 4a Satz 4 EStG. Demnach können auch bei Fahrten innerhalb des weiträumigen Tätigkeitsgebiets oder auch zu einem weiter entfernten Zugangspunkt zum weiträumigen Tätigkeitsgebiet die tatsächlichen Aufwendungen nach § 9 Abs. 1 Satz 3 Nr. 4a Satz 1 EStG oder die Pauschalen nach § 9 Abs. 1 Satz 3 Nr. 4a Satz 2 EStG angesetzt werden.[6]

(Einstweilen frei) 193–198

7. Doppelte Haushaltsführung (§ 9 Abs. 1 Satz 3 Nr. 5 EStG)

Nach § 9 Abs. 1 Satz 3 Nr. 5 Satz 1 EStG sind notwendige Mehraufwendungen, die einem Arbeitnehmer wegen einer beruflich veranlassten doppelten Haushaltsführung entstehen, Werbungskosten.[7] Zur Abgrenzung zu § 9 Abs. 1 Satz 1 EStG siehe FG Berlin-Brandenburg v. 1.6.2017.[8]

Dabei kann es sich um laufende, vorweggenommene (etwa bei Arbeitslosigkeit) oder nachträgliche (etwa Auflösung der Zweitwohnung) Werbungskosten handeln.[9]

Die grundsätzliche Einschränkung des Satz 1 auf „Arbeitnehmer" (§ 1 Abs. 1 LStDV) wird durch die von § 9 Abs. 3 EStG angeordnete „entsprechende" Geltung der Nr. 5 bei den Einkunftsarten

---

1 Zu dieser Konstellation FG Nürnberg v. 8.7.2016 - 4 K 1836/15, NWB DokID: CAAAF-82070; *Hermes*, NWB 2017, 1278.
2 BMF v. 24.10.2014, BStBl 2014 I 1412, Rz. 37; siehe auch Beispiele 24 bis 27.
3 BMF v. 24.10.2014, BStBl 2014 I 1412, Rz. 38.
4 BMF v. 24.10.2014, BStBl 2014 I 1412, Rz. 41 und Beispiel 28.
5 BMF v. 24.10.2014, BStBl 2014 I 1412, Rz. 39.
6 BMF v. 24.10.2014, BStBl 2014 I 1412, Rz. 43.
7 *Schmidt*, Doppelte Haushaltsführung, NWB DokID: IAAAE-70154.
8 FG Berlin-Brandenburg v. 1.6.2017 - 3 K 3278/14, EFG 2017, 1880; NZB BFH: VI B 69/17.
9 *Loschelder* in Schmidt, § 9 EStG Rz. 205.

des § 2 Abs. 1 Nr. 5 bis 7 EStG durchbrochen.[1] Allerdings dürfte der Anwendungsbereich bei diesen Einkunftsarten gering sein.

201 Für die entsprechende Abzugsbeschränkung bei Betriebsausgaben (§ 4 Abs. 4 EStG) verweist § 4 Abs. 5 Satz 1 Nr. 6a EStG teilweise auf die Regelung des § 9 Abs. 1 Satz 3 Nr. 5 EStG.[2] Für den Sonderausgabenabzug bei Aufwendungen für die eigene Berufsausbildung gilt die Regelung nach § 10 Abs. 1 Nr. 7 Satz 4 EStG.

202 Nach dem Gesetzeswortlaut sind nur „notwendige Mehraufwendungen" und auch diese nur im Rahmen der Beschränkungen des § 9 Abs. 1 Satz 3 Nr. 5 EStG abziehbar. Dadurch wird zum Ausdruck gebracht, dass die in Satz 3 Nr. 5 angesprochenen Aufwendungen, wie etwa Miete für eine privat genutzte Wohnung, unter anderen Umständen nicht abziehbar sind, da sie der privaten Lebensführung zuzurechnen sind (§ 12 Nr. 1 EStG) und den Werbungskostenbegriff des § 9 Abs. 1 Satz 1 EStG nicht erfüllen. Nur aufgrund der besonderen Situation der doppelten Haushaltsführung notwendigerweise entstehende Mehraufwendungen sollen als Werbungskosten abziehbar sein.[3] Damit ist § 9 Abs. 1 Satz 3 Nr. 5 EStG teils deklaratorischer Natur, indem eine „berufliche Veranlassung" gefordert wird.[4] Durch die in Satz 4 bis 7 enthaltenen Beschränkungen der Abzugsfähigkeit ist die Regelung konstitutiv, da insoweit der grundsätzlich uneingeschränkt zu gewährende Abzug von Werbungskosten eingeschränkt wird.[5]

203 Da die Entscheidung, am Ort der ersten Tätigkeitsstätte zu wohnen, stets auch privat mitveranlasst ist, lässt das Einkommensteuerrecht Unterkunftskosten am Beschäftigungsort nicht nach den Vorlieben des Arbeitnehmers, sondern nur im Umfang notwendiger Mehraufwendungen zum Abzug zu.[6] Als notwendige Mehraufwendungen wegen einer doppelten Haushaltsführung kommen dabei in Betracht:[7]

- ▶ die Fahrtkosten aus Anlass der Wohnungswechsel zu Beginn und am Ende der doppelten Haushaltsführung sowie wöchentliche Heimfahrten an den Ort des eigenen Hausstands oder Aufwendungen für wöchentliche Familien-Ferngespräche,[8]
- ▶ Verpflegungsmehraufwendungen,[9]
- ▶ Aufwendungen für die Zweitwohnung, begrenzt durch den Höchstbetrag von 1 000 € in § 9 Abs. 1 Satz 3 Nr. 5 Satz 4 EStG,[10]
- ▶ Umzugskosten.[11]

204 Die „berufliche Veranlassung" i. S. d. § 9 Abs. 1 Satz 3 Nr. 5 Satz 1 EStG ist gegenüber der Definition der Werbungskosten in § 9 Abs. 1 Satz 1 EStG deklaratorisch.[12] Sie liegt vor, wenn eine Zweitwohnung bei einem Wechsel des Beschäftigungsorts aufgrund einer Versetzung, des

---

1 *Zimmer* in Littmann/Bitz/Pust, § 9 EStG Rz. 1001.
2 BMF v. 23.12.2014, BStBl 2015 I 26, Rz. 13.
3 BFH v. 13.7.2011 - VI R 2/11, BStBl 2012 II 104.
4 *Von Bornhaupt* in Kirchhof/Söhn/Mellinghoff, § 9 EStG G 1.
5 *Von Bornhaupt* in Kirchhof/Söhn/Mellinghoff, § 9 EStG G 4b.
6 BFH v. 28.3.2012 - VI R 25/11, BStBl 2012 II 831, Rz. 15; dazu *Schneider*, NWB 2012, 2908.
7 R 9.11 Abs. 5 Satz 1 LStR; BFH v. 4.4.2006 - VI R 44/03, BStBl 2006 II 567; *Langenkämper*, Doppelte Haushaltsführung, NWB DokID: CAAAE-09766.
8 R 9.11 Abs. 6 LStR; *Berger*, NWB 2015, 3392; zu „umgekehrten Familienheimfahrten" s. BFH v. 22.10.2015 - VI R 22/14, BStBl 2016 II 179.
9 R 9.11 Abs. 7 LStR.
10 R 9.11 Abs. 8 LStR.
11 R 9.11 Abs. 9 LStR.
12 BFH v. 28.3.2012 - VI R 25/11, BStBl 2012 II 831, Rz. 13.

Wechsels oder der erstmaligen Begründung eines Dienstverhältnisses bezogen wird.[1] Dies kann auch bei berufstätigen Ehegatten der Fall sein, die am gemeinsamen Beschäftigungsort eine gemeinsame Zweitwohnung beziehen.[2] Die berufliche Veranlassung wird auch anerkannt, wenn der Arbeitnehmer seinen Haupthausstand aus privaten Gründen vom Beschäftigungsort wegverlegt und er darauf in einer Wohnung am Beschäftigungsort einen Zweithaushalt begründet, um von dort seiner Beschäftigung weiter nachgehen zu können. Der Rückumzug zum Beschäftigungsort darf im Zeitpunkt der Wegverlegung des Lebensmittelpunkts vom Beschäftigungsort noch nicht geplant sein oder sogar feststehen.[3]

Eine doppelte Haushaltsführung liegt nach der Definition in § 9 Abs. 1 Satz 3 Nr. 5 Satz 2 EStG nur vor, wenn der Arbeitnehmer außerhalb des Ortes seiner ersten Tätigkeitsstätte einen eigenen Hausstand unterhält und auch am Ort der ersten Tätigkeitsstätte wohnt.[4] Die Definition der „ersten Tätigkeitsstätte" ist § 9 Abs. 4 EStG zu entnehmen (s → Rz. 125). An dem Ort der ersten Tätigkeitsstätte muss der Arbeitnehmer „auch" wohnen. Dabei steht eine Zweitwohnung in der Nähe der ersten Tätigkeitsstätte einer solchen am Ort der ersten Tätigkeitsstätte gleich.[5] 205

Als Regel für die „Nähe" zur ersten Tätigkeitsstätte wird dabei gefordert, dass der Weg von der Zweitunterkunft oder -wohnung zur ersten Tätigkeitsstätte weniger als die Hälfte der Entfernung der kürzesten Straßenverbindung zwischen der Hauptwohnung (Mittelpunkt der Lebensinteressen) und der ersten Tätigkeitsstätte beträgt.[6] Insoweit hatte sich auch die Rechtsprechung des BFH bereits vor der Änderung des Reisekostenrechts flexibel und arbeitnehmerfreundlich gezeigt.[7] Bereits frühzeitig war das (damalige) „Wohnen am Beschäftigungsort" nicht auf die Grenzen der politischen Gemeinde bezogen worden.[8] In jüngerer Zeit wurde das Tatbestandsmerkmal dann sogar in einem Fall bejaht, in dem zwischen dem Ort der ersten Tätigkeitsstätte (nach heutigem Recht) und der Wohnung der Stpfl. 141 km lagen und die Distanz durch eine längere Zugfahrt zurückgelegt wurde.[9] Andererseits kann es zweifelhaft sein, wenn der eigene Hausstand im Umland einer Großstadt liegt und dennoch eine Zweitwohnung in der Großstadt unterhalten wird, um schneller zum Ort der ersten Tätigkeitsstätte zu gelangen.[10] Die Distanz zwischen Zweitwohnung und erster Tätigkeitsstätte ist ein wesentliches, allerdings nicht allein entscheidungserhebliches Merkmal.[11] 206

Die Begründung der doppelten Haushaltsführung hatte der BFH zunächst nur bejaht, wenn ein zuvor einheitlicher Haushalt in zwei Haushalte aufgespalten wurde.[12] Nach seiner Änderung der Rechtsprechung bejaht der BFH die doppelte Haushaltsführung nun auch, wenn der 207

---

1 R 9.11 Abs. 2 Satz 1 LStR.
2 R 9.11 Abs. 2 Satz 2 LStR.
3 R 9.11 Abs. 2 Satz 5, 6 LStR.
4 R 9.11 Abs. 1 LStR; zur Reichweite FG Hamburg v. 17.12.2014 - 2 K 113/14, NWB DokID: CAAAE-86279, m. Anm. Weiss, SteuK 2015, 352; erledigt durch Beschluss des BFH v. 28.7.2015 - VI B 22/15, BStBl 2016 II 179.
5 R 9.11 Abs. 4 LStR.
6 BMF v. 24.10.2014, BStBl 2014 I 1412, Rz. 101 mit Beispielen.
7 *Habermann*, SteuK 2012, 338.
8 BFH v. 2.10.2008 - VI B 33/08, NWB DokID: KAAAC-97226, m.w.N.; *Schneider*, NWB 2012, 2908, 2914, m.w.N.
9 BFH v. 19.4.2012 - VI R 59/11, BStBl 2012 II 833.
10 FG Hamburg v. 17.12.2014 - 2 K 113/14, EFG 2015, 808; ähnlich bereits FG Hamburg v. 26.2.2014 - 1 K 234/12, EFG 2014, 1185, rkr; FG Berlin-Brandenburg v. 16.12.2015 - 7 K 7366/13, NWB DokID: RAAAF-72867; Rev., Az. des BFH: VI R 2/16.
11 BFH v. 26.6.2014 - VI R 59/13, BFH/NV 2015, 10, Rz. 13 = NWB DokID: AAAAE-79665.
12 *Geserich*, DStR 2012, 1737, 1738, m.w.N.

Stpfl. seinen Haupthausstand aus privaten Gründen vom Beschäftigungsort wegverlegt und er darauf in einer Wohnung am Beschäftigungsort einen Zweithaushalt begründet, um von dort seiner bisherigen Beschäftigung weiter nachgehen zu können („Wegverlegungsfälle").[1]

208 Das Vorliegen eines eigenen Hausstands setzt das Innehaben einer Wohnung sowie eine finanzielle Beteiligung an den Kosten der Lebensführung voraus, § 9 Abs. 1 Satz 3 Nr. 5 Satz 3 EStG. Die finanzielle Beteiligung ist durch das „Gesetz zur Änderung und Vereinfachung der Unternehmensbesteuerung und des steuerlichen Reisekostenrechts" v. 20. 2. 2013[2] als Tatbestandsmerkmal in Satz 3 aufgenommen worden, nachdem der BFH in st. Rspr. diese nur als „Indiz", nicht aber als unerlässliche Voraussetzung für einen eigenen Hausstand angesehen hatte.[3]

209 Dabei kann es sich nach der Rechtsprechung bei der Wohnung bspw. auch um eine Wohngemeinschaft handeln. Die private Lebensführung am Ort der ersten Tätigkeitsstätte ist nicht relevant für die berufliche Veranlassung.[4] Auch muss die Wohnung nicht den bewertungsrechtlichen Anforderungen an eine Wohnung gerecht werden.[5] Auch eine eigene Küche[6] oder eigene Sanitäreinrichtungen sind nicht erforderlich.

210 Der „eigene Hausstand" des Stpfl. setzt einen Ersthaushalt (Hauptwohnung) voraus, an dem sich der Arbeitnehmer – abgesehen von den Zeiten der Arbeitstätigkeit und ggf. Urlaubsfahrten – regelmäßig aufhält, den er fortwährend nutzt und von dem aus er sein Privatleben führt, also seinen Lebensmittelpunkt hat.[7] Ob dies der Fall ist, ist unter Einbeziehung und Gewichtung aller tatsächlichen Verhältnisse im Rahmen einer den Finanzgerichten als Tatsacheninstanz obliegenden Gesamtwürdigung aller Umstände des Einzelfalls festzustellen.[8]

211 Der „Lebensmittelpunkt" des Stpfl. wird anhand von Kriterien wie persönliche Verhältnisse des Stpfl., Ausstattung und Größe der Wohnungen, Art und Intensität der sozialen Kontakte, Vereinszugehörigkeiten und andere private Aktivitäten und Unternehmungen am Ort des eigenen Hausstands beurteilt.[9] Allein regelmäßige Besuche genügen nicht, wenn diese bspw. nur zur Pflege eines kranken Familienmitglieds dienen.[10] Zweifelhaft ist der eigene Hausstand etwa, wenn dieser sich im Dachgeschoss der elterlichen Wohnung befinden soll.[11]

212 Dabei sind die persönlichen Umstände des Stpfl. zu berücksichtigen, insbesondere der Familienstand, das Alter und die Distanz zwischen erster Tätigkeitsstätte und eigenem Hausstand. Bei verheirateten Arbeitnehmern ist der eigene Hausstand typischerweise an dem Ort, wo der

---

1 BFH v. 5. 3. 2009 - VI R 58/06, BStBl 2009 II 1012; BFH v. 5. 3. 2009 - VI R 23/07, BStBl 2009 II 1016; zuletzt bestätigt durch BFH v. 8. 10. 2014 - VI R 7/13, BStBl 2015 II 336.
2 BGBl I 2013, 285; siehe zur Diskussion der Änderung von *Beckerath* in Kirchhof, § 9 EStG Rz. 102 ff.
3 BFH v. 16. 1. 2013 - VI R 46/12, BStBl 2013 II 627, Rz. 11.
4 BFH v. 28. 3. 2012 - VI R 25/11, BStBl 2012 II 831; *Geserich*, DStR 2012, 1737, 1743.
5 BFH v. 14. 10. 2004 - VI R 82/02, BStBl 2005 II 98.
6 BFH v. 28. 10. 2009 - VIII R 13/09, BFH/NV 2010, 411 = NWB DokID: CAAAD-35180.
7 BFH v. 8. 10. 2014 - VI R 16/14, BStBl 2015 II 511, m. w. N.; R 9.11 Abs. 3 Satz 4 LStR.
8 BFH v. 26. 6. 2014 - VI R 59/13, BFH/NV 2015, 10 = NWB DokID: AAAAE-79665; BFH v. 28. 3. 2012 - VI R 87/10, BStBl 2012 II 800, Rz. 15, m. w. N.; dazu *Schneider*, NWB 2012, 2908, 2912.
9 BFH v. 20. 1. 2016 - VI B 61/15, BFH/NV 2016, 747 = NWB DokID: LAAAF-69010.
10 BFH v. 8. 10. 2014 - VI R 16/14, BStBl 2015 II 511, Rz. 16; *Geserich*, NWB 2015, 400, m. w. N.
11 FG Baden-Württemberg v. 9. 6. 2011 - 2 K 4399/09, rkr., NWB DokID: IAAAD-90939.

Ehepartner und eventuelle Kinder leben. Er kann sich allerdings verlagern, wenn der Ehepartner in die Zweitwohnung einzieht und der bisherige eigene Hausstand an Bedeutung verliert.[1]

Bei einem alleinstehenden Arbeitnehmer ist entscheidend, dass er sich in dem Haushalt, im Wesentlichen nur unterbrochen durch die arbeits- und urlaubsbedingte Abwesenheit, aufhält.[2] In früherer Rechtsprechung zu alleinstehenden Arbeitnehmern wurde auch betont, dass das Merkmal der „Entgeltlichkeit" ein Indiz, nicht jedoch eine unerlässliche Voraussetzung für die Antwort auf die Frage sei, ob ein eigener Hausstand unterhalten wird. Denn ein eigener Hausstand könne bei Kostentragung im Übrigen auch in einer unentgeltlich überlassenen Wohnung geführt werden.[3] Bei ausländischen Arbeitnehmern, bei denen die Distanz zwischen erster Tätigkeitsstätte und eigenem Hausstand besonders groß ist, reicht auch eine geringere Intensität an Familienbesuchen aus.[4]

213

Die finanzielle Beteiligung an den Kosten der Lebensführung kann bei Ehegatten oder Lebenspartnern mit den Steuerklassen III, IV oder V ohne entsprechenden Nachweis unterstellt werden.[5] Bei ledigen Stpfl. wird demgegenüber die finanzielle Beteiligung besonders in Fällen verneint, in denen der Stpfl. unentgeltlich etwa bei den Eltern wohnt oder ihm eine Unterkunft unentgeltlich überlassen wird. Eine Beteiligung an den Kosten durch Bagatellbeträge reicht ebenfalls nicht aus. Vielmehr müssen die Barleistungen des Arbeitnehmers mehr als 10 % der monatlich regelmäßig anfallenden laufenden Kosten der Haushaltsführung (z. B. Miete, Mietnebenkosten, Kosten für Lebensmittel und andere Dinge des täglichen Bedarfs) betragen, um von einer finanziellen Beteiligung oberhalb der Bagatellgrenze ausgehen zu können.[6] Bei ledigen Arbeitnehmern ist eine schriftliche Erklärung gegenüber dem Arbeitgeber mit Unterschrift erforderlich, nach der sie einen eigenen Hausstand unterhalten, an dem sie sich auch finanziell beteiligen. Nur dann ist eine steuerfreie Erstattung von notwendigen Mehraufwendungen durch den Arbeitgeber möglich.[7]

214

Als Unterkunftskosten für eine doppelte Haushaltsführung können im Inland die tatsächlichen Aufwendungen für die Nutzung der Unterkunft angesetzt werden, höchstens 1 000 € im Monat, § 9 Abs. 1 Satz 3 Nr. 5 Satz 4 EStG.[8] Damit wird die Abziehbarkeit von Kosten, die durch die doppelte Haushaltsführung entstehen, eingeschränkt. Die Regelung ist insoweit konstitutiv.

215

Abziehbar als Werbungskosten sind zunächst die tatsächlich entstandenen Aufwendungen für die Zweitwohnung bis zu 1 000 € monatlich. Durch diesen Höchstbetrag werden sämtliche Aufwendungen „für die Nutzung der Unterkunft" abgedeckt. Gemeint sind damit Aufwendungen wie Miete, Betriebskosten, Kosten der laufenden Reinigung und Pflege der Zweitwohnung oder -unterkunft, AfA für notwendige Einrichtungsgegenstände (ohne Arbeitsmittel), Zweitwohnungsteuer, Rundfunkbeitrag, Miet- oder Pachtgebühren für Kfz-Stellplätze, Aufwendungen für Sondernutzung (wie Garten), die vom Arbeitnehmer selbst getragen werden.[9] Gehört

216

---

1 BFH v. 9. 9. 2008 - VI B 4/08, BFH/NV 2008, 2000 = NWB DokID: OAAAC-92654; s. zu „beiderseits berufstätigen" Ehegatten BFH v. 7. 5. 2015 - VI R 71/14, BFH/NV 2015, 1240 = NWB DokID: XAAAE-96705; *Geserich*, HFR 2015, 921.
2 BFH v. 21. 4. 2010 - VI R 26/09, BStBl 2012 II 618, m. w. N.; *Geserich*, DStR 2012, 1737, unter 2.
3 BFH v. 14. 6. 2007 - VI R 60/05, BStBl 2007 II 890, m. w. N.
4 Ein Besuch pro Jahr bei türkischem Gastarbeiter, BFH v. 2. 9. 1977 - VI R 114/76, BStBl 1978 II 26.
5 BMF v. 24. 10. 2014, BStBl 2014 I 1412, Rz. 100.
6 BMF v. 24. 10. 2014, BStBl 2014 I 1412, Rz. 100; *Heine/Trinks*, NWB 2015, 3156.
7 R 9.11 Abs. 10 Satz 4 LStR.
8 Ausführlich *Geserich*, NWB 2016, 2258.
9 BMF v. 24. 10. 2014, BStBl 2014 I 1412, Rz. 104; dagegen jetzt FG Düsseldorf v. 14.3.2017 - 13 K 1216/16 E, NWB DokID: UAAAG-43842; Rev., Az. des BFH: VI R 18/17.

die Zweitwohnung dem Stpfl. selbst, so ist statt der Miete AfA für die Wohnung anzusetzen. Die Aufwendungen sind – im Gegensatz zur Rechtsprechung des BFH zur alten Rechtslage[1] – bei einer doppelten Haushaltsführung im Inland nicht mehr auf ihre Angemessenheit i. S. einer bestimmten Anzahl von Quadratmetern zu überprüfen.[2] Nicht abziehbar soll demgegenüber eine Vorfälligkeitsentschädigung bei Beendigung der doppelten Haushaltsführung sein.[3]

217 Der Höchstbetrag von 1 000 € pro Monat ist dabei innerhalb desselben Kalenderjahres zwischen den einzelnen Monaten verrechenbar. Bei seiner Anwendung ist das Abflussprinzip des § 11 EStG zu beachten.[4] Beziehen Ehegatten oder Lebenspartner eine gemeinsame Zweitwohnung am gemeinsamen Ort ihrer ersten Tätigkeitsstätten, so können beide den Höchstbetrag im Rahmen der von ihnen getragenen Aufwendungen anwenden.[5]

218 Der Höchstbetrag gilt nach dem Gesetzeswortlaut nur für eine doppelte Haushaltsführung im Inland. Bei einer doppelten Haushaltsführung im Ausland gelten die bisherigen Grundsätze zur Notwendigkeit der Aufwendungen weiter.[6]

219 Nach § 9 Abs. 4a Satz 12 EStG gelten die Verpflegungspauschalen nach Abs. 4a Satz 3 und 5, die Dreimonatsfrist nach Abs. 4a Satz 6 und 7 sowie die Kürzungsregelungen nach Abs. 4a Satz 8 bis 10 entsprechend auch für den Abzug von Mehraufwendungen für Verpflegung, die bei einer beruflich veranlassten doppelten Haushaltsführung entstehen. Werbungskosten sind demnach auch Verpflegungsmehraufwendungen, die dem Arbeitnehmer im Rahmen einer doppelten Haushaltsführung tatsächlich entstanden und beruflich veranlasst sind. Sie sind unter den Voraussetzungen des § 9 Abs. 4a Satz 12 und 13 EStG mit den dort genannten Pauschbeträgen anzusetzen.[7]

220 Aufwendungen für die Wege vom Ort der ersten Tätigkeitsstätte zum Ort des eigenen Hausstands und zurück (Familienheimfahrt) können jeweils nur für eine Familienheimfahrt wöchentlich abgezogen werden, § 9 Abs. 1 Satz 3 Nr. 5 Satz 5 EStG. Eine Familienheimfahrt liegt nicht vor, wenn der Ehepartner den Arbeitnehmer an seinem Beschäftigungsort besucht.[8]

Zur Abgeltung der Aufwendungen für eine Familienheimfahrt ist eine Entfernungspauschale von 0,30 € für jeden vollen Kilometer der Entfernung zwischen dem Ort des eigenen Hausstands und dem Ort der ersten Tätigkeitsstätte anzusetzen, § 9 Abs. 1 Satz 3 Nr. 5 Satz 6 EStG. Nr. 4 Satz 3 bis 5 ist entsprechend anzuwenden, § 9 Abs. 1 Satz 3 Nr. 5 Satz 7 EStG.

221 Die erste Fahrt zum Ort der ersten Tätigkeitsstätte bei Begründung der doppelten Haushaltsführung und die letzte Fahrt bei Beendigung kann der Stpfl. mit den tatsächlichen Aufwendungen ansetzen. Dabei ist § 9 Abs. 1 Satz 3 Nr. 4a Satz 1 und 2 EStG und R 9.5 Abs. 1 LStR anzuwenden.[9]

222 „Familienheimfahrten", also Fahrten vom Ort der ersten Tätigkeitsstätte zum Ort des eigenen Hausstands und zurück, sind dagegen nach § 9 Abs. 1 Satz 3 Nr. 5 Satz 5 EStG nur einmal wö-

---

[1] BFH v. 9.8.2007 - VI R 10/06, BStBl 2007 II 820, m.w.N.
[2] BMF v. 24.10.2014, BStBl 2014 I 1412, Rz. 102.
[3] FG Rheinland-Pfalz v. 23.11.2016 - 2 K 1701/14, NWB DokID: MAAAG-44915; Rev., Az. des BFH: VI R 15/17.
[4] BMF v. 24.10.2014, BStBl 2014 I 1412, Rz. 105 und Beispiel 62 in Rz. 106.
[5] BMF v. 24.10.2014, BStBl 2014 I 1412, Rz. 106.
[6] H 9.11 (5 bis 10) „Unterkunftskosten" LStH, 2. Spstr.; BMF v. 24.10.2014, BStBl 2014 I 1412, Rz. 107.
[7] R 9.11 Abs. 7 Satz 1 LStR.
[8] BFH v. 22.10.2015 - VI R 22/14, BStBl 2016 II 179; Hilbert, KSR 2/2016, 4.
[9] R 9.11 Abs. 6 Nr. 1 LStR.

chentlich abziehbar. Für Familienheimfahrten wird die Entfernungspauschale von 0,30 € gewährt, die nach Nr. 4 auch für Wege zwischen der Wohnung und der ersten Tätigkeitsstätte gilt. Diese wird unabhängig von der tatsächlichen Höhe der entstandenen Aufwendungen gewährt.[1] Durch den Verweis des Satz 7 auf Nr. 4 Satz 3 bis 5 wird ein weitgehender Gleichlauf der beiden Regelungen erreicht. So werden Flugstrecken und steuerfreie Sammelbeförderungen aus der Pauschalierung der Kosten der Familienheimfahrt ausgeschlossen, § 9 Abs. 1 Satz 3 Nr. 4 Satz 3 EStG. Die maßgebliche Entfernung ist entsprechend der Regelung des § 9 Abs. 1 Satz 3 Nr. 4 Satz 4 EStG zu bestimmen. Nach § 9 Abs. 1 Satz 3 Nr. 4 Satz 5 EStG mindern nach § 8 Abs. 2 Satz 11 oder Abs. 3 EStG steuerfreie Sachbezüge für Fahrten zwischen Wohnung und erster Tätigkeitsstätte den als Werbungskosten abziehbaren Betrag.

Wird die Familienheimfahrt nicht angetreten, muss nach den Gründen unterschieden werden. Sind private Gründe maßgeblich, so berechtigt die stattdessen unternommene Fahrt des anderen Ehegatten nicht zum Werbungskostenabzug.[2] Sind die Gründe für die nicht angetretene Fahrt hingegen beruflicher Natur, so können Besuchsfahrten als Werbungskosten des Besuchten anzuerkennen sein.[3] 223

Aufwendungen für Familienheimfahrten mit einem dem Stpfl. im Rahmen einer Einkunftsart überlassenen Kraftfahrzeug werden nicht berücksichtigt, § 9 Abs. 1 Satz 3 Nr. 5 Satz 8 EStG. Stellt der Arbeitgeber unentgeltlich ein Kraftfahrzeug, so können keine Werbungskosten für Familienheimfahrten beansprucht werden.[4] 224

(Einstweilen frei) 225–230

8. Übernachtungskosten (§ 9 Abs. 1 Satz 3 Nr. 5a EStG)

Nach § 9 Abs. 1 Satz 3 Nr. 5a Satz 1 EStG sind notwendige Mehraufwendungen eines Arbeitnehmers für beruflich veranlasste Übernachtungen an einer Tätigkeitsstätte, die nicht erste Tätigkeitsstätte ist, Werbungskosten.[5] 231

Die erste Tätigkeitsstätte des Arbeitnehmers ist definiert in § 9 Abs. 4 EStG. Für eine beruflich veranlasste Übernachtung an einer anderen Tätigkeitsstätte des Arbeitnehmers sind die tatsächlichen Aufwendungen als Werbungskosten anzusetzen. Die berufliche Veranlassung ist gegeben, wenn der Arbeitnehmer auf Weisung des Arbeitgebers so gut wie ausschließlich betrieblich bzw. dienstlich veranlasst übernachtet. Bei privater Mitveranlassung ist eine Trennung der Aufwendungen zu prüfen (§ 12 Nr. 1 EStG). Wenn diese auch nicht im Wege der Schätzung möglich ist, sind die gesamten Aufwendungen nicht abziehbar.[6] 232

Übernachtungskosten sind die tatsächlichen Aufwendungen für die persönliche Inanspruchnahme einer Unterkunft zur Übernachtung, § 9 Abs. 1 Satz 3 Nr. 5a Satz 2 EStG.[7] Berücksichtigungsfähig sind dabei nach Satz 1 nur „notwendige Mehraufwendungen". Dazu gehören Unterkunftskosten wie etwa die Kosten für die Nutzung eines Hotelzimmers sowie Nebenleistungen (z. B. Kultur- und Tourismusförderabgabe o. Ä.). Pauschalen können demgegenüber nicht 233

---

1 BFH v. 18. 4. 2013 - VI R 29/12, BStBl 2013 II 735, Rz. 11; H 9.11 „Familienheimfahrten" (5-10) LStH, 2. Spstr.; *Geserich*, HFR 2013, 678.
2 H 9.11 „Familienheimfahrten" (5 bis 10) LStH, 2. Spstr.
3 *Geserich*, DStR 2012, 1737, 1738, m. w. N.
4 R 9.10 Abs. 10 Satz 7 Nr. 1 LStR; *Loschelder* in Schmidt, § 9 EStG Rz. 230.
5 *Harder-Buschner/Schramm*, NWB 2014, 256.
6 BMF v. 24. 10. 2014, BStBl 2014 I 1412, Rz. 111.
7 R 9.7 Abs. 1 Satz 1 LStR.

berücksichtigt werden.[1] Zur Berücksichtigung von Aufwendungen für die Verpflegung siehe BMF v. 24.10.2014, Rz. 113 mit Beispielen.[2]

234 Eine Angemessenheitsprüfung ist für die Unterkunft nicht vorzunehmen. Dem Arbeitnehmer muss jedoch eine weitere Wohnung zur Verfügung stehen. Entgegen der Regelung bei der doppelten Haushaltsführung wird eine finanzielle Beteiligung an den Kosten der Lebensführung für diese weitere Wohnung nicht vorausgesetzt.[3] Ist keine weitere Wohnung vorhanden, handelt es sich nicht um notwendige Mehraufwendungen des Arbeitnehmers.[4]

235 Soweit höhere Übernachtungskosten anfallen, weil der Arbeitnehmer eine Unterkunft gemeinsam mit Personen nutzt, die in keinem Dienstverhältnis zum selben Arbeitgeber stehen, sind nur diejenigen Aufwendungen anzusetzen, die bei alleiniger Nutzung durch den Arbeitnehmer angefallen wären, § 9 Abs. 1 Satz 3 Nr. 5a Satz 3 EStG. Zur Vereinfachung können bei Nutzung eines Mehrbettzimmers die Aufwendungen für ein entsprechendes Einzelzimmer bei Benutzung desselben Hotels angesetzt werden.[5]

236 Bei einer Auswärtstätigkeit im Inland kann bei Aufwendungen bis zu einem Betrag von 1 000 € monatlich aus Vereinfachungsgründen von einer ausschließlichen beruflichen Veranlassung ausgegangen werden. Bei einer Tätigkeit im Ausland oder bei einer inländischen Tätigkeit, bei der die Aufwendungen 1 000 € monatlich übersteigen, ist dagegen die berufliche Veranlassung zu prüfen. Als Maßstab kann die ortsübliche Miete für eine nach Lage und Ausstattung durchschnittliche Wohnung am Ort der auswärtigen Tätigkeitsstätte mit einer Wohnfläche bis zu 60 qm als Vergleichsmaßstab herangezogen werden.[6]

237 Nach Ablauf von 48 Monaten einer längerfristigen beruflichen Tätigkeit an derselben Tätigkeitsstätte, die nicht erste Tätigkeitsstätte ist, können Unterkunftskosten nur noch bis zur Höhe des Betrags nach Nr. 5 angesetzt werden, § 9 Abs. 1 Satz 3 Nr. 5a Satz 4 EStG. Somit wird ein Gleichlauf mit der Behandlung der doppelten Haushaltsführung erreicht, wodurch Abgrenzungsfragen möglichst vermieden werden sollen.[7] Damit gilt für den Abzug als Werbungskosten oder die steuerfreie Erstattung durch den Arbeitgeber in diesen Fällen der Höchstbetrag von 1 000 €. Bei Übernachtungen im Ausland im Rahmen einer längerfristigen Auswärtstätigkeit gilt dagegen die Höchstgrenze nicht.[8]

238 Als „längerfristige berufliche Tätigkeit an derselben Tätigkeitsstätte" gilt nur eine Tätigkeit, bei der der Arbeitnehmer mindestens an drei Tagen in der Woche an dieser Tätigkeitsstätte tätig wird.[9]

239 Eine Unterbrechung dieser beruflichen Tätigkeit an derselben Tätigkeitsstätte führt zu einem Neubeginn, wenn die Unterbrechung mindestens sechs Monate dauert, § 9 Abs. 1 Satz 3 Nr. 5a Satz 5 EStG. Kürzere Unterbrechungen, etwa wegen Krankheit des Arbeitnehmers, lassen die Frist hingegen nicht neu anlaufen.[10]

---

1 BMF v. 24.10.2014, BStBl 2014 I 1412, Rz. 112.
2 BMF v. 24.10.2014, BStBl 2014 I 1412.
3 BMF v. 24.10.2014, BStBl 2014 I 1412, Rz. 114; *Niermann*, DB 2014, 2793, 2796.
4 BMF v. 24.10.2014, BStBl 2014 I 1412, Rz. 115.
5 BMF v. 24.10.2014, BStBl 2014 I 1412, Rz. 116.
6 BMF v. 24.10.2014, BStBl 2014 I 1412, Rz. 117.
7 *Niermann*, DB 2013, 1015, 1022.
8 BMF v. 24.10.2014, BStBl 2014 I 1412, Rz. 118, 119.
9 BMF v. 24.10.2014, BStBl 2014 I 1412, Rz. 120.
10 BMF v. 24.10.2014, BStBl 2014 I 1412, Rz. 120.

Zur Übergangsregelung bei Beginn der auswärtigen Tätigkeit vor dem 1.1.2014 siehe BMF v. 24.10.2014, Rz. 122.[1]

(Einstweilen frei)

9. Aufwendungen für Arbeitsmittel (§ 9 Abs. 1 Satz 3 Nr. 6 EStG)

Aufwendungen für Arbeitsmittel sind nach § 9 Abs. 1 Satz 3 Nr. 6 EStG Werbungskosten. Als typische Beispiele nennt das Gesetz Werkzeuge und typische Berufskleidung. Nach Satz 2 der Regelung bleiben die Vorschriften des § 9 Abs. 1 Satz 3 Nr. 7 EStG unberührt, so dass die Vorschriften über die Absetzung für Abnutzung und die Bewertungsfreiheit für geringwertige Wirtschaftsgüter zu beachten sind.[2]

Die Berücksichtigung eines Wirtschaftsguts nach § 9 Abs. 1 Nr. 6 EStG als Arbeitsmittel erfordert, dass der Stpfl. den Gegenstand weitaus überwiegend beruflich verwendet.[3] Dabei muss von der tatsächlichen Zweckbestimmung, d. h. von der Funktion des Wirtschaftsguts im Einzelfall ausgegangen werden.[4] Eine Einschränkung auf bestimmte Gegenstände ist damit nicht anzuerkennen, da „im Einzelfall" jegliches Wirtschaftsgut beruflich verwendet werden kann. Insbesondere ist auch eine Einschränkung auf Sachen i. S. d. § 90 BGB nicht anzuerkennen.[5]

Im Bereich der Arbeitsmittel ist die Abgrenzung der beruflich bedingten Aufwendungen von privat veranlassten Aufwendungen (§ 12 Nr. 1 Satz 2 EStG) besonders schwierig. Bei typischen Arbeitsmitteln oder typischer Berufskleidung, deren private Mitbenutzung schon ihrem Wesen nach ausscheidet, hat die Regelung des § 9 Abs. 1 Satz 3 Nr. 6 EStG lediglich deklaratorischen Charakter. In diesen Fällen tritt der berufliche Bezug derart in den Vordergrund, dass der Bezug zur allgemeinen Lebensführung (§ 12 Nr. 1 EStG) vernachlässigt werden kann.[6]

Im Gegensatz dazu wird bei bürgerlicher Kleidung, die lediglich auch für berufliche Zwecke eingesetzt werden kann, die private Mitbenutzung regelmäßig in den Vordergrund treten (§ 12 Nr. 1 Satz 2 EStG). So kann zwar auch Sportkleidung eines Sportlehrers grundsätzlich als Werbungskosten in Betracht kommen, eine private Mitbenutzung liegt allerdings sehr nahe.[7] Ähnlich liegt der Fall bei einem schwarzen Sakko eines Orchestermusikers.[8] Typische „Business"-Kleidung ist ebenfalls grundsätzlich nicht als Werbungskosten anzuerkennen. Der Unterschied zur gesetzlich geregelten „typischen Berufskleidung" besteht darin, dass die Business-Kleidung regelmäßig einen nicht zu überprüfenden privaten Nutzungsanteil erlaubt. Auch durch die Aufgabe des Aufteilungsverbots bei § 12 Nr. 1 EStG durch den Großen Senat des BFH ist diese Rechtsprechung nicht verändert worden.[9]

Auch in anderen Bereichen ist die Unterscheidung schwierig und stark einzelfallabhängig. So wurden die Aufwendungen eines Polizei-Hundeführers für seinen Diensthund als Werbungs-

---

1 BMF v. 24.10.2014, BStBl 2014 I 1412.
2 R 9.12 Satz 1 und 2 LStR.
3 BFH v. 20.5.2010 - VI R 53/09, BStBl 2011 II 723.
4 BFH v. 27.9.1991 - VI R 1/90, BStBl 1992 II 195 (Aufwendungen eines Lehrers für einen Videorekorder); H 9.1 „Videorecorder" LStH.
5 *Geserich*, NWB 2011, 1247.
6 BFH v. 29.6.1993 - VI R 77/91, BStBl 1993 II 837, zu Hemden eines Polizisten.
7 BFH v. 18.6.2007 - VI B 28/07, BFH/NV 2007, 1869 = NWB DokID: SAAAC-53686.
8 FG Münster v. 13.7.2016 - 8 K 3646/15 E, NWB DokID: HAAAF-81134.
9 BFH v. 13.11.2013 - VI B 40/13, BFH/NV 2014, 335 = NWB DokID: DAAAE-52609.

kosten anerkannt.[1] Schuhe einer Schuhverkäuferin wurden dagegen nicht als Werbungskosten anerkannt.[2]

253 Auch die Reinigung oder eventuelle Instandhaltung und Pflege des dem Grunde nach anzuerkennenden Arbeitsmittels führt zu Aufwendungen, die als Werbungskosten nach § 9 Abs. 1 Satz 3 Nr. 6 EStG abziehbar sind.[3]

254 Die fehlende Angemessenheit der geltend gemachten Arbeitsmittel steht dem Abzug der Werbungskosten nicht notwendig entgegen. Allerdings ist § 9 Abs. 5 Satz 1 EStG i.V. m. § 4 Abs. 5 Satz 1 Nr. 7 EStG zu beachten. Siehe hierzu unten → Rz. 346 ff.

255 Die Veräußerung des Arbeitsmittels wird nicht als Einnahme bei den Einkünften aus nichtselbständiger Arbeit erfasst.[4] § 22 Nr. 2 EStG, § 23 EStG bleiben jedoch zu beachten.

256 **ABC der Arbeitsmittel:**[5]

- **Aktentasche:** Kann Werbungskosten darstellen, wenn die Tasche ganz überwiegend zu beruflichen Zwecken eingesetzt wird.[6]
- **Ausstattung eines Arbeitszimmers:** Die im Arbeitszimmer eingesetzten Arbeitsmittel sind nicht von der Abzugsbeschränkung des § 9 Abs. 5 Satz 1 EStG i.V.m. § 4 Abs. 5 Satz 1 Nr. 6b EStG umfasst.[7] Vielmehr werden sie einzeln auf ihre Eignung als Arbeitsmittel untersucht.[8]
- **Bilder:** Sind grundsätzlich nicht abziehbar, auch nicht, wenn sie der Verschönerung eines Arbeitszimmers dienen.[9]
- **Businesskleidung:** Keine Werbungskosten z. B. bei einer Steuerfachangestellten.[10]
- **Bücher:** Sind grundsätzlich nicht als Werbungskosten anzuerkennen. Allerdings kann, wenn die Anschaffung konkreten Projekten zugeordnet werden kann, ein Abzug in Betracht kommen.[11] Werden Arbeitsmittel wie Bücher nahezu ausschließlich aus beruflichen Gründen angeschafft, stehen zusätzliche private Motive dem Werbungskostenabzug nicht entgegen.[12] Die Prüfung ist für jedes Buch einzeln durchzuführen.[13]

Ist eine Anerkennung dem Grunde nach möglich, sollte auf zulässige Beweismittel geachtet werden, z. B. Quittungen des Buchhandels, die den Namen des Erwerbers und den Titel des angeschafften Buchs enthalten.[14] Eine reine Bezeichnung als „Fachbuch" reicht nicht aus.

---

1 BFH v. 30. 6. 2010 - VI R 45/09, BStBl 2011 II 45.
2 FG Münster v. 1. 7. 2015 - 9 K 3675/14 E, NWB DokID: QAAAE-99629.
3 BFH v. 29. 6. 1993 - VI R 77/91, BStBl 1993 II 837; FG Nürnberg v. 24. 10. 2014 - 7 K 1704/13, NWB DokID: KAAAE-90918.
4 R 9.12 Satz 3 LStR.
5 *Heinrich*, Werbungskosten bei nichtselbständiger Arbeit, Kapitalvermögen, Vermietung und Verpachtung, NWB DokID: BAAAE-52183.
6 BFH v. 18. 9. 1981 - VI R 237/77.
7 H 9.14 „Ausstattung" LStH.
8 *Geserich*, NWB 2011, 1247.
9 BFH v. 12. 3. 1993 - VI R 92/92, BStBl 1993 II 506.
10 FG München v. 10. 7. 2014 - 15 K 1016/12, NWB DokID: IAAAE-73148, rkr.
11 H 9.12 „Fachbücher und Fachzeitschriften" LStH.
12 BFH v. 20. 5. 2010 - VI R 53/09, BStBl 2011 II 723, m.w. N.
13 BFH v. 22. 12. 2000 - IV B 4/00, BFH/NV 2001, 774 = NWB DokID: EAAAA-67027.
14 BFH v. 4. 12. 2003 - VI B 155/00, BFH/NV 2004, 488 = NWB DokID: DAAAB-15831.

- **Computer:** Kann Arbeitsmittel sein. Bei typischen „Spielecomputern" muss die berufliche Nutzung unter besonders strengen Anforderungen nachgewiesen werden.[1] Eine private Mitbenutzung von 10 % ist noch unschädlich.[2] Zum Computer gehörende Peripherie-Geräte, wie etwa Drucker, sind meist nicht einer selbständigen Nutzung fähig i. S. d. § 6 Abs. 2 Satz 2 EStG.[3]
- **Computerkurs:** Kann als Werbungskosten berücksichtigt werden, wenn der Stpfl. nicht über die an seinem Arbeitsplatz erforderlichen Computerkenntnisse verfügt.[4]
- **Fahrzeug:** Die Aufwendungen für ein Fahrzeug, das zur Bewältigung der Strecken zwischen Wohnung und erster Tätigkeitsstätte eingesetzt wird, werden durch die Entfernungspauschale des § 9 Abs. 1 Satz 3 Nr. 4 EStG abgedeckt.
- **Fernseh-Abonnement:** Nicht anerkannt bei einem Profifußballer, der damit generische Spieler beobachten wollte.[5]
- **Hund:** Ein Blindenhund kann als Werbungskosten anerkannt werden, wenn er für die Tätigkeit des Arbeitnehmers erforderlich ist.[6] Die Aufwendungen eines Polizei-Hundeführers für den Diensthund sind hingegen Werbungskosten.[7] Wird der Hund zum privaten Schutz gehalten, greift § 12 Nr. 1 EStG und es sind keine Werbungskosten anzuerkennen.[8]
- **Koffer:** Kann bei einem Piloten Werbungskosten darstellen.[9]
- **Lexikon:** Gehört grundsätzlich zu den Kosten der Lebenshaltung.[10]
- **Musikinstrumente:** Können Arbeitsmittel darstellen, wobei eine private Mitbenutzung bei Musiklehrern besonders genau geprüft werden muss.[11] Anerkannt etwa bei einer Dozentin an einem städtischen Konservatorium und Korrepetitorin für Examenskandidaten auf dem Gebiet der Musik.[12] Die Anschaffungskosten sind nach § 9 Abs. 1 Satz 3 Nr. 7 Satz 1 EStG typischerweise über AfA geltend zu machen.
- **Pferd:** Bei einer Turnierreiterin von einer Würdigung der Umstände des Einzelfalls abhängig.[13]
- **Sehhilfen:** Sind grundsätzlich nicht abziehbar, wenn nur eine Sehschwäche ausgeglichen wird.[14] Allerdings kann bei spezieller Berufsbezogenheit, etwa weil die Erkrankung gerade durch den Beruf hervorgerufen worden ist, ein Werbungskostenabzug gewährt werden.[15]

---

1 BFH v. 15. 1. 1993 - VI R 98/88, BStBl 1993 II 348.
2 BFH v. 19. 2. 2004 - VI R 135/01, BStBl 2004 II 958.
3 BFH v. 19. 2. 2004 - VI R 135/01, BStBl 2004 II 958.
4 FG Rheinland-Pfalz v. 24. 10. 2005 - 5 K 1944/03, DStRE 2006, 136.
5 FG Rheinland-Pfalz v. 18. 7. 2014 - 1 K 1490/12, NWB DokID: GAAAE-76990, rkr.
6 *Wagner* in Heuermann/Wagner, LohnSt, Rz. 1, „Wachhund".
7 BFH v. 30. 6. 2010 - VI R 45/09, BStBl 2011 II 45.
8 BFH v. 29. 3. 1979 - IV R 103/75, BStBl 1979 II 512.
9 FG Hamburg v. 23. 5. 2011 - 6 K 77/10, NWB DokID: SAAAD-86897.
10 BFH v. 29. 4. 1977 - VI R 208/75, BStBl 1977 II 716.
11 BFH v. 30. 4. 1993 -VI R 99/89, BFH/NV 1993, 722 = NWB DokID: JAAAB-34245.
12 BFH v. 21. 10. 1988 - VI R 18/86, BStBl 1989 II 356.
13 BFH v. 27. 2. 2008 - VI B 40/07, BFH/NV 2008, 955 = NWB DokID: SAAAC-76512.
14 BFH v. 23. 10. 1992 - VI R 31/92, BStBl 1993 II 193.
15 BFH v. 20. 7. 2005 - VI R 50/03, BFH/NV 2005, 2185 = NWB DokID: OAAAB-68117; s. a. BFH v. 9. 11. 2015 - VI R 36/13, NWB DokID: AAAAF-18892.

▶ **Smartphones:** Siehe hierzu *Trinks/Heine*.[1]

▶ **Tages- und Wochenzeitungen/Zeitschriften:** Sind typischerweise nicht und nur unter besonderen Umständen als Werbungskosten anzuerkennen.[2] Die Trennung von privatem und beruflichem Anteil ist hier besonders schwierig.[3] Dies gilt auch, wenn die privaten Informationsbedürfnisse durch Bezug einer anderen Tageszeitung abgedeckt werden.[4]

257–265 *(Einstweilen frei)*

10. AfA (§ 9 Abs. 1 Satz 3 Nr. 7 EStG)

266 Nach § 9 Abs. 1 Satz 3 Nr. 7 Satz 1 EStG sind Absetzungen für Abnutzung und für Substanzverringerung und erhöhte Absetzungen Werbungskosten. Nach § 9 Abs. 1 Satz 3 Nr. 6 Satz 2 EStG geht diese Regelung der Regelung für Arbeitsmittel nach § 9 Abs. 1 Satz 3 Nr. 6 Satz 1 EStG vor. Nach Satz 2 der Vorschrift wird die Regelung über die Bewertungsfreiheit für geringwertige Wirtschaftsgüter des § 6 Abs. 2 Satz 1 bis 3 EStG für entsprechend anwendbar erklärt.[5] Auf Satz 4 und 5 dieser Regelung wird dagegen nicht verwiesen.

267 Die Regelung des Satz 1 nimmt § 7 EStG in Bezug. Demnach gilt auch die Vereinfachungsregelung des § 7 Abs. 1 Satz 4 EStG entsprechend, wonach sich der Absetzungsbetrag im Jahr der Anschaffung oder Herstellung um jeweils ein Zwölftel für jeden vollen Monat, der dem Monat der Anschaffung oder Herstellung vorangeht, vermindert. Absetzungen für außergewöhnliche technische oder wirtschaftliche Abnutzung nach § 7 Abs. 1 Satz 7 EStG sind ebenso zulässig.[6] Diese können allerdings nicht allein deswegen gewährt werden, weil der Steuerpflichtige Wirtschaftsgüter nicht mehr zur Erzielung von Überschusseinkünften einsetzen kann („Entwidmung")[7] oder weil Grund und Boden sich nicht mehr günstig vermieten lässt.[8] Sie erfordern vielmehr eine Einwirkung auf das Wirtschaftsgut während seiner Nutzung zur Erzielung von Überschusseinkünften.[9] Teilwertabschreibungen nach § 6 Abs. 1 Nr. 1 Satz 2 und Nr. 2 Satz 2 EStG sind hingegen bei den Überschusseinkunftsarten nicht zulässig.[10]

268 Nach § 9 Abs. 1 Satz 3 Nr. 7 Satz 2 EStG können die AK/HK geringwertiger abnutzbarer beweglicher Wirtschaftsgüter des Anlagevermögens, die einer selbständigen Nutzung fähig sind, im Jahr der Anschaffung oder Herstellung in voller Höhe als Werbungskosten abgezogen werden. Voraussetzung ist, dass die AK/HK 800 €[11] nicht übersteigen. Dabei ist die enthaltene USt, unabhängig von ihrer umsatzsteuerlichen Behandlung, nicht einzubeziehen.[12] Nachträgliche AK oder HK sind dann als zusätzliche Werbungskosten im Jahr ihrer Entstehung zu berücksichti-

---

1 *Trinks/Heine*, NWB 2015, 2433.
2 BMF v. 6. 7. 2010, BStBl 2010 I 614, Rz. 17.
3 BFH v. 7. 4. 2005 - VI B 168/04, BFH/NV 2005, 1300 = NWB DokID: DAAAB-53334.
4 FG Hessen v. 6. 6. 2002 - 3 K 2440/98, EFG 2002, 1289.
5 Zur Anhebung der Wertgrenze für eine Sofortabschreibung *Hörster*, NWB 2017, 1875, 1878.
6 BFH v. 17. 9. 2008 - IX R 64/07, BStBl 2009 II 301; BFH v. 21. 8. 2012 - VIII R 33/09, BStBl 2013 II 171; H 9.12 „Absetzung für Abnutzung" LStH, 1. Spstr.
7 FG München v. 21. 1. 2016 - 10 K 965/15, NWB DokID: FAAAF-75210, rkr. Siehe zur Entwidmung unten → Rz. 270.
8 BFH v. 10. 5. 2016 - IX R 33/14, NWB DokID: QAAAF-79661.
9 BFH v. 8. 4. 2014 - IX R 7/13, BFH/NV 2014, 1202 = NWB DokID: PAAAE-67435; *Weiss*, BB 2017, 2027, 2028.
10 *HHR/Bergkemper*, § 9 EStG Rz. 529.
11 Zur Anhebung der Grenze auf 800 € *Wengerofsky*, StuB 2017, 369.
12 R 9b Abs. 2 Satz 1 und 2 EStR.

gen, die ursprüngliche Behandlung als geringwertiges Wirtschaftsgut bleibt bestehen.[1] Siehe zu den Voraussetzungen i. E. die Kommentierung zu § 6 Abs. 2 EStG.[2]

Einige Tatbestandsmerkmale des § 6 Abs. 2 Satz 1 EStG passen für die Überschusseinkunftsarten nicht und müssen daher bei der vom Gesetz angeordneten „entsprechenden" Anwendung der Regelung angepasst werden. Einlagetatbestände sind hier bspw. grundsätzlich nicht anzuerkennen. Ob ein „Einkünfteerzielungsvermögen" anzuerkennen ist,[3] ist zweifelhaft und wurde vom BFH ausdrücklich offen gelassen.[4]

269

Bei unentgeltlichem Erwerb von Wirtschaftsgütern des steuerlichen Privatvermögens ist § 11d EStDV für die Bemessung der AfA zu beachten. Wird ein zunächst nicht zur Einkünfteerzielung genutztes Wirtschaftsgut zukünftig im Rahmen der Überschusseinkünfte genutzt („Umwidmung"), so ist die AfA von den AK/HK einschließlich USt nach der voraussichtlichen gesamten Nutzungsdauer des Wirtschaftsguts in gleichen Jahresbeträgen zu bemessen.[5] Der auf den Zeitraum vor der Verwendung als Arbeitsmittel entfallende Teil der AK/HK des Wirtschaftsguts (fiktive AfA) gilt als abgesetzt.[6] Liegt das nach fiktiver AfA noch verbleibende AfA-Volumen unter 800 €,[7] kann der Betrag im Jahr der erstmaligen Verwendung des Wirtschaftsguts als Arbeitsmittel in voller Höhe als Werbungskosten abgezogen werden.[8]

270

Bei einer Beendigung der Nutzung von Wirtschaftsgütern im Rahmen der Überschusseinkunftsarten („Entwidmung") ist ein eventuell noch vorhandenes AfA-Volumen verloren.[9] Auch durch die AfaA (§ 9 Abs. 1 Satz 3 Nr. 7 Satz 1 EStG i.V.m. § 7 Abs. 1 Satz 7 EStG) kann dieses AfA-Volumen nicht genutzt werden (s. o. → Rz. 267).

Auf die sog. „Poolabschreibung" des § 6 Abs. 2a EStG wird in § 9 Abs. 1 Satz 3 EStG nicht verwiesen. Sie ist damit im Bereich der Werbungskosten – im Gegensatz zur Einnahmenüberschussrechnung (§ 4 Abs. 3 Satz 3 EStG) – nicht anwendbar.

271

Die Berechtigung zur Vornahme der AfA beginnt mit der Aufnahme der tatsächlichen Nutzung des Wirtschaftsguts zur Erzielung von Überschusseinkünften durch den Steuerpflichtigen.[10] Der Abfluss der Zahlung der Anschaffungskosten ist hingegen nicht entscheidend, ebenso wenig der Zeitpunkt der Anschaffung (§ 9a EStDV). Diese Rechtsauffassung ergibt sich aus der Überlegung, dass die für den Werbungskostenabzug in Betracht kommenden Wirtschaftsgüter im steuerlichen Privatvermögen gehalten werden. Die AfA-Berechtigung kann damit nicht an ihre Anschaffung anknüpfen, vielmehr bedarf es der Widmung zur Erzielung von Überschusseinkünften, um den Werbungskostenbegriff des § 9 Abs. 1 Satz 1 EStG zu erfüllen.[11] Die Berechtigung zur Vornahme der AfA endet mit der Veräußerung des Wirtschaftsguts oder der Nutzungsänderung von der Erzielung von Überschusseinkünften zur privaten Nutzung („Entwidmung").[12]

272

---

1 R 6.13 Abs. 4 EStR.
2 Siehe KKB/Teschke/C. Kraft, § 6 EStG Rz. 274.
3 *Loschelder* in Schmidt, § 9 EStG Rz. 248.
4 BFH v. 18. 9. 2007 – IX R 42/05, BStBl 2008 II 26; *Thürmer* in Blümich, § 9 EStG Rz. 500.
5 H 9.12 „Absetzung für Abnutzung" LStH, 3. Spstr.; grundlegend BFH v. 14. 2. 1989 – IX R 109/84, BStBl 1989 II 922.
6 Siehe auch FG München v. 29. 3. 2011 – 13 K 2013/09, NWB DokID: ZAAAD-89478, rkr.
7 Zur Anhebung der Grenze auf 800 € *Wengerofsky*, StuB 2017, 369.
8 BFH v. 16. 2. 1990 – VI R 85/87, BStBl 1990 II 883.
9 BFH v. 15. 12. 1992 – VIII R 27/91, BFH/NV 1993, 599 = NWB DokID: VAAAB-33311; *Weiss*, BB 2017, 2027, 2028.
10 *Von Beckerath* in Kirchhof, § 9 EStG Rz. 137.
11 *Von Bornhaupt* in Kirchhof/Söhn/Mellinghoff, § 9 EStG I 80.
12 R 7.4 Abs. 8 Satz 1 EStR.

273 Zu den speziellen Fragestellungen der AfA auf eine Einbauküche siehe BMF, Schreiben v. 16.5.2017[1] und KKB/Escher, § 21 EStG Rz. 127

274–275 (Einstweilen frei)

11. Weitere, nicht in § 9 Abs. 1 Satz 3 EStG genannte wichtige Werbungskosten

a) Umzugskosten

276 Kosten, die einem Arbeitnehmer durch einen beruflich veranlassten Wohnungswechsel entstehen, sind Werbungskosten, R 9.9 Abs. 1 LStR 2015.[2] Damit wird von dem Grundsatz abgewichen, dass die Aufwendungen für den Umzug grundsätzlich zu den privaten Ausgaben gehören (§ 12 Nr. 1 EStG).[3] Die berufliche Veranlassung ist dabei etwa zu bejahen, wenn durch den Umzug eine erhebliche Verkürzung der Entfernung zwischen der Wohnung und der ersten Tätigkeitsstätte eintritt.[4] Diese ist anzunehmen, wenn sich die Dauer der täglichen Hin- und Rückfahrt insgesamt wenigstens zeitweise um mindestens eine Stunde ermäßigt.[5] Daneben bestehende private Motive sind dann nicht für den Abzug als Werbungskosten hinderlich.[6] Auch bei einer geringeren Fahrtzeitverkürzung kann die berufliche Veranlassung noch zu bejahen sein.[7]

277 Eine berufliche Veranlassung ist auch zu bejahen, wenn der Arbeitnehmer den Umzug im ganz überwiegenden betrieblichen Interesse durchführt oder dieser aus Anlass der erstmaligen Aufnahme einer beruflichen Tätigkeit oder bei Wechsel des Arbeitgebers durchgeführt wird.[8]

278 Fehlt es an einer beruflichen Veranlassung, sollte ein Abzug im Rahmen der haushaltsnahen Dienstleistungen, § 35a EStG, geprüft werden.[9]

279 Abziehbar sind die Kosten in tatsächlicher Höhe. Werden dabei die nach dem Bundesumzugskostengesetz und der Auslandsumzugskostenverordnung in der jeweils geltenden Fassung als Umzugskostenvergütung höchstens verfügbaren Beträge eingehalten, entfällt eine Überprüfung des Werbungskostenabzugs insgesamt. Werden höhere Umzugskosten im Einzelnen nachgewiesen, so ist insgesamt zu prüfen, ob und inwieweit die Aufwendungen Werbungskosten oder nicht abziehbare Kosten der Lebensführung sind.[10]

280 Bei einem Umzug in das Ausland muss § 3c Abs. 1 EStG beachtet werden.[11]

281 Eine Erstattung der Aufwendungen durch den Arbeitgeber ist steuerfrei möglich, soweit die abziehbaren Werbungskosten dabei nicht überschritten werden.[12]

---

1 NWB DokID: KAAAG-45581; *Kanzler*, NWB 2017, 1870.
2 *Schmidt*, Umzugskosten, NWB DokID: WAAAE-83381; *Pondelik*, SteuK 2016, 224.
3 *Zimmer* in Littmann/Bitz/Pust, § 9 EStG Rz. 311.
4 H 9.9 „Berufliche Veranlassung", LStH, unter 1; *Seifert*, StuB 2015, 755.
5 H 9.9 „Erhebliche Fahrtzeitverkürzung" LStH, 1. Spstr.; einschränkend BFH v. 7.5.2015 - VI R 73/13, NWB DokID: EAAAF-01949.
6 BFH v. 23.3.2001 - VI R 175/99, BStBl 2001 II 585.
7 FG Köln v. 24.2.2016 - 3 K 3502/13, rkr., NWB DokID: HAAAF-74327; *Hilbert*, NWB 2016, 1702.
8 H 9.9 „Berufliche Veranlassung", LStH, unter 2./3.
9 BMF v. 10.1.2014, BStBl 2014 I 75, Rz. 19; *Nolte*, NWB 2014, 508; *Czisz/Krane*, DStR 2014, 873.
10 R 9.11 Abs. 2 LStR.
11 H 9.9 „Umzug ins Ausland" LStH.
12 R 9.11 Abs. 3 LStR.

Zu den Kosten des Umzugs bei Begründung einer doppelten Haushaltsführung siehe R 9.11 Abs. 9 LStR.

(Einstweilen frei)

b) Sprachkurse

Auch die Kosten für Sprachkurse[1] können Werbungskosten darstellen, wenn sie durch den Beruf veranlasst sind.[2] Kursgebühren können demnach bei beruflicher Veranlassung abgezogen werden. Die Reisekosten sind nach zeitlichen Anteilen aufzuteilen, wenn die Reise nicht ausschließlich beruflich veranlasst ist.[3] Fehlt es an einem anderweitigen Maßstab, kann eine hälftige Aufteilung angezeigt sein.[4]

c) Kosten der Steuerberatung

Können als Werbungskosten abgezogen werden, wenn und soweit sie bei der Ermittlung der Einkünfte anfallen oder im Zusammenhang mit Betriebssteuern (z. B. Gewerbesteuer, Umsatzsteuer, Grundsteuer für Betriebsgrundstücke) stehen.[5] Das ansonsten gegebene Abzugsverbot ist nach Auffassung des BFH verfassungsgemäß.[6]

d) Strafverteidigungskosten

Strafverteidigungskosten können als Werbungskosten abziehbar sein, wenn der strafrechtliche Vorwurf, gegen den sich der Steuerpflichtige zur Wehr setzt, durch sein berufliches Verhalten veranlasst gewesen ist. Die zur Last gelegte Tat muss in Ausübung der beruflichen Tätigkeit begangen worden sein.[7] § 12 Nr. 4 EStG steht dem nicht entgegen, Verfahrenskosten hat der Gesetzgeber bewusst nicht in das Verbot eines Abzugs als Werbungskosten einbezogen.[8] Bei rücksichtslosem Verhalten im Straßenverkehr ist der Abzug nicht zu gewähren.[9] Zu Zivilprozesskosten zur Unterbindung einer medialen Berichterstattung über eine Straftat siehe BFH v. 14. 4. 2016.[10] Zur subsidiären Abziehbarkeit als agB siehe KKB/Bleschik, § 33 EStG Rz. 98.

e) Krankheitskosten

Krankheitskosten können – möglicherweise nachträgliche – Werbungskosten darstellen, wenn es sich um typische Berufskrankheiten handelt, deren Entstehung wesentlich durch den Beruf mit bedingt ist oder wenn im Einzelfall der Zusammenhang zwischen dem Beruf und der Entstehung der Erkrankung offenkundig ist.[11] Dies kann bei „Mobbing" am Arbeitsplatz anzuneh-

---

1 Hilbert, Dienst- und Fortbildungsreisen von Arbeitnehmern ins Ausland: Einkommen- und Lohnsteuerrechtliche Aspekte, NWB DokID: RAAAD-93554.
2 BFH v. 26. 11. 1993 - VI R 67/91, BStBl 1994 II 248.
3 BFH v. 24. 2. 2011 - VI R 12/10, BStBl 2011 II 796, m. w. N.
4 FG Sachsen v. 16. 5. 2012 - 8 K 1691/06, NWB DokID: RAAAE-16140, NZB unbegründet BFH v. 9. 1. 2013 - VI B 133/12, BFH/NV 2013, 552 = NWB DokID: VAAAE-30629.
5 BMF v. 21. 12. 2007, BStBl 2008 I 256, Rz. 3.
6 BFH v. 4. 2. 2010 - X R 10/08, BStBl 2010 II 617.
7 BFH v. 10. 6. 2015 - VI B 133/14, BFH/NV 2015, 1247 = NWB DokID: PAAAE-96109.
8 BFH v. 17. 8. 2011 - VI R 75/10, BFH/NV 2011, 2040 = NWB DokID: UAAAD-94376.
9 FG Rheinland-Pfalz v. 22. 1. 2016 - 4 K 1572/14, EFG 2016, 568, rkr.
10 BFH v. 14. 4. 2016 - VI R 61/13, BFH/NV 2016, 1268 = NWB DokID: SAAAF-79160.
11 BFH v. 9. 11. 2015 - VI R 36/13, BFH/NV 2016, 194 = NWB DokID: AAAAF-18892, m. w. N; KKB/Merx, § 19 EStG Rz. 396, Stichwort „Berufskrankheit".

men sein.[1] Zum subsidiären Abzug als agB siehe KKB/Bleschik, § 33 EStG Rz. 150, Stichwort „Krankheitskosten".

290–295   (Einstweilen frei)

III. Anwendung bei anderen Überschusseinkunftsarten (§ 9 Abs. 3 EStG)

296   Die Regelungen des § 9 Abs. 1 Satz 3 Nr. 4 bis 5a sowie der Abs. 2 und 4a EStG gelten bei den Einkunftsarten i. S. d. § 2 Abs. 1 Satz 1 Nr. 5 bis 7 EStG entsprechend.[2] Allerdings ist für Einkünfte aus Kapitalvermögen die grundsätzliche Einschränkung des § 2 Abs. 2 Satz 2 EStG zu beachten. Demnach ist die Regelung des § 9 Abs. 3 EStG bei Einkünften aus Kapitalvermögen nur relevant, wenn ein Ausschluss der Abgeltungsteuer (§ 32d Abs. 1 Satz 1 EStG) nach § 32d Abs. 2 EStG vorliegt. Die Regelung des § 3c Abs. 2 EStG ist bei Einkünften, die dem Teileinkünfteverfahren nach § 3 Nr. 40 EStG unterliegen, zusätzlich zu beachten.

297   Besondere Bedeutung kommt der Regelung für die Einkünfte aus Vermietung und Verpachtung zu.[3] Für die Rechtslage vor der Neuregelung des Reisekostenrechts (s. o. → Rz. 5.) – Streitjahr 2010 – hat der BFH entschieden,[4] dass eine „regelmäßige Tätigkeitsstätte" des Steuerpflichtigen bei dieser Einkunftsart grundsätzlich in der Wohnung des Steuerpflichtigen liegt. Allerdings kann diese beim vermieteten Objekt liegen, wenn der Vermieter dieses nachhaltig (im Urteilssachverhalt: 380 Fahrten zu zwei Vermietungsobjekten in einem Jahr) aufsucht. Folge dieser Annahme ist, dass die Fahrten zu den Vermietungsobjekten nur gem. der Entfernungspauschale des § 9 Abs. 1 Satz 3 Nr. 4 EStG anzusetzen sind (s. o. → Rz. 116). Abzugrenzen ist, ob die Fahrten Herstellungskosten des Vermietungsobjekts darstellen können (s. o. → Rz. 126).[5]

298–304   (Einstweilen frei)

IV. Verpflegungsaufwendungen bei auswärtiger beruflicher Tätigkeit (§ 9 Abs. 4a EStG)

305   Mehraufwendungen des Arbeitnehmers für die Verpflegung sind nur nach Maßgabe des § 9 Abs. 4a Satz 2 bis 13 EStG als Werbungskosten abziehbar, § 9 Abs. 4a Satz 1 EStG.[6] Durch die Regelung wird demnach der Abzug von Werbungskosten gegenüber der Grundregel des § 9 Abs. 1 Satz 1 EStG eingeschränkt, da der Abzug „nur" in den genannten Fällen und nur in der durch die Pauschalen vorgegebenen Höhe möglich ist.[7] Höhere tatsächliche Aufwendungen können auch nicht mit Einzelnachweis geltend gemacht werden.[8] Auf die Berücksichtigung der Pauschalen besteht jedoch ein Rechtsanspruch des Stpfl.[9]

---

1 FG Rheinland-Pfalz v. 22. 8. 2012 – 2 K 1152/12, NWB DokID: DAAAE-48660, rkr.
2 Siehe für Vermietung und Verpachtung BFH v. 1. 12. 2015 – IX R 18/15, BStBl 2016 II 532.
3 Insgesamt zum Abzug von Werbungskosten bei Vermietung und Verpachtung unter dem neuen Reisekostenrecht *Schmidt*, NWB 2014, 782.
4 BFH v. 1. 12. 2015 – IX R 18/15, BStBl 2016 II 532; dazu *Weiss*, EStB 2016, 175.
5 *Trossen*, NWB 2016, 1256, 1257.
6 *Harder-Buschner/Schramm*, NWB 2014, 175.
7 *Loschelder* in Schmidt, § 9 EStG Rz. 258.
8 R 9.6 Abs. 1 Satz 2 LStR.
9 BFH v. 4. 4. 2006 – VI R 44/03, BStBl 2006 II 567.

Bei der Gewinnermittlung gelten diese Regelungen nach § 4 Abs. 5 Satz 1 Nr. 5 EStG entsprechend,[1] während bis nur Neuregelung des Reisekostenrechts über § 9 Abs. 5 Satz 1 EStG ein Verweis auf die Regelung des § 4 Abs. 5 Satz 1 Nr. 5 EStG vorgenommen wurde.[2] Für den Sonderausgabenabzug bei Aufwendungen für die eigene Berufsausbildung gilt die Regelung nach § 10 Abs. 1 Nr. 7 Satz 4 EStG.

306

Wird der Arbeitnehmer außerhalb seiner Wohnung und ersten Tätigkeitsstätte beruflich tätig (auswärtige berufliche Tätigkeit), ist zur Abgeltung der ihm tatsächlich entstandenen, beruflich veranlassten Mehraufwendungen eine Verpflegungspauschale anzusetzen, § 9 Abs. 4a Satz 2 EStG. Durch Satz 2 werden abziehbare Mehraufwendungen definiert, die über den normalen, nach § 12 Nr. 1 EStG nicht abziehbaren Verpflegungsbedarf hinausgehen.[3] Diese sind abziehbar, wenn es sich um eine auswärtige berufliche Tätigkeit i. S. d. Vorschrift handelt, mithin der Arbeitnehmer weder in seiner Wohnung noch seiner ersten Tätigkeitsstätte (§ 9 Abs. 4 EStG) beruflich tätig ist.[4] Zu typischen Beispielen von betroffenen Arbeitnehmern siehe auch *Niermann*.[5]

307

Wohnung i. S. d. § 9 Abs. 4a Satz 2 EStG ist der Hausstand, der den Mittelpunkt der Lebensinteressen des Arbeitnehmers bildet, sowie eine Unterkunft am Ort der ersten Tätigkeitsstätte im Rahmen der doppelten Haushaltsführung, § 9 Abs. 4a Satz 4 2. Halbsatz EStG. Bei einem Auszubildenden kann dies auch die elterliche Wohnung sein.[6]

308

§ 9 Abs. 4a Satz 2 EStG spricht von der *„Abgeltung der … tatsächlich entstandenen, beruflich veranlassten Mehraufwendungen"*. Insoweit ist streitig, ob tatsächlich Mehraufwendungen entstanden sein müssen.[7] Der BFH hatte einen solchen Nachweis vor der Änderung des Reisekostenrechts zum 1.1.2014 nicht verlangt.[8] Dies sollte auch unter dem neuen Recht gelten.[9] Ein anderes Verständnis würde dem Vereinfachungsgedanken, der der Regelung zugrunde liegt, widersprechen. Die Finanzverwaltung scheint dieser Ansicht ebenfalls zu folgen.[10] Umgekehrt werden auch die Kürzungen der Pauschalen nach § 9 Abs. 4a Satz 8 EStG unabhängig von den tatsächlichen Aufwendungen für die entsprechenden Mahlzeiten angesetzt.[11]

309

Nach § 9 Abs. 4a Satz 3 EStG beträgt die Verpflegungspauschale

310

1. 24 € für jeden Kalendertag, an dem der Arbeitnehmer 24 Stunden von seiner Wohnung und ersten Tätigkeitsstätte abwesend ist,

2. jeweils 12 € für den An- und Abreisetag, wenn der Arbeitnehmer an diesem, einem anschließenden oder vorhergehenden Tag außerhalb seiner Wohnung übernachtet,

3. 12 € für den Kalendertag, an dem der Arbeitnehmer ohne Übernachtung außerhalb seiner Wohnung mehr als 8 Stunden von seiner Wohnung und der ersten Tätigkeitsstätte abwesend ist; beginnt die auswärtige berufliche Tätigkeit an einem Kalendertag und en-

---

1 BMF v. 23.12.2014, BStBl 2015 I 26, Rz. 8.
2 *Lochte* in Frotscher/Geurts, § 9 EStG Rz. 252g.
3 *Lochte* in Frotscher/Geurts, § 9 EStG Rz. 252h.
4 BMF v. 24.10.2014, BStBl 2014 I 1412, Beispiel 29.
5 DB 2013, 1015, 1020.
6 BMF v. 24.10.2014, BStBl 2014 I 1412, Rz. 49; *Harder-Buschner/Schramm*, Beilage zu NWB 2013, 2, 12.
7 Zweifelnd *Painter*, DStR 2013, 217, 221.
8 BFH v. 19.12.2005 - VI R 30/05, BStBl 2006 II 378.
9 *Von Beckerath* in Kirchhof, § 9 EStG Rz. 87; *Loschelder* in Schmidt, § 9 EStG Rz. 259; a. A. HHR/*Bergkemper*, § 9 EStG Rz. 565.
10 BMF v. 24.10.2014, BStBl 2014 I 1412, Rz. 73; grundlegend *Foerster*, StuB 2015, 89.
11 BMF v. 24.10.2014, BStBl 2014 I 1412, Rz. 75.

det am nachfolgenden Kalendertag ohne Übernachtung, werden 12 € für den Kalendertag gewährt, an dem der Arbeitnehmer den überwiegenden Teil der insgesamt mehr als 8 Stunden von seiner Wohnung und der ersten Tätigkeitsstätte abwesend ist.

311 Damit hat der Gesetzgeber die frühere Dreiteilung der Verpflegungspauschale aufgegeben und durch zwei Stufen ersetzt.[1] Indem auf die Prüfung von Abwesenheitszeiten für die Tage der An- und Abreise bei mehrtägigen Auswärtstätigkeiten verzichtet wird, wird zusätzlich zur Vereinfachung beigetragen.[2]

312 Für ganztägige Abwesenheit beträgt die Verpflegungspauschale weiterhin 24 € je Kalendertag, § 9 Abs. 4a Satz 3 Nr. 1 EStG.[3] Demgegenüber wird der An- und Abreisetag jeweils mit 12 € angesetzt, wenn eine Übernachtung außerhalb der Wohnung vorangeht oder folgt, § 9 Abs. 4a Satz 3 Nr. 2 EStG. Eine Mindestabwesenheitszeit wird nicht mehr gefordert. Auch die Frage, von wo aus die Reise angetreten wird, ist nicht beachtlich. Ebenso wenig werden tatsächliche Übernachtungskosten gefordert.[4] Zur Definition der Wohnung i. S. d. Satz 3 gilt § 9 Abs. 4a Satz 4 2. Halbsatz EStG entsprechend.

313 Für eine Auswärtstätigkeit ohne Übernachtung wird eine Verpflegungspauschale von 12 € gewährt, § 9 Abs. 4a Satz 3 Nr. 3 EStG. Gewährt wird sie für den Tag, an dem der Arbeitnehmer überwiegend auswärts tätig ist.[5]

314 Hat der Arbeitnehmer keine erste Tätigkeitsstätte, gelten Satz 2 und 3 entsprechend, § 9 Abs. 4a Satz 4 1. Halbsatz EStG. Bei einem derartigen Arbeitnehmer wird man bei einer beruflich veranlassten Tätigkeit außerhalb seiner Wohnung das Tatbestandsmerkmal „erste Tätigkeitsstätte" durch ein eventuell vorhandenes „weiträumiges Tätigkeitsgebiet" ersetzen und in Ermangelung dessen ganz weglassen müssen.

315 Nach § 9 Abs. 4a Satz 5 EStG treten bei einer Tätigkeit im Ausland an die Stelle der Pauschbeträge nach Satz 3 länderweise unterschiedliche Pauschbeträge, die für die Fälle der Nr. 1 mit 120 % sowie der Nr. 2 und 3 mit 80 % der Auslandstagegelder nach dem Bundesreisekostengesetz vom Bundesministerium der Finanzen im Einvernehmen mit den obersten Finanzbehörden der Länder aufgerundet auf volle Euro festgesetzt werden; dabei bestimmt sich der Pauschbetrag nach dem Ort, den der Arbeitnehmer vor 24 Uhr Ortszeit zuletzt erreicht, oder, wenn dieser Ort im Inland liegt, nach dem letzten Tätigkeitsort im Ausland.

316 Für eine auswärtige berufliche Tätigkeit im Ausland werden unter denselben Voraussetzungen wie im Inland Verpflegungspauschalen gewährt.[6] Diese werden an die Verhältnisse des jeweiligen Landes durch unterschiedliche Pauschbeträge angepasst. Ihre Höhe wird durch BMF-Schreiben bekannt gemacht.[7] Für Fälle des § 9 Abs. 4a Satz 3 Nr. 1 EStG einerseits und § 9 Abs. 4a Satz 3 Nr. 2 und 3 EStG andererseits werden diese durch die Prozentsätze 120 % und 80 % variiert. Der maßgebliche Ort wird durch § 9 Abs. 4a Satz 5 2. Halbsatz EStG festgelegt als

---

1 *Harder-Buschner/Schramm*, Beilage zu NWB 2013, 2, 12; zur Berechnung *Eckert/Sebast*, Reisekosten-Abrechnung Inland – 2015, NWB DokID: FAAAE-82623.
2 *Wünnemann/Gödtel*, Beilage zu NWB 2013, 36, 39; zur fehlenden Abstimmung mit den Landesreisekostengesetzen siehe *Schmidt*, NWB 2015, 1758, 1761.
3 *Niermann*, DB 2014, 2793, 2794.
4 BMF v. 24. 10. 2014, BStBl 2014 I 1412, Rz. 48.
5 *Niermann*, DB 2013, 1015, 1020.
6 BMF v. 24. 10. 2014, BStBl 2014 I 1412, Rz. 50; zur Berechnung auch *Eckert/Sebast*, Reisekosten-Abrechnung Ausland, NWB DokID: JAAAD-55617.
7 R 9.6 Abs. 3 Satz 1 LStR; siehe für den VZ 2015 BMF v. 19. 12. 2014, BStBl 2015 I 34.

der Ort, der vor Mitternacht erreicht wird, wobei die jeweilige Ortszeit entscheidend ist. Befindet sich der Arbeitnehmer um Mitternacht im Inland, so ist der letzte Tätigkeitsort im Ausland maßgebend. Siehe zur Anwendung auch die Beispiele in BMF v. 24.10.2014.[1]

Der Abzug der Verpflegungspauschalen ist auf die ersten drei Monate einer längerfristigen beruflichen Tätigkeit an derselben Tätigkeitsstätte beschränkt, § 9 Abs. 4a Satz 6 EStG. Die Regelung zur maximalen Dauer ist insoweit unverändert übernommen worden.[2] Eine Unterbrechung der beruflichen Tätigkeit an derselben Tätigkeitsstätte führt zu einem Neubeginn, wenn sie mindestens vier Wochen dauert, § 9 Abs. 4a Satz 7 EStG.[3] Allerdings spielt der Grund für die Unterbrechung keine Rolle mehr. Auch ist es unerheblich, wenn die Unterbrechung bereits vor dem 1.1.2014 begonnen hat.[4] Die Prüfung des Unterbrechungszeitraums und des Ablaufs der Dreimonatsfrist erfolgt stets im Nachhinein mit Blick auf die zurückliegende Zeit (Ex-post-Betrachtung).[5]

Bei beruflichen Tätigkeiten auf mobilen, nicht ortsfesten betrieblichen Einrichtungen, wie z.B. Fahrzeugen, Flugzeugen oder Schiffen, findet die Dreimonatsfrist keine Anwendung. Entsprechendes gilt für eine Tätigkeit in einem weiträumigen Tätigkeitsgebiet (§ 9 Abs. 1 Satz 3 Nr. 4a Satz 3 EStG).[6]

Nach § 9 Abs. 4a Satz 8 EStG sind die nach Satz 3 und 5 ermittelten Verpflegungspauschalen zu kürzen, wenn dem Arbeitnehmer anlässlich oder während einer Tätigkeit außerhalb seiner ersten Tätigkeitsstätte vom Arbeitgeber oder auf dessen Veranlassung von einem Dritten eine Mahlzeit zur Verfügung gestellt wird, und zwar

1. für Frühstück um 20 %,
2. für Mittag- und Abendessen um jeweils 40 %, der nach § 9 Abs. 4a Satz 3 Nr. 1 EStG ggf. i.V.m. Satz 5 maßgebenden Verpflegungspauschale für einen vollen Kalendertag; die Kürzung darf die ermittelte Verpflegungspauschale nicht übersteigen.

Die Verpflegungspauschalen sind zu kürzen, wenn dem Arbeitnehmer bei einer Tätigkeit außerhalb seiner ersten Tätigkeitsstätte eine Mahlzeit zur Verfügung gestellt wird. Diese muss nicht durch den Arbeitgeber selbst, sondern kann auch durch einen Dritten auf dessen Veranlassung zur Verfügung gestellt werden. Die Verpflegungspauschalen sollen insoweit nicht mehr zum Ansatz kommen, als der Arbeitnehmer während seiner beruflichen Auswärtstätigkeit durch den Arbeitgeber „verpflegt" wird.[7] Die „Veranlassung" durch den Arbeitgeber ist gegeben, wenn er Tag und Ort der Mahlzeitengestellung bestimmt.[8]

Der Begriff der „Mahlzeit" i.S.d. § 9 Abs. 4a Satz 8 EStG ist umstritten. Nach Auffassung der Finanzverwaltung zählt dazu auch ein vom Arbeitgeber zur Verfügung gestellter Snack oder Imbiss (z.B. belegte Brötchen, Kuchen, Obst), der während einer auswärtigen Tätigkeit gereicht wird. Entscheidend soll sein, ob Frühstück, Mittag- oder Abendessen dadurch substituiert wer-

---

1 BMF v. 24.10.2014, BStBl 2014 I 1412, Rz. 51.
2 BMF v. 24.10.2014, BStBl 2014 I 1412, Rz. 52.
3 Siehe zum alten Recht etwa BFH v. 28.2.2013 - III R 94/10, BStBl 2013 II 725, m.w.N. und zur Verfassungsmäßigkeit BFH v. 8.7.2010 - VI R 10/08, BStBl 2011 II 32.
4 BMF v. 24.10.2014, BStBl 2014 I 1412, Rz. 53.
5 BMF v. 24.10.2014, BStBl 2014 I 1412, Rz. 55.
6 BMF v. 24.10.2014, BStBl 2014 I 1412, Rz. 56.
7 BMF v. 24.10.2014, BStBl 2014 I 1412, Rz. 73.
8 BMF v. 24.10.2014, BStBl 2014 I 1412, Rz. 64.

den.[1] Demgegenüber wird von der Finanzverwaltung anerkannt, dass Kuchen, der anlässlich eines Nachmittagskaffees gereicht wird, keine „Mahlzeit" i. S. d. Vorschrift darstellt. Gleiches gilt für die z. B. auf innerdeutschen Flügen oder Kurzstrecken-Flügen gereichten kleinen Tüten mit Chips u. Ä.[2] Eine vollwertige Mahlzeit, die etwa auf einem Flug gereicht wird, erfüllt hingegen die Anforderungen für die Kürzungsvorschrift.[3]

Ob der Arbeitnehmer die Mahlzeit tatsächlich einnimmt, spielt für die Kürzung keine Rolle. Die Möglichkeit zum Verzehr reicht dafür aus.[4]

322 Maximal darf die nach § 9 Abs. 4a Satz 8 EStG anzuwendende Kürzung die Verpflegungspauschale auf 0 € reduzieren. Werden alle drei Mahlzeiten angesetzt, ergibt sich bei einer Pauschale für eine ganztägige Abwesenheit nach § 9 Abs. 4a Satz 3 Nr. 1 EStG von 24 € eine Kürzung um 24 €. Ein negativer Betrag ist jedoch nicht anzusetzen.[5] Er ist auch nicht etwa mit anderen Verpflegungspauschalen zu verrechnen.[6]

323 Nach § 9 Abs. 4a Satz 9 EStG gilt Satz 8 auch, wenn Reisekostenvergütungen wegen der zur Verfügung gestellten Mahlzeiten einbehalten oder gekürzt werden oder die Mahlzeiten nach § 40 Abs. 2 Satz 1 Nr. 1a EStG pauschal besteuert werden.[7] Hat der Arbeitnehmer für die Mahlzeit ein Entgelt gezahlt, mindert dieser Betrag den Kürzungsbetrag nach § 9 Abs. 4a Satz 8, 10 EStG.

324 Erhält der Arbeitnehmer steuerfreie Erstattungen für Verpflegung, ist ein Werbungskostenabzug insoweit ausgeschlossen, § 9 Abs. 4a Satz 11 EStG. Steuerfreie Erstattungen sind nach § 3 Nr. 13 und 16 EStG möglich. Die Rechtsfolge des Satz 11 ergibt sich aus § 3c Abs. 1 EStG ohnehin, so dass die Regelung redundant erscheint.[8]

325 Die Verpflegungspauschalen nach Satz 3 und 5, die Dreimonatsfrist nach Satz 6 und 7 sowie die Kürzungsregelungen nach Satz 8 bis 10 gelten entsprechend auch für den Abzug von Mehraufwendungen für Verpflegung, die bei einer beruflich veranlassten doppelten Haushaltsführung entstehen, soweit der Arbeitnehmer vom eigenen Hausstand i. S. d. § 9 Abs. 1 Satz 3 Nr. 5 EStG abwesend ist; dabei ist für jeden Kalendertag innerhalb der Dreimonatsfrist, an dem gleichzeitig eine Tätigkeit i. S. d. Satz 2 oder Satz 4 ausgeübt wird, nur der jeweils höchste in Betracht kommende Pauschbetrag abziehbar. Nach § 9 Abs. 4a Satz 13 EStG ist die Dauer einer Tätigkeit i. S. d. Satz 2 an dem Tätigkeitsort, an dem die doppelte Haushaltsführung begründet wurde, auf die Dreimonatsfrist anzurechnen, wenn sie ihr unmittelbar vorausgegangen ist.

326 Im Rahmen der doppelten Haushaltsführung nach § 9 Abs. 1 Satz 3 Nr. 5 EStG gelten die Regelungen über die Verpflegungspauschalen, die Dreimonatsfrist und die Kürzungsregelungen entsprechend.[9]

327–335 *(Einstweilen frei)*

---

1 BMF v. 24. 10. 2014, BStBl 2014 I 1412, Rz. 74.
2 BMF v. 19. 5. 2015, NWB DokID: AAAAE-91069, unter 2; *Niermann*, DB 2014, 2793, 2796.
3 BMF v. 24. 10. 2014, BStBl 2014 I 1412, Rz. 65.
4 BMF v. 24. 10. 2014, BStBl 2014 I 1412, Rz. 75.
5 BMF v. 24. 10. 2014, BStBl 2014 I 1412, Rz. 73.
6 HHR/*Bergkemper*, § 9 EStG Rz. 583.
7 Siehe hierzu BMF v. 24. 10. 2014, BStBl 2014 I 1412, Rz. 61 ff.
8 HHR/*Bergkemper*, § 9 EStG Rz. 586.
9 *Schmidt*, NWB 2015, 1758, 1762; *Harder-Buschner/Schramm*, Beilage zu NWB 2013, 2, 13.

V. Nichtabziehbare Werbungskosten (§ 9 Abs. 5 EStG)

Nach § 9 Abs. 5 Satz 1 EStG sind die Regelungen zu nicht abziehbaren Betriebsausgaben des § 4 Abs. 5 Satz 1 Nr. 1 bis 4, 6b bis 8a, 10, 12 und Abs. 6 EStG sinngemäß auf Werbungskosten anzuwenden. Nicht alle Nummern des § 4 Abs. 5 EStG werden in Bezug genommen, da § 9 EStG etwa für Verpflegungsmehraufwendungen eine eigene Regelung enthält (Abs. 4a). Auf diese wird wiederum in § 4 Abs. 5 Satz 1 Nr. 5 EStG verwiesen. 336

§ 4 Abs. 7 EStG wird nicht für sinngemäß anwendbar erklärt, so dass gesonderte Aufzeichnungen nicht erforderlich sind.[1] Siehe aber zu den besonderen Aufzeichnungsverpflichtungen des § 4 Abs. 5 Satz 1 Nr. 2 EStG unten → Rz. 343. 337

Durch die Regelung sollen, genau wie bei Betriebsausgaben, besonders missbrauchsanfällige Werbungskosten teilweise oder ganz vom Abzug ausgeschlossen werden. Insbesondere Werbungskosten, bei denen die Trennung von Privatausgaben und Werbungskosten besonders schwierig ist, stehen im Mittelpunkt der Regelung. Dem Grunde nach müssen für eine Anwendung der Regelung des § 9 Abs. 5 Satz 1 EStG Werbungskosten nach § 9 Abs. 1 Satz 1 EStG zwar vorliegen. Die genaue Abgrenzung fällt jedoch regelmäßig sehr schwer. Seit der Entscheidung des BFH zur Aufgabe des Aufteilungsverbots hat die Abgrenzungsfrage noch einmal erheblich an Bedeutung gewonnen.[2] 338

Zudem soll durch die Regelung verhindert werden, dass Arbeitgeber ihren Arbeitnehmern erhöhten Lohn zahlen, so dass diese Aufwendungen tätigen können, die beim Arbeitgeber einem Abzugsverbot unterfielen. Durch den vollen Abzug der Lohnzahlung beim Arbeitgeber und den vollen Abzug der Werbungskosten beim Arbeitnehmer würde ein kollektiver Vorteil entstehen. Dieser lässt sich durch einen Angleichung der Abzugsverbote über § 9 Abs. 5 Satz 1 EStG verhindern.[3] 339

Im Bereich originär vermögensverwaltender Personengesellschaften (§ 14 Satz 3 AO) lässt sich zudem durch gewerbliche Prägung nach § 15 Abs. 3 Nr. 2 EStG ein Übergang von den Überschusseinkunftsarten des § 2 Abs. 1 Nr. 4 bis 7 EStG zu den Gewinneinkunftsarten auslösen. Bestünde ein dauerhafter Unterschied zwischen den Abzugsverboten bei den Gewinn- und Überschusseinkunftsarten, ließen sie sich durch Prägung und Entprägung umgehen.[4] 340

Nach § 4 Abs. 5 Satz 1 Nr. 1 EStG dürfen Aufwendungen für Geschenke an Personen, die nicht Arbeitnehmer des Stpfl. sind, nicht als Werbungskosten abgezogen werden. Dies gilt nach Satz 2 der Regelung nur, wenn die AK/HK der dem Empfänger im Wirtschaftsjahr zugewendeten Gegenstände insgesamt 35 € nicht übersteigen (Freigrenze). Dabei ist von den AK/HK einschließlich eines umsatzsteuerrechtlich nicht abziehbaren Vorsteuerbetrags auszugehen.[5] 341

Nach § 4 Abs. 5 Satz 1 Nr. 2 EStG dürfen Aufwendungen für die Bewirtung von Personen aus geschäftlichem Anlass, soweit sie 70 % der Aufwendungen übersteigen, die nach der allgemeinen Verkehrsauffassung als angemessen anzusehen und deren Höhe und betriebliche Veranlassung nachgewiesen sind, nicht als Werbungskosten abgezogen werden. 342

---

1 HHR/*Bergkemper*, § 9 EStG Rz. 589, siehe hierzu auch FG Baden-Württemberg v. 26. 7. 2000 - 12 K 446/99, EFG 2001, 352; FG Sachsen v. 23. 1. 2002 - 5 K 1048/99, EFG 2002, 530.
2 BFH v. 21. 9. 2009 - GrS 1/06, BStBl 2010 II 672.
3 *Thürmer* in Blümich, § 9 EStG Rz. 611.
4 Siehe zu derartigen Überlegungen etwa *Geck*, KÖSDI 2010, 16842, Rz. 17.
5 R 9b Abs. 2 EStR.

Der Stpfl. muss dabei selbst als Bewirtender auftreten.[1]

343 Die Bewirtung von eigenen Mitarbeitern gilt dabei nicht als geschäftlich, sondern allgemein betrieblich veranlasst.[2] Als gute Argumentationshilfe für einen vollen Werbungskostenabzug hat sich das Vorliegen einer variablen Entlohnung des Stpfl. herausgestellt, die durch die Bewirtung gesteigert werden soll.[3] Allerdings ist diese nicht zwingend für den vollen Abzug erforderlich.[4] Die Aufzeichnungsverpflichtungen des § 4 Abs. 5 Satz 1 Nr. 2 Satz 2 und 3 EStG sind – im Gegensatz zu denen des § 4 Abs. 7 EStG – zu beachten.[5]

344 Nach § 4 Abs. 5 Satz 1 Nr. 3 und 4 EStG dürfen Aufwendungen für Gästehäuser, die sich außerhalb des Orts eines Betriebs des Stpfl. befinden, und für Jagd oder Fischerei, für Segeljachten oder Motorjachten sowie für ähnliche Zwecke nicht als Werbungskosten abgezogen werden. Die Bedeutung dieser Abzugsverbote wird zutreffend als gering eingeschätzt.[6] Siehe hierzu die Kommentierung zu § 4 Abs. 5 EStG.

345 Nach § 4 Abs. 5 Satz 1 Nr. 6b Satz 1 EStG dürfen Aufwendungen für ein häusliches Arbeitszimmer sowie die Kosten der Ausstattung nicht als Werbungskosten abgezogen werden. Dies gilt nicht, wenn für die betriebliche oder berufliche Tätigkeit kein anderer Arbeitsplatz zur Verfügung steht. In diesem Fall wird die Höhe der abziehbaren Aufwendungen auf 1 250 € begrenzt; die Beschränkung der Höhe nach gilt nicht, wenn das Arbeitszimmer den Mittelpunkt der gesamten betrieblichen und beruflichen Betätigung bildet.

Siehe hierzu die Kommentierung zu § 4 Abs. 5 Satz 1 Nr. 6b EStG in KKB/Hallerbach, § 4 EStG Rz. 725 und R 9.14 LStR sowie *Nolte*, Häusliches Arbeitszimmer.[7]

346 Nach § 4 Abs. 5 Satz 1 Nr. 7 EStG dürfen andere als die in § 4 Abs. 5 Nr. 1 bis 6 und 6b bezeichneten Aufwendungen, die die Lebensführung des Stpfl. oder anderer Personen berühren, soweit sie nach allgemeiner Verkehrsauffassung als unangemessen anzusehen sind, nicht als Werbungskosten abgezogen werden. Grundsätzlich darf der Stpfl. selbst entscheiden, in welcher Höhe er Ausgaben auf sich nimmt.[8] Eine Angemessenheitsprüfung findet nicht statt. Allerdings muss, gerade bei den die Lebensführung des Stpfl. betreffenden Ausgaben, der Werbungskostenbegriff des § 9 Abs. 1 Satz 1 EStG erfüllt werden, da sonst schon dem Grunde nach kein Abzug als Werbungskosten möglich ist (§ 12 Nr. 1 EStG).

347 Durch § 4 Abs. 5 Satz 1 Nr. 7 EStG wird der nach allgemeiner Verkehrsauffassung unangemessene Teil der Ausgaben für nicht als Werbungskosten abziehbar erklärt. Die Angemessenheit ist in diesem Fall danach zu beurteilen, ob ein ordentlicher und gewissenhafter Stpfl. angesichts der erwarteten Vorteile und Kosten die Aufwendungen ebenfalls auf sich genommen

---

[1] BFH v. 19. 6. 2008 - VI R 48/07, BStBl 2008 II 870.
[2] R 4.10 Abs. 7 EStR; siehe ausführlich zum Abzug von Kosten für Feiern mit Kollegen oben → Rz. 20, zu § 12 Nr. 1 EStG.
[3] BFH v. 19. 6. 2008 - VI R 33/07, BStBl 2009 II 11; FG Thüringen v. 9. 10. 2013 - 3 K 306/12, NWB DokID: FAAAE-79834, rkr., m. Anm. *Weiss*, SteuK 2015, 282; BFH v. 1. 2. 2007 - VI R 25/03, BStBl 2007 II 459.
[4] BFH v. 24. 5. 2007 - VI R 78/04, BStBl 2007 II 721; siehe zu weiteren Kriterien auch BFH v. 26. 1. 2010 - VI B 95/09, BFH/NV 2010, 875 = NWB DokID: NAAAD-39592.
[5] BFH v. 12. 4. 2007 - VI R 77/04, BFH/NV 2007, 1643 = NWB DokID: WAAAC-51307.
[6] *Thürmer* in Blümich, § 9 EStG, Rz. 615.
[7] Häusliches Arbeitszimmer, NWB DokID: MAAAE-35006.
[8] H 9.12 „Angemessenheit" LStH; zuletzt BFH v. 19. 1. 2017 - VI R 37/15, BStBl 2017 II 526, Rz. 16..

haben würde.¹ Für den angemessenen Teil bleibt hingegen der Werbungskostenabzug bestehen.² In extremen Fällen kann der Abzug aufgrund Unangemessenheit auch vollständig versagt werden. Auf die steuerliche Behandlung der Veräußerung von Wirtschaftsgütern, deren Anschaffungskosten dem Abzugsverbot unterlegen haben, hat das Abzugsverbot keinen Einfluss.³ Sie sind in den Grenzen des § 22 Nr. 2 EStG, § 23 EStG zu erfassen. Eine spezielle Angemessenheitsprüfung ist für § 4 Abs. 5 Satz 1 Nr. 2 EStG durchzuführen. Über die Prüfung hinaus sind jedoch auch 30 % der angemessenen Aufwendungen nicht abziehbar (s. o. → Rz. 342).

Nach § 4 Abs. 5 Satz 1 Nr. 8, 8a und 10 EStG dürfen nicht als Werbungskosten abgezogen werden: 348

▶ von einem Gericht oder einer Behörde im Geltungsbereich dieses Gesetzes oder von Organen der EU festgesetzte Geldbußen, Ordnungs- und Verwarnungsgelder,

▶ Zinsen auf hinterzogene Steuern nach § 235 AO,

▶ Vorteile sowie damit zusammenhängende Aufwendungen, wenn die Zuwendung der Vorteile eine rechtswidrige Handlung darstellt, die den Tatbestand eines Strafgesetzes oder eines Gesetzes verwirklicht, das die Ahndung mit einer Geldbuße zulässt.

Die Bedeutung dieser Abzugsverbote im Bereich der Werbungskosten dürfte gering sein. Siehe i. E. KKB/Hallerbach, § 4 EStG Rz. 821.

Nach § 4 Abs. 5 Satz 1 Nr. 12 EStG dürfen Zuschläge nach § 162 Abs. 4 AO nicht als Werbungskosten abgezogen werden. Es handelt sich dabei um Zuschläge wegen fehlender oder nicht verwertbarer Aufzeichnungen bezüglich Geschäftsbeziehungen mit ausländischen nahestehenden Personen (§ 1 Abs. 2 AStG). Diese dürften im Bereich der Werbungskosten nur geringe Bedeutung haben. 349

Nach § 4 Abs. 6 EStG dürfen Aufwendungen zur Förderung staatspolitischer Zwecke (§ 10b Abs. 2 EStG) nicht als Werbungskosten abgezogen werden. Siehe i. E. die Kommentierung zu § 4 Abs. 6 EStG.⁴ 350

Nach § 9 Abs. 5 Satz 2 EStG ist die Regelung des § 6 Abs. 1 Nr. 1a EStG entsprechend auf Werbungskosten anzuwenden.⁵ Bedeutung hat diese Regelung im Wesentlichen für die Werbungskosten bei Einkünften aus Vermietung und Verpachtung, § 21 EStG.⁶ Für die Bemessung der AfA nach § 9 Abs. 1 Satz 3 Nr. 7 Satz 1 EStG, § 7 EStG ist eine Bestimmung der AK/HK erforderlich.⁷ Auch bei der Ermittlung eines Veräußerungsgewinns nach § 22 Nr. 2 EStG, § 23 Abs. 1 Satz 1 Nr. 1 EStG ist die Regelung anzuwenden, da zur Bestimmung des Veräußerungsgewinns nach § 23 Abs. 3 Satz 1 EStG die AK/HK erforderlich sind. 351

---

1 BFH v. 29.4.2014 - VIII R 20/12, BStBl 2014 II 679, zu Sportwagen eines Tierartzes; BFH v. 25.3.2015 - X R 15/12, NWB DokID: CAAAE-91547, zu Wohnmobil, m. Anm. *Weiss*, SteuK 2015, 373; *Weiss*, NWB 2015, 2774; kritisch *Stadie*, FR 2016, 289.
2 Zum Maßstab zuletzt BFH v. 19.1.2017 - VI R 37/15, BStBl 2017 II 526, Rz. 28; *Kröller*, NWB 2017, 2276.
3 BFH v. 25.3.2015 - X R 14/12, BFH/NV 2015, 973 = NWB DokID: HAAAE-99538.
4 KKB/Hallerbach, § 4 EStG Rz. 886.
5 Zur Anwendung bei vermögensverwaltenden Personengesellschaften siehe SenFin Berlin v. 20.11.2012 - III B - S 2211 - 2/2005 - 2, FR 2013, 237.
6 HHR/*Stobbe*, § 6 EStG Rz. 737; *Ronig*, NWB DokID: NAAAE-31472; zur Erfassung *Klein/Meier*, Vermietung und Verpachtung: Werbungskosten-Interaktive Checkliste zur Erfassung der berücksichtigungsfähigen Aufwendungen, NWB DokID: HAAAE-57319.
7 Siehe für nach der Anschaffung eintretende Schäden BFH v. 9.5.2017 - IX R 6/16, BFH/NV 2017, 1652 = NWB DokID: HAAAG-58607; zur Reichweite der Norm siehe auch KKB/Teschke/C. Kraft, § 6 EStG Rz. 87 ff.; zu neueren Entwicklungen auch *Schießl*, StuB 2016, 719.

352 Durch das „Gesetz gegen schädliche Steuerpraktiken im Zusammenhang mit Rechteüberlassungen" (BT-Drucks. 366/17 vom 12.5.2017) wurde § 9 Abs. 5 Satz 2 EStG geändert. Nach § 9 Abs. 5 Satz 2 EStG n. F. ist auch die Regelung des § 4j EStG („Lizenzschranke") entsprechend auf Werbungskosten anzuwenden.[1] Anwendbar wird die Regelung für Aufwendungen i. S. d. § 4j EStG sein, die nach dem 31.12.2017 entstehen (§ 52 Abs. 16a EStG).

353–359 *(Einstweilen frei)*

VI. Aufwendungen für Berufsausbildung und Studium (§ 9 Abs. 6 EStG)

360 Die Vorschrift soll den Werbungskostenabzug, der für eine Berufsausbildung oder ein Erststudium nach der Definition des § 9 Abs. 1 Nr. 1 EStG dem Grunde nach zu bejahen wäre,[2] einschränken. Demgemäß ordnet die Norm an, dass derartige Werbungskosten nur unter der Voraussetzung abzugsfähig sind, dass entweder bereits eine Erstausbildung (Berufsausbildung oder Studium) abgeschlossen worden ist oder die Berufsausbildung oder das Studium im Rahmen eines Dienstverhältnisses stattfindet.[3]

361 Auf die Regelungen des § 9 Abs. 6 Satz 2 bis 5 EStG wird in § 4 Abs. 9 Satz 2 EStG für das Abzugsverbot für Betriebsausgaben verwiesen, so dass die Ausführungen dort entsprechend gelten.[4]

362 Die Vorschrift ist durch das BeitrRL-UmsG[5] eingeführt worden.[6] Sie galt nach § 52 Abs. 23d Satz 5 EStG (rückwirkend) für Veranlagungszeiträume ab 2004. Sie stellte eine Reaktion des Gesetzgebers auf BFH-Rechtsprechung dar.[7] Der BFH hatte entschieden,[8] dass durch die Regelung des § 12 Nr. 5 EStG a. F. ein vorrangiger Werbungskostenabzug für die Berufsausbildung nicht verhindert werde. Die Regelung des § 10 Abs. 1 Nr. 7 EStG, nach der ein Abzug derartiger Aufwendungen als Sonderausgaben bis zu 6 000 € im Kalenderjahr vorgesehen sei, stehe unter dem Vorbehalt des § 10 Abs. 1 EStG. Danach sei der Abzug von Werbungskosten vorrangig vor Sonderausgaben. Die Regelung des § 12 Nr. 5 EStG wiederum stehe unter dem Vorbehalt ihres Einleitungssatzes. Danach sei sie nur anwendbar, „soweit in ... § 10 Abs. 1 Nr. 7 ..." nichts anderes bestimmt sei. Deshalb seien Aufwendungen für die eigene Berufsausbildung auch unter Geltung des § 12 Nr. 5 EStG als Werbungskosten abziehbar, sofern ein hinreichend konkreter Veranlassungszusammenhang zwischen den Aufwendungen und der späteren auf Einkünfteerzielung gerichteten Berufstätigkeit bestehe. Dieses Gesetzesverständnis ist im Schrifttum auf Kritik gestoßen.[9]

---

1 Dazu *Holle/Weiss*, FR 2017, 217, 218.
2 Siehe etwa BFH v. 24. 2. 2011 - VI R 12/10, BStBl 2011 II 796.
3 *Schmidt*, NWB DokID: CAAAE-86172.
4 HHR/*Schober*, § 4 EStG Rz. 2202.
5 Gesetz zur Umsetzung der Beitreibungsrichtlinie sowie zur Änderung steuerrechtlicher Vorschriften (Beitreibungsrichtlinie-Umsetzungsgesetz – BeitrRLUmsG) v. 7. 12. 2011, BGBl 2011 I 2592.
6 *Painter*, DStR 2012, 105, 106.
7 Siehe zur Entwicklung der Rechtsprechung auch BFH v. 17. 7. 2014 - VI R 8/12, BFH/NV 2014, 1970, Rz. 27 ff. = NWB DokID: CAAAE-78516; *Förster*, DStR 2012, 486, 488.
8 BFH v. 28. 7. 2011 - VI R 38/10, BStBl 2012 II 561.
9 *Eisgruber*, SteuK 2011, 369; *Zimmer* in Littmann/Bitz/Pust, § 9 EStG Rz. 1303.

Der BFH hat zwischenzeitlich die Norm dem BVerfG in mehreren Beschlüssen im Wege des Normenkontrollverfahrens (Art. 100 Abs. 1 Satz 1 GG) vorgelegt.[1] Damit wurde der Erwartung der Literatur entsprochen, die eine Vorlage an das BVerfG bereits antizipiert hatte.[2]

363

Durch das Zollkodex-Anpassungsgesetz[3] ist die Vorschrift mit Wirkung ab dem VZ 2015 angepasst worden. Dadurch wurde u. a. auf BFH-Rechtsprechung reagiert, nach der z. B. eine Ausbildung zum Rettungssanitäter[4] als Erstausbildung gelten sollten, die für eine sich anschließende (deutlich kostspieligere) Ausbildung den vollen Werbungskostenabzug ermöglichte.[5] In seinem Urteil v. 28. 2. 2013[6] hatte der BFH darüber hinaus entschieden, dass die erstmalige Berufsausbildung i. S. d. § 12 Nr. 5 EStG bzw. des § 9 Abs. 6 EStG kein Berufsausbildungsverhältnis nach dem Berufsbildungsgesetz oder eine bestimmte Ausbildungsdauer voraussetzten. Mit diesem Rechtsverständnis hatte sich der BFH in Widerspruch zur Auffassung der Finanzverwaltung gesetzt. Diese hatte zur Auslegung des Begriffs „Berufsausbildung" deutlich schärfere Maßstäbe vorgegeben.[7]

364

Dementsprechend hat der Gesetzgeber mit der Änderung durch das Zollkodex-Anpassungsgesetz die Voraussetzungen für einen Abzug als Werbungskosten, insbesondere die minimalen Anforderungen an eine Erstausbildung i. S. d. Vorschrift, präzisiert.

365

Im Gegenzug ist § 12 Nr. 5 EStG aufgehoben worden.[8] Dieser hatte bestimmt, dass Aufwendungen des Stpfl. für seine erstmalige Berufsausbildung oder für ein Erststudium, das zugleich eine Erstausbildung vermittelt, wenn diese Berufsausbildung oder dieses Erststudium nicht im Rahmen eines Dienstverhältnisses stattfinden, zu den nicht abzugsfähigen Ausgaben gehören. Durch das teilweise Abzugsverbot des § 9 Abs. 6 EStG ist die Regelung überflüssig geworden.[9]

366

Nach § 9 Abs. 6 Satz 1 EStG sind Aufwendungen des Stpfl. für seine Berufsausbildung oder für sein Studium nur dann Werbungskosten, wenn der Stpfl. zuvor bereits eine Erstausbildung (Berufsausbildung oder Studium) abgeschlossen hat oder wenn die Berufsausbildung oder das Studium im Rahmen eines Dienstverhältnisses stattfindet. Insoweit ist durch die Gesetzesänderung im Rahmen des Zollkodex-Anpassungsgesetzes lediglich die Formulierung geändert worden.[10] Die Voraussetzung, dass eine Erstausbildung „abgeschlossen" sein muss, um eine Anerkennung der Aufwendungen einer nachfolgenden Berufsausbildung oder eines Studiums zu ermöglichen, ist nun explizit aufgenommen worden.

367

Nach § 9 Abs. 6 Satz 2 EStG liegt eine Berufsausbildung als Erstausbildung nach Satz 1 vor, wenn eine geordnete Ausbildung mit einer Mindestdauer von zwölf Monaten bei vollzeitiger Ausbildung und mit einer Abschlussprüfung durchgeführt wird. Diese ist erforderlich, um einen Ansatz von Werbungskosten für eine nachfolgende Berufsausbildung oder ein Studium nach Satz 1 zu erreichen.

368

---

1 Beispielsweise BFH v. 17. 7. 2014 - VI R 2/12, BFH/NV 2014, 1954 = NWB DokID: SAAAE-78515. Siehe zu den weiteren Beschlüssen *Bergan/Martin*, SteuK 2015, 67, m. w. N.; *Meindl-Ringler*, DStZ 2016, 308.
2 *Zimmer* in Littmann/Bitz/Pust, § 9 EStG Rz. 1304.
3 Vom 22. 12. 2014, BGBl 2014 I 2417; *Painter*, DStR 2015, 1, 6.
4 BFH v. 27. 10. 2011 - VI R 52/10, BStBl 2012 II 825.
5 Siehe zu entsprechenden Ratschlägen etwa *Schmitt*, StBW 2012, 18.
6 BFH v. 28. 2. 2013 - VI R 6/12, BStBl 2015 II 180.
7 BMF v. 22. 9. 2010, BStBl 2010 I 721, insbes. Rz. 5 und 6.
8 Siehe zur Entwicklung des Rechts in diesem Bereich *Broemel*, DStR 2012, 2461.
9 *Painter*, DStR 2015, 1, 7.
10 HHR/*Bergkemper*, § 9 EStG Rz. J 14-5; *Plenker*, DB 2015, 94.

369 Die Tatbestandsmerkmale „geordnete Ausbildung", „Mindestdauer von zwölf Monaten bei vollzeitiger Ausbildung" und „Abschlussprüfung" müssen grundsätzlich kumulativ gegeben sein.[1] § 9 Abs. 6 Satz 4 EStG macht hiervon eine Ausnahme, wenn keine Abschlussprüfung nach dem Ausbildungsplan vorgesehen ist. Dann gilt die Ausbildung mit der tatsächlichen planmäßigen Beendigung als abgeschlossen.

370 Nach § 9 Abs. 6 Satz 3 EStG liegt eine geordnete Ausbildung als Tatbestandsmerkmal von Satz 2 vor, wenn sie auf der Grundlage von Rechts- oder Verwaltungsvorschriften oder internen Vorschriften eines Bildungsträgers durchgeführt wird. Die Regelung ist damit gegenüber der bisherigen Verwaltungsauffassung,[2] die noch eine Ausbildung im Rahmen eines öffentlich-rechtlich geordneten Ausbildungsgangs gefordert hatte, extensiver.

371 Nach § 9 Abs. 6 Satz 5 EStG hat eine Berufsausbildung als Erstausbildung auch abgeschlossen, wer die Abschlussprüfung einer durch Rechts- oder Verwaltungsvorschriften geregelten Berufsausbildung mit einer Mindestdauer von zwölf Monaten bestanden hat, ohne dass er zuvor die entsprechende Berufsausbildung durchlaufen hat. In Fällen, in denen der Stpfl. die für eine Abschlussprüfung erforderlichen Kenntnisse durch eine berufspraktische Tätigkeit erwirbt, soll er demjenigen gleichgestellt werden, der eine Berufsausbildung durchläuft.[3]

372 Zur verfassungsrechtlichen Diskussion der Regelung siehe *Förster*.[4]

C. Verfahrensrecht

373 Zu Handlungsempfehlungen für die Stpfl. bei Kosten für die Erstausbildung siehe *Geserich*.[5] Zur verfahrensrechtlichen Behandlung der Kosten siehe BMF v. 20. 2. 2015.[6]

374 Zu verfahrensrechtlichen Fragen bei der Feststellung von Verlustvorträgen aus Ausbildungskosten siehe BFH v. 13. 1. 2015[7] und FG Hamburg v. 5. 2. 2015.[8]

375 Zur vorläufigen Festsetzung der Steuer nach § 165 AO bei Unsicherheit über die Einkünfteerzielungsabsicht siehe BFH v. 16. 6. 2015[9] und oben → Rz. 21, Stichwort „§ 165 AO ". Zur Änderung eines Steuerbescheids nach § 129 AO und § 173 AO bei fehlerhaft eingetragenen Werbungskosten siehe FG Hamburg v. 17. 3. 2016.[10]

---

1 *Von Beckerath* in Kirchhof, § 9 EStG Rz. 150.
2 BMF v. 22. 9. 2010, BStBl 2010 I 721, Rz. 4.
3 *Von Beckerath* in Kirchhof, § 9 EStG Rz. 153.
4 DStR 2012, 486, 489, m. w. N.
5 NWB 2014, 681; *Hillmoth*, Erstausbildung und Erststudium, NWB DokID: UAAAE-39685.
6 BMF v. 20. 2. 2015, BStBl 2015 I 174.
7 BFH v. 13. 1. 2015 - IX R 22/14, BFH/NV 2015, 891 = NWB DokID: GAAAE-89049; *Yilmaz/Nunnenkamp*, NWB 2015, 1832.
8 FG Hamburg v. 5. 2. 2015 - 3 K 201/14, NWB DokID: AAAAE-88510.
9 BFH v. 16. 6. 2015 - IX R 27/14, BStBl 2016 II 144.
10 FG Hamburg v. 17. 3. 2016 - 2 K 37/15, NWB DokID: YAAAF-77901.

§ 9a Pauschbeträge für Werbungskosten

¹Für Werbungskosten sind bei der Ermittlung der Einkünfte die folgenden Pauschbeträge abzuziehen, wenn nicht höhere Werbungskosten nachgewiesen werden:

1.
   a) von den Einnahmen aus nichtselbständiger Arbeit vorbehaltlich Buchstabe b:
      ein Arbeitnehmer-Pauschbetrag von 1 000 Euro;
   b) von den Einnahmen aus nichtselbständiger Arbeit, soweit es sich um Versorgungsbezüge im Sinne des § 19 Absatz 2 handelt:
      ein Pauschbetrag von 102 Euro;

2. (weggefallen)

3. von den Einnahmen im Sinne des § 22 Nummer 1, 1a und 5:
   ein Pauschbetrag von insgesamt 102 Euro.

²Der Pauschbetrag nach Satz 1 Nummer 1 Buchstabe b darf nur bis zur Höhe der um den Versorgungsfreibetrag einschließlich des Zuschlags zum Versorgungsfreibetrag (§ 19 Absatz 2) geminderten Einnahmen, die Pauschbeträge nach Satz 1 Nummer 1 Buchstabe a und Nummer 3 dürfen nur bis zur Höhe der Einnahmen abgezogen werden.

Inhaltsübersicht

	Rz.
A. Allgemeine Erläuterungen	1 - 30
I. Normzweck und wirtschaftliche Bedeutung der Vorschrift	1 - 7
II. Entstehung und Entwicklung der Vorschrift	8 - 12
III. Geltungsbereich	13 - 22
IV. Vereinbarkeit mit höherrangigem Recht	23 - 24
V. Verhältnis zu anderen Vorschriften	25 - 30
B. Systematische Kommentierung	31 - 54
I. Allgemeines	31 - 39
II. Pauschbeträge	40 - 54
1. Tatbestandsvoraussetzungen des § 9a Satz 1 EStG	40 - 47
2. Abzug der Pauschbeträge (§ 9a Satz 2 EStG)	48 - 50
3. Pauschalen der Finanzverwaltung	51 - 54

HINWEIS:
EStDV; LStDV; R 9a EStR; H 9a LStH.

A. Allgemeine Erläuterungen

I. Normzweck und wirtschaftliche Bedeutung der Vorschrift

Die Regelung dient der Vereinfachung des Besteuerungsverfahrens in Fällen, in denen die abziehbaren Werbungskosten gering sind.[1] Statt einen Nachweis über die geringen Werbungskosten zu verlangen, der von den Finanzbehörden überprüft werden müsste, werden die Werbungskosten pauschaliert.

1

---
1 BFH v. 29. 10. 1998 - XI R 63/97, BStBl 1999 II 588.

2 Die Pauschbeträge sind nur anzusetzen, wenn keine höheren Werbungskosten nachgewiesen werden. Damit sind sie nur anstelle, nicht neben den tatsächlichen Werbungskosten zu gewähren. Will der Steuerpflichtige Werbungskosten über die Pauschbeträge hinaus geltend machen, muss er sie insgesamt nachweisen, nicht nur in Höhe des die Pauschbeträge übersteigenden Betrags.

3 Zudem wird durch die Regelung des Satzes 2 verhindert, dass sich durch den Ansatz der Pauschbeträge ein Verlust ergibt. Da die Pauschbeträge bei Ermittlung der Einkünfte (§ 9a Satz 1 EStG) anzusetzen sind, wäre ansonsten eine Verlustverrechnung mit anderen Einkünften möglich.[1]

4 Durch die hohe Zahl von betroffenen Arbeitnehmern ist die Festlegung der Höhe des Pauschbetrags des § 9a Satz 1 Nr. 1 Buchst. a EStG von besonderer fiskalischer Bedeutung und dementsprechend politisch wichtig.

5–7 *(Einstweilen frei)*

II. Entstehung und Entwicklung der Vorschrift

8 Bereits das EStG 1925 sah eine Pauschalierung der Werbungskosten bei Einkünften aus nichtselbständiger Arbeit vor.[2] Der Pauschbetrag wurde durch das StReformG 1990[3] auf 2 000 DM festgesetzt. Durch das „Steuer-Euroglättungsgesetz"[4] wurde er ab VZ 2002 auf 1 044 € umgerechnet. Im HBeglG von 2004[5] wurde der Pauschbetrag von 1 044 € auf 920 € abgesenkt. Im StVereinfG[6] wurde der Pauschbetrag auf 1 000 € angehoben.

9 § 9a Satz 1 Nr. 2 EStG sah bis zum VZ 2008 einen Pauschbetrag für die Einkünfte aus Kapitalvermögen vor. Diese Funktion hat der Sparer-Pauschbetrag des § 20 Abs. 9 EStG übernommen.[7]

10 Für die Veranlagungszeiträume 1996 bis 1998 war für Einkünfte aus Vermietung und Verpachtung ein Pauschbetrag in § 9a EStG vorgesehen.[8]

11 § 9a Satz 1 Nr. 3 EStG wurde aufgrund der Neuordnung des § 22 EStG im Zuge des Zollkodex-Anpassungsgesetzes[9] redaktionell angepasst und verweist nun auf Einnahmen aus § 22 Nr. 1a EStG statt auf die bisherigen § 22 Nr. 1a, 1b, 1c EStG.

12 Siehe zur Rechtsentwicklung ausführlich *Prinz*.[10]

III. Geltungsbereich

13 Persönlich ist die Vorschrift auf alle Einkommensteuerpflichtigen anwendbar. Beim Wechsel zwischen unbeschränkter und beschränkter Steuerpflicht während eines Veranlagungszeit-

---

1 HHR/*Prinz*, § 9a EStG Rz. 22.
2 *von Beckerath* in Kirchhof, § 9a EStG Rz. 4.
3 BStBl 1988 I 224.
4 BStBl 2001 I 3.
5 BStBl 2004 I 120.
6 BStBl 2011 I 986.
7 Zur Verfassungsmäßigkeit BFH v. 1. 7. 2014 – VIII R 53/12, BStBl 2014 II 975.
8 HHR/*Prinz*, § 9a EStG Rz. 3.
9 BGBl 2014 I 2417; *Painter*, DStR 2015, 1, 7.
10 HHR/*Prinz*, § 9a EStG Rz. 2 ff.

raums gilt § 2 Abs. 7 Satz 3 EStG.[1] Der Pauschbetrag ist in diesen Fällen nur einmal, aber in voller Höhe, zu gewähren.[2]

Eine Beschränkung des Pauschbetrags auf die anteiligen Zeiten der unbeschränkten Steuerpflicht wird nicht vorgenommen.[3]

Bei Beurteilung der Grenzen bei der antragsgebundenen unbeschränkten Steuerpflicht (§ 1 Abs. 3 EStG; s. hierzu KKB/Blusz, § 1 EStG Rz. 76 ff.) ist allerdings eine Aufteilung vorzunehmen.[4]

Bei beschränkt Steuerpflichtigen (§ 1 Abs. 4 EStG) werden die Pauschbeträge nach § 9a EStG dem Grunde nach gewährt, da sie nicht durch § 50 Abs. 1 Satz 3 EStG ausgeschlossen werden. Relevanz hat dies vor allem bei Einkünften aus nichtselbständiger Arbeit; diese sind unter den Voraussetzungen des § 49 Abs. 1 Nr. 4 EStG als inländische Einkünfte zu behandeln (s. KKB/ G. Kraft, § 49 EStG Rz. 146 ff.). Unter den Voraussetzungen des § 49 Abs. 1 Nr. 7 und 10 EStG sind auch sonstige Einkünfte i. S. d. § 22 Nr. 1 und 5 EStG inländische Einkünfte und damit bei dem beschränkt Steuerpflichtigen zu erfassen. 14

Allerdings wird dies für den Pauschbetrag des § 9a Satz 1 Nr. 1 EStG dadurch eingeschränkt, dass dieser bei beschränkt Steuerpflichtigen nur zeitanteilig zu gewähren ist, § 50 Abs. 1 Satz 5 EStG. Der maßgebliche Anteil bestimmt sich nach dem Zufluss von inländischen Einkünften i. S. d. § 49 Abs. 1 Nr. 4 EStG und wird Tag genau abgegrenzt (s. KKB/G. Kraft, § 50 EStG Rz. 10). Für den Übergang zwischen unbeschränkter und beschränkter Steuerpflicht siehe oben → Rz. 13. 15

Zudem wird aufgrund des § 50 Abs. 2 Satz 1 EStG eine Veranlagung nicht bei Einkünften vorgenommen, die dem Steuerabzug unterliegen. In diesen Fällen ist allerdings der Lohnsteuerabzug so ausgestaltet, dass der Pauschbetrag bereits eingearbeitet ist. Nach § 50 Abs. 2 Satz 2 Nr. 4 Buchst. b EStG können EU-Angehörige, die auch in der EU ansässig sind (§ 50 Abs. 2 Satz 7 EStG), die Veranlagung jedoch beantragen. 16

Im Rahmen der erweiterten beschränkten Steuerpflicht des § 2 AStG sind die Restriktionen des § 49 EStG dadurch aufgehoben, dass alle Einkünfte zu erfassen sind, die bei unbeschränkter Steuerpflicht nicht als solche i. S. d. § 34d EStG (ausländische Einkünfte) zu erfassen wären. Damit kann ein (erweitert) beschränkt Steuerpflichtiger Einkünfte nach § 22 Nr. 1a EStG erzielen. 17

Auch Körperschaften i. S. d. KStG können Werbungskosten geltend machen, § 8 Abs. 1 Satz 1 KStG (s. KKB/Weiss, § 9 EStG Rz. 9). Dies gilt, wenn sie nicht unter die Fiktion der Gewerblichkeit i. S. d. § 8 Abs. 2 KStG fallen und Einkünfte i. S. d. § 2 Abs. 1 Nr. 5 bis 7 EStG erzielen. Jedoch ist die Erzielung von Einnahmen aus nichtselbständiger Arbeit und aus sonstigen Einkünften nicht möglich, so dass der Ansatz der Werbungskosten-Pauschbeträge unwahrscheinlich erscheint.[5] In jedem Fall ist das Abzugsverbot für Werbungskosten nach § 8 Abs. 6 KStG zu beachten. Siehe allerdings zu § 20 Abs. 9 EStG bei Körperschaften die Regelung in § 8 Abs. 10 KStG. 18

---

1 *Fuhrmann* in Korn, § 9a EStG Rz. 8.
2 *Von Bornhaupt* in Kirchhof/Söhn/Mellinghoff, § 9 EStG B 22.
3 R 9a EStR.
4 BFH v. 6. 5. 2015 - I R 16/14, BStBl 2015 II 957, m. Anm. *Weiss*, ISR 2016, 14, 16, m. w. N.
5 HHR/*Prinz*, § 9a EStG Rz. 6; siehe aber R 8.1 Abs. 1 Nr. 1 KStR 2015.

19 Sachlich ist die Vorschrift auf die Ermittlung von Einkünften bei den Einkunftsarten des § 2 Abs. 1 Nr. 4 und 7 EStG, den Einkünften aus nichtselbständiger Arbeit und sonstigen Einkünften i. S. d. § 22 Nr. 1, 1a und 5 EStG anwendbar, § 2 Abs. 2 Satz 1 Nr. 2 EStG. Für die Einkünfte aus Kapitalvermögen siehe die Regelung in § 2 Abs. 2 Satz 2, § 20 Abs. 9 EStG.

20–22 *(Einstweilen frei)*

IV. Vereinbarkeit mit höherrangigem Recht

23 Die Pauschalierungsbefugnis des Gesetzgebers ist nach der Rechtsprechung des BVerfG grundsätzlich gegeben. Der Gesetzgeber ist berechtigt, *„die Vielzahl der Einzelfälle in dem Gesamtbild zu erfassen, das nach den ihm vorliegenden Erfahrungen die regelungsbedürftigen Sachverhalte zutreffend wiedergibt"*. Ein reiner Fiskalzweck der Erhöhung staatlicher Einnahmen ist jedoch nicht anzuerkennen.[1]

24 Das BVerfG hat die Pauschalierung der Werbungskosten nach § 9a Satz 1 Nr. 1 EStG als mit dem allgemeinen Gleichheitssatz (Art. 3 Abs. 1 GG) vereinbar angesehen.[2] Auch in der Literatur wird die Typisierung als sachgerecht eingeschätzt, zumal sie einseitig zugunsten des Steuerpflichtigen durch Nachweis höherer Werbungskosten widerlegt werden kann.[3]

V. Verhältnis zu anderen Vorschriften

25 **§ 1 Abs. 3 EStG:** Bei Beurteilung der Einkunftsgrenzen ist eine Aufteilung des Pauschbetrags vorzunehmen.[4]

§ 3c EStG: Beim Zusammentreffen steuerpflichtiger und steuerfreier Einnahmen sind die Pauschbeträge vorrangig von den steuerpflichtigen Einnahmen abzuziehen.[5] Die Pauschbeträge sind keine „Ausgaben" i. S. d. § 3c Abs. 1 EStG.[6]

§ 4 Abs. 4 EStG: Bezieht der Steuerpflichtige sowohl Überschuss- als auch Gewinneinkünfte (§ 2 Abs. 2 Satz 1 EStG), so ist der Werbungskostenpauschbetrag voll zu gewähren. Allerdings sind die Werbungskosten auch bei Ansatz des Pauschbetrags anteilig den Überschusseinkünften zuzuordnen, so dass die Aufwendungen nur anteilig als Betriebsausgaben (§ 4 Abs. 4 EStG) bei den Gewinneinkunftsarten zugeordnet werden können. In vielen Fällen müssen die Anteile geschätzt werden (§ 162 AO).[7]

Eine eventuell abweichende zeitliche Zuordnung der Betriebsausgaben, wenn der Gewinn nach § 4 Abs. 1 EStG ermittelt wird (§ 11 Abs. 2 Satz 6 EStG), ist dabei zu beachten. Auch Abzugsverbote in § 4 Abs. 5 bis 9 EStG, soweit sie nicht in § 9 Abs. 5 Satz 1 EStG für entsprechend anwendbar erklärt werden, sind zu berücksichtigen.

---

1 BVerfG v. 9. 12. 2008 - 2 BvL 1, 2/07, 1, 2/08, BFH/NV 2009, 338 = NWB DokID: SAAAD-00290, zur Pendlerpauschale.
2 BVerfG v. 10. 4. 1997 - 2 BvL 77/92, BStBl 1997 II 518.
3 *Hey* in Tipke/Lang, Steuerrecht, § 3 Rz. 150.
4 Siehe BFH v. 6. 5. 2015 - I R 16/14, BStBl 2015 II 957, m. Anm. *Weiss*, ISR 2016, 14.
5 BFH v. 13. 11. 1987 - VI R 154/84, BFH/NV 1988, 150 = NWB DokID: YAAAB-30475; *Fuhrmann* in Korn, § 9a EStG Rz. 3.
6 HHR/*Desens*, § 3c EStG Rz. 30.
7 BFH v. 10. 6. 2008 - VIII R 76/05, BStBl 2008 II 937, m. w. N.

§ 8 EStG: Durch Rückzahlung von Einnahmen früherer Veranlagungszeiträume werden die Pauschbeträge des § 9a EStG verbraucht. Nach h. M. handelt es sich um Werbungskosten (s. KKB/Weiss, § 9 EStG Rz. 33).[1]

§ 9 Abs. 1 EStG: Das Verhältnis wird durch den Eingangssatz des § 9a EStG geregelt. Demnach kommt § 9a EStG zur Anwendung, wenn der Steuerpflichtige nicht höhere Werbungskosten nachweist. Auch § 9 Abs. 1 EStG enthält Pauschalen für spezielle Werbungskosten, wie etwa die Entfernungspauschale des § 9 Abs. 1 Satz 3 Nr. 4 EStG. Allerdings sind diese nur für spezielle Werbungskosten einschlägig.

§ 9 Abs. 6 EStG: Bei Bildungsaufwendungen ist der Ansatz des Pauschbetrags nach § 9a Satz 1 Nr. 1 Buchst. a EStG nicht möglich, wenn, wie dies typisch sein dürfte, im betreffenden Veranlagungszeitraum (noch) keine Einnahmen (§ 8 EStG) aus nichtselbständiger Arbeit (§ 19 EStG) vorhanden sind. Denn nach § 9a Satz 2 EStG darf durch den Ansatz des Pauschbetrags kein Verlust entstehen. Im Hinblick auf zukünftige Einnahmen können die Pauschbeträge nicht abgezogen werden.[2]

§ 9b Abs. 2 EStG: Bei Berichtigung des Vorsteuerabzugs nach § 15a UStG sind anfallende Minderbeträge als Werbungskosten zu behandeln, wenn sie der Erwerbung, Sicherung und Erhaltung von Einnahmen dienen, § 9b Abs. 2 Satz 1 EStG. Der BFH hat den Pauschbetrag bei den Einkünften aus Vermietung und Verpachtung, der in den VZ 1996 bis 1998 anzusetzen war, neben den aus § 9b Abs. 2 Satz 1 EStG resultierenden Werbungskosten gewährt. Dies beruhte allerdings auf der speziellen Formulierung dieses Pauschbetrags (§ 9a Satz 1 Nr. 2 a. F.).[3] Mit den derzeit bestehenden Pauschbeträgen dürfte eine Vorsteuerkorrektur nach § 15a UStG kaum zusammentreffen.

§ 10c EStG: Der Sonderausgaben-Pauschbetrag berührt § 9a EStG nicht, da er erst nach Ermittlung des Gesamtbetrags der Einkünfte angesetzt wird, § 2 Abs. 4 EStG.[4] Er ist subsidiär zu Werbungskosten und damit auch zu den Pauschbeträgen nach § 9a EStG, § 10 Abs. 1 EStG.[5]

§ 20 Abs. 9 EStG: Dieser verdrängt nach § 2 Abs. 2 Satz 2 EStG den § 9a EStG bei Einnahmen aus Kapitalvermögen (§ 20 EStG).

§ 24a EStG: Der Altersentlastungsbetrag wird nach einem Prozentsatz vom Arbeitslohn und anderen Einkünften bemessen. Der „Arbeitslohn" ist als Bruttogröße, ohne Anwendung der Werbungskostenpauschbeträge zu ermitteln.[6] Allerdings sind die anderen Einkünfte um den Pauschbetrag des § 9a Satz 1 Nr. 3 EStG zu kürzen, wenn sonstige Einkünfte i. S. d. Vorschrift vorliegen und diese nicht durch § 24a Satz 2 EStG von der Berücksichtigung ausgeschlossen sind.

§ 26b EStG: Bei Zusammenveranlagung nach § 26b EStG werden jedem Steuerpflichtigen die Pauschbeträge gewährt, wenn er in eigener Person die Voraussetzungen erfüllt. Dies folgt aus der gesetzlichen Vorgabe, dass die Pauschbeträge bei der „Ermittlung der Einkünfte" zu berücksichtigen sind. Die zusammen veranlagten Steuerpflichtigen werden erst nach Ermittlung

---

1 Siehe zur Unterscheidung zuletzt BFH v. 16. 6. 2015 - IX R 26/14, BStBl 2015 II 1019, m. abl. Anm. *Bode*, FR 2015, 1146.
2 FG Düsseldorf v. 12. 12. 2002 - 14 K 6509/01 Kg, EFG 2003, 630.
3 BFH v. 19. 11. 2003 - IX R 32/00, BFH/NV 2004, 766 = NWB DokID: CAAAB-17862.
4 R 2 EStR.
5 HHR/*Prinz*, § 9a EStG Rz. 8.
6 *Mellinghoff* in Kirchhof, § 24a EStG Rz. 4.

der Einkünfte gemeinsam als Steuerpflichtiger behandelt, § 26b EStG. Daraus folgt auch, dass ein Ehegatte den Pauschbetrag wählen kann, während der andere Ehegatte die Werbungskosten einzeln nachweist.[1]

§ 32b Abs. 2 EStG: Siehe hierzu BFH v. 17. 12. 2003 und v. 25. 9. 2014.[2]

§ 34 EStG: Bei Vergütungen für mehrere Jahre kann der Pauschbetrag nach § 9a Satz 1 Nr. 1 EStG nur einmal gewährt werden.[3]

§ 39b EStG: Der Arbeitnehmer-Pauschbetrag oder Pauschbetrag bei Versorgungsbezügen ist nach § 39b Abs. 2 Satz 5 Nr. 1 EStG beim Lohnsteuerabzug in den Steuerklassen (§ 38b EStG) I bis V zu berücksichtigen.

§ 50 EStG: Zum Abzug bei beschränkt Steuerpflichtigen s. o. → Rz. 14 ff.

26–30 *(Einstweilen frei)*

B. Systematische Kommentierung

I. Allgemeines

31 Der Abzug der Pauschbeträge nach § 9a EStG ist zwingend, wenn die Tatbestandsvoraussetzungen erfüllt sind („sind... abzuziehen").[4] Sie sind von Amts wegen zu gewähren.[5] Restringiert wird ihre Anwendung durch Satz 2, der verhindern soll, dass durch Ansatz der Pauschbeträge negative Einkünfte entstehen.

32 Die Pauschbeträge sind auch dann zu gewähren, wenn feststeht, dass dem Steuerpflichtigen keine oder geringe Werbungskosten entstanden sind. Der Steuerpflichtige hat auch in diesem Fall einen Rechtsanspruch auf den Ansatz des ungekürzten Pauschbetrags.[6]

33 Dem Steuerpflichtigen steht es frei, höhere Werbungskosten nachzuweisen. Eine Stetigkeit bezüglich des Wahlrechts besteht nicht, weder innerhalb des Veranlagungszeitraums noch über Veranlagungszeiträume hinweg.[7] Der Steuerpflichtige kann somit bei den sonstigen Einkünften die Pauschalen beanspruchen, während er bei den Einkünften aus nichtselbständiger Arbeit höhere Werbungskosten einzeln nachweist. Im nächsten Veranlagungszeitraum kann er dann umgekehrt vorgehen.

34–39 *(Einstweilen frei)*

II. Pauschbeträge

1. Tatbestandsvoraussetzungen des § 9a Satz 1 EStG

40 Die Pauschbeträge erfordern zunächst, dass der Steuerpflichtige Einnahmen (§ 8 EStG) aus nichtselbständiger Arbeit (§ 19 EStG) oder aus den Nr. 1, 1a oder 5 des § 22 EStG (sonstige Einkünfte) bezieht.

---

1 *Claßen* in Lademann, § 9a EStG Rz. 12.
2 BFH v. 17. 12. 2003 - I R 75/03, BStBl 2005 II 96; BFH v. 25. 9. 2014 - III R 61/12, BStBl 2015 II 182.
3 *Von Bornhaupt* in Kirchhof/Söhn/Mellinghoff, § 9 EStG B 34, B 94; R 34.4 Abs. 3 EStR.
4 BFH v. 10. 6. 2008 - VIII R 76/05, BStBl 2008 II 937, m. w. N.
5 *Thürmer* in Blümich, § 9a EStG Rz. 15.
6 BFH v. 10. 6. 2008 - VIII R 76/05, BStBl 2008 II 937.
7 *Von Bornhaupt* in Kirchhof/Söhn/Mellinghoff, § 9 EStG B 13.

Auch bei mehreren Arbeitsverhältnissen wird der Pauschbetrag nur einmal im Veranlagungszeitraum gewährt.[1] Eine Berücksichtigung im Rahmen der Regelungen zum Steuersatzeinkommen beim Progressionsvorbehalt (§ 32b Abs. 2 Nr. 1 EStG) kommt nicht in Betracht, wenn bei der Ermittlung der Einkünfte bereits über dem Pauschbetrag liegende Werbungskosten geltend gemacht worden sind.[2]

Innerhalb der Einnahmen aus nichtselbständiger Arbeit sind solche Einnahmen auszusondern, die Versorgungsbezüge darstellen (§ 19 Abs. 2 EStG). Für diese wird in § 9a Satz 1 Nr. 1 Buchst. b EStG ein gesonderter Pauschbetrag von 102 € gewährt. Durch die Verwendung des Wortes „soweit" wird indiziert, dass die Pauschbeträge nach Nr. 1 Buchst. a und b auch nebeneinander gewährt werden, etwa im Jahr des Übergangs in den Ruhestand oder wenn neben Versorgungsbezügen ein weiteres Dienstverhältnis besteht.[3]

Bei Einnahmen i. S. d. § 22 Nr. 1, 1a und 5 EStG ist insgesamt ein Pauschbetrag von 102 € abzuziehen. Bezieht der Steuerpflichtige demgemäß Einnahmen aus mehreren dieser Nummern, so wird der Pauschbetrag insgesamt nur einmal gewährt.[4] Der Betrag von 102 € stimmt mit dem des § 9a Satz 1 Nr. 1 Buchst. b EStG überein, so dass bei privaten Alterseinkünften gleiche Verhältnisse bezüglich des Pauschbetrags herrschen.

Werden neben den Einnahmen i. S. d. § 22 Nr. 1, 1a und 5 EStG auch Einnahmen aus anderen Nummern des § 22 EStG erzielt, etwa aus privaten Veräußerungsgeschäften nach § 22 Nr. 2 EStG, so werden bei diesen Nummern weiterhin (nur) die tatsächlichen Werbungskosten des Steuerpflichtigen berücksichtigt.

(Einstweilen frei)

2. Abzug der Pauschbeträge (§ 9a Satz 2 EStG)

Der Abzug der Pauschbeträge nach § 9a Satz 1 EStG darf nicht zur Entstehung eines Verlustes in der betreffenden Einkunftsart führen. Dementsprechend lässt Satz 2 den Abzug nur bis zur Höhe der Einnahmen zu, soweit es sich um Einkünfte nach § 19 Abs. 1 EStG oder § 22 Nr. 1, 1a und 5 EStG handelt.

(Einstweilen frei)

3. Pauschalen der Finanzverwaltung

Neben den Pauschalen des § 9a EStG hat die Finanzverwaltung zur Vereinfachung des Besteuerungsverfahrens Pauschalen für Werbungskosten bestimmter Berufsgruppen oder für bestimmte Aufwendungen anerkannt.

Im Wesentlichen sind die Pauschalen für bestimmte Aufwendungen in den LStR und in Erlassen des BMF enthalten, wie etwa die Pauschalen für Umzugskosten in R 9.9 Abs. 2 LStR (s. hierzu KKB/Weiss, § 9 Rz. 276 ff.). Mit diesen Pauschalen werden die tatsächlichen Werbungskosten geschätzt. Sie können damit nur statt, aber nicht neben den Pauschalen in § 9a EStG abgezogen werden.[5]

---

1 *Loschelder* in Schmidt, § 9a EStG Rz. 3.
2 BFH v. 25. 9. 2014 – III R 61/12, BStBl 2015 II 182.
3 *Fuhrmann* in Korn, § 9a EStG Rz. 23.
4 HHR/*Prinz*, § 9a EStG Rz. 21.
5 *Fuhrmann* in Korn, § 9a EStG Rz. 5.

EStG § 9b　　　　　　　　　　　　　　　　Umsatzsteuerrechtlicher Vorsteuerabzug

53　Die Werbungskostenpauschalen für bestimmte Berufsgruppen sind von der Finanzverwaltung zuletzt stark eingeschränkt worden.[1] Zur Pauschale für Abgeordnete siehe BFH v. 11.9.2008.[2]

54　Eine Bindungswirkung der Pauschalen besteht nur für die Finanzverwaltung, nicht jedoch für die Finanzgerichte.[3] Ihre Grenze finden die Pauschalen, wenn eine offensichtlich unzutreffende Besteuerung durch ihren Ansatz entsteht.[4]

4a. Umsatzsteuerrechtlicher Vorsteuerabzug

§ 9b Umsatzsteuerrechtlicher Vorsteuerabzug

(1) Der Vorsteuerbetrag nach § 15 des Umsatzsteuergesetzes gehört, soweit er bei der Umsatzsteuer abgezogen werden kann, nicht zu den Anschaffungs- oder Herstellungskosten des Wirtschaftsguts, auf dessen Anschaffung oder Herstellung er entfällt.

(2)[5] ¹Wird der Vorsteuerabzug nach § 15a des Umsatzsteuergesetzes berichtigt, so sind die Mehrbeträge als Betriebseinnahmen oder Einnahmen zu behandeln, wenn sie im Rahmen einer der Einkunftsarten des § 2 Absatz 1 Satz 1 bezogen werden; die Minderbeträge sind als Betriebsausgaben oder Werbungskosten zu behandeln, wenn sie durch den Betrieb veranlasst sind oder der Erwerbung, Sicherung und Erhaltung von Einnahmen dienen. ²Die Anschaffungs- oder Herstellungskosten bleiben in den Fällen des Satzes 1 unberührt.

Inhaltsübersicht

	Rz.
A. Allgemeine Erläuterungen	1 - 20
I. Normzweck und wirtschaftliche Bedeutung der Vorschrift	1
II. Entstehung und Entwicklung der Vorschrift	2 - 5
III. Geltungsbereich	6
IV. Vereinbarkeit mit höherrangigem Recht	7
V. Verhältnis zu anderen Vorschriften	8 - 20
1. Verhältnis zum Umsatzsteuerrecht generell	8
2. Verhältnis zu § 4 Abs. 5 Satz 1 Nr. 1 EStG (Geschenke)	9
3. Verhältnis zu § 6 Abs. 1 Nr. 1 Satz 3 EStG (Teilwert)	10
4. Verhältnis zu § 6 Abs. 2 und Abs. 2a EStG (GWG)	11
5. Verhältnis zu InvZulG	12
6. Verhältnis zu § 9 UStG und § 19 UStG (Option, Kleinunternehmer)	13 - 20
B. Systematische Kommentierung	21 - 34
I. Abziehbare Vorsteuern gemäß § 9b Abs. 1 EStG	21 - 30
1. Tatbestand	21 - 24
2. Rechtsfolge	25 - 30
II. Berichtigung des Vorsteuerabzugs gemäß § 9b Abs. 2 EStG	31 - 34
1. Allgemeines	31
2. Berichtigung des Vorsteuerabzugs gemäß § 15a UStG	32
3. Tatbestand	33
4. Rechtsfolge	34

---

1 HHR/*Prinz*, § 9a EStG Rz. 7.
2 BFH v. 11.9.2008 - VI R 13/06, BStBl 2008 II 928.
3 *Thürmer* in Blümich, § 9a EStG Rz. 60, m.w.N.
4 BFH v. 28.3.2012 - VI R 48/11, BStBl 2012 II 926.
5 **Anm. d. Red.:** Zur Anwendung des § 9b Abs. 2 siehe § 52 Abs. 17.

> **HINWEIS:**
> R 9b EStR; H 9b EStH; Abschn. 15a UStAE, zur Berichtigung des Vorsteuerabzugs.
>
> **LITERATUR:**
> *Kirchhof*, 40 Jahre Umsatzsteuergesetz – Eine Steuer im Umbruch, DStR 2008, 1.

A. Allgemeine Erläuterungen

I. Normzweck und wirtschaftliche Bedeutung der Vorschrift

§ 9b Abs. 1 EStG regelt die einkommensteuerliche Behandlung von Vorsteuern. 1

Abziehbare Vorsteuern dürfen nicht als Teil der Anschaffungs- oder Herstellungskosten eines Wirtschaftsguts (WG) aktiviert werden, während nicht abziehbare Vorsteuern grundsätzlich als Anschaffungs- oder Herstellungskosten (AK/HK) des jeweiligen WG zu aktivieren sind. Das gilt gleichermaßen für Anlage- und Umlaufvermögen, aber auch für den Materialeinsatz und die Gemeinkosten, die von den Herstellungskosten erfasst werden.[1]

§ 9b Abs. 2 EStG soll die einkommensteuerliche Behandlung einer nachträglichen Vorsteuerberichtigung vereinfachen, indem die ursprünglichen AK bzw. HK von der Berichtigung unberührt bleiben. Der Mehr- oder Minderbetrag wird vielmehr grundsätzlich nur als (Betriebs-)Einnahme oder (Betriebs-)Ausgabe bzw. Werbungskosten erfasst.

II. Entstehung und Entwicklung der Vorschrift

Bis zum 31.12.1967 galt in Deutschland umsatzsteuerrechtlich das System der sog. Allphasen-Brutto-USt. Bei Ausgangsumsätzen eines Unternehmers wurde die USt nach dem Bruttoentgelt berechnet. Für den Leistungsempfänger – auch soweit er Unternehmer war – gab es keinen Vorsteuerabzug. Die USt war infolgedessen ein Kostenfaktor, der in der Leistungskette weiterbelastet wurde. Die im Kaufpreis enthaltene USt stellte für den Leistungsempfänger ohne Zweifel einkommensteuerlich einen Teil der AK oder HK des Wirtschaftsguts dar.[2] 2

Zum 1.1.1968 wurde in Deutschland das System der Allphasen-Brutto-Umsatzsteuer durch das System der Allphasen-Netto-Umsatzsteuer mit Vorsteuerabzug ersetzt.[3] Bei Ausgangsumsätzen wird seitdem die USt nach dem Nettoentgelt berechnet. Der umsatzsteuerliche Unternehmer als Leistungsempfänger kann die separat in Rechnung gestellte USt als Vorsteuer vom Finanzamt ersetzt verlangen (§ 15 UStG). Die Umsatzsteuerzahllast des Unternehmers gegenüber dem Fiskus errechnet sich aus der USt auf den Netto-Ausgangsumsatz abzüglich der an den Lieferanten zu zahlenden Vorsteuer auf den Netto-Eingangsumsatz (§ 16 Abs. 1 und 2 UStG). Die USt ist damit wirtschaftlich ein durchlaufender Posten des Unternehmers.[4] 3

Mit der Umstellung des Umsatzsteuersystems wurde einkommensteuerlich die abziehbare Vorsteuer von den Anschaffungs- und Herstellungskosten eines Wirtschaftsguts durch Einfügen des § 9b in das EStG und durch das 3. StÄndG 1967 vom 22.12.1967 ausgenommen.[5] 4

---

1 R 9b Abs. 1 EStR.
2 *Kirchhof*, DStR 2008, 1, 2.
3 UStG 1967 v. 29.5.1967, BGBl 1967 I 545, BStBl 1967 I 224.
4 *Weber-Grellet* in Schmidt, § 9b EStG Rz. 1.
5 3. StÄndG 1967 v. 22.12.1967, BGBl 1967 I 1334, BStBl 1967 I 488.

5 § 9b EStG wurde in der Folgezeit unter anderem durch das StÄndG 1973 vom 26.6.1973,[1] das StÄndG 2001 vom 20.12.2001[2] und zuletzt durch Art. 11 Nr. 4 AIFM-StAnpG vom 18.12.2013[3] mit Wirkung ab dem 28.11.2013 geändert.

III. Geltungsbereich

6 § 9b EStG ist auf alle Einkunftsarten des § 2 Abs. 1 EStG anzuwenden, soweit Leistungen an einen Unternehmer i. S. d. § 2 UStG erbracht werden.

IV. Vereinbarkeit mit höherrangigem Recht

7 § 9b EStG verweist auf Vorsteuerabzugsregelungen des UStG. Sollten diese Regelungen gegen EU-Recht verstoßen, wirkt sich dies auch auf § 9b EStG aus.

V. Verhältnis zu anderen Vorschriften

1. Verhältnis zum Umsatzsteuerrecht generell

8 Soweit § 9b EStG sich auf umsatzsteuerliche Begriffe bezieht (z. B. „Vorsteuerabzug"), sind diese nach Umsatzsteuerrecht auszulegen.[4] So ist die Frage, ob ein Vorsteuerbetrag bei der USt abgezogen werden kann, allein anhand des UStG zu klären. Bezieht sich § 9b EStG auf ertragsteuerliche Begriffe (z. B. „Wirtschaftsgut"), sind diese ertragsteuerlich auszulegen. Das ertragsteuerliche „Wirtschaftsgut" deckt sich somit nicht zwingend mit dem umsatzsteuerlichen „Gegenstand" der Lieferung.[5]

2. Verhältnis zu § 4 Abs. 5 Satz 1 Nr. 1 EStG (Geschenke)

9 Für die Bemessung der Freigrenze (35 €) für gewinnmindernde Geschenke nach § 4 Abs. 5 Satz 1 Nr. 1 EStG sind die AK oder HK des Geschenks einschließlich eines umsatzsteuerlich nicht abziehbaren Vorsteuerbetrages maßgebend.[6] Bei vorsteuerabzugsberechtigten Unternehmern ist auf den Nettowarenwert abzustellen.[7]

3. Verhältnis zu § 6 Abs. 1 Nr. 1 Satz 3 EStG (Teilwert)

10 § 9b EStG ist auch bei der Ermittlung des Teilwerts eines Wirtschaftsguts i. S. d. § 6 Abs. 1 Nr. 1 Satz 3 EStG zu berücksichtigen. Ist der Unternehmer vorsteuerabzugsberechtigt, ist nur der Nettowarenpreis ohne USt anzusetzen. Demgegenüber ist die nicht abziehbare Vorsteuer auch dann teilwertbestimmend, wenn dadurch der Teilwert über dem gemeinen Wert des WG liegt. Werden aktivierte Vorsteuerbeträge nachträglich gem. § 15a UStG abzugsfähig, untersagt § 9b Abs. 2 EStG aber eine entsprechende Senkung der AK/HK, kommt eine Teilwertabschreibung nach § 6 Abs. 1 Nr. 1 Satz 2 EStG in Betracht.[8]

---

1 StÄndG 1973 v. 26.6.1973, BGBl 1973 I 676, BStBl 1973 I 545.
2 StÄndG 2001 v. 20.12.2001, BGBl 2001 I 3794, BStBl 2002 I 4.
3 Art. 11 Nr. 4 AIFM-StAnpG v. 18.12.2013, BGBl 2013 I 4318, BStBl 2014 I 2.
4 Vgl. BFH v. 25.1.1994 – IX R 97, 98/90, BStBl 1994 II 738.
5 Vgl. Erhard in Blümich, § 9b EStG Rz. 56.
6 R 9b Abs. 2 Satz 3 EStR.
7 H 9b „Freigrenze für Geschenke" EStH.
8 Fuhrmann in Korn, § 9b EStG Rz. 4.

4. Verhältnis zu § 6 Abs. 2 und Abs. 2a EStG (GWG)

Bei der Bestimmung der 410-€-Grenze für geringwertige WG i. S. d. § 6 Abs. 2 Satz 1 EStG ist auf den Nettowert ohne Vorsteuer abzustellen, unabhängig davon, ob der Vorsteuerbetrag umsatzsteuerrechtlich abziehbar ist.[1]

Gleiches gilt für die Wertgrenzen i. H. v. 100 € bzw. 1 000 € für die Bildung von Sammelposten i. S. d. § 6 Abs. 2a EStG.[2]

5. Verhältnis zu InvZulG

Die Begriffe der AK und HK des Investitionszulagengesetzes entsprechen denen des Einkommensteuerrechts.[3] Abziehbare Vorsteuer mindert somit die Bemessungsgrundlage für die Investitionszulage.

6. Verhältnis zu § 9 UStG und § 19 UStG (Option, Kleinunternehmer)

Mit Wirksamkeit des Verzichts auf die Umsatzsteuerbefreiung gem. § 9 UStG bzw. mit Wirksamkeit der Option zur Umsatzsteuerpflicht des Kleinunternehmers gem. § 19 Abs. 2 UStG gehört die abziehbare Vorsteuer nicht mehr zu den AK/HK eines Wirtschaftsguts.[4]

(Einstweilen frei)

B. Systematische Kommentierung

I. Abziehbare Vorsteuern gemäß § 9b Abs. 1 EStG

1. Tatbestand

Die umsatzsteuerlich abziehbare Vorsteuer gehört nicht zu den AK/HK eines WG (§ 9b Abs. 1 EStG). Umgekehrt ist die nicht abziehbare Vorsteuer Teil der AK/HK eines WG.

Ob ein Vorsteuerbetrag abgezogen werden kann, bemisst sich allein nach den Regelungen des Umsatzsteuerrechts.[5]

Die Abziehbarkeit muss lediglich rechtlich möglich sein. Es ist nicht erforderlich, dass der Steuerpflichtige die Vorsteuer gegenüber dem Finanzamt geltend macht.[6] Umgekehrt ist eine zu Unrecht geltend gemachte Vorsteuer Teil der AK/HK eines Wirtschaftsguts.[7]

Die umsatzsteuerliche Abziehbarkeit von Vorsteuern ergibt sich aus § 15 UStG. Gem. § 15 Abs. 1 Satz 1 Nr. 1 UStG kann ein Unternehmer i. S. d. § 2 UStG die Vorsteuer für Lieferungen und sonstige Leistungen, die von einem anderen Unternehmer für sein Unternehmen ausgeführt worden sind, abziehen.

Der Vorsteuerabzug darf nicht ausgeschlossen sein. Die Ausschlusstatbestände (und Rückausnahmen) sind in § 15 Abs. 1a bis 4b UStG geregelt. Der Vorsteuerabzug ist z. B. ausgeschlossen,

---

1 R 9b Abs. 2 EStR.
2 R 9b Abs. 2 EStR.
3 *Erhard* in Blümich, § 9b EStG Rz. 26.
4 *Fuhrmann* in Korn, § 9b EStG Rz. 6.1 und 6.2.
5 BFH v. 25. 1. 1994 - IX R 97, 98/90, BStBl 1994 II 738.
6 BFH v. 25. 1. 1994 - IX R 97, 98/90, BStBl 1994 II 738, 739.
7 BFH v. 25. 1. 1994 - IX R 97, 98/90, BStBl 1994 II 738; BFH v. 4. 6. 1991 - IX R 12/89, BStBl 1991 II 759.

wenn die Eingangsleistung für die Ausführung steuerfreier Ausgangsleistungen verwendet wird (§ 15 Abs. 2 Satz 1 Nr. 1 UStG).

BEISPIEL: Ein Arzt, dessen Leistungen nach § 4 Nr. 14 Buchst. a UStG steuerfrei sind, erwirbt ein medizinisches Gerät. Da die Eingangsleistung für steuerfreie Ausgangsleistungen verwendet wird, kann er die Vorsteuer nicht abziehen, sie ist daher Teil der AK.

Als Rückausnahme vom Ausschluss des Vorsteuerabzugs ist unter anderem die Abziehbarkeit der Vorsteuer bei Verwendung der Eingangsleistung für steuerfreie Ausfuhrlieferungen zu beachten (§ 15 Abs. 3 UStG i.V.m. § 4 Nr. 1 UStG).

23   Der Vorsteuerabzug setzt darüber hinaus voraus, dass dem Unternehmer die Vorsteuer gesondert in Rechnung gestellt wurde (§§ 14 ff. UStG).

Dient der Eingangsumsatz sowohl umsatzsteuerpflichtigen als auch -freien Umsätzen, so ist der Teil der Vorsteuerbeträge nicht abziehbar, der den umsatzsteuerfreien Umsätzen wirtschaftlich zuzurechnen ist (§ 15 Abs. 4 UStG). Der nicht abziehbare Teil der Vorsteuer des Eingangsumsatzes führt somit nach § 9b EStG zu AK/HK.[1]

Die abziehbare Vorsteuer muss gem. § 9b Abs. 1 EStG auf die Anschaffung oder Herstellung eines Wirtschaftsguts entfallen.

24   Die Begriffe „Wirtschaftsgut", „Anschaffung" und „Herstellung" bestimmen sich nicht nach umsatzsteuerlichen, sondern nach ertragsteuerlichen Grundsätzen.[2]

Als **Wirtschaftsgut** werden Sachen, unkörperliche Gegenstände mit realisierbarem Vermögenswert, vermögenswerte Vorteile, tatsächliche Zustände und konkrete Möglichkeiten angesehen, soweit sich der Kaufmann diese etwas kosten lässt, sie nach der Verkehrsanschauung einer selbständigen Bewertung zugänglich sind und i. d. R. einen Nutzen für mehrere Wj. erbringen.[3]

Unter **Anschaffung** sind – unter Berücksichtigung des § 255 Abs. 1 HGB – die Handlungen zu verstehen, die getätigt werden, um das bestehende Wirtschaftsgut zu erwerben und in einen betriebsbereiten Zustand zu versetzen (KKB/C. Kraft/Teschke, § 6 EStG Rz. 26).[4]

Demgegenüber sind unter **Herstellung** – unter Verweis auf § 255 Abs. 2 HGB – die Handlungen zu verstehen, die auf die erstmalige Schaffung eines bisher nicht vorhandenen Wirtschaftsguts, seine Erweiterung oder eine über seinen ursprünglichen Zustand hinausgehende wesentliche Verbesserung gerichtet sind (KKB/C. Kraft/Teschke, § 6 EStG Rz. 35).[5]

Der Vorsteuerbetrag muss auf die Anschaffung oder Herstellung eines WG entfallen. § 9b Abs. 1 EStG fordert somit eine individuelle Zurechnung der Vorsteuerbeträge zum jeweiligen WG, bei dessen Anschaffung oder Herstellung sie angefallen sind, nach dem Verursachungsprinzip.[6]

---

1 BFH v. 3.3.2005 - III R 72/03, BStBl 2005 II 567; *Weber-Grellet* in Schmidt, § 9b EStG Rz. 7.
2 Vgl. HHR/*Levedag*, § 9b EStG Rz. 44.
3 *Weber-Grellet* in Schmidt, § 5 EStG Rz. 94, m.w. N.
4 Vgl. *Kulosa* in Schmidt, § 6 EStG Rz. 31.
5 HHR/*Stobbe*, § 6 EStG Rz. 165.
6 *Erhard* in Blümich, § 9b EStG Rz. 57.

2. Rechtsfolge

Die abziehbare Vorsteuer gehört nicht zu den AK/HK des Wirtschaftsguts, auf dessen Anschaffung oder Herstellung sie entfällt (§ 9b Abs. 1 EStG). 25

Für den umsatzsteuerlichen Unternehmer ist die abziehbare Vorsteuer wie auch die vereinnahmte und abzuführende Umsatzsteuer wirtschaftlich ein durchlaufender Posten.

(Einstweilen frei) 26–30

II. Berichtigung des Vorsteuerabzugs gemäß § 9b Abs. 2 EStG

1. Allgemeines

§ 9b Abs. 2 EStG regelt die einkommensteuerlichen Folgen einer Berichtigung des Vorsteuerabzugs gem. § 15a UStG. Damit nicht bei jeder Änderung des Vorsteuerabzugs gem. § 15a UStG die AK/HK und die AfA des Wirtschaftsguts angepasst werden müssen, ordnet die Norm an, dass eine Erhöhung des Vorsteuerabzugs als (Betriebs-)Einnahme und eine Reduktion des Vorsteuerabzugs als (Betriebs-)Ausgabe bzw. Werbungskosten zu behandeln sind. § 9b Abs. 2 EStG dient somit der Vereinfachung. 31

2. Berichtigung des Vorsteuerabzugs gemäß § 15a UStG

Ändern sich die beim Bezug eines WG für den Vorsteuerabzug maßgeblichen Verhältnisse nachträglich, kommt es zu einer zeitanteiligen Berichtigung des Vorsteuerabzugs für jeden Voranmeldungszeitraum des Berichtigungszeitraums nach Maßgabe des § 15a UStG i.V.m. § 44 UStDV. Der Berichtigungszeitraum beträgt grundsätzlich fünf Jahre ab dem Beginn der erstmaligen Verwendung des WG, bei Grundstücken und Gebäuden auf fremdem Grund und Boden beträgt er zehn Jahre (§ 15a Abs. 1 UStG). 32

Eine Änderung der für den Vorsteuerabzug maßgeblichen Verhältnisse liegt z. B. vor, wenn das WG für Ausgangsumsätze genutzt wird, die den Vorsteuerabzug anders als ursprünglich ausschließen oder zulassen, wenn eine ursprünglich ausgeübte Option zur Steuerpflicht (§ 9 UStG) später nicht fortgeführt wird, wenn das WG veräußert wird und dieser Umsatz bezüglich des Vorsteuerabzugs anders zu beurteilen ist als der ursprüngliche Vorsteuerabzug (§ 15a Abs. 8 UStG) oder wenn der Unternehmer von der allgemeinen Besteuerung zur Nichterhebung der Umsatzsteuer nach § 19 Abs. 1 UStG oder umgekehrt übergeht (§ 15a Abs. 7 UStG).[1]

> **BEISPIEL:** (nach Abschn. 15a.2 Abs. 5 UStAE)
>
> Ein Unternehmer erwirbt am 1.1.2001 eine Maschine, die er zu 40% zur Ausführung von zum Vorsteuerabzug berechtigenden Umsätzen und zu 60% zu den Vorsteuerabzug ausschließenden Umsätzen verwenden möchte. Am 1.1.2002 veräußert er die Maschine steuerpflichtig.
>
> Bei Erwerb der Maschine kann der Unternehmer 40% der ihm in Rechnung gestellten Vorsteuer von seiner sonstigen an das Finanzamt zu zahlenden Umsatzsteuer abziehen bzw. vom Finanzamt erstattet erhalten. 60% der Vorsteuer sind nicht abziehbar und damit gem. § 9b Abs. 1 EStG Teil der AK des WG.
>
> Die steuerpflichtige Veräußerung ist so zu behandeln, als ob die Maschine bis zum Ende des Berichtigungszeitraums zu 100% für zum Vorsteuerabzug berechtigende Umsätze verwendet worden wäre (§ 15a Abs. 7 bis 9 UStG). Die Verhältnisse haben sich um 60 Prozentpunkte geändert, der Unternehmer hat damit einen nachträglichen Vorsteuerabzug (bzw. Erstattungsanspruch gegenüber dem Finanz-

---

[1] Siehe dazu auch Abschn. 15a.2 Abs. 2 und Abschn. 15a.2 Abs. 6 UStAE.

amt), der für die Berichtigungsjahre 2002 bis 2005 jeweils 60 % von 1/5 des ursprünglichen Vorsteuerbetrages beträgt (§ 15a Abs. 5 UStG).

3. Tatbestand

33 § 9b Abs. 2 EStG setzt tatbestandlich eine Berichtigung des Vorsteuerabzugs gem. § 15a UStG voraus.

Der Anwendungsbereich der Vereinfachung des § 9b Abs. 2 EStG ist ausdrücklich auf Berichtigungen des Vorsteuerabzugs gem. § 15a UStG begrenzt. Wird demgegenüber eine von Anfang an fehlerhafte Behandlung des Vorsteuerabzugs korrigiert, sind auch die AK/HK anzupassen.[1] Gleiches gilt für eine Änderung der umsatzsteuerlichen Bemessungsgrundlage gemäß § 17 UStG (z. B. Kaufpreisanpassung). Auch in diesen Fällen sind die ursprünglichen AK/HK des WG zu berichtigen.[2]

4. Rechtsfolge

34 Als Rechtsfolge einer Berichtigung des Vorsteuerabzugs gem. § 15a UStG ordnet § 9b Abs. 2 EStG an, dass die Mehr- oder Minderbeträge an abziehbarer Vorsteuer als (Betriebs-)Einnahmen bzw. Betriebsausgaben/Werbungskosten zu behandeln sind, wenn sie im Zusammenhang mit einer Einkunftsart bezogen werden.

Die AK/HK bleiben in diesen Fällen zwingend unberührt (§ 9b Abs. 2 Satz 2 EStG).

4b. Kinderbetreuungskosten

§ 9c (weggefallen)

▶ Zur Kommentierung siehe Online-Version, 1. Aufl. 2016

5. Sonderausgaben

§ 10 Sonderausgaben

(1) Sonderausgaben sind die folgenden Aufwendungen, wenn sie weder Betriebsausgaben noch Werbungskosten sind oder wie Betriebsausgaben oder Werbungskosten behandelt werden:

1. , 1a. und 1b. (weggefallen)
2. a) Beiträge zu den gesetzlichen Rentenversicherungen oder zur landwirtschaftlichen Alterskasse sowie zu berufsständischen Versorgungseinrichtungen, die den gesetzlichen Rentenversicherungen vergleichbare Leistungen erbringen;

---

1 Vgl. *Fuhrmann* in Korn, § 9b EStG Rz. 26.
2 Vgl. *Weber-Grellet* in Schmidt, § 9b EStG Rz. 10.

b) Beiträge des Steuerpflichtigen

   aa) zum Aufbau einer eigenen kapitalgedeckten Altersversorgung, wenn der Vertrag nur die Zahlung einer monatlichen, auf das Leben des Steuerpflichtigen bezogenen lebenslangen Leibrente nicht vor Vollendung des 62. Lebensjahres oder zusätzlich die ergänzende Absicherung des Eintritts der Berufsunfähigkeit (Berufsunfähigkeitsrente), der verminderten Erwerbsfähigkeit (Erwerbsminderungsrente) oder von Hinterbliebenen (Hinterbliebenenrente) vorsieht. ²Hinterbliebene in diesem Sinne sind der Ehegatte des Steuerpflichtigen und die Kinder, für die er Anspruch auf Kindergeld oder auf einen Freibetrag nach § 32 Absatz 6 hat. ³Der Anspruch auf Waisenrente darf längstens für den Zeitraum bestehen, in dem der Rentenberechtigte die Voraussetzungen für die Berücksichtigung als Kind im Sinne des § 32 erfüllt;

   bb) für seine Absicherung gegen den Eintritt der Berufsunfähigkeit oder der verminderten Erwerbsfähigkeit (Versicherungsfall), wenn der Vertrag nur die Zahlung einer monatlichen, auf das Leben des Steuerpflichtigen bezogenen lebenslangen Leibrente für einen Versicherungsfall vorsieht, der bis zur Vollendung des 67. Lebensjahres eingetreten ist. ²Der Vertrag kann die Beendigung der Rentenzahlung wegen eines medizinisch begründeten Wegfalls der Berufsunfähigkeit oder der verminderten Erwerbsfähigkeit vorsehen. ³Die Höhe der zugesagten Rente kann vom Alter des Steuerpflichtigen bei Eintritt des Versicherungsfalls abhängig gemacht werden, wenn der Steuerpflichtige das 55. Lebensjahr vollendet hat.

²Die Ansprüche nach Buchstabe b dürfen nicht vererblich, nicht übertragbar, nicht beleihbar, nicht veräußerbar und nicht kapitalisierbar sein. ³Anbieter und Steuerpflichtiger können vereinbaren, dass bis zu zwölf Monatsleistungen in einer Auszahlung zusammengefasst werden oder eine Kleinbetragsrente im Sinne von § 93 Absatz 3 Satz 2 abgefunden wird. ⁴Bei der Berechnung der Kleinbetragsrente sind alle bei einem Anbieter bestehenden Verträge des Steuerpflichtigen jeweils nach Buchstabe b Doppelbuchstabe aa oder Doppelbuchstabe bb zusammenzurechnen. ⁵Neben den genannten Auszahlungsformen darf kein weiterer Anspruch auf Auszahlungen bestehen. ⁶Zu den Beiträgen nach den Buchstaben a und b ist der nach § 3 Nummer 62 steuerfreie Arbeitgeberanteil zur gesetzlichen Rentenversicherung und ein diesem gleichgestellter steuerfreier Zuschuss des Arbeitgebers hinzuzurechnen. ⁷Beiträge nach § 168 Absatz 1 Nummer 1b oder 1c oder nach § 172 Absatz 3 oder 3a des Sechsten Buches Sozialgesetzbuch werden abweichend von Satz 6 nur auf Antrag des Steuerpflichtigen hinzugerechnet;

3. Beiträge zu

   a) Krankenversicherungen, soweit diese zur Erlangung eines durch das Zwölfte Buch Sozialgesetzbuch bestimmten sozialhilfegleichen Versorgungsniveaus erforderlich sind und sofern auf die Leistungen ein Anspruch besteht. ²Für Beiträge zur gesetzlichen Krankenversicherung sind dies die nach dem Dritten Titel des Ersten Abschnitts des Achten Kapitels des Fünften Buches Sozialgesetzbuch oder die nach dem Sechsten Abschnitt des Zweiten Gesetzes über die Krankenversicherung der Landwirte festgesetzten Beiträge. ³Für Beiträge zu einer privaten Krankenversicherung sind dies die Beitragsanteile, die auf Vertragsleistungen entfallen, die, mit Ausnahme der auf das Krankengeld entfallenden Beitragsanteile, in Art, Umfang und Höhe den Leistungen nach dem Dritten Kapitel des Fünften Buches Sozialgesetzbuch vergleichbar sind; § 158 Absatz 2 des Versicherungsaufsichtsgesetzes gilt entsprechend. ⁴Wenn sich aus den Krankenversicherungsbeiträgen nach Satz 2 ein Anspruch auf Krankengeld oder ein Anspruch auf eine Leistung, die anstelle von Krankengeld gewährt wird, ergeben kann, ist der jeweilige Beitrag um 4 Prozent zu vermindern;

    b) gesetzlichen Pflegeversicherungen (soziale Pflegeversicherung und private Pflege-Pflichtversicherung).

²Als eigene Beiträge des Steuerpflichtigen werden auch die vom Steuerpflichtigen im Rahmen der Unterhaltsverpflichtung getragenen eigenen Beiträge im Sinne des Buchstaben a oder des Buchstaben b eines Kindes behandelt, für das ein Anspruch auf einen Freibetrag nach § 32 Absatz 6 oder auf Kindergeld besteht. ³Hat der Steuerpflichtige in den Fällen des Absatzes 1a Nummer 1 eigene Beiträge im Sinne des Buchstaben a oder des Buchstaben b zum Erwerb einer Krankenversicherung oder gesetzlichen Pflegeversicherung für einen geschiedenen oder dauernd getrennt lebenden unbeschränkt einkommensteuerpflichtigen Ehegatten geleistet, dann werden diese abweichend von Satz 1 als eigene Beiträge des geschiedenen oder dauernd getrennt lebenden unbeschränkt einkommensteuerpflichtigen Ehegatten behandelt. ⁴Beiträge, die für nach Ablauf des Veranlagungszeitraums beginnende Beitragsjahre geleistet werden und in der Summe das Zweieinhalbfache der auf den Veranlagungszeitraum entfallenden Beiträge überschreiten, sind in dem Veranlagungszeitraum anzusetzen, für den sie geleistet wurden; dies gilt nicht für Beiträge, soweit sie der unbefristeten Beitragsminderung nach Vollendung des 62. Lebensjahrs dienen;

3a. Beiträge zu Kranken- und Pflegeversicherungen, soweit diese nicht nach Nummer 3 zu berücksichtigen sind; Beiträge zu Versicherungen gegen Arbeitslosigkeit, zu Erwerbs- und Berufsunfähigkeitsversicherungen, die nicht unter Nummer 2 Satz 1 Buchstabe b fallen, zu Unfall- und Haftpflichtversicherungen sowie zu Risikoversicherungen, die nur für den Todesfall eine Leistung vorsehen; Beiträge zu Versicherungen im Sinne des § 10 Absatz 1 Nummer 2 Buchstabe b Doppelbuchstabe bb bis dd in der am 31. Dezember 2004 geltenden Fassung, wenn die Laufzeit dieser Versicherungen vor dem 1. Januar 2005 begonnen hat und ein Versicherungsbeitrag bis zum 31. Dezember 2004 entrichtet wurde; § 10 Absatz 1 Nummer 2 Satz 2 bis 6 und Absatz 2 Satz 2 in der am 31. Dezember 2004 geltenden Fassung ist in diesen Fällen weiter anzuwenden;

4. gezahlte Kirchensteuer; dies gilt nicht, soweit die Kirchensteuer als Zuschlag zur Kapitalertragsteuer oder als Zuschlag auf die nach dem gesonderten Tarif des § 32d Absatz 1 ermittelte Einkommensteuer gezahlt wurde;

5.[1] zwei Drittel der Aufwendungen, höchstens 4 000 Euro je Kind, für Dienstleistungen zur Betreuung eines zum Haushalt des Steuerpflichtigen gehörenden Kindes im Sinne des § 32 Absatz 1, welches das 14. Lebensjahr noch nicht vollendet hat oder wegen einer vor Vollendung des 25. Lebensjahres eingetretenen körperlichen, geistigen oder seelischen Behinderung außerstande ist, sich selbst zu unterhalten. ²Dies gilt nicht für Aufwendungen für Unterricht, die Vermittlung besonderer Fähigkeiten sowie für sportliche und andere Freizeitbetätigungen. ³Ist das zu betreuende Kind nicht nach § 1 Absatz 1 oder Ab-

---

1 **Anm. d. Red.:** Zur Anwendung des § 10 Abs. 1 Nr. 5 siehe § 52 Abs. 18 Satz 3.

satz 2 unbeschränkt einkommensteuerpflichtig, ist der in Satz 1 genannte Betrag zu kürzen, soweit es nach den Verhältnissen im Wohnsitzstaat des Kindes notwendig und angemessen ist. ⁴Voraussetzung für den Abzug der Aufwendungen nach Satz 1 ist, dass der Steuerpflichtige für die Aufwendungen eine Rechnung erhalten hat und die Zahlung auf das Konto des Erbringers der Leistung erfolgt ist;

6. (weggefallen)

7. Aufwendungen für die eigene Berufsausbildung bis zu 6 000 Euro im Kalenderjahr. ²Bei Ehegatten, die die Voraussetzungen des § 26 Absatz 1 Satz 1 erfüllen, gilt Satz 1 für jeden Ehegatten. ³Zu den Aufwendungen im Sinne des Satzes 1 gehören auch Aufwendungen für eine auswärtige Unterbringung. ⁴§ 4 Absatz 5 Satz 1 Nummer 6b sowie § 9 Absatz 1 Satz 3 Nummer 4 und 5, Absatz 2, 4 Satz 8 und Absatz 4a sind bei der Ermittlung der Aufwendungen anzuwenden;

8. (weggefallen)

9. 30 Prozent des Entgelts, höchstens 5 000 Euro, das der Steuerpflichtige für ein Kind, für das er Anspruch auf einen Freibetrag nach § 32 Absatz 6 oder auf Kindergeld hat, für dessen Besuch einer Schule in freier Trägerschaft oder einer überwiegend privat finanzierten Schule entrichtet, mit Ausnahme des Entgelts für Beherbergung, Betreuung und Verpflegung. ²Voraussetzung ist, dass die Schule in einem Mitgliedstaat der Europäischen Union oder in einem Staat belegen ist, auf den das Abkommen über den Europäischen Wirtschaftsraum Anwendung findet, und die Schule zu einem von dem zuständigen inländischen Ministerium eines Landes, von der Kultusministerkonferenz der Länder oder von einer inländischen Zeugnisanerkennungsstelle anerkannten oder einem inländischen Abschluss an einer öffentlichen Schule als gleichwertig anerkannten allgemein bildenden oder berufsbildenden Schul-, Jahrgangs- oder Berufsabschluss führt. ³Der Besuch einer anderen Einrichtung, die auf einen Schul-, Jahrgangs- oder Berufsabschluss im Sinne des Satzes 2 ordnungsgemäß vorbereitet, steht einem Schulbesuch im Sinne des Satzes 1 gleich. ⁴Der Besuch einer Deutschen Schule im Ausland steht dem Besuch einer solchen Schule gleich, unabhängig von ihrer Belegenheit. ⁵Der Höchstbetrag nach Satz 1 wird für jedes Kind, bei dem die Voraussetzungen vorliegen, je Elternpaar nur einmal gewährt.

(1a) Sonderausgaben sind auch die folgenden Aufwendungen:

1. Unterhaltsleistungen an den geschiedenen oder dauernd getrennt lebenden unbeschränkt einkommensteuerpflichtigen Ehegatten, wenn der Geber dies mit Zustimmung des Empfängers beantragt, bis zu 13 805 Euro im Kalenderjahr. ²Der Höchstbetrag nach Satz 1 erhöht sich um den Betrag der im jeweiligen Veranlagungszeitraum nach Absatz 1 Nummer 3 für die Absicherung des geschiedenen oder dauernd getrennt lebenden unbeschränkt einkommensteuerpflichtigen Ehegatten aufgewandten Beiträge. ³Der Antrag kann jeweils nur für ein Kalenderjahr gestellt und nicht zurückgenommen werden. ⁴Die Zustimmung ist mit Ausnahme der nach § 894 der Zivilprozessordnung als erteilt geltenden bis auf Widerruf wirksam. ⁵Der Widerruf ist vor Beginn des Kalenderjahres, für das die Zustimmung erstmals nicht gelten soll, gegenüber dem Finanzamt zu erklären. ⁶Die Sätze 1 bis 5 gelten für Fälle der Nichtigkeit oder der Aufhebung der Ehe entsprechend. ⁷Voraussetzung für den Abzug der Aufwendungen ist die Angabe der erteilten Identifikationsnummer (§ 139b der Abgabenordnung) der unterhaltenen Person in der Steuererklärung des Unterhaltsleistenden, wenn die unterhaltene Person der unbeschränkten oder beschränkten Steuerpflicht unterliegt. ⁸Die unterhaltene Person ist für diese Zwe-

cke verpflichtet, dem Unterhaltsleistenden ihre erteilte Identifikationsnummer (§ 139b der Abgabenordnung) mitzuteilen. ⁹Kommt die unterhaltene Person dieser Verpflichtung nicht nach, ist der Unterhaltsleistende berechtigt, bei der für ihn zuständigen Finanzbehörde die Identifikationsnummer der unterhaltenen Person zu erfragen;

2. ¹auf besonderen Verpflichtungsgründen beruhende, lebenslange und wiederkehrende Versorgungsleistungen, die nicht mit Einkünften in wirtschaftlichem Zusammenhang stehen, die bei der Veranlagung außer Betracht bleiben, wenn der Empfänger unbeschränkt einkommensteuerpflichtig ist. ²Dies gilt nur für

   a) Versorgungsleistungen im Zusammenhang mit der Übertragung eines Mitunternehmeranteils an einer Personengesellschaft, die eine Tätigkeit im Sinne der §§ 13, 15 Absatz 1 Satz 1 Nummer 1 oder des § 18 Absatz 1 ausübt,

   b) Versorgungsleistungen im Zusammenhang mit der Übertragung eines Betriebs oder Teilbetriebs, sowie

   c) Versorgungsleistungen im Zusammenhang mit der Übertragung eines mindestens 50 Prozent betragenden Anteils an einer Gesellschaft mit beschränkter Haftung, wenn der Übergeber als Geschäftsführer tätig war und der Übernehmer diese Tätigkeit nach der Übertragung übernimmt.

   ³Satz 2 gilt auch für den Teil der Versorgungsleistungen, der auf den Wohnteil eines Betriebs der Land- und Forstwirtschaft entfällt;

3. Ausgleichsleistungen zur Vermeidung eines Versorgungsausgleichs nach § 6 Absatz 1 Satz 2 Nummer 2 und § 23 des Versorgungsausgleichsgesetzes sowie § 1408 Absatz 2 und § 1587 des Bürgerlichen Gesetzbuchs, soweit der Verpflichtete dies mit Zustimmung des Berechtigten beantragt und der Berechtigte unbeschränkt einkommensteuerpflichtig ist. ²Nummer 1 Satz 3 bis 5 gilt entsprechend;

4. Ausgleichszahlungen im Rahmen des Versorgungsausgleichs nach den §§ 20 bis 22 und 26 des Versorgungsausgleichsgesetzes und nach den §§ 1587f, 1587g und 1587i des Bürgerlichen Gesetzbuchs in der bis zum 31. August 2009 geltenden Fassung sowie nach § 3a des Gesetzes zur Regelung von Härten im Versorgungsausgleich, soweit die ihnen zu Grunde liegenden Einnahmen bei der ausgleichspflichtigen Person der Besteuerung unterliegen, wenn die ausgleichsberechtigte Person unbeschränkt einkommensteuerpflichtig ist.

(2) ¹Voraussetzung für den Abzug der in Absatz 1 Nummern 2, 3 und 3a bezeichneten Beträge (Vorsorgeaufwendungen) ist, dass sie

1. ²nicht in unmittelbarem wirtschaftlichen Zusammenhang mit steuerfreien Einnahmen stehen; ungeachtet dessen sind Vorsorgeaufwendungen im Sinne des Absatzes 1 Nummer 2, 3 und 3a zu berücksichtigen, soweit

   a) sie in unmittelbarem wirtschaftlichen Zusammenhang mit in einem Mitgliedstaat der Europäischen Union oder einem Vertragsstaat des Abkommens über den Europäischen Wirtschaftsraum erzielten Einnahmen aus nichtselbständiger Tätigkeit stehen,

---

1 Anm. d. Red.: Zur Anwendung des § 10 Abs. 1a Nr. 2 siehe § 52 Abs. 18 Satz 1.
2 Anm. d. Red.: Zur Anwendung des § 10 Abs. 2 Satz 1 Nr. 1 siehe § 52 Abs. 18 Satz 4.

b) diese Einnahmen nach einem Abkommen zur Vermeidung der Doppelbesteuerung im Inland steuerfrei sind und

c) der Beschäftigungsstaat keinerlei steuerliche Berücksichtigung von Vorsorgeaufwendungen im Rahmen der Besteuerung dieser Einnahmen zulässt;

steuerfreie Zuschüsse zu einer Kranken- oder Pflegeversicherung stehen insgesamt in unmittelbarem wirtschaftlichen Zusammenhang mit den Vorsorgeaufwendungen im Sinne des Absatzes 1 Nummer 3,

2. geleistet werden an
   a) Versicherungsunternehmen,

   aa) die ihren Sitz oder ihre Geschäftsleitung in einem Mitgliedstaat der Europäischen Union oder einem Vertragsstaat des Abkommens über den Europäischen Wirtschaftsraum haben und das Versicherungsgeschäft im Inland betreiben dürfen, oder

   bb) denen die Erlaubnis zum Geschäftsbetrieb im Inland erteilt ist.

   ²Darüber hinaus werden Beiträge nur berücksichtigt, wenn es sich um Beträge im Sinne des Absatzes 1 Nummer 3 Satz 1 Buchstabe a an eine Einrichtung handelt, die eine anderweitige Absicherung im Krankheitsfall im Sinne des § 5 Absatz 1 Nummer 13 des Fünften Buches Sozialgesetzbuch oder eine der Beihilfe oder freien Heilfürsorge vergleichbare Absicherung im Sinne des § 193 Absatz 3 Satz 2 Nummer 2 des Versicherungsvertragsgesetzes gewährt. ³Dies gilt entsprechend, wenn ein Steuerpflichtiger, der weder seinen Wohnsitz noch seinen gewöhnlichen Aufenthalt im Inland hat, mit den Beiträgen einen Versicherungsschutz im Sinne des Absatzes 1 Nummer 3 Satz 1 erwirbt,

   b) berufsständische Versorgungseinrichtungen,

   c) einen Sozialversicherungsträger oder

   d) einen Anbieter im Sinne des § 80.

²Vorsorgeaufwendungen nach Absatz 1 Nummer 2 Buchstabe b werden nur berücksichtigt, wenn

1. die Beiträge zugunsten eines Vertrags geleistet wurden, der nach § 5a des Altersvorsorgeverträge-Zertifizierungsgesetzes zertifiziert ist, wobei die Zertifizierung Grundlagenbescheid im Sinne des § 171 Absatz 10 der Abgabenordnung ist, und

2. der Steuerpflichtige gegenüber dem Anbieter in die Datenübermittlung nach Absatz 2a eingewilligt hat.

³Vorsorgeaufwendungen nach Absatz 1 Nummer 3 werden nur berücksichtigt, wenn der Steuerpflichtige gegenüber dem Versicherungsunternehmen, dem Träger der gesetzlichen Kranken- und Pflegeversicherung, der Künstlersozialkasse oder einer Einrichtung im Sinne des Satzes 1 Nummer 2 Buchstabe a Satz 2 in die Datenübermittlung nach Absatz 2a eingewilligt hat; die Einwilligung gilt für alle sich aus dem Versicherungsverhältnis ergebenden Zahlungsverpflichtungen als erteilt, wenn die Beiträge mit der elektronischen Lohnsteuerbescheinigung (§ 41b Absatz 1 Satz 2) oder der Rentenbezugsmitteilung (§ 22a Absatz 1 Satz 1 Nummer 5) übermittelt werden.

(2a) ¹Der Steuerpflichtige hat in die Datenübermittlung nach Absatz 2 gegenüber der mitteilungspflichtigen Stelle schriftlich einzuwilligen, spätestens bis zum Ablauf des zweiten Kalenderjahres, das auf das Beitragsjahr (Kalenderjahr, in dem die Beiträge geleistet worden sind) folgt; mitteilungspflichtige Stelle ist bei Vorsorgeaufwendungen nach Absatz 1 Nummer 2 Buchstabe b der Anbieter, bei Vorsorgeaufwendungen nach Absatz 1 Nummer 3 das Versicherungsunternehmen, der Träger der gesetzlichen Kranken- und Pflegeversicherung, die Künstlersozialkasse oder eine Einrichtung im Sinne des Absatzes 2 Satz 1 Nummer 2 Buchstabe a Satz 2. ²Die Einwilligung gilt auch für die folgenden Beitragsjahre, es sei denn, der Steuerpflichtige widerruft diese schriftlich gegenüber der mitteilungspflichtigen Stelle. ³Der Widerruf muss vor Beginn des Beitragsjahres, für das die Einwilligung erstmals nicht mehr gelten soll, der mitteilungspflichtigen Stelle vorliegen. ⁴Die mitteilungspflichtige Stelle hat bei Vorliegen einer Einwilligung

1. nach Absatz 2 Satz 2 Nummer 2 die Höhe der im jeweiligen Beitragsjahr geleisteten Beiträge nach Absatz 1 Nummer 2 Buchstabe b und die Zertifizierungsnummer an die zentrale Stelle (§ 81) zu übermitteln,

2. nach Absatz 2 Satz 3 die Höhe der im jeweiligen Beitragsjahr geleisteten und erstatteten Beiträge nach Absatz 1 Nummer 3 sowie die in § 93c Absatz 1 Nummer 2 Buchstabe c der Abgabenordnung genannten Daten mit der Maßgabe, dass insoweit als Steuerpflichtiger die versicherte Person gilt, an die zentrale Stelle (§ 81) zu übermitteln; sind Versicherungsnehmer und versicherte Person nicht identisch, sind zusätzlich die Identifikationsnummer und der Tag der Geburt des Versicherungsnehmers anzugeben,

jeweils unter Angabe der Vertrags- oder Versicherungsdaten sowie des Datums der Einwilligung, soweit diese Daten nicht mit der elektronischen Lohnsteuerbescheinigung oder der Rentenbezugsmitteilung zu übermitteln sind. ⁵§ 22a Absatz 2 gilt entsprechend. ⁶Wird die Einwilligung nach Ablauf des Beitragsjahres abgegeben, sind die Daten bis zum Ende des folgenden Kalendervierteljahres zu übermitteln. ⁷Bei einer Übermittlung von Daten bei Vorliegen der Einwilligung nach Absatz 2 Satz 2 Nummer 2 finden § 72a Absatz 4 und § 93c Absatz 4 der Abgabenordnung keine Anwendung. ⁸Bei einer Übermittlung von Daten bei Vorliegen der Einwilligung nach Absatz 2 Satz 3 gilt Folgendes:

1. für § 72a Absatz 4 und § 93c Absatz 4 der Abgabenordnung gilt abweichend von der dort bestimmten Zuständigkeit das Bundeszentralamt für Steuern als zuständige Finanzbehörde,

2. wird in den Fällen des § 72a Absatz 4 der Abgabenordnung eine unzutreffende Höhe der Beiträge übermittelt, ist die entgangene Steuer mit 30 Prozent des zu hoch ausgewiesenen Betrags anzusetzen.

(3) ¹Vorsorgeaufwendungen nach Absatz 1 Nummer 2 sind bis zu dem Höchstbeitrag zur knappschaftlichen Rentenversicherung, aufgerundet auf einen vollen Betrag in Euro, zu berücksichtigen. ²Bei zusammenveranlagten Ehegatten verdoppelt sich der Höchstbetrag. ³Der Höchstbetrag nach Satz 1 oder 2 ist bei Steuerpflichtigen, die

1. Arbeitnehmer sind und die während des ganzen oder eines Teils des Kalenderjahres

    a) in der gesetzlichen Rentenversicherung versicherungsfrei oder auf Antrag des Arbeitgebers von der Versicherungspflicht befreit waren und denen für den Fall ihres Ausscheidens aus der Beschäftigung auf Grund des Beschäftigungsverhältnisses eine lebenslängliche Versorgung oder an deren Stelle eine Abfindung zusteht oder die in der gesetzlichen Rentenversicherung nachzuversichern sind oder

b) nicht der gesetzlichen Rentenversicherungspflicht unterliegen, eine Berufstätigkeit ausgeübt und im Zusammenhang damit auf Grund vertraglicher Vereinbarungen Anwartschaftsrechte auf eine Altersversorgung erworben haben, oder

2. Einkünfte im Sinne des § 22 Nummer 4 erzielen und die ganz oder teilweise ohne eigene Beitragsleistung einen Anspruch auf Altersversorgung erwerben,

um den Betrag zu kürzen, der, bezogen auf die Einnahmen aus der Tätigkeit, die die Zugehörigkeit zum genannten Personenkreis begründen, dem Gesamtbeitrag (Arbeitgeber- und Arbeitnehmeranteil) zur allgemeinen Rentenversicherung entspricht. [4]Im Kalenderjahr 2013 sind 76 Prozent der nach den Sätzen 1 bis 3 ermittelten Vorsorgeaufwendungen anzusetzen. [5]Der sich danach ergebende Betrag, vermindert um den nach § 3 Nummer 62 steuerfreien Arbeitgeberanteil zur gesetzlichen Rentenversicherung und einen diesem gleichgestellten steuerfreien Zuschuss des Arbeitgebers, ist als Sonderausgabe abziehbar. [6]Der Prozentsatz in Satz 4 erhöht sich in den folgenden Kalenderjahren bis zum Kalenderjahr 2025 um je 2 Prozentpunkte je Kalenderjahr. [7]Beiträge nach § 168 Absatz 1 Nummer 1b oder 1c oder nach § 172 Absatz 3 oder 3a des Sechsten Buches Sozialgesetzbuch vermindern den abziehbaren Betrag nach Satz 5 nur, wenn der Steuerpflichtige die Hinzurechnung dieser Beiträge zu den Vorsorgeaufwendungen nach Absatz 1 Nummer 2 Satz 7 beantragt hat.

(4) [1]Vorsorgeaufwendungen im Sinne des Absatzes 1 Nummer 3 und 3a können je Kalenderjahr insgesamt bis 2 800 Euro abgezogen werden. [2]Der Höchstbetrag beträgt 1 900 Euro bei Steuerpflichtigen, die ganz oder teilweise ohne eigene Aufwendungen einen Anspruch auf vollständige oder teilweise Erstattung oder Übernahme von Krankheitskosten haben oder für deren Krankenversicherung Leistungen im Sinne des § 3 Nummer 9, 14, 57 oder 62 erbracht werden. [3]Bei zusammen veranlagten Ehegatten bestimmt sich der gemeinsame Höchstbetrag aus der Summe der jedem Ehegatten unter den Voraussetzungen von Satz 1 und 2 zustehenden Höchstbeträge. [4]Übersteigen die Vorsorgeaufwendungen im Sinne des Absatzes 1 Nummer 3 die nach den Sätzen 1 bis 3 zu berücksichtigenden Vorsorgeaufwendungen, sind diese abzuziehen und ein Abzug von Vorsorgeaufwendungen im Sinne des Absatzes 1 Nummer 3a scheidet aus.

(4a) ¹Ist in den Kalenderjahren 2013 bis 2019 der Abzug der Vorsorgeaufwendungen nach Absatz 1 Nummer 2 Buchstabe a, Absatz 1 Nummer 3 und Nummer 3a in der für das Kalenderjahr 2004 geltenden Fassung des § 10 Absatz 3¹ mit folgenden Höchstbeträgen für den Vorwegabzug

Kalenderjahr	Vorwegabzug für den Steuerpflichtigen	Vorwegabzug im Fall der Zusammenveranlagung von Ehegatten
2013	2 100	4 200
2014	1 800	3 600
2015	1 500	3 000
2016	1 200	2 400
2017	900	1 800
2018	600	1 200
2019	300	600

zuzüglich des Erhöhungsbetrags nach Satz 3 günstiger, ist der sich danach ergebende Betrag anstelle des Abzugs nach Absatz 3 und 4 anzusetzen. ²Mindestens ist bei Anwendung des Satzes 1 der Betrag anzusetzen, der sich ergeben würde, wenn zusätzlich noch die Vorsorgeaufwendungen nach Absatz 1 Nummer 2 Buchstabe b in die Günstigerprüfung einbezogen werden würden; der Erhöhungsbetrag nach Satz 3 ist nicht hinzuzurechnen. ³Erhöhungsbetrag sind die Beiträge nach Absatz 1 Nummer 2 Buchstabe b, soweit sie nicht den um die Beiträge nach Absatz 1 Nummer 2 Buchstabe a und den nach § 3 Nummer 62 steuerfreien Arbeitgeberanteil zur gesetzlichen Rentenversicherung und einen diesem gleichgestellten steuerfreien Zuschuss verminderten Höchstbetrag nach Absatz 3 Satz 1 bis 3 überschreiten; Absatz 3 Satz 4 und 6 gilt entsprechend.

(4b)² ¹Erhält der Steuerpflichtige für die von ihm für einen anderen Veranlagungszeitraum geleisteten Aufwendungen im Sinne des Satzes 2 einen steuerfreien Zuschuss, ist dieser den erstatteten Aufwendungen gleichzustellen. ²Übersteigen bei den Sonderausgaben nach Absatz 1 Nummer 2 bis 3a die im Veranlagungszeitraum erstatteten Aufwendungen die geleisteten Aufwendungen (Erstattungsüberhang), ist der Erstattungsüberhang mit anderen im Rahmen der jeweiligen Nummer anzusetzenden Aufwendungen zu verrechnen. ³Ein verbleibender Betrag des sich bei den Aufwendungen nach Absatz 1 Nummer 3 und 4 ergebenden Erstattungs-

---

1 **Anm. d. Red.:** § 10 Abs. 3 in der für das Kalenderjahr 2004 geltenden Fassung lautet: (3) Für Vorsorgeaufwendungen gelten je Kalenderjahr folgende Höchstbeträge:
  1. ein Grundhöchstbetrag von 1 334 Euro, im Fall der Zusammenveranlagung von Ehegatten von 2 668 Euro;
  2. ein Vorwegabzug von 3 068 Euro, im Fall der Zusammenveranlagung von Ehegatten von 6 136 Euro. ²Diese Beträge sind zu kürzen um 16 Prozent der Summe der Einnahmen
    a) aus nichtselbständiger Arbeit im Sinne des § 19 ohne Versorgungsbezüge im Sinne des § 19 Absatz 2, wenn für die Zukunftssicherung des Steuerpflichtigen Leistungen im Sinne des § 3 Nummer 62 erbracht werden oder der Steuerpflichtige zum Personenkreis des § 10c Absatz 3 Nummer 1 oder 2 gehört, und
    b) aus der Ausübung eines Mandats im Sinne des § 22 Nummer 4;
  3. für Beiträge nach Absatz 1 Nummer 2 Buchstabe c ein zusätzlicher Höchstbetrag von 184 Euro für Steuerpflichtige, die nach dem 31. Dezember 1957 geboren sind;
  4. Vorsorgeaufwendungen, die die nach den Nummern 1 bis 3 abziehbaren Beträge übersteigen, können zur Hälfte, höchstens bis zu 50 Prozent des Grundhöchstbetrags abgezogen werden (hälftiger Höchstbetrag).
2 **Anm. d. Red.:** Zur Anwendung des § 10 Abs. 4b siehe § 52 Abs. 18 Satz 5.

überhangs ist dem Gesamtbetrag der Einkünfte hinzuzurechnen. [4]Nach Maßgabe des § 93c der Abgabenordnung haben Behörden im Sinne des § 6 Absatz 1 der Abgabenordnung und andere öffentliche Stellen, die einem Steuerpflichtigen für die von ihm geleisteten Beiträge im Sinne des Absatzes 1 Nummer 2, 3 und 3a steuerfreie Zuschüsse gewähren oder Vorsorgeaufwendungen im Sinne dieser Vorschrift erstatten als mitteilungspflichtige Stellen, neben den nach § 93c Absatz 1 der Abgabenordnung erforderlichen Angaben, die zur Gewährung und Prüfung des Sonderausgabenabzugs nach § 10 erforderlichen Daten an die zentrale Stelle zu übermitteln. [5]§ 22a Absatz 2 gilt entsprechend. [6]§ 72a Absatz 4 und § 93c Absatz 4 der Abgabenordnung finden keine Anwendung.

(5)[1] Durch Rechtsverordnung wird bezogen auf den Versicherungstarif bestimmt, wie der nicht abziehbare Teil der Beiträge zum Erwerb eines Krankenversicherungsschutzes im Sinne des Absatzes 1 Nummer 3 Buchstabe a Satz 3 durch einheitliche prozentuale Abschläge auf die zugunsten des jeweiligen Tarifs gezahlte Prämie zu ermitteln ist, soweit der nicht abziehbare Beitragsteil nicht bereits als gesonderter Tarif oder Tarifbaustein ausgewiesen wird.

(6) [1]Absatz 1 Nummer 2 Buchstabe b Doppelbuchstabe aa ist für Vertragsabschlüsse vor dem 1. Januar 2012 mit der Maßgabe anzuwenden, dass der Vertrag die Zahlung der Leibrente nicht vor der Vollendung des 60. Lebensjahres vorsehen darf. [2]Für Verträge im Sinne des Absatzes 1 Nummer 2 Buchstabe b, die vor dem 1. Januar 2011 abgeschlossen wurden, und bei Kranken- und Pflegeversicherungen im Sinne des Absatzes 1 Nummer 3, bei denen das Versicherungsverhältnis vor dem 1. Januar 2011 bestanden hat, ist Absatz 2 Satz 2 Nummer 2 und Satz 3 mit der Maßgabe anzuwenden, dass die erforderliche Einwilligung zur Datenübermittlung als erteilt gilt, wenn

1. die mitteilungspflichtige Stelle den Steuerpflichtigen schriftlich darüber informiert, dass sie
   a) von einer Einwilligung ausgeht und
   b) die Daten an die zentrale Stelle übermittelt und
2. der Steuerpflichtige dem nicht innerhalb einer Frist von vier Wochen nach Erhalt der Information nach Nummer 1 schriftlich widerspricht.

Inhaltsübersicht	Rz.
A. Allgemeine Erläuterungen	1 - 14
I. Normzweck und wirtschaftliche Bedeutung der Vorschrift	1 - 3
II. Entstehung und Entwicklung der Vorschrift	4
III. Vereinbarkeit mit höherrangigem Recht	5 - 8
IV. Verhältnis zu anderen Vorschriften	9 - 14
B. Systematische Kommentierung	15 - 189
I. Grundsätze des Sonderausgabenabzugs nach § 10 EStG	15 - 45
1. Begriff der Sonderausgabe	15 - 16
2. Abzugsberechtigung	17 - 18
3. Abzugszeitpunkt	19 - 25
4. Verrechnung und Erstattungsüberhänge (§ 10 Abs. 4b EStG)	26 - 33
5. Unbeschränkte Steuerpflicht	34
6. Ausländische Sonderausgaben	35 - 40
7. Verfahren	41 - 45

---

1 Anm. d. Red.: Zur Anwendung des § 10 Abs. 5 siehe § 52 Abs. 18 Satz 6.

II.	Die einzelnen Abzugstatbestände des § 10 EStG	46 - 168
1.	Unterhalts- und Versorgungsaufwendungen nach § 10 Abs. 1 Nr. 1, 1a, 1b EStG a. F.	46
2.	Vorsorgeaufwendungen nach § 10 Abs. 1 Nr. 2, 3, 3a EStG	47 - 58
	a) Beiträge zu den gesetzlichen Rentenversicherungen (§ 10 Abs. 1 Nr. 2 Buchst. a EStG)	48
	b) Beiträge zu privaten kapitalgedeckten Lebensversicherungen (Basisrente-Alter/„Rürup-Rente"; § 10 Abs. 1 Nr. 2 Buchst. b Doppelbuchst. aa EStG)	49
	c) Beiträge zur Absicherung gegen den Eintritt der Berufsunfähigkeit oder der verminderten Erwerbsfähigkeit (Basisrente-Erwerbsminderung; § 10 Abs. 1 Nr. 2 Buchst. b Doppelbuchst. bb EStG)	50
	d) Gemeinsame Voraussetzungen für den Sonderausgabenabzug von Beiträgen zur Basisrente-Alter und Basisrente-Erwerbsminderung (§ 10 Abs. 1 Nr. 2 Buchst. b Satz 2 ff., Abs. 2 EStG)	51 - 58
3.	Sonstige Vorsorgeaufwendungen	59 - 84
	a) Beiträge zu Kranken- und Pflegeversicherungen (§ 10 Abs. 1 Satz 1 Nr. 3 EStG)	62 - 75
	aa) Begünstigte Beiträge	62 - 66
	bb) Abzugsberechtigung	67 - 68
	cc) Abfluss und Beitragsvorauszahlungen/Beitragsrückerstattungen	69 - 75
	b) Beiträge zu anderen Versicherungen (§ 10 Abs. 1 Satz 1 Nr. 3a EStG)	76 - 80
	c) Kirchensteuer (§ 10 Abs. 1 Nr. 4 EStG)	81 - 84
4.	Aufwendungen für Dienstleistungen zur Kinderbetreuung (§ 10 Abs. 1 Nr. 5 EStG)	85 - 105
	a) Verhältnis zu anderen Vorschriften	86
	b) Zum Haushalt gehörendes Kind	87
	c) Betreuung	88 - 89
	d) Aufwendungen	90 - 92
	e) Abzugsberechtigung	93
	f) Höhe der abziehbaren Aufwendungen	94 - 95
	g) Rechnungsanforderungen	96
	h) Veranlagung	97 - 105
5.	Aufwendungen für die eigene Berufsausbildung	106 - 130
	a) Berufsausbildung	107 - 120
	aa) Allgemeine Abgrenzungsfragen	107 - 109
	bb) Begriff	110 - 120
	b) Abziehbare Aufwendungen	121 - 122
	c) Abzugsberechtigung	123
	d) Höchstbetrag	124 - 130
6.	Schulgeld (§ 10 Abs. 1 Nr. 9 EStG)	131 - 140
	a) Begriff	131 - 132
	b) Begünstigte Schulen	133 - 134
	c) Abziehbare Beträge	135 - 140

Sonderausgaben § 10 EStG

7. Versorgungsausgleich (§ 10 Abs. 1a EStG)		141 - 168
a) Allgemeines		141
b) Realsplitting (§ 10 Abs. 1a Nr. 1 EStG)		142 - 148
aa) Unterhaltsleistungen		143
bb) Persönliche Voraussetzungen beim Leistenden und Empfänger		144
cc) Antrag		145
dd) Zustimmung		146
ee) Rechtsfolge		147
ff) Angabe der Identifikationsnummer des Unterhaltsempfängers		148
c) Versorgungsleistungen im Zusammenhang mit einer Vermögensübertragung (§ 10 Abs. 1a Nr. 2 EStG)		149 - 159
aa) Versorgungsleistungen im Zusammenhang mit einer unentgeltlichen Vermögensübertragung		150 - 158
bb) Umfang des Sonderausgabenabzugs		159
d) Versorgungsausgleichsleistungen (§ 10 Abs. 1a Nr. 3 EStG)		160
e) Ausgleichszahlungen im Rahmen des Versorgungsausgleichs (§ 10 Abs. 1a Nr. 4 EStG)		161 - 168
III. Weitere Abzugsvoraussetzungen (§ 10 Abs. 2 EStG)		169 - 180
1. Kein Zusammenhang mit steuerfreien Einnahmen (§ 10 Abs. 2 Satz 1 Nr. 1 EStG)		171
2. Leistung an Versicherungsunternehmen in einem EU-/EWR-Mitgliedstaat (§ 10 Abs. 2 Satz 1 Nr. 2 EStG)		172
3. Einwilligung in die Datenübermittlung und Zertifizierung von Rentenverträgen (§ 10 Abs. 2 Satz 3 EStG)		173
4. Datenübermittlung – Verfahren (§ 10 Abs. 2a EStG)		174 - 180
IV. Höchstbetragsberechnungen		181 - 185
1. Höchstbetragsberechnungen für Altersvorsorgebeiträge nach § 10 Abs. 3 EStG		182
2. Höchstbetragsberechnung für sonstige Vorsorgeaufwendungen (§ 10 Abs. 4 EStG)		183 - 184
3. Günstigerregelung (§ 10 Abs. 4a EStG)		185
V. Erstattungen (§ 10 Abs. 4b EStG)		186
VI. Datenübermittlung (§ 10 Abs. 4b Satz 4 ff. EStG)		187
VII. Ermittlung der nichtabziehbaren Beiträge zur Krankenversicherung (§ 10 Abs. 5 EStG)		188
VIII. Übergangsregelung (§ 10 Abs. 6 EStG)		189

HINWEIS:

§§ 29, 30 EStDV; R 10.1 bis 10.11 EStR; H 10.1-10.11 EStH; H 10 LStH; BMF v. 9.3.2009, BStBl 2009 I 487 (Schulgeld); BMF v. 11.3.2010, BStBl 2010 I 227 (Rentenerlass IV); BMF v. 22.9.2010, BStBl 2010 I 721 (Berufsausbildungskosten); BMF v. 14.3.2012, BStBl 2012 I 307 (Kinderbetreuungskosten); BMF v. 3.12.2014, BStBl 2014 I 1606; BMF v. 18.12.2015, BStBl 2015 I 1088 (Sonderausgabenabzug und Besteuerung in Fällen eines beschränkt steuerpflichtigen Versorgungsverpflichteten); BMF v. 6.5.2016, BStBl 2016 I 476 (gleitende Vermögensübertragungen); BMF v. 29.3.2017, BStBl 2017 I 42 (Verfahrensrechtliche Folgerungen aus dem BFH-Urteil vom 1.6.2016 - X R 17/15 - zur Kürzung der Beiträge zur Basiskrankenversicherung um Bonuszahlungen der gesetzlichen Krankenversicherung für gesundheitsbewusstes Verhalten (§ 65a SGB V); BMF v. 6.12.2017, BStBl 2018 I S. 147 (steuerliche Förderung der betrieblichen Altersversorgung); BMF v. 11.12.2017, BStBl 2017 I S. 1624 (Sonderausgabenabzug für Sozialversicherungsbeiträge im Ausland tätiger Arbeitnehmer); OFD Frankfurt/M. v. 21.2.2018, NWB DokID: SAAAG-78775; BMF v. 21.12.2017, BStBl 2018 I 93.

LITERATUR:

▶ Weitere Literatur siehe Online-Version

Grün, Neuerungen im BMF-Schreiben zur Behandlung von Vorsorgeaufwendungen und Altersbezügen – Kranken- und Pflegeversicherungsbeiträge, NWB 2013, 2914; *Rüd*, Ist bei den der Abgeltungsteuer unterliegenden Kirchensteuerpflichtigen weniger ausländische Steuer anzurechnen als bei anderen? – Kritische Überprüfung der gesetzlichen Formel, DStR 2013, 1220; *Wolter*, Einkommensteuerrechtliche Behandlung von Vorsorgeaufwendungen und Altersbezügen, DB 2013, 2646; *Braun*, Berufsausbildungskosten – Mit Null und Nichts zufrieden? Wie man teure Ausbildungs- und Studienkosten durchsetzt, NWB 2014, 3834; *Geserich*, Beruflich veranlasste Ausbildungskosten – Kosten für die Erstausbildung – Streitjahre offen halten!, NWB 2014, 681; *Klein*, Die steuerliche Berücksichtigung von Ausbildungsaufwendungen, DStR 2014, 776; *Reddig*, Gleitende" Vermögensübergabe gegen Versorgungsleistungen – umfassender Bestandsschutz für Altfälle!? – Urteil des FG Niedersachsen vom 13.3.2014 - 4 K 298/13, NWB 2014, 2773; *Sprang*, Arbeitgeberzuschuss zur privaten Kranken- und Pflegeversicherung – Kürzung des Sonderausgabenabzugs verfassungskonform?, NWB 2014, 3068; *Heine*, Ausschluss des Sonderausgabenabzugs für beschränkt Steuerpflichtige – EuGH, Urteil vom 24.2.2015 - Rs. C-559/13, *Grünewald*, IWB 2015, 499; *Gerauer*, Bonusleistungen einer gesetzlichen Krankenkasse - Keine Minderung des Sonderausgabenabzugs!? – Aktuelle Rechtsprechung und Handlungsempfehlung, NWB 2016, 3370; *Hohlbein/Müller*, Bonuszahlungen einer gesetzlichen Krankenversicherung – Minderung des Sonderausgabenabzugs für Krankenversicherungsbeiträge, NWB 2016, 2266; *Killat-Risthaus*, Vorlage an den EuGH: Dürfen Beiträge eines in Deutschland wohnenden und in Frankreich tätigen Arbeitnehmers zur Altersvorsorge- und Krankenversicherung vom Sonderausgabenabzug ausgenommen werden, wenn der Arbeitslohn laut DBA in Frankreich steuerpflichtig ist?, DStZ 2016, 96; *Förster*, Steuerliche Aspekte grenzüberschreitender Basisversorgung im Alter, IStR 2017, 461; *Hänsch/Wessels*, Anteilsübertragungen gegen Versorgungsleistungen nur bei Aufgabe der Geschäftsführung begünstigt, NWB 2017, 3334; *Hennigfeld*, EuGH-Vorlage zur Abzugsbeschränkung von Vorsorgeaufwendungen bei beschränkt Steuerpflichtigen, DB 2017, 2198; *Homuth*, Steuerabzug und Veranlagung von beschränkt Steuerpflichtigen, praktische Probleme bei der Besteuerung beschränkt steuerpflichtiger Künstler, IWB 2017, 246; *Keller/Meier*, Vorsorgeeinrichtung nach der zweiten Säule der Schweizer Altersvorsorge, NWB 2017, 721; *Keller/Meier*, Vorsorgeeinrichtung nach der zweiten Säule der Schweizer Altersvorsorge, NWB 2017, 809; *Schütz*, Sonderausgabenabzug bei nach DBA steuerfreien Einnahmen- EuGH, Urteil vom 22.6.2017 - Rs. C-20/16, *Bechtel und Bechtel*, IWB 2017, 624;*Mader*, Aufwendungen für Internat und Ferienlager als Kinderbetreuungskosten?, B+P 2018, 154; *Schmitt*, Abzug von Ausbildungskosten als Werbungskosten – Ein Überblick über Einzelfragen zur Abzugsfähigkeit der Aufwendungen für die Berufsausbildung, NWB 39/2018, Beilage 3/2018, 1 = NWB DokID: EAAAG-94235; *Veser/Schulz*, Die steuerliche Abzugsfähigkeit von Ausbildungskosten, DStZ 2018, 296.

ARBEITSHILFEN UND GRUNDLAGEN ONLINE:

Hillmoth, Erstausbildung und Erststudium: Checkliste für die Ermittlung der abziehbaren Aufwendungen, NWB DokID: UAAAE-39685; *Langenkämper*, Aus- und Fortbildung (Zweitstudium): Kostenerfassungsbogen (MS-Excel), NWB DokID: TAAAE-06347; *Meier*, Versorgungsaufwendungen gem. § 10 EStG; Berechnungstool Günstigerprüfung/Höchstbetragsrechnung, NWB DokID: WAAAE-99507; *Meier*, Sonderausgaben – ABC, NWB DokID: ZAAAC-34001; ders., Schulgeld, NWB DokID: QAAAD-33927; ders., Ausbildungskosten – Ausbildungsverhältnis, NWB DokID: PAAAA-88423; ders., Vorsorgeaufwendungen, NWB DokID: TAAAA-57098; ders., Krankenversicherung, NWB DokID: CAAAB-13228; *Michalowski*, Altersvorsorge und Steuern, NWB DokID: XAAAF-68663; *Nolte*, Kinderbetreuungskosten, NWB DokID: ZAAAE-40887; *Nolte*, Berücksichtigung von Kinderbetreuungskosten, NWB DokID: EAAAE-11069; *Schmidt*, Studiengebühren/Studienkosten/Bildungsaufwendungen, NWB DokID: CAAAE-86172; ders., Sonderausgaben – Grundlagen, NWB DokID: ZAAAF-89151; *Stumpe*, Unterhaltsleistungen (Zivilrecht, Sonderausgaben, außergewöhnliche Belastungen), NWB DokID: BAAAF-66524; *Welker*, Private Altersvorsorge, NWB DokID: JAAAE-65373; Sonderausgaben: Berufsständische Versorgungseinrichtungen i.S.d. § 10 Abs. 1 Satz 2 Buchst. a EStG, NWB DokID: SAAAE-68659; Teilnahme an Bonusprogrammen der gesetzlichen Krankenversicherung – geänderte Rechtslage, NWB DokID: HAAAG-40942.

A. Allgemeine Erläuterungen

I. Normzweck und wirtschaftliche Bedeutung der Vorschrift

Normzweck: § 10 EStG ermöglicht den steuermindernden Abzug bestimmter Ausgaben vom Gesamtbetrag der Einkünfte (§ 2 Abs. 4 EStG), die weder als Betriebsausgaben noch als Werbungskosten abzugsfähig sind, d. h. in der Regel privat veranlasst sind (s. → Rz. 15) und für den Stpfl. unvermeidbar sind. Denn die Besteuerung nach der subjektiven Leistungsfähigkeit gebietet es, diese außerhalb der Sphäre der Einkommenserzielung liegenden Umstände zu berücksichtigen.

Bedeutung kommt dem Sonderausgabenabzug bei Beiträgen zu bestimmten Versicherungen, Unterhalts- und Versorgungsleistungen und Renten zu. Aufgrund der Tatsache, dass nahezu jeder Stpfl. Aufwendungen i. S. d. § 10 EStG hat, ist die Vorschrift von großer fiskalischer Bedeutung.

Reformvorschläge: § 10 EStG stand seit seiner Einführung im EStG 1934 regelmäßig in der Kritik und wurde dementsprechend häufig geändert (vgl. → Rz. 4). Zuletzt durch das StÄndG 2015 v. 5. 11. 2015.

II. Entstehung und Entwicklung der Vorschrift

Die Vorschrift unterlag seit ihrer Einführung zahlreichen Änderungen, von denen nachfolgend nur die in der jüngeren Vergangenheit dargestellt werden.

Mit **dem AltEinkG v. 5. 7. 2004**[1] erfolgte als Reaktion auf das Urteil des BVerfG[2] v. 6. 3. 2002 zur unterschiedlichen Besteuerung von Beamtenpensionen und Renten aus der gesetzlichen Rentenversicherung eine Neuregelung der Altersvorsorgeaufwendungen und der Altersbezüge, indem die nachgelagerte Besteuerung von Altersbezügen eingeführt wurde.[3]

AOÄndG v. 21. 7. 2004:[4] Aufwendungen für die erstmalige Berufsausbildung und für ein Erststudium sind seither nach § 10 Abs. 1 Nr. 7 EStG bis zu einem Höchstbetrag von 4 000 € abziehbar. Diese Regelung war erst nach Empfehlung des Finanzausschusses in den Gesetzentwurf aufgenommen worden. Der Ausschuss nahm die BFH-Rechtsprechung zum Anlass, diesen Bereich neu zu ordnen.[5]

Gesetz zum Einstieg in ein steuerliches Sofortprogramm v. 22. 12. 2005:[6] Der Sonderausgabenabzug für Steuerberaterkosten in § 10 Abs. 1 Nr. 6 EStG wurde gestrichen.[7]

FördWachsG v. 26. 4. 2006:[8] Der Abzug für Kinderbetreuungskosten wurde neu geregelt.

---

1 BGBl 2004 I 1427.
2 BVerfGE 105, 73.
3 Vgl. BR-Drucks. 2/04, 56 ff.
4 BGBl 2004 I 1753.
5 BT-Drucks. 15/3339, 10.
6 BGBl 2005 I 3682.
7 Vgl. zur Begründung BT-Drucks. 16/105, 7.
8 BGBl 2006 I 1091.

Mit dem **JStG 2007 v. 13.12.2006**[1] wurde § 10 Abs. 1 Nr. 9 EStG (Schulgeld) neu gefasst, die Günstigerprüfung in § 10 Abs. 4a EStG geändert und der Anbieterkreis für die von § 10 EStG begünstigte Basisrente durch den neuen § 10 Abs. 2 Nr. 2 Buchst. d EStG erweitert.

Mit dem **UntStReformG v. 14.8.2007**[2] wurde im Rahmen der Einführung der Abgeltungsteuer in § 10 Abs. 1 Nr. 4 EStG der Sonderausgabenabzug für die Kirchensteuer ausgeschlossen, wenn diese als Zuschlag zur Kapitalertragsteuer erhoben wird.

JStG 2008 v. 20.12.2008:[3] Mit der Änderung des § 10 Abs. 1 Nr. 1a EStG und der Einfügung von § 10 Abs. 1 Nr. 1b EStG wurde das Rechtsinstitut der Vermögensübergabe gegen Versorgungsleistungen neu geregelt, um es auf seinen Kernbereich, die Übertragung von land- und forstwirtschaftlichen Betrieben, Gewerbebetrieben und von Betriebsvermögen Selbständiger in der Rechtsform des Einzelunternehmens oder der Personengesellschaft zurückzuführen und die Regelung zielgenauer als die bisherige auszugestalten.[4]

JStG 2009 v. 19.12.2008:[5] In § 10 Abs. 1 Nr. 9 EStG wurde der Sonderausgabenabzug auf berufsbildende Schulen und europarechtskonform auf Schulen im EU-/EWR-Ausland erweitert sowie in § 10 Abs. 2 EStG die Zertifizierung von Basisrentenverträgen eingeführt.

BürgerEntlG v. 16.7.2009:[6] Zur Umsetzung des Beschlusses des BVerfG v. 13.2.2008[7] wird in § 10 Abs. 1 Nr. 3 EStG der Sonderausgabenabzug für Beiträge zur Kranken- und Pflegeversicherung erheblich erweitert.

JStG 2010 v. 8.12.2010:[8] Vorauszahlungen von Beiträgen zur Kranken- und Pflegeversicherung sind nicht mehr sofort abziehbar. Die Doppelbegünstigung beim Sonderausgabenabzug von Kirchensteuer auf Kapitalerträge, die nicht als Zuschlag der Kapitalertragsteuer unterliegen, wird beseitigt.

Durch das **StVereinfG v. 1.11.2011**[9] wurde in § 10 Abs. 1 Nr. 5 EStG der Abzug von Kinderbetreuungskosten erneut neu geregelt und vereinfacht. In § 10 Abs. 4b EStG wird eine Neuregelung für Erstattungsüberhänge eingeführt.[10]

BeitrRLUmsG v. 7.12.2011:[11] Der Sonderausgabenabzug für Berufsausbildungskosten in § 10 Abs. 1 Nr. 7 EStG wurde auf 6 000 € erhöht und in § 10 Abs. 2a Satz 8 EStG die Möglichkeit zur Änderung eines Steuerbescheids infolge von Änderungen bei den Vorsorgeaufwendungen erweitert.

§ 10 Abs. 2 Satz 1 Nr. 2 Buchst. b Doppelbuchst. bb EStG wurde durch das **AltVerbG v. 24.6.2013**[12] insoweit ergänzt, als auch Beiträge zur Absicherung gegen den Eintritt einer Erwerbsunfähigkeit oder verminderten Erwerbsfähigkeit abziehbare Sonderausgaben darstellen.

---

1 BGBl 2006 I 2878.
2 BGBl 2006 I 1912.
3 BGBl 2007 I 3150.
4 BR-Drucks. 544/07, 66.
5 BGBl 2008 I 2794.
6 BGBl 2009 I 1959.
7 2 BvL 1/06, NWB DokID: AAAAC-75760.
8 BGBl 2008 I 1768.
9 BGBl 2011 I 2131.
10 BR-Drucks. 24/11, 49.
11 BGBl 2011 I 2592.
12 BGBl 2013 I 1667.

Des Weiteren wurden § 10 Abs. 3 EStG (Höchstbeträge für die Abziehbarkeit von Vorsorgeaufwendungen) und § 10 Abs. 4a EStG (Günstigerprüfung) um die Zeit vor 2013 bereinigt.

AmtshilfeRLUmsG v. 26. 6. 2013:[1] Nach dem geänderten § 10 Abs. 2 Satz 1 Nr. 2 EStG sind auch Beiträge an Einrichtungen begünstigt, die eine anderweitige Absicherung im Krankheitsfall i. S. d. § 5 Abs. 1 Nr. 13 SGB V oder eine der Beihilfe oder freien Heilfürsorge vergleichbare Absicherung i. S. d. § 193 Abs. 3 Satz 2 Nr. 2 VVG gewähren. § 10 Abs. 4b Satz 4 bis 6 EStG regeln ab VZ 2016 die Datenübermittlung von Behörden und öffentlichen Stellen, die einem Stpfl. steuerfreie Zuschüsse/Beihilfe gewähren, an die zentrale Stelle (§ 81 EStG). § 10 Abs. 4b Satz 5 EStG enthält eine eigenständige Änderungsvorschrift für Steuerbescheide.

KroatienAnpG v. 25. 7. 2014:[2] Neben redaktionellen Änderungen wurden in einem neuen § 10 Abs. 6 EStG inhaltlich unverändert die bislang in § 52 Abs. 24 Satz 1 und 2 EStG getroffenen Regelungen übernommen.[3]

ZollkodexAnpG v. 22. 12. 2014:[4] Erst im Finanzausschuss wurden die Sonderausgabenabzugstatbestände, bei denen der Abzugstatbestand des Leistenden mit einer Besteuerung beim Leistungsempfänger korrespondiert (Unterhalts- und Versorgungsleistungen), in einem neu eingefügten § 10 Abs. 1a EStG zusammengefasst. Dabei wurden die § 10 Abs. 1 Nr. 1, 1a und 1b EStG ersatzlos gestrichen und die darin enthaltenen Regelungen ohne wesentliche inhaltliche Änderungen übernommen. Ziel der Zusammenfassung ist laut Gesetzesbegründung eine übersichtlichere Darstellung, die für mehr Rechtsklarheit und Anwenderfreundlichkeit sorgen soll.[5]

Durch das **Gesetz zur Modernisierung der Finanzaufsicht über Versicherungen v. 1. 4. 2015**[6] haben sich mit Geltung ab VZ 2016 redaktionelle Folgeänderungen für § 10 EStG ergeben.

StändG 2015 v. 5. 11. 2015:[7] In § 10 Abs. 1a EStG wird mit Wirkung ab 2016 der Sonderausgabenabzug von der Angabe der Identifikationsnummer i. S. d. § 139b AO des Unterhaltsempfängers abhängig gemacht.[8]

Durch das **Gesetz zur Vermeidung von Umsatzsteuerausfällen beim Handel mit Waren im Internet und zur Änderung weiterer steuerlicher Vorschriften** 11.12.2018[9] ist der vom EuGH festgestellte Verstoß gegen Unionsrecht durch die bisherige Regelung[10] beseitigt worden, indem Vorsorgeaufwendungen, die – obwohl sie in unmittelbarem wirtschaftlichen Zusammenhang mit steuerfreien Einnahmen stehen – zu berücksichtigen sind, soweit sie in unmittelbarem wirtschaftlichen Zusammenhang mit in einem Mitgliedstaat der Europäischen Union oder einem Vertragsstaat des Abkommens über den Europäischen Wirtschaftsraum erzielten Einnahmen aus nichtselbständiger Tätigkeit stehen, diese Einnahmen nach einem Abkommen zur Vermeidung der Doppelbesteuerung im Inland steuerfrei sind und der Beschäftigungsstaat

---

1 BGBl 2013 I 1809.
2 BGBl 2014 I 1266.
3 Vgl. BT-Drucks. 18/1829, 52.
4 BGBl 2014 I 2417.
5 Vgl. BT-Drucks. 18/3441, 56.
6 BGBl 2015 I 434.
7 StÄndG v. 25. 9. 2015, BR-Drucks. 418/15.
8 BT-Drucks. 18/6094, 13; die Regelung wurde erst im Finanzausschuss aufgenommen.
9 BGBl 2018 I 2338.
10 EuGH v. 22.6.2017 - C-20/16, „Bechtel", NWB DokID: FAAAG-48704; dazu *Schütz*, IWB 2017, 624; *Killat-Risthaus*, DStZ 2016, 96.

keinerlei steuerliche Berücksichtigung von Vorsorgeaufwendungen im Rahmen der Besteuerung dieser Einnahmen zulässt (§ 10 Abs. 2 Satz 1 Nr. 1 EStG). Die Neuregelung ist auf alle offenen Fälle anzuwenden (§ 52 Abs. 18 Satz 4 EStG). (vgl. → Rz. 171)

III. Vereinbarkeit mit höherrangigem Recht

5 **Verfassungsmäßigkeit:** Stand die Verfassungsmäßigkeit der Vorschrift insgesamt bislang nicht in Frage, hat sich die Rechtsprechung jedoch zu einzelnen Bestimmungen des § 10 EStG geäußert. So hat das BVerfG v. 6. 3. 2002[1] die bis dahin bestehende gesetzliche Regelung der Besteuerung von Renten (**Ertragsanteilsbesteuerung**) und Pensionen (**volle Besteuerung unter Berücksichtigung eines Versorgungsfreibetrags**) für verfassungswidrig erklärt. Mit dem Alterseinkünftegesetz v. 5. 7. 2004,[2] in welchem auch eine Neuregelung der **Altersvorsorgeaufwendungen** erfolgte, hat der Gesetzgeber den verfassungswidrigen Zustand beseitigt. Der BFH hat die Neuregelung, insbesondere die **beschränkte Abzugsfähigkeit von Vorsorgeaufwendungen** (§ 10 Abs. 3 Satz 1 und 2 EStG), **die Einschränkungen in der Übergangsregelung und die Hinzurechnung des nach § 3 Nr. 62 EStG steuerfreien Arbeitgeberanteils,** als verfassungsgemäß angesehen und das BVerfG hat die dagegen eingelegten Verfassungsbeschwerden[3] nicht zur Entscheidung angenommen. Entsprechendes gilt für die Qualifizierung der Altersvorsorgeaufwendungen als Sonderausgaben statt als vorweggenommene Werbungskosten.[4]

6 Mit Beschluss v. 13. 2. 2008 hat das BVerfG[5] allerdings die steuerliche Berücksichtigung von **Beiträgen zur Kranken- und Pflegeversicherung** für unzureichend erklärt. Mit dem BürgerEntlG v. 16. 7. 2009[6] sollte dieser verfassungswidrige Zustand beseitigt werden. Der BFH[7] hat die Zweifel an der Verfassungsmäßigkeit[8] bzgl. der steuerlichen Berücksichtigung von steuerfreien Zuschüssen des Arbeitgebers zu Beiträgen für die private Kranken- und Pflegeversicherung nicht geteilt. Mit Nichtannahmebeschluss v. 14. 6. 2016 hat das BVerfG[9] entschieden, dass die Qualifizierung der Altersvorsorgeaufwendungen als Sonderausgaben statt als vorweggenommene Werbungskosten sowie die höhenmäßige Beschränkung des Sonderausgabenabzugs für Altersvorsorgeaufwendungen verfassungsrechtlich unbedenklich ist.

7 Die Bedenken bzgl. der Frage der (beschränkten) Abzugsfähigkeit von Beiträgen zur **Arbeitslosenversicherung** sowie die **Beschränkung des Sonderausgabenabzugs für Vorsorgeaufwendungen** durch § 10 Abs. 3 EStG 2002 hat das BVerfG nicht geteilt.[10] Der BFH hat die Kürzung der nach dem Systemwechsel ab dem VZ 2010 als Sonderausgaben abzugsfähigen Kranken- und Pflegeversicherungsbeiträge um rückerstattete Beiträge für in den Jahren vor 2010 gezahlte Versicherungsbeiträge und die Verrechnung der rückerstatteten Versicherungsbeiträge im Erstattungsjahr, was zu einer steuerwirksamen Kürzung voll berücksichtigungsfähiger Vor-

---

1 2 BvL 17/99, BStBl 2002 II 618.
2 BGBl 2004 I 1427.
3 BFH v. 8. 5. 2003 - IV R 95/99, BFH/NV 2003, 1054 = NWB DokID: EAAAA-70497; BVerfG v. 25. 2. 2008 - 2 BvR 937/03, NWB DokID: YAAAC-30138; BFH v. 16. 10. 2002 - XI R 41/99, BStBl 2003 II 179; BVerfG v. 25. 2. 2008 - 2 BvR 274/03, NWB DokID: PAAAC-30060.
4 BVerfG v. 14. 6. 2016 - 2 BvR 290/10, NWB DokID: IAAAF-78618.
5 2 BvL 1/06, NWB DokID: AAAAC-75760.
6 BGBl 2009 I 1959.
7 BFH v. 2. 9. 2014 - IX R 43/13, BStBl 2015 II 257.
8 Vgl. *Sprang*, NWB 2014, 3068.
9 2 BvR 290/10, BStBl 2016 II 801 und 2 BvR 323/10, NWB DokID: SAAAF-78619.
10 BFH v. 16. 11. 2011 - X R 15/09, BStBl 2012 II 325; BVerfG - 2 BvR 598/12, NWB DokID: CAAAE-10170.

sorgeaufwendungen führt, als verfassungsgemäß angesehen.[1] Auch bzgl. der Regelung über die beschränkte Abziehbarkeit von sonstigen Vorsorgeaufwendungen (§ 10 Abs. 1 Nr. 3a EStG i. d. F. des BürgEntlG KV) war eine Verfassungsbeschwerde anhängig, die allerdings nicht zur Entscheidung angenommen worden ist.[2] Im Rahmen der Berücksichtigung außergewöhnlicher Belastungen wird sich das BVerfG[3] mit der Frage beschäftigen, ob die Zuweisung von Altersvorsorgeaufwendungen i. S. d. **§ 10 Abs. 1 Nr. 2 Buchst. a EStG** zu den Sonderausgaben verfassungsrechtlich nicht zu beanstanden ist.

Vereinbarkeit mit Unionsrecht: Nach § 50 Abs. 1 Satz 3 EStG können beschränkt Stpfl. keine Sonderausgaben geltend machen. Dies ist **grundsätzlich nicht gemeinschaftsrechtswidrig**, da der Ansässigkeitsstaat persönliche und familiäre Umstände steuerlich berücksichtigen muss (s. KKB/Kraft, § 50 EStG Rz. 6 ff.). Allerdings hatte der BFH dem EuGH mit Vorlagebeschluss v. 14. 5. 2013 die Frage vorgelegt, ob das Abzugsverbot für Versorgungsleistungen nach § 10 Abs. 1 Nr. 1a EStG a. F. (jetzt § 10 Abs. 1a Nr. 2 EStG) bei beschränkt Stpfl. gegen EU-Recht (Kapitalverkehrsfreiheit (Art. 63 AEUV) verstößt,[4] was der EuGH mit Urteil v. 24. 2. 2015 bejaht hat.[5]

Mit der Neufassung des § 50 Abs. 1 Satz 3 EStG[6] wurde die EuGH-Entscheidung uneingeschränkt umgesetzt. Versorgungsleistungen, die ab dem 1.1.2017 geleistet werden, sind als Sonderausgaben abziehbar, wenn die Voraussetzungen des § 10 Abs. 1a Nr. 2 EStG erfüllt sind. Aufgrund des neuen § 50 Abs. 1 Satz 3 EStG besteht künftig auch für beschränkt Steuerpflichtige die Möglichkeit, Versorgungsleistungen unter den Voraussetzungen des § 10 Abs. 1 Nr. 2 EStG zum Abzug zu bringen. Für § 10 Abs. 1a Nr. 2 EStG gilt die Anwendungsregelung des § 52 Abs. 18 Satz 1 und 2 EStG. Danach ist für Vermögensübertragungen, die vor dem 1.1.2008 vereinbart worden sind, § 10 Abs. 1 Nr. 1a EStG in der am 31.12.2007 geltenden Fassung anzuwenden. Eine Ausnahme hiervon stellt wie bei unbeschränkt Steuerpflichtigen § 52 Abs. 18 Satz 2 EStG dar. Die Besteuerung der Versorgungsleistungen beim unbeschränkt steuerpflichtigen Empfänger erfolgt gemäß § 22 Nr. 1a EStG.

Im Übrigen enthielten frühere Fassungen der Vorschrift Beschränkungen bzgl. der Zahlung an ausländische Leistungsempfänger; diese Verstöße gegen das Unionrecht wurden mittlerweile beseitigt. Der EuGH[7] hat entschieden, dass § 10 Abs. 1 Nr. 2 oder Nr. 3 EStG 2002, wonach Beiträge eines in Deutschland wohnenden und für die Verwaltung des französischen Staats tätigen Arbeitnehmers zur französischen Altersvorsorge- und Krankenversicherung – anders als vergleichbare Beiträge eines in Deutschland tätigen Arbeitnehmers zur deutschen Sozialversicherung – nicht als Sonderausgaben abziehbar sind, wenn der Arbeitslohn nach dem Abkommen zur Vermeidung der Doppelbesteuerung zwischen Deutschland und Frankreich in Deutschland nicht besteuert werden darf, gegen Art. 45 AEUV (Arbeitnehmerfreizügigkeit) verstößt. Die FinVerw hat das Urteil mit Schreiben v. 11.12.2017 umgesetzt und den Abzug von Vorsorgeaufwendungen entgegen dem Wortlaut des § 10 Abs. 1 Nr. 2, 3 und 3a EStG in diesem

---

1 BFH v. 3. 8. 2016 - X R 35/15, NWB DokID: LAAAF-83694.
2 2 BvR 2445/15, NWB DokID: CAAAF-72256.
3 2 BvR 1205/17, NWB DokID: CAAAG-57829, vgl. auch BFH 19.1.2017 - VI R 75/14, GAAAG-41508.
4 BFH v. 14. 5. 2013 - I R 49/12, BStBl 2014 II 22.
5 EuGH v. 24. 2. 2015 - C-559/13, „Grünwald", BStBl 2015 II 1071; dazu, NWB DokID: IAAAE-85603; *Heine*, IWB 2015, 499.
6 AmtsHRLÄndUG v. 20.12.2016, BGBl 2016 I 3000.
7 C-20/16, „Bechtel", NWB DokID: FAAAG-48704; dazu Schütz, IWB 2017, 624; *Killat-Risthaus*, DStZ 2016, 96.

Fall zugelassen.[1] Des Weiteren wurde dem EuGH[2] die Frage vorgelegt, ob die fehlende Abzugsberechtigung eines Gebietsfremden von Pflicht- und Zusatzbeiträgen zu einer berufsständigen Versorgungseinrichtung sowie von Beiträgen zu einer privaten Rentenversicherung gegen die Niederlassungsfreiheit (Art. 54 AEUV) verstößt.

IV. Verhältnis zu anderen Vorschriften

9   Nach dem Einleitungssatz des § 12 EStG gehen § 10 Abs. 1 Nr. 2 bis 5, 7 und 9 EStG sowie § 10 Abs. 1a Nr. 1 EStG dem in § 12 EStG normierten Abzugsverbot bzgl. privater Aufwendungen vor. Neben § 10 EStG sind **Altersvorsorgebeiträge** nach § 10a EStG **als Sonderausgaben** und Zuwendungen nach **§ 10b EStG** abziehbar. **Wie Sonderausgaben** sind der Verlustabzug nach § 10d EStG, die Steuerbegünstigung der zu Wohnzwecken genutzten Baudenkmale gem. § 10f EStG sowie die Steuerbegünstigung für schutzwürdige Kulturgüter gem. § 10g EStG abziehbar.

10–14 (*Einstweilen frei*)

B. Systematische Kommentierung

I. Grundsätze des Sonderausgabenabzugs nach § 10 EStG

1. Begriff der Sonderausgabe

15 Sonderausgaben sind gesetzlich nicht definiert. Sie werden in § 10 Abs. 1 EStG lediglich als Aufwendungen, die weder Betriebsausgaben noch Werbungskosten[3] sind, d. h., nicht im Zusammenhang mit einer der sieben Einkunftsarten stehen und damit **private Ausgaben** darstellen, umschrieben. Zu den Sonderausgaben zählen Ausgaben, die für den Steuerpflichtigen **unvermeidbar** sind, d. h., dass er sich diesen nicht entziehen kann, etwa weil er gesetzlich dazu verpflichtet ist (z. B. Unterhaltsleistungen, § 10 Abs. 1a Nr. 1 EStG; Beiträge zu gesetzlichen Pflichtversicherungen, § 10 Abs. 1 Nr. 2 und 3 EStG). Aufgrund dieser Unvermeidbarkeit sind die Aufwendungen Teil des zu verschonenden Existenzminimums.[4] Da es – anders als bei den Betriebsausgaben oder Werbungskosten – keinen generellen Begriff der Sonderausgaben gibt, dürfen nur die im Gesetz **abschließend aufgezählten Aufwendungen** als Sonderausgaben abgezogen werden.[5]

16 Aufwendungen werden im Allgemeinen als Ausgaben verstanden und setzen eine **tatsächliche Zahlung** voraus (vgl. § 10 Abs. 1 Nr. 4 EStG zur Kirchensteuer),[6] so dass ersparte Aufwendungen nicht zum Sonderausgabenabzug berechtigen. Des Weiteren müssen die Aufwendungen zu einer **endgültigen wirtschaftlichen Belastung** des Steuerpflichtigen führen, so dass der vereinbarte **Selbstbehalt** zum Zweck verminderter Versicherungsprämien bei Krankenversicherungen,[7] **willkürliche** (ohne Rechtsgrund) Zahlungen von Kirchensteuer nach Kirchenaustritt,[8] Ein-

---

1 BMF v. 11.12.2017, BStBl 2017 I 1624.
2 C-480/17 (anhängig). Dazu *Becker*, ISR 2018, 63 ff.
3 Die Erweiterung des Anwendungsbereichs um fiktive Betriebsausgaben und Werbungskosten ist seit der Streichung von § 9c EStG entbehrlich geworden.
4 Zur Legitimation der Abzugsfähigkeit privater Aufwendungen *Lindberg* in Frotscher/Geurts, § 10 EStG Rz. 2b ff.
5 BFH v. 6.5.1977 - VI R 178/75, BStBl 1977 II 758.
6 BFH v. 15.3.1974 - VI R 252/71, BStBl 1974 II 513.
7 BFH v. 8.10.2013 - X B 110/13, BFH/NV 2014, 154 = NWB DokID: ZAAAE-50328; BFH v. 1.6.2016 - X R 43/14, NWB DokID: JAAAE-69553.
8 BFH v. 26.6.1996 - X R 73/94, BStBl 1996 II 646.

zahlungen von Bausparbeiträgen auf ein Depositenkonto,[1] Doppelzahlungen oder Aufwendungen, die aus einer hierfür empfangenen Gegenleistung erbracht werden[2] nicht zum Sonderausgabenabzug berechtigen. Besteht bereits im Zeitpunkt der Zahlung ein nicht zu versteuernder **Ersatzanspruch gegen einen Dritten**, scheidet ein Sonderausgabenabzug aus.[3] Entsprechendes gilt für **Vorauszahlungen**,[4] wenn diese ohne Verpflichtung erbracht werden. Während die **Schenkung der Geldmittel** für die Aufwendungen unschädlich ist, mindern steuerfreie Zuschüsse den Sonderausgabenabzug (vgl. § 10 Abs. 2 Satz 1 Nr. 1 EStG). Zum Drittaufwand vgl. → Rz. 17. Bezüglich der Abzugsfähigkeit von **Nebenkosten** zu den Sonderausgaben (z. B. Fremdfinanzierungskosten) ist die Rechtsprechung[5] sehr zurückhaltend. Steuerfreie **Zuschüsse** zu Vorsorgeaufwendungen mindern den Sonderausgabenabzug, da insoweit keine wirtschaftliche Belastung (Aufwand) vorliegt.

2. Abzugsberechtigung

Abzugsberechtigt ist nur derjenige, der durch eine Aufwendung wirtschaftlich belastet ist. Das ist im Regelfall derjenige, der die Aufwendungen aus seinem Vermögen **selbst oder durch von ihm beauftragte Dritte** erbringt. Dieser Grundsatz gilt auch im Falle der **Einzelveranlagung** für Ehegatten und eingetragene Lebenspartner, es sei denn, die Ehegatten/Lebenspartner beantragen nach § 26a Abs. 2 Satz 2 und 3 EStG die Sonderausgaben hälftig zu verteilen (vgl. KKB/Egner/Geißler, § 26a EStG Rz. 17). Bei **zusammenveranlagten Ehegatten und eingetragenen Lebenspartnern** ist es ohne Bedeutung, wer die Zahlung geleistet hat, da sie gem. § 26b EStG als ein Steuerpflichtiger behandelt werden (R 10.1 EStR). Des Weiteren muss der Steuerpflichtige die Aufwendungen aufgrund einer für ihn bestehenden Verpflichtung leisten, z. B. als Versicherungsnehmer oder Unterhaltsverpflichteter. Zahlungen zugunsten Dritter sind nur dann Sonderausgaben des Zahlenden, wenn zwischen Letzterem und dem Dritten unmittelbare Rechtsbeziehungen bestehen. Ein Vertrag zugunsten Dritter (§§ 328 ff. BGB) ist ausreichend. So sind Beitragszahlungen für mitversicherte Angehörige nach § 10 Abs. 1 Nr. 3 Satz 2 EStG eigene Sonderausgaben des Steuerpflichtigen, wenn er sie im Rahmen seiner Unterhaltspflicht für seine Kinder erbringt. Ist der Dritte hingegen Schuldner der Beiträge, so ist allenfalls er, nicht jedoch der Zuwendende abzugsberechtigt. Werden Zahlungen eines Dritten zur Abkürzung des Zahlungswegs vorgenommen, ist ein Sonderausgabenabzug sowohl für den Dritten als Zuwendenden als auch für den Zuwendungsempfänger nicht möglich. Zahlt bspw. der Vater die Beiträge zur Kfz-Versicherung der Tochter, kann Letztere die Aufwendungen nicht abziehen, da sie sie nicht gezahlt hat, also nicht wirtschaftlich belastet ist.[6] Der Vater kann die Zahlungen nicht abziehen, da er nicht als Versicherungsnehmer geleistet hat.

PRAXISHINWEIS:
Dieses unbefriedigende Ergebnis[7] lässt sich vermeiden, indem sich die Tochter die erforderlichen Geldmittel schenken lässt und die Versicherungsbeiträge dann selbst zahlt.

---

1 BFH v. 6. 5. 1977 - VI R 178/75, BStBl 1977 II 758.
2 Dem liegt die Erwägung zugrunde, dass Leistung und Gegenleistung, die aufgrund eines gegenseitigen Vertrages erbracht werden, lediglich zu einer Vermögensumschichtung und nicht zu einer steuerlich zu berücksichtigenden Minderung der Leistungsfähigkeit führen; BFH v. 24. 10. 1990 - X R 43/89, BStBl 1991 II 175.
3 BFH v. 20. 6. 2007 - X R 13/06, BStBl 2007 II 879.
4 Beachte jedoch die Sonderregelung für vorausgezahlte Kranken- und Pflegeversicherungsbeiträge in § 10 Abs. 1 Nr. 3 Satz 4 EStG (→ Rz. 69).
5 BFH v. 14. 11. 2001 - X R 120/98, BStBl 2002 II 413.
6 BFH v. 19. 4. 1989 - X R 2/84, BStBl 1989 II 683.
7 So *Heinicke* in Schmidt, § 10 EStG Rz. 24; zur Rechtsprechung zum Drittaufwand vgl. KKB/Kanzler, § 2 EStG Rz. 267 ff.

18 Da der Erbe vollumfänglich in die Rechtsposition des Erblassers eintritt, gehen alle Verpflichtungen, ausgenommen höchstpersönliche (z. B. Unterhaltsleistungen, § 10 Abs. 1 Nr. 2 EStG), auf ihn über. Werden Versicherungsverträge vom Erben fortgeführt, sind seine Zahlungen Sonderausgaben, da der Erbe sie als Versicherungsnehmer tätigt. Dass der Erbe die rückständige Kirchensteuer, die er für den Erblasser zahlt, als Sonderausgabe abziehen kann, ist mittlerweile höchstrichterlich entschieden.[1]

3. Abzugszeitpunkt

19 Die Aufwendungen werden grundsätzlich in dem VZ als Sonderausgaben berücksichtigt, in dem sie geleistet worden sind. § 11 Abs. 2 EStG ist anzuwenden (vgl. KKB/Korff, § 11 EStG Rz. 18). Irrelevant ist daher der VZ, für den die Ausgaben getätigt wurden. Lediglich für Kranken- und Pflegeversicherungsbeiträge beinhaltet § 10 Abs. 1 Nr. 3 Satz 4 EStG ab VZ 2010 eine Sonderregelung für vorausgezahlte Beiträge, wonach Vorauszahlungen in dem VZ als Sonderausgaben anzusetzen sind, für den sie geleistet wurden, wenn sie in der Summe das Zweieinhalbfache der auf den VZ entfallenden Beiträge überschreiten.[2]

20–25 *(Einstweilen frei)*

4. Verrechnung und Erstattungsüberhänge (§ 10 Abs. 4b EStG)

26 Sonderausgaben-Rückzahlungen an den Steuerpflichtigen sind nach der Rechtsprechung zur Verringerung des Verwaltungsaufwands zunächst **im Erstattungsjahr** (und nicht im Zahlungsjahr!) mit **gleichartigen** Sonderausgaben zu **verrechnen** (= Minderung gleichartiger Aufwendungen im Erstattungsjahr). Der BFH[3] stellt für die Frage der Gleichartigkeit auf die Ähnlichkeit des Sinn und Zwecks sowie die wirtschaftliche **Bedeutung** der Sonderausgabe für den Stpfl. ab. § 10 Abs. 4b EStG sieht ab dem VZ 2012 explizit vor, wie mit einem Erstattungsüberhang bei bestimmten Sonderausgaben (§ 10 Abs. 1 Nr. 2 bis 3a EStG) umzugehen ist.[4] Danach werden Erstattungen für frühere VZ mit Sonderausgaben im Erstattungsjahr verrechnet. Übersteigen bei den Sonderausgaben nach § 10 Abs. 1 Nr. 2 bis 3a EStG die Erstattungen im VZ die geleisteten Aufwendungen, ist der Erstattungsüberhang mit anderen im Rahmen der jeweiligen Nummer anzusetzenden Aufwendungen zu verrechnen. Verbleibt danach ein Erstattungsüberhang bei den Aufwendungen nach § 10 Abs. 1 Nr. 3 und 4 EStG, ist er nach § 10 Abs. 4a Satz 2 und 3 EStG dem Gesamtbetrag der Einkünfte hinzuzurechnen.

Höchstrichterlich noch nicht geklärt ist die Frage, ob nach Einführung des § 10 Abs. 4b EStG bei der Ermittlung des zu versteuernden Einkommens der Verlustabzug gem. **§ 10d Abs. 2 EStG** auch dann von dem um den Erstattungsüberhang aus Kirchensteuern nicht erhöhten Gesamtbetrag der Einkünfte vorzunehmen ist, wenn sich die erstatteten Kirchensteuerzahlungen in den betreffenden Jahren als Sonderausgaben nicht steuermindernd ausgewirkt haben.[5] Bei Erstattungen von Sonderausgaben ist daher nach folgendem Schema[6] vorzugehen:

---

1 BFH v. 21. 7. 2016 - X R 43/13, NWB DokID: YAAAE-53143.
2 Hierzu ausführlich *Grün*, NWB 2013, 2915 f.; *Meyering/Gerhard*, DStR 2012, 272 ff.
3 BFH v. 21. 7. 2009 - X R 32/07, BStBl 2010 II 38.
4 Ausführlich hierzu *Grün*, NWB 2013, 2914.
5 BFH - IX R 34/17 (anhängig).
6 Schaubild entnommen bei *Grün*, NWB 2013, 2918; vgl. auch BMF v. 24.5.2017, BStBl 2017 I 820 Rz. 203f. mit Beispiel.

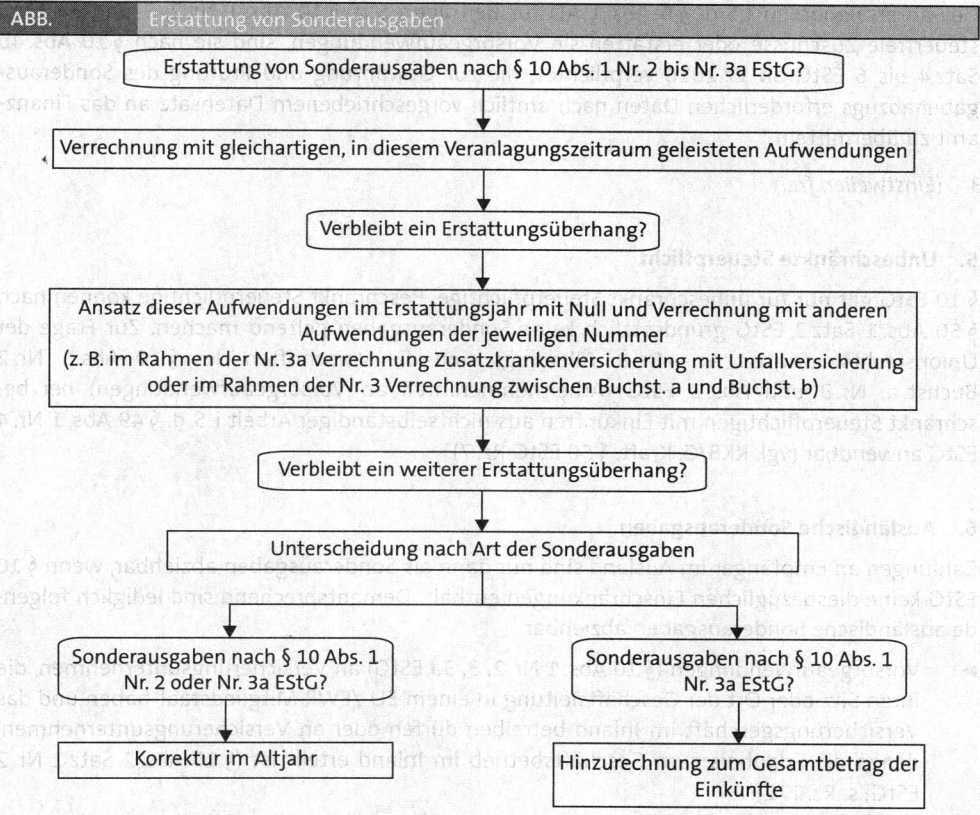

Höchstrichterlich entschieden ist mittlerweile, dass trotz der Gesetzesänderung durch das BürgerEntlG v. 16. 7. 2009[1] eine „Gleichartigkeit" zwischen der Rückerstattung von Krankenversicherungsbeiträgen für 2009 und den Beiträgen zur Basisabsicherung in der Krankenversicherung 2010 besteht und daher eine Verrechnung möglich ist.[2] Bezüglich der nicht unter § 10 Abs. 4b EStG fallenden Erstattungsüberhänge verbleibt es dagegen bei den vom BFH aufgestellten Grundsätzen,[3] d. h., Verrechnung nur mit **gleichartigen Sonderausgaben**[4] und nur sofern eine Kompensation der Erstattung im Jahr der Erstattung nicht möglich ist; im Jahr der **Zahlung** sind die Aufwendungen um die Erstattungen zu kürzen.

Bei Bestandskraft des Einkommensteuerbescheids erfolgt die Änderung nach § 175 Abs. 1 Satz 1 Nr. 2 AO. Die in § 10 Abs. 4b Satz 3 EStG vorgesehene Hinzurechnung eines etwaig anzunehmenden Erstattungsüberhangs zum Gesamtbetrag der Einkünfte, weil diese Möglichkeit auf Fälle des § 10 Abs. 1 Nr. 3 und 4 EStG beschränkt ist.[5]

1 BGBl 2009 I 1959.
2 BFH, X R 6/14, BStBl 2016 II 933; BFH, X R 22/14, NWB DokID: BAAAF-83693.
3 BFH v. 21. 7. 2009 - X R 32/07, BStBl 2010 II 38.
4 Vgl. BFH v. 10.10.2017 - X R 3/17, NWB DokID: WAAAG-73185, wonach die Verrechnungsmöglichkeit nach § 10 Abs. 4b Satz 2 EStG auf die „jeweilige Nummer" beschränkt ist.
5 BFH, Urteil v. 10.10.2017 - X R 3/17, BFHE 260, 69, Rz. 26.

28 Gewähren Behörden i.S.d. § 6 Abs. 1 AO für Beiträge i.S.d. § 10 Abs. 1 Nr. 2, 3 und 3a EStG steuerfreie Zuschüsse oder erstatten sie Vorsorgeaufwendungen, sind sie nach § 10 Abs. 4b Satz 4 bis 6 EStG ab VZ 2016 verpflichtet, die zur Gewährung und Prüfung des Sonderausgabenabzugs erforderlichen Daten nach amtlich vorgeschriebenem Datensatz an das Finanzamt zu übermitteln.

29–33 (Einstweilen frei)

5. Unbeschränkte Steuerpflicht

34 § 10 EStG gilt nur für unbeschränkt Steuerpflichtige. Beschränkt Steuerpflichtige können nach § 50 Abs. 1 Satz 3 EStG grundsätzlich keine Sonderausgaben geltend machen. Zur Frage der Unionsrechtswidrigkeit s. → Rz. 8. Allerdings sind die Vorschriften des § 10 Abs. 1 Nr. 2 Buchst. a, Nr. 3 und Abs. 3 EStG (Arbeitnehmeranteil an Vorsorgeaufwendungen) bei beschränkt Steuerpflichtigen mit Einkünften aus nichtselbständiger Arbeit i.S.d. § 49 Abs. 1 Nr. 4 EStG anwendbar (vgl. KKB/G. Kraft, § 50 EStG Rz. 7).

6. Ausländische Sonderausgaben

35 Zahlungen an Empfänger im Ausland sind nur dann als Sonderausgaben abziehbar, wenn § 10 EStG keine diesbezüglichen Einschränkungen enthält. Dementsprechend sind lediglich folgende ausländische Sonderausgaben abziehbar:

- Vorsorgeaufwendungen (§ 10 Abs. 1 Nr. 2, 3, 3a EStG) an Versicherungsunternehmen, die ihren Sitz oder Ort der Geschäftsleitung in einem EU-/EWR-Mitgliedstaat haben und das Versicherungsgeschäft im Inland betreiben dürfen oder an Versicherungsunternehmen, denen die Erlaubnis zum Geschäftsbetrieb im Inland erteilt ist (§ 10 Abs. 2 Satz 1 Nr. 2 EStG; s. Rz. 172);

- Kirchensteuer (§ 10 Abs. 1 Nr. 4 EStG) an Religionsgemeinschaften in EU-/EWR-Mitgliedstaaten sind nunmehr als Sonderausgaben abziehbar, wenn die jeweilige Religionsgemeinschaft bei Inlandsansässigkeit als Körperschaft des öffentlichen Rechts anzuerkennen wäre (H 10.7 EStH);

- Schulgeld (§ 10 Abs. 1 Nr. 9 EStG), welches an Schulen in einem EU-/EWR-Mitgliedstaat gezahlt wird, wenn die Schule zu einem Abschluss führt, der von dem zuständigen Landesministerium, der Kultusministerkonferenz der Länder oder einer inländischen Zeugnisanerkennungsstelle als gleichwertig mit einem an einer inländischen öffentlichen Schule gemachten Abschluss anerkannt wurde.

- Versorgungs- und Ausgleichsleistungen (§ 10 Abs. 1a Nr. 2 – 4 EStG) nach der Ausnahmeregelung des §§ 1a Abs. 1 Nr. 1a, b EStG.

36–40 (Einstweilen frei)

7. Verfahren

41 Bis auf die Unterhaltsleistungen nach § 10 Abs. 1a EStG setzt die Regelung keinen Antrag voraus, sondern wird von Amts wegen gewährt, sofern der Steuerpflichtige seine Aufwendungen entsprechend der allgemeinen Verfahrensgrundsätze nachweist bzw. glaubhaft macht.

42–45 (Einstweilen frei)

II. Die einzelnen Abzugstatbestände des § 10 EStG

1. Unterhalts- und Versorgungsaufwendungen nach § 10 Abs. 1 Nr. 1, 1a, 1b EStG a. F.

Diese Tatbestände wurden mit Wirkung ab VZ 2015 durch § 10 Abs. 1a Nr. 1, 2, 4 EStG inhaltlich nahezu unverändert ersetzt (s. → Rz. 141 ff.). 46

2. Vorsorgeaufwendungen nach § 10 Abs. 1 Nr. 2, 3, 3a EStG

§ 10 Abs. 2 Satz 1 EStG fasst unter den Begriff der „Vorsorgeaufwendungen" die in § 10 Abs. 1 Nr. 2 (Rentenversicherungsbeiträge u. Ä.), Nr. 3 (Kranken- und Pflegeversicherungsbeiträge) und Nr. 3a (Beiträge zu Arbeitslosigkeits-, Berufsunfähigkeits-, Unfallversicherung u. Ä.) genannten Aufwendungen zusammen und stellt für diese gemeinsame Voraussetzungen auf (s. → Rz. 51 f.). Diese Sonderausgaben werden in der Anlage „Vorsorgeaufwand" zur Steuererklärung erfasst. 47

TAB.: Überblick Vorsorgeaufwendungen[1]

Altersvorsorgeaufwendungen	Sonstige Vorsorgeaufwendungen	
	Basiskranken- und Pflegepflichtversicherung	andere sonstige Vorsorgeaufwendungen
– gesetzliche Rentenversicherung – landwirtschaftliche Alterskasse – berufsständische Versorgungseinrichtungen – kapitalgedeckte Altersversorgung (Rürup-Rente, Erwerbsminderungs- und Berufsunfähigkeitsversicherung)	Beiträge für – Basiskrankenversicherung gesetzliche KV, private KV (nur Basisleistung) – Pflegepflichtversicherung	Beiträge für – Krankenversicherung (über der Basisleistung) – private Krankenversicherung (für Wahlleistungen) – Krankenzusatzversicherung – Auslandsreisekrankenversicherung – freiwillige Pflegeversicherungen – Arbeitslosenversicherung – begünstigt sind nur AN-Beiträge – Unfallversicherungen – Haftpflichtversicherungen – Erwerbs- und Berufsunfähigkeitsversicherungen, die nicht zu den Altersvorsorgeaufwendungen gehören – bestimmte Lebensversicherungen, wie Risikolebensversicherung, andere Verträge, die vor dem 1. 1. 2005 abgeschlossen wurden

---

[1] Quelle: *Adomat*, Praxis-Leitfaden Einkommensteuer 2016, 117.

a) Beiträge zu den gesetzlichen Rentenversicherungen (§ 10 Abs. 1 Nr. 2 Buchst. a EStG)

48 Abziehbar sind bis zu den in § 10 Abs. 2 EStG geregelten Höchstbeträgen Beiträge zu den **gesetzlichen Rentenversicherungen, zur landwirtschaftlichen Alterskasse**[1] sowie zu **berufsständischen Versorgungseinrichtungen**,[2] die den gesetzlichen Rentenversicherungen vergleichbare Leistungen erbringen. Ist dies nicht der Fall, kommt ein Abzug nach § 10 Abs. 1 Nr. 2 Buchst. b EStG in Betracht. Zur gesetzlichen Rentenversicherung gehören die gesetzlichen Sozialversicherungen der Arbeiter und Angestellten (SGB VI). Träger der gesetzlichen Rentenversicherung sind die Deutsche Rentenversicherung Bund, die Deutsche Rentenversicherung Knappschaft-Bahn-See und die Deutsche Rentenversicherung Regionalträger, vormals Landesversicherungsanstalten.[3] Abziehbar sind die Beiträge aufgrund **gesetzlicher Versicherungspflicht**, aber auch **freiwillige Beiträge** zur Weiter- oder Höherversicherung sowie aufgrund einer freiwillig begründeten Rentenversicherungspflicht, Nachzahlungen, Abfindungen (§§ 187 ff. SGB VI).[4] An **ausländische Sozialversicherungsträger** gezahlte Beiträge waren bislang nur abzugsfähig, sofern sie nicht aus Einkünften stammen, die im Inland aufgrund eines DBA steuerbefreit sind. Dies hat der EuGH in der Rechtssache „Bechtel" anders gesehen.[5] Die FinVerw hatte diese Rspr. mit BMF-Schreiben v. 11.12.2017 unter bestimmten Voraussetzungen anerkannt und die gesetzliche Umsetzung ist mittlerweile erfolgt (vgl. → Rz. 8 und → Rz. 171).

Für in der Schweiz tätige Arbeitnehmer gilt jedoch weiterhin das Abzugsverbot. Das EuGH-Urteil v. 22.6.2017 ist trotz des zwischen der Schweiz und der EU bestehenden Freizügigkeitsabkommens nicht anzuwenden. Das FG Düsseldorf hat jedoch den Sonderausgabenabzug für Pflichtbeiträge zur inländischen gesetzlichen Rentenversicherung gewährt, die auf steuerfreiem ausländischen Arbeitslohn (Tätigkeit in Brasilien und China) entfielen. Das Gericht sah einen Verstoß gegen das subjektive Nettoprinzip darin, dass die Altersvorsorgeaufwendungen im ausländischen (Dritt-)Staat steuerlich nicht geltend gemacht werden könnten, die Alterseinkünfte jedoch später nach dem AltEinkG besteuert würden.[6] Für Bedienstete internationaler Organisationen, deren Einkünfte nach einem Protokoll/Abkommen steuerfrei sind, gilt ebenfalls weiterhin das Abzugsverbot. Voraussetzung für die Anwendung des o.g. BMF-Schreibens v. 11.12.2017 ist nämlich u.a., dass die Steuerfreistellung der Einkünfte aus nichtselbständiger Arbeit in Deutschland aufgrund eines DBA erfolgt sein muss. Außerdem wird häufig der Schutzbereich der Arbeitnehmerfreizügigkeit (Art. 45 AEUV) nicht eröffnet sein, da im Regelfall kein grenzüberschreitender Sachverhalt zugrunde liegt. Höchstrichterlich noch nicht geklärt ist die Frage, in welchem Umfang inländische Altersvorsorgeaufwendungen, die im Zusammenhang mit ausländischen Einkünften stehen und im Ausland versteuert werden, aber zu einer nachgelagerten Besteuerung der Rente im Inland führen, als Sonderausgaben abziehbar sind.[7] Bei einheitlichen Beiträgen für die verschiedenen Sozialversicherungszweige ist we-

---

1 In der Alterssicherung der Landwirte können der Landwirt, sein Ehegatte, sein Lebenspartner oder in bestimmten Fällen mitarbeitende Familienangehörige versichert sein; vgl. BMF v. 24.5.2017, BStBl 2017 I 820, Rz. 6.
2 Vgl. die Liste der Versorgungseinrichtungen in BMF v. 8.7.2014, BStBl 2014 I 1098 und Übersicht Berufsständische Versorgungseinrichtungen, NWB DokID: SAAAE-68659.
3 Bei selbständigen Künstlern und Publizisten, die nach Maßgabe des Künstlersozialversicherungsgesetzes versicherungspflichtig sind, ist als Beitrag zur gesetzlichen Rentenversicherung der von diesen entrichtete Beitrag an die Künstlersozialkasse zu berücksichtigen; vgl., BMF v. 24.5.2017, BStBl 2017 I 820, Rz. 3.
4 BMF v. 24.5.2017, BStBl 2017 I 820, Rz. 2.
5 EuGH v. 22.6.2017 - C-20/16, „Bechtel", NWB DokID: BAAAF-67373; vgl. auch → Rz. 8.
6 FG Düsseldorf v.10.7.2018 - 10 K 1964/17 E, Rev. anhängig, Az. BFH X R 25/18.
7 BFH, X R 23/17 (anhängig).

gen der unterschiedlichen Abzugsbegrenzungen eine Aufteilung erforderlich.[1] Der Arbeitnehmer kann auch den Arbeitgeberanteil an einer ausländischen Rentenversicherung abziehen, wenn die Zahlung auf vertraglicher und nicht auf gesetzlicher Verpflichtung beruht. § 3 Nr. 62 EStG findet insoweit keine Anwendung.[2] Bei inländischen Rentenversicherungen sind die nach § 3 Nr. 62 EStG steuerfreien Arbeitgeberanteile und diesen gleichgestellten steuerfreien Zuschüsse des Arbeitgebers ebenfalls begünstigt (§ 10 Abs. 1 Nr. 2 Satz 2 EStG). Dagegen mindern Beitragszuschüsse nach dem Gesetz zur Alterssicherung der Landwirte und der von der Künstlersozialkasse gezahlte Beitragsanteil die nach § 10 Abs. 1 Nr. 2 Satz 1 Buchst. a EStG anzusetzenden Beiträge. Alle Beiträge i. S. d. § 10 Abs. 1 Nr. 2 EStG sind nur bis zu den in § 10 Abs. 3 EStG geregelten Höchstbeträgen abziehbar (s. → Rz. 182).

b) Beiträge zu privaten kapitalgedeckten Lebensversicherungen (Basisrente-Alter/„Rürup-Rente"; § 10 Abs. 1 Nr. 2 Buchst. b Doppelbuchst. aa EStG)[3]

TAB.:	Übersicht der Rürup-Rente[4]
Gesetzliche Grundlage	§ 10 Abs. 1 Nr. 2 Buchst. b EStG.
Art	Diese Versicherung dient dem Aufbau einer eigenen, kapitalgedeckten Altersversorgung. Eine Basisrente mit staatlicher Förderung in Form eines erhöhten Sonderausgabenabzugs.
Vertragsinhalt	Es muss ein zertifizierter Vertrag vorliegen mit der Vereinbarung über eine lebenslange Rentenzahlung (keine Rentengarantiezeit, ohne Kapitalwahlrecht, kein Mindesteigenbeitrag). Leistung frühestens ab dem 62. Lebensjahr. Eine Vereinbarung über Berufsunfähigkeits- oder Erwerbsminderungsrente ist möglich. Die Absicherung von Hinterbliebenen, Ehegatten und Kindern – solange sie kindergeldberechtigt sind, kann für den Todesfall vereinbart werden.
Förderung	Gestaffelter Abzug als Sonderausgabe gem. § 10 Abs. 3 EStG.
Besteuerung im Rentenfall	Versteuerung wie bei der gesetzliche Rente (Satz 50 % - 100 %).
Voraussetzungen	Die Anwartschaft darf nicht vererblich oder kapitalisierbar sein. Es darf nur eine lebenslange Rente, beginnend frühestens mit dem 62. Lebensjahr vereinbart sein. Keine Kapitalauszahlung (auch nicht im Fall einer Kündigung). Es darf nicht die Zahlung eines Sterbegeldes vereinbart werden.
Elektronische Datenübermittlung ab 2010	Beiträge für eine Rürup-Rente können ab 2010 nur berücksichtigt werden, wenn der Stpfl. gegenüber der Versicherung die Einwilligung für die Datenübermittlung an das Finanzamt abgegeben hat. Hierbei ist eine Frist bis spätestens zum Ablauf des zweiten Kalenderjahres, das auf das Beitragsjahr folgt, zu beachten.

---

1 BMF v. 3. 12. 2014, BStBl 2014 I 1606, mit dem Aufteilungsmaßstab.
2 BMF v. 24.5.2017, BStBl 2017 I 820, Rz. 4.
3 Die Differenzierung zwischen den Beiträgen zu einer Basisrente und zur Absicherung gegen Berufsunfähigkeit und verminderter Erwerbsfähigkeit erfolgte durch das AltVerbG v. 24. 6. 2013.
4 Quelle: *Adomat*, Praxis-Leitfaden Einkommensteuer 2016, 118.

Achtung!	Bei Tod verfällt das angesparte Kapital. Es kann aber zusätzlich eine Hinterbliebenenversicherung zugunsten des Ehegatten und der Kinder abgeschlossen werden.

49 Auch die Beiträge des Stpfl. zum Aufbau einer eigenen kapitalgedeckten Altersversorgung[1] (sog. **Basisrente-Alter**[2]) sind als Sonderausgaben abziehbar. Voraussetzung ist, dass der Vertrag nur die Zahlung einer monatlichen, gleichbleibenden oder steigenden, lebenslangen Leibrente vorsieht, die Laufzeit des Vertrags nach dem 31.12.2004 beginnt und der Vertrag eine Leibrente vorsieht, die nicht vor Vollendung des 62. Lebensjahres des Stpfl. beginnt (bei vor dem 1.1.2012 abgeschlossenen Verträgen ist regelmäßig die Vollendung des 60. Lebensjahres maßgebend). **Zusätzlich** können **bei der Basisrente-Alter ergänzend** der Eintritt der **Berufsunfähigkeit, der verminderten Erwerbsfähigkeit oder auch Hinterbliebene** (Ehegatte, Lebenspartner des Stpfl. und Kinder, für die der Stpfl. Anspruch auf Kindergeld oder einen Freibetrag nach § 32 Abs. 6 EStG hat) abgesichert werden, wenn die Zahlung einer Rente vorgesehen ist. Eine **zeitliche Befristung** einer Berufsunfähigkeits- oder Erwerbsminderungsrente ist ausschließlich im Hinblick auf die entfallende Versorgungsbedürftigkeit (Verbesserung der Gesundheitssituation oder Erreichen der Altersgrenze für den Bezug der Altersrente aus dem entsprechenden Vertrag) nicht zu beanstanden. Ebenso ist es unschädlich, wenn der Vertrag bei Eintritt der Berufsunfähigkeit oder der verminderten Erwerbsfähigkeit anstelle oder ergänzend zu einer Rentenzahlung eine Beitragsfreistellung vorsieht. Die ergänzende Absicherung des Eintritts der Berufsunfähigkeit, der verminderten Erwerbsfähigkeit und von Hinterbliebenen ist nur dann unschädlich, wenn mehr als 50 % der Beiträge auf die eigene Altersversorgung des Stpfl. entfallen.[3] Sowohl die Altersversorgung als auch die ergänzenden Absicherungen müssen in einem einheitlichen Vertrag geregelt sein. Andernfalls handelt es sich nicht um ergänzende Absicherungen zu einem Basisrentenvertrag, sondern um eigenständige Versicherungen.

PRAXISHINWEIS:

Erfüllt die Absicherung der verminderten Erwerbsfähigkeit in diesen Fällen die Voraussetzungen des § 10 Abs. 1 Nr. 2 Satz 1 Buchst. b Doppelbuchst. bb EStG, ist bei Vorliegen der übrigen Voraussetzungen auch ein Abzug der Aufwendungen nach dieser Vorschrift möglich. Sollte dies nicht der Fall sein, können die Aufwendungen hierfür unter den Voraussetzungen des § 10 Abs. 1 Nr. 3a EStG als sonstige Vorsorgeaufwendungen zu berücksichtigen sein.

c) Beiträge zur Absicherung gegen den Eintritt der Berufsunfähigkeit oder der verminderten Erwerbsfähigkeit (Basisrente-Erwerbsminderung; § 10 Abs. 1 Nr. 2 Buchst. b Doppelbuchst. bb EStG)[4]

50 Im Gegensatz zur Basisrente-Alter ist bei der Basisrente-Erwerbsminderung **ausschließlich die Absicherung** gegen den Eintritt der Berufsunfähigkeit oder der **verminderten Erwerbsfähigkeit** Vertragsgegenstand, nicht aber eine lebenslange Altersrente. Neben der Absicherung gegen den Eintritt der verminderten Erwerbsfähigkeit darf ein Basisrentenvertrag-Erwerbsminderung nach § 10 Abs. 1 Nr. 2 Satz 1 Buchst. b Doppelbuchst. bb EStG zusätzlich auch die Absicherung gegen den Eintritt der Berufsunfähigkeit enthalten. Es handelt sich in diesen Fällen weiterhin

---

1 Einen Überblick über die Möglichkeiten privater Altersvorsorge bietet Welker, Private Altersvorsorge, NWB DokID: JAAAE-65373; s. auch Dommermuth/Linden, DB 2009, 2747.
2 Eingehend Myßen/Wolter, NWB 2011, 280 und Wißborn, NWB 2010, 2531.
3 BMF v. 24.5.2017, BStBl 2017 I 820, Rz. 38.
4 Vgl. zu den Voraussetzungen auch, BMF v. 24.5.2017, BStBl 2017 I 820, Rz. 45 ff.

um einen einheitlichen Vertrag. Eine Erwerbsminderung liegt vor, wenn der Versicherungsnehmer voraussichtlich für mindestens zwölf Monate aufgrund von Krankheit, Körperverletzung oder Behinderung nicht in der Lage ist, unter den üblichen Bedingungen des allgemeinen Arbeitsmarktes voll erwerbstätig zu sein. Dabei ist von einer teilweisen Erwerbsminderung auszugehen, wenn der Versicherungsnehmer nicht imstande ist, mindestens sechs Stunden täglich erwerbstätig zu sein. Eine volle Erwerbsminderung liegt dagegen vor, wenn er hierzu nicht mindestens drei Stunden täglich in der Lage ist. Tritt der Versicherungsfall (Erwerbsminderung oder ggf. Berufsunfähigkeit) bis zur Vollendung des 67. Lebensjahres ein, hat der Anbieter noch eine **lebenslange gleichbleibende oder steigende Leibrente** vorzusehen (§ 10 Abs. 1 Nr. 2 Buchst. b Doppelbuchst. bb Satz 1 EStG). Sofern der Stpfl. bei Eintritt des Versicherungsfalls das 55. Lebensjahr vollendet hat, darf die zugesagte Rente in ihrer Höhe vom Alter des Stpfl. bei Eintritt des Versicherungsfalls abhängig gemacht werden (§ 10 Abs. 1 Nr. 2 Buchst. b Doppelbuchst. bb Satz 3 EStG). Es muss allerdings auch bei Eintritt des Versicherungsfalls zwischen dem 55. und 67. Lebensjahr eine gleichbleibende oder steigende lebenslange Leibrente gezahlt werden. Eine zeitliche Befristung der Erwerbsminderungs- oder Berufsunfähigkeitsrente ist ausschließlich für den Fall nicht zu beanstanden, dass die Erwerbsminderung oder Berufsunfähigkeit bis zur Vollendung des 67. Lebensjahres weggefallen ist (§ 10 Abs. 1 Nr. 2 Buchst. b Doppelbuchst. bb Satz 2 EStG). Diese Vorschrift ist erstmals ab dem VZ 2014 anzuwenden (§ 52 Abs. 23h EStG).

d) **Gemeinsame Voraussetzungen für den Sonderausgabenabzug von Beiträgen zur Basisrente-Alter und Basisrente-Erwerbsminderung (§ 10 Abs. 1 Nr. 2 Buchst. b Satz 2 ff., Abs. 2 EStG)**[1]

Beiträge i. S. d. § 10 Abs. 1 Nr. 2 Satz 1 Buchst. b EStG liegen nur vor, wenn es sich um **eigene Beiträge** des Versicherten handelt. Es muss also Personenidentität zwischen dem Beitragszahler, der versicherten Person und dem Leistungsempfänger bestehen (bei Ehegatten siehe R 10.1 EStR – dies gilt für Lebenspartner entsprechend).

§ 10 Abs. 1 Nr. 2 Buchst. b Satz 2 bis 7 EStG stellen gemeinsame Voraussetzungen für beide Basisrenten-Produkte auf. Danach darf es nach den Vertragsbedingungen nicht zu einer Auszahlung an die Erben kommen (**Nichtvererblichkeit**).[2] Der Vertrag darf keine Übertragung der Ansprüche des Leistungsempfängers auf eine andere Person vorsehen, z. B. im Wege der Schenkung; die Pfändbarkeit nach den Vorschriften der ZPO steht dem nicht entgegen (**Nichtübertragbarkeit**). Der Vertrag muss so gestaltet sein, dass die Ansprüche nicht an einen Dritten veräußert werden können (**Nichtveräußerbarkeit**). Es darf vertraglich kein Recht auf Kapitalisierung des Rentenanspruchs vorgesehen sein, mit Ausnahme der Abfindung einer Kleinbetragsrente in Anlehnung an § 93 Abs. 3 Satz 2 und 3 EStG (**Nichtkapitalisierbarkeit**). Nach § 10 Abs. 2 Satz 2 Nr. 1 EStG müssen die Verträge seit dem VZ 2010 nach § 5a AltZertG zertifiziert sein. Die Zertifizierung bedeutet, dass ein Vertrag die Voraussetzungen des § 10 Abs. 1 Nr. 2 Satz 1 Buchst. b EStG erfüllt und der Anbieter des Vertrags den Anforderungen des § 2 Abs. 2 AltZertG entspricht.[3] Die Zertifizierung sagt nichts über die Qualität und Renditechancen des Produkts aus. Die Voraussetzung der Zertifizierung eines Basisrentenvertrags gilt nicht

---

1 Vgl. BMF v. 24.5.2017, BStBl 2017 I 820, Rz. 10 ff.
2 Zu den Besonderheiten bei Fondsprodukten vgl. BMF v. 24.5.2017, BStBl 2017 I 820, Rz. 26.
3 Eingehend *Wißborn*, NWB 2010, 2533 ff.

nur für Neuverträge, sondern auch für solche, die bereits vor dem VZ 2010 abgeschlossen wurden.

53 Als weitere Voraussetzung muss der Steuerpflichtige in die **Datenübermittlung** nach § 10 Abs. 2a EStG eingewilligt haben (s. → Rz. 174).

54–58 *(Einstweilen frei)*

3. Sonstige Vorsorgeaufwendungen

59 **ABC zu den abziehbaren Vorsorgeversicherungsbeiträgen**[1]

- **Arbeitslosenversicherung:** Beiträge hierzu sind abziehbar, entweder als gesetzliche (§ 10 Abs. 1 Nr. 2 Buchst. a EStG) oder freiwillig geleistete (§ 10 Abs. 1 Nr. 3 Buchst. a EStG).

- **Aufteilungsverbot:** Eine Aufteilung der Aufwendungen für eine Versicherung in einen privat und einen beruflich bzw. betrieblich veranlassten Anteil kommt nach der Rechtsprechung des BFH dann in Betracht, wenn es um eine Aufteilung oder Zuordnung beruflich und privat bedingter Risiken geht (BFH v. 15.10.2013 - VI B 20/13, BFH/NV 2014, 327 Nr. 3 = NWB DokID: VAAAE-52240 – zu Unfall- Haftpflicht- oder Diebstahlversicherung).

- **Beitragrückgewährpolicen:** sind Risikolebensversicherungsverträge, die an den Bestand eines Basisrentenvertrages anknüpfen und im Todesfall vorsehen, dass an beliebige Hinterbliebene eine Leistung gezahlt wird, die den vom verstorbenen Versicherten zugunsten des Basisrentenversicherungsvertrages geleisteten Beiträgen entspricht. Die Beiträge zur Basisrente können in diesen Fällen nach § 10 Abs. 1 Nr. 2 Buchst. b EStG und die Beiträge zur Beitragsrückgewährpolice nach § 10 Abs. 1 Nr. 3 EStG steuerlich geltend gemacht werden (Bayerisches Landesamt für Steuern v. 27.2.2009 - S 2221.1.1-12/2 St 32/St 33).

- **Berufsständische Versorgungswerke:** (Pflicht-)beiträge Selbständiger zu berufsständischen Versorgungseinrichtungen sind Sonderausgaben i. S. d. § 10 Abs. 1 Nr. 2 Buchst. a EStG; gilt auch für freiwillige Beiträge (s. → Rz. 48 und „freiwillige Beiträge").

- **Berufsunfähigkeitsversicherung:** Beiträge sind Sonderausgaben nach § 10 Abs. 1 Nr. 2 Buchst. b oder Nr. 3a EStG.

- **Erstattung von Beiträgen:** S. → Rz. 26.

- **Freiwillige Beiträge:** zu gesetzlich vorgesehenen Versorgungseinrichtungen (z. B. gesetzliche Rentenversicherung, landwirtschaftliche Alterskasse, berufsständische Versorgungswerke, Haftpflichtversicherung) sind wie Pflichtbeiträge nach § 10 Abs. 1 Nr. 2 Buchst. a EStG abziehbar.

- **Haftpflichtversicherung:** Sofern keine Werbungskosten oder Betriebsausgaben, sind die Beiträge nach § 10 Abs. 1 Nr. 3b EStG als Sonderausgaben abziehbar. Hierzu gehören Privat-, Familien-, Tierhalter-, Jagd-, Bauherren- und Kfz-Haftpflichtversicherung. Bei Kfz-Versicherungen ist der Kaskoanteil herauszurechnen. Bei privater und betrieblicher Nutzung sind die Beiträge grundsätzlich aufzuteilen (BFH v. 25.3.1977 - VI R 96/74, BStBl 1977 II 693; Ausnahme vgl. R 10.5 EStR).

- **Hausratversicherung:** Die Beiträge hierzu stellen keine Sonderausgaben dar.

---

[1] Siehe *Meier*, NWB DokID: ZAAAC-34001.

- **Kaskoversicherung** (z. B. als Teil der Pkw-Versicherung): Die Beiträge hierzu stellen keine Sonderausgaben dar.
- **Lebensversicherung:** Ab VZ 2005 sind nur noch Beiträge zu Risikolebensversicherungen für den Todesfall nach § 10 Abs. 1 Nr. 2 Buchst. b bzw. Nr. 3a EStG abziehbar. Zur früheren Rechtslage vgl. BMF v. 22. 8. 2002, BStBl 2002 I 827 und v. 1. 10. 2009, BStBl 2009 I 1172.
- **Nachversteuerung:** Durch die Nachversteuerung wird der Sonderausgabenabzug eines früheren VZ rückgängig gemacht, wenn die Voraussetzungen für den Abzug der Aufwendungen als Sonderausgaben im Zeitpunkt des Abzugs vorgelegen, aber durch steuerschädliche vorzeitige Verfügungen i. S. d. § 10 Abs. 5 EStG a. F. ihr Wesen als abziehbare Sonderausgaben rückwirkend verloren haben. Die Nachversteuerung ist bei Rentenversicherungen ohne Kapitalwahlrecht gegen Einmalbetrag (§ 10 Abs. 5 Nr. 2 EStG a. F.) und Lebensversicherungen zur Sicherung/Tilgung von Policendarlehen durchzuführen, wenn die Voraussetzungen für den Sonderausgabenabzug nach § 10 Abs. 2 Satz 2 EStG in der am 31. 12. 2004 geltenden Fassung nicht erfüllt sind. Die Voraussetzungen der Durchführung der Nachversteuerung regelt § 30 EStDV. Danach wird nicht die Veranlagung des Jahres geändert, in dem die Aufwendungen als Sonderausgaben abgezogen worden sind. Es ist vielmehr nur festzustellen, welcher Erstattungsbetrag oder welche Steuer für dieses Kalenderjahr festzusetzen gewesen wäre, wenn die Aufwendungen nicht als Sonderausgaben abgezogen worden wären. Der Unterschiedsbetrag zwischen diesem Erstattungsanspruch oder dieser Steuer und dem seinerzeit festgesetzten Erstattungsbetrag oder der seinerzeit festgesetzten Steuer ist als sog. Nachsteuer in dem VZ zu erheben, in dem der die Nachversteuerung auslösende Tatbestand verwirklicht worden ist (§ 30 Satz 2, 3 EStDV).
- **Rechtsschutzversicherung:** Die Beiträge hierzu stellen keine Sonderausgaben dar.
- **Rentenversicherung:** Sowohl Pflichtbeiträge als auch freiwillige Beiträge zur gesetzlichen Rentenversicherung sind als Sonderausgaben nach § 10 Abs. 1 Nr. 2 EStG abziehbar.
- **Risikolebensversicherung für den Todesfall:** Beiträge sind nach § 10 Abs. 1 Nr. 3a EStG abziehbar.
- **Sachversicherungen:** Beiträge hierzu sind generell nicht abziehbar.
- **Sozialversicherung:** Der Begriff umfasst die gesetzliche Rentenversicherung (SGB VI), die gesetzliche Kranken- und Pflegeversicherung einschließlich der Ersatzkassen (SGB V, XI), die gesetzliche Arbeitslosenversicherung (SGB III) und die gesetzliche Unfallversicherung. Die Beiträge werden zur Hälfte vom Arbeitgeber und Arbeitnehmer getragen. Der Arbeitgeberanteil ist nach § 3 Nr. 62 EStG steuerfrei, wird aber nach § 10 Abs. 1 Nr. 2 Satz 6 und 7 EStG hinzugerechnet und nach § 10 Abs. 3 Satz 5 und 7, Abs. 4a Satz 3 EStG gekürzt.
- **Sterbekassen:** Sofern als Todesfallversicherung ausgestaltet, sind die Beiträge gem. § 10 Abs. 1 Nr. 3 Buchst. a bzw. Nr. 3a EStG als Sonderausgaben abziehbar.
- **Unfallversicherung:** Beiträge können als Sonderausgaben nach § 10 Abs. 1 Nr. 3a EStG abgezogen werden, sofern keine Werbungskosten/Betriebsausgaben vorliegen.
- **Vertragsänderungen:** Zu den Folgen s. BMF v. 1. 10. 2009, BStBl 2009 I 1172 und BMF v. 1. 10. 2009, BStBl 2009 I 1188.
- **Vorauszahlung** von Sonderausgaben ist mit Ausnahme der in § 10 Abs. 1 Nr. 3 Satz 4 EStG geregelten Fälle möglich.

60 Ab VZ 2010 ist der Sonderausgabenabzug für Beiträge zu Kranken- und Pflegeversicherungen sowie für sonstige Vorsorgeaufwendungen neu geregelt worden.[1] Die Aufteilung ist wie folgt:

- in Nr. 3 Buchst. a: Beiträge zu Krankenversicherungen,
- in Nr. 3 Buchst. b: Beiträge zu Pflegeversicherungen,
- in Nr. 3a: Beiträge zu sonstigen Vorsorgeaufwendungen.

61 Die Höchstbeträge in § 10 Abs. 4 EStG sind auf 2 800/1 900 € erhöht worden. Übersteigen die Aufwendungen für die Kranken- und Pflegeversicherung diesen Höchstbetrag, sind die höheren Aufwendungen abzuziehen; der weitere Abzug von sonstigen Vorsorgeaufwendungen i. S. d. Nr. 3a scheidet dann aus (zur Verfassungsmäßigkeit dieser Beschränkung vgl. → Rz. 7).

a) Beiträge zu Kranken- und Pflegeversicherungen (§ 10 Abs. 1 Satz 1 Nr. 3 EStG)

aa) Begünstigte Beiträge

62 Krankenversicherungsbeiträge (§ 10 Abs. 1 Satz 1 Nr. 3 Buchst. a EStG): Begünstigt sind nach § 10 Abs. 1 Nr. 3 Satz 1 Buchst. a EStG Beiträge zur Krankenversicherung, soweit diese zur Erlangung eines durch SGB XII bestimmten sozialhilfegleichen Versorgungsniveaus erforderlich sind (sog. **Basiskrankenversicherung oder Basisabsicherung**). Unter den Begriff der Krankenversicherung fällt die gesetzliche Krankenversicherung (GKV) genauso wie private Krankenversicherungen (PKV; § 10 Abs. 1 Satz 1 Nr. 3 Buchst. a Satz 3 EStG). Zu den begünstigten Versicherungen gehören auch Auslandskrankenversicherungen,[2] Heilkostenversicherungen, Beihilfeversicherungen und Kurkostenversicherungen. Prämienzuschläge nach § 193 Abs. 4 VVG für die Zeit der Nichtversicherung sind m. E. keine als Sonderausgaben abziehbaren Krankenversicherungsbeiträge, da durch die Zahlung rückwirkend kein Anspruch auf Absicherung im Krankheitsfall erworben wird.

63 Die Beiträge zur GKV und zur landwirtschaftlichen Krankenkasse sowie Zusatzbeiträge i. S. d. § 242 SGB V gehören grundsätzlich zu den Beiträgen für eine Basiskrankenversicherung. Beiträge zu einer über das Leistungsspektrum der gesetzlichen Krankenversicherung hinausgehenden Zusatzversicherung sind jedoch insgesamt nicht der Basisabsicherung i. S. d. § 10 Abs. 1 Nr. 3 Satz 1 EStG zuzurechnen, da sie nicht zur Erlangung des sozialhilfegleichen Versorgungsniveaus erforderlich sind.

> **PRAXISHINWEIS:**
> Diese Beiträge können jedoch unter § 10 Abs. 1 Nr. 3a EStG geltend gemacht werden (s. → Rz. 76), sofern die Höchstbeträge nicht schon bereits durch die Beiträge zur Basisabsicherung ausgeschöpft worden sind.

64 Dies gilt auch für den Beitragsanteil, der der Finanzierung des **Krankengeldes** dient.[3] Nicht abziehbar sind auch die Beiträge für **Wahl- und Zusatztarife**, die z. B. Leistungen wie Chefarztbehandlung oder Einbettzimmer abdecken. Bei selbst getragenen **Eigenleistungen** für Vorsorgeuntersuchungen handelt es sich nicht um Beiträge zu einer Krankenversicherung und damit

---

1 *Dommermuth/Hauser*, DB 2009, 2512.
2 Keine Beiträge i. S. d. § 10 Abs. 1 Nr. 3 Satz 1 Buchst. a EStG sind Beiträge zu einer Auslandskrankenversicherung (Reisekrankenversicherung), die zusätzlich zu einem bestehenden Versicherungsschutz in der GKV oder PKV ohne eingehende persönliche Risikoprüfung abgeschlossen wird.
3 Dieser Anteil wird mit einem pauschalen Abschlag i. H. v. 4 % bemessen und von der Finanzverwaltung von den übermittelten Beträgen abgezogen (§ 10 Abs. 1 Nr. 3 Buchst. a Doppelbuchst. aa Satz 4 EStG); BMF v. 24.5.2017, BStBl 2017 I 820, Rz. 101 ff.

auch nicht um Vorsorgeaufwendungen i. S. d. § 10 EStG. Entsprechendes gilt für **selbst getragene Krankheitskosten** aufgrund eines tariflichen **Selbstbehalts**[1] oder wegen der **Wahl einer Beitragsrückerstattung**.[2] Die Beitragsrückerstattungen sind auch nicht um selbst getragene Krankheitskosten zu kürzen.[3] Höchstrichterlich geklärt ist die Frage, dass eine Prämienzahlung einer gesetzlichen Krankenkasse im Zusammenhang mit Wahltarifen nach § 53 Abs. 1 SGB V mit einer klassischen Beitragsrückerstattung der privaten Krankenversicherung vergleichbar ist und die anzusetzenden Vorsorgeaufwendungen mindert.[4] Das Urteil des BFH vom 1.6.2016,[5] nach dem Bonuszahlungen i. S. d. § 65a SGB V nicht als Beitragsrückerstattung einzuordnen sind, steht dieser Qualifizierung von Prämienzahlungen (i. S. d. § 53 Abs. 1 SGB V) als Beitragsrückerstattung nicht entgegen. In diesen Fällen ist die Gleichartigkeit zwischen den Krankenversicherungsbeiträgen und den Prämienzahlungen gegeben, da anders als Bonuszahlungen die Prämie nicht der Förderung einer gesunden Lebensweise, sondern der Beitragssenkung dient. Die Prämie mindert daher im Erstattungsjahr die nach § 10 Abs. 1 Nr. 3 Satz 1 Buchst. a EStG abziehbaren Krankenversicherungsbeiträge.

Erhält ein Steuerpflichtiger eine so genannte TK-Dividende, weil die erwirtschafteten Überschüsse der Krankenversicherung die zu bildende Rücklage übersteigen, ist diese wie eine, die Sonderausgaben mindernde Beitragsrückerstattung anzusehen.[6]

PRAXISHINWEIS:

Zu prüfen ist jedoch in diesen Fällen, ob zumindest eine teilweise Geltendmachung als außergewöhnliche Belastungen i. S. d. § 33 EStG in Betracht kommt (s. KKB/Bleschick, § 33 EStG Rz. 136).[7]

Bei einer bestehenden Basisabsicherung durch die GKV ist eine zeitgleiche zusätzliche PKV zur Basisabsicherung nicht erforderlich. In diesen Fällen sind bei Pflichtversicherten ausschließlich die Beiträge zur GKV und bei freiwillig Versicherten die höheren Beiträge als Beiträge für eine Basisabsicherung anzusetzen.[8] Beiträge zur PKV sind nur insoweit als Sonderausgaben abziehbar, soweit sie auf Vertragsleistungen entfallen, die der Basisabsicherung entsprechen. Die Beitragsanteile, die auf Wahl- und Zusatzleistungen oder Krankentagegeld entfallen, sind nicht abziehbar.[9] Selbst wenn der Beitrag zur Basisabsicherung geringer sein sollte als ein vergleichbarer Beitrag zur gesetzlichen Krankenversicherung sind lediglich die auf der Grundlage der KVBEVO ermittelten Beiträge zur Basisabsicherung abziehbar.[10] Hat der Stpfl. bei der PKV eine Versicherung nur für Wahl- und Zusatzleistungen abgeschlossen, ist der Beitrag insgesamt nicht abziehbar. Beiträge zu Solidargemeinschaften und Unterstützungskassen, die

---

1 BFH v. 1. 6. 2016 - X R 43/14, NWB DokID: JAAAE-69553.
2 BVerfG v. 16. 2. 2015 - 2 BvR 49/14; BMF v. 24.5.2017, BStBl 2017 I 820, Rz. 86; *Myßen/Wolter*, NWB 2011, 288 ff., mit Berechnungsbeispielen, inwieweit Beitragsrückerstattungen für den Stpfl. finanziell sinnvoll sind.
3 BFH v. 29.11.2017 - X R 3/16 NWB DokID: JAAAF-78421.
4 BFH v. 6.6.2018 - X R 41/17, BStBl 2018 II 648.
5 BFH v. 1.6.2016 - X R 7/15, BStBl 2016 II 989.
6 Hessisches Finanzgericht v. 22.2.2018 - 4 K 174/17, NWB DokID: UAAAG-88691.
7 Dazu *Karrenbrock*, DStR 2011, 545.
8 BFH v. 29.11.2017- X R 5/17, NWB DokID: JAAAG-47894. Aus verwaltungsökonomischen Gründen ist der Sonderausgabenabzug für Beiträge an eine PKV als Basisabsicherung zu gewähren, wenn zeitgleich eine beitragsfreie Familienversicherung in der GKV gegeben ist; siehe BMF v. 24.5.2017, BStBl 2017 I 820, Rz. 83.
9 BMF v. 24.5.2017, BStBl 2017 I 820, Rz. 110 ff.; die Krankenversicherungsunternehmen haben den nicht nach § 10 Abs. 1 Nr. 3 EStG abziehbaren Beitragsanteil nach den Vorschriften der KVBEVO zu ermitteln; BFH v. 29.11.2017 - X R 26/16, NWB DokID: MAAAF-88811; dazu *Myßen/Wolter*, NWB 2009, 2322 ff.
10 BFH v. 29.11.2017 - X R 26/16, NWB DokID: MAAAF-88811.

sich als Alternative und Ergänzung zu den Systemen der gesetzlichen und privaten Krankenkassen sehen, sind nicht als Krankenversicherungsbeiträge abziehbar.[1]

66 **Pflegeversicherungsbeiträge (§ 10 Abs. 1 Satz 1 Nr. 3 Buchst. b EStG):** Nach § 10 Abs. 1 Nr. 3 Satz 1 Buchst. b EStG können Beiträge zur **gesetzlichen Pflegeversicherung**, d. h. zur **sozialen Pflegeversicherung und zur privaten Pflege-Pflichtversicherung in voller Höhe** abgezogen werden.

bb) Abzugsberechtigung

67 Die Beiträge zur Basisabsicherung können grundsätzlich vom **Versicherungsnehmer** – in den Fällen des § 10 Abs. 1 Nr. 3 Satz 2 EStG abweichend aber auch vom **Unterhaltsverpflichteten** – geltend gemacht werden, wenn dieser die **eigenen Beiträge eines Kindes** (z. B. zu einer studentischen Krankenversicherung), für das ein Anspruch auf einen Kinderfreibetrag oder auf Kindergeld besteht, wirtschaftlich getragen hat.[2] Hierbei kommt es nicht darauf an, ob die Beiträge in Form von Bar- oder Sachunterhaltsleistungen getragen wurden. Eigene Einkünfte des Kindes sind nach R 10.4 Satz 2 EStR ohne Bedeutung. Da das Kind insoweit wirtschaftlich nicht (mehr) belastet ist, scheidet ein eigener Sonderausgabenabzug für das Kind aus (R 10.4 Satz 3 f. EStR). Mittlerweile geklärt ist, dass die vom Lohn eines sich in Ausbildung befindlichen Kindes einbehaltenen Kranken- und Pflegeversicherungsbeiträge, die sich bei ihm steuerlich nicht ausgewirkt haben, nach § 10 Abs. 1 Nr. 3 Satz 2 EStG als im Rahmen der Unterhaltsverpflichtung getragene eigene Beiträge der Eltern als Sonderausgaben zu behandeln sind. Zwar umfasst nach Auffassung des BFH die Gewährung von Naturalunterhalt nicht bereits die Beiträge zu eigenen Kranken- und Pflegeversicherungen des Kindes (a. A. BMF v. 24.5.2017, BStBl 2017 I 820, Rz. 81) die Kostenübernahme durch die tatsächliche **Zahlung** der Eltern dagegen schon.[3]

68 § 10 Abs. 1 Nr. 3 Satz 3 EStG enthält eine Sonderregelung für eigene Beiträge des Stpfl. zum Erwerb einer Kranken- oder Pflegeversicherung für geschiedene oder dauernd getrennt lebende Ehegatten und Lebenspartner. Die Sonderregelung gilt nur für Fälle des **Realsplittings** i. S. d. § 10 Abs. 1a Nr. 1 EStG (s. → Rz. 142). Dementsprechend wird nur in den Fällen des Realsplittings der Sonderausgabenabzug auf den Ehegatten/Lebenspartner übertragen, der die Unterhaltsleistung des anderen Ehegatten/Lebenspartners nach § 22 Nr. 1a EStG versteuert. Als Folge entfällt der Sonderausgabenabzug des Steuerpflichtigen bei gleichzeitiger Erhöhung seines Höchstbetrages nach § 10 Abs. 1a Satz 2 EStG.

cc) Abfluss und Beitragsvorauszahlungen/Beitragsrückerstattungen

69 Ab VZ 2011 enthält § 10 Abs. 1 Nr. 3 Satz 4 EStG für die Frage des **Abflusses der Aufwendungen** eine von § 11 Abs. 2 EStG abweichende Regelung, um missbräuchliche Gestaltungen zu vermeiden. Sie betrifft ausschließlich Beiträge, die für nach Ablauf des VZ beginnende Beitragsjahre geleistet werden (**Beitragsvorauszahlungen**). Diese sind nur dann im VZ des Abflusses zu berücksichtigen, wenn sie nicht das Zweieinhalbfache der im VZ gezahlten Beiträge übersteigen. Der übersteigende Betrag ist dann in dem VZ als Sonderausgabe abzuziehen, für den die

---

[1] FG Niedersachsen v. 19.6.2013 - 2 K 71/13.
[2] Im Einzelnen hierzu BMF v. 24.5.2017, BStBl 2017 I, 820, Rz. 68.
[3] BFH v. 13.3.2018 - X R 25/15, BFH/NV 2018 S. 1313 Nr. 12 = NWB DokID: FAAAG-96180.

Beiträge geleistet worden sind (Folgejahr).[1] Dies gilt nicht für Beiträge, soweit sie der unbefristeten Beitragsminderung nach Vollendung des 62. Lebensjahres dienen.

Beitragsrückerstattungen mindern unabhängig von ihrer Bezeichnung (z. B. als Pauschalleistung) und soweit sie auf die Basisabsicherung entfallen, die nach § 10 Abs. 1 Nr. 3 Satz 1 Buchst. a EStG abziehbaren Krankenversicherungsbeiträge in dem Jahr, in dem sie zufließen. Beitragsrückerstattungen in diesem Sinne sind z. B. auch Prämienzahlungen nach § 53 SGB V und Bonuszahlungen nach § 65a SGB V.[2] In Umsetzung des Urteils des BFH v. 1. 6. 2016[3] mindern Zahlungen, die eine gesetzliche Krankenkasse im Rahmen eines **Bonusprogramms** dem Krankenversicherten für die von ihm getragenen Kosten für Gesundheitsmaßnahmen leistet, nicht mehr die als Sonderausgaben abziehbaren Krankenversicherungsbeiträge.[4] Derzeit ist beim BFH[5] ein Revisionsverfahren zu der Frage anhängig, ob Leistungen aus Bonusprogrammen der gesetzlichen Krankenversicherungen (insbesondere **pauschale Bonuszahlungen und Sachleistungen**), die nach dem BMF-Schreiben v. 24.5.2017[6] nicht als Kostenerstattung zu beurteilen sind, den **Sonderausgabenabzug** mindern. Die Beitragsrückerstattungen sind nicht um selbst getragene Krankheitskosten zu kürzen.[7] 70

(Einstweilen frei) 71–75

b) Beiträge zu anderen Versicherungen (§ 10 Abs. 1 Satz 1 Nr. 3a EStG)

Beiträge zu anderen Versicherungen (bisher Nr. 3 Buchst. b) sind nach wie vor im Rahmen der Höchstbeträge (§ 10 Abs. 4 s. → Rz. 183) abziehbar. Dies jedoch nur, wenn die Höchstbeträge nicht bereits durch die Kranken- und Pflegeversicherungsbeiträge erreicht werden (zur Verfassungsmäßigkeit dieser Beschränkung vgl. → Rz. 7). Zu den anderen Versicherungen gehören: 76

- Kranken- und Pflegeversicherungen, die nicht unter Nr. 3 Buchst. a oder b fallen, d. h. Beiträge für Zusatz- und Wahlleistungen,
- Arbeitslosenversicherung,
- Erwerbs- und Berufsunfähigkeitsversicherung, die nicht unter § 10 Abs. 1 Nr. 2 Satz 1 Buchst. b EStG fallen,
- Unfall- und Haftpflichtversicherungen,
- Risikoversicherungen, die nur für den Todesfall eine Leistung vorsehen,[8]
- (Alt-)Lebensversicherungen, deren Laufzeit vor dem 1. 1. 2005 begonnen hat. Es handelt sich um andere als Risikolebensversicherungen (z. B. Kapitallebensversicherungen), die die Voraussetzungen des § 10 Abs. 1 Nr. 2 Buchst. b EStG in der bis zum 31. 12. 2004 geltenden Fassung erfüllen. Die Beiträge zu diesen Versicherungen bleiben aus Vertrauens-

---

1 BMF v. 24.5.2017, BStBl 2017 I, 820, Rz. 134.
2 Ausführlich zu Beitragsrückerstattungen BMF v. 24.5.2017, BStBl 2017 I 820, Rz. 87.
3 X R 17/15, NWB DokID: FAAAF-81836; dazu Gerauer, NWB 2016, 3370.
4 BMF v. 24.5.2017, BStBl 2017 I, 820, Rz. 8 und BMF v. 29.3.2017, BStBl 2017 I 42 (Verfahrensrechtliche Folgerungen aus dem BFH-Urteil v. 1. 6.2016 - X R 17/15 – zur Kürzung der Beiträge zur Basiskrankenversicherung um Bonuszahlungen der gesetzlichen Krankenversicherung für gesundheitsbewusstes Verhalten (§ 65a SGB V).
5 Az. BFH: X R 23/17.
6 BMF v. 24.5.2017, BStBl 2017 I 820.
7 BFH v. 29.11.2017 - X R 3/16, NWB DokID: JAAAF-78421.
8 Dies gilt auch für Beiträge für Risikolebensversicherungen, welche der Absicherung von Darlehen dienen, die zur Finanzierung der Anschaffungskosten eines der Einkünfteerzielung dienenden Immobilienobjekts aufgenommen werden, wenn der Versicherungsvertragsabschluss durch das finanzierende Kreditinstitut vorgegeben war (keine Werbungskosten), vgl. BFH v. 13. 10. 2015 - IX R 35/14, BStBl 2016 II, 210; *Kanzler*, FR 2016, 373.

schutzgründen weiterhin abziehbar und die Auszahlung nach § 20 Abs. 1 Nr. 6 EStG a. F. steuerfrei (s. KKB/Kempf, § 20 EStG Rz. 91 ff.).[1]

77–80 (*Einstweilen frei*)

c) Kirchensteuer (§ 10 Abs. 1 Nr. 4 EStG)

81 Gezahlte Kirchensteuer (abzüglich etwaiger Erstattungen, s. → Rz. 26) ist gem. § 10 Abs. 1 Nr. 4 EStG als Sonderausgabe abziehbar. Die Kirchensteuer ist eine Geldleistung, die von den Körperschaften des öffentlichen Rechts gem. Art. 140 GG i. V. m. Art. 137 WRV anerkannten inländischen Religionsgemeinschaften[2] aufgrund gesetzlicher Bestimmungen erhoben wird. Die Kirchensteuer wird i. d. R. als Zuschlagsteuer zur Einkommen- oder Lohnsteuer erhoben (§ 51a EStG). Die Zahlungen müssen an Religionsgemeinschaften in EU-/EWR-Mitgliedstaaten[3] gezahlt werden und die Religionsgemeinschaft bei Ansässigkeit im Inland als Körperschaft des öffentlichen Rechts anzuerkennen sein (H 10.7 EStH).[4] Auch das besondere **Kirchgeld** glaubensverschiedener Ehegatten gehört zur Kirchensteuer. Nach § 10 Abs. 1 Nr. 4 2. Halbsatz EStG ist die Kirchensteuer, die als Zuschlag auf die Kapitalertragsteuer gezahlt wird und auf veranlagte Einkommensteuer, die dem Abgeltungsteuersatz unterliegt, nicht als Sonderausgabe abziehbar, um eine doppelte steuermindernde Berücksichtigung zu vermeiden.[5] Dem liegt zugrunde, dass Kapitaleinkünfte der Abgeltungsteuer unterliegen, bei deren Erhebung bereits die Kirchensteuer steuermindernd berücksichtigt wurde (s. KKB/Kanzler, § 51a EStG Rz. 22).

82–84 (*Einstweilen frei*)

4. Aufwendungen für Dienstleistungen zur Kinderbetreuung (§ 10 Abs. 1 Nr. 5 EStG)

85 Die Vorschrift unterlag in der Vergangenheit mehrfach Änderungen.[6] Ab VZ 2012 können 60 % der Aufwendungen für Dienstleistungen zur Betreuung eines zum Haushalt gehörenden Kindes als Sonderausgaben geltend gemacht werden.[7]

a) Verhältnis zu anderen Vorschriften

86 Der Sonderausgabenabzug wird neben den Freibeträgen nach § 32 Abs. 6, § 33a Abs. 2, § 33b Abs. 5 EStG gewährt. Ein Abzug als außergewöhnliche Belastung (§ 33 Abs. 2 Satz 2 EStG) und als haushaltsnahe Dienstleistung nach § 35a EStG (s. KKB/Schumann, § 35a EStG Rz. 8) scheidet aus.

---

1 Vgl. BMF v. 30. 1. 2008, BStBl 2008 I 390, Rz. 51; zur zeitlichen Abgrenzung von Altverträgen zu Neuverträgen BMF v. 1. 10. 2009, BStBl 2009 I 1172, Rz. 88 f.; zur Frage, inwieweit auch ausländische Lebensversicherungen unter die Befreiungsvorschrift fallen, vgl. BFH v. 1. 10. 2015 - X R 43/11, BStBl 2016 II 685.
2 Hierzu gehören die römisch-katholische, evangelisch-lutherische, die alt-katholische, die reformierte Kirche und die anerkannten jüdischen Kultusgemeinden.
3 Liste der anerkannten ausländischen Religionsgemeinschaften s. BMF v. 16. 11. 2010, BStBl 2010 I 1311.
4 Zur Frage, inwieweit Beiträge von Mitgliedern von Religionsgemeinschaften, die im VZ keine Kirchensteuer erhoben haben, abgezogen werden können, R 10.7 (1) EStR.
5 Ausführlich *Nolte*, NWB DokID: ZAAAE-40887.
6 BMF v. 14. 3. 2012, BStBl 2012 I 307, Rz. 1, mit Übergangsregelung; dazu *Nolte*, NWB 2012, 1509 und *dies.*, NWB DokID: EAAAE-11069.
7 *Rüd*, DStR 2013, 1220.

b) Zum Haushalt gehörendes Kind

Kind i. S. d. § 10 Abs. 1 Nr. 5 EStG ist jedes Kind i. S. d. § 32 EStG, d. h. sowohl leibliche (ehelich und unehelich) als auch Pflege- und Adoptivkinder (s. KKB/Hillmoth, § 32 EStG Rz. 56 ff.). Das Kind darf das 14. Lebensjahr noch nicht vollendet haben. Ältere Kinder können berücksichtigt werden, wenn sie wegen einer zur Vollendung des 25. Lebensjahres eingetretenen körperlichen, seelischen oder geistigen Behinderung außerstande sind, sich selbst zu unterhalten (s. KKB/Hillmoth, § 32 EStG Rz. 136 ff.). **Zum Haushalt** des Steuerpflichtigen gehört das Kind, wenn es dort lebt oder mit Einwilligung des Stpfl. vorübergehend auswärts untergebracht ist (z. B. Internat, Heim).[1] Auch in Fällen, in denen der Elternteil mit dem Kind in der Wohnung seiner Eltern oder Schwiegereltern oder in Wohngemeinschaft mit anderen Personen lebt, ist die Haushaltszugehörigkeit des Kindes als gegeben anzusehen. Haushaltszugehörigkeit erfordert ferner eine Verantwortung für das materielle (Versorgung, Unterhaltsgewährung) und immaterielle Wohl (Fürsorge, Betreuung) des Kindes.[2] In Ausnahmefällen kann ein Kind auch zu den Haushalten beider getrennt lebender Elternteile gehören.[3]

87

c) Betreuung

Betreuung i. S. d. § 10 Abs. 1 Nr. 5 EStG ist die behütende oder beaufsichtigende Betreuung, d. h. die **persönliche Fürsorge für das Kind** muss der Dienstleistung erkennbar zugrunde liegen. Berücksichtigt werden können danach z. B. Aufwendungen für Kindergärten, Kindertagesstätten, Kinderhorte, Tagesmütter, Babysitter, Erzieher, Haushaltshilfen, soweit sie ein Kind betreuen (z. B. Au-pair, Kinderfrau), die Beaufsichtigung des Kindes bei Erledigung seiner häuslichen Schulaufgaben.[4]

88

Aufwendungen **für Kinderbetreuung durch Angehörige** des Stpfl. können nach den Grundsätzen für Verträge zwischen nahen Angehörigen nur berücksichtigt werden, wenn den Leistungen klare und eindeutige Vereinbarungen zugrunde liegen, die zivilrechtlich wirksam zustande gekommen sind, inhaltlich dem zwischen Fremden Üblichen entsprechen, tatsächlich so auch durchgeführt werden und die Leistungen nicht üblicherweise auf familienrechtlicher Grundlage unentgeltlich erbracht werden.[5] Entsprechendes gilt für Lebenspartner.

89

d) Aufwendungen[6]

Aufwendungen für die Kinderbetreuung können – nach Auffassung der Finanzverwaltung – entgegen § 10 Abs. 1 Nr. 5 Satz 4 EStG in **Geld oder Geldeswert** (Wohnung, Kost, Waren, sonstige Sachleistungen) einschließlich der Erstattungen an die Betreuungsperson (z. B. Fahrtkosten) bestehen, wenn die Leistungen im Einzelnen in der Rechnung oder im Vertrag aufgeführt werden. **Aufwendungen für Fahrten des Kindes** zur Betreuungsperson sind nicht abzugsfähig.[7] Eine Gehaltsreduzierung, die dadurch entsteht, dass der Stpfl. seine Arbeitszeit zugunsten der Betreuung seines Kindes kürzt, stellt keinen Aufwand für Kinderbetreuung dar. Für Sachleis-

90

---

1 BFH v. 14. 11. 2001 - X R 24/99, BStBl 2002 II 244.
2 BMF v. 14. 3. 2012, BStBl 2012 I 307, Rz. 12.
3 BFH v. 14. 12. 2004 - VIII R 106/03, BStBl 2008 II 762; BFH v. 28. 4. 2010 - III R 79/08, BStBl 2011 II 30.
4 BFH v. 17. 11. 1978 - VI R 116/78, BStBl 1979 II 142.
5 BFH v. 6. 11. 1997 - III R 27/91, BStBl 1998 II 187, wonach Aufwendungen für eine Mutter als Haushaltshilfe, die zusammen mit dem gemeinsamen Kind im Haushalt des Stpfl. lebt, nicht berücksichtigt werden können.
6 Vgl. die Übersicht bei *Nolte*, NWB DokID: EAAAE-11069.
7 BFH v. 29. 8. 1986 - III R 209/82, BStBl 1987 II 167; dies gilt auch für die Fahrtkosten eines Stpfl., der sein Kind zu der Betreuungsperson bringt.

tungen gilt § 8 Abs. 2 EStG entsprechend.[1] Auch die Kosten für die Unterbringung in einem **Internat** sind als Kinderbetreuungskosten abziehbar.[2]

91 **Aufwendungen für Unterricht** (z. B. Schulgeld, Nachhilfe oder Fremdsprachenunterricht), die Vermittlung besonderer Fähigkeiten (z. B. Musikunterricht, Computerkurse) oder für sportliche und andere Freizeitbetätigungen (z. B. Mitgliedschaft in Sportvereinen oder anderen Vereinen, Tennis- oder Reitunterricht) sind gem. § 10 Abs. 1 Nr. 5 Satz 2 EStG **nicht zu berücksichtigen**.[3] Auch bei dem Aufenthalt in einem **Ferienlager** handelt es sich um eine nicht berücksichtigungsfähige Freizeitbetätigung i. S.d. § 10 Abs. 1 Nr. 5 Satz 2 EStG.[4] Aufwendungen für die Verpflegung des Kindes sind nicht zu berücksichtigen.[5] Wird ein einheitliches Entgelt sowohl für Betreuungsleistungen als auch für andere Leistungen gezahlt, ist ggf. eine Aufteilung im Schätzungswege vorzunehmen. Von einer Aufteilung ist abzusehen, wenn die anderen Leistungen von untergeordneter Bedeutung sind.[6]

92 Etwas anderes gilt für die Nachmittagsbetreuung in der Schule.[7] Umfassen die Elternbeiträge allerdings nicht nur eine Hausaufgabenbetreuung, sind Entgeltanteile, die z. B. auf Nachhilfe oder bestimmte Kurse (z. B. Computerkurs) oder auf eine etwaige Verpflegung entfallen, nicht zu berücksichtigen. Ein Abzug von Kinderbetreuungskosten ist daher nur möglich, wenn eine entsprechende **Aufschlüsselung der Beiträge** vorliegt.[8]

e) Abzugsberechtigung

93 Zum Abzug von Kinderbetreuungskosten ist grundsätzlich nur der Elternteil berechtigt, der die Aufwendungen getragen[9] und **zu dessen Haushalt das Kind** gehört. Trifft dies auf beide Elternteile zu, kann jeder seine tatsächlichen Aufwendungen grundsätzlich nur bis zur Höhe des hälftigen Abzugshöchstbetrages geltend machen.

f) Höhe der abziehbaren Aufwendungen

94 Kinderbetreuungskosten sind in Höhe von zwei Dritteln der Aufwendungen, höchstens **4 000 € je Kind und Kalenderjahr** abziehbar. Der Betrag ist ein Jahresbetrag, der nicht zeitanteilig aufgeteilt wird, selbst dann nicht, wenn für das Kind nicht während des gesamten Jahres Kinderbetreuungskosten angefallen sind. Der Höchstbetrag beläuft sich auch bei einem Elternpaar, das entweder gar nicht oder nur zeitweise zusammengelebt hat, auf 4 000 € je Kind für das gesamte Kalenderjahr. Eine Aufteilung auf die Zeiträume des gemeinsamen Haushalts bzw. der getrennten Haushalte ist nicht vorzunehmen. Haben beide Elternteile entsprechende Aufwendungen getragen, sind diese bei jedem Elternteil grundsätzlich nur bis zu einem Höchst-

---

1 BMF v. 14. 3. 2012, BStBl 2012 I 307, Rz. 5.
2 FG Thüringen v. 25.10.2016 - 2 K 95/15, EFG 2016, 1940, rkr.
3 BMF v. 14. 3. 2012, BStBl 2012 I 307, Rz. 8.
4 BFH v. 17.1.2017 - III B 20/16, NWB DokID: KAAAG-43546.
5 BFH v. 28. 11. 1986 - III R 1/86, BStBl 1987 II 490.
6 BMF v. 14. 3. 2012, BStBl 2012 I 307, Rz. 6 f. Bei Aufnahme eines Au-Pairs in eine Familie fallen i. d. R. sowohl Aufwendungen für die Betreuung der Kinder als auch für leichte Hausarbeiten an. Wird in einem solchen Fall der Umfang der Kinderbetreuungskosten nicht nachgewiesen (z. B. durch Festlegung der Tätigkeiten im Vertrag und entsprechende Aufteilung des Entgelts), kann ein Anteil von 50 % der Gesamtaufwendungen als Kinderbetreuungskosten berücksichtigt werden.
7 Entsprechendes muss m. E. auch für die von Schulen angebotene Ferienbetreuung gelten.
8 BMF v. 14. 3. 2012, BStBl 2012 I 307, Rz. 9.
9 BFH v. 25. 11. 2010 - III R 79/09, BStBl 2011 II 450.

betrag von 2 000 € zu berücksichtigen.[1] Da steuerfreie Zuschüsse des Arbeitgebers gem. § 3 Nr. 33 EStG für die Kinderbetreuung zu verwenden sind, hat eine Anrechnung der Arbeitgeberleistungen auf die Sonderausgaben zu erfolgen.[2] Dies gilt auch für nach § 3 Nr. 33 EStG steuerfrei erstattete Verpflegungsmehraufwendungen im Zusammenhang mit der Betreuung eines nicht schulpflichtigen Kindes in einem Kindergarten oder vergleichbaren Einrichtung. Die Kürzung des Höchstbetrags bei **Auslandskindern** nach § 10 Abs. 1 Nr. 5 Satz 3 EStG richtet sich nach der Ländergruppeneinteilung.[3]

Erfüllen Kinderbetreuungskosten grundsätzlich die Voraussetzungen für einen Abzug als Sonderausgaben, kommt für diese Aufwendungen eine Steuerermäßigung nach § 35a EStG nicht in Betracht (§ 35a Abs. 5 Satz 1 2. Halbsatz EStG). Auf den tatsächlichen Abzug als Sonderausgaben kommt es dabei nicht an. Dies gilt sowohl für das nicht abziehbare Drittel der Aufwendungen, als auch für die Aufwendungen, die den Höchstbetrag von 4 000 € je Kind übersteigen.[4] 95

g) Rechnungsanforderungen

Der Abzug von Kinderbetreuungskosten setzt nach § 10 Abs. 1 Nr. 5 Satz 4 EStG voraus, dass der Stpfl. für die Aufwendungen eine Rechnung erhalten hat und die Zahlung auf das Konto des Erbringers der Leistung erfolgt ist.[5] Die Rechnung sowie die Zahlungsnachweise sind nur auf Verlangen des Finanzamts vorzulegen. 96

PRAXISHINWEIS:

Daran scheitert in der Praxis die Geltendmachung von Aufwendungen für einen Babysitter, die zwar dem Grunde nach zu den Kinderbetreuungskosten gehören, allerdings i. d. R. bar bezahlt werden.

h) Veranlagung

Für den Abzug von Kinderbetreuungskosten als Sonderausgaben kommt es **im Falle der Zusammenveranlagung** nicht darauf an, welcher Elternteil die Aufwendungen geleistet hat, oder ob sie von beiden getragen wurden. Bei der Einzelveranlagung sind nach § 26a Abs. 2 Satz 1 EStG die Aufwendungen demjenigen Ehegatten zuzurechnen, der die **Aufwendungen wirtschaftlich getragen** hat. Trifft dies auf beide Ehegatten zu, kann jeder seine tatsächlichen Aufwendungen grundsätzlich bis zur Höhe des **hälftigen Abzugshöchstbetrages** geltend machen. Etwas anderes gilt nur dann, wenn die Ehegatten **einvernehmlich** gegenüber dem Finanzamt eine anderweitige Aufteilung des Abzugshöchstbetrages wählen. Abweichend davon können die Kinderbetreuungskosten auf übereinstimmenden Antrag der Ehegatten von diesen jeweils zur Hälfte abgezogen werden (§ 26a Abs. 2 Satz 2 EStG). Der Abzug ist dabei bei jedem Ehegatten auf den hälftigen Abzugshöchstbetrag beschränkt.[6] Bei nicht verheirateten, dauernd getrennt lebenden oder geschiedenen Eltern ist derjenige Elternteil zum Abzug von Kin- 97

---

1 BMF v. 14. 3. 2012, BStBl 2012 I 307, Rz. 16 ff., mit Beispielen.
2 FinMin Hamburg v. 18.1.2017, S 2221-2016/013-52.
3 BMF v. 20.10.2016, BStBl 2016 I 1183.
4 BMF v. 14. 3. 2012, BStBl 2012 I 307, Rz. 30.
5 BMF v. 14. 3. 2012, BStBl 2012 I 307, Rz. 9, mit den konkreten Nachweisanforderungen (Quittung, Gebührenbescheid etc. genügen); dies steht allerdings im Widerspruch zu der Auffassung der Finanzverwaltung, für die Betreuung Sachleistungen aufwenden zu dürfen (s. → Rz. 90); vgl. auch *Nolte*, NWB 2012, 1514.
6 BMF v. 14. 3. 2012, BStBl 2012 I 307, Rz. 25 ff.; vgl. die Beispiele bei *Nolte*, StuW 2012, 1515 ff.

derbetreuungskosten berechtigt, der die Aufwendungen getragen hat[1] und zu dessen Haushalt das Kind gehört. Trifft dies auf beide Elternteile zu, kann jeder seine tatsächlichen Aufwendungen grundsätzlich nur bis zur Höhe des hälftigen Abzugshöchstbetrages geltend machen. Etwas anderes gilt nur dann, wenn die Eltern einvernehmlich eine abweichende Aufteilung des Abzugshöchstbetrages wählen und dies gegenüber dem Finanzamt anzeigen.

98 Wenn von den zusammenlebenden, nicht miteinander verheirateten Eltern nur ein Elternteil den Kinderbetreuungsvertrag (z. B. mit der Kindertagesstätte) abschließt und das Entgelt von seinem Konto zahlt, kann dieses weder vollständig noch anteilig dem anderen Elternteil als von ihm getragener Aufwand zugerechnet werden.[2]

99 Als **Lohnsteuerabzugsmerkmal** können Kinderbetreuungskosten berücksichtigt werden (§ 39a Abs. 1 Nr. 2 EStG).

100–105 (*Einstweilen frei*)

5. Aufwendungen für die eigene Berufsausbildung

106 Nachdem der BFH[3] seine Rechtsprechung zur **Abgrenzung von Ausbildungs- und Fortbildungskosten**[4] geändert hat, wurde die Vorschrift durch das AOÄndG v. 21. 7. 2004[5] geändert und in § 12 EStG eine Nr. 5 eingefügt, wonach die erstmalige Berufsausbildung und das Erststudium den **(nichtabziehbaren) Kosten der Lebensführung** zugeordnet werden. Aufwendungen für die erstmalige Berufsausbildung des Stpfl. oder seines Ehegatten/Lebenspartners (§ 2 Abs. 8 EStG) sind daher nur als Sonderausgaben abziehbar. Beruflich veranlasste Fortbildungskosten sind keine Sonderausgaben, sondern Betriebsausgaben oder Werbungskosten.

a) Berufsausbildung

aa) Allgemeine Abgrenzungsfragen

107 **Berufsausbildung** ist die erstmalige Ausbildung zur Erlangung der Kenntnisse, die für die Ausübung eines Berufs notwendig sind.[6] Entscheidend ist nach der Rechtsprechung des BFH, dass die Aufwendungen einen hinreichend konkreten Veranlassungszusammenhang zur nachfolgenden **auf die Erzielung von Einkünften gerichteten Berufstätigkeit** aufweisen. Der notwendige Veranlassungszusammenhang fehlt hingegen, wenn „gleichsam ins Blaue hinein" studiert wird oder ansonsten private Gründe für die Aufnahme des Studiums nicht ausgeschlossen werden können.[7]

108 **Fortbildung oder Weiterbildung** sind dagegen Maßnahmen, die der Steuerpflichtige ergreift, um in einem **bereits ausgeübten Beruf** auf dem Laufenden zu bleiben, den jeweiligen Anforderungen gerecht zu werden und besser vorwärts zu kommen. Die Abgrenzung ist schwierig und durch die Vielzahl von BFH-Urteilen unübersichtlich.

---

1 BFH v. 25. 11. 2010 - III R 79/09, BStBl 2011 II 450.
2 BFH v. 25. 11. 2010 - III R 79/09, BStBl 2011 II 450.
3 Erstmals BFH v. 4. 12. 2002 - VI R 120/01, BStBl 2003 II 403; BFH v. 18. 6 2009 - VI R 14/07, BStBl 2010 II 816, m. w. N.; vgl. *Geserich*, NWB 2014, 681 ff. und *Lindberg* in Frotscher/Geurts, § 10 EStG Rz. 134 ff., zur Rechtsentwicklung.
4 Vgl. *Schmidt*, NWB DokID: CAAAE-86172.
5 BGBl 2004 I 1753.
6 BFH v. 6. 3. 1992 - VI R 163/88, BStBl 1992 II 661; vgl. *Schmitt*, NWB 39/2018 Beilage 3/2018, 1, NWB DokID: EAAAG-94235.
7 BFH v. 20. 7. 2006 - VI R 26/05, BStBl 2006 II 764, m.w. N.

Kosten für die **Allgemeinbildung**, die ein Stpfl. erwirbt, ohne dass dies notwendige Voraussetzung für eine Berufsausbildung wäre, sind weder Fortbildungs- noch Ausbildungskosten (z. B. Erwerb eines Führerscheins durch einen Schüler, Erlernen einer Sprache aus privaten Gründen). 109

bb) Begriff

Da Berufsausbildung als **Ausbildung für einen künftigen** Beruf definiert ist, gehören hierzu insbesondere Aufwendungen für allgemeinbildende Schulen, Fachoberschulen, ein Erststudium. Dagegen gehören Promotionskosten, Aufwendungen für Umschulung, Zweitberuf oder Sprachkurs zu den Betriebsausgaben oder Werbungskosten. 110

Die Berufsausbildung ist als erstmalige Berufsausbildung anzusehen, wenn ihr **keine andere abgeschlossene Berufsausbildung** bzw. **kein abgeschlossenes berufsqualifizierendes Hochschulstudium vorausgegangen** ist. Wird ein Stpfl. ohne entsprechende Berufsausbildung in einem Beruf tätig und führt er die zugehörige Berufsausbildung nachfolgend durch (nachgeholte Berufsausbildung), handelt es sich dabei um eine erstmalige Berufsausbildung.[1] 111

Inländischen Abschlüssen gleichgestellt sind insoweit **Berufsausbildungsabschlüsse von Staatsangehörigen eines EU-/EWR-Mitgliedstaats oder der Schweiz**, die in einem dieser Länder erlangt werden, sofern der Abschluss in mindestens einem dieser Länder unmittelbar den Zugang zu dem entsprechenden Beruf eröffnet.[2] 112

Ein Studium stellt dann ein **erstmaliges Studium** i. S. d. § 12 Nr. 5 EStG dar, wenn es sich um eine Erstausbildung handelt. Es darf ihm kein anderes durch einen berufsqualifizierenden Abschluss beendetes Studium oder keine andere abgeschlossene nichtakademische Berufsausbildung vorangegangen sein.[3] Bei einem **Wechsel des Studiums** ohne Abschluss des zunächst betriebenen Studiengangs, z. B. von Rechtswissenschaften zu Medizin, stellt das zunächst aufgenommene Jurastudium kein abgeschlossenes Erststudium dar. 113

Nach § 19 Abs. 2 HRG stellt der **Bachelor- oder Bakkalaureusgrad** einer inländischen Hochschule einen berufsqualifizierenden Abschluss dar. Daraus folgt, dass der Abschluss eines Bachelorstudiengangs den Abschluss eines Erststudiums darstellt und ein nachfolgender Studiengang als weiteres Studium anzusehen ist.[4] 114

Eine erstmalige Berufsausbildung oder ein Studium findet **im Rahmen eines Ausbildungsdienstverhältnisses** statt, wenn die Ausbildungsmaßnahme Gegenstand des Dienstverhältnisses ist (vgl. R 9.2 Satz 2 LStR – sog. duale Studiengänge). Die dadurch veranlassten Aufwendungen stellen Werbungskosten dar. 115

> **PRAXISHINWEIS:**
> Aufwendungen für Bildungsmaßnahmen ohne erkennbare, objektiv nachvollziehbare Absicht, später eine Erwerbstätigkeit in dieser Richtung auszuüben, sind als Liebhaberei nicht abziehbar (z. B. Musikausbildung eines Richters,[5] Jagdprüfung eines Angestellten[6]).

(*Einstweilen frei*) 116–120

---

1 BFH v. 6. 3. 1992 - VI R 163/88, BStBl 1992 II 661.
2 BMF v. 22. 9. 2010, BStBl 2010 I 721, Rz. 11.
3 BFH v. 18. 6. 2009 - VI R 14/07, BStBl 2010 II 816.
4 BMF v. 22. 9. 2010, BStBl 2010 I 721, Rz. 14.
5 BFH v. 17. 11. 1978 - VI R 139/76, BStBl 1979 I 180.
6 BFH v. 10. 1. 2012 - VI B 92/11, BFH/NV 2012, 783 Nr. 5 = NWB DokID: ZAAAE-03552.

b) Abziehbare Aufwendungen[1]

121 Abziehbar sind die **Kosten der Berufsausbildung**. Zu den abziehbaren Aufwendungen gehören z. B.:[2]

- ▶ Lehrgangs-, Schul- oder Studiengebühren, Arbeitsmittel, Fachliteratur,
- ▶ Fahrten zwischen Wohnung und Ausbildungsort,
- ▶ Mehraufwendungen für Verpflegung,
- ▶ Mehraufwendungen wegen auswärtiger Unterbringung.[3]

122 Für den Abzug von Aufwendungen für eine auswärtige Unterbringung ist nicht erforderlich, dass die Voraussetzungen einer **doppelten Haushaltsführung** vorliegen.

c) Abzugsberechtigung

123 Abzugsberechtigt sind nur **unbeschränkt Steuerpflichtige**. Der Stpfl. kann neben den eigenen Aufwendungen auch die Aufwendungen für die Berufsausbildung seines Ehegatten/Lebenspartners als Sonderausgaben abziehen, sofern die Voraussetzungen des § 26 Abs. 1 Satz 1 EStG erfüllt sind.

d) Höchstbetrag

124 Die Aufwendungen sind ab VZ 2012 bis zu 6 000 € abziehbar. Die Aufwendungen sind um **steuerfreie Zuschüsse** wie Stipendien i. S. v. § 3 Nr. 11 EStG zu mindern. Dies gilt nicht für steuerfreie Bezüge, die der Bestreitung des Lebensunterhalts dienen (§§ 12, 13 BAföG, § 59 SGB III; vgl. R 10.9 EStR).

125–129 (*Einstweilen frei*)

130 ABC zu Aus- und Weiterbildungskosten[4]

- ▶ **Allgemeinbildung:** Aufwendungen für Kenntnisse, deren Erwerb keine notwendige Voraussetzung für eine Berufsausbildung ist, sind keine Sonderausgaben (Liebhaberei, s. → Rz. 109).
- ▶ **Aufbaustudium:** Aufwendungen sind i. d. R. Fortbildungskosten (Werbungskosten).
- ▶ **Beamtenanwärter:** Aufwendungen im Rahmen der Ausbildung stehen im Zusammenhang mit dem Dienstverhältnis und sind daher Werbungskosten.
- ▶ **Coaching/Persönlichkeitsbildung:** Aufwendungen können Werbungskosten sein (vgl. BFH v. 28. 8. 2008 - VI R 35/05, BStBl 2009 II 108), jedoch keine Sonderausgaben (s. „Allgemeinbildung").
- ▶ **Führerscheinkosten** sind als Kosten der allgemeinen Lebensführung weder Werbungskosten/Betriebsausgaben noch Sonderausgaben. Allerdings können Aufwendungen für Spezialführerscheine (z. B. für Bus, Lkw, Gefahrgut) – soweit für die Berufsausübung erforderlich – Werbungskosten sein. Entsprechendes gilt für Flugscheine.
- ▶ **Meisterkurse** dienen der Fortbildung (BFH v. 18. 4. 1996 - VI R 75/95, BStBl 1996 II 529).

---

1 Vgl. Erstausbildung und Erststudium: Checkliste für die Ermittlung der abziehbaren Aufwendungen, Checkliste, NWB DokID: UAAAE-39685.
2 Siehe auch die Aufzählung bei *Braun*, NWB 2014, 3834; *Klein*, DStR 2014, 776 ff.
3 Dazu *Steck*, DStZ 2008, 365 ff.
4 Siehe *Meier*, NWB DokID: ZAAAC-34001.

- **Promotion/Habilitation:** Kosten hierfür stellen Werbungskosten, keine Sonderausgaben dar (BFH v. 4.11.2003 - VI R 96/01, BStBl 2004 II 891).
- **Schule:** Die Kosten für den Besuch allgemeinbildender Schulen bis zum Abitur gehören zu den Kosten allgemeiner Lebensführung und stellen daher weder Ausbildungs- noch Fortbildungskosten dar (aber womöglich Schulgeld i.S.v. § 10 Abs.1 Nr. 9 EStG). Das gilt auch für Fachoberschulkosten, sofern der Besuch nicht im Rahmen einer Ausbildung erfolgt. Kosten für die Berufsschule stellen Werbungskosten dar. Kurse der Volkshochschule sind i.d.R. der Liebhaberei zuzuordnen und daher weder Werbungskosten noch als Sonderausgaben abziehbar (s. „Allgemeinbildung").
- **Sprachkurse:** S. „Allgemeinbildung" und „Schule".
- **Studium:** Kosten für das Erststudium sind als Sonderausgaben abziehbar, während Kosten für Zweit- und Aufbaustudium als Fortbildungskosten den Werbungskosten zuzurechnen sind (s. → Rz.113 ff.).
- **Umschulung:** Kosten für Umschulungsmaßnahmen sind als Fortbildungskosten (Werbungskosten) anerkannt.
- **Zweitberuf/-studium:** S. „Umschulung".

6. Schulgeld (§ 10 Abs. 1 Nr. 9 EStG)

a) Begriff

Schulgeldzahlungen sind als **Sonderausgaben** abzugsfähig. Dabei ist Voraussetzung, dass die öffentlich-rechtliche Schulpflicht begonnen hat und der Zugang zu öffentlichen Schulen möglich ist.[1] **Schulgeld** ist der von den Eltern eingeforderte **Beitrag zu den Kosten des normalen Schulbetriebs einer Privatschule**, soweit sie auch in einer staatlichen Schule Kosten des jeweiligen Schulbetriebs darstellen, die von der öffentlichen Hand getragen werden. Derartige Kosten sind z.B. Aufwendungen für die Schulgebäude, das Lehr- und Verwaltungspersonal und die laufenden Betriebskosten.[2]

Kein Schulgeld sind danach bspw. die **Aufwendungen für Schulbücher, kostenpflichtige Kurse und Klavierunterricht**. Da derartige Kosten — von Bundesland zu Bundesland in unterschiedlichem Maße — auch an staatlichen Schulen anfallen können und nicht abziehbar sind, verstieße es gegen das Gebot der Gleichbehandlung, wenn sie allein bei Privatschulen abziehbar wären.[3]

b) Begünstigte Schulen

Begünstigt sind Schulgeldzahlungen an folgende Schulen:
- Schulen in freier Trägerschaft,
- überwiegend privat finanzierte Schulen,
- andere **Einrichtungen im EU-/EWR-Raum** (ab VZ 2009; § 10 Abs.1 Nr. 9 Satz 2 und 4 EStG), die zu einem anerkannten allgemeinbildenden oder berufsbildenden Schul-, Jahrgangs- oder Berufsabschluss führen (§ 10 Abs. 1 Nr. 7 Satz 3 EStG), dabei obliegt die Prü-

---

[1] BFH v. 16.11.2005 - XI R 79/03, BStBl 2006 II 377.
[2] BFH v. 16.11.2005 - XI R 79/03, BStBl 2006 II 377.
[3] BFH v. 16.11.2005 - XI R 79/03, BStBl 2006 II 377.

fung und Feststellung der schulrechtlichen Kriterien in Bezug auf die ordnungsgemäße Vorbereitung eines schulischen Abschlusses obliegt nicht den Schulbehörden, sondern ist Aufgabe der Finanzbehörden[1].

▶ Deutsche Schulen im Ausland (unabhängig von ihrer Belegenheit).

134 **Hochschulen**, einschließlich der Fachhochschulen und die ihnen im EU-/EWR-Ausland gleichstehenden Einrichtungen, sind keine Schulen i. S. d. § 10 Abs. 1 Nr. 9 EStG, so dass Entgelte für den Besuch dieser Einrichtungen nicht berücksichtigt werden. Ein Abzug von Studiengebühren ist somit ausgeschlossen.[2] Der BFH hat mit Urteil vom 10.10.2017 bestätigt, dass Entgelte für ein Studium an einer privaten (Fach-)Hochschule auch nach der durch das JStG 2009 geänderten Fassung des § 10 Abs. 1 Nr. 9 EStG nicht als Sonderausgaben berücksichtigt werden können.[3]

c) Abziehbare Beträge

135 **Abziehbar** sind **30 % des Schulgeldes** ohne die Kosten, die für die Beherbergung, Betreuung und Verpflegung anfallen, höchstens **5 000 €** je Kind und Elternpaar für ein beim Stpfl. zu berücksichtigendes Kind (Jahresbetrag). Schulgeldzahlungen eines Stpfl. sind bei diesem auch dann abziehbar, wenn dessen unterhaltsberechtigtes Kind selbst Vertragspartner der Schule ist (R 10.10 Abs. 1 Satz 1 EStR). Der Höchstbetrag beläuft sich auch bei einem Elternpaar, das nicht zusammen zur Einkommensteuer veranlagt wird, auf 5 000 € je Kind. Die Schulgeldzahlungen sind dabei grundsätzlich bei dem Elternteil zu berücksichtigen, der sie getragen hat. Haben beide Elternteile entsprechende Aufwendungen getragen, sind sie bei jedem Elternteil nur bis zu einem Höchstbetrag von 2 500 € zu berücksichtigen, es sei denn, die Eltern beantragen einvernehmlich eine andere Aufteilung.

PRAXISHINWEIS:
Eine abweichende Aufteilung ist sinnvoll, wenn die von einem Elternteil getragenen Aufwendungen den anteiligen Höchstbetrag von 2 500 € überschreiten, während die von dem anderen Elternteil getragenen Aufwendungen den anteiligen Höchstbetrag nicht erreichen.[4]

136 Die übrigen 70 % dürfen nicht, auch nicht **als außergewöhnliche Belastung**, abgezogen werden. Freiwillige Zahlungen über das vereinbarte Schulgeld hinaus können daneben als **Spende nach § 10b EStG** abgezogen werden. Dies gilt jedoch nicht, wenn der Schulträger das Schulgeld so niedrig festgesetzt hat, dass der normale Betrieb der Schule nur durch zusätzliche Zuwendungen der Eltern aufrechterhalten werden kann. Derartige Zahlungen sind wie Schulgeldzahlungen zu behandeln und ggf. in den Sonderausgabenabzug einzubeziehen.[5]

137–140 (*Einstweilen frei*)

---

1 BFH v. 20.6.2017 - X R 26/15, NWB DokID: IAAAF-06271. Vgl. hierzu Bayerisches Landesamt für Steuern v. 16.5.2018 - S 2221.1-9/80 St36, NWB DokID: CAAAG-85946.
2 BMF v. 9.3.2009, BStBl 2009 I 487, Rz. 4; BFH v. 29.4.2009 - X R 30/08, BFH/NV 2009, 1623 Nr. 10 = NWB DokID: IAAAD-26939 bestätigt durch BFH v. 10.10.2017 - X R 32/15, NWB DokID: SAAAF-06272.
3 BFH v. 10.10.2017 - X R 32/15, BFH/NV 2018, 414 = NWB DokID: TAAAG-77113.
4 BMF v. 9.3.2009, BStBl 2009 I 487, Rz. 5.
5 BMF v. 4.1.1991, BStBl 1992 I 266.

7. Versorgungsausgleich (§ 10 Abs. 1a EStG)

a) Allgemeines

Die Sonderausgabenabzugstatbestände, bei denen der Abzugstatbestand des Leistenden mit einer Besteuerung beim Leistungsempfänger korrespondiert, sind durch das ZollkodexAnpG v. 22.12.2014[1] in einem neu eingefügten § 10 Abs. 1a EStG zusammengefasst worden. Dabei wurden die bisher in § 10 Abs. 1 Nr. 1, 1a und 1b EStG enthaltenen Regelungen ohne wesentliche inhaltliche Änderungen übernommen (§ 10 Abs. 1 Nr. 1 EStG wurde zu Abs. 1a Nr. 1; § 10 Abs. 1 Nr. 1a EStG zu Abs. 1a Nr. 2 und § 10 Abs. 1 Nr. 1b EStG zu Abs. 1a Nr. 4). Ziel der Zusammenfassung ist laut Gesetzesbegründung eine übersichtlichere Darstellung, die für mehr Rechtsklarheit und Anwenderfreundlichkeit sorgen soll (s. → Rz. 4). Mit § 10 Abs. 1a Nr. 3 EStG wird ein neuer Abzugstatbestand für Ausgleichszahlungen zur Vermeidung des Versorgungsausgleichs nach einer Ehescheidung bzw. der Auflösung einer Lebenspartnerschaft eingeführt. In § 10 Abs. 1a EStG sind echte Unterhaltsleistungen (Nr. 1), Versorgungsleistungen im Rahmen einer Vermögensübertragung sowie Ausgleichsleistungen im Zusammenhang mit einem Versorgungsausgleichs (Nr. 3 und 4) geregelt.

141

b) Realsplitting (§ 10 Abs. 1a Nr. 1 EStG)

Realsplitting bezeichnet das Verfahren der steuerlichen Berücksichtigung von **Unterhaltsleistungen an den geschiedenen oder dauernd getrennt lebenden Ehegatten** und Lebenspartner (§ 2 Abs. 8 EStG).

142

aa) Unterhaltsleistungen

Nach dieser Vorschrift kann der leistende Ehegatte/Lebenspartner bestimmte Aufwendungen, die er zum Zwecke des Unterhalts leistet, als Sonderausgaben abziehen. Korrespondierend hierzu hat der empfangende Ehegatte/Lebenspartner diese nach § 22 Buchst. b Satz 3 Nr. 1a EStG zu versteuern. Der Begriff der Unterhaltsleistungen (gesetzlich nicht definiert) entspricht nach h. M.[2] dem des § 33a EStG und erfasst nur die typischen Unterhaltskosten, d. h. Leistungen für den **laufenden Lebensunterhalt** des Empfängers (z. B. Kleidung, Ernährung, Wohnung). Abziehbar sind auch die Beiträge zur Kranken- und Pflegeversicherung, die der Stpfl. erbringt (allerdings kein Doppelabzug möglich, s. → Rz. 68). Keine Unterhaltsleistungen sind die Leistungen zur Befriedigung eines über den üblichen Lebensunterhalt hinausgehenden Bedarfs wie die Übernahme von Schulden oder Krankheitskosten (zu den Details s. KKB/Bleschick, § 33a EStG Rz. 22 ff.). Nach H 10.2 EStH ist es ohne Bedeutung, ob die Leistungen **freiwillig oder aufgrund einer gesetzlichen Unterhaltsverpflichtung** erbracht werden. Unterhaltsleistungen werden i. d. R. laufend erbracht (§ 361 Abs. 4, § 1586 Abs. 1 BGB). Unschädlich sind jedoch Einmalzahlungen oder **Sachleistungen** (vgl. H 10.2 „Wohnungsüberlassung" EStH). Die Leistungen müssen an den **geschiedenen** (§ 1564 BGB) oder **dauernd getrennt lebenden** (§ 1567 BGB) Ehegatten (§ 10 Abs. 1a Satz 1 EStG) und an Personen, deren **Ehe für nichtig erklärt oder aufgehoben** wurde (§ 10 Abs. 1a Satz 5 EStG), erfolgen. Dies gilt gem. § 2 Abs. 8 EStG für Lebenspartner. Die Vorschrift gilt nicht für Leistungen an sonstige Lebenspartner.[3]

143

---

1 BGBl 2014 I 2417.
2 *Lindberg*, in Frotscher/Geurts, § 10 EStG Rz. 21, m. w. N.; wohl auch *Heinicke* in Schmidt, § 10 EStG Rz. 131.
3 FG Hessen v. 11.9.2014 - 12 K 2057/13, NWB DokID: PAAAE-81250; NZB mit Beschluss v. 16.7.2015, Rev.: BFH X B 139/14, NWB DokID: XAAAE-85851 als unbegründet zurückgewiesen.

bb) Persönliche Voraussetzungen beim Leistenden und Empfänger

144 Nur **unbeschränkt Stpfl.** können die Unterhaltsleistungen als Sonderausgaben abziehen. Beschränkt Stpfl. ist dieses Recht gem. § 50 Abs. 1 Satz 3 EStG verwehrt.[1] Dies verstößt m. E. nicht gegen Unionsrecht (vgl. → Rz. 8). Auch der Unterhaltsberechtigte (Empfänger) muss grundsätzlich unbeschränkt steuerpflichtig sein und die Ehegatten müssen nach dem **Korrespondenzprinzip** für den betreffenden VZ diese Art der Besteuerung wählen. Ist der Empfänger nicht unbeschränkt steuerpflichtig, kann ein Abzug der Unterhaltsleistungen bei Nachweis der Besteuerung im Ausland, bei Vorliegen der Voraussetzungen des § 1a Abs. 1 Nr. 1 EStG oder aufgrund eines DBA in Betracht kommen (H 10.2 EStH).

cc) Antrag

145 Der Sonderausgabenabzug erfordert einen Antrag, der für jeden VZ neu zu stellen ist und nicht zurückgenommen werden kann (§ 10 Abs. 1a Satz 3 EStG). Er ist **nicht fristgebunden** und kann daher bis zum Eintritt der Festsetzungsverjährung gestellt werden. Erfolgt er nach Eintritt der Bestandskraft des Einkommensteuerbescheids, ist dieser nach § 175 Abs. 1 Nr. 2 AO zu ändern. Der Antrag ist als rechtsgestaltende Erklärung **bedingungsfeindlich**, kann aber der Höhe nach begrenzt und erweitert werden.[2]

dd) Zustimmung

146 Der Sonderausgabenabzug setzt die tatsächlich vorhandene Zustimmung des Unterhaltsberechtigten (Empfänger) voraus. Die Zustimmung ist eine **einseitige, empfangsbedürftige, öffentlich-rechtliche Willenserklärung**, deren Voraussetzungen im Zivilrecht und deren Rechtsfolgen im Steuerrecht liegen. Sie ist **form- und fristlos und bedingungsfeindlich** und kann auch zu einem nicht bezifferten Antrag **(blanko)** erteilt werden.[3] Bei rechtsmissbräuchlicher Verweigerung der Zustimmung von Seiten des Unterhaltsberechtigten kann die Zustimmung allein vor den Familiengerichten eingeklagt werden.[4] Die Zustimmung bindet anders als der Antrag dem Grunde nach auf Dauer, d. h. auch für Erhöhungen nach § 10 Abs. 1a Satz 2 EStG, ist jedoch bis zum Beginn des Kalenderjahres, für das sie nicht mehr gelten soll, gegenüber dem Veranlagungs-FA widerruflich (§ 10 Abs. 1a Satz 4 EStG; R 10 Abs. 2 Satz 2 f. EStR). Änderungen der Höhe nach sind jährlich auch ohne Widerruf möglich.[5] Weil die Gestaltungswirkung an den „mit Zustimmung des Empfängers" gestellten Antrag des Gebers geknüpft ist, dürfen Antrag und Zustimmung nicht voneinander losgelöst beurteilt werden; das Wahlrecht muss einvernehmlich ausgeübt werden.[6]

ee) Rechtsfolge

147 Ein derartiger mit Zustimmung des Empfängers gestellter Antrag **ändert den Rechtscharakter der Ausgaben**[7] und bewirkt die **Steuerpflicht der Unterhaltsleistungen** beim Empfänger gem.

---

1 Entsprechend sind die Zahlungen dann beim Empfänger nicht zu versteuern; vgl. BFH v. 31. 3. 2004 - X R 18/03, BStBl 2004 II 1047.
2 BFH v. 28. 6. 2006 - XI R 32/05, BStBl 2007 II 5.
3 BFH v. 12. 12. 2007 - XI R 36/05, NWB DokID: PAAAC-75272.
4 Dazu eingehend *Lindberg* in Frotscher/Geurts, § 10 EStG Rz. 29 f.
5 BFH v. 14. 4. 2005 - XI R 33/03, BStBl 2005 II 825.
6 *BFH* v. 14. 4. 2005 - XI R 33/03, BStBl 2005 II 825.
7 BFH v. 12. 7. 1989 - X R 8/84, BStBl 1989 II 957.

§ 22 Nr. 1a EStG. Unterhaltsleistungen können bis zu einer Höhe von 13 805 € als Sonderausgaben abgezogen werden. Der Stpfl. (Unterhaltsverpflichtete) trägt die objektive **Beweislast für die Zahlung** der Unterhaltsleistungen dem Grunde und der Höhe nach. Der Sonderausgabenabzug besteht nur in der Höhe der tatsächlichen Zahlung (entsprechende Versteuerung beim Empfänger). Ein weitergehender **Abzug nach § 33a EStG ist nicht möglich,** da die Vorschriften nicht nebeneinander anwendbar sind. Leistet jemand Unterhalt an mehrere Empfänger, sind die Unterhaltsleistungen an jeden bis zum Höchstbetrag abziehbar (R 10.2 Abs. 3 EStR).

Die **Aufteilung einheitlicher Unterhaltsleistungen** an den geschiedenen Ehegatten und die gemeinsamen Kinder (nicht nach § 10 Abs. 1a EStG abziehbar, da nicht nach § 22 EStG zu versteuern) ist für Zwecke des § 10 Abs. 1 Nr. 1 EStG nicht nach Köpfen, sondern **nach zivilrechtlichen Grundsätzen** vorzunehmen. Dabei kann auf zivilrechtliche Unterhaltstitel bzw. übereinstimmende Berechnungen der Beteiligten (oder ihrer Anwälte) zurückgegriffen werden, sofern nicht einer der Beteiligten die Berechnungen in substantiiert nachvollziehbarer Weise bestreitet.[1]

ff) Angabe der Identifikationsnummer des Unterhaltsempfängers

Wegen festgestellter Vollzugsdefizite bei der Versteuerung der Unterhaltszahlungen bei der empfangenden Person wird in § 10 Abs. 1a Nr. 1 Satz 7 bis 9 EStG für den Zahlenden ab VZ 2016 die Pflicht geregelt, die Identifikationsnummer (§ 139b AO) der den Unterhalt empfangenden Person anzugeben. Die unterhaltene Person wird im Gegenzug verpflichtet, ihre Identifikationsnummer der den Unterhalt leistenden Person für diese Zwecke mitzuteilen. Kommt die unterhaltene Person dieser Verpflichtung nicht nach, ist der Unterhaltsleistende berechtigt, die Identifikationsnummer der unterhaltenen Person bei der für den Unterhaltsleistenden zuständigen Finanzbehörde zu erfragen. Die Verfahrensregelung entspricht der in § 33a Abs. 1 Satz 9 bis 11 EStG (s. KKB/Bleschick, § 33a EStG Rz. 87 f.).

148

c) Versorgungsleistungen im Zusammenhang mit einer Vermögensübertragung (§ 10 Abs. 1a Nr. 2 EStG)

Wiederkehrende Leistungen im Zusammenhang mit einer **Vermögensübertragung** können **Versorgungsleistungen** (aa), **Unterhaltsleistungen** (bb) oder **wiederkehrende Leistungen im Austausch mit einer Gegenleistung**[2] sein.[3] Sie dürfen nach § 10 Abs. 1 Satz 1 EStG weder Betriebsausgaben noch Werbungskosten sein und nicht mit Einkünften in wirtschaftlichem Zusammenhang stehen, die bei der Veranlagung außer Betracht bleiben. Liegen die Voraussetzungen des § 10 Abs. 1a Nr. 2 EStG vor, sind die Versorgungsleistungen beim Verpflichteten als Sonderausgaben abziehbar und beim Berechtigten nach § 22 Nr. 1a EStG (vgl. KKB/Eckardt, § 22 EStG Rz. 119 ff.) steuerpflichtig.[4]

149

---

1 BFH v. 12.12.2007 - XI R 36/05, NWB DokID: PAAAC-75272.
2 Vgl. BMF v. 11.3.2010, BStBl 2010 I 227, Rz. 65 ff.
3 Zur Entwicklung dieses zunächst auf Richterrecht beruhenden Rechtsinstituts *Lindberg* in Frotscher/Geurts, § 10 EStG Rz. 41 ff. und *Heinicke* in Schmidt, § 10 EStG Rz. 139.
4 Der BFH (Rev.: BFH X R 24/15, BStBl 2017 I 636, NWB DokID: VAAAG-42485 hat entschieden, dass der aus dem Ruhegehalt an die geschiedene, im außereuropäischen Ausland lebende Ehefrau zu zahlende schuldrechtliche Versorgungsausgleich nicht als dauernde Last gemäß der inhaltsgleichen Vorgängervorschrift zu § 10 Abs. 1a Nr. 2 EStG (§ 10 Abs. 1 Nr. 1a EStG) abzuziehen ist.

aa) Versorgungsleistungen im Zusammenhang mit einer unentgeltlichen Vermögensübertragung

150 Versorgungsleistungen sind **wiederkehrende Leistungen**, die im Zusammenhang mit einer Vermögensübertragung – i. d. R. zur **vorweggenommenen Erbfolge** – unter nahen Angehörigen geleistet werden. Voraussetzung ist die **Übertragung bestimmten Vermögens** grundsätzlich kraft einzelvertraglicher Regelung unter Lebenden mit Rücksicht auf die künftige Erbfolge. Auf einem Wirtschaftsüberlassungsvertrag beruhende Leistungen des Nutzungsberechtigten an den Überlassenden sind nicht als Sonderausgaben abziehbar, da es insoweit an der erforderlichen "Übertragung" begünstigten Vermögens fehlt.[1]

PRAXISHINWEIS:

Die auf einem Wirtschaftsüberlassungsvertrag beruhenden Leistungen des Nutzungsberechtigten an den Überlassenden können jedoch als Betriebsausgaben abziehbar sein.[2]

Eine Vermögensübertragung kann ihren Rechtsgrund auch in einer Verfügung von Todes wegen haben, wenn sie im Wege der vorweggenommenen Erbfolge zu Lebzeiten des Erblassers ebenfalls begünstigt wäre.[3] Zum zeitlichen Anwendungsbereich des § 10 Abs. 1a Nr. 2 EStG und des § 10 Abs. 1 Nr. 1a EStG a. F. im Falle einer Vermögensübertragung von Todes wegen ist ein Revisionsverfahren beim BFH anhängig.[4] Während die Versorgungsleistungen nur im **Generationen-Nachfolgeverbund** erfolgen dürfen (dazu unten → Rz. 155), gilt diese Einschränkung **für den Übernehmer des Vermögens nicht**. Unter Fremden muss der Übernehmer aufgrund besonderer (familienähnlicher) Beziehungen zum Übergeber ein persönliches Interesse an der lebenslangen angemessenen Versorgung des Übergebers haben, oder aus anderen Beweisanzeichen muss eindeutig zu entnehmen sein, dass die Vertragsbedingungen allein nach dem Versorgungsbedürfnis des Übergebers und der Leistungsfähigkeit des Übernehmers vereinbart worden sind.[5] Der Übergeber behält sich in Gestalt der Versorgungsleistungen typischerweise Erträge seines Vermögens vor, die nunmehr allerdings vom Übernehmer erwirtschaftet werden müssen.[6] Somit ist eine Versorgung gewährleistet, auch wenn der Vermögensübergeber durch die jeweilige Übertragung begünstigten Vermögens nicht länger selbst die Früchte aus diesem übertragenen Vermögen erwirtschaftet. Soweit im Zusammenhang mit der Vermögensübertragung Versorgungsleistungen zugesagt werden, sind diese weder Veräußerungsentgelt noch Anschaffungskosten.[7] Folgende Tatbestandsvoraussetzungen[8] müssen für eine nach § 10 Abs. 1a Nr. 2 EStG begünstigte Vermögensübertragung erfüllt sein:

151 Unentgeltlichkeit: Bei der Vermögensübertragung im Zusammenhang mit Versorgungsleistungen soll der Übernehmer nach dem Willen der Beteiligten – wenigstens teilweise – eine unentgeltliche Zuwendung erhalten. In den Fällen der Vermögensübertragung auf Angehörige spricht eine widerlegbare Vermutung dafür, dass die wiederkehrenden Leistungen unabhängig vom Wert des übertragenen Vermögens nach dem Versorgungsbedürfnis des Berechtigten

---

1 BFH v. 12.7.2017 - VI R 59/15, NWBDokID: JAAAG-34966.
2 BFH v. 12.7.2017 -VI R 60/15, NWBDokID: TAAAG-34967.
3 BFH v. 11.10.2007 - X R 14/06, BStBl 2008 II 123.
4 Az. X R 3/18, NWBDokID: PAAAG-81377.
5 BFH v. 16.12.1997 - IX R 11/94, BStBl 1998 II 718.
6 BFH v. 15.7.1991 - GrS 1/90, BStBl 1992 II 78.
7 BFH v. 5.7.1990 - GrS 2/89, BStBl 1990 II 847.
8 *Reddig*, DStZ 2010, 445 ff.; *Wälzholz*, DStR 2010, 850 ff.

und nach der wirtschaftlichen Leistungsfähigkeit des Verpflichteten bemessen worden sind.[1] Erfolgt die Übertragung gegen Entgelt, ist der Anwendungsbereich des § 10 Abs. 1 Nr. 1a EStG nicht eröffnet. Es gelten die Grundsätze über die einkommensteuerrechtliche Behandlung wiederkehrender Leistungen im Austausch mit einer Gegenleistung.[2]

Gegenstand der Vermögensübertragung: Eine begünstigte Vermögensübertragung i. S. d. § 10 Abs. 1 Nr. 1a EStG liegt nur vor bei Versorgungsleistungen im Zusammenhang mit der Übertragung

- eines Mitunternehmeranteils an einer Personengesellschaft, die eine Tätigkeit i. S. d. § 13, § 15 Abs. 1 Satz 1 Nr. 1 oder des § 18 Abs. 1 EStG ausübt,
- eines Betriebs oder Teilbetriebs sowie
- eines mindestens 50 % betragenden Anteils an einer Gesellschaft mit beschränkter Haftung (GmbH), wenn der Übergeber als Geschäftsführer tätig war und der Übernehmer diese Tätigkeit nach der Übertragung übernimmt (sog. **begünstigtes Vermögen**).[3] Versorgungsrenten sind in diesem Zusammenhang nur dann als Sonderausgaben abziehbar, wenn der Übergeber nach der Übertragung der Anteile an einer GmbH nicht mehr Geschäftsführer der Gesellschaft ist.[4]

Liegt keine der genannten Wirtschaftseinheiten vor, so sind die wiederkehrenden Leistungen in einen **Kapital- und einen Zinsanteil** aufzuteilen und der Zinsanteil mit jeweiligem Zufluss zu versteuern. Im Falle steuerverstrickten Vermögens kann hinsichtlich des Kapitalanteils ein steuerbarer Veräußerungsgewinn (insbesondere nach §§ 16 und 17 EStG) entstehen.[5]

Ausreichend ertragbringende Wirtschaftseinheit: Durch die Übertragung des Vermögens auf den Übernehmer kommt es beim Übergeber zu einer **Versorgungslücke**. Die Erträge werden fortan vom Übernehmer erwirtschaftet. Das übertragene Vermögen muss also **ausreichend Ertrag bringen, um die Versorgung** des Übergebers – zumindest zum Teil – **zu gewährleisten**.[6] Von einem ausreichend Ertrag bringenden **Vermögen** ist auszugehen, wenn nach überschlägiger Berechnung die wiederkehrenden Leistungen nicht höher sind als der langfristig erzielbare Ertrag des übergebenen Vermögens. Zu Erträgen führen grundsätzlich nur Einnahmen, die den Tatbestand einer **Einkunftsart i. S. d. § 2 Abs. 1 EStG** erfüllen. Wird begünstigtes Vermögen im Wege der vorweggenommenen Erbfolge übertragen, gilt bei dessen tatsächlicher Fortführung durch den Übernehmer grds. die **widerlegbare Vermutung**, dass die Erträge ausreichen, um die vereinbarten Versorgungsleistungen zu erbringen.[7] Kommt die Beweiserleichterung nicht zum Zuge, sind die maßgeblichen Erträge aufgrund des steuerlichen Gewinns zu ermitteln. Aus Vereinfachungsgründen kann der **Durchschnittsertrag der letzten drei Jahre** zugrunde gelegt wer-

---

1 Zur Widerlegbarkeit der Vermutung vgl. BMF v. 11. 3. 2010, BStBl 2010 I 227, Rz. 6.
2 Vgl. BMF v. 11. 3. 2010, BStBl 2010 I 227, Rz. 6.
3 Eingehend zum Begriff des begünstigten Vermögens BMF v. 11. 3. 2010, BStBl 2010 I 227, Rz. 7 ff. und *Grün*, NWB 2010, 1043 f.
4 BFH v. 20.3.2017- X R 35/16 zu § 10 Abs. 1 Nr. 1a Satz 2 Buchst. c EStG 2013 (jetzt: § 10 Abs. 1a Nr. 2 Satz 2 Buchst. c EStG). Hierzu Hänsch/Wessels, NWB 2017, 3334 ff.
5 Vgl. *Grün*, NWB 2010, 1043 f., mit Beispielen.
6 **Existenzsichernde Wirtschaftseinheiten** sind grds. Betriebe, Teilbetriebe, Mitunternehmeranteile (nach Ansicht des BFH nicht aber Betriebe ohne positiven Substanz- oder Ertragswert; die Verwaltung wendet diese Rechtsprechung jedoch nicht an), Anteile an Kapitalgesellschaften, Wertpapiere und typisch stille Beteiligungen, Geschäfts- oder Mietwohngrundstücke, vermietete Einfamilienhäuser und Eigentumswohnungen (für selbst genutzte gilt eine Übergangsregelung, BMF v. 16. 9. 2004, BStBl 2004 I 922), verpachtete unbebaute Grundstücke. Zur Problematik von verlustbringenden Betrieben vgl. BFH v. 8. 7. 2015 - X R 47/14, BFH/NV 2016, 184 = NWB DokID: TAAAF-17853.
7 BMF v. 11. 3. 2010, BStBl 2010 I 227, Rz. 30 ff.

den, **AfA und außerordentliche Aufwendungen** sind **hinzuzurechnen**.[1]Höchstrichterlich noch nicht geklärt ist die Frage, ob im Rahmen der unentgeltlichen Vermögensübertragung bei einem land- und forstwirtschaftlichen Betrieb gegen Versorgungsleistungen der Nachweis der Übertragung einer ausreichend ertragbringenden Wirtschaftseinheit anhand potentieller Verpachtungserträge erbracht werden kann.[2]

PRAXISHINWEIS:
Vorsicht ist geboten bei Umschichtung des Vermögens (z. B. Betriebsaufgabe). Zwar führt nicht jede Umschichtung zum Verlust des Sonderausgabenabzugs, doch das Vermögen muss auch nach der Umschichtung Erträge erwirtschaften und die Versorgungsleistungen müssen weiterlaufen.[3]

155 **Empfänger der Versorgungsleistungen (sog. Generationen-Nachfolgeverbund):**[4] Als Empfänger der Versorgungsleistungen kommen in erster Linie der Übergeber **des Vermögens i. S. d. § 10 Abs. 1 Nr. 1a** EStG, dessen Ehegatte und die gesetzlich erb- und pflichtteilsberechtigten Abkömmlinge des Übergebers[5] sowie der Lebenspartner einer eingetragenen Lebenspartnerschaft in Betracht. Empfänger von Versorgungsleistungen können auch die Eltern des Übergebers sein, wenn der Übergeber das übergebene Vermögen seinerseits von den Eltern im Wege der Vermögensübertragung im Zusammenhang mit Versorgungsleistungen erhalten hat.[6] Sind Empfänger der wiederkehrenden Leistungen die Geschwister des Übernehmers, besteht die widerlegbare Vermutung, dass diese nicht versorgt, sondern gleichgestellt werden sollen.[7] **Nicht zum Generationennachfolgeverbund gehörende Personen** (z. B. die langjährige Haushälterin, der Lebensgefährte/die Lebensgefährtin, Mitarbeiter im Betrieb) können **nicht Empfänger von Versorgungsleistungen sein.**[8]

156 Versorgungsleistungen waren bislang nur begünstigt, wenn der Empfänger der Versorgungsleistungen unbeschränkt einkommensteuerpflichtig war (§ 50 Abs. 1 Satz 3 EStG). Eine Ausnahme galt bislang nur in den Fällen des § 1a Abs. 1 Nr. 1a EStG. Allerdings hat der EuGH in der Rs. *Grünewald*[9] den Abzugsausschluss für Versorgungsleistungen bei beschränkter Steuerpflicht als mit der EU-Kapitalverkehrsfreiheit gem. Art. 63 AEUV unvereinbar angesehen. Die Finanzverwaltung lässt daher für Versorgungsleistungen i. S. d. § 10 Abs. 1a Nr. 2 EStG oder für Renten und für dauernde Lasten i. S. d. § 10 Abs. 1 Nr. 1a EStG in den vor dem JStG 2008 geltenden Fassungen im Vorgriff auf eine gesetzliche Regelung den Sonderausgabenabzug auch für beschränkt Steuerpflichtige zu. Dies gilt in allen offenen Fällen, wenn der Empfänger der Versorgungsleistungen im EU-/EWR-Raum ansässig ist.[10]

157 **Lebenslange Verpflichtung:**[11] Versorgungsleistungen sind nur wiederkehrende Leistungen, die **lebenslang – auf die Lebenszeit des Empfängers – gezahlt werden**. Höchstzeitrenten sind nur dann begünstigt, wenn die zeitliche Beschränkung dem künftigen Wegfall der Versorgungs-

---

1 Zur Vermögensübertragung unter dem Vorbehalt des Nießbrauchs vgl. BMF v. 11. 3. 2010, BStBl 2010 I 227, Rz. 24 ff. und BMF v. 11. 3. 2010, BStBl 2010 I 227, Rz. 85 ff.
2 FG Niedersachsen v. 27.9.2017 - 4 K 318/15, Rev. anhängig (BFH: X R 40/17), NWB DokID: BAAAG-73098.
3 Vgl. zu Umschichtungen ausführlich BFH. v. 17. 3. 2010 - X R 38/06, BStBl 2011 II 622 sowie BFH v. 18. 8. 2010 - X R 55/09, BStBl 2011 II 633; BMF v. 11. 3. 2010, BStBl 2010 I 227, Rz. 30 ff.
4 Eingehend BMF v. 11. 3. 2010, BStBl 2010 I 227, Rz. 50 ff.
5 Vgl. BFH v. 26. 11. 2003 - X R 11/01, BStBl 2004 II 820.
6 BFH v. 23. 1. 1997 - IV R 45/96, BStBl 1997 II 458.
7 BFH v. 20. 10. 1999 - X R 86/96, BStBl 2000 II 602.
8 BFH v. 26. 11. 2003 - X R 11/01, BStBl 2004 II 820.
9 EuGH v. 24. 2. 2015 - C-559/13, NWB DokID: IAAAE-85603.
10 BMF v. 18. 12. 2015, BStBl 2015 I, 1088; *Heine*, IWB 2015, 499.
11 BMF v. 11. 3. 2010, BStBl 2010 I 227, Rz. 56 ff.

bedürftigkeit Rechnung trägt. Wiederkehrende Leistungen auf die Lebenszeit des Empfängers der Versorgungsleistungen, die für eine Mindestlaufzeit zu erbringen sind (sog. Mindestzeitrenten oder verlängerte Leibrenten oder dauernde Lasten) oder auf eine bestimmte Zeit beschränkt sind (sog. abgekürzte Leibrenten oder dauernde Lasten), sind keine Versorgungsleistungen i. S. d. § 10 Abs. 1a Nr. 2 EStG, sondern stets nach den Grundsätzen über die einkommensteuerrechtliche Behandlung wiederkehrender Leistungen im Austausch mit einer Gegenleistung zu behandeln.[1]

Vorliegen und Durchführung eines klaren und eindeutigen Versorgungsvertrags:[2] Die steuerrechtliche Anerkennung des Übertragungsvertrags setzt voraus, dass die gegenseitigen **Rechte und Pflichten klar und eindeutig sowie rechtswirksam vereinbart und ernsthaft gewollt sind** und die Leistungen wie vereinbart tatsächlich erbracht werden. Als wesentlicher Inhalt des Übertragungsvertrags müssen der **Umfang des übertragenen Vermögens, die Höhe der Versorgungsleistungen und die Art und Weise der Zahlung** vereinbart sein.[3] Die Vereinbarungen müssen zu Beginn des durch den Übertragungsvertrag begründeten Rechtsverhältnisses oder bei Änderung dieses Verhältnisses für die Zukunft getroffen werden. **Änderungen der Versorgungsleistungen** sind steuerrechtlich nur anzuerkennen, wenn sie durch ein i. d. R. langfristig verändertes Versorgungsbedürfnis des Berechtigten und/oder die veränderte wirtschaftliche Leistungsfähigkeit des Verpflichteten veranlasst sind.[4] Rückwirkende Vereinbarungen sind steuerrechtlich nicht anzuerkennen, es sei denn, die Rückbeziehung ist nur von kurzer Zeit und hat lediglich technische Bedeutung.[5] Zur Frage des Bestandsschutzes für sog. **gleitende Vermögensübertragungen** s. BFH v. 12. 5. 2015[6] und die daraufhin geänderte Verwaltungsauffassung.[7]

bb) Umfang des Sonderausgabenabzugs

Abziehbare Versorgungsleistungen sind alle im Übertragungsvertrag vereinbarten (und abgeflossenen) **wiederkehrenden Leistungen in Geld oder Geldeswert**. Hierzu gehören insbesondere Geldleistungen, **Übernahme von Aufwendungen und Sachleistungen**. Nach der Neufassung des § 10 Abs. 1 Nr. 1a EStG können auch auf einem Wirtschaftsüberlassungsvertrag beruhende Leistungen des Nutzungsberechtigten an den Überlassenden als Betriebsausgaben abziehbar sein.[8] Die Aufwendungen sind in voller Höhe abziehbar (und entsprechend in voller Höhe zu versteuern). Werden die Barunterhaltsleistungen dagegen vorübergehend wesentlich und nicht durch eine Änderung der Verhältnisse gerechtfertigt gekürzt, führt dies zwar auch zu einem Abzugsverbot bzgl. der gekürzten Barleistungen. Nach Rückkehr zur vertragsgerechten Erfüllung des Übergabevertrags sind die Leistungen jedoch wieder als Sonderausgaben abzugsfähig (und beim Empfänger als sonstige Einkünfte zu versteuern).[9] Werden Versorgungsleistungen anlässlich der Weiterveräußerung des übertragenen Vermögens abgelöst, so führt die

---

1 BFH v. 21. 10. 1999 - X R 75/97, BStBl 2002 II 650; zur rechtlichen Einordnung von wiederkehrenden Leistungen, die keine Versorgungsleistungen sind BMF v. 11. 3. 2010, BStBl 2010 I 227, Rz. 57 ff.
2 BMF v. 11. 3. 2010, BStBl 2010 I 227, Rz. 59 ff.
3 BFH v. 15. 7. 1992 - X R 165/90, BStBl 1992 II 1020.
4 BFH v. 15. 7. 1992 - X R 165/90, BStBl 1992 II 1020.
5 BFH v. 29. 11. 1988 - VIII R 83/82, BStBl 1989 II 281.
6 Vgl. BFH v. 12. 5. 2015 - IX R 32/14, NWB DokID: JAAAE-99397 und *Reddig*, NWB 2014, 2773.
7 BMF v. 6. 5. 2016, BStBl 2016 I 476.
8 BFH v. 12.7.2017 - Az. IV R 60/15, BFH/NV 2017 1429, NWB DokID: WAAAG-58289.
9 BFH v. 15. 9. 2010 - X R 31/09, BFH/NV 2011, 583 Nr. 4 = NWB DokID: ZAAAD-62329.

Ablösezahlung weder zu Veräußerungskosten noch zu nachträglichen Anschaffungskosten, noch ist sie als dauernde Last abziehbar.[1] Veräußert der Vermögensübernehmer das überlassene Vermögen und wendet er den Veräußerungserlös einem Dritten zu, sind die wiederkehrenden Leistungen nicht mehr als Sonderausgaben abziehbar und beim Empfänger nicht mehr als sonstige Einkünfte steuerbar.[2]

d) Versorgungsausgleichsleistungen (§ 10 Abs. 1a Nr. 3 EStG)

160 Mit § 10 Abs. 1a Nr. 3 EStG wurde ab VZ 2015 ein neuer Abzugstatbestand für Ausgleichszahlungen **zur Vermeidung eines Versorgungsausgleichs nach einer Ehescheidung** bzw. der Auflösung einer **Lebenspartnerschaft** eingeführt. Der neue Abzugstatbestand bezieht sich auf Zahlungen nach § 6 Abs. 1 Satz 2 Nr. 2 VersAusglG und § 1408 Abs. 2, § 1587 BGB. Danach hat die ausgleichspflichtige Person die Möglichkeit, zur Vermeidung der Durchführung eines Versorgungsausgleichs, Ausgleichszahlungen an den Versorgungsberechtigten zu leisten bzw. zu vereinbaren. Mit der Neuregelung wird in diesem Bereich ein bestehendes Regelungsdefizit beseitigt. Die entsprechenden Zahlungen können nunmehr steuerlich als Sonderausgaben geltend gemacht werden. Die Berücksichtigung erfolgt **auf Antrag des Ausgleichsverpflichteten mit Zustimmung des Ausgleichsberechtigten** (vgl. die Ausführungen zu Unterhaltsleistungen unter → Rz. 145 ff.). Dies ermöglicht den Verfahrensbeteiligten genau zu bestimmen, in welchem Umfang ein Abzug und die damit einhergehende Besteuerung erfolgen soll. Eine steuerliche Berücksichtigung des nicht von der Zustimmung umfassten Teils der Ausgleichszahlungen in einem vom Leistungsjahr abweichenden VZ ist nicht möglich. Die Vorschrift gilt unabhängig davon, ob Gegenstand des Ausgleichs eine **beamtenrechtliche, eine öffentlich-rechtliche, eine private, eine geförderte oder eine betriebliche Altersversorgung** ist. Damit ist die bisherige Einordnung dieser Zahlungen als Werbungskosten[3] oder als Vorgang auf der privaten Vermögensebene hinfällig. Korrespondierend zum steuerlichen Abzug der Aufwendungen als Sonderausgaben beim Ausgleichsverpflichteten, regelt der neu gefasste § 22 Nr. 1a EStG die Versteuerung als sonstige Einkünfte beim Ausgleichsberechtigten. Da § 10 Abs. 1a Nr. 3 EStG den Sonderausgabenabzug für **beschränkt Steuerpflichtige** nicht ausdrücklich vorsieht, dürfte dieser nach dem für § 10 Abs. 1a EStG geltenden Korrespondenzprinzip für diese Personengruppe ausgeschlossen sein.

e) Ausgleichszahlungen im Rahmen des Versorgungsausgleichs (§ 10 Abs. 1a Nr. 4 EStG)

161 Die Vorschrift betrifft nur den **schuldrechtlichen Versorgungsausgleich**. Danach ist die Ausgleichszahlung abziehbar, soweit die zugrunde liegenden, dem Ausgleichsverpflichteten zustehenden Versorgungsbezüge (z. B. Leibrente nach § 22 EStG oder Einkünfte nach § 19 EStG) bei diesem der Besteuerung unterliegen. Ab VZ 2011 sind auch Ausgleichszahlungen in Form von Kapitalzahlungen (§ 21 VersAusglG) begünstigt. Der Sonderausgabenabzug setzt die unbeschränkte Steuerpflicht (es genügt die fiktive, vgl. § 1a Abs. 1 Nr. 1 EStG) des Empfängers voraus.

162–168 *(Einstweilen frei)*

---

1 BFH v. 31. 3. 2004 - X R 66/98, BStBl 2004 II 830.
2 BFH v. 8. 12. 2010 - X R 35/10, BFH/NV 2011, 782 Nr. 5 = NWB DokID: XAAAD-74747.
3 Vgl. BFH v. 8. 3. 2006 - IX R 107/00, BStBl 2006 II 446.

III. Weitere Abzugsvoraussetzungen (§ 10 Abs. 2 EStG)

ABC zu Versorgungsleistungen[1]

▶ **Abfindungszahlungen zur Ablösung** wiederkehrender Bezüge z. B. anlässlich der Weiterveräußerung eines Gewerbebetriebs sind nicht abziehbar (BFH v. 31. 3. 2004 - X R 66/98 BStBl 2004 II 830).

▶ **Beerdigungskosten:** Die Übernahme der Bestattungskosten durch den geschiedenen unterhaltspflichtigen Ehegatten ist keine Sonderausgabe, da es sich nicht um Unterhaltskosten handelt (BFH v. 20. 8. 2014 - X R 26/12, NWB DokID: LAAAE-79657). Im Übrigen ist der Sonderausgabenabzug der Beerdigungskosten als Bestandteil einer lebenslangen Versorgung umstritten (vgl. HHR/*Kulosa*, § 10 EStG Anm. 79).

▶ **Erbschaft:** Nach § 10 Abs. 1a Nr. 2 EStG begünstigte Versorgungsleistungen sind wiederkehrende Leistungen, die im Zusammenhang mit einer Vermögensübertragung – i. d. R. zur vorweggenommenen Erbfolge – unter nahen Angehörigen geleistet werden. Eine Vermögensübertragung kann ihren Rechtsgrund auch in einer Verfügung von Todes wegen haben, wenn sie im Wege der vorweggenommenen Erbfolge zu Lebzeiten des Erblassers ebenfalls begünstigt wäre (BFH v. 11. 10. 2007 - X R 14/06, BStBl 2008 II 123).

▶ **Formzwang:** Die Einhaltung von Formvorschriften ist Voraussetzung für den Sonderausgabenabzug.

▶ **Gegenleistung:** Wiederkehrende Leistungen im Zusammenhang mit einer Vermögensübertragung können Versorgungsleistungen (aa), Unterhaltsleistungen (bb) oder wiederkehrende Leistungen im Austausch mit einer Gegenleistung[2] sein (s. → Rz. 149 ff.).

▶ **Mindestdauer:** Versorgungsleistungen sind nur wiederkehrende Leistungen, die lebenslang – auf die Lebenszeit des Empfängers – gezahlt werden. Wiederkehrende Leistungen auf die Lebenszeit des Empfängers der Versorgungsleistungen, die für eine Mindestlaufzeit zu erbringen sind, sind keine Versorgungsleistungen i. S. d. § 10 Abs. 1a Nr. 2 EStG (s. → Rz. 157).

▶ **Unterhaltsrenten** sind im Rahmen des Realsplittings (→ Rz. 142 ff.), der Versorgungsleistungen (→ Rz. 149 ff.) und des Versorgungsausgleichs (→ Rz. 161 ff.) als Sonderausgaben abziehbar.

▶ **Vertragsänderungen** sind nur in engen Grenzen zulässig (→ Rz. 158).

▶ **Zugewinnausgleichszahlungen** sind keine Sonderausgaben, da reine Vermögensumschichtung.

§ 10 Abs. 2 Satz 1 EStG fasst unter den Begriff der „Vorsorgeaufwendungen" die in § 10 Abs. 1 Nr. 2 (Rentenversicherungsbeiträge u. Ä.), Nr. 3 (Kranken- und Pflegeversicherungsbeiträge) und Nr. 3a (Beiträge zu Arbeitslosigkeits-, Berufsunfähigkeits-, Unfallversicherung u. Ä.) zusammen und stellt für diese gemeinsame Voraussetzungen auf.

---

1 Siehe *Meier*, NWB DokID: ZAAAC-34001.
2 Vgl. BMF v. 11. 3. 2010, BStBl 2010 I 227, Rz. 65 ff.

1. Kein Zusammenhang mit steuerfreien Einnahmen (§ 10 Abs. 2 Satz 1 Nr. 1 EStG)

171 Voraussetzung für die Berücksichtigung von Vorsorgeaufwendungen ist, dass sie nicht in **unmittelbarem wirtschaftlichen Zusammenhang** mit steuerfreien Einnahmen stehen.[1] Dies ist der Fall, wenn steuerfreie Einnahmen **nach ihrer Zweckbestimmung zur Leistung von Vorsorgeaufwendungen dienen**, z. B.: Pflichtbeiträge des Arbeitnehmers zur gesetzlichen Sozialversicherung im Zusammenhang mit steuerfreiem Arbeitslohn (z. B. nach dem Auslandstätigkeitserlass oder aufgrund eines Doppelbesteuerungsabkommens).[2] Der EuGH hat mit Urteil vom 22.6.2017[3] in der Anwendung dieser Vorschrift einen Verstoß gegen die unionsrechtliche Arbeitnehmerfreizügigkeit nach Art. 45 AEUV festgestellt. Im Vorgriff auf die mit dem Gesetz zur Vermeidung von Umsatzsteuerausfällen beim Handel mit Waren im Internet und zur Änderung weiterer steuerlicher Vorschriften v. 11.12.2018[4] waren bzw. sind gem. BMF-Schreiben[5] Vorsorgeaufwendungen nach § 10 Abs. 1 Nr. 2, 3 und 3a EStG als Sonderausgaben zu berücksichtigen, soweit sie in unmittelbarem wirtschaftlichen Zusammenhang mit in einem Mitgliedstaat der Europäischen Union oder einem Vertragsstaat des Abkommens über den Europäischen Wirtschaftsraum erzielten Einnahmen aus nichtselbständiger Tätigkeit stehen, diese Einnahmen nach einem Abkommen zur Vermeidung der Doppelbesteuerung im Inland steuerfrei sind und der Beschäftigungsstaat keinerlei steuerliche Berücksichtigung von Vorsorgeaufwendungen im Rahmen der Besteuerung dieser Einnahmen zulässt.

Höchstrichterlich zu klären ist jedoch die Frage, ob die Vorschrift gegen den Grundsatz der Folgerichtigkeit verstößt, wenn die Aufwendungen i. S. v. § 10 Abs. 1 Nr. 2 EStG weder im Tätigkeitsstaat noch im Inland geltend gemacht werden können.[6] Unter das Abzugsverbot fallen auch Zukunftssicherungsleistungen nach § 3 Nr. 62, Nr. 14 bzw. Nr. 57 EStG (steuerfreie Rentenversicherungszuschüsse).[7] Dies gilt nicht, wenn Arbeitslohn nicht zum Zufluss von Arbeitslohn führt, jedoch beitragspflichtig ist (z. B. Umwandlung zugunsten einer Direktzusage oberhalb von 4 % der Beitragsbemessungsgrenze in der allgemeinen Rentenversicherung, § 115 SGB IV). Die Beiträge, für die der (gesetzlich versicherte) Stpfl. den steuerfreien Arbeitgeberanteil nach § 3 Nr. 62 EStG erhalten hat, sind nicht als Sonderausgaben zu berücksichtigen. Für die privat versicherten Arbeitnehmer übernimmt § 10 Abs. 2 Nr. 1 2. Halbsatz EStG diese Regelung.[8]

2. Leistung an Versicherungsunternehmen in einem EU-/EWR-Mitgliedstaat (§ 10 Abs. 2 Satz 1 Nr. 2 EStG)

172 Danach dürfen Beiträge auch an **Versicherungsunternehmen**, die ihren **Sitz oder Ort der Geschäftsleitung in einem EU-/EWR-Mitgliedstaat** haben und das Versicherungsgeschäft im Inland betreiben, gezahlt werden oder an Versicherungsunternehmen, denen die Erlaubnis zum Geschäftsbetrieb im Inland erteilt ist (§ 10 Abs. 2 Satz 1 Nr. 2 EStG). Zu den begünstigten Zahlungsempfängern gehören seit VZ 2013 auch sonstige Einrichtungen, die einen vergleichbaren

---

[1] Hierdurch soll eine Doppelbegünstigung (Sonderausgabenabzug ohne Einnahmenbesteuerung, ähnlich wie bei § 3c EStG) vermieden werden; vgl. auch BFH v. 18.4.2012 - X R 62/09, BStBl 2012 II 721.
[2] BMF v. 24.5.2017, BStBl 2017 I 820, Rz. 199.
[3] EuGH v. 22.6.2017 - C-20/16, „Bechtel", BStBl 2017 II 1271.
[4] BGBl 2018 I 2338.
[5] BMF v. 11.12.2017, BStBl 2017 I 1624.
[6] BFH, X R 23/17 (anhängig).
[7] Vgl. *Myßen/Wolter*, NWB 2009, 2325.
[8] Vgl. *Myßen/Wolter*, NWB 2009, 2325.

Anspruch auf Absicherung im Krankheits- oder Pflegefall gewähren und zwar nach § 10 Abs. 2 Nr. 2a Satz 2 EStG auch außerhalb des EU-Bereichs, und nach § 10 Abs. 2 Nr. 2a Satz 3 EStG für **Stpfl. ohne Wohnsitz oder gewöhnlichen Aufenthalt** im Inland. Begünstigte Empfänger sind nach § 10 Abs. 2 Nr. 2 Buchst. b bis d EStG berufsständische Versorgungswerke, alle Sozialversicherungsträger (auch ausländische) und alle anderen Anbieter von Altersvorsorgeverträgen i. S. d. § 80 EStG (vgl. KKB/Wilhelm, § 80 EStG Rz. 6).

3. Einwilligung in die Datenübermittlung und Zertifizierung von Rentenverträgen (§ 10 Abs. 2 Satz 3 EStG)

Beiträge zu Basisrenten werden nur dann berücksichtigt, wenn es sich bei dem Vertrag i. S. v. § 10 Abs. 1 Nr. 2 Buchst. b EStG um einen zertifizierten Vertrag nach § 5a AltZertG handelt und der Stpfl. gegenüber dem Anbieter des Altersvorsorgeprodukts in die Datenübermittlung an die zentrale Stelle (DRV Bund, § 81 EStG) eingewilligt hat. Nach § 10 Abs. 2 Satz 3 EStG setzt die Berücksichtigung von Krankenversicherungs- und Pflegeversicherungsbeiträgen voraus, dass der Stpfl. gegenüber dem Versicherungsunternehmen, Träger der gesetzlichen Kranken- und Pflegeversicherung, der Künstlersozialkasse oder einer Einrichtung i. S. d. § 10 Abs. 2 Satz 1 Nr. 2 Satz 2 EStG in die Datenübermittlung nach § 10 Abs. 2a EStG **schriftlich einwilligt**. Bei gesetzlich versicherten Arbeitnehmern wird die **Einwilligung** durch die elektronische Lohnsteuerbescheinigung **fingiert** für die Rentenbezugsmitteilung von gesetzlich krankenversicherten Rentnern. Nach Auffassung der Verwaltung ist Einwilligung bei Beiträgen an ausländische Versicherungsunternehmen und ausländische GKV irrelevant.[1] Die Einwilligung in die Übermittlung der Beiträge umfasst auch Beitragsrückerstattungen.

173

4. Datenübermittlung – Verfahren (§ 10 Abs. 2a EStG)

Die Vorschrift wurde mit Wirkung ab 2017 durch das ModBestVerfG[2] an § 93c AO (Datenübermittlung durch Dritte) angepasst. Die Einwilligung muss der übermittelnden Stelle spätestens bis zum Ablauf des zweiten Kalenderjahres vorliegen, das auf das Beitragsjahr folgt. Die Einwilligung gilt auch für die folgenden Beitragsjahre, wenn der Stpfl. sie nicht gegenüber der übermittelnden Stelle schriftlich widerruft (§ 10 Abs. 2a Satz 2 und 3 EStG), wobei der Widerruf der übermittelnden Stelle vor Beginn des Beitragsjahres, für das die Einwilligung erstmals nicht mehr gelten soll, vorliegen muss. Die Sätze 4 bis 7 regeln die Einzelheiten zur Datenübermittlung, wobei sich Satz 4 Nr. 1 auf die Altersvorsorgebeiträge und Satz 4 Nr. 2 auf die Kranken- und Pflegeversicherungsbeiträge bezieht. Nach § 175b AO (bis 2017) nach Satz 8 können **bestandskräftige Einkommensteuerbescheide** aufgrund **neuer oder geänderter Datenübermittlungen** oder fehlender Einwilligungserklärungen geändert werden. § 93c Abs. 1 Nr. 3 AO (bis 2017 Satz 9) postuliert die Informationspflicht der übermittelnden Stelle gegenüber dem Stpfl. Satz 10 beinhaltet die Rechtsgrundlage für eine **Datenprüfung durch das BZSt**. Satz 8 Nr. 2 i. V. m. § 72 Abs. 4 AO sieht eine **Haftung des Übermittlers** bei vorsätzlicher oder grob fahrlässiger Falschmeldung für den Fall vor, dass die Steuer nicht beim Stpfl. nacherhoben werden kann. Vom BFH ist die Frage zu entscheiden, ob ein Einkommensteuerbescheid wegen offenbarer Unrichtigkeit nach § 129 AO berichtigt werden kann, wenn für das Finanzamt die fehlerhafte Eintragung der Vorsorgeaufwendungen in die falsche Kennziffer ohne weiteres er-

174

---

1 BMF v. 24.5.2017, BStBl 2017 I 820, Rz. 192 f.
2 BGBl 2016 I 694.

kennbar, die falsche Entscheidung des Steuerberaters hierfür jedoch ursächlich war.[1] In einem weiteren Verfahren ist zu klären, ob die Deutsche Rentenversicherung als zentrale Stelle nach § 81 EStG einer übermittelnden Stelle die Teilnahme am elektronischen Datenübermittlungsverfahren und damit auf Übermittlung von Daten an die Landesfinanzverwaltung im Rahmen dieses Datenübermittlungsverfahrens verweigern kann.[2]

175–180 (Einstweilen frei)

IV. Höchstbetragsberechnungen

181 Seit 2005 werden zwei getrennte Höchstbetragsberechnungen durchgeführt. Hierbei wird zwischen den Beiträgen zur **Basisversorgung im Alter** i. S. v. § 10 Abs. 1 Nr. 2 EStG und den **sonstigen Vorsorgeaufwendungen** i. S. d. § 10 Abs. 1 Nr. 3 und 3a EStG differenziert.

1. Höchstbetragsberechnungen für Altersvorsorgebeiträge nach § 10 Abs. 3 EStG[3]

182 Das Abzugsvolumen für Beiträge zugunsten einer Basisversorgung im Alter wird nunmehr **dynamisch an die Beitragsbemessungsgrenze** zur knappschaftlichen Rentenversicherung (West) **gekoppelt**. Die begünstigten Beiträge sind daher **2017** i. H. v. 23 362 € (Beitragsbemessungsgrenze Rentenversicherung 94 200 € x Beitragssatz Rentenversicherung 24,80 %; vor 2015 20 000 €) und 2018 23.712 € (96.000 x 24,70 %)als Sonderausgaben abziehbar. Im Falle der Zusammenveranlagung von Ehegatten oder Lebenspartnern verdoppelt sich dieser Betrag, unabhängig davon, wer von den Ehegatten oder Lebenspartnern die begünstigten Beiträge entrichtet hat. Dieser Höchstbetrag ist aus **Gründen der Gleichbehandlung** bei bestimmten Personen, die ohne eigene Aufwendungen und ohne Anspruch auf steuerfreie Arbeitgeberbeiträge einen Anspruch auf Altersversorgung haben, zu **kürzen**. Die Kürzung erfolgt um einen **fiktiven Arbeitgeber- und Arbeitnehmeranteil zur gesetzlichen Rentenversicherung** und zwar bei Arbeitnehmern, die in der gesetzlichen Rentenversicherung **versicherungsfrei oder von der Versicherungspflicht befreit** waren oder nicht der gesetzlichen Rentenversicherungspflicht unterliegen und mit ihrer Tätigkeit **eine Anwartschaft auf Altersversorgung** erwerben (§ 10 Abs. 3 Satz 3 EStG) und bei Abgeordneten mit Einkünften i. S. v. § 22 Nr. 4 EStG (Mandatsträger), die ganz oder teilweise einen **Anspruch auf Altersversorgung ohne eigene Beitragsleistung** erwerben (§ 10 Abs. 3 Satz 2 EStG). Von dem so ermittelten Betrag sind in 2005 60 % anzusetzen (§ 10 Abs. 3 Satz 3 EStG).[4] Dieser Prozentsatz erhöht sich bis 2025 in jedem Jahr um zwei Punkte (**2025: 100 %**; § 10 Abs. 3 Satz 5 EStG). Das Ergebnis ist um den nach § 3 Nr. 62 EStG steuerfreien Arbeitgeberanteil zur gesetzlichen Rentenversicherung zu kürzen und stellt dann den als Sonderausgaben abzugsfähigen Betrag dar (§ 10 Abs. 3 Satz 4 EStG).[5]

Berechnungsbeispiele Höchstbetrag

BEISPIEL 1: Ein lediger Arbeitnehmer zahlt im Jahr 2018 einen Arbeitnehmeranteil zur allgemeinen Rentenversicherung i. H. v. 3 000 €. Daneben hat der Arbeitnehmer noch 4 000 € in einen **Basisrentenvertrag** i. S. d. § 10 Abs. 1 Nr. 2 Satz 1 Buchst. b EStG eingezahlt.

---

1 Az. BFH: X R 27/18, NWB DokID: IAAAH-00037.
2 Az. BFH: X R 22/18, NWB DokID: EAAAH-00034.
3 BMF v. 24.5.2017, BStBl 2017 I 820, Rz. 59 ff.; *Dommermuth/Linden*, DB 2009, 2747.
4 BMF v. 28. 8. 2015, BStBl 2015 I 632 zur Aufteilung eines einheitlichen Sozialversicherungsbeitrags (Globalbeitrag).
5 Berechnungsbeispiele finden sich im BMF v. 24.5.2017, BStBl 2017 I 820, Rz. 74 ff.;

Systematische Kommentierung

§ 10 EStG

Arbeitnehmerbeitrag	3 000 €
Arbeitgeberbeitrag (§ 10 Abs. 1 Nr. 2 Satz 6 EStG)	3 000 €
Basisrentenvertrag	4 000 €
insgesamt	10 000 € (< als Höchstbetrag i. H. v. (96 000 x 24,7 %) = 23 712 €)
86 % des geringeren Betrags (10 000 €)	8 600 €
abzgl. steuerfreier Arbeitgeberanteil	3 000 €
abziehbarer Betrag	**5 600 €**

Zusammen mit dem steuerfreien Arbeitgeberbeitrag werden damit Altersvorsorgeaufwendungen i. H. v. **8 600 €** von der Besteuerung freigestellt. Dies entspricht 86 % der insgesamt geleisteten Beiträge.

BEISPIEL 2: ▶ Ein lediger Beamter zahlt im Jahr 2018 5 000 € in einen begünstigten **Basisrentenvertrag** i. S. d. § 10 Abs. 1 Nr. 2 Satz 1 Buchst. b EStG ein. Seine Einnahmen aus dem Beamtenverhältnis betragen **41 000 €**. Der Beitragssatz zur gesetzlichen Rentenversicherung beträgt 2018 18,6 %.

Basisrentenvertrag	5 000 €
Höchstbetrag (96.000 € x 24,7 %)	23 712 €
Kürzung nach § 10 Abs. 3 Satz 3 EStG (41 000 € × 18,6 % =)	7 626 €
gekürzter Höchstbetrag	**16.086**
Abziehbarer Betrag (86 % von 5 000 €, geringster Betrag)	**4 300 €**

BEISPIEL 3: ▶ Die Eheleute A und B zahlen im Jahr 2018 jeweils 8 000 € für einen **Basisrentenvertrag** i. S. d. § 10 Abs. 1 Nr. 2 Satz 1 Buchst. b EStG. A ist im Jahr 2018 als selbständiger Steuerberater tätig und zahlt darüber hinaus 12 000 € in die berufsständische Versorgungseinrichtung der Steuerberater, B ist Beamtin, ihre Einnahmen aus dem Beamtenverhältnis betragen 42 000 €.

berufsständische Versorgungseinrichtung	12 000 €
Basisrentenverträge	16 000 €
insgesamt	28 000 €
Höchstbetrag (doppelt)	47 724 €
Kürzung nach § 10 Abs. 3 Satz 3 EStG (42 000 € × 18,6 % =)	7 812 €
gekürzter Höchstbetrag	39 912 €
abziehbarer Betrag (86 % von 28 000, geringster Betrag)	**24 080 €**

PRAXISHINWEIS:

Mit dem Berechnungstool Günstigerprüfung/Höchstbetragsrechnung (in der Online-Version zu finden unter NWB DokID: WAAAE-99507) lässt sich der abziehbare Höchstbetrag berechnen.

2. Höchstbetragsberechnung für sonstige Vorsorgeaufwendungen (§ 10 Abs. 4 EStG)

Für sonstige Vorsorgeaufwendungen wird ein zusätzlicher Höchstbetrag von **2 800 €** gewährt. Der Höchstbetrag verringert sich nach § 16 Abs. 4 Satz 2 EStG auf **1 900 €** für Stpfl., die ganz oder teilweise ohne eigene Aufwendungen Anspruch auf vollständige oder teilweise Erstattung oder Übernahme von Krankheitskosten haben (**Beamte, Richter, Soldaten**), für deren

Krankenversicherung Leistungen i. S. v. § 3 Nr. 62 EStG erbracht werden (**Arbeitnehmer**) und für deren Krankenversicherung Leistungen i. S. v. § 3 Nr. 14 EStG erbracht werden (**Rentner**). Er gilt auch für den Ehegatten, wenn sich die Zukunftssicherungsleistungen des Arbeitgebers auch auf den Ehegatten des Arbeitnehmers beziehen oder wenn der Beihilfeanspruch des Beamten sich auch auf den Ehegatten erstreckt.[1] Der gemeinsame Höchstbetrag für **zusammen veranlagte Ehegatten** errechnet sich aus der Summe der ihnen einzeln zustehenden Höchstbeträge (§ 10 Abs. 4 Satz 3 EStG).

184 Ab VZ 2010 ist zu differenzieren zwischen Beiträgen zur sog. Basisabsicherung/Basiskrankenversicherung und den übrigen sonstigen Vorsorgeaufwendungen. Beiträge zur Basisabsicherung sind in voller Höhe – soweit erforderlich auch über die Höchstbeträge von 2 800 €/1 900 € hinaus – abzugsfähig. Beiträge zu den übrigen sonstigen Vorsorgeaufwendungen sind nur abzugsfähig, soweit die genannten Höchstbeträge noch nicht durch Beiträge zur Basisabsicherung verbraucht sind.[2] Diese Differenzierung ist verfassungsrechtlich unbedenklich.[3] Das BVerfG hat die Frage zur Verfassungsmäßigkeit der der Abziehbarkeit der sonstigen Vorsorgeaufwendungen nicht zur Entscheidung angenommen.[4]

3. Günstigerregelung (§ 10 Abs. 4a EStG)

185 In den Jahren 2005 bis 2019 ist statt der o. a. Höchstbetragsrechnungen die bis 2004 geltende Höchstbetragsrechnung (mit schrittweise abgesenktem Vorwegabzug) durchzuführen, sofern dies günstiger ist. Dies kann bei Steuerpflichtigen mit kleinen Einkommen der Fall sein. Im Rahmen der Günstigerprüfung wird der Höchstbetrag nach neuer Rechtslage (Altersvorsorgebeiträge zzgl. sonstige Vorsorgeaufwendungen bis 1 900 €/2 800 €, mindestens Basiskranken- und Pflegeversicherungsbeiträge), der Höchstbetrag nach Rechtslage 2004 (gemeinsamer Höchstbetrag für Altersvorsorge- und sonstige Vorsorgeaufwendungen) und der Höchstbetrag nach Rechtslage 2004 zzgl. eines gesonderten Betrags für einen Basis-/„Rürup"-Rentenvertrag (gemeinsamer Höchstbetrag für Altersvorsorge- und sonstige Vorsorgeaufwendungen zzgl. Sonderregelung für Beiträge zu einem Basis-/„Rürup"-Rentenvertrag) miteinander verglichen.[5]

PRAXISHINWEIS:
Die Prüfung wird vom Finanzamt von Amts wegen durchgeführt. Mit dem Berechnungstool Günstigerprüfung/Höchstbetragsrechnung (in der Online-Version zu finden unter NWB DokID: WAAAE-99507) lässt sich die Günstigerprüfung vornehmen.

V. Erstattungen (§ 10 Abs. 4b EStG)

186 Siehe dazu → Rz. 26.

VI. Datenübermittlung (§ 10 Abs. 4b Satz 4 ff. EStG)

187 Mit Inkrafttreten des AmtshilfeRLUmsG v. 26. 6. 2013 wird ab dem VZ 2016 ein neues elektronisches Datenübermittlungsverfahren eingeführt. Dieses soll sicherstellen, dass steuerfreie Zu-

---

1 BFH v. 23. 1. 2013 - X R 43/09, BStBl 2013 II 608.
2 Zu Einzelheiten und Berechnungsbeispielen vgl. *Myßen/Wolters*, NWB 2009, 2328 ff.
3 BFH v. 9. 9. 2015 - X R 5/13, NWB DokID: LAAAF-09212; die Begrenzung für Beiträge zur Arbeitslosenversicherung ist allerdings Gegenstand einer Verfassungsbeschwerde, BFH v. 16. 11. 2011 - X R 15/09, BStBl 2012 II 32, Az. des BVerfG: 2 BvR 598/12, NWB DokID: CAAAE-10170.
4 BVerfG 2 BvR 2445/15, NWB DokID: CAAAF-72256; vgl. → Rz. 7.
5 Zu den Einzelheiten und Berechnungsbeispielen vgl. *Myßen/Wolters*, NWB 2009, 2328 ff.

schüsse zu Vorsorgeaufwendungen – insbesondere für Beiträge zur Renten-, Kranken- und Pflegeversicherung – sowie die Erstattung von solchen Beiträgen steuerlich zutreffend erfasst werden. Eine Meldepflicht entfällt, wenn diese Zahlungen bspw. bereits in einer Lohnsteuerbescheinigung enthalten sind. Es geht also um die steuerliche Erfassung von Leistungen an Personen, die i. d. R. nicht Arbeitnehmer dieser Behörde sind, sondern von dieser Behörde bspw. eine Unterstützungsleistung erhalten. Nach Maßgabe des § 93c AO (ab 2017) haben Behörden i. S. d. § 6 Abs. 1 AO als mitteilungspflichtige Stelleng der zentralen Stelle (§ 81 EStG) die für den Sonderausgabenabzug erforderlichen Daten zu übermitteln. Mitzuteilen ist, ob und in welcher Höhe einem Stpfl. für dessen Beiträge zur (gesetzlichen oder privaten) Alterssicherung nach § 10 Abs. 1 Nr. 2 EStG, zur Kranken- und gesetzlichen Pflegeversicherung nach § 10 Abs. 1 Nr. 3 EStG und/oder zu sonstigen Vorsorgeaufwendungen nach § 10 Abs. 1 Nr. 3a EStG steuerfreie Zuschüsse gewährt (oder wieder zurückgefordert) werden oder solche Aufwendungen erstattet werden.

VII. Ermittlung der nichtabziehbaren Beiträge zur Krankenversicherung (§ 10 Abs. 5 EStG)

Mit der Vorschrift wurde eine Ermächtigung zum Erlass einer Rechtsverordnung zur Ermittlung der **nichtabziehbaren Beitragsanteile** der Krankenversicherung (vgl. → Rz. 62) eingefügt. Dies ist erforderlich, wenn ein einheitlicher Krankenversicherungsbeitrag ausgewiesen wird, der auch einen Anteil für nichtabziehbare Aufwendungen (z. B. Chefarztbehandlung, Einbettzimmer) enthält. Die Aufteilung erfolgt nach einem Proportionalverfahren.[1]

188

VIII. Übergangsregelung (§ 10 Abs. 6 EStG)

Die Vorschrift übernimmt unverändert die vor 2014 in § 52 Abs. 24 Satz 1 und 2 EStG geregelte Übergangsregelung für Altverträge. Nach Satz 1 dürfen Altersvorsorgeverträge bei Vertragsschlüssen vor 2012 die Zahlung einer Leibrente nicht vor Vollendung des 60. Lebensjahres vorsehen. § 52 Abs. 24 Satz 2 EStG fingiert die Einwilligung des Stpfl. zur Datenübermittlung an die zentrale Stelle.

189

§ 10a Zusätzliche Altersvorsorge

(1) ¹In der inländischen gesetzlichen Rentenversicherung Pflichtversicherte können Altersvorsorgebeiträge (§ 82) zuzüglich der dafür nach Abschnitt XI zustehenden Zulage jährlich bis zu 2 100 Euro als Sonderausgaben abziehen; das Gleiche gilt für

1. Empfänger von inländischer Besoldung nach dem Bundesbesoldungsgesetz oder einem Landesbesoldungsgesetz,

2. Empfänger von Amtsbezügen aus einem inländischen Amtsverhältnis, deren Versorgungsrecht die entsprechende Anwendung des § 69e Absatz 3 und 4 des Beamtenversorgungsgesetzes vorsieht,

3. die nach § 5 Absatz 1 Satz 1 Nummer 2 und 3 des Sechsten Buches Sozialgesetzbuch versicherungsfrei Beschäftigten, die nach § 6 Absatz 1 Satz 1 Nummer 2 oder nach § 230 Absatz 2 Satz 2 des Sechsten Buches Sozialgesetzbuch von der Versicherungspflicht befrei-

---

1 Zu den Einzelheiten und Berechnungsbeispielen vgl. *Myßen/Wolters*, NWB 2009, 2322 ff.

ten Beschäftigten, deren Versorgungsrecht die entsprechende Anwendung des § 69e Absatz 3 und 4 des Beamtenversorgungsgesetzes vorsieht,

4. Beamte, Richter, Berufssoldaten und Soldaten auf Zeit, die ohne Besoldung beurlaubt sind, für die Zeit einer Beschäftigung, wenn während der Beurlaubung die Gewährleistung einer Versorgungsanwartschaft unter den Voraussetzungen des § 5 Absatz 1 Satz 1 des Sechsten Buches Sozialgesetzbuch auf diese Beschäftigung erstreckt wird, und

5. Steuerpflichtige im Sinne der Nummern 1 bis 4, die beurlaubt sind und deshalb keine Besoldung, Amtsbezüge oder Entgelt erhalten, sofern sie eine Anrechnung von Kindererziehungszeiten nach § 56 des Sechsten Buches Sozialgesetzbuch in Anspruch nehmen könnten, wenn die Versicherungsfreiheit in der inländischen gesetzlichen Rentenversicherung nicht bestehen würde,

wenn sie spätestens bis zum Ablauf des Beitragsjahres (§ 88) gegenüber der zuständigen Stelle (§ 81a) schriftlich eingewilligt haben, dass diese der zentralen Stelle (§ 81) jährlich mitteilt, dass der Steuerpflichtige zum begünstigten Personenkreis gehört, dass die zuständige Stelle der zentralen Stelle die für die Ermittlung des Mindesteigenbeitrags (§ 86) und die Gewährung der Kinderzulage (§ 85) erforderlichen Daten übermittelt und die zentrale Stelle diese Daten für das Zulageverfahren verwenden darf. ²Bei der Erteilung der Einwilligung ist der Steuerpflichtige darauf hinzuweisen, dass er die Einwilligung vor Beginn des Kalenderjahres, für das sie erstmals nicht mehr gelten soll, gegenüber der zuständigen Stelle widerrufen kann. ³Versicherungspflichtige nach dem Gesetz über die Alterssicherung der Landwirte stehen Pflichtversicherten gleich; dies gilt auch für Personen, die

1. eine Anrechnungszeit nach § 58 Absatz 1 Nummer 3 oder Nummer 6 des Sechsten Buches Sozialgesetzbuch in der gesetzlichen Rentenversicherung erhalten und

2. unmittelbar vor einer Anrechnungszeit nach § 58 Absatz 1 Nummer 3 oder Nummer 6 des Sechsten Buches Sozialgesetzbuch einer der im ersten Halbsatz, in Satz 1 oder in Satz 4 genannten begünstigten Personengruppen angehörten.

⁴Die Sätze 1 und 2 gelten entsprechend für Steuerpflichtige, die nicht zum begünstigten Personenkreis nach Satz 1 oder 3 gehören und eine Rente wegen voller Erwerbsminderung oder Erwerbsunfähigkeit oder eine Versorgung wegen Dienstunfähigkeit aus einem der in Satz 1 oder 3 genannten Alterssicherungssysteme beziehen, wenn unmittelbar vor dem Bezug der entsprechenden Leistungen der Leistungsbezieher einer der in Satz 1 oder 3 genannten begünstigten Personengruppen angehörte; dies gilt nicht, wenn der Steuerpflichtige das 67. Lebensjahr vollendet hat. ⁵Bei der Ermittlung der dem Steuerpflichtigen zustehenden Zulage nach Satz 1 bleibt die Erhöhung der Grundzulage nach § 84 Satz 2 außer Betracht.

(1a) ¹Sofern eine Zulagenummer (§ 90 Absatz 1 Satz 2) durch die zentrale Stelle oder eine Versicherungsnummer nach § 147 des Sechsten Buches Sozialgesetzbuch noch nicht vergeben ist, haben die in Absatz 1 Satz 1 Nummer 1 bis 5 genannten Steuerpflichtigen über die zuständige Stelle eine Zulagenummer bei der zentralen Stelle zu beantragen. ²Für Empfänger einer Versorgung im Sinne des Absatzes 1 Satz 4 gilt Satz 1 entsprechend.

(2) ¹Ist der Sonderausgabenabzug nach Absatz 1 für den Steuerpflichtigen günstiger als der Anspruch auf die Zulage nach Abschnitt XI, erhöht sich die unter Berücksichtigung des Sonderausgabenabzugs ermittelte tarifliche Einkommensteuer um den Anspruch auf Zulage. ²In den anderen Fällen scheidet der Sonderausgabenabzug aus. ³Die Günstigerprüfung wird von Amts wegen vorgenommen.

(2a) ¹Der Sonderausgabenabzug setzt voraus, dass der Steuerpflichtige gegenüber dem Anbieter als mitteilungspflichtige Stelle in die Datenübermittlung nach Absatz 5 Satz 1 eingewilligt hat. ²§ 10 Absatz 2a Satz 1 bis Satz 3 gilt entsprechend. ³In den Fällen des Absatzes 3 Satz 2 und 5 ist die Einwilligung nach Satz 1 von beiden Ehegatten abzugeben. ⁴Hat der Zulageberechtigte den Anbieter nach § 89 Absatz 1a bevollmächtigt oder liegt dem Anbieter ein Zulageantrag nach § 89 Absatz 1 vor, gilt die Einwilligung nach Satz 1 für das jeweilige Beitragsjahr als erteilt.

(3) ¹Der Abzugsbetrag nach Absatz 1 steht im Fall der Veranlagung von Ehegatten nach § 26 Absatz 1 jedem Ehegatten unter den Voraussetzungen des Absatzes 1 gesondert zu. ²Gehört nur ein Ehegatte zu dem nach Absatz 1 begünstigten Personenkreis und ist der andere Ehegatte nach § 79 Satz 2 zulageberechtigt, sind bei dem nach Absatz 1 abzugsberechtigten Ehegatten die von beiden Ehegatten geleisteten Altersvorsorgebeiträge und die dafür zustehenden Zulagen bei der Anwendung der Absätze 1 und 2 zu berücksichtigen. ³Der Höchstbetrag nach Absatz 1 Satz 1 erhöht sich in den Fällen des Satzes 2 um 60 Euro. ⁴Dabei sind die von dem Ehegatten, der zu dem nach Absatz 1 begünstigten Personenkreis gehört, geleisteten Altersvorsorgebeiträge vorrangig zu berücksichtigen, jedoch mindestens 60 Euro der von dem anderen Ehegatten geleisteten Altersvorsorgebeiträge. ⁵Gehören beide Ehegatten zu dem nach Absatz 1 begünstigten Personenkreis und liegt ein Fall der Veranlagung nach § 26 Absatz 1 vor, ist bei der Günstigerprüfung nach Absatz 2 der Anspruch auf Zulage beider Ehegatten anzusetzen.

(4) ¹Im Fall des Absatzes 2 Satz 1 stellt das Finanzamt die über den Zulageanspruch nach Abschnitt XI hinausgehende Steuerermäßigung gesondert fest und teilt diese der zentralen Stelle (§ 81) mit; § 10d Absatz 4 Satz 3 bis 5 gilt entsprechend. ²Sind Altersvorsorgebeiträge zugunsten von mehreren Verträgen geleistet worden, erfolgt die Zurechnung im Verhältnis der nach Absatz 1 berücksichtigten Altersvorsorgebeiträge. ³Ehegatten ist der nach Satz 1 festzustellende Betrag auch im Fall der Zusammenveranlagung jeweils getrennt zuzurechnen; die Zurechnung erfolgt im Verhältnis der nach Absatz 1 berücksichtigten Altersvorsorgebeiträge. ⁴Werden Altersvorsorgebeiträge nach Absatz 3 Satz 2 berücksichtigt, die der nach § 79 Satz 2 zulageberechtigte Ehegatte zugunsten eines auf seinen Namen lautenden Vertrages geleistet hat, ist die hierauf entfallende Steuerermäßigung dem Vertrag zuzurechnen, zu dessen Gunsten die Altersvorsorgebeiträge geleistet wurden. ⁵Die Übermittlung an die zentrale Stelle erfolgt unter Angabe der Vertragsnummer und der Identifikationsnummer (§ 139b der Abgabenordnung) sowie der Zulage- oder Versicherungsnummer nach § 147 des Sechsten Buches Sozialgesetzbuch.

(5) ¹Nach Maßgabe des § 93c der Abgabenordnung hat die mitteilungspflichtige Stelle bei Vorliegen einer Einwilligung nach Absatz 2a neben den nach § 93c Absatz 1 der Abgabenordnung erforderlichen Angaben auch die Höhe der im jeweiligen Beitragsjahr zu berücksichtigenden Altersvorsorgebeiträge an die zentrale Stelle zu übermitteln, und zwar unter Angabe

1. der Vertragsdaten,
2. des Datums der Einwilligung nach Absatz 2a sowie
3. der Zulage- oder der Versicherungsnummer nach § 147 des Sechsten Buches Sozialgesetzbuch.

²§ 10 Absatz 2a Satz 6 und § 22a Absatz 2 gelten entsprechend. ³Die Übermittlung muss auch dann erfolgen, wenn im Fall der mittelbaren Zulageberechtigung keine Altersvorsorgebeiträge

geleistet worden sind. ⁴§ 72a Absatz 4 der Abgabenordnung findet keine Anwendung. ⁵Die übrigen Voraussetzungen für den Sonderausgabenabzug nach den Absätzen 1 bis 3 werden im Wege der Datenerhebung und des automatisierten Datenabgleichs nach § 91 überprüft. ⁶Erfolgt eine Datenübermittlung nach Satz 1 und wurde noch keine Zulagenummer (§ 90 Absatz 1 Satz 2) durch die zentrale Stelle oder keine Versicherungsnummer nach § 147 des Sechsten Buches Sozialgesetzbuch vergeben, gilt § 90 Absatz 1 Satz 2 und 3 entsprechend.

(6) ¹Für die Anwendung der Absätze 1 bis 5 stehen den in der inländischen gesetzlichen Rentenversicherung Pflichtversicherten nach Absatz 1 Satz 1 die Pflichtmitglieder in einem ausländischen gesetzlichen Alterssicherungssystem gleich, wenn diese Pflichtmitgliedschaft

1. mit einer Pflichtmitgliedschaft in einem inländischen Alterssicherungssystem nach Absatz 1 Satz 1 oder 3 vergleichbar ist und
2. vor dem 1. Januar 2010 begründet wurde.

²Für die Anwendung der Absätze 1 bis 5 stehen den Steuerpflichtigen nach Absatz 1 Satz 4 die Personen gleich,

1. die aus einem ausländischen gesetzlichen Alterssicherungssystem eine Leistung erhalten, die den in Absatz 1 Satz 4 genannten Leistungen vergleichbar ist,
2. die unmittelbar vor dem Bezug der entsprechenden Leistung nach Satz 1 oder Absatz 1 Satz 1 oder 3 begünstigt waren und
3. die noch nicht das 67. Lebensjahr vollendet haben.

³Als Altersvorsorgebeiträge (§ 82) sind bei den in Satz 1 oder 2 genannten Personen nur diejenigen Beiträge zu berücksichtigen, die vom Abzugsberechtigten zugunsten seines vor dem 1. Januar 2010 abgeschlossenen Vertrags geleistet wurden. ⁴Endet die unbeschränkte Steuerpflicht eines Zulageberechtigten im Sinne des Satzes 1 oder 2 durch Aufgabe des inländischen Wohnsitzes oder gewöhnlichen Aufenthalts und wird die Person nicht nach § 1 Absatz 3 als unbeschränkt einkommensteuerpflichtig behandelt, so gelten die §§ 93 und 94 entsprechend; § 95 Absatz 2 und 3 und § 99 Absatz 1 in der am 31. Dezember 2008 geltenden Fassung sind anzuwenden.

(7) Soweit nichts anderes bestimmt ist, sind die Regelungen des § 10a und des Abschnitts XI in der für das jeweilige Beitragsjahr geltenden Fassung anzuwenden.

Inhaltsübersicht	Rz.
A. Allgemeine Erläuterungen	1 - 10
I. Normzweck und wirtschaftliche Bedeutung der Vorschrift	1
II. Entstehung und Entwicklung der Vorschrift	2 - 3
III. Geltungsbereich	4
IV. Verhältnis zu anderen Vorschriften	5 - 10
B. Systematische Kommentierung	11 - 60
I. Begünstigte Personen (§ 10a Abs. 1 Satz 1 EStG)	11 - 25
1. Pflichtversicherte	12
2. Empfänger von inländischer Besoldung und diesen gleichgestellte Personen (nicht pflichtversicherte Personen)	13 - 17
3. Arbeitslose	18
4. Empfänger von Erwerbsminderungs- oder Erwerbsunfähigkeitsrenten oder Versorgung aufgrund Dienstunfähigkeit	19
5. Nicht begünstigter Personenkreis	20 - 25

II. Begünstigte Aufwendungen	26 - 32
III. Höchstbetrag	33 - 35
IV. Besondere Voraussetzungen und Verfahren	36 - 44
V. Rechtsfolgen	45 - 54
1. Günstigerprüfung	45
2. Rechtsfolge	46
3. Gesonderte Feststellung	47
4. Mehrere Verträge	48 - 54
VI. Besonderheiten bei Ehegatten/Lebenspartner	55 - 60

HINWEIS:

H 10a EStH; Teile A, C, D des BMF-Schreibens v. 21.12.2017, BStBl 2018 I 93; BMF v. 6.12.2017, BStBl 2018 I 147.

LITERATUR:

► Weitere Literatur siehe Online-Version

Herrmann, Riester-Rente und Sonderausgabenabzug – Unmittelbare Förderung trotz Zugehörigkeit zu einem berufsständischen Versorgungswerk?, NWB 2014, 748; *Wagner-Jung*, in: Uckermann/Fuhrmanns/Ostermayer/Doetsch, Das Recht der betrieblichen Altersversorgung, Kapitel 11, 1. Aufl. 2014; *Günther*, Kein zusätzlicher Sonderausgabenabzug bei vormals Pflichtversicherten, ErbStG 2015, 349; *Killat-Risthaus*, Nicht aktiv in der gesetzlichen Rentenversicherung Pflichtversicherten und Mitgliedern berufsständischer Versorgungseinrichtungen steht kein Sonderausgabenabzug nach § 10a EStG zu, DStZ 2015, 950; *Paus*, Beiträge zur Riester-Rente bei verheirateten Selbständigen, KSR 2016, 4; *Welker*, Die private Altersvorsorge, NWB-EV 2016, 13; *Emser/Jäger*, Steuerliche Förderung der privaten Altersvorsorge – Die Neuregelungen des Betriebsrentenstärkungsgesetzes, NWB 2017, 2490.

ARBEITSHILFEN UND GRUNDLAGEN ONLINE:

Welker, Private Altersvorsorge, NWB DokID: JAAAE-65373.

A. Allgemeine Erläuterungen

I. Normzweck und wirtschaftliche Bedeutung der Vorschrift

Um die schrittweise Absenkung des Rentenniveaus in der gesetzlichen Rentenversicherung durch die Rentenreform 2001 und des Versorgungsniveaus durch das Versorgungsänderungsgesetz 2001 zu kompensieren, regelt § 10a EStG in Kombination mit §§ 79 ff. EStG die steuerliche Förderung einer zusätzlichen privaten Altersvorsorge (sog. **Riester-Förderung**). Während §§ 79 ff. eine progressionsunabhängige Altersvorsorgezulage vorsehen, ermöglicht § 10a EStG (alternativ nicht kumulativ) bis zu einem Höchstbetrag einen Sonderausgabenabzug für die entsprechenden Altersvorsorgebeiträge, sofern dieser günstiger ist (§ 10a Abs. 2 EStG). Der Sonderausgabenabzug dient dazu, besser Verdienende progressionsabhängig (höher) zu entlasten. Während die Zulage auf den Altersvorsorgevertrag überwiesen wird, mindert der Sonderausgabenabzug die Einkommensteuer. Die späteren Rentenleistungen aus dem Altersvorsorgevertrag sind in voller Höhe zu versteuern (§ 22 Nr. 5 EStG).[1] Die Definition der Begünstigten in § 10a Abs. 1 Satz 1 EStG ist nicht nur für den Sonderausgabenabzug nach § 10a EStG, sondern aufgrund des Verweises in § 79 Satz 1 EStG auch für das Zulageverfahren nach §§ 79 ff. EStG von Bedeutung.

1

---

1 RegE des StÄndG 1964 BT-Drucks. 4/2400, 46, 62 und BT-Drucks. 4/2617, 3; dazu auch BFH v. 7.5.1987 - IV R 150/84, BStBl 1987 II 670.

II. Entstehung und Entwicklung der Vorschrift

2   AVmG v. 26. 6. 2001:[1] Die Vorschrift, die in engem Zusammenhang mit §§ 79 ff. EStG steht, wurde mit dem Altersvermögensgesetz eingeführt. Die Regelung der Altersvorsorgezulage war nach dem Gesetzentwurf zum AVmG zunächst ebenfalls in § 10a EStG enthalten und wurde erst im Verlauf des Gesetzgebungsverfahrens im neuen Abschn. XI verselbständigt. Bereits vor seinem Inkrafttreten wurde der begünstigte Personenkreis mit **VersÄndG 2001 v. 20. 12. 2001**[2] um Besoldungsempfänger und Bezieher von Amtsbezügen und mit **Gesetz zur Einbeziehung beurlaubter Beamter in die kapitalgedeckte Altersversorgung v. 15. 1. 2003**[3] um beurlaubte Beamte erweitert. Durch **AltEinkG v. 5. 7. 2004**[4] wurde § 10a Abs. 1 Satz 1 Nr. 5 EStG eingefügt und die Förderung auch während Kindererziehungszeiten gewährt. Des Weiteren wurde die Einverständniserklärung nach § 10a Abs. 1a Satz 2 EStG durch die Einwilligungserklärung nach § 10a Abs. 1 Satz 1 2. Halbsatz EStG ersetzt.

Nach weitgehend redaktionellen Änderungen wurde mit **EigRentG v. 29. 7. 2008**[5] und **JStG 2009 v. 19. 12. 2008**[6] der Kreis der Begünstigten auf Empfänger von Erwerbsminderungs- und Erwerbsunfähigkeitsrenten sowie Versorgungsbezügen wegen Dienstunfähigkeit erweitert.

Mit **Gesetz zur Modernisierung und Entbürokratisierung des Steuerverfahrens v. 20. 12. 2008**[7] wurden die Datenübermittlungsregelungen in § 10a Abs. 5 EStG eingefügt. Mit **EUAnpG v. 8. 4. 2010**[8] entfällt zur Umsetzung des Urteils des EuGH v. 10. 9. 2009 - C-269/07 die bisherige Voraussetzung der unbeschränkten Steuerpflicht und wird durch andere Anknüpfungspunkte zum Inland (inländische Rentenversicherung) ersetzt.[9] Für Personen, die nicht in einem inländischen Alterssicherungssystem abgesichert sind, besteht künftig keine Zulageberechtigung mehr.

Durch das **JStG 2010 vom 8. 12. 2010**[10] war eine Änderung von § 10a Abs. 1 Satz 3 EStG erforderlich geworden, damit Langzeitarbeitslose weiterhin zum begünstigten Personenkreis gehören; des Weiteren wurde die Regelung zur Datenübermittlung ergänzt (§ 10a Abs. 5 Satz 5 EStG).

3   **BeitrRLUmsG v. 7. 12. 2012:**[11] In § 10a Abs. 3 EStG erhöht sich als Folgeänderung zur Einführung eines Mindesteigenbetrags für den mittelbar zulageberechtigten Ehegatten der abziehbare Höchstbetrag um 60 € auf maximal 2 160 €.

KroatAnpG v. 25. 7. 2014:[12] Mit der Anfügung von § 10a Abs. 6 EStG wurden die Übergangsregelungen aus § 52 Abs. 24c Sätze 2 bis 4 EStG und Abs. 66 EStG a. F. unverändert in die Hauptvorschrift übernommen und Bestandsschutz bei ausländischen Sicherungssystemen gewährt.

Durch das **StModernG v. 18. 7. 2016**[13] wurde das Verfahren zur Datenübermittlung nach § 10a Abs. 5 EStG mit Wirkung zum 1. 1. 2017 dem neuen § 93c Abs. 1 AO angeglichen.

---

1   BGBl 2001 I 1310.
2   BGBl 2001 I 3926.
3   BGBl 2003 I 58.
4   BGBl 2004 I 1427.
5   BGBl 2008 I 1509.
6   BGBl. 2008 I 2794.
7   BGBl 2008 I 2850.
8   BGBl 2010 I 386.
9   BT-Drucks. 17/506, 18, 27.
10 BGBl 2010 I 1768.
11 BGBl 2011 I 2592.
12 BGBl 2014 I 1266.
13 BGBl 2016 I 1679.

Im **Betriebsrentenstärkungsgesetz** v. 17.8.2017[1] wurde mit Wirkung ab 2019 klargestellt, dass die Vorschriften für die Riester-Förderung, unabhängig vom Zeitpunkt der Ermittlung der Förderung, in der für das Beitragsjahr geltenden Fassung anzuwenden sind, soweit nicht ausdrücklich etwas anderes normiert ist.

III. Geltungsbereich

Die Vorschrift lässt für den in § 10a Abs. 1 EStG bestimmten Personenkreis den Abzug von Altersvorsorgeaufwendungen in Höhe des in Abs. 1 genannten Höchstbetrags als **Sonderausgaben** in der Steuererklärung mittels Anlage AV zu. Der Sonderausgabenabzug wird grundsätzlich **zusätzlich zur Zulage** nach § 83 EStG gewährt, wirkt sich aber der Höhe nach nur soweit aus, als die Steuerminderung durch den Sonderausgabenabzug die Zulage überschreitet. Um dieses Ergebnis zu erreichen, erhält der Stpfl. zunächst die Zulage, die von der zentralen Stelle an den Anbieter des Altersvorsorgevertrags ausgezahlt wird (vgl. KKB/Wilhelm, § 90 EStG Rz. 1 f.). Im Rahmen der Veranlagung des Veranlagungszeitraums, in dem die Zulage gezahlt wurde, wird **von Amts wegen** geprüft, ob der Sonderausgabenabzug nach § 10a EStG für den Stpfl. günstiger ist, d. h. zu einer Steuerermäßigung führt, die den Betrag der ausgezahlten Zulage überschreitet. Ist dies der Fall, wird der Sonderausgabenabzug durchgeführt. Hierbei wird die Steuerermäßigung durch den Sonderausgabenabzug auf den die Zulage übersteigenden Betrag beschränkt, indem die unter Berücksichtigung des Sonderausgabenabzugs ermittelte tarifliche Einkommensteuer um den Zulagenanspruch erhöht wird.[2] Auf diese Weise wird sowohl eine Doppelbegünstigung als auch die Rückabwicklung der Zulagengewährung vermieden. Des Weiteren bleibt die ausgezahlte Zulage auch im Falle des Sonderausgabenabzugs im Altersvorsorgevertrag gebunden, während die übersteigende Steuerermäßigung dem Stpfl. zur freien Verfügung steht.

TAB.	
Gesetzliche Grundlage	§ 10a EStG
Art	Kapitalgedeckte private oder betriebliche Altersversorgung. Als private Rentenversicherung oder fondsgebundene Rentenversicherung, Pensionsfonds oder Direktversicherung
Begünstigte Personen	Pflichtversicherte in der inländischen Rentenversicherung oder Bezieher einer inländischen Besoldung.
Nicht begünstigte Personen	Minijob mit der pauschalen RV oder geringfügig selbständig Tätige ohne Rentenversicherung.
Vertragsinhalt	Es muss ein zertifizierter Vertrag vorliegen mit der Vereinbarung über eine lebenslange Rentenzahlung, ohne Kapitalwahlrecht, frühestens ab dem 60. Lebensjahr (bei Vertragsabschlüssen ab 2012: 62. Lebensjahr). Eine Vereinbarung über Invaliden, Berufsunfähigkeit, Erwerbsminderung oder Hinterbliebenenrente ist möglich.

---

1 BGBl 2017 I 3214, 58.
2 *Myßen/Fischer*, NWB 2011, 4310 f.

Förderung	Entweder eine Altersvorsorgezulage oder ein Sonderausgabenabzug gem. § 10a EStG, je nach dem, was günstiger ist. Die Altersvorsorgezulage wird nicht ausgezahlt, sondern dem Vertrag gutgeschrieben.
Besteuerung im Rentenfall	In voller Höhe zu versteuern
Todesfall	Der überlebende Ehepartner kann den Vertrag auf den eigenen Riester-Vertrag übertragen.

IV. Verhältnis zu anderen Vorschriften

5   Der Sonderausgabenabzug nach § 10a EStG ist **ausgeschlossen**, soweit die Vorsorgeaufwendungen **im Rahmen des § 10 EStG als Sonderausgaben** geltend gemacht werden oder für sie **Arbeitnehmersparzulage** nach dem 5. VermBG oder **Wohnungsbauprämie** gewährt wird. Die Förderung nach § 10a EStG und der Sonderausgabenabzug für den Aufbau der privaten kapitalgedeckten Basisrente (§ 10 Abs. 1 Nr. 2 Buchst. b EStG – „**Rürup-Rente**") können dagegen nebeneinander geltend gemacht werden.

6–10   *(Einstweilen frei)*

B. Systematische Kommentierung

I. Begünstigte Personen (§ 10a Abs. 1 Satz 1 EStG)

11   Begünstigt sind nur **unbeschränkte Steuerpflichtige** (nach § 1 Abs. 1, 2 oder 3 EStG).[1] § 50 Abs. 1 Satz 3 EStG schließt die Anwendung der Vorschrift auf beschränkt Stpfl. aus. Begünstigt sind grundsätzlich alle, die von der Absenkung des Rentenniveaus bzw. Versorgungsniveaus betroffen sind und die zumindest **für einen Teil des jeweiligen Veranlagungszeitraums** dem betroffenen Alterssicherungssystem angehören.[2] Allerdings hat der BFH entschieden, dass mit der Beurlaubung nach § 28 TVöD nach dem Ende der Kindererziehungszeit von drei Jahren ohne Fortzahlung des Arbeitsentgelts und ohne Zahlung von Beiträgen in die gesetzliche Rentenversicherung, der Steuerpflichtige während dieser Zeit von der Absenkung des Rentenniveaus nicht betroffen ist und daher nicht zum Kreis der nach diesem Zweck Begünstigten gehört.[3]

1. Pflichtversicherte

12   Von der Absenkung des Renten-/Versorgungsniveaus sind in erster Linie **Pflichtversicherte in der inländischen gesetzlichen Rentenversicherung** und die diesen gleichgestellten **Pflichtversicherten nach dem Gesetz über die Alterssicherung der Landwirte** (§ 10a Abs. 1 Satz 3 EStG)[4] betroffen (§ 10a Abs. 1 Satz 1 1. Halbsatz EStG): Hierzu zählen[5] unselbständig Beschäftigte (**Arbeitnehmer** und **Auszubildende** nach § 1 Abs. 1 Satz 1 Nr. 1 SGB VI, **geringfügig beschäftigte Personen** i. S. d. § 8 Abs. 1 Nr. 1 EStG („**Mini-Jobber**") oder § 8a EStG i. V. m. SGB IV, **die *nicht***

---

[1] BMF v. 21.12.2017, BStBl 2018 I 93, Rz. 15.
[2] Vgl. die Übersicht nach BMF v. 21.12.2017, BStBl 2018 I 93, Rz. 4.
[3] BFH v. 8.8.2018 - X R 37/17, NWB DokID: MAAAH-04515
[4] BMF v. 21.12.2017, BStBl 2018 I 93, Rz. 1 ff.
[5] Vgl. Anlage 1 Nr. 1 ff. zu BMF v. 21.12.2017, BStBl 2018 I 93.

von der Versicherungspflicht nach § 6 Abs. 1b SGB VI befreit sind; Helfer im freiwilligen sozialen oder ökologischen Jahr i. S. v. § 2 JFDG, Teilnehmer an dualen Studiengängen i. S. v. § 1 Satz 5 SGB VI, behinderte Menschen i. S. v. § 1 Satz 1 Nr. 2 Buchst. a SGB VI. Darüber hinaus:

- bestimmte **Selbständige** i. S. d. § 2 SGB VI,[1] z. B. Lehrer und Erzieher, Pflegepersonen, die in der Kranken-, Wochen-, Säuglings- oder Kinderpflege tätig sind, Hebammen, Künstler und Publizisten, Handwerker vor Wegfall der Versicherungspflicht nach § 6 Abs. 1 Satz 1 Nr. 4 EStG;

- Personen in der Zeit, für die ihnen u. a. **Kindererziehungszeiten** anzurechnen sind (§ 3 Satz 1 Nr. 1 SGB VI), in der sie einen **Pflegebedürftigen** i. S. d. § 14 SGB XI nicht erwerbsmäßig pflegen, für die sie **Entgeltersatzleistungen** wie Kranken-, Verletzten-, Vorruhestands- und Arbeitslosengeld beziehen (§ 3 Satz 1 Nr. 4 SGB VI)[2] und **Versicherungspflichtige nach Übergangsrecht** im SGB VI;

- **Pflichtversicherte auf Antrag** nach § 4 SGB VI wie Entwicklungshelfer, bestimmte Selbständige;

- **Pflichtversicherte nach dem ALG**[3] (§ 10a Abs. 1 Satz 3 1. Halbsatz EStG) wie versicherungspflichtige Landwirte, versicherungspflichtige Ehegatten/Lebenspartner von Landwirten;

- **Personen, die eine Vollrente wegen Alters** nach Erreichen der Regelaltersgrenze beziehen (§ 5 Abs. 4 Satz 1 Nr. 1 SGB VI), Personen, die nach beamtenrechtlichen Vorschriften oder Grundsätzen oder entsprechenden kirchenrechtlichen Regelungen oder einer berufsständischen Versorgungseinrichtung eine Versorgung nach Erreichen einer Altersgrenze beziehen oder die **in der Gemeinschaft übliche Versorgung im Alter** erhalten (§ 5 Abs. 4 Satz 1 Nr. 2 SGB VI) sowie Personen, die bis zum Erreichen der Regelaltersgrenze nicht in der gesetzlichen Rentenversicherung versichert waren oder nach Erreichen der Regelaltersgrenze eine Beitragserstattung aus ihrer Versicherung bei der inländischen gesetzlichen Rentenversicherung erhalten haben (§ 5 Abs. 4 Satz 1 Nr. 3 SGB VI) und in einer Beschäftigung oder selbständigen Tätigkeit **auf die Versicherungsfreiheit nach § 5 Abs. 4 Sätze 2 bis 4 SGB VI verzichtet haben**.[4]

2. Empfänger von inländischer Besoldung und diesen gleichgestellte Personen (nicht pflichtversicherte Personen)

Des Weiteren gehören die **Empfänger von inländischer Besoldung** und diesen **gleichgestellte Personen** (§ 10a Abs. 1 Satz 1 2. Halbsatz EStG) zum begünstigten Personenkreis, da sie von der Absenkung des Versorgungsniveaus betroffen sind.[5] Dazu gehören:

- **Empfänger von inländischer Besoldung nach dem BBesG** – oder einem entsprechenden **Landesbesoldungsgesetz** (§ 10a Abs. 1 Satz 1 2. Halbsatz Nr. 1 EStG), d. h. Bundes-, Landes- und Kommunalbeamte, Beamte der Körperschaften des öffentlichen Rechts, Beamte auf Widerruf, (Berufs-)Richter, Berufssoldaten.

---

[1] Vgl. Anlage 1 Nr. 14 ff. zu BMF v. 21.12.2017, BStBl 2018 I 93.
[2] Vgl. Anlage 1 Nr. 24 zu BMF v. 21.12.2017, BStBl 2018 I 93.
[3] Vgl. Anlage 1 B. zu BMF v. 21.12.2017, BStBl 2018 I 93.
[4] Vgl. Anlage 1 Nr. 23 zu BMF v. 21.12.2017, BStBl 2018 I 93.
[5] Vgl. Anlage 2 zu BMF v. 21.12.2017, BStBl 2018 I 93.

> **PRAXISHINWEIS:**
> Besoldungsempfänger sind allerdings nur aktive Beamte, da Ruhestandsbeamte Versorgungsbezüge erhalten.

15 ▶ **Empfänger von Amtsbezügen aus einem inländischen Amtsverhältnis**, deren Versorgungsrecht die entsprechende Anwendung des § 69e Abs. 3 und 4 BeamtVG vorsieht (§ 10a Abs. 1 Satz 1 2. Halbsatz Nr. 2 EStG), sind Personen, die keinen Beamtenstatus besitzen, deren Bezüge aber in Anlehnung an das BBesG oder Besoldungsgesetze der Länder geregelt sind wie Regierungsmitglieder des Bundes und der Länder, Parlamentarische Staatssekretäre, Datenschutz-/Wehrbeauftragter.

16 ▶ **Versicherungsfrei Beschäftigte, deren Versorgungsrecht die entsprechende Anwendung des § 69e Abs. 3 und 4 BeamtVG vorsieht** und die damit von der Absenkung des Versorgungsniveaus betroffen sind, ohne dass sie Besoldungs- oder Amtsbezüge erhalten (§ 10a Abs. 1 Satz 1 2. Halbsatz Nr. 3 EStG):

- Nach § 5 Abs. 1 Satz 1 Nr. 2 SGB VI **versicherungsfrei Beschäftigte von Körperschaften, Anstalten und Stiftungen des öffentlichen Rechts,** deren Verbände, wenn ihnen nach beamtenrechtlichen Vorschriften oder Grundsätzen oder entsprechenden kirchenrechtlichen Regelungen Anwartschaft auf Versorgung bei verminderter Erwerbsfähigkeit und im Alter sowie auf Hinterbliebenenversorgung gewährleistet wird und die Gewährleistung gesichert ist, u. a. rentenversicherungsfreie Kirchenbeamte und Geistliche in öffentlich-rechtlichen Dienstverhältnissen.

- Nach § 5 Abs. 1 Satz 1 Nr. 3 SGB VI **satzungsmäßige Mitglieder geistlicher Genossenschaften, Diakonissen oder Angehörige ähnlicher Gemeinschaften**, wenn ihnen nach den Regeln der Gemeinschaft Anwartschaft auf die in der Gemeinschaft übliche Versorgung bei verminderter Erwerbsfähigkeit und im Alter gewährleistet und die Gewährleistung gesichert ist.

- **Lehrer oder Erzieher** (§ 6 Abs. 1 Satz 1 Nr. 2 SGB VI und § 230 Abs. 2 Satz 2 SGB VI), die an nichtöffentlichen Schulen oder Anstalten beschäftigt sind, wenn ihnen nach beamtenrechtlichen Vorschriften oder Grundsätzen oder entsprechenden kirchenrechtlichen Regelungen Anwartschaft auf Versorgung bei verminderter Erwerbsfähigkeit und im Alter sowie auf Hinterbliebenenversorgung gewährleistet und die Gewährleistung gesichert ist.

- **Ohne Besoldung beurlaubte Beamte**, Richter, Berufs- und Zeitsoldaten (§ 10a Abs. 1 Satz 1 2. Halbsatz Nr. 4 EStG) gehören dagegen **nicht zu dem Kreis der Begünstigten** nach Abs. 1 Satz 1 1. Halbsatz EStG, weil sie im Zeitraum einer solchen Beurlaubung nicht von der Absenkung des Versorgungsniveaus betroffen sind, da keine Versorgungsansprüche entstehen. Gehen diese Personen während der Beurlaubung allerdings einer Beschäftigung nach, für die Versorgungsansprüche außerhalb der gesetzlichen Rentenversicherung entstehen, sind sie gleichwohl von der Absenkung des Versorgungsniveaus betroffen und gehören daher zum begünstigten Personenkreis (z. B. ehemalige Beamte, die für privatisierte öffentliche Unternehmen wie Bahn oder Post privatwirtschaftlich tätig sind).

- **Steuerpflichtige** i. S. v. § 10a Abs. 1 Satz 1 Nr. 1 bis 4 EStG, die **ohne Bezüge beurlaubt** sind, sofern sie eine **Anrechnung von Kindererziehungszeiten** nach § 56 SGB VI in Anspruch nehmen könnten, wenn die Versicherungsfreiheit in der **inländischen** gesetzlichen Rentenversicherung nicht bestehen würde (§ 10a Abs. 1 Satz 1 Nr. 5

EStG). Dadurch erfolgt eine Gleichstellung zu den Pflichtversicherten, bei denen Kindererziehungszeiten gem. § 56 SGB VI zu den Pflichtbeitragszeiten gehören. Während bis VZ 2006 die Beurlaubung „wegen der Erziehung eines Kindes" erfolgt sein musste, wurde diese Einschränkung mit JStG 2007 v. 13.12.2006[1] gestrichen. Der formale Grund für die Beurlaubung ist daher ohne Bedeutung.[2]

Voraussetzung für die Förderung ist, dass die in § 10a Abs. 1 Satz 2 Nr. 1 bis 5 EStG genannten Personen ihre schriftliche **Einwilligung zur Weitergabe der für einen maschinellen Datenabgleich notwendigen persönlichen Daten** an die jeweilige zuständige Stelle (§ 81a EStG) erklären.[3] Die Einwilligung ist Tatbestandsvoraussetzung sowohl für den Sonderausgabenabzug nach § 10a EStG als auch für die Zulage nach §§ 79 ff. EStG. Die Voraussetzungen für eine mittelbare Altersvorsorgezulageberechtigung nach § 79 Satz 2 EStG sind daher nicht erfüllt, wenn der Ehegatte, für den eine unmittelbare Zulageberechtigung in Betracht käme, zu dem Personenkreis gehört, dessen Zulageberechtigung gem. § 10a Abs. 1 Satz 1 2. Halbsatz EStG von der Erteilung einer fristgebundenen Einwilligung in die Datenübermittlung abhängig ist, er diese Einwilligung aber nicht fristgemäß erteilt hat.[4] Mit der Einwilligung wird die Besoldungsstelle bzw. vergleichbare Institution ermächtigt, der zentralen Stelle mitzuteilen, ob der Steuerpflichtige zum Kreis der Begünstigten nach § 10a EStG gehört, die für die Berechnung der Zulage erforderlichen Daten zu übermitteln und zu gestatten, diese Daten für das Zulageverfahren zu verwenden. Die Einwilligung ist spätestens bis **zum Ablauf des zweiten Kalenderjahres**, das auf das Beitragsjahr folgt, **ab Beitragsjahr 2019: bis zum Ablauf des Beitragsjahres** gegenüber der zuständigen Stelle zu erteilen. **Im Falle einer verspätet oder nicht erteilten Einwilligung ist gleichwohl – bei Erfüllung der Voraussetzungen** des § 79 Satz 2 EStG – **eine mittelbare Zulageberechtigung möglich** (vgl. auch BFH-Urteil vom 25.3.2015, BStBl 2015 II 709).[5] Die zuständigen Stellen haben die Daten **bis zum 31.3. des dem Beitragsjahr folgenden Kalenderjahrs** an die zentrale Stelle zu übermitteln (§ 91 Abs. 2 Satz 1 EStG).[6] Das Erfordernis der Einwilligung in die Datenübermittlung besteht auch für die in **§ 10a Abs. 1 Satz 4 EStG** genannten Versorgungsempfänger wegen Dienstunfähigkeit.

Im Rahmen eines Festsetzungsverfahrens nach § 90 Abs. 4 EStG kann der Zulageberechtigte ab Beitragsjahr 2019 bis zum rechtskräftigen Abschluss des Festsetzungsverfahrens eine nicht fristgerecht abgegebene Einwilligung gegenüber der zuständigen Stelle nachholen. Über die Nachholung hat er die zentrale Stelle unter Angabe des Datums der Erteilung der Einwilligung unmittelbar zu informieren. Hat der Zulageberechtigte im Rahmen des Festsetzungsverfahrens eine wirksame Einwilligung gegenüber der zuständigen Stelle erteilt, wird er – für das Zulageverfahren und für die Inanspruchnahme des Sonderausgabenabzugs nach § 10a EStG im Einkommensteuerfestsetzungsverfahren – so gestellt, als hätte er die Einwilligung inner-

---

1 BGBl 2006 I 2878.
2 BMF v. 21.12.2017, BStBl 2018 I 93, Rz. 4.
3 BMF v. 21.12.2017, BStBl 2018 I 93, Rz. 5; BFH v. 22.10.2014 - X R 18/14, BStBl 2015 II 37, der in der Einverständniserklärung eine verfahrensrechtliche Erklärung sieht, die der Gesetzgeber zum Schutz der persönlichen Daten der Beamten sowie zur Erleichterung der verfahrensmäßigen Abwicklung eingeführt hat. Der BFH hält das Abhängigmachen des Sonderausgabenabzugs von dieser – gegenüber den Pflichtversicherten i. S. d. § 10a Abs. 1 Satz 1 1. Halbsatz EStG – zusätzlichen Voraussetzung für verfassungsgemäß; vgl. BFH v. 22.10.2014 - X R 18/14, BStBl 2015 II 37.
4 BFH v. 5.7.2018 - X B 24/18, BFH/NV 2018 S. 1148 Nr. 11 = NWB DokID: ZAAAG-93496.
5 Zur Rechtslage vor und nach Einführung der Zweijahresfrist durch das AltEinkG v. 5.7.2004 vgl. BFH v. 22.10.2014 - X R 18/14, BStBl 2015 II 37; zur Möglichkeit der Wiedereinsetzung in den vorigen Stand vgl. BFH v. 25.3.2015 - X R 20/14, BStBl 2015 II 709, BFH v. 9.6.2015 - X R 38/14, BFH/NV 2015, 1376 bis 1378 und BFH v. 9.6.2015 - X R 14/14, BStBl 2015 II 931.
6 Vgl. dazu BMF v. 21.12.2017, BStBl 2018 I 93, Rz. 7.

halb der Frist nach § 10a Abs. 1 Satz 1 Halbsatz 2 EStG wirksam gestellt (§ 90 Abs. 5 EStG). Bei der Prüfung im Festsetzungsverfahren, ob eine wirksame Einwilligung vorliegt, sind auch Einwilligungen zu berücksichtigen, die nach Ablauf der Frist nach § 10a Abs. 1 Satz 1 Halbsatz 2 EStG und vor Stellung des Festsetzungsantrags erteilt wurden.[1]

3. Arbeitslose

18 **Arbeitslose und ALG II-Empfänger:**[2] **§ 10a Abs. 1 Satz 3 2. Halbsatz EStG** erstreckt die Förderung auch auf Personen, die eine Anrechnungszeit nach § 58 Abs. 1 Nr. 3 oder Nr. 6 SGB VI in der gesetzlichen Rentenversicherung erhalten und unmittelbar vor einer Anrechnungszeit nach § 58 Abs. 1 Nr. 3 oder Nr. 6 SGB VI zum begünstigten Personenkreis der Pflichtversicherten bzw. Empfängern einer Erwerbsminderungs-/Erwerbsunfähigkeitsrente/Versorgung wegen Dienstunfähigkeit gehörten. Damit gehören Arbeitslose und ALG II-Empfänger zum begünstigten Personenkreis. Ob eine analoge Anwendung für Altersvorsorgesparer, die nach § 28 TVöD beurlaubt sind, in Betracht kommen, ist höchstrichterlich entschieden.[3]

4. Empfänger von Erwerbsminderungs- oder Erwerbsunfähigkeitsrenten oder Versorgung aufgrund Dienstunfähigkeit[4]

19 Diese gehören nach **§ 10a Abs. 1 Satz 4 EStG** zum begünstigten Personenkreis, da sie von der Absenkung des Leistungsniveaus in den Alterssicherungssystemen betroffen sind. Denn der Zeitraum des Bezugs dieser Renten wird bei der Berechnung der späteren Altersversorgung berücksichtigt. Für die Inanspruchnahme der steuerlichen Förderung bei Beziehern einer Versorgung wegen Dienstunfähigkeit ist die Erteilung einer Einwilligungserklärung zur Datenweitergabe (→ Rz. 17) erforderlich. Die Begünstigung endet, wenn die anspruchsbegründende Leistung wegfällt oder in eine Altersrente umgestellt wird, spätestens jedoch mit der Vollendung des 67. Lebensjahres des Steuerpflichtigen.

5. Nicht begünstigter Personenkreis

20 Nicht begünstigt sind insbesondere:[5]

▶ **freiwillig Versicherte** in der gesetzlichen Rentenversicherung (vgl. §§ 7, 232 SGB VI)

▶ vormals (nicht mehr „aktiv") in der gesetzlichen Rentenversicherung Pflichtversicherte;[6]

▶ von der Versicherungspflicht in der gesetzlichen Rentenversicherung **befreite Personen (Gewerbetreibende im Handwerksbetrieb,** wenn für sie mindestens 18 Jahre lang Pflichtbeiträge gezahlt worden sind (§ 6 Abs. 1 Satz 1 Nr. 4 SGB VI)), Selbständige mit einem Auftraggeber als sog. **Existenzgründer** (§ 6 Abs. 1a SGB VI), **Personen,** die eine geringfügige Beschäftigung i. S. d. § 8 Abs. 1 Nr. 1 oder § 8a i. V. m. § 8 Abs. 1 Nr. 1 SGB VI **(„Mini-Jobber")** ausüben und nach § 6 Abs. 1b SGB VI **von der Versicherungspflicht befreit sind,** Angehöri-

---

1 Dazu BMF v. 21.12.2017, BStBl 2018 I 93, Rz. 6.
2 Vgl. im Einzelnen dazu BMF v. 21.12.2017, BStBl 2018 I 93, Rz. 10
3 BFH v. 8.8.2018 - X R 37/17, NWB DokID: MAAAH-04515.
4 Vgl. im Einzelnen dazu BMF v. 21.12.2017, BStBl 2018 I 93, Rz. 13 ff.
5 Vgl. Anlage 1 C. zu BMF v. 21.12.2017, BStBl 2018 I 93.
6 BFH v. 29.7.2015 - X R 11/13, BFH/NV 2015, 1728 = NWB DokID: IAAAF-07188.

- ge **berufsständischer Versorgungseinrichtungen** für z. B. Ärzte, Architekten, Rechtsanwälte;[1]

- In der gesetzlichen Rentenversicherung **versicherungsfreie Personen** (geringfügig Beschäftigte, die den Arbeitgeberbeitrag i. H. v. 15 % zur Rentenversicherung nicht durch eigene Beiträge aufstocken, Studenten im Rahmen eines vorgeschriebenen Praktikums, Bezieher einer Vollrente wegen Alters);

- **Ohne Vorliegen einer Versicherungspflicht** in der gesetzlichen Rentenversicherung (Selbständige, Vorstandsmitglieder von Aktiengesellschaften in der Beschäftigung als Vorstand und weiteren Beschäftigungen in Konzernunternehmen, Mitglieder des Deutschen Bundestages, der Landtage sowie des Europäischen Parlaments);

- **Personen in ausländischen Sicherungssystemen:** Mit EUAnpG v. 8. 4. 2010[2] wurde zur Umsetzung des Urteils des EuGH v. 10. 9. 2009 - C-269/07 die bisherige Voraussetzung der unbeschränkten Steuerpflicht durch andere Anknüpfungspunkte zum Inland (inländische Rentenversicherung) ersetzt.[3] Für Personen, die nicht in einem inländischen Alterssicherungssystem abgesichert sind, besteht künftig keine Zulageberechtigung mehr. Nach der Änderung des § 10a Abs. 1 EStG durch das KroatAnpG v. 25. 7. 2014[4] wurde in § 10a Abs. 6 EStG eine Übergangsregelung für Pflichtversicherte in ausländischen Rentenversicherungen aufgenommen.[5]

(*Einstweilen frei*) 21–25

II. Begünstigte Aufwendungen

Nach § 82 Abs. 1 EStG sind **private Altersvorsorgebeiträge** die zugunsten eines zertifizierten Altersvorsorgevertrags **bis zum Beginn der Auszahlungsphase** geleisteten Beiträge (vgl. KKB/Wilhelm, § 82 EStG Rz. 3). Altersvorsorgeverträge können in Form einer privaten Rentenversicherung, eines Fondssparplans oder als Sparplan, bei dem die Ansparleistung durch den Erwerb von weiteren Geschäftsanteilen an einer eingetragenen Wohnungsgenossenschaft erfolgt, abgeschlossen werden.[6] Nach § 10a Abs. 2 EStG gehört auch die **betriebliche Altersvorsorge** (vgl. KKB/Wilhelm, § 82 EStG Rz. 7) und damit auch Beiträge zu einer Direktversicherung, an eine Pensionskasse oder einem Pensionsfonds zum Aufbau einer **kapitalgedeckten** betrieblichen Altersversorgung zu den Altersvorsorgebeiträgen, sofern sie aus **individuell versteuertem Arbeitslohn** des Arbeitnehmers gezahlt werden und eine Auszahlung in Form einer **lebenslangen Rente** oder eines **Auszahlungsplans** gem. § 1 Abs. 1 Nr. 4 AltZertG vorgesehen ist.

Zusätzlich zu den Altersvorsorgebeiträgen ist die dem Stpfl. nach §§ 79 ff. EStG **zustehende Zulage** bei der Berechnung des Sonderausgabenabzugs anzusetzen. Auf die Auszahlung der Zulage kommt es entgegen § 11 Abs. 2 EStG nicht an, um den Sonderausgabenabzug unab-

---

[1] BFH v. 29. 7. 2015 - X R 11/13, BFH/NV 2015, 1728 = NWB DokID: IAAAF-07188 und BFH v. 6. 4. 2016 - X R 42/14, BFH/NV 2016, 1157 = NWB DokID: SAAAF-75048, a. A. *Hermann*, NWB 2014, 748.
[2] BGBl 2010 I 386.
[3] BT-Drucks. 17/506, 18, 27.
[4] BGBl 2014 I, 1266.
[5] Vgl. BMF v. 21.12.2017, BStBl 2018 I 93, Rz. 18 ff. Im Inland unbeschränkt Steuerpflichtiger hat keinen Anspruch auf Altersvorsorgezulage, wenn die Pflichtmitgliedschaft im gesetzlichen Alterssicherungssystem der Schweiz nicht vor dem 1. 1. 2010 begründet wurde und im Inland keine gesetzlichen Rentenversicherungspflicht besteht. BFH v. 24.8.2016 - X R 11/15, BFH/NV 2017, 300.
[6] *Myßen/Fischer*, NWB 2011, 4308.

hängig von dem Verfahren der Zulagengewährung durchführen zu können.[1] Die nach § 84 Satz 2 EStG erhöhte Grundzulage für Berufseinsteiger bleibt hingegen nach § 10a Abs. 1 Satz 5 EStG außer Ansatz.

28 Zu den **nicht geförderten Beiträgen** gehören neben den in § 82 Abs. 4 EStG genannten Aufwendungen Beträge, die den Höchstbetrag abzüglich der individuell für das Beitragsjahr zustehenden Zulage übersteigen („Überzahlungen"), sofern es sich nicht um den Sockelbetrag handelt.[2]

29–32 (*Einstweilen frei*)

III. Höchstbetrag

33 Die Aufwendungen sind bis zu einem **Höchstbetrag von 2 100 €** im Veranlagungszeitraum abziehbar.

34–35 (*Einstweilen frei*)

IV. Besondere Voraussetzungen und Verfahren

36 Da Zulagegewährung und Sonderausgabenabzug in engem Zusammenhang miteinander stehen, ist ein **Datenaustausch** zwischen der zentralen Stelle (§ 81 EStG) und dem für den Sonderausgabenabzug zuständigen Finanzamt erforderlich. Sofern der Stpfl. noch nicht über eine **Zulagenummer** nach § 90 Abs. 1 Satz 2 EStG oder eine Sozialversicherungsnummer i. S. d. § 147 SGB VI zur Identifizierung verfügt, vergibt die zentrale Stelle eine Zulagenummer, die der Stpfl. über die zuständige Stelle i. S. d. § 81a EStG (Besoldungs- oder Versorgungsstelle) beantragen muss (§ 10a Abs. 1a EStG).

37 Der Stpfl. hat darüber hinaus die **Höhe der geleisteten Altersvorsorgebeiträge** durch einen entsprechenden Datensatz des Anbieters **nachzuweisen**. Zu diesem Zweck muss der Steuerpflichtige gegenüber dem Anbieter schriftlich darin einwilligen, dass dieser die im jeweiligen Beitragsjahr zu berücksichtigenden Altersvorsorgebeiträge unter Angabe der steuerlichen Identifikationsnummer (§ 139b AO) an die zentrale Stelle übermittelt. Die Einwilligung muss dem Anbieter **spätestens bis zum Ablauf des zweiten Kalenderjahres**, das auf das Beitragsjahr folgt, vorliegen[3] und gilt, bis sie vom Steuerpflichtigen gegenüber seinem Anbieter schriftlich widerrufen wird. Sind beide Ehegatten unmittelbar oder mittelbar zulageberechtigt (§ 79 Satz 2 EStG), müssen nach § 10a Abs. 2a Satz 3 EStG beide Ehegatten ihre Einwilligung erteilen. § 10a Abs. 2a Satz 4 EStG sieht eine **Einwilligungsfiktion** vor, wenn der Zulageberechtigte seinen Anbieter bevollmächtigt hat, für ihn den Zulageantrag zu stellen oder dem Anbieter für das betreffende Beitragsjahr ein Zulageantrag vorliegt.[4] Die Einwilligung in § 10a Abs. 2a und 5 EStG ist **materielle Voraussetzung des Sonderausgabenabzugs**, wobei Abs. 2a die Einwilligung zur Datenübermittlung regelt, während § 10a Abs. 5 EStG die Übermittlung als solche regelt. Zur Frage der Änderung eines Steuerbescheids in den Fällen der erstmaligen Datenübermittlung bzw. Korrektur der übermittelten Daten nach § 10a Abs. 5 Satz 2 EStG vgl. BMF v. 21.12.2017.[5]

---

1 BMF v. 21.12.2017, BStBl 2018 I 93, Rz. 93.
2 BMF v. 21.12.2017, BStBl 2018 I 93, Rz. 134, mit weiteren Beispielen.
3 Zur Möglichkeit der Wiedereinsetzung in den vorigen Stand bei Versäumen der Einwilligungsfrist vgl. BFH v. 9.6.2015 - X R 14/14, BStBl 2015 II 931.
4 BMF v. 21.12.2017, BStBl 2018 I 93, Rz. 94 f.
5 BMF v. 21.12.2017, BStBl 2018 I 93, Rz. 103.

Die übrigen Tatbestandsvoraussetzungen für die Inanspruchnahme des Sonderausgaben- 38
abzugs – insbesondere die Zulageberechtigung – werden grundsätzlich im Wege des Datenabgleichs nach § 91 EStG durch die zentrale Stelle überprüft. Eine gesonderte Prüfung durch die Finanzämter erfolgt nicht.[1]

(*Einstweilen frei*) 39–44

V. Rechtsfolgen

1. Günstigerprüfung

Zwar wird der Sonderausgabenabzug auf Antrag des Stpfl. vorgenommen („können"), zum Tra- 45
gen kommt er jedoch nur, wenn die Steuerentlastung durch den Sonderausgabenabzug den Zulagebetrag i. S. d. §§ 84 ff. EStG überschreitet.[2] Nach § 10a Abs. 2 EStG prüft das Finanzamt dies von Amts wegen. Ist danach der Sonderausgabenabzug für den Stpfl. günstiger, wird er vom Finanzamt vorgenommen. In allen anderen Fällen bleibt es bei der Förderung durch die Zulage. Ein echtes Wahlrecht des Stpfl. besteht m. E. daher nicht.[3] Dieses Verfahren entspricht der Günstigerprüfung zwischen Kindergeld und Kinderfreibetrag nach § 31 Satz 4 EStG. Zur Verfahrensvereinfachung erfolgt ab VZ 2005 bei der Günstigerprüfung keine Berücksichtigung der Kinderfreibeträge mehr.

BEISPIEL: A, ledig und in der gesetzlichen Rentenversicherung pflichtversichert zahlt im Jahr 2016 1 200 € Eigenbeiträge auf einen zertifizierten Altersvorsorgebeitrag. Seine beitragspflichtigen Einnahmen betragen in 2016 betrugen 25 000 €, sein zvE ohne § 10a beträgt in 2017 22 000 €.

Ermittlung des Zulageanspruchs nach § 86 EStG:

Beitragspfl. Einnahmen des Vorjahres	25 000 €
Davon 4 %	1 000 €
Max. Förderung	2 100 €
Maßgebend	1 000 €
./. Zulageanspruch	154 €
Erforderliche Eigenbeiträge	846 €
Mindestens Sockelbetrag von 60 €	

A hat Anspruch auf die ungekürzte Grundzulage, da seine Eigenbeiträge i. H. v. 1 200 € den Mindesteigenbeitrag von 846 € übersteigen.

Günstigerprüfung nach § 10a Abs. 2 EStG:

zvE ohne § 10a	22 000 €
abzgl. § 10a	2 100 €
zvE neu	19 900 €
Steuer auf 22 000 €	3 333 €
Steuer auf 19 900 €	2 726 €
Differenz	607 €
Abzüglich Zulageanspruch	154 €
Zusätzlicher Steuervorteil	453 €

---

1 BMF v. 21.12.2017, BStBl 2018 I 93, Rz. 96.
2 Berechnungsbeispiel bei *Myßen/Fischer*, NWB 2011, 4312.
3 A. A. *Weber-Grellet* in Schmidt, § 10a EStG Rz. 22.

Das FA wird bei der Veranlagung für den VZ 2017 den Sonderausgabenabzug nach § 10a EStG durchführen und den Zulageanspruch i. H. v. 154 € (ab VZ 2018 175 €) der tariflichen Steuer hinzurechnen (2 880 €).

2. Rechtsfolge

46 Ist nach der Günstigerprüfung der Sonderausgabenabzug vorzunehmen, ist die tarifliche Einkommensteuer um den Zulageanspruch zu erhöhen, um eine Doppelbegünstigung zu vermeiden. Eine Rückabwicklung der Zulagengewährung erfolgt indes nicht. Dies hat zur Folge, dass die Zweckbindung der Zulage als Teil des Altersvorsorgevermögens erhalten bleibt und nur die über den Zulageanspruch hinausgehende Steuerentlastung nicht Teil des Altersvorsorgevermögens wird und daher für den Stpfl. frei verfügbar ist. Nach § 37 Abs. 3 Satz 6 EStG kann der Sonderausgabenabzug im **Vorauszahlungsverfahren** nicht geltend gemacht werden.

3. Gesonderte Feststellung

47 § 10a Abs. 4 EStG sieht in den Fällen, in denen der Sonderausgabenabzug günstiger ist als der Zulageanspruch, die gesonderte Feststellung nach § 179 AO der **über den Zulageanspruch hinausgehenden Steuerermäßigung** durch das Wohnsitzfinanzamt vor, die sie der zentralen Stelle mitteilt. Die Zuständigkeit des Wohnsitzfinanzamtes folgt aus der Anwendbarkeit von § 10d Abs. 4 Satz 3 bis 5 EStG. Des Weiteren ist der Feststellungsbescheid zu ändern, wenn sich die für den Sonderausgabenabzug maßgeblichen Besteuerungsgrundlagen ändern (z. B. wegen Wegfall der Zulageberechtigung). Wirkt sich eine Änderung der Einkommensteuerfestsetzung auf die Höhe der Steuerermäßigung aus, ist die Feststellung nach § 10a Abs. 4 Satz 1 EStG i. V. m. § 10d Abs. 4 Satz 4 EStG ebenfalls zu ändern.[1]

4. Mehrere Verträge

48 Für den Sonderausgabenabzug ist keine Begrenzung der Anzahl der zu berücksichtigenden Verträge vorgesehen (anders bei der Zulagengewährung vgl. KKB/Wilhelm, § 87 EStG Rz. 2). Der Steuerpflichtige kann den Sonderausgabenabzug daher auf beliebig viele Verträge verteilen und für Verträge geltend machen, für die keine Zulage beantragt wurde oder aufgrund des § 87 Abs. 1 EStG keine Zulage gewährt wird. In dem Umfang, in dem eine Berücksichtigung nach § 10a EStG erfolgt, gelten die Beiträge als steuerlich gefördert. Die Zurechnung der über den Zulageanspruch hinausgehenden Steuerermäßigung erfolgt hierbei im Verhältnis der berücksichtigten Altersvorsorgebeiträge und wird entsprechend festgestellt (§ 10a Abs. 4 Satz 2 EStG).[2]

49–54 (*Einstweilen frei*)

VI. Besonderheiten bei Ehegatten/Lebenspartner

55 Gehören beide Ehegatten/Lebenspartner zum begünstigten Personenkreis nach § 10a Abs. 1 EStG, steht **jedem Ehegatten/Lebenspartner** im Fall der Zusammenveranlagung nach § 10a Abs. 3 Satz 1 EStG **ein Sonderausgabenabzug** für seine begünstigten Beiträge zu, den er unabhängig von dem anderen Ehegatten/Lebenspartner geltend machen kann. Die Begrenzung auf

---

[1] BMF v. 21.12.2017, BStBl 2018 I 93, Rz. 112.
[2] BMF v. 21.12.2017, BStBl 2018 I 93, Rz. 124 f., mit Beispiel.

den Höchstbetrag ist für jeden Ehegatten/Lebenspartner gesondert vorzunehmen. Ein nicht ausgeschöpfter Höchstbetrag eines Ehegatten/Lebenspartners kann dabei **nicht** auf den anderen Ehegatten/Lebenspartner **übertragen** werden.[1]

Ist nur ein Ehegatte/Lebenspartner unmittelbar begünstigt, kommt nach § 10a Abs. 3 Satz 2 EStG ein Sonderausgabenabzug bis zur Höhe von 2 100 € grundsätzlich nur für seine Altersvorsorgebeiträge sowie für die ihm und dem mittelbar zulageberechtigten Ehegatten/Lebenspartner zustehenden Zulagen in Betracht. Der Höchstbetrag erhöht sich ab VZ 2012 um 60 €, wenn der andere Ehegatte/Lebenspartner die Voraussetzungen der mittelbaren Zulageberechtigung (§ 79 Satz 2 EStG) erfüllt. Der **mittelbar zulageberechtigte Ehegatte/Lebenspartner** hat **keinen eigenen Sonderausgabenabzug**. Die von diesem zugunsten seines Altersvorsorgevertrags geleisteten Altersvorsorgebeiträge können aber beim Sonderausgabenabzug des unmittelbar zulageberechtigten Ehegatten/Lebenspartners berücksichtigt werden, wenn der Höchstbetrag durch die vom **unmittelbar Zulageberechtigten geleisteten Altersvorsorgebeiträge** sowie die zu berücksichtigenden Zulagen nicht ausgeschöpft wird. Dabei sind nach § 10a Abs. 3 Satz 4 EStG die vom unmittelbar zulageberechtigten Ehegatten/Lebenspartner geleisteten Altersvorsorgebeiträge **vorrangig zu berücksichtigen**, jedoch mindestens 60 € der vom mittelbar zulageberechtigten Ehegatten/Lebenspartner geleisteten Altersvorsorgebeiträge.

56

Wird bei einer **Zusammenveranlagung** von Ehegatten/Lebenspartnern der Sonderausgabenabzug beantragt, gilt für die **Günstigerprüfung** Folgendes:[2]

57

Haben beide unmittelbar begünstigten Ehegatten/Lebenspartner Altersvorsorgebeiträge geleistet, wird nach § 10a Abs. 3 Satz 1 EStG i.V. m. § 10a Abs. 2 EStG, die Steuerermäßigung für die Summe der Altersvorsorgebeiträge beider Ehegatten/Lebenspartner mit dem den Ehegatten/Lebenspartnern insgesamt zustehenden Zulageanspruch verglichen. Auch wenn nur für die von einem Ehegatten/Lebenspartner geleisteten Altersvorsorgebeiträge ein Sonderausgabenabzug nach § 10a Abs. 1 EStG beantragt wird, wird bei der Ermittlung der über den Zulageanspruch hinausgehenden Steuerermäßigung, die den beiden Ehegatten/Lebenspartnern zustehende Zulage berücksichtigt.[3]

58

Ist nur ein Ehegatte/Lebenspartner unmittelbar begünstigt und hat der andere Ehegatte/Lebenspartner keinen Altersvorsorgevertrag abgeschlossen, wird die Steuerermäßigung für die Altersvorsorgebeiträge des berechtigten Ehegatten/Lebenspartners mit seinem Zulageanspruch verglichen. Ist der andere Ehegatte/Lebenspartner mittelbar zulageberechtigt, wird nach § 10a Abs. 3 Satz 2 bis 4 EStG i.V. m. § 10a Abs. 2 EStG, die Steuerermäßigung für die Aufwendungen beider Ehegatten/Lebenspartner einschließlich der hierfür zustehenden Zulagen mit dem den Ehegatten/Lebenspartnern insgesamt zustehenden Zulageanspruch verglichen.[4]

59

Sind im Fall der **Einzelveranlagung von Ehegatten/Lebenspartnern** nach § 26a EStG beide Ehegatten/Lebenspartner unmittelbar begünstigt, erfolgt die Günstigerprüfung für jeden Ehegatten/Lebenspartner wie bei einer Einzelveranlagung. Es wird daher nur der den jeweiligen Ehegatten/Lebenspartnern zustehende Zulageanspruch angesetzt. Im Übrigen verbleibt es bei den unter → Rz. 58 beschriebenen Auswirkungen.[5]

60

---

1 BMF v. 21.12.2017, BStBl 2018 I 93, Rz. 96.
2 *Myßen/Bering*, NWB 2006, 4379; BMF v. 21.12.2017, BStBl 2018 I 93, Rz. 106 sowie HHR/*Braun*, § 10a Anm. 33 jeweils mit Berechnungsbeispielen.
3 BMF v. 21.12.2017, BStBl 2018 I 93, Rz. 108.
4 BMF v. 21.12.2017, BStBl 2018 I 93, Rz. 107.
5 BMF v. 21.12.2017, BStBl 2018 I 93, Rz. 109.

§ 10b Steuerbegünstigte Zwecke

(1) ¹Zuwendungen (Spenden und Mitgliedsbeiträge) zur Förderung steuerbegünstigter Zwecke im Sinne der §§ 52 bis 54 der Abgabenordnung können insgesamt bis zu

1. 20 Prozent des Gesamtbetrags der Einkünfte oder
2. 4 Promille der Summe der gesamten Umsätze und der im Kalenderjahr aufgewendeten Löhne und Gehälter

als Sonderausgaben abgezogen werden. ²Voraussetzung für den Abzug ist, dass diese Zuwendungen

1. an eine juristische Person des öffentlichen Rechts oder an eine öffentliche Dienststelle, die in einem Mitgliedstaat der Europäischen Union oder in einem Staat belegen ist, auf den das Abkommen über den Europäischen Wirtschaftsraum (EWR-Abkommen) Anwendung findet, oder
2. an eine nach § 5 Absatz 1 Nummer 9 des Körperschaftsteuergesetzes steuerbefreite Körperschaft, Personenvereinigung oder Vermögensmasse oder
3. an eine Körperschaft, Personenvereinigung oder Vermögensmasse, die in einem Mitgliedstaat der Europäischen Union oder in einem Staat belegen ist, auf den das Abkommen über den Europäischen Wirtschaftsraum (EWR-Abkommen) Anwendung findet, und die nach § 5 Absatz 1 Nummer 9 des Körperschaftsteuergesetzes in Verbindung mit § 5 Absatz 2 Nummer 2 zweiter Halbsatz des Körperschaftsteuergesetzes steuerbefreit wäre, wenn sie inländische Einkünfte erzielen würde,

geleistet werden. ³Für nicht im Inland ansässige Zuwendungsempfänger nach Satz 2 ist weitere Voraussetzung, dass durch diese Staaten Amtshilfe und Unterstützung bei der Beitreibung geleistet werden. ⁴Amtshilfe ist der Auskunftsaustausch im Sinne oder entsprechend der Amtshilferichtlinie gemäß § 2 Absatz 2 des EU-Amtshilfegesetzes. ⁵Beitreibung ist die gegenseitige Unterstützung bei der Beitreibung von Forderungen im Sinne oder entsprechend der Beitreibungsrichtlinie einschließlich der in diesem Zusammenhang anzuwendenden Durchführungsbestimmungen in den für den jeweiligen Veranlagungszeitraum geltenden Fassungen oder eines entsprechenden Nachfolgerechtsaktes. ⁶Werden die steuerbegünstigten Zwecke des Zuwendungsempfängers im Sinne von Satz 2 Nummer 1 nur im Ausland verwirklicht, ist für den Sonderausgabenabzug Voraussetzung, dass natürliche Personen, die ihren Wohnsitz oder ihren gewöhnlichen Aufenthalt im Geltungsbereich dieses Gesetzes haben, gefördert werden oder dass die Tätigkeit dieses Zuwendungsempfängers neben der Verwirklichung der steuerbegünstigten Zwecke auch zum Ansehen der Bundesrepublik Deutschland beitragen kann. ⁷Abziehbar sind auch Mitgliedsbeiträge an Körperschaften, die Kunst und Kultur gemäß § 52 Absatz 2 Satz 1 Nummer 5 der Abgabenordnung fördern, soweit es sich nicht um Mitgliedsbeiträge nach Satz 8 Nummer 2 handelt, auch wenn den Mitgliedern Vergünstigungen gewährt werden. ⁸Nicht abziehbar sind Mitgliedsbeiträge an Körperschaften, die

1. den Sport (§ 52 Absatz 2 Satz 1 Nummer 21 der Abgabenordnung),
2. kulturelle Betätigungen, die in erster Linie der Freizeitgestaltung dienen,
3. die Heimatpflege und Heimatkunde (§ 52 Absatz 2 Satz 1 Nummer 22 der Abgabenordnung) oder
4. Zwecke im Sinne des § 52 Absatz 2 Satz 1 Nummer 23 der Abgabenordnung

fördern. ⁹Abziehbare Zuwendungen, die die Höchstbeträge nach Satz 1 überschreiten oder die den um die Beträge nach § 10 Absatz 3 und 4, § 10c und § 10d verminderten Gesamtbetrag der Einkünfte übersteigen, sind im Rahmen der Höchstbeträge in den folgenden Veranlagungszeiträumen als Sonderausgaben abzuziehen. ¹⁰§ 10d Absatz 4 gilt entsprechend.

(1a) ¹Spenden zur Förderung steuerbegünstigter Zwecke im Sinne der §§ 52 bis 54 der Abgabenordnung in das zu erhaltende Vermögen (Vermögensstock) einer Stiftung, welche die Voraussetzungen des Absatzes 1 Satz 2 bis 6 erfüllt, können auf Antrag des Steuerpflichtigen im Veranlagungszeitraum der Zuwendung und in den folgenden neun Veranlagungszeiträumen bis zu einem Gesamtbetrag von 1 Million Euro, bei Ehegatten, die nach den §§ 26, 26b zusammen veranlagt werden, bis zu einem Gesamtbetrag von 2 Millionen Euro, zusätzlich zu den Höchstbeträgen nach Absatz 1 Satz 1 abgezogen werden. ²Nicht abzugsfähig nach Satz 1 sind Spenden in das verbrauchbare Vermögen einer Stiftung. ³Der besondere Abzugsbetrag nach Satz 1 bezieht sich auf den gesamten Zehnjahreszeitraum und kann der Höhe nach innerhalb dieses Zeitraums nur einmal in Anspruch genommen werden. ⁴§ 10d Absatz 4 gilt entsprechend.

(2) ¹Zuwendungen an politische Parteien im Sinne des § 2 des Parteiengesetzes sind, sofern die jeweilige Partei nicht gemäß § 18 Absatz 7 des Parteiengesetzes von der staatlichen Teilfinanzierung ausgeschlossen ist, bis zur Höhe von insgesamt 1 650 Euro und im Fall der Zusammenveranlagung von Ehegatten bis zur Höhe von insgesamt 3 300 Euro im Kalenderjahr abzugsfähig. ²Sie können nur insoweit als Sonderausgaben abgezogen werden, als für sie nicht eine Steuerermäßigung nach § 34g gewährt worden ist.

(3) ¹Als Zuwendung im Sinne dieser Vorschrift gilt auch die Zuwendung von Wirtschaftsgütern mit Ausnahme von Nutzungen und Leistungen. ²Ist das Wirtschaftsgut unmittelbar vor seiner Zuwendung einem Betriebsvermögen entnommen worden, so bemisst sich die Zuwendungshöhe nach dem Wert, der bei der Entnahme angesetzt wurde und nach der Umsatzsteuer, die auf die Entnahme entfällt. ³Ansonsten bestimmt sich die Höhe der Zuwendung nach dem gemeinen Wert des zugewendeten Wirtschaftsguts, wenn dessen Veräußerung im Zeitpunkt der Zuwendung keinen Besteuerungstatbestand erfüllen würde. ⁴In allen übrigen Fällen dürfen bei der Ermittlung der Zuwendungshöhe die fortgeführten Anschaffungs- oder Herstellungskosten nur überschritten werden, soweit eine Gewinnrealisierung stattgefunden hat. ⁵Aufwendungen zugunsten einer Körperschaft, die zum Empfang steuerlich abziehbarer Zuwendungen berechtigt ist, können nur abgezogen werden, wenn ein Anspruch auf die Erstattung der Aufwendungen durch Vertrag oder Satzung eingeräumt und auf die Erstattung verzichtet worden ist. ⁶Der Anspruch darf nicht unter der Bedingung des Verzichts eingeräumt worden sein.

(4) ¹Der Steuerpflichtige darf auf die Richtigkeit der Bestätigung über Spenden und Mitgliedsbeiträge vertrauen, es sei denn, dass er die Bestätigung durch unlautere Mittel oder falsche Angaben erwirkt hat oder dass ihm die Unrichtigkeit der Bestätigung bekannt oder infolge grober Fahrlässigkeit nicht bekannt war. ²Wer vorsätzlich oder grob fahrlässig eine unrichtige Bestätigung ausstellt oder veranlasst, dass Zuwendungen nicht zu den in der Bestätigung angegebenen steuerbegünstigten Zwecken verwendet werden, haftet für die entgangene Steuer. ³Diese ist mit 30 Prozent des zugewendeten Betrags anzusetzen. ⁴In den Fällen des Satzes 2 zweite Alternative (Veranlasserhaftung) ist vorrangig der Zuwendungsempfänger in Anspruch zu nehmen; die in diesen Fällen für den Zuwendungsempfänger handelnden natürlichen Personen sind nur in Anspruch zu nehmen, wenn die entgangene Steuer nicht nach § 47 der Abgabenordnung erloschen ist und Vollstreckungsmaßnahmen gegen den Zuwendungsempfänger nicht erfolgreich sind. ⁵Die Festsetzungsfrist für Haftungsansprüche nach Satz 2

läuft nicht ab, solange die Festsetzungsfrist für von dem Empfänger der Zuwendung geschuldete Körperschaftsteuer für den Veranlagungszeitraum nicht abgelaufen ist, in dem die unrichtige Bestätigung ausgestellt worden ist oder veranlasst wurde, dass die Zuwendung nicht zu den in der Bestätigung angegebenen steuerbegünstigten Zwecken verwendet worden ist; § 191 Absatz 5 der Abgabenordnung ist nicht anzuwenden.

Inhaltsübersicht

	Rz.
A. Allgemeine Erläuterungen	1 - 10
I. Normzweck und wirtschaftliche Bedeutung der Vorschrift	1 - 2
II. Entstehung und Entwicklung der Vorschrift	3
III. Geltungsbereich	4
IV. Vereinbarkeit mit höherrangigem Recht	5 - 6
V. Verhältnis zu anderen Vorschriften	7 - 10
B. Systematische Kommentierung	11 - 139
I. Zuwendungen zur Förderung steuerbegünstigter Zwecke (§ 10b Abs. 1 EStG)	11 - 77
1. Begriff der Zuwendungen	11 - 18
a) Spenden	12 - 14
aa) Unentgeltlichkeit	12
bb) Freiwilligkeit	13
cc) Einzelfälle:	14
b) Mitgliedsbeiträge	15 - 18
2. Zweckentsprechende Verwendung	19 - 24
3. Steuerbegünstigte Zwecke	25 - 35
a) Gemeinnützige Zwecke	26 - 29
b) Mildtätige Zwecke	30
c) Kirchliche Zwecke	31
d) Zweckverwirklichung im Ausland	32 - 35
4. Steuerbegünstigter Empfänger	36 - 45
5. Höchstbeträge	46 - 55
6. Zuwendungsvortrag (Spendenvortrag)	56 - 64
7. Nachweis	65 - 77
II. Stiftungsspenden (§ 10b Abs. 1a EStG)	78 - 90
1. Voraussetzungen	78 - 85
a) Stiftung	79
b) Vermögensstock	80 - 85
2. Rechtsfolgen	86 - 90
III. Politische Spenden (§ 10b Abs. 2 EStG)	91 - 100
1. Politische Parteien	92 - 94
2. Zuwendungen	95
3. Rechtsfolgen	96 - 100
IV. Sachzuwendungen und Aufwandsspenden (§ 10b Abs. 3 EStG)	101 - 114
1. Zuwendung von Wirtschaftsgütern	102 - 105
2. Bewertung von Sachspenden	106 - 107
3. Verzicht auf die Erstattung von Aufwendungen (Aufwandsspenden)	108 - 114
V. Vertrauensschutz und Haftung (§ 10b Abs. 4 EStG)	115 - 139
1. Vertrauensschutz	115 - 123
a) Voraussetzungen	115 - 117
b) Ausschluss des Vertrauensschutzes	118 - 123
2. Haftung	124 - 139
a) Ausstellerhaftung	126
b) Veranlasserhaftung	127 - 131
c) Haftungsumfang und -verfahren	132 - 139
C. Verfahrensfragen	140 - 142

Allgemeine Erläuterungen 1–2 § 10b EStG

> **HINWEIS:**
>
> § 50 EStDV; AEAO zu §§ 51 ff. AO; R 10b EStR; H 10b EStH; BMF v. 18.12.2008, BStBl 2009 I 16 (Gesetz zur weiteren Stärkung des bürgerschaftlichen Engagements); BMF v. 6.4.2010, BStBl 2010 I 386 (Anwendung Persche-Urteil); BMF v. 16.5.2011, BStBl 2011 I 559 (ausländische Zuwendungsempfänger); BMF v. 7.11.2013, BStBl 2013 I 1333 (mit Ergänzung durch BMF v. 26.3.2014, BStBl 2014 I 791, Muster Zuwendungsbestätigung); BMF v. 15.9.2014, BStBl 2014 I 1278 (Stiftungsspenden); BMF v. 25.11.2014, BStBl 2014 I 1584 (Aufwandsspenden, mit Änderung durch BMF v. 24.8.2016, BStBl 2016 I 994); BMF v. 22.9.2015, BStBl 2015 I 745 (Förderung der Hilfe für Flüchtlinge), verlängert durch BMF v. 6.12.2016, BStBl 2016 I 1425; BMF v. 6.2.2017, BStBl 2017 I 287 (Erteilung von maschinell erstellten Zuwendungsbestätigungen auf elektronischem Weg); BMF v. 15.12.2017, BStBl 2018 I 246 (Spendenrechtliche Beurteilung von Crowdfunding).

> **LITERATUR:**
>
> ▶ Weitere Literatur siehe Online-Version
>
> *Broemel/Endert*, Der Spendenabzug bei Personengesellschaften, BBK 2013, 407; *Emser*, Erleichterungen für gemeinnützige Körperschaften und ehrenamtlich Tätige im Bereich des Steuerrechts, NWB 2013, 908; *Frings*, Änderungen zur Haftung und Vergütung im Vereins- und Stiftungsrecht NWB 2013, 693; *Hüttemann*, Das Gesetz zur Stärkung des Ehrenamts, DB 2013, 774; *Krebbers*, Stärkt das Ehrenamtsstärkungsgesetz das Ehrenamt?, BB 2013, 2071; *Schütz/Runte*, Das Ehrenamtsstärkungsgesetz - neue Impulse für den Non-Profit-Bereich?, DStR 2013, 1261; *Emser*, Neufassung des AEAO: Änderungen aufgrund des Ehrenamtsstärkungsgesetzes, NWB 2014, 1285; *Kirchhain*, Immer wieder Ärger mit Auslandsspenden, IWB 2014, 421; *Emser*, Änderungen der Voraussetzungen für eine steuerliche Anerkennung sog. „Aufwandsspenden" durch das BMF-Schreiben v. 25.11.2014, DStR 2015, 1960; *Fiand*, Spende an eine Stiftung vor deren Rechtswirksamkeit, NWB 2015, 2061; *Fischer*, Aktuelles Spendenrecht, NWB 2015, 3414. *Schienke-Ohletz*, Zivil- und steuerrechtliche Aspekte der Umwandlung einer Dauerstiftung in eine Verbrauchsstiftung, ErbStB 2015, 147; *Weitemeyer/Bornemann*, Problemstellungen gemeinnütziger Tätigkeit mit Auslandsbezug, FR 2016, 437; *Feierabend*, Steuerliche Anerkennung von sog. Aufwands- und Rückspenden als Sonderausgaben, NWB 2017, 2826; *Herkens*, Falschbewertungen von Sachspenden – Vertrauensschutz und Haftung, EStb 2017, 328; *Feierabend*, Steuerliche Anerkennung von sog. Aufwands- und Rückspenden als Sonderausgaben, NWB 2017, 2826.

> **ARBEITSHILFEN UND GRUNDLAGEN ONLINE:**
>
> *Kusch*, Spendenabzug, NWB DokID: BAAAE-50323; *Meier*, Spenden, infoCenter, NWB DokID: DAAAB-13232.

A. Allgemeine Erläuterungen

I. Normzweck und wirtschaftliche Bedeutung der Vorschrift

§ 10b EStG bietet dem Steuerpflichtigen einen Anreiz, sich an der Förderung des Gemeinwohls zu beteiligen. Steuerliche Rahmenbedingungen für bürgerschaftliches Engagement dienen der Stärkung der Zivilgesellschaft. Als Sozialzwecknorm fördert die Vorschrift gesellschaftlich wünschenswertes, nicht primär auf externe Gratifikation zielendes Verhalten und damit die intrinsische Motivation Steuerpflichtiger. Begünstigt ist die Unterstützung förderungswürdiger Organisationen, deren gemeinnützige Zwecke als politische Querschnittsaufgaben sonst im Wesentlichen durch den Staat finanziert werden müssten. Die steuerliche Förderung engagierter Solidarität mobilisiert Ressourcen der Zivilgesellschaft und bewirkt damit effektiv eine Unterstützung der Zuwendungsempfänger. Durch die gewährte steuerliche Vergünstigung findet letztendlich eine Lastenteilung zwischen Steuerpflichtigen und Staat statt. 1

§ 10b EStG gewährt dem Steuerpflichtigen einen Sonderausgabenabzug, soweit ein steuerbegünstigter Zweck durch eine freiwillige, mit wirtschaftlicher Belastung einhergehende Wertabgabe unterstützt wird. Dieser Abzug ist der Höhe nach begrenzt. 2

II. Entstehung und Entwicklung der Vorschrift

3 Die zweifellos gravierendsten Änderungen in den vergangenen Jahren erfolgten durch das EngStärkG,[1] welches eine maßgebliche Überarbeitung und Modernisierung der Ehrenamtsförderung mit sich brachte. Mit dem Gesetz wurden die abzugsfähigen Höchstbeträge an- und die nicht mehr zeitgemäße Differenzierung nach Zwecken aufgehoben. Nachfolgend ergaben sich Änderungen durch das JStG 2008 v. 20.12.2007[2] und JStG 2009 v. 19.12.2007.[3] Mit dem StEUVUmsG[4] erfolgte die Umsetzung des Persche-Urteils (s. hierzu unter → Rz. 5). Das JStG 2010[5] brachte nur kleinere redaktionelle Änderungen. Mit dem StVereinfG 2011 v. 1.11.2011[6] wurden die Vorschriften der EStDV ergänzt. Nach redaktionellen Anpassungen durch das BeitrRLUmsG v. 7.12.2011[7] brachte die Steuer-VO-ÄndVO v. 11.12.2012[8] erneut Änderungen in der EStDV mit sich. Weitere Modifikationen erfuhr die Vorschrift mit dem EhrenamtsStärkG v. 21.3.2013[9] sowie dem AmtshilfeRLUmsG v. 26.6.2013.[10] Mit dem Gesetz zur Modernisierung des Besteuerungsverfahrens[11] wurden ab 2017 die in der Einkommensteuer-Durchführungsverordnung geregelten Beleg*vorlage*pflichten (vgl. § 50 EStDV sowie ab → Rz. 65) in Beleg*vorhalte*pflichten geändert. Nunmehr muss der Steuerpflichtige die für den Zuwendungsabzug notwendigen Nachweise aufbewahren („vorhalten"), sie jedoch nicht mehr mit der Steuererklärung einreichen. Durch das PartFinAusschlG[12] wird der Sonderausgabenabzug für Mitgliedsbeiträge und Spenden an Parteien mit verfassungsfeindlicher Zielsetzung (Art. 21 Abs. 3 GG) ausgeschlossen.

III. Geltungsbereich

4 Der Spendenabzug des § 10b EStG gilt für unbeschränkt wie auch beschränkt Steuerpflichtige. § 10b EStG ist im Lohnsteuerermäßigungsverfahren und (soweit bestimmte Beträge überschritten werden) im Einkommensteuer-Vorauszahlungsverfahren zu berücksichtigen (vgl. § 39a Abs. 1 Nr. 2 und § 37 Abs. 3 Satz 4 EStG). Über § 9 Abs. 1 Nr. 2 KStG können auch Körperschaften für Spenden und Mitgliedsbeiträge zur Förderung steuerbegünstigter Zwecke eine Steuerminderung beanspruchen (jedoch nicht für Parteispenden).

IV. Vereinbarkeit mit höherrangigem Recht

5 Der Einfluss des Europarechts ist auch bei § 10b EStG deutlich spürbar. Nachdem der EuGH in der **Rechtssache Persche**[13] durch die Beschränkung des Spendenabzugs auf inländische Emp-

---

1 Gesetz zur weiteren Stärkung des bürgerschaftlichen Engagements v. 10.10.2007, BStBl 2007 I 815.
2 Jahressteuergesetz 2008, BStBl 2008 I 218.
3 Jahressteuergesetz 2009, BStBl 2009 I 74.
4 Gesetz zur Umsetzung steuerlicher EU-Vorgaben sowie zur Änderung steuerlicher Vorschriften v. 8.4.2010, BStBl 2010 I 334.
5 Jahressteuergesetz 2010 v. 8.12.2010, BGBl 2010 I 1768.
6 Steuervereinfachungsgesetz, BStBl 2011 I 986
7 Beitreibungsrichtlinie-Umsetzungsgesetz, BGBl 2011 I 2592; BStBl 2011 I 1171.
8 Verordnung zum Erlass und zur Änderung steuerlicher Verordnungen, BStBl 2013 I 2.
9 Ehrenamtsstärkungsgesetz, BStBl 2013 I 339; siehe hierzu auch *Hüttemann*, DB 2013, 774; *Krebbers* BB 2013, 2071 und *Schütz/Runte*, DStR 2013, 1261.
10 Gesetz zur Umsetzung der Amtshilferichtlinie sowie zur Änderung steuerlicher Vorschriften-Amtshilferichtlinienumsetzungsgesetz, BStBl 2013 I 802.
11 Gesetz zur Modernisierung des Besteuerungsverfahrens v. 18.7.2016, BGBl 2016 I 1679.
12 Gesetz zum Ausschluss verfassungsfeindlicher Parteien von der Parteienfinanzierung v. 18.7.2017, BGBl 2017 I 2730.
13 EuGH v. 27.1.2009 - C-318/07, BStBl 2010 II 440.

fänger einen Verstoß gegen die Kapitalverkehrsfreiheit attestierte, wurde die ehemals europarechtswidrige Rechtslage in 2010[1] beseitigt. Durch das StEUVUmsG werden nunmehr auch Zuwendungen an Empfänger mit Sitz in EU-/EWR-Staaten in die Abzugsfähigkeit einbezogen und die Europarechtskonformität diesbezüglich hergestellt. Die Neuregelung gilt auch rückwirkend in allen noch nicht bestandskräftigen Fällen.

Ansonsten begegnet § 10b EStG keinen grundsätzlichen verfassungsrechtlichen Bedenken; lediglich einzelne Punkte der Vorschrift sind streitbar. So wurde z. B. die Verfassungsmäßigkeit des § 10b Abs. 2 Satz 1 EStG wegen der Ungleichbehandlung von Spenden an Parteien und an **kommunale Wählervereinigungen** in Zweifel gezogen. Diese Differenzierung ist jedoch verfassungsrechtlich zulässig.[2] Das FG Köln[3] hat verfassungsrechtliche und europarechtliche Bedenken hinsichtlich des geforderten Inlandsbezugs nach § 10b Abs. 1 Satz 6 EStG geäußert. Im Revisionsverfahren hat der BFH für den Urteilsfall die Voraussetzungen des strukturellen Inlandsbezugs bejaht.[4]

6

V. Verhältnis zu anderen Vorschriften

Soweit Betriebsausgaben oder Werbungskosten vorliegen, ist ein Abzug nach § 10b EStG subsidiär (zur Abgrenzung beim Sponsoring vgl. BMF v. 18. 2. 1998[5]). Für Parteispenden gilt § 4 Abs. 6 EStG. Im Übrigen greift hier vorrangig die Steuerermäßigung nach § 34g EStG.

7

(Einstweilen frei) 8–10

B. Systematische Kommentierung

I. Zuwendungen zur Förderung steuerbegünstigter Zwecke (§ 10b Abs. 1 EStG)

1. Begriff der Zuwendungen

Das Gesetz selbst verwendet Zuwendungen als Oberbegriff für Spenden sowie Mitgliedsbeiträge. Zuwendungen müssen unentgeltlich und freiwillig erfolgen. Gleichzeitig muss damit eine (für Sonderausgaben typische) wirtschaftliche Belastung des Zuwendenden verbunden sein.[6] Als Zuwendung kommen alle Güter in Geld oder Geldeswert in Betracht (für Sachzuwendungen, Nutzungen, Leistungen s. → Rz. 101 ff.).

11

a) Spenden

aa) Unentgeltlichkeit

Der Zuwendung darf **keine Gegenleistung** gegenüberstehen, da sonst eine Spende tatbestandlich ausgeschlossen ist. Gegenleistung ist hierbei nicht ausschließlich als wirtschaftlicher Vor-

12

---

1 Umgesetzt durch das StEUVUmsG v. 8. 4. 2010, BStBl 2010 I 334.
2 BFH v. 20.3.2017 - X R 55/14, BFH/NV 2017, 1230 = NWB DokID: HAAAG-50046.
3 FG Köln v. 20. 1. 2016 - 9 K 3177/14.
4 BFH v. 22. 3. 2018 - X R 5/16, NWB Dok ID: JAAAG-87918 – im Ergebnis Zurückverweisung an FG.
5 BStBl 1998 I 212.
6 In die Betrachtung ist auch ein Ehegatte/Lebenspartner einzubeziehen (vgl. z. B. BFH v. 20. 2. 1991 - X R 191/87, BStBl 1991 II 690).

teil zu verstehen, sondern kann auch bei anderen Vergünstigungen gegeben sein.[1] Bei Vorliegen eines Gegenwerts geht der Spendencharakter verloren. Die Unentgeltlichkeit ist konstitutives Merkmal der Spende.[2] Ein Spendenabzug ist bereits dann ausgeschlossen, wenn die Zuwendungen an den Empfänger unmittelbar und ursächlich mit einem von diesem oder einem Dritten gewährten Vorteil zusammenhängen, ohne dass der Vorteil unmittelbar wirtschaftlicher Natur sein muss.[3] Bei einer einheitlichen Gegenleistung kommt auch eine Aufteilung der Zahlung in ein angemessenes Entgelt und eine übersteigende unentgeltliche Leistung nicht in Betracht.[4] Eine vom Spender vorgenommene Zweckbestimmung der Zuwendung hindert hingegen nicht das Vorliegen einer Spende.

bb) Freiwilligkeit

13 Der Zuwendende muss die Ausgabe freiwillig tätigen. Eine Spende liegt daher nicht vor, wenn der Zuwendende hierzu rechtlich verpflichtet ist (z. B. aufgrund eines Vermächtnisses). Ist er die Verpflichtung jedoch freiwillig eingegangen, steht dies dem Spendenabzug nicht entgegen.[5]

Im Falle eines vom Erblasser schenkweise an die Ehefrau überwiesenen Betrages unter der Auflage, dass diese einen Teilbetrag an eine bestimmte gemeinnützige Organisation spende, liegen nach Ansicht des FG Düsseldorf[6] die für den Spendenabzug erforderlichen Merkmale der Freiwilligkeit und der wirtschaftlichen Belastung nicht vor.[7]

14 **cc) Einzelfälle:**

▶ **Abführverpflichtung:** für Zuwendungen eines Aufsichtsratsmitglieds an eine Stiftung infolge einer Abführungspflicht als Spende siehe FG Berlin-Brandenburg v. 2.4.2009 - 10 K 1190/06 B, NWB DokID: NAAAD-22860; zu Sonderbeiträgen von Parteimitgliedern im Hinblick auf künftige Mandate als Spende, vgl. BFH v. 23.1.1991 - X R 6/84, BStBl 1991 II 396,

▶ **Affiliate-Systeme:** kein Spendenabzug für Provisionsweiterleitungen, da der zuwendende Vertriebspartner nicht die Zuwendungsentscheidung trifft (keine Freiwilligkeit) und der (die Zuwendungsentscheidung treffende) Kunde nicht wirtschaftlich belastet ist,

▶ **Arbeitskraft:** keine Spende, da (nichtbegünstigte) Zuwendung von Nutzungen und Leistungen,

▶ **Arbeitslohnspende:** Verzichten Arbeitnehmer auf Teile des Arbeitslohns zugunsten eines gemeinnützigen Arbeitgebers oder zugunsten einer Zahlung des Arbeitgebers an eine spendenempfangsberechtigte Einrichtung, liegt kein Lohnzufluss vor. Damit kann auch keine Spende aus dem Vermögen des Arbeitnehmers gegeben sein.

▶ **Aufwendungsersatzverzicht:** s. → Rz. 108 ff.,

---

[1] BFH v. 19.12.1990 - X R 40/86, BStBl 1991 II 234.
[2] Vgl. BFH v. 2.8.2006 - XI R 6/03, BStBl 2007 II 8.
[3] Vgl. BFH v. 9.12.2014 - X R 4/11, BFH/NV 2015, 853, NWB DokID: BAAAE-88365 (m.w.N.).
[4] BFH v. 2.8.2006 - XI R 6/03, BStBl 2007 II 8.
[5] Vgl. auch BFH v. 5.2.1992 - I R 63/91, BStBl 1992 II 748.
[6] FG Düsseldorf v. 26.1.2017 - 9 K 2395/15 E, NWB DokID: KAAAG-38599.
[7] Revision eingelegt: BFH - X R 6/17, NWB DokID: JAAAG-54101.

- **Aufnahme-Spenden bzw. Beitrittsspende (z. B. Golfclub):** keine Spende, da faktisch Gegenleistung BFH v. 2.8.2006 - XI R 6/03, BStBl 2007 II 8; s. hierzu auch Nr. 1.3.1.7 des AEAO zu § 52,
- **Baugenehmigung:** FG Düsseldorf v. 9.6.1999 - 2 K 7411/96 E, NWB DokID: CAAAB-07445,
- **Bewährungsauflage/StPO-Auflage:** keine Spende, da sonstiger Vorteil (BFH v. 19.12.1990 - X R 40/86, BStBl 1991 II 234),
- **Blutspenden und Organspenden:** keine Spende, da kein zuwendungsfähiger Vermögenswert OFD Frankfurt/M. v. 15.12.1994, FR 1995, 287,
- **Crowdfunding:** siehe BMF v. 15.12.2017, BStBl 2018 I 246.
- **Darlehen:** Gewährung eines zinslosen Darlehens ist noch keine Spende; da die Unverzinslichkeit keine Zuwendung (nur Nutzungsüberlassung) darstellt. Wird auf die Rückzahlung des Darlehens selbst verzichtet (Erlass), kommt eine Spende in Betracht.
- **Durchlaufspenden:** s. → Rz. 41,
- **Erbeinsetzung eines steuerbegünstigten Empfängers:** begründet keinen Spendenabzug, da keine Zuwendung zu Lebzeiten (BFH v. 16.2.2011 - X R 46/09, BStBl 2011 II 685),
- **Fernsehshowgewinne:** FG Hamburg v. 14.11.2007 - 3 K 250/06, NWB DokID: FAAAC-73839; BMF 27.4.2006, BStBl 2006 I 342,
- **Geschenkspenden:** Spendenabzug für Gastgeber oder Gast möglich, je nach dem, wem die Verfügung über die Zuwendungsbeträge zusteht,
- **Gewerbesteuer:** Das Modell „Spenden statt Gewerbesteuererhöhung" (Unternehmer gründen eine Gesellschaft, die Spenden für die Haushaltspositionen der Stadt sammelt. Die Stadt verpflichtet sich im Gegenzug, auf die Erhöhung des Gewerbesteuerhebesatzes zu verzichten) wird von der Finanzverwaltung nicht anerkannt.
- **Kirchensteuer:** Sonderausgabe nach § 10 Abs. 1 Nr. 4 EStG,
- **Kleiderspenden:** Sachspende s. → Rz. 103,
- **gottesdienstliche Kollekte:** kein Spendenabzug mangels Bestätigung,
- **Nutzungsüberlassung eines WG:** kein Spendenabzug wegen § 10b Abs. 3 Satz 1 EStG,
- **Papst:** kein begünstigter Empfänger FG Köln v. 15.1.2014 - 13 K 3735/10, NWB DokID: OAAAE-57669,
- **Pfandflaschen:** siehe OFD Frankfurt v. 16.5.2018, NWB DokID: GAAAG-86036,
- **Rückspende:** siehe BMF v. 25.11.2014, BStBl 2014 I 1584 sowie → Rz. 111,
- **Schulgeld:** BFH v. 20.7.2006 - XI B 51/05, BFH/NV 2006, 2070 = NWB DokID: LAAAB-97178 – zu Zahlungen an Trägerverein einer Privatschule s. BFH v. 12.8.1999 - XI R 65/98, BStBl 2000 II 65 und BFH/NV 2006, 217,
- **Sponsoring:** zur Abgrenzung von Betriebsausgaben und Spenden siehe BMF v. 18.2.1998, BStBl 1998 I 212,
- **Straßensammlungen:** Spendenabzug scheitert i. d. R. bereits an fehlender Bestätigung,
- **Tafel:** Zur steuerlichen Behandlung der Tafeln und der Unternehmer, die Lebensmittel unentgeltlich abgeben siehe OFD Niedersachsen v. 9.2.2016, NWB DokID: CAAAF-68670,
- **Vermächtnis/Erbauflage:** Aufwendungen zur Erfüllung von Vermächtniszuwendungen sind beim Erben nicht als Spenden abzugsfähig; BFH v. 22.9.1993 - X R 107/91, BStBl 1993 II 874,

▶ **Zahngoldspenden:** vgl. hierzu OFD Magdeburg v. 20. 8. 2013, DStR 2014, 703,

▶ **Zuschläge bei Wohlfahrtsbriefmarken/Wohlfahrtslosen etc.:** Sonderzuschläge beim Kauf von Sonder-Briefmarken führen nicht zum Spendenabzug BFH v. 1. 7. 2004 - IX B 20/04, NWB DokID: MAAAB-26251; BFH v. 13. 6. 1969 - VI R 12/67, BStBl 1969 II 701 (aber: Billigkeitsregelung der Verwaltung für UNICEF-Grußkarten/-kalender).

b) Mitgliedsbeiträge

15 § 10b EStG begünstigt neben Spenden grundsätzlich auch Mitgliedsbeiträge. Bei Mitgliedsbeiträgen handelt es sich um Leistungen, die aufgrund einer Satzungsregelung o. Ä. von den Mitgliedern einer Organisation zu erbringen sind. Hier besteht eine Rechtspflicht zur Leistung, die allerdings in der Regel freiwillig eingegangen wurde.

16 Den Mitgliedsbeiträgen steht häufig auch eine **Gegenleistung** (Möglichkeit zur Nutzung der Vereinsanlagen) gegenüber. Solche „Vorteile" stehen der Unentgeltlichkeit (und damit dem Spendenabzug) jedoch nicht entgegen. Zu den Mitgliedsbeiträgen zählen ebenso Aufnahmegebühren und Mitgliedsumlagen, aber auch faktische Mitgliedsbeiträge, selbst wenn sie als Spende deklariert sind (s. auch Aufnahme-Spenden → Rz. 14).

17 Die Abzugsfähigkeit von Mitgliedsbeiträgen im Freizeitbereich unterliegt in § 10b Abs. 1 Satz 8 EStG einer Einschränkung. Mitgliedsbeiträge an Körperschaften, die (mindestens zum Teil) Zwecke i. S. v. § 52 Abs. 2 Satz 1 Nr. 21 bis 23 EStG (z. B. Sport, Heimatkunde, Tierzucht, Kleingärtnerei, Karneval etc.) oder auch kulturelle Betätigungen verfolgen, wenn diese in erster Linie der Freizeitgestaltung dienen, eröffnen nicht den Sonderausgabenabzug. Hier wird davon ausgegangen, dass insbesondere die aktiv ausgeführten eigenen kulturellen Betätigungen der Mitglieder gefördert werden und damit der Gegenleistungscharakter überwiegt. Gleichwohl sind Spenden an derlei Institutionen nach den allgemeinen Grundsätzen abzugsfähig.

18 Obwohl auch bei Einrichtungen zur Förderung von Kunst und Kultur (Kulturfördervereinen) häufig eine Gegenleistung (Vergünstigung bei Eintrittspreisen etc.) gegeben sein wird, verzichtet der Gesetzgeber zum Erhalt der lebendigen und vielfältigen Kulturlandschaft Deutschlands in § 10b Abs. 1 Satz 7 EStG auf eine Abzugsbeschränkung, wenn die kulturellen Betätigungen nicht in erster Linie der Freizeitgestaltung dienen. § 10b Abs. 1 Satz 7 EStG dient ausweislich der Gesetzesbegründung[1] ausschließlich der Klarstellung, dass wegen des Fortfalls der alten Regelung in § 48 Abs. 4 Satz 2 EStDV Mitgliedsbeiträge an Kulturfördervereine selbst dann als Sonderausgaben abziehbar sind, wenn aufgrund der Satzung der Körperschaft oder deren tatsächlicher Geschäftsführung den Mitgliedern Vergünstigungen gewährt werden (z. B. Jahresabgaben, verbilligter Eintritt, Veranstaltungen für Mitglieder). Damit ist bei diesen Mitgliedsbeiträgen nicht jede Gegenleistung spendenabzugsschädlich. Wann man allerdings davon ausgehen muss, dass in erster Linie der Freizeitgestaltung der Mitglieder gedient wird, ist unklar und nur schwer abzugrenzen.

2. Zweckentsprechende Verwendung

19 Die Zuwendung muss objektiv steuerbegünstigten Zwecken dienen, also tatsächlich für diese verwendet werden. Die subjektive Motivation des Steuerpflichtigen zur Gewährung der Zuwendung ist unerheblich. Soweit die Zuwendung nicht zweckentsprechend verwendet wird

---

1 BT-Drucks. 16/10189, 49.

(**Fehlverwendung**), entfällt grundsätzlich die Abzugsfähigkeit. Allerdings kann dann an dieser Stelle der Vertrauensschutz (→ Rz. 115 ff.) eingreifen und den Sonderausgabenabzug erhalten.

Von einer Fehlverwendung ist nicht auszugehen, wenn der Spendenempfänger die Zuwendung zu dem in der Bestätigung angegebenen steuerbegünstigten Zweck verwendet hat, auch wenn er im Körperschaftsteuerveranlagungsverfahren nicht als gemeinnützig anerkannt wird.[1]   20

(*Einstweilen frei*)   21–24

3. Steuerbegünstigte Zwecke

Die steuerbegünstigten Zwecke selbst finden sich nicht in § 10b EStG. Dieser verweist vielmehr auf die Regelungen der §§ 52 bis 54 AO, wo die Zwecke definiert werden. Gefördert werden hiernach: 25

a) Gemeinnützige Zwecke

Ganz allgemein werden gem. § 52 Abs. 1 AO von einer Körperschaft gemeinnützige Zwecke verfolgt, wenn ihre Tätigkeit darauf gerichtet ist, die Allgemeinheit auf materiellem, geistigem oder sittlichem Gebiet selbstlos zu fördern (Generalklausel). Zu diesen normativen Voraussetzungen werden in § 52 Abs. 2 AO (abschließende) Katalogzwecke bestimmt. § 52 Abs. 2 Satz 2 AO enthält allerdings noch eine Öffnungsklausel.   26

Eine Förderung der Allgemeinheit liegt nicht vor, wenn der Kreis der geförderten Personen infolge seiner Abgrenzung dauernd nur klein sein kann. Das trifft z. B. bei sehr hohen Mitgliedsbeiträgen oder Mitgliedsumlagen zu (vgl. AEAO zu § 52 unter Nr. 1.1).   27

Die Zweckverfolgung muss selbstlos sein. Das ist dann nicht der Fall, wenn in erster Linie eigenwirtschaftliche Zwecke der Mitglieder gefördert werden (zum Kriterium der Selbstlosigkeit s. § 55 AO).   28

Soweit eine Körperschaft ausschließlich oder überwiegend politische Zwecke verfolgt oder diese als alleinige oder überwiegende Zwecke in ihrer Satzung verankert hat, scheidet Gemeinnützigkeit ebenfalls aus (vgl. AEAO zu § 52 Nr. 15).[2]   29

b) Mildtätige Zwecke

Mildtätige Zwecke werden bei einer Unterstützung hilfsbedürftiger Personen verfolgt (im Einzelnen vgl. § 53 AO). Auch hier muss die Zweckverfolgung selbstlos sein.   30

c) Kirchliche Zwecke

Es muss eine selbstlose Förderung einer Religionsgemeinschaft vorliegen, welche Körperschaft des öffentlichen Rechts ist (vgl. § 54 AO).   31

---

1 BFH v. 28. 7. 2004 - XI R 39/03, BFH/NV 2005, 516 = NWB DokID: NAAAB-41953; BFH v. 28. 7. 2004 - XI R 40/03, NWB DokID: XAAAB-41954; BFH v. 28. 7. 2004 - XI R 41/03, NWB DokID: HAAAB-41955.
2 Hierzu auch *Hüttemann*, DB 2015, 821.

d) Zweckverwirklichung im Ausland

32 Ein Spendenabzug ist auch möglich, wenn die begünstigten Zwecke nur **im Ausland** verwirklicht werden.[1] Hierfür existieren jedoch zusätzlich besondere Anforderungen (§ 51 Abs. 2 AO). Gefordert wird, dass natürliche Personen mit Wohnsitz oder Aufenthalt im Inland gefördert werden oder aber die Tätigkeit zum Ansehen der Bundesrepublik Deutschland im Ausland beitragen kann (sog. struktureller Inlandsbezug). Insbesondere letzteres Tatbestandsmerkmal ist wenig griffig und nur sehr schwer für eine justiziable Einschränkung geeignet. Für Empfänger nach § 10b Abs. 1 Satz 2 Nr. 1 EStG (z. B. Gebietskörperschaften), für welche § 51 AO nicht gilt, normiert das Gesetz inhaltsgleich die Voraussetzung in § 10b Abs. 1 Satz 6 EStG. Für Zuwendungsempfänger mit Sitz im Ausland s. → Rz. 41.

33–35 *(Einstweilen frei)*

4. Steuerbegünstigter Empfänger

36 § 10b EStG begünstigt nur Zuwendungen an durch das Gesetz genau bestimmte Empfänger. Seit 2010 sind auch Zuwendungen abzugsfähig, die an Empfänger mit Sitz oder Belegenheit in EU-/EWR-Staaten geleistet werden (vgl. → Rz. 5).

37 Zu den begünstigten Empfängern gehören:

38 ▶ Juristische Personen des öffentlichen Rechts und öffentliche Dienststellen – § 10b Abs. 1 Satz 2 Nr. 1 EStG

Unter die juristischen Personen des öffentlichen Rechts fallen Körperschaften, Anstalten und Stiftungen des öffentlichen Rechts wie auch Zweckvermögen und Personenvereinigungen. Klassische Beispiele hierfür sind die Gebietskörperschaften (Bund, Länder, Gemeinden, Gemeindeverbände). Aber auch die großen Kirchen und diverse Religionsgemeinschaften sind als juristische Personen des öffentlichen Rechts organisiert.[2]

Hinzu kommen öffentliche Dienststellen (Behörden) als nichtrechtsfähige Einrichtungen von juristischen Personen des öffentlichen Rechts. Hierunter können z. B. Universitäten, Museen, Staatsarchive fallen.

Die juristischen Personen/Dienststellen können auch im EU-/EWR-Ausland belegen sein. Maßgebend für ihre Einordnung ist dann das jeweilige ausländische Staats- und Verwaltungsrecht.

39 ▶ Steuerbefreite Körperschaften, Personenvereinigungen und Vermögensmassen – § 10b Abs. 1 Satz 2 Nr. 2 EStG

Nach § 10b Abs. 1 Satz 2 Nr. 2 EStG gehören auch Körperschaften, Personenvereinigungen und Vermögensmassen zu den begünstigten Empfängern, wenn diese nach § 5 Abs. 1 Nr. 9 KStG steuerbefreit sind. Hierunter fallen typischerweise gemeinnützige Vereine und Stiftungen. Über § 5 Abs. 2 Nr. 2 KStG gilt die Steuerbefreiung und damit die Begünstigung nach § 10b EStG auch ausdrücklich für im EU-/EWR-Ausland belegene Steuersubjekte, wenn diese inländische Einkünfte erzielen.[3]

---

[1] Siehe hierzu *Weitemeyer/Bornemann*, FR 2016, 437.
[2] Das Bundesministerium des Innern hat eine Zusammenstellung der Weltanschauungs- und Religionsgemeinschaften veröffentlicht, die den Status „Körperschaft des öffentlichen Rechts" besitzen (http://www.personenstandsrecht.de/PERS/DE/Themen/Informationen/Religionsgemeinschaften/religionsgemeinschaften_node.html).
[3] Siehe auch *Weitemeyer/Bornemann*, FR 2016, 437.

Eine verbindliche Entscheidung über die Steuerbefreiung erfolgt durch KSt-Freistellungsbescheid bzw. Anlage zum KSt-Bescheid oder durch Feststellungsbescheid nach § 60a AO (Einzelheiten siehe AEAO zu § 60a).

▶ Körperschaften, Personenvereinigungen und Vermögensmassen in EU-/EWR-Staaten- Nummer 3 – § 10b Abs. 1 Satz 2 Nr. 3 EStG   40

§ 10b Abs. 1 Satz 2 Nr. 3 EStG betrifft im EU-/EWR-Ausland belegene Zuwendungsempfänger, die keine inländischen Einkünfte erzielen und deshalb nicht unter die Steuerbefreiung des § 5 Abs. 1 Nr. 9 KStG fallen. Bedingung ist, dass sie jedoch steuerbefreit wären, wenn sie inländische Einkünfte erzielen würden; d. h., die Voraussetzungen für eine Steuerbefreiung müssen bei ihnen grundsätzlich vorliegen. Es wird eine hypothetische (fiktive) Betrachtung nach den Kriterien des deutschen Steuerrechts vorgenommen. Der ausländische Zuwendungsempfänger muss nach Satzung, tatsächlicher Geschäftsführung etc. ausschließlich und unmittelbar gemeinnützige, mildtätige oder kirchliche Zwecke verwirklichen.

Die Nachweispflichten treffen an dieser Stelle den Steuerpflichtigen, der geeignete Unterlagen (Satzung, Kassenberichte, Vermögensübersichten etc.) beibringen muss (vgl. hierzu BMF v. 16. 5. 2011).[1]

▶ Zusätzliche Voraussetzungen für ausländische Zuwendungsempfänger – § 10b Abs. 1 Satz 3 bis 6 EStG   41

Für nicht im Inland ansässige Zuwendungsempfänger bestimmt das Gesetz zusätzliche Anforderungen für eine Abzugsberechtigung. Nur, wenn der Sitz- oder Belegenheitsstaat Amtshilfe und Unterstützung bei der Beitreibung leistet, kommt beim Zuwendenden eine Berücksichtigung der Zuwendungen als Sonderausgaben in Betracht. Werden die steuerbegünstigten Zwecke überdies nur im Ausland verwirklicht, kommt noch die Voraussetzung des § 10b Abs. 1 Satz 6 EStG (für öffentlich-rechtliche Zuwendungsempfänger nach § 10b Abs. 1 Satz 2 Nr. 1 EStG) bzw. nach § 51 Abs. 2 AO (für Zuwendungsempfänger, die unter § 10b Abs. 1 Satz 2 Nrn. 2 oder 3 EStG fallen) hinzu – vgl. hierzu → Rz. 32.

PRAXISHINWEIS:
Durchlaufspenden: Bis 1999 war die Abzugsfähigkeit von Spenden an bestimmte gemeinnützige Zwecke fördernde Einrichtungen an das sog. Durchlaufspendenverfahren gebunden. Spenden mussten zunächst an eine juristische Person des öffentlichen Rechts (Durchlaufstelle) geleistet werden, welche diese dann an den nämlichen Empfänger weiterleitete. Das Durchlaufspendenverfahren hat seine eigentliche Bedeutung verloren, da seit dem Jahr 2000 mittlerweile alle steuerbegünstigten Körperschaften i. S. d. § 5 Abs. 1 Nr. 9 KStG zum unmittelbaren Empfang von Zuwendungen und zur Ausstellung von Zuwendungsbestätigungen berechtigt sind. Jedoch ist es nach wie vor möglich, dass juristische Personen des öffentlichen Rechts oder öffentliche Dienststellen auch weiterhin als Durchlaufstelle auftreten und Zuwendungsbestätigungen ausstellen (vgl. R 10b.1 Abs. 2 EStR). In diesem Fall sind die Durchlaufstellen auch die Haftungssubjekte.

(Einstweilen frei)   42–45

5. Höchstbeträge

§ 10b Abs. 1 Satz 1 EStG begrenzt die maximale Abzugsfähigkeit geleisteter Zuwendungen auf   46
20 % des Gesamtbetrags der Einkünfte (GdE – vgl. hierzu KKB/Kanzler, § 2 EStG Rz. 336) oder aber 4 Promille der Umsätze und aufgewendeten Löhne und Gehälter. Die zweite Alternative

---

[1] BMF v. 16. 5. 2011, BStBl 2011 I 559 sowie BFH v. 21. 1. 2015 - X R 7/13, BStBl 2015 II 588.

kann denknotwendig nur eine Rolle spielen, wenn entsprechende Einkünfte überhaupt erzielt werden. Die der Abgeltungsteuer unterliegenden Einkünfte bleiben gem. § 2 Abs. 5b EStG bei der Ermittlung des maßgeblichen GdE außen vor.[1]

47 Für den Steuerpflichtigen besteht **kein Wahlrecht**, welche der beiden Höchstgrenzen zum Ansatz kommen soll. Ausschlaggebend ist der höhere Betrag (BFH XI R 34/03[2] zum Großspendenvor- bzw. -rücktrag nach alter Rechtslage).

48 Zu Sonderregelungen für Stiftungen siehe unter → Rz. 78 ff., für Zuwendungen an politische Parteien gelten andere (deutlich geringere) Abzugsbeträge (s. → Rz. 91 ff.).

49 Es gilt das Abflussprinzip des § 11 EStG, d. h., Zuwendungen werden grundsätzlich dem VZ zugeordnet, in dem sie geleistet wurden. Bei regelmäßig wiederkehrenden Zuwendungen greift § 11 Abs. 2 Satz 2 EStG. Zur Rückzahlung/Rückerstattung von Zuwendungen s. → Rz. 142.

50 Ehegatten bzw. Lebenspartnerschaften gelten hinsichtlich der Höchstbeträge als eine Spendereinheit. Jeder Ehegatte/Lebenspartner kann Spenden bis zum Erreichen des (gemeinsamen doppelten) Abzugshöchstbetrags leisten. Eine personenbezogene Zuordnung der Beträge ist gesetzlich nicht vorgesehen.

Leistet eine Personengesellschaft steuerbegünstigte Zuwendungen, werden diese im Rahmen der gesonderten und einheitlichen Gewinnfeststellung den beteiligten Gesellschaftern anteilig zugewiesen. Der Spendenabzug erfolgt sodann beim einzelnen Gesellschafter nach Maßgabe der jeweiligen Voraussetzungen.[3]

51–55 *(Einstweilen frei)*

6. Zuwendungsvortrag (Spendenvortrag)

56 Grundsätzlich gilt das Abflussprinzip § 11 Abs. 2 EStG. Jedoch können über § 10b Abs. 1 Satz 9 EStG Zuwendungen unter bestimmten Voraussetzungen auch in nachfolgenden VZ Berücksichtigung finden, nämlich dann, wenn die geleisteten Zuwendungen eines VZ entweder die Höchstbeträge nach Abs. 1 Satz 1 (→ Rz. 46) oder den um bestimmte Positionen verminderten GdE übersteigen. Übersteigende Zuwendungen können zeitlich unbegrenzt vorgetragen, also in nachfolgenden VZ steuermindernd in Anspruch genommen werden. Damit bleiben Spendenbeträge, die sich im VZ nicht auswirken können, für den Stpfl. in großem Umfang erhalten.

57 Der erste Anwendungsfall des **Zuwendungsvortrags** ist bei Überschreiten der in § 10b Abs. 1 Satz 1 EStG genannten Grenzen gegeben. Mit der zweiten Alternative wird eine zusätzliche Vortragsmöglichkeit eröffnet, wenn die Zuwendungen zwar die Höchstbeträge nach § 10b Abs. 1 Satz 1 EStG nicht übersteigen, aber der um Vorsorgeaufwendungen i. S. d. § 10 Abs. 3 und 4 EStG, die Vorsorgepauschale § 10c EStG sowie einen bestehenden Verlustvortrag § 10d EStG geminderte GdE überschritten ist. Auch hier kommt es im Interesse des Stpfl. zu einem Spendenvortrag, wenn die geleisteten Beträge im Abflussjahr zu einem negativen Einkommen führen (und sich deshalb nicht auswirken). Der vortragsfähige Betrag bei Überschreiten des

---

1 Bis VZ 2011 konnten diese gem. § 2 Abs. 5b Satz 2 EStG jedoch noch auf Antrag des Steuerpflichtigen in die Ermittlung des Höchstbetrags einbezogen werden. Die Regelung wurde allerdings mit Wirkung ab VZ 2012 aufgehoben.
2 BFH v. 4. 5. 2004 - XI R 34/03, BStBl 2004 II 736.
3 Zum Spendenabzug bei Personengesellschaften siehe auch *Broemel/Endert*, BKK 2013, 407.

GdE bestimmt sich nach der Abzugsreihenfolge in § 10b Abs. 1 Satz 9 EStG (s. Berechnungsschema).[1]

    Gesamtbetrag der Einkünfte

    -Vorsorgeaufwendungen nach § 10 Abs. 3 und 4 EStG

    -Sonderausgaben-Pauschbetrag nach § 10c EStG

    -<u>Verlustabzug nach § 10d EStG</u>

    =Höchstbetrag des Spendenverbrauchs

Für den Sonderausgabenabzug vorgetragener Zuwendungsbeträge gelten im Vortragsjahr (= Folgejahr) ebenfalls wieder die Höchstbeträge nach § 10b Abs. 1 Satz 1 EStG. Der Zuwendungsvortrag ist betragsmäßig mit den Zuwendungen des dann laufenden VZ zur Berechnung des maßgeblichen Höchstbetrags zusammenzufassen. Gegebenenfalls ergibt sich dann erneut ein Zuwendungsvortrag. Vortragsfähige Beträge sind gesondert festzustellen (entsprechende Anwendung des § 10d Abs. 4 EStG).   58

Der Zuwendungsvortrag ist nicht übertragbar und nicht vererblich (vgl. BFH, X R 44/05).[2]   59

(*Einstweilen frei*)   60–64

7. Nachweis

§ 50 Abs. 1 EStDV postuliert für den Sonderausgabenabzug nach § 10b EStG das Vorliegen einer formellen **Zuwendungsbestätigung**. Diese ist materiell-rechtliche Abzugsvoraussetzung (H 10b.1 EStH).[3] Sie muss nach amtlich vorgeschriebenem Vordruck ausgestellt werden (vgl. hierzu BMF v. 7.11.2013).[4] Zuwendungsbestätigungen können auch im maschinellen Verfahren erstellt werden, hierfür ist R 10b.1 Abs. 4 EStR zu beachten.   65

Die Verwaltung[5] hat den erforderlichen Inhalt von Zuwendungsbestätigungen sehr formal konkretisiert und verbindliche Muster zur Verfügung gestellt. Die normierten Vorgaben sind zwingende Tatbestandsmerkmale für eine rechtskonforme Zuwendungsbestätigung, ein Abweichen oder Umformulieren ist nicht zulässig. Erforderliche Angaben umfassen u. a. Name, betragsmäßige Höhe bzw. Wert bei Sachzuwendungen,[6] Förderzweck und Zeitpunkt der Zuwendung. Soweit gegeben muss auch der Hinweis enthalten sein, dass es sich bei der Zuwendung um den Verzicht auf die Erstattung von Aufwendungen handelt.   66

§ 50 Abs. 1 Satz 1 EStDV trifft über die Bezugnahme auf § 63 Abs. 5 AO weitere Vorgaben für die Zuwendungsbestätigung. Danach ist eine solche nur anzuerkennen, wenn der in Bezug genommene Freistellungsbescheid bzw. die Anlage zum KSt-Bescheid nicht älter als fünf Jahre   67

---

1 Berechnungsschema übernommen von *Kusch*, Spendenabzug, infoCenter, NWB DokID: BAAAE-50323.
2 BFH v. 21.10.2008 - X R 44/05, BFH/NV 2009, 375 = NWB DokID: YAAAD-03645.
3 BFH v. 13.4.2010 - VIII R 26/08, BFH/NV 2010, 2035 = NWB DokID: KAAAD-52050. Seit 2017 (Gesetz zur Modernisierung des Besteuerungsverfahrens) müssen Zuwendungsbestätigungen nur noch auf Aufforderung der Finanzverwaltung eingereicht werden. Der Stpfl. muss die Zuwendungsbestätigung also nicht mehr grundsätzlich vorlegen, sondern nur noch vorhalten (Belegvorhaltepflicht).
4 BStBl 2013 I 1333.
5 BMF v. 7.11.2013, BStBl 2013 I 1333.
6 Die enthaltenen Wertangaben binden das jedoch Finanzamt nicht – vgl. BFH v. 23.5.1989 - X R 17/85, BStBl 1989 II 879.

ist (§ 63 Abs. 5 AO).[1] Für den Bescheid nach § 60a AO gilt eine Frist von drei Jahren. Die Frist ist taggenau zu berechnen.

68 Der Aussteller muss im Zeitpunkt der Ausstellung der Zuwendungsbestätigung hierzu berechtigt sein (BFH, X R 32/10).[2] Sammelbestätigungen sind zulässig.

69 Für **ausländische Empfänger** i. S. v. § 10b Abs. 1 Satz 2 Nr. 1 und 3 EStG gilt das Erfordernis der formalen Zuwendungsbestätigung nicht, § 50 Abs. 1 Satz 2 EStDV.[3] Durch diese Regelung wurde der deutlichen Kritik entgegengetreten, dass von der Verwaltung nur Vordrucke für inländische Zuwendungsempfänger zur Verfügung gestellt wurden, gleichwohl aber nach dem Wortlaut auch Zuwendungen an ausländische Empfänger nur anzuerkennen waren, wenn sie auf amtlichem Vordruck bestätigt wurden. Darin wurde eine faktische Abzugsbeschränkung gesehen, die mit dem Europarecht nicht vereinbar war. Konkrete formale Vorgaben für ausländische Zuwendungsempfänger existieren derzeit nicht. Lediglich zum Nachweis der Voraussetzungen des § 10b Abs. 1 Satz 2 Nr. 3 EStG (s. → Rz. 40) hat das BMF Stellung genommen.[4]

70 In besonderen Fällen ist eine formelle Zuwendungsbestätigung entbehrlich und es genügt der sog. **vereinfachte Nachweis** (§ 50 Abs. 4 EStDV). Dies gilt unter näher bestimmten Voraussetzungen in **Katastrophenfällen**[5] (ohne Betragsbegrenzung) sowie bei **Zuwendungen bis 200 €**.[6] In Katastrophenfällen sind auch Spenden auf Treuhandkonten innerhalb eines von der Verwaltung bestimmten Zeitraums möglich. Zu den Einzelheiten vgl. § 50 Abs. 4 und 5 EStDV.

71 Bei Mitgliedsbeiträgen – nicht aber bei Spenden – an politische Parteien ist die Vorlage von Bareinzahlungsbelegen, Buchungsbestätigungen oder Beitragsquittungen ausreichend (§ 50 Abs. 6 EStDV). Für Spenden an politische Parteien kommt eine Vereinfachung nur für Zuwendungen bis 200 € in Betracht (§ 50 Abs. 4 Satz 1 Nr. 2 Buchst. c EStDV).

72 Zu elektronisch an den Zuwendenden übersandten Zuwendungsbestätigungen siehe BMF v. 6.2.2017, BStBl 2017 I 287. Mit § 50 Abs. 2 EStDV[7] besteht grundsätzlich die Möglichkeit für elektronische Zuwendungsbestätigungen und deren Übermittlung per Datenfernübertragung. Mit dieser Regelung sollen neben Bürokratie und Verwaltungserschwernissen auch Hemmnisse der elektronischen Steuererklärung abgebaut werden.[8]

73 Zu Aufzeichnungs- und Aufbewahrungspflichten s. § 50 Abs. 7 und 8 EStDV.

74–77 (*Einstweilen frei*)

---

1 Wird zunächst ein Bescheid nach § 60a AO erteilt und ergeht danach ein Freistellungs- bzw. KSt-Bescheid, ist hinsichtlich der Fristen nur der (neuere) Freistellungs- bzw. KSt-Bescheid maßgeblich.
2 BFH v. 19. 7. 2011 - X R 32/10, BFH/NV 2012, 179 = NWB DokID: FAAAD-99011.
3 Satz 2 wurde mit Wirkung v. 1. 1. 2013 angefügt durch Verordnung zum Erlass und zur Änderung steuerlicher Verordnungen – BStBl 2013 I 2.
4 BMF v. 16. 5. 2011, BStBl 2011 I 559; vgl. hierzu auch BFH v. 21. 1. 2015 - X R 7/13, BStBl 2015 II 588.
5 Siehe z. B. BMF v. 19. 5. 2015, BStBl 2015 I 466 (zur Unterstützung der Opfer des Erdbebens in Nepal); BMF v. 24. 5. 2016, BStBl 2016 I 498 (zur Unterstützung der Opfer des Erdbebens in Ecuador) sowie BMF v. 28. 6. 2016, BStBl 2016 I 641 (zur Unterstützung der Opfer der Unwetterlage von Ende Mai/Anfang Juni 2016 in Deutschland).
6 Bei der Förderung der Hilfe für Flüchtlinge gilt der vereinfachte Zuwendungsnachweis ebenfalls ganz ohne betragsmäßige Beschränkung – BMF v. 22. 9. 2015, BStBl 2015 I 745.
7 Früher Absatz 1a - eingefügt durch Steuerbürokratieabbaugesetz v. 13. 11. 2008, BGBl 2008 I 2850.
8 In der Praxis ist die elektronische Übermittlung an die Verwaltung jedoch noch nicht möglich.

II. Stiftungsspenden (§ 10b Abs. 1a EStG)

1. Voraussetzungen

Für Spenden (nicht Mitgliedsbeiträge) in das zu erhaltende Vermögen einer Stiftung trifft das Gesetz in § 10b Abs. 1a EStG Sonderregelungen.[1] Dem Steuerpflichtigen wird ein zusätzliches Abzugsvolumen von 1 Mio. € gewährt, welches er auf bis zu zehn Jahre verteilen kann (aber nicht muss). Die Höchstbetragsgrenzen von § 10b Abs. 1 Satz 1 EStG beschränken hierbei nicht. Voraussetzung ist, dass durch den Spender eine zielgerichtete Zuwendung in den **Vermögensstock** einer Stiftung geleistet wird. Eine Berücksichtigung der Spende nach Abs. 1a erfolgt nur auf Antrag. Wird dieser nicht gestellt, richtet sich der Spendenabzug nach den allgemeinen Grundsätzen des § 10b Abs. 1 EStG. Der Antrag kann für jeden Veranlagungszeitraum des Zehnjahreszeitraums getrennt gestellt werden.[2]

78

a) Stiftung

Es muss sich um eine Stiftung unter den Voraussetzungen des § 10b Abs. 1 Satz 2 bis 6 EStG handeln. Das können rechtsfähige wie auch nichtrechtsfähige Stiftungen sein.[3] Auch Stiftungen mit Sitz in den EU-/EWR-Staaten sind nach § 10b Abs. 1a EStG begünstigt. Eine Einbeziehung stiftungsähnlicher Körperschaften kommt jedoch nicht in Betracht. Es muss sich überdies um eine wirksam entstandene Stiftung handeln. Sog. Vorstiftungen sind zivilrechtlich nicht anzuerkennen und können somit nicht begünstigter Zuwendungsempfänger sein.[4]

79

b) Vermögensstock

Unter die Begünstigung nach § 10b Abs. 1a EStG fallen ausschließlich Spenden in das zu erhaltende Vermögen (**Vermögensstock**) einer Stiftung.

80

Zum einen sind dies Vermögenswerte, die aus Anlass der Errichtung der Stiftung zugewendet werden und nicht zum Verbrauch bestimmt sind. Zum anderen fallen auch Zuwendungen nach Stiftungserrichtung hierunter, wenn die Zuwendung mit einer entsprechenden ausdrücklichen Zweckbestimmung erfolgt (Zustiftungen).

Spenden in das verbrauchbare Vermögen werden von der Sonderregelung nicht erfasst. Für diese gelten die allgemeinen Grundsätze des § 10b Abs. 1 EStG. Auch bei reinen Verbrauchsstiftungen ist – mangels zu erhaltenden Vermögens – die Anwendung von Abs. 1a ausgeschlossen. Der Spendenabzug richtet sich hier ebenfalls nach den allgemeinen Grundsätzen des § 10b Abs. 1 EStG. Zu Sonderfällen, in denen der Vermögensstock ausnahmsweise zur Verwirklichung steuerbegünstigter Zwecke verwendet werden kann, s. BMF v. 15. 9. 2014.[5]

81

---

1 Siehe hierzu auch BMF v. 15. 9. 2014, BStBl 2014 I 1278.
2 FG Saarland v. 20.7.2016 - 2 K 1281/10 (sowie Parallelentscheidung 2 K 1132/16) - Rev.: X R 11/17.
3 BFH v. 11. 2. 2015 - X R 36/11, BStBl 2015 II 545; vgl. hierzu auch *Fiand*, NWB 2015, 2061. Für Einzelheiten zu Treuhandstiftungen s. *Hackenberg*, NWB 2016, 179.
4 BFH v. 11. 2. 2015 - X R 36/11, BStBl 2015 II 545.
5 BMF v. 15. 9. 2014, BStBl 2014 I 1278.

82 Für die Anwendung des § 10b Abs. 1a EStG ist der Zeitpunkt der Zuwendung maßgebend. Werden später Teile des Vermögensstocks in verbrauchbares Vermögen umqualifiziert oder aber die Vermögensstiftung in eine Verbrauchsstiftung umgewandelt,[1] ergeben sich für die bis dahin unter Anwendung des § 10b Abs. 1a EStG geleisteten Spenden keine negativen Folgen.[2]

83–85 (Einstweilen frei)

2. Rechtsfolgen

86 Der Steuerpflichtige kann innerhalb eines Zehnjahreszeitraums Vermögensstockspenden bis zu 1 Mio. € als Sonderausgaben geltend machen. Dies gilt **zusätzlich** zu den Abzugsbeträgen nach § 10b Abs. 1 EStG. Er hat die Möglichkeit, den Betrag vollständig im VZ der Spende in Anspruch zu nehmen oder ihn beliebig auf mehrere (maximal zehn) Jahre zu verteilen. Der Höhe nach gleichbleibende Beträge sind nicht erforderlich. Alternativ kann er die Spende auch nach den allgemeinen Grundsätzen des § 10b Abs. 1 EStG geltend machen. Eine Aufteilung des Betrags ist ebenfalls möglich.[3] Der Abzugsbetrag von 1 Mio. € ist innerhalb eines Zehnjahreszeitraums nur einmal möglich, auch dann, wenn der Steuerpflichtige den Betrag nur in einem (oder weniger als zehn) VZ in Anspruch genommen hat. Der VZ der Spende ist das erste Jahr des zehnjährigen Abzugszeitraums. Der am Schluss eines VZ verbleibende Vermögensstockspendenvortrag ist gesondert festzustellen (§ 10b Abs. 1a Satz 4 EStG), und zwar ggf. zusätzlich zu einem allgemeinen Spendenvortrag. Mehrere Spenden in den Vermögensstock einer Stiftung eröffnen jeweils für sich genommen einen Zehnjahreszeitraum, d. h., mit jeder Vermögensstockspende beginnt ein neuer Abzugszeitraum.[4] Werden Vermögensstockspenden nicht innerhalb des zehnjährigen Abzugszeitraums in Anspruch genommen, gehen sie in den allgemeinen unbefristeten Spendenvortrag nach § 10b Abs. 1 EStG ein. Ein im Todesfall noch bestehender Spendenvortrag ist nicht vererblich.

87 Für Ehegatten/Lebenspartner verdoppelt sich der Höchstbetrag auf 2 Mio. €, unabhängig davon, wer von beiden die Spende wirtschaftlich getragen hat. Erfolgt innerhalb des Zehnjahreszeitraums jedoch eine Rückkehr zur Einzelveranlagung, sind die in Anspruch genommenen Beträge den Ehegatten/Lebenspartnern nach ihrer wirtschaftlichen Belastung zuzurechnen. Überschreitet dadurch ein Ehegatte/Lebenspartner den dann für ihn maßgeblichen Höchstbetrag von 1 Mio. €, kann er ein noch vorhandenes Spendenvolumen nur noch nach § 10b Abs. 1 EStG in Anspruch nehmen.

88–90 (Einstweilen frei)

III. Politische Spenden (§ 10b Abs. 2 EStG)

91 § 10b Abs. 2 EStG begünstigt Zuwendungen an politische Parteien bis zu einem Betrag von 1 650 € bzw. 3 300 € im Falle der Zusammenveranlagung.

---

[1] Zu den zivilrechtlichen Aspekten einer solchen Umwandlung s. *Schienke-Ohletz*, ErbStB 2015, 147.
[2] Das heißt, der bisher gewährte Spendenabzug nach § 10b Abs. 1a EStG bleibt erhalten und kann für bereits geleistete Vermögensstockspenden, soweit wegen der möglichen Verteilung auf zehn Jahre noch Teilbeträge offen sind, weiter in Anspruch genommen werden.
[3] Siehe auch FG Düsseldorf v. 7. 12. 2015 - 13 V 2026/15 A (F), NWB DokID: YAAAF-69840.
[4] Zu Einzelheiten mit Beispielen s. BMF v. 18. 12. 2008, BStBl 2009 I 16. A. A. Kirchhoff, § 10b Rz. 47, FG Düsseldorf v. 7. 12. 2015 - 13 V 2026/15 A (F), NWB DokID: YAAAF-69840 m. w. N.

1. Politische Parteien

§ 2 Abs. 1 PartG definiert die Parteien als „*Vereinigungen von Bürgern, die dauernd oder für längere Zeit für den Bereich des Bundes oder eines Landes auf die politische Willensbildung Einfluß nehmen und an der Vertretung des Volkes im Deutschen Bundestag oder einem Landtag mitwirken wollen, wenn sie nach dem Gesamtbild der tatsächlichen Verhältnisse, insbesondere nach Umfang und Festigkeit ihrer Organisation, nach der Zahl ihrer Mitglieder und nach ihrem Hervortreten in der Öffentlichkeit eine ausreichende Gewähr für die Ernsthaftigkeit dieser Zielsetzung bieten.*" 92

Parteien müssen die organisatorischen Anforderungen des PartG erfüllen. Von § 10b EStG nicht erfasst werden Wählervereinigungen und kommunalpolitische Organisationen. Für diese gilt ausschließlich § 34g EStG (KKB/Anemüller, § 34g EStG Rz. 20 f.). Dieser Ausschluss aus dem Kreis der tauglichen Zuwendungsempfänger ist nach Auffassung des FG Düsseldorf[1] auch nicht verfassungswidrig, was durch den BFH[2] bestätigt wurde. 93

Auch Zuwendungen an ausländische Parteien sind nicht begünstigt, da diese nicht Parteien im Sinne des (deutschen) PartG sind. 94

2. Zuwendungen

Auch nach § 10b Abs. 2 EStG sind sowohl Mitgliedsbeiträge als auch Spenden begünstigt. Für Mitgliedsbeiträge gilt ein vereinfachter Zuwendungsnachweis (§ 50 Abs. 3 EStDV), für Spenden kann die Vereinfachung des § 50 Abs. 2 Satz 1 Nr. 2 Buchst. c EStDV in Betracht kommen (s. → Rz. 71). 95

3. Rechtsfolgen

Zuwendungen sind nur bis 1 650 bzw. 3 300 € (im Falle der Zusammenveranlagung) abzugsfähig. Bei Ehegatten/Lebenspartnern kommt es nicht darauf an, wer von beiden tatsächlich geleistet hat. 96

Expressis verbis ist eine Begünstigung nach § 34g EStG vorrangig. Nur soweit eine Steuerermäßigung nach § 34g EStG nicht gewährt worden ist, kommt der Sonderausgabenabzug in Betracht (es besteht kein Wahlrecht des Steuerpflichtigen). Der Sonderausgabenabzug greift also nur, wenn die Zuwendungen an Parteien die über § 34g EStG begünstigten Höchstbeträge (1 650 bzw. 3 300 €) übersteigen. Ein Zuwendungsvortrag für Parteizuwendungen ist nicht vorgesehen. 97

(*Einstweilen frei*) 98–100

IV. Sachzuwendungen und Aufwandsspenden (§ 10b Abs. 3 EStG)

Ergänzend zu § 10b Abs. 1 EStG stellt § 10b Abs. 3 EStG heraus, dass Zuwendungen auch in Form von **Sachzuwendungen** und **Aufwandsspenden** erfolgen können. Zeitlich maßgeblich bei Sachspenden ist die Übertragung des wirtschaftlichen Eigentums. Die Zuwendung von bloßen **Nutzungen** oder **Leistungen** eröffnet hingegen nicht den Sonderausgabenabzug. Bei Aufwandsspenden handelt es sich systematisch um Geldspenden und nicht um Leistungszuwendungen. 101

---

1 FG Düsseldorf v. 10. 9. 2014 - 15 K 1532/13 E, NWB DokID: SAAAE-85387.
2 BFH v. 20.3.2017 - X R 55/14, NWB DokID: HAAAG-50046.

1. Zuwendung von Wirtschaftsgütern

102 Zu den zuwendungsfähigen Wirtschaftsgütern (zum Begriff vgl. KKB/Hallerbach, § 4 EStG Rz. 110) zählen neben Sachgütern auch Forderungen oder Immaterialgüterrechte, sonstige Vermögensrechte oder Gesellschaftsanteile.

103 Blutspenden und Organspenden zählen nicht zu den Sachzuwendungen (anders jedoch, wenn auf einen Geldanspruch verzichtet wird), Altkleiderspenden sind Sachspenden (vgl. hierzu H 10b.1, Gebrauchte Kleidung als Sachspende, EStH).

104 Nutzungen und Leistungen werden von der Spendenfähigkeit per Gesetz in § 10b Abs. 3 Satz 1 EStG ausdrücklich ausgenommen. Die Überlassung eines Kfz oder aber von Räumlichkeiten eröffnet deshalb nicht den Spendenabzug, ebenso wenig wie die unentgeltliche Darlehensgewährung oder das zur Verfügung stellen von Arbeitskraft (wenn nicht tatsächlich ein Entgeltverzicht erfolgt). Etwas anderes gilt nur dann, wenn die Nutzungs- oder Leistungszuwendung mit einer Wertabgabe verbunden ist.

105 Zur Zuwendungsbestätigung bei Sachzuwendungen s. BMF v. 7. 11. 2013.[1] Zu den Aufzeichnungs- und Aufbewahrungspflichten bei Sachzuwendungen s. § 50 Abs. 4 Satz 2 EStDV.

2. Bewertung von Sachspenden

106 Bei Entnahme aus einem Betriebsvermögen ist höchstens der Entnahmewert (i. d. R Teilwert) zuzüglich der darauf entfallenden Umsatzsteuer zugrunde zu legen – § 10b Abs. 3 Satz 2 EStG. Es gilt das **Buchwertprivileg** des § 6 Abs. 1 Nr. 4 Satz 4 EStG, wonach die Entnahme mit dem Buchwert angesetzt werden kann, wenn das Wirtschaftsgut unmittelbar nach Entnahme gespendet wird (vgl. KKB/C. Kraft/Teschke, § 6 EStG Rz. 222 ff.). Für den Spendenabzug wird die Sachspende korrespondierend bewertet.

107 Bei Sachspenden aus dem Privatvermögen ist der gemeine Wert (erzielbarer Preis im gewöhnlichen Geschäftsverkehr) maßgeblich, sofern durch eine Veräußerung des Wirtschaftsguts im Zuwendungszeitpunkt kein Besteuerungstatbestand erfüllt würde. Ansonsten ist auf die fortgeführten AK/HK abzustellen – § 10b Abs. 3 Satz 4 EStG.[2] Ausnahmsweise ist in diesen Fällen ein höherer Betrag als Zuwendungswert denkbar, soweit eine Gewinnrealisierung stattgefunden hat.

Zu Haftung und Vertrauensschutz bei der Falschbewertung von Sachspenden siehe *Herkens*, EStB 2017, 328.

3. Verzicht auf die Erstattung von Aufwendungen (Aufwandsspenden)

108 Nach § 10b Abs. 3 Satz 5 und 6 EStG können auch Aufwendungsersatzansprüche gegenüber dem Zuwendungsempfänger zum Gegenstand von Spenden gemacht werden. Zulässig ist dies jedoch nur, wenn der Aufwendungsersatzanspruch durch Vertrag oder Satzung eingeräumt worden ist, **bevor** die zum Aufwand führende Tätigkeit begonnen wurde. Auch ein Vorstandsbeschluss kann genügen[3] – vgl. hierzu BMF v. 25. 11. 2014.[4] Es genügt nicht, wenn noch nachträglich oder rückwirkend Ersatzpflichten des Zuwendungsempfängers begründet werden.

---

[1] BMF v. 7. 11. 2013, BStBl 2013 I 1333.
[2] Vgl. hierzu BMF v. 7. 11. 2013, BStBl 2013 I 1333.
[3] A. A. FG Berlin-Brandenburg v. 4. 3. 2014 - 6 K 9244/11, EFG 2014, 989.
[4] BMF v. 25. 11. 2014, BStBl 2014 I 1584; s. hierzu *Emser*, DStR 2015, 1960 und *Feierabend*, NWB 2017, 2826.

109 Nur ernsthaft eingeräumte Ansprüche auf Aufwendungsersatz, die nicht von vornherein unter der Bedingung des Verzichts stehen, können Gegenstand einer Spende sein. Aus Verwaltungssicht wird die Ernsthaftigkeit indiziert durch zeitliche Nähe der Verzichtserklärung und wirtschaftliche Leistungsfähigkeit des Zuwendungsempfängers (zu Einzelheiten BMF v. 25.11.2014).[1] Von einer Werthaltigkeit des Aufwendungsersatzanspruchs bei Verzicht ist nach BFH v. 9.5.2007[2] auszugehen, wenn der Zuwendungsempfänger im Zeitpunkt des Verzichts wirtschaftlich in der Lage war, den Anspruch zu erfüllen.

110 Bei ehrenamtlich Tätigen spricht eine widerlegbare Vermutung dafür, dass Leistungen ohne Aufwendungsersatzanspruch erbracht wurden. Gegenteiliger Nachweis ist jedoch durch entsprechende Vorlage einer schriftlichen Vereinbarung möglich.

111 Unter den gleichen Voraussetzungen ist auch ein Verzicht auf sonstige Ansprüche (z. B. Lohn- oder Honoraransprüche) als sog. Rückspende[3] möglich. Klassischer Anwendungsfall ist der Verzicht auf eine Übungsleitervergütung bei einem Sportverein.

112–114 (*Einstweilen frei*)

V. Vertrauensschutz und Haftung (§ 10b Abs. 4 EStG)

1. Vertrauensschutz

a) Voraussetzungen

115 Grundsätzlich darf ein Steuerpflichtiger auf die Richtigkeit einer ihm erteilten Zuwendungsbestätigung vertrauen. Die Bestätigung muss den formalen Vorgaben (s. → Rz. 65 ff.) genügen und im Falle der Richtigkeit der Angaben den Spendenabzug eröffnen. Ist schon nach den Angaben auf der Zuwendungsbestätigung kein Spendenabzug zu gewähren, greift der Vertrauensschutz nicht (vgl. BFH, I R 20/05).[4]

Wird eine Zuwendungsbestätigung von einer Körperschaft zu einem Zeitpunkt ausgestellt, zu dem diese bereits dem Grunde nach zu einer solchen Handlung nicht befugt war, berechtigt die Zuwendungsbestätigung auch dann nicht zum Spendenabzug, wenn sich im späteren Verlauf herausstellt, dass die Körperschaft gemeinnützig war und hierfür eine vorläufige Bescheinigung ausgestellt wurde (keine rückwirkende Heilung). Allerdings schließt ein nicht korrektes Ausstellungsdatum der Zuwendungsbescheinigung für sich genommen noch nicht den Spendenabzug aus, sofern der Zuwendungsempfänger im Zeitpunkt der tatsächlichen Ausstellung der Zuwendungsbestätigung hierzu befugt war und seine Aussagen inhaltlich richtig sind.[5]

116 Eine Bestätigung ist unrichtig, wenn sie in den für den Sonderausgabenabzug wesentlichen Angaben von der objektiven Sach- und Rechtslage abweicht.

117 Der Vertrauensschutz bezieht sich insbesondere auf die Empfangsberechtigung des Zuwendungsempfängers, die Anerkennung der Gemeinnützigkeit durch KSt-Befreiung bzw. Freistellungsbescheid und die Verwendung der Zuwendung für begünstigte Zwecke.

---

1 BMF v. 25.11.2014, BStBl 2014 I 1584.
2 BFH v. 9.5.2007 - XI R 23/06, BFH/NV 2007, 2251 = NWB DokID: JAAAC-61494.
3 BMF v. 25.11.2014, BStBl 2014 I 1584 sowie BMF v. 21.11.2014, BStBl 2014 I 1581 (unter Nr. 12) für steuerfrei ausgezahlte Aufwandsentschädigungen bzw. Vergütungen).
4 BFH v. 5.4.2006 - I R 20/05, BStBl 2007 II 450, allgemein zu Vertrauensschutz und Haftung siehe *Herkens*, EStB 2017, 328.
5 BFH v. 12.12.2017 - X R 46/16, NWB DokID: UAAAG-85042.

b) Ausschluss des Vertrauensschutzes

118 Bei einer Rückzahlung der Zuwendung kommt ein Berufen auf den Vertrauensschutz ebenso wenig in Betracht wie bei der Anwendung von **unlauteren Mitteln** (Täuschung, Drohung, Bestechung – § 130 Abs. 2 Nr. 2 AO) oder **falschen Angaben** durch den Steuerpflichtigen. Die falschen Angaben müssen dabei nicht schuldhaft erfolgt sein. Der Vertrauensschutz kann in diesem Fall auch ohne Schuldvorwurf entfallen. Denn ausschlaggebend ist bei objektiver Betrachtung allein, dass der Steuerpflichtige selbst die Ursache für eine falsche Bescheinigung gesetzt hat.

119 Der Steuerpflichtige büßt den Vertrauensschutz auch ein, wenn er die Unrichtigkeit der Bestätigung kannte oder hätte kennen müssen.[1] Maßstab ist hierbei das grob fahrlässige außer Acht lassen des nach den persönlichen Kenntnissen und Fähigkeiten des Spenders zumutbaren Maßes an Sorgfalt. Das Wissen eines Erfüllungsgehilfen wird dem Steuerpflichtigen zugerechnet.

Maßgeblicher Zeitpunkt für die Beurteilung des Vertrauensschutzes ist das Einreichen der Steuererklärung, BFH, XI R 6/03.[2]

Zu Änderungsmöglichkeiten bei fehlendem Vertrauensschutz s. → Rz. 141.

120–123 (*Einstweilen frei*)

2. Haftung

124 § 10b Abs. 4 Satz 2 EStG begründet einen Haftungstatbestand in Höhe der entgangenen Steuer für die Fälle der **vorsätzlichen** oder **grob fahrlässigen** Ausstellung unrichtiger Bestätigungen sowie für Fehlverwendungen. Einfache Fahrlässigkeit löst noch keine Haftung aus.

125 Die Haftungsinanspruchnahme korrespondiert mit dem Vertrauensschutz des Zuwendenden. Nur, wenn durch den zu gewährenden Spendenabzug tatsächlich ein Steuerausfall gegeben ist, ist eine Haftungsinanspruchnahme sach- und ermessensgerecht. Die den Vertrauensschutz des Zuwendenden ausschließenden Gründe hat der Haftungsschuldner darzulegen und ggf. nachzuweisen. Er kann seiner Haftung auch entgegenhalten, dass der Zuwendende (trotz Vertrauensschutz) den Abzug der Zuwendung in seiner persönlichen Steuererklärung überhaupt nicht in Anspruch genommen hat.[3]

a) Ausstellerhaftung

126 Das Ausstellen einer **unrichtigen Bestätigung** (→ Rz. 116) löst einen Haftungstatbestand aus, wenn vom Aussteller vorsätzlich oder grob fahrlässig gehandelt wurde. Subjekt der Ausstellerhaftung ist in der Regel der Zuwendungsempfänger, d. h., die juristische Person, an die die Zuwendung geleistet worden ist. Dieser ist das Fehlverhalten ihrer Funktionsträger zuzurechnen.[4] Handelt ein Funktionsträger deutlich außerhalb des ihm zugewiesenen Handlungsbereiches, entfällt die Haftung der juristischen Person (keine Zurechnung der Handlung). In diesem

---

[1] Vgl. FG Baden-Würtemberg v. 24. 2. 2014 - 10 K 3811/12, EFG 2014, 257.
[2] BFH v. 2. 8. 2006 - XI R 6/03, BStBl 2007 II 8.
[3] *Str.*; gl. A. *Heinicke* in Schmidt, § 10b EStG Rz. 56; a. A. *Kirchhof*, § 10b EStG Rz. 79.
[4] Vgl. z. B. BFH v. 24. 4. 2002 - XI R 123/96, BStBl 2003 II 128 sowie FG Niedersachsen v. 15. 1. 2015 - 14 K 85/13, EFG 2015, 904 (m. Anm. Kühnen), NWB DokID: UAAAF-03983.

Fall kommt allenfalls eine Ausstellerhaftung des nichtberechtigt Agierenden in Betracht. Maßgeblich ist der Zeitpunkt der Erstellung der Bescheinigung.

b) Veranlasserhaftung

Die zweite Alternative des § 10b Abs. 4 Satz 2 EStG eröffnet den Haftungstatbestand in Fällen, in denen eine **andere Verwendung**[1] als zu steuerbegünstigten Zwecken veranlasst wird (**Fehlverwendung**). Als Haftungsschuldner kommt auch hier zunächst die Empfängerkörperschaft in Betracht (soweit sie sich das Handeln des Veranlassers zurechnen lassen muss).

Daneben kann auch die handelnde natürliche Person Haftungsschuldner sein. (Es besteht grundsätzlich Gesamtschuldnerschaft.) Mit dem JStG 2009 wurde die Reihenfolge der Inanspruchnahme der Haftungsschuldner gesetzlich festgelegt. Vorrangig ist im Rahmen der Ermessensausübung der Zuwendungsempfänger, also die juristische Person oder Dienststelle etc., in Haftung zu nehmen. Ein Rückgriff auf die tatsächlich handelnde natürliche Person kommt nur in Betracht, wenn die entgangene Steuer nicht nach § 47 AO erloschen ist und Vollstreckungsmaßnahmen gegen den Zuwendungsempfänger erfolglos sind. Mit dieser Regelung sollen bürgerschaftlich interessierte Personen weiter ermutigt werden, verantwortungsvolle Aufgaben zu übernehmen, denn ein drohendes Haftungsrisiko wirkt an dieser Stelle abschreckend.

Seit dem EhrenamtsStärkG[2] wird auch bei der Veranlasserhaftung tatbestandlich Vorsatz oder grobe Fahrlässigkeit vorausgesetzt (bis zur Gesetzesänderung handelte es sich um einen Fall der verschuldensunabhängigen Gefährdungshaftung).

Von einer Fehlverwendung ist z. B. auszugehen, wenn Zuwendungen tatsächlich nicht zu steuerbegünstigten Zwecken verwendet werden oder aber damit unangemessen hohe Kosten für Verwaltung oder Werbung abgedeckt werden. Gleiches gilt auch im Falle der Unterschlagung oder Veruntreuung.

Hingegen liegt eine Fehlverwendung nicht vor, wenn der Zuwendungsempfänger die Zuwendung zu dem in der Bestätigung angegebenen steuerbegünstigten Zweck verwendet hat, auch wenn im Körperschaftsteuerveranlagungsverfahren die Gemeinnützigkeit nicht anerkannt oder rückwirkend aberkannt wurde.[3] Ebenfalls unbeachtlich ist, wenn die Zuwendung für steuerbegünstigte Zwecke verwendet wird, auf der Zuwendungsbestätigung aber andere (steuerbegünstigte) Zwecke aufgeführt sind.

c) Haftungsumfang und -verfahren

Die Haftungssumme wird nach § 10b Abs. 4 Satz 3 EStG pauschal mit 30 %[4] der Zuwendung bzw. des bescheinigten Betrags zugrunde gelegt. Hierbei ist irrelevant, in welcher Höhe sich beim Zuwendenden über den Sonderausgabenabzug tatsächlich ein Steuervorteil ergeben hat.

---

1 Ebenso bei Nichtverwendung innerhalb der Verwendungsfrist des § 55 Abs. 1 Nr. 5 S. 3 AO. Laut BFH v. 20.3.2017 - X R 13/15, NWB DokID: BAAAG-53337 ist hierbei jedoch nicht auf das konkrete Guthaben auf einem projektbezogenen Bankkonto abzustellen. Dem Gebot zeitnaher Mittelverwendung genügt vielmehr auch, wenn die projektbezogenen Aufwendungen innerhalb der gesetzlichen Frist von einem anderen Bankkonto bezahlt werden.
2 BStBl 2013 I 339.
3 BFH v. 28. 7. 2004 - XI R 39/03, BFH/NV 2005, 516 = NWB DokID: NAAAB-41953; ebenso XI R 40/03, NWB DokID: XAAAB-41954 und XI R 41/03, NWB DokID: HAAAB-41955.
4 Gilt seit 2007, vorher 40 %.

Im Falle der Fehlverwendung (Veranlasserhaftung) beschränkt sich die Haftung auf die fehlverwendeten Beträge.

133 Die Haftungsinanspruchnahme ist eine Ermessensentscheidung[1] und erfolgt durch **Haftungsbescheid** (§ 191 AO).

134 Gemäß § 191 Abs. 3 Satz 2 AO beträgt die **Festsetzungsfrist** für den Erlass eines **Haftungsbescheides** grundsätzlich vier Jahre. Sie beginnt mit Ablauf des Jahres der Ausstellung der fehlerhaften Bescheinigung bzw. der Spendenfehlverwendung. Im Falle der leichtfertigen Steuerverkürzung oder vorsätzlichen Steuerhinterziehung kommt eine Verlängerung auf fünf bzw. zehn Jahre in Betracht.

135 Für Haftungsansprüche greift eine Ablaufhemmung (§ 10b Abs. 4 Satz 5 EStG). Damit wird erreicht, dass Haftungsbescheide solange noch ergehen können, wie gegen den Zuwendungsempfänger verfahrensrechtlich eine Steuerfestsetzung bzw. deren Änderung möglich ist. Dies ist auch zweckmäßig, da oftmals erst im Rahmen einer Prüfung beim Zuwendungsempfänger die Voraussetzungen für eine Haftung zutage treten. Folgerichtig wird deshalb die Anwendbarkeit von § 191 Abs. 5 AO explizit ausgeschlossen.

136–139 (*Einstweilen frei*)

C. Verfahrensfragen

140 Das **nachträgliche Ausstellen** oder Vorlegen einer Zuwendungsbestätigung ist kein rückwirkendes Ereignis – § 175 Abs. 2 Satz 2 AO.[2]

141 Kann der Zuwendende **keinen Vertrauensschutz** für sich in Anspruch nehmen, weil ihm die Unrichtigkeit der Bestätigung bekannt oder infolge grober Fahrlässigkeit unbekannt ist, ist der rechtswidrige Steuerbescheid zu korrigieren. Für eine Änderung kommen die § 172 Abs. 1 Nr. 2 Buchst. c AO oder § 173 Abs. 1 Nr. 1 AO in Betracht. Eine Haftung des Zuwendungsempfängers nach § 10b Abs. 4 Satz 2 EStG scheidet in diesem Fall aus.

142 Werden **Zuwendungen zurückgezahlt**, gelten die allgemeinen Grundsätze für die Rückzahlung von Sonderausgaben (vgl. KKB/Wilhelm, § 10 EStG Rz. 26). Zunächst erfolgt eine Verrechnung mit anderen Zuwendungen des Rückzahlungs-VZ. Bei darüber hinaus gehenden Beträgen kommt eine Änderung des Sonderausgabenabzugs im ursprünglichen Abzugszeitraum in Betracht.

§ 10c Sonderausgaben-Pauschbetrag

[1]Für Sonderausgaben nach § 10 Absatz 1 Nummer 4, 5, 7 und 9 sowie Absatz 1a und nach § 10b wird ein Pauschbetrag von 36 Euro abgezogen (Sonderausgaben-Pauschbetrag), wenn der Steuerpflichtige nicht höhere Aufwendungen nachweist. [2]Im Fall der Zusammenveranlagung von Ehegatten verdoppelt sich der Sonderausgaben-Pauschbetrag.

---

1 Ggf. aber Ermessensreduzierung auf Null vgl. z. B. FG München v. 24. 2. 2015 - 6 K 299/14 (zurückverwiesen durch BFH v. 20.9.2016 - X R 36/15, NWB DokID: DAAAG-40806).

2 Siehe auch BFH v. 26. 9. 2005 – XI B 50/05, BFH/NV 2006, 236 = NWB DokID: WAAAB-73482. Unionsrechtliche Bedenken gegen die Vorschrift hat der BFH ebenfalls nicht – BFH v. 10. 5. 2016 – X R 34/13, BFH/NV 2017, 13 = NWB DokID: SAAAF-86317.

Allgemeine Erläuterungen   1–3   § 10c   EStG

Inhaltsübersicht   Rz.

A. Allgemeine Erläuterungen	1 - 8
I. Normzweck und wirtschaftliche Bedeutung der Vorschrift	1
II. Entstehung und Entwicklung der Vorschrift	2 - 4
III. Geltungsbereich	5 - 8
B. Systematische Kommentierung	9 - 23
I. Geltungsbereich und Höhe (§ 10c Satz 1 EStG)	9 - 22
1. Allgemeines	9 - 14
2. Vorauszahlungs-Verfahren	15 - 18
3. Lohnsteuerabzug	19 - 22
II. Zusammenveranlagung von Ehegatten (§ 10c Satz 2 EStG)	23

HINWEIS:
BMF v. 26.11.2013, BStBl 2013 I 1532 (auch abgedruckt in Anh 30a LStH). Zur Rechtslage vor VZ 2010 siehe BMF v. 30.1.2008, BStBl 2008 I 390, Rz. 62 ff. sowie H 10c EStH 2009.

LITERATUR:
Harder-Buschner/Jungblut, Vorsorgeaufwendungen im Lohnsteuerabzugsverfahren ab 2010, NWB 2009, 2636; *Kanzler*, Entwurf eines Bürgerentlastungsgesetzes, NWB 2009, 684.

ARBEITSHILFEN UND GRUNDLAGEN ONLINE:
Steuerfach-Scout 2015, Welche Sonderausgaben fallen nicht unter den Sonderausgaben-Pauschbetrag?, NWB DokID: FAAAE-59736; Steuerfach-Scout 2015, Welchen Einfluss hat ein Wechsel von unbeschränkter zu beschränkter Steuerpflicht auf die Höhe des Sonderausgaben-Pauschbetrags?, NWB DokID: PAAAE-59737.

A. Allgemeine Erläuterungen

I. Normzweck und wirtschaftliche Bedeutung der Vorschrift

Ursprünglich sollte § 10c EStG der Vereinfachung des Besteuerungsverfahrens dienen, indem für bestimmte Sonderausgaben ohne besonderen Nachweis ein **Pauschalbetrag** zum Ansatz gebracht wird. Die Bedeutung der Vorschrift ist jedoch mit ihrer Neuregelung ab dem VZ 2010 (s. → Rz. 2) auf ein Minimum gesunken. Da der Pauschbetrag mit 36 € extrem gering ist, entfaltet die Vorschrift – soweit sie aufgrund ihrer **Subsidiarität** zu den von ihr erfassten Sonderausgaben überhaupt zur Anwendung kommt – steuerlich kaum Wirkung. Letztendlich könnte sie genauso gut entfallen.   1

II. Entstehung und Entwicklung der Vorschrift

§ 10c EStG wurde durch das BürgerEntlG[1] v. 16.7.2009 mit Wirkung ab VZ 2010 grundlegend umgestaltet. Der ursprüngliche Regelungsschwerpunkt der Vorschrift, die **Vorsorgepauschale**, wurde gestrichen, lediglich der Sonderausgaben-Pauschbetrag blieb bestehen.   2

Grundlage dieser Neuregelung war der Beschluss des BVerfG v. 13.2.2008,[2] mit dem die bisherige eingeschränkte steuerliche Absetzbarkeit von Beiträgen zur Krankenversicherung/Pflegeversicherung für verfassungswidrig erklärt wurde. Der Gesetzgeber wurde zu einer Neuregelung angehalten, die mit dem BürgerEntlG vollzogen wurde. Tatsächliche Beiträge für eine Ba-   3

---

1 Gesetz zur verbesserten steuerlichen Berücksichtigung von Vorsorgeaufwendungen (Bürgerentlastungsgesetz Krankenversicherung), BGBl 2009 I 1959.
2 BVerfG v. 13.2.2008 - 2 BvL 1/06, BVerfGE 120, 125-168 = NWB DokID: AAAAC-75760.

siskranken- und Pflegeversicherung werden nunmehr in jedem Fall steuermindernd zum Ansatz gebracht. Damit entfällt der Bedarf für einen pauschalen Ansatz von Vorsorgeaufwendungen. Ab VZ 2010 kommt die Vorsorgepauschale nur noch im Rahmen des **Lohnsteuerabzugsverfahrens** zur Anwendung. Die diesbezüglichen Regelungsinhalte des § 10c EStG wurden in § 39b EStG überführt (s. dort → Rz. 15). Im Veranlagungsverfahren richtet sich der Sonderausgabenabzug für Vorsorgeaufwendungen ausschließlich nach den tatsächlich geleisteten Beträgen (vgl. i. E. bei KKB/Wilhelm, § 10 EStG Rz. 47 ff.).

4   Die letzten (lediglich redaktionellen) Gesetzesänderungen erfolgten durch StVereinfG 2011,[1] KroatienAnpG[2] v. 25. 7. 2014 und das sog. JStG 2015.[3]

III. Geltungsbereich

5   Vom § 10c EStG profitieren unbeschränkt Stpfl., selbst wenn sie nur während eines Teils des Jahres Einkünfte erzielt haben oder unbeschränkt steuerpflichtig waren. Eine anteilige Kürzung erfolgt nicht. Für beschränkt Stpfl. wird die Anwendung des § 10c EStG über § 50 Abs. 1 Satz 3 EStG grundsätzlich ausgeschlossen. Gemäß § 50 Abs. 1 Satz 4 EStG können diese den Sonderausgaben-Pauschbetrag jedoch dann geltend machen, wenn sie als Arbeitnehmer Einkünfte aus nichtselbständiger Arbeit bezogen haben. Allerdings ist bei ihnen eine zeitanteilige Kürzung vorgesehen, wenn die Einkünfte nicht während eines vollen Kalenderjahres zugeflossen sind. Im Hinblick auf die Höhe des Sonderausgaben-Pauschbetrags scheint die Vorgabe der zeitanteiligen Kürzung indessen kleinlich.

6–8   *(Einstweilen frei)*

B. Systematische Kommentierung

I. Geltungsbereich und Höhe (§ 10c Satz 1 EStG)

1. Allgemeines

9   Der Sonderausgaben-Pauschbetrag beläuft sich auf 36 € und wird unabhängig von tatsächlich entstandenen Aufwendungen gewährt.

10   Er umfasst folgende Aufwendungen des § 10 und § 10b EStG:

▶ gezahlte Kirchensteuer – § 10 Abs. 1 Nr. 4 EStG

▶ Kinderbetreuungskosten – § 10 Abs. 1 Nr. 5 EStG

▶ Aufwendungen für die eigene Berufsausbildung – § 10 Abs. 1 Nr. 7 EStG

▶ Schulgeld – § 10 Abs. 1 Nr. 9 EStG

▶ Unterhaltsleistungen, Renten und dauernde Lasten sowie Ausgleichsleistungen und -zahlungen im Rahmen des Versorgungsausgleichs – § 10 Abs. 1a EStG

▶ Spenden – § 10b EStG

---

[1] Steuervereinfachungsgesetz 2011 v. 1. 11. 2011, BGBl 2011 I 2131.
[2] Gesetz zur Anpassung des nationalen Steuerrechts an den Beitritt Kroatiens zur EU und zur Änderung weiterer steuerlicher Vorschriften v. 25. 7. 2014, BGBl 2014 I 1266.
[3] Gesetz zur Anpassung der Abgabenordnung an den Zollkodex der Union und zur Änderung weiterer steuerlicher Vorschriften v. 22. 12. 2014, BGBl 2014 I 2417.

Dem Stpfl. bleibt es unbenommen, für die von § 10c EStG erfassten Sonderausgaben im Einzelfall höhere Aufwendungen geltend zu machen und zu belegen. Soweit die tatsächlichen Aufwendungen in ihrer Höhe über den Pauschbetrag hinausgehen, kommen diese **anstelle** des Sonderausgaben-Pauschbetrags zum Abzug. 11

Sonderausgaben nach anderen Vorschriften und Beträge, die wie Sonderausgaben abgezogen werden können, tangieren § 10c EStG nicht. Die Inanspruchnahme des Sonderausgaben-Pauschbetrags ist daneben möglich. Eine Berücksichtigung des Pauschbetrags erfolgt von Amts wegen. 12

(Einstweilen frei) 13–14

2. Vorauszahlungs-Verfahren

Seit dem VZ 2010 kommt § 10c EStG im **Vorauszahlungs-Verfahren** nicht mehr zur Anwendung. Vielmehr sind auch hier die tatsächlichen Aufwendungen (unter Berücksichtigung der Einschränkung von § 37 Abs. 3 Satz 4 EStG) maßgebend. 15

(Einstweilen frei) 16–18

3. Lohnsteuerabzug

Über § 39b Abs. 2 Satz 5 Nr. 2 EStG findet der Sonderausgaben-Pauschbetrag bei der Berechnung des **Lohnsteuerabzugs** Anwendung. Gleichzeitig wird beim Lohnsteuereinbehalt nach § 39b Abs. 2 Satz 5 Nr. 3 EStG noch eine Mindestvorsorgepauschale berücksichtigt (vgl. auch KKB/Maßbaum, § 39b EStG Rz. 15). 19

(Einstweilen frei) 20–22

II. Zusammenveranlagung von Ehegatten (§ 10c Satz 2 EStG)

Im Fall der Zusammenveranlagung (§ 26b EStG) findet eine Verdoppelung des Pauschbetrags statt. Dies gilt auch für Lebenspartner (§ 2 Abs. 8 EStG). Allerdings muss eine tatsächliche Zusammenveranlagung vorliegen. Nicht ausreichend ist, dass über § 32a Abs. 6 EStG der Zusammenveranlagungstarif zur Anwendung kommt (etwa beim Witwensplitting). 23

§ 10d Verlustabzug

[1](1) [1]Negative Einkünfte, die bei der Ermittlung des Gesamtbetrags der Einkünfte nicht ausgeglichen werden, sind bis zu einem Betrag von 1 000 000 Euro, bei Ehegatten, die nach den §§ 26, 26b zusammenveranlagt werden, bis zu einem Betrag von 2 000 000 Euro vom Gesamtbetrag der Einkünfte des unmittelbar vorangegangenen Veranlagungszeitraums vorrangig vor Sonderausgaben, außergewöhnlichen Belastungen und sonstigen Abzugsbeträgen abzuziehen (Verlustrücktrag). [2]Dabei wird der Gesamtbetrag der Einkünfte des unmittelbar vorangegangenen Veranlagungszeitraums um die Begünstigungsbeträge nach § 34a Absatz 3 Satz 1 gemindert. [3]Ist für den unmittelbar vorangegangenen Veranlagungszeitraum bereits ein Steuerbescheid erlassen worden, so ist er insoweit zu ändern, als der Verlustrücktrag zu gewähren oder zu berichtigen ist. [4]Das gilt auch dann, wenn der Steuerbescheid unanfechtbar geworden ist; die Festsetzungsfrist endet insoweit nicht, bevor die Festsetzungsfrist für den Veranla-

---

1 **Anm. d. Red.:** Zur Anwendung des § 10d siehe § 57 Abs. 4.

gungszeitraum abgelaufen ist, in dem die negativen Einkünfte nicht ausgeglichen werden. ⁵Auf Antrag des Steuerpflichtigen ist ganz oder teilweise von der Anwendung des Satzes 1 abzusehen. ⁶Im Antrag ist die Höhe des Verlustrücktrags anzugeben.

(2) ¹Nicht ausgeglichene negative Einkünfte, die nicht nach Absatz 1 abgezogen worden sind, sind in den folgenden Veranlagungszeiträumen bis zu einem Gesamtbetrag der Einkünfte von 1 Million Euro unbeschränkt, darüber hinaus bis zu 60 Prozent des 1 Million Euro übersteigenden Gesamtbetrags der Einkünfte vorrangig vor Sonderausgaben, außergewöhnlichen Belastungen und sonstigen Abzugsbeträgen abzuziehen (Verlustvortrag). ²Bei Ehegatten, die nach den §§ 26, 26b zusammenveranlagt werden, tritt an die Stelle des Betrags von 1 Million Euro ein Betrag von 2 Millionen Euro. ³Der Abzug ist nur insoweit zulässig, als die Verluste nicht nach Absatz 1 abgezogen worden sind und in den vorangegangenen Veranlagungszeiträumen nicht nach Satz 1 und 2 abgezogen werden konnten.

(3) (weggefallen)

(4) ¹Der am Schluss eines Veranlagungszeitraums verbleibende Verlustvortrag ist gesondert festzustellen. ²Verbleibender Verlustvortrag sind die bei der Ermittlung des Gesamtbetrags der Einkünfte nicht ausgeglichenen negativen Einkünfte, vermindert um die nach Absatz 1 abgezogenen und die nach Absatz 2 abziehbaren Beträge und vermehrt um den auf den Schluss des vorangegangenen Veranlagungszeitraums festgestellten verbleibenden Verlustvortrag. ³Zuständig für die Feststellung ist das für die Besteuerung zuständige Finanzamt. ⁴Bei der Feststellung des verbleibenden Verlustvortrags sind die Besteuerungsgrundlagen so zu berücksichtigen, wie sie den Steuerfestsetzungen des Veranlagungszeitraums, auf dessen Schluss der verbleibende Verlustvortrag festgestellt wird, und des Veranlagungszeitraums, in dem ein Verlustrücktrag vorgenommen werden kann, zu Grunde gelegt worden sind; § 171 Absatz 10, § 175 Absatz 1 Satz 1 Nummer 1 und § 351 Absatz 2 der Abgabenordnung sowie § 42 der Finanzgerichtsordnung gelten entsprechend. ⁵Die Besteuerungsgrundlagen dürfen bei der Feststellung nur insoweit abweichend von Satz 4 berücksichtigt werden, wie die Aufhebung, Änderung oder Berichtigung der Steuerbescheide ausschließlich mangels Auswirkung auf die Höhe der festzusetzenden Steuer unterbleibt. ⁶Die Feststellungsfrist endet nicht, bevor die Festsetzungsfrist für den Veranlagungszeitraum abgelaufen ist, auf dessen Schluss der verbleibende Verlustvortrag gesondert festzustellen ist; § 181 Absatz 5 der Abgabenordnung ist nur anzuwenden, wenn die zuständige Finanzbehörde die Feststellung des Verlustvortrags pflichtwidrig unterlassen hat.

Inhaltsübersicht	Rz.
A. Allgemeine Erläuterungen	1 - 20
I. Normzweck und wirtschaftliche Bedeutung der Vorschrift	1 - 5
II. Entstehung und Entwicklung der Vorschrift	6
III. Geltungsbereich	7 - 13
IV. Verhältnis zu anderen Vorschriften	14
V. Vereinbarkeit mit höherrangigem Recht	15 - 20
B. Systematische Kommentierung	21 - 95
I. Verlustrücktrag (§ 10d Abs. 1 EStG)	21 - 55
1. Nicht ausgeglichene negative Einkünfte	22 - 30
a) Begriff	22 - 23
b) Ermittlung	24 - 30
2. Rechtsfolge Verlustrücktrag	31 - 40
3. Verzicht	41 - 55

II. Verlustvortrag (§ 10d Abs. 2 EStG)		56 - 70
1. Voraussetzungen		57
2. Rechtsfolgen		58 - 70
III. Verlustfeststellung (§ 10d Abs. 4 EStG)		71 - 82
1. Gesonderte Feststellung		71 - 77
2. Feststellungsfrist		78 - 82
IV. Erlass und Änderung des Feststellungsbescheides		83 - 95
C. **Verfahrensfragen**		96 - 100
I. Reihenfolge der Einkünfteverrechnung		96
II. Zusammentreffen von Verlustvor- und -rücktrag		97
III. Verzinsung		98
IV. Rechtsmittel		99 - 100

HINWEIS:

§ 62d EStDV; R 10d EStR; H 10d EStH; BMF v. 29. 11. 2004, BStBl 2004 I 1097 (besondere Verrechnungsbeschränkungen); BMF v. 24. 7. 2008, BStBl 2008 I 809 (Verlustabzug in Erbfällen); BMF v. 19. 10. 2011, BStBl 2011 I 974 (Mindestgewinnbesteuerung).

LITERATUR:

▶ Weitere Literatur siehe Online-Version

Butler, Die Neuordnung der Verlustfeststellungsmodalitäten zwecks Verlustvortrags, NWB 2013, 1636; *Fink*, Keine Berichtigung nach Eintritt der Verjährung – Einkommensteuererklärung als unvollständige Feststellungserklärung?, EFG 2015, 436; *Yilmaz/Nunnenkamp*, Feststellung von Verlustvorträgen – BFH entscheidet zugunsten zahlreicher Steuerpflichtiger, NWB 2015, 1832; *Wollweber/Langeloh*, „Ich heirate einen Verlustvortrag" – Zur Verlustnutzung durch Eheschließung, Stbg 2016, 26; *Brühl/Weiss*, Zum Eintritt in den Anwendungsbereich von § 10d Abs. 4 Satz 4 und 5 EStG 2010, NWB 2017, 3270.

ARBEITSHILFEN UND GRUNDLAGEN ONLINE:

Meier, Verlustausgleich – Verlustabzug, NWB infoCenter NWB DokID: KAAAA-88455; *Mindermann/Blatt*, Verlustausgleich – Verlustabzug, NWB DokID: CAAAE-60556.

A. Allgemeine Erläuterungen

I. Normzweck und wirtschaftliche Bedeutung der Vorschrift

Als eine Ausnahme vom Grundsatz der Abschnittsbesteuerung ermöglicht § 10d EStG die **periodenübergreifende** Berücksichtigung von negativen Einkünften. Verluste können sich dadurch in anderen VZ auswirken als denen, in welchen sie erwirtschaftet wurden. Die Regelung dient in erster Linie dem Härteausgleich, weil die wirtschaftliche Leistungsfähigkeit des Stpfl. umfassender als nur bezogen auf das einzelne Kalenderjahr (bzw. Wirtschaftsjahr) berücksichtigt wird.[1] Über die Vorschrift wird eine Verlustverschiebung in andere VZ bewirkt, wodurch sich im Ergebnis eine Einkünftenivellierung ergibt. Gerade bei stark schwankenden Einkommen ist § 10d EStG ein notwendiger Beitrag für die Steuergerechtigkeit.   **1**

Verlustabzug ist als Oberbegriff für die beiden Elemente **Verlustrücktrag** und **Verlustvortrag** zu verstehen. Sowohl Rücktrag wie auch Vortrag sind der Höhe nach begrenzt, nur der Rücktrag ist auch in zeitlicher Hinsicht beschränkt.   **2**

Die Anwendung des Verlustabzugs erfolgt grundsätzlich **von Amts wegen**. Ein Antrag ist hierfür nicht erforderlich (zum Fall des § 10d Abs. 1 Satz 5 EStG s. → Rz. 41). Neben materiell-rechtlichen Elementen beinhaltet § 10d EStG auch eigene verfahrensrechtliche Regelungen.   **3**

---

1 Für systematische und verfassungsrechtliche Überlegungen beim Verlustabzug s. *Heuermann*, FR 2012, 435.

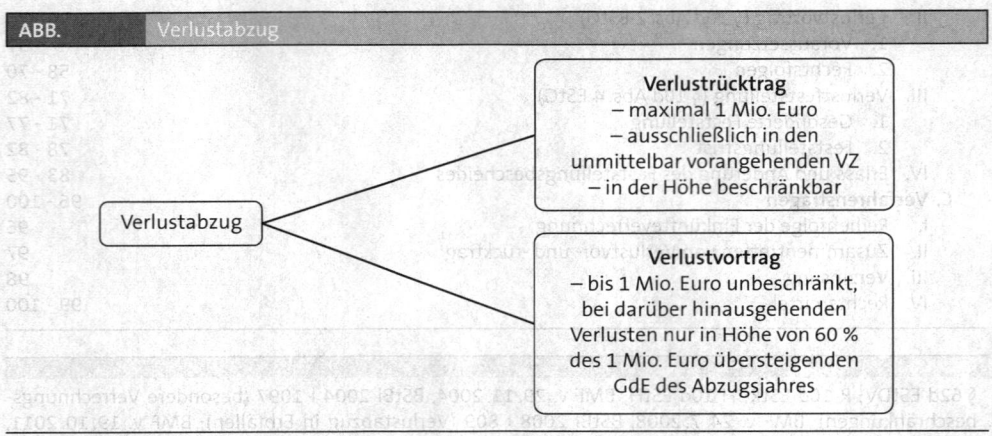

4–5 (Einstweilen frei)

II. Entstehung und Entwicklung der Vorschrift

6 Mit dem StVergAbGProtUmsG[1] erfolgte ein erneuter Strukturwandel des Verlustabzugs. Zunächst wurden die mit dem StEntlG 1999/2000/2002[2] eingeführten vertikalen Verlustausgleichsbeschränkungen des § 2 Abs. 3 Satz 2 bis 8 EStG[3] wieder aufgehoben. Daraus resultierte eine enorme Vereinfachung des § 10d EStG. Gleichzeitig wurde die heutige Form der **Mindestbesteuerung** (Beschränkung des Verlustvortrags) eingeführt. Mit dem JStG 2007[4] wurde § 10d Abs. 4 Satz 6 EStG ergänzt.[5] Die Änderungen des § 10d EStG durch das UntStRefG 2008[6] erfolgten als Ausfluss der (neu eingeführten) Thesaurierungsbegünstigung (§ 34a EStG). Mit dem JStG 2010[7] wurden § 10d Abs. 4 Satz 4 und 5 EStG in Reaktion auf die BFH-Rechtsprechung (s. → Rz. 83, Hinweis) modifiziert.[8] Mit der jüngsten Änderung durch das UntSt/RKVereinfG[9] wurden die rücktragsfähigen Beträge ab dem VZ 2013 deutlich angehoben.

III. Geltungsbereich

7 Der Verlustabzug gilt für **unbeschränkt** Stpfl. und, sofern nicht die Abgeltungswirkung des § 50 Abs. 2 EStG zum Tragen kommt, auch für **beschränkt** Steuerpflichtige.[10] Über § 8 Abs. 1 KStG findet § 10d EStG auch für Kapitalgesellschaften Anwendung (und wird für diese durch

---

1 Gesetz zur Umsetzung der Protokollerklärung der Bundesregierung zur Vermittlungsempfehlung zum Steuervergünstigungsabbaugesetz v. 22.12.2003, BGBl 2003 I 2840.
2 Steuerentlastungsgesetz 1999/2000/2002 v. 24.3.1999, BGBl 1999 I 402.
3 Betragsmäßige Beschränkung der Verlustverrechnung zwischen den einzelnen Einkunftsarten.
4 Jahressteuergesetz 2007 v. 13.12.2006, BGBl 2006 I 2878.
5 Gültig für alle bei Inkrafttreten des Gesetzes am 19.12.2006 noch nicht abgelaufenen Feststellungsfristen – § 52 Abs. 25 Satz 6 EStG a. F.
6 Unternehmensteuerreformgesetz 2008 v. 14.8.2007, BGBl 2007 I 1912.
7 Jahressteuergesetz 2010 v. 8.12.2010, BGBl 2010 I 1768.
8 Gültig für Verluste, für die erstmals nach dem 13.12.2010 eine Erklärung zur Feststellung des verbleibenden Verlustvortrags abgegeben wird – § 52 Abs. 25 Satz 5 a. F.
9 Gesetz zur Änderung und Vereinfachung der Unternehmensbesteuerung und des steuerlichen Reisekostenrechts v. 20.2.2013, BGBl 2013 I 285.
10 Bis 2008 allerdings noch mit Einschränkungen – vgl. § 50 Abs. 1 Satz 2 und Abs. 2 EStG a. F.

§ 8c KStG noch weiter eingeschränkt). Für die Gewerbesteuer findet sich in § 10a GewStG eine eigene Regelung.

Bei **Unterbrechung** der (unbeschränkten oder beschränkten) **Steuerpflicht** kann ein einmal gesondert festgestellter Verlust auch dann noch abgezogen werden, wenn der Stpfl. für einen oder mehrere VZ weder unbeschränkt noch beschränkt steuerpflichtig war (Wiedereintritt in die Steuerpflicht). Einer zwischenzeitlichen gesonderten Verlustfeststellung bedarf es hierfür nicht (R 10d Abs. 8 EStR). 8

Bei der **Zusammenveranlagung** von Ehegatten oder Lebenspartnern sind Verluste eines Ehegatten/Lebenspartners zunächst mit den positiven Einkünften des anderen auszugleichen.[1] Noch verbleibende Verluste werden den Ehegatten/Lebenspartnern entsprechend zugeordnet und gesondert festgestellt (R 10d Abs. 6 EStR). Für den Fall des **Wechsels der Veranlagungsart** bestimmt § 62d EStDV, dass bei einer Einzelveranlagung auch Verluste aus Zeiträumen geltend gemacht werden können, in denen eine Zusammenveranlagung stattgefunden hat (allerdings nur, soweit sie der einzeln Veranlagte auch selbst erlitten hat). Umgekehrt gilt dies gleichermaßen. Für den Fall der Zusammenveranlagung im Todesjahr eines Ehegatten/Lebenspartners vgl. R 10d Abs. 9 Satz 3 ff. EStR. 9

Für **Mitunternehmerschaften** und **Personengesellschaften** erfolgt eine gesonderte und einheitliche Feststellung der Verluste auf Ebene der Gesellschaft. Diese werden im Rahmen der Feststellung auf die einzelnen Beteiligten bzw. Gesellschafter aufgeteilt. Ein Abzug muss jedoch bei der individuellen Einkommensteuerfestsetzung des Einzelnen erfolgen, § 10d EStG ist nur auf Ebene des einzelnen Beteiligten oder Gesellschafters anwendbar (R 10d Abs. 2 Satz 4 und 5 EStR). 10

Auch im **Vergleichs- und Insolvenzverfahren** bleiben Verluste, die der Stpfl. davor oder währenddessen erlitten hat, grundsätzlich in vollem Umfang ausgleichs- und abzugsfähig (H 10d „Insolvenzverfahren" EStH). Die Ausübung des Veranlagungswahlrechts obliegt bei Insolvenz eines Ehegatten dem Insolvenzverwalter.[2]

Im Falle der **Rechtsnachfolge** findet kein Verlustübergang statt. Der Verlustabzug ist vom Grundsatz der Personenidentität geprägt. Nur wer einen Verlust selbst erlitten hat, soll diesen auch geltend machen dürfen. Eine rechtsgeschäftliche Übertragung von Verlusten (Einzelrechtsnachfolge) war damit von jeher nicht möglich. Im Fall der Gesamtrechtsnachfolge (Erbfall) war es gemäß langjähriger Rechtsprechung hingegen möglich, nicht verbrauchte Verluste des Erblassers geltend zu machen. Dies galt jedenfalls dann, wenn der Erbe durch diese wirtschaftlich belastet war.[3] Auch die FinVerw hatte sich dieser Judikatur angeschlossen. Nachdem der Große Senat des BFH mit der Thematik befasst wurde,[4] entschied dieser, dass der Erbe einen vom Erblasser nicht ausgenutzten Verlustabzug nicht bei seiner eigenen Einkommensteuerveranlagung geltend machen kann.[5] Argumentativ stellte der BFH auf die **Höchstpersönlichkeit steuerrechtlicher Positionen** ab. Es gelte der Grundsatz der Individualbesteuerung und das Prinzip der individuellen Leistungsfähigkeit. Ein Steuerpflichtiger könne nur selbst getragenen Aufwand abziehen. Der Übergang von Verlustvorträgen des Erblassers auf den Erben käme ei- 11

---

1 Siehe auch praktische Beispiele bei *Wollweber/Langeloh*, Stbg 2016, 26.
2 BGH v. 24.5.2007 - IX ZR 8/06, DStR 2007, 1411, siehe hierzu auch *Waclawik*, DStR 2011, 277 sowie *Schöler*, DStR 2013, 14543 und DStR 2014, 2349.
3 Siehe z. B. BFH v. 5.5.1999 - XI R 1/97, BStBl II 1999, 653.
4 Zum Hintergrund des Vorlagebeschlusses *Fischer*, NWB 2008, 1551.
5 BFH v. 17.12.2007 - GrS 2/04, BStBl 2008 II 608.

ner unzulässigen Abziehbarkeit von Drittaufwand gleich. Damit war die bisherige Rechtsprechung aufgegeben und die Vererblichkeit des Verlustabzugs Geschichte.[1]

12 Aus Vertrauensschutzgründen beschränkte der BFH selbst die Anwendung der neuen Rechtsprechung auf Todesfälle, die nach Veröffentlichung seines Beschlusses eintreten. Die Verwaltung wendet – in Erweiterung des Übergangszeitraums – die neue Rechtsprechung erst auf Todesfälle nach dem 18.8.2008 (Tag der Veröffentlichung der Entscheidung im BStBl) an.[2]

13 Festgestellte Verlustvorträge sind im Vorauszahlungsverfahren zu berücksichtigen. Auch im Ausland erzielte Verluste bedürfen zu ihrer Berücksichtigung einer vorherigen gesonderten Feststellung.[3] Damit wird über die materielle Abziehbarkeit von im Ausland erlittenen Verlusten im Rahmen des Verlustfeststellungsverfahrens des § 10d Abs. 4 EStG entschieden.

IV. Verhältnis zu anderen Vorschriften

14 An vielen Stellen finden sich im Gesetz eigenständige Verlustverrechnungskreise oder -verrechnungsbeschränkungen, welchen als Sonderregelung **Vorrang** zukommt. Zu beachten sind hierbei u. a. §§ 2a, 2b EStG (a. F.), § 20 Abs. 1 Nr. 4 und § 20 Abs. 6, § 22 Nr. 3 Satz 3, 4; § 23 Abs. 3, § 34a Abs. 8, § 15 Abs. 4, § 15a, § 15b, § 17 Abs. 2 Satz 6 EStG – siehe hierzu auch KKB/Kanzler, § 2 EStG Rz. 325 ff. Zur Anwendung bei besonderen Verlustverrechnungsbeschränkungen vgl. BMF v. 29.11.2004.[4] Den für die Praxis häufigsten Anwendungsfall dürfte der besondere Verlustverrechnungskreis des § 20 Abs. 6 EStG für Kapitaleinkünfte[5] (mit noch weitergehender Einschränkung für Aktienveräußerungsverluste[6]) darstellen.

V. Vereinbarkeit mit höherrangigem Recht

15 In der Literatur werden vielfach verfassungsrechtliche Bedenken gegen die **Mindestbesteuerung** (s. → Rz. 58) erhoben. Der BFH hat sich diesen Bedenken jedoch bisher nicht angeschlossen, sondern die Regelung der Mindestbesteuerung zumindest im Grundsatz bestätigt.[7] Hierzu ist allerdings eine Verfassungsbeschwerde beim BVerfG anhängig.[8]

16 Zweifel hinsichtlich der Verfassungsmäßigkeit hat der BFH[9] jedoch für die Fälle artikuliert, in denen eine spätere Verlustverrechnung aus rechtlichen Gründen nicht möglich ist und das Verlustpotenzial endgültig entfällt. Derlei **Definitiveffekte** können sich z. B. in Insolvenzfällen oder bei (zeitlich begrenzten) Objektgesellschaften ergeben. Die Verwaltung gewährt hierbei in bestimmten Fällen eine Aussetzung der Vollziehung.[10] Diese Unsicherheit in der steuer-

---

1 Billigkeitsmaßnahmen, die die Berücksichtigung eines gesondert festgestellten Verlustvortrags des Erblassers auf die Erben auch nach Änderung der Rspr. bewirken, sind nur in seltenen und extrem gelagerten Konstellationen denkbar, hierzu BFH v. 17.4.2018 - IX R 24/17, NWB DokID: YAAAG-89747.
2 BMF v. 24.7.2008, BStBl 2008 I 809.
3 BFH v. 24.2.2010 - IX R 57/09, BStBl 2011 II 405.
4 BStBl 2004 I 1097.
5 Siehe hierzu KKB/Kempf, § 20 Rz. 401 ff.
6 Siehe hierzu KKB/Kempf, § 20 Rz. 408 ff.; zur Verfassungskonformität der Verrechnungsbeschränkung von Aktienverlusten siehe Loos, DStZ 2010, 78.
7 Vgl. z. B. BFH v. 22.8.2012 - I R 9/11, BStBl 2013 II 512 und BFH v. 29.4.2005 - XI B 127/04, BStBl 2005 II 609.
8 Az. 2 BvR 2998/12, NWB DokID: JAAAE-34288.
9 BFH v. 26.8.2010 - I B 49/10, BStBl 2011 II 826.
10 BMF v. 19.10.2011, BStBl 2011 I 974; hierzu auch Kessler/Hinz, BB 2012, 555.

rechtlichen Beurteilung rechtfertigt jedoch nicht die Anordnung einer Vorläufigkeit nach § 165 AO.[1]

Die Frage der Verfassungsmäßigkeit der sog. Mindestbesteuerung bei Definitiveffekten hat der BFH mittlerweile dem BVerfG zur Entscheidung vorgelegt.[2] Zur Problematik **finaler ausländischer Betriebsstättenverluste** siehe KKB/G. Kraft, § 2a EStG Rz. 28.

Vorgetragenen verfassungsrechtlichen Bedenken an der **Abzugsreihenfolge** (vorrangige Berücksichtigung des Verlustvortrags vor Abzug von Sonderausgaben und außergewöhnlichen Belastungen) ist der BFH jedoch nicht gefolgt.[3] Auch der Verlustvortrag in Veranlagungszeiträume, in denen der Stpfl. nur über ein Einkommen unterhalb des Grundfreibetrages verfügt, ist vom BFH als rechtmäßig bestätigt.[4] Hinsichtlich der durch JStG 2007 eingeführten Beschränkung der Verlustfeststellung in § 10d Abs. 4 Satz 6 2. Halbsatz EStG (s. → Rz. 79) wurde eine erhobene Verfassungsbeschwerde[5] nicht zur Entscheidung angenommen. 17

(*Einstweilen frei*) 18–20

B. Systematische Kommentierung

I. Verlustrücktrag (§ 10d Abs. 1 EStG)

Die erste und vorrangig anzuwendende Komponente des § 10d EStG besteht im Verlustrücktrag. Nicht ausgeglichene negative Einkünfte werden von Amts wegen, sofern kein Antrag nach § 10d Abs. 1 Satz 5 und 6 EStG gestellt wurde, im vorangegangenen VZ vom Gesamtbetrag der Einkünfte (GdE) abgezogen. 21

1. Nicht ausgeglichene negative Einkünfte

a) Begriff
Nicht ausgeglichene negative Einkünfte ergeben sich, wenn in einem Veranlagungszeitraum Verluste nicht durch andere positive Einkünfte kompensiert werden können. Zunächst findet ein Verlustausgleich innerhalb der Einkunftsarten (**horizontaler** oder **interner** Verlustausgleich) und zwischen den Einkunftsarten (**vertikaler** oder **externer** Verlustausgleich) statt (vgl. hierzu auch KKB/Kanzler, § 2 EStG Rz. 323 f.). Betrachtet werden hierbei alle in die Besteuerung einfließenden Einkünfte aus den verschiedenen Einkunftsarten des § 2 Abs. 1 EStG. Nicht zu berücksichtigen sind steuerfreie Einnahmen oder Einkünfte, die mit abgeltender Wirkung versteuert werden (z. B. pauschal versteuerter Arbeitslohn). Diese finden keinen Eingang in den GdE (andernfalls würde die Steuerfreiheit bzw. die Abgeltungswirkung letztlich wieder konterkariert). Auch Kapitaleinkünfte, die dem gesonderten Steuertarif des § 32d Abs. 1 EStG (Abgeltungsteuer) unterliegen, bleiben bei der Ermittlung außen vor, § 2 Abs. 5b EStG. Sonderregelungen zu Verlustabzugsbeschränkungen (vgl. → Rz. 14) sind vorrangig zu berücksichtigen. 22

---

[1] BFH v. 17.12.2014 - I R 32/13, BStBl 2015 II 575 = NWB DokID: KAAAE-88375.
[2] Vorlagebeschluss v. 26.2.2014 - I R 59/12, BStBl 2014 II 1016, Az. des BVerfG: 2 BvL 19/14.
[3] BFH v. 9.4.2010 - IX B 191/09, BFH/NV 2010, 1270 = NWB DokID: NAAAD-43392; Die gegen diesen Beschluss eingelegte Verfassungsbeschwerde wurde ohne Begründung nicht zur Entscheidung angenommen.
[4] BFH v. 11.2.2009 - IX B 207/08, BFH/NV 2009, 920 sowie BFH v. 14.4.2016 - IX B 138/15, BFH/NV 2016, 1017.
[5] BVerfG v. 29.3.2018 - 1 BvR 2582/16.

23 Gemäß § 34a Abs. 8 EStG findet ein Ausgleich von negativen Einkünften mit ermäßigt besteuerten Gewinnen i. S. d. § 34a EStG nicht statt. Die begünstigten Beträge werden vom Verlustausgleich ausgeschlossen (s. KKB/Bäuml, § 34a EStG Rz. 416 ff.). Für die Behandlung von Begünstigungsbeträgen im Rahmen des Verlustabzugs s. → Rz. 33 und 61.

b) Ermittlung

24 Verbleibt nach dem horizontalen und vertikalen (bzw. internen und externen) Verlustausgleich eine negative Summe der Einkünfte, steht diese für den Verlustabzug zur Verfügung (§ 10d Abs. 1 Satz 1 EStG). Streitig ist, inwieweit hierbei noch der Altersentlastungsbetrag (§ 24a EStG), der Entlastungsbetrag für Alleinerziehende (§ 24b EStG) und der Freibetrag für Land- und Forstwirte (§ 13 Abs. 3 EStG) verlusterhöhend zum Ansatz zu bringen sind. Ein großer Teil der Literatur[1] bejaht dies unter Hinweis auf den Gesetzeswortlaut des Abs. 1, der auf die Ermittlung des GdE abstellt. Die FinVerw berücksichtigt die vorgenannten Freibeträge nicht bei der Berechnung des Verlustabzugs, R 10d Abs. 1 EStR. Dies ist, auch wenn es auf den ersten Blick contra legem erscheint, sachgerecht.[2] Über § 10d EStG sollen letztendlich nur Verluste auf der direkten Einkunftsebene zeitraumübergreifend berücksichtigungsfähig sein. Der Gesetzgeber wollte nicht für sämtlichen, bei der Ermittlung des zvE nicht berücksichtigten Aufwand eine Übertragbarkeit schaffen (auch wenn ein solches Vorgehen mit dem Prinzip der wirtschaftlichen Leistungsfähigkeit ebenfalls begründbar gewesen wäre).

25 Ebenfalls keine Berücksichtigung bei der Ermittlung des für den Verlustabzug maßgeblichen Betrages finden Sonderausgaben, außergewöhnliche Belastungen oder die Kinderfreibeträge. Insoweit ist die gesetzliche Regelung aber auch nicht missverständlich, da diese Positionen bei der Ermittlung des zu versteuernden Einkommens sämtlich erst nach dem GdE ansetzen. Sonderausgaben, außergewöhnliche Belastungen und alle vorgenannten Freibeträge (einschließlich der in § 2 Abs. 3 EStG benannten Freibeträge) gehören in Verlustzeiträumen somit nicht zum Verlustausgleichspotenzial. Sie gehen schlicht verloren.

26 Im Ergebnis können also nur negative Einkünfte über § 10d EStG eine Auswirkung entfalten, und dies auch nur, soweit im Entstehungszeitraum ein Ausgleich mit positiven Einkünften (gleicher oder anderer Einkunftsarten) nicht möglich ist. Der innerperiodische Verlustausgleich ist vorrangig.

27–30 *(Einstweilen frei)*

2. Rechtsfolge Verlustrücktrag

31 Verbleiben nach dem Verlustausgleich negative Einkünfte, sind diese bis zu einem Betrag von 1 Mio. €[3] vom GdE des unmittelbar vorangegangenen VZ abzuziehen. Im Falle der Zusammenveranlagung (Ehegatten oder Lebenspartner) verdoppelt sich der Höchstbetrag. Hierbei kommt

---

1 Z. B. HHR/*Hallerbach*, § 10d EStG Rz. 59; *Blümich*, § 10d EStG Rz. 84, wohl ebenso *Schmidt*, § 10d EStG Rz. 18 (wenn auch nicht ganz eindeutig).

2 Das Gesetz spricht schließlich nicht von einem negativen GdE, der im Rahmen des Verlustabzugs vor- oder rückzutragen ist, sondern stellt expressis verbis auf negative Einkünfte ab. Die Gesetzesformulierung „welche bei der Ermittlung des GdE nicht ausgeglichen werden" ist insoweit ungenau (eindeutiger wäre „welche bei der Ermittlung der SdE nicht ausgeglichen werden"). Im Ergebnis systematisch korrekt ist es aber, die Beträge der §§ 24a, 24b und 13 Abs. 3 EStG unberücksichtigt zu lassen, da im Hinblick auf ihre Zielrichtung und Wirkung nicht nachvollziehbar wäre, warum sich andere Freibeträge (wie z. B. der Kinderfreibetrag) nicht ebenfalls auswirken sollten. Die von der Literatur vertretene Auffassung lässt sich allein durch den Gesetzesaufbau des § 2 EStG nicht rechtfertigen.

3 Betrag ab VZ 2013 (davor 511 500 € bzw. 1 023 000 €).

es nicht darauf an, welcher Ehegatte/Lebenspartner den Verlust tatsächlich erzielt hat (zum Wechsel der Veranlagungsart siehe H 10d „Erneute Ausübung des Wahlrechts der Veranlagungsart" EStH). Ein Verlustrücktrag auf den vorangegangenen VZ kommt nur in Betracht, wenn im vorangegangenen VZ ein positiver GdE erzielt wurde. Ein Rücktrag ist jedoch möglich, wenn die Steuerfestsetzung des Vorjahres Null beträgt, weil nach dem (positiven) GdE noch Sonderausgaben, außergewöhnliche Belastungen oder der Grundfreibetrag zu berücksichtigen waren. In diesem Fall sollte aber ein Antrag nach § 10 Abs. 1 Satz 5 EStG erwogen werden (dazu unter → Rz. 41 ff.).

Der Rücktrag ist grundsätzlich **von Amts wegen** vorzunehmen, und zwar im größtmöglichen Umfang. Das heißt, ein positiver Vorjahres-GdE wird bis auf null gemindert. Der zurückgetragene Verlust wird vor Sonderausgaben, außergewöhnliche Belastungen und sonstigen Abzugsbeträgen (wie Kinderfreibeträgen, sonstigen Steuerermäßigungen wie z. B. § 10f EStG) berücksichtigt. Diese Handhabe kann für den Stpfl. nachteilig sein, wenn nämlich eine Steuerfestsetzung von Null (trotz eines positiven GdE) bereits gegeben ist oder aber auch schon mit einem geringeren Rücktragsbetrag erreicht würde. Vom maximal möglichen Rücktrag kann der Stpfl. aber ganz oder teilweise durch Antrag Abstand nehmen (s. → Rz. 41 ff.). Zur Verfassungsmäßigkeit des Abzugs vom GdE s. → Rz. 17. 32

Im Rücktragsjahr (= Jahr, in welches der Verlust zurückgetragen wird) ermäßigt besteuerte Gewinne nach § 34a EStG bleiben beim Verlustabzug außer Ansatz, § 10d Abs. 1 Satz 2 EStG. Sollen auch diese im Wege des Verlustrücktrags gemindert werden, hat der Stpfl. nur die Möglichkeit, seinen Antrag nach § 34a EStG zurückzunehmen. Ein Verlustabzug von anderen begünstigten (z. B. ermäßigt besteuerten) Einkünften findet sehr wohl statt – zur Verlustabzugsreihenfolge beim Zusammentreffen von begünstigten und nicht begünstigten Einkünften s. → Rz. 96; zum Zusammentreffen von Vortrag und Rücktrag in einem Abzugszeitraum s. → Rz. 64 und s. → Rz. 97. 33

Mit Satz 3 und 4 enthält § 10d Abs. 1 EStG eine eigenständige, verfahrensrechtliche Korrekturvorschrift, welche als lex specialis den allgemeinen Regelungen der AO vorgeht bzw. diese ausweitet. Ohne diese Regelung wäre in vielen Fällen die Berücksichtigung eines Verlustrücktrags nicht möglich. Denn der Verlustrücktrag selbst ist kein rückwirkendes Ereignis i. S. d. § 175 Abs. 1 Satz 1 Nr. 2 AO, weshalb eine Änderung für das Rücktragsjahr nach dieser Vorschrift nicht in Betracht kommt. Ergänzend bewirkt § 10d Abs. 1 Satz 4 EStG eine Verlängerung der Festsetzungsfrist des Rücktragsjahres. Solange das Verlustentstehungsjahr noch änderbar ist, wird die Festsetzungsverjährung des Rücktragsjahres gehindert. So wird gewährleistet, dass eine Durchführung des Verlustrücktrags auch dann noch möglich ist, wenn für das Rücktragsjahr nach den universellen Regelungen der AO bereits Festsetzungsverjährung eingetreten wäre. Die Festsetzungsfrist des Rücktragsjahres wird (mindestens) an die Festsetzungsfrist des Verlustentstehungsjahres angeknüpft. 34

Eine Änderung des Rücktragsjahres ist sowohl möglich zur erstmaligen Gewährung des Verlustabzugs wie auch zur Berichtigung eines bereits gewährten Verlustabzugs. Sonstige materielle Fehler können nach § 177 AO im Zuge eines Verlustrücktrags korrigiert werden. Der Umfang der Fehlerkorrektur beschränkt sich allerdings auf den Änderungsrahmen der Verlustberücksichtigung. 35

36 Laut BFH[1] sind im Verlustentstehungsjahr nicht ausgeglichene Verluste in einen vorangegangenen, nicht festsetzungsverjährten Veranlagungszeitraum auch dann zurückzutragen, wenn für das Verlustentstehungsjahr selbst bereits Festsetzungsverjährung eingetreten ist. Die Verwaltung hat diese Rechtsauffassung übernommen (H 10d „Rücktrag aus verjährtem Verlustentstehungsjahr" EStH). Für den Verlustrücktrag sieht das Gesetz (im Gegensatz zum Vortrag – dort s. → Rz. 71) keine inhaltliche Bindung an die Besteuerungsgrundlagen des Verlustentstehungsjahres vor. Für den Rücktrag ist auch keine vorherige Verlustfeststellung durch Bescheid vorgesehen. Damit erfolgt die verbindliche Entscheidung über die Höhe des nicht ausgeglichenen Verlustes des Entstehungsjahres im Steuerfestsetzungsverfahren des Rücktragsjahres, jedenfalls soweit ein Rücktrag in Betracht kommt (R 10d Abs. 7 Satz 2 EStR).[2] Ist auf das Ende des Verlustentstehungsjahres ein Verlustfeststellungsbescheid ergangen, ist ein Einspruch gegen diesen zulässig, wenn ein erstmaliger oder geänderter Verlustrücktrag begehrt wird (vgl. auch s. → Rz. 100).

37–40 (Einstweilen frei)

3. Verzicht

41 Grundsätzlich wird der Verlustrücktrag (im Rahmen der Höchstbeträge von 1 bzw. 2 Mio. €) von Amts wegen im größtmöglichen Umfang vollzogen. Der Stpfl. kann jedoch auf Antrag gem. § 10d Abs. 1 Satz 5 EStG den Rücktrag ganz oder teilweise beschränken. Der Antrag ist formlos und widerruflich.[3] Es ist anzugeben, auf welche Höhe der Verlustrücktrag begrenzt werden soll. Dabei kann der Rücktrag auch auf null beschränkt werden. Damit erfolgt faktisch ein Wechsel vom Verlustrücktrag zum Verlustvortrag.

42 Ist der Steuerbescheid des Rücktragsjahres zu ändern, weil sich die Verlusthöhe im Verlustentstehungsjahr ändert, kann das Wahlrecht im Umfang der Verlusterhöhung neu ausgeübt werden (R 10d Abs. 3 EStR). Zeitliche Grenze für die Antragsausübung oder Änderung bildet die Bestandskraft des den verbleibenden Verlustvortrag feststellenden Bescheids, soweit bzw. weil sich die Ausübung des Wahlrechts auf diesen auswirkt.[4]

43 Bei Ehegatten/Lebenspartnern hat der Antrag durch denjenigen zu erfolgen, der den Verlust erlitten hat.[5]

44 Eine Teilbeschränkung des Verlustrücktrags wird sich bei entsprechend hohen Verlusten in vielen Fällen als sinnvoll erweisen, da sonst von Amts wegen bis auf den GdE von Null zurückgetragen wird. Dabei gehen Sonderausgaben, außergewöhnliche Belastungen und sonstige Freibeträge wie auch der Grundfreibetrag verloren.

45 Durch eine gezielte Beschränkung des Verlustrücktrags lässt sich die Begünstigungswirkung der vorgenannten Positionen erhalten und trotzdem die Steuerbelastung auf null reduzieren. Dadurch bleibt ein höheres Verlustpotenzial für den Verlustvortrag erhalten.

---

1 BFH v. 27. 1. 2010 - IX R 59/08, BStBl 2010 II 1009.
2 Lt. BFH v. 11. 11. 2014 - I R 51/13, BFH/NV 2015, 305 beinhaltet dies auch eine Entscheidung zur Höhe des Gesamtbetrags der Einkünfte des Rücktragsjahres, denn es wird verbindlich entschieden, in welcher Höhe ein Verlustrücktrag in Betracht kommt.
3 Kein teilweiser Rücktragsverzicht, wenn der Stpfl. im Erklärungsvordruck einen rückzutragenden Betrag in Höhe des aus seiner Sicht zu versteuernden Einkommens für das Rücktragsjahr einträgt und sich dieses im Nachhinein erhöht – FG Berlin-Brandenburg v. 8. 4. 2016 - 10 V 10044/16, EFG 2016, 873.
4 BFH v. 17. 9. 2008 - IX R 72/06, BStBl 2009 II 639.
5 BFH v. 17. 9. 2008 - IX R 72/06, BStBl 2009 II 639.

Bei der Entscheidung über einen vollen oder teilweisen Rücktragsverzicht spielen in der Praxis noch andere Aspekte (z. B. Überschreiten von Einkommensgrenzen oder auch außersteuerliche, einkommensabhängige Anträge und Bewilligungen) eine Rolle. Gegebenenfalls muss auch eine unterschiedliche Progression im Rücktragsjahr und im potenziellen Vortragsjahr ins Kalkül gezogen werden. Des Weiteren sollten bei einer Entscheidung hierüber mögliche Zinseffekte Berücksichtigung finden.

(*Einstweilen frei*) 47–55

II. Verlustvortrag (§ 10d Abs. 2 EStG)

Soweit negative Einkünfte nicht durch einen Rücktrag verbraucht wurden, erfolgt ein Verlustvortrag in den nachfolgenden VZ. Dort ergibt sich eine entsprechende Steuerermäßigung.

1. Voraussetzungen

Der Verlustvortrag setzt voraus, dass nicht ausgeglichene negative Einkünfte (hierzu s. → Rz. 22 ff.) nicht oder nicht im vollen Umfang im Rahmen des Verlustrücktrags abgezogen wurden. Der Verlustrücktrag genießt grundsätzlich Vorrang. Hierbei ist unerheblich, warum die Verluste im Rücktragsjahr nicht zum Ansatz kamen. Ein Verlustvortrag ergibt sich zwingend, wenn Verluste den maximal rücktragsfähigen Betrag von 1 Mio. bzw. 2 Mio. € übersteigen. Auch ist denkbar, dass ein Rücktrag nicht möglich war, weil im Vorjahr bereits ein negativer GdE vorlag. Genauso gut kann der Stpfl. gem. § 10d Abs. 1 Satz 5 EStG den Rücktrag beschränkt oder ganz darauf verzichtet haben.

2. Rechtsfolgen

Die nicht ausgeglichenen negativen Einkünfte werden im nachfolgenden VZ vom GdE abgezogen. Bis zu einem Gesamtbetrag von 1 Mio. € (bei Ehegatten 2 Mio. € – Abs. 2 Satz 2) erfolgt die Berücksichtigung uneingeschränkt, bei darüber noch hinausgehenden Verlustbeträgen wird eine Verlustberücksichtigung nur i. H. v. 60 % des den Betrag von 1 Mio. € übersteigenden GdE zugelassen. Bei einem GdE von über 1 Mio. € verbleibt also zwingend ein Teil der Einkünfte, der nicht durch einen Verlustvortrag ausgeglichen werden kann, unerheblich, wie hoch der Verlustvortrag ist (**sog. Mindestbesteuerung** – zur Frage der Verfassungsmäßigkeit s. → Rz. 15). Die Ausgleichsbeschränkung knüpft an die Höhe des GdE des Vortragsjahres an, nicht an die Höhe des Verlustvortrags. (Ein vollständiger Verlustabzug in einem Vortragsjahr kann sich aber ergeben, wenn noch ein Verlustrücktrag aus einem nachfolgenden VZ hinzukommt – vgl. s. → Rz. 97). Der ggf. verbleibende Teil des Verlustvortrags geht in die Verlustfeststellung (s. → Rz. 71 ff.) für den darauf folgenden VZ ein und kann, solange er nicht aufgebraucht ist, immer weiter vorgetragen werden. Eine zeitliche Begrenzung hierfür sieht das Gesetz nicht vor. Technisch erfolgt der Verlustvortrag über einen Verlustfeststellungsbescheid (vgl. → Rz. 71).

> **BEISPIEL:** Werden im VZ 2010 Einkünfte von -4 000 000 € erzielt und im VZ 2011 Einkünfte von +2 800 000 €, ermittelt sich ein möglicher Verlustabzug im VZ 2011 wie folgt:
>
> Abzugsfähig ist zunächst ein Sockelbetrag i. H. v. 1 000 000 €. Hinzu kommen zusätzlich noch 60 % von 1 800 000 € = 1 080 000 €.
>
> Damit ergibt sich im VZ 2011 ein berücksichtigungsfähiger Verlustanteil von 2 080 000 €.
>
> Als Einkommen verbleiben im VZ 2011: 720 000 €. Gleichzeitig wird der nicht verbrauchte Verlust i. H. v. 1 920 000 € als Verlustvortrag festgestellt.

59 Die Berücksichtigung eines bestehenden Verlustvortrags erfolgt von Amts wegen. Der Stpfl. hat (anders als beim Rücktrag) nicht die Möglichkeit, den Verlustvortrag zu begrenzen. Der Verlustabzug im Vortragsjahr erfolgt von Gesetzes wegen im größtmöglichen Umfang, der GdE mindert sich ggf. bis auf null. Damit gehen dem Stpfl. alle nach dem GdE ansetzenden steuermindernden Beträge (Sonderausgaben, außergewöhnliche Belastungen, Freibeträge) und auch der Grundfreibetrag verloren. Verfassungsmäßige Bedenken hiergegen bestehen nicht.[1]

60 Bei einem über mehrere VZ laufenden Vortrag eines (großen) Verlustbetrages wird in jedem VZ der Sockelbetrag der Mindestbesteuerung von 1 bzw. 2 Mio. € erneut gewährt.

61 Auch beim Verlustvortrag gilt hinsichtlich der Gewinne, die der Thesaurierungsbegünstigung unterliegen, die Einschränkung des § 34 Abs. 8 EStG. Ein Verlustabzug lässt sich nur durch die Rücknahme des Antrags auf ermäßigte Besteuerung erreichen.

62 Soweit für einen VZ keine Veranlagung erfolgt ist und auch nicht mehr erfolgen kann, kann ein in diesem VZ eigentlich zu berücksichtigender Verlustvortrag nicht einfach in einem nachfolgenden VZ geltend gemacht werden. Vielmehr wird der Teil des Verlustvortrags, der in dem nicht veranlagten VZ zum Abzug gekommen wäre, als verbraucht fingiert (R 10d Abs. 4 Satz 3 EStR).[2] Auf den Schluss des VZ ist eine Verlustfeststellung vorzunehmen, mit welcher der Verlustverbrauch dokumentiert wird. Die Fälle dürften jedoch selten sein. § 56 Satz 2 EStDV deklariert eine Steuererklärungspflicht, wenn zum Schluss des vorangegangenen VZ ein verbleibender Verlustabzug festgestellt wurde.[3]

63 Ist für das Vorjahr der Verlustentstehung keine Veranlagung erfolgt, unterbleibt eine Minderung des Verlustvortrags, wenn der Stpfl. auf den Rücktrag verzichtet hat (R 10d Abs. 4 Satz 4 EStR).

64 Soweit sich in einem VZ aufgrund der sog. Mindestbesteuerung Beschränkungen hinsichtlich des Verlustabzugs ergeben, ist es gleichwohl denkbar, dass der aufgrund der Mindestbesteuerung nicht mit Verlusten verrechenbare Teil des GdE im Wege des Verlustabzugs gemindert wird, nämlich dann, wenn zu dem durch die Mindestbesteuerung beschränkten Verlustvortrag noch ein Rücktrag aus einem nachfolgenden VZ hinzukommt. Für den Verlustrücktrag gilt die Mindestbesteuerung nicht. Treffen Vortrag und Rücktrag in einem VZ zusammen, geht der ältere Verlust vor. Aus Sicht des Abzugs-VZ ist also zunächst der Verlustvortrag abzuziehen, dann kann aus einem nachfolgenden VZ mit Verlusten noch ein Rücktrag erfolgen und so zu einer Steuer von Null führen. Der Rücktrag sollte dann betragsmäßig so begrenzt werden, dass sich nach dem GdE ansetzende Sonderausgaben, Freibeträge etc. noch auswirken (vgl. → Rz. 44 ff.).

BEISPIEL: Im VZ 2010 werden Einkünfte von -4 000 000 € erzielt, im VZ 2011 Einkünfte von +2 800 000 € und im VZ 2012 ergeben sich erneut Verluste i. H. v. -900 000 €.

Für das Einkommen im VZ 2011 ergibt sich Folgendes:
Als Verlustvortrag aus dem VZ 2010 ist zunächst ein Sockelbetrag i. H. v. 1 000 000 € abzugsfähig. Hinzu kommen zusätzlich noch 60 % von 1 800 000 € = 1 080 000 €.

---

[1] BFH v. 11.2.2009 - IX B 207/08, BFH/NV 2009, 920 = NWB DokID: MAAAD-19023 sowie BFH v. 14.4.2016 - IX B 138/15, BFH/NV 2016, 1017 = NWB DokID: KAAAF-73085.
[2] Siehe auch BFH v. 29.6.2011 - IX R 38/10, BStBl 2011 II 963.
[3] Siehe auch BFH v. 30.3.2017 - VI R 43/15, BFHE 257, 333.

Damit ergibt sich in 2011 ein aus dem VZ 2010 resultierender berücksichtigungsfähiger Verlustanteil von 2 080 000 € (vgl. auch Bsp. in → Rz. 58). Gleichzeitig ist noch ein Verlustrücktrag aus dem Jahr 2012 i. H.v. 720 000 € möglich. Damit kann es trotz Mindestbesteuerung im VZ 2011 zu einem Einkommen von null kommen.
Auf den 31.12.2012 erfolgt eine Verlustfeststellung i. H.v.: 2 100 000 € (1 920 000 € aus 2010 + 180 000 € aus 2012).

Die Änderung von Steuerbescheiden zur Berücksichtigung des Verlustvortrags erfolgt über § 175 Abs. 1 Satz 1 AO, da der Verlustfeststellungsbescheid des Verlustentstehungsjahres Grundlagenbescheid für das Verlustvortragsjahr ist (s. a. → Rz. 74). 65

(Einstweilen frei) 66–70

III. Verlustfeststellung (§ 10d Abs. 4 EStG)

1. Gesonderte Feststellung

Verbleibt am Ende eines VZ ein Verlustvortrag, ist dieser durch Bescheid gesondert festzustellen. Der festzustellende **Verlustvortrag** ermittelt sich nach Abs. 4 Satz 2 wie folgt: Es werden am Schluss eines VZ die bei der Ermittlung des GdE nicht ausgeglichenen negativen Einkünfte, vermindert um die nach Abs. 1 abgezogenen und die nach Abs. 2 abziehbaren Beträge sowie vermehrt um einen Verlustvortrag aus dem vorangegangenen VZ, als verbleibender Verlustvortrag festgestellt. Ein Feststellungsbescheid ist nur für den Verlustvortrag vorgesehen, nicht hingegen für den Rücktrag. Bezüglich des Verlustvortrags ist der Feststellungsbescheid zwingende Voraussetzung für den Verlustabzug im Folgejahr. Mit ihm wird eine verbindliche Entscheidung über die Höhe des Verlustvortrags getroffen. Inwieweit die Verluste dann tatsächlich abziehbar sind, wird im Folgezeitraum entschieden. 71

Eine nach Einkunftsarten getrennte Feststellung ist seit 2004 nicht mehr erforderlich (nur dann, wenn Einkünfte besonderen Verlustausgleichsbeschränkungen unterliegen). Zuständig für die Feststellung ist das für die Besteuerung zuständige Finanzamt. 72

Wird ein Verlustvortrag vollständig verbraucht, findet eine Feststellung des verbleibenden Verlustabzugs mit null statt. Bei zusammenveranlagten Ehegatten/Lebenspartnern erfolgt eine Aufteilung der Verluste und eine entsprechend zugeordnete Verlustfeststellung (ggf. in einem zusammengefassten Bescheid). 73

Der Verlustfeststellungsbescheid ist eigenständiger Verwaltungsakt und Grundlagenbescheid i. S. d. § 171 Abs. 10, §§ 179 ff. AO. Für Folgebescheide entfaltet er Bindungswirkung (§ 182 AO). Eine Änderung der Folgebescheide geschieht verfahrensrechtlich über § 175 Abs. 1 Satz 1 Nr. 1 AO. Es gilt § 171 Abs. 10 AO. Der Verlustfeststellungsbescheid ist Grundlagenbescheid für die Steuerfestsetzung des nachfolgenden VZ und auch für den Verlustfeststellungsbescheid auf den Schluss des nachfolgenden VZ. Deshalb können sich durch eine Änderung des Verlustfeststellungsbescheides weitergehende Ketteneffekte ergeben, die eine Vielzahl von Folgeänderungen nach sich ziehen (z. B. bei Betriebsprüfungen). 74

(Einstweilen frei) 75–77

2. Feststellungsfrist

Für die gesonderte Verlustfeststellung gelten die allgemeinen Festsetzungsfristen der §§ 169 ff. AO (§ 181 Abs. 1 Satz 1 AO). Die **Feststellungsverjährungsfrist** kann deshalb mit An- 78 laufhemmung grundsätzlich bis zu sieben Jahre betragen (analog der allgemeinen Festsetzungsfrist § 169 Abs. 2, § 170 Abs. 2 AO).[1] Sie verlängert sich ggf. noch weiter, wenn die Festsetzungsfrist des VZ, auf dessen Schluss die Verlustfeststellung erfolgt, verlängert wird. Die Feststellungsfrist des Verlustfeststellungsbescheides endet nicht vor der Festsetzungsfrist des Steuerbescheides des maßgeblichen VZ (§ 10d Abs. 4 Satz 6 EStG – Mindestdauer).

79 Die Anwendung des § 181 Abs. 5 AO wurde durch den Gesetzgeber grundsätzlich ausgeschlossen.[2] Eine Ausnahme gilt nur, wenn das FA die Feststellung pflichtwidrig unterlassen hat (vgl. hierzu BFH[3] sowie FG Hamburg[4]). Diese Gesetzesänderung erfolgte in Reaktion auf die Rechtsprechung des BFH,[5] wonach für die Verlustfeststellung § 181 Abs. 5 AO anwendbar sei. Eine Verlustfeststellung sei danach möglich, solange ihr noch Bedeutung für nachfolgende Steuerfestsetzungen oder Feststellungen zukommen kann. Da dies im Falle der Auswirkung auf Steuerfestsetzungen künftiger VZ grundsätzlich immer der Fall ist, führte die Rechtsprechung letztendlich dazu, dass bei der Verlustfeststellung die Feststellungsfrist nicht endete. Dies hat der Gesetzgeber durch die grundsätzliche Nichtanwendung (Ausnahme pflichtwidriges Unterlassen der Finanzbehörde) unterbunden.[6]

80–82 (Einstweilen frei)

IV. Erlass und Änderung des Feststellungsbescheides

83 Soweit sich die Berechnungsgrundlagen zur Ermittlung des verbleibenden Verlustvortrags ändern, ist ein Feststellungsbescheid zu erlassen, aufzuheben oder zu ändern. § 10d Abs. 4 Satz 4 EStG erzwingt hierbei, dass die Besteuerungsgrundlagen im Feststellungsbescheid so zu berücksichtigen sind, wie sie der Steuerfestsetzung des VZ, auf dessen Schluss die Verlustfeststellung erfolgen soll, zugrunde liegen. Eine Änderung der Verlustfeststellung setzt damit voraus, dass der diesem VZ zugrunde liegende Steuerbescheid verfahrensrechtlich noch aufgehoben oder berichtigt werden kann.[7] Obgleich die Steuerfestsetzung nicht Grundlagenbescheid für den Verlustfeststellungsbescheid ist, wird durch § 10d Abs. 4 Satz 4 EStG eine faktische Bindung an den Inhalt der Steuerfestsetzung des VZ erreicht (zum zutreffenden Rechtsschutz s. → Rz. 99). In Abweichung von § 10d Abs. 4 Satz 4 EStG kann eine Änderung des Verlustfeststellungsbescheids nur erfolgen, wenn eine Änderung des Steuerbescheids allein mangels steuerlicher Auswirkung unterbleibt.[8]

---

1 Aus Sicht des FG Sachsen-Anhalt v. 11.11.2014 - 5 K 180/11, EFG 2015, 434 wird die Feststellungsfrist bereits dann in Gang gesetzt, wenn das Finanzamt durch Abgabe der Einkommensteuererklärung in die Lage versetzt ist, die Verlustfeststellung ordnungsgemäß durchzuführen. Die Abgabe einer eigenständigen Feststellungserklärung ist nach Meinung des FG nicht notwendig ist.
2 Änderung durch JStG 2007.
3 BFH v. 25.5.2011 - IX R 36/10, BStBl 2011 II 807.
4 FG Hamburg v. 5.2.2015 - 3 K 201/14, BB 2015, 1044.
5 BFH v. 1.3.2006 - XI R 33/04, BStBl 2007 II 919.
6 Das Inkrafttreten der Norm für alle noch nicht abgelaufenen Feststellungsfristen stellt keine verfassungsrechtlich unzulässige Rückwirkung dar – BFH v. 14.4.2015 - IX R 17/14, BFH/NV 2015, 1089 = NWB DokID: VAAAE-93755 (eine zu dieser Entscheidung erhobene Verfassungsbeschwerde wurde nicht zur Entscheidung angenommen - 1 BvR 2582/16).
7 BFH v. 10.2.2015 - IX R 6/14, BFH/NV 2015, 812 = NWB DokID: QAAAE-88373. Für der Abgeltungsteuer unterliegende Einkünfte: BFH v. 9.5.2017 - VIII R 40/15, NWB DokID: FAAAG-56146.
8 Zur Frage der „Auswirkung" i.S.v. § 10d Abs. 4 Satz 4 und 5 EStG, wenn das FA in einem geänderten Bescheid zwar nachträgliche Verluste ausweist, die zu einem negativen GdE führen, die Einkommensteuer aber wegen der Änderungssperre des § 351 Abs. 1 AO in gleicher Höhe wie im letzten bestandskräftigen Bescheid festgesetzt wird siehe FG München v. 1.6.2015 - 10 K 650/14, EFG 2015, 1688 (bestätigt durch BFH v. 12.7.2016 - IX R 31/15, DokID: JAAAF-85896).

> **HINWEIS:**
> Diese verfahrensrechtliche Koppelung des Feststellungsbescheids wurde durch das JStG 2010 eingeführt und gilt für Anträge auf Verlustfeststellung nach dem 13.12.2010.[1] Damit wurde einer BFH-Rechtsprechung[2] entgegen getreten, die den Erlass eines Verlustfeststellungsbescheids auch dann noch für möglich erachtete, wenn der Steuerbescheid des maßgeblichen Verlustentstehungsjahres bereits bestandskräftig war, aber die negativen Einkünfte nicht enthielt. Mit der jetzigen Gesetzesregelung wird eine inhaltliche Bindung an den Steuerbescheid des maßgeblichen VZ erreicht.

Laut BFH[3] greift diese vom Gesetzgeber eigentlich umfassend gewollte Verknüpfung aber nur, wenn tatsächlich ein Steuerbescheid vorliegt. Eine Beschränkung zum Erlass eines Feststellungsbescheids gibt es aus Sicht des BFH dann nicht, wenn überhaupt keine Besteuerungsgrundlagen einer Steuerfestsetzung zugrunde gelegt wurden. Eine Bindungswirkung kann nicht entstehen, wenn ein Steuerbescheid nicht erteilt wurde. Selbst wenn ein solcher wegen Ablaufs der Festsetzungsfrist auch nicht mehr erlassen werden kann, ist aus Sicht des BFH nach wie vor der Erlass eines Verlustfeststellungsbescheids möglich.

Der Gesetzgeber hätte an dieser Stelle sorgfältiger arbeiten müssen und ist jetzt aufgrund der höchstrichterlichen Judikatur erneut gefordert. Um den ursprünglichen gesetzgeberischen Willen, eine zeitnahe verbindliche Entscheidung über die Höhe des abzugsfähigen Verlusts zu treffen, im Gesetz zu verankern, muss legislativ noch mal nachgebessert werden.

Die Bindungswirkung des § 10d Abs. 4 Satz 4 und 5 EStG gilt nicht für den Verlustrücktrag.

Soweit die Änderung der Bezugsgröße des Verlustvortrags reicht, können über § 177 AO andere materielle Fehler kompensiert werden.

(Einstweilen frei)

C. Verfahrensfragen

I. Reihenfolge der Einkünfteverrechnung

Bei gleichzeitigem Vorliegen von laufenden, nicht begünstigten Einkünften und von begünstigten Einkünften gilt für die **Reihenfolge** der Verlustverrechnung das Günstigkeitsprinzip. Vorrangig sind die negativen Einkünfte mit den laufenden positiven Einkünften zu verrechnen; erst danach ist eine Verrechnung mit den begünstigten Einkünften vorzunehmen.[4]

II. Zusammentreffen von Verlustvor- und -rücktrag

Beim Zusammentreffen von Verlustvor- und -rücktrag in einem Abzugsjahr sind ältere Verluste vor jüngeren abzuziehen, d.h., zur Verrechnung kommt erst der Verlustvortrag aus dem Vorjahr, dann der Rücktrag aus dem nachfolgendem VZ. Dies dürfte i.d.R. auch das Günstigste für den Stpfl. darstellen, da der durch die Mindestbesteuerung begrenzte Verlustvortrag an den GdE anknüpft. Für die Berechnung des maximalen Verlustvortrags ist ein höherer GdE vorteilhaft; der Rücktrag mindert hingegen den GdE.

---

1 Dies gilt auch dann, wenn der Verlust bereits vor der Gesetzesänderung entstanden ist – vgl. FG Baden-Würtemberg v. 17.1.2017 - 11 K 1669/13, bestätigt durch BFH v. 11.10.2017 - IX R 15/17, BFH/NV 2018, 433. Siehe hierzu auch Brühl/Weiss, NWB 2017, 3270).
2 BFH v. 17.9.2008 – IX R 70/06, BStBl 2009 II 897.
3 BFH v. 13.1.2015 – IX R 22/14, BStBl 2015 II 829.
4 Vgl. BFH v. 13.8.2003 – XI R 27/03, BStBl 2004 II 547.

III. Verzinsung

98 Für die Verzinsung (§ 233a AO) eines auf einem Verlustrücktrag beruhenden Erstattungsanspruchs gilt, dass der Anspruch erst mit Ablauf des Verlustentstehungszeitraums begründet wird.[1]

IV. Rechtsmittel

99 Der Steuerbescheid des Verlustentstehungsjahres ist kein Grundlagenbescheid für die Verlustfeststellung, hat aber wegen der Neufassung des § 10d Abs. 4 Satz 4 und 5 EStG eine ähnliche Wirkung. Aus diesem Grund ist eine (isolierte) Anfechtung des Verlustfeststellungsbescheides i. d. R. unbegründet.[2] Der Stpfl. muss vielmehr gegen die zugrunde liegende Steuerfestsetzung vorgehen. Das gilt auch dann, wenn diese auf 0 € lautet.[3] Die Anfechtungsbefugnis und damit eine Beschwer i. S. d. § 350 AO resultiert hier daraus, dass eine betragsmäßige Übernahme in den Verlustfeststellungsbescheid erfolgt (AEAO zu § 350 Nr. 3b).

100 Gegen den Verlustfeststellungsbescheid ist der Einspruch hingegen zulässig, sofern der Stpfl. noch nachträglich einen Verlustrücktrag berücksichtigt oder geändert haben möchte (s. → Rz. 36). Ist kein Verlustfeststellungsbescheid ergangen und ein solcher auch nicht mehr möglich, kann der Stpfl. die Berücksichtigung eines höheren Verlustrücktrags durch Anfechtung des Rücktragsjahres erreichen (sofern dies noch möglich ist). In diesem Fall wird über die Höhe des nicht ausgeglichenen und rücktragsfähigen Verlusts des Verlustentstehungsjahres eine bindende Entscheidung im Rücktragsjahr getroffen.

§ 10e Steuerbegünstigung der zu eigenen Wohnzwecken genutzten Wohnung im eigenen Haus

[4](1) [1]Der Steuerpflichtige kann von den Herstellungskosten einer Wohnung in einem im Inland belegenen eigenen Haus oder einer im Inland belegenen eigenen Eigentumswohnung zuzüglich der Hälfte der Anschaffungskosten für den dazugehörenden Grund und Boden (Bemessungsgrundlage) im Jahr der Fertigstellung und in den drei folgenden Jahren jeweils bis zu 6 Prozent, höchstens jeweils 10 124 Euro, und in den vier darauffolgenden Jahren jeweils bis zu 5 Prozent, höchstens jeweils 8 437 Euro, wie Sonderausgaben abziehen. [2]Voraussetzung ist, dass der Steuerpflichtige die Wohnung hergestellt und in dem jeweiligen Jahr des Zeitraums nach Satz 1 (Abzugszeitraum) zu eigenen Wohnzwecken genutzt hat und die Wohnung keine Ferienwohnung oder Wochenendwohnung ist. [3]Eine Nutzung zu eigenen Wohnzwecken liegt auch vor, wenn Teile einer zu eigenen Wohnzwecken genutzten Wohnung unentgeltlich zu Wohnzwecken überlassen werden. [4]Hat der Steuerpflichtige die Wohnung angeschafft, so sind die Sätze 1 bis 3 mit der Maßgabe anzuwenden, dass an die Stelle des Jahres der Fertig-

---

1 Vgl. BFH v. 6. 3. 2002 - XI R 50/00, BStBl 2002 II 453.
2 Verlustfeststellungsbescheide, die auf Antragstellungen vor dem 14. 12. 2010 (Rechtslage vor der Änderung durch das JStG 2010) beruhen, sind hingegen selbständig anfechtbar. Ein Einspruch gegen den Steuerbescheid wäre mangels Beschwer unzulässig.
3 Vgl. FG Düsseldorf v. 16. 2. 2016 - 10 K 3686/13 F, EFG 2016, 662 sowie FG Berlin-Brandenburg v. 28. 4. 2016 - 3 K 3106/15, EFG 2016, 1091 und BFH v. 16.5.2018 - XI R 50/17, DStR 2018, 1563 = NWB DokID: CAAAG-88859. Siehe auch BFH v. 7.12.2016 - I R 76/14, BStBl 2017 II 704.
4 Anm. d. Red.: Zur Anwendung des § 10e siehe § 52 Abs. 19 und § 57 Abs. 1.

stellung das Jahr der Anschaffung und an die Stelle der Herstellungskosten die Anschaffungskosten treten; hat der Steuerpflichtige die Wohnung nicht bis zum Ende des zweiten auf das Jahr der Fertigstellung folgenden Jahres angeschafft, kann er von der Bemessungsgrundlage im Jahr der Anschaffung und in den drei folgenden Jahren höchstens jeweils 4 602 Euro und in den vier darauffolgenden Jahren höchstens jeweils 3 835 Euro abziehen. [5]§ 6b Absatz 6 gilt sinngemäß. [6]Bei einem Anteil an der zu eigenen Wohnzwecken genutzten Wohnung kann der Steuerpflichtige den entsprechenden Teil der Abzugsbeträge nach Satz 1 wie Sonderausgaben abziehen. [7]Werden Teile der Wohnung nicht zu eigenen Wohnzwecken genutzt, ist die Bemessungsgrundlage um den auf den nicht zu eigenen Wohnzwecken entfallenden Teil zu kürzen. [8]Satz 4 ist nicht anzuwenden, wenn der Steuerpflichtige die Wohnung oder einen Anteil daran von seinem Ehegatten anschafft und bei den Ehegatten die Voraussetzungen des § 26 Absatz 1 vorliegen.

(2) Absatz 1 gilt entsprechend für Herstellungskosten zu eigenen Wohnzwecken genutzter Ausbauten und Erweiterungen an einer im Inland belegenen, zu eigenen Wohnzwecken genutzten Wohnung.

(3) [1]Der Steuerpflichtige kann die Abzugsbeträge nach den Absätzen 1 und 2, die er in einem Jahr des Abzugszeitraums nicht ausgenutzt hat, bis zum Ende des Abzugszeitraums abziehen. [2]Nachträgliche Herstellungskosten oder Anschaffungskosten, die bis zum Ende des Abzugszeitraums entstehen, können vom Jahr ihrer Entstehung an für die Veranlagungszeiträume, in denen der Steuerpflichtige Abzugsbeträge nach den Absätzen 1 und 2 hätte abziehen können, so behandelt werden, als wären sie zu Beginn des Abzugszeitraums entstanden.

(4) [1]Die Abzugsbeträge nach den Absätzen 1 und 2 kann der Steuerpflichtige nur für eine Wohnung oder für einen Ausbau oder eine Erweiterung abziehen. [2]Ehegatten, bei denen die Voraussetzungen des § 26 Absatz 1 vorliegen, können die Abzugsbeträge nach den Absätzen 1 und 2 für insgesamt zwei der in Satz 1 bezeichneten Objekte abziehen, jedoch nicht gleichzeitig für zwei in räumlichem Zusammenhang belegene Objekte, wenn bei den Ehegatten im Zeitpunkt der Herstellung oder Anschaffung der Objekte die Voraussetzungen des § 26 Absatz 1 vorliegen. [3]Den Abzugsbeträgen stehen die erhöhten Absetzungen nach § 7b in der jeweiligen Fassung ab Inkrafttreten des Gesetzes vom 16. Juni 1964 (BGBl I S. 353) und nach § 15 Absatz 1 bis 4 des Berlinförderungsgesetzes in der jeweiligen Fassung ab Inkrafttreten des Gesetzes vom 11. Juli 1977 (BGBl I S. 1213) gleich. [4]Nutzt der Steuerpflichtige die Wohnung im eigenen Haus oder die Eigentumswohnung (Erstobjekt) nicht bis zum Ablauf des Abzugszeitraums zu eigenen Wohnzwecken und kann er deshalb die Abzugsbeträge nach den Absätzen 1 und 2 nicht mehr in Anspruch nehmen, so kann er die Abzugsbeträge nach Absatz 1 bei einer weiteren Wohnung im Sinne des Absatzes 1 Satz 1 (Folgeobjekt) in Anspruch nehmen, wenn er das Folgeobjekt innerhalb von zwei Jahren vor und drei Jahren nach Ablauf des Veranlagungszeitraums, in dem er das Erstobjekt letztmals zu eigenen Wohnzwecken genutzt hat, anschafft oder herstellt; Entsprechendes gilt bei einem Ausbau oder einer Erweiterung einer Wohnung. [5]Im Fall des Satzes 4 ist der Abzugszeitraum für das Folgeobjekt um die Anzahl der Veranlagungszeiträume zu kürzen, in denen der Steuerpflichtige für das Erstobjekt die Abzugsbeträge nach den Absätzen 1 und 2 hätte abziehen können; hat der Steuerpflichtige das Folgeobjekt in einem Veranlagungszeitraum, in dem er das Erstobjekt noch zu eigenen Wohnzwecken genutzt hat, hergestellt oder angeschafft oder ausgebaut oder erweitert, so beginnt der Abzugszeitraum für das Folgeobjekt mit Ablauf des Veranlagungszeitraums, in dem der Steuerpflichtige das Erstobjekt letztmals zu eigenen Wohnzwecken genutzt hat. [6]Für das Folgeobjekt sind die Prozentsätze der vom Erstobjekt verbliebenen Jahre maßgebend.

EStG § 10e
Steuerbegünstigung der zu eigenen Wohnzwecken genutzten Wohnung

⁷Dem Erstobjekt im Sinne des Satzes 4 steht ein Erstobjekt im Sinne des § 7b Absatz 5 Satz 4 sowie des § 15 Absatz 1 und des § 15b Absatz 1 des Berlinförderungsgesetzes gleich. ⁸Ist für den Steuerpflichtigen Objektverbrauch nach den Sätzen 1 bis 3 eingetreten, kann er die Abzugsbeträge nach den Absätzen 1 und 2 für ein weiteres, in dem in Artikel 3 des Einigungsvertrages genannten Gebiet belegenes Objekt abziehen, wenn der Steuerpflichtige oder dessen Ehegatte, bei denen die Voraussetzungen des § 26 Absatz 1 vorliegen, in dem in Artikel 3 des Einigungsvertrages genannten Gebiet zugezogen ist und

1. seinen ausschließlichen Wohnsitz in diesem Gebiet zu Beginn des Veranlagungszeitraums hat oder ihn im Laufe des Veranlagungszeitraums begründet oder
2. bei mehrfachem Wohnsitz einen Wohnsitz in diesem Gebiet hat und sich dort überwiegend aufhält.

⁹Voraussetzung für die Anwendung des Satzes 8 ist, dass die Wohnung im eigenen Haus oder die Eigentumswohnung vor dem 1. Januar 1995 hergestellt oder angeschafft oder der Ausbau oder die Erweiterung vor diesem Zeitpunkt fertig gestellt worden ist. ¹⁰Die Sätze 2 und 4 bis 6 sind für im Satz 8 bezeichnete Objekte sinngemäß anzuwenden.

(5) ¹Sind mehrere Steuerpflichtige Eigentümer einer zu eigenen Wohnzwecken genutzten Wohnung, so ist Absatz 4 mit der Maßgabe anzuwenden, dass der Anteil des Steuerpflichtigen an der Wohnung einer Wohnung gleichsteht; Entsprechendes gilt bei dem Ausbau oder bei der Erweiterung einer zu eigenen Wohnzwecken genutzten Wohnung. ²Satz 1 ist nicht anzuwenden, wenn Eigentümer der Wohnung der Steuerpflichtige und sein Ehegatte sind und bei den Ehegatten die Voraussetzungen des § 26 Absatz 1 vorliegen. ³Erwirbt im Fall des Satzes 2 ein Ehegatte infolge Erbfalls einen Miteigentumsanteil an der Wohnung hinzu, so kann er die auf diesen Anteil entfallenden Abzugsbeträge nach den Absätzen 1 und 2 weiter in der bisherigen Höhe abziehen; Entsprechendes gilt, wenn im Fall des Satzes 2 während des Abzugszeitraums die Voraussetzungen des § 26 Absatz 1 wegfallen und ein Ehegatte den Anteil des anderen Ehegatten an der Wohnung erwirbt.

(5a) ¹Die Abzugsbeträge nach den Absätzen 1 und 2 können nur für die Veranlagungszeiträume in Anspruch genommen werden, in denen der Gesamtbetrag der Einkünfte 61 355 Euro, bei nach § 26b zusammenveranlagten Ehegatten 122 710 Euro nicht übersteigt. ²Eine Nachholung von Abzugsbeträgen nach Absatz 3 Satz 1 ist nur für Veranlagungszeiträume möglich, in denen die in Satz 1 genannten Voraussetzungen vorgelegen haben; Entsprechendes gilt für nachträgliche Herstellungskosten oder Anschaffungskosten im Sinne des Absatzes 3 Satz 2.

(6) ¹Aufwendungen des Steuerpflichtigen, die bis zum Beginn der erstmaligen Nutzung einer Wohnung im Sinne des Absatzes 1 zu eigenen Wohnzwecken entstehen, unmittelbar mit der Herstellung oder Anschaffung des Gebäudes oder der Eigentumswohnung oder der Anschaffung des dazugehörenden Grund und Bodens zusammenhängen, nicht zu den Herstellungskosten oder Anschaffungskosten der Wohnung oder zu den Anschaffungskosten des Grund und Bodens gehören und die im Fall der Vermietung oder Verpachtung der Wohnung als Werbungskosten abgezogen werden könnten, können wie Sonderausgaben abgezogen werden. ²Wird eine Wohnung bis zum Beginn der erstmaligen Nutzung zu eigenen Wohnzwecken vermietet oder zu eigenen beruflichen oder eigenen betrieblichen Zwecken genutzt und sind die Aufwendungen Werbungskosten oder Betriebsausgaben, können sie nicht wie Sonderausgaben abgezogen werden. ³Aufwendungen nach Satz 1, die Erhaltungsaufwand sind und im Zusammenhang mit der Anschaffung des Gebäudes oder der Eigentumswohnung stehen, können insgesamt nur bis zu 15 Prozent der Anschaffungskosten des Gebäudes oder der Ei-

gentumswohnung, höchstens bis zu 15 Prozent von 76 694 Euro, abgezogen werden. ⁴Die Sätze 1 und 2 gelten entsprechend bei Ausbauten und Erweiterungen an einer zu Wohnzwecken genutzten Wohnung.

(6a) ¹Nimmt der Steuerpflichtige Abzugsbeträge für ein Objekt nach den Absätzen 1 oder 2 in Anspruch oder ist er auf Grund des Absatzes 5a zur Inanspruchnahme von Abzugsbeträgen für ein solches Objekt nicht berechtigt, so kann er die mit diesem Objekt in wirtschaftlichem Zusammenhang stehenden Schuldzinsen, die für die Zeit der Nutzung zu eigenen Wohnzwecken entstehen, im Jahr der Herstellung oder Anschaffung und in den beiden folgenden Kalenderjahren bis zur Höhe von jeweils 12 000 Deutsche Mark wie Sonderausgaben abziehen, wenn er das Objekt vor dem 1. Januar 1995 fertiggestellt oder vor diesem Zeitpunkt bis zum Ende des Jahres der Fertigstellung angeschafft hat. ²Soweit der Schuldzinsenabzug nach Satz 1 nicht in vollem Umfang im Jahr der Herstellung oder Anschaffung in Anspruch genommen werden kann, kann er in dem dritten auf das Jahr der Herstellung oder Anschaffung folgenden Kalenderjahr nachgeholt werden. ³Absatz 1 Satz 6 gilt sinngemäß.

(7) ¹Sind mehrere Steuerpflichtige Eigentümer einer zu eigenen Wohnzwecken genutzten Wohnung, so können die Abzugsbeträge nach den Absätzen 1 und 2 und die Aufwendungen nach den Absätzen 6 und 6a gesondert und einheitlich festgestellt werden. ²Die für die gesonderte Feststellung von Einkünften nach § 180 Absatz 1 Nummer 2 Buchstabe a der Abgabenordnung geltenden Vorschriften sind entsprechend anzuwenden.

Inhaltsübersicht

	Rz.
A. Allgemeine Erläuterungen	1–4

HINWEIS:
Zu inhaltlichen Einzelheiten siehe BMF v. 31. 12. 1994, BStBl 1994 I 887 – aufgehoben durch BMF-Schreiben zur Eindämmung der Normenflut v. 23. 4. 2010, BStBl 2010 I 391.

LITERATUR:
Meyer, Zur steuerlichen Förderung eigengenutzten Wohneigentums gem. § 10e EStG, FR 1991, 33; *Märkle/Franz*, Förderung von Wohneigentum nach dem Steueränderungsgesetz 1992, BB 1992, 963; *Stuhrmann*, Steuerbegünstigung der eigengenutzten Wohnung (§ 10e EStG), NWB 1995, 307.

ARBEITSHILFEN UND GRUNDLAGEN ONLINE:
Arbeitshilfe Wohngebäude, eigene – Steuerbegünstigungen, NWB DokID: HAAAB-04646.

A. Allgemeine Erläuterungen

Die steuerliche **Wohnungseigentumsförderung** diente aus Sicht des Gesetzgebers vorrangig der Vermögensbildung und damit zur Altersvorsorge. Mit § 10e EStG wurde dem Stpfl. die Möglichkeit eröffnet, von den Herstellungs- oder Anschaffungskosten eines zu eigenen Wohnzwecken genutzten Wohnobjekts zuzüglich der hälftigen Anschaffungskosten auf den Grund und Boden in insgesamt acht Jahren jeweils einen Teil dieser Kosten wie Sonderausgaben abzuziehen. Der jährliche Abzug war betragsmäßig begrenzt, zuletzt auf 10 124 € bzw. 8 437 €. 1

§ 10e EStG wurde durch das WohneigFG v. 15. 5. 1986¹ eingeführt. Der Gesetzgeber vollzog damit eine Systemumstellung bei der Besteuerung und Förderung selbst genutzten Wohneigen- 2

---
1 Wohneigentumsförderungsgesetz, BGBl 1986 I 730.

tums. Die Steuerbegünstigung nach § 10e EStG löste ab 1987 die Förderung des Wohneigentums über erhöhte Absetzungen im Rahmen der **Nutzungswertbesteuerung** ab. Ab 1996 wurde die Förderung nach § 10e EStG ihrerseits durch die Eigenheimzulage (EigZulG) ersetzt.

3 Während seiner Anwendbarkeit wurde § 10e EStG mehrfach geändert. Dabei wurde die Förderung teilweise eingeschränkt, aber zum Teil auch verbessert.

4 § 10e EStG trat mit Wirkung zum 1.1.1987 in Kraft. Letztmals Anwendung findet die Vorschrift, wenn vor dem 1.1.1996 mit der Herstellung des Objektes begonnen bzw. dieses aufgrund eines rechtswirksamen Vertrages angeschafft wurde (vgl. § 52 Abs. 19 Satz 6 EStG). Infolgedessen dürften sich heute praktisch keine Anwendungsfälle mehr finden. Die Vorschrift sollte deshalb, ähnlich wie § 10h und § 10i EStG, aufgehoben werden.

§ 10f Steuerbegünstigung für zu eigenen Wohnzwecken genutzte Baudenkmale und Gebäude in Sanierungsgebieten und städtebaulichen Entwicklungsbereichen

(1) ¹Der Steuerpflichtige kann Aufwendungen an einem eigenen Gebäude im Kalenderjahr des Abschlusses der Baumaßnahme und in den neun folgenden Kalenderjahren jeweils bis zu 9 Prozent wie Sonderausgaben abziehen, wenn die Voraussetzungen des § 7h oder des § 7i vorliegen. ²Dies gilt nur, soweit er das Gebäude in dem jeweiligen Kalenderjahr zu eigenen Wohnzwecken nutzt und die Aufwendungen nicht in die Bemessungsgrundlage nach § 10e oder dem Eigenheimzulagengesetz einbezogen hat. ³Für Zeiträume, für die der Steuerpflichtige erhöhte Absetzungen von Aufwendungen nach § 7h oder § 7i abgezogen hat, kann er für diese Aufwendungen keine Abzugsbeträge nach Satz 1 in Anspruch nehmen. ⁴Eine Nutzung zu eigenen Wohnzwecken liegt auch vor, wenn Teile einer zu eigenen Wohnzwecken genutzten Wohnung unentgeltlich zu Wohnzwecken überlassen werden.

(2) ¹Der Steuerpflichtige kann Erhaltungsaufwand, der an einem eigenen Gebäude entsteht und nicht zu den Betriebsausgaben oder Werbungskosten gehört, im Kalenderjahr des Abschlusses der Maßnahme und in den neun folgenden Kalenderjahren jeweils bis zu 9 Prozent wie Sonderausgaben abziehen, wenn die Voraussetzungen des § 11a Absatz 1 in Verbindung mit § 7h Absatz 2 oder des § 11b Satz 1 oder 2 in Verbindung mit § 7i Absatz 1 Satz 2 und Absatz 2 vorliegen. ²Dies gilt nur, soweit der Steuerpflichtige das Gebäude in dem jeweiligen Kalenderjahr zu eigenen Wohnzwecken nutzt und diese Aufwendungen nicht nach § 10e Absatz 6 oder § 10i abgezogen hat. ³Soweit der Steuerpflichtige das Gebäude während des Verteilungszeitraums zur Einkunftserzielung nutzt, ist der noch nicht berücksichtigte Teil des Erhaltungsaufwands im Jahr des Übergangs zur Einkunftserzielung wie Sonderausgaben abzuziehen. ⁴Absatz 1 Satz 4 ist entsprechend anzuwenden.

(3) ¹Die Abzugsbeträge nach den Absätzen 1 und 2 kann der Steuerpflichtige nur bei einem Gebäude in Anspruch nehmen. ²Ehegatten, bei denen die Voraussetzungen des § 26 Absatz 1 vorliegen, können die Abzugsbeträge nach den Absätzen 1 und 2 bei insgesamt zwei Gebäuden abziehen. ³Gebäuden im Sinne der Absätze 1 und 2 stehen Gebäude gleich, für die Abzugsbeträge nach § 52 Absatz 21 Satz 6 in Verbindung mit § 51 Absatz 1 Nummer 2 Buchstabe x oder Buchstabe y des Einkommensteuergesetzes 1987 in der Fassung der Bekannt-

machung vom 27. Februar 1987 (BGBl I S. 657) in Anspruch genommen worden sind; Entsprechendes gilt für Abzugsbeträge nach § 52 Absatz 21 Satz 7.

(4) ¹Sind mehrere Steuerpflichtige Eigentümer eines Gebäudes, so ist Absatz 3 mit der Maßgabe anzuwenden, dass der Anteil des Steuerpflichtigen an einem solchen Gebäude dem Gebäude gleichsteht. ²Erwirbt ein Miteigentümer, der für seinen Anteil bereits Abzugsbeträge nach Absatz 1 oder Absatz 2 abgezogen hat, einen Anteil an demselben Gebäude hinzu, kann er für danach von ihm durchgeführte Maßnahmen im Sinne der Absätze 1 oder 2 auch die Abzugsbeträge nach den Absätzen 1 und 2 in Anspruch nehmen, die auf den hinzuerworbenen Anteil entfallen. ³§ 10e Absatz 5 Satz 2 und 3 sowie Absatz 7 ist sinngemäß anzuwenden.

(5) Die Absätze 1 bis 4 sind auf Gebäudeteile, die selbständige unbewegliche Wirtschaftsgüter sind, und auf Eigentumswohnungen entsprechend anzuwenden.

Inhaltsübersicht

	Rz.
A. Allgemeine Erläuterungen	1 - 8
I. Normzweck und wirtschaftliche Bedeutung der Vorschrift	1
II. Entstehung und Entwicklung der Vorschrift	2
III. Geltungsbereich	3 - 4
IV. Verhältnis zu anderen Vorschriften	5 - 8
B. Systematische Kommentierung	9 - 55
I. Aufwendungen am eigenen Gebäude unter den Voraussetzungen der §§ 7h, 7i EStG	9 - 30
1. Aufwendungen	9 - 14
2. Voraussetzung des § 7h oder § 7i EStG	15 - 20
a) §§ 7h, 7i EStG	15
b) Bescheinigung	16 - 20
3. Nutzung zu eigenen Wohnzwecken	21 - 24
4. Zeitraum/Höhe	25 - 30
II. Erhaltungsaufwand (§ 10f Abs. 2 EStG)	31 - 35
III. Objektbeschränkung (§ 10f Abs. 3 EStG)	36 - 40
IV. Miteigentum (§ 10f Abs. 4 EStG)	41 - 45
V. Gebäudeteile und Eigentumswohnungen (§ 10f Abs. 5 EStG)	46 - 55
C. Verfahrensfragen	56 - 58
I. Reichweite der Bindungswirkung der Bescheinigung	56
II. Berücksichtigung von Aufwendungen auch bei Nichtvorliegen der Bescheinigung	57
III. Bauträgerfälle und Wohnungseigentümergemeinschaften	58

HINWEIS:

R 10f EStR; H 10f EStH; Übersicht über die Veröffentlichung der länderspezifischen Bescheinigungsrichtlinien, BMF v. 10. 11. 2000, BStBl 2000 I 1513, mit Änderungen vom 8. 11. 2004, BStBl 2004 I 1049 (Die länderspezifischen Bescheinigungsrichtlinien wurden in einigen Ländern mittlerweile überarbeitet.); Übersicht über die zuständigen Bescheinigungsbehörden, BMF v. 4. 6. 2015, BStBl 2015 I 506.

LITERATUR:

Beck, Der X. Senat des BFH ändert seine Rechtsprechung zur Bindungswirkung der Bescheinigung nach § 7h Abs. 2 EStG, NWB 2015, 1318; *Beck,* Erhöhte Absetzung bei der Umnutzung von Gebäuden in einem Sanierungsgebiet, DStR 2015, 158; *Klein,* Aktuelle Zweifelsfragen der Steuerbegünstigung von Baudenkmälern, DStR 2016, 1399; *Beck,* Bindungswirkung der Bescheinigung nach § 7h Abs. 2 EStG – bei unterschiedlicher Nutzung des Gebäudes unterschiedliche Bescheinigungen erforderlich?, DStR 2017, 1469.

EStG § 10f

> **ARBEITSHILFEN UND GRUNDLAGEN ONLINE:**
> *Langenkämper*, Denkmalschutz, infoCenter, NWB DokID: WAAAA-41700; Arbeitshilfe Wohngebäude, eigene – Steuerbegünstigungen, NWB DokID: HAAAB-04646.

A. Allgemeine Erläuterungen

I. Normzweck und wirtschaftliche Bedeutung der Vorschrift

1 Nach § 10f Abs. 1 EStG kann der Stpfl. Aufwendungen an einem eigenen Gebäude im Kalenderjahr des Abschlusses der Baumaßnahme und in den neun folgenden Kalenderjahren jeweils bis zu 9 % wie Sonderausgaben abziehen, wenn die Voraussetzungen des § 7h oder des § 7i EStG vorliegen. Das Gebäude muss in dem jeweiligen Kalenderjahr zu **eigenen Wohnzwecken** genutzt werden. § 10f EStG ist zu den §§ 7h und 7i EStG das Pendant im privaten Bereich. Die Vorschrift unterstützt den Erhalt kulturhistorisch wertvoller Bausubstanz.

II. Entstehung und Entwicklung der Vorschrift

2 § 10f EStG wurde bereits durch das WoBauFG[1] v. 22. 12. 1989 eingeführt und in Folge einige Male geändert. Unter anderem wurde mit dem HBeglG 2004[2] (gesetzlich nochmals bestätigt in 2011[3]) der jährlich abzugsfähige Betrag von ehemals 10 % auf 9 % reduziert.

III. Geltungsbereich

3 Begünstigt sind nur **im Inland** belegene Gebäude. Der Abzugsbetrag gilt für unbeschränkt wie beschränkt Steuerpflichtige. Der Abzugsbetrag nach § 10f EStG kann als **Freibetrag im Lohnsteuerabzugsverfahren** berücksichtigt werden (§ 39a Abs. 1 Nr. 5a EStG).

4 Zur Anwendung der Vorschrift in älteren VZ siehe § 52 Abs. 27 EStG a. F. (i. d. F. v. 18. 12. 2013).

IV. Verhältnis zu anderen Vorschriften

5 Im **Einkünfteerzielungsbereich** greifen §§ 7h, 7i EStG (bei Erhaltungsaufwand §§ 11a, 11b EStG), die tatbestandlich für § 10f EStG vorausgesetzt werden. Über § 10f EStG geltend gemachte Aufwendungen dürfen nicht in die Bemessungsgrundlage nach § 10e EStG oder dem Eigenheimzulagengesetz einbezogen worden sein.

6 Bei einer Wohnung, die der **doppelten Haushaltsführung** dient, ist ein Abzug nach § 10f EStG nur möglich, wenn auf den Werbungskostenabzug wegen Mehraufwendungen für doppelte Haushaltsführung verzichtet wird. Eine Kombination beider Abzugstatbestände ist ausgeschlossen.[4]

7–8 *(Einstweilen frei)*

---

1 Wohnungsbauförderungsgesetz, BGBl 1989 I 2408.
2 Haushaltsbegleitgesetz 2004 v. 29. 12. 2003, BGBl 2003 I 3076; 2004 I 69.
3 Gesetz zur bestätigenden Regelung verschiedener steuerlicher und verkehrsrechtlicher Vorschriften des Haushaltsbegleitgesetzes 2004 v. 5. 4. 2011, BGBl 2011 I 554.
4 FG Köln v. 6. 2. 2014 - 10 K 2733/10, EFG 2014, 1086.

B. Systematische Kommentierung

I. Aufwendungen am eigenen Gebäude unter den Voraussetzungen der §§ 7h, 7i EStG

1. Aufwendungen

Unter den Begriff der Aufwendungen in § 10f Abs. 1 EStG fallen Herstellungs- und bestimmte Anschaffungskosten. Der Gesetzeswortlaut impliziert, dass die eigentliche Anschaffung selbst nicht begünstigt ist, da die Aufwendungen „an einem eigenen Gebäude" des Stpfl. entstehen müssen. Damit werden nur Aufwendungen an bereits im Eigentum des Stpfl. vorhandenen Gebäuden erfasst. Nicht begünstigt sind Neubauten oder ein Wiederaufbau von Gebäuden (zum Prüfungsrecht vgl. → Rz. 56). Erhaltene Zuschüsse mindern die berücksichtigungsfähigen Aufwendungen. 9

Es muss sich um ein (eigenes) Gebäude des Stpfl. handeln, er muss also **bürgerlich-rechtlicher** oder **wirtschaftlicher Eigentümer** sein. Eine Nutzungsberechtigung (auch langfristige) genügt nicht, Miteigentum hingegen schon (vgl. unter → Rz. 41) 10

Die Abzugsberechtigung geht nicht auf den (Einzel oder Gesamt-) **Rechtsnachfolger** über (str.).[1] 11

(Einstweilen frei) 12–14

2. Voraussetzung des § 7h oder § 7i EStG

a) §§ 7h, 7i EStG

Das Gebäude muss in einem förmlich festgelegten **Sanierungsgebiet** oder **städtebaulichen Entwicklungsbereich** belegen sein und die Aufwendungen müssen Kosten für Modernisierungs- und Instandsetzungsmaßnahmen i. S. d. § 177 BauGB betreffen oder für die Erhaltung, Erneuerung und funktionsgerechte Verwendung eines Gebäudes mit geschichtlicher, künstlerischer oder städtebaulicher Bedeutung angefallen sein (vgl. KKB/Marx, § 7h EStG Rz. 43 ff.). § 7i EStG fördert Maßnahmen zur Erhaltung oder sinnvollen Nutzung eines Baudenkmals (vgl. i. E. KKB/Marx, § 7i EStG Rz. 49 ff.). 15

b) Bescheinigung

Wie bei den §§ 7h und 7i EStG ist auch für die Inanspruchnahme des § 10f EStG zwingend erforderlich, dass eine **Bescheinigung** der zuständigen Gemeinde- bzw. Bescheinigungsbehörde das Vorliegen der Tatbestandsvoraussetzungen bestätigt – vgl. i. E. KKB/Marx, §§ 7h/7i Rz. 26 ff. sowie R 7h und R 7i EStR. Die Bescheinigung ist **Grundlagenbescheid** i. S. d. § 171 Abs. 10 AO und entfaltet entsprechende Bindungswirkung. Sie muss objekt- und maßnahmebezogen ausgestellt werden, d. h., eine sich auf ein Gesamtgebäude beziehende Bescheinigung ist kein ausreichender Nachweis für eine einzelne Eigentumswohnung des Gebäudes (s. a. → Rz. 58).[2] 16

---

[1] Gl. A. *Kulosa* in Schmidt, § 10f EStG Rz. 7 sowie *Klein*, DStR 2016, 1399; a. A. für Gesamtrechtsnachfolger HHR/*Meyer*, § 10f EStG Anm. 7.

[2] Vgl. BFH v. 6.5.2014 - IX R 15/13, BStBl 2015 II 581 und BFH v. 16.9.2014 - X R 29/12, BFH/NV 2015, 194 = NWB DokID: KAAAE-80498. Allerdings kann in einem solchen Fall ein gesondertes Feststellungsverfahren in Betracht kommen.

Zur Anwendbarkeit von § 175 Abs. 1 Nr. 1 AO siehe FG Berlin-Brandenburg[1] sowie FG Köln[2].

Einzelheiten zum Bescheinigungsverfahren sowie zum Prüfungsumfang von Bescheinigungs- und Finanzbehörden finden sich in den **länderspezifischen Bescheinigungsrichtlinien**.

17–20 *(Einstweilen frei)*

3. Nutzung zu eigenen Wohnzwecken

21 § 10f Abs. 1 EStG verlangt als weitere Voraussetzung eine **Nutzung zu eigenen Wohnzwecken**. Das Gebäude darf also nicht der Einkünfteerzielung dienen (hier greift ggf. die AfA nach §§ 7h, 7i EStG).[3] Soweit das Gebäude nicht vollständig zu eigenen Wohnzwecken genutzt wird, ist auch eine anteilige Begünstigung möglich (Aufteilung nach Flächen). Die unentgeltliche Überlassung eines Teils des Objekts ist unschädlich. Wird das Objekt jedoch vollständig unentgeltlich an andere überlassen, liegt keine Nutzung zu eigenen Wohnzwecken mehr vor (Ausnahme: Überlassen an unterhaltsberechtigtes Kind – s. BFH v. 18. 1. 2011).[4] Zum unterjährigen **Nutzungswechsel** siehe Niedersächsisches FG v. 6. 5. 2013.[5]

22–24 *(Einstweilen frei)*

4. Zeitraum/Höhe

25 Das Gesetz normiert **keinen Höchstbetrag** für die Förderung. Zuschüsse im öffentlichen Interesse sind (mangels wirtschaftlicher Belastung) von der Bemessungsgrundlage abzusetzen (vgl. BFH v. 20. 6. 2007[6] sowie H 10f EStH). Gefördert wird im Jahr des Abschlusses der Baumaßnahme und in den neun Folgejahren, so dass insgesamt maximal 90 % (10 mal 9 %) abzugsfähig sind. Wird in einem Jahr der maximal mögliche Abzugsbetrag nicht ausgeschöpft, kommt eine Nachholung in Folgejahren nicht in Betracht.

26–30 *(Einstweilen frei)*

II. Erhaltungsaufwand (§ 10f Abs. 2 EStG)

31 Über § 10f Abs. 2 EStG können auch **Erhaltungsaufwendungen** geltend gemacht werden. Auch hier müssen letztendlich über die §§ 11a oder 11b EStG die weiteren Voraussetzungen der §§ 7h oder 7i EStG vorliegen. Erfolgt während des Verteilungszeitraums eine **Nutzungsänderung** zur Einkünfteerzielung, ist der noch nicht berücksichtigte Teil des Erhaltungsaufwands im Jahr der Änderung wie Sonderausgaben abzuziehen.

32–35 *(Einstweilen frei)*

III. Objektbeschränkung (§ 10f Abs. 3 EStG)

36 Die Steuervergünstigung nach § 10f EStG wird nur für **ein** Objekt gewährt, dafür an diesem in unbegrenzter Höhe. Es sind also auch mehrere Baumaßnahmen neben- oder nacheinander begünstigt, solange sie sich auf dasselbe Objekt beziehen. Ehegatten können die Förderung für

---

1 FG Berlin-Brandenburg vom 25. 8. 2010 - 12 K 12222/09, NWB DokID: GAAAD-53729.
2 FG Köln vom 26. 4. 2018 - 6 K 726/16, NWB DokID: GAAAG-88272; Rev.: BFH X R 17/18.
3 Siehe auch → Rz. 6.
4 BFH v. 18. 1. 2011 - X R 13/10, BFH/NV 2011, 974 = NWB DokID: BAAAD-81035.
5 FG Niedersachsen v. 6. 5. 2013 - 9 K 279/12, NWB DokID: ZAAAE-45637.
6 BFH v. 20. 6. 2007 - X R 13/06, BStBl 2007 II 879.

zwei Objekte in Anspruch nehmen, wobei es irrelevant ist, wer von den Ehegatten das Eigentum an den Objekten innehat. Steht ein Gebäude im Miteigentum beider Ehegatten, werden ihre Eigentumsanteile zusammengerechnet und hinsichtlich des Objektverbrauchs nur als ein Objekt angesehen. Auch die Inanspruchnahme erhöhter AfA nach § 82g EStDV und § 82i EStDV führt zum Objektverbrauch.

(Einstweilen frei) 37–40

IV. Miteigentum (§ 10f Abs. 4 EStG)

Miteigentum genügt für die Abzugsberechtigung. Die Steuervergünstigung kann maximal in Höhe der Eigentumsquote geltend gemacht werden. Wird ein weiterer Anteil am Objekt hinzuerworben und damit die Eigentumsquote erhöht, ist dies im Hinblick auf § 10f Abs. 3 EStG unschädlich. Es sind also auch Aufwendungen bezüglich des hinzu erworbenen Eigentumsanteils begünstigt. Das gilt jedoch nicht für mehrere (eigenständige) Wohnungen im selben Gebäude.

(Einstweilen frei) 42–45

V. Gebäudeteile und Eigentumswohnungen (§ 10f Abs. 5 EStG)

Als selbständig anzusehende Gebäudeteile und Eigentumswohnungen werden einem Gebäude gleichgestellt.

(Einstweilen frei) 47–55

C. Verfahrensfragen

I. Reichweite der Bindungswirkung der Bescheinigung

Immer wieder Gegenstand gerichtlicher Entscheidungen war die Frage, in welchem Umfang der Bescheinigung der Gemeinde- bzw. Bescheinigungsbehörden eine **Bindungswirkung** gegenüber der Finanzverwaltung zukommt. Insbesondere die Frage, ob durch die Baumaßnahme ein nicht begünstigter Neubau gegeben ist, und die Reichweite der Prüfungskompetenz der Finanzverwaltung in diesem Punkt waren lange Zeit streitig. Während die Verwaltung selbst (mit grundsätzlicher Bestätigung ihrer Auffassung durch den X. Senat des BFH[1]) für den Bereich des §§ 7h, 10f EStG (Sanierungsgebiete/städtebauliche Entwicklungsbereiche) von einer umfassenden eigenständigen Beurteilungskompetenz ausging und eine Begünstigung nach §§ 7h, 10f EStG schon bei Vorliegen eines (nur) bautechnischen Neubaus versagte,[2] sah der IX. Senat des BFH[3] hier die abschließende Entscheidungshoheit bei den zuständigen Gemeindebehörden. Nunmehr hat auch der X. Senat des BFH[4] seine Rechtsmeinung aufgegeben und sich der Sichtweise des IX. Senats angeschlossen.[5] Die verbindliche Entscheidung über das Vorliegen der Voraussetzungen des § 7h Abs. 1 EStG obliegt aus Sicht des BFH ausschließlich der

---

1 Vgl. BFH v. 2.9.2008 - X R 7/07, BStBl 2009 II 596 und BFH v. 24.6.2009 - X R 8/08, BStBl 2009 II 960.
2 Anders bei §§ 7i, 10f EStG – hier wurde (dem BFH v. 24.6.2009 - X R 8/08 = NWB DokID: IAAAC-79048, zurückverweisen, folgend) eine tatbestandsspezifische Einschränkung des Neubaubegriffs vorgenommen und das Vorliegen eines bautechnischen Neubaus als unschädlich erachtet.
3 Vgl. BFH v. 22.9.2005 - IX R 13/04, BStBl 2007 II 373.
4 BFH v. 22.10.2014 - X R 15/13, BStBl 2015 II 367.
5 Zur Rechtsprechung siehe auch *Beck*, DStR 2017, 1469.

Bescheinigungsbehörde mit bindender Wirkung für die Finanzverwaltung.[1] Dies bezieht sich auch auf die Frage des Vorliegens eines nichtbegünstigten Neubaus.[2] Der Verwaltung verbleibt bei abweichender Auffassung an dieser Stelle lediglich ein Remonstrationsrecht (R 7h Abs. 4 Satz 4 EStR).[3] Mittlerweile hat sich die Verwaltung dieser Rechtsprechung gebeugt.[4] Inwieweit an dieser Stelle noch einmal der Gesetzgeber tätig wird und das letzte Wort in Sachen Neubau gesetzlich doch wieder der Verwaltung zuordnet, bleibt abzuwarten.[5] Während die gemeindliche Bescheinigung bei Maßnahmen i. S. d. § 7h EStG für die Finanzverwaltung keine Bindungswirkung in Bezug auf die Höhe der begünstigten Aufwendungen entfaltet,[6] ist eine Bescheinigung i. S. d. § 7i EStG auch hinsichtlich der Höhe der Aufwendungen für die FinVerw verbindlich. Hier wäre ein gesetzlicher Gleichklang erstrebenswert.

II. Berücksichtigung von Aufwendungen auch bei Nichtvorliegen der Bescheinigung

57 Grundsätzlich kann die Steuerbegünstigung nach § 10f EStG (ebenso wie die AfA nach §§ 7h und 7i EStG) nur bei Vorliegen einer Bescheinigung der zuständigen Bescheinigungsbehörde in Anspruch genommen werden. Mit Urteil v. 14. 5. 2014[7] hat der BFH entschieden, dass die Finanzbehörde eine Ermessensentscheidung dahin gehend zu treffen hat, ob und in welcher Höhe sie die geltend gemachten Abzugsbeträge gem. § 162 Abs. 5 AO im Wege der Schätzung auch ohne die Bescheinigung als Grundlagenbescheid bei der Steuerfestsetzung berücksichtigt. Trotz dieses amtlich veröffentlichten Urteils ist jedoch zu beachten, dass die Steuerbegünstigung vor Ergehen der Bescheinigung weiterhin versagt werden kann, wenn das Finanzamt unter Berücksichtigung der fehlenden eigenen Sachkunde nicht auszuschließen vermag, dass es sich um Aufwendungen handelt, die nicht nach §§ 7h, 7i, 10f EStG begünstigt sind. Die Finanzbehörde hat in diesem Fall ermessensgerecht und überprüfbar darzulegen, warum sie die Aufwendungen nicht (vorläufig) anerkennt. Einer AdV bedarf es in solchen Fällen nicht.

III. Bauträgerfälle und Wohnungseigentümergemeinschaften

58 Erfolgen Bau- oder Sanierungsmaßnahmen an einem Gesamtobjekt durch einen Bauträger und wird von den Erwerbern eine Steuerbegünstigung nach § 10f EStG beantragt, ist ein gesondertes Feststellungsverfahren nach § 180 Abs. 2 AO durchzuführen.[8] Im Rahmen dieses Verfahrens werden die Gesamtbeträge auf die Einzeleigentümer umgelegt. Gleiches gilt für Sanierungsmaßnahmen, die eine Wohnungseigentümergemeinschaft vornimmt.

---

1 BFH v. 10.10.2017 - X R 6/16, BStBl 2018 II 272 sowie X R 1/17 (Parallelentscheidung), BFH/NV 2018, 416-421 und BFH v. 6.12.2016 - IX R 17/15, NWB-DokID: NAAAG-41510. Erneut bestätigt durch BFH v. 17.4.2018 - IX R 27/17, DStR 2018, 1704 = NWB DokID: YAAAG-90835.
2 Das BMF v. 16. 5. 2007, BStBl 2007 I 475, dürfte damit überholt sein.
3 Anders Thüringer FG v. 22.8.2017 - 2 K 688/16, NWB DokID: XAAAG-62526 (keine Bindungswirkung bei offensichtlich wahrheitswidriger Bescheinigung); jedoch abgelehnt durch BFH IX R 27/17 (Bindungswirkung entfällt nur bei förmlicher Rücknahme, Widerruf oder Nichtigkeit).
4 Vgl. hierzu auch Beck, DStR 2017, 1469.
5 Vgl. hierzu auch die Stellungnahme des BR zum sog. BEPS-Umsetzungsgesetz I vom 23. 9. 2016, BR-Drucks. 406/16.
6 Vgl. BFH v. 22. 10. 2014 - X R 15/13, BStBl 2015 II 367.
7 BFH v. 14. 5. 2014 - X R 7/12, BStBl 2015 II 12.
8 Zur Frage der Feststellungsverjährung in Bauträgerfällen siehe BFH v. 16. 6. 2015 - IX R 51/14, BStBl 2016 II 13 sowie Haupt, BB 2016, 160.

§ 10g Steuerbegünstigung für schutzwürdige Kulturgüter, die weder zur Einkunftserzielung noch zu eigenen Wohnzwecken genutzt werden

(1) ¹Der Steuerpflichtige kann Aufwendungen für Herstellungs- und Erhaltungsmaßnahmen an eigenen schutzwürdigen Kulturgütern im Inland, soweit sie öffentliche oder private Zuwendungen oder etwaige aus diesen Kulturgütern erzielte Einnahmen übersteigen, im Kalenderjahr des Abschlusses der Maßnahme und in den neun folgenden Kalenderjahren jeweils bis zu 9 Prozent wie Sonderausgaben abziehen. ²Kulturgüter im Sinne des Satzes 1 sind

1. Gebäude oder Gebäudeteile, die nach den jeweiligen landesrechtlichen Vorschriften ein Baudenkmal sind,

2. Gebäude oder Gebäudeteile, die für sich allein nicht die Voraussetzungen für ein Baudenkmal erfüllen, aber Teil einer nach den jeweiligen landesrechtlichen Vorschriften als Einheit geschützten Gebäudegruppe oder Gesamtanlage sind,

3. gärtnerische, bauliche und sonstige Anlagen, die keine Gebäude oder Gebäudeteile und nach den jeweiligen landesrechtlichen Vorschriften unter Schutz gestellt sind,

4. Mobiliar, Kunstgegenstände, Kunstsammlungen, wissenschaftliche Sammlungen, Bibliotheken oder Archive, die sich seit mindestens 20 Jahren im Besitz der Familie des Steuerpflichtigen befinden oder als nationales Kulturgut in ein Verzeichnis national wertvollen Kulturgutes nach § 7 Absatz 1 des Kulturgutschutzgesetzes vom 31. Juli 2016 (BGBl I S. 1914) eingetragen ist und deren Erhaltung wegen ihrer Bedeutung für Kunst, Geschichte oder Wissenschaft im öffentlichen Interesse liegt,

wenn sie in einem den Verhältnissen entsprechenden Umfang der wissenschaftlichen Forschung oder der Öffentlichkeit zugänglich gemacht werden, es sei denn, dem Zugang stehen zwingende Gründe des Denkmal- oder Archivschutzes entgegen. ³Die Maßnahmen müssen nach Maßgabe der geltenden Bestimmungen der Denkmal- und Archivpflege erforderlich und in Abstimmung mit der in Absatz 3 genannten Stelle durchgeführt worden sein; bei Aufwendungen für Herstellungs- und Erhaltungsmaßnahmen an Kulturgütern im Sinne des Satzes 2 Nummer 1 und 2 ist § 7i Absatz 1 Satz 1 bis 4 sinngemäß anzuwenden.

(2) ¹Die Abzugsbeträge nach Absatz 1 Satz 1 kann der Steuerpflichtige nur in Anspruch nehmen, soweit er die schutzwürdigen Kulturgüter im jeweiligen Kalenderjahr weder zur Erzielung von Einkünften im Sinne des § 2 noch Gebäude oder Gebäudeteile zu eigenen Wohnzwecken nutzt und die Aufwendungen nicht nach § 10e Absatz 6, § 10h Satz 3 oder § 10i abgezogen hat. ²Für Zeiträume, für die der Steuerpflichtige von Aufwendungen Absetzungen für Abnutzung, erhöhte Absetzungen, Sonderabschreibungen oder Beträge nach § 10e Absatz 1 bis 5, den §§ 10f, 10h, § 15b des Berlinförderungsgesetzes abgezogen hat, kann er für diese Aufwendungen keine Abzugsbeträge nach Absatz 1 Satz 1 in Anspruch nehmen; Entsprechendes gilt, wenn der Steuerpflichtige für Aufwendungen die Eigenheimzulage nach dem Eigenheimzulagengesetz in Anspruch genommen hat. ³Soweit die Kulturgüter während des Zeitraums nach Absatz 1 Satz 1 zur Einkunftserzielung genutzt werden, ist der noch nicht berücksichtigte Teil der Aufwendungen, die auf Erhaltungsarbeiten entfallen, im Jahr des Übergangs zur Einkunftserzielung wie Sonderausgaben abzuziehen.

(3) ¹Der Steuerpflichtige kann den Abzug vornehmen, wenn er durch eine Bescheinigung der nach Landesrecht zuständigen oder von der Landesregierung bestimmten Stelle die Voraussetzungen des Absatzes 1 für das Kulturgut und für die Erforderlichkeit der Aufwendungen nachweist. ²Hat eine der für Denkmal- oder Archivpflege zuständigen Behörden ihm Zuschüsse gewährt, so hat die Bescheinigung auch deren Höhe zu enthalten; werden ihm solche Zuschüsse nach Ausstellung der Bescheinigung gewährt, so ist diese entsprechend zu ändern.

(4) ¹Die Absätze 1 bis 3 sind auf Gebäudeteile, die selbständige unbewegliche Wirtschaftsgüter sind, sowie auf Eigentumswohnungen und im Teileigentum stehende Räume entsprechend anzuwenden. ²§ 10e Absatz 7 gilt sinngemäß.

Inhaltsübersicht

		Rz.
A.	Allgemeine Erläuterungen	1 - 8
	I. Normzweck und wirtschaftliche Bedeutung der Vorschrift	1
	II. Entstehung und Entwicklung der Vorschrift	2 - 3
	III. Geltungsbereich	4
	IV. Verhältnis zu anderen Vorschriften	5 - 8
B.	Systematische Kommentierung	9 - 37
	I. Begünstigte Kulturgüter	9 - 18
	1. Gebäude oder Gebäudeteile (§ 10g Abs. 1 Satz 2 Nr. 1 und 2 EStG)	10
	2. Gärtnerische, bauliche oder sonstige Anlagen (§ 10g Abs. 1 Satz 2 Nr. 3 EStG)	11
	3. Mobiliar, Kunstgegenstände, Kunstsammlungen, Bibliotheken etc. (§ 10g Abs. 1 Satz 2 Nr. 4 EStG)	12 - 18
	II. Begünstigte Maßnahmen	19 - 24
	III. Umfang der Begünstigung	25 - 26
	IV. Bescheinigung	27 - 33
	V. Sonstiges	34 - 37

HINWEIS:

R 10g EStR; H 10 EStH; Übersicht über die Veröffentlichung der länderspezifischen Bescheinigungsrichtlinien, BMF v. 10.11.2000, BStBl 2000 I 1513, mit Änderungen v. 8.11.2004, BStBl 2004 I 1049 (Die länderspezifischen Bescheinigungsrichtlinien wurden in einigen Ländern mittlerweile überarbeitet.); Übersicht über die zuständigen Bescheinigungsbehörden, BMF v. 4.6.2015, BStBl 2015 I 506.

ARBEITSHILFEN UND GRUNDLAGEN ONLINE:

Arbeitshilfe Wohngebäude, eigene – Steuerbegünstigungen, NWB DokID: HAAAB-04646.

A. Allgemeine Erläuterungen

I. Normzweck und wirtschaftliche Bedeutung der Vorschrift

1 § 10g EStG eröffnet dem Stpfl. ein Sonderausgabenabzug für Aufwendungen zum Erhalt schutzwürdiger **Kulturgüter**. Damit sollen Investitionen in Kulturgüter, die oftmals kostenintensiv sind, gefördert werden. Die Steuerbegünstigung kommt nur in Betracht, wenn die schutzwürdigen Kulturgüter **weder** der **Erzielung von Einkünften** dienen **noch** zu **eigenen Wohnzwecken** genutzt werden.

II. Entstehung und Entwicklung der Vorschrift

Eingeführt durch StÄndG 1992[1] v. 25.2.1992 wurden mit der Vorschrift die langjährigen Erlassregelungen für den Abzug von Aufwendungen zur Erhaltung schutzwürdiger Kulturgüter als außergewöhnliche Belastungen (§ 33 EStG) abgelöst.[2]

Mit dem HBeglG 2004[3] (gesetzlich nochmals bestätigt in 2011[4]) wurde der jährlich abzugsfähige Betrag von ehemals 10 % auf 9 % reduziert. Weitere (kleinere) Änderungen erfolgten durch das WohneigNeuRG[5], das JStG 2007[6] und nachfolgend noch durch das BRBerG[7] sowie das KultgSchRNRG[8].

III. Geltungsbereich

§ 10g EStG gilt für unbeschränkt wie beschränkt Steuerpflichtige. Gefördert werden ausschließlich **im Inland** belegene Objekte. Der Abzugsbetrag nach § 10g EStG kann als Freibetrag im Lohnsteuerabzugsverfahren berücksichtigt werden (§ 39a Abs. 1 Satz 1 Nr. 5a EStG). Zur Vereinbarkeit von Steuervergünstigungen mit dem Europarecht, wenn der Steuerabzug zum Schutz des nationalen kulturgeschichtlichen Erbes auf im Inland belegene Objekte beschränkt ist, vgl. EuGH v. 18.12.2014.[9]

IV. Verhältnis zu anderen Vorschriften

Bei Nutzung zur Einkünfteerzielung bzw. Eigennutzung sind §§ 7i, 10f EStG vorrangig. § 10g EStG wird überdies nicht gewährt, wenn bereits ein Abzug nach § 10e Abs. 6, § 10h Satz 3 oder § 10i EStG in Anspruch genommen wurde. Gleiches gilt für Zeiträume, in denen bereits eine Berücksichtigung nach § 10e Abs. 1 bis 5, §§ 10f, 10h EStG, § 15b BerlinFördG, § 7 FördGG oder EigZulG erfolgt ist.

(Einstweilen frei)

B. Systematische Kommentierung

I. Begünstigte Kulturgüter

Tatbestandlich erfordert § 10g EStG eine Unterschutzstellung nach landesrechtlichen Regelungen des Denkmalrechts, Archivrechts oder sonstigen Vorschriften. Das Gesetz differenziert in Absatz 1 unterschiedliche Kategorien von Kulturgütern.

---

1 Steueränderungsgesetz 1992 v. 25.2.1992, BGBl 1992 I 297.
2 Vgl. BT-Drucks. 12/1506, 171.
3 Haushaltsbegleitgesetz 2004 v. 29.12.2003, BGBl 2003 I 3076; 2004 I 69.
4 Gesetz zur bestätigenden Regelung verschiedener steuerlicher und verkehrsrechtlicher Vorschriften des Haushaltsbegleitgesetzes 2004 v. 5.4.2011, BGBl 2011 I 554.
5 Gesetz zur Neuregelung der steuerrechtlichen Wohneigentumsförderung v. 15.12.1995, BGBl 1995 I 1783; 1996 I 321.
6 Jahressteuergesetz 2007 v. 13.12.2006, BGBl 2006 I 2878.
7 Zweites Gesetz über die weitere Bereinigung von Bundesrecht. v. 8.7.2016, BGBl 2016 I 1594.
8 Gesetz zur Neuregelung des Kulturschutzrechts v. 31.7.2016, BGBl 2016 I 1914.
9 EuGH v. 18.12.2014 - C-87/13, NWB DokID: PAAAE-83353 und C-133/13(Q), NWB DokID: FAAAE-83352.

1. Gebäude oder Gebäudeteile (§ 10g Abs. 1 Satz 2 Nr. 1 und 2 EStG)

10 Hierzu zählen **nicht zur Einkünfteerzielung** oder zu **eigenen Wohnzwecken** genutzte Denkmale, aber auch landesrechtlich unter Schutz gestellte Gebäude bzw. Gebäudeteile.

2. Gärtnerische, bauliche oder sonstige Anlagen (§ 10g Abs. 1 Satz 2 Nr. 3 EStG)

11 Hierunter fallen insbesondere Park- und Gartenanlagen, sonstige Außenanlagen und Bodendenkmale, aber auch Brunnenanlagen, Wasserspiele und künstliche Grotten. Als geschützte bauliche Anlage kommen Brücken, Ruinen oder Befestigungen in Betracht. Zu den sonstigen Anlagen können auch Maschinen gehören, wenn sie Gegenstand des Denkmalschutzes sind.

3. Mobiliar, Kunstgegenstände, Kunstsammlungen, Bibliotheken etc. (§ 10g Abs. 1 Satz 2 Nr. 4 EStG)

12 Nummer 4 spezifiziert bestimmte Mobilien und Sachgesamtheiten (Sammlungen) mit Bedeutung für Kunst, Geschichte oder Wissenschaft als Kulturgüter i. S. d. Vorschrift. Die Bedeutung muss so groß sein, dass eine Erhaltung der Objekte im öffentlichen Interesse ist. Hierunter fallen z. B. Gemälde, Skulpturen und Schmiedearbeiten. Auch das Inventar von Gebäuden (z. B. Teppiche, Tapisserien) wird erfasst.

13 Weiterhin muss sich das Kulturgut entweder bereits 20 Jahre im Familienbesitz des Stpfl. befinden oder aber ins Verzeichnis national wertvollen Kulturguts bzw. wertvoller Archive eingetragen sein.

14 Für sämtliche Kulturgüter des § 10g Abs. 1 Satz 2 Nr. 1 bis 4 EStG kommt eine steuerliche Förderung nur in Betracht, wenn durch den Stpfl. die Zugänglichmachung für die wissenschaftliche Forschung oder Öffentlichkeit ermöglicht wird. Der Stpfl. kann hierfür Eintrittsgelder verlangen; eine unentgeltliche Zugänglichmachung ist nicht erforderlich. Unterbindet der Stpfl. unberechtigt den Zugang, entfällt für diesen VZ die Steuerbegünstigung. Allerdings kann aus zwingenden Gründen des Denkmal- oder Archivschutzes (Bestandsgefährdung) der Zugangsausschluss für die Öffentlichkeit gerechtfertigt sein.

15–18 *(Einstweilen frei)*

II. Begünstigte Maßnahmen

19 § 10g EStG begünstigt nach seinem Wortlaut für die Erhaltung des Kulturguts erforderliche Herstellungs- oder Erhaltungsmaßnahmen.

20 Hierzu gehört die Wiederherstellung eines stark zerstörten oder beschädigten Kulturguts (Herstellungsmaßnahme). Allerdings fördert § 10g EStG nicht die Neuerstellung oder Anschaffung; das Kulturgut muss also bereits vorhanden und unter Schutz gestellt sein. Weiterhin gefördert werden Maßnahmen zum Schutz und der Erhaltung der Substanz wie z. B. Reparaturen (Erhaltungsmaßnahmen).

21 Nicht begünstigt sind sonstige Aufwendungen wie laufende Kosten für das Gebäude, in welchem das Kulturgut aufbewahrt wird, auch wenn diese im Ergebnis dem Kulturgut zu Gute kommen.

22 Sämtliche Maßnahmen sind im Vorfeld mit der nach Landesrecht zuständigen Bescheinigungsbehörde abzustimmen. Diese hat auch die Erforderlichkeit der Maßnahmen zu bestätigen.

23–24 *(Einstweilen frei)*

III. Umfang der Begünstigung

Pro Kalenderjahr sind bis zu 9 % der Bemessungsgrundlage wie Sonderausgaben abzugsfähig. 25
Der maximale Förderzeitraum beträgt zehn Jahre und beginnt mit dem Kalenderjahr des Abschlusses der Maßnahme. Die Bemessungsgrundlage des Abzugsbetrages ergibt sich aus der erteilten Bescheinigung. Etwaige **Zuschüsse** oder erzielte (Netto)Einnahmen mindern die Bemessungsgrundlage. Nachträglich erlangte Zuschüsse reduzieren zukünftige Abzugsbeträge. Gegebenenfalls ist eine Korrektur bereits erfolgter Steuerfestsetzungen nach den für den Sonderausgabenabzug geltenden Prinzipien vorzunehmen.

Der Abzugsbetrag ist der Höhe nach nicht begrenzt. Dabei sind auch mehrere Maßnahmen 26
nach- oder nebeneinander begünstigungsfähig. Eine Objektbeschränkung besteht nicht. Nicht genutzte Abzugsbeträge können nicht in anderen Jahren nachgeholt werden.

IV. Bescheinigung

Inwieweit die vorgenannten Voraussetzungen vorliegen und die Maßnahmen erforderlich 27
sind, ist durch die zuständige Bescheinigungsbehörde zu bestätigen. Bei der Bescheinigung handelt es sich um einen **Grundlagenbescheid** (§ 171 Abs. 10 AO). Sie ist materiell-rechtliche Anspruchsvoraussetzung.

Die Bescheinigungsbehörde entscheidet hierin für das Finanzamt verbindlich über: Kulturgut- 28
eigenschaft, Gewährleistung der Zugänglichmachung, Erfordernis und vorherige Abstimmung der Maßnahmen, Höhe der Aufwendungen. Auch werden von Denkmal- oder Archivpflegebehörden gewährte Zuschüsse aus öffentlichen Mitteln ausgewiesen (vgl. auch R 10g Abs. 1 Satz 1 EStR).

Andere (steuerliche) Anspruchsvoraussetzungen wie Eigentum des Steuerpflichtigen, Nutzung 29
(nicht für Einkünfte oder eigene Wohnzwecke) beurteilt das Finanzamt abschließend. Es prüft dabei auch, ob Herstellungskosten oder Erhaltungsaufwand i. S. d. Vorschrift vorliegen, inwieweit die Aufwendungen durch Einnahmen gedeckt sind und ob sich aufgrund anderweitiger Berücksichtigung eine Doppelförderung ergibt (vgl. R 10g Abs. 1 Satz 2 EStR). Einzelheiten zum Bescheinigungsverfahren sowie zum Prüfungsumfang von Bescheinigungs- und Finanzbehörden finden sich in den länderspezifischen Bescheinigungsrichtlinien.

(Einstweilen frei) 30–33

V. Sonstiges

Dem Stpfl. muss das bürgerlich-rechtliche oder wirtschaftliche **Eigentum** am Kulturgut zuste- 34
hen. Die in der Praxis häufig vorkommenden Kulturgut-Patenschaften berechtigen deshalb nicht zur Inanspruchnahme des § 10g EStG (gleichwohl liegen in diesen Fällen oftmals nach § 10b EStG abzugsfähige Spenden vor). Miteigentum berechtigt ebenfalls zur Inanspruchnahme des Abzugsbetrages, jedoch maximal in Höhe des Miteigentumsanteils. Gebäudeteile, Eigentumswohnungen und im Teileigentum stehende Räume werden gem. Abs. 4 gleichgestellt. Sind mehrere Stpfl. Eigentümer, erfolgt ein gesondertes Feststellungsverfahren (§ 10e Abs. 7 EStG).

35 Die Abzugsberechtigung des § 10g EStG geht weder auf den **Einzel-** noch auf den **Gesamtrechtsnachfolger** über (str. – vgl. Fußnote zu KKB/Eckardt, § 10f EStG Rz. 11).

36 Zur vorläufigen Berücksichtigung von Aufwendungen bei **Nichtvorliegen einer Bescheinigung** vgl. KKB/Eckardt, § 10f EStG Rz. 57.

37 Im Falle eines **Nutzungswechsels** zur Einkünfteerzielung ist gem. § 10g Abs. 2 Satz 3 EStG der noch nicht berücksichtigte Teil von Erhaltungsaufwendungen im Übergangsjahr voll abzuziehen. Wird die Denkmaleigenschaft während des zehnjährigen Förderzeitraums aufgehoben, ist eine steuerliche Begünstigung ab dem Jahr, das dem Wegfall der Denkmaleigenschaft erfolgt, ausgeschlossen.

§§ 10h-i (weggefallen)

▶ Zur Kommentierung siehe Online-Version, 1. Aufl. 2016

6. Vereinnahmung und Verausgabung

§ 11 Vereinnahmung und Verausgabung

(1) ¹Einnahmen sind innerhalb des Kalenderjahres bezogen, in dem sie dem Stpfl. zugeflossen sind. ²Regelmäßig wiederkehrende Einnahmen, die dem Stpfl. kurze Zeit vor Beginn oder kurze Zeit nach Beendigung des Kalenderjahres, zu dem sie wirtschaftlich gehören, zugeflossen sind, gelten als in diesem Kalenderjahr bezogen. ³Der Stpfl. kann Einnahmen, die auf einer Nutzungsüberlassung im Sinne des Absatzes 2 Satz 3 beruhen, insgesamt auf den Zeitraum gleichmäßig verteilen, für den die Vorauszahlung geleistet wird. ⁴Für Einnahmen aus nichtselbständiger Arbeit gilt § 38a Absatz 1 Satz 2 und 3 und § 40 Absatz 3 Satz 2. ⁵Die Vorschriften über die Gewinnermittlung (§ 4 Absatz 1, § 5) bleiben unberührt.

(2) ¹Ausgaben sind für das Kalenderjahr abzusetzen, in dem sie geleistet worden sind. ²Für regelmäßig wiederkehrende Ausgaben gilt Absatz 1 Satz 2 entsprechend. ³Werden Ausgaben für eine Nutzungsüberlassung von mehr als fünf Jahren im Voraus geleistet, sind sie insgesamt auf den Zeitraum gleichmäßig zu verteilen, für den die Vorauszahlung geleistet wird. ⁴Satz 3 ist auf ein Damnum oder Disagio nicht anzuwenden, soweit dieses marktüblich ist. ⁵§ 42 der Abgabenordnung bleibt unberührt. ⁶Die Vorschriften über die Gewinnermittlung (§ 4 Absatz 1, § 5) bleiben unberührt.

Inhaltsübersicht	Rz.
A. Allgemeine Erläuterungen	1 - 50
I. Normzweck und wirtschaftliche Bedeutung der Vorschrift	1 - 5
II. Entstehung und Entwicklung der Vorschrift	6 - 15
III. Geltungsbereich	16 - 25
1. Persönlicher Geltungsbereich	16
2. Sachlicher Geltungsbereich	17 - 25
IV. Vereinbarkeit mit höherrangigem Recht	26 - 30
V. Verhältnis zu anderen Vorschriften	31 - 50
B. Systematische Kommentierung	51 - 240
I. Zufluss von Einnahmen (§ 11 Abs. 1 Satz 1 EStG)	51 - 80
1. Erlangung der wirtschaftlichen Verfügungsmacht	51 - 60
2. Späterer Verlust der wirtschaftlichen Verfügungsmacht	61 - 65

3.	Verfügungsbeschränkungen	66 - 70
4.	Beteiligung Dritter	71 - 80
II.	Zufluss regelmäßig wiederkehrender Einnahmen (§ 11 Abs. 1 Satz 2 EStG)	81 - 95
III.	Gleichmäßige Verteilung von Einnahmen aus Nutzungsüberlassungen (§ 11 Abs. 1 Satz 3 EStG)	96 - 110
IV.	Zeitliche Zuordnung von Einnahmen aus nichtselbständiger Arbeit (§ 11 Abs. 1 Satz 4 EStG)	111 - 125
V.	Vorrangigkeit der Gewinnermittlungsvorschriften (§ 11 Abs. 1 Satz 5 EStG)	126 - 130
VI.	Ausgewählte Zuflussformen	131 - 180
1.	Barzahlung und bargeldloser Zahlungsverkehr	131 - 140
2.	Wechsel	141
3.	Gutschrift in den Büchern des Verpflichteten	142
4.	Aufrechnung	143 - 150
5.	Erlass/Verzicht	151 - 160
6.	Abtretung	161
7.	Schuldübernahme	162 - 165
8.	Schuldumwandlung (Novation)	166 - 180
VII.	Abfluss von Ausgaben (§ 11 Abs. 2 Satz 1 EStG)	181 - 210
1.	Verlust der wirtschaftlichen Verfügungsmacht	181 - 190
2.	Spätere Rückerlangung der wirtschaftlichen Verfügungsmacht	191 - 200
3.	Beteiligung Dritter	201 - 210
VIII.	Abfluss regelmäßig wiederkehrender Ausgaben (§ 11 Abs. 2 Satz 2 EStG)	211 - 215
IX.	Gleichmäßige Verteilung von Ausgaben für Nutzungsüberlassungen (§ 11 Abs. 2 Satz 3 EStG)	216 - 220
X.	Keine Verteilung des Damnums/Disagios (§ 11 Abs. 2 Satz 4 EStG)	221 - 225
XI.	Anwendung des § 42 AO (§ 11 Abs. 2 Satz 5 EStG)	226 - 230
XII.	Vorrangigkeit der Gewinnermittlungsvorschriften (§ 11 Abs. 2 Satz 6 EStG)	231 - 235
XIII.	Ausgewählte Abflussformen	236 - 240
1.	Barzahlung und bargeldloser Zahlungsverkehr	236 - 239
2.	Wechsel	240
C.	**Verfahrensfragen**	241

HINWEIS:

§ 82b EStDV; R 11 EStR; H 11 EStH; BMF v. 20. 10. 2003, BStBl 2003 I 546.

LITERATUR:

▶ Weitere Literatur siehe Online-Version

Karla, Überlegungen zur Besteuerung von Scheinrenditen in Kapitalanlagefällen, FR 2013, 545; *Bleschick*, Voraussetzungen für Zufluss von Arbeitslohn an den Gesellschafter einer Kapitalgesellschaft, SteuerStud 2014, 510 f.; *Marx*, Anmerkung zu BFH v. 11. 2. 2014 - VIII R 25/12, FR 2014, 706 f.; *Otte*, Besteuerung von Scheinrenditen bei Schneeballsystemen, DStR 2014, 245; *Püttner*, Versteuerung von Scheinrenditen aus Schneeballsystemen bleibt steuerpflichtig, NWB-EV 2014, 204; *Levedag*, Einnahmen aus Kapitalvermögen in Schneeballsystemen, NWB 2015, 914; *Schmittmann*, Update: Schneeball- und betrügerische Kapitalanlagesysteme im Zivil- und Steuerrecht, StuB 2015, 69 f.; *Schmitz-Herscheidt*, Sofortabzug eines Disagios – BFH-Urteil vom 8. 3. 2016 - IX R 38/14 zur Bewertung der Marktüblichkeit, NWB 2016, 2651; *Korff*, Widersprüchliche FG-Entscheidungen zur Bedeutung der Fälligkeit für regelmäßig wiederkehrende Einnahmen und Ausgaben, DStZ 2016, 978; *Wendt*, Die Bedeutung der Fälligkeit für die Zuordnung regelmäßig wiederkehrender Einnahmen und Ausgaben nach § 11 EStG, DStR 2018, 2071.

A. Allgemeine Erläuterungen

I. Normzweck und wirtschaftliche Bedeutung der Vorschrift

1   Bei der Einkommensteuer handelt es sich gem. § 2 Abs. 7 EStG um eine Jahressteuer, deren Festsetzungsgrundlagen jeweils für das Kalenderjahr (Veranlagungszeitraum) zu ermitteln sind. Die Einkommensteuer wird gem. § 25 Abs. 1 EStG nach Ablauf eines Kalenderjahres nach dem Einkommen veranlagt, das der Stpfl. in diesem Zeitraum bezogen hat. Vor diesem Hintergrund besteht die Notwendigkeit, die im Hinblick auf die Ermittlung des zu versteuernden Einkommens relevanten Einkommensbestandteile einem bestimmten Kalenderjahr zuzuordnen. Genau diese Funktion wird durch die Vorschrift des § 11 EStG wahrgenommen, nach der steuerlich relevante Einnahmen und Ausgaben grundsätzlich demjenigen Kalenderjahr zuzuordnen sind, in dem sie bezogen bzw. geleistet werden.

2   § 11 EStG regelt demgegenüber nicht, ob und ggf. in welcher Höhe besteuerungsrelevante Einnahmen oder Ausgaben (d. h. steuerpflichtige Einnahmen sowie steuerlich abziehbare Ausgaben) vorliegen. Ebenfalls enthält § 11 EStG keine Regelung dahin gehend, bei welchem Stpfl. und in welcher Einkunftsart die entsprechenden Einkommensbestandteile zu erfassen sind.

3   Die zeitliche Zuordnung steuerlich relevanter Einnahmen und Ausgaben erfolgt nach dem Zuflussprinzip des § 11 Abs. 1 EStG sowie dem Abflussprinzip des § 11 Abs. 2 EStG. Im Hinblick auf Einnahmen ist nach Maßgabe des § 11 Abs. 1 EStG nicht entscheidend, in welchem Zeitpunkt eine Forderung entsteht. Vielmehr wird im Rahmen des Zuflussprinzips auf den Erfüllungszeitpunkt abgestellt. Eine ggf. nachteilige Konsequenz dieser Regelungsausgestaltung kann sich im Falle der sog. Zusammenballung von Einnahmen ergeben, sofern bspw. in unterschiedlichen Veranlagungszeiträumen entstandene Forderungen im selben VZ vereinnahmt werden oder hohe Vergütungen für eine längere Tätigkeit „auf einen Schlag" vereinnahmt werden. Das Abflussprinzip des § 11 Abs. 2 EStG stellt in entsprechender Ausgestaltung auf den Zeitpunkt ab, in dem eine Verpflichtung erfüllt wird. Insoweit eröffnen sich Möglichkeiten für ggf. vorteilhafte Gestaltungen, da der Stpfl. den Zahlungszeitpunkt in bestimmten Konstellationen in den einen oder den anderen Veranlagungszeitraum legen kann.

4–5   *(Einstweilen frei)*

II. Entstehung und Entwicklung der Vorschrift

6   Bis in der Fassung des EStG 1925 v. 10. 8. 1925[1] enthielt § 11 EStG das Fälligkeitsprinzip, nach dem Einnahmen in dem Veranlagungszeitraum als bezogen galten, in dem sie fällig wurden, sofern diese dem Stpfl. nicht schon vor Fälligkeit zuflossen.[2] Entsprechendes galt für Ausgaben.

7   Der Begriff der Fälligkeit wurde vom RFH nicht im zivilrechtlichen, sondern in einem wirtschaftlichen Sinne als eine Unterart des Zufließens verstanden.[3] Vor diesem Hintergrund wurde das Zu- und Abflussprinzip entsprechend der heutigen Ausgestaltung des § 11 EStG im EStG 1934 v. 16. 10. 1934[4] angelegt. Nach dem Willen des Gesetzgebers sollte der Zufluss bei

---

1 RGBl 1925 I 189.
2 Hierzu *Trzaskalik*, StuW 1985, 222.
3 Vgl. RFH v. 13. 11. 1928 - VI A 155/28, RStBl 1929, 224; hierzu *Trzaskalik*, StuW 1985, 222 (223).
4 RGBl 1934 I 1005.

Vorliegen der wirtschaftlichen Verfügungsmacht gegeben sein, während für den Abfluss der Zeitpunkt der Leistung entscheidend sein sollte.

Die Durchbrechungen des Zuflussprinzips im Hinblick auf laufenden Arbeitslohn nach § 38a Abs. 1 Satz 2 EStG sowie pauschale Lohnsteuer nach § 40 Abs. 3 Satz 2 EStG wurden durch das Einkommensteuerreformgesetz v. 5.8.1974[1] bzw. das Steuerentlastungsgesetz v. 24.3.1999[2] in § 11 EStG aufgenommen. 8

Die zuletzt vorgenommenen Änderungen des § 11 EStG betreffen zum einen die rückwirkende (siehe → Rz. 26) Normierung der gleichmäßigen Verteilung von vorausgezahlten Einnahmen aus einer mehr als fünfjährigen Nutzungsüberlassung sowie von vorausgezahlten Ausgaben für eine mehr als fünfjährige Nutzungsüberlassung.[3] Zum anderen wurde diese Regelung noch dahin gehend angepasst, dass die gleichmäßige Verteilung im Hinblick auf ein marktübliches Damnum oder Disagio nicht anzuwenden ist.[4] 9

(Einstweilen frei) 10–15

III. Geltungsbereich

1. Persönlicher Geltungsbereich

§ 11 EStG gilt sowohl im Falle der **unbeschränkten Steuerpflicht** als auch der **beschränkten Steuerpflicht** inländischer Einkünfte gem. § 49 EStG. Grundsätzlich ist § 11 EStG auch im Rahmen der Körperschaftsteuer zu beachten. Zwar erzielen Körperschaften gem. § 8 Abs. 2 KStG stets Einkünfte aus Gewerbebetrieb i.S.d. § 15 EStG, so dass deren Gewinne grundsätzlich nach den Regelungen zum Betriebsvermögensvergleich – und damit unter Außerachtlassung des § 11 EStG – ermittelt werden. Allerdings können beschränkt steuerpflichtige Körperschaften nach der sog. isolierenden Betrachtungsweise gem. § 49 Abs. 2 EStG auch Einkünfte aus Vermietung und Verpachtung oder aus Kapitalvermögen erzielen, so dass § 11 EStG insoweit auch für körperschaftsteuerliche Zwecke Anwendung finden kann. 16

2. Sachlicher Geltungsbereich

§ 11 EStG ist in erster Linie im Zusammenhang mit der **Ermittlung der sog. Überschusseinkünfte** nach § 2 Abs. 2 Satz 1 Nr. 4 bis 7 EStG anzuwenden. Soweit die Einkünfteermittlung von Gewinneinkünften i.S.d. § 2 Abs. 2 Satz 1 Nr. 1 bis 3 EStG tangiert ist, findet § 11 EStG lediglich insoweit Anwendung, als die jeweiligen Gewinneinkünfte nach der Einnahmenüberschussrechnung gem. § 4 Abs. 3 EStG ermittelt werden. Demgegenüber versagen die Regelungen des § 11 Abs. 1 Satz 5 und Abs. 2 Satz 6 EStG die Anwendung des § 11 EStG für Zwecke der zeitlichen Zuordnung von Gewinneinkünften, wenn diese nach den Regelungen zum Betriebsvermögensvergleich nach § 4 Abs. 1 EStG und § 5 EStG ermittelt werden. 17

Darüber hinaus ist § 11 EStG insbesondere im Hinblick auf folgende Einnahmen und Ausgaben anzuwenden: 18

---

[1] Einkommensteuerreformgesetz (EStRG) v. 5.8.1974, BGBl 1974 I 1769.
[2] Steuerentlastungsgesetz 1999/2000/2002 (StEntlG 1999/2000/2002) v. 24.3.1999, BGBl 1999 I 402.
[3] Richtlinien-Umsetzungsgesetz (EURLUmsG) v. 9.12.2004, BGBl 2004 I 3310.
[4] Jahressteuergesetz 2007 (JStG 2007) v. 13.12.2006, BGBl 2006 I 2878.

- Privat veranlasste Aufwendungen, soweit diese als Sonderausgaben nach §§ 10ff. EStG oder außergewöhnliche Belastungen nach §§ 33ff. EStG geltend gemacht werden können;
- Einnahmen, die nach § 32b EStG dem Progressionsvorbehalt unterliegen,[1] sowie
- Absetzungen für Abnutzung und für Substanzverringerung und erhöhte Absetzungen nach § 9 Abs. 1 Satz 3 Nr. 7 EStG.

19 Neben den Fällen der Gewinnermittlung durch Betriebsvermögensvergleich ist § 11 EStG dagegen insbesondere in den folgenden Fällen nicht anzuwenden:

- Vereinnahmung von laufendem Arbeitslohn nach der Sonderregelung des § 38a Abs. 1 Satz 2 EStG (s. auch § 11 Abs. 1 Satz 4 EStG);
- Erhaltungsaufwendungen, die nach § 82b EStDV über einen bis zu fünfjährigen Zeitraum gleichmäßig verteilt werden können;
- Anschaffungs- oder Herstellungskosten für nicht abnutzbare Wirtschaftsgüter des Anlagevermögens, Kapitalgesellschaftsanteile, Wertpapiere einschließlich vergleichbarer nicht verbriefter Forderungen und Rechte sowie für Grund und Boden und Gebäude des Umlaufvermögens, die im Rahmen der Einnahmenüberschussrechnung nach § 4 Abs. 3 Satz 4 EStG erst bei Zufluss eines Veräußerungserlöses „abfließen";
- Anschaffungs- oder Herstellungskosten von sog. geringwertigen Wirtschaftsgütern, die nach § 9 Abs. 1 Satz 3 Nr. 7 Satz 2 i. V. m. § 6 Abs. 2 Satz 1 bis 3 EStG im Jahr der Anschaffung/Herstellung geltend gemacht werden können;
- Vereinnahmung von Gewinnen aus der Veräußerung von im Privatvermögen gehaltenen Kapitalgesellschaftsanteilen i. S. d. § 17 EStG;
- Anteil am Gewinn oder Verlust einer Personengesellschaft einschließlich Sondervergütungen nach § 15 Abs. 1 Satz 1 Nr. 2 EStG;
- Aufwendungen, die beim Veräußerer im Zusammenhang mit einem Veräußerungsgeschäft i. S. d. § 23 EStG als Werbungskosten anfallen, die abweichend vom Abflusszeitpunkt im Zeitpunkt der Veräußerung zu berücksichtigen sind.

20 Ferner findet § 11 EStG keine Anwendung für die zeitliche Einordnung einer **geleisteten Einlage i. S. d. § 15a EStG**. Wenngleich eine Einlage für Zwecke der Erfassung auf dem steuerlichen Kapitalkonto nach dem Gesetzeswortlaut „geleistet" sein muss und insoweit an die Anwendung von § 11 Abs. 2 EStG gedacht werden könnte, ist der Begriff der geleisteten Einlage nach den handelsrechtlichen Grundsätzen effektiver Kapitalaufbringung auszulegen. Im Einzelfall können beide Abgrenzungsvorschriften allerdings zum gleichen Ergebnis führen, da nach Auffassung des BFH eine Einlage erst dann geleistet ist, wenn dem Gesellschaftsvermögen von außen etwas zugeflossen ist, das das Vermögen und damit die Deckungsunterlage für die Gläubiger erhöht.[2]

21–25 *(Einstweilen frei)*

---

[1] Vgl. BFH v. 20. 9. 2006 - I R 59/05, BStBl 2007 II 756.
[2] Vgl. BFH v. 11. 12. 1990 - VIII R 8/87, BStBl 1992 II 232.

IV. Vereinbarkeit mit höherrangigem Recht

§ 11 Abs. 1 Satz 3 und Abs. 2 Satz 3 EStG wurden durch das Richtlinien-Umsetzungsgesetz v. 9.12.2004[1] als Reaktion auf ein Urteil des BFH vom 23.9.2003 eingeführt. In diesem entschied der BFH, dass Erbbauzinsen als sofort abziehbare Werbungskosten und nicht als Anschaffungskosten zu qualifizieren sind.[2] Der BFH wendete sich damit gegen die langjährige Verwaltungspraxis, nach der vorausgezahlte oder in einem Einmalbetrag gezahlte Erbbauzinsen den Anschaffungskosten des Erbbaurechts zuzuordnen waren.[3] In zeitlicher Hinsicht sah das Richtlinien-Umsetzungsgesetz vor, dass § 11 Abs. 1 Satz und Abs. 2 Satz 3 EStG im Hinblick auf Erbbauzinsen und andere Entgelte für die Nutzung eines Grundstücks erstmals für Vorauszahlungen anzuwenden sein sollten, die nach dem 31.12.2003 geleistet wurden (§ 52 Abs. 30 EStG a. F.). Angesichts des Umstands, dass die geplante gesetzliche Neuregelung am 27.10.2004 in den Bundestag eingebracht wurde, stellt sich für den Interimszeitraum zwischen dem 31.12.2003 und dem 27.10.2004 die Frage nach der verfassungsrechtlichen Zulässigkeit der rückwirkenden Anwendungsanordnung. Der Gesetzgeber sah hierin eine zulässige unechte Rückwirkung.[4] Demgegenüber liegt in diesem Fall nach Auffassung des BFH eine unzulässige unechte Rückwirkung vor. Der BFH hat die Rechtsfrage daher dem BVerfG (Az.: 2 BvL 1/11) vorgelegt.[5] Er stützt seine Rechtsauffassung insbesondere darauf, dass es die höchstrichterliche Rechtsprechung sei, die das Recht letztverantwortlich auslege und hierdurch vertrauenswürdige Grundlagen schaffe. Dies sei auch dann der Fall, wenn das Richterrecht einer langjährigen und damit grundsätzlich auch als Vertrauensgrundlage dienenden Verwaltungsauffassung entgegenstehe. Ob das BVerfG dieser Auffassung folgt, bleibt abzuwarten.[6] Jedenfalls dürfte die Entscheidung aber für die Konkretisierung der Zulässigkeit einer unechten Rückwirkung bedeutsam sein.

26

(Einstweilen frei)

27-30

V. Verhältnis zu anderen Vorschriften

Neben einzelnen gesetzlichen Vorschriften, nach denen § 11 EStG nicht anzuwenden ist (insbesondere Vereinnahmung laufenden Arbeitslohns sowie im Rahmen des Betriebsvermögensvergleichs, s. → Rz. 19), ordnet § 11 Abs. 2 Satz 5 EStG explizit an, dass **§ 42 AO** unberührt bleibt; § 11 EStG und § 42 AO sind damit nebeneinander anwendbar und schließen sich nicht gegenseitig aus.[7]

31

Im Rahmen des § 11 EStG besteht für den Gläubiger und den Schuldner die Möglichkeit, den Zu- bzw. Abflusszeitpunkt unter Einhaltung etwaiger zivilrechtlicher Grenzen zu gestalten. Allein die Ausnutzung dieser Möglichkeit kann grundsätzlich keinen Missbrauch rechtlicher Gestaltungsmöglichkeiten i. S. d. § 42 AO begründen. Denn zum einen hat der Gesetzgeber dem Stpfl. durch die Ausgestaltung des Zu- und Abflussprinzips bewusst einen gewissen Gestaltungsspielraum eingeräumt,[8] zum anderen entspricht es aber auch ständiger BFH-Rechtspre-

32

---

1 *Richtlinien-Umsetzungsgesetz (EURLUmsG)* v. 9.12.2004, BGBl 2004 I 3310.
2 Vgl. BFH v. 23.9.2003 - IX R 65/02, BStBl 2005 II 159.
3 Vgl. BMF v. 10.12.96, BStBl 1996 I 1440.
4 Vgl. BT-Drucks. 15/4050 v. 27.10.2004, 58.
5 Vgl. BFH v. 7.12.2010 - IX R 70/07, BStBl 2011 II 346.
6 Siehe hierzu näher *Hahn*, BB 2011, 550 f.; *Nöcker*, AO-StB 2011, 313.
7 Zu Tatbestand und Rechtsfolgen des § 42 AO statt vieler *Clausen*, DB 2003, 1589 ff.
8 Zutreffend und statt vieler *Offerhaus*, StuW 2006, 317 (326); BFH v. 24.9.1985 - IX R 2/80, BStBl 1986 II 284, m.w. N.

33 Vor diesem Hintergrund hat der BFH etwa im Falle der zielkonformen Verabredung eines Fälligkeitsdatums oder der späteren Änderung getroffener Fälligkeitsvereinbarungen im gegenseitigen Einvernehmen durch die Vertragsparteien vor Eintritt der Fälligkeit einen Gestaltungsmissbrauch i. S. d. § 42 AO zutreffend verneint.[3]

chung, dass es dem Stpfl. unbenommen ist, seine tatsächlichen Verhältnisse möglichst steueroptimal zu gestalten.[1] Insofern sollte § 42 AO allenfalls in Ausnahmefällen anzuwenden sein.[2]

34 Die ältere BFH-Rechtsprechung war demgegenüber geneigt, im Zusammenhang mit § 11 EStG eher einen Anwendungsfall des § 42 AO zu bejahen oder hat diesen zumindest in Betracht gezogen. Dies gilt exemplarisch für den Fall einer 30 Jahre im Voraus vorgenommenen Zahlung, ohne dass ein wirtschaftlich vernünftiger Grund für eine Vorauszahlung für einen derart langen Zeitraum gegeben war.[4] In einem solchen Fall mag tatsächlich die Frage gestellt werden können, aus welchen außersteuerlichen Gründen einer Zahlungsverpflichtung 30 Jahre im Voraus nachgekommen wird. Handelt es sich dagegen um eine deutlich kürzere zeitliche Zahlungsvorverlagerung, sollte die Einschlägigkeit des § 42 AO wohl regelmäßig verneint werden können, da nicht ersichtlich ist, dass in einem solchen Fall der gesetzlich eingeräumte Gestaltungsspielraum missbräuchlich ausgenutzt wird. Denn zivilrechtlich ist es gerade vorgesehen, dass eine Zahlung vor Fälligkeit gem. § 362 BGB mit befreiender Wirkung möglich ist.

35 Müsste steuerlich dagegen davon ausgegangen werden, dass eine Verbindlichkeit nur dann in angemessener Form erfüllt wird, wenn dies nicht im Voraus geschieht, hätte dies zur Folge, dass im Ergebnis eine schuldbefreiende Vorauszahlung steuerlich nicht im Zeitpunkt der Leistungshandlung, sondern erst zum Fälligkeitstermin möglich ist.[5]

36–50 (*Einstweilen frei*)

B. Systematische Kommentierung

I. Zufluss von Einnahmen (§ 11 Abs. 1 Satz 1 EStG)

1. Erlangung der wirtschaftlichen Verfügungsmacht

51 Einnahmen werden gem. § 11 Abs. 1 Satz 1 EStG dem Kalenderjahr zugeordnet, in dem die Einnahmen dem Stpfl. zugeflossen sind. Nach der ständigen Rechtsprechung des BFH sind Einnahmen zugeflossen, sobald der Stpfl. wirtschaftlich über sie verfügen kann, es also zu einem Übergang der wirtschaftlichen Verfügungsmacht über ein Wirtschaftsgut gekommen ist.[6] Unbeachtlich ist dabei, zu welchem Zeitpunkt der Gläubiger einen Leistungsanspruch innehat. Wirksame verbindliche Zusagen oder Versprechen, künftig bestimmte Leistungen zu erbringen, begründen beim Empfänger dementsprechend noch keinen Zufluss. Das Zuflussprinzip stellt im Ergebnis allein auf **tatsächliche Vorgänge** ab, durch die der Leistungserfolg eintritt.

52 Für den Zufluss kann u. U. aber auch bereits die Möglichkeit ausreichend sein, dass der Gläubiger durch den leistungsbereiten und leistungsfähigen Schuldner in die Position versetzt wird,

---

1 Vgl. BFH v. 29. 11. 1982 - GrS 1/81, BStBl 1983 II 272.
2 So wohl auch *Offerhaus*, StuW 2006, 317 (321): „Zu beachten sind lediglich die Grenzen des § 42 AO, die insoweit aber nur in Ausnahmefällen korrigierend wirken können."
3 Vgl. BFH v. 11. 11. 2009 - IX R 1/09, BStBl 2010 II 746.
4 Vgl. BFH v. 23. 9. 1986 - IX R 113/82, BStBl 1987 II 219.
5 Kritisch auch *Krüger* in Schmidt, § 11 EStG Rz. 10; *Schiffers* in Korn, § 11 EStG Rz. 7.
6 Instruktiv zur BFH-Rechtsprechung *Offerhaus*, StuW 2006, 317 ff.

den **Leistungserfolg ohne weiteres Zutun** des Schuldners herbeizuführen.[1] Ein in diese Richtung gehendes Zuflussverständnis findet sich bereits in der amtlichen Begründung zu § 11 EStG 1934, nach der ein Steuerpflichtiger auch dann die wirtschaftliche Verfügungsmacht über ein Wirtschaftsgut erlangt hat, wenn die Verwirklichung des Anspruchs in so greifbare Nähe gerückt und so gesichert ist, dass dies wirtschaftlich dem tatsächlichen Eingang der Leistung gleichzustellen ist.[2] Dagegen sollte kein Zufluss vorliegen, sofern zwar grundsätzlich die Möglichkeit besteht, den Leistungserfolg zu verwirklichen, dies aber nicht in greifbarer Nähe oder vollständig gesichert ist.[3]

Die **Fälligkeit einer Schuld** ist für den Zufluss grundsätzlich nicht maßgeblich.[4] Da die wirtschaftliche Verfügungsmacht über ein Wirtschaftsgut als Folge eines tatsächlichen Vorgangs (insbesondere Erfüllung von Ansprüchen) erlangt wird, kann die Fälligkeit allein regelmäßig keinen Zufluss begründen. Allerdings ist zu beachten, dass die Fälligkeit ein Beweisanzeichen für die Erlangung der wirtschaftlichen Verfügungsmacht sein kann. Von Bedeutung ist dies etwa bei einem beherrschenden Gesellschafter einer Kapitalgesellschaft, der es grundsätzlich selbst in der Hand hat, sich fällige Beträge auszahlen oder diese in der Gesellschaft stehen zu lassen.[5] Unter bestimmten weiteren Voraussetzungen[6] entspricht der Zuflusszeitpunkt in diesen Fällen dem Fälligkeitstermin, d.h. grundsätzlich dem Zeitpunkt der Beschlussfassung über die Gewinnverwendung; dieser Zeitpunkt ist nur auf Basis abweichender gesellschaftsvertraglicher Auszahlungsregelungen unbeachtlich, während im Gewinnverwendungsbeschluss enthaltene Fälligkeitsregelungen zu vernachlässigen sind.[7]

53

Der Zeitpunkt, zu dem die wirtschaftliche Verfügungsmacht über ein Wirtschaftsgut erlangt wird, hängt grundsätzlich nicht davon ab, zu welchem Zeitpunkt beim Schuldner der **korrespondierende Abfluss** vorliegt.[8] Daher kann es zu einem Auseinanderfallen des Zu- und Abflusszeitpunktes kommen, da für Zwecke des Zuflusses auf den Eintritt des Leistungserfolges abzustellen ist, während der Abflusszeitpunkt durch die Leistungshandlung bestimmt wird (siehe → Rz. 181).

54

Steht der Eintritt des Leistungserfolgs unter einer **aufschiebenden Bedingung**, liegt ein Zufluss erst zum Zeitpunkt des Bedingungseintritts vor. So fließen z.B. garantierte Zinsen, deren Auszahlung an die Beendigung der Kapitalüberlassung geknüpft ist, erst mit der Beendigung der Kapitalüberlassung und nicht bereits zwischenzeitlich zu bestimmten Abrechnungszeitpunkten zu.[9]

55

---

1 Vgl. BFH v. 14.2.1984 - VIII R 221/80, BStBl 1984 II 480; BFH v. 22.7.1997 - VIII R 57/95, BStBl 1997 II 755; BFH v. 30.10.2001 - VIII R 15/01, BStBl 2002 II 138.
2 RStBl 1935, 40.
3 Siehe hierzu auch *Krüger* in Schmidt, § 11 EStG Rz. 15.
4 Vgl. BFH v. 20.10.2015 - VIII R 40/13, BStBl 2016 II 342.
5 Vgl. BFH v. 21.10.1981 - I R 230/78, BStBl 1982 II 139.
6 Die Beträge müssen dem Gesellschafter geschuldet werden und sich bei der Einkommensermittlung der Gesellschaft ausgewirkt haben. Vgl. BFH v. 3.2.2011 - VI R 66/09, BStBl 2014 II 491. Nach Auffassung der FinVerw ist dabei unerheblich, ob es tatsächlich zu einer Gewinnminderung gekommen ist, sondern ob eine Verbindlichkeit nach den Grundsätzen ordnungsmäßiger Buchführung hätte gebildet werden müssen. Vgl. BMF v. 12.5.2014, BStBl 2014 I 860.
7 Vgl. BFH v. 2.12.2014 - VIII R 2/12, BStBl 2015 II 333. Kritisch zur Maßgeblichkeit der Fälligkeit bei beherrschenden Gesellschaftern *Verdenhalven*, DStR 2018, 1701.
8 Vgl. BFH v. 24.8.2004 - IX R 28/02, BFH/NV 2005, 49 = NWB DokID: EAAAB-32832; FG Hamburg v. 21.4.2009 - 2 K 231/08, rkr., NWB DokID: WAAAD-25047.
9 Vgl. BFH v. 2.3.1993 - VIII R 13/91, BStBl 1993 II 602.

56 Aufgrund der Maßgeblichkeit tatsächlicher Vorgänge kann ein Zufluss i. S. d. § 11 Abs. 1 Satz 1 EStG grundsätzlich nicht fingiert werden. Etwas anderes gilt nur, wenn der **Zuflusszeitpunkt gesetzlich explizit bestimmt** wird (wie z. B. gem. § 10 Abs. 2 Satz 1 AStG, wonach der Hinzurechnungsbetrag unmittelbar nach Ablauf des maßgebenden Wirtschaftsjahres der ausländischen Zwischengesellschaft als zugeflossen gilt).

57–60 (*Einstweilen frei*)

2. Späterer Verlust der wirtschaftlichen Verfügungsmacht

61 Der Zufluss setzt nicht voraus, dass die wirtschaftliche Verfügungsmacht endgültig übergeht und der Stpfl. das Wirtschaftsgut behalten darf. Vielmehr ist ein späterer Verlust der Verfügungsmacht im Hinblick auf die vorherige Erlangung und den damit verbundenen Zufluss unbedeutend und steuerlich stattdessen zum späteren Zeitpunkt gesondert zu würdigen. Gleichermaßen ist ein späterer Wertverfall für den ursprünglichen Zufluss nicht von Bedeutung.

62 Ferner steht der Zufluss nicht in Frage, wenn eine Leistung unter der **auflösenden Bedingung** einer Rückzahlungsverpflichtung erfüllt wird. Ungeachtet des späteren Bedingungseintritts, durch den die Wirkung des Rechtsgeschäfts endet, hat der Stpfl. zunächst die wirtschaftliche Verfügungsmacht über das übertragene Wirtschaftsgut erlangt. Dies gilt entsprechend, wenn eine Leistung ohne Rechtsgrund erbracht wird und dementsprechend mit Leistungserbringung ein Rückforderungsanspruch entsteht.[1]

63–65 (*Einstweilen frei*)

3. Verfügungsbeschränkungen

66 Verfügungsbeschränkungen können dem Zufluss grundsätzlich nicht entgegenstehen. Ist der Stpfl. etwa aufgrund einer **Sperr- bzw. Halteklausel** daran gehindert, ihm übertragene Aktien innerhalb eines bestimmten Zeitraums zu veräußern, beeinträchtigt dies nicht seine rechtliche und wirtschaftliche Inhaberstellung sowie das Innehaben der mit den Aktien verbundenen Stimm- und Dividendenbezugsrechte.[2] Kapitalerträge aus Bankguthaben fließen auch dann zu, wenn die Kapitalerträge zwecks Sicherung einer Rückzahlungsverpflichtung auf einem Sperrkonto anfallen und durch den Kontoinhaber nicht anderweitig verwendet werden können.[3] Gleiches gilt, wenn die Einnahmen auf einem an die kontoführende Bank verpfändeten Konto vereinnahmt werden.[4] Ebenso wenig ist der Zufluss zu verneinen, wenn der Kaufpreis für ein Grundstück bereits bei Abschluss des Grundstückskaufvertrages auf ein Notaranderkonto überwiesen wird, jedoch die Auszahlung des Kaufpreises an den Verkäufer erst nach Erfüllung zusätzlicher Voraussetzungen bzw. mit Vollzugsreife des Kaufvertrages erfolgen kann.[5]

67–70 (*Einstweilen frei*)

---

1 Siehe hierzu näher HHR/*Kister*, § 11 EStG Rz. 35.
2 Vgl. BFH v. 30. 9. 2008 - VI R 67/05, BStBl 2009 II 282.
3 Vgl. BFH v. 23. 4. 1980 - VIII R 156/75, BStBl 1980 II 643.
4 Vgl. BFH v. 9. 7. 1987 - IV R 87/85, BStBl 1988 II 342.
5 Vgl. FG Hamburg v. 21. 4. 2009 - 2 K 231/08, EFG 2009, 1642, rkr.

4. Beteiligung Dritter

Sofern nicht der Stpfl. selbst die wirtschaftliche Verfügungsmacht über ein Wirtschaftsgut erlangt, sondern dessen **Vertreter**, liegt der Zufluss i. d. R. gleichwohl beim vertretenen Stpfl. vor. Dies betrifft insbesondere die Fälle, in denen eine Leistung an einen Dritten erbracht wird, der kraft Rechtsgeschäft, von Gesetzes wegen oder aufgrund behördlicher Anordnung dazu bevollmächtigt ist, die Leistung zu empfangen und für Rechnung des vertretenen Stpfl. zu vereinnahmen. Dies gilt auch dann, wenn der Vertreter die empfangene Leistung z. B. aufgrund von Untergang, Unterschlagung oder Insolvenz nicht an den Vertretenen weiterreicht.

Ferner fließen einem Stpfl. Einnahmen zu, wenn durch den Schuldner auf Geheiß des Stpfl. an einen Dritten geleistet wird und auf diesem Wege eine Leistungsverpflichtung des Stpfl. gegenüber dem Dritten erfüllt wird. Eine solche Leistung im **abgekürzten Zahlungsweg** führt mit Eintritt der schuldbefreienden Wirkung zum Zufluss, da die Schuldbefreiung für den Stpfl. als Einkommensverwendung anzusehen ist.[1]

In den Fällen der **Rechtsnachfolge** fließen Einnahmen dem Rechtsnachfolger unabhängig davon zu, dass diese ggf. durch den Rechtsvorgänger erzielt wurden und wirtschaftlich für einen Zeitraum vor Eintritt der Rechtsnachfolge geleistet werden. So hat ein Erbe die durch den Erblasser vor dessen Tod erwirtschafteten Einnahmen zu versteuern, wenn diese nach dem Todesfall geleistet werden.

(*Einstweilen frei*)

II. Zufluss regelmäßig wiederkehrender Einnahmen (§ 11 Abs. 1 Satz 2 EStG)

§ 11 Abs. 1 Satz 2 EStG enthält eine **Ausnahmeregelung** von der zeitlichen Zuordnung nach Maßgabe der Erlangung der wirtschaftlichen Verfügungsmacht. Unter den Voraussetzungen des § 11 Abs. 1 Satz 2 EStG werden bestimmte Einnahmen innerhalb des Kalenderjahres erfasst, dem sie wirtschaftlich zugehören. Konkret muss es sich um regelmäßig wiederkehrende Einnahmen handeln, die dem Stpfl. kurze Zeit vor Beginn oder kurze Zeit nach Beendigung des wirtschaftlich relevanten Kalenderjahres zufließen.

Einnahmen sind **wiederkehrend**, wenn aufgrund eines vereinbarten Rechtsverhältnisses von vornherein feststeht, dass die für die Vereinnahmung maßgeblichen Leistungen in bestimmten Zeitabständen wiederholt werden.[2] Leistungen, die auf freiwilliger Basis wiederholt erbracht werden, führen dagegen nicht zu wiederkehrenden Einnahmen i. S. d. § 11 Abs. 1 Satz 2 EStG.

PRAXISHINWEIS:
Nicht abschließend geklärt ist die Frage, ob eine zweimalige Leistung oder eine mindestens dreimalige Leistung zu wiederkehrenden Einnahmen führt. Nach der überwiegenden Meinung ist die zweimalige Leistungserbringung als wiederkehrend i. S. d. § 11 Abs. 1 Satz 2 EStG anzusehen.[3] Dies erscheint überzeugend, da bereits die zweite Leistung dazu führt, dass nach den oben genannten Grundsätzen eine Wiederkehr einer Einnahme gegeben ist. Hiergegen wird allerdings vorgebracht, dass dieses Ergebnis im Widerspruch zum Gesetzeswortlaut stehe, nach dem auch die zweite Zahlung eine der wiederkehrenden Einnahmen sein müsse.[4]

---

1 Vgl. BFH v. 24. 3. 1992 - VIII R 51/89, BStBl 1992 II 941.
2 Vgl. BFH v. 10. 12. 1985 - VIII R 15/83, BStBl 1986 II 342; BFH v. 24. 7. 1986 - IV R 309/84, BStBl 1987 II 16.
3 So *Glenk* in Blümich, § 11 EStG Rz. 90; *Krüger* in Schmidt, § 11 EStG Rz. 26; *Seiler* in Kirchhof, § 11 EStG Rz. 36.
4 Vgl. HHR/*Kister*, § 11 EStG Rz. 78.

84 **Regelmäßig** kehren Einnahmen wieder, wenn ihnen periodische (wöchentlich, monatlich, jährlich), gleichartige Leistungen zugrunde liegen, die nach bestimmten Zeitabschnitten und in bestimmten Zeitabständen erbracht werden. **Beispiele** für entsprechende regelmäßige Leistungen sind insbesondere Miet- und Pachtzahlungen, Ratenzahlungen, Versicherungszahlungen, Zinsen und Renten. Der Tatbestand der Regelmäßigkeit bezieht sich nur auf das Wiederkehren, so dass auch der Höhe nach schwankende Einnahmen in den Anwendungsbereich der Regelung fallen.[1] Bei Zahlungsabständen von mehr als einem Jahr ist die Vorschrift dagegen nicht anwendbar, da die für einen Zeitraum von mehr als einem Jahr bezogenen Einnahmen gerade nicht dem (einen) Jahr der wirtschaftlichen Zugehörigkeit zugeordnet werden können.

85 Die **kurze Zeit vor Beginn und nach Beendigung des Kalenderjahres** umfasst nach h. M. und ständiger BFH-Rechtsprechung jeweils einen Zeitraum von zehn Tagen, d. h. § 11 Abs. 1 Satz 2 EStG bezieht sich auf den Zeitraum vom 22. 12. bis zum 10. 1. Bei diesem 20-tägigen Zeitraum handelt es sich auf Basis der BFH-Rechtsprechung um eine feststehende Zeitspanne. Insbesondere sind im Rahmen des § 11 Abs. 1 Satz 2 EStG auch nicht die Regelungen gem. § 108 Abs. 1 AO i. V. m. § 193 BGB sowie § 108 Abs. 3 AO anzuwenden, d. h. die kurze Zeit endet am 10. 1. unabhängig davon, ob dieser Tag auf einen Samstag, Sonntag oder Feiertag fällt.[2] Hiernach kann etwa eine nach dem 10.1. zugeflossene Einnahme, die auf Basis von § 108 Abs. 3 AO fristgerecht eingegangen ist, nicht gem. § 11 Abs. 1 Satz 2 EStG dem Vorjahr zugeordnet werden. Das FG München hat sich jüngst dagegen ausgesprochen, unter der kurzen Zeit jeweils zehn Tage vor und nach dem Jahreswechsel zu verstehen, und plädiert in seiner nicht rechtskräftigen Entscheidung stattdessen für zwölf Tage.[3]

86 Der BFH schränkt § 11 Abs. 1 Satz 2 EStG ausgehend vom Sinn und Zweck der Regelung dahingehend ein, dass die den Einnahmen zugrunde liegenden Zahlungen innerhalb der kurzen Zeit fällig sein müssen.[4] Hierdurch wird sichergestellt, dass nur etwaige Verschiebungen aufgrund kurzfristiger Zahlungsabweichungen von der Regelung erfasst werden und nicht auch solche Einnahmen dem Kalenderjahr ihrer wirtschaftlichen Zugehörigkeit zugeordnet werden, die eher zufällig um den Jahreswechsel herum gezahlt werden, jedoch deutlich vor oder nach dem 31. 12. fällig sind. So ist z. B. die Anfang Dezember fällige Dezembermiete nicht nach § 11 Abs. 1 Satz 2 EStG zu erfassen, wenn sie erst am 5.1. bezahlt wird. Die FinVerw[5] sowie die h. M. in der Literatur[6] haben sich dieser Rechtsauffassung angeschlossen. Ferner hat der BFH entschieden, dass die Verlagerung der Fälligkeit gem. § 108 Abs. 3 AO auf einen Tag außerhalb der kurzen Zeit die Anwendung von § 11 Abs. 1 Satz 2 EStG nicht ausschließt, wenn die Einnahme innerhalb der kurzen Zeit zufließt.[7] Mit anderen Worten ist die Regelung gem. § 108 Abs. 3 AO für die Einhaltung des ungeschriebenen Tatbestands der Fälligkeit innerhalb der kurzen Zeit unbeachtlich.

---

1 Vgl. BFH v. 24. 7. 1986 - IV R 309/84, BStBl 1987 II 16; BFH v. 1. 8. 2007 - XI R 48/05, BStBl 2008 II 282.
2 Vgl. BFH v. 11. 11. 2014 - VIII R 34/12, BStBl 2015 II 285.
3 Vgl. FG München v. 7.3.2018 - 13 K 1029/16, EFG 2018, 1033 = NWB DokID: KAAAG-83567, Rev. BFH: VIII R 10/18.
4 Siehe hierzu ausführlich *Korff*, DStZ 2016, 978 ff.; *Wendt*, DStR 2018, 2071 ff.
5 Vgl. H 11 „Allgemeines" EStH 2017.
6 Vgl. z. B. *Glenk* in Blümich, § 11 EStG Rz. 92 ff.; HHR/*Kister*, § 11 EStG Rz. 85. Für einen Überblick vgl. *Korff*, DStZ 2016, 983.
7 Vgl. BFH v. 27.6.2018 - X R 44/16, BFH/NV 2018, 1350, NWB DokID: UAAAG-97789; *Korn*, NWB 2018 S. 3360; BFH v. 27.6.2018 - X R 2/17, BFH/NV 2018, 1286, NWB DokID: BAAAG-97778, nv. Siehe auch Sächsisches FG v. 30.11.2016 - 2 K 1277/16, EFG 2017, 227, Rev. BFH: III R 1/17.

Das Jahr der wirtschaftlichen Zugehörigkeit ist auf Basis von rein tatsächlichen Kriterien zu bestimmen. Schließlich stellt die Einnahme die Gegenleistung für eine Leistung dar, die in einem oder für einen bestimmten Zeitraum erbracht wird, so dass die Einnahme bei wirtschaftlicher Betrachtung diesem Zeitraum zugehört. Beispielsweise kann dies der Zeitraum sein, in dem eine Sache mietweise genutzt wird oder für den Versicherungsschutz gewährt wird. Soweit die FinVerw im Abgeltungssteuererlass davon ausgeht, dass sich das Jahr der wirtschaftlichen Zugehörigkeit regelmäßig wiederkehrender Zinseinnahmen nach der Fälligkeit bestimmt,[1] gilt dies allein für die Bestimmung[2] des Entstehungszeitpunkts der Kapitalertragsteuer i. S. d. § 44 Abs. 1 Satz 2 EStG und ist im Rahmen von § 11 Abs. 1 Satz 2 EStG nicht zu beachten.

(*Einstweilen frei*)

III. Gleichmäßige Verteilung von Einnahmen aus Nutzungsüberlassungen (§ 11 Abs. 1 Satz 3 EStG)

Im Voraus bezogene Einnahmen aus Nutzungsüberlassungen von mehr als fünf Jahren können – abweichend zur Erfassung im Zuflussjahr – gleichmäßig auf den Vorauszahlungszeitraum verteilt werden.[3] § 11 Abs. 1 Satz 3 EStG räumt dem Stpfl. ein **Wahlrecht** zwischen der Zuordnung der vollen Einnahme zum Zuflussjahr (**Sofortversteuerung**) und der über den Vorauszahlungszeitraum **gestreckten Versteuerung** gleichmäßiger Teilbeträge ein.

Tatbestandlich muss zunächst eine **Nutzungsüberlassung** vorliegen, für die die Vorauszahlung als Entgelt vereinnahmt wird. Das Gesetz spricht ganz allgemein von einer Nutzungsüberlassung, so dass jegliche Überlassungen beweglicher oder unbeweglicher Sachen sowie von Rechten oder Kapital von der Regelung erfasst werden. Auch ist die Inanspruchnahme des Wahlrechts nicht von der Form der Überlassung – sei es Miete, Leasing, Nießbrauch etc. – abhängig. Während das Vorliegen einer Nutzungsüberlassung in den typischen Fällen wie bspw. der Miete oder des Leasings vergleichsweise klar zu bestimmen sein dürfte, zielt die Rechtsprechung in weniger typischen Fällen auf das Gesamtgepräge des der Nutzungsüberlassung zugrunde liegenden Vertragsverhältnisses ab. Ist dieses darauf gerichtet, einem anderen als dem Eigentümer des Wirtschaftsguts die Möglichkeit einzuräumen, von dem Wirtschaftsgut aktiv Gebrauch zu machen, ggf. Veränderungen vorzunehmen und die bisherige Nutzung einzuschränken, spricht dies für eine Nutzungsüberlassung. Unschädlich ist dann, ob nur eine bestimmte Nutzungsart vereinbart wird oder die Eigentümerin nach Ende des Vertragsverhältnisses etwaige durch den Nutzenden vorgenommene Veränderungen an dem Wirtschaftsgut verwerten darf.[4] Dies kann etwa der Fall sein, wenn einem Dritten land- und forstwirtschaftliche Flächen zur Durchführung von Ausgleichsmaßnahmen (z. B. Aufforstung) für die Beeinträchtigung von Natur und Landschaft zur Verfügung gestellt werden. Erfolgt die Verschaffung des Nutzungsrechts demgegenüber lediglich im Hinblick auf einen konkreten Bedarfsfall (z. B. Nutzung eines Grundstücks als Überflutungsfläche für den Betrieb einer Hochwasserrückhaltung), ohne dass das Wirtschaftsgut vor Eintritt des Bedarfsfalls laufend genutzt oder verändert wird, spricht dies gegen eine Nutzungsüberlassung.[5]

---

[1] Vgl. BMF v. 18.1.2016, BStBl 2016 I 85, Tz. 242.
[2] Vgl. *Korff*, DStZ 2016, 983.
[3] Kritisch *Schiffers*, DStZ 2005, 333 f., der § 11 Abs. 1 Satz 3 (sowie Abs. 2 Satz 3) EStG für systemwidrig hält, da keine tragfähige Begründung für die Abweichung von dem mit § 11 EStG verfolgten Vereinfachungszweck bestehe.
[4] Vgl. FG Münster v. 9.6.2017 - 4 K 1034/15 E, EFG 2017, 1268, Rev. BFH: VI R 34/17.
[5] Vgl. FG Rheinland-Pfalz v. 16.11.2016 - 1 K 2434/14, EFG 2017, 393, Rev. BFH: VI R 54/16.

98 Darüber hinaus bedarf es einer Nutzungsüberlassung **von mehr als fünf Jahren**. Nach dem Gesetzeswortlaut bezieht sich das Erfordernis „*von mehr als fünf Jahren*" auf die Nutzungsüberlassung und nicht auf den Vorauszahlungszeitraum. Nach allgemeiner Auffassung muss aber auch der Vorauszahlungszeitraum mehr als fünf Jahre betragen.[1] Dies ergibt sich auch aus der Gesetzesbegründung, nach der § 11 Abs. 1 Satz 3 EStG an der bis dato geltenden Verwaltungsauffassung zur Behandlung von Erbbauzinsen angelehnt sein soll.[2] Danach wiederum konnte die Vorauszahlung des gesamten Entgelts in einem Kalenderjahr auf die (verbleibende) Laufzeit des Erbbaurechts (längstens auf zehn Jahre) verteilt werden. Im Ergebnis wurden also ggf. allein solche Vorauszahlungen verteilt, die das Entgelt für die (verbleibende) Laufzeit darstellten.[3] Nach der gesetzlichen Regelung muss die Laufzeit nunmehr mehr als fünf Jahre betragen, so dass auch der Vorauszahlungszeitraum fünf Jahre übersteigen muss.

99 Zum Teil wird in der Literatur – ohne nähere Begründung – vertreten, dass die mehr als fünfjährige Dauer der Nutzungsüberlassung von vornherein feststehen müsse und daher der Abschluss eines Vertrags mit unbestimmter Laufzeit und ordentlicher Kündbarkeit ebenso wenig ausreiche wie Verträge mit einer Laufzeit von bis zu fünf Jahren und Verlängerungsoption.[4] Dem Normwortlaut, der von einer „Nutzungsüberlassung von mehr als fünf Jahren" spricht, ist dieses Erfordernis nicht zu entnehmen. Um das Nutzungsentgelt gleichmäßig verteilen zu können, besteht lediglich die faktische Notwendigkeit, einen Vorauszahlungszeitraum bestimmen zu können. Dies sollte jedenfalls dann der Mindestzeitraum eines zeitlich unbestimmten Vertragsverhältnisses sein, wenn bei objektiver Betrachtung aller Gesamtumstände von einem mehr als fünfjährigen Mindestzeitraum auszugehen ist. Dies betrifft z. B. auflösend bedingte Vertragsverhältnisse, wenn das maßgebliche Ereignis realistischerweise erst nach mehr als fünf Jahren eintritt.[5] Ein anderes Beispiel sollte vorliegen, wenn auf Grundlage eines unbefristeten Vertragsverhältnisses eine Vorauszahlung über einen Zeitraum von mehr als fünf Jahren tatsächlich vorgenommen wird. Die FinVerw vertritt im Ergebnis offenkundig eine ähnliche Auffassung. Schließlich soll das Entgelt für die Einräumung eines Nießbrauchs für die Lebenszeit einer Person über die mutmaßliche Lebenszeit der betreffenden Person verteilt werden.[6]

100 Bei dem Verweis des § 11 Abs. 1 Satz 3 EStG auf § 11 Abs. 2 Satz 3 EStG („*Nutzungsüberlassung i. S. d. Abs. 2 Satz 3*") handelt es sich trotz des engen Bezugs zum Begriff der Nutzungsüberlassung um einen umfassenden Verweis, aus dem die einheitliche Auslegung der Zu- sowie der Abflussregelung folgt.[7] Im Ergebnis führt dies auch dazu, dass die Rückausnahme des § 11 Abs. 2 Satz 4 EStG (siehe → Rz. 221 f.) auch im Hinblick auf das vereinnahmte Damnum anzuwenden ist.[8]

101–110 (*Einstweilen frei*)

---

1 Vgl. *Glenk* in Blümich, § 11 EStG Rz. 106; HHR/*Kister*, § 11 EStG Rz. 87; *Krüger* in Schmidt, § 11 EStG Rz. 30.
2 Vgl. BT-Drucks. 15/4050 v. 27.10.2004, 56.
3 Siehe hierzu BMF v. 10.12.1996, BStBl 1996 I 1440 (inzwischen aufgehoben).
4 Vgl. *Bergan/Martin* in Lademann, § 11 EStG Rz. 108; HHR/*Kister*, § 11 EStG Rz. 125; *Schomäcker* in Kirchhof/Söhn/Mellinghoff, § 11 EStG Rz. C23. So auch FG Rheinland-Pfalz v. 16.11.2016 - 1 K 2434/14, EFG 2017, 393, Rev. BFH: VI R 54/16.
5 Vgl. FG Münster v. 9.6.2017 - 4 K 1034/15 E, EFG 2017, 1268, Rev. BFH: VI R 34/17.
6 Vgl. BMF v. 25.10.2013, BStBl 2013 I 1184.
7 Vgl. HHR/*Kister*, § 11 EStG Rz. 87.
8 Für die bis zur Einfügung von § 11 Abs. 2 Satz 4 EStG entsprechende Verwaltungsauffassung siehe BMF v. 15.12.2005, BStBl 2005 I 1052.

IV. Zeitliche Zuordnung von Einnahmen aus nichtselbständiger Arbeit (§ 11 Abs. 1 Satz 4 EStG)

§ 11 Abs. 1 Satz 4 EStG stellt eine gegenüber § 11 Abs. 1 Satz 1 und 2 EStG vorrangige (weil speziellere) Vorschrift und insofern eine **weitere Ausnahmeregelung** vom Zuflussprinzip dar. Aus dem Verweis auf § 38a Abs. 1 Satz 2 EStG folgt, dass laufender Arbeitslohn nicht nur für Zwecke des Lohnsteuerabzugs, sondern auch für Zwecke der einkommensteuerlichen Veranlagung des Arbeitnehmers in dem Kalenderjahr als bezogen gilt, in dem der Lohnzahlungszeitraum (oder in den Fällen des § 39b Abs. 5 Satz 1 EStG der Lohnabrechnungszeitraum) endet. Der Zahlungseingang beim Arbeitnehmer sowie eine etwaig abweichende wirtschaftliche Zugehörigkeit sind für die Frage, in welchem Veranlagungszeitraum laufender Arbeitslohn zu versteuern ist, insoweit ohne Bedeutung.

Die Regelung gilt allein für den **laufenden Arbeitslohn**, d.h. Arbeitslohn, der dem Arbeitnehmer regelmäßig zufließt wie z.B. Monatsgehälter, Mehrarbeitsvergütungen, geldwerte Vorteile aus der ständigen Kfz-Überlassung (siehe auch R 39b.2 Abs. 1 LStR). Sonstige Bezüge, wie z.B. unregelmäßig gezahlte Gratifikationen, 13. Monatsgehälter, Urlaubsgelder oder Ausgleichszahlungen bei vorzeitiger Beendigung eines Altersteilzeitarbeitsverhältnisses (näher R 39b.2 Abs. 2 LStR), werden dagegen gem. § 11 Abs. 1 Satz 4 EStG i.V.m. § 38a Abs. 1 Satz 3 EStG nach Maßgabe des Zuflusses erfasst. Sonstige Bezüge sind insbesondere auch solche Bezüge, die nur einmal im Kalenderjahr gezahlt werden, auch wenn sich dies in den Folgejahren wiederholt.[1] Ob in einem solchen Fall § 11 Abs. 1 Satz 2 EStG einschlägig ist, kann dahinstehen, da die Norm auf sonstige Bezüge keine Anwendung findet.[2]

Voraus- oder Nachzahlungen gelten ebenfalls als laufender Arbeitslohn, sofern die Voraus- oder Nachzahlungen für Lohnzahlungszeiträume geleistet werden, die im Kalenderjahr der Zahlung enden.[3] Demgegenüber stellen Vorauszahlungen für Lohnzahlungszeiträume des Folgejahres sowie Nachzahlungen für Lohnzahlungszeiträume des vorangegangenen Jahres sonstige Bezüge dar, die nach dem Zuflussprinzip zu erfassen sind.

Durch den Verweis auf § 40 Abs. 3 Satz 2 EStG wird klargestellt, dass die auf den Arbeitnehmer abgewälzte **pauschale Lohnsteuer** als im Pauschalierungszeitpunkt zugeflossener Arbeitslohn gilt mit der Folge, dass die pauschale Lohnsteuer vom Bruttolohn zu berechnen ist.

(Einstweilen frei)

V. Vorrangigkeit der Gewinnermittlungsvorschriften (§ 11 Abs. 1 Satz 5 EStG)

§ 11 Abs. 1 Satz 5 EStG schließt die Anwendung des Zuflussprinzips im Rahmen der Gewinnermittlung nach den Regelungen des **Betriebsvermögensvergleichs** gem. § 4 Abs. 1 EStG und § 5 EStG aus. Die Anwendung dieser Gewinnermittlungsvorschriften stellt auf das steuerliche Betriebsvermögen ab, welches nach den steuerlichen Ansatz- und Bewertungsvorschriften unter Berücksichtigung der Maßgeblichkeit der handelsrechtlichen Grundsätze ordnungsmäßiger

---

1 Vgl. BFH v. 24.8.2017 - VI R 58/15, BStBl 2018 II 72.
2 Vgl. BFH v. 24.8.2017 - VI R 58/15, BStBl 2018 II 72. Kritisch hierzu *Kanzler*, FR 2018, 530 f.
3 Vgl. BFH v. 8.2.1974 - VI R 335/69, BStBl 1975 II 619.

Buchführung ermittelt wird. Die zeitliche Erfassung von Einnahmen bzw. Erträgen richtet sich dabei nach dem **Realisationsprinzip, nicht dem Zuflussprinzip**.

127–130 (*Einstweilen frei*)

VI. Ausgewählte Zuflussformen

1. Barzahlung und bargeldloser Zahlungsverkehr

131 **Barzahlungen** fließen mit der Geldübergabe zu. Dies gilt unabhängig davon, ob durch Dritte geleistet wird.

132 Zahlungen durch **Überweisung** fließen mit der Gutschrift auf dem Konto des Überweisungsempfängers zu (und nicht schon mit Gutschrift bei der Empfängerbank).[1] Die Kenntnis des Gläubigers, dass die Gutschrift vorgenommen wurde, ist für den Zuflusszeitpunkt unbeachtlich.

133 Zahlungen per **Scheck** fließen bereits mit der Übergabe/Entgegennahme des Schecks zu, da aus Sicht des Empfängers regelmäßig davon auszugehen ist, dass er über die Schecksumme ab diesem Moment wirtschaftlich verfügen kann. Der Zufluss entfällt nachträglich auch nicht dadurch, dass der Empfänger den Scheck z. B. aufgrund von Verlust nicht einlöst oder bei späterer Einlösung keine Kontodeckung mehr gegeben ist. Dagegen tritt der Zufluss mit der Entgegennahme des Schecks nicht ein, wenn der Scheck bei sofortiger Vorlage nicht gedeckt ist oder der Scheckeinlösung zivilrechtliche Vereinbarungen entgegenstehen.[2]

134 Zahlungen mit **Kreditkarte** fließen in dem Zeitpunkt zu, in dem das Kreditkartenunternehmen an den Zahlungsempfänger zahlt bzw. eine Gutschrift auf dessen Konto leistet. Im Unterschied zur Scheckzahlung kommt es richtigerweise nicht schon mit Unterzeichnung des Belastungsbelegs zum Zufluss, da dies – anders als die Entgegennahme eines Schecks – noch nicht dazu führt, dass der Empfänger über den Zahlbetrag wirtschaftlich verfügen kann.

135–140 (*Einstweilen frei*)

2. Wechsel

141 Wird ein Wechsel **erfüllungshalber** gegeben, liegt der Zufluss beim Wechselnehmer dann vor, sobald der Wechsel eingelöst oder diskontiert wird. Dagegen führt bereits der Erhalt eines Wechsels zum Zufluss, sofern der Wechsel an **Erfüllungs statt** hingegeben wird.[3]

3. Gutschrift in den Büchern des Verpflichteten

142 Eine Gutschrift in den Büchern des Verpflichteten steht im Hinblick auf den Zufluss einer Kontogutschrift beim Zahlungsempfänger grundsätzlich gleich, sofern der Verpflichtete durch die Gutschrift nach dem Gesamtbild der Verhältnisse zum Ausdruck bringt, dass der Gläubiger den Betrag von nun an verwenden kann. Nach ständiger Rechtsprechung setzt dies voraus, dass

▶ die Gutschrift im Gläubiger- und nicht im Schuldnerinteresse erfolgt,

▶ der Gläubiger über die Gutschrift in Kenntnis gesetzt ist und

▶ der Schuldner zahlungsbereit und zahlungsfähig ist.[4]

---

1 Vgl. BFH v. 11. 12. 1990 - VIII R 8/87, BStBl 1992 II 232.
2 Vgl. BFH v. 30. 10. 1980 - IV R 97/78, BStBl 1981 II 305; BFH v. 20. 3. 2001 - IX R 97/97, BStBl 2001 II 482.
3 Vgl. BFH v. 5. 5. 1971 - I R 166/69, BStBl 1971 II 624; BFH v. 30. 10. 1980 - IV R 97/78, BStBl 1981 II 305.
4 Vgl. näher zu diesen Voraussetzungen HHR/*Kister*, § 11 EStG Rz. 51 ff.

Liegen diese Voraussetzungen vor, kann der Gläubiger nach Auffassung des BFH über den Gutschriftsbetrag wirtschaftlich verfügen, da der Gläubiger in diesem Fall den Leistungserfolg ohne weiteres Zutun des Schuldners herbeiführen kann.[1]

4. Aufrechnung

Rechnet der Schuldner mit einer Gegenforderung wirksam auf (§§ 387 ff. BGB), erlöschen die gegenseitigen Forderungen, soweit sie sich decken (§ 389 BGB). Steuerlich führt dies zum Zufluss der Gegenforderung beim Aufrechnenden bzw. der Hauptforderung beim Aufrechnungsgegner. Der Zuflusszeitpunkt bestimmt sich nach dem Zeitpunkt des Zugangs der Aufrechnungserklärung (§ 388 BGB) beim Aufrechnungsgegner; die zivilrechtliche Rückwirkung der Aufrechnung (§ 389 BGB) ist für die steuerliche Beurteilung dagegen unbeachtlich.[2]   143

Sofern die Aufrechnung vor Fälligkeit der Gegenforderung erklärt wird, bewirkt dies noch keinen Zufluss i. S. d. § 11 Abs. 1 Satz 1 EStG, da die Aufrechnung mangels Aufrechnungslage (Fälligkeit der Gegenforderung) noch nicht wirksam ist. Der Zufluss liegt in diesem Fall erst vor, wenn die Gegenforderung fällig wird und die Aufrechnungslage auch im Übrigen (noch) gegeben ist.[3]   144

(*Einstweilen frei*)   145–150

5. Erlass/Verzicht

Der Erlass einer Schuld durch den Gläubiger führt zum Erlöschen der Schuld (§ 397 BGB). Zum selben Ergebnis führt die einseitige Verzichtserklärung seitens des Gläubigers. Sofern auch kein Ausgleich vereinbart wird, kommt es beim Gläubiger in beiden Fällen zu einer endgültigen Vermögenseinbuße, so dass – mangels Vorliegen von Einnahmen – auch kein Zufluss gegeben ist. Demnach scheidet der Zufluss aus, wenn z. B. ein Arbeitnehmer bedingungslos auf ihm zustehenden Lohn verzichtet.[4] Ist der Lohnverzicht demgegenüber mit einer **Verwendungsauflage** verbunden, liegt regelmäßig eine Vorausverfügung durch den „Verzichtenden" und damit ein zuflussbegründender Vorgang vor, da insoweit Lohn zugunsten eines bestimmten Zwecks durch den Arbeitnehmer als verwendet gilt.[5]   151

Auch in den Fällen des Forderungsverzichts kann unter bestimmten Voraussetzungen ein Zufluss vorliegen. So begründet z. B. der Verzicht auf eine Honorarforderung aus privaten Gründen im Rahmen der Einnahmeüberschussrechnung nach § 4 Abs. 3 EStG steuerpflichtige Einnahmen, da der Verzicht in diesem Fall wirtschaftlich eine Entnahme des Gläubigers darstellt.[6] Wird auf eine Forderung zwecks Erbringung einer Sacheinlage im Rahmen von Kapitalerhöhungen oder einer verdeckten Einlage verzichtet, fließt dem Stpfl. der werthaltige Teil der Forderung zu.[7]   152

---

1 Vgl. BFH v. 22. 11. 1974 - VI R 138/72, BStBl 1975 II 350; BFH v. 22. 7. 1997 - VIII R 57/95, BStBl 1997 II 755; BFH v. 12. 11. 1997 - IX R 30/97, BStBl 1998 II 252; BFH v. 2. 4. 2014 - VIII R 38/13, BStBl 2014 II 698; BFH v. 16. 9. 2014 - VIII R 15/13, BFH/NV 2015, 385 = NWB DokID: GAAAE-82118.
2 Vgl. BFH v. 24. 9. 1985 - IX R 2/80, BStBl 1986 II 284; BFH v. 25. 10. 1994 - VIII R 79/91, BStBl 1995 II 121.
3 Vgl. BFH v. 24. 9. 1985 - IX R 22/85, BFH/NV 1986, 733 = NWB DokID: ZAAAB-28208.
4 Vgl. BFH v. 25. 11. 1993 VI R 115/92, BStBl 1994 II 424.
5 Vgl. BFH v. 30. 7. 1993 - VI R 87/92, BStBl 1993 II 884; BFH v. 23. 9. 1998 - XI R 18/98, BStBl 1999 II 98.
6 Vgl. BFH v. 16. 1. 1975 - IV R 180/71, BStBl 1975 II 526.
7 Vgl. BFH v. 9. 6. 1997 - GrS 1/94, BStBl 1998 II 307; BFH v. 15. 5. 2013 - VI R 24/12, BStBl 2014 II 495. Zu Letzterem Urteil s. a. *Bleschick*, SteuerStud 2014, 510 f.

153 Auch beim Schuldner kann der Forderungsverzicht zuflussbegründend sein. Dies kann bspw. der Fall sein, wenn der Arbeitgeber auf eine Schadensersatzforderung gegen den Arbeitnehmer verzichtet und keine Umstände gegen die Annahme sprechen, dass die Gründe für den Verzicht im Beschäftigungsverhältnis liegen.[1]

154–160 (Einstweilen frei)

6. Abtretung

161 Die Forderungsabtretung bewirkt grundsätzlich keinen Zufluss, da die Abtretung lediglich zu einem Gläubigerwechsel (vom Zedenten zum Zessionar) führt (§ 398 Satz 2 BGB) und hierin freilich keine Forderungserfüllung zu sehen ist. Im Falle der **unentgeltlichen Abtretung** fließt die Forderung dem Zedenten erst in dem Zeitpunkt zu, in dem die Forderung gegenüber dem Zessionar erfüllt wird. Im Hinblick auf **entgeltliche Abtretungsvorgänge** ist zu differenzieren: Im Regelfall der erfüllungshalber vereinbarten Abtretung führt erst die Erfüllung der Forderung zum Zufluss sowohl beim Zedenten als auch beim Zessionar (sowie zum Abfluss beim Schuldner und beim Zedenten). Eine Ausnahme besteht dagegen bei Abtretung einer bereits fälligen, unbestrittenen und einziehbaren Forderung. In diesem Fall soll bereits die Abtretung zum Zufluss beim Zessionar (sowie zum Abfluss beim Zedenten) führen, da nach Auffassung des BFH die Abtretung einer unmittelbar realisierbaren Forderung als Barzahlung anzusehen ist.[2] Erfolgt die Abtretung stattdessen an Erfüllungs statt, fließt der wirtschaftliche Wert der Forderung dem Zessionar im Abtretungszeitpunkt zu, während die tatsächliche Erfüllung der Forderung lediglich noch den Vermögenszuwachs beim Zessionar bewirkt.

7. Schuldübernahme

162 Eine Schuldübernahme stellt – wie auch eine Abtretung – grundsätzlich keinen zuflussrelevanten Vorgang dar. Schließlich kommt es im Falle einer bloßen Schuldübernahme lediglich zu einem insoweit unbeachtlichen Schuldnerwechsel. Erfolgt die Schuldübernahme jedoch in Erfüllung einer gegenüber dem bisherigen Schuldner bestehenden Verpflichtung, kommt es beim bisherigen Schuldner im Zeitpunkt der Genehmigung der Schuldübernahme durch den Gläubiger zu einem Zufluss.[3]

163 In der Praxis stellt die Schuldübernahme ein gängiges Mittel dar, eine Gesellschaft von bestehenden Pensionsverpflichtungen zu befreien, um die Anteile an der Gesellschaft flexibler veräußern zu können. Dabei stellt sich die Frage, ob eine im Rahmen der Schuldübernahme gezahlte Ablöse bereits zum Zufluss beim pensionsbegünstigten Arbeitnehmer führt. Der BFH hat diese Frage in einem Fall bejaht, in dem der begünstigte Arbeitnehmer das Wahlrecht hatte, die Zahlung des Ablösebetrags an sich selbst oder an eine eigens errichtete Gesellschaft („Pensions GmbH") gegen Übernahme der Pensionsverpflichtung zu verlangen.[4] Aus Sicht des

---

[1] Vgl. BFH v. 24.5.2007 - VI R 73/05, BStBl 2007 II 766.
[2] Vgl. BFH v. 30.10.1980 - IV R 97/78, BStBl 1981 II 305. Zu Recht wird in diesem Zusammenhang kritisiert, dass diese Auffassung im Widerspruch zu dem Grundsatz steht, dass der Zufluss von tatsächlichen Vorgängen abhänge und grundsätzlich nicht fingiert werden kann. Vgl. *Glenk* in Blümich, § 11 EStG Rz. 57; HHR/*Kister*, § 11 EStG Rz. 58.
[3] Vgl. FG Niedersachsen 8.4.1991 - VII 535/86, EFG 1992, 73, rkr.
[4] Vgl. BFH v. 12.4.2007 - VI R 6/02, BStBl 2007 II 581.

BFH war entscheidend, dass die Ablöse entsprechend der Wahlrechtsausübung auf Verlangen des Arbeitnehmers an die Pensions GmbH gezahlt wurde und dies die Gegenleistung für die zwischen den Parteien (einschließlich des Arbeitnehmers aufgrund der gesetzlich erforderlichen Zustimmung des Gläubigers) vereinbarte Übernahme der Pensionsverpflichtung darstellte. Hiervon ausgehend stellte sich der Sachverhalt nach Auffassung des BFH wirtschaftlich betrachtet so dar, dass die Ablöse dem Arbeitnehmer im Zahlungszeitpunkt zur Verfügung gestellt worden war, mit der dieser wiederum eine Zukunftssicherung erwarb. Nach dieser Entscheidung war nicht vollständig klar, ob letztlich allein die Wahlrechtsausübung oder auch die Zustimmung des Gläubigers zur Schuldübernahme entscheidungserheblich war.[1] Der BFH hat diese Rechtsunsicherheit nunmehr aufgelöst und mit zwei weiteren Entscheidungen klargestellt, dass (i) mit der Ablösungszahlung an die Pensions GmbH lediglich deren Anspruch – und nicht der Anspruch des Arbeitnehmers – erfüllt wird und (ii) allein die Zustimmung des Arbeitnehmers keine Verfügungsmacht über den Ablösebetrag begründet, sondern lediglich eine Voraussetzung für die Schuldübernahme ist.[2] Ferner ist es im Rahmen entsprechender Schuldübernahmen unschädlich, wenn der Pensionsberechtigte (alleiniger) Gesellschafter-Geschäftsführer der Pensions GmbH ist. Zwar richtet sich der Zufluss bei einem beherrschenden Gesellschafter regelmäßig nach dem Fälligkeitstermin (siehe → Rz. 53). Allerdings läuft dies leer, sofern die Pensions GmbH nach der von ihr übernommenen Pensionsvereinbarung nur die laufenden Pensionszahlungen schuldet.

(*Einstweilen frei*) 164–165

8. Schuldumwandlung (Novation)

Durch die Novation erlischt eine bislang bestehende Schuld, die fortan aus einem anderen Rechtsgrund geschuldet wird. Sofern dieser Vorgang wirtschaftlich als Erfüllung der Altforderung und Begründung einer Neuforderung durch Leistungsrückgewähr anzusehen ist, stellt die Novation einen **Zahlungsersatz im abgekürzten Zahlungswege** dar. Im Rahmen des § 11 Abs. 1 Satz 1 EStG stellt dies einen zuflussrelevanten Vorgang dar, sofern die Novation im Interesse des Gläubigers erfolgt und der Schuldner leistungsbereit und leistungsfähig ist. Liegen die entsprechenden Voraussetzungen vor, kommt es im Zeitpunkt der Verfügung über die Altforderung zum Zufluss. Eine solche zuflussbegründende Novation liegt dagegen bei einer Stundung nicht vor, also in dem Fall, in dem die Erfüllung eines fälligen Zahlungsanspruchs im gegenseitigen Einvernehmen der Parteien zeitlich hinausgeschoben wird. Dementsprechend kommt es nicht zu einem Zufluss, sofern der Gläubiger es lediglich unterlässt, einen fälligen Anspruch einzufordern bzw. geltend zu machen. Aus Sicht des BFH bedarf es für das Vorliegen eines Zuflusses vielmehr einer expliziten Vereinbarung zwischen Gläubiger und Schuldner, nach der ein fälliger Anspruch weiterhin verzinslich überlassen wird.[3] Nur in diesem Fall liegt eine hinreichende Verfügung über den Anspruch vor. 166

In der Praxis stellt sich die Frage einer zuflussbegründenden Novation regelmäßig im Zusammenhang mit der Änderung von Lebensversicherungsverträgen. Werden die wesentlichen Merkmale eines Lebensversicherungsvertrags (Laufzeit, Versicherungssumme, Versicherungs- 167

---

[1] Siehe hierzu näher *Oenings/Altenburg*, DStR 2017, 538, 539 f.
[2] Vgl. BFH v. 18.8.2016 - VI R 18/13, BStBl 2017 II 730; BFH v. 18.8.2016 - VI R 46/13, BFH/NV 2017, 16. Siehe hierzu auch *Geserich*, NWB 2016, 3586 ff.
[3] Vgl. BFH v. 20.10.2015 - VIII R 40/13, BStBl 2016 II 342.

prämie und Prämienzahlungsdauer) vor Laufzeitende geändert, ohne dass eine entsprechende Vertragsänderung von vornherein vertraglich vereinbart war oder eine Option zur Vertragsänderung eingeräumt war, liegt steuerlich ab dem Änderungszeitpunkt grundsätzlich ein neuer Vertrag vor. Allerdings bezieht sich dies nur auf die vorgenommenen Änderungen. Soweit der Ursprungsvertrag unverändert geblieben ist, liegt kein neuer Vertrag vor, sondern der Ursprungsvertrag besteht fort.[1] Vor diesem Hintergrund kommt es im Änderungszeitpunkt grundsätzlich auch nicht zum Zufluss der bis dahin unter dem Altvertrag erwirtschafteten Zinsen. Denn zum einen erfolgen entsprechende Vertragsänderungen regelmäßig vor dem Fälligkeitstermin, so dass eine Verfügung des Gläubigers über die Zinsen mangels Zahlungspflicht des Schuldners ohnehin noch nicht in Betracht kommt. Zum anderen berücksichtigt die Rechtsprechung konsequenterweise die Interessenlage des Gläubigers. Besteht diese in einem späteren Bezug der Versicherungsleistung, gilt der im Rahmen der Vertragsänderung vereinbarte (neue) Fälligkeitstermin sowohl für die bis zum Änderungszeitpunkt als auch danach anfallenden Zinsen. Mithin liegt im Zeitpunkt der Vertragsänderung kein Zufluss infolge einer Novation vor.[2]

168 Kontrovers diskutiert wird die Voraussetzung der Leistungsbereitschaft und Leistungsfähigkeit des Schuldners im Zusammenhang mit Gutschriften von Scheinrenditen aus betrügerischen Kapitalanlagen (**sog. Schneeballsysteme**). Im Rahmen dieser Konstrukte werden den Anlegern durch die Betreiber tatsächlich nicht erwirtschaftete Erträge gutgeschrieben. Entscheidet sich der Anleger für die Auszahlung dieser Erträge, wird ihm – mangels Vorhandenseins tatsächlich erwirtschafteter Erträge – das eingezahlte Kapital anderer Anleger ausbezahlt. Werden die „Erträge" dagegen nicht ausbezahlt, sondern wiederum in das Schneeballsystem investiert, stellt sich die Frage, ob in dieser Novation ein zuflussbegründender Vorgang liegt. Entscheidend ist in diesem Fall in erster Linie die Beurteilung der Leistungsfähigkeit/-bereitschaft des Schuldners. Nach Auffassung des BFH ist ein Zufluss (nur) dann zu verneinen, wenn die Zahlungsunfähigkeit des Schuldners objektiv feststeht – etwa auf Basis eines Antrags auf Eröffnung des Insolvenzverfahrens.[3] Darüber hinaus können weitere Umstände des Einzelfalls die Zahlungsunfähigkeit oder mangelnde Leistungsbereitschaft nach Dafürhalten des BFH indizieren: Kommt der Schuldner seinen Auszahlungsverlangen nur zögerlich oder überhaupt nicht nach oder wird eine sofortige Auszahlung abgelehnt und stattdessen über anderweitige Zahlungsmodalitäten verhandelt, spricht dies gegen einen Zufluss.[4] Konkretisierend hebt der BFH hervor, dass es in diesem Zusammenhang nicht auf die Intensität der Bemühungen des Anlegers ankommt, den Auszahlungswunsch durchzusetzen, sondern allein auf die Reaktion des Systembetreibers.[5]

169 Die mittlerweile gefestigte Rechtsprechung des BFH zur Besteuerung von Scheinrenditen[6] wird z.T. erheblich kritisiert. Insbesondere wird von Teilen der Literatur vorgebracht, dass der Betreiber eines Schneeballsystems zum Zeitpunkt der Renditegutschrift gegenüber einem An-

---

[1] Vgl. BFH v. 6.7.2005 - VIII R 71/04, BStBl 2006 II 53; BFH v. 27.9.2016 – VIII R 66/13, BStBl 2017 II 626.
[2] Vgl. BFH v. 27.9.2016 - VIII R 66/13, BStBl 2017 II 626.
[3] Vgl. BFH v. 28.10.2008 - VIII R 36/04, BStBl 2009 II 190; BFH v. 11.2.2014 – VIII R 25/12, BStBl 2014 II 461; BFH v. 27.8.2014 - VIII R 41/13, BFH/NV 2015, 187 = NWB DokID: YAAAE-81782.
[4] Vgl. BFH v. 30.10.2001 - VIII R 15/01, BStBl 2002 II 138; BFH v. 16.3.2010 – VIII R 4/07, BStBl 2014 II 147; BFH v. 11.2.2014 - VIII R 25/12, BStBl 2014 II 461; BFH v. 2.4.2014 - VIII R 38/13, BStBl 2014 II 698.
[5] Vgl. BFH v. 2.4.2014 - VIII R 38/13, BStBl 2014 II 698.
[6] Siehe auch jüngst BFH v. 29.8.2017 - VIII R 13/16, BFH/NV 2018, 189 = NWB DokID: AAAAG-68030; BFH v. 5.10.2017 - VIII R 13/14, BFH/NV 2018, 27 = NWB DokID: RAAAG-63539.

leger keineswegs zahlungsfähig sei, da er zu diesem Zeitpunkt sämtliche Auszahlungswünsche aller Anleger auf einen Schlag nicht erfüllen könne.[1] Ferner wird für den Fall der Bejahung einer steuerlich anzuerkennenden Novation angeführt, dass der zufließende Renditebetrag im Novationszeitpunkt nicht mit seinem Nennwert zu erfassen sei, da unter Berücksichtigung des über kurz oder lang bevorstehenden Systemzusammenbruchs bereits zu diesem Zeitpunkt eine vollständige oder zumindest signifikante Wertminderung vorliege.[2] Der BFH erkennt dagegen weder die Deckungslücke zwischen den finanziellen Mitteln des Systembetreibers und dessen Gesamtverbindlichkeiten noch die eingeschränkte Werthaltigkeit der Renditeforderung als Argumente gegen den Zufluss an.[3] Zudem hat sich der BFH in materiell-rechtlicher Hinsicht dagegen ausgesprochen, dass die Scheinrenditen als nicht-steuerbare Kapitalrückzahlungen einzuordnen sein können, da § 20 Abs. 1 Nr. 7 Satz 2 EStG aus Sicht des BFH dem – für Vermögensteuerzwecke möglichen[4] – Vernachlässigen der Tilgungsbestimmungen des Betreibers bzw. dem Abstellen auf die zivilrechtliche Rechtslage entgegenstehe.[5]

PRAXISHINWEIS:

Auf Basis der bis dato ergangenen Finanzrechtsprechung muss – unter Berücksichtigung von § 370 AO insbesondere auch im Rahmen der Steuererklärungspflicht – weiterhin davon ausgegangen werden, dass – objektiv betrachtet – wirtschaftlich bzw. de facto nicht existente Wertsteigerungen der Besteuerung unterliegen können.[6] Der Zufluss kann (im Rechtswege) in erster Linie dann vermieden werden, wenn die Finanzbehörden die Zahlungsfähigkeit und -bereitschaft des Systembetreibers nicht nachweisen können bzw. der Stpfl. Auszahlungsverzögerungen belegen kann.[7] Darüber hinaus sollte geprüft werden, ob Billigkeitsmaßnahmen (§§ 163, 227 AO) anzuwenden sein können.[8]

(Einstweilen frei)

VII. Abfluss von Ausgaben (§ 11 Abs. 2 Satz 1 EStG)

1. Verlust der wirtschaftlichen Verfügungsmacht

Analog zum Zuflussprinzip werden Ausgaben dem Veranlagungszeitraum zugeordnet, in dem sie abfließen. Wenngleich das Gesetz davon spricht, dass Ausgaben für das Kalenderjahr abzusetzen sind, in dem sie geleistet worden sind, ist dieses Tatbestandsmerkmal nach ständiger Rechtsprechung des BFH wirtschaftlich auszulegen; mithin ist auf den Abfluss abzustellen. Ein Abfluss liegt grundsätzlich dann vor, wenn der Stpfl. die **wirtschaftliche Verfügungsmacht** über den Gegenstand der geschuldeten Erfüllungsleistung **verloren hat**. Der Verlust der rechtlichen Verfügungsmacht ist indes unbeachtlich. Für die Bestimmung des genauen Abflusszeitpunktes kommt es darauf an, wann der Stpfl. die Leistungshandlung abgeschlossen hat. Dies

---

1 Vgl. *Elicker/Neumann*, FR 2003, 221, 228; *Marx*, FR 2009, 515, 519; *Karla*, FR 2013, 545, 548; so wohl auch *Schmidt-Liebig*, FR 2007, 409, 415.
2 Vgl. *Otte*, DStR 2014, 245; *Wolff-Diepenbrock*, FS Spindler, 897.
3 Vgl. explizit BFH v. 11. 2. 2014 - VIII R 25/12, BStBl 2014 II 461. Hierzu kritisch *Marx*, FR 2014, 706 f.
4 Vgl. BFH v. 22. 9. 2010 - II R 62/08, BFH/NV 2011, 7 = NWB DokID: CAAAD-56597.
5 Vgl. explizit BFH v. 11. 2. 2014 - VIII R 25/12, BStBl 2014 II 461. Hierzu kritisch *Krüger* in Schmidt, § 11 EStG Rz. 50; *Marx*, FR 2014, 706 f. Siehe hierzu grundsätzlich auch *Marx*, FR 2009, 515.
6 Siehe hierzu *Schmittmann*, StuB 2015, 69.
7 Siehe hierzu *Levedag*, NWB 2015, 914.
8 Vgl. hierzu auch OFD Rheinland v. 6. 9. 2010 - Kurzinformation ESt Nr. 37/2010, DStR 2011, 176.

ist regelmäßig dann der Fall, wenn der Stpfl. von sich aus alles Erforderliche getan hat, um den Leistungserfolg herbeizuführen.[1]

182 Die **Fälligkeit** einer Verpflichtung hat für den Abflusszeitpunkt keine Bedeutung. Stattdessen kommt es allein auf den Zeitpunkt des tatsächlichen Vorgangs (Leistungshandlung) an.[2]

183 Abflusszeitpunkt und Zuflusszeitpunkt fallen nicht zwingend zusammen. Da sich der Abflusszeitpunkt nach dem Zeitpunkt der Leistungshandlung bzw. nach dem Zeitpunkt der Umsetzung alles zur Herbeiführung des Leistungserfolgs Erforderlichen richtet, kann es zu zeitlichen Verschiebungen kommen. So ist z. B. eine Überweisung mit Abgabe des Formulars bzw. Absenden des Online-Auftrags abgeflossen, jedoch erst am Tag der Wertstellung zugeflossen.

184 Da der Abfluss einen tatsächlichen Vorgang (Leistungshandlung) voraussetzt, kann dieser – sofern nicht gesetzlich abweichend bestimmt – nicht fingiert werden.

185–190 (*Einstweilen frei*)

2. Spätere Rückerlangung der wirtschaftlichen Verfügungsmacht

191 Die Rückzahlung oder Erstattung von Ausgaben macht den ursprünglichen Abfluss nicht rückgängig und wird stattdessen als eigenständiger Zuflussvorgang behandelt. Somit handelt es sich bei Rückzahlungs-/Erstattungsbeträgen nicht um negative Ausgaben, sondern um positive Einnahmen innerhalb der Einkunftsart, in der auch die ursprünglichen Ausgaben erfasst wurden.[3]

192 **Sonderausgaben** und **außergewöhnliche Belastungen** führen nach Maßgabe des sog. Belastungsprinzips nur insoweit zum Abfluss, als eine endgültige wirtschaftliche Belastung des Stpfl. vorliegt.[4] Erstattungen oder Rückzahlungen sind daher zwingend zu korrigieren. Da es sich bei der späteren Erstattung von Sonderausgaben nicht um steuerbare Einnahmen handelt, mindert der Erstattungsbetrag nach ständiger BFH-Rechtsprechung insoweit den ursprünglichen Abfluss des Zahlungsjahrs, als eine Verrechnung im Erstattungsjahr mangels entsprechend hoher Sonderausgaben in diesem Veranlagungszeitraum nicht vorgenommen werden kann. Andernfalls bliebe der Erstattungsüberhang steuerlich unberücksichtigt mit der Folge, dass im Zahlungsjahr insoweit ein Sonderausgabenabzug trotz nicht gegebener endgültiger Belastung bestehen bliebe. Sofern bereits bestandskräftige Veranlagungen zu korrigieren sind, kommt eine Anwendung von § 175 Abs. 1 Satz 1 Nr. 2 AO in Betracht.[5] Spätere Minderungen von Kosten, die als außergewöhnliche Belastungen berücksichtigt werden konnten, sind entsprechend im ursprünglichen Abzugsjahr zu korrigieren.[6]

193–200 (*Einstweilen frei*)

---

[1] Vgl. BFH v. 8.10.1985 - VIII R 284/83, BStBl 1986 II 481; BFH v. 22.5.1987 - III R 47/82, BStBl 1987 II 673; BFH v. 14.1.1986 - IX R 51/80, BStBl 1986 II 653; BFH v. 6.3.1997 - IV R 47/95, BStBl 1997 II 509; BFH v. 7.12.1999 - VIII R 8/98, BFH/NV 2000, 825 = NWB DokID: HAAAA-97032. Diese Sichtweise wird in der Literatur bisweilen dahin gehend kritisiert, dass der Zeitpunkt, zu dem der Stpfl. alles zur Herbeiführung des Leistungserfolges Erforderliche getan hat, vor dem Zeitpunkt des Verlustes der wirtschaftlichen Verfügungsmacht liegen kann und der BFH das Abflussprinzip insoweit – trotz des mit dem Zuflussprinzip grundsätzlich korrespondierenden Verständnisses – ohne Notwendigkeit leicht abweichend auslegt. Vgl. *Seiler* in Kirchhof, § 11 EStG Rz. 10.

[2] Vgl. BFH v. 11.8.1987 - IX R 163/83, BStBl 1989 II 702.

[3] Vgl. BFH v. 22.9.1994 - IX R 13/93, BStBl 1995 II 118; BFH v. 13.7.2000 - VI B 184/99, BFH/NV 2000, 1470 = NWB DokID: DAAAA-65870; BFH v. 19.2.2002 - IX R 36/98, BStBl 2003 II 126.

[4] Kritisch hierzu *Trzaskalik*, StuW 1985, 222 sowie ausführlich *Eggesieker/Ellerbeck*, FR 2008, 1087.

[5] Vgl. BFH v. 7.7.2004 - XI R 10/04, BStBl 2004 II 1058; BFH v. 2.9.2008 - X R 46/07, BStBl 2009 II 229; BFH v. 26.11.2008 - X R 24/08, BFH/NV 2009, 568 = NWB DokID: ZAAAD-09851.

[6] Vgl. BFH v. 30.6.1999 - III R 8/95, BStBl 1999 II 766.

3. Beteiligung Dritter

Dem Stpfl. können grundsätzlich nur **eigene Ausgaben** abfließen. Drittaufwand, d. h. Aufwendungen eines Dritten, die durch die Einkünfteerzielung des Stpfl. veranlasst sind, stellen i. d. R. keine bei dem Stpfl. zu berücksichtigenden Aufwendungen dar. Etwas anderes gilt in den Fällen des **abgekürzten Zahlungswegs**. Erfüllt ein Dritter eine Verpflichtung des Steuerpflichtigen, liegt der Abfluss beim Stpfl. zu dem Zeitpunkt vor, in dem der Dritte die entsprechende Leistungshandlung gegenüber dem Gläubiger vorgenommen hat. Entsprechend können beim Stpfl. Ausgaben zu berücksichtigen sein, die im Rahmen eines abgekürzten Vertragsweges geleistet werden. Schließt ein Dritter im Interesse des Stpfl. bspw. Werkverträge mit Handwerkern ab und leistet die geschuldeten Beträge, ohne diese vom Stpfl. zurückzufordern, liegt eine Zuwendung an den Stpfl. vor, die dieser gem. § 11 Abs. 2 Satz 1 EStG unter den sonstigen Voraussetzungen etwa im Rahmen seiner Einkünfte aus Vermietung und Verpachtung abziehen kann.[1]

201

In den Fällen der Rechtsnachfolge ist – analog zur Behandlung im Rahmen des Zuflussprinzips (siehe → Rz. 73) – maßgeblich, wer die Zahlungen geleistet hat. Ist dies der Rechtsnachfolger, sind die Ausgaben auch bei diesem zu erfassen.

202

(Einstweilen frei) 203–210

VIII. Abfluss regelmäßig wiederkehrender Ausgaben (§ 11 Abs. 2 Satz 2 EStG)

Nach § 11 Abs. 2 Satz 2 EStG gilt die Vorschrift des § 11 Abs. 1 Satz 2 EStG für regelmäßig wiederkehrende Ausgaben entsprechend, so dass auf die obigen Ausführungen verwiesen wird (siehe → Rz. 81 ff.). Beispiele für regelmäßig wiederkehrende Ausgaben können etwa Sollzinsen eines Kontokorrentkontos, Mietzahlungen oder Umsatzsteuervorauszahlungen sein.

211

(Einstweilen frei) 212–215

IX. Gleichmäßige Verteilung von Ausgaben für Nutzungsüberlassungen (§ 11 Abs. 2 Satz 3 EStG)

Vorauszahlungen für Nutzungsüberlassungen (zum Begriff s. → Rz. 97) sind unter den Voraussetzungen des § 11 Abs. 2 Satz 3 EStG gleichmäßig auf den Vorauszahlungszeitraum zu verteilen. Trotz anderslautenden Gesetzeswortlauts bezieht sich das Fünf-Jahres-Erfordernis – wie auch bei der Verteilung von Einnahmen aus Nutzungsüberlassungen (siehe → Rz. 98) – auch auf den Vorauszahlungszeitraum und nicht allein auf die Dauer der Nutzungsüberlassung.[2] Anders als bei Einnahmen sieht § 11 Abs. 2 Satz 3 EStG allerdings **kein Wahlrecht** vor, so dass entsprechende Ausgaben zwingend zu verteilen sind. Maßgeblich ist in diesem Zusammenhang nach dem insoweit eindeutigen Gesetzeswortlaut der Vorauszahlungszeitraum.

216

Die Regelung gem. § 11 Abs. 2 Satz 3 EStG wurde durch das Richtlinien-Umsetzungsgesetz v. 9.12.2004[3] eingeführt und war rückwirkend im Hinblick auf Vorauszahlungen anzuwenden,

217

---

[1] Vgl. BFH v. 15.11.2005 - IX R 25/03, BStBl 2006 II 623.
[2] Vgl. *Glenk* in Blümich, § 11 EStG Rz. 100; HHR/*Kister*, § 11 EStG Rz. 125; *Krüger* in Schmidt, § 11 EStG Rz. 42.
[3] Richtlinien-Umsetzungsgesetz (EURLUmsG) v. 9.12.2004, BGBl 2004 I 3310.

die nach dem 31.12.2003 geleistet wurden. Gegen die rückwirkende Anwendung hat der BFH verfassungsrechtliche Zweifel zum Ausdruck gebracht und das BVerfG angerufen[1] (siehe → Rz. 26).

218-220   (Einstweilen frei)

X. Keine Verteilung des Damnums/Disagios (§ 11 Abs. 2 Satz 4 EStG)

221 Nach § 11 Abs. 2 Satz 4 EStG ist ein Damnum/Disagio von der gleichmäßigen Verteilung gem. § 11 Abs. 2 Satz 3 EStG ausgenommen, soweit der geleistete Betrag marktüblich ist.[2] Aufgrund der Soweit-Regelung ist ein Damnum/Disagio für Zwecke der zeitlichen Zuordnung ggf. aufzuspalten. Während der marktübliche Teil im Zeitpunkt des Abflusses zu berücksichtigen ist, unterliegt ein etwaiger übersteigender Betrag § 11 Abs. 2 Satz 3 EStG.

> **PRAXISHINWEIS:**
>
> Die FinVerw geht vereinfachend davon aus, dass bei einem Darlehen mit einem Zinsfestschreibungszeitraum von mindestens fünf Jahren ein Damnum i. H.v. bis zu 5 % marktüblich ist.[3] Die Marktüblichkeit muss allerdings immer auf Basis der aktuellen Marktverhältnisse und unter Berücksichtigung der jeweiligen Produktkonditionen bestimmt werden. Insoweit sollte die Auffassung der FinVerw keine Festschreibung der Marküblichkeit darstellen, so dass im Einzelfall bei Vorliegen entsprechender Nachweise auch höhere Beträge von der gleichmäßigen Verteilung gem. § 11 Abs. 2 Satz 3 EStG ausgenommen und damit sofort abziehbar sein können. In diesem Sinne hat auch der BFH entschieden, der die Verwaltungsregelung als eine Sachverhaltstypisierung einordnet, die die tatrichterliche Einzelfallwürdigung lediglich in den Fällen von Disagien von bis zu 5 % erleichtert.[4] Für Disagien von mehr als 5 % ist die Typisierung nach Auffassung des BFH dagegen bedeutungslos. In diesen Fällen ist die Marktüblichkeit eines Disagios daran zu messen, ob sich das Disagio in dem auf dem aktuellen Kreditmarkt üblichen Rahmen bewegt. Dies sollte grundsätzlich der Fall sein, sofern das Disagio auf einer zwischen fremden Dritten (z. B. mit einer Geschäftsbank) getroffenen (Zins- und) Disagiovereinbarung beruht.

222-225   (Einstweilen frei)

XI. Anwendung des § 42 AO (§ 11 Abs. 2 Satz 5 EStG)

226 Der Verweis auf die Anwendung des § 42 AO ist erst seit der Einfügung des § 11 Abs. 2 Satz 4 EStG in § 11 Abs. 2 Satz 5 EStG enthalten. Ursprünglich war der Verweis Bestandteil des § 11 Abs. 2 Satz 3 EStG und ordnete daher eine Missbrauchsprüfung ausschließlich im Zusammenhang mit Vorauszahlungen für Nutzungsüberlassungen von mehr als fünf Jahren an.[5] Vor diesem Hintergrund stellt sich die Frage, ob die Anwendung des § 42 AO weiterhin auf die in § 11 Abs. 2 Satz 3 EStG geregelten Fälle oder auf die Vorschriften des § 11 Abs. 2 EStG insgesamt bezogen sein soll. Im Ergebnis kann dies allerdings dahinstehen, da § 42 AO als allgemeine Missbrauchsvermeidungsnorm generell dann anzuwenden ist, wenn eine spezialgesetzliche Missbrauchsvermeidungsvorschrift nicht existiert. Ob im Rahmen des § 11 Abs. 2 EStG aber

---

1 Vgl. BFH v. 7.12.2010 - IX R 70/07, BStBl 2011 II 346.
2 Kritisch zur Anwendbarkeit von § 11 Abs. 2 Satz 3 EStG auf Disagien vor Einfügung von § 11 Abs. 2 Satz 4 EStG: *Söffing*, BB 2005, 77; zur Entstehungsgeschichte statt vieler *Glenk* in Blümich, § 11 EStG Rz. 101.
3 Vgl. BMF v. 20.10.2003, BStBl 2003 I 546, Tz. 15. Siehe auch BT-Drucks. 16/2712 v. 25.9.2006, 44.
4 Vgl. BFH v. 8.3.2016 - IX R 38/14, BStBl 2016 II 646. Siehe hierzu auch *Weiss*, EStB 2016, 244 ff.
5 Vgl. BT-Drucks. 15/4050 v. 27.10.2004, 56.

überhaupt ein praktischer Anwendungsbereich des § 42 AO besteht, wird – wie bereits in → Rz. 32 dargestellt – von der h. M. deutlich bezweifelt[1] und durch die BFH-Rechtsprechung zumindest in jüngerer Zeit regelmäßig verneint.

(Einstweilen frei) 227–230

XII. Vorrangigkeit der Gewinnermittlungsvorschriften (§ 11 Abs. 2 Satz 6 EStG)

§ 11 Abs. 2 Satz 6 EStG schließt die Anwendung des Abflussprinzips im Rahmen der Gewinnermittlung nach den Regelungen des Betriebsvermögensvergleichs gem. § 4 Abs. 1 EStG und § 5 EStG aus. Die Anwendung dieser Gewinnermittlungsvorschriften stellt auf das steuerliche Betriebsvermögen ab, welches nach den steuerlichen Ansatz- und Bewertungsvorschriften unter Berücksichtigung der Maßgeblichkeit der handelsrechtlichen Grundsätze ordnungsmäßiger Buchführung ermittelt wird. Die zeitliche Erfassung von Ausgaben bzw. Aufwendungen richtet sich dabei nach dem **Imparitätsprinzip, nicht dem Abflussprinzip.** 231

(Einstweilen frei) 232–235

XIII. Ausgewählte Abflussformen

1. Barzahlung und bargeldloser Zahlungsverkehr

Barzahlungen fließen mit der Geldübergabe ab. Dies gilt unabhängig davon, ob an Dritte geleistet wird. 236

Zahlungen durch **Überweisung** fließen mit Zugang des Überweisungsauftrages bei der Bank ab, sofern die Bank auch dazu in der Lage ist, die Überweisung auszuführen. Dies ist der Fall, wenn das Konto des Stpfl. hinreichend gedeckt ist, sei es durch Guthaben oder einen eingeräumten Dispositionskredit.[2] Hat der Schuldner eine Einzugsermächtigung erteilt und ist das zu belastende Konto ausreichend gedeckt, stellt der Fälligkeitstermin den Abflusszeitpunkt dar (im Hinblick auf Zahlungen an Finanzbehörden siehe hierzu auch § 224 Abs. 2 Nr. 3 AO); der Eintritt des Leistungserfolgs ist in diesen Fällen in zeitlicher Hinsicht zu vernachlässigen.[3] 237

Zahlungen per **Scheck** fließen mit der Hingabe des Schecks ab, da der Schuldner in diesem Moment die maßgebliche Leistungshandlung vollbracht hat.[4] Analog zur Zahlung per Überweisung sollte das zu belastende Konto gedeckt sein. 238

Bei Zahlungen mit **Kreditkarte** ist die für den Abfluss relevante Leistungshandlung in dem Zeitpunkt erbracht, in dem der Schuldner den Belastungsbeleg unterzeichnet. 239

---

1 Vgl. *Glenk* in Blümich, § 11 EStG Rz. 35; HHR/*Kister*, § 11 EStG Rz. 130; *Seiler* in Kirchhof, § 11 EStG Rz. 24.
2 Vgl. BFH v. 14. 1. 1986 - IX R 51/80, BStBl 1986 II 453; BFH v. 6. 3. 1997 - IV R 47/95, BStBl 1997 II 509.
3 Vgl. BFH v. 8. 3. 2016 - VIII B 58/15, BFH/NV 2016. 1008 = NWB DokID: QAAAF-73083; FG Köln v. 9.11.2017 - 11 K 188/17, EFG 2018, 547 = NWB DokID: WAAAG-79348, rkr.
4 Vgl. BFH v. 24. 9. 1985 - IX R 2/80, BStBl 1986 II 284.

2. Wechsel

240 Beim Wechsel erfolgt der Abfluss nach h. M. erst im Zeitpunkt der Zahlung durch den Wechselverpflichteten an den Inhaber, da die reine Hingabe eines Wechsels i. d. R. – anders als bei der Scheckzahlung – nicht zum unmittelbaren Abfluss der Wechselsumme beim Schuldner führt.[1]

C. Verfahrensfragen

241 Hinsichtlich der Besteuerung von Scheinrenditen bei Schneeballsystemen siehe → Rz. 169. Zur Korrektur bestandskräftiger Bescheide bei Rückstellung von Sonderausgaben und/oder außergewöhnlichen Belastungen vgl. → Rz. 192.

§ 11a Sonderbehandlung von Erhaltungsaufwand bei Gebäuden in Sanierungsgebieten und städtebaulichen Entwicklungsbereichen

(1) [1]Der Steuerpflichtige kann durch Zuschüsse aus Sanierungs- oder Entwicklungsförderungsmitteln nicht gedeckten Erhaltungsaufwand für Maßnahmen im Sinne des § 177 des Baugesetzbuchs an einem im Inland belegenen Gebäude in einem förmlich festgelegten Sanierungsgebiet oder städtebaulichen Entwicklungsbereich auf zwei bis fünf Jahre gleichmäßig verteilen. [2]Satz 1 ist entsprechend anzuwenden auf durch Zuschüsse aus Sanierungs- oder Entwicklungsförderungsmitteln nicht gedeckten Erhaltungsaufwand für Maßnahmen, die der Erhaltung, Erneuerung und funktionsgerechten Verwendung eines Gebäudes im Sinne des Satzes 1 dienen, das wegen seiner geschichtlichen, künstlerischen oder städtebaulichen Bedeutung erhalten bleiben soll, und zu deren Durchführung sich der Eigentümer neben bestimmten Modernisierungsmaßnahmen gegenüber der Gemeinde verpflichtet hat.

(2) [1]Wird das Gebäude während des Verteilungszeitraums veräußert, ist der noch nicht berücksichtigte Teil des Erhaltungsaufwands im Jahr der Veräußerung als Betriebsausgaben oder Werbungskosten abzusetzen. [2]Das Gleiche gilt, wenn ein nicht zu einem Betriebsvermögen gehörendes Gebäude in ein Betriebsvermögen eingebracht oder wenn ein Gebäude aus dem Betriebsvermögen entnommen oder wenn ein Gebäude nicht mehr zur Einkunftserzielung genutzt wird.

(3) Steht das Gebäude im Eigentum mehrerer Personen, ist der in Absatz 1 bezeichnete Erhaltungsaufwand von allen Eigentümern auf den gleichen Zeitraum zu verteilen.

(4) § 7h Absatz 2 und 3 ist entsprechend anzuwenden.

Inhaltsübersicht	Rz.
A. Allgemeine Erläuterungen	1 - 2
I. Normzweck und wirtschaftliche Bedeutung der Vorschrift	1
II. Entstehung und Entwicklung der Vorschrift	2

---

1 Vgl. *Glenk* in Blümich, § 11 EStG Rz. 49; HHR/*Kister*, § 11 EStG Rz. 120.

A. Allgemeine Erläuterungen

I. Normzweck und wirtschaftliche Bedeutung der Vorschrift

Die Vorschrift enthält eine Ausnahmeregelung zu § 11 Abs. 2 Satz 1 EStG für Erhaltungsaufwand bei Gebäuden in Sanierungsgebieten und städtebaulichen Entwicklungsbereichen. Erlaubt ist die gleichmäßige Verteilung des Erhaltungsaufwands auf zwei bis fünf Jahre zur Optimierung von Bemessungsgrundlageneffekten. Die Option hat dieselben Voraussetzungen, unter denen § 7h EStG die Anschaffungs- oder Herstellungskosten für solche Baumaßnahmen fördert.[1] Die Norm gilt für Wirtschaftsgüter des Privatvermögens und nach § 4 Abs. 8 EStG entsprechend für Betriebsvermögen.[2] Für weitere Informationen vgl. die Kommentierung zu § 7h EStG (KKB/Marx, § 7h EStG). 1

II. Entstehung und Entwicklung der Vorschrift

§ 11a EStG wurde durch Art. 1 Nr. 15 WoBauFG v. 22.12.1989[3] in das EStG eingefügt. Die Norm ist die Nachfolgevorschrift zu § 82h EStDV. 2

§ 11b Sonderbehandlung von Erhaltungsaufwand bei Baudenkmalen

¹Der Steuerpflichtige kann durch Zuschüsse aus öffentlichen Kassen nicht gedeckten Erhaltungsaufwand für ein im Inland belegenes Gebäude oder Gebäudeteil, das nach den jeweiligen landesrechtlichen Vorschriften ein Baudenkmal ist, auf zwei bis fünf Jahre gleichmäßig verteilen, soweit die Aufwendungen nach Art und Umfang zur Erhaltung des Gebäudes oder Gebäudeteils als Baudenkmal oder zu seiner sinnvollen Nutzung erforderlich und die Maßnahmen in Abstimmung mit der in § 7i Absatz 2 bezeichneten Stelle vorgenommen worden sind. ²Durch Zuschüsse aus öffentlichen Kassen nicht gedeckten Erhaltungsaufwand für ein im Inland belegenes Gebäude oder Gebäudeteil, das für sich allein nicht die Voraussetzungen für ein Baudenkmal erfüllt, aber Teil einer Gebäudegruppe oder Gesamtanlage ist, die nach den jeweiligen landesrechtlichen Vorschriften als Einheit geschützt ist, kann der Steuerpflichtige auf zwei bis fünf Jahre gleichmäßig verteilen, soweit die Aufwendungen nach Art und Umfang zur Erhaltung des schützenswerten äußeren Erscheinungsbildes der Gebäudegruppe oder Gesamtanlage erforderlich und die Maßnahmen in Abstimmung mit der in § 7i Absatz 2 bezeichneten Stelle vorgenommen worden sind. ³§ 7h Absatz 3 und § 7i Absatz 1 Satz 2 und Absatz 2 sowie § 11a Absatz 2 und 3 sind entsprechend anzuwenden.

Inhaltsübersicht	Rz.
A. Allgemeine Erläuterungen	1 - 2
I. Normzweck und wirtschaftliche Bedeutung der Vorschrift	1
II. Entstehung und Entwicklung der Vorschrift	2

---

1 Vgl. HHR/*Kister*, § 11a EStG Rz. 1; *Erhard* in Blümich, § 11a EStG Rz. 1 ff.
2 Vgl. *Krüger* in Schmidt, § 11a, 11b EStG, Rz. 1.
3 Gesetz zur steuerlichen Förderung des Wohnungsbaus und zur Ergänzung des Steuerreformgesetzes 1990 (Wohnungsbauförderungsgesetz – WoBauFG) v. 22.12.1989, BGBl 1989 I 2408.

A. Allgemeine Erläuterungen

I. Normzweck und wirtschaftliche Bedeutung der Vorschrift

1 Die Vorschrift bezweckt die Erhaltung schutzwürdiger Baudenkmale. Sie enthält eine Ausnahmeregelung zu § 11 Abs. 2 Satz 1 EStG für Erhaltungsaufwand bei Baudenkmalen und durchbricht das Abflussprinzip. Erlaubt ist die gleichmäßige Verteilung des Erhaltungsaufwands auf zwei bis fünf Jahre. Die Option hat dieselben Voraussetzungen, unter denen § 7i EStG die Anschaffungs- oder Herstellungskosten für solche Baumaßnahmen fördert.[1] Die Norm gilt für Wirtschaftsgüter des Privatvermögens und nach § 4 Abs. 8 EStG entsprechend für Betriebsvermögen.[2] Für weitere Informationen vgl. die Kommentierung zu § 7i EStG (KKB/Marx, § 7i EStG).

II. Entstehung und Entwicklung der Vorschrift

2 § 11b EStG wurde durch Art. 1 Nr. 15 WoBauFG v. 22.12.1989[3] in das EStG eingefügt. Die Norm ist die Nachfolgevorschrift zu § 82d EStDV.

7. Nichtabzugsfähige Ausgaben

§ 12 Nichtabzugsfähige Ausgaben

Soweit in § 10 Absatz 1 Nummer 2 bis 5, 7 und 9 sowie Absatz 1a Nummer 1, den §§ 10a, 10b und den §§ 33 bis 33b nichts anderes bestimmt ist, dürfen weder bei den einzelnen Einkunftsarten noch vom Gesamtbetrag der Einkünfte abgezogen werden

1. die für den Haushalt des Steuerpflichtigen und für den Unterhalt seiner Familienangehörigen aufgewendeten Beträge. ²Dazu gehören auch die Aufwendungen für die Lebensführung, die die wirtschaftliche oder gesellschaftliche Stellung des Steuerpflichtigen mit sich bringt, auch wenn sie zur Förderung des Berufs oder der Tätigkeit des Steuerpflichtigen erfolgen;

2. freiwillige Zuwendungen, Zuwendungen auf Grund einer freiwillig begründeten Rechtspflicht und Zuwendungen an eine gegenüber dem Steuerpflichtigen oder seinem Ehegatten gesetzlich unterhaltsberechtigte Person oder deren Ehegatten, auch wenn diese Zuwendungen auf einer besonderen Vereinbarung beruhen;

3. die Steuern vom Einkommen und sonstige Personensteuern sowie die Umsatzsteuer für Umsätze, die Entnahmen sind, und die Vorsteuerbeträge auf Aufwendungen, für die das Abzugsverbot der Nummer 1 oder des § 4 Absatz 5 Satz 1 Nummer 1 bis 5, 7 oder Absatz 7 gilt; das gilt auch für die auf diese Steuern entfallenden Nebenleistungen;

4. in einem Strafverfahren festgesetzte Geldstrafen, sonstige Rechtsfolgen vermögensrechtlicher Art, bei denen der Strafcharakter überwiegt, und Leistungen zur Erfüllung von Auflagen oder Weisungen, soweit die Auflagen oder Weisungen nicht lediglich der Wiedergutmachung des durch die Tat verursachten Schadens dienen.

5. (weggefallen)

---

[1] Vgl. HHR/*Kister*, § 11b EStG Rz. 1; *Erhard* in Blümich, § 11b EStG Rz. 1 ff.
[2] Vgl. *Krüger* in Schmidt, § 11a, 11b EStG, Rz. 1
[3] Gesetz zur steuerlichen Förderung des Wohnungsbaus und zur Ergänzung des Steuerreformgesetzes 1990 (Wohnungsbauförderungsgesetz – WoBauFG) v. 22.12.1989, BGBl 1989 I 2408.

Nichtabzugsfähige Ausgaben § 12 EStG

Inhaltsübersicht

	Rz.
A. Allgemeine Erläuterungen	1 - 15
I. Normzweck und wirtschaftliche Bedeutung der Vorschrift	1 - 4
II. Entstehung und Entwicklung der Vorschrift	5 - 10
III. Geltungsbereich	11 - 12
IV. Vereinbarkeit mit höherrangigem Recht	13
V. Verhältnis zu anderen Regelungen	14 - 15
B. Systematische Kommentierung	16 - 96
I. Aufwendungen für Haushalt und Familienunterhalt (§ 12 Nr. 1 Satz 1 EStG)	16 - 30
1. Begrifflichkeiten	16
2. Haushaltsaufwendungen	17 - 24
a) Wohnung	17
b) Ernährung	18
c) Kleidung	19
d) Allgemeine Schulausbildung	20
e) Kindererziehung	21
f) Persönliche Bedürfnisse des täglichen Lebens	22
g) Unterhaltungs-, Informationsbedarf	23
h) Besuch kultureller/sportlicher Veranstaltungen	24
3. Aufwendungen für den Unterhalt Familienangehöriger	25 - 30
II. Aufwendungen für die Lebensführung (§ 12 Nr. 1 Satz 2 EStG)	31 - 55
1. Begrifflichkeiten	31
2. Kein Aufteilungs- und Abzugsverbot für gemischte Aufwendungen	32 - 33
3. Trennbarkeit des gemischten Aufwands	34 - 36
a) Aufteilungsmaßstab	35
b) Untrennbarer gemischter Aufwand	36
4. Typische Anwendungsfälle	37 - 55
a) Arbeitsmittel	37
b) Häusliches Arbeitszimmer	38
c) Führerschein, Pilotenschein etc.	39 - 41
d) Reisen	42
e) Seminare zur Persönlichkeitsentfaltung	43
f) Sprachkurse	44
g) Veranstaltungen mit gemischtem Charakter	45
h) Unterhaltungselektronik	46
i) Versicherungsprämien	47 - 55
III. Abzugsverbot für bestimmte Zuwendungen (§ 12 Nr. 2 EStG)	56 - 65
1. Begrifflichkeiten	56
2. Freiwillige Zuwendungen (§ 12 Nr. 2 1. Alt. EStG)	57
3. Zuwendungen aufgrund freiwillig begründeter Rechtspflicht (§ 12 Nr. 2 2. Alt. EStG)	58
4. Zuwendungen an Unterhaltsberechtigte (§ 12 Nr. 2 3. Alt. EStG)	59 - 65
IV. Abzugsverbot für Steuern und Nebenleistungen (§ 12 Nr. 3 EStG)	66 - 74
1. Nicht abziehbare Steuern vom Einkommen und sonstige Personensteuern (§ 12 Nr. 3 1. Halbsatz 1. Alt. EStG)	66
2. Nicht abziehbare Umsatzsteuer und Vorsteuerbeträge (§ 12 Nr. 3 1. Halbsatz 2. Alt. EStG)	67
3. Nicht abziehbare Nebenleistungen (§ 12 Nr. 3 2. Halbsatz EStG)	68 - 74

V. Abzugsverbot für Geldstrafen und sonstige Rechtsfolgen mit Strafcharakter (§ 12 Nr. 4 EStG)	75 - 85
1. In einem Strafverfahren festgesetzte Geldstrafen (§ 12 Nr. 4 1. Alt. EStG)	76
2. Sonstige Rechtsfolgen vermögensrechtlicher Art mit überwiegendem Strafcharakter (§ 12 Nr. 4 2. Alt. EStG)	77
3. Leistungen zur Erfüllung von Auflagen oder Weisungen (§ 12 Nr. 4 3. Alt. EStG)	78 - 85
VI. Abzugsverbot für Erstausbildungskosten in den Veranlagungszeiträumen 2004 bis 2014 (§ 12 Nr. 5 a. F. EStG)	86
C. Verfahrensfragen	97

HINWEIS:

R 12.1 bis 12.6 EStR; BMF v. 21. 12. 2007, BStBl 2008 I 256; BMF v. 6. 7. 2010, BStBl 2010 I 614; BMF v. 22. 9. 2010, BStBl 2010 I 721; BMF v. 30. 9. 2013, BStBl 2013 I 1279.

LITERATUR:

▶ Weitere Literatur siehe Online-Version

Braun/Teuber, Erstmalige Berufsausbildung und Erststudium – Revision beim Bundesfinanzhof, NWB 2013, 188; *Drüen*, Zum Betriebsausgabenabzug von Geldbußen, DB 2013, 1133; *Geserich*, Beruflich veranlasste Ausbildungskosten, NWB 2014, 681; *Geserich*, Kosten für Telefongespräche eines Soldaten der Marine während des Einsatzes auf einem Schiff, NWB 2014, 4200; *Löbe*, Steuerpflicht von Erstattungszinsen, NWB 2014, 585; *Schneider/Perrar*, Zur Reichweite des Abzugsverbots für Bestechungsgelder und „damit zusammenhängende Aufwendungen", DB 2014, 2428; *Trinks/Trinks*, Aufwendungen: Einkommenserzielung oder Privatsphäre?, NWB 2014 Beilage für Steuerfachangestellte 2/2014, 20; *Wohlfahrt*, Besteuerung und Abgrenzung von Betriebsveranstaltungen, BBK 2014, 504; *Weiss*, Das Abzugsverbot für Unangemessene Betriebsausgaben, NWB 2015, 2774; *Schneider*, Aufwendungen für Geburtstagsfeier und Bestellung zum Steuerberater können teilweise Werbungskosten sein, NWB 2015, 3296; *Seifert*, Geburtstagsfeier und Kostenabzug, StuB 2016, 516; *Kanzler*, Keine Aufteilung der Kosten für ein häusliches Arbeitszimmer, NWB 2016, 1071; *Hilbert*; häusliches arbeitszimmer. kosten für gemischt genutzte nebenräume nicht abziehbar, NWB 2016, 1942; *Heine/Trinks*; Steuerliche Folgen einer Erpressung für Täter und Opfer, NWB 2016, 2109; *Geserich*, Feste feiern mit dem Finanzamt?, NWB 2016, 2500.

A. Allgemeine Erläuterungen

I. Normzweck und wirtschaftliche Bedeutung der Vorschrift

1 Abgrenzung zwischen Einkommenserzielung und -verwendung: § 12 EStG dient der Abgrenzung der einkommensteuerlich irrelevanten Privatsphäre von der Erwerbssphäre. Es besteht ein erheblicher steuerrechtlicher Unterschied zwischen den Ausgaben für betriebliche (berufliche) Zwecke, die die Bemessungsgrundlage der Einkommensteuer mindern, und den Ausgaben für private Bedürfnisse, die regelmäßig nicht steuermindernd berücksichtigt werden dürfen. Durch die Bemessung nach dem Einkommen stellt die Einkommensteuer in besonderem Maße auf die wirtschaftliche Leistungsfähigkeit ab. Zu unterscheiden sind die objektive Leistungsfähigkeit (Abstellen auf die Reineinkünfte, den Nettoertrag) und die subjektive Leistungsfähigkeit (Minderung des Gesamtbetrags der Einkünfte um bestimmte private oder persönliche Ab-

Allgemeine Erläuterungen 2–4 § 12 EStG

züge, z. B. Sonderausgaben und außergewöhnliche Belastungen). Ein Ausfluss des Grundsatzes der Besteuerung nach der Leistungsfähigkeit ist das sog. (steuerrechtliche) Nettoprinzip.[1]

Das objektive Nettoprinzip (objektive Leistungsfähigkeit) besagt zum einen, dass steuerlich nicht die Einnahmen (Roheinkommen), sondern lediglich das Reineinkommen als Saldo aus positiven und negativen Faktoren zu erfassen ist, denn nur dieser Nettobetrag steht zur privaten Lebensführung und damit auch zum Zweck der Steuerzahlung zur Verfügung.[2] Das objektive Nettoprinzip ergibt sich aus § 2 Abs. 2 EStG. Danach sind bei den Gewinneinkünften nicht die Betriebseinnahmen, sondern der Gewinn als Saldo zwischen Betriebseinnahmen und Betriebsausgaben bzw. als Ergebnis eines Betriebsvermögensvergleichs und bei den Überschusseinkünften nicht die Einnahmen, sondern der Überschuss der Einnahmen über die Werbungskosten zugrunde zu legen. Aufwendungen im Zusammenhang mit steuerbaren Einkünften müssen demnach grundsätzlich (als Betriebsausgaben oder Werbungskosten) abziehbar sein, es sei denn, es besteht ein gesetzliches Abzugsverbot. Ein solches Abzugsverbot für Erwerbsaufwendungen bedarf jedoch eines besonderen, verfassungsrechtlich tragfähigen sachlichen Grundes.[3] 2

Das subjektive Nettoprinzip, in § 2 Abs. 4, 5 EStG, §§ 32 ff. EStG verankert, besagt, dass solche Privataufwendungen, die zur Erhaltung der eigenen Existenz des Stpfl. oder seiner Familie erforderlich sind (existenzsichernder Aufwand), kein Ausdruck wirtschaftlicher Leistungsfähigkeit sind und deshalb ebenfalls steuermindernd zu berücksichtigen sind.[4] Auch Beträge, die zur Deckung des existenznotwendigen Bedarfs aufgewandt werden, stehen für Steuerzahlungen nicht zur Verfügung. Demnach ist nur der Betrag als steuerpflichtiges Einkommen zu erfassen, der nach Abzug existenznotwendiger Privatausgaben verbleibt. Innerhalb der Ausgaben zur Befriedigung privater Zwecke sind daher solche auszuscheiden, die existenziell notwendig sind und deshalb, obwohl es sich um grundsätzlich steuerlich nicht zu berücksichtigende, private Ausgaben handelt, mit Rücksicht auf die Erhaltung der eigenen Existenz und des notwendigen Unterhalts der Familie aus Gründen der Steuergerechtigkeit zum Abzug zugelassen sind. Bemessungsgrundlage der Einkommensteuer ist daher nicht der Gesamtbetrag der Einkünfte (§ 2 Abs. 3 EStG), sondern ein um bestimmte private oder persönliche Abzüge verminderter Betrag. Die Berücksichtigung des subjektiven Nettoprinzips erfolgt insbesondere durch Tariffreibeträge, durch den Abzug von Sonderausgaben oder außergewöhnlichen Belastungen. 3

Problematische Abgrenzung von Erwerbs- und Privataufwendungen: Ob Aufwendungen der einkommensteuerlich unbeachtlichen Privatsphäre oder der Erwerbssphäre zuzuordnen sind, ist vielfach problematisch, da die beiden Bereiche ineinander greifen. § 12 EStG soll eine zu weite Auslegung des Werbungskosten- (§ 9 EStG) bzw. Betriebsausgabenabzugs (§ 4 Abs. 4 EStG) verhindern. Dabei erfolgt in den Nummern 1 bis 5 eine lediglich exemplarische, nicht abschließende Aufzählung der in der Praxis häufigsten nicht abziehbaren Aufwendungen, die eine bloße Einkommensverwendung und keine Erwerbsaufwendungen darstellen. 4

---

1 BFH v. 21. 11. 1983 - GrS 2/82, BStBl 1984 II 160; BFH v. 4. 7. 1990 - GrS 1/89, BStBl 1990 II 830; BFH v. 30. 1. 1995 - GrS 4/92, BStBl 1995 II 281; BVerfG v. 7. 11. 1972 - 1 BvR 338/68, BVerfGE 34, 103; BVerfG v. 23. 11. 1976 - 1 BvR 150/75, BStBl 1977 II 135; BVerfG v. 4. 12. 2002 - 2 BvR 400/98, BStBl 2003 II 534; BVerfG v. 8. 6. 2004 - 2 BvL 5/00, BVerfGE 110, 412.
2 BFH v. 30. 1. 1995 - GrS 4/92, BStBl 1995 II 281; BFH v. 13. 5. 2004 - IV R 1/02, BStBl 2004 II 780; BFH v. 10. 1. 2008 - VI R 17/07, BStBl 2008 II 234.
3 BFH v. 9. 12. 2009 - X R 28/07, BFH/NV 2010, 334 = NWB DokID: WAAAD-35182; BVerfG v. 9. 12. 2008 - 2 BvL 2/07, 2/08, BFH/NV 2009, 338 = NWB DokID: SAAAD-00290.
4 BFH v. 9. 2. 1994 - IX R 110/90, BStBl 1995 II 47; BFH v. 16. 10. 2002 - XI R 41/99, BStBl 2003 II 179; BFH v. 8. 11. 2006 - X R 45/02, BFH/NV 2007, 552 = NWB DokID: AAAAC-35162; BFH v. 9. 12. 2009 - X R 28/07, BStBl 2010 II 348.

II. Entstehung und Entwicklung der Vorschrift

5   Vorläufer des heute geltenden § 12 EStG waren zunächst § 15 EStG 1920 (v. 29. 3. 1920)[1] sowie § 18 EStG 1925 (v. 10. 8. 1925).[2]

6   Der Einleitungssatz erfuhr zahlreiche Anpassungen, es handelte sich stets um Folgeanpassungen aufgrund der Einführung, Änderung oder Aufhebung der hier zitierten Vorschriften (StÄndG 1979 v. 30. 11. 1978,[3] Steuerbereinigungsgesetz 1985 v. 14. 12. 1984,[4] StReformÄG v. 30. 6. 1989,[5] StÄndG 1992 v. 25. 2. 1992,[6] WohEigFG v. 15. 12. 1995,[7] StEntlG 1999/2000/2002 v. 24. 3. 1999,[8] FamFördG v. 22. 12. 1999,[9] 2. FamFördG v. 16. 8. 2001,[10] StÄndG 2001 v. 20. 12. 2001,[11] AltEinkG v. 5. 7. 2004,[12] FördWachsG v. 26. 4. 2006,[13] FamLeistG v. 22. 12. 2008,[14] StVereinfG 2011 v. 1. 11. 2011).[15]

§ 12 Nr. 1 EStG blieb seit dem EStG 1934 v. 16. 10. 1934[16] unverändert und verbot den Abzug von Aufwendungen für den Haushalt und den Familienunterhalt.

7   **§ 12 Nr. 2 EStG** umfasst ein Abzugsverbot für freiwillige Zuwendungen und Zuwendungen an unterhaltsberechtigte Personen. § 12 Nr. 2 EStG wurde durch das StÄndG 1958 v. 18. 7. 1958[17] ergänzt, auch Zuwendungen an eine gegenüber dem Ehegatten gesetzlich unterhaltsberechtigte Person oder deren Ehegatten dürfen nicht abgezogen werden. Nach der Erweiterung durch das EStRG 1975 v. 5. 8. 1974[18] sind ab 1. 1. 1975 in § 12 Nr. 2 EStG neben freiwilligen Zuwendungen auch „Zuwendungen aufgrund einer freiwillig begründeten Rechtspflicht" vom Abzug ausgeschlossen. Freiwillig vereinbarte, d. h. im Grunde freiwillig geleistete Zuwendungen, bei denen aber aufgrund der vertraglichen Vereinbarung eine Leistungsverpflichtung tatsächlich besteht, sind damit ebenso wie sonstige freiwillige Zuwendungen nicht länger steuermindernd zu berücksichtigen. Diese Abzugsbeschränkung gilt auch für vor dem 1. 1. 1975 freiwillig eingegangene Verpflichtungen.

8   Nach **§ 12 Nr. 3 EStG** waren die Steuern vom Einkommen und die Vermögensteuer nicht abziehbar. Durch das EStG 1938[19] wurde in § 12 Nr. 3 EStG das Abzugsverbot der Vermögensteuer durch „sonstige Personensteuern" ersetzt. Durch das 3. StÄndG 1967 v. 22. 12. 1967[20] wurde § 12 Nr. 3 EStG aufgrund der Einführung des Mehrwertsteuergesetzes 1967 um die Nicht-

---

1 RGBl 1920 I 359.
2 RGBl 1925 I 189.
3 BGBl 1978 I 1849, BStBl 1978 I 479.
4 BGBl 1984 I 1493, BStBl 1984 I 659.
5 BGBl 1989 I 1267, BStBl 1989 I 251.
6 BGBl 1992 I 297, BStBl 1992 I 146.
7 BGBl 1995 I 1783, BStBl 1995 I 775.
8 BGBl 1999 I 402, BStBl 1999 I 304.
9 BGBl 1999 I 2552, BStBl 2000 I 4.
10 BGBl 2001 I 2074, BStBl 2001 I 533.
11 BGBl 2001 I 3794, BStBl 2002 I 4.
12 BGBl 2004 I 1427, BStBl 2004 I 554.
13 BGBl 2006 I 1091, BStBl 2006 I 350.
14 BGBl 2008 I 5955, BStBl 2009 I 136.
15 BGBl 2011 I 2131.
16 RGBl 1934 I 1005, RStBl 1934 I 1261.
17 BGBl 1958 I 473, BStBl 1958 I 412.
18 BGBl 1974 I 1769, BStBl 1974 I 530.
19 RGBl 1938 I 121, RStBl 1938 I 113.
20 BGBl 1967 I 1334, BStBl 1967 I 488.

abziehbarkeit der Umsatzsteuer für den Eigenverbrauch erweitert. Das StÄndG 1971 v. 23.12.1970[1] ergänzte das Abzugsverbot in § 12 Nr. 3 EStG um die Umsatzsteuer auf Lieferungen und sonstige Leistungen, die Entnahmen sind. Durch das StReformG 1990 v. 25.7.1988[2] wurde § 12 Nr. 3 EStG im Zusammenhang mit der Einführung der Vollverzinsung (§ 233a AO) und des Sonderausgabenabzugs nach § 10 Abs. 1 Nr. 5 EStG um den 2. Halbsatz erweitert, entsprechend umfasst das Abzugsverbot seither auch Nebenleistungen mit Ausnahme bestimmter Zinsen (§§ 233a, 234 und 237 AO). Das WoBauFG v. 22.12.1989[3] beseitigte sodann die Ausnahme der Zinsen auf Steuerforderungen gem. §§ 233a, 234, 237 AO; diese waren aufgrund des Einleitungssatzes i.V.m. § 10 Abs. 1 Nr. 5 EStG sowieso als Sonderausgaben abziehbar. Durch das StEntlG 1999/2000/2002 v. 24.3.1999[4] wurde § 12 Nr. 3 EStG an die Anpassung des UStG an die 6. EG-Richtlinie angeglichen, das Abzugsverbot für Umsatzsteuer auf Umsätze, „die Entnahmen sind", umformuliert und um Vorsteuerbeträge auf nicht abziehbare Betriebsausgaben i. S. d. § 4 Abs. 5 Satz 1 Nr. 1 bis 5, Nr. 7 und Abs. 7 EStG erweitert.

§ 12 Nr. 4 EStG wurde durch das Gesetz zur Änderung des EStG und des KStG v. 25.7.1984[5] eingeführt. Der BFH hatte zuvor die Abziehbarkeit von Geldbußen und Geldbußen gleichstehenden Geldstrafen gem. § 890 ZPO a. F. bejaht, sofern die Zuwiderhandlung betrieblich oder beruflich veranlasst war.[6] Im Zusammenhang mit der Erweiterung des Katalogs der nicht abziehbaren Betriebsausgaben und Werbungskosten um Geldbußen, Ordnungsgelder und Verwarnungsgelder, beseitigte der Gesetzgeber die Folgen der vorgenannten Rechtsprechung.

§ 12 Nr. 5 EStG (Abzugsverbot für Aufwendungen für die erstmalige Berufsausbildung und das Erststudium außerhalb eines Dienstverhältnis) wurde durch das AOÄndG v. 21.7.2004[7] neu eingefügt. § 12 Nr. 5 EStG setzt die zuvor ergangene günstige Rechtsprechung des BFH außer Kraft, nach der bei solchen Bildungsmaßnahmen der Werbungskostenabzug in Betracht kam.[8] § 12 Nr. 5 EStG wurde im Rahmen der gesetzlichen Neudefinition der „erstmaligen Berufsausbildung" in § 9 Abs. 6 EStG durch das ZollkodexAnpG[9] mit Wirkung v. 1.1.2015 aufgehoben.

III. Geltungsbereich

Sachlicher Geltungsbereich: § 12 EStG findet im Bereich des KStG hingegen insgesamt keine Anwendung,[10] da körperschaftsteuerpflichtige Rechtssubjekte steuerlich gesehen keine außerbetriebliche Sphäre haben. Aufwendungen einer Kapitalgesellschaft, die teils betrieblich und teils durch das Gesellschaftsverhältnis veranlasst sind, sind daher nur z.T. als Betriebsausgaben abzugsfähig und z.T. als verdeckte Gewinnausschüttung dem Einkommen wieder hinzuzurechnen.

---

1 BGBl 1970 I 1856, BStBl 1971 I 8.
2 BGBl 1988 I 1093, BStBl 1988 I 224.
3 BGBl 1989 I 2408, BStBl 1989 I 505.
4 BGBl 1999 I 402, BStBl 1999 I 304.
5 BGBl 1984 I 1006, BStBl 1984 I 401.
6 BFH v. 21.11.1983 - GrS 2/82, 3/82, BStBl 1984 II 160, 166.
7 BGBl 2004 I 1753, BStBl 2005 I 343.
8 BFH v. 27.5.2003 - VI R 33/01, BStBl 2004 II 884; BFH v. 5.11.2003 - VI R 96/01, BFH/NV 2004 404 = NWB DokID: PAAAB-15853.
9 BGBl 2014 I 2417.
10 BFH v. 16.12.1981 - I R 140/81, BStBl 1982 II 465; BFH v. 21.11.1983 - GrS 2/82, BStBl 1984 II 160; BFH v. 25.11.1987 - I R 126/85, BStBl 1988 II 220; BFH v. 4.12.1996 - I R 54/95, BFHE 182, 123.

12 **Persönlicher Geltungsbereich:** § 12 Nr. 1 EStG gilt für alle (beschränkt oder unbeschränkt) Einkommensteuerpflichtigen und auch für Personengesellschaften. Aufwendungen einer Personengesellschaft, die nicht insgesamt oder nahezu ausschließlich betrieblich, sondern ganz oder untrennbar vermischt auch privat, also durch die persönlichen Belange der Gesellschafter veranlasst, sind, werden vom Abzugsverbot des § 12 Nr. 1 EStG erfasst. Insoweit liegen Privatentnahmen der Gesellschafter vor, die den Gewinn der Personengesellschaft nicht mindern dürfen.[1]

IV. Vereinbarkeit mit höherrangigem Recht

13 Das Nettoprinzip gehört zu den grundlegenden Ordnungsprinzipien des geltenden Einkommensteuerrechts (s. auch KKB/Kanzler, § 2 EStG Rz. 1 ff. und Rz. 310 ff.). Als Ausfluss des Grundsatzes der Besteuerung nach der Leistungsfähigkeit wird das Nettoprinzip jedenfalls im Grundsatz vom BVerfG als Ausgangstatbestand der ESt anerkannt.[2] Mit der Umschreibung der Begriffe Betriebsausgaben bzw. Werbungskosten (§ 4 Abs. 4 EStG, § 9 Abs. 1 Satz 1 EStG) ist das objektive Nettoprinzip stärker umrissen als das subjektive Nettoprinzip, das auf das allgemeine Rechtsempfinden abstellt. Hier erkennt das BVerfG das Verfassungsgebot der steuerlichen Verschonung des Existenzminimums des Stpfl. und seiner unterhaltsberechtigten Familie an.[3] Inwieweit darüber hinaus sonstige unvermeidbare oder zwangsläufige private Aufwendungen einkommensmindernd zu berücksichtigen sind, ist verfassungsgerichtlich nicht abschließend geklärt.[4]

V. Verhältnis zu anderen Regelungen

14 Das Abzugsverbot des § 12 EStG ist nach seinem Einleitungssatz subsidiär, soweit eine der dort genannten Vorschriften greift, d. h. das Abzugsverbot greift in diesen Fällen nicht ein. Die Begriffe Betriebsausgaben und Werbungskosten sind in § 4 Abs. 4 EStG und § 9 Abs. 1 Satz 1 EStG definiert. § 4 Abs. 5 Satz 1 EStG und § 9 Abs. 1 Satz 3 EStG lassen jedoch teilweise auch den Abzug solcher Aufwendungen zu, die einen eindeutigen Bezug zur privaten Lebensführung haben, § 12 EStG ist insoweit nachrangig. § 12 Nr. 3 EStG geht einem Abzug der hier genannten Steuern als Betriebsausgaben oder Werbungskosten vor. § 4 Abs. 5 Satz 1 Nr. 8a EStG (i. V. m. § 9 Abs. 5 Satz 1 EStG) umfasst ein Abzugsverbot für Zinsen auf hinterzogene Steuern (§ 235 AO) und weitet damit das Abzugsverbot des § 12 Nr. 3 EStG aus (z. B. Hinterziehungszinsen auf Realsteuern). § 4 Abs. 5b EStG enthält ein Verbot des Betriebsausgabenabzugs für die Gewerbesteuer und deren Nebenleistungen, § 12 Nr. 3 EStG ist auch insoweit subsidiär. Das Abzugsverbot des § 12 Nr. 4 EStG (Geldstrafen) und des § 4 Abs. 5 Satz 1 Nr. 8 EStG (Geldbußen, Ordnungs- und Verwarngelder) schließen sich gegenseitig aus, da unterschiedliche vermögenswirksame Sanktionen betroffen sind.

15 *(Einstweilen frei)*

---

1 BFH v. 29.10.1991 - VIII R 148/85, BStBl 1992 II 647.
2 BVerfG v. 7.11.1972 - 1 BvR 338/68, BVerfGE 34, 103; BVerfG v. 23.11.1976 - 1 BvR 150/75, BVerfGE 43, 108, 120; BVerfG v. 22.7.1991 - 1 BvR 313/88, HFR 1992, 423; BVerfG v. 4.12.2002 - 2 BvR 400/98, BStBl 2003 II 534.
3 BVerfG v. 10.11.1998 - 2 BvR 1057/91, BStBl 1999 II 182.
4 BVerfG v. 4.12.2002 - 2 BvR 400/98, BStBl 2003 II 534.

B. Systematische Kommentierung

I. Aufwendungen für Haushalt und Familienunterhalt (§ 12 Nr. 1 Satz 1 EStG)

1. Begrifflichkeiten

Aufwendungen der Lebensführung sind solche Aufwendungen, die der Erhaltung des Lebens, der Erhaltung oder Wiederherstellung der Gesundheit bzw. der persönlichen Freiheit eines Menschen dienen, da das Leben, die Gesundheit und die Freiheit zu den höchstpersönlichen Rechtsgütern zählen. Zum Lebensführungsaufwand gehören ferner alle anderen Aufwendungen, die für die Lebensführung eines Menschen in geistiger, sittlicher und weltanschaulicher Sicht bestimmt sind. § 12 Nr. 1 Satz 1 EStG spricht lediglich *„die für den Haushalt des Stpfl. und für den Unterhalt seiner Familienangehörigen aufgewendeten Beträge"* an, während der Begriff „Aufwendungen für die Lebensführung" erst in § 12 Nr. 1 Satz 2 EStG genannt wird. Aus dem Wortlaut des § 12 Nr. 1 Satz 2 EStG *„Dazu gehören auch die Aufwendungen für die Lebensführung"* ergibt sich, dass „Aufwendungen für die Lebensführung" als Oberbegriff für alle Aufwendungen des § 12 Nr. 1 EStG zu verstehen ist. Denn bei den Aufwendungen für den Haushalt des Stpfl. und für den Unterhalt seiner Familienangehörigen handelt es sich ebenfalls um Lebensführungskosten. Kosten der Lebensführung sind nach Auffassung der FinVerw[1] insbesondere Aufwendungen für Wohnung, Ernährung, Kleidung, allgemeine Schulausbildung, Kindererziehung, persönliche Bedürfnisse des täglichen Lebens, z.B. Erhaltung der Gesundheit, Pflege, Hygieneartikel, Zeitung, Rundfunk oder Besuch kultureller und sportlicher Veranstaltungen. Solche Lebensführungskosten, die im Grundsatz jeden Stpfl. treffen, sind nach der geltenden Systematik nach § 12 Nr. 1 Satz 1 EStG nicht steuermindernd zu berücksichtigen. Der Begriff Familienangehörige ist mit dem Angehörigenbegriff des § 15 AO identisch.

16

2. Haushaltsaufwendungen

a) Wohnung

Aufwendungen für die eigene Wohnung können grundsätzlich nicht abgezogen werden, weil es sich bei diesen Aufwendungen regelmäßig um solche der privaten Lebensführung handelt (Befriedigung des Wohnbedürfnisses). Auch eine (Mit-)Veranlassung der Wohnungsnahme durch den Beruf (z.B. im Hinblick auf die Lage oder Ausstattung) führen nicht zu einer Abziehbarkeit der Aufwendungen.[2] Ausnahmsweise sind Unterkunftskosten abziehbar, wenn eine beruflich bedingte doppelte Haushaltsführung (§ 9 Abs. 1 Nr. 5, § 4 Abs. 5 Satz 1 Nr. 6a EStG – s. KKB/Weiss, § 9 EStG Rz. 199 ff.) vorliegt oder Unterkunftskosten bei einer Auswärtstätigkeit anfallen (§ 9 Abs. 1 Nr. 5a EStG – s. KKB/Weiss, § 9 EStG Rz. 231 ff.).[3] Daneben kann der Wohnungsaufwand teilweise steuermindernd zu berücksichtigen sein, soweit die Voraussetzungen eines häuslichen Arbeitszimmers erfüllt sind (§ 4 Abs. 5 Satz 1 Nr. 6b EStG – s. KKB/Hallerbach, § 4 EStG Rz. 725 ff.).

17

---

1 BMF v. 6.7.2010, BStBl 2010 I 614, Rz. 4.
2 BFH v. 16.5.1963 - IV 379/60 U, BStBl 1961 III 400.
3 BMF v. 30.9.2013, BStBl 2013 I 1279, Rz. 93 ff.

b) Ernährung

18 Aufwendungen für die Ernährung sowohl des Stpfl. als auch seiner Haushaltsangehörigen stellen unverzichtbare Lebensführungskosten dar. Auch ein außergewöhnlicher oder aufgrund der beruflichen Tätigkeit erhöhter Ernährungsbedarf (z. B. bei Berufssportlern)[1] fällt unter das Abzugsverbot, da § 4 Abs. 5 Satz 1 Nr. 5 EStG den Abzug verwehrt. Unter bestimmten Voraussetzungen (§ 9 Abs. 4a EStG, § 4 Abs. 5 Satz 1 Nr. 5 EStG) sind beruflich bedingte Mehraufwendungen für Verpflegung jedoch als Werbungskosten oder Betriebsausgabe abziehbar (s. KKB/Hallerbach, § 4 EStG Rz. 680 ff.; KKB/Weiss, § 9 EStG Rz. 305 ff.).

c) Kleidung

19 Aufwendungen für Kleidung können als typische Kosten der privaten Lebensführung grundsätzlich weder als Betriebsausgaben noch als Werbungskosten abgezogen werden, es sei denn, es handelt sich um typische Berufsbekleidung (§ 9 Abs. 1 Satz 3 Nr. 6 EStG – s. KKB/Weiss, § 9 EStG Rz. 251). Dies gilt selbst dann, wenn die Kleidungsstücke nahezu ausschließlich bei der Berufsausübung gebraucht werden. Aufwendungen für Bekleidung stellen solche der privaten Lebensführung dar, da sie dem privaten Bedürfnis geschuldet sind, bekleidet zu sein. Ein durch die berufliche Stellung erhöhter Aufwand durch den Erwerb von mehr oder höherwertigen Kleidungsstücken ist ebenfalls vom Abzugsverbot betroffen, denn die private Veranlassung, bekleidet zu sein, ist nicht von lediglich untergeordneter Bedeutung. Da das Bekleidetsein auch ein Bedürfnis der Lebensführung bei der Ausübung der Arbeit ist, spielen Vorgaben des Arbeitgebers und das Wechseln der Kleidung nach der Arbeit keine Rolle.[2] Auch wenn die konkreten Kleidungsstücke ohne die beruflichen Gründe überhaupt nicht angeschafft worden wären und sie der Förderung des Berufs oder der Tätigkeit des Stpfl. dienen sollen, ist das Tragen bürgerlicher Kleidung jedenfalls auch gleichzeitig deswegen der allgemeinen Lebensführung zuzurechnen, weil es dem menschlichen Bedürfnis nach Bekleidung Rechnung trägt.[3] Liegt die Benutzung eines Kleidungsstücks als normale bürgerliche Kleidung im Rahmen des Möglichen und Üblichen – d. h. allgemein und nicht bezogen auf den jeweiligen individuellen Geschmack – so sind die Aufwendungen für diese Kleidung wegen des Abzugsverbots des § 12 Nr. 1 Satz 2 EStG ebenso wenig als Werbungskosten absetzbar wie für jede andere bürgerliche Kleidung, die überwiegend oder auch so gut wie ausschließlich im Beruf getragen wird. Lediglich Aufwendungen für typische Berufsbekleidung,[4] also Kleidung, die ihrer Beschaffenheit nach objektiv nahezu ausschließlich nur für die berufliche Nutzung bestimmt und geeignet und die wegen der Eigenart des Berufs nötig ist, können als Werbungskosten oder Betriebsausgabe zu berücksichtigen sein.[5]

d) Allgemeine Schulausbildung

20 Die allgemeine Schulausbildung kann, da für sie noch kein hinreichend konkreter Zusammenhang mit einer späteren Berufstätigkeit erkennbar ist, nicht zu vorab anzuerkennenden Auf-

---

[1] FG Hessen v. 23. 9. 1988 - 9 K 70/87, EFG 1989, 172.
[2] BFH v. 16. 8. 1994 - I B 5/94, BFH/NV 1995, 207 = NWB DokID: JAAAB-34566; BFH v. 6. 12. 1990 - IV R 65/90, BStBl 1991 II 348.
[3] BFH v. 20. 3. 1992 - VI R 55/89, BStBl 1993 II 192.
[4] Zum Begriff vgl. KKB/Nacke, § 3 (Nr. 31) EStG Rz. 244; zu schwarzer Kleidung bei hauptberuflich tätigen Trauerrednern vgl. FG Berlin-Brandenburg v. 29.8.2018 - 3 K 3278/15, NWB DokID: EAAAG-99760 Revision anhängig, Az. des BFH: VIII R 33/18.
[5] BFH v. 6. 12. 1990 - IV R 65/90, BStBl 1991 II 348; BFH v. 19. 1. 1996 - VI R 73/94, BStBl 1996 II 202.

wendungen (Werbungskosten/Betriebsausgaben) führen. Nach Auffassung des BFH gilt dies generell für die Ausbildung an allgemeinbildenden Schulen einschließlich Fachoberschulen, unabhängig davon, dass der erfolgreiche Besuch dieser Schulen unabdingbare Voraussetzung für eine nachfolgende Berufsausbildung bzw. die Aufnahme eines Studiums ist.[1]

e) Kindererziehung

Aufwendungen für Kinderbetreuung und -erziehung sind nach der Rechtsprechung des BFH stets (auch) privat veranlasst.[2] Das Abzugsverbot gilt selbst dann, wenn die Aufwendungen aufgrund der Berufsausübung eines Elternteils oder beider Elternteile anfallen.

21

f) Persönliche Bedürfnisse des täglichen Lebens

Nach ständiger Rechtsprechung des BFH[3] sind Aufwendungen, die ihrer Natur nach in erster Linie der Behebung körperlicher Mängel dienen, wie die Aufwendungen für die Beschaffung eines medizinischen Hilfsmittels, der privaten Lebenssphäre zuzurechnen und deshalb grundsätzlich den nicht abzugsfähigen Kosten der Lebensführung zuzuordnen. Dies gilt auch dann, wenn die Behebung des Mangels zugleich im beruflichen Interesse liegt. Ein Werbungskosten- oder Betriebsausgabenabzug ist nur möglich, wenn die gesundheitlichen Beschwerden auf die berufliche Tätigkeit zurückgeführt werden können (Berufskrankheit, Berufsunfall).[4] Dem Abzugsverbot nach § 12 Nr. 1 Satz 1 EStG unterliegen daneben auch Aufwendungen für die Befriedigung der persönlichen Bedürfnisse des täglichen Lebens, z. B. für die Förderung oder Erhaltung der Gesundheit, Pflege und Hygieneartikel.

22

g) Unterhaltungs-, Informationsbedarf

Aufwendungen für (Tages-)Zeitungen, Rundfunk und Fernsehen dienen zumindest auch der allgemeinen Informationsbeschaffung sowie der Unterhaltung oder Zerstreuung des Steuerpflichtigen, eine denkbare berufliche oder betriebliche Mitveranlassung ist hiermit untrennbar verbunden. Eine Trennung des Aufwands nach objektiven Kriterien ist nicht möglich. Fachzeitschriften hingegen können Arbeitsmittel darstellen (s. auch KKB/Hallerbach, § 4 EStG Rz. 537; KKB/Weiss, § 9 EStG Rz. 256).[5]

23

h) Besuch kultureller/sportlicher Veranstaltungen

Der Besuch solcher Veranstaltungen dient der privaten Unterhaltung, auch wenn sich u. U. eine Verbindung mit der beruflichen Tätigkeit herstellen lässt. Besteht hingegen ein unmittelbarer Bezug zum ausgeübten Beruf (z. B. Theaterkritiker, Sportjournalist), weil der Beruf nur anlässlich der Veranstaltung ausgeübt werden kann, liegen Werbungskosten/Betriebsausgaben vor.

24

---

1 BFH v. 22.6.2006 - VI R 5/04, BStBl 2006 II 717; BFH v. 18.6.2009 - VI R 14/07, BStBl 2010 II 816.
2 BFH v. 12.4.2007 - VI R 42/03, BFH/NV 2007, 1312 = NWB DokID: MAAAC-46936; BFH v. 23.4.2009 - VI R 60/06, BStBl 2010 II 26.
3 BFH v. 1.2.2001 - III R 22/00, BStBl 2001 II 543; BFH v. 5.4.2006 - IX R 109/00, BStBl 2006 II 541; BFH v. 19.5.2009 - VIII R 6/07, BStBl 2010 II 168; BFH v. 11.3.2010 - VI R 7/08, BStBl 2010 II 763.
4 BFH v. 30.10.1980 - IV R 27/77, BStBl 1981 II 303; v. 23.10.1992 - VI R 31/92, BStBl 1993 II 193; v. 22.4.2003 - VI B 275/00, BFH/NV 2003, 1052 = NWB DokID: EAAAA-70792; v. 20.7.2005 - VI R 50/03, BFH/NV 2005, 2185 = NWB DokID: OAAAB-68117.
5 BFH v. 7.9.1989 - IV R 128/88, BStBl 1990 II 19; BFH v. 2.2.1990 - VI R 112/87, BFH/NV 1990, 564 = NWB DokID: YAAAB-31969.

3. Aufwendungen für den Unterhalt Familienangehöriger

25   Auch wenn Unterhaltsleistungen nicht bereits Aufwendungen für den eigenen Haushalt darstellen, scheidet ein Abzug aus. Eine Berücksichtigung von Unterhaltsleistungen kommt aber nach § 10 Abs. 1a Nr. 1 EStG oder § 33 EStG und § 33a EStG in beschränktem Umfang in Betracht.

26–30   (Einstweilen frei)

II. Aufwendungen für die Lebensführung (§ 12 Nr. 1 Satz 2 EStG)

1. Begrifflichkeiten

31   § 12 Nr. 1 Satz 2 EStG enthält ein Abzugsverbot für Lebensführungsaufwendungen, die auch zur Förderung des Betriebs oder Berufs geeignet erscheinen. Verboten wird primär der Abzug der eigentlichen Repräsentationsaufwendungen, d. h. solcher Ausgaben, zu denen der Steuerpflichtige sich aufgrund seiner beruflichen Position verpflichtet sieht und denen er sich nicht entziehen kann. Betroffen sind die Aufwendungen, die im Zusammenhang mit der wirtschaftlichen oder gesellschaftlichen Stellung stehen und – nebenbei – zugleich auch den Beruf fördern. Bei diesen Aufwendungen greifen die beruflichen und privaten Veranlassungsbeiträge so ineinander, dass eine Trennung nicht möglich ist. Damit fallen nicht nur Ausgaben zur Befriedigung des Renommierbedürfnisses und Aufwendungen mit Repräsentationscharakter unter das Abzugsverbot, sondern auch Lebensführungskosten mit beiläufigem beruflichen Bezug, die auch nach der Rechtsprechungsänderung zum Aufteilungs- und Abzugsverbot für gemischte Aufwendungen nicht aufteilbar sind oder wegen ihrer Zugehörigkeit zu den unverzichtbaren Aufwendungen für die Lebensführung nicht abziehbar sind.

2. Kein Aufteilungs- und Abzugsverbot für gemischte Aufwendungen

32   Die frühere Rechtsprechung des BFH[1] sah in § 12 Nr. 1 Satz 2 EStG ein umfassendes Aufteilungs- und Abzugsverbot für gemischt veranlasste Aufwendungen. Diese Rechtsprechung wurde durch die Entscheidung des Großen Senats des BFH v. 21. 9. 2009[2] und im Anschluss daran auch von der FinVerw[3] aufgegeben. Das bisherige Regel-Ausnahme-Verhältnis wurde umgekehrt. Eine Aufteilbarkeit ist nun grundsätzlich anzunehmen, soweit ein sachgerechter Aufteilungsmaßstab feststellbar ist, also generell gerade nicht von einem Abzugsverbot auszugehen ist.[4] Erforderlich für das Vorliegen eines gemischten Aufwands ist, dass ein hinreichender wirtschaftlicher Zusammenhang mit der Einkunftserzielung besteht. Ob diese Voraussetzung besteht, ist zunächst nach der wertenden Beurteilung des die betreffenden Aufwendungen auslösenden Moments zu beurteilen. Hierfür sind die Gründe zu ermitteln, die zur Verausgabung der Aufwendungen bewogen haben, also die Grundlage für die Entscheidung bilden, den Aufwand zu tragen. Liegen berufliche und private Veranlassungsbeiträge gleichzeitig vor, handelt es sich um gemischte Aufwendungen: Dieselben (einheitlich angefallenen) Aufwendungen können dabei nebeneinander auf mehreren Veranlassungsbeiträgen beruhen, die je für sich gesehen nicht unbedeutend und mit Blick auf die Differenzierung zwischen Erwerbs- und Le-

---
1   BFH v. 19. 10. 1970 - GrS 2/70, BStBl 1971 II 17; BFH v. 19. 10. 1970 - GrS 3/70, BStBl 1971 II 21; BFH v. 27. 11. 1978 - GrS 8/77, BStBl 1979 II 213.
2   GrS 1/06, BStBl 2010 II 672, mit Anm. Kanzler, NWB 2010, 169.
3   BMF v. 6. 7. 2010, BStBl 2010 I 614.
4   Zum neuen Aufteilungsgebot ausführlich Kanzler, StJB 2010/2011, 43, 49.

bensführungssphäre unterschiedlich zu bewerten sind. Private Veranlassungsbeiträge von völlig untergeordneter Bedeutung führen weiterhin nicht zu gemischten Aufwendungen; umgekehrt eröffnet eine unbedeutende berufliche Veranlassung keinen anteiligen Abzug als Erwerbsaufwand.

Eine Aufteilung gemischt veranlasster Aufwendungen ist aber weiterhin nicht zulässig und auch der (nur teilweise) Abzug von Erwerbsaufwendungen weiterhin unzulässig, wenn 33

▶ die berufliche oder betriebliche Veranlassung von nur untergeordneter Bedeutung (< 10 %)[1] ist,

▶ die beruflichen und privaten Veranlassungsbeiträge so ineinander greifen, dass eine Trennung nicht möglich ist, weil es an objektivierbaren Kriterien für eine Aufteilung fehlt,

▶ es sich um grds. nicht abziehbare und nicht aufteilbare unverzichtbare Aufwendungen für die Lebensführung handelt, die sich nur theoretisch aufteilen ließen und durch die Vorschriften über das steuerliche Existenzminimum abgegolten sind.

3. Trennbarkeit des gemischten Aufwands

Eine Aufteilung von gemischt veranlassten Aufwendungen ist dann zulässig, wenn und soweit 34 sich der dem Beruf/Betrieb fördernde Teil der Aufwendungen nach objektiven Maßstäben mit Sicherheit, zutreffend und in leicht nachprüfbarer Weise abgrenzen lässt und zudem der berufliche Nutzungsanteil nicht von untergeordneter Bedeutung ist. Ob eine Aufteilbarkeit möglich ist, muss dabei für jeden einzelnen Aufwandsposten gesondert beurteilt werden. Die Frage nach der Trennbarkeit stellt sich nur für Fixkosten (z. B. bei gemischt genutzten Wirtschaftsgütern) oder bei Aufwendungen, die einheitlich zur Finanzierung sowohl beruflicher (betrieblicher) als auch privater Verwendungszwecke getragen werden.

a) Aufteilungsmaßstab

Welcher Aufteilungsmaßstab sachgerecht ist, lässt sich nicht einheitlich festlegen. Der Maßstab ist im jeweiligen Einzelfall nach dem unterschiedlichen Gewicht der jeweiligen Veranlassungsbeiträge zu bestimmen. Dies kann auch dazu führen, dass eine Aufteilung ganz ausscheidet. In Betracht kann z. B. eine Aufteilung nach Zeitanteilen,[2] nach Mengenanteilen, nach Flächenanteilen[3] oder eine Aufteilung nach Köpfen kommen. 35

b) Untrennbarer gemischter Aufwand

Eine Aufteilung gemischter Aufwendungen kommt nach wie vor nicht in Betracht, wenn die beruflichen und privaten Veranlassungsbeiträge so ineinander greifen, dass eine Trennung nicht möglich ist, weil es an objektivierbaren Kriterien für eine Aufteilung fehlt. Insbesondere bei einer Doppelmotivation von Aufwendungen kann es an einem objektiven Aufteilungsmaßstab fehlen. Unverzichtbare Aufwendungen für die Lebensführung sind nicht trennbar (z. B. bürgerliche Bekleidung). 36

---

1 BMF v. 6. 7. 2010, BStBl 2010 I 614, Rz. 11.
2 BFH v. 19. 2. 2004 - VI R 135/01, BStBl 2004 II 958; BFH v. 8. 11. 1979 - IV R 66/77, BStBl 1980 II 117; BFH v. 20. 7. 2006 - VI R 94/01, BStBl 2007 II 121; BFH v. 21. 9. 2009 - GrS 1/06, BStBl 2010 II 672; BFH v. 21. 4. 2010 - VI R 5/07, BStBl 2010 II 687.
3 BFH v. 22. 11. 2006 - X R 1/05, BStBl 2007 II 304.

4. Typische Anwendungsfälle

a) Arbeitsmittel

37 Ob ein Wirtschaftsgut als Arbeitsmittel i. S. d. § 9 Abs. 1 Satz 3 Nr. 6 EStG anzusehen ist, richtet sich nach dem Veranlassungszusammenhang, der zum einen der Anschaffung und zum anderen der nachfolgenden Nutzung zugrunde liegt. Ist die private Nutzung nicht nur von untergeordneter Bedeutung (< 10 %),[1] ist eine Aufteilung der Aufwendungen geboten.

b) Häusliches Arbeitszimmer

38 Liegen die Voraussetzungen für die steuerliche Abziehbarkeit der Aufwendungen für ein häusliches Arbeitszimmer vor (§ 4 Abs. 5 Satz 1 Nr. 6b EStG, ggf. i. V. m. § 9 Abs. 5 Satz 1 EStG), sind die Aufwendungen bisher nur dann zu berücksichtigen, wenn eine (nahezu) ausschließliche berufliche Nutzung des Raumes gegeben ist – dieser Grundsatz gilt auch nach der Rechtsprechungsänderung zum Aufteilungs- und Abzugsverbot weiterhin. Eine Aufteilung der Aufwendungen kommt nach den Ausführungen des Großen Senats des BFH nicht in Betracht;[2] siehe KKB/Hallerbach, § 4 EStG Rz. 725 ff.

c) Führerschein, Pilotenschein etc.

39 Kosten für den Erwerb eines **Pkw-Führerscheins** gehören i. d. R. zu den Aufwendungen der Lebensführung, unabhängig von einer späteren beruflichen Verwendungsabsicht.[3] Bei der Anschaffung und Benutzung eines Pkw stehen regelmäßig nicht berufliche Interessen, sondern private Erwägungen, wie Freude am Fahren, Bequemlichkeit und Annehmlichkeit im Vordergrund.[4] Die Fahrprüfung wird daher nicht aus beruflichen Gründen abgelegt, sondern schafft die Voraussetzung dafür, überhaupt ein Kraftfahrzeug zu führen. Der Erwerb des Führerscheins ist bei den heutigen gesteigerten Lebensansprüchen und dem gegenwärtigen Stand der Motorisierung allgemein üblich. Aufwendungen für den Erwerb eines **Lkw- oder Bus-Führerscheins** oder eines Personenbeförderungsscheins stehen i. d. R. in einem direkten beruflichen Zusammenhang und sind als Werbungskosten oder Betriebsausgabe abziehbar.[5]

40 Der Erwerb eines **Verkehrsflugzeugführerscheins** (Airline Transport Pilot Licence, ATPL) und der Musterberechtigung (Type Rating) steht i. d. R. in einem unmittelbaren Zusammenhang mit der Tätigkeit als Verkehrsflugzeugführer, so dass ein Abzug der Aufwendungen als Werbungskosten oder Betriebsausgabe gegeben ist. Hingegen steht der Erwerb eines Privatflugzeugführerscheins in einem nicht unerheblichen Verlassungszusammenhang mit der privaten Lebensführung, die Erzielung von Einkünften ist mit diesem Schein nahezu unmöglich. Ist die Ausbildung zum Privatpiloten aber Teil der durchgehenden Schulung zum Erwerb der ATPL, dient die Vermittlung von Kenntnissen und Fähigkeiten, die auch für den Erwerb der PPL erforderlich sind, nicht vornehmlich dazu, ihrem Inhaber das Führen und Bedienen von (kleineren) Flugzeugen im nichtgewerblichen Luftverkehr zu ermöglichen. Die entsprechende Schulung ist vielmehr Bestandteil der Ausbildung zum Verkehrsflugzeugführer und in diesem Rahmen notwen-

---

1 BFH v. 19. 2. 2004 - VI R 135/01, BStBl 2004 II 958, für einen PC; BMF v. 6. 7. 2010, BStBl 2010 I 614, Rz. 12.
2 BFH v. 27. 7. 2015 - GrS 1/14, BStBl 2016 II 265; kritisch hierzu *Kanzler*, NWB 2016, 1071.
3 BFH v. 15. 2. 2005 - VI B 188/04, BFH/NV 2005, 890 = NWB DokID: JAAAB-51712, m. w. N.; zu Ausnahmen vgl. BFH v. 8. 4. 1964 - VI R 251/63 U, BStBl 1964 III 431.
4 BFH v. 22. 11. 1963 - VI 264/62 S, BStBl 1964 III 141.
5 BFH v. 20. 2. 1969 - IV R 119/66, BStBl 1969 II 433, BFH v. 29. 6. 1984 - VI R 34/82, BStBl 1984 II 694.

dige Voraussetzung für den Erwerb des Verkehrsflugzeugführerscheins. In steuerlicher Hinsicht sind die gesamten Kosten dann einheitlich als Werbungskosten zu beurteilen.[1]

Aufwendungen für den Erwerb eines **Jagdscheins** sind nur dann beruflich veranlasst, wenn dieser die unmittelbare Voraussetzung für die Berufsausübung darstellt, z. B. bei einem Forstbeamten.[2] Ob Ausgaben für Sport- oder Computerkurse und ähnliche Fortbildungen beruflich oder privat veranlasst sind, ist im jeweiligen Einzelfall zu entscheiden.

d) Reisen

Aufwendungen für privat und beruflich veranlasste Reisen können anteilig als Werbungskosten oder Betriebsausgaben abgezogen werden, lediglich die privat veranlassten Kostenanteile unterliegen dem Abzugsverbot. Aufzuteilen sind nur die fixen Kosten der Reise, insbesondere An- und Abreise- sowie Übernachtungskosten. Kostenbestandteile, die unmittelbar der Erwerbsphäre oder der Privatsphäre zugeordnet werden können, sind vorab zuzuordnen.[3] Als Aufteilungsmaßstab ist grds. das Verhältnis der beruflichen/betrieblichen und privaten Zeitanteile zugrunde zu legen.[4]

e) Seminare zur Persönlichkeitsentfaltung

Kosten für die Teilnahme an psychologischen Seminaren, die nicht primär auf die spezifischen Bedürfnisse des vom Stpfl. ausgeübten Berufs zugeschnitten sind, sondern gleichermaßen der persönlichen Weiterbildung dienen, sind der privaten Lebensführung zuzurechnen. Von einer nahezu ausschließlichen beruflichen Veranlassung der Aufwendungen für die Teilnahme an psychologischen Seminaren kann bei Steuerpflichtigen, deren Beruf nicht die psychologische oder psychotherapeutische Behandlung, Betreuung oder Unterrichtung anderer Menschen ist, nur dann ausgegangen werden, wenn im Wesentlichen ein auf den konkreten Beruf zugeschnittenes psychologisches Wissen vermittelt wird und der Teilnehmerkreis des Seminars entsprechend homogen zusammengesetzt ist.[5] Indizien für die berufliche Veranlassung sind insbesondere die Lehrinhalte und ihre konkrete Anwendung in der beruflichen Tätigkeit, ob der Lehrgang von einem berufsmäßigen Veranstalter durchgeführt wird, der Ablauf des Lehrgangs sowie die teilnehmenden Personen (homogener Teilnehmerkreis).[6] Ein Lehrgang, der sowohl Grundlagenwissen als auch berufsbezogenes Spezialwissen vermittelt, kann beruflich veranlasst sein, wenn der Erwerb des Grundlagenwissens die Vorstufe zum Erwerb des berufsbezogenen Spezialwissens bildet.

f) Sprachkurse

Besteht ein unmittelbarer, konkreter Zusammenhang mit der beruflichen Tätigkeit, sind Aufwendungen für Fremdsprachenunterricht als Werbungskosten oder Betriebsausgabe abziehbar.[7] Auch Kosten für den Erwerb von Grundkenntnissen einer Fremdsprache können beruflich

---

1 BFH v. 30. 9. 2008 - VI R 4/ 07, BStBl 2009 II 111.
2 BFH v. 29. 1. 1960 - VI 9/59, BStBl 1960 III 163.
3 BFH v. 21. 4. 2010 - VI R 5/07, BStBl 2010 II 687.
4 BFH v. 21. 9. 2009 - GrS 1/06, BStBl 2010 II 672; BMF v. 6. 7. 2010, BStBl 2010 I 614, Rz. 15.
5 BFH v. 18. 5. 2006 - VI B 145/05, BFH/NV 2006, 1474 = NWB DokID: HAAAB-89195; BFH v. 24. 8. 2001 - VI R 40/94, BFH/NV 2002, 182 = NWB DokID: MAAAA-97107.
6 BFH v. 28. 8. 2008 - VI R 44/04, BStBl 2009 II 106.
7 BFH v. 10. 4. 2002 - VI R 46/01, BStBl 2002 II 579; BFH v. 13. 6. 2002 - VI R 168/00, BStBl 2003 II 765.

veranlasst sein, wenn ein konkreter beruflicher Zusammenhang besteht (s. auch KKB/Weiss, § 9 EStG Rz. 286).

g) Veranstaltungen mit gemischtem Charakter

45 Die berufliche oder private Veranlassung von Aufwendungen für die Ausrichtung von Veranstaltungen wird nach ständiger Rechtsprechung des BFH durch den Anlass der betreffenden Veranstaltung indiziert. Für die berufliche oder private Veranlassung der Kosten einer Veranstaltung sei danach von Bedeutung, wer als Gastgeber auftritt, wer die Gästeliste bestimmt, ob es sich bei den Gästen um Kollegen, Geschäftsfreunde oder Mitarbeiter (des Stpfl. oder des Arbeitgebers), um Angehörige des öffentlichen Lebens, der Presse, um Verbandsvertreter oder um private Bekannte oder Angehörige des Stpfl. handelt, in wessen Räumlichkeiten bzw. an welchem Ort die Veranstaltung stattfindet und ob das Fest den Charakter einer privaten Feier aufweist.[1] Um welche Art von Veranstaltung es sich im Einzelfall handelt, hängt von allen Umständen des Einzelfalls ab – insbesondere von der Art der Organisation der Veranstaltung und von dem Gepräge, das sie insgesamt gefunden hat; maßgebend ist die tatsächliche Zweckbestimmung im Einzelfall. Es ist also zunächst der Gesamtcharakter einer Veranstaltung festzustellen, sodann können einzelne Kosten, die diesem Charakter nicht entsprechen und die klar trennbar sind (ggf. im Schätzungswege), anders als die Gesamtkosten behandelt werden (s. auch KKB/Weiss, § 9 EStG Rz. 20).[2]

h) Unterhaltungselektronik

46 Geräte der Unterhaltungselektronik dienen grds. der privaten Lebensführung, insbesondere dann, wenn sich diese in der privaten Wohnung befinden. Soweit eine nach objektiven Merkmalen trennbare berufliche/betriebliche Veranlassung vorliegt, sind die Aufwendungen aufzuteilen.

i) Versicherungsprämien

47 Ob Ansprüche und Verpflichtungen aus einem Versicherungsvertrag zur Erwerbsphäre gehören und die geleisteten Prämien Werbungskosten oder Betriebsausgaben darstellen, richtet sich nach der Art des versicherten Risikos (s. auch KKB/Hallerbach, § 4 EStG Rz. 163; KKB/Weiss, § 9 EStG Rz. 101, 162). Ist die Versicherung auf ein betriebsbedingtes oder berufliches Risiko bezogen, führt sie zu Betriebsausgaben/Werbungskosten und (Betriebs-)Einnahmen. Betriebsbezogene Gefahren, die darin bestehen, dass betrieblich/beruflich genutzte Gegenstände durch Unfall, Brand, Sturm, Wassereinbruch oder ähnliche Ereignisse zerstört oder beschädigt werden, stellen betriebliche Risiken dar.[3] Gefahren, die die Person betreffen (z. B. das allgemeine Lebensrisiko zu erkranken oder Opfer eines Unfalls zu werden), sind grundsätzlich außerbetriebliche Risiken, so dass ein Zusammenhang zur Einkunftserzielung fehlt.[4] Das Risiko krankheits- oder unfallbedingter Vermögenseinbußen (Heilbehandlungskosten, Verdienstausfall) ist bei wertender Betrachtung der privaten Lebensführung zuzurechnen. Eine Zuordnung zum betrieblichen/beruflichen Bereich ist nur dann zulässig, wenn durch die Ausübung des Be-

---

1 BFH v. 11.1.2007 - VI R 52/03, BStBl 2007 II 317.
2 BMF v. 6.7.2010, BStBl 2010 I 614, Rz. 15. Vgl. auch BFH v. 8.7.2015 - VI R 46/14, NWB DokID: TAAAF-06289 und Schneider, NWB 2015, 3296.
3 BFH v. 18.7.1968 - I 224/65, BStBl 1968 II 737; BFH v. 9.12.1982 - IV R 54/80, BStBl 1983 II 371.
4 BFH v. 15.6.2005 - VI B 64/04, BFH/NV 2005, 1796 = NWB DokID: XAAAB-58206.

rufs ein erhöhtes Risiko geschaffen wird und der Abschluss des Versicherungsvertrags entscheidend der Abwendung dieses Risikos dient. Daher rechnet der BFH Versicherungen, die Schutz gegen spezielle berufs- oder betriebsspezifische Gefahren (Berufskrankheiten, Arbeitsunfälle) gewähren, der betrieblichen/beruflichen Sphäre zu.[1] Wird die Versicherung sowohl zur Abdeckung erwerbsbedingter als auch privater Risiken abgeschlossen, ist eine Aufteilung der einheitlich in Rechnung gestellten Prämie und der anteilige Abzug als Betriebsausgaben bzw. Werbungskosten zu schätzen (Verhältnis der Einzelprämien mit und ohne betrieblichen Versicherungsteil).[2] Bei Unfallversicherungen gegen die Folgen sowohl beruflicher als auch außerberuflicher Unfälle kann eine hälftige Berücksichtigung des Gesamtbeitrags als Werbungskosten/Betriebsausgabe erfolgen.[3]

(*Einstweilen frei*) 48–55

III. Abzugsverbot für bestimmte Zuwendungen (§ 12 Nr. 2 EStG)

1. Begrifflichkeiten

Eine Zuwendung i. S. d. § 12 Nr. 2 EStG ist eine unentgeltliche Leistung in Geld oder Geldeswert des Zuwendenden an eine andere Person (Zuwendungsempfänger).[4] Die Zuwendung setzt objektiv den Abfluss eines Vermögenswerts aus dem Vermögen des Zuwendenden und den Zufluss in das Vermögen des Empfängers voraus. In subjektiver Hinsicht ist der Wille zu einer Vermögensübertragung und dessen Unentgeltlichkeit erforderlich. 56

2. Freiwillige Zuwendungen (§ 12 Nr. 2 1. Alt. EStG)

Die Freiwilligkeit einer Zuwendung liegt nur dann vor, wenn der Leistende zu ihr weder aufgrund eines Gesetzes noch durch vertragliche Vereinbarung oder behördliche Auflage verpflichtet ist, d. h. die Zuwendung ausschließlich in seinen Willen gestellt ist. Eine sittliche Verpflichtung, ein sachlicher oder moralischer Zwang beseitigen nicht den Charakter der Freiwilligkeit.[5] Freiwillige Zuwendungen stellen grundsätzlich Aufwendungen für die Lebensführung dar und sind bereits gem. § 12 Nr. 1 EStG nicht abziehbar. § 12 Nr. 2 EStG hat insoweit nur eine klarstellende Bedeutung. 57

3. Zuwendungen aufgrund freiwillig begründeter Rechtspflicht (§ 12 Nr. 2 2. Alt. EStG)

Eine freiwillig begründete Rechtspflicht liegt vor, wenn der Zuwendende freiwillig und unentgeltlich eine Verpflichtung (z. B. notarielles Schenkungsversprechen) eingeht, durch die der Empfänger einen Rechtsanspruch auf die Zuwendungen erhält. 58

4. Zuwendungen an Unterhaltsberechtigte (§ 12 Nr. 2 3. Alt. EStG)

Gesetzlich unterhaltsberechtigt sind alle Personen, die nach bürgerlichem Recht gegen den Stpfl. oder seinen Ehegatten einen Unterhaltsanspruch haben können. Die Unterhaltspflicht ergibt sich insbesondere aus den §§ 1601 ff. BGB (Verwandte in gerader Linie; Kinder, Eltern, 59

---

1 Dazu BMF v. 28.10.2009, BStBl 2009 I 1275.
2 BFH v. 19.5.2009 - VIII R 6/07, BStBl 2010 II 168.
3 BMF v. 28.10.2009, BStBl 2009 I 1275 Rz. 1.3.
4 BFH v. 28.7.1983 - IV R 174/80, BStBl 1984 II 97.
5 BFH v. 27.2.1992 - X R 139/88, BStBl 1992 II 612.

Großeltern), §§ 1360 ff. (Ehegatten), §§ 1569 ff. (geschiedene Ehe), §§ 1615a ff. BGB (nichteheliche Kinder) und § 1754 BGB (angenommene Kinder). Nicht gegenseitig gesetzlich unterhaltspflichtig sind z. B. Geschwister und verschwägerte Personen. Der Begriff der gesetzlichen Unterhaltsberechtigung bemisst sich stets nach deutschem Recht, auch wenn im konkreten Fall die Verpflichtungsfrage nach ausländischem Recht zu beurteilen ist.[1] Das Abzugsverbot greift bereits dann ein, wenn aufgrund der familienrechtlichen Beziehung lediglich eine mögliche (potenzielle) Unterhaltsberechtigung bzw. -verpflichtung besteht. Ausdrücklich nicht erforderlich ist, dass auch die subjektiven (konkreten) Voraussetzungen einer Unterhaltspflicht gegeben sind.[2] Der potenziell Unterhaltsverpflichtete kann sich also nicht darauf berufen, dass eine konkrete Unterhaltspflicht nicht bestehe, weil der Leistungsempfänger z. B. wegen anderweitiger Einkünfte nicht unterhaltsbedürftig und damit auch nicht tatsächlich unterhaltsberechtigt sei.

60 Unterhaltsverpflichtet in diesem Sinne ist auch, wer als Erbe an gegenüber dem Erblasser unterhaltsberechtigte Personen Unterhaltsleistungen erbringt. Die Unterhaltspflicht unter Verwandten und unter Eheleuten geht nicht auf den Erben über (§§ 1615, 1360a Abs. 3 BGB). Die Unterhaltspflicht der durch Scheidung, Nichtigerklärung oder Aufhebung der Ehe getrennten Eheleute trifft jedoch auch den Erben (§ 1586b BGB, §§ 26, 37, 39 Abs. 2 EheG). Muss der Erbe Unterhaltszahlungen des Erblassers, die bei diesem unter § 12 Nr. 2 EStG fielen, fortsetzen, unterfallen die Zahlungen auch beim Erben dem Abzugsverbot. Leistet der Erbe Unterhaltszahlungen aufgrund einer geerbten Verpflichtung an eine Person, die nur ihm gegenüber potenziell unterhaltsberechtigt ist, steht § 12 Nr. 2 EStG der Abziehbarkeit nicht entgegen. Ist der Erbe aufgrund testamentarischer Anordnung zur Leistung einer Rente oder dauernden Last an einen Dritten verpflichtet, dem gegenüber die Verpflichtung aus Sicht des Erblassers freiwillig ist, ist strittig, ob auf die Unterhaltsberechtigung gegenüber dem Erben oder dem Erblasser abzustellen ist. Da die Zuwendung noch durch den Erblasser erfolgt, kommt es m. E. auch hier darauf an, ob der Empfänger dem Erblasser gegenüber unterhaltsberechtigt ist, denn auch bei der Beurteilung des Merkmals der Freiwilligkeit wird auf die Entscheidungslage des Erblassers abgestellt.[3]

61–65 (Einstweilen frei)

IV. Abzugsverbot für Steuern und Nebenleistungen (§ 12 Nr. 3 EStG)

1. Nicht abziehbare Steuern vom Einkommen und sonstige Personensteuern (§ 12 Nr. 3 1. Halbsatz 1. Alt. EStG)

66 Dem Abzugsverbot unterliegt zunächst die Einkommensteuer, auch in Form der Lohnsteuer und Kapitalertragsteuer (Abgeltungsteuer).[4] Zudem gilt das Verbot für die als Zuschlag zur Einkommensteuer erhobenen Abgaben, z. B. Solidaritätszuschlag. Auch die Kirchensteuer ist eine Steuer vom Einkommen, die jedoch aufgrund von § 10 Abs. 1 Nr. 4 EStG (i. V. m. dem Einleitungssatz des § 12 EStG) als Sonderausgabe zu berücksichtigen ist. Personensteuern (oder Subjektsteuern) sind daneben die „sonstigen" auf die Personen zugeschnittenen Steuern, d. h.

---

1 BFH v. 5. 5. 2010 - VI R 5/09, BStBl 2011 II 115.
2 BFH v. 18. 10. 1974 - VI R 175/72, BStBl 1975 II 502; BFH v. 31. 10. 1969 - VI R 60/68, BStBl 1970 II 115.
3 FG Köln v. 20. 12. 1984 - VIII 120/79 E und VIII 19/81 E, EFG 1985, 494; FG Münster v. 25. 3. 1980 - VI 1398/76 E, EFG 1980, 441; BFH v. 16. 9. 1986 - IX R 1/82, BFH/NV 1987, 233 = NWB DokID: BAAAB-28884; BFH v. 27. 2. 1992 - X R 139/88, BStBl 1992 II 612.
4 BFH v. 22. 1. 1997 - I R 64/96, BStBl 1997 II 548.

diejenigen Steuern, die die persönlichen Verhältnisse (z. B. Familienstand, Alter, Krankheit, Kinder) berücksichtigen. Hierzu gehört insbesondere die Erbschaft- bzw. Schenkungsteuer,[1] aber auch die zwischenzeitlich aufgehobene Vermögensteuer. Ausländische Steuern können im Rahmen des § 34c EStG auf die inländische Einkommensteuer angerechnet (§ 34c Abs. 1 EStG) oder bei der Ermittlung des Gesamtbetrags der Einkünfte (§ 34c Abs. 2 EStG) berücksichtigt werden.

2. Nicht abziehbare Umsatzsteuer und Vorsteuerbeträge (§ 12 Nr. 3 1. Halbsatz 2. Alt. EStG)

Um eine Gleichstellung von Unternehmern und Nichtunternehmern herbeizuführen, erfasst das Abzugsverbot auch die Umsatzsteuer für Umsätze, die Entnahmen sind. Zudem sind Vorsteuerbeträge auf Aufwendungen, für die das Abzugsverbot des § 12 Nr. 1 EStG oder des § 4 Abs. 5 Satz 1 Nr. 1 bis 5, 7 oder § 4 Abs. 7 EStG gilt, nicht abziehbar.

67

3. Nicht abziehbare Nebenleistungen (§ 12 Nr. 3 2. Halbsatz EStG)

Steuerliche Nebenleistungen sind die in § 3 Abs. 4 AO genannten, u. a. Verspätungszuschläge, Zinsen, Säumniszuschläge, Zwangsgelder und Kosten. Diese Nebenleistungen sind hinsichtlich der Abziehbarkeit wie die zugrunde liegenden Steuern zu behandeln.

68

(*Einstweilen frei*)

69–74

V. Abzugsverbot für Geldstrafen und sonstige Rechtsfolgen mit Strafcharakter (§ 12 Nr. 4 EStG)

Strafverteidigungskosten oder Gerichtskosten stellen ohne Rücksicht auf eine Verurteilung Betriebsausgaben bzw. Werbungskosten dar, wenn die dem Strafverfahren zugrunde liegende Tat in Ausübung der betrieblichen bzw. beruflichen Tätigkeit begangen worden ist (s. auch KKB/Merx, § 19 EStG Rz. 396).[2]

75

1. In einem Strafverfahren festgesetzte Geldstrafen (§ 12 Nr. 4 1. Alt. EStG)

Hierunter sind alle als Geldstrafen bezeichneten Rechtsnachteile, die von einem Gericht im Geltungsbereich des Gesetzes nach den Strafvorschriften des Bundes- oder Landesrechts verhängt werden, zu verstehen. Als Strafe (Geldstrafe, Freiheitsstrafe usw.) dürfen nur solche Rechtsnachteile bezeichnet werden, die bei Straftaten angedroht werden, Art. 5 EGStGB. Keine Geldstrafen sind Konventionalstrafen, Verspätungsfolgen usw., das Abzugsverbot des § 12 Nr. 4 EStG erstreckt sich also nicht auf derartige Sanktionen. Auch Geldstrafen, die von einem ausländischen Gericht verhängt worden sind, unterfallen dem Abzugsverbot, sofern sie den wesentlichen Grundsätzen der deutschen Rechtsordnung entsprechen.[3] Auch wenn eine Straftat im Zusammenhang mit einem Betrieb/Beruf begangen wurde, ist die persönliche Schuld des Täters maßgebend für die Festsetzung der Strafe. Bei Geldstrafen, die für kriminelles Unrecht verhängt werden, überwiegt stets die Beziehung zur Person des Täters.[4] Die Festsetzung

76

---

1 BFH v. 9. 8. 1983 - VIII R 35/80, BStBl 1984 II 27; BFH v. 27. 7. 2000 - X R 42/97, BFH/NV 2001, 307 = NWB DokID: OAAAA-97060.
2 BFH v. 13. 12. 1994 - VIII R 34/93, BStBl 1995 II 457; v. 18. 10. 2007 - VI R 42/04, BStBl 2008 II 223.
3 BFH v. 31. 7. 1991 - VIII R 89/86, BStBl 1992 II 85.
4 BFH v. 22. 7. 1986 - VIII R 93/85, BStBl 1986 II 845.

muss sich gegen die Person des Stpfl. selbst richten. Übernimmt z. B. der Arbeitgeber die Zahlung einer gegen seinen Arbeitnehmer festgesetzten Geldstrafe, greift § 12 Nr. 4 EStG nicht.

2. Sonstige Rechtsfolgen vermögensrechtlicher Art mit überwiegendem Strafcharakter (§ 12 Nr. 4 2. Alt. EStG)

77 Bei vorsätzlich begangenen Straftaten können nach § 74 Abs. 1 StGB Gegenstände, die durch sie hervorgebracht (sog. producta sceleris; z. B. gefälschte Bilder) oder zu ihrer Begehung oder Vorbereitung gebraucht oder bestimmt gewesen sind (sog. instrumenta sceleris; z. B. Tatwerkzeuge, Fahrzeuge) eingezogen werden. Die Einziehung ist nur zulässig, wenn die Gegenstände zur Zeit der Entscheidung dem Täter oder Teilnehmer gehören oder zustehen (§ 74 Abs. 2 Nr. 1 StGB) oder die Gegenstände nach ihrer Art und den Umständen die Allgemeinheit gefährden oder die Gefahr besteht, dass sie der Begehung rechtswidriger Taten dienen werden (§ 74 Abs. 2 Nr. 2 StGB). Soweit ein Fall des § 74 Abs. 2 Nr. 1 StGB gegeben ist, handelt es sich um eine Strafe oder zumindest eine strafähnliche Sanktion, die unter das Abzugsverbot fällt. Die Einziehung zur Sicherung der Allgemeinheit gem. § 74 Abs. 2 Nr. 2 StGB ist eine reine Sicherungsmaßnahme und besitzt keinen Strafcharakter. Die Einziehung eines Geldbetrags anstelle oder neben der Einziehung eines Gegenstands gem. § 74c StGB (Wertersatz) steht der Einziehung von Gegenständen gleich.

Das Gericht kann nach § 73 StGB den Verfall anordnen, weil der Täter oder Teilnehmer für die Tat oder aus ihr einen Vermögensvorteil erlangt hat, es sei denn, dem Verletzten ist aus der Tat ein Anspruch erwachsen, dessen Erfüllung den aus der Tat erlangten Vermögensvorteil beseitigen oder mindern würde. Mit der Anordnung des Verfalls sollen dort, wo zivilrechtliche Ersatzansprüche des Geschädigten fehlen, im Weg eines öffentlich-rechtlichen Erstattungsanspruchs die durch eine rechtswidrige Tat erlangten Vermögensvorteile beim illegitimen Empfänger abgeschöpft werden. Das Abzugsverbot des § 12 Nr. 4 EStG gilt für den Verfall nicht.[1] Nach § 74d StGB kann die Unbrauchbarmachung von zur Herstellung von Schriften gebrauchten oder bestimmten Vorrichtungen, wie Platten, Formen, Drucksätzen, Druckstöcken, Negativen oder Matrizen, angeordnet werden. Die Einziehung und Unbrauchbarmachung der Herstellungsvorrichtungen sind vorbeugende sichernde Maßnahmen ohne Strafcharakter.

3. Leistungen zur Erfüllung von Auflagen oder Weisungen (§ 12 Nr. 4 3. Alt. EStG)

78 Nur für Auflagen und Weisungen, die als strafähnliche Sanktionen die Aufgabe haben, Genugtuung für das begangene Unrecht zu schaffen, fallen unter das Abzugsverbot. Ausgleichszahlungen an das geschädigte Tatopfer werden dagegen nicht erfasst, diese Zahlungen sind nach den allgemeinen Grundsätzen als Betriebsausgaben oder Werbungskosten abzugsfähig.[2] Die Auflage der Schadenswiedergutmachung hat keinen strafähnlichen Charakter. Die Abgrenzung, ob die Festsetzung einer Auflage lediglich der Schadenswiedergutmachung dient, ist nach Maßgabe des Inhalts der gerichtlichen Entscheidung und der objektiven Gegebenheiten zu beurteilen.[3] Das in § 12 Nr. 4 EStG geregelte Abzugsverbot greift nur insoweit, als die wirtschaftliche Belastung durch eine Auflage finalen Sanktionscharakter hat. Erfasst werden z. B. in einem Strafverfahren festgesetzte Auflagen und Anweisungen bei einer Strafaussetzung

---

[1] Vgl. H 12.3 „Rechtsfolgen vermögensrechtlicher Art" EStH.
[2] BFH v. 15. 1. 2009 - VI R 37/06, BStBl 2010 II 111.
[3] BFH v. 28. 1. 2005 - VIII B 117/03, BFH/NV 2005, 1110 = NWB DokID: NAAAB-52820; BFH v. 22. 7. 2008 - VI R 47/06, BStBl 2009 II 151.

zur Bewährung nach § 56b Abs. 2 Satz 1 Nr. 2, Nr. 3 und Nr. 4 StGB, bei einer Verwarnung unter Strafvorbehalt nach § 59a Abs. 2 Satz 1 Nr. 3, Nr. 4 und Nr. 5 StGB, als Zuchtmittel nach § 15 Abs. 1 Satz 1 Nr. 3 und Nr. 4 JGG und bei der vorläufigen Einstellung des Strafverfahrens nach § 153a Abs. 1 Satz 2 Nr. 2, Nr. 3 und Nr. 6 StPO,[1] (Aufwendungen zur) Teilnahme an einem Verkehrsunterricht oder einem Aufbauseminar, Zahlung eines Geldbetrags zugunsten einer gemeinnützigen Einrichtung oder der Staatskasse oder die Erbringung von Arbeitsleistung oder sonstigen gemeinnützigen Leistungen. Die Auflagen nach § 153a Abs. 1 StPO vor Eröffnung des Hauptverfahrens verfolgen ebenso wie die entsprechenden Auflagen im Zusammenhang mit der Strafaussetzung zur Bewährung Strafzwecke und fallen auch unter das Abzugsverbot.

(*Einstweilen frei*) 79–85

VI. Abzugsverbot für Erstausbildungskosten in den Veranlagungszeiträumen 2004 bis 2014 (§ 12 Nr. 5 a. F. EStG)

▶ Zur Kommentierung siehe Online-Version, 1. Aufl. 2016

(*Einstweilen frei*) 86–96

C. Verfahrensfragen

Schätzung bei gemischten Aufwendungen: Bestehen keine Zweifel daran, dass ein abgrenzbarer Teil der Aufwendungen betrieblich oder beruflich veranlasst ist, bereitet seine Quantifizierung aber Schwierigkeiten, so ist dieser Anteil unter Berücksichtigung aller maßgeblichen Umstände zu schätzen (§ 162 AO).[2] Es ist Sache des Stpfl. die maßgeblichen Umstände spätestens im finanzgerichtlichen Verfahren vorzutragen und die entsprechenden Nachweise zu erbringen. Die Schätzung gehört zu den tatsächlichen Feststellungen i. S. d. § 118 Abs. 2 FGO, die der BFH nur darauf überprüfen kann, ob sie zulässig war, ob sie verfahrensrechtlich einwandfrei zustande gekommen ist, und ob das FG anerkannte Schätzungsgrundsätze, Denkgesetze und allgemeine Erfahrungssätze beachtet hat, d. h., ob das Ergebnis der Schätzung schlüssig und plausibel ist.[3] 97

8. Die einzelnen Einkunftsarten

a) Land- und Forstwirtschaft (§ 2 Absatz 1 Satz 1 Nummer 1 EStG)

§ 13 Einkünfte aus Land- und Forstwirtschaft

(1) Einkünfte aus Land- und Forstwirtschaft sind

1. Einkünfte aus dem Betrieb von Landwirtschaft, Forstwirtschaft, Weinbau, Gartenbau und aus allen Betrieben, die Pflanzen und Pflanzenteile mit Hilfe der Naturkräfte gewin-

---

1 H 12.3 „Leistungen zur Erfüllung von Auflagen und Weisungen" EStH; BFH v. 22. 7. 2008 - VI R 47/06, BStBl 2009 II 151.
2 BFH v. 21. 9. 2009 - GrS 1/06, BStBl 2010 II 672, zu Rz. 115.
3 Siehe nur BFH v. 17. 10. 2001 - I R 103/00, BStBl 2004 II 171.

nen. ²Zu diesen Einkünften gehören auch die Einkünfte aus der Tierzucht und Tierhaltung, wenn im Wirtschaftsjahr

für die ersten 20 Hektar nicht mehr als 10 Vieheinheiten,

für die nächsten 10 Hektar nicht mehr als 7 Vieheinheiten,

für die nächsten 20 Hektar nicht mehr als 6 Vieheinheiten,

für die nächsten 50 Hektar nicht mehr als 3 Vieheinheiten

und für die weitere Fläche nicht mehr als 1,5 Vieheinheiten

je Hektar der vom Inhaber des Betriebs regelmäßig landwirtschaftlich genutzten Flächen erzeugt oder gehalten werden. ³Die Tierbestände sind nach dem Futterbedarf in Vieheinheiten umzurechnen. ⁴§ 51 Absatz 2 bis 5 des Bewertungsgesetzes ist anzuwenden. ⁵Die Einkünfte aus Tierzucht und Tierhaltung einer Gesellschaft, bei der die Gesellschafter als Unternehmer (Mitunternehmer) anzusehen sind, gehören zu den Einkünften im Sinne des Satzes 1, wenn die Voraussetzungen des § 51a des Bewertungsgesetzes erfüllt sind und andere Einkünfte der Gesellschafter aus dieser Gesellschaft zu den Einkünften aus Land- und Forstwirtschaft gehören;

2. Einkünfte aus sonstiger land- und forstwirtschaftlicher Nutzung (§ 62 Bewertungsgesetz);

3. Einkünfte aus Jagd, wenn diese mit dem Betrieb einer Landwirtschaft oder einer Forstwirtschaft im Zusammenhang steht;

4. Einkünfte von Hauberg-, Wald-, Forst- und Laubgenossenschaften und ähnlichen Realgemeinden im Sinne des § 3 Absatz 2 des Körperschaftsteuergesetzes.

(2) Zu den Einkünften im Sinne des Absatzes 1 gehören auch

1. Einkünfte aus einem land- und forstwirtschaftlichen Nebenbetrieb. ²Als Nebenbetrieb gilt ein Betrieb, der dem land- und forstwirtschaftlichen Hauptbetrieb zu dienen bestimmt ist;

2. der Nutzungswert der Wohnung des Steuerpflichtigen, wenn die Wohnung die bei Betrieben gleicher Art übliche Größe nicht überschreitet und das Gebäude oder der Gebäudeteil nach den jeweiligen landesrechtlichen Vorschriften ein Baudenkmal ist;

3. die Produktionsaufgaberente nach dem Gesetz zur Förderung der Einstellung der landwirtschaftlichen Erwerbstätigkeit.

(3) ¹Die Einkünfte aus Land- und Forstwirtschaft werden bei der Ermittlung des Gesamtbetrags der Einkünfte nur berücksichtigt, soweit sie den Betrag von 900 Euro übersteigen. ²Satz 1 ist nur anzuwenden, wenn die Summe der Einkünfte 30 700 Euro nicht übersteigt. ³Im Fall der Zusammenveranlagung von Ehegatten verdoppeln sich die Beträge der Sätze 1 und 2.

(4) ¹Absatz 2 Nummer 2 findet nur Anwendung, sofern im Veranlagungszeitraum 1986 bei einem Steuerpflichtigen für die von ihm zu eigenen Wohnzwecken oder zu Wohnzwecken des Altenteilers genutzte Wohnung die Voraussetzungen für die Anwendung des § 13 Absatz 2 Nummer 2 des Einkommensteuergesetzes in der Fassung der Bekanntmachung vom 16. April 1997 (BGBl I S. 821) vorlagen. ²Der Steuerpflichtige kann für einen Veranlagungszeitraum nach dem Veranlagungszeitraum 1998 unwiderruflich beantragen, dass Absatz 2 Nummer 2 ab diesem Veranlagungszeitraum nicht mehr angewendet wird. ³§ 52 Absatz 21 Satz 4 und 6 des Einkommensteuergesetzes in der Fassung der Bekanntmachung vom 16. April 1997 (BGBl

I S. 821) ist entsprechend anzuwenden. ⁴Im Fall des Satzes 2 gelten die Wohnung des Steuerpflichtigen und die Altenteilerwohnung sowie der dazugehörende Grund und Boden zu dem Zeitpunkt als entnommen, bis zu dem Absatz 2 Nummer 2 letztmals angewendet wird. ⁵Der Entnahmegewinn bleibt außer Ansatz. ⁶Werden

1. die Wohnung und der dazugehörende Grund und Boden entnommen oder veräußert, bevor sie nach Satz 4 als entnommen gelten, oder
2. eine vor dem 1. Januar 1987 einem Dritten entgeltlich zur Nutzung überlassene Wohnung und der dazugehörende Grund und Boden für eigene Wohnzwecke oder für Wohnzwecke eines Altenteilers entnommen,

bleibt der Entnahme- oder Veräußerungsgewinn ebenfalls außer Ansatz; Nummer 2 ist nur anzuwenden, soweit nicht Wohnungen vorhanden sind, die Wohnzwecken des Eigentümers des Betriebs oder Wohnzwecken eines Altenteilers dienen und die unter Satz 4 oder unter Nummer 1 fallen.

(5) Wird Grund und Boden dadurch entnommen, dass auf diesem Grund und Boden die Wohnung des Steuerpflichtigen oder eine Altenteilerwohnung errichtet wird, bleibt der Entnahmegewinn außer Ansatz; der Steuerpflichtige kann die Regelung nur für eine zu eigenen Wohnzwecken genutzte Wohnung und für eine Altenteilerwohnung in Anspruch nehmen.

(6) ¹Werden einzelne Wirtschaftsgüter eines land- und forstwirtschaftlichen Betriebs auf einen der gemeinschaftlichen Tierhaltung dienenden Betrieb im Sinne des § 34 Absatz 6a des Bewertungsgesetzes einer Erwerbs- und Wirtschaftsgenossenschaft oder eines Vereins gegen Gewährung von Mitgliedsrechten übertragen, so ist die auf den dabei entstehenden Gewinn entfallende Einkommensteuer auf Antrag in jährlichen Teilbeträgen zu entrichten. ²Der einzelne Teilbetrag muss mindestens ein Fünftel dieser Steuer betragen.

(7)¹ § 15 Absatz 1 Satz 1 Nummer 2, Absatz 1a, Absatz 2 Satz 2 und 3, §§ 15a und 15b sind entsprechend anzuwenden.

Inhaltsübersicht	Rz.
A. Allgemeine Erläuterungen	1 - 130
I. Normzweck und wirtschaftliche Bedeutung der Vorschrift	1 - 5
II. Entstehung und Entwicklung der Vorschrift	6 - 10
III. Geltungsbereich	11 - 15
IV. Verhältnis zu anderen Vorschriften	16 - 130
1. Abgrenzung zum Gewerbebetrieb	16 - 95
a) Absatz eigener Erzeugnisse	41 - 55
b) Verwendung von Wirtschaftsgütern des Betriebsvermögens und Dienstleistungen	56 - 70
c) Bedeutung der Rechtsform	71 - 85
d) Veräußerung von Grundstücken	86 - 95
2. Abgrenzung zur Vermietung und Verpachtung	96 - 105
3. Liebhaberei	106 - 130
B. Systematische Kommentierung	131 - 470
I. Einkünfte aus Land- und Forstwirtschaft (§ 13 Abs. 1 EStG)	131 - 320
1. Ermittlung der Einkünfte aus Land- und Forstwirtschaft	141 - 190
a) Gewinnermittlungsarten	141 - 155
b) Gewinnermittlungszeitraum	156 - 165

1 Anm. d. Red.: Zur Anwendung des § 13 Abs. 7 siehe § 52 Abs. 22.

c)	Besonderheiten bei land- und forstwirtschaftlichen Wirtschaftsgütern und Betriebsvorgängen	166 – 181
aa)	Grund und Boden	166 – 175
bb)	Feldinventar und stehende Ernte	176 – 177
cc)	Milchlieferrechte und andere Produktionsbeschränkungen	178 – 179
dd)	Zahlungen und Entschädigungen	180 – 181
d)	Besonderheiten land- und forstwirtschaftlicher Mitunternehmerschaften	182 – 190
2.	Landwirtschaft (§ 13 Abs. 1 Nr. 1 Satz 1 EStG)	191 – 200
3.	Forstwirtschaft	201 – 225
a)	Begriffe: Forstwirtschaftliche Tätigkeit, forstwirtschaftliche Fläche und forstwirtschaftlicher Betrieb	201 – 205
b)	Besonderheiten bei der Gewinnermittlung	206 – 225
4.	Wein- und Obstbau	226 – 235
5.	Garten- und Gemüsebau, Baumschulen	236 – 245
6.	Tierzucht und Tierhaltung (§ 13 Abs. 1 Nr. 1 Satz 2 bis 5 EStG)	246 – 290
a)	Tierzucht und Tierhaltung bei Einzelunternehmen	246 – 275
aa)	Allgemeines	246 – 255
bb)	Maßgeblicher Tierbestand und maßgebliche Fläche	256 – 260
cc)	Übersteigen der VE-Höchstzahl	261 – 265
dd)	Sonderfälle der Tierzucht und Tierhaltung	266 – 275
(1)	Pelztiere	266
(2)	Reitbetriebe	267 – 271
(3)	Pensionstierhaltung	272 – 275
b)	Gemeinschaftliche Tierzucht und Tierhaltung	276 – 290
aa)	Personengesellschaften	276 – 280
bb)	Tierhaltungsgemeinschaften	281 – 290
(1)	Allgemeines	281
(2)	Voraussetzungen	282
(3)	Überschreiten der VE-Höchstzahl	283 – 290
7.	Sonstige luf Nutzung (§ 13 Abs. 1 Nr. 2 EStG)	291 – 300
8.	Jagd (§ 13 Abs. 1 Nr. 3 EStG)	301 – 310
9.	Einkünfte aus bestimmten Genossenschaften und Realgemeinden (§ 13 Abs. 1 Nr. 4 EStG)	311 – 320
II.	Nebenbetrieb, Nutzungswertbesteuerung und Produktionsaufgaberente (§ 13 Abs. 2 EStG)	321 – 390
1.	Einkünfte aus luf Nebenbetrieben (§ 13 Abs. 2 Nr. 1 EStG)	321 – 360
a)	Bestehen eines Hauptbetriebs	322 – 330
b)	Abgrenzung zum selbständigen Hauptbetrieb	331 – 335
c)	Abgrenzung zum integrierten Betriebsteil	336 – 340
d)	Unterordnungsverhältnis	341 – 345
e)	Be- und Verarbeitungsbetriebe, Substanzbetriebe, Verwertungsbetriebe	346 – 360
2.	Nutzungswert der Wohnung (§ 13 Abs. 2 Nr. 2 EStG)	361 – 380
3.	Produktionsaufgaberente nach dem FELEG (§ 13 Abs. 2 Nr. 3 EStG)	381 – 390
III.	Freibetrag nach § 13 Abs. 3 EStG	391 – 410
IV.	Aufgabe der Nutzungswertbesteuerung nach § 13 Abs. 2 Nr. 2 EStG (§ 13 Abs. 4 EStG)	411 – 430
V.	Entnahme von Grund und Boden durch Errichtung einer Betriebsleiter- oder Altenteilerwohnung (§ 13 Abs. 5 EStG)	431 – 450
VI.	Einbringung von Wirtschaftsgütern in einen gemeinschaftlichen Tierhaltungsbetrieb (§ 13 Abs. 6 EStG)	451 – 455
VII.	Entsprechende Anwendung der Regelungen zur gewerblichen Mitunternehmerschaft (§ 13 Abs. 7 EStG)	456 – 470
C.	**Verfahrensfragen**	471 – 476

Allgemeine Erläuterungen 1–6 § 13 EStG

> **HINWEIS:**
>
> § 51 EStDV; R 13.1 -13.6 EStR, R 15.5 EStR; H 13.1 -13.5 EStH, H 15.5 EStH; BMF v. 15.12.1981, BStBl 1981 I 878 (Buchführungserlass); BMF v. 4.6.1997, BStBl 1997 I 630 (Umfang des dazugehörenden Grund und Bodens); BMF v. 14.11.2001, BStBl 2001 I 864 (Viehbewertung); BMF v. 6.3.2006, BStBl 2006 I 248 (Biogas); BMF v. 25.6.2008, BStBl 2008 I 682 (GAP-Reform); BMF v. 16.5.2012, BStBl 2012 I 595 (Forstwirtschaft); BMF v. 27.6.2014, BStBl 2014 I 1094 (Baumschulen); BMF v. 5.11.2014, BStBl 2014 I 1503 (Milchlieferrechte); BMF v. 10.11.2015, BStBl 2015 I 877 (Durchschnittssatzgewinnermittlung); BMF v. 18.5.2018, BStBl 2018 I 689 (Forstwirtschaft).

> **LITERATUR:**
>
> *Wiegand*, Abgrenzung der Land- und Forstwirtschaft vom Gewerbe – Neue Regelungen, NWB 2012, 460; *Kanzler*, Zum gewerblichen Grundstückshandel der Land- und Forstwirte – Ein vermeidbares Übel, DStZ 2013, 822; *Kanzler*, Zur Umstrukturierung einer gewerblich geprägten KG in eine land- und forstwirtschaftliche Personengesellschaft, NWB 2016, 170; *Kanzler*, Totalgewinnprognose bei Betriebsübertragung mit zwischengeschalteter Nutzungsüberlassung - Rechtsprechungsänderung des BFH zur Prüfung der Gewinnerzielungsabsicht, NWB 2016, 2716; *Wackerbeck*, Unentgeltliche Übertragung von Teilflächen eines verpachteten landwirtschaftlichen Betriebes als Teilbetriebsübertragung, DStR 2017, 1691; *Abele*, Steuerrechtliche Bilanzierung von Wiederbepflanzungsrechten im Weinbau, BB 2018, 881; *Kanzler*, Ist die Vereinfachungsregelung zum Verzicht auf Aktivierung des Feldinventars noch zu halten? FR 2018, 284; *Kanzler*, Aufgabe eines landwirtschaftlichen Betriebs durch Übertragung sämtlicher landwirtschaftlicher Nutzflächen, FR 2018, 570; *Wiegand*, Besteuerung der Land- und Forstwirtschaft, NWB 2018, 28.

A. Allgemeine Erläuterungen

I. Normzweck und wirtschaftliche Bedeutung der Vorschrift

Nach § 2 Abs. 1 Satz 1 Nr. 2 EStG unterliegen die Einkünfte aus LuF der Einkommensteuer. § 13 EStG regelt, was unter die Einkunftsart LuF fällt. In Abs. 1 und 2 des § 13 EStG definiert der Gesetzgeber, was zu den Einkünften aus LuF zählt. Abs. 3 normiert einen Freibetrag und dessen Voraussetzungen. In Abs. 4 finden sich die Regelungen zur zeitlichen Anwendung und zur Aufgabe der Nutzungswertbesteuerung für eine Wohnung des Steuerpflichtigen, die Baudenkmal ist. Absatz 5 privilegiert die Entnahme von Grund und Boden durch Errichtung einer Betriebsleiter- oder Altenteilerwohnung. Die Erhebung der Einkommensteuer, die für einen bei der Übertragung einzelner Wirtschaftsgüter auf einen gemeinschaftlichen Tierhaltungsbetrieb entstehenden Gewinn anfällt, kann nach den Vorschriften in Abs. 6 abgemildert werden. Absatz 7 schließlich ordnet die entsprechende Anwendung verschiedener Vorschriften zu den Einkünften aus Gewerbebetrieb an. 1

(Einstweilen frei) 2–5

II. Entstehung und Entwicklung der Vorschrift

Vorläufer unseres heutigen EStG war das Reichseinkommensteuergesetz 1920 vom 29.3.1920, das im Zuge der Erzbergerschen Finanz- und Steuerreform 1919/20, die nach dem damaligen Reichsfinanzminister Matthias Erzberger benannt war, entstand. Dieses Reichs-EStG 1920 sah in § 6 Nr. 3 EStG die Steuerpflicht der Einkünfte aus dem „Betriebe der Land- und Forstwirtschaft und aus der sonstigen Bewirtschaftung von Grundstücken" vor. § 32 Reichs-EStG 1920 regelte den landwirtschaftlichen Betriebsgewinn. Aber auch schon im preußischen Einkommensteuergesetz von 1890/1891 finden sich Vorschriften, die die Steuerpflicht von luf Betrieben regelten (§§ 7 Nr. 2, 13 EStG). 6

Die ursprüngliche Fassung unseres heutigen EStG ist das **EStG 1934** v. 16.10.1934.[1] Darin wurden die Einkünfte aus LuF schließlich in § 13 geregelt. Aus diesem Paragrafen entwickelte sich durch diverse Änderungen der § 13 EStG in seiner heutigen Form.

7 Zuletzt wurde § 13 EStG durch das Gesetz zur Anpassung der Abgabenordnung an den Zollkodex der Union und zur Änderung weiterer steuerlicher Vorschriften (**Zollkodexanpassungsgesetz**) vom 22.12.2014[2] geändert. Der Freibetrag nach § 13 Abs. 3 EStG wurde dabei von 670 € auf 900 € angehoben.

8–10 *(Einstweilen frei)*

III. Geltungsbereich

11 § 13 EStG gilt für **alle natürlichen Personen und Personengesellschaften**. § 8 Abs. 1 KStG ordnet die Anwendung auch für Körperschaften an, soweit diese nicht nach § 8 Abs. 2 KStG ausschließlich Einkünfte aus Gewerbebetrieb haben. Ein gem. § 1 Abs. 4 EStG beschränkt Stpfl. erzielt aus einer im Inland betriebenen LuF nach § 49 Abs. 1 Nr. 1 EStG grds. steuerpflichtige Einkünfte nach §§ 13, 14 EStG. Erzielt ein unbeschränkt Stpfl. Einkünfte aus einer im Ausland betriebenen LuF, sind diese grds. im Inland steuerpflichtig, sofern ein DBA nichts Abweichendes regelt (vgl. auch §§ 34d Nr. 1, § 34c Abs. 6 EStG). Gegebenenfalls ist die inländische Steuer nach § 34c EStG zu ermäßigen.

12–15 *(Einstweilen frei)*

IV. Verhältnis zu anderen Vorschriften

1. Abgrenzung zum Gewerbebetrieb

16 Die Abgrenzung zwischen dem Betrieb der LuF einerseits und dem Gewerbebetrieb andererseits ist vor allem dadurch erschwert, dass es in den Steuergesetzen selbst an der Abgrenzung der Begriffe fehlt. Die Schwierigkeiten resultieren ferner daraus, dass in der modernen Betriebsführung die Unterschiede in der luf Tätigkeit einerseits und der gewerblichen Tätigkeit andererseits verwischen. Zwar ist die Landwirtschaft durch starke Spezialisierung gekennzeichnet. Das hat aber in den jeweiligen Betriebszweigen zunehmend zu gemischten Tätigkeiten geführt, die auch in den gewerblichen Bereich hineinreichen (z. B. Zukauf, Handel, Dienstleistungen).

17 Der BFH hat seine langjährige Rechtsprechung zur einkommensteuerrechtlichen Behandlung der Handelstätigkeit eines Land- und Forstwirts mit Urteil vom 25.3.2009[3] grundlegend geändert. Dabei hat er neue Abgrenzungskriterien für ein Handelsgeschäft aufgestellt. Die Finanzverwaltung hat daraufhin die Abgrenzungsregelungen zwischen luf Tätigkeit und gewerblicher Tätigkeit (R 15.5 EStR) gänzlich überarbeitet und eine großzügige Übergangsregelung vorgesehen, vgl. → Rz. 23.

18 Die neuen **Abgrenzungsregelungen** der FinVerw[4] sehen **zwei** verschiedene **Tätigkeitsgruppen** vor:

---

1 RGBl 1934 I 1005.
2 BGBl 2014 I 2417.
3 BFH v. 25.3.2009 - IV R 21/06, BStBl 2010 II 113.
4 R 15.5 EStR.

► **Absatz eigener Erzeugnisse** und damit in unmittelbarem Zusammenhang stehende Tätigkeiten (R 15.5 Abs. 3 bis 8 EStR) und

► Verwendung von Wirtschaftsgütern des Betriebsvermögens für außerbetriebliche Zwecke und **Dienstleistungen**, die in einem sachlichen Zusammenhang zur LuF stehen (R 15.5 Abs. 9 und 10 EStR).

Für beide Gruppen gilt nach R 15.5 Abs. 11 EStR jeweils die zu prüfende **relative Grenze** von **einem Drittel** des **Gesamtumsatzes** (entspricht hier der Summe der Betriebseinnahmen ohne Umsatzsteuer) des Gesamtbetriebs und die **absolute Grenze** von **51 500 €** im Wirtschaftsjahr. Der BFH hat in seinem Urteil vom 25. 3. 2009[1] für die Frage des Vergleichsmaßstabs „Gesamtumsatz" lediglich auf den Umsatz der dort betrachteten Verkaufsstelle abgestellt. Die Auffassung der FinVerw ist hier weitergehend. 19

An sich gewerbliche Tätigkeiten, die innerhalb einer der beiden genannten Gruppen die Voraussetzungen für eine Zurechnung zur LuF erfüllen, können typisierend der LuF zugerechnet werden, wenn die Umsätze (entspricht hier den Betriebseinnahmen ohne Umsatzsteuer) aus diesen Tätigkeiten (jeweils gesondert pro Gruppe zu prüfen) **dauerhaft** insgesamt nicht mehr als ein Drittel des Gesamtumsatzes und nicht mehr als 51 500 € betragen. Weitere **Voraussetzung** ist, dass die Umsätze aus den Tätigkeiten **beider Gruppen zusammen** dauerhaft insgesamt **nicht mehr als 50 % des Gesamtumsatzes** betragen. 20

Wird eine der Grenzen dauerhaft überschritten, liegt insoweit unter den Voraussetzungen des **Strukturwandels** (R 15.5 Abs. 2 EStR) ein Gewerbebetrieb vor. Der daneben bestehende Betrieb der LuF bleibt hiervon unberührt. Lediglich das Überschreiten der Grenzen stellt keinen sofortigen Strukturwandel dar, es müssen darüber hinaus weitere Umstände hinzukommen, die einen sofortigen Strukturwandel begründen können. 21

Hervorzuheben ist, dass nur die gewerblichen Tätigkeiten bei Überschreiten der Grenzen nicht mehr zur LuF gerechnet werden können. Werden z. B. in einem Hofladen auch zugekaufte Produkte veräußert und betragen die Umsätze hieraus dauerhaft mehr als 51 500 € im Wj., so sind nur diese Umsätze als gewerbliche Einkünfte zu qualifizieren; der Verkauf der eigenen Produkte im Hofladen bleibt weiterhin Teil der LuF. 22

Die FinVerw sieht in R 15.5 Abs. 14 EStR eine großzügige **Übergangsregelung** zur Anwendung dieser neuen Abgrenzungsregelungen vor. Danach können Steuerpflichtige, für die sich aus der Anwendung der neuen Abgrenzungsregelungen Verschlechterungen gegenüber der Richtlinienregelung in R 15.5 EStR 2008 ergeben, die Richtlinienregelung nach R 15.5 EStR 2008 für diejenigen Wirtschaftsjahre weiter anwenden, die vor der Veröffentlichung der EStÄR 2012 im Bundessteuerblatt beginnen. Die EStÄR 2012 vom 25. 3. 2013[2] wurden in der Ausgabe Nr. 5 des BStBl vom 28. 3. 2013 veröffentlicht. Damit sind die neuen Regelungen erstmals für Wirtschaftsjahre anzuwenden, die nach dem 28. 3. 2013 beginnen. Das heißt, die bisherigen Grundsätze nach R 15.5 EStR 2008 konnten i. d. R. noch bis zum Wj. 2012/2013 bzw. bei Wj. gleich Kalenderjahr bis einschließlich Wj. 2013 angewandt werden. 23

Spätestens ab Wj. 2013/2014 bzw. Wj. 2014 sind danach die neuen Abgrenzungsregelungen maßgebend. Liegen die Voraussetzungen des sofortigen Strukturwandels nicht vor, so kommt es nach den Grundsätzen des allmählichen Strukturwandels bei Überschreiten der Grenzen 24

---

1 BFH v. 25. 3. 2009 - IV R 21/06, BStBl 2010 II 113.
2 EStÄR v. 25. 3. 2013, BStBl 2013 I 276.

erst nach Ablauf weiterer drei Wj. zur Änderung der Einkunftsart (also ab Wj. 2016/2017 bzw. Wj. 2017).

▶ **Eigene und fremde Erzeugnisse**

25 Entscheidend für die Frage der Abgrenzung der luf Tätikeit von der eines Gewerbebetriebs ist oft die Einordnung der Erzeugnisse. Die FinVerw definiert in R 15.5 Abs. 5 EStR, wann es sich (noch) um eigene Erzeugnisse des luf Betriebs handelt, wann um fremde. Danach gelten als **eigene Erzeugnisse** alle luf Erzeugnisse, die im Rahmen des Erzeugungsprozesses im eigenen Betrieb gewonnen werden. Hierzu gehören auch Erzeugnisse der ersten Stufe der Be- oder Verarbeitung und zugekaufte Waren, die als Roh-, Hilfs- oder Betriebsstoffe im Erzeugungsprozess verwendet werden.

26 Rohstoffe sind Waren, die im Rahmen des Erzeugungsprozesses weiterkultiviert werden, z. B. Jungtiere, Saatgut oder Jungpflanzen.

27 Hilfsstoffe sind Waren, die nicht als überwiegender Bestandteil in eigene Erzeugnisse eingehen, z. B. Futtermittelzusätze, Siliermittel, Starterkulturen und Lab zur Milchverarbeitung, Trauben, Traubenmost und Verschnittwein zur Weinerzeugung, Verpackungsmaterial sowie Blumentöpfe für die eigene Produktion oder als handelsübliche Verpackung. Die Frage, ob Hilfsstoffe als überwiegender Bestandteil in eigene Erzeugnisse eingehen, ist auf das einzelne, jeweils zum Verkauf angebotene Enderzeugnis bezogen zu prüfen, nicht auf die gesamte selbst erzeugte Produktpalette des Betriebs. Das heißt, bei einem Weinbaubetrieb z. B. ist auf eine Flasche oder ein Fass Wein abzustellen.[1]

28 Betriebsstoffe sind Waren, die im Erzeugungsprozess verwendet werden, z. B. Düngemittel, Treibstoff und Heizöl.

29 Unerheblich ist, ob es sich bei der zugekauften Ware um ein luf Urprodukt im engeren Sinne oder ein gewerbliches Produkt handelt.

30 Als **fremde Erzeugnisse** gelten alle zur Weiterveräußerung zugekauften Erzeugnisse, Produkte oder Handelswaren, die nicht im luf Erzeugungsprozess des eigenen Betriebs verwendet werden. Dies gilt unabhängig davon, ob es sich um betriebstypische bzw. betriebsuntypische Erzeugnisse, Handelsware zur Vervollständigung einer für die Art des Erzeugungsbetriebs üblichen Produktpalette oder andere Waren aller Art handelt. Werden zugekaufte Roh-, Hilfs oder Betriebsstoffe weiterveräußert, gelten diese zum Zeitpunkt der Veräußerung als fremde Erzeugnisse. Dies gilt unabhängig davon, ob die Veräußerung gelegentlich, z. B. bei Verkauf von Diesel im Rahmen der Nachbarschaftshilfe, oder laufend, z. B. bei Verkauf von Blumenerde, erfolgt. Die hieraus erzielten Umsätze sind bei der Abgrenzung entsprechend zu berücksichtigen.

31–40 *(Einstweilen frei)*

a) **Absatz eigener Erzeugnisse**

▶ **Absatz eigener Erzeugnisse i. V. m. fremden und gewerblichen Erzeugnissen**

41 Bei **Zukauf und Handelsgeschäften** ist wie folgt zu verfahren (vgl. R 15.5 Abs. 6 EStR):
Werden ausschließlich eigene Erzeugnisse abgesetzt, stellt dies eine Vermarktung im Rahmen der LuF dar, selbst wenn diese Erzeugnisse über ein eigenständiges Handelsgeschäft oder eine

---

1 BMF v. 19.10.2017, BStBl 2017 I 1431.

Verkaufsstelle (z. B. Großhandelsbetrieb, Einzelhandelsbetrieb, Ladengeschäft, Marktstand oder Verkaufswagen) abgesetzt werden. Unerheblich ist die Anzahl der Verkaufsstellen oder ob die Vermarktung in räumlicher Nähe zum Betrieb erfolgt.

Werden neben den eigenen Erzeugnissen auch fremde Erzeugnisse (i. S. v. R 15.5 Abs. 5 Satz 7 EStR) oder gewerbliche Erzeugnisse (i. S. v. R 15.5 Abs. 3 Satz 5 und 6 EStR) abgesetzt, liegen eine luf und eine gewerbliche Tätigkeit vor. Die gewerbliche Tätigkeit kann noch der LuF zugerechnet werden, wenn die Umsätze aus dieser Tätigkeitsgruppe (Vermarktung eigener Erzeugnisse und damit in unmittelbarem Zusammenhang stehende Tätigkeiten) dauerhaft insgesamt nicht mehr als ein Drittel des Gesamtumsatzes und nicht mehr als 51 500 € betragen, vgl. hierzu → Rz. 18 f. 42

Der ausschließliche Absatz fremder oder gewerblicher Erzeugnisse ist von Beginn an stets eine gewerbliche Tätigkeit. Auf die Art und den Umfang der Veräußerung kommt es dabei nicht an. 43

▶ **Absatz eigener Erzeugnisse i. V. m. Dienstleistungen**

Der Transport und das Einbringen von Pflanzen stellen an sich noch keine schädlichen Dienstleistungen dar. Es ist aber zu prüfen, ob die Dienstleistung des LuF darüber hinausgeht. Eine **Dienstleistung** eines LuF **im Zusammenhang mit dem Absatz eigener Erzeugnisse** (vgl. R 15.5 Abs. 7 EStR) ist, wenn diese über den Transport und das Einbringen von Pflanzen hinausgeht (z. B. Grabpflege, Gartengestaltung), grundsätzlich eine als einheitlich zu beurteilende Tätigkeit mit Vereinbarungen über mehrere Leistungskomponenten also ein gemischter Vertrag. Dabei ist von einer einheitlich gewerblichen Tätigkeit auszugehen, wenn nach dem jeweiligen Vertragsinhalt der Umsatz aus den Dienstleistungen und den fremden Erzeugnissen überwiegt. Die gewerbliche Tätigkeit kann noch der LuF zugerechnet werden, wenn die Umsätze aus dieser Tätigkeitsgruppe (Vermarktung eigener Erzeugnisse und damit in unmittelbarem Zusammenhang stehende Tätigkeiten) dauerhaft insgesamt nicht mehr als ein Drittel des Gesamtumsatzes und nicht mehr als 51 500 € betragen, vgl. hierzu → Rz. 18 f. 44

▶ **Absatz eigen erzeugter Getränke i. V. m. besonderen Leistungen**

Der **Ausschank von eigen erzeugten Getränken** (i. S. v. R 15.5 Abs. 5 EStR), z. B. Wein, ist lediglich eine Form der Vermarktung und somit eine luf Tätigkeit (R 15.5 Abs. 8 EStR). Werden daneben durch einen Land- und Forstwirt Speisen und andere Getränke abgegeben, liegt insoweit eine gewerbliche Tätigkeit vor. Die gewerbliche Tätigkeit kann noch der LuF zugerechnet werden, wenn die Umsätze aus dieser Tätigkeitsgruppe (Vermarktung eigener Erzeugnisse und damit in unmittelbarem Zusammenhang stehende Tätigkeiten) dauerhaft insgesamt nicht mehr als ein Drittel des Gesamtumsatzes und nicht mehr als 51 500 € betragen, vgl. hierzu → Rz. 18 f. 45

(Einstweilen frei) 46–55

b) **Verwendung von Wirtschaftsgütern des Betriebsvermögens und Dienstleistungen**

▶ Verwendung von Wirtschaftsgütern

Verwendet ein Land- und Forstwirt **Wirtschaftsgüter seines luf Betriebsvermögens**, indem er diese Dritten entgeltlich überlässt oder mit ihnen für Dritte Dienstleistungen verrichtet, stellt dies eine gewerbliche Tätigkeit dar. Dies gilt auch, wenn in diesem Zusammenhang fremde Erzeugnisse verwendet werden, z. B. bei Düngearbeiten im Lohn und bei Gestellung des Dün- 56 gers durch den Lohnunternehmer.[1] Wenn der Einsatz der Wirtschaftsgüter des luf Betriebsvermögens für eigene luf Zwecke einen Umfang von 10 % nicht unterschreitet, kann die gewerbliche Tätigkeit noch der luf zugerechnet werden, wenn die Umsätze aus dieser Tätigkeitsgruppe (Verwendung von Wirtschaftsgütern und Dienstleistungen) dauerhaft insgesamt nicht mehr als ein Drittel des Gesamtumsatzes und nicht mehr als 51 500 € betragen, vgl. hierzu → Rz. 18 f. Dagegen liegt ohne Weiteres von Beginn an stets eine gewerbliche Tätigkeit vor, wenn ein Land- und Forstwirt Wirtschaftsgüter, die er eigens zu diesem Zweck angeschafft hat, für Dritte verwendet.

▶ **Land- und forstwirtschaftliche Dienstleistungen**

57 Sofern ein Land- und Forstwirt **Dienstleistungen ohne Verwendung von eigenen Erzeugnissen** oder eigenen Wirtschaftsgütern verrichtet, ist dies eine gewerbliche Tätigkeit. Wenn ein funktionaler Zusammenhang dieser Tätigkeit mit typisch luf Tätigkeiten besteht, kann die gewerbliche Tätigkeit noch der LuF zugerechnet werden, wenn die Umsätze aus dieser Tätigkeitsgruppe (Verwendung von Wirtschaftsgütern und Dienstleistungen) dauerhaft insgesamt nicht mehr als ein Drittel des Gesamtumsatzes und nicht mehr als 51 500 € betragen, vgl. → Rz. 18 f.

▶ **Energieerzeugung**

58 Bei der **Erzeugung von Energie**, z. B. durch Wind-, Solar- oder Wasserkraft handelt es sich nicht um die planmäßige Nutzung der natürlichen Kräfte des Bodens i. S. d. Definition der luf Tätigkeit. Der Absatz von Strom und Wärme führt zu Einkünften aus Gewerbebetrieb, vgl. auch R 15.5 Abs. 12 EStR. Die Erzeugung von Biogas kann im Rahmen eines Nebenbetriebs noch der LuF zugerechnet werden.[2]

▶ **Beherbergung von Fremden**

59 Die Abgrenzung der Einkünfte aus Gewerbebetrieb gegenüber denen aus LuF richtet sich bei der **Beherbergung von Fremden** nach den Grundsätzen zur Abgrenzung des Gewerbebetriebs von der Vermögensverwaltung, vgl. R 15.7 EStR. Aus Vereinfachungsgründen ist keine gewerbliche Tätigkeit anzunehmen, wenn weniger als vier Zimmer und weniger als sechs Betten zur Beherbergung von Fremden bereitgehalten werden und keine Hauptmahlzeit gewährt wird (R 15.5 Abs. 13 EStR).

60–70 *(Einstweilen frei)*

c) Bedeutung der Rechtsform

71 Beschränkt sich ein Stpfl. im Rahmen eines Einzelunternehmens auf die Ausübung von LuF, so bezieht er regelmäßig auch Einkünfte aus LuF, selbst wenn er als „**Kann-Kaufmann**" (§ 2 HGB) in das Handelsregister eingetragen ist.[3]

72 Wird der Betrieb einer LuF **in der Form einer PersGes** geführt, so ändert dies an der Einordnung der Einkünfte grds. nichts. Auch im Handelsregister eingetragene Gesellschaften erzielen nicht notwendig immer Einkünfte aus Gewerbebetrieb.[4] Allerdings müssen sie dann – im Gegensatz zum Einzelunternehmen – **ausschließlich LuF** betreiben.

---

1 Siehe a. *Wiegand*, NWB 2012, 460.
2 Vgl. → Rz. 323, 347; BMF v. 6. 3. 2006, BStBl 2006 I 248 sowie *Wiegand*, INF 2006, 497.
3 Vgl. BFH v. 17. 1. 1985 - IV R 106/81, BStBl 1985 II 291.
4 BFH v. 19. 3. 1981 - IV R 167/80, BStBl 1981 II 528.

Sind z. B. eine OHG, KG oder eine andere Gesellschaft, bei der die Gesellschafter als Unternehmer (Mitunternehmer) des Betriebes anzusehen sind (z. B. Gesellschaft bürgerlichen Rechts, ggf. auch Erbengemeinschaft), auch noch gewerblich tätig (auch bei einer luf Haupttätigkeit), so sind die gesamten Einkünfte, selbst bei nur geringfügiger gewerblicher Tätigkeit,[1] solche aus Gewerbebetrieb. Dies folgt aus § 15 Abs. 3 Nr. 1 EStG (vgl. KKB/Bäuml/Meyer, § 15 EStG Rz. 490 ff.). Etwas anderes gilt nur, wenn die Bagatellgrenze für die Nichtanwendung der Abfärberegelung nicht überschritten ist, d. h. wenn die Nettoumsatzerlöse aus der gewerblichen Tätigkeit 3 % der Gesamtnettoumsatzerlöse der Gesellschaft und den absoluten Betrag von 24 500 € im VZ nicht übersteigen.[2]   73

Sind an einer PersGes ausschließlich KapGes beteiligt[3] oder sind **eine oder mehrere KapGes** persönlich haftende Gesellschafter und nur diese (oder Personen, die nicht Gesellschafter sind) zur Geschäftsführung befugt (**gewerblich geprägte PersGes**, z. B. GmbH & Co. KG), so ist sie selbst dann ein Gewerbebetrieb, wenn sie sich ausschließlich luf betätigt, § 15 Abs. 3 Nr. 2 EStG.   74

Die Tätigkeit von **KapGes** gilt nach § 2 Abs. 2 GewStG stets als gewerbliche Tätigkeit. KapGes i. S. d. § 1 Abs. 1 Nr. 1 KStG können daher **keine Einkünfte aus LuF** erzielen, auch dann nicht, wenn die Tätigkeit bei einem Einzelunternehmen oder einer PersGes unstreitig als luf Betätigung eingestuft würde.   75

(Einstweilen frei)   76–85

d) Veräußerung von Grundstücken

Nach ständiger Rspr. des BFH,[4] der sich die FinVerw angeschlossen hat, führt die Veräußerung von Grund und Boden, der zum Anlagevermögen eines luf Betriebes gehört, grds. zu Einnahmen aus LuF, weil die Veräußerung ein **Hilfsgeschäft** der luf Tätigkeit ist. Eine solche Veräußerung bleibt auch dann noch Teil der landwirtschaftlichen Tätigkeit, wenn ein großes, bisher landwirtschaftlich genutztes Areal parzelliert wird und zahlreiche Parzellen an verschiedene Erwerber mit Gewinn veräußert werden.[5] Erst wenn der Landwirt eine **über die Parzellierung und Veräußerung hinausgehende Aktivität** entfaltet, insbesondere die **Aufstellung eines Bebauungsplans** betreibt und/oder sich aktiv an der **Erschließung** des bisher landwirtschaftlich genutzten Areals als Baugelände beteiligt, sind die Grundstücksveräußerungen keine landwirtschaftlichen Hilfsgeschäfte mehr, sondern Gegenstand eines selbständigen **gewerblichen Grundstückshandels**.[6] In diesen letztgennanten Fällen kann die entfaltete Tätigkeit nach der Verkehrsauffassung nicht mehr zu den für einen Landwirt üblichen Tätigkeiten gerechnet werden.   86

---

1 BFH v. 9.7.1964 - IV 427/62 U, BStBl 1964 III 530; BFH v. 10.11.1983 - IV R 86/80, BStBl 1984 II 152; BFH v. 11.10.1988 - VIII R 419/83, BStBl 1989 II 284.
2 BFH v. 27.8.2014 - VIII R 6/12, BStBl 2015 II 1002.
3 BFH v. 22.11.1972 - I R 252/70, BStBl 1973 II 405.
4 BFH v. 5.12.1968 - IV R 164/68, BStBl 1969 II 236; BFH v. 13.3.1969 - IV R 132/68, BStBl 1969 II 483; BFH v. 17.12.1970 - IV R 286/66, BStBl 1971 II 456; BFH v. 14.11.1972 - VIII R 71/72, BStBl 1973 II 239; BFH v. 7.2.1973 - I R 210/71, BStBl 1973 II 642; BFH v. 28.6.1984 - IV R 156/81, BStBl 1984 II 798; BFH v. 8.9.2005 - IV R 38/03, BStBl 2006 II 166; BFH v. 8.11.2007 - IV R 34/05 und IV R 35/06, BStBl 2008 II 231 und BStBl 2008 II 359; BFH v. 24.11.2011 - IV B 147/10, BFH/NV 2012, 432 = NWB DokID: KAAAE-00550. Dazu auch *Kanzler*, DStZ 2013, 822.
5 BFH v. 8.9.2005 - IV R 38/03, BStBl 2006 II 166.
6 BFH v. 8.11.2007 - IV R 34/05, BStBl 2008 II 231; dazu auch *Kanzler*, DStZ 2013, 822.

87 Ob Baulanderschließung und anschließende Verwertung noch private Vermögensverwaltung ist, wird von der Rspr. für Einkünfte aus Gewerbebetrieb und Einkünfte aus LuF nach gleichen Grundsätzen entschieden.[1] Zur Abgrenzung zwischen privater Vermögensverwaltung und gewerblichem Grundstückshandel und der diesem Problemkreis zugrunde liegenden Rspr., vgl. BMF v. 26.3.2004.[2] Zur Frage, ob die Änderung der Nutzung luf Flächen zu einer Entnahme führt, vgl. BFH v. 22.8.2002.[3]

88–95 *(Einstweilen frei)*

2. Abgrenzung zur Vermietung und Verpachtung

96 Nach § 21 Abs. 3 EStG sind Einkünfte, die dem Grunde nach solche aus Vermietung und Verpachtung sind, den anderen Einkunftsarten, also auch solchen aus LuF, zuzurechnen, soweit sie zu diesen gehören. § 21 EStG ist damit subsidiär gegenüber § 13 EStG. Vermietungseinkünfte sind nur dann nach § 21 EStG zu besteuern, wenn sie keine luf Einkünfte sind. Land- und forstwirtschaftliche Einkünfte sind sie regelmäßig dann, wenn eine Vermietung oder Verpachtung nach wirtschaftlichen Gesichtspunkten und nach der Verkehrsauffassung in einem **engen wirtschaftlichen Zusammenhang** mit dem landwirtschaftlichen Betrieb steht.

97 Die Abgrenzung zwischen beiden Einkunftsarten kann mitunter dann zweifelhaft werden, wenn nicht einzelne WG, sondern der landwirtschaftliche Betrieb im Ganzen oder als Teilbetrieb verpachtet wird. Macht der Verpächter bei einer Verpachtung eines Betriebes im Ganzen gem. BFH[4] bzw. seit dem 5.11.2011 gem. § 16 Abs. 3b EStG[5] von seinem Wahlrecht[6] Gebrauch und erklärt die Aufgabe des Betriebes, so stellen die Pachteinnahmen Einkünfte aus VuV dar. Eine Betriebsverpachtung setzt aber voraus, dass der Betrieb zuvor vom Verpächter oder im Fall des unentgeltlichen Erwerbs von seinem Rechtsvorgänger selbst bewirtschaftet worden ist[7] und dass die wesentlichen, dem Betrieb das Gepräge gebenden WG mitverpachtet werden; daran fehlt es, wenn eine Mitunternehmerschaft nach Aufgabe ihres luf Verpachtungsbetriebs ihre wesentlichen Betriebsgrundlagen (Grundstücke) den Mitunternehmern jeweils zu Alleineigentum überträgt.[8] Vgl. hierzu auch KKB/Walter, § 14 EStG Rz. 91 ff.

98–105 *(Einstweilen frei)*

3. Liebhaberei

106 Zu den allgemeinen Ausführungen zur Einkunftserzielungsabsicht vgl. KKB/Kanzler, § 2 EStG Rz. 61 ff.

107 Der ESt unterliegen nach § 2 Abs. 1 EStG Einkünfte aus solchen Tätigkeiten, die als Einkunftsquellen dienen. Einkunftsquelle ist eine Tätigkeit nur, wenn sie auf Dauer gesehen darauf ge-

---

[1] *Gmach*, FR 1990, 729, unter 1 b.
[2] BMF v. 26.3.2004, BStBl 2004 I 434.
[3] BFH v. 22.8.2002 – IV R 57/00, BStBl 2003 II 16, mit Anm. *Bauer*, KFR F. 3 EStG § 4, 1/03, S. 153.
[4] BFH v. 13.11.1963 – GrS 1/63 S, BStBl 1964 III 124; BFH v. 18.3.1964 – IV 114/61 S, BStBl 1964 III 303.
[5] Zur Anwendung des § 16 Abs. 3b EStG vgl. auch BMF v. 22.11.2016, BStBl 2016 I 1326.
[6] Vgl. bisher R 16.5 EStR 2008, für Betriebsaufgaben nach dem 4.11.2011 s. § 16 Abs. 3b EStG (§ 52 Abs. 34 Satz 9 EStG).
[7] BFH v. 20.4.1989 – IV R 95/87, BStBl 1989 II 863.
[8] BFH v. 17.5.2018 – VI R 66/15, NWB DokID: TAAAG-96184. Der BFH ist von einer Betriebsaufgabe ausgegangen und hat auch eine Realteilung abgelehnt, weil die bisherigen Mitunternehmer die ihnen zugeteilten Grundstücke nicht einem eigenen Betriebsvermögen gewidmet haben.

richtet ist, Gewinn zu erzielen. Auch wenn eine Tätigkeit rein äußerlich in die Form eines Gewerbebetriebes oder eines luf Betriebes gekleidet ist, ist sie ertragsteuerrechtlich nicht relevant, wenn sie wirtschaftlich nicht auf die Erzielung eines Gewinns ausgerichtet ist. Zunächst ist eine **negative Totalgewinnprognose** für die Annahme einer fehlenden Einkunftserzielungsabsicht und damit für die Annahme eines „Liebhabereibetriebs" notwendig. Als Prognosezeitraum ist die Lebensdauer des jeweiligen Betriebs objektbezogen und generationenübergreifend zu bestimmen.[1] Daher ist der Prognosezeitraum für einen im Wege der vorweggenommenen Erbfolge übertragenen Pferdepensionsbetrieb, für den sich der Stpfl. ein Nießbrauchsrecht zurückbehalten hat, nicht auf die (fünfjährige) Dauer des Nießbrauchsrechts zu beschränken.[2] Weiterhin müssen **persönliche Motive** für die **Hinnahme der Verluste** maßgebend sein. Von Bedeutung ist, ob der Betrieb bei objektiver Betrachtung nach seiner Art, der Gestaltung der Betriebsführung und den gegebenen Ertragsaussichten einen Totalgewinn erwarten lässt.[3] Ist danach ein positives Ergebnis nicht zu erwarten, kann der Steuerpflichtige gleichwohl nachweisen, dass er die objektiven Gegebenheiten verkannt habe und nun erwarte, dass die zunächst angefallenen Verluste im Laufe der weiteren Entwicklung des Betriebs durch Gewinne ausgeglichen würden und insgesamt ein positives Gesamtergebnis erzielt werden könne. Gelingt auch dieser Nachweis nicht, folgt daraus, dass die verlustbringende Tätigkeit nur aus im Bereich der Lebensführung liegenden persönlichen Gründen oder Neigungen ausgeübt wurde.

Im Bereich der LuF hat der BFH die Grundsätze der „Liebhaberei"-Rspr. vor allem für solche landwirtschaftlichen Betriebe, für Gestüte und ähnliche Betriebe und auch für das Betreiben einer an sich dem gewerblichen Bereich zugehörigen Reitschule (mit Nebenbetrieben) entwickelt, deren Beibehaltung trotz ständig hoher Verluste als vom wirtschaftlichen Erfolg unabhängiger persönlicher Passion einer gehobenen Lebenshaltung erklärbar ist.[4]

Wird sowohl eine Landwirtschaft als auch eine Forstwirtschaft betrieben, so ist die Frage der Gewinnerzielungsabsicht getrennt nach Betriebszweigen zu beurteilen.[5]

Die fehlende Gewinnerzielungsabsicht kann von Anfang an und auf Dauer vorliegen. Sie kann aber auch erst später einsetzen oder später wegfallen mit der Folge, dass eine ertragsteuerrechtlich relevante Tätigkeit entsprechend später beginnt (Wechsel von der Liebhaberei zum gewerblichen oder luf Betrieb) bzw. später wegfällt (Wechsel vom gewerblichen oder luf Betrieb zur Liebhaberei). Wird ein ertragsteuerrechtlich relevanter Betrieb der LuF von einem bestimmten Zeitpunkt an der Liebhaberei zugeordnet, so ist in dieser Änderung der steuerrechtlichen Beurteilung **keine Betriebsaufgabe,** sondern ein erfolgsneutraler Strukturwandel zu sehen.[6]

Wenn ein luf Betrieb als Liebhaberei-Betrieb behandelt wird, so sind – für die Dauer der Liebhaberei – etwaige Gewinne nicht als Einkünfte i. S. d. EStG anzusetzen; Verluste sind vom Ver-

---

1 *Stöber*, FR 2017, 801.
2 FG Münster v. 16.12.2016 - 4 K 2629/14 F, EFG 2017, 396, Rev. VI R 5/17.
3 BFH v. 27.1.2000 - IV R 33/99, BStBl 2000 II 227.
4 BFH v. 27.1.2000 - IV R 33/99, BStBl 2000 II 227; BFH v. 24.8.2000 - IV R 46/99, BStBl 2000 II 674; für Liebhaberei bei einem Forstbetrieb s. BFH v. 20.1.2005 - IV R 6/03, BFH/NV 2005, 1511 Nr. 9 = NWB DokID: TAAAB-56541, mit Anm. v. *Schönberg*; s. a. BFH v. 20.9.2007 - IV R 20/05, BFH/NV 2008, 532 Nr. 4 = NWB DokID: CAAAC-72090; BFH v. 10.1.2012 - IV B 137/10, BFH/NV 2012, 732 Nr. 5 = NWB DokID: IAAAE-03549.
5 BFH v. 13.12.1990 - IV R 1/89, BStBl 1991 II 452; BFH v. 20.1.2005 - IV R 6/03, BFH/NV 2005, 1511 Nr. 9 = NWB DokID: TAAAB-56541.
6 Siehe auch BFH v. 11.5.2016 - X R 61/14, BStBl 2016 II 939.

lustausgleich sowie vom Verlustabzug nach § 10d EStG ausgeschlossen. Das Vermögen des Liebhaberei-Betriebes ist Privatvermögen. Hat allerdings zuerst ein luf Betrieb bestanden und ist dieser erst im Laufe der Zeit in einen Liebhaberei-Betrieb umzuqualifizieren, so liegt nach der Rspr.[1] keine Betriebsaufgabe vor; die Besteuerungsgrundlagen werden zum Zwecke der späteren Besteuerung des Aufgabegewinns gesondert festgestellt.[2]

▶ **Einzelfälle aus der Rechtsprechung**

112 Auch ein **Gutshof,** den der Eigentümer und sein Ehegatte hauptberuflich selbst bewirtschaften, kann ein Liebhaberei-Betrieb sein, wenn die aufgrund von Überinvestitionen Jahr für Jahr anfallenden Verluste nur deshalb in Kauf genommen wurden und finanziell getragen werden konnten, weil von Anfang an Zuschüsse in Millionenhöhe vonseiten der Eltern die eigentliche Existenzgrundlage bildeten.[3]

113 Eine mit andauernden Verlusten arbeitende **Reitschule mit Pferdeverleih und Pensionspferdehaltung** stellt dann keine Liebhaberei im steuerlichen Sinne dar, wenn der Stpfl. aus der Erkenntnis, dass mit dem Betrieb keine Gewinne zu erzielen sind, die Konsequenzen zieht, indem er ihn nach den Anlaufjahren als eigengewerblichen Betrieb einstellt und mangels sofortiger Verkäuflichkeit als verpachteten Betrieb fortführt.[4]

114 Werden aus dem Betrieb eines **Gästehauses** während eines Zeitraumes von acht oder mehr Jahren ausschließlich Verluste erzielt, so rechtfertigt dieser Umstand für sich allein nicht den Schluss, das auch in den Folgejahren Verluste erwirtschaftende Gästehaus werde ohne Gewinnerzielungsabsicht betrieben.[5]

115 Sind die im Betrieb eines **Gestüts** durch die Art der Bewirtschaftung in den ersten acht Jahren entstandenen Verluste so hoch, dass der Stpfl. davon ausgehen musste und auch davon ausgegangen ist, dass diese Verluste im Laufe der Gesamtentwicklung des Betriebes durch spätere Gewinne einschließlich möglicher Veräußerungsgewinne auch nicht annähernd ausgeglichen werden können, so sind die Verluste nicht steuerbare Einkünfte aus Liebhaberei.[6]

116 Eine **Obstplantage** (Kiwi-Zucht) stellt nur dann einen landwirtschaftlichen Betrieb und keine Liebhaberei dar, wenn ihre Nutzung bei realistischer Beurteilung Erträge abwerfen kann, die als Einnahmequelle von Gewicht sein können (Gewinne aus dem Verkauf von 10 bis 20 Zentnern Obst reichen nicht aus).[7]

117 **Weinbau** ist schon auf einer kleineren Fläche als 30 ar geeignet, einen landwirtschaftlichen Betrieb darzustellen.[8] Zur Frage der Mindestgröße und damit zur Liebhaberei bei Privatwaldungen vgl. →Rz. 201. Die Absicht, die Weinbautradition der Familie fortzuführen ist ein

---

1 BFH v. 29.10.1981 - IV R 138/78, BStBl 1982 II 381; BFH v. 30.1.1986 - IV R 270/84, BStBl 1986 II 516.
2 § 8 der VO über die gesonderte Feststellung von Besteuerungsgrundlagen nach § 180 Abs. 2 AO v. 19.12.1986, BStBl 1987 I 2.
3 BFH v. 22.7.1982 - IV R 74/79, BStBl 1983 II 2; s.a. FG München v. 7.5.2001 - 13 K 909/98, rkr., NWB DokID: EAAAB-09689.
4 BFH v. 15.11.1984 - IV R 139/81, BStBl 1985 II 205.
5 BFH v. 13.12.1984 - VIII R 59/82, BStBl 1985 II 455.
6 BFH v. 21.3.1985 - IV R 25/82, BStBl 1985 II 399; s. insoweit auch BFH v. 28.11.1985 - IV R 178/83, BStBl 1986 II 293, zur Frage der Gewinnerzielungsabsicht bei einer mit Pferdezucht verbundenen landwirtschaftlichen Betätigung; Gewinnregelung bejaht bei Gewinnen aus Trabrennzucht BFH v. 16.3.2000 - IV R 53/98, BFH/NV 2000, 1090 = NWB DokID: WAAAA-96979.
7 BFH v. 19.1.1989 - IV R 62/88, BFH/NV 1989, 775 = NWB DokID: MAAAB-30975.
8 BFH v. 1.2.1990 - IV R 8/89, BStBl 1990 II 428.

persönliches Motiv, das die fehlende Gewinnerzielungsabsicht bei der Führung eines Weinbaubetriebs mit langjährigen Verlusten indiziert, BFH v. 14. 7. 2003.[1]

Die Einkünfte aus dem Betrieb eines **Trabrennstalls** sind als wettähnliche Gewinne nicht generell steuerfrei; ob ein Gewerbebetrieb oder „Liebhaberei" vorliegt, richtet sich nach den Umständen des Einzelfalls. Bei einer längeren Gewinnphase scheidet „Liebhaberei" i. d. R. aus.[2] 118

Ein **Forst** ist kein Liebhabereibetrieb, wenn ein Veräußerungsgewinn erzielt werden kann, der etwaige zuvor erwirtschaftete Verluste übersteigt[3] oder wenn eine planmäßige Aufforstung stattfindet, BFH v. 29. 3. 2001 - IV R 88/99.[4] 119

Sollen und können Verlustquellen beseitigt werden, so ist trotz größerer Verluste bei einem **landwirtschaftlichen Betrieb** nicht von Liebhaberei auszugehen.[5] 120

Erwirbt ein Stpfl., der nicht aktiver Landwirt ist, einen **verpachteten Betrieb** der LuF, so liegt keine Liebhaberei, sondern Einkünfte aus VuV vor.[6] 121

Auch einen sog. Generationenbetrieb (**Weinbaubetrieb**) muss der Stpfl. mit Gewinnerzielungsabsicht bewirtschaften, andernfalls liegt Liebhaberei vor. Handelt der Rechtsnachfolger wieder mit Gewinnerzielungsabsicht, so sind die von ihm erzielten Verluste als Anfangsverluste eines neu eröffneten Betriebs anzuerkennen.[7] 122

Bei einer **Pferdezucht** mit nur wenigen Zuchtstuten (8 bis 9) kann der erste Anschein für eine fehlende Gewinnerzielungsabsicht sprechen.[8] 123

Ein **Forstwirt**, der seinen Gewinn nicht nach § 4 Abs. 1 oder 3 EStG ermittelt, kann mangels nachgewiesener Verluste nicht geltend machen, sein Betrieb sei eine einkommensteuerlich irrelevante Liebhaberei.[9] 124

Bei einem Betrieb der **Forstwirtschaft** ist die Totalgewinnprognose grundsätzlich generationenübergreifend über den Zeitraum der durchschnittlichen Umtriebszeit des darin vorherrschenden Baumbestands zu erstrecken.[10] 125

(Einstweilen frei) 126–130

B. Systematische Kommentierung

I. Einkünfte aus Land- und Forstwirtschaft (§ 13 Abs. 1 EStG)

LuF ist die planmäßige Nutzung der natürlichen Kräfte des Grund und Bodens zur Erzeugung von Pflanzen und Tieren und die Verwertung der dadurch gewonnenen Erzeugnisse.[11] 131

---

1 BFH v. 14. 7. 2003 - IV B 81/01, BStBl 2003 II 804.
2 BFH v. 19. 7. 1990 - IV R 82/89, BStBl 1991 II 333, mit Anm. Kanzler, FR 1991, 645, 646; s. a. BFH v. 16. 3. 2000 - IV R 53/98, BFH/NV 2000, 1090 = NWB DokID: WAAAA-96979.
3 BFH v. 17. 5. 1994 - IV B 76/93, BFH/NV 1994, 855 = NWB DokID: RAAAB-34786.
4 BFH v. 29. 3. 2001 - IV R 88/99, BStBl 2002 II 791.
5 BFH v. 9. 11. 1995 - IV R 96/93, BFH/NV 1996, 316 = NWB DokID: IAAAB-37303.
6 BFH v. 29. 3. 2001 - IV R 88/99, BStBl 2002 II 791.
7 BFH v. 24. 8. 2000 - IV R 46/99, BStBl 2000 II 674.
8 BFH v. 31. 5. 2000 - IV B 137/99, BFH/NV 2001, 44 = NWB DokID: MAAAA-65701.
9 BFH v. 18. 5. 2000 - IV R 27/98, BStBl 2000 II 524.
10 BFH v. 7. 4. 2016 - IV R 38/13, BStBl 2016 II 765.
11 BFH v. 26. 2. 1976 - VIII R 15/73, BStBl 1976 II 492.

132 Voraussetzung ist wie für alle Gewinneinkünfte gem. § 15 Abs. 2 EStG eine selbständige und nachhaltige Tätigkeit, die mit Gewinnerzielungsabsicht unternommen wird und sich als Beteiligung am allgemeinen wirtschaftlichen Verkehr darstellt.

133 Zum Wesen eines luf Betriebes gehören immer, wie es der BFH[1] vereinfacht ausgedrückt hat, einerseits eine auf Gewinn gerichtete **luf Betätigung** (Ackerbau, Viehzucht usw.) **und** andererseits ein **luf Betriebsvermögen**, das der Betätigung als Grundlage dient und sie erst ermöglicht. Insbesondere wenn eine Luf Betätigung vorliegt, ist für den Begriff der LuF im Grundsatz weder eine bestimmte Mindestgröße noch ein voller luf Besatz (Betriebsgebäude, Maschinen, sonstige Betriebsmittel) erforderlich. Eine Luf Betätigung kann auch auf Stückländereien betrieben werden.[2] Für die steuerliche Beurteilung kann die LuF auch im Nebenbetrieb,[3] im Nebenerwerb oder teilweise durch Lohnunternehmer betrieben werden. Eine geringe Größe oder ein geringer Besatz können aber ein wichtiges Indiz für eine fehlende, nachhaltige, auf Gewinnerzielung gerichtete luf Betätigung sein. Nicht entscheidend ist, ob die LuF auf eigenen oder gepachteten Grundstücken betrieben wird. Die Bewirtschaftung von luf Flächen für den Eigenbedarf genügt dann nicht, wenn wegen einer sehr geringen Nutzfläche nur solche Erträge erzielt werden können, wie sie ein (privater) Gartenbesitzer i. d. R. für Eigenbedarfszwecke erzielt. Ein solcher Gartenbesitzer strebt nicht nach einem echten, wirtschaftlich ins Gewicht fallenden Gewinn.[4]

134 Zu den Einkünften aus LuF zählen auch solche aus **Hilfsgeschäften** der luf Betätigung. Ein Hilfsgeschäft stellt z. B. die Veräußerung luf Grundstücke dar. Die Veräußerung der luf genutzten Grundstücke ist aber dann kein Hilfsgeschäft eines landwirtschaftlichen Betriebs mehr, sondern Gegenstand eines selbständigen gewerblichen Unternehmens, wenn ein Landwirt wiederholt innerhalb eines überschaubaren Zeitraumes luf Grundstücke oder Betriebe in Gewinnabsicht veräußert, die er bereits in der Absicht der alsbaldigen Weiterveräußerung erworben hat[5] oder selbst die Aufstellung eines Bebauungsplans betreibt.[6] Zur LuF gehören auch alle dazu notwendigen **Nebentätigkeiten**, es sei denn, eine solche Tätigkeit wird ohne Beziehung zum eigenen luf Betrieb ausgeübt.[7]

135 Zu den Einkünften aus LuF gehören nach ausdrücklicher gesetzlicher Regelung in § 13 Abs. 2 EStG auch die Einkünfte aus einem luf **Nebenbetrieb** sowie ggf. der **Nutzungswert der Wohnung**. Dies ist bedeutsam für die Fälle, in denen nach der allgemeinen Begriffsbestimmung in § 13 Abs. 1 EStG eine Erfassung bei den Einkünften aus LuF sonst nicht möglich wäre.

136 Zu den Einkünften aus LuF zählen auch Einkünfte aus anderen Einkunftsarten, wenn diese im Rahmen eines luf Betriebes anfallen. In aller Regel trifft dies auf die **Erträge aus betrieblichem Kapitalvermögen** und auf Einkünfte aus der **Vermietung oder Verpachtung landwirtschaftlichen Vermögens** zu. Die Einkünfte aus Kapitalvermögen und aus VuV sind insoweit subsidiär.[8]

137–140 *(Einstweilen frei)*

---

1 BFH v. 28. 3. 1985 - IV R 88/81, BStBl 1985 II 508.
2 BFH v. 30. 8. 2007 - IV R 5/06, BStBl 2008 II 113.
3 Zur Gewinnerzielungsabsicht bei einem Nebenbetrieb s. BFH v. 30. 8. 2007 - IV R 12/05, BFH/NV 2008, 759 = NWB DokID: TAAAC-73399.
4 BFH v. 5. 5. 2011 - IV R 48/08, BStBl 2011 II 792.
5 BFH v. 28. 6. 1984 - IV R 156/81, BStBl 1984 II 798.
6 BFH v. 8. 11. 2007 - IV R 34/05, BStBl 2008 II 231.
7 BFH v. 22. 1. 2004 - IV R 45/02, BStBl 2004 II 512.
8 § 20 Abs. 8 EStG, § 21 Abs. 3 EStG.

1. Ermittlung der Einkünfte aus Land- und Forstwirtschaft

a) Gewinnermittlungsarten

Grundsätzlich kennt das EStG nur zwei Gewinnermittlungsarten, die Gewinnermittlung durch **Betriebsvermögensvergleich** (Bestandsvergleich) gem. § 4 Abs. 1 EStG und die Gewinnermittlung durch **Einnahmenüberschussrechnung** gem. § 4 Abs. 3 EStG. Beide Gewinnermittlungsarten kommen für luf Betriebe in Betracht. Zudem sieht § 13a EStG eine weitere Gewinnermittlungsart nur für Land- und Forstwirte vor, die **Gewinnermittlung nach Durchschnittssätzen**. 141

Wenn nach den §§ 140 oder 141 AO Buchführungspflicht besteht, ist der Gewinn zwingend durch Betriebsvermögensvergleich zu ermitteln. 142

Besteht keine gesetzliche Buchführungspflicht und sind sämtliche Voraussetzungen des § 13a Abs. 1 EStG erfüllt, ist der Gewinn nach Durchschnittssätzen zu ermitteln, es sei denn, es wird ein Antrag nach § 13a Abs. 2 EStG gestellt. Danach kann der Gewinn wahlweise nach § 4 Abs. 1 EStG oder § 4 Abs. 3 EStG ermittelt werden. Ein solcher Antrag bindet für vier aufeinander folgende Wirtschaftsjahre, vgl. § 13a Abs. 2 EStG. 143

Besteht keine gesetzliche Buchführungspflicht und sind die weiteren Voraussetzungen des § 13a Abs. 1 EStG nicht erfüllt, kann der Gewinn entweder freiwillig durch Betriebsvermögensvergleich oder durch Einnahmenüberschussrechnung ermittelt werden. 144

Kommt ein Stpfl. seiner Gewinnermittlungspflicht nicht nach, ist der Gewinn vom Finanzamt zu schätzen. 145

Zu den weiteren Voraussetzungen für die jeweilige Gewinnermittlungsart bzw. den Wechsel zwischen den Gewinnermittlungsarten vgl. KKB/Hallerbach, § 4 EStG Rz. 51 ff. 146

Zur Buchführung in luf Betrieben und den für die Buchführung von Land- und Forstwirten von der FinVerw zugelassenen Erleichterungen vgl. BMF v. 15. 12. 1981.[1] 147

(Einstweilen frei) 148–155

b) Gewinnermittlungszeitraum

Das Wirtschaftsjahr für Land- und Forstwirte ist nach § 4a Abs. 1 Satz 2 Nr. 1 EStG grds. der Zeitraum vom 1. 7. bis 30. 6. Abweichend davon können gem. § 8c EStDV folgende Betriebe ein anderes Wirtschaftsjahr bestimmen: 156

▶ Betriebe mit einem Futterbauanteil ab 80 % der landwirtschaftlichen Nutzung den Zeitraum vom 1. 5. bis 30. 4.,
▶ Betriebe mit reiner Forstwirtschaft den Zeitraum vom 1. 10. bis 30. 9.,
▶ Betriebe mit reinem Weinbau den Zeitraum vom 1. 9. bis 31. 8.

Gartenbaubetriebe und reine Forstbetriebe können auch das Kalenderjahr als Wirtschaftsjahr bestimmen. 157

Der Gewinn eines Wirtschaftsjahres (mit Ausnahme von Gewinnen aus Betriebsveräußerung oder Betriebsaufgabe) ist bei Land- und Forstwirten mit einem vom Kalenderjahr abweichen- 158

---

1 BMF v. 15. 12. 1981, BStBl 1981 I 878.

den Wirtschaftsjahr auf das Kalenderjahr, in dem das Wirtschaftsjahr beginnt, und das Kalenderjahr, in dem das Wirtschaftsjahr endet, zeitanteilig aufzuteilen, vgl. § 4a Abs. 2 Nr. 1 EStG.

159–165 *(Einstweilen frei)*

c) Besonderheiten bei land- und forstwirtschaftlichen Wirtschaftsgütern und Betriebsvorgängen

aa) Grund und Boden

166 Der Begriff des Grund und Bodens ist nicht nach den Vorschriften des bürgerlichen Rechts, sondern nach steuerlichen Gesichtspunkten und den Grundsätzen ordnungsmäßiger Buchführung und Gewinnermittlung abzugrenzen.[1] Grund und Boden ist nur der nackte Grund und Boden; dazu zählt aber nicht nur die sog. Ackerkrume sondern auch das darunter befindliche Erdreich, vgl. dazu z. B. BFH v. 24.1.2008.[2] Nicht dazu gehören z. B. Gebäude, Bodenschätze, Anlagen auf oder im Grund und Boden oder das Feldinventar. Grund und Boden in der ehemaligen DDR ist mit seinem Verkehrswert anzusetzen.[3]

Ansonsten ist zu unterscheiden zwischen:

167 ▶ **Grund und Boden, der bereits mit Ablauf des 30.6.1970 zum Anlagevermögen gehört hat**

Als Anschaffungs- oder Herstellungskosten gilt bei Grund und Boden, der bereits mit Ablauf des 30.6.1970 zum Anlagevermögen gehört hat, das Zweifache des nach § 55 Abs. 2 bis 4 EStG zu ermittelnden Ausgangsbetrags.[4] Zur Ermittlung des Ausgangsbetrags vgl. KKB/Walter, § 55 EStG Rz. 31 ff. Ein höherer Teilwert konnte nachgewiesen werden, § 55 Abs. 5 EStG.

168 ▶ **Anschaffungs- oder Herstellungskosten – Zusätzliche Anschaffungs- oder Herstellungskosten**

Für die Ermittlung der Anschaffungskosten gelten die allgemeinen Grundsätze. Die Anschaffungskosten sind für jedes Grundstück (Eintragung im Grundbuch mit eigener Plan-Nummer) festzustellen. Auch bei zusammenhängenden Grundstücken kann ein durchschnittlicher Anschaffungspreis nicht gebildet werden.[5]

Herstellungskosten kommen für Grund und Boden nur ausnahmsweise in Betracht, nämlich dann, wenn bisher Grund und Boden nicht bestanden hat (z. B. bei Trockenlegung von Gewässern). Herstellungskosten liegen auch vor, wenn ein bisher nicht nutzbarer Boden nutzbar gemacht wird. Herstellungskosten sind auch bei Grund und Boden nicht ausgeschlossen, z. B. wenn „Unland" urbar gemacht wird[6] oder bei Maßnahmen zur nachhaltigen Änderung der Beschaffenheit des Bodens,[7] z. B. Anlage eines Weinberges.

---

1 BFH v. 14.3.1961 - I 17/60 S, BStBl 1961 III 398; BFH v. 30.11.1978 - IV R 43/78, BStBl 1979 II 281.
2 BFH v. 24.1.2008 - IV R 45/05, BStBl 2009 II 449.
3 § 9 Abs. 1 Satz 1 DMBilG.
4 § 55 Abs. 1 EStG; beachte aber die Buchwertabspaltung von Milchlieferrechten → Rz. 178.
5 Vgl. BFH v. 29.9.1971 - I R 195/69, BStBl 1972 II 13.
6 BFH v. 26.6.1975 - IV R 66/72, BStBl 1976 II 8; BFH v. 16.2.1984 - IV R 229/81, BStBl 1984 II 424.
7 Vgl. BFH v. 8.11.1979 - IV R 42/78, BStBl 1980 II 147.

Bodenverbesserungen stellen weder Anschaffungs- noch Herstellungskosten dar, z. B. Entfernen von Baumwurzeln zur landwirtschaftlichen Nutzung anstelle einer bisherigen forstwirtschaftlichen,[1] Planierung einer Schafweide zwecks besserer anderer Nutzung,[2] Aufbringung von Muttererde, Umbrechen und Einsäen einer Wiese. Die Kosten sind sofort abzugsfähige Betriebsausgaben.

▶ **Teilwert – Ansatz des niedrigeren Teilwerts** 169

Teilwert ist der Betrag, den ein Erwerber des ganzen Betriebs im Rahmen des Gesamtkaufpreises für das einzelne WG bei Fortführung des Betriebs ansetzen würde.[3] Der Teilwert kann angesetzt werden, wenn dieser aufgrund einer voraussichtlich dauernden Wertminderung niedriger ist als der Buchwert. Das gilt für abnutzbare WG ebenso wie für nicht abnutzbare, z. B. für den Grund und Boden.[4]

Die Ermittlung des Teilwerts ist mit Schwierigkeiten verbunden. Die marktbedingten Schwankungen bei Grundstücken werden jedenfalls auch von der FinVerw[5] nicht als den Teilwert mindernder Umstand angesehen. Eine Minderung des Teilwerts kann eintreten z. B. bei Bodenverschmutzung (durch Öl oder Giftstoffe).[6]

Es besteht ein Wertaufholungsgebot.[7] Der Stpfl. hat zu jedem Bilanzstichtag neu zu prüfen, ob die Voraussetzungen einer Teilwertabschreibung vorliegen. Ist der Teilwert nicht mehr gemindert, muss der fortgeschriebene Buchwert angesetzt werden.[8]

(Einstweilen frei) 170–175

bb) Feldinventar und stehende Ernte

Feldinventar und stehende Ernte werden als **selbständige WG** behandelt, wobei das Feldinventar bzw. die stehende Ernte einer abgrenzbaren landwirtschaftlichen Nutzfläche jeweils als selbständiges Wirtschaftsgut des Umlaufvermögens anzusehen ist.[9] Die Wirtschaftsgüter Feldinventar/stehende Ernte sind mit den AK/HK einzeln zu bewerten, § 6 Abs. 1 Nr. 2 Satz 1 EStG. Bei landwirtschaftlichen Betrieben oder Teilbetrieben kann zur Vereinfachung der Bewertung von einer Aktivierung der Wirtschaftsgüter des Feldinventars bzw. der stehenden Ernte abgesehen werden, vgl. R 14 Abs. 3 EStR. Voraussetzung dafür ist, dass in der Schlussbilanz des Betriebs für das vorangegangene Wj. oder bei einem Wechsel von der Gewinnermittlung nach Durchschnittssätzen zur Einnahmenüberschussrechnung im Rahmen der Übergangsbilanz keine Aktivierung des Feldinventars bzw. der stehenden Ernte vorgenommen wurde, R 14 Abs. 3 Satz 2 EStR. Ein willkürliches Hin und Her zwischen Aktivierung und Nichtaktivierung ist nicht zulässig, daher kann der Stpfl. nach erfolgter Aktivierung nicht zur Nichtaktivierung übergehen.[10]

176

---

1 BFH v. 26. 6. 1975 - IV R 66/72, BStBl 1976 II 8.
2 BFH v. 19. 12. 1962 - IV 324/60 U, BStBl 1963 III 207.
3 § 6 Abs. 1 Nr. 1 Satz 3 EStG.
4 § 6 Abs. 1 Nr. 2 Satz 2 EStG.
5 Vgl. BMF v. 25. 2. 2000, BStBl 2000 I 372.
6 Vgl. BMF v. 25. 2. 2000, BStBl 2000 I 372, Tz. 11 bis 13 i. V. m. BMF v. 11. 5. 2010, BStBl 2010 I 495.
7 § 6 Abs. 1 Nr. 1 Satz 4 EStG.
8 Vgl. BMF v. 25. 2. 2000, a. a. O., Tz. 34.
9 BFH v. 18. 3. 2010 - IV R 23/07, BStBl 2011 II 654 sowie R 14 Abs. 2 EStR.
10 FG Sachsen-Anhalt v. 31. 5. 2017 - 2 K 249/13, NWB DokID: PAAAG-69934, Rev. VI R 49/17.

177 Körperschaften, die kraft Rechtsform ausschließlich gewerbliche Einkünfte erzielen, steht nur ein eingeschränktes Aktivierungswahlrecht zu.[1]

cc) Milchlieferrechte und andere Produktionsbeschränkungen

178 Das **Milchlieferrecht** ist mit Einführung der Milchgarantiemengen-Verordnung mit Wirkung vom 2.4.1984 entstanden und konnte später auch unabhängig von Grund und Boden übertragen werden. Es ist ein einheitliches, selbständiges immaterielles WG des Anlagevermögens, das zugeteilt sowie entgeltlich oder unentgeltlich erworben worden sein kann. Die Rspr. hatte eine Buchwertabspaltung vom Grund und Boden zugelassen.[2] Zur ertragsteuerrechtlichen Behandlung vgl. BMF v. 5.11.2014.[3] Die Milchgarantiemengen-Verordnung ist zum 31.3.2015 ausgelaufen. Im Zeitpunkt des Wegfalls der Milchlieferrechte kommt es m.E. zu einem Rückfall der zu diesem Zeitpunkt noch aktivierten abgespaltenen Buchwerte nach § 55 Abs. 1 bis 4 EStG für Milchlieferrechte, die bis zum 31.3.2015 nicht veräußert oder entnommen worden sind, auf die Buchwerte des Grund und Bodens der zugehörigen Milcherzeugungsflächen. Davon scheint auch der BFH auszugehen.[4]

179 Die Marktordnung für **Zuckerrübenlieferrechte** sollte nach GAP bis 30.9.2015 befristet sein. Davon ist auch die FinVerw (s.u.) ausgegangen. Zwischenzeitlich wurde eine weitere Verlängerung bis zum Ende des Zuckerwirtschaftsjahres 2016/2017, bis 30.9.2017 beschlossen. Nach dem BFH-Urteil v. 16.10.2008[5] sind Zuckerrübenlieferrechte selbständige immaterielle abnutzbare Wirtschaftsgüter. Die Nutzungsdauer ist nach der bei Aufstellung der Bilanz voraussichtlichen Dauer des Fortbestandes der Quotenregelung zu schätzen. Im Urteil wurde eine Nutzungsdauer von 15 Jahre als nicht zu niedrig erachtet. Zu Einzelheiten zur einkommensteuerlichen Behandlung von Zuckerrübenlieferrechten vgl. Vfg. des BayLfSt v. 20.7.2009.[6] Zur Verlängerung der Zuckermarktordnung hat sich die Finanzverwaltung noch nicht geäußert. Meines Erachtens sollte es bei der bisherigen AfA-Reihe bleiben, der Endzeitpunkt sollte nicht erneut nach hinten verschoben werden. Für neu angeschaffte Zuckerrübenlieferrechte müsste allerdings der neue Endzeitpunkt berücksichtigt werden. Bei **Wieder- und Neuanpflanzungsrechten** der Winzer handelte es sich dagegen bis zum 30.6.2011 um nicht abnutzbare WG, da zu diesem Zeitpunkt ein Ende der Beschränkung des Weinbaus in der EU nicht absehbar war.[7] Mit der Umwandlung bestehender Pflanzungsrechte zum 1.7.2011 in betriebsgebundene Genehmigungen (§ 6a WeinG) und dem vorgesehenen Auslaufen des Anpflanzungsverbots im Jahr 2030 ist von einem abnutzbaren immateriellen WG auszugehen.[8]

dd) Zahlungen und Entschädigungen

180 Die nach der GAP-Reform 2003 zugeteilten **Zahlungsansprüche** (Betriebsprämie, Stilllegungsprämie und besondere Zahlungsansprüche) sind abnutzbare immaterielle WG des Anlagevermögens.[9] Diese Zahlungsansprüche sind zum 31.12.2014 ausgelaufen und eingezogen wor-

---

1 BFH v. 7.12.2005 - I R 123/04, BFH/NV 2006, 1097 = NWB DokID: VAAAB-81714.
2 BFH v. 24.8.2000 - IV R 11/00, BStBl 2003 II 64.
3 BMF v. 5.11.2014, BStBl 2014 I 1503.
4 BFH v. 9.9.2010 - IV R 2/10, BStBl 2011 II 171, unter II.2.c, dd, (4).
5 BFH v. 16.10.2008 - IV R 1/06, BStBl 2010 II 28.
6 Unter www.lfst.bayern.de.
7 BFH v. 6.12.2017 - VI R 65/15, BStBl 2018 II 353.
8 Gl. A. *Abele*, BB 2018, 881; offengelassen von BFH v. 6.12.2017 - VI R 65/15, BStBl 2018 II 353.
9 BFH v. 21.10.2015 - IV R 6/12, BFH/NV 2016, 802 = NWB DokID: GAAAF-70519.

den. Neue Ansprüche sind zum 1.1.2015 entstanden, vgl. → Rn 181. Entgeltlich erworbene Zahlungsansprüche sind nach § 7 Abs. 1 EStG linear abzuschreiben. Der BFH hat eine betriebsgewöhnliche Nutzungsdauer von zehn Jahren für Zahlungsansprüche nach der GAP-Reform 2003 im Urteil vom 21.10.2015[1] bestätigt. Die Finanzverwaltung hatte eine lineare AfA bislang nicht zugelassen, hat sich aber der Rechtsprechung des BFH angeschlossen und lässt darüber hinaus zu, dass die Anschaffungskosten von nach dem 31.12.2004 entgeltlich erworbenen Zahlungsansprüchen gleichmäßig auf die Zeit bis zum 31.12.2014 verteilt werden.[2] Zu Teilwertabschreibungen vgl. BMF v. 25.6.2008,[3] und zum Zeitpunkt der Aktivierung von Auszahlungsforderungen vgl. BMF v. 13.10.2008.[4]

Auch bei den zum 1.1.2015 zugeteilten Zahlungsansprüchen handelt es sich um immaterielle Wirtschaftsgüter. Soweit diese entgeltlich erworben wurden, sind sie gem. § 7 Abs. 1 EStG ebenfalls linear abzuschreiben. M. E. erfolgt die Abschreibung zunächst auf 10 Jahre. Sollte es zu einem früheren Auslaufen kommen, ist dann eine entsprechend kürzere Nutzungsdauer zugrunde zu legen.[5]

Entschädigungen und Nutzungsvergütungen gehören nach § 24 EStG u. a. auch zu den Einkünften i. S. d. § 13 EStG,[6] die einer tarifbegünstigten Besteuerung unterliegen können (§ 34 Abs. 2 Nr. 2 und 3 EStG). Bei den Einkünften aus LuF kommen eine Vielzahl von Entschädigungen, Beihilfen, Prämien und Zuschüssen in Betracht.[7] Entschädigungszahlungen sind von Einnahmen aus einer Nutzungsüberlassung abzugrenzen, die nach § 11 Abs. 1 Satz 3 EStG auf den Zeitraum der Nutzungsüberlassung verteilt werden können.[8]

d) Besonderheiten land- und forstwirtschaftlicher Mitunternehmerschaften

Anwendung der Vorschriften zu gewerblichen Mitunternehmerschaften: Nach § 13 Abs. 7 EStG gelten die Vorschriften der §§ 15-15b EStG auch für luf. PersGes. Das gilt insbesondere für die Abfärberegelung des § 15 Abs. 3 Nr. 1 EStG. Rein luf tätige PersG werden unter den Voraussetzungen des § 15 Abs. 3 Nr. 2 EStG auch von der gewerblichen Prägung erfasst (s. KKB/Bäuml/Meyer, § 15 EStG Rz. 490 ff.). Entfällt eine dieser Voraussetzungen, dann kann die Betriebsaufgabe und Erfassung der stillen Reserven durch Aufnahme einer originären gewerblichen[9] oder luf Tätigkeit[10] vermieden werden. Zur gemeinschaftlichen Tierzucht und Tierhaltung s. → Rz. 276 ff.

Konkludente Mitunternehmerschaft zwischen Ehegatten: Nach st. Rspr. des BFH können Ehegatten in der LuF auch ohne ausdrücklichen Gesellschaftsvertrag eine Mitunternehmerschaft begründen, wenn jeder der Ehegatten einen erheblichen Teil der selbst bewirtschafteten land-

---

1 BFH v. 21.10.2015 - IV R 6/12, BFH/NV 2016, 802 = NWB DokID: GAAAF-70519.
2 Vgl. BMF v. 13.12.2016 - IV C 6 - S 2134/07/10001, NWB DokID: WAAAF-89285.
3 BMF v. 25.6.2008, BStBl 2008 I 682, Tz. 20.
4 BMF v. 13.10.2008, BStBl 2008 I 939, Tz. 40 (Neufassung).
5 *Felsmann*, Einkommensbesteuerung, Abschn. A Anm. 1537a.
6 S. etwa Schleswig-Holsteinisches Finanzgericht v. 11.5.2016 - 5 K 207/13, EFG 2017, 1643, Rev. VI R 26/17 betr. Zahlung für die Aufgabe eines Nießbrauchsrechts.
7 S. dazu die ausführliche Übersicht der ertrag- und umsatzsteuerrechtlich maßgeblichen Zahlungen bei *Kreckl* in: Leingärtner, Kap. 49 Rz. 60.
8 Dazu etwa FG Rheinland-Pfalz v. 16.11.2016 - 1 K 2434/14, EFG 2017, 393, Rev. VI R 54/16 betr. Entschädigung für Eintragung eines Flutungsrechts des Landes; FG Münster v. 9.6.2017 - 4 K 1034/15 E, EFG 2017, 1268, Rev. VI R 34/17 betr. „Gestattungsentgelt" für zeitlich beschränkte Nutzungsüberlassung an Kraftwerk.
9 *Wacker* in Schmidt, § 15 EStG Rz. 233.
10 *Kanzler*, NWB 2016, 170, 171.

und forstwirtschaftlichen Grundstücke, nämlich mehr als 10 % der gesamten luf genutzten Eigentumsflächen,[1] zur Verfügung stellt; dabei sind zur Ermittlung des selbst bewirtschafteten luf Grundbesitzes, den jeder Ehegatte zur Verfügung stellt, auch die forstwirtschaftlich genutzten Flächen zu berücksichtigen.[2] Unterhält jeder Ehegatte einen eigenen luf Betrieb, so genügt die Selbstbewirtschaftung der jeweiligen luf Flächen durch die Ehegatten nicht zur Annahme einer konkludenten Mitunternehmerschaft; erforderlich ist vielmehr, dass die Ehegatten die Grundstücke gemeinsam in einem Betrieb bewirtschaften, so dass von einer gemeinsamen Zweckverfolgung ausgegangen werden kann.[3]

184–190 (Einstweilen frei)

2. Landwirtschaft (§ 13 Abs. 1 Nr. 1 Satz 1 EStG)

191 Landwirtschaft i. S. d. § 13 Abs. 1 Nr. 1 Satz 1 EStG ist die Tätigkeit der Bodenbewirtschaftung im Rahmen der Urproduktion pflanzlicher Erzeugnisse und die Verwertung ggf. einschl. Be- und Verarbeitung (Veredelung) der gewonnenen Erzeugnisse durch Verkauf oder durch Eigenverbrauch (einschl. der Verwertung als Viehfutter). So kann z. B. eine Windkraftanlage zur Stromerzeugung nicht dem luf Betrieb zugerechnet werden, da es sich weder um Urproduktion noch um Veredelungsproduktion handelt; denn eine Windkraftanlage nutzt weder unmittelbar noch mittelbar die natürlichen Kräfte des Grund und Bodens, sondern andere Naturkräfte.[4] Andererseits werden auch dann landwirtschaftliche Einkünfte erzielt, wenn auf Wiesen erzeugtes Gras auf dem Halm verkauft wird und sämtliche Arbeiten der Käufer übernimmt. In diesem Fall ist keine Hofstelle erforderlich.[5] Eine bestimmte Mindestgröße eines luf Betriebs ist grundsätzlich nicht erforderlich. Sowohl die Rechtsprechung als auch die Finanzverwaltung gehen vom Vorliegen eines luf Betriebs aus, wenn die Größe der bewirtschafteten Fläche (in Abgrenzung zur privaten Gartenbewirtschaftung) mind. 3 000 qm beträgt.[6] Diese Mindestgröße ist aber nicht geeignet eine Teilbetriebseigenschaft bei unentgeltlicher Übertragung der Flächen an verschiedene Erwerber zu begründen und eine Betriebsaufgabe zu vermeiden.[7]

192–200 (Einstweilen frei)

3. Forstwirtschaft

a) Begriffe: Forstwirtschaftliche Tätigkeit, forstwirtschaftliche Fläche und forstwirtschaftlicher Betrieb

201 Forstwirtschaft ist die planmäßige Nutzung der natürlichen Kräfte des Grund- und Bodens zur Gewinnung von Rohholz und anderen Walderzeugnissen.[8] Eine forstwirtschaftliche Tätigkeit erfordert grundsätzlich eine geschlossene mit Forstpflanzen bestockte Grundfläche, auf der

---

[1] BFH v. 25.9.2008 - IV R 16/07, BStBl 2009 II 989 unter Änderung der bisher geltenden 20 %-Grenze und unter Hinweis auf *Kanzler* in FS Ludwig Schmidt, S. 379 ff. unter II.2.a.
[2] BFH v. 16.5.2018 - VI R 45/16, NWB DokID: BAAAG-95354.
[3] BFH v. 16.5.2018 - VI R 45/16, NWB DokID: BAAAG-95354 m. w. N.
[4] Siehe R 15.5 Abs. 12 EStR.
[5] Vgl. BFH v. 26. 8. 2004 - IV R 52/02, BFH/NV 2005, 674 = NWB DokID: MAAAB-42759.
[6] Zuletzt BFH v. 5.5.2011 - IV R 48/08, BStBl 2011 II 792 betr. Liebhaberei; zur Bedeutung der Mindestgröße von 3 000 qm, s. *Kanzler*, FR 2018, 570.
[7] BFH v. 16.11.2017 - VI R 63/15, BFH/NV 2018, 369 = NWB DokID: WAAAG-70593; FG Niedersachsen v. 7. 2. 2017 - 13 K 204/15, EFG 2018, 206, Rev. VI R 47/17; a. A. FG Niedersachsen v. 2.7.2013 - 15 K 265/11, EFG 2013, 1747, rkr. Zu Ursprung und Bedeutung der 3.000 qm-Grenze s. *Kanzler*, FR 2018, 570.
[8] BMF v. 18. 5. 2018, BStBl 2018 I 689 zu I.1.

nahezu ausschließlich Baumarten mit dem Ziel einer langfristigen Holzentnahme erzeugt werden (forstwirtschaftliche Fläche).[1] Ertragsteuerrechtlich reicht das Eigentum an einer forstwirtschaftlichen Fläche unabhängig von der Flächengröße für die Annahme einer betrieblichen Tätigkeit i. S. d. § 2 Abs. 1 Satz 1 Nr. 1 i.V. m. § 13 Abs. 1 Nr. 1 EStG aus, wenn Gewinnerzielungsabsicht besteht.[2] Dies gilt auch dann, wenn der Steuerpflichtige ohne eigene Bewirtschaftungsmaßnahmen, wie Anpflanzung oder Durchforstung durch den natürlichen Baumwuchs an der Fruchtziehung beteiligt ist und dadurch einen Gewinn erzielen kann.[3] Eine Mindestgröße für einen Forstbetrieb kann nicht generell festgelegt werden, da diese von den Umständen des jeweiligen Einzelfalls abhängt. Aus dem BFH-Urteil v. 26. 6. 1985[4] kann jedenfalls nicht abgeleitet werden, dass sich eine Forstfläche von bis zu 0,7 ha immer unter der erforderlichen Mindestgröße bewege. Der BFH selbst bringt in diesem Urteil zum Ausdruck, dass es sich dabei um einen Grenzfall handelt. Er hat für seine Entscheidung auch nicht allein auf die Größe und den Jahresbetrag des Totalgewinns abgestellt, sondern daneben weitere gewichtige Merkmale des Einzelfalls (Art des Holzes, Altersklasse, Zweck der Aufforstung, Bewirtschaftung) herangezogen. Maßgeblich ist das Gesamtbild des Einzelfalls für das alle Merkmale heranzuziehen und in ihrer Bedeutung zu würdigen sind. Die Bestockung einer Fläche durch Samenanflug oder durch Stockausschlag kann zur Annahme eines Forstbetriebs führen.[5]

Für die Frage der Gewinnerzielungsabsicht ist die Totalgewinnprognose objektbezogen, also generationenübergreifend über den Zeitraum der durchschnittlichen oder bei Erwerb bereits hergestellter Baumbestände verbleibenden Umtriebszeit des darin vorherrschenden Baumbestands zu ermitteln. Unschädlich für die Annahme eines Forstbetriebs ist auch, dass keine Bewirtschaftungsmaßnahmen vorgenommen werden oder das Unterschreiten eines jährlichen Gewinns von 500 €. Maßgeblich ist lediglich, ob nach Ablauf der Umtriebszeit insgesamt ein Gewinn erzielt werden kann.[6]

Bei sog. Bauernwaldungen ist unabhängig von deren Größe regelmäßig von notwendigem Betriebsvermögen des luf Betriebs auszugehen.[7] Sie sind dann entweder Teil des luf Betriebs oder ein Teilbetrieb.

In den Bereich der Forstwirtschaft fällt nicht nur die Aufzucht, Gewinnung und Verwertung von Hölzern, sondern auch die Aufforstung und Durchforstung (Bestandspflege) von Waldbeständen und die Schädlingsbekämpfung in diesen Bereich. Auch der Verkauf auf dem Stamm und die Verarbeitung im eigenen Sägewerk sind forstwirtschaftliche Verwertung. Zur Forstwirtschaft gehören auch alle dazu notwendigen Nebentätigkeiten, es sei denn, eine solche Tätigkeit wird ohne Bezug zum eigenen luf Betrieb ausgeübt.[8]

(Einstweilen frei) 204–205

---

1 BMF v. 18. 5. 2018, BStBl 2018 I 689 zu I.1.
2 BFH v. 26. 6. 1985 - IV R 149/83, BStBl 1985 II 549; BFH v. 9. 3. 2017 - VI R 86/14, BStBl 2017 II 981; BMF v. 18. 5. 2018, BStBl 2018 I 689 zu I.2.
3 BFH v. 5. 11. 1981 - IV R 180/77, BStBl 1982 II 158 und BFH v. 9. 3. 2017 - VI R 86/14, BStBl 2017 II 981; BMF v. 18. 5. 2018, BStBl 2018 I 689 zu I.2. m.w. N.
4 BFH v. 26. 6. 1985 - IV R 149/83, BStBl 1985 II 549.
5 BFH v. 13. 4. 1989 - IV R 39/87, BStBl 1989 II 718; BFH v. 18. 5. 2000 - IV R 27/98, BStBl 2000 II 524.
6 BFH v. 9. 3. 2017 - VI RR 86/14, BStBl 2017 II 981.
7 BFH v. 18. 5. 2000 - IV R 27/98, BStBl 2000 II 524.
8 BFH v. 23. 1. 1992 - IV R 19/90, BStBl 1992 II 651.

b) Besonderheiten bei der Gewinnermittlung

206 Das maßgebliche **Wirtschaftsgut** ist beim stehenden Holz der in einem selbständigen Nutzungs- und Funktionszusammenhang stehende **Baumbestand**,[1] nicht der einzelne Baum[2] und auch nicht der gesamte Waldbestand. Ein selbständiges Wirtschaftsgut Baumbestand ist dann anzunehmen, wenn es nach räumlicher Lage, Alter und Holzart abgrenzbar ist und eine Flächengröße vom zusammenhängend mindestens einem Hektar aufweist. Ist für den Forstbetrieb ein amtlich anerkanntes Betriebsgutachten oder Betriebswerk erstellt worden, kann regelmäßig an die darin ausgewiesene kleinste Planungs- und Bewirtschaftungseinheit angeknüpft werden, wenn diese die Mindestgröße von einem Hektar umfasst. Sind die Bestände auf verschiedenen räumlich voneinander entfernt liegenden Flurstücken, stehen sie nicht in einem einheitlichen Nutzungs- und Funktionszusammenhang und sind deshalb auch dann selbständige Wirtschaftsgüter, wenn ihre Größe einen Hektar unterschreitet.

207 Der Baumbestand ist ein vom Grund und Boden getrennt zu bewertendes Wirtschaftsgut des nicht abnutzbaren Anlagevermögens. Durch die Trennung des Holzes vom Grund und Boden (i. d. R. durch Einschlag) wird es vom Wirtschaftsgut Baumbestand gelöst und zum Umlaufvermögen.[3]

208 Die Anschaffungs- bzw. Herstellungskosten (Erstaufforstungskosten) sind zu aktivieren. Der Zuwachs jedoch wird erst bei der Verwertung berücksichtigt. Die Gewinnrealisierung erfolgt erst im Zeitpunkt der Veräußerung bzw. Verwertung des stehenden Holzes.

209 Bei einem **Kahlschlag** ist der Veräußerungserlös um die (anteiligen) Anschaffungs- oder Herstellungskosten zu vermindern. Ein Kahlschlag liegt vor, wenn das Holz auf der gesamten Fläche eines Baumbestandes eingeschlagen wird und keine gesicherte Kultur bestehen bleibt. Gleiches gilt, wenn auf einer mindestens ein Hektar großen zusammenhängenden Teilfläche ein Kahlschlag erfolgt, unabhängig davon, ob er in verschiedenen aneinander grenzenden Baumbeständen oder innerhalb eines Baumbestandes vorgenommen wird. Dabei sind die Einschläge innerhalb eines **Zeitraums von fünf aufeinander folgenden Wirtschaftsjahren** einheitlich zu beurteilen. Mit dem Kahlschlag wird der Buchwert des Baumbestandes im Umfang des Einschlags gemindert und in gleicher Höhe den Herstellungskosten des eingeschlagenen Holzes (Umlaufvermögen) zugerechnet. Die Wiederaufforstungskosten nach einem Kahlschlag sind Herstellungskosten für ein neu entstehendes Wirtschaftsgut Baumbestand und zu aktivieren.[4]

210 Soweit ein Kahlschlag durch Kalamitätsnutzungen entsteht, kann der Buchwert abweichend von den oben dargestellten Grundsätzen beibehalten werden; die Wiederaufforstungskosten sind in diesem Fall sofort abzugsfähige Betriebsausgaben.[5]

211 Bei Holznutzungen, die nicht zu Kahlschlägen im o. g. Sinne führen, kommt eine Buchwertminderung grds. nicht in Betracht. Holznutzungen außerhalb eines Kahlschlags führen nur dann zu einer Buchwertminderung, wenn im Einzelfall die planmäßige Ernte hiebreifer Bestände zu einer weitgehenden Minderung der Substanz und des Wertes des Wirtschaftsguts Baumbestand geführt hat. Der Einschlag einzelner hiebreifer Bäume in der Endnutzungsphase kann

---

1 BFH v. 5. 6. 2008 - IV R 67/05, BStBl 2008 II 960 und BFH v. 5. 6. 2008 - IV R 50/07, BStBl 2008 II 968.
2 A. A. *Kleeberg*, FR 1998, 189.
3 Vgl. BMF v. 16. 5. 2012, BStBl 2012 I 595.
4 Vgl. BMF v. 16. 5. 2012, BStBl 2012 I 595.
5 Vgl. BMF v. 16. 5. 2012, BStBl 2012 I 595.

zu einer Abspaltung eines Teils des Buchwerts des stehenden Holzes führen; dabei ist die Buchwertabspaltung nur bis zur Höhe des Teilwerts des jeweiligen Bestands zulässig.[1] Einschläge zur Anlegung von befestigten Wirtschaftswegen oder Lagerplätzen führen zur Minderung des auf das eingeschlagene Holz entfallenden Teils des Buchwerts, vgl. BFH v. 18.2.2015.[2] Die Buchwertminderung ist dabei auf den Unterschied zwischen dem bisherigen Buchwert des jeweiligen Baumbestands und dem Teilwert des verbleibenden Baumbestands begrenzt. Die Beweislast für das Vorliegen der Voraussetzungen und den Teilwert liegt beim Steuerpflichtigen. Wiederaufforstungskosten außerhalb eines Kahlschlags sind grds. nicht zu aktivieren und führen zu sofort abzugsfähigen Betriebsausgaben. Wurde jedoch eine Buchwertminderung vorgenommen, liegen nachträgliche Anschaffungs- oder Herstellungskosten vor, die zu aktivieren sind, soweit die Wiederaufforstungskosten den bei der Buchwertminderung zugrunde gelegten Wert der Kultur übersteigen.

Aufwendungen für Bestandsverjüngung und Bestandspflege sind sofort abzugsfähige Betriebsausgaben. 212

Steuerpflichtige, die nicht buchführungspflichtig sind, ihren Gewinn auch nicht nach § 4 Abs. 1 EStG ermitteln und deren forstwirtschaftlich genutzte Fläche 50 Hektar nicht übersteigt, können bei der Ermittlung der Gewinne aus Holznutzungen **pauschale Betriebsausgaben** abziehen, § 51 EStDV. Diese Betriebsausgabenpauschale gilt nicht nur für Steuerpflichtige, die einen Forstbetrieb haben, sondern für alle Steuerpflichtigen, die Holznutzungen haben, z. B. auch im Rahmen eines Gewerbebetriebs. Ein Ansatz der pauschalen Betriebsausgaben erfolgt auf Antrag des Stpfl. und bindet diesen für ein Wirtschaftsjahr. Die pauschalen Betriebsausgaben betragen grds. 55 % der Einnahmen aus der Verwertung des eingeschlagenen Holzes, § 51 Abs. 2 EStDV. Wird das Holz auf dem Stamm verkauft, betragen die pauschalen Betriebsausgaben 20 % der Einnahmen aus der Verwertung des stehenden Holzes, § 51 Abs. 3 EStDV. Für etwaige Entschädigungsleistungen, die als Ersatz für Einnahmen aus Holznutzungen geleistet werden, sind die Betriebsausgabenpauschalen nicht anwendbar, da es sich hier nicht um eine Verwertung des stehenden Holzes handelt. 213

Mit den o. g. Pauschsätzen sind sämtliche Betriebsausgaben mit Ausnahme der Wiederaufforstungskosten und der Buchwertminderung für ein Wirtschaftsgut Baumbestand abgegolten. Das heißt, die Wiederaufforstungskosten und die Buchwertminderung können neben einer in Anspruch genommenen Betriebsausgabenpauschale in einem Wirtschaftsjahr abgezogen werden, § 51 Abs. 4 EStDV. 214

Die pauschalen Betriebsausgaben gelten jedoch nicht für die Ermittlung des Gewinns aus Waldverkäufen und die übrigen Einnahmen, z. B. aus Jagd, § 51 Abs. 5 EStDV. 215

Das **Forstschädenausgleichsgesetz** ermöglicht im Fall einer Störung des Marktes durch Kalamitätsnutzungen eine Einschlagsbeschränkung. Gleichzeitig gewährt es verschiedene steuerliche Erleichterungen. 216

(Einstweilen frei) 217–225

---

1 BFH v. 2.7.2015 - IV R 21/14, BFH/NV 2016, 17 = NWB DokID: ZAAAF-08283.
2 BFH v. 18.2.2015 - IV R 35/11, BStBl 2015 II 763.

4. Wein- und Obstbau

226 Neben der **planmäßigen Bewirtschaftung und Erzeugung** von Trauben bzw. Obst gehört hierzu auch die **Herstellung von Wein durch die Verarbeitung der selbsterzeugten Trauben** (Mosten, Keltern, Lagern);[1] zweifelhaft ist, ob dies auch für einen vollabliefernden Winzer gilt, der Weintrauben zur Herstellung des für den Eigenverbrauch bestimmten Haustrunks entnimmt.[2] Soweit in nicht unwesentlichem Umfang auch fremde Erzeugnisse verarbeitet werden oder statt des bloßen Verkaufs auch ein größerer Handel betrieben wird, können Probleme in der Abgrenzung zum Gewerbebetrieb auftreten (wegen der Annahme von Nebenbetrieben s. → Rz. 321 ff.; wegen des Zukaufs von Trauben s. → Rz. 27). Sind die hinzugelieferten Trauben jedoch Entgelt für die Verpachtung von eigenen Weinbauflächen und werden selbst eigene Flächen bewirtschaftet, handelt es sich bei der Verarbeitung der selbst erzeugten Trauben und der zugelieferten Pachttrauben um eine luf Tätigkeit.[3] Bei der Verpachtung eines ganzen Betriebs gegen Lieferung von trinkfertigem Wein handelt es sich hingegen nicht mehr um eine luf Tätigkeit.[4]

227 Der BFH[5] hält Weinbau auch schon auf einer kleineren Fläche als 30 ar für geeignet, einen landwirtschaftlichen Betrieb darzustellen. Für die Frage der Gewinnerzielungsabsicht eines Winzers ist eine langfristige Beurteilung (Totalgewinnprognose) notwendig.[6]

228 Die **Rebanlage als Ganzes** ist ein Wirtschaftsgut des Anlagevermögens, denn der einzelne Rebstock ist keiner selbständigen Bewertung und Nutzung fähig.[7]

229 Von der FinVerw in einzelnen Bundesländern werden zur Vereinfachung jährlich pauschalierte Bebauungskosten für Weinbaubetriebe ermittelt und festgelegt.[8] Für die Ausbaukosten gibt es einheitliche Pauschalen.[9]

230–235 *(Einstweilen frei)*

5. Garten- und Gemüsebau, Baumschulen

236 Zum Gartenbau gehören auch der **Obstbau**, der **Gemüsebau** (z. B. auch der Anbau von Zuckermais, vgl. BFH v. 16. 6. 2009),[10] die **Baumschulen** sowie der **Blumen- und Zierpflanzenbau** (z. B. auch die Produktion von Rollrasen).[11] Auch bei privaten Friedhofs- und Landschaftsgärtnereien kann es sich um Gartenbaubetriebe in diesem Sinne handeln. Da sich aber gerade auch bei diesen Betriebsarten die Arbeiten nicht mehr auf eine bloße Bodenbewirtschaftung beschränken, treten hier besonders häufig Zweifelsfragen bei der Abgrenzung zum Gewerbebetrieb auf, vgl. hierzu → Rz. 16 ff., R 15.5 EStR.

---

1 BFH v. 27. 2. 1987 - III R 270/83, BFH/NV 1988, 85 = NWB DokID: NAAAB-29476; BFH v. 11. 10. 1988 - VIII R 419/83, BStBl 1989 II 284.
2 FG Baden-Württemberg v. 15. 9. 1988 - III K 353/87, EFG 1989, 51, rkr.
3 BFH v. 27. 2. 1987 - III R 270/83, BFH/NV 1988, 85 = NWB DokID: NAAAB-29476.
4 BFH v. 21. 2. 1980 - V R 113/73, BStBl 1980 II 613.
5 BFH v. 1. 2. 1990 - IV R 8/89, BStBl 1990 II 428.
6 BFH v. 25. 11. 2004 - IV R 8/03, BFH/NV 2005, 854 = NWB DokID: AAAAB-44814; zur Gewinnerzielung beim Weinbau: Schild, INF 2007, 382.
7 BFH v. 30. 11. 1978 - IV R 43/78, BStBl 1979 II 281.
8 Siehe a. Felsmann, Einkommensbesteuerung, Abschn. A Anm. 21d und 21e.
9 Siehe a. Felsmann, Einkommensbesteuerung, Abschn. A Anm. 21f und 21g.
10 BFH v. 16. 6. 2009 - II R 54/06, BStBl 2009 II 896.
11 FG Brandenburg v. 31. 7. 1997 - 5 K 1617/96 Gr, EFG 1998, 16, rkr.

Für die Bewertung mehrjähriger Kulturen (Pflanzungen, die nach einer Gesamtkulturzeit der Pflanzen von mehr als einem Jahr einen einmaligen Ertrag liefern) in Baumschulbetrieben lässt die FinVerw eine vereinfachte Ermittlung des Pflanzenbestandswerts zu, vgl. BMF v. 27. 6. 2014.[1]   237

(Einstweilen frei)   238–245

6. Tierzucht und Tierhaltung (§ 13 Abs. 1 Nr. 1 Satz 2 bis 5 EStG)

a) Tierzucht und Tierhaltung bei Einzelunternehmen

aa) Allgemeines

Zu den Einkünften aus LuF gehören nach § 13 Abs. 1 Nr. 1 Satz 2 bis 5 EStG auch die Einkünfte aus Tierzucht und Tierhaltung, soweit der Tierbestand für die LuF typisch ist und der Betrieb eine ausreichende pflanzliche Futtergrundlage bietet. Dabei ist nicht entscheidend, dass es sich um in Deutschland übliche Tiere handelt, sondern es kommt darauf an, ob diese Tiere der Ernährung dienen, z. B. auch Wachteln, Alpakas, Trampeltiere, Dromedare.[2] Tierzucht und Tierhaltung umfasst alle Nutztierarten und deren Haltungsformen, die mit einer landwirtschaftlichen Bodenbewirtschaftung im Zusammenhang stehen.[3] Die landwirtschaftliche Tierhaltung muss noch eine Verbindung zur Urproduktion aufweisen. Zur Tierhaltung zählen **sowohl die eigenen als auch die fremden Tiere** des Betriebs, die ihre **pflanzliche Futtergrundlage im eigenen Betrieb** erhalten können.   246

Handelt es sich um keine für die LuF typischen Tiere, liegt ein Gewerbebetrieb vor, für den die allgemeinen Grundsätze gelten. Die Aufzucht und Veräußerung von Hunden z. B. ist deshalb keine luf, sondern eine – jedoch nicht i. S. d. § 15 Abs. 4 EStG bestehende – gewerbliche Tierzucht oder Tierhaltung.[4] Ist hingegen keine ausreichende Futtergrundlage im Betrieb vorhanden, handelt es sich um gewerbliche Tierzucht i. S. d. § 15 Abs. 4 EStG.   247

Auch die Unterhaltung eines Wildparks stellt keine luf Tätigkeit dar, weil es an der planmäßigen Nutzung der natürlichen Kräfte des Bodens zur Erzeugung von Futter für die Tiere fehlt.[5] Die Züchtung und das Halten von Kleintieren, wie Meerschweinchen, Zwergkaninchen, Hamstern, Ratten und Mäusen, die als Haustiere oder als Lebendfutter für andere Tiere verwendet werden, stellen ungeachtet einer vorhandenen Futtergrundlage eine gewerbliche Tätigkeit dar, nicht eine luf Tierzucht und Tierhaltung.[6]   248

Einkünfte aus Tierzucht und Tierhaltung sind nach ausdrücklicher gesetzlicher Regelung nur dann solche aus LuF, wenn die Tierbestände den in § 13 Abs. 1 Nr. 1 EStG angegebenen Umfang nicht übersteigen. Die umfangmäßige Begrenzung richtet sich nach der Anzahl der Tiere – umgerechnet in **Vieheinheiten** (VE) – in Abhängigkeit von der Größe der regelmäßig landwirtschaftlich genutzten Fläche. Dieser Maßstab stellt eine nicht widerlegbare gesetzliche Fik-   249

---

1 BMF v. 27. 6. 2014, BStBl 2014 I 1094 mit verlängerter Geltungsdauer bis zum Ablauf des Wj. 2020/2021 oder des Kj. 2021 bzw. des Wj. 2022/2023 oder des Kj. 2023, wenn ab 2021 statistisch repräsentative Daten von Baumschulbetrieben vorliegen s. BMF v. 5.10.2018, NWB DokID: YAAAG-97124.
2 R 13.2 Abs. 1 EStR.
3 *Felsmann*, Einkommensbesteuerung, Abschn. A Anm. 32.
4 BFH v. 30. 9. 1980 - VIII R 22/79, BStBl 1981 II 210; für eine Nerzzuchtfarm BFH v. 19. 12. 2002 - IV R 47/01, BStBl 2003 II 507; vgl. auch *Kanzler*, FR 2003, 524 und *v. Schönberg*, NWB F. 3, 12593.
5 *Stalbold* in Leingärtner, Kap. 6 Rz. 26.
6 BFH v. 16. 12. 2004 - IV R 4/04, BStBl 2005 II 347; vgl. auch *v. Schönberg*, HFR 2005, 416.

tion für eine der wesentlichen Voraussetzungen der Zurechnung von Tierzucht und Tierhaltung zur Landwirtschaft dar, dass die gehaltenen Tiere eine **ausreichende pflanzliche Futtergrundlage** in dem betreffenden Betrieb haben müssen.[1]

250 Zur Bestimmung der Grenze in § 13 Abs. 1 Nr. 1 Sätze 2 bis 4 EStG (**VE-Höchstzahl**) sind die Feststellungen des maßgeblichen Tierbestandes und der maßgeblichen Fläche erforderlich. Dabei ist jeweils auf den einzelnen Betrieb des Betriebsinhabers abzustellen; bei PersGes kommt es auf die Verhältnisse der PersGes selbst und nicht etwa auf die betrieblichen Verhältnisse des eingebrachten oder zur Nutzung überlassenen Einzelbetriebes an.

251 Hat ein Landwirt als Gesellschafter bzw. Mitglied einer Erwerbs- und Wirtschaftsgenossenschaft, einer Gesellschaft oder eines Vereins Tierhaltungsmöglichkeiten auf eine Tierhaltungsgemeinschaft übertragen (s. → Rz. 281 ff.), sind für die Berechnung der VE-Höchstzahl die in seinem Betrieb erzeugten oder gehaltenen VE mit den auf die Tierhaltungsgemeinschaft übertragenen Viehhaltungsmöglichkeiten zusammenzurechnen.

252–255 *(Einstweilen frei)*

bb) Maßgeblicher Tierbestand und maßgebliche Fläche

256 Bei der Feststellung des **maßgeblichen Tierbestandes** ist von der regelmäßigen und nachhaltigen Erzeugung (Mastvieh) oder Haltung (übriges Vieh) während des Wj. auszugehen.[2] Abweichend hiervon ist bei Mastrindern mit einer Mastdauer von weniger als einem Jahr vom Jahresdurchschnittsbestand auszugehen.[3] Der ermittelte Tierbestand wird dann – gemessen an dem Futterbestand – in VE umgerechnet. Für diese Umrechnung ist der gesetzliche Umrechnungsschlüssel (VE-Schlüssel) in Anlage 1 zum BewG i.V.m. § 51 Abs. 4 BewG verbindlich. In diesem VE-Schlüssel wird zwischen den Tieren, die nach dem Jahresdurchschnittsbestand und denen, die nach der Jahreserzeugung umgerechnet werden, unterschieden. Unter Jahresdurchschnittsbestand ist i. d. R. 1/12 der Summe aus Jahresanfangsbestand und den 12 Monatsendbeständen zu verstehen. Die Pferdehaltung zur Ausbildung als Renn- oder Turnierpferde hat der BFH mit Urteil v. 31. 3. 2004[4] als luf Betätigung subsumiert.

257 **Maßgebliche Fläche** sind die vom Inhaber des Betriebs regelmäßig landwirtschaftlich genutzten Flächen (aber auch z. B. die Stilllegungsflächen).[5] Hierzu rechnen neben den eigentlichen **landwirtschaftlichen genutzten Flächen** wie Grünland-, Hackfrucht- und Kornanbauflächen auch die Flächen der landwirtschaftlichen **Sonderkulturen** i. S. d. § 52 BewG wie z. B. Hopfen- und Spargelanbau. Nicht zu den landwirtschaftlichen Flächen rechnen die forstwirtschaftlichen Nutzungen sowie Weinbauflächen und das Gelände gärtnerischer Nutzungen, Abbauland, Geringstland und Unland. Obstbaulich genutzte Flächen, die so angelegt sind, dass eine regelmäßige landwirtschaftliche Unternutzung stattfindet, sind mit der Hälfte zu berücksichtigen; Almen und Hutungen sind mit einem Viertel anzusetzen.[6] Zugepachtete Flächen sind in die Berechnung einzubeziehen, verpachtete Flächen sind bei der Berechnung regelmäßig auszuscheiden. Soweit nur einmalig eine ansonsten gewerblich genutzte Fläche der landwirt-

---

[1] R 13.2 Abs. 1 EStR.
[2] R 13.2 EStR.
[3] BFH v. 17. 10. 1991, BStBl 1992 II 378.
[4] BFH v. 31. 3. 2004, BStBl 2004 II 742; vgl. a. BFH v. 17. 12. 2008 - IV R 34/06, BStBl 2009 II 453.
[5] R 13.2 Abs. 3 EStR.
[6] R 13.2 Abs. 2 EStR.

schaftlichen Nutzung zugeführt ist, ist sie nicht in die Berechnung einzubeziehen. Flächen, die aufgrund öffentlicher Förderungsprogramme stillgelegt werden, gelten nach R 13.2 Abs. 3 EStR weiterhin als landwirtschaftlich genutzt.

(Einstweilen frei) 258–260

cc) Übersteigen der VE-Höchstzahl

Die Höchstzahl der aufgrund des maßgeblichen Tierbestandes errechneten VE, die bei der maßgeblichen Fläche nicht überschritten werden darf, um noch eine landwirtschaftliche Tierzucht oder Tierhaltung annehmen zu können, ergibt sich aus § 13 Abs. 1 Nr. 1 EStG. Übersteigt die Zahl der VE nachhaltig die angegebenen Höchstzahl, so gehört – mit bestimmten Besonderheiten bei Tierhaltungsgemeinschaften (s. → Rz. 281 ff.) – der Tierbestand ganz oder teilweise, ggf. auch nur einzelne Tierzweige, zur gewerblichen Tierzucht und Tierhaltung. Der betreffende Tierzweig bildet dann mit den diesem Tierzweig dienenden WG einen **selbständigen Gewerbebetrieb**. Für die Frage der Nachhaltigkeit wird im Allgemeinen ein Beobachtungszeitraum von drei Jahren zugrunde gelegt und eine gewerbliche Tierhaltung erst mit Wirkung ex nunc – d. h. im vierten Jahr[1] – angenommen, wenn die Höchstzahl in drei Wirtschaftsjahren nacheinander überschritten wird.[2] Ein nur **vorübergehendes Überschreiten** der Höchstzahl führt noch nicht zu einem Gewerbebetrieb. Dies gilt auch für Fälle des allmählichen Strukturwandels. Wird dagegen ein **Strukturwandel** schlagartig herbeigeführt, gibt vor allem der Stpfl. durch eine Ausweitung des Tierbestands oder auf andere Weise zu erkennen, dass er den Betrieb – in Richtung Gewerbebetrieb – dauerhaft umstrukturieren will, so wird bei Überschreiten der Höchstzahl bereits von Anfang an ein Gewerbebetrieb angenommen werden müssen.[3] Wird ein Betrieb übernommen und im Wesentlichen unverändert fortgeführt, so bleibt der Charakter des Betriebs als luf Betrieb oder als Gewerbebetrieb erhalten, der Dreijahreszeitraum beginnt bei einem Wechsel des Betriebsinhabers nicht neu.[4]

261

Übersteigt die Anzahl der VE nachhaltig die Höchstzahl, so ist damit nicht die gesamte Tierzucht und Tierhaltung gewerblich; es werden vielmehr die **einzelnen Zweige des Tierbestandes** im Ganzen und einheitlich beurteilt. So gehören die Zweige des Tierbestandes weiterhin zur landwirtschaftlichen Nutzung, deren VE zusammen die Grenzen nicht überschreiten.[5] Hat ein Betrieb einen Tierbestand mit mehreren Zweigen, so richtet sich deren Zurechnung nach ihrer Flächenabhängigkeit. Der gewerblichen Tierzucht und Tierhaltung sind zuerst die weniger flächenabhängigen Zweige des Tierbestands zuzurechnen. **Weniger flächenabhängig** ist die Erzeugung und Haltung von Schweinen und Geflügel, **mehr flächenabhängig** die Erzeugung und Haltung von Pferden, Rindvieh und Schafen.[6] Innerhalb der beiden Gruppen der weniger oder mehr flächenabhängigen Tierarten ist jeweils zuerst der Zweig der gewerblichen Tierzucht und Tierhaltung zuzurechnen, der die größere Zahl von VE hat. Als besondere Zweige gelten bei jeder Tierart jeweils Zugvieh, Zuchtvieh, Mastvieh und das übrige Nutzvieh. Zuchtvieh gilt nur dann als eigener Zweig, wenn die erzeugten Jungtiere überwiegend zum Verkauf be-

262

---

[1] R 13.2 Abs. 2 Satz 7 EStR i.V. mit R 15.5 EStR; s. a. *Kulosa* in Schmidt, § 13 EStG Rz. 40.
[2] Vgl. BFH v. 14. 12. 2006 - IV R 10/05, BStBl 2007 II 516; BFH v. 19. 2. 2009 - IV R 18/06, BStBl 2009 II 654.
[3] BFH v. 4. 2. 1976 - I R 113/74, BStBl 1976 II 423; BFH v. 27. 11. 1980 - IV R 31/76, BStBl 1981 II 518; R 13.2 Abs. 2 EStR.
[4] R 15.5 Abs. 2 Satz 5 EStR.
[5] § 13 Abs. 1 Nr. 1 Satz 4 EStG; § 51 Abs. 2 BewG.
[6] Im Einzelnen s. Anlage 2 zum BewG.

stimmt sind. Andernfalls ist das Zuchtvieh dem Zweig zuzurechnen, dessen Zucht und Haltung es überwiegend dient.[1]

263 Wird durch Willensentscheidung des Landwirts die Tierhaltung oder ein Zweig der Tierhaltung von der landwirtschaftlichen Nutzung getrennt (z. B. Putenmast auf einem zugekauften, gesondert gelegenen Grundstück), so muss der abgetrennte Teil als **selbständige wirtschaftliche Einheit** behandelt werden, wenn objektive betriebliche Merkmale gegeben sind oder geschaffen werden, die den abgetrennten Teil nach der Verkehrsanschauung auch als selbständige wirtschaftliche Einheit erscheinen lassen.[2] Zur Bewertung von Tieren in luf Betrieben nach § 6 Abs. 1 Nr. 1 und 2 EStG s. BMF v. 14. 11. 2001.[3]

264–265 *(Einstweilen frei)*

dd) Sonderfälle der Tierzucht und Tierhaltung

(1) Pelztiere

266 **Pelztiere** sind von der erläuterten Umrechnung ausdrücklich ausgeschlossen (§ 51 Abs. 5 BewG). Sie gehören danach nur dann zur landwirtschaftlichen Nutzung, wenn die erforderlichen Futtermittel überwiegend von den vom Inhaber des Betriebs landwirtschaftlich genutzten Flächen gewonnen sind. Mit Urteil v. 19. 12. 2002[4] hat der BFH seine Rspr.[5] geändert. Ein Nerzzuchtbetrieb betreibt keine gewerbliche Tierzucht i. S. d. §§ 13, 15 Abs. 4 EStG, da die Futtermittel bei Fleischfressern nicht in einem luf Betrieb erzeugt werden können. Danach kann eine Nerzfarm, die auf landwirtschaftlichen Nutzflächen betrieben wird, kein landwirtschaftlicher Betrieb sein und deshalb ohne solche Nutzflächen auch keine gewerbliche Tierzucht oder Tierhaltung i. S. v. § 15 Abs. 4 EStG darstellen.

(2) Reitbetriebe

267 Bei **Reitbetrieben** (einschl. der Pferdezucht und Pferdehaltung) ergeben sich häufig Schwierigkeiten, weil die Abgrenzung zum Gewerbebetrieb einerseits und zur Liebhaberei andererseits problematisch sein kann. Diese besondere Problematik ergibt sich aus der veränderten Funktion des Pferdes, weil gerade die Pferdehaltung zunehmend primär nicht mehr landwirtschaftlichen, sondern anderen Zwecken dient. Die Fallgestaltungen (z. B. bei allgemeiner Pferdezucht, Vollblutzucht, Pensionstierhaltung, Vermietung von Pferden, Zurverfügungstellen von Reitanlagen, Reitunterricht, zusätzliche Ausgabe von Speisen und Getränken) sind so vielgestaltig, dass die Entscheidung, ob ein Betrieb der LuF, ein Gewerbebetrieb oder gar eine Liebhaberei vorliegt, nur nach den Umständen des Einzelfalls und unter Berücksichtigung des Gesamtgepräges des Betriebs getroffen werden kann. Abgrenzungsmerkmale sind vom BFH vor allem in den Urteilen v. 16. 11. 1978;[6] v. 16. 7. 1987;[7] v. 23. 9. 1988;[8] v. 24. 1. 1989;[9] v. 27. 1. 2000[10]

---

1 § 51 Abs. 2 und 3 BewG; R 13.2 Abs. 2 EStR.
2 Siehe a. FG Schleswig-Holstein v. 18. 9. 1986 - II 150/83, EFG 1987, 117, rkr.
3 BMF v. 14. 11. 2001, BStBl 2001 I 864.
4 BFH v. 19. 12. 2002 - IV R 47/01, BStBl 2003 II 507.
5 BFH v. 29. 10. 1987 - VIII R 272/83, BStBl 1988 II 264.
6 BFH v. 16. 11. 1978 - IV R 191/74, BStBl 1979 II 246.
7 BFH v. 16. 7. 1987 - V R 22/78, BStBl 1988 II 83.
8 BFH v. 23. 9. 1988 - III R 182/84, BStBl 1989 II 111.
9 BFH v. 24. 1. 1989 - VIII R 91/83, BStBl 1989 II 416.
10 BFH v. 27. 1. 2000 - IV R 33/99, BStBl 2000 II 227.

und zuletzt v. 17.12.2008[1] zusammengestellt worden, wobei sich gerade in den beiden letztgenannten Urteilen eine gegenüber der früheren Verwaltungsauffassung und auch der früheren Rspr. großzügigere Auffassung zugunsten einer Einordnung in die LuF zeigt. Allgemein kann danach die Abgrenzung der Einkunftsarten etwa nach folgenden Grundsätzen vorgenommen werden, wobei die verschiedenen Formen des Reitbetriebes zunächst für sich betrachtet werden müssen.

Die **Pferdezucht** und die **Haltung von eigenen Reitpferden** gelten grds. als landwirtschaftliche Betätigung; die Einkünfte daraus sind Einkünfte aus LuF, wenn der Tierbestand des gesamten Betriebs die in § 13 Abs. 1 Nr. 1 EStG genannten VE-Höchstsätze nicht überschreitet. Das Gleiche gilt, wenn die Pferde zu Renn- oder Turnierpferden ausgebildet und dann verkauft werden.[2] Bei reinen Pferdezuchtbetrieben, die der LuF zuzuordnen sind, ist stets die Frage der **Liebhaberei** zu prüfen. Ist der Pferdezuchtbetrieb als Gewerbebetrieb zu behandeln, so können Verluste hieraus nicht mit Verlusten aus anderen Einkunftsarten ausgeglichen werden. Zum Betrieb eines Trabrennstalls s. BFH v. 19.7.1990.[3] 268

Die **reine Pensionstierhaltung** von Reitpferden ist ebenfalls der LuF zuzuordnen, wenn für den gesamten Tierbestand des Betriebs (für die eigenen und fremden Tiere zusammen) die Flächendeckung nach § 13 Abs. 1 Nr. 1 EStG gegeben ist. Die Pensionsreitpferdehaltung rechnet auch dann zur landwirtschaftlichen Tierhaltung, wenn den Pferdeeinstellern Reitanlagen (auch Reithalle) zur Verfügung gestellt werden.[4] Neben der Pensionstierhaltung ist auch die Vermietung von Pferden zu Reitzwecken bei vorhandener flächenmäßiger Futtergrundlage als landwirtschaftlich anzusehen, wenn keine weiteren ins Gewicht fallenden Leistungen erbracht werden, die nicht der Landwirtschaft zuzurechnen sind.[5] 269

Der Bereich der Landwirtschaft wird aber überschritten, wenn weitere, nicht der Landwirtschaft zuzurechnende Dienstleistungen und Tätigkeiten hinzukommen, die als Schwerpunkt der betrieblichen Betätigung dem Betrieb das Gepräge geben. 270

Wird neben einem gewerblichen Reitbetrieb noch LuF betrieben, so ist diese i. d. R. nicht in den Gewerbebetrieb einzubeziehen. Es bestehen dann **zwei Betriebe** – ein luf Betrieb und der Reitbetrieb als Gewerbebetrieb. Ein **einheitlicher Gewerbebetrieb** kann in einem derartigen Fall nur dann angenommen werden, wenn der luf Betrieb dem Reitbetrieb untergeordnet ist und eine Trennung der Betriebsteile nicht ohne Nachteile für den Gesamtbetrieb möglich wäre. 271

(3) Pensionstierhaltung

Zur Frage der Abgrenzung gewerblicher und landwirtschaftlicher Tierzucht und Tierhaltung bei Betrieben, die fremde Tiere halten (**Pensionstierhaltung**), wird in der Rspr. eine landwirtschaftliche Tätigkeit angenommen, sofern die Tiere nicht privaten,[6] gewerblichen[7] oder freiberuflichen Zwecken dienen. Entscheidend ist auch hier der Umfang im Verhältnis zur Haupttätigkeit, ferner kann aus der Art der Tiere (so bei Tierarten wie z. B. Kamelen, Singvögeln, Hunden oder Katzen, sofern diese nicht zu luf Zwecken verwendet werden) auf den Bezug zur 272

---

1 BFH v. 17.12.2008 - IV R 34/06, BStBl 2009 II 453.
2 BFH v. 31.3.2004 - I R 71/03, BStBl 2004 II 742.
3 BFH v. 19.7.1990 - IV R 82/89, BStBl 1991 II 333.
4 BFH v. 23.9.1988 - III R 182/84, BStBl 1989 II 111.
5 BFH v. 24.1.1989 - VIII R 91/83, BStBl 1989 II 416.
6 Vgl. FG München v. 19.7.1984 - IV 148/81 EW, EFG 1985, 11.
7 Vgl. BFH v. 30.9.1980 - VIII R 22/79, BStBl 1981 II 210; BFH v. 16.7.1987 - V R 22/78, BStBl 1988 II 83.

Landwirtschaft geschlossen werden (Tendenz zum gewerblichen Betrieb). Zur Pensionsreitpferdehaltung s. → Rz. 269.

273–275 *(Einstweilen frei)*

b) Gemeinschaftliche Tierzucht und Tierhaltung

aa) Personengesellschaften

276 Land- und forstwirtschaftliche Einzelbetriebe können sich zum Zwecke einer einheitlichen Bewirtschaftung zu einer Personengesellschaft zusammenschließen. Die Abgrenzung zwischen landwirtschaftlicher und gewerblicher Tierzucht und Tierhaltung richtet sich in diesem Fall ebenfalls nach § 13 Abs. 1 Nr. 1 Satz 2 EStG; maßgebend hierfür sind die **Verhältnisse der Gesellschaft**, nicht die der Gesellschafter. Überschreiten bei der Gesellschaft ein oder mehrere Tierzweige die maßgebende VE-Höchstzahl, so kann dies zur Gewerblichkeit der Gesamttätigkeit führen; haben sich die Gesellschafter allerdings zu zwei selbständigen Personengesellschaften zusammengeschlossen, kann ein Betrieb der LuF neben einem Gewerbebetrieb vorliegen.[1]

277 Die Erläuterungen zur Tierzucht und zur Tierhaltung bei Einzelunternehmen gelten bei Personengesellschaften gleichermaßen.

278–280 *(Einstweilen frei)*

bb) Tierhaltungsgemeinschaften

(1) Allgemeines

281 Neben der Möglichkeit eines Zusammenschlusses zu einer „normalen" Personengesellschaft gehören nach der Sonderregelung des § 13 Abs. 1 Nr. 1 Satz 5 EStG Einkünfte aus Tierzucht und Tierhaltung einer Gesellschaft, bei der die Gesellschafter als Unternehmer (Mitunternehmer) anzusehen sind, auch dann zu den Einkünften aus LuF, wenn die Voraussetzung des § 51a BewG erfüllt sind und andere Einkünfte der Gesellschafter aus dieser Gesellschaft ebenfalls zu den Einkünften aus LuF gehören. Diese Sonderregelung ermöglicht es, dass Landwirte sich zu einer **gemeinsamen Tierzucht oder Tierhaltung** zusammenschließen, ohne – wie in den Gesellschaftsfällen – ihre landwirtschaftlich genutzten Flächen oder auch nur die Nutzung selbst in die Gesellschaft einzubringen. Damit können nicht ausgeschöpfte Möglichkeiten zur landwirtschaftlichen Tierhaltung auf die Mitunternehmerschaft übertragen werden. Die Gewinnanteile sind bei den beteiligten Landwirten als Einkünfte aus LuF zu behandeln; die besonderen steuerlichen Regelungen für die LuF bleiben also erhalten.

(2) Voraussetzungen

282 Voraussetzungen für die gemeinschaftliche Tierhaltung sind, dass

- die Voraussetzungen des § 51a BewG erfüllt sind und
- andere Einkünfte der Gesellschafter aus dieser Gesellschaft ebenfalls luf Einkünfte sind, die Gesellschaft daneben vor allem keine gewerbliche Tätigkeit (z. B. eine Großschlächterei) ausübt.

---

1 Vgl. *Felsmann*, Einkommensbesteuerung, Abschn. A Anm. 149a, a. A. *Stalbold* in Leingärtner, Kap. 7 Rz. 4.

(3) Überschreiten der VE-Höchstzahl

Die Grundsätze über die Tierzucht oder Tierhaltung bei Einzelunternehmen gelten gleichermaßen. Das bedeutet vor allem auch, dass der Tierbestand bzw. nur der jeweilige Tierzweig aus der landwirtschaftlichen Tierhaltung auszuscheiden ist, wenn die gemeinschaftliche Tierhaltung der Gesellschaft nachhaltig die VE-Höchstzahl überschreitet. Überschreitet die Tierhaltung des Einzelbetriebes des Gesellschafters die VE-Höchstzahl, sei es wegen Übertragung auf die Gesellschaft, sei es aus anderen Gründen, so führt dies **nur beim Einzelunternehmer** zur **gewerblichen** Tierzucht oder Tierhaltung, nicht dagegen auch bei der Gesellschaft selbst. Verliert hingegen ein angeschlossener Landwirt später die Landwirteigenschaft, so hat dies unmittelbar Auswirkungen auf die Gesellschaft, wenn das Mitglied nicht sofort ausscheidet.[1] 283

(Einstweilen frei) 284–290

7. Sonstige luf Nutzung (§ 13 Abs. 1 Nr. 2 EStG)

Zur sonstigen luf Nutzung zählen nach § 62 BewG und R B 160.9 ErbStR insbesondere die Binnenfischerei, die Teichwirtschaft, die Fischzucht für Binnenfischerei und Teichwirtschaft, die Imkerei, die Wanderschäferei, die Saatzucht, der Pilzanbau, die Produktion von Nützlingen, die Weihnachtsbaumkulturen und die Besamungsstationen. 291

Die sonstigen luf Nutzungen gehören nach § 13 Abs. 1 Nr. 2 EStG i.V.m. § 62 BewG ausdrücklich zur LuF, selbst wenn sie mit dem Betrieb einer LuF im engeren Sinne nicht im Zusammenhang stehen; auch dann, wenn beim Stpfl. ein luf Betrieb i.S.d. § 13 Abs. 1 Nr. 1 EStG nicht besteht.[2] Zu Sonderfragen bei der Besteuerung von **Schafhaltungsbetrieben** vgl. *Schultz*.[3] 292

Binnenfischerei zählt zur LuF, auch wenn die Gewässer (z.B. Forellenteiche) angepachtet sind und kein eigener landwirtschaftlicher Besitz vorhanden ist. Fischfang auf See und in den Küstengewässern (**Küsten- und Hochseefischerei**) ist immer als gewerbliche Betätigung einzustufen; **Sportfischerei** gehört zur Liebhaberei. **Fischzucht** für die Binnenfischerei zählt ebenfalls zur LuF, nach der Rechtsprechung auch, wenn sie in künstlichen Behältern erfolgt.[4] Zierfische sind keine typischen luf Erzeugnisse; deren Zucht stellt keine LuF dar.[5] Das Fangen von Schlammröhrenwürmern (Tubifex) ist keine Fischzucht, Teichwirtschaft oder Binnenfischerei;[6] zur Forellenzucht in einer Großanlage vgl. FG Bremen v. 27.6.1986.[7] 293

Bei der Bewirtschaftung von **Energieholz-, Biomasse- und Kurzumtriebsplantagen**, sog. KUP, handelt es sich nicht um eine forstwirtschaftliche Nutzung, sondern um eine sonstige landwirtschaftliche Nutzung. 294

(Einstweilen frei) 295–300

8. Jagd (§ 13 Abs. 1 Nr. 3 EStG)

Einkünfte aus der Jagd gehören, anders als z.B. die Einkünfte aus einer Fischerei usw., nur dann zu den Einkünften aus LuF, wenn die Jagd mit dem Betrieb einer Landwirtschaft oder ei- 301

---

1 *Wolter*, DStZ 1971, 326.
2 BFH v. 20.10.1960 - IV 93/60 U, BStBl 1961 III 7.
3 INF 1984, 60.
4 FG Niedersachsen v. 7.2.2002 - 5 K 614/99, EFG 2002, 871.
5 BFH v. 13.3.1987 - V R 55/77, BStBl 1987 II 467.
6 BFH v. 29.4.1971 - V R 4/68, BFHE 102, 427.
7 FG Bremen v. 27.6.1986 - I 160/82, EFG 1986, 601, rkr., mit Anm. *wgc*, INF 1987, 141.

ner Forstwirtschaft im Zusammenhang steht.[1] Die Voraussetzungen im Einzelnen, unter denen ein solcher Zusammenhang bejaht wird, hat der BFH[2] ausführlich dargestellt.

302 Ein Zusammenhang ist immer anzunehmen, wenn ein Land- und Forstwirt zusammenhängende, in seinem Eigentum stehende Ländereien, die einen **Eigenjagdbezirk**[3] bilden (i. d. R. mindestens 75 ha) oder als Mitglied einer Jagdgenossenschaft in einem sog. Jagdbogen, sowohl luf als auch zur Jagdausübung selbst nutzt. Ein Zusammenhang besteht auch dann, wenn der Pächter eines Betriebes das Eigenjagdrecht mitgepachtet hat und die Jagd ausübt. Verpachtet ein Land- und Forstwirt seine Eigenjagd, so gehören die Pachteinnahmen zu den Einkünften aus LuF. Einkünfte aus einer zusätzlichen zur Eigenjagd zugepachteten Jagd stehen nur dann in ausreichendem Zusammenhang mit dem luf Betrieb, wenn die Zupachtung aus zwingenden öffentlich-rechtlichen Gründen erfolgt oder zur ordnungsgemäßen Bewirtschaftung des luf Betriebs erforderlich ist oder wenn die zugepachteten Jagdflächen überwiegend eigenbetrieblich genutzt werden. Zwingende öffentlich-rechtliche Gründe liegen vor, wenn dem Inhaber der Eigenjagd entweder durch behördlichen Akt fremde Jagdflächen zur Bejagung zugewiesen werden oder der Steuerpflichtige zur Vermeidung einer – amtlich drohenden – behördlichen Maßnahme einen Pachtvertrag abschließt.[4] Folgerichtig begründet eine Abrundung von Jagdbezirken (§ 5 Abs. 1 BJagdG) durch Vertrag keinen betrieblichen Zusammenhang, wenn das angepachtete Jagdrecht auf nicht selbst luf genutzten Flächen ausgeübt wird.[5]

303 Da die Jagdausübung selbst keinen selbständigen luf Betrieb darstellt, sondern die Einkünfte aus Jagd nur im Zusammenhang mit einem – aus anderen Gründen bestehenden – Betrieb der Landwirtschaft oder der Forstwirtschaft zu den Einkünften aus LuF gehören, kann auch für die Frage nach der **Gewinnerzielungsabsicht** nicht auf die Jagdausübung selbst, sondern muss auf **den ganzen luf Betrieb** abgestellt werden. Das bedeutet, dass die Jagdausübung – für sich betrachtet – selbst dann keine Liebhaberei ist, wenn sie nur Verluste erwirtschaftet. Derartige Verluste sind im Rahmen des luf Betriebs zu beurteilen und bei dessen Gewinnermittlung zu erfassen.

304 Das Eigenjagdrecht ist ein selbständiges nicht abnutzbares Wirtschaftsgut des Anlagevermögens; zur Übergangsregelung für Altfälle vgl. BMF v. 23. 6. 1999.[6]

305–310 *(Einstweilen frei)*

9. Einkünfte aus bestimmten Genossenschaften und Realgemeinden (§ 13 Abs. 1 Nr. 4 EStG)

311 **Hauberg-, Wald-, Forst- und Laubgenossenschaften** sowie ähnliche Realgemeinden sind juristische Personen. Sie sind nach § 3 Abs. 2 KStG nur insoweit körperschaftsteuerpflichtig, als sie einen Gewerbebetrieb unterhalten oder verpachten, der über den Rahmen eines Nebenbetriebs hinausgeht. Wenn diese Voraussetzungen nicht vorliegen, sind ihre Einkünfte unmittelbar bei den Beteiligten zu versteuern, und zwar nach § 13 Abs. 1 Nr. 4 EStG als Einkünfte aus

---

1 BFH v. 11. 7. 1996 - IV R 71/95, BFH/NV 1997, 103 = NWB DokID: WAAAB-38075.
2 BFH v. 13. 7. 1978 - IV R 35/77, BStBl 1979 II 100; BFH v. 11. 7. 1996 - IV R 71/95, BFH/NV 1997, 103 = NWB DokID: WAAAB-38075; BFH v. 21. 3. 1997 - IV B 55/96, BFH/NV 1997, 563 = NWB DokID: CAAAB-38997; BFH v. 16. 5. 2002 - IV R 19/00, BStBl 2002 II 692.
3 § 7 BJagdG.
4 BFH v. 11. 7. 1996 - IV R 71/95, BFH/NV 1997, 103 = NWB DokID: WAAAB-38075; BFH v. 16. 5. 2002 - IV R 19/00, BStBl 2002 II 692.
5 Gl. A. FG Niedersachsen v. 25. 1. 2017 - 11 K 80/16, EFG 2017, 1508, Rev. VI R 11/17.
6 BMF v. 23. 6. 1999, BStBl 1999 I 593.

LuF.[1] Diese gesetzliche Regelung besteht seit 1965. Die damalige Gesetzesänderung hatte insbesondere zur Folge, dass mit der Zuordnung zu den Einkünften aus LuF auch die steuerlichen Sonderregelungen einschl. der Steuervergünstigungen für die Einkunftsart anzuwenden sind.[2]

Die Einkünfte aus den vorgenannten Personenzusammenschlüssen stellen bei fehlender Körperschaftsteuerpflicht somit keine Ausschüttungen dar, sondern sind einheitlich und gesondert festzustellen[3] und bei den Beteiligten anteilig als Einkünfte aus LuF zu erfassen.

Falls bei einer derartigen Genossenschaft eine Körperschaftsteuerpflicht besteht, liegen die Voraussetzungen des § 13 Abs. 1 Nr. 4 EStG nicht vor. In diesem Fall sind die Erträge aus Ausschüttungen bei den Anteilseignern zu erfassen, und zwar als Einkünfte aus Kapitalvermögen oder, wenn die Beteiligung zum luf BV gehört, über § 20 Abs. 8 EStG als Einkünfte aus LuF.[4]

Zur Frage, wann eine **Winzergenossenschaft**, die Winzersekt aus Grundweinen herstellt, der ausschließlich aus dem Lesegut ihrer Mitglieder gewonnen wurde, sich mit der Herstellung und dem Vertrieb des Winzersekts noch im Bereich der Landwirtschaft[5] betätigt, BMF v. 18.11.1996.[6]

(Einstweilen frei) 315–320

II. Nebenbetrieb, Nutzungswertbesteuerung und Produktionsaufgaberente (§ 13 Abs. 2 EStG)

1. Einkünfte aus luf Nebenbetrieben (§ 13 Abs. 2 Nr. 1 EStG)

Zu den Einkünften aus LuF gehören nach § 13 Abs. 2 Nr. 1 EStG auch Einkünfte aus luf Nebenbetrieben.

a) Bestehen eines Hauptbetriebs

Als Nebenbetrieb gilt nach ausdrücklicher Gesetzesdefinition ein Betrieb, der dem luf Hauptbetrieb zu dienen bestimmt ist. Die Anerkennung eines luf Nebenbetriebs setzt mithin einen luf Hauptbetrieb desselben Unternehmers voraus.[7] Es muss sich dabei um einen **„eigenen" Hauptbetrieb** handeln. Der eigene Hauptbetrieb ist hierbei nicht als Eigentum aufzufassen, d.h. eine Eigentümeridentität bei Hauptbetrieb und Nebenbetrieb ist nicht erforderlich. Vielmehr kommt es z.B. bei gepachteten Hauptbetrieben und solchen Nebenbetrieben, die im Eigentum des Pächters stehen, auf die **Inhaberidentität** bei beiden an. So gelten bspw. auch die im gepachteten Hauptbetrieb erzeugten Rohstoffe nach wirtschaftlicher Betrachtungsweise als Eigenerzeugung des Pächters. Der Nebenbetrieb muss in funktionaler Hinsicht vom Hauptbetrieb abhängig sein. Die Verbindung darf nicht nur zufällig oder vorübergehend und nicht ohne Nachteil für den Hauptbetrieb lösbar sein.[8]

---

1 Siehe a. *Giere*, INF 1983, 543; BFH v. 28.4.1988 - IV R 298/83, BStBl 1988 II 885.
2 Vgl. a. BFH v. 9.10.1986 - IV R 331/84, BStBl 1987 II 169.
3 §§ 179, 180 AO.
4 Siehe a. *Kulosa* in Schmidt, § 13 EStG Rz. 58.
5 R 5.13 KStR 2015.
6 BMF v. 18.11.1996, BStBl 1996 I 1434.
7 BFH v. 12.3.1992 - V R 55/88, BStBl 1992 II 982.
8 R 15.5 Abs. 3 EStR.

323 Ausgehend von der dienenden Funktion des Nebenbetriebs liegt nach R 15.5 Abs. 3 EStR ein **Nebenbetrieb** vor, wenn

- überwiegend im eigenen Hauptbetrieb erzeugte Rohstoffe be- oder verarbeitet werden und die dabei gewonnenen Erzeugnisse überwiegend für den Verkauf bestimmt sind

oder

- ein Land- und Forstwirt Umsätze aus der Übernahme von Rohstoffen (z. B. organische Abfälle) erzielt, diese be- oder verarbeitet und die dabei gewonnenen Erzeugnisse nahezu ausschließlich im Hauptbetrieb verwendet

und die **Erzeugnisse** im Rahmen einer ersten Stufe der Be- oder Verarbeitung, die noch dem luf Bereich zuzuordnen ist, hergestellt werden. Die Be- oder Verarbeitung eigener Erzeugnisse im Rahmen einer zweiten Stufe der Be- oder Verarbeitung ist eine gewerbliche Tätigkeit. Die Be- oder Verarbeitung fremder Erzeugnisse ist stets eine gewerbliche Tätigkeit. Diese Produkte (im Rahmen einer zweiten Stufe be- oder verarbeitete eigene Erzeugnisse und be- oder verarbeitete fremde Erzeugnisse) können noch der LuF zugerechnet werden, wenn sie im Rahmen der Direktvermarktung abgesetzt werden und wenn die Umsätze aus diesen Tätigkeiten dauerhaft insgesamt nicht mehr als ein Drittel des Gesamtumsatzes und nicht mehr als 51 500 € im Wj. betragen.

324 Werden überwiegend im eigenen Hauptbetrieb erzeugte Rohstoffe be- und verarbeitet und werden die dabei gewonnen Erzeugnisse überwiegend im eigenen Hauptbetrieb verwendet, so zählt dies zur **luf Urproduktion**.

325 Werden eigene Erzeugnisse, die unbearbeitet oder nicht weiter verarbeitet sind, vermarktet, so ist auch die Vermarktung grundsätzlich der **luf Urproduktion** zuzurechnen. Es liegt beispielsweise keine Be- oder Verarbeitung vor, wenn die eigenen Erzeugnisse lediglich gereinigt, getrocknet, sortiert und in handelsübliche Portionen verpackt werden. Dies zählt noch zur luf Urproduktion.[1] Dabei ist nicht entscheidend, ob die Produkte ab Hof, im eigenen Laden oder auf dem Großmarkt veräußert werden.[2]

326–330 *(Einstweilen frei)*

b) Abgrenzung zum selbständigen Hauptbetrieb

331 Mit der Definition des Nebenbetriebs ist zunächst zum Ausdruck gebracht, dass ein selbständiger Hauptbetrieb nicht dazu gehört, also weder ein selbständiger luf Betrieb noch ein selbständiger Gewerbebetrieb oder ein anderer selbständiger Hauptbetrieb.[3] Bestehen bei Zusammentreffen von landwirtschaftlicher und gewerblicher Tätigkeit bei einem Stpfl. **zwei Hauptbetriebe**, sind die Voraussetzungen für einen Nebenbetrieb mithin nicht gegeben. In den Fällen, in denen die durch die landwirtschaftliche Betätigung gewonnenen Erzeugnisse in einem Be- und Verarbeitungsbetrieb verwertet werden (z. B. Schafe aus einer Schäferei in einer Hammelschlächterei), hat für die Frage, ob ein einheitlicher Gewerbebetrieb oder zwei einkommensteuerrechtlich selbständige Betriebe vorliegen, der BFH stets darauf abgestellt, ob die Verbindung des landwirtschaftlichen und des gewerblichen Betriebes nur zufällig, vorübergehend und ohne Nachteil für das Gesamtunternehmen lösbar ist oder aber ob sie planmäßig und im

---

1 Vgl. a. Felsmann, Einkommensbesteuerung, Abschn. A Anm. 304.
2 BFH v. 30. 8. 1960 - I 108/59 U, BStBl 1960 III 460; BFH v. 6. 12. 2001 - V R 43/00, BStBl 2002 II 701.
3 Zum Prüfungsschema in dieser Frage s. Anm. zu BFH v. 12. 1. 1989 - V R 129/84, BStBl 1989 II 432, in HFR 1989, 502.

Interesse des Hauptbetriebes gewollt war.[1] Im Rahmen dieser Prüfung sind die **Gesamtumstände des Einzelfalls** zu berücksichtigen; dabei spielt auch das Ausmaß, in dem die Erzeugnisse des landwirtschaftlichen Betriebs in den Be- und Verarbeitungsbetrieb geliefert werden, eine bedeutsame Rolle. So wird ein selbständiger Gewerbebetrieb angenommen, wenn die eingesetzte Rohstoffmenge überwiegend zugekauft wird und das be- oder verarbeitete Produkt überwiegend für den Verkauf bestimmt ist.

(Einstweilen frei) 332–335

c) Abgrenzung zum integrierten Betriebsteil

Ein luf Nebenbetrieb liegt ferner nicht vor, wenn es sich lediglich um einen integrierten Bestandteil eines **einheitlichen** luf Betriebes handelt. Das wird insbesondere angenommen werden müssen, wenn in einem **Sonderbetriebszweig** z. B. Produkte der landwirtschaftlichen Urproduktion erzeugt werden, im größeren Rahmen Hilfstätigkeiten der luf Tätigkeit ausgeführt werden (z. B. Brüterei für landwirtschaftliche Hühnerhaltung), oder nach Be- oder Verarbeitung luf Erzeugnisse das Produkt überwiegend im eigenen Betrieb der LuF verwendet wird. In diesen Fällen sind die Einkünfte hieraus bereits unmittelbar nach § 13 Abs. 1 Nr. 1 EStG solche aus LuF.

(Einstweilen frei) 337–340

d) Unterordnungsverhältnis

Nach der Definition des § 13 Abs. 2 Nr. 1 EStG muss der Nebenbetrieb stets in einem bestimmten Unterordnungsverhältnis zum Hauptbetrieb stehen. Der Nebenbetrieb muss sich wirtschaftlich als Teil des luf Betriebes darstellen. Seine Tätigkeit muss den Hauptbetrieb **ergänzen und fördern**; der Hauptbetrieb muss dem ganzen Betrieb sein **Gepräge** geben.[2] Der Nebenbetrieb muss in funktionaler Hinsicht vom Hauptbetrieb abhängig sein.[3] Typischerweise hat der Nebenbetrieb die Aufgabe, der landwirtschaftlichen Haupttätigkeit Produkte zu verschaffen, bestimmte Produkte zu verarbeiten oder anderweitig zu veredeln oder den Hauptbetrieb auf andere Weise, etwa durch Verwertung von Produkten, ggf. auch von Rückständen oder Abfällen, zu fördern. Die wirtschaftliche Bedeutung eines Nebenbetriebes wird daher regelmäßig hinter der des Hauptbetriebes zurücktreten. Ein wichtiges Merkmal für die Annahme eines Nebenbetriebes liegt darin, dass es sich bei der Verbindung der Betriebe um eine **planmäßige Verbindung** handelt, die im Interesse des Hauptbetriebes gewollt ist. Eine zufällige, vorübergehende und ohne Nachteile für den Gesamtbetrieb lösbare Verbindung wird gegen einen Nebenbetrieb sprechen.[4]

Haupt- und Nebenbetrieb setzen eine **Unternehmeridentität** voraus.[5] Ein Nebenbetrieb kann vorliegen, wenn die von einem Mitunternehmer ausgeübte Tätigkeit dem gemeinsam mit anderen geführten landwirtschaftlichen Hauptbetrieb zu dienen bestimmt ist.[6] Es kann ebenfalls ein Nebenbetrieb vorliegen, wenn er ausschließlich von Land- und Forstwirten gemeinschaft-

---

1 BFH v. 16.12.1965 - IV 299/61 U, BStBl 1966 III 193; BFH v. 19.5.1971 - IV R 156-157/67, BStBl 1972 II 8.
2 Vgl z. B. BFH v. 12.1.1989 - V R 129/84, BStBl 1989 II 432; BFH v. 27.1.1995 - IV B 109/94, BFH/NV 1995, 772 = NWB DokID: XAAAB-37256.
3 R 15.5 Abs. 3 Satz 2 EStR.
4 BFH v. 4.12.1962 - I 231/61 U, BStBl 1963 III 243.
5 BFH v. 12.3.1992 - V R 55/88, BStBl 1992 II 982.
6 BFH v. 22.1.2004 - IV R 45/02, BStBl 2004 II 512.

lich betrieben wird und nur in deren Hauptbetrieben erzeugte Rohstoffe im Rahmen einer ersten Stufe der Be- oder Verarbeitung be- oder verarbeitet werden, oder nur Erzeugnisse gewonnen werden, die ausschließlich in diesen Betrieben verwendet werden.[1]

343–345 *(Einstweilen frei)*

e) Be- und Verarbeitungsbetriebe, Substanzbetriebe, Verwertungsbetriebe

346 Es wird vielfach zwischen verschiedenen Arten von Nebenbetrieben unterschieden, nämlich den **Be- und Verarbeitungsbetrieben**, z. B. Brennereien, Sägewerke (Molkereien, Zuckerfabriken u. Ä. werden eher selbständige Gewerbebetriebe sein), den **Substanzbetrieben**, z. B. Sandgruben, Kiesgruben, Torfstiche und den **Verwertungsbetrieben**, die gegen Entgelt z. B. organische Abfälle übernehmen und diese be- oder verarbeiten.

347 Ein **Be- und Verarbeitungsbetrieb** ist als landwirtschaftlicher Nebenbetrieb anzusehen, wenn die eingesetzte Rohstoffmenge überwiegend im eigenen luf Hauptbetrieb erzeugt wird und die be- oder verarbeiteten Produkte überwiegend für den Verkauf bestimmt sind.[2] Bei Verarbeitungsbetrieben ist vor allem festzustellen, ob das letztendlich hergestellte Produkt noch als Produkt der LuF angesehen werden kann. Deutlich machen lässt sich die Problematik am **Beispiel eines Sägewerks.** Solange in einem dem luf Betrieb angeschlossenen Sägewerk lediglich Rundholz zerteilt und in Balken und Bretter zugeschnitten wird, rechnet die FinVerw die Tätigkeit noch zur LuF. Man kann diese Tätigkeit als **erste Bearbeitungsstufe** bezeichnen. Sobald der Betrieb eine **weitere Bearbeitung** vornimmt, z. B. Hölzer hobelt, schleift oder imprägniert, liegt grds. eine gewerbliche Tätigkeit vor.

348 Unter welchen Voraussetzungen die Erzeugung von **Biogas** als Teil der luf Urproduktion oder als luf Nebenbetrieb oder als gewerbliche Betätigung zu qualifizieren ist, vgl. BMF v. 6. 3. 2006[3] und v. 29. 6. 2006.[4]

349 Ein **Substanzbetrieb**, der dauernd und nachhaltig Substanz (z. B. Selbstausbeute von Bodenschätzen) auch an Fremde veräußert, wird als luf Nebenbetrieb angesehen, wenn die gewonnene Substanz überwiegend im eigenen Hauptbetrieb verwendet wird. Andernfalls stellt der nachhaltige, auf Gewinnerzielung gerichtete Verkauf von Bodensubstanz i. d. R. eine gewerbliche Tätigkeit dar.

350 Bei der Entsorgung organischer Abfälle (z. B. Klärschlamm) handelt es sich um eine Tätigkeit im Rahmen eines **Verwertungsbetriebs**. Dies kann im Rahmen eines Nebenbetriebs noch der luf Tätigkeit zugerechnet werden, R 15.5 Abs. 3 und 4 EStR. Das Einsammeln, Abfahren und Sortieren organischer Abfälle, das mit der Ausbringung auf Flächen oder der Verfütterung an Tiere des selbst bewirtschafteten luf Betriebs in unmittelbarem sachlichem Zusammenhang steht, ist eine luf Tätigkeit. Andernfalls handelt es sich um eine grds. gewerbliche Tätigkeit, die unter den Voraussetzungen des R 15.5 Abs. 9 bis 11 EStR noch der luf Tätigkeit zugerechnet werden kann.[5] Ein Landwirt, der auch einen Gewerbebetrieb für Klärschlammtransporte unter-

---

[1] R 15.5 Abs. 3 Satz 8 EStR.
[2] R 15.5 Abs. 3 EStR.
[3] BStBl 2006 I 248.
[4] BStBl 2006 I 417.
[5] R 15.5 Abs. 4 EStR.

hält, erzielt hingegen auch insoweit Einkünfte aus Gewerbebetrieb und nicht aus LuF, als er den Klärschlamm auf selbstbewirtschafteten Flächen der LuF ausbringt.[1]

(Einstweilen frei) 351–360

2. Nutzungswert der Wohnung (§ 13 Abs. 2 Nr. 2 EStG)

Zu den Einkünften aus LuF gehörte nach der bis zum 31.12.1986 geltenden Fassung des EStG auch der **Nutzungswert der Wohnung** des Land- und Forstwirts oder des Altenteilers, wenn die Wohnung die bei Betrieben gleicher Art übliche Größe nicht überschritten hat.[2] 361

Durch das Gesetz zur Neuregelung der steuerlichen Förderung selbstgenutzten Wohneigentums v. 15.5.1986[3] ist hier insoweit allerdings eine Änderung eingetreten, als auch die Wohnung des Land- und Forstwirts in die sog. **Privatgutlösung** einbezogen worden ist. 362

Zur Nutzungswertbesteuerung in Altfällen sowie zur Übergangsregelung vgl. BMF v. 12.11.1986.[4] 363

Nach der Neufassung des EStG durch das Gesetz zur Neuregelung der steuerlichen Förderung selbstgenutzten Wohneigentums waren die § 13 Abs. 2 Nr. 2 EStG und § 13a Abs. 3 Nr. 4 EStG letztmals für den VZ 1986 anzuwenden.[5] Dies bedeutet, dass ab dem 1.1.1987 die Wohnung des Land- und Forstwirts unabhängig von der fortbestehenden Verbindung zum luf Betrieb grds. nicht mehr dem Betriebsvermögen zuzurechnen war. Die Besteuerung des Nutzungswerts der eigenen Wohnung und der Altenteilerwohnung entfällt grundsätzlich. Ausnahme hiervon ist die Wohnung des Stpfl. oder des Altenteilers, die die übliche Größe bei Betrieben gleicher Art nicht überschreitet, das Gebäude oder der Gebäudeteil nach den jeweiligen landesrechtlichen Vorschriften ein Baudenkmal ist und diese Voraussetzungen im VZ 1986, d.h. zum Zeitpunkt des Wegfalls der Nutzungswertbesteuerung, vorgelegen haben. Für diese ist auch nach geltendem Recht ein Nutzungswert für die Wohnung bei den Einkünften aus LuF anzusetzen (§ 13 Abs. 2 Nr. 2 und Abs. 4 EStG). Auch für diese Wohnungen kann die Nutzungswertbesteuerung abgewählt werden, vgl. → Rz. 413. 364

Die Nutzungswertbesteuerung ist für alle luf Betriebe in den neuen Bundesländern ausgeschlossen, R 13.5 Abs. 3 EStR 2012. Ebenfalls ausgeschlossen ist die Nutzungswertbesteuerung für alle nach 1986 entgeltlich erworbenen oder errichteten Wohnungen in den alten Bundesländern. 365

Nach dieser Regelung handelt es sich bei den Wohnungen, die die Voraussetzungen des § 13 Abs. 2 Nr. 2 EStG und § 13 Abs. 4 EStG erfüllen, um **Betriebsvermögen**. Dadurch wird der Abzug von sämtlichen Aufwendungen, die auf die Wohnung entfallen (insbesondere von Erhaltungs- und Finanzierungskosten), als Betriebsausgaben ermöglicht. 366

Die Wohnung muss vom Stpfl. oder einem Altenteiler **selbst genutzt** sein. Weiterhin muss die Wohnung sämtliche zur Führung eines selbständigen Haushalts erforderlichen Räume (eine Küche oder Kochgelegenheit, ein Bad oder eine Dusche und eine Toilette) aufweisen. Eine Abgeschlossenheit wie im Bewertungsrecht ist hingegen nicht erforderlich. Zur Wohnung gehö- 367

---

1 BFH v. 8.11.2007 - IV R 24/05, BStBl 2008 II 356.
2 § 13 Abs. 2 Nr. 2 EStG bis 1986.
3 BGBl 1986 I 730.
4 BStBl 1986 I 528.
5 § 52 Abs. 15 EStG alt.

ren auch die vom einheitlichen Nutzungs- und Funktionszusammenhang erfassten Keller und Abstellräume außerhalb der eigentlichen Wohnung.[1]

368 Die Identität der Wohnung mit der Wohnung des Land- und Forstwirts und seinen Angehörigen oder der Altenteilern am Stichtag (31. 12. 1986) bleibt gewahrt, auch wenn diese nach 1986 wesentlich vergrößert, verkleinert, umgestaltet oder mit einer anderen Wohnung zusammengelegt wird. Die übliche Größe darf aber auch dann nicht überschritten werden. Ein Austausch der ursprünglich innegehabten Wohnung in eine andere (auch im selben Haus) ist aber nicht möglich und führt zum Wegfall der Nutzungswertbesteuerung.[2]

369 Hinsichtlich der Frage der üblichen Größe der Wohnung ist der BFH großzügig.[3]

370 Was ein **Baudenkmal** ist, bestimmt sich nach den jeweiligen landesrechtlichen Vorschriften. Die zuständige Denkmalschutzbehörde stellt eine entsprechende Bescheinigung aus, s. a. Liste des BMF v. 6. 1. 2009.[4]

371–380 *(Einstweilen frei)*

3. Produktionsaufgaberente nach dem FELEG (§ 13 Abs. 2 Nr. 3 EStG)

381 In § 13 Abs. 2 Nr. 3 EStG wird geregelt, dass die **Produktionsaufgaberente** nach dem Gesetz zur Förderung der Einstellung der landwirtschaftlichen Erwerbstätigkeit (FELEG) v. 21. 2. 1989[5] zu Einkünften aus LuF führt. Mit dem FELEG sollte älteren landwirtschaftlichen Unternehmern das Ausscheiden aus dem Erwerbsleben erleichtert werden, indem gleichzeitig mit der Einstellung der landwirtschaftlichen Erwerbstätigkeit ein angemessenes Einkommen gesichert wurde. Der hiernach zu zahlende Grundbetrag der **Produktionsaufgaberente** und das **Ausgleichsgeld** (für Arbeitnehmer und mitarbeitende Familienangehörige) sind nach § 3 Nr. 27 EStG gleichzeitig steuerfrei gestellt worden.[6] Die Leistungen nach dem FELEG waren zum 31. 12. 1996 befristet. Sie können jedoch noch in Anspruch genommen werden, wenn die Voraussetzungen vor dem 1. 1. 1997 vorgelegen haben (§ 20 FELEG). Es handelt sich hier um auslaufendes Recht.

382 Das Ausgleichsgeld (§ 9 FELEG) hingegen ist nicht von der Regelung des § 13 Abs. 2 Nr. 3 EStG erfasst.

383–390 *(Einstweilen frei)*

III. Freibetrag nach § 13 Abs. 3 EStG

391 Nach § 13 Abs. 3 EStG werden die Einkünfte aus LuF bei der Ermittlung des Gesamtbetrags der Einkünfte nur berücksichtigt, soweit sie **900 €** übersteigen, wobei die Summe der Einkünfte 30 700 € nicht übersteigen darf.

---

1 BFH v. 5. 6. 2003 - IV R 24/02, BFH/NV 2003, 1552 = NWB DokID: RAAAA-70484.
2 BFH v. 5. 6. 2003 - IV R 24/02, BFH/NV 2003, 1552 = NWB DokID: RAAAA-70484.
3 BFH v. 5. 6. 2003 - IV R 24/02, BFH/NV 2003, 1552 = NWB DokID: RAAAA-70484 und v. 27. 5. 2004 - IV R 30/02, BStBl 2004 II 945.
4 BStBl 2009 I 39.
5 BGBl 1989 I 233, zuletzt geändert durch Art. 6 des LSV-Neuordnungsgesetzes (LSV-NOG) v. 12. 4. 2012, BGBl 2012 I 579.
6 Siehe auch *Gierlich*, NWB F. 3d, 483.

Der Freibetrag ist **personenbezogen** und steht allen Stpfl. zu, die Einkünfte aus LuF erzielen, unabhängig davon, ob die Einkünfte in einem Einzelbetrieb erzielt werden, oder im Rahmen einer Mitunternehmerschaft. Mehrere Beteiligte einer LuF Mitunternehmerschaft erhalten den Freibetrag jeweils in voller Höhe. Ist ein Land- und Forstwirt Bewirtschafter mehrerer luf Betriebe, steht ihm der Freibetrag nur einmal zu. 392

Der Freibetrag wird **unabhängig von der Gewinnermittlungsart** gewährt, auch für § 13a EStG. Es ist auch nicht entscheidend, ob der LuF laufend Einkünfte aus einer aktiv betriebenen LuF erzielt. Der Freibetrag kann auch vom Verpächter eines luf Betriebs so lange in Anspruch genommen werden, als er noch nicht die Betriebsaufgabe erklärt hat. 393

Auch Veräußerungs- oder Entnahmegewinne sind um den Freibetrag zu kürzen. Hierbei ist zu beachten, dass die Freibeträge nach §§ 14a, 16 EStG bereits bei der Ermittlung der Einkünfte aus LuF zu berücksichtigen sind, während der Freibetrag nach § 13 Abs. 3 EStG erst bei der Ermittlung des Gesamtbetrags der Einkünfte abgezogen wird. 394

Werden nur in einem Teil des VZ Einkünfte aus LuF erzielt, steht der Freibetrag dennoch in voller Höhe zu; eine Kürzung pro rata temporis wird nicht vorgenommen. 395

Zusammenveranlagte **Ehegatten** bzw. zusammenveranlagte **eingetragene Lebenspartner** erhalten den doppelten Freibetrag (1 800 €), wenn die Summe der Einkünfte 61 400 € nicht übersteigt. Dabei kommt es nicht darauf an, ob beide oder nur einer der Ehegatten/Lebenspartner Einkünfte aus LuF erzielt. Erzielen beide Ehegatten/Lebenspartner Einkünfte aus LuF, wird der Freibetrag nur gewährt, wenn der Saldo der Einkünfte aus LuF positiv ist. Hat einer der Ehegatten/Lebenspartner positive Einkünfte aus LuF, der andere aber höhere negative Einkünfte aus LuF erzielt, entfällt der Freibetrag entsprechend ganz oder teilweise. Verbleiben dennoch positive Einkünfte aus LuF, bleiben diese bis zur vollen Ausschöpfung des verdoppelten Freibetrags außer Ansatz. 396

Werden Ehegatten/Lebenspartner einzeln veranlagt, erhält nur der Ehegatte/Lebenspartner den Freibetrag von 900 €, der Einkünfte aus LuF erzielt hat. 397

(*Einstweilen frei*) 398–410

IV. Aufgabe der Nutzungswertbesteuerung nach § 13 Abs. 2 Nr. 2 EStG (§ 13 Abs. 4 EStG)

Wohnungen des Stpfl. **in Baudenkmalen** können unter den Voraussetzungen des § 13 Abs. 2 Nr. 2 und Abs. 4 EStG auch heute noch Betriebsvermögen des Betriebs der LuF sein. Der Nutzungswert der Wohnung gehört dann zu den Einkünften aus LuF (vgl. → Rz. 361). 411

Nach § 13 Abs. 4 Satz 1 EStG wird ein Nutzungswert der Wohnung nur angesetzt, wenn die Voraussetzungen des § 13 Abs. 2 Nr. 2 EStG bereits im VZ 1986 vorgelegen haben. 412

Ein Stpfl. kann nach § 13 Abs. 4 Satz 2 EStG für einen Veranlagungszeitraum nach dem VZ 1998 unwiderruflich den Wegfall der Nutzungswertbesteuerung beantragen. Unwiderruflich heißt, dass der Antrag nach Zugang beim zuständigen Finanzamt nicht mehr zurückgenommen werden kann.[1] Ein solcher Antrag kann auch rückwirkend bis zur Bestandskraft des diesen Veranlagungszeitraum betreffenden Einkommensteuerbescheids gestellt werden.[2] 413

---

[1] BFH v. 15.10.1996 - IX R 10/95, BStBl 1997 II 178.
[2] BFH v. 3.3.2011 - IV R 35/09, BFH/NV 2011, 2045 = NWB DokID: IAAAD-93369.

414 Mit dem Wegfall der Nutzungswertbesteuerung gilt die Wohnung mit dem dazugehörigen Grund und Boden zu dem Zeitpunkt als entnommen, bis zu dem die Nutzungswertbesteuerung letztmals angewendet wird. Die Wohnung geht mit dem Grund und Boden in das Privatvermögen über. Als Entnahmewert ist der Teilwert anzusetzen, § 6 Abs. 1 Nr. 4 EStG. Der Entnahmegewinn bleibt nach § 13 Abs. 4 Satz 5 EStG außer Ansatz. Ein Nutzungswert wird künftig nicht mehr erfasst.

415 Nach § 13 Abs. 4 Satz 6 Nr. 1 EStG bleibt der Entnahme- oder Veräußerungsgewinn auch außer Ansatz, wenn die Wohnung und der dazugehörende Grund und Boden veräußert oder entnommen werden, bevor sie nach Satz 4 als entnommen gelten. Dies gilt allerdings nur für Wohnungen, für die im VZ 1986 und auch zum Entnahmezeitpunkt ein Nutzungswert nach § 13 Abs. 2 Nr. 2 EStG anzusetzen war. Der Gewinn aus der Veräußerung einer zum Betriebsvermögen gehörenden und im Jahr 1986 selbst genutzten Wohnung, die Baudenkmal ist, ist dann nicht nach § 13 Abs. 4 Satz 6 Nr. 1 EStG steuerbefreit, wenn die Wohnung im Zeitpunkt der Veräußerung vermietet war.[1]

416 Wird eine vor dem 1.1.1987 einem Dritten entgeltlich zur Nutzung überlassene Wohnung und der dazugehörende Grund und Boden für eigene Wohnzwecke oder für Wohnzwecke des Altenteilers entnommen, so bleibt nach § 13 Abs. 4 Satz 6 Nr. 2 EStG der daraus entstehende Entnahmegewinn ebenfalls steuerfrei. Dies gilt, soweit nicht Wohnungen vorhanden sind, die Wohnzwecken des Eigentümers des Betriebs oder Wohnzwecken eines Altenteilers dienen und die unter § 13 Abs. 4 Satz 4 oder § 13 Abs. 4 Satz 6 Nr. 1 EStG fallen.

417 Die Wohnung muss bereits vor dem 1.1.1987 zum (notwendigen oder gewillkürten) Betriebsvermögen des luf Betriebs gehört haben und ebenfalls vor dem 1.1.1987 fremdvermietet gewesen sein. Wird eine solche Wohnung später zu eigenen Wohnzwecken oder Wohnzwecken des Altenteilers genutzt, ist diese zwangsweise zu entnehmen.

418 Ob diese Regelung nur anzuwenden ist, wenn die Wohnung auch ein Baudenkmal ist, ist in der Literatur umstritten und bislang nicht höchstrichterlich entschieden. M. E. beschränkt der Gesetzeswortlaut eine Anwendung nicht auf Wohnungen, die Baudenkmal sind. Damit ist die Vorschrift auch auf Wohnungen anzuwenden, die die o. g. Voraussetzungen des § 13 Abs. 4 Satz 6 Nr. 2 EStG erfüllen und sich nicht in einem Baudenkmal befinden.[2] Ein Revisionsverfahren zu dieser Frage ist anhängig unter Az. des BFH: VI R 22/17.

419–430 (Einstweilen frei)

V. Entnahme von Grund und Boden durch Errichtung einer Betriebsleiter- oder Altenteilerwohnung (§ 13 Abs. 5 EStG)

431 Nach § 13 Abs. 5 EStG kann Grund und Boden steuerfrei aus dem Betriebsvermögen entnommen werden, wenn auf diesem Grund und Boden eine **Betriebsleiterwohnung** oder eine **Altenteilerwohnung** neu errichtet wird.

432 Voraussetzung hierfür ist zum einen, dass die Wohnung neu errichtet wird und zum anderen, dass noch kein Objektverbrauch eingetreten ist, d. h., die Regelung gilt für je eine Betriebslei-

---

[1] BFH v. 9.5.2000 - VIII R 2/99, BStBl 2001 II 275.
[2] Gl. A. *Giere* in Felsmann, Einkommensbesteuerung, Abschn. A Anm. 178; *Märkle/Hiller*, Die Einkommensteuer bei Land- und Forstwirten, Rz. 249; a.A. *Kulosa* in Schmidt, § 13 EStG Rz. 91; HHR/*Paul*, § 13 EStG Anm. 129; *Krumm* in Leingärtner, Kap. 17 Rz. 192; FG Baden-Württemberg v. 22.5.2012 - 8 K 1936/09, NWB DokID: HAAAE-11632 = DStR 2013, 6; FG Schleswig-Holstein v. 5.4.2017 - 2 K 26/17, NWB DokID: QAAAG-44918, Rev. BFH: VI R 22/17.

terwohnung und eine Altenteilerwohnung je „Betriebsinhabergeneration". Die Vorschrift ist personenbezogen, nicht betriebsbezogen. Danach ist auch die Frage nach dem Objektverbrauch zu beurteilen.

Die Wohnung muss neu errichtet werden, ein Aus- oder Umbau einer bereits bestehenden Wohnung genügt i. d. R. nicht, wenn dadurch keine neue Wohnung entsteht. Für diese Frage, ob bei Verwendung von Altbausubstanz (Umbau einer Scheune) eine Wohnung i. S. d. § 13 Abs. 5 EStG errichtet wurde, kann entsprechend den bei der früheren Eigenheimzulage anzuwendenden Grundsätzen verfahren werden.[1] 433

Entscheidend ist die tatsächliche Nutzung der Wohnung für eigene Wohnzwecke des Eigentümers bzw. Altenteilers.[2]

Der Umfang des zur Wohnung gehörenden Grund und Bodens ist nach dem BMF-Schreiben v. 4. 6. 1997[3] zu ermitteln. 434

Ob und inwieweit das **Entnahmeprivileg für Mitunternehmerschaften** bzw. die einzelnen **Mitunternehmer** gilt, ist in der Literatur nicht unumstritten. Die Mitunternehmerschaft selbst kann keine eigenen Wohnzwecke haben, deshalb scheidet eine Anwendung des § 13 Abs. 5 EStG für die Mitunternehmerschaft aus. Für jeden einzelnen Mitunternehmer einer Mitunternehmerschaft mit Einkünften aus LuF gilt die Vorschrift. Grund und Boden, den der Steuerpflichtige in seinem Sonderbetriebsvermögen der Mitunternehmerschaft hält und auf dem er eine Wohnung für eigene Wohnzwecke bzw. Wohnzwecke des Altenteilers errichtet, kann nach § 13 Abs. 5 EStG steuerfrei entnommen werden, wenn noch kein Objektverbrauch eingetreten ist. Die Entnahme von Grund und Boden aus dem Sonderbetriebsvermögen für Wohnzwecke eines anderen Mitunternehmers derselben Mitunternehmerschaft ist hingegen nicht begünstigt und führt zu einer steuerpflichtigen Entnahme, da die Voraussetzung „zu eigenen Wohnzwecken" nicht erfüllt ist. Die Entnahme von Grund und Boden aus dem Gesamthandsvermögen der Mitunternehmerschaft zur Bebauung mit einer Wohnung für Wohnzwecke eines Mitunternehmers ist m. E. grundsätzlich nach § 13 Abs. 5 EStG möglich, allerdings nur anteilig in der Höhe des Anteils des Mitunternehmers an der Mitunternehmerschaft. Für die anderen Gesellschafter ist diese Entnahme des Grund und Bodens steuerpflichtig.[4] 435

(Einstweilen frei) 436–450

VI. Einbringung von Wirtschaftsgütern in einen gemeinschaftlichen Tierhaltungsbetrieb (§ 13 Abs. 6 EStG)

Werden einzelne Wirtschaftsgüter eines luf Betriebs auf einen der gemeinschaftlichen Tierhaltung dienenden Betrieb i. S. d. § 34 Abs. 6a BewG einer Erwerbs- oder Wirtschaftsgenossenschaft oder eines Vereins gegen Gewährung von Mitgliedsrechten übertragen, kann die auf den dabei entstehenden Gewinn entfallende Einkommensteuer auf max. fünf Jahre verteilt werden. Die jährlich zu entrichtenden Teilbeträge können gleich oder unterschiedlich hoch sein, müssen aber jeweils mindestens ein Fünftel dieser Steuer betragen. Nicht darunter fallen Übertragungen auf Mitunternehmerschaften i. S. d. § 13 Abs. 1 Nr. 1 Satz 5 EStG. In diesem Fall 451

---

1 Vgl. BMF 21. 12. 2004, BStBl 2005 I 305, Tz. 10, 11.
2 BFH v. 13. 10. 2005 – IV R 33/04, BStBl 2006 II 68.
3 BStBl 1997 I 630, zuletzt geändert durch BMF v. 2. 4. 2004, BStBl 2004 I 442.
4 A. A. z. B. *Giere* in Felsmann, Einkommensbesteuerung, Abschn. A Anm. 178a, der in diesem Fall von einer vollumfänglichen Steuerbefreiung ausgeht.

erfolgt die Einbringung der Wirtschaftsgüter zu Buchwerten gem. § 6 Abs. 5 Satz 3 EStG. Auch für den Fall der Übertragung eines ganzen Betriebs oder Teilbetriebs ist § 13 Abs. 6 EStG nicht vorgesehen.

452–455 *(Einstweilen frei)*

VII. Entsprechende Anwendung der Regelungen zur gewerblichen Mitunternehmerschaft (§ 13 Abs. 7 EStG)

456 § 13 Abs. 7 EStG ordnet die entsprechende Anwendung der Regelungen in § 15 Abs. 1 Satz 1 Nr. 2, Abs. 1a, Abs. 2 Satz 2 und 3 EStG sowie §§ 15a und 15b EStG auch für die Einkünfte aus LuF an. D. h., die Regelungen über die Besteuerung der Mitunternehmerschaft (§ 15 Abs. 1 Satz 1 Nr. 2 EStG), über die Besteuerung des Gewinns aus Anteilen an einer Europäischen Gesellschaft oder einer Europäischen Genossenschaft nach Sitzverlegung (§ 15 Abs. 1a EStG), zu den Besonderheiten der Gewinnerzielungsabsicht (§ 15 Abs. 2 Satz 2 und 3 EStG), zu Verlusten bei beschränkter Haftung (§ 15a EStG) sowie die Regelungen über Verluste im Zusammenhang mit Steuerstundungsmodellen (§ 15b EStG) sind bei den Einkünften aus LuF entsprechend anzuwenden.

457–470 *(Einstweilen frei)*

C. Verfahrensfragen

471 Grundsätzlich gelten für einen Betrieb der LuF die allgemeinen verfahrensrechtlichen Vorschriften.

472 Wer einen luf Betrieb oder eine Betriebsstätte **eröffnet** (bei Neugründung und Übernahme), **verlegt oder aufgibt**, hat dies gem. § 138 Abs. 1 und 3 AO innerhalb eines Monats nach amtlich vorgeschriebenem Vordruck grds. der Gemeinde bzw. in Ausnahmefällen dem zuständigen Finanzamt mitzuteilen. Besondere Meldepflichten bestehen nach § 138 Abs. 2 AO für die Gründung und den Erwerb von luf Betrieben und Betriebsstätten im Ausland und für den Erwerb von ausländischen Beteiligungen an luf Betrieben bzw. deren Aufgabe oder Änderung.

473 Die gesetzliche **Buchführungspflicht** für Land- und Forstwirte regelt § 141 AO. Land- und Forstwirte, die nach § 141 Abs. 1 Nr. 1, 3 oder 5 AO buchführungspflichtig sind, haben gem. § 142 AO auch ein Anbauverzeichnis zu führen. Nach § 144 Abs. 5 AO gelten die Vorschriften über die gesonderte Aufzeichnung des Warenausgangs auch für Land- und Forstwirte. Zur Buchführung in luf Betrieben vgl. auch BMF v. 15. 12. 1981.[1]

474 Die **Steuererklärungsfrist** endet für Land- und Forstwirte, die ihren Gewinn für ein vom Kalenderjahr abweichendes Wirtschaftsjahr ermitteln, gem. § 149 Abs. 2 Satz 2 AO nicht vor Ablauf des fünften Monats, der auf den Schluss des im Kalenderjahr begonnenen Wirtschaftsjahrs folgt.

475 Zuständig für die **gesonderte Feststellung** (§ 180 AO) der Einkünfte aus LuF ist nach § 18 Abs. 1 Nr. 1 AO das Lagefinanzamt.

Ggf. kann auf ein Verfahren zur gesonderten und einheitlichen Feststellung der Einkünfte aus LuF verzichtet werden, wenn es sich um einen **Fall von geringer Bedeutung** handelt, vgl. § 180 Abs. 3 Satz 1 Nr. 2 AO. Ein Fall von geringer Bedeutung, in dem eine gesonderte Feststellung

---

[1] BMF v. 15. 12. 1981, BStBl 1981 I 878.

entfällt, kann bei einem gemeinschaftlich erzielten Gewinn von Landwirts-Eheleuten/-Lebenspartnern gegeben sein.[1]

Eine **Außenprüfung** ist auch bei einem luf Betrieb zulässig, vgl. § 193 Abs. 1 AO.

476

§ 13a Ermittlung des Gewinns aus Land- und Forstwirtschaft nach Durchschnittssätzen

[2](1) [1]Der Gewinn eines Betriebs der Land- und Forstwirtschaft ist nach den Absätzen 3 bis 7 zu ermitteln, wenn

1. der Steuerpflichtige nicht auf Grund gesetzlicher Vorschriften verpflichtet ist, für den Betrieb Bücher zu führen und regelmäßig Abschlüsse zu machen und
2. in diesem Betrieb am 15. Mai innerhalb des Wirtschaftsjahres Flächen der landwirtschaftlichen Nutzung (§ 160 Absatz 2 Satz 1 Nummer 1 Buchstabe a des Bewertungsgesetzes) selbst bewirtschaftet werden und diese Flächen 20 Hektar ohne Sondernutzungen nicht überschreiten und
3. die Tierbestände insgesamt 50 Vieheinheiten (§ 13 Absatz 1 Nummer 1) nicht übersteigen und
4. die selbst bewirtschafteten Flächen der forstwirtschaftlichen Nutzung (§ 160 Absatz 2 Satz 1 Nummer 1 Buchstabe b des Bewertungsgesetzes) 50 Hektar nicht überschreiten und
5. die selbst bewirtschafteten Flächen der Sondernutzungen (Absatz 6) die in Anlage 1a Nummer 2 Spalte 2 genannten Grenzen nicht überschreiten.

[2]Satz 1 ist auch anzuwenden, wenn nur Sondernutzungen bewirtschaftet werden und die in Anlage 1a Nummer 2 Spalte 2 genannten Grenzen nicht überschritten werden. [3]Die Sätze 1 und 2 gelten nicht, wenn der Betrieb im laufenden Wirtschaftsjahr im Ganzen zur Bewirtschaftung als Eigentümer, Miteigentümer, Nutzungsberechtigter oder durch Umwandlung übergegangen ist und der Gewinn bisher nach § 4 Absatz 1 oder 3 ermittelt wurde. [4]Der Gewinn ist letztmalig für das Wirtschaftsjahr nach Durchschnittssätzen zu ermitteln, das nach Bekanntgabe der Mitteilung endet, durch die die Finanzbehörde auf den Beginn der Buchführungspflicht (§ 141 Absatz 2 der Abgabenordnung) oder auf den Wegfall einer anderen Voraussetzung des Satzes 1 hingewiesen hat. [5]Der Gewinn ist erneut nach Durchschnittssätzen zu ermitteln, wenn die Voraussetzungen des Satzes 1 wieder vorliegen und ein Antrag nach Absatz 2 nicht gestellt wird.

(2) [1]Auf Antrag des Steuerpflichtigen ist für einen Betrieb im Sinne des Absatzes 1 der Gewinn für vier aufeinander folgende Wirtschaftsjahre nicht nach den Absätzen 3 bis 7 zu ermitteln. [2]Wird der Gewinn eines dieser Wirtschaftsjahre durch den Steuerpflichtigen nicht nach § 4 Absatz 1 oder 3 ermittelt, ist der Gewinn für den gesamten Zeitraum von vier Wirtschaftsjahren nach den Absätzen 3 bis 7 zu ermitteln. [3]Der Antrag ist bis zur Abgabe der Steuererklärung, jedoch spätestens zwölf Monate nach Ablauf des ersten Wirtschaftsjahres, auf das er sich bezieht, schriftlich zu stellen. [4]Er kann innerhalb dieser Frist zurückgenommen werden.

---

1 BFH v. 4. 7. 1985 - IV R 136/83, BStBl 1985 II 576; vgl. auch Nr. 4 des AEAO zu § 180.
2 **Anm. d. Red.:** Zur Anwendung des § 13a siehe § 52 Abs. 22a.

(3) ¹Durchschnittssatzgewinn ist die Summe aus

1. dem Gewinn der landwirtschaftlichen Nutzung,
2. dem Gewinn der forstwirtschaftlichen Nutzung,
3. dem Gewinn der Sondernutzungen,
4. den Sondergewinnen,
5. den Einnahmen aus Vermietung und Verpachtung von Wirtschaftsgütern des land- und forstwirtschaftlichen Betriebsvermögens,
6. den Einnahmen aus Kapitalvermögen, soweit sie zu den Einkünften aus Land- und Forstwirtschaft gehören (§ 20 Absatz 8).

²Die Vorschriften von § 4 Absatz 4a, § 6 Absatz 2 und 2a sowie zum Investitionsabzugsbetrag und zu Sonderabschreibungen finden keine Anwendung. ³Bei abnutzbaren Wirtschaftsgütern des Anlagevermögens gilt die Absetzung für Abnutzung in gleichen Jahresbeträgen nach § 7 Absatz 1 Satz 1 bis 5 als in Anspruch genommen. ⁴Die Gewinnermittlung ist nach amtlich vorgeschriebenem Datensatz durch Datenfernübertragung spätestens mit der Steuererklärung zu übermitteln. ⁵Auf Antrag kann die Finanzbehörde zur Vermeidung unbilliger Härten auf eine elektronische Übermittlung verzichten; in diesem Fall ist der Steuererklärung eine Gewinnermittlung nach amtlich vorgeschriebenem Vordruck beizufügen. ⁶§ 150 Absatz 8 der Abgabenordnung gilt entsprechend.

(4) ¹Der Gewinn aus der landwirtschaftlichen Nutzung ist die nach den Grundsätzen des § 4 Absatz 1 ermittelte Summe aus dem Grundbetrag für die selbst bewirtschafteten Flächen und den Zuschlägen für Tierzucht und Tierhaltung. ²Als Grundbetrag je Hektar der landwirtschaftlichen Nutzung (§ 160 Absatz 2 Satz 1 Nummer 1 Buchstabe a des Bewertungsgesetzes) ist der sich aus Anlage 1a ergebende Betrag vervielfältigt mit der selbst bewirtschafteten Fläche anzusetzen. ³Als Zuschlag für Tierzucht und Tierhaltung ist im Wirtschaftsjahr je Vieheinheit der sich aus Anlage 1a jeweils ergebende Betrag vervielfältigt mit den Vieheinheiten anzusetzen.

(5) Der Gewinn aus der forstwirtschaftlichen Nutzung (§ 160 Absatz 2 Satz 1 Nummer 1 Buchstabe b des Bewertungsgesetzes) ist nach § 51 der Einkommensteuer-Durchführungsverordnung zu ermitteln.

(6) ¹Als Sondernutzungen gelten die in § 160 Absatz 2 Satz 1 Nummer 1 Buchstabe c bis e des Bewertungsgesetzes in Verbindung mit Anlage 1a Nummer 2 genannten Nutzungen. ²Bei Sondernutzungen, die die in Anlage 1a Nummer 2 Spalte 3 genannten Grenzen überschreiten, ist ein Gewinn von 1 000 Euro je Sondernutzung anzusetzen. ³Für die in Anlage 1a Nummer 2 nicht genannten Sondernutzungen ist der Gewinn nach § 4 Absatz 3 zu ermitteln.

(7) ¹Nach § 4 Absatz 3 zu ermittelnde Sondergewinne sind

1. Gewinne
   a) aus der Veräußerung oder Entnahme von Grund und Boden und dem dazugehörigen Aufwuchs, den Gebäuden, den immateriellen Wirtschaftsgütern und den Beteiligungen; § 55 ist anzuwenden;
   b) aus der Veräußerung oder Entnahme der übrigen Wirtschaftsgüter des Anlagevermögens und von Tieren, wenn der Veräußerungspreis oder der an dessen Stelle tretende Wert für das jeweilige Wirtschaftsgut mehr als 15 000 Euro betragen hat;

c) aus Entschädigungen, die gewährt worden sind für den Verlust, den Untergang oder die Wertminderung der in den Buchstaben a und b genannten Wirtschaftsgüter;

d) aus der Auflösung von Rücklagen;

2. Betriebseinnahmen oder Betriebsausgaben nach § 9b Absatz 2;

3. Einnahmen aus dem Grunde nach gewerblichen Tätigkeiten, die dem Bereich der Land- und Forstwirtschaft zugerechnet werden, abzüglich der pauschalen Betriebsausgaben nach Anlage 1a Nummer 3;

4. Rückvergütungen nach § 22 des Körperschaftsteuergesetzes aus Hilfs- und Nebengeschäften.

²Die Anschaffungs- oder Herstellungskosten bei Wirtschaftsgütern des abnutzbaren Anlagevermögens mindern sich für die Dauer der Durchschnittssatzgewinnermittlung mit dem Ansatz der Gewinne nach den Absätzen 4 bis 6 um die Absetzung für Abnutzung in gleichen Jahresbeträgen. ³Die Wirtschaftsgüter im Sinne des Satzes 1 Nummer 1 Buchstabe a sind unter Angabe des Tages der Anschaffung oder Herstellung und der Anschaffungs- oder Herstellungskosten oder des an deren Stelle getretenen Werts in besondere, laufend zu führende Verzeichnisse aufzunehmen. ⁴Absatz 3 Satz 4 bis 6 gilt entsprechend.

(8) Das Bundesministerium der Finanzen wird ermächtigt, durch Rechtsverordnung mit Zustimmung des Bundesrates die Anlage 1a dadurch zu ändern, dass es die darin aufgeführten Werte turnusmäßig an die Ergebnisse der Erhebungen nach § 2 des Landwirtschaftsgesetzes und im Übrigen an Erhebungen der Finanzverwaltung anpassen kann.

Anlage 1a (zu § 13a)

Ermittlung des Gewinns aus Land- und Forstwirtschaft nach Durchschnittssätzen

Für ein Wirtschaftsjahr betragen

1. der Grundbetrag und die Zuschläge für Tierzucht und Tierhaltung der landwirtschaftlichen Nutzung (§ 13a Absatz 4):

Gewinn pro Hektar selbst bewirtschafteter Fläche	350 EUR
bei Tierbeständen für die ersten 25 Vieheinheiten	0 EUR/Vieheinheit
bei Tierbeständen für alle weiteren Vieheinheiten	300 EUR/Vieheinheit

²Angefangene Hektar und Vieheinheiten sind anteilig zu berücksichtigen.

2. die Grenzen und Gewinne der Sondernutzungen (§ 13a Absatz 6):

Nutzung	Grenze 2	Grenze 3
1	2	3
Weinbauliche Nutzung	0,66 ha	0,16 ha
Nutzungsteil Obstbau	1,37 ha	0,34 ha
Nutzungsteil Gemüsebau Freilandgemüse	0,67 ha	0,17 ha
Unterglas Gemüse	0,06 ha	0,015 ha

EStG § 13a — Ermittlung des Gewinns aus LuF nach Durchschnittssätzen

Nutzung	Grenze	Grenze
Nutzungsteil Blumen/Zierpflanzenbau Freiland Zierpflanzen Unterglas Zierpflanzen	0,23 ha 0,04 ha	0,05 ha 0,01 ha
Nutzungsteil Baumschulen	0,15 ha	0,04 ha
Sondernutzung Spargel	0,42 ha	0,1 ha
Sondernutzung Hopfen	0,78 ha	0,19 ha
Binnenfischerei	2 000 kg Jahresfang	500 kg Jahresfang
Teichwirtschaft	1,6 ha	0,4 ha
Fischzucht	0,2 ha	0,05 ha
Imkerei	70 Völker	30 Völker
Wanderschäfereien	120 Mutterschafe	30 Mutterschafe
Weihnachtsbaumkulturen	0,4 ha	0,1 ha

3. in den Fällen des § 13a Absatz 7 Satz 1 Nummer 3 die Betriebsausgaben 60 Prozent der Betriebseinnahmen.

Inhaltsübersicht

	Rz.
A. Allgemeine Erläuterungen	1 – 60
I. Normzweck und wirtschaftliche Bedeutung der Vorschrift	6 – 15
II. Entstehung und Entwicklung der Vorschrift	16 – 30
III. Geltungsbereich	31 – 40
IV. Vereinbarkeit mit höherrangigem Recht	41 – 50
V. Verhältnis zu anderen Vorschriften	51 – 60
B. Systematische Kommentierung	61 – 340
I. Zugangsvoraussetzungen nach § 13a Abs. 1 EStG	61 – 130
1. Keine Buchführungspflicht	61 – 65
2. Keine Überschreitung der Flächengrenze von 20 ha selbstbewirtschafteter landwirtschaftlicher Flächen	66 – 75
3. Keine Überschreitung der Tierbestandsgrenze von 50 VE	76 – 80
4. Keine Überschreitung der Flächengrenze von 50 ha forstwirtschaftliche Nutzung (neu)	81 – 90
5. Keine Überschreitung der jeweiligen Flächengrenze in Anlage 1a Nr. 2 Spalte 2 EStG (neu) bei Flächen der Sondernutzungen	91 – 100
6. Erstmals § 13a EStG bei reinen Sondernutzungsbetrieben (§ 13a Abs. 1 Satz 2 EStG)	101 – 110
7. Bindung an bisherige Gewinnermittlungen § 4 Abs. 1 oder 3 EStG im Wj. eines Betriebsübergangs (§ 13a Abs. 1 Satz 3 EStG)	111 – 115
8. Wegfallmitteilungspflicht nach § 13a Abs. 1 Satz 4 EStG	116 – 120
9. Rückkehr zur Gewinnermittlung nach Durchschnittssätzen nach § 13a Abs. 1 Satz 5 EStG	121 – 130
II. Antrags- und Wahlrecht für tatsächliche Gewinnermittlungen nach § 4 Abs. 1 oder Abs. 3 EStG nach § 13a Abs. 2 EStG	131 – 140
III. Ermittlung des Durchschnittssatzgewinns (= Gewinnermittlung nach § 4 Abs. 1 EStG) nach § 13a Abs. 3 EStG	141 – 185
1. Zusammensetzung des Durchschnittssatzgewinns	141 – 145

Ermittlung des Gewinns aus LuF nach Durchschnittssätzen § 13a EStG

2. Einnahmen aus Vermietung und Verpachtung von WG des land- und forstwirtschaftlichen Betriebsvermögens (= Gewinnermittlung nach Grundsätzen § 4 Abs. 3 EStG) nach § 13a Abs. 3 Satz 1 Nr. 5 EStG ... 146 - 155
3. Einnahmen aus Kapitalvermögen (= Gewinnermittlung nach Grundsätzen § 4 Abs. 3 EStG), soweit sie zu den Einkünften aus Land- und Forstwirtschaft gehören (§ 20 Abs. 8 EStG) nach § 13a Abs. 3 Satz 1 Nr. 6 EStG ... 156 - 160
4. Abzugsverbote und Abgeltungswirkung nach § 13a Abs. 3 Satz 2 EStG ... 161 - 170
5. Abgeltungswirkung bei bisher abziehbaren Miet-, Pacht- und Schuldzinsen (allerdings nicht in Fällen des § 13a Abs. 6 Satz 3 EStG) ... 171 - 175
6. Besondere elektronisch zu übermittelnde Gewinnermittlung (§ 13a Abs. 3 Satz 4 EStG) und Anlageverzeichnis (§ 13a Abs. 7 Satz 4 EStG) ... 176 - 180
7. Zu- und Abrechnungen bei Wechsel der Gewinnermittlungsart ... 181 - 185

IV. Grundbetrag aus landwirtschaftlicher Nutzung (= Gewinnermittlung nach § 4 Abs. 1 EStG) nach § 13a Abs. 4 EStG ... 186 - 195

V. Gewinn aus forstwirtschaftlicher Nutzung (= Gewinnermittlung nach § 4 Abs. 3 EStG) nach § 13a Abs. 5 EStG ... 196 - 205

VI. Gewinn aus Sondernutzungen nach § 13a Abs. 6 Satz 2 EStG (= Gewinnermittlung nach § 4 Abs. 1 EStG) und nach § 13a Abs. 6 Satz 3 EStG (= Gewinnermittlung nach § 4 Abs. 3 EStG) ... 206 - 225
1. Begriff der Sondernutzungen nach § 13a Abs. 6 Satz 1 EStG ... 206 - 210
2. Gewinne nach § 13a Abs. 6 Satz 2 EStG ... 211 - 215
3. Gewinne nach § 13a Abs. 6 Satz 3 EStG (Auffangklausel) ... 216 - 225

VII. Sondergewinne (= Gewinnermittlung nach § 4 Abs. 3 EStG) nach § 13a Abs. 7 EStG ... 226 - 285
1. Sondergewinn nach § 13a Abs. 7 Nr. 1 EStG aus der Veräußerung oder Entnahme von bestimmten WG des Anlagevermögens, von Tieren, aus bestimmten Entschädigungszahlungen und aus der Auflösung von Rücklagen ... 236 - 265
   a) Sondergewinn aus der Veräußerung oder Entnahme von Grund und Boden und dem dazugehörigen Aufwuchs, den Gebäuden, den immateriellen WG und den Beteiligungen nach § 13a Abs. 7 Nr. 1a EStG ... 236 - 245
   b) Sondergewinn aus der Veräußerung oder Entnahme der übrigen WG des Anlagevermögens und von Tieren, wenn der Veräußerungspreis oder Entnahmewert für das jeweilige WG mehr als 15 000 € betragen hat nach § 13a Abs. 7 Nr. 1b EStG ... 246 - 250
   c) Sondergewinn aus Entschädigungen für den Verlust, den Untergang oder die Wertminderung der in § 13a Abs. 7 Satz 1 Nr. 1a und Nr. 1b EStG genannten Wirtschaftsgüter nach § 13a Abs. 7 Nr. 1c EStG ... 251 - 255
   d) Sondergewinn aus der Auflösung von Rücklagen nach § 13a Abs. 7 Nr. 1d EStG ... 256 - 265
2. Sondergewinn Betriebseinnahmen oder -ausgaben nach § 9b Abs. 2 EStG gem. § 13a Abs. 7 Nr. 2 EStG ... 266 - 270
3. Sondergewinn Einnahmen aus dem Grunde nach gewerblichen Tätigkeiten, die dem Bereich der LuF zugerechnet werden nach § 13a Abs. 7 Nr. 3 EStG ... 271 - 275
4. Sondergewinn Rückvergütungen nach § 22 KStG aus Hilfs- und Nebengeschäften nach § 13a Abs. 7 Nr. 4 EStG ... 276 - 280
5. Buchwertermittlung im Rahmen des § 13a EStG und Aufzeichnungspflichten nach § 13a Abs. 7 Satz 2 bis 4 EStG ... 281 - 285

VIII. Aktualisierung der Werte der Anlage 1a des EStG durch das BMF aufgrund der Ermächtigung nach § 13a Abs. 8 EStG ... 286 - 290

Walter

IX. Wechsel der Gewinnermittlungsmethode	291 - 315
1. Wechsel innerhalb des § 13a EStG aufgrund der Neuregelung im ZollkodexAnpG	296 - 305
2. Wechsel zwischen den Methoden	306 - 315
X. Aufzeichnungs- und Dokumentationspflichten	316 - 340
1. Elektronisch zu übermittelndes Anlageverzeichnis (§ 13a Abs. 7 Satz 3, 4 EStG)	316 - 320
2. Freiwilliges Anlageverzeichnis zur Ermittlung der Buchwerte nach § 13a Abs. 7 Satz 1 Nr. 1b oder 1c EStG	321 - 325
3. Aufzeichnungspflicht der Einnahmen aus dem Grunde nach gewerblichen Tätigkeiten nach § 13a Abs. 7 Satz 1 Nr. 3 EStG	326 - 330
4. Weitere Verzeichnisse	331 - 340
C. Verfahrensfragen	341

HINWEIS:

BMF v. 22.10.2015, BStBl 2015 I 795, BMF v. 10.11.2015, BStBl 2015 I 877; Merkblatt zum Verzeichnis nach § 13a Abs. 7 Satz 3 EStG (BayLfSt), NWB DokID: EAAAG-49387, abzurufen unter http://www.finanzamt.bayern.de/Informationen/Steuerinfos/Zielgruppen/Land-_und_Forstwirte/2017_05_Merkblatt_zu_den_besonderen_laufend_zu_fuehrenden_Verzeichnissen.pdf

LITERATUR:

▶ Weitere Literatur siehe Online-Version

Wiegand, Neue Regelungen zur Bewertung des Feldinventars, NWB 2013, 2330 ff.; *Kanzler*, Die neue Durchschnittssatzgewinnermittlung für Land- und Forstwirte – „noch zielgenauer ausgestaltet und weiter vereinfacht", DStZ 2015, 375 ff.; *Riegler/Riegler*, Ertragsbesteuerung von Einkünften aus Traktatländereien, IStR 2015, 184; *Wiegand*, Die Ermittlung des Gewinns aus Land- und Forstwirtschaft nach Durchschnittssätzen, NWB 2015, 250 ff.; *Agatha/Eisele/Fichtelmann/Schmitz/Walter*, Besteuerung der Land- und Forstwirtschaft, 8. Aufl. 2016 Rz. 240 ff.; *Wiegand*, Neuregelung der Gewinnermittlung nach Durchschnittssätzen für Land- und Forstwirte gem. § 13a EStG – Die BMF-Schreiben vom 22.10.2015 und 10.11.2015, NWB 2016, 103; *Kanzler*, Aufgabe eines landwirtschaftlichen Betriebs durch Übertragung sämtlicher landwirtschaftlicher Nutzflächen, FR 2018, 570; *Wiegand*, Besteuerung der Land- und Forstwirtschaft, NWB 2018, 28 AR.

ARBEITSHILFEN UND GRUNDLAGEN ONLINE:

Hänsch/Wessels, Gewinnermittlung nach Durchschnittssätzen bei Land- und Forstwirten (§ 13a EStG), Grundlagen, NWB DokID: RAAAG-60584; *Kanzler*, Gewinnermittlung aus Land- und Forstwirtschaft nach Durchschnittssätzen, NWB DokID: KAAAF-74699.

A. Allgemeine Erläuterungen

1 Zur bisherigen Gewinnermittlung nach § 13a EStG 2009 bis zum Wj. 2014/15 wird auf die Ausführungen von *Walter* verwiesen.[1]

2–5 *(Einstweilen frei)*

I. Normzweck und wirtschaftliche Bedeutung der Vorschrift

6 Die Vorschrift des § 13a EStG dient in erster Linie der Vereinfachung der Gewinnermittlung für kleinere land- und forstwirtschaftliche Betriebe. Es handelt sich um eine eigenständige Gewinnermittlung, die einem Bestandsvergleich entspricht,[2] aber faktisch zwei Gewinnermittlungen nach § 4 Abs. 1 und § 4 Abs. 3 EStG mit gesetzlichen Voll- oder Teilschätzungen von Ge-

---

[1] Vgl. *Walter* in Agatha/Eisele/Fichtelmann/Schmitz/Walter, Besteuerung der Land- und Forstwirtschaft, 240 ff.
[2] BFH v. 26.10.1989 - IV R 99/88, BStBl 1990 II 292.

Allgemeine Erläuterungen 7–16 § 13a EStG

winnbestandteilen enthält. Dies hat besondere Bedeutung beim Wechsel der Gewinnermittlungsart, vgl. → Rz. 291 ff.

§ 13a EStG berechtigt bestimmte land- und forstwirtschaftliche Betriebe zur Gewinnermittlung nach Durchschnittssätzen und ermöglicht es bestimmten Stpfl., auf Antrag den tatsächlichen Gewinn des land- und forstwirtschaftlichen Betriebs zu ermitteln. Ziel ist neben der Entlastung kleinerer landwirtschaftlicher Betriebe von den Aufzeichnungs- und sonstigen Pflichten der Gewinnermittlungen nach § 4 Abs. 1 EStG bzw. § 4 Abs. 3 EStG auch die Vereinfachung der Arbeit der Finanzverwaltung. Dies führt zu einer vom Gesetzgeber gewollten steuerlichen Begünstigung der betroffenen land- und forstwirtschaftlichen Betriebe. Diese pauschale Gewinnermittlungsart (neben § 4 Abs. 1 EStG oder § 4 Abs. 3 EStG) wird in Deutschland von ca. 150 000 Betrieben mit teilweise günstiger bis äußerst günstiger Gewinnerfassungsquote genutzt. Zu den zahlreichen neuen Aufzeichnungs- und Dokumentationspflichten vgl. → Rz. 316. Im Subventionsbericht[1] ist § 13a EStG nicht enthalten. 7

§ 13a EStG regelt in **Abs. 1** für alle land- und forstwirtschaftlichen Betriebe die zwingende Gewinnermittlung nach dieser Vorschrift, falls die Zugangsvoraussetzungen des Abs. 1 erfüllt sind und kein Antrag nach **Abs. 2** zu einer tatsächlichen Gewinnermittlung gestellt wurde. **Abs. 3** beschreibt die Bestandteile des Durchschnittssatzgewinns, die Nichtanwendung von Abzugsmöglichkeiten und die elektronische Übermittlungspflicht. **Abs. 4 bis 7** regeln die Gewinnbestandteile für die jeweiligen Betriebszweige, die nach bewertungsrechtlichen Grundsätzen abgegrenzt werden. **Abs. 4** regelt den Durchschnittssatz für den Betriebszweig Landwirtschaft, ggf. mit einem Zuschlag für Tierzucht und Tierhaltung. **Abs. 5** regelt den Durchschnittssatz für den Betriebszweig Forstwirtschaft, **Abs. 6 Satz 1** für 15 in der Anlage 1a Nr. 2 EStG aufgeführte Betriebszweige (Sondernutzungen) und **Abs. 6 Satz 3** für weitere Sondernutzungen. **Abs. 7** regelt eine isolierte tatsächliche Gewinnermittlung für (abschließend aufgezählte) einzelne besondere Geschäftsvorfälle. Der **Abs. 8** enthält eine Verordnungsermächtigung für die Anpassung der in der Anlage 1a EStG aufgeführten Werte (nur der Höhe nach). 8

§ 13a EStG ist erstmals auch für Betriebszweige ohne landwirtschaftliche Nutzung (ohne selbstbewirtschaftete landwirtschaftliche Flächen), also nur für Sondernutzungen möglich. Die Flächengrenzen in der Anlage 1a Nr. 2 EStG sind m. E. eine gesetzliche Normierung von Mindestgrößen bei Betrieben (Betriebszweigen) vgl. → Rz. 211; KKB/Walter, § 14 EStG Rz. 17. 9

Die Durchschnittssätze, die überregional geltenden Flächengrenzen und die neuen Anwendungsbereiche, bieten, im Vergleich zum bisherigen § 13a EStG, zahlreiche Gestaltungsmöglichkeiten, die zu einem Anstieg der Betriebsteilungen bzw. Betriebsgründungen führen werden. 10

In 16 EU-Mitgliedstaaten werden pauschalierende Gewinnermittlungsmethoden für LuF genutzt.[2] 11

(Einstweilen frei) 12–15

II. Entstehung und Entwicklung der Vorschrift

Durch das Steuerentlastungsgesetz 1999/2000/2002 wurde die Gewinnermittlung nach Durchschnittssätzen gem. § 13a EStG grundlegend neu geregelt (§ 13a EStG). Zu den bisherigen Fassungen (seit 1948) einer Durchschnittssatz-Gewinnermittlung vgl. → Rz. 1. 16

---

1 Z. B. BT-Drucks. 18/13456.
2 Z. B. in Österreich. LuF-PauschVO 2011 - RIS; EStR 2000 Tz. 11.3 - FinDok.

17 Zur Kritik des BRH am § 13a EStG a. F. wird auf die Ausführungen in den u. a. BR- und BT-Drucksachen hingewiesen.[1] Zu den Überlegungen der Exekutive hierzu vgl. die Ausführungen im Referenten- und Regierungsentwurf, *Kanzler*.[2]

18 Mit Art. 5 ZollkodexAnpG v. 22. 12. 2014 wurde eine grundlegende Neufassung bekanntgegeben.[3] Zum Gesetzgebungsverfahren vgl. Hinweis auf BT- und BR-Drucksachen.[4] Durch diese zahlreichen Materialen, insbesondere durch die vom Bundestag nicht berücksichtigten Einwände des Bundesrats, wird der Wille des Gesetzgebers für getroffene Typisierungen deutlich. Für eine „lückenfüllende Auslegung" wie z. B. in Tz. 20 des BFH v. 25. 9. 2014[5] ist kein Raum mehr. Im System der GnD angelegte Vorteile sind kein Gestaltungsmissbrauch.[6] Verfassungsbeschwerden nach Art. 93 Abs. 1 Nr. 4a GG sind insoweit nicht mehr erforderlich.

19 Mit der Neufassung wurde neben einer neuen Grundsystematik der Anwenderbereich ausgeweitet, die Regelung verkompliziert und erhöhter Bürokratieaufwand geschaffen (vgl. *Kanzler*).[7] Allerdings wurde mit der elektronischen Übermittlung der Gewinnermittlung und des Anlageverzeichnisses an die in der LuF übliche Kommunikation angeschlossen.

20 Die Neufassung enthält nur Rechtsfolgenverweisungen auf das BewG. Seit 1989 besteht durch die Streichung des Gesetzeszitates § 175 AO keine Bindungswirkung mehr zum BewG.

21–30 (*Einstweilen frei*)

III. Geltungsbereich

31 **Sachlich:** „*Der Gewinn eines Betriebs der LuF ist* (= zwingend) *nach § 13a EStG zu ermitteln*", wenn die Zugangsvoraussetzungen des Abs. 1 erfüllt sind und kein Antrag nach Abs. 2 gestellt wurde. Mit dem Durchschnittssatzgewinn sind alle nicht genannten Betriebsvorgänge, -einnahmen und -ausgaben abgegolten (→ Rz. 141).

32 **Persönlich:** Die Neuregelung gilt für unbeschränkt Stpfl. mit Betrieb im Inland einschl. sog. Traktatländereien[8] und beschränkt Stpfl. mit Ländereien im Inland.[9]

33 **Zeitlich:** Art. 5 ZollkodexAnpG ist am 1. 1. 2015 in Kraft getreten (Art. 16). Die Neuregelung ist erstmals für das Wj. anzuwenden, das nach dem 30. 12. 2015 endet (§ 52 Abs. 22a EStG), also für das Wj = Kj. 2015 oder für das Wj. 2015/16.

34–40 (*Einstweilen frei*)

---

1 Vgl. BR-Drucks. 23/12; BT-Drucks. 17/8428 und BT-Drucks. 18/3300.
2 DStZ 2015, 372.
3 BGBl 2014 I 2417, BStBl 2015 I 58.
4 BT-Drucks. 18/3017, 18/3158, 18/3441 bzw. BR-Drucks. 432/14, 432/1/14, 432/14 (B); 592/14, 592/1/14, 592/2/14, 592/14 (B).
5 IV R 44/11, BStBl 2015 II 470.
6 BFH, Urteil v. 22.06.2017 - IV R 42/13.
7 DStZ 2015, 372.
8 Vgl. BMF v. 10. 11. 2015, BStBl 2015 I 877, Tz. 1; *Riegler/Riegler*, IStR 2015, 184; BMF v. 16. 12. 2015, BStBl 2015 I 1085, IStR 2016, 352; für andere Flächen im Ausland, je nach DBA: z. B. mit Österreich, bei Zugangsvoraussetzungen des § 13a Abs. 1 berücksichtigen, Besteuerungsrecht bei Österreich vgl. BFH v. 2. 4. 2014 - I R 68/12, BStBl 2014 II 875, kein Progressionsvorbehalt nach § 32b Abs. 1 Satz 2 Nr. 1 EStG, wenn Betriebsstätte im Belegenheitsstaat BFH 10. 2.1988 - VIII R 159/84, BStBl 1988 II 653, BFH 3.2.1993 - I R 80-81/92, BStBl 1993 II 462, BFH 19.5.1993 - I R 80/92, BStBl 1993 II 655; Progressionsvorbehalt, wenn Betriebsstätte nicht vorhanden.
9 BFH v. 17. 12. 1997 - I R 95/96, BStBl 1998 II 260. BFH, Urteil vom 23.8.2017 - VI R 70/15, BStBl 2018 II S. 174.

IV. Vereinbarkeit mit höherrangigem Recht

§ 13a EStG soll der Vereinfachung dienen. Aus Vereinfachungsgründen ist nach der Rspr. des BVerfG eine Einschränkung des Nettoprinzips gerechtfertigt. Bei einer typisierenden Regelung kann sich ein Landwirt nicht auf eine Grundrechtsverletzung berufen, weil ihm nach § 13a Abs. 2 EStG jederzeit das Wahlrecht offen steht, eine andere Gewinnermittlungsart zu bestimmen.[1] Er hat von Verfassungs wegen keinen Anspruch darauf, aus jeder ihm zur Auswahl angebotenen Regelung die für ihn günstigsten Möglichkeiten in Anspruch zu nehmen.[2] Verfassungsmäßige Bedenken ergeben sich allerdings aus den äußerst niedrigen Gewinnansätzen von nur 1000 € z. B. bei Forellenhaltungsbetrieben bis 1,6 ha[3] und der Besteuerung der Holznutzungen (vgl. → Rz. 197). 41

Zur verfassungsrechtlichen Problematik von Verweisungen, wird auf die zusammenfassenden Ausführungen des BayVerfGH[4] besonders hingewiesen. 42

(Einstweilen frei) 43–50

V. Verhältnis zu anderen Vorschriften

Verhältnis zum BewG: § 13a EStG enthält nur Rechtsfolgenverweise auf das BewG; neu: auf die Regelungen zur Bedarfsbewertung, nicht mehr wie bisher auf die Regelungen zur Einheitsbewertung. Eine Bindungswirkung besteht seit 1998 nicht mehr (→ Rz. 20, → Rz. 341). 51

§ 2 EStG: Andauernde Verluste können auch bei der Gewinnermittlung nach Durchschnittssätzen zur Annahme einer Liebhaberei führen. Die Gewinnermittlung dient hier der Prüfung der Gewinnerzielungsabsicht.[5] 52

§ 4 EStG: § 13a EStG dient der Ermittlung des laufenden Gewinns. Es handelt sich – neben § 4 Abs. 1, Abs. 3 EStG und § 5a EStG – um eine selbständige Gewinnermittlungsart. 53

§ 4a EStG: Der Durchschnittssatzgewinn ist, soweit es den Grundbetrag oder Pauschalen betrifft (§ 13a Abs. 4, Abs. 6 Satz 2 EStG), für das Wj. anzusetzen. Bei einem Rumpf-Wj. oder einem verlängerten Wj. erfolgt der Ansatz aber zeitanteilig (vgl. → Rz. 141, → Rz. 186[6]). 54

§ 10 Abs. 1a Nr. 2 EStG: Ausreichend Ertrag bringendes Vermögen, Beweiserleichterung, wenn Versorgungsleistungen höher als Durchschnittssatzgewinn besteht die Möglichkeit der tatsächlichen Gewinnermittlung.[7] 55

§ 13 Abs. 2 Nr. 2 EStG: Der Nutzungswert der Wohnung ist für zum Anlagevermögen gehörende Baudenkmale mit Ansatz des Durchschnittssatzgewinnes nach § 13a Abs. 3 EStG abgegolten. 56

§§ 13, 14 EStG: § 13a EStG enthält erstmals gesetzlich geregelte Mindestgrößen für die Annahme eines Betriebs bei den in der Anlage 1a EStG genannten 15 Sondernutzungen (vgl. → Rz. 211). 57

---

1 Vgl. *Kanzler*, DStZ 2015, 375.
2 BFH v. 5. 12. 2002 – IV R 28/02, BStBl 2003 II 345 und dort angeführte Rspr.
3 Vgl. BFH v. 13. 10. 1983 – IV R 217/80, BStBl 1984 II 198; BMF in BT-Drucks. 17/8428, Tz. 7.
4 BayVerfGH v. 31. 1. 1989 - Vf. 1-VII-88, NVwZ 1989, 1053.
5 BFH v. 6. 3. 2003 – IV R 26/01, BStBl 2003 II 702; BFH v. 17. 3. 2010 - IV R 60/07, BFH/NV 2010, 1446 = NWB DokID: ZAAAD-45413.
6 R 13a.2 Abs. 7 EStR; a. A. BMF v. 10. 11. 2015, BStBl 2015 I 877, Tz. 29.
7 BMF v. 11. 3. 2010 - BStBl 2010 I 227, Tz. 29, 33.

58 **§ 135 Abs. 4 BauGB:** Die Vorschrift enthält Erläuterungen zu den Voraussetzungen für eine Stundung.[1]

59–60 *(Einstweilen frei)*

B. Systematische Kommentierung

I. Zugangsvoraussetzungen nach § 13a Abs. 1 EStG

1. Keine Buchführungspflicht

61 Satz 1 Nr. 1 verlangt eine gesetzliche Buchführungspflicht nach §§ 140, 141 AO für das maßgebende Wj. § 13a EStG ist daher weiterhin anwendbar bei freiwilliger Buchführungspflicht und ohne wirksamen Antrag nach § 13a Abs. 2 EStG; vgl. aber → Rz. 116.

62–65 *(Einstweilen frei)*

2. Keine Überschreitung der Flächengrenze von 20 ha selbstbewirtschafteter landwirtschaftlicher Flächen

66 Die Flächen der landwirtschaftlichen Nutzung müssen „selbst bewirtschaftet"[2] werden „und" dürfen „20 ha" nicht überschreiten. Das Nichtvorliegen selbstbewirtschafteter landwirtschaftlicher Flächen (neu ab 2015) ist nicht mehr Ausschlusskriterium, weil nach Abs. 1 Satz 2 nunmehr für die in der Anlage 1a Nr. 2 EStG bezeichneten 15 Sondernutzungen auch ohne landwirtschaftliche Flächen der Gewinn nach § 13a EStG ermittelt werden kann.

67 Stichtag für die Flächenverhältnisse ist der 15. 5. innerhalb des Wj. (neu ab 2015; bisher: Verhältnisse zu Beginn des Wj.), weil die Landwirte zu diesem Tag für die Betriebsprämien (Mehrfachantrag Agrarförderung) die Flächen dem Grunde nach ermitteln müssen (der Höhe nach allerdings nur die tatsächlich bewirtschafteten Nettoflächen). Für Zwecke des § 13a EStG sind durch den Verweis auf § 160 BewG (neu ab 2015; bisher: § 34 BewG) die Flächen nach dem Liegenschaftskataster (also einschl. Wege, Hecken, Gräben, Grenzraine, Gebäudeflächen) maßgebend (R 13a.2 Abs. 1 Satz 2 EStR; R B 160.1 Abs. 1, 2 ErbStR). Flächenzu- und -abgänge vor oder nach dem 15. 5. bleiben unberücksichtigt.

68 Maßgebend sind die landwirtschaftlichen Flächen mit einem Rechtsfolgenverweis auf § 160 BewG „...*und diese* Flächen 20 ha *ohne Sondernutzungen* nicht übersteigen." Satz 1 Nr. 2 enthält (anders in Satz 1 Nr. 5) keine Verweisung auf Sondernutzungen nach Abs. 6 (vgl. → Rz. 91; BMF v. 10. 11. 2015 BStBl 2015 I 877, Tz. 4, die auf Abs. 6 verweist). Zu den Sondernutzungen gehören Hopfen, Spargel und Tabak (neu ab 2015; bisher: § 34 BewG landwirtschaftliche Nutzung) und andere Sonderkulturen, wenn keine landwirtschaftliche Nutzung vorliegt. Die Bagatellflächen des Abschn. 1.13 BewRL[3] gehörten bei der Einheitsbewertung nach Abschn. 1.08 Abs. 3 BewRL zur landwirtschaftlichen Nutzung nach § 34 Abs. 2 BewG. Hierzu gehörten Spargel, Gemüsebau Intensitätsstufe 2, Erdbeeren und Strauchbeerenobst je 1 000 qm, Baumschule 500 qm, Obstbau bis 30 od. 60 Stämme. Damit werden die Bagatellflächen über den Grundbetrag nach Abs. 4 und über den Zuschlag nach Abs. 6 (→ Rz. 211) doppelt besteuert (z. B. Baumschule zwischen 401 und 500 qm (→ Rz. 298). Aufgrund des eindeutigen Rechtsfolgen-

---

[1] BayVGH v. 6. 3. 2006 - 6 ZB 03.2947.
[2] Zu § 13a EStG a. F.: BFH v. 13. 12. 2012 - IV R 51/10, BStBl 2013 II 857.
[3] BStBl 1967 I 403.

verweises auf § 160 BewG können die pragmatischen Vereinfachungsregelungen des Abschn. 1.13 BewRL im Geltungsbereich des § 13a EStG n. F. nicht mehr angewendet werden. Zu den Rechtsfolgen vgl. → Rz. 206 ff. Nach der Gesetzesformulierung wären selbstbewirtschaftete Flächen, die im Grundvermögen bewertet sind, nicht zu erfassen.[1] Zu Flächen im Ausland vgl. → Rz. 32.

(*Einstweilen frei*) 69–75

3. Keine Überschreitung der Tierbestandsgrenze von 50 VE

Zur Umrechnung der Tierbestände vgl. KKB/Agatha, § 13 EStG Rz. 256. Die Tierbestände müssen nachhaltig (wie beim Strukturwandel; R 15.5 Abs. 2 EStR) überschritten sein (vgl. R 13a.1 Abs. 1 EStR). Für die Prüfung dieser Grenze sind daher die Verhältnisse von drei Wirtschaftsjahren erforderlich. 76

(*Einstweilen frei*) 77–80

4. Keine Überschreitung der Flächengrenze von 50 ha forstwirtschaftliche Nutzung (neu)

Maßgebend sind die forstwirtschaftlichen Flächen allerdings mit einem Rechtsfolgenverweis auf § 160 BewG. Nach R B 160.3 ErbStR gehören dazu alle Flächen, die dauernd der Erzeugung von Rohholz gewidmet sind (Holzboden- und Nichtholzbodenfläche). Nicht zur forstwirtschaftlichen Nutzung gehören: In der Flur oder im bebauten Gebiet gelegene bodengeschätzte Flächen, die mit einzelnen Baumgruppen, Baumreihen oder mit Hecken bestockt sind oder Baumschulen bzw. Weihnachtsbaumkulturen dienen (R B 160.3 Abs. 2 Satz 7 ErbStR). 81

Maßgebend sind m. E. – mangels gesetzlicher Regelung – die Verhältnisse zu Beginn des Wj.[2] In der Agrarförderung sind die Forstflächen nicht entscheidungserheblich. 82

Reine Forstbetriebe sind vom § 13a EStG ausgeschlossen, weil es sich nicht (mehr ab 2015) um eine reine Sondernutzung i. S. d. Satzes 2 handelt. Bei einer Gewinnermittlung nach § 4 Abs. 3 EStG kann wahlweise auf § 51 EStDV verzichtet werden. 83

Betriebe, die bisher nicht die Zugangsvoraussetzungen des § 13a EStG erfüllten (weil forstwirtschaftliche Nutzung über 2 000 DM bewertungsrechtlicher Wert = ca. 15 ha) sind ab Wj. 2015/16 sofort wieder im § 13a EStG, falls sie keinen Antrag nach Abs. 2 stellen (§ 13a Abs. 1 Satz 5 EStG). 84

(*Einstweilen frei*) 85–90

5. Keine Überschreitung der jeweiligen Flächengrenze in Anlage 1a Nr. 2 Spalte 2 EStG (neu) bei Flächen der Sondernutzungen

Nr. 5 enthält bei den selbstbewirtschafteten (Brutto-; → Rz. 67) Flächen der jeweiligen Sondernutzungen eine Verweisung auf Sondernutzungen nach Abs. 6 – vgl. → Rz. 206 ff. – (= durch Rechtsfolgenverweisung auf Sondernutzungen nach § 160 Abs. 2 Satz 1 Nr. 1c bis e BewG= (c) weinbauliche Nutzung, (d) gärtnerische Nutzung und (e) übrige land- und forstwirtschaftliche Nutzung i. V. m. der Anlage 1a Nr. 2 EStG), die die in Anlage 1a Nr. 2 Spalte 2 EStG genannten jeweiligen 15 Grenzen nicht überschreiten. § 160 Abs. 2 Satz 2 BewG (Bagatellflächen) findet 91

---

1 Vgl. aber BMF v. 10. 11. 2015, BStBl 2015 I 877, Tz. 4.
2 A. A. BMF v. 10. 11. 2015, BStBl 2015 I 877, Tz. 7, Verhältnisse am 15. 5.

beim Abs. 6 keine Anwendung;[1] die Bagatellflächen (vgl. → Rz. 68) gehören daher nach dem Gesetzeswortlaut auch zur Nr. 5. Für die nicht genannten Sondernutzungen bestehen keine Zugangsgrenzen, da der Gewinn insoweit ohnehin nach den Grundsätzen des § 4 Abs. 3 EStG zu ermitteln ist (vgl. § 13a Abs. 6 Satz 3 EStG).

92 Der Höhe nach wurde die bisherige bewertungsrechtliche Grenze von 2 000 DM je Sondernutzung durch eine genaue (Brutto-)Flächengrenze in Anlage 1a Nr. 2 Spalte 2 des EStG nur für die dort genannten 15 Nutzungen ersetzt. Die Prüfbitte des Bundesrats zum Zustandekommen der Flächengrenze blieb erfolglos.[2] Für die forstwirtschaftliche Nutzung (die ab 2015 nicht mehr zu den Sondernutzungen gehört) wurde eine spezielle Flächengrenze von 50 ha eingeführt (→ Rz. 81). Für nicht genannte Sondernutzungen (z. B. Tabak) besteht keine Zugangsbeschränkung (da ohnehin dann isolierte Gewinnermittlung nach § 4 Abs. 3 EStG; → Rz. 216).

93 Maßgebend sind m. E. – mangels gesetzlicher Regelung (wie z. B. bei der landwirtschaftlichen Nutzung, → Rz. 67) – die Verhältnisse zu Beginn des Wj. Die FinVerw stellt allerdings auf den 15. 5. und bei nicht flächengebundenen Nutzungen auf die Verhältnisse des laufenden Wj. ab.[3]

94 Nicht mehr zu den Sondernutzungen gehören (ab 2015, durch Verweisung auf § 160 BewG) die Nebenbetriebe und das Abbauland (neu ab 2015; Zuschlag Abs. 7 Satz 1 Nr. 3, wenn gewerblicher Natur, ansonsten abgegolten) und das Geringstland (neu ab 2015; bleibt nach Abs. 3 außer Ansatz).

95–100 (Einstweilen frei)

6. Erstmals § 13a EStG bei reinen Sondernutzungsbetrieben (§ 13a Abs. 1 Satz 2 EStG)

101 Nach der Neuregelung können auch reine Sondernutzungsbetriebe, soweit sie nicht die jeweiligen 15 Flächengrenzen in der Anlage 1a Nr. 2 Spalte 2 EStG überschreiten (neu ab 2015: also ohne selbstbewirtschaftete landwirtschaftliche Flächen; → Rz. 8, 66) den Gewinn nach § 13a EStG ermitteln. Das bedeutet, dass z. B. Betriebe mit reiner weinbaulicher Nutzung, reiner gärtnerischer Nutzung, reine Imkereibetriebe usw., den Gewinn bereits ab dem Wj. 2015/16 erstmals sofort nach § 13a EStG ermitteln können, falls sie keinen Antrag nach Abs. 2 stellen (§ 13a Abs. 1 Satz 5 EStG). Für in der Anlage 1a Nr. 2 EStG nicht aufgeführte reine Sondernutzungen z. B. Tabak, Gemüseanbau unter Kunststoff, Blumenanbau,Pilzanbau ist § 13a EStG nicht möglich.

102 Bei Imkereien gehört der GuB des Standorts der Bienenkästen zur Sondernutzung und nicht zur landwirtschaftlichen Nutzung (R B 160.11 ErbStR).

103 Satz 2 enthält wie Satz 1 Nr. 2 keine Verweisung auf Sondernutzungen nach Abs. 6, wie in Satz 1 Nr. 5 (vgl. zu Folgerungen → Rz. 91).

104–110 (Einstweilen frei)

---

[1] Vgl. BT-Drucks. 18/3017.
[2] BR-Drucks. 432/1/14.
[3] Vgl. BMF v. 10. 11. 2015, BStBl 2015 I 877, Tz. 13.

7. Bindung an bisherige Gewinnermittlungen § 4 Abs. 1 oder 3 EStG im Wj. eines Betriebsübergangs (§ 13a Abs. 1 Satz 3 EStG)

Geht im laufenden Wj. der Betrieb im Ganzen[1] zur Bewirtschaftung als Eigentümer, Miteigentümer, Nutzungsberechtigter oder durch Umwandlung über und wurde der Gewinn bisher nach § 4 Abs. 1 oder 3 EStG ermittelt, bleibt es bei dieser Gewinnermittlung. Erfüllt der Übernehmer die Zugangsvoraussetzung nach Abs. 1 Satz 1 bleibt es im laufenden Wj (= restlichen Rumpf-Wj.) bei dieser Gewinnermittlung. Erst im folgenden Wj. ist ein Wechsel zum § 13a EStG möglich. 111

Bei Betriebsübernahmen oder in Neugründungsfällen, bestimmt sich die Zulässigkeit der Gewinnermittlung nach Durchschnittssätzen gem. § 13a Abs. 1 Satz 1 und 2, soweit nicht der Übergeber eine tatsächliche Gewinnermittlung nach § 4 Abs. 1 oder Abs. 3 EStG durchführt (vgl. § 13a Abs. 1 Satz 3 EStG). Werden die Zugangsvoraussetzungen bereits vom Übergeber nicht erfüllt, ist beim Übernehmer eine Wegfallmitteilung nicht erforderlich (vgl. H 13a.1 „Betriebsübergabe/Neugründung" EStH). Dies gilt auch in Fällen der erstmaligen steuerlichen Erfassung.[2] Liegen die Zugangsvoraussetzungen von Anfang an nicht vor besteht kein Vertrauensschutz, wenn das Finanzamt dies jahrelang nicht beanstandet hat.[3] 112

(*Einstweilen frei*) 113–115

8. Wegfallmitteilungspflicht nach § 13a Abs. 1 Satz 4 EStG

Wie bisher ist der Stpfl. auf die letztmalige Anwendung, also auf den Wegfall der Voraussetzungen der Gewinnermittlung nach Durchschnittssätzen durch besonderen (rechtsgestaltenden) Verwaltungsakt einen Monat[4] vor Beginn des maßgebenden Wj. hinzuweisen. Eine Wegfallmitteilung ist nicht erforderlich, wenn die Voraussetzungen auf wissentlich falsche Steuererklärungen zurückzuführen sind[5] oder eine Steuererklärung nicht abgegeben wurde.[6] 116

(*Einstweilen frei*) 117–120

9. Rückkehr zur Gewinnermittlung nach Durchschnittssätzen nach § 13a Abs. 1 Satz 5 EStG

Eine Rückkehr zur Gewinnermittlung nach § 13a EStG erfolgt, wenn die Voraussetzungen des Satz 1 und Satz 2 (durch Verweisung in Satz 2 auf Satz 1; vgl. → Rz. 84, 101) wieder vorliegen und ein Antrag nach Abs. 2 nicht gestellt wird. 121

Liegen die Voraussetzungen bis zum Beginn des auf die Bekanntgabe der Wegfallmitteilung folgenden Wj. (Satz 1 Nr. 4, 5) oder bis zum 15. 5. innerhalb des Wj. (Satz 1 Nr. 2) wieder vor, (z. B. durch Verpachtung, Aufgabe von Pachtflächen, Betriebsteilung) hat die FinBeh die Rechtswirkungen dieser Wegfallmitteilungen wieder zu beseitigen. § 141 Abs. 2 Satz 2 AO (Feststellung durch die FinBeh; Wartejahr) gilt nur bei der Buchführungspflicht. 122

Der Wegfall wird nicht durch einen Einspruch außer Kraft gesetzt. Bei ernstlichen Zweifeln muss die Vollziehung (mindestens bis zum 15. 5.) ausgesetzt werden.[7] 123

(*Einstweilen frei*) 124–130

---

1 BFH v. 24. 2. 1994 - IV R 4/93, BStBl 1994 II 677; AEAO zu § 141 Nr. 5.
2 Vgl. BMF v. 27. 3. 1981, BStBl 1981 I 282, Tz. 2.1.2.
3 BFH, Urteil v. 23.8.2017 - VI R 70/15, BStBl 2018 II S. 174.
4 BFH v. 29. 3. 2007 - IV R 14/05, BStBl 2007 II 816.
5 BFH v. 29. 11. 2001 - IV R 13/00, BStBl 2002 II 147.
6 BFH v. 30. 10. 2014 - IV R 61/11, BFH/NV 2015, 262 = NWB DokID: PAAAE-81451.
7 § 361 AO; BFH v. 6. 12. 1979 - IV B 32/79, BStBl 1980 II 427.

II. Antrags- und Wahlrecht für tatsächliche Gewinnermittlungen nach § 4 Abs. 1 oder Abs. 3 EStG nach § 13a Abs. 2 EStG

131 Entscheidet sich ein Stpfl. für eine tatsächliche Gewinnermittlung nach § 4 Abs. 1 oder Abs. 3 EStG, muss ein betriebsbezogener, schriftlicher Antrag für eine tatsächliche Gewinnermittlung mit vierjähriger Bindungswirkung gestellt werden; vgl. auch § 52 Abs. 22a Satz 3 EStG; ein Wechsel ist möglich.[1] Bei Nichtbefolgung erfolgt eine Änderung nach § 175 Abs. 1 Nr. 2 AO. Nach Ablauf der vier Wj. ist der Gewinn wieder nach § 13a EStG zu ermitteln, falls nicht ein erneuter Antrag nach Abs. 2 gestellt wird. Eine Beschränkung des Antrags auf einzelne Betriebszweige ist nicht möglich.[2]

132 Der Antrag ist bis zur Abgabe der Steuererklärung, jedoch spätestens zwölf Monate[3] nach Ablauf des ersten Wj., auf das er sich bezieht, schriftlich zu stellen.

133 Ein schriftlicher Antrag verlangt eine ausdrückliche Willensäußerung mit bestimmten Maßgaben hinsichtlich Inhalt, Form und Frist. Die Abgabe einer Gewinnermittlung reicht aus.[4] Kein wirksamer Antrag liegt vor, wenn eine vom Wj. abweichende Gewinnermittlung für das Kj. vorgelegt wird.[5] Maßgebend für die Ausübung des Wahlrechts ist die tatsächliche Handhabung.[6]

134–140 (Einstweilen frei)

III. Ermittlung des Durchschnittssatzgewinns (= Gewinnermittlung nach § 4 Abs. 1 EStG) nach § 13a Abs. 3 EStG

1. Zusammensetzung des Durchschnittssatzgewinns

141 Der Durchschnittssatzgewinn ist die Summe aus Abs. 3 Satz 1 Nr. 1 bis 6 (→ Rz. 146, → Rz. 156, → Rz. 186, → Rz. 196, → Rz. 226), unter Berücksichtigung der Beschränkungen durch Satz 2 und 3, die für alle Gewinnbestandteile gelten (Zur Eigenständigkeit der Gewinnermittlung nach § 13a EStG neben den Gewinnermittlungen nach § 13a EStG nach § 4 Abs. 1 und Abs. 3 vgl. → Rz. 7). Mit dem Ansatz des Durchschnittssatzgewinns nach § 13a Abs. 3 EStG ist für den Betrieb der Gewinn aus LuF erfasst. Die mit Abs. 3 Nr. 5 und 6, Abs. 3 Satz 2 und Abs. 5 bis 7 nicht erfassten Betriebsvorgänge, -einnahmen und -ausgaben sind mit Ansatz des Durchschnittssatzgewinns abgegolten.

142 Der Durchschnittssatzgewinn ist für das Wj. zu ermitteln. Bei einem Rumpf-Wj. durch Neugründung, Veräußerung, Aufgabe, Betriebsübergabe, Umstellung des Wj. sind die Bestandteile des Durchschnittssatzgewinns m. E. nur für diesen Zeitraum zeitanteilig (z. B. durch Zwölftelung) zu erfassen, soweit es nicht auf den tatsächlichen Zu- oder Abfluss ankommt.[7] Nach BMF v. 10. 11. 2015[8] ist auch bei einem Rumpf-Wj. der volle Durchschnittssatzgewinn anzusetzen.[9]

---

1 BFH v. 2. 6. 2016 - IV R 39/13, NWB DokID: AAAAF-81842.
2 Vgl. BT-Drucks. 18/3017.
3 Ausschlussfrist § 110 AO; BFH v. 28. 1. 1988 - IV R 61/86, BStBl 1988 II 532.
4 BFH v. 4. 6. 1992 - IV R 123-124/91, BStBl 1993 II 125.
5 BFH v. 28. 1. 1988 - IV R 61/86, BStBl 1988 II 532.
6 BFH v. 2. 6. 2016 - IV R 39/13, NWB DokID: AAAAF-81842.
7 BFH v. 6. 12. 1956 - IV 246/55 U, BStBl 1957 II 65.
8 BStBl 2015 I 877, Tz. 29.
9 Siehe Beispiel → Rz. 186

§ 13a EStG

TAB.

	Betriebsteil/Tätigkeit	Höchstgrenzen	Gewinnmethode	Gewinnermittlung	Rz.
§ 13a Abs. 4	Landwirtschaft	< 20 ha	§ 4 Abs. 1	Gewinn	186
§ 13a Abs. 4	Tierhaltung	< 50 VE	§ 4 Abs. 1	Gewinn	187
§ 13a Abs. 5	Forstwirtschaft	< 50 ha	§ 4 Abs. 3	BE – BA Pauschal 55 %/20 %	196
§ 13a Abs. 5	übrige Forstwirtschaft		§ 4 Abs. 3	BE – BA	198
§ 13a Abs. 6 Satz 2	Sondernutzungen: Weinbau, Obstbau, Gemüsebau, Blumen, Baumschulen, Spargel, Hopfen, Binnenfischerei, Teichwirtschaft, Fischzucht, Imkerei, Wanderschäferei, Weihnachtsbaumkultur	Anlage 1a Nr. 2 Spalte 2	§ 4 Abs. 1	Gewinn	206
§ 13a Abs. 6 Satz 3	Sondernutzung: z. B. Gemüse oder Blumen, Tabak, Saatzucht, Pilzanbau, Nützlinge, Kurzumtriebskulturen, Bambus	keine Grenzen	§ 4 Abs. 3	BE – BA	216
§ 13a Abs. 7 Nr. 1a	Veräußerung/Entnahme GuB, dazugehöriger Aufwuchs, Gebäude, immaterielle WG, Beteiligungen		§ 4 Abs. 3	BE – BA	236
§ 13a Abs. 7 Nr. 1b	Veräußerung/Entnahme übrige WG AV und Tiere, wenn Erlös > 15 000 €	> 15 000 € je WG	§ 4 Abs. 3	BE – BA	246
§ 13a Abs. 7 Nr. 1c	Entschädigung für Verlust, Untergang oder Wertminderung der in a und b genannten WG		§ 4 Abs. 3	BE – BA	251
§ 13a Abs. 7 Nr. 1d	Auflösung von Rücklagen		§ 4 Abs. 3	BE – BA	256

143

§ 13a Abs. 7 Nr. 2	BE und BA nach § 9b EStG (Umsatzsteuer)	§ 4 Abs. 3	BE – BA	266
§ 13a Abs. 7 Nr. 3	BE aus dem Grunde nach gewerblichen Tätigkeiten; Abbauland, Nebenbetriebe	§ 4 Abs. 3	BE – BA Pauschal 60 %	271
§ 13a Abs. 7 Nr. 4	Rückvergütungen aus Hilfs- und Nebengeschäften	§ 4 Abs. 3	BE – BA	276
§ 13a Abs. 7 Nr. 5	Einnahmen aus VuV von WG des LuF-BV	§ 4 Abs. 3	BE (Bruttobesteuerung)	146
§ 13a Abs. 7 Nr. 6	Einnahmen aus Kapitalvermögen, soweit sie zu den Einkünften aus LuF gehören	§ 4 Abs. 3	BE (Bruttobesteuerung)	156
§ 13a Abs. 3	Pacht-, Miet- und Schuldzinsen	§ 4 Abs. 1	abgegolten	171
§ 13a Abs. 3	Abbauland, nicht gewerblicher Natur	§ 4 Abs. 1	abgegolten	94
§ 13a Abs. 3	Geringstland	§ 4 Abs. 1	abgegolten	94

144–145 (*Einstweilen frei*)

2. Einnahmen aus Vermietung und Verpachtung von WG des land- und forstwirtschaftlichen Betriebsvermögens (= Gewinnermittlung nach Grundsätzen § 4 Abs. 3 EStG) nach § 13a Abs. 3 Satz 1 Nr. 5 EStG

146 Mit Satz 1 Nr. 5 werden die Einnahmen[1] aus VuV von WG des land- und forstwirtschaftlichen Betriebsvermögens erfasst. Nach BT-Drucks. 18/3017 sollen diese zielgenauer geregelt werden. Vereinnahmte Miet- und Pachtzinsen sind sämtliche Gegenleistungen für eine entgeltliche Nutzungs-/Gebrauchsüberlassung von WG. Beispiele: Stellplatz bei der Pensionspferdehaltung, Kippgebühren,[2] Urlaub auf dem Bauernhof, soweit nicht → Rz. 272, Betrieb von Hochspannungs- und Versorgungsleitungen. Zurverfügungstellung (= Gebrauchsüberlassung) eines eigenen Grundstücks zum Zwecke der ökologischen Aufwertung; zur Abgrenzung vgl. → Rz. 188.[3]

147 Einnahmen aus der Veräußerung von (entstandenen aber noch nicht zugeflossenen) Miet- oder Pachtzinsforderungen (vgl. § 21 Abs. 1 Nr. 4 EStG) sind nach Satz 1 Nr. 5 zu erfassen.

148 Einnahmen aus einer Nutzungsüberlassung von mehr als fünf Jahren können nach § 11 Abs. 1 Satz 3 EStG verteilt werden.

---

1 Nicht die Gewinne; BFH v. 5.12.2002 - IV R 28/02, BStBl 2003 II 345.
2 BFH v. 23.5.1985 - IV R 27/82, BFH/NV 1986, 85 = NWB DokID: RAAAB-28160.
3 BFH, Urteil v. 20.7.2018 - IX R 3/18, NV.

Zahlungen für das Jagdausübungsrecht (**Jagdpacht**) bei der Verpachtung einer Eigenjagd (§ 7 BJagdG 75 ha; z. B. Art. 8 BayJG 81,755 ha) sind bei teilweise verpachteten Betrieben nach Satz 1 Nr. 5 anzusetzen. Jagdpacht-Zahlungen der **Jagdgenossenschaft** (einer KdöR) sind als Ausschüttungen nach § 20 Abs. 1 Nr. 1 EStG nach § 13a Abs. 3 Nr. 7 EStG zu erfassen (vgl. → Rz. 157). Zufließende Zahlungen für die Übernahme eines **Grünlandumbruchverbotes** (= Duldungsleistung über einen Zeitraum von fünf Jahren; damit auch kein Abs. 7 Satz 1 Nr. 1b) sind beim zustimmenden Verpächter als Teil des Pachtzinses zu erfassen. Legt der Zahlungsempfänger Grünland auf eigenen Flächen an, ist die Zahlung aufzuteilen in eine Gegenleistung für die Neuanlage von Grünland, die mit dem Grundbetrag abgegolten ist und in eine Duldungsleistung i. S. d. § 22 Nr. 3 EStG, die mit dem Durchschnittssatzgewinn abgegolten ist, falls in der Duldungsleistung nicht eine Nutzungsüberlassung gesehen werden kann. 149

Zur Abgeltung der Miet- und Pachtzinsen siehe → Rz. 171.

(*Einstweilen frei*) 150–155

3. Einnahmen aus Kapitalvermögen (= Gewinnermittlung nach Grundsätzen § 4 Abs. 3 EStG), soweit sie zu den Einkünften aus Land- und Forstwirtschaft gehören (§ 20 Abs. 8 EStG) nach § 13a Abs. 3 Satz 1 Nr. 6 EStG

Mit Satz 1 Nr. 6 werden die Einnahmen[1] aus Kapitalvermögen, soweit sie zu den Einkünften aus LuF (§ 20 Abs. 8 EStG) gehören, erfasst. Das Teileinkünfteverfahren nach § 3 Nr. 40 EStG ist daher zu berücksichtigen. Aufgrund der Bruttobesteuerung kommt § 3c Abs. 2 EStG allerdings nicht zur Anwendung. Bei der Kirchensteuer (Zuschlagsteuern) ist die Bemessungsgrundlage um die nach § 3 Nr. 40 EStG steuerfreien Teile zu erhöhen (vgl. § 51a Abs. 2 EStG; KKB/Kanzler, § 51a EStG Rz. 13 ff.). 156

Jagdpachtzahlungen der Jagdgenossenschaft (vgl. → Rz. 149) sind als Ausschüttung nach § 20 Abs. 1 Nr. 1 EStG zu erfassen.[2] Nach BMF v. 10. 11. 2015[3] ist die Jagdpacht nach § 13a Abs. 3 Nr. 5 EStG (= VuV) zu erfassen. Entsprechendes gilt für Zuflüsse von Hauberg-, Wald-, Forst- und Laubgenossenschaften i. S. d. § 13 Abs. 1 Nr. 4 EStG. 157

(*Einstweilen frei*) 158–160

4. Abzugsverbote und Abgeltungswirkung nach § 13a Abs. 3 Satz 2 EStG

Die Abzugsbeschränkungen gelten für alle Gewinnbestandteile, auch für Betriebszweige des Abs. 6 Satz 3 (vgl. → Rz. 217). 161

Nach Abs. 3 Satz 2 finden die Vorschriften von § 4 Abs. 4a EStG (= nur die Beschränkung des Schuldzinsenabzugs bei Überentnahmen), § 6 Abs. 2 EStG (= geringwertige Anlagegüter) und Abs. 2a (= Sammelpostenbewertung) sowie zum Investitionsabzugsbetrag (= § 7g Abs. 1 EStG) und zu Sonderabschreibungen (z. B. § 7g Abs. 5 EStG) keine Anwendung. Bei der Gewinnermittlung nach § 13a Abs. 6 Satz 3 EStG, bei der der Gewinn nach § 4 Abs. 3 EStG zu ermitteln ist, sind daher mit diesen Nutzungen zusammenhängende Schuldzinsen abziehbar (vgl. → Rz. 217). 162

---

1 Nicht die Gewinne; BFH v. 5. 12. 2002 - IV R 28/02, BStBl 2003 II 345.
2 FG Bremen v. 16. 3. 2004 - 1 K 413/02 (1), EFG 2004, 1551, Tz. 78.
3 BStBl 2015 I 877, Tz. 37.

163 Bei abnutzbaren WG des Anlagevermögens gilt die AfA in gleichen Jahresbeträgen nach § 7 Abs. 1 Satz 1 bis 5 EStG als in Anspruch genommen; vgl. auch → Rz. 281. Bei Tieren des Anlagevermögens ist nach BMF v. 21. 4. 2008[1] § 6 Abs. 2a EStG nicht anzuwenden.

164–170 (Einstweilen frei)

5. Abgeltungswirkung bei bisher abziehbaren Miet-, Pacht- und Schuldzinsen (allerdings nicht in Fällen des § 13a Abs. 6 Satz 3 EStG)

171 Diese Aufwendungen sind ab 2015 durch die Bruttobesteuerung nicht mehr gesondert abziehbar. Bei allen Gewinnbestandteilen des § 13a EStG findet eine Bruttobesteuerung statt.[2] Für weitere Betriebsausgaben wie Lohnaufwendungen, Steuerberatungskosten gilt dies entsprechend. Ein Abzug kann daher nur noch bei den Gewinnbestandteilen im Rahmen des § 13a Abs. 6 Satz 3 EStG erfolgen.

172–175 (Einstweilen frei)

6. Besondere elektronisch zu übermittelnde Gewinnermittlung (§ 13a Abs. 3 Satz 4 EStG) und Anlageverzeichnis (§ 13a Abs. 7 Satz 4 EStG)[3]

176 Die Gewinnermittlung ist nach amtlich vorgeschriebenem Datensatz elektronisch zu übermitteln. Abs. 3 Satz 5 enthält eine Härtefallregelung, nach der ein amtlich vorgeschriebener Vordruck (= Anlage 13a) der Steuererklärung beizufügen ist.[4]

177–180 (Einstweilen frei)

7. Zu- und Abrechnungen bei Wechsel der Gewinnermittlungsart

181 § 13a EStG ist eine Gewinnermittlung nach § 4 Abs. 1 EStG. Zu- und Abrechnungen (vgl. → Rz. 291 ff.) sind daher im Wj. des Übergangs außerhalb der Gewinnermittlung vorzunehmen (vgl. R 4.6 und Anlage zu R 4.6 EStR). Bei einem Wechsel der Gewinnermittlungsart innerhalb des § 13a EStG (→ Rz. 296) ist eine Verteilung auf drei Wj. nicht möglich.

182–185 (Einstweilen frei)

IV. Grundbetrag aus landwirtschaftlicher Nutzung (= Gewinnermittlung nach § 4 Abs. 1 EStG) nach § 13a Abs. 4 EStG

186 Der Umfang der landwirtschaftlichen Nutzflächen (→ Rz. 68) bestimmt sich nach den Verhältnissen am maßgebenden Stichtag (= 15. 5. innerhalb des Wj. → Rz. 67). Mit dem Gewinn pro ha von 350 € nach Anlage 1a Nr. 1 EStG sind im Wj. alle Betriebseinnahmen und -ausgaben abgegolten, mit Ausnahme der besonderen Geschäftsvorfälle in Abs. 7 und in Abs. 3 Nr. 5 und 6. Bei einem Rumpf-Wj. ist m. E. der Grundbetrag zeitanteilig zu berechnen (→ Rz. 142).

> **BEISPIEL:** Der Vater verpachtet am 14. Mai seinen Betrieb an den Sohn.

---

1 IV B 2 - S 2180/0.
2 Zu verfassungsrechtlichen Bedenken s. Kanzler, DStZ 2015, 375, 382.
3 Zum Anlagenverzeichnis vgl. → Rz. 316.
4 BMF v. 22. 10. 2015, NWB DokID: JAAAF-06784.

Lösung: Der Vater (Verpächter) hat im Wj. der Verpachtung am 15. Mai 0 ha (= Grundbetrag 0 €). Der Sohn (Pächter) hat nach BMF den vollen Grundbetrag im Rumpf-Wj. der Zupachtung zu erfassen. Eine Glättung nach § 4a Abs. 2 Nr. 1 EStG ist nicht möglich.

Bei nicht nur geringfügigen (eigenen und fremden; KKB/Kanzler, § 13 EStG Rz. 256) Tierbeständen (> 25 VE) ist ein Zuschlag von 300 €/VE zu erfassen. Für die ersten 25 VE ist ein Zuschlag von 0 €/VE anzusetzen. Das Gesetz enthält keine Regelung nach welcher Bemessungsgrundlage (nachhaltig wie in Abs. 1 Satz 1 Nr. 3 oder Anzahl nach den Verhältnissen zu Beginn des Wj., da der Gesetzeswortlaut nur bei der landwirtschaftlichen Nutzung eine Regelung auf den Stichtag 15. 5. enthält. Sinnvoll wäre im Interesse des Stpfl. die Anzahl der Tiere am 15. 5. Zu diesem Zeitpunkt muss der Tierbestand auch für die Agrarförderung erklärt werden (vgl. → Rz. 67). Angefangene ha und VE sind anteilig zu berücksichtigen (vgl. Anlage 1a Nr. 1 EStG).

Entschädigungszahlungen für die Aufforstung landwirtschaftlicher Flächen zur Einrichtung von Ersatzflächenpools für die Vornahme von Ausgleichsmaßnahmen nach den Naturschutzgesetzen sind nach FinVerw mit Ansatz des Grundbetrags abgegolten.[1] Zurverfügungstellung (= Gebrauchsüberlassung) eines eigenen Grundstücks zum Zwecke der ökologischen Aufwertung; zur Abgrenzung vgl. → Rz. 146.

Beteiligungserträge aus einem zum notwendigen BV gehörenden Mitunternehmeranteil (vgl. → Rz. 471) aus der landwirtschaftlichen Nutzung, sind mit dem Grundbetrag abgegolten.

(*Einstweilen frei*)

V. Gewinn aus forstwirtschaftlicher Nutzung (= Gewinnermittlung nach § 4 Abs. 3 EStG) nach § 13a Abs. 5 EStG

Der Umfang der forstwirtschaftlichen Nutzflächen dem Grunde (→ Rz. 81) und der Höhe (zu welchem Zeitpunkt) nach bestimmt sich (mangels einer gesetzlichen Regelung wie z. B. bei der landwirtschaftlichen Nutzung) nach den Verhältnissen am Beginn des Wj. (→ Rz. 82). Der Gewinn aus der forstwirtschaftlichen Nutzung mit Rechtsfolgenverweisung auf § 160 Abs. 2 Nr. 1b BewG ist nach § 51 EStDV zu ermitteln (R B 160.3 ErbStR; R 34b.3 Abs. 2 Satz 1, 2 und Abs. 3 EStR). Zur forstwirtschaftlichen Nutzung nach § 160 Abs. 2 Nr. 1b BewG gehören – allerdings nur – alle WG, die der Erzeugung und Gewinnung von Rohholz dienen und der normale Bestand an umlaufenden Betriebsmitteln (= eingeschlagenes Holz innerhalb des Nutzungssatzes).

Nach dem Wortlaut des Gesetzes gehören danach nicht zur forstwirtschaftlichen Nutzung: eingeschlagenes Holz über dem Nutzungssatz (oder einem mehrjährigen Nutzungssatz; § 172 BewG). Diese Holznutzungen gehören bewertungsrechtlich zum übrigen Vermögen. Eingeschlagenes Holz über dem Nutzungssatz wäre nach der Systematik des § 13a EStG im Durchschnittssatzgewinn nach § 13a Abs. 3 EStG enthalten. Beim Übergangsgewinn (von Abs. 5 auf Abs. 3) von der Gewinnermittlung nach § 4 Abs. 3 EStG zu einer Gewinnermittlung nach § 4 Abs. 1 EStG sind bei den Vorräten (vgl. KKB/Walter, § 34b EStG Rz. 41, 46) nur die Einschlagskosten (= Buchwert des eingeschlagenen Holzes) als Abrechnung zu berücksichtigen. Nach Auffassung der FinVerw in der Anlage L sind alle Holzerlöse zu erklären. Zu den eingeschränkten Möglichkeiten des Richterrechts vgl. → Rz. 18. Bei der Gesetzesauslegung ist außerdem zu berücksichtigen, dass der Gesetzgeber auch bei anderen Gewinnbestandteilen, z. B. den Forel-

---

[1] BMF v. 3. 8. 2004, BStBl 2004 I 716; s. aber BFH v. 11. 9. 2013 - IV R 57/10, BFH/NV 2014, 316 = NWB DokID: EAAAE-52237.

lenhaltungsbetrieben eine äußerst lukrative Niedrigstbesteuerung normiert hat. Nach BMF v. 10.11.2015[1] sind bei Abs. 5 alle Einnahmen aus Holznutzungen zu erfassen.

198 Nicht zur forstwirtschaftlichen Nutzung gehören außerdem: Einnahmen aus Nebennutzungen (vgl. R 34b.3 Abs. 2 Satz 3 EStR; Abschn. 4.32 BewRL), wie aus Nebenerzeugnissen (z. B. Schmuckreisig, Rinde, Harz, Birkensaft, Faschinen), Christbäume aus dem Wald (Abschn. 7.34 BewRL), Saatgut, Pflanzgut, Jagd (→ Rz. 149, → Rz. 157), Einnahmen aus der Veräußerung von WG des Anlagevermögens (soweit nicht Abs. 7 Satz 1 Nr. 1a oder 1b einschlägig ist, → Rz. 246). Diese bewertungsrechtlich zum übrigen Vermögen gehörenden WG können aufgrund der gesetzlichen Typisierung im § 13a EStG nicht erfasst werden, mit Ausnahme der besonderen Geschäftsvorfälle in Abs. 7 und in Abs. 3 Nr. 5 und 6. Zu den eingeschränkten Möglichkeiten des Richterrechts vgl. → Rz. 18.

199–205 (Einstweilen frei)

VI. Gewinn aus Sondernutzungen nach § 13a Abs. 6 Satz 2 EStG (= Gewinnermittlung nach § 4 Abs. 1 EStG) und nach § 13a Abs. 6 Satz 3 EStG (= Gewinnermittlung nach § 4 Abs. 3 EStG)

1. Begriff der Sondernutzungen nach § 13a Abs. 6 Satz 1 EStG

206 Nach § 13a Abs. 6 Satz 1 EStG „*gelten die in § 160 Abs. 2 Satz 1 Nr. 1 Buchst. c bis e BewG* [= (c) weinbauliche Nutzung, (d) gärtnerische Nutzung und (e) übrige luf Nutzung] *i. V. m. der Anlage 1a Nr. 2 EStG genannten Nutzungen als Sondernutzungen.*"

207 Nach der Gesetzesbegründung[2] wird „*durch eindeutige Definition des Begriffs der Sondernutzungen klargestellt, welche Grenzen bei der Prüfung zu berücksichtigen sind; die Besonderheiten des § 160 Abs. 2 Satz 2 BewG finden mangels Bezugnahme auf die Vorschrift keine Anwendung. Der Rückgriff auf die Nutzungen bietet zudem den Vorteil, dass den Land- und Forstwirten bzw. deren steuerlichen Beratern diese Abgrenzung bekannt ist. Durch Berücksichtigung von Durchschnittssätzen können z. B. nunmehr auch spezialisierte Betriebe mit Forstwirtschaft, Sonderkulturen, Weinbau, Gartenbau und sonstigen luf Nutzungen den Gewinn nach Durchschnittssätzen ermitteln.*"

208 In der Anlage 1a Nr. 2 EStG sind 15 Sondernutzungen aufgeführt. Durch den Rückgriff auf das BewG können für die Begriffsdefinitionen die Abgrenzungen der R B 160.4 bis 160.17 ErbStR bzw. § 175 BewG herangezogen werden. Danach gehören zum **Obstbau**: Baumobst, Strauchbeerenobst, Erdbeeren, Holunder, Haselnüsse, Walnüsse; zum **Gemüsebau**: auch Anbau von Tee-, Gewürz- und Heilkräutern, Gemüsesamenvermehrung, Meerrettich(Kren-)anbau, Chinakohl, Flächen unter Glas; für Flächen unter Kunststoff (vgl. → Rz. 216); zum **Blumenbau** vgl. → Rz. 212; zum Zierpflanzenbau: auch Schmuckreisig, Bindegrün, Rollrasen, Flächen unter Glas; für Flächen unter Kunststoff (vgl. → Rz. 216); zwischen der gewinnintensiven **Forellen-** und der gewinnextensiven **Karpfenteichwirtschaft** wird nicht unterschieden. Der Bundesrat wollte bei der Teichwirtschaft sogar noch eine Erhöhung der Flächengrenzen.[3] Zu den verfassungsrechtlichen Bedenken gegenüber der „Peanuts"-Besteuerung bei den Forellenhaltungsbetrieben vgl. → Rz. 41.

209–210 (Einstweilen frei)

---

[1] BStBl 2015 I 877, Tz. 35.
[2] BT-Drucks. 18/3017.
[3] BR-Drucks. 432/1/14.

2. Gewinne nach § 13a Abs. 6 Satz 2 EStG

Für die genannten 15 Sondernutzungen ist jeweils ein Gewinn von 1 000 € anzusetzen, wenn sie die Flächengrenze der Anlage 1a Nr. 2 Spalte 3 EStG überschreiten. In einem Rumpf-Wj. ist diese Gewinnpauschale m. E. zeitanteilig zu erfassen (vgl. → Rz. 142). Für Sondernutzungen bis zur Flächengrenze der Spalte 3 wird kein Gewinn (= Gewinn 0 €) angesetzt. In Anlage 1a Nr. 2 Spalte 3 EStG kann daher m. E. für diese Betriebszweige erstmalig eine gesetzlich geregelte Mindestgröße gesehen werden (vgl. KKB/Walter, § 14 EStG Rz. 48). 211

Nach dem eindeutigen Wortlaut in § 13a EStG, Anlage 1 a Nr. 2 EStG der in der Zeile „Nutzungsteil Blumen- und Zierpflanzenbau" als Oberbegriff nur für die Freilandflächen und den Unterglasanbau bei den Zierpflanzen Flächenangaben in den Spalten 2 und 3 anführt, gehört der Blumenanbau (Freiland und Unterglas) zu den Sondernutzungen nach § 13a Abs. 6 Satz 3 EStG. 212

(Einstweilen frei) 213–215

3. Gewinne nach § 13a Abs. 6 Satz 3 EStG (Auffangklausel)

Für die in der Anlage 1a Nr. 2 EStG nicht genannten Sondernutzungen ist der Gewinn nach § 4 Abs. 3 EStG zu ermitteln. Hierzu gehören z. B. Gemüsebau unter Kunststoff, Blumenbau vgl. → Rz. 212 Tabak, Saatzucht (nicht: Saatgutvermehrung, siehe → Rz. 208), Pilzanbau, Nützlinge, Kurzumtriebskulturen (Energie- und Industrieholz), Bambusanbau. 216

Die Abgeltungsregelungen des § 13a Abs. 3 Satz 2 und 3 EStG sind zu beachten; d. h. hier sind die mit den Betriebszweigen zusammenhängenden Miet-, Pacht- und Schuldzinsen (nur die Beschränkungen nach § 4 Abs. 4a EStG bei Überentnahmen finden keine Anwendung) oder weitere (anteilige) Betriebsausgaben abziehbar. 217

(Einstweilen frei) 218–225

VII. Sondergewinne (= Gewinnermittlung nach § 4 Abs. 3 EStG) nach § 13a Abs. 7 EStG

Absatz 7 enthält eine abschließende Aufzählung von besonderen Tätigkeitsbereichen und außerordentlichen Geschäftsvorfällen, die in den Abs. 4 bis 6 sowie in Abs. 3 Nr. 5 und 6 nicht berücksichtigt sind. Über die in Abs. 7 aufgeführten Geschäftsvorfälle hinaus können daher für weitere Erträge oder für Erträge, die in den Abs. 4 bis 6 sowie in Abs. 3 Nr. 5 und 6 nicht erfasst sind, keine Sondergewinne angesetzt werden. Derartige Erträge sind durch die Typisierung der Gewinnbestandteile in Abs. 3 abgegolten. 226

Die Sondergewinne sind nach § 4 Abs. 3 EStG zu ermitteln. Für den Gewinnverwirklichungszeitpunkt ist § 11 EStG zu beachten. Sondergewinn bedeutet, dass auch Verluste berücksichtigt werden können.[1] 227

(Einstweilen frei) 228–235

---

1 BFH v. 25. 6. 1984 - GrS 4/82, BStBl 1984 II 751, 766, Abs. 4.

1. Sondergewinn nach § 13a Abs. 7 Nr. 1 EStG aus der Veräußerung oder Entnahme von bestimmten WG des Anlagevermögens, von Tieren, aus bestimmten Entschädigungszahlungen und aus der Auflösung von Rücklagen

a) Sondergewinn aus der Veräußerung oder Entnahme von Grund und Boden und dem dazugehörigen Aufwuchs, den Gebäuden, den immateriellen WG und den Beteiligungen nach § 13a Abs. 7 Nr. 1a EStG

236 Auf die ausführlichen Darstellungen zum Begriff der Veräußerung wird auf KKB/Kanzler, § 6b EStG Rz. 71 und zum Begriff der Entnahme auf KKB/Hallerbach, § 4 EStG Rz. 255 ff. verwiesen.

237 Der **Begriff „Grund und Boden"** umfasst nur den nackten GuB.[1] Die Begriffsabgrenzung erfolgt nicht nach bürgerlich-rechtlichen oder bewertungsrechtlichen Regelungen, sondern ist nach einkommensteuerrechtlichen Regelungen vorzunehmen (vgl. auch KKB/Kanzler, § 6b EStG Rz. 77, R 14 Abs. 1 EStR). **Nicht zum GuB rechnen:** Gebäude, Bodenschätze (soweit sie als WG bereits entstanden sind), Eigenjagdrechte, grundstücksgleiche Rechte, Be- und Entwässerungsanlagen, stehendes Holz, Obst- und Baumschulanlagen, Rebanlagen, Spargelanlagen, Feldinventar, Rechte, den GuB zu nutzen, Anlagen auf dem GuB (Damm, Mönch, Umlaufgraben eines Teichs). Beurteilungseinheit ist die einzelne Flurnummer oder mehrere Flurnummern, die in einem Nutzungs- und Funktionszusammenhang stehen.

238 Der **Begriff „und dem dazugehörigen Aufwuchs"** ist wie bei § 6b EStG auszulegen (vgl. dortige Gesetzesformulierung *„GuB und dem dazugehörigen Aufwuchs"*, KKB/Kanzler, § 6b EStG Rz. 78).[2] Mit dem Abs. 7 sollen außerordentliche Geschäftsvorfälle zusätzlich zum laufenden Gewinn besteuert werden. Zum Aufwuchs gehören nach Abs. 7 neben dem Feldinventar, mehrjährige Kulturen, Dauerkulturen und sogar Baumschulerzeugnisse.[3]

239 Zum **Begriff „Gebäude"** vgl. die Ausführungen KKB/Kanzler, § 6b EStG Rz. 80 und in R 7.1 Abs. 5 EStR. Nicht zum Gebäude gehören die Betriebsvorrichtungen,[4] z. B. Fotovoltaikanlage nur für landwirtschaftlichen Selbstverbrauch.

240 Zum **Begriff „immaterielle WG"** vgl. die Ausführungen in KKB/Hallerbach, § 4 EStG Rz. 127 und KKB/Bisle/Dönmez, § 5 EStG Rz. 95, 185, H 5.5 EStH. Auf einen entgeltlichen oder unentgeltlichen Erwerb kommt es nicht an.

241 Zum **Begriff „Beteiligung"** vgl. die Ausführungen KKB/Bisle/Dönmez, § 5 EStG Rz. 142 oder allgemein zu § 271 HGB. Beteiligungen sind Anteile an anderen Unternehmen, die bestimmt sind, dem eigenen Geschäftsbetrieb durch Herstellung einer dauernden Verbindung zu jenen Unternehmen zu dienen. Abgrenzung zu Forderungen und Ausleihungen vgl. KKB/Bisle/Dönmez, § 5 EStG Rz. 109. Aufgrund der einkunftsartbezogenen Betrachtungsweise bei der Zugehörigkeit von WG zum Betriebsvermögen sind wohl alle Anteile an Personengesellschaften,[5] Genossenschaften, Körperschaften, die einen Zusammenhang mit dem land- und forstwirtschaftlichen Betrieb haben, als Beteiligung anzusehen. Mitunternehmeranteile, die als geson-

---

[1] BFH v. 24. 8. 1989 - IV R 38/88, BStBl 1989 II 1016; BFH v. 16. 2. 1984 - IV R 229/81, BStBl 1984 II 424.
[2] BFH v. 7. 5. 1987 - IV R 150/84, BStBl 1987 II 670.
[3] Die bürgerlich-rechtlich bewegliche Sachen sind BFH v. 14. 8. 1986 - IV R 341/84, BStBl 1987 II 23.
[4] Sog. „Abgrenzungserlass" GLE v. 5. 6. 2013, BStBl 2013 I 734, mit Beispielen in alphabetischer Form.
[5] BFH v. 4. 3. 2009 - I R 58/07, BFH/NV 1953 Tz. 28, 29, 34, Anteil an PersGes ist kein bilanzierbares WG, Ansatz nach der Spiegelbildmethode; Beteiligung ist notwendiges BV: BFH v. 1. 10. 1981 - IV R 147/79, BStBl 1982 II 250 Tz. 14, 16; BFH v. 23. 9. 2009 - IV R 14/07, BStBl 2010 II 227 Tz. 19; BFH v. 18. 7. 1974 - IV R 187/69, BStBl II 767 Tz. 16.

dertes BV zu behandeln sind, gehören nicht dazu.[1] Eine Beteiligung an einer Maschinengemeinschaft (nur an einem einzelnen WG, das der Landwirt anteilig aktiviert) ist keine Beteiligung i. S. d. Abs. 7 Nr. 1a. Allenfalls der anteilige 15 000 € übersteigende Veräußerungspreis ist nach Abs. 7 Nr. 1b zu erfassen

Zum Anlageverzeichnis und zur elektronischen Übermittlungspflicht vgl. die Ausführungen unter → Rz. 316, → Rz. 176. 242

(Einstweilen frei) 243–245

b) **Sondergewinn aus der Veräußerung oder Entnahme der übrigen WG des Anlagevermögens und von Tieren, wenn der Veräußerungspreis oder Entnahmewert für das jeweilige WG mehr als 15 000 € betragen hat nach § 13a Abs. 7 Nr. 1b EStG**

Aufgrund der Kritik des Bundesrechnungshofs (→ Rz. 17) über die Nichterfassung von wertvollem Anlagevermögen wurde in der Neuregelung eine Bagatellgrenze von 15 000 € eingeführt, für alle (nicht wie bisher nur bei einer Betriebsumstellung) übrigen (nicht unter Abs. 7 Nr. 1a fallende) WG des Anlagevermögens und für die Tiere (Anlage- und Umlaufvermögen).[2] Veräußerungspreis ist der Kaufpreis einschl. Umsatzsteuer. Zum Entnahmewert vgl. KKB/Teschke/C. Kraft, § 6 EStG Rz. 209 ff. Bei einem Tausch ist durch Rabattgewährung für ein eingetauschtes WG der Sondergewinn unter Beachtung des § 42 AO gestaltbar. Bei einer Maschinengemeinschaft vgl. → Rz. 241. 246

Zu im Wj. 2015/16 vereinnahmten Veräußerungserlösen aus Veräußerungen (ohne Betriebsumstellung) im vorangegangenen Wj. (über 15 000 €) vgl. die Ausführungen unter → Rz. 299. 247

Für WG des Abs. 7 Nr. 1b besteht keine Aufzeichnungspflicht. Der Landwirt muss allerdings die Buchwerte unter Beachtung des Abs. 7 Satz 2 ermitteln und ist insoweit beweislastpflichtig.[3] 248

(Einstweilen frei) 249–250

c) **Sondergewinn aus Entschädigungen für den Verlust, den Untergang oder die Wertminderung der in § 13a Abs. 7 Satz 1 Nr. 1a und Nr. 1b EStG genannten Wirtschaftsgüter nach § 13a Abs. 7 Nr. 1c EStG**

Bei Entschädigungen für den Verlust, den Untergang oder die Wertminderung für die in § 13a Abs. 7 Satz 1 Nr. 1a und Nr. 1b EStG genannten WG des Anlagevermögens und der Tiere (→ Rz. 237 bis 241, → Rz. 245) ist ein Sondergewinn anzusetzen. Mit dem unbestimmten Rechtsbegriff „Entschädigung" werden die verschiedensten Zahlungen angesprochen.[4] Die steuerliche Behandlung richtet sich ausschließlich nach dem tatsächlichen Grund der Zahlung. 251

Nach der Gesetzesbegründung[5] sind diese Entschädigungen zwecks zutreffender Erfassung des Totalgewinns als außergewöhnliche Geschäftsvorfälle zu berücksichtigen. Sie können jedoch unter den dort genannten Voraussetzungen den Regelungen der R 6.6 EStR (= Rücklage für Ersatzbeschaffung) unterliegen. Weiter ist davon auszugehen, dass bei anderen Entschädigungen (insbesondere für Wirtschaftsgüter des UV), die als Ersatz für entgangene Einnahmen

---

1 BMF v. 10.11.2015, BStBl 2015 I 877 Tz. 45.
2 Zuordnung von WG zum UV BFH 19.1.2017 - IV R 10/14, BStBl 2017 II 466.
3 BFH v. 26.2.2010 - IV B 25/09, BFH/NV 2010, 1116 = NWB DokID: CAAAD-42496, Tz. 4.
4 Vgl. Wortschatzportal: www.wortschatz.uni-leipzig.de.
5 BR-Drucks. 432/14.

gewährt werden und beim Grundbetrag bzw. den pauschalen Betriebsausgaben zu erfassen sind. Nach Auffassung der FinVerw[1] sind „*Entschädigungen, die als Ersatz für entgangene Einnahmen oder als Ersatz für erhöhte Betriebsausgaben gewährt werden, bei entsprechendem Veranlassungszusammenhang mit dem Gewinn der landwirtschaftlichen Nutzung nach § 13a Abs. 4 EStG und dem Gewinn aus Sondernutzungen nach § 13a Abs. 6 Satz 2 EStG abgegolten. Bei der forstwirtschaftlichen Nutzung sind diese Entschädigungen nach den Regelungen des § 51 EStDV zu erfassen. Pauschale Betriebsausgaben sind nur zu berücksichtigen, soweit die Zahlungen auf entgangene Einnahmen aus Holznutzungen entfallen. [54] Einheitlich gewährte Entschädigungen sind für die Anwendung der vorstehenden Grundsätze nach deren wirtschaftlichen Gehalt aufzuteilen*".

252 Beispiele: Kein Sondergewinn für eine Entschädigung für Hagelschäden beim Aufwuchs, weil hier nur ein Ersatz für entgangene Betriebseinnahmen und keine Entschädigung (i. V. m. dem GuB) „für den dazugehörigen" Aufwuchs gezahlt wird. Werden dagegen für die Inanspruchnahme von land- und forstwirtschaftlichen Grundbesitz für den Bau und Betrieb von Hochspannungs- und sonstigen Versorgungsleitungen, Entschädigungen für den Holzbestand sowie für Mindererlöse und Hiebsunreife für das stehende Holz gezahlt, findet nach der Gesetzesformulierung eine Doppelbesteuerung nach Nr. 1b und nach Abs. 5 (R 34b.3 Abs. 4 EStR) statt. Zum Richterrecht bis 2015 vgl. → Rz. 18.

253 Bei Entschädigung für eine mit einer Dienstbarkeit abgesicherte Rohrleitung oder bei einer Retentionsfläche für gesteuerte Flutpolder[2] kann wegen § 55 Abs. 6 EStG kein anteiliger Buchwert berücksichtigt werden (vgl. KKB/Walter, § 55 EStG Rz. 79).

254 Die einkommensteuerliche Behandlung der Entschädigungszahlungen beim Stromnetzausbau[34] wirken sich für zum Betriebsvermögen gehörende Grundstücksflächen bei der jeweiligen Gewinnermittlungsart wie folgt aus:

---

1 BMF v. 10.11.2015, BStBl 2015 I 877, Tz. 53, 54.
2 FG Rheinland-Pfalz v. 16.11.2016 - 1 K 2434/14, EFG 2017, 393; Rev., BFH: VI R 54/16.
3 BFH v. 17.5.1990 - IV R 21/89, BStBl 1990 II 891, BMF v. 5.3.1992, BStBl 1992 I 187.
4 Entschädigung von Grundstückseigentümern und Nutzern beim Stromnetzausbau – eine Bestandsaufnahme von Frontier Economics und White & Case im Auftrag des BMWi, www.frontier-economics.com/de/documents/2016/11/entschadigungvon-grundstuckseigentumern-und-nutzern-beim-stromnetzausbau-eine-bestandsaufnahme.pdf.

Zahlung für	§ 4 Abs. 1	§ 4 Abs. 3	§ 13a Abs. 3 Satz 1 Nr. 5 VuV = § 4 III	§ 13a Abs. 4 LN = § 4 I	§ 13a Abs. 5 FN = § 4 III	§ 13a Abs. 6 Satz 2 15 SN = § 4 I	§ 13a Abs. 6 Satz 3 and.SN = § 4 III	§ 13a Abs. 7 Nr. 1c Entschädigung = § 4 III
GuB	Gewinn ggf. TWA	BE					BE	BE
Wirtschaftserschwernis oder Ersatz für erhöhte Ausgaben	Gewinn kein RAP[1] aber[2]	BE		abgegolten	abgeholten ggf. R 34b.3 Abs. 4	abgegolten	BE	keine BE BMFS 10.11.15 Rz. 53
Entgehende Einnahmen	Gewinn[3] RAP	BE		abgegolten	ggf. R 34b.3 Abs. 4	abgegolten	BE	keine BE BMFS 10.11.15 Rz. 53
Nutzungsüberlassung	Gewinn[4] RAP[5]	BE[6] Wahlrecht: Verteilung § 11	BE[7] Wahlrecht: Verteilung § 11				BE[8] Wahlrecht: Verteilung § 11 I	

Bei zum **Privatvermögen gehörenden Grundstücken** sind die Entschädigungszahlungen nur für eine zeitlich beschränkte Gebrauchsüberlassung als Einkünfte aus VuV zu erfassen.[9] Nach § 11 Abs. 1 Satz 3 EStG können Einnahmen, die auf einer Nutzungsüberlassung i. S. d. § 11 Abs. 2 Satz 3 EStG beruhen, insgesamt auf den Zeitraum gleichmäßig verteilt werden, für den die Vorauszahlung geleistet wird. Es bestehen keine Bedenken, den Verteilungszeitraum von

---

1 BFH 17.5.1990 - IV R 21/89 BStBl 1990 II 891, BMF 5.3.1992, BStBl 1992, I 187.
2 BMF 15.3.1995, BStBl 1995 I 183 mit BFH v. 9.12.1993 - IV R 130/91, BStBl 1995 II 202 erkennen einen nach eindeutigen Maßstäben berechenbaren Zeitraum als "bestimmte Zeit" an, selbst bei einer immerwährenden Duldungspflicht.
3 Nach BFH 19.4.1994 - IX R 19/90, BStBl 1994 II 640 Rz. 25 "kein § 24 Nr. 1 EStG und damit kein § 34 Abs. 2 Nr. 2 EStG, weil ein schadensauslösendes Ereignis, das unmittelbar zum Wegfall von Einnahmen geführt hat, nicht vorliegt. Aus diesem Grund wird mit dem Geldbetrag auch kein "konkreter Schaden" abgedeckt.
4 Zwar § 24 Nr. 3 EStG, aber nach § 34 Abs. 2 Nr. 3 EStG nur für einen Zeitraum von mehr als drei Jahren nachgezahlte Nutzungsvergütungen.
5 BFH 17.10.1968 - IV 84/65, BStBl 1969 II 180, Rz. 13: Ewige Renten sind rechnerisch wie auf bestimmte Zeit gezahlte Renten zu behandeln. Bei Zugrundelegung eines Satzes von 4 % an Zinsen und Zinseszinsen und bei Unterstellung nachschüssiger Zahlung ist der Barwert einer ewigen Rente das Fünfundzwanzigfache der Jahresrente. Umgekehrt ergibt sich durch Anwendung der entsprechenden Quotienten bei gegebenem Barwert der Jahresbetrag der Rente. In Höhe dieses Betrages ist der Passivposten jährlich gewinnerhöhend aufzulösen. Der Senat hat deshalb keine Bedenken, wenn hiernach ein Zeitraum von höchstens 25 Jahren zugrunde gelegt wird
BFH 15.2.2017 - VI R 96/13, BStBl 2017 II 884, Rz. 44 sieht bei einer immerwährenden Duldungsverpflichtung eine Verteilung des passiven Rechnungsabgrenzungspostens auf eine Laufzeit von 25 Jahren als sachgerecht an.
6 Zwar § 24 Nr. 3 EStG, aber nach § 34 Abs. 2 Nr. 3 EStG nur für einen Zeitraum von mehr als drei Jahren nachgezahlte Nutzungsvergütungen.
7 Zwar § 24 Nr. 3 EStG, aber nach § 34 Abs. 2 Nr. 3 EStG nur für einen Zeitraum von mehr als drei Jahren nachgezahlte Nutzungsvergütungen.
8 Zwar § 24 Nr. 3 EStG, aber nach § 34 Abs. 2 Nr. 3 EStG nur für einen Zeitraum von mehr als drei Jahren nachgezahlte Nutzungsvergütungen.
9 BFH, Urteil v. 2.7.2018 - IX R 31/16.

mindestens 25 Jahren - entsprechend dem BFH-Urteil v. 17.10.1968[1] - auch im Rahmen des § 11 Abs. 1 EStG anzuwenden. Damit könnte der für die dauerhafte Nutzungsüberlassung gezahlte Einmalbetrag auch bei den Einkünften aus VuV über einen Zeitraum von 25 Jahren verteilt als Einnahme erfasst werden.[2] Die Entschädigung für die Wertminderung des Grund und Bodens sowie für eine immerwährende Gebrauchsüberlassung[3] sind der nicht steuerbaren privaten Vermögensebene zuzurechnen und somit bei keiner Einkunftsart zu erfassen. Das Hauptproblem bei der einkommensteuerlichen Behandlung der Entschädigungen ist die **Aufteilung der Zahlungen auf die einzelnen Entschädigungspositionen**. Auch wenn das Entgelt als Entschädigung für die Einräumung einer Dienstbarkeit bezeichnet ist, ist das Entgelt für Grundstücke im Betriebsvermögen nach dem wirtschaftlichen Gehalt aufzuteilen.[4]

255 *(Einstweilen frei)*

d) Sondergewinn aus der Auflösung von Rücklagen nach § 13a Abs. 7 Nr. 1d EStG

256 Abs. 7 Satz 1 Nr. 1d ist auf alle erfolgswirksam gebildeten Rücklagen anzuwenden.

257 § 13a Abs. 6 Satz 1 Nr. 3 EStG a. F. (= bis Wj. 2014/15) führte explizit die Rücklage nach § 6c EStG und die Rücklage für Ersatzbeschaffung (für Vorgänge des § 13a Abs. 6 Satz 1 Nr. 1, 2 EStG a. F. erforderlich) auf. Weitere gewinnneutrale Rücklagen (z. B. § 4g Abs. 3 EStG, Rücklage für im Voraus gewährte Zuschüsse nach R 6.5 Abs. 4 EStR) waren, soweit sie nicht Vorgänge des § 13a Abs. 6 Satz 1 Nr. 1, 2 EStG a. F. betrafen, mit Ansatz des Grundbetrags abgegolten und sind daher im Rahmen des Wechsels der Gewinnermittlungsart hinzuzurechnen. Entsprechendes gilt m. E. für den Investitionsabzugsbetrag nach § 7g Abs. 1 EStG.

258–265 *(Einstweilen frei)*

2. Sondergewinn Betriebseinnahmen oder -ausgaben nach § 9b Abs. 2 EStG gem. § 13a Abs. 7 Nr. 2 EStG

266 Tatsächliche Betriebseinnahmen oder Betriebsausgaben aus der Berichtigung von Vorsteuern nach § 15a UStG sind als Sondergewinn zu erfassen.

267–270 *(Einstweilen frei)*

3. Sondergewinn Einnahmen aus dem Grunde nach gewerblichen Tätigkeiten, die dem Bereich der LuF zugerechnet werden nach § 13a Abs. 7 Nr. 3 EStG

271 Die BT-Drucks. 18/3017 verweist hierzu auf die Abgrenzungsregelungen des R 15.5 EStR: „*Danach gehören bestimmte grundsätzlich gewerbliche Tätigkeiten innerhalb der dort genannten Grenzen noch zu den Einkünften aus LuF. Mit der Nr. 3 wird sichergestellt, dass die daraus erzielten Gewinne, die bei der Festsetzung der Beträge nach **Abs. 4** nicht berücksichtigt wurden, mit 40 % der zugeflossenen Einnahmen gesondert erfasst werden.*" Der Gesetzesformulierung nach gilt die Abgrenzung auch für die Bestandteile des Abs. 5 und 6.

---

[1] IV 84/65, BStBl 1969 II 180. BFH, Urteil v. 15. 2. 2017 - VI R 96/13, BStBl II 884, Rz. 44.
[2] Nach BFH, Urteil v. 20.07.2018 - IX R 3718 NV keine Verteilung, FG Münster, Urteil v. 9.6.2017 - 4 K 1034/15 E Verteilung, Rev. anhängig VI R 34/17.
[3] BFH, Urteil v. 2.7.2018 - IX R 31/16.
[4] BMF v. 10.11. 2015, BStBl 2015 I 877, Rz. 54.

In einem ersten Schritt ist zu klären, ob die Tätigkeiten noch im Bereich der LuF sind. Die Fin-Verw grenzt nach den Grundsätzen der R 15.5 EStR ab (vgl. KKB/Kanzler, § 13 EStG Rz. 516). In einem zweiten Schritt sind die (bereits) dem Grunde nach gewerblichen Betätigungen mit den anteiligen Einnahmen zu erfassen. Dies bedeutet, dass Einnahmen, die mit Ansatz der Gewinnbestandteile des Abs. 4, des Abs. 5 und Abs. 6 Satz 2 bereits abgegolten sind, zu trennen sind. Dies verlangt eine komplizierte, aufwendige, trennende Erfassung der Betriebseinnahmen (= Aufzeichnungspflicht für sämtliche Betriebseinnahmen). Die Umsatzsteuer-Beträge für eine umsatzsteuerlich einheitliche Leistung oder nicht dem § 24 UStG unterliegende Vorgänge sind anteilig aufzuteilen. Diese von der Gesetzesformulierung erforderliche gesonderte Erfassung stellt künftig die Rechtfertigungsfrage für die Regelungen in R 15.5 EStR (1/3-Umsatz-Grenze, 51 500 € und 50-%-Grenze). Aufgrund dieser Vollerfassung sieht das Gesetz allerdings einen BA-Abzug von 60 % vor. 272

BEISPIELE ZU ABS. 7 SATZ 1 NR. 3:

- ▶ Verkauf von eigenen Produkten der zweiten Be- und Verarbeitungsstufe (KKB/Kanzler § 13 EStG Rz. 167 ff.; R 15.5 Abs. 3 Satz 5 EStR);
- ▶ Verkauf von be- und verarbeiteten Produkte der zweiten Stufe nach R 15.5 Abs. 3 Satz 6, 7 EStR (KKB/Kanzler, § 13 EStG Rz. 25 ff., 323);
- ▶ Entsorgung organischer Abfälle auf fremden Flächen (KKB/Kanzler, § 13 EStG Rz. 350; R 15.5 Abs. 4 EStR);
- ▶ Verkauf von fremden Erzeugnissen im Rahmen der R 15.5 Abs. 5 Satz 3 EStR;
- ▶ Dienstleistungen im Zusammenhang mit dem Absatz eigener Erzeugnisse nach R 15.5 Abs. 7 EStR;
- ▶ Absatz von Speisen und Getränken (Strauß- und Buschenwirtschaften) nach R 15.5 Abs. 8 EStR; Dienstleistungen und/oder Verwendung von WG nach R 15.5 Abs. 9, 10 EStR;
- ▶ Beherbergung von Fremden (Urlaub auf dem Bauernhof) über die Grenzen der R 15.5 Abs. 13 Satz 2 EStR hinaus (innerhalb der Grenzen = § 13a Abs. 3 Satz 1 Nr. 5 EStG = Bruttobesteuerung).

Nicht unter § 13a Abs. 7 Satz 1 Nr. 3 EStG fallen daher m. E. die Pensionstierhaltung;[1] und die Entschädigung für Aufforstung landwirtschaftlicher Flächen zur Einrichtung von Ersatzflächenpools für die Vornahme von Ausgleichsmaßnahmen nach den Naturschutzgesetzen.[2]

(*Einstweilen frei*) 273–275

4. Sondergewinn Rückvergütungen nach § 22 KStG aus Hilfs- und Nebengeschäften nach § 13a Abs. 7 Nr. 4 EStG

Die genossenschaftliche Rückvergütung ist eine Überschussbeteiligung außerhalb der Gewinnermittlung, quasi eine Feinabstimmung der Lieferbeziehungen. Nur soweit die Voraussetzungen des § 22 KStG nicht vorliegen, liegt eine verdeckte Gewinnausschüttung vor, die nach Abs. 3 Nr. 6 zu erfassen ist (vgl. → Rz. 156). Zum Mitgliedergeschäft, zur Abgrenzung zur vGA, zur Bagatellregelung bei Nebengeschäften nach R 22 Abs. 12 KStR vgl. *Klein*.[3] 276

(*Einstweilen frei*) 277–280

---

1 BFH v. 29. 11. 2007 - IV R 49/05, BStBl 2008 II 425.
2 BFH v. 11. 9. 2013 - IV R 57/10, BFH/NV 2014, 316 = NWB DokID: EAAAE-52767; s. a. BMF v. 3. 8. 2004, BStBl 2004 I 716 s. a. → Rz. 148 und → Rz. 188.
3 In Mössner/Seeger, § 22 KStG.

5. Buchwertermittlung im Rahmen des § 13a EStG und Aufzeichnungspflichten nach § 13a Abs. 7 Satz 2 bis 4 EStG

281 Bei der Buchwertermittlung von abnutzbaren Anlagegütern ist die lineare AfA zu berücksichtigen. Die Buchwertminderung des stehenden Holzes (nicht abnutzbares Anlagevermögen) ist keine AfA.[1]

282 Zu den Aufzeichnungspflichten vgl. → Rz. 316 ff.

283–285 (Einstweilen frei)

VIII. Aktualisierung der Werte der Anlage 1a des EStG durch das BMF aufgrund der Ermächtigung nach § 13a Abs. 8 EStG

286 Absatz 8 ermächtigt das BMF mit Zustimmung des Bundesrats im Rahmen einer Rechtsverordnung, (nur) die Pauschsätze und die Flächengrenzen anzupassen. Eine Anpassung der Nutzungen ist im Rahmen einer Verordnung nicht zulässig.

287–290 (Einstweilen frei)

IX. Wechsel der Gewinnermittlungsmethode

291 Bei einem zwangsweisen oder freiwilligen Wechsel der Gewinnermittlungsart wird durch Korrekturposten oder durch Korrektur des Gewinns im Übergangsjahr erreicht, dass dem Stpfl. durch diesen Übergang keine steuerlichen Nachteile, aber auch keine steuerlichen Vorteile entstehen, d. h., dass auf eine längere Zeitperiode gesehen die Gewinne versteuert werden, die bei einem konstanten Vermögensvergleich ausgewiesen worden wären.[2]

292 Bei jedem noch nicht endgültig abgeschlossenen Geschäftsvorgang bzw. bei jedem im Zeitpunkt des Übergangs bilanzierten oder zu bilanzierenden Aktiv- oder Passivwert sind folgende Fragen zu untersuchen: *Frage 1*: Welche Gewinnauswirkung sieht das Gesetz vor? *Frage 2*: Welche Gewinnauswirkung ist nach der bisherigen Gewinnermittlungsart bereits eingetreten (durch Mehrung oder Minderung des Betriebsvermögens bzw. durch den Ansatz von Betriebseinnahmen oder -ausgaben)? *Frage 3*: Welche Gewinnauswirkung ist bei der neuen Gewinnermittlungsart zu erwarten? Daraus ergibt sich eine Hinzurechnung oder eine Abrechnung (als Teil des laufenden Gewinns).

293–295 (Einstweilen frei)

1. Wechsel innerhalb des § 13a EStG aufgrund der Neuregelung im ZollkodexAnpG

296 Je nach Gewinnbestandteil oder Betriebszweig ist ein Wechsel der Gewinnermittlungsmethode (vgl. → Rz. 298) zu überprüfen.

297 Im VZ 2015 (für das Wj. 2015/16) ergeben sich innerhalb des § 13a EStG nachfolgende Methodenwechsel mit entsprechender Berücksichtigung eines Übergangsgewinns – ÜG – (→ Rz. 292).

---

[1] BFH v. 5.6.2008 - IV R 67/05, IV R 50/07, BStBl 2008 II 960, 968.
[2] BFH v. 23.7.1970 - IV 270/65, BStBl 1970 II 745.

TAB.: Wechsel der Gewinnermittlungsmethode von § 13a EStG a. F. auf § 13a EStG n. F.				
Gewinnermittlung nach Durchschnittssätzen § 13a Abs. 3 bis 6 EStG a. F. (= § 4 Abs. 1 EStG) (Wj. 2014 bzw. 2014/15)	Gewinnermittlungsmethode	Übergangsgewinn - ÜG -	Gewinnermittlungsmethode	Gewinnermittlung nach Durchschnittssätzen § 13a Abs. 3 bis 7 EStG n. F. (= § 4 Abs. 1 EStG) (Wj. 2015 bzw. 2015/16)
Grundbetrag				Gewinn der landw. Nutzung
§ 13a Abs. 4 EStG a. F. einschl. (= abgegolten)	§ 4 Abs. 1		§ 4 Abs. 1	§ 13a Abs. 4 EStG einschl. (= abgegolten)
▶ Nutzungswert der Wohnung-Baudenkmal	§ 4 Abs. 1		§ 4 Abs. 1	▶ Nutzungswert der Wohnung-Baudenkmal
▶ Tabak	§ 4 Abs. 1	ÜG	§ 4 Abs. 3	Sondernutzung § 13a Abs. 6 Satz 3 EStG
▶ Bagatellflächen Abschn. 1.13 BewRL	§ 4 Abs. 1		§ 4 Abs. 1	
z. B. Baumschule 500 qm	§ 4 Abs. 1		§ 4 Abs. 1	z. B. Bagatellfläche Baumschule ▶ 400 qm Sondernutzung § 13a Abs. 6 Satz 2 EStG = Gewinn 0 € ▶ 401-500 qm Sondernutzung § 13a Abs. 6 Satz 2 EStG = Gewinn 1 000 €
▶ z. B. Entschädigung Hochspannungsleitung (Vertragsschluss Wj. 14/15; Zahlung 15/16)				
– Wirtschaftserschwernis	§ 4 Abs. 1	-	§ 4 Abs. 1	Grundbetrag § 13a Abs. 4
– Gebrauchsüberlassung	§ 4 Abs. 3	-	§ 4 Abs. 3	Pacht § 13a Abs. 3 Nr. 5
– Wertminderung	§ 4 Abs. 1	ÜG	§ 4 Abs. 3	Sondergewinn nach § 13a Abs. 7 Nr. 1c
▶ Gemüsebau unter Kunststoff	§ 4 Abs. 1	ÜG	§ 4 Abs. 3	Sondernutzung § 13a Abs. 6 Satz 3 EStG

Zuschläge für Sondernutzungen § 13a Abs. 5 EStG a. F.				
▶ Vergleichswert/Einzelertragswert < 501 DM mit Grundbetrag § 13a Abs. 4 EStG abgegolten => Zuschlag 0 €	§ 4 Abs. 1		§ 4 Abs. 1	Flächen bis Anlage 1a Nr. 2 Spalte 3 EStG = Sondernutzung § 13a Abs. 6 Satz 2 EStG = Gewinn 0 €
▶ Vergleichswert/Einzelertragswert >500 DM =>Zuschlag jeweils 512 €	§ 4 Abs. 1		§ 4 Abs. 1	Flächen **über** Anlage 1a Nr. 2 Spalte 3 EStG = Sondernutzung § 13a Abs. 6 Satz 2 EStG = Gewinn 1 000 €
für jeweils	§ 4 Abs. 1		§ 4 Abs. 1	s. o.
– Sonderkultur Hopfenbau, Sonderkultur Spargelbau, Weinbau, gärtnerische Nutzung (= Gemüse, Spargel, Obst, Baumschulen)	§ 4 Abs. 1		§ 4 Abs. 1	s. o.
Blumen	§ 4 Abs. 1	ÜG	§ 4 Abs. 3	Sondernutzung § 13a Abs. 6 Satz 3 EStG
– und jede einzelne Nutzungsart der sonstigen luf Nutzung, z. B. Binnenfischerei, Teichwirtschaft, Fischzucht für Binnenfischerei und Teichwirtschaft, Imkerei, Wanderschäferei, Weihnachtsbaumkultur	§ 4 Abs. 1		§ 4 Abs. 1	Sondernutzung § 13a Abs. 6 Satz 2 EStG
Saatzucht (nicht Saatgutvermehrung = landw. Nutzung)	§ 4 Abs. 1	ÜG	§ 4 Abs. 3	Sondernutzung § 13a Abs. 6 Satz 3 EStG
Pilzanbau	§ 4 Abs. 1	ÜG	§ 4 Abs. 3	Sondernutzung § 13a Abs. 6 Satz 3 EStG
Nützlingsproduktion	§ 4 Abs. 1	ÜG	§ 4 Abs. 3	Sondernutzung § 13a Abs. 6 Satz 3 EStG
Kurzumtriebskultur sowie	§ 4 Abs. 1	ÜG	§ 4 Abs. 3	Sondergewinn § 13a Abs. 7 Nr. 3 EStG
– Abbauland	§ 4 Abs. 1		§ 4 Abs. 1	§ 13a Abs. 4 EStG abgegolten

– Geringstland	§ 4 Abs. 1	ÜG	§ 4 Abs. 3	§ 13a Abs. 3 EStG (s. a. → Rz. 94)
	§ 4 Abs. 1		§ 4 Abs. 1	Sondernutzung § 13a Abs. 6 Satz 2 EStG
– Nebenbetriebe	§ 4 Abs. 1	ÜG	§ 4 Abs. 3	Sondernutzung § 13a Abs. 6 Satz 3 EStG
	§ 4 Abs. 1	ÜG	§ 4 Abs. 3	Sondergewinn § 13a Abs. 7 Nr. 3 EStG
Sondergewinne nach § 13a Abs. 6 EStG a. F.				
▶ Nr. 1 - Forstwirtschaftliche Nutzung	§ 4 Abs. 3		§ 4 Abs. 3	Gewinn der forstw. Nutzung § 13a Abs. 5 EStG
			§ 4 Abs. 3	+ Sondergewinn nach § 13a Abs. 7 Nr. 1a EStG
		ÜG	§ 4 Abs. 1	§ 13a Abs. 3 EStG kein Ansatz (s. a. → Rz. 197)
▶ Nr. 2 - Veräußerung oder Entnahme von				
– Grund und Boden und Gebäude und	§ 4 Abs. 3		§ 4 Abs. 3	Sondergewinn nach § 13a Abs. 7 Nr. 1a EStG
– WG des übrigen Anlagevermögens bei Betriebsumstellung	§ 4 Abs. 3		§ 4 Abs. 3	Sondergewinn nach § 13a Abs. 7 Nr. 1a EStG
▶ Nr. 3 - Dienstleistungen und vergleichbare Tätigkeiten für Nichtlandwirte mit 65 % BA-Pauschale (s. a. Nebenbetriebe)	§ 4 Abs. 3		§ 4 Abs. 3	Sondergewinn nach § 13a Abs. 7 Nr. 3 EStG mit 60 % BA-Pauschale
	§ 4 Abs. 3		§ 4 Abs. 3	Sondergewinn nach § 13a Abs. 7 Nr. 1d EStG
▶ Nr. 4 - Auflösung von Rücklagen nach § 6c EStG	§ 4 Abs. 3		§ 4 Abs. 3	Sondergewinn nach § 13a Abs. 7 Nr. 1d EStG
– Auflösung von Rücklagen für Ersatzbeschaffung	§ 4 Abs. 3		§ 4 Abs. 3	Sondergewinn nach § 13a Abs. 7 Nr. 1c EStG
– Brandentschädigung GebäudeGesetzesauslegung BFH v. 25. 9. 2014 - IV R 44/11, NWB DokID: FAAAE-79672				

Vereinnahmte Miet- und Pachtzinsen § 13a Abs. 3 Satz 1 Nr. 4 EStG a. F.	§ 4 Abs. 3	§ 4 Abs. 3	Einnahmen VuV § 13a Abs. 3 Nr. 5 EStG
Mit Pachtzinsen zusammenhängende Aufwendungen (mit Grundbetrag abgegolten)	§ 4 Abs. 1	§ 4 Abs. 1	§ 13a Abs. 3 EStG kein Ansatz
Vereinn. Kap.ertr., die aus Kap.anlagen von Veräuß. erlösen § 13a Abs. 6 Satz 1 Nr. 1 und 2 EStG stammen	§ 4 Abs. 3	§ 4 Abs. 3	Einnahmen Kapitalvermögen § 13a Abs. 3 Nr. 6 EStG
Verausgabte Pachtzinsen und d. L, die BA sind § 13a Abs. 3 Satz 2 EStG a. F.	§ 4 Abs. 3	ÜG § 4 Abs. 1	§ 13a Abs. 3 EStG kein Ansatz
Schuldzinsen § 13a Abs. 3 Satz 2 EStG a. F.	§ 4 Abs. 3	ÜG § 4 Abs. 1	§ 13a Abs. 3 EStG kein Ansatz
IAB § 7g Abs. 3 GnD a. F. BMFS 2011.2013[1]		Hinzurechnung Rz.[2]	Kein IAB § 7g Abs. 3[3] vgl. Rz. 162

BEISPIELE:

▶ Pachtvorauszahlung noch im Wj. 2014/15:
- bei Abfluss BA (§ 13a Abs. 3 Satz 2 EStG a. F.)
- Wj. 2015/16 ist die Pacht nach § 13a Abs. 4 EStG abgegolten (Aktiver Rechnungsabgrenzungsposten)
→ ÜG-Zurechnung

Forderung aus Nebenbetrieb (gewerblicher Natur)
- § 13a Abs. 5 EStG a. F. = § 4 Abs. 1 EStG = Wj. 2014/15 gewinnerhöhend
- § 13a Abs. 7 Satz 1 Nr. 3 EStG = § 4 Abs. 3 EStG bei Zufluss nochmals BE
→ ÜG-Abrechnung

299 Im Wj. 2015/16 vereinnahmte Erlöse aus Veräußerungen (ohne Betriebsumstellung) in vorangegangenen Wj. bleiben wegen des Rückwirkungsverbots außer Ansatz.[4]

300–305 *(Einstweilen frei)*

---

1 BMF v. 20. 11. 2013, BStBl I, Rz. 49, 55.
2 BMF v. 10. 11. 2015, BStBl I 877, Rz. 85.
3 BMF v. 10. 11. 2015, BStBl I 877, Rz. 85.
4 BVerfG v. 7. 7. 2010 - 2 BvL 14/02, 2 BvL 2/04, 2 BvL 13/05, BStBl 2011 II 76.

2. Wechsel zwischen den Methoden

Zu- und Abrechnungen sind außerhalb der Gewinnermittlung im Wj. des Übergangs vorzunehmen vgl. → Rz. 299. 306

Zu im Wj. 2015/16 vereinnahmten Erlösen aus Veräußerungen (ohne Betriebsumstellung) im vorangegangenen Wj., vgl. → Rz. 299. 307

(Einstweilen frei) 308–315

X. Aufzeichnungs- und Dokumentationspflichten

1. Elektronisch zu übermittelndes Anlageverzeichnis (§ 13a Abs. 7 Satz 3, 4 EStG)

Satz 3 verlangt für die WG nach Abs. 7 Satz 1 Nr. 1a die Aufnahme in ein laufend zu führendes Verzeichnis. Er geht damit weit über das nach § 13a Abs. 6 Satz 1 Nr. 2 EStG a. F. nach § 4 Abs. 3 Satz 5 EStG (KKB/Hallerbach, § 4 EStG Rz. 484) erforderliche Verzeichnis hinaus. Nach der Gesetzesformulierung wäre der nackte GuB, der „dazugehörige" Aufwuchs (= Feldinventar, mehrjährige Kulturen, Dauerkulturen, aufstehender Baumbestand, Baumschulerzeugnisse; obwohl nur für den Fall der Veräußerung oder Entnahme erforderlich), Gebäude, immaterielle WG und Beteiligungen aufzunehmen (vgl. → Rz. 236 ff.). Abs. 7 Satz 3 geht damit weit über das Verzeichnis nach § 4 Abs. 3 Satz 5 EStG oder über ein Anbauverzeichnis nach § 142 AO hinaus. Allerdings führt die FinVerw im Vordruckmuster für die Härtefälle Anlage AV 13a (= Anlageverzeichnis) nur das stehende Holz und die Dauerkulturen auf.[1] Zur Buchwert-Ermittlung am 1. 7. 1970 nach § 55 EStG vgl. KKB/Walter, § 55 EStG Rz. 31 ff. Bei der EÜR und bei der E-Bilanz ist eine elektronische Übermittlung nicht verpflichtend. 316

Zur Form eines lfd. zu führenden Verzeichnisses vgl. die Ausführungen unter KKB/Hallerbach, § 4 EStG Rz. 484. 317

Das BayLfSt hat zum besonderen, laufend zu führenden Verzeichnis nach § 13a Abs. 7 Satz 3 EStG ein Merkblatt herausgegeben[2] 318

(Einstweilen frei) 319–320

2. Freiwilliges Anlageverzeichnis zur Ermittlung der Buchwerte nach § 13a Abs. 7 Satz 1 Nr. 1b oder 1c EStG

Für Fälle des Abs. 7 Satz 1 Nr. 1b oder 1c ist ein freiwilliges Bestandsverzeichnis angezeigt. Im Besteuerungsfall kann der zutreffende Buchwertansatz (lineare AfA) für veräußerte, entnommene oder ausgeschiedene WG ermittelt werden. Der Stpfl. ist hier beweislastpflichtig (vgl. → Rz. 248). 321

(Einstweilen frei) 322–325

3. Aufzeichnungspflicht der Einnahmen aus dem Grunde nach gewerblichen Tätigkeiten nach § 13a Abs. 7 Satz 1 Nr. 3 EStG

Aufzeichnungspflicht besteht i. d. R. für Zwecke der Abgrenzung zur Gewerblichkeit nach den Grundsätzen der R 15.5 EStR. Bei einer dem Grunde nach gewerblichen Tätigkeit sind die Be- 326

---

1 BMF v. 22. 10. 2015, BStBl 2015 I 795, Tz. 8, 9.
2 Abzurufen unter http://www.finanzamt.bayern.de/Informationen/Steuerinfos/Zielgruppen/Land-_und_Forstwirte/2017_05_Merkblatt_zu_den_besonderen_laufend_zu_fuehrenden_Verzeichnissen.pdf.

triebseinnahmen zu trennen in reine LuF-Betriebseinnahmen (die mit dem Grundbetrag oder Pauschsatz abgegolten sind) und in Betriebseinnahmen rein gewerblicher Natur (die nach Abs. 7 Satz 1 Nr. 3 anzusetzen sind).

327–330 (Einstweilen frei)

4. Weitere Verzeichnisse

331 Weitere Verzeichnisse sind zu führen beim Ausgleichsposten nach § 4g Abs. 4, 3 EStG, bei der Rücklage nach R 6.5 Abs. 4 EStR für im Voraus gewährte Zuschüsse bei § 4 Abs. 1 EStG und beim begünstigten Gewinn nach § 6c EStG.

332–340 (Einstweilen frei)

C. Verfahrensfragen

341 ▶ **BewG:** Der Einheitswert-Bescheid ist kein Grundlagenbescheid mehr (bis 1998). § 13a EStG verweist nicht mehr auf § 175 AO.

▶ Fälle von sog. geringer Bedeutung nach § 180 Abs. 3 Satz 1 Nr. 2 AO bei Ehegattenbetrieben: Wegen der Kompliziertheit der Regelungen kann allenfalls nur bei landwirtschaftlicher Nutzung von einem Fall von geringer Bedeutung ausgegangen werden.[1] Der BFH hat allerdings bei einem Veräußerungsgewinn von 96.040 € (für 7,5 ha Wald) einen Fall von geringer Bedeutung gesehen, da das Revisionsverfahren nicht ausgesetzt wurde.[2]

▶ Bei einem Einspruch gegen eine Wegfallmitteilung ist bei ernstlichen Zweifeln die Vollziehung auszusetzen (→ Rz. 123).

▶ Ein Unterlassen einer tatsächlichen Gewinnermittlung im Antragszeitraum nach § 13a Abs. 2 EStG führt zu Änderungs-Veranlagungen nach § 175 Abs. 1 Satz 1 Nr. 2 AO (→ Rz. 131).

▶ Die Fristen für einen Antrag nach § 13a Abs. 2 EStG sind Ausschlussfristen nach § 110 AO (→ Rz. 132).

§ 14 Veräußerung des Betriebs

¹Zu den Einkünften aus Land- und Forstwirtschaft gehören auch Gewinne, die bei der Veräußerung eines land- oder forstwirtschaftlichen Betriebs oder Teilbetriebs oder eines Anteils an einem land- und forstwirtschaftlichen Betriebsvermögen erzielt werden. ²§ 16 gilt entsprechend mit der Maßgabe, dass der Freibetrag nach § 16 Absatz 4 nicht zu gewähren ist, wenn der Freibetrag nach § 14a Absatz 1 gewährt wird.

Inhaltsübersicht	Rz.
A. Allgemeine Erläuterungen	1 - 14
I. Normzweck und wirtschaftliche Bedeutung der Vorschrift	1 - 2
II. Entstehung und Entwicklung der Vorschrift	3
III. Geltungsbereich	4 - 6
IV. Vereinbarkeit mit höherrangigem Recht	7
V. Verhältnis zu anderen Vorschriften	8 - 14

---

1 BFH v. 12.4.2016 - VIII R 24/13, NWB DokID: MAAAF-81423.
2 BFH, Urteil v. 9.3.2017 - VI R 86/14, BStBl II S. 981.

Veräußerung des Betriebs § 14 EStG

B. Systematische Kommentierung ... 15 – 124
  I. Gewinne aus der Veräußerung eines land- und forstwirtschaftlichen Betriebs, Teilbetriebs oder Anteils an einem land- und forstwirtschaftlichen Betriebsvermögen nach § 14 Satz 1 EStG ... 15 – 48
    1. Veräußerung eines luf Betriebs ... 15 – 30
      a) Begriff des luf Betrieb – Mindestgröße ... 17 – 25
      b) Begriff der wesentlichen Betriebsgrundlagen ... 26 – 30
    2. Veräußerung eines land- und forstwirtschaftlichen Teilbetriebs ... 31 – 40
    3. Veräußerung eines Anteils an einem land- und forstwirtschaftlichem Betriebsvermögen ... 41 – 48
  II. Verweis auf § 16 EStG durch § 14 Satz 2 EStG ... 49 – 124
    1. Veräußerung eines Betriebs, Teilbetriebs, Mitunternehmeranteils (§ 14 Satz 2 EStG i.V. m. § 16 Abs. 1 EStG) ... 50
    2. Ermittlung des Veräußerungsgewinns (§ 14 Satz 2 EStG i.V. m. § 16 Abs. 2 EStG) ... 51 – 65
    3. Aufgabe eines Betriebs, Teilbetriebs, Mitunternehmeranteils; Realteilung, Ermittlung des Aufgabegewinns (§ 14 Satz 2 EStG i.V. m. § 16 Abs. 3, 7 EStG) ... 66 – 85
      a) Aufgabe eines Betriebs, Teilbetriebs (§ 14 Satz 2 EStG i.V. m. § 16 Abs. 3 Satz 1 EStG) ... 66 – 69
      b) Realteilung (§ 14 Satz 2 EStG i.V. m. § 16 Abs. 3 Satz 2 ff. EStG) ... 70
      c) Veräußerung an sich selbst (§ 14 Satz 2 EStG i.V. m. § 16 Abs. 3 Satz 5 EStG) ... 71
      d) Berechnung des Aufgabegewinns (§ 14 Satz 2 EStG i.V. m. § 16 Abs. 3 Satz 6 ff. EStG) ... 72 – 74
      e) Hofübergabe und Flächenrückbehalt durch Übergeber/Abgrenzung zur unentgeltlichen Betriebsübertragung ... 75
      f) Hofübergabe und Übertragung von Einzelflächen an weichende Erben bis 2005 ... 76 – 85
    4. Betriebsaufgabe durch Entstrickung (§ 14 Satz 2 EStG i.V. m. § 16 Abs. 3a EStG) ... 86 – 90
    5. Betriebsfortführungsfiktion bei Betriebsunterbrechung und Betriebsverpachtung im Ganzen (§ 14 Satz 2 EStG i.V. m. § 16 Abs. 3b EStG) ... 91 – 115
      a) Betriebsaufgaben nach dem 4.11.2011 (= Inkrafttreten StVereinfG 2011) = Gesetzliche Betriebsfortführungsfiktion ... 92 – 95
      b) Betriebsaufgaben vor dem 5.11.2011 (bisheriges Verpächterwahlrecht) ... 96 – 105
      c) Übergangsregelungen zur Verpachtung ... 106 – 110
      d) Zeitpunkt der Gewinnverwirklichung ... 111
      e) Aufgabeerklärung ... 112 – 115
    6. Freibetrag für Veräußerungs- oder Aufgabegewinn (§ 14 Satz 2 EStG i.V. m. § 16 Abs. 4 EStG) ... 116 – 124
C. Verfahrensfragen ... 125 – 127

HINWEIS:
BMF v. 22.11.2016, BStBl 2016 I 1326, Anwendungsschreiben zu § 16 Abs. 3b EStG.

LITERATUR:

▶ Weitere Literatur siehe Online-Version

Wiegand, Neue Regelungen zur Bewertung des Feldinventars, NWB 2013, 2330 ff.; *Agatha/Eisele/Fichtelmann/Schmitz/Walter*, Besteuerung der Land- und Forstwirtschaft, Herne, 8. Aufl. 2016, 930 ff.; *Kanzler*, Aufgabe eines landwirtschaftlichen Betriebs durch Übertragung sämtlicher landwirtschaftlicher Nutzflächen, FR 2018, 570; *Wiegand*, Besteuerung der Land- und Forstwirtschaft, NWB 2018, 28.

A. Allgemeine Erläuterungen

I. Normzweck und wirtschaftliche Bedeutung der Vorschrift

1 Bei der Besteuerung von Veräußerungsgewinnen (§ 14 Satz 1 EStG) werden die stillen Reserven erfasst, die im Zeitpunkt der Veräußerung (oder Aufgabe; § 14 Satz 2 EStG) des Betriebs bei den einzelnen WG vorhanden sind.[1] Die Veräußerung oder Aufgabe eines Betriebs ist gleichsam der letzte Geschäftsvorfall, bei dem die bisher noch nicht verwirklichten Gewinne steuerlich erfasst werden. Die Vorschrift des § 14 EStG dient daher lediglich der Klarstellung.[2] Seinen Sinn erhält § 14 EStG erst aus der Verbindung mit der Tarifbegünstigung des § 34 EStG,[3] mit einer Milderung der Besteuerung zusammengeballter Einkünfte. Sie setzt demnach voraus, dass alle stillen Reserven der wesentlichen Grundlagen des Betriebs in einem einheitlichen Vorgang aufgelöst werden; denn eine Zusammenballung liegt nicht vor, wenn dem Veräußerer noch stille Reserven verbleiben, die erst in einem späteren Veranlagungszeitraum aufgedeckt werden[4] oder wenn ein Betrieb allmählich abgewickelt wird.[5]

2 Durch die Verweisung in § 14 Satz 2 EStG gelten die Regelungen des § 16 EStG entsprechend.

II. Entstehung und Entwicklung der Vorschrift

3 § 14 wurde mit dem EStG 1934 v. 16. 10. 1934[6] eingeführt. Aufgrund der dynamischen Verweisung in Satz 2 auf § 16 EStG – eingefügt durch das StÄndG 1965 v. 14. 5. 1965[7] – wurde bei den Gewinneinkünften eine einheitliche Handhabung herbeigeführt (KKB/Franz/Handwerker, § 16 EStG Rz. 3).

III. Geltungsbereich

4 **Sachlich:** Auflösung aller stillen Reserven in einem einheitlichen Vorgang in einem Besteuerungsabschnitt.[8] Die Veräußerung oder Aufgabe eines Betriebs ist gleichsam der letzte Geschäftsvorfall, bei dem die bisher noch nicht verwirklichten Gewinne steuerlich erfasst werden. Der Veräußerungsgewinn ist durch Bestandsvergleich zu ermitteln. Daher ist der Gewinn (einschl. des letzten Geschäftsvorfalls) in den laufenden Gewinn und den Veräußerungsgewinn zu unterteilen und ggf. ein Übergangsgewinn zu ermitteln.

5 Für das Beitrittsgebiet gelten keine Sonderregelungen. Zum Besteuerungsrecht im **Ausland** vgl. KKB/Blusz, § 1 EStG Rz. 6 sowie KKB/Walter, § 13a EStG Rz. 32 und KKB/G. Kraft, § 49 EStG Rz. 149.

6 **Persönlich:** unbeschränkt steuerpflichtige und beschränkt steuerpflichtige Personen; allerdings bei beschränkter Steuerpflicht kein Freibetrag nach § 16 Abs. 4 EStG (§ 50 Abs. 1 Satz 3 EStG).

---

1 BFH v. 13. 12. 1979 - IV R 69/74, BStBl 1980 II 239.
2 BFH v. 3. 6. 1965 - IV 351/64 U, BStBl 1965 III 576.
3 BFH v. 18. 2. 1971 - IV R 206/67, BStBl 1971 II 485; BFH v. 19. 5. 1971 - I R 46/70, BStBl 1971 II 688 und BFH v. 18. 10. 1999 - GrS 2/98, BStBl 2000 II 123.
4 BFH v. 11. 8. 1971 - VIII 13/65, BStBl 1972 II 270; BFH v. 18. 10. 1999 - GrS 2/98, BStBl 2000 II 123.
5 BFH v. 16. 12. 2009 - IV R 7/07, BStBl 2010 II 431.
6 RGBl 1934 I 1005, Gesetzesbegr. RStBl 1935 41.
7 BGBl 1965 I 377; BT-Drucks. IV/2400.
8 BFH v. 13. 12. 1979 - IV R 69/74, BStBl 1980 II 239.

IV. Vereinbarkeit mit höherrangigem Recht

Zur verfassungsrechtlichen Problematik einer dynamischen Verweisung wird auf die zusammenfassenden Ausführungen im Urteil des BayVerfGH v. 31.1.1989[1] hingewiesen. Gegen das Stichtagsprinzip bei § 16 Abs. 3 EStG bestehen keine verfassungsrechtlichen Bedenken.[2]

V. Verhältnis zu anderen Vorschriften

§ 3 Nr. 40 Satz 1b EStG: gilt über Verweis auf § 16 Abs. 2 EStG auch bei § 14 EStG.

§ 4a Abs. 2 Nr. 1 Satz 2 EStG: Gewinn nach § 14 EStG ist dem Kj. zuzurechnen, in dem er entsteht (= Übertragung des wirtschaftlichen Eigentums bzw. Betriebsaufgabe).

§ 4 Abs. 1, Abs. 3 EStG, § 13a EStG: laufender Gewinn (einschl. Übergangsgewinn); dagegen ist § 14 EStG eine Gewinnermittlung durch Bestandsvergleich infolge der Verweisung auf § 16 Abs. 2 EStG.

§ 6 Abs. 3 EStG: Einkunftsart LuF: objektbezogene Betrachtungsweise; **Einkunftsart Gewerbebetrieb:** tätigkeitsbezogene Betrachtungsweise.

§ 6b, § 6c EStG: § 6b EStG ist auch bei einer Betriebsveräußerung möglich, für die Zeit, für die sie ohne Veräußerung des Betriebs zulässig gewesen wäre (R 6b.2 Abs. 10 EStR).

§ 14 EStG: objektbezogene Betrachtungsweise.

§ 15 Abs. 4 EStG: z. B. bei Verlusten aus gewerblicher Tierhaltung besteht ein eigener Verrechnungskreislauf. Diese Beschränkung gilt auch für einen Verlust aus der Veräußerung oder Aufgabe des Betriebs.

§ 16 EStG: dynamische Verweisung durch § 14 Satz 2 EStG.

§ 34b EStG: bei Veräußerung von GuB und aufstehendem Baumbestand ist der auf den Baumbestand entfallende Kaufpreisanteil (ab 2012) keine begünstigte Holznutzung (vgl. KKB/Walter, § 34b EStG Rz. 42).

§ 51a EStG: z. B. § 6 KirchStG BY: bei Ein- oder Austritt während des Kj. ist zu beachten, dass sich die KiSt durch Zwölftelung der Maßstabsteuer für das volle Kj. berechnet (§ 5 AVKirchStG BY).

(Einstweilen frei)

B. Systematische Kommentierung

I. Gewinne aus der Veräußerung eines land- und forstwirtschaftlichen Betriebs, Teilbetriebs oder Anteils an einem land- und forstwirtschaftlichen Betriebsvermögen nach § 14 Satz 1 EStG

1. Veräußerung eines luf Betriebs

Eine **Betriebsveräußerung** liegt vor, wenn ein (1.) Betrieb mit seinen (2.) wesentlichen Betriebsgrundlagen gegen (3.) Entgelt in der Weise auf (4.) **einen** Erwerber übertragen wird, dass der Betrieb als (5.) geschäftlicher Organismus fortgeführt werden (6.) kann.

---

1 Vf. 1-VII-88, NVwZ 1989, 1053.
2 BVerfG v. 15.10.1980 - 1 BvR 888/80, HFR 1981 25.

16 Bei einer Veräußerung an verschiedene Erwerber liegt eine Betriebsaufgabe (→ Rz. 66) vor. Die Rechtsfolgen sind bei der Betriebsveräußerung und bei der Betriebsaufgabe wegen der Zusammenballung der Einkünfte identisch.

a) Begriff des luf Betriebs – Mindestgröße

17 Was als Betrieb i. S. d. § 13 EStG zu verstehen ist, regelt die Vorschrift nicht ausdrücklich. Es kann auf das BewG zurückgegriffen werden.[1] Die Betriebseigenschaft kann auch anhand der Kriterien des § 15 Abs. 2 Satz 1 EStG geprüft werden (aus Negativmerkmal LuF und § 13 Abs. 7 EStG). Kein Betrieb[2] liegt daher vor, wenn wegen einer sehr geringen Nutzfläche nur solche Erträge erzielt werden können, wie sie ein (privater) Gartenbesitzer i. d. R. für Eigenbedarfszwecke erzielt. Ein solcher Gartenbesitzer strebt nicht nach einem echten, wirtschaftlich ins Gewicht fallenden Gewinn. Die Rechtsprechung fordert daher weder eine Mindestgröße noch eine Hofstelle oder einen vollen Besatz an Betriebsmitteln. Anhaltspunkte für das Überschreiten der privaten Gartenbewirtschaftung für Eigenbedarfszwecke, also für einen Erwerbsbetrieb können die Größe und die Art der Bewirtschaftung sein. Der BFH[3] hat z. B. die Erzeugung von Schnittgrün (für eine Kranzbinderei) auf 2 229 qm als Betrieb behandelt. Die FinVerw geht aus Vereinfachungsgründen nicht von einem landwirtschaftlichen Betrieb aus, wenn die bewirtschaftete Fläche nicht größer als 3 000 qm ist (vgl. KKB/Walter, § 55 EStG Rz. 136). Die BFH-Rechtsprechung[4] hat darin eine Faustregel gesehen, an der sie sich orientiert. Die 3 000 qm-Regelung der FinVerw gilt nicht für Intensivnutzungen wie Gemüse, Blumen, Zierpflanzenbau, Baumschulen oder Weinbau. Bei Sondernutzungen i. S. d. § 13a Abs. 6 EStG (z. B. Weinbau, Obstbau, Gemüsebau, Baumschulen, Teichwirtschaft, Weihnachtsbaumkultur) kann m. E. aufgrund der gesetzlichen Neuregelung bei Flächen über den Flächengrenzen (KKB/Walter, § 13a EStG Rz. 211) der Anlage 1a Nr. 2 **Spalte 3** EStG (= Fläche ab der ein Gewinn erzielt werden kann) grundsätzlich von einem Betrieb ausgegangen werden.

18 Die Verkleinerung eines Betriebs führt auch dann nicht zur Aufgabe, wenn die verbleibenden Flächen eine ertragreiche Bewirtschaftung nicht mehr ermöglichen.[5]

19 Von einem forstwirtschaftlichen Betrieb (bzw. Teilbetrieb) ging die FinVerw bisher aus Vereinfachungsgründen regelmäßig bei Waldflächen über 3 ha bzw. über 2 ha aus.[6] Das BFH-Urteil v. 9. 3. 2017 enthält zum Vorliegen eines Forstbetriebs ausführliche Kernaussagen.[7] Danach und nach dem BMF-Schreiben vom 18.5.2018 liegt vereinfacht ausgedrückt – wenn keine Verluste vorliegen – bei jeder Flächengröße immer ein Betrieb/Teilbetrieb vor, weil das Holz von alleine wächst. Zum Totalgewinn gehören auch die stillen Reserven aus dem Waldboden. Das BFH-Urteil v. 26. 6. 1985[8] mit dem Jahresgewinn von 1.000 DM ist nicht mehr anzuwenden.

20 Die Betriebsveräußerung setzt nicht voraus, dass die LuF-Betätigung eingestellt wird. FinVerw und Rspr. sehen den Begriff des Betriebs im Bereich der LuF rein gegenstandsbezogen, nicht

---

1 BFH v. 10. 4. 1997 - IV R 48/96, NWB DokID: OAAAB-39028.
2 BFH v. 5. 5. 2011 - IV R 48/08, BStBl 2011 II 792.
3 BFH v. 9. 12. 1986 - VIII R 26/80, BStBl 1987 II 342.
4 BFH v. 5. 5. 2011 - IV R 48/08, BStBl 2011 II 792, Rz. 21. BFH v. 21.12. 2016 - IV R 45/13, BFH/NV 2017, 459.
5 BFH 5. 5. 2011 - IV R 48/08, BStBl 2011 II 792.
6 > 3 ha: OFD Niedersachsen v. 4. 9. 2013 - S 2239-9-St 282; > 2 ha, BayLfSt v. 14. 10. 2014, NWB DokID: QAAAE-78011; geänderte BFH-Rspr.: BFH v. 9.3.2017 - VI R 86/14, BStBl 2017 II 981.
7 BFH, Urteil vom 9.3.2017 - VI R 86/14, BStBl II S. 981; BMF, Schreiben v. 18.5.2018 - IV C 7 - S 2232/0-02 BStBl I S. 689.
8 BStBl 1985 II 549.

aber (wie im gewerblichen Bereich; KKB/Franz/Handwerker, § 16 EStG Rz. 111) tätigkeitsbezogen.[1] Zur abweichenden Behandlung der LuF im Bereich der Gewinneinkünfte vgl. *Kanzler*.[2]

Ein Rückbehalt von WG von untergeordneter Bedeutung (funktional nicht wesentliches Vermögen) ist für die Betriebsveräußerung unschädlich. Durch den Rückbehalt von WG, die wesentliche Betriebsgrundlagen (vgl. → Rz. 26) sind, liegt begrifflich keine Betriebsveräußerung, sondern eine Betriebsaufgabe nach § 16 Abs. 3 EStG vor. — 21

(Einstweilen frei) 22–25

b) Begriff der wesentlichen Betriebsgrundlagen

Ob bei einer Veräußerung ein WG zu den wesentlichen Betriebsgrundlagen gehört, ist nach der funktional-quantitativen Betrachtungsweise zu entscheiden (entsprechende Grundsätze sind bei der Realteilung anzuwenden; bei einer Verpachtung im Ganzen ist dagegen nur nach der funktionalen Betrachtungsweise zu entscheiden). — 26

Bei landwirtschaftlichen Nutzflächen setzt der BFH eine Flächengrenze von 10 % als Anhaltspunkt für das Vorliegen einer wesentlichen Betriebsgrundlage voraus.[3] — 27

(Einstweilen frei) 28–30

2. Veräußerung eines land- und forstwirtschaftlichen Teilbetriebs

Ein Teilbetrieb ist ein mit einer gewissen Selbständigkeit ausgestatteter, organisch geschlossener Teil des Gesamtbetriebs, der für sich betrachtet alle Merkmale eines Betriebs i. S. d. EStG (→ Rz. 48) aufweist und für sich lebensfähig ist (R 16 Abs. 3 EStR). Lebensfähig ist ein Teilbetrieb, wenn von der Struktur her[4] eine eigenständige betriebliche Tätigkeit ausgeübt werden kann. Der Teilbetrieb muss im Veräußerungsfall im Wesentlichen die Möglichkeit bieten, künftig als selbständiger Betrieb geführt werden zu können, auch wenn dies noch einzelne Ergänzungen oder Änderungen bedingen sollte (R 14 Abs. 14 EStR). — 31

Die Veräußerung von Einzelflächen führt zu laufendem Gewinn. Für die **Abgrenzung** einer **Veräußerung eines Teilbetriebs** zu der **Veräußerung von Einzelflächen** gilt Folgendes: — 32

▶ Eine **landwirtschaftliche Fläche** kann nach bisheriger Rspr., auch wenn sie noch so groß ist, keinen Teilbetrieb bilden,[5] obwohl die Bewirtschaftung ohne eigene Betriebsmittel z. B. durch Maschinenring und Lohnarbeit möglich ist.[6]

▶ Eine einzelne **forstwirtschaftliche Fläche** 2 ha kann aufgrund der geringen Voraussetzungen (vgl. → Rz. 19) das Merkmal eines Teilbetriebs erfüllen, wenn sie aus Erwerbersicht ein selbständiges Forstrevier darstellt. Bei der Forstwirtschaft gelten großzügigere Maßstäbe als in der Landwirtschaft bei der Bildung von Teilbetrieben. Holz wächst von alleine.

---

[1] BFH v. 24. 7. 1986 - IV R 137/84, BStBl 1986 II 808. BFH 25. 1. 2017 - X R 59/14, BFH/NV 2017 1077.
[2] FR 1996, 678.
[3] BFH v. 1. 2. 1990 - IV R 8/89, BStBl 1990 II 428; BFH v. 29. 10. 1992 - IV R 117/91, BFH/NV 1994, 533 = NWB DokID: GAAAB-33060 und v. 10. 12. 1992 - IV R 115/91, BStBl 1993 II 342. BFH v. 24. 2. 2005 - IV R 28/00, BFH/NV 2005, 1062 = NWB DokID: ZAAAB-52560. Weitere Bsp. in H 16 Abs. 8 EStH angeführter Rspr.
[4] BFH v. 29. 3. 2001 - IV R 62/99, BFH/NV 2001, 1248 = NWB DokID: GAAAA-67061.
[5] BFH v. 9. 12. 1960 - IV 67/58 U, BStBl 1961 III 124; BFH v. 9. 7. 1981 - IV R 101/77, BStBl 1982 II 20.
[6] BFH v. 26. 8. 2004 - IV R 52/02, BFH/NV 2005 674 = NWB DokID: MAAAB-42759; FG Baden-Württemberg v. 27. 6. 2007 - 8 K 139/03, EFG 2008, 27.

▶ Bei Gemüse, Blumen, Zierpflanzenbau, Baumschulen, Weinbau, Obstbau, Spargel oder Christbaumkulturen ist bei Flächen über den neuen Flächengrenzen der Anlage 1a Nr. 2 Spalte 3 EStG eine strukturelle Eigenständigkeit darstellbar (→ Rz. 17).

33 Für die Frage der Einheit oder Mehrheit von Betrieben ist nach der BFH-Rspr.[1] grundsätzlich davon auszugehen, dass alle Flächen eine wirtschaftliche Einheit bilden, wenn sie von einer Hofstelle aus bewirtschaftet würden und demselben Eigentümer gehörten.[2] Außerdem sei bedeutsam, ob die Betriebe mit den gleichen Sachmitteln ausgestattet seien und mit den gleichen – oder unterschiedlichen – Arbeitskräften wirtschafteten.[3] Für einen Gesamtbetrieb spricht ferner, dass ein landwirtschaftlicher Betrieb und ein (im Urteilsfall) Hopfenanbaubetrieb nicht so wesensverschieden seien, dass nach der Verkehrsauffassung von zwei Betrieben auszugehen wäre. Entscheidend sei, dass beide Betriebe von einer Hofstelle aus geführt und bewirtschaftet sowie bei der Landwirtschaftsverwaltung mit einer Betriebsnummer geführt würden. Bei unterschiedlichen landwirtschaftlichen Betriebszweigen kann ein Teilbetrieb vorliegen.[4]

34 Durch eine Verpachtung eines Teilbetriebs entsteht ein eigenständiger Betrieb der mit Pachtende wieder zum Teilbetrieb wird.[5]

35 Keine Teilbetriebsveräußerung oder -aufgabe liegt vor, wenn wesentliche Betriebsgrundlagen oder WG von nicht untergeordneter Bedeutung im Restbetrieb, in einen anderen Teilbetrieb oder in einen anderen Betrieb verbracht werden.[6]

36–40 *(Einstweilen frei)*

3. Veräußerung eines Anteils an einem land- und forstwirtschaftlichem Betriebsvermögen

41 Anteil an einem Betriebsvermögen ist ein Mitunternehmeranteil, d. h., die im Mitunternehmeranteil repräsentierten Anteile an vorhandenen WG. Eine Teilanteilsveräußerung wäre nach § 14 Satz 1 EStG vom Wortlaut her begünstigt. Durch die Verweisung (→ Rz. 47) des § 14 Satz 2 EStG auf § 16 Abs. 1 Satz 2 EStG ist allerdings eine Teilanteilsveräußerung (ab 2002) nicht mehr begünstigt und führt zu einem laufenden Gewinn.

42–48 *(Einstweilen frei)*

II. Verweis auf § 16 EStG durch § 14 Satz 2 EStG

49 Mit der dynamischen Verweisung soll die Besteuerung nach § 14 Satz 1 EStG der Besteuerung nach § 16 EStG angeglichen werden. Zur abweichenden Behandlung der Betriebseigenschaft vgl. → Rz. 20.

---

1 BFH v. 30.5.2007 - IV B 93/06, BFH/NV 2007, 2051 = NWB DokID: FAAAC-59272.
2 BFH v. 29.3.2001 - IV R 62/99, BFH/NV 2001, 1248 = NWB DokID: GAAAA-67061. BFH, Urteil v. 16.11.2017 - VI R 63/15 BStBl 2018 II; BFH v. 17.5.2018 - VI R 66/15 NV Rz. 28.
3 BFH v. 13.10.1988 - IV R 136/85, BStBl 1989 II 7.
4 BFH, Urteil vom 17.5.2018 - VI R 66/15, NV.
5 BFH v. 30.5.2007 - IV B 93/06, BFH/NV 2007, 2051 = NWB DokID: FAAAC-59272.
6 Rspr. in H 16 (3) „Auflösung stiller Reserven" EStH.

1. Veräußerung eines Betriebs, Teilbetriebs, Mitunternehmeranteils (§ 14 Satz 2 EStG i.V. m. § 16 Abs. 1 EStG)

Der Verweis hat keine Bedeutung, da sich diese Rechtsfolge bereits aus § 14 Satz 1 EStG ergibt (vgl. → Rz. 41). 50

2. Ermittlung des Veräußerungsgewinns (§ 14 Satz 2 EStG i.V. m. § 16 Abs. 2 EStG)

Der Begriff des Veräußerungsgewinns (KKB/Franz/Handwerker, § 16 EStG Rz. 461), die Berechnung des Veräußerungsgewinns (KKB/Franz/Handwerker, § 16 EStG Rz. 462 ff.), und der Zeitpunkt der Gewinnverwirklichung (KKB/Franz/Handwerker, § 16 EStG Rz. 461), werden ausführlich in der Kommentierung des § 16 EStG dargestellt. 51

Bei der Berechnung des Veräußerungsgewinns sind folgende Besonderheiten für den Bereich der Land- und Forstwirtschaft zu beachten: Sowohl bei der Gewinnermittlung nach Durchschnittssätzen (s. KKB/Walter, § 13a EStG Rz. 161) als auch bei einer Gewinnschätzung (§ 162 AO) kann der Land- und Forstwirt regelmäßig keine Bewertungswahlrechte ausüben, die bei der Gewinnermittlung nach § 4 Abs. 1 EStG oder nach § 4 Abs. 3 EStG zulässig sind (z. B. Viehbewertung, geringwertige Anlagegüter nach § 6 Abs. 2, 2a EStG, Vereinfachungsregelung zur Bewertung des Feldinventars/der stehenden Ernte nach R 14 EStR). Diese Wahlrechte kann er erstmals in der Übergangsbilanz nach § 16 Abs. 2 EStG ausüben. Der Übergangsgewinn ist laufender Gewinn. 52

Gesonderte Entgelte, die neben dem Kaufpreis für GuB für besondere Eigenschaften des GuB (z. B. Geil und Gare) gezahlt werden, sind Teil des Veräußerungspreises für den GuB (R 14 Abs. 1 EStR). Eine Kaufpreisaufteilung hat besondere Bedeutung im Hinblick auf die Verlustklausel des § 55 Abs. 6 EStG (KKB/Walter, § 55 EStG Rz. 76) oder im Falle einer Rücklage nach § 6b EStG oder für den Erwerber (Abschreibvolumen). 53

Erträge aus Aberntrechten nach dem Veräußerungszeitpunkt, die sich der Veräußerer vorbehält sind nicht Teil des Veräußerungspreises, sondern nachträgliche Einkünfte nach § 24 Nr. 2 EStG.[1] Nachträgliche Einkünfte sind nach den Grundsätzen des § 4 Abs. 3 EStG für das Kj. und nicht mehr für das Wj. zu ermitteln. 54

Teil des Veräußerungspreises ist auch die Übernahme der Verpflichtung zur Freistellung von einer dinglichen Last (z. B. Altenteil, Nießbrauch) die ihrem Rechtsinhalt nach einer rein schuldrechtlichen Verpflichtung gleichwertig ist.[2] 55

Die Ablösung von Versorgungsleistungen (dauernde Last) führt, weil privat veranlasst, weder zu Veräußerungskosten noch zu nachträglichen Anschaffungskosten, noch zu Sonderausgaben.[3] 56

Bei der Veräußerung einer Mehrheit von WG ist eine Kaufpreisaufteilung nach dem Verhältnis der Teilwerte im Hinblick auf die Verlustklausel des § 55 Abs. 6 EStG (KKB/Walter, § 55 EStG Rz. 76) oder eine Rücklage nach § 6b EStG (Rücklage bei Betriebsveräußerung R 6b.2 Abs. 10 EStR) erforderlich (vgl. KKB/Kanzler, § 6b EStG Rz. 66). Bei Vorliegen gewichtiger Anzeichen ist 57

---

[1] BFH v. 7. 9. 1989 - IV R 91/88, BStBl 1989 II 975.
[2] BFH v. 12. 1. 1983 - IV R 180/80, BStBl 1983 II 595; BMF v. 13. 1. 1993 - BStBl 1993 I 80, Tz. 9.
[3] BFH v. 31. 3. 2004 - X R 66/98, BStBl 2004 II 830.

ein Interessenzuschlag (vgl. BFH v. 9.4.1987[1]) nicht anteilig allen WG, sondern allein diesem WG zuzuordnen.

58 Bei der Veräußerung von Wald (Betrieb, Teilbetrieb oder einzelnes WG) Hinweis auf R 14 Abs. 4 EStR.[2]

59–65 *(Einstweilen frei)*

3. Aufgabe eines Betriebs, Teilbetriebs, Mitunternehmeranteils; Realteilung, Ermittlung des Aufgabegewinns (§ 14 Satz 2 EStG i.V. m. § 16 Abs. 3, 7 EStG)

a) Aufgabe eines Betriebs, Teilbetriebs (§ 14 Satz 2 EStG i.V. m. § 16 Abs. 3 Satz 1 EStG)

66 Eine Betriebsaufgabe i. S. v. § 16 Abs. 3 EStG liegt vor, wenn der Steuerpflichtige den Entschluss gefasst hat, seine betriebliche Tätigkeit einzustellen und seinen Betrieb als selbständigen Organismus des Wirtschaftslebens aufzulösen, und in Ausführung dieses Entschlusses alle wesentlichen Grundlagen des Betriebs in einem einheitlichen Vorgang innerhalb kurzer Zeit an **verschiedene** Abnehmer veräußert oder in das Privatvermögen überführt.[3]

67 Zu einer Beendigung der Mitunternehmerschaft führen nicht bereits die Trennung bzw. Scheidung von in Gütergemeinschaft lebenden Eheleuten (= Mitunternehmerschaft), sondern erst die Auflösung und Abwicklung der Gütergemeinschaft zu einer Beendigung der darauf beruhenden Mitunternehmerschaft.[4]

68 Im Bereich der LuF wird eine Betriebsaufgabe nur (noch) dann angenommen werden können, wenn der Stpfl. seinen Aufgabewillen gegenüber dem FA in unmissverständlicher Weise durch Abgabe einer Aufgabeerklärung (→ Rz. 112) zum Ausdruck bringt;[5] bei Betriebsaufgaben nach dem 4.11.2011 von verpachteten Betrieben siehe die ausführlichen Hinweise in → Rz. 92.

69 Keine Betriebsaufgabe liegt vor bei einer Betriebsunterbrechung im engeren Sinne (→ Rz. 91), einer Betriebsverpachtung der wesentlichen Betriebsgrundlagen (Rz. 91, 96), einer unentgeltlichen Betriebsübertragung der wesentlichen Betriebsgrundlagen (KKB/Teschke/C. Kraft, § 6 EStG Rz. 310), beim Strukturwandel (KKB/Kanzler, § 13 EStG Rz. 21 ff.) und beim Wechsel vom Erwerbsbetrieb zum Liebhabereibetrieb (KKB/Kanzler, § 2; KKB/Kanzler, § 13 EStG Rz. 106 ff.).

b) Realteilung (§ 14 Satz 2 EStG i.V. m. § 16 Abs. 3 Satz 2 ff. EStG)[6]

70 Eine **Besonderheit im Bereich der LuF:**[7] bei Realteilung eines im Ganzen verpachteten Betriebs mit Einzel-WG ist die Splittung des Verpächterwahlrechts. Danach kann das Verpächterwahlrecht nach der Realteilung erstmalig begründet oder fortgeführt werden, wenn die erhaltenen

---

1 BFH v. 9.4.1987 - IV R 332/84, BFH/NV 1987, 763 = NWB DokID: OAAAB-29788.
2 BFH 9.3.2017 - VI R 86/14 BStBl 2017 II 981; vgl. → Rz. 19
3 Z.B. BFH v. 30.3.2006 - IV R 31/03, BStBl 2006 II 652; R 16 Abs. 2 EStR.
4 BFH v. 26.10.2011 - IV B 66/10, BFH/NV 2012, 411 = NWB DokID: FAAAD-99935.
5 BFH v. 18.3.1999 - IV R 65/98, BStBl II 398; BMF v. 1.12.2000, BStBl 2000 I 1556; BFH v. 11.5.2017 - VI B 105/16, BFH/NV 2017 S. 1172 Nr. 9.
6 KKB/Franz/Handwerker, § 16 EStG Rz. 556.
7 BMF v. 20.12.2016, BStBl 2017 I 36. BMF, Schreiben v. 19.12.2018 - IV C 6 - S 2242/07/10002 Rz. 14 aber BFH 17.5.2018.

WG bei dem Realteiler nach der Realteilung einen luf Betrieb darstellen,[1] d. h., die Mindestgrößen (→ Rz. 17) bei den jeweiligen luf Nutzungen erfüllt sind.[2]

BEISPIEL: ▸ Eine Erbengemeinschaft mit einem im Ganzen verpachteten landwirtschaftlichen Betrieb wird unter den vier Miterben im Wege der Realteilung geteilt. Jeder Miterbe erhält einen Hektar (kein Teilbetrieb).

Lösung - bisher BMF:
Jeder Realteiler begründet einen verpachteten landwirtschaftlichen Betrieb, weil die landwirtschaftliche Fläche 3 000 qm übersteigt. Nach Ablauf der Sperrfrist nach § 16 Abs. 3 Satz 3 EStG (weil EinzelWG) kann jeder Landwirt den GuB für eine Wohnung nach § 13 Abs. 5 EStG steuerfrei entnehmen.

Lösung - neu BFH:
Der BFH sieht in der Realteilung ein Betriebsaufgabe, weil jeder der vier Realteiler nur ein bloßer Verpächter ist, dem das Verpächterwahlrecht nicht zusteht.[3]

c) Veräußerung an sich selbst (§ 14 Satz 2 EStG i. V. m. § 16 Abs. 3 Satz 5 EStG)

Soweit auf der Seite des Veräußerers und auf der Seite des Erwerbers dieselben Personen Unternehmer oder Mitunternehmer sind, gilt der Aufgabegewinn als laufender Gewinn (vgl. KKB/Franz/Handwerker, § 16 EStG Rz. 369). 71

d) Berechnung des Aufgabegewinns (§ 14 Satz 2 EStG i. V. m. § 16 Abs. 3 Satz 6 ff. EStG)

Bei der Berechnung des Aufgabegewinns gelten die Ausführungen zu § 16 Abs. 3 EStG entsprechend (KKB/Franz/Handwerker, § 16 EStG Rz. 461). Der gemeine Wert im Zeitpunkt der Aufgabe richtet sich nach dem zum Aufgabestichtag im gewöhnlichen Geschäftsverkehr zu erzielenden Preis (§ 9 Abs. 2 Satz 1 BewG). Umstände, die nicht diese zeitpunktbezogene „Momentaufnahme", sondern den Wert erst zu einem späteren Zeitpunkt beeinflussen, betreffen die Wertfindung für ein bereits in das Privatvermögen überführtes WG. Aus der Stichtagsbezogenheit folgt insbesondere, dass sich bei der Ermittlung eines Vermögenswerts nur solche Verhältnisse und Gegebenheiten auswirken, die im Bewertungszeitpunkt so hinreichend konkretisiert sind, dass mit ihnen als Tatsache zu rechnen ist.[4] 72

Eine spätere Änderung in einem Bebauungs- oder Flächennutzungsplan ist kein rückwirkendes Ereignis nach § 175 Abs. 1 Satz 1 Nr. 2 AO.[5] 73

Bei der Bemessung eines Betriebsaufgabegewinns kann kein Abschlag wegen der inzwischen eingetretenen allgemeinen Geldentwertung vorgenommen werden.[6] 74

e) Hofübergabe und Flächenrückbehalt durch Übergeber/Abgrenzung zur unentgeltlichen Betriebsübertragung

BEISPIEL: ▸ Hofübergabe am 30. 6. 2014 von Vater an Kind 1 und Rückbehalt von zwei Grundstücken (Bauland) von zusammen 0,8 ha (= < 10 % der landwirtschaftliche Nutzfläche). Die Grundstücke sind an K1 verpachtet. 75

---

1 Mit Hinweis auf BMF v. 1. 12. 2000, BStBl 2000 I 1556.
2 Niedersächsisches FG v. 2. 7. 2013 - 15 K 265/11, NWB DokID: QAAAE-44830.
3 BFH, Urteil v. 17.5.2018 - VI R 66/15; NV BFH, Urteil v. 17.5.2018 VI R 73/15, NV.
4 Vgl. BFH v. 1. 4. 1998 - X R 150/95, BStBl 1998 II 569 und BFH v. 13. 5. 1998 - II R 98/97, BFH/NV 1998, 1376 = NWB DokID: TAAAB-39732.
5 FG Nürnberg v. 25. 4. 2007 - III 282/2006, NWB DokID: YAAAD-48377.
6 BFH v. 19. 5. 1971 - I B 10/71, BStBl 1971 II 626.

Variante 1: Am 30. 9. 2015 werden die zwei Grundstücke veräußert.

Variante 2: Am 30. 9. 2015 werden die zwei Grundstücke an K2 übertragen.

Variante 3: Rückbehalt von mehr als 10 % der landwirtschaftlichen Nutzfläche.

Variante 4: Übertragung von > 10 % der landwirtschaftlichen Nutzflächen an K2 und Rest an K1.

Variante 5: Vater gründet mit K1 und K2 Verpachtungs-GbR. Ein Grundstück wird ins Gesamthandsvermögen der GbR übertragen. Die Restflächen werden an die GbR verpachtet. Diese werden zu je 50 % in das Alleineigentum von K1 und K2 übertragen.

Lösung:

Der Vater hat den eigentlichen Betrieb mit seinen wesentlichen Betriebsgrundlagen im Rahmen der vorweggenommenen Erbfolge übertragen.[12]

Der Rückbehalt von Flächen, die nicht wesentliche Betriebsgrundlage sind, führt nicht zur Zwangsentnahme, wenn der Landwirt seine bisherige Tätigkeit nicht beendet, sondern sie mit einem Teil des bisherigen Betriebsvermögens in verkleinerter Form fortführt. Weiter wird noch vorausgesetzt, dass die zurückbehaltenen Flächen – für sich gesehen – Grundlage eines selbständigen Betriebs sein können (zur 3 000 qm-Regelung vgl. → Rz. 17). Diese Grundsätze gelten auch für den Fall der Verpachtung des (verkleinerten Rest-)Betriebs im Ganzen.[3]

Variante 1: Betriebsveräußerung im Ganzen des verkleinerten Betriebs am 30. 9. 2015 mit Tarifermäßigung nach § 34 Abs. 1 ggf. Abs. 3 EStG. Kein Fall der Gesamtplanrechtsprechung.

Variante 2: Unentgeltliche (Klein-)Betriebsübertragung nach § 6 Abs. 3 EStG des verkleinerten Betriebs. K2 kann ggf. für Wohnung § 13 Abs. 5 EStG nutzen.

Variante 3: Übertragung auf K1 kein § 6 Abs. 3 EStG, weil nicht alle wesentlichen Betriebsgrundlagen übertragen wurden. Die Übertragung an K1 ist daher eine Entnahme. Der Rückbehalt von mehr als 10 % führt zu einem verkleinerten Betrieb.

Variante 4: Betriebsaufgabe (Totalentnahme), weil weder bei K2 noch bei K1 ein Fall des § 6 Abs. 3 EStG vorliegt.

Variante 5: Übertragung ins Gesamthandsvermögen der GbR. Verpachtete Restflächen sind Sonder-BV des Vaters. Übertragung des Sonder-BV ins Sonder-BV von K1 und K2 nach § 6 Abs. 5 Satz 3 Nr. 3 EStG zum Buchwert. Bei anschließenden Entnahmen ist die Sperrfrist zu beachten (vgl. → Rz. 70 Beispiel).

f) Hofübergabe und Übertragung von Einzelflächen an weichende Erben bis 2005

76 Bis 2005 (Geltungsbereich des § 14a Abs. 4 EStG) war die Buchwertübertragung nach § 6 Abs. 3 EStG nicht abhängig von der Größe des Abfindungsgrundstücks (KKB/Walter, § 14a EStG Rz. 41). Dies hat vor allem Bedeutung in bisher steuerlich noch nicht erfassten Fällen.

77–85 *(Einstweilen frei)*

4. Betriebsaufgabe durch Entstrickung
(§ 14 Satz 2 EStG i. V. m. § 16 Abs. 3a EStG)

86 § 16 Abs. 3a EStG erfasst Fälle der grenzüberschreitenden Betriebsverlegung.

Ausführliche Hinweise hierzu enthält KKB/Franz/Handwerker, § 16 EStG Rz. 671 ff.

87–90 *(Einstweilen frei)*

---

1 Siehe § 6 Abs. 3 EStG; vgl. BFH v. 29. 10. 1992 – IV R 117/91, BFH/NV 1994, 533 = NWB DokID: GAAAB-33060.
2 Zur Aufgabe der Gesamtplanrechtsprechung vgl. BFH 16. 12. 2015 – IV R 8/12, BStBl 2017 II 766.
3 Vgl. BFH v. 24. 2. 2005 – IV R 28/00, BFH/NV 2005, 1062 = NWB DokID: ZAAAB-52560.

5. Betriebsfortführungsfiktion bei Betriebsunterbrechung und Betriebsverpachtung im Ganzen (§ 14 Satz 2 EStG i.V. m. § 16 Abs. 3b EStG)

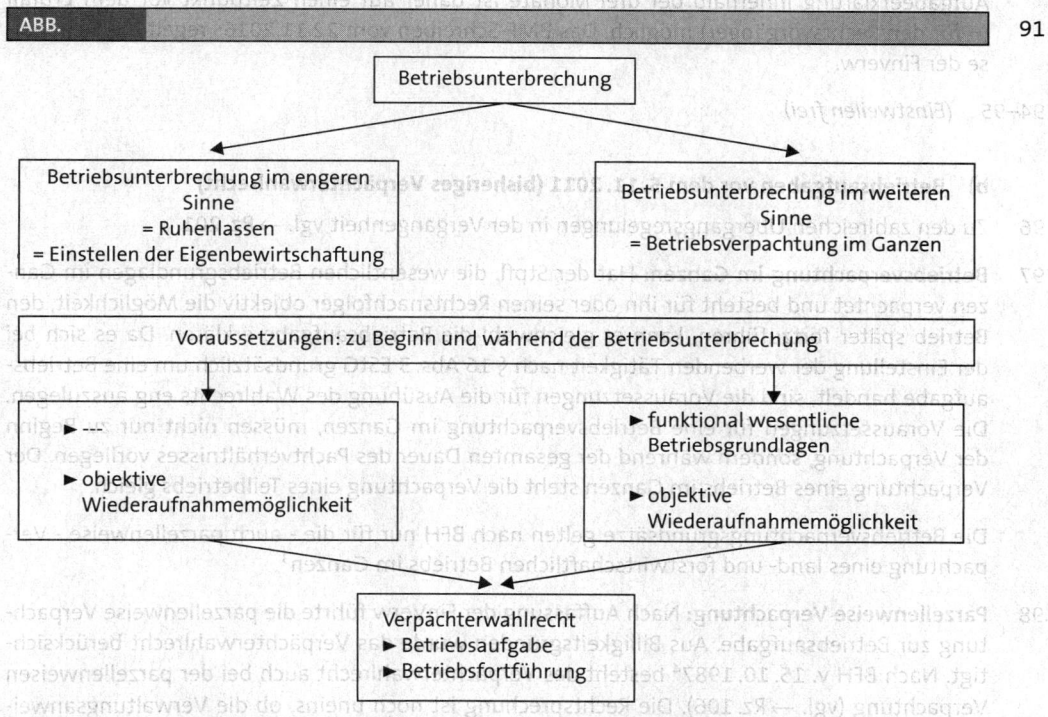

a) Betriebsaufgaben nach dem 4.11.2011 (= Inkrafttreten StVereinfG 2011) = Gesetzliche Betriebsfortführungsfiktion

Die Neuregelung soll die gesetzlichen Voraussetzungen für die Fälle einer allmählichen (schleichenden) Betriebsaufgabe bei verpachteten und ruhenden Betrieben sowohl für den Stpfl. als auch für die FinVerw eindeutig normieren. Die Grundsätze von R 16 Abs. 5 EStR und H 16 Abs. 5 EStH, die weitgehend inhaltsgleich zur gesetzlichen Regelung sind, gelten damit fort.[1] Mit § 16 Abs. 3b EStG wird eine gesetzliche Fiktion eingeführt, nach der der Betrieb solange als fortgeführt gilt, bis der Stpfl. die Betriebsaufgabe ausdrücklich erklärt oder bis dem Finanzamt Tatsachen bekannt werden, aus denen sich ergibt, dass die Voraussetzungen für eine Betriebsaufgabe erfüllt sind. Ist bei einer sog. Zwangsbetriebsaufgabe der VZ noch nicht bestandskräftig veranlagt, müsste der VZ der Aufgabe Vorrang vor dem späteren VZ der Kenntnis des Finanzamts haben.

§ 16 Abs. 3b EStG lässt bei der Betriebsaufgabe eine Rückbeziehung von drei Monaten zu. Die bisherigen Beschränkungen des BFH bei der Wertbestimmung (vgl. H 16 Abs. 5 Drei-Monats-Frist EStH) sind daher wegen der eindeutigen gesetzlichen Regelung nicht mehr zu beachten.

---

[1] Vgl. BT-Drucks. 17/5125.

Auch kann jetzt aufgrund der gesetzlichen Regelung die Betriebsaufgabe durch den Gesamtrechtsnachfolger (im Erbfall; nicht bei vorweggenommener Erbfolge)[1] erklärt werden. Eine Aufgabeerklärung innerhalb der drei Monate ist daher auf einen Zeitpunkt vor dem Erbfall (= für den Rechtsvorgänger) möglich. Das BMF-Schreiben vom 22.11.2016[2] regelt die Sichtweise der Finverw.

94–95 *(Einstweilen frei)*

b) Betriebsaufgaben vor dem 5.11.2011 (bisheriges Verpächterwahlrecht)

96 Zu den zahlreichen Übergangsregelungen in der Vergangenheit vgl. → Rz. 201.

97 **Betriebsverpachtung im Ganzen:** Hat der Stpfl. die wesentlichen Betriebsgrundlagen im Ganzen verpachtet und besteht für ihn oder seinen Rechtsnachfolger objektiv die Möglichkeit, den Betrieb später fortzuführen, kann er gleichwohl die Betriebsaufgabe erklären. Da es sich bei der Einstellung der werbenden Tätigkeit nach § 16 Abs. 3 EStG grundsätzlich um eine Betriebsaufgabe handelt, sind die Voraussetzungen für die Ausübung des Wahlrechts eng auszulegen. Die Voraussetzungen für eine Betriebsverpachtung im Ganzen, müssen nicht nur zu Beginn der Verpachtung, sondern während der gesamten Dauer des Pachtverhältnisses vorliegen. Der Verpachtung eines Betriebs im Ganzen steht die Verpachtung eines Teilbetriebs gleich.

Die Betriebsverpachtungsgrundsätze gelten nach BFH nur für die - auch parzellenweise - Verpachtung eines land- und forstwirtschaftlichen Betriebs im Ganzen[3]

98 **Parzellenweise Verpachtung:** Nach Auffassung der FinVerw führte die parzellenweise Verpachtung zur Betriebsaufgabe. Aus Billigkeitsgründen wurde das Verpächterwahlrecht berücksichtigt. Nach BFH v. 15.10.1987[4] besteht das Verpächterwahlrecht auch bei der parzellenweisen Verpachtung (vgl. → Rz. 106). Die Rechtsprechung ist noch uneins, ob die Verwaltungsanweisung eine norminterpretierende Verwaltungsanweisung ist oder ob ein Rechtsanspruch auf die Anwendung der Übergangsregelung besteht.[5] Für eine Ausdehnung dieser Grundsätze auch auf den gewerblichen Bereich vgl. *Kanzler*.[6]

99 **Rückbehalt/Veräußerung von WG im Zuge der Verpachtung:** Eine Betriebsaufgabe bei Verpachtung des Betriebs im Ganzen liegt so lange nicht vor, als (vor allem) die eigenen landwirtschaftlichen Flächen des Verpächters nach Beendigung des Pachtverhältnisses, die Fortführung eines land- und forstwirtschaftlichen Betriebs gestatten.[7]

> **BEISPIEL:** Ein landwirtschaftlicher Betrieb mit 10 ha ist seit 1980 im Ganzen verpachtet. Seit der Verpachtung wurden 80 % der Flächen veräußert.
>
> **Lösung:**
> Durch die Veräußerung von mehr als 10 % der Flächen ist das Verpächterwahlrecht nicht beeinträchtigt. Der verpachtete Betrieb bleibt bestehen, weil er mit 2 ha noch fortgeführt werden kann (vgl. → Rz. 17).

---

1 BMF v. 22.11.2016, BStBl 2016 I 1236.
2 BMF v. 22.11.2016, BStBl 2016 I 1326, Anwendungsschreiben zu § 16 Abs. 3a EStG.
3 BFH v. 21.12.2016 - IV R 45/13, BFH/NV 2017 S. 459 Nr. 4.
4 IV R 66/86, BStBl 1988 II 260.
5 FG Münster v. 17.2.2016 - 7 K 2471/13 E, EFG 2016, 614, Tz. 47.
6 FR 2007, 800.
7 BMF v. 30.1.1985, DStZ/E 1985, 77.

Aufgabehandlungen während der Pachtzeit: Fallen während der Verpachtung (bis 4.11.2011) die Voraussetzungen des Verpächterwahlrechts weg, führt dies zwangsläufig zur Gewinnverwirklichung. Der Stpfl. hat die Beweislast.[1] Bei Sachverhaltsveränderungen nach dem 4.11.2011 vgl. → Rz. 92. 100

(Einstweilen frei) 101–105

c) Übergangsregelungen zur Verpachtung

Das Anführen der Einnahmen aus der Verpachtung bei den Einkünften aus VuV gilt grundsätzlich nicht als Aufgabeerklärung (vgl. R 16 Abs. 5 Satz 9 EStR 2008; Rz. 92). 106

Durch die Änderung der Verpachtungsrechtsprechung, die Einführung der Bodengewinnbesteuerung, durch die Rspr. zur parzellenweisen Verpachtung und der Aufgabehandlungen sowie zur gesetzlichen Fiktion der Betriebsfortführung sind folgende Übergangsregelungen (Billigkeitsmaßnahmen) der FinVerw bzw. des Gesetzgebers zu beachten: 107

Zeitpunkt	Regelung	Fundstelle	Rz.
vor dem 21.6.1948	Betriebsverpachtung vor dem 21.6.1948 und Erklären der Pachteinnahmen seit dem 21.6.1948 bei den Einnahmen aus VuV ist ausnahmsweise eine Betriebsaufgabeerklärung	FMS BY v. 17.12.1965, BStBl 1966 II 30, 34, Tz. 2	96
vor dem 17.3.1964	Betriebsverpachtung vor dem 17.3.1964 und Aufgabeerklärung für VZ 1964 ist ausnahmsweise das Erklären der Pachteinnahmen bei den Einkünften aus VuV eine Betriebsaufgabeerklärung	FMS BY v. 29.12.1964, BStBl 1965 II 2, 5; FMS BY v. 17.12.1965, BStBl 1966 II 30, 34, Tz. 1	96
	Verpächterwahlrecht bei Verpachtung des Betriebs im Ganzen	BFH v. 13.11.1963 - GrS 1/63 S, BStBl III 124	96
	Verpächterwahlrecht bei Verpachtung des Betriebs im Ganzen	FMS BY v. 17.12.1965, BStBl 1966 II 30, 34 Tz. 1; FMS BY v. 29.12.1964, BStBl 1965 II 2, 5	96

---

1 BFH v. 7.7.1983 - VII R 43/80, BStBl 1983 II 760 und BFH v. 20.3.1987 - III R 172/82, BStBl 1087 II 679.

vor dem 1.7.1970	Betriebsverpachtung vor dem 1.7.1970 und Erklären der Pachteinnahmen im VZ 1969 bei den Einnahmen aus VuV ist ausnahmsweise eine Betriebsaufgabeerklärung	BMF v. 29.2.1972, BStBl 1972 I 102, Tz. 6 und FMS BY v. 16.12.1974 - S 2230-30/10-44 948	96
vor dem 1.7.1970	Verpachtung einer geschlossenen Stückländerei vor dem 1.7.1970; Übergangsregelung nur in BW (aber keine Gleichbehandlung im Unrecht)	FM BW Lafo-Kartei BW Fach 8 Nr. 2.1.6	96
bis 14.4.1988	Kein Verpächterwahlrecht bei parzellenweiser Verpachtung	FMS BY v. 17.12.1965, BStBl 1966 II 30, 34, Tz. 1	98
bis 14.4.1988	Verpächterwahlrecht bei parzellenweiser Verpachtung aus Billigkeitsgründen, wenn nur vorübergehende Maßnahme (= bloße Betriebsunterbrechung) mit Fortführungserklärung	FMS BY v. 17.12.1965, BStBl 1966 II 30, 34, Tz. 1; FMS BY v. 2.8.1978 - S 2239-15 41 351 = OFD Nürnberg v. 8.9.1984	98
15.4.1988	Verpächterwahlrecht bei parzellenweiser Verpachtung aus Rechtsgründen	BFH v. 15.10.1987 - IV R 66/86, BStBl 1988 II 260 (veröffentlicht am 14.4.1988)	98
vor dem 15.4.1988	Übergangsregelung bei einer parzellenweisen Verpachtung vor dem 15.4.1988 (= Betriebsaufgabe bei steuerlich nicht erfassten Fällen)	OFD Nbg v. 7.6.1991 - S 2230-241/St 21; OFD Hannover v. 7. u. 20.7.2007 - S 2230-749-StO 282	98
in allen noch offenen Fällen	Verpachtung eines luf Betriebs im Ganzen (Veränderung von Wirtschaftsgebäuden im Rahmen der Verpachtung unschädlich) Keine Übergangsregelung für Altfälle	BMF v. 1.12.2000, BStBl 2000 I 1556	91, 97

ab 5.11.2011	Aufgaben nach dem 4.11.2011; Gesetzliche Betriebsfortführungsfiktion nach § 16 Abs. 3b EStG bei Betriebsunterbrechung, Verpachtung eines Betriebs im Ganzen sowie eines Mitunternehmeranteils[1]	§ 16 Abs. 3b EStG Art. 1 Nr. 11, 18 Abs. 2 StVereinfG 2011; BMF v. 22.11.2016, BStBl 2016 I 1236.	92

(Einstweilen frei) 108–110

d) Zeitpunkt der Gewinnverwirklichung

Der Aufgabezeitraum beginnt mit der Einstellung der werbenden Tätigkeit und endet mit der Veräußerung der letzten zu den wesentlichen Betriebsgrundlagen gehörenden WG. Bereits bei einem Zeitraum von 14 Monaten (vgl. KKB/Franz/Handwerker, § 16 EStG Rz. 462) kann der Aufgabegewinn auf drei VZ zu verteilen sein. 111

e) Aufgabeerklärung

Die Aufgabeerklärung hat sachverhaltsgestaltende Wirkung und kann nicht zurückgenommen werden, auch wenn der Stpfl. die steuerlichen Folgen seiner Wahl nicht übersehen hat.[2] 112

(Einstweilen frei) 113–115

6. Freibetrag für Veräußerungs- oder Aufgabegewinn (§ 14 Satz 2 EStG i.V.m. § 16 Abs. 4 EStG)

Ausführliche Hinweise enthält KKB/Franz/Handwerker, § 16 EStG Rz. 720 ff. 116

(Einstweilen frei) 117–124

C. Verfahrensfragen

Nachträgliche Änderung des Veräußerungspreises, KKB/Franz/Handwerker, § 16 EStG Rz. 543. 125

Stichtagsprinzip bei Aufgabezeitpunkt bei GuB: Die spätere Änderung in einem Bebauungs- oder Flächennutzungsplan ist kein rückwirkendes Ereignis nach § 175 Abs. 1 Satz 1 Nr. 2 AO für die Werthöhe (→ Rz. 72). 126

Zum Tatbestand der Tatsachen i.S.d. § 16 Abs. 3b Satz 1 Nr. 2 EStG kann auf die Kriterien des § 173 AO zurückgegriffen werden (→ Rz. 92).[3] 127

---

[1] BMF v. 22.11.2016, BStBl 2016 I 1326, Anwendungsschreiben zu § 16 Abs. 3b EStG.
[2] BFH v. 2.8.1983 - VIII R 15/80, BStBl 1983 II 736; BFH v. 17.9.1997 - IV R 97/96, BFH/NV 1998 311 = NWB DokID: EAAAA-97409 und BFH v. 22.9.2004 - III R 9/03, BStBl 2005 II 160; Kanzler, FR 2017, 573, Zur Anfechtung bzw. zum Widerruf einer Betriebsaufgabeerklärung.
[3] FG München v. 10.11.2009 - 13 K 2061/07, n.v., NWB DokID: HAAAD-39098.

§ 14a Vergünstigungen bei der Veräußerung bestimmter land- und forstwirtschaftlicher Betriebe

(1) ¹Veräußert ein Steuerpflichtiger nach dem 30. Juni 1970 und vor dem 1. Januar 2001 seinen land- und forstwirtschaftlichen Betrieb im Ganzen, so wird auf Antrag der Veräußerungsgewinn (§ 16 Absatz 2) nur insoweit zur Einkommensteuer herangezogen, als er den Betrag von 150 000 Deutsche Mark übersteigt, wenn

1. der für den Zeitpunkt der Veräußerung maßgebende Wirtschaftswert (§ 46 des Bewertungsgesetzes) des Betriebs 40 000 Deutsche Mark nicht übersteigt,

2. die Einkünfte des Steuerpflichtigen im Sinne des § 2 Absatz 1 Satz 1 Nummer 2 bis 7 in den dem Veranlagungszeitraum der Veräußerung vorangegangenen beiden Veranlagungszeiträumen jeweils den Betrag von 35 000 Deutsche Mark nicht überstiegen haben. ²Bei Ehegatten, die nicht dauernd getrennt leben, gilt Satz 1 mit der Maßgabe, dass die Einkünfte beider Ehegatten zusammen jeweils 70 000 Deutsche Mark nicht überstiegen haben.

²Ist im Zeitpunkt der Veräußerung ein nach Nummer 1 maßgebender Wirtschaftswert nicht festgestellt oder sind bis zu diesem Zeitpunkt die Voraussetzungen für eine Wertfortschreibung erfüllt, so ist der Wert maßgebend, der sich für den Zeitpunkt der Veräußerung als Wirtschaftswert ergeben würde.

(2) ¹Der Anwendung des Absatzes 1 und des § 34 Absatz 1 steht nicht entgegen, wenn die zum land- und forstwirtschaftlichen Vermögen gehörenden Gebäude mit dem dazugehörigen Grund und Boden nicht mitveräußert werden. ²In diesem Fall gelten die Gebäude mit dem dazugehörigen Grund und Boden als entnommen. ³Der Freibetrag kommt auch dann in Betracht, wenn zum Betrieb ein forstwirtschaftlicher Teilbetrieb gehört und dieser nicht mitveräußert, sondern als eigenständiger Betrieb vom Steuerpflichtigen fortgeführt wird. ⁴In diesem Fall ermäßigt sich der Freibetrag auf den Teil, der dem Verhältnis des tatsächlich entstandenen Veräußerungsgewinns zu dem bei einer Veräußerung des ganzen land- und forstwirtschaftlichen Betriebs erzielbaren Veräußerungsgewinn entspricht.

(3) ¹Als Veräußerung gilt auch die Aufgabe des Betriebs, wenn

1. die Voraussetzungen des Absatzes 1 erfüllt sind und

2. der Steuerpflichtige seinen land- und forstwirtschaftlichen Betrieb zum Zweck der Strukturverbesserung abgegeben hat und dies durch eine Bescheinigung der nach Landesrecht zuständigen Stelle nachweist.

²§ 16 Absatz 3 Satz 4 und 5 gilt entsprechend.

(4) ¹Veräußert oder entnimmt ein Steuerpflichtiger nach dem 31. Dezember 1979 und vor dem 1. Januar 2006 Teile des zu einem land- und forstwirtschaftlichen Betrieb gehörenden Grund und Bodens, so wird der bei der Veräußerung oder der Entnahme entstehende Gewinn auf Antrag nur insoweit zur Einkommensteuer herangezogen, als er den Betrag von 61 800 Euro übersteigt. ²Satz 1 ist nur anzuwenden, wenn

---

1 Anm. d. Red.: Zur Anwendung des § 14a siehe § 57 Abs. 3.

Vergünstigungen bei der Veräußerung bestimmter LuF Betriebe § 14a EStG

1. der Veräußerungspreis nach Abzug der Veräußerungskosten oder der Grund und Boden innerhalb von zwölf Monaten nach der Veräußerung oder Entnahme in sachlichem Zusammenhang mit der Hoferbfolge oder Hofübernahme zur Abfindung weichender Erben verwendet wird und

2. das Einkommen des Steuerpflichtigen ohne Berücksichtigung des Gewinns aus der Veräußerung oder Entnahme und des Freibetrags in dem dem Veranlagungszeitraum der Veräußerung oder Entnahme vorangegangenen Veranlagungszeitraum den Betrag von 18 000 Euro nicht überstiegen hat; bei Ehegatten, die nach den §§ 26, 26b zusammen veranlagt werden, erhöht sich der Betrag von 18 000 Euro auf 36 000 Euro.

³Übersteigt das Einkommen den Betrag von 18 000 Euro, so vermindert sich der Betrag von 61 800 Euro nach Satz 1 je angefangene 250 Euro des übersteigenden Einkommens um 10 300 Euro; bei Ehegatten, die nach den §§ 26, 26b zusammen veranlagt werden und deren Einkommen den Betrag von 36 000 Euro übersteigt, vermindert sich der Betrag von 61 800 Euro nach Satz 1 je angefangene 500 Euro des übersteigenden Einkommens um 10 300 Euro. ⁴Werden mehrere weichende Erben abgefunden, so kann der Freibetrag mehrmals, jedoch insgesamt nur einmal je weichender Erbe geltend gemacht werden, auch wenn die Abfindung in mehreren Schritten oder durch mehrere Inhaber des Betriebs vorgenommen wird. ⁵Weichender Erbe ist, wer gesetzlicher Erbe eines Inhabers eines land- und forstwirtschaftlichen Betriebs ist oder bei gesetzlicher Erbfolge wäre, aber nicht zur Übernahme des Betriebs berufen ist; eine Stellung als Mitunternehmer des Betriebs bis zur Auseinandersetzung steht einer Behandlung als weichender Erbe nicht entgegen, wenn sich die Erben innerhalb von zwei Jahren nach dem Erbfall auseinandersetzen. ⁶Ist ein zur Übernahme des Betriebs berufener Miterbe noch minderjährig, beginnt die Frist von zwei Jahren mit Eintritt der Volljährigkeit.

(5) ¹Veräußert ein Steuerpflichtiger nach dem 31. Dezember 1985 und vor dem 1. Januar 2001 Teile des zu einem land- und forstwirtschaftlichen Betrieb gehörenden Grund und Bodens, so wird der bei der Veräußerung entstehende Gewinn auf Antrag nur insoweit zur Einkommensteuer herangezogen, als er den Betrag von 90 000 Deutsche Mark übersteigt, wenn

1. der Steuerpflichtige den Veräußerungspreis nach Abzug der Veräußerungskosten zur Tilgung von Schulden verwendet, die zu dem land- und forstwirtschaftlichen Betrieb gehören und vor dem 1. Juli 1985 bestanden haben, und

2. die Voraussetzungen des Absatzes 4 Satz 2 Nummer 2 erfüllt sind.

²Übersteigt das Einkommen den Betrag von 35 000 Deutsche Mark, so vermindert sich der Betrag von 90 000 Deutsche Mark nach Satz 1 für jede angefangenen 500 Deutsche Mark des übersteigenden Einkommens um 15 000 Deutsche Mark; bei Ehegatten, die nach den §§ 26, 26b zusammen veranlagt werden und bei denen das Einkommen den Betrag von 70 000 Deutsche Mark übersteigt, vermindert sich der Betrag von 90 000 Deutsche Mark nach Satz 1 für jede angefangenen 1 000 Deutsche Mark des übersteigenden Einkommens um 15 000 Deutsche Mark. ³Der Freibetrag von höchstens 90 000 Deutsche Mark wird für alle Veräußerungen im Sinne des Satzes 1 insgesamt nur einmal gewährt.

(6) Verwendet der Steuerpflichtige den Veräußerungspreis oder entnimmt er den Grund und Boden nur zum Teil zu den in den Absätzen 4 und 5 angegebenen Zwecken, so ist nur der entsprechende Teil des Gewinns aus der Veräußerung oder Entnahme steuerfrei.

(7) Auf die Freibeträge nach Absatz 4 in dieser Fassung sind die Freibeträge, die nach Absatz 4 in den vor dem 1. Januar 1986 geltenden Fassungen gewährt worden sind, anzurechnen.

EStG § 14a 1–15 Vergünstigungen bei der Veräußerung bestimmter LuF Betriebe

Inhaltsübersicht

	Rz.
A. Allgemeine Erläuterungen	1 - 10
B. Systematische Kommentierung	11 - 36
I. Abgelaufene Steuervergünstigungen nach § 14a EStG	11 - 15
II. Folgewirkungen der Regelungen des § 14a EStG in aktuellen Besteuerungszeiträumen	16 - 36
1. Schädliche Sachverhaltsveränderungen zwischen Abfindung eines weichenden Erben nach § 14a Abs. 4 EStG und der Übergabe des Hofes	16 - 30
a) Auswirkungen bei einer Veräußerung oder Entnahme von Flächen (> 50 %) durch Hofübergeber bis zur Hofübergabe	16 - 25
b) Auswirkungen einer Betriebsaufgabe durch den Hofübergeber	26 - 30
2. Begriff der wesentlichen Betriebsgrundlage bei Grundstücksabfindung an einen weichenden Erben bis 31.12.2005	31 - 36
C. Verfahrensfragen	37 - 38

A. Allgemeine Erläuterungen

1 **Normzweck und wirtschaftliche Bedeutung der Vorschrift:** Agrarpolitische Lenkungsnorm zur Strukturverbesserung der Betriebe und zur Erleichterung der Abfindung weichender Erben im Interesse der Gesunderhaltung kleinerer luf Betriebe; Gedanke der Betriebsfortführung.

2 **Entstehung und Entwicklung der Vorschrift:** § 14a EStG wurde mit dem 2. StÄndG 1971 v. 10.8.1971 eingeführt.[1]

3 **Geltungsbereich:** Die Steuerbegünstigungen sind im Jahr 2000 (§ 14a Abs. 1 bis 3, 5 EStG) bzw. 2005 (§ 14a Abs. 4 EStG) abgelaufen.

4 **Vereinbarkeit mit höherrangigem Recht:** Die Steuervergünstigung ist nach Art. 3 GG im Vergleich zu anderen Gewinneinkunftsarten, nur dann zu rechtfertigen, wenn der Hof ab Abfindungslage bis zur Hofübergabe fortexistiert.[2]

5 **Verhältnis zu anderen Vorschriften:** § 6 Abs. 3 EStG: Das Abfindungsgrundstück an den weichenden Erben war keine wesentliche Betriebsgrundlage. Auf die Größe des Grundstücks kam es nicht an (KKB/Walter, § 14 EStG Rz. 32, Rz. 76).

§ 2312 BGB Landgut: Privilegierung LuF

6–10 *(Einstweilen frei)*

B. Systematische Kommentierung

I. Abgelaufene Steuervergünstigungen nach § 14a EStG

Abgelaufene Steuervergünstigungen nach § 14a Abs. 1 bis 3 EStG (vor 1.1.2001), § 14a Abs. 4 (vor dem 1.1.2006) und § 14a Abs. 5 EStG (vor dem 1.1.2001)

11 Die Steuervergünstigungen des § 14a EStG sind ab 2000 bzw. 2005 abgelaufen. Bei der Abfindung weichender Erben vor dem 1.1.2006 sind allerdings die Folgewirkungen unter → Rz. 16 ff. zu beachten, falls seit der Abfindung der Hof noch nicht übertragen wurde.

12–15 *(Einstweilen frei)*

---

[1] BGBl 1971 I 1266, BStBl 1971 I 373; BT-Drucks. VI/1901 und VI/2350, zur Wiedereinführung BT-Drucks. 8/3854.
[2] BFH v. 6.11.2008 - IV R 6/06, BFH/NV 2009, 763 = NWB DokID: FAAAD-16001.

II. Folgewirkungen der Regelungen des § 14a EStG in aktuellen Besteuerungszeiträumen

1. Schädliche Sachverhaltsveränderungen zwischen Abfindung eines weichenden Erben nach § 14a Abs. 4 EStG und der Übergabe des Hofes

a) Auswirkungen bei einer Veräußerung oder Entnahme von Flächen (> 50 %) durch Hofübergeber bis zur Hofübergabe

Wird der weichende Erbe später Hofübernehmer oder Erb ist der begünstigende ESt-Bescheid nach § 175 Abs. 1 Satz 1 Nr. 2 AO zu ändern. Der Hof muss ab Abfindungslage bis zur Übergabe fortexistieren. Nach R 14a Abs. 1 Satz 4, 5 EStR 2005 bleibt der Betrieb nicht bestehen, wenn nicht der überwiegende Teil (= mehr als 50 %) seiner nach Abfindung verbleibenden Nutzflächen auf den Hofübernehmer übertragen wird. Nutzflächen sind sämtliche Flächen, die im Eigentum des Hofübergebers stehen und dem Betrieb der LuF dienen, soweit sie nicht zum Abbauland, Geringstland oder zum Unland gehören. Dazu rechnen auch verpachtete sowie brachliegende Flächen. Nach EStR ist der gewährte Freibetrag aus Billigkeitsgründen nicht rückgängig zu machen, wenn nachträglich eintretende zwingende Umstände die vorgesehene Handhabung unmöglich gemacht haben, z. B. Tod oder schwere und bleibende Erkrankung des vorgesehenen Hofnachfolgers. Bei Abfindungen vor dem 1.7.1994 bleibt aus Vertrauensschutzgründen der Freibetrag auch im Falle einer späteren Betriebsaufgabe oder -veräußerung erhalten.[1]

16

Diese Regelung (50 %-Grenze) ist allerdings durch BFH v. 6.11.2008[2] überholt. Die Auffassung der FinVerw wurde nicht mehr angepasst, da es sich um auslaufendes Recht handelt. Nach dem o. g. Urteil muss ein ausreichend Ertrag bringender und leistungsfähiger Hof an den Erben übergeben werden. Diese Entscheidung ist vom jeweiligen Einzelfall abhängig. Entsprechend der Rspr. zur wesentlichen Betriebsgrundlage (vgl. KKB/Walter, § 14 EStG Rz. 62) kann von einem bestehenden Hof i. S. d. § 14a Abs. 4 EStG ausgegangen werden, wenn der Hof im Zeitpunkt der Übergabe an den Erben noch mindestens 10 % der verbleibenden Nutzfläche und noch mindestens 3 000 qm³[3] umfasst,[4] die Hofstelle muss erhalten bleiben.

17

(Einstweilen frei) 18–25

b) Auswirkungen einer Betriebsaufgabe durch den Hofübergeber

§ 14a Abs. 4 EStG ist nicht anwendbar, wenn der luf Betrieb nicht übergeben oder vererbt, sondern aufgegeben oder veräußert wird. Eine Betriebsaufgabe steht der Anwendung allerdings dann entgegen, wenn damit eine Übertragung an den Hoferben endgültig ausgeschlossen ist, also wenn der Hof vor der Übergabe veräußert oder zerschlagen würde.[5]

26

(Einstweilen frei) 27–30

---

1 FMS BY v. 22.2.1995, DStR 1995, 687.
2 IV R 6/06, BFH/NV 2009, 763 = NWB DokID: FAAAD-16001.
3 BFH v. 1.2.1990 - IV R 8/89, BStBl 1990 II 428.
4 BFH v. 5.5.2011 - IV R 7/09, BFH/NV 2011, 2007 = NWB DokID: IAAAD-93382.
5 BFH v. 12.9.2002 - IV R 28, 29/01, IV R 28/01, IV R 29/01, BStBl 2002 II 813.

2. Begriff der wesentlichen Betriebsgrundlage bei Grundstücksabfindung an einen weichenden Erben bis 31.12.2005

31 Die Inanspruchnahme des Freibetrags nach § 14a Abs. 4 EStG war neben der Anwendung des § 6 Abs. 3 EStG möglich.[1]

32 Das Abfindungsgrundstück war keine wesentliche Grundlage des zu übertragenden Betriebs. FinVerw (Abschn. 133a Abs. 7 Satz 3 EStR 1981) und BFH haben die Abfindung weichender Erben gleichzeitig oder in zeitlichem Zusammenhang mit der Übertragung des Betriebs im Wege der vorweggenommenen Erbfolge als typischen Fall der Erbfolgeregelung im Bereich der LuF auch stets für zulässig gehalten. Danach war aber weder die Buchwertübertragung nach (jetzt) § 6 Abs. 3 EStG noch der Freibetrag nach § 14a Abs. 4 EStG davon abhängig, dass das Abfindungsgrundstück im Verhältnis zur Gesamtfläche des Betriebs eine bestimmte Größe nicht überschreitet.

BEISPIEL: Betrieb 10 ha; Übertragung am 29.12.2005 (Variante am 2.1.2006) an Kind 1: 6 ha und an Kind 2: 4 ha.

Lösung:

Übertragung	29.12.2005	2.1.2006
an Kind 2	Abfindung weichender Erbe (begünstigende Entnahme)	Entnahme
an Kind 1	Buchwertübertragung § 6 Abs. 3 EStG, weil alle wesentlichen Betriebsgrundlagen übertragen wurden. Übertragung an K2 ist unschädlich.	Entnahme, weil nicht alle wesentlichen Betriebsgrundlagen übertragen wurden, kein § 6 Abs. 3 EStG
		= Betriebsaufgabe am 2.1.2006

33–36 *(Einstweilen frei)*

C. Verfahrensfragen

37 § 175 Abs. 1 Satz 1 Nr. 2 AO: Wird der weichende Erbe später Hofnachfolger, sind die ESt-Erklärungen und -Bescheide der Entnahme (Abfindungsjahre) zu ändern (→ Rz. 16).

38 Nachträgliches Vorliegen der Voraussetzungen des § 14a Abs. 4 EStG ist kein rückwirkendes Ereignis – fehlende grundsätzliche Bedeutung i. S. d. § 115 Abs. 2 Nr. 1 FGO bei ausgelaufenem Recht.[2]

b) Gewerbebetrieb (§ 2 Absatz 1 Satz 1 Nummer 2 EStG)

§ 15 Einkünfte aus Gewerbebetrieb

(1) [1]Einkünfte aus Gewerbebetrieb sind

1. Einkünfte aus gewerblichen Unternehmen. [2]Dazu gehören auch Einkünfte aus gewerblicher Bodenbewirtschaftung, z. B. aus Bergbauunternehmen und aus Betrieben zur Ge-

---

[1] BFH v. 9.5.1996 - IV R 77/95, BStBl 1996 II 476.
[2] BFH v. 26.10.2011 - IV B 106/10, BFH/NV 2012, 166 = NWB DokID: YAAAD-97963.

winnung von Torf, Steinen und Erden, soweit sie nicht land- oder forstwirtschaftliche Nebenbetriebe sind;

2. die Gewinnanteile der Gesellschafter einer Offenen Handelsgesellschaft, einer Kommanditgesellschaft und einer anderen Gesellschaft, bei der der Gesellschafter als Unternehmer (Mitunternehmer) des Betriebs anzusehen ist, und die Vergütungen, die der Gesellschafter von der Gesellschaft für seine Tätigkeit im Dienst der Gesellschaft oder für die Hingabe von Darlehen oder für die Überlassung von Wirtschaftsgütern bezogen hat. ²Der mittelbar über eine oder mehrere Personengesellschaften beteiligte Gesellschafter steht dem unmittelbar beteiligten Gesellschafter gleich; er ist als Mitunternehmer des Betriebs der Gesellschaft anzusehen, an der er mittelbar beteiligt ist, wenn er und die Personengesellschaften, die seine Beteiligung vermitteln, jeweils als Mitunternehmer der Betriebe der Personengesellschaften anzusehen sind, an denen sie unmittelbar beteiligt sind;

3. die Gewinnanteile der persönlich haftenden Gesellschafter einer Kommanditgesellschaft auf Aktien, soweit sie nicht auf Anteile am Grundkapital entfallen, und die Vergütungen, die der persönlich haftende Gesellschafter von der Gesellschaft für seine Tätigkeit im Dienst der Gesellschaft oder für die Hingabe von Darlehen oder für die Überlassung von Wirtschaftsgütern bezogen hat.

²Satz 1 Nummer 2 und 3 gilt auch für Vergütungen, die als nachträgliche Einkünfte (§ 24 Nummer 2) bezogen werden. ³§ 13 Absatz 5 gilt entsprechend, sofern das Grundstück im Veranlagungszeitraum 1986 zu einem gewerblichen Betriebsvermögen gehört hat.

(1a) ¹In den Fällen des § 4 Absatz 1 Satz 5 ist der Gewinn aus einer späteren Veräußerung der Anteile ungeachtet der Bestimmungen eines Abkommens zur Vermeidung der Doppelbesteuerung in der gleichen Art und Weise zu besteuern, wie die Veräußerung dieser Anteile an der Europäischen Gesellschaft oder Europäischen Genossenschaft zu besteuern gewesen wäre, wenn keine Sitzverlegung stattgefunden hätte. ²Dies gilt auch, wenn später die Anteile verdeckt in eine Kapitalgesellschaft eingelegt werden, die Europäische Gesellschaft oder Europäische Genossenschaft aufgelöst wird oder wenn ihr Kapital herabgesetzt und zurückgezahlt wird oder wenn Beträge aus dem steuerlichen Einlagekonto im Sinne des § 27 des Körperschaftsteuergesetzes ausgeschüttet oder zurückgezahlt werden.

(2) ¹Eine selbständige nachhaltige Betätigung, die mit der Absicht, Gewinn zu erzielen, unternommen wird und sich als Beteiligung am allgemeinen wirtschaftlichen Verkehr darstellt, ist Gewerbebetrieb, wenn die Betätigung weder als Ausübung von Land- und Forstwirtschaft noch als Ausübung eines freien Berufs noch als eine andere selbständige Arbeit anzusehen ist. ²Eine durch die Betätigung verursachte Minderung der Steuern vom Einkommen ist kein Gewinn im Sinne des Satzes 1. ³Ein Gewerbebetrieb liegt, wenn seine Voraussetzungen im Übrigen gegeben sind, auch dann vor, wenn die Gewinnerzielungsabsicht nur ein Nebenzweck ist.

(3) Als Gewerbebetrieb gilt in vollem Umfang die mit Einkünfteerzielungsabsicht unternommene Tätigkeit

1. einer offenen Handelsgesellschaft, einer Kommanditgesellschaft oder einer anderen Personengesellschaft, wenn die Gesellschaft auch eine Tätigkeit im Sinne des Absatzes 1 Nummer 1[1] ausübt oder gewerbliche Einkünfte im Sinne des Absatzes 1 Satz 1 Nummer 2 bezieht,

2. einer Personengesellschaft, die keine Tätigkeit im Sinne des Absatzes 1 Satz 1 Nummer 1 ausübt und bei der ausschließlich eine oder mehrere Kapitalgesellschaften persönlich haftende Gesellschafter sind und nur diese oder Personen, die nicht Gesellschafter sind, zur Geschäftsführung befugt sind (gewerblich geprägte Personengesellschaft). [2]Ist eine gewerblich geprägte Personengesellschaft als persönlich haftender Gesellschafter an einer anderen Personengesellschaft beteiligt, so steht für die Beurteilung, ob die Tätigkeit dieser Personengesellschaft als Gewerbebetrieb gilt, die gewerblich geprägte Personengesellschaft einer Kapitalgesellschaft gleich.

(4)[2] [1]Verluste aus gewerblicher Tierzucht oder gewerblicher Tierhaltung dürfen weder mit anderen Einkünften aus Gewerbebetrieb noch mit Einkünften aus anderen Einkunftsarten ausgeglichen werden; sie dürfen auch nicht nach § 10d abgezogen werden. [2]Die Verluste mindern jedoch nach Maßgabe des § 10d die Gewinne, die der Steuerpflichtige in dem unmittelbar vorangegangenen und in den folgenden Wirtschaftsjahren aus gewerblicher Tierzucht oder gewerblicher Tierhaltung erzielt hat oder erzielt; § 10d Absatz 4 gilt entsprechend. [3]Die Sätze 1 und 2 gelten entsprechend für Verluste aus Termingeschäften, durch die der Steuerpflichtige einen Differenzausgleich oder einen durch den Wert einer veränderlichen Bezugsgröße bestimmten Geldbetrag oder Vorteil erlangt. [4]Satz 3 gilt nicht für die Geschäfte, die zum gewöhnlichen Geschäftsbetrieb bei Kreditinstituten, Finanzdienstleistungsinstituten und Finanzunternehmen im Sinne des Gesetzes über das Kreditwesen gehören oder die der Absicherung von Geschäften des gewöhnlichen Geschäftsbetriebs dienen. [5]Satz 4 gilt nicht, wenn es sich um Geschäfte handelt, die der Absicherung von Aktiengeschäften dienen, bei denen der Veräußerungsgewinn nach § 3 Nummer 40 Satz 1 Buchstabe a und b in Verbindung mit § 3c Absatz 2 teilweise steuerfrei ist, oder die nach § 8b Absatz 2 des Körperschaftsteuergesetzes bei der Ermittlung des Einkommens außer Ansatz bleiben. [6]Verluste aus stillen Gesellschaften, Unterbeteiligungen oder sonstigen Innengesellschaften an Kapitalgesellschaften, bei denen der Gesellschafter oder Beteiligte als Mitunternehmer anzusehen ist, dürfen weder mit Einkünften aus Gewerbebetrieb noch aus anderen Einkunftsarten ausgeglichen werden; sie dürfen auch nicht nach § 10d abgezogen werden. [7]Die Verluste mindern jedoch nach Maßgabe des § 10d die Gewinne, die der Gesellschafter oder Beteiligte in dem unmittelbar vorangegangenen Wirtschaftsjahr oder in den folgenden Wirtschaftsjahren aus derselben stillen Gesellschaft, Unterbeteiligung oder sonstigen Innengesellschaft bezieht; § 10d Absatz 4 gilt entsprechend. [8]Die Sätze 6 und 7 gelten nicht, soweit der Verlust auf eine natürliche Person als unmittelbar oder mittelbar beteiligter Mitunternehmer entfällt.

---

1 **Anm. d. Red.:** Offensichtlich redaktioneller Verweisfehler des Gesetzgebers, statt „Absatzes 1 Nummer 1" richtig „Absatzes 1 Satz 1 Nummer 1".

2 **Anm. d. Red.:** Zur Anwendung des § 15 Abs. 4 siehe § 52 Abs. 23.

Einkünfte aus Gewerbebetrieb § 15 EStG

Inhaltsübersicht

	Rz.
A. Allgemeine Erläuterungen	1 - 29
I. Normzweck und wirtschaftliche Bedeutung der Vorschrift	1
II. Entstehung und Entwicklung der Vorschrift	2
III. Geltungsbereich	3
IV. Vereinbarkeit mit höherrangigem Recht	4 - 14
1. Persönlicher Anwendungsbereich	4 - 6
2. Sachlicher Anwendungsbereich	7 - 14
V. Verhältnis zu anderen Vorschriften	15 - 29
B. Systematische Kommentierung	30 - 699
I. § 15 Abs. 1 EStG	30 - 365
1. Regelungsbereich	31
2. Gewerbliches Einzelunternehmen (§ 15 Abs. 1 Satz 1 Nr. 1 EStG)	32 - 49
a) Anwendungsbereich	32 - 35
b) Beginn und Ende des Gewerbebetriebs	36 - 37
c) Betriebsverpachtung, Betriebsunterbrechung	38 - 49
3. Gewerbliche Mitunternehmerschaft (§ 15 Abs. 1 Satz 1 Nr. 2 Satz 1 EStG)	50 - 304
a) Tatbestand	51 - 52
b) Rechtsträger Personengesellschaft	53 - 69
c) Beteiligung als Gesellschafter von mindestens zwei Personen in der Qualifikation als Mitunternehmer	70 - 109
aa) Beteiligung als Gesellschafter	71 - 74
bb) Mitunternehmerinitiative	75 - 89
cc) Mitunternehmerrisiko	90 - 96
dd) Mindestens zwei Beteiligte	97 - 109
d) Gewerbliche Einkünfte der Personengesellschaft	110 - 119
e) Gewinnermittlung	120 - 134
f) Gesamthand	135 - 149
g) Gewinnanteil	150 - 164
h) Ergänzungsbilanz	165 - 214
aa) Erwerb eines Mitunternehmeranteils	168 - 172
bb) Umwandlungen	173 - 199
cc) Übertragung von Einzelwirtschaftsgütern	200 - 201
dd) Mitunternehmerbezogene Abschreibung von Wirtschaftsgütern	202 - 203
ee) Fortführung der Ergänzungsbilanz	204 - 214
i) Sonderbetriebsvermögen, Sondervergütungen	215 - 279
aa) Sonderbetriebsvermögen I	219 - 244
bb) Sonderbetriebsvermögen II	245 - 251
cc) Gewillkürtes Sonderbetriebsvermögen	252 - 259
dd) Negatives Sonderbetriebsvermögen	260 - 263
ee) Sondervergütungen	264 - 279
j) Sonderbetriebseinnahmen, Sonderbetriebsausgaben	280 - 289
k) Additive Gewinnermittlung	290 - 295
l) Bilanzierung der Beteiligung als Mitunternehmer	296 - 300
m) Ausgewählte Sonderfälle der Mitunternehmerschaften	301 - 304
aa) Familiengesellschaft	302
bb) Zebragesellschaft	303 - 304
4. Doppel- und mehrstöckige gewerbliche Mitunternehmerschaft (§ 15 Abs. 1 Satz 1 Nr. 2 Satz 2 EStG)	305 - 334
a) Tatbestand	306 - 314
b) Rechtsfolgen	315 - 334

5. Anteil des Komplementärs einer Kommanditgesellschaft auf Aktien (§ 15 Abs. 1 Satz 1 Nr. 3 EStG)		335 - 354
a) Tatbestand		338 - 340
b) Gewinnanteil		341 - 345
c) Ergänzungsbilanzen		346
d) Sondervergütungen		347 - 354
6. Nachträgliche Einkünfte (§ 15 Abs. 1 Satz 2 EStG)		355 - 365
II. Begriffsbestimmung Gewerbebetrieb (§ 15 Abs. 2 EStG)		366 - 489
1. Selbständigkeit		375 - 389
2. Nachhaltigkeit		390 - 393
3. Gewinnerzielungsabsicht		394 - 409
4. Teilnahme am allgemeinen wirtschaftlichen Verkehr		410 - 413
5. Nicht Land- und Forstwirtschaft		414 - 424
6. Nicht selbständige Arbeit		425 - 429
7. Nicht Vermögensverwaltung		430 - 489
a) Gewerblicher Grundstückshandel		433 - 454
b) Wertpapiergeschäfte, sonstige Vermögensanlagen		455 - 464
c) Betriebsaufspaltung		465 - 489
III. § 15 Abs. 3 EStG		490 - 609
1. Abfärbe- bzw. Infektionsregelung (§ 15 Abs. 3 Nr. 1 EStG)		490 - 539
a) Einheitliches gewerbliches Unternehmen		490 - 499
b) Voraussetzungen des § 15 Abs. 3 Nr. 1 EStG im Einzelnen		500 - 539
aa) OHG, KG oder andere Personengesellschaft		500 - 502
bb) Nichtgewerbliche Tätigkeit mit Einkünfteerzielungsabsicht		503 - 509
cc) (Auch) Gewerbliche Tätigkeit i. S. d. § 15 Abs. 1 Satz 1 Nr. 1, Abs. 2 EStG		510 - 539
(1) „Originäre" gewerbliche Tätigkeit (§ 15 Abs. 3 Nr. 1 Alt. 1 EStG)		510 - 529
(2) „Beziehen" gewerblicher Einkünfte (§ 15 Abs. 3 Nr. 1 Alt. 2 EStG)		530 - 539
2. Gewerblich geprägte Personengesellschaft (§ 15 Abs. 3 Nr. 2 EStG)		540 - 609
a) Überblick zur gewerblich geprägten Personengesellschaft (§ 15 Abs. 3 Nr. 2 EStG)		540 - 549
b) Voraussetzungen des § 15 Abs. 3 Nr. 2 EStG		550 - 595
aa) Tatbestandsmerkmale im Überblick		550 - 551
bb) Keine originäre gewerbliche Tätigkeit/Abgrenzung		552 - 559
cc) Personen- und Kapitalgesellschaft im Kontext des § 15 Abs. 3 Nr. 2 EStG		560 - 569
dd) Ausschließliche persönliche Haftung		570 - 580
ee) Geschäftsführungsbefugnis/Begriff der Geschäftsführung		581 - 588
ff) Einkünfteerzielungsabsicht		589 - 595
c) Rechtsfolgen und Sonderfälle des § 15 Abs. 3 Nr. 2 EStG		596 - 609
IV. Ausgleichs- und Abzugsverbot für Verluste (§ 15 Abs. 4 EStG)		610 - 699
1. Entstehung und Zweck des Ausgleichs- und Abzugsverbots (§ 15 Abs. 4 EStG)		610 - 624
2. Verluste aus gewerblicher Tierzucht (§ 15 Abs. 4 Satz 1 und 2 EStG)		625 - 639
3. Verluste aus Termingeschäften (§ 15 Abs. 4 Satz 3 bis 5 EStG)		640 - 669
a) Verlust aus betrieblich veranlassten Termingeschäften (§ 15 Abs. 4 Satz 3 EStG)		640 - 654
b) Termingeschäfte im gewöhnlichen Geschäftsbetrieb oder zur Absicherung von Grundgeschäften (§ 15 Abs. 4 Satz 4, 5 EStG)		655 - 669
4. Mitunternehmerische Innengesellschaft zwischen Kapitalgesellschaften (§ 15 Abs. 4 Satz 6 bis 8 EStG)		670 - 699
a) Überblick und Verfahrensfragen		670 - 679
b) Verlustrücktrag und Verlustvortrag nach Maßgabe des § 10d EStG		680 - 699
C. Verfahrensfragen		700 - 702

LITERATUR:

Horst, Nießbrauch im Betriebsvermögen, BBK 2013, 521; *Moorkamp*, Photovoltaikanlagen im Einkommensteuerrecht, StuB 2014, 515; *Schmudlach*, Fallstricke bei der Besteuerung doppelstöckiger Personengesellschaften, NWB 2015, 1765; *Eggert*, Sonder- und Ergänzungsbilanzen in Zeiten der E-Bilanz – Änderungen im nächsten Bearbeitungsjahr, BBK 2016, 67; *Eggert*, Tätigkeitsvergütungen und Vorweggewinne bei Personengesellschaften, BBK 2016, 679; *Kamchen/Kling*, Besonderheiten doppel- oder mehrstöckiger Personengesellschaften – Fallweise Darstellung der Besteuerungsprobleme und unterschiedlichen Auffassungen, NWB 2016, 1275; *Kraft/Schreiber*, Die unterschiedliche Ausprägung von Mitunternehmerinitiative und Mitunternehmerrisiko – Analyse des BFH-Urteils vom 3.11.2015 - VIII R 63/13, NWB 2016, 1492; *Schmittmann*, Prostitution und Steuern, StuB 2016, 554; *Adrian*, Sonderbetriebsvermögen II, StuB 2017, 319; *Eggert*, Besondere Buchungen beim Kapital von Personengesellschaften, BBK 2017, 60; *Eggert*, Korrespondierende Bilanzierung in Sonder- und Gesamthandsbilanz, BBK 2017, 603; *Eggert*, Gewinnverteilung bei Personengesellschaften, BBK 2017, 172; *Hiller/Wildermuth*, Betriebsunterbrechung und Betriebsverpachtung im Ganzen, StuB 2017, 188; *Hohage/Schäfer*, Atypischer Unterbeteiligungsvertrag: Mindestanforderung an die Stimmrechtsregelung, NWB 2017, 423; *Schoor*, Sonderbetriebsvermögen bei Mitunternehmerschaften, BBK 2017, 184; *Keller*, Zum Sonderbetriebsausgabenabzug des Mitunternehmers einer doppelstöckigen Personengesellschaft im Inbound-Fall, StuB 2017, 462; *Schuhmann*, Verluste im Zusammenhang mit Steuerstundungsmodellen, StuB 2017, 536; *Middendorf/Hauptmann*, Einheits-KG: BFH bejaht gewerbliche Prägung und schafft damit Rechtssicherheit, StuB 2017, 890; *Dißars*, Ergänzungsbilanzen für den persönlich haftenden Gesellschafter einer Kommanditgesellschaft auf Aktien?, StuB 2017, 380; *Bauer*, Gegenüberstellung relevanter Steuerbelastungsdeterminanten von klassischer Betriebsaufspaltung und GmbH & Co. KG, StuB 2017, 609; *Bauer*, Vergleichende Steuerbelastungsmessung in Bezug auf klassische Betriebsaufspaltung und GmbH & Co. KG, StuB 2017, 668; *Rätke*, Strukturwandel bei Übergang zur Liebhaberei, BBK 2018, 560; *Keller*, Grundsatzentscheidung zur Unternehmensidentität bei einer gewerblich geprägten Personengesellschaft, StuB 2018, 350; *Oppel*, Betriebsstättenzurechnung und Abgeltungswirkung bei gewerblich geprägter KG im Nicht-DBA-Fall - Weitere Anmerkungen zum BFH-Urteil v. 29.11.2017, IWB 2018, 735.

A. Allgemeine Erläuterungen

I. Normzweck und wirtschaftliche Bedeutung der Vorschrift

§ 15 EStG ist die Hauptnorm zur Bestimmung der Einkünfte aus Gewerbebetrieb i.S.v. § 2 Abs. 1 Nr. 2 EStG und eröffnet damit die Anwendung der Gewinnermittlungsvorschriften gem. §§ 4 ff. EStG. § 15 Abs. 2 EStG definiert den Gewerbebetrieb als Typus, der über den Anwendungsbereich des EStG hinaus abstrahlt, z. B. bei der Bestimmung des Gewebetriebs i. S. v. § 2 GewStG. Neben den Gewinnermittlungsvorschriften knüpfen noch weitere Normen an die Einkünfte aus Gewerbetrieb und damit maßgeblich an § 15 EStG an.

II. Entstehung und Entwicklung der Vorschrift

Die Einkünfte aus Gewerbebetrieb wurden erstmals mit dem EStG 1934 in § 15 Abs. 1 EStG in der nahezu noch aktuell geltenden Fassung normiert.

Mit dem EStRG 1974 wurde erstmals das Verbot zum Ausgleich von Verlusten aus gewerblicher Tierzucht zunächst in § 15 Abs. 2 EStG aufgenommen.

Mit dem StEntlG 1984 wurde der Kernbereich des § 15 EStG in Form der Definition des Gewerbebetriebs nunmehr in § 15 Abs. 2 EStG ausgearbeitet. Der bisherige § 15 Abs. 2 EStG rückte nach hinten als § 15 Abs. 3 EStG.

Mit dem StBereinG 1986 wird der Umfang der gewerblichen Mitunternehmerschaften über § 15 Abs. 3 EStG auf gewerblich geprägte Personengesellschaften und die Rechtsfolge auf gewerblich infizierte Einkünfte einer Mitunternehmerschaft ausgedehnt.

Das StÄndG 1992 ergänzt im Rahmen der Mitunternehmerschaft in § 15 Abs. 1 Satz 1 Nr. 2 Satz 2 EStG die doppel- und mehrstöckige Mitunternehmerschaft.

Mit dem SEStEG aus 2006 wird § 15 Abs. 1a EStG aufgenommen.

Das JStG 2007 ergänzt § 15 Abs. 3 Nr. 1 EStG um den 2. Halbsatz, der auch rückwirkend für alle offene Fälle anwendbar sein soll.

III. Geltungsbereich

3 § 15 EStG hat fünf Absätze mit im Wesentlichen abgegrenzten Regelungsinhalten:

- ▶ Abs. 1: Bestimmung der Einkunftsquelle als Einkünfte aus Gewerbebetrieb,
- ▶ Abs. 1a: Gewinnbesteuerung aus einer späteren Anteilsveräußerung nach einer Sitzverlegung einer SE oder EG,
- ▶ Abs. 2: Definition des Gewerbebetriebs,
- ▶ Abs. 3: Fiktion des Gewerbetriebs und Infektion durch gewerbliche Einkünfte,
- ▶ Abs. 4: Verlustnutzungsbeschränkung bei Tierzucht und Termingeschäften.

IV. Vereinbarkeit mit höherrangigem Recht

1. Persönlicher Anwendungsbereich

4 § 15 EStG erstreckt sich auf alle Personen, sowohl natürliche als auch juristische Personen wie auch zusätzlich auf Personengesellschaften. Im Rahmen der Besteuerung unbeschränkt einkommensteuerpflichtiger Personen bestimmt § 15 EStG den Rahmen der Gewinneinkünfte nach § 2 Abs. 1, Abs. 2 EStG. Für beschränkt einkommensteuerpflichtige Personen eröffnet § 15 EStG die Grundlage für die weitere Prüfung von inländischen Einkünfte nach § 49 Abs. 1 Nr. 2 EStG. Letzteres gilt auch für beschränkt körperschaftsteuerpflichtige Personen über den Verweis nach § 8 Abs. 1 KStG auf die Vorschriften des EStG. Zu beachten ist hierbei, dass die Fiktion gewerblicher Einkünfte nach § 8 Abs. 2 KStG für beschränkt körperschaftsteuerpflichtige Personen nicht gilt.

5 Für unbeschränkt körperschaftsteuerpflichtige Personen nach § 1 Abs. 1 Nr. 1 bis 3 KStG fingiert § 8 Abs. 2 KStG alle Einkünfte als Einkünfte aus Gewerbebetrieb. Insofern ist § 15 EStG unmittelbar nicht relevant. Jedoch kann § 15 EStG mittelbar Auswirkungen auf eine unbeschränkt körperschaftsteuerpflichtige Person haben, wenn diese an einer Mitunternehmerschaft beteiligt ist.

6 § 15 Abs. 1 Satz 1 Nr. 2 EStG definiert den Begriff der Mitunternehmerschaft und ist damit grundsätzlich auf alle Personengesellschaften anwendbar. Erfüllt eine Personengesellschaft den Begriff der Mitunternehmerschaft, wird diese als Subjekt der Gewinnermittlung zu einem partiellen Steuersubjekt.

Als Besonderheit für die Rechtsform der Kommanditgesellschaft auf Aktien enthält § 15 Abs. 1 Satz 1 Nr. 3 EStG entsprechende Regelungen. Der Anwendungsbereich bezieht sich hierbei aber auf den als Komplementär beteiligten Gesellschafter der KGaA und nicht auf die KGaA selber, so dass sich für die KGaA kein weitergehender Anwendungsbereich ergibt.

2. Sachlicher Anwendungsbereich

Der sachliche Regelungsbereich wird dominiert von der Bestimmung der gewerblichen Einkünfte. Aus den verschiedenen Einkunftsquellen des Stpfl. werden die des Einzelunternehmers, der Mitunternehmerschaft und die des Komplementärs an einer KGaA als gewerbliche Einkünfte bestimmt. Damit unterliegen diese Einkunftsquellen als Gewinneinkünfte der Einkünfteermittlung nach § 2 Abs. 2 Nr. 1, §§ 4 ff. EStG.

Im Rahmen der Mitunternehmerschaften und der KGaA bewirken § 15 Abs. 1 Satz 1 Nr. 2 und Nr. 3 EStG eine abweichende Zuordnung von Bilanzposten im Rahmen der Steuerbilanz für das sog. Sonderbetriebsvermögen. Durch die Zuordnungsfiktion des Sonderbetriebsvermögens zur Mitunternehmerschaft bzw. zum Komplementäranteil an der KGaA sind diese Wirtschaftsgüter aus der Steuerbilanz der Gesellschafter zu eliminieren, so dass sich der Anwendungsbereich von § 15 EStG auch in der Gewinnermittlung selbst niederschlagen kann.

§ 15 EStG qualifiziert an sich nicht gewerbliche Einkünfte in gewerbliche Einkünfte nach § 15 Abs. 3 EStG um, indem zum einen an sich nicht gewerblich tätige Personengesellschaften mittels Rechtsformausgestaltung gewerblich geprägt sind oder indem gewerblich tätige Mitunternehmerschaften die übrigen nicht gewerblichen Einkünfte als gewerblich infiziert gelten.

(Einstweilen frei)

V. Verhältnis zu anderen Vorschriften

§ 15 EStG ist eine Kernvorschrift des deutschen Ertragsteuerrechts und hat damit vielfältige Bezüge zu anderen Vorschriften des EStG, KStG und GewStG.

§ 2 Abs. 1 Satz 1 Nr. 2 EStG verweist auf die Einkünfte aus Gewerbebetrieb und damit auf den Kanon der Vorschriften nach §§ 15 bis 17 EStG. Bereits die amtliche Überschrift zu § 15 EStG nimmt den Begriff der Einkünfte aus Gewerbebetrieb auf. Als Rechtsfolge von § 15 EStG i.V.m. § 2 Abs. 1 Satz 1 Nr. 2 EStG erklärt § 2 Abs. 2 Satz 1 Nr. 1 EStG die Gewinnermittlungsvorschriften nach §§ 4 ff. EStG für anwendbar, so dass § 15 EStG den Hauptanwendungsfall für die Gewinnermittlungsvorschriften nach §§ 4 ff. EStG darstellt.

Die Definition der Einkünfte aus Gewerbebetrieb wird ergänzt durch die §§ 16 und 17 EStG, wobei § 16 Abs. 1 EStG wiederum hinsichtlich einzelner Bestimmungen auf § 15 EStG zurückgreift.

Ein negatives und damit Abgrenzungsverhältnis hat § 15 EStG zu den Bestimmungen der Einkünfte aus selbständiger Arbeit, § 18 EStG, sowie aus nichtselbständiger Arbeit, § 19 EStG.

Erfüllt eine Einkunftsquelle sowohl die Voraussetzungen von § 15 EStG als auch die der Einkünfte aus Kapitalvermögen, § 20 EStG, aus Vermietung und Verpachtung, § 21 EStG oder aus sonstigen Einkünften, § 22 EStG, verdrängt § 15 EStG die jeweils andere Vorschrift. Dieses Rangverhältnis ist in § 20 Abs. 8 Satz 1 EStG, § 21 Abs. 3 EStG, § 22 Nr. 1 Satz 1 1. Halbsatz, Nr. 3 Satz 1 EStG ausdrücklich festgelegt.

Liegen Einkünfte aus Gewerbebetrieb gem. § 15 EStG vor, eröffnet § 34a EStG die Möglichkeiten durch die Thesaurierung von Gewinnen einen vergünstigen Steuertarif anstelle des normalen progressiven Steuertarifs gem. § 32a EStG anzuwenden.

Für gewerbliche Einkünfte sieht § 35 EStG weiter eine Steuerermäßigung aus der Anrechnung der auf den Gewerbebetrieb anfallenden Gewerbesteuer auf die Einkommensteuer des Gewerbetreibenden oder Gesellschafters der gewerblichen Mitunternehmerschaft vor. Neben dieser weitergehenden Rechtsfolge, greift § 35 Abs. 2 EStG auch auf die Definitionen in § 15 Abs. 1 EStG zurück.

21 Sowohl für die ausländischen Einkünfte nach § 34d Nr. 2 EStG, als auch für die Bestimmung der inländischen Einkünfte nach § 49 Abs. 1 Nr. 2 EStG, wird auf das Vorliegen von gewerblichen Einkünften nach § 15 EStG als Voraussetzung zurückgegriffen.

22 Außerhalb des EStG ist insbesondere der Verweis aus § 2 Abs. 1 Satz 2 GewStG relevant. Der Gewerbesteuer unterliegen gewerbliche Unternehmen i. S. d. EStG und damit nach § 15 EStG. Zwar unterliegen nicht alle Einkünfte aus Gewerbebetrieb der Gewerbesteuer, da das GewStG weitere Anforderungen stellt; jedoch sind alle gewerbesteuerpflichtigen Einkünfte auch Einkünfte aus Gewerbebetrieb. Die gewerbesteuerpflichtigen Einkünfte stellen damit eine Teilmenge aus den Einkünften aus Gewerbebetrieb dar.

23 Für die Kapitalgesellschaften wird § 15 EStG ergänzt durch § 8 Abs. 2 KStG. Unbeschränkt steuerpflichtige Körperschaftsteuersubjekte nach § 1 Abs. 1 Nr. 1 bis 3 KStG haben per Fiktion nach § 8 Abs. 2 KStG ausschließlich gewerbliche Einkünfte, so dass die Voraussetzungen des § 15 EStG nicht mehr zu prüfen sind. Konsequent wird diese Fiktion in § 2 Abs. 2 Satz 1 GewStG für die Gewerbesteuer umgesetzt, so dass auch hier die Grundnorm des § 2 Abs. 1 Satz 2 GewStG mit dem Verweis auf § 15 EStG nicht zur Anwendung kommt.

24 Außerhalb des Ertragsteuerrechts erlangt § 15 EStG im Rahmen der Erbschaft- und Schenkungsteuer durch die Bestimmung der Definition des begünstigten Vermögens in § 13b ErbStG Bedeutung. Begünstigt sind nach § 13b Abs. 1 Nr. 2 ErbStG inländisches Betriebsvermögen i. S. v. §§ 95 bis 97 BewG i. V. m. § 15 EStG, so dass die Voraussetzungen der Einkünfte aus Gewerbebetrieb hier wiederum vorliegen müssen.

25–29 *(Einstweilen frei)*

B. Systematische Kommentierung

I. § 15 Abs. 1 EStG

30 Nach § 15 Abs. 1 EStG werden verschiedene Einkunftsquellen als gewerbliche Einkünfte bestimmt. Die wesentliche Definition des Gewerbebetriebs ist dabei in § 15 Abs. 1 EStG noch nicht enthalten. Diese folgt sodann in § 15 Abs. 2 EStG.

1. Regelungsbereich

31 § 15 Abs. 1 EStG hat folgende Regelungsbereiche:

- ▶ Satz 1 Nr. 1: gewerbliches Einzelunternehmen,
- ▶ Satz 1 Nr. 2 Satz 1: gewerbliche Mitunternehmerschaft,
- ▶ Satz 1 Nr. 2 Satz 2: doppel- und mehrstöckige gewerbliche Mitunternehmerschaft,
- ▶ Satz 1 Nr. 3: Anteil des Komplementärs einer Kommanditgesellschaft auf Aktien,
- ▶ Satz 2: nachträgliche Einkünfte.

2. Gewerbliches Einzelunternehmen (§ 15 Abs. 1 Satz 1 Nr. 1 EStG)

a) Anwendungsbereich

§ 15 Abs. 1 Satz 1 Nr. 1 EStG betrifft den Grundfall des Gewerbebetriebs in Form eines Einzelunternehmens. Der Tatbestand nach Satz 1 beschränkt sich auf den Verweis auf Abs. 2 und der dortigen Definition des Gewerbebetriebs. Die unmittelbare Rechtsfolge besteht in der Verbindung zu § 2 Abs. 1 Satz 1 Nr. 2, Abs. 2 Satz 1 Nr. 1 EStG. 32

Ein Stpfl. kann mehrere eigenständige gewerbliche Einzelunternehmen haben. Es besteht kein Postulat zur Einheitlichkeit von Gewerbebetrieben.[1] Bestätigt wird diese Auffassung in § 6 Abs. 5 Satz 1 EStG, da dort die Überführung von Wirtschaftsgütern zwischen verschiedenen Betriebsvermögen, also Gewerbebetrieben, desselben Stpfl. behandelt wird. **Getrennte Gewerbebetriebe** liegen vor, wenn die Einkunftsquellen wirtschaftlich, organisatorisch und finanziell nach dem Gesamtbild der Verhältnisse getrennt geführt werden. Die Trennung in verschiedene Einzelunternehmen kann Auswirkungen bei der Veräußerung oder Aufgabe eines Betriebs nach § 16 EStG haben. 33

Zunächst ist § 15 Abs. 1 Satz 1 Nr. 1 EStG nur auf natürliche Personen als Stpfl. anzuwenden. Für Personengesellschaften enthält § 15 Abs. 1 Satz 1 Nr. 2 EStG gesonderte Regelungen. Jedoch entfaltet § 15 Abs. 1 Satz 1 Nr. 1 EStG über den Verweis in § 15 Abs. 3 Nr. 1 Alt. 1 EStG ebenso Wirkung bei Personengesellschaften. Damit ist § 15 Abs. 1 Satz 1 Nr. 1 EStG als Grundfall des gewerblichen Unternehmens und der gewerblichen Einkünfte zu verstehen. 34

Der Tatbestand des gewerblichen Unternehmens ergibt sich aus dem Verweis auf § 15 Abs. 2 EStG. Dort wird der Gewerbebetrieb definiert. Lediglich § 15 Abs. 1 Satz 1 Nr. 1 Satz 2 EStG enthält eine klarstellende Ergänzung für Unternehmen aus dem Bereich der Urproduktion. Soweit es sich nicht um (Neben-)Betriebe der Land- und Forstwirtschaft handelt, werden die Betriebe des Bergbaus und allgemein der Gewinnung von Rohstoffen den gewerblichen Unternehmen zugeordnet. I. d. R. dürfte die Ausübung dieser Tätigkeiten aber auch immer die Tatbestandsmerkmale des Gewerbebetriebs gem. § 15 Abs. 2 EStG erfüllen, so dass für die Erweiterung in § 15 Abs. 1 Satz 1 Nr. 1 Satz 2 EStG keine Notwendigkeit besteht. 35

b) Beginn und Ende des Gewerbebetriebs

Der Gewerbebetrieb i. S. v. § 15 EStG beginnt und endet unabhängig von den Regelungen im GewStG. **Vorbereitungshandlungen**, mit dem Ziel einen Gewerbebetrieb gem. § 15 Abs. 2 EStG zu begründen, werden ebenfalls im Rahmen der gewerblichen Einkünfte berücksichtigt, so dass insbesondere Anlaufverluste durch Gründungskosten, Fremdfinanzierungskosten etc. Berücksichtigung finden können. Gehen die Vorbereitungshandlungen unmittelbar in eine werbende gewerbliche Tätigkeit über, ist der unmittelbare Zusammenhang der Vorbereitungshandlungen und die Zuordnung zu den gewerblichen Einkünften unproblematisch. Bleibt es aber bei Vorbereitungshandlungen und kommt es nicht zur eigentlichen gewerblichen Tätigkeit, liegen dennoch gewerbliche Einkünfte, i. d. R. Verluste, vor und werden entsprechend berücksichtigt. Hier ist der Nachweis zu führen, dass die Handlungen auf die Ausübung einer gewerblichen Tätigkeit gerichtet waren. 36

Nach Einstellung der werbenden Tätigkeit werden Abwicklungserträge bis zur vollständigen Beendigung weiter als gewerbliche Einkünfte erfasst. Hier ist jedoch der vorrangige Tatbestand 37

---

1 BFH v. 8. 3. 1989 - X R 108/87, BStBl 1989 II 572.

der Betriebsaufgabe gem. § 16 EStG einschlägig. Der Gewerbebetrieb endet mit der letzten Abwicklungshandlung.[1] **Nachträgliche Einnahmen und Ausgaben** aus gewerblichen Einkünften können gem. § 24 Nr. 2 EStG Berücksichtigung finden.

c) Betriebsverpachtung, Betriebsunterbrechung

38 Im Falle der Verpachtung des gesamten Gewerbebetriebs hat der Stpfl. das **Wahlrecht** zur Fortführung des Betriebs oder zur Betriebsaufgabe.[2] Ohne dieses von der Rechtsprechung entwickelte Wahlrecht würde eine Verpachtung des Gewerbebetriebs zu einer Betriebsaufgabe führen, da insofern keine Teilnahme am allgemeinen wirtschaftlichen Verkehr mehr vorliegt.

39 Gibt der Steuerpflichtige keine Erklärung ab, gilt der Gewerbebetrieb als fortbestehend; die Pachteinnahmen werden als gewerbliche Einkünfte erfasst. Die sofortige Versteuerung der stillen Reserven durch eine Betriebsaufgabe kann so vermieden werden. Macht der Pächter von seinem Wahlrecht Gebrauch und gibt eine Betriebsaufgabeerklärung ab, wird die gewerbliche Tätigkeit zu diesem Zeitpunkt beendet, die stillen Reserven werden nach § 16 EStG erfasst und die Verpachtungseinkünfte unterfallen dem § 21 EStG.

40 Voraussetzungen für eine wirksame Betriebsverpachtung im Ganzen sind, dass die (alle) **wesentlichen Betriebsgrundlagen** des Gewerbebetriebs in einem einheitlichen Vorgang im Ganzen verpachtet werden, dass der Betrieb vom Pächter in vergleichbarer Form fortgeführt wird und dass der Verpächter die Möglichkeit hat, den Gewerbebetrieb nach Beendigung des Pachtverhältnisses wieder aufzunehmen.[3] Übrige Wirtschaftsgüter können zurückbehalten oder veräußert werden, ohne die Betriebsverpachtung zu gefährden, z. B. kann ein Handwerksbetrieb die jederzeit wiederbeschaffbaren Werkzeuge zurückbehalten.[4]

41 Liegt eine der Voraussetzungen der Betriebsverpachtung nicht vor, besteht für den Stpfl. kein Wahlrecht, die Rechtsfolgen der Betriebsaufgabe zu vermeiden. Ist nachträglich eine der Voraussetzungen nicht mehr gegeben, kommt es grundsätzlich ab diesem Zeitpunkt zur Betriebsaufgabe. § 16 Abs. 3b Satz 1 Nr. 2 EStG fingiert aber die Betriebsverpachtung und damit den Gewerbebetrieb als fortbestehend bis das Finanzamt Kenntnis von dem Nicht-Vorliegen der Betriebsverpachtung erlangt.

42–49 *(Einstweilen frei)*

3. Gewerbliche Mitunternehmerschaft (§ 15 Abs. 1 Satz 1 Nr. 2 Satz 1 EStG)

50 Gewerbliche Einkünfte gem. § 15 Abs. 1 Satz 1 Nr. 2 Satz 1 EStG liegen vor, wenn zwei oder mehr Unternehmer sich in der Art zusammenschließen, dass sie einen Gewerbebetrieb mit gleichgerichteten Interessen gemeinsam führen und diese Unternehmer dabei (Mit-)Unternehmerinitiative entwickeln und (Mit-)Unternehmerrisiko tragen.

a) Tatbestand

51 Der Tatbestand des § 15 Abs. 1 Satz 1 Nr. 2 Satz 1 EStG kann in folgende drei Bereiche gegliedert werden:

---

1 BFH v. 28.1.1992 - VIII R 28/90, BStBl 1992 II 881.
2 BFH v. 13.11.1963 - GrS 1/63 S, BStBl 1964 III 124; BFH v. 17.4.1997 - VIII R 2/95, BStBl 1998 II 388.
3 Vgl. H 16 Abs. 5 EStH zu wesentlichen Betriebsgrundlagen; BFH v. 17.4.1997 - VIII R 2/95, BStBl 1998 II 388.
4 BFH v. 18.8.2009 - X R 20/06, BStBl 2010 II S. 222.

- Personengesellschaft oder vergleichbare Rechtsform als Rechtsträger einer Mitunternehmerschaft,
- Beteiligung als Gesellschafter an dem Rechtsträger von mindestens zwei Personen in der Qualifikation als Mitunternehmer,
- Gewerbliche Einkünfte durch Personengesellschaft.

Das Vorliegen gewerblicher Einkünfte durch die Personengesellschaft kann dabei durch § 15 Abs. 3 Nr. 2 EStG (gewerbliche Prägung) ersetzt werden. § 15 Abs. 3 Nr. 1 EStG (gewerbliche Infektion) ersetzt die gewerblichen Einkünfte nicht, sondern weitet lediglich vorliegende originär gewerbliche Einkünfte auf die übrigen Einkunftsquellen der Personengesellschaft aus. 52

b) Rechtsträger Personengesellschaft

Basis für eine gewerbliche Mitunternehmerschaft ist eine Personengesellschaft oder eine vergleichbare Rechtsform. 53

§ 15 Abs. 1 Satz 1 Nr. 2 Satz 1 EStG nennt ausdrücklich die **OHG** und die **KG** als mögliche Rechtsformen einer Mitunternehmerschaft. Damit wird der gesetzliche Typus dieser beiden Rechtsformen als Vergleichsmaßstab für alle denkbaren anderen Gesellschaften beschrieben. Abzugrenzen sind die Personengesellschaften von den Kapitalgesellschaften. Letztere sind eigenständige Steuersubjekte und scheiden als Mitunternehmerschaften aus. 54

Grundform der OHG und der KG ist die **GbR** gem. § 705 BGB. Auch diese ist tauglicher Rechtsträger für eine Mitunternehmerschaft. Die GbR kann dabei insbesondere in den Fällen von **Innengesellschaften** als Rechtsform identifiziert werden. 55

Die **Partenreederei** gem. § 489 HGB a. F. ist ebenfalls ein vergleichbar geregelter Rechtsträger, jedoch kann seit 2013 diese Rechtsform nicht mehr neu gewählt werden. 56

Eine Mitunternehmerschaft kann auch durch eine **stille Gesellschaft** gem. § 230 HGB begründet werden. Hierbei ist anhand der Ausgestaltung der Beteiligungsrechte zwischen einer typischen und einer atypischen stillen Beteiligung zu differenzieren. Während sich die typische stille Beteiligung nach den gesetzlichen Regelungen in § 230 HGB steuerlich als eine Kapitalforderung qualifiziert, sind bei der atypischen Beteiligung die Beteiligungsrechte denjenigen Rechten eines Kommanditisten einer KG vertraglich angenähert, so dass die (atypische) stille Beteiligung als taugliche Rechtsform für eine Mitunternehmerschaft gewertet wird. Die atypisch stille Beteiligung wird damit als eigenständige Plattform für die Behandlung als Mitunternehmerschaft behandelt, so dass es nicht auf die Rechtsträgereigenschaft des Geschäftsinhabers der stillen Beteiligung ankommt. Es kann sowohl an einem Einzelunternehmen, an einem Gewerbebetrieb einer Personenhandelsgesellschaft oder am Gewerbebetrieb einer Kapitalgesellschaft eine atypisch stille Beteiligung begründet werden.[1] 57

Ausländische Rechtsträger müssen zunächst als Personengesellschaft oder Kapitalgesellschaft vor dem Hintergrund der Einordnung der OHG und KG als Rechtstypus einer Mitunternehmerschaft qualifiziert werden.[2] Dies ist insbesondere für inländische Gesellschafter einer ausländischen Gesellschaft erforderlich, um die Einkünfte des inländischen Stpfl. nach § 15 oder nach § 20 EStG zu besteuern. Für eine große Anzahl von Rechtsformen hat die FinVerw im Anhang 58

---

[1] BFH v. 6.7.1995 - IV R 79/94, BStBl 1996 II 269.
[2] Vgl. BMF v. 24.12.1999, BStBl 1999 I 1076, Tz. 1.1.5.2; BMF v. 26.9.2014, BStBl 2014 I 1258, Tz. 1.2; BFH v. 25.5.2011 - I R 95/10 BStBl 2014 II 760.

zum Erlass Betriebsstätten-Verwaltungsgrundsätze die notwendige Einordnung vorgenommen.[1]

59 Für dort nicht aufgeführte Rechtsformen kann zur Einordnung auf den sog. LLC-Erlass der FinVerw zurückgegriffen werden.[2] Der Erlass beschreibt den Rechtstypenvergleich anhand der Qualifikation einer Körperschaft. Danach sprechen folgende Indizien für eine Einordnung als Kapitalgesellschaft: a) zentralisierte Geschäftsführung und Vertretung, in dem die Geschäfte nicht von den Gesellschaftern sondern von einem eigenständigen Gremium geführt werden, das auch insbesondere von Nichtgesellschaftern übernommen werden kann (Fremdgeschäftsführung); b) beschränkte Außenhaftung der Gesellschafter für die Verpflichtungen der Gesellschaft; c) freie Übertragbarkeit der Anteilsrechte ohne Zustimmung der übrigen Gesellschafter; d) jährliche Gewinnzuteilung zu den Gesellschaftern erst durch einen förmlichen Gesellschafterbeschluss; e) Kapitalaufbringung durch Bar- oder Sacheinlage und nicht durch Dienstleistungen; f) Lebensdauer der Gesellschaft unabhängig von Tod oder Insolvenz der Gesellschafter; g) quotale Gewinnverteilung nach Einlagenhöhe; h) Gründung der Gesellschaft durch formellen Akt der Eintragung in ein öffentliches Register. Die Auflistung der Indizien beschreibt den Idealtypus einer Kapitalgesellschaft in Abgrenzung von einer Personengesellschaft. Selbst im deutschen Gesellschaftsrecht sind diese Abgrenzungen so nicht eindeutig. Daher sind in einer Gesamtschau die einzelnen Indizien zu würdigen und zu gewichten. Die einzelnen Kriterien sind dabei zunächst nach dem Gesellschaftsrecht des ausländischen Staates und sodann nach den konkreten Regelungen des Gesellschaftsvertrages im Einzelfall zu würdigen. Bei einer Gewichtung sind insbesondere die Merkmale a) bis e) heranzuziehen.

60 **Fehlerhafte Gesellschaften**, bei denen z. B. der Gesellschaftsvertrag nicht wirksam ist, sind gleichwohl als Rechtsträger für eine Mitunternehmerschaft heranzuziehen, sofern das fehlerhafte Gesellschaftsverhältnis tatsächlich in Kraft gesetzt wurde.[3]

61–69 *(Einstweilen frei)*

c) Beteiligung als Gesellschafter von mindestens zwei Personen in der Qualifikation als Mitunternehmer

70 Die Beziehung des Stpfl. zum Rechtsträger muss mehrere einzelne Aspekte erfüllen. Dadurch kann der Tatbestand wiederum in folgende Punkte gegliedert werden:

- Beteiligung als Gesellschafter,
- Mitunternehmerinitiative,
- Mitunternehmerrisiko,
- mindestens zwei Beteiligte.

aa) Beteiligung als Gesellschafter

71 Der Begriff des Gesellschafters ist bereits im Wortlaut von § 15 Abs. 1 Satz 1 Nr. 2 Satz 1 EStG verankert. Daher kann grundsätzlich nur Mitunternehmer sein, wer auch Gesellschafter einer

---
1 BMF v. 24. 12. 1999, BStBl 1999 I 1076, Tabellen 1 und 2.
2 BMF v. 19. 3. 2004, BStBl 2004 I 411.
3 BFH v. 3. 7. 1995 - GrS 1/93, BStBl 1995 I 917.

Personengesellschaft oder – in Ausnahmefällen – eine diesem wirtschaftlich vergleichbare Stellung innehat.[1] Wirtschaftliches Eigentum an einem Gesellschaftsanteil ist insofern ausreichend.[2] Wenn vereinzelt auch schuldrechtliche Verpflichtungen den Gesellschaftsverhältnissen gleichgestellt werden,[3] kann der Konflikt i. d. R. damit aufgelöst werden, dass hinter dem schuldrechtlichen Rechtsverhältnis eine **verdeckte Innengesellschaft** mit gemeinsamer Zweckverfolgung in der Rechtsform einer GbR vorliegt. Innengesellschaften sind taugliche Rechtsträger einer Mitunternehmerschaft und können konkludent mit und neben dem schuldrechtlichen Vertrag abgeschlossen werden.

Unter dem Begriff der Gesellschafterstellung müssen vor dem Hintergrund der tauglichen Rechtsträger damit auch der stille Beteiligte nach § 230 HGB oder auch der Miterbe einer ungeteilten Erbengemeinschaft gelten.[4] Obwohl nicht der Gesellschafter im zivilrechtlichen Sinne kann doch der **Treugeber** wie ein Gesellschafter im steuerlichen Sinne gelten, da gem. § 39 Abs. 2 AO dem Treugeber die Position des Treuhänders und damit auch die Qualifikation als Gesellschafter zugerechnet wird. Ob der Treuhänder daneben auch Mitunternehmer sein kann, ist losgelöst zu beurteilen. 72

Im Einzelfall kann auch der **Unterbeteiligte** an der Beteiligung eines Gesellschafters wie ein Gesellschafter der Mitunternehmerschaft selbst beurteilt werden.[5] Dies kommt aber nur dann in Betracht, wenn der Unterbeteiligte eine besonders stark ausgeprägte Mitunternehmerinitiative auf die Hauptgesellschaft ausüben kann.[6] In aller Regel wird sich der Unterbeteiligte als Gesellschafter einer gesonderten Unterbeteiligungsgesellschaft qualifizieren und damit eine doppelstöckige Mitunternehmerschaft begründen.[7] 73

Bei der Bestellung eines **Nießbrauchs** an einem Gesellschaftsanteil wird der Nießbraucher nicht zum Gesellschafter.[8] Der Nießbraucher kann aber aus anderen Gründen Gesellschafter sein. In den praktischen Fällen der Übertragung eines Mitunternehmeranteils unter dem Vorbehalt des Nießbrauchs verbleibt ein kleiner Gesellschaftsanteil beim bisherigen Gesellschafter, so dass eine Gesellschafterstellung gegeben ist und sich auch auf den Nießbrauch erstrecken kann. Auf die weiteren Voraussetzungen der Mitunternehmerinitiative ist dann zu achten. Der Nießbrauchsbesteller bleibt Gesellschafter und damit grundsätzlicher Mitunternehmer.[9] 74

bb) Mitunternehmerinitiative

Mitunternehmerinitiative bedeutet Teilhabe an den unternehmerischen Entscheidungen. Vor dem Hintergrund des gesetzlichen Leitbildes des Gesellschafters einer OHG und des Kommanditisten einer KG gem. § 15 Abs. 1 Satz 1 Nr. 2 Satz 1 EStG reicht die Möglichkeit der Stimm-, Kontroll- und Widerspruchsrechte nach dem Bild des Kommanditisten im HGB und § 716 BGB.[10] Geschäftsführungsbefugnis ist für den Gesellschafter nicht erforderlich, da § 15 Abs. 1 75

---

1 BFH v. 25. 6. 1984 - GrS 4/82, BStBl 1984 II 751.
2 BFH v. 1.3.2018 - IV R 15/15, BStBl 2018 II 539.
3 Vgl. *Reiß* in Kirchhof, § 15 EStG Rz. 175.
4 H 15.8 Abs. 1 „Gesellschafter" EStH.
5 Vgl. BFH v. 12. 10. 1999 - VIII R 67/98, BFH/NV 2000 427 = NWB DokID: TAAAA-66225.
6 Vgl. HHR/*Haep*, § 15 EStG Anm. 429.
7 BFH v. 2. 10. 1997 - IV R 75/96, BStBl 1998 II 137.
8 BFH v. 6. 5. 2010 - IV R 52/08, BStBl 2011 II 261.
9 H 15.8 Abs. 1 „Nießbrauch" EStH; BFH v. 1. 3. 1994 - VIII R 35/92, BStBl 1995 II 241.
10 H 15.8 Abs. 1 „Mitunternehmerinitiative" EStH; BFH v. 25. 6. 1984 - GrS 4/82, BStBl 1984 II 751.

Satz 1 Nr. 2 Satz 1 EStG ausdrücklich den Kommanditisten der KG als Mitunternehmer benennt und nach der gesetzlichen Normierung des Kommanditisten dieser gem. § 164 HGB grundsätzlich von der Geschäftsführung ausgeschlossen ist. Daher kann die Geschäftsführungsbefugnis auch nicht für andere Gesellschafter gefordert werden. Gleichwohl gewährt eine tatsächliche Geschäftsführungsbefugnis ein derartiges hohes Maß an Einflussnahme, dass ungeachtet eingeschränkter Stimmrechte in der Gesellschafterversammlung eine Mitunternehmerinitiative dargelegt werden kann.

76 Nach dem gesetzlichen Leitbild in § 119 Abs. 1, § 161 Abs. 2 HGB sind Gesellschafterbeschlüsse einer OHG und KG einstimmig zu fassen. Dadurch hat jeder Gesellschafter aufgrund seines Stimmrechts wenigstens ein Vetorecht und kann abweichende Beschlüsse verhindern. In der Praxis werden aber überwiegend **Mehrheitsbeschlüsse** in den Gesellschaftssatzungen vorgesehen. Eine solche Mehrheitsklausel ist unschädlich, solange sich diese nicht auf die Grundlagengeschäfte der Gesellschaft, wie die Feststellung des Jahresabschlusses, der Gewinnverwendung oder der Auflösung der Gesellschaft bezieht.[1] Jedenfalls dann, wenn nicht auch das Widerspruchsrecht jedes Kommanditisten gem. § 164 Satz 1 2. Halbsatz HGB ausgeschlossen wird, kann ein Minderheitsgesellschafter ungewöhnliche Geschäfte verhindern. Enthält der Gesellschaftsvertrag aber eine auch Grundlagengeschäfte umfassende Mehrheitsklausel, ist die Mitunternehmerinitiative eines Minderheitsgesellschafters kritisch.[2] Verfügt ein Mitgesellschafter über die (qualifizierte) Mehrheit der Stimmrechte oder kontrolliert er die Mehrheit der Stimmrechte, können die übrigen Gesellschafter ihr Stimmrecht faktisch nicht ausüben. Eine Mitunternehmerinitiative liegt nicht vor. Vorsicht ist aber auch dann geboten, wenn kein Mehrheitsgesellschafter gegeben ist. Ohne Einfluss eines Minderheitsgesellschafters könnte ein bisheriger Minderheitsgesellschafter weitere Anteile durch Kauf oder Erbanfall hinzuerwerben und dadurch zum Mehrheitsgesellschafter werden. Für den bisherigen Mitunternehmer in Form des Minderheitsgesellschafters würde die Mitunternehmerstellung ohne sein Zutun enden. In der Regel kommt es dann zu einer steuerlichen Anwachsung der Mitunternehmerschaft auf den Mehrheitsgesellschafter.

77 Ob die Rechte des Gesellschafters auf Stimm-, Kontroll- und Widerspruchsrechte im **Innenverhältnis** beschränkt sind oder aus tatsächlichen Gründen nicht ausgeübt werden, ist unbeachtlich.[3] Daher schließt eine Treuhandabrede über den Komplementäranteil, bei der der zivilrechtliche Komplementär den Gesellschaftsanteil als Treuhänder für den Kommanditisten (Treugeber) hält, die Mitunternehmerinitiative des Komplementärs (Treuhänder) nicht aus.[4] Ausreichend ist, dass im Außenverhältnis der Gesellschafter hinreichende Stimm-, Kontroll- und Widerspruchsrechte besitzt, mittels derer er auf die Mitunternehmerschaft Einfluss nehmen kann.

78–89 *(Einstweilen frei)*

cc) Mitunternehmerrisiko

90 Mitunternehmerrisiko trägt, wer am Gewinn und Verlust des Unternehmens und an den stillen Reserven einschließlich eines etwaigen Geschäftswerts beteiligt ist.[5] Das Merkmal des Mit-

---

1 BFH v. 7.11.2000 - VIII R 16/97, BStBl 2001 II 186.
2 BFH v. 11.10.1988 - VIII R 328/83, BStBl 1989 II 762.
3 BFH v. 8.4.2008 - VIII R 73/05, BStBl 2008 II 681.
4 BFH v. 3.2.2010 - IV R 26/07, BStBl 2010 II 751.
5 H 15.8 Abs. 1 „Mitunternehmerrisiko" EStH; BFH v. 25.6.1984 - GrS 4/82, BStBl 1984 II 751.

unternehmerrisikos kann im Einzelfall auch weniger ausgeprägt sein, wenn dafür eine starke Mitunternehmerinitiative vorliegt oder umgekehrt. In jedem Fall aber müssen beide Hauptmerkmale (Mitunternehmerinitiative und Mitunternehmerrisiko) vorliegen.[1]

Die Rechtsprechung verweist für den Umfang der Gewinn- und Verlustbeteiligung wiederum auf das gesetzliche Leitbild des Kommanditisten. Dieser ist einerseits am laufenden Gewinn und im Falle seines Ausscheidens auch an den stillen Reserven gem. §§ 155, 168 HGB und andererseits an einem Verlust im Rahmen des § 167 Abs. 3 HGB beteiligt.[2] 91

Die Erfolgsbeteiligung des Gesellschafters muss sich am Gewinn der Gesellschaft orientieren und soll grundsätzlich nicht andere Unternehmensgrößen, wie den Umsatz, als Maßstab zu Grunde legen.[3] Ein **Umsatzschlüssel** kann aber im Einzelfall dennoch wie eine Gewinnbeteiligung wirken, wenn weitere Maßstäbe in die Berechnung einfließen. Erhält der Gesellschafter nicht nur eine Umsatzbeteiligung, sondern ist er auch den Kosten des Unternehmens entsprechend beteiligt, liegt im Ergebnis eine Gewinnbeteiligung vor.[4] Der Gewinnanteil des Gesellschafters wird insofern lediglich abweichend von der handelsrechtlichen Gewinn- und Verlustrechnung ermittelt. Bei solchen Umsatz- und Kostenbeteiligungen ist aber genau zu prüfen, ob eine hinreichende Beteiligung an den stillen Reserven des Unternehmens gegeben ist. Entweder muss eine entsprechende Abfindung vereinbart sein oder bei dem Geschäft des Unternehmens ist nicht mit der Bildung stiller Reserven, insbesondere nicht mit einem Geschäftswert, zu rechnen.[5] 92

Nach Auffassung der FinVerw liegt keine hinreichende Beteiligung am unternehmerischen Risiko vor, wenn die Haftung des Gesellschafters beschränkt ist und mit einer Gewinnbeteiligung aufgrund einer **Befristung** der Gesellschafterstellung nicht zu rechnen ist.[6] 93

Kritisch ist, ob auf eine **Beteiligung am laufenden Gewinn verzichtet** werden kann, wenn dafür eine kompensierende Beteiligung an den stillen Reserven vorliegt.[7] Dies sollte nur in besonderen Ausnahmefällen ausreichen, z. B. wenn bei befristen Projektgesellschaften mit ernsthaften Gewinnen erst im Rahmen der Auseinandersetzung gerechnet wird. 94

Ebenso kritisch ist es, wenn der Gesellschafter auf eine **Beteiligung an den stillen Reserven verzichtet**. Jedenfalls dann, wenn der Gesellschafter nur eine angemessene Verzinsung seines Gesellschaftskapitals erhält, liegt kein ausreichendes Mitunternehmerrisiko vor.[8] Kommen den stillen Reserven aber wirtschaftlich keine Bedeutung zu, kann die Beteiligung an den laufenden Gewinnen die Beteiligung an den stillen Reserven ersetzen.[9] Eine fehlende Beteiligung an den stillen Reserven kann auch durch eine besonders stark ausgeprägte Mitunternehmerinitiative ausgeglichen werden.[10] 95

Vor dem Hintergrund der Beteiligung an den laufenden Gewinnen und stillen Reserven als Grundlage für die Anerkennung des Mitunternehmerrisikos ist die Behandlung des **Komple- 96

---

1 BFH v. 25. 6. 1984 - GrS 4/82, BStBl 1984 II 751.
2 BFH v. 25. 6. 1984 - GrS 4/82, BStBl 1984 II 751.
3 BFH v. 18. 4. 2000 - VIII R 68/98, BStBl 2001 II 359.
4 BFH v. 18. 4. 2000 - VIII R 68/98, BStBl 2001 II 359.
5 Vgl. BFH v. 18. 4. 2000 - VIII R 68/98, BStBl 2001 II 359.
6 H 15.8 Abs. 1 „Mitunternehmerrisiko" EStH.
7 Vgl. HHR/*Haep*, § 15 EStG Anm. 322.
8 H 15.8 Abs. 1 „Mitunternehmerrisiko" EStH.
9 BFH v. 23. 4. 2009 - IV R 73/06, BStBl 2010 II 40.
10 BFH v. 16. 12. 1997 - VIII R 32/90, BStBl 1998 II 480.

mentärs einer GmbH & Co. KG beachtlich. Bereits durch die Übernahme der unbeschränkten Haftung des Komplementärs ist dieser an den laufenden Verlusten und damit am Geschäftsrisiko beteiligt. Nach Auffassung der FinVerw wird die Mitunternehmerstellung des Komplementärs nicht dadurch ausgeschlossen, dass er weder am Gewinn und Verlust der KG noch an deren Vermögen beteiligt ist.[1] Die Rechtsprechung grenzt diese Aussage insofern ein, als dass die fehlende Beteiligung am Gewinn und Verlust durch eine Ausprägung der Mitunternehmerinitiative kompensiert werden muss.[2] Da dem Komplementär die Vertretung der KG zusteht, ist diesem auch regelmäßig die Mitunternehmerinitiative gegeben. Nur durch Hinzutreten eines oder mehrerer Komplementäre kann einem einzelnen Komplementär die Vertretungsbefugnis entzogen werden. Dann kann dieser aber auch nicht mehr die Einschränkung im Rahmen des Mitunternehmerrisikos kompensieren.

dd) Mindestens zwei Beteiligte

97 Die steuerliche Mitunternehmerschaft grenzt sich vom Einzelunternehmen dadurch ab, dass der Mitunternehmer seine unternehmerische Tätigkeit nicht alleine, sondern zusammen mit anderen Mitunternehmern in gesellschaftsrechtlicher Verbundenheit ausübt.[3] Es müssen damit mindestens zwei Gesellschafter die Qualifikation als Mitunternehmer erfüllen. Erfüllt nur ein Gesellschafter die Qualifikation als (Mit)Unternehmer, liegt eine „**Ein-Unternehmer-Personengesellschaft**" vor und wird wie ein Einzelunternehmen behandelt. Die Wirtschaftsgüter der Personengesellschaft sind dem Unternehmer zuzurechnen.[4]

98 Als Ein-Unternehmer-Personengesellschaft kommt eine KG in Betracht, bei der der Kommanditist soweit in seinen Rechten zurücktritt, dass er nicht mehr dem gesetzlichen Leitbild des Kommanditisten entspricht und damit z. B. keine Mitunternehmerinitiative entfaltet. In Anlehnung an die atypische stille Beteiligung kann man hier von einem **atypischen Kommanditisten** sprechen. Dieser erzielt lediglich Einkünfte aus Kapitalvermögen ähnlich dem typisch still Beteiligten. Dem Komplementär sind das gesamte Vermögen und Schulden der KG zuzurechnen. Die Kapitalbeteiligung des Kommanditisten ist in der Steuerbilanz als Verbindlichkeit zu zeigen.

99 Ähnlich gelagert ist auch der Fall des **Treuhandmodells**. Hält der Kommanditist seine Beteiligung treuhänderisch für den einzig noch beteiligten Komplementär, ist der Kommanditist nicht als Mitunternehmer zu qualifizieren.[5] Das Vermögen und die Schulden der KG sind wiederum dem Komplementär zuzurechnen. Die Kapitalbeteiligung des Kommanditisten wird hingegen gem. § 39 Abs. 2 Nr. 1 Satz 2 AO auch dem Komplementär zugerechnet und geht steuerlich dort durch Konfusion von Verbindlichkeit und Forderung unter. Durch das Treuhandmodell kann zum einen eine steuerliche Anwachsung ohne gesellschaftsrechtliche Anwachsung herbeigeführt werden. Zum anderen können durch eine Ausgliederung auf eine Treuhand-KG handelsrechtlich stille Reserven aufgedeckt werden, ohne dass dies steuerlich zu beachten wäre.

100–109 *(Einstweilen frei)*

---

[1] H 15.8 Abs. 1 „Komplementär" EStH.
[2] BFH v. 25. 4. 2006 - VIII R 74/03, BStBl 2006 II 595.
[3] BFH v. 3. 2. 2010 - IV R 26/07, BStBl 2010 II 751.
[4] BFH v. 3. 2. 2010 - IV R 26/07, BStBl 2010 II 751.
[5] Die gegenteilige Auffassung im Rahmen der Gewerbesteuer, z. B. OFD München v. 17. 3. 2005 - G-1400 - 39 St 423, hat die FinVerw fallen lassen. Mit der Veröffentlichung der BFH-Entscheidung im BStBl ist die gegenteilige Auffassung hinfällig.

d) Gewerbliche Einkünfte der Personengesellschaft

Die Personengesellschaft, bei der mindestens zwei Gesellschafter die Qualifikation als Mitunternehmer erfüllen, muss grundsätzlich gewerbliche Einkünfte erzielen. Dieses Erfordernis ergibt sich aus dem Tatbestand „des Betriebs" in § 15 Abs. 1 Satz 1 Nr. 2 Satz 1 EStG und dem Einleitungsteil in § 15 Abs. 1 Satz 1 EStG „Einkünfte aus Gewerbebetrieb". Wie im Rahmen von § 15 Abs. 1 Satz 1 Nr. 1 EStG wird der Tatbestand der gewerblichen Einkünfte durch die Definition des Gewerbebetriebs in § 15 Abs. 2 EStG ausgefüllt. **110**

Die Personengesellschaft wird damit zum Subjekt der Tatbestandsverwirklichung des Gewerbebetriebs. Auf dieser Ebene sind die Voraussetzungen nach § 15 Abs. 2 EStG zu prüfen. Die Personengesellschaft wird damit nicht zum Subjekt der Einkommensbesteuerung, sondern zum Subjekt der Gewinnerzielung und Gewinnermittlung.[1] **111**

Kann auf Ebene der Personengesellschaft z. B. keine Gewinnerzielungsabsicht festgestellt werden, liegen hier auch keine gewerblichen Einkünfte vor. **112**

§ 15 Abs. 3 Nr. 2 EStG ersetzt die Anforderung nach einem Gewerbebetrieb der Personengesellschaft sowie nach Einkünften aus Gewerbebetrieb aufgrund einer Rechtsformwahl als **gewerblich geprägte Personengesellschaft**. **113**

§ 15 Abs. 3 Nr. 1 EStG kann das Erfordernis der Einkünfte aus Gewerbebetrieb hingegen nicht ersetzen. Hiernach werden lediglich die übrigen Einkunftsquellen der Personengesellschaft, welche den Tatbestand der gewerblichen Einkünfte nicht erfüllen, in gewerbliche Einkünfte umqualifiziert, sofern überhaupt eine Einkunftsquelle mit gewerblichen Einkünften auf Ebene der Personengesellschaft vorliegt. Die gewerblichen Einkünfte **infizieren** die nicht gewerblichen Einkunftsquellen. Da aber als gewerbliche Einkünfte i. S. v. § 15 Abs. 3 Nr. 1 EStG auch Einkünfte aus Gewerbebetrieb gem. § 15 Abs. 1 Satz 1 Nr. 2 EStG in Betracht kommen, kann wenigstens der eigene Gewerbebetrieb der Oberpersonengesellschaft entfallen, wenn zumindest die Beteiligung an einer Unterpersonengesellschaft gewerbliche Einkünfte vermittelt. **114**

(Einstweilen frei) **115–119**

e) Gewinnermittlung

Als Subjekt der Gewinnermittlung ist auf Ebene der Mitunternehmerschaft der Gewinn und damit auch der Gewinnanteil der Mitunternehmer zu bestimmen. Die Gewinnermittlung setzt sich in einem gestuften Verhältnis aus folgenden Komponenten zusammen: **120**

- Gewinnermittlung erster Stufe:
  - Gesamthandsgewinn der Personengesellschaft,
  - Ergänzungsbilanzen der Gesellschafter.
- Gewinnermittlung zweiter Stufe:
  - Sondervergütungen,
  - Sonderbetriebseinnahmen,
  - Sonderbetriebsausgaben.

---

[1] BFH v. 3.7.1995 - GrS 1/93, BStBl 1995 II 617.

121 Die einzelnen Komponenten der Gewinnermittlung dienen zum einen dazu, die Personengesellschaft als Subjekt der Gewinnermittlung zu respektieren, und zum anderen, um den Mitunternehmer möglichst weitgehend mit einem Einzelunternehmer gleichzustellen.[1] Mit der Entscheidung des Großen Senats im Jahr 1984[2] hat die Rechtsprechung sich von der vorhergehenden **Bilanzbündeltheorie verabschiedet.** Bis dahin wurde die Bilanz der Mitunternehmerschaft nur als Zusammenfassung der anteiligen Einzelbilanzen der Gesellschafter interpretiert. Nunmehr wird die Mitunternehmerschaft als eigenständiges Rechtssubjekt auch im Rahmen der steuerlichen Gewinnermittlung qualifiziert.

122 Trotz Aufgabe der Bilanzbündeltheorie ist für das Verständnis der Mitunternehmerschaft die Vorstellung eines **transparenten Gebildes** wichtig. Das bedeutet, dass aus Sicht der Gesellschafter im steuerlichen Sinne keine Beteiligung an der Mitunternehmerschaft als Wirtschaftsgut vorliegt, sondern die Gesellschafter in der Position der Beteiligung an der Mitunternehmerschaft die anteiligen Wirtschaftsgüter der Personengesellschaft abbilden.

123 Infolgedessen wird als erste Stufe die Personengesellschaft als Rechtsträger der Mitunternehmerschaft mit ihrem Betriebsvermögen der Gewinnermittlung zugrunde gelegt. Die Wirtschaftsgüter der Personengesellschaft werden in der **Gesamthandsbilanz** zusammengefasst. Hier ist abzugrenzen, welche Vermögensgegenstände und Schulden als Wirtschaftsgüter der Personengesellschaft heranzuziehen oder als notwendiges Privatvermögen steuerlich auszuscheiden sind. Aus der Eigenständigkeit der Personengesellschaft folgt, dass an dieser Stelle Rechtsbeziehungen mit Gesellschaftern grundsätzlich wie Rechtsbeziehungen mit fremden Dritten anzuerkennen sind. So sind Darlehen eines Gesellschafters an die Personengesellschaft bei der Personengesellschaft als Fremdkapital auszuweisen.

124 Die Gewinnermittlung erster Stufe wird sodann ergänzt um Aspekte der Gesellschafter, die sich aber auf die Wirtschaftsgüter der Personengesellschaft beziehen. Hierbei handelt es sich um steuerliche Korrekturen für die Wertansätze der Wirtschaftsgüter der Personengesellschaft, die ihre Ursache nicht in der Personengesellschaft selbst, sondern in der Person des Gesellschafters haben. Die Berücksichtigung dieser ergänzenden Aspekte entstammt dem Transparenzgebot der Mitunternehmerschaft, nach dem die Wirtschaftsgüter der Personengesellschaft auch die anteiligen Wirtschaftsgüter der Gesellschafter verkörpern. Als Beispiele können hier Bewertungskorrekturen, die nur in der Person eines Gesellschafters liegen, § 6b EStG, oder erhöhte Anschaffungskosten eines Gesellschafters für den Geschäftsanteil an der Personengesellschaft herangezogen werden. Für diese gesellschafterbezogenen Korrekturen werden für jeden Gesellschafter getrennt sog. **Ergänzungsbilanzen** gebildet und fortgeführt.

125 Auf Ebene der zweiten Gewinnermittlungsstufe erfolgt die Angleichung des Mitunternehmers an einen Einzelunternehmer. Einzelunternehmer können sich weder zivilrechtlich, noch mit steuerlicher Wirkung Vergütungen leisten. Diese Ausgangslage hat der Gesetzgeber auch auf den Mitunternehmer übertragen und rechnet zum Gewinnanteil des Gesellschafters auch die Vergütungen, welche er von der Personengesellschaft erhalten hat, gem. § 15 Abs. 1 Satz 1 Nr. 2 Satz 1 2. Halbsatz EStG zu den gewerblichen Einkünften des Mitunternehmers hinzu. Diese Vergütungen werden als **Sondervergütungen** bezeichnet.

126 Basiert die Sondervergütung auf der Überlassung von Wirtschaftsgütern an die Personengesellschaft, werden diese Wirtschaftsgüter als **Sonderbetriebsvermögen** erfasst. Sonder-

---

1 BFH v. 25.2.1991 - GrS 7/89, BStBl 1991 II 691.
2 BFH v. 25.6.1984 - GrS 4/82, BStBl 1984 II 751.

betriebsvermögen ist für jeden Gesellschafter getrennt zu führen, da die Grundlage der bilanziellen Erfassung in der Person des Gesellschafters liegt. Selbst wenn mehrere Gesellschafter neben ihrer Beteiligung an der Mitunternehmerschaft in Form einer Bruchteilsgemeinschaft ein Wirtschaftsgut der Mitunternehmerschaft zur Nutzung überlassen, liegt eine anteilige Nutzungsüberlassung eines jeden Gesellschafters entsprechend seines Anteils an der Bruchteilsgemeinschaft vor. Es sind somit mehrere Sonderbetriebsvermögen zu bilden.[1] Neben dem besonderen Begriff der Sondervergütungen werden die Betriebseinnahmen und -ausgaben im Zusammenhang mit Sonderbetriebsvermögen als **Sonderbetriebseinnahmen** und **-ausgaben** bezeichnet.

Aus der Gewinnermittlung erster und zweiter Stufe ergibt sich zusammen eine **Gesamtbilanz der Mitunternehmerschaft**.[2] Für die Aufstellung der Gesamtbilanz mit allen Einzelkomponenten ist die Mitunternehmerschaft und damit die Personengesellschaft verantwortlich. Dies gilt auch für die gesellschafterbezogenen Korrekturen der Ergänzungsbilanz und evtl. Sonderbilanzen. Die Mitunternehmer haben daher ggf. die Personengesellschaft über die Tatsachen zu informieren, die zu einer entsprechenden Bilanzierungsentscheidung führen. Der Gesellschafter kann nicht für sich eigenständig und ohne Kenntnis der Personengesellschaft vergleichbare Bilanzen mit steuerlicher Wirkung erstellen.

(Einstweilen frei)

f) Gesamthand

Ausgangspunkt der Ermittlung des Gewinnanteils des Gesellschafters ist die Bestimmung der steuerlichen Gesamthandsbilanz der Personengesellschaft. Die Gesamthandsbilanz ist ein Einzelaspekt der steuerlichen Gesamtbilanz der Mitunternehmerschaft. Die steuerlichen Bilanzierungsvorschriften finden damit auf die Gesamthandsbilanz Anwendung. Aufgrund der **Maßgeblichkeit** gem. § 4 Abs. 1 Satz 1 EStG, § 5 Abs. 1 Satz 1 EStG sind die Vermögensgegenstände und Schulden in der Handelsbilanz als notwendiges Betriebsvermögen in der Gesamthandsbilanz aufzunehmen.

Das steuerliche Betriebsvermögen ist vom **notwendigen Privatvermögen** zu trennen. Betriebsvermögen sind nur die Wirtschaftsgüter, die dem Betrieb dienen (notwendiges Betriebsvermögen), oder die Wirtschaftsgüter, die objektiv geeignet und bestimmt sind, den Betrieb zu fördern (gewillkürtes Betriebsvermögen). Privatvermögen sind damit die Wirtschaftsgüter, die entweder bereits nicht geeignet sind, den Betrieb zu fördern (notwendiges Privatvermögen), oder die zwar geeignet sind aber nicht dazu bestimmt wurden.

Mit der Entscheidung der Personengesellschaft ein Wirtschaftsgut zu erwerben und sodann in der Handelsbilanz auszuweisen, hat die Personengesellschaft die betriebliche Bestimmung des Wirtschaftsguts dokumentiert. Die Abgrenzung zwischen gewillkürten und nicht gewillkürten Betriebsvermögen ist daher im Rahmen der Gesamthandsbilanz der Personengesellschaft nicht relevant. Vielmehr ist zu unterscheiden, ob der in der Handelsbilanz ausgewiesene Vermögensgegenstand objektiv geeignet ist, den Betrieb zu fördern oder nicht. Ist dies nicht der Fall, liegt notwendiges Privatvermögen vor. Alle übrigen Wirtschaftsgüter sind steuerliches Betriebsvermögen.

---

1 Zur Klarstellung: Die Besonderheiten der Betriebsaufspaltung sind zu beachten.
2 BFH v. 2.12.1997 - VIII R 15/96, BStBl 2008 II 174.

138 Die wesentlichen Fälle notwendigen Privatvermögens, sind die unentgeltliche dauerhafte Eigennutzung eines Wirtschaftsguts durch einen Mitunternehmer sowie die Liebhaberei.

139 Ein zum Gesellschaftsvermögen einer Personengesellschaft gehörendes Wohngebäude, das ausschließlich von einem Gesellschafter **unentgeltlich zu eigenen Wohnzwecken genutzt** wird, ist dem notwendigen Privatvermögen des Gesellschafters zuzurechnen.[1] Anders hingegen, wenn ein Wirtschaftsgut nur zeitweise von einem Gesellschafter zu außerbetrieblichen Zwecken unentgeltlich genutzt wird. Dann bleibt das Wirtschaftsgut Betriebsvermögen und für den Gesellschafter ist eine Nutzungsentnahme anzusetzen.[2] Erfolgt die Nutzungsüberlassung des Wirtschaftsguts durch die Personengesellschaft an den Gesellschafter nicht unentgeltlich, sondern zu fremdüblichen Konditionen, dient das Wirtschaftsgut weiter dem Betrieb durch das Nutzungsentgelt und bleibt Betriebsvermögen. Ist die unentgeltliche Nutzung des Wirtschaftsguts durch einen Gesellschafter nicht durch die Personengesellschaft bzw. durch Gesellschafterbeschluss zugelassen, liegt ebenfalls nur eine Nutzungsentnahme des Betriebsvermögens und kein notwendiges Privatvermögen vor, da die Nutzung auf Verlangen der Personengesellschaft jederzeit zu beenden ist.[3]

140 Handelt die Personengesellschaft insgesamt zwar mit Gewinnerzielungsabsicht und liegt damit ein Gewerbebetrieb i.S.v. § 15 Abs. 2 EStG vor, kann gleichwohl für einzelne Geschäftsbereiche oder gar nur einzelne Wirtschaftsgüter von vornherein erkennbar sein, dass sich hieraus lediglich Verluste ergeben und sie auch sonst keinen positiven Beitrag für den Gewerbebetrieb erbringen. Tätigkeiten einer Personengesellschaft, die ohne Gewinnerzielungsabsicht verfolgt und mithin nicht betrieblich veranlasst sind, sind steuerlich auch nicht in die Gewinnermittlung der Personengesellschaft einzubeziehen.[4] Sind die Voraussetzungen für die Annahme einer **Liebhaberei** gegeben, so spielt die Frage, aus welchen konkreten persönlichen Gründen im Einzelfall von dem betroffenen Stpfl. ein solcher Liebhabereibetrieb unterhalten wird, keine entscheidende Rolle.[5]

141 Mit den aktiven Wirtschaftsgütern des notwendigen Privatvermögens sind die im wirtschaftlichen Zusammenhang stehenden **passiven Wirtschaftsgüter** ebenso dem notwendigen Privatvermögen zuzuordnen. Verbindlichkeiten zur Finanzierung von Entnahmen sind privat veranlasst und nicht dem Betriebsvermögen zuzuordnen. Es steht der Personengesellschaft aber frei zunächst Entnahmen von vorhandenen Barmitteln zuzulassen und sodann für betriebliche Zwecke Verbindlichkeiten aufzunehmen. Lediglich dann, wenn zunächst Verbindlichkeiten aufgenommen werden müssen, um die Entnahmen zu ermöglichen, entfällt der betriebliche Zusammenhang.[6] Im Übrigen ist für Entnahmen aus einer Personengesellschaft unabhängig vom betrieblichen Zusammenhang von Verbindlichkeiten der Betriebsausgabenabzug von Zinsaufwendungen nach § 4 Abs. 4a EStG sachlich beschränkt.

142 Durch das notwendige Privatvermögen weicht die Handelsbilanz von der Steuerbilanz ab. Liegt von Anfang an notwendiges Privatvermögen vor, ist dieses neutral aus der Steuerbilanz unter Korrektur des Kapitalkontos des Gesellschafters zu eliminieren. Wechselt ein Wirtschaftsgut

---

1 BFH v. 23.11.2000 - IV R 82/99, BStBl 2001 II 232.
2 BFH v. 23.3.1995 - IV R 94/93, BStBl 1995 II 637.
3 BFH v. 30.6.1987 - VIII R 353/82, BStBl 1988 II 418.
4 BFH v. 26.6.1996 - VIII R 28/94, BStBl 1997 II 202.
5 BFH v. 26.6.1996 - VIII R 28/94, BStBl 1997 II 202.
6 BMF v. 22.5.2000, BStBl 2000 I 588.

aus dem Betriebsvermögen in das notwendige Privatvermögen oder umgekehrt, ist eine steuerliche Entnahme bzw. Einlage darzustellen.

(Einstweilen frei) 143–149

g) Gewinnanteil

Der Anteil eines Gesellschafters am Steuerbilanzgewinn der Personengesellschaft richtet sich nach den gesellschaftsrechtlichen Statuten. Grundsätzlich ist den gesellschaftsvertraglichen Regelungen zur Gewinnverteilung auch steuerlich zu folgen. Enthält der Gesellschaftsvertrag keine Regelung hierzu, z. B. weil nur eine faktische Innengesellschaft begründet wurde, greifen die gesetzlichen Bestimmungen nach § 722 BGB, §§ 121, 168 und 231 HGB. 150

Steuerlich nicht anerkannt werden gesellschaftsvertragliche Regelungen mit denen ein schon entstandener Gewinn bzw. Verlust neu verteilt werden soll. Hier greift das generelle Verbot vertraglicher Regelungen mit **steuerlichen Rückwirkungen**. Dies gilt nicht nur für den Gewinn und Verlust eines abgelaufenen Wirtschaftsjahrs, sondern auch für den laufenden Gewinn und Verlust bis zum Zeitpunkt der gesellschaftsvertraglichen Vereinbarung.[1] 151

Inkongruente Gewinnverteilungsabreden sind grundsätzlich anzuerkennen. Sind die einzelnen Gesellschafter keine nahestehenden Personen, kann angenommen werden, dass für die inkongruente Gewinnverteilung auch eine entsprechende Beitragsleistung des ansonsten bevorzugten Gesellschafters vorliegt. Dies können unentgeltliche Tätigkeiten oder die unentgeltliche Nutzungsüberlassung zugunsten der Personengesellschaft sein.[2] Bei nahestehenden Personen, insbesondere bei Familienangehörigen ist eine genauere Prüfung notwendig, ob steuerlich nicht anzuerkennende rein private Motive der Gewinnverteilungsabrede zugrunde liegen. Beruht die inkongruente Gewinnverteilung ausschließlich auf steuerlichen Motiven, will die FinVerw diese nicht anerkennen. 152

Eine eigenständige steuerliche Ableitung der Gewinnverteilung kann notwendig werden, wenn die Annahme von notwendigem Privatvermögen die Beteiligungsquoten im steuerlichen Sinn ändern müsste. Eigentlich lässt notwendiges Privatvermögen zugunsten eines Gesellschafters die Gewinnverteilungsabrede unberührt. Würden aber fremde Dritte bei Aussonderung dieses Vermögens aus der Personengesellschaft die Gewinnverteilungsabrede anpassen, muss dies steuerlich Beachtung finden. 153

Bei weiteren Abweichungen der Steuerbilanz von der Handelsbilanz bleibt hingegen der handelsrechtliche Gewinnverteilungsschlüssel auch für die Handelsbilanz maßgeblich.[3] 154

Aus dem Verbot der rückwirkenden Änderung der Gewinnverteilung und der grundsätzlichen Anerkennung von inkongruenten Gewinnabreden ergibt sich die Möglichkeit, anstelle der rückwirkenden Berücksichtigung eine entsprechende überproportionale Beteiligung an den Ergebnissen des verbleibenden Wirtschaftsjahrs zu vereinbaren.

Auch können Entnahmegewinne aus der Aufdeckung stiller Reserven eines Wirtschaftsguts im Einzelfall einem einzelnen Gesellschafter zugewiesen werden. An sich würde mittels des handelsrechtlichen Gewinnverteilungsschlüssels der Entnahmegewinn allen Gesellschaften quotal 155

---

1 BFH v. 7. 7. 1983 - IV R 209/80, BStBl 1984 II 53.
2 HHR/*Tiede*, § 15 EStG Anm 485; bei inkongruenten Gewinnausschüttungen bei Kapitalgesellschaften: BMF v. 7. 12. 2000, BStBl 2001 I 47; BMF v. 17. 12. 2013, BStBl 2014 I 63.
3 BFH v. 22. 6. 2006 - IV R 56/04, BStBl 2006 II 838.

zugerechnet. Wird jedoch vor der Entnahme der Entnahmegewinn dem betreffenden Gesellschafter zugewiesen, liegt eine anzuerkennende inkongruente Gewinnverteilung vor. Es wird damit nicht vom Gewinnverteilungsschlüssel abgewichen, sondern dieser wird um die Komponente Entnahmegewinn ergänzt.[1] Fehlt eine ausdrückliche Vereinbarung, kann in der Buchung der Entnahme ein Indiz für eine entsprechende Vereinbarung gesehen werden.[2] Werden die aufgedeckten stillen Reserven aus dem entnommenen Wirtschaftsgut ausschließlich dem Kapitalkonto des entnehmenden Gesellschafters gutgeschrieben, dokumentiert die Mitunternehmerschaft, dass der Entnahmegewinn nur diesem Gesellschafter zuzurechnen und damit auch von diesem zu versteuern ist.

156–164 *(Einstweilen frei)*

h) Ergänzungsbilanz

165 Ergänzungsbilanzen sind gesetzlich nicht definiert. Lediglich § 6 Abs. 5 Satz 4 2. Halbsatz EStG und § 24 Abs. 2 Satz 1 1. Halbsatz, Abs. 3 Satz 1 UmwStG setzen die Möglichkeit einer Ergänzungsbilanz voraus. Ergänzungsbilanzen bilden Korrekturen für die Wertansätze von Wirtschaftsgütern in der Gesamthandsbilanz ab, die sich nicht auf die Personengesellschaft selbst, sondern nur aus Umständen des einzelnen Gesellschafters ergeben. Treffen die Sachverhalte, die zu einer solchen Korrektur führen, mehrere aber nicht alle Gesellschafter, ist für jeden Gesellschafter getrennt eine Ergänzungsbilanz zu bilden.

166 Ergänzungsbilanzen sind Ausfluss des Transparenzprinzips der Mitunternehmerschaft. Die Mitunternehmerschaft ist nicht Steuerpflichtiger, sondern lediglich Subjekt der Gewinnermittlung. Stpfl. ist hingegen der Mitunternehmer bzw. bei mehrstufigen Mitunternehmerschaften der Gesellschafter der Oberpersonengesellschaft. In Ergänzungsbilanzen werden daher Korrekturen berücksichtigt, um eine zutreffende Besteuerung des Gesellschafters zu ermöglichen.

167 Fallgruppen für Ergänzungsbilanzen sind a) der entgeltliche Erwerb eines Anteils an einer Mitunternehmerschaft, b) Umwandlungen nach UmwStG auf eine Mitunternehmerschaft, c) Übertragung eines Wirtschaftsguts gem. § 6 Abs. 5 Satz 3 EStG, d) Abschreibungsmöglichkeiten, die nicht der Personengesellschaft, aber einem Gesellschafter zustehen und e) Abschreibungsmöglichkeiten, die der Personengesellschaft, aber nicht einem Gesellschafter zustehen.

aa) Erwerb eines Mitunternehmeranteils

168 Der **entgeltliche Erwerb eines Mitunternehmeranteils** lässt die Bilanzierung in der Gesamthand der Personengesellschaft unberührt. Weichen die Anschaffungskosten für den Erwerb des Mitunternehmeranteils vom erworbenen steuerlichen Kapitalkonto in der Gesamthand ab, ist eine individuelle Korrektur für den Erwerber erforderlich. Beim Erwerb eines Mitunternehmeranteils ist nicht die Beteiligung Gegenstand des Erwerbs im steuerlichen Sinne, sondern die anteiligen Wirtschaftsgüter der Mitunternehmerschaft.[3] Die Summe der in der Gesamthand angesetzten und bewerteten anteiligen Wirtschaftsgüter entspricht dem erworbenen Kapitalkonto. Daher ist das Kapitalkonto ein tauglicher Maßstab, um diesen mit dem Kaufpreis für den Mitunternehmeranteil abzugleichen. Übersteigt der Kaufpreis das erworbene Kapitalkonto, liegen in der Gesamthand der Personengesellschaft stille Reserven vor. Da der

---

1 BFH v. 28. 9. 1995 - IV R 39/94, BStBl 1996 II 276.
2 BFH v. 28. 9. 1995 - IV R 39/94, BStBl 1996 II 276.
3 BFH v. 6. 5. 2010 - IV R 52/08, BStBl 2011 II 261.

Erwerber diese stillen Reserven mit seinem Kaufpreis vergütet hat, liegen aus seiner individuellen Sicht keine stillen Reserven vor. Diese Differenz wird sodann in einer positiven Ergänzungsbilanz ausgewiesen. D. h., auf der Passivseite dieser Ergänzungsbilanz wird für den Gesellschafter ein Mehrkapital als Eigenkapital in Höhe der vergüteten stillen Reserven bilanziert. Gleichzeitig werden die stillen Reserven auf die einzelnen Wirtschaftsgüter der Gesamthand verteilt. Dies bedeutet nicht, dass die Wirtschaftsgüter der Gesamthand mehrfach – in der Gesamthandsbilanz und der oder den Ergänzungsbilanzen – bilanziert werden. Vielmehr werden in den Ergänzungsbilanzen der Ansatz und die Bewertung von Wirtschaftsgütern der Gesamthandsbilanz individuell korrigiert.

Übersteigen die Anschaffungskosten des Gesellschafters das Kapitalkonto, werden jedoch nicht alle stillen Reserven vergütet, ist der Kaufpreis vorrangig den stillen Reserven aus bilanzierten und nicht bilanzierten materiellen und immateriellen Wirtschaftsgütern aufzuteilen. Erst nachrangig werden stille Reserven im Geschäftswert gezeigt. 169

Übersteigen die Anschaffungskosten des Gesellschafters nicht nur das Kapitalkonto, sondern auch die identifizierbaren stillen Reserven, wird der überschießende Betrag in einem steuerlichen Ausgleichsposten ausgewiesen.[1] Der Fall kann z. B. auftreten bei einem Erwerb eines Anteils von einem lästigen Gesellschafter. Hier werden u.U. höhere Beträge gezahlt, als der Anteil wert ist, um den Gesellschafter zum Austreten aus der Gesellschaft zu bewegen. Der Ausgleichsposten wird in der Ergänzungsbilanz aktivisch ausgewiesen und gewinnmindernd aufgelöst, soweit der Gesellschafter einen Gewinnanteil aus der Gesamthand zugewiesen bekommt. Eine Auflösung des Ausgleichspostens unterbleibt, soweit der zugewiesene Gewinnanteil aus der Gesamthand steuerfrei ist.[2] 170

Grundsätzlich spiegelbildlich ist zu verfahren, wenn der Kaufpreis des Gesellschafters unter dem anteiligen Kapitalkonto in der Gesamthandsbilanz liegt. Hier sind die Wirtschaftsgüter der Gesamthand in einer negativen Ergänzungsbilanz abzustocken.[3] Die Differenz zwischen Kaufpreis und erworbenem Kapitalkonto führt zu einem Mindereigenkapital des Gesellschafters in der Ergänzungsbilanz. Eine Abstockung ist aber nicht möglich durch Ausweis eines negativen Geschäftswerts. Ebenso ist eine Korrektur von Wirtschaftsgütern nicht möglich, die dem Nominalwertprinzip unterliegen.[4] Neben Bargeld und Kontokorrentforderungen können insbesondere auch keine mit dem Nominalwert ausgewiesenen Verbindlichkeiten (nach oben) korrigiert werden. 171

Stehen der Gesamthand nicht ausreichend abstockungsfähige Wirtschaftsgüter zur Verfügung, um die Differenz aus Kaufpreis des Gesellschafters und anteiligem Kapitalkonto in der negativen Ergänzungsbilanz zu zeigen, wird ein passivischer Ausgleichsposten gebildet. Der Ausgleichsposten wird gewinnerhöhend aufgelöst, soweit dem Gesellschafter anteilige Verluste aus dem Anteil an der Gesamthand zugewiesen werden.[5] 172

---

[1] BFH v. 21.4.1994 - IV R 70/92, BStBl 1994 II 745.
[2] BFH v. 19.2.1998 - IV R 59/96, BStBl 1999 II 266.
[3] BFH v. 12.12.1996 - IV R 77/93, BStBl 1998 II 180.
[4] BFH v. 12.12.1996 - IV R 77/93, BStBl 1998 II 180.
[5] BFH v. 12.12.1996 - IV R 77/93, BStBl 1998 II 180.

bb) Umwandlungen

173 Der wesentliche Fall von **Umwandlungen auf eine Mitunternehmerschaft** nach dem UmwStG ist die Einbringung eines Betriebs, Teilbetriebs oder Mitunternehmeranteils in eine Mitunternehmerschaft gem. § 24 UmwStG. Bei der Einbringung im Rahmen von § 24 UmwStG hat die Personengesellschaft das eingebrachte Betriebsvermögen in ihrer Bilanz einschließlich der Ergänzungsbilanzen grundsätzlich mit den gemeinen Werten anzusetzen. Abweichend können unter weiteren Voraussetzungen aber auch die bisherigen Buchwerte oder Zwischenwerte angesetzt werden, § 24 Abs. 2 UmwStG. Der Wertansatz bei der Personengesellschaft bestimmt für den einbringenden Gesellschafter den Veräußerungspreis für das abgegebene Betriebsvermögen und die Anschaffungskosten für den übernommenen Anteil an der Mitunternehmerschaft, § 24 Abs. 3 Satz 1 UmwStG. Letzteres ist wiederum zu verstehen als Anschaffungskosten für die anteiligen Wirtschaftsgüter der Mitunternehmerschaft.

174 Es bestehen damit verschiedene Varianten, das übernommene Vermögen steuerlich bei der Personengesellschaft zu bewerten. Gleichzeitig haben aber auch eventuelle Bestandsgesellschafter ein Interesse daran, ihre bestehenden Kapitalanteile fair zu bewerten und ins Verhältnis zum neu hinzutretenden Gesellschafter zu setzen.

175 Im Wesentlichen bieten sich zwei Methoden zur Darstellung des übernommenen Vermögens und der Kapitalanteile zueinander dar. Beide Methoden sind gleichwertig und kommen zu übereinstimmenden Ergebnissen. Dabei wird jeweils zuerst bestimmt, wie die Darstellung in der Gesamthand erfolgen soll und daraus abgeleitet, ob und welche Ergänzungsbilanzen zu bilden sind.

176 Methode 1: Maßstab der Bewertung sind die Kapitalkonten der Bestandsgesellschafter (**Bruttomethode**):

In der Gesamthandsbilanz werden die übernommenen Wirtschaftsgüter mit einem Wert bemessen, wonach der eintretende Gesellschafter ein zu den Bestandsgesellschaftern passendes Kapitalkonto erhält. D.h., verfügt die Bestandsgesellschaft über stille Reserven, werden die übernommenen Wirtschaftsgüter, soweit möglich, unter Berücksichtigung eines gleichen Prozentsatzes an stillen Reserven angesetzt. Verfügt die Bestandsgesellschaft im Idealfall über keine stillen Reserven, wird das übernommene Vermögen mit den gemeinen Werten in der Gesamthand angesetzt.

Erst im zweiten Schritt wird für den eintretenden Gesellschafter eine Korrektur auf den gewünschten steuerlichen Ansatz von gemeinen Wert, Buchwertfortführung oder Zwischenwertansatz in einer Ergänzungsbilanz erstellt.

177 Wurden die übertragenen Wirtschaftsgüter mit den gemeinen Werten in der Gesamthand angesetzt und war ein solcher Ansatz für den Gesellschafter gewünscht, ist keine Korrektur erforderlich. Ansonsten werden die bisherigen steuerlichen Buchwerte über eine negative Ergänzungsbilanz übernommen und damit die Ansätze der Gesamthand korrigiert.

178 Wurden hingegen die übertragenen Wirtschaftsgüter nicht mit den gemeinen Werten in der Gesamthand angesetzt, werden die Differenzen zu den gewünschten Ergebnissen von gemeinen Werten, Buchwerten oder Zwischenwerten durch eine entsprechende Ergänzungsbilanz gezeigt. Dies kann sowohl eine positive als auch eine negative Ergänzungsbilanz sein.

> **BEISPIEL:** Einzelunternehmer A bringt sein Einzelunternehmen mit allen Wirtschaftsgütern in die BC oHG ein. Die BC oHG wird von den Mitunternehmern B und C zu gleichen Teilen gehalten. Der Verkehrswert des Einzelunternehmens des A beträgt 1 000, der Verkehrswert der BC oHG 2 000. Daher soll

A eine gleich hohe Kapitalbeteiligung an der gemeinsamen Gesellschaft erhalten, wie B und C bereits halten.

Einzelunternehmen A			
Aktiva	1 300	Eigenkapital	800
		Verbindlichkeiten	500

BC OHG			
Aktiva	1 700	Eigenkapital	
		– B	700
		– C	700
		Verbindlichkeiten	300

Nach der Bruttomethode wird lediglich eine Ergänzungsbilanz des eintretenden Gesellschafters erstellt, da die für die Bestandsgesellschafter kein Unterschied festzustellen ist. Ihr Kapitalkonto ist Maßstab für die Darstellung nach der Aufnahme des hinzutretenden Gesellschafters. Im vorliegenden Fall werden die Aktiva des Einzelunternehmens neu bewertet. Annahmegemäß sind in den Verbindlichkeiten keine stillen Reserven vorhanden, so dass diese übernommen werden. Das Kapitalkonto des A ist von 800 im Einzelunternehmen auf 700 in der ABC oHG abzustocken. In Höhe dieser Differenz werden die Aktiva in der Gesamthandsbilanz niedriger bewertet. Um diese Abstockung zu kompensieren wird sodann eine positive Ergänzungsbilanz erstellt.

ABC OHG			
Aktiva		Eigenkapital	
– bisher	1 700	– A	700
– übernommen	1 200	– B	700
		– C	700
		Verbindlichkeiten	
		– bisher	300
		– übernommen	500

Ergänzungsbilanz A bei ABC oHG			
Aktiva	100	Eigenkapital	100

ABWANDLUNG: ▶ Bei gleichen Wertverhältnissen verfügt die BC oHG über keine stillen Reserven. Das Einzelunternehmen bleibt unverändert.

BC OHG			
Aktiva	2 300	Eigenkapital	
		– B	1 000
		– C	1 000
		Verbindlichkeiten	300

In diesem Fall wird das Kapitalkonto des A ebenfalls mit 1 000 angesetzt und die Aktiva werden entsprechend aufgestockt. In der Differenz von 200 (Eigenkapital des A nunmehr 1 000 abzüglich Eigenkapital vorher 800) wird eine negative Ergänzungsbilanz gebildet.

ABC OHG			
Aktiva		Eigenkapital	
– bisher	2 300	– A	1 000
– übernommen	1 500	– B	1 000
		– C	1 000
		Verbindlichkeiten	
		– bisher	300
		– übernommen	500

Ergänzungsbilanz A bei ABC oHG			
Minderkapital	200	Minderwert Aktiva	200

179 **Methode 2: Übernahme der Wirtschaftsgüter mit den steuerlichen Buchwerten (Nettomethode):**

Nach der Alternativmethode werden die übertragenen Wirtschaftsgüter von der Personengesellschaft mit den bisherigen Buchwerten fortgeführt. Es erfolgt in der Gesamthand keine Anpassung auf die gemeinen Werte oder in Ansehung der Kapitalkonten der Bestandsgesellschafter.

180 Nur in den seltensten Fällen wird dies direkt zu einer korrekten Darstellung der Kapitalkonten untereinander führen, da das übernommene Vermögen und das Bestandsvermögen der Personengesellschaft unterschiedlich viel stille Reserven haben werden. Daher würde das Kapitalkonto des neu hinzugetretenen Gesellschafters entweder über- oder unterbewertet im Verhältnis zu den Bestandsgesellschaftern.

181 Somit lässt die Nettomethode (auch Kapitalkontenanpassungsmethode genannt) es zu, die bestehenden Kapitalkonten der Bestandsgesellschafter sowie das neue Kapitalkonto des hinzugetretenen Gesellschafters an die korrekten Wertverhältnisse anzupassen. D. h., das gesamte Eigenkapital auf Ebene der Gesamthand nach der Übernahme der Wirtschaftsgüter des hinzutretenden Gesellschafters wird neu auf alle Gesellschafter so verteilt, dass sich eine korrekte Darstellung der Wertverhältnisse von Bestandsgesellschaft und übernommenen Vermögen ergibt.

182 Da es bei den Bestandsgesellschaftern zu einer Veränderung der Kapitalkonten kommt, werden für diese nunmehr positive oder negative Ergänzungsbilanzen erstellt, um in der Gesamtschau aus Sicht dieser Bestandsgesellschafter unveränderte steuerliche Kapitalanteile zu zeigen.

183 Bei dem hinzutretenden Gesellschafter wird korrespondierend eine negative oder positive Ergänzungsbilanz erstellt, um auch aus seiner Sicht insgesamt das bisherige Kapital als steuerliches Kapitalkonto bei der Personengesellschaft zu zeigen. Soll für den hinzutretenden Gesellschafter kein Buchwertansatz, sondern ein Zwischenwertansatz oder gar ein Ansatz der Wirtschaftsgüter zu gemeinen Werten erfolgen, kann in einem zweiten Schritt in der *Ergänzungsbilanz des hinzutretenden Gesellschafters* nochmals positiv eine Korrektur auf die Zielwerte vorgenommen werden.

BEISPIEL: ▶ Das Ausgangsbeispiel aus der Bruttomethode wird nach der Nettomethode anhand der Steuerbilanzwerte der Wirtschaftsgüter dargestellt. D. h. die Aktiva und Verbindlichkeiten werden mit unveränderter Bewertung in die neue Gesamthandsbilanz der ABC oHG übernommen. Das danach verbleibende Eigenkapital wird den drei Gesellschaftern anhand der Zielverteilung – hier alle drei gleichberechtigt – zugewiesen. Jeder Gesellschafter erhält daher 733 Eigenkapital. Für A bedeutet dies eine negative Abweichung zum bisherigen Eigenkapital im Einzelunternehmen von minus 67 und für B und C liegt eine positive Abweichung i. H. v. plus 33 zum bisherigen Eigenkapital vor. Diese Differenzen werden sodann in eine positive Ergänzungsbilanz von A und jeweils einer negativen Ergänzungsbilanz von B und C dargestellt.

ABC OHG			
Aktiva		Eigenkapital	
– bisher	1 700	– A	733
– übernommen	1 300	– B	733
		– C	733
		Verbindlichkeiten	
		– bisher	300
		– übernommen	500

Ergänzungsbilanz A bei ABC OHG			
Aktiva	67	Eigenkapital	67

Ergänzungsbilanz B bei ABC OHG			
Minderkapital	33	Minderwert Aktiva	33

Ergänzungsbilanz C bei ABC OHG			
Minderkapital	33	Minderwert Aktiva	33

(Einstweilen frei) 184–199

cc) Übertragung von Einzelwirtschaftsgütern

Ähnlich wie die Einbringung eines Betriebs, Teilbetriebs oder Mitunternehmeranteils gem. § 24 UmwStG ist auch die **Übertragung eines Wirtschaftsguts in das Gesamthandsvermögen einer Mitunternehmerschaft** gem. § 6 Abs. 5 Satz 3 Nr. 1 und Nr. 2 EStG zu betrachten. Anders als im Rahmen von § 24 UmwStG enthält § 6 Abs. 5 Satz 3 EStG kein Wahlrecht zum Ansatz mit dem bisherigen Buchwert oder dem gemeinen Wert. Sind die Tatbestandsvoraussetzungen von § 6 Abs. 5 Satz 3 EStG erfüllt, ist der Buchwertansatz zwingend. Im Übrigen erfolgt ebenso zwingend eine Bewertung mit dem gemeinen Wert, wenn die Tatbestandsvoraussetzungen von § 6 Abs. 5 Satz 3 EStG nicht erfüllt sind oder die Rückausnahmen nach § 6 Abs. 5 Satz 4 bis 6 EStG greifen. 200

Ausgehend von diesen Zielbewertungen ist der Weg für die Darstellung der Mitunternehmerschaft freigestellt. Bei einer Übertragung eines Wirtschaftsguts in das Gesamthandsvermögen einer Mitunternehmerschaft kann diese das Wirtschaftsgut mit ihrem bisherigen Buchwert ansetzen. Hier ist aus Sicht des übertragenden Gesellschafters die steuerliche Buchwertfortführung bereits gesichert. Dies führt aber dazu, dass nunmehr auch die übrigen Gesellschafter an den stillen Reserven dieses Wirtschaftsguts partizipieren. Daher ist es auch möglich, das Wirtschaftsgut in der Gesamthand mit dem gemeinen Wert aufzunehmen. Dadurch würden die übrigen Gesellschafter nicht an den stillen Reserven des Wirtschaftsguts partizipieren. Aus 201

Sicht des übertragenden Gesellschafters jedoch ist sodann eine Korrektur notwendig, um die notwendige Buchwertfortführung zu gewährleisten. Diese Korrektur erfolgt durch Aufstellung einer negativen Ergänzungsbilanz. Dort wird die Differenz aus bisherigem Buchwert des Wirtschaftsguts und dem Wert in der Gesamthandsbilanz als Minderbetrag ausgewiesen und entsprechend ein Minderkapital des Gesellschafters gezeigt.

dd) Mitunternehmerbezogene Abschreibung von Wirtschaftsgütern

202 Steht **nur einem Gesellschafter** eine besondere **Abschreibungs- bzw. Bewertungsmöglichkeit** zu und der Gesellschaft hingegen nicht, erfolgt diese Abschreibung in einer negativen Ergänzungsbilanz. So kann ein Gesellschafter einen § 6b EStG-Gewinn, welchen er in seinem Einzelunternehmen oder im Sonderbetriebsvermögen realisiert hat, auf ein neues Wirtschaftsgut übertragen, das die Personengesellschaft, an der er beteiligt ist, erworben hat.[1] Soweit dieses neue Wirtschaftsgut diesem Gesellschafter über seinen Gesellschaftsanteil zugerechnet wird, kann der Gesellschafter die Bewertung des Wirtschaftsguts nach § 6b Abs. 1 und Abs. 3 EStG korrigieren. Diese Korrektur erfolgt wiederum mittels einer negativen Ergänzungsbilanz.

203 Umgekehrt kann es auch **Abschreibungsmöglichkeiten** geben, die zwar **der Personengesellschaft,** nicht aber einem bestimmten Gesellschafter zustehen. Als Beispiel kann auch hier § 6b EStG dienen. Veräußert die Personengesellschaft ein Wirtschaftsgut und überträgt nach § 6b Abs. 1 bzw. Abs. 3 EStG den realisierten Gewinn auf ein neu angeschafftes Wirtschaftsgut, muss für die einzelnen Gesellschafter untersucht werden, ob diese die notwendige Vorbesitzzeit nach § 6b Abs. 4 Satz 1 Nr. 2 EStG erfüllen. Dies liegt dann nicht vor, wenn in den letzten sechs Jahren vor der Veräußerung des Wirtschaftsguts durch die Personengesellschaft ein Gesellschafterwechsel stattgefunden hat. Im Ergebnis wird die Personengesellschaft zwar § 6b EStG für das neue Wirtschaftsgut zur Anwendung bringen. Der nicht begünstigte Gesellschafter muss aber die Bewertungskorrektur nach § 6b EStG anteilig für seinen Gesellschafteranteil korrigieren und gewinnwirksam einen höheren Buchwert des Wirtschaftsguts zeigen. Diese Korrektur erfolgt in einer positiven Ergänzungsbilanz dieses Gesellschafters.

ee) Fortführung der Ergänzungsbilanz

204 Gleich, ob positive oder negative Ergänzungsbilanz, es werden immer konkrete Wirtschaftsgüter der Gesamthand mit einem Korrekturwert ausgewiesen. Der Ausweis konkreter Korrekturwerte für einzelne Wirtschaftsgüter bedingt die notwendige Fortentwicklung der Ergänzungsbilanzen zum jeweiligen nächsten Bilanzstichtag.[2]

Scheidet ein Wirtschaftsgut aus der Gesamthand aus, ist der Korrekturwert in einer Ergänzungsbilanz gewinnwirksam aufzulösen.

205 Im Übrigen ist eine zweistufige Fortentwicklung der einzelnen Bilanzbestandteile nötig. Zunächst wird der Buchwert für das betreffende Wirtschaftsgut in der Gesamthandsbilanz nach den für die Personengesellschaft anwendbaren Normen ermittelt. Sodann wird aus Sicht des Gesellschafters, für den eine Ergänzungsbilanz gebildet wurde, eine individuelle Fortentwicklung des anteiligen Buchwerts des Wirtschaftsguts ermittelt. Die Differenz des anteiligen Buchwerts aus der Gesamthandsbilanz zum individuellen Buchwert des anteiligen Wirt-

---

[1] R 6b.2 Abs. 6 Satz 1 Nr. 2 EStR.
[2] Vgl. BMF v. 11.11.2011, BStBl 2011 I 1314 (Umwandlungssteuererlass), Tz. 24.14.

schaftsguts in Bezug auf den Gesellschafter, wird als Korrekturwert in der Ergänzungsbilanz ausgewiesen.[1]

Diese zweistufige Fortentwicklung der Ergänzungsbilanz ist notwendig, da die Ergänzungsbilanz keine eigenen Wirtschaftsgüter ausweist, sondern lediglich Korrekturwerte zur Bewertung in der Gesamthandsbilanz zeigt.

Beim Erwerb eines Mitunternehmeranteils sind die Parameter für die Fortführung der Buchwerte der anteiligen Wirtschaftsgüter grundsätzlich neu zu bestimmen. Dies betrifft die betriebsgewöhnliche Restnutzungsdauer, die Erfüllung des Begriffs als Hersteller oder die Ausübung von Abschreibungswahlrechten.[2] Ist die Personengesellschaft z. B. Hersteller eines Wirtschaftsguts, ist der nachträgliche Erwerber eines Mitunternehmeranteils kein Hersteller, sondern er hat das anteilige Wirtschaftsgut lediglich mittelbar erworben. Nach dieser Logik sind aber auch Wirtschaftsgüter, für die mangels Bewertungsdifferenzen im Zeitpunkt des Erwerbs des Mitunternehmeranteils in einer Ergänzungsbilanz nicht ausgewiesen wurden, zu späteren Bilanzierungsstichtagen Mehr- oder Minder-Abschreibungen zu berechnen. D.h. die Fortführung der Ergänzungsbilanzen ist nicht auf die Wirtschaftsgüter beschränkt, die zum erstmaligen Aufstellungszeitpunkt der Ergänzungsbilanz aufgeführt wurden. **206**

Grundsätzlich gilt das Vorgenannte auch für Fälle von Umwandlungen. Jedoch ist zu beachten, dass die Personengesellschaft bei einer Einbringung nach § 24 UmwStG in die Rechtsnachfolge für das eingebrachte Betriebsvermögen gem. § 24 Abs. 4, § 23 Abs. 1, § 12 Abs. 3 UmwStG tritt. Dadurch wird die Personengesellschaft die Bewertungsparameter, wie z. B. betriebsgewöhnliche Restnutzungsdauer des einbringenden Gesellschafters, fortführen. Als Reflex stimmen diese Bewertungsparameter für die Fortführung der Ergänzungsbilanz des einbringenden Gesellschafters überein. **207**

Bei der Übertragung eines Einzelwirtschaftsguts in das Gesamthandsvermögen einer Mitunternehmerschaft nach § 6 Abs. 5 Satz 3 EStG, ist die Ergänzungsbilanz des einbringenden Gesellschafters in der Art fortzuführen, als hätte der Gesellschafter das Wirtschaftsgut immer noch in seinem bisherigen Betriebsvermögen. **208**

> **BEISPIEL:** A ist zu 50 % an der AB OHG beteiligt. Er hat diese Beteiligung zum 1.1.2006 von X erworben und dabei ein über dem erworbenen Kapitalkonto liegenden Kaufpreis bezahlt. Der Mehrkaufpreis betrug 100 und bezog sich auf ein bestimmtes Wirtschaftsgut. Die AB OHG hat für A eine positive Ergänzungsbilanz über 100 in Bezug auf das Wirtschaftsgut gebildet. Die OHG hat das Wirtschaftsgut zu Beginn des Jahres 2001 zum Kaufpreis von 2 000 erworben und entsprechend einer angenommenen betriebsgewöhnlichen Nutzungsdauer von zehn Jahren abgeschrieben. Mit dem Erwerb des Anteils durch A wurde die betriebsgewöhnliche Nutzungsdauer für das Wirtschaftsgut unverändert mit Ende des Jahres 2010 angenommen.
>
> **Schritt 1:** Bewertung Gesamthand
>
> Auf Ebene der Gesamthand wird das Wirtschaftsgut kontinuierlich abgeschrieben. Zum 31.12.2006 beträgt der Restbuchwert des Wirtschaftsguts 800.
>
> **Schritt 2:** Bewertung beim Gesellschafter A
>
> Auf Ebene des Gesellschafters A erfolgt eine Neubewertung durch den Anteilserwerb zum 1.1.2006. Die Anschaffungskosten betragen für A 600 und setzen sich aus dem anteiligen Buchwert in der Gesamthand i. H. v. 500 (50 % von 1 000 zum 1.1.2006) und dem Mehrwert in der positiven Ergänzungsbilanz von 100 zusammen. Die Anschaffungskosten werden über die Restnutzungsdauer von fünf Jahren abgeschrieben. Damit beträgt der Restbuchwert für A am 31.12.2006 nach Abschreibung 480. Von

---

1 BFH v. 20.11.2014 - IV R 1/11, BStBl 2017 II 34; BMF v 19.12.2016, BStBl 2017 I 34.
2 BFH v. 20.11.2014 - IV R 1/11, BStBl 2017 II 34.

diesem Restbuchwert ist der anteilige Buchwert des A aus der Gesamthandsbilanz i. H. v. 400 (50 % von 800 zum 31.12.2006) abzuziehen. In der Ergänzungsbilanz wird noch ein Korrekturposten von 80 auszuweisen sein. Zum 1.1.2006 betrug der Korrekturposten noch 100, so dass nun i. H.v. 20 ein Aufwand in der Ergänzungs-Gewinn-und-Verlustrechnung ausgewiesen wird.

ABWANDLUNG: In der Abwandlung bewertet A beim Erwerb des Anteils an der AB OHG die Restnutzungsdauer des Wirtschaftsguts nicht mit fünf, sondern mit sechs Jahren.

Schritt 1: bleibt unverändert.

Schritt 2: Bewertung beim Gesellschafter A

Die Anschaffungskosten des A von 600 werden über die Restnutzungsdauer von sechs Jahren verteilt, so dass zum 31.12.2006 der Restbuchwert des Wirtschaftsgutes für A mit 500 anzusetzen ist. Verglichen mit dem anteiligen Buchwert des A aus der Gesamthand von 400 ergibt sich ein Korrekturposten von plus 100, der im Vergleich zum Anfangsbestand unverändert ist. D. h. es erfolgt keine Ergebniswirkung aus der Ergänzungsbilanz für das Jahr 2006.

209–214 *(Einstweilen frei)*

i) Sonderbetriebsvermögen, Sondervergütungen

215 Auf der zweiten Gewinnermittlungsstufe der Mitunternehmerschaft wird der Sonderbereich des Mitunternehmers mit Bezug zu seiner Beteiligung zu der Mitunternehmerschaft berücksichtigt. Der Sonderbereich besteht aus:

- Sonderbetriebsvermögen I,
- Sonderbetriebsvermögen II,
- negatives Sonderbetriebsvermögen,
- Sondervergütungen.

216 Gesetzliche Grundlage für die Berücksichtigung des Sonderbereichs des Mitunternehmers ist die Anweisung in § 15 Abs. 1 Satz 1 Nr. 2 Satz 1 2. Halbsatz EStG als Einkünfte aus Gewerbebetrieb neben dem Gewinnanteil des Gesellschafters auch die Vergütungen des Gesellschafter von der Gesellschaft

- für die Tätigkeit im Dienst der Gesellschaft,
- für die Hingabe von Darlehen und
- für die Überlassung von Wirtschaftsgütern

als Teil der gewerblichen Einkünfte des Gesellschafters zu behandeln.

217 Zweck dieser Ergänzung ist es, den Mitunternehmer mit seinem Engagement in der Mitunternehmerschaft möglichst so zu stellen, wie einen Einzelunternehmer. Ein Einzelunternehmer kann mit dem Einzelunternehmen keine Verträge schließen, da er selber Rechtsträger des Einzelunternehmens ist. Daher kommen Tätigkeitsvergütungen, Darlehensvergaben und Überlassung von Wirtschaftsgütern bei Einzelunternehmen nicht in Betracht.

218 Bei Personengesellschaften hingegen kann ein Gesellschafter schuldrechtliche Beziehungen mit der Personengesellschaft eingehen. Diese werden auch steuerlich nachvollzogen und führen auf Ebene der Personengesellschaft im Gesamthandsbereich der Mitunternehmerschaft zu entsprechenden Aufwendungen. Diese Anerkennung der Rechtsbeziehungen im Gesamthandsbereich der Mitunternehmerschaft wird korrespondierend und kompensierend durch den Sonderbereich berücksichtigt.

aa) Sonderbetriebsvermögen I

Anders als die Sondervergütungen ist das Sonderbetriebsvermögen im EStG nicht geregelt, sondern basiert auf einer höchstrichterlichen Rechtsfortbildung. Diese Rechtsfortbildung hat das BVerfG als verfassungsgemäß gebilligt.[1] Die rechtliche Grundlage für das Sonderbetriebsvermögen ist dabei in den allgemeinen Grundsätzen zur Gewinnermittlung nach §§ 4 ff. EStG durch Bilanzierung zu sehen. § 6 Abs. 5 Satz 2 und Satz 3 Nr. 2 und 3 und § 4h Abs. 2 Satz 7 EStG regeln das Sonderbetriebsvermögen nicht, sondern setzen die Existenz von Sonderbetriebsvermögen voraus. Mit der Kodifizierung von § 6 Abs. 5 und § 4h EStG hat der Gesetzgeber damit die Herleitung des Sonderbetriebsvermögens durch die Rechtsprechung bestätigt.

Sonderbetriebsvermögen zeichnet sich dadurch aus, dass es im Eigentum des Mitunternehmers und nicht im Eigentum der Personengesellschaft steht. Die Wirtschaftsgüter müssen also dem Mitunternehmer persönlich zustehen oder ihm über § 39 AO zugerechnet werden.

Sonderbetriebsvermögen zeichnet sich sachlich dadurch aus, dass das Wirtschaftsgut objektiv geeignet und subjektiv dazu bestimmt ist, dem Betrieb der Gesellschaft zu dienen oder diesen zu fördern.[2] Beim Sonderbetriebsvermögen I besteht der sachliche Zusammenhang in der Nutzungsüberlassung des Wirtschaftsguts für den Betrieb der Personengesellschaft. Nicht erforderlich ist, dass die Nutzungsüberlassung gegen Entgelt erfolgt. Auch die unentgeltliche Nutzungsüberlassung eines Wirtschaftsguts dient dem Betrieb der Gesellschaft.[3]

Für eine Nutzungsüberlassung ist keine ausdrückliche Vereinbarung erforderlich, da entsprechende schuldrechtliche Verträge auch konkludent abgeschlossen werden können. Es sollte sogar ausreichen, wenn ein Gesellschafter für den Betrieb der Personengesellschaft ein Vorratsgrundstück zur Verfügung hält, da auch dies eine Nutzung durch die Personengesellschaft ist. Die Personengesellschaft muss aber zumindest von der Reservierung des Grundstücks Kenntnis haben und darf dieser Zweckbestimmung nicht widersprechen.

Weiter ist es unerheblich, ob das Wirtschaftsgut sodann von der Personengesellschaft wiederum einem Dritten zur Nutzung überlassen wird.[4]

Da es ausreicht, wenn dem Gesellschafter das Wirtschaftsgut persönlich nach § 39 AO zugerechnet wird, kann die Nutzungsüberlassung auch durch eine rein vermögensverwaltende Schwestergesellschaft oder Bruchteilsgemeinschaft an die gewerbliche Personengesellschaft erfolgen. Der Anteil des Gesellschafters an der vermögensverwaltenden Gesellschaft bzw. der Anteil an der Bruchteilsgemeinschaft wird gem. § 39 Abs. 2 Nr. 2 AO persönlich dem Gesellschafter zugerechnet und sodann als Sonderbetriebsvermögen bei der Mitunternehmerschaft behandelt, der das Wirtschaftsgut zur Nutzung überlassen wird.[5]

Erfolgt die Nutzungsüberlassung aber durch eine gewerbliche oder eine als gewerblich zu qualifizierende Schwestergesellschaft, liegt kein Sonderbetriebsvermögen vor, da das Wirtschaftsgut nicht dem gemeinsamen Gesellschafter nach § 39 Abs. 2 AO zugerechnet werden kann.[6]

Unerheblich für die Qualifikation und Erfassung eines Wirtschaftsguts als Sonderbetriebsvermögen ist, ob das Wirtschaftsgut bereits einem Betriebsvermögen des Gesellschafters zuzu-

---

1 BVerfG v. 22.12.1992 - 1 BvR 1333/89, HFR 1993 327.
2 BFH v. 30.3.1993 - VIII R 8/91, BStBl 1993 II 864.
3 BFH v. 16.12.1997 - VIII R 11/95, BStBl 1998 II 379.
4 BFH v. 16.12.1997 - VIII R 11/95, BStBl 1998 II 379.
5 Die Grundsätze der Betriebsaufspaltung sind zu beachten.
6 BMF v. 28.4.1998, BStBl 1998 I 339.

rechnen ist.[1] Führt der Mitunternehmer noch ein Einzelunternehmen und ist diesem das Wirtschaftsgut bisher zugeordnet, scheidet das Wirtschaftsgut mit der Nutzungsüberlassung an die Personengesellschaft aus dem Einzelunternehmen aus und wird Sonderbetriebsvermögen bei der Mitunternehmerschaft. Hier findet § 6 Abs. 5 Satz 2 EStG Anwendung. Gleiches gilt, wenn der Gesellschafter selbst eine Kapitalgesellschaft oder gewerbliche Personengesellschaft ist.

226 Die Nutzungsüberlassung muss so ausgestaltet sein, dass das wirtschaftliche Eigentum nicht auf die Personengesellschaft übergeht. Die persönliche Zuordnung des Wirtschaftsguts zum Gesellschafter ist Grundvoraussetzung für Sonderbetriebsvermögen. Erfolgt die Nutzungsüberlassung daher für einen Zeitraum der die betriebsgewöhnliche Nutzungsdauer des Wirtschaftsguts umfasst, kann der Nutzer den rechtlichen Eigentümer von seinem Eigentum ausschließen. Das rechtliche Eigentum ist eine wertlose Hülle.[2]

227 Die häufigsten Fälle für Sonderbetriebsvermögen I sind die Nutzungsüberlassung von Grundstücken durch Vermietung und Verpachtung, sowie die Vereinbarung von Gesellschafterdarlehen. Letztlich kommen aber alle Arten von positiven Wirtschaftsgütern für eine Nutzungsüberlassung in Betracht, z. B. Patente, Marken- und Urheberrechte.

228 Ob und wann Gesellschafterdarlehen vorliegen, bestimmt sich zunächst aus der Qualifikation aus Sicht der Personengesellschaft als Verbindlichkeit. Ausdrückliche gesonderte Darlehensverträge zwischen Gesellschafter und Personengesellschaft sind möglich. Hier treten die Beteiligten in eine ausdrückliche schuldrechtliche Beziehung neben der gesellschaftsrechtlichen Beziehung.

229 Aber auch auf gesellschaftsrechtlicher Basis können Gesellschafterdarlehen vorliegen. Eine Personengesellschaft richtet nach den Regelungen des Gesellschaftsvertrags i. d. R. eine Mehrzahl von Einzelkonten ein. Diese Konten sind dem Grunde nach Teil der Gesellschafterstellung und weisen die vermögensmäßige Beteiligung des Gesellschafters an der Gesellschaft aus. Aus steuerlicher Sicht sind diese Konten zunächst einmal nicht als Fremdkapital zu qualifizieren. Werden einzelne Konten im Gesellschaftsvertrag aber derart ausgestaltet, dass die Gesellschafter zur Gesellschaft wie Kapitalgeber neben ihrer Gesellschafterstellung auftreten, haben diese Konten Fremdkapitalcharakter und werden als Verbindlichkeit gezeigt. Instruktiv zur Abgrenzung ist der BMF-Erlass zur Bestimmung des Eigenkapitals i. S. v. § 15a EStG.[3] Ein wesentliches Indiz für die Abgrenzung eines Beteiligungskontos von einem Forderungskonto ist, ob auf dem jeweiligen Kapitalkonto auch Verluste gebucht werden.[4] Ebenso liegt ein Beteiligungskonto vor, wenn der Gesellschafter die Auszahlung eines Kontoguthabens erst im Liquidationsfall fordern kann. Daher sind Entnahmebeschränkungen ebenfalls als wichtige Indizien zu berücksichtigen.

230 Sobald ein Gesellschafterkonto auf Ebene der Personengesellschaft als Fremdkapital qualifiziert wird, wird die korrespondierende Forderung des Gesellschafters als Sonderbetriebsvermögen I berücksichtigt.

---

1 BMF v. 10.12.1979, BStBl 1979 I 683; BFH v. 24.2.2005 - IV R 12/03, BStBl 2006 II 361.
2 Vgl. die Leasingerlasse BMF v. 19.4.1971, BStBl 1971 I 264; BMF v. 21.3.1972, BStBl 1972 I 188; BMF v. 22.12.1975, DB 1976, 172; BMF v. 23.12.1991, BStBl 1992 II 13.
3 BMF v. 30.5.1997, BStBl 1997 I 627.
4 BMF v. 30.5.1997, BStBl 1997 I 627, Tz. 5.

Aber nicht jede Forderung eines Gesellschafters gegen die Personengesellschaft wird automatisch zu Sonderbetriebsvermögen. Vielmehr muss die Forderung den Charakter einer Kapitalüberlassung erfüllen. Daher werden Forderungen des laufenden Geschäftsverkehrs aus Warenlieferungen wie unter fremden Dritten nicht als Sonderbetriebsvermögen, sondern als Eigenbetriebsvermögen des Gesellschafters behandelt.[1] Erst wenn eine fortgesetzte Kreditierung der Warenlieferungen das Ausmaß einer konkreten Finanzierung einnimmt, werden die Forderungen als Sonderbetriebsvermögen behandelt.[2] 231

Durch die Aufnahme von Gesellschafterdarlehen und sonstigen Forderungen als Sonderbetriebsvermögen I, wird ein gleich großes Mehrkapital des Gesellschafters in der Sonderbilanz ausgewiesen. Aus Sicht dieses Gesellschafters, erhält das Gesellschafterdarlehen damit den Charakter von Eigenkapital, da die Sonderbilanz ihm ein entsprechendes Eigenkapital dokumentiert. Der BFH behandelt daher die Gesellschafterdarlehen als „in der Gesamtbilanz der Mitunternehmerschaft ausgewiesenes Eigenkapital".[3] Diese Bezeichnung ist aber insofern irreführend, als dass die Gewinnermittlung der Stufe 1 von der Gewinnermittlung der Stufe 2 zu trennen ist. Auf der Stufe 1 wird das Gesellschafterdarlehen als Verbindlichkeit behandelt und die Darlehenszinsen belasten die, allen Gesellschaftern zuzuweisenden, Gewinnanteile. Auf der Stufe 2 der Gewinnermittlung wird nur noch der konkrete Gesellschafter hinsichtlich seines Sonderbetriebsvermögens behandelt. Hier ist das Mehr(-eigen-)kapital lediglich ein Reflex der gesondert ausgewiesenen Darlehensforderung. 232

(Einstweilen frei) 233–244

bb) Sonderbetriebsvermögen II

Sonderbetriebsvermögen II liegt vor, wenn das Wirtschaftsgut des Gesellschafters zur Begründung oder Stärkung seiner Beteiligung an der Personengesellschaft dient.[4] 245

Als positive Wirtschaftsgüter fallen hierunter im Wesentlichen Anteile an Kapitalgesellschaften. Daneben fasst die Rechtsprechung unter dem Sonderbetriebsvermögen II noch die Nutzungsüberlassung von Wirtschaftsgütern durch einen Mitunternehmer an Dritte, die diese Wirtschaftsgüter sodann vereinbarungsgemäß an die Personengesellschaft des Mitunternehmers weiter zu Nutzung überlassen.[5] Diese Zwischenschaltung des Dritten kann daher die Qualifikation eines überlassenen Wirtschaftsguts als Sonderbetriebsvermögen verhindern. Lediglich die Einteilung als Sonderbetriebsvermögen II anstelle von Sonderbetriebsvermögen I ändert sich, was keine weiteren Konsequenzen hat. 246

Anteile an einer Kapitalgesellschaft stärken die Beteiligung des Mitunternehmers an der Personengesellschaft, wenn er dadurch Einfluss auf die Geschäftsführung der Personengesellschaft nehmen kann oder wenn die Kapitalgesellschaft in erheblichem Maße wirtschaftlich mit der Personengesellschaft verflochten ist. 247

Die Beteiligung des Kommanditisten an der **Komplementär-GmbH** stärkt den Kommanditisten, da er in seiner Stellung als Kommanditist grundsätzlich nicht zur Geschäftsführung der Personengesellschaft berufen ist. Die Geschäftsführung wird durch die Komplementär-GmbH 248

---

1 BFH v. 22. 1. 1981 - IV R 160/76, BStBl 1981 II 427.
2 BFH v. 22. 1. 1981 - IV R 160/76, BStBl 1981 II 427.
3 BFH v. 5. 6. 2003 - IV R 36/02, BStBl 2003 II 871.
4 BFH v. 28. 8. 2003 - IV R 46/02, BStBl 2004 II 216.
5 BFH v. 24. 2. 2005 - IV R 23/03, BStBl 2005 II 578.

übernommen, auf die der Kommanditist mit seiner Beteiligung an der Komplementär-GmbH Einfluss nehmen kann. Damit qualifizieren sich die Anteile des Kommanditisten an der Komplementär-GmbH grundsätzlich als Sonderbetriebsvermögen II des Kommanditisten.[1] Ist die Beteiligung des Kommanditisten an der Komplementär-GmbH aber nur eine Minderheitsbeteiligung und stehen dem Gesellschafter nicht einmal geringe Minderheitsrechte zu, erlangt der Kommanditist keinen Einfluss über die Komplementär-GmbH und die Anteile an der GmbH sind kein Sonderbetriebsvermögen II. Die Rechtsprechung sieht zumindest bei einer Beteiligung von weniger als 10 % an der Komplementär-GmbH keinen Einfluss mehr auf die GmbH & Co. KG.[2] Unter der 10 %-Grenze sollte auf den Einzelfall abgestellt werden. Handeln mehrere Kommanditisten und Minderheitsgesellschafter koordiniert zusammen oder haben sogar ein Poolingverhältnis abgeschlossen, kann die 10 %-Grenze keine Rolle spielen. Umgekehrt sollte auch eine Mehrheitsbeteiligung an einer Komplementär-GmbH nicht zwingend zu Sonderbetriebsvermögen II führen, wenn diese GmbH von der Geschäftsführung der Personengesellschaft satzungsgemäß ausgeschlossen wurde, weil noch ein weiterer Komplementär beteiligt ist.

249 Beschränkt sich der Betrieb der Komplementär-GmbH nicht nur auf die Beteiligung an der Geschäftsführung der GmbH & Co. KG, sondern führt noch einen eigenen Geschäftsbetrieb, kann die Qualifikation der Anteile an der Komplementär-GmbH als Sonderbetriebsvermögen II entfallen. Ist der weitere Geschäftsbetrieb der GmbH nicht unwesentlich und auch nicht mit dem Betrieb der GmbH & Co. KG wirtschaftlich verbunden, tritt der Einfluss des Kommanditisten auf die GmbH & Co. KG gegenüber den einfachen Gesellschaftsinteressen an der GmbH zurück. Die Qualifikation als Sonderbetriebsvermögen II entfällt.[3]

250 Ist die Komplementär-GmbH bei mehreren GmbH & Co. KGs als Komplementärin beteiligt, kann u.U. nach der Rechtsprechung bereits ein wesentlicher eigener Geschäftsbetrieb der GmbH gesehen werden.[4] Auch hier kommt es auf den Einzelfall an. Ist eine bestimmte GmbH & Co. KG aus Sicht der Komplementär-GmbH von untergeordneter Bedeutung, überwiegt der übrige Geschäftsbetrieb der weiteren Komplementär Beteiligungen. Dann sind die Anteile an der Komplementär-GmbH zumindest nicht bei dieser konkreten GmbH & Co. KG als Sonderbetriebsvermögen II anzusetzen. Abgesehen von dieser Ausnahme sollten die Anteile an der Komplementär-GmbH bei der GmbH & Co. KG als Sonderbetriebsvermögen II angesetzt werden, bei der zuerst die Voraussetzungen für das Sonderbetriebsvermögen II vorlagen.[5] Die spätere Erfüllung der Voraussetzungen bei den weiteren GmbH & Co. KGs ist sodann unbeachtlich.

251 Enge wirtschaftliche Verflechtungen einer Kapitalgesellschaft mit einer Personengesellschaft können dann zu Sonderbetriebsvermögen II führen, wenn der gemeinsame Gesellschafter die Kapitalgesellschaft gerade zur Unterstützung der Personengesellschaft einsetzt. Daher muss das Rangverhältnis der beiden Gesellschaften dergestalt sein, dass die Kapitalgesellschaft dem Betrieb der Personengesellschaft nützlich ist und nicht nur umgekehrt.[6] Dient die Kapitalgesellschaft zwar im erheblichen Maße dem Betrieb der Personengesellschaft, unterhält die Ka-

---

1 BFH v. 23.1.2001 - VIII R 12/99, BStBl 2001 II 825.
2 BFH v. 16.4.2015 - IV R 1/12, BStBl 2015 II 705.
3 BFH v. 25.11.2009 - I R 72/08, BStBl 2010 II 471.
4 BFH v. 7.5.1986 - II R 137/79, BStBl 1986 II 615.
5 OFD Rheinland v. 23.3.2011, FR 2011, 489.
6 BFH v. 28.6.2006 - XI R 31/05, BStBl 2007 II 378; BFH v. 23.2.2012 - IV R 13/08, BFH/NV 2012, 1112 = NWB DokID: XAAAE-10325.

pitalgesellschaft aber noch einen weiteren wesentlichen und unabhängigen Geschäftsbetrieb, muss das Gleiche gelten, wie zur Komplementär-GmbH ausgeführt. Die FinVerw ignoriert diesen weiteren Geschäftsbetrieb und sieht alleine in dem dienenden Geschäftsbetrieb der Kapitalgesellschaft eine ausreichende Grundlage für die Qualifikation der Anteile an der Kapitalgesellschaft als Sonderbetriebsvermögen bei der Personengesellschaft.[1] Diese Auffassung der FinVerw ist abzulehnen. Es ist auf die Motivation des gemeinsamen Gesellschafters von Kapital- und Personengesellschaft abzustellen. Beteiligt der Gesellschafter sich an der Kapitalgesellschaft, um Einfluss auf den dienenden Geschäftsbetrieb zu nehmen, reicht dies für einen Ansatz als Sonderbetriebsvermögen II aus. Ist eine solche Zweckbindung aber nicht zu erkennen, muss der übrige Geschäftsbetrieb der Kapitalgesellschaft anerkannt werden.

cc) Gewillkürtes Sonderbetriebsvermögen

Wie ein Einzelunternehmer kann auch der Mitunternehmer einzelne Wirtschaftsgüter, die nicht bereits notwendiges Sonderbetriebsvermögen sind, als gewillkürtes Sonderbetriebsvermögen behandeln. Es sind also Wirtschaftsgüter, die nicht bereits unmittelbar dem Betrieb der Personengesellschaft (notwendiges Sonderbetriebsvermögen I) oder der Beteiligung an der Personengesellschaft (notwendiges Sonderbetriebsvermögen II) dienen. Die Wirtschaftsgüter müssen aber objektiv geeignet und subjektiv dazu bestimmt sein, dem Betrieb der Personengesellschaft oder der Beteiligung an der Personengesellschaft zu dienen.

252

Die subjektive Zweckbestimmung muss klar und eindeutig erkennbar sein.[2]

253

(Einstweilen frei)

254–259

dd) Negatives Sonderbetriebsvermögen

Mit der Zuordnung von Wirtschaftsgütern zum Sonderbetriebsvermögen des Mitunternehmers folgt die Berücksichtigung von Passivposten im Sonderbetriebsvermögen. Bei den negativen Wirtschaftsgütern wird grundsätzlich nicht zwischen Sonderbetriebsvermögen I oder II unterschieden.

260

Verbindlichkeiten des Gesellschafters und Rückstellungen, werden nach dem wirtschaftlichen Zusammenhang dem Sonderbetriebsvermögen zugeordnet. Dient eine Finanzierung der Anschaffung oder Herstellung eines **Wirtschaftsguts des Sonderbetriebsvermögens**, folgt die Verbindlichkeit der Zuordnung zum Sonderbetriebsvermögen. Gleiches gilt für die Finanzierung nachträglicher Anschaffungs- und Herstellungskosten und für die Finanzierung von Sonderbetriebsaufwendungen.

261

Zusätzlich zur Finanzierung von Sonderbetriebsvermögen erfasst das negative Sonderbetriebsvermögen insbesondere Verbindlichkeiten aus der **Finanzierung des Gesellschaftsanteils** an der Personengesellschaft selbst. Diese Finanzierungen dienen der Beteiligung des Gesellschafters an der Personengesellschaft. Sowohl die Verbindlichkeiten aus dem Erwerb des Gesellschaftsanteils von einem bisherigen Gesellschafter als auch aus dem Erwerb und der Stärkung des Gesellschaftsanteils durch Einlagen in die Personengesellschaft, werden als negatives Sonderbetriebsvermögen erfasst.

262

---

1 OFD Münster v. 2. 4. 2001, DStR 2001, 1032.
2 BMF v. 17. 11. 2004, BStBl 2004 I 1064.

263 Da immer ein wirtschaftlicher Zusammenhang von negativen Wirtschaftsgütern des Gesellschafters mit positiven Sonderbetriebsvermögen oder der Beteiligung an der Personengesellschaft selbst erforderlich ist, werden **Darlehen der Personengesellschaft** an den Gesellschafter nicht automatisch als Sonderbetriebsvermögen erfasst. Obgleich sich Darlehen des Gesellschafters an die Personengesellschaft per se immer als Sonderbetriebsvermögen I qualifizieren, sind umgekehrt Darlehen der Personengesellschaft an den Gesellschafter nur dann als negatives Sonderbetriebsvermögen zu behandeln, wenn ein wirtschaftlicher Zusammenhang mit positiven Sonderbetriebsvermögen oder der Beteiligung vorliegt. Daher ist Vorsicht geboten bei **Verrechnungskonten** zwischen Gesellschafter und Personengesellschaft. Sind diese – wie üblich – als Fremdkapital ausgestaltet, werden sowohl aktivische als auch passivische Salden bei der Personengesellschaft für solche Konten ausgewiesen. Weist ein solches Verrechnungskonto in der Gesamthand eine Verbindlichkeit aus, muss die korrespondierende Forderung beim Gesellschafter als Sonderbetriebsvermögen erfasst werden. Wird hingegen auf Ebene der Gesamthand das Verrechnungskonto mit einer Forderung gegen den Gesellschafter ausgewiesen, kommt Sonderbetriebsvermögen nur bei einem Finanzierungszusammenhang in Betracht. Ein solcher Finanzierungszusammenhang liegt bei einem Verrechnungskonto üblicherweise aber nicht vor, da hier sämtliche Geschäftsbeziehungen schlicht abgerechnet werden. Daher darf ein solches Verrechnungskonto nicht in der Sonderbilanz schlicht spiegelbildlich zur Gesamthandsbilanz ausgewiesen werden.

ee) Sondervergütungen

264 Die **Sondervergütungen** werden in § 15 Abs. 1 Satz 1 Nr. 2 Satz 1 2. Halbsatz EStG als Vergütungen für die Tätigkeit im Dienst der Gesellschaft oder für die Hingabe von Darlehen oder für die Überlassung von Wirtschaftsgütern in der Beschreibung der gewerblichen Einkünfte ausdrücklich aufgenommen. Insofern unterscheiden sich die Sondervergütungen vom Sonderbetriebsvermögen, welches nur auf höchstrichterlicher Rechtsfortbildung beruht.

265 Sondervergütungen überschneiden sich mit den Sonderbetriebseinnahmen, sobald sie im Zusammenhang mit Sonderbetriebsvermögen stehen. Eine Überschneidung mit Sonderbetriebsausgaben hingegen besteht nicht, da Sondervergütungen ausschließlich zu Gunsten und nicht zu Lasten des Mitunternehmers geleistet werden.

266 Sondervergütungen erfassen **nur Leistungen**; Lieferungen, also Veräußerungssachverhalte, werden von den Sondervergütungen nicht umfasst. Sofern es sich bei veräußerten Wirtschaftsgütern nicht bereits um Sonderbetriebsvermögen handelt, werden Veräußerungserlöse nicht im Sonderbereich des Gesellschafters und erst recht nicht als Sondervergütungen erfasst. Stattdessen wird die Veräußerung wie unter fremden Dritten im jeweiligen Vermögensbereich des Gesellschafters – Privat- oder Betriebsvermögen – und der Personengesellschaft – Gesamthandsvermögen – als Veräußerungs- und Anschaffungsgeschäft berücksichtigt.

267 Sondervergütungen sind Entgelte für grundsätzlich alle Leistungen eines Mitunternehmers an die Personengesellschaft. Die Leistung kann sowohl im Gesellschaftsvertrag als auch in einem gesonderten schuldrechtlichen Vertrag vereinbart sein. Bei einer Vereinbarung im Gesellschaftsvertrag muss die Leistung von einem **Gesellschafterbeitrag** abgegrenzt werden. Ein Gesellschaftsbeitrag fördert den gemeinsamen Zweck in der Verbundenheit der Gesellschafter in der Personengesellschaft. Wird ein Entgelt hierfür vereinbart, handelt es sich um einen Gewinnvorab, den der betreffende Gesellschafter für seinen Gesellschaftsbeitrag aus dem Gesamtgewinn vor einer weiteren Gewinnverteilung erhält. Der Gewinnvorab ist damit ein Teil

der Gewinnverwendung. Behandelt die Personengesellschaft das Entgelt aber als Aufwand und damit als Teil der Gewinnermittlung liegt kein Gesellschaftsbeitrag, sondern eine Sondervergütung vor. Werden Leistungen von Gesellschaftern bereits im Gesellschaftsvertrag vereinbart, sollte auch gleich geregelt werden, ob die Entgelte hierfür als Aufwand der Gesellschaft gelten sollen.

Sondervergütungen werden in die Gewinnermittlung der Mitunternehmerschaft einbezogen. Dies ist aber nur dann gerechtfertigt, wenn das Entgelt auch einen konkreten Bezug zur Gesellschafterstellung des Mitunternehmers hat. Die Leistung des Mitunternehmers an die Personengesellschaft darf also nicht nur zufällig erfolgen.[1] Handelt es sich um übliche, alltägliche Leistungen des Gesellschafters, die **wie unter fremden Dritten** zustande kommen und so abgewickelt werden, besteht kein Grund, diese Entgelte als Sondervergütungen bei der Personengesellschaft zu berücksichtigen. Die Beteiligung des Gesellschafters ist dabei aber stets ein Indiz für den konkreten Bezug der Leistungsvereinbarung mit der Gesellschafterstellung. Auch bei geringfügigen Beteiligungen greift diese Vermutung.[2] Die Indizwirkung könnte z. B. entfallen bei einer Publikums-GmbH & Co. KG, bei der die Kommanditbeteiligungen über einen Treuhänder verwaltet werden, oder auch bei mehrstöckigen Personengesellschaftsstrukturen, bei denen die Unterpersonengesellschaft u.U. keine Kenntnis von den Gesellschaftern der Oberpersonengesellschaft hat.

Der Begriff **Vergütungen für die Tätigkeit im Dienste der Gesellschaft** ist weit auszulegen. Gemeint sind Dienstleistungen im weitesten Sinne. Erfasst werden damit neben echten Dienstverträgen auch Werkverträge und Geschäftsbesorgungsverträge. Die Dienstleistung muss auch nicht durch den Gesellschafter erbracht werden. Vielmehr kann er diese wiederum von dritter Seite einkaufen. Erforderlich ist aber, dass der Gesellschafter die Leistung gegenüber der Gesellschaft schuldet. Die Vermittlung einer Leistung reicht somit nur für die Vermittlungsleistung, aber nicht für die vermittelte Leistung aus.

Zu den Sondervergütungen für die Tätigkeit im Dienste der Gesellschaft zählen neben dem Gehalt, Tantiemen, Abfindungen, Arbeitgeberbeiträgen zur Sozialversicherung insbesondere auch **Pensionszusagen**. Nicht erst der Zufluss der Pensionszahlung sondern bereits die Pensionszusage ist als Sondervergütung des Mitunternehmers zu erfassen.[3] Dazu wird in der Sonderbilanz des Mitunternehmers korrespondierend zur Pensionsverpflichtung in der Gesamthand der Personengesellschaft ein Aktivposten als Pensionsanwartschaft gewinnwirksam gebildet. Durch die Bildung des Aktivpostens wird der Aufwand aus der Passivierung der Pensionsverpflichtung auf Ebene der Gesamthand kompensiert. Während die Bildung des Passivpostens aus der Gesamthand allen Gesellschaftern anhand des Gewinnverteilungsschlüssels belastet wird, kommt die Aktivierung der Pensionsanwartschaft ausschließlich dem Mitunternehmer zu Gute, der für die Personengesellschaft tätig ist.[4] Damit ist das Ergebnis nur für die Mitunternehmerschaft im Ganzen neutral, nicht hingegen für die einzelnen Mitunternehmer.

Bei einer GmbH & Co. KG wird das Dienstverhältnis regelmäßig zur **Komplementär-GmbH** bestehen. Gleichwohl wird die Dienstleistung ebenso als Grundlage für eine Sondervergütung ausreichen, da die Dienste im Ergebnis über die Komplementär-GmbH der KG zugutekommt. Die Pensionszusage durch die Komplementär-GmbH wird ebenso im Sonderbetriebsvermögen

---

1 BFH v. 10. 7. 2002 - I R 71/01, BStBl 2003 II 191.
2 Vgl. BFH v. 12. 2. 1992 - XI R 49/89, BFH/NV 1993, 156 = NWB DokID: WAAAA-97241.
3 BMF v. 29. 1. 2008, BStBl 2008 I 317; BFH v. 30. 3. 2006 - IV R 25/04, BStBl 2008 II 171.
4 BMF v. 29. 1. 2008, BStBl 2008 I 317.

des Kommanditisten durch Aktivierung einer Pensionsanwartschaft kompensiert. Die Komplementär-GmbH wird die Pensionszusage gem. § 6a EStG in der Sonderbilanz bei der KG aufwandswirksam passivieren. In der Regel wird die Komplementär-GmbH einen Aufwandsersatzanspruch gegen die KG in Höhe der handelsrechtlichen Verpflichtung aus der Pensionszusage haben. Die Erstattung wird als Sonderbetriebseinnahme angesetzt. Die KG wiederum hat einen Aufwand aus der Erstattung des Aufwands gegenüber der Komplementär-GmbH, bewertet mit dem handelsrechtlichen Pensionsaufwand. Der bei der Komplementär-GmbH angestellte Kommanditist wiederum hat in Höhe der § 6a EStG-Wertentwicklung eine Sonderbetriebseinnahme und aktiviert die Pensionsanwartschaft. Dadurch ist für die Mitunternehmerschaft insgesamt der Vorgang neutral. Die Komplementär-GmbH hat jedoch einen Ertrag zu versteuern in Höhe der Differenz aus der handelsrechtlichen Erstattung und dem § 6a EStG-Aufwand. Diesem Aufwand steht ein gleich hoher Ertrag gegenüber, sobald die Pensionszusage in die Pensionsleistung übergeht. Ist diese Gewinnverschiebung über die einzelnen Jahre hinweg nicht gewünscht, darf sich der Erstattungsanspruch der Komplementär-GmbH nur auf die steuerliche Belastung durch die Pensionszusage nach § 6a EStG beziehen oder es sind komplexe Berechnungen mittels Gewinnvorab erforderlich.

272 **Vergütung für die Hingabe von Darlehen** beschreibt jedes Einkommen, welches von der Personengesellschaft an den Mitunternehmer gezahlt wird, für die Finanzierung der Personengesellschaft.[1] Es kann sich dabei sowohl um Geld als auch um Sachdarlehen handeln, wobei die Überlassung von Sachmitteln auch unter Vergütung für die Überlassung von Wirtschaftsgütern fällt. Nicht erforderlich ist, dass die Fremdfinanzierung durch den Gesellschafter selbst aufgebracht wird. Auch die Bereitstellung von Sicherheiten, z. B. Bürgschaften, Grunddienstbarkeiten oder sonstige Pfandrechte, für eine externe Finanzierung ist hierunter zu fassen und Vergütungen für diese Bereitstellung sind Sondervergütungen. Auch die typisch stille Beteiligung durch einen Gesellschafter neben seiner Beteiligung als Gesellschafter ist als Fremdfinanzierung zu behandeln.[2] Abzugrenzen ist die Fremdfinanzierung von der Eigenkapitalfinanzierung durch einen Gesellschafter. Vergütungen durch die Personengesellschaft für Finanzierung durch einen Gesellschafter, bei der die Finanzierung Eigenkapitalcharakter aufweist, wird als Gewinnvorab qualifiziert; eine Sondervergütung scheidet hier aus.

273 **Vergütung für die Überlassung von Wirtschaftsgütern** erfassen jede Art von positiven Wirtschaftsgütern, gleich, ob materielle oder immaterielle Wirtschaftsgüter vorliegen. Die Nutzungsüberlassung ist von der wirtschaftlichen Übertragung des Eigentums an dem Wirtschaftsgut abzugrenzen. Schließt die Nutzungsüberlassung den rechtlichen Eigentümer für die betriebsgewöhnliche Nutzungsdauer von der Ausübung des rechtlichen Eigentums aus, geht das wirtschaftliche Eigentum auf den Nutzungsberechtigten über. Es liegt daher keine Überlassung sondern eine Veräußerung des Wirtschaftsguts vor. Dabei kommt es nicht darauf an, dass Zahlungen für das Wirtschaftsgut in einer Zahlung oder in Raten erfolgen, da sowohl eine zeitlich befristete Nutzungsüberlassung in einem Einmalentgelt vergütet werden kann, als auch der Kaufpreis bei einer Veräußerung eines Wirtschaftsguts in einer Vielzahl von Raten geleistet werden kann. Für die Überlassung eines Wirtschaftsguts muss der Gesellschafter nicht Eigentümer des Wirtschaftsguts sein. Der Gesellschafter kann vielmehr das Wirtschaftsgut zunächst von einem fremden Dritten ebenfalls zur Nutzung erhalten haben. Die Aufwen-

---

1 BFH v. 13.10.1998 - VIII R 78/97, BStBl 1999 II 163.
2 BFH v. 21.9.2000 - IV R 50/99, BStBl 2001 II 299.

dungen des Gesellschafters aus der Anmietung des Wirtschaftsguts sind dann Sonderbetriebsausgaben.

(Einstweilen frei) 274–279

j) Sonderbetriebseinnahmen, Sonderbetriebsausgaben

Die Begriffe des Sonderbetriebsvermögens und der Sondervergütungen beschreiben den Sonderbereich des Gesellschafters noch nicht abschließend. Für eine korrekte Gewinnermittlung des Sonderbereichs sind noch die Auffangtatbestände der Sonderbetriebseinnahmen und -ausgaben erforderlich. Sonderbetriebseinnahmen und -ausgaben sind daher alle Einnahmen und Ausgaben des Mitunternehmers, die im Zusammenhang mit der Beteiligung an der Personengesellschaft stehen.[1] 280

Aus den Sonderbetriebseinnahmen, -ausgaben sowie den Sondervergütungen, wird für den Gesellschafter die Sonder-Gewinn-und-Verlust-Rechnung erstellt. Daher kann es dahingestellt bleiben, ob die Sonderbetriebseinnahmen nur solche Einnahmen des Gesellschafters sind, die nicht Sondervergütungen sind, oder ob die Sonderbetriebseinnahmen und die Sondervergütungen sich überschneiden. Im Ergebnis werden beide Typen von Einnahmen in der Sonder-GuV erfasst. 281

Für Sonderbetriebseinnahmen und -ausgaben gelten die **allgemeinen Gewinnermittlungsvorschriften**, so dass auch im Einzelfall Einnahmen steuerfrei und Ausgaben nicht abziehbare Betriebsausgaben sein können. 282

Sonderbetriebseinnahmen sind alle Einnahmen des Mitunternehmers, die durch die Beteiligung an der Personengesellschaft veranlasst sind. Daher werden alle positiven Erträge im Zusammenhang mit dem Sonderbetriebsvermögen erfasst. Dies sind insbesondere 283

- Ausschüttungen von im Sonderbetriebsvermögen gehaltenen Anteilen an Kapitalgesellschaften, z. B. Komplementär-GmbH,
- Teilwertaufholungen von teilwertberichtigten Sonderbetriebsvermögen,
- die Auflösung einer Rückstellung im Sonderbetriebsvermögen,
- Einkünfte von dritter Seite mit Bezug zum Sonderbetriebsvermögen sowie
- der Erlass einer Verbindlichkeit, die als negatives Sonderbetriebsvermögen qualifiziert wird.

Sonderbetriebsausgaben sind korrespondierend dazu alle Ausgaben des Mitunternehmers, die durch die Beteiligung an der Personengesellschaft veranlasst sind. Im Gegensatz zu Sonderbetriebseinnahmen haben Sonderbetriebsausgaben keine Überschneidung mit Sondervergütungen, da es keine negativen Sondervergütungen gibt. Sonderbetriebsausgaben sind Aufwendungen des Mitunternehmers im Zusammenhang mit Sonderbetriebsvermögen, Sondervergütungen und sonstigen Sonderbetriebseinnahmen. Die Sonderbetriebsausgaben folgen einem Veranlassungszusammenhang mit dem Vermögensbereich (Sonderbetriebsvermögen) und den positiven Einkünften des Sonderbereichs. Erfasst werden insbesondere 284

- Schuldzinsen für negatives Sonderbetriebsvermögen,
- reguläre Abschreibungen, Teilwertabschreibungen und Sonderabschreibungen auf Wirtschaftsgüter des Sonderbetriebsvermögens,

---

1 BFH v. 14. 12. 2000 - IV R 16/00, BStBl 2001 II 238.

- die Inanspruchnahme von gewährten Sicherheiten für die Personengesellschaft,
- Erhaltungsaufwand für Wirtschaftsgüter des Sonderbetriebsvermögens sowie
- laufender Aufwand für die Erbringung von Leistungen im Zusammenhang mit Sondervergütungen.

285–289 *(Einstweilen frei)*

k) Additive Gewinnermittlung

290 Die zwei Stufen der Gewinnermittlung werden für jeden Mitunternehmer in Form einer additiven Zusammenrechnung zum Gesamtgewinn des Mitunternehmers nach § 15 Abs. 1 Satz 1 Nr. 2 EStG zusammengefasst.[1] Es werden folgende Komponenten addiert:

Anteil am Gesamtgewinn der Personengesellschaft

+ / - Korrekturen aus der Ergänzungsbilanz bzw. Ergänzungs-GuV

+ Sondervergütungen

+ Sonderbetriebseinnahmen

- Sonderbetriebsausgaben

291 Es erfolgt keine Konsolidierung der Einzelergebnisse in ein Gesamtergebnis, da die Rechtsbeziehungen zwischen Personengesellschaft und Mitunternehmer anzuerkennen und auszuweisen sind. Dies hat insbesondere Bedeutung für die Ermittlung der Kapitalkonten i. S.v. § 15a EStG.

292 Bei der additiven Gewinnermittlung werden die einzelnen Bereiche aber nicht vollständig eigenständig beurteilt. Vielmehr sind Ergebnisse des Sonderbetriebsvermögens korrespondierend zur Gesamthand der Personengesellschaft zu bilden. Eine **korrespondierende Bilanzierung** erfordert, dass im Sonderbereich des Mitunternehmers Sondervergütungen, -einnahmen und -ausgaben zeit- und betragsgleich erfasst werden, wenn diese mit Betriebsausgaben und -einnahmen auf Ebene der Gesamthand korrespondieren.[2] So werden in der Gesamthand zugunsten eines Mitunternehmers aufwandswirksam passivierte Pensionsverpflichtungen im Sonderbetriebsvermögen dieses Mitunternehmers ertragswirksam als Pensionsanspruch (bzw. -anwartschaft) aktiviert. Maßgeblich sind dabei die Steuerbilanzwerte der Gesamthand.

293 Die korrespondierende Bilanzierung suspendiert ebenfalls das **Imparitätsprinzip** auf Ebene des Sonderbetriebsvermögens, soweit ein korrespondierender Posten in der Gesamthand der Personengesellschaft ausgewiesen wird.[3] Daher kann ein Mitunternehmer auf sein im Sonderbetriebsvermögen ausgewiesenes Gesellschafterdarlehen keine Teilwertberichtigung vornehmen, da in der Gesamthand der Personengesellschaft das Gesellschafterdarlehen nach allgemeinen Grundsätzen passiviert und nicht wertberichtigt wird. Mit der Suspendierung des Imparitätsprinzips wird zum einen die Selbständigkeit der Personengesellschaft dokumentiert und zum anderen der Mitunternehmer in seinem Engagement in der Mitunternehmerschaft einem Einzelunternehmer angeglichen.

---

1 BFH v. 13.10.1998 - VIII R 78/97, BStBl 1999 II 163.
2 BFH v. 28. 3.1999 - VIII R 13/99, BStBl 2000 II 612.
3 BFH v. 28. 3.1999 - VIII R 13/99, BStBl 2000 II 612.

Schwierigkeiten bereitet das Korrespondenzprinzip bei Forderungen der Personengesellschaft 294
gegen einen Mitunternehmer, bei dem diese Verpflichtung ausnahmsweise als negatives Sonderbetriebsvermögen erfasst wird. Nimmt die Personengesellschaft nunmehr eine Teilwertberichtigung auf die Forderung vor, müsste die Verbindlichkeit im Sonderbetriebsvermögen korrespondierend herabgesetzt werden. Für eine solche Herabsetzung eines Passivpostens liegt jedoch keine Grundlage vor. Auch erscheint es fraglich, der Personengesellschaft das Imparitätsprinzip zu verweigern und ihr die Wertberichtigung zu versagen. Dies würde der Anerkennung der Selbständigkeit der Personengesellschaft zuwiderlaufen. Daher sollte dieser Fall nicht nach der korrespondieren Bilanzierung gelöst werden. Die einzige technisch saubere Lösung unter Berücksichtigung einer im Ergebnis korrespondieren Bilanzierung wäre die Neutralisierung der Wertberichtigung in der Ergänzungsbilanz des betroffenen Mitunternehmers.

Das Korrespondenzprinzip endet bei einer Veräußerung der Mitunternehmerbeteiligung. Verbleibt eine Darlehensforderung beim bisherigen Gesellschafter, wird diese Forderung aus dem Sonderbetriebsvermögen entnommen und ist eigenständig beim ehemaligen Gesellschafter zu erfassen. Eine Wertminderung der Forderung wird noch im Sonderbetriebsvermögen realisiert. Wird neben dem Gesellschaftsanteil auch eine Gesellschafterdarlehensforderung erworben, gilt für den Erwerber das Anschaffungskostenprinzip. Dieses überlagert das Korrespondenzprinzip.[1] 295

l) Bilanzierung der Beteiligung als Mitunternehmer

Führt der Mitunternehmer seine Beteiligung an der Personengesellschaft in einem Betriebsvermögen, weist er in der Handelsbilanz die Beteiligung als Vermögensgegenstand mit den fortgeführten Anschaffungskosten aus. In der Steuerbilanz des Mitunternehmers folgt die Bilanzierung anderen Prinzipien. Der Mitunternehmeranteil des Gesellschafters ist im steuerlichen Sinn kein Wirtschaftsgut.[2] Deshalb ist dieser Posten auch keiner eigenständigen Bewertung zugänglich. Gleichwohl wird in der Steuerbilanz die Position Beteiligung an der Mitunternehmerschaft ausgewiesen. Der Posten repräsentiert aber für die anteiligen Wirtschaftsgüter der Mitunternehmerschaft, soweit diese dem Gesellschafter zuzurechnen sind. Der Posten Beteiligung an der Mitunternehmerschaft weist die vollständige vermögensmäßige Beteiligung an der Mitunternehmerschaft im steuerlichen Sinne aus und umfasst damit neben dem Anteil an der Gesamthand der Personengesellschaft auch die Korrekturwerte aus der Ergänzungsbilanz sowie die Wirtschaftsgüter der Sonderbilanz. 296

Ausgewiesen wird die Beteiligung an der Mitunternehmerschaft nach der **Spiegelbildmethode** mit dem dem Mitunternehmer zuzurechnenden steuerlichen Eigenkapital aus Gesamthand, Ergänzungsbilanz und Sonderbilanz. Es werden damit die Eigenkapitalkonten des Gesellschafters in der Gesamthand mit dem Mehr- oder Minderkapital aus der Ergänzungsbilanz und Sonderbilanz addiert. Die Bewertung der Wirtschaftsgüter in der Gesamthand, der Ergänzungsbilanz und der Sonderbilanz reflektiert unmittelbar anteilig bzw. vollständig im Eigenkapital des Gesellschafters in der jeweiligen Bilanz und wirkt sich damit nach der Spiegelbildmethode in seiner eigenen Bilanz aus. 297

Durch die Zuordnung von Wirtschaftsgütern des Gesellschafters zum **Sonderbetriebsvermögen** bei der Mitunternehmerschaft werden diese Wirtschaftsgüter aus der Steuerbilanz des 298

---

[1] BFH v. 16.3.2017 - IV R 1/15, BStBl 2017 II 943.
[2] BFH v. 25.2.1991 - GrS 7/89, BStBl 1991 II 691.

Gesellschafters selbst herausgelöst. Diese Wirtschaftsgüter werden zwar als Vermögensgegenstände oder Schulden in der Handelsbilanz des Gesellschafters ausgewiesen, in der Steuerbilanz gehen sie jedoch in dem Posten Beteiligung an der Mitunternehmerschaft auf. Entsprechend sind die Bilanzentwicklungen dieser Vermögensgegenstände bzw. Schulden durch Ab- oder Zuschreibungen nicht in der Steuerbilanz des Gesellschafters zu erfassen.

299 Die Bilanzentwicklung in der Handelsbilanz für die **Beteiligung an der Personengesellschaft** muss ebenso in der Steuerbilanz neutralisiert werden, da dieser Posten keine eigenständige Position in der Steuerbilanz darstellt.

300 Da der Posten Beteiligung an der Mitunternehmerschaft in der Steuerbilanz aus der Zusammenrechnung der Eigenkapitalkonten der Gesamthand, der Ergänzungsbilanz und der Sonderbilanz ermittelt wird, kann der Posten auch negativ sein. Soweit ein **negatives Kapitalkonto** des Kommanditisten nach § 15a EStG zur Feststellung verrechenbarer Verluste geführt hat, muss die Position Beteiligung an der Mitunternehmerschaft um diesen verrechenbaren Verlust korrigiert werden, damit nicht über die Spiegelbildmethode die Verlustausgleichsbeschränkungen nach § 15a EStG ausgehöhlt werden. Folglich wird in der Steuerbilanz des Kommanditisten entweder die Beteiligung an der Mitunternehmerschaft um den verrechenbaren Verlust erhöht oder es wird ein gesonderter Merkposten verrechenbarer Verlust der Mitunternehmerschaft aktiv ausgewiesen.

m) Ausgewählte Sonderfälle der Mitunternehmerschaften

301 Vor dem Hintergrund der Mitunternehmerschaft nach § 15 Abs. 1 Satz 1 Nr. 2 Satz 1 EStG sind Zusammenschlüsse bzw. Gemeinschaften herauszustellen, die entweder von der tatbestandlichen Verwirklichung der Mitunternehmerschaft oder der Rechtsfolgenseite Eigenarten aufweisen. Im Folgenden werden näher betrachtet:

▶ Familiengesellschaft und
▶ Zebragesellschaft.

aa) Familiengesellschaft

302 Eine Familiengesellschaft ist keine eigenständige Rechtsform. Vielmehr beschreibt der Begriff die nahe Verbindung der Gesellschafter untereinander. Besteht der Gesellschafterkreis einer Personengesellschaft aus Familienangehörigen oder aus anderen Gesellschaften, die von demselben Kreis von Familienangehörigen kontrolliert werden, können Familiengesellschaften vorliegen. Solche Familiengesellschaften werden nur unter weiteren Bedingungen steuerlich im Sinne einer Mitunternehmerschaft anerkannt. Hintergrund dieser Einschränkungen ist, dass zwischen den Familienangehörigen häufig der Interessensgegensatz der Gesellschafter fehlt und private Motive zu ungewöhnlichen Gestaltungen führen können, die fremde Dritte als Gesellschafter nicht vorgenommen hätten.

Eine allgemeine Definition für die Familiengesellschaft hat weder die FinVerw noch die Rechtsprechung entwickelt. Wesentlicher Anhaltspunkt für eine Familiengesellschaft muss die gesetzliche Grundentscheidung in **§ 15 AO** für die Bestimmung des Angehörigen sein. § 15 AO ist jedoch nur Ausgangspunkt der Betrachtung. Die Rechtsprechung hat in ihrer Kasuistik einzelne Angehörige i. S. v. § 15 AO wieder aus dem Bereich der Familiengesellschaft ausgenommen und andererseits Strukturen über § 15 AO hinaus in den Anwendungsbereich der Familiengesellschaft aufgenommen. Im Einzelnen bilden folgende Fälle taugliche Familienbande für die weitere Betrachtung als Familiengesellschaft:

- Ehegatten,[1]
- Eltern und Kinder,[2]
- Geschwister,[3]
- Großeltern und Enkel.[4]

Die Familienmitglieder müssen nicht unmittelbar an der Familiengesellschaft beteiligt sein. Gesellschaften, hinter denen **unmittelbar oder mittelbar** Familienmitglieder wesentlich beteiligt sind, werden Familienmitgliedern gleichgestellt.[5]

Die Grundsätze der Familiengesellschaft werden von der Rechtsprechung auch auf beteiligungsidentische **Schwestergesellschaften** angewandt, also bei denen aufgrund der gleichen Beteiligungsstruktur kein Interessensgegensatz wie unter fremden Dritten besteht.[6]

Familiengesellschaften müssen neben den grundsätzlichen Anforderungen an einer Mitunterehmerschaft folgende **Voraussetzungen** erfüllen:

- der Gesellschaftsvertrag muss zivilrechtlich wirksam sein,
- die tatsächliche Durchführung muss mit dem Gesellschaftsvertrag übereinstimmen und
- die gesellschaftsvertraglichen Vereinbarungen müssen dem Fremdvergleich standhalten.[7]

Diese Kriterien betreffen dabei insbesondere die Fragestellungen, ob ein Gesellschafter tatsächlich Mitunternehmerinitiative entfalten kann und Mitunternehmerrisiko übernimmt. Sie können daher eigentlich unter den allgemeinen Grundsätzen Berücksichtigung finden, werden aber von der Rechtsprechung und FinVerw wie eigenständige Tatbestände behandelt. Der Fremdvergleich betrifft im Wesentlichen die Frage, ob die Gesellschafter eine angemessene Gewinnbeteiligung erhalten.

Das Merkmal der **zivilrechtlichen Wirksamkeit** des Gesellschaftsvertrags wird von der FinVerw in den Richtlinien noch uneingeschränkt aufgestellt[8] und damit wird insbesondere § 41 Abs. 1 Satz 1 AO suspendiert, der nach § 41 Abs. 1 Satz 2 AO eigentlich nur dann ausscheidet, wenn ein Steuergesetz eine abweichende Regelung vorsieht. Im Kontext der Anerkennung von Darlehensverträgen zwischen Angehörigen wird die zivilrechtliche Unwirksamkeit von Darlehensverträgen nur noch als wichtiges Indiz gegen den vertraglichen Bindungswillen der Vertragsparteien gedeutet.[9] Nach dieser Formulierung wird § 41 Abs. 1 Satz 1 AO gerade nicht suspendiert und die Vertragsparteien können den Beweis antreten, dass sie mit Rechtsbindungswillen gehandelt haben, aber z. B. eine Formvorschrift nicht erfüllt haben. Ob die FinVerw die Ansicht in Bezug auf Darlehensverträge auch auf die Gesellschaftsverträge überträgt, bleibt abzuwarten. Ein Grund für eine Differenzierung ist jedoch nicht ersichtlich.

---

1 BFH v. 11. 5. 2010 - IX R 19/09, BStBl 2010 II 823.
2 BFH v. 9. 10. 2001 - VIII R 77/98, BStBl 2002 II 460.
3 BFH v. 11. 7. 1989 - VIII R 41/84, BFH/NV 1990, 92 = NWB DokID: RAAAA-97192.
4 BFH v. 6. 4. 1979 - I R 116/77, BStBl 1979 II 620.
5 BFH v. 13. 6. 1989 - VIII R 47/85, BStBl 1989 II 720.
6 BFH v. 16. 11. 2000 - XI R 28/99, BStBl 2001 II 299.
7 H 15.9 Abs. 1 „Allgemeines" EStH.
8 H 15.9 Abs. 1 „Allgemeines" EStH.
9 BMF v. 23. 12. 2010, BStBl 2011 I 37.

Die Rechtsprechung hat die Anforderung an die zivilrechtliche Wirksamkeit entgegen der bisherigen Rechtsprechung[1] abgemildert. Nach aktueller Rechtsprechung sind tatsächlich durchgeführte Verträge zwischen nahen Angehörigen trotz zivilrechtlicher Unwirksamkeit dann von vornherein steuerlich zu berücksichtigen, wenn aus den besonderen Umständen des konkreten Einzelfalls zweifelsfrei abgeleitet werden kann, dass die Vertragspartner einen ernsthaften Bindungswillen hatten.[2] Der Bindungswille kann aber nicht vorliegen, wenn den Vertragsparteien das zivilrechtliche Hindernis, im Wesentlichen also die Formvorschrift, bekannt war oder sie dieses hätten kennen müssen.

Ist für die Aufnahme eines minderjährigen Kindes in eine Personengesellschaft eine **familiengerichtliche Genehmigung** erforderlich, ist der Gesellschaftsvertrag insoweit bis zur Genehmigung schwebend unwirksam. Zivilrechtlich wirkt die familiengerichtliche Genehmigung auf den Vertragsschluss zurück. Steuerlich wollen Rechtsprechung und FinVerw die Rückwirkung aber nur unter engen Voraussetzungen anerkennen. Erforderlich ist, dass die Genehmigung unverzüglich beantragt und in angemessener Frist erteilt wird.[3] Abgelehnt hat die Rechtsprechung eine automatische Genehmigung gem. § 1830 BGB durch Volljährigkeit des bei Vertragsschlusses minderjährigen Kindes, wenn mehrere Monate (sieben Monate im Entscheidungsfall) zwischen Vertragsschluss und Volljährigkeit liegen.[4] Eine unverzügliche Beantragung der Genehmigung kann selbst noch Monate nach dem Vertragsschluss vorliegen, wenn die gesetzlichen Vertreter des minderjährigen Kindes ohne Verschulden keine Kenntnis von der Genehmigungsbedürftigkeit hatten.[5]

Der Gesellschaftsvertrag muss **tatsächlich durchgeführt** worden sein. Wird ein Familienangehöriger in eine Personengesellschaft aufgenommen, muss er auch den vertraglichen Gesellschafterbeitrag leisten. In der Regel wird der Gesellschafterbeitrag eine Kapitaleinlage sein. Der Gesellschafterbeitrag kann aber auch in der Übernahme der unbeschränkten Außenhaftung als Komplementärs einer KG oder Gesellschafter einer oHG erbracht werden. Ob der Ergebnisanteil des Gesellschafters angemessen ist für den vereinbarten und erbrachten Gesellschafterbeitrag, ist eine Frage des Fremdvergleichs. Unschädlich ist, wenn die Mittel für die Gesellschaftereinlage von den Mitgesellschaftern schenkweise zur Verfügung gestellt werden. Werden die Mittel für die Gesellschaftereinlage darlehensweise zur Verfügung gestellt, kommt es auf die Anerkennung des Darlehensvertrags an.[6]

Zu unterscheiden ist die Aufnahme eines Gesellschafters von der schenkweisen Übertragung eines Teilmitunternehmeranteils auf einen Familienangehörigen. In diesem Fall muss i. d. R. keine Einlagenleistung mehr erbracht werden. Hier ist nach den allgemeinen Regelungen für die Mitunternehmerinitiative darauf zu achten, dass dem Mitunternehmer wenigstens annäherungsweise diejenigen Rechte eingeräumt werden, die einem Kommanditisten nach dem HGB zukommen.[7]

Für die tatsächliche Durchführung ist es nicht erforderlich, dass die Gesellschafter auch alle ihre Gesellschaftsrechte nutzen. So ist es unschädlich, wenn ein Gesellschafter auf sein Ent-

---

1 BFH v. 31. 10. 1989 - IX R 216/84, BStBl 1992 II 506.
2 BFH v. 13. 7. 1999 - VIII R 29/97, BStBl 2000 II 386.
3 BFH v. 5. 3. 1981 - IV R 150/76, BStBl 1981 II 435; BFH v. 7. 11. 2000 - VIII R 16/97, BStBl 2001 II 186.
4 BFH v. 5. 3. 1981 - IV R 150/76, BStBl 1981 II 435.
5 BFH v. 16. 12. 2008 - VIII R 83/05, BFH/NV 2009, 1118 = NWB DokID: OAAAD-21104.
6 H 15.9 Abs. 2 „Allgemeines" EStH.
7 H 15.9 Abs. 2 „Allgemeines" EStH.

nahmerecht zeitweise verzichtet und Gewinne in der Personengesellschaft stehen lässt. Es ist jedoch genau auf die gesellschaftsvertraglichen Regelungen zu achten. Sieht der Gesellschaftsvertrag eine automatische Gutschrift und Auszahlung der Gewinnanteile an die Gesellschafter vor, bedarf es einer ausdrücklichen Regelung, wenn doch Gewinnanteile in der Personengesellschaft verbleiben sollen. Wird ein Gewinnanteil in einer solchen Situation ohne gesonderte Vereinbarung nicht ausgezahlt, fehlt es an der tatsächlichen Durchführung.[1]

Die gesellschaftsvertraglichen Regelungen müssen dem **Fremdvergleich** standhalten. Eine von vornherein **befristete Gesellschafterstellung** ist nicht anzuerkennen.[2] Kann ein Gesellschafter der Familiengesellschaft ohne besondere Gründe **hinausgekündigt** werden, muss er angemessen an dem Verkehrswert der Beteiligung abgefunden werden.[3] Eine Abfindung muss dabei auch eine Beteiligung am Firmenwert umfassen.[4] Bei Kündigung durch einen Gesellschafter selbst kann hingegen die Abfindung auf den Buchwert beschränkt werden.[5]

Entnahmerechte können grundsätzlich eingeschränkt werden, wenn diese Einschränkung alle Gesellschafter trifft.[6] Es sollten aber immer solche Entnahmen zulässig sein, wie ein Gesellschafter zwangsläufig Aufwand aus der Mitunternehmerstellung tragen muss. Dies sind insbesondere die Ertragsteuern und sonstige Zuschlagsteuern aus den Einkünften aus der Mitunternehmerschaft. Die Entscheidung des BFH, nach der es unschädlich ist, wenn Entnahmen auf den notwendigen Unterhalt und die Ausbildung des Gesellschafters beschränkt werden,[7] ist daher insoweit zu eng.

Für die **Anerkennung der Gewinnverteilung** unterscheiden die FinVerw und die Rechtsprechung danach, auf welchem Wege der Familienangehörige den betreffenden Gesellschaftsanteil erhalten hat. Zu ermitteln ist der Wert der Unternehmensbeteiligung des Familiengesellschafters und der ihm nach dem Gewinnverteilungsschlüssel zustehende voraussichtliche Gewinnanteil. Aus diesen Ausgangswerten ist eine voraussichtlich durchschnittliche Rendite zu ermitteln. Die Rendite darf dabei folgende Grenzen nicht überschreiten:

- 15 %, wenn der Gesellschaftsanteil geschenkt wurde,[8]
- 25 %, wenn der Gesellschaftsanteil durch den Gesellschafter selbst erworben wurde, eine stille Beteiligung vorliegt und der Gesellschafter nicht am Verlust beteiligt ist,[9] sowie
- 35 %, wenn der Gesellschaftsanteil durch den Gesellschafter selbst erworben wurde und er auch an den Verlusten beteiligt ist.[10]

Auf der **Rechtsfolgenseite** ist danach zu unterscheiden, ob eine Beteiligung als Familiengesellschafter insgesamt oder nur in Bezug auf die Höhe der Gewinnbeteiligung nicht anerkannt wird.

Ist die Beteiligung insgesamt nicht anzuerkennen, wird die Gesellschaft steuerlich nur durch die übrigen Gesellschafter geführt; unter Umständen liegt nur ein Einzelunternehmen vor. Der

---

1 BFH v. 13. 6. 1989 - IV R 47/85, BStBl 1989 II 720.
2 H 15.9 Abs. 2 Befristete Gesellschafterstellung EStH; BFH v. 29. 1. 1976 - IV R 73/73, BStBl 1976 II 324.
3 BFH v. 6. 7. 1995 - IV R 79/94, BStBl 1996 II 269.
4 H 15.9 Abs. 1 „Buchwertabfindung" EStH.
5 BFH v. 7. 11. 2000 - VIII R 16/97, BStBl 2001 II 186.
6 BFH v. 24. 7. 1986 - IV R 103/83, BStBl 1987 II 54.
7 BFH v. 7. 11. 2000 - VIII R 16/97, BStBl 2001 II 186.
8 H 15.9 Abs. 3 „Allgemeines" EStH; BFH v. 24. 7. 1986 - IV R 103/83, BStBl 1987 II 54.
9 H 15.9 Abs. 5 „Eigene Mittel" EStH; BFH v. 14. 2. 1973 - I R 131/70, BStBl 1973 II 395.
10 H 15.9 Abs. 5 „Eigene Mittel" EStH; BFH v. 21. 9. 2000 - IV R 50/99, BStBl 2001 II 299.

nicht anzuerkennende Gewinnanteil wird dem zuwendenden Mitgesellschafter zugerechnet, der eine nicht anzuerkennende Leistung i. S. d. § 12 EStG erbringt.[1]

Übersteigt die Gewinnbeteiligung des Familiengesellschafters die Grenzwerte oder entspricht allgemein nicht dem Fremdvergleichsgrundsatz, wird nur der unangemessene Teil umqualifiziert.[2] D. h. der angemessene Gewinnanteil bleibt als gewerbliche Einkünfte erhalten. Der den angemessenen Gewinnanteil übersteigende Betrag ist wiederum dem zuwendenden Mitgesellschafter zuzurechnen. Zuwendende können in diesem Sinne aber auch alle übrigen Gesellschafter sein, wenn diese in ihrer Gesamtheit die unangemessene Verteilung zu ihren Lasten dulden.

bb) Zebragesellschaft

303   Eine Zebragesellschaft ist keine Mitunternehmerschaft im eigentlichen Sinne. Es handelt sich um eine Personengesellschaft, deren Einkünfte zum Teil als gewerbliche Einkünfte behandelt werden. Dazu sind folgende **Tatbestandsmerkmale** erforderlich:

- ▶ die Gesellschaft erzielt selbst ausschließlich Überschusseinkünfte,
- ▶ die Gesellschaft ist als Mitunternehmer an einer Mitunternehmerschaft beteiligt,
- ▶ die Gesellschaft ist auch nicht durch die Gesellschaftsstruktur gewerblich geprägt,
- ▶ an der Gesellschaft sind auch Gesellschafter beteiligt, die die Erträge aus dieser Beteiligung im Betriebsvermögen halten.

Mit den ersten drei Voraussetzungen wird der Anwendungsbereich zur Mitunternehmerschaft abgegrenzt. Daher sind alle Formen der Einkünftequalifikation als gewerbliche Einkünfte vorrangig zu beurteilen. Hier sind insbesondere die Betriebsaufspaltung oder die Betriebsverpachtung hervorzuheben.

Die **Einkünfteermittlung** erfolgt bei der Zebragesellschaft in einem zweistufigen Verfahren. Die Gesellschaft selbst ermittelt die Einkünfte nach den Regeln der Überschusseinkünfte gem. § 2 Abs. 2 Satz 1 Nr. 2 EStG.

Auf Gesellschafterebene erfolgt hingegen eine Differenzierung. Für diejenigen Gesellschafter, die ihre Beteiligung in keinem Betriebsvermögen führen, besteht keine Besonderheit mehr. Sie übernehmen die Überschusseinkünfte aus der Gesellschaft entsprechend ihrer Beteiligung.

Die betrieblich beteiligten Gesellschafter hingegen müssen die Einkünfte der Zebragesellschaft neu würdigen. Im Rahmen einer **Umqualifikation** werden die Überschusseinkünfte nach den Vorschriften der Gewinneinkünfte gem. § 2 Abs. 2 Satz 1 Nr. 1 EStG ermittelt. Grundlage für diese Ermittlung bildet § 39 Abs. 2 Nr. 2 AO. Daher obliegt es grundsätzlich diesem Gesellschafter, die Gewinnermittlungsvorschriften anzuwenden. Hat der Gesellschafter keinen hinreichenden Einblick in die Gesellschaft, sollte die Gesellschaft im Gesellschaftsvertrag verpflichtet werden, die Einkünfte auch nach den Regeln der Gewinneinkünfte zu ermitteln.

Zu beachten ist, dass § 15 Abs. 1 Nr. 2 EStG vorliegend im Verhältnis zur Zebragesellschaft nicht anzuwenden ist. Damit scheiden die Normen aus, die regelungstechnisch an eine Mitunternehmerschaft gebunden sind. Insbesondere sind hier § 6 Abs. 3 und Abs. 5 Satz 2 und 3 EStG und § 24 UmwStG zu nennen. Der Gesellschafter kann kein Sonderbetriebsvermögen bei

---

1   H 15.9 Abs. 3 „Allgemeines" EStH.
2   BFH v. 29. 1. 1976 - IV R 89/75, BStBl 1976 II 374.

der Zebragesellschaft führen und Ergänzungsbilanzen sind ein Teil der Umqualifikationsrechnung. Veräußert ein betrieblicher Gesellschafter an die Zebragesellschaft ein Wirtschaftsgut, führt dies nur insoweit zu einer Realisation, wie er nicht an der Zebragesellschaft beteiligt ist.

(Einstweilen frei) 304

4. Doppel- und mehrstöckige gewerbliche Mitunternehmerschaft (§ 15 Abs. 1 Satz 1 Nr. 2 Satz 2 EStG)

Mit dem StÄndG 1992 wurde die doppel- und mehrstöckige gewerbliche Mitunternehmerschaft in § 15 Abs. 1 Satz 1 Nr. 2 EStG aufgenommen und der einfachen Mitunternehmerbeteiligung gleichgestellt. Die Gesetzesänderung war die Reaktion des Gesetzgebers auf die Entscheidung des Großen Senats des BFH, nach der bei einer doppelstöckigen Personengesellschaftsstruktur nur die Oberpersonengesellschaft Mitunternehmer bei der Unterpersonengesellschaft sei. Der Gesellschafter der Oberpersonengesellschaft sei lediglich Mitunternehmer der Oberpersonengesellschaft, aber nicht der Unterpersonengesellschaft.[1] Mit der Gesetzesänderung ist diese Entscheidung überholt und der Gesellschafter der Oberpersonengesellschaft kann sich wiederum als Mitunternehmer der Unterpersonengesellschaft qualifizieren. 305

a) Tatbestand

Der Tatbestand der doppel- und mehrstöckigen gewerblichen Mitunternehmerschaft setzt sich wie folgt zusammen: 306

- ▶ als Mitunternehmerschaft qualifizierende Unterpersonengesellschaft,
- ▶ als Mitunternehmerschaft qualifizierende Oberpersonengesellschaft,
- ▶ ggf. ununterbrochene Kette von zwischengeschalteten Mitunternehmerschaften,
- ▶ Qualifikation der Oberpersonengesellschaft als Mitunternehmer der Unterpersonengesellschaft bzw. ununterbrochene Kette von Mitunternehmern an der jeweils nächsten Unterpersonengesellschaft.

Die Unterpersonengesellschaft muss sich als Mitunternehmerschaft nach allgemeinen Kriterien gem. § 15 Abs. 1 Satz 1 Nr. 2 Satz 1 EStG qualifizieren. Entweder unterhält sie einen eigenen Gewerbebetrieb oder wird als gewerblich geprägte Personengesellschaft gem. § 15 Abs. 3 Nr. 2 EStG behandelt. 307

Die zwischengeschalteten Personengesellschaften und die Oberpersonengesellschaft müssen ebenfalls einen Gewerbebetrieb unterhalten oder dem gleichgestellt sein. Hier kommt § 15 Abs. 3 Nr. 1 2. Alt. EStG zur Anwendung. Die Oberpersonengesellschaft bezieht aus ihrer Beteiligung an der gewerblichen Unterpersonengesellschaft Einkünfte nach § 15 Abs. 1 Satz 1 Nr. 2 EStG, so dass alle Einkünfte der Oberpersonengesellschaft als gewerbliche Einkünfte gelten. Diese Infektion der Beteiligung an der gewerblichen Unterpersonengesellschaft für den Betrieb der Oberpersonengesellschaft war mit dem JStG 2007 ebenfalls Reaktion auf eine geänderte Rechtsprechung des BFH, der zuvor entschieden hat, dass nur Einkünfte nach § 15 Abs. 1 Satz 1 Nr. 1 EStG und nicht nach Nr. 2 für eine Abfärbung in Betracht kommen aufgrund des ausdrücklichen Wortlautes des § 15 Abs. 3 Nr. 1 EStG a. F.[2] Damit beschränkt sich die Prüfung für die zwischengeschalteten Personengesellschaften und der Oberpersonengesellschaft auf die 308

---

1 BFH v. 25. 2. 1991 - GrS 7/89, BStBl 1991 II 691.
2 BFH v. 6. 11. 2003 - IV ER - S - 3/03, BStBl 2005 II 376; BFH v. 6. 10. 2004 - IX R 53/01, BStBl 2005 II 383.

Qualifikation als jeweiliger Mitunternehmer bei der Unterpersonengesellschaft bzw. den jeweils nächsten zwischengeschalteten Personengesellschaften.

309 Der Gesellschafter der Oberpersonengesellschaft muss sich bei dieser als unmittelbarer Mitunternehmer qualifizieren. Gleichzeitig kommt § 15 Abs. 1 Satz 1 Nr. 2 Satz 2 EStG nur zur Anwendung, wenn dieser Gesellschafter nicht neben der Beteiligung an der Oberpersonengesellschaft auch als unmittelbarer Mitunternehmer der Unterpersonengesellschaft beteiligt ist. § 15 Abs. 1 Satz 1 Nr. 2 Satz 1 EStG verdrängt den § 15 Abs. 1 Satz 1 Nr. 2 Satz 2 EStG. Nach Satz 2 wäre eine Gleichstellung des mittelbaren Gesellschafters mit dem unmittelbaren Gesellschafter nicht mehr möglich, da dieser Gesellschafter bereits unmittelbarer Gesellschafter der Unterpersonengesellschaft ist.

310 Die notwendige Mitunternehmerstellung des Gesellschafters der Oberpersonengesellschaft und der Mitunternehmerstellung der Oberpersonengesellschaft und einer jeden zwischengeschalteten Personengesellschaft, bezieht sich in der Beteiligungskette immer nur auf die nächste Beteiligungsstufe. Insbesondere ist nicht erforderlich, dass der Gesellschafter der Oberpersonengesellschaft auch Mitunternehmerinitiative direkt gegenüber der Unterpersonengesellschaft ausüben kann.

311–314 *(Einstweilen frei)*

b) Rechtsfolgen

315 § 15 Abs. 1 Satz 1 Nr. 2 Satz 2 EStG bestimmt zwei Rechtsfolgen:
- ▶ Der mittelbare Gesellschafter steht dem unmittelbaren Gesellschafter gleich und
- ▶ der mittelbare Gesellschafter wird als Mitunternehmer der Unterpersonengesellschaft fingiert.

316 Die Gleichstellung des mittelbaren Gesellschafters mit dem unmittelbaren Gesellschafter hat keine eigenständige Bedeutung. Hingegen ist der Umfang der Fiktion des mittelbaren Gesellschafters als Mitunternehmer der Unterpersonengesellschaft unklar.

317 Im Rahmen der zweistufigen Gewinnermittlung einer Mitunternehmerschaft ist der Gewinnanteil eines Gesellschafters am Gesamtgewinn der Personengesellschaft nicht auf den mittelbaren Gesellschafter anwendbar, da dieser mangels unmittelbarer Beteiligung keinen Anteil am Gesamtgewinn im Rahmen der Gewinnermittlung der Unterpersonengesellschaft erhält. Anwendbar sind hingegen alle Regelungen zu Sonderbetriebsvermögen I, Sonderbetriebsvermögen II[1] Sondervergütungen, Sonderbetriebseinnahmen und Sonderbetriebsausgaben. Problematisch ist die Bildung von Ergänzungsbilanzen für einen Sachverhalt des Gesellschafters der Oberpersonengesellschaft mit Bezug auf die Unterpersonengesellschaft.

318 Erbringt der Gesellschafter der Oberpersonengesellschaft direkt Leistungen an die Unterpersonengesellschaft werden die Entgelte für diese Leistungen als **Sondervergütungen** bei der Unterpersonengesellschaft festgestellt, wie sie festgestellt worden wären, wenn der betreffende Gesellschafter unmittelbar bei der Unterpersonengesellschaft beteiligt wäre. Gleiches gilt für die Bildung von **Sonderbetriebsvermögen** des Gesellschafters der Oberpersonengesellschaft bei der Unterpersonengesellschaft. Überlässt dieser Gesellschafter der Unterpersonengesellschaft Wirtschaftsgüter oder gewährt er der Unterpersonengesellschaft ein Darlehen, werden

---

1 BFH v. 12.10.2016 - I R 92/12, BFH/NV 2017, 685.

die Wirtschaftsgüter bzw. wird die Darlehensforderung notwendiges Sonderbetriebsvermögen I.[1] Hält der Gesellschafter der Oberpersonengesellschaft einen Anteil an der Komplementär-GmbH der Unterpersonengesellschaft, wird dieser Anteil als Sonderbetriebsvermögen II berücksichtigt. Dies gilt jedoch nicht, wenn die Komplementär-GmbH auch Komplementärin der Oberpersonengesellschaft ist; dann geht die Zuordnung zum Sonderbetriebsvermögen II des Gesellschafters bei der Oberpersonengesellschaft vor, da § 15 Abs. 1 Satz 1 Nr. 2 Satz 1 EStG dem Satz 2 vorgeht.

Für die Qualifikation als Sondervergütungen sowie Sonderbetriebsvermögen bei der Unterpersonengesellschaft, muss die Leistungsbeziehung direkt zur Unterpersonengesellschaft bestehen. Erbringt der Gesellschafter der Oberpersonengesellschaft z. B. eine Leistung an die Oberpersonengesellschaft, die diese Leistung wiederum gegenüber der Unterpersonengesellschaft erbringt, folgt die Qualifikation der Sondervergütungen auch dieser Leistungskette. Bei der Unterpersonengesellschaft werden die Sondervergütungen der Oberpersonengesellschaft festgestellt; berücksichtigt werden dort aber auch die Sonderbetriebsausgaben der Oberpersonengesellschaft aus der Zahlungsverpflichtung gegenüber dem Gesellschafter der Oberpersonengesellschaft aus dem „Einkauf" der Leistung. Bei der Oberpersonengesellschaft werden damit im Gewinnanteil auf Ebene der Gesamthand sowohl die Sondervergütung aus der Unterpersonengesellschaft als auch die Sonderbetriebsausgabe aus der Zahlung an den Gesellschafter ausgeschieden. An deren Stelle tritt die Gewinnzuweisung aus dem Gewinn an der Unterpersonengesellschaft inklusive der dort für die Oberpersonengesellschaft geführten Sonder-GuV. Bei der Oberpersonengesellschaft wird schließlich für den Gesellschafter die Sondervergütung aus der Leistung gegenüber der Oberpersonengesellschaft festgestellt.

Die Ausführungen zu den Sondervergütungen sind auf das Sonderbetriebsvermögen entsprechend zu übertragen. Überlässt der Gesellschafter der Oberpersonengesellschaft diese Wirtschaftsgüter oder gewährt ihr ein Darlehen und die Oberpersonengesellschaft nutzt diese Wirtschaftsgüter bzw. das Darlehen entsprechend für die Unterpersonengesellschaft durch eine Weiterleitung, so ist auf jeder Ebene das Sonderbetriebsvermögen und ggf. negatives Sonderbetriebsvermögen aus der Refinanzierung festzustellen.

Umstritten ist die Bildung und Behandlung von **Ergänzungsbilanzen** bei der Unterpersonengesellschaft in Bezug auf Sachverhalte in der Person des Gesellschafters der Oberpersonengesellschaft. Der Sachverhalt ergibt sich im Wesentlichen durch den Erwerb eines Anteils an der Oberpersonengesellschaft, bei dem der Kaufpreis für den Anteil über dem anteiligen steuerbilanziellen Kapital bei der Obergesellschaft in Bezug auf den erworbenen Anteil liegt. Wurden hierbei stille Reserven in der Unterpersonengesellschaft mit dem Kaufpreis vergütet, stellt sich die Frage, wie diese stillen Reserven in einer Ergänzungsbilanz abgebildet werden können. Vertreten werden dabei folgende Auffassungen:

▶ Ergänzungsbilanz nur bei der Unterpersonengesellschaft für die Beteiligung der Oberpersonengesellschaft
  – Nach einer Auffassung wird bei der Unterpersonengesellschaft eine Ergänzungsbilanz mit den aufgedeckten stillen Reserven der Unterpersonengesellschaft gebildet. Diese Ergänzungsbilanz soll dabei für die Oberpersonengesellschaft gebildet werden. Im Rahmen der Gewinnverteilung auf Ebene der Oberpersonengesellschaft jedoch soll der Gewinn oder Verlust aus dieser Ergänzungsbilanz gesondert nur

---

1 BFH v. 12.2.2014 - IV R 22/10, BStBl 2014 II 621.

dem betreffenden Gesellschafter der Oberpersonengesellschaft und unabhängig von einem Gewinnverteilungsschlüssel bei der Oberpersonengesellschaft zugewiesen werden. Bei der Oberpersonengesellschaft soll dabei keine weitere Ergänzungsbilanz für den betreffenden Gesellschafter gebildet werden.

▶ Ergänzungsbilanz nur bei der Oberpersonengesellschaft
– Nach einer anderen Auffassung wird bei der Unterpersonengesellschaft keine Ergänzungsbilanz gebildet. Lediglich auf Ebene der Oberpersonengesellschaft soll für den betreffenden Gesellschafter eine Ergänzungsbilanz gebildet werden. Ausgewiesen wird hier mit den aufgedeckten stillen Reserven die Beteiligung an der Unterpersonengesellschaft, stellvertretend für die Wirtschaftsgüter der Unterpersonengesellschaft.

▶ Ergänzungsbilanz des mittelbar beteiligten Gesellschafters
– Eine weitere Auffassung setzt den mittelbaren Gesellschafter dem unmittelbaren Gesellschafter auch insoweit gleich, dass für diese mittelbaren Gesellschafter bei der Unterpersonengesellschaft direkt eine Ergänzungsbilanz gebildet wird. Die Oberpersonengesellschaft ist sodann hiervon nicht mehr erfasst, da der Gewinn und Verlust aus dieser Ergänzungsbilanz direkt dem Gesellschafter der Oberpersonengesellschaft quasi vorbei an der Oberpersonengesellschaft zugewiesen wird.

▶ Doppelte Ergänzungsbilanz bei der Unterpersonengesellschaft und der Oberpersonengesellschaft
– Schließlich wird auch vertreten, dass für die aufgedeckten stillen Reserven in den Wirtschaftsgütern der Unterpersonengesellschaft sowohl bei dieser für die Oberpersonengesellschaft als auch für den betreffenden Gesellschafter auch bei der Oberpersonengesellschaft gebildet wird.

323 Die FinVerw nimmt zu diesem Streit keine Stellungnahme. Die Rechtsprechung ist ebenfalls nicht ergiebig. Es wird lediglich die Möglichkeit einer Ergänzungsbilanz bei der Unterpersonengesellschaft zugunsten des mittelbaren Gesellschafters für möglich erachtet.[1]

Jede der Auffassungen kann gute Argumente vorweisen.

324 Am einfachsten in der Umsetzung ist die direkte Ergänzungsbilanz für den mittelbar beteiligten Gesellschafter bei der Unterpersonengesellschaft. Es kann sowohl die Bildung der Ergänzungsbilanz als auch die Fortführung direkt anhand des Kapitalkontos in der Gesamthand der Unterpersonengesellschaft und anhand der dortigen Wirtschaftsgüter bestimmt werden. Die Auffassung ist jedoch fatal in Bezug auf die korrekte Darstellung des steuerlichen Kapitals für Zwecke des § 15a EStG. Das in der Ergänzungsbilanz des mittelbaren Gesellschafters festgestellte Mehrkapital würde für die Bestimmung des ausgleichsfähigen Verlustes nicht zur Verfügung stehen, da dieses Mehrkapital gerade nicht der Oberpersonengesellschaft zugerechnet würde. Abzulehnen ist diese Auffassung aber aus systematischen Gründen. Diese Auffassung fingiert den Erwerb eines eigenständigen mittelbaren Mitunternehmeranteils. Tatsächlich erwirbt der Gesellschafter der Oberpersonengesellschaft nur einen Anteil an dieser Obergesellschaft, deren stillen Reserven sich nur auf die Unterpersonengesellschaft beziehen. Diese stillen Reserven werden in der Oberpersonengesellschaft aber bereits in der Position der Beteiligung an der Unterpersonengesellschaft gezeigt. Diese Position ist zwar kein Wirt-

---

1 BFH v. 1. 7. 2004 - IV R 67/00, BStBl 2010 II 157.

schaftsgut, sondern repräsentiert gerade alle anteiligen Wirtschaftsgüter der Unterpersonengesellschaft, so dass für die Fiktion eines Erwerbs dieser anteiligen Wirtschaftsgüter neben der Oberpersonengesellschaft kein Raum besteht.

Naheliegend ist daher lediglich bei der Oberpersonengesellschaft eine Ergänzungsbilanz in Ansehung der anteiligen Wirtschaftsgüter der Unterpersonengesellschaft aufzustellen. Systematisch ist dies aufgrund der zuvor ausgeführten Behandlung der Position Beteiligung an der Unterpersonengesellschaft auch denkbar. Die durch die Ergänzungsbilanz dokumentierten Mehrwerte würden sich nach dieser Auffassung nur bei der Obergesellschaft in der Gewinnermittlung auswirken. Dies widerspricht aber dem Transparenzgedanken der Personengesellschaft, nach der der Erwerb einer Mitunternehmerbeteiligung durch den neuen Gesellschafter der Obergesellschaft auch der anteilige Erwerb aller Wirtschaftsgüter ist. Die Wirtschaftsgüter sind bei einer doppelstöckigen Personengesellschaftsstruktur aber auch bei der Unterpersonengesellschaft allokiert, so dass sich der Erwerb auch dort auswirken muss. Nur wenn der Erwerb und damit die Ergänzungsbilanz auch bei der Unterpersonengesellschaft berücksichtigt werden, wird das richtige Kapitalkonto nach § 15a EStG gezeigt und die korrekte Gewerbesteuer unter Berücksichtigung dieser Ergänzungsbilanz bei der Unterpersonengesellschaft ermittelt. 325

Daher ist die Ergänzungsbilanz bei der Unterpersonengesellschaft für die Oberpersonengesellschaft zu bilden. Die Anwendung der Spiegelbildmethode bei der Oberpersonengesellschaft für die Beteiligung an der Unterpersonengesellschaft führt dazu, dass das Mehrkapital aus der Ergänzungsbilanz bei der Unterpersonengesellschaft das Kapital der Oberpersonengesellschaft erhöht. Da es sich hier um einen Vorgang in der Person des Gesellschafters der Oberpersonengesellschaft handelt, muss dieses Mehrkapital seinem steuerlichen Kapitalkonto direkt ertragsneutral gutgeschrieben werden. Die Ergebniswirkungen aus dieser Ergänzungsbilanz sind sodann auch nur diesem Gesellschafter und seinem steuerlichen Kapitalkonto zuzurechnen. Über diese unmittelbare Zurechnung des Mehrkapitals aus der Ergänzungsbilanz zum Kapitalkonto des betreffenden Gesellschafters erübrigt sich auch die Bildung einer weiteren Ergänzungsbilanz auf Ebene der Oberpersonengesellschaft. Somit ist der ersten der o. g. Auffassung zu folgen. 326

(Einstweilen frei) 327–334

5. Anteil des Komplementärs einer Kommanditgesellschaft auf Aktien (§ 15 Abs. 1 Satz 1 Nr. 3 EStG)

Die Regelung zum Anteil des Komplementärs einer KGaA nach § 15 Abs. 1 Satz 1 Nr. 3 EStG unterscheidet sich deutlich von den vorhergehenden Nr. 1 und Nr. 2. Die KGaA ist zivilrechtlich eine eigenständige juristische Person und ertragsteuerlich ist sie ein eigenständiges Körperschaftsteuersubjekt gem. § 1 Abs. 1 Nr. 1 KStG. Sind Mitunternehmerschaften nach § 15 Abs. 1 Satz 1 Nr. 2 EStG zwar Subjekt der Gewinnerzielung und Gewinnermittlung, so geht die Qualifikation einer KGaA als eigenständiges Steuersubjekt hierüber hinaus. 335

Trotz der Eigenständigkeit der KGaA sollen die Gewinnanteile des Komplementärs nicht als Bezüge einer Kapitalgesellschaft, sondern als gewerbliche Einkünfte besteuert werden. Der Komplementär soll behandelt werden „wie ein Mitunternehmer". Er ist jedoch kein Mitunternehmer, da hierfür eine Beteiligung an einer Personengesellschaft erforderlich ist. Der Versuch, den Komplementär wie einen Mitunternehmer zu besteuern und gleichzeitig die Steuersub- 336 jekteigenschaft der KGaA zu wahren, führt zu dem hybriden Verständnis der KGaA und den Hindernissen bei der Einordnung, sobald es in Detailfragen geht.

337 Die FinVerw hat sich bisher nicht grundsätzlich zur steuerlichen Behandlung der KGaA geäußert. Lediglich im Rahmen der Zinsschranke geht die FinVerw auch auf die KGaA ein.[1] Der BFH hat die sog. Wurzeltheorie begründet. Danach wird die Einkommensbesteuerung des Komplementärs an der Wurzel von der Körperschaftsbesteuerung der KGaA abgespalten.[2] Weitere wesentliche Entscheidungen der Rechtsprechung waren die Anerkennung der Abkommensberechtigung einer KGaA, auch soweit der Anteil des Komplementärs betroffen ist,[3] sowie die Qualifikation der Beteiligung des Komplementärs als eigenständiges Wirtschaftsgut.[4]

a) Tatbestand

338 Der Tatbestand des § 15 Abs. 1 Satz 1 Nr. 3 EStG besteht aus folgenden Komponenten:
- Persönlich haftender Gesellschafter einer KGaA,
- Gewinnanteil und
- Sondervergütungen

339 Im Unterschied zu § 15 Abs. 1 Satz 1 Nr. 2 EStG ist keine Prüfung erforderlich, ob die KGaA gewerbliche Einkünfte erzielt, da § 8 Abs. 2 KStG für die unbeschränkt körperschaftsteuerpflichtige KGaA alle Einkünfte der Gesellschaft als gewerblich qualifiziert. Auch eine weitergehende Prüfung der Gesellschafterstellung hinsichtlich Mitunternehmerinitiative und Mitunternehmerrisiko sieht das Gesetz nicht vor. Eine solche Prüfung wäre auch weitgehend sinnlos, da ein Mitunternehmerrisiko aus der unbeschränkten Haftung gem. § 278 Abs. 2 AktG i.V.m. § 128, § 161 Abs. 2 HGB immer erfüllt ist und die Mitunternehmerinitiative aufgrund der Geschäftsführungsbefugnis vorliegt.

340 Der Tatbestand des persönlich haftenden Gesellschafters einer KGaA richtet sich damit ausschließlich nach dem Gesellschaftsrecht bzw. Zivilrecht. Der in der Satzung bestimmte und im Handelsregister gem. § 278 AktG eingetragene Komplementär qualifiziert für die Regelungen des § 15 Abs. 1 Satz 1 Nr. 3 EStG.

b) Gewinnanteil

341 Der Gewinnanteil des Komplementärs wird bei konsequenter Umsetzung der Wurzeltheorie bereits im handelsrechtlichen Ergebnis der KGaA abgetrennt. Vom Gesamtgewinn der KGaA wird der satzungsmäßig dem Komplementär zustehende Anteil ermittelt. Diese Verteilungsquote wird sodann auf alle Komponenten der steuerlichen Gewinnermittlung angewendet. Mit dieser Vorgehensweise wird sichergestellt, dass die steuerlichen Gewinnermittlungsvorschriften, die an der Person des Komplementärs anknüpfen, auch vollständig auf diesen Gewinnanteil Anwendung finden. D. h. soweit der Komplementär eine natürliche Person ist, sind nicht die körperschaftsteuerlichen sondern die einkommensteuerlichen Gewinnermittlungsvorschriften zugrunde zu legen. Es gilt z. B. das Teileinkünfteverfahren nach § 3 Nr. 40 EStG und nicht § 8b KStG.

---

1 BMF v. 4.7.2008, BStBl 2008 I 718, Tz. 8 und 44.
2 BFH v. 21.6.1989 - X R 14/88, BStBl 1989 II 881.
3 BFH v. 19.5.2010 - I R 62/09, BFH/NV 2010 1919 = NWB DokID: WAAAD-48563.
4 FG München v. 16.1.2003 - 7 K 5340/01, EFG 2003, 670.

Für die Anwendung der **Zinsschranke** auf Ebene einer KGaA enthält der Zinsschrankenerlass gesonderte Ausführungen.[1] Danach habe eine KGaA nur einen Betrieb i. S. d. Zinsschranke. Diesem soll auch der Gewinnanteil des persönlich haftenden Gesellschafters zugerechnet werden. Daher sei bei der Ermittlung des maßgeblichen Einkommens § 9 Abs. 1 Satz 1 Nr. 1 KStG nicht anzuwenden. Korrespondierend bliebe auf Ebene des Komplementärs sein Gewinnanteil unberücksichtigt. 342

Diese Interpretation durch die FinVerw ist vor dem Hintergrund der Regelungen in § 8a Abs. 1 Satz 2 KStG kritisch zu beurteilen. Dort werden für die Ermittlung des maßgeblichen Einkommens lediglich §§ 4h und 10d EStG sowie § 9 Abs. 1 Nr. 2 KStG ausgeschlossen. Im Übrigen ist die Einkommensermittlung nach dem EStG und dem KStG anzuwenden. 343

Da § 9 Abs. 1 Nr. 2 KStG ausdrücklich ausgeschlossen wird, sollte im Umkehrschluss § 9 Abs. 1 Nr. 1 KStG nicht ausgeschlossen sein. Weiterhin ist § 9 Abs. 1 Nr. 1 KStG eine reguläre Vorschrift der Einkommensermittlung und nicht lediglich eine Zurechnungsnorm. Die Zurechnung der Einkünfte zum Komplementär erfolgt mittels § 15 Abs. 1 Nr. 3 EStG. 344

Eine KGaA kann sowohl Organgesellschaft als auch Organträgerin sein. Die Tauglichkeit als **Organgesellschaft** ergibt sich direkt aus § 14 Abs. 1 Satz 1 KStG, wobei sich die Organschaft nur auf die Beteiligung als Kommanditaktionär bezieht. Dies ist eine durchaus fragwürdige Entscheidung des Gesetzgebers, da ein Teil des Gewinns der KGaA an den Komplementär geht, so dass keine Abführung des ganzen Gewinns vorliegt. Ist die KGaA **Organträgerin**, sind die erhöhten Anforderungen des § 14 Abs. 1 Satz 1 Nr. 2 Satz 2 KStG für Personengesellschaften hinsichtlich eines eigenen Gewerbebetriebs trotz der hybriden Struktur der KGaA nicht notwendig, da ausdrücklich nur Personengesellschaften nach § 15 Abs. 1 Satz 1 Nr. 2 EStG angesprochen werden. Ebenso sollten die Tatbestandsvoraussetzungen von § 14 Abs. 1 Satz 1 Nr. 2 Satz 4 bis 7 KStG nicht notwendig sein, für die Anerkennung der Organschaft, da die KGaA Körperschaftsteuersubjekt ist. Aber selbst bei Anwendung dieser weiteren Tatbestandsvoraussetzungen liegt mit einer Entscheidung des FG München eine hinreichende Zuordnung der Organgesellschaft zur Betriebsstätte der KGaA vor. Das FG hat entschieden, dass die Wirtschaftsgüter der KGaA nicht als anteilige Wirtschaftsgüter des Komplementärs zu werten sind.[2] Mit dieser Auslegung kommt eine Zurechnung der Organgesellschaft nur zur inländischen Betriebsstätte der KGaA selbst und nicht zu einer Betriebsstätte des Komplementärs in Betracht. 345

c) Ergänzungsbilanzen

Entgegen bisheriger Rechtsprechung hat der BFH nunmehr entschieden, dass der persönlich haftende Komplementär einer KGaA eine Ergänzungsbilanz für den Unterschiedsbetrag seiner Anschaffungskosten zum erworbenen Kapitalkonto bilden darf.[3] Eine vollständige Gleichstellung einer solchen Ergänzungsbilanz mit derjenigen eines Mitunternehmers gem. § 15 Abs. 1 Satz 1 Nr. 2 EStG erfolgt jedoch nicht. So soll die Ergänzungsbilanz lediglich für die Gewinnermittlung des Komplementärs maßgeblich sein, jedoch nicht die Gewinnermittlung der KGaA beeinflussen.[4] 346

---

1 BMF v. 4. 7. 2008, BStBl 2008 I 718, Tz. 8 und 44.
2 FG München v. 10. 7. 2003 - 5 K 2681/97, EFG 2003, 1691.
3 BFH v. 15.3.2017 - I R 41/16, NWB DokID: SAAAG-56535; a. A. FG München v. 10.7.2003 - 5 K 2681/97, EFG 2003, 1691 = NWB DokID: SAAAB-09988.
4 BFH v. 15.3.2017 - I R 41/16, NWB DokID: SAAAG-56535.

d) Sondervergütungen

347 Ebenso wie bei Mitunternehmerschaften enthält auch § 15 Abs. 1 Satz 1 Nr. 3 EStG Regelungen zu Sonderbetriebsvermögen. Aufgrund der parallelen Normierung können die Grundsätze zur Bestimmung des Sonderbetriebsvermögens, der Sondervergütungen sowie der Sonderbetriebseinnahmen und -ausgaben, wie sie für die Mitunternehmerschaft entwickelt wurden, auf den Komplementär einer KGaA übertragen werden.[1] Hält der Komplementär noch zusätzlich **Kommanditaktien** an der KGaA werden diese nicht zu seinem Sonderbetriebsvermögen II gerechnet, da diese zum einen ausdrücklich in § 15 Abs. 1 Satz 1 Nr. 3 EStG ausgeklammert werden und zum anderen weder dem Betrieb der KGaA noch der Beteiligung des Komplementärs dienen. Die Kommanditaktien sollten aber als gewillkürtes Sonderbetriebsvermögen behandelt werden können.

348 Die FinVerw wendet auch die Grundsätze über eine korrespondierende Bilanzierung auf das Sonderbetriebsvermögen des Komplementärs an.[2] Erhält der Komplementär eine Pensionszusage muss er die in der Steuerbilanz der KGaA passivierte Verpflichtung in seiner Sonderbilanz korrespondierend aktivieren.

349–354 *(Einstweilen frei)*

6. Nachträgliche Einkünfte (§ 15 Abs. 1 Satz 2 EStG)

355 § 15 Abs. 1 Satz 2 EStG dehnt die Anwendung von § 15 Abs. 1 Satz 1 Nr. 2 und Nr. 3 EStG auch auf nachträgliche Einkünfte aus.

356 Folgende Tatbestandsmerkmale müssen daher erfüllt sein:
- ▶ beendete Mitunternehmerbeteiligung des Stpfl. oder Komplementärbeteiligung des Stpfl. an einer KGaA,
- ▶ Vergütung durch die Mitunternehmerschaft bzw. KGaA oder durch den Rechtsnachfolger der Mitunternehmerschaft bzw. KGaA nach Beendigung dieser Beteiligung,
- ▶ Verursachung der Vergütung während der Beteiligung des Stpfl.

357 Es muss eine Mitunternehmerschaft oder KGaA bestanden haben, als der Stpfl. beteiligt war. Die Vergütung muss eine Sondervergütung gem. § 15 Abs. 1 Satz 1 Nr. 2 oder Nr. 3 EStG sein, wenn der ehemalige Mitunternehmer noch unverändert als Mitunternehmer beteiligt wäre. D. h., die Vergütung muss gezahlt werden für eine Leistungserbringung an die Mitunternehmerschaft bzw. KGaA oder für die Überlassung von Wirtschaftsgütern, oder für die Gewährung eines Darlehens.

358 Die Vergütung muss bereits zu einem Zeitpunkt verursacht worden sein, in dem die Mitunternehmerstellung des Stpfl. bestand. Hauptanwendungsfall sind Pensionszahlungen an den ehemaligen Mitunternehmer-Arbeitnehmer. Wird die Arbeitsleistung während der Zeit der Mitunternehmerbeteiligung erbracht, liegt eine hinreichende Verursachung vor. Die Zahlungen der Pensionen sind sodann als nachträgliche Sondervergütungen zu erfassen, wenn der Mitunternehmer zu diesem Zeitpunkt aus der Mitunternehmerschaft ausgeschieden ist.

359 Bei einer Darlehensgewährung oder Überlassung von Wirtschaftsgütern werden nur in Ausnahmefällen nachträgliche Einkünfte vorliegen. Selbst wenn das Darlehen zur Zeit der Mit-

---

1 BFH v. 21. 6. 1989 - X R 14/88, BStBl 1989 II 881.
2 OFD Köln v. 27. 6. 1991, DStR 1991, 1218.

unternehmerbeteiligung gewährt wurde, erfolgt die laufende Zinszahlung nicht als nachträgliche Vergütung, sondern für das fortdauernde Darlehensverhältnis. Gleiches gilt für den Miet- oder Pachtzins bei der Überlassung von Wirtschaftsgütern über die Beendigung der Mitunternehmerstellung hinaus.

Problematisch ist, ob die Mitunternehmerschaft oder KGaA zum Zeitpunkt der Vergütung noch fortbestehen muss. Das FG Hamburg wendet § 15 Abs. 1 Satz 2 EStG jedenfalls bei einer Anwachsung einer Mitunternehmerschaft weder auf den letzten verbleibenden Gesellschafter noch auf die Vergütungen des nunmehr als Einzelunternehmer fortgeführten Betriebs an den ehemaligen Mitunternehmer an.[1] Dieser Auslegung ist zu folgen. § 15 Abs. 1 Satz 2 EStG verweist als Rechtsgrundverweis auf § 24 Nr. 2 EStG. Hingegen ist der Verweis auf § 15 Abs. 1 Satz 1 Nr. 2 und Nr. 3 EStG ein Rechtsfolgenverweis. Damit muss eine Mitunternehmerschaft oder eine KGaA zum Zeitpunkt der Vergütungszahlung nicht mehr vorliegen. Um eine korrekte Zuordnung der Vergütung nach § 15 Abs. 1 Satz 1 Nr. 2 und Nr. 3 EStG vornehmen zu können, muss der Vergütungsschuldner aber Rechtsnachfolger der ehemaligen Mitunternehmerschaft oder KGaA sein. 360

Mit der Qualifikation der Vergütung als nachträgliche Einkünfte gem. § 15 Abs. 1 Satz 2 EStG erhöht sich der Gesamtgewinn der Mitunternehmerschaft um diese als Sondervergütung zu behandelnden Beträge. Damit erhöht sich der Gewerbeertrag der Mitunternehmerschaft entsprechend. Ob diese Vergütungen beim Vergütungsgläubiger in seinem eigenem Gewerbebetrieb nach § 9 Nr. 2 GewStG gekürzt werden können, ist zweifelhaft. Nach dem Sinn und Zweck sollte eine Kürzung erfolgen. Der Wortlaut von § 9 Nr. 2 GewStG erfordert aber, dass der Vergütungsgläubiger als Mitunternehmer des Gewerbebetriebs anzusehen ist. Zum Zeitpunkt der Vergütungszahlung liegt die Mitunternehmerbeteiligung aber nicht mehr vor. 361

(Einstweilen frei) 362–365

II. Begriffsbestimmung Gewerbebetrieb (§ 15 Abs. 2 EStG)

§ 15 Abs. 2 EStG enthält die Definition des Gewerbebetriebs auf der Absatz 1 aufbaut. So ist für das Einzelunternehmen und für die Mitunternehmerschaft jeweils zu prüfen, ob ein Gewerbebetrieb nach § 15 Abs. 2 EStG vorliegt. Für den Anteil des persönlich haftenden Gesellschafters der KGaA, § 15 Abs. 1 Satz 1 Nr. 3 EStG, ist diese Prüfung nicht notwendig, da sich hier per gesetzlicher Anordnung die Gewinnanteile des Komplementärs als gewerbliche Einkünfte qualifizieren. 366

Im Falle der Mitunternehmerschaft wird § 15 Abs. 2 EStG um § 15 Abs. 3 EStG ergänzt. § 15 Abs. 3 EStG fingiert einen Gewerbebetrieb für Zwecke der Mitunternehmerschaft nach § 15 Abs. 1 Satz 1 Nr. 2 EStG, selbst wenn § 15 Abs. 2 EStG nicht erfüllt ist. 367

Die eigentliche Regelung des Gewerbebetriebs erfolgt in § 15 Abs. 2 Satz 1 EStG. Satz 2 und 3 der § 15 Abs. 2 EStG sind klarstellende Erläuterungen im Rahmen des Tatbestandsmerkmals Gewinnerzielungsabsicht. 368

§ 15 Abs. 2 Satz 1 EStG stellt für den Gewerbebetrieb positive und zur Abgrenzung negative Tatbestandsmerkmale auf. 369

---

1 FG Hamburg v. 22. 3. 1991 - VII 126/89, EFG 1992, 70.

▶ Positive Tatbestandsmerkmale:
- selbständige Tätigkeit,
- nachhaltige Tätigkeit,
- Gewinnerzielungsabsicht,
- Teilnahme am allgemeinen wirtschaftlichen Verkehr.

▶ Negative Tatbestandsmerkmale
- keine Ausübung von Land- und Forstwirtschaft,
- keine Ausübung eines freien Berufs oder anderer selbständiger Arbeit,
- keine Vermögensverwaltung.

370 Die Abgrenzung von der Vermögensverwaltung ist nicht im § 15 Abs. 2 Satz 1 EStG normiert, sondern wurde als einschränkende Auslegung durch die Rechtsprechung aufgestellt.[1] Die FinVerw hat diese ergänzende Abgrenzung des Gewerbebetriebs von der Vermögensverwaltung in R 15.7 EStR übernommen.

371 Bei einer Mitunternehmerschaft gem. § 15 Abs. 1 Satz 1 Nr. 2 EStG sind die Tatbestandsmerkmale des Gewerbetriebs von dem Rechtsträger selbst zu erfüllen. Im Einzelnen können jedoch die Handlungen der Mitunternehmer für die Mitunternehmerschaft wirken. Tätigkeiten der Gesellschafter einer Personengesellschaft sind daher danach zu untersuchen, ob diese für eigene Rechnung oder für die gemeinsame Zweckerreichung in der Verbindung der Personengesellschaft erfolgen.

372–374 *(Einstweilen frei)*

1. Selbständigkeit

375 Die selbständige Tätigkeit ist von der nichtselbständigen Tätigkeit abzugrenzen. Selbständigkeit liegt dann vor, wenn die Tätigkeit auf eigene Rechnung (Unternehmerrisiko) und in eigener Verantwortung (Unternehmerinitiative) erfolgt.[2]

376 Diese Kriterien sind im Wesentlichen für natürliche Personen relevant; bei nichtselbständiger Tätigkeit unterfallen die Einkünfte dem § 19 EStG. Bei Mitunternehmerschaften liegt hingegen immer eine selbständige Tätigkeit vor, da die Mitunternehmerschaft als solches nicht in ein Arbeitsverhältnis mit einem Vertragspartner eintreten kann.

377 Ob ein Stpfl. selbständig oder unselbständig handelt, entscheidet sich nach dem Gesamtbild der Verhältnisse.[3] Die Bezeichnung der Vertragsbeziehungen ist nicht ausschlaggebend.[4] Auch ein freier Mitarbeiter kann tatsächlich so in den Arbeitsablauf des Auftraggebers eingebunden sein, dass im Ergebnis eine abhängige unselbständige Tätigkeit vorliegt.

378 Die einkommensteuerliche Abgrenzung zur (Un-)Selbständigkeit ist nicht deckungsgleich mit arbeits- oder sozialrechtlichen Abgrenzungen.[5] Gleichwohl stellt die FinVerw die Regelver-

---

1 BFH v. 25.6.1984 - GrS 4/82, BStBl 1984 II 751.
2 H 15.1 „Allgemeines" EStH; BFH v. 27.9.1988 - VIII R 193/83, BStBl 1989 II 414.
3 BFH v. 2.12.1998 - X R 83/96, BStBl 1999 II 534.
4 BFH v. 24.7.1992 - VI R 126/88, BStBl 1993 II 155.
5 BFH v. 23.4.2009 - VI R 81/06, BStBl 2012 II 262.

mutung auf, dass arbeitnehmerähnliche Selbständige i.S.d. § 2 Satz 1 Nr. 9 SGB VI steuerlich selbständig sind.[1]

Nach dem Gesamtbild der Verhältnisse muss sowohl Unternehmerinitiative, als auch Unternehmerrisiko vorliegen. Dabei ist eine Gesamtabwägung aller Indizien aufzustellen und gegeneinander zu gewichten. Ist ein Kriterium nur gering ausgeprägt, kann ein überwiegendes anderes Kriterium dies ausgleichen. 379

Unternehmerinitiative bedeutet, dass der Stpfl. über seine Betätigung frei entscheiden kann. Für eine Unternehmerinitiative spricht, wenn der Stpfl. Zeit, Ort und Umfang seiner Tätigkeit frei bestimmen kann.[2] Ebenso spricht für eine selbständige Tätigkeit, wenn der Stpfl. als Auftragnehmer berechtigt ist, für die Erfüllung Subaufträge zu vergeben. 380

Unternehmerrisiko bedeutet, dass der Stpfl. die Betätigung auf eigene Rechnung und eigene Gefahr hin ausübt.[3] Indizien gegen ein Unternehmerrisiko sind, wenn der Stpfl. feste Bezüge, einen Urlaubsanspruch und Krankengeldfortzahlung erhält.[4] In diesen Fällen trägt der Stpfl. kein Risiko. Auch Gewinnbeteiligungen an einem Unternehmen machen aus einem Arbeitnehmer noch keinen selbständig Tätigen, da der Arbeitnehmer nur am Erfolg und nicht am Risiko beteiligt ist.[5] 381

Für ein Unternehmerrisiko spricht, wenn der Stpfl. Werkverträge mit seinen Auftraggebern abschließt, da hierdurch das Risiko bis zur Abnahme des Werks beim Stpfl. liegt.

(Einstweilen frei) 382–389

2. Nachhaltigkeit

Eine Tätigkeit ist nachhaltig, wenn sie auf Wiederholung angelegt ist.[6] Mit dem Bezug auf „angelegt" wird der Tatbestand der Nachhaltigkeit auf ein subjektives Element gestützt. Eine Tätigkeit wird dadurch zu einer nachhaltigen Tätigkeit, dass der Stpfl. diese in der Absicht ausführt, diese oder vergleichbare Tätigkeiten mehrfach auszuführen. 390

Die FinVerw schließt auf den subjektiven Tatbestand der Wiederholungsabsicht anhand von äußeren Beweisanzeichen. Danach soll gerade die Mehrzahl von gleichartigen Handlungen durch den Stpfl. auf die Wiederholungsabsicht schließen lassen. Im Umkehrschluss kann bei einer einzelnen Handlung nur dann auf eine Wiederholungsabsicht geschlossen werden, wenn hierzu weitere eindeutige Indizien vorliegen.[7] 391

Dies kann der Fall sein, wenn Hilfstätigkeiten in einem Umfang getätigt werden, die nur dann (wirtschaftlich) sinnvoll sind, wenn die zu beurteilende Haupttätigkeit mehr als einmal ausgeführt werden soll. Beispielsweise es wird ein Finanzierungsrahmen vereinbart, der über die einzelne Tätigkeit hinausgeht. 392

---

1 R 15.1 Abs. 3 EStR.
2 BFH v. 24.3.1999 - I R 64/98, BStBl 2000 II 41.
3 BFH v. 31.7.1990 - I R 173/83, BStBl 1990 II 66.
4 BFH v. 23.4.2009 - VI R 81/06, BStBl 2012 II 262.
5 BFH v. 23.4.2009 - VI R 81/06, BStBl 2012 II 262.
6 H 15.2 „Wiederholungsabsicht" EStH.
7 H 15.2 „Wiederholungsabsicht" EStH.

393 Gleichzeitig sind sich wiederholende Tätigkeiten nicht nachhaltig, wenn der Stpfl. bei jeder einzelnen Ausführung keine Absicht zur Wiederholung hat.[1] Nachhaltig sind aber Einzeltätigkeiten, die Teil einer in organisatorischer, technischer und finanzieller Hinsicht aufeinander abgestimmten Gesamttätigkeit sind.[2]

3. Gewinnerzielungsabsicht

394 Die Gewinnerzielungsabsicht grenzt den Einkommenstatbestand von der nicht steuerlichen Liebhaberei ab. Wiederum handelt es sich um einen subjektiven Tatbestand, auf dessen Vorliegen anhand von äußeren Umständen geschlossen werden kann.

395 Gewinnerzielungsabsicht ist das Streben nach Betriebsvermögensmehrung in Gestalt eines Totalgewinns.[3] Ein Totalgewinn umfasst die Zeitspanne von der Aufnahme des Geschäftsbetriebs bis zu deren Aufgabe oder Veräußerung. Bei Übernahme eines bereits bestehenden Geschäftsbetriebs ist der Zeitraum vor der Übernahme für den Totalgewinn unbeachtlich. Ob tatsächlich ein Totalgewinn erzielt wird, ist nicht relevant, da es lediglich auf den geplanten Totalgewinn ankommt.[4]

396 Relevant ist die Gewinnerzielungsabsicht bei Verlusten in der Gründungsphase des Geschäftsbetriebs (Anlaufverlusten) sowie bei der Fortführung des Geschäftsbetriebs trotz längeren Verlustperioden.

397 Eine Gewinnerzielungsabsicht in der Anlaufphase des Geschäftsbetriebs liegt vor, wenn ein Betriebskonzept vorliegt, das geeignet ist, grundsätzlich einen Totalgewinn zu erwirtschaften, und nach diesem Betriebskonzept gehandelt wird.[5]

398 Die Länge der Anlaufphase hängt von dem individuellen Geschäftsbetrieb ab. In der Regel soll dieser Zeitraum nicht weniger als fünf Jahre betragen.[6] Bei anhaltenden Verlusten besteht eine Reaktionspflicht des Steuerpflichtigen. Er muss die Gründe für die Verluste identifizieren und geeignete Maßnahmen einleiten, um die Verlustsituation zu beseitigen. Diese Reaktionspflicht besteht nicht nur in der Anlaufphase, sondern auch bei später eintretenden nachhaltigen Verlustperioden. Damit sind Umstrukturierungsmaßnahmen ein gewichtiges Indiz für das Vorhandensein einer Gewinnerzielungsabsicht.[7] Dementsprechend ist das Fehlen einer Reaktion auf bereits eingetretene hohe Verluste und das unveränderte Beibehalten eines verlustbringenden Geschäftskonzepts ein gewichtiges Beweisanzeichen für eine fehlende Gewinnerzielungsabsicht.[8]

399 Bleibt der Stpfl. untätig und führt den verlustbringenden Geschäftsbetrieb unverändert fort, begibt er sich in das Risiko, dass die FinVerw nicht erst ab diesem Beschluss zur Fortführung die Gewinnerzielungsabsicht verneint, sondern diese bereits zu einem früheren Zeitpunkt verneinen will. Zu diesem Zweck wird die FinVerw die Veranlagung in Bezug auf die Anerkennung von aufgelaufenen Verlusten gem. § 165 AO vorläufig durchführen.

---

1 BFH v. 21. 8. 1985 - I R 60/80, BStBl 1986 II 88.
2 H 15.2 „Mehrzahl selbständiger Handlungen" EStH.
3 H 15.3 „Totalgewinn" EStH.
4 H 15.3 „Totalgewinn" EStH.
5 H 15.3 „Anlaufverluste" EStH.
6 BFH v. 23. 5. 2007 - X R 33/04, BStBl 2007 II 874; H 15.3 „Anlaufverluste" EStH.
7 H 15.3 „Beweisanzeichen – Umstrukturierungsmaßnahmen" EStH.
8 H 15.3 „Beweisanzeichen – Verlustperioden" EStH.

Bei einer Mitunternehmerschaft muss die Gewinnerzielungsabsicht auf der Ebene der Personengesellschaft vorliegen. Es genügt nicht, wenn diese dauerhafte Verluste macht und erst auf Ebene der Gesellschafter durch die Beteiligung an der Mitunternehmerschaft Steuervorteile entstehen, die in der Gesamtschau für den Mitunternehmer einen positiven wirtschaftlichen Effekt haben.[1]   400

Entsprechend stellt § 15 Abs. 2 Satz 2 EStG klar, dass bei der Totalgewinnprognose steuermindernde Effekte aus Ertragsteuern nicht zu berücksichtigen sind. Dies bedeutet, dass die Totalgewinnprognose vor Ertragsteuern aufzustellen ist. Dass evtl. steuermindernde Effekte aus der fraglichen Tätigkeit möglich und beabsichtigt sind, stellt die Gewinnerzielungsabsicht nicht in Frage.   401

Weiter stellt § 15 Abs. 2 Satz 3 EStG klar, dass die Gewinnerzielungsabsicht nicht das Hauptmotiv für die Tätigkeit des Stpfl. sein muss. Es reicht aus, wenn die Gewinnerzielungsabsicht auch und damit neben anderen Zielen vorliegt. Der Steuerpflichtige kann sich damit nicht herausreden, er verfolgt mit seinen Tätigkeiten altruistische oder sonstige private Ziele.   402

(Einstweilen frei)   403–409

4. Teilnahme am allgemeinen wirtschaftlichen Verkehr

Eine Teilnahme am wirtschaftlichen Verkehr liegt vor, wenn der Stpfl. am Leistungs- und Güteraustausch teilnimmt.[2] Daher ist erforderlich, dass der Stpfl. mit seiner Geschäftstätigkeit Leistungen gegen Entgelt erbringt und/oder Güter veräußert bzw. tauscht. So reicht ein einseitiges Spendeneinwerben mangels Leistungsaustausch für die Teilnahme am allgemeinen wirtschaftlichen Verkehr nicht aus. Die Geschäftstätigkeit muss auch gegenüber einer, wenn auch begrenzten, Allgemeinheit erbracht werden.[3] Nicht erforderlich ist, dass der Stpfl. dabei offen nach außen auftritt. Es reicht aus, wenn der Stpfl. einen Dritten einschaltet, der für die Rechnung des Geschäftsherren am wirtschaftlichen Verkehr teilnimmt,[4] z. B. bei der Einschaltung eines Kommissionärs.   410

Die Rechtsprechung hat den Tatbestand der Teilnahme am allgemeinen wirtschaftlichen Verkehr nochmals unterteilt in die Begriffe   411

- Teilnahme am allgemeinen Verkehr und
- Teilnahme am wirtschaftlichen Verkehr.[5]

Die **Teilnahme am allgemeinen Verkehr** bedeutet, dass die Tätigkeit des Stpfl. für einen fremden Dritten erkennbar sein muss.[6] Es ist nicht erforderlich, dass der Stpfl. mit einer Mehrzahl von Vertragspartnern in Geschäftsbeziehungen tritt. Je geschlossener der Kreis der Vertragspartner ist, umso höher sind die Anforderungen für die Erkennbarkeit seiner Tätigkeit für außenstehende Dritte. Wird der Stpfl. nur für einen Vertragspartner tätig, liegt eine Teilnahme am allgemeinen Verkehr vor, wenn er damit rechnet, dass sich die Tätigkeit herumsprechen wird.[7] Eine Tätigkeit am allgemeinen Verkehr liegt ansonsten nur noch vor, wenn der Stpfl.   412

---

1 H 15.3 „Verlustzuweisungsgesellschaften" EStH.
2 H 15.4 „Allgemeines" EStH.
3 H 15.4 „Allgemeines" EStH.
4 H 15.4 „Einschaltung Dritter" EStH.
5 BFH v. 9. 7. 1986 - I R 85/83, BStBl 1986 II 851.
6 BFH v. 7. 12. 1995 - IV R 112/92, BStBl 1996 II 357.
7 BFH v. 10. 12. 1998 - III R 61/97, BStBl 1999 II 390.

bereit ist, die Geschäftsbeziehung auch mit einem Dritten unter den gleichen vertraglichen Bedingungen zu führen, wenn der bisherige Exklusivgeschäftspartner ausfallen sollte.[1]

413 Die **Teilnahme am wirtschaftlichen Verkehr** greift den Leistungsaustausch des Stpfl. mit dem Vertragspartner auf. Die eine Entgegennahme von Leistungen und Güter reicht nicht aus. Das Abgrenzungsmerkmal erscheint dabei nicht zielführend. Erhält der Stpfl. eine Leistung oder Güter unentgeltlich und damit geschenkt, liegt kein Leistungsaustausch vor. Erwirbt der Stpfl. die Leistung bzw. das Gut willentlich deutlich unter Wert, im Extremfall für den symbolischen einen Euro, liegt ein Leistungsaustausch vor.

5. Nicht Land- und Forstwirtschaft

414 Die Tätigkeit des Stpfl. ist bei Vorliegen aller positiven Tatbestandsmerkmale von der Land- und Fortwirtschaft abzugrenzen. Land- und Forstwirtschaft ist die planmäßige Nutzung der natürlichen Kräfte des Bodens zur Erzeugung von Pflanzen und Tieren sowie die Verwertung der dadurch selbstgewonnenen Erzeugnisse.[2] Enthält der Geschäftsbetrieb sowohl Elemente der Land- und Forstwirtschaft, als auch eines allgemeinen Gewerbetriebs, kommt der **Trennbarkeit der geschäftlichen Tätigkeiten** eine besondere Bedeutung zu. Können die einzelnen Geschäftstätigkeiten nach der Verkehrsauffassung getrennt werden, sind sie gesondert zu beurteilen.[3] Bei Mitunternehmerschaften ist dabei § 15 Abs. 3 Nr. 1 EStG zu beachten.

415 Können die Geschäftstätigkeiten nicht getrennt werden, ist auf den **Schwerpunkt der Tätigkeit** abzustellen.[4] Liegt ein **gewerblicher Nebenbetrieb** zu einem landwirtschaftlichen Hauptbetrieb vor, folgt der Nebenbetrieb grundsätzlich der Qualifikation des Hauptbetriebs. Die FinVerw zieht jedoch Umsatzgrenzen für eine Einbeziehung des gewerblichen Nebenbetriebs in den land- und forstwirtschaftlichen Bereich. Die Umsätze aus dem gewerblichen Bereich dürfen ein Drittel des Gesamtumsatzes sowie 51 500 € nicht übersteigen.[5] Andernfalls wird der gewerbliche Nebenbetrieb gesondert und damit als gewerblich gem. § 15 Abs. 2 EStG qualifiziert. Der daneben bestehende Betrieb der Land- und Forstwirtschaft bleibt hiervon unberührt.[6]

416 Da die Land- und Forstwirtschaft nur auf die Verwertung eigener Erzeugnisse beschränkt ist, ist der Zukauf und **Verkauf fremder Erzeugnisse**, z. B. bei einem Hofladen, grundsätzlich nicht von der Land- und Forstwirtschaft umfasst.[7] Es gelten dabei aber die gleichen Umsatzgrenzen wie zuvor zum Nebenbetrieb beschrieben.[8] Daher können im gewissen Umfang auch fremde Erzeugnisse vermarket werden, ohne den Bereich der Land- und Forstwirtschaft zu verlassen. Werden nur fremde Erzeugnisse vermarktet, liegt immer ein gesonderter gewerblicher Betrieb vor.[9]

417–424 *(Einstweilen frei)*

---

[1] BFH v. 28. 6. 2001 - IV R 10/00, BStBl 2002 II 338.
[2] R 15.5 Abs. 1 Satz 1 EStR.
[3] R 15.5 Abs. 1 Satz 4 EStR.
[4] R 15.5 Abs. 1 Satz 7 EStR.
[5] R 15.5 Abs. 11 Satz 1 EStR.
[6] R 15.5 Abs. 11 Satz 5 EStR.
[7] R 15.5 Abs. 6 Satz 3 EStR.
[8] R 15.5 Abs. 6 Satz 4 EStR.
[9] R 15.5 Abs. 6 Satz 5 EStR.

6. Nicht selbständige Arbeit

Die Geschäftstätigkeit eines Gewerbebetriebs ist gleichfalls von der selbständigen Arbeit abzugrenzen. Der Bereich der selbständigen Arbeit ist zum einen durch die Katalogberufe in § 18 Abs. 1 Nr. 1 EStG sowie der sonstigen selbständigen Arbeiten in § 18 Abs. 1 Nr. 3 EStG definiert. Zu den Einzelheiten siehe dort. 425

Umfasst die Geschäftstätigkeit sowohl Bereiche selbständiger Arbeit als auch gewerblicher Tätigkeiten, so ist zunächst zu prüfen, ob diese voneinander getrennt werden können. § 15 Abs. 3 Nr. 1 EStG ist bei Mitunternehmerschaften zu beachten. Die Tätigkeiten sind zu trennen, sofern dies nach der Verkehrsauffassung möglich ist.[1] Die Möglichkeit einer Trennung reicht aus. Hat der Steuerpflichtige keine Trennung vorgenommen, muss ggf. eine Trennung im Wege der Schätzung erfolgen.[2] 426

Eine **einheitliche Tätigkeit** liegt nur vor, wenn die verschiedenen Tätigkeiten derart miteinander verflochten sind, dass sie sich gegenseitig unlösbar bedingen.[3] Ist eine Trennung nicht möglich, wird auf die Tätigkeit abgestellt, die der gesamten Geschäftstätigkeit das Gepräge gibt.[4] 427

Schließen sich Angehörige eines freien Berufs zu einer **Personengesellschaft** zusammen, haben die Gesellschafter nur dann freiberufliche Einkünfte, wenn alle Gesellschafter die Merkmale eines freien Berufs erfüllen. Kein Gesellschafter darf nur kapitalmäßig beteiligt sein oder Tätigkeiten ausüben, die keine freiberuflichen sind.[5] Ist wiederum eine Personengesellschaft an einer Freiberufler-Personengesellschaft beteiligt, gilt diese auch als qualifizierend, wenn an ihr wiederum nur qualifizierte Gesellschafter beteiligt sind.[6] 428

Geht Betriebsvermögen aus einer selbständigen Tätigkeit durch Erbfall auf eine oder mehrere Personen über, die nicht über die notwendige Qualifikation für diese selbständige Tätigkeit verfügen, wandelt sich die Geschäftstätigkeit in einen Gewerbebetrieb. Beabsichtigt der Erbe die notwendige Qualifikation zu erlangen, kann die Wandlung in einen Gewerbebetrieb verhindert werden, indem in der Übergangszeit der Geschäftsbetrieb verpachtet wird.[7] Wird hingegen die notwendige Qualifikation nicht angestrebt, so kann eine Wandlung in einen Gewerbebetrieb nur durch eine unmittelbare Abwicklung des Betriebsvermögens verhindert werden. In diesem Fall unterliegen die Abwicklungstätigkeiten weiterhin der ursprünglichen selbständigen Tätigkeit. 429

7. Nicht Vermögensverwaltung

Nicht als Gewerbebetrieb gelten die Tätigkeiten, bei der die bloße Verwaltung von Vermögen im Vordergrund steht. Das Tatbestandsmerkmal zur Abgrenzung des Gewerbebetriebs von der Vermögensverwaltung ist nicht im Wortlaut des § 15 Abs. 2 Satz 1 EStG enthalten und durch die Rechtsprechung entwickelt worden.[8] 430

---

1 H 15.6 „Gemischte Tätigkeit" EStH.
2 H 15.6 „Gemischte Tätigkeit" EStH.
3 H 15.6 „Gemischte Tätigkeit" EStH.
4 H 15.6 „Gemischte Tätigkeit" EStH.
5 H 15.6 „Gesellschaft" EStH.
6 H 15.6 „Gesellschaft" EStH; anhängig VIII R 24/17.
7 H 15.6 „Verpachtung nach Erbfall" EStH.
8 BFH v. 25. 6. 1984 - GrS 4/82, BStBl 1984 II 751.

431 Vermögensverwaltung liegt vor, wenn sich die Betätigung nicht als Nutzung von Vermögen im Sinne einer Fruchtziehung aus zu erhaltenen Substanzwerten darstellt und die Ausnutzung substanzieller Vermögenswerte durch Umschichtung nicht entscheidend in den Vordergrund tritt.[1] Einer Fruchtziehung steht eine **Umschichtung von Vermögensgegenständen** nicht im Wege, jedoch darf die Umschichtung nicht in den Vordergrund treten. Damit ist auf das Gesamtbild und die Frage abzustellen, ob der Stpfl. wie ein Händler tätig wird oder ob die Umschichtung von Vermögensgegenständen nur eine Teilhandlung der eigentlichen Fruchtziehung ist.

432 Die Grenzziehung wird in der praktischen Beurteilung von den zu betrachtenden Vermögensgegenständen geprägt. Auf der einen Seite wird bei Grundstücken und Immobilien auf einen niedrigen Schwellenwert einer Drei-Objekt-Grenze abgestellt, um zu der Annahme eines Gewerbetriebs zu gelangen; auf der anderen Seite wird bei Wertpapieren auch ein erheblicher Umfang an An- und Verkaufstätigkeiten über einen längeren Zeitraum noch als Vermögensverwaltung begriffen. Die Begründung für diese auf den ersten Blick widersprüchliche Differenzierung kann in der Verkehrsauffassung gesehen werden, dass auch die Realisation von Wertsteigerungen in Wertpapieren eine schlichte Fruchtziehung ist und nicht darauf gewartet wird, dass tatsächlich Zinsen, Dividenden etc. fällig werden. Bei Grundstücken hingegen liegt gerade die Nutzung derselben über einen Zeitraum im Vordergrund. Diese Überlegung wird bei der Anlage in Edelmetalle bzw. -derivate besonders deutlich. So muss eine Anlage in solche Vermögensgegenstände immer auf Wertsteigerung abzielen, sonstige Fruchtziehungen sind nicht möglich. Daher liegt bei solchen Vermögensgegenständen die Fruchtziehung in der Umschichtung. Wenn aber die Umschichtung Grundlage der Fruchtziehung ist, kann der Zeitraum zwischen dem An- und Verkauf kein Tatbestandsmerkmal für eine Abgrenzung zwischen Gewerbebetrieb und Vermögensverwaltung sein.

a) Gewerblicher Grundstückshandel

433 Der Bereich der Vermögensverwaltung wird insbesondere dann überschritten, wenn ein Stpfl. innerhalb von fünf Jahren mehr als drei Objekte erwirbt und wieder veräußert.[2] Objekte sind dabei alle ungeteilten Rechte an Immobilien, die gesondert veräußert werden können.[3] Wohneinheiten sind daher getrennte Objekte, sofern eine Teilung vorgenommen wurde. Dagegen sind Mehrfamilienhäuser nur ein Objekt, wenn die Immobilie ungeteilt geblieben ist.

434 Nur selbstgenutzte Immobilien scheiden per se als Zählobjekt aus, da diese notwendiges Privatvermögen wären.[4] Voraussetzung ist aber, dass die Eigennutzung nicht nur als vorübergehend geplant ist.

435 Die Objekte müssen nicht bereits als einzelne erworben worden sein. Als einzelne Objekte werden diese auch dann gezählt, wenn die Teilung in mehrere Objekte erst durch den Stpfl. innerhalb des Fünfjahreszeitraums vollzogen wurde.[5]

436 Mehrere Objekte werden auch dann getrennt gezählt, wenn sie durch ein einheitliches Rechtsgeschäft veräußert werden.

437 Nur die Mehrzahl an Veräußerungen innerhalb von fünf Jahren reicht nicht aus. Vielmehr werden nur solche Objekte gezählt, die der Stpfl. innerhalb von fünf Jahren erworben hat und wie-

---

1 R 15.7 Abs. 1 Satz 1 EStR.
2 BMF v. 26. 3. 2004, BStBl 2004 I 434, Tz. 5; BFH v. 9. 12. 1986 - VIII R 317/82, BStBl 1988 II 244.
3 BMF v. 26. 3. 2004, BStBl 2004 I 434, Tz. 8.
4 *BMF* v. 26. 3. 2004, BStBl 2004 I 434, Tz. 10.
5 BFH v. 6. 4. 1990 - III R 28/87, BStBl 1990 II 1057.

der veräußert.[1] Als Veräußerung gilt neben der entgeltlichen Übertragung grds. auch die offene Einlage in eine Kapital- oder Personengesellschaft.[2] Eine Einlage in eine vermögensverwaltende Personengesellschaft kann dabei aber nicht als Veräußerung gewürdigt werden, sofern dem Stpfl. gem. § 39 Abs. 2 AO alle Anteile an der Personengesellschaft zuzurechnen sind.

438 Löst eine Personengesellschaft die Drei-Objekt-Grenze nicht aus und ist auch sonst nicht als gewerblich zu qualifizieren, sind die Zählobjekte, die durch diese Personengesellschaft ausgelöst werden, ihren Gesellschaftern als Zählobjekte zuzurechnen.[3] Dadurch kann es auf Ebene des Gesellschafters zu einer Umqualifikation der Einkünfte der (vermögensverwaltenden) Personengesellschaft in gewerbliche Einkünfte kommen, wenn der Gesellschafter selbst noch weitere Zählobjekte auslöst bzw. aus anderen Personengesellschaften zugerechnet bekommt.

439 Betreibt eine Personengesellschaft bereits einen gewerblichen Grundstückshandel, sind den Gesellschaftern die Zählobjekte gleichfalls zuzurechnen. Jede weitere Veräußerung eines Objekts durch den Gesellschafter selber innerhalb der Fünfjahresfrist wird dem gewerblichen Grundstückshandel zugerechnet.[4]

440 Nur wenn eine gewerbliche Personengesellschaft einen originären Gewerbebetrieb außerhalb des gewerblichen Grundstückshandels betreibt und relevante Grundstücksgeschäfte nur nebenbei vollzogen werden, sind diese nicht den Gesellschaftern als Grundstückshandel zuzurechnen.[5] Hier überwiegt die originäre gewerbliche Tätigkeit. Diese schirmt die potenziellen Zählobjekte aus ihren Grundstücksgeschäften gegen die Gesellschafter ab.

441 Der An- und Verkauf einer Beteiligung an einer vermögensverwaltenden Grundstücksgesellschaft ist als Zählobjekt zu werten, sofern der Vorgang innerhalb der Fünfjahresfrist erfolgt. Dabei wird jedes Objekt der Personengesellschaft auf Ebene des Gesellschafters als einzelnes Objekt berücksichtigt.[6] Hält die Personengesellschaft mehr als drei Objekte und veräußert der Gesellschafter innerhalb von fünf Jahren seit Anschaffung der Beteiligung oder Anschaffung der Objekte durch die Personengesellschaft, wird die Drei-Objekt-Grenze ausgelöst. Auf Ebene der Personengesellschaft muss dabei die Vermögensverwaltung nicht überschritten sein, da die Gesellschaft auch längerfristig in den Objekten investiert sein kann.

442 Nach Aussage der FinVerw bedarf die Zurechnung von Zählobjekten aus einer Personengesellschaft eine Mindestbeteiligung von wenigstens 10 % oder mindestens 250 000 €.[7]

443 Die Zwischenschaltung einer Kapitalgesellschaft wird i. d. R. eine Zurechnung von Zählobjekten verhindern, sofern die Kapitalgesellschaft nicht unter dem Gesichtspunkt von § 42 AO als missbräuchlich zu beurteilen ist.[8] Hierdurch kann eine Infektion von anderen Grundstücksgeschäften verhindert werden. Die Kapitalgesellschaft sollte dabei eigene nachhaltig wertsteigernde Entwicklungsmaßnahmen an den Objekten vollziehen, um den Verdacht der missbräuchlichen Gestaltung zu vermeiden.

444–454 *(Einstweilen frei)*

---

[1] BMF v. 26. 3. 2004, BStBl 2004 I 434, Tz. 5.
[2] BMF v. 26. 3. 2004, BStBl 2004 I 434, Tz. 7.
[3] BMF v. 26. 3. 2004, BStBl 2004 I 434, Tz. 17.
[4] BMF v. 26. 3. 2004, BStBl 2004 I 434, Tz. 14.
[5] BFH v. 3. 7. 1995 - GrS 1/93, BStBl 1995 II 617.
[6] BMF v. 26. 3. 2004, BStBl 2004 I 434, Tz. 18; BFH v. 28. 11. 2002 - III R 1/01, BStBl 2003 II 250.
[7] BMF v. 26. 3. 2004, BStBl 2004 I 434, Tz. 14, 17 und 18.
[8] H 15.7 Abs. 1 „Gewerblicher Grundstückshandel" EStH.

b) Wertpapiergeschäfte, sonstige Vermögensanlagen

455 Der An- und Verkauf von Wertpapieren und Derivaten ist auch dann nicht als gewerblich zu qualifizieren, wenn dieser über einen längeren Zeitraum und mit einem erheblichen Vermögens- und Zeiteinsatz abgewickelt wird.[1] Erst wenn der Umschlag einen banktypischen Charakter entfaltet, beginnt die gewerbliche Tätigkeit. Auch der Umfang eines eingerichteten Geschäftsbetriebs mit professioneller Buchhaltung und Abwicklung der Wertpapiergeschäfte begründet keinen banktypischen Charakter. Ein solcher unschädlicher Geschäftsbetrieb wird ebenso von beauftragten Investmentberatern und Family Offices ihren Kunden bereitgestellt.

456 Werden bei den Wertpapiergeschäften aber Fremdmittel angenommen und mit verwaltet oder werden die eigenen Wertpapiergeschäfte in erheblichem Maße fremdfinanziert, liegen Indizien für einen banktypischen Charakter vor.[2] Eine teilweise Fremdfinanzierung der Wertpapiergeschäfte ist hingegen unschädlich.[3]

457 Sollten bestimmte Wertpapiergeschäfte von ihrem Charakter her derart risikobehaftet sein, dass sie nur mit einer entsprechenden Ausbildung zulässig sind, spricht die Ausführung solcher Geschäfte dafür, dass diese Berufsausbildung und nicht die Vermögensverwaltung im Vordergrund der Tätigkeit steht. Ist hingegen keine Berufsausbildung sondern lediglich eine bestimmte Erfahrung mit der Anlageklasse erforderlich, spricht dies noch nicht für eine gewerbliche Tätigkeit.

458 Der Umschlag von sonstigen Vermögensanlagen verlässt den Bereich der Vermögensverwaltung nicht, solange nicht zusätzliche wertsteigernde Tätigkeiten hinzukommen und den Gesamtcharakter der Handlungen maßgeblich bestimmen. Hier muss vor dem Hintergrund der Drei-Objekt-Grenze für Grundstücke und den Wertpapierhandel der Einzelfall abgegrenzt werden. Der Erwerb von Forderungen unter Nennwert (z. B. notleidender Darlehen) kann Vermögensanlage oder Gewerbebetrieb sein, je nachdem ob die Chance zur Wertsteigerung (z. B. in der Bonitätsentwicklung des Schuldners) oder die eigene Inkassoaktivität im Vordergrund stehen. Ebenso kann der Erwerb und die Veräußerung von Antiquitäten Vermögensverwaltung oder Gewerbebetrieb sein, je nachdem ob z. B. durch Restaurierungsarbeiten gezielt Wertsteigerungen zwischen einem zeitnahen An- und Verkauf vollzogen werden.

459–464 *(Einstweilen frei)*

c) Betriebsaufspaltung

465 Eine vermögensverwaltende Tätigkeit wird unter den Voraussetzungen der Betriebsaufspaltung als gewerbliche Tätigkeit qualifiziert. Eine Betriebsaufspaltung liegt vor, wenn ein Unternehmen (Besitzunternehmen) eine wesentliche Betriebsgrundlage an eine gewerblich tätige Personen- oder Kapitalgesellschaft (Betriebsunternehmen) zur Nutzung überlässt (sachliche Verflechtung) und eine Person oder mehrere Personen zusammen (Personengruppe) sowohl das Besitzunternehmen als auch das Betriebsunternehmen in dem Sinne beherrschen, dass sie in der Lage sind, in beiden Unternehmen einen einheitlichen geschäftlichen Betätigungswillen durchzusetzen (personelle Verflechtung).[4]

---

1 H 15.7 Abs. 9 „An- und Verkauf von Wertpapieren" EStH; BFH v. 20.12.2000 - X R 1/97, BStBl 2001 II 706.
2 H 15.7 Abs. 9 „An- und Verkauf von Wertpapieren" EStH; BFH v. 20.12.2000 - X R 1/97, BStBl 2001 II 706.
3 BFH v. 20.12.2000 - X R 1/97, BStBl 2001 II 706.
4 H 15.7 Abs. 4 „Allgemeines" EStH.

Der Tatbestand der Betriebsaufspaltung setzt sich damit aus folgenden Merkmalen zusammen: 466

- Betriebsunternehmen,
- Besitzunternehmen,
- sachliche Verflechtung,
- personelle Verflechtung.

Das Besitzunternehmen wäre an sich lediglich vermögensverwaltend tätig. Durch das Zusammenwirken mit dem Betriebsunternehmen nimmt es die gewerbliche Qualifikation des Betriebsunternehmens an. 467

Das **Betriebsunternehmen** muss gewerblich tätig sein oder als gewerblich gelten; es kann sich sowohl um eine Personen- als auch um eine Kapitalgesellschaft handeln.[1] Ein Einzelunternehmen kann hingegen nicht als Betriebsunternehmen fungieren, wenn das überlassene Wirtschaftsgut aus der Besitzgesellschaft zum notwendigen Betriebsvermögen im betreffenden Einzelunternehmen wird.[2] 468

Ist das Betriebsunternehmen eine Mitunternehmerschaft, kann eine **mitunternehmerische Betriebsaufspaltung** vorliegen. Hierbei verdrängt das Rechtsinstitut der Betriebsaufspaltung die Regelungen von § 15 Abs. 1 Satz 1 Nr. 2 Satz 1 2. Halbsatz EStG.[3] Dies bedeutet, dass das überlassene Wirtschaftsgut des Besitzunternehmens nicht zum anteiligen Sonderbetriebsvermögen bei dem Betriebsunternehmen wird, sondern – bei Vorliegen der übrigen Voraussetzungen der Betriebsaufspaltung – eigenes notwendiges Betriebsvermögen des Besitzunternehmens bleibt. 469

Das **Besitzunternehmen** kann Personengesellschaft, Kapitalgesellschaft oder Einzelunternehmen sein. Bei Kapitalgesellschaften entfaltet die Betriebsaufspaltung regelmäßig keine Rechtsfolgen, da die Kapitalgesellschaft regelmäßig gem. § 8 Abs. 2 KStG als gewerbliche Einkünfte qualifiziert. Fungiert als Besitzunternehmen eine Kapitalgesellschaft mit Sitz und Geschäftsleitung im Ausland, kommt § 8 Abs. 2 KStG hingegen nicht zur Anwendung. Hier kann die Betriebsaufspaltung zu gewerblichen Einkünften führen, die sodann unter § 49 Abs. 1 Nr. 2 Buchst. f Doppelbuchst. aa EStG als inländische Einkünfte erfasst werden. 470

Für die **sachliche Verflechtung** reicht aus, dass das zur Nutzung überlassene Wirtschaftsgut eines von mehreren der für das Betriebsunternehmen wesentlichen Betriebsgrundlage ist.[4] Wesentliche Betriebsgrundlage sind dabei solche Wirtschaftsgüter, die für die Erreichung des Betriebszwecks erforderlich sind und ein besonderes wirtschaftliches Gewicht für die Betriebsführung haben.[5] 471

---

1 *Wacker* in Schmidt, § 15 EStG Rz. 856.
2 BFH v. 26. 1. 1978 - IV R 160/73, BStBl 1978 II 299.
3 H 15.7 Abs. 4 „mitunternehmerische Betriebsaufspaltung" EStH; BFH v. 24. 11. 1998 - VIII R 61/97, BStBl 1999 II 483.
4 BFH v. 17. 11. 1992 - VIII R 36/91, BStBl 1993 II 233.
5 BFH v. 17. 11. 1992 - VIII R 36/91, BStBl 1993 II 233.

472 Die Nutzungsüberlassung kann entgeltlich oder auch unentgeltlich, sowohl auf schuldrechtlicher als auch dinglicher Grundlage erfolgen.[1] Bei einer unentgeltlichen Nutzungsüberlassung kann es aber an der Gewinnerzielungsabsicht mangeln. Diese kann sich allerdings auch in der Gesamtschau aus der Beteiligung an dem Betriebsunternehmen ergeben.

473 Das überlassene Wirtschaftsgut muss nicht im Eigentum des Besitzunternehmens stehen und kann durch dieses wiederum lediglich gepachtet bzw. gemietet sein.[2] Genauso reicht auch die mittelbare Nutzungsüberlassung, wenn der Zwischenvermieter zur Weitervermietung verpflichtet ist.[3] Keine mittelbare Nutzungsunberlassung liegt vor, wenn der zwischengeschaltete Unternehmer eine wesentliche Umgestaltung des Wirtschaftsgutes vornimmt. Der BFH hat dies im Falle entschieden, dass ein Erbbauberechtigter ein Grundstück bebaut und das errichtete Gebäude weiter vermietet.[4]

474 Die notwendige **personelle Verflechtung** liegt vor, wenn dem Besitz- und hinter dem Betriebsunternehmen Personen stehen, die in beiden Unternehmen einen einheitlichen Betätigungswillen durchsetzen können. Bei **Beteiligungsidentität**, also bei identischen Beteiligungsverhältnissen an der Besitz- und Betriebsgesellschaft, liegt unproblematisch eine personelle Verflechtung vor.

475 Eine personelle Verflechtung wird darüber hinaus auch durch **Beherrschungsidentität** begründet.[5] Diese liegt vor, wenn an beiden Gesellschaften ein Gesellschafter in einer Form beteiligt ist, in der er auf beide Unternehmen seinen Betätigungswillen durchsetzen kann, i. d. R. weil er die Mehrheit der Stimmrechte hält.[6] Sind mehrere Gesellschafter an beiden Gesellschaften beteiligt, werden diese als Gesellschaftergruppe grundsätzlich zusammengerechnet.[7] Lediglich bei gravierendem Auseinanderfallen der Beteiligungsquoten werden die Gesellschafter getrennt beurteilt.[8] Z. B. wenn der die Besitzgesellschaft beherrschende Gesellschafter bei der Betriebsgesellschaft lediglich zu 5 % oder weniger beteiligt ist und der die Betriebsgesellschafter beherrschende Gesellschafter bei der Besitzgesellschaft zu 5 % oder weniger beteiligt ist, können diese Gesellschafter nicht als gleichgerichtet auftretende Gesellschaftergruppe identifiziert werden. Ist an dem Besitzunternehmen der eine Ehegatte und an dem Betriebsunternehmen der andere Ehegatte beteiligt, liegt eine Betriebsaufspaltung nicht vor.[9]

Für eine Beherrschungsidentität sind keine unmittelbaren Beteiligungen erforderlich. Auch eine **mittelbare Beteiligung** kann den maßgeblichen Einfluss auf das Betriebsunternehmen gewähren.[10] Die gegenteilige Entscheidung einer mittelbaren Beteiligung an der Besitzgesellschaft[11] ist abzulehnen.

476 Ob neben dieser Gesellschaftergruppe weitere Gesellschafter lediglich bei der Besitz- oder lediglich bei der Betriebsgesellschaft beteiligt sind, ist solange nicht entscheidend, wie sie Mehr-

---

1 H 15.7. Abs. 5 „Beginn der sachlichen Verflechtung" EStH.
2 H 15.7. Abs. 5 „Eigentum des Besitzunternehmens" EStH; BFH v. 10. 5. 2016 - X R 5/14, BFH/NV 2017, 8.
3 BFH v. 28. 11. 2001 - X R 50/97, BStBl 2002 II 363.
4 BFH v. 24. 9. 2015 - IV R 9/13, BStBl 2016 II 154.
5 H 15.7 Abs. 6 „Beherrschungsidentität" EStH.
6 BFH v. 8. 11. 1971 - GrS 2/71, BStBl 1972 II 63.
7 H 15.7. Abs. 6 „Personengruppentheorie" EStH; BFH v. 24. 2. 2000 - IV R 62/98, BStBl 2000 II 417.
8 BFH v. 12. 10. 1988 - X R 5/86, BStBl 1989 II 152.
9 H 15.7. Abs. 7 „Wiesbadener Modell" EStH.
10 H 15.7. Abs. 6 „Mittelbare Beteiligung" EStH; BFH v. 29. 11. 2007 - IV R 82/05, BStBl 2008 II 471.
11 BFH v. 15. 4. 1999 - IV R 11/98, BStBl 1999 II 532.

heitsentscheidungen der gemeinsamen Gesellschaftergruppe nicht verhindern können. Sog. **Nurbesitzgesellschafter** oder **Nurbetriebsgesellschafter** können die Beherrschung beider Gesellschafter verhindern, wenn für die Gesellschaft, in der die Beteiligung besteht, Gesellschafterbeschlüsse einstimmig zu fassen sind.[1] Entsprechendes gilt, wenn nach dem Gesellschaftsvertrag eine qualifizierte Mehrheit vereinbart wurde, die nicht ohne Mitwirkung des betreffenden Gesellschafters erreicht wird; der Nurbetriebs- oder Nurbesitzgesellschafter also eine Sperrminorität hat. Das Einstimmigkeits- oder qualifizierte Mehrheitserfordernis muss sich dabei auf das bestehende Miet- oder Pachtverhältnis über die wesentliche Betriebsgrundlage beziehen, welche die sachliche Verflechtung begründet.[2] Dies wird regelmäßig eine Entscheidung der laufenden Geschäftsführung sein. Daher werden Einstimmigkeits- oder Mehrheitserfordernisse im Regelfall eine personelle Verflechtung nicht verhindern.

Im Ausnahmefall kann ein Gesellschafter oder eine Gesellschaftergruppe eine Beherrschungsidentität auch dann herbeiführen, ohne die notwendige Stimmmehrheit zu haben, wenn eine **faktische Beherrschung** vorliegt. Dies kann bestehen, wenn das überlassene Wirtschaftsgut für das Betriebsunternehmen eine unverzichtbare Betriebsgrundlage ist, die das Besitzunternehmen jederzeit dem Betriebsunternehmen entziehen kann[3] oder wenn der Gesellschafter-Geschäftsführer zwar keine Stimmmehrheit hat, aber nicht gegen seinen Willen von der Geschäftsführung abberufen werden kann.[4]

Mit der Eröffnung eines **Insolvenzverfahrens** über das Vermögen der Betriebsgesellschaft geht die personelle Verflechtung unter und eine Betriebsaufspaltung erlischt. Beim Besitzunternehmen kommt es zu einer Betriebsaufgabe.[5]

Mit der Betriebsaufspaltung gilt die Nutzungsüberlassung aus dem Besitzunternehmen an das Betriebsunternehmen als gewerbliche Tätigkeit. § 15 Abs. 3 Nr. 1 EStG ist zu beachten, sodass auch andere Tätigkeiten einer Besitzpersonengesellschaft als Gewerbebetrieb qualifizieren. Die Qualifikation als Gewerbebetrieb betrifft die Personengesellschaft bzw. Mitunternehmerschaft selbst und nicht nur die Gesellschafter, die die personelle Verflechtung herbeigeführt haben. Daher sind auch Nurbesitzgesellschafter ebenso von der Qualifikation der Personengesellschaft als gewerbliche Mitunternehmerschaft betroffen.

Die Regelungen zur Betriebsaufspaltung gehen der Qualifikation als Sonderbetriebsvermögen bei einer Betriebspersonengesellschaft vor. Bei einer Nutzungsüberlassung einer wesentlichen Betriebsgrundlage durch eine Bruchteilsgemeinschaft an eine Besitzgesellschaft wird unterstellt, dass die Miteigentümer einer Bruchteilsgemeinschaft auch eine Gesellschaft bürgerlichen Rechts konkludent gründen, wenn zwischen der Bruchteilsgemeinschaft und der Betriebsgesellschaft personelle Verflechtung vorliegt. Die Bruchteilsgemeinschaft wird in eine eigenständige gewerbliche Mitunternehmerschaft überführt. Das Miteigentum wird nicht als anteiliges Sonderbetriebsvermögen der gemeinsamen Gesellschafter bei der Betriebspersonengesellschaft erfasst. Es liegen damit Schwestermitunternehmerschaften vor.

Sobald aber die Besitzgesellschaft selbst an der Betriebspersonengesellschaft beteiligt ist, geht die Qualifikation als Sonderbetriebsvermögen vor. Die Betriebsaufspaltung wird ver-

---

1 BMF v. 7.10.2002, BStBl 2002 I 1028.
2 BMF v. 7.10.2002, BStBl 2002 I 1028; BFH v. 27.8.1992 - IV R 13/91, BStBl 1993 II 134.
3 BMF v. 7.10.2002, BStBl 2002 I 1028.
4 H 15.7 Abs. 6 „Mehrheit der Stimmrechte" EStH.
5 H 15.7 Abs. 6 „Insolvenz des Betriebsunternehmens" EStH; BFH v. 6.3.1997 - XI R 2/96, BStBl 1997 II 460.

drängt, da im steuerlichen Sinne die zur Nutzung überlassene wesentliche Betriebsgrundlage nicht mehr dem Besitzunternehmen zugerechnet werden kann.

482 Ist das Betriebsunternehmen eine Kapitalgesellschaft, gehören die Anteile der gemeinsamen Gesellschafter zum (Sonder-)Betriebsvermögen der Besitzgesellschaft.

483–489 *(Einstweilen frei)*

III. § 15 Abs. 3 EStG

1. Abfärbe- bzw. Infektionsregelung (§ 15 Abs. 3 Nr. 1 EStG)

HINWEIS:

Siehe auch R 15.8 Abs. 5 EStR; EStH, zur umfassend gewerblichen Personengesellschaft (Abfärberegelung gem. § 15 Abs. 3 Nr. 1 EStG); BMF v. 14. 5. 1997, BStBl 1997 I 566; BMF v. 18. 5. 2005, BStBl 2005 I 698; BMF v. 17. 6. 2008, BStBl 2008 I 715; BMF v. 26. 9. 2014, BStBl 2014 I 1258; OFD Frankfurt v. 28. 2. 2007, DB 2007, 1282; FinMin Schleswig-Holstein, ESt-Kurzinformation v. 28. 11. 2012, VV SH FinMin 2012-11-28 VI 307-S 2241-333, NWB DokID: YAAAE-25480.

LITERATUR:

Heuermann, Entfärbungen – Reduktionen der Abfärbewirkung, DB 2004, 2548; *Fischer*, Personengesellschaften: Keine Abfärbewirkung bei Beteiligung einer vermögensverwaltenden Personengesellschaft, FR 2005, 143; *Gosch*, Zur Abfärbung der „Gewerblichkeit" der Untergesellschaft auf eine vermögensverwaltende oder land- und forstwirtschaftliche Obergesellschaft, StBp 2005, 59; *Hallerbach*, Keine Abfärbewirkung nach § 15 Abs. 3 Satz 1 durch Beteiligungseinkünfte, FR 2005, 792; *Söffing*, Freiberuflich tätige Personengesellschaft, Betriebsaufspaltung, Abfärbevorschrift, Sonderbetriebsvermögen. Anm. zu BFH v. 28. 6. 2006 - IV R 48/03, DB 2006, 2479; *Dreßler*, Betriebsaufspaltung: keine Abfärbung auf transparente Betriebsgesellschaften, DStR 2013, 1818; *Pohl*, Die „vermögensverwaltende" Personengesellschaft im Abkommensrecht-Rechtsänderungen durch den neuen § 50i EStG, IStR 2013, 699; *Kubata/Riegler/Straßen*, Zur Gewerblichkeit freiberuflich tätiger Personengesellschaften und Gestaltungsmöglichkeiten, DStR 2014, 1949; *Freifrau v. Lersner*, Bagatellgrenze für die Nichtanwendung der Abfärberegelung bei teilweise gewerblich tätigen Personengesellschaften in § 15 Abs. 3 Nr. 1 EStG – rechtssystematisch keine Bagatelle; DStR 2015, 2817; *Korn*, Keine Abfärbewirkung geringfügiger gewerblicher Einnahmen freiberuflicher Personengesellschaften, NWB 2015, 1042; *Farwick*, Fortführung und Auflösung der Ergänzungsbilanzen, StuB 2016, 732; *Hubert*, Verlustanteile aus der Beteiligung an einer Personengesellschaft in den Bilanzen einer (anderen) Personengesellschaft, StuB 2016, 769; *Kraft/Schreiber*, Die unterschiedliche Ausprägung von Mitunternehmerinitiative und Mitunternehmerrisiko, NWB 2016, 1492; *Levedag*, Aufnahme von Freiberuflern in Einzelpraxen und Sozietäten, NWB 2016, 1881; *Middendorf/Hauptmann*, Einheits-KG – Schließen Sonderregelungen zur Willensbildung die gewerbliche Prägung aus?, StuB 2016, 782; *Richter/Chuchra/Dorn*, Die Abfärbewirkung des § 15 Abs. 3 Nr. 1 EStG in der steuerlichen Abwehr- und Gestaltungsberatung, NWB 2016, 3548; *Weiss*, Gewerblichkeitsfiktionen des § 15 Abs. 3 EStG – Aktuelle Rechtsprechung – insb. Zur Frage von Bagatellgrenzen, NWB 2016, 3148.

a) Einheitliches gewerbliches Unternehmen

490 Gemäß § 15 Abs. 3 Nr. 1 EStG gilt als Gewerbebetrieb in vollem Umfang die mit Einkünfteerzielungsabsicht unternommene Tätigkeit einer offenen Handelsgesellschaft, einer Kommanditgesellschaft oder einer anderen Personengesellschaft, wenn die Gesellschaft **auch eine Tätigkeit i. S. d. § 15 Abs. 1 Satz 1 Nr. 1 EStG ausübt** oder **gewerbliche Einkünfte i. S. d. § 15 Abs. 1 Satz 1 Nr. 2 EStG bezieht**.

§ 15 Abs. 3 Nr. 1 EStG betrifft die Fälle, in denen eine Personengesellschaft **nur teilweise originär gewerblich tätig** i. S. d. § 15 Abs. 1 Satz 1 Nr. 2 EStG und **im Übrigen** die Tätigkeit als **freiberuflich**,[1] **land- und forstwirtschaftlich**[2] oder **vermögensverwaltend**[3] einzuordnen ist. Wird die Tätigkeit mit **Einkünfteerzielungsabsicht** unternommen, gilt **(= gesetzliche Fiktion)** die Tätigkeit der Personengesellschaft als „in vollem Umfang" als Gewerbebetrieb. 491

Die Personengesellschaft muss zumindest noch **eine weitere Tätigkeit** ausüben, die isoliert betrachtet zu einer anderen Einkunftsart (Gewinn- oder Überschusseinkunftsart) führen würde.[4] Die Tätigkeit einer Mitunternehmerschaft kann jedoch nur **einheitlich** entweder als gewerbliche oder als nichtgewerbliche gewertet werden. Die gesamte Tätigkeit einer Mitunternehmerschaft ist für die einkommensteuerrechtliche Qualifikation der Einkünfte nicht durch eine „isolierende Betrachtungsweise" aufzuteilen, sondern nach der Natur der einzelnen Tätigkeiten. Diese Rechtsfolge ergibt sich aus § 15 Abs. 3 Nr. 1 EStG, wonach diese Tätigkeiten „in vollem Umfang" als Gewerbebetrieb gelten **(sog. „Abfärbewirkung" bzw. „Infektionswirkung")**.[5] 492

In **Abgrenzung zur Abfärberegelung** des § 15 Abs. 3 Nr. 1 EStG ist die Tätigkeit einer GmbH & Co. KG oder einer AG & Co. KG gem. **§ 15 Abs. 3 Nr. 2 EStG** immer als Gewerbebetrieb zu werten, wenn ausschließlich die GmbH bzw. AG (oder mehrere Kapitalgesellschaften) Komplementärin ist (sind) und nur diese oder Personen, die nicht Gesellschafter sind, zur Geschäftsführung befugt sind **(sog. gewerblich geprägte Personengesellschaft)**.[6] 493

Eine (originäre oder fingierte) gewerblich tätige Personengesellschaft kann grds. nur einen Gewerbebetrieb unterhalten.[7] **Zur gesetzlichen Typisierung im Rahmen des § 15 Abs. 3 Nr. 1 EStG** vgl. BT-Drucks. 16/2712, 44 f. 494

(Einstweilen frei) 495–499

b) Voraussetzungen des § 15 Abs. 3 Nr. 1 EStG im Einzelnen

aa) OHG, KG oder andere Personengesellschaft

§ 15 Abs. 3 Nr. 1 EStG setzt tatbestandlich eine Personengesellschaft (z. B. OHG, KG) voraus. Als „**andere**" **Personengesellschaften** kommen z. B die **Gesellschaft bürgerlichen Rechts (GbR)** i. S. d. §§ 705 ff. BGB,[8] die **Partnerschaft** (§ 1 Abs. 2 PartGG) und die **Partenreederei** (§ 489 HGB a. F.)[9] in Betracht. Entsprechendes gilt auch für **vergleichbare ausländische Rechtsformen** (mit inländischen Betriebsstätten).[10] 500

---

1 Vgl. u. a. BFH v. 10.10.2012 - VIII R 42/10, BStBl 2013 II 79; BFH v. 11.5.1989 - IV R 43/88, BStBl 1989 II 797; zur Gewerblichkeit freiberuflich tätiger Personengesellschaften vgl. auch *Kubata/Riegler/Straßen*, DStR 2014, 1949.
2 Vgl. u. a. BFH v. 1.2.1990 - IV R 45/89, BStBl 1991 II 625.
3 Dies ist der Fall bei einer Besitzgesellschaft i. R. einer Betriebsaufspaltung, vgl. dazu BFH v. 29.11.2012 - IV R 37/10, BFH/NV 2013, 910; entsprechend bei Tätigkeit eines Gesellschafters für Rechnung der Gesellschaft, vgl. dazu BFH v. 7.11.1991 - IV R 17/90, BStBl 1993 II 324; s. a. *Wacker* in Schmidt, § 15 EStG Rz. 185.
4 BFH v. 29.11.2012 - IV R 37/10, BFH/NV 2013, 910 = NWB DokID: UAAAE-35427.
5 Vgl. *Bode* in Blümich, § 15 EStG Rz. 228.
6 Vgl. *Bode* in Blümich, § 15 EStG Rz. 227. **Zur Verfassungsmäßigkeit des § 15 Abs. 3 Nr. 1 EStG** vgl. BVerfG v. 26.10.2004 - 2 BvR 246/98, DStRE 2005, 877; BVerfG v. 15.1.2008 - 1 BvL 2/04, BVerfGE 120, 1 = BFH/NV 2008, Beilage 3, 247.
7 Vgl. z. B. BFH v. 23.4.2009 - IV R 73/06, BStBl 2010 II 40; vgl. auch H 2.1 Abs. 2 GewStH, R 2.4 Abs. 3 GewStR.
8 Vgl. BFH v. 10.8.1994 - I R 133/93, BStBl 1995 II 171; BFH v. 19.2.1998 - IV R 11/97, BStBl 1998 II 603.
9 R 15.8 Abs. 5 Satz 2 EStR
10 Vgl. zur Anwendung der DBA auf Personengesellschaften auch BMF v. 26.9.2014, BStBl 2014 I 1258; zur „vermögensverwaltenden" Personengesellschaft im Abkommensrecht s. a. *Pohl*, IStR 2013, 699.

501 Die Abfärbe- bzw. Infektionsregelung des § 15 Abs. 3 Nr. 1 EStG gilt auch für **Innengesellschaften**, sofern deren Gesellschafter als Mitunternehmer i. S. d. § 15 Abs. 1 Satz 1 Nr. 2 EStG anzusehen sind.[1] Daher ist auch eine atypisch stille Gesellschaft eine Personengesellschaft i. S. d. § 15 Abs. 3 Nr. 1 EStG, sofern der Geschäftsinhaber für Rechnung der stillen Gesellschaft gewerblich tätig ist.[2]

502 **Nicht vom Anwendungsbereich** des § 15 Abs. 3 Nr. 1 EStG umfasst sind **Erbengemeinschaften**[3] oder auch **eheliche Gütergemeinschaften**,[4] auch wenn diese teilweise gewerblich tätig sein sollten. Zwar handelt es sich in diesen Fällen ggf. um Mitunternehmerschaften i. S. d. § 15 Abs. 1 Satz 1 Nr. 2 EStG, **nicht jedoch um Personengesellschaften**, wie sie der Wortlaut des § 15 Abs. 3 Nr. 1 EStG voraussetzt.

bb) Nichtgewerbliche Tätigkeit mit Einkünfteerzielungsabsicht

503 Die Personengesellschaft muss – neben einer originären gewerblichen Tätigkeit – zumindest noch **eine weitere einkommensteuerpflichtige Tätigkeit** ausüben, die isoliert betrachtet zu einer **anderen Einkunftsart (Gewinn- oder Überschusseinkunftsart)** führen würde.[5] In Betracht kommt eine Tätigkeit, die als **freiberuflich**,[6] **land- und forstwirtschaftlich**[7] oder **vermögensverwaltend**[8] einzuordnen ist.

504–509 *(Einstweilen frei)*

cc) (Auch) Gewerbliche Tätigkeit i. S. d. § 15 Abs. 1 Satz 1 Nr. 1, Abs. 2 EStG

(1) „Originäre" gewerbliche Tätigkeit (§ 15 Abs. 3 Nr. 1 Alt. 1 EStG)

510 Die Personengesellschaft muss darüber hinaus „auch" eine **originäre gewerbliche Tätigkeit** i. S. d. § 15 Abs. 1 Nr. 1, Abs. 2 EStG – mit Gewinnerzielungsabsicht als implizites Tatbestandsmerkmal des Abs. 2 – ausüben. Es muss sich um eine **eigenständige gewerbliche Tätigkeit** handeln, die von mindestens einer weiteren Tätigkeit, auf die sich die Abfärbung auswirken soll, getrennt werden kann.[9] Voraussetzung für die Anwendung von § 15 Abs. 3 Nr. 1 1. Alt. EStG ist also zunächst, dass die Gesellschaft sowohl gewerbliche als auch von diesen zu trennende nicht gewerbliche Einkünfte erzielt, d. h. dass die unterschiedlichen Tätigkeiten **nicht derart miteinander verflochten** sind, dass sie sich gegenseitig unlösbar bedingen.

511 Die Abfärbe- bzw. Infektionsregelung des § 15 Abs. 3 Nr. 1 EStG ist allerdings **nur nachrangig** anzuwenden. Sofern die gewerbliche und nichtgewerbliche z. B. freiberufliche, land- und forstwirtschaftliche oder vermögensverwaltende Tätigkeit – in Abhängigkeit von dem prägenden

---

1 BFH v. 23. 4. 2009 - IV R 73/06, BStBl 2010 II 40.
2 BFH v. 23. 4. 2009 - IV R 73/06, BStBl 2010 II 40; weiterführend vgl. *Wacker* in Schmidt, § 15 EStG Rz. 187.
3 BFH v. 23. 10. 1986 - IV R 214/84, BStBl 1987 II 120, zum Fall einer Erbengemeinschaft mit einem fremdvermieteten Grundstücksanteil als Betriebsvermögen eines ererbten Besitzunternehmens bei Betriebsaufspaltung.
4 R 15.8 Abs. 5 Satz 3 EStR.
5 BFH v. 29. 11. 2012 - IV R 37/10, BFH/NV 2013, 910 = NWB DokID: UAAAE-35427.
6 Vgl. BFH v. 10. 10. 2012 - VIII R 42/10, BStBl 2013 II 79; BFH v. 11. 5. 1989 - IV R 43/88, BStBl 1989 II 797.
7 Vgl. Oberste Finanzbehörden der alten Bundesländer: Abgrenzung des land- und forstwirtschaftlichen Vermögens vom Betriebsvermögen, DStR 2012, 1275; BFH v. 1. 2. 1990 - IV R 45/89, BStBl 1991 II 625.
8 Dies ist der Fall bei einer Besitzgesellschaft i. R. einer Betriebsaufspaltung, vgl. dazu BFH v. 29. 11. 2012 - IV R 37/10, BFH/NV 2013, 910 = NWB DokID: UAAAE-35427; entsprechend bei Tätigkeit eines Gesellschafters für Rechnung der Gesellschaft, vgl. dazu BFH v. 7. 11. 1991 - IV R 17/90, BStBl 1993 II 324; s. a. *Wacker* in Schmidt, § 15 EStG Rz. 185.
9 *Bode* in Blümich, § 15 EStG Rz. 228.

Element der Tätigkeit – nach **Auffassung der FinVerw**[1] und der **ständigen Rechtsprechung des BFH**[2] **einheitlich** als gewerblich (dann aber i. S. d. § 15 Abs. 1 Nr. 1, Abs. 2 EStG) oder **einheitlich** als nichtgewerbliche Tätigkeit zu qualifizieren sind, **kommt § 15 Abs. 3 Nr. 1 EStG nicht zur Anwendung**. Dies ist der Fall, wenn die Tätigkeit der Gesellschaft wegen **untrennbarer Verflechtung der Tätigkeiten** einheitlich als originär gewerblich zu qualifizieren ist.[3] Liegt hingegen z. B. eine einheitliche freiberufliche Tätigkeit vor, entfällt die Anwendung von § 15 Abs. 3 Nr. 1 EStG.[4]

Mit Urteil v. 3. 11. 2015 hat der BFH entschieden, dass die Einkünfte einer Ärzte-GbR sind insgesamt solche aus Gewerbebetrieb, wenn die GbR auch Vergütungen aus ärztlichen Leistungen erzielt, die in nicht unerheblichem Umfang ohne leitende und eigenverantwortliche Beteiligung der Mitunternehmer-Gesellschafter erbracht werden.[5] Bedient sich der Angehörige eines freien Berufs einer entsprechenden Mithilfe, muss er aufgrund eigener Fachkenntnisse leitend und eigenverantwortlich tätig werden.[6] Für einen Arzt bedeutet dies, dass er eine höchstpersönliche, individuelle Arbeitsleistung am Patienten schuldet und deshalb einen wesentlichen Teil der ärztlichen Leistungen selbst erbringen muss.[7] Erbringen die Gesellschafter einer Personengesellschaft ihre Leistungen teilweise freiberuflich und teilweise – mangels Eigenverantwortlichkeit – gewerblich, so ist ihre Tätigkeit nach § 15 Abs. 3 Nr. 1 EStG insgesamt als gewerblich zu qualifizieren.[8]

512

Im Unterschied zur **sog. gemischten Tätigkeit eines Einzelunternehmers**, bei dem eine gleichzeitige gewerbliche und freiberufliche Betätigung selbst bei sachlichen und wirtschaftlichen Berührungspunkten dieser Tätigkeiten i. d. R. getrennt zu beurteilen ist,[9] bedingt die Regelung des § 15 Abs. 3 Nr. 1 EStG demnach bei **gemischt tätigen Personengesellschaften** eine **Umqualifizierung von nicht gewerblichen Tätigkeiten** durch eine gleichzeitig ausgeübte gewerbliche Tätigkeit. Unerheblich dabei ist, ob der gewerblichen Tätigkeit im Rahmen des gesamten Unternehmens **nur geringfügige wirtschaftliche Bedeutung** zukommt.[10]

513

Fehlt es hingegen **zur Gänze an einer gewerblichen Tätigkeit**, ist § 15 Abs. 3 Nr. 1 EStG nicht anwendbar. Dies ist auch der Fall, wenn die Personengesellschaft nur Tätigkeiten außerhalb des gewerblichen Einkunftsbereichs, z. B. im Bereich der Überschusseinkunftsarten, ausübt.[11]

514

PRAXISHINWEIS:
Nicht zu der Abfärbung bzw. Infektion führt hingegen eine gewerbliche Tätigkeit, die von einer zweiten Personengesellschaft ausgeübt wird, auch wenn an beiden Gesellschaften dieselben Personen beteiligt

---

1 OFD Frankfurt v. 28. 2. 2007, DB 2007, 1282.
2 BFH v. 20. 12. 2000 - XI R 8/00, BStBl 2002 II 478; BFH v. 10. 10. 2012 - VIII R 42/10, BStBl 2013 II 79; grundlegend BFH v. 24. 4. 1997 - IV R 60/95, BStBl 1997 II 567.
3 BFH v. 27. 8. 2014 - VIII R 16/11, HFR 2015, 561.
4 BFH v. 10. 10. 2012 - VIII R 42/10, BStBl 2013 II 79; s. a. *Kubata/Riegler/Straßen*, DStR 2014, 1949.
5 BFH v. 3. 11. 2015 - VIII R 62/13, BStBl 2016 II 381.
6 Vgl. nur BFH v. 18. 10. 2006 - XI R 9/06, BStBl II 2007, 266; s. a. *Levedag*, NWB 2016, 1881, 1883; vgl. auch FG Düsseldorf v. 27. 10. 2015 - 9 K 97/13 G F, NWB DokID: HAAAF-74246, zur Tätigkeit einer aus Rechtsanwälten bestehenden Insolvenzverwalter-GbR.
7 Vgl. BFH v. 3. 11. 2015 - VIII R 62/13, BStBl 2016 II 381; BFH v. 16. 7. 2014, VIII R 41/12, BStBl 2015 II, 216; BFH v. 22. 1. 2004, IV R 51/01, BStBl 2004 II, 509.
8 Siehe a. BFH v. 3. 11. 2015 - VIII R 62/13, BStBl 2016 II 381; BFH v. 27. 8. 2014, VIII R 6/12, BStBl 2015 II, 1002; zur Mitunternehmerstellung im Rahmen einer Freiberuflerpraxis vgl. weiterführend auch BFH v. 3. 11. 2015 - VIII R 63/13, BStBl 2016 II 383 bzw. *Kraft/Schreiber*, NWB 2016, 1492.
9 Vgl. z. B. BFH v. 11. 7. 1991 - IV R 102/90, BStBl 1992 II 413.
10 BFH v. 19. 2. 1998 - IV R 11/97, BStBl 1998 II 603.
11 BFH v. 28. 6. 2006 - XI R 31/05, BStBl 2007 II 378; vgl. hierzu auch *Söffing*, DB 2006, 2479.

sind (personenidentische Schwestergesellschaft). Dies entspricht der ständigen Rechtsprechung des BFH und vermeidet eine gleichheitswidrige Behandlung von Mitunternehmerschaften gegenüber Einzelunternehmern.[1] Dieses sog. Ausgliederungsmodell ist auch von der FinVerw anerkannt worden.[2]

515 Ob tatsächlich eine **zweite personenidentische Gesellschaft** gegründet worden ist und diese die gewerblichen Leistungen erbracht hat, ist aufgrund der objektiven Gegebenheiten des Einzelfalls zu entscheiden.[3] **Unabdingbare Voraussetzung** für die Annahme einer zweiten Personengesellschaft ist nach der **Rechtsprechung des BFH**, dass die **zweite Gesellschaft nach außen erkennbar** geworden ist.[4]

516 Im Übrigen ist aufgrund von Beweisanzeichen (z. B. getrennte Bankkonten und Kassen, verschiedene Rechnungsvordrucke, eigenständige Buchführung) festzustellen, ob und inwieweit die zweite Gesellschaft eine von der ersten Gesellschaft **abgrenzbare Tätigkeit** entfaltet hat.[5]

517 Für die Anwendung des § 15 Abs. 3 Nr. 1 1. Alt. EStG darf der gewerblichen Tätigkeit im Rahmen des gesamten Unternehmens auch eine **nur geringfügige wirtschaftliche Bedeutung** zukommen.[6] Die umqualifizierende Wirkung des § 15 Abs. 3 Nr. 1 1. Alt. EStG tritt nach dem verfassungsrechtlichen Verhältnismäßigkeitsgrundsatz allerdings nicht ein, wenn der **Anteil der originär gewerblichen Tätigkeit nur „äußerst gering"** ist.[7]

518 Die **frühere Rechtsprechung des BFH** hat bei einem Anteil der gewerblichen Umsatzerlöse i. H. v. **1,25 % der Gesamtumsatzerlöse** das Vorliegen einer gewerblichen Tätigkeit von äußerst geringem Umfang angenommen.[8] Eine Entscheidung, dass höhere gewerbliche Umsätze immer zum Eintritt der Abfärbe- bzw. Infektionswirkung führen, war damit nicht getroffen. So hat der **BFH bereits im Urteil v. 11. 8. 1999**[9] darauf hingewiesen, dass erst bei gewerblichen Umsätzen i. H. v. 6 % ein äußerst geringer Umfang nicht mehr vorliegen dürfte. In einem späteren summarischen Verfahren **zu landwirtschaftlichen GbR** wurde zumindest ein Umsatzanteil i. H. v. **2,81 % des Gesamtumsatzes** noch als äußerst geringfügig angesehen.[10]

519 Hier bringt der BFH nun mit **drei Entscheidungen v. 27. 8. 2014** mehr Rechtssicherheit. Mit **Urteilen v. 27. 8. 2014**[11] hat der **BFH** die **Bagatellgrenze für die Nichtanwendung der Abfärbe- bzw. Infektionsregelung** in § 15 Abs. 3 Nr. 1 EStG **neu festgelegt**. Eine gewerbliche Tätigkeit von noch äußerst geringem Ausmaß, die nicht dazu führt, dass die gesamte Tätigkeit der Personengesellschaft einheitlich als gewerblich fingiert wird, liegt demnach vor, wenn die originär gewerblichen Nettoumsatzerlöse **3 % der Gesamtnettoumsatzerlöse** der Gesellschaft und den **Betrag von 24 500 €** im Veranlagungszeitraum als Obergrenze nicht übersteigen.[12] Auf der

---

1 BFH v. 19. 2. 1998 - IV R 11/97, BStBl 1998 II 603; BFH v. 27. 8. 2014 - VIII R 16/11, BStBl 2015 II 996.
2 Vgl. BMF v. 14. 5. 1997, BStBl 1997 I 566.
3 Vgl. Vertiefend dazu z. B. *Bode* in Blümich, § 15 EStG Rz. 231.
4 Vgl. u. a. BFH v. 15. 12. 1992 - VIII R 52/91, BFH/NV 1993, 684 = NWB DokID: OAAAB-33322; BFH v. 25. 6. 1996 - VIII R 28/94, BStBl 1997 II 202; BFH v. 19. 2. 1998 - IV R 11/97, BStBl 1998 II 603.
5 BFH v. 19. 2. 1998 - IV R 11/97, BStBl 1998 II 603.
6 BFH v. 19. 2. 1998 - IV R 11/97, BStBl 1998 II 603.
7 BFH v. 11. 8. 1999 - XI R 12/98, BStBl 2000 II 229.
8 BFH v. 11. 8. 1999 - XI R 12/98, BStBl 2000 II 229; s. a. H 15.8 Abs. 5 „Geringfügige gewerbliche Tätigkeit" EStH; bestätigt in BFH v. 15. 12. 2010 - VIII R 50/09, BStBl 2011 II 506, bei dem die gewerblichen Umsätze jedoch noch unter 1 % lagen.
9 BFH v. 11. 8. 1999 - XI R 12/98, BStBl 2000 II 229, unter Hinweis auf BFH v. 10. 8. 1994 - I R 133/93, BStBl 1995 II 171.
10 Vgl. BFH v. 8. 3. 2004 - IV B 212/03, BFH/NV 2004, 954 = NWB DokID: PAAAB-20745.
11 BFH v. 27. 8. 2014 - VIII R 16/11, BStBl 2015 II 996; BFH v. 27. 8. 2014 - VIII R 41/11, BStBl 2015 II 1002; BFH v. 27. 8. 2014 - VIII R 6/12, BStBl 2015 II 999.
12 Vgl. umfassend dazu *Korn*, NWB 2015, 1042; *Freifrau v. Lersner*, DStR 2015, 2817.

Grundlage dieser Rechtsprechung können nach Auffassung des BFH allenfalls positive gewerbliche Einkünfte zu einer Abfärbung auf ansonsten vermögensverwaltende Einkünfte einer GbR führen.[1]

Der **VIII. Senat** hält in seinen **Entscheidungen v. 27. 8. 2014** einen gewerblichen Umsatzanteil von 3 % typisierend noch für von so untergeordneter Bedeutung, dass eine **Umqualifizierung der gesamten Einkünfte unverhältnismäßig** wäre. Dabei sind die **Nettoumsätze** zugrunde zu legen, um das Verhältnis der Umsätze bei unterschiedlichen Umsatzsteuersätzen nicht zu verfälschen. Zur **Vermeidung einer Privilegierung von Personengesellschaften**, die besonders hohe freiberufliche Umsätze erzielen und damit in größerem Umfang gewerblich tätig sein könnten und unter Berücksichtigung des Normzwecks, **das Gewerbesteueraufkommen zu schützen**, ist es außerdem erforderlich, den Betrag der gewerblichen Nettoumsatzerlöse, bei dem noch von einem äußerst geringfügigen Umfang ausgegangen werden kann, auf einen Höchstbetrag i. H. v. 24 500 € zu begrenzen. Dieser orientiert sich an dem gewerbesteuerlichen Freibetrag für Personengesellschaften nach § 11 Abs. 1 Satz 3 Nr. 1 GewStG. Denn im Regelfall drohe dann kein Ausfall von Gewerbesteuer, wenn bereits die gewerblichen Umsätze unter dem **gewinnbezogenen Freibetrag** i. H. v. 24 500 € liegen. 520

Gewerbliche Einkünfte im **Sonderbereich des Gesellschafters** einer **freiberuflich tätigen Personengesellschaft** führen **nicht zu einer Abfärbung gem. § 15 Abs. 3 Nr. 1 EStG** auf die Einkünfte der Gesellschaft im Gesamthandsbereich.[2] 521

Eine **außerhalb der Mitunternehmerschaft liegende einkünfteerzielende Tätigkeit** eines Mitunternehmers wird nicht von der Abfärbe- bzw. Infektionsregelung umfasst. Die Mitunternehmerschaft ist auf die einzelne Personengesellschaft bezogen. Bei mehreren Personengesellschaften (auch) derselben Gesellschafter, liegen mehrere Mitunternehmerschaften vor.[3] 522

Ist an einer Personengesellschaft (Untergesellschaft) eine andere Personengesellschaft (Obergesellschaft) beteiligt, entfaltet die Untergesellschaft nur dann eine **freiberufliche Tätigkeit**, wenn neben den unmittelbar beteiligten Gesellschaftern auch sämtliche mittelbar beteiligten Gesellschafter der Obergesellschaft die Merkmale eines freien Berufs erfüllen **(doppelstöckige Freiberufler-Personengesellschaft)**. Auch bei nur relativ **geringem Beteiligungsumfang** (im Urteilssachverhalt 3,35 %) eines berufsfremden Obergesellschafters gilt die gesamte, mit Einkünfteerzielungsabsicht unternommene Tätigkeit der Personengesellschaft als **Gewerbebetrieb gem. § 15 Abs. 3 Nr. 1 EStG**.[4] 523

Eine Abfärbung bzw. Infektion ist im Fall der **Beteiligung einer gemeinnützigen Körperschaft an einer Personengesellschaft** abzulehnen.[5] Der Fall wurde bislang nur bezüglich der **gewerblichen Prägung** gem. § 15 Abs. 3 Nr. 2 EStG seitens des **BFH** entschieden.[6] 524

(Einstweilen frei) 525–529

---

1 BFH v. 12.4.2018 - IV R 5/15, BB 2018, 1830, NWB DokID: AAAAG-87921.
2 BFH v. 28. 6. 2006 - XI R 31/05, BStBl 2007 II 378.
3 Siehe a. *Bode* in Blümich, § 15 EStG Rz. 231, mit Verweis auf BFH v. 24. 3. 1983 - IV R 123/80, BStBl 1983 II 598; BFH v. 31. 7. 1991 - VIII R 23/89, BStBl 1992 II 375; BFH v. 19. 2. 1998 - IV R 11/97, BStBl 1998 II 603.
4 BFH v. 28. 10. 2008 - VIII R 69/06, BStBl 2009 II 642; BFH v. 8. 4. 2008 - VIII R 73/05, BStBl 2008 II 681; s. a. FinMin Schleswig-Holstein, ESt-Kurzinformation v. 28. 11. 2012; VV SH FinMin 2012-11-28 VI 307-S 2241-333, NWB DokID: YAAAE-25480.
5 *Weisheit*, DB 2012, 142.
6 BFH v. 25. 5. 2011 - I R 60/10, BStBl 2011 II 858; s. a. BFH v. 18. 2. 2016 - V R 60/13, NWB DokID: TAAAF-74524.

(2) „Beziehen" gewerblicher Einkünfte (§ 15 Abs. 3 Nr. 1 Alt. 2 EStG)

530 § 15 Abs. 3 Nr. 1 EStG wurde durch das Jahressteuergesetz 2007 (JStG) 2007 um den Hinweis auf Bezüge i. S. d. § 15 Abs. 1 Satz 1 Nr. 2 EStG ergänzt (**§ 15 Abs. 3 Nr. 1 Alt. 2 EStG**).[1] Ausweislich der Gesetzesbegründung war die Ergänzung lediglich **deklaratorischer Art**.[2]

531 Nach § 15 Abs. 3 Nr. 1 2. Alt. EStG gilt die mit Einkünfteerzielungsabsicht unternommene Tätigkeit einer land- und forstwirtschaftlich, freiberuflich[3] oder vermögensverwaltend tätigen Personengesellschaft, zu deren **Gesamthandsvermögen eine Beteiligung an einer gewerblich tätigen Gesellschaft** gehört und die hieraus gewerbliche Einkünfte i. S. d. § 15 Abs. 1 Satz 1 Nr. 2 EStG bezieht, in vollem Umfang als Gewerbebetrieb.[4]

532 In seiner **Entscheidung v. 26. 6. 2014**[5] hat der BFH zur ertragsteuerlichen Behandlung der Einkünfte einer an einer gewerblich tätigen GmbH & Co. KG beteiligten vermögensverwaltenden Personengesellschaft festgestellt, dass **bei abweichendem Wirtschaftsjahr** auch nach der **Neuregelung in § 15 Abs. 3 Nr. 1 Alt. 2 EStG** die mitunternehmerische Beteiligung alleine für die Abfärbe- bzw. Infektionswirkung nach § 15 Abs. 3 Nr. 1 Alt. 2 EStG **nicht ausreicht**. Dies zumindest dann, wenn der Obergesellschaft im betreffenden Kalenderjahr nach Maßgabe des § 4a Abs. 2 Nr. 2 EStG kein Gewinnanteil i. S. d. § 15 Abs. 1 Satz 1 Nr. 2 EStG zugewiesen ist, denn **in diesem Fall „bezieht" die Obergesellschaft (noch) keine Einkünfte**.[6]

533 Nach Auffassung des FG Baden-Württemberg kommt die von der Rechtsprechung entwickelte Bagatellgrenze für die Abfärbung originär gewerblicher Einkünfte einer Personengesellschaft (s. o.) für Einkünfte der Gesellschaft aus Beteiligungen an gewerblich tätigen Gesellschaften nicht zur Anwendung. Danach würde die Bagatellgrenze mithin nicht für gewerbliche Einkünfte i. S. d. § 15 Abs. 3 Nr. 1 Alt. 2 EStG gelten.[7]

534 PRAXISHINWEIS:
Folgte man der vorgenannten Ansicht des FG Baden-Württemberg, hätte die Obergesellschaft hat die Möglichkeit, der Abfärberegelung durch einfache gesellschaftsrechtliche Gestaltung auszuweichen, indem sie eine zweite personenidentische Schwestergesellschaft gründet, die die Beteiligung hält.

535 Ist eine Besitz-Kapitalgesellschaft an einer Betriebs-Personengesellschaft beteiligt (**sog. umgekehrte oder mitunternehmerische Betriebsaufspaltung**), die die überlassenen Wirtschaftsgüter z. B. im Rahmen ihrer freiberuflichen oder land- und forstwirtschaftlichen Tätigkeit nutzt,[8] kommt eine Abfärbung bzw. Infektion der nicht oder nur geringfügig gewerblich tätigen Betriebsgesellschaft seitens der Besitz-Kapitalgesellschaft nicht in Betracht.[9]

536–539 *(Einstweilen frei)*

---

1 JStG 2007 v. 13. 12. 2006, BGBl 2006 I 2878.
2 Vgl. BT-Drucks. 16/2712, 45; kritisch hierzu vgl. *Bode* in Blümich, § 15 EStG Rz. 230.
3 Zur Gewerblichkeit freiberuflich tätiger Personengesellschaften und Gestaltungsmöglichkeiten vgl. *Kubata/Riegler/Straßen*, DStR 2014, 1949.
4 Vor der Gesetzesänderung sah der BFH diesen Fall als nicht von § 15 Abs. 3 Nr. 1 EStG umfasst, vgl. BFH v. 6. 10. 2004 - IX R 53/01, BStBl 2005 II 383. Dies war zugleich eine Abkehr von der früheren Rspr. des BFH, vgl. BFH v. 8. 12. 1994 - IV R 7/92, BStBl 1996 II 264; BFH v. 13. 11. 1997 - IV R 67/96, BStBl 1998 II 254; BFH v. 18. 4. 2000 - VIII R 68/98, BStBl 2001 II 359. Die FinVerw hatte diese Rspr. über den Einzelfall hinaus nicht angewendet, vgl. BMF v. 18. 5. 2005, BStBl 2005 I 698.
5 BFH v. 26. 6. 2014 - IV R 5/11, BStBl 2014 II 972.
6 Zur Abfärbewirkung bei Beteiligung an einer vermögensverwaltenden bzw. gewerblichen PersGes vgl. *Fischer*, FR 2005, 143; *Gosch*, StBp 2005, 59; *Hallerbach*, FR 2005, 792.
7 FG Baden-Württemberg v. 22. 4. 2016 - 13 K 3651/13, EFG 2016, 1246, Rev.: BFH IV R 30/16.
8 Die h. M. verneint hier bereits das Vorliegen einer Betriebsaufspaltung, vgl. nur *Wacker* in Schmidt, § 15 EStG Rz. 858.
9 *Dreßler*, DStR 2013, 1818, 1820.

2. Gewerblich geprägte Personengesellschaft (§ 15 Abs. 3 Nr. 2 EStG)

HINWEIS:

Siehe auch R 15.8 Abs. 6 EStR; EStH, zur gewerblich geprägten Personengesellschaft gem. § 15 Abs. 3 Nr. 2 EStG bzw. R 2.1 Abs. 2; 2.5 Abs. 1 GewStR; BMF v. 28. 4. 1998, BStBl 1998 I 583; BMF v. 18. 7. 2000, BStBl 2000 I 1198; BMF v. 17. 3. 2014, BStBl 2014 I 555; BMF v. 26. 9. 2014, BStBl 2014 1258; OFD München v. 2. 4. 2001, DStR 2001, 1032; OFD Münster v. 21. 7. 2011, NWB DokID: AAAAD-87502; OFD Frankfurt a. M. v. 13. 2. 2014, NWB DokID: EAAAE-57227; OFD NRW, Kurzinformation ESt Nr. 18/2014 v. 5. 5. 2014, DB 2014, 1108.

LITERATUR:

Groh, Nach der Aufgabe der Geprägetheorie, DB 1984, 2373; *Autenrieth*, Gewerbliche Prägung bei doppelstöckiger GmbH & Co. KG und Verlustverrechnung, DStZ 1987, 121; *Groh*, Nach der Wiedereinführung der Geprägetheorie, DB 1987, 1006; *Söffing*, Die doppelstöckige GmbH & Co. KG und § 15 Abs. 3 Nr. 2 Satz 2 EStG, DStZ 1988, 110; *Gschwendtner*, Die atypisch stille Gesellschaft als beschränkt rechtsfähiges Steuerrechtssubjekt im Einkommensteuerrecht – zugleich eine Besprechung des BFH-Urt. v. 26. 11. 1996 - VIII R 42/91, DStZ 1998, 335; *V. Gronau/Konold*, Die „GmbH & Co GbR mbH" – Ende einer Rechtsform?, DStR 1999, 1965; *Eggert*, Umwandlung der GmbH & Co GbR in eine KG, DStR 2000, 230; *V. Gronau/Konold*, Beratungspraktische Überlegungen zum BMF-Schreiben v. 18. 7. 2000 zur GmbH & Co GbR mbH, DStR 2000, 1860; *Wellkamp*, Die GbR mbH – Gestaltungshinweise nach dem Ende einer Rechtsform, FR 2000, 1123; *Lüdicke*, „Liebhaberei" einer beschränkt steuerpflichtigen Kapitalgesellschaft – Nachweis bei Gewinnerzielungsabsicht – außerbetriebliche Sphäre aus ausländischen Kapitalgesellschaft, DStR 2002, 671; *Kessler*, Die Limited-Fluch oder Segen für die Steuerberatung?, DStR 2005, 2101; *Wacker*, Vermögensverwaltende Gesamthand und Bruchteilsbetrachtung – eine Zwischenbilanz, DStR 2005, 2014; *Märkle/Bäuml*, Unternehmensnachfolge bei Betriebsverpachtung: Handlungsbedarf bei gewerblich geprägten Personengesellschaften wegen Änderung des §13a ErbStG?, DStR 2006, 873; *Bäuml*, Die Reform des GmbH-Rechts auf Grundlage des MoMiG, StuB 2007, 69; *Strunk*, Gewerbliche Prägung von Personengesellschaften durch ausländische Kapitalgesellschaften, Stbg 2007, 403; *Bäuml*, Reform des GmbH-Rechts: Neuerungen des MoMiG und seine Auswirkungen auf die Beratungspraxis StuB 2008, 667; *Bäuml* in Römermann/Wachter (Hrsg.), Die Ausstrahlungswirkung des MoMiG auf das Steuerrecht, GmbHR 2008 (Sonderheft zur Reform des GmbH-Rechts), 93; *Bäuml*, Erbschaftsteuerreform: Auswirkung auf (kapitalmarktorientierte) Unternehmen, Wahl der „richtigen" Bewertungsmethode und Rechtsformwirkungen, GmbHR 2009, 1135; *Pyszka*, Ausübung steuerlicher Bilanzierungswahlrechte bei vermögensverwaltenden Personengesellschaften, DStR 2010, 1372; *Spilker/Früchtl*, Kapitalgesellschaften als Gesellschafter einer Kommanditgesellschaft im Rahmen von § 15 Abs. 3 Nr. 2 EStG, DStR 2010, 1007; *Euhus*, Die gewerbliche Prägung bei mehrstöckigen Personengesellschaften, DStR 2011, 1350; *Nitzschke*, Folgerungen aus der Rechtsprechung des BFH zu gewerblich geprägten Personengesellschaften für Umwandlungen, IStR 2011, 838; *Sanna*, Die ertragsteuerliche Transparenz der Zebragesellschaft, NWB 2012, 3156; *Schulze zur Wiesche*, Anteile an vermögensverwaltenden Personengesellschaften im Betriebsvermögen einer Personengesellschaft, DStZ 2012, 833; *Pohl*, Die „vermögensverwaltende" Personengesellschaft im Abkommensrecht-Rechtsänderungen durch den neuen § 50i EStG, IStR 2013, 699; *Prinz*, Der neue § 50i EStG: Grenzüberschreitende „Gepräge-KG" zur Verhinderung einer Wegzugsbesteuerung, DB 2013, 1378; *Dornheim*, Die ertragsteuerliche Beurteilung der GmbH & Co. GbR, DStR 2014, 13; *Kahle*, Steuerliche Gewinnermittlung bei doppelstöckigen Personengesellschaften, DStZ 2014, 273; *Kubata/Riegler/Straßen*, Zur Gewerblichkeit freiberuflich tätiger Personengesellschaften und Gestaltungsmöglichkeiten, DStR 2014, 1949; *Normann*, Die Einheits-GmbH & Co. KG – Vorteile und Besonderheiten, GmbH-StB 2014, 237; *Wachter*, Gewerbliche Prägung der Einheitsgesellschaft – Besprechung von FG Münster v. 28. 8. 2014, 3 K 744/13 F, GmbHR 2015, 177; *Middendorf/Hauptmann*, Einheits-KG: BFH bejaht gewerbliche Prägung und schafft damit Rechtssicherheit, StuB 2017, 890; *Paus*, Gewerbliche Prägung einer vermögensverwaltenden GmbH & Co. KG, KSR 2017, 4; *Martini/Oppel/Staats*, Betriebsstättenzurechnung bei Personengesellschaften, IWB 2018, 605; *Middendorf/Eberhardt*, Vermittlung einer Betriebsstätte durch gewerblich geprägte KG im Nicht-DBA-Fall, StuB 2018, 388.

a) Überblick zur gewerblich geprägten Personengesellschaft (§ 15 Abs. 3 Nr. 2 EStG)

540 § 15 Abs. 3 Nr. 2 Satz 1 EStG stellt die **Fiktion eines Gewerbebetriebs** auf (gewerblich geprägte Personengesellschaft).[1] Danach „gilt" in vollem Umfang (einheitliches gewerbliches Unternehmen) als Gewerbebetrieb (qua Organisations- bzw. Rechtsform) die

▶ mit **Einkünfteerzielungsabsicht** unternommene **Tätigkeit einer Personengesellschaft**,

▶ die **keine originäre gewerbliche Tätigkeit** i. S. d. § 15 Abs. 1 Satz 1 Nr. 1 EStG ausübt

▶ und bei der **ausschließlich eine oder mehrere Kapitalgesellschaften** persönlich haftende Gesellschafter **(Komplementäre)** sind

▶ und **nur diese oder Personen**, die **nicht** Gesellschafter sind, **zur Geschäftsführung befugt** sind.

541 Ist eine gewerblich geprägte Personengesellschaft als persönlich haftender Gesellschafter an einer anderen Personengesellschaft beteiligt **(doppelstöckige Personengesellschaft)**, so steht für die Beurteilung, ob die Tätigkeit dieser Personengesellschaft als Gewerbebetrieb gilt, die gewerblich geprägte Personengesellschaft einer Kapitalgesellschaft gleich (**§ 15 Abs. 3 Nr. 2 Satz 2 EStG**).

542 Mit § 15 Abs. 3 Nr. 2 EStG verankerte der Gesetzgeber die **sog. „Gepräge-Rechtsprechung"** des BFH im EStG.[2] Die **Gepräge-Rechtsprechung** war **zuvor** vom Großen Senat des BFH **aufgegeben worden**.[3] Im Rahmen der Gepräge-Rechtsprechung ging der BFH von einer gewerblichen Tätigkeit einer GmbH & Co. KG aus, wenn die geschäftsführende GmbH der alleinige Komplementär ist.[4] Sofern die qua Rechtsform gem. § 8 Abs. 2 KStG ausschließlich gewerbliche Einkünfte erzielende Komplementär-Kapitalgesellschaft (GmbH) als solche dem Gesamtgebilde wirtschaftlich das „Gepräge" gebe, solle auch die KG ausschließlich gewerbliche Einkünfte vermitteln.[5]

543 Die gesetzliche Regelung der Gepräge-Rechtsprechung in § 15 Abs. 3 Nr. 2 EStG erfolgte mit **Rückwirkung** für frühere Veranlagungszeiträume.[6] Aufgrund **verfassungsrechtlicher Bedenken** wurden von der rückwirkenden Anwendung der Geprägetheorie im Rahmen der neu eingeführten § 15 Abs. 3 Nr. 2 EStG jene Veräußerungs- und Entnahmegewinne ausgenommen, die zwischen der Veröffentlichung der Entscheidung des Großen Senats des BFH zur Aufgabe der Gepräge-Rechtsprechung und dem Regierungsbeschluss, die Gesetzesänderung des § 15 EStG vorzuschlagen, verwirklicht wurden. Dies betraf **Veräußerungs- und Entnahmegewinne nach dem 30. 10. 1984 und vor dem 11. 4. 1985**.

544 Die rückwirkende Anwendung des § 15 Abs. 3 Nr. 2 EStG auf **nach dem 10. 4. 1985 erzielte Gewinne aus Veräußerungen und Entnahmen** von Anteilen an gewerblich geprägten Personengesellschaften wurde seitens der **Rechtsprechung** hingegen als **verfassungsrechtlich unbedenklich** eingestuft.[7]

545–549 *(Einstweilen frei)*

---

1 § 15 Abs. 3 Nr. 2 EStG i. d. F. des Steuerbereinigungsgesetzes 1986 (StBerG 1986) v. 19. 12. 1985, BGBl 1985 I 2436. Diese Gesetzesfassung beruht auf dem Entwurf der Bundesregierung zu einem „Gesetz zur vordringlichen Regelung von Fragen der Besteuerung von Personengesellschaften"; vgl. BT-Drucks. 10/4498, 10/4513, 22 bzw. BT-Drucks. 10/3663, 4, 8.

2 Vgl. BT-Drucks. 10/3663, 6; BT-Drucks. 10/4513, 22, 64; s. a. *Groh*, DB 1984, 2374, 2378.

3 BFH v. 25. 6. 1984 - GrS 4/82, BStBl 1984 II 751; BFH v. 10. 11. 1980 - GrS 1/79, BStBl 1981 II 164.

4 BFH v. 17. 3. 1966 - IV 233-234/65, BStBl 1966 III 171; BFH v. 3. 8. 1972 - IV R 235/67, BStBl 1972 II 799; BFH v. 18. 2. 1976 - I R 116/75, BStBl 1976 II 480.

5 BFH v. 24. 4. 1980 - IV R 68/77, BStBl 1980 II 658.

6 Vgl. weiterführend dazu *Bode* in Blümich, § 15 EStG Rz. 281.

7 Vgl. BFH v. 25. 9. 2008 - IV R 80/05, BStBl II 2009, 266; BFH v. 20. 11. 2003 - IV R 5/02, BStBl 2004 II 464; BFH v. 4. 9. 1997 - IV R 27/96, BStBl 1998 II 286.

b) Voraussetzungen des § 15 Abs. 3 Nr. 2 EStG

aa) Tatbestandsmerkmale im Überblick

Gemäß § 15 Abs. 3 Nr. 2 Satz 1 EStG gilt eine im Übrigen **nicht originär gewerblich tätige Personengesellschaft** (i. S. d. § 15 Abs. 1 Satz 1 Nr. 1 i. V. m. Abs. 2 EStG; = negatives Tatbestandsmerkmal) aufgrund ihrer **besonderen Organisations- bzw. Rechtsform** als Gewerbebetrieb, sofern deren Tätigkeit mit **Einkünfteerzielungsabsicht** unternommen wird.

Die **Merkmale dieser Organisationsform** sind:

- Ausschließlich eine oder mehrere Kapitalgesellschaften sind persönlich haftende Gesellschafter (Komplementäre); gem. **§ 15 Abs. 3 Nr. 2 Satz 2 EStG** steht bei einer **doppelstöckigen** (gewerblich geprägten) **Personengesellschaften** die „Mutter"-Personengesellschaft einer Kapitalgesellschaft gleich.
- Nur diese Kapitalgesellschaft(en)/persönlich haftenden Gesellschafter oder Personen, die nicht Gesellschafter sind, sind zur Geschäftsführung befugt.

bb) Keine originäre gewerbliche Tätigkeit/Abgrenzung

Zunächst darf die Personengesellschaft **nicht originär gewerblich tätig** sein i. S. d. § 15 Abs. 1 Satz 1 Nr. 1 i. V. m. Abs. 2 EStG.[1] Dieses **negative Tatbestandsmerkmal** führt bei Nichtvorliegen zum Ausschluss der Anwendung des § 15 Abs. 3 Nr. 2 EStG. Dies gilt z. B. auch bei der Tätigkeit einer Besitzgesellschaft im Rahmen einer **Betriebsaufspaltung**. Soweit eine Personengesellschaft auch nur **in geringem Umfang gewerblich tätig** ist und die **Abfärbe- bzw. Infektionsregelung des § 15 Abs. 3 Nr. 1 EStG** zur Anwendung kommt, scheidet § 15 Abs. 3 Nr. 2 EStG ebenfalls aus.[2] Einkünfte aus ruhendem Gewerbebetrieb stellen originär gewerbliche Einkünfte dar. Ruht der Gewerbebetrieb einer Personengesellschaft, kann dies schon deshalb keine gewerblich geprägte Gesellschaft i. S. d. § 15 Abs. 3 Nr. 2 EStG sein. Stellt ein Unternehmen seine werbende gewerbliche Tätigkeit ein, so liegt darin nicht notwendigerweise eine Betriebsaufgabe. Die Einstellung kann auch nur als Betriebsunterbrechung zu beurteilen sein, die den Fortbestand des Betriebs unberührt lässt. Die Betriebsunterbrechung kann darin bestehen, dass der Betriebsinhaber die wesentlichen Betriebsgrundlagen - in der Regel einheitlich an einen anderen Unternehmer– verpachtet oder darin, dass er die gewerbliche Tätigkeit ruhen lässt. Wird in diesen Fällen die Betriebsaufgabe nicht eindeutig gegenüber dem Finanzamt erklärt, so geht die Rechtsprechung davon aus, dass die Absicht besteht, den unterbrochenen Betrieb künftig wieder aufzunehmen, sofern die Fortsetzung des Betriebs mit den zurückbehaltenen Wirtschaftsgütern objektiv möglich ist.[3]

Aufgrund seines **Wortlauts** („keine Tätigkeit i. S. d. Abs. 1 Satz 1 Nr. 1") und der **systematischen Stellung** des § 15 Abs. 3 Nr. 2 EStG hinter der in § 15 Abs. 1, Abs. 2 EStG geregelten originären gewerbliche Tätigkeit und hinter der gewerblichen Abfärbung bzw. Infektion des § 15 Abs. 3 Nr. 1 EStG ist die Gepräge-Regelung **nachrangig anzuwenden**. Dies entspricht auch dem **Sinn und Zweck** des § 15 Abs. 3 Nr. 2 EStG.

---

1 BFH v. 20. 11. 2003 - IV R 5/02, BStBl 2004 II 464.
2 Zur Abfärberegelung des § 15 Abs. 3 Nr. 1 EStG in Zusammenhang mit Betriebsaufspaltung, umgekehrter Betriebsaufspaltung und mitunternehmerischer Betriebsaufspaltung vgl. Dreßler, DStR 2013, 1818.
3 BFH v. 9. 11. 2017 - IV R 37/14, BStBl 2018 II 227, BB 2018, 290.

554 Leitbild des § 15 Abs. 3 Nr. 2 EStG ist die **GmbH & Co. KG**, die nicht gewerblich tätig oder gewerblich infiziert ist und bei der eine GmbH alleinige Komplementärin und Geschäftsführerin ist. Daneben kommt noch die **OHG i. S. d. §§ 105 ff. HGB** in Betracht, sofern deren (qua Rechtsform persönlich haftende und zur Geschäftsführung befugte) Gesellschafter ihrerseits **ausschließlich Kapitalgesellschaften** sind.[1]

555 Mittels **gesellschaftsvertraglicher Bestimmungen** können die Besetzung des persönlich haftenden Gesellschafters sowie die Geschäftsführungsbefugnis weitgehend auch abweichend vom gesetzlichen Leitbild bestimmt werden; es handelt sich insoweit um **disponibles Recht**, was auch steuerrechtlich **weite Gestaltungsspielräume** eröffnet.[2]

> **PRAXISHINWEIS**
>
> Die mit § 15 Abs. 3 Nr. 2 EStG verbundenen weiten Gestaltungsspielräume hinsichtlich der Abgrenzung einer gewerblich geprägten Personengesellschaft von einer rein vermögensverwaltend tätigen (ggf. „entprägten") Personengesellschaft können nutzbar gemacht werden, um z. B. Vorteile bei der Einkommensteuer durch Anstreben oder Vermeiden einer Umqualifizierung von Einkünften aus Kapitalvermögen (§ 20 EStG i. V. m. Abgeltungsteuertarif gem. § 32d Abs. 1 EStG) in gewerbliche Einkünfte (gem. § 15 Abs. 3 Nr. 2 EStG) zu erlangen. Entsprechendes gilt für die Vermeidung einer Betriebsaufgabe[3] sowie bei der Ausgliederung von Sonderbetriebsvermögen/Betriebsvermögen.[4]

556 In **Abgrenzung** der Fiktion gewerblicher Einkünfte i. S. d. § 15 Abs. 3 Nr. 2 EStG **zum Begriff des wirtschaftlichen Geschäftsbetriebs i. S. d. § 14 AO** ist festzuhalten, dass § 14 AO das Vorliegen eines wirtschaftlichen Geschäftsbetriebs auch nicht mit der Erzielung gewerblicher Einkünfte verknüpft. Da es sich bei dem Begriff des wirtschaftlichen Geschäftsbetriebs jedoch nicht um einen ertragsteuerlichen, sondern um einen **eigenständigen abgabenrechtlichen Begriff** handelt, wäre für einen Gleichlauf mit § 15 Abs. 3 Nr. 2 EStG eine eigene entsprechende Fiktion oder ein Verweis auf die Einkünfte i. S. d. § 15 EStG erforderlich.[5] Die Beteiligung einer gemeinnützigen Stiftung an einer gewerblich geprägten Personengesellschaft führt nicht zu einem steuerpflichtigen wirtschaftlichen Geschäftsbetrieb, wenn die Personengesellschaft nur vermögensverwaltend tätig ist. Dies gilt auch für den Fall, dass die Personengesellschaft in den Vorjahren originär gewerblich tätig war.[6]

557–559 *(Einstweilen frei)*

---

1 BFH v. 25. 9. 2008 - IV R 80/05, BStBl 2009 II 266; BFH v. 17. 1. 2002 - IV R 51/00, BStBl 2002 II 873; s. a. *Bode* in Blümich, § 15 EStG Rz. 277; *Wacker* in Schmidt, § 15 EStG Rz. 213; kritisch hierzu die „Entprägung" für möglich erachtend auch bei ausschließlicher Beteiligung von Kapitalgesellschaften vgl. *Spilker/Früchtl*, DStR 2010, 1007.
2 Zu Gestaltungsmöglichkeiten i. R. d. Erbschaft- und Schenkungsteuerrechts vgl. *Märkle/Bäuml*, DStR 2006, 873 ff. bzw. *Bäuml*, GmbHR 2009, 1135 ff.
3 Siehe a. R 16 Abs. 2 Satz 5 EStR; vgl. *Heuermann*, DB 2004, 2548.
4 Vgl. *Wacker* in Schmidt, § 15 EStG Rz. 214.
5 Vgl. BFH v. 18. 2. 2016 - V R 60/13, NWB DokID: TAAAF-74524; BFH v. 25. 5. 2011 - I R 60/10, BStBl 2011 II 858, wonach eine gewerbliche Prägung nicht für den Fall gemeinnütziger Körperschaften als Mitunternehmer gilt; vgl. dazu auch *Weisheit*, DB 2012, 142.
6 BFH v. 18. 2. 2016 - V R 60/13, NWB DokID: TAAAF-74524; s. a. *Intemann*, Beteiligungserträge gemeinnütziger Körperschaften, KSR 2016, 7.

cc) Personen- und Kapitalgesellschaft im Kontext des § 15 Abs. 3 Nr. 2 EStG

Der **Begriff der Personengesellschaft** umfasst **Außen- wie auch Innengesellschaften**. Die Gesellschaft muss aber mindestens einen persönlich unbeschränkt haftenden Gesellschafter haben. 560

Auch **ausländische Personengesellschaften** sind grundsätzlich geeignete Personengesellschaften i.S.d. § 15 Abs. 3 Nr. 2 EStG.[1] Die gewerbliche Prägung i.S.d. § 15 Abs. 3 Nr. 2 Satz 1 EStG besteht auch, wenn eine **ausländische Kapitalgesellschaft die Komplementärstellung** übernimmt. Die Fiktion eines Gewerbebetriebs gem. § 15 Abs. 3 Nr. 2 Satz 1 EStG gilt ebenfalls bei einer **vermögensverwaltenden ausländischen Personengesellschaft**, wenn sie nach ihrem rechtlichen Aufbau und ihrer wirtschaftlichen Gestaltung einer inländischen Personengesellschaft entspricht.[2] Dabei kann die gewerbliche Prägung bei ausländischen wie bei inländischen Personengesellschaften auf die Komplementärstellung einer ausländischen Kapitalgesellschaft zurückzuführen sein.[3] Eine nach § 15 Abs. 3 Nr. 2 EStG gewerblich geprägte (inländische) KG vermittelt ihren (ausländischen) Gesellschaftern eine Betriebsstätte i.S.v. § 49 Abs. 1 Nr. 2 Buchst. a EStG i.V.m. § 2 Nr. 1 KStG.[4] 561

Der **Begriff der Kapitalgesellschaft** entspricht dem Verständnis des § 1 Abs. 1 Nr. 1 KStG. Mithin sind insbesondere die AG, GmbH (inklusive der haftungsbeschränkten Unternehmergesellschaft gem. § 5a GmbHG)[5] und KGaA umfasst. Nicht vom Anwendungsbereich des § 15 Abs. 3 Nr. 2 EStG sind dagegen die Körperschaften i.S.d. § 1 Abs. 1 Nr. 2 bis Nr. 6 KStG, also insbesondere nichtrechtsfähige Vereine, Anstalten und Stiftungen und andere Zweckvermögen des privaten Rechts. Damit scheidet auch die **Stiftung & Co. KG** aus dem Anwendungsbereich des § 15 Abs. 3 Nr. 2 EStG aus. 562

Ausländische Gesellschaften können **Kapitalgesellschaften** i.S.d. § 15 Abs. 3 Nr. 2 EStG sein, wenn sie nach ihrer wirtschaftlichen Gestaltung und dem rechtlichen Aufbau einer inländischen Kapitalgesellschaft entsprechen (Typenvergleich). Dies gilt auch dann, wenn sie selbst nicht gewerblich tätig oder unbeschränkt körperschaftsteuerpflichtig i.S.d. § 1 Abs. 1 Nr. 1 KStG sein sollten.[6] 563

Auch die mit Abschluss des Gesellschaftsvertrags einer GmbH entstehende sog. **Vorgesellschaft** ist bereits Kapitalgesellschaft i.S.d. § 15 Abs. 3 Nr. 2 EStG, sofern sie zu einem späteren 564

---

1 BFH v. 19.5.2010 - I B 191/09, BStBl 2011 II 156; BFH v. 28.4.2010 - I R 81/09, BFHE 229, 252; BFH v. 9.12.2010 - I R 49/09, BStBl 2011 II 482; BFH v. 14.3.2007 - XI R 15/05, BStBl 2007 II 924; BFH v. 17.12.1997 - I R 34/97, BStBl 1998 II 296; kritisch *Lüdicke*, DStR 2002, 671, 672; zur Anwendung der DBA auf Personengesellschaften vgl. auch BMF v. 26.9.2014, BStBl 2014 I 1258; *Pohl*, IStR 2013, 699.
2 BFH v. 14.3.2007 - XI R 15/05, BStBl 2007 II 924; zu Umwandlungsfällen vgl. *Nitzschke*, IStR 2011, 838.
3 OFD Münster v. 21.7.2011, NWB DokID: AAAAD-87502; zur grenzüberschreitenden „Gepräge-KG" i.R.d. § 50i EStG vgl. *Prinz*, DB 2013, 1378.
4 BFH v. 29.11.2017 - I R 58/15, BB 2018, 996 = NWB DokID: YAAAG-80016; vgl. Martini/Oppel/Staats, IWB 2018, 605; Middendorf/Eberhardt, StuB 2018, 388.
5 Zur Unternehmergesellschaft (haftungsbeschränkt) vgl. *Bäuml*, StuB 2007, 69; *Bäuml*, StuB 2008, 667; *Bäuml* in Römermann/Wachter (Hrsg.), GmbHR 2008 (Sonderheft), 93.
6 H 15.8 Abs. 6 „Ausländische Kapitalgesellschaft" EStH; vgl. dazu BFH v. 14.3.2007 - XI R 15/05, BStBl 2007 II 924; BFH v. 17.12.1997 - I R 34/97, BStBl 1998 II 296; s.a. *Strunk*, Stbg 2007, 403; *Kessler*, DStR 2005, 2101.

Zeitpunkt ins Handelsregister eingetragen wird.[1] Eine **gewerbliche Prägung** setzt gem. § 15 Abs. 3 Nr. 2 EStG erst **mit der Eintragung der GmbH & Co. KG in das Handelsregister** ein.[2]

565 Die **atypisch stille Gesellschaft** kann als solche i. S. d. § 15 Abs. 3 Nr. 2 EStG durch den tätigen Gesellschafter gewerblich geprägt sein, sofern dieser eine nicht gewerblich tätige Kapitalgesellschaft bzw. eine nicht gewerblich tätige Personengesellschaft ist (**GmbH & Still**;[3] **GmbH & Co. KG & Still**). Diese Sichtweise entspricht auch der von der **FinVerw**[4] akzeptierten und vom **BFH**[5] gestützten Auffassung, ungeachtet dessen dass die stille Gesellschaft als Innengesellschaft streng genommen keine nach außen wirkenden Verbindlichkeiten (Gesellschaftsschulden) hat, für die einer der Beteiligten unbeschränkt haftet. Es genügt aber, dass die **Verbindlichkeiten des tätigen Gesellschafters im Innenverhältnis allen Gesellschaftern** entsprechend ihrem Beteiligungsverhältnis **zugerechnet** werden.[6]

566–569 *(Einstweilen frei)*

dd) Ausschließliche persönliche Haftung

570 Die in § 15 Abs. 3 Nr. 2 Satz 1 EStG vorausgesetzte **persönliche Haftung** orientiert sich an dem gesetzlichen **Leitbild des § 161 Abs. 1 HGB** und findet daher auf den persönlich haftenden Gesellschafter der Kommanditgesellschaft (Komplementär), der OHG und der GbR Anwendung. **Nicht darunter fallen** demnach **Kommanditisten** bei der Kommanditgesellschaft oder nur im Innenverhältnis haftende Personen (z. B. bei Treuhandverhältnisses der **Treugeber**).[7]

571 § 15 Abs. 3 Nr. 2 Satz 1 EStG setzt voraus, dass die persönliche Haftung als Gesellschafter **ausschließlich** von einer oder mehreren Kapitalgesellschaften getragen wird. Haftet neben einer oder mehreren Kapitalgesellschaft(en) eine **natürliche Person persönlich unbeschränkt**, ist im Umkehrschluss § 15 Abs. 3 Nr. 2 EStG nicht anwendbar.

572 Gemäß **§ 15 Abs. 3 Nr. 2 Satz 2 EStG** steht bei einer **doppelstöckigen (gewerblich geprägten) Personengesellschaft** die „Mutter"-Personengesellschaft einer Kapitalgesellschaft gleich, auch wenn es sich gesellschaftsrechtlich nicht um eine Kapitalgesellschaft handelt. Damit ist dem Erfordernis des § 15 Abs. 3 Nr. 2 Satz 1 EStG („*ausschließlich eine oder mehrere Kapitalgesellschaften sind persönlich haftende Gesellschafter*") auch Genüge getan, wenn bei einer gewerblich geprägten Personengesellschaft – neben oder an Stelle der persönlich haftenden Kapital-

---

1 BFH v. 4.11.2004 - III R 2/03, BStBl 2005 II 405; BFH v. 18.5.2011 - II R 10/10, BFH/NV 2011, 2063 = NWB DokID: YAAAD-94152; BFH v. 18.5.2011 - II R 11/10, ErbStB 2011, 273; s. a. BFH v. 4.5.2016 - II R 18/15, NWB DokID: CAAAF-82835.
2 BFH v. 2.3.2011 - II R 5/09, BFH/NV 2011, 1147 = NWB DokID: HAAAD-83671; BFH v. 18.5.2011 - II R 10/10, BFH/NV 2011, 2063 = NWB DokID: YAAAD-94152; BFH v. 18.5.2011 - II R 11/10, ErbStB 2011, 273; BFH v. 4.2.2009 - II R 41/07, BStBl 2009 II 600.
3 Vgl. zur GmbH & Still auch *Peters*, FR 2012, 718, 720.
4 H 15.8 Abs. 6 „Atypisch stille Gesellschaft" EStH.
5 BFH v. 26.11.1996 - VIII R 42/94, BStBl 1998 II 328; BFH v. 15.10.1998 - IV R 18/98, BStBl 1999 II 286; *Wacker* in Schmidt, § 15 EStG Rz. 228; *Gschwendtner*, DStZ 1998, 335, 343; ablehnend *Bode* in Blümich, § 15 EStG Rz. 277.
6 BFH v. 15.10.1998 - IV R 18/98, BStBl 1999 II 286; BFH v. 26.11.1996 - VIII R 42/94, BStBl 1998 II 328.
7 *Groh*, DB 1987, 1006, 1007; BFH v. 5.4.2005 - IV B 96/03, BFH/NV 2005, 1564 = NWB DokID: JAAAB-56083.

gesellschaft – eine oder mehrere gewerblich geprägte Personengesellschaften i. S. d. § 15 Abs. 3 Nr. 2 EStG persönlich haftende Gesellschafter und geschäftsführungsbefugt sind.[1]

Entgegen dem Gesetzeswortlaut ist nach Auffassung der Rechtsprechung[2] und der überwiegenden Meinung im Schrifttum[3] diese **Gleichstellung** auch geboten, wenn statt einer (nur) gewerblich geprägten Personengesellschaft eine originär gewerbliche Personengesellschaft neben oder an Stelle der persönlich haftenden Kapitalgesellschaft **persönlich haftender Gesellschafter und geschäftsführungsbefugt** ist.[4] Eine ausschließlich am Gesetzeswortlaut orientierte Auslegung würde dazu führen, dass ein „Mehr" an Gewerblichkeit bei der Obergesellschaft der gewerblichen Prägung der Untergesellschaft entgegenstünde. Die Formulierung der Verweisung in § 15 Abs. 3 Nr. 2 Satz 2 EStG auf Satz 1 der Vorschrift beruht demnach auf einem **Redaktionsversehen**.[5]

Bei einer GbR liegt nach **geänderter Auffassung der FinVerw**[6] **keine gewerbliche Prägung** i. S. d. § 15 Abs. 3 Nr. 2 EStG vor, wenn lediglich die GmbH persönlich haftende Gesellschafterin ist und die Haftung der übrigen Gesellschafter durch individualvertragliche Vereinbarungen ausgeschlossen ist (sog. „GmbH & Co. GbR").[7] Bei der Auslegung des § 15 Abs. 3 Nr. 2 EStG ist der abstrakte gesellschaftsrechtliche Typus entscheidend, weil das Tatbestandsmerkmal „persönlich haftender Gesellschafter" i. S. d. § 15 Abs. 3 Nr. 2 EStG typisierend an die gesellschaftsrechtliche Stellung des Gesellschafters anknüpft.

Nach dem gesetzlichen Leitbild kann **bei einer GbR die persönliche Haftung der Gesellschafter gesellschaftsrechtlich** aber **nicht generell ausgeschlossen** werden. Ein Haftungsausschluss kann zivilrechtlich viel mehr nur individuell beim einzelnen Vertragsabschluss mit der Zustimmung des jeweiligen Vertragspartners vereinbart werden und wirkt jeweils auch nur für den betreffenden Vertragsabschluss. Die **Rechtsstellung als persönlich haftender Gesellschafter** wird hiervon nicht berührt. Ein **individualvertraglicher Haftungsausschluss** ist deshalb **für die ertragsteuerliche Beurteilung ohne Bedeutung**. Hieraus folgt, dass bei einer GbR die gewerbliche Prägung nicht durch einen individualvertraglich vereinbarten Haftungsausschluss herbeigeführt werden kann.[8]

Soweit bislang in entsprechenden Fällen aufgrund eines **individualvertraglich vereinbarten Haftungsausschlusses** eine gewerblich geprägte Personengesellschaft i. S. d. § 15 Abs. 3 Nr. 2 EStG angenommen wurde, konnte auf gesonderten schriftlichen Antrag der Gesellschaft das Vermögen der Personengesellschaft auch weiterhin als Betriebsvermögen behandelt werden

---

1 Zur Gewinnermittlung bei doppelstöckigen Personengesellschaften vgl. *Kahle*, DStZ 2014, 273; zum beschränkten Anwendungsbereich der Regelung vgl. *Söffing*, DStZ 1988, 110; *Schulze zur Wiesche*, DStZ 2012, 833; zur Zebragesellschaft vgl. *Sanna*, NWB 2012, 3156.
2 BFH v. 8. 6. 2000 - IV R 37/99, BStBl 2001 II 162; vgl. auch H 15.8 Abs. 6 „Prägung durch andere Personengesellschaften" EStH.
3 Vgl. nur *Autenrieth*, DStZ 1987, 121; *Groh*, DB 1987, 1006, 1009.
4 *Wacker* in Schmidt, § 15 EStG Rz. 217, fordert zu Recht, dass dennoch die übrigen Prägevoraussetzungen auch bei der Obergesellschaft vorliegen müssen; s. a. *Euhus*, DStR 2011, 1350, 1352.
5 *Euhus*, DStR 2011, 1350, 1351.
6 BMF v. 17. 3. 2014, BStBl 2014 I 555. Mit diesem Schreiben wird die bisherige Verwaltungsauffassung, dass bei einer GbR die gewerbliche Prägung durch einen individualvertraglich vereinbarten Haftungsausschluss herbeigeführt werden kann, nicht mehr aufrechterhalten. Vgl. u. a. auch zur Übergangsregelung OFD NRW, Kurzinformation ESt Nr. 18/2014 v. 5. 5. 2014, DB 2014, 1108.
7 Vgl. auch ablehnend zur Anwendung des § 15 Abs. 3 Nr. 2 EStG *Dornheim*, DStR 2014, 13.
8 Vgl. weiterführend *v. Gronau/Konold*, DStR 1999, 1965; *v. Gronau/Konold*, DStR 2000, 1860; *Eggert*, DStR 2000, 230; *Wellkamp*, FR 2000, 1123.

(**Übergangsregelung**). Der **Antrag war bis zum 31.12.2014** bei dem für die Besteuerung der Personengesellschaft zuständigen Finanzamt **zu stellen**.[1]

577–580 *(Einstweilen frei)*

ee) Geschäftsführungsbefugnis/Begriff der Geschäftsführung

581 Gemäß § 15 Abs. 3 Nr. 2 Satz 1 EStG dürfen nur Kapitalgesellschaft(en)/persönlich haftende Gesellschafter oder Personen, die nicht Gesellschafter sind, zur (Allein- oder Gesamt-) Geschäftsführung befugt sein. Nicht erforderlich ist allerdings die **vollständige Identität der persönlich haftenden Gesellschafter und der zur Führung der Geschäfte befugten Kapitalgesellschaften**. Es reicht aus, wenn mindestens eine von mehreren persönlich haftenden Kapitalgesellschaften zur Geschäftsführung befugt ist, solange **daneben kein weiterer Gesellschafter** zum Geschäftsführer berufen ist, der nicht zugleich Kapitalgesellschaft und persönlich haftender Gesellschafter ist. Ein **Nichtgesellschafter** kann nach dem Wortlaut des § 15 Abs. 3 Nr. 2 EStG ebenfalls (unschädlich) **neben der Kapitalgesellschaft/persönlich haftenden Gesellschafterin** zur Geschäftsführung berufen sein.

582 Der in § 15 Abs. 3 Nr. 2 EStG verwendete **Begriff „Geschäftsführung" ist gesellschaftsrechtlich** i. S. seiner Verwendung in §§ 114 bis 117, § 164 HGB und §§ 709 bis 713 BGB **zu verstehen**.[2] Mithin zielt § 15 Abs. 3 Nr. 2 EStG **nicht auf die Vertretungsmacht** i. S. d. §§ 125 ff. HGB ab, sondern richtet den Blick auf das Innenverhältnis. So können abweichend vom Regelstatut Kommanditisten Geschäftsführungsbefugnisse eingeräumt werden. Diese Regelung des Gesellschaftsvertrages führt zur legitimen Annahme einer organschaftlichen Befugnis zur Geschäftsführung.[3]

583 § 15 Abs. 3 Nr. 2 EStG ist **nicht** anzuwenden, wenn ein nicht persönlich haftender Gesellschafter (z. B. **natürliche Person** oder **Kapitalgesellschaft, die zugleich Kommanditist ist**) auf gesetzlicher oder gesellschaftsvertraglicher Grundlage im Innenverhältnis der Gesellschafter zueinander **zur Geschäftsführung** befugt ist.[4]

584 Eine **gewerbliche Prägung ist** auch dann **abzulehnen**, wenn der beschränkt haftende Gesellschafter **neben oder an Stelle** des persönlich haftenden Gesellschafters zur Geschäftsführung befugt ist.[5] § 15 Abs. 3 Nr. 2 EStG setzt nicht voraus, dass die natürliche Person, deren Geschäftsführungsbefugnis die Prägewirkung der Kapitalgesellschaft ausschließen soll, **alleinige Geschäftsführungsbefugnis** hat. Die Prägewirkung wird also z. B. auch dann ausgeschlossen, wenn eine natürliche Person neben einer Kapitalgesellschaft geschäftsführungsbefugt ist. Es ist dann auch **unerheblich**, ob die Kapitalgesellschaft und die natürliche Person **nur gemeinschaftlich oder je einzeln zur Geschäftsführung** befugt sind.[6]

---

1 BMF v. 17.3.2014, BStBl 2014 I 555; OFD NRW v. 5.5.2014, Kurzinformation ESt Nr. 18/2014, DB 2014, 1108. Zur gesellschaftsrechtlich nicht anerkannten Haftungsbeschränkung einer GbR mbH bzw. GmbH & Co. GbR und gewerblicher Prägung i. S. d. § 15 Abs. 3 Nr. 2 EStG vgl. i. Ü. BMF v. 18.7.2000, BStBl 2000 I 1198; BMF v. 17.3.2014, BStBl 2014 I 555.
2 BFH v. 23.2.2011 - I R 52/10, BFH/NV 2011, 1354 = NWB DokID: VAAAD-86108; BFH v. 23.5.1996 - IV R 87/93, BStBl 1996 II 523, 526.
3 BFH v. 23.2.2011 - I R 52/10, BFH/NV 2011, 1354 = NWB DokID: VAAAD-86108.
4 R 15.8 Abs. 6 Satz 1 und 2 EStR; ebenso BFH v. 11.10.2012 - IV R 32/10, BStBl 2013 II 538; a. A. *Wacker* in Schmidt, § 15 EStG Rz. 222.
5 R 15.8 Abs. 6 Satz 3 EStR; ebenso z. B. *Groh*, DB 1987, 1006; *Pyszka*, DStR 2010, 1372; vgl. auch FG Brandenburg v. 12.12.2001 - 1 K 455/98 G, EFG 2002, 265, rkr.
6 BFH v. 23.5.1996 - IV R 87/93, BStBl 1996 II 523.

Bei einer GmbH & Co. KG, deren **alleinige** Geschäftsführerin die Komplementär-GmbH ist, ist der **zur Führung der Geschäfte der GmbH berufene Kommanditist** nicht wegen dieser Geschäftsführungsbefugnis auch zur Führung der Geschäfte der KG berufen.[1] Er handelt hierbei vielmehr als **Organ der geschäftsführenden GmbH**; mithin ist in diesen Fällen die gewerbliche Prägung zu bejahen. Entsprechendes gilt, wenn eine natürliche Person, die **nur Gesellschafter der persönlich haftenden Kapitalgesellschaft** und **nicht Kommanditist** der KG ist, zur Führung der Geschäfte der KG berufen ist.

585

Sind neben der persönlich haftenden und geschäftsführenden Kapitalgesellschaft auch **natürliche Personen, die nicht Gesellschafter sind, zur Geschäftsführung befugt**, bleibt die gewerbliche Prägung gem. § 15 Abs. 3 Nr. 2 EStG bestehen. Ins Leere läuft allerdings die Variante, dass sämtliche Gesellschafter von der Geschäftsführung ausgeschlossen wären und diese ausschließlich durch Nichtgesellschafter wahrgenommen würde. Dies ist bereits gesellschaftsrechtlich nicht zulässig.[2]

586

Sind die **Kommanditisten nur in Ausnahmefällen** und nur punktuell aufgrund einer gesellschaftsvertraglichen Regelung **befugt, die Geschäftsführung wahrzunehmen**, ist dies **für die gewerbliche Prägung** gem. § 15 Abs. 3 Nr. 2 EStG nach der hier vertretenen Auffassung **ohne Bedeutung**.[3] Entscheidend ist vielmehr die **organschaftliche Befugnis zur Geschäftsführung**, die allein der Komplementär-GmbH zustehen darf.[4] Diese Grundsätze gelten für die **Ein-Personen-GmbH & Co. KG** und die **Einheits-GmbH & Co. KG**.[5]

587

Die Frage, ob die **gewerbliche Prägung einer sog. Einheits-GmbH & Co. KG** aufgrund einer gesellschaftsvertraglichen Bestimmung, die die Kommanditisten zur Geschäftsführung und Vertretung der Gesellschafterrechte an der GmbH ermächtigt, soweit es um die Wahrnehmung der Rechte aus oder an den der KG gehörenden Geschäftsanteilen an der GmbH geht, wurde vom BFH mit Urteil vom 13.7.2017 beantwortet.[6] Entsprechend der hier vertretenen Grundsätze steht auch nach Auffassung des BFH einer gewerblichen Prägung nicht entgegen, dass der im Grundsatz allein geschäftsführungsbefugten Komplementärin im Gesellschaftsvertrag der KG die Geschäftsführungsbefugnis betreffend die Ausübung der Gesellschafterrechte aus oder an den von der KG gehaltenen Geschäftsanteilen der Komplementär-GmbH entzogen und diese auf die Kommanditisten übertragen wird. Die Finanzverwaltung hat diese Sichtweise in H 15.8 Abs. 6 EStH übernommen.

588

ff) Einkünfteerzielungsabsicht

Auch bei einer gewerblich geprägten Personengesellschaft ist die **Einkünfteerzielungsabsicht** zu prüfen. Hierbei kommt es auf die Absicht zur Erzielung eines Totalgewinns (einer Betriebsvermögensmehrung) einschließlich etwaiger steuerpflichtiger Veräußerungs- oder Aufgabe-

589

---

1 H 15.8 Abs. 6 „Geschäftsführung" EStH; BFH v. 23.5.1996 - IV R 87/93, BStBl 1996 II 523.
2 Vgl. nur BGH v. 9.12.1968 - II ZR 33/67, BGHZ 51, 200; *Groh*, DB 1987, 1006.
3 Ähnlich auch R 15.8 Abs. 6 Satz 2 EStR zu einem gesellschaftsvertraglich eingerichteten Beirat; s. a. BFH v. 23.2.2011 - I R 52/10, BFH/NV 2011, 1354 = NWB DokID: VAAAD-86108.
4 *Wachter*, GmbHR 2015, 177 zu FG Münster v. 28.8.2014 - 3 K 743/13 F, EFG 2015, 121; vgl. Revisionsentscheidung BFH v. 13.7.2017 - IV R 42/14, BStBl 2017 II 1126.
5 Einheits-GmbH & Co. KG: Anteile an der allein zur Führung der Geschäfte der KG befugten Komplementär-GmbH sind Gesamthandsvermögen der KG.
6 BFH v. 13.7.2017 - IV R 42/14,BStBl 2017 II 1126; Vorinstanz: FG Münster v. 28.8.2014 - 3 K 743/13 F, EFG 2015, 121; vgl. dazu *Middendorf/Hauptmann*, StuB 2017, 890; *Paus*, KSR 2017, 4; *Wachter*, GmbHR 2015, 177; *Normann*, GmbH-StB 2014, 237; *Werner*, DStR 2006, 706.

gewinne an. **Daran fehlt es**, wenn in der Zeit, in der die rechtsformabhängigen Merkmale der gewerblichen Prägung erfüllt sind, lediglich Vorlaufverluste erzielt werden.[1]

590 § 15 Abs. 3 Nr. 2 EStG steht im Zusammenhang mit der allgemeinen Vorschrift des § 15 Abs. 2 EStG zur Bestimmung eines Gewerbebetriebs und entbindet insoweit – mit Rücksicht auf die Prägung der Personengesellschaft durch die persönlich haftenden (und ggf. geschäftsführungsbefugten) Kapitalgesellschaften – lediglich vom Vorliegen einer originär gewerblichen Tätigkeit, nicht jedoch davon, dass die Personengesellschaft (bzw. ihre Gesellschafter) für die Annahme eines Gewerbebetriebs kraft Prägung in der Absicht der Gewinnerzielung tätig werden muss (bzw. müssen; vgl. § 15 Abs. 2 Satz 1 EStG).[2]

591–595 *(Einstweilen frei)*

c) Rechtsfolgen und Sonderfälle des § 15 Abs. 3 Nr. 2 EStG

596 Gemäß § 15 Abs. 3 Nr. 2 EStG „gilt" (= gesetzliche Fiktion) die gewerblich geprägte Personengesellschaft **in vollem Umfang (einheitliches gewerbliches Unternehmen)** als Gewerbebetrieb (qua Organisations- bzw. Rechtsform). Dies hat zur Folge, dass die Einkünfte aus einer gewerblich geprägten Personengesellschaft als **Gewinneinkünfte gem. § 2 Abs. 2 Satz 1 Nr. 1 EStG** i. V. m. §§ 4 Abs. 1, 5 EStG i. R. d. **Betriebsvermögensvergleichs** oder gem. **§ 4 Abs. 3 EStG** zu ermitteln sind.

597 Weiterhin führt dies dazu, dass die Gesellschafter als Mitunternehmer **Einkünfte aus Gewerbebetrieb i. S. d. § 15 EStG** beziehen. Das Gesellschaftsvermögen ist grundsätzlich **gewerbliches Betriebsvermögen**.[3] Wirtschaftsgüter, die dem Gesellschafter zuzurechnen sind (§ 39 AO), sind **gewerbliches Sonderbetriebsvermögen**, soweit sie der Gesellschaft oder der Beteiligung des Gesellschafters an der Personengesellschaft dienen.[4]

598 Die **Anteile an der Komplementär-GmbH**, die sich im Besitz eines Kommanditisten der GmbH & Co. KG befinden, sind – entsprechend der allgemeinen Grundsätze – notwendiges Sonderbetriebsvermögen des Kommanditisten. Nach Auffassung des BFH mit Urteil v. 16. 4. 2015[5] führt eine Minderheitsbeteiligung des Kommanditisten von weniger als 10 % an der Komplementär-GmbH i. d. R. nicht zu Sonderbetriebsvermögen II. **Anderes gilt nur**, wenn die **Komplementär-GmbH einen eigenständigen Geschäftsbetrieb** in gewissem Mindestumfang (von nicht ganz untergeordneter Bedeutung) unterhält und dieser Geschäftsbetrieb für die KG im

---

[1] H 15.8 Abs. 6 „Einkünfteerzielungsabsicht" EStH; BFH v. 25. 9. 2008 - IV R 80/05, BStBl 2009 II 266.
[2] BFH v. 25. 9. 2008 - IV R 80/05, BStBl 2009 II 266.
[3] BFH v. 22. 1. 1992 - I R 61/90, BStBl 1992 II 628; die Abgrenzung zu Privatvermögen folgt den allgemeinen Kriterien, vgl. hierzu BFH v. 23. 4. 2013 - VIII R 4/10, BStBl 2013 II 615, zu Lebensversicherung; BFH v. 11. 5. 1989 - IV R 56/87, BStBl 1989 II 657, zu Lebensversicherung; BFH v. 18. 4. 2000 - VIII R 74/96, BFH/NV 2001, 152 = NWB DokID: XAAAA-66228, zu Angehörigenverträgen; BFH v. 9. 5. 1996 - IV R 64/93, BStBl 1996 II 642, zu Gesellschafterdarlehen.
[4] Vgl. zur Abgrenzung R 4.2 Abs. 1 EStR (Betriebsvermögen) bzw. R 4.2.Abs. 2 EStR (Sonderbetriebsvermögen); zur „Einheit der Personengesellschaft" in Zusammenhang mit § 39 AO vgl. *Wacker*, DStR 2005, 2014.
[5] BFH v. 16. 4. 2015 - IV R 1/12, BStBl 2015 II 705; vgl. i. Ü. BFH v. 23. 2. 2012 - IV R 13/08, BFH/NV 2012, 1112 = NWB DokID: XAAAE-10325; BFH v. 23. 1. 2001 - VIII R 12/99, BStBl 2001 II 825; BFH v. 15. 10. 1998 - IV R 18/98, BStBl 1999 II 286; BFH v. 16. 5. 1995 - VIII R 18/93, BStBl 1995 II 714; BFH v. 30. 3. 1993 - VIII R 63/91, BStBl 1993 II 706.

Verhältnis zur eigenen Tätigkeit nicht nur von untergeordneter Bedeutung ist.[1] Nach **Auffassung der FinVerw** genügt für die Annahme von Sonderbetriebsvermögen bereits eine besondere wirtschaftliche Verflechtung der Komplementär-GmbH mit dem Betrieb der KG.[2]

Umfang und Ermittlung der Einkünfte richten sich nach den für originär gewerblich tätige Personengesellschaften maßgeblichen allgemeinen Grundsätzen.[3] 599

Zur Gewerbesteuerpflicht einer gewerblich geprägten Personengesellschaft bei (nur) vermögensverwaltender Tätigkeit vgl. BFH v. 20.11.2003.[4] 600

Eine **Aufgabe des fiktiven Gewerbebetriebs** i. S. d. § 16 Abs. 3 EStG ist nicht möglich, solange die Voraussetzungen des § 15 Abs. 3 Nr. 2 EStG erfüllt sind.[5] 601

PRAXISHINWEIS:

Entfallen allerdings die Tatbestandsvoraussetzungen der gewerblichen Prägung (z. B. durch Ausscheiden der Komplementär-GmbH bzw. aller Kommanditisten oder Hinzutreten einer natürlichen Person als persönlich haftender Gesellschafter bzw. Änderungen in der Geschäftsführungsbefugnis) kommt es zu einer Betriebsaufgabe;[6] die Tätigkeit der KG wird möglicherweise zu einer vermögensverwaltenden Tätigkeit. Die Betriebsaufgabe kann vermieden werden, indem zuvor eine originäre gewerbliche Tätigkeit i. S. d. § 15 Abs. 1 Satz 1 i. V. m. Abs. 2 EStG oder eine gewerblich infizierende/abfärbende Tätigkeit i. S. d. § 15 Abs. 3 Nr. 1 i. V. m. Abs. 2 EStG begründet wird (ggf. durch Betriebsaufspaltung oder Betriebsverpachtung).[7] Auch sollte eine Betriebsaufgabe vermieden werden können, wenn die Wirtschaftsgüter des Betriebs in einem (anderen) Betriebsvermögen verbleiben, wie z. B. beim Übergang eines gewerblich zu einem land- und forstwirtschaftlichen Betrieb[8] oder umgekehrt.[9] Entscheidend ist, dass die Besteuerung der stillen Reserven gesichert ist. Im Ergebnis kann daher eine gewerblich geprägte KG ohne Versteuerung der stillen Reserven in eine land- und forstwirtschaftliche Personengesellschaft überführt werden.[10]

Die erstmalige Erfüllung der Voraussetzungen des § 15 Abs. 3 Nr. 2 EStG ist eine **Betriebseröffnung i. S. d. § 6 Abs. 1 Nr. 6 EStG,** der bezüglich der Wertansätze (grundsätzlich zum Teilwert) wiederum auf die Vorschriften für Einlagen (§ 6 Abs. 1 Nr. 5 EStG) verweist. 602

(Einstweilen frei) 603–609

IV. Ausgleichs- und Abzugsverbot für Verluste (§ 15 Abs. 4 EStG)

HINWEIS:

Siehe auch R 15.10 EStR; EStH, zu Verlustabzugsbeschränkungen gem. § 15 Abs. 4 EStG; BMF v. 27.11.2001, BStBl 2001 I 986; BMF v. 16.12.2003, BStBl 2004 I 40; BMF v. 29.11.2004, BStBl 2004 I 1097; BMF 23.9.2005, DB 2005, 2269; BMF v. 10.11.2005, BStBl 2005 I 1038; BMF v. 19.11.2008, BStBl 2008 I 970; OFD Frankfurt a. M. v. 9.9.2002, NWB DokID: AAAAB-16159; OFD Magdeburg v. 19.6.2006, NWB DokID: SAAAB-93282; BayLfSt v. 9.3.2007, NWB DokID: SAAAC-40395; BayLfSt v. 18.2.2009, NWB DokID:

---

1 Vgl. BFH v. 23.2.2012 - IV R 13/08, BFH/NV 2012, 1112 = NWB DokID: XAAAE-10325; BFH v. 25.11.2009 - I R 72/08, BStBl 2010 II 471; BFH v. 7.7.1992 - VIII R 2/87, BStBl 1993 II 328; BFH v. 11.12.1990 - VIII R 14/87, BStBl 1991 II 510; BFH v. 12.11.1985 - VIII R 286/81, BStBl 1986 II 55.
2 Vgl. OFD Frankfurt a. M. v. 13.2.2014, NWB DokID: EAAAE-57227; OFD München v. 2.4.2001, DStR 2001, 1032.
3 BFH v. 16.6.1994 - IV R 48/93, BStBl 1996 II 82; BFH v. 24.3.1999 - I R 114/97, BStBl 2000 II 399; BFH v. 23.4.1996 - VIII R 13/95, BStBl 1998 II 325; BFH v. 22.11.1994 - VIII R 63/93, BStBl 1996 II 93; vgl. auch BMF v. 28.4.1998, BStBl 1998 I 583.
4 BFH v. 20.11.2003 - IV R 5/02, BStBl 2004 II 464.
5 *Wacker* in Schmidt, § 15 EStG Rz. 231.
6 Vgl. R 16 Abs. 2 Satz 5 EStR; *Brandenberg*, DStZ 2002, 511.
7 Siehe a. *Bode* in Blümich, § 15 EStG Rz. 283, 288a.
8 BFH v. 7.10.1974, GrS 1/73, BStBl 1975 II, 168, 170.
9 BMF v. 22.7.1999, IV C 2 - S 2135 - 15/99, NWB DokID: HAAAA-78386.
10 *Kanzler*, NWB 2016, 170, 171.

ZAAAD-18962; FinMin Schleswig-Holstein v. 23.3.2011, DStR 2011, 1427; OFD Frankfurt a.M. v. 16.7.2013, NWB DokID: EAAAE-42154.

LITERATUR:

Groh, Nach der Wiedereinführung der Geprägetheorie, DB 1987, 1006; *Grützner*, Zur Besteuerung von betrieblichen Termingeschäften nach dem StEntlG 1999/2000/2002, StuB 1999, 961; *Schmittmann/Wepler*, Voraussetzungen der Verlustausgleichsbeschränkung bei Termingeschäften im Betriebsvermögen, DStR 2001, 1783; *Harenberg*, Einkommensteuerrechtliche Behandlung von Termingeschäften im Bereich der privaten Vermögensverwaltung (§§ 20, 22 und 23 EStG), FR 2002, 109; *Häuselmann/Wagner*, Grenzen der Einbeziehung von Aktienderivaten in das Halbeinkünfteverfahren, BB 2002, 2170; *Groh*, Verluste in der stillen Gesellschaft, DB 2004, 668; *Haisch*, Steuerliche Behandlung von Swapgeschäften, DStZ 2004, 511; *Haisch/Danz*, Verluste aus Termingeschäften im Betriebsvermögen, DStZ 2004, 850; *Intemann/Nacke*, Verlustverrechnung nach den Steueränderungen für 2003/04, DStR 2004, 1149; *Kraft/Bäuml*, Verfassungswidrigkeit der Spekulationsgewinnbesteuerung bei Wertpapieren: Eine Analyse der jüngsten Urteile des BVerfG und des BFH sowie ihrer Folgen für die Konzeption der Besteuerung privater Veräußerungsgeschäfte, DB 2004, 615; *Kraft/Bäuml*, Verfassungswidrigkeit der Besteuerung privater Wertpapier-Veräußerungsgeschäfte: Analyse des Urteils des BVerfG v. 9.3.2004 im Kontext der jüngeren BFH-Rechtsprechung und seiner Auswirkungen auf das System der kapitalorientierten Einkommensteuer, FR 2004, 443; *Bäuml*, Verfassungsmäßigkeit der Besteuerung privater Wertpapierveräußerungsgeschäfte ab 1999: ein Urteil des Bundesfinanzhofs auf Bewährung, DStZ 2006, 109; *Haisch/Bindl*, Anteilsbesitz von Finanzunternehmen – Geklärte und offene Anwendungsfragen bei § 8b Abs. 7 Satz 2 KStG, Ubg 2009, 680; *Breuninger/Winkler*, Die Anwendung des § 8b Abs. 7 KStG im Rahmen von Kapitalerhöhungen und Sacheinlagen – Chancen und Risiken?, Ubg 2011, 13; *Frase*, Entscheidungsbesprechung zu: BFH: Finanzunternehmen und Eigenhandelsabsicht (Objektgesellschaft) (BFH, Beschluss v. 30.11.2011 - I B 105/11), BB 2012, 493; *Haisch/Bindl*, Rechtsprechungs-Update zur Besteuerung von Finanzunternehmen, Ubg 2012, 667; *Peters*, Abzugsbeschränkungen für Verluste aus (typisch) stillen Beteiligungen an Kapitalgesellschaften, FR 2012, 718; *Wacker*, Stille Beteiligungen und Verlustverwertungsbeschränkung gem. § 15 Abs. 4 Sätze 6ff. EStG, DB 2012, 1403; *Wacker*, Abschaffung der Mehrmütterorganschaft und Verlustverwertungsbeschränkungen bei stillen Beteiligungen, NWB 2012, 2462; *Ebel*, Verluste aus Termingeschäften im Betriebsvermögen, FR 2013, 882; *Ebel*, Gestaltungsmissbrauch durch betrieblichen Derivateeinsatz?, DB 2013, 2112; *Ebel*, Steuerfreie Anteilsveräußerung und ergebniskompensatorische Sicherung – Gestaltung und Missbrauch zwischen § 8b Abs. 2 KStG, § 8b Abs. 7 KStG und § 15 Abs. 4 Satz 3 bis 5 EStG, FR 2014, 410; *Riegler/Riegler*, Die steuerliche Berücksichtigung von Verlusten aus atypisch stillen Beteiligungen zwischen Kapitalgesellschaften, DStR 2014, 1031; *Hoheisel*, Ausgleichs- und Abzugsbeschränkung für Verluste aus Termingeschäften nach § 15 Abs. 4 Satz 3 EStG, StuB 2016, 856; *Hess*, Verlustverrechnungsbeschränkungen bei gewerblichen Termingeschäften, NWB 2018, 2546.

1. Entstehung und Zweck des Ausgleichs- und Abzugsverbots (§ 15 Abs. 4 EStG)

610 § 15 Abs. 4 Satz 1 und 2 EStG sehen ein **Ausgleichs- und Abzugsverbot für Verluste aus gewerblicher Tierzucht** vor. Hintergrund für die erstmalige Einschränkung des Verlustausgleichs und des Verlustvortrags bzw. -abzugs bei gewerblicher Tierzucht durch das 2. StÄndG 1971 v. 10.8.1971[1] waren **agrar- bzw. wirtschaftspolitische Erwägungen** zum Schutz der traditionellen Tierzucht auf ausreichenden landwirtschaftlichen Nutzflächen vor industrieller Tierproduktion.[2] Anlass für diese Maßnahme war die zunehmende Nutzung der Tierzucht und Tierhaltung für die Betätigung von sog. Abschreibungsgesellschaften mit Verlustzuweisungen durch gewerbliche Unternehmer in Zusammenhang mit der Bewertungsvereinfachung für Tiere als geringwertige Wirtschaftsgüter (GWG) i.S.d. § 6 Abs. 2, Abs. 2a EStG.[3]

---

1 StÄndG 1971 v. 10.8.1971, BGBl 1971 I 1266.
2 BFH v. 21.9.1995 - IV R 96/94, BStBl 1996 II 85.
3 Siehe a. BFH v. 14.9.1989 - IV R 88/88, BStBl 1990 II 152, BFH v. 19.12.2002 - IV R 47/01, BStBl 2003 II 507.

§ 15 Abs. 4 Satz 1 und 2 EStG sind **verfassungs- und europarechtlich unbedenklich**.[1] 611

§ 15 Abs. 4 Satz 3 bis 5 EStG regeln die Behandlung von **Verlusten aus Termingeschäften**. Die Erweiterung erfolgte zunächst mit dem Steuerentlastungsgesetz 1999/2000/2002 (StEntlG 1999/2000/2002) v. 24. 3. 1999[2] und wurde bzgl. bestimmter **Sicherungsgeschäfte mit Aktien** durch das Änderungsgesetz zum Investitionszulagengesetz 1999 (InvZulG 1999) v. 20. 12. 2000[3] ergänzt. Die Regelung entspricht im Grundsatz dem alten § 23 Abs. 1 Satz 1 Nr. 4 i. V. m. Abs. 3 Satz 8 EStG a. F. für den privaten Bereich.[4] Es handelt sich um eine den § 42 AO verdrängende spezielle und typisierende **Missbrauchsverhinderungsvorschrift**.[5] 612

Schließlich sind in **§ 15 Abs. 4 Satz 6 bis 8 EStG** Regelungen zur Behandlung von **Verlusten aus mitunternehmerischen Innengesellschaften**[6] bzw. **Kapitalgesellschaften** enthalten. **§ 15 Abs. 4 Satz 6 EStG** wurde durch das Steuervergünstigungsabbaugesetz (StVergAbG) v. 16. 5. 2003[7] eingefügt und beschränkt die Verrechnung von Verlusten aus **mitunternehmerischen Beteiligungen an Kapitalgesellschaften von Kapitalgesellschaften**. 613

Die Regelung dient der **Absicherung der Abschaffung der sog. Mehrmütterorganschaft**,[8] weil die mit ihr verfolgten Ziele faktisch auch durch Innengesellschaften erreicht werden können.[9] Die ebenfalls 2003[10] eingefügten **Sätze 7 und 8 des § 15 Abs. 4 EStG** dienen der Verhinderung von Gestaltungen, die mittels Zwischenschaltung einer Personengesellschaft die Verlustausgleichsbeschränkung des § 15 Abs. 4 Satz 6 EStG bei stillen Beteiligungen von Kapitalgesellschaften an Kapitalgesellschaften umgehen könnten.[11] 614

Mit dem Amtshilferichtlinienumsetzungsgesetz (AmtshilfeRLUmsG) v. 26. 6. 2013[12] wurde **§ 15 Abs. 4 Satz 2 und Satz 7 EStG** jeweils **am Ende um einen 2. Halbsatz ergänzt**, wonach das Verlustfeststellungsverfahren gem. § 10d Abs. 4 EStG entsprechende Anwendung finden soll. Gem. § 52 Abs. 23 EStG ist diese **Neufassung in allen Fällen anzuwenden**, in denen am 30. 6. 2013 die Feststellungsfrist noch nicht abgelaufen ist. 615

§ 15 Abs. 4 EStG gilt auch für Kapitalgesellschaften, da § 8 Abs. 1 KStG auf Bestimmungen zur Ermittlung des steuerlichen Einkommens verweist. § 15 Abs. 4 EStG gilt **nicht für die Gewerbesteuer**, da § 7 GewStG auf die Gewinnermittlung verweist.[13] 616

(Einstweilen frei) 617–624

---

1 BFH v. 24. 4. 2012 - IV B 84/11, BFH/NV 2012, 1313, m. w. N. = NWB DokID: WAAAE-11225; *Bode* in Blümich, § 15 EStG Rz. 651.
2 StEntlG 1999/2000/2002 v. 24. 3. 1999, BGBl 1999 I 402; zur Gesetzesbegründung vgl. BT-Drucks. 14/23, zu Art. 1 zu Nr. 21.
3 InvZulG 1999 v. 20. 12. 2000, BGBl 2000 I 1850.
4 Vgl. hierzu im Detail *Bäuml*, DStZ 2006, 109 -112; *Kraft/Bäuml*, DB 2004, 615 f.
5 *Ebel*, FR 2014, 410, 413.
6 Erfasst sind Innengesellschaften, die als Mitunternehmerschaften gem. § 15 Abs. 1 Satz 1 Nr. 2 EStG anzusehen sind.
7 StVergAbG v. 16. 5. 2003, BGBl 2003 I 660; zur einschränkenden Auslegung der Anwendungsregelung ab VZ 2003 vgl. BFH v. 27. 3. 2012 - I R 62/08, BStBl 2012 II 745; dazu *Peters*, FR 2012, 718, 720; s. a. *Wacker*, DB 2012, 1403, u. a. mit verfassungsrechtlichen Bedenken bzgl. Art. 3 GG.
8 BFH v. 15. 2. 2012 - I B 7/11, BStBl 2012 II 751; dazu *Wacker*, NWB 2012, 2462, 2468; *Riegler/Riegler*, DStR 2014, 1031.
9 Vgl. BT-Drucks. 15/119, 38; BFH v. 27. 3. 2012 - I R 62/08, BStBl 2012 II 745; *Wacker*, DB 2012, 1403; *Wacker*, NWB 2012, 2462, 2468; *Peters*, FR 2012, 718, 721; BMF v. 10. 11. 2005, BStBl 2005 I 1038, Tz. 6 ff.
10 Gesetz zur Umsetzung der Protokollerklärung der Bundesregierung zur Vermittlungsempfehlung zum Steuervergünstigungsabbaugesetz (Protokollerklärungsgesetz; ProtErklG) v. 22. 12. 2003, BGBl 2003 I 2840.
11 Vgl. BR-Drucks. 560/03, 14; zur verfassungsrechtlichen Kritik an § 15 Abs. 4 Satz 6 bis 8 EStG vgl. *Peters*, FR 2012, 718 ff. bzw. *Wacker*, DB 2012, 1403 ff.
12 AmtshilfeRLUmsG v. 26. 6. 2013, BGBl 2013 I 1809.
13 BFH v. 8. 11. 2000 - I R 10/98, BStBl 2001 II 349; BMF v. 19. 11. 2008, BStBl 2008 I 970 Tz. 10. Zur Rechtsentwicklung vertiefend vgl. *Bode* in Blümich, § 15 EStG Rz. 651 ff.

2. Verluste aus gewerblicher Tierzucht (§ 15 Abs. 4 Satz 1 und 2 EStG)

625 Gemäß § 15 Abs. 4 Satz 1 und 2 EStG dürfen Verluste aus gewerblicher Tierzucht oder gewerblicher Tierhaltung weder mit anderen Einkünften aus Gewerbebetrieb noch mit Einkünften aus anderen Einkunftsarten ausgeglichen werden. Auch der **Abzug nach § 10d EStG** ist **nicht zulässig**. Die **Verluste mindern** jedoch nach Maßgabe des § 10d EStG die **Gewinne**, die der Stpfl. in dem unmittelbar vorangegangenen (**Verlustrücktrag**) und in den folgenden Wirtschaftsjahren (**Verlustvortrag**) aus gewerblicher Tierzucht oder gewerblicher Tierhaltung erzielt hat oder erzielt; insoweit gilt § 10d Abs. 4 EStG entsprechend.

626 Entsprechend dem Regelungszweck der Vorschrift entfaltet diese **Geltung für alle Steuerpflichtigen, die Tierzucht oder Tierhaltung gewerblich** betreiben (**persönlicher Anwendungsbereich**). Dies gilt unabhängig davon, ob die gewerbliche Ausübung der entsprechenden Tätigkeit im Rahmen eines **Einzelunternehmens** (§ 15 Abs. 1 Satz 1 Nr. 1 EStG), einer (mitunternehmerischen) **Personengesellschaft** (§ 15 Abs. 1 Satz 1 Nr. 2, Abs. 3 EStG), einer **Kapitalgesellschaft** (§ 1 Abs. 1 Nr. 1 KStG), einer **Erwerbs- und Wirtschaftsgenossenschaft** (§ 1 Abs. 1 Nr. 2 KStG) oder einer sonstigen **juristischen Personen des privaten Rechts** (§ 1 Abs. 1 Nr. 4 KStG), einem **nicht rechtsfähigen Verein** (§ 1 Abs. 1 Nr. 5 KStG) oder einem **Betrieb gewerblicher Art von juristischen Personen des öffentlichen Rechts** (§ 1 Abs. 1 Nr. 6 KStG) erfolgt.

627 Der **sachliche Anwendungsbereich** des den gewerblichen Bereich betreffenden § 15 Abs. 4 Satz 1 und 2 EStG ist **abzugrenzen von den Einkünften aus Land- und Forstwirtschaft** gem. § 13 EStG. Gemäß § 13 Abs. 1 Nr. 1 Satz 2 und 3 EStG gehören zu den Einkünften aus Land- und Forstwirtschaft auch die **Einkünfte aus der Tierzucht und Tierhaltung**, sofern der Betrieb über eine **hinreichende Futtergrundlage** in Gestalt von landwirtschaftlichen Nutzflächen verfügt. **Fehlt es an dieser Voraussetzung**, handelt es sich um einen **Gewerbebetrieb**.[1]

628 Das **Verlustausgleichs- und Abzugsverbot** des § 15 Abs. 4 Satz 1 und 2 EStG **greift nicht ein**, wenn die Tierzucht bzw. Tierhaltung ihrem Wesen nach nicht in den Bereich der Land- und Forstwirtschaft gehört und auch in der Hand eines Landwirts mit hinreichender Futtergrundlage einen Gewerbebetrieb darstellen würde.[2] Dies ist z. B. gegeben bei Zucht und Haltung von Hunden und Katzen, Zierfischen und Nerzen, mithin Tieren, deren Ernährung nicht auf der **notwendigen pflanzlichen Ernährungsgrundlage** beruht.[3] Entsprechendes gilt bei der **Haltung und Zucht landwirtschaftsfremder Tierarten** (z. B. Zirkustiere, Zootiere).[4]

629 Auf eine landwirtschaftlich betriebene Tierzucht oder Tierhaltung, bei der in ausreichendem Umfang selbstbewirtschaftete landwirtschaftliche Nutzfläche als Futtergrundlage der Tiere zur Verfügung steht und deren Einkünfte nur deshalb als gewerbliche gelten müssen, weil die Landwirtschaft zusammen mit einem Gewerbebetrieb, z. B. einem Gaststättenbetrieb, betrieben wird, ist § 15 Abs. 4 Satz 1 und 2 EStG nicht anzuwenden.[5] Anderes gilt bei Tierzucht oder

---

1 BFH v. 21. 9. 1995 - IV R 96/94, BStBl 1996 II 85; BFH v. 14. 9. 1989 - IV R 88/88, BStBl 1990 II 152; BFH v. 12. 8. 1982 - IV R 69/79, BStBl 1983 II 36; vgl. m. w. N. auch *Bode* in Blümich, § 15 EStG Rz. 653.
2 BFH v. 19. 12. 2002 - IV R 47/01, BStBl 2003 II 507; BFH v. 14. 9. 1989 - IV R 88/88, BStBl 1990 II 152; BFH v. 4. 10. 1984 - IV R 195/83, BStBl 1985 II 133.
3 BFH v. 19. 12. 2002 - IV R 47/01, BStBl 2003 II 507 (zugleich Aufgabe des BFH-Urteils v. 29. 10. 1987 - VIII R 272/83, BStBl 1988 II 264); vgl. auch BFH v. 30. 9. 1980 - VIII R 22/79, BStBl 1981 II 210, BFH v. 13. 3. 1987 - V R 55/77, BStBl 1987 II 467.
4 BFH v. 29. 10. 1987 - VIII R 272/83, BStBl 1988 II 264.
5 BFH v. 4. 10. 1984 - IV R 195/83, BStBl 1985 II 133; BFH v. 1. 2. 1990 - IV R 45/89, BStBl 1991 II 625.

Tierhaltung als **Nebenbetrieb** der gewerblichen Tätigkeit[1] oder bei **Überschreiten der landwirtschaftlichen Höchstgrenzen** für die einzelnen Vieheinheiten i. R. d. § 13 EStG; vgl. i. Ü. KKB/Agatha, § 13 EStG.

Die Unterhaltung einer **Brüterei** durch einen Gewerbetreibenden stellt keine gewerbliche Tierzucht oder Tierhaltung dar.[2]

Verluste i. S. d. § 15 Abs. 4 Satz 1 und 2 EStG sind neben den **laufenden Verlusten** auch **Verluste aus der Veräußerung oder der Aufgabe des Betriebs**.[3] Diese dürfen weder mit anderen Einkünften aus Gewerbebetrieb noch mit Einkünften aus anderen Einkunftsarten ausgeglichen oder nach § 10d EStG abgezogen werden.[4] Ein **Verlustvortrag bzw. Verlustrücktrag** ist nach Maßgabe des § 10d Abs. 4 EStG möglich.

Betreibt ein Stpfl. **gewerbliche Tierzucht oder Tierhaltung in mehreren selbständigen Betrieben**, kann der in einem Betrieb erzielte Gewinn aus gewerblicher Tierzucht oder Tierhaltung mit dem **in einem anderen Betrieb des Steuerpflichtigen** erzielten Verlust aus gewerblicher Tierzucht oder Tierhaltung bis zum Betrag von null Euro verrechnet werden.[5]

Gleiches gilt für den Ausgleich von Verlusten aus gewerblicher Tierzucht des einen Ehegatten mit Gewinnen aus gewerblicher Tierzucht des Anderen bei **Zusammenveranlagung der Ehegatten**.[6] Geht ein Betrieb, Teilbetrieb oder Mitunternehmeranteil gem. § 6 Abs. 3 EStG auf den Erben über, **geht auch ein gem. § 15 Abs. 4 Satz 1 und 2 EStG festgestellter Verlust auf den Erben über**; dies gilt nicht, sofern der Erblasser den entsprechenden Betrieb, Teilbetrieb oder Mitunternehmeranteil bereits zu Lebzeiten aufgegeben oder veräußert hat.[7]

(Einstweilen frei)

3. Verluste aus Termingeschäften (§ 15 Abs. 4 Satz 3 bis 5 EStG)

a) Verlust aus betrieblich veranlassten Termingeschäften (§ 15 Abs. 4 Satz 3 EStG)

Das **Verlustausgleichs- und Abzugsverbot** des § 15 Abs. 4 Satz 1 und 2 EStG gilt entsprechend **für Verluste aus betrieblich veranlassten Termingeschäften**, durch die der Stpfl. einen Differenzausgleich oder einen durch den Wert einer veränderlichen Bezugsgröße bestimmten Geldbetrag oder Vorteil erlangt **(§ 15 Abs. 4 Satz 3 EStG)**. Diese können deshalb weder mit anderen Einkünften aus Gewerbebetrieb noch mit Einkünften aus anderen Einkunftsarten ausgeglichen werden; sie dürfen auch nicht nach § 10d EStG abgezogen werden. Die Regelung dient der **Missbrauchsverhinderung** und ist unabhängig von der **Motivlage des Steuerpflichtigen** anzuwenden.[8]

---

1 Vgl. H 15.10 „Landwirtschaftliche Tätigkeit" EStH; *Bode* in Blümich, § 15 EStG Rz. 654.
2 H 15.10 „Brüterei" EStH.
3 Vgl. ergänzend auch 15.10 „Abschreibungs- oder Buchverluste" EStH.
4 Siehe a. OFD Frankfurt a. M. v. 9. 9. 2002, NWB DokID: AAAAB-16159.
5 R 15.10 EStR.
6 BFH v. 6. 7. 1989 - IV R 116/87, BStBl 1989 II 787; s. a. FinMin Schleswig-Holstein v. 23. 3. 2011, DStR 2011, 1427, 1428.
7 OFD Frankfurt a. M., NWB DokID: EAAAE-42154.
8 *Ebel*, FR 2014, 410, 413.

641 Der **steuerrechtliche Begriff des Termingeschäfts** folgt zunächst dem des Zivilrechts, insbesondere den Regelungen des § 2 WPHG und des § 1 KWG.[1] Mit dem FMRL-UmsG[2] hat der Gesetzgeber mit Wirkung ab dem 1.11.2007[3] sowohl in § 1 Abs. 11 Satz 4 Nr. 1 KWG (aktuell: § 1 Abs. 11 Satz 3 Nr. 1 KWG) als auch in § 2 Abs. 2 Nr. 1 WpHG eine **gleichlautende Legaldefinition des Termingeschäfts** geschaffen. Danach sind Termingeschäfte solche Festgeschäfte oder Optionsgeschäfte, die zeitlich verzögert zu erfüllen sind und deren Wert sich unmittelbar oder mittelbar vom Preis oder Maß eines Basiswerts ableitet.[4] **§ 15 Abs. 4 Satz 3 EStG** erfasst **einschränkend** nur solche Termingeschäfte, durch die der Stpfl. einen Differenzausgleich oder einen durch den Wert einer veränderlichen Bezugsgröße bestimmten Geldbetrag oder Vorteil erlangt.[5]

642 Der **Begriff des Termingeschäfts in § 15 Abs. 4 Satz 3 EStG** entspricht demjenigen in § 23 Abs. 1 Satz 1 Nr. 4 EStG i.d.F. vor Inkrafttreten des UntStRG 2008[6] (seitdem § 20 Abs. 2 Nr. 3 EStG).[7] Ausweislich der Gesetzesbegründung zu § 23 Abs. 1 Satz 1 Nr. 4 EStG a.F.[8] umfasst der Begriff des Termingeschäfts sowohl **Waren- und Devisentermingeschäfte mit Differenzausgleich** einschließlich Swaps und Begrenzungsvereinbarungen (Cap, Floor, Collar),[9] Index- und Optionsgeschäfte oder Futures als auch **Geschäfte, die ein Recht auf Zahlung eines Geldbetrags einräumen** oder auf einen **sonstigen Vorteil** (z. B. physische Lieferung von Wertpapieren, Waren in **Erfüllung des Grundgeschäfts** etc. an Stelle Glattstellung)[10] gerichtet sind, dessen Höhe sich nach anderen Bezugsgrößen (z. B. Wertentwicklung von Wertpapieren, Indizes, Futures oder Zinssätzen) bestimmt.[11] Mit Urteil vom 6.7.2016[12] ist der BFH der bisherigen Auffassung der Finanzverwaltung entgegen getreten, wonach auch Geschäfte, die auf „physische" Lieferung des Basiswerts gerichtet sind, der Verrechnungsbeschränkung unterliegen.

643 Vom Begriff des Termingeschäfts in § 15 Abs. 4 Satz 3 EStG **nicht umfasst** sind **Index-Partizipationszertifikate**.[13] Abzugrenzen ist das Termingeschäft vom sog. **Kassageschäft**, bei dem der Leistungsaustausch (Belieferung Zug um Zug gegen Bezahlung) sofort oder innerhalb der für diese Geschäfte üblichen Frist von zwei (Bankarbeits- oder Börsen-)Tagen zu vollziehen ist („sofortige Erfüllung"). Der BFH hatte mit Urteil vom 21.2.2018[14] zu entscheiden, ob Verluste aus

---

1 BFH v. 20.8.2014 - X R 13/12, BStBl 2015 II 177; BFH v. 26.9.2012 - IX R 50/09, BStBl 2013 II 231; vgl. grundlegend BFH v. 17.4.2007 - IX R 40/06, BStBl 2007 II 608.
2 Finanzmarktrichtlinien-Umsetzungsgesetz (FMRL-UmsG) v. 16.7.2007, BGBl 2007 I 1330.
3 Art. 14 Abs. 3 FMRL-UmsG.
4 BFH v. 20.8.2014 - X R 13/12, BStBl 2015 II 177; s.a. BFH v. 26.9.2012 - IX R 50/09, BStBl 2013 II 231.
5 BFH v. 20.8.2014 - X R 13/12, BStBl 2015 II 177.
6 § 23 Abs. 1 Satz 1 Nr. 4 EStG i.d.F. vor Inkrafttreten des Unternehmensteuerreformgesetzes 2008 (UntStRG 2008) v. 14.8.2007, BGBl 2007 I 1912.
7 Vgl. nur BFH v. 20.8.2014 - X R 13/12, BStBl 2015 II 177; grundlegend hierzu *Kraft/Bäuml*, DB 2004, 615 ff.
8 Vgl. BT-Drucks. 14/443, 28; weiterführend im Detail *Kraft/Bäuml*, FR 2004, 443-451 bzw. *Bäuml*, DStZ 2006, 109.
9 *Ebel*, FR 2014, 410, 413.
10 Vgl. auch BayLfSt v. 9.3.2007, NWB DokID: SAAAC-40395; OFD Magdeburg v. 19.6.2006, NWB DokID: SAAAB-93282; BMF v. 23.9.2005, DB 2005, 2269; BMF v. 27.11.2001, BStBl 2001 I 986 bzw. (wegen teilweiser Überarbeitung) BMF v. 17.6.2008, BStBl 2008 I 715; zur Begriffsbestimmung vgl. auch *Kraft/Bäuml*, DB 2004, 615 ff.; kritisch *Harenberg*, FR 2002, 109; *Haisch/Danz*, DStZ 2004, 850; die Anwendung auf Geschäfte, die auf eine physische Lieferung des Basiswerts gerichtet sind ablehnend *Ebel*, FR 2014, 410, 413.
11 BFH v. 26.9.2012 - IX R 50/09, BStBl 2013 II 231; in Ergänzung zu BFH v. 17.4.2007 - IX R 40/06, BStBl 2007 II 608; BFH v. 13.2.2008 - IX R 68/07, BStBl 2008 II 522.
12 BFH v. 6.7.2016 - I R 25/14, DB 2016, 2455; vgl. *Hoheisel*, StuB 2016, 856; ebenso: FG Hamburg v. 22.6.2017 - 2 K 134/14, NWB DokID: KAAAG-57206.
13 BFH v. 4.12.2014 - IV R 53/11, BStBl 2015 II 483.
14 BFH, Urt. v. 21.2.2018 - I R 60/16, NWB DokID: GAAAG-87368; vgl. *Hess*, NWB 2018, 2546.

sog. **Daytrading-Geschäften** unter § 15 Abs. 4 Satz 3 EStG fallen. Im Urteilsfall wurden die Geschäfte der Klägerin mit Stop-Loss-Order sowie mit Take-Profit-Order abgeschlossen und entsprechend der vertraglichen Vereinbarung mit der Bank (zwingend) am selben Tag durch deckungsgleiche Gegengeschäfte glattgestellt. Die Devisenkäufe und -verkäufe wurden dabei nicht effektiv durch den Austausch von Devisen und Kaufpreis durchgeführt; dies sei weder der Klägerin mit eigenen Mitteln möglich noch Gegenstand der Geschäftsvereinbarungen mit der Bank (die die Lieferung der Devisen ausgeschlossen haben) gewesen. Die Geschäfte wurden lediglich auf dem jeweiligen Kundenkonto bei der Bank verbucht und am Ende des Geschäftstages mit einem Differenzbetrag zugunsten oder zulasten des Kontos abgeschlossen. Entgegen der Erstinstanz sah der BFH die Geschäfte der Klägerin als Termingeschäfte i. S. d. § 15 Abs. 4 Satz 3 EStG an. Der BFH sah vorliegend ein **sog. Scheinkassageschäft** (und damit ein Termingeschäft) gegeben. Dies komme jedenfalls dann in Betracht, wenn die Parteien durch (Neben-)Abreden oder die tatsächliche Art der Vertragsdurchführung den sofortigen Leistungsaustausch als das Charakteristische des Kassageschäfts ausschließen und stattdessen allein Spekulationsgewinne durch Gutschriften aus gleichartigen Geschäften erzielen wollen. Dies bejahte der BFH im konkreten Fall: Die wirtschaftliche Substanz der Geschäfte bestand im Zusammenwirken der Eröffnungsgeschäfte und den darauf abgestimmten deckungsgleichen Gegengeschäften. Im Ergebnis handelte es sich um auf Differenzausgleich gerichtete Termingeschäfte. Die einzelnen Umsatzgeschäfte waren nur das technische Mittel zur Erzielung der zu Spekulationszwecken angestrebten Differenz (bloße Verrechnung der Ordervolumina mit dem Ergebnis eines Geldsaldos).

Ein strukturierter EUR-Zinsswap mit CMS-Spread-Koppelung **(CMS Spread Ladder Swap)** ist hingegen ein unter § 15 Abs. 4 Satz 3 EStG fallendes Termingeschäft.[1] Entsprechend hat der BGH einen **vergleichbar strukturierten CMS Spread Ladder Swap** als hoch riskantes Produkt in Form einer **Zinswette** eingestuft.[2] Ein Anwendungsfall des § 15 Abs. 4 Satz 4 Alt. 2 EStG liegt bei einem solchen rein spekulativen Swap nicht vor.[3]   644

§ 15 Abs. 4 Satz 3 EStG setzt voraus, dass die **Termingeschäfte betrieblich veranlasst** sind und **Gewinne und Verluste** hieraus somit **solche aus Gewerbebetrieb** sind. Auf Einkünfte aus Land- und Forstwirtschaft und aus selbständiger Arbeit ist § 15 Abs. 4 Satz 3 EStG nicht anwendbar, da es an einem entsprechenden Verweis in den §§ 13, 18 EStG fehlt.[4] **Zur Abgrenzung der privaten Vermögensverwaltung vom Gewerbebetrieb bei Venture Capital und Private Equity Fonds** vgl. BMF v. 16. 12. 2003.[5]   645

Zur Verlustfeststellung ist auf den **Saldo sämtlicher Termingeschäfte eines Wirtschaftsjahres** abzustellen.[6] Einzubeziehen sind auch die gewerblichen Termingeschäfte **zusammenveranlagter Ehegatten**.[7]   646

Werden die **Chancen und Risiken aus einem Termingeschäft** im Innenverhältnis **an ein konzern- bzw. gruppeninternes Unternehmen weitergereicht**, führt die wirtschaftliche Betrachtung dazu, dass die Verlustausgleichs- und -abzugsbeschränkung des § 15 Abs. 4 Satz 3 EStG   647

---

1 BFH v. 20. 8. 2014 - X R 13/12, BStBl 2015 II 177.
2 BGH v. 22. 3. 2011 - XI ZR 33/10, BGHZ 189, 13.
3 BFH v. 20. 8. 2014 - X R 13/12, BStBl 2015 II 177; *Haisch*, DStZ 2004, 511, 514; s. a. zu Derivaten *Ebel*, DB 2013, 2112.
4 Vgl. *Wacker* in Schmidt, § 15 EStG Rz. 901; *Grützner*, StuB 1999, 961, 962.
5 BStBl 2004 I 40.
6 *Häuselmann/Wagner*, BB 2002, 2170; *Haisch/Danz*, DStZ 2004, 850.
7 *Bode* in Blümich, § 15 EStG Rz. 658.

allein auf Ebene des aus dem Geschäft tatsächlich belasteten operativ tätigen Unternehmens Anwendung findet.[1]

648 Die Ausgleichs- und Abzugsbeschränkung für Verluste aus betrieblichen Termingeschäften nach § 15 Abs. 4 Satz 3 ff. EStG ist auf Grundlage der Entscheidung des BFH v. 28. 4. 2016 grundsätzlich als verfassungsgemäß anzusehen. Dies gilt zumindest dann, wenn derartige Verluste noch mit späteren Gewinnen aus entsprechenden Geschäften verrechnet werden können und es deshalb noch nicht zu einer endgültigen Einkommensteuerbelastung kommt.[2] Die Frage, ob § 15 Abs. 4 Satz 3 EStG auch im Fall einer Definitivbelastung verfassungsgemäß wäre, stellte sich im Streitfall nicht.

649–654 *(Einstweilen frei)*

b) Termingeschäfte im gewöhnlichen Geschäftsbetrieb oder zur Absicherung von Grundgeschäften (§ 15 Abs. 4 Satz 4, 5 EStG)

655 Eine **Ausnahme vom Ausgleichs- und Abzugsverbot** für Verluste aus Termingeschäften gem. § 15 Abs. 4 Satz 3 EStG ist gem. **§ 15 Abs. 4 Satz 4 EStG** für zwei Fallkonstellationen vorgesehen.

656 Die erste Ausnahme erfasst den Fall, dass die entsprechenden Verluste im Rahmen von Geschäften angefallen sind, die **zum gewöhnlichen Geschäftsbetrieb bei Kreditinstituten, Finanzdienstleistungsinstituten und Finanzunternehmen i. S. d. KWG gehören** (§ 15 Abs. 4 Satz 4 1. Alt. EStG). Hier schließt der Gesetzgeber grundsätzlich die Möglichkeit des rechtsmissbräuchlichen Einsatzes von Termingeschäften im Betriebsvermögen aus.[3]

657 Die zweite Ausnahme regelt den Fall dass die Verluste aus Termingeschäften im Rahmen von Geschäften angefallen sind, die der **Absicherung von Geschäften des gewöhnlichen Geschäftsbetriebs** dienen (§ 15 Abs. 4 Satz 4 2. Alt. EStG).[4]

658 Für die Frage der Anwendbarkeit des § 15 Abs. 4 Satz 4 EStG zur **Absicherung von Geschäften des gewöhnlichen Geschäftsbetriebs bei Lebens- und Krankenversicherungsunternehmen und Pensionsfonds** in Zusammenhang mit dem sog. „**Blockwahlrecht**" gem. § 8b Abs. 8 KStG i. V. m. § 34 Abs. 7 KStG i. d. F. des Gesetzes zur Umsetzung der Protokollerklärung der Bundesregierung zur Vermittlungsempfehlung zum StVergAbG v. 22. 12. 2003[5] gilt nach **Auffassung der FinVerw**[6] Folgendes:

▶ Für **Lebens- und Krankenversicherungsunternehmen** und für **Pensionsfonds** sieht § 8b Abs. 8 KStG **seit dem VZ 2004** die volle Steuerpflicht der Erträge aus Aktiengeschäften vor. Verluste aus Termingeschäften, die sich auf Aktiengeschäfte beziehen und zur Absicherung von Geschäften des gewöhnlichen Geschäftsbetriebs dienen, sind entsprechend nach § 15 Abs. 4 Satz 4 EStG in voller Höhe ausgleichs- und abzugsfähig.

▶ Für die **VZ 2001 bis 2003** konnte die Regelung des § 8b Abs. 8 KStG bereits mit der **Maßgabe** angewendet werden, dass Bezüge, Gewinne und Gewinnminderungen zu 80 % bei der Ermittlung des Einkommens zu berücksichtigen sind. In diesen Fällen ist § 15 Abs. 4

---

[1] BFH v. 20. 8. 2014 - X R 13/12, BStBl 2015 II 177.
[2] BFH v. 28. 4. 2016 - IV R 20/13, BStBl 2016 II 739.
[3] Vgl. BT-Drucks. 14/443, 28; s. a. Ebel, FR 2014, 410, 413.
[4] Hierzu i. E.: Ebel, FR 2014, 410, 413, 414.
[5] Gesetz zur Umsetzung der Protokollerklärung der Bundesregierung zur Vermittlungsempfehlung zum Steuervergünstigungsabbaugesetz (StVergAbG) v. 22. 12. 2003, BStBl 2004 I 14 für die VZ 2001 bis 2003.
[6] BMF v. 12. 11. 2008 - IV C 7 - S 2750 -a/07/10004 (n. v.), vgl. aber BayLfSt v. 18. 2. 2009, NWB DokID: ZAAAD-18962.

EStG in der Weise anzuwenden, dass Verluste aus Termingeschäften, die sich auf Aktiengeschäfte beziehen und zur Absicherung von Geschäften des gewöhnlichen Geschäftsbetriebs dienen, anteilig zu 80 % abgezogen werden können.

Gelegenheitsgeschäfte gehören nicht zum **gewöhnlichen Geschäftsverkehr**;[1] im Übrigen ist die Abgrenzung der Zugehörigkeit zum gewöhnlichen Geschäftsverkehr von Kreditinstituten, Finanzdienstleistungsinstituten und Finanzunternehmen im Einzelfall zu treffen.[2]

659

Die **funktionale Ausnahme** des **§ 15 Abs. 4 Satz 4 EStG** setzt nicht nur einen **subjektiven Sicherungszusammenhang**, sondern auch einen **objektiven Nutzungs- und Funktionszusammenhang** zwischen dem Grund- und dem Absicherungsgeschäft voraus. Der Zusammenhang zwischen Grund- und Sicherungsgeschäft muss nicht nur gewollt, das **Sicherungsgeschäft muss** vielmehr **auch geeignet** sein, Risiken aus dem Grundgeschäft zu kompensieren.[3] Letzteres setzt eine **gegenläufige Erfolgskorrelation von Grund- und Sicherungsgeschäft** voraus.[4] Danach unterliegen Verluste aus Termingeschäften **nicht** den Beschränkungen des § 15 Abs. 4 Satz 3 EStG, wenn die zugrunde liegenden Geschäfte der Absicherung von Geschäften des gewöhnlichen Geschäftsbetriebs dienen **(sog. Hedge-Geschäfte).**[5]

660

Hintergrund dieser funktionalen Ausnahme sind die in der Wirtschaft üblichen Sicherungsgeschäfte zur **Ausschaltung oder Minimierung von Zins-, Preis-, Kurs- und Währungsrisiken des gewöhnlichen Geschäftsverkehrs** durch den Einsatz von Finanzinstrumenten. Ausweislich der **Gesetzesmaterialien** werden derartige **Sicherungsgeschäfte erkennbar nicht in Spekulationsabsicht** abgeschlossen und sollen aus diesem Grund nicht durch die Beschränkungen der Verlustverrechnung behindert werden. Sie dienen vielmehr dazu, Risiken aus dem Grundgeschäft auszuschließen bzw. zumindest zu minimieren.[6]

661

Eine **Rückausnahme** zu dieser Ausnahme vom Ausgleichs- und Abzugsverbot nach **§ 15 Abs. 4 Satz 4 Alt. 2 EStG** sieht **§ 15 Abs. 4 Satz 5 EStG** vor. Folge ist, dass wieder die Grundregel des § 15 Abs. 4 Satz 3 EStG gilt, mithin das Ausgleichs- und Abzugsverbot. Die Rückausnahme des § 15 Abs. 4 Satz 5 EStG greift immer dann ein, wenn es sich um **Geschäfte** handelt, **die der Absicherung von Aktiengeschäften dienen**, bei denen der Veräußerungsgewinn nach dem **Teileinkünfteverfahren** (§ 3 Nr. 40 Satz 1 Buchst. a, b i.V.m. § 3c Abs. 2 EStG) im Umfang von 40 % **oder nach § 8b Abs. 2, Abs. 3 KStG** im Ergebnis zu 95 % steuerfrei ist.

662

Die verrechenbar festgestellten **Verluste aus Termingeschäften** gem. § 15 Abs. 4 Satz 3 bis 5 EStG **gehen** im Erbfall **nicht auf den Erben als Gesamtrechtsnachfolger über.**[7]

663

(Einstweilen frei)

664–669

---

1 *Wacker* in Schmidt, § 15 EStG Rz. 904.
2 Vgl. dazu auch BFH v. 12. 10. 2011 - I R 4/11, BFH/NV 2012, 453 = NWB DokID: PAAAE-00544; BFH v. 16. 10. 2012 - I B 63/12, BFH/NV 2013, 255 = NWB DokID: VAAAE-25857; BFH v. 30. 11. 2011 - I B 105/11, BFH/NV 2011, 456; *Frase*, BB 2012, 493, 495; *Breuninger/Winkler*, Ubg 2011, 13; *Haisch/Bindl*, Ubg 2009, 680; *Haisch/Bindl*, Ubg 2012, 667.
3 BFH v. 20. 8. 2014 - X R 13/12, BStBl 2015 II 177; *Haisch*, DStZ 2004, 511, 514.
4 *Ebel*, FR 2013, 882, 887; *Schmittmann/Wepler*, DStR 2001, 1783, 1786; BFH v. 20. 8. 2014 - X R 13/12, BStBl 2015 II 177.
5 BFH v. 20. 8. 2014 - X R 13/12, BStBl 2015 II 177.
6 Vgl. BT-Drucks. 14/443, 28; BFH v. 20. 8. 2014 - X R 13/12, BStBl 2015 II 177.
7 OFD Frankfurt a. M. v. 16. 7. 2013, NWB DokID: EAAAE-42154.

4. Mitunternehmerische Innengesellschaft zwischen Kapitalgesellschaften (§ 15 Abs. 4 Satz 6 bis 8 EStG)

a) Überblick und Verfahrensfragen

670 Nach der Vorgabe des § 15 Abs. 4 Satz 6 bis 8 EStG dürfen **Verluste aus (atypisch) stillen Gesellschaften, Unterbeteiligungen**[1] oder sonstigen Innengesellschaften (i. S. d. § 15 Abs. 1 Satz 1 Nr. 2 EStG) an Kapitalgesellschaften, bei denen der Gesellschafter oder Beteiligte als **Mitunternehmer** anzusehen ist **(mitunternehmerische Innengesellschaften zwischen Kapitalgesellschaften)**, weder mit Einkünften aus Gewerbebetrieb noch mit Einkünften aus anderen Einkunftsarten ausgeglichen werden **(Verbot des vertikalen Verlustausgleichs)**.

671 Auch ein **Abzug gem. § 10d EStG** ist ausgeschlossen. Die Verluste mindern jedoch nach Maßgabe des § 10d EStG die Gewinne, die der Gesellschafter oder Beteiligte in dem unmittelbar vorangegangenen Wirtschaftsjahr oder in den folgenden Wirtschaftsjahren aus derselben stillen Gesellschaft, Unterbeteiligung oder sonstigen Innengesellschaft bezieht **(Verlustrücktrag und Verlustvortrag)**.[2]

672 Ziel des § 15 Abs. 4 Satz 6 bis 8 EStG ist die Absicherung der **Abschaffung der sog. Mehrmütterorganschaft**.[3] Mit der Regelung sollen **Umgehungsgestaltungen mittels Innengesellschaften** verhindert werden,[4] durch die Verluste von Kapitalgesellschaften mit Gewinnen anderer Kapitalgesellschaften ausgeglichen werden können, auch wenn diese im Verhältnis zueinander nicht die Voraussetzungen einer Organschaft gem. § 14 Abs. 1 KStG erfüllen.

673 Nach § 15 Abs. 4 Satz 6 bis 8 EStG sind Verluste aus atypisch stillen Beteiligungen und vergleichbaren (mitunternehmerischen) Innengesellschaften an Kapitalgesellschaften **(atypisch stille Gesellschaft)**, an denen unmittelbar oder mittelbar Kapitalgesellschaften beteiligt sind, **nach Maßgabe des § 10d EStG nur mit späteren Gewinnen** oder dem **Vorjahresgewinn** aus „derselben" Einkunftsquelle verrechenbar.[5] Die Abgrenzung „derselben" Beteiligung richtet sich nach den für § 15a Abs. 2 EStG geltenden Grundsätzen.[6] Ob eine **mitunternehmerschaftliche Beteiligung an einer Innengesellschaft** vorliegt, ist nach den **allgemeinen Grundsätzen** zu beurteilen.[7]

674 Das Verlustausgleichs- und -abzugsverbot des § 15 Abs. 4 Satz 6 und 7 EStG gilt nicht, **soweit** der **Verlust auf eine natürliche Person** als **unmittelbar** oder (oder über Personengemeinschaften) **mittelbar** beteiligter Mitunternehmer **entfällt (§ 15 Abs. 4 Satz 8 EStG)**. Regelungsziel des **Satzes 8 des § 15 Abs. 4 EStG** ist zu vermeiden, dass sich über Kapitalgesellschaften erwirtschaftete Verluste mittels stiller Beteiligungen bei anderen Kapitalgesellschaften steuermindernd auswirken.[8]

---

1 Erfasst werden soll der Fall, dass eine Kapitalgesellschaft z. B. als Kommanditist einer KG Mitunternehmerin i. S. d. § 15 Abs. 1 Satz 1 Nr. 2 EStG ist und an ihrem Mitunternehmeranteil zugunsten einer weiteren Kapitalgesellschaft eine (mitunternehmerische) Unterbeteiligung einräumt; vgl. dazu auch *Wacker* in Schmidt, § 15 EStG Rz. 909; zum Verlustbegriff vgl. *Riegler/Riegler*, DStR 2014, 1031, 1033.
2 Zur Anwendung des Verlustvortrags und Verlustrücktrags vgl. H 15.10 „Verlustvor- und -rücktrag" EStH bzw. BMF v. 29. 11. 2004, BStBl 2004 I 1097.
3 BFH v. 15. 2. 2012 - I B 7/11, BStBl 2012 II 751; s. a. *Wacker*, NWB 2012, 2462, 2468.
4 Vgl. BT-Drucks. 15/119, 38; BFH v. 27. 3. 2012 - I R 62/08, BStBl 2012 II 745; *Wacker*, DB 2012, 1403; *Wacker*, NWB 2012, 2462, 2468; BMF v. 10. 11. 2005, BStBl 2005 I 1038, Tz. 6 ff.; *Riegler/Riegler*, DStR 2014, 1031, 1032.
5 BMF v. 19. 11. 2008, BStBl 2008 I 970, Tz. 1; vgl. Insbesondere zum Verlustbegriff *Riegler/Riegler*, DStR 2014, 1031.
6 *Bode* in Blümich, § 15 EStG Rz. 662; *Wacker* in Schmidt, § 15 EStG Rz. 910.
7 Vgl. hierzu u. a. H 15.8 Abs. 1 „Innengesellschaft" EStH.
8 Vgl. Gesetzesbegründung BT-Drucks. 15/1518, 14.

Für die **Änderung eines für das Verlustrücktragsjahr bereits erlassenen Steuerbescheids** (i. d. R. Feststellungsbescheid nach § 179 Abs. 1 AO) ist **§ 10d Abs. 1 Satz 1 bis 3 EStG** zu beachten. Da gem. § 15 Abs. 4 Satz 7 EStG der Verlustrücktrag wie auch der Verlustvortrag „nach Maßgabe des § 10d EStG" zu erfolgen hat, ist § 10d Abs. 1 EStG einschlägig und eine Änderungsmöglichkeit eröffnet.[1] 675

Für die **Feststellung des Verlustvortrags** ist § 10d Abs. 4 EStG entsprechend anzuwenden. Die Verlustverrechnung nach § 15 Abs. 4 Satz 6 bis 8 EStG wird erst **auf Ebene des Gesellschafters/ Beteiligten** durchgeführt. Im Bescheid über die gesonderte und einheitliche Feststellung der gemeinschaftlichen Einkünfte der Beteiligten der atypisch stillen Gesellschaft (**§ 180 Abs. 1 Nr. 2 Buchst. a AO**) ist der Gewinn oder Verlust daher **ohne** Anwendung des § 15 Abs. 4 Satz 6 bis 8 EStG festzustellen. **Weiterführend zum Feststellungsverfahren** vgl. BMF v. 19. 11. 2008.[2] 676

(Einstweilen frei) 677–679

b) Verlustrücktrag und Verlustvortrag nach Maßgabe des § 10d EStG

Der Verlust i. S. d. § 15 Abs. 4 Satz 6 bis 8 EStG ist – zwingend – nach Maßgabe des § 10d EStG in das unmittelbar vorangegangene Jahr zurückzutragen (**Verlustrücktrag**). Der Steuerpflichtige hat gem. § 10d Abs. 1 Satz 5 EStG jedoch das **Wahlrecht**, den Verlustrücktrag auszuschließen oder einzugrenzen. Dieses **Wahlrecht muss nicht** von allen Mitunternehmern **einheitlich ausgeübt werden**. Es kann vielmehr jeder von der Verlustabzugsbeschränkung betroffene Mitunternehmer selbst entscheiden, ob und ggf. in welcher Höhe ein Verlustrücktrag durchgeführt werden soll.[3] 680

Da der **Rücktrag nach Maßgabe des § 10d EStG** zu erfolgen hat, gelten die dort geregelten **Betragsgrenzen** auch im Rahmen des Verlustrücktrags gem. § 15 Abs. 4 Satz 6 bis 8 EStG.[4] 681

Verlust i. S. d. § 15 Abs. 4 Satz 6 bis 8 EStG ist der nach den einkommensteuerrechtlichen Vorschriften ermittelte und **nach Anwendung des § 15a EStG** ausgleichsfähige Verlust. Hierzu gehören insbesondere auch der **steuerpflichtige Teil der sog. Teileinkünfte** (§§ 3 Nr. 40, 3c EStG) und die **ausländischen Einkünfte**.[5] 682

Bei dem Verlust i. S. d. § 15 Abs. 4 Satz 6 bis 8 EStG handelt es sich lediglich um den **laufenden Verlust aus der Beteiligung**, jedoch **nicht um den Verlust der Beteiligung selbst**. Somit stehen alle anderen **Verluste, z. B. aus der Veräußerung**, für einen – unter den Voraussetzungen der Abzugsfähigkeit nach § 15a EStG – **unbeschränkten Verlustausgleich zur Verfügung**.[6] 683

Nach § 15 Abs. 4 Satz 6 bis 8 EStG wird die **Verlustverrechnung auf Ebene des Gesellschafters/ Mitunternehmers** durchgeführt, so dass **für jeden Stpfl. ein gesonderter Verlustverrechnungskreis** gebildet wird. Dementsprechend sind die Höchstbeträge des § 10d Abs. 1 und 2 EStG für jeden **Gesellschafter/Mitunternehmer** in voller Höhe **gesellschafterbezogen** anzuwenden. 684

---

1 *Bode* in Blümich, § 15 EStG Rz. 661.
2 BStBl 2008 I 970, Tz. 11, 12.
3 BMF v. 19. 11. 2008, BStBl 2008 I 970, Tz. 4; vgl. insgesamt zur Verlustverrechnung *Intemann/Nacke*, DStR 2004, 1149; *Groh*, DB 2004, 668.
4 BMF v. 19. 11. 2008, BStBl 2008 I 970, Tz. 9 (Beispiel).
5 BMF v. 19. 11. 2008, BStBl 2008 I 970, Tz. 2.
6 BMF v. 19. 11. 2008, BStBl 2008 I 970, Tz. 3; vgl. auch BFH v. 27. 3. 2012 - I R 62/08, BStBl 2012 II 745; *Wacker*, DB 2012, 1403.

685 Bei **mehreren atypisch stillen Beteiligungen eines Gesellschafters/Mitunternehmers** an verschiedenen Kapitalgesellschaften gilt dies entsprechend für jede Beteiligung.[1] Die Verlustausgleichs- und Abzugsbeschränkung für Verluste einer Untergesellschaft wirkt sich auch auf die Besteuerung der Gesellschafter der Obergesellschaft aus. Ein solcher Verlust ist zwingend und vorrangig mit Gewinnen aus der Veräußerung der Beteiligung an der Obergesellschaft zu verrechnen, soweit dieser anteilig mittelbar auf Wirtschaftsgüter der Untergesellschaft entfällt.[2]

686 Verrechnungsfähige Gewinne sind nur die **gesellschaftsvertraglichen Gewinnanteile**, nicht jedoch **Gewinne aus Sonderbetriebsvermögen** des einzelnen Gesellschafters. Andererseits werden Verluste aus dem Sonderbetriebsvermögen von § 15 Abs. 4 Satz 6 EStG nicht erfasst, ebenso nicht Verluste der atypisch still beteiligten Kapitalgesellschaft aus der Veräußerung ihrer stillen Beteiligung.[3]

687 Sind **im Rücktragsjahr** im Gewinnanteil des atypisch stillen Gesellschafters **ausländische Einkünfte** enthalten und **anrechenbare ausländische Steuern** i. S. d. § 34c EStG angefallen, wird die Anrechnung der ausländischen Steuern i. S. d. § 34c EStG durch den Verlustrücktrag grundsätzlich nicht berührt. Aufgrund der durch den Verlustrücktrag verringerten deutschen Einkommensteuer i. S. d. § 34c EStG vermindert sich jedoch der Anrechnungshöchstbetrag des entsprechenden Jahres.[4]

688 Die Verlustabzugsbeschränkung nach § 15 Abs. 4 Satz 6 bis 8 EStG findet auf den **nach Anwendung des § 15a EStG** noch abzugsfähigen Verlust Anwendung. Soweit der Verlust bereits nach § 15a EStG verrechenbar ist, ist für die Anwendung von § 15 Abs. 4 Satz 6 bis 8 EStG kein Raum mehr.[5]

689 Liegen sowohl verrechenbare Verluste i. S. d. § 15a EStG als auch verrechenbare Verluste i. S. d. § 15 Abs. 4 Satz 6 bis 8 EStG vor, sind spätere Gewinne **vorrangig mit den nach § 15a EStG verrechenbaren Verlusten auszugleichen**. Erst wenn keine nach § 15a EStG verrechenbaren Verluste mehr verbleiben, sind verbleibende Gewinne mit den nach § 15 Abs. 4 Satz 6 bis 8 EStG verrechenbaren Verlusten auszugleichen.[6]

690 Nach § 15 Abs. 4 Satz 6 bis 8 EStG ist ein **Verlustrücktrag** nach Maßgabe des § 10d EStG möglich. Dieser Verlustrücktrag ist **nach Anwendung des § 15a EStG** im Rücktragsjahr durchzuführen.[7]

691 Die Verlustabzugsbeschränkung des § 15 Abs. 4 Satz 6 bis 8 EStG hat **keine Auswirkung auf die Festsetzung des Gewerbesteuermessbetrags** der atypisch stillen Gesellschaft, da gewerbesteuerlich das Ergebnis der atypisch stillen Gesellschaft besteuert wird und beim Mitunternehmer (wenn er selbst der Gewerbesteuer unterliegt und die Beteiligung zum Betriebsvermögen gehört) ein positiver Gewinnanteil nach § 9 Nr. 2 GewStG oder ein Verlustanteil nach § 8 Nr. 8 GewStG neutralisiert wird.[8]

692–699 *(Einstweilen frei)*

---

1 BMF v. 19. 11. 2008, BStBl 2008 I 970, Tz. 5.
2 H 15.10 „Doppelstöckige Personengesellschaft" EStH, mit Verweis auf BFH v. 1. 7. 2004 - IV R 67/00, BStBl 2010 II 157.
3 BMF v. 19. 11. 2008, BStBl 2008 I 970, Tz. 3; *Bode* in Blümich, § 15 EStG Rz. 662; *Wacker* in Schmidt, § 15 EStG Rz. 910; *Peters*, FR 2012, 718, 720; zur Berücksichtigung von Verlusten in Folge einer Teilwertabschreibung s. BFH v. 27. 3. 2012 - I R 62/08, BStBl 2012 II 745.
4 BMF v. 19. 11. 2008, BStBl 2008 I 970, Tz. 6.
5 BMF v. 19. 11. 2008, BStBl 2008 I 970, Tz. 7; *Riegler/Riegler*, DStR 2014, 1031, 1034.
6 BMF v. 19. 11. 2008, BStBl 2008 I 970, Tz. 8.
7 Vgl. dazu auch Beispiel in BMF v. 19. 11. 2008, BStBl 2008 I 970, Tz. 9.
8 BMF v. 19. 11. 2008, BStBl 2008 I 970, Tz. 10.

C. Verfahrensfragen

Bei gewerblichen Einzelunternehmen gem. § 15 Abs. 1 Satz 1 Nr. 1 EStG werden die Tatbestands- und Rechtsfolgefragen häufig unmittelbar im Einkommensteuerbescheid des Stpfl. behandelt. Ein gesondertes Besteuerungsverfahren wird dann vorgenommen, wenn der Geschäftssitz des Betriebs und der Wohnsitz des Unternehmers in unterschiedlichen örtlichen Zuständigkeiten der FinVerw liegen, § 180 Abs. 1 Nr. 2 Buchst. b AO. 700

In der Regel wird bei Mitunternehmerschaften gem. § 15 Abs. 1 Satz 1 Nr. 2 EStG ein **gesondertes und einheitliches Besteuerungsverfahren** gem. § 180 Abs. 1 Nr. 2 Buchst. a AO durchgeführt, da bei Mitunternehmerschaften immer mindestens zwei Beteiligte an den Einkünften der Mitunternehmerschaft existieren. Dies gilt auch dann, wenn nur ein Kommanditist an einer KG beteiligt ist und der Komplementär nicht am Vermögen der KG beteiligt ist, also der „klassischen" GmbH & Co. KG. Hier erfolgt dennoch ein gesondertes Besteuerungsverfahren, da der Komplementär über die notwendige Haftungs- und Geschäftsführungsvergütung an den Einkünften der KG partizipiert. 701

Für den Anteil des Komplementärs an einer **KGaA** gem. § 15 Abs. 1 Satz 1 Nr. 3 EStG, wird direkt in der Steuerveranlagung des Komplementärs über die Tatbestands- und Rechtsfolgenfragen entschieden. Bei einer KGaA erfolgt nach Auffassung der Finanzgerichte keine gesonderte und einheitliche Gewinnfeststellung.[1] Begründet wird diese Auffassung durch § 9 Abs. 1 Nr. 1 KStG. Da hiernach im Rahmen der Gewinnermittlung lediglich der Gewinnanteil des Komplementärs als Betriebsausgabe berücksichtigt wird, bestehe kein Feststellungsinteresse des Komplementärs und damit keine Einbeziehung in das Besteuerungsverfahren der KGaA. Diese Auffassung hat jedoch den praktischen Nachteil, dass über die Besteuerungsgrundlagen nicht mit Bindungswirkung für die KGaA und für ihren Komplementär einheitlich und effizient entschieden wird. Auch gegensätzliche Beurteilungen können in den Steuerbescheiden der KGaA – in Bezug auf die Kommanditaktionäre – und in den Steuerbescheiden des Komplementärs erfolgen. 702

§ 15a Verluste bei beschränkter Haftung

[2](1) [1]Der einem Kommanditisten zuzurechnende Anteil am Verlust der Kommanditgesellschaft darf weder mit anderen Einkünften aus Gewerbebetrieb noch mit Einkünften aus anderen Einkunftsarten ausgeglichen werden, soweit ein negatives Kapitalkonto des Kommanditisten entsteht oder sich erhöht; er darf insoweit auch nicht nach § 10d abgezogen werden. [2]Haftet der Kommanditist am Bilanzstichtag den Gläubigern der Gesellschaft auf Grund des § 171 Absatz 1 des Handelsgesetzbuchs, so können abweichend von Satz 1 Verluste des Kommanditisten bis zur Höhe des Betrags, um den die im Handelsregister eingetragene Einlage des Kommanditisten seine geleistete Einlage übersteigt, auch ausgeglichen oder abgezogen werden, soweit durch den Verlust ein negatives Kapitalkonto entsteht oder sich erhöht. [3]Satz 2 ist nur anzuwenden, wenn derjenige, dem der Anteil zuzurechnen ist, im Handelsregister eingetragen ist, das Bestehen der Haftung nachgewiesen wird und eine Vermögensminderung auf Grund der Haftung nicht durch Vertrag ausgeschlossen oder nach Art und Weise des Geschäftsbetriebs unwahrscheinlich ist.

---

1 FG Schleswig-Holstein v. 30. 6. 2011 - 5 K 136/07, EFG 2011, 2038; offen gelassen durch BFH v. 21. 6. 1989 - X R 14/88, BStBl 1989 II 881; a. A. FG Hamburg v. 9. 7. 2015 - 3 K 308/14, EFG 2015, 1682.
2 **Anm. d. Red.:** Zur Anwendung des § 15a siehe § 52 Abs. 24.

(1a) ¹Nachträgliche Einlagen führen weder zu einer nachträglichen Ausgleichs- oder Abzugsfähigkeit eines vorhandenen verrechenbaren Verlustes noch zu einer Ausgleichs- oder Abzugsfähigkeit des dem Kommanditisten zuzurechnenden Anteils am Verlust eines zukünftigen Wirtschaftsjahres, soweit durch den Verlust ein negatives Kapitalkonto des Kommanditisten entsteht oder sich erhöht. ²Nachträgliche Einlagen im Sinne des Satzes 1 sind Einlagen, die nach Ablauf eines Wirtschaftsjahres geleistet werden, in dem ein nicht ausgleichs- oder abzugsfähiger Verlust im Sinne des Absatzes 1 entstanden oder ein Gewinn im Sinne des Absatzes 3 Satz 1 zugerechnet worden ist.

(2) ¹Soweit der Verlust nach den Absätzen 1 und 1a nicht ausgeglichen oder abgezogen werden darf, mindert er die Gewinne, die dem Kommanditisten in späteren Wirtschaftsjahren aus seiner Beteiligung an der Kommanditgesellschaft zuzurechnen sind. ²Der verrechenbare Verlust, der nach Abzug von einem Veräußerungs- oder Aufgabegewinn verbleibt, ist im Zeitpunkt der Veräußerung oder Aufgabe des gesamten Mitunternehmeranteils oder der Betriebsveräußerung oder -aufgabe bis zur Höhe der nachträglichen Einlagen im Sinne des Absatzes 1a ausgleichs- oder abzugsfähig.

(3) ¹Soweit ein negatives Kapitalkonto des Kommanditisten durch Entnahmen entsteht oder sich erhöht (Einlageminderung) und soweit nicht auf Grund der Entnahmen eine nach Absatz 1 Satz 2 zu berücksichtigende Haftung besteht oder entsteht, ist dem Kommanditisten der Betrag der Einlageminderung als Gewinn zuzurechnen. ²Der nach Satz 1 zuzurechnende Betrag darf den Betrag der Anteile am Verlust der Kommanditgesellschaft nicht übersteigen, der im Wirtschaftsjahr der Einlageminderung und in den zehn vorangegangenen Wirtschaftsjahren ausgleichs- oder abzugsfähig gewesen ist. ³Wird der Haftungsbetrag im Sinne des Absatzes 1 Satz 2 gemindert (Haftungsminderung) und sind im Wirtschaftsjahr der Haftungsminderung und den zehn vorangegangenen Wirtschaftsjahren Verluste nach Absatz 1 Satz 2 ausgleichs- oder abzugsfähig gewesen, so ist dem Kommanditisten der Betrag der Haftungsminderung, vermindert um auf Grund der Haftung tatsächlich geleistete Beträge, als Gewinn zuzurechnen; Satz 2 gilt sinngemäß. ⁴Die nach den Sätzen 1 bis 3 zuzurechnenden Beträge mindern die Gewinne, die dem Kommanditisten im Wirtschaftsjahr der Zurechnung oder in späteren Wirtschaftsjahren aus seiner Beteiligung an der Kommanditgesellschaft zuzurechnen sind.

(4) ¹Der nach Absatz 1 nicht ausgleichs- oder abzugsfähige Verlust eines Kommanditisten, vermindert um die nach Absatz 2 abzuziehenden und vermehrt um die nach Absatz 3 hinzuzurechnenden Beträge (verrechenbarer Verlust), ist jährlich gesondert festzustellen. ²Dabei ist von dem verrechenbaren Verlust des vorangegangenen Wirtschaftsjahres auszugehen. ³Zuständig für den Erlass des Feststellungsbescheids ist das für die gesonderte Feststellung des Gewinns und Verlustes der Gesellschaft zuständige Finanzamt. ⁴Der Feststellungsbescheid kann nur insoweit angegriffen werden, als der verrechenbare Verlust gegenüber dem verrechenbaren Verlust des vorangegangenen Wirtschaftsjahres sich verändert hat. ⁵Die gesonderten Feststellungen nach Satz 1 können mit der gesonderten und einheitlichen Feststellung der einkommensteuerpflichtigen und körperschaftsteuerpflichtigen Einkünfte verbunden werden. ⁶In diesen Fällen sind die gesonderten Feststellungen des verrechenbaren Verlustes einheitlich durchzuführen.

(5) Absatz 1 Satz 1, Absatz 1a, 2 und 3 Satz 1, 2 und 4 sowie Absatz 4 gelten sinngemäß für andere Unternehmer, soweit deren Haftung der eines Kommanditisten vergleichbar ist, insbesondere für

1. stille Gesellschafter einer stillen Gesellschaft im Sinne des § 230 des Handelsgesetzbuchs, bei der der stille Gesellschafter als Unternehmer (Mitunternehmer) anzusehen ist,
2. Gesellschafter einer Gesellschaft im Sinne des Bürgerlichen Gesetzbuchs, bei der der Gesellschafter als Unternehmer (Mitunternehmer) anzusehen ist, soweit die Inanspruchnahme des Gesellschafters für Schulden in Zusammenhang mit dem Betrieb durch Vertrag ausgeschlossen oder nach Art und Weise des Geschäftsbetriebs unwahrscheinlich ist,
3. Gesellschafter einer ausländischen Personengesellschaft, bei der der Gesellschafter als Unternehmer (Mitunternehmer) anzusehen ist, soweit die Haftung des Gesellschafters für Schulden in Zusammenhang mit dem Betrieb der eines Kommanditisten oder eines stillen Gesellschafters entspricht oder soweit die Inanspruchnahme des Gesellschafters für Schulden in Zusammenhang mit dem Betrieb durch Vertrag ausgeschlossen oder nach Art und Weise des Geschäftsbetriebs unwahrscheinlich ist,
4. Unternehmer, soweit Verbindlichkeiten nur in Abhängigkeit von Erlösen oder Gewinnen aus der Nutzung, Veräußerung oder sonstigen Verwertung von Wirtschaftsgütern zu tilgen sind,
5. Mitreeder einer Reederei im Sinne des § 489 des Handelsgesetzbuchs, bei der der Mitreeder als Unternehmer (Mitunternehmer) anzusehen ist, wenn die persönliche Haftung des Mitreeders für die Verbindlichkeiten der Reederei ganz oder teilweise ausgeschlossen oder soweit die Inanspruchnahme des Mitreeders für Verbindlichkeiten der Reederei nach Art und Weise des Geschäftsbetriebs unwahrscheinlich ist.

Inhaltsübersicht

	Rz.
A. Allgemeine Erläuterungen	1 – 29
I. Normzweck und wirtschaftliche Bedeutung der Vorschrift	1 – 4
II. Entstehung und Entwicklung der Vorschrift	5 – 10
III. Geltungsbereich	11 – 13
IV. Vereinbarkeit mit höherrangigem Recht	14 – 18
V. Verhältnis zu anderen Vorschriften	19 – 29
B. Systematische Kommentierung	30 – 322
I. Verlustausgleichs- und -abzugsverbot (§ 15a Abs. 1, 1a EStG)	30 – 144
1. Tatbestandsvoraussetzungen des § 15a Abs. 1 Satz 1 EStG	31 – 79
a) Kommanditist	32 – 38
b) Anteil am Verlust der KG	39 – 54
aa) Ergebnis der 1. Stufe der Gewinnermittlung	40 – 46
bb) Abgrenzung zum Sonderbereich	47 – 54
c) Entstehen oder Erhöhen eines negativen Kapitalkontos	55 – 79
aa) Kapitalkonto i. S. d. § 15a EStG	56 – 57
bb) Umfang des Kapitalkontos	58 – 65
cc) Sonderfall: Aktivisch gewordene Gesellschafterkonten	66 – 68
dd) Veränderung des Kapitalkontos	69 – 73
ee) Abweichungen des handels- vom steuerrechtlichen Ergebnisses	74 – 79
2. Rechtsfolge: Verlustausgleichs- und -abzugsverbot (§ 15a Abs. 1 Satz 1 EStG)	80 – 85

3. Überschießende Außenhaftung (§ 15a Abs. 1 Satz 2 und 3 EStG) ..... 86 – 120
    a) Haftung des Kommanditisten nach § 171 Abs. 1 HGB ..... 88 – 94
    b) Eintragung im Handelsregister ..... 95 – 98
    c) Nachweis des Bestehens der Haftung ..... 99 – 103
    d) Kein Ausschluss und keine Unwahrscheinlichkeit der Vermögensminderung ..... 104 – 110
    e) Rechtsfolge: Erweiterter Verlustausgleich ..... 111 – 120
4. Behandlung nachträglicher Einlagen (§ 15a Abs. 1a EStG) ..... 121 – 144
    a) Begriff der nachträglichen Einlage (§ 15a Abs. 1a Satz 2 EStG) 122
    b) Rechtsfolge 1: Keine Umqualifizierung von bisher nur verrechenbaren Verlusten 123
    c) Rechtsfolge 2: Ausgleichs- und Abzugsfähigkeit zukünftiger Verluste ..... 124 – 144
        aa) Rechtslage für Einlagen bis zum 24. 12. 2008 ..... 126 – 135
        bb) Rechtslage für Einlagen nach dem 24. 12. 2008 ..... 136 – 144
II. Verrechnung mit zukünftigen Gewinnen (§ 15a Abs. 2 EStG) ..... 145 – 187
1. Begriff des künftigen Gewinnanteils ..... 146 – 154
2. Identität der Beteiligung ..... 155 – 163
3. Identität des Beteiligten ..... 164 – 168
    a) Wechsel der Rechtsstellung eines Gesellschafters ..... 165 – 166
    b) Unentgeltliche Übertragung des Mitunternehmeranteils 167
    c) Entgeltlicher Erwerb des Mitunternehmeranteils/Einbringung 168
4. Wegfall des negativen Kapitalkontos ..... 169 – 177
5. Ausgleich des verbleibenden verrechenbaren Verlustes (§ 15a Abs. 2 Satz 2 EStG) ..... 178 – 187
III. Einlage- und Haftungsminderung (§ 15a Abs. 3 EStG) ..... 188 – 254
1. Überblick ..... 188 – 195
2. Einlageminderung (§ 15a Abs. 3 Satz 1 und 2 EStG) ..... 196 – 224
    a) Entnahmen ..... 198 – 204
    b) Entstehen oder Erhöhen eines negativen Kapitalkontos ..... 205 – 209
    c) Keine Außenhaftung nach § 171 Abs. 1 HGB ..... 210 – 217
    d) Rechtsfolge: Fiktiver Gewinn ..... 218 – 224
3. Haftungsminderung (§ 15a Abs. 3 Satz 3 EStG) ..... 225 – 249
    a) Minderung des Haftungsbetrags ..... 226 – 234
    b) Ausgleichs- und Abzugsfähigkeit von Verlusten aufgrund des § 15a Abs. 1 Satz 2 EStG ..... 235 – 239
    c) Rechtsfolge: Fiktiver Gewinn ..... 240 – 244
    d) Konkurrenzen ..... 245 – 249
4. Verrechnung mit zukünftigen Gewinnen (§ 15a Abs. 3 Satz 4 EStG) ..... 250 – 254
IV. Feststellung des verrechenbaren Verlustes (§ 15a Abs. 4 EStG) ..... 255 – 288
1. Gesonderte Feststellung (§ 15a Abs. 4 Satz 1 EStG) ..... 256 – 265
2. Berechnung des verrechenbaren Verlustes (§ 15a Abs. 4 Satz 1 und 2 EStG) ..... 266 – 269
3. Zuständigkeit (§ 15a Abs. 4 Satz 3 EStG) ..... 270 – 274
4. Anfechtung (§ 15a Abs. 4 Satz 4 EStG) ..... 275 – 280
5. Verbindung mit der gesonderten und einheitlichen Gewinnfeststellung (§ 15a Abs. 4 Satz 5 und 6 EStG) ..... 281 – 288
V. Sinngemäße Anwendung für andere Unternehmer (§ 15a Abs. 5 EStG) ..... 289 – 322
1. Vergleichbarkeit der Haftung mit der eines Kommanditisten ..... 290 – 294
2. Regelbeispiele ..... 295 – 322
    a) Atypisch stiller Gesellschafter (§ 15a Abs. 5 Nr. 1 EStG) ..... 296 – 304
    b) BGB-Gesellschafter (§ 15a Abs. 5 Nr. 2 EStG) ..... 305 – 310
    c) Gesellschafter einer ausländischen Personengesellschaft (§ 15a Abs. 5 Nr. 3 EStG) ..... 311 – 315

Allgemeine Erläuterungen 1–2 **§ 15a EStG**

d) Haftungslose Unternehmer (§ 15a Abs. 5 Nr. 4 EStG) 316 - 320
e) Mitreeder einer Partenreederei i. S. d. § 489 HGB a. F. (§ 15a Abs. 5 Nr. 5 EStG) 321 - 322

HINWEIS:

R 15a EStR; H 15a EStH; BMF v. 15. 12. 1993, BStBl 1993 I 976; BMF v. 30. 5. 1997, BStBl 1997 I 627; BMF v. 19. 11. 2008, BStBl 2008 I 970; OFD Frankfurt/M. v. 6. 7. 2016 - S 2241a A, NWB DokID: IAAAF-79668.

LITERATUR:

Demuth/Bodden, Anwendung von § 15a EStG bei vermögensverwaltenden Personengesellschaften, NWB 2015, 734; *Dennisen/Frankus*, Kein Untergang von § 15a EStG-Verlusten durch Vorgänge i. S. d. § 8c KStG und § 8d KStG?, DB 2017, 443; *Engel*, Vermögensverwaltende Personengesellschaften im Ertragsteuerrecht, 2. Aufl., Herne 2015; *Lange*, Personengesellschaften im Steuerrecht, 9. Aufl., Herne 2015, Rz. 1302 ff.; *Lüdenbach*, Aktive und passive Latenzen bei Anwendung von § 15a EStG?, StuB 2015, 108; *Pohl*, Betriebliche Veranlassung von Darlehen einer Personengesellschaft an ihre Gesellschafter, StuB 2015, 331; *Dorn/Schwarz*, „Brexit"- Großbritannien verlässt die EU, NWB 2016, 2182; *Eggert*, Einlage- und Haftungsminderung nach § 15a EStG, BBK 2017, 479; *Eggert*, Grenzen bei Gesellschaftsdarlehen, BBK 2017, 385; *Eggert*, Verrechenbare Verluste bei § 15a EStG, BBK 2017, 433; *Eggert*, Anwendung von § 15a EStG bei Überschusseinkünften, BBK 2018, 375.

ARBEITSHILFEN UND GRUNDLAGEN ONLINE:

Mindermann/Blatt, Verlustausgleich – Verlustabzug, NWB DokID: CAAAE-60556.

A. Allgemeine Erläuterungen

I. Normzweck und wirtschaftliche Bedeutung der Vorschrift

Der Sinn und Zweck des § 15a EStG besteht darin, dass Verlustanteile, die einem beschränkt haftenden Mitunternehmer zuzurechnen sind, bei diesem im Jahr ihrer Entstehung im Rahmen eines horizontalen oder vertikalen Verlustausgleichs bzw. im Wege des Verlustabzugs nach § 10d EStG nur Berücksichtigung finden, soweit der Mitunternehmer durch diese auch rechtlich oder wirtschaftlich belastet ist. Verluste, die im Jahr ihrer Entstehung nicht ausgleichs- oder abzugsfähig sind, werden in späteren Wirtschaftsjahren mit dem Mitunternehmer zuzurechnenden Gewinnanteilen aus derselben Einkunftsquelle (Beteiligung an derselben Mitunternehmerschaft) verrechnet. Die Regelung stellt damit eine Verlustverrechnungsbeschränkung dar, die dem der Einkommensbesteuerung zugrunde liegenden Prinzip der Besteuerung nach der wirtschaftlichen Leistungsfähigkeit Rechnung trägt.[1]

1

Die Regelung orientiert sich am Leitbild des Kommanditisten. Nach den handelsrechtlichen Regelungen haftet dieser den Gläubigern der KG, an der er beteiligt ist, grundsätzlich nur in Höhe seiner bedungenen und im Handelsregister eingetragenen Einlage unmittelbar; soweit er seine Einlage geleistet hat, wird er im Außenverhältnis von seiner Haftung befreit (§ 171 Abs. 1 HGB, § 172 Abs. 1 HGB). Erzielt eine KG Verluste, so wird der dem Kommanditisten zuzurechnende Anteil am Verlust von seinem Kapitalanteil abgeschrieben (§ 161 Abs. 2 HGB, § 120 Abs. 2 HGB). Dabei ist handelsrechtlich allgemein anerkannt, dass Verlustanteile auch dann noch vom Kapitalanteil des Kommanditisten abzuschreiben sind, wenn hierdurch ein negatives Kapitalkonto entsteht oder sich erhöht. Werden dem Kommanditisten in künftigen Geschäftsjahren Gewinnanteile zugerechnet, so sind diese vorrangig zum Ausgleich des negati-

2

---

1 BT-Drucks. 8/3648, 16.

ven Kapitalkontos einzusetzen.[1] Eine Nachschusspflicht wird hierdurch nicht begründet. § 167 Abs. 3 HGB steht dem nicht entgegen. Die Regelung ist so zu verstehen, dass sie nur für die Verteilung eines sich aus der Liquidationsschlussbilanz der KG ergebenden Verlustes gilt.[2] Die Wirkung der Verlustzurechnung ist damit auf das Innenverhältnis beschränkt.

3 Diesem Zusammenspiel zwischen begrenzter Haftung im Außenverhältnis und grundsätzlich unbegrenzter Verlustzurechnung im Innenverhältnis trägt der § 15a EStG Rechnung. Werden einem Kommanditisten Verlustanteile bis zur Höhe seines Kapitalanteils zugerechnet, so ist er wirtschaftlich durch den Verzehr seiner Einlage belastet. Über den Betrag seines Kapitalanteils hinausgehende Verlustanteile führen im Jahr ihrer Entstehung weder zum „Aufzehren" eines vom Kommanditisten eingelegten wirtschaftlichen Werts, noch zu einer dadurch entstehenden Außenhaftung, soweit die bedungene Einlage vollständig erbracht wurde. Er ist durch diese Verlustanteile im Jahr ihrer Entstehung weder rechtlich noch wirtschaftlich belastet. Die wirtschaftliche Belastung entsteht erst dann, wenn künftige Gewinne zum Ausgleich des negativen Kapitalkontos eingesetzt werden.

4 Auch wenn es eines der tragenden Motive des Gesetzgebers gewesen war, durch das Einfügen des § 15a EStG die Betätigungsmöglichkeiten von sog. Verlustzuweisungsgesellschaften einzuschränken,[3] so beschränkt sich der Anwendungsbereich nicht auf solche Gesellschaften.[4] Erfasst werden alle Formen einer unternehmerischen Tätigkeit, bei denen die Haftung des Steuerpflichtigen beschränkt ist. Die in der Praxis am häufigsten anzutreffenden Anwendungsfälle sind Kommanditisten und – mit deutlichem Abstand dahinter – atypisch stille Gesellschafter. Relevanz kommt der Regelung auch im Bereich der geschlossenen Fonds zu, wenn diese in der Rechtsform der GmbH & Co. KG geführt werden.

II. Entstehung und Entwicklung der Vorschrift

5 Vor Inkrafttreten des § 15a EStG wurden Verluste, die einem beschränkt haftenden Mitunternehmer über den Betrag seiner Einlage hinaus zugewiesen wurden, unbeschränkt mit anderen positiven Einkünften ausgeglichen bzw. im Wege des Verlustabzugs nach § 10d EStG berücksichtigt. Gegen diese Besteuerungspraxis wurden vielfach Bedenken geäußert.[5] So kam u. a. die Steuerreformkommission 1971 in ihrem Gutachten zu der Empfehlung, die Verlustzurechnung bei beschränkt haftenden Gesellschaftern auf den Haftungsbetrag zu begrenzen.[6]

6 Die Norm des § 15a EStG wurde durch das Gesetz zur Änderung des Einkommensteuergesetzes, des Körperschaftsteuergesetzes und anderer Gesetze v. 20. 8. 1980[7] eingefügt. Sie findet grundsätzlich Anwendung auf Verlustanteile aus Wirtschaftsjahren, die nach dem 31. 12. 1979 beginnen. Die in § 52 Abs. 20a EStG 1980 vorgesehenen Übergangsregelungen für vor dem 1. 1. 1980 bestehende Betriebe sind mittlerweile weitestgehend ausgelaufen. Besonderheiten bestehen nur für den Bereich der Schifffahrtsbetriebe fort, § 52 Abs. 24 Satz 1 und 2 EStG.

---

1 BFH v. 21. 4. 1994 - IV R 70/92, BStBl 1994 II 745.
2 BFH v. 10. 11. 1980 - GrS 1/79, BStBl 1981 II 164.
3 BT-Drucks. 8/3648, 16.
4 BFH v. 9. 5. 1996 - IV R 75/93, BStBl 1996 II 474.
5 Vgl. BFH v. 8. 3. 1973 - IV R 77/72, BStBl 1973 II 398.
6 Schriftenreihe des BMF Heft 17, Abschn. V Tz. 333 ff.
7 BGBl 1980 I 1545.

§ 15a EStG wurde mehrfach geändert und ergänzt. Hieraus resultierende Besonderheiten werden an der entsprechenden Stelle der systematischen Kommentierung behandelt (vgl. → Rz. 121 ff.). 7

(Einstweilen frei) 8–10

III. Geltungsbereich

Sachlich gilt die Regelung unmittelbar nur für Einkünfte aus Gewerbebetrieb i. S. d. § 15 EStG. Zwar liegt die Anknüpfung an das negative Kapitalkonto nahe, dass der Gewinn durch Betriebsvermögensvergleich nach § 4 Abs. 1, § 5 EStG ermittelt wird. Allerdings findet die Regelung auch bei Vorliegen einer Gewinnermittlung nach § 4 Abs. 3 EStG Anwendung.[1] 11

Kraft Verweisung gilt die Regelung bei Einkünften aus Land- und Forstwirtschaft und aus selbständiger Arbeit entsprechend (§ 13 Abs. 7 EStG, § 18 Abs. 4 Satz 2 EStG). Zudem sehen die Regelungen in § 20 Abs. 1 Nr. 4 Satz 2 EStG, § 21 Abs. 1 Satz 2 EStG eine sinngemäße Anwendung im Bereich der Einkünfte aus einer Beteiligung als typisch stiller Gesellschafter bzw. aus Vermietung und Verpachtung vor.[2] 12

Der **persönliche Geltungsbereich** beschränkt sich auf Kommanditisten (Abs. 1) und vergleichbare Unternehmer (Abs. 5). Auch wenn nach dem Wortlaut Einzelunternehmer in den persönlichen Geltungsbereich fallen können, beschränkt sich dieser in der Praxis auf Mitunternehmer und in sinngemäßer Anwendung auf Gesellschafter einer vermögensverwaltenden Personengesellschaft. Dazu gehören auch Gesellschafter ausländischer Personengesellschaften (vgl. § 15a Abs. 5 Nr. 3 EStG; vgl. → Rz. 311). 13

IV. Vereinbarkeit mit höherrangigem Recht

Der Grundkonzeption des § 15a EStG begegnen keine verfassungsrechtlichen Bedenken.[3] BVerfG und BFH haben sich mehrfach mit Einzelfragen der Norm beschäftigt. So bestehen auch keine ernsthaften Zweifel an der Verfassungsmäßigkeit der Norm, soweit 14

- diese nicht nur für Verlustzuweisungsgesellschaften, sondern für sämtliche KGs gilt,[4]
- stille Reserven bei der Ermittlung des Kapitalkontos keine Berücksichtigung finden,[5]
- bei der Ermittlung der ausgleichsfähigen Verluste nur die Höhe der tatsächlich geleisteten Einlage und ein etwaiger Haftungsbetrag nach § 171 Abs. 1 HGB berücksichtigt werden[6] und
- nachträgliche Einlagen nicht dazu führen, dass ein für einen früheren Veranlagungszeitraum festgestellter verrechenbarer Verlust ausgleichsfähig wird.[7]

---

1 So auch *Wacker* in Schmidt, § 15a EStG Rz. 36; *Heuermann* in Blümich, § 15a EStG Rz. 9.
2 Näheres *Demuth/Bodden*, NWB 2015, 734; *Engel*, Vermögensverwaltende Personengesellschaften im Ertragsteuerrecht, Rz. 1302 ff.
3 BFH v. 19. 5. 1987 - VIII B 104/85, BStBl 1988 II 5; betreffend der entsprechenden Anwendung bei § 21 EStG: BFH v. 17. 12. 1992 - IX R 7/91, BStBl 1994 II 492.
4 BFH v. 9. 5. 1996 - IV R 75/93, BStBl 1996 II 474.
5 BFH v. 9. 5. 1996 - IV R 75/93, BStBl 1996 II 474.
6 BVerfG v. 14. 7. 2006 - 2 BvR 375/00, NWB DokID: LAAAC-32387; BFH v. 14. 12. 1999 - IX R 7/95, BStBl 2000 II 265.
7 BFH v. 11. 11. 1997 - VIII R 39/94, NWB DokID: EAAAB-39322.

> **PRAXISHINWEIS:**
> Mehrfach werden in der Literatur jedoch Zweifel an der Verfassungsmäßigkeit des nachträglich eingefügten § 15a Abs. 1a Satz 1 2. Halbsatz EStG geäußert.[1] Im Kern geht es um die Ungleichbehandlung von Fällen, in denen der Kommanditist sein negatives Kapitalkonto durch eine nachträgliche Einlage ausgleicht, mit Fällen, in denen der Kommanditist seine in das Handelsregister eingetragene Haftsumme erhöht. Während durch die Erhöhung der Haftsumme neues Verlustausgleichsvolumen entsteht, wirkt sich die nachträgliche Einlage nach der Neuregelung nur in dem Veranlagungszeitraum aus, in dem sie geleistet wird. Etwaige Streitfälle sollten bis zu einer endgültigen Klärung offen gehalten werden.

15–18 *(Einstweilen frei)*

V. Verhältnis zu anderen Vorschriften

19 § 15a EStG ist vorrangig gegenüber der implizit in **§ 2 Abs. 3 EStG** enthaltenen Regelung des horizontalen und vertikalen Verlustausgleichs sowie dem Verlustabzug nach **§ 10d EStG**, soweit nach dieser Regelung Verlustanteile nicht ausgleichs- oder abzugsfähig sind und nur mit künftigen Gewinnanteilen aus derselben KG-Beteiligung verrechnet werden können.

20 Die Verlustverrechnungsbeschränkungen des § 15a EStG und des **§ 2a EStG** werden nacheinander angewendet. Dementsprechend wird auf den Anteil am Verlust aus ausländischen Betriebsstätten auf Ebene der Personengesellschaft zunächst der § 15a EStG angewendet. Sofern sich danach ein abzugsfähiger Verlust ergibt, ist zu prüfen, ob in diesem negative Einkünfte mit Bezug zu Drittstaaten i. S. d. § 2a EStG enthalten sind. Ein darin enthaltender nur verrechenbarer Verlust i. S. d. § 2a EStG ist auf Ebene des Gesellschafters mit etwaigen positiven Einkünften derselben Art aus grundsätzlich demselben Staat zu verrechnen.[2]

21 Nach der Regelung in § 15 Abs. 4 Sätze 1 und 2 EStG sind Verluste aus gewerblicher Tierzucht nach Maßgabe des § 10d EStG nur mit positiven Einkünften aus gewerblicher Tierzucht verrechenbar. Die Norm lässt damit eine Verlustverrechnung zwischen verschiedenen Einkunftsquellen zu, sofern es sich ihrer Art nach jeweils um Einkünfte aus gewerblicher Tierzucht handelt. Handelt es sich bei einer dieser Einkunftsquellen um eine KG-Beteiligung, so ist auf diese zunächst § 15a EStG anzuwenden. Entsprechendes gilt für Verluste aus Termingeschäften nach § 15 Abs. 4 Satz 3 bis 5 EStG.

22 Zum Verhältnis zu **§ 15 Abs. 4 Satz 6 bis 8 EStG** vgl. → Rz. 298.

23 Soweit es um Verluste im Zusammenhang mit Steuerstundungsmodellen i. S. d. § 15b EStG geht, ist § 15a EStG nicht anzuwenden (**§ 15b Abs. 1 Satz 3 EStG**).

24 Die verrechenbaren Verluste i. S. d. § 15a EStG gehören nach Auffassung der FinVerw zu den nicht genutzten Verlusten i. S. d. **§ 8c KStG**.[3]

25 Bei der Ermittlung des **Gewerbeertrags** einer Personengesellschaft kommt § 15a EStG grundsätzlich keine Bedeutung zu, da es sich nicht um eine Gewinnermittlungs-, sondern um eine Verlustzurechnungsvorschrift handelt. Die Regelung kann nur dann Bedeutung erlangen, wenn die Personengesellschaft selbst an einer anderen Personengesellschaft beteiligt ist.[4]

26–29 *(Einstweilen frei)*

---

1 Vgl. *Wacker* in Schmidt, § 15a EStG Rz. 184 a. E.; *Heuermann* in Blümich, § 15a EStG Rz. 60.
2 R 15a Abs. 5 Satz 1 bis 3 EStR.
3 BMF v. 4. 7. 2008, BStBl 2008 I 736; a. A. *Dennisen/Frankus* DB 2017, 443.
4 BFH v. 28. 5. 1997 - VIII R 39/97, NWB DokID: OAAAB-39323.

B. Systematische Kommentierung

I. Verlustausgleichs- und -abzugsverbot (§ 15a Abs. 1, 1a EStG)

§ 15a Abs. 1 Satz 2 EStG regelt den Grundfall des Verlustausgleichs- und -abzugsverbots. 30

1. Tatbestandsvoraussetzungen des § 15a Abs. 1 Satz 1 EStG

Voraussetzung für das Vorliegen nicht ausgleichs- oder abzugsfähiger Verluste ist, dass einem (a) Kommanditisten (vgl. → Rz. 32) (b) ein Anteil am Verlust der KG zugerechnet wird (vgl. → Rz. 39), der (c) zum Entstehen oder Erhöhen eines negativen Kapitalkontos führt (vgl. → Rz. 55). 31

a) Kommanditist

Die Norm knüpft erkennbar an die **handelsrechtliche Stellung** des Steuerpflichtigen als Kommanditist i. S. d. § 161 Abs. 1 HGB an. Dies folgt zum einen aus der direkten Bezugnahme in § 15a Abs. 1 Satz 2 EStG; zum anderen aus Abs. 5, der den Anwendungsbereich unter bestimmten Voraussetzungen auf andere Unternehmen erweitert (vgl. dazu → Rz. 289 ff.). Es kann sich dabei um eine natürliche Person, eine Körperschaft, Personenvereinigung oder Vermögensmasse i. S. d. § 1 Abs. 1 KStG oder eine Personengesellschaft handeln. Im Falle der Letztgenannten wird § 15a EStG für diese, nicht für ihre Gesellschafter selbst angewendet.[1] 32

Dabei sind **abweichende Regelungen** i. d. R. unbeachtlich. So findet § 15a EStG auch Anwendung, wenn sich ein Kommanditist – entgegen § 167 Abs. 3 HGB – im Innenverhältnis dazu verpflichtet, für Schulden der KG nach Maßgabe seines Verlustanteils einzustehen.[2] Denn die Forderung der Gesellschaft gegen den Gesellschafter auf Übernahme bzw. Ausgleich des Verlustes (Nachschusspflicht) entspricht steuerlich einer Einlageverpflichtung, die erst bei tatsächlicher Erbringung in das Gesamthandsvermögen zu berücksichtigen ist.[3] Darüber hinaus gilt § 15a EStG auch bei überschießender Haftung im Außenverhältnis, sofern es sich nicht um einen Fall des § 15a Abs. 1 Satz 2 EStG handelt. Damit stehen folgende Fälle der Anwendung des § 15a EStG nicht entgegen: 33

▶ Haftung des Kommanditisten bei nicht in das Handelsregister eingetragener Erhöhung der Haftsumme nach § 172 Abs. 2 HGB,[4]

▶ Haftung des Kommanditisten bei Geschäftsbeginn vor Eintragung ins Handelsregister oder Eintritt in eine bestehende Gesellschaft nach § 176 Abs. 1, 2 HGB[5] und

▶ Haftung des Kommanditisten aus Bürgschaft für Verbindlichkeiten der KG.[6]

Aus der Systematik des Gesetzes ergibt sich, dass der Kommanditist **Mitunternehmer** i. S. d. § 15 Abs. 1 Satz 1 Nr. 2 EStG sein muss. 34

Die Tatbestandsmerkmale sind **stichtagsbezogen** zu prüfen. Maßgebend sind daher die Verhältnisse am Ende des Wirtschaftsjahrs (Bilanzstichtag). Ändert sich die Rechtsstellung eines 35

---

[1] Von Beckerath in Kirchhof, § 15a EStG Rz. 7.
[2] BFH v. 14. 12. 1995 - IV R 106/94, BStBl 1996 II 226.
[3] BMF v. 30. 5. 1997, BStBl 1997 I 627.
[4] BFH v. 28. 5. 1993 - VIII B 11/92, BStBl 1993 II 665.
[5] FG Münster v. 23. 6. 1997 - 11 V 111/97 F, EW, EFG 1998, 291.
[6] BFH v. 1. 10. 2002 - IV B 91/01, BFH/NV 2003, 304 = NWB-DokID: YAAAA-70473.

Gesellschafters innerhalb eines Wirtschaftsjahrs, ist für § 15a EStG entscheidend, welche Rechtsstellung der Gesellschafter am Bilanzstichtag hat. Wechselt die Rechtsstellung von der eines Kommanditisten in die eines unbeschränkt haftenden Gesellschafters, findet § 15a EStG für das gesamte Wirtschaftsjahr keine Anwendung; im umgekehrten Fall ist § 15a EStG für den dem Gesellschafter insgesamt zuzurechnenden Anteil am Ergebnis zu beachten.[1] Hinsichtlich des Zeitpunkts des Wechsels ist auf den entsprechenden Gesellschafterbeschluss abzustellen.[2]

PRAXISHINWEIS:
Führt ein Gesellschafter den Betrieb einer KG als Einzelunternehmen fort, werden diese Grundsätze entsprechend angewendet.[3]

Zu den Folgen für den verrechenbaren Verlust vgl. → Rz. 165, 260.

36–38 *(Einstweilen frei)*

b) Anteil am Verlust der KG

39 Dem Kommanditisten muss ein Anteil am Verlust der KG zuzurechnen sein. Dieses Tatbestandsmerkmal ist auslegungsbedürftig. § 15 Abs. 1 Satz 1 Nr. 2 EStG geht davon aus, dass sich die gewerblichen Einkünfte eines Mitunternehmers zum einem aus seinem Anteil am Ergebnis der Gesamthandsbilanz der Gesellschaft – korrigiert um eine etwaige Ergänzungsbilanz –, zum anderen aus dem Ergebnis seines Sonderbereichs zusammensetzen (**zweistufige Gewinnermittlung**).

aa) Ergebnis der 1. Stufe der Gewinnermittlung

40 Maßgeblich für § 15a EStG ist nur das Ergebnis der 1. Stufe der Gewinnermittlung, also der **Saldo aus dem Ergebnisanteil aus der Steuerbilanz der Gesamthand korrigiert um steuerfreie Einnahmen bzw. nicht abziehbare Betriebsausgaben und dem Ergebnis einer etwaigen Ergänzungsbilanz**. Stille Reserven sind nicht zu berücksichtigen.[4] Eine vorherige Saldierung mit Gewinnen aus dem Sonderbereich des Kommanditisten findet nicht statt.[5] Diese Auslegung entspricht dem Sinn und Zweck der Norm, mit der der Verlustausgleich eines Kommanditisten seinem Haftungsumfang angeglichen werden soll (→ Rz. 1, 3). Eine Haftungsbeschränkung besteht jedoch grundsätzlich nur auf Ebene der Gesellschaft, nicht auf Ebene des Gesellschafters.

BEISPIEL: Kommanditist K ist zu 50 % an der X-KG beteiligt. Die Steuerbilanz der KG (Gesamthandsbilanz) weist einen Verlust von 50 000 € aus, davon entfallen 25 000 € auf K. Zudem ergibt sich für K aus der für ihn geführten Ergänzungsbilanz ein Gewinn von 5 000 €. In der für K geführten Sonderbilanz ist ein Gewinn von 100 000 € ausgewiesen.

Der Anteil am Verlust der KG i.S.d. § 15a EStG beträgt 20 000 € und setzt sich aus dem Verlustanteil aus der Steuerbilanz der KG i. H.v. 25 000 €, korrigiert um den Gewinn aus der Ergänzungsbilanz von 5 000 € zusammen. Ob in diesem Fall § 15a EStG Anwendung findet, hängt nunmehr davon ab, ob hierdurch ein negatives Kapitalkonto entsteht oder sich erhöht. Der Sonderbilanzgewinn des K ist in jedem Fall im Rahmen seiner persönlichen Einkommensteuerveranlagung zu berücksichtigen.

---

1 BFH v. 14.10.2003 - VIII R 81/02, BStBl 2004 II 118; H 15a EStH.
2 BFH v. 12.2.2004 - IV R 70/02, BStBl 2004 II 423.
3 BFH v. 10.3.1998 - VIII R 76/96, BStBl 1999 II 269.
4 BFH v. 9.5.1996 - IV R 75/93, BStBl 1996 II 474.
5 BFH v. 14.5.1991 - VIII R 31/88, BStBl 1992 II 167; BMF v. 15.12.1993, BStBl 1993 I 976.

Zur Behandlung von Mehrgewinnen aus Abweichungen zwischen Handels- und Steuerbilanz, Mehrgewinnen aus Außenprüfungen und außerbilanziellen Korrekturen vgl. → Rz. 74 ff.

Zur **Saldierung mit Gewinnen aus dem Sonderbetriebsvermögen** kommt es nur in den Fällen, in denen nach Anwendung des § 15a EStG ein ausgleichs- und abzugsfähiger Verlust 1. Stufe verbleibt.[1]

BEISPIEL: Sachverhalt wie zuvor. Von dem Verlust der 1. Stufe sind 15 000 € ausgleichsfähig. K hat dann nach Anwendung des § 15a EStG anzusetzende Einkünfte als gewerblicher Mitunternehmer i. S. v. § 15 Abs. 1 Satz 1 Nr. 2 EStG von 85 000 €.

Ausgangspunkt der Ermittlung der gewerblichen Einkünfte i. S. d. § 15 Abs. 1 Satz 1 Nr. 2 EStG und damit letztlich auch des Anteils am Verlust der KG i. S. d. § 15a EStG ist die **handelsrechtliche Gewinnverteilung** der Gesellschaft.[2] Sieht diese vor, dass Verlustanteile nicht zum Entstehen eines negativen Kapitalkontos eines Kommanditisten führen können, ist für § 15a EStG kein Raum.[3]

Abweichend davon ist steuerlich ein Anteil am Verlust der KG dem Kommanditisten nicht mehr zuzurechnen, soweit bei Aufstellung der Bilanz nach den Verhältnissen am Bilanzstichtag feststeht, dass ein Ausgleich des dadurch entstehenden oder sich erhöhenden negativen Kapitalkontos mit künftigen Gewinnanteilen nicht mehr in Betracht kommt.[4] Diese Frage ist **vorrangig** vor einer Anwendung des § 15a EStG zu prüfen.[5]

Ob ein Ausgleich des negativen Kapitalkontos mit künftigen Gewinnanteilen noch möglich ist, bestimmt sich nach den Verhältnissen des jeweiligen Bilanzstichtags und unabhängig davon, ob und wann der Steuerpflichtige eine Bilanz aufgestellt hat.[6] **Indizien** können dabei sein:[7]

▶ die KG ist erheblich überschuldet;
▶ stille Reserven sind nicht oder nicht in ausreichender Höhe vorhanden;
▶ die KG tätigt keine nennenswerten Umsätze mehr;
▶ die KG hat ihre werbende Tätigkeit eingestellt sowie
▶ ein Antrag auf Eröffnung des Insolvenzverfahrens wurde gestellt, mangels Masse abgelehnt oder das Insolvenzverfahren wurde bereits eröffnet.

In diesen Fällen kommt zugleich die Möglichkeit des Wegfalls eines negativen Kapitalkontos in Betracht, vgl. → Rz. 169 ff.

In die Ermittlung des Anteils am Verlust der KG sind auch **Gewinne und Verluste aus einer Anteilsveräußerung** i. S. d. § 16 Abs. 1 Satz 1 Nr. 2 EStG einzubeziehen, soweit diese auf die Veräußerung des ideellen Anteils an den Wirtschaftsgütern des Gesamthandsvermögens entfallen.[8] Denn insoweit wird durch die Aufdeckung der anteiligen stillen Reserven in den Wirtschaftsgütern des Gesamthandsvermögens ein Gewinn aus der Beteiligung erzielt.[9]

---

1 BMF v. 15.12.1993, BStBl 1993 I 976.
2 BFH v. 10.11.1980 - GrS 1/79, BStBl 1981 II 164.
3 BFH v. 8.9.1992 - IX R 335/87, BStBl 1993 II 281.
4 BFH v. 19.11.1964 - IV 455/91 U, BStBl 1965 III 111.
5 OFD München v. 7.5.2004, NWB DokID: FAAAB-22500.
6 BFH v. 12.10.1993 - VIII R 86/90, BStBl 1994 II 174.
7 OFD München v. 7.5.2004, NWB DokID: FAAAB-22500.
8 BFH v. 13.10.1998 - VIII R 78/97, BStBl 1999 II 163.
9 BFH v. 26.1.1995 - IV R 23/93, BStBl 1995 II 467.

46 Darüber hinaus sind auch einzubeziehen

- das einer KG als Organträger nach § 14 KStG zuzurechnende Einkommen einer Organgesellschaft und
- auf Anteile an Kapitalgesellschaften des Gesamthandsvermögens zu berücksichtigende Übernahmegewinne und -verluste (§ 4 Abs. 6, 7 UmwStG).[1]

bb) Abgrenzung zum Sonderbereich

47 Verluste, die im Sonderbereich des Kommanditisten entstehen, sind grundsätzlich unbeschränkt ausgleichs- oder abzugsfähig. Denn diese hat auch ein beschränkt haftender Gesellschafter uneingeschränkt zu tragen und ist daher durch diese wirtschaftlich belastet.[2] Etwas anderes gilt nur in dem Fall, in dem sich das Sonderbetriebsvermögen im Gesamthandseigentum einer anderen Gesellschaft befindet, bei der für die Verluste ihrer Gesellschafter selbst § 15a EStG Anwendung findet.[3] Dieses ist etwa bei **doppelstöckigen Personengesellschaften** denkbar.

48 Für die Abgrenzung zwischen dem Anteil am Gewinn oder Verlust der KG und dem Sonderbilanzgewinn oder -verlust gelten die Grundsätze der Abgrenzung zwischen Gesamthands- und Sonderbetriebsvermögen. Besondere Bedeutung erlangt in diesem Zusammenhang die Abgrenzung zwischen Vorabgewinnen und Sondervergütungen. Ein **Vorabgewinn** liegt vor, wenn einem Gesellschafter aufgrund des Gesellschaftsvertrags Vergütungen für z. B. Dienstleistungen vorweg aus dem Gewinn gewährt werden und diese nicht als handelsrechtlicher Aufwand behandelt werden.[4] Demgegenüber handelt es sich um eine **Sondervergütung**, wenn die Gesellschafter vereinbart haben, dass eine Tätigkeitsvergütung als Aufwand behandelt und auch dann gezahlt werden soll, wenn die KG einen Verlust erwirtschaftet.[5] Fehlt es an einer unmissverständlichen Formulierung im Gesellschaftsvertrag, so handelt es sich im Zweifel um eine bloße Gewinnverteilungsabrede, mithin einen Vorabgewinn.[6]

PRAXISHINWEIS:

Sofern beabsichtigt ist, die Entstehung von Verlusten auf der 1. Stufe der Gewinnermittlung zu vermeiden bzw. zu vermindern, kann es sich anbieten, bereits bei Abschluss des Gesellschaftsvertrags zu regeln, dass die Vergütung z. B. für die Führung der Geschäfte der KG durch einen Vorabgewinn und nicht durch eine Sondervergütung erfolgt.

49–54 *(Einstweilen frei)*

c) Entstehen oder Erhöhen eines negativen Kapitalkontos

55 Der einem Kommanditisten zuzurechnende Anteil am Verlust ist nicht ausgleichs- oder abzugsfähig, soweit ein negatives Kapitalkonto entsteht oder sich erhöht.

---

1 *Wacker* in Schmidt, § 15a EStG Rz. 71.
2 *Von Beckerath* in Kirchhof, § 15a EStG Rz. 10.
3 R 15a Abs. 2 Satz 1 und 2 EStR.
4 BFH v. 23. 1. 2001 – VIII R 30/99, BStBl 2001 II 621.
5 H 15.8 Abs. 3 EStH.
6 BFH v. 13. 10. 1998 – VIII R 4/98, BStBl 1999 II 284.

aa) Kapitalkonto i. S. d. § 15a EStG

BFH und ihm folgend die Finanzverwaltung gehen davon aus, dass sich das Kapitalkonto i. S. d. § 15a EStG aus dem **Kapitalkonto des Gesellschafters in der Steuerbilanz** der KG und dem **Mehr- oder Minderkapital aus einer etwaigen positiven oder negativen Ergänzungsbilanz** zusammensetzt.[1] Die Steuerbilanz ist dabei maßgeblich, da es sich bei § 15a EStG um eine einkommensteuerliche Vorschrift handelt; dafür spricht auch, dass dem Kapitalkonto i. S. d. § 15a EStG der nach steuerrechtlichen Vorschriften zu ermittelnde Verlustanteil gegenüber zu stellen ist.[2] Die Einbeziehung einer etwaigen Ergänzungsbilanz entspricht dem Sinn und Zweck der Norm, den Verlustausgleich eines Kommanditisten seinem Haftungsumfang anzugleichen. Denn der Haftungsumfang wird zunächst durch die Einlage in das Gesamthandsvermögen zu Buchwerten bestimmt; er umfasst über die Beteiligung am Gesamthandsvermögen auch die stillen Reserven. Diese finden aber gerade in der Ergänzungsbilanz des Gesellschafters Berücksichtigung, indem dort Wertkorrekturen zur Ermittlung seiner individuellen Anschaffungskosten an den anteiligen Wirtschaftsgütern des Gesamthandsvermögens vorgenommen werden.[3] Die Einbeziehung einer negativen Ergänzungsbilanz für Zwecke der Ermittlung des Kapitalkontos i. S. d. § 15a EStG ist selbst dann gerechtfertigt, wenn deren Aufstellung in Folge der Bildung einer Rücklage nach § 6b EStG erforderlich geworden ist. Die Ausübung des Wahlrechts gem. § 6b EStG führt also dazu, dass sich das Verlustausgleichspotential bis zur Höhe des in der negativen Ergänzungsbilanz ausgewiesenen Minderkapitals verbraucht.[4]

Das **Sonderbetriebsvermögen** des Kommanditisten ist demgegenüber nicht in die Ermittlung des Kapitalkontos i. S. d. § 15a EStG einzubeziehen. Da Anteil am Verlust der KG das Ergebnis der 1. Stufe der Gewinnermittlung meint, käme es andernfalls zur Verknüpfung inkongruenter Bezugsgrößen.[5]

bb) Umfang des Kapitalkontos

BFH und Finanzverwaltung haben sich zudem umfangreich damit auseinandergesetzt, welche Positionen der Gesamthandsbilanz in die Ermittlung des Kapitalkontos einzubeziehen sind. Hierzu gehören insbesondere[6]

- die geleisteten Einlagen, insbesondere Haft- und Pflichteinlagen sowie verlorene Zuschüsse zum Ausgleich von Verlusten;
- Kapitalrücklagen;
- Gewinnrücklagen.

§ 167 Abs. 2 HGB sieht vor, dass der Gewinnanteil eines Kommanditisten seinem Kapitalanteil nur so lange gutgeschrieben wird, bis dieser den Betrag seiner bedungenen Einlage erreicht. Im Übrigen steht dem Kommanditisten ein **Forderungsrecht** gegenüber der KG zu (§ 169 Abs. 1 Satz 2 HGB). Die Gutschrift erfolgt dann auf einem separaten Konto (Forderungs- oder Darlehenskonto), das somit eine Verbindlichkeit der Gesellschaft gegenüber dem Kommanditisten

---

1 BFH v. 30.3.1991 - VIII R 63/91, BStBl 1993 II 706; BMF v. 30.5.1997, BStBl 1997 I 627.
2 BFH v. 14.5.1991 - VIII R 31/88, BStBl 1992 II 167.
3 BFH v. 30.3.1991 - VIII R 63/91, BStBl 1993 II 706.
4 BFH v. 18.5.2017 - IV R 36/14, BStBl 2017 II 905.
5 BFH v. 14.5.1991 - VIII R 31/88, BStBl 1992 II 167.
6 BMF v. 30.5.1997, BStBl 1997 I 627.

ausweist und als Fremdkapital zu qualifizieren ist. Die dementsprechende Forderung des Kommanditisten gehört zu dessen Sonderbetriebsvermögen.[1]

60 Die handelsrechtlichen Vorschriften sind **abdingbar**. In der Regel wird gesellschaftsvertraglich vereinbart, welche Gesellschafterkonten in der Gesamthandsbilanz geführt werden ("**Mehrkontenmodell**"). Unabhängig von deren Bezeichnung[2] als Kapitalkonto sind dabei regelmäßig nicht alle Gesellschafterkonten als Eigenkapitalkonten des Gesellschafters zu qualifizieren.

61 Die Kriterien für die **Abgrenzung des Eigen- vom Fremdkapital** sind handels- und steuerlich grundsätzlich deckungsgleich. Maßgeblich kommt es darauf an, ob auf dem separat geführten Gesellschafterkonto auch Verluste verrechnet werden (Grundsatz der vollen Verlustteilnahme).[3] Dieses liegt zum einen daran, dass nach § 167 Abs. 1 HGB, § 120 Abs. 2 HGB zum Kapitalanteil begrifflich die ursprünglich geleistete Einlage und spätere Gewinne sowie Verluste und Entnahmen gehören. Zum anderen ist eine Verlustbeteiligung mit dem Begriff eines Darlehens grundsätzlich unvereinbar.[4] Verluste mindern die Einlage, nicht eine Forderung des Gesellschafters gegen die Gesellschaft.

> **BEISPIEL:** Der Gesellschaftsvertrag sieht vor, dass für den Kommanditisten K vier separate Gesellschafterkonten geführt werden (sog. 4-Konten-Modell). Auf dem Kapitalkonto I (Festkapital) wird die vereinbarte Einlage gebucht. Das Kapitalkonto II weist nicht entnahmefähige Gewinnanteile aus. Entnahmefähige Gewinne, sonstige Einlagen und Entnahmen werden auf dem Kapitalkonto III gebucht. Verlustanteile werden auf einem Verlustvortragskonto gebucht. Gewinnanteile dienen zunächst zum Ausgleich etwaig vorhandener Verlustvortragskonten. Eigenkapitalcharakter haben in diesem Fall nur das Kapitalkonto I und das Verlustvortragskonto. Weder auf dem Kapitalkonto II noch auf dem Kapitalkonto III werden Verlustanteile verrechnet. Sofern keine weiteren Umstände hinzutreten, handelt es sich daher grundsätzlich um Fremdkapital.[5]

62 Ein **separat geführtes Gesellschafterkonto** nimmt nicht nur dann an Verlusten teil, wenn laufende Verluste auf diesem verrechnet werden. Ausreichend ist vielmehr, dass der Gesellschaftsvertrag im Rahmen der Berechnung des Abfindungsguthabens eine Verrechnung mit Gesellschafterkonten, auf denen laufende Verluste gebucht werden, vorsieht.[6]

> **BEISPIEL:** Sachverhalt wie eben. Jedoch sieht der Gesellschaftsvertrag vor, dass der Kommanditist K im Falle seines Ausscheidens das sich aus der Summe oder dem Saldo der Kapitalkonten I und II und dem Verlustvortragskonto ergebende Guthaben zuzüglich seines Anteils an den stillen Reserven erhält. In diesem Fall nimmt das Kapitalkonto II im letztmöglichen Zeitpunkt an den Verlusten teil. Dieses reicht aus, um es als Eigenkapital zu qualifizieren.

63 Darüber hinaus handelt es sich bei einem separat geführten Gesellschafterkonto um Eigenkapital, wenn im Falle der Insolvenz der Gesellschaft eine Insolvenzforderung nicht geltend gemacht werden kann bzw. bei einer Liquidation Ansprüche erst nach Befriedigung aller Gesellschaftsgläubiger mit dem Eigenkapital auszugleichen sind (Grundsatz der Nachrangigkeit).[7] Der Anwendungsbereich scheint dabei größer, als er in der Praxis ist. Davon abzugrenzen sind nämlich **kapitalersetzende Darlehen**, die nicht Teil des Kapitalkontos i. S. d. § 15a EStG sind.

---

1 BMF v. 30. 5. 1997, BStBl 1997 I 627.
2 BFH v. 11. 10. 2007 - IV R 38/05, BStBl 2009 II 135.
3 BFH v. 15. 5. 2008 - IV R 46/05, BStBl 2008 II 103.
4 BFH v. 27. 6. 1996 - IV R 80/95, BStBl 1997 II 36.
5 BFH v. 16. 10. 2008 - IV R 98/06, BStBl 2009 II 272.
6 BFH v. 15. 5. 2008 - IV R 46/05, BStBl 2008 II 812.
7 BStBK-Hinweise, DStR 2006, 668.

Diese sind aufgrund ihres schuldrechtlichen Charakters nach bilanzrechtlichen Grundsätzen wie Fremdkapital zu behandeln.[1]

Demgegenüber sind **Finanzplandarlehen**, also solche Darlehen, die nach den vertraglichen Bestimmungen während des Bestehens der Gesellschaft vom Kommanditisten nicht gekündigt werden können und im Fall des Ausscheidens oder der Liquidation der Gesellschaft mit einem etwaig bestehenden negativen Kapitalkonto verrechnet werden, in die Ermittlung des für § 15a EStG maßgeblichen Kapitalkontos einzubeziehen.[2] 64

Eine mögliche **Verzinsung** des separat geführten Gesellschafterkontos ist rechtlich indifferent. Denn eine solche ist sowohl für Fremdkapital als auch für Eigenkapital bekannt.[3] 65

> **PRAXISHINWEIS:**
> Es ist zu beachten, dass die Buchungen tatsächlich entsprechend den gesellschaftsvertraglichen Vereinbarungen erfolgen. Ist dieses nicht der Fall und setzt sich diese Praxis über mehrere Jahre fort, kann unter Umständen eine konkludente Änderung des Gesellschaftsvertrags angenommen werden.[4]

cc) Sonderfall: Aktivisch gewordene Gesellschafterkonten

Schwierigkeiten können sich bei der Einordnung von durch Entnahmen aktivisch gewordenen Gesellschafterkonten in Mehrkontenmodellen ergeben. Zunächst einmal gilt steuerlich auch hier, dass der Charakter des aktivisch gewordenen Gesellschafterkontos dem Charakter des passiven Kontos folgt.[5] Handelt es sich bei dem passiven Gesellschafterkonto um Eigenkapital, gilt diese Zuordnung gleichermaßen, wenn das Gesellschafterkonto durch Entnahmen aktivisch wird. Das Konto ist weiterhin für Zwecke des § 15a EStG relevant. 66

Bei Gesellschafterkonten, die, wenn sie im Haben geführt werden, Fremdkapital ausweisen (Darlehenskonten), ist zu differenzieren. Sofern diese durch **unzulässige Entnahmen** aktivisch geworden sind, ändert sich deren Einordnung als Fremdkapital grundsätzlich nicht. Sie weisen handelsrechtlich und steuerlich eine Forderung der KG gegen den Kommanditisten aus.[6] Nach § 169 Abs. 1 Satz 2 HGB hat ein Kommanditist nur Anspruch auf Auszahlung des ihm zukommenden Gewinns. Im Übrigen steht ihm nach dem gesetzlichen Leitbild kein weitergehendes Entnahmerecht zu. Es bedarf daher einer gesonderten Vereinbarung. Liegt eine solche nicht vor, handelt es sich um unzulässige Entnahmen.[7]

Voraussetzung für die Anwendung dieser Grundsätze ist jedoch, dass es sich bei der Forderung der KG gegen den Kommanditisten um **steuerliches Betriebsvermögen** handelt, d. h. die Hingabe des Darlehens betrieblich veranlasst ist. Fehlt es an einer solchen, stellt die Auszahlung der Darlehensvaluta steuerlich eine Entnahme aus dem Betriebsvermögen in das gesamthänderisch gebundene Privatvermögen der KG dar.[8] Diese hat dann auch Auswirkung auf das Kapitalkonto i. S. d. § 15a EStG.[9] 67

---

1 BFH v. 28. 3. 2000 - VIII R 28/98, BStBl 2000 II 347.
2 BFH v. 7. 4. 2005 - IV R 24/03, BStBl 2005 II 598.
3 BMF v. 30. 5. 1997, BStBl 1997 I 627.
4 BGH v. 17. 1. 1966 - II ZR 8/64, NJW 1966, 826.
5 BFH v. 27. 6. 1996 - IV R 80/95, BStBl 1997 II 3; BFH v. 16. 10. 2008 - IV R 98/06, BStBl 2009 II 272.
6 BFH v. 16. 10. 2008 - IV R 98/06, BStBl 2009 II 272.
7 OFD Rheinland v. 4. 12. 2009, NWB DokID: MAAAD-81066.
8 Pohl, StuB 2015, 330.
9 BFH v. 16. 10. 2014 - IV R 15/11, BStBl 2015 II 267; OFD Rheinland v. 4. 12. 2009, NWB DokID: MAAAD-81066.

68 Umstritten ist die Einordnung von Darlehenskonten, die durch **zulässige Entnahmen** aktivisch geworden sind. Der BFH hat die Frage bisher ausdrücklich offen gelassen.[1] Die Finanzverwaltung ist der Auffassung, dass es sich insoweit um ein im Soll geführtes Unterkonto zum Kapitalkonto handele und damit für Zwecke des § 15a EStG zu berücksichtigen sei. Denn die Entnahmen seien als Vorschüsse auf zukünftige Gewinnanteile anzusehen, die handelsrechtlich keine Forderungen begründeten.[2] Dem ist zuzustimmen, da es widersprüchlich wäre, durch zulässige Entnahmen das Entstehen eines Forderungsrechts anzunehmen.

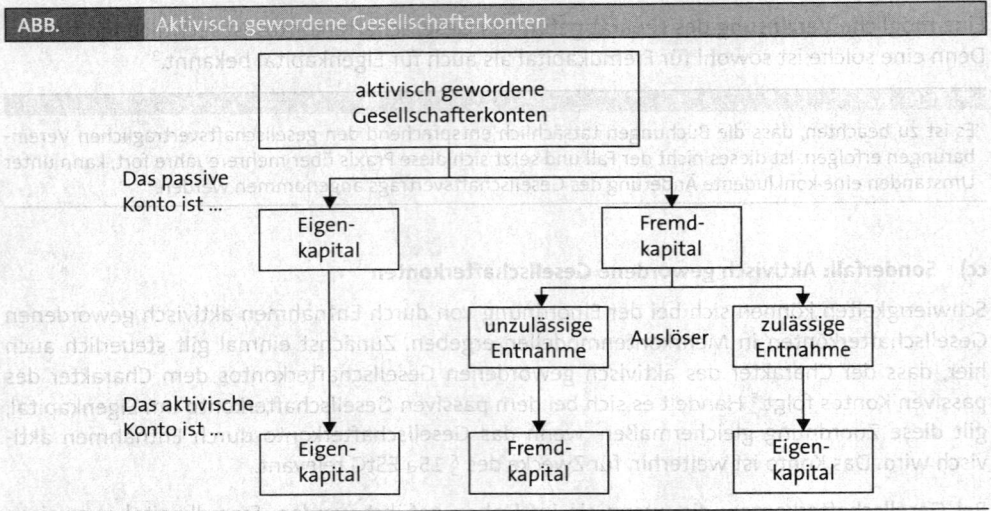

ABB. Aktivisch gewordene Gesellschafterkonten

dd) Veränderung des Kapitalkontos

69 Ob ein negatives Kapitalkonto entstanden ist oder sich erhöht hat, ist anhand eines Vergleichs der Stände des Kapitalkontos am Ende des Wirtschaftsjahres und am Ende des vorangegangenen Wirtschaftsjahres zu ermitteln. Maßgeblich ist also der Stand des Kapitalkontos zum jeweiligen Bilanzstichtag.[3]

> **PRAXISHINWEIS**
> Der Kommanditist hat daher die Möglichkeit, durch gezielte Einlagen die Veränderung zu beeinflussen und dadurch das Verlustausgleichspotenzial zu erhöhen. Voraussetzung ist allerdings, dass die Einlagen spätestens am Bilanzstichtag in das Gesamthandsvermögen der KG übergegangen sind. Bei Bareinlagen durch Banküberweisung erfordert dieses die Gutschrift auf dem Bankkonto der KG.

> **BEISPIEL:** Das Kapitalkonto zum 1.1.01 beläuft sich für den Kommanditisten K auf 10 000 €. In Erwartung eines Verlustes leistet K zum Ende des Wirtschaftsjahrs eine Bareinlage von 30 000 €. Die Gutschrift auf dem Bankkonto der KG erfolgt am 28.12. Ihm wird für das Wirtschaftsjahr ein Verlustanteil von 40 000 € zugewiesen, so dass das Kapitalkonto zum 31.12.01 0 € beträgt. § 15a Abs. 1 Satz 1 EStG greift in diesem Fall nicht, da K es durch die Einlage gezielt geschafft hat, das Entstehen eines negativen Kapitalkontos zu verhindern.

---

1 Vgl. die Darstellung in BFH v. 16.10.2008 - IV R 98/06, BStBl 2009 II 272.
2 OFD Rheinland v. 4.12.2009, NWB DokID: MAAAD-81066.
3 BFH v. 18.4.2000 - VIII R 11/98, BStBl 2001 II 166.

Zur Auswirkung von Einlagen bei bestehender überschießender Außenhaftung vgl. → Rz. 112. Zur weiteren Behandlung nachträglicher Einlagen vgl. → Rz. 121 ff. Zur Behandlung von Entnahmen in Folgejahren vgl. → Rz. 196 ff.   70

(Einstweilen frei)   71–73

ee) Abweichungen des handels- vom steuerrechtlichen Ergebnisses

Sieht der Gesellschaftsvertrag das Führen mehrerer Gesellschafterkonten vor, so bezieht sich die darin enthaltene Regelung zur Zuordnung der Gewinnanteile zu einem Gesellschafterkonto als handelsrechtliche Vereinbarung ausschließlich auf Gewinne, die sich aus der Handelsbilanz ergeben. Wird der Gewinnanteil einem Fremdkapitalkonto zugeordnet, stellt dieses gleichzeitig eine Entnahme dar.   74

Weicht das Ergebnis der Steuerbilanz von der Handelsbilanz ab, gilt die gesellschaftsvertragliche Zuordnung grundsätzlich nicht für einen hierdurch entstandenen **steuerlichen Mehrgewinn**. Dieser verbleibt im Gesamthandsvermögen (Eigenkapital), ist nicht als Entnahme zu behandeln und erhöht damit das Verlustausgleichspotential.[1]

Dementsprechend werden **Mehrgewinne, die sich aufgrund einer Außenprüfung** ergeben, ebenfalls dem Eigenkapital zugeordnet. Erst wenn in der Handelsbilanz die entsprechenden Angleichungsbuchungen vorgenommen werden, sind diese – bei Buchung auf einem Fremdkapitalkonto – als Entnahme zu behandeln.[2]   75

Anteil am Verlust der KG i. S. d. § 15a EStG meint das steuerliche Ergebnis 1. Stufe (vgl. → Rz. 40), also unter Berücksichtigung außerbilanzieller Korrekturen (z. B. nicht abziehbarer Betriebsausgaben). Für die Entwicklung des Kapitalkontos i. S. d. § 15a EStG ist allerdings allein auf das Ergebnis der Steuerbilanz, also ohne außerbilanzielle Korrekturen, abzustellen.   76

> **BEISPIEL:** Die X-KG weist in der Steuerbilanz 01 einen Verlust von 100 000 € aus. Außerbilanziell werden nicht abziehbare Betriebsausgaben von 20 000 € hinzugerechnet, so dass der steuerliche Gewinn 1 Stufe -80 000 € beträgt. Kommanditist K ist zu 50 % an der KG beteiligt. Sein Kapitalkonto zum 1. 1. 01 beläuft sich auf 40 000 €. Ihm wird für das Wirtschaftsjahr in der Steuerbilanz ein Verlustanteil von 50 000 € zugewiesen, so dass das Kapitalkonto zum 31. 12. 01 -10 000 € beträgt. Sein Anteil am Verlust der KG i. S. d. § 15a EStG beläuft sich -40 000 €. § 15a Abs. 1 Satz 1 EStG greift in diesem Fall nicht, da durch den Anteil am Verlust der KG kein negatives Kapitalkonto entstanden ist. Für die weitere Entwicklung des Kapitalkontos ist der Stand zum 31. 12. 01 von -10 000 € maßgeblich.

(Einstweilen frei)   77–79

2. Rechtsfolge: Verlustausgleichs- und -abzugsverbot (§ 15a Abs. 1 Satz 1 EStG)

§ 15a Abs. 1 Satz 1 EStG schreibt vor, dass Verlustanteile, die zum Entstehen oder Erhöhen eines negativen Kapitalkontos führen, weder horizontal mit anderen Einkünften aus Gewerbebetrieb noch vertikal mit Einkünften aus anderen Einkunftsarten ausgeglichen werden dürfen. Zudem besteht nicht die Möglichkeit eines Verlustabzugs nach § 10d EStG.   80

Die Verlustausgleichs- und -abzugsbeschränkung gilt nur für das Ergebnis der 1. Stufe der Gewinnermittlung. Die Ergebnisse aus dem Sonderbetriebsvermögen werden für die Anwendung   81

---

[1] OFD Frankfurt/M. v. 6. 7. 2016, NWB DokID: IAAAF-79668.
[2] OFD Frankfurt/M. v. 6. 7. 2016, NWB DokID: IAAAF-79668.

des § 15a EStG nicht mit dem Gewinn- oder Verlustanteil aus der Gesamthandsbilanz zuzüglich des Ergebnisses einer etwaigen Ergänzungsbilanz saldiert.

PRAXISHINWEIS:
Da § 15a EStG eine Verlustverrechnungsbeschränkung und keine Gewinnermittlungsvorschrift ist, erfolgt die Anwendung außerhalb der Steuerbilanz der KG sowie – wenn die KG-Anteile im Betriebsvermögen gehalten werden – außerhalb der Steuerbilanz des Kommanditisten. Es können sich jedoch Auswirkungen auf die Handelsbilanz des Kommanditisten durch die Bildung von aktiven und passiven Latenzen nach § 274 HGB ergeben.[1]

82–85 *(Einstweilen frei)*

3. Überschießende Außenhaftung (§ 15a Abs. 1 Satz 2 und 3 EStG)

86 Sofern ein Kommanditist seine im Handelsregister eingetragene Hafteinlage nicht in voller Höhe erbracht hat, haftet er den Gläubigern der Gesellschaft in Höhe der ausstehenden Einlage unmittelbar nach § 171 Abs. 1, § 172 Abs. 1 HGB. Zivilrechtlich bestimmt sich die Haftung daher in erster Linie nicht nach der geleisteten Einlage, sondern nach der im Handelsregister eingetragenen Haftsumme. Werden dem Kommanditisten in einer solchen Situation Verlustanteile zugewiesen, die zum Entstehen oder Erhöhen eines negativen Kapitalkontos führen, so ist er zum einen wirtschaftlich durch den Verzehr seiner Einlage, zum anderen rechtlich durch die bestehende Außenhaftung belastet. Die wirtschaftliche Belastung wird durch § 15a Abs. 1 Satz 1 EStG abgebildet; die rechtliche Belastung bilden § 15a Abs. 1 Satz 2 und 3 EStG ab.

87 Danach ist ein erweiterter Verlustausgleich möglich, wenn (a) der Kommanditist den Gläubigern der Gesellschaft unmittelbar nach § 171 Abs. 1 HGB haftet (vgl. → Rz. 88 ff.), (b) er am Bilanzstichtag im Handelsregister eingetragen ist (vgl. → Rz. 95), (c) das Bestehen der Haftung nachweisen kann (vgl. → Rz. 99) und (d) eine Vermögensminderung nicht durch Vertrag ausgeschlossen oder nach Art und Weise des Geschäftsbetriebs unwahrscheinlich ist (vgl. → Rz. 104 ff.).

a) Haftung des Kommanditisten nach § 171 Abs. 1 HGB

88 Handelsrechtlich kommt eine unmittelbare Haftung im Außenverhältnis nach § 171 Abs. 1, § 172 Abs. 1 HGB in folgenden Fällen in Betracht:

▶ Der Kommanditist hat tatsächlich eine niedrigere als die im Handelsregister für ihn als Haftsumme eingetragene Einlage geleistet.

▶ Die ursprünglich geleistete Einlage des Kommanditisten wird zurückgezahlt (§ 172 Abs. 4 Satz 1 HGB).

▶ Der Kommanditist entnimmt Gewinnanteile, obwohl sein Kapitalanteil durch Verluste unter den Betrag der geleisteten Einlage herabgemindert ist oder durch die Entnahme herabgemindert wird (§ 172 Abs. 4 Satz 2 HGB).

89 Nicht unter die Regelungen des erweiterten Verlustausgleichs fallen die Haftungstatbestände des § 172 Abs. 2 HGB[2] sowie des § 176 HGB.[3] Der Wortlaut der Regelung ist insoweit eindeutig.

---

1 *Lüdenbach*, StuB 2015, 108.
2 BFH v. 28. 5. 1993 - VIII B 11/92, BStBl 1993 II 665.
3 R 15a Abs. 3 Satz 5 EStR.

Maßgeblich für die Frage, ob ein Kommanditist den Gläubigern der KG nach § 171 Abs. 1 HGB haftet, ist ausschließlich die handelsrechtliche Rechtslage. Dieses führt dazu, dass bei Abweichungen von der Steuerbilanz auf das Kapitalkonto der Handelsbilanz abzustellen ist. 90

(Einstweilen frei) 91–94

b) Eintragung im Handelsregister

Weitere Voraussetzung ist, dass derjenige, dem der Anteil zuzurechnen ist, am Bilanzstichtag namentlich im Handelsregister eingetragen ist (Satz 3). Denn nur dann kann der Umfang der Haftsumme sicher festgestellt werden.[1] Die Anmeldung zum Handelsregister ist nicht ausreichend. Dies gilt selbst in Fällen, in denen sich die Eintragung verzögert, weil das Handelsregister überlastet oder die Eintragung wegen firmenrechtlicher Bedenken des Gerichts noch nicht vollzogen ist.[2] 95

(Einstweilen frei) 96–98

c) Nachweis des Bestehens der Haftung

Der Kommanditist muss das Bestehen der Haftung nachweisen. Ihn trifft insoweit die Feststellungslast. Der Nachweis beschränkt sich indes nur auf die Voraussetzungen des § 171 Abs. 1 HGB. Er erfolgt durch Vorlage des Handelsregisterauszugs und Darlegung und ggf. Glaubhaftmachung der tatsächlich geleisteten Einlage. 99

(Einstweilen frei) 100–103

d) Kein Ausschluss und keine Unwahrscheinlichkeit der Vermögensminderung

Eine Vermögensminderung aufgrund der Haftung darf nicht vertraglich ausgeschlossen sein. Es kommt also nicht auf den Ausschluss der Haftung selbst an; vielmehr darf die Haftung beim Kommanditisten keine Auswirkung auf das Vermögen haben. Letztlich sind die genauen Umstände des **Einzelfalls** maßgeblich. Denkbar sind insbesondere folgende Fälle: 104

- ▶ Der Kommanditist hat einen Versicherungsvertrag abgeschlossen, der das Risiko einer Haftungsinanspruchnahme abdeckt;
- ▶ dem Kommanditisten steht ein gesicherter Regressanspruch gegen die KG, andere Gesellschafter oder Dritte zu;[3]
- ▶ es besteht eine Vereinbarung mit allen Gläubigern, dass diese den Kommanditisten nur bis zum Betrag seiner tatsächlich geleisteten Einlage in Anspruch nehmen.[4]

Eine Unwahrscheinlichkeit der Vermögensminderung aufgrund der Haftung liegt vor, wenn die finanzielle Ausstattung der KG und deren gegenwärtige und zu erwartende Liquidität im Verhältnis zum Gesellschaftszweck und dessen Umfang so außergewöhnlich günstig sind, dass die finanzielle Inanspruchnahme des Kommanditisten nicht zu erwarten ist.[5] Eine solche Feststellung dürfte faktisch nicht zu treffen sein. 105

---

[1] *Heuermann* in Blümich, § 15a EStG Rz. 65.
[2] R 15a Abs. 3 Satz 2 und 3 EStR.
[3] *Wacker* in Schmidt, § 15a EStG Rz. 134.
[4] BFH v. 17.12.1992 - IX R 150/89, BStBl 1994 II 490.
[5] BFH v. 14.5.1991 - VIII R 111/86, BStBl 1992 II 164.

106 Das Finanzamt trägt die Feststellungslast für einen möglichen Ausschluss oder eine Unwahrscheinlichkeit der Vermögensminderung.

107–110 *(Einstweilen frei)*

e) Rechtsfolge: Erweiterter Verlustausgleich

111 Rechtsfolge des § 15a Abs. 1 Satz 2 EStG ist, dass Verlustanteile über den nach Abs. 1 Satz 1 ermittelten Betrag hinaus auch dann ausgleichs- oder abzugsfähig sind, soweit ein negatives Kapitalkonto entsteht oder sich erhöht. Der Betrag des erweiterten Verlustausgleichs ist beschränkt auf die Höhe der überschießenden Außenhaftung i. S. d. § 171 Abs. 1 HGB. Er kann insgesamt nur einmal in Anspruch genommen werden.[1]

> **BEISPIEL:** Die im Handelsregister eingetragene Hafteinlage des Kommanditisten K beläuft sich auf 50 000 €; bisher hat K tatsächlich jedoch nur 30 000 € geleistet. Das Kapitalkonto des K zum 1. 1. 01 beläuft sich auf 30 000 €. Für das Jahr 01 wird K ein Verlustanteil von 60 000 € zugerechnet. Sein Kapitalkonto zum 31. 12. 01 beträgt -30 000 €. Nach § 15a Abs. 1 Satz 1 EStG ergibt sich daher ein ausgleichsfähiger Verlust von 30 000 €. Da K den Gläubigern der KG zum Bilanzstichtag nach § 171 Abs. 1 HGB haftet, ist der Verlust in Höhe der Differenz zwischen der eingetragenen Hafteinlage von 50 000 € und der tatsächlich geleisteten Einlage von 30 000 €, mithin i. H. v. 20 000 € nach § 15a Abs. 1 Satz 2 EStG ausgleichsfähig. Der verrechenbare Verlust beläuft sich auf 10 000 €.
>
> Für das Jahr 02 wird K ein Verlustanteil von 40 000 € zugerechnet. Sein Kapitalkonto zum 31. 12. 02 beträgt -70 000 €. Ein ausgleichsfähiger Verlust nach § 15a Abs. 1 Satz 1 EStG ergibt sich nicht. Da die Außenhaftung bereits im Jahr 01 zum Entstehen eines ausgleichsfähigen Verlustes geführt hat, ist § 15a Abs. 1 Satz 2 EStG quasi verbraucht. Der verrechenbare Verlust zum 31. 12. 02 beträgt daher (10 000 € + 40 000 € =) 50 000 €.

112 Spätere Einlagen, die zur Minderung einer Haftung nach § 171 Abs. 1 HGB führen, dürfen nicht zum Entstehen eines zusätzlichen Verlustausgleichspotenzials führen.[2]

> **BEISPIEL:** Sachverhalt wie zuvor. Im Jahr 03 erbringt K seine restliche Einlage von 20 000 €. Ihm wird zudem ein Verlustanteil von 20 000 € zugerechnet. Sein Kapitalkonto zum 31. 12. 03 beträgt weiterhin -70 000 €. Dem Wortlaut nach greift § 15a Abs. 1 Satz 1 EStG in diesem Fall nicht, da sich das negative Kapitalkonto nicht weiter erhöht. Jedoch ist zu berücksichtigen, dass er durch die bis dato bestehende überschießende Außenhaftung unabhängig von der Entwicklung seines Kapitalkontos weitere 20 000 € bereits als ausgleichsfähige Verluste nach § 15a Abs. 1 Satz 2 EStG geltend machen konnte. Durch die Einlage kommt es nunmehr zum Wegfall der überschießenden Außenhaftung mit der Folge, dass der Verlustanteil für 02 nicht ausgleichsfähig ist. Der verrechenbare Verlust zum 31. 12. 03 beträgt (50 000 € + 20 000 € =) 70 000 €.

> **PRAXISHINWEIS:**
> Leistet ein Kommanditist bei noch nicht voll eingezahlter Hafteinlage eine weitere Einlage, so kann er im Wege einer negativen Tilgungsbestimmung die Rechtsfolge herbeiführen, dass die Haftungsbefreiung nach § 171 Abs. 1 2. Halbsatz HGB nicht eintritt. Das führt dazu, dass die Einlage nicht mit der eingetragenen Hafteinlage zu verrechnen ist, sondern im Umfang ihres Werts die Entstehung oder Erhöhung eines negativen Kapitalkontos verhindert und auf diese Weise zusätzliches Verlustausgleichspotenzial nach § 15a Abs. 1 Satz 1 EStG schafft.[3]

---

[1] R 15a Abs. 3 Satz 7 EStR.
[2] R 15a Abs. 3 Satz 8 EStR.
[3] BFH v. 11. 10. 2007 - IV R 38/05, BStBl 2009 II 135; BFH v. 16. 10. 2008 - IV R 98/06, BStBl 2009 II 272; a. A. *Heuermann* in Blümich, § 15a EStG Rz. 64a.

Für den umgekehrten Fall des Wiederauflebens der überschießenden Außenhaftung nach § 172 Abs. 4 Satz 2 HGB führt dieses ebenfalls nicht zum Entstehen eines zusätzlichen Verlustausgleichspotenzials, soweit die entnommene Einlage bereits für die Ermittlung der ausgleichsfähigen Verluste nach § 15a Abs. 1 Satz 1 EStG als verbraucht anzusehen ist.[1]   113

(Einstweilen frei)   114–120

4. Behandlung nachträglicher Einlagen (§ 15a Abs. 1a EStG)

§ 15a Abs. 1a EStG wurde durch das Jahressteuergesetz 2009 v. 19.12.2008[2] eingefügt. Nach § 52 Abs. 33 Satz 6 EStG a.F. findet die Regelung erstmals Anwendung auf Einlagen, die nach dem 24.12.2008 getätigt wurden. Es handelt es dabei um eine Reaktion des Gesetzgebers auf eine zwischenzeitlich ergangene Rechtsprechung des BFH. Ziel der Neuregelung war, Gestaltungsspielräume in Form – willkürlicher – Einlagen zur Schaffung von Verlustausgleichspotenzial einzuschränken.[3] Zu den verfassungsrechtlichen Bedenken vgl. → Rz. 14.   121

a) Begriff der nachträglichen Einlage (§ 15a Abs. 1a Satz 2 EStG)

Nachträgliche Einlagen sind nach der Legaldefinition in § 15a Abs. 1a Satz 2 EStG Einlagen, die nach Ablauf eines Wirtschaftsjahres geleistet werden, in dem ein nicht ausgleichs- oder abzugsfähiger Verlust i.S.d. § 15a Abs. 1 EStG oder ein Gewinn i.S.d. § 15a Abs. 3 Satz 1 EStG zugerechnet worden ist.   122

b) Rechtsfolge 1: Keine Umqualifizierung von bisher nur verrechenbaren Verlusten

§ 15a Abs. 1a Satz 1 1. Halbsatz EStG schreibt vor, dass nachträgliche Einlagen nicht dazu führen, dass ein vorhandener verrechenbarer Verlust nachträglich (weder im Jahr seiner Entstehung noch im Jahr der Einlage) ausgleichs- oder abzugsfähig wird. Damit ist zunächst sichergestellt, dass bei einem negativen Kapitalkonto Einlagen nur insoweit zu einem Verlustausgleichspotenzial führen, als es sich um Verluste des Wirtschaftsjahres der Einlage handelt.[4] Die Regelung entspricht insoweit auch der vorherigen Rechtsprechung des BFH.[5]   123

c) Rechtsfolge 2: Ausgleichs- und Abzugsfähigkeit zukünftiger Verluste

§ 15a Abs. 1a Satz 1 2. Halbsatz EStG sieht vor, dass nachträgliche Einlagen auch nicht dazu führen, dass ein dem Kommanditisten zuzurechnender Anteil am Verlust der KG eines zukünftigen Wirtschaftsjahres ausgleichs- oder abzugsfähig wird, soweit durch diesen Verlustanteil ein negatives Kapitalkonto entsteht oder sich erhöht. Damit kann bei einem negativen Kapitalkonto durch Einlagen kein Verlustausgleichspotenzial für zukünftige Wirtschaftsjahre geschaffen werden.[6] Der Sinn und Zweck der Regelung erschließt sich aus der Entstehungsgeschichte der Norm.   124

Unstreitig ist die Auswirkung einer Einlage auf die Abzugs- oder Ausgleichsfähigkeit des Anteils am Verlust der KG desselben Wirtschaftsjahres (sog. zeitkongruente Einlagen). Bis zu ihrer   125

---

[1] R 15a Abs. 3 Satz 9 EStR.
[2] BGBl 2008 I 2794.
[3] BT-Drucks. 16/10189, 49.
[4] BT-Drucks. 16/10189, 49.
[5] BFH v. 14.12.1995 - IV R 106/94, BStBl 1996 II 226.
[6] BT-Drucks. 16/10189, 49.

Höhe kann es durch Verluste des Einlagejahres nicht zum Entstehen oder Erhöhen eines negativen Kapitalkontos kommen, so dass der Verlust insoweit ausgleichs- oder abzugsfähig bleibt (vgl. → Rz. 69).

aa) Rechtslage für Einlagen bis zum 24.12.2008

126 Nach der Rechtsprechung des BFH führten Einlagen, die zum Ausgleich eines negativen Kapitalkontos geleistet und im Wirtschaftsjahr der Einlage nicht durch ausgleichsfähige Verluste verbraucht wurden, regelmäßig zum **außerbilanziellen Ansatz eines Korrekturpostens** mit der weiteren Folge, dass Verluste späterer Wirtschaftsjahre bis zum Verbrauch dieses Postens auch dann als ausgleichsfähig zu qualifizieren waren, wenn hierdurch (erneut) ein negatives Kapitalkonto entstand oder sich erhöhte (sog. vorgezogene Einlagen).[1] Die Finanzverwaltung hat sich dieser Auffassung letztendlich angeschlossen.[2]

> **BEISPIEL:** Die Hafteinlage des Kommanditisten K beträgt 50 000 €. Dieses entspricht auch der tatsächlich geleisteten Einlage und dem Stand des Kapitalkontos zum 1.1.01. Im Jahr 01 wird dem K ein Anteil am Verlust der KG von 70 000 € zugerechnet. Davon sind 50 000 € ausgleichsfähig und 20 000 € nur verrechenbar. Das Kapitalkonto zum 31.12.01 beträgt -20 000 €.
> Im Jahr 02 leistet K eine Einlage von 20 000 €. Ihm wird ein Verlustanteil für 02 in Höhe von 10 000 € zugerechnet. Das Kapitalkonto zum 31.12.02 beträgt -10 000 €. Der Verlustanteil 02 ist damit in voller Höhe ausgleichsfähig. Darüber hinaus führt die Einlage aber nicht dazu, dass der verrechenbare Verlust des Vorjahres nachträglich umqualifiziert wird. Es ist jedoch außerbilanziell ein Korrekturposten in Höhe der noch nicht verbrauchten (vorgezogenen) Einlage von 10 000 € anzusetzen. Der verrechenbare Verlust des Vorjahres von 20 000 € ist fortzuschreiben.
> Im Jahr 03 wird K ein Verlust von 40 000 € zugerechnet. Das Kapitalkonto zum 31.12.03 beträgt -50 000 €. Der Verlust ist in Höhe des Korrekturpostens von 10 000 € ausgleichsfähig. Der Korrekturposten ist damit verbraucht. Im Übrigen ist der Verlust nicht ausgleichsfähig. Der verrechenbare Verlust zum 31.12.03 beträgt (20 000 € + 30 000 € =) 50 000 €.

127 Der BFH hat dieses Ergebnis mit einer **teleologischen Reduktion** des § 15a Abs. 1 Satz 1 EStG begründet. Es würde dem Gesetzesplan erkennbar widersprechen, wenn man dem Kommanditisten zwar dann einen ausgleichsfähigen Verlust zurechnet, wenn er im Jahr der Verlustentstehung eine Einlage leistet, ihm dies aber allein aufgrund des Umstands verwehrt, dass er den nämlichen Betrag am Ende des vorangegangenen Wirtschaftsjahrs eingelegt hat.[3]

> **BEISPIEL:** Wenn im Sachverhalt zuvor K im Jahr 02 nur eine Einlage von 10 000 € leistet und die weiteren 10 000 € erst im Jahr 03 einlegt, kommt es im Ergebnis zum Ansatz der gleichen ausgleichsfähigen bzw. verrechenbaren Verluste.

128 Zudem bestehe ansonsten ein weiterer Widerspruch zu den Fällen, in denen der Kommanditist keine Einlage leistet, sondern seine Haftsumme i.S.d. §§ 171, 172 HGB aufstockt, so dass es zum Entstehen einer überschießenden Außenhaftung kommt, die nach § 15a Abs. 1 Satz 2 EStG zusätzliches Verlustausgleichspotenzial schafft.[4]

129 Voraussetzung für den Ansatz des Korrekturpostens war jedoch, dass dem Kommanditisten nicht in den Wirtschaftsjahren vor der Einlage aufgrund einer überschießenden Außenhaftung

---

1 BFH v. 14.10.2003 - VIII R 32/01, BStBl 2004 II 359; BFH v. 26.6.2007 - IV R 28/06, BStBl 2007 II 934.
2 BMF v. 19.11.2007, BStBl 2007 I 823.
3 BFH v. 14.10.2003 - VIII R 32/01, BStBl 2004 II 359.
4 BFH v. 14.10.2003 - VIII 32/01, BStBl 2004 II 359.

(§ 15a Abs. 1 Satz 2 EStG) ausgleichsfähige Verluste zugerechnet worden waren. Denn in diesem Umfang vermittelte die in das negative Kapitalkonto geleistete Einlage dem Kommanditisten selbst dann keine ausgleichsfähigen Verluste, wenn die Verluste im Wirtschaftsjahr der Einlage entstünden.[1]

Als „vorgezogene Einlage" kamen nur Leistungen des Kommanditisten in das Gesamthandsvermögen in Betracht. Zahlungen an Dritte blieben hierbei außen vor.[2] Die Bildung eines Korrekturpostens war nur in der Höhe vorzunehmen, in der sich durch die Einlage ein negatives Kapitalkonto verringerte oder ausgeglichen wurde. Er war nicht zu bilden, soweit durch die Einlage ein positives Kapitalkonto entstanden ist.[3] Denn insoweit führte die (vorgezogene) Einlage jedenfalls zur Bildung eines neuen Verlustausgleichspotenzials i. S. d. § 15a Abs. 1 Satz 1 EStG.

PRAXISHINWEIS:
Der für Einlagen bis zum 24.12.2008 gebildete Korrekturposten war und ist fortzuentwickeln. Er wird verbraucht, soweit in künftigen Wirtschaftsjahren Verluste dazu führen, dass ein negatives Kapitalkonto entsteht oder sich erhöht.

(Einstweilen frei)

bb) Rechtslage für Einlagen nach dem 24.12.2008

§ 15a Abs. 1a Satz 1 2. Halbsatz EStG sieht nunmehr vor, dass nachträgliche Einlagen nicht mehr zur Ausgleichs- oder Abzugsfähigkeit des dem Kommanditisten zuzurechnenden Anteils am Verlust eines zukünftigen Wirtschaftsjahres führen, soweit durch den Verlust ein negatives Kapitalkonto entsteht oder sich erhöht. Die Bildung eines Korrekturpostens kommt daher nicht mehr in Betracht.

Relevanz erlangen nachträgliche Einlagen nach derzeitiger Rechtslage erst im Falle der Beendigung der KG oder bei Veräußerung oder Aufgabe des Mitunternehmeranteils des Kommanditisten. Zur Behandlung der nicht berücksichtigten nachträglichen Einlagen in Fällen eines verbliebenen verrechenbaren Verlustes vgl. → Rz. 178 ff.

(Einstweilen frei)

II. Verrechnung mit zukünftigen Gewinnen (§ 15a Abs. 2 EStG)

§ 15a Abs. 2 EStG qualifiziert die nach Abs. 1 nicht ausgleichs- und abzugsfähigen Verluste in verrechenbare Verluste um. Diese mindern zeitlich und betragsmäßig unbegrenzt Gewinnanteile, die dem Kommanditisten in späteren Wirtschaftsjahren aus seiner Beteiligung an derselben KG zuzurechnen sind. Denn erst durch die Verrechnung der haftungslosen Verluste mit dem Gewinnanteil wird der Kommanditist wirtschaftlich belastet.[4] Die Berücksichtigung der verrechenbaren Verluste erfolgt von Amts wegen.

---
1 BFH v. 26.6.2007 - IV R 28/06, BStBl 2007 II 934.
2 BFH v. 2.2.2017 - IV R 47/13, BStBl 2017 II 391.
3 *Heuermann* in Blümich, § 15a EStG Rz. 54.
4 *Von Beckerath* in Kirchhof, § 15a EStG Rz. 23.

1. Begriff des künftigen Gewinnanteils

146 Der Begriff des künftigen Gewinnanteils ist korrespondierend zum Begriff des Anteils am Verlust der KG auszulegen. Verrechenbare Verluste können daher nur mit einem positiven Ergebnis der 1. Stufe der Gewinnermittlung verrechnet werden, also mit dem Ergebnisanteil des Kommanditisten aus der Gesamthandsbilanz korrigiert um das Ergebnis einer etwaigen Ergänzungsbilanz. Dazu gehören nicht nur **laufende Gewinne**, sondern auch **Gewinne aus der Veräußerung oder Aufgabe des Betriebs**, eines Teilbetriebs oder eines Mitunternehmeranteils durch die KG selbst. Sonderbilanzgewinne sind wiederum nicht einzubeziehen.

147 Veräußert ein Kommanditist seinen Mitunternehmeranteil i. S. d. § 16 Abs. 1 Satz 1 Nr. 2 EStG gewinnbringend, so ist auch hier eine Verrechnung möglich, soweit der nach Anwendung des § 16 Abs. 4 EStG verbleibende Gewinn auf der Veräußerung von anteiligem Gesamthandsvermögen beruht. Ein **Sonderbilanzgewinn** wie auch ein auf dem Sonderbetriebsvermögen beruhender Veräußerungs- oder Aufgabegewinn ist demgegenüber nicht einzubeziehen.

> **PRAXISHINWEIS:**
> Bei grundbesitzverwaltenden Personengesellschaften zählen bei Anwendung des § 21 Abs. 1 Satz 2 EStG i. V. m. § 15a Abs. 2 EStG zu den Überschüssen, die dem Kommanditisten in späteren Wirtschaftsjahren zuzurechnen sind, auch Überschüsse aus privaten Veräußerungsgeschäften.[1]

148 Unabhängig davon, ob sich die Veräußerung auf Ebene der KG oder auf Ebene des Kommanditisten vollzieht, mindern noch verbliebene verrechenbare Verluste einen etwaigen Veräußerungs- bzw. Aufgabegewinn.[2]

> **BEISPIEL:** Das Kapitalkonto des Kommanditisten K beträgt zum 1.1. -50 000 €. Der zum 31.12. des Vorjahres festgestellte verrechenbare Verlust beläuft sich ebenfalls auf 50 000 €. Für das laufende Wirtschaftsjahr wird K ein Anteil am Verlust der KG aus dem laufenden Betrieb von -50 000 € zugewiesen. Das Kapitalkonto zum 31.12. beträgt demnach -100 000 €. Zum Ende des Wirtschaftsjahrs veräußert K den gesamten Mitunternehmeranteil. Er erzielt hieraus einen Veräußerungsgewinn i. S. d. § 16 Abs. 1 Satz 1 Nr. 2, Abs. 2 EStG von 125 000 €, der in voller Höhe auf die anteiligen Wirtschaftsgüter des Gesamthandsvermögens entfällt. § 16 Abs. 4 EStG greift nicht.
>
> Der Tatbestand des § 15a Abs. 1 Satz 1 EStG ist damit nicht erfüllt, da nach Saldierung des Veräußerungsgewinns mit dem Verlust aus dem laufenden Betrieb kein Anteil am Verlust i. S. d. § 15a EStG verbleibt. Der Veräußerungsgewinn beträgt danach nur 75 000 €. Dieser ist um die verbliebenen verrechenbaren Verluste von 50 000 € zu mindern. Nach Anwendung des § 15a EStG ergibt sich daher ein anzusetzender Veräußerungsgewinn i. S. d. § 16 Abs. 1 Satz 1 Nr. 2, Abs. 2 EStG von 25 000 €.

149 Eine Verrechnung erfolgt nicht, soweit der **Gewinnanteil steuerfrei** ist (z. B. § 3 Nr. 40 EStG, § 8b KStG). Er steht weiterhin zur Verrechnung mit Gewinnanteilen in künftigen Wirtschaftsjahren zur Verfügung.[3]

150 Bei dem infolge einer Einlage- oder Haftungsminderung hinzuzurechnenden **fiktiven Gewinn** handelt es sich nicht um einen Gewinn, den der Kommanditist aus seiner KG-Beteiligung erzielt. Dementsprechend wird dieser nicht um einen verrechenbaren Verlust der Vorjahre gemindert (vgl. → Rz. 219).

151–154 *(Einstweilen frei)*

---

1 BFH v. 2.9.2014 - IX R 52/13, BStBl 2015 II 263.
2 BFH v. 26.1.1995 - IV R 23/93, BStBl 1995 II 467.
3 BFH v. 16.5.2002 - IV R 58/00, BStBl 2002 II 748.

2. Identität der Beteiligung

Die dem Kommanditisten in späteren Wirtschaftsjahren zuzurechnenden Gewinne müssen aus seiner Beteiligung an der KG stammen. Die Norm setzt damit grundsätzlich eine **Anteilsidentität** voraus. Eine Verrechnung mit Gewinnen aus der Beteiligung an anderen Gesellschaften scheidet von vornherein aus. Dabei soll nicht die zivilrechtliche, sondern die einkommensteuerliche Identität des Mitunternehmeranteils maßgeblich sein. Eine Verrechnung ist daher nicht möglich, wenn der Kommanditist seinen Mitunternehmeranteil veräußert und den eines Dritten erwirbt.[1] Unschädlich ist, wenn die KG ihren Unternehmensgegenstand ändert und dadurch keine wirtschaftliche Identität mehr besteht.[2] 155

Eine **Änderung im Umfang der Beteiligung** steht einer Verrechnung mit künftigen Gewinnanteilen grundsätzlich nicht entgegen. Es ist jedoch zu beachten, dass bei einer unentgeltlichen Übertragung des Teils eines Mitunternehmeranteils der verrechenbare Verlust anteilig auf den Erwerber übergeht (vgl. → Rz. 167). 156

In Fällen der **Umwandlung** einer KG in eine andere Personengesellschaft gilt Folgendes: 157

▶ bei der Verschmelzung sind die verrechenbaren Verluste der aufnehmenden Personengesellschaft weiterhin nutzbar; für die verrechenbaren Verluste der untergehenden Personengesellschaft gilt dieses nicht;

▶ bei der Aufspaltung endet die aufgespaltene Gesellschaft; es besteht daher keine Identität der Beteiligung;

▶ bei der Abspaltung können die verrechenbaren Verluste weiterhin in der verbleibenden Gesellschaft genutzt werden; in der abgespaltenen Gesellschaft ist dem Kommanditisten dieses verwehrt;[3]

▶ bei einer formwechselnden Umwandlung bleibt die Beteiligung identisch.[4]

Bei Umwandlung einer KG in eine Kapitalgesellschaft fehlt es an einer Beteiligungsidentität.[5] 158

(Einstweilen frei) 159–163

3. Identität des Beteiligten

Die künftigen Gewinnanteile müssen dem Kommanditisten zuzurechnen sein. Dieses setzt grundsätzlich eine Identität des Beteiligten (Steuersubjekts) voraus. 164

a) Wechsel der Rechtsstellung eines Gesellschafters

Wechselt die Rechtsstellung eines Gesellschafters von der eines Kommanditisten in die eines unbeschränkt haftenden Gesellschafters, zieht dieses nicht automatisch nach sich, dass der für ihn festgestellte verrechenbare Verlust in einen ausgleichs- oder abzugsfähigen Verlust umqualifiziert wird.[6] Zwar fehlt es an einer expliziten Regelung. Der BFH hat jedoch entschieden, dass „die gesetzliche Regelungslücke im Wege der Rechtsfortbildung durch folgerichtiges „Zu-Ende-Denken" der Anordnungen des § 15a EStG" zu schließen ist. Danach mindert der ver- 165

---

[1] *Von Beckerath* in Kirchhof, § 15a EStG Rz. 24.
[2] BFH v. 22.1.1985 - VIII R 43/84, BStBl 1986 II 136.
[3] *Von Beckerath* in Kirchhof, § 15a EStG Rz. 24.
[4] *Von Beckerath* in Kirchhof, § 15a EStG Rz. 24.
[5] *Wacker* in Schmidt, § 15a EStG Rz. 236.
[6] BFH v. 14.10.2003 - VIII R 38/02, BStBl 2004 II 115.

rechenbare Verlust künftige Gewinnanteile, die dem Gesellschafter aus der Beteiligung an der Gesellschaft zugerechnet werden.

> **PRAXISHINWEIS:**
> Diese Grundsätze werden entsprechend angewendet, wenn ein Gesellschafter ein bisher als Mitunternehmerschaft geführtes Unternehmen als Einzelunternehmer fortführt.[1]

166 Zu den verfahrensrechtlichen Folgen vgl. → Rz. 260.

b) Unentgeltliche Übertragung des Mitunternehmeranteils

167 Im Unterschied zur Regelung des § 10d EStG ist der verrechenbare Verlust i. S. d. § 15a EStG **vererbbar**.[2] Entsprechendes gilt für andere Formen der unentgeltlichen Übertragung des Mitunternehmeranteils oder des Teils eines Mitunternehmeranteils i. S. d. § 6 Abs. 3 EStG (auch bei Einzelrechtsnachfolge), wenn der Erwerber Mitunternehmer wird und in die bilanzrechtliche Rechtsstellung des Rechtsvorgängers eintritt.[3] Dazu ist es unerlässlich, dass auch das (zukünftige) Gewinnbezugsrecht (Anspruch auf künftige anteilige Zuteilung des Gewinns) auf den Erwerber übergeht.[4] Anders als bei § 10d EStG mindert ein verrechenbarer Verlust noch nicht die wirtschaftliche Leistungsfähigkeit des Rechtsvorgängers; diese Minderung tritt erst beim Erwerber ein, wenn er Gewinnanteile nicht entnehmen kann, da er diese vorrangig zum Ausgleich des negativen Kapitalkontos einsetzen muss.

c) Entgeltlicher Erwerb des Mitunternehmeranteils/Einbringung

168 In Fällen des entgeltlichen Erwerbs eines Mitunternehmeranteils kann der Erwerber den verrechenbaren Verlust seines Rechtsvorgängers nicht geltend machen.[5] Entsprechendes gilt, wenn der Mitunternehmeranteil eines Kommanditisten in eine Kapitalgesellschaft eingebracht wird, jedoch nicht bei Einbringung in eine Personengesellschaft oder der Ausbringung aus einer Personengesellschaft auf ihren Gesellschafter.[6]

4. Wegfall des negativen Kapitalkontos

169 An versteckter Stelle in § 52 Abs. 24 Satz 3 EStG hat der Gesetzgeber geregelt, dass, wenn ein Kommanditist aus einer KG ausscheidet oder die KG aufgelöst wird und sein Kapitalkonto in der Steuerbilanz der KG negativ ist, der Betrag, den er nicht ausgleichen muss, als **Veräußerungsgewinn i. S. d. § 16 EStG** gilt. Dabei richtet sich der **Zeitpunkt**, in dem dieser Veräußerungsgewinn steuerrechtlich erzielt worden ist, nach den allgemeinen Gewinnrealisierungsgrundsätzen im Rahmen der Gewinnermittlung durch Betriebsvermögensvergleich, insbesondere dem Realisationsprinzip. Der Veräußerungsgewinn ist in der Schlussbilanz desjenigen Wirtschaftsjahrs zu erfassen, in dem endgültig feststeht, dass mit zukünftigen Gewinnen oder mit sonstigen Einlageforderungen, mit denen das negative Kapitalkonto aufgefüllt werden könnte, nicht mehr zu rechnen ist. Dieses ist frühestens in dem Veranlagungszeitraum der Fall, in dem der Kommanditist aus der Gesellschaft ausscheidet oder in den die Auflösung der Ge-

---

1 BFH v. 10. 3. 1998 - VIII R 76/96, BStBl 1999 II 269.
2 R 10d Abs. 9 Satz 12 EStR.
3 BFH v. 10. 3. 1998 - VIII R 76/96, BStBl 1999 II 269.
4 BFH v. 1.3.2018 - IV R 16/15, NWB DokID: FAAAG-86781.
5 BFH v. 1.3.2018 - IV R 16/15, NWB DokID: FAAAG-86781.
6 *Von Beckerath* in Kirchhof, § 15a EStG Rz. 25.

sellschaft fällt. Im Fall der Auflösung der Gesellschaft durch die Eröffnung eines Insolvenzverfahrens verschiebt sich dieser Zeitpunkt zumeist nach hinten. Der Veräußerungsgewinn wird hier regelmäßig erst im Zeitpunkt des Abschlusses der Liquidation des Gesellschaft oder, soweit die Gesellschaft ihren Gewerbebetrieb schon vor Abschluss des Insolvenzverfahrens einstellt, im Zeitpunkt der Betriebsaufgabe realisiert. Eine Realisation zu einem früheren Zeitpunkt darf nur dann angenommen werden, wenn zu diesem feststeht, dass eine Auffüllung des negativen Kapitalkontos durch den Kommanditisten unter keinem denkbaren Gesichtspunkt mehr in Betracht kommt.[1] Bei den anderen Mitunternehmern sind in entsprechender Höhe unter Berücksichtigung der für die Zurechnung von Verlusten geltenden Grundsätze Verlustanteile anzusetzen (§ 52 Abs. 24 Satz 4 EStG). Im Falle der Auflösung der KG sind diese Verlustanteile daher ausschließlich beim Komplementär anzusetzen.[2]

BEISPIEL: Die ABC-KG, bestehend aus dem Komplementär A und den Kommanditisten B und C, wird aufgelöst. Die im Handelsregister eingetragene Hafteinlage des C beträgt 100 000 €. Bis zum Zeitpunkt der Liquidation hatte C tatsächlich eine Einlage von 50 000 € geleistet. Die ausgleichsfähigen Verluste beliefen sich auf 100 000 €. Das Kapitalkonto im Zeitpunkt der Liquidation beläuft sich auf -50 000 €. Auf C entfällt ein anteiliger Liquidationsgewinn von 25 000 €. Dieser wird zunächst zum Auffüllen des negativen Kapitalkontos eingesetzt. Das verbleibende negative Kapitalkonto von -25 000 € braucht C nicht aufzufüllen, so dass in dieser Höhe für ihn nach § 52 Abs. 24 Satz 3 EStG ein Veräußerungsgewinn i. S. d. § 16 EStG anzusetzen ist. Gleichzeitig ist bei A als Komplementär ein Verlustanteil in gleicher Höhe anzusetzen.

Kommt es zum Ausscheiden eines Kommanditisten und wird die KG mit den verbleibenden Gesellschaftern fortgesetzt, so sind bei den Mitunternehmern, auf die der Anteil des Ausscheidenden übergeht, in Höhe der in dem Anteil enthaltenden und auf sie übergehenden stillen Reserven Anschaffungskosten zu aktivieren. Übersteigt das negative Kapitalkonto die stillen Reserven einschließlich eines Firmenwerts, so sind bei den Mitunternehmern, auf die der Anteil übergeht, in Höhe des Differenzbetrags Verlustanteile anzusetzen. Sollte es sich bei den übernehmenden Mitunternehmern um Kommanditisten handeln, ist bei ihnen § 15a EStG zu berücksichtigen.[3]

PRAXISHINWEIS:
Eine Gewinnzurechnung aufgrund des Wegfalls eines negativen Kapitalkontos ist nicht vorzunehmen, wenn der ausscheidende Kommanditist damit rechnen muss, dass er aus einer Bürgschaft für die KG in Anspruch genommen wird.[4]

170

Die Auflösung eines negativen Kapitalkontos bleibt im Ergebnis ohne Auswirkung, soweit dieses auf einem verrechenbaren Verlust beruht; denn der verrechenbare Verlust mindert den Veräußerungs- oder Aufgabegewinn (vgl. → Rz. 148).

171

BEISPIEL: Die ABC-KG, bestehend aus dem Komplementär A und den Kommanditisten B und C, wird aufgelöst. Die im Handelsregister eingetragene Hafteinlage des C beträgt 50 000 € und wurde in voller Höhe geleistet. Die ausgleichsfähigen Verluste beliefen sich auf 50 000 €. Zudem besteht ein verrechenbarer Verlust von 50 000 €. Das Kapitalkonto im Zeitpunkt der Liquidation beläuft sich auf -50 000 €. Auf C entfällt ein anteiliger Liquidationsgewinn von 25 000 €. Dieser wird zunächst zum Auffüllen des negativen Kapitalkontos eingesetzt. Das verbleibende negative Kapitalkonto von -25 000 € braucht C nicht aufzufüllen, so dass in dieser Höhe für ihn nach § 52 Abs. 24 Satz 3 EStG ein

---

1 BFH v. 30.3.2017 - IV R 9/15, BStBl 2017 II 896.
2 R 15a Abs. 6 Satz 2 EStR.
3 R 15a Abs. 6 Satz 3 bis 6 EStR.
4 BFH v. 12.7.1990 - IV R 327/89, BStBl 1991 II 64.

Veräußerungsgewinn i. S. d. § 16 EStG anzusetzen ist. Der Veräußerungsgewinn i. S. d. § 16 EStG beträgt damit insgesamt 50 000 €. Dieser wird um den verrechenbaren Verlust von 50 000 € gemindert.

172 In Veräußerungsfällen findet § 52 Abs. 24 EStG keine Anwendung.[1]

173–177 *(Einstweilen frei)*

5. Ausgleich des verbleibenden verrechenbaren Verlustes (§ 15a Abs. 2 Satz 2 EStG)

178 § 15a Abs. 2 Satz 2 EStG sieht vor, dass der verrechenbare Verlust, der nach Abzug von einem Veräußerungs- oder Aufgabegewinn verbleibt, im Zeitpunkt der Veräußerung oder Aufgabe des gesamten Mitunternehmeranteils oder der Betriebsveräußerung oder -aufgabe bis zur Höhe der nachträglichen Einlagen i. S. d. § 15a Abs. 1a EStG ausgleichs- oder abzugsfähig ist. Die Regelung steht in unmittelbaren Zusammenhang mit der Behandlung nachträglicher Einlagen und schreibt eine bereits bestehende Verwaltungsauffassung fest.[2]

> **BEISPIEL:** Kommanditist K hat zum 1. 1. 01 ein negatives Kapitalkonto von -50 000 €, das in voller Höhe durch verrechenbare Verluste entstanden ist. Im Jahr 01 leistet K eine Einlage von 40 000 €. Der für das Jahr 01 zuzurechnende Verlustanteil beläuft sich auf 20 000 €. Damit beläuft sich das Kapitalkonto zum 31. 12. 01 auf -30 000 €. Der Verlustanteil für 01 ist in voller Höhe ausgleichsfähig. Der verrechenbare Verlust zum 31. 12. 01 beträgt weiterhin 50 000 €.
>
> Im Jahr 02 veräußert K seinen gesamten Mitunternehmeranteil. Er erhält hierfür einen Veräußerungspreis von 10 000 €. Unter Berücksichtigung des negativen Kapitalkontos von -30 000 € entsteht für ihn ein Veräußerungsgewinn i. S. d. § 16 Abs. 1 Satz 1 Nr. 2, Abs. 2 EStG von 40 000 €. Von diesem sind zunächst die verrechenbaren Verluste abzuziehen. Danach verbleibt ein verrechenbarer Verlust von (50 000 € – 40 000 € =) 10 000 €. Abs. 2 Satz 2 ordnet nunmehr an, dass dieser bis zur Höhe der nachträglichen Einlagen abzugsfähig ist. Diese beliefen sich auf 40 000 €. Zu berücksichtigen ist m. E. allerdings, dass diese i. H.v. 20 000 € im Jahr der Einlage zum Entstehen eines ausgleichsfähigen Verlustes geführt haben. Deshalb kann für die Anwendung des § 15a Abs. 2 Satz 2 EStG lediglich der Betrag von (40 000 € – 20 000 € =) 20 000 € maßgeblich sein. Da die verbleibenden verrechenbaren Verluste von 10 000 € diesen Betrag nicht überschreiten, kommt es in voller Höhe zum Entstehen eines ausgleichs- oder abzugsfähigen Verlustes.

179 Soweit hinter der Neuregelung des § 15a Abs. 1a EStG Praktikabilitätserwägungen gestanden haben, wird dieses durch § 15a Abs. 2 Satz 2 EStG teilweise konterkariert. Denn für die Anwendung der Vorschrift ist es notwendig, die Entwicklung der nachträglichen Einlagen insgesamt nachzuvollziehen. M. E. kommt auch für § 15a Abs. 2 Satz 2 EStG eine teleologische Reduktion in Betracht. Denn soweit nachträgliche Einlagen bereits zum Entstehen eines zusätzlichen Verlustausgleichspotenzials geführt haben, würde die Anwendung des § 15a Abs. 2 Satz 2 EStG insoweit zu einer doppelten Verlustberücksichtigung führen. Zudem können nachträgliche Einlagen auch abschmelzen, wenn Gewinne erzielt werden.[3]

180 § 15a Abs. 2 Satz 2 EStG findet auch auf Einlagen Anwendung, die bis zum 24. 12. 2008 geleistet wurden, mithin nicht in den Anwendungsbereich des § 15a Abs. 1a EStG fallen.[4]

181–187 *(Einstweilen frei)*

---

[1] BFH v. 21. 4. 1994 - IV R 70/92, BStBl 1994 II 745.
[2] BT-Drucks. 16/10189, 49.
[3] *Heuermann* in Blümich, § 15a EStG Rz. 79, 5.
[4] *Heuermann* in Blümich, § 15a EStG Rz. 80.

III. Einlage- und Haftungsminderung (§ 15a Abs. 3 EStG)

1. Überblick

Das Kapitalkonto eines Kommanditisten kann nicht nur durch Verluste negativ werden. Vielmehr können auch Entnahmen dazu führen, dass ein negatives Kapitalkonto entsteht oder sich erhöht. An sich wäre ein solcher Vorgang für die Besteuerung irrelevant. Allerdings besteht für einen Kommanditisten die Möglichkeit, durch gezielte Einlagen sein Verlustausgleichspotenzial zu erhöhen (vgl. → Rz. 69). Entnimmt er in den folgenden Wirtschaftsjahren seine Einlage wieder, so wird durch § 15a Abs. 3 EStG sichergestellt, dass die in den Vorjahren bestehende Ausgleichs- oder Abzugsmöglichkeit rückgängig gemacht wird. Entsprechendes gilt in Fällen, in denen der Kommanditist seine nach § 15a Abs. 1 Satz 2 EStG zu berücksichtigende Haftung verringert.

In diesen Fällen entfällt die den Verlustausgleich und -abzug rechtfertigende wirtschaftliche Belastung nachträglich.[1] Nach Auffassung des Gesetzgebers ist die Regelung erforderlich, da andernfalls durch kurzfristige Einlagen oder kurzfristige Eintragung von Haftsummen in beliebiger Höhe Verlustausgleichs- und -abzugsmöglichkeiten geschaffen werden könnten.[2]

Rechtstechnisch erfolgt dies nicht durch eine rückwirkende Änderung der Feststellung des verrechenbaren Verlustes. Vielmehr erfolgt im Jahr der Einlage- oder Haftungsminderung die Zurechnung eines fiktiven Gewinns in entsprechender Höhe. In gleicher Höhe wird der ehemals ausgleichsfähige Verlust in einen verrechenbaren Verlust „umgepolt". Ziel der Norm ist es damit, das gleiche Ergebnis herbeizuführen, als wenn von vornherein eine geringere Einlage geleistet worden wäre oder eine geringere überschießende Außenhaftung bestanden hätte und der Verlustanteil bereits im Entstehungsjahr nicht ausgleichsfähig, sondern lediglich verrechenbar gewesen wäre.[3]

(Einstweilen frei)

2. Einlageminderung (§ 15a Abs. 3 Satz 1 und 2 EStG)

§ 15a Abs. 3 Sätze 1 und 2 EStG stehen in unmittelbaren Zusammenhang zur Verlustausgleichs- und -abzugsbeschränkung des § 15a Abs. 1 Satz 1 EStG.

Nach der gesetzlichen Legaldefinition liegt eine Einlageminderung vor, soweit durch Entnahmen ein negatives Kapitalkonto entsteht oder sich erhöht.

a) Entnahmen

Der Begriff der Entnahmen entspricht dem in § 4 Abs. 1 Satz 2 EStG. Es kommt also darauf an, ob der Kommanditist zum Gesamthandsvermögen der KG gehörende Wirtschaftsgüter dem Betrieb für sich, seinen Haushalt oder für andere betriebsfremde Zwecke im Laufe des Wirtschaftsjahres entnommen hat. Davon umfasst ist auch der Fall, dass er ein zum Gesamthandsvermögen der KG gehörendes Wirtschaftsgut i. S. d. § 6 Abs. 5 Satz 3 Nrn. 1, 2 EStG unentgeltlich überführt.

---

[1] Von Beckerath in Kirchhof, § 15a EStG Rz. 55.
[2] BT-Drucks. 8/3648, 17.
[3] BFH v. 20. 11. 2014 - IV R 47/11, BStBl 2015 II 532.

199 Sondervergütungen sind Aufwand der KG und stellen damit keine schädlichen Entnahmen dar.[1] Etwas anderes gilt für Vorabgewinne, die Teil der Gewinnverteilung und damit bei Auszahlung an den Kommandititen als Entnahmen zu werten sind.

200–204 *(Einstweilen frei)*

b) Entstehen oder Erhöhen eines negativen Kapitalkontos

205 Durch die Entnahme muss ein negatives Kapitalkonto entstehen oder sich erhöhen. Der Begriff des Kapitalkontos entspricht dabei dem des § 15a Abs. 1 Satz 1 EStG (vgl. → Rz. 55 ff.). Maßgeblich ist ebenfalls der Stand des Kapitalkontos am Ende des Wirtschaftsjahres. Indem auf die Veränderung des Kapitalkontos im Vergleich zum Vorjahr abgestellt wird, sind Entnahmen mit Einlagen desselben Wirtschaftsjahrs zu saldieren.[2]

206–209 *(Einstweilen frei)*

c) Keine Außenhaftung nach § 171 Abs. 1 HGB

210 Eine Zurechnung scheidet aus, soweit der Kommanditist infolge der Entnahme den Gläubigern der KG unmittelbar nach § 171 Abs. 1 HGB haftet. Zu den Fällen, in denen eine überschießende Außenhaftung nach § 171 Abs. 1 HGB besteht vgl. → Rz. 88.

> **BEISPIEL:** Die eingetragene und tatsächlich geleistete Hafteinlage des Kommanditisten K beträgt 100 000 €. Dem entspricht der Betrag des Kapitalkontos zum 1.1.01. Im Jahr 02 entnimmt K 50 000 €. In diesem Fall unterbleibt eine Gewinnhinzurechnung nach § 15a Abs. 3 EStG, da die Außenhaftung aufgrund der Entnahme nach § 172 Abs. 4 Satz 2, § 171 Abs. 1 HGB wieder auflebt.

211 Grundsätzlich ist davon auszugehen, dass zunächst jedwede Entnahme, die dazu führt, dass das Kapitalkonto unter den Betrag der Haftsumme herabsinkt, zum Wiederaufleben der überschießenden Außenhaftung i. S. d. § 171 Abs. 1 HGB führt. Dies gilt selbst für den Fall, dass bei Bestehen eines negativen Kapitalkontos eine die Haftsumme übersteigende Pflichteinlage (z. B. ein Agio) entnommen wird.[3] Eine Gewinnhinzurechnung nach § 15a Abs. 3 Sätze 1 und 2 EStG hat dann zu unterbleiben.

212 Etwas anderes gilt z. B., wenn der Betrag der Entnahme die Haftungssumme übersteigt. Denn in einem solchen Fall kann eine überschießende Außenhaftung nur begrenzt auf den Betrag der im Handelsregister eingetragenen Haftsumme entstehen.

> **BEISPIEL:** Kommanditist K ist mit einer Hafteinlage von 10 000 € im Handelsregister eingetragen. Tatsächlich hat er eine Einlage von 50 000 € erbracht. Dies entspricht dem Stand seines Kapitalkontos zum 1.1.01. Für das Jahr 01 wird K ein Verlustanteil von 60 000 € zugewiesen. Das Kapitalkonto zum 31.12.01 wie auch der verrechenbare Verlust betragen -10 000 €. Im Jahr 02 tätigt K eine Entnahme von 40 000 €. Sein Gewinnanteil für 02 beläuft sich auf 0 €. Demzufolge beträgt sein Kapitalkonto zum 31.12.02 -50 000 €. Eine überschießende Außenhaftung nach § 171 Abs. 1 HGB kann nur i. H. v. 10 000 € entstehen. Es ist ein negatives Kapitalkonto von 50 000 € entstanden. Damit verbleibt für die Anwendung des § 15a Abs. 3 EStG eine Einlageminderung in Höhe der Differenz von 40 000 €.

213–217 *(Einstweilen frei)*

---

1 BFH v. 23.1.2001 - VIII R 30/99, BStBl 2001 II 621.
2 *Heuermann* in Blümich, § 15a EStG Rz. 85.
3 BFH v. 6.3.2008 - IV R 35/07, BStBl 2008 II 676.

d) Rechtsfolge: Fiktiver Gewinn

Dem Kommanditisten wird in Höhe der Einlageminderung ein fiktiver Gewinn hinzugerechnet. § 15a Abs. 3 Satz 2 EStG sieht jedoch vor, dass dieser auf den Betrag der Verlustanteile begrenzt ist, der im Jahr der Einlageminderung und in den zehn vorangegangenen Jahren (11-Jahres-Zeitraum) ausgleichsfähig war. Dabei sind die ausgleichsfähigen Verlustanteile mit Gewinnanteilen zu saldieren, mit denen sie hätten verrechnet werden können, wenn sie nicht ausgleichsfähig, sondern lediglich verrechenbar i. S. d. § 15a Abs. 2 EStG gewesen wären. Die fiktive Saldierung eines Verlustanteils mit einem Gewinnanteil eines vorangegangenen Jahres kommt daher entsprechend der Systematik des § 15a Abs. 2 EStG nicht in Betracht.[1]

BEISPIEL: Kommanditist K ist mit einer Hafteinlage von 50 000 € an der X-KG beteiligt, die er im Jahr 01 auch in voller Höhe erbracht hat. Sein Kapitalkonto entwickelt sich wie folgt:

Einlage 01	50 000 €
Gewinnanteil 01	20 000 €
Stand 31.12.01	70 000 €
Verlustanteil 02	30 000 € Anm.: voll ausgleichsfähig
Stand 31.12.02	40 000 €
Gewinnanteil 03	10 000 €
Stand 31.12.03	50 000 €
Verlustanteil 04	70 000 € Anm.: 50 000 € ausgleichsfähig
Stand 31.12.04	-20 000 €
Entnahme	70 000 €
Gewinnanteil 05	0 €
Stand 31.12.05	-90 000 €

Durch die Entnahme erhöht sich das negative Kapitalkonto um 70 000 €. Es ist jedoch zu beachten, dass in Höhe von 50 000 € eine überschießende Außenhaftung nach § 171 Abs. 1 HGB wieder auflebt. Für die Anwendung des § 15a Abs. 3 EStG verbleibt damit eine zu berücksichtigende Außenhaftung von 20 000 €.

In Höhe der Einlageminderung wird nun ein fiktiver Gewinn hinzugerechnet. Dieser ist jedoch auf die ausgleichs- oder abzugsfähigen Verluste des 11-Jahres-Zeitraums saldiert mit Gewinnanteilen, mit denen sie hätten verrechnet werden können, begrenzt. Der Gewinnanteil für das Jahr 01 bleibt unberücksichtigt, da eine Verrechnung nur mit künftigen Verlustanteilen hätte erfolgen können. Der ausgleichsfähige Verlustanteil 02 von 30 000 € hätte mit dem Gewinnanteil für 03 von 10 000 € verrechnet werden können. Es verbleibt demnach der Betrag von 20 000 €. Hinzu kommt der ausgleichsfähige Verlustanteil für 04 von 50 000 €. Mithin ergibt sich ein Höchstbetrag von 70 000 €. Demzufolge kommt es zum Ansatz eines fiktiven Gewinns in voller Höhe der Einlageminderung von 20 000 €.

Die Begrenzung erfolgte aus Praktikabilitätserwägungen.[2]

Ist ein verrechenbarer Verlust aus Vorjahren vorhanden, so mindert dieser im Rahmen des § 15a Abs. 2 Satz 1 EStG nicht den fiktiven Gewinn i. S. d. § 15a Abs. 3 Satz 1 EStG. Es handelt sich dabei nämlich nicht um einen Gewinn, der dem Kommanditisten aus seiner KG-Beteiligung zuzurechnen ist. Vielmehr stellt dieser lediglich einen Rechnungsposten dar, der zum

---

1 BFH v. 20.3.2003 - IV R 42/00, BStBl 2003 II 798.
2 BT-Drucks. 8/3648, 17.

Zweck der „Umpolung" ausgleichsfähiger in verrechenbare Verluste wie ein Gewinn zugerechnet wird.[1]

220–224 *(Einstweilen frei)*

3. Haftungsminderung (§ 15a Abs. 3 Satz 3 EStG)

225 § 15a Abs. 3 Satz 3 EStG sucht Umgehungsmöglichkeiten des § 15a Abs. 1 Satz 2 und 3 EStG einzuschränken. Seine Anwendung löst die gleichen Folgen wie die Einlageminderung aus.

a) Minderung des Haftungsbetrags

226 Eine Minderung des Haftungsbetrags ist nach der Legaldefinition gegeben, wenn der Haftungsbetrag i. S. d. § 15a Abs. 1 Satz 2 EStG gemindert wird. Gemeint ist damit eine überschießende Außenhaftung nach § 171 Abs. 1 HGB. Diese wird gemindert, wenn bei noch nicht vollständig erbrachter Hafteinlage die Haftsumme des Kommanditisten herabgesetzt und diese Herabsetzung in das Handelsregister eingetragen wird (§ 174 HGB).

227 § 15a Abs. 3 Satz 3 EStG findet daher keine Anwendung, wenn die tatsächlich geleistete Einlage der Haftsumme entspricht. Ein Fall der Haftungsminderung liegt auch nicht vor, wenn sich die überschießende Außenhaftung in Folge einer Einlage verringert.[2]

228 Die Haftungsminderung ist in dem Wirtschaftsjahr zu berücksichtigen, in dem die Bekanntmachung der Eintragung im Handelsregister erfolgt. Denn erst zum Zeitpunkt der Handelsregistereintragung wird die Herabsetzung der Haftsumme wirksam (§ 174 HGB).[3]

229 Unerheblich ist in diesem Zusammenhang, dass Gläubiger, deren Forderungen zur Zeit der Eintragung bereits bestanden haben, die Herabsetzung der Haftsumme nicht gegen sich gelten lassen müssen (§ 174 2. Halbsatz HGB). Für die Anwendung kommt es nur auf die allgemeine Minderung der überschießenden Außenhaftung nach § 171 Abs. 1 HGB durch Herabsetzung der Außenhaftung an.[4]

230–234 *(Einstweilen frei)*

b) Ausgleichs- und Abzugsfähigkeit von Verlusten aufgrund des § 15a Abs. 1 Satz 2 EStG

235 Weitere Voraussetzung ist, dass im Wirtschaftsjahr der Haftungsminderung oder in den zehn vorangegangenen Wirtschaftsjahren Verlustanteile nach § 15a Abs. 1 Satz 2 EStG ausgleichs- oder abzugsfähig waren, weil der Kommanditist den Gläubigern der KG aufgrund des § 171 Abs. 1 HGB haftete. Anders als bei der Einlageminderung, bei welcher der 11-Jahres-Zeitraum nur auf Rechtsfolgenseite zur Ermittlung des Höchstbetrags der Hinzurechnung betrachtet wird, handelt es sich hier auch um ein Tatbestandsmerkmal.

> **BEISPIEL:** Kommanditist K ist mit einer Hafteinlage von 50 000 € in das Handelsregister eingetragen. Tatsächlich hat er im Jahr 01 jedoch nur 20 000 € erbracht. Für das Jahr 01 wird K ein Verlustanteil von 40 000 € zugerechnet. Das Kapitalkonto zum 31. 12. 01 beträgt -20 000 €. Nach § 15a Abs. 1 Satz 1 EStG ergibt sich ein ausgleichsfähiger Verlust von 20 000 €. Dieser erhöht sich wegen der überschießenden Außenhaftung nach Abs. 1 Satz 2 um weitere 20 000 €.

---

1 BFH v. 30. 8. 2001 - IV R 4/00, BStBl 2002 II 458.
2 BFH v. 1. 6. 1989 - IV R 19/88, BStBl 1989 II 1018.
3 *Heuermann* in Blümich, § 15a EStG Rz. 100.
4 FG Münster v. 10. 10. 2011 - 11 K 490/07 F, EFG 2012, 512.

Im Jahr 02 wird die Haftsumme des K auf 20 000 € herabgesetzt und die Herabsetzung in das Handelsregister eingetragen. Für das Jahr 02 wird K ein Gewinnanteil von 0 € zugerechnet. Das Kapitalkonto zum 31.12.02 beträgt -20 000 €. Die Voraussetzungen von § 15a Abs. 3 Satz 3 EStG sind erfüllt. Es liegt eine Haftungsminderung vor und es waren im maßgeblichen 11-Jahres-Zeitraum Verluste aufgrund überschießender Außenhaftung nach § 15a Abs. 1 Satz 2 EStG ausgleichsfähig.

(Einstweilen frei) 236–239

c) Rechtsfolge: Fiktiver Gewinn

Dem Kommanditisten wird in Höhe der Haftungsminderung ein fiktiver Gewinn hinzugerechnet. 240

BEISPIEL: Die Haftsumme des Kommanditisten K beläuft sich auf 50 000 €. Tatsächlich hat K nur eine Einlage von 10 000 € geleistet, was seinem Kapitalkonto zum 1.1.01 entspricht. In 02 wird K ein Verlustanteil von 50 000 € zugerechnet. Das Kapitalkonto zum 31.12.01 beträgt -40 000 €. Für das Jahr 01 sind damit -10 000 € ausgleichsfähig nach § 15a. 1 Satz 1 EStG und -40 000 € ausgleichsfähig nach § 15a Abs. 1 Satz 2 EStG. Im Jahr 02 wird die Haftsumme des K auf 10 000 € herabgesetzt. Ihm wird ein Gewinnanteil von 0 € zugerechnet. Das Kapitalkonto zum 31.12.02 beträgt -40 000 €. Die Haftungsminderung i.S.d. § 15a Abs. 3 Satz 3 EStG beläuft sich auf 40 000 €. In dieser Höhe ist K ein fiktiver Gewinn hinzuzurechnen.

Für die Ermittlung des fiktiven Gewinns ist die Haftungsminderung um die aufgrund der Haftung tatsächlich geleisteten Beträge zu vermindern. Gemeint sind z.B. unmittelbare Zahlungen an einen Gläubiger der KG, die auf die überschießende Außenhaftung hin geleistet wurden.[1] Hintergrund ist, dass sich insoweit der Haftungstatbestand des § 171 Abs. 1 HGB tatsächlich realisiert hat. Dann soll das Verlustausgleichspotenzial auch nicht nachträglich entfallen.[2] 241

BEISPIEL: Sachverhalt wie zuvor. Jedoch leistet K vor der Haftungsminderung eine Zahlung von 30 000 € an einen Gläubiger der Gesellschaft. Es kommt deshalb nur zur Hinzurechnung eines fiktiven Gewinns von (40 000 € - 30 000 € =) 10 000 €.

Nach § 15a Abs. 3 Satz 3 letzter Halbsatz EStG gilt Satz 2 sinngemäß. Das bedeutet, dass der als fiktiver Gewinn hinzuzurechnende Betrag auf die im 11-Jahres-Zeitraum nach § 15a Abs. 1 Satz 2 EStG ausgleichsfähigen Verlustanteile beschränkt ist. Wie für die Einlageminderung muss auch hier gelten, dass ausgleichsfähige Verlustanteile mit späteren Gewinnanteilen zu saldieren sind, mit denen sie hätten verrechnet werden können, wenn sie nicht ausgleichsfähig, sondern lediglich verrechenbar i.S.d. § 15a Abs. 2 EStG gewesen wären.[3] 242

(Einstweilen frei) 243–244

d) Konkurrenzen

Beim Zusammentreffen von Einlage- und Haftungsminderung in einem Wirtschaftsjahr, ist im Rahmen des § 15a Abs. 3 EStG zunächst die Einlageminderung vor der Haftungsminderung zu berücksichtigen.[4] 245

(Einstweilen frei) 246–249

---

1 *Wacker* in Schmidt, § 15a EStG Rz. 171.
2 *Heuermann* in Blümich, § 15a EStG Rz. 102.
3 *Von Beckerath* in Kirchhof, § 15a EStG Rz. 69.
4 R 15a Abs. 1 EStR.

4. Verrechnung mit zukünftigen Gewinnen (§ 15a Abs. 3 Satz 4 EStG)

250 § 15a Abs. 3 Satz 4 EStG schreibt vor, dass die nach Satz 1 bis 3 zuzurechnenden Beträge Gewinnanteile mindern, die dem Kommanditisten in späteren Wirtschaftsjahren aus seiner KG-Beteiligung zuzurechnen sind. In Höhe des fiktiven Gewinns entsteht also gleichzeitig ein verrechenbarer Verlust. Dieser wird im Rahmen des § 15a Abs. 2 Satz 1 EStG vorgetragen und verrechnet (vgl. → Rz. 145 ff.). Der Kommanditist wird damit so gestellt, als wäre die Einlage- oder Haftungsminderung schon zu Beginn des 11-Jahres-Zeitraums erfolgt.

251–254 *(Einstweilen frei)*

IV. Feststellung des verrechenbaren Verlustes (§ 15a Abs. 4 EStG)

255 § 15a Abs. 4 EStG bestimmt aus Gründen der Rechtssicherheit und der Praktikabilität, dass der noch nicht verrechnete Verlust gesondert festzustellen ist (Satz 1).[1] Zugleich enthält die Vorschrift weitere verfahrensrechtliche Regelungen, insbesondere zur Zuständigkeit und zur Anfechtbarkeit.

1. Gesonderte Feststellung (§ 15a Abs. 4 Satz 1 EStG)

256 Die gesonderte Feststellung des verrechenbaren Verlustes stellt neben der gesonderten und einheitlichen Gewinnfeststellung der KG einen selbständigen Verwaltungsakt dar, dessen Regelungsgehalt sich von diesem unterscheidet. Regelungsgehalt der gesonderten und einheitlichen Gewinnfeststellung der KG ist die Ermittlung der Einkünfte und die Zurechnung zu den Mitunternehmern. Gegenstand der gesonderten Feststellung nach § 15a Abs. 4 Satz 1 EStG ist der verrechenbare Verlust.[2] Zum Umfang vgl. → Rz. 266.

257 Nach § 179 Abs. 1 AO werden Besteuerungsgrundlagen durch Feststellungsbescheid gesondert festgestellt, soweit dies in der Abgabenordnung oder den Einzelsteuergesetzen bestimmt ist. Bei § 15a Abs. 4 Satz 1 EStG handelt es sich um eine solche einzelgesetzliche Bestimmung. Es finden die allgemeinen Regelungen für Feststellungsbescheide der §§ 179 ff. AO Anwendung.

258 Die Feststellung des verrechenbaren Verlustes und die gesonderte und einheitliche Gewinnfeststellung der KG stehen zueinander wechselseitig im Verhältnis von **Grundlagen- und Folgebescheid**.[3] Die Gewinnfeststellung legt die subjektive Verlustzurechnung auch mit Bindungswirkung für die Feststellung des verrechenbaren Verlustes fest. Diese legt die Höhe des verrechenbaren Verlustes fest. Als Reflex wird damit auch über den ausgleichs- bzw. abzugsfähigen Verlust des laufenden Wirtschaftsjahres entschieden.

259 Diese Beurteilung hat zur Folge, dass im finanzgerichtlichen Verfahren **zwei unterschiedliche Klagebegehren** vorliegen; im Revisionsverfahren ist es daher nach § 120 Abs. 2 FGO erforderlich, dass für jedes dieser Klagebegehren eine eigene Revisionsbegründung vorliegt. Fehlt eine solche, ist die Revision insoweit unzulässig.[4]

---

1 Vgl. BT-Drucks. 8/3648, 17.
2 BFH v. 23.1.2001 – VIII R 30/99, BStBl 2001 II 621.
3 BFH v. 22.6.2006 – IV R 31, 32/05, BStBl 2007 II 687.
4 BFH v. 23.2.1999 – VIII R 29/98, BStBl 1999 II 592.

Wechselt die Rechtsstellung eines Kommanditisten in diejenige eines unbeschränkt haftenden Gesellschafters, kann der bisher festgestellte verrechenbare Verlust über den Wortlaut des § 15a Abs. 2 EStG hinaus mit zukünftigen Gewinnanteilen des Gesellschafters verrechnet werden mit der Folge, dass auch in diesem Fall die gesonderte Feststellung des verrechenbaren Verlustes fortzuführen ist, bis die verrechenbaren Verluste aufgebraucht sind.[1] Entsprechendes gilt in Fällen, in denen ein Gesellschafter ein bisher als Mitunternehmerschaft geführtes Unternehmen als Einzelunternehmer fortführt.[2]

260

(Einstweilen frei)

261–265

2. Berechnung des verrechenbaren Verlustes (§ 15a Abs. 4 Satz 1 und 2 EStG)

Neben der Legaldefinition des verrechenbaren Verlustes regelt die Vorschrift auch, wie dieser zu ermitteln ist. Es ergibt sich dabei folgendes **Berechnungsschema**:[3]

266

Gesondert festgestellter „verrechenbarer Verlust" des Vorjahres

abzgl. nach § 15a Abs. 2 EStG mit Gewinn des Wirtschaftsjahres verrechnete Verluste

zzgl. nicht ausgleichs-/abzugsfähiger Verlust des lfd. Wirtschaftsjahr nach § 15a Abs. 1 EStG

zzgl. Gewinnzurechnung wegen Einlage-/Haftungsminderung gem. § 15a Abs. 3 EStG

= verrechenbarer Verlust

(Einstweilen frei)

267–269

3. Zuständigkeit (§ 15a Abs. 4 Satz 3 EStG)

Für die gesonderte Feststellung des verrechenbaren Verlustes ist aus Gründen der Verwaltungsökonomie das Finanzamt zuständig, dass nach § 18 Abs. 1 Satz 2 AO für die gesonderte und einheitliche Feststellung des Gewinnes der Gesellschaft zuständig ist (Satz 3).

270

(Einstweilen frei)

271–274

4. Anfechtung (§ 15a Abs. 4 Satz 4 EStG)

Die gesonderte Feststellung des verrechenbaren Verlustes ist ein eigenständiger Verwaltungsakt, der in jedem Fall selbständig anfechtbar ist.[4] Für die Frage der Rechtsbehelfsbefugnis kommt es entscheidend darauf an, ob die gesonderte Feststellung des verrechenbaren Verlustes mit der gesonderten und einheitlichen Gewinnfeststellung nach § 180 Abs. 2 Nr. 2 Buchst. a EStG verbunden wird. Erfolgt keine Verbindung, so ist lediglich der persönlich betroffene Gesellschafter i. S. d. § 350 AO beschwert. Erfolgt eine Verbindung, so richtet sich die Rechtsbehelfsbefugnis nach § 352 AO, § 48 FGO. In diesen Fällen treten neben den persönlich betroffenen Gesellschafter (§ 352 Abs. 1 Nr. 5 AO, § 48 Abs. 1 Nr. 5 FGO) im Falle einer KG auch deren zur Vertretung berufene Geschäftsführer (§ 352 Abs. 1 Nr. 1 AO, § 48 Abs. 1 Nr. 1 FGO) mit der Folge, dass die betroffenen Gesellschafter notwendig beizuladen sind.[5]

275

---

1 *Lange*, Personengesellschaften im Steuerrecht, Rz. 1664.
2 BFH v. 14.10.2003 - VIII R 38/02, BStBl 2004 II 115.
3 BFH v. 26.1.1995 - IV R 23/93, BStBl 1995 II 467.
4 BFH v. 11.7.2006 - VIII R 10/05, BStBl 2007 II 96.
5 BFH v. 1.6.1989 - IV R 19/89, BStBl 1989 II 1018.

276 Die gesonderte Feststellung des verrechenbaren Verlustes ist nur beschränkt anfechtbar. § 15a Abs. 4 Satz 4 EStG bestimmt, dass die Feststellung nur insoweit angefochten werden kann, als sich der verrechenbare Verlust gegenüber dem verrechenbaren Verlust des vorangegangenen Wirtschaftsjahres verändert hat. Der Vorschrift liegt die Vorstellung zugrunde, dass die Feststellung des verrechenbaren Verlustes eines Wirtschaftsjahres zugleich Bindungswirkung für die Feststellung des verrechenbaren Verlustes des folgenden Wirtschaftsjahrs hat.

277–280 (Einstweilen frei)

5. Verbindung mit der gesonderten und einheitlichen Gewinnfeststellung (§ 15a Abs. 4 Satz 5 und 6 EStG)

281 Die Feststellung des verrechenbaren Verlustes richtet sich grundsätzlich nur an den betroffenen Kommanditisten. Sie kann jedoch mit der gesonderten und einheitlichen Gewinnfeststellung der KG verbunden werden (Satz 5). In diesem Fall muss die Feststellung des verrechenbaren Verlustes einheitlich erfolgen (Satz 6), d. h. für alle Kommanditisten gemeinsam.

282 Auch im Falle der Verbindung mit der gesonderten und einheitlichen Gewinnfeststellung der KG bleibt die Feststellung des verrechenbaren Verlustes als eigenständiger Verwaltungsakt selbständig anfechtbar.[1]

283 Werden bei einer gesonderten und einheitlichen Feststellung keine Angaben zu verrechenbaren Verlusten i. S. d. § 15a EStG gemacht, so ist dies nicht als negative gesonderte Feststellung anzusehen.[2]

284–288 (Einstweilen frei)

V. Sinngemäße Anwendung für andere Unternehmer (§ 15a Abs. 5 EStG)

289 Die Regelungen in § 15a Abs. 1 bis 4 EStG gelten expressis verbis nur für Kommanditisten. § 15a Abs. 5 EStG bestimmt nun im Hinblick auf den Grundsatz der Gleichmäßigkeit der Besteuerung und mit Rücksicht darauf, dass auch andere Unternehmensformen als Verlustzuweisungsinstrumente eingesetzt werden, dass die Regelungen in § 15a Abs. 1 Satz 1, Abs. 1a, 2 und 3 Satz 1, 2 und 4 sowie Abs. 4 EStG auch auf andere Unternehmer Anwendung finden, wenn deren Haftung der eines Kommanditisten vergleichbar ist.[3] Keine entsprechende Anwendung finden die Vorschriften über die erweiterte Außenhaftung, da es für vergleichbare Unternehmer keine entsprechende Publizitätspflicht im Handelsregister gibt.[4]

1. Vergleichbarkeit der Haftung mit der eines Kommanditisten

290 Zur zivilrechtlichen Haftung des Kommanditisten vgl. → Rz. 2.

291 Intention des § 15a EStG ist es, Verluste nur dann zum Ausgleich bzw. Abzug zuzulassen, wenn der Mitunternehmer im Jahr ihrer Entstehung durch diese wirtschaftlich belastet ist (→ Rz. 1, 3), sie also entweder zum Verlust von Kapital führen oder im Hinblick auf eine Haftung von Bedeutung sind. Nach der Rechtsprechung des BFH gilt dies für alle Mitunterneh-

---

1 BFH v. 11. 7. 2006 - VIII R 10/05, BStBl 2007 II 96.
2 BFH v. 11. 7. 2006 - VIII R 10/05, BStBl 2007 II 96.
3 Vgl. BT-Drucks. 8/3648, 17.
4 BFH v. 14. 12. 1995 - IV R 106/94, BStBl 1996 II 226.

mer, die einer beschränkten oder – wie bei einer Innengesellschaft – keiner Außenhaftung gegenüber den Gläubigern der Gesellschaft bzw. des tätigen Gesellschafters unterliegen.[1]

Für den Fall einer im Innenverhältnis bestehenden Verpflichtung des Mitunternehmers, Verluste durch weitere Einlagen zu decken, sei es auf Anforderung der Gesellschaft oder bei Liquidation, hat der BFH entschieden, dass dieses die Beschränkung des Verlustausgleichs nach § 15a EStG grundsätzlich nicht beeinträchtigt.[2] Die Folgerungen aus der Entstehung und Erfüllung einer solchen Nachschussverpflichtung würden nämlich erst im Falle der Beendigung der Gesellschaft gezogen und gingen in die dann vorzunehmende Auseinandersetzung ein. Bis zu diesem Zeitpunkt nimmt der BFH eine rechtliche oder wirtschaftliche Belastung nicht an. Die Erfüllung stellt eine Einlage dar, durch die frühere Verluste nicht ausgleichs- oder abzugsfähig werden, vgl. § 15a Abs. 1a Satz 1 EStG.

(Einstweilen frei)

2. Regelbeispiele

Die Vorschrift nennt in den Nummern 1 bis 5 Beispiele für Unternehmer, deren Haftung der eines Kommanditisten vergleichbar ist. Die genannten Fälle stellen Regelbeispiele dar, so dass die Aufzählung **nicht abschließend** ist. Die Aufzählung bedeutet auch nicht, dass auf die genannten Unternehmer der § 15a EStG stets anzuwenden ist. Vielmehr muss auch für diese Unternehmer gelten, dass ihre Haftung der eines Kommanditisten vergleichbar ist.[3]

a) Atypisch stiller Gesellschafter (§ 15a Abs. 5 Nr. 1 EStG)

Zu den in der Praxis bedeutsamsten Fällen der vergleichbaren Unternehmer gehört der atypisch stille Gesellschafter. Bei diesem handelt es sich zivilrechtlich um eine reine Innengesellschaft. Der stille Gesellschafter (für atypisch stille Gesellschafter vgl. KKB/Bäuml/Meyer, § 15 EStG Rz. 57; für typisch stille Gesellschafter vgl. KKB/Kempf, § 20 EStG Rz. 63 ff.) beteiligt sich am Handelsgewerbe eines anderen, vgl. § 230 Abs. 1 HGB. Demzufolge haftet im Außenverhältnis gegenüber den Gläubigern nur der Inhaber des Handelsgeschäfts, nicht aber der stille Gesellschafter selbst. Ihm droht maximal der Verlust seiner Einlage. Der stille Gesellschafter steht daher einem Kommanditisten gleich, wenn diesem auch über den Betrag seiner Einlage hinaus Verluste zugewiesen werden.[4]

Kapitalkonto des atypisch stillen Gesellschafters i. S. d. § 15a EStG ist das in einer Steuerbilanz der Gesellschaft auszuweisende Kapitalkonto korrigiert um eine etwaige Ergänzungsbilanz. Die Einlage muss dabei tatsächlich geleistet worden sein.[5]

§ 15a Abs. 4 Nr. 1 EStG steht in Konkurrenz zur Verlustabzugsbeschränkung des § 15 Abs. 4 Satz 4 bis 6 EStG. Danach können Verluste, die eine Kapitalgesellschaft als (unmittelbar oder mittelbar) atypisch stiller Gesellschafter erzielt, nicht ausgeglichen oder abgezogen werden, sondern nur mit Gewinnen des unmittelbar vorangegangenen Wirtschaftsjahres oder der folgenden Wirtschaftsjahre nach Maßgabe des § 10d EStG verrechnet werden. Die Finanzverwaltung ist der Auffassung, dass die Verlustabzugsbeschränkung des § 15 Abs. 4 Satz 6 bis 8 EStG

---

1 BFH v. 10. 7. 2001 - VIII R 45/98, BStBl 2002 II 339.
2 BFH v. 14. 12. 1995 - IV R 106/94, BStBl 1996 II 226.
3 BFH v. 30. 11. 1993 - IX R 60/91, BStBl 1994 II 496.
4 BFH v. 23. 7. 2002 - VIII R 36/01, BStBl 2002 II 858.
5 *Wacker* in Schmidt, § 15a EStG Rz. 199.

nur auf den nach Anwendung des § 15a EStG noch abzugsfähigen Verlust Anwendung findet.[1] Dem ist zuzustimmen, da über die Anwendung des § 15 Abs. 4 Satz 6 bis 8 EStG erst im Rahmen der Veranlagung der atypisch still beteiligten Kapitalgesellschaft entschieden wird.

299–304 *(Einstweilen frei)*

b) BGB-Gesellschafter (§ 15a Abs. 5 Nr. 2 EStG)

305 Dem Kommanditisten gleichgestellt werden auch BGB-Gesellschafter, die als Mitunternehmer anzusehen sind, soweit entweder die Haftung des Gesellschafters für Schulden im Zusammenhang mit dem Betrieb durch Vertrag ausgeschlossen (1. Alt.) oder nach Art und Weise des Geschäftsbetriebs unwahrscheinlich ist (2. Alt.). Nach dem Wortlaut der Vorschrift ist diese erkennbar auf die Außen-GbR zugeschnitten. Es darf jedoch nicht übersehen werden, dass auch die Innen-GbR unter den Anwendungsbereich des § 15a EStG fällt. Im Außenverhältnis haftet nur der tätig werdende Gesellschafter. Zwar sind die übrigen BGB-Gesellschafter ihm gegenüber im Innenverhältnis zum Verlustausgleich verpflichtet. Diese Ausgleichsverpflichtung stellt jedoch keine zum Verlustausgleich bzw. -abzug berechtigende, hinreichend objektivierbare Vermögensminderung am Bilanzstichtag dar. Nach dem Willen des Gesetzgebers ist die Ausgleichsfähigkeit von Verlusten nämlich auf die am jeweiligen Bilanzstichtag des Jahres der Verlustentstehung geleistete Einlage und den an diesem Tag bestehenden Umfang der Außenhaftung beschränkt.[2]

> **BEISPIEL:** X hält eine atypische Unterbeteiligung (BGB-Innengesellschaft) am OHG-Anteil des Y. Verluste werden ihm auch über den Betrag seiner Einlage hinaus zugerechnet. Werden dem X Verluste aus der Unterbeteiligung zugewiesen, sind diese nur bis zur Höhe seiner Einlage ausgleichs- bzw. abzugsfähig. Darüber hinaus liegen trotz unbeschränkter Verlustausgleichsverpflichtung gegenüber Y nur verrechenbare Verluste vor.

Dies gilt selbst dann, wenn sich ein BGB-Innengesellschafter schuldrechtlich gegenüber allen oder einigen Gläubigern des tätig werdenden Gesellschafters verpflichtet.[3]

306 Die Voraussetzungen der Alternative 1 sind nur dann erfüllt, wenn die **Haftung des Gesellschafters** für die Schulden der Gesellschaft individualvertraglich mit jedem einzelnen Gesellschaftsgläubiger auf das Gesellschaftsvermögen beschränkt wurde.[4] Denn nur in einem solchen Fall ist zivilrechtlich eine Haftungsbeschränkung der Gesellschafter möglich.[5] Diese Alternative ist damit in der Praxis kaum von Bedeutung.[6]

307 Bei der Auslegung des **Begriffs der Unwahrscheinlichkeit** der Haftung für die Schulden des Betriebs (Alternative 2) ist an die Auslegung des Begriffs der Unwahrscheinlichkeit der Vermögensminderung aufgrund der Haftung i. S. d. § 15a Abs. 1 Satz 3 EStG anzuknüpfen. Demnach ist die Inanspruchnahme unwahrscheinlich, wenn durch entsprechende vertragliche Gestaltungen ein wirtschaftlich ins Gewicht fallendes Haftungsrisiko des Gesellschafters nicht mehr verbleibt. Dabei ist auf das Gesamtbild der Verhältnisse abzustellen.[7] Denkbar ist, dass

---

1 BMF v. 19.11.2008, BStBl 2008 I 970.
2 BFH v. 10.7.2001 - VIII R 45/98, BStBl 2002 II 339; H 15a EStH.
3 BFH v. 5.2.2002 - VIII R 31/01, BStBl 2002 II 464; H 15a EStH.
4 BMF v. 18.7.2000, BStBl 2000 I 1198.
5 BGH v. 27.9.1999 - II ZR 371/98, BGHZ 142, 315.
6 Zur Rechtslage bis 31.12.2001: BMF v. 18.7.2000, BStBl 2000 I 1198; BMF v. 28.8.2001, BStBl 2001 I 614.
7 BMF v. 30.6.1994, BStBl 1994 I 355.

die von der Gesellschaft zu tragenden Gesamtaufwendungen durch Garantie- und vergleichbare Verträge abgedeckt sind oder die Haftung des Gesellschafters auf einen bestimmten Höchstbetrag begrenzt ist. Die praktische Bedeutung beschränkt sich vor allem auf den Verlustzuweisungsbereich bei vermögensverwaltenden Personengesellschaften.

(Einstweilen frei) 308–310

c) Gesellschafter einer ausländischen Personengesellschaft (§ 15a Abs. 5 Nr. 3 EStG)

Zu den vergleichbaren Unternehmern zählen auch Gesellschafter einer ausländischen Personengesellschaft, bei der der Gesellschafter als Mitunternehmer anzusehen ist, soweit die Haftung des Gesellschafters für Schulden in Zusammenhang mit dem Betrieb der eines Kommanditisten oder eines stillen Gesellschafters entspricht oder soweit die Inanspruchnahme des Gesellschafters für Schulden in Zusammenhang mit dem Betrieb ausgeschlossen oder nach Art und Weise des Geschäftsbetriebs unwahrscheinlich ist. Die Vorschrift ist dahin gehend zu verstehen, dass mit dem Begriff der ausländischen Personengesellschaft eine Personenvereinigung gemeint ist, die nach den Grundsätzen des **Rechtstypenvergleichs** steuerlich einer Personengesellschaft nach BGB oder HGB entspricht.[1] Erfasst werden sollen dabei ausländische Personenvereinigungen, die einer KG i. S. d. § 15a Abs. 1 EStG, einer atypisch stillen Gesellschaft i. S. d. § 15a Abs. 5 Nr. 1 EStG oder einer GbR i. S. d. § 15a Abs. 5 Nr. 2 EStG entsprechen. Beispiele sind die **limited partnership oder limited liability partnership** nach angloamerikanischem Recht. 311

Zu beachten ist weiterhin, dass die Regelung bei Beteiligung an einer Personengesellschaft, die in einem Staat ansässig ist, mit dem ein Doppelbesteuerungsabkommen geschlossen wurde, für ausländische Betriebsstätteneinkünfte regelmäßig nur für die Anwendung des Progressionsvorbehalts nach § 32b EStG relevant ist.[2]

(Einstweilen frei) 312–315

d) Haftungslose Unternehmer (§ 15a Abs. 5 Nr. 4 EStG)

Als Unternehmer, dessen Haftung der eines Kommanditisten vergleichbar ist, nennt das Gesetz auch Fälle, in denen der Unternehmer Verbindlichkeiten nur in Abhängigkeit von Erlösen oder Gewinnen aus der Nutzung, Veräußerung oder Verwertung von Wirtschaftsgütern tilgt. Die Regelung ist durch Einfügen des § 5 Abs. 2a EStG mit Wirkung für nach dem 31.12.1998 endende Wirtschaftsjahre gegenstandslos geworden.[3] Danach dürfen Verpflichtungen, die nur zu erfüllen sind, soweit Einnahmen oder Gewinne anfallen, als Verbindlichkeiten oder Rückstellungen erst angesetzt werden, wenn die Einnahmen oder Gewinne angefallen sind. 316

(Einstweilen frei) 317–320

e) Mitreeder einer Partenreederei i. S. d. § 489 HGB a. F. (§ 15a Abs. 5 Nr. 5 EStG)

§ 489 HGB a. F. bestimmte, dass, wenn mehrere Personen ein ihnen gemeinschaftlich zustehendes Schiff zum Erwerbe durch die Seefahrt für gemeinschaftliche Rechnung verwenden, eine Reederei (Partenreederei) besteht. Diese Regelung wurde durch Art. 1 des Gesetzes zur Re- 321

---

1 So auch: *von Beckerath* in Kirchhof/Söhn/Mellinghoff, § 15a EStG Rz. G 161; *Wacker* in Schmidt, § 15a EStG Rz. 207.
2 R 15a Abs. 5 Satz 4 EStR.
3 *Lange*, Personengesellschaften im Steuerrecht, Rz. 1696.

form des Seehandelsrechts v. 20.4.2013[1] mit Wirkung v. 25.4.2013 aufgehoben. Für die bis zum Tag des Inkrafttretens der Neuregelung gegründeten Partenreedereien bleibt die Vorschrift in ihrer bisherigen Fassung nach Art. 70 Abs. 1 EGHGB gültig. Dementsprechend findet die Regelung in § 15a Abs. 5 Nr. 5 EStG auf diese Fälle weiterhin Anwendung.

322 Voraussetzung ist, dass die persönliche Haftung des Mitreeders für die Verbindlichkeiten der Gesellschaft ganz oder teilweise ausgeschlossen oder soweit die Inanspruchnahme des Mitreeders für Verbindlichkeiten der Reederei nach Art und Weise des Geschäftsbetriebs unwahrscheinlich ist. Die erste Alternative ist nicht bereits deshalb erfüllt, weil nach der gesetzlichen Konzeption ein Mitreeder nur summenmäßig beschränkt (§§ 486 ff. HGB i.V. m. dem Londoner Übereinkommen) und nur als Teilschuldner nach der Größe seiner Schiffspart (§ 507 Abs. 1 HGB) haftet. Hinsichtlich der zweiten Alternative ist auf die Ausführungen zu § 15a Abs. 5 Nr. 2 EStG in → Rz. 307 zu verweisen.

§ 15b Verluste im Zusammenhang mit Steuerstundungsmodellen

[2](1) [1]Verluste im Zusammenhang mit einem Steuerstundungsmodell dürfen weder mit Einkünften aus Gewerbebetrieb noch mit Einkünften aus anderen Einkunftsarten ausgeglichen werden; sie dürfen auch nicht nach § 10d abgezogen werden. [2]Die Verluste mindern jedoch die Einkünfte, die der Steuerpflichtige in den folgenden Wirtschaftsjahren aus derselben Einkunftsquelle erzielt. [3]§ 15a ist insoweit nicht anzuwenden.

(2) [1]Ein Steuerstundungsmodell im Sinne des Absatzes 1 liegt vor, wenn auf Grund einer modellhaften Gestaltung steuerliche Vorteile in Form negativer Einkünfte erzielt werden sollen. [2]Dies ist der Fall, wenn dem Steuerpflichtigen auf Grund eines vorgefertigten Konzepts die Möglichkeit geboten werden soll, zumindest in der Anfangsphase der Investition Verluste mit übrigen Einkünften zu verrechnen. [3]Dabei ist es ohne Belang, auf welchen Vorschriften die negativen Einkünfte beruhen.

(3) Absatz 1 ist nur anzuwenden, wenn innerhalb der Anfangsphase das Verhältnis der Summe der prognostizierten Verluste zur Höhe des gezeichneten und nach dem Konzept auch aufzubringenden Kapitals oder bei Einzelinvestoren des eingesetzten Eigenkapitals 10 Prozent übersteigt.

(3a) Unabhängig von den Voraussetzungen nach den Absätzen 2 und 3 liegt ein Steuerstundungsmodell im Sinne des Absatzes 1 insbesondere vor, wenn ein Verlust aus Gewerbebetrieb entsteht oder sich erhöht, indem ein Steuerpflichtiger, der nicht auf Grund gesetzlicher Vorschriften verpflichtet ist, Bücher zu führen und regelmäßig Abschlüsse zu machen, auf Grund des Erwerbs von Wirtschaftsgütern des Umlaufvermögens sofort abziehbare Betriebsausgaben tätigt, wenn deren Übereignung ohne körperliche Übergabe durch Besitzkonstitut nach § 930 des Bürgerlichen Gesetzbuchs oder durch Abtretung des Herausgabeanspruchs nach § 931 des Bürgerlichen Gesetzbuchs erfolgt.

(4) [1]Der nach Absatz 1 nicht ausgleichsfähige Verlust ist jährlich gesondert festzustellen. [2]Dabei ist von dem verrechenbaren Verlust des Vorjahres auszugehen. [3]Der Feststellungsbescheid

---

1 BGBl 2013 I 831.
2 **Anm. d. Red.:** Zur Anwendung des § 15b siehe § 52 Abs. 25.

Verluste im Zusammenhang mit Steuerstundungsmodellen § 15b EStG

kann nur insoweit angegriffen werden, als der verrechenbare Verlust gegenüber dem verrechenbaren Verlust des Vorjahres sich verändert hat. ⁴Handelt es sich bei dem Steuerstundungsmodell um eine Gesellschaft oder Gemeinschaft im Sinne des § 180 Absatz 1 Satz 1 Nummer 2 Buchstabe a der Abgabenordnung, ist das für die gesonderte und einheitliche Feststellung der einkommensteuerpflichtigen und körperschaftsteuerpflichtigen Einkünfte aus dem Steuerstundungsmodell zuständige Finanzamt für den Erlass des Feststellungsbescheids nach Satz 1 zuständig; anderenfalls ist das Betriebsfinanzamt (§ 18 Absatz 1 Nummer 2 der Abgabenordnung) zuständig. ⁵Handelt es sich bei dem Steuerstundungsmodell um eine Gesellschaft oder Gemeinschaft im Sinne des § 180 Absatz 1 Satz 1 Nummer 2 Buchstabe a der Abgabenordnung, können die gesonderten Feststellungen nach Satz 1 mit der gesonderten und einheitlichen Feststellung der einkommensteuerpflichtigen und körperschaftsteuerpflichtigen Einkünfte aus dem Steuerstundungsmodell verbunden werden; in diesen Fällen sind die gesonderten Feststellungen nach Satz 1 einheitlich durchzuführen.

Inhaltsübersicht

	Rz.
A. Allgemeine Erläuterungen	1 - 54
I. Normzweck und wirtschaftliche Bedeutung der Vorschrift	1 - 3
II. Systematische Eingliederung der Vorschrift	4 - 6
III. Entstehung und Entwicklung der Vorschrift	7 - 9
IV. Geltungsbereich	10 - 33
1. Sachlicher Geltungsbereich	10 - 12
2. Persönlicher Geltungsbereich	13
3. Zeitlicher Geltungsbereich	14 - 26
4. Auslandsbezug	27 - 33
V. Vereinbarkeit mit höherrangigem Recht	34 - 42
VI. Verhältnis zu anderen Vorschriften	43 - 54
1. Verhältnis zu anderen speziellen Verlustnutzungsbeschränkungen	43 - 47
2. Verhältnis zu § 10d EStG	48
3. Verhältnis zu § 32b EStG	49 - 52
4. Verhältnis zu § 42 AO	53 - 54
B. Systematische Kommentierung	55 - 149
I. Verlustverrechnungsbeschränkung (§ 15b Abs. 1 EStG)	55 - 73
1. Tatbestandsvoraussetzungen (§ 15b Abs. 1 Satz 1 EStG)	55 - 57
a) Verluste	55 - 56
b) Im Zusammenhang mit einem Steuerstundungsmodell	57
2. Rechtsfolge Verlustausgleichs- und -abzugsverbot (§ 15b Abs. 1 Satz 1 EStG)	58 - 62
a) Kein Ausgleich mit Einkünften aus Gewerbebetrieb oder mit Einkünften aus anderen Einkunftsarten (§ 15b Abs. 1 Satz 1 1. Halbsatz EStG)	58 - 61
aa) Horizontales Verlustausgleichsverbot	59
bb) Vertikales Verlustausgleichsverbot	60
cc) Inter-Einkunftsquellen-Ausgleichsverbot	61
b) Kein Verlustabzug nach § 10d Abs. 1 Satz 1 2. Halbsatz EStG	62
3. Rechtsfolge Verlustverrechnung in den folgenden Wirtschaftsjahren (§ 15b Abs. 1 Satz 2 EStG)	63 - 70
a) Einkünfte	64 - 65
b) Dieselbe Einkunftsquelle	66 - 69
c) Folgende Wirtschaftsjahre	70
4. Keine Parallelanwendung des § 15a EStG (§ 15b Abs. 1 Satz 3 EStG)	71
5. Rechtsnachfolge	72
6. Finalität der Verluste	73

II.	Begriff des Steuerstundungsmodells (§ 15b Abs. 2 EStG)	74 - 120
	1. Definition (§ 15b Abs. 2 Satz 1 EStG)	74
	2. Begriffskonkretisierung (§ 15b Abs. 2 Satz 2 EStG)	75 - 93
	a) Modellhafte Gestaltung	75 - 81
	b) Steuerliche Vorteile in Form negativer Einkünfte und Möglichkeit der Verlustverrechnung mit übrigen Einkünften in der Anfangsphase	82 - 89
	c) Angebot des Steuerstundungsmodells durch Initiatoren	90 - 93
	3. Abgrenzungsfragen	94 - 119
	a) Positivabgrenzung	94 - 96
	b) Investitionen in Zusammenhang mit Immobilien	97 - 102
	c) Disagio-Modelle	103
	d) Mehrstöckige Strukturen	104 - 111
	aa) Untergesellschaft ist Steuerstundungsmodell	105 - 108
	bb) Obergesellschaft ist Steuerstundungsmodell	109
	cc) Ober- und Untergesellschaft sind jeweils Steuerstundungsmodelle	110
	dd) Ober- und Untergesellschaft sind ein Steuerstundungsmodell	111
	e) Negativabgrenzung	112 - 119
	4. Abstraktion von Einkünfteermittlungsvorschriften als Berechnungsbasis – § 15b Abs. 2 Satz 3 EStG	120
III.	Nichtaufgriffsgrenze (§ 15b Abs. 3 EStG)	121 - 127
IV.	Verluste aus Überschussrechnung als Steuerstundungsmodell (§ 15b Abs. 3a EStG)	128 - 141
	1. Allgemein	128
	2. Steuerstundungsmodell unabhängig von den Voraussetzungen des § 15b Abs. 2 und 3 EStG	129 - 131
	3. Verlustentstehung oder Verlusterhöhung aus Gewerbebetrieb	132
	4. Einkünfteermittlungsart	133
	5. Auf Erwerb von Wirtschaftsgütern des Umlaufvermögens basierende sofort abziehbare Betriebsausgaben	134
	6. Übereignung ohne körperliche Übergabe durch Besitzkonstitut oder durch Abtretung des Herausgabeanspruchs	135
	7. Rechtsfolgen	136 - 141
V.	Verlustfeststellung (§ 15b Abs. 4 EStG)	142 - 149
	1. Jährliche gesonderte Feststellung des nicht ausgleichsfähigen Verlustes (§ 15b Abs. 4 Satz 1 EStG)	142 - 144
	2. Verrechenbarer Verlust des Vorjahres (§ 15b Abs. 4 Satz 2 EStG)	145
	3. Anfechtbarkeit (§ 15b Abs. 4 Satz 3 EStG)	146 - 147
	4. Zuständigkeit (§ 15b Abs. 4 Satz 4 EStG)	148
	5. Verbindung der Einkünfte- und Verlustfeststellung (§ 15b Abs. 4 Satz 5 EStG)	149
C. Verfahrensfragen		150

HINWEIS:

BMF v. 17. 7. 2007, BStBl 2007 I 542; OFD Frankfurt a./M. v. 1.3.2017 - S 2225; OFD Nordrhein-Westfalen v. 2. 1. 2014 - S 2212; OFD Münster v. 28. 11. 2011 - S 2214; OFD Rheinland, OFD Münster v. 13. 7. 2010 - S 2252; OFD Frankfurt a./M. v. 20. 4. 2010 - S 2241b; OFD Rheinland v. 25. 8. 2009 - S 2212; OFD Magdeburg v. 22. 12. 2008 - S 2252.

LITERATUR:

▶ Weitere Literatur siehe Online-Version

Dornheim, Steuerstundungsmodelle im Lichte der aktuellen Rechtsprechung, Ubg 2013, 453; *Hechtner*, Der Steuertrick mit dem Gold, Ausnutzung des Progressionsvorbehalts im Zusammenhang mit ausländischen Einkünften, NWB 2013, 196; *Jennemann*, Anwendbarkeit des § 4 Abs. 3 Satz 4 EStG beim Handel mit Gold, FR 2013, 253; *Lüdicke/Fischer*, Steuerstundungsmodelle bei Fonds und insbesondere bei Einzelinvestitionen, Ubg 2013, 694; *Schulte-Frohlinde*, Gesetzgeberische Aktivitäten zur Verhinderung der „Goldfinger"-Gestaltungen, BB 2013, 1623; *Bolik/Hartmann*, Goldfinger als Steuerstundungsmodell nach § 15b Abs. 3a EStG, StuB 2014, 179; *Heuermann*, Goldfinger und der dritte Abwehrversuch – Das Steuerstundungsmodell des § 15b Abs. 3a EStG, DStR 2014, 169; *Nacke*, Voraussetzungen für Steuerstundungsmodelle nach § 15b EStG, NWB 2014, 1939; *Ronig*, Neues zu Steuerstundungsmodellen nach § 15b EStG, Problembereiche und aktuelle Tendenzen, NWB 2014, 1490; *Schuska*, Verfassungsrechtliche Probleme bei der Anwendung des § 15b EStG, DStR 2014, 825; *Krää*, „Goldfinger" – Das Progressionsmodell nach den gesetzlichen Änderungen im Jahr 2013, FR 2015, 928; *Ronig*, Steuerstundungsmodelle nach § 15b EStG – Aktuelle Rechtsprechung, NWB-EV 2016, 279; *Schuhmann*, Verluste im Zusammenhang mit Steuerstundungsmodellen – Anm. zum BFH-Urteil v. 17.1.2017 - VIII R 7/13, StuB 2017, 536.

A. Allgemeine Erläuterungen

I. Normzweck und wirtschaftliche Bedeutung der Vorschrift

In § 15b EStG manifestiert sich die Weiterentwicklung des § 2b EStG als dessen Vorgängerregelung.[1] Die Stoßrichtung des § 15b EStG konkretisiert sich in der Unterbindung gezielter steuerlicher Verlustnutzung, die auf künstlich generierten Verlusten in Gestalt sog. Steuerstundungsmodelle basiert. Die Vorschrift verfolgt eine Zwecksetzung in dreifacher – sich bedingender – Hinsicht: Präventionszweck, Lenkungszweck und Fiskalzweck. Präventiv wirkt die Regelung, indem die Attraktivität von vertraglichen Gestaltungen, die allein eine Steuerstundung bzw. Steuerersparnis anstreben, wirkungsvoll gemindert wird.[2] Die Förderung volkswirtschaftlich fragwürdiger Steuersparmodelle erfährt auf diesem Weg eine Beschränkung.[3] Schließlich könne aus volkswirtschaftlichen Erwägungen heraus in derartigen Investitionen keine gesamtwirtschaftliche Sinnhaftigkeit erblickt werden, die ausschließlich zur Senkung eigener Steuerbelastungen genutzt werden. Im Ergebnis soll ein Anreiz zur Rentabilität gesetzt und die effiziente Verteilung knapper Ressourcen wiederhergestellt werden. Aus fiskalischer Sicht werden durch die Einschränkung objektiv missbräuchlicher Gestaltungen Steuerausfälle abgewendet und der Steuergerechtigkeit Rechnung getragen.[4]

1

Mit dem Abstellen auf Steuerstundungsmodelle wird indiziert, dass das Hauptanliegen der Vorschrift in der Nivellierung von Progressions- und Zinseffekten liegt.[5] In der Gesetzesbegründung wird darauf hingewiesen, dass die Modelle in vielen Fällen hinter ihren prognostizierten späteren Gewinnerwartungen zurückbleiben und in der Gesamtbetrachtung ein Totalverlust zu verzeichnen ist.[6] Folglich kann der Regelung wohl eine Reichweite auf verlustbezogene Steuersparmodelle im Allgemeinen zugeschrieben werden.

2

Die Diktion der Vorschrift ist bewusst sehr raumgreifend gewählt. Hierdurch gelingt es dem Gesetzgeber, einerseits die Planungsunsicherheit für den Stpfl. zu verschärfen, um die Präventionswirkung aus Risikoerwägungen heraus zu verstärken. Andererseits soll so der Kreativität der Gestaltungsberatung die Grundlage entzogen werden.[7]

3

---

1 Ein Vergleich der beiden Normen findet sich bei *Handzik* in Littmann/Bitz/Pust, § 15b EStG Rz. 13 und bei *Beck*, DStR 2006, 61. Zur Verfassungswidrigkeit des § 2b EStG siehe *Kohlhaas*, DStR 2008, 480.
2 BT-Drucks. 16/107, 4; s. a. *Heuermann* in Blümich, § 15b EStG Rz. 1; *Seeger* in Schmidt, § 15b EStG Rz. 2.
3 BT-Drucks. 16/107, 4.
4 BT-Drucks. 16/107, 4.
5 *Seeger* in Schmidt, § 15b EStG Rz. 2.
6 BT-Drucks. 16/107, 6 zu Nr. 4.
7 *Seeger* in Schmidt, § 15b EStG Rz. 2.

II. Systematische Eingliederung der Vorschrift

4   In seiner Systematik ist § 15b EStG als horizontales und vertikales Verlustausgleichsverbot sowie als Verlustabzugsverbot ausgestaltet. Demnach ist i.V. m. Steuerstundungsmodellen ein periodenkongruenter Verlustausgleich mit Einkünften aus derselben Einkunftsart gem. § 2 Abs. 1 Nr. 2 EStG i.V. m. § 15 EStG oder einer verschiedenen Einkunftsart i. S. d. § 2 Abs. 3 EStG untersagt. Ferner wird ein Verlustrücktrag in vorangegangene Perioden und ein Verlustvortrag in spätere Perioden i. S. d. § 10d EStG verwehrt. § 15b EStG erlaubt die Verlustnutzung nur in der vorgegebenen Art und Weise. Entsprechend ist ein Ausgleich der Verluste aus Steuerstundungsmodellen in folgenden Perioden allein mit Einkünften aus derselben Einkunftsquelle gestattet. Die Verluste im Zusammenhang mit Steuerstundungsmodellen werden somit in der Einkunftsquelle eingekapselt (Log-in-Effekt).

5   Aus systematischer Perspektive wird eine Durchbrechung des synthetischen Einkünftebegriffs erreicht. Die Einheit des Einkünftebegriffs ist aufgrund kasuistischer Ausnahmeregelung damit zunehmend als brüchig zu werten.[1]

6   Es ist zu beachten, dass § 15b EStG unter dem Gesichtspunkt seiner gesetzlichen Verortung als Sonderregelung zu den Einkünften aus Gewerbebetrieb fungiert.[2] Eine entsprechende Anwendung auf andere Einkunftsarten ist an das Vorhandensein von Verweisungsvorschriften gebunden (→ Rz. 12). In diesem Zusammenhang wird kritisch gesehen, dass zuerst eine steueroptimierende Anreizwirkung im Rahmen der Grundvorschriften zur Einkünfteermittlung geschaffen wird, um die unerwünschten Effekte zu Lasten der Systemstringenz nachträglich wieder einzuebnen (→ Rz. 37).[3] Vor diesem Hintergrund wäre die Integrierung der Regelung in den Komplex der Einkünfteermittlungsvorschriften als systematischer zu werten.

III. Entstehung und Entwicklung der Vorschrift

7   Als Nachfolgevorschrift zu § 2b EStG[4] fand § 15b EStG mit dem Gesetz zur Beschränkung der Verlustverrechnung im Zusammenhang mit Steuerstundungsmodellen v. 22.12.2005[5] Eingang in das EStG.[6] Eine Anpassung des Wortlauts „vom Hundert" zu „Prozent" in § 15b Abs. 3 EStG erfolgte rückwirkend mit dem JStG 2007 v. 13.12.2006.[7] Zuletzt wurde eine Änderung mit dem AIFM-StAnpG v. 18.12.2013[8] vorgenommen, indem die Vorschrift um einen Abs. 3a erweitert wurde.

8–9   *(Einstweilen frei)*

---

1 Hierzu auch *Seeger* in Schmidt, § 15b EStG Rz. 2.
2 HHR/*Hallerbach*, § 15b EStG Rz. 5.
3 Siehe hierzu *Reiß* in Kirchhof, § 15b EStG Rz. 7.
4 Aufgehoben durch Art. 1 des Gesetzes zur Beschränkung der Verlustverrechnung im Zusammenhang mit Steuerstundungsmodellen vom 22.12.2005, BGBl 2005 I 3683.
5 BGBl 2005 I 3683; BStBl 2006 I 80.
6 Zur Entstehung des Gesetzes im Detail siehe *Naujok*, BB 2007, 1365.
7 BStBl 2006 I 2878.
8 BGBl 2013 I 4318; BStBl 2014 I 2.

IV. Geltungsbereich

1. Sachlicher Geltungsbereich

Der sachliche Geltungsbereich des § 15b EStG erstreckt sich grundsätzlich auf die ESt. Eine entsprechende Anwendung kann sich jedoch auch für die KSt (über § 7 Abs. 1 und 2 KStG i.V.m. § 8 Abs. 1 Satz 1 KStG) und mittelbar für die GewSt ergeben.[1] 10

Für die Anwendung des § 15b EStG bedarf es einer Steuerbarkeit und einer Steuerpflicht der Einkünfte. Demnach setzt die Vorschrift die Einkünfteerzielungsabsicht in Bezug auf die beschränkt zu verrechnenden Einkünfte voraus.[2] 11

Mit der Verortung in § 15b EStG bezieht sich die Vorschrift gemäß seinem Wortlaut auf Einkünfte aus Gewerbebetrieb. Kraft verschiedener Verweisungsnormen ist jedoch gleichzeitig eine Anwendung auf Einkünfte aus LuF (§ 13 Abs. 7 EStG; vgl. KKB/Agatha, § 13 EStG Rz. 456), aus selbständiger Arbeit (§ 18 Abs. 4 Satz 1 EStG; vgl. KKB/Kempf, § 20 EStG Rz. 430 ff.), aus Kapitalvermögen (§ 20 Abs. 7 EStG; vgl. KKB/Escher, § 21 EStG Rz. 185 ff.), aus VuV (§ 21 Abs. 1 Satz 2 EStG; vgl. KKB/Eckardt, § 22 EStG Rz. 51) und aus wiederkehrenden Bezügen (§ 22 Nr. 1 Satz 1 2. Halbsatz EStG) geboten. In Bezug auf die Einkünfte aus Kapitalvermögen fand zunächst eine entsprechende Anwendung lediglich für Verluste stiller Gesellschafter gem. § 20 Abs. 1 Nr. 4 Satz 2 EStG Anwendung. Eine rückwirkende Ausdehnung der Anwendbarkeit auf VZ 2006 erfolgt für die gesamte Einkunftsart mit § 20 Abs. 2b EStG/§ 20 Abs. 7 EStG (§ 52 Abs. 28 EStG, ehemals § 52 Abs. 37d/33a EStG bzw. § 52a Abs. 10 Satz 10 EStG).[3] Vorbehaltlich der Fälle des § 32d Abs. 2 EStG genießt die Regelung nach Einführung der Abgeltungsteuer vor dem Hintergrund des § 20 Abs. 6 und Abs. 9 EStG eingeschränkte Bedeutung (s. KKB/Kempf, § 20 EStG Rz. 432).[4] In Ergänzung dazu ist eine Verweisung in § 8 Abs. 7 InvStG für Verluste aus der Rückgabe, Veräußerung, Entnahme von Investmentanteilen und aus Teilwertabschreibungen dieser vorgesehen.[5] Der Gesetzgeber räumt der Verweisung allein deklaratorischen Charakter ein.[6] Diese Haltung steht jedoch im Widerspruch zu dem Ausdruck einer „sinngemäßen" Anwendung.[7] 12

2. Persönlicher Geltungsbereich

Der persönliche Geltungsbereich bezieht sich auf natürliche Personen, die eine unbeschränkte oder beschränkte Steuerpflicht begründen.[8] Über § 7 Abs. 1 und 2 KStG i.V.m. § 8 Abs. 1 Satz 1 KStG findet eine Anwendung auch auf unbeschränkt und beschränkt steuerpflichtige Körper- 13

---

1 Konkretisierend HHR/*Hallerbach*, § 15b EStG Rz. 15.
2 BMF v. 17. 7. 2007, BStBl 2007 I 542, Tz. 2, mit Verweis auf BFH v. 12. 12. 1995 - VIII R 59/92, BStBl 1996 II 219 und BMF v. 8. 10. 2004, BStBl 2004 I 933; *Gragert*, NWB 2010, 2450; HHR/*Hallerbach*, § 15b EStG Rz. 5, m.w.N.
3 Siehe hierzu *Brandtner/Geiser*, DStR 2009, 1732. Zur Anwendung bei kreditfinanziertem Erwerb festverzinslicher Wertpapiere und von Investmentanteilen s. OFD Rheinland v. 13. 7. 2010 - S 2252, NWB DokID: LAAAE-50940 und OFD Münster v. 7. 11. 2008 - S 2210, NWB DokID: OAAAC-96312, 1625; zur Anwendung bei Versicherungsmodellen und Lebensversicherungen gegen finanzierten Einmalbetrag s. OFD Nordrhein-Westfalen v. 2. 1. 2014 - S 2212 und OFD Rheinland v. 25. 8. 2009 - S 2212, NWB DokID: PAAAD-27738.
4 *Reiß* in Kirchhof, § 15b EStG Rz. 50.
5 Hierzu *Birker*, BB 2011, 1495; *Rieger*, StB 2011, 280; einen nur sehr begrenzten Anwendungsbereich der Verweisung sehen *Jansen/Lübbehüsen*, FR 2011, 512; *Kretzschmann*, FR 2011, 62. Zu einer darüber hinausgehenden grundsätzlichen Anwendbarkeit des § 15b EStG auf Investmentanteile s. FG Münster v. 18. 6. 2015 - 12 K 689/12 F, EFG 2015, 1696 (Rev., Az. des BFH: VIII R 29/15).
6 BT-Drucks. 17/3549, 30.
7 So auch *Birker*, BB 2011, 1495.
8 *Reiß* in Kirchhof, § 15b EStG Rz. 13.

schaften statt. Die Anwendungsprüfung ist anlegerbezogen und somit jeweils getrennt vorzunehmen.[1]

3. Zeitlicher Geltungsbereich

14 Die Rechtsgrundlage für den zeitlichen Geltungsbereich bildet § 52 Abs. 25 EStG.[2] Eine erstmalige Anwendung auf Verluste der in § 15b EStG bezeichneten Steuerstundungsmodelle ist demnach für den VZ 2005 vorgesehen. In diesem Zusammenhang erfolgt eine Anknüpfung an unterschiedliche Fallvarianten. So setzt die Anwendung für geschlossene Fonds voraus, dass der Stpfl. dem Steuerstundungsmodell nach dem 10.11.2005 beigetreten ist oder mit dem Außenvertrieb des Steuerstundungsmodells nach dem 10.11.2005 begonnen wurde (§ 52 Abs. 25 Satz 1 EStG). Um diesbezügliche Umgehungsgestaltungen zu unterbinden, werden darüber hinaus dem Beginn des Außenbetriebs gleichgestellte Tätigkeiten kodifiziert.

15 **Beitritt:** Im Einzelnen ist in Ermangelung einer Legaldefinition **strittig**, auf welchen Zeitpunkt der Beitritt zum Steuerstundungsmodell festzulegen ist. Gegenüber stehen sich der Zeitpunkt der Abgabe des Beitrittsangebots des Stpfl. und die Annahme des Beitrittsangebots durch den Anbieter. Dabei wird bei geschlossenen Fonds i.d.R. der sog. Zeichnungsschein vom Anleger unterschrieben, der dem Emissionsprospekt beiliegt. Indem die Fondsgesellschaft das Angebot annimmt und dies schriftlich bestätigt, ist die Beteiligung als rechtskräftig anzusehen. In Anlehnung an gesellschaftsrechtliche Vorschriften (§§ 145 ff. BGB) wird einerseits auf den Annahmezeitpunkt abgestellt.[3] Demgegenüber wird vertreten, die Verbindlichkeit und Formwirksamkeit des Beitrittsangebots abstrahiert von seiner Annahme als Kriterium anzuerkennen.[4] Klar herauszustellen ist jedoch, dass der Beitritt unabhängig vom Vorliegen eines Außenvertriebs ist. Die beiden Varianten setzen die zeitliche Geltung **alternativ** in Gang und **nicht kumulativ**. Demnach ist auch im Zusammenhang mit einem geschlossenen Fonds der Außenvertrieb kein unverzichtbares Kriterium. Entsprechend ist im Rahmen einer GbR-Gründung, deren Beteiligung nicht im Außenvertrieb angeboten wurde, der Stichtag der Vertragsunterzeichnung als maßgeblich anzusehen.[5] Vor dem Hintergrund, dass kein Anbieter vorhanden sein muss, lässt sich die Schlussfolgerung ziehen, dass für den Beitritt auch nur der Zeitpunkt der verbindlichen und formwirksamen Beitrittserklärung ausschlaggebend sein kann. Schließlich wird bei dem Merkmal des Beitritts auf ein aktives Handeln durch den Stpfl. abgestellt.

16 **Außenvertrieb:** Der Beginn des Außenvertriebs erfährt eine **Legaldefinition** in § 52 Abs. 25 Satz 2 EStG. Danach handelt es sich um jenen Zeitpunkt, in welchem die Voraussetzungen für die Veräußerung der konkret bestimmbaren Fondsanteile erfüllt sind und die Gesellschaft selbst oder über ein Vertriebsunternehmen mit Außenwirkung an den Markt herangetreten ist. Tatsächlich ist die Kritik an der Differenzierung der Merkmale Beitritt und Außenvertrieb bei identischem Datum berechtigt.[6] Eine Unterscheidung wäre nur dann sinnbelegt, wenn das Kriterium unabhängig vom Beitritt eine Maßgeblichkeit erfahren würde. Dass der Gesetzgeber das für die Fälle intendiert hat, in denen ein Beitritt vor dem 11.11.2005 erfolgte und der Außenvertrieb erst nach dem 10.11.2005 begann, kann aus der Gesetzesbegründung geschlos-

---

[1] *Handzik* in Littmann/Bitz/Pust, § 15b EStG Rz. 37b.
[2] I.d.F. des Kroatien-AnpG v. 25.7.2014, BGBl 2014 I 1266, ehemals § 52 Abs. 33a EStG.
[3] So *Handzik* in Littmann/Bitz/Pust, § 15b EStG Rz. 20.
[4] HHR/*Hallerbach*, § 15b EStG Rz. 17.
[5] BFH v. 1.9.2016 - IV R 17/13, DStR 2016, 2573; näher hierzu HHR/*Hallerbach*, § 15b EStG Rz. 17.
[6] *Beck*, DStR 2006, 61.

sen werden.[1] So soll allein denjenigen Stpfl. Vertrauensschutz zugebilligt werden, die einem Steuerstundungsmodell vor dem 11.11.2005 beigetreten sind und mit dessen Außenvertrieb ebenso vor dem 11.11.2005 begonnen wurde. Allerdings erscheint auch der Stpfl. hochgradig vertrauensschutzwürdig, der mit dem Vertrauen in die alte Rechtslage dem Fonds vor dem 11.11.2005 beigetreten ist, auch wenn mit dem Außenvertrieb davon unabhängig erst nach dem 10.11.2005 begonnen wurde.[2] Dahin gehend ist im Sinne einer verfassungskonformen Auslegung eine **teleologische Reduktion** vorzunehmen. Der Differenzierung der Merkmale Außenvertrieb und Beitritt kann vor diesem Hintergrund lediglich eine Bedeutung für die konkrete und verlässliche Zeitpunktbestimmung der verschiedenen Fallszenarien zugeschrieben werden. Ordnet man den Beitritt den Fällen zu, in denen Neugesellschafter einen Altfonds zeichnen und bezieht man den Außenvertrieb auf Neufonds,[3] so wird hierdurch jeweils der frühestmögliche Zeitpunkt der jeweiligen Fallvarianten beschrieben.

Kapitalerhöhung oder Reinvestition: Gemäß § 52 Abs. 25 Satz 3 EStG wird dem Beginn des Außenvertriebs sowohl der Kapitalerhöhungsbeschluss als auch die Reinvestition von Erlösen in neue Projekte gleichgestellt. Dabei gilt es zu beachten, dass in der Konsequenz mit der Gleichstellung auch die Verwirklichung der Tatbestandsmerkmale des § 15b EStG zu diesem Zeitpunkt gegeben sein muss.[4] 17

Für Zwecke des § 15b EStG ist abstrahiert von der Wirksamkeit der Kapitalerhöhung mit Eintragung im Handelsregister der Zeitpunkt der Beschlussfassung durch die Gesellschafterversammlung ausschlaggebend. In Bezug auf die gesellschaftsvertraglich niedergelegten Nachschusspflichten, wie sie bspw. § 26 GmbHG kennt, entfalten allein solche Nachschüsse für die Anwendung des § 15b EStG Relevanz, die im unmittelbaren Anschluss an die Einstellung in die Kapitalrücklage im Rahmen einer Kapitalerhöhung aus Gesellschaftsmitteln in Stammkapital umgewandelt werden.[5] 18

Für den spezifischen Fall der **Photovoltaikanlagen** vertritt die Finanzverwaltung, dass im Rahmen von Kapitalerhöhungen durch den vorhandenen Gesellschafterbestand zum Zweck des Ersatzes der vorhandenen Anlage durch eine andere Anlage (bspw. Wechsel von Windenergie zu Photovoltaikanlage) § 15b EStG aufgrund der Änderung des Gesellschaftszwecks anwendbar sein kann, wenngleich der Fonds vor der zeitlichen Anwendbarkeit aufgelegt wurde.[6] 19

Die Bestimmung des Zeitpunkts der Reinvestition von Erlösen stellt sich hingegen nicht dergestalt eindeutig dar. Wie bereits für den Beitritt konstatiert wurde und im Rahmen des § 52 Abs. 25 Satz 4 EStG ausdrücklich statuiert ist, ist für den kritischen Zeitpunkt der Reinvestition auf deren **Rechtsverbindlichkeit** abzustellen.[7] Nur hierin kann eine logische und belastbare Anknüpfung liegen. Aufgrund der Verwendung unbestimmter Ausdrücke verbleibt für die Auslegung der Begriffe „Reinvestition", „Erlöse" und „Projekte" ein weiter Spielraum.[8] 20

---

[1] BT-Drucks. 16/107, 8.
[2] So auch HHR/*Hallerbach*, § 15b EStG Rz. 17.
[3] Siehe bspw. *Reiß* in Kirchhof, § 15b EStG Rz. 14.
[4] Im Detail HHR/*Hallerbach*, § 15b EStG Rz. 17
[5] *Handzik* in Littmann/Bitz/Pust, § 15b EStG Rz. 28.
[6] FinMin Schleswig-Holstein v. 19.4.2011, DStR 2011, 1570, hierzu siehe *Lehr*, Fotovoltaik-Anlage, NWB DokID: ZAAAE-28828.
[7] *Stuhrmann*, NJW 2006, 465; so stellt auch *Handzik* in Littmann/Bitz/Pust, § 15b EStG Rz. 30, auf den Zeitpunkt der konkreten Tätigung der Investition ab.
[8] Hierzu näher *Handzik* in Littmann/Bitz/Pust, § 15b EStG Rz. 31 ff.

21 In den Fällen, in denen das Steuerstundungsmodell nicht auf einem geschlossenen Fonds basiert (bspw. im Falle von Einzelinvestitionen), ist gem. § 52 Abs. 25 Satz 4 EStG auf den Zeitpunkt der rechtsverbindlichen Tätigung der Investition abzustellen. Eine Rechtsverbindlichkeit in diesem Sinne ist jedoch erst dann anzunehmen, wenn seitens des Stpfl. eine **unbedingte Zahlungsverpflichtung** besteht und somit die Vertragsverbindlichkeit zu Umgehungszwecken nicht mit Vorbehalts- oder Rücktrittsklauseln ausgestattet wurde.[1]

22 Rechtsnachfolge: Die zeitliche Geltung bestimmt sich im Rahmen der **Einzelrechtsnachfolge** bei entgeltlichen Anteilsübertragungen an Altfonds nach dem Zeitpunkt des Abschlusses des Übertragungsvertrags. Erfolgt der Erwerb vor dem Stichtag durch einen Treuhänder und die Veräußerung an einzelne Anleger nach dem Stichtag, ist hinsichtlich des Beitrittszeitpunktes die Veräußerung durch den Treuhänder als maßgeblich anzusehen.[2] Im Zuge der **Gesamtrechtsnachfolge** bzw. der unentgeltlichen Rechtsnachfolge tritt der Erwerber in die Rechtsstellung des Rechtsvorgängers ein.

23 Verweisungsvorschriften: Der zeitliche Geltungsbereich für die Verweisungsvorschriften wurde mit denjenigen des § 15b EStG durch entsprechende Anwendbarkeit des § 52 Abs. 25 EStG synchronisiert.[3] Die Rechtsgrundlage hierfür bilden § 52 Abs. 26, 28, 29 und 30 EStG.

Die Verweisung gem. § 8 Abs. 7 InvStG erfolgt nach Art. 6 Nr. 5c, 32 Abs. 1 des JStG 2010.[4]

24 § 15b Abs. 3a EStG: Eine erstmalige Anwendung des § 15b Abs. 3a EStG erfolgt gem. § 52 Abs. 25 Satz 5 EStG für Verluste, die auf die Anschaffung, Herstellung oder Einlage in das Betriebsvermögen von Wirtschaftsgütern des Umlaufvermögens nach dem 28. 11. 2013 zurückzuführen sind.

25 Progressionsvorbehalt: Für alle noch offenen Fälle erfolgt gem. § 52 Abs. 33 EStG eine sinngemäße Anwendung des § 15b EStG für den Progressionsvorbehalt i. S. d. § 32b Abs. 1 Satz 3 EStG[5] (zur verfassungsrechtlichen Problematik → Rz. 39).

26 Die Nutzung des negativen Progressionsvorbehalts wird versagt, wenn ein Steuerstundungsmodell i. S. d. § 15b Abs. 2 EStG vorliegt. Liegt kein Steuerstundungsmodell im vorgenannten Sinne vor, jedoch eine Gestaltung nach dem Vorbild der Goldfinger-Modelle (vgl. → Rz. 128), dann wird der negative Progressionsvorbehalt für Wirtschaftsgüter des Umlaufvermögens versagt, die nach dem 28. 2. 2013 angeschafft, hergestellt oder in das Betriebsvermögen eingelegt wurden. Mit § 32b Abs. 1 Satz 3 EStG wird eine Anwendung des § 15b EStG für alle offenen Fälle angeordnet, womit ebenfalls § 15b Abs. 3a EStG betroffen ist. Da jener selbst jedoch erst für angeschaffte, hergestellte oder ins Betriebsvermögen eingelegte Wirtschaftsgüter des Umlaufvermögens nach dem 28. 11. 2013 anwendbar ist, kann das auch nur für die sinngemäße Anwendung des § 15 Abs. 3a EStG gelten.[6] Allerdings wird der negative Progressionsvorbehalt für derartige Fälle bereits durch § 32b Abs. 2 Satz 1 Nr. 2 Satz 2 Buchst. c EStG für angeschaffte, hergestellte oder ins Betriebsvermögen eingelegte Wirtschaftsgüter des Umlaufvermögens nach dem 28. 2. 2013 versagt (vgl. → Rz. 51).

---

1 BT-Drucks. 16/107, 8, mit Verweis auf die verfassungsrechtliche Rechtsprechung, BVerfG v. 3. 12. 1997 - 2 BvR 882/97, BVerfGE 97, 67; s. a. *Reiß* in Kirchhof, § 15b EStG Rz. 14.
2 BMF v. 17. 7. 2007, BStBl 2007 I 542, Tz. 30.
3 *Handzik* in Littmann/Bitz/Pust, § 15b EStG Rz. 36.
4 Vom 8. 12. 2010, BGBl 2010 I 1768, ab 14. 12. 2010; hierzu allgemein *Rieger*, StB 2011, 280.
5 I. d. F. des AIFM-StAnpG v. 18. 12. 2013, BGBl 2013 I 4318; BStBl 2014 I 2.
6 FG Münster v. 11. 12. 2013 - 6 K 3045/11 F, EFG 2014, 753 (Rev.: BFH I R 14/14).

4. Auslandsbezug

Steuerstundungsmodelle können grundsätzlich auch auf Anteilen an ausländischen PersGes oder KapGes bzw. auf Einzelinvestition basieren. Dabei ist für die Anwendung des § 15b EStG Voraussetzung, dass die hieraus generierten Verluste im Inland verrechenbar sind. Das bedeutet im Grunde, dass die Einkünfte einer Steuerpflicht unterliegen müssten. In Bezug auf Beteiligungen an PersGes sind hierbei DBA-Vorschriften und § 2a EStG (bei Begründung einer Betriebsstätte) zu beachten. Es ist darauf hinzuweisen, dass bei der Annahme einer ausländischen Betriebsstätte i. S. d. DBA im Rahmen eines Freistellungs-DBA gerade keine inländische Steuerpflicht der designierten Einkünfte besteht (zu beachten ist hier allerdings der Progressionsvorbehalt, vgl. → Rz. 29). Eine Relevanz ergebe sich im Umkehrschluss jedoch für Verluste aus einem Staat mit Anrechnungs-DBA oder aus einem Nicht-DBA-Land. In diesem Zusammenhang würden die Verluste die Bemessungsgrundlage schmälern und wären mithin auch verrechenbar. Somit ist eine Einschlägigkeit des § 15b EStG für derartige Fälle gegeben. Mit Blick auf KapGes ist zu konstatieren, dass aufgrund des Trennungsprinzips eine Abschirmwirkung erfolgt und somit generell keine Verrechnung der Verluste der KapGes möglich erscheint. Allerdings sind negative Einkünfte im Zusammenhang mit einer KapGes-Beteiligung dann denkbar, wenn die Fremdfinanzierung dieses Anteils einen Konzeptbestandteil bildet. In diesem Zusammenhang ist allerdings zu beachten, dass § 2 Abs. 2 Satz 2 EStG i.V. m. § 20 Abs. 9 EStG der Verlustentstehung wesentlich entgegenwirkt. 27

Eine grundsätzliche und bisher soweit ersichtlich nicht thematisierte Frage betrifft überdies die Bedeutung der sog. „finalen Verluste". So wird in Bezug auf Betriebsstätten aber auch bzgl. Tochtergesellschaften diskutiert, inwiefern im Ausland endgültig nicht berücksichtigungsfähige Verluste insbesondere im Kontext des Unionsrechts eine Inlandsrelevanz entfalten können.[1] Es sei an dieser Stelle nur auf einen etwaigen Zusammenhang hingewiesen, der im Zuge der bestehenden Diskussion zumindest zu erwägen ist. 28

Ein weiterer Auslandsbezug ist hinsichtlich des Progressionsvorbehalts gegeben (→ Rz. 22, 49). 29

PRAXISHINWEIS:
Die Praxisrelevanz von Fällen mit Auslandsbezug ist allerdings vor dem Hintergrund der schwierigen Nachweisführung durch die Finanzverwaltung als nicht sonderlich hoch einzustufen. Selbst die erhöhten Mitwirkungspflichten durch den Stpfl. gem. § 91 Abs. 2 AO bzw. das Ersuchen gem. Art. 8 RL 2011/16/EU oder das Auskunftsersuchen i. S. d. Art. 26 OECD-MA vermögen nicht über die bestehende Informationsasymmetrie hinwegzuhelfen.[2] Überhaupt ein Auskunftsersuchen anzustreben, bedürfe eines weitgreifenden grenzüberschreitenden Bewusstseins und Verständnisses des Finanzbeamten. Um die bestehenden grenzüberschreitenden Hürden, die bspw. sprachlicher Natur sind, zu überwinden, könnten Formblätter und eine grundlegende Elektronifizierung der Informationen hilfreich sein. Darüber hinaus könnte die Nachweisführung für die Behörden erleichtert werden, indem eine Beweislastverschiebung in Richtung des Stpfl. erfolgt.

(Einstweilen frei) 30–33

V. Vereinbarkeit mit höherrangigem Recht

Der Gesetzgeber ist bei der Schaffung steuerrechtlicher Normen an die Umsetzung des Leistungsfähigkeitsprinzips als verfassungsrechtliches Gebot gebunden. Diesem ist gleichfalls ein 34

---

[1] Zu neueren Entwicklungen mit Hinweis auf die einschlägige Rechtsprechung des EuGH *Schulz-Trieglaff*, StuB 2014, 879.
[2] HHR/*Hallerbach*, § 15b EStG Rz. 18.

zeitlicher Referenzrahmen zugrunde zu legen.[1] Da im Sinne des Leistungsfähigkeitsprinzips die relevanten Zeitabschnitte den einzelnen Veranlagungszeitraum übersteigen können, ist eine periodenübergreifende Sichtweise geboten. Vor diesem Hintergrund ist die Ausgestaltung des § 15b EStG unkritisch, da in dessen Rahmen die periodenübergreifende Verlustverrechnung nicht unterbunden, sondern lediglich in sachgerechtem Maß beschränkt wird. Eine zeitliche **Streckung der Verlustverrechnung** ist auch angesichts etwaiger Zins- und Liquiditätsnachteile verfassungsrechtlich unkritisch.[2] Weder das objektive noch das subjektive Nettoprinzip werden durch diese Handhabung konterkariert.[3] Überdies setzt sich die gleichheitsgerechte Ausformung des § 15b EStG darin fort, dass er im Zuge der Verweisungsvorschriften gleichermaßen eine Anwendung auf die weiteren relevanten Einkunftsarten vorsieht.

35 Kritisch könnte gleichheitsrechtlich jedoch gesehen werden, dass sich die Regelung bei Auslandsmodellen in Bezug auf den Verwaltungsvollzug als defizitär erweist (→ Rz. 30). Hieraus ergibt sich faktisch eine Ungleichbehandlung i. S. d. § 3 Abs. 1 GG zwischen inländischen und ausländischen modellhaften Gestaltungen.

36 Dem § 2b EStG als Vorgängerregelung wurde aus verfassungsrechtlicher Perspektive ein Mangel an Rechtsklarheit aufgrund der Verwendung unscharfer Begrifflichkeiten entgegengehalten.[4] Der damit einhergehende Verstoß gegen das Bestimmtheitsgebot i. S. d. Art. 20 Abs. 3, Art. 19 Abs. 4 GG sollte im Rahmen der Neuregelung des § 15b EStG beseitigt werden. Zu diesem Zweck enthält Abs. 2 bspw. eine nähere Konkretisierung, was unter dem Begriff „Steuerstundungsmodell" zu verstehen ist. Dennoch weist § 15b EStG **unbestimmte Rechtsbegriffe** auf (z. B. „vorgefertigtes Konzept"), die mit Blick auf das **Bestimmtheitsgebot** eine Angriffsfläche zur Kritik bieten.[5] Gleichwohl besteht die Möglichkeit, die Rechtsaussage im Auslegungswege – und somit auch aus dem *dictum* der Legislative – zum Verständnis zu bringen, womit kein Verstoß gegen das Bestimmtheitsgebot zu konstatieren ist.[6] Dabei sei auch nicht zu beanstanden, dass die Präzisierung von Merkmalen teilweise erst im Rahmen des Anwendungsschreibens[7] stattgefunden hat.[8] Nur so kann der Übersichtlichkeit des Gesetzestextes Rechnung getragen werden.

37 Anlass zur Kritik bietet zudem die Ausgestaltung der Einkünfteermittlungsnormen.[9] Demnach sei es nicht folgerichtig und stünde der einmal getroffenen Belastungsentscheidung entgegen (**Folgerichtigkeitsgebot**),[10] die Wirkung der Ermittlungsnorm zur Wahrung leistungsfähigkeits-

---

1 *Beck/Moser*, StuW 2014, 258.
2 BFH v. 26. 8. 2010 - I B 49/10, BStBl 2011 II 826.
3 *Schuska*, DStR 2014, 825.
4 BFH v. 2. 8. 2007 - IX B 92/07, NWB DokID: PAAAC-61534; *Raupach/Böckstiegel*, FR 1999, 617; *Kaminski*, BB 2000, 1605; s. auch *Kaeser* in Kirchhof/Söhn/Mellinghoff, § 15b EStG Rz. A58; *Bock/Raatz*, DStR 2008, 1407; *Reiß* in Kirchhof, § 15b EStG Rz. 17 m. w. N.
5 *Dornheim*, Ubg 2013, 453; *Hartrott/Raster*, BB 2011, 343; *Fleischmann*, DB 2007, 1721. Zu einem Verstoß gegen das Bestimmtheitsgebot *Seeger* in Schmidt, § 15b EStG Rz. 3; *Söffing*, DStR 2006, 1585; *Fleischmann/Meyer-Scharenberg*, DB 2006, 353; *Bock/Ratz*, DStR 2008, 1407; *Kohlhaas*, DStR 2008, 480; *Naujok*, BB 2007, 1365; *Kaligin*, WPg 2006, 375. Ein Überblick über den Meinungsstand in der Rspr. findet sich bei *Ronig*, NWB 2014, 1490.
6 BFH v. 17. 1. 2017 - VIII R 7/13, DStR 2017, 1024; v. 6. 2. 2014 - IV 59/10, BStBl 2014 II 465; FG Baden-Württemberg v. 7. 7. 2011 - 3 K 4368/09, EFG 2011, 1897 (rkr.); FG Münster v. 18. 6. 2015 - 12 K 689/12 F, EFG 2015, 1696 (Rev.: BFH VIII R 29/15); *Schuska*, DStR 2014, 825; *Dornheim*, Ubg 2013, 453. Eine Darstellung der Kernaussagen des BFH-Urteils v. 6. 2. 2014 findet sich bei *Nacke*, NWB 2014, 1939.
7 BMF v. 17. 7. 2007, BStBl 2007 I 542.
8 *Reiß* in Kirchhof, § 15b EStG Rz. 17.
9 *Reiß* in Kirchhof, § 15b EStG Rz. 17.
10 St. Rspr. BVerfG v. 22. 6. 1995 - 2 BvL 37/91, BVerfGE 93, 121; BVerfG v. 30. 9. 1998 - 2 BvR 1818/91, BVerfGE 99, 88; BVerfGE v. 29. 10. 1999 - 2 BvR 1264/90, BVerfGE 101, 132; BVerfG v. 10. 11. 1999 - 2 BvR 2861/93, BVerfGE 101, 151.

gerechter Besteuerung durch Einfügung einer anderen Vorschrift auszuhöhlen. Hierin könnte gleichzeitig ein Verstoß gegen das aus dem **Rechtsstaatsprinzip** des Art. 20 Abs. 3 GG abgeleiteten Widerspruchsverbots[1] erblickt werden.[2] Tatsächlich könnte in der Existenz des § 15b EStG der Beweis gesehen werden, dass die Einkünfteermittlungsvorschriften eigens nicht hinreichend am Leistungsfähigkeitsprinzip ausgestaltet sind. Diese Kausalität wird durch die Gesetzesbegründung noch unterstrichen, indem auf die Herstellung der Steuergerechtigkeit abgestellt wird. Es ist allerdings einzuräumen, dass die Einkünfteermittlungsnormen die Leistungsfähigkeit in sachgemäßer Weise erfassen. Aus diesem Grund gehen die so ermittelten Verluste aus Steuerstundungsmodellen auch nicht unter (zur Problematik hinsichtlich Finalität der Verluste, → Rz. 74). § 15b EStG bewirkt lediglich, dass sie isoliert betrachtet werden, um erst in einem späteren Zeitpunkt in Zusammenhang mit etwaigen Einkünften aus dem Modell berücksichtigt zu werden und die Leistungsfähigkeit zu senken. In Anbetracht eines periodenübergreifenden Verständnisses des Leistungsfähigkeitsprinzips ist eine derartige Vorgehensweise durchaus verfassungskonform und aus Missbrauchsvermeidungszwecken sogar geboten. Aus der rechtlichen Möglichkeit der Verlustentstehung ist nicht gleichzeitig zu schließen, dass die Verlustverwertung in sämtlichen Fällen zulässig sein muss.[3]

Als verfassungsrechtlich bedenklich könnte allerdings die **(unechte) Rückwirkung** bzw. die **tatbestandliche Rückanknüpfung** zu erachten sein.[4] So wird sich hinsichtlich des zeitlichen Anwendungsbereichs mit dem 11.11.2005 auf einen Stichtag bezogen, der vor dem Tag des Kabinettsbeschlusses der Bundesregierung am 24.11.2005 liegt. Unter dem Gesichtspunkt des Vertrauensschutzes und der Rechtssicherheit sind allein zwingende Gründe des Allgemeininteresses geeignet, eine derartige Handhabung zu rechtfertigen. Als Begründung wurde zu diesem Zweck die Nivellierung eines Ankündigungseffekts, der auf Meldungen der Presse zu einem derartigen Gesetzesvorhaben der scheidenden Bundesregierung basieren sollte, vorgebracht.[5] Durch die Rückanknüpfung sollen steuermotivierte Gestaltungen verhindert werden, die aufgrund eines Ankündigungseffekts die beabsichtigte und zweckgerichtete Wirkung der Gesetzesänderung zunichtezumachen drohen.[6] Eine derartige Rechtfertigung wird wohl vor dem Hintergrund zweckwidriger Umgehungsgestaltungen und der einhergehenden Fehlallokation von Ressourcen als zulässig zu werten sein, um hierdurch die Gleichmäßigkeit der Besteuerung zu wahren.[7] Allerdings läuft die Begründung dahin gehend ins Leere, dass bereits im März 2005 ein erster Gesetzesentwurf eingebracht wurde und somit spätestens zu diesem Zeitpunkt die relevanten Informationen kursierten. So wäre ein Ankündigungseffekt kaum noch für eine Begründung zugänglich. Im Umkehrschluss ist diesbezüglich auch herauszustellen, dass ggf. kein schutzwürdiges Vertrauen mehr gegeben ist,[8] da mit dem Erlass eines neuen Gesetzes gerechnet werden musste. Ab welchem Zeitpunkt das schutzwürdige Vertrauen im Rahmen von Gesetzesänderungen als zerstört gilt, ist höchstrichterlich allerdings nicht ein-

---

1 BVerfG v. 7.5.1998, 2 BvR 1991/95 und 2 BvR 2004/95, BVerfGE 98, 106.
2 *Schuska*, DStR 2014, 825.
3 Die Rspr. sieht keine unzulässige echte oder unechte Rückwirkung gegeben, FG Baden-Württemberg v. 7.7.2011 - 3 K 4368/09, EFG 2011, 1897 (rkr.); hierzu auch *Schuska*, DStR 2014, 825.
4 *Patt/Patt*, DB 2006, 1865.
5 BT-Drucks. 16/107, 7 zu Buchst. c.
6 BVerfG v. 29.10.1999 - 1 BvR 1996/97, NWB DokID: AAAAB-85645.
7 FG Baden-Württemberg v. 7.7.2011 - 3 K 4368/09, EFG 2011, 1897 (rkr.); *Kaeser* in Kirchhof/Söhn/Mellinghoff, § 15b EStG Rz. A63; *Schuska*, DStR 2014, 825; a. A. *Patt/Patt*, DB 2006, 1868.
8 *Handzik* in Littmann/Bitz/Pust, § 15b EStG Rz. 9; hierzu auch *Fleischmann/Meyer-Scharenberg*, DB 2006, 353.

deutig geklärt.[1] Zumindest die Wahl des 11.11.2005 ist damit jedoch als willkürlich anzusehen, woraus sich Kritik in Bezug auf das Willkürverbot herleiten lässt.

39 Zudem ist die Verfassungsmäßigkeit des § 32b Abs. 1 Satz 3 EStG in Bezug auf die zeitliche Anwendung auf alle noch nicht bestandskräftigen Fälle infrage zu stellen. Eine derartige Handhabung würde voraussetzen, dass dem § 15b EStG bereits vor dem Inkrafttreten des § 32b Abs. 1 Satz 3 EStG eine Wirkung für Zwecke des Progressionsvorbehalts zukäme[2] und er somit rein deklaratorischer Natur wäre. Der Gesetzgeber legt ausweislich diese Prämisse zugrunde.[3] Allerdings ist bereits aus systematischen Gründen keine Überschneidung der Anwendungsbereiche der beiden Normen zu verzeichnen (→ Rz. 49). Allenfalls eine analoge Anwendung aufgrund einer planwidrigen Lücke ist zu erwägen. Aber auch eine Analogie wäre auszuschließen, wenn § 42 AO einem negativen Progressionsvorbehalt entgegenstünde.[4] Würde vor diesem Hintergrund § 32b Abs. 1 Satz 3 EStG erstmalig eine Anwendung des § 15b EStG auf die Fälle des Progressionsvorbehalts statuieren, müsste in der zeitlichen Anwendung auf alle offenen Fälle vor dem Inkrafttreten der Regelung eine verfassungsrechtlich bedenkliche echte Rückwirkung zu sehen[5] und somit eine verfassungskonforme Auslegung vorzunehmen sein.

40–42 *(Einstweilen frei)*

VI. Verhältnis zu anderen Vorschriften

1. Verhältnis zu anderen speziellen Verlustnutzungsbeschränkungen

43 Das EStG kennt neben dem § 15b EStG weitere spezielle Verlustnutzungsbeschränkungen, wie den §§ 2a, 2b a. F., § 15 Abs. 4, § 15a, § 20 Abs. 6, § 22 Nr. 3, § 23 Abs. 3 Satz 8 EStG, denen es gemein ist, die Berücksichtigung negativer Einkünfte zu beschränken.

44 Im Verhältnis zu **§ 15a EStG** normiert § 15b Abs. 1 Satz 3 EStG einen ausdrücklichen **Vorrang** (vgl. KKB/Sobanski, § 15a EStG Rz. 23).[6] Dies gilt nicht allein im Verhältnis zu § 15b Abs. 1 Satz 2 EStG.[7] Soweit sich die Tatbestände der beiden Normen überschneiden und der Anwendungsbereich des § 15b EStG reicht, steht eine Anwendung des § 15a EStG somit außer Frage.[8] Die Normierung ist jedoch allein deklaratorischer Natur, da die zusätzlichen Tatbestandsvoraussetzungen des § 15b EStG gegenüber § 15a EStG einen *lex specialis*-Charakter rechtfertigen.[9] Dies gilt ungeachtet der Tatsache, dass die Rechtsfolgen des § 15a EStG in Bezug auf die Verrechnung mit Sonderbetriebseinnahmen teilweise als strenger anzusehen sind.

45 Für die **anderen Verlustnutzungsbeschränkungen** gilt, dass sie grundsätzlich **parallel anwendbar** sind. So kommt in den Fällen einer Überschneidung der Tatbestände letztlich diejenige Vorschrift zur Anwendung, deren Rechtsfolge eine Berücksichtigung der Verluste in höherem

---

1 *Schuska*, DStR 2014, 825; zum maßgeblichen Zeitpunkt für den Vertrauensschutz s. auch *Patt/Patt*, DB 2006, 1865.
2 So die ausweisliche Haltung der FinVerw, BMF v. 17. 7. 2007, BStBl 2007 I 542, Tz. 24.
3 BT-Drucks. 18/68, 75; so auch *Reiß* in Kirchhof, § 15b EStG Rz. 53h.
4 So FG München v. 5. 5. 2009 - 7 V 355/09 (rkr.), NWB DokID: YAAAD-22236.
5 Hierzu auch *Reiß* in Kirchhof, § 15b EStG Rz. 53g, der i. E. jedoch eine echte Rückwirkung verneint.
6 BMF v. 17. 7. 2007, BStBl 2007 I 542, Tz. 23.
7 Wie hier *Heuermann* in Blümich, § 15b EStG Rz. 28; HHR/*Hallerbach*, § 15b EStG Rz. 27; a. A. *Kaminski* in Korn, § 15b EStG Rz. 69.
8 Eingehend hierzu *Reiß* in Kirchhof, § 15b EStG Rz. 29 ff.
9 HHR/*Hallerbach*, § 15b EStG Rz. 27.

Maße einschränkt.¹ Ein genereller Vorrang des § 15b EStG ist hingegen nicht festzustellen.² Zwar erscheint die Rechtsfolge der Verlustbeschränkung auf dieselbe Einkunftsquelle als hochgradig restriktiv, allerdings wäre diese Verlustberücksichtigung noch weiter einzuschränken, wenn eine spezielle Verlustbeschränkungsvorschrift eine Minderbesteuerung unter Anwendung des § 10d EStG vorsieht.³ Ferner kann sich die Verlustverrechnungsbeschränkung des § 20 Abs. 6 EStG im Rahmen von Beteiligungen an vermögensverwaltenden Personengesellschaften dann als restriktiver herausstellen, wenn aus dieser Einkunftsquelle Einkünfte verschiedener Einkunftsarten erzielt werden. Dann nämlich legitimiert § 15b EStG eine Verrechnung in den Folgeperioden mit positiven Einkünften aus derselben Einkunftsquelle. Werden hier allerdings Einkünfte erzielt, die einer von den Kapitaleinkünften verschiedenen Einkunftsart zuzurechnen sind (bspw. Einkünfte aus VuV), beschränkt wiederum § 20 Abs. 6 EStG die Verlustverrechnung. In diesem Fall ist die spezielle Verlustverrechnung des § 20 Abs. 6 EStG vor § 15b EStG anzuwenden.⁴

BEISPIEL: Anleger A beteiligt sich modellhaft an einem Fonds. Dieser umfasst sowohl Investitionen in Immobilien als auch Geldanlagen. In VZ 01 erzielt A aus der Anlage Einkünfte aus Vermietung und Verpachtung i. H. v. +2 000 € und Einkünfte aus Kapitalvermögen i. H. v. ./. 10 000 €. Die Einkünfte aus Steuerstundungsmodellen betragen folglich ./. 8 000 €, womit in dieser Höhe ein Verlustausgleichsverbot gem. § 15b EStG (im Zusammenhang mit den Verweisungsvorschriften) besteht. Im Gegensatz dazu dürfen die negativen Einkünfte aus Kapitalvermögen gem. § 20 Abs. 6 EStG nicht mit Einkünften aus anderen Einkunftsarten ausgeglichen werden. Entsprechend besteht ein Verlustausgleichsverbot gem. § 20 Abs. 6 EStG i. H. v. ./. 10 000 €. Aus § 20 Abs. 6 EStG ergibt sich damit eine strengere Rechtsfolge. Im Ergebnis besteht gem. § 20 Abs. 6 EStG ein Verlustausgleichsverbot i. H. v. ./. 10 000 €. Die Einkünfte aus Vermietung und Verpachtung (2 000 €) unterliegen demnach der vollen Einkommensteuerlast des A.

In den Fällen, in denen die in § 2a Abs. 1 EStG bezeichneten negativen Einkünfte aus Drittstaaten gleichzeitig einem Steuerstundungsmodell zuzuordnen sind, wäre die Rechtsfolge i. S. d. § 15b EStG als strenger anzusehen. Während § 2a EStG die Verrechnung mit Einkünften derselben Art im jeweiligen oder späteren Zeitraum zulässt, dürfte nach § 15b EStG lediglich im Rahmen derselben Einkunftsquelle in einem späteren Zeitraum verrechnet werden. In diesen Fallvarianten würde entsprechend § 15b EStG die Verlustberücksichtigung eingeschränkt. Gleiches gilt für den Aktivitätsvorbehalt gem. § 15b Abs. 2 EStG.⁵ Hingegen ist fraglich, wie mit negativen Drittstaateneinkünften i. S. d. § 2a EStG aus Steuerstundungsmodellen i. S. d. § 15b EStG zu verfahren ist, wenn sie nicht im selben Veranlagungszeitraum mit Einkünften derselben Art verrechnet werden können. So müsste grundsätzlich eine gesonderte Feststellung sowohl gem. § 2a Abs. 1 Satz 5 EStG als auch gem. § 15b Abs. 4 Satz 1 EStG erfolgen. In den folgenden Zeiträumen ist eine Verrechnung jedoch dann ausgeschlossen, wenn eine der Vorschriften die Verlustberücksichtigung nicht zulässt. Sollten allerdings die Tatbestände beider Normen zur Verrechnung der Verluste in einem späteren Veranlagungszeitraum vorliegen, ist in Anbetracht des Meistbegünstigungsprinzips zuerst eine Verrechnung mit derselben Einkunftsquelle gem. § 15b EStG vorzunehmen, bevor eine Verrechnung mit derselben Einkunftsart gem. § 2a Abs. 1 Satz 3 EStG zu erfolgen hat.

---

1 Für eine Anwendung der strengeren Rechtsfolge plädiert auch *Reiß* in Kirchhof, § 15b EStG Rz. 35.
2 So aber BMF v. 17. 7. 2007, BStBl 2007 I 542, Tz. 23; wie hier *Naujok*, DStR 2007, 1601.
3 Darauf ebenfalls i. V. m. § 15 Abs. 4 hinweisend HHR/*Hallerbach*, § 15b EStG Rz. 19; mit Beispielen *Reiß* in Kirchhof, § 15b EStG Rz. 35.
4 A. A. *Gragert*, NWB 2010, 2450; *Handzik* in Littmann/Bitz/Pust, § 15b EStG Rz. 46e.
5 HHR/*Hallerbach*, § 15b EStG Rz. 19.

47 Ähnliches gilt für den § 2b EStG a. F. Als Vorgängerregelung des § 15b EStG sind die zeitlichen Anwendungsbereiche nahtlos aneinander angeschlossen. Demnach gilt § 2b EStG für Einkunftsquellen, die der Stpfl. vor dem 11.11.2005 erworben oder begründet hat und § 15b EStG entsprechend für solche nach dem 10.11.2005. Vor diesem Hintergrund erscheint keine Überschneidung der Anwendungsbereiche aufgrund zeitlicher Abgrenzung gegeben.[1] Altmodelle des Stpfl., auf die generell der § 2b EStG noch Anwendung findet, können jedoch dann die Anwendbarkeit des § 15b EStG auslösen, wenn Kapitalerhöhungen oder Reinvestitionen von Erlösen in neue Projekte getätigt werden. Für diese Fälle ist eine identische Vorgehensweise, wie sie in Bezug auf § 2a EStG beschrieben wurde, gegeben.[2]

2. Verhältnis zu § 10d EStG

48 § 15b Abs. 1 Satz 1 2. Halbsatz EStG schließt die Anwendung des § 10d EStG explizit aus. Eine Überlagerung der Anwendungsbereiche im Zusammenhang mit Steuerstundungsmodellen ist damit nicht möglich.

3. Verhältnis zu § 32b EStG

49 Grundsätzlich ist der Anwendungsgegenstand von § 15b EStG und § 32b EStG verschieden. Während § 15b EStG steuerpflichtige Einkünfte voraussetzt, ist es gerade die Abstinenz der Steuerpflicht, die dem § 32b EStG zugrunde liegt. Umstritten ist dennoch, inwiefern § 15b EStG auf den negativen Progressionsvorbehalt durchwirkt.[3] So sieht § 32b EStG für spezifische Einkünfte, die nicht Teil des zu versteuernden Einkommens (zvE) sind, vor, dass jene zumindest für Zwecke der Ermittlung des Einkommensteuertarifs zu berücksichtigen sind. Einerseits wird vertreten, dass die Verlustverrechnungsbeschränkung auch dann ihre Wirkung entfaltet, wenn die jeweiligen Verluste lediglich in die Steuerbemessungsgrundlage zur Bestimmung des besonderen Steuersatzes eingehen.[4] Andererseits wird in § 32b EStG lediglich eine Tarifvorschrift gesehen, die auf eine technische Berechnungsgröße abstellt, ohne im Ergebnis die vorher aufgrund der Steuerfreiheit der Einkünfte nicht einschlägigen Vorschriften des EStG zur Anwendung zu bringen.[5]

50 Mit Blick auf den Wortlaut des § 32b Abs. 2 Satz 1 EStG wird die Berechnungsgrundlage für den besonderen Steuersatz gebildet, indem das zvE um die bezeichneten Einkünfte vermehrt oder vermindert wird. Folglich wird die Größe zvE um die infrage stehenden negativen Einkünfte gekürzt. Es wird dabei gerade kein Ausgleich auf Ebene der Einkünfte vorgenommen. Die negativen Einkünfte führen nicht zu einer Verringerung der Summe der Einkünfte bzw. zu einer Verringerung des Gesamtbetrags der Einkünfte i. S. d. § 10d EStG, sondern zu einer Minderung des zvE. Somit ordnet § 32b EStG nicht an, dass jener Steuersatz zur Anwendung gelangen soll, der zur Anwendung gelangt wäre, wenn die jeweiligen Einkünfte Teil des zvE gewesen wären. Die Berechnungssystematik ist grundverschieden. Auch innerhalb der jeweiligen Einkünfte, die nach § 32b EStG einzubeziehen sind, findet keine Verlustverrechnung statt. Werden

---

[1] *Handzik* in Littmann/Bitz/Pust, § 15b EStG Rz. 13.
[2] So auch HHR/*Hallerbach*, § 15b EStG Rz. 19.
[3] Bejahend BMF v. 17.7.2007, BStBl 2007 I 542, Tz. 24. Offengelassen FG München v. 5.5.2009 - 7 V 355/09 (rkr.), NWB DokID: YAAAD-22236.
[4] *Reiß* in Kirchhof, § 15b EStG Rz. 53h, m.w.N.
[5] *Naujok*, DStR 2007, 1601; *Schmidt/Renger*, DStR 2012, 2042; *Schulte-Frohlinde*, BB 2013, 1623; *Seeger* in Schmidt, § 15b EStG Rz. 6; *Kaeser* in Kirchhof/Söhn/Mellinghoff, § 15b EStG Rz. B42; siehe hierzu auch *Reiß* in Kirchhof, § 15b EStG Rz. 53h, m.w.N.

Allgemeine Erläuterungen 51–52 § 15b EStG

diese in ihrer Gesamtheit dem zvE hinzugerechnet oder abgezogen, handelt es sich lediglich um eine rechnerische Saldogröße. Auch § 15b Abs. 2 Satz 2 EStG spricht gegen eine unmittelbare Auswirkung auf den Progressionsvorbehalt, indem auf den Vorteil abgestellt wird, Verluste mit übrigen Einkünften zu verrechnen. Allenfalls verrechnet § 32b EStG spezifische Verluste mit dem zvE, jedoch keineswegs mit den übrigen Einkünften. Die steuerlichen Vorteile, die in § 15b Abs. 2 EStG angesprochen werden, bezeichnen damit nicht direkt die steuerlichen Vorteile aus dem negativen Progressionsvorbehalt.[1] Die Inhalte des § 15b EStG sind letztendlich nicht passgenau für Zwecke des § 32b EStG. Da allerdings der Gesetzgeber deutlich macht, dass er steuerlichen Vorteilen aus Steuerstundungsmodellen entgegenwirken will, könnte zumindest eine analoge Anwendung des § 15b EStG zu erwägen sein. Diese scheidet jedoch dann aus, wenn die Versagung des negativen Progressionsvorbehalts bereits im Rahmen des § 42 AO zu erfolgen hat oder überhaupt keine Einkünfteerzielungsabsicht festzustellen ist.[2] Der Gesetzgeber hat den Streit durch Erweiterung des § 32b Abs. 1 EStG vorsorglich beendet; auch wenn er hierin allein eine deklaratorische Wirkung erblickt.[3] Bereits der Ausdruck der „sinngemäßen" Anwendung steht jedoch einer bereits bestehenden Anwendung implizit entgegen.

Das Band, welches nunmehr eine explizite Verbindung zwischen den beiden Normen herstellt, wird über § 32b Abs. 1 Satz 3 EStG geknüpft. Hierin wird eine **sinngemäße Anwendung** des § 15b EStG angeordnet (vgl. KKB/Bleschick, § 32b EStG Rz. 31). Entsprechend ist zu Beginn über die Steuerpflicht der Einkünfte zu entscheiden. Erst wenn diese für Zwecke der inländischen Bemessungsgrundlage zu verneinen ist, kommt § 32b EStG überhaupt in Betracht. Aufgrund seines Abs. 1 Satz 3 ist für die bezeichneten negativen steuerfreien Einkünfte das Vorhandensein eines Steuerstundungsmodells i. S. d. § 15b EStG zu prüfen. Anzumerken ist, dass hier auch eine Prüfung i. S. d. § 15b Abs. 3a EStG zu erfolgen hat. In Bezug auf die Goldfinger-Modelle[4] bedeutet das, dass bei Feststellung eines Steuerstundungsmodells i. S. d. § 15b EStG dieser sinngemäß anzuwenden ist.[5] Ist hingegen kein Steuerstundungsmodell gegeben, läuft § 32 Abs. 2 Nr. 2 Buchst. c EStG derartigen Gestaltungen zuwider. Liegt ein Steuerstundungsmodell i. S. d. § 15b Abs. 3 EStG vor, erfasst jedoch jene Regelung als speziellere Vorschrift gleichzeitig Steuerstundungsmodelle i. S. d. § 15b Abs. 3a EStG und umschließt damit den Anwendungsbereich des § 32b Abs. 1 Satz 3 EStG i. V. m. § 15b Abs. 3a EStG vollständig. Für Zwecke der Versagung des negativen Progressionsvorbehalts ist § 32b Abs. 1 Satz 3 EStG i. V. m. § 15b Abs. 3a EStG demnach obsolet. 51

Erfolgt eine sinngemäße Anwendung des § 15b EStG gem. § 32b Abs. 1 Satz 3 EStG kann hieraus geschlossen werden, dass gleichzeitig keine direkte Anwendung des § 15b EStG möglich ist. Der Verweis auf § 15b EStG in § 32b EStG umfasst allein das Tatbestandsmerkmal, ob ein Steuerstundungsmodell vorliegt. Die Rechtsfolge der Versagung des negativen Progressionsvorbehalts ergibt sich durch die Verweisung indirekt über § 32b EStG. 52

---

1 So aber BMF v. 17. 7. 2007, BStBl 2007 I 542, Tz. 24; *Dornheim*, DStR 2012, 1581; *Reiß* in Kirchhof, § 15b EStG Rz. 53h, m.w.N.
2 FG München v. 5. 5. 2009 - 7 V 355/09 (rkr.), NWB DokID: YAAAD-22236; hierzu auch mit Beispielen *Seeger* in Schmidt, § 15b EStG Rz. 6.
3 BT-Drucks. 18/68, 75; so auch *Reiß* in Kirchhof, § 15b EStG Rz. 53h und 53j.
4 Hierzu *Hechtner*, NWB 2013, 196.
5 Gegen das Vorliegen eines Steuerstundungsmodells bei Goldfinger-Gestaltungen *Schmidt/Renger*, DStR 2012, 2042; zur Thematik siehe auch *Oertel/Haberstock/Guth*, DStR 2013, 785.

EStG § 15b 53 — Verluste im Zusammenhang mit Steuerstundungsmodellen

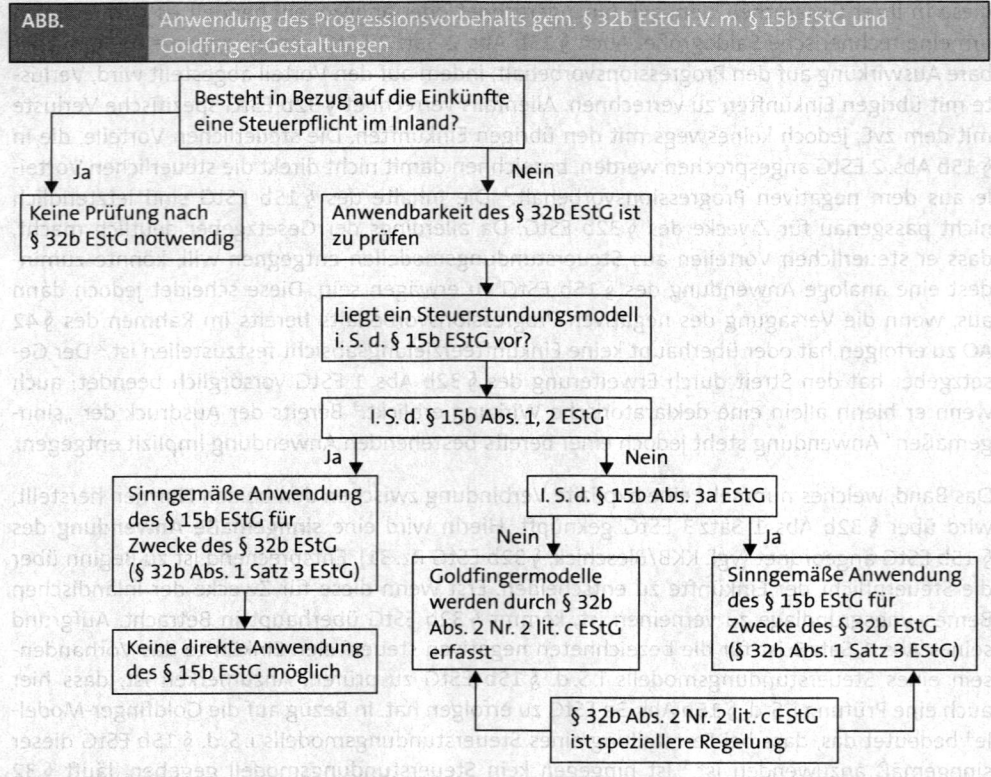

4. Verhältnis zu § 42 AO

53 Als allgemeine Missbrauchsvermeidungsvorschrift zielt § 42 AO ebenfalls auf die durch § 15b EStG beschriebenen Gestaltungsmodelle. In diesem Zusammenhang ist der § 15b EStG als spezielle Missbrauchsvermeidungsvorschrift zu charakterisieren (so bspw. bei unangemessenen Gestaltungen mit mittelbaren Beteiligungen, → Rz. 103 ff.).[1] Entsprechend besteht im Anwendungsbereich des § 15b EStG kein Raum für die Anwendung des § 42 AO. Höchstrichterlich wird hierzu wie folgt ausgeführt: „Hat der Gesetzgeber ein missbrauchsverdächtiges Feld gesichtet und durch eine Spezialvorschrift abgesteckt, legt er für diesen Bereich die Maßstäbe fest."[2] Fraglich ist jedoch, ob im Einzelfall nicht zu prüfen ist, ob die Herbeiführung der von § 15b EStG erforderlichen negativen Einkünfte bereits als Missbrauch rechtlicher Gestaltungsmöglichkeiten anzusehen ist und Verluste i. S. d. § 15b EStG *ex ovo* gar nicht erst entstehen.

---

[1] So auch *Heuermann* in Blümich, § 15b EStG Rz. 5. Die (höchstrichterliche) Rspr. prüft ebenfalls den Vorrang als „Spezialvorschrift", BFH v. 26.4.2018 - IV R 33/15, NWB DokID: DAAAG-88487 bzw. als „Sonderregelung", FG Niedersachsen v. 1.11.2012 - 6 K 382/10, NWB DokID: PAAAE-27372 (aus verfahrensrechtlichen Gründen aufgehoben und zurückverwiesen durch BFH v. 22.12.2015 - I R 43/13, NWB DokID: GAAAF-73069. A. A. *Reiß* in Kirchhof, EStG, § 15b Rz. 7, 51. Einen gegenseitigen Ausschluss der Vorschriften in Bezug auf Kapitaleinkünfte vertreten *Brandtner/Geiser*, DStR 2009, 1732.

[2] BFH v. 26.4.2018 - IV R 33/15, NWB DokID: DAAAG-88487 mit Verweis auf BFH v. 18.12.2013 - I R 25/12, NWB DokID: BAAAE-62146 und BFH v. 17.1.2017 - VIII R 7/13, NWB DokID: QAAAG-44610.

Denn diese Prüfung sollte rechtssystematisch außerhalb des Anwendungsbereichs des § 15b EStG liegen.[1]

In Abgrenzung hierzu wird der Anwendungsbereich des § 15b EStG nicht berührt, wenn bspw. während der Abwicklung des Modells die Steuerbarkeit der Einkünfte aufgrund Wegzugs endet. § 42 AO findet in solchen Fällen allerdings Anwendung.[2]

B. Systematische Kommentierung

I. Verlustverrechnungsbeschränkung (§ 15b Abs. 1 EStG)

1. Tatbestandsvoraussetzungen (§ 15b Abs. 1 Satz 1 EStG)

a) Verluste

Der Begriff der Verluste ist untrennbar mit der Einkunftsquelle des Steuerstundungsmodells verbunden. Vor diesem Hintergrund wird mit dem Ausdruck das **negative Ergebnis** beschrieben, welches aus der Einkünfteermittlung je nach betroffener Einkunftsart entweder aus der Gewinnermittlung oder aus der Ermittlung des Überschusses der Einnahmen über die Werbungskosten resultiert und dem Stpfl. über das Steuerstundungsmodell vermittelt wird.[3] Die Ermittlung bezieht sich dabei allerdings allein auf das jeweilige Steuerstundungsmodell, womit der Begriff der Verluste ausschließlich einkunftsquellenbezogen zu verstehen ist. So können bspw. Fondsetablierungskosten (Kosten i. Z. m. Gründung, Konzeption und Vermarktung des Anlagemodells) als sofort abzugsfähige Betriebsausgaben zu Verlusten im Zusammenhang mit geschlossenen Fonds führen.[4] Der Ausdruck ist entscheidend von der Ermittlung des zu versteuernden Einkommens auf Ebene des Stpfl. abzugrenzen; der Verlust fließt gerade erst hierin ein. In der Folge ist der in Rede stehende Verlustebegriff von dem Begriff der negativen Einkünfte i. S. d. § 10d EStG zu differenzieren[5] und knüpft damit an ein Ergebnis vor einem horizontalen und vertikalen Verlustausgleich an. Demnach ist von der in § 2 EStG bezeichneten kleinsten Einheit der „Einkunftsart" zu abstrahieren.

Ungeklärt ist bisher, ob steuerfreie Gewinne i. S. d. § 8b Abs. 2 KStG als Verluste i. S. d. § 15b EStG dem Grunde nach zu kategorisieren sind.[6]

PRAXISHINWEIS:
Soweit ersichtlich wird keine teleologische Reduktion des Begriffs auf jene Verluste vorgenommen, die zur Verrechnung mit anderen Einkünften tatsächlich zur Verfügung stehen. Hierdurch eröffnen sich Möglichkeiten zur Umgehungsgestaltung. In diesem Zusammenhang sei der Sonderfall der Beteiligung an einer vermögensverwaltenden Personengesellschaft angesprochen, aus der positive Einkünfte aus Kapitalvermögen – die dem besonderen Steuersatz von 25 % unterliegen – und negative Einkünfte aus anderen Einkunftsarten erzielt werden. Vor dem Hintergrund, dass die Kapitaleinkünfte ebenfalls in die Verlustbe-

---

1 So auch bereits FG Niedersachsen v. 1.11.2012 - 6 K 382/10, NWB DokID: PAAAE-27372 (aus verfahrensrechtlichen Gründen aufgehoben und zurückverwiesen durch BFH v. 22.12.2015 - I R 43/13, NWB DokID: GAAAF-73069.
2 *Seeger* in Schmidt, § 15b EStG Rz. 6, bestätigend FG Baden-Württemberg v. 30. 3. 2011 - 4 K 1723/09, NWB DokID: VAAAD-85431.
3 Zur Qualifizierung von negativen Zwischengewinnen im Zusammenhang mit offenen Rentenfonds als Verluste s. FG Münster v. 18. 6. 2015 - 12 K 689/12 F, EFG 2015, 1696 (Rev.: BFH VIII R 29/15).
4 BFH v. 26.4.2018 - IV R 33/15, NWB DokID: DAAAG-88487.
5 HHR/*Hallerbach*, § 15b EStG Rz. 21.
6 FG Niedersachsen v. 1. 11. 2012 - 6 K 382/10, NWB DokID: PAAAE-27372 aus verfahrensrechtlichen Gründen aufgehoben und zurückverwiesen durch BFH v. 22.12.2015 - I R 43/13, NWB DokID: GAAAF-73069; BFH v. 17.1.2017 - VIII R 7/13, BStBl 2017 II 700.

rechnung einfließen, könnten die Einkünfte zur Erzielung eines insgesamt positiven Ergebnisses genutzt werden. Die Kapitaleinkünfte unterliegen im Ergebnis dem niedrigeren Abgeltungsteuersatz, während die negativen Einkünfte aus anderen Einkunftsarten durch Nichtanwendung des § 15b EStG gänzlich zur Verlustverrechnung zur Verfügung stehen.

b) Im Zusammenhang mit einem Steuerstundungsmodell

57 Mit dem Ausdruck „im Zusammenhang mit einem Steuerstundungsmodell" wird das Verursachungsobjekt „Verluste" zum Maßgeblichkeitskriterium erhoben und der Umfang der Beschränkung determiniert. In die einkunftsquellenbezogene Einkünfteermittlung fließen entsprechend alle Berechnungsbestandteile ein, die durch das Steuerstundungsmodell bewirkt wurden. Dabei spielt nicht allein ein unmittelbarer Zusammenhang eine Rolle. Vielmehr sind alle Bestandteile einzubeziehen, die in ihrer **Kausalität** auf das Steuerstundungsmodell zurückzuführen sind. Im Speziellen sei hierbei insbesondere auf die Beträge des Sonderbereichs verwiesen. Dabei sollen neben der modellhaften Finanzierung der Einlage und den hieraus resultierenden Sonderbetriebsausgaben ebenso die nicht modellhafte Finanzierung aus individueller Fremdfinanzierung und Beträge aus nicht prognostizierten Ereignissen Relevanz entfalten.[1] Eine raumgreifende Einbeziehung wird nicht allein durch den Normtelos und der Verhinderung von Umgehungsgestaltungen indiziert, sondern vielmehr durch die Formulierung „Verluste im Zusammenhang mit einem Steuerstundungsmodell" und nicht „Verluste aus einem Steuerstundungsmodell". Der Tatbestand skizziert insgesamt den Umfang der Verlustnutzungsbeschränkung und ist unabhängig von der Berechnung der Nichtaufgriffsgrenze gem. § 15b Abs. 3 EStG zu sehen (→ Rz. 121 ff.).[2]

BEISPIEL: A ist modellhaft an einem Windkraftfonds beteiligt. Die Einlage finanziert er zu 60 % durch Aufnahme von Fremdkapital bei seiner Hausbank. Da die Fremdfinanzierung keinen Modellbestandteil darstellt, sind die Finanzierungsaufwendungen auch nicht bei der Prüfung über das Vorliegen eines Steuerstundungsmodells einzubeziehen. Allerdings unterliegen sie als Sonderbetriebsausgaben dann der Verlustausgleichsbeschränkung, wenn ein Steuerstundungsmodell vorliegt, da die Verlustausgleichsbeschränkung für negative Einkünfte im Zusammenhang mit dem Steuerstundungsmodell anzuwenden ist.

Ob ein Steuerstundungsmodell vorliegt, ist anhand der Begriffsmerkmale zu prüfen (→ Rz. 75 ff.). Im Rahmen von **Gesellschaftsstrukturen** wird die Entscheidung grundsätzlich auf Ebene der Gesellschaft zu fällen sein. Dies gilt auch für Beteiligungen an vermögensverwaltenden Personengesellschaften, die im Betriebsvermögen gehalten werden (sog. Zebragesellschaften), unabhängig von der Umqualifizierung der Einkünfte auf Ebene des Gesellschafters.[3]

2. Rechtsfolge Verlustausgleichs- und -abzugsverbot (§ 15b Abs. 1 Satz 1 EStG)

a) Kein Ausgleich mit Einkünften aus Gewerbebetrieb oder mit Einkünften aus anderen Einkunftsarten (§ 15b Abs. 1 Satz 1 1. Halbsatz EStG)

58 § 15b Abs. 1 Satz 1 EStG enthält eine negative Rechtsfolge für den Stpfl. und wirkt damit rechtsbeschränkend.

---

1 BMF v. 17.7.2007, BStBl 2007 I 542, Tz. 19, mit Beispiel; kritisch *Handzik* in Littmann/Bitz/Pust, § 15b EStG Rz. 90a; a. A. in Bezug auf nicht prognostizierte Ereignisse, *Reiß* in Kirchhof, § 15b EStG Rz. 53.
2 HHR/*Hallerbach*, § 15b EStG Rz. 22.
3 BMF v. 17.7.2007, BStBl 2007 I 542, Tz. 20.

aa) Horizontales Verlustausgleichsverbot

Bei der Berechnung der Einkünfte aus Gewerbebetrieb gem. § 2 Abs. 1 Satz Nr. 2 EStG wird ein horizontales Verlustausgleichsverbot statuiert. Soweit das Steuerstundungsmodell den Einkünften aus Gewerbebetrieb zuzuordnen ist, dürfen die Verluste im Zusammenhang mit dem Steuerstundungsmodell nicht mit anderen Einkünften aus Gewerbebetrieb ausgeglichen werden. Entsprechendes gilt über die Verweisungsvorschriften für die anderen Einkunftsarten.

bb) Vertikales Verlustausgleichsverbot

Im Zuge der Bildung der Summe der Einkünfte gem. § 2 Abs. 3 EStG wird untersagt, die negativen Einkünfte aus Steuerstundungsmodellen mit Einkünften aus anderen Einkunftsarten auszugleichen. Hieraus resultiert ein vertikales Verlustausgleichsverbot.

cc) Inter-Einkunftsquellen-Ausgleichsverbot

Der Ausdruck „im Zusammenhang mit **einem** Steuerstundungsmodell" (anstatt: „im Zusammenhang mit Steuerstundungsmodellen") lässt erkennen, dass sich die Verlustausgleichsbeschränkung nicht allein auf die Einkunftsart bezieht, sondern sich ferner auch auf einen Verlustausgleich zwischen verschiedenen Steuerstundungsmodellen erstreckt. Dies lässt sich gleichermaßen aus der Formulierung des § 15b Abs. 1 Satz 2 EStG schließen. Eine derartige Handhabung erlangt insbesondere dann Wirkungskraft, wenn bspw. aufgrund nicht prognostizierter Ereignisse positive Einkünfte aus einem der Steuerstundungsmodelle zu verzeichnen wären.

> **BEISPIEL:** A beteiligt sich modellhaft sowohl an einem Windkraftfonds als auch an einem Medienfonds. In VZ 01 erzielt A aus dem Windkraftfonds negative Einkünfte i. H. v. ./. 10 000 €. Aufgrund unerwarteter Entwicklungen ergibt sich in VZ 01 für A aus dem Medienfonds Einkünfte i. H. v. +2 000 €. Da sich die Verlustverrechnungsbeschränkung auch auf die Verrechnung zwischen unterschiedlichen Steuerstundungsmodellen erstreckt, können die Einkünfte aus dem Medienfonds nicht mit den negativen Einkünften aus dem Windkraftfonds verrechnet werden.

b) Kein Verlustabzug nach § 10d Abs. 1 Satz 1 2. Halbsatz EStG

Ein Verlustabzug i. S. d. § 10d EStG (interperiodischer Verlustausgleich) wird explizit ausgeschlossen. Demnach ist weder ein Verlustrücktrag gem. § 10d Abs. 1 Satz 1 EStG noch ein Verlustvortrag i. S. d. § 10d Abs. 2 Satz 1 EStG gestattet. Im Gegenzug findet die Mindestbesteuerung auf die Verlustverrechnung in den Folgejahren ebenfalls keine Anwendung.

3. Rechtsfolge Verlustverrechnung in den folgenden Wirtschaftsjahren (§ 15b Abs. 1 Satz 2 EStG)

Im Gegensatz zur rechtsbeschränkenden Rechtsfolge des § 15b Abs. 1 Satz 1 EStG, schafft § 15b Abs. 1 Satz 2 EStG die Rechtsgrundlage für eine periodenübergreifende Verlustverrechnung. Aus systematischer Perspektive wird gegenteilig zu § 10d EStG kein Verlustabzug vom Gesamtbetrag der Einkünfte vorgenommen. Die rechtssystematische Umsetzung erfolgt auf Ebene des Stpfl., indem im Zuge der Einkünfteermittlung ein interperiodischer Verlustausgleich mit jenen Einkünften derselben Einkunftsquelle zugelassen wird. Der Umfang der Verlustverrechnung ist betragsmäßig unbegrenzt.

a) Einkünfte

64 Bei dem Begriff der Einkünfte wird in diesem Zusammenhang auf das positive Ergebnis verwiesen, welches der Stpfl. in der Folgeperiode aus der Einkunftsquelle erzielt. Der Ausdruck bildet das logische Gegenstück zu den Verlusten in § 15b Abs. 1 Satz 1 EStG (→ Rz. 55). Dabei ist irrelevant, ob die Einkünfte aus der Nutzung oder der Verwertung stammen.[1]

65 In Bezug auf Kapitalerträge ist jedoch die Bedeutung des **§ 2 Abs. 5b EStG** zu würdigen. Demnach sind u. a. hinsichtlich des Einkünftebegriffs jene **Kapitalerträge auszusparen, die der Abgeltungsteuer** unterliegen. Allerdings bezieht sich § 15b Abs. 1 Satz 2 EStG auf die Einkünfte vor der Ermittlung des zu versteuernden Einkommens des Stpfl., womit § 2 Abs. 5b EStG keine Relevanz entfaltet (vgl. KKB/Kanzler, § 2 EStG Rz. 361). Die Intention der Regelung besteht allein darin, die interperiodische Verlustverrechnung der bisher nicht verrechneten Verluste mit positiven Einkünften dem Grunde nach zu legitimieren, ohne die Einkünfte insbesondere im Hinblick auf die Einkunftsart näher zu spezifizieren oder zu differenzieren. Somit werden die Verluste im Rahmen einer Verlustverwertung in die Folgeperioden „transferiert". Die Ermittlung des zu versteuernden Einkommens richtet sich dann wiederum nach den allgemeinen Vorschriften. Entsprechend besteht die Möglichkeit, dass eine Verlustverrechnung mit Einkünften aus derselben Einkunftsquelle gem. § 15b Abs. 1 Satz 2 EStG grundsätzlich gestattet wird, jedoch § 20 Abs. 6 EStG die Verlustverrechnung wiederum einschränkt (→ Rz. 45).

> **BEISPIEL:** ▶ A ist Gesellschafter einer vermögensverwaltenden Personengesellschaft, die unstrittig als Steuerstundungsmodell qualifiziert. In VZ 01 erzielt er daraus Einkünfte aus Kapitalvermögen i. H. v. ./. 10 000 €, in VZ 02 i. H. v. + 1 000 €. Auch wenn die positiven Einkünfte aus Kapitalvermögen grundsätzlich der Abgeltungsteuer unterliegen, sollte eine Verlustverrechnung i. S. d. § 15b EStG mit Einkünften aus demselben Steuerstundungsmodell möglich sein.

b) Dieselbe Einkunftsquelle

66 Die Verrechnung kann allein innerhalb **derselben** Einkunftsquelle erfolgen.[2] Dementsprechend bedarf es einer Identität der Einkunftsquelle. Davon abzugrenzen sind einerseits gleichartige Einkunftsquellen (es heißt nicht „aus **der** gleichen Einkunftsquelle"). Eine Verrechnung mit Einkünften aus anderen Steuerstundungsmodellen scheidet in der Konsequenz aus. Andererseits ist die Identität der Einkunftsquelle auch von der Identität der Einkunftsart zu differenzieren. Welcher Einkunftsart die Einkunftsquelle zuzuordnen ist und ob diesbezüglich zwischen den unterschiedlichen VZ sogar Unterschiede bestehen, ist für die Beurteilung der Einkunftsquellenidentität unerheblich.

67 Bei dem Begriff „Einkunftsquelle" handelt es sich nicht um einen *terminus technicus*. Er wird an keiner Stelle definiert. Seine Ursprünge lassen sich auf die sog. Quellentheorie des Einkommensteuerrechts zurückverfolgen. In diesem Sinne wird die Einkunftsquelle als Generator der steuerlich relevanten Einkünfte erachtet. Sieht man den Begriff der Einkunftsquelle hingegen in seinem Zusammenhang und im Licht des Normtelos, so wird deutlich, dass grundsätzlich nur das Steuerstundungsmodell in seiner Gesamtheit gemeint sein kann. Das Modell selbst kann aus unterschiedlichen Komponenten bzw. Einzelwirtschaftsgütern bestehen. Erst in dessen Kohärenz wirkt das System als Steuerstundungsmodell. Es wäre nicht einsichtig, auf die kleinste Einheit des Modells abzustellen, die für sich genommen imstande wäre, Einkünfte zu

---

1 *Kaminski* in Korn, § 15b EStG Rz. 58.
2 Dies entspricht einer sog. per item limitation, vgl. *Rauch/Haug*, SteuK 2011, 382.

generieren. In diesen Fällen müsste a) stets eine Verursachung der Einkünfte anhand der Einzelkomponenten ausgemacht werden und b) eine interperiodische Verrechnung versagt werden, wenn die Einkünfte nicht aus dieser Modellkomponente stammen. Dies würde dem Normzweck gänzlich widerstreben und wäre kaum vollziehbar. Im Ergebnis ist es demnach sachgerecht, unter der Einkunftsquelle i. S. d. § 15b EStG das Steuerstundungsmodell in seiner Gesamtheit zu betrachten.

BEISPIEL: A ist modellhaft an einem Windkraftfonds beteiligt, der eine Investition in Windpark I und Windpark II umfasst. In VZ 01 beträgt das Ergebnis aus Windpark I ./. 100 000 € und das Ergebnis aus Windpark II + 30 000 €. In VZ 02 beträgt das Ergebnis aus Windpark I + 30 000 € und das Ergebnis aus Windpark II ./. 100 000 €. Der nicht verrechenbare Verlust i. S. d. § 15b EStG beträgt in VZ 01 und VZ 02 jeweils ./. 70 000 € (kumuliert ./. 140 000 €). Die Verlustverrechnungsbeschränkung i. S. d. § 15b EStG bezieht sich damit auf die Einkunftsquelle „Windkraftfonds" und nicht auf die Einkunftsquelle „Windpark I und Windpark II", selbst wenn die Windparks für sich genommen selbständig Einkünfte generieren.

In der konkreten Anwendung folgt daraus, dass entweder die Einzelinvestition oder die Beteiligung an einer Gesellschaft/Gemeinschaft regelmäßig die Einkunftsquelle bildet.[1] Demnach umfasst die Einkunftsquelle bei Personengesellschaften sowohl den Gesamthands- als auch den Sonder(betriebs)bereich.[2] Im Zusammenhang mit Beteiligungen an vermögensverwaltenden Personengesellschaften handelt es sich auch dann um eine Einkunftsquelle, wenn Einkünfte aus verschiedenen Einkunftsarten erzielt werden.[3] Hierbei wird die Beteiligung an der Personengesellschaft samt Sondereinnahmen und Sonderwerbungskosten einbezogen.[4] Problematisch erscheint ferner die Abgrenzung der Einkunftsquelle im Falle von **mehrstöckigen Strukturen**. Diesbezüglich kann vertreten werden, dass neben der unmittelbaren Beteiligung auch auf die mittelbare Beteiligung als Einkunftsquelle abzustellen sein kann (→ Rz. 103 ff.).[5] Insgesamt betrifft die Verrechnungsbeschränkung allein jene Einkünfte, die im Rahmen des Steuerstundungsmodells erzielt wurden. Entsprechend ist für Zwecke der Verweisung in § 8 Abs. 7 InvStG nicht allein der Investmentanteil maßgeblich, sondern vielmehr das Konglomerat an steuerrechtlich relevanten Vorgängen, die zum modellhaften Steuerstundungseffekt führen.[6]

68

Fraglich ist hingegen, ob eine Identität des Steuerstundungsmodells auch dann gegeben ist, wenn bspw. Einzelkomponenten verwertet werden.

69

c) Folgende Wirtschaftsjahre

Die folgenden Wirtschaftsjahre beziehen sich auf den Ermittlungszeitraum der Einkünfte. Demnach kommen alle Ermittlungszeiträume infrage, die auf den abgeschlossenen Zeitraum der Verlustermittlung folgen. Bei Einzelinvestitionen ist es der Veranlagungszeitraum, bei Gesellschaften/Gemeinschaften das Wirtschaftsjahr.[7]

70

---

1 BMF v. 17. 7. 2007, BStBl 2007 I 542, Tz. 13.
2 BMF v. 17. 7. 2007, BStBl 2007 I 542, Tz. 13, 18 und 19.
3 BMF v. 17. 7. 2007, BStBl 2007 I 542, Tz. 13; *Gragert*, NWB 2010, 2452.
4 BMF v. 17. 7. 2007, BStBl 2007 I 542, Tz. 13.
5 A. A. *Lechner/Lemaitre*, DStR 2006, 689; *Lechner/Lemaitre*, DStR 2007, 935.
6 *Reiß* in Kirchhof, § 15b EStG Rz. 23 mit der Widerlegung der Ansicht eines fehlenden Anwendungsbereiches von *Kretzschmann*, FR 2011, 62 und *Jansen/Lübbehüsen*, FR 2011, 512.
7 HHR/*Hallerbach*, § 15b EStG Rz. 26.

4. Keine Parallelanwendung des § 15a EStG (§ 15b Abs. 1 Satz 3 EStG)

71 Siehe hierzu bereits → Rz. 44.

5. Rechtsnachfolge

72 Im Rahmen der unentgeltlichen Übertragung des Steuerstundungsmodells tritt der Rechtsnachfolger in die Rechtsstellung des Rechtsvorgängers, womit die verrechenbaren Verluste auf den Rechtsnachfolger übergehen.[1] Gleiches soll für weitere Formen der Gesamtrechtsnachfolge gelten, wie im Rahmen der Vererbbarkeit der Verluste.[2] Vor dem Hintergrund der Änderung der BFH-Rechtsprechung[3] ist hiervon zumindest für jene Fälle auszugehen, in denen der Erbe durch die Verlustentstehungsursachen wirtschaftlich belastet ist und somit das Drittaufwandabzugsverbot nicht zur Anwendung gelangt.[4]

6. Finalität der Verluste

73 Ernstlich zweifelhaft erscheint, ob die Regelung des § 15b EStG dann den verfassungsrechtlichen Anforderungen standhält, wenn in den Folgeperioden eine Verlustverrechnung aufgrund tatsächlicher Gründe (z. B. Aufgabe der Einkunftsquelle) endgültig ausscheidet.[5] Dieser Definitiveffekt ist dahin gehend äußerst kritisch zu sehen, als die zeitliche Streckung der Verlustverrechnung im Hinblick auf die wirtschaftliche Leistungsfähigkeit noch der Verfassungsmäßigkeit standhält, während ein gänzlicher Ausschluss nicht vereinbar ist.[6] Dem Leistungsfähigkeitsprinzip ist ebenso eine zeitliche Komponente beizumessen. Klar erscheint, dass aufgrund des Jährlichkeitsprinzips eine **periodenübergreifende Betrachtungsweise** geboten ist. Ob diese **abschnittsbezogen** oder lebenszeitbezogen vorzunehmen ist, ist hingegen ungeklärt. In diesem Zusammenhang ist jedoch dafür zu plädieren, dass die Abzugsfähigkeit innerhalb eines zeitlichen Kernbereichs zu gewährleisten ist, um der wirtschaftlichen Leistungsfähigkeit Rechnung zu tragen.[7] Vor diesem Hintergrund sollte die Verrechnungsbeschränkung des § 15b EStG im Rahmen einer **verfassungskonformen Auslegung** dann nicht zur Anwendung gelangen, wenn es andernfalls innerhalb eines bestimmten Zeitraums[8] zu einer Finalität der Verluste käme.[9] Freilich kann das nur in engen Grenzen gelten. Demnach ist dem Definitiveffekt nur dann entgegenzuwirken, wenn die tatsächlichen Gründe für die Finalität der Verluste nicht der Disposition des Stpfl. unterliegen. Andernfalls würde hieraus eminentes Umgehungspotenzial erwachsen. Würde bereits die Veräußerung der Einkunftsquelle den Definitiveffekt verhindern, könnte der Stpfl. nach Belieben die Verrechnung der Verluste mit den übrigen Einkünften gestalten. Demnach ist auch ein drohender Definitiveffekt nicht imstande, den Missbrauchsvermeidungscharakter des § 15b EStG auszuhebeln. Ebenfalls soll dadurch allerdings

---

[1] BMF v. 17. 7. 2007, BStBl 2007 I 542, Tz. 25.
[2] OFD Frankfurt am Main v. 1.3.2017, Rz. 9; HHR/*Hallerbach*, § 15b EStG Rz. 24; *Hallerbach*, StuB 2008, 353; *Reiß* in Kirchhof, § 15b EStG Rz. 15; *Kaminski* in Korn, § 15b EStG Rz. 68.3.
[3] BFH v. 17. 12. 2007, BStBl 2008 II 608.
[4] *Seeger* in Schmidt, § 15b EStG Rz. 18; s. auch *Rauch/Haug*, SteuK 2011, 382.
[5] Für die Aufrechterhaltung der Verlustverrechnungsbeschränkung trotz Finalität HHR/*Hallerbach*, § 15b EStG Rz. 24; *Kaminski* in Korn, § 15b EStG Rz. 65; gegen eine Verrechnungsbeschränkung hingegen *Reiß* in Kirchhof, § 15b EStG Rz. 19.
[6] BVerfG v. 30. 9. 1998 - 2 BvR 1818/91, BVerfGE 99, 88; BFH v. 1. 7. 2009, BStBl 2010 II 1061, m. w. N.
[7] *Beck/Moser*, StuW 2014, 258.
[8] Bspw. sieben Jahre, siehe BVerfG v. 22. 7. 1991 - 1 BvR 313/88, NWB DokID: FAAAD-90765.
[9] So auch FG Berlin-Brandenburg v. 8. 12. 2015 - 6 K 6215/12, EFG 2016, 385 (Rev.: BFH IV R 2/16), das sich allerdings für eine generelle teleologische Reduktion des § 15b Abs. 1 EStG im Hinblick auf Totalverluste ausspricht.

nicht das Risiko, keine Verlustverrechnung in Ermangelung verrechenbarer Einkünfte vornehmen zu können, erfasst werden.[1]

II. Begriff des Steuerstundungsmodells (§ 15b Abs. 2 EStG)

1. Definition (§ 15b Abs. 2 Satz 1 EStG)

In § 15b Abs. 2 EStG wird der Begriff des Steuerstundungsmodells legal definiert. Dieses liegt dann vor, „wenn auf Grund einer modellhaften Gestaltung steuerliche Vorteile in Form negativer Einkünfte erzielt werden sollen". Die in § 15b Abs. 2 Satz 1 EStG verwendeten unbestimmten Rechtsbegriffe werden zudem in § 15b Abs. 2 Satz 2 und 3 EStG weiter konkretisiert.

2. Begriffskonkretisierung (§ 15b Abs. 2 Satz 2 EStG)

a) Modellhafte Gestaltung

Nach der Legaldefinition basiert das Steuerstundungsmodell auf einer modellhaften Gestaltung. Die Modellhaftigkeit stellt den Zentralbegriff der Vorschrift[2] und somit die Charakteristik der Gestaltungshülle dar. Aus § 15b Abs. 2 Satz 2 EStG ergibt sich, dass hierunter ein **vorgefertigtes Konzept** verstanden wird. Im Sinne der grammatikalischen Auslegung der Ausdrücke kann im Allgemeinen zutage gefördert werden, dass es sich um die Abbildung einer klar umrissenen Idee über das zielgerichtete Zusammenwirken steuerrechtlicher Zusammenhänge handelt. Es wendet sich aufgrund seiner Abstraktion an nicht näher bestimmte Interessenten oder ist zumindest zur wiederholten Verwendung bestimmt. Dabei genügt es, dass die Funktionsweise schematisch daraus hervorgeht. Hingegen wird nicht das Erfordernis einer konkreten Ausgestaltung impliziert. Einem Konzept ist zudem immanent, dass es planmäßig auf die Erreichung eines bestimmten Ziels oder Zwecks ausgerichtet ist. Es ist das Resultat aus einem kognitiven Prozess, mit dem intendiert wird, durch die Entwicklung von Maßnahmen und Strategien ein übergeordnetes Ziel strategisch umzusetzen.[3] Letztendlich konkretisiert sich hierin die Vorgabe eines Denk- oder Handlungsmusters.

Darüber hinaus ist aus dem Begriff des „vorgefertigten" Konzepts zu schließen, dass bereits von anderer Seite aktiv auf das Konzept eingewirkt wurde. Es muss von einer vom Stpfl. verschiedenen Person (Anbieter/Initiator) erstellt worden sein, denn nur dann kann diesem dem Wortlaut entsprechend die Möglichkeit „geboten" werden, zumindest in der Anfangsphase der Investition Verluste mit übrigen Einkünften zu verrechnen.[4] Ferner ist es in Bezug auf die wesentlichen Kernmerkmale bis zu einem gewissen Grad vorbestimmt. Das Modell ist folglich bereits vorgedacht und der Stpfl. muss nicht selbst die Strategien und Maßnahmen zur Umsetzung seines Vorhabens entwickeln.[5] Charakteristisch ist dabei die Passivität des Investors/Anlegers bei der Entwicklung der Geschäftsidee und der Vertragsgestaltung.[6]

---

1 BFH v. 1.7.2009, BStBl 2010 II 1061; BFH v. 6.9.2006 - XI R 26/04, BStBl 2007 II 167; BFH v. 26.8.2010 - I B 49/10, BStBl 2011 II 826.
2 *Beck*, DStR 2006, 61.
3 BFH v. 17.1.2017 - VIII R 7/13, DStR 2017, 1024.
4 BFH v. 17.1.2017 - VIII R 7/13, DStR 2017, 1024; BFH v. 6.2.2014 - IV R 59/10, BStBl 2014 II 465; hierzu *Nacke*, NWB 2014, 1939.
5 BFH v. 17.1.2017 - VIII R 7/13, DStR 2017, 1024; BFH v. 6.2.2014 - IV R 59/10, BStBl 2014 II 465.
6 BFH v. 17.1.2017 - VIII R 7/13, DStR 2017, 1024; BFH v. 6.2.2014 - IV R 59/10, BStBl 2014 II 465.

Vor diesem Hintergrund ist der Stpfl. insbesondere dann passiv, wenn er **keine tatsächliche Einflussnahme auf die wesentlichen Ausgestaltungsmerkmale** des Konzepts nehmen kann.[1] Die aktive Geschäftsführung bei der Anlage kann daher der Annahme eines vorgefertigten Konzepts entgegenstehen. Das generelle Interesse an der Geschäftsführung[2] oder die bestehende Mitunternehmerstellung können das Bestehen eines vorgefertigten Konzepts jedoch nicht grundsätzlich widerlegen.[3]

Zudem ist nach höchstrichterlicher Rechtsprechung für das Vorliegen eines von dritter Seite vorgefertigten Konzepts nicht ohne Weiteres das bloße Aufgreifen einer in Fachkreisen bekannten Gestaltungsidee ausreichend.[4] Demnach steht der Passivität des Investors/Anlegers entgegen, wenn er eine von ihm selbst oder dem in seinem Auftrag tätigen Berater entwickelte oder modifizierte und individuell angepasste Investition umsetzt.

77 Im Konkreten ist auf die wertende **Gesamtbetrachtung der Einzelfallumstände** abzustellen. Indizierend sind dabei gleichgerichtete Leistungsbeziehungen, die im Wesentlichen identisch sind sowie die Bereitstellung eines Bündels an Haupt-, Zusatz- und Nebenleistungen.[5] Gleichgerichtete Leistungsbeziehungen bestehen dann, wenn gleichartige Verträge mit mehreren identischen Vertragsparteien (z. B. identischer Treuhänder, identische Bank oder identischer Vermittler) abgeschlossen werden. Im Gegensatz zu § 2b EStG a. F. sind die **gleichgerichteten Leistungsbeziehungen** jedoch keine zwingende Tatbestandsvoraussetzung für das Vorliegen eines Steuerstundungsmodells, sondern lediglich ein **Indiz**.[6] Auch hier kann angenommen werden, dass das Abstrahieren von dem Tatbestandsmerkmal der gleichgerichteten Leistungsbeziehungen in § 15b EStG jene Umgehungsgestaltungen verhindern soll, die trotz eines vorgefertigten Konzepts die Anwendung des § 15b EStG aufgrund individueller Vertragsausgestaltungen scheitern lassen. Als typisch für einen modellhaften Charakter einer Gestaltung wird zudem die Bereitstellung eines **Leistungs- oder Vertragsbündels** aus Haupt-, Zusatz- und Nebenleistungen durch den Initiator angesehen. Die Zusatz- und Nebenleistungen ermöglichen es dabei, den sofort abziehbaren Aufwand zu erhöhen, unabhängig davon, ob sie unmittelbar vom Initiator angeboten werden.[7] Dementsprechend sind allein entgeltliche Dienstleistungen relevant.[8] Weitere Indizien sind bspw. die **beschränkte Haftung**. In diesem Zusammenhang wird intendiert, die Risiken vordergründig durch kapitalmäßige Beteiligungen zu minimieren, die im Gegensatz zur klassischen Ausprägung ihre Rendite über die Verlustverrechnung erwirtschaften.[9]

78–81 *(Einstweilen frei)*

---

1 Diesbezüglich vertreten BMF (v. 17. 7. 2007, BStBl 2007 I 542; Tz. 7 und 10) und BFH (v. 6. 2. 2014 - IV R 59/10, BStBl 2014 II 465) unterschiedliche Auffassungen, vgl. *Nacke*, NWB 2014, 1939.
2 Die FinVerw misst der kapitalmäßigen Beteiligung ohne Interesse an einem Einfluss auf die Geschäftsführung indizielle Wirkung bei, BMF v. 17. 7. 2007, BStBl 2007 I 542, Tz. 7.
3 HHR/*Hallerbach*, § 15b EStG Rz. 30.
4 BFH v. 17. 1. 2017 - VIII R 7/13, BStBl 2017 II 700, DStR 2017, 1024. Näher hierzu Schuhmann, StuB 2017, 536 ff.
5 BMF v. 17. 7. 2007, BStBl 2007 I 542, Tz. 8.
6 BFH v. 6. 2. 2014 - IV R 59/10, BStBl 2014 II 465; hierzu *Nacke*, NWB 2014, 1939.
7 BMF v. 17. 7. 2007, BStBl 2007 I 542, Tz. 8, 11.
8 *Fleischmann/Gragert*, NWB 2008, 2821; *Kaligin*, DStR 2008, 1783.
9 HHR/*Hallerbach*, § 15b EStG Rz. 30; kritisch zum Indiz der kapitalmäßigen Beteiligung *Naujok*, DStR 2007, 1601.

b) Steuerliche Vorteile in Form negativer Einkünfte und Möglichkeit der Verlustverrechnung mit übrigen Einkünften in der Anfangsphase

Mit den Begriffen der modellhaften Gestaltung bzw. des vorgefertigten Konzepts wird der „Mantel", in den die Gestaltung gehüllt ist, beschrieben. Darüber hinaus enthält § 15b Abs. 2 EStG die Charakteristik der Zielsetzung des Steuerstundungsmodells. Demnach muss die Gestaltung beabsichtigen, steuerliche Vorteile in Form negativer Einkünfte zu erzielen. Ausweislich des § 15b Abs. 2 Satz 2 EStG ist das der Fall, wenn dem Stpfl. die Möglichkeit geboten werden soll, zumindest in der Anfangsphase der Investition Verluste mit übrigen Einkünften zu verrechnen. 82

Die steuerlichen Vorteile, die mit der steuerlichen Gestaltung erzielt werden sollen, werden explizit benannt. Danach sind es die negativen Einkünfte, auf die in § 15b EStG abgezielt werden soll. Gestaltungsmodelle, die beabsichtigen, steuerliche Vorteile in einer davon verschiedenen Ausprägung zu erlangen, sind hingegen nicht von § 15b EStG erfasst. Der Fokus des vorgefertigten Konzepts muss entsprechend auf die **Minimierung der steuerlichen Bemessungsgrundlage** und damit gleichzeitig **der steuerlichen Gesamtbelastung** gerichtet sein, indem die durch die Investition erzielten Verluste aufgrund eines einheitlichen Einkünftebegriffs mit Einkünften aus anderen Einkunftsquellen und -arten verrechnet werden können. Insgesamt ist somit entscheidend, dass der intendierte wirtschaftliche Erfolg des Konzepts auf einen steuerlichen Vorteil in Gestalt negativer Einkünfte basiert. Das bedeutet allerdings nicht, dass hierin das primäre Ziel bestehen muss. 83

Generell kommt es weder auf eine tatsächliche Erzielung noch auf eine tatsächliche Verrechnung negativer Einkünfte an. Maßgeblich ist vielmehr, dass dem Stpfl. mit dem vorgefertigten Konzept die **hypothetische Verlustverrechnungsmöglichkeit** eingeräumt wird. Als negative Einkünfte werden alle negativen Ergebnisse verstanden, die einen Eingang in die steuerliche Einkünfteermittlung finden.[1] 84

Die **Anfangsphase** der Investition entspricht regelmäßig der Verlustphase.[2] Das Ende der Anfangsphase ist dann gegeben, wenn ab einem VZ dauerhaft und nachhaltig positive Einkünfte prognostiziert werden.[3] Entsprechend wird die Prognoserechnung i.d.R. einen Gesamtgewinn/-überschuss abbilden, während in der Anfangsphase ein Totalverlust zu verzeichnen ist. Diese Anfangsphase ist demnach geprägt von Verlustperioden. Alternierend können auch Veranlagungszeiträume mit einem Gewinn/Überschuss vertreten sein, die jedoch nicht als nachhaltig zu charakterisieren sind. 85

§ 20 Abs. 7 Satz 2 EStG beabsichtigt den Begriff des vorgefertigten Konzepts auf solche Modelle zu erweitern, deren positiven Einkünfte nicht der tariflichen Einkommensteuer unterliegen. Statt hierin eine generelle Erweiterung auf Einkünfte, die der Abgeltungsteuer unterliegen, zu erblicken,[4] soll mit der Erweiterung die Verlustverrechnung vielmehr für jene Fälle beschränkt werden, deren Vorteilhaftigkeit darin zu sehen ist, dass die in späteren Perioden erzielten positiven Einkünfte dem **niedrigeren Abgeltungsteuersatz** von 25 % unterliegen, während das dem 86

---

1 HHR/*Hallerbach*, § 15b EStG Rz. 32.
2 BFH v. 6.2.2014 - IV R 59/10, BStBl 2014 II 465.
3 BMF v. 17.7.2007, BStBl 2007 I 542, Tz. 15.
4 So *Seeger* in Schmidt, § 15b EStG Rz. 6.

höheren progressiven Tarif gem. § 32a EStG unterliegende zu versteuernde Einkommen durch negative Einkünfte gemindert wurde.[1] Mit anderen Worten soll einer Ausnutzung der Steuersatzspreizung zwischen Abgeltungsteuersatz und progressivem Tarif gem. § 32a EStG entgegengewirkt werden (vgl. KKB/Kempf, § 20 EStG Rz. 441).[2]

> **BEISPIEL:** A hat in 2007 eine Schuldverschreibung mit hoher Fremdfinanzierung erworben. In diesem Zusammenhang bestehen hohe Werbungskosten. Steuerpflichtige Einnahmen entstehen erst bei Einlösung im Jahr der Endfälligkeit oder bei vorzeitiger Veräußerung. Die Vorteilhaftigkeit ist bei dieser Anlage in der Ausnutzung des Systemwechsels (zum Abgeltungssteuersystem) zu sehen. Es war beabsichtigt, in den Jahren vor Einführung der Abgeltungsteuer hohe Werbungskosten zum Abzug zu bringen, während die positiven Einkünfte erst in der Zeit nach Einführung der Abgeltungsteuer realisiert werden sollten, um so eine Ausnutzung des niedrigeren Steuersatzes i. H. v. 25 % zu erreichen.

87–89 *(Einstweilen frei)*

c) Angebot des Steuerstundungsmodells durch Initiatoren

90 Neben den inhaltlichen Aspekten sind die Modalitäten, die mit dem Steuerstundungsmodell in Verbindung stehen, als wesentlich für die Einschlägigkeit des § 15b EStG zu erachten. So gilt es, die Passivrolle des Stpfl. herauszustellen. Das Steuerstundungsmodell und damit die Möglichkeit zur Verlustverrechnung werden dem Stpfl. demnach durch den Initiator des Modells oder durch eine zwischengeschaltete Drittperson angeboten.[3] In Betracht kommen hierfür insbesondere **Banken, Kapitalanlagegesellschaften, aber auch Steuerberatungs-, Rechtsanwalts- und andere beratende Kanzleien**.[4] Typischerweise erfolgt der Vertrieb über ein Anlegerprospekt oder andere Formen wie Kataloge, Verkaufsunterlagen, Beratungsbögen etc.[5] Hier erfolgt eine Rückkopplung zum vorgefertigten Konzept. Demnach wird man ein solches annehmen können, wenn die Anlage unter das Verkaufsprospektgesetz fällt.[6] Ein aktives Bewerben und Vermarkten des vorgefertigten Konzepts kann zwar indizielle Wirkung entfalten, ist allerdings keine zwingende Voraussetzung.[7] In Bezug auf die außen gerichteten Modalitäten sind damit allein die Aktivitäten des Modellinitiators bzw. die einer Drittperson ausschlaggebend. Folglich ist es auch unerheblich, ob der Anleger im Rahmen der Investitionsentscheidung um die Steuerstundungswirkung des Modells überhaupt wusste bzw. ob sich hierin die Motivation zur Investition konkretisierte. Jedoch sollte die Steuerstundungswirkung zumindest objektiv

---

1 Erzielt der Stpfl. positive Einkünfte aus den Fondsanteilen, die dem progressiven Einkommensteuertarif gem. § 32a EStG unterliegen, scheidet eine Anwendung des § 20 Abs. 7 Satz 2 EStG von vornherein aus (BFH v. 28.6.2017 - VIII R 57/14).

2 Näher hierzu *Reiß* in Kirchhof, § 15b EStG Rz. 50; FG Münster v. 18.6.2015 - 12 K 689/12 F, EFG 2015, 1696 (Rev.: BFH VIII R 29/15).). Der BFH merkt zwar an, dass die Zielsetzung im Wortlaut des § 20 Abs. 7 Satz 2 EStG nicht zum Ausdruck kommt, hat aber offengelassen, ob die Regelung imstande ist, ein vorgefertigtes Modell i.S.d. § 15b Abs. 2 Satz 2 EStG zu fingieren (BFH v. 28.6.2017 - VIII R 57/14).

3 *Lüdicke/Fischer*, Ubg 2013, 694.

4 In diesem Zusammenhang sei bspw. auf „maßgeschneiderte" Konzepte für einkommensstarke Anleger hingewiesen, dessen Charakteristik als Steuerstundungsmodell im Rahmen des Goldhandels durch die Rspr. allerdings verneint wurde FG Rheinland-Pfalz v. 30.1.2013 - 3 K 1185/12, EFG 2013, 849 (rkr.). Eingehend hierzu und mit Hinweis auf die Rspr. *Reiß* in Kirchhof, § 15b EStG Rz. 43.

5 BFH v. 6.2.2014 - IV R 59/10, BStBl 2014 II 465; BMF v. 17.7.2007, BStBl 2007 I 542, Tz. 10.

6 *Lüdicke/Naujok*, DB 2006, 744.

7 BFH v. 6.2.2014 - IV R 59/10, BStBl 2014 II 465; *Brandtner/Geiser*, DStR 2009, 1732.

erkennbar gewesen sein.[1] Demnach ist es auch notwendig, dass im vertriebenen Konzept der steuerliche Vorteil vorgesehen und beschrieben ist.[2]

(Einstweilen frei) 91–93

3. Abgrenzungsfragen

a) Positivabgrenzung

Als typisierend für Steuerstundungsmodelle werden **geschlossene Fonds** angesehen. Dabei werden exemplarisch folgende Arten genannt: Medienfonds,[3] Gamefonds, New Energy Fonds, Wertpapierhandelsfonds, Leasingfonds, Schiffsbeteiligungen, Lebensversicherungszweitmarktfonds und geschlossene Immobilienfonds.[4] Aus der Begrifflichkeit des § 2 InvG ergibt sich, dass unter einem Fonds ein Sondervermögen zur Finanzierung spezifischer Zwecke verstanden wird.[5] Steuerliche Vorteile in Form negativer Einkünfte können hier u. a. durch Fondsetablierungskosten (Kosten i. Z. m. Gründung, Konzeption und Vermarktung des Anlagemodells), die als sofort abzugsfähige Betriebsausgaben zu kategorisieren sind,[6] herbeigeführt werden. 94

Als geschlossene Ausprägung treten sie in der **Rechtsform der Personengesellschaft** auf (§ 8f VerkprospG). Grundsätzlich wird nur deshalb auf geschlossene Fonds gezielt, weil diese als Personengesellschaften ihren Gesellschaftern Verluste zuweisen können. Dagegen sind offene Fonds aufgrund ihrer kapitalgesellschaftlichen Ausgestaltung und der damit einhergehenden Abschirmwirkung hierzu nicht in der Lage. Allerdings sind **Modelle mit KapGes-Beteiligung** dann denkbar, wenn sie auf einem Organschaftsverhältnis beruhen oder konzeptionell eine Fremdfinanzierung der KapGes-Beteiligung vorgesehen ist, aus der negative Einkünfte aufgrund von Schuldzinsen generiert werden, deren Berücksichtigung nicht durch § 2 Abs. 2 Satz 2 EStG i. V. m. § 20 Abs. 9 EStG untersagt ist. Im Grundsatz ist die Vorschrift damit rechtsformunabhängig ausgestaltet.[7] 95

Flankierend zu den gesellschaftlichen oder gemeinschaftlichen Beteiligungen können damit auch **Einzelinvestitionen** Gegenstand der Steuerstundungsmodelle sein.[8] Zwar liegt hier keine beschränkte Haftung vor. In Ausnahmefällen kann die Indizwirkung der unbeschränkten Haftung, die regelmäßig gegen ein Steuerstundungsmodell spricht, durch ein Überwiegen der steuerlichen Vorteile in Form negativer Einkünfte überkompensiert werden.[9] Ausweislich ist das bei fremdfinanzierten Renten- und Lebensversicherungen gegen Einmalbetrag bzw. Prämienvorauszahlungen der Fall.[10] 96

---

1 So *Lüdicke*, DStR 2014, 692.
2 BFH v. 6. 2. 2014 - IV R 59/10, BStBl 2014 II 465; FG Münster v. 22. 11. 2013 - 5 K 3828/10 F (rkr.), NWB DokID: YAAAE-53289; hierzu auch *Ronig*, NWB 2014, 1490.
3 *Kohlhaas*, FR 2010, 693; *Theisen/Lins*, DStR 2010, 1649.
4 BMF v. 17. 7. 2007, BStBl 2007 I 542, Tz. 7.
5 *Heuermann* in Blümich, § 15b EStG Rz. 17.
6 BFH v. 26.4.2018 - IV R 33/15, NWB DokID: DAAAG-88487.
7 *Brandtner/Raffel*, BB 2006, 639.
8 BMF v. 17. 7. 2007, BStBl 2007 I 542, Tz. 7. Hierzu s. auch *Lüdicke/Fischer*, Ubg 2013, 694.
9 HHR/*Hallerbach*, § 15b EStG Rz. 30.
10 BT-Drucks. 16/107, 7; BMF v. 17. 7. 2007, BStBl 2007 I 542, Tz. 7; BFH v. 17. 8. 2005 - IX R 23/03, BStBl 2006 II 248; vgl. hierzu *Söffing*, DStR 2006, 1585.

b) Investitionen in Zusammenhang mit Immobilien

97 Bei dem Erwerb von Immobilien – insbesondere vom Bauträger – zu Vermietungszwecken oder mit Modernisierungszusage ist eine modellhafte Gestaltung des Vertragswerks lediglich für die Fälle anzunehmen, in denen zu der Hauptleistung, die aus Erwerb und Modernisierung besteht, Zusatz- oder Nebenleistungen treten.[1] Andernfalls würden vor allem die steuerlichen Begünstigungen des § 7h EStG (erhöhte Absetzung bei Gebäuden in Sanierungsgebieten) und des § 7i EStG (erhöhte Absetzung bei Baudenkmalen) bei Überschreiten der Verlustquote unterlaufen werden.[2] Hierdurch sollten gerade Investitionsanreize geschaffen werden. Um die Begünstigungen der §§ 7h und 7i EStG jedoch grundsätzlich vor den Wirkungen des § 15b EStG zu schützen, hätte der Gesetzgeber eine Außerachtlassung der hierdurch induzierten Effekte bei der Berechnung der Verlustquote i. S. d. § 15b Abs. 3 EStG vorsehen müssen.[3]

98 Strittig ist im Zusammenhang mit einem Vertragsbündel, ob der wirtschaftliche Gehalt etwaiger **Zusatz- und Nebenleistungen** der Annahme eines Steuerstundungsmodells entgegenzustehen vermag. Mithin können Mietgarantien als wirtschaftliche Absicherung gesehen werden und die Vermittlung günstiger Finanzierungen die Wirtschaftlichkeit der Investition erhöhen.[4] Jedoch sollen derartige Zusatz- und Nebenleistungen, wie auch die Übernahme einer Bürgschaft für die Endfinanzierung, eine modellhafte Gestaltung i. S. d. § 15b EStG auslösen. Einerseits sollen zwar Investitionen mit einem wirtschaftlichen Gehalt nicht von der Anwendung des § 15b EStG betroffen sein, jedoch ist ebenfalls zu konstatieren, dass die Absicht zur Vermittlung eines Verlustverrechnungspotenzials nicht im Vordergrund zu stehen braucht. Unschädlich sind demgegenüber Aufwendungen für die Hausverwaltung, Vereinbarung über den Abschluss eines Mietpools und für die Tätigkeit als WEG-Verwalter, soweit es sich nicht um Vorauszahlungen für mehr als 12 Monate handelt.[5]

99 In diesem Lichte sind gleichermaßen **Bauherrenmodelle** zu betrachten. Dem Grunde nach fallen auch Bauherrengemeinschaften unter den § 15b EStG. Dabei ist es unbeachtlich, dass dem Investor gewichtige Mitentscheidungen anheimfallen und er nicht als bloßer Erwerber, sondern als Bauherr zu kategorisieren ist.[6] Bildet die Hauptleistung zusammen mit weiteren Neben- oder Zusatzleistungen ein Vertragsbündel, das auf die Erzielung negativer Einkünfte gerichtet ist, wird eine modellhafte Gestaltung i. S. d. § 15b EStG anzunehmen sein. Auch hierbei werden die Mietgarantien und die Bürgschaftsübernahme für die Endfinanzierung als modellauslösende Nebenleistungen benannt.[7] Insgesamt hat eine Einzelfallbetrachtung zu erfolgen, die ebenfalls eine anlegerbezogene Betrachtungsweise dergestalt vornimmt, dass je nach durch den Stpfl. geschlossenem Vertragsbündel über das Vorliegen eines Steuerstundungsmodells zu entscheiden ist (anlegerbezogene Betrachtungsweise).[8] Bei Immobilienfonds ist die

---

1 BMF v. 17.7.2007, BStBl 2007 I 542, Tz. 5, 9; BT-Drucks. 16/107, 7; näher hierzu *Fleischmann/Gragert*, NWB 2008, 2821.
2 Siehe hierzu im Detail *Heuermann* in Blümich, § 15b EStG Rz. 19; *Brandtner/Raffel*, BB 2006, 639; *Kaligin*, DStR 2008, 1763.
3 *Beck*, DStR 2006, 61.
4 *HHR/Hallerbach*, § 15b EStG Rz. 30; kritisch allgemein auch *Brandtner/Lechner/Schmidt*, BB 2007, 1922.
5 BMF v. 17.7.2007, BStBl 2007 I 542, Tz. 9.
6 BMF v. 20.10.2003, BStBl 2003 I 546; vgl. *Seeger* in Schmidt, § 15b EStG Rz. 10, der ebenfalls auf gleichgelagerte Fälle im Rahmen des Medienerlasses hinweist.
7 BMF v. 17.7.2007, BStBl 2007 I 542, Tz. 9.
8 BMF v. 17.7.2007, BStBl 2007 I 542, Tz. 8; *Fleischmann/Meyer-Scharenberg*, DB 2006, 353; *Fleischmann*, DB 2007, 1721.

Modellhaftigkeit auf der Ebene zwischen Initiator und Anleger zu prüfen, ohne dabei eine Umgehung durch Zwischenschaltung eines Bauträgers zu konzedieren.[1]

In Bezug auf **Gesellschafts- oder Gemeinschaftsbeteiligungen** wird es regelmäßig der Fall sein, dass, bevor dem Stpfl. die Investition zur Disposition gestellt wird, der Geschäftsgegenstand und die Konstruktion durch die Initiatoren festgelegt worden sind.[2] In diesem Zusammenhang sind allerdings zwei Fallszenarien im Randbereich der Gestaltungen streitanfällig. 100

Einerseits geht es um die **zeitliche Komponente**. Aus dem Gesetzeswortlaut ergibt sich nicht explizit, zu welchem Zeitpunkt das Konzept vorgefertigt sein muss.[3] In diesem Zusammenhang sei bspw. auf die **sog. Blindpools** verwiesen. Diese Fonds zeichnen sich dadurch aus, dass das konkrete Investitionsobjekt bei Platzierung noch nicht zwingend bekannt ist und damit eine gewisse Investitionsintransparenz einhergeht. Diesbezüglich ist jedoch infrage zu stellen, ob zumindest die Ausrichtung des Fonds auf einen Steuervorteil in Form von Verlustverrechnungen bereits vor der Investitionsentscheidung festzustehen hat (→ Rz. 77).[4] Zwar soll der Kommerzialisierung derartiger Gestaltungen mit § 15b EStG entgegengewirkt werden. Jedoch kann aufgrund etwaiger Umgehungsgestaltungen nicht allein auf den Investitionsentscheidungszeitpunkt abgestellt werden. So könnte im Vorhinein mit Steuerspareffekten als Investitionsstrategie geworben werden, die sich erst nach der Investitionsentscheidung in Abhängigkeit vom konkreten Investitionsobjekt näher dahingehend spezifizieren lassen, ob sich Steuervorteile bspw. im Bereich der Verlustzuweisung, der Tonnagesteuer oder im Zusammenhang mit Doppelbesteuerungsabkommen ergeben. 101

Andererseits ist die **subjektive Komponente** problembehaftet. So wäre ebenfalls gestaltungsanfällig, wenn der Initiator des vorgefertigten Konzepts im Falle der Beteiligung an diesem nicht von § 15b EStG erfasst werden würde. Bereits unter gleichheitsrechtlichen Gesichtspunkten wäre eine derartige Handhabung als kritisch zu erachten. Folglich ist ins Licht zu heben, dass sich die Passivität im Hinblick auf die Modellfertigung auf den Stpfl. in seiner Rolle als Gesellschafter bezieht. Richtet sich der Vertrieb der vorgefertigten Konstruktion grundsätzlich an Außenstehende und sind die Beitrittsbedingungen identisch, muss § 15b EStG auch für den Initiator in seiner Rolle als Gesellschafter gelten.[5] So ist eine Gestaltung auch dann modellhaft, wenn Einmann-Gesellschaften als Rechtsträger für verlustbringende Kapitalanlagen fungieren und diese durch Beratungsunternehmen entwickelt und vertrieben werden.[6] 102

c) Disagio-Modelle

Die Finanzverwaltung vertritt, dass eine modellhafte Gestaltung auch im Falle eines sog. Disagio-Modells vorliegt.[7] In diesem Rahmen erfolgt der Erwerb einer festverzinslichen Schuldver- 103

---

1 *Kaligin*, DStR 2008, 1763.
2 BFH v. 6. 2. 2014, BStBl 2014 II 465.
3 Aus der „Vorfertigung" des Modells schließt der BFH v. 6. 2. 2014 - IV R 59/10, BStBl 2014 II 465, dass Geschäftsgegenstand der Gesellschaft und ihre Konstruktion bereits vor der Investitionsentscheidung festgelegt sein müssen. Fonds im Vertrieb sind ohne Konzept schon nicht aufgrund § 8f VerkpropG denkbar, *Beck*, DStR 2006, 61.
4 Unterschiedliche Auffassungen werden von BMF (v. 17. 7. 2007, BStBl 2007 I 542, Tz. 7 und 10) und BFH (v. 6. 2. 2014 - IV R 59/10, BStBl 2014 II 465) in Bezug auf die Schädlichkeit der Einflussnahme bei sog. Blindpools vertreten, vgl. *Nacke*, NWB 2014, 1939.
5 Eingehend hierzu *Reiß* in Kirchhof, § 15b EStG Rz. 39, 40a, 42 mit Hinweis auf die teilweise unzutreffende Rspr. im Falle des FG Rheinland-Pfalz v. 30. 1. 2013 - 3 K 1185/12, EFG 2013, 849 (rkr.).
6 BFH v. 13. 5. 2013 - I R 39/11, NWB DokID: MAAAE-39627.
7 OFD Frankfurt am Main v. 20. 4. 2010, s. hierzu *Hartrott/Raster*, BB 2011, 343.

schreibung durch den Stpfl. gekoppelt mit einer laufzeitidentischen Fremdfinanzierung beim selben Institut/bei derselben Gesellschaft. Ein verhältnismäßig hoher Anfangsverlust resultiert in diesem Zusammenhang aus der Vereinbarung eines hohen Disagios bei der Darlehensauszahlung.[1] Demgegenüber ist nach höchstrichterlicher Rechtsprechung für das Vorliegen eines vorgefertigten Konzepts nicht ohne Weiteres das bloße Aufgreifen einer in Fachkreisen bekannten Gestaltungsidee ausreichend (→ Rz. 76).[2] Demnach ist § 15b EStG zumindest dann nicht einschlägig, wenn der Investor/Anleger eine von ihm selbst oder dem in seinem Auftrag tätigen Berater entwickelte oder modifizierte und individuell angepasste Investition umsetzt.

d) Mehrstöckige Strukturen

104 Eine weitere Spezifität ergibt sich im Zusammenhang mit mehrstöckigen Gesellschaftsstrukturen. Aus zivilrechtlicher Sicht besteht die Möglichkeit, dass sich eine PersGes als Obergesellschaft an einem Steuerstundungsmodell als Untergesellschaft beteiligt. Häufig tritt dieser Fall im Rahmen **sog. Dachfonds** in Erscheinung.[3] Da es sich bei einer PersGes um ein Einkünfteermittlungssubjekt und nicht um ein Einkünfteerzielungssubjekt handelt, erzielt ausschließlich der Stpfl. Einkünfte und jene lediglich unmittelbar aus der Obergesellschaft. Im Hinblick auf die mittelbare Beteiligung ist infrage zu stellen, auf welcher Ebene das Vorliegen eines Steuerstundungsmodells zu prüfen ist und welche Einkünfte vom Verrechnungsverbot betroffen sind. Dabei ist auf **unterschiedliche Szenarien** abzustellen:

Fall 1: Es handelt sich nur bei der Untergesellschaft um ein Steuerstundungsmodell.

Fall 2: Es handelt sich allein bei der Obergesellschaft um ein Steuerstundungsmodell.

Fall 3: Ober- und Untergesellschaft sind jeweils als Steuerstundungsmodell zu kategorisieren.

Fall 4: Ober- und Untergesellschaft bilden in ihrer Gesamtheit ein Steuerstundungsmodell.

aa) Untergesellschaft ist Steuerstundungsmodell

105 Im Fall 1 werden Verluste im Zusammenhang mit einem Steuerstundungsmodell allein durch die Untergesellschaft generiert. Diese finden wiederum Eingang in die Einkünfteermittlung auf Ebene der Obergesellschaft, indem hier eine Saldierung der Ergebnisse stattfindet. Auf Ebene der Obergesellschaft werden sie jedoch weder mit Einkünften aus Gewerbebetrieb oder aus anderen Einkunftsarten verrechnet, noch wird dem Stpfl. die Möglichkeit zur Verrechnung der Verluste mit anderen Einkünften geboten.

106 Nach der **Auffassung der Finanzverwaltung** werden die Verluste der Untergesellschaft für den Gesellschafter „Obergesellschaft" festgestellt und dem Stpfl. als § 15b EStG-Verluste aufgrund der Gesellschafterstellung bei der Obergesellschaft vermittelt.[4]

107 Im Ergebnis ist der Finanzverwaltung zuzustimmen. Zwar erzielt der Stpfl. Einkünfte unmittelbar aus der Einkunftsquelle „Beteiligung an der Obergesellschaft", weshalb die zwischengeschaltete PersGes eine Art Abschirmwirkung in Bezug auf das Steuerstundungsmodell entfalten könnte. Hierbei verhilft auch § 15 Abs. 1 Satz 1 Nr. 2 Satz 2 EStG, der eine Gleichstellung zwischen mittelbaren und unmittelbaren Beteiligungen fingiert, in diesem Zusammenhang

---

[1] Die Darstellung des Disagio-Modells mit seinen Kriterien im Detail findet sich bei *Ronig*, NWB 2014, 1490.
[2] BFH v. 17. 1. 2017 - VIII R 7/13, DStR 2017, 1024.
[3] *Heuermann* in Blümich, § 15b EStG Rz. 27.
[4] BMF v. 17. 7. 2007, BStBl 2007 I 542, Tz. 21, Szenario 2.

nicht eine Verknüpfung zu der mittelbaren Beteiligung herzustellen.[1] Nämliche Regelung ist allein im Lichte schuldrechtlicher Beziehungen zwischen dem Stpfl. und der Untergesellschaft zu betrachten.[2] Allerdings sollten systematische und teleologische Argumente[3] für eine derartige Handhabung streiten. Im Rahmen einer systematischen Betrachtung werden Einkünfte durch die Einkunftsquelle „Beteiligung an der Untergesellschaft" generiert. Da allein ein Steuersubjekt Einkünfte zu erzielen vermag, müssen die Verluste aus dem Steuerstundungsmodell im Zuge des Transparenzprinzips auch dem Stpfl. als Einkünfteerzielungssubjekt zugerechnet werden. Darüber hinaus zielt die Regelung auf die generelle Missbräuchlichkeit verlustzuweisender Gestaltungsmodelle. Telos der Norm ist, einen Log-in-Effekt der Einkünfte in der schädlichen Einkunftsquelle – der Beteiligung an der Untergesellschaft – zu erreichen. In der Konsequenz sind die Verluste aus dem Steuerstundungsmodell isoliert zu betrachten und für Zwecke des § 15b EStG separat festzustellen. Entsprechend sollten etwaige Verluste, die nicht auf die Untergesellschaft zurückzuführen sind, nicht vom Verlustverrechnungsverbot auf Ebene des Stpfl. betroffen sein. Schließlich stehen sie nicht – auch nicht mittelbar – im Zusammenhang mit einem Steuerstundungsmodell.[4] Vor dem Hintergrund systematischer und teleologischer Auslegung kann im Ergebnis dahinstehen, ob das Verlustverrechnungspotenzial dem Stpfl. mittelbar oder unmittelbar vermittelt werden soll.[5] Eine einfache Zwischenschaltung einer Gesellschaft sollte die Anwendung des § 15b EStG demnach nicht vereiteln können.

Sollte die Anwendung des § 15b EStG hingegen verneint werden, ist zumindest eine Prüfung der allgemeinen Missbrauchsklausel gem. § 42 AO vorzunehmen. Jedoch ist die mittelbare Beteiligung nicht per se als unangemessene Gestaltung zu erachten.[6] Somit werden auch hier vielzählige Umgehungsgestaltungen möglich sein, die ausreichend außersteuerliche Gründe anführen.[7]

108

bb) Obergesellschaft ist Steuerstundungsmodell

In Bezug auf Fall 2 vertritt die Finanzverwaltung die Auffassung, dass eine Prüfung von § 15b EStG auf das saldierte Ergebnis aus Ober- und Untergesellschaft zu erfolgen hat.[8] Ähnlich wird vonseiten der Rechtsprechung vertreten, dass § 15b EStG auf Verluste anzuwenden ist, die einer Beteiligung der als Steuerstundungsmodell anzusehenden Obergesellschaft an einer Untergesellschaft entstammen, selbst wenn die Beteiligung an der Untergesellschaft keinen Bestandteil der ursprünglichen Planung bildete.[9] Zumindest nicht ganz unzweifelhaft erscheint in diesem Zusammenhang, dass die Einkünfteermittlung und Einkünfteerzielung nicht streng getrennt betrachtet werden. Die Beteiligung an der Untergesellschaft sollte nach dieser Vorstellung als Einkunftsquelle separat gewürdigt werden. Nach der hier vertretenen Ansicht ist zudem infrage zu stellen, ob eine „Infizierung" originär unschädlicher Verluste i. S. d. § 15b EStG noch durch den Sinn und Zweck der Norm zu rechtfertigen ist. Auch im Zuge der wort-

109

---

1 A. A. *Heuermann* in Blümich, § 15b EStG Rz. 27.
2 BFH v. 6. 9. 2000 - IV R 69/99, BStBl 2001 II 731; BFH v. 15. 4. 2010 - IV B 105/09, BStBl 2010 971.
3 A. A. *Lechner/Lemaitre*, DB 2006, 689; *Lechner/Lemaitre*, DStR 2007, 935; *Naujok*, DStR 2007, 1601; *Lüdicke/Naujok*, DB 2006, 744.
4 Dies steht im Einklang mit der Verwaltungsauffassung, BMF v. 17. 7. 2007, BStBl 2007 I 542, Tz. 21, Szenario 2.
5 So auch HHR/*Hallerbach*, § 15b EStG Rz. 32.
6 BFH v. 25. 2. 1991 - GrS 7/89, BStBl 1991 II 691.
7 *Pohl*, DStR 2007, 382.
8 BMF v. 17. 7. 2007, BStBl 2007 I 542, Tz. 21, Szenario 3.
9 FG Berlin-Brandenburg v. 8. 12. 2015 - 6 K 6215/12, EFG 2016, 385 (Rev.: BFH IV R 2/16).

lautgetreuen Auslegung verbleiben Restzweifel, ob eine Erzielung von Verlusten über ein Steuerstundungsmodell ausreicht, den Zusammenhang der negativen Einkünfte zu dem Steuerstundungsmodell herzustellen. Sachgerechter erscheint in diesem Zusammenhang, die Ergebnisse der Untergesellschaft von denen der Obergesellschaft abzugrenzen.

cc) Ober- und Untergesellschaft sind jeweils Steuerstundungsmodelle

110 Für Fall 3 gilt ebenfalls eine getrennte Betrachtung und Prüfung des § 15b EStG – auch im Hinblick auf die Nichtaufgriffsgrenze.[1]

dd) Ober- und Untergesellschaft sind ein Steuerstundungsmodell

111 Umfasst das vorgefertigte Modell nach dem Vorbild des Falls 4 sowohl die Obergesellschaft als auch die Untergesellschaft, findet die Beschränkung des § 15b EStG auf das saldierte Ergebnis nach Ermittlung der Einkünfte auf Ebene der Obergesellschaft statt. Für die Anwendung der Nichtaufgriffsgrenze ist für derartige Fälle demnach das Gesamtkonzept maßgeblich.[2]

e) Negativabgrenzung

112 Ungeachtet einer etwaigen Vorhersehbarkeit lösen Anlaufverluste im Zusammenhang mit **Existenz- und Unternehmensgründungen** keine Steuerstundungsmodelle aus.[3] Hierbei sind bspw. Anlaufverluste im Rahmen von Photovoltaikanlagen zu nennen.[4] Gleiches gilt für Venture Capital und Private Equity Fonds, selbst wenn sie auf steuerliche Vorteile zielen, die sich außerhalb der Verlustverrechnung bewegen.[5]

113 Nicht jedwede Investitionsplanung fällt unter den Generalverdacht des Steuerstundungsmodells. Es muss vielmehr die Erstellung einer umfassenden und regelmäßig an mehrere Interessenten gerichtete Investitionskonzeption vorliegen.[6] In diesem Sinne sind auch zufällige Verlusterzielungen auszuscheiden. So findet § 15b EStG bspw. auf Investitionen in Kapitalvermögen keine Anwendung, aus denen vor Einführung der Abgeltungsteuer Verluste erzielt wurden und deren positive Einkünfte aufgrund des Systemwechsels nicht der tariflichen Einkommensteuer unterliegen (in Abgrenzung zu → Rz. 86).[7] Die Zufälligkeit des steuerlichen Vorteils impliziert entsprechend, dass die Gestaltung nicht konzeptionell auf die Verlustverrechnung angelegt ist.[8] Das Verlustverrechnungspotenzial hat einen integralen Konzeptbestandteil darzustellen. Aus diesem Grund ist die Erzielung von Verlusten, die auf konzeptfremde Umstände

---

1 Dies entspricht Ansicht BMF v. 17. 7. 2007, BStBl 2007 I 542, Tz. 21, Szenario 1.
2 Kritisch im Hinblick auf eine abweichende Handhabung *Brandtner/Lechner/Schmidt*, BB 2007, 1922.
3 BMF v. 17. 7. 2007, BStBl 2007 I 542, Tz. 1; BFH v. 6. 2. 2014 - IV 59/10, BStBl 2014 II 465; FG Münster v. 5. 8. 2010 - 5 V 1142/10 F, EFG 2010, 1878 (rkr.); *Ronig*, NWB F. 3, 13971; *Handzik* in Littmann/Bitz/Pust, § 15b EStG Rz. 2a, m. w. N.; kritisch *Naujok*, DStR 2007, 1601.
4 Hierzu *Fromm*, DStR 2010, 207.
5 BMF v. 17. 7. 2007, BStBl 2007 I 542, Tz. 12.
6 BFH v. 6. 2. 2014 - IV 59/10, BStBl 2014 II 465.
7 OFD Magdeburg v. 13. 6. 2008, DStR 2008, 1833; einschränkend insoweit OFD Rheinland v. 13. 7. 2010, NWB DokID: LAAAE-50940, und OFD Münster v. 7. 11. 2008, NWB DokID: OAAAC-96312; OFD Magdeburg v. 22. 12. 2008, NWB DokID: EAAAD-08111; kritisch hierzu *Brandtner/Geiser*, DStR 2009, 1732.
8 Der Systemwechsel kann jedoch durchaus bewusst für Gestaltungen genutzt worden sein. Hieraus resultiert allerdings noch kein vorgefertigtes Konzept und somit keine Anwendung des § 15b, insoweit unzutreffend BFH v. 9. 9. 2014 - VIII B 118/13, NWB DokID: RAAAE-56067, hierzu *Ronig*, NWB 2014, 1490.

zurückzuführen ist, wie die individuelle Fremdfinanzierung oder die Inanspruchnahme anderer steuerlicher Vorteile von § 15b EStG abzugrenzen.[1]

Ferner handelt es sich nicht um ein Steuerstundungsmodell, wenn der Anleger das Konzept nicht nur unwesentlich mitbestimmt. In diesem Zusammenhang sei insbesondere auf die Ausgestaltung des Gesellschaftsvertrags und die Bestimmung des Geschäftsgegenstandes verwiesen. Dies gilt auch dann, wenn vom ursprünglichen Konzept abgewichen und ein eigenes Konzept erstellt wird.[2]

Ein vorgefertigtes Konzept liegt auch nicht in Bezug auf Gemeinschaften kraft Gesetzes (z. B. Erbengemeinschaften) vor.[3]

Es ist nicht ausreichend, wenn eine (in Fachkreisen) bekannte Gestaltungsidee mit dem Ziel einer sofortigen Verlustverrechnung aufgegriffen wird (vgl. → Rz. 76).[4] So führen bspw. hohe (negative) Zwischengewinne beim Erwerb von Anteilen an einem Investmentfonds nicht ohne Weiteres zur Annahme eines Steuerstundungsmodells i. S. des § 20 Abs. 2b Satz 1 (§ 20 Abs. 7 Satz 1 n. F.) i. V. m. § 15b EStG.[5] Der Zwischengewinn ist nach der Legaldefinition des § 1 Abs. 4 InvStG das Entgelt für die dem Anleger noch nicht zugeflossenen oder als zugeflossen geltenden Zinserträge, zinsähnlichen Erträge und Ansprüche des Investmentvermögens. Im Rahmen einer Veräußerung von Anteilen an einem Investmentfonds werden diese beim Verkäufer als Einkünfte aus Kapitalvermögen besteuert. Korrespondierend ist der Zwischengewinn als negative Einnahme aus Kapitalvermögen beim Käufer der Investmentanteile zu berücksichtigen, wodurch eine Überbesteuerung beim späteren Ertragszufluss (Ausschüttung, Ertragsthesaurierung bzw. vereinnahmter Zwischengewinn) vermieden werden soll.[6] Dabei ist bereits umstritten, ob die Zahlung von Zwischengewinnen überhaupt zu einem wirtschaftlich unangemessenen Steuervorteil i. S. des § 20 Abs. 2b Satz 1 (§ 20 Abs. 7 Satz 1 n. F.) i. V. m. § 15b EStG führen kann.[7]

(Einstweilen frei)

4. Abstraktion von Einkünfteermittlungsvorschriften als Berechnungsbasis – § 15b Abs. 2 Satz 3 EStG

Im Rahmen der Anwendung des § 15b EStG wird von der Rechtsgrundlage, auf der die negativen Einkünfte entstehen, abstrahiert. § 15b Abs. 2 Satz 3 EStG spiegelt folglich eine ergebnisorientierte Sichtweise wider. Demnach ist sowohl die Berechnungsbasis als auch der spezifische Zweck der Normen, die zum Ergebnis negativer Einkünfte führen, unbeachtlich. Im Umkehrschluss kommt es nur darauf an, ob der einkunftsquellenbezogene Saldo der Einkünfte nach den Einkunftsermittlungsvorschriften des EStG bzw. KStG negativ ist. Ob spezielle handelsrechtliche oder steuerrechtliche Bilanzierungsvorschriften, spezielle Steuerbefreiungen, wie § 3 Nr. 40 EStG und § 8b KStG, Vorschriften zur Einkünfteermittlungsart, wie § 4 Abs. 3

---

1 BFH v. 6. 2. 2014 - IV R 59/10, BStBl 2014 II 465.
2 HHR/Hallerbach, § 15b EStG Rz. 33.
3 Reiß in Kirchhof, § 15b EStG Rz. 40. Davon abzugrenzen ist jedoch, dass ein Eintritt in die Rechtsstellung des Rechtsvorgängers in Bezug auf die Beteiligung an einem Steuerstundungsmodell erfolgen kann.
4 BFH v. 17. 1. 2017 - VIII R 7/13, DStR 2017, 1024.
5 BFH v. 28.6.2017 - VIII R 57/14.
6 BMF v. 18.8.2009, BStBl 2009 I 931, Tz 21a.
7 BFH v. 28.6.2017 - VIII R 57/14, bejahend Verfügungen der OFD Rheinland und OFD Münster v. 13.7.2010, DStR 2010, 1625.

EStG, sowie Regelungen des InvStG[1] verantwortlich für das Negativergebnis sind, kann dahinstehen. Dabei ist hervorzuheben, dass sich § 15b Abs. 2 Satz 3 EStG auf die Feststellung der Modellhaftigkeit bezieht. Folglich ist die **Belanglosigkeit der Rechtsgrundlage** auf jene Komponenten der Einkünfteermittlung zu projizieren, die einen Konzeptbestandteil bilden. Diesbezüglich sei insbesondere auf subventionelle Lenkungsvorschriften, wie § 7g bis § 7k EStG, verwiesen. Sollen diese derart konzeptionell zunutze gemacht werden (→ Rz. 97 ff.),[2] dass der wirtschaftliche Erfolg auf der steuerlichen Verlustverrechnung basiert, liegt regelmäßig ein Steuerstundungsmodell vor. Abgrenzend wird der Fördergedanke dieser Vorschriften hingegen dann nicht unterlaufen und keine modellhafte Gestaltung i. S. d. § 15b EStG vorliegen, wenn die Investitionsstrategie auf anderen Komponenten fußt und negative Einkünfte aufgrund derartiger Lenkungsnormen entstehen.

III. Nichtaufgriffsgrenze (§ 15b Abs. 3 EStG)

121 Im Rahmen einer Bagatellregelung wird bei Vorliegen der Tatbestandsvoraussetzungen i. S. d. § 15b Abs. 1 und 2 EStG von dem Eintritt der Rechtsfolgen gem. § 15b Abs. 1 EStG abgesehen, wenn innerhalb der Anfangsphase das Verhältnis der Summe der prognostizierten Verluste zur Höhe des gezeichneten und nach dem Konzept auch aufzubringenden Kapitals oder bei Einzelinvestoren des eingesetzten Eigenkapitals 10 % übersteigt. Die Nichtaufgriffsgrenze bezieht sich entsprechend auf eine relative Größe, die gleichermaßen eine zeitliche Dimension enthält. Ferner unterscheidet sich die Berechnungsbasis in Abhängigkeit von der Art des Investitionsobjekts.

122 Basiert die modellhafte Gestaltung auf einer **Gesellschaft** bzw. auf einem **Fonds**, dann ist als Relationsgröße auf die Höhe des **gezeichneten** und nach dem Konzept auch **aufzubringenden Kapitals** abzustellen. Als gezeichnetes Kapital ist das Eigenkapital der Gesellschaft bzw. Gemeinschaft zu verstehen, zu dessen Aufbringung sich der Gesellschafter bzw. Gemeinschafter verpflichtet hat. Diesbezüglich kann jedoch vermutet werden, dass die ausstehenden Einlagen, die nicht bereits eingefordert sind und mit einer Einforderung innerhalb der Anfangsphase auch nicht mehr zu rechnen ist, nicht für die modellhafte Gestaltung erforderlich sind.[3] Infolgedessen sind diese Beträge von der Relationsgröße auszusparen. Andernfalls wäre es zu Umgehungszwecken attraktiv, die Vergleichsbasis betragsmäßig derart aufzublähen, dass die Relation insgesamt unter die kritische Grenze sinkt und man somit in den Genuss der Bagatellgrenze gelangt. Aus dem genannten Grund grenzt § 15b Abs. 3 EStG das gezeichnete Kapital auf denjenigen Betrag ein, der nach Maßgabe des Konzepts auch tatsächlich aufzubringen und damit erforderlich ist. Hierin eingeschlossen sind Einmalzahlungen, Teilzahlungen und Nachschüsse.[4]

123 Die Intention eines Steuerstundungsmodells besteht grundsätzlich in der Aufbringung eines geringstmöglichen Investitionskapitalbetrages bei größtmöglicher Steuerersparnis. Vor diesem Hintergrund ist es nur konsequent, als Relationsgröße das aufzubringende Kapital zu wählen. Aus welcher Quelle – Eigen- oder Fremdkapital – der Gesellschafter bzw. der Gemeinschafter die Finanzierung speist, ist dabei prinzipiell irrelevant. Ist die Fremdfinanzierung hingegen ein

---

1 Hierzu im Detail *Reiß* in Kirchhof, § 15b EStG Rz. 51 f.
2 Das erfordert insbesondere im Falle der §§ 7h und 7i EStG, dass zu der Hauptleistung entgeltliche Zusatz- und Nebenleistungen treten.
3 *Reiß* in Kirchhof, § 15b EStG Rz. 56.
4 BMF v. 17. 7. 2007, BStBl 2007 I 542, Tz. 17.

Teil der modellhaften Gestaltung, darf dieser Betrag nicht dafür zur Verfügung stehen, eine für die Nichtaufgriffsgrenze günstigere Relation herzustellen. So würde eine Fremdfinanzierung unter einem Zinssatz von 10 % stets ein Ergebnis zugunsten der Bagatellregelung hervorbringen. Insofern gilt es, das (negative) Sonder(betriebs)vermögen von der Relationsgröße auszuscheiden.[1]

BEISPIEL: ▶ A beteiligt sich i. H. v. 80 000 € modellhaft an einem geschlossenen Fonds. Im Rahmen des Konzepts ist eine 25 %-ige Fremdfinanzierung vorgesehen. Die restlichen 60 000 € erbringt A aus seinem Privatvermögen. Der prognostizierte Verlust beträgt 5 000 €, FK-Zinsen in der Verlustphase 2 000 €. Für die Berechnung der Nichtaufgriffsgrenze ist das Sonderbetriebsvermögen i. H. v. 20 000 € nicht einzubeziehen. Hieraus ergibt sich eine Relation i. H. v. 11,67 % (7 000 €/60 000 €). Würde indes das Sonderbetriebsvermögen eingerechnet, würde eine Relation i. H. v. 8,75 % bestehen. Die Verlustverrechnungsbeschränkung i. S. d. § 15b EStG würde dann nicht zur Anwendung kommen.

Basiert das Steuerstundungsmodell auf einer **Einzelinvestition**, wird als Relationsgröße das **eingesetzte Eigenkapital** des Investors benannt. Da eine Beurteilung *ex ante* vorgenommen wird, ist grundsätzlich auf das im Konzept vorgesehene einzusetzende Eigenkapital abzustellen. Dies wird zwar regelmäßig mit dem tatsächlich eingesetzten und damit erforderlichen Kapital übereinstimmen. Um Umgehungsgestaltungen zu verhindern, ist jedoch eine rückwirkende Korrektur bei Abweichung des eingesetzten Eigenkapitals zu erwägen.[2] **124**

Die ins Verhältnis zu setzende Größe umfasst den Saldo der **prognostizierten Verluste** i. S. d. Steuerstundungsmodells. Diese sind entschieden von den tatsächlich entstandenen Verlusten abzugrenzen, die allein *ex post* festzustellen wären. Da jedoch auf eine konzeptionelle und damit geplante Generierung von Verlustverrechnungspotenzial gezielt wird, ist in der Konsequenz für Zwecke der Nichtaufgriffsgrenze auch eine *ex ante* Sichtweise zu wählen. Hierfür wird als zeitliche Dimension die **Anfangsphase**, welche mit der in Abs. 2 verwendeten Begrifflichkeit übereinstimmt, bestimmt. Diese schließt sämtliche VZ ab Beginn der Investition ein, in denen keine nachhaltigen und dauerhaften positiven Einkünfte im Zusammenhang mit dem Steuerstundungsmodell prognostiziert werden. **125**

§ 15b Abs. 3 EStG verwendet den Begriff „wenn" und knüpft die Anwendung der Verlustverrechnungsbeschränkung damit an das Überschreiten der kritischen Verlustquote. Der Mechanismus ist entsprechend von einer „insofern"-Regelung abzugrenzen, die die definierte Größe stets von den Rechtsfolgen der Regelung ausnimmt. **126**

Bei der Berechnung der prognostizierten Verluste sind die **Einkünfte aus Kapitalvermögen, die unter die Abgeltungsteuer fallen**, ebenfalls einzubeziehen. § 2 Abs. 5b EStG steht dem nicht entgegen. Schließlich ist die Ermittlung des zu versteuernden Einkommens von der Ermittlung der schädlichen Verlustquote für Zwecke des § 15b Abs. 3 EStG abzugrenzen,[3] weil sich die prognostizierten Verluste auf die Einkünfteermittlung in Bezug auf das Steuerstundungsmodell und nicht auf die Ermittlung des zu versteuernden Einkommens des Stpfl. beziehen. **127**

PRAXISHINWEIS:
Für den Fall, dass aus einer Beteiligung an einer vermögensverwaltenden Personengesellschaft neben positiven Einkünften aus Kapitalvermögen negative Einkünfte aus anderen Einkunftsarten erzielt werden, ist die Einbeziehung der Einkünfte aus Kapitalvermögen jedoch für Umgehungsgestaltungen nutzbar. Geht man davon aus, dass § 15b EStG als Vorschrift zur Verlustverrechnungsbeschränkung nicht den Me-

---

1 BMF v. 17. 7. 2007, BStBl 2007 I 542, Tz. 17, 18.
2 *Reiß* in Kirchhof, § 15b EStG Rz. 56.
3 So auch *Gragert*, NWB 2010, 2450.

chanismus der Abgeltungsteuer in Bezug auf positive Einkünfte aus Kapitalvermögen berührt, so unterliegen sie dem niedrigeren Abgeltungsteuersatz, während die negativen Einkünfte aus anderen Einkunftsarten gänzlich für die Verlustverrechnung zur Verfügung stehen. Hierdurch können positive Einkünfte aus Kapitalvermögen zur Senkung der prognostizierten Verluste unter die kritische Verlustquote verwendet werden. Die Wirkung der Verlustverrechnungsbeschränkung wäre folglich dann zielgenauer, wenn jener Verlustbetrag einbezogen würde, der zur Verrechnung mit weiteren Einkünften tatsächlich nutzbar ist und somit auch den in Rede stehenden steuerlichen Vorteil aus der Verlustverrechnung generiert (zu einer etwaigen teleologischen Reduktion des Verlustbegriffs s. → Rz. 57).

IV. Verluste aus Überschussrechnung als Steuerstundungsmodell (§ 15b Abs. 3a EStG)

1. Allgemein

128 § 15b Abs. 3a EStG wurde im Zuge des AIFM-StAnpG[1] 2013 in die Vorschrift eingefügt.[2] Demnach soll ein Steuerstundungsmodell auch dann vorliegen, wenn ein Verlust aus Gewerbebetrieb dadurch entsteht oder sich erhöht, dass aufgrund der Einnahmenüberschussrechnung gem. § 4 Abs. 3 EStG **sofort abziehbare Betriebsausgaben durch den Erwerb von Wirtschaftsgütern des Umlaufvermögens** entstehen. Ferner kommt die Sonderregelung allein unter der Prämisse der Übereignung des Wirtschaftsguts ohne körperliche Übergabe durch Besitzkonstitut gem. § 930 BGB oder durch Abtretung des Herausgabeanspruchs nach § 931 BGB zur Anwendung. Auslöser eines ganzen Maßnahmenpakets, zu dem auch § 15b Abs. 3a EStG gehört, waren die sog. „**Goldfinger-Gestaltungen**" (→ Rz. 22).[3] In diesem Rahmen erwarben unbeschränkt Stpfl. im Ausland Edelmetalle, um unter Zugrundelegung des § 4 Abs. 3 EStG in Ermangelung der Nichtaktivierung der Wirtschaftsgüter sofort abziehbare Betriebsausgaben oder im Falle einer DBA-Freistellung zumindest einen negativen Progressionsvorbehalt zu erlangen. Zwar entstehen bei der anschließenden Veräußerung der Wirtschaftsgüter in späteren Veranlagungszeiträumen wiederum Betriebseinnahmen, die spätere Versteuerung führt jedoch zu einem Steuerstundungseffekt. Zudem resultiert aus der Inanspruchnahme durch einkommensstarke Stpfl. kein nachteiliger Progressionseffekt, da sich jene bereits in der höchsten Progressionsstufe befinden.

2. Steuerstundungsmodell unabhängig von den Voraussetzungen des § 15b Abs. 2 und 3 EStG

129 Aufgrund der so entstehenden Steuerstundungswirkung normiert § 15b Abs. 3a EStG, dass auch für diese Fälle abstrahiert von § 15b Abs. 2 EStG ein Steuerstundungsmodell für Zwecke des § 15b Abs. 1 EStG anzunehmen ist. Hieraus ergibt sich, dass unter den Voraussetzungen des § 15b Abs. 3a EStG die Verlustverrechnungsbeschränkung zur Anwendung gelangt. Im Umkehrschluss bedarf es keiner modellhaften Gestaltung und somit keines vorgefertigten Konzepts zur Erzielung von Verlustverrechnungspotenzial.[4] Einhergehend wird auch nicht darauf abgestellt, ob ein Initiator das Konzept entwickelt und vorgedacht hat und es dem Stpfl. angeboten wurde. Die noch im Rahmen des § 15b Abs. 2 EStG notwendige Passivität des Stpfl. ist

---

1 Vom 18.12.2013, BGBl 2013 I 4318; BStBl 2014 I 2.
2 Siehe hierzu *Ronig*, NWB 2014, 1490.
3 Hierzu *Hechtner*, NWB 2013, 196; *Bolik/Hartmann*, StuB 2014, 179; *Heuermann*, DStR 2014, 169; *Schulte-Frohlinde*, BB 2013, 1623.
4 Vgl. *Krää*, FR 2015, 928.

für Zwecke des § 15b Abs. 3a EStG damit obsolet. Dies schließt jedoch keineswegs aus, dass die unter § 15b Abs. 3a EStG beschriebenen Gestaltungen dann bereits ein Steuerstundungsmodell i. S. d. § 15b Abs. 2 EStG darstellen, wenn sie konzeptionell vorgefertigt sind. Das Streben nach steuerlicher Vorteilhaftigkeit wird deshalb nicht benannt, weil es der in § 15b Abs. 3a EStG beschriebenen spezifischen Gestaltung nach Ansicht des Gesetzgebers bereits immanent ist.[1]

Die **Nichtaufgriffsgrenze** gem. § 15b Abs. 3 EStG ist im Falle des § 15b Abs. 3a EStG überdies nicht anwendbar. 130

Entgegen der Systematik des § 15b EStG suspendiert § 15b Abs. 3a EStG die originären Tatbestandsvoraussetzungen und kreiert eine **Sonderform** des Steuerstundungsmodells.[2] 131

3. Verlustentstehung oder Verlusterhöhung aus Gewerbebetrieb

Wie es der § 15b EStG grundsätzlich impliziert, sollen Gestaltungen im Zusammenhang mit Verlustverrechnungen unterbunden werden. Hiervon weicht auch § 15b Abs. 3a EStG nicht ab. Im Gegensatz zu § 15b Abs. 2 EStG fokussiert sich jedoch die Ergebnisbetrachtung nicht auf eine Gesamtheit als missbräuchlich anzusehender Einzelkomponenten, sondern auf die Einkunftsquelle des gesamten Gewerbebetriebs. Dementsprechend setzt die Annahme eines Steuerstundungsmodells voraus, dass ein Verlust aus Gewerbebetrieb entsteht oder sich erhöht. Hierbei ist nicht die gesamte Einkunftsart des Gewerbebetriebs nach horizontaler Verlustverrechnung gemeint, sondern das **Ergebnis des einzelnen Gewerbebetriebs**. Davon sind jene Gestaltungen abzugrenzen, bei denen zwar sofort abziehbare Betriebsausgaben generiert werden, denen aber im Rahmen des Gewerbebetriebs im selben Betrachtungszeitraum ein übriges Ergebnis in derartiger Höhe gegenübersteht, dass der Gewinn allenfalls gemindert wird. Die benannte Transaktion des Erwerbs von Umlaufvermögen infiziert im Falle der Verlustentstehung oder -erhöhung den gesamten Gewerbebetrieb und stigmatisiert ihn als Steuerstundungsmodell. 132

4. Einkünfteermittlungsart

Um aus dem Erwerb von Wirtschaftsgütern des Umlaufvermögens überhaupt sofort abziehbare Betriebsausgaben zu erzielen, ist es Voraussetzung, dass der Stpfl. nicht aufgrund gesetzlicher Vorschriften verpflichtet ist, Bücher zu führen und regelmäßig Abschlüsse zu machen und dies auch nicht freiwillig vornimmt. Eine Pflicht ergibt sich für Land- und Forstwirte und für Gewerbetreibende gem. §§ 140, 141 AO i. V. m. §§ 238 ff. HGB, soweit gewisse Umsatz- und Gewinngrenzen nicht unterschritten werden. Die Regelung zielt im Umkehrschluss auf Freiberufler und Land- und Forstwirte und Gewerbetreibende kleinerer Betriebe. Ferner ist die Regelung aufgrund der Verweisungsvorschriften auch auf Stpfl. anzuwenden, die ihre Einkünfte durch Überschuss der Einnahmen über die Ausgaben ermitteln.[3] 133

---

1 BR-Drucks. 740/13, 78.
2 Siehe *Bolik/Hartmann*, StuB 2014, 179.
3 HHR/*Hallerbach*, § 15b EStG Rz. 50.

5. Auf Erwerb von Wirtschaftsgütern des Umlaufvermögens basierende sofort abziehbare Betriebsausgaben

134 Im Rahmen der in § 15b Abs. 3a EStG benannten Einkünfteermittlungsart werden sofort abziehbare Betriebsausgaben durch den Erwerb von Wirtschaftsgütern des Umlaufvermögens erzielt, die nicht unter die Ausnahmeregelung des § 4 Abs. 3 Satz 4 EStG fallen.[1] Unter Umlaufvermögen ist dabei im Allgemeinen ein Wirtschaftsgut zu verstehen, welches zum sofortigen Verbrauch oder zur sofortigen Veräußerung bestimmt ist.[2] Im Blickpunkt steht dabei insbesondere der Ankauf von Edelmetallen. In Zweifel stand zwar, ob diese nicht eventuell den Ausnahmen in § 4 Abs. 3 Satz 4 EStG zuzuordnen sind.[3] Allerdings hat der Gesetzgeber mit der Einführung des § 15b Abs. 3a EStG eine gegenteilige Auffassung signalisiert.[4]

6. Übereignung ohne körperliche Übergabe durch Besitzkonstitut oder durch Abtretung des Herausgabeanspruchs

135 In der Eingrenzung des Anwendungsbereichs auf jene Übereignungsfälle ohne körperliche Übergabe durch Besitzkonstitut gem. § 930 BGB oder durch Abtretung des Herausgabeanspruchs nach § 931 BGB spiegelt sich wider, dass § 15b Abs. 3a EStG allein einen **Lückenschluss** intendiert. Mit der befremdlichen Verweisung auf BGB-Vorschriften versucht der Gesetzgeber einen Balanceakt zwischen Gestaltungen, die gesetzestechnisch überhaupt möglich sind und solchen, die gerade noch der Missbräuchlichkeit zuzurechnen sind. So wäre der Erwerb von Wertpapieren und vergleichbaren nicht verbrieften Forderungen und Rechten und damit der Erwerb von Zertifikaten auf den Bezug von Edelmetallen ohnehin gem. § 4 Abs. 3 Satz 4 EStG vom Sofortabzug ausgeschlossen.[5] Zudem soll auch nicht bereits der im Wirtschaftsleben gewöhnliche körperliche Erwerb von Wirtschaftsgütern von der Regelung erfasst werden. Allerdings wird in diesem Zusammenhang zu Recht moniert, dass eine Verweisung auf deutsche Rechtsvorschriften verfehlt sei.[6] Im Hinblick auf die „Goldfinger-Gestaltungen" wurden gerade Transaktionen im Ausland vorgenommen.[7] Vor dem Hintergrund einer möglichst weitgreifenden Wirkung wäre es wohl eher geboten, auf Übereignungsfälle ohne körperliche Übergabe vergleichbar zu den §§ 930, 931 BGB zu verweisen.

PRAXISHINWEIS:
Es ist darauf hinzuweisen, dass der „Geheiß-Erwerb" als Übereignung ohne körperliche Übergabe gem. § 929 Satz 2 BGB in der Regelung keine Berücksichtigung findet.[8] Diese Tatsache kann zur Umgehung des § 15b Abs. 3a EStG genutzt werden.[9]

7. Rechtsfolgen

136 Liegen die Voraussetzungen nach § 15b Abs. 3a EStG vor, finden die Rechtsfolgen gem. § 15b Abs. 1 EStG Anwendung. Somit dürfen die Verluste im Zusammenhang mit dem Steuerstundungsmodell i.S.d. § 15b Abs. 3a EStG weder mit anderen Einkünften aus Gewerbebetrieb

---

1 *Jennemann*, FR 2013, 253.
2 BFH v. 13.12.2006 - VIII R 51/04, BStBl 2008 II 137.
3 *Jennemann*, FR 2013, 253.
4 *Bolik/Hartmann*, StuB 2014, 179.
5 BFH v. 10.12.2014 - I R 3/13, NWB DokID: UAAAE-86098, hierzu auch *Dornheim*, DStR 2012, 1581.
6 Siehe *Reiß* in Kirchhof, § 15b EStG Rz. 53c.
7 Hierzu *Hechtner*, NWB 2013, 196.
8 Zur Kritik hieran und allgemein am Abs. 3a *Bolik/Hartmann*, StuB 2014, 179; *Heuermann*, DStR 2014, 169.
9 Vgl. *Krää*, FR 2015, 928.

noch mit Einkünften aus anderen Einkunftsarten ausgeglichen werden. Da in § 15b Abs. 3a EStG auf das Ergebnis des gesamten Gewerbebetriebs abgestellt wird, kann sich die Beschränkung der Verlustverrechnung in der Konsequenz nur darauf beziehen. Es wird in diesem Zusammenhang zu Recht eine zu weitgehende oder überschießende Wirkung des § 15b Abs. 3a EStG konstatiert[1] und eine Einschränkung auf die sofort abziehbaren Betriebsausgaben im Rahmen des Erwerbsvorgangs im Auslegungswege gefordert.[2] Allerdings lässt der Wortlaut des § 15b Abs. 3a EStG für eine derartige Auslegung kaum Raum. Demnach wird die Schädlichkeit des Erwerbs designierten Umlaufvermögens erst im Zusammenhang mit einem Verlust des gesamten Gewerbebetriebs ausgelöst. Die Einzeltransaktion begründet in ihrer Einzelbetrachtung demnach noch kein Steuerstundungsmodell. Folglich ist der **Gewerbebetrieb als Steuerstundungsmodell** anzusehen und nicht der Erwerb des Umlaufvermögens. Indizierend wirkt dabei die Verlustverrechnungsmöglichkeit in den folgenden Wirtschaftsjahren. Würde man hier auf das bezeichnete Umlaufvermögen als Einkunftsquelle abstellen, dürfte eine Verrechnung allein mit Einkünften aus der Nutzung und Verwertung dieses Umlaufvermögens erfolgen. Es muss sich jedoch um eine Einkunftsquelle aus Sicht des Stpfl. handeln. Demnach kommt lediglich der Gewerbebetrieb oder die Beteiligung an dem Gewerbebetrieb infrage und nicht das Umlaufvermögen.

Bei Freiberuflern im Rahmen einer **Mitunternehmerschaft** kann es durch den Erwerb und die Veräußerung zur Infektion der übrigen Einkünfte gem. § 15 Abs. 3 Nr. 1 EStG kommen, womit die Verlustverrechnungsbeschränkung nur dann Anwendung findet, wenn die Mitunternehmerschaft einen Gesamtverlust zu verzeichnen hat. Im **Einzelunternehmen** ist eine Aufteilung vorzunehmen, womit die Einkünfte aus Gewerbebetrieb von denen sonstiger unternehmerischer Tätigkeit zu separieren sind.[3] Entsprechend ist für die Anwendung des § 15b Abs. 3a EStG auch nur der Verlust aus Gewerbebetrieb relevant. 137

(Einstweilen frei) 138–141

V. Verlustfeststellung (§ 15b Abs. 4 EStG)

1. Jährliche gesonderte Feststellung des nicht ausgleichsfähigen Verlustes (§ 15b Abs. 4 Satz 1 EStG)

Die Feststellung des nicht ausgleichsfähigen Verlustes gehört zu den gesonderten Feststellungen i. S. d. §§ 179 ff. AO. Mithin stellt sie einen **Grundlagenbescheid** für den Steuerbescheid dar.[4] Sie ähnelt der gesonderten Feststellung i. S. d. § 15a Abs. 4 EStG. Inhaltlich gilt es die Verluste, die aufgrund der Beschränkung des § 15b Abs. 1 EStG nicht für einen Ausgleich mit anderen Einkünften zur Verfügung stehen oder die folgend in Ermangelung von Einkünften aus derselben Einkunftsquelle nicht verrechnet werden können, jährlich festzustellen. Entsprechend ist für jeden Stpfl., für den die Voraussetzungen des § 15b EStG vorliegen, am Schluss des Wirtschaftsjahres/Geschäftsjahres der Verlust, der in den folgenden Wirtschaftsjahren noch potenziell verrechnet werden kann, durch Bescheid gesondert festzustellen. Auch für Ein- 142

---

1 Siehe *Bolik/Hartmann*, StuB 2014, 179.
2 HHR/*Hallerbach*, § 15b EStG Rz. 52.
3 HHR/*Hallerbach*, § 15b EStG Rz. 51.
4 BFH v. 11. 11. 2015 - VIII R 74/13, BStBl II 2016, 388.

zelinvestitionen ist eine gesonderte Feststellung des nicht ausgleichsfähigen Verlustes vorzunehmen.[1] Geht allerdings aus dem Feststellungsbescheid nicht mit hinreichender Deutlichkeit hervor, dass ein nicht ausgleichsfähiger Verlust gem. § 15b Abs. 1 EStG festgestellt wird, fehlt es an einer für die Einkommensfestsetzung des Verlustentstehungsjahres bindenden Feststellung.[2] In diesem Fall entfaltet der Feststellungsbescheid lediglich Bindungswirkung für das Folgejahr.

143 Eine Besonderheit ergibt sich im Zusammenhang mit Einkünften aus Kapitalvermögen, die der Abgeltungsteuer unterliegen. Es ist fraglich, ob hier eine Saldierung positiver Einkünfte aus Kapitalvermögen mit negativen Einkünften aus anderen Einkunftsarten, die innerhalb derselben Einkunftsquelle erzielt werden (bspw. im Falle von Beteiligungen an vermögensverwaltenden Personengesellschaften), für Zwecke der Feststellung des nicht ausgleichsfähigen Verlustes stattzufinden hat. Grundsätzlich unterliegen die positiven Einkünfte aus Kapitalvermögen – vorbehaltlich des § 32d Abs. 2 EStG – der Abgeltungsteuer. Dem steht § 20 Abs. 7 EStG i.V. m. § 15b EStG nicht entgegen, da hierdurch lediglich eine Verlustverrechnungsbeschränkung konstituiert wird. In der Folge stehen für eine potenzielle Verlustverrechnung in den Folgeperioden die gesamten Verluste aus anderen Einkunftsarten zur Verfügung,[3] die demnach betragsmäßig als verrechenbare Verluste festzustellen sind. Die Abstandnahme von der Saldierung der Einkünfte würde bereits dann vorweggenommen, wenn für diese Sonderfälle eine teleologische Reduktion des Verlustbegriffs in § 15b Abs. 1 EStG erfolgen würde (→ Rz. 57).

144 Die einheitliche und gesonderte Gewinnfeststellung, in deren Umfang als Besteuerungsgrundlage auch die Feststellung über das Vorliegen eines Steuerstundungsmodells fällt, ist entschieden von der gesonderten Feststellung gem. § 15a Abs. 4 Satz 1 EStG zu differenzieren.[4]

2. Verrechenbarer Verlust des Vorjahres (§ 15b Abs. 4 Satz 2 EStG)

145 Die Basis für die Ermittlung des nicht ausgleichsfähigen Verlustes des jeweiligen Wirtschaftsjahres bildet der festgestellte Verlust des Vorjahres. Der Feststellungsbescheid gem. § 15b Abs. 4 Satz 1 EStG des Vorjahres ist somit als Grundlagenbescheid (§ 171 Abs. 10 EStG) **bindend** für den Feststellungsbescheid des Folgejahres (Folgebescheid). Entsprechend gilt, dass der nicht ausgleichsfähige Verlust des jeweiligen Wirtschaftsjahres gleichzeitig das Verlustverrechnungspotenzial für folgende Wirtschaftsjahre bildet. Können die festgestellten nicht ausgleichsfähigen Verluste des Vorjahres im aktuellen Jahr nicht verrechnet werden, weil keine positiven Einkünfte aus derselben Einkunftsquelle zur Verfügung stehen, bilden diese gleichzeitig einen Teil der für das aktuelle Jahr festzustellenden nicht ausgleichsfähigen Verluste. Darüber hinaus werden die Verluste hinzuaddiert, die im aktuellen Jahr entstanden und aufgrund der Beschränkung des § 15b Abs. 1 EStG nicht mit anderen Einkünften zum Ausgleich gebracht werden konnten. Der verrechenbare Verlust des Vorjahres ist im Rahmen einer Veränderung um die Verluste zu mindern, die im betreffenden Wirtschaftsjahr aufgrund von Einkünften aus derselben Einkunftsquelle verrechnet werden konnten, oder um die im Wirtschaftsjahr neu entstandenen Verluste aus dem Steuerstundungsmodell zu erhöhen, die nicht zum Ausgleich mit anderen Einkünften legitimiert waren.

---

1 BFH v. 11.11.2015 - VIII R 74/13, BStBl II 2016, 388.
2 Im Detail zur Vorgreiflichkeit und zum Inhalt eines Feststellungsbescheides BFH v. 11.11.2015 - VIII R 74/13, BStBl 2016 II 388.
3 Gl. A. *Gragert*, NWB 2010, 2450.
4 HHR/*Hallerbach*, § 15b EStG Rz. 54.

3. Anfechtbarkeit (§ 15b Abs. 4 Satz 3 EStG)

Eine Anfechtbarkeit des Feststellungsbescheids ist nur insoweit gegeben, als sich eine **Veränderung des verrechenbaren Verlustes** gegenüber dem Vorjahr ergeben hat. Insoweit kann der Stpfl. den Feststellungsbescheid anfechten (§ 350 AO, § 40 FGO). Diese Handhabung gründet sich auf der Tatsache, dass der Feststellungsbescheid des Vorjahres den Grundlagenbescheid gem. § 171 Abs. 10 Satz 1 EStG für den Feststellungsbescheid des betreffenden Wirtschaftsjahres bildet. Mithin können die Entscheidungen des Grundlagenbescheids nur durch dessen Anfechtung und nicht durch die des Folgebescheids angegriffen werden (§ 182 Abs. 1 AO i. V. m. § 351 Abs. 2 AO). Entsprechend kann der Folgebescheid allein insoweit angegriffen werden, wie er nicht die Feststellungen des Grundlagenbescheids betrifft. Eine Gesamtüberprüfung des Feststellungsbescheids kann in diesen Fällen damit nicht erfolgen.

Handelt es sich bei dem Steuerstundungsmodell um eine **Gesellschaft oder Gemeinschaft** i. S. d. § 180 Abs. 1 Nr. 2 Buchst. a AO, ist der Stpfl. auch dann zur Anfechtung befugt, wenn die gesonderten Feststellungen nach § 15b Abs. 4 Satz 1 EStG mit der gesonderten und einheitlichen Feststellung der einkommensteuerpflichtigen und körperschaftsteuerpflichtigen Einkünfte aus dem Steuerstundungsmodell verbunden werden (§ 352 Abs. 1 Nr. 5 AO, § 48 Abs. 1 Nr. 5 FGO). In diesen Fällen ist auch die (Fonds)Gesellschaft ebenso klagebefugt und notwendig beizuladen.[1]

4. Zuständigkeit (§ 15b Abs. 4 Satz 4 EStG)

§ 15b Abs. 4 Satz 4 EStG differenziert in Bezug auf die örtliche Zuständigkeit des Finanzamts systembedingt nach der Ausgestaltungsform des jeweiligen Steuerstundungsmodells. Im Falle einer Gesellschaft oder Gemeinschaft i. S. d. § 180 Abs. 1 Nr. 2 Buchst. a AO als Steuerstundungsmodell ist der Erlass des Feststellungsbescheids nach § 15b Abs. 4 Satz 1 EStG im Rahmen einer Zuständigkeitskonzentration von demjenigen Finanzamt vorzunehmen, welches gleichermaßen für die gesonderte und einheitliche Feststellung gem. § 180 Abs. 1 Nr. 2 Buchst. a AO der Gesellschaft oder Gemeinschaft zuständig ist. Handelt es sich bei dem Steuerstundungsmodell nicht um eine Gesellschaft oder Gemeinschaft i. S. d. § 180 Abs. 1 Nr. 2 Buchst. a AO – im Umkehrschluss also um einen Einzelinvestor – so ist das nach § 18 Abs. 1 Nr. 2 AO benannte Betriebsfinanzamt für den Erlass des Feststellungsbescheids zuständig.[2]

5. Verbindung der Einkünfte- und Verlustfeststellung (§ 15b Abs. 4 Satz 5 EStG)

Im Falle einer Gesellschaft oder Gemeinschaft i. S. d. § 180 Abs. 1 Nr. 2 Buchst. a AO als Steuerstundungsmodell besteht aus den Gründen der Verwaltungsvereinfachung die Möglichkeit (Ermessensentscheidung gem. § 5 AO), die gesonderte und einheitliche Feststellung gem. § 180 Abs. 1 Nr. 2 Buchst. a AO mit der gesonderten Feststellung gem. § 15b Abs. 4 Satz 1 EStG zu verbinden. Gleichwohl handelt es sich bei den Feststellungen um **zwei verschiedene Verwaltungsakte**, die getrennt anzufechten sind. Zu unterscheiden ist, dass die Feststellung gem. § 180 Abs. 1 Nr. 2 Buchst. a AO die Verlustzurechnung an die jeweiligen Gesellschafter/Gemeinschafter feststellt, während der Feststellungsbescheid gem. § 15b Abs. 4 Satz 1 EStG die Höhe des nicht ausgleichsfähigen Verlustes bestimmt. Dennoch stehen die zwei verschiedenen Verwaltungsakte zueinander im Wechselverhältnis **Grundlagenbescheid und Folge-**

---

[1] FG Baden-Württemberg v. 7. 7. 2011 - 3 K 4368/09, EFG 2011, 1897 (rkr.).
[2] Zur Zuständigkeit in Bezug auf die Verweisungsvorschriften siehe *Reiß* in Kirchhof, § 15b EStG Rz. 58.

bescheid i.S.d. §171 Abs. 10 AO.[1] So ist der Feststellungsbescheid gem. § 180 Abs. 1 Nr. 2 Buchst. a AO als Grundlagenbescheid bindend für den Feststellungsbescheid gem. § 15b Abs. 4 Satz 1 EStG (Folgebescheid) des betreffenden Wirtschaftsjahres. Umgekehrt ist der Feststellungsbescheid gem. § 15b Abs. 4 Satz 1 EStG als Grundlagenbescheid bindend für den Feststellungsbescheid gem. § 180 Abs. 1 Nr. 2 Buchst. a AO des Folgejahres (Folgebescheid).

C. Verfahrensfragen

150 Verfahrensfragen sind grundsätzlich in § 15b Abs. 4 EStG normiert (→ Rz. 142 ff.). Im Rahmen der Anwendung des § 15b EStG verweist die Finanzverwaltung darüber hinaus auf die verfahrensrechtlichen Vorschriften des Medien- und Fondserlasses.[2] Die Beweislast für die Feststellung eines Steuerstundungsmodells obliegt der Finanzverwaltung.[3] Bei der Tatsachenermittlung sind die Anbieter des Modells zur Mitwirkung gem. § 93 AO verpflichtet. Die Entscheidung über das Vorliegen des Steuerstundungsmodells ist für die Dauer des Modells bindend.[4]

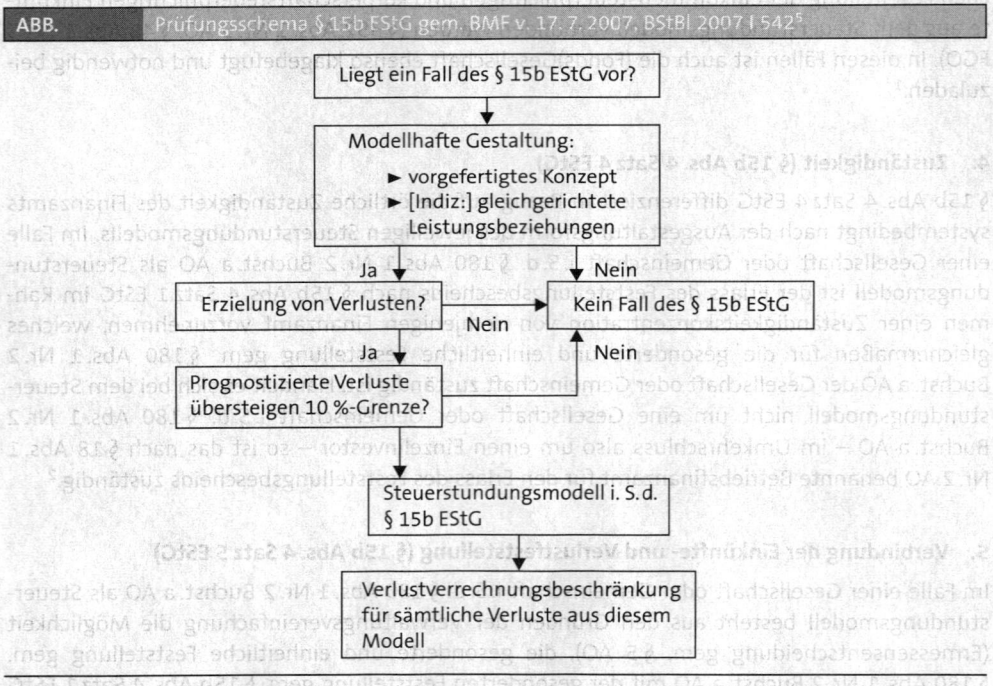

ABB. Prüfungsschema § 15b EStG gem. BMF v. 17. 7. 2007, BStBl 2007 I 542[5]

---

1 Siehe hierzu im Detail *Handzik* in Littmann/Bitz/Pust, § 15b EStG Rz. 110.
2 BMF v. 17. 7. 2007, BStBl 2007 I 542, Tz. 4.
3 FG Sachsen v. 5. 5. 2010 - 8 K 1853/09 (rkr.), NWB DokID: WAAAE-20991.
4 Zu den Verfahrensfragen im Detail HHR/*Hallerbach*, § 15b EStG Rz. 20.
5 Im Gegensatz zur Auffassung der FinVerw macht der BFH deutlich, dass die gleichgerichteten Leistungsbeziehungen allein indizierend für das Vorliegen eines Steuerstundungsmodells wirken, BFH v. 6. 2. 2014 - IV R 59/10, BStBl 2014 II 465; hierzu *Nacke*, NWB 2014, 1939.

§ 16 Veräußerung des Betriebs

(1) ¹Zu den Einkünften aus Gewerbebetrieb gehören auch Gewinne, die erzielt werden bei der Veräußerung

1. des ganzen Gewerbebetriebs oder eines Teilbetriebs. ²Als Teilbetrieb gilt auch die das gesamte Nennkapital umfassende Beteiligung an einer Kapitalgesellschaft; im Fall der Auflösung der Kapitalgesellschaft ist § 17 Absatz 4 Satz 3 sinngemäß anzuwenden;
2. des gesamten Anteils eines Gesellschafters, der als Unternehmer (Mitunternehmer) des Betriebs anzusehen ist (§ 15 Absatz 1 Satz 1 Nummer 2);
3. des gesamten Anteils eines persönlich haftenden Gesellschafters einer Kommanditgesellschaft auf Aktien (§ 15 Absatz 1 Satz 1 Nummer 3).

²Gewinne, die bei der Veräußerung eines Teils eines Anteils im Sinne von Satz 1 Nummer 2 oder 3 erzielt werden, sind laufende Gewinne.

(2) ¹Veräußerungsgewinn im Sinne des Absatzes 1 ist der Betrag, um den der Veräußerungspreis nach Abzug der Veräußerungskosten den Wert des Betriebsvermögens (Absatz 1 Satz 1 Nummer 1) oder den Wert des Anteils am Betriebsvermögen (Absatz 1 Satz 1 Nummer 2 und 3) übersteigt. ²Der Wert des Betriebsvermögens oder des Anteils ist für den Zeitpunkt der Veräußerung nach § 4 Absatz 1 oder nach § 5 zu ermitteln. ³Soweit auf der Seite des Veräußerers und auf der Seite des Erwerbers dieselben Personen Unternehmer oder Mitunternehmer sind, gilt der Gewinn insoweit jedoch als laufender Gewinn.

(3) ¹Als Veräußerung gilt auch die Aufgabe des Gewerbebetriebs sowie eines Anteils im Sinne des Absatzes 1 Satz 1 Nummer 2 oder Nummer 3. ²Werden im Zuge der Realteilung einer Mitunternehmerschaft Teilbetriebe, Mitunternehmeranteile oder einzelne Wirtschaftsgüter in das jeweilige Betriebsvermögen der einzelnen Mitunternehmer übertragen, so sind bei der Ermittlung des Gewinns der Mitunternehmerschaft die Wirtschaftsgüter mit den Werten anzusetzen, die sich nach den Vorschriften über die Gewinnermittlung ergeben, sofern die Besteuerung der stillen Reserven sichergestellt ist; der übernehmende Mitunternehmer ist an diese Werte gebunden; § 4 Absatz 1 Satz 4 ist entsprechend anzuwenden. ³Dagegen ist für den jeweiligen Übertragungsvorgang rückwirkend der gemeine Wert anzusetzen, soweit bei einer Realteilung, bei der einzelne Wirtschaftsgüter übertragen worden sind, zum Buchwert übertragener Grund und Boden, übertragene Gebäude oder andere übertragene wesentliche Betriebsgrundlagen innerhalb einer Sperrfrist nach der Übertragung veräußert oder entnommen werden; diese Sperrfrist endet drei Jahre nach Abgabe der Steuererklärung der Mitunternehmerschaft für den Veranlagungszeitraum der Realteilung. ⁴Satz 2 ist bei einer Realteilung, bei der einzelne Wirtschaftsgüter übertragen werden, nicht anzuwenden, soweit die Wirtschaftsgüter unmittelbar oder mittelbar auf eine Körperschaft, Personenvereinigung oder Vermögensmasse übertragen werden; in diesem Fall ist bei der Übertragung der gemeine Wert anzusetzen. ⁵Soweit einzelne dem Betrieb gewidmete Wirtschaftsgüter im Rahmen der Aufgabe des Betriebs veräußert werden und soweit auf der Seite des Veräußerers und auf der Seite des Erwerbers dieselben Personen Unternehmer oder Mitunternehmer sind, gilt der Gewinn aus der Aufgabe des Gewerbebetriebs als laufender Gewinn. ⁶Werden die einzelnen dem Betrieb gewidmeten Wirtschaftsgüter im Rahmen der Aufgabe des Betriebs veräußert, so sind die Veräußerungspreise anzusetzen. ⁷Werden die Wirtschaftsgüter nicht veräußert, so ist der gemeine Wert im Zeitpunkt der Aufgabe anzusetzen. ⁸Bei Aufgabe eines Gewerbebetriebs, an

dem mehrere Personen beteiligt waren, ist für jeden einzelnen Beteiligten der gemeine Wert der Wirtschaftsgüter anzusetzen, die er bei der Auseinandersetzung erhalten hat.

(3a) Einer Aufgabe des Gewerbebetriebs steht der Ausschluss oder die Beschränkung des Besteuerungsrechts der Bundesrepublik Deutschland hinsichtlich des Gewinns aus der Veräußerung sämtlicher Wirtschaftsgüter des Betriebs oder eines Teilbetriebs gleich; § 4 Absatz 1 Satz 4 gilt entsprechend.

(3b) ¹In den Fällen der Betriebsunterbrechung und der Betriebsverpachtung im Ganzen gilt ein Gewerbebetrieb sowie ein Anteil im Sinne des Absatzes 1 Satz 1 Nummer 2 oder Nummer 3 nicht als aufgegeben, bis

1. der Steuerpflichtige die Aufgabe im Sinne des Absatzes 3 Satz 1 ausdrücklich gegenüber dem Finanzamt erklärt oder
2. dem Finanzamt Tatsachen bekannt werden, aus denen sich ergibt, dass die Voraussetzungen für eine Aufgabe im Sinne des Absatzes 3 Satz 1 erfüllt sind.

²Die Aufgabe des Gewerbebetriebs oder Anteils im Sinne des Absatzes 1 Satz 1 Nummer 2 oder Nummer 3 ist in den Fällen des Satzes 1 Nummer 1 rückwirkend für den vom Steuerpflichtigen gewählten Zeitpunkt anzuerkennen, wenn die Aufgabeerklärung spätestens drei Monate nach diesem Zeitpunkt abgegeben wird. ³Wird die Aufgabeerklärung nicht spätestens drei Monate nach dem vom Steuerpflichtigen gewählten Zeitpunkt abgegeben, gilt der Gewerbebetrieb oder Anteil im Sinne des Absatzes 1 Satz 1 Nummer 2 oder Nummer 3 erst in dem Zeitpunkt als aufgegeben, in dem die Aufgabeerklärung beim Finanzamt eingeht.

(4) ¹Hat der Steuerpflichtige das 55. Lebensjahr vollendet oder ist er im sozialversicherungsrechtlichen Sinne dauernd berufsunfähig, so wird der Veräußerungsgewinn auf Antrag zur Einkommensteuer nur herangezogen, soweit er 45 000 Euro übersteigt. ²Der Freibetrag ist dem Steuerpflichtigen nur einmal zu gewähren. ³Er ermäßigt sich um den Betrag, um den der Veräußerungsgewinn 136 000 Euro übersteigt.

(5) Werden bei einer Realteilung, bei der Teilbetriebe auf einzelne Mitunternehmer übertragen werden, Anteile an einer Körperschaft, Personenvereinigung oder Vermögensmasse unmittelbar oder mittelbar von einem nicht von § 8b Absatz 2 des Körperschaftsteuergesetzes begünstigten Steuerpflichtigen auf einen von § 8b Absatz 2 des Körperschaftsteuergesetzes begünstigten Mitunternehmer übertragen, ist abweichend von Absatz 3 Satz 2 rückwirkend auf den Zeitpunkt der Realteilung der gemeine Wert anzusetzen, wenn der übernehmende Mitunternehmer die Anteile innerhalb eines Zeitraums von sieben Jahren nach der Realteilung unmittelbar oder mittelbar veräußert oder durch einen Vorgang nach § 22 Absatz 1 Satz 6 Nummer 1 bis 5 des Umwandlungssteuergesetzes weiter überträgt; § 22 Absatz 2 Satz 3 des Umwandlungssteuergesetzes gilt entsprechend.

Inhaltsübersicht	Rz.
A. Allgemeine Erläuterungen	1 - 48
I. Normzweck und wirtschaftliche Bedeutung der Vorschrift	1 - 2
II. Entstehung und Entwicklung der Vorschrift	3
III. Geltungsbereich	4 - 12
1. Persönlicher Geltungsbereich	4 - 6
2. Sachlicher Geltungsbereich	7 - 12
IV. Verhältnis zu anderen Vorschriften	13 - 35
V. Internationale Aspekte	36 - 48

B. Systematische Kommentierung 49 - 749

I. Veräußerung des ganzen Gewerbebetriebs (§ 16 Abs. 1 Satz 1 Nr. 1 EStG) 49 - 98
1. Allgemeiner Grundsatz — 49 - 55
2. Entgeltliche oder teilentgeltliche Übertragungen — 56 - 64
3. Einzelfälle — 65 - 98
   a) Erwerb von Todes wegen — 65 - 66
   b) Schenkung — 67 - 71
      aa) Reine Schenkung — 67 - 69
      bb) Schenkung unter Auflage und gemischte Schenkung — 70 - 71
   c) Vorweggenommene Erbfolge — 72 - 98
      aa) Begriff — 72 - 73
      bb) Widerlegbare Vermutungen — 74 - 75
      cc) Abstandszahlungen, Gleichstellungsgelder — 76 - 81
      dd) Übernahme von Schulden und Nutzungsrechten — 82 - 85
      ee) Übertragung gegen Versorgungsleistungen — 86 - 98

II. Ganzer Gewerbebetrieb 99 - 185
1. Allgemeines — 99 - 100
2. Selbständiger Organismus — 101 - 110
3. Beendigung der bisherigen gewerblichen Tätigkeit — 111 - 120
4. Einheitlicher Vorgang — 121 - 128
5. Ein Erwerber — 129 - 134
6. Wesentliche Betriebsgrundlagen — 135 - 165
   a) Kombinierte funktional-quantitative Betrachtungsweise — 135 - 139
   b) Einzelfälle — 140 - 165
      aa) Bewegliche Wirtschaftsgüter des Anlagevermögens — 141 - 142
      bb) Grundstücke — 143 - 145
      cc) Beteiligungen — 146 - 148
      dd) Immaterielle Wirtschaftsgüter — 149
      ee) Wirtschaftsgüter des Umlaufvermögens — 150 - 152
      ff) Verbindlichkeiten/Rückstellungen — 153
      gg) Gewillkürtes Betriebsvermögen — 154
      hh) Rücklage nach § 6b EStG — 155 - 156
      ii) Sonderbetriebsvermögen — 157 - 165
7. Zurückbehalten von Wirtschaftsgütern — 166 - 185
   a) Wesentliche Betriebsgrundlagen — 166
   b) Nicht wesentliche Betriebsgrundlagen — 167 - 185
      aa) Nur betrieblich nutzbare Wirtschaftsgüter — 169 - 170
      bb) Wirtschaftsgüter, die betrieblich und privat genutzt werden können — 171 - 172
      cc) Zurückbehaltene Forderungen — 173 - 175
      dd) Zurückbehaltene Verbindlichkeiten — 176 - 185

III. Veräußerung eines Teilbetriebs (§ 16 Abs. 1 Satz 1 Nr. 1 Satz 1 Alt. 2 und Abs. 1 Satz 1 Nr. 1 Satz 2 EStG) 186 - 250
1. Der Begriff des Teilbetriebs — 186 - 200
   a) Organisch geschlossener Teil eines Gesamtbetriebs — 190
   b) Eigenständige Lebensfähigkeit — 191 - 192
   c) Gewisse Selbständigkeit — 193 - 200
2. Einzelfälle — 201 - 215
3. Voraussetzungen für eine begünstigte Teilbetriebsveräußerung — 216 - 228
   a) Allgemeine Voraussetzungen — 216 - 217
   b) Besonderheiten bei Teilbetriebsveräußerungen — 218 - 228
4. 100 %-Beteiligung an Kapitalgesellschaft als fiktiver Teilbetrieb — 229 - 250
   a) Bedeutung der gesetzlichen Fiktion — 229 - 230
   b) Kapitalgesellschaft — 231
   c) Gesamtes Nennkapital umfassende Beteiligung — 232 - 233

	d)	Beteiligung im Betriebsvermögen	234 - 236
	e)	Veräußerung	237 - 250
IV.	Veräußerung eines Mitunternehmeranteils (§ 16 Abs. 1 Satz 1 Nr. 2 EStG)		251 - 379
	1. Allgemeine Erläuterungen		251 - 258
	2. Mitunternehmeranteil		259 - 275
	a)	Definition des Mitunternehmeranteils	259 - 265
	b)	Teil eines Mitunternehmeranteils	266 - 275
		aa) Rechtslage bis zum 31. 12. 2001	266
		bb) Rechtslage ab dem 1. 1. 2002	267 - 275
	3. Zeitpunkt der Veräußerung		276 - 285
	4. Veräußerungsvorgänge		286 - 310
	a)	Veräußerung des Mitunternehmeranteils	286 - 298
	b)	Einbringung des Mitunternehmeranteils	299 - 305
	c)	Umwandlungsfälle	306 - 310
	5. Veräußerungsgewinn/-verlust		311 - 359
	a)	Veräußerungsentgelt übersteigt Buchwert	311 - 347
		aa) Besteuerung des ausgeschiedenen Gesellschafters	311 - 329
		(1) Veräußerungsentgelt/Abfindungsanspruch	311 - 315
		(2) Buchwert des Mitunternehmeranteils	316 - 320
		(3) Negatives Kapitalkonto	321 - 329
		bb) Besteuerung des Erwerbers	330 - 347
		(1) Allgemeine Erläuterungen	330 - 332
		(2) Gesellschafterwechsel	333 - 334
		(3) Ausscheiden eines Gesellschafters	335 - 336
		(4) 4-Stufen-Theorie zur Bilanzierung der Anschaffungskosten	337 - 338
		(5) Sonderfall lästiger Gesellschafter	339 - 347
	b)	Veräußerungsentgelt liegt unter dem Buchwert	348 - 359
		aa) Besteuerung des ausgeschiedenen Gesellschafters	348 - 349
		bb) Besteuerung des Erwerbers	350 - 359
	6. Sachwertabfindung		360 - 370
	a)	Allgemeines	360 - 362
	b)	Sachwertabfindungen in das Privatvermögen	363
	c)	Sachwertabfindung in das Betriebsvermögen	364 - 370
	7. Einheitliche und gesonderte Feststellung des Veräußerungs- bzw. Aufgabegewinns		371 - 379
V.	Veräußerung eines Anteils eines persönlich haftenden Gesellschafters einer KGaA (§ 16 Abs. 1 Satz 1 Nr. 3 EStG)		380 - 385
VI.	Aufgabe des Gewerbebetriebs bzw. des Mitunternehmeranteils (§ 16 Abs. 3 Satz 1 EStG)		386 - 460
	1. Allgemeine Erläuterungen		386 - 388
	2. Begriff der Betriebsaufgabe		389 - 392
	3. Abgrenzung Betriebsaufgabe von weiteren Vorgängen		393 - 398
	4. Aufgabewille, Aufgabehandlung, Aufgabeerklärung		399 - 408
	5. Aufgabe sämtlicher wesentlicher Betriebsgrundlagen		409 - 414
	6. Einheitlicher Vorgang innerhalb kurzer Zeit		415 - 425
	7. Beginn und Beendigung der Betriebsaufgabe		426 - 434
	8. Überführung von Wirtschaftsgütern in das Privatvermögen		435 - 442
	9. Überführung von Wirtschaftsgütern in das Betriebsvermögen		443 - 445
	10. Gegenstand der Betriebsaufgabe		446 - 460
	a)	Aufgabe des Gewerbebetriebs im Ganzen	446 - 448
	b)	Aufgabe eines Teilbetriebs	449 - 450
	c)	Aufgabe einer das gesamte Nennkapital umfassenden Kapitalgesellschaftsbeteiligung	451 - 453

	d)	Aufgabe eines Mitunternehmeranteils bzw. eines Anteils eines persönlich haftenden Gesellschafters einer KGaA	454 – 460
VII.		Ermittlung des Veräußerungsgewinns	461 – 555
	1.	Allgemeines	461 – 470
		a) Begriff	461
		b) Zeitpunkt	462 – 470
	2.	Veräußerungspreis	471 – 512
		a) Begriff	471 – 474
		b) Umfang	475 – 485
		aa) Übernahme von Verbindlichkeiten	475 – 479
		bb) Sonderfälle bei Veräußerung eines Mitunternehmeranteils	480 – 485
		c) Betriebsveräußerung gegen wiederkehrende Leistungen	486 – 505
		aa) Allgemeines	486 – 488
		bb) Voraussetzungen	489
		cc) Ausübung des Wahlrechts	490 – 491
		dd) Sofortbesteuerung	492 – 494
		ee) Zuflussbesteuerung	495 – 497
		ff) Veräußerung gegen festen Kaufpreis und wiederkehrende Bezüge	498 – 499
		gg) Behandlung beim Erwerber	500 – 505
		d) Bewertung des Veräußerungspreises	506 – 512
	3.	Veräußerungskosten	513 – 519
	4.	Buchwert im Veräußerungs-/Aufgabezeitpunkt	520 – 530
		a) Allgemeines	520 – 522
		b) Ermittlungsgrundsätze	523 – 530
		aa) Allgemeine Bilanzierungsgrundsätze	523 – 524
		bb) Zurückbehaltene Wirtschaftsgüter	525 – 530
	5.	Abgrenzung Veräußerungsgewinn vom laufenden Gewinn	531 – 540
		a) Abgrenzungsfälle	531 – 532
		b) Veräußerung an sich selbst (§ 16 Abs. 2 Satz 3 EStG)	533 – 540
		aa) Fiktion von laufenden Gewinnen	533 – 534
		bb) Veräußerungsgeschäft	535 – 540
	6.	Steuerrelevante Ereignisse nach Betriebsveräußerung/-aufgabe	541 – 555
		a) Überblick	541 – 542
		b) Rückwirkende Änderung des Veräußerungs-/Aufgabegewinns	543 – 548
		aa) Änderung des Veräußerungspreises	545 – 546
		bb) Änderung der Veräußerungs-/Aufgabekosten	547
		cc) Änderung des Buchwerts des Betriebsvermögens	548
		c) Nachträgliche Einkünfte aus Gewerbebetrieb	549
		d) Restschuldbefreiung	550 – 555
VIII.		Realteilung einer Mitunternehmerschaft (§ 16 Abs. 3 Satz 2 bis 4 EStG)	556 – 635
	1.	Allgemeine Erläuterungen	556 – 564
	2.	Geltungsbereich	565 – 575
		a) Subjekt der Realteilung	565 – 566
		b) Objekt der Realteilung	567 – 568
		c) Zeitlicher Geltungsbereich	569 – 575
	3.	Übertragung in das Betriebsvermögen des einzelnen Realteilers	576 – 582
	4.	Abgrenzung der Realteilung von der Veräußerung/Aufgabe eines Mitunternehmeranteils	583 – 588
	5.	Rechtsfolgen der Realteilung – Grundsatz der Buchwertfortführung	589 – 597
	6.	Ausnahmen vom Grundsatz der Buchwertfortführung	598 – 620
		a) Sicherstellung der Besteuerung stiller Reserven	598
		b) Behaltensfrist	599 – 610
		c) Körperschaftsklausel I	611 – 615
		d) Körperschaftsklausel II	616 – 620

7.	Realteilung mit und ohne Wertausgleich	621 – 635
	a) Realteilung ohne Wertausgleich	621 – 625
	b) Realteilung mit Wertausgleich	626 – 635
IX.	Sonderregelungen zur Ermittlung des Aufgabegewinns (§ 16 Abs. 3 Satz 6 bis 8 EStG)	636 – 650
	1. Allgemeine Erläuterungen	636 – 639
	2. Aufgabebilanz	640
	3. Veräußerte Wirtschaftsgüter (§ 16 Abs. 3 Satz 6 EStG)	641
	4. In das Privatvermögen überführte Wirtschaftsgüter (§ 16 Abs. 3 Satz 7 EStG)	642 – 643
	5. Beteiligung mehrerer Personen (§ 16 Abs. 3 Satz 8 EStG)	644 – 650
X.	Veräußerung von Beteiligungen an Körperschaften nach einer Realteilung (§ 16 Abs. 5 EStG)	651 – 670
	1. Allgemeine Erläuterungen	651 – 652
	2. Sachlicher und persönlicher Geltungsbereich	653 – 656
	3. Übertragung der Anteile innerhalb sieben Jahre nach Realteilung	657 – 658
	4. Rückwirkender Ansatz der Kapitalgesellschaftsanteile mit dem gemeinen Wert	659 – 670
XI.	Fiktive Betriebsaufgabe bei Betriebs- bzw. Teilbetriebsverlegungen in das Ausland (§ 16 Abs. 3a EStG)	671 – 688
	1. Allgemeine Erläuterungen	671 – 672
	2. Aufgabe der Theorie zur finalen Betriebsaufgabe	673 – 674
	3. Gesetzliche Festschreibung der Theorie zur finalen Betriebs- bzw. Teilbetriebsaufgabe (§ 16 Abs. 3a EStG)	675 – 688
XII.	Wahlrecht zur Betriebsaufgabe bei Betriebsunterbrechung bzw. Betriebsverpachtung (§ 16 Abs. 3b EStG)	689 – 719
	1. Allgemeine Erläuterungen	689 – 690
	2. Wahlrecht zur Betriebsaufgabe	691 – 700
	3. Persönlicher und sachlicher Geltungsbereich von § 16 Abs. 3b EStG	701 – 702
	4. Aufgabeerklärung (§ 16 Abs. 3b Satz 1 Nr. 1 EStG)	703 – 710
	5. Tatsächliche Kenntnisnahme der FinVerw (§ 16 Abs. 3b Satz 1 Nr. 2 EStG)	711 – 712
	6. Erbschaft und Schenkung	713 – 719
XIII.	Freibetrag gem. § 16 Abs. 4 EStG	720 – 749
	1. Allgemeine Erläuterungen	720
	2. Sachlicher und persönlicher Geltungsbereich	721 – 723
	3. Freibetrag wegen Alters oder dauernder Berufsunfähigkeit	724 – 727
	4. Antrag des Steuerpflichtigen	728
	5. Höhe des Freibetrags	729 – 733
	6. Einmalige Gewährung des Freibetrags (§ 16 Abs. 4 Satz 2 EStG)	734 – 739
	7. Zuständige Finanzbehörde	740 – 749
C. Verfahrensfragen		750 – 751

HINWEIS:
R 16 EStR.

LITERATUR:
► Weitere Literatur siehe Online-Version

Bernütz/Loll, Aktuelle Entwicklungen und Tendenzen in der finanzgerichtlichen Rechtsprechung zu Personengesellschaften, DStR 2013, 886; *Dannecker/Rudolf*, Veräußerung von Mitunternehmeranteilen und Unternehmenstransaktionen mit negativem Kaufpreis im Lichte der §§ 4f, 5 Abs. 7 EStG, BB 2014, 2539; *Fahrenberg/Henke*, Das BMF-Schreiben zur steuerlichen Einordnung der US-LLC aus Beratersicht, IStR 2014, 485; *Hülsmann*; Nachträgliche Kaufpreisänderungen beim Erwerb einer Personengesellschaft, DStR 2015, 397; *Schmudlach*, Fallstricke bei der Besteuerung doppelstöckiger Personengesellschaften, NWB 2015, 1765; *Schoor*, Tarifprivilegien bei Betriebs- und Anteilsveräußerungen, NWB 2015, 933; *Schulze zur Wiesche*, Betriebs- und Anteilsveräußerungen, Tarifbegünstigung, Gesamtplanrechtsprechung, DStR 2015,

1161; *Weßling*, Führt die Änderung des Veräußerungsgewinns nach § 16 Abs. 2 EStG immer zu einem rückwirkenden Ereignis i. S. d. § 175 AO sowohl bei Verkäufer als auch beim Käufer des Betriebs, DStR 2015, 2523; *Bisle*, Realteilung: Sachwertabfindung durch Hingabe von Einzelwirtschaftsgütern, NWB 2016, 1646; *Dorn*, Berücksichtigung des negativen Geschäftswerts bei Einbringungen i. S. d. § 20 UmwStG, NWB 2016, 2478; *Görgen*, Klarstellungen zum Gesamtplan und Irritationen rund um die Realteilung – Analyse des BFH-Urteils vom 16.12.2015 - IV R 8/12 zur Buchwertfortführung bei der Übertragung von Einzelwirtschaftsgütern, NWB 2016, 1650; *Herr*, Veräußerungskosten im Wandel der Rechtsprechung am Beispiel von gegenläufigen Finanzinstrumenten, DStR 2016, 2786; *Hubert*, Steuerneutrale Realteilung auch bei Ausscheiden eines Mitunternehmers aus einer Mitunternehmerschaft?, StuB 2016, 292; *Kamchen/Kling*, Umwandlung von Personengesellschaften in eine GmbH, NWB 2016, 2212; *Korn*, Gewinnneutrale Realteilung bei Fortführung der Personengesellschaft, NWB 2016, 680; *Levedag*, Aufnahme neuer Gesellschafter in eine Sozietät nicht nach dem Gewinnvorabmodell, NWB 2016, 534; *Schmidt/Siegmund*, Neue Möglichkeiten zur steuerneutralen Umstrukturierung von Personengesellschaften, NWB 2016, 1422; *Schoor*, Besteuerung betrieblicher Veräußerungs- und Aufgabegewinne – Problemfelder und Gestaltungshinweise, NWB-EV 2016, 311; *Staschewski*, Anwendbarkeit der Grundsätze des formellen Bilanzzusammenhangs nach Realteilung einer Personengesellschaft auf die Realteiler; Steuk 2016, 276; *Dibbert*, Ausscheiden aus Mitunternehmerschaft gegen Sachwertabfindung mit Einzelwirtschaftsgütern folgt Realteilungsgrundsätzen, GWR 2017, 287; *Hiller/Wildermuth*, Betriebsunterbrechung und Betriebsverpachtung im Ganzen, StuB 2017, 188; *Jacobsen/Thörmer*, Die Vorteilhaftigkeit einer ganzheitlichen Umstrukturierungsprivilegierung für Mitunternehmerschaften, Zum BMF-Schreiben v. 20.12.2016, DStR 2017, 632; *Levedag*, Eintritt in und Austritt aus Freiberuflerpraxen, DStR 2017, 1233; *Rode*, Ausscheiden aus Mitunternehmerschaft gegen Sachwertabfindung mit Einzelwirtschaftsgütern folgt Realteilungsgrundsätzen, DStRK 2017, 239; *Steiner/Ullmann*, Realteilung mit Einzelwirtschaftsgütern ohne Auflösung der Personengesellschaft, DStR 2017, 912; *Siegel*, Realteilung: Die Kapitalausgleichsposten-Methode als second-best-Lösung, StuB 2017, 529; *Hubert*, BFH gibt Antwort auf Sonderfragen der Realteilung, StuB 2017, 617; *Kanzler*, Zur Anfechtung bzw. zum Widerruf einer Betriebsaufgabeerklärung, FR 2017, 573; *Hils*, Ausweitung rückwirkender Ereignisse – Zugleich Anmerkung zum BFH-Urteil v. 6.12.2016 - IX R 49/15, DStR 2017, 2157; *Schreiber*, Buchwertfortführung nach Ausscheiden eines Mitunternehmers gegen Sachwertabfindung, NZG 2018, 20; *Stenert*, Der „neue" Realteilungserlass ist überholt! – Zum Realteilungsbegriff nach den BFH-Urteilen v. 16.3.2017 und 30.3.2017, DStR 2017, 1785; *Hübner/Friz*, Buchwertfortführung bei der Übertragung eines Einzelunternehmens unter Nießbrauchvorbehalt? – Anmerkungen zum BFH-Urteil X R 59/14, DStR 2017, 2353; *Müller/Dorn/Schwarz*, Variable Veräußerungsentgelte grundsätzliches Hindernis für eine Steuerbegünstigung nach § 34 EStG, NWB 2017, 2906; *Schmidt/Siegmund*, Auch die Sachwertabfindung mit Einzelwirtschaftsgütern folgt Realteilungsgrundsätzen, NWB 2017, 3926; *Paus*, Erweiterter Anwendungsbereich der Realteilung, NWB 2018, 504; *Bohn*, Erfordernis der Mitunternehmerstellung bei Umstrukturierungen, DStR 2018, 1265; *Tranacher*, Nutzung des gewerbesteuerlichen Verlustvortrags einer KG bei Betriebsverpachtung und Betriebsveräußerung an den allein vermögensmäßig beteiligten Kommanditisten, DStR 2017, 2419; *Stenert*, Die Realteilung im Umsatzsteuerrecht, DStR 2018, 765.

ARBEITSHILFEN UND GRUNDLAGEN ONLINE:

Gunsenheimer, Veräußerung eines Betriebs, Teilbetriebs oder Mitunternehmeranteils: Checkliste, Prüfschema und Berechnung, NWB DokID: CAAAE-85002; *Gunsenheimer*, Realteilung einer Personengesellschaft; Checkliste, Prüfschema und Berechnung, NWB DokID: IAAAE-85000; *Lukas*, Betriebsaufgabe, NWB DokID: QAAAE-67585; *Schmidt/Leyh*, Veräußerung eines Betriebs, eines Teilbetriebs bzw. eines Mitunternehmeranteils gemäß § 16 EStG, NWB DokID: SAAAE-58871.

A. Allgemeine Erläuterungen

I. Normzweck und wirtschaftliche Bedeutung der Vorschrift

§ 16 EStG ergänzt die Steuerpflicht von Einkünften aus Gewerbebetrieb nach § 15 EStG. Durch die Vorschrift werden Wertzuwächse, die in den Wirtschaftsgütern während des Bestehens eines Gewerbebetriebs eingetreten sind, der Besteuerung unterworfen. Die Besteuerung der stillen Reserven im letztmöglichen Zeitpunkt, nämlich im Rahmen der Aufgabe bzw. der Veräußerung des Gewerbebetriebs bzw. eines Teilbetriebs oder des gesamten Mitunternehmeranteils, dient der gleichmäßigen und vollständigen Besteuerung. Zudem bezweckt § 16 EStG eine Abgrenzung zwischen laufenden Einkünften und (begünstigten) Einkünften aus Gewerbebetrieb.

2 Die allgemeine Bedeutung der Vorschrift ist umstritten. Nach gewichtigen Stimmen in der Literatur werden den Vorschriften in § 16 Abs. 1 Satz 1 EStG und § 16 Abs. 3 Satz 1 EStG lediglich deklaratorische Bedeutung beigemessen, da die geregelten Besteuerungssachverhalte bereits nach den allgemeinen Gewinnermittlungsvorschriften der Steuerpflicht unterliegen.[1] Einigkeit besteht jedoch darin, dass die Vorschrift des § 16 EStG dahin gehend konstitutiven Charakter hat, dass begünstigter Veräußerungs- und Aufgabegewinn abgegrenzt wird. Die Begünstigung besteht einerseits in der Anwendung eines Freibetrags (§ 16 Abs. 4 EStG) für alters- bzw. gesundheitsbedingte Veräußerungen oder Aufgaben. Anderseits steht die Vorschrift des § 16 EStG in einem engen Zusammenhang zu der Tarifvorschrift des § 34 EStG. Damit soll die zusammengeballte Realisierung von Wertzuwächsen, die während der gesamten gewerblichen Betätigung entstanden sind, durch eine Tarifermäßigung entlastet werden. Des Weiteren hat § 16 EStG auch eine mittelbare Bedeutung für die Gewerbesteuer. Nach der Besteuerungskonzeption der Gewerbesteuer unterliegen grundsätzlich nur laufende Gewinne der Besteuerung, dagegen sind Veräußerungs- bzw. Aufgabegewinne bei Personengesellschaften von der Besteuerung ausgenommen. Diese Grundsätze haben jedoch in den vergangenen Jahren weitreichende Durchbrechungen erfahren.[2]

II. Entstehung und Entwicklung der Vorschrift

3 Erstmalig wurde die Besteuerung von Gewinnen aus der Veräußerung oder Aufgabe von Gewerbebetrieben im EStG 1925 geregelt. Nachdem der RFH in einer Entscheidung aus dem Jahr 1923[3] den Gewinn aus der Veräußerung eines ganzen Gewerbebetriebs nicht den Einkünften aus Gewerbebetrieb zuordnete, wurde daraufhin eine entsprechende Regelung in das EStG 1925 eingefügt. Die Regelung wurde inhaltlich unverändert in das EStG 1934 übernommen. In der Folge wurden die Höhe und die Ausgestaltung des Freibetrags bzw. der Freigrenze in § 16 Abs. 4 EStG geändert. Mit dem StÄndG 1965[4] wurde § 16 Abs. 1 Nr. 1 2. Halbsatz EStG eingefügt, wonach auch die 100%-Beteiligung an einer Kapitalgesellschaft als Teilbetrieb gilt. In den 90er Jahren erfolgten mehrere Verschärfungen der Regelungen. Insbesondere wurde die Qualifikation als laufender Gewinn nach § 16 Abs. 2 Satz 3 und Abs. 3 Satz 5 EStG ergänzt. Demnach liegt ein laufender Gewinn vor, soweit auf der Seite des Veräußerers und der Seite des Erwerbers dieselben Personen Unternehmer bzw. Mitunternehmer sind. Eine „Veräußerung an sich selbst" sollte nicht begünstigt werden. Das StEntlG 1999[5] fügte einen neuen Satz 2 in Abs. 3 ein, durch den die Buchwertfortführung bei einer Realteilung auf die Übertragung eines Teilbetriebs oder Mitunternehmeranteils beschränkt wurde. Zudem verankerte der Gesetzgeber in § 16 Abs. 3 Satz 2 EStG die Gleichstellung der Aufgabe eines Mitunternehmeranteils mit dessen Veräußerung. Mit dem UntStFG[6] wurde eine Sperrfrist für die Veräußerung

---

1 Vgl. *Schallmoser* in Blümich, § 16 EStG Rz. 4, unter Hinweis auf BFH v. 2.3.1989 - IV R 128/86, BStBl 1989 II 543; *Reiß* in Kirchhof/Söhn/Mellinghoff, § 16 EStG Rz. A 3; a.A. HHR/*Geissler*, § 16 EStG Anm. 3; *Kauffmann* in Frotscher/Geurts, § 16 EStG Rz. 10 f.
2 Vgl. dazu die Ausführungen unter → Rz. 27.
3 Vgl. RFH v. 25.10.1923 - III A 298/23, RFHE 13, 101.
4 Steueränderungsgesetz 1965 v. 14.5.1965, BGBl 1965 I 377.
5 Steuerentlastungsgesetz 1999/2000/2002 v. 24.3.1999, BGBl 1999 I 402.
6 Gesetz zur Fortentwicklung des Unternehmenssteuerrechts (Unternehmenssteuerfortentwicklungsgesetz – UntStFG) v. 20.12.2001, BGBl 2001 I 3838.

oder Entnahme von Wirtschaftsgütern bei einer Realteilung eingeführt. Des Weiteren wurde die wichtige Regelung in § 16 Abs. 1 Satz 2 EStG ergänzt, wonach die Veräußerung eines Teils eines Mitunternehmeranteils bzw. eines Teils eines Anteils eines persönlich haftenden Gesellschafters einer KGaA nicht unter § 16 EStG fällt, sondern als laufender Gewinn zu erfassen ist. In den folgenden Jahren wurden die Freibeträge nach § 16 Abs. 4 EStG weiter angepasst.

Als Folgeänderung zu den Regelungen für Einbringungen im UmwStG (§§ 20 ff. UmwStG 2006) führte das SEStEG[1] die Regelung des § 16 Abs. 5 EStG ein. Werden von einer natürlichen Person im Rahmen einer Realteilung einer Personengesellschaft Anteile an Körperschaften zum Buchwert auf eine Körperschaft übertragen, erfolgt ein rückwirkender Ansatz des gemeinen Wertes, wenn die Anteile innerhalb einer **Sperrfrist** von sieben Jahren nach der Realteilung veräußert werden oder ein der Veräußerung gleichgestellter Vorgang i. S. d. § 22 Abs. 1 Satz 6 UmwStG eintritt.

In der Folge der Aufgabe der **finalen Entnahmetheorie** durch den BFH[2] wurde durch das JStG 2010[3] ein neuer Abs. 3a sowie der Verweis auf § 4 Abs. 1 Satz 4 in Abs. 3 Satz 2 EStG a. E. eingefügt. § 16 Abs. 3a EStG regelt die Rechtsfolgen einer „finalen Betriebsaufgabe" durch die Überführung sämtlicher Wirtschaftsgüter aus einer inländischen in eine im DBA-Ausland belegene Betriebsstätte.

Die letzte wichtige Änderung in § 16 EStG erfolgte durch das StVereinfG 2011 v. 1. 11. 2011.[4] Es wurde ein neuer Abs. 3b für Fälle der Betriebsunterbrechung bzw. Betriebsverpachtung ergänzt. Die Regelung soll im Hinblick auf sog. **„schleichende Betriebsaufgaben"** den Zeitpunkt der Betriebsaufgabe eindeutig gesetzlich festlegen. Demnach liegt eine Betriebsaufgabe erst dann vor, wenn entweder der Stpfl. die Betriebsaufgabe ausdrücklich gegenüber dem Finanzamt erklärt oder dem Finanzamt Tatsachen bekannt werden, aus denen sich ergibt, dass die Voraussetzungen für eine Betriebsaufgabe nach § 16 Abs. 3 Satz 1 EStG erfüllt sind.

III. Geltungsbereich

1. Persönlicher Geltungsbereich

Die Regelung findet auf alle **unbeschränkt steuerpflichtigen natürlichen Personen** Anwendung, die einen Gewerbebetrieb, einen Teilbetrieb oder einen (gesamten) Mitunternehmeranteil veräußern oder aufgeben. Auch beschränkt steuerpflichtige Personen ohne Wohnsitz oder gewöhnlichen Aufenthalt im Inland können der Regelung des § 16 EStG unterliegen, wenn beschränkt steuerpflichtige Einkünfte i. S. d. § 49 Abs. 1 Nr. 2 EStG vorliegen. Dies ist insbesondere dann der Fall, wenn eine Betriebsstätte im Inland unterhalten wird.

Zudem können **Mitunternehmerschaften** selbst in den Anwendungsbereich des § 16 EStG fallen, da diese selbst als partielles Steuersubjekt qualifizieren.[5] Das bedeutet, dass bei der Veräußerung oder Aufgabe eines (Teil-)Betriebs einer Mitunternehmerschaft, der erzielte Gewinn auf Ebene der Mitunternehmerschaft im Rahmen der gesonderten und einheitlichen Gewinnfeststellung festgestellt und den Mitunternehmern entsprechend dem Gewinnverteilungs-

---

1 Gesetz über steuerliche Begleitmaßnahmen zur Einführung der Europäischen Gesellschaft und zur Änderung weiterer steuerlicher Vorschriften (SEStEG) v. 7. 12. 2006, BGBl 2006 I 2782.
2 Vgl. BFH v. 17. 7. 2008 - I R 77/06, BStBl 2009 II 464.
3 Jahressteuergesetz 2010 (JStG 2010) v. 8. 12. 2010, BGBl 2010 I 1768.
4 Steuervereinfachungsgesetz 2011 (StVereinfG 2011) v. 1. 11. 2011, BGBl 2011 I 2131.
5 Vgl. BFH v. 3. 7. 1995 - GrS 1/93, BStBl 1995 II 617.

schlüssels zugerechnet wird. Veräußert ein Mitunternehmer seinen gesamten Mitunternehmeranteil oder gibt er diesen auf, erfolgt die Feststellung des Veräußerungsgewinns ebenfalls im Rahmen der gesonderten und einheitlichen Gewinnfeststellung auf der Ebene der Personengesellschaft. Der Veräußerungs- bzw. Aufgabegewinn wird jedoch nur dem betreffenden Mitunternehmer zugerechnet.

6   Gemäß § 8 Abs. 1 KStG findet § 16 Abs. 1 bis 3 EStG auch auf **Körperschaftsteuersubjekte** Anwendung (vgl. R 32 Abs. 1 Nr. 1 KStR). Aufgrund des linearen Steuertarifs sowie die Nichtanwendung von Abs. 4 ist die Bedeutung der Vorschrift für Kapitalgesellschaften jedoch begrenzt. Auswirkung kann § 16 Abs. 1 bis 3 EStG jedoch für grundsätzlich steuerbefreite Körperschaften mit wirtschaftlichen Geschäftsbetrieben oder für juristische Personen des öffentlichen Rechts mit BgA haben.[1]

2. Sachlicher Geltungsbereich

7   Als Ergänzung zu § 15 EStG setzt § 16 EStG voraus, dass vor der Veräußerung oder Aufgabe eine **gewerbliche Tätigkeit** ausgeübt wurde. Die anschließende Veräußerung oder Aufgabe führt dann ebenfalls zu gewerblichen Einkünften. § 16 EStG findet dagegen auf die Veräußerung oder Aufgabe von land- und forstwirtschaftlichen Betrieben nach § 13 EStG sowie einer selbständigen Tätigkeit nach § 18 EStG keine unmittelbare Anwendung. Im Rahmen der Einkünfte aus Land- und Fortwirtschaft regelt §§ 14, 14a EStG eine entsprechende Besteuerung von Gewinnen aus der Veräußerung und verweist im Detail auf § 16 EStG (Vgl. dazu KKB/Walter, §§ 14, 14a EStG). Durch die Verweisung von § 18 Abs. 3 EStG auf § 16 EStG wird die Regelung auch auf Gewinne aus der Veräußerung von Vermögen, das der selbständigen Tätigkeit dient, angewendet (vgl. dazu KKB/Geeb, § 18 Abs. 4 EStG).

8–12   (*Einstweilen frei*)

IV. Verhältnis zu anderen Vorschriften

13   § 16 EStG hat weitreichende **Wechselwirkungen** mit anderen Vorschriften des EStG, sowie insbesondere Vorschriften des GewStG. Im Bereich des EStG ergeben sich vor allem Abgrenzungsfragen zu den einkommensteuerlichen Gewinnermittlungsvorschriften.

14   **§ 4 Abs. 1 EStG und § 5 EStG** sind die zentralen Vorschriften zur Ermittlung des laufenden Gewinns eines Gewerbebetriebs. Um eine Abgrenzung zwischen laufendem und Veräußerungs- bzw. Aufgabegewinn vornehmen zu können, muss der Wert des Betriebsvermögens nach den allgemeinen Ermittlungsvorschriften im Zeitpunkt der Veräußerung bzw. Aufgabe ermittelt werden (§ 16 Abs. 2 Satz 2 EStG). Die Ermittlung des Veräußerungs- bzw. Aufgabegewinns selbst regelt § 16 Abs. 2 Satz 1 EStG.

15   Auch ein Gewerbetreibender, der seinen laufenden Gewinn nach **§ 4 Abs. 3 EStG** ermittelt (Einnahmenüberschussrechnung) muss zunächst das Veräußerungs- bzw. Aufgabeanfangsvermögen nach § 4 Abs. 1 EStG, § 5 EStG feststellen. Daher ist davon auszugehen, dass vor der Veräußerung bzw. Aufgabe zwingend zum Betriebsvermögensvergleich übergegangen werden muss.[2] Der Übergangsgewinn gehört zum laufenden Gewinn des letzten Wirtschaftsjahrs.

---

[1] Vgl. HHR/*Geissler*, § 16 EStG Anm. 10.
[2] Vgl. R 4.5 Abs. 6 EStR.

Nach der Rechtsprechung ist eine Verteilung des Übergangsgewinns auf mehrere Wirtschaftsjahre ausgeschlossen.[1]

Über die Verweisung auf § 4 Abs. 1 Satz 4 EStG findet **§ 4g EStG** in Fällen des § 16 Abs. 3 Satz 2 EStG sowie § 16 Abs. 3a EStG Anwendung. Demnach kann ein Ausgleichsposten gebildet werden, der über fünf Jahre gewinnwirksam aufzulösen ist, wenn einzelne Wirtschaftsgüter oder Sachgesamtheiten im Rahmen einer Realteilung ins EU-/EWR-Ausland verlagert werden.

Wird ein Betrieb, Teilbetrieb oder Mitunternehmeranteil **voll unentgeltlich** übertragen, findet § 6 Abs. 3 EStG Anwendung. § 6 Abs. 3 EStG unterscheidet sich vom Gesetzeszweck her von § 16 EStG. Während § 16 EStG die geballte Realisierung von Wertzuwächsen abmildern soll, dient § 6 Abs. 3 EStG der Erhaltung und Fortführung von Unternehmen bei unentgeltlichen Übertragungen. Dies wird durch eine Fortführung der Buchwerte und damit einer nicht eintretenden Realisierung von stillen Reserven erreicht. Der Beschenkte tritt damit in die Rechtsstellung des Zuwendenden ein.

Nach der **Rechtsprechung des GrS** fällt die (voll) unentgeltliche Übertragung von Betrieben, Teilbetrieben und Mitunternehmeranteilen nicht in den Anwendungsbereich des § 16 EStG,[2] so dass sich die beiden Vorschriften im Grundsatz bereits auf Tatbestandsebene ausschließen sollen.[3] Die Mindermeinung geht dagegen davon aus, dass auch die unentgeltliche Übertragung von Sachgesamtheiten in einem einheitlichen Vorgang von § 16 EStG erfasst wird und daher ein Wahlrecht zwischen Buchwertfortführung und Betriebsaufgabe besteht.[4]

Ein Konkurrenzverhältnis zwischen **§ 6 Abs. 3 EStG und § 16 EStG** kann sich in Fällen der Zurückbehaltung funktional unwesentlicher Betriebsgrundlagen mit erheblichen stillen Reserven (quantitativ wesentliche Betriebsgrundlage) ergeben. Diese Konkurrenz ergibt sich aufgrund der unterschiedlichen Auslegung des Betreffs der wesentlichen Betriebsgrundlage nach § 6 Abs. 3 EStG und § 16 EStG. Im Rahmen des § 6 Abs. 3 EStG gilt eine rein funktionale Betrachtungsweise, d. h., es kommt nur darauf an, dass alle funktional wesentlichen Betriebsgrundlagen auf den Erwerber übertragen werden.[5] Dagegen gilt im Rahmen von § 16 EStG die funktional-quantitative Betrachtungsweise (vgl. dazu → Rz. 137). In Fällen der unentgeltlichen Übertragung von Sachgesamtheiten mit allen funktional wesentlichen Betriebsgrundlagen, unter Zurückbehaltung von funktional unwesentlichen Betriebsgrundlagen mit erheblichen stillen Reserven, soll § 6 Abs. 3 EStG vorrangig gegenüber § 16 Abs. 3 Satz 1 EStG sein.[6]

Die Regelung zur **Buchwertübertragung von Einzelwirtschaftsgütern** soll nach h. M. zumindest im Fall der Überführung von Wirtschaftsgütern nach § 6 Abs. 5 Sätze 1 und 2 EStG auch für Sachgesamtheiten gelten.[7] Damit finden beide Vorschriften Anwendung, wenn z. B. ein Teilbetrieb in ein anderes Betriebsvermögen desselben Stpfl. überführt wird. In diesem Fall tritt aufgrund der verpflichtenden Buchwertfortführung nach § 6 Abs. 5 EStG keine Gewinnrealisierung ein. Ein Wahlrecht zur Aufdeckung der stillen Reserven soll nicht bestehen.[8]

---

1 Vgl. BFH v. 13. 9. 2001 - IV R 13/01, BStBl 2002 II 287; R 4.6 Abs. 1 Satz 3 EStR.
2 Vgl. BFH v. 5. 7. 1990 - GrS 4-6/89, BStBl 1990 II 847.
3 A. A. *Kauffmann* in Frotscher/Geurts, § 16 EStG Rz. 26.
4 Vgl. *Reiß* in Kirchhof/Söhn/Mellinghoff, § 16 EStG Rz. B 130.
5 Vgl. *Kulosa* in Schmidt, § 6 EStG Rz. 648.
6 Vgl. HHR/*Geissler*, § 16 EStG Anm. 21.
7 Vgl. BMF-Schreiben v. 8. 12. 2011, BStBl 2011 I 1279, Tz. 6.
8 Vgl. HHR/*Geissler*, § 16 EStG Anm. 22. Zu der Frage der Abgrenzung zwischen § 6 Abs. 5 EStG und § 16 Abs. 3 Satz 2 ff. EStG bei Ausscheiden eines Mitunternehmers gegen Sachwertabfindung, vgl. → Rz. 360 ff.

21 Die Regelungen des § 16 EStG und § 6b EStG treffen in verschiedenen Fällen aufeinander. So kann eine Rücklage nach § 6b EStG anlässlich einer Betriebsaufgabe oder Betriebsveräußerung gebildet werden, soweit der Aufgabe- oder Veräußerungsgewinn auf begünstigte Wirtschaftsgüter nach § 6b EStG entfällt und die weiteren Voraussetzungen erfüllt sind. Daher ist die Bildung einer Rücklage nach § 6b EStG insbesondere dann nicht möglich, wenn im Rahmen der Aufgabe des Betriebs, Teilbetriebs oder Mitunternehmeranteils Wirtschaftsgüter ins Privatvermögen überführt werden. Wird für einen Teil des Veräußerungs- oder Aufgabegewinns eine § 6b-Rücklage gebildet, entfällt gem. § 34 Abs. 1 Satz 4 EStG die Tarifbegünstigung für den restlichen Gewinn. Muss eine gebildete § 6b-Rücklage mangels einer Inanspruchnahme in künftigen Wirtschaftsjahren aufgelöst werden, führt die Auflösung zu „normalen" laufenden Gewinnen.[1]

22 Bestand in dem veräußerten oder aufgegebenen Betrieb eine Rücklage nach § 6b EStG ergeben sich verschiedene Möglichkeiten:

- Wird die Rücklage anlässlich der Veräußerung oder Aufgabe **aufgelöst**, fällt der daraus entstehende Gewinn unter den begünstigten Veräußerungs- bzw. Aufgabegewinn.
- Wird die Rücklage **fortgeführt**, sind die Auswirkungen einer späteren Auflösung davon abhängig, ob die Rücklage stille Reserven enthält, die bei der Veräußerung einer wesentlichen Grundlage des Betriebs aufgedeckt worden sind. Ist dies der Fall, scheidet die Anwendung von § 16 Abs. 4 EStG und § 34 EStG nach Auffassung der FinVerw aus, da nicht alle stillen Reserven aufgelöst wurden.[2]
- Zudem besteht die Möglichkeit, die Rücklage nach § 6b EStG auf Ersatzwirtschaftsgüter zu übertragen. Die **Übertragungsmöglichkeiten** ergeben sich aus R 6b.2. Abs. 6 und 7 EStR.

23 Aufgrund der **gesellschafterbezogenen Betrachtungsweise** des § 6b EStG wird bei einer Veräußerung des Betriebs durch die Mitunternehmerschaft erst auf der Ebene der Mitunternehmer entschieden, ob § 6b EStG angewendet wird.[3] So kann der Fall eintreten, dass ein Mitunternehmer eine Rücklage nach § 6b EStG in Anspruch nimmt, während ein anderer Mitunternehmer einen nach §§ 16, 34 EStG begünstigten Veräußerungsgewinn erzielt.

24 Das Verhältnis von § 16 EStG zum **Teileinkünfteverfahren** stellt sich wie folgt dar: Soweit der Gewinn aus der Veräußerung oder Aufgabe des Betriebs auf Anteile an Körperschaften, Personenvereinigungen oder Vermögensmassen entfällt, deren Leistungen zu Einnahmen nach § 20 Abs. 1 Satz 1 EStG führen, findet das Teileinkünfteverfahren nach § 3 Nr. 40 Satz 1 Buchst. b EStG i.V. m. § 3c Abs. 2 EStG Anwendung. Der nach dem Teileinkünfteverfahren steuerpflichtige Teil zählt zum Veräußerungs- bzw. Aufgabegewinn, für den auch der Freibetrag nach § 16 Abs. 4 EStG gilt. Dagegen findet die Tarifbegünstigung des § 34 EStG keine Anwendung (§ 34 Abs. 2 Nr. 1 EStG). Die Anwendung der Tarifbegünstigung auf Einkünfte, die bereits dem Teileinkünfteverfahren unterlegen haben, wird als Doppelbegünstigung angesehen.[4]

25 § 16 EStG ist untrennbar mit **§ 34 EStG** verbunden. Die nach § 16 EStG begünstigten Gewinne werden durch die Tarifermäßigungen in § 34 Abs. 1 EStG (Fünftel-Regelung) und § 16 Abs. 3

---

1 Vgl. BFH v. 4. 2. 1982 - IV R 150/78, BStBl 1982 II 348.
2 Vgl. R 6b.2 Abs. 10 Satz 3 EStR; krit *Kauffmann* in Frotscher/Geurts, § 16 EStG Rz. 53.
3 Vgl. zur gesellschafterbezogenen Betrachtungsweise KKB/Kanzler, § 6b EStG.
4 Vgl. *Wacker* in Schmidt, § 34 EStG Rz. 25.

(besonderer Steuersatz i. H.v. 56 % des durchschnittlichen Steuersatzes, mind. 14 %) entlastet, um die zusammengeballte Realisierung von stillen Reserven abzumildern.

Die durch die Unternehmensteuerreform 2008[1] eingefügte Vorschrift des **§ 34a EStG** gewährt auf Antrag eine Tarifermäßigung für den nicht entnommenen Gewinn. § 34a Abs. 6 Satz 1 Nr. 1 EStG ordnet in Fällen der Betriebsveräußerung bzw. -aufgabe nach § 16 Abs. 1 und Abs. 3 EStG eine (entnahmeunabhängige) Nachversteuerung der ermäßigt besteuerten Gewinne an. Durch den Gesamtverweis auf § 16 Abs. 1 EStG erfasst die Nachversteuerung auch Gewinne aus der Veräußerung eines Teilbetriebs oder eines Teils eines Mitunternehmeranteils. Nach Ansicht der FinVerw sollen die vorgenannten Fälle jedoch nicht nach § 34a Abs. 6 Satz 1 Nr. 1 EStG zur Nachversteuerung führen.[2]   26

Nach der **Konzeption der Gewerbesteuer** als Objektsteuer unterliegen dieser nur die durch den laufenden Betrieb verursachten Gewinne.[3] Demnach sollten Veräußerungs- oder Aufgabegewinne – unabhängig von der Gewährung der Steuerbegünstigungen nach § 16 Abs. 4 und § 34 EStG – nicht der Gewerbesteuer unterliegen, wenn der Betrieb durch die Veräußerung oder Aufgabe eingestellt wird. Dieser allgemeine Grundsatz ist nach zahlreichen Änderungen des GewStG nur noch die Ausnahme. Die Gewinne aus der Veräußerung oder Aufgabe eines ganzen Gewerbebetriebs oder Teilbetriebs einer Mitunternehmerschaft oder eines gesamten Mitunternehmeranteils sind nur dann vom Gewerbeertrag auszuscheiden, soweit diese auf eine natürliche Person als Mitunternehmer entfallen (§ 7 Satz 2 GewStG). Zudem sollen auch gewerbesteuerpflichtige Veräußerungs- oder Aufgabegewinne vorliegen, wenn nur ein Teil eines Mitunternehmeranteils veräußert oder aufgegeben wird. Als Argumentation wird angeführt, dass diese Gewinne laufende Einkünfte sind und als solche auch dem laufenden Gewerbebetrieb zuzurechnen sind.[4] Dies soll auch für laufende Gewinne i. S. d. § 16 Abs. 2 Satz 3, Abs. 3 Satz 5 EStG gelten.[5] Die Gewerbesteuerpflicht tritt zudem auch ein, wenn eine 100 %-Beteiligung an einer Kapitalgesellschaft veräußert wird, die gem. § 16 Abs. 1 Satz 1 Nr. 1 Satz 2 EStG als fiktiver Teilbetrieb qualifiziert wird. Etwas anderes gilt nur, wenn die 100 %-Beteiligung an einer Kapitalgesellschaft im unmittelbaren Zusammenhang mit der Veräußerung oder Aufgabe eines ganzen Gewerbebetriebs oder eines echten Teilbetriebs erfolgt.[6] Die Teilbetriebsfiktion soll für das Gewerbesteuerrecht nicht gelten.[7]   27

(*Einstweilen frei*)   28–35

V. Internationale Aspekte

§ 16 EStG kann sowohl in Fällen von **unbeschränkt** Stpfl. mit Betriebsstätten im Ausland als auch in Fällen von **beschränkt** Stpfl. mit inländischen Betrieben bzw. Betriebsstätten Anwendung finden.   36

---

1 Unternehmensteuerreformgesetz 2008 (UStRG 2008) v. 14. 8. 2007, BGBl 2007 I 1912.
2 Vgl. BMF v. 11. 8. 2008, BStBl 2008 I 838, Tz. 42.
3 Vgl. BFH v. 26. 6. 2007 - IV R 49/04, BStBl 2009 II 289; vgl. dazu auch *Reiß* in Kirchhof/Söhn/Mellinghoff, § 16 EStG Rz. A 41 ff.; *Schöneborn*, NWB 2011, 2865.
4 Vgl. R 7.1 Abs. 3 Satz 6 GewStR; BFH v. 14. 12. 2006 - IV R 3/05, BStBl 2007 II 777; a. A. *Neyer*, BB 2005, 577.
5 Vgl. BFH v. 15. 6. 2004 - VIII R 7/01, BStBl 2004 II 754; H 7.1. Abs. 3 „Veräußerungs- und Aufgabegewinne" 2. Spiegelstrich GewStH; vgl. dazu die Ausführungen in → Rz. 135.
6 Vgl. BFH v. 14. 1. 2002 - VIII B 95/01, NWB DokID: JAAAA-68862.
7 Vgl. HHR/*Geissler*, § 16 EStG Anm. 40.

37 Unbeschränkte Steuerpflicht: Steuerinländer unterliegen mit ihrem gesamten Welteinkommen der Besteuerung in Deutschland. Dies umfasst grundsätzlich auch Gewinne oder Verluste aus der Veräußerung oder Aufgabe von ausländischen Betrieben, Teilbetrieben oder Anteilen an ausländischen Mitunternehmerschaften. Sofern zwischen Deutschland und dem ausländischen Betriebsstättenstaat kein DBA besteht, wird eine mögliche Doppelbesteuerung durch die Anrechnungsmethode (§ 34c EStG) verhindert. Die Veräußerungsgewinne stellen ausländische Einkünfte i. S. d. § 34c Abs. 1 Nr. 2 Buchst. a EStG dar. Sofern durch Veräußerung oder Aufgabe von Betrieben, Teilbetrieben oder Mitunternehmeranteilen im Ausland Verluste entstehen, ist in Drittstaatenfällen die Verlustverrechnungsbeschränkung des § 2a EStG zu beachten. Für Veräußerungs- bzw. Aufgabeverluste gilt § 2a Abs. 1 Satz 1 Nr. 2 EStG jedoch nur, wenn der Stpfl. nicht nachweisen kann, dass die negativen Einkünfte aus einer gewerblichen Betriebsstätte im Drittstaat stammen, die aktive Einkünfte i. S. d. § 2a Abs. 2 EStG erzielt. Nach der deutschen DBA-Praxis (und folgend dem OECD-MA) sind Betriebsstätteneinkünfte im Betriebsstättenstaat zu besteuern, dies gilt i. d. R. auch für Gewinne aus der Veräußerung von Betriebsstätten oder Teilbetrieben. Deutschland hat als Ansässigkeitsstaat die Einkünfte freizustellen. Grundsätzlich sind nach DBA freigestellte Einkünfte im Rahmen des Progressionsvorbehalts in die Berechnung des Steuersatzes einzubeziehen (vgl. § 32b Abs. 1 Satz 1 Nr. 3 EStG). Allerdings findet der (positive und negative) Progressionsvorbehalt keine Anwendung auf Einkünfte einer in einem EU- oder EWR-Staat belegenen gewerblichen Betriebsstätte, die keine aktive Tätigkeit i. S. d. § 2a Abs. 2 Satz 1 EStG ausübt. Das bedeutet, der Progressionsvorbehalt tritt nur dann ein, wenn die gewerbliche Betriebsstätte in einem Drittstaat oder in der EU bzw. im EWR belegen ist und diese (fast) ausschließlich aktive Tätigkeiten ausübt.[1]

38 Beschränkte Steuerpflicht: Unterhält ein Steuerausländer im Inland eine Betriebsstätte nach § 12 AO oder einen ständigen Vertreter nach § 13 AO, unterliegen die dieser Betriebsstätte oder dem ständigen Vertreter wirtschaftlich zuzuordnenden gewerblichen Einkünfte nach § 49 Abs. 1 Nr. 2 Buchst. a EStG der beschränkten Steuerpflicht. Dies gilt auch für Veräußerungs- und Aufgabegewinne. Mithin ist ein Steuerausländer im Inland beschränkt steuerpflichtig, wenn eine inländische Betriebsstätte veräußert oder aufgegeben wird. § 16 EStG findet dabei jedoch nur Anwendung, wenn die veräußerte oder aufgegebene inländische Betriebsstätte einen (ganzen) Gewerbebetrieb, einen Teilbetrieb oder den gesamten Mitunternehmeranteil umfasst. Nach § 50 Abs. 1 Satz 3 EStG ist der Freibetrag nach § 16 Abs. 4 EStG bei beschränkt Stpfl. nicht anwendbar, die Tarifbegünstigung des § 34 EStG dagegen schon (Gegenschluss aus § 50 Abs. 1 Satz 3 EStG).[2]

I. d. R. kann Deutschland sein Besteuerungsrecht auch bei Bestehen eines DBA ausüben, da nach der deutschen Abkommenspraxis/Verhandlungsgrundlage v. 22. 8. 2013[3] das Besteuerungsrecht für Veräußerungsgewinne regelmäßig dem Betriebsstättenstaat zugewiesen wird.[4]

39 § 16 EStG findet auch Anwendung bei der Ermittlung des **Hinzurechnungsbetrags** nach § 10 AStG sowie im Rahmen der erweitert beschränkten Steuerpflicht nach § 2 AStG.[5]

---

1 Vgl. *Wittkowski/Lindscheid*, IStR 2009, 230.
2 Vgl. *Loschelder* in Schmidt, § 50 EStG Rz. 13.
3 Verhandlungsgrundlage für DBA im Bereich der Steuern vom Einkommen und Vermögen, BMF v. 22. 8. 2013 - IV B 2 – S 1301/13/10009, abrufbar unter www.bundesfinanzministerium.de/Steuern.
4 Vgl. *Kaeser* in Debatin/Wassermeyer, Art. 13 OECD-MA Rz. 155. Zu der Zuordnung von Wirtschaftsgütern bzw. Anteilen zu Betriebsstätten nach dem DBA, vgl. *Wassermeyer* in Debatin/Wassermeyer, Art. 13 OECD-MA Rz. 77 ff.
5 Vgl. *Stahl* in Korn, § 16 EStG Rz. 23.

§ 16 Abs. 3a EStG ordnet an, dass § 16 Abs. 3 EStG auch eintritt, wenn das deutsche Besteuerungsrecht hinsichtlich des Gewinns aus der Veräußerung sämtlicher Wirtschaftsgüter des Betriebs oder Teilbetriebs ausgeschlossen oder beschränkt wird. Die durch das JStG 2010 eingeführte Vorschrift dient der Sicherung von deutschen Besteuerungsrechten in **Entstrickungsfällen**, in denen Wirtschaftsgüter aus dem Inland in das Ausland überführt werden. Nachdem der BFH die Theorie der finalen Entnahme bzw. der Betriebsaufgabe[1] aufgegeben hat, sah sich der Gesetzgeber veranlasst, das deutsche Besteuerungsrecht durch eine gesetzliche Regelung abzusichern.[2]

40

(*Einstweilen frei*)

41–48

B. Systematische Kommentierung

I. Veräußerung des ganzen Gewerbebetriebs (§ 16 Abs. 1 Satz 1 Nr. 1 EStG)

1. Allgemeiner Grundsatz

Eine Veräußerung i. S. d. § 16 Abs. 1 Satz 1 Nr. 1 EStG setzt die **entgeltliche Übertragung des Eigentums auf eine andere Rechtsperson** voraus. I. d. R. geht dabei das zivilrechtliche Eigentum an dem Wirtschaftsgut über. Bei einem Auseinanderfallen von zivilrechtlichem und wirtschaftlichem Eigentum reicht jedoch der Übergang des wirtschaftlichen Eigentums (§ 39 AO) aus. Der Erwerber muss die (wirtschaftliche) Verfügungsmacht über die Sachgesamtheit erhalten. Daher kommt es für das Vorliegen einer Veräußerung auf das dingliche Erfüllungsgeschäft an.[3] Als Veräußerungstatbestände kommen verschiedene Rechtsgeschäfte in Frage, z. B. Verkauf, Tausch, Auseinandersetzung oder Teilung zwischen Mitunternehmern.[4]

49

Die **Einbringung** von Betrieben, Teilbetrieben oder Mitunternehmeranteilen in eine Kapitalgesellschaft gegen Gewährung von Gesellschaftsrechtsrechten bzw. die Einbringung in eine Personengesellschaft, unter Einräumung einer Mitunternehmerstellung, stellt eine Veräußerung i. S. d. § 16 Abs. 1 EStG dar.[5] Allerdings finden bei der Einbringung in eine Kapital- oder Personengesellschaft die §§ 20, 24 UmwStG als leges speciales Anwendung. Die im UmwStG vorgesehenen Regelungen gehen der Anwendung von § 16 EStG vor.[6]

50

Erfolgt eine **verdeckte Einlage** in eine Kapitalgesellschaft (ohne Gewährung von Gesellschaftsrechten) soll nach Auffassung der Rechtsprechung und der FinVerw dagegen keine Veräußerung i. S. d. § 16 Abs. 1 EStG vorliegen.[7] Denn die Wertsteigerung der Kapitalgesellschaftsanteile soll keine Gegenleistung darstellen. Diese Auffassung wird in der Literatur zu Recht kritisch

51

---

1 Vgl. BFH v. 28. 10. 2009 - I R 99/08, BStBl 2011 II 1019; BFH v. 17. 7. 2008 - I R 77/06, BStBl 2009 II 464.
2 Vgl. BT-Drucks. 17/3549, 17; vgl. → Rz. 671.
3 Vgl. BFH v. 22. 9. 1992 - VIII R 7/90, BStBl 1993 II 228; a. A. wohl *Wacker* in Schmidt, § 16 EStG Rz. 24, wonach das Kausalgeschäft maßgebend sein soll.
4 Vgl. dazu *Schallmoser* in Blümich, § 16 EStG Rz. 20.
5 Vgl. BFH v. 5. 6. 2002 - I R 6/01, BFH/NV 2003, 88 = NWB DokID: FAAAA-68123, für die Einbringung in eine Kapitalgesellschaft; BFH v. 29. 7. 1981 - I R 2/78, BStBl 1982 II 62; *Dorn*, NWB 2016, 2478. Zur Einbringung eines Wirtschaftsguts in eine Personengesellschaft gegen Gutschrift auf dem sog. Kapitalkonto II vgl. BFH v. 29. 7. 2015 - IV R 15/14, BStBl 2016 II 593 und v. 4. 2. 2016 - IV R 46/12, BStBl 2016 II 607 sowie BMF v. 26. 7. 2016, BStBl 2016 I 607.
6 Vgl. *Patt* in Dötsch/Pung/Möhlenbrock, Vor §§ 20 bis 23 UmwStG Rz. 54.
7 Vgl. BFH v. 18. 12. 1990 - VIII R 17/85, BStBl 1991 II 512; BMF v. 3. 3. 2005, BStBl 2005 I 458, Tz. 2.

gesehen.[1] Die vedeckte Sacheinlage soll vielmehr eine Betriebsaufgabe i. S. d. § 16 Abs. 3 Satz 1 EStG darstellen, zumindest dann, wenn die Anteile an der Kapitalgesellschaft im Privatvermögen des Gesellschafters sind.[2]

52 Auch bei der Übertragung von Betrieben im Rahmen eines **Insolvenzverfahrens** auf einen Erwerber liegt eine Veräußerung vor. Dagegen scheidet eine Veräußerung dann aus, wenn ein Betrieb oder Teilbetrieb zur Begleichung einer privat veranlassten Schuld übertragen wird. In diesem Fall erfolgen vielmehr eine gewinnrealisierende Entnahme des Betriebs oder Teilbetriebs aus dem Betriebsvermögen und eine anschließende Übertragung aus dem Privatvermögen.[3]

53–55 *(Einstweilen frei)*

2. Entgeltliche oder teilentgeltliche Übertragungen

56 Eine Veräußerung i. S. d. § 16 Abs. 1 EStG liegt nur vor, wenn die Übertragung der Sachgesamtheit **gegen Entgelt** erfolgt. Damit scheiden Fälle der unentgeltlichen Übertragung von Betrieben oder Teilbetrieben aus dem Anwendungsbereich des § 16 Abs. 1 EStG aus. Ein entgeltlicher Erwerb ist gegeben, wenn dieser durch Austausch von Leistung und Gegenleistung bewirkt wird. Dabei ist die Art der Gegenleistung irrelevant. Dafür kommt jede Bar- oder Sachleistung in Betracht.[4] Zudem ist es unerheblich, ob die Gegenleistung einmalig oder durch wiederkehrende Bezüge erfolgt.[5]

57 **Teilentgeltliche Übertragungen** liegen vor, wenn sich Leistung und Gegenleistung nach wirtschaftlichen Gesichtspunkten nicht gleichwertig gegenüber stehen. Anders als bei der Übertragung von Privatvermögen wenden die Rechtsprechung und die FinVerw bei teilentgeltlichen Veräußerungen die sog. Einheitstheorie an.[6] Danach wird das vereinbarte Entgelt einheitlich dem Buchwert des Betriebs gegenübergestellt. Nur für den Fall, dass das vereinbarte Entgelt den Buchwert übersteigt, liegt ein begünstigter Gewinn nach § 16 Abs. 1 EStG vor. Ist das vereinbarte Entgelt dagegen niedriger, sind die Buchwerte der Wirtschaftsgüter gem. § 6 Abs. 3 EStG fortzuführen. Ein Veräußerungsverlust entsteht in diesem Fall nicht.[7] Beim Erwerber des Betriebs ergeben sich entsprechende Steuerfolgen, abhängig davon, ob nach der Einheitstheorie eine voll entgeltliche oder eine voll unentgeltliche Übertragung angenommen wird:

▶ Bei einer **voll entgeltlichen** Übertragung (Entgelt > Buchwert) setzt der Erwerber die Anschaffungskosten an.

▶ Bei einer **voll unentgeltlichen** Übertragung (Entgelt < Buchwert) wird der Buchwert des Übergebers weitergeführt. Der Erwerber tritt bezüglich Abschreibungsmethoden, Abschreibungsdauer, Vorbesitzzeiten usw. in die Rechtsstellung des Übergebers ein.[8] Nach Auffassung der FinVerw, die mit der h. M. in der Literatur abzulehnen ist, soll beim Erwer-

---

[1] Vgl. *Reiß* in Kirchhof, § 16 EStG Rz. 22; kritisch auch *Wacker* in Schmidt, § 16 EStG Rz. 23; *Tiedtke/Wälzholz*, DB 1999, 2027.
[2] Vgl. HHR/*Geissler*, § 16 EStG Anm. 102, m. w. N.
[3] Vgl. BFH v. 23. 6. 1981 – VIII R 41/79, BStBl 1982 II 18.
[4] Vgl. HHR/*Geissler*, § 16 EStG Anm. 62.
[5] Vgl. dazu → Rz. 486 ff.
[6] Vgl. BFH v. 10. 7. 1986 – IV R 12/81, BStBl 1986 II 811; BMF v. 13. 1. 1993, BStBl 1993 I 80; krit zur Einheitstheorie *Vees*, DStR 2013, 681; *Kauffmann* in Frotscher/Geurts, § 16 EStG Rz. 65.
[7] Vgl. BFH v. 16. 12. 1992 – XI R 34/92, BStBl 1993 II 436; krit. *Stobbe*, StuW 1996, 289.
[8] Vgl. *Wacker* in Schmidt, § 16 EStG Rz. 59.

ber jedoch die Trennungstheorie Anwendung finden und eine Fortführung der Abschreibung und der Vorbesitzzeiten nur hinsichtlich des unentgeltlich erworbenen Teils zulässig sein.[1] Die Verpflichtung zur Gegenleistung an den Veräußerer ist in voller Höhe Betriebsschuld.[2]

BEISPIEL: Mutter M überträgt auf ihre Tochter T ihren Gewerbebetrieb mit einem Verkehrswert von 2,5 Mio. €. Der Buchwert des Gewerbebetriebs beträgt 1 Mio. €. T muss an ihren Bruder B ein Gleichstellungsgeld i. H. v. 1,5 Mio. € zahlen.

Lösung nach h. L:

Der Veräußerungspreis beträgt 1,5 Mio. € (Gleichstellungsgeld). Davon ist der gesamte Buchwert (1 Mio. €) abzuziehen. Im Ergebnis ergibt sich bei Anwendung der Einheitstheorie ein Veräußerungsgewinn der M i. H v. 0,5 Mio. €. T stockt die Buchwerte der Wirtschaftsgüter um 0,5 Mio. € auf.

Abwandlung des Beispiels:

Der Buchwert des Gewerbebetriebs beträgt 1,8 Mio. €.

Lösung:

Der Veräußerungspreis ist mit 1,5 Mio. € geringer als der Buchwert des Vermögens. Damit wird die Übertragung als voll unentgeltlich bewertet. Bei M entsteht kein Veräußerungsgewinn/-verlust. T führt die Buchwerte der Wirtschaftsgüter nach § 6 Abs. 3 Satz 1 EStG fort.

Die im Zusammenhang mit einer Übertragung eines Betriebs, Teilbetriebs oder Mitunternehmeranteils anfallenden Nebenkosten (z. B. Beratungskosten oder Beurkundungskosten) zählen bei einer **Teilentgeltlichkeit** der Übertragung unstreitig in voller Höhe zu den Anschaffungskosten des Erwerbers.[3] Erfolgt die Übertragung voll unentgeltlich sind die Nebenkosten direkt als Betriebsausgaben abzuziehen.[4]

58

(*Einstweilen frei*)

59–64

3. Einzelfälle

a) Erwerb von Todes wegen

Geht ein Betrieb, Teilbetrieb oder Mitunternehmeranteil von Todes wegen nach der gesetzlichen oder testamentarischen **Erbfolge** auf den oder die Erben über, liegt ein unentgeltlicher Vorgang vor. Der Erbe tritt als Gesamtrechtsnachfolger in die Rechtsstellung des Erblassers ein, übernimmt gem. § 6 Abs. 3 EStG die Buchwerte und erzielt damit keinen Veräußerungsgewinn. Von einem unentgeltlichen Erwerb ist auch auszugehen, wenn der Erbe Erblasserschulden übernimmt.[5] Erblasserschulden sind Verbindlichkeiten, die bereits in der Person des Erblassers begründet waren, z. B. Steuerschulden. Eine Unentgeltlichkeit ist zudem bei Erbfallschulden anzunehmen.[6] Dies sind Schulden, die infolge des Erbfalls entstehen, wie etwa Geldvermächtnisse oder Pflichtteilsansprüche. Besteht das Vermächtnis in der Verpflichtung zur Übertragung eines Betriebs oder Teilbetriebs (Sachvermächtnis) geht der Betrieb zunächst auf

65

---

1 Vgl. BMF v. 13.1.1993, BStBl 1993 I 80, Tz. 39, 41; a. A. BFH v. 22.9.1994 - IV R 61/93; BStBl 1996 II 367; BFH v. 7.11.2000 - VIII R 27/98, BFH/NV 2001 262 = NWB DokID: RAAAA-97059; vgl. zur Trennungstheorie auch die Vorlage des BFH an den GrS, BFH v. 27.10.2015 - X R 28/12, BStBl 2016 II 81.
2 A. A. HHR/*Geissler*, § 16 EStG Anm. 76, m. w. N.
3 Vgl. BFH v. 11.9.1991 - XI R 4/90, BFH/NV 1992, 169 = NWB DokID: AAAAB-32735; *Wacker* in Schmidt, § 16 EStG Rz. 76.
4 Gl. A. *Grube*, FR 2007, 538; *Götz*, DStR 2006, 545; a. A. *Wacker* in Schmidt, § 16 EStG Rz. 76.
5 Vgl. *Reiß* in Kirchhof/Söhn/Mellinghoff, § 16 EStG Rz. B 81.
6 Vgl. *Schallmoser* in Blümich, § 16 EStG Rz. 26.

den Erben über und erst bei Erfüllung der Vermächtnisschuld auf den Begünstigten (2-stufiger Erwerb). In diesem Fall soll jedoch keine Gewinnrealisierung nach § 16 Abs. 1 EStG eintreten, da der unentgeltlich (durch Erbfolge) erworbene Gegenstand durch eine ebenfalls unentgeltliche Übertragung von dem Erben auf den Begünstigten des Vermächtnisses übergeht und daher nach § 6 Abs. 3 EStG die Buchwerte fortzuführen sind.[1]

66 Der Erbfall und die Erbauseinandersetzung zwischen Miterben sind zwei getrennte Vorgänge:[2]

▶ Der **Erbfall** erfolgt unentgeltlich und führt daher zu keiner Veräußerung.

▶ Die **Erbauseinandersetzung** erfolgt nur insofern entgeltlich, als der Wert der durch einen Miterben erlangten Gegenstände den Wert seines Erbteils übersteigt und dieser dafür eine Abfindung leistet. Im Übrigen erfolgt der Erwerb unentgeltlich.[3]

b) Schenkung
aa) Reine Schenkung

67 Eine **(reine) Schenkung** eines (Teil-)Betriebs stellt keine Veräußerung i. S. d. § 16 Abs. 1 Satz 1 Nr. 1 EStG dar. Vielmehr sind gem. § 6 Abs. 3 Satz 1 EStG als unentgeltliche Übertragung die Buchwerte fortzuführen.[4] Der Schenker erzielt weder einen Veräußerungsgewinn noch einen Veräußerungsverlust durch die Schenkung. Dementsprechend hat der Erwerber auch keine Anschaffungskosten für die Sachgesamtheit. Voraussetzung für die Anwendung von § 6 Abs. 3 EStG ist, dass

▶ alle wesentlichen Betriebsgrundlagen

▶ in einem einheitlichen Vorgang übertragen werden, und

▶ der Erwerber den Betrieb oder Teilbetrieb anstelle des bisherigen Eigentümers fortführt.

68 Gegenüber der Definition der Veräußerung eines Betriebs oder Teilbetriebs ergibt sich nur der Unterschied, dass das Kriterium „gegen Entgelt" fehlt. Diese Tatbestandsvoraussetzung ist bei einer (reinen) Schenkung nicht erfüllt. Zudem stellt eine (reine) Schenkung auch keine Betriebsaufgabe i. S. d. § 16 Abs. 3 Satz 1 EStG dar, weil der (Teil-)Betrieb auch nach der Schenkung als einheitlicher Organismus weiterbesteht.[5] Werden im Rahmen der Schenkung funktional unwesentliche Wirtschaftsgüter zurückbehalten, werden diese WG Privatvermögen des Schenkers und sind damit mit dem Teilwert (§ 6 Abs. 1 Nr. 4 EStG) anzusetzen. Der durch den Teilwertansatz entstehende Entnahmegewinn ist als laufender Gewinn zu versteuern.[6]

69 Eine voll unentgeltliche Schenkung liegt auch vor, wenn der Erwerber neben den Aktiva auch **Passiva** übernimmt. Dies gilt auch dann, wenn die Buchwerte der Passiva die Buchwerte der Aktiva übersteigen.[7]

---

[1] Vgl. BMF v. 14. 3. 2006, BStBl 2006 I 253, Tz. 61.
[2] Vgl. BFH v. 5. 7. 1990 - GrS 2/89, BStBl 1990 II 837.
[3] Vgl. zu den Rechtsfolgen der verschiedenen Formen der Erbauseinandersetzung HHR/*Geissler*, § 16 EStG Anm. 82 bis 86.
[4] A. A. *Reiß* in Kirchhof/Söhn/Mellinghoff, § 16 EStG Rz. B 80: Wahlrecht.
[5] Vgl. BFH v. 19. 2. 1981 - IV R 116/77, BStBl 1981 II 566; krit. *Kauffmann* in Frotscher/Geurts, § 16 EStG Rz. 21.
[6] Vgl. BFH v. 3. 2. 1994 - III R 23/89, BStBl 1994 II 709.
[7] Vgl. *Wacker* in Schmidt, § 16 EStG Rz. 38.

bb) Schenkung unter Auflage und gemischte Schenkung

Aus zivilrechtlicher Sicht sind die Schenkung **unter Auflage** und **die gemischte Schenkung** zu unterscheiden. Bei der Schenkung unter Auflage stellt die Auflage keine Gegenleistung des Beschenkten dar, sondern mindert lediglich den Wert des übertragenen Vermögensgegenstands. Beispiele für eine Schenkung unter Auflage sind Fälle, in denen ein Teil der schenkungsweise übertragenen Gegenstände an einen Dritten weiterübertragen werden muss. Eine gemischte Schenkung ist dagegen eine Schenkung, bei der die Leistung einer Partei im Wert nur zu einem Teil durch die Leistung der anderen Partei aufgewogen wird und die Parteien übereinstimmend davon ausgehen, dass der überschießende Betrag unentgeltlich übergehen soll.[1]

Die wohl h. M. geht davon aus, dass Auflagenschenkungen und gemischte Schenkungen gleich zu behandeln sind.[2] Je nach Wert der Gegenleistung bzw. der Auflage kann ein voll unentgeltlicher oder voll entgeltlicher Vorgang vorliegen. Die **Abgrenzung** erfolgt nach der Einheitstheorie danach, ob der Wert der Gegenleistung den Buchwert der Sachgesamtheit übersteigt. Eine Trennung in einen entgeltlichen und einen unentgeltlichen Teil erfolgt nicht (Trennungstheorie).

c) Vorweggenommene Erbfolge

aa) Begriff

Eine gesetzliche Definition des Begriffs der vorweggenommenen Erbfolge gibt es nicht. Zivilrechtlich versteht man darunter eine Schenkung unter Lebenden an einen gesetzlichen Erben, die häufig mit der Auflage verbunden ist, die anderen Erben abzufinden.[3] Die vorweggenommene Erbfolge ist insbesondere dadurch gekennzeichnet, dass mit **Rücksicht auf die künftige Erbfolge** durch ein Rechtsgeschäft unter Lebenden, Vermögenswerte übertragen werden, die häufig mit Auflagen und Verpflichtungen, entweder zur Versorgung des Übergebers oder anderen vom Übergeber bestimmten Personen, verbunden sind.[4]

Der BFH vertrat früher die Auffassung, dass bei Übertragungen im Rahmen der vorweggenommenen Erbfolge die Vermutung einer unentgeltlichen Vermögensübertragung gilt, auch wenn der Übernehmer Leistungsverpflichtungen gegenüber Dritten, z. B. Gleichstellungsgelder oder Pflichtteilansprüche, zu erfüllen hatte. Mit Beschluss v. 5.7.1990 hat der **GrS** diese Auffassung jedoch verworfen.[5] Bei einer vorweggenommenen Erbfolge kann die Übertragung von Betrieben, Teilbetrieben oder Mitunternehmeranteilen aus ertragsteuerlicher Sicht eine voll unentgeltliche, eine teilentgeltliche oder eine voll entgeltliche Veräußerung bzw. Anschaffung darstellen. Die Beurteilung hängt davon ab, welche Leistungs- oder Zahlungsverpflichtungen der Übernehmer im Rahmen der vorweggenommenen Erbfolge übernehmen muss. Bei Übertragungen gegen Versorgungsleistungen gilt jedoch weiterhin, dass die Versorgungsleistungen keine Gegenleistung darstellen und daher weder als Veräußerungsentgelt noch als Anschaffungskosten anzusehen sind.[6]

---

1 Vgl. *Weidenkaff* in Palandt, § 516 BGB Rz. 13.
2 Vgl. *Kauffmann* in Frotscher/Geurts, § 16 EStG Rz. 60, m.w. N.; a. A. *Stephan*, DB 1991, 1090.
3 Vgl. *Weidlich* in Palandt, Vor § 1922 BGB Rz. 6 ff.
4 Vgl. HHR/*Geissler*, § 16 EStG Anm. 90.
5 Vgl. BFH v. 5.7.1990 - GrS 4-6/1989, BStBl 1990 II 847.
6 Vgl. eingehend unter → Rz. 486 ff.

bb) Widerlegbare Vermutungen

74 Bei **Vermögensübertragungen auf Familienangehörige** spricht die (widerlegbare) Vermutung dafür, dass die Übertragung aus familiären, privaten Gründen erfolgt und sich daher Leistung und Gegenleistung aus wirtschaftlichen Gesichtspunkten nicht entsprechen. Damit ist von einem unentgeltlichen bzw. teilentgeltlichen Vorgang auszugehen.[1] Der Steuerpflichtige hat die Darlegungslast, dass sich Leistung und Gegenleistung objektiv gleichwertig gegenüberstehen.[2] Zudem ist die Vermutung widerlegt, wenn die betroffenen Parteien trotz objektiver Ungleichwertigkeit, subjektiv von einer Ausgewogenheit von Leistung und Gegenleistung ausgehen, Leistung und Gegenleistung aus kaufmännischer Sicht abgewogen haben und darüber auch klare und eindeutige Vereinbarungen geschlossen haben.[3] Für den umgekehrten Fall, dass die Gegenleistung im Verhältnis zur Leistung (z. B. Übertragung des ganzen Betriebs) wertmäßig zu hoch ist, ist davon auszugehen, dass der objektiv angemessene Teil der Gegenleistung als Veräußerungspreis bzw. Anschaffungskosten anzusehen sind. U. E. sollte dies unabhängig davon gelten, ob die Gegenleistung nur geringfügig höher ist als die Leistung oder eine höhere Wertdifferenz besteht.[4] Nur der nicht angemessene Teil stellt eine steuerlich unbeachtliche Zuwendung nach § 12 Nr. 2 EStG dar.

75 Im Gegensatz zur (widerlegbaren) Vermutung bei Vorgängen zwischen Familienangehörigen wird bei Übertragungen **zwischen Fremden** (ebenfalls widerlegbar) vermutet, dass Leistung und Gegenleistung wirtschaftlich abgewogen sind. Eine Widerlegung dieser Vermutung ist z. B. möglich, wenn der Übernehmer nachweislich aufgrund von persönlichen Beziehungen zum Übergeber ein persönliches Interesse an der lebenslangen Versorgung des Übergebers hat.[5]

cc) Abstandszahlungen, Gleichstellungsgelder

76 Hat der Übernehmer Geldleistungen in der Form von Abstandszahlungen (Zahlungen an den Übergeber) oder Gleichstellungsgelder (Zahlungen an Dritte) zu leisten, ist i. d. R. von einer **Entgeltlichkeit** der Übertragung auszugehen. Der Übergeber erzielt einen Veräußerungserlös, während der Erwerber Anschaffungskosten für die Sachgesamtheiten hat. Die übernommenen Verbindlichkeiten werden als Betriebsschulden passiviert, soweit diese zu Anschaffungskosten für den Betrieb/Teilbetrieb geführt haben.[6]

77 Erfüllt der Übernehmer die Abstandszahlung oder Ausgleichsverpflichtung durch Hingabe von Wirtschaftsgütern aus seinem eigenen Vermögen (**Sachleistung**) liegt ebenfalls ein entgeltlicher Vorgang vor.[7] Hat der Übernehmer dagegen Sachleistungen aus dem übernommenen Vermögen zu leisten, stellt diese Verpflichtung kein Entgelt i. S. d. § 16 Abs. 1 EStG dar. Das betreffende Wirtschaftsgut wird aus dem Betriebsvermögen entnommen und führt zu einem

---

1 Vgl. BFH v. 5. 7. 1990 - GrS 4-6/1989, BStBl 1990 II 847.
2 Vgl. BFH v. 3. 6. 1992 - X R 15/89, BStBl 1993 II 23.
3 Vgl. BFH v. 30. 7. 2003 - X R 12/01, BStBl 2004 II 211.
4 A. A. BMF v. 11. 3. 2011, BStBl 2010 I 227, Tz. 66, wonach insgesamt eine private Zuwendung i. S. d. § 12 Nr. 2 EStG vorliegen soll, wenn der Wert der Gegenleistung mehr als doppelt so hoch ist wie der Wert des übertragenen Vermögens.
5 Vgl. BFH v. 16. 12. 1997 - IX R 11/94, BStBl 1998 II 718.
6 Vgl. BMF v. 13. 1. 1993, BStBl 1993 I 80, Tz. 27.
7 A. A. *Märkle/Franz*, BB 1991, Beil. zu Heft 5, 17, die von einem teilentgeltlichen Vorgang ausgehen.

nicht begünstigten Entnahmegewinn des Übernehmers.[1] Abzugrenzen ist dieser Fall jedoch von der Leistung an Erfüllungs statt. Bei der Leistung an Erfüllungs statt wird eine bestehende Geldleistungsverpflichtung durch eine Sachleistung abgelöst. Dabei soll der Entgeltcharakter der ursprünglichen Geldschuld erhalten bleiben.[2] Ist das an Erfüllungs statt zugewendete Wirtschaftsgut Teil der übernommenen Sachgesamtheit, entsteht ein nicht begünstigter Entnahmegewinn.[3]

Besteht für den Begünstigten der Ausgleichszahlung ein **Wahlrecht** zwischen einer Geld- oder Sachleistung, kommt es u. E. auf die Ausübung des Wahlrechts an. Fällt die Wahl auf die Geldleistung, liegt ein Entgelt vor. Wählt der Dritte dagegen eine Sachleistung aus dem übernommenen Vermögen, erfolgt eine unentgeltliche Übertragung.[4]   78

Wird die Ausgleichszahlung erst zu einem **späteren Zeitpunkt** fällig, ist Veräußerungspreis der abgezinste Barwert der Ausgleichszahlung. Ist die Ausgleichszahlung von einem künftigen ungewissen Ereignis abhängig (aufschiebende Bedingung), sind Anschaffungskosten des Erwerbers erst bei Eintritt des Ereignisses gegeben. Die Veräußerungserlöse des Übergebers erhöhen sich rückwirkend.[5]   79

Zahlt der Übernehmer eine Abfindung für einen **Erbteils- oder Pflichtteilsverzicht**, stellt diese Abfindung kein Entgelt für den Betrieb dar. Dies gilt unabhängig davon, ob die Abfindung als Einmalbetrag oder als wiederkehrende Zahlung entrichtet wird. Ein ggf. enthaltener Zinsanteil soll keine Betriebsausgabe des übernommenen Betriebs darstellen.[6]   80

Gehen im Rahmen der vorweggenommenen Erbfolge sowohl ein Gewerbebetrieb, Teilbetrieb oder Mitunternehmeranteil als auch **Privatvermögen** auf den Erwerber über, müssen zur Ermittlung des Veräußerungspreises für den Gewerbebetrieb Teilentgelte berechnet werden. Diese sind i. d. R. im Verhältnis der Verkehrswerte der übergehenden Wirtschaftsgüter zu bestimmen. Wurden Einzelwerte vertraglich vereinbart, sind diese zumindest bis zur Höhe der jeweiligen Verkehrswerte anzuerkennen.[7]   81

> **BEISPIEL:** V überträgt seinem Sohn S einen Gewerbebetrieb mit einem Verkehrswert von 2 Mio. € (Buchwert 1 Mio. €). Zudem überträgt V an S ein fremdvermietetes Mehrfamilienhaus (Privatvermögen) mit einem Verkehrswert von 0,5 Mio. €. S hat im Gegenzug private Schulden von V (nicht im Zusammenhang mit dem Gewerbebetrieb oder dem Vermietungsobjekt) i. H. v. 1 Mio. € zu tragen.
>
> **Lösung:**
> Das Entgelt beträgt 1 Mio. €. Da keine Regelung zur Aufteilung des Entgelts auf die beiden Objekte vorgenommen wurde, ergeben sich die Teilentgelte aus dem Verhältnis der Verkehrswerte. Gewerbebetrieb: 3/4; Mietwohngrundstück 1/4. Das Entgelt für den Gewerbebetrieb beträgt daher 0,75 Mio. €, für das Mehrfamilienhaus 0,25 Mio. €.
>
> **Abwandlung:**
> Haben V und S vertraglich vereinbart, dass das Entgelt jeweils hälftig (0,5 Mio. €) auf den Gewerbebetrieb und das Mehrfamilienhaus entfällt, ist diese Aufteilung nicht zu beanstanden. Das Vermie-

---

1 Vgl. *Reiß* in Kirchhof/Söhn/Mellinghoff, § 16 EStG Rz. B 142; a. A. *Mundt*, DStR 1991, 702, der von einem Entnahmegewinn des Übergebers ausgeht.
2 A. A. *Ehmcke*, Stbg 1992, 78.
3 Vgl. *Reiß* in Kirchhof/Söhn/Mellinghoff, § 16 EStG Rz. B 142; a. A. *Wacker* in Schmidt, § 16 EStG Rz. 65, der einen Veräußerungsgewinn annimmt.
4 Gl. A. *Hörger/Rapp* in Littmann/Bitz/Pust (Stand: EL 66 – ET 05/2005) § 16 EStG Rz. 24a; a. A. *Wacker* in Schmidt, § 16 EStG Rz. 65, die bei einem Wahlrecht stets von einer entgeltlichen Übertragung ausgehen.
5 Vgl. *Wacker* in Schmidt, § 16 EStG Rz. 64, a. A. *Schallmoser* in Blümich, § 16 EStG Rz. 107.
6 Vgl. *Hörger/Rapp* in Littmann/Bitz/Pust (Stand: EL 66 – ET 05/2005), § 16 EStG Rz. 23b.
7 Vgl. BMF v. 13. 1. 1993, BStBl 1993 I 80, Tz. 47.

tungsobjekt wurde damit vollentgeltlich erworben. Nach der Einheitstheorie wird der Erwerb des Gewerbebetriebs als unentgeltlich angesehen, da das Entgelt geringer ist als der Buchwert des Betriebs.

dd) Übernahme von Schulden und Nutzungsrechten

82 Entsprechend den Abstandszahlungen führt auch die Übernahme von **privaten Schulden** des Übergebers durch den Übernehmer des ganzen Betriebs oder Teilbetriebs zu einem teilentgeltlichen Geschäft.

83 Dagegen führt die **Übernahme von betrieblichen Schulden** des Betriebs/Teilbetriebs, die als Passivposten des übertragenen Betriebs ausgewiesen sind, nicht zu einem teilentgeltlichen Vorgang. Dies gilt bei der Übertragung von Mitunternehmeranteilen auch für Verbindlichkeiten des Sonderbetriebsvermögens. Gegenstand der Übertragung ist der gesamte Betrieb/Teilbetrieb/Mitunternehmeranteil, der sowohl die Aktiva als auch die Passiva umfasst. Alle Wirtschaftsgüter werden vom Erwerber mit den fortgeführten Buchwerten angesetzt. Es erfolgt auch keine andere Beurteilung, wenn der übergehende Betrieb insgesamt ein negatives Kapitalkonto aufweist. Auch in diesem Fall erfolgt ein unentgeltlicher Übergang des Betriebs, sofern keine weiteren Gegenleistungen erfolgen.[1] Voraussetzung ist jedoch, dass entsprechende stille Reserven oder zumindest Gewinnchancen des Betriebs bestehen.[2]

84 Geht ein Betrieb mit **negativem Kapitalkonto** auf den Erwerber über und hat dieser zudem eine Gegenleistung, z. B. in Form von Gleichstellungsgeldern, zu entrichten, ist der Vorgang als teilentgeltlich anzusehen. Der Übergeber hat einen Veräußerungserlös in Höhe des Gleichstellungsgelds plus negatives Kapitalkonto; der Erwerber, Anschaffungskosten in gleicher Höhe. In diesem Fall wird nach h. L., die Übernahme des negativen Kapitalkontos als zusätzliche Gegenleistung neben dem Gleichstellungsgeld angesehen.[3]

> **BEISPIEL:** Mutter M überträgt auf ihre Tochter T ihren Gewerbebetrieb mit einem Verkehrswert von 2 Mio. €. Der Nettobuchwert des Gewerbebetriebs ist negativ und beträgt ./. 0,5 Mio. €. T muss an ihren Bruder B ein Gleichstellungsgeld i. H. v. 0,5 Mio. € zahlen.
>
> **Lösung nach h. L.:**
>
> Der Veräußerungserlös von M beträgt 1 Mio. € (Gleichstellungsgeld 0,5 Mio. € plus neg. Kapitalkonto 0,5 Mio. €). T stockt die Buchwerte der Wirtschaftsgüter um 1 Mio. € auf.
>
> Zur Vermeidung eines entgeltlichen Vorgangs in diesem Fall wird in der Literatur eine Vorabentnahme des Gleichstellungsgeldes durch den Übergeber vorgeschlagen. Da T in diesem Fall nur das negative Kapitalkonto übernimmt, aber keine Gegenleistung zu leisten hat, soll ein unentgeltlicher Vorgang vorliegen.[4]

85 In der Praxis sind auch häufig Fälle anzutreffen, in denen sich der Übergeber selbst oder einem Dritten **Nutzungsrechte**, z. B. Wohnrecht oder Erbbaurecht oder einen Nießbrauch an dem übertragenen Betrieb vorbehält. Die vorbehaltenen Nutzungsrechte ändern an der Unentgeltlichkeit der Übertragung nichts.[5] Die nachträgliche Ablösung des Nutzungsrechts durch Einmalzahlung führt regelmäßig zu nachträglichen Anschaffungskosten des Übernehmers, jedoch

---

1 Vgl. *Schmidt/Leyh*, NWB DokID: SAAAE-58871, Tz. 35.
2 Vgl. BFH v. 10. 3. 1998 - VIII R 76/96, BStBl 1999 II 269; *Wacker* in Schmidt, § 16 EStG Rz. 69.
3 Vgl. *Schallmoser* in Blümich, § 16 EStG Rz. 107, m.w. N.; a. A. *Halbig*, INF 1991, 529.
4 Vgl. *Wacker* in Schmidt, § 16 EStG Rz. 69.
5 Vgl. BFH v. 24. 4. 1991 - XI R 5/83, BStBl 1991 II 793.

nicht zu nachträglichem Entgelt des Übergebers.[1] Durch die nachträgliche Ablösung eines vorbehaltenen Nießbrauchs an einem Mitunternehmeranteil sollte der Übergeber, insbesondere im Fall der Surrogation, keinen Veräußerungsgewinn erzielen.[2]

ee) Übertragung gegen Versorgungsleistungen

Sonderregelungen bestehen für die Übertragung von Betrieben, Teilbetrieben oder Mitunternehmeranteilen gegen **wiederkehrende Versorgungsleistungen**. Nach den oben dargestellten allgemeinen Grundsätzen läge in diesem Fall eine teilentgeltliche Veräußerung vor. Durch das ursprünglich für die Übergabe von landwirtschaftlichen Betrieben von der Rechtsprechung entwickelte Sonderinstitut der Übergabe gegen Versorgungsbezüge wurde jedoch die Übertragung als unentgeltlicher Vorgang i. S. d. § 6 Abs. 3 Satz 1 EStG angesehen. Dies hat zur Folge, dass der Übergeber keinen Veräußerungsgewinn-/verlust erzielt, der Übernehmer die Buchwerte fortführt und die Aufwendungen für die Versorgungsbezüge keine Betriebsausgaben darstellen. Vielmehr kann der Erwerber des Betriebs gem. § 10 Abs. 1a Nr. 2 EStG die Versorgungsbezüge als Sonderausgaben abziehen, während der Übergeber diese als sonstige Einkünfte aus Versorgungsleistungen nach § 22 Nr. 1a EStG zu versteuern hat. 86

Das Sonderinstitut **„Vermögensübergabe gegen Versorgungsbezüge"** wird durch den Zweck des generationsübergreifenden Erhalts von Familienvermögen und die Sicherung der Versorgung der weichenden Generation gerechtfertigt.[3] Zudem beruht das Sonderinstitut auf dem Umstand, dass „sich der Vermögensübergeber in Gestalt der Versorgungsleistungen typischerweise Erträge seines Vermögens vorbehält, die nunmehr allerdings vom Vermögensübernehmer erwirtschaftet werden müssen".[4] Diese von den allgemeinen Grundsätzen der vorweggenommenen Erbfolge abweichende Beurteilung von Übertragung gegen Versorgungsbezüge ist umstritten und führt zu diversen Anwendungsproblemen.[5] 87

Es ist jedoch zu beachten, dass **nicht jede wiederkehrende Leistung**, die im Zusammenhang mit der Übertragung eines Betriebs, Teilbetriebs oder Mitunternehmeranteils geleistet wird, unter das Sonderinstitut der Vermögensübergabe gegen Versorgungsbezüge fällt. Vielmehr können wiederkehrende Bezüge als betriebliche Versorgungsrenten, die eine nachträgliche Vergütung für geleistete Dienst darstellen, oder als vollentgeltliche Veräußerungsrenten, Zeitrenten oder verlängerte Leibrenten, die allesamt zu Teilentgelt führen, beurteilt werden.[6] 88

(Einstweilen frei) 89–98

II. Ganzer Gewerbebetrieb

1. Allgemeines

Eine Veräußerung des **ganzen Gewerbebetriebs** i. S. d. § 16 Abs. 1 Satz 1 Nr. 1 Alt. 1 EStG liegt vor, wenn 99

---

1 Gl. A. wohl *Hörger/Rapp* in Littmann/Bitz/Pust (Stand: EL 66 – ET 05/2005), § 16 EStG Rz. 23b.
2 Vgl. *Götz*, DStR 2010, 2432; a. A. *Wacker* in Schmidt, § 16 EStG Rz. 71.
3 Vgl. *Reiß* in Kirchhof, § 16 EStG Rz. 127; *Brandenberg*, NWB 2005, 2543.
4 *Martin*, BB 1993, 1773; BFH v. 15. 7. 1991 - GrS 1/90, BStBl 1992 II 78 (C. II. 1. c.).
5 Vgl. dazu die Kommentierung zu § 10 Abs. 1a EStG in KKB/Wilhelm, § 10 EStG.
6 Vgl. dazu HHR/*Geissler*, § 16 EStG Anm. 63.

- alle wesentlichen Betriebsgrundlagen des Betriebs
- in einem einheitlichen Vorgang
- gegen Entgelt
- auf einen Erwerber übertragen werden, so dass der Betrieb als geschäftlicher Organismus fortgeführt werden kann, und
- der Veräußerer seine bisher in dem Gewerbebetrieb ausgeübte gewerbliche Tätigkeit beendet.[1]

100 Hinsichtlich der Beurteilung, ob die Voraussetzungen der Betriebsveräußerung erfüllt sind, kommt es auf den **Zeitpunkt der Übertragung des (wirtschaftlichen) Eigentums** am Betrieb, Teilbetrieb oder Mitunternehmeranteil an. Der Zeitpunkt des Abschlusses des Kausalgeschäfts, z. B. des Kaufs, ist nicht maßgebend.[2]

2. Selbständiger Organismus

101 Die Betriebsveräußerung setzt voraus, dass der Betrieb als „selbständiger Organismus des Wirtschaftslebens" übertragen wird. Das bedeutet, dass der Gewerbebetrieb im Zeitpunkt der Übertragung noch bestehen muss, so dass dieser vom Erwerber fortgeführt werden kann.[3] Der Betrieb muss sich dabei durch **völlige Eigenständigkeit** auszeichnen.[4] Ob der Erwerber den Gewerbebetrieb auch tatsächlich fortführt, ist für die Beurteilung einer steuerlich begünstigten Betriebsveräußerung irrelevant.[5] Entscheidend ist alleine die abstrakte Fortführungsmöglichkeit.

102 Ein selbständiger Organismus des Wirtschaftslebens soll bei **Betrieben im Aufbau** vorliegen, wenn bei diesen „die wesentlichen Betriebsgrundlagen bereits vorhanden sind und bei zielgerichteter Weiterverfolgung des Aufbauplans ein selbständiger Organismus zu erwarten ist".[6] Nach der Rechtsprechung kommt es dabei nicht darauf an, ob der Betrieb im Aufbau bereits einen eigenen Kundenstamm und Lieferantenbeziehungen hat[7] oder sich bereits erhebliche stille Reserven gebildet haben. Ob die FinVerw in Fällen der Veräußerung eines Betriebs/Teilbetriebs im Aufbau auch von einem begünstigten Vorgang nach § 16 Abs. 1 Satz 1 Nr. 1 EStG ausgeht, ist offen. Im Rahmen des Umwandlungssteuererlasses vertritt die FinVerw die umstrittene Auffassung, dass ein Betrieb/Teilbetrieb im Aufbau nicht ausreicht.[8]

103 **Kein** Gewerbebetrieb liegt dagegen vor:
- Der Gewerbebetrieb ist verfallen oder zerstört, so dass die Möglichkeit der Betriebsfortführung nicht gegeben ist.[9]
- Es besteht ein auslaufender Betrieb, der sich nicht mehr in der Abwicklungsphase befindet.[10]

---

1 Vgl. R 16 Abs. 1 Satz 1 EStR.
2 A. A. *Tiedtke/Wälzholz*, DStZ 2000, 127.
3 Vgl. BFH v. 7. 11. 1991 - IV R 50/90, BStBl 1992 II 280.
4 Vgl. HHR/*Geissler*, § 16 EStG Anm. 120.
5 Vgl. R 16 Abs. 1 Satz 2 EStR.
6 BFH v. 7. 11. 1991 - IV R 50/90, BStBl 1992 II 280.
7 A. A. *Reiß* in Kirchhof, § 16 EStG Rz. 45.
8 Vgl. BMF v. 11. 11. 2011, BStBl 2011 I 1314, Rz. 20.06 i. V. m. Rz. 15.03; vgl. zur Kritik *Kessler/Philipp*, DStR 2011, 1067; *Feldgen*, Ubg 2012, 459; *Graw*, IFSt-Schrift Nr. 488 2013, 24.
9 Vgl. BFH v. 16. 7. 1970 - IV R 227/68, BStBl 1970 II 738.
10 Vgl. *Hörger/Rapp* in Littmann/Bitz/Pust (Stand: EL 65 – ET 02/2005), § 16 EStG Rz. 33.

Im Falle eines ruhenden Betriebs bzw. einer Betriebsunterbrechung, d. h., wenn die betriebliche Tätigkeit nur vorübergehend, aber nicht endgültig eingestellt ist, liegt weiterhin ein fortbestehender betrieblicher Organismus vor. Dieser kann sowohl vom bisherigen Inhaber oder einem Erwerber des gesamten Betriebs identitätswahrend wieder aufgenommen werden. Die Betriebsunterbrechung kann in Form der Betriebsverpachtung (= Betriebsunterbrechung im weiteren Sinne) und dem ruhenden Betrieb (= Betriebsverpachtung im engeren Sinne) vorliegen. 104

▶ **Betriebsverpachtung**: Sofern alle funktional wesentlichen Betriebsgrundlagen an einen Pächter verpachtet werden, besteht der Gewerbebetrieb beim Verpächter solange fort, bis die Betriebsaufgabe erklärt wird.[1]

▶ **Ruhender Betrieb**: Ergeben die äußerlich erkennbaren Umstände, dass die werbende Tätigkeit innerhalb eines überschaubaren Zeitraums in gleicher oder ähnlicher Art wieder aufgenommen wird, ist von einem fortbestehenden Gewerbebetrieb auszugehen.

Vom Gewerbebetrieb abzugrenzen sind sog. Liebhabereibetriebe, d. h. Vermögen, das bisher nicht zur Erzielung von Gewinnen eingesetzt wurde. Wird dieses Vermögen in seiner Gesamtheit auf einen Erwerber übertragen, liegt keine Betriebsveräußerung i. S. d. § 16 Abs. 1 Satz 1 Nr. 1 EStG vor. Nutzt der Erwerber das Vermögen zukünftig zur Gewinnerzielung liegt eine Betriebseröffnung vor.[2] 105

(*Einstweilen frei*) 106–110

3. Beendigung der bisherigen gewerblichen Tätigkeit

Eine Betriebsveräußerung liegt nur vor, wenn der Veräußerer die mit dem veräußerten Betriebsvermögen verbundene Tätigkeit vollständig aufgibt. Das Kriterium der **Aufgabe der bisherigen gewerblichen Tätigkeit** ist gesondertes Tatbestandsmerkmal. Die Bedeutung dieses Kriteriums, in Abgrenzung zur Übertragung aller wesentlichen Betriebsgrundlagen, ist umstritten.[3] U. E. wird dieses Tatbestandsmerkmal jedoch immer dann relevant, wenn der Veräußerer nach der Veräußerung einen neuen Betrieb eröffnet oder zu dem veräußerten Betrieb weiterhin in Verbindung steht.[4] 111

Bei Neueröffnung eines Betriebs durch den Veräußerer muss nach den gesamten Verhältnissen des Einzelfalls beurteilt werden, ob der bisherige Betrieb und der neue Betrieb **wirtschaftlich identisch** sind.[5] Wichtige Abgrenzungsmerkmale sind der Kundenstamm, die Wesensgleichheit sowie das örtliche Wirkungsfeld. Eine wirtschaftliche Identität soll dann nicht gegeben sein, wenn eine wesensverschiedene Tätigkeit in einer anderen Branche oder eine wesensgleiche Tätigkeit mit einem neuen Kundenkreis bzw. einem anderen örtlichen Wirkungskreis ausgeübt wird.[6] Im Einzelfall kann die Unterscheidung schwierig sein. So hat z. B. das FG Münster entschieden, dass ein Zurückbehalten von 10 % der Kundenbeziehungen einer Beendigung der bisherigen gewerblichen Tätigkeit nicht entgegensteht.[7] Die Beurteilung der wirtschaftlichen Identität ist auch erforderlich, wenn der Veräußerer vor der Betriebsveräußerung 112

---

1 Vgl. dazu auch → Rz. 403.
2 Vgl. HHR/*Geissler*, § 16 EStG Anm. 120, m. w. N.
3 Keinen eigenen Anwendungsbereich sehen *Hörger/Rapp* in Littmann/Bitz/Pust (Stand: EL 65 – ET 02/2005), § 16 EStG Rz. 41.
4 Gl. A. HHR/*Geissler*, § 16 EStG Anm. 135; *Reiß* in Kirchhof/Söhn/Mellinghoff, § 16 EStG Rz. B 219.
5 Vgl. BFH v. 24. 6. 1976 - VI R 199/72, BStBl 1976 II 670.
6 Vgl. HHR/*Geissler*, § 16 EStG Anm. 136.
7 Vgl. FG Münster v. 18. 6. 1998 - 8 K 1483/94 G, EFG 1998, 1465.

mehrere gewerbliche Tätigkeiten ausgeübt hat und nur ein Betrieb veräußert wird.[1] Sind der veräußerte und der neue bzw. weitergeführte Betrieb wirtschaftlich identisch, liegt keine Betriebsveräußerung, sondern lediglich eine – nicht begünstigte – innerbetriebliche Strukturänderung vor.[2]

113 Wird der Veräußerer nach der Veräußerung des Betriebs in diesem **selbständig**, z. B. als Berater, oder nichtselbständig, z. B. als Angestellter, tätig, steht dies einer Beendigung der gewerblichen Tätigkeit nicht entgegen. Die selbständige oder nichtselbständige Tätigkeit für den ehemaligen Betrieb stellt keine eigene gewerbliche Tätigkeit mit (Mit-)Unternehmerrisiko und -initiative auf eigene Rechnung mehr dar.[3] Vielmehr steht der ehemalige Betriebsinhaber nur noch in Vertragsbeziehungen zu dem neuen Eigentümer des Betriebs.

114 Eine Übertragung des Gewerbebetriebs auf eine **Kapitalgesellschaft oder eine Personengesellschaft** führt auch dann zu einer Beendigung der bisherigen gewerblichen Tätigkeit, wenn der bisherige Betriebsinhaber an der Gesellschaft beteiligt ist. Die Höhe der Beteiligung oder die Stellung als Geschäftsführer soll dabei ebenfalls nicht schädlich sein.[4] Bei der Einbringung eines Betriebs in eine Personengesellschaft sind jedoch die Regelungen des § 16 Abs. 2 Satz 3, Abs. 3 Satz 5 EStG zu beachten. Soweit auf der Seite des Veräußerers und des Erwerbers dieselben Personen Mitunternehmer sind, gilt der Gewinn aus der Veräußerung als laufender Gewinn.

115 Umstritten ist dagegen der Fall, dass der Veräußerer den veräußerten Betrieb nach der Veräußerung **zurückpachtet**. Der BFH verneint in diesem Fall eine Anwendung von § 6 Abs. 3 EStG für den Fall, dass die Übertragung unentgeltlich erfolgt.[5] Für den Fall der entgeltlichen Veräußerung eines gewerblichen Betriebs ist die Frage, soweit ersichtlich, nicht höchstrichterlich geklärt. U. E. ist keine wirtschaftliche Identität zwischen dem originären Gewerbebetrieb und der Pacht des ehemaligen Gewerbebetriebs gegeben, da sich die Tätigkeit nicht auf eigenes Betriebsvermögen bezieht. Daher sollte nach unserer Ansicht auch in diesem Fall eine begünstigte Betriebsveräußerung vorliegen.[6] Das Gleiche sollte für den Fall der Betriebsveräußerung unter Vorbehaltsnießbrauch gelten.[7] Dieser Ansicht ist jedoch der BFH bei der unentgeltlichen Übertragung entgegen getreten.[8] Die Steuerneutralität einer unentgeltlichen Übertragung eines Gewerbebetriebs wird durch den Vorbehalt des Nießbrauchs gehindert, da die bisherige gewerbliche Tätigkeit nicht eingestellt wird.

116–120 *(Einstweilen frei)*

4. Einheitlicher Vorgang

121 Die wesentlichen Betriebsgrundlagen müssen in einem **einheitlichen Vorgang** übertragen werden. Ein einheitlicher Vorgang liegt auch vor, wenn die gesamten Wirtschaftsgüter auf Basis eines Kausalgeschäfts im Rahmen mehrerer Erfüllungsgeschäfte den wirtschaftlichen Eigentü-

---

1 Vgl. *Wacker* in Schmidt, § 16 EStG Rz. 98.
2 Vgl. dazu die Ausführungen zur Betriebsaufgabe unter § 16 EStG Rz. 386 ff.
3 Vgl. BFH v. 17. 7. 2008 - X R 40/07, BStBl 2009 II 43; *Tiedtke/Wälzholz*, DStR 1999, 219.
4 Vgl. BFH v. 9. 8. 1989 - X R 62/87, BStBl 1989 II 973, für Kapitalgesellschaften sowie BFH v. 16. 12. 1992 - X R 52/90, BStBl 1994 II 838, für Personengesellschaften.
5 Vgl. BFH v. 2. 9. 1992 - XI R 26/91, BFH/NV 1993, 161 = NWB DokID: DAAAB-33570.
6 Gl. A. *Tiedtke/Wälzholz*, DStR 1999, 221; *Schießl*, DStZ 2007, 113; *Wacker* in Schmidt, § 16 EStG Rz. 99.
7 Gl. A. *Tiedtke/Wälzholz*, DStR 1999, 221; a. A. HHR/*Geissler*, § 16 EStG Anm. 136; *Reiß* in Kirchhof, § 16 EStG Rz. 47.
8 Vgl. BFH v. 25.1.2017 - X R 59/14, BFH/NV 2017, 1077 = NWB DokID: LAAAG-47393; *Hübner/Friz*, DStR 2017, 2553.

mer wechseln. Auch wenn der Übertragung der wesentlichen Betriebsgrundlagen mehrere Kausalgeschäfte zugrunde liegen, geht die Rechtsprechung von einem einheitlichen Vorgang aus, wenn eine Verklammerung der Kausalgeschäfte durch einen einheitlichen Beschluss erfolgt.[1] Die Vorgänge müssen dafür in einem engen sachlichen und zeitlichen Zusammenhang ausgeübt werden. Es erfolgt damit keine zeitpunkt-, sondern eine zeitraumbezogene Betrachtung. Allerdings existiert keine starre zeitliche Grenze in der noch von einem zeitlichen Zusammenhang der Vorgänge ausgegangen wird. Vielmehr erfolgt eine kasuistische Abgrenzung, unter Berücksichtigung der besonderen Umstände des Einzelfalls. Für die Betriebsaufgabe hat der BFH in einem Sonderfall einen Zeitraum von 18 Monaten zwischen erster und letzter Aufgabehandlung als unschädlich angesehen.[2] Ein Zeitraum von 36 Monaten soll dagegen zu lang sein.[3] Verzögert sich die Veräußerung aller wesentlichen Betriebsgrundlagen ohne Verschulden des Stpfl., sollte dies für einen einheitlichen Vorgang unschädlich sein, solange die Veräußerung auf einem einheitlichen Beschluss beruht.[4]

Eine Steuerbegünstigung der Veräußerungsgewinne tritt auch ein, wenn die Gewinne in **verschiedenen Veranlagungszeiträumen** anfallen. In diesem Fall ist der Freibetrag nach § 16 Abs. 4 EStG jedoch auch nur einmal zu gewähren. Die Tarifermäßigung des § 34 EStG wird auf den jeweils für den im jeweiligen Veranlagungszeitraum realisierten Gewinn angewendet.[5] 122

Im Zusammenhang mit dem Tatbestandsmerkmal des einheitlichen Vorgangs ist auch die vom BFH im Rahmen von §§ 16, 34 EStG entwickelte **Gesamtplanrechtsprechung** zu beachten.[6] Demnach liegt keine begünstigte Betriebsveräußerung vor, wenn vor der Betriebsveräußerung wesentliche Betriebsgrundlagen zum Buchwert in ein anderes Betriebsvermögen überführt wurden. In diesem Fall sei keine dem Regelungszweck der §§ 16, 34 EStG unterliegende zusammengeballte Realisierung der stillen Reserven in einem Betrieb oder Teilbetrieb gegeben. Dabei ist zu beurteilen, ob die Übertragung in ein anderes Betriebsvermögen in einem engen sachlichen und zeitlichen Zusammenhang zu der Veräußerung der übrigen wesentlichen Grundlagen erfolgte. Auch im Rahmen der Gesamtplanrechtsprechung gilt keine starre Zeitgrenze. Strittig ist, ob sich die Gesamtplanrechtsprechung aus § 42 AO oder direkt aus §§ 16, 34 EStG ableitet. Zudem wird die Ausweitung der Gesamtplanrechtsprechung auf Fälle des § 6 Abs. 3 EStG sowie die Einbringung nach §§ 20, 24 UmwStG in der jüngeren Rechtsprechung wieder zurückgedrängt.[7] 123

(*Einstweilen frei*) 124–128

5. Ein Erwerber

Eine Betriebsveräußerung im Ganzen liegt nur dann vor, wenn alle funktional wesentlichen Betriebsgrundlagen **auf einen Erwerber** übertragen werden. Erfolgt dagegen eine Übertragung auf verschiedene Personen scheidet eine Betriebsveräußerung nach § 16 Abs. 1 Satz 1 Nr. 1 129

---

1 Vgl. BFH v. 14. 7. 1993 - X R 74-75/90, BStBl 1993 II 15; BFH v. 3. 10. 1989 - VIII R 143/84, BStBl 1990 II 420; vgl. *Wacker* in Schmidt, § 16 EStG Rz. 121.
2 Vgl. BFH v. 30. 8. 2012 - IV R 44/10, NWB DokID: NAAAE-26246.
3 Vgl. BFH v. 16. 9. 1993 - X R 101/90, BStBl 1993 II 710.
4 Gl. A. HHR/*Geissler*, § 16 EStG Anm. 129.0
5 Vgl. *Reiß* in Kirchhof, § 16 EStG Rz. 69.
6 Vgl. BFH v. 6. 9. 2000 - IV R 18/99, BStBl 2001 II 229; dazu auch H 16 Abs. 4 „Buchwertübertragung von wesentlichen Betriebsgrundlagen" ESthH; *Schulze zur Wiesche*, DStR 2015, 1161.
7 Vgl. zu der aktuellen Rechtsprechung zum Gesamtplan: *Mielke*, DStR 2015, 673; *Schulze zur Wiesche*, DStR 2015, 1161.

EStG aus, da der Betrieb als selbständiger Organismus des Wirtschaftslebens zerstört wird.[1] Bei einer Veräußerung an verschiedene Personen kann ggf. eine Betriebsaufgabe i. S. d. § 16 Abs. 3 Satz 1 EStG vorliegen. Zudem liegt keine Betriebsveräußerung vor, wenn ein Teil der wesentlichen Betriebsgrundlagen auf einen Erwerber und ein anderer Teil ins Privatvermögen, zu anderen betriebsfremden Zwecken oder in ein anderes Betriebsvermögen des Veräußerers übertragen werden.

130 Als Erwerber qualifizieren auch **Mitunternehmerschaften**. Dies gilt selbst dann, wenn der Veräußerer an der Mitunternehmerschaft beteiligt ist. In diesem Fall ist allerdings § 16 Abs. 2 Satz 3 EStG zu beachten. U. E. sollte ein Erwerber auch dann anzunehmen sein, wenn mehrere gesellschaftlich miteinander verbundene Unternehmen jeweils Teile der wesentlichen Betriebsgrundlagen erwerben und diesen als geschlossenen Organismus fortführen.[2]

131–134 *(Einstweilen frei)*

6. Wesentliche Betriebsgrundlagen

a) Kombinierte funktional-quantitative Betrachtungsweise

135 **Entscheidendes Kriterium** für die Betriebsveräußerung im Ganzen ist, dass alle wesentlichen Betriebsgrundlagen veräußert werden. Werden wesentliche Betriebsgrundlagen zurückbehalten, scheidet eine begünstigte Betriebsveräußerung aus.[3]

136 Der Begriff der **wesentlichen Betriebsgrundlagen** kommt in verschiedenen Rechtsnormen zum Tragen und ist nach einhelliger Meinung normspezifisch auszulegen.[4] Generell gilt, dass nur diejenigen Wirtschaftsgüter zu den wesentlichen Betriebsgrundlagen gehören, die sich im (wirtschaftlichen) Eigentum des Veräußerers befinden.[5] Nutzungsrechte (z. B. durch Mietverträge) an nicht im Betriebsvermögen stehenden Wirtschaftsgütern sollen u. E. daher keine wesentliche Betriebsgrundlage darstellen, unabhängig davon, ob das Wirtschaftsgut eine wesentliche Betriebsgrundlage wäre, wenn es zum Betriebsvermögen gehören würde.[6]

137 Im Zusammenhang mit § 16 Abs. 1 Satz 1 EStG und auch § 16 Abs. 3 Satz 1 EStG werden die wesentlichen Betriebsgrundlagen durch eine **funktional-quantitative Betrachtungsweise** bestimmt.[7] Demnach gehören zu den wesentlichen Betriebsgrundlagen alle Wirtschaftsgüter, die nach der Art des Betriebs und ihrer Funktion für den Betrieb wesentlich sind sowie Wirtschaftsgüter, die zwar funktional für den Betrieb nicht erforderlich sind, jedoch erhebliche stille Reserven in sich tragen. Im Bereich des § 6 Abs. 3 EStG ist dagegen eine rein funktionale Betrachtungsweise anzulegen.[8] Ungeklärt ist, ob sich die beiden Kriterien funktional und qualitativ gleichrangig und unabhängig gegenüber stehen. U. E. ist die Rechtsprechung nicht so zu verstehen, dass die Funktion des Wirtschaftsgutes für den Betrieb gänzlich unbeachtlich ist,

---

1 Vgl. BFH v. 22. 11. 1988 - VIII R 323/84, BStBl 1989 II 357.
2 A. A. *Hörger/Rapp* in Littmann/Bitz/Pust (Stand: EL 65 – ET 02/2005), § 16 EStG Rz. 32, die auf die Veräußerersicht abstellen und daher eine Betriebsaufgabe annehmen.
3 Zur Zurückbehaltung wesentlicher Betriebsgrundlagen bei Einbringungen vgl. BFH v. 29.11.2017 - I R 7/16, DStR 2018, 101 mit Anmerk. v. Wacker, NWB DokID: AAAAG-83527.
4 Vgl. BFH v. 2. 10. 1997 - IV R 84/96, BStBl 1998 II 104; *Wacker* in Schmidt, § 16 EStG Rz. 100, m. w. N.
5 Vgl. *Neumann*, EStB 2002, 439.
6 Gl. A. wohl *Hörger/Rapp* in Littmann/Bitz/Pust (Stand: EL 65 – ET 02/2005), § 16 EStG Rz. 26; a. A. HHR/*Geissler*, § 16 EStG Anm. 122; *Neumann*, EStB 2002, 439; *Blumers*, DB 1995, 496.
7 Vgl. BFH v. 10. 11. 2005 - IV R 7/05, BStBl 2006 II 176; H 16 Abs. 8 „Begriff der wesentlichen Betriebsgrundlage" EStH.
8 Vgl. BFH v. 31. 8. 1995 - VIII B 21/93, BStBl 1995 II 890.

sofern in einem Wirtschaftsgut erhebliche stille Reserven ruhen.[1] Vielmehr ist eine kombinierte funktional-quantitative Betrachtungsweise anzuwenden, bei der es darauf ankommt, dass die Wirtschaftsgüter mit erheblichen stillen Reserven zwar keine wesentliche Funktion für den Betrieb haben, jedoch in einem bestimmten funktionalen Zusammenhang mit dem Betrieb stehen.

Das **quantitative Kriterium** findet seine Rechtfertigung in dem Sinn und Zweck der §§ 16, 34 EStG, die die zusammengeballte Realisierung von erheblichen stillen Reserven in einer Sachgesamtheit steuerlich begünstigen. Eine konkrete Definition des Begriffs „erhebliche stille Reserven" existiert nicht. Zudem ist nicht abschließend geklärt, ob es sich um eine relative Obergrenze (stille Reserven des Wirtschaftsguts in Relation zu den gesamten stillen Reserven des Betriebs/Teilbetriebs) oder eine absolute Obergrenze (betragsmäßige Höhe der stillen Reserven unabhängig von den gesamten stillen Reserven) handelt.[2] Gemäß den Grundsätzen für die Veräußerung von Freiberuflerpraxen sollen in einem Wirtschaftsgut erhebliche stille Reserven enthalten sein, wenn diese mindestens 10 % der stillen Reserven des gesamten Betriebes oder des gesamten Mitunternehmeranteils betragen.[3]

Die funktionale Betrachtungsweise steht vor dem Hintergrund der **Tätigkeitsbezogenheit** des Betriebs. Danach sind diejenigen Wirtschaftsgüter wesentlich, die zur Erreichung des Betriebszwecks erforderlich und auch von besonderem Gewicht sind.[4]

b) Einzelfälle

In jedem Fall ist für die Abgrenzung von wesentlichen Betriebsgrundlagen auf die **tatsächlichen Verhältnisse des Einzelfalls** unter Berücksichtigung der besonderen Verhältnisse und Gegebenheiten des jeweiligen Betriebs abzustellen. Die Feststellungslast bezüglich des Vorliegens von wesentlichen Betriebsgrundlagen ist abhängig von der Interessenslage. Diejenige Partei, die sich auf die Qualifizierung als wesentliche Betriebsgrundlage beruft, trägt die Last der Feststellung.[5] Im Folgenden werden – kasuistisch ohne Anspruch auf Vollständigkeit – verschiedene Einzelfälle von wesentlichen Betriebsgrundlagen dargestellt. Für die Qualifikation verschiedener Wirtschaftsgüter als funktional wesentliche Betriebsgrundlagen wird auch die Rechtsprechung zu anderen Themenkomplexen, z. B. zur Betriebsaufspaltung, herangezogen.

aa) Bewegliche Wirtschaftsgüter des Anlagevermögens

Bewegliche Wirtschaftsgüter des Anlagevermögens sind insbesondere Maschinen und Betriebsvorrichtungen. Hinsichtlich der Qualifizierung als wesentliche Betriebsgrundlage ist auf den **Betriebszweck** abzustellen. Bei Produktionsunternehmen ist entscheidend, ob das betreffende Anlagevermögen für die Ausübung der Tätigkeit unerlässlich ist. Zu den wesentlichen Betriebsgrundlagen gehören die für die Produktion abgestellten Betriebsvorrichtungen sowie der Maschinenpark.[6]

---

1 Gl. A. *Hörger/Rapp* in Littmann/Bitz/Pust (Stand: EL 65 – ET 02/2005), § 16 EStG Rz. 30; a. A. HHR/*Geissler*, § 16 EStG Anm. 121.
2 Für eine kombinierte absolute und relative Obergrenze: BFH v. 1. 2. 2006 - XI R 41/04, NWB DokID: ZAAAB-88006.
3 Vgl. *Stahl* in Korn, § 16 EStG Rz. 35.1.
4 Vgl. statt vieler BFH v. 24. 8. 1989 - IV R 135/86, BStBl 1989 II 1014.
5 Vgl. *Kauffmann* in Frotscher/Geurts, § 16 EStG Rz. 104a.
6 Vgl. BFH v. 18. 5. 2004 - X B 167/03, BFH/NV 2004, 1262 = NWB DokID: NAAAB-24486; H 15 Abs. 8 „Produktionsunternehmen" EStH.

142 Kurzfristig wiederbeschaffbare Anlagegüter (z. B. Inventar) werden bei Handelsbetrieben i. d. R. nicht als wesentliche Betriebsgrundlagen angesehen. Dies gilt auch bei Produktionsunternehmen, sofern es sich um einzelne kurzfristig wiederbeschaffbare Maschinen handelt.[1]

bb) Grundstücke

143 Betrieblich genutzte Grundstücke zählen i. d. R. zu den wesentlichen Betriebsgrundlagen. Grundsätzlich soll es nach der Rechtsprechung darauf ankommen, ob das Grundstück ein **besonderes wirtschaftliches Gewicht für die Betriebsführung** besitzt.[2] Die Frage, ob das Grundstück durch ein vergleichbares Grundstück am Markt ersetzt werden könnte, z. B. durch Anmietung eines entsprechenden Grundstücks von einem Dritten, ist nach der neueren BFH-Rechtsprechung nicht relevant.[3] Zudem ist es unerheblich, ob das Grundstück speziell für Zwecke des Betriebs gestaltet oder hergerichtet wurde.[4]

144 Eine wesentliche Betriebsgrundlage liegt vor, wenn das **Betriebsgrundstück** bei Produktionsunternehmen für die eigentliche Produktion abgestellt wird.[5] Nur in Ausnahmefällen liegt bei Betriebsgrundstücken keine wesentliche Betriebsgrundlage vor, wenn diese für den Betrieb keine oder nur eine sehr geringe Bedeutung haben.[6]

145 Ein **Bürogebäude** ist funktional wesentlich, wenn es die räumliche und funktionale Grundlage für die Geschäftstätigkeit bildet.[7] Dies kann sowohl bei Fabrikations- als auch bei Dienstleistungsunternehmen gelten.[8] Auch unbebaute Grundstücke können funktional wesentlich sein, dabei kommt es auf die Betriebszwecke an.[9]

cc) Beteiligungen

146 Eine Beteiligung an einer **Kapitalgesellschaft**, die im (Sonder-)Betriebsvermögen einer Personengesellschaft oder eines Einzelunternehmers gehalten wird, kann u. E. nur dann eine wesentliche Betriebsgrundlage sein, wenn diese für den Betrieb wesensbestimmend ist und wie eine Betriebsabteilung geführt wird.[10]

147 Liegt eine **100 %-Beteiligung** vor, stellt diese nach der Fiktion in § 16 Abs. 1 Satz 1 Nr. 1 Satz 2 EStG einen Teilbetrieb dar. Dies soll nach der wohl h. M. nicht dazu führen, dass die 100 %-Kapitalgesellschaftsbeteiligung eine selbständige Sachgesamtheit und damit einen selbständigen Veräußerungsgegenstand darstellt, wenn diese als Bestandteil eines Betriebs oder Teilbetriebs übertragen wird.[11] Begründet wird diese Sichtweise damit, dass der Tatbestand der

---

1 BFH v. 18. 8. 2009 - X R 20/06, BStBl 2010 II 222.
2 Vgl. BFH v. 10. 11. 2005 - IV R 7/05, BStBl 2006 II 176, m. w. N.; nach der Rechtsprechung des FG Köln (v. 27. 8. 2015 - 15 K 2410/15, Rev.: BFH X R 34/15) können auch Grundstücke, die als Tauschobjekte für ein anderes Grundstück überlassen werden, wesentliche Betriebsgrundlagen sein.
3 Vgl. BFH v. 6. 5. 2010 - IV R 52/08, BStBl 2011 II 261, m. w. N.
4 Vgl. BFH v. 13. 7. 2006 - IV R 25/05, BStBl 2006 II 804.
5 Vgl. BFH v. 12. 9. 1991 - IV R 8/90, BStBl 1992 II 347.
6 Vgl. BFH v. 14. 2. 2007 - XI R 30/05, BStBl 2007 II 524.
7 Vgl. BFH v. 10. 11. 2005 - IV R 7/05, BStBl 2006 II 176, m. w. N.
8 Vgl. FG Münster v. 31. 7. 2003 - 3 K 3764/00, EFG 2003, 1636.
9 Vgl. Kempermann, FR 1993, 595.
10 A.A. Hörger/Rapp in Littmann/Bitz/Pust (Stand: EL 65 – ET 02/2005), § 16 EStG Rz. 31; a. A. wohl auch BMF v. 11. 11. 2011, BStBl 2011 I 1314, Tz. 15.06.
11 Vgl. HHR/Geissler, § 16 EStG Anm. 122; a. A. Wendt, FR 2010, 704; offen gelassen in BFH v. 25. 2. 2010 - IV R 49/08, BStBl 2010 II 726.

Veräußerung einer 100 %-Kapitalgesellschaftsbeteiligung nur subsidiär zu der (Teil-)Betriebsveräußerung sei. Höchstrichterlich ist diese Fragestellung – soweit ersichtlich – nicht geklärt.

Besteht dagegen eine **Beteiligung an einer Mitunternehmerschaft**, die im (Sonder-)Betriebsvermögen gehalten wird, kann diese keine funktionale oder quantitative Betriebsgrundlage sein. Der Grund liegt darin, dass die Mitunternehmeranteile zwar handelsrechtlich einen gesonderten Vermögensgegenstand darstellen, jedoch steuerlich nach dem Transparenzprinzip als die Summe der zum Gesellschaftsvermögen gehörenden Wirtschaftsgüter und damit eine eigenständige Sachgesamtheit (anteiliges Kapitalkonto) anzusetzen sind.[1]

dd) Immaterielle Wirtschaftsgüter

Immaterielle Wirtschaftsgüter sind insbesondere der **Geschäfts- oder Firmenwert, der Kundenstamm, Patente und Namensrechte**. Diese Wirtschaftsgüter qualifizieren als wesentliche Betriebsgrundlagen, wenn diese zur Erreichung des Betriebszwecks erforderlich sind und ihnen eine besondere wirtschaftliche Bedeutung beizumessen ist. Dabei kommt es nicht darauf an, ob die Wirtschaftsgüter selbständig bilanzierungsfähig sind.[2] Daher sind auch selbsterstellte immaterielle Wirtschaftsgüter sowie der originäre Geschäfts- oder Firmenwert (geschäftswertbildende Faktoren[3]) auf den Erwerber zu übertragen, sofern von einer funktionalen Wesentlichkeit auszugehen ist. Unerheblich ist zudem, ob das Wirtschaftsgut marken-, patent- oder urheberrechtlich oder durch ein anderes Recht geschützt ist.[4]

ee) Wirtschaftsgüter des Umlaufvermögens

Bei Umlaufvermögen muss im **Einzelfall** entschieden werden, ob wesentliche Betriebsgrundlagen vorliegen.[5] Kurzfristig wiederbeschaffbare Waren sind nicht als funktional wesentlich anzusehen.[6]

Veräußert der bisherige Betriebsinhaber funktional nicht wesentliches Umlaufvermögen im zeitlichen Zusammenhang mit der Betriebsveräußerung **an den bisherigen Kundenkreis** soll nach Ansicht des BFH der Gewinn aus der Veräußerung des Umlaufvermögens nicht zum begünstigten Veräußerungsgewinn gehören, sondern laufenden Gewinn darstellen.[7]

Forderungen, Bankguthaben sowie Kassenbestände sind in aller Regel nicht funktional wesentlich. Darlehensforderung können jedoch bei Kredit- und Finanzinstituten wesentliche Betriebsgrundlagen darstellen.[8]

ff) Verbindlichkeiten/Rückstellungen

Fremdkapitalposten sind keine wesentlichen Betriebsgrundlagen.[9] Von einem Mitunternehmer gewährte Darlehen an die Personengesellschaft, die zum Sonderbetriebsvermögen gehö-

---

1 Vgl. HHR/*Geissler*, § 16 EStG Anm. 112; vgl. zu dieser Thematik auch *Schumacher*, DStR 2010, 1606.
2 Vgl. BFH v. 16. 12. 2009 - I R 97/08, BStBl 2010 II 808.
3 Vgl. BFH v. 9. 10. 1996 - XI R 71/95, BStBl 1997 II 236.
4 Vgl. BFH v. 16. 12. 2009 - I R 97/08, BStBl 2010 II 808.
5 A. A. *Reiß* in Kirchhof, § 16 EStG Rz. 50, der davon ausgeht, dass Umlaufvermögen, das zum Verkauf bestimmt ist, stets funktional wesentliche Betriebsgrundlagen darstellen.
6 Vgl. BFH v. 29. 10. 1992 - III R 5/92, BFH/NV 1993, 233 = NWB DokID: BAAAB-32740.
7 Vgl. BFH v. 9. 9. 1993 - IV R 30/92, BStBl 1994 II 105.
8 Vgl. *Hörger/Rapp* in Littmann/Bitz/Pust(Stand: EL 65 – ET 02/2005), § 16 EStG Rz. 31.
9 Vgl. BFH v. 27. 11. 1984 – VIII R 2/81, BStBl 1985 II 323; BFH v. 28. 1. 1993 – IV R 131/91, BStBl 1993 II 509.

ren, stellen ebenfalls keine funktionale Betriebsgrundlage der Mitunternehmerschaft dar. Dies gilt auch dann, wenn das Darlehen zu Finanzierung von funktional wesentlichen Betriebsgrundlagen verwendet wird. Die funktionale Wesentlichkeit des finanzierten Wirtschaftsguts färbt nicht auf die damit in Verbindung stehende Refinanzierung ab.[1]

gg) Gewillkürtes Betriebsvermögen

154 Nach der Definition umfasst das **gewillkürte Betriebsvermögen** Wirtschaftsgüter, die weder notwendiges Betriebsvermögen noch notwendiges Privatvermögen sind, sofern sie buchmäßig als Betriebsvermögen behandelt werden.[2] Damit können Wirtschaftsgüter des gewillkürten Betriebsvermögens schon definitionsgemäß keine funktional wesentlichen Betriebsgrundlagen darstellen. Nach der funktional-quantitativen Betrachtungsweise können diese jedoch dann wesentlich sein, wenn sie erhebliche stille Reserven beinhalten.[3]

hh) Rücklage nach § 6b EStG

155 Eine funktionale Wesentlichkeit kann auch bei **steuerfreien Rücklagen**, z.B. einer § 6b-Rücklage, nicht vorliegen. Allenfalls kann u. E. eine quantitative Wesentlichkeit gegeben sein.[4] Wurden in dem Betrieb vor der Veräußerung steuerfreie Rücklagen gebildet, kann diese Rücklage im Rahmen der Betriebsveräußerung aufgelöst oder nach der Veräußerung fortgeführt werden.[5] Werden steuerfreie Rücklagen bei der Betriebsveräußerung aufgelöst, erhöht dies den begünstigten Veräußerungsgewinn.[6] Entscheidet sich der Veräußerer dagegen dafür, die Rücklagen fortzuführen, ist nach der Ansicht der FinVerw entscheidend, ob die Rücklage aus der Veräußerung einer wesentlichen oder unwesentlichen Betriebsgrundlage entstand.[7] Erfolgte die Rücklagenbildung im Zusammenhang mit der Veräußerung von wesentlichen Betriebsgrundlagen, scheidet eine begünstigte Veräußerung des Betriebs oder Teilbetriebs aus. Entstand die Rücklage dagegen aufgrund der Veräußerung von unwesentlichen Betriebsgrundlagen, steht die Fortführung der Rücklage einer begünstigten Besteuerung der Betriebsveräußerung nicht entgegen.[8] Nach dem Sinn und Zweck der §§ 16, 34 EStG kann es u. E. für die Beurteilung einer begünstigten Veräußerung nur darauf ankommen, ob durch die Fortführung der Rücklage nach § 6b EStG die zusammengeballte Realisierung der stillen Reserven durch die Veräußerung verhindert wird.

156 Wird eine § 6b-Rücklage erst **für den Veräußerungsgewinn gebildet**, soweit er auf begünstigte WG entfällt, ist die Anwendung der Tarifbegünstigung gem. § 34 Abs. 1 Satz 4, Abs. 3 Satz 6 EStG ausgeschlossen.

---

1 Vgl. HHR/*Geissler*, § 16 EStG Anm. 122.
2 Vgl. R 4.2 Abs. 1 Satz 3 EStR.
3 Vgl. *Reiß* in Kirchhof, § 16 EStG Rz. 51; HHR/*Geissler*, § 16 EStG Anm. 122, unter Hinweis auf die implizite Äußerung in der Rechtsprechung.
4 Vgl. HHR/*Geissler*, § 16 EStG Anm. 122.
5 Vgl. dazu die Ausführungen unter → Rz. 22.
6 Vgl. R 6b.2 Abs. 10 Satz 5 EStR.
7 A. A. *Reiß* in Kirchhof, § 16 EStG Rz. 51; *Wacker* in Schmidt, § 16 EStG Rz. 108, wonach bei der Fortführung einer Rücklage, die erhebliche stille Reserven enthält, keine begünstigte Veräußerung vorliegen kann, gleichgültig ob diese aufgrund der Veräußerung einer wesentlichen oder unwesentlichen Betriebsgrundlage gebildet wurde. A. A. ebenso *Hörger/Rapp* in Littmann/Bitz/Pust (Stand: EL 65 – ET 02/2005), § 16 EStG Rz. 26, die jedoch davon ausgehen, dass in allen Fällen eine begünstigte Betriebsveräußerung vorliegt.
8 Vgl. R 6b.2 Abs. 10 Satz 3 EStR.

ii) Sonderbetriebsvermögen

Sonderbetriebsvermögen wird entsprechend dem eigenen Betriebsvermögen der Mitunternehmerschaft behandelt. Daher gelten für die Abgrenzung von wesentlichen Betriebsgrundlagen die allgemeinen Grundsätze der funktional-quantitativen Betrachtungsweise. Jedoch ist bei der Beurteilung zwischen Sonderbetriebsvermögen I und Sonderbetriebsvermögen II zu unterscheiden.[1]

▶ Wirtschaftsgüter des **Sonderbetriebsvermögens I** können sowohl funktional als auch quantitativ wesentlich sein. Die funktionale Wesentlichkeit muss im Zusammenhang mit dem Betrieb der Personengesellschaft gegeben sein.[2] Eine quantitative Wesentlichkeit setzt erhebliche stille Reserven in den Wirtschaftsgütern voraus. I. d. R. wird man davon ausgehen können, dass Grundstücke, die der Personengesellschaft zur Nutzung überlassen werden, funktional wesentliche Betriebsgrundlagen darstellen.

▶ Bei Wirtschaftsgütern des Sonderbetriebsvermögens II liegen ebenfalls quantitativ wesentliche Betriebsgrundlagen vor, wenn in diesen erhebliche stille Reserven entstanden sind. Ob diese Wirtschaftsgüter auch aus funktionaler Sicht wesentlich sein können, ist durch die Rechtsprechung wohl nicht abschließend geklärt.[3] Nach dem BFH-Urteil v. 14.4.1988[4] ist ein Gebäude, das ein Gesellschafter eigenbetrieblich für die Personengesellschaft nutzt, ohne es der Personengesellschaft zur Nutzung zu überlassen (Sonderbetriebsvermögen II), keine funktional wesentliche Betriebsgrundlage. Schwierig ist insbesondere die Beurteilung einer wesentlichen Betriebsgrundlage bei einem Anteil eines Kommanditisten an der **Komplementär-GmbH**. Soweit die GmbH neben ihrer Geschäftsführertätigkeit einen eigenen Geschäftsbetrieb von nicht ganz untergeordneter Bedeutung unterhält, stellt die Beteiligung kein Sonderbetriebsvermögen II dar.[5] Die Beteiligung an der Komplementär-GmbH ist u. E. nicht als generelle funktional wesentliche Betriebsgrundlage anzusehen.[6] Eine funktionale Wesentlichkeit ist nur dann gegeben, wenn die Beteiligung an der Komplementär-GmbH eine funktional wesentliche Bedeutung für die Mitunternehmerstellung des Kommanditisten hat.[7] Der BFH stellt darauf ab, ob der Kommanditist über die GmbH seinen geschäftlichen Willen durchsetzen kann.[8]

(Einstweilen frei)

7. Zurückbehalten von Wirtschaftsgütern

a) Wesentliche Betriebsgrundlagen

Werden bei der Veräußerung des Betriebs, Teilbetriebs oder Mitunternehmeranteils wesentliche Betriebsgrundlagen nicht auf den Erwerber mit übertragen, liegt **keine Betriebsveräußerung** i. S. d. § 16 Abs. 1 EStG vor. Allerdings kann in diesem Fall eine begünstigte Betriebsaufga-

---

1 Vgl. zur Abgrenzung zwischen Sonderbetriebsvermögen I und Sonderbetriebsvermögen II KKB/Bäuml/Meyer, § 15 EStG Rz. 215 ff.
2 Vgl. BFH v. 31. 8. 1995 - VIII B 21/93, BStBl 1995 II 890.
3 Vgl. HHR/*Geissler*, § 16 EStG Anm. 122.
4 BFH v. 14. 4. 1988 - IV R 271/84, BStBl 1988 II 667.
5 Vgl. BFH v. 11. 12. 1990 - VIII R 14/87, BStBl 1991 II 510.
6 Gl. A. *Brandenberg*, DB 2003, 2563.
7 A. A. wohl *Märkle*, DStR 2001, 689.
8 Vgl. BFH v. 25. 11. 2009 - I R 72/08, BStBl 2010 II 471; vgl. zur Qualifikation einer Minderheitsbeteiligung an der Komplementär-GmbH als Sonderbetriebsvermögen auch BFH v. 16. 4. 2015 - IV R 1/12, BStBl 2015 II 705.

be i. S. d. § 16 Abs. 3 Satz 1 EStG gegeben sein, wenn die zurückbehaltenen Wirtschaftsgüter im engen zeitlichen und wirtschaftlichen Zusammenhang entweder an einen Dritten veräußert oder ins Privatvermögen überführt werden. Werden die zurückbehaltenen wesentlichen Betriebsgrundlagen dagegen mit dem Buchwert in ein anderes Betriebsvermögen überführt (§ 6 Abs. 5 Satz 1, 2 EStG) oder übertragen (§ 6 Abs. 5 Satz 3 EStG), soll weder eine begünstigte Betriebsveräußerung noch eine begünstigte Betriebsaufgabe gegeben sein.[1] Dies gilt ebenso bei einem Einsatz des zurückbehaltenen Wirtschaftsgutes im Restbetrieb des Veräußerers.

b) Nicht wesentliche Betriebsgrundlagen

167 Das Zurückbehalten von Wirtschaftsgütern, die nach der funktional-quantitativen Betrachtungsweise **keine wesentlichen Betriebsgrundlagen** darstellen, steht einer begünstigten Betriebs-/Teilbetriebsveräußerung oder begünstigten Veräußerung von Mitunternehmeranteilen nicht entgegen.[2] Wie die zurückbehaltenen Wirtschaftsgüter verwendet werden, ist dabei irrelevant:

- Veräußert der Betriebsveräußerer die zurückbehaltenen Wirtschaftsgüter in einem zeitlichen und wirtschaftlichen Zusammenhang mit der Betriebsveräußerung, zählt der erzielte Gewinn zum begünstigten Veräußerungsgewinn (analoge Anwendung von § 16 Abs. 3 Satz 6 EStG).

- Werden die zurückbehaltenen Wirtschaftsgüter in ein anderes (Sonder-)Betriebsvermögen des Veräußerers überführt, hat diese Überführung nach § 6 Abs. 5 Satz 1, 2 EStG zwingend zum Buchwert zu erfolgen, sofern die Besteuerung der stillen Reserven sichergestellt ist. Erfolgt dagegen eine Übertragung der Wirtschaftsgüter nach § 6 Abs. 5 Satz 3 EStG, z. B. aus dem Betriebsvermögen des Mitunternehmers in das Gesamthandsvermögen der Mitunternehmerschaft, ist der Buchwertansatz nur dann möglich und zwingend, wenn die Übertragung unentgeltlich oder gegen Gewährung von Gesellschaftsrechten erfolgt.

- Soweit eine Überführung der Wirtschaftsgüter ins Privatvermögen des Veräußerers zulässig ist, hat auch diese keinen Einfluss auf die Steuerbegünstigung der Veräußerung. Die Überführung der nicht wesentlichen Betriebsgrundlagen hat zum gemeinen Wert zu erfolgen. Der daraus entstehende Gewinn kann gemäß analoger Anwendung von § 16 Abs. 3 Satz 7 EStG zum begünstigten Veräußerungsgewinn zählen, wenn die Überführung ins Privatvermögen im engen zeitlichen und wirtschaftlichen Zusammenhang mit der Betriebsveräußerung stattfindet.[3]

168 Die Verwendung der zurückbehaltenen Wirtschaftsgüter unterliegt jedoch **Restriktionen**, je nach Art des Wirtschaftsgutes:

aa) Nur betrieblich nutzbare Wirtschaftsgüter

169 Können die zurückbehaltenen Wirtschaftsgüter nur betrieblich genutzt werden, liegt sog. **Zwangsrest-Betriebsvermögen** vor.[4] Hauptanwendungsfall des Zwangsrest-Betriebsvermögens sind Waren. Diese können nicht in das Privatvermögen überführt werden, sondern

---

1 Vgl. HHR/*Geissler*, § 16 EStG Anm. 128, m. w. N.
2 Vgl. H 16 (2) „Zurückbehaltene Wirtschaftsgüter" EStH.
3 Vgl. BFH v. 29. 10. 1987 - IV R 93/85, BStBl 1988 II 374.
4 Vgl. *Schallmoser* in Blümich, § 16 EStG Rz. 161.

bleiben bis zu ihrer Veräußerung bzw. ihrem Verbrauch Betriebsvermögen. Der Gewinn aus der Veräußerung dieser Wirtschaftsgüter führt nicht zu einer rückwirkenden Änderung des Veräußerungsgewinns, sondern zu nachträglichen Einkünften aus Gewerbebetrieb (§ 24 Nr. 2 EStG).[1]

Zwangsrest-Betriebsvermögen können auch Wirtschaftsgüter des **Anlagevermögens** sein, wenn diese mit der Absicht der alsbaldigen Veräußerung ins Privatvermögen überführt werden. Es muss folglich ein zeitlicher und sachlicher Zusammenhang zwischen Entnahme aus dem Betriebsvermögen und Veräußerung bestehen.[2]

bb) Wirtschaftsgüter, die betrieblich und privat genutzt werden können

Für Wirtschaftsgüter, die sowohl betrieblich als auch privat genutzt werden können, hat der Veräußerer ein Wahlrecht (sog. **Wahlrest-Betriebsvermögen**). Diese können entweder ins Privatvermögen entnommen werden oder in ein anderes Betriebsvermögen überführt bzw. übertragen werden. U. E. kann das Wirtschaftsgut in engen Grenzen auch weiterhin als Betriebsvermögen (ohne Betrieb) behandelt werden, sofern ein wirtschaftlicher Zusammenhang mit der betrieblichen Tätigkeit des Veräußerers weiterbesteht.[3]

Wird das Wirtschaftsgut in das **Privatvermögen** überführt, gehört der Entnahmegewinn zum begünstigten Veräußerungsgewinn (analog § 16 Abs. 3 Satz 7 EStG). Spätere Änderungen des Wertes des Wirtschaftsguts führen jedoch nicht zu einer Änderung des Veräußerungsgewinns.[4] Sofern das betreffende Wirtschaftsgut zulässigerweise Rest-Betriebsvermögen bleibt, stellt der daraus erzielte Veräußerungsgewinn nachträgliche Einkünfte i. S. d. § 24 Nr. 2 EStG dar.[5]

cc) Zurückbehaltene Forderungen

Für **unbestrittene Forderungen** besteht nach der wohl h. L. ein Wahlrecht, diese ins Privatvermögen zu überführen oder als Rest-Betriebsvermögen ohne Betrieb fortzuführen.[6] Eine Fortführung als Rest-Betriebsvermögen soll jedoch nur dann möglich sein, wenn noch mit einer betrieblichen Verwertung zu rechnen ist. Nach der Rechtsprechung soll mit einer betrieblichen Verwertung nur zu rechnen sein, wenn neben der Forderung auch betriebliche Schulden zurückbehalten werden und der Erlös aus den Forderungen in absehbarer Zeit zur Deckung der Schulden verwendet wird.[7]

Erfolgt eine **Überführung der Forderung ins Privatvermögen**, tritt ein späterer Forderungsausfall grundsätzlich im Privatvermögen ein. Ob der Ausfall zu einem privaten Vermögensverlust oder zur rückwirkenden Minderung des Veräußerungs- bzw. Aufgabegewinns führt, ist nicht

---

1 Vgl. BFH v. 9. 9. 1993 - IV R 30/92, BStBl 1994 II 105.
2 Vgl. *Hörger/Rapp* in Littmann/Bitz/Pust (Stand: EL 65 – ET 02/2005), § 16 EStG Rz. 37.
3 A. A. *Wacker* in Schmidt, § 16 EStG Rz. 124.
4 Vgl. BFH v. 10. 2. 1994 - IV R 37/92, BStBl 1994 II 564.
5 Vgl. dazu auch die Ausführungen unter § 16 EStG Rz. 549.
6 Vgl. *Schallmoser* in Blümich, § 16 EStG Rz. 164.
7 Vgl. BFH v. 25. 7. 1972 - VIII R 3/66, BStBl 1972 II 936; a. A. *Hörger/Rapp* in Littmann/Bitz/Pust (Stand: EL 65 – ET 02/2005), § 16 EStG Rz. 39, die eine betriebliche Verwertung z. B. auch bei einer späteren Überführung in ein anderes Betriebsvermögen annehmen.

abschließend geklärt.[1] U. E. sprechen gute Gründe dafür, die Grundsätze des Großen Senats[2] zum Ausfall der Kaufpreisforderung (s. → Rz. 546) anzuwenden.[3]

175 Der Höhe nach ungewisse oder bestrittene Forderungen können nicht ins Privatvermögen übernommen werden, sondern bleiben **notwendiges Betriebsvermögen**. Dies soll zumindest solange gelten, bis die Forderung als unbestritten anzusehen ist.[4]

dd) Zurückbehaltene Verbindlichkeiten

176 Anders als unbestrittene Forderungen bleiben im Betriebsvermögen entstandene **unbestrittene Verbindlichkeiten** in jedem Fall Betriebsvermögen.[5] Zu beachten ist jedoch, dass Verbindlichkeiten, die aus dem Veräußerungspreis oder der Verwertung von zurückbehaltenen Wirtschaftsgütern hätten getilgt werden können, zu notwendigen Privatvermögen werden.[6] Bestrittene Verbindlichkeiten sind als Betriebsvermögen weiterzuführen.[7]

177–185 *(Einstweilen frei)*

III. Veräußerung eines Teilbetriebs (§ 16 Abs. 1 Satz 1 Nr. 1 Satz 1 Alt. 2 und Abs. 1 Satz 1 Nr. 1 Satz 2 EStG)

1. Der Begriff des Teilbetriebs

186 Der Begriff „Teilbetrieb" ist in verschiedenen Steuerrechtsnormen zu finden, eine rechtliche Definition existiert jedoch nicht. Der Begriff des Teilbetriebs ist nach der h. L. **normspezifisch** auszulegen.[8] In der bisherigen ständigen Rechtsprechung wird von einem einheitlichen Teilbetriebsbegriff ausgegangen. Demnach ist ein Teilbetrieb ein mit einer gewissen Selbständigkeit ausgestatteter organisch geschlossener Teil des Gesamtbetriebs, der für sich betrachtet alle Merkmale eines Betriebs i. S. d. EStG aufweist und für sich lebensfähig ist.[9] Nach Auffassung der FinVerw[10] gilt im Rahmen des UmwStG der europäische Teilbetriebsbegriff nach der Fusionsrichtlinie.[11] Inwieweit der europäische Teilbetriebsbegriff vom dem ertragsteuerlichen Teilbetriebsbegriff nach der ständigen BFH-Rechtsprechung abweicht, ist in der Literatur umstritten.[12] Unabhängig davon soll jedoch der Teilbetriebsbegriff nach § 16 EStG unverändert fortgelten und nicht durch das europäische Teilbetriebsverständnis beeinflusst werden.[13]

187 Der Teilbetriebsbegriff setzt sich aus **drei Elementen** zusammen:

▶ Organisch geschlossener Teil eines Gesamtbetriebs,

▶ der für sich selbst lebensfähig und

---

1 Vgl. *Wacker* in Schmidt, § 16 EStG Rz. 125, m. w. N.
2 BFH v. 19. 7. 1993 - GrS 2/92, BStBl 1993 II 897.
3 A. A. *Hörger/Rapp* in Littmann/Bitz/Pust (Stand: EL 65 – ET 02/2005), § 16 EStG Rz. 39.
4 Vgl. BFH v. 10. 2. 1994 - IV R 37/92, BStBl 1994 II 564.
5 Vgl. BFH v. 4. 7. 1990 - GrS 2-3/88, BStBl 1990 II 817.
6 A. A. *Reiß* in Kirchhof/Söhn/Mellinghoff, § 16 EStG Rz. E 79.
7 Vgl. BFH v. 28. 1. 1993 - IV R 131/91, BStBl 1993 II 509.
8 Vgl. *Stahl* in Korn, § 16 EStG Rz. 6; *Blumers*, BB 1996, 1876.
9 BFH v. 18. 6. 1998 - IV R 56/97, BStBl 1998 II 735.
10 Vgl. BMF v. 11. 11. 2011, BStBl 2011 I 1314, Rz. 15.02.
11 Richtlinie 2009/133/EG des Rates v. 19. 10. 2009, ABl. L 310/34 ff.
12 Vgl. *Graw*, DB 2013, 1011; *Gemmel/Schultes-Schnitzlein*, NWB 2012, 731.
13 Vgl. BFH v. 16. 11. 2005 - X R 17/03, NWB DokID: PAAAB-75570.

▶ mit einer gewissen Selbständigkeit ausgestattet ist.

Ob diese drei Voraussetzungen erfüllt sind, ist zum **Zeitpunkt der Veräußerung auf der Seite des Veräußerers** zu entscheiden.[1] Es ist dagegen nicht ausreichend, wenn erst beim Erwerber mehrere zusammen veräußerte WG einer betrieblichen Tätigkeit gewidmet und zu einem selbständigen Betrieb zusammengeführt werden.[2] Dagegen ist es unbeachtlich, wenn der Erwerber den Teilbetrieb nicht als selbständigen Organismus weiterführt. Der Teilbetrieb kann in einem anderen (Teil-)Betrieb oder dem Gesamtunternehmen aufgehen oder vom Erwerber stillgelegt werden.[3]

188

Wie ein **Betrieb im Aufbau**, kann im Rahmen des § 16 Abs. 1 Satz 1 Nr. 1 EStG auch ein Teilbetrieb im Aufbau ausreichend sein, wenn bereits die wesentlichen Betriebsgrundlagen vorhanden sind und bei zielgerichteter Weiterverfolgung des Aufbauplans, ein selbständig lebensfähiger Organismus zu erwarten ist.[4] Abweichend zu einem Betrieb im Aufbau soll jedoch hinzukommen, dass die künftige Selbständigkeit gegenüber dem Gesamtunternehmen, insbesondere nach Lage und Funktion, zweifelsfrei erkennbar ist.[5] Auch die FinVerw vertritt im Rahmen des § 16 EStG diese Auffassung.[6] Die abweichende Auffassung der FinVerw zum Teilbetrieb im Aufbau im Rahmen des UmwStG[7] hat u. E. aufgrund der normspezifischen Auslegung des Teilbetriebsbegriffs auf § 16 EStG keine Auswirkung.

189

a) Organisch geschlossener Teil eines Gesamtbetriebs

Das Merkmal des organisch geschlossenen Teils wird in der Rechtsprechung nur in geringem Maße als Abgrenzungsmerkmal herangezogen. Die h. M. misst diesem Kriterium dagegen **keine eigene Bedeutung** in Ergänzung zur selbständigen Lebensfähigkeit und der gewissen Selbständigkeit bei.[8] Aufgrund dieses Merkmals scheiden i. d. R. Einzelwirtschaftsgüter als Teilbetriebe aus. Als Ausnahme ist jedoch z. B. der Fall einer Veräußerung eines Schiffes als einziger Betriebsgrundlage eines Zweigunternehmens anzusehen.[9]

190

b) Eigenständige Lebensfähigkeit

Nach der ständigen Rechtsprechung liegt eine **selbständige Lebensfähigkeit** vor, wenn „von ihm (dem Teilbetrieb) seiner Struktur nach eine eigene betriebliche Tätigkeit ausgeübt werden kann."[10] Voraussetzung ist jedoch nicht, dass der Unternehmensbereich überwiegend Gewinne abwerfen muss. Zudem sind die Wertverhältnisse zwischen Unternehmensteil und Gesamtunternehmen irrelevant.[11]

191

Kriterien für eine eigenständige Lebensfähigkeit sind i. d. R. ein **eigener Kundenkreis und eigene Einkaufsbeziehungen**. Ohne eigenen Kundenkreis kann kein Teilbetrieb vorliegen, dieser ist

192

---

1 Vgl. *Reiß* in Kirchhof, § 16 EStG Rz. 59.
2 Vgl. BFH v. 10. 3. 1998 - VIII R 31/95, BStBl 1998 II 1209.
3 Vgl. BFH v. 12. 9. 1979 - I R 146/76, BStBl 1980 II 51.
4 Vgl. BFH v. 22. 6. 2010 - I R 77/09, NWB DokID: IAAAD-56595; a. A. *Neumann*, EStB 2002, 441.
5 Vgl. BFH v. 1. 2. 1989 - VIII R 33/85, BStBl 1989 II 458.
6 Vgl. H 16 Abs. 3 „Teilbetriebe im Aufbau" EStH.
7 Vgl. BMF v. 11. 11. 2011, BStBl 2011 I 1314, Rz. 15.03.
8 Vgl. HHR/*Geissler*, § 16 EStG Anm. 142, m. w. N.
9 Vgl. BFH v. 7. 11. 1991 - IV R 50/90, BStBl 1992 II 380.
10 BFH v. 4. 7. 1973 - I R 154/71, BStBl 1973 II 838.
11 Vgl. *Wacker* in Schmidt, § 16 EStG Rz. 147.

unabdingbare Voraussetzung für die Lebensfähigkeit eines Unternehmensteils. Ebenso müssen im Grundsatz auch eigene Einkaufsbedingungen und ein Einfluss auf die Preisgestaltung gegeben sein.[1] Allerdings gibt es davon Ausnahmen. So soll nach der Rechtsprechung von eigenen Einkaufsbeziehungen abzusehen sein, wenn die Waren vom Hauptbetrieb unter fremdüblichen Bedingungen wie von einem externen Lieferanten bezogen werden.[2]

c) Gewisse Selbständigkeit

193 Um von einer gewissen Selbständigkeit ausgehen zu können, müssen nach dem **Gesamtbild der Verhältnisse** die dem Teilbetrieb gewidmeten Wirtschaftsgüter in ihrer Zusammenfassung einer Betätigung dienen, die sich im Rahmen des Gesamtunternehmens von der übrigen gewerblichen Tätigkeit deutlich abhebt.[3] Die Abgrenzungsmerkmale müssen jedoch nicht lückenlos vorliegen, denn es muss keine absolute Unabhängigkeit der Gesamttätigkeit bestehen.[4] Vielmehr muss eine „gewisse" Selbständigkeit erkennbar sein.

194 Folgende **Abgrenzungsmerkmale** wurden in der Rechtsprechung entwickelt:[5]
- Sachliche Selbständigkeit: z. B. örtliche/räumliche Trennung, eigene Räume, selbständige Organisation, eigenes Inventar, eigenes Anlagevermögen.
- Personelle Selbständigkeit: z. B. unterschiedliches Personal, eigene Verwaltung.
- Wirtschaftliche Selbständigkeit: z. B. eigene Buchführung/Kostenrechnung, eigener Vertrieb, Mitwirkung bei Wareneinkauf und Preisgestaltung, eigenes Warensortiment, eigene Werbung, ungleichartige betriebliche Tätigkeit.

195 Zu beachten ist jedoch, dass die vorgenannten Merkmale nur **Indizien** sind und diesen unterschiedliches Gewicht zukommt. Es muss eine Abgrenzung im Einzelfall erfolgen. Dabei ist auch die Art des Betriebs, z. B. Fertigungs-, Handels- oder Dienstleistungsunternehmen in die Betrachtung mit einzubeziehen.[6]

196–200 (*Einstweilen frei*)

2. Einzelfälle

201 Zu der Abgrenzung von Teilbetrieben liegt eine weitreichende, **kasuistische Rechtsprechung** vor. Im Folgenden werden exemplarisch einige Einzelfälle dargestellt:[7]

202 **Betriebsgrundstücke:** Grundstücke, die betrieblich genutzt werden, sind i. d. R. wesentliche Betriebsgrundlagen. Dagegen stellen einzelne Betriebsgrundstücke in den ganz überwiegenden Fällen keine eigenen Teilbetriebe dar. Bestehen in Grundstücken verschiedene Nutzungen (z. B. eigenbetriebliche Nutzung und Fremdvermietung) sind auch die verschiedenen Grundstücksgruppen (z. B. Fremdvermietung) i. d. R. keine Teilbetriebe.[8] Etwas anderes kann jedoch bei einem Besitzunternehmen im Rahmen einer Betriebsaufspaltung gelten. Ist die gewerbliche Verpachtung eines Grundstücks selbständiger Teil des auch originär gewerblich tätigen Besitz-

---

1 Vgl. BFH v. 12. 9. 1979 - I R 146/76, BStBl 1980 II 51.
2 Vgl. BFH v. 10. 3. 1998 - VIII R 31/95, BFH/NV 1998, 1209 = NWB DokID: TAAAB-39891.
3 Vgl. BFH v. 13. 2. 1996 - VIII R 39/92, BStBl 1996 II 409.
4 Vgl. *Kauffmann* in Frotscher/Geurts, § 16 EStG Rz. 115.
5 Vgl. HHR/*Geissler*, § 16 EStG Anm. 144, m. w. N.
6 Vgl. BFH v. 4. 7. 2009 - X R 49/06, BStBl 2007 II 772.
7 Weitere Einzelfälle stellt die FinVerw in H 16 (3) EStH dar.
8 Vgl. BFH v. 24. 4. 1969 - IV R 202/68, BStBl 1969 II 397.

unternehmens kann die Fremdvermietung ein eigener Teilbetrieb sein.[1] In einem Gebäude können mehrere Teilbetriebe betrieben werden. Eine begünstigte Teilbetriebsveräußerung erfordert jedoch in diesem Fall, dass das Grundstück (anteilig) mitveräußert wird.[2]

Dienstleistungsunternehmen: Die ausgegliederte Verwaltungsabteilung ist selbst kein Teilbetrieb, wenn diese keinen eigenen Kundenkreis hat und auch keine örtliche Abgrenzbarkeit vom Wirkungskreis des Hauptbetriebs möglich ist.[3]

Fertigungsbetriebe: Hat ein Fertigungs-/Produktionsbetrieb mehrere Produktionszweige, liegen i. d. R. keine selbständigen Teilbetriebe vor, wenn die wesentlichen Maschinen für alle Produktionsabteilungen zur Verfügung stehen.[4] Andererseits kann bei einem Textilunternehmen, das auf Herstellung, die Be- und Verarbeitung von Textilien sowie auf den Vertrieb von Textilerzeugnissen gerichtet ist, eine Tischdecken- und eine Geschenkartikelabteilung ein Teilbetrieb sein.[5]

Filialen und Zweigniederlassungen: In diesen Fällen liegen häufig Teilbetriebe vor. Notwendige Voraussetzung für die Annahme eines Teilbetriebs soll sein, dass der Unternehmensteil einen eigenen Kundenkreis hat.[6] Nach Auffassung der FinVerw soll eine Einzelhandelsfiliale nur dann ein Teilbetrieb sein, wenn das leitende Personal der Filiale beim Wareneinkauf und der Preisgestaltung mitwirken kann.[7] Der BFH beurteilt in bestimmten Fällen jedoch auch Filialen, die selbst keine eigenen Einkaufsbeziehungen haben oder keinen Einfluss auf die Preisgestaltung haben, als Teilbetriebe.[8]

Freie Berufe: Die Grundsätze der Abgrenzung von Teilbetrieben gelten auch für die selbständige Tätigkeit nach § 18 EStG (vgl. KKB/Geeb, § 18 EStG Rz. 276 ff.). In der bisherigen Rechtsprechung wurde ein Teilbetrieb nur angenommen, wenn entweder verschiedenartige Tätigkeiten mit verschiedenen Kundenkreisen oder gleichartige Tätigkeiten in organisatorisch getrennten Bereichen mit voneinander entfernten örtlichen Wirkungsstätten und getrennten Kundenkreisen ausgeübt werden.[9] In letzter Zeit beurteilt der BFH die beiden vorgenannten Kriterien nur noch als Indizien, von denen in bestimmten Fällen auch abgewichen werden kann. So kann auch ein Teilbetrieb vorliegen, wenn gleichartige Tätigkeiten nicht in voneinander getrennten örtlich abgrenzbaren Wirkungskreisen erfolgen.[10]

Internetdienst: Einzelne angebotene Internet-Dienste sind kein selbständiger Teilbetrieb, wenn keine klare organisatorische Abgrenzung (eigene Räume, eigenes Personal, selbständige Organisation) zu den anderen Internet-Diensten vorliegt.[11]

---

1 Vgl. BFH v. 20. 1. 2005 - IV R 14/03, BStBl 2005 II 395.
2 Vgl. BFH v. 13. 2. 1996 - VIII R 39/92, BStBl 1996 II 409.
3 Vgl. BFH v. 16. 6. 1975 - VIII R 39/74, BStBl 1975 II 832.
4 Vgl. BFH v. 8. 9. 1971 - I R 66/68, BStBl 1972 II 118.
5 Vgl. BFH v. 26. 4. 1979 - IV R 119/76, BStBl 1979 II 557.
6 Vgl. BFH v. 24. 8. 1989 - IV R 120/88, BStBl 1990 II 55.
7 Vgl. H 16 (3) „Filialen und Zweigniederlassungen" EStH.
8 Vgl. BFH v. 10. 3. 1998 - VIII R 31/95, BFH/NV 1998, 1209 = NWB DokID: TAAAB-39891.
9 Vgl. HHR/Geissler, § 16 EStG Anm. 159, m.w. N.
10 Vgl. BFH v. 26. 6. 2012 - VIII R 22/09, BStBl 2012 II 777, zu einem Fall eines Steuerberaters, der eine Beratungspraxis veräußert, die er (neben anderen Praxen) als völlig selbständigen Betrieb erworben und bis zu ihrer Veräußerung im Wesentlichen unverändert fortgeführt hat.
11 Vgl. BFH v. 9. 12. 2009 - X R 4/07, NWB DokID: ZAAAD-39254.

208 **Schiffe**: Ein einzelnes Schiff kann kein Teilbetrieb sein, wenn von einem Unternehmen mehrere Schiffe betrieben werden. Jedoch kann ein Schiff einen Teilbetrieb darstellen, wenn dieses die wesentliche Betriebsgrundlage eines selbständigen Zweigunternehmens ist.[1]

209 **Verlag**: Führt ein Verlag Bücher, Zeitschriften oder andere Publikationen in mehreren Fachgebieten, kann ein Fachgebiet Teilbetrieb sein.[2] Dagegen stellt eine einzelne Zeitschrift, die zu einem bestimmten Fachgebiet gehört, i. d. R. keinen Teilbetrieb dar, sofern für diese Zeitschrift innerhalb des Fachbereichs keine organisatorische Trennung besteht.[3] Ebenfalls stellt die Redaktion eines Verlags keinen Teilbetrieb dar.[4] Hat ein Zeitungsverlag zusätzlich eine Druckerei, liegen zwei Teilbetriebe vor, wenn in der Druckerei mit eigenem Kunden- und Wirkungskreis lediglich der Satz und Abdruck der Zeitung erfolgt.[5]

210 **Windkraftanlage**: Bei einem Stromerzeugungsbetrieb stellt eine einzelne Windkraftanlage keinen eigenen Teilbetrieb dar, wenn im Betrieb weitere Windkraftanlagen vorhanden sind, mit denen weiterhin Strom erzeugt wird.[6] Das Stromnetz, über das ein Stromerzeuger seine Abnehmer beliefert, wird in aller Regel kein Teilbetrieb sein.[7]

211–215 (*Einstweilen frei*)

3. Voraussetzungen für eine begünstigte Teilbetriebsveräußerung

a) Allgemeine Voraussetzungen

216 Eine nach § 16 EStG, § 34 EStG **begünstigte Teilbetriebsveräußerung** liegt nur vor, wenn ein Teilbetrieb nach den o. g. Kriterien vorliegt und dieser mit allen wesentlichen Betriebsgrundlagen in einem einheitlichen Vorgang auf einen Erwerber gegen Entgelt übertragen wird und die bisher in diesem Teilbetrieb ausgeübte Betätigung durch den Veräußerer beendet wird.

217 Hinsichtlich der allgemeinen Voraussetzungen, die entsprechend der Betriebsveräußerung im Ganzen vorliegen müssen, wird auf → Rz. 49 ff. verwiesen.

b) Besonderheiten bei Teilbetriebsveräußerungen

218 Werden **wesentliche Betriebsgrundlagen zurückbehalten**, entweder weil diese ins Privatvermögen überführt werden oder anderweitig veräußert werden, liegt ebenso wie bei einer Veräußerung des ganzen Betriebs, keine begünstigte Teilbetriebsveräußerung vor. Die Besonderheit bei der Teilbetriebsveräußerung besteht jedoch in den Fällen, in denen wesentliche Betriebsgrundlagen in verschiedenen Unternehmensbereichen genutzt werden. In vielen Fällen wird hierbei schon kein selbständiger Teilbetrieb vorliegen (vgl. → Rz. 201 ff.).

219 Liegt jedoch ausnahmsweise ein Teilbetrieb vor, wie z. B. im Fall eines Gebäudes, das für mehrere Betriebsbereiche genutzt wird, muss die wesentliche Betriebsgrundlage – zumindest anteilig – mitveräußert werden.[8] Dies soll nach der Rechtsprechung unabhängig davon gelten,

---

1 Vgl. BFH v. 13.1.1966 - IV 76/63, BStBl 1966 III 168.
2 Vgl. BFH v. 15.3.1984 - IV R 189/81, BStBl 1984 II 486.
3 Vgl. FG München v. 21.6.2002 - 8 K 1153/00, EFG 2003, 37.
4 Vgl. BFH v. 24.11.1982 - I R 123/78, BStBl 1983 II 113.
5 Vgl. BFH v. 5.10.1976 - VIII R 67/72, BStBl 1977 II 45.
6 Vgl. BFH v. 25.11.2009 - X R 23/09, NWB DokID: KAAAD-38556.
7 Vgl. FG Baden-Württemberg v. 4.11.1998 - 2 K 94/96, EFG 1999, 605, rkr.
8 Vgl. BFH v. 13.2.1996 - VIII R 39/92, BStBl 1996 II 409.

ob die wesentliche Betriebsgrundlage zum überwiegenden Teil vom Restbetrieb genutzt wird, solange das Wirtschaftsgut auch eine wesentliche Betriebsgrundlage des veräußerten Teilbetriebs ist.[1] Dabei reicht es nicht aus, dass dem Erwerber des Teilbetriebs ein obligatorisches Nutzungsrecht an der wesentlichen Betriebsgrundlage eingeräumt wird.[2]

Eine begünstigte Teilbetriebsveräußerung i. S. d. § 16 Abs. 1 Satz 1 Nr. 1 EStG liegt auch vor, wenn die **von mehreren Teilbetrieben genutzte** wesentliche Betriebsgrundlage (z. B. Gebäude) vollständig auf den Erwerber übertragen wird. Denn Voraussetzung für eine begünstigte Teilbetriebsveräußerung ist – anders als bei der Abspaltung nach § 15 UmwStG – nicht, dass bei dem Veräußerer ein vollständiger Teilbetrieb mit allen wesentlichen Teilbetrieben verbleibt. 220

Im Rahmen der **Spaltung** nach § 15 UmwStG ist nach Auffassung der FinVerw im Grundsatz eine zivilrechtliche reale Teilung notwendig, nur in Ausnahmefällen soll eine ideelle Teilung (Bruchteilsgemeinschaft) möglich sein.[3] Im Rahmen der Teilbetriebsveräußerung nach § 16 EStG wird das Erfordernis der realen Teilung von Grundstücken abgelehnt.[4] 221

Eine begünstigte Teilbetriebsveräußerung erfordert, dass die bisher im **Teilbetrieb entfaltete Tätigkeit** eingestellt wird. Dagegen muss nicht die gewerbliche Tätigkeit im vollen Umfang beendet werden. Das bedeutet, dass wirtschaftlich betrachtet, ein Geschäftszweig in sachlicher Hinsicht nicht mehr fortgeführt wird.[5] Sofern der Veräußerer eine gleichartige oder branchengleiche Tätigkeit weiterverfolgt, kann eine Teilbetriebsveräußerung nur vorliegen, wenn ein anderer Kundenstamm bedient wird.[6] 222

(Einstweilen frei) 223–228

4. 100 %-Beteiligung an Kapitalgesellschaft als fiktiver Teilbetrieb

a) Bedeutung der gesetzlichen Fiktion

Eine Beteiligung an einer Kapitalgesellschaft, die das **gesamte Nennkapital** umfasst (100 %-Beteiligung) stellt nach der Definition keinen Teilbetrieb dar. Aufgrund der gesetzlichen Fiktion in § 16 Abs. 1 Satz 1 Nr. 1 Satz 2 EStG wird diese jedoch als Teilbetrieb qualifiziert. Dies gilt auch für die Aufgabe einer 100 %-Beteiligung. Hintergrund der gesetzlichen Fiktion ist, dass eine 100 %-Beteiligung wirtschaftlich einem Teilbetrieb entspricht.[7] Daraus folgt, dass die Veräußerung einer 100 %-Beteiligung an einer Kapitalgesellschaft eine begünstigte Teilbetriebsveräußerung darstellt. 229

Die Bedeutung der gesetzlichen Fiktion ist seit der **Einführung des Halb- bzw. Teileinkünfteverfahrens** jedoch begrenzt. Gewinne aus der Veräußerung von Anteilen an Kapitalgesellschaften durch unmittelbar oder mittelbar beteiligte natürliche Personen unterliegen gem. § 3 Satz 1 Nr. 40 Buchst. b EStG nur zu 60 % (vor VZ 2009: 50 %) der Besteuerung. Der steuerpflichtige Teil (40 %) ist gem. § 34 Abs. 2 Nr. 1 EStG nicht tariflich begünstigt. Der Freibetrag nach § 16 Abs. 4 EStG ist jedoch auch bei der Veräußerung von 100 %-Beteiligungen an Kapitalgesellschaften anwendbar. 230

---

1 Vgl. BFH v. 13. 2. 1996 - VIII R 39/92, BStBl 1996 II 409; a. A. *Gosch*, StBp 1996, 247.
2 Vgl. BFH v. 7. 4. 2010 - I R 96/08, BStBl 2011 II 467.
3 Vgl. BMF v. 11. 11. 2011, BStBl 2011 I 1314, Tz. 15.08; a. A. *Asmus* in Haritz/Menner, § 15 UmwStG Rz. 87.
4 Vgl. HHR/*Geissler*, § 16 EStG Anm. 143.
5 Vgl. BFH v. 25. 11. 2009 - X R 23/09, NWB DokID: KAAAD-38556.
6 Vgl. HHR/*Geissler*, § 16 EStG Anm. 158.
7 Vgl. BT-Drucks. 4/3189, 6.

b) Kapitalgesellschaft

231 Es muss sich um eine **Kapitalgesellschaft i. S. d. § 1 Abs. 1 Nr. 1 KStG** handeln (AG, KGaA, SE, GmbH). Auch Vorgesellschaften können nach der notariellen Beurkundung der Satzung, aber vor Eintragung ins Handelsregister bereits als Kapitalgesellschaften gelten.[1] Auch ausländische Kapitalgesellschaften, die mit einer deutschen Kapitalgesellschaft vergleichbar sind, qualifizieren nach § 16 Abs. 1 Satz 1 Nr. 1 Satz 2 EStG.[2]

c) Gesamtes Nennkapital umfassende Beteiligung

232 Das **Nennkapital** ist in der Satzung oder im Gesellschaftsvertrag ausgewiesen und im Handelsregister als Grund- oder Stammkapital eingetragen. Stille Beteiligungen, Genussrechte, Anwartschaften auf Beteiligungen stellen dagegen keine Beteiligungen am Nennkapital dar. Dagegen wird keine Beteiligung nach § 271 HGB gefordert, so dass keine dauernde Verbindung zur Beteiligungsgesellschaft vorliegen muss. Vielmehr muss keine Mindesthaltedauer eingehalten werden.[3]

233 **Eigene Anteile** der Gesellschaft stehen der Annahme eines Teilbetriebs nicht entgegen. Der Nennwert eigener Anteile wird vom Grund- bzw. Stammkapital abgezogen.[4]

d) Beteiligung im Betriebsvermögen

234 Eine begünstigte Teilbetriebsveräußerung liegt nur vor, wenn die 100 %-Beteiligung an einer Kapitalgesellschaft im **gewerblichen Betriebsvermögen** gehalten wird.[5] Wird die 100 %-Beteiligung als Teil des Gesamtbetriebs oder eines originären Teilbetriebs veräußert, soll keine Veräußerung einer gesonderten Sachgesamtheit erfolgen.[6]

235 Befindet sich die 100 %-Beteiligung in mehreren Betriebsvermögen des Veräußerers (Einzelunternehmer), liegt ebenfalls eine begünstigte Teilbetriebsveräußerung vor.[7] Werden jedoch Teile der **Beteiligung im Privatvermögen** gehalten, scheidet eine begünstigte Teilbetriebsveräußerung nach § 16 Abs. 1 Satz 1 Nr. 1 Satz 2 EStG aus.[8] Eine Möglichkeit in diesem Fall wäre, die Anteile vor der Veräußerung in ein Betriebsvermögen einzulegen.[9] Irrelevant ist, ob die Anteile notwendiges oder gewillkürtes Betriebsvermögen darstellen.

236 Im Fall einer **Personengesellschaft** kann die Beteiligung im Gesamthandsvermögen oder zu 100 % im Sonderbetriebsvermögen eines Mitunternehmers gehalten werden. Nach h. M. sollte auch genügen, dass die Beteiligung zum Teil im Gesamthandsvermögen und zum anderen Teil im Sonderbetriebsvermögen eines Mitunternehmers oder im Sonderbetriebsvermögen verschiedener Mitunternehmer gehalten wird, da Gesamthands- und Sonderbetriebsvermögen den einheitlichen Gewerbebetrieb der Mitunternehmerschaft ausmachen.[10]

---

1 Vgl. BFH v. 18. 3. 2010 - IV R 88/06, BStBl 2010 II 991.
2 Zum Typenvergleich von ausländischen Gesellschaften, vgl. den sog. LLC-Erlass, BMF v. 19. 3. 2004, BStBl 2004 I 411.
3 Vgl. HHR/*Geissler*, § 16 EStG Anm. 166.
4 Vgl. zu § 17: BFH v. 18. 4. 1989 - VIII R 329/84, BFH/NV 1990, 27 = NWB DokID: XAAAB-31174.
5 Vgl. R 16 Abs. 3 Satz 7 EStR.
6 Vgl. dazu → Rz. 147, m. w. N.
7 Vgl. *Hörger/Rapp* in Littmann/Bitz/Pust (Stand: EL 65 – ET 02/2005), § 16 EStG Rz. 58.
8 Vgl. R 16 Abs. 3 Satz 8 EStR.
9 Vgl. *Stahl* in Korn, § 16 EStG Rz. 73.
10 A. A. *Reiß* in Kirchhof/Söhn/Mellinghoff, § 16 EStG Rz. B 284.

e) Veräußerung

Der Veräußerer muss **wirtschaftlicher Eigentümer** (§ 39 Abs. 1, Abs. 2 Satz 1 AO) der Anteile sein und das wirtschaftliche Eigentum muss auf den Erwerber übergehen. Das wirtschaftliche Eigentum ist dann übergegangen, wenn der Erwerber eine rechtlich geschützte Position, die auf den Erwerb des Rechts gerichtet ist, erworben hat und alle mit den Anteilen verbundenen wesentlichen Rechte und das Risiko der Wertminderung sowie die Chance einer Wertsteigerung auf den Erwerber transferiert wurden.[1] Das Eigentum an allen Anteilen muss in einem einheitlichen Vorgang übertragen werden. Nach der FinVerw ist es jedoch ausreichend, wenn alle Anteile innerhalb eines Wirtschaftsjahrs auf den Erwerber übergehen.[2] Bei einem sachlichen und zeitlichen Zusammenhang (einheitlicher Veräußerungsplan) sollte auch eine Übertragung innerhalb von zwei aufeinanderfolgenden Veranlagungszeiträumen ausreichend sein.[3]

237

Behält der Veräußerer jedoch einen Anteil an der Kapitalgesellschaft zurück, liegt keine begünstigte Teilbetriebsveräußerung vor. Dabei ist nicht entscheidend, welchen **Umfang der zurückbehaltene Anteil** hat. Auch geringfügige Teile sind schädlich.[4]

238

Wird eine 100%-Beteiligung gegen ein anderes Wirtschaftsgut **getauscht**, liegt eine Teilbetriebsveräußerung vor. Dies gilt auch, wenn das erworbene Wirtschaftsgut ebenfalls eine Kapitalbeteiligung ist, die wert-, art- und funktionsgleich zu der eingetauschten 100%-Beteiligung ist. Das vor der Einführung von § 6 Abs. 6 Satz 1 EStG geltende Tauschgutachten für im Betriebsvermögen gehaltene Kapitalgesellschaftsanteile findet keine Anwendung mehr.[5]

239

Wird eine 100%-Beteiligung an einer Kapitalgesellschaft gegen Gewährung von Gesellschaftsrechten in eine andere Kapitalgesellschaft eingebracht, liegt ein Fall des § 21 UmwStG (**Anteilstausch**) vor. Da ein Fall eines qualifizierten Anteilstauschs vorliegt, kann dieser auf Antrag zum Buchwert erfolgen (§ 21 Abs. 1 Satz 2 UmwStG). Die Einbringung einer 100%-Beteiligung in eine Personengesellschaft soll nach Auffassung der Rechtsprechung keine Einbringung nach § 24 UmwStG sein, da im Rahmen des § 24 UmwStG die 100%-Beteiligung an einer Kapitalgesellschaft nicht als Teilbetrieb behandelt wird.[6] Dieser Auffassung ist die FinVerw jedoch entgegen getreten.[7]

240

Die **verdeckte Einlage** einer 100%-Beteiligung (ohne Gewährung neuer Anteile) in eine Kapitalgesellschaft ist nach der Rechtsprechung als unentgeltlicher Vorgang zu qualifizieren.[8] Damit soll diese nach h. M. als Teilbetriebsaufgabe anzusehen sein, da die Anteile nach der Fiktion erst ins Privatvermögen und anschließend vom Privatvermögen in die Kapitalgesellschaft eingelegt werden.[9]

241

---

1 Vgl. BFH v. 10. 3. 1988 - IV R 226/85, BStBl 1988 II 832.
2 Vgl. R 16 Abs. 3 Satz 6 EStR.
3 Vgl. *Wacker* in Schmidt, § 16 EStG Rz. 164.
4 Vgl. *Schallmoser* in Blümich, § 16 EStG Rz. 214.
5 Vgl. *Stahl* in Korn, § 16 EStG Rz. 77.
6 Vgl. BFH v. 17. 7. 2008 - I R 77/06, BStBl 2009 II 464.
7 Vgl. BMF v. 20. 5. 2009, BStBl 2009 I 671; BMF v. 11. 11. 2011, BStBl 2011 I 1314, Tz. 24.02; vgl. zum Konkurrenzverhältnis zwischen § 6 Abs. 5 EStG und § 24 UmwStG auch *Reiser/Schierle*, DStR 2013, 113.
8 Vgl. BFH v. 18. 12. 1990 - VIII R 17/85, BStBl 1991 II 512.
9 A. A. HHR/*Geissler*, § 16 EStG Anm. 170, der eine Teilbetriebsveräußerung annimmt.

242 Gemäß § 16 Abs. 1 Satz 1 Nr. 1 Satz 2 2. Halbsatz EStG gilt die **Liquidation oder Auflösung** einer Kapitalgesellschaft als Veräußerung.[1] Die sinngemäße Anwendung von § 17 Abs. 4 Satz 3 EStG hat aber zum Ergebnis, dass eine Aufteilung zwischen Kapitalrückzahlung und Auskehrung von thesaurierten Gewinnen zu erfolgen hat. Begünstigter Teil des Liquidationserlöses ist nur die Kapitalrückzahlung, die bei dem Gesellschafter nicht als Einnahme nach § 20 Abs. 1 Nr. 1, 2 EStG versteuert wird. Die Trennung ist jedoch nur noch im Rahmen der Anwendung des Freibetrags nach § 16 Abs. 4 EStG relevant.

243–250 (Einstweilen frei)

IV. Veräußerung eines Mitunternehmeranteils (§ 16 Abs. 1 Satz 1 Nr. 2 EStG)

1. Allgemeine Erläuterungen

251 Gemäß § 16 Abs. 1 Satz 1 Nr. 2 EStG gehören zu den Einkünften aus Gewerbebetrieb auch Gewinne, die bei der **Veräußerung des gesamten Anteils eines Gesellschafters**, der als Unternehmer (Mitunternehmer i. S. d. § 15 Abs. 1 Satz 1 Nr. 2 EStG) des Betriebs anzusehen ist, erzielt werden. Gewinne aus der Veräußerung des gesamten Mitunternehmeranteils sind nach § 16 Abs. 4 EStG bzw. § 34 EStG begünstigt.[2]

252 Durch die Regelung des § 16 Abs. 1 Satz 1 Nr. 2 EStG wird der **Mitunternehmer**, der den Mitunternehmeranteil veräußert, dem Einzelunternehmer, der seinen Betrieb bzw. Teilbetrieb veräußert, weitgehend gleichgestellt.

253 Letztmalig wurde der Wortlaut der Regelung des § 16 Abs. 1 Satz 1 Nr. 2 EStG durch das Unternehmenssteuerfortentwicklungsgesetz (UntStFG) v. 10. 9. 2001[3] geändert. Durch die Gesetzesänderung wurde der sachliche Anwendungsbereich der Regelung auf die Veräußerung des gesamten Mitunternehmeranteils beschränkt. Die Veräußerung eines Teils des Mitunternehmeranteils ist mit Wirkung zum VZ 2002 nicht mehr begünstigt.[4] Laut Gesetzesbegründung[5] sollte durch die Gesetzesänderung eine Gleichbehandlung der folgenden Fälle erzielt werden:

▶ Veräußerung eines **Teils eines Mitunternehmeranteils** und

▶ **Eintritt einer natürlichen Person** in ein bestehendes Einzelunternehmen gegen Entgeltzahlung in das Privatvermögen des bisherigen Einzelunternehmers.

254 Nach BFH-Rechtsprechung[6] und dem folgend die FinVerw[7] gilt der zweite Fall als laufender Geschäftsvorfall und ist damit nicht nach § 16 EStG, § 34 EStG begünstigt.

255–258 (Einstweilen frei)

---

1 Vgl. BFH v. 4. 10. 2006 - VIII R 7/03, BStBl 2009 II 772.
2 *Naujok* in Lüdicke/Sistermann, Unternehmenssteuerrecht, § 14 Rz. 11.
3 Vgl. BT-Drucks. 14/6882 v. 10. 9. 2001, 7.
4 *Naujok* in Lüdicke/Sistermann, Unternehmenssteuerrecht, § 14 Rz. 25.
5 Vgl. BT-Drucks. 14/6882 v. 10. 9. 2001, 34.
6 Vgl. BFH v. 18. 10. 1999 - GrS 2/98, BStBl 2000 II 123; *Rogal*, DStR 2006, 731.
7 Vgl. H 16 Abs. 4 „Aufnahme eines Gesellschafters in ein Einzelunternehmen" EStH i.V. m. BMF v. 11. 11. 2011, „Umwandlungssteuererlass", BStBl 2011 I 1314, Rz. 24.01 ff., 1.47.

2. Mitunternehmeranteil

a) Definition des Mitunternehmeranteils

Die Regelung des § 16 Abs. 1 Satz 1 Nr. 2 EStG verweist in dem Klammerzusatz für die Definition des Begriffs „Mitunternehmeranteil" auf § 15 Abs. 1 Satz 1 Nr. 2 EStG.[1] Mitunternehmer können natürliche Personen und juristische Personen sein.[2] Der Mitunternehmer hält grundsätzlich eine zivilrechtliche Beteiligung an einer Personengesellschaft.[3] Nicht jeder Gesellschafter einer Personengesellschaft ist zugleich Mitunternehmer im steuerrechtlichen Sinn.[4] Mitunternehmer ist nur, wer aufgrund der zivilrechtlichen Gesellschafterstellung Mitunternehmerinitiative ausübt und Mitunternehmerrisiko trägt.[5]

▶ **Mitunternehmerinitiative** (H 15.8 Abs. 1 „Mitunternehmerinitiative" EStH) setzt insbesondere die Teilhabe an unternehmerischen Entscheidungen voraus, wie sie leitenden Angestellten (z. B. Geschäftsführer, Prokuristen) zukommt.[6] Ausreichend ist die Möglichkeit Stimm-, Kontroll- und Widerspruchsrechte auszuüben, die den Rechten eines Kommanditisten einer KG angenähert sind bzw. die den gesellschaftsrechtlichen Kontrollrechten des § 716 Abs. 1 BGB entsprechen.[7]

▶ **Mitunternehmerrisiko** (H 15.8 Abs. 1 „Mitunternehmerrisiko" EStH) bedeutet die gesellschaftsrechtliche Teilhabe am Erfolg oder Misserfolg der Gesellschaft.[8] Mitunternehmerrisiko liegt grundsätzlich bei einer Gewinn- bzw. Verlustbeteiligung sowie bei einer Beteiligung an den stillen Reserven des Gesellschaftsvermögens (einschließlich des Geschäfts- oder Firmenwerts) vor.[9]

Der Begriff des Mitunternehmeranteils beschränkt sich nicht nur auf **gewerblich tätige Mitunternehmerschaften** i. S. d. § 15 Abs. 1 und 2 EStG. Die Mitunternehmerschaft kann gewerbliche Einkünfte i. S. d. § 15 Abs. 1 Satz 1 Nr. 2 EStG, freiberufliche Einkünfte (§ 18 Abs. 4 EStG i. V. m. § 15 Abs. 1 Satz 1 Nr. 2 EStG) sowie Einkünfte aus LuF (§ 13 Abs. 7 Satz 2 EStG i. V. m. § 15 Abs. 1 Satz 1 Nr. 2) erzielen.

Nach der finanzgerichtlichen Rechtsprechung stellt der **Mitunternehmeranteil** kein Wirtschaftsgut dar.[10] Als Mitunternehmeranteil gilt die **Summe der Anteile des Gesellschafters** an den Wirtschaftsgütern der Mitunternehmerschaft.[11] Der Mitunternehmeranteil beinhaltet –

---

1 Die Definition des Begriffs „Mitunternehmeranteil" bestimmt sich nach § 15 EStG. Zur Definition Mitunternehmeranteil vgl. KKB/Bäuml/Meyer, § 15 EStG Rz. 50 ff.
2 Zur Mitunternehmerstellung bei doppel- bzw. mehrstöckigen Personengesellschaften vgl. KKB/Bäuml/Meyer, § 15 EStG Rz. 305 ff.
3 Vgl. BFH v. 25. 2. 1991 - GrS 7/89, BStBl 1991 II 691, m. w. N.; *Wacker* in Schmidt, § 15 EStG Rz. 258 ff.
4 Zur Abgrenzung vom handelsrechtlichen Gesellschafterbegriff vgl. *Wacker* in Schmidt, § 15 EStG Rz. 259 ff.
5 Vgl. u. a. BFH v. 3. 5. 1993 - GrS 3/92, BStBl 1993 II 616; BFH v. 28. 10. 1999 - VIII R 66-70/98, BStBl 2000 II 182; *Wacker* in Schmidt, § 15 EStG Rz. 257 f.; zum Begriff des Mitunternehmers vgl. *Bohn*, DStR 2018, 1265..
6 Vgl. BFH v. 1. 8. 1996 - VIII R 12/94, BStBl 1997 II 272.
7 Vgl. BFH v. 1. 8. 1996 - VIII R 12/94, BStBl 1997 II 272; *Pyszka/Brauer* in Kessler/Kröner/Köhler, Konzernsteuerrecht, § 3 Rz. 521.
8 Vgl. u. a. BFH v. 28. 10. 1999 - VIII R 66-70/98, BStBl 2000 II 182.
9 Vgl. BFH v. 28. 10. 1999 - VIII R 66-70/98, BStBl 2000 II 182.
10 Vgl. u. a. BFH v. 25. 2. 1991 - GrS 7/99, BStBl 1991 II 691; BFH v. 30. 10. 2002 - IV R 33/01, BStBl 2003 II 272.
11 Vgl. *Kauffmann* in Frotscher/Geurts, § 16 EStG Rz. 125. Zur Bilanzierung des Mitunternehmeranteils in der Steuerbilanz des Gesellschafters vgl. *Bürkle/Knebel*, DStR 1998, 1076 und 1890; *Reiß*, DStR 1998, 1887.

mit dem Ziel eine weitgehende Annäherung an die Besteuerung der Einzelunternehmer zu erreichen – auch die Wirtschaftsgüter des Sonderbetriebsvermögens I[1] und II[2] des Gesellschafters.[3] Zählen zu den wesentlichen Betriebsgrundlagen Wirtschaftsgüter des Sonderbetriebsvermögens, liegt eine begünstigte Veräußerung des Mitunternehmeranteils nach § 16 Abs. 1 Satz 1 Nr. 2 EStG nur dann vor, wenn die stillen Reserven in den Wirtschaftsgütern des Sonderbetriebsvermögens (anteilig) aufgedeckt und besteuert werden (Grundsatz der anteiligen Mitübertragung des Sonderbetriebsvermögens).[4] Erforderlich ist eine quotenentsprechende, d. h. proportionale, Übertragung des Sonderbetriebsvermögens.[5]

262 **Mitunternehmeranteile** können insbesondere an folgenden Gesellschaften gehalten werden:

▶ Inländische Personengesellschaften (oHG, KG, PartG, GbR-Außengesellschaft);

▶ gewerbliche geprägte (§ 15 Abs. 3 Nr. 2 EStG) und gewerbliche infizierte Personengesellschaften (§ 15 Abs. 3 Nr. 1 EStG);

▶ ausländische Gesellschaften, sofern sie nach dem Typenvergleich einer inländischen Personengesellschaft entsprechen;[6]

▶ Erbengemeinschaften und Gütergemeinschaften, sofern sie Außengesellschaften sind;[7]

▶ atypisch stille Gesellschaften[8] und atypische Unterbeteiligungen;[9]

▶ Bruchteilsgemeinschaften (z. B. Partnerredereien), die Träger eines gewerblichen Unternehmens sind.[10]

263 Insbesondere an den folgenden Gesellschaften kann **kein Mitunternehmeranteil** gehalten werden:

▶ Inländische Personengesellschaften, die weder gewerblich tätig, gewerblich geprägt noch gewerblich infiziert sind; unabhängig davon, ob die Personengesellschaftsbeteiligung zum Betriebsvermögen des Gesellschafters zählt (Zebra-Gesellschaften).[11]

---

1 Sonderbetriebsvermögen I: Wirtschaftsgüter, die unmittelbar dem Betrieb der Mitunternehmerschaft dienen.
2 Sonderbetriebsvermögen II: Wirtschaftsgüter, die der Beteiligung des Mitunternehmers dienen. Zur Rechtfertigung des Sonderbetriebsvermögens II vgl. BFH v. 6. 7. 1989 - IV R 62/86, BStBl 1989 II 890; kritisch *Söffing*, DStR 2003, 1105.
3 Vgl. BFH v. 6. 12. 2000 - VIII R 21/00, BStBl 2003 II 194; BFH v. 12. 4. 2000 - XI R 35/99, BStBl 2001 II 26.
4 Vgl. BFH v. 12. 4. 2000 - XI R 35/99, BStBl 2001 II 26.
5 Vgl. BFH v. 3. 3. 1998 - VIII R 66/96, BStBl 1999 II 269; *Wacker* in Schmidt, § 16 EStG Rz. 414.
6 Der Betriebsstätten-Erlass (vgl. BMF v. 24. 12. 1999, BStBl 1999 I 1076) enthält einen Vergleich einer Vielzahl ausländischer Gesellschaften mit deutschen Rechtsformen. Im sog. LLC-Erlass sind Kriterien zur Qualifizierung einer ausländischen Rechtsform als Kapitalgesellschaft oder Personengesellschaft für Zwecke des deutschen Steuerrechts vorgegeben (BMF v. 19. 3. 2004, BStBl 2004 II 411).
7 Vgl. *Wacker* in Schmidt, § 16 EStG Rz. 404 f.
8 Der Inhaber eines Handelsgewerbes, an dem eine atypisch stille Beteiligung besteht, verfügt ertragsteuerlich über eigenes Vermögen, das neben dem Betriebsvermögen besteht, das ertragsteuerlich der atypisch stillen Gesellschaft (als mitunternehmerisches Vermögen) zugerechnet wird; vgl. BFH v. 1.3.2018 - IV R 38/15, DStR 2018, 1277 = NWB DokID: MAAAG-85049.
9 Vgl. *Wacker* in Schmidt, § 16 EStG Rz. 404 f.
10 Vgl. BFH v. 11. 11. 1982 - IV R 117/80, BStBl 1983 II 299; *Hörger/Rapp* in Littmann/Bitz/Pust (Stand: EL 68 – ET 11/2005), § 16 EStG Rz. 139.
11 Vgl. BFH v. 26. 4. 2012 - IV R 44/09, BStBl 2012 II 1513; BFH v. 26. 4. 2001 - IV R 75/99, NWB DokID: QAAAA-96699, wonach der Gewinn aus der Veräußerung einer zwischengeschalteten Beherrschungs-GbR ein laufenden (nicht begünstigten) Gewinn darstellt (vgl. hierzu auch *Groh*, DB 1984, 2373; *Wacker* in Schmidt, § 16 EStG Rz. 405; a. A. *Niehus*, DStZ 2004, 143).

▶ Ausländische Gesellschaften, die nach dem Typenvergleich keiner deutschen Personengesellschaft entsprechen.[1]

Bei einem **treuhänderisch verwalteten Mitunternehmeranteil** gilt der Treugeber als Inhaber des Mitunternehmeranteils. Die Veräußerung des Mitunternehmeranteils durch den Treuhänder wird für Zwecke des § 16 EStG dem Treugeber zugerechnet.[2]

§ 15 Abs. 1 Nr. 2 Satz 2 EStG enthält eine Sonderregelung für **doppel- bzw. mehrstöckige Personengesellschaften**. Hiernach gilt der mittelbar beteiligte Gesellschafter als Mitunternehmer der Gesellschaft bei der er eine mittelbare Beteiligung hält. Bei doppelstöckigen Personengesellschaften ist der Gesellschafter der Obergesellschaft (unmittelbarer) Mitunternehmer der Obergesellschaft und zugleich (mittelbarer) Mitunternehmer der Untergesellschaft. Nach u. E. zutreffender Auffassung von *Wacker*[3] ist entsprechend dem steuerlichen Transparenzprinzip der Verbund der Gesellschafter Mitunternehmer der Untergesellschaft. Zum begünstigten Veräußerungsgewinn der Obergesellschaft kann auch der Gewinn aus der Veräußerung des Mitunternehmeranteils an der Untergesellschaft zählen.[4]

b) Teil eines Mitunternehmeranteils

aa) Rechtslage bis zum 31. 12. 2001

Bis einschließlich VZ 2001 war auch die Veräußerung eines **Teils eines Mitunternehmeranteils** begünstigt. Der Wortlaut des § 16 Abs. 1 Satz 1 Nr. 2 EStG enthielt keine Einschränkung dahingehend, dass nur der gesamte Mitunternehmeranteil erfasst werden sollte. Durch das UntStFG[5] wurde die Regelung modifiziert und mit Wirkung zum 1. 1. 2001 musste für einen begünstigten Veräußerungs- bzw. Aufgabevorgang der gesamte Mitunternehmeranteil veräußert werden. Die Veräußerung eines Teils des Mitunternehmeranteils ist seither nicht mehr begünstigt.

bb) Rechtslage ab dem 1. 1. 2002

Gewinne aus der Veräußerung eines **Teils eines Mitunternehmeranteils** sind kraft gesetzlicher Anordnung **laufender Gewinn** (§ 16 Abs. 1 Satz 2 EStG). Nach Auffassung der FinVerw[6] unterliegt der laufende Gewinn der Gewerbesteuer (R 7.1 Abs. 3 Satz 6 GewStR). Die Gewerbesteuer entfällt nicht nur auf den veräußernden Mitunternehmer, sondern auf sämtliche Mitunternehmer. Die Gewerbesteuer ist im Rahmen der Steuerermäßigung des § 35 EStG auf die persönliche Einkommensteuer des jeweiligen Mitunternehmers anrechenbar. Es ist zu empfehlen, den Fall der Veräußerung eines Teils eines Mitunternehmeranteils gesondert zu regeln. Im Innenverhältnis könnte vereinbart werden, dass der veräußernde Mitunternehmer die Gewerbesteu-

---

1 Der Betriebsstätten-Erlass (BMF v. 24. 12. 1999, BStBl 1999 I 1076) enthält einen Vergleich einer Vielzahl ausländischer Gesellschaften mit deutschen Rechtsformen. Im sog. LLC-Erlass sind Kriterien zur Qualifizierung einer ausländischen Rechtsform als Kapitalgesellschaft oder Personengesellschaft für Zwecke des deutschen Steuerrechts vorgegeben (BMF v. 19. 3. 2004, BStBl 2004 II 411).
2 Vgl. BFH v. 1. 10. 1992 - IV R 130/90, BStBl 1993 II 574.
3 Vgl. *Wacker* in Schmidt, § 16 EStG Rz. 401.
4 Vgl. *Ley*, KÖSDI 2011, 17277.
5 Vgl. BT-Drucks. 14/6882 v. 10. 9. 2001, 7.
6 Die Verwaltungsansicht wird im Schrifttum kritisiert (vgl. *Stahl* in Korn, § 16 EStG Rz. 6). Gelten Veräußerungsgewinne aufgrund einer gesetzlichen Anordnung (Fiktion) als laufende Gewinne, können diese nicht der Gewerbesteuer unterliegen. Die gesetzliche Fiktion erstrecke sich nicht auf die Gewerbesteuer.

er trägt (unter Berücksichtigung der Anrechnungsmöglichkeiten nach § 35 EStG der weiteren Mitunternehmer).

268 Als Veräußerung eines Teils eines Mitunternehmeranteils, die vom Anwendungsbereich des § 16 Abs. 1 Satz 1 Nr. 2 EStG nicht umfasst ist, gilt auch die Begründung einer atypischen Unterbeteiligung.[1] Die Änderung der Gewinn-/Verlustbeteiligung bzw. des Liquidationsanteils eines Mitunternehmers steht der Teilveräußerung gleich. Dies gilt unabhängig von einer Anpassung der Kapitalkonten der Mitunternehmer.[2] Der Verzicht auf die Ausübung eines Gesellschaftsrechts stellt dagegen keine Teilanteilsveräußerung dar,[3] z. B., wenn der Gesellschafter gegen Entgelt auf die Ausübung eines Kündigungsrechts verzichtet.

269 Keine Teilveräußerung des Mitunternehmeranteils liegt bei einer **gesonderten Übertragung des Sonderbetriebsvermögens** ohne Änderung der Beteiligungsverhältnisse an der Personengesellschaft vor.[4] Gleiches sollte bei einer doppel- bzw. mehrstöckigen Personengesellschaft gelten, wenn der Gesellschafter der Obergesellschaft Wirtschaftsgüter veräußert, die zum Sonderbetriebsvermögen der Untergesellschaft zählen. Die mittelbare Beteiligung des Gesellschafters der Obergesellschaft an der Untergesellschaft bleibt unverändert.[5]

270–275 (*Einstweilen frei*)

3. Zeitpunkt der Veräußerung

276 Der Zeitpunkt der Veräußerung des Mitunternehmeranteils ist entscheidend für die Abgrenzung des laufenden Gewinns vom steuerbegünstigten Veräußerungsgewinn.[6] Der Gewinn aus der Veräußerung des Mitunternehmeranteils ist auf den Zeitpunkt (Tag) des **Übergangs von Nutzen und Lasten** der Beteiligung (wirtschaftlicher Übertragungsstichtag) auf den/die Erwerber zu ermitteln.[7] Wird ein Gesellschaftsanteil „mit Wirkung zum Ablauf des 31.12.2012" veräußert und die Übertragung tatsächlich auch nicht später vollzogen, soll nach der Rechtsprechung der Veräußerungsgewinn im Jahr 2012 entstehen. Eine nachträgliche klarstellende Vereinbarung kann nicht dazu führen, dass der Zeitpunkt der Veräußerung in das Jahr 2013 verschoben wird. Auf den Zufluss des Veräußerungspreises soll es nicht ankommen.[8]

▶ **Anteilsübertragung:** Bei einer Anteilsübertragung gilt grundsätzlich der Zeitpunkt des Wirksamwerdens des Abtretungsvertrags (dingliches Erfüllungsgeschäft) als wirtschaftlicher Übertragungsstichtag.[9] Der Erwerber kann zu einem früheren Zeitpunkt die Stellung als wirtschaftlicher Eigentümer der Beteiligung erlangen, wenn die dingliche Übertragung z. B. unter einer aufschiebenden Bedingung geschlossen wurde.[10] Umgekehrt können die Vertragspartner mit steuerlicher Wirkung einen späteren Zeitpunkt der Anteilsübertragung vereinbaren (z. B. Zeitpunkt der Handelsregistereintragung[11]).[12]

---

1 Vgl. *Wacker* in Schmidt, § 16 EStG Rz. 408; *Schallmoser* in Blümich, § 16 EStG Rz. 237.
2 Vgl. *Schulze zur Wiesche*, BB 1993, 1493.
3 Vgl. BFH v. 6. 11. 1991 - XI R 41/88, BStBl 1992 II 335; *Wacker* in Schmidt, § 16 EStG Rz. 408.
4 Vgl. BFH v. 11. 12. 1990 - VIII R 14/87, BStBl 1991 II 510; BMF v. 3. 3. 2005, BStBl 2005 I 458, Rz. 20.
5 Vgl. *Wacker* in Schmidt, § 16 EStG Rz. 408.
6 Vgl. *Wacker* in Schmidt, § 16 EStG Rz. 440; *Schallmoser* in Blümich, § 16 EStG Rz. 240.
7 Vgl. *Wacker* in Schmidt, § 16 EStG Rz. 440 f.
8 Vgl. FG Nürnberg v. 4.4.2018 - 4 K 1453/16, EFG 2018, 1035 (mit Anm. Hüttner) = NWB DokID: LAAAG-84167, rkr.
9 Vgl. BFH v. 22. 9. 1992 - VIII R 7/90, BStBl 1992 I 228.
10 Vgl. BFH v. 30. 8. 2007 - IV R 22/06, NWB DokID: PAAAC-64340.
11 Vgl. BFH v. 22. 9. 1992 - VIII R 7/90, BStBl 1993 II 228.
12 Vgl. BFH v. 30. 8. 2007 - IV R 22/06, NWB DokID: PAAAC-64340.

▶ **Ausscheiden eines Gesellschafters:** Scheidet der Gesellschafter aus der Mitunternehmerschaft aus und geht sein Gesellschaftsanteil unter, ist auf den Zeitpunkt abzustellen, zu dem sein Vermögensanteil auf die Mitgesellschafter übergeht (z. B. Zeitpunkt der Wirksamkeit der Kündigung).[1]

▶ **Anwachsung:** Maßgeblich ist grundsätzlich der Zeitpunkt zu dem der Vermögensanteil des ausscheidenden Gesellschafters auf die Mitgesellschafter übergeht (gem. § 738 Abs. 1 BGB).[2]

Dem **ausscheidenden Mitunternehmer** ist sein Anteil am laufenden Gewinn/Verlust der Mitunternehmerschaft bis zum Zeitpunkt des Übergangs von Nutzen und Lasten der Beteiligung zuzurechnen.[3] Der laufende Gewinn/Verlust ist auch bei der Bestimmung des Buchwerts des Mitunternehmeranteils am wirtschaftlichen Übertragungsstichtag zu berücksichtigen.[4]

277

Das **Ausscheiden eines Gesellschafters bei fortbestehender Mitunternehmerschaft**[5] führt nicht zu der Begründung eines Rumpf-Wirtschaftsjahrs (das gilt unabhängig davon, ob die Personengesellschaft ein kalendergleiches oder abweichendes Wj. hat).[6] Eine Pflicht zur Erstellung einer Zwischenbilanz besteht nicht.[7] Nach u. E. unzutreffender Rechtsprechung des BFH[8] ist bei abweichenden Wirtschaftsjahren der Veräußerungsgewinn bereits im Jahr der Veräußerung zu erfassen.

278

BEISPIEL:[9] Die Personengesellschaft D-KG hat mehrere Gesellschafter (Mitunternehmer). Das Wirtschaftsjahr der D-KG reicht v. 1. 8. 2015 bis zum 31. 7. 2016 (abweichendes Wj.). Mitunternehmer E verkauft zum Ende des Kalenderjahres 2015 (31. 12. 2015) seinen gesamten Mitunternehmeranteil an den neuen Gesellschafter F.

Der bis zum Ausscheiden des Mitunternehmers E erzielte Gewinn (laufender Gewinn und Veräußerungsgewinn) ist im Jahr der Veräußerung 2015 zu erfassen. § 4a Abs. 2 Satz 2 EStG ist nach höchstrichterlicher Rechtsprechung[10] auf den ausscheidenden Mitunternehmer nicht anwendbar.

Veräußert E nur einen Teil seines Mitunternehmeranteils, ist die Zuordnungsregelung des § 4a Abs. 2 Satz 2 EStG weiterhin anwendbar. Der laufende Gewinn sowie der Veräußerungsgewinn gelten in dem Jahr als bezogen, in dem das abweichende Wj. endet (2016).

Für handelsrechtliche Zwecke besteht die Möglichkeit das Ausscheiden eines Gesellschafters rückwirkend vorzunehmen (z. B. mittels einer schuldrechtlichen Vereinbarung wird der Ein-

279

---

1 Vgl. BFH v. 26. 7. 1984 - IV R 10/83, BStBl 1984 II 786; dies gilt unabhängig davon, ob eine Einigung über die Höhe der Abfindung erzielt wurde; vgl. BFH v. 10. 11. 1988 - VI R 70/86, BFH/NV 1985, 110 = NWB DokID: XAAAB-40165.
2 Vgl. *Schulze zur Wiesche*, DStR 1993, 381; *Rautenstrauch/Adrian*, DStR 2006, 356; *Schiefer*, DStR 1996, 788; *Orth*, DStR 1999, 1011 und 1053; *Orth*, DStR 2005, 1629; zur Anwachsung von Personengesellschaften mit faktischer Rückwirkung vgl. *Dietel/Schmid*, DStR 2008, 529.
3 Vgl. BFH v. 28. 11. 1989 - VIII R 40/84, BStBl 1990 II 561.
4 Vgl. *Grashoff* in Grashoff/Kleinmanns, Aktuelles Steuerrecht 2012, Rz. 402 ff.; *Benz/Schacht* in Littmann/Bitz/Pust, § 16 EStG Rz. 420.
5 Zum Ausscheiden eines Mitunternehmers aus einer zweigliedrigen Personengesellschaft vgl. BFH v. 23. 9. 1999 - IV R 59/98, BStBl 2000 II 170.
6 Vgl. BFH v. 24. 11. 1988 - IV R 252/84, BStBl 1989 II 312.
7 Vgl. BFH v. 19. 4. 1994 - VIII R 48/93, BFH/NV 1995, 84 = NWB DokID: RAAAB-35116.
8 Vgl. BFH v. 18. 8. 2010 - X R 8/07, BStBl 2010 II 1043; zur Gegenansicht vgl. FG Saarbrücken v. 17. 3. 2004 - 1 K 24/00, EFG 2004, 1038, rkr., im Unterschied zum BFH geht das FG Saarland u. E. zutreffend davon aus, dass die Zuordnungsregelung des § 4a Abs. 2 Satz 2 EStG auch auf den ausscheidenden Mitunternehmer anwendbar ist; vgl. hierzu auch *Heinicke/Heuser*, DB 2004, 2655; *Schütz*, Steuk 2010, 472; *Pfirrmann* in Kirchhof, § 4a EStG Rz. 10; *Schiffer* in Korn, § 4a EStG Rz. 51; a. A. HHR/*Patt*, § 16 EStG Anm. 236; *Wacker* in Schmidt, § 16 EStG Rz. 441.
9 Beispiel nach *Wacker* in Schmidt, § 16 EStG Rz. 441. Vgl. auch *Grashoff*, Grashoff/Kleinmanns, Aktuelles Steuerrecht 2012, Rz. 404.
10 Vgl. BFH v. 18. 8. 2010 - X R 8/07, BStBl 2010 II 1043.

bzw. Austritt aus einer Mitunternehmerschaft rückwirkend auf den Beginn des Wirtschaftsjahres vereinbart; sog. Rückdatierung).[1] Die **rückwirkende schuldrechtliche Vereinbarung** ist für die steuerliche Gewinn- und Verlustzurechnung grundsätzlich unbeachtlich.[2] Der ausscheidende Mitunternehmer versteuert den laufenden Gewinn bis zum wirtschaftlichen Übertragungsstichtag.[3]

280 In den folgenden Ausnahmefällen wird auch für steuerliche Zwecke eine Rückbeziehung des Austritts aus der Mitunternehmerschaft anerkannt:[4]

▶ **Rückbeziehung umfasst nur eine kurze Zeitspanne:** Die Rechtsprechung[5] lässt eine Rückbeziehung für steuerliche Zwecke zu, wenn es sich um eine kurze Zeitspanne handelt und die Rückbeziehung dazu dient, die Besteuerung technisch zu vereinfachen. Der Steuerpflichtige darf durch die Gestaltung keine Steueroptimierung anstreben. Als kurze Zeitspanne wird im Schrifttum[6] ein Drei-Monatszeitraum genannt.

▶ **Gerichtlicher oder außergerichtlicher Vergleich:** Rückbeziehung ist Teil eines gerichtlichen oder außergerichtlichen Vergleichs zur Klarstellung eines unklaren Sachverhalts.[7]

▶ **Schwebend unwirksamer Vertrag:** Die zivilrechtlich erforderliche Zustimmung zu einem schwebend unwirksamen Vertrag (z. B. Genehmigung durch ein Vormundschaftsgericht[8]) wirkt auch für steuerliche Zwecke auf den Zeitpunkt des Vertragsschlusses zurück.[9] Voraussetzung ist, dass die Genehmigung unverzüglich nach Abschluss des Vertrags beantragt und innerhalb einer angemessenen Frist erteilt wird.[10]

▶ **Einbringungen in eine Mitunternehmerschaft:** Bei einer Einbringung des Mitunternehmeranteils in eine Körperschaft bzw. eine Mitunternehmerschaft gegen Gewährung von Gesellschaftsrechten gem. §§ 20, 24 UmwStG ist eine steuerliche Rückbeziehung bis zu acht Monaten möglich.[11]

281–285 *(Einstweilen frei)*

---

1 Vgl. *Schallmoser* in Blümich, § 16 EStG Rz. 242.
2 Vgl. BFH v. 7.7.1983 - IV R 209/80, BStBl 1984 II 53; kritisch zur BFH-Rspr. *Loritz*, DStR 1994, 87. Vgl. hierzu auch *Dietel*, DStR 2009, 1352; *Dietel*, DStR 2011, 1493.
3 Vgl. BFH v. 28.11.1989 - VIII R 40/84, BStBl 1990 II 561.
4 Vgl. *Wacker* in Schmidt, § 15 EStG Rz. 452, § 16 EStG Rz. 442 ff.; *Schallmoser* in Blümich, § 16 EStG Rz. 242 ff.
5 Vgl. BFH v. 26.9.1968 - I R 157/77, BStBl 1969 II 742; BFH v. 27.2.1985 - I R 235/80, BStBl 1985 II 456; BFH v. 9.4.1981 - I R 157/77, BStBl 1982 II 362 bestätigt durch BFH v. 20.10.1981 - I R 118/78, BStBl 1983 II 247, vgl. hierzu auch *Dehmer*, DStR 1994, 1753.
6 Vgl. *Wacker* in Schmidt, § 16 EStG Rz. 442 f.; *Hörger/Rapp* in Littmann/Bitz/Pust (Stand: EL 70 – 05/2006), § 16 EStG Rz. 150; *Reiß* (in Kirchhof/Söhn/Mellinghof, § 16 EStG Rz. C 73) lehnt eine Rückwirkung ab.
7 Vgl. BFH v. 26.7.1984 - IV R 10/83, BStBl 1984 II 786; FG Rheinland Pfalz v. 7.9.2001 - 3 K 1973/98 (rkr.), NWB DokID: YAAAB-12159.
8 Entsprechendes gilt bei einer Genehmigung durch einen Ergänzungspfleger; vgl. BFH v. 13.5.1980 - VIII R 75/79, BStBl 1981 II 297.
9 Die Grundsätze sollten für alle schwebend unwirksamen Rechtsgeschäfte gelten (ebenso BFH v. 23.10.1996 - I R 71/95, BStBl 1999 II 35; BFH v. 23.4.1992 - IV R 46/91, BStBl 1992 II 1977; *Wacker* in Schmidt, § 16 EStG Rz. 443.
10 Vgl. BFH v. 1.2.1973 - IV R 49/68, BStBl 1973 II 307; BFH v. 23.4.1992 - IV R 46/91, BStBl 1992 II 1024.
11 Vgl. *Wacker* in Schmidt, § 16 EStG Rz. 443; *Hörger/Rapp* in Littmann/Bitz/Pust (Stand: EL 70 – 05/2006), § 16 EStG Rz. 150.

4. Veräußerungsvorgänge

a) Veräußerung des Mitunternehmeranteils

Veräußerung bedeutet die **entgeltliche Übertragung des gesamten Mitunternehmeranteils** auf einen anderen Rechtsträger.[1] Für steuerliche Zwecke ist abweichend von der zivilrechtlichen Sichtweise nicht der Gesellschaftsanteil (immaterielles Wirtschaftsgut) Subjekt der Veräußerung, sondern die Summe der (ideellen) Anteile des Gesellschafters an den einzelnen Wirtschaftsgütern der Mitunternehmerschaft zzgl. der in seinem Eigentum stehenden Wirtschaftsgüter des Sonderbetriebsvermögens (§ 39 Abs. 2 Nr. 2 AO).[2] Steuerrechtlich ist eine **Veräußerung des Mitunternehmeranteils** bei einem Gesellschafterwechsel sowie bei einem Ausscheiden eines Gesellschafters[3] gegen Abfindungszahlung anzunehmen.

- **Gesellschafterwechsel:**
  - Übertragung des Gesellschaftsanteils auf einen neuen Gesellschafter oder einen Mitgesellschafter;
  - Eintritt eines Gesellschafters in eine bestehende Gesellschaft, ohne Austritt eines Gesellschafters.
- **Ausscheiden eines Gesellschafters:**
  - Austritt eines Gesellschafters aus einer mehrgliedrigen Personengesellschaft ohne Eintritt eines neuen Gesellschafters;
  - Austritt eines Gesellschafters aus einer zweigliedrigen Personengesellschaft ohne Eintritt eines neuen Gesellschafters; Fortführung des Unternehmens als Einzelunternehmen.[4]

Die Veräußerung des Mitunternehmeranteils ist von der Aufgabe des Mitunternehmeranteils gem. § 16 Abs. 3 Satz 1 EStG zu unterscheiden. Unter einer **Aufgabe des Mitunternehmeranteils** sind insbesondere die folgenden Rechtsvorgänge zu verstehen:[5]

- Das Ausscheiden eines Mitunternehmers durch Vollbeendigung der Gesellschaft.
- Eine Veräußerung des Mitunternehmeranteils, unter Zurückbehaltung wesentlicher Betriebsgrundlagen des Sonderbetriebsvermögens.[6]

Nicht als begünstigte Veräußerung des gesamten Mitunternehmeranteils gilt die **Aufnahme eines Gesellschafters** in ein bestehendes Einzelunternehmen. Die für die Aufnahme gezahlte Gegenleistung des neuen Gesellschafters stellt keinen begünstigten Veräußerungsgewinn i. S. d. § 16 EStG dar.[7]

---

1 Vgl. *Hörger/Rapp* in Littmann/Bitz/Pust (Stand: EL 70 – 05/2006), § 16 EStG Rz. 143.
2 Vgl. *Wacker* in Schmidt, § 16 EStG Rz. 404 ff.
3 Im Unterschied zum steuerrechtlichen Verständnis stellt das Ausscheiden eines Gesellschafters zivilrechtlich keine Veräußerung dar. Der Gesellschaftsanteil des ausscheidenden Gesellschafters wächst den verbleibenden Gesellschaftern nach § 738 Abs. 1 BGB an; vgl. BFH v. 12. 12. 1996 - IV R 77/93, BStBl 1998 II 180; *Hörger/Rapp* in Littmann/Bitz/Pust (Stand: EL 70 – 05/2006), § 16 EStG Rz. 143.
4 In diesem Fall wächst der Gesellschaftsanteil des ausscheidenden Gesellschafters den verbleibenden Gesellschaftern nach § 738 Abs. 1 BGB an, vgl. BFH v. 12. 12. 1996 - IV R 77/93, BStBl 1998 II 180.
5 Vgl. BFH v. 25. 2. 1991 - GrS 7/89, BStBl 1991 II 691; BFH v. 12. 12. 1996 - IV R 77/93, BStBl 1998 II 180; BFH v. 3. 3. 1998 - VIII R 66/96, BStBl 1998 II 383; *Büchele*, DStR 1998, 741; *Gschwendtner*, DStR 1993, 817.
6 Zur Aufgabe des Mitunternehmeranteils s. → Rz. 454 ff.
7 Vgl. BFH v. 18. 10. 1999 - GrS 2/1998, BStBl 2000 II 123; als Gestaltungsalternative wird im Schrifttum ein sog. Zwei-Stufen-Modell diskutiert (Kauf eines Mini-Anteils am Einzelunternehmen und nach Ablauf einer angemessenen Frist Erwerb des gewünschten Unternehmensanteils); vgl. hierzu *Schallmoser* in Blümich, § 16 EStG Rz. 220; *Förster/Heyeres*, DStR 1995, 1693; *Märkle*, DStR 2000, 797; BFH v. 16. 9. 2004 - IV R 11/03, BStBl 2004 II 1068.

289 Stellen die **Wirtschaftsgüter des Sonderbetriebsvermögens** wesentliche Betriebsgrundlagen dar, sind die Voraussetzungen des § 16 Abs. 1 Satz 1 Nr. 2 EStG nur erfüllt, wenn diese Wirtschaftsgüter (anteilig) mitübertragen werden. Umgekehrt gilt, Wirtschaftsgüter des Sonderbetriebsvermögens, die nicht zu den wesentlichen Betriebsgrundlagen gehören, brauchen nicht mitveräußert werden.[1] Als wesentliche Betriebsgrundlagen gelten sämtliche Wirtschaftsgüter, die für den Betrieb des Unternehmens der Personengesellschaft funktional wesentlich sind[2] oder erhebliche stille Reserven beinhalten.[3]

290 **Keine begünstigte Veräußerung** i. S. d. § 16 Abs. 1 Satz 1 Nr. 2 EStG liegt vor, wenn der Mitunternehmer in zeitlichem und sachlichem Zusammenhang mit der Anteilsübertragung wesentliche Betriebsgrundlagen des Sonderbetriebsvermögens zum Buchwert in ein anderes Betriebsvermögen überträgt.[4] Die alleinige Veräußerung sämtlicher wesentlicher Betriebsgrundlagen des Sonderbetriebsvermögens, ohne Veräußerung des Gesellschaftsanteils, ist ebenfalls keine tarifbegünstigte Veräußerung i. S. d. § 16 Abs. 1 Satz 1 Nr. 2 EStG.

291 Von einer **teilentgeltlichen Veräußerung** ist auszugehen, wenn die Gegenleistung unter Berücksichtigung kaufmännischer Erwägungen geringer ist als der Wert des Mitunternehmeranteils (z. B. bei einer gemischten Schenkung).[5] Nach der sog. Einheitstheorie[6] wird die teilentgeltliche Übertragung eines Mitunternehmeranteils als einheitlicher Veräußerungsvorgang gesehen. Gemäß der **Einheitstheorie** steht die teilentgeltliche Veräußerung einer (voll) entgeltlichen Veräußerung gleich, wenn das Entgelt den Buchwert der veräußerten Wirtschaftsgüter überschreitet.[7] Ist das Entgelt gleich hoch oder niedriger als der Buchwert, wird die teilentgeltliche Veräußerung wie eine unentgeltliche Übertragung behandelt.[8] Die Einheitstheorie gilt sowohl für den Veräußerer[9] als auch für den Erwerber.[10]

292 Bei einer **unentgeltlichen Übertragung** des Betriebs hat der Rechtsnachfolger gem. § 6 Abs. 3 Satz 3 EStG die Buchwerte des Rechtsvorgängers fortzuführen (**Fußstapfentheorie**).[11] Der Erwerber erzielt keine neuen Anschaffungskosten. Beim Veräußerer entsteht kein Veräußerungsverlust. Die Begünstigungsvorschrift des § 16 EStG ist nicht anwendbar.[12]

---

1 Vgl. BFH v. 10. 11. 2005 - IV R 7/05, BStBl 2006 II 173.
2 Vgl. u. a. BFH v. 14. 2. 2007 - XI R 30/05, BStBl 2007 II 521.
3 Vgl. OFD Münster v. 10. 9. 2002, NWB DokID: XAAAC-96309; *Schallmoser* in Blümich, § 16 EStG Rz. 219 ff.
4 Vgl. *Kauffmann* in Frotscher/Geurts, § 16 EStG Rz. 125.
5 Teilentgeltliche Übertragungen von Privatvermögen sind in einen entgeltlichen und einen unentgeltlichen Vorgang aufzutrennen (Trennungstheorie). Im Unterschied hierzu sind teilentgeltliche Übertragungen von Betriebsvermögen (z. B. eines Gewerbebetriebs) als einheitliche Vorgänge zu behandeln (Einheitstheorie). Es erfolgt keine Trennung in einen entgeltlichen und einen unentgeltlichen Vorgang.
6 Vgl. zur Einheitstheorie BFH v. 19. 9. 2012 - IV R 11/12, NWB DokID: TAAAE-19330; BFH v. 16. 12. 1992 - XI R 34/92, BStBl 1993 II 436; BFH v. 22. 9. 1994 - IV R 61/93, BStBl 1995 II 367; BMF v. 13. 1. 1993, BStBl 1993 I 80, Tz. 35 ff.; *Vees*, DStR 2013, 681, 743; *Bernütz/Loll*, DStR 2013, 886; *Geck/Messner*, ZEV 2013, 254.
7 Vgl. *Vees*, DStR 2013, 743; *Bernütz/Loll*, DStR 2013, 886; *Geck/Messner*, ZEV 2013, 254; *Wacker* in Schmidt, § 16 EStG Rz. 39.
8 Vgl. *Vees*, DStR 2013, 681; *Schallmoser* in Blümich, § 16 EStG Rz. 22.
9 Vgl. BFH v. 19. 9. 2012 - IV R 11/12, NWB DokID: TAAAE-19330; *Vees*, DStR 2013, 681, 743; *Bernütz/Loll*, DStR 2013; *Wacker* in Schmidt, § 16 EStG Rz. 39.
10 Vgl. BFH v. 16. 12. 1992 - XI R 34/92, BStBl 1993 II 436; BFH v. 22. 9. 1994 - IV R 61/93, BStBl 1995 II 357; *Vees*, DStR 2013, 743.
11 Vgl. BFH v. 2. 8. 2012 - IV R 41/11, NWB DokID: TAAAE-19933; *Mielke*, DStR 2015, 673; *Oenings/Peters*, DStR 2014, 1997; *Wacker* in Schmidt, § 16 EStG Rz. 39.
12 Vgl. BMF v. 13. 1. 1993, BStBl 1993 I 80 (insbes. Beispiele in Tz. 35 bis 39); BFH v. 16. 12. 1992 - XI R 34/92, BStBl 1993 II 436.

Bei **Vereinbarungen zwischen fremden Dritten** gilt die Vermutung der Ausgeglichenheit der gegenseitigen Leistungen.[1] Wird der Mitunternehmeranteil an einen **nahen Angehörigen** i. S. d. § 15 Abs. 1 AO veräußert, greift die Vermutung, dass Leistung und Gegenleistung nicht wirtschaftlich abgewogen sind.[2] Den Vertragsparteien obliegt die Pflicht die Gleichwertigkeit der Leistungen darzulegen.[3] Ausreichend ist, wenn die Vertragsparteien bei einer subjektiven Betrachtung von der Gleichwertigkeit der beiderseitigen Leistungen ausgehen durften.[4] Können die Parteien die Abgewogenheit der Leistungen nicht nachweisen, ist davon auszugehen, dass dritte Personen den Vertrag zu diesen Konditionen nicht abgeschlossen hätten. Der Mitunternehmeranteil gilt für steuerliche Zwecke als unentgeltlich übertragen.[5]   293

(*Einstweilen frei*)   294–298

b) Einbringung des Mitunternehmeranteils

Die **Einbringung eines Mitunternehmeranteils** in eine Kapitalgesellschaft[6] bzw. Personengesellschaft[7] gegen Gewährung von Gesellschaftsrechten stellt als **tauschähnlicher Vorgang** eine Veräußerung i. S. d. § 16 Abs. 1 Satz 1 Nr. 2 EStG dar. In Einbringungsfällen sind die §§ 20, 24 UmwStG vorrangig anzuwenden.[8]   299

Bei Einbringungen sind die Voraussetzungen des § 16 Abs. 1 Satz 1 Nr. 2 EStG nur dann erfüllt, wenn der gesamte Mitunternehmeranteil eingebracht wird. Die Gewährung des Freibetrags nach § 16 Abs. 4 EStG bzw. der Tarifbegünstigung des § 34 EStG[9] ist bei **Einbringung von Teil-Mitunternehmeranteilen** ausgeschlossen. Gewinne aus der Einbringung von Teil-Mitunternehmeranteilen gelten nach § 16 Abs. 1 Satz 2 EStG als gewerbesteuerpflichtige laufende Gewinne.[10]   300

Abzugrenzen von der Einbringung ist die **verdeckte Einlage (gegenleistungsloser Vorgang)**.[11] Bei einer verdeckten Einlage erhält die einlegende Person keine Gegenleistung. Die verdeckte Einlage stellt daher keine Veräußerung i. S. d. § 16 Abs. 1 Satz 1 Nr. 2 EStG dar.[12]   301

(*Einstweilen frei*)   302–305

c) Umwandlungsfälle

▶ Der **identitätswahrende Formwechsel** in eine andere Personengesellschaft unter Beibehaltung der Beteiligungsverhältnisse stellt zivilrechtlich eine Änderung des Rechtskleides   306

---

1 Vgl. BFH v. 31. 5. 1971 - I R 49/69, BStBl 1972 II 696; BFH v. 26. 4. 2006 - I R 49, 50/04, BStBl 2006 II 656; *Hofer*, BB 2013, 972; *Schallmoser* in Blümich, § 16 EStG Rz. 227.
2 Vgl. BMF v. 13. 1. 1993, BStBl 1993 I 80, Tz. 2. Vertragsverhältnisse zwischen nahen Angehörigen werden steuerrechtlich grundsätzlich nur dann anerkannt, wenn sie ernsthaft vereinbart und entsprechend der Vereinbarung tatsächlich durchgeführt werden (R 4.8 Abs. 1 EStR).
3 Vgl. BFH v. 22. 9. 1982 - IV R 154/79, BStBl 1983 II 99.
4 Vgl. BFH v. 5. 3. 1964 - IV R 417/62, HFR 1964, 416; BFH v. 29. 1. 1992 - X R 193/87, BStBl 1992 II 465; *Biergans/Koller*, DStR 1993, 741.
5 Vgl. BFH v. 27. 4. 1977 - I R 12/74, BStBl 1977 II 603.
6 Vgl. BFH v. 7. 4. 2010 - I R 55/09, BStBl 2010 II 1094.
7 Vgl. BFH v. 26. 1. 1994 - III R 39/91, BStBl 1994 II 458.
8 Vgl. BFH v. 7. 4. 2010 - I R 55/09, BStBl 2010 II 1094; BMF v. 11. 11. 2011, BStBl 2011 I 1314.
9 Zur Tarifbegünstigung des § 34 EStG vgl. *Schoor*, NWB 2015, 933 ff.
10 Vgl. *Schallmoser* in Blümich, § 16 EStG Rz. 235.
11 Vgl. BFH v. 27. 7. 1988 - I R 147/83, BStBl 1989 II 271; *Hörger/Rapp* in Littmann/Bitz/Pust (Stand: EL 70 – 05/2006), § 16 EStG Rz. 144g.
12 Vgl. *Wacker* in Schmidt, § 16 EStG Rz. 412 f.

(z. B. von oHG in KG) dar. Steuerlich stellt der identitätswahrende Formwechsel weder eine Veräußerung noch eine Aufgabe des Mitunternehmeranteils dar.[1]

▶ Die **formwechselnde Umwandlung** einer Personengesellschaft in eine Kapitalgesellschaft gilt nach der Regelung des § 25 UmwStG als Einbringung in einer Kapitalgesellschaft gegen Gewährung von Gesellschaftsrechten (tauschähnlicher Vorgang) mit der Folge, dass die §§ 20 ff. UmwStG anzuwenden sind.[2]

▶ Entfallen im Zuge einer Umwandlung die Voraussetzungen einer Mitunternehmerschaft (z. B. umwandlungsbedingter **Wegfall der gewerblichen Prägung**) ist die Umwandlung regelmäßig nach den Grundsätzen des § 16 Abs. 3 EStG als Betriebsaufgabe zu werten.[3]

▶ Wächst als Folge einer Umwandlung das Vermögen der Personengesellschaft einer Kapitalgesellschaft an (**umwandlungsbedingte Anwachsung**), die bereits an der Personengesellschaft beteiligt war, ist § 16 Abs. 1 Satz 1 Nr. 2 EStG anzuwenden, vorausgesetzt, es werden neuen Anteile an der Kapitalgesellschaft ausgegeben.[4] Aufgrund des Untergangs des Mitunternehmeranteils sollte die Anwachsung nach allgemeinen Grundsätzen als Aufgabe des Mitunternehmeranteils zu bewerten sein.[5]

307–310 (*Einstweilen frei*)

5. Veräußerungsgewinn/-verlust

a) Veräußerungsentgelt übersteigt Buchwert

aa) Besteuerung des ausgeschiedenen Gesellschafters

(1) Veräußerungsentgelt/Abfindungsanspruch

311 Wird der Mitunternehmeranteil an einen neuen Gesellschafter veräußert, gilt das **vereinbarte Entgelt als Veräußerungspreis**.[6] Verpflichtet sich der Erwerber den Veräußerer von Verbindlichkeiten gegenüber der Gesellschaft oder von einer privaten Schuld freizustellen, zählt auch die übernommene Verbindlichkeit zum Veräußerungsentgelt.[7]

312 Tritt ein Gesellschafter aus der Personengesellschaft aus und wächst sein Mitunternehmeranteil den weiteren Gesellschaftern an, ist der **Abfindungsanspruch** gegen die Gesellschaft das Veräußerungsentgelt (ggf. zzgl. des Anspruchs auf Haftungsfreistellung).[8] Die Abfindung kann in Bar oder in Sachwerten erfolgen. Zum Veräußerungsentgelt zählt auch der Erlös aus der Veräußerung des Sonderbetriebsvermögens.[9] Werden im Zusammenhang mit der Veräußerung

---

[1] Vgl. BFH v. 16. 3. 1983 - IV R 36/79, BStBl 1983 II 459; *Wacker* in Schmidt, § 16 EStG Rz. 416.
[2] Vgl. *Meissner/Bron*, Steuk 2011, 47; vgl. hierzu auch das Beispiel von *Abele* in Sagasser/Bula/Brünger, Umwandlungen, § 28 Rz. 39 ff.
[3] Vgl. *Haase/Steierberg*, IStR 2014, 888.
[4] Vgl. BFH v. 27. 7. 1988 - I R 147/83, BStBl 1989 II 271.
[5] Gl. A. *Kamchen/Kling*, NWB 2016, 2212; *Hörger/Rapp* in Littmann/Bitz/Pust (Stand: EL 70 – 05/2006), § 16 EStG Rz. 144 f.
[6] Zu den Folgen von variablen Veräußerungsentgelten vgl. *Müller/Dorn/Schwarz*, NWB 2017, 2906.
[7] Es ist umstritten, ob die vom Erwerber übernommenen Gesellschaftsverbindlichkeiten ein Veräußerungsentgelt darstellen oder den Buchwert mindern. Die Streitfrage hat auf die Höhe des Veräußerungsgewinns keine Auswirkung (jedoch auf die Höhe der Anschaffungskosten des Erwerbers); vgl. auch BFH v. 5. 7. 1990 - GrS 4-6/89, BStBl 1990 II 847; BFH v. 10. 11. 1988 - IV R 70/86, BFH/NV 1990, 31 = NWB DokID: TAAAB 29811.
[8] Vgl. BFH v. 15. 4. 1993 - IV R 66/92, BStBl 1993 II 227; BFH v. 28. 7. 1994 - IV R 53/91, BStBl 1995 II 465; *Patt/Rasche*, DStR 1996, 645; *Wacker* in Schmidt, § 16 EStG Rz. 456.
[9] Vgl. BFH v. 14. 12. 1994 - X R 128/92, BStBl 1994 II 465.

des Mitunternehmeranteils Wirtschaftsgüter des Sonderbetriebsvermögens in das Privatvermögen überführt, sind die Wirtschaftsgüter mit dem gemeinen Wert anzusetzen (§ 16 Abs. 3 Satz 7 EStG).[1]

Wird der ausgeschiedene Gesellschafter für Gesellschaftsschulden von Gläubigern der Gesellschaft in Anspruch genommen und ist der **Freistellungs- bzw. Erstattungsanspruch gem. § 738 Abs. 1 Satz 2 BGB** gegen die Gesellschafter nicht vollumfänglich werthaltig, führt die Inanspruchnahme als rückwirkendes Ereignis zu einer Reduzierung des Veräußerungsgewinns.[2] Die Steuerveranlagung für das Jahr des Ausscheidens ist gem. § 175 Abs. 1 Satz 1 Nr. 2 AO zu ändern. Als rückwirkendes Ereignis gilt auch der Fall, dass die Forderung des ausgeschiedenen Gesellschafters auf Zahlung des Veräußerungsentgelts bzw. Abfindung (ganz oder teilweise) uneinbringlich wird.

313

Bei einer **Veräußerung gegen wiederkehrende Bezüge** steht dem Veräußerer ein Wahlrecht zu.[3] Er kann den bei der Veräußerung entstandenen Gewinn sofort versteuern (**Sofortbesteuerung**). In diesem Fall sind die Begünstigungsvorschriften der §§ 16, 34 EStG anwendbar. Veräußerungsgewinn ist der Unterschiedsbetrag zwischen dem nach den Vorschriften des BewG ermittelten Barwert der Rente abzüglich des Buchwerts des steuerlichen Kapitalkontos und etwaigen Veräußerungskosten.[4] Alternativ zur Sofortbesteuerung kann der Veräußerer die Rentenzahlung als **nachträgliche Betriebseinnahmen i. S. d. § 24 Nr. 2 i. V. m. § 15 Abs. 1 EStG** behandeln (R 16 Abs. 11 EStR). In diesem Fall entsteht ein steuerpflichtiger Gewinn, wenn der Kapitalanteil der wiederkehrenden Bezüge das steuerliche Kapitalkonto des Veräußerers zzgl. etwaiger Veräußerungskosten übersteigt.[5]

314

Es ist nicht abschließend geklärt, ob vorgenanntes Wahlrecht (Sofortbesteuerung bzw. Besteuerung als nachträgliche Betriebseinnahme) zur Anwendung kommt, wenn der Erwerber ein negatives Kapitalkonto des Veräußerers übernimmt und zusätzlich eine Leibrente (= wiederkehrende Bezüge) leistet. Nach unserem Verständnis ist in diesem Fall der Veräußerungsgewinn aufzuteilen. Für den Anteil des Veräußerungsgewinns der auf die wiederkehrenden Bezüge entfällt, sollte das Wahlrecht (unverändert) greifen. Gegen eine Erstreckung des Wahlrechts auf den Veräußerungsgewinn im Umfang des negativen Kapitalkontos des ausscheidenden Gesellschafters spricht u. E. die Wertung, dass dem ausscheidenden Gesellschafter bereits im Veräußerungszeitpunkt ein Veräußerungsgewinn in Höhe des negativen Kapitalkontos zufließt. Dieser Veräußerungsgewinn sollte sich daher nicht als nachträgliche Betriebseinnahme qualifizieren können. Auch nach der Billigkeitsregelung des R 16 Abs. 11 Satz 9 EStR kann das Wahlrecht nur hinsichtlich wiederkehrender Bezüge ausgeübt werden.

315

---

1 Vgl. BFH v. 28. 4. 1988 - IV R 54/87, BStBl 1988 II 829; BFH v. 14. 12. 1994 - X R 128/92, BStBl 1994 II 465.

2 Vgl. BFH v. 6. 5. 1998 - IV B 22/97, BFH/NV 1998, 1484 = NWB DokID: ZAAAB-39756.

3 Vgl. BFH v. 20. 1. 1959 - 200/58 U, BStBl 1959 III 192; BFH v. 12. 6. 1968 - IV 254/62, BStBl 1968 II 653; BFH v. 21. 12. 1988 - III B 15/88, BStBl 1989 II 409; BFH v. 18. 11. 2014 - IX R 4/14, BStBl 2015 II 526; *Speidel*, DStR 1996, 990; *Schröder*, Wpg 2006, 108; *Schallmoser* in Blümich, § 16 EStG Rz. 300 ff. Der BFH hat im Urteil v. 26.4.2017 - III R 12/17, NWB DokID: EAAAG-89745 eine Wahlrechtsausübung bei Anfechtung eines gem. § 175 Abs. 1 Nr. 1 AO geänderten Bescheids i. R. d. § 351 Abs. 1 AO bejaht.

4 Die in den Ratenzahlungen enthaltenen Ertragsanteile sind sonstige Einkünfte i. S. d. § 22 Nr. 1 Satz 3 Buchst. a Doppelbuchst. bb EStG (R 16 Abs. 11 Satz 5 EStR).

5 Der in den wiederkehrenden Bezügen enthaltene Zinsanteil stellt im Zuflusszeitpunkt nachträgliche Betriebseinnahmen dar (R 16 Abs. 11 Satz 7 EStR).

(2) Buchwert des Mitunternehmeranteils

316 Der Buchwert des Mitunternehmeranteils ist der nach bilanzsteuerrechtlichen Grundsätzen ermittelte **Buchwert der sog. Gesamtbilanz**. Die Gesamtbilanz setzt sich aus der Summe der Buchwerte aus

- ► der Steuerbilanz der Mitunternehmerschaft,
- ► den positiven und negativen Ergänzungsbilanzen sowie
- ► der Sonderbilanz des Mitunternehmers zusammen.[1]

317 Der Buchwert des Mitunternehmeranteils ist auf den Veräußerungszeitpunkt zu ermitteln. Bei Ausscheiden aus einer mehrgliedrigen Personengesellschaft während des Wirtschaftsjahres besteht die Personengesellschaft grundsätzlich fort und es entsteht kein Rumpfwirtschaftsjahr. Eine Pflicht zur Aufstellung einer Zwischenbilanz auf den Veräußerungszeitpunkt besteht grundsätzlich nicht.[2] Der Buchwert des Mitunternehmeranteils kann entweder durch Schätzung oder durch (freiwillige) Aufstellung einer Zwischenbilanz ermittelt werden.[3]

318 Sieht der Gesellschaftsvertrag keine speziellen Regelungen vor, kann der ausscheidende Gesellschafter grundsätzlich die Aufstellung einer sog. (handelsrechtlichen) **Abschichtungsbilanz** (§ 738 BGB) fordern.[4] In der Abschichtungsbilanz sind die Vermögensgegenstände der Personengesellschaft (einschl. Geschäfts- oder Firmenwert) mit den Marktwerten auszuweisen. Die Abschichtungsbilanz dient der Ermittlung des Abfindungsguthabens des ausgeschiedenen Gesellschafters.[5]

319 Scheidet der Gesellschafter aus einer **zweigliedrigen Personengesellschaft** aus, wird die Gesellschaft im Zeitpunkt des Ausscheidens vollbeendet. Es entsteht ein Rumpfwirtschaftsjahr.[6] Zum Ende des Rumpfwirtschaftsjahrs ist eine Schlussbilanz zu erstellen. Die Grundsätze gelten bei der Vollbeendigung einer mehrgliedrigen Personengesellschaft entsprechend.[7]

320 Zählt der Mitunternehmeranteil zum Betriebsvermögen des ausscheidenden Gesellschafters, ist nicht der Beteiligungsbuchwert in der Handelsbilanz/Steuerbilanz, sondern der nach bilanzsteuerrechtlichen Grundsätzen ermittelte **Buchwert der Gesamtbilanz**[8] der Personengesellschaft (Mitunternehmerschaft) maßgebend.[9]

(3) Negatives Kapitalkonto

321 Das Kapitalkonto eines Gesellschafters einer Personengesellschaft kann durch Entnahmen oder Verlustzuweisung negativ werden. Bei Ermittlung des Veräußerungsgewinns ist der Be-

---

1 Vgl. *Hörger/Rapp* in Littmann/Bitz/Pust (Stand: EL 71 – ET 08/2006), § 16 EStG Rz. 154.
2 Vgl. BFH v. 24. 11. 1988 - IV R 252/84, BStBl 1989 II 312; BFH v. 19. 4. 1994 - VIII R 48/93, NWB DokID: RAAAB-35116.
3 Zur Schätzung des Buchwerts vgl. *Stahl* in Korn, § 16 EStG Rz. 149.
4 Vgl. *Hörger/Rapp* in Littmann/Bitz/Pust (Stand: EL 71 – ET 08/2006), § 16 EStG Rz. 154; *Wacker* in Schmidt, § 16 EStG Rz. 463.
5 Vgl. *Stahl* in Korn, § 16 EStG Rz. 149.
6 Vgl. BFH v. 30. 3. 1978 - VI R 72/74, BStBl 1978 II 503.
7 Vgl. BFH v. 10. 3. 1998 - VIII R 76/96, BStBl 1999 II 269.
8 Zum Begriff Gesamtbilanz der Personengesellschaft vgl. → Rz. 127.
9 Vgl. BFH v. 6. 11. 1985 - I R 242/81, BStBl 1986 II 333.

stand des **negativen Kapitalkontos** grundsätzlich dem Veräußerungspreis hinzuzurechnen, sofern der ausscheidende Gesellschafter keine Ausgleichszahlung leistet.[1]

Ein negatives Kapitalkonto eines **unbeschränkt haftenden Gesellschafters** („Komplementär") zeigt, in welcher Höhe bei Auflösung der Personengesellschaft eine **Nachschuss- bzw. Ausgleichspflicht**[2] des Gesellschafters besteht.[3]

▶ Scheidet der Gesellschafter aus, ohne einen Ausgleich zu leisten (z. B. weil der Anteil an den stillen Reserven höher ist, als das negative Kapitalkonto), ist bei Ermittlung des Veräußerungsgewinns der Bestand des negativen Kapitalkontos dem Veräußerungspreis hinzuzurechnen.[4] Alternativ könnte das negative Kapitalkonto auch dem Buchwert der Beteiligung hinzugerechnet werden. Im Ergebnis führen beide Alternativen zum selben Veräußerungsgewinn („rechnerisch gleichwertig").[5] Eine Hinzurechnung zum Veräußerungsgewinn kann jedoch unterbleiben, wenn der ausscheidende Gesellschafter sich für die Verbindlichkeiten der Gesellschaft verbürgt hat bzw., wenn er für die Gesellschaftsschulden nach §§ 171 f. HGB haftet und er ernsthaft mit einer Inanspruchnahme rechnen muss.[6] Unerheblich ist, ob er in der Lage ist, die Verpflichtung zu erfüllen.[7]

▶ Verzichten die übrigen Gesellschafter aus betrieblichen Gründen auf einen **Anspruch auf Ausgleichszahlung** gegenüber dem ausscheidenden Gesellschafter, erhöht die erlassene Verbindlichkeit den Veräußerungsgewinn. Nach der Rechtsprechung des BFH[8] gilt dies unabhängig davon, ob der Ausgleichsanspruch uneinbringlich war.[9] Ein Erlass der Ausgleichsverpflichtung aus privaten (familiären) Gründen stellt einen außerbetrieblichen Vorgang dar (Entnahme der Forderung in das Privatvermögen).[10] Die Freistellung von der Ausgleichszahlung kann auch durch konkludentes Handeln der übrigen Gesellschafter erfolgen.[11]

▶ Erbringt der ausscheidende Gesellschafter eine **Ausgleichszahlung in Höhe des negativen Kapitalkontos** entsteht kein Veräußerungsgewinn bzw. -verlust.[12] Die Ausgleichszahlung ist als steuerneutrale Rückzahlung einer betrieblichen Verbindlichkeit (Schuld) zu qualifizieren. Leistet der ausscheidende Gesellschafter eine Ausgleichszahlung, die geringer ist als das negative Kapitalkonto, ist bei Ermittlung des Veräußerungsgewinns das um die Ausgleichszahlung geminderte negative Kapitalkonto hinzuzurechnen.[13]

---

1 St. Rspr. des BFH, vgl. statt vieler BFH v. 25. 8. 1966 - IV 307/65, BStBl 1967 II 69; BFH v. 21. 4. 1994 - IV R 70/92, BStBl 1994 II 745. Zum Zeitpunkt der Realisierung eines negativen Kapitalkontos bei Ausscheiden eines Kommanditisten oder Auflösung der Gesellschaft, vgl. BFH v. 30.3.2017 - IV R 9/15, NWB DokID: HAAAG-50623.
2 Zu berücksichtigen ist, dass ein negatives Kapitalkonto durch einen Auflösungsgewinn gemindert bzw. ausgeglichen werden kann.
3 Vgl. *Gschwendtner*, DStR 1995, 331.
4 Vgl. BFH v. 16. 12. 1992 - XI R 34/92, BStBl 1993 II 436.
5 Ebenso *Wacker* in Schmidt, § 16 EStG Rz. 469 ff.
6 Vgl. BFH v. 6. 5. 1998 - IV B 22/97, BFH/NV 1998, 1484 = NWB DokID: ZAAAB-39756.
7 Vgl. BFH v. 9. 2. 1993 - VIII R 29/91, BStBl 1993 II 747.
8 Vgl. BFH v. 15. 12. 1966 - IV 232/64, BStBl 1967 III 309; BFH v. 24. 3. 1993 - IV B 79/92, BFH/NV 1993, 658 = NWB DokID: KAAAB-33841.
9 Vgl. *Schallmoser* in Blümich, § 16 EStG Rz. 280 ff.
10 Vgl. BFH v. 14. 11. 1979 - I R 143/76, BStBl 1980 II 96; *Schallmoser* in Blümich, § 16 EStG Rz. 282.
11 Vgl. BGH v. 14. 11. 1978 - X ZR 11/75, NJW 1979, 720.
12 Vgl. BFH v. 16. 4. 2010 - IV B 94/09, NWB DokID: DAAAD-44123.
13 Vgl. BFH v. 30. 11. 1977 - I R 27/75, BStBl 1978 II 149; *Hörger/Rapp* in Littmann/Bitz/Pust (Stand: EL 71 - ET 08/2006), § 16 EStG Rz. 157a.

323 Bei **beschränkt haftenden Gesellschaftern** (Kommanditisten, atypisch stille Gesellschafter, atypisch Unterbeteiligte) ist danach zu differenzieren, ob das Kapitalkonto durch eine (ausgleichspflichtige) **Entnahme** oder durch die **Zurechnung von Verlustanteilen** negativ geworden ist. Wurde das Kapitalkonto infolge Entnahmen negativ, besteht in Höhe des negativen Kapitalkontos eine Ausgleichsforderung der Gesellschaft gegenüber dem ausscheidenden Gesellschafter. Leistet der ausscheidende Gesellschafter keinen Ausgleich, ist – entsprechend vorgenannten Grundsätzen zum negativen Kapitalkonto eines Komplementärs – der Veräußerungsgewinn grundsätzlich in Höhe des negativen Kapitalkontos zu erhöhen.[1]

324 Wurde das Kapitalkonto des beschränkt haftenden Gesellschafters durch die Zurechnung von Verlustanteilen negativ, die ausgleichs- bzw. abzugsfähig waren (z. B. weil § 15a EStG noch nicht anwendbar war, die Voraussetzungen von § 15a EStG nicht erfüllt sind), ist der Veräußerungsgewinn um den Bestand des negativen Kapitalkontos zu erhöhen.[2] Ist das negative Kapitalkonto des beschränkt haftenden Gesellschafters durch die Zurechnung verrechenbarer Verluste i. S. d. § 15a EStG entstanden, ist das negative Kapitalkonto grundsätzlich nicht vom ausscheidenden Kommanditisten auszugleichen. Ein Ausscheiden des Kommanditisten ohne Ausgleich des negativen Kapitalkontos führt wiederum zu einem Veräußerungsgewinn. Der Veräußerungsgewinn ist um die festgestellten verrechenbaren § 15a-Verluste zu kürzen.[3]

325–329 (*Einstweilen frei*)

bb) Besteuerung des Erwerbers

(1) Allgemeine Erläuterungen

330 Das Entgelt für den Erwerb des Mitunternehmeranteils stellt beim Erwerber **aktivierungspflichtige Anschaffungskosten** dar. Zu den Anschaffungskosten zählen der Erwerbspreis und die Anschaffungsnebenkosten.[4]

331 Steuerrechtlich gelten insbesondere die folgenden Vorgänge als Anschaffungen:

▶ **Gesellschafterwechsel**:

– Übertragung des Gesellschaftsanteils auf einen neuen Gesellschafter oder einen Mitgesellschafter;

– Eintritt eines Gesellschafters in eine bestehende Gesellschaft, ohne Austritt eines Gesellschafters.

▶ **Ausscheiden eines Gesellschafters**:

– Austritt eines Gesellschafters aus einer mehrgliedrigen Personengesellschaft, ohne Eintritt eines neuen Gesellschafters;

---

[1] Vgl. BFH v. 28.7.1994 - IV R 53/91, BStBl 1995 II 112; BFH v. 10.3.1998 - VIII R 76/96; BStBl 1999 II 269; BFH v. 3.9.2009 - IV R 17/07, BStBl 2010 II 631; BFH v. 4.10.1979 - IV B 52/79, BFH/NV 1993, 658 = NWB DokID: KAAAB-33841.

[2] Vgl. BFH v. 10.11.1980 - GrS 1/79, BStBl 1981 II 164; *Wacker* in Schmidt, § 16 EStG Rz. 474.

[3] Vgl. *Hörger/Rapp* in Littmann/Bitz/Pust (Stand: EL 71 – ET 08/2006), § 16 EStG Rz. 158.

[4] Zur Frage, ob die Grunderwerbsteuer zu den aktivierungspflichtigen Anschaffungsnebenkosten zählt, vgl. BFH v. 20.4.2011 - I R 2/10; BStBl 2011 II 761; a. A. *Behrens*, DStR 2008, 338, *Gadek/Mörwald*, DB 2012, 2010.

– Austritt eines Gesellschafters aus einer zweigliedrigen Personengesellschaft, ohne Eintritt eines neuen Gesellschafters; Fortführung des Unternehmens als Einzelunternehmen.[1]

Steuerrechtlich wird nicht der zivilrechtliche Gesellschaftsanteil als solcher angeschafft. Gegenstand der Anschaffung ist gem. § 39 Abs. 2 Nr. 2 AO der (ideelle) **Anteil des ausscheidenden Gesellschafters an den einzelnen Wirtschaftsgütern** des Gesamthandsvermögens der Gesellschaft zzgl. der erworbenen Wirtschaftsgüter des Sonderbetriebsvermögens. Anschaffungskosten liegen daher an den (anteilig) erworbenen Wirtschaftsgütern vor und nicht an einem immateriellen Wirtschaftsgut des Gesellschaftsanteils.[2]

(2) Gesellschafterwechsel

Sind die Anschaffungskosten (Erwerbspreis und Anschaffungsnebenkosten) des Mitunternehmeranteils höher als der in der Steuerbilanz fortgeführte (anteilige) Buchwert der Wirtschaftsgüter, ist der übersteigende Betrag als sog. zusätzliche Anschaffungskosten in einer **Ergänzungsbilanz zu aktivieren**.[3] Auf der Passivseite der Ergänzungsbilanz ist ein Mehrkapital in entsprechender Höhe auszuweisen.[4] Wurden die Anschaffungskosten (zum Teil oder in voller Höhe) noch nicht entrichtet, ist eine Kaufpreisverbindlichkeit in entsprechender Höhe zu passivieren. Von einer Aktivierung kann abgesehen werden, soweit die Anschaffungskosten auf geringwertige Wirtschaftsgüter (GWG) entfallen. Die Anschaffungskosten können als sofort abzugsfähige Betriebsausgaben geltend gemacht werden.[5]

Rechtsdogmatisch stellen Ergänzungsbilanzen **Schattenrechnungen in bilanzieller Form** dar.[6] Die Ergänzungsbilanz enthält Korrekturposten zu den im Gesamthandsvermögen gehaltenen aktiven und passiven Wirtschaftsgütern.

(3) Ausscheiden eines Gesellschafters

Der Mitunternehmeranteil des ausscheidenden Gesellschafters wächst den übrigen Gesellschaftern an. Durch die Anwachsung entstehen bei den übrigen Gesellschaftern (**zusätzliche**) **Anschaffungskosten**, vorausgesetzt, der Abfindungsanspruch übersteigt den Buchwert des Gesellschaftsanteils (Aufdeckung der auf den ausscheidenden Gesellschafter (anteilig) entfallenden stillen Reserven).

Die zusätzlichen Anschaffungskosten sind durch Aufstockung der fortgeführten Anschaffungskosten der bilanzierten Wirtschaftsgüter sowie durch die erstmalige Aktivierung/Passivierung von Wirtschaftsgütern (z. B. Geschäfts- oder Firmenwert) in der Steuerbilanz der Gesellschaft auszuweisen.[7]

---

1 In diesem Fall wächst der Gesellschaftsanteil des ausscheidenden Gesellschafters den verbleibenden Gesellschaftern nach § 738 Abs. 1 BGB an, vgl. BFH v. 12. 12. 1996 - IV R 77/93, BStBl 1998 II 180.
2 Vgl. BFH v. 25. 2. 1991 - GrS 7/89, BStBl 1991 II 691; BFH v. 30. 4. 2003 - I R 102/01, BStBl 2004 II 804; BMF v. 7. 5. 2008, BStBl 2008 I 588, Rz. 34 ff.; *Wacker* in Schmidt, § 16 EStG Rz. 480.
3 Vgl. BFH v. 6. 7. 1995 - IV R 30/93, BStBl 1993 II 831; BFH v. 18. 2. 1993 - IV R 40/92, BStBl 1994 II 224.
4 Ständige Rspr. des BFH, vgl. statt vieler BFH v. 30. 3. 1993 - VIII R 63/01, BStBl 1993 II 706.
5 Vgl. *Stahl* in Korn, § 16 EStG Rz. 156.
6 Vgl. *Rödder*, DB 1992, 953.
7 Vgl. BFH v. 28. 9. 1993 - VIII R 67/92, BStBl 1994 II 449; *Wacker* in Schmidt, § 16 EStG Rz. 482.

(4) 4-Stufen-Theorie zur Bilanzierung der Anschaffungskosten

337 Übersteigt das Veräußerungsentgelt bzw. der Abfindungsanspruch den Buchwert des Kapitalkontos des ausscheidenden Gesellschafters (stille Reserven) wurde im Schrifttum die **4-Stufen-Theorie zur Bilanzierung der Anschaffungskosten** entwickelt.[1]

Stufe	Bezeichnung	Beschreibung
1	Aktivierung stiller Reserven bei bilanzierten Wirtschaftsgütern	Die (zusätzlichen) Anschaffungskosten sind entsprechend der Beteiligungsquote des ausgeschiedenen Gesellschafters auf die einzelnen **bilanzierten Wirtschaftsgüter** (materielle und immaterielle) des Gesellschaftsvermögens zu verteilen, vorausgesetzt, diese enthalten stille Reserven.[2] Die Mehranschaffungskosten sind gleichmäßig auf die stillen Reserven aller Wirtschaftsgüter (Anlagevermögen und Umlaufvermögen)[3] zu verteilen[4] (kein Wahlrecht des Steuerpflichtigen).[5]
2	Aktivierung stiller Reserven bei nicht-bilanzierten Wirtschaftsgütern	Nach Rechtsprechung des BFH ist ein verbleibender Betrag vorrangig auf **nicht bilanzierte immaterielle Wirtschaftsgüter** (z. B. Kundenstamm) zu verteilen.[6] Die Aktivierung der Mehranschaffungskosten auf nicht bilanzierte immaterielle Wirtschaftsgüter ist vorrangig vor der Aktivierung eines Geschäfts- oder Firmenwerts (Stufe 3) sowie der Behandlung als abzugsfähige Betriebsausgaben (Stufe 4).[7]
3	Aktivierung eines Geschäfts- oder Firmenwerts	Bei einem verbleibenden Betrag wird widerleglich vermutet, dass die entsprechende Vergütung für den Anteil des ausgeschiedenen Gesellschafters am **Geschäfts- oder Firmenwert**[8] bezahlt wird.[9] Die Widerlegung erfordert eine nachvollziehbare Darlegung, wofür die zusätzlichen Anschaffungskosten geleistet wurden (z. B. Mehrzahlung um lästigen Gesellschafter loszuwerden). Im Schrifttum[10] wird auf die Möglichkeit verwiesen, die Vermutung eines Geschäfts- oder Firmenwerts rechnerisch zu widerlegen (z. B. Nachweis, dass die zukünftigen Unternehmenserträge nicht höher sind als der Unternehmerlohn zzgl. einer angemessenen Eigenkapitalverzinsung).

---

1 Vgl. *Wacker* in Schmidt, § 16 EStG Rz. 487 ff.; *Herzig*, DB 1990, 133; *Hörger/Stobbe*, DStR 1991, 1230.
2 Ständige Rspr. des BFH, vgl. statt vieler BFH v. 25. 1. 1979 - IV R 56/75, BStBl 1979 II 302; BFH v. 14. 6. 1994 - VIII R 37/93, BStBl 1995 II 246.
3 Vgl. BFH v. 12. 6. 1975 - IV R 129/71, BStBl 1975 II 807.
4 Es ist nicht höchstrichterlich geklärt, in welcher Höhe die stillen Reserven in den Wirtschaftsgütern aufzulösen sind. Für einen Überblick über die im Schrifttum vertretenen Meinungen siehe *Hörger/Rapp* in Littmann/Bitz/Pust(Stand: ET 73 – ET 02/2007), § 16 EStG Rz. 163; *Schult/Richter*, DStR 1991, 1261; *Herzig*, DB 1990, 133; *Siegel*, DStR 1991, 747; *Trompeter*, BB 1996, 2494; *Hörger/Stobbe*, DStR 1991, 1230.
5 Zur gleichmäßigen Verteilung stiller Reserven beim Ansatz von Zwischenwerten vgl. BFH v. 24. 5. 1984 - I R 166/78, BStBl 1984 II 747; *Meyering*, DStR 2008, 1008.
6 Vgl. BFH v. 14. 6. 1994 - VIII R 37/93, BStBl 1995 II 246; BFH v. 7. 11. 1985 - IV R 7/83, BStBl 1986 II 176.
7 Vgl. *Hörger/Rapp* in Littmann/Bitz/Pust(Stand: EL 73 – ET 02/2007), § 16 EStG Rz. 163.
8 Zur Ermittlung des Geschäfts- oder Firmenwerts vgl. *Meier*, FR 1991, 261.
9 Vgl. BFH v. 7. 6. 1984 - IV R 79/82, BStBl 1984 II 584; BFH v. 25. 1. 1979 - IV R 56/75, BStBl 1979 II 302.
10 Vgl. *Meier*, FR 1991, 261; *Stahl* in Korn, § 16 EStG Rz. 158; *Wacker* in Schmidt, § 16 EStG Rz. 490.

Stufe	Bezeichnung	Beschreibung
4	Abzug als Betriebsausgaben	Ein **Abzug als Betriebsausgaben** kommt nur dann in Betracht, soweit die Mehranschaffungskosten nachweislich nicht für einen Geschäfts- oder Firmenwert geleistet werden.[1] Abzugsfähige Betriebsausgaben können sich z. B. ergeben, wenn sich die Anschaffung des Mitunternehmeranteils zu einem überhöhten Preis als Fehlinvestition erweist.[2]

Die FinVerw spricht sich im Umwandlungssteuererlass v. 11.11.2011[3] zum bilanziellen Ausweis von Einbringungen nach § 20 UmwStG für eine sog. **modifizierte Stufentheorie** aus. Hiernach wird widerleglich vermutet, dass die stillen Reserven gleichmäßig auf die bilanzierten und nicht bilanzierten Wirtschaftsgüter sowie auf den Geschäfts- oder Firmenwert zu verteilen sind (Stufen 1 bis 3). Die in den einzelnen (bilanzierten und nicht bilanzierten, materiellen und immateriellen) Wirtschaftsgütern enthaltenen stillen Reserven sind zu einem einheitlichen Prozentsatz (proportional) aufzulösen. 338

(5) Sonderfall lästiger Gesellschafter

Lästig ist ein Gesellschafter, wenn er die Unternehmenstätigkeit der Mitunternehmerschaft unmittelbar oder mittelbar gefährdet.[4] Beispiele für eine Geschäftsgefährdung: Gesellschafter vollzieht Konkurrenzgeschäfte, agiert rufschädigend, wirbt Kunden ab.[5] 339

Zahlungen an den **lästigen Gesellschafter**, die den tatsächlichen Wert des Mitunternehmeranteils übersteigen, können als **abzugsfähige Betriebsausgaben** geltend gemacht werden. Voraussetzung ist, dass die den Buchwert überschreitenden Zahlungen nicht den Anteil des ausscheidenden Gesellschafters an den stillen Reserven (einschl. eines Geschäfts- oder Firmenwerts) abgelten und außerbetriebliche Gründe für die Zahlung ausgeschlossen werden können.[6] Die Grundsätze gelten unabhängig davon, ob der lästige Gesellschafter den Mitunternehmeranteil an einen Mitgesellschafter veräußert (Gesellschafterwechsel) oder aus der Mitunternehmerschaft ausscheidet mit der Folge, dass sein Anteil den Mitgesellschaftern anwächst.[7] Wird die Lästigkeits-Zahlung von einem der Gesellschafter erbracht, kann der Aufwand nur von diesem als Betriebsausgabe geltend gemacht werden.[8] 340

(*Einstweilen frei*) 341–347

---

1 Vgl. BFH v. 7.6.1984 - IV R 79/82, BStBl 1984 II 584; BFH v. 21.5.1970 - IV R 131/68, BStBl 1970 II 740.
2 Vgl. BFH v. 21.4.1994 - IV R 70/92, BStBl 1994 II 745; *Hörger/Rapp* in Littmann/Bitz/Pust (Stand: EL 73 – ET 02/2007), § 16 EStG Rz. 163.
3 Vgl. BMF v. 11.11.2011, BStBl 2011 I 1314, Tz. 20.18 i.V. m. Tz. 03.25.
4 Vgl. BFH v. 16.7.1965 - VI R 71/64 U; BStBl 1965 III 618; BFH v. 11.7.1961 - I 226/60 U, BStBl 1961 III 463.
5 Vgl. *Gosch* in Gosch, § 8 KStG Rz. 552 f.; *Hörger/Rapp* in Littmann/Bitz/Pust (Stand: ET 73 – ET 02/2007), § 16 EStG Rz. 165.
6 Vgl. BFH v. 7.6.1984 - IV R 79/82, BStBl 1984 II 584; BFH v. 5.10.1989 - IV R 107/88, BFH/NV 1990, 496 = NWB DokID: WAAAB-30937.
7 BFH v. 18.2.1993 - IV R 40/92, BStBl 1994 II 224; BFH v. 7.6.1984 - IV R 79/82, BStBl 1984 II 584.
8 Vgl. BFH v. 14.6.1994 - VIII R 37/93, BStBl 1995 II 246; *Stahl* in Korn, § 16 EStG Rz. 157.

b) Veräußerungsentgelt liegt unter dem Buchwert

aa) Besteuerung des ausgeschiedenen Gesellschafters

348 Bei einem Veräußerungsentgelt unter dem Buchwert des Kapitalkontos ist nach der sog. **Einheitstheorie**[1] zwischen einer (voll) entgeltlichen Veräußerung und einer unentgeltlichen Veräußerung zu unterscheiden.[2] Ist der Veräußerungspreis bzw. das Abfindungsentgelt (ggf. reduziert um Veräußerungskosten) niedriger als der Buchwert des Mitunternehmeranteils, realisiert der ausgeschiedene Mitunternehmer einen Veräußerungsverlust, wenn Leistung und Gegenleistung kaufmännisch gegeneinander abgewogen sind und keine private Veranlassung für den (niedrigen) Kaufpreis besteht ([voll]entgeltliche Veräußerung).[3] Der Veräußerungsverlust ist ausgleichs- und abzugsfähig. Er kann als Verlustvortrag im Rahmen der Mindestbesteuerung mit künftigen Gewinnen verrechnet werden.[4] Wird ein Veräußerungsverlust geltend gemacht, trägt der ausgeschiedene Gesellschafter für den Buchwert der Beteiligung und die betriebliche Veranlassung des Veräußerungsentgelts die Beweislast.[5] Gründe für ein niedriges Entgelt können sein: Preisabschläge für künftige Geschäftsrisiken, Veräußerer akzeptiert niedrigeren Veräußerungspreis mit dem Ziel einer schnellen Auszahlung, nicht bilanzierte Drohverlustrückstellungen bzw. Pensionsrückstellungen.[6]

349 Besteht eine **private Veranlassung für den niedrigen Veräußerungspreis** (bzw. für die niedrige Abfindungszahlung), wird kein Veräußerungsverlust i. S. d. § 16 Abs. 2 EStG realisiert ([voll] unentgeltliche Übertragung).[7] Gemäß den Grundsätzen zur Einheitstheorie[8] wird nicht zwischen einer (voll) unentgeltlichen und einer teilentgeltlichen[9] Übertragung des Mitunternehmeranteils unterschieden.[10]

bb) Besteuerung des Erwerbers

350 Bei einer **(voll) entgeltlichen Veräußerung** liegt beim Erwerber ein Anschaffungsgeschäft vor. Der Kaufpreis bzw. die Abfindungszahlung stellt die Anschaffungskosten für die Anteile des ausscheidenden Gesellschafters an den Wirtschaftsgütern der Personengesellschaft (sowie des Sonderbetriebsvermögens) dar. Die Buchwerte der erworbenen Wirtschaftsgüter sind nach Maßgabe des § 6 Abs. 1 Nr. 1 und 2 EStG entsprechend herabzusetzen (**Abstockung**). Eine Bilanzierung über die tatsächlichen Anschaffungskosten hinaus ist unzulässig.[11] Die Buchwerte der einzelnen Wirtschaftsgüter sind auch dann abzustocken, wenn der Teilwert des Mitunternehmeranteils des ausscheidenden Gesellschafters dem Buchwert des Kapitalkontos ent-

---

1 Zur Einheitstheorie vgl. KKB/Teschke/C. Kraft, § 6 EStG Rz. 316; → Rz. 56 ff.
2 Vgl. *Hörger/Rapp* in Littmann/Bitz/Pust (Stand: EL 73 – ET 02/2007), § 16 EStG Rz. 172.
3 Vgl. BFH v. 12.12.1996 – IV R 77/93, BStBl 1998 II 180; BFH v. 11.7.1973 – I R 126/71, BStBl 1974 II 50; BFH v. 12.7.2007 – IV B 80/06, NWB DokID: ZAAAC-60067.
4 Vgl. *Hörger/Rapp* in Littmann/Bitz/Pust (Stand: EL 73 – ET 02/2007), § 16 EStG Rz. 172b.
5 Vgl. BFH v. 12.6.1975 – IV R 10/72, BStBl 1975 II 853; BFH v. 11.7.1973 – I R 126/71, BStBl 1974 II 50; *Wacker* in Schmidt, § 16 EStG Rz. 510; *Schallmoser* in Blümich, § 16 EStG Rz. 291.
6 Zur steuerlichen Behandlung von angeschafften Drohverlustrückstellungen vgl. KKB/Dommermuth, § 4f EStG (Behandlung beim Veräußerer) und KKB/Bisle/Dönmetz, § 5 Abs. 7 EStG (Behandlung beim Erwerber).
7 Vgl. BFH v. 27.5.1981 – I R 123/77, BStBl 1982 II 211; BFH v. 7.2.1995 – VIII R 36/93, BStBl 1995 II 770; *Schallmoser* in Blümich, § 16 EStG Rz. 292; *Stahl* in Korn, § 16 EStG Rz. 161.
8 Zur Einheitstheorie vgl. KKB/Teschke/C. Kraft, § 6 EStG Rz. 316; vgl. auch → Rz. 56 ff.
9 Aus privater (z. B. familiärer) Veranlassung bleibt das Entgelt unterhalb des Buchwerts.
10 Ebenso *Schallmoser* in Blümich, § 16 EStG Rz. 292; *Wacker* in Schmidt, § 16 EStG Rz. 510.
11 Vgl. BFH v. 7.2.1995 – VIII R 36/93, BStBl 1995 II 770; BFH v. 11.7.1973 – I R 126/71, BStBl 1974 II 50; BFH v. 30.1.1974 – IV R 109/73, BStBl 1974 II 352.

spricht (oder diesen überschreitet).[1] Die Verteilung des Abstockungsbetrags ist von der Rechtsprechung[2] nicht abschließend geklärt. Das Schrifttum spricht sich dafür aus, den Abstockungsbetrag proportional auf alle Wirtschaftsgüter zu verteilen, deren Teilwerte geringer sind als die Buchwerte.[3] Die Abstockung ist grundsätzlich auf das Anlagevermögen begrenzt. Laut Rechtsprechung des BFH[4] scheidet eine Abstockung der Wirtschaftsgüter des Umlaufvermögens regelmäßig aus. Beim Umlaufvermögen ist grundsätzlich mit einer kurzfristigen Auflösung der stillen Lasten zu rechnen.

Im Fall eines **Gesellschafterwechsels** (Erwerb des Mitunternehmeranteils durch einen neuen Gesellschafter oder einen Mitgesellschafter) ist die **Buchwertabstockung** durch Erstellung einer (negativen) Ergänzungsbilanz vorzunehmen.[5] Scheidet der Gesellschafter aus der Mitunternehmerschaft mit der Folge aus, dass sein Mitunternehmeranteil den übrigen Gesellschaftern anwächst, sind die Buchwerte in der Steuerbilanz herabzusetzen.[6] Laut ständiger BFH-Rechtsprechung[7] kann die Buchwertabstockung nicht durch die Passivierung eines **(negativen) Geschäfts- oder Firmenwerts** umgangen werden.[8] Eine Passivierung des Geschäfts- oder Firmenwerts würde dem Anschaffungskostenprinzip widersprechen. Wirtschaftsgüter sind in der Steuerbilanz mit dem Teilwert, höchstens jedoch mit den Anschaffungs- bzw. Herstellungskosten anzusetzen. Beim Ausweis eines (negativen) Geschäfts- oder Firmenwerts würden die Wirtschaftsgüter mit einem Buchwert bewertet, der höher als die tatsächlichen Anschaffungskosten ist.[9]

Überschreitet das Kapitalkonto den Abstockungsbetrag (z. B. Unternehmen verfügt über einen hohen Betrag an Bankguthaben und/oder Bargeld[10]) ist in der Ergänzungsbilanz des Erwerbers (wird keine Ergänzungsbilanz erstellt, in der Steuerbilanz der Mitunternehmerschaft) für den Minderbetrag ein passiver Ausgleichsposten erfolgsneutral anzusetzen.[11] Der passive Ausgleichsposten ist gewinnerhöhend gegen spätere Verlustanteile zu verrechnen bzw. im Fall der Beendigung der Beteiligung gewinnerhöhend aufzulösen.[12]

Hat der ausgeschiedene Gesellschafter aus **privaten Gründen** einen **Kaufpreis bzw. eine Abfindungszahlung unter Buchwert (Marktwert)** akzeptiert, liegt für den Erwerber nach den Grund-

---

1 Vgl. BFH v. 30.1.1974 - IV R 109/73, BStBl 1974 II 352.
2 Vgl. BFH v. 6.7.1995 - IV R 30/93, BStBl 1995 II 831; BFH v. 7.2.1995 - VIII R 36/93, BStBl 1995 II 770; BFH v. 12.12.1996 - IV R 77/93, BStBl 1998 II 180; Sächsisches FG v. 12.6.2014 - 4 K 225/09, NWB DokID: LAAAE-69574.
3 Vgl. *Ley*, KÖSDI 2001, 12982; *Wacker* in Schmidt, § 16 EStG Rz. 511.
4 Vgl. BFH v. 22.6.1965 - I 405/61 U, BStBl 1965 III 482.
5 Vgl. BFH v. 7.2.1995 - VIII R 36/99, BStBl 1995 II 770, m.w.N.; *Schallmoser* in Blümich, § 16 EStG Rz. 295; *Ley*, KÖSDI 2001, 12982.
6 BFH v. 12.12.1996 - IV R 77/93, BStBl 1998 II 180, m.w.N.; BFH v. 30.1.1974 - IV R 109/73, BStBl 1974 II 352; *Ley*, KÖSDI 2001, 12982.
7 Vgl. statt vieler BFH v. 21.4.1994 - IV R 70/92, BStBl 1994 II 745, m.w.N.; BFH v. 25.1.1984 - I R 7/80; BStBl 1984 II 344; BFH v. 25.8.1989 - III R 95/87, BStBl 1989 II 893; *Ossadnik*, BB 1994, 747, *Siegl/Bareis*, BB 1993, 1477; a. A. *Möhrle*, DStR 1999, 1414; *Ott*, BB 1993, 2191; *Beck/Oser/Pfitzer/Wollmert*, DB 1994, 2557.
8 Vgl. BFH v. 21.4.1994 - IV R 70/92, BStBl 1994 II 745; ebenso *Schallmoser* in Blümich, § 16 EStG Rz. 295. Zum negativen Geschäfts- oder Firmenwert vgl. *Pickardt*, DStR 1997, 1095; *Möhrle*, DStR 1999, 1414; *Meier/Geberth*, DStR 2011, 733; *Ossadnik*, BB 1994, 747.
9 Vgl. BFH v. 19.2.1981 - IV R 41/78, BStBl 1981 II 730.
10 Nach BFH-Rechtsprechung ist eine Abstockung von Bar- und Buchgeld nicht zulässig. Für diese Wirtschaftsgüter gilt das Nominalwertprinzip, vgl. BFH v. 12.12.1996 - IV R 77/93, BStBl 1998 II 180; *Strahl*, DStR 1998, 515.
11 Ebenso *Wacker* in Schmidt, § 16 EStG Rz. 511
12 Vgl. BFH v. 21.4.1994 - IV R 70/92, BStBl 1994 II 745; BFH v. 6.7.1995 - IV R 30/93, BStBl 1995 II 831; BFH v. 7.2.1995 - VIII R 36/93, BStBl 1995 II 770; *Wacker* in Schmidt, § 16 EStG Rz. 511; a. A. wohl *Pickardt*, DStR 1997, 1095.

sätzen der Einheitstheorie ein unentgeltlicher Erwerb vor.[1] Unerheblich ist, ob die Übertragung in voller Höhe unentgeltlich oder teilentgeltlich erfolgte. Der Erwerber hat gem. § 6 Abs. 3 EStG die Buchwerte der (anteilig) erworbenen Wirtschaftsgüter fortzuführen (Fußstapfentheorie).[2] Bei einer teilentgeltlichen Übertragung erzielt der Erwerber keinen Übernahmegewinn. Der Unterschiedsbetrag zwischen Entgelt und Buchwert ist als Einlage zu behandeln, die den Gewinn nicht erhöhen darf.[3]

354–359 (Einstweilen frei)

6. Sachwertabfindung

a) Allgemeines

360 Bei einer **Sachwertabfindung** erhält der ausscheidende Mitunternehmer anstatt einer Abfindungszahlung in Geld (§ 738 Abs. 1 BGB), **materielle** (z. B. Bürogebäude) oder **immaterielle Wirtschaftsgüter** (z. B. Kundenstamm,[4] Wertpapiere, Forderungen) aus dem Gesellschaftsvermögen.[5] Sachwertabfindungen können beim Ausscheiden aus einer zweigliedrigen oder mehrgliedrigen Personengesellschaft vereinbart werden. Besteht ein zeitlicher und sachlicher Zusammenhang mit dem Ausscheiden des Mitunternehmers ist es unbeachtlich, ob die Vereinbarung zur Sachwertabfindung vor, mit oder nach dem Ausscheiden getroffen wurde.[6]

361 In den folgenden Fällen liegt **keine Sachwertabfindung** vor:[7]

▶ Erwerber vergütet Abfindungsanspruch des ausscheidenden Mitunternehmers mit Wirtschaftsgütern aus dem Privatvermögen bzw. einem anderen Betriebsvermögen.

▶ Gesellschafter scheidet unentgeltlich aus der Mitunternehmerschaft aus[8] und die übrigen Gesellschafter wenden ihm in zeitlichem Zusammenhang mit dem Ausscheiden Wirtschaftsgüter aus dem Gesellschaftsvermögen zu.

362 Es ist nicht abschließend geklärt, ob die Grundsätze zur Sachwertabfindung auch bei **teilentgeltlichen** Übertragungen entsprechend gelten.[9]

b) Sachwertabfindungen in das Privatvermögen

363 Werden die im Rahmen der Sachwertabfindung übertragenen Wirtschaftsgüter **Privatvermögen** des ausgeschiedenen Gesellschafters, ist nach der Rechtsprechung des BFH,[10] der Vorgang für steuerliche Zwecke in zwei Bestandteile (Vorgänge) aufzuteilen.

---

1 Zur Einheitstheorie vgl. KKB/Teschke/C. Kraft, § 6 EStG Rz. 316; → Rz. 56 ff.
2 Vgl. BFH v. 30. 1. 1974 - IV R 109/73, BStBl 1974 II 352; Stahl in Korn, § 16 EStG Rz. 161.
3 Vgl. BFH v. 7. 2. 1959 - VIII R 36/93, BStBl 1995 II 770; BFH v. 12. 3. 1970 - IV R 39/69, BStBl 1970 II 518; Stahl in Korn, § 16 EStG Rz. 161.
4 Vgl. BMF v. 20. 4. 2010, BStBl 2010 I 372.
5 Vgl. BFH v. 23. 11. 1995 - IV R 75/94, BStBl 1996 II 194; BMF v. 14. 3. 2006, BStBl 2006 I 253, Tz. 51 ff.; SenFin Berlin v. 3. 2. 2012, DStR 2012, 907; Stuhrmann, DStR 2005, 1355; Dietel, DStR 2009, 1352; Dietel, DStR 2011, 1493.
6 Vgl. BFH v. 24. 8. 1989 - IV R 67/86, BStBl 1990 II 132.
7 Vgl. Wacker in Schmidt, § 16 EStG Rz. 525; Schallmoser in Blümich, § 16 EStG Rz. 366.
8 Z. B. Wert des Abfindungsanspruchs des ausscheidenden Gesellschafters und die erhaltenen Wirtschaftsgüter stehen in keinem angemessenen Verhältnis (sind nicht kaufmännisch gegeneinander abgewogen); vgl. Wacker in Schmidt, § 16 EStG Rz. 525.
9 Vgl. Hörger/Rapp in Littmann/Bitz/Pust (Stand: EL 75 – ET 08/2007), § 16 EStG Rz. 181.
10 Vgl. BFH v. 24. 5. 1973 - IV R 64/70, BStBl 1973 II 655; BFH v. 24. 8. 1989 - IV R 67/86, BStBl 1990 II 132; BMF v. 14. 3. 2006, BStBl 2006 I 253, Tz. 51; kritisch Röhrig/Doege, DStR 2006, 969.

Vorgang	Bezeichnung	Erläuterung
1	Veräußerung des Mitunternehmeranteils	Der ausscheidende Gesellschafter veräußert den Mitunternehmeranteil an den bzw. die Erwerber. Veräußerungspreis ist der Nennwert des Abfindungsanspruchs.[1] Die übrigen Gesellschafter erwerben die Anteile des ausgeschiedenen Gesellschafters an den Wirtschaftsgütern des Gesellschaftsvermögens (einschl. der Wirtschaftsgüter, die im Rahmen der Sachwertabfindung übertragen werden). Der Veräußerungspreis stellt bei den übrigen Mitunternehmern Anschaffungskosten dar. In Höhe der aufgedeckten stillen Reserven sind die Buchwerte an den erworbenen Wirtschaftsgütern erfolgsneutral aufzustocken (sog. Aufstockungsbetrag). Bei einer wirtschaftlichen Betrachtung veräußern die übrigen Mitunternehmer die als Sachwertabfindung übertragenen Wirtschaftsgüter an den ausgeschiedenen Mitunternehmer.[2]
2	Übertragung der Sachwerte	Eine Gewinnrealisierung aus der Veräußerung der übertragenen Wirtschaftsgüter an den ausgeschiedenen Gesellschafter ist bei den übrigen Gesellschaftern als laufender Gewinn steuerpflichtig.[3] Ein laufender Gewinn entsteht, wenn der Buchwert der übertragenen Wirtschaftsgüter geringer ist als der Nennwert der Abfindungsverpflichtung. Der Buchwert der Wirtschaftsgüter umfasst den Aufstockungsbetrag aus Vorgang 1. Bei der Übertragung eines Betriebs, Teilbetriebs bzw. einer 100%igen Kapitalgesellschaftsbeteiligung können unter Beachtung der weiteren Voraussetzungen die Begünstigungen der §§ 16, 34 EStG geltend gemacht werden.[4]

BEISPIEL:[5]

XYZ KG (Steuerbilanz vor Ausscheiden von Z)

	Buchwert	Teilwert		Buchwert	Teilwert
Grund und Boden 1	100 000	1 000 000	Kapital X	100 000	1 000 000
Grund und Boden 2	200 000	2.000 000	Kapital Y	100 000	1 000 000
			Kapital Z	100 000	1 000 000
	300 000	3 000 000		300 000	3 000 000

X scheidet aus der XYZ KG aus. Die Gesellschafter vereinbaren eine Sachwertabfindung. X erhält das Wirtschaftsgut „Grund und Boden 1".

---

1 Wurde die Sachwertabfindung im Voraus vereinbart, könnte auch der gemeine Wert der übertragenen Wirtschaftsgüter als Veräußerungspreis gelten, so auch *Wacker* in Schmidt, § 16 EStG Rz. 521.
2 Vgl. *Stahl* in Korn, § 16 EStG Rz. 168; *Schallmoser* in Blümich, § 16 EStG Rz. 367; *Wacker* in Schmidt, § 16 EStG Rz. 521.
3 Das Ergebnis ist nicht anders, als hätte die Gesellschaft die finanziellen Mittel zur Zahlung der Abfindungsverpflichtung durch die Veräußerung der Wirtschaftsgüter erzielt, vgl. BFH v. 23.11.1995 - IV R 75/94, BStBl 1996 II 194.
4 Vgl. *Hörger/Rapp* in Littmann/Bitz/Pust (Stand: EL 75 - ET 08/2007), § 16 EStG Rz. 181.
5 Beispiel nach BMF v. 14.3.2006, BStBl 2006 I 253, Tz. 51 ff.

YZ KG (Steuerbilanz nach Ausscheiden von X): Vorgang 1					
	Buchwert	Teilwert		Buchwert	Teilwert
Grund und Boden 1	400 000	1 000 000	Kapital X	100 000	1 000 000
Grund und Boden 2	800 000	2 000 000	Kapital Y	100.000	1 000 000
			Verbindlichkeit Z	1.000.000	1 000 000
	1 200 000	3 000 000		1 200 000	3 000 000

YZ KG (Steuerbilanz nach Ausscheiden von X): Vorgang 2					
	Buchwert	Teilwert		Buchwert	Teilwert
Grund und Boden 2	800 000	2 000 000	Kapital X	400 000	1 000 000
			Kapital Y	400 000	1 000 000
			Verbindlichkeit Z		
	800 000	2 000 000		800 000	2 000 000

X erzielt einen **tarifbegünstigten Veräußerungsgewinn** i. H. v. 900 000. In Vorgang 1 sind die Buchwerte der Wirtschaftsgüter „Grund und Boden 1" sowie „Grund und Boden 2" i. H. der auf die Wirtschaftsgüter entfallenden stillen Reserven aufzustocken (Aufstockungsbetrag: 1/3 x 2 700 000 = 900 000), da die Wirtschaftsgüter in dieser Höhe von Y und Z entgeltlich erworben wurden. Zur Tilgung der Abfindungsverpflichtung i. H. v. 1 000 000 erhält X den Sachwert „Grund und Boden 1". In diesem Zuge wurden stille Reserven i. H. v. 600 000 aufgedeckt (**Veräußerungsgewinn**) und jeweils hälftig den verbleibenden Gesellschaftern zugerechnet. Diese haben den Veräußerungsgewinn als **laufenden Gewinn** zu versteuern.

c) Sachwertabfindung in das Betriebsvermögen

364 Werden im Rahmen der Sachwertabfindung Wirtschaftsgüter in das **Betriebsvermögen** des ausgeschiedenen Gesellschafters übertragen, gilt § 6 Abs. 5 Satz 3 EStG mit der Folge des Buchwertansatzes.[1] Ausnahmen vom Buchwertansatz können bei einem Verstoß gegen die Behaltensfrist (§ 6 Abs. 3 Satz 4 EStG) oder die Körperschaftsklausel (§ 6 Abs. 5 Satz 5 EStG) bestehen. Wird die Mitunternehmerschaft infolge des Ausscheidens des Mitunternehmers aufgelöst (z. B. bei Ausscheiden aus einer zweigliedrigen Personengesellschaft), sind nach der Verwaltungsauffassung die Realteilungsgrundsätze anzuwenden.[2]

365–370 *(Einstweilen frei)*

---

[1] Vgl. *Blumers/Beinert/Witt*, BB 1999, 1786; *Orth*, DStR 1999, 1011; kritisch *Stahl* in Korn, § 16 EStG Rz. 171, der unter Hinweis auf die Gesetzesbegründung zum Steuerentlastungsgesetz 1999/2000/2002 (BT-Drucks. 14/23 v. 9. 11. 1998, 178) im Fall, dass die Mitunternehmerschaft nach Ausscheiden des Gesellschafters fortbesteht, die Realteilungsgrundsätze anwenden möchte.

[2] Vgl. BMF v. 20.12.2016, „Realteilungs-Erlass", BStBl 2017 I 228, Tz. 2; *Wacker* in Schmidt, § 16 EStG Rz. 524. Vgl. jedoch dazu die geänderte Rechtsprechung des BFH v. 17. 9. 2015 - III R 49/13, BFH/NV 2016, 624 = NWB DokID: WAAAF-66770, wonach auch bei Fortbestehen der Mitunternehmerschaft die Realteilungsgrundsätze anzuwenden sind, sofern ein Mitunternehmer unter Mitnahme eines weiterhin zum Betriebsvermögen gehörenden Teilbetriebs ausscheidet, vgl. dazu → Rz. 556; *Schreiber*, NZG 2018, 20.

7. Einheitliche und gesonderte Feststellung des Veräußerungs- bzw. Aufgabegewinns

In die **gesonderte und einheitliche Feststellung des Gewinns** der Mitunternehmerschaft für das Jahr des Ausscheidens des Mitunternehmers ist auch der Gewinn aus der Veräußerung bzw. Aufgabe des Mitunternehmeranteils einzubeziehen[1] (§ 180 Abs. 1 Nr. 2 Buchst. a) AO).[2] Entsprechendes gilt, wenn der Mitunternehmer am ersten Tag des Wirtschaftsjahres aus der Mitunternehmerschaft ausscheidet.[3]

371

Die einheitliche Feststellung des Veräußerungs- bzw. Aufgabegewinns ist für die persönliche Besteuerung des ausgeschiedenen Gesellschafters bindend (§ 180 Abs. 1 Satz 1 AO). Einwendungen gegen die Feststellung des Veräußerungs- bzw. Aufgabegewinns dem Grunde oder der Höhe nach sind gegen den Feststellungsbescheid zu richten. Um ggf. befugt zu sein, Rechtsmittel gegen den Feststellungsbescheid einlegen zu können, wird im Schrifttum[4] empfohlen, den Feststellungsbescheid dem ausgeschiedenen Mitunternehmer gegenüber bekannt zu geben. Gegebenenfalls könnte auch gem. § 183 Abs. 2 Sätze 2 und 3 AO eine Einzelbekanntgabe mit eingeschränktem Inhalt erfolgen.

372

(Einstweilen frei) 373–379

V. Veräußerung eines Anteils eines persönlich haftenden Gesellschafters einer KGaA (§ 16 Abs. 1 Satz 1 Nr. 3 EStG)

Zu den Veräußerungs- bzw. Aufgabegewinnen können auch Gewinne aus der Veräußerung des gesamten Anteils eines **persönlich haftenden Gesellschafters einer KGaA** (Komplementär) gehören. Die KGaA ist eine Kapitalgesellschaft und Subjekt der Körperschaftsteuer (§ 1 Abs. 1 Nr. 1 KStG). Die Gewinnanteile des persönlich haftenden Gesellschafters (Komplementärs) unterfallen nicht dem Körperschaftsteuerrecht, sondern gelten als **gewerbliche Einkünfte i. S. d. § 15 Abs. 1 Nr. 3 EStG (transparente Besteuerung)**.[5] Folgerichtig wird der Gewinn aus der Veräußerung bzw. Aufgabe des Komplementäranteils an der KGaA in den Anwendungsbereich des § 16 EStG einbezogen (§ 16 Abs. 1 Satz 1 Nr. 3 EStG).[6] Die Veräußerung/Aufgabe des Komplementäranteils an der KGaA wird für Zwecke des § 16 EStG weiteren Mitunternehmeranteilen gleichgestellt.

380

Der Gewinn aus der Veräußerung von einer am Grundkapital der KGaA gehaltenen Beteiligung (Aktien) unterfällt nicht den Regelungen des § 16 EStG. Dies gilt auch für den Fall, dass der Aktionär **zugleich** persönlich haftender KGaA-Gesellschafter (Komplementär) ist. Die Aktien stellen kein Sonderbetriebsvermögen des Komplementärs dar.[7] Steuerrechtlich gilt eine Selbständigkeitsfiktion für die Beteiligung am Grundkapital der KGaA.[8]

381

(Einstweilen frei) 382–385

---

1 Unerheblich ist, dass der Veräußerungs- oder Aufgabegewinn nur den ausgeschiedenen Gesellschafter betrifft. Es handelt sich um ein Gewinn der Mitunternehmerschaft; vgl. BFH v. 28. 3. 1974 - IV B 58/73, BStBl 1974 II 459.
2 Vgl. BFH v. 3. 9. 2009 - IV R 17/07, BStBl 2010 II 631; BFH v. 29. 4. 1993 - IV R 107/92, BStBl 1993 II 666; *Schallmoser* in Blümich, § 16 EStG Rz. 376 ff.
3 Vgl. BFH v. 29. 4. 1993 - IV R 107/92, BStBl 1993 II 666.
4 Vgl. *Stahl* in Korn, § 16 EStG Rz. 164; s. a. BFH v. 3. 9. 2009 - IV R 17/07, BStBl 2010 II 631.
5 Zur Besteuerung des Anteils des persönlich haftenden Gesellschafters an der KGaA siehe KKB/Bäuml/Meyer, § 15 EStG Rz. 335 ff.; vgl hierzu auch *Fischer*, DStR 1997, 1519; *Schaumburg*, DStZ 1998, 525; *Kusterer*, FR 2003, 502.
6 Vgl. *Schallmoser* in Blümich, § 16 EStG Rz. 440 f.
7 Vgl. BFH v. 21. 6. 1989 - X R 14/88, BStBl 1989 II 851.
8 Vgl. *Kauffmann* in Frotscher/Geurts, § 16 EStG Rz. 134.

VI. Aufgabe des Gewerbebetriebs bzw. des Mitunternehmeranteils (§ 16 Abs. 3 Satz 1 EStG)

1. Allgemeine Erläuterungen

386 Die Vorschrift des § 16 EStG regelt in Abs. 1 die Veräußerung eines Betriebs bzw. eines Mitunternehmeranteils und in Abs. 3 die **Aufgabe eines Betriebs bzw. eines Mitunternehmeranteils**. Die Betriebsaufgabe bzw. Aufgabe des Mitunternehmeranteils wird im Wege einer gesetzlichen Fiktion[1] der Veräußerung gleichgestellt (§ 16 Abs. 3 Satz 1 EStG). Die Regelung des § 16 Abs. 3 Satz 1 EStG enthält eine Rechtsfolgenverweisung, wonach für die Betriebsaufgabe bzw. Aufgabe des Mitunternehmeranteils dieselben Rechtsfolgen wie für die entsprechenden Veräußerungsvorgänge gelten.[2] Sinn und Zweck der Regelung des § 16 Abs. 3 Satz 1 EStG ist es, die Erfassung und Besteuerung der stillen Reserven im Betriebsvermögen zu gewährleisten.[3]

387 In sachlicher Hinsicht ist die Aufgabe von der Veräußerung abzugrenzen. Bei einer Veräußerung wird der Betrieb bzw. Mitunternehmeranteil in einem Vorgang auf einen Dritten übertragen und wird von diesem fortgeführt (Gewerbebetrieb bleibt als selbständiger Organismus des Wirtschaftslebens bestehen).[4] Im Gegensatz dazu wird bei einer Aufgabe das unternehmerische Engagement auf eine andere Weise als Veräußerung des (ganzen) Betriebs/Mitunternehmeranteils beendet; d. h., ohne die Möglichkeit zur Betriebsfortführung durch den Dritten (**Gewerbebetrieb hört auf als selbständiger Organismus des Wirtschaftslebens in der bisherigen Form zu bestehen**).[5]

388 Nach § 16 Abs. 3 EStG gilt als Veräußerung die Aufgabe des ganzen Gewerbebetriebs oder eines Teilbetriebs sowie eines Mitunternehmeranteils i. S. d. § 16 Abs. 1 Nr. 2 EStG oder des § 16 Abs. 1 Nr. 3 EStG.[6] Objekt der Betriebsaufgabe können daher die folgenden Vorgänge sein:

► Aufgabe des ganzen Gewerbetriebs;

► Aufgabe eines Teilbetriebs bzw. einer im Betriebsvermögen gehaltenen 100 %igen Kapitalgesellschaftsbeteiligung (die 100 %ige Beteiligung an einer Kapitalgesellschaft ist dem Teilbetrieb gleichgestellt; § 16 Abs. 1 Nr. 1 Satz 2 EStG);

► Aufgabe eines Mitunternehmeranteils;

► Aufgabe eines Anteils eines persönlich haftenden Gesellschafters (Komplementär) an einer KGaA.

---

1 „Als Veräußerung gilt auch die Aufgabe des Gewerbebetriebs sowie des Anteils i. S. d. Abs. 1 Satz 1 Nr. 2 oder Nr. 3."
2 Vgl. *Glanegger*, DStR 1998, 1329.
3 Vgl. BFH v. 28. 4. 1971 - I R 55/66 BStBl 1971 II 630; BFH v. 9. 2. 1972 - I R 255/66; BStBl 1972 II 455; BFH v. 7. 10. 1974 - GrS 1/73, BStBl 1975 II 168; *Schallmoser* in Blümich, § 16 EStG Rz. 450.
4 Vgl. BFH v. 7. 10. 1974 - GrS 1/73, BStBl 1975 II 168.
5 Vgl. BFH v. 7. 10. 1974 - GrS 1/73, BStBl 1975 II 168; vgl. *Kauffmann* in Frotscher/Geurts, § EStG 16 Rz. 20.
6 Vgl. *Glanegger*, DStR 1998, 1329; *Schoor*, NWB 2015, 936.

2. Begriff der Betriebsaufgabe

Der Begriff der Betriebsaufgabe ist gesetzlich nicht definiert.[1] Nach ständiger Rechtsprechung des BFH[2] liegt eine Betriebsaufgabe vor, wenn ein Gewerbetreibender

▶ den Entschluss fasst (Aufgabeentschluss), die gewerbliche Tätigkeit einzustellen und den Betrieb als selbständiger Organismus des Wirtschaftslebens aufzulösen (Betriebseinstellung), und

▶ anlässlich der Umsetzung dieses Entschlusses

– die gewerbliche Tätigkeit endgültig einstellt sowie

– die wesentlichen Betriebsgrundlagen in einem einheitlichen Vorgang (d. h. innerhalb kurzer Zeit) an verschiedene Erwerber veräußert und/oder in das Privatvermögen überführt (bzw. anderen betriebsfremden Zwecken zuführt).[3]

Betriebsaufgabe bedeutet die Stilllegung bzw. Zerschlagung des ganzen Betriebs (**Einstellung des Betriebs**).[4] Die Löschung des Betriebs aus dem Handelsregister ist dagegen keine notwendige Bedingung und hat lediglich Indizwirkung.[5] Die Betriebsaufgabe setzt nicht voraus, dass der Steuerpflichtige sämtliche gewerbliche Tätigkeiten einstellt.[6] Unschädlich für die Betriebsaufgabe ist, wenn der Steuerpflichtige neben dem aufgegebenen Betrieb weitere Gewerbebetriebe unterhält und fortführt bzw. Mitunternehmer einer anderen Personengesellschaft ist und bleibt.[7] Auch die Neueröffnung eines Betriebs steht der Betriebsaufgabe nicht entgegen, vorausgesetzt, bei einer wirtschaftlichen Betrachtung liegt nicht eine Fortführung des aufgegebenen Betriebs in anderer Form vor;[8] d. h., der neu eröffnete und der aufgegebene Betrieb dürfen wirtschaftlich nicht identisch sein (z. B. Betriebsverlegung, Strukturwandel[9]).[10]

Die Betriebsaufgabe ist ein **tatsächlicher Vorgang**,[11] der einen Willensentschluss des Gewerbetreibenden (Aufgabeentschluss)[12] und die Ausführung des Aufgabeentschlusses erfordert.[13] Als tatsächlicher Vorgang kann die Betriebsaufgabe weder rückwirkend vorgenommen noch rückwirkend beseitigt werden.[14] Auch der Tod bzw. das Verschwinden[15] des Gewerbetreiben-

---

1 Vgl. BFH v. 7.10.1974 - GrS 1/73, BStBl 1975 II 168; BFH v. 9.2.1972 - I R 255/66, BStBl 1972 II 455.
2 Vgl. BFH v. 7.10.1974 - GrS 1/73, BStBl 1975 II 168; BFH v. 8.9.1976 - I R 99/75, BStBl 1977 II 66; BFH v. 24.3.1987 - I R 202/83, BStBl 1987 II 705; BFH v. 7.4.1989 - III R 9/87, BStBl 1989 II 874; BFH v. 9.9.1993 - IV R 30/92, BStBl 1994 II 105; BFH v. 16.12.1992 - X R 52/90, BStBl 1994 II 838; BFH v. 10.2.1992 - IV R 37/92, BStBl 1994 II 564; BFH v. 26.4.2001 - IV R 14/00, BStBl 2001 II 798.
3 Vgl. *Lukas*, NWB DokID: QAAAE-67585.
4 Vgl. BFH v. 21.8.1993 - X R 78/93, BFH/NV 1997, 226 = NWB DokID: KAAAB-38750; BFH v. 9.9.1993 - IV R 30/92, BStBl 1994 II 105; *Glanegger*, DStR 1998, 1329; *Stahl* in Korn, § 16 EStG Rz. 242.
5 Vgl. *Stahl* in Korn, § 16 EStG Rz. 242.
6 Vgl. *Schallmoser* in Blümich, § 16 EStG Rz. 484 ff.
7 Vgl. BFH v. 16.12.1992 - X R 52/90, BStBl 1994 II 838.
8 Vgl. *Hörger/Rapp* in Littmann/Bitz/Pust (Stand: EL 95 — ET 05/2012), § 16 EStG Rz. 70 f., 84.
9 Zur Betriebsverlegung bzw. zum Strukturwandel vgl. auch → Rz. 393 ff.
10 Vgl. BFH v. 24.6.1976 - IV R 200/72, BStBl 1976 II 672; BFH v. 3.10.1984 - I R 116/81, BStBl 1985 II 131; BFH v. 17.7.2008 - X R 40/07, BStBl 2009 II 43; *Schallmoser* in Blümich, § 16 EStG Rz. 484 ff.; *Stahl* in Korn, § 16 EStG Rz. 241 f.
11 Ebenfalls *Schallmoser* in Blümich, § 16 EStG Rz. 482.
12 Vgl. BFH v. 7.10.1974 - GrS 1/73, BStBl 1975 II 168.
13 Vgl. *Lukas*, NWB DokID: QAAAE-67585.
14 Vgl. BFH v. 15.4.1993 - IV R 12/91, BFH/NV 1994, 87 = NWB DokID: LAAAA-97275; BFH v. 28.9.1995 - IV R 39/94, BStBl 1996 II 276; *Kauffmann* in Frotscher/Geurts, § 16 EStG Rz. 66; d.
15 Vgl. BFH v. 30.8.2007 - IV R 5/06, BStBl 2008 II 113; *Schallmoser* in Blümich, § 16 EStG Rz. 515.

den führt nicht zur unmittelbaren Betriebsaufgabe. Voraussetzung ist ein Aufgabeentschluss der Rechtsnachfolger (z. B. der Erben) und dessen Umsetzung.

392 *Kulosa*[1] weist darauf hin, dass die **einzelnen Tatbestandsmerkmale** in der BFH-Rechtsprechung **unterschiedlich gewichtet** werden. In Einzelfällen wurde sogar das Nichtvorliegen einzelner Tatbestandsmerkmale als unschädlich für die Annahme einer Betriebsaufgabe angesehen (sog. **Typusbegriff**). Lediglich das Tatbestandsmerkmal des einheitlichen Vorgangs werde in sämtlichen Entscheidungen als zwingendes Kriterium für die Annahme einer Betriebsausgabe angesehen.

3. Abgrenzung Betriebsaufgabe von weiteren Vorgängen

393 Die folgenden Vorgänge stellen **keine begünstigte Betriebsaufgabe** i. S. d. § 16 Abs. 3 Satz 1 EStG dar:[2]

- **Unentgeltliche Betriebsübertragungen**: Die unentgeltliche Übertragung eines Betriebs ist in § 6 Abs. 3 EStG[3] geregelt. Bei einer unentgeltlichen Betriebsübertragung hat der bisherige Betriebsinhaber die Wirtschaftsgüter mit den Buchwerten zu übertragen (Verpflichtung zu Buchwertfortführung). Der Betriebsübernehmer hat diese (Buch-)Werte in der Eröffnungsbilanz anzusetzen (Fußstapfentheorie). Die im Betriebsvermögen enthaltenen stillen Reserven werden nicht aufgedeckt. Der bisherige Betriebsinhaber realisiert keinen Veräußerungs- oder Aufgabegewinn. Werden wesentliche Betriebsgrundlagen vom bisherigen Betriebsinhaber zurückbehalten, an den Übernehmer oder einen Dritten veräußert oder anderweitig verwertet, sind die Voraussetzungen einer unentgeltlichen Betriebsübertragung i. S. d. § 6 Abs. 3 EStG grundsätzlich nicht erfüllt. Es liegt ggf. eine begünstigte Betriebsaufgabe i. S. d. § 16 Abs. 3 Satz 1 EStG vor.[4]

- **Zeitlich gestreckte (allmähliche) Betriebsabwicklungen**: Voraussetzung einer begünstigten Betriebsaufgabe gem. § 16 Abs. 3 Satz 1 EStG ist, dass die Auflösung des Gewerbebetriebs in einem einheitlichen Vorgang[5] (d. h. innerhalb eines kurzen Zeitraums) erfolgt. Eine zeitlich gestreckte (allmähliche) Betriebsauflösung ist gegeben, wenn die weiteren Voraussetzungen einer Betriebsaufgabe vorliegen, die Aufgabehandlungen aber nicht innerhalb eines kurzen Zeitraums vorgenommen werden.[6] Bei einer allmählichen Abwicklung sind die stillen Reserven im Zeitpunkt der Veräußerung bzw. Entnahme des Wirtschaftsguts als laufender Gewinn zu besteuern.

- Der Betriebsinhaber hat die Gestaltungsfreiheit zwischen einer begünstigten Betriebsaufgabe und einer allmählichen Betriebsabwicklung zu wählen (**Wahlrecht**).[7] Vorteil der allmählichen Betriebsabwicklung ist, dass der Steuerpflichtige die Aufdeckung und Besteuerung der stillen Reserven im Betriebsvermögen im zeitlichen Zusammenhang mit

---

[1] Vgl. HHR/*Kulosa*, § 16 EStG Anm. 405; ebenfalls *Hörger/Rapp* in Littmann/Bitz/Pust (Stand: EL 95 – ET 05/2012), § 16 EStG Rz. 64.
[2] Vgl. *Lukas*, NWB DokID: QAAAE-67585; *Hörger/Rapp* in Littmann/Bitz/Pust (Stand: EL 95 – ET 05/2012), § 16 EStG Rz. 75.
[3] Zur unentgeltlichen Betriebsübertragung i. S. d. § 6 Abs. 3 EStG vgl. KKB/Teschke/C. Kraft, § 6 EStG Rz. 310 ff.
[4] Vgl. *Kauffmann* in Frotscher/Geurts, § 16 EStG Rz. 155 ff.
[5] Zum Tatbestandsmerkmal einheitlicher Vorgang vgl. → Rz. 415 ff.
[6] Vgl. *Lippross/Uhländer* in Lippross, § 16 EStG Rz. 93; *Hörger/Rapp* in Littmann/Bitz/Pust (Stand: EL 95 – ET 05/2012), § 16 EStG Rz. 77
[7] Vgl. *Wacker* in Schmidt, § 16 EStG Rz. 184; *Schallmoser* in Blümich, § 16 EStG Rz. 467 f.

der Betriebseinstellung vermeiden und die Besteuerung auf den Zeitpunkt der tatsächlichen Verwertung bzw. Entnahme der Wirtschaftsgüter verschieben kann.[1]

▶ **Betriebsunterbrechungen/Betriebsverpachtungen**[2]: Nach § 16 Abs. 3b EStG[3] gilt ein Betrieb im Fall der Betriebsunterbrechung bzw. Betriebsverpachtung im Ganzen als nicht aufgegeben, bis

- der Steuerpflichtige die Betriebsaufgabe ausdrücklich gegenüber dem Finanzamt erklärt hat oder
- dem Finanzamt Tatsachen bekannt werden, aus denen sich die Betriebsaufgabe ergibt.[4]

Beispiele für eine Betriebsunterbrechung:[5]

▶ - Die Eisdiele eines Stpfl. ist von Mai bis Oktober geöffnet. In den weiteren Monaten hat der Betrieb geschlossen (Saisonbetrieb).[6]
- Aus gesundheitlichen Gründen wird der Betrieb eines Stpfl. für mehrere Monate geschlossen.

▶ **Betriebsverlegungen**: Eine Betriebsverlegung – und keine Betriebsaufgabe[7] – wird angenommen, wenn nach dem Gesamtbild der Verhältnisse der geschlossene und neu eröffnete Betrieb bei einer wirtschaftlichen Betrachtung weitgehend identisch sind.[8] Wirtschaftliche Identität ist regelmäßig gegeben, wenn die wesentlichen Betriebsgrundlagen in den neu eröffneten Betrieb überführt werden.[9] Die folgenden Indizien sprechen für eine Betriebsverlegung und gegen eine Betriebsaufgabe:[10]

- Betriebstätigkeit wird weitgehend unverändert fortgeführt;
- die Geschäfte werden weitgehend mit demselben Kundenkreis getätigt;
- überwiegender Teil des Anlagevermögens wird weiterhin genutzt;
- Waren/Rohstoffe/sonstige Erzeugnisse werden weitgehend übernommen.

Beispiel für eine Betriebsverlegung:[11]

- Das Ladengeschäft einer Bäckerei wird geschlossen und nach einer kurzen Umzugsdauer im näheren Umkreis wiedereröffnet.

▶ **Strukturwandel**: Strukturwandel meint – unter Weiterführung des Betriebs als wirtschaftlicher Organismus – den Übergang eines Gewerbebetriebs in eine andere Ein-

---

1 Vgl. BFH v. 12.3.1964 - IV 107/63 U, BStBl 1964 III 406; BFH v. 26.4.2001 - IV R 14/00, BStBl 2001 II 798.
2 Vgl. *Tranacher*, DStR 2017, 2419.
3 Zu Betriebsunterbrechungen bzw. Betriebsverpachtungen i.S.d. § 16 Abs. 3b EStG vgl. → Rz. 690 ff.
4 Vgl. *Schoor*, DStR 1997, 1; *Dietrich/Schönemann*, DStR 2011, 231.
5 Beispiele nach *Lippross/Uhländer* in Lippross, § 16 EStG Rz. 94.
6 Vgl. *Lukas*, NWB DokID: QAAAE-67585.
7 Zur Abgrenzung der Betriebsverlegung von einer Betriebsaufgabe mit anschließender Neueröffnung vgl. BFH v. 3.10.1984 - I R 116/81, BStBl 1985 II 131.
8 Vgl. BFH v. 24.6.1976 - IV R 200/72, BStBl 1976 II 672; BFH v. 3.10.1984 - I R 116/81, BStBl 1985 II 131; BFH v. 9.10.1996 - IX R 71/95, BStBl 1997 II 236; BFH v. 28.9.1995 - IV R 39/94, BStBl 1996 II 276.
9 Vgl. BFH v. 24.6.1976 - IV R 200/72, BStBl 1976 II 672; BFH v. 3.10.1984 - I R 116/81, BStBl 1985 II 131.
10 Vgl. *Stahl* in Korn, § 16 EStG Rz. 280.
11 Vgl. BFH v. 3.10.1984 - I R 116/81, BStBl 1985 II 131; vgl. hierzu auch das Beispiel von *Lippross/Uhländer* in Lippross, § 16 EStG Rz. 97.

kunftsart mit Betriebsvermögen (H 16 Abs. 2 „Strukturwandel" EStH).[1] Durch den Strukturwandel wird der Betrieb nicht aufgegeben, sondern in veränderter Form fortgeführt. Die Verknüpfung der Wirtschaftsgüter mit dem Betrieb wird durch den Strukturwandel nicht aufgelöst. Nach ständiger BFH-Rechtsprechung[2] ist der Strukturwandel keine Betriebsaufgabe und führt nicht zu einer Realisierung der im Betriebsvermögen verhafteten stillen Reserven.[3]

Beispiele für einen Strukturwandel:[4]

Vorgang	Rechtsprechung
Strukturwandel einer Gärtnerei vom Gewerbebetrieb zum land- und forstwirtschaftlichen Betrieb.	BFH v. 7.10.1974 - GrS 1/73, BStBl 1975 II 168; BFH v. 9.12.1986 - III R 196/92, BStBl 1987 II 342.
Strukturwandel eines Gewerbebetriebs durch Zukauf oder Erweiterung des Eigenanbaus zu einem land- und forstwirtschaftlichen Betrieb (H 16 Abs. 2 „Strukturwandel" EStH).	BFH v. 9.2.1972 - I R 205/66, BStBl 1972 II 455.
Strukturwandel von landwirtschaftlicher zu gewerblicher Tierzucht.	BFH v. 19.2.2009 - IV R 18/06, BStBl 2009 II 654.
Strukturwandel einer Freiberuflerpraxis zu einem Gewerbebetrieb.	BFH v. 12.3.1992 - IV R 29/91, BStBl 1993 II 36.

Der Strukturwandel zur Liebhaberei stellt ebenfalls keine gewinnrealisierende Betriebsaufgabe dar. Maßgeblich hierfür ist der Gedanke, dass der betriebliche Organismus auch bei einem Liebhabereibetrieb bestehen bleibt und die Verknüpfung der Wirtschaftsgüter mit dem Betrieb nicht gelöst wird.[5] Bei Gewinnermittlung durch Einnahmen-Überschuss-Rechnung, besteht für den Stpfl. keine Verpflichtung, im Zeitpunkt des Strukturwandels zur Liebhaberei zum Betriebsvermögensvergleich überzugehen und einen daraus entstehenden Übergangsgewinn zu ermitteln und zu besteuern.[6]

394–398 (Einstweilen frei)

4. Aufgabewille, Aufgabehandlung, Aufgabeerklärung

399 Das subjektive Tatbestandsmerkmal **Aufgabewille** ist wesentlich für die Bestimmung des Zeitpunkts des Beginns der Betriebsaufgabe.[7] Das Tatbestandsmerkmal dient der Abgrenzung des laufenden Gewinns vom begünstigten Aufgabegewinn.[8] Die Betriebsaufgabe beginnt – nach

---

1 Vgl. BFH v. 19.2.2009 - IV R 18/06, BStBl 2009 II 654; Stahl in Korn, § 16 EStG Rz. 277 ff.; Lippross/Uhländer in Lippross, § 16 EStG Rz. 101; Hörger/Rapp in Littmann/Bitz/Pust (Stand: EL 95 – ET 05/2012), § 16 EStG Rz. 84.
2 Vgl. BFH v. 7.10.1974 - GrS 1/73, BStBl 1975 II 168; BFH v. 9.2.1972 - I R 205/66, BStBl 1972 II 455; BFH v. 19.2.2009 - IV R 18/06, BStBl 2009 II 654; BFH v. 12.3.1992 - IV R 29/91, BStBl 1993 II 36; BFH v. 29.10.1981 - IV R 138/78, BStBl 1982 II 381.
3 Vgl. BFH v. 11.5.2016 - X R 61/14, BFH/NV 2016, 1371 = NWB DokID: FAAAF-78700.
4 Aufzählung nach Hörger/Rapp in Littmann/Bitz/Pust (Stand: EL 95 – ET 05/2012), § EStG 16 Rz. 84; Schallmoser in Blümich, § 16 EStG Rz. 477; Lippross/Uhländer in Lippross, § 16 EStG Rz. 101.
5 Vgl. BFH v. 11.5.2016 - X R 61/14, BFH/NV 2016, 1371 = NWB DokID: FAAAF-78700.
6 Vgl. BFH v. 11.5.2016 - X R 61/14, BFH/NV 2016, 1371 = NWB DokID: FAAAF-78700.
7 Vgl. Lukas, NWB DokID: QAAAE-67585.
8 Vgl. Hörger/Rapp in Littmann/Bitz/Pust (Stand: EL 95 – ET 05/2012), § 16 EStG Rz. 67.

Rechtsprechung des BFH[1] – nicht bereits mit dem inneren Entschluss des Stpfl. den Gewerbebetrieb zu beenden, sondern erst mit Handlungen des Steuerpflichtigen, die objektiv auf die Auflösung des Gewerbebetriebs gerichtet sind. Der Wille zur Betriebsaufgabe muss durch objektive Umstände für Dritte erkennbar sein (**Aufgabehandlung**) bzw. ausdrücklich erklärt werden (**Aufgabeerklärung**).[2]

Als **Aufgabehandlungen** gelten Maßnahmen des Steuerpflichtigen, die darauf gerichtet sind, den Gewerbebetrieb in seiner bisherigen Form zu zerschlagen. Unerheblich ist, ob die Handlungen vom Gewerbetreibenden freiwillig angestoßen oder von Dritten (z. B. Gewerbeamt) erzwungen werden.[3] Als Aufgabehandlungen kommen insbesondere die folgenden Maßnahmen in Betracht:[4]

▶ Veräußerung wesentlicher Betriebsgrundlagen ohne Wiederbeschaffungswillen (insbesondere Wirtschaftsgüter, die für die Betriebsfortführung unerlässlich sind).[5]

▶ Veräußerung von Wirtschaftsgütern des Umlaufvermögens, wenn die Waren und Erzeugnisse nicht an den üblichen Kundenkreis, sondern an Abnehmer der gleichen Handelsstufe veräußert werden.[6]

▶ Einstellung oder Einschränkung des Wareneinkaufs.[7]

▶ Wegfall der tatbestandlichen Voraussetzungen der Betriebsaufspaltung mit der Folge, dass Wirtschaftsgüter in das Privatvermögen des Stpfl. überführt werden.[8]

400

Der Einstellung der werbenden Tätigkeit[9] sowie der Abmeldung des Gewerbes[10] kommt Indizwirkung zu. Die Maßnahmen allein sollten regelmäßig nicht ausreichend sein, um eine Betriebsaufgabe zu begründen. Maßgeblich sind die Gesamtumstände im konkreten Einzelfall.[11] Keine Aufgabehandlungen, sondern **Vorbereitungshandlungen**[12] stellen insbesondere die folgenden Maßnahmen dar:[13]

▶ Ankündigung der Betriebsaufgabe gegenüber Dritten (z. B. Erklärung gegenüber den Kunden);

▶ Schluss- bzw. Räumungsverkäufe (insbesondere wenn neue Waren bestellt werden);

401

---

1 Vgl. BFH v. 5. 7. 1984 - IV R 36/81, BStBl 1984 II 711; BFH v. 19. 1. 1983 - I R 84/79, BStBl 1983 II 412.
2 Vgl. BFH v. 7. 10. 1974 - GrS 1/73, BStBl 1975 II 168; BFH v. 13. 12. 1983 - VIII R 90/81, BStBl 1984 II 474; *Wacker* in Schmidt, § 16 EStG Rz. 188; *Lippross/Uhländer* in Lippross, § 16 EStG Rz. 86 f.
3 Vgl. *Stahl* in Korn, § 16 EStG Rz. 238.
4 Vgl. Aufzählung nach *Stahl* in Korn, § 16 EStG Rz. 238.
5 Vgl. BFH v. 7. 4. 1989 - III R 9/87, BStBl 1989 II 874; BFH v. 5. 7. 1984 - IV R 36/81, BStBl 1984 II 711; BFH v. 26. 5. 1993 - X R 101/90, BStBl 1993 II 710; BFH v. 9. 9. 1993 - IV R 30/92, BStBl 1994 II 105.
6 Bei einer Veräußerung an den üblichen Abnehmerkreis sollte regelmäßig eine Fortsetzung der bisherigen Geschäftstätigkeit angenommen werden können, vgl. BFH v. 25. 1. 1995 - X R 76-77/92, BStBl 1995 II 388; BFH v. 29. 11. 1988 - VIII R 316/82, BStBl 1989 II 602.
7 Vgl. BFH v. 9. 2. 1972 - I R 205/66, BStBl 1972 II 455; *Wacker* in Schmidt, § 16 EStG Rz. 194.
8 In entsprechenden Fällen ist eine Betriebsaufgabe auch ohne Aufgabehandlung des Stpfl. denkbar, vgl. BFH v. 16. 12. 1974 - VIII R 3/74, BStBl 1976 II 246.
9 Vgl. BFH v. 9. 7. 2004 - XI B 44/03, BFH/NV 2004, 1639 = NWB DokID: PAAAB-26707.
10 Die Betriebseinstellung könnte für steuerliche Zwecke als Betriebsunterbrechung zu werten sein, die den Fortbestand des Betriebs unberührt lässt, ständige Rspr. des BFH, vgl. statt vieler BFH v. 12. 5. 2011 - IV R 36/09, NWB DokID: HAAAD-93754, m. w. N.; BFH v. 28. 8. 2002 - IV R 20/02, BStBl 2004 II 10; BFH v. 22. 9. 2004 - III R 9/03, BStBl 2005 II 160.
11 Vgl. BFH v. 9. 7. 2004 - XI B 44/03, BFH/NV 2004, 1639 = NWB DokID: PAAAB-26707.
12 Zur Unterscheidung von Vorbereitungshandlungen einer künftigen Betriebsaufgabe und dem tatsächlichen Beginn der Betriebsaufgabe vgl. BFH v. 5. 7. 1984 - IV R 36/81, BStBl 1984 II 711.
13 Auflistung nach *Hörger/Rapp* in Littmann/Bitz/Pust (Stand: EL 95 – ET 05/2012), § 16 EStG Rz. 72; *Stahl* in Korn, § 16 EStG Rz. 249.

- Abschluss von Verträgen über die Betriebsaufgabe;[1]
- Anmeldung und Eintragung der Liquidation der Personengesellschaft in das Handelsregister;[2]
- Kündigung von Arbeits-, Miet-, Leasing- und/oder Lieferverträgen.

402 Ist der **Aufgabewille des Steuerpflichtigen** aus den äußeren Umständen (insbes. Aufgabehandlungen) nicht eindeutig abzuleiten,[3] verlangt der BFH[4] eine Aufgabeerklärung.[5] Aus Beweis- und Dokumentationsgründen ist in Grenzfällen die Abgabe einer Aufgabeerklärung zu empfehlen.[6] Des Weiteren kann durch die Aufgabeerklärung der Zeitpunkt des Beginns der Betriebsaufgabe dokumentiert werden.[7]

403 Die **Aufgabeerklärung** ist gegenüber dem zuständigen Finanzamt abzugeben.[8] Ein besonderes **Formerfordernis für die Erklärung** besteht nicht. Die Erklärung muss die Absicht des Stpfl. erkennen lassen, den Gewerbebetrieb aufzugeben. Ein bloßer Hinweis des Steuerpflichtigen, dass er aufgrund seines Alters keine Bücher mehr führen und keine Erklärung mehr abgeben könne, sollte grundsätzlich nicht ausreichend sein.[9]

404–408 (Einstweilen frei)

5. Aufgabe sämtlicher wesentlicher Betriebsgrundlagen

409 Eine begünstigte Betriebsaufgabe i. S. d. § 16 Abs. 3 Satz 1 EStG setzt voraus, dass **sämtliche wesentliche Betriebsgrundlagen** veräußert, ins Privatvermögen überführt oder anderen betriebsfremden Zwecken (z. B. Verschrottung) zugeführt werden.[10] Die Zurückbehaltung nicht wesentlicher Betriebsgrundlagen ist dagegen für die begünstigte Betriebsaufgabe unschädlich.[11]

410 Für die Frage, ob eine wesentliche Betriebsgrundlage vorliegt, oder das Wirtschaftsgut von untergeordneter Bedeutung ist, ist auf den konkreten Einzelfall unter Berücksichtigung der besonderen Verhältnisse des Gewerbebetriebs abzustellen.[12] Der BFH geht im Bereich der Betriebsaufgabe von einem identischen Begriff **wesentliche Betriebsgrundlage** wie bei der Be-

---

1 Vgl. BFH v. 5. 7. 1984 - IV R 36/81, BStBl 1984 II 711.
2 Vgl. BFH v. 25. 6. 1970 - IV R 350/70, BStBl 1970 II 719.
3 Z. B. könnte aus den Handlungen des Stpfl. auch eine vorübergehende Betriebsunterbrechung geschlossen werden, vgl. BFH v. 28. 9. 1995 - IV R 39/94, BStBl 1996 II 276; BFH v. 16. 12. 1997 - VIII R 11/95, BStBl 1998 II 379.
4 Vgl. BFH v. 5. 7. 1984 - IV R 86/81, BStBl 1984 II 711; BFH v. 9. 9. 1993 - IV R 30/92, BStBl 1994 II 105; BFH v. 16. 12. 1997 - VIII R 11/95, BStBl 1998 II 379, m. w. N.
5 Vgl. *Schallmoser* in Blümich, § 16 EStG Rz. 482.
6 Vgl. HHR/*Kulosa*, § 16 EStG Anm. 435; *Hörger/Rapp* in Littmann/Bitz/Pust (Stand: EL 95 – ET 05/2012), § 16 EStG Rz. 67.
7 Vgl. *Hörger/Rapp* in Littmann/Bitz/Pust (Stand: EL 95 – ET 05/2012), § 16 EStG Rz. 67.
8 Vgl. BFH v. 25. 5. 1977 - I R 93/75, BStBl 1977 II 660; *Kauffmann* in Frotscher/Geurts, § 16 EStG Rz. 90; HHR/*Kulosa*, EStG, § 16 Anm. 435; nach a. A. soll eine konkludente Handlung ausreichen (z. B. Erklärung von Einkünften aus Vermietung und Verpachtung gegenüber dem Finanzamt anstatt wie bislang gewerblicher Einkünkte) vgl. *Schallmoser* in Blümich, § 16 EStG Rz. 482. Zu den Möglichkeiten der Anfechtung bzw. des Widerrufs einer Betriebsaufgabeerklärung vgl. *Kanzler*, FR 2017, 573..
9 Vgl. *Lukas*, NWB DokID: QAAAE-67585.
10 Vgl. statt vieler BFH v. 19. 5. 2005 - IV R 17/02, BStBl 2005 II 637.
11 Vgl. BFH v. 26. 5. 1993 - X R 101/90; BStBl 1993 II 710; BFH v. 9. 9. 1993 - IV R 30/92, BStBl 1994 II 105; *Schallmoser* in Blümich, § 16 EStG Rz. 510.
12 Vgl. FG Baden-Württemberg v. 24. 2. 1999 - 12 K 127/95, EFG 1999, 1177 (rkr.).

triebsveräußerung aus.¹ In beiden Fällen stellt der BFH auf eine **funktional-quantitative Betrachtungsweise** ab.²

Funktionale Betrachtung	Wirtschaftsgüter, die nach der Art des Betriebs und ihrer Funktion **wesentlich für die Erreichung des Betriebszwecks** sind (z. B. betrieblich genutzte Grundstücke, Maschinen, Dienstleistungseinrichtungen, Nutzungsrechte, Kundenstamm, Geschäfts- oder Firmenwert).
Quantitative Betrachtung	Wirtschaftsgüter, die ihrer Funktion nach nicht wesentlich für die Erreichung des Betriebszwecks sind, die jedoch **erhebliche stille Reserven** beinhalten (z. B. nicht betrieblich genutzte Grundstücke, Finanzanlagen).

(*Einstweilen frei*) 411–414

6. Einheitlicher Vorgang innerhalb kurzer Zeit

Maßgebliches Kriterium für die Annahme einer begünstigten Betriebsaufgabe i. S. d. § 16 Abs. 3 Satz 1 EStG ist, dass die Aufgabehandlungen des Stpfl. in einem **einheitlichen Vorgang** erfolgen.³ Einheitlicher Vorgang meint nicht, dass die Betriebsbeendigung in einem Akt erfolgen muss. Die Betriebsaufgabe kann sich über einen gewissen Zeitraum erstrecken.⁴   415

Das Tatbestandsmerkmal einheitlicher Vorgang wird von der Rechtsprechung[5] grundsätzlich zeitlich verstanden. Die Aufgabehandlungen müssen innerhalb eines **kurzen Zeitraums** vollzogen werden. Zu berücksichtigen ist, dass die Beendigung eines Betriebs regelmäßig eine gewisse Zeit erfordert. Der Zeitraum darf daher nicht zu eng gefasst werden. Maßgebend ist, ob die Aufgabehandlungen wirtschaftlich noch als einheitlicher Vorgang gewertet werden können.⁶ Die Angemessenheit ist auf Grundlage des konkreten Einzelfalls zu beurteilen.⁷ Es kann nicht im Interesse des Gesetzgebers liegen, den Stpfl. unter Zeitdruck zu zwingen, einen ggf. weit unter dem Verkehrswert liegenden Veräußerungspreis zu akzeptieren, um die Begünstigungen nach §§ 16, 34 EStG nicht zu gefährden.⁸   416

Zur Beurteilung der Angemessenheit können die folgende Rechtsprechungsgrundsätze herangezogen werden: 417

Tätigkeit	Angemessener Zeitraum	Rechtsprechung
Produktionsunternehmen	6 Monate	BFH v. 25. 6. 1970 - IV R 350/64, BStBl 1970 II 719.
Notariat/Freiberuflerpraxis	6 Monate	FG Köln v. 16. 3. 1981 - II 203/77, EFG 1982, 346 (rkr).

---

1 Zum Begriff wesentliche Betriebsgrundlage bei Betriebsveräußerungen vgl. → Rz. 135 ff.
2 Vgl. BFH v. 11. 3. 1982 - IV R 25/79, BStBl 1982 II 707; BFH v. 16. 12. 1992 - X R 52/90, BStBl 1994 II 838. Zur funktional-quantitativen Betrachtungsweise bei Betriebsveräußerungen vgl. *Schoor*, NWB 2015, 932; vgl. *Lukas*, NWB DokID: QAAAE-67585.
3 Vgl. statt vieler BFH v. 26. 4. 2001 - IV R 14/00; BStBl 2001 II 798; BFH v. 19. 5. 2005 - IV R 17/02, BStBl 2005 II 637.
4 Vgl. *Lukas*, NWB DokID: QAAAE-67585.
5 Vgl. BFH v. 26. 5. 1993 - X R 101/90, BStBl 1993 II 710; BFH v. 30. 8. 2007 - IV R 5/06, BStBl 2008 II 113.
6 Vgl. BFH v. 16. 9. 1966 - IV R 118/65; BStBl 1967 III 76; BFH v. 8. 9. 1976 - I R 99/75, BStBl 1977 II 66; H 16 Abs. 2 „Zeitraum für Betriebsaufgabe" EStH.
7 Vgl. *Hörger/Rapp* in Littmann/Bitz/Pust (Stand: EL 95 – ET 05/2012), § 16 EStG Rz. 71; *Stahl* in Korn, § 16 EStG Rz. 245.
8 Ebenso *Schallmoser* in Blümich, § 16 EStG Rz. 464; *Stahl* in Korn, § 16 EStG Rz. 245.

Tätigkeit	Angemessener Zeitraum	Rechtsprechung
Landwirtschaftlicher Pachtbetrieb	9 Monate	BFH v. 26. 10. 1989 - IV R 25/88, BStBl 1990 II 373.
Landwirtschaft/Winzer - mit verschiedenen Weinbergen	14 bis 18 Monate	BFH v. 16. 9. 1966 - VI 118–119/65, BStBl 1967 III 70. BFH v. 21. 10. 1993 - IV R 42/93, BStBl 1994 II 385 m. w. N.
Handwerksbetrieb (Gipser- und Malergeschäft)	25 Monate liegen an der oberen Grenze der angemessenen Zeitdauer	BFH v. 12. 4. 1989 - I R 105/85, BStBl 1989 II 653.
Industriebetrieb (Furnierwerk)	Zeitraum von 36 Monaten ist nicht angemessen	BFH v. 26. 5. 1993 - X R 101/90, BStBl 1993 II 710.
Aufgabe eines Filialnetzes	Zeitraum von 5 Jahren ist nicht angemessen	BFH v. 8. 9. 1976 - I R 99/75, BStBl 1977 II 66.

418 Die Rechtsprechungsübersicht zeigt, dass eine starre Festlegung eines angemessenen Zeitraums nicht möglich ist.[1] Eine Beschränkung auf einen Sechs-Monatszeitraum sollte u. E im Regelfall zu kurz sein.[2] Ob die Aufgabehandlungen im Einzelfall in einer angemessenen Periode vorgenommen werden, ist

- von der Art der Wirtschaftsgüter[3] und
- von den Abwicklungshandlungen des Stpfl.[4] abhängig.[5]

Im Schrifttum wird ein **Einjahreszeitraum** – u. E. zutreffend – als Anhaltspunkt für eine angemessene Frist genannt.[6] Ein Aufgabezeitraum von mehr als 25 Monaten sollte in begründeten Ausnahmefällen denkbar sein.[7]

419 Der Vorgang der Betriebsaufgabe kann sich über zwei oder **mehrere Veranlagungszeiträume**[8] erstrecken.[9] Entfällt der Betriebsaufgabegewinn auf mehrere Veranlagungszeiträume, sollte die Fünftel-Regelung des § 34 Abs. 1 EStG mehrfach in Anspruch genommen werden können.[10] Die Tatbestandsvoraussetzung nur einmal im Leben (§ 34 Abs. 3 Satz 4 EStG) ist u. E. nicht dahingehend zu verstehen, dass der ermäßigte Steuersatz nur in einem Veranlagungszeitraum beansprucht werden kann.[11] Erstreckt sich der Betriebsaufgabegewinn z. B. auf zwei Veranlagungszeiträume, ist der ermäßigte Steuersatz in beiden Veranlagungszeiträumen anzuwen-

---

1 Ebenso *Kauffmann* in Frotscher/Geurts, § 16 EStG Rz. 67 f.; *Stahl* in Korn, § 16 EStG Rz. 245.
2 Ebenso *Hörger/Rapp* in Littmann/Bitz/Pust (Stand: EL 95 - ET 05/2012), § 16 EStG Rz. 71.
3 Schwer oder leicht zu veräußern.
4 Hat der Stpfl. alles versucht, um die Frist möglichst kurz zu halten?
5 Vgl. BFH v. 16. 9. 1966 - VI 118–119/65, BStBl 1967 III 70.
6 Vgl. *Hörger/Rapp* in Littmann/Bitz/Pust (Stand: EL 95 - ET 05/2012), § 16 EStG Rz. 71; *Stahl* in Korn, § 16 EStG Rz. 245.
7 Vgl. BFH v. 26. 4. 2001 - IV R 14/00, BStBl 2001 II 798.
8 In Ausnahmefällen kann der Aufgabevorgang drei oder sogar vier VZ umfassen. Kritisch zur Frage, ob bei einer Betriebsaufgabe die sich über vier VZ erstreckt, noch außerordentliche Einkünfte i. S. d. § 16 Abs. 2 Nr. 1 und Abs. 3 Satz 1 EStG vorliegen, BFH v. 26. 5. 1993 - X R 101/90, BStBl 1993 II 710.
9 Vgl. BFH v. 25. 6. 1970 - IV R 350/64, BStBl 1970 II 719; BFH v. 8. 9. 1976 - I R 99/75, BStBl 1977 II 66.
10 Vgl. *Kanzler*, DStR 2009, 400; *Stahl* in Korn, § 16 EStG Rz. 247.
11 Vgl. *Tiedtke/Heckel*, DStR 2001, 145; 125; *Stahl*, KÖSDI 2006, 15; *Schallmoser* in Blümich, § 16 EStG Rz. 464.

den. Der Höchstbetrag von 5 Mio. € ist dagegen auf den gesamten Aufgabegewinn (Summe der Aufgabegewinne beider Veranlagungszeiträume) anzuwenden.[1]

Wird der Betrieb nicht innerhalb einer kurzen Zeit, sondern über einen **längeren Zeitraum** (allmählich) aufgelöst oder zerschlagen, liegt keine begünstigte Betriebsaufgabe i. S. d. § 16 Abs. 3 Satz 1 EStG vor.[2] Bei einer allmählichen Auflösung bzw. Zerschlagung gilt der Gewerbebetrieb für steuerliche Zwecke bis zur Vollbeendigung als fortbestehend. Sämtliche Einkünfte (einschl. Veräußerungsgewinne) des Gewerbebetriebs sind als laufende Gewinne zu behandeln.

(*Einstweilen frei*) 421–425

7. Beginn und Beendigung der Betriebsaufgabe

Die Betriebsaufgabe beginnt nicht mit der Entschlussfassung des Stpfl. den Gewerbebetrieb zu beenden.[3] Der Betriebsaufgabevorgang beginnt mit (tatsächlichen) Handlungen des Steuerpflichtigen, die objektiv auf die Auflösung bzw. Zerschlagung des Betriebs gerichtet sind (**Aufgabehandlungen**).[4]

Der Betriebsaufgabevorgang ist beendet, wenn sämtliche wesentlichen Betriebsgrundlagen durch Veräußerung, Entnahme oder andere Verwendung (z. B. Verschrottung) aus dem Betriebsvermögen des Gewerbebetriebs **ausgeschieden** sind.[5] Verbleiben nach Abschluss der Aufgabehandlungen wesentliche Betriebsgrundlagen (z. B. Betriebsgrundstück) im Betriebsvermögen, gelten diese auch ohne eine ausdrückliche Entnahmehandlung als in das Privatvermögen des Stpfl. überführt.[6]

Wirtschaftsgüter, die **keine wesentlichen Betriebsgrundlagen** (z. B. Umlaufvermögen, Forderungen) sind, können im Betriebsvermögen zurückbehalten werden.[7] Erzielt der Steuerpflichtige im Zusammenhang mit diesen Wirtschaftsgütern nach Beendigung des Betriebsaufgabevorgangs Gewinne oder Verluste, sind diese als laufende bzw. nachträgliche Einkünfte aus Gewerbebetrieb zu behandeln.[8]

Im Zusammenhang mit der Betriebsaufgabe sind – gem. BFH-Rechtsprechung[9] – die folgenden drei Stufen der Einkünfteerzielung zu differenzieren:

Stufe	Erläuterung
1	**Begünstigter Veräußerungsgewinn** infolge der Aufgabe des Betriebs (§ 16 Abs. 3 Satz 1 EStG).
2	**Laufende Einkünfte aus Gewerbetrieb** aus der (weiteren) Abwicklung des laufenden Geschäftsbetriebs nach Beendigung des Betriebsaufgabevorgangs (§ 15 Abs. 1 Satz 1 Nr. 1 EStG).

---

1 Vgl. *Tiedtke/Heckel*, DStR 2001, 145; *Stahl* in Korn, § 16 EStG Rz. 247.
2 Vgl. BFH v. 7.11.1963 - IV 210/62, BStBl 1964 III 70; BFH v. 26.2.1997 - X R 31/95, BStBl 1997 II 561.
3 Vgl. BFH v. 26.6.1970 - IV 350/64, BStBl 1970 II 719; BFH v. 5.7.1984 - IV R 36/81, BStBl 1984 II 711; vgl. *Lukas*, NWB DokID: QAAAE-67585.
4 Zu den Aufgabehandlungen und zur Abgrenzung von Vorbereitungsmaßnahmen vgl. → Rz. 400.
5 Vgl. *Kauffmann* in Frotscher/Geurts, § 16 EStG Rz. 77.
6 BFH v. 22.10.1992 - III R 7/91, BFH/NV 1993, 358 = NWB DokID: EAAAA-97247.
7 Vgl. *Schallmoser* in Blümich, § 16 EStG Rz. 510 f.
8 Vgl. *Kauffmann* in Frotscher/Geurts, § 16 EStG Rz. 77.
9 Vgl. BFH v. 5.2.1964 - I 380/61, NWB DokID: FAAAE-36109; BFH v. 26.6.1970 - IV 350/64, BStBl 1970 II 719; BFH v. 11.12.1980 - I R 119/78, BStBl 1981 II 460.

3	Nachträgliche Einkünfte aus dem ehemaligen Gewerbebetrieb (Einkünfte sind durch die inzwischen beendete Tätigkeit veranlasst; § 24 Nr. 2 EStG).

430–434 (*Einstweilen frei*)

8. Überführung von Wirtschaftsgütern in das Privatvermögen

435 Die Überführung von Wirtschaftsgütern aus dem Betriebsvermögen in das Privatvermögen des Stpfl. erfolgt regelmäßig durch einen **Entnahmeentschluss** und eine **Entnahmehandlung**.[1] Ausreichend ist ein schlüssiges (konkludentes) Handeln des Steuerpflichtigen, durch das die Verknüpfung des Wirtschaftsguts mit dem Betriebsvermögen gelöst wird.[2]

BEISPIEL:[3] Ein betrieblicher Pkw wird vom Stpfl. ausschließlich für private Zwecke verwendet.

436 Die **Vermietung und Verpachtung** eines betrieblich genutzten Grundstücks gilt – nach Auffassung des BFH[4] – nicht als Entnahme, wenn der Steuerpflichtige das Grundstück weiterhin in seiner Bilanz ausweist und objektive Merkmale fehlen, die darauf schließen lassen, dass eine spätere Verwendung zu betrieblichen Zwecken ausgeschlossen ist. Scheidet eine betriebliche Nutzung des Grundstücks in Zukunft aus bzw. erweist sich die Absicht, das Grundstück in Zukunft betrieblich zu nutzen, als nicht ernsthaft gewollt, gilt das Grundstück zu diesem Zeitpunkt als entnommen.[5]

437 **Umlaufvermögen** kann nur in das Privatvermögen überführt werden, wenn es einer privaten Nutzung zugänglich ist. Anderenfalls kommt eine Veräußerung oder eine sonstige Verwertung (z. B. Verschrottung) in Betracht.[6]

438 Wurde eine **betriebliche Verbindlichkeit** im Zuge der Betriebsaufgabe nicht getilgt, obwohl hinreichend finanzielle Mittel zur Verfügung standen, kann der Steuerpflichtige die Zinsaufwendungen nicht als Werbungskosten im Zusammenhang mit bei der Betriebsaufgabe in das Privatvermögen überführten Wirtschaftsgüter, z. B. Mietgrundstücke, geltend machen.[7] Die Zinsaufwendungen sind auch nicht als nachträgliche Betriebsausgaben (§ 4 Abs. 4 Satz 1 EStG i.V. m. § 24 Nr. 2 EStG) anzuerkennen.[8]

439–442 (*Einstweilen frei*)

9. Überführung von Wirtschaftsgütern in das Betriebsvermögen

443 Keine begünstigte Betriebsaufgabe liegt vor, wenn in zeitlichem und wirtschaftlichem Zusammenhang mit der Auflösung des Gewerbebetriebs wesentliche Betriebsgrundlagen gem. § 6 Abs. 5 Satz 1 bis 3 EStG ohne Realisierung der stillen Reserven in ein **neues bzw. anderes Be-**

---

1 Vgl. *Lukas*, NWB DokID: QAAAE-67585.
2 Vgl. BFH v. 4.11.1982 - IV R 159/79, BStBl 1983 II 448; *Hörger/Rapp* in Littmann/Bitz/Pust (Stand: EL 95 – ET 05/2012), § 16 EStG Rz. 69, m.w. N.
3 Beispiel nach *Stahl* in Korn, § 16 EStG Rz. 256.
4 Vgl. BFH v. 1.10.1986 - I R 96/83, BStBl 1987 II 113; *Hörger/Rapp* in Littmann/Bitz/Pust (Stand: EL 95 – ET 05/2012), § 16 EStG Rz. 69.
5 Vgl. BFH v. 1.10.1986 - I R 96/83, BStBl 1987 II 113; *Hörger/Rapp* in Littmann/Bitz/Pust (Stand: EL 95 – ET 05/2012), § 16 EStG Rz. 69.
6 Vgl. *Stahl* in Korn, § 16 EStG Rz. 257.
7 Vgl. BFH v. 21.11.1989 - IX R 10/84, BStBl 1990 II 213; BFH v. 19.1.1982 - VIII R 150/79, BStBl 1982 II 321.
8 Vgl. BFH v. 19.1.1982 - VIII R 150/79, BStBl 1982 II 321.

triebsvermögen des Stpfl. überführt werden.¹ Werden die stillen Reserven im Zuge der Überführung der Wirtschaftsgüter aufgedeckt, ist von einem Veräußerungsvorgang auszugehen, der in die Betriebsaufgabe einzubeziehen ist.²

(Einstweilen frei) 444–445

10. Gegenstand der Betriebsaufgabe

a) Aufgabe des Gewerbebetriebs im Ganzen

Bei einer Aufgabe eines Gewerbebetriebs im Ganzen werden alle für den Betrieb wesentlichen Betriebsgrundlagen veräußert, entnommen oder in anderer Weise verwertet (z. B. verschrottet) und sämtliche stille Reserven des Betriebs realisiert. Der Begriff **Gewerbebetrieb** ist entsprechend § 15 Abs. 2 und 3 EStG **tätigkeits- und objektbezogen** zu verstehen.³ 446

Unterhält der Steuerpflichtige mehrere Gewerbebetriebe ist danach zu differenzieren, ob ein eigenständiger Gewerbebetrieb oder lediglich ein Teil eines eigenständigen Gewerbebetriebs aufgegeben wird. Nach Auffassung *Kauffmanns*⁴ ist die Frage, ob die aufgegebene Einheit für steuerliche Zwecke als eigenständiger Gewerbebetrieb zu beurteilen ist, auf Basis der Verkehrsanschauung, unter Berücksichtigung des äußeren Erscheinungsbilds, zu beantworten.⁵ Gegenstand einer Betriebsaufgabe kann auch ein im Aufbau befindlicher Betrieb sein, der mit der werbenden Tätigkeit noch nicht begonnen hat.⁶ 447

Bei **Personengesellschaften** gelten im Hinblick auf eine begünstigte Betriebsaufgabe dieselben Rechtsgrundsätze wie bei Einzelunternehmen.⁷ Eine begünstigte Betriebsaufgabe ist anzunehmen, wenn anlässlich der Auflösung bzw. Zerschlagung des Gewerbebetriebs der Personengesellschaft alle wesentlichen Betriebsgrundlagen in einem einheitlichen Vorgang (d. h. innerhalb kurzer Zeit) an mehrere Erwerber veräußert und/oder in das Privatvermögen der Mitunternehmer überführt bzw. anderen betriebsfremden Zwecken zugeführt werden. Infolge der Aufgabehandlungen hört der Teilbetrieb auf, als selbständiger Organismus des Wirtschaftslebens zu bestehen. Unerheblich ist, ob die Personengesellschaft nach der Auflösung des Betriebs fortbesteht (z. B. mit einem veränderten Gesellschaftszweck oder einer geänderter Rechtsform; GbR anstatt oHG).⁸ 448

b) Aufgabe eines Teilbetriebs

Die Aufgabe des Teilbetriebs ist für Zwecke des § 16 EStG der Aufgabe eines Gewerbebetriebs im Ganzen gleichgestellt. Ein Teilbetrieb⁹ i. S. d. § 16 EStG ist ein organisch geschlossener, mit einer gewissen Selbständigkeit ausgestatteter Teil des Gesamtbetriebs, der – für sich betrach- 449

---

1 Vgl. BFH v. 26. 10. 1989 - IV R 25/88, BStBl 1990 II 373; *Schaller*, DStR 1975, 367, *Wacker* in Schmidt, § 16 EStG Rz. 188.
2 Vgl. *Stahl* in Korn, § 16 EStG Rz. 262; *Wacker* in Schmidt, § 16 EStG Rz. 188.
3 Vgl. *Kauffmann* in Frotscher/Geurts, § 16 EStG Rz. 101; Zum Begriff Gewerbebetrieb vgl. KKB/Bäuml/Meyer, § 15 EStG Rz. 32 ff.
4 Vgl. *Kauffmann* in Frotscher/Geurts, § 16 EStG Rz. 101a.
5 Ebenso *Stahl* in Korn, § 16 EStG Rz. 284 f.
6 Vgl. *Kauffmann* in Frotscher/Geurts, § 16 EStG Rz. 102.
7 Vgl. BFH v. 4. 2. 1982 - IV R 150/78, BStBl 1982 II 348; *Hörger/Rapp* in Littmann/Bitz/Pust (Stand: EL 95 – 05/2012), § 16 EStG Rz. 86.
8 Vgl. BFH v. 4. 2. 1982 - IV R 150/78, BStBl 1982 II 348; *Hörger/Rapp* in Littmann/Bitz/Pust (Stand: EL 95 – 05/2012), § 16 EStG Rz. 86.
9 Zum Begriff Teilbetrieb vgl. → Rz. 186 ff.

tet – alle Merkmale eines Betriebs aufweist und selbständig lebensfähig ist.[1] Eine Teilbetriebsaufgabe liegt vor, wenn die wesentlichen Betriebsgrundlagen des Teilbetriebs in einem Vorgang (d. h. innerhalb kurzer Zeit) an mehrere Erwerber veräußert und/oder in das Privatvermögen des Stpfl. überführt bzw. anderen betriebsfremden Zwecken zugeführt wird. Infolge der Aufgabehandlungen hört der Teilbetrieb auf, als selbständiger Organismus des Wirtschaftslebens zu bestehen.[2]

450 Bei einer Personengesellschaft gelten im Hinblick auf die Teilbetriebsaufgabe dieselben Grundsätze wie bei einem Einzelunternehmen. Wird anlässlich der Auflösung des Teilbetriebs die gewerblich tätige Personengesellschaft zu einer **vermögensverwaltenden Personengesellschaft**,[3] stellt die Teilbetriebsauflösung eine Betriebsaufgabe im Ganzen dar.[4]

c) Aufgabe einer das gesamte Nennkapital umfassenden Kapitalgesellschaftsbeteiligung

451 Die **Entnahme einer Kapitalgesellschaftsbeteiligung**, die das gesamte Nennkapital (Grund- bzw. Stammkapital) umfasst, aus dem Betriebsvermögen in das Privatvermögen des Stpfl. ist der Aufgabe eines Teilbetriebs gleichgestellt.[5] Voraussetzung ist, dass die gesamte Beteiligung zum Betriebsvermögen eines Stpfl. zählt (§ 16 Abs. 3 Satz 1 EStG i.V. m. § 16 Abs. 1 Satz 1 Nr. 1 EStG, R 16 Abs. 3 Satz 6 EStR).[6] Kein begünstigter Aufgabegewinn liegt dagegen vor, wenn die Kapitalgesellschaftsbeteiligung bereits teilweise im Privatvermögen des Stpfl. gehalten wird (R 16 Abs. 3 Satz 8 EStR).[7] Beteiligungen im Gesamthandsvermögen der Mitunternehmerschaft sowie im Sonderbetriebsvermögen des Mitunternehmers (R 16 Abs. 3 Satz 7 EStR) sind bei Ermittlung der Beteiligungsquote zusammenzurechnen.[8]

452 Der Gewinn aus der Aufgabe der Kapitalgesellschaftsbeteiligung ist unter Beachtung der weiteren Voraussetzungen nach § 16 Abs. 4 EStG begünstigt, nicht jedoch nach § 34 EStG.[9] Der Aufgabegewinn unterliegt dem Teileinkünfteverfahren (vor VZ 2009 dem Halbeinkünfteverfahren).

453 Als begünstigte Beteiligungsaufgabe gilt auch die **Liquidation der Kapitalgesellschaft** mit Überführung des Gesellschaftsvermögens in das Privatvermögen des Alleingesellschafters[10] (§ 16 Abs. 3 Satz 1 EStG i.V. m. § 16 Abs. 1 Satz 1 Nr. 1 Satz 2 2. Halbsatz EStG).[11]

---

1 Vgl. statt vieler BFH v. 21. 6. 2001 - III R 27/98, BStBl 2002 II 537.
2 Vgl. *Lukas*, NWB DokID: QAAAE-67585.
3 Personengesellschaft ist weder originär noch fiktiv gewerblich.
4 Vgl. *Schallmoser* in Blümich, § 16 EStG Rz. 459.
5 Zur Gleichstellung von Teilbetrieb und Kapitalgesellschaftsbeteiligung vgl. → Rz. 229 ff.
6 Vgl. BFH v. 24. 6. 1982 - IV R 151/79, BStBl 1982 II 751.
7 Vgl. *Wacker* in Schmidt, § 16 EStG Rz. 164.
8 Vgl. *Kauffmann* in Frotscher/Geurts, § 16 EStG Rz. 119.
9 Vgl. *Hörger/Rapp* in Littmann/Bitz/Pust (Stand: EL 95 – 05/2012), § 16 EStG Rz. 87b.
10 Vgl. BFH v. 15. 9. 1988 - IV R 75/87, BStBl 1991 II 624; BFH v. 4. 10. 1995 - I R 81/98, BStBl 1995 II 629; BMF v. 17. 7. 1991, BStBl 1991 I 767.
11 Zur Liquidation einer Kapitalgesellschaft als begünstigter Aufgabevorgang vgl. hierzu → Rz. 242.

d) **Aufgabe eines Mitunternehmeranteils bzw. eines Anteils eines persönlich haftenden Gesellschafters einer KGaA**

Zum begünstigten Aufgabegewinn zählen auch Gewinne aus der **Aufgabe des gesamten Mitunternehmeranteils** (§ 16 Abs. 3 Satz 1 EStG). Die Aufgabe eines Mitunternehmeranteils liegt regelmäßig in folgenden Fällen vor:[1]   454

▶ **Veräußerung des Mitunternehmeranteils**, verbunden mit der Überführung wesentlicher Betriebsgrundlagen des Sonderbetriebsvermögens in das Privatvermögen des Steuerpflichtigen;[2]

▶ **Unentgeltliche Übertragung des Mitunternehmeranteils**, verbunden mit der Überführung wesentlicher Betriebsgrundlagen des Sonderbetriebsvermögens[3] in das Privatvermögen des Steuerpflichtigen;[4]

▶ **Aufteilung des Mitunternehmeranteils** und Veräußerung an unterschiedliche Erwerber.[5]

Die Grundsätze gelten für die Aufgabe des gesamten Anteils eines persönlich haftenden Gesellschafters (Komplementär-Anteil) einer KGaA entsprechend.[6]   455

(*Einstweilen frei*)   456–460

VII. Ermittlung des Veräußerungsgewinns

1. Allgemeines

a) Begriff

Liegt eine begünstigte Veräußerung oder Aufgabe eines Betriebs, Teilbetriebs oder Mitunternehmeranteils vor, erfolgt durch § 16 Abs. 2 EStG die **Abgrenzung von begünstigtem und laufendem Gewinn**. Der Veräußerungsgewinn ist nach § 16 Abs. 2 Satz 1 EStG wie folgt zu berechnen. Ist die Differenz negativ, entsteht ein Veräußerungsverlust.   461

	Veräußerungspreis
./.	Veräußerungskosten
./.	Wert des (Anteils des) Betriebsvermögens nach § 4 Abs. 1, § 5 EStG
=	**Veräußerungsgewinn/-verlust**

§ 16 Abs. 2 EStG gilt für sämtliche Veräußerungstatbestände des § 16 Abs. 1 Satz 1 EStG. Aufgrund der Behandlung einer Aufgabe entsprechend der Veräußerung findet Abs. 2 in Fällen der Aufgabe eines Betriebs, Teilbetriebs oder Mitunternehmeranteils entsprechende Anwendung (s. → Rz. 386 ff.).

---

1 Auflistung nach HHR/*Kulosa*, § 16 EStG Anm. 507.
2 Vgl. BFH v. 31.8.1995 - VIII B 21/93, BStBl 1995 II 890; BFH v. 24.8.1989 - IV R 67/86, BStBl 1990 II 132; BFH v. 3.3.1998 - VIII R 66/96, BStBl 1998 II 383.
3 Sind im Sonderbetriebsvermögen keine wesentlichen Betriebsgrundlagen enthalten, liegt keine Aufgabe eines Mitunternehmeranteils, sondern eine entgeltliche Anteilsübertragung i. S. d. § 16 Abs. 1 Satz 1 Nr. 2 EStG oder eine unentgeltliche Anteilsübertragung i. S. d. § 6 Abs. 3 EStG vor, vgl. BFH v. 10.3.1998 - IV R 69/04, BStBl 1999 II 269.
4 Vgl. BFH v. 31.8.1995 - VIII B 21/93, BStBl 1995 II 890, m. w. N.
5 Vgl. BFH v. 10.5.2007 - VIII R 76/96, BStBl 1999 II 269.
6 Zur Veräußerung des Komplementär-Anteils an einer KGaA s. → Rz. 380.

b) Zeitpunkt

462 Die Ermittlung des Veräußerungsgewinns erfolgt im **Zeitpunkt der Veräußerung**. Zu diesem Zeitpunkt sind der Veräußerungserlös sowie der Buchwert des Betriebsvermögens zu bestimmen. Grundsätzlich ist davon auszugehen, dass die Veräußerung mit Übergang des wirtschaftlichen Eigentums an den wesentlichen Betriebsgrundlagen auf den Erwerber abgeschlossen ist.[1] Zu diesem Zeitpunkt ist der Gewinn aus der Veräußerung des Betriebs, Teilbetriebs oder Mitunternehmeranteils realisiert. Es kommt weder auf das schuldrechtliche Kausalgeschäft noch auf die Erfüllung der Zahlungsverpflichtung an.[2] Auch die Eintragung im Handelsregister ist irrelevant.[3]

463 Erfolgt die Veräußerung zum **Jahreswechsel** kommt es darauf an, zu welchem genauen Zeitpunkt das wirtschaftliche Eigentum übergeht. Dieser Zeitpunkt ist unter Würdigung aller Umstände des Einzelfalls zu bestimmen, wobei der tatsächlichen Durchführung der zwischen den Vertragsparteien getroffenen Vereinbarungen entscheidende Bedeutung zukommt.[4] In der Praxis sollten klare vertragliche Regelungen zur Geschäftsübergabe getroffen werden.

> **BEISPIELE:**[5]
>
> ▶ „mit Wirkung zum 31. 12. 2014, 24.00 Uhr"
> In diesem Fall erfolgt die Veräußerung noch im Wirtschaftsjahr 2014 und der Veräußerungsgewinn/-verlust wird steuerlich im VZ 2014 erfasst.
>
> ▶ „mit Wirkung zum 1. 1. 2015, 0.00 Uhr"
> Mit dieser Formulierung wird deutlich, dass die Veräußerung erst im Wirtschaftsjahr 2015 wirksam werden soll und daher der Veräußerungsgewinn/-verlust erst im VZ 2015 erfasst werden soll.[6] Das gilt auch dann, wenn die Vorbereitungen für die Betriebsübergabe schon vor dem 1. 1. 2015 getroffen worden sind.[7]

464 Eine **Rückwirkung gem. § 2 UmwStG** ist bei Veräußerungstatbeständen i. S. d. § 16 Abs. 1 EStG nicht mit steuerlicher Wirkung möglich.[8] Zivilrechtlich können die Vertragsparteien vereinbaren, dass im Innenverhältnis die Veräußerung bereits zu einem früheren Zeitpunkt wirtschaftlich eintritt, z. B. das Ergebnis des gesamten Jahres bereits dem Erwerber zusteht. Aus steuerlicher Sicht ist dem Grundsatz nach alleine der Zeitpunkt der Übertragung des wirtschaftlichen Eigentums maßgeblich.[9] In der Rechtsprechung wurden von diesem Grundsatz zwei Ausnahmetatbestände herausgebildet:

▶ Abschluss eines gerichtlichen oder außergerichtlichen Vergleichs bei einem ernstlich strittigen Sachverhalt[10, 11]

---

1 Vgl. BFH-Urteil v. 19. 7. 1993 - GrS 2/92, BStBl 1993 II 897.
2 Vgl. *Wacker* in Schmidt, § 16 EStG Rz. 220.
3 Vgl. BFH v. 22. 9. 1992 - VIII R 7/90, BStBl 1993 II 228.
4 Vgl. BFH v. 22. 9. 1992 - VIII R 7/90, BStBl 1993 II 228; *Hörger/Rapp* in Littmann/Bitz/Pust (Stand: EL 67 – ET 08/2005), § 16 EStG Rz. 135.
5 Anlehnend an *Hörger/Rapp* in Littmann/Bitz/Pust (Stand: EL 67 – ET 08/2005), § 16 EStG Rz. 135.
6 A. A. aber FG Köln v. 28. 4. 1981, EFG 1982, 80; *Paus*, DStZ 1998, 269.
7 Vgl. *Schallmoser* in Blümich, § 16 EStG Rz. 641; *Schlutz*, DStZ 1990, 562.
8 Vgl. BFH v. 17. 3. 1987 - VIII R 293/82, BStBl 1987 II 558.
9 Vgl. HHR/*Kobor*, § 16 EStG Anm. 402.
10 Vgl. BFH v. 18. 1. 1990 - IV R 97/88, BFH/NV 1991, 21 = NWB DokID: AAAAB-31669; FG Rheinland-Pfalz v. 7. 9. 2001 - 3 K 1973/98, NWB DokID: YAAAB-12159 (rkr.); FG Saarland v. 27. 11. 1990 - 1 K 191/89, EFG 1991, 474 (rkr.).
11 Vgl. zum Zeitpunkt der Betriebsaufgabe → Rz. 426 ff.

▶ Kurzfristige Rückbeziehung aus steuertechnischen Gründen, ohne dass dabei ein Steuervorteil intendiert ist.[1] Welcher Zeitraum noch als kurzfristig anzusehen ist, muss im Einzelfall entschieden werden. In der Literatur wird ein Zeitraum bis zu drei Monaten als möglich erachtet.[2]

Daneben tritt in Fällen, in denen das **UmwStG Vorrang gegenüber § 16 EStG** hat (Sacheinlage nach § 20 Abs. 1 UmwStG sowie Einbringung in eine Personengesellschaft, für die die Gesamtrechtsnachfolge nach § 24 UmwStG eintritt), eine steuerliche Rückwirkung nach § 20 Abs. 5, 6 UmwStG ein.[3] Ein Anteilstausch nach § 21 UmwStG ist dagegen nicht mit steuerlicher Rückwirkung möglich.

465

Bei einer Veräußerung eines Betriebs, Teilbetriebs oder von Mitunternehmeranteilen, die zulässigerweise über **mehrere Veranlagungszeiträume** erfolgt, entsteht der Veräußerungsgewinn sukzessive mit der jeweiligen Übertragung des Betriebsvermögens nach den Realisationsgrundsätzen.[4] Dabei sind der Veräußerungspreis und die Veräußerungskosten im Verhältnis des Wertes des jeweils übertragenen Wirtschaftsguts auf die Veranlagungszeiträume aufzuteilen.[5]

466

(Einstweilen frei)

467–470

2. Veräußerungspreis

a) Begriff

Der Veräußerungspreis ist die **Gegenleistung**, die der Veräußerer im Rahmen einer entgeltlichen oder teilentgeltlichen Veräußerung erhält. Nach der weiten Auffassung der Rechtsprechung umfasst der Veräußerungspreis alle Leistungen, die mit der Veräußerung im wirtschaftlichen Zusammenhang stehen.[6] Dabei ist es irrelevant, ob die Gegenleistung vom Erwerber oder von einem Dritten gewährt wird.[7] Zum Veräußerungspreis gehört zudem, was einem Dritten auf Veranlassung des Veräußerers zufließt.[8] Dieser kann in jeder Leistung bestehen, die einen wirtschaftlichen Wert hat. Dabei ist unerheblich, ob diese in Geld, Sachen, Rechten oder sonstigen Leistungen besteht oder in einem Einmalbetrag, in Raten oder wiederkehrenden Bezügen geleistet wird.[9]

471

Beispiele für Leistungen im wirtschaftlichen Zusammenhang mit der Veräußerung können sein:[10]

▶ Entschädigungen für entfallende Gewinnaussichten,

▶ Abstandszahlungen für die Überlassung eines Ladens,

▶ Staatliche Prämien für die Einstellung der Produktion,

---

1 Vgl. BFH v. 18.9.1984 - VIII R 119/81, BStBl 1985 II 55; BFH v. 23.1.1986 - IV R 335/84, BStBl 1986 II 623; BFH v. 14.6.2006 - VIII B 196/05, NWB DokID: YAAAB-92136.
2 Vgl. *Wacker* in Schmidt, § 16 EStG Rz. 443; *Stahl* in Korn, § 16 EStG Rz. 226.
3 Vgl. *Stahl* in Korn, § 16 EStG Rz. 226.
4 Vgl. HHR/*Kobor*, § 16 EStG Anm. 402.
5 Vgl. *Reiß* in Kirchhof/Söhn/Mellinghoff, § 16 EStG Rz. E 9; HHR/*Kobor*, § 16 EStG Anm. 402.
6 Vgl. BFH v. 17.12.1975 - I R 29/74, BStBl 1976 II 224; HHR/*Kobor*, § 16 EStG Anm. 405, m.w.N.
7 Vgl. BFH v. 11.11.2010 - IV R 17/08, BStBl 2011 II 716; BFH v. 25.6.2009 - IV R 3/07, BStBl 2010 II 182.
8 Vgl. *Wacker* in Schmidt, § 16 EStG Rz. 265.
9 Vgl. *Hörger/Rapp* in Littmann/Bitz/Pust (Stand: EL 60 – ET 02/2004), § 16 EStG Rz. 89.
10 Angelehnt an *Hörger/Rapp* in Littmann/Bitz/Pust (Stand: EL 60 – ET 02/2004), § 16 EStG Rz. 93, m.w.N.

- Zuschüsse für die Stilllegung,
- Gewinnverzicht der Neugesellschafter[1]
- nicht dagegen: Gewinne aus der Auflösung eines betrieblichen Versorgungswerks.[2]

472 Das Entgelt für ein **Wettbewerbsverbot** kann ebenfalls zum Veräußerungspreis gehören, wenn diesem keine eigenständige Bedeutung zukommt.[3] Auch verdeckte Gegenleistungen, d. h. nicht als Gegenleistung bezeichnete oder erkennbare Vorteile, die im unmittelbaren Zusammenhang mit der Veräußerung gewährt werden, gehören zu dem Veräußerungspreis.[4]

473 Unter Veräußerungspreis ist nach Auffassung der Rechtsprechung der **tatsächlich erzielte Erlös** zu verstehen.[5] Dies ist insbesondere dann relevant, wenn das vereinbarte Entgelt höher ist, als der tatsächliche Erlös.

> BEISPIEL: Der Veräußerer und der Erwerber eines Gewerbebetriebs vereinbaren einen Veräußerungspreis von 1 500 000 €. Ein Drittel des Kaufpreises wird über zehn Jahre gestundet. Aufgrund der schlechten wirtschaftlichen Lage des Betriebs kann der Erwerber den gestundeten Kaufpreis nicht begleichen und es tritt beim Veräußerer dadurch ein Forderungsausfall i. H.v. 500 000 € ein. Der Veräußerungserlös des Veräußerers beträgt daher nur 1 000 000 € (tatsächlich vereinnahmter Erlös). Es erfolgt eine rückwirkende Änderung des Veräußerungsgewinns (s. → Rz. 545).

474 Werden Wirtschaftsgüter beim Veräußerer zulässigerweise (sofern keine wesentliche Betriebsgrundlage) zurückbehalten, kann der Veräußerungspreis durch den Wert dieser Wirtschaftsgüter beeinflusst werden.[6] Dabei kommt es auf die Verwendung der zurückbehaltenen Wirtschaftsgüter an:

- Bei einer **Überführung von Wirtschaftsgütern des Aktivvermögens ins Privatvermögen** gehört der gemeine Wert dieser Wirtschaftsgüter zum begünstigten Veräußerungspreis. Die Überführung von passiven Wirtschaftsgütern ins Privatvermögen führt nach der Rechtsprechung aus Vereinfachungsgründen dazu, dass diese bei der Ermittlung des Buchwerts des Betriebsvermögens abgezogen werden.[7]

- Erlöse aus der **Veräußerung von nicht wesentlichen Betriebsgrundlagen**, die im engen wirtschaftlichen und zeitlichen Zusammenhang mit der Veräußerung an Dritte veräußert werden, gehören ebenfalls zum Veräußerungspreis.[8]

- Wirtschaftsgüter, **die zum Buchwert in ein anderes Betriebsvermögen überführt** oder übertragen werden, können entweder direkt bei der Ermittlung des Werts des Betriebsvermögens eliminiert werden oder der Buchwert ist dem Veräußerungspreis hinzuzurechnen.[9]

---

1 Vgl. dazu BFH v. 27. 10. 2015 - VIII R 47/12, BStBl II 2016 600; vgl. dazu auch *Levedag*, NWB 2016, 534.
2 Vgl. FG Münster v. 10. 9. 2002 - 1 K 3648/01 F, EFG 2003, 39 (rkr).
3 Vgl. BFH v. 23. 2. 1999 - IX R 86/95, BStBl 1999 II 590; H 16 Abs. 9 „Wettbewerbsverbot" EStH; ausführlich zum Wettbewerbsverbot *Wiesbrock/Wübbelsmann*, GmbHR 2005, 519.
4 Vgl. *Wacker* in Schmidt, § 16 EStG Rz. 271.
5 Vgl. BFH v. 19. 7. 1993 - GrS 2/92, BStBl 1993 II 897.
6 Vgl. HHR/*Kobor*, § 16 EStG Anm. 405.
7 Vgl. BFH v. 7. 3. 1996 - IV R 52/93, BStBl 1996 II 415; a. A. *Reiß* in Kirchhof/Söhn/Mellinghoff, § 16 EStG Rz. E 49.
8 Vgl. *Hörger/Rapp* in Littmann/Bitz/Pust (Stand: EL 60 — ET 02/2004), § 16 EStG Rz. 93.
9 Vgl. HHR/*Kobor*, § 16 EStG Anm. 405; *Wacker* in Schmidt, § 16 EStG Rz. 273, bevorzugt die erste Alternative.

b) Umfang

aa) Übernahme von Verbindlichkeiten

Die Gegenleistung für die Übertragung des Betriebs oder Teilbetriebs kann auch in der Übernahme von Schulden des Veräußerers bestehen. Die Übernahme der Schulden kann im Rahmen einer befreienden Schuldübernahme nach § 414 BGB oder durch einen Schuldbeitritt mit Erfüllungsübernahme im Innenverhältnis erfolgen.[1] Ein Beispiel für die Übernahme einer privaten Schuld des Veräußerers ist die Befreiung von einer privaten Versorgungsverpflichtung des Veräußerers, die der Erwerber übernimmt. 475

Im Hinblick auf die Schuldübernahme oder den befreienden Schuldbeitritt von betrieblichen Schulden ist eine differenzierte Betrachtung notwendig. Wird eine betriebliche, jedoch zu Recht nicht bilanzierte Verbindlichkeit (z. B. eine betriebliche Versorgungsverpflichtung) vom Erwerber übernommen, soll diese Schuldübernahme nach bisher h. M. Teil des Veräußerungsgewinns sein.[2] In der jüngeren Vergangenheit ist die Thematik der Schuldübernahme bzw. des befreienden Schuldbeitritts im Falle von aufgrund eines Passivierungsverbots der in der Steuerbilanz nicht bilanzierten Verbindlichkeiten jedoch kontrovers diskutiert worden.[3] Schlussendlich wurde mit der Neuregelung des § 4f EStG die Rechtslage beim Veräußerer dahin gehend geklärt und für verschiedene Fallgruppen unterschiedliche Regelungen getroffen:[4] 476

▶ Schuldübernahme:
- Veräußerung oder Aufgabe des ganzen Betriebs oder Mitunternehmeranteils nach § 16 Abs. 1 Satz 1 Nr. 1 Satz 1 Alt. 1, § 16 Abs. 1 Satz 1 Nr. 2 EStG: sofortiger Abzug des Aufwands (§ 4f Abs. 1 Satz 3 EStG);
- Veräußerung oder Aufgabe eines Teilbetriebs nach § 16 Abs. 1 Satz 1 Nr. 1 Satz 1 Alt. 2 EStG: Verteilung des realisierten Aufwands über 15 Jahre, soweit der Aufwand die stillen Reserven übersteigt (§ 4f Abs. 1 Satz 4 EStG);
- Veräußerung eines Teils eines Mitunternehmeranteils: Verteilung des Aufwands über 15 Jahre (§ 4f Abs. 1 Satz 1 EStG).

▶ Schuldbeitritt/Erfüllungsübernahme (§ 4f Abs. 2 EStG):
- In allen Fällen soll eine Aufwandsverteilung über 15 Jahre nach § 4f Abs. 1 Satz 1, 2 EStG erfolgen.[5]

Die Regelungen des § 4f EStG gelten für Wirtschaftsjahre, die nach dem 28. 11. 2013 enden (§ 52 Abs. 8 EStG).[6] 477

Übernimmt der Erwerber bilanzierte betriebliche Verbindlichkeiten, stellen diese nach der Nettomethode kein Entgelt i. S. d. § 16 Abs. 2 EStG dar, erhöhen jedoch im Ergebnis den Veräuße- 478

---

1 Vgl. grundlegend zu der rechtlichen Ausgestaltung der Verpflichtungsübernahme für Pensionsverpflichtungen *Wellisch/Quiring/Bleckmann*, NWB F. 17, 2027.
2 Vgl. BFH v. 12. 1. 1983 - IV R 180/80, BStBl 1983 II 595; H 16 Abs. 10 „Schuldenübernahme durch Erwerber" EStH; *Wacker* in Schmidt, § 16 EStG Rz. 266; HHR/*Kobor*, § 16 EStG Anm. 412.
3 Vgl. BFH v. 17. 10. 2007 - I R 61/06, BStBl 2008 II 555; BMF v. 24. 6. 2011, BStBl 2011 I 627; *Ley*, DStR 2007, 589; *Prinz/Adrian*, BB 2011, 1646; *Pitzke/Klein*, NWB 2011, 2276; *Hörhammer/Pitzke*, NWB 2014, 426; *Huth/Wittenstein*, DStR 2015, 1088, m. w. N.
4 Vgl. dazu die Kommentierung zu KKB/Dommermuth, § 4f EStG (Behandlung beim Veräußerer) und zu KKB/Bisle/Dönmetz, § 5 Abs. 7 EStG (Behandlung beim Erwerber).
5 Vgl. *Wacker* in Schmidt, § 16 EStG Rz. 266; OFD Magdeburg v. 2. 6. 2014, DStR 2014, 1546.
6 Vgl. zur der Anwendung von § 4f EStG bei Veräußerungen i. S. d. § 16 Abs. 1 EStG auch *Reiß* in Kirchhof, § 16 EStG Rz. 262a bis g.

rungsgewinn. Gegenstand der Veräußerung ist der Betrieb/Teilbetrieb oder Mitunternehmeranteil mit allen Aktiva und Passiva. Im Rahmen der Berücksichtigung des Nettobuchwerts des Betriebsvermögens sind die Werte der Verbindlichkeiten bereits enthalten.[1] Zum gleichen Ergebnis führt jedoch auch die Berücksichtigung der übernommenen Betriebsschuld als Teil des Veräußerungsgewinns.[2]

BEISPIEL:[3] V veräußert seinen Betrieb mit Aktiva i. H.v. 1 000 000 € und Schulden i. H.v. 500 000 € an E. E zahlt als Gegenleistung in bar 1 200 000 € und übernimmt die Betriebsschulden.
Veräußerungsgewinn:

Möglichkeit 1: Übernommene Schulden kein Entgelt; Abzug des Nettobuchwerts		Möglichkeit 2: Übernommene Schulden sind Entgelt; Abzug nur des Buchwerts der Aktiva	
Veräußerungspreis	1 200 000	Veräußerungspreis	1 700 000
./. Veräußerungskosten	0	./. Veräußerungskosten	0
./. Nettobuchwert	500 000	./. Buchwert	1 000 000
= Veräußerungsgewinn	700 000	= Veräußerungsgewinn	700 000

479 Es können zudem auch Fälle bestehen, in denen nur Betriebsschulden übernommen werden. Sofern in diesem Fall ein entgeltliches Veräußerungsgeschäft vorliegt, stellt das negative Kapitalkonto den Veräußerungspreis dar.[4]

bb) Sonderfälle bei Veräußerung eines Mitunternehmeranteils

480 Nach der zivilrechtlichen Grundregelung steht dem ausscheidenden Gesellschafter einer Personengesellschaft ein Abfindungsanspruch zu (§ 738 Abs. 1 Satz 2 BGB). Die Abfindung entspricht, sofern diese über dem Buchwert des anteiligen Kapitalkontos hinausgeht, dem Veräußerungspreis für den Mitunternehmeranteil.[5] Die Abfindung kann auch in einer Sachwertabfindung bestehen (vgl. → Rz. 360 ff.). Entnimmt der ausscheidende Gesellschafter Wirtschaftsgüter des Gesamthandsvermögens der Mitunternehmerschaft in sein Privatvermögen, stellt der Abfindungsanspruch den Veräußerungspreis dar.

481 Gehören Wirtschaftsgüter des Sonderbetriebsvermögens zu den wesentlichen Betriebsgrundlagen, müssen diese für das Vorliegen einer begünstigten Veräußerung eines Mitunternehmeranteils in einem wirtschaftlich einheitlichen Vorgang auf den Anteilserwerber übertragen werden. Zum Veräußerungspreis für den Gesellschaftsanteil gehört auch das Entgelt, das der Veräußerer für die Wirtschaftsgüter des Sonderbetriebsvermögens erhält. Werden nicht wesentliche Betriebsgrundlagen in engem wirtschaftlichen und zeitlichen Zusammenhang mit der Anteilsübertragung in das Privatvermögen des Veräußerers überführt, wird der Veräußerungspreis für den Anteil um den gemeinen Wert der überführten Wirtschaftsgüter erhöht.[6]

---

1 Vgl. BFH v. 5. 7. 1990 - GrS 4-6/89, BStBl 1990 II 847; BFH v. 19. 7. 1993 - GrS 1/92, BStBl 1993 II 894; HHR/*Kobor*, § 16 EStG Anm. 412; a. A. BFH v. 17. 10. 2007 - I R 61/06, BStBl 2008 I 1023; offenlassend *Wacker* in Schmidt, § 16 EStG Rz. 267.
2 Vgl. *Wacker* in Schmidt, § 16 EStG Rz. 267; *Kauffmann* in Frotscher/Geurts, § 16 EStG Rz. 217.
3 Angelehnt an *Kauffmann* in Frotscher/Geurts, § 16 EStG Rz. 217.
4 Vgl. BFH v. 17. 1. 1989 - VIII R 370/83, BStBl 1989 II 563; *Schallmoser* in Blümich, § 16 EStG Rz. 578; *Gänger* in Bordewin/Brandt, § 16 EStG Rz. 80; *Wacker* in Schmidt, § 16 EStG Rz. 268; zu den verschiedenen Ermittlungsmethoden vgl. HHR/*Kobor*, § 16 EStG Anm. 412; zu Anwendung von § 4f EStG in Fällen der Veräußerung von Mitunternehmeranteilen mit negativem Kaufpreis vgl. *Dannecker/Rudolf*, BB 2014, 2539.
5 Vgl. dazu HHR/*Kobor*, § 16 EStG Anm. 413, m. w. N.
6 Vgl. dazu HHR/*Kobor*, § 16 EStG Anm. 413, m. w. N.

(Einstweilen frei) 482–485

c) Betriebsveräußerung gegen wiederkehrende Leistungen

aa) Allgemeines

Ein Betrieb, Teilbetrieb oder Mitunternehmeranteil kann auch gegen wiederkehrende Bezüge oder Leistungen veräußert werden. In diesem Fall hat der Veräußerer ein Wahlrecht zwischen der Sofort- und der Zuflussbesteuerung.[1] Die Sofortbesteuerung besteht darin, dass im Zeitpunkt der Veräußerung ein begünstigter Veräußerungsgewinn nach §§ 16, 34 EStG versteuert wird. Alternativ können nachträgliche Einkünfte aus Gewerbebetrieb im Zuflusszeitpunkt besteuert werden, sobald und soweit die wiederkehrenden Bezüge oder Leistungen den Buchwert des Betriebs gem. § 16 Abs. 2 Satz 2 EStG zzgl. Veräußerungskosten übersteigen. 486

Nach der Auffassung der Rechtsprechung hat das Wahlrecht zwischen Sofort- und Zuflussbesteuerung seine Rechtsgrundlage in der teleologischen Reduktion der §§ 16, 34 EStG und dem Grundsatz der Verhältnismäßigkeit. Dieser erfordert die Erfassung des Veräußerungserlöses erst im Zeitpunkt des Zuflusses oder ein entsprechendes Wahlrecht, damit nicht Veräußerungsgewinne versteuert werden müssen, die tatsächlich nicht zugeflossen sind.[2] In der Literatur wird überwiegend vertreten, dass das Wahlrecht aus Billigkeitsgründen gewährt wird.[3] 487

Das vorbeschriebene Wahlrecht soll jedoch nach Auffassung der FinVerw und der Rechtsprechung dann nicht gelten, wenn der Kaufpreis oder ein Teil davon gewinn- bzw. umsatzabhängig ist. In diesem Fall soll das Entgelt zwingend als nachträgliche Betriebseinkünfte behandelt werden. Es erfolgt jedoch zuerst eine Verrechnung mit dem Schlusskapitalkonto zuzüglich Veräußerungskosten.[4] 488

bb) Voraussetzungen

Nach der bisherigen Rechtsprechung war Voraussetzung für wiederkehrende Bezüge, dass die Bezüge wagnisbehaftet sind oder im Interesse des Veräußerers seine Versorgung sichergestellt wird.[5] Nach einer allgemeinen Definition ist das entscheidende Merkmal von wiederkehrenden Bezügen, „dass sich die Bezüge, die wie alle Einnahmen aus Geld oder Gütern mit Geldwert bestehen können, aufgrund eines einheitlichen Entschlusses oder eines einheitlichen Rechtsgrundes mit einer gewissen Regelmäßigkeit, wenn auch nicht immer in gleicher Höhe, wiederholen."[6] 489

Beispiele für wagnisbehaftete wiederkehrende Bezüge sind:

- Leibrenten,[7]
- Abgekürzte Leibrenten (Höchstzeitrente),[8]

---

1 Vgl. R 16 Abs. 11 EStR.
2 Vgl. BFH v. 11.11.2010 - IV R 17/08, BStBl 2011 II 716.
3 Vgl. *Richter*, DStR 1988, 178.
4 Vgl BFH v. 14.5.2002 - VIII R 8/01, BStBl 2002 II 532; H 16 Abs. 11 „Gewinn- oder umsatzabhängiger Kaufpreis" EStH; *Wacker* in Schmidt, § 16 EStG Rz. 229; a. A. *Neu*, DStR 2005, 145; *Paus*, DStZ 2003, 527.
5 Vgl. BFH v. 20.12.1988 - VIII R 110/82, BFH/NV 1989, 630 = NWB DokID: NAAAB-30204.
6 BFH v. 20.7.1971 - VIII 24/65, BStBl 1972 II 170.
7 Vgl. BFH v. 12.6.1968 - IV 254/62, BStBl 1968 II 653.
8 Vgl. BFH v. 30.1.1974 - IV R 80/70, BStBl 1974 II 452; BFH v. 8.3.1989 - X R 16/85, BStBl 1989 II 551; a. A. für eine kombinierte abgekürzte Leibrente und Zeitrente vgl. FG Hamburg v. 3.11.1971 - I 24/70, EFG 1972, 236.

- Verlängerte Leibrenten (Mindestzeitrente),[1]
- Dauernde Lasten,[2]
- Kaufpreisraten, wenn die Raten länger als zehn Jahre zu zahlen sind und eindeutig der Versorgung des Veräußerers dienen,[3]
- Zeitrenten mit nicht mehr überschaubarer Laufzeit und Versorgungscharakter.[4]

cc) Ausübung des Wahlrechts

490 Das Wahlrecht zur Anwendung der Zuflussbesteuerung stellt ein steuerliches Gestaltungsrecht dar und muss vom Stpfl. ausdrücklich erklärt werden.[5] Das Wahlrecht kann u. E. bis zur Bestandskraft der Veranlagung des Veranlagungszeitraums, in den der Zeitpunkt der Veräußerung fällt, ausgeübt werden.[6] Ob in Fällen, in denen der Veräußerungsgewinn in zwei aufeinanderfolgende Veranlagungszeiträume fällt, das Wahlrecht für jeden Veranlagungszeitraum gesondert und unterschiedlich ausgeübt werden kann, ist nicht geklärt.[7] An ein einmal ausgeübtes Wahlrecht soll der Veräußerer gebunden sein.[8] Eine bestimmte Form ist für die Ausübung des Wahlrechts nicht vorgesehen.[9] Wird das Wahlrecht nicht oder nicht rechtswirksam ausgeübt, erfolgt eine Sofortbesteuerung im Zeitpunkt der Veräußerung des Betriebs, Teilbetriebs oder Mitunternehmeranteils.[10]

491 Bei Veräußerung eines Betriebs durch eine Mitunternehmerschaft kann das Wahlrecht von jedem Mitunternehmer gesondert und unabhängig von den anderen Mitunternehmern ausgeübt werden.[11] Ist eine Kapitalgesellschaft an der Mitunternehmerschaft beteiligt, hat diese jedoch kein Wahlrecht.[12]

dd) Sofortbesteuerung

492 Wählt der Veräußerer die Sofortbesteuerung, bemisst sich der Veräußerungspreis nach dem Barwert der Rente bzw. der wiederkehrenden Bezüge. Der sich nach Abzug der Veräußerungskosten und des Buchwerts des Betriebsvermögens ergebende Veräußerungsgewinn stellt einen begünstigten Gewinn nach §§ 16, 34 EStG dar. Der Regelzinssatz für die Abzinsung beträgt 5,5 %, sofern nicht vertraglich ein anderer Zinssatz vereinbart ist.[13]

493 Die in den wiederkehrenden Bezügen enthaltenen Zins- bzw. Ertragsanteile unterliegen der Steuerpflicht. Bestehen die wiederkehrenden Bezüge in Zeitrenten oder Kaufpreisraten, stellen

---

1 BFH v. 31. 8. 1994 - X R 58/92, BStBl 1996 II 672.
2 Vgl. BFH v. 9. 2. 1994 - IX R 110/90, BStBl 1995 II 47.
3 Vgl. BFH v. 23. 1. 1964 - IV 85/62 U; BStBl 1964 III 236; H 16 Abs. 11 „Ratenzahlungen" EStH.
4 Vgl BFH v. 26. 7. 1984 - IV R 137/82, BStBl 1984 II 829; H 16 Abs. 11 „Zeitrente" EStH.
5 Vgl. BFH v. 14. 5. 2002 - VIII R 8/01, BStBl 2002 II 532.
6 Gl. A. HHR/*Kobor*, § 16 EStG Anm. 408; *Schallmoser* in Blümich, § 16 EStG Rz. 312; *Stahl* in Korn, § 16 EStG Rz 190; *Reiß* in Kirchhof/Söhn/Mellinghoff, § 16 EStG Rz. B 170; a. A. *Wacker* in Schmidt, § 16 EStG Rz. 226: spätestens mit Abgabe der Einkommensteuererklärung für den betreffenden Veranlagungszeitraum.
7 Befürwortend *Stahl* in Korn, § 16 EStG Rz. 190.
8 Vgl. BFH v. 16. 8. 1991 - X B 7/91, BFH/NV 1991, 819 = NWB DokID: VAAAB-32686; nach *Schallmoser* in Blümich, § 16 EStG Rz. 312 sowie *Gänger* in Bordewin/Brandt, § 16 EStG Rz. 108, soll ein Widerruf bis zur Bestandskraft der Veranlagung möglich sein.
9 Vgl. *Hörger/Rapp* in Littmann/Bitz/Pust (Stand: EL 65 – ET 02/2005), § 16 EStG Rz. 101.
10 Vgl. BFH v. 12. 5. 1999 - IV B 52/98, NWB DokID: CAAAA-63267.
11 Vgl. eingehend *Hörger/Rapp* in Littmann/Bitz/Pust (Stand: EL 65 – ET 02/2005), § 16 EStG Rz. 101, m.w. N.
12 Vgl. *Wacker* in Schmidt, § 16 EStG Rz. 227.
13 Vgl. R 16 Abs. 11 Satz 10 EStR.

die Zins- bzw. Ertragsanteile Einkünfte aus Kapitalvermögen nach § 20 Abs. 1 Nr. 7 EStG dar.[1] Bei Leibrenten unterliegen die Ertragsanteile der Steuerpflicht nach § 22 Nr. 1 Satz 3 Buchst. a. EStG.[2] Verbleibt der Anspruch auf die wiederkehrenden Bezüge im Rest-Betriebsvermögen, stellen die Zins- bzw. Ertragsanteile nachträgliche Einkünfte i. S. d. § 24 Nr. 2 EStG i.V. m. § 15 EStG dar.[3]

Die Vereinbarung von wiederkehrenden Bezügen kann mit vertraglichen Wertsicherungsklauseln verbunden werden.[4] Werden die Jahresbeträge nachträglich aufgrund dieser Wertsicherungsklauseln geändert, ist der Erhöhungsbetrag erst im Zuflusszeitpunkt zu versteuern.[5] Eine nachträgliche Anpassung des Veräußerungspreises erfolgt dagegen nicht, da keine Vertragsstörung gegeben ist.[6]

494

ee) Zuflussbesteuerung

Übt der Veräußerer das Wahlrecht zugunsten der Zuflussbesteuerung aus, erfolgt eine Besteuerung erst bei Zufluss der Bezüge. Eine Besteuerung als nachträgliche gewerbliche Einkünfte nach § 24 Nr. 2 EStG i.V. m. § 15 EStG trat nach der Rechtspraxis bis 1.1.2004 jedoch erst ein, wenn die Summe der zufließenden Jahresbeträge den Buchwert des Betriebsvermögens im Veräußerungszeitpunkt plus Veräußerungskosten übersteigt.[7] In der Folge waren die Zuflüsse in voller Höhe steuerpflichtig.[8]

495

Für Veräußerungen ab dem 1.1.2004 soll vor dem Hintergrund der Anwendung des Halb- bzw. Teileinkünfteverfahrens nach Auffassung der FinVerw bei Zuflussbesteuerung ein Gewinn entstehen, „wenn der Kapitalanteil der wiederkehrenden Leistungen das steuerliche Kapitalkonto des Veräußerers zuzüglich etwaiger Veräußerungskosten des Veräußerers übersteigt; der in den wiederkehrenden Leistungen enthaltene Zinsanteil stellt bereits im Zeitpunkt des Zuflusses nachträgliche Betriebseinnahmen dar."[9] Damit sind die wiederkehrenden Bezüge in einen Tilgungs- und einen Zinsanteil aufzuteilen. Der Tilgungsanteil wird mit dem Buchwert des Betriebsvermögens und den Veräußerungskosten verrechnet und unterliegt erst der Steuerpflicht, wenn dieser den Buchwert übersteigt. Der Zinsanteil ist ab dem ersten Zahlungszufluss steuerpflichtig.[10] Der Freibetrag nach § 16 Abs. 4 EStG kommt auch weiterhin nicht zur Anwendung.[11]

496

VEREINFACHTES BEISPIEL: ▶ A veräußert seinen Betrieb an B im Jahr 2014. Der Buchwert des Betriebs beträgt 1 000 000 €. Veräußerungskosten sind keine entstanden. Als Gegenleistung erhält A von B eine Ratenzahlung über 11 Jahre, die explizit zur Versorgung des A dienen soll. Die Raten betragen monatlich 20 000 € (Jahresbetrag 240 000 €). Es sei vereinfachend angenommen, dass sich die Tilgungs-/Zinsanteile linear wie folgt entwickeln:

---

1 Vgl. BFH v. 19. 5. 1992 - VIII R 37/90, BFH/NV 1993, 87 = NWB DokID: NAAAB-33318.
2 Vgl. BFH v. 14. 5. 2002 - VIII R 8/01, BStBl 2002 II 532.
3 Vgl. HHR/*Kobor*, § 16 EStG Anm. 409.
4 Vgl. zu Wertsicherungsklauseln *Kirchhof*, DNotZ 2007, 11.
5 Vgl. *Gänger* in Bordewin/Brandt, § 16 EStG Rz. 104.
6 Vgl. *Wacker* in Schmidt, § 16 EStG Rz. 242.
7 Vgl. BFH v. 21. 9. 1993 - III R 53/89, NWB DokID: VAAAA-96748; R 139 Abs. 11 Satz 7 EStR.
8 Vgl. *Wacker* in Schmidt, § 16 EStG Rz. 245.
9 R 16 Abs. 11 Satz 7 EStR.
10 Vgl. HHR/*Kobor*, § 16 EStG Anm. 409, m. w. N.
11 Vgl. H 16 Abs. 11 „Freibetrag" EStH; *Stahl* in Korn, § 16 EStG Rz. 188.

Jahr	Tilgungsanteil €		Zinsanteil €	
	Gesamt	Zu versteuern	Gesamt	Zu versteuern
2014	130 000	0	110 000	110 000
2015	140 000	0	100 000	100 000
2016	150 000	0	90 000	90 000
2017	160 000	0	80 000	80 000
2018	170 000	0	70 000	70 000
2019	180 000	0	60 000	60 000
2020	190 000	120 000	50 000	50 000
2021	200 000	200 000	40 000	40 000
2022	210 000	210 000	30 000	30 000
2023	220 000	220 000	20 000	20 000
2024	230 000	230 000	10 000	10 000

497 Erfolgt eine Ablösung der wiederkehrenden Bezüge durch eine Einmalzahlung, stellt der Ablösungsbetrag einen begünstigten Veräußerungsgewinn im Ablösungsjahr dar.[1] Die vorherige Wahl der Zuflussbesteuerung wird gegenstandslos.[2]

ff) Veräußerung gegen festen Kaufpreis und wiederkehrende Bezüge

498 Das Wahlrecht zwischen Sofort- und Zuflussbesteuerung besteht hinsichtlich der wiederkehrenden Bezüge auch, wenn daneben eine Einmalzahlung vereinbart wurde.[3] Wählt der Veräußerer die Sofortbesteuerung, liegt insgesamt ein steuerbegünstigter Veräußerungsvorgang vor. Wird dagegen für die wiederkehrenden Bezüge die Zuflussbesteuerung in Anspruch genommen, kann der Freibetrag nur für die Einmalzahlung zur Anwendung kommen.[4]

PRAXISEMPFEHLUNG

Eine allgemeine Aussage, welche Form der Besteuerung von wiederkehrenden Bezügen (Sofort- oder Zuflussbesteuerung) günstiger ist, kann nicht getroffen werden. Dies hängt immer vom Einzelfall ab. In der Literatur werden verschiedene Entscheidungsparameter genannt:[5]

► Unterschiedliche Zinssätze für die Berechnung des Barwerts des Veräußerungserlöses und des Zinsanteils der Renten,

► Alter bzw. Lebenserwartung des Veräußerers,

► Gefahr der späteren Insolvenz des Erwerbers, die sich bei der Sofortversteuerung steuerlich nicht auswirkt.

---

1 Vgl. *Wacker* in Schmidt, § 16 EStG Rz. 246; *Gänger* in Bordewin/Brandt, § 16 EStG Rz. 107; a. A. *Groh*, DB 1995, 2238, der bei Ablösung eine rückwirkende Änderung des Veräußerungsgewinns annimmt.
2 Vgl. BFH v. 14. 1. 2004 - X R 37702, BStBl 2004 II 493.
3 Vgl. BFH v. 20. 12. 1988 - VIII R 110/82, BFH/NV 1989, 630 = NWB DokID: NAAAB-30204; H 16 Abs. 11 „Betriebsveräußerung gegen wiederkehrende Bezüge und festes Entgelt" EStH.
4 Vgl. BFH v. 21. 12. 1988 - III B 15/88, BStBl 1989 II 409; H 16 Abs. 11 „Freibetrag" EStH; vgl. dazu auch *Wacker* in Schmidt, § 16 EStG Rz. 248.
5 Vgl. *Hörger/Rapp* in Littmann/Bitz/Pust (Stand: EL 65 - ET 02/2005), § 16 EStG Rz. 101, m. w. N.

Die Vereinbarung einer Einmalzahlung und wiederkehrender Bezüge kann im Hinblick auf die Nutzung des Freibetrags und der Tarifbegünstigung nach § 34 EStG vorteilhaft sein.[1] 499

gg) Behandlung beim Erwerber

Das Wahlrecht des Veräußerers zwischen Sofort- oder Zuflussbesteuerung hat für den Erwerber keine Auswirkungen. Der Erwerber hat – sofern dieser seinen Gewinn nach § 4 Abs. 1 EStG, § 5 EStG ermittelt – den Barwert der Verpflichtung zur Zahlung der wiederkehrenden Bezüge im Erwerbszeitpunkt zu passivieren. An den folgenden Abschlussstichtagen ist die Verpflichtung weiterhin mit dem sich zu diesem Stichtag ergebenden Barwert zu passivieren. Der Unterschied zum Barwert des vorherigen Bilanzstichtages ist als Ertrag zu erfassen. Die laufenden Leistungen der wiederkehrenden Bezüge stellen Aufwand dar. Bei Gewinnermittlung nach § 4 Abs. 3 EStG ist der Zinsanteil als Betriebsausgabe abzuziehen. Nach Auffassung der FinVerw sind die laufenden Leistungen nach der sog. buchhalterischen Methode in voller Höhe gegen den ursprünglichen Barwert zu verrechnen.[2] 500

(*Einstweilen frei*) 501–505

d) Bewertung des Veräußerungspreises

Die Bewertung der Gegenleistung erfolgt mit dem gemeinen Wert nach §§ 2 bis 16 BewG.[3] § 6 EStG findet dagegen keine Anwendung, da diese Regelung nur bei der laufenden Ermittlung zur Anwendung kommt und einen fortgeführten Gewerbebetrieb voraussetzt.[4] Daher hat der Teilwert im Rahmen des § 16 Abs. 2 EStG keine Bedeutung, unabhängig davon, ob ein ganzer Gewerbebetrieb veräußert wird oder eine Veräußerung eines Teilbetriebs oder Mitunternehmeranteils erfolgt.[5] 506

Die konkreten Werte ergeben sich aus der Form der Gegenleistung: 507

▶ Geld
   - Nennwert der Kaufpreisforderung,
   - die enthaltene Umsatzsteuer gehört zum Veräußerungspreis,[6]
   - Forderungen in Fremdwährung werden mit dem Umrechnungskurs im Zeitpunkt der Veräußerung erfasst.[7]

▶ Tausch
   - § 6 Abs. 6 EStG gilt nicht.
   - Veräußerungspreis ist der gemeine Wert des erlangten Gegenstandes im Veräußerungszeitpunkt.[8]

---

1 Vgl. *Stahl* in Korn, § 16 EStG Rz. 188; *Gratz/Müller*, DB 2000, 693, mit Belastungsvergleichen.
2 Vgl. eingehend zu der Behandlung beim Erwerber *Wacker* in Schmidt, § 16 EStG Rz. 230 ff.
3 Vgl. BFH v. 25.6.2009 - IV R 3/07, BStBl 2010 II 182; *Schallmoser* in Blümich, § 16 EStG Rz. 590; a.A. *Wacker* in Schmidt, § 16 EStG Rz. 277, der den gemeinen Wert als spezifischen Wertmaßstab aus § 16 Abs. 3 Satz 7 EStG herleitet.
4 Vgl. *Wacker* in Schmidt, § 16 EStG Rz. 277.
5 Gl. A. HHR/*Kobor*, § 16 EStG Anm. 415; a.A. *Kauffmann* in Frotscher/Geurts, § 16 EStG Rz. 218; *Schallmoser* in Blümich, § 16 EStG Rz. 590.
6 Vgl. BFH v. 17.1.1989 - VIII R 370/83, BStBl 1989 II 563.
7 Vgl. BFH v. 19.1.1978 - IV R 61/73, BStBl 1978 II 295; a.A. *Gänger* in Bordewin/Brandt, § 16 EStG Rz. 86, der auf den Zeitpunkt der Vereinnahmung des Kaufpreises abstellt.
8 Vgl. BFH v. 25.6.2009 - IV R 3/07, BStBl 2010 II 182.

▶ Wiederkehrende Bezüge

– Bei Sofortbesteuerung ist der Barwert der wiederkehrenden Bezüge anzusetzen.

– I. d. R. ist ein Zinsfuß von 5,5 % bei der Ermittlung des Kapitalwerts zugrunde zu legen, es sei denn es wurde ausdrücklich ein anderer Zinssatz vereinbart.[1]

▶ Stundung

– Bei kurzfristig gestundeten Forderungen, i. d. R. weniger als 12 Monate, ist der Nennwert im Veräußerungszeitpunkt anzusetzen. Eine Ausnahme besteht nur, wenn besondere Umstände einen höheren oder geringeren Wert begründen.[2]

– Erfolgt die Stundung zinslos oder niedrig verzinst, muss die Kaufpreisforderung abgezinst werden.[3]

– Verzinste Forderungen werden grundsätzlich mit dem Nennwert erfasst.[4] Sind die „Zinsen in Wahrheit teilweise Kapital"[5] ist ein höherer Ansatz gerechtfertigt.

– Ist im Veräußerungszeitpunkt ernstlich zweifelhaft, ob die Kaufpreiszahlung beglichen werden kann, ist ein geschätzter Abschlag vom Nennwert gerechtfertigt.[6]

508–512 (Einstweilen frei)

3. Veräußerungskosten

513 Veräußerungskosten mindern nicht den laufenden Gewinn, sondern nach § 16 Abs. 2 Satz 1 EStG den Veräußerungsgewinn. Nach der neueren Rechtsprechung sind Veräußerungskosten Kosten „die nach ihrem auslösenden Moment und damit nach dem Veranlassungsprinzip dem Veräußerungsvorgang zuzuordnen sind."[7] Der zeitliche Zusammenhang mit der Veräußerung ist nicht entscheidend, kann jedoch Indiz für die Veranlassung der Kosten sein.[8] Die Veräußerungskosten mindern den Veräußerungsgewinn auch, wenn diese im Veranlagungszeitraum vor der Veräußerung[9] oder in späteren Veranlagungszeiträumen anfallen.[10] Bis zur Bestandskraft der Veranlagung können wertbegründende und werterhellende Tatsachen berücksichtigt werden.[11]

Beispiele für Veräußerungskosten:[12]

▶ Grundbuchgebühren,

▶ Vermittlungsprovisionen,

---

[1] Vgl. R 16 Abs. 11 Satz 10 EStR.
[2] Vgl. BFH v. 21. 10. 1980 - VIII R 190/78, BStBl 1981 II 160.
[3] Vgl. BFH v. 21. 10. 1980 - VIII R 190/78, BStBl 1981 II 160.
[4] Vgl. H 16 Abs. 11 „Kaufpreisstundung" EStH.
[5] Vgl. BFH v. 19. 1. 1978 - IV R 61/73, BStBl 1978 II 295; zur Vermeidung einer Doppelerfassung der Zinsen stellen diese keine Einkünfte nach § 20 Abs. 1 Nr. 7 EStG dar.
[6] Vgl. BFH v. 11. 12. 1990 - VIII R 37/88, BFH/NV 1991, 516 = NWB DokID: QAAAA-97204.
[7] Vgl. BFH v. 16. 12. 2009 - IV R 22/08, BStBl 2010 II 736; vgl. auch BFH v. 25. 1. 2000 - VIII R 55/97, BStBl 2000 II 458.
[8] Vgl. Kempermann, FR 2000, 713.
[9] Vgl. H 16 Abs. 2 „Veräußerungskosten" EStH.
[10] Vgl. HHR/Kobor, § 16 EStG Anm. 420; Hörger/Rapp in Littmann/Bitz/Pust (Stand: EL 67 – ET 08/2005), § 16 EStG Rz. 121.
[11] Gl. A. Hörger/Rapp in Littmann/Bitz/Pust (Stand: EL 67 – ET 08/2005), § 16 EStG Rz. 121.
[12] Vgl. m. w. N. Wacker in Schmidt, § 16 EStG Rz. 301; HHR/Kobor, § 16 EStG Anm. 420; Reiß in Kirchhof, § 16 EStG Rz. 264. Vgl. zur Frage der Berücksichtigung von gegenläufigen Finanzinstrumenten als Veräußerungskosten, Herr, DStR 2016, 2786 ff.

- Beratungs- und Notarkosten,
- Verkehrssteuern, insbes. Grunderwerbsteuer,
- Umsatzsteuer,
- Prozesskosten zur Abwehr von Gewährleistungsansprüchen,
- Kosten eines FG-Verfahrens über die Höhe des Veräußerungsgewinns,
- Vorfälligkeitsentschädigungen für die vorzeitige Ablösung von Krediten,[1]
- Abfindungen für Pensionsansprüche,
- Nießbrauchssurrogation durch Fortsetzung des Nießbrauchs an der Kaufpreisforderung.[2]

Dagegen stellen die folgenden Kosten nach der Rechtsprechung **keine Veräußerungskosten** i. S. d. § 16 Abs. 2 Satz 1 EStG dar:

- Ablösung einer freiwillig begründeten Rentenverpflichtung,[3]
- Tantiemezahlungen an die bisherige Geschäftsführung,[4]
- Ablösung erbrechtlicher Verpflichtungen.[5]

Strittig ist, ob die Gewerbesteuer als Veräußerungskosten geltend gemacht werden können. Die herrschende Meinung[6] in der Literatur folgert aus § 4 Abs. 5b EStG, dass die Gewerbesteuer nicht als Veräußerungskosten i. S. des § 16 Abs. 2 Satz 1 EStG abzugsfähig ist. Eine andere Auffassung vertritt das FG Saarland[7], wonach auch bei verfassungskonformer Auslegung des § 4 Abs. 5b EStG ein Abzugsverbot der Gewerbesteuer bei § 16 EStG nicht in Betracht kommt.

Im Fall einer fehlgeschlagenen Veräußerung können die Aufwendungen nicht als Veräußerungskosten abgezogen werden. Die Aufwendungen sind als Betriebsausgaben im Rahmen der laufenden Gewinnermittlung zu berücksichtigen.[8]

(Einstweilen frei)

4. Buchwert im Veräußerungs-/Aufgabezeitpunkt

a) Allgemeines

Der Wert des Betriebsvermögens (§ 16 Abs. 1 Nr. 1 EStG) bzw. der Wert des Anteils am Betriebsvermögen (§ 16 Abs. 1 Nr. 2, 3 EStG) ist neben den Veräußerungskosten von dem Veräußerungspreis abzuziehen. Gemäß § 16 Abs. 2 Satz 2 EStG ist der Wert des Betriebsvermögens bzw. des Anteils für den Zeitpunkt der Veräußerung nach § 4 Abs. 1 EStG, § 5 EStG zu ermitteln. Auf den Zeitpunkt der Veräußerung ist eine Schlussbilanz aufzustellen (§ 6 Abs. 2 EStDV). Der im letzten (Rumpf-)Wirtschaftsjahr erzielte Gewinn ist noch als laufender Gewinn zu versteuern. Die Werte in der Schlussbilanz bilden die Ausgangswerte für die Ermittlung des

---

1 Vgl. H 16 Abs. 12 „Vorfälligkeitsentschädigung" EStH.
2 Vgl. dazu *Schwetlik*, GmbHR 2006, 1096.
3 Vgl. BFH v. 20. 6. 2007 - X R 2/06, BStBl 2008 II 99.
4 Vgl. BFH v. 12. 3. 2014 - I R 45/13, BStBl 2014 II 719.
5 Vgl. *Reiß* in Kirchhof, § 16 EStG Rz. 264.
6 Vgl. Schallmoser in Blümich, § 16 EStG Rz. 633; Wacker, in Schmidt, § 16 EStG Rz. 302.
7 Vgl. FG Saarland v. 16.11.2017 - 1 K 1441/15, NWB DokID: GAAAG-69227.
8 Vgl. *Felix*, DStZ 1991, 373; HHR/*Kobor*, § 16 EStG Anm. 420.

Veräußerungs- oder Aufgabegewinns (Zweischneidigkeit der Buchwertermittlung).[1] Durch die Verweisung auf § 4 Abs. 1 EStG, § 5 EStG wird deutlich, dass die allgemeinen handels- und steuerbilanziellen Ansatz- und Bewertungsvorschriften zur Anwendung kommen.

521 Ermittelt der Veräußerer bisher seinen Gewinn nach § 4 Abs. 3 EStG, muss im Zeitpunkt der Veräußerung bzw. Aufgabe auf die Gewinnermittlung nach § 4 Abs. 1, § 5 EStG übergegangen werden (vgl. → Rz. 15). Die Hinzurechnungen und Abrechnungen, die sich durch den Wechsel der Gewinnermittlungsart ergeben, sind als laufende Einkünfte im letzten Wirtschaftsjahr vor der Veräußerung bzw. Aufgabe zu berücksichtigen.[2] Eine Verteilung des Übergangsgewinns auf drei Jahre gem. R 4.6 Abs. 1 Satz 2 EStR kommt nicht in Betracht.[3]

522 Die Vorschrift des § 16 Abs. 2 EStG begründet selbst keine Bilanzierungspflicht auf den Zeitpunkt der Veräußerung (Veräußerungs- oder Aufgabebilanz).[4] Allerdings muss sich der Buchwert des Betriebsvermögens im Zeitpunkt der Veräußerung aus der letzten Schlussbilanz ergeben. Zur Bemessung des laufenden Gewinns im letzten (Rumpf-)Wirtschaftsjahr ist eine Bilanz für das (Rumpf-)Wirtschaftsjahr aufzustellen.[5] Liegt dagegen auf den Zeitpunkt der Veräußerung oder Aufgabe keine Bilanz vor, muss eine Schätzung der Buchwerte erfolgen. In diesem Fall sollen für das letzte (Rumpf-)Wirtschaftsjahr Bewertungswahlrechte, erhöhte AfA und Sonderabschreibungen nicht ausgeübt werden können, da diese Wahlrechte eine Bilanzierung voraussetzen.[6]

b) Ermittlungsgrundsätze

aa) Allgemeine Bilanzierungsgrundsätze

523 Es finden die allgemeinen Bilanzierungsgrundsätze nach § 4 Abs. 1 EStG, § 5 EStG Anwendung. Das bedeutet, dass keine stillen Reserven aufgedeckt werden. Es gelten die handels- und steuerbilanziellen Ansatz- und Bewertungsvorschriften:

▶ Ansatzverbote
  - Aktivierungsverbote wie z. B. für selbst geschaffene immaterielle Wirtschaftsgüter nach § 5 Abs. 2 EStG sind zu beachten.[7]
  - Passivierungsverbote bspw. für Drohverlustrückstellungen nach § 5 Abs. 4a EStG finden Anwendung.

▶ Abschreibungen
  - Im Jahr der Veräußerung ist die AfA ggf. zeitanteilig zu berücksichtigen.
  - Die Sofortabschreibung für GWG nach § 6 Abs. 2 EStG sowie der Sammelposten nach § 6 Abs. 2a EStG können ebenfalls in Anspruch genommen werden.[8]

---

1 Vgl. *Hörger/Rapp* in Littmann/Bitz/Pust (Stand: EL 67 – ET 08/2005), § 16 EStG Rz. 123; *Wacker* in Schmidt, § 16 EStG Rz. 310.
2 Vgl. BFH v. 31. 5. 2005 - X R 36/02, BStBl 2005 II 707; ablehnend FG München v. 16. 7. 2003 - 10 K 4745/01, EFG 2003, 1522.
3 Vgl. BFH v. 3. 8. 1967 - IV 30/65, BStBl 1967 III 755; FG Baden-Württemberg v. 18. 6. 1997 - 6 K 170/95, EFG 1997, 1507 rkr.
4 Vgl. *Wacker* in Schmidt, § 16 EStG Rz. 311.
5 Vgl. *Hörger/Rapp* in Littmann/Bitz/Pust (Stand: EL 67 – ET 08/2005), § 16 EStG Rz. 123.
6 Vgl. *Wacker* in Schmidt, § 16 EStG Rz. 329.
7 Vgl. *Stahl* in Korn, § 16 EStG Rz. 208.
8 Vgl. zum Sammelposten BMF v. 30. 9. 2010, BStBl 2010 I 755, Tz. 15.

- In vorangegangenen Wirtschaftsjahren vorgenommene Sonderabschreibungen und erhöhte Abschreibungen können im letzten Wirtschaftsjahr fortgeführt werden, sofern alle Voraussetzungen erfüllt sind.[1]

▶ Steuerfreie Rücklagen
  - Rücklagen nach § 6b EStG oder R 6.6 EStR können bei Veräußerung aufgelöst oder fortgeführt werden. Erfolgt eine Auflösung einer bestehenden Rücklage anlässlich der Veräußerung gehört der Ertrag aus der Auflösung zum begünstigten Veräußerungsgewinn.[2]
  - Die Auflösung einer Rücklage nach § 7g EStG a. F. führt nach gefestigter Rechtsprechung zu begünstigtem Veräußerungsgewinn.[3]

▶ Investitionsabzugsbeträge nach § 7g EStG n. F.: bei Betriebsveräußerung oder -aufgabe sind die Investitionsabzugsbeträge bzw. Sonderabschreibungen nach § 7g Abs. 5 EStG rückwirkend zu korrigieren.[4] Die dadurch eintretende Gewinnerhöhung ist Teil des laufenden Gewinns und wirkt sich nicht auf die Höhe des Veräußerungs- bzw. Aufgabegewinns aus.[5]

▶ Rechnungsabgrenzungsposten sind fortzuführen. Ein Disagio, das für eine Verbindlichkeit gebildet wurde, die im Zusammenhang mit der Veräußerung oder Aufgabe zurückbezahlt wird, ist aufzulösen. Der Auflösungsbetrag ist den Veräußerungskosten zuzuordnen.[6]

▶ Pensionsanwartschaften/-verpflichtungen gegenüber Arbeitnehmern: die Rückstellungen sind in der Schlussbilanz mit dem Wert nach § 6a EStG anzusetzen. Es erfolgt keine Auflösung der Pensionsrückstellungen vor der Veräußerung. Dabei ist es irrelevant, ob die Anwartschaften oder Verpflichtungen auf den Erwerber übergehen (§ 613a BGB) oder der Veräußerer diese behält.[7]

Wurden Wirtschaftsgüter, die zum notwendigen Betriebsvermögen gehören, zu Unrecht nicht bilanziert, sind diese in der Schlussbilanz so auszuweisen, wie diese bei von Anfang an richtiger Bilanzierung auszuweisen wären.[8] Erfolgte dagegen zu Unrecht eine Bilanzierung von Wirtschaftsgütern, insbesondere von Privatvermögen, sind diese erfolgsneutral auszubuchen.[9]

bb) Zurückbehaltene Wirtschaftsgüter

In der Literatur ist umstritten, ob die Betriebsschulden den Wert nach § 16 Abs. 2 EStG mindern (Nettobuchwert) oder die Betriebsschulden Teil des Veräußerungspreises sind (vgl.

---

1 Vgl. *Wacker* in Schmidt, § 16 EStG Rz. 318.
2 Vgl. H 16 Abs. 9 „Rücklage" EStH; zur § 6b-Rücklage auch die Erläuterungen unter → Rz. 21, → Rz. 155 ff.
3 Vgl. BFH v. 10.11.2004 - XI R 69/03, BStBl 2005 II 596; BFH v. 23.5.2007 - X R 35/06, NWB DokID: NAAAC-53196; BMF v. 30.10.2007, BStBl 2007 I 790. Der BFH hat jedoch mit Urteil v. 27.4.2016 (X R 16/15, NWB DokID: XAAAF-80028) entschieden, dass diese Rechtsprechung nicht auf § 7g EStG n. F. übertragbar ist.
4 Vgl. BMF v. 20.11.2013, BStBl 2013 I 1493, Tz. 58.
5 Vgl. BFH v. 27.4.2016 - X R 16/15, NWB DokID: XAAAF-80028.
6 Gl. A. *Hörger/Rapp* in Littmann/Bitz/Pust (Stand: EL 71 – ET 08/2006), EStG, § 16 Rz. 125g; *Wacker* in Schmidt, § 16 EStG Rz. 301.
7 Vgl. BFH v. 7.4.1994 - IV R 56/92, BStBl 1994 II 740.
8 Vgl. BFH v. 15.10.1998 - VI R 18/98, BStBl 1999 II 286; *Wacker* in Schmidt, § 16 EStG Rz. 328.
9 Vgl. BFH v. 19.6.1973 - I R 201/71, BStBl 1973 II 706; HHR/*Kobor*, § 16 EStG Anm. 438.

→ Rz. 479). In jedem Fall soll sich der Buchwert i. S. d. § 16 Abs. 2 Satz 2 EStG von dem Buchwert in der letzten Schlussbilanz bezüglich der folgenden Punkte unterscheiden:[1]

- Beim Veräußerer im Betriebsvermögen zurückbehaltene Aktiva (Rest-Betriebsvermögen) sollen den Buchwert des Betriebsvermögens mindern.
- Beim Veräußerer im Betriebsvermögen zurückbehaltene Passiva erhöhen den Buchwert des Betriebsvermögens.
- Aktiva, die anlässlich der Veräußerung ins Privatvermögen überführt werden, sind mit dem Buchwert anzusetzen und mit dem gemeinen Wert dem Veräußerungs- bzw. Aufgabepreis hinzuzurechnen.
- Passiva, die ins Privatvermögen überführt werden, sind ebenso mit dem Buchwert anzusetzen und mit dem gemeinen Wert vom Veräußerungs- bzw. Aufgabepreis abzuziehen.

BEISPIEL:[2] V veräußert seinen gesamten Gewerbebetrieb an E. V behält eine nicht wesentliche Betriebsgrundlage mit einem gemeinen Wert von 50 000 € (Buchwert 10 000 €) zurück und überführt diese in engem zeitlichen Zusammenhang mit der Veräußerung in sein Privatvermögen. Der Buchwert der übertragenen Aktiva (ohne die nicht wesentliche Betriebsgrundlage) beträgt 500 000 €; der gemeine Wert (ohne nicht wesentliche Betriebsgrundlage) beträgt 800 000 €. Die Schulden betragen 200 000 € (Buchwert = gemeiner Wert). Veräußerungskosten sind keine entstanden.
Bei Anwendung des Nettobuchwerts ergibt sich:

Aktiva (inkl. Buchwert nicht wesentliche Betriebsgrundlage)	510 000
./. Schulden	200 000
= Buchwert (§ 16 Abs. 2 Satz 2 EStG)	**310 000**
Gemeiner Wert des übergehenden Betriebsvermögens	800 000
+ gemeiner Wert des zurückbehaltenen Wirtschaftsguts	50 000
./. Nettobuchwert	310 000
= Veräußerungsgewinn	**540 000**

526–530 (*Einstweilen frei*)

5. Abgrenzung Veräußerungsgewinn vom laufenden Gewinn

a) Abgrenzungsfälle

531 Aufgrund der unterschiedlichen Besteuerungskonzeptionen bzw. der Begünstigungen für Veräußerungs- bzw. Aufgabegewinne muss dieser vom laufenden Gewinn abgegrenzt werden. Zudem ist die Abgrenzung für die Gewerbesteuer relevant. Grundsätzlich erfasst die Gewerbesteuer nur den Gewinn aus dem laufenden Gewerbebetrieb. Die Durchbrechungen von diesem Grundsatz nach § 7 Satz 2 EStG sind zu beachten.[3] Die Abgrenzung des laufenden Gewinns vom tarifbegünstigten Gewinn hat maßgeblich nach dem wirtschaftlichen Zusammenhang zu erfolgen.[4]

---

1 Vgl. *Wacker* in Schmidt, § 16 EStG Rz. 313 f.; *Reiß* in Kirchhof, § 16 EStG Rz. 261.
2 Angelehnt an *Wacker* in Schmidt, § 16 EStG Rz. 314.
3 Vgl. HHR/*Kobor*, § 16 EStG Anm. 440; *Füger/Rieger*, DStR 2002, 933;
4 Vgl. *Wacker* in Schmidt, § 16 EStG Rz. 341; *Stahl* in Korn, § 16 EStG Rz. 214; *Hörger/Rapp* in Littmann/Bitz/Pust (Stand: EL 71 – ET 08/2006), § 16 EStG Rz. 126a; a. A. wohl HHR/*Kobor*, § 16 EStG Anm. 440, wonach es auf den zeitlichen und wirtschaftlichen Zusammenhang der einzelnen Geschäftsvorfälle mit der Veräußerung ankommen soll.

BEISPIEL AUS DER RECHTSPRECHUNG:[1] Ist die Vermietung sowie der An- und Verkauf eines Flugzeugs Gegenstand eines von Anfang an bestehenden und später auch durchgeführten unternehmerischen Konzepts, so gehört im Falle einer Betriebsaufgabe der Gewinn aus der Veräußerung des Flugzeugs als Anlagevermögen zum laufenden Gewinn und ist kein tarifbegünstigter Aufgabegewinn.

Einzelfälle:

▶ **Warenvorräte**: Die Veräußerung von Umlaufvermögen nach der Betriebsveräußerung oder -aufgabe wird in vielen Fällen eine Fortsetzung der bisherigen gewerblichen Tätigkeit darstellen, insbesondere dann, wenn die Veräußerung an den bisherigen Kundenkreis erfolgt.[2] Dagegen kann der Gewinn aus der Veräußerung von Warenbeständen zeitlich innerhalb des Veräußerungs- oder Aufgabevorgangs zum begünstigten Gewinn gehören, wenn die Waren nicht entsprechend der normalen gewerblichen Tätigkeit, sondern z. B. an Unternehmen der gleichen Handelsstufe, veräußert werden.[3]

▶ **Räumungsverkauf**: Der Gewinn gehört nicht zum begünstigten Veräußerungs-/Aufgabegewinn.[4]

▶ **Gewerblicher Grundstückshandel**: Auch im Fall der Veräußerung des gesamten Grundstücksbestandes im Rahmen eines einheitlichen Vorgangs liegt ein laufender Gewinn vor.[5]

▶ **Abfindung eines Pensionsanspruchs**: Hat ein Mitunternehmer gegenüber der Personengesellschaft einen Pensionsanspruch und wird dieser Anspruch anlässlich der Veräußerung oder Aufgabe abgefunden, mindert sich durch die Abfindung der Aufgabegewinn der Gesellschaft. Beim Mitunternehmer gehört die Abfindung als Sondervergütung zum Aufgabegewinn des betreffenden Mitunternehmers.[6]

▶ **Ausgleichsanspruch eines Handelsvertreters**: Der Ausgleichsanspruch eines selbständigen Handelsvertreters gem. § 89b HGB gehört zum laufenden Gewinn. Zahlungen eines nachfolgenden Handelsvertreters an den Vorgänger sind ebenfalls als laufende Gewinne zu behandeln.[7]

b) **Veräußerung an sich selbst (§ 16 Abs. 2 Satz 3 EStG)**

aa) **Fiktion von laufenden Gewinnen**

§ 16 Abs. 2 Satz 3 EStG enthält eine gesetzliche Fiktion. Demnach stellen Gewinne aus der Veräußerung laufende Gewinne dar, insoweit auf der Seite des Veräußerers und des Erwerbers dieselbe Person Unternehmer oder Mitunternehmer ist. Diese Regelung wurde mit Wirkung ab dem VZ 1994 in § 16 EStG zur Vermeidung von Umgehungen durch das sog. **Aufstockungsmodell** eingeführt. Nach diesem Modell konnten die stillen Reserven tarifbegünstigt besteuert

---

1 Vgl. BFH v. 1. 8. 2013 - IV R 18/11, BStBl 2013 II 910; *Stahl* in Korn, § 16 EStG Rz. 214; H 16 Abs. 9 „Einheitliches Geschäftskonzept" EStH.
2 Vgl. BFH v. 3. 3. 1988 - IV R 212/85, BFH/NV 1988, 558 = NWB DokID: GAAAB-29769.
3 Vgl. BFH v. 2. 7. 1981 - IV R 136/79, BStBl 1981 II 798; H 16 Abs. 9 „Umlaufvermögen" EStH; vgl. eingehend *Hörger/Rapp* in Littmann/Bitz/Pust (Stand: EL 71 – ET 08/2006), § 16 EStG Rz. 127.
4 Vgl. BFH v. 29. 11. 1988 - VIII R 316/82, BStBl 1989 II 602; H 16 Abs. 9 „Räumungsverkauf" EStH.
5 Vgl. BFH v. 25. 1. 1995 - X R 76/92, BStBl 1995 II 388; BFH v. 14. 12. 2006 - IV R 3/05, BStBl 2007 II 777.
6 Vgl. BFH v. 20. 1. 2005 - IV R 22/03, BStBl 2005 II 559; H 16 Abs. 9 „Abfindung eines Pensionsanspruchs" EStH.
7 Vgl. BFH v. 5. 12. 1968 - IV R 270/66, BStBl 1969 II 196; BFH v. 25. 7. 1990 - X R 111/88, BStBl 1991 II 218; BFH v. 9. 2. 2011 - IV R 37/08, NWB DokID: DAAAD-83198; H 16 Abs. 9 „Handelsvertreter" EStH.

werden, während der Erwerber das volle Abschreibungsvolumen zur Verfügung hatte.[1] Aufgrund der Fiktion von laufenden Einkünften sind nur noch Veräußerungen an Fremde begünstigt.[2] Die Veräußerung an nahe Angehörige des Veräußerers oder Erwerbers fällt nicht unter § 16 Abs. 2 Satz 3 EStG.[3]

534 Nach Auffassung der Gesetzesbegründung, der Rechtsprechung und der FinVerw soll der fiktive laufende Gewinn auch der Gewerbesteuer unterliegen.[4] In der Literatur wird diese Ansicht u. E. zu Recht ganz überwiegend abgelehnt.[5]

bb) Veräußerungsgeschäft

535 § 16 Abs. 2 Satz 3 EStG gilt für alle Veräußerungsgeschäfte i. S. d. § 16 Abs. 1 EStG, mithin die Veräußerung eines ganzen Gewerbebetriebs, eines (fiktiven) Teilbetriebs, eines Mitunternehmeranteils sowie eines Anteils eines persönlich haftenden Gesellschafters einer KGaA. Der Veräußerer oder Erwerber sind entweder Einzelunternehmer oder Mitunternehmer einer Personengesellschaft.[6] Es soll auch eine mittelbare Beteiligung ausreichen.[7] Allerdings findet die Regelung keine Anwendung, wenn auf der Seite des Veräußerers und des Erwerbers juristische Personen beteiligt sind.[8]

> **BEISPIEL:**[9] V veräußert seinen Betrieb (Einzelunternehmen) an eine GmbH, an der er zu 100 % (im Privatvermögen) beteiligt ist. Der Veräußerungsgewinn fällt nicht unter § 16 Abs. 2 Satz 3 EStG, sondern ist in voller Höhe als begünstigter Gewinn anzusehen.

536 Für die Beurteilung als laufender Gewinn kommt es auf die quotale Beteiligungsidentität zwischen Veräußerer und Erwerber an. U. E. ist dabei auf den allgemeinen Gewinnverteilungsschlüssel abzustellen.[10]

> **BEISPIEL:** X, Y und Z sind an der XYZ-KG zu jeweils 1/3 beteiligt. Nach dem vertraglich vereinbarten Gewinnverteilungsschlüssel erhält X $1/2$ des Gewinns, während sich Y und Z das übrige $1/2$ des Gewinns zu gleichen Teilen aufteilen. X veräußert sein Einzelunternehmen an die XYZ-KG.
>
> Der Veräußerungsgewinn des X ist zu $1/2$ begünstigt und stellt zu $1/2$ laufenden Gewinn dar.

537–540 *(Einstweilen frei)*

---

1 Vgl. *Schultz*, DStR 1994, 521; *Sagasser/Schüppen*, DStR 1994, 265.
2 Vgl. *Hörger/Rapp* in Littmann/Bitz/Pust (Stand: EL 71 – ET 08/2006), § 16 EStG Rz. 128a.
3 Gl. A. *Hörger/Rapp* in Littmann/Bitz/Pust (Stand: EL 71 – ET 08/2006), § 16 EStG Rz. 128a; *Korn*, KÖSDI 1994, 9685; HHR/*Kobor*, § 16 EStG Anm. 457.
4 Vgl. BT-Drucks. 612/1993, 82; BFH v. 15. 6. 2004 - VIII R 7/01, BStBl 2004 II 754; BMF v. 11. 11. 2011, BStBl 2011 I 1314, Tz. 24.17; *Schoor*, BBK 2014, 1006.
5 Vgl. *Schultz*, DStR 1994, 522 ff.; *Sagasser/Schüppen*, DStR 1994, 267; HHR/*Kobor*, § 16 EStG Anm. 455; *Kauffmann* in Frotscher/Geurts, § 16 EStG Rz. 226.
6 Vgl. *Hörger/Rapp* in Littmann/Bitz/Pust, § 16 EStG Rz. 128b.
7 Vgl. FG Mecklenburg-Vorpommern v. 28. 4. 2010 - 3 K 299/09, NWB DokID: SAAAD-49121, nrkr. Jedoch bzgl. der Rechtsfrage keine Entscheidung durch BFH v. 17. 10. 2013 - IV R 25/10, NWB DokID: IAAAE-50338; *Wacker* in Schmidt, § 16 EStG Rz. 97; *Stahl* in Korn, § 16 EStG Rz. 221; *Kauffmann* in Frotscher/Geurts, § 16 EStG Rz. 229.
8 Vgl. HHR/*Kobor*, § 16 EStG Anm. 457; *Hörger/Rapp* in Littmann/Bitz/Pust (Stand: EL 71 – ET 08/2006), § 16 EStG Rz. 128b.
9 Angelehnt an *Hörger/Rapp* in Littmann/Bitz/Pust (Stand: EL 71 – ET 08/2006), § 16 EStG Rz. 128b.
10 Gl. A. BFH v. 15. 6. 2004 - VIII R 7/01, BStBl 2004 II 754; *Wacker* in Schmidt, § 16 EStG Rz. 97; HHR/*Kobor*, § 16 EStG Anm. 457; a. A. BFH v. 21. 9. 2000 - IV R 54/99, BStBl 2001 II 178, zu § 24 Abs. 3 UmwStG a. F.

6. Steuerrelevante Ereignisse nach Betriebsveräußerung/-aufgabe

a) Überblick

Ereignisse, die zeitlich nach der Betriebsveräußerung oder Betriebsaufgabe erfolgen, können steuerrelevant sein. Diese können zu Folgendem führen: 541

- ▶ nachträglichen Einkünften aus Gewerbebetrieb (§ 24 Nr. 2 EStG),
- ▶ einer rückwirkenden Änderung des Veräußerungs- oder Aufgabegewinns bzw. -verlusts.

Nach der Rechtsprechung des GrS wird durch eine rückwirkende Änderung ggf. nach § 175 Abs. 1 Nr. 2 AO des Veräußerungs- bzw. Aufgabeergebnisses eine Übermaßbesteuerung bzw. eine Überentlastung vermieden.[1] Jedoch ist nicht davon auszugehen, dass alle nach dem begünstigten Vorgang eintretenden Ereignisse zurückwirken.[2] Grundsätzlich kommt es für die Abgrenzung zwischen rückwirkender Änderung des Veräußerungs- bzw. Aufgabeergebnisses und nachträglichen Einkünften auf die besonderen Umstände des Einzelfalls an.[3] 542

b) Rückwirkende Änderung des Veräußerungs-/Aufgabegewinns

Der Veräußerungsgewinn kann sich durch verschiedenen Vorgänge aufgrund später eintretender Ereignisse ändern. Dabei können diese Ereignisse Einfluss auf die folgenden Komponenten des Veräußerungsgewinns haben: 543

- ▶ Änderung des Veräußerungspreises,
- ▶ Änderung der Veräußerungskosten,
- ▶ Änderung des Werts des Betriebsvermögens.

Die Ereignisse wirken auf den Veräußerungszeitpunkt zurück und werden daher verfahrensrechtlich als rückwirkende Ereignisse i. S. d. § 175 Abs. 1 Nr. 2 AO behandelt.[4] Vom Grundsatz her muss das später eintretende Ereignis mit dem Veräußerungsgeschäft in einem engen sachlichen Zusammenhang stehen. Dies ist nicht der Fall, wenn das spätere Ereignis als neues selbständiges Rechtsgeschäft zu beurteilen ist, das nicht bereits im vorangegangenen Veräußerungsgeschäft angelegt war.[5] Im Folgenden werden verschiedene Einzelfälle dargestellt. 544

aa) Änderung des Veräußerungspreises

Das Veräußerungsgeschäft wird bei der Übertragung des wirtschaftlichen Eigentums auf den Erwerber wirksam (vgl. → Rz. 237). Auf die Zahlung des Entgelts kommt es dagegen nicht an, daher kann nach dem Wirksamwerden des Veräußerungsgeschäfts eine Änderung des ursprünglichen Veräußerungspreises eintreten. 545

Anwendungsfälle einer rückwirkenden Änderung sind: 546

- ▶ Forderungsausfall: Die Frage, ob die Forderung auf den Kaufpreis weiterhin Betriebsvermögen bleibt oder zwangsläufig ins Privatvermögen überführt wird, ist strittig und nicht

---

1 Vgl. BFH v. 19. 7. 1993 - GrS 1/92, BStBl 1993 II 894; BFH v. 19. 7. 1993 - GrS 2/92, BStBl 1993 II 897; vgl. grundlegend Groh, DB 1995, 2235.
2 Vgl. Wacker in Schmidt, § 16 EStG Rz. 353.
3 Vgl. dazu H 16 Abs. 10 „Nachträgliche Änderungen des Veräußerungspreises oder des gemeinen Werts" EStH; Groh, DB 1995, 2235.
4 Vgl. FG Düsseldorf v. 19. 7. 2016 - 10 K 2384/10E, NWB DokID: LAAAF-79735; BFH v. 6.12.2016 - IX R 49/15, DStRK 2017, 209 mit Anmerk. von Obermeier; Hils, DStR 2017, 2157.
5 Vgl. Reiß in Kirchhof, § 16 EStG Rz. 265.

abschließend geklärt.[1] Unabhängig von der Zuordnung der Forderung wirkt der Ausfall der Kaufpreisforderung auf den Zeitpunkt der Veräußerung zurück und führt zu einer Änderung des Veräußerungspreises.[2]

▶ **Erlass der Kaufpreisforderung aus privaten Gründen**[3]

▶ **Tod des Rentenberechtigten:** Bei einer Veräußerung gegen wiederkehrende Bezüge (Leibrente) führt der Ausfall der Rente ebenfalls zu einer rückwirkenden Änderung, sofern die Sofortbesteuerung gewählt wurde. Allerdings soll nach der Rechtsprechung der Tod des Rentenberechtigten bei einer abgekürzten Leibrente kein rückwirkendes Ereignis sein.[4]

▶ **Endgültige Festlegung des strittigen Veräußerungspreises in einem Vergleich:** es liegt ein rückwirkendes Ereignis vor.[5]

▶ **Rückgängigmachung der Veräußerung:** Wird die Veräußerung z. B. wegen Rücktritts, Anfechtung, Nichtigkeit oder Wegfalls der Geschäftsgrundlage rückgängig gemacht, liegt ein rückwirkendes Ereignis vor. Das ursprüngliche Veräußerungsgeschäft entfällt rückwirkend und damit ist von Anfang an keine Gewinnrealisierung eingetreten.[6]

bb) Änderung der Veräußerungs-/Aufgabekosten

547 Eine nachträgliche Änderung kann sich auch hinsichtlich der Veräußerungs- bzw. Aufgabekosten ergeben. Veräußerungs- oder Aufgabekosten können in einem Veranlagungszeitraum nach der Veräußerung aufgewendet werden, sofern eine Veranlassung durch die Veräußerung bzw. Aufgabe besteht. Auch in diesem Fall ist der Veräußerungs- bzw. Aufgabegewinn rückwirkend zu ändern.[7]

cc) Änderung des Buchwerts des Betriebsvermögens

548 Der Buchwert des Betriebsvermögens bestimmt sich durch die Schlussbilanz bzw. die geschätzten Buchwerte zum Zeitpunkt der Veräußerung oder Aufgabe. Dieser Buchwert kann sich aufgrund nachträglicher Ereignisse ändern. Diese Änderung führt zu einer rückwirkenden Änderung des Veräußerungsergebnisses. Anwendungsfälle können sein:

---

[1] Vgl. dazu *Wacker* in Schmidt, § 16 EStG Rz. 381; für einen Verbleib im Betriebsvermögen: BFH v. 9. 11. 1999 - II R 45/97, NWB DokID: RAAAA-65459; für eine zwangsläufige Überführung ins Privatvermögen: BFH v. 16. 12. 1997 - VIII R 11/95, BStBl 1998 II 379; *Bordewin*, FR 1994, 561; für ein Wahlrecht: *Theisen*, DStR 1994, 1599; wohl auch HHR/*Kobor*, § 16 EStG Anm. 405; *Paus*, DStZ 2003, 525.

[2] Vgl. BFH v. 19. 7. 1993 - GrS 2/92, BStBl 1993 II 897; H 16 Abs. 10 „Nachträgliche Änderungen des Veräußerungspreises oder des gemeinen Werts", 8. Spiegelstrich EStH.

[3] Vgl. BFH v. 21. 12. 1993 - VIII R 69/88, BStBl 1993 II 648; ebenso Erlass aus betrieblichen Gründen, vgl. HHR/*Kobor*, § 16 EStG Anm. 446, m. w. N.

[4] Vgl. BFH v. 19. 8. 1999 - IV R 67/98, BStBl 2000 II 179; H 16 Abs. 10 „Nachträgliche Änderungen des Veräußerungspreises oder des gemeinen Werts", letzter Spiegelstrich EStH; a. A. *Reiß* in Kirchhof, § 16 EStG Rz. 266.

[5] Vgl. BFH v. 26. 7. 1984 - IV R 10/83, BStBl 1984 II 786. Zur Frage, ob ein rückwirkendes Ereignisses auf Veräußererseite spiegelbildlich zu einem rückwirkenden Ereignis auf Erwerberseite führt, vgl. *Hülsmann*, DStR 2015, 397; *Weßling*, DStR 2015, 2521.

[6] Vgl. *Wacker* in Schmidt, § 16 EStG Rz. 387, m. w. N. zu den verschiedenen Rechtsgrundlagen der Rückgängigmachung; vgl. auch *Bahns*, FR 2004, 317, zur Rückgängigmachung von Veräußerungen nach § 17 EStG.

[7] Vgl. BFH v. 6. 3. 2008 - IV R 72/05, NWB DokID: NAAAC-81877, zur Inanspruchnahme aus Bürgschaft; *Groh*, DB 1995, 2238.

- nachträgliche Inanspruchnahme für vom Erwerber übernommene Betriebsschulden,[1]
- Ausfall von Forderungen im Rest-Betriebsvermögen,[2]
- Geringere oder höhere Tilgung von Verbindlichkeiten im Rest-Betriebsvermögen.[3]

c) Nachträgliche Einkünfte aus Gewerbebetrieb

Die Veräußerung oder Aufgabe eines ganzen Gewerbebetriebs muss zur Beendigung der bisherigen gewerblichen Tätigkeit führen (vgl. → Rz. 111 ff.). Wirtschaftsgüter, die keine wesentlichen Betriebsgrundlagen darstellen, können beim Veräußerer zurückbehalten werden und zum Teil Betriebsvermögen bleiben (vgl. → Rz. 167 ff.). So können in der Folge auch nachträgliche Einkünfte aus Gewerbebetrieb nach § 24 Nr. 2 EStG entstehen. Anwendungsfälle dafür sind unter bestimmten Voraussetzungen:[4]

549

- Zinszahlungen auf Betriebsschulden, die zulässigerweise Betriebsvermögen geblieben sind,[5]
- Zinserträge für eine verzinsliche Stundung der Kaufpreisforderung aus der Veräußerung des ganzen Gewerbebetriebs, sofern die Kaufpreisforderung als Rest-Betriebsvermögen angesehen wird,[6]
- Gewinn aus der Veräußerung von Zwangsrest-Betriebsvermögen,[7]
- Abwicklung von schwebenden Geschäften,[8]
- Auflösung einer steuerfreien Rücklage (insbes. § 6b EStG), die nach der Veräußerung fortgeführt oder anlässlich der Betriebsveräußerung gebildet wurde.[9]

d) Restschuldbefreiung

In die Aufgabebilanz (vgl. → Rz. 660) sind nach der Rechtsprechung die verbliebenen Schulden mit den Werten des § 16 Abs. 3 EStG anzusetzen.[10] Mit Erteilung einer Restschuldbefreiung entfällt jedoch der Ausweis der Schuld in der Aufgabebilanz. Die Restschuldbefreiung stellt ein rückwirkendes Ereignis i. S. d. § 175 Abs. 1 Satz 1 Nr. 2 AO dar, die zu einer Ausbuchung in der Aufgabebilanz und damit einem Ausbuchungsgewinn führt.[11]

550

(Einstweilen frei) 551–555

---

1 Vgl. BFH v. 26. 3. 1991 - VIII R 315/84, BStBl 1992 II 472, für Inanspruchnahme aus Pfandrecht; ebenso H 16 Abs. 10 „Nachträgliche Änderungen des Veräußerungspreises oder des gemeinen Werts", vorletzter Spiegelstrich EStH.
2 Strittig vgl. *Wacker* in Schmidt, § 16 EStG Rz. 363, m.w.N.
3 Strittig vgl. *Wacker* in Schmidt, § 16 EStG Rz. 363; *Reiß* in Kirchhof, § 16 EStG Rz. 267, m.w.N.
4 Vgl. zu Erläuterungen und zu weiteren Anwendungsfällen: *Wacker* in Schmidt, § 16 EStG Rz. 371, für die Veräußerung von Gewerbebetrieben und Teilbetriebsveräußerungen sowie Rz. 390 ff. zu Mitunternehmerschaften.
5 Vgl. zu den Voraussetzungen für Rest-Betriebsvermögen die Ausführungen unter → Rz. 169, 171; vgl. zu Anwendung von § 4 Abs. 4a EStG *Wacker* in Schmidt, § 16 EStG Rz. 371; *Hörger/Rapp* in Littmann/Bitz/Pust (Stand: EL 67 – ET 08/2005), § 16 EStG Rz. 132c.
6 Vgl. *Wacker* in Schmidt, § 16 EStG Rz. 372.
7 Vgl. BFH v. 9. 9. 1993 - IV R 30/92, BStBl 1994 II 105; *Groh*, DB 1995, 2239.
8 Vgl. *Hörger/Rapp* in Littmann/Bitz/Pust (Stand: EL 67 – ET 08/2005), § 16 EStG Rz. 132f und *Wacker* in Schmidt, § 16 EStG Rz. 375, unter Verweis auf BFH v. 25. 6. 1970 - IV 350/64, BStBl 1970 II 719; a. A. *Groh*, DB 1995, 2239; Vgl. dazu auch FG Berlin-Brandenburg v. 1. 3. 2018 - 12 K 15284/15, NWB DokID: GAAAG-90598, Rev. anh., Az. beim BFH: VIII R 12/18.
9 Vgl. *Hörger/Rapp* in Littmann/Bitz/Pust (Stand: EL 67 – ET 08/2005), § 16 EStG Rz. 132g, m.w.N.
10 Vgl. BFH v. 5. 5. 2015 - X R 48/13, BFH/NV 2015, 1358 = NWB Dok ID: HAAAE-98621.
11 Vgl. BFH v. 13. 12. 2016 - X R 4/15, BStBl 2017 II 786.

VIII. Realteilung einer Mitunternehmerschaft (§ 16 Abs. 3 Satz 2 bis 4 EStG)

1. Allgemeine Erläuterungen

556 Der **Rechtsbegriff Realteilung** ist weder handelsrechtlich noch steuerrechtlich definiert[1]. Handelsrechtlich wird die Realteilung als eine von der Liquidation der Personengesellschaft abweichende Art der Auseinandersetzung verstanden (§ 731 BGB, §§ 131, 145, § 161 Abs. 2 HGB).[2] Bei einer Realteilung werden die Wirtschaftsgüter (Aktiva und Passiva) der Personengesellschaft auf die Gesellschafter übertragen (sog. **Naturalteilung**).[3] Die Realteilung nach Steuerrecht knüpft nach der geänderten Auffassung des BFH nicht an das handelsrechtliche Verständnis an und will auch die Fälle des Ausscheidens aus einer fortbestehenden Mitunternehmerschaft unter Mitnahme von Betriebsvermögen erfassen.[4] Die steuerrechtliche Realteilung unterscheidet sich von der handelsrechtlichen Auffassung auch im Wesentlichen dadurch, dass die übernommenen Wirtschaftsgüter – bei den Realteilern – Betriebsvermögen bleiben und aus diesem Grund ein Gewinnausweis nicht erforderlich ist.[5] Aufgrund des zusätzlichen Erfordernisses – Verbleiben der Wirtschaftsgüter im Betriebsvermögen – stellt die steuerrechtliche Realteilung einen vom Handelsrecht abweichenden steuerlichen Eigenbegriff dar.[6]

557 Die steuerlichen Regelungen zur Realteilung sind in § 16 Abs. 3 Sätze 2 bis 4 und Abs. 5 EStG kodifiziert.[7] Die Regelungen sehen eine **steuerneutrale Überführung von Betriebsvermögen** der Mitunternehmerschaft in das Betriebsvermögen des Realteilers vor, vorausgesetzt, die Besteuerung der stillen Reserven ist sichergestellt (§ 16 Abs. 3 Satz 2 EStG). Gegenstand der Realteilung können **einzelne Wirtschaftsgüter, Teilbetriebe und Mitunternehmeranteile** sein.

558 Die FinVerw hat im sog. **Realteilungs-Erlass**[8] aus dem Jahr 2016 zur Auslegung und Anwendung der Realteilungsregelungen Stellung genommen. Der Realteilungs-Erlass aus dem Jahr 2016 ersetzt das BMF-Schreiben v. 28.2.2006 (sog. **alter Realteilungs-Erlass**).[9] In Bezug auf die Überführung der Wirtschaftsgüter auf die jeweiligen Realteiler macht die FinVerw insbesondere folgende Vorgaben:

▶ Mindestens eine wesentliche Betriebsgrundlage[10] muss nach der Realteilung weiterhin Betriebsvermögen eines Realteilers darstellen.

---

1 Zur Realteilung im Umsatzsteuerrecht vgl. *Stenert*, DStR 2018, 765.
2 Vgl. BFH v. 10.12.1991 - VIII R 69/86, BStBl 1992 II 385.
3 Vgl. BFH v. 10.12.1991 - VIII R 69/86, BStBl 1992 II 385; *Baumbach/Hopt*, § 145 HGB Rz. 10; *Bohnhardt* in Haritz/Menner, § 18 UmwStG Rz. 159 f.
4 Vgl. BFH v. 17.9.2015 - III R 49/13, BFH/NV 2016, 624 = NWB DokID: WAAAF-66770; vgl. dazu auch *Schmidt/Siegmund*, NWB 2016, 1422; *Korn*, NWB 2016, 680. In seiner früheren Rechtsprechung (BFH v. 19.1.1982 - VIII R 21/77, BStBl 1982 II 456; BFH v. 10.12.1991 - VIII R 69/86, BStBl 1992 II 385) sah der BFH noch eine Anknüpfung des Steuerrechts an den zivilrechtlichen Realteilungs-Begriff.
5 Ständige Rspr. seit BFH v. 6.5.1952 - I 17/52 U, BStBl 1952 III 183; vgl. auch BFH v. 21.12.1977 - I R 247/74, BStBl 1978 II 305; BFH v. 10.12.1991 - VIII R 69/86, BStBl 1992 II 385. Dies entspricht dem Verständnis der FinVerw im sog. Realteilungs-Erlass, vgl. BMF v. 28.2.2006, „Realteilungs-Erlass", BStBl 2006 I 226.
6 Ebenso *Spiegelberger*, NWB Fach 3, 14019; *Stahl* in Korn, § 16 EStG Rz. 291.
7 Vgl. Gesetz zur Fortentwicklung des Unternehmenssteuerrechts (UntStFG) v. 20.12.2001, BGBl 2001 I 3858; *Engl*, DStR 2001, 1725; *Engl*, DStR 2002, 119; *Wacker*, BB 1999, Beil. 5, 1.
8 Vgl. BMF v. 20.12.2016, „Realteilungs-Erlass", BStBl 2017 I 228; *Stenert*, DStR 2017, 1785; *Schmidt/Siegmund*, NWB 2017, 3926.
9 Vgl. BMF v. 28.2.2006, sog. „alter Realteilungs-Erlass", BStBl 2006 I 226.
10 Die FinVerw geht von einer quantitativ-funktionalen Betrachtungsweise aus. Zur quantitativ-funktionalen Betrachtungsweise vgl. auch → Rz. 135 ff.

► Jeder Realteiler erhält mindestens ein Wirtschaftsgut.
► Nicht erforderlich ist, dass jeder Realteiler wesentliche Betriebsgrundlagen erhält.

Im Ergebnis ist es – laut Verwaltungsauffassung – ausreichend, wenn **eine wesentliche Betriebsgrundlage** in das Betriebsvermögen eines Realteilers übergeht, um die Buchwertfortführung bei allen Realteilern zu gewährleisten, vorausgesetzt, die aufgeteilten Wirtschaftsgüter (wesentliche und nicht wesentliche Betriebsgrundlagen) werden in ein Betriebsvermögen der anderen Realteiler überführt.[1] 559

(*Einstweilen frei*) 560–564

2. Geltungsbereich

a) Subjekt der Realteilung

Die Regelungen zur Realteilung sind auf alle **Mitunternehmerschaften i. S. v. § 15 EStG** (originär und fiktiv gewerblich) anwendbar. Darüber hinaus kann die Mitunternehmerschaft auch eine **land- und forstwirtschaftliche**[2] oder eine **freiberufliche**[3] Tätigkeit ausüben.[4] Unerheblich sollte sein, ob die Mitunternehmerschaft als Außen- oder Innengesellschaft geführt wird. Daher können u. E. auch folgende Mitunternehmerschaften Subjekt der Realteilung sein:[5] 565

► Atypisch stille Gesellschaften;
► Atypisch stille Unterbeteiligungen;
► Erbengemeinschaften mit Betriebsvermögen.[6]

Subjekt der Realteilung kann u. E. auch die Beteiligung eines persönlich haftenden Gesellschafters einer KGaA (KGaA-Komplementär) sein. Der KGaA-Komplementär wird für Zwecke des § 16 EStG einem Mitunternehmer gleichgestellt.[7] Nicht begünstigt sind grundsätzlich Zugewinngemeinschaften, Bruchteilsgemeinschaften[8] sowie Zebragesellschaften.[9] 566

b) Objekt der Realteilung

Objekt der Realteilung ist das **gesamte Betriebsvermögen** (Aktiva und Passiva) der Mitunternehmerschaft einschließlich des Sonderbetriebsvermögens[10] der Realteiler.[11] Die Realteilungs- 567

---

1 Vgl. *Kauffmann* in Frotscher/Geurts, § 16 EStG Rz. 177m.
2 Vgl. BFH v. 23.3.1995 - IV R 93/93, BStBl 1995 II 700; BFH v. 27.6.2007 - IV B 113/06, NWB DokID: LAAAC-62166; *Dibbert/von Knobelsdorff/Heiser*, GWR 2017, 287; *Rode*, DStRK, 2017, 239.
3 Vgl. BFH v. 28.1.1993 - IV R 131/91, BStBl 1993 II 509. Zur Realteilung einer Freiberuflersozietät vgl. *Schulze zur Wiesche*, DStR 2000, 305; *Stahl*, FR 2006, 1071; *Winkemann*, NJW 2009, 1308.
4 Vgl. *Schallmoser* in Blümich, § 16 Rz. 400.
5 Ebenso *Wacker* in Schmidt, § 16 EStG Rz. 538; *Schallmoser* in Blümich, § 16 EStG Rz. 400.
6 Vgl. BT-Drucks. 14/443, 28; *Wacker*, BB 1999, Beil. 5, 1; *Wacker* in Schmidt, § 16 EStG Rz. 538. Zur Realteilung eines Mischnachlasses vgl. *Hörger/Mentel/Schulz*, DStR 1999, 565.
7 Ebenso *Hörger/Rapp* in Littmann/Bitz/Pust (Stand: EL 75 – ET 08/2007), § 16 EStG Rz. 187b.
8 Es sei denn die Bruchteilsgemeinschaft wird wie eine Mitunternehmerschaft besteuert, z. B. die Bruchteilsgemeinschaft ist das Besitzunternehmen im Rahmen einer Betriebsaufspaltung, vgl. BFH v. 11.11.1982 - IV R 117/80, BStBl 1983 II 299.
9 Vgl. *Wacker* in Schmidt, § 16 EStG Rz. 538.
10 Der Realteilungs-Erlass verwendet den Begriff des „Sonderbetriebsvermögens". Gleichwohl möchte die h. M. im Schrifttum den Begriff auf wesentliche Betriebsgrundlagen des Sonderbetriebsvermögens beschränken. Eine Verpflichtung zur Mitübertragung von Sonderbetriebsvermögen, das keine wesentliche Betriebsgrundlage darstellt, soll nicht bestehen; vgl. *Hörger/Rapp* in Littmann/Bitz/Pust (Stand: EL 75 – ET 08/2007), § 16 EStG Rz. 189a; *Wacker* in Schmidt, § 16 EStG Rz. 544; *Rödder/Schumacher*, DStR 2001, 1634.
11 Vgl. BMF v. 20.12.2016, „Realteilungs-Erlass", BStBl 2017 I 228, Tz. 3; *Wacker*, BB 1999, Beil. 5, 1.

regelungen sind auf die Übertragung von organisatorischen Einheiten (Teilbetrieb, Mitunternehmeranteil) und einzelnen Wirtschaftsgütern anwendbar (sog. begünstigte Einheiten). Nach u. E. zutreffender FinVerwsauffassung[1] zählen zu den begünstigten Einheiten auch Teile von Mitunternehmeranteilen.[2] Nach Auffassung des BFH können den organisatorischen Einheiten vor der Realteilung (Ausscheiden eines Gesellschafters bei Fortführung des Teilbetriebs) auch Geldmittel und Forderungen zugeordnet werden. Auch liquide Mittel können – wie andere Wirtschaftsgüter – im Zuge der Realteilung den Gesellschaftern frei geordnet werden.[3] Zudem lässt der BFH in bestimmten Fällen auch die vorherige Einbringung der Anteile an einer Mitunternehmerschaft in andere Personengesellschaften zu, wenn an den anderen Personengesellschaften vermögensmäßig nur die Personen beteiligt sind, die auch zuvor bereits an der Mitunternehmerschaft beteiligt waren.[4]

568 Die Übertragung einer das gesamte Nennkapital (Stamm- bzw. Grundkapital) umfassenden **Kapitalgesellschaftsbeteiligung (100 %ige Beteiligung)** ist als die Übertragung eines Teilbetriebs zu behandeln.[5] Wird eine Kapitalgesellschaftsbeteiligung von weniger als 100 % übertragen, liegt die Übertragung eines einzelnen Wirtschaftsguts vor.[6]

c) Zeitlicher Geltungsbereich

569 Die Regelungen des § 16 Abs. 3 Satz 2 bis 4 EStG sind erstmals auf Realteilungen nach dem 31.12.2000 (ab VZ 2001) anzuwenden (§ 52 Abs. 34 Satz 4 EStG).[7] Bei zeitlich gestreckten Realteilungen über den 31.12.2000 hinaus, ist maßgeblich, ob der Realteilungsvorgang nach dem 31.12.2000 abgeschlossen wurde.[8] Die Regelungen erfassen daher auch Realteilungsvorgänge, die vor dem 1.1.2001 begonnen wurden, der letzte Übertragungsakt nach dem 31.12.2000 erfolgt.[9] Die Realteilung beginnt mit der Übertragung der ersten wesentlichen Betriebsgrundlage auf den jeweiligen Realteiler und endet mit der Übertragung der letzten wesentlichen Betriebsgrundlage auf den jeweiligen Realteiler.[10]

570–575 *(Einstweilen frei)*

3. Übertragung in das Betriebsvermögen des einzelnen Realteilers

576 Die **Fortführung des Buchwerts** anlässlich der Realteilung setzt voraus, dass die begünstigten Einheiten (einzelnes Wirtschaftsgut, Teilbetrieb, Mitunternehmeranteil[11]) in das (eigene) Betriebsvermögen des jeweiligen Realteilers überführt werden. Hierzu zählt auch das Sonderbetriebsvermögen des Realteilers bei einer Mitunternehmerschaft. Eine Überführung einzelner Wirtschaftsgüter in das Gesamthandsvermögen einer anderen Mitunternehmerschaft an der

---

1 Vgl. BMF v. 20.12.2016, „Realteilungs-Erlass", BStBl 2017 I 228, Tz. 3.
2 Zustimmend auch *Schallmoser* in Blümich, § 16 EStG Rz. 401; a. A. HHR/*Kulosa*, § 16 EStG Anm. 443.
3 Vgl. BFH v. 17.9.2015 - III R 49/13, BFH/NV 2016, 624 = NWB DokID: WAAAF-66770.
4 Vgl. BFH v. 16.12.2015 - IV R 8/12, NWB DokID: QAAAF-66772, vgl. dazu auch *Görgen*, NWB 2016, 1650.
5 Vgl. BMF v. 20.12.2016, „Realteilungs-Erlass", BStBl 2017 I 228, Tz. 3.
6 Vgl. *Hörger/Rapp* in Littmann/Bitz/Pust (Stand: EL 75 – ET 08/2007), § 16 EStG Rz. 189a.
7 Zur Rechtslage vor VZ 2001 vgl. *Schallmoser* in Blümich, § 16 EStG Rz. 395 ff.; *Stahl* in Korn, § 16 EStG Rz. 335 ff.; *Hörger/Rapp* in Littmann/Bitz/Pust (Stand: EL 75 – ET 08/2007), § 16 EStG Rz. 186 ff.
8 Ebenso *Kauffmann* in Frotscher/Geurts, § 16 EStG Rz. 177d.
9 Vgl. BMF v. 28.2.2006, „Realteilungs-Erlass", BStBl 2006 I 226, Tz. 10.
10 Vgl. BMF v. 28.2.2006, „Realteilungs-Erlass", BStBl 2006 I 226, Tz. 10.
11 Ist ein Mitunternehmeranteil Gegenstand der Realteilung, ist eine Überführung in ein anderes Betriebsvermögen nicht zwingend erforderlich. Der Mitunternehmeranteil an sich stellt einen Anteil an einem Betriebsvermögen dar; ebenso *Wacker* in Schmidt, § 16 EStG Rz. 543; *Schallmoser* in Blümich, § 16 EStG Rz. 402.

der Realteiler beteiligt ist, ist nach Verwaltungsauffassung[1] unzulässig. Dies gelte auch dann, wenn es sich um personenidentische Schwesterpersonengesellschaften handelt.

Im Schrifttum[2] werden hinsichtlich der Überführung von Wirtschaftsgütern des Gesamthandsvermögens in das Gesamthandsvermögen einer anderen Mitunternehmerschaft folgende **Ausweichgestaltungen** diskutiert:

▶ **Wirtschaftsgutoption I**: Überführung einzelner Wirtschaftsgüter im Rahmen der Realteilung in das Sonderbetriebsvermögen des Realteilers bei der anderen Mitunternehmerschaft. In der Folge wird das Wirtschaftsgut gem. § 6 Abs. 5 Satz 3 EStG aus dem Sonderbetriebsvermögen in das Gesamthandsvermögen der Mitunternehmerschaft übertragen. Die dreijährige Behaltensfrist des § 16 Abs. 3 Satz 3 EStG[3] ist zu beachten.

▶ **Wirtschaftsgutoption II**: Überführung einzelner Wirtschaftsgüter aus dem Gesamthandsvermögen der Mitunternehmerschaft in das Sonderbetriebsvermögen des Mitunternehmers (§ 6 Abs. 5 Satz 3 EStG). In der Folgezeit wird das Wirtschaftsgut gem. § 6 Abs. 5 Satz 3 Nr. 2 EStG in das Gesamthandsvermögen der anderen Mitunternehmerschaft übertragen. Die dreijährige Behaltensfrist des § 6 Abs. 5 Satz 4 EStG[4] ist zu beachten.

▶ **Teilbetriebsoption**: Im Rahmen der Realteilung wird ein Teilbetrieb in das Sonderbetriebsvermögen des Realteilers bei der anderen Mitunternehmerschaft überführt. Unter Berücksichtigung des Wortlauts („einzelne Wirtschaftsgüter übertragen") bestehen u. E. gute Gründe, dass bei einer Teilbetriebsübertragung die Behaltensfrist des § 16 Abs. 3 Satz 3 EStG nicht ausgelöst wird. In der Folgezeit könnte der Teilbetrieb gem. § 6 Abs. 5 Satz 3 Nr. 2 EStG (ggf. gem. § 24 UmwStG) ohne Nachversteuerung in das Gesamthandsvermögen der anderen Mitunternehmerschaft übertragen werden.

▶ **Option § 6b-Rücklage**: Bei der Überführung von einzelnen Wirtschaftsgütern des Gesamthandsvermögens in das Gesamthandsvermögen einer anderen Mitunternehmerschaft kann die Aufdeckung und Besteuerung stiller Reserven durch die Anwendung von § 6b EStG (teilweise) vermieden werden.

Nach der Rechtsprechung des BFH steht die vorherige Einbringung der Anteile an einer Mitunternehmerschaft in eine andere Personengesellschaft einer Realteilung mit Buchwertfortführung nicht entgegen, vorausgesetzt, an der aufnehmenden Personengesellschaft sind – bei einer vermögensmäßigen Betrachtung – dieselben Personen beteiligt wie an der Mitunternehmerschaft.[5]

Die FinVerw[6] verlangt nicht, dass vor der Realteilung ein entsprechendes Betriebsvermögen des Realteilers existiert (z. B. im Rahmen eines weiteren Einzelunternehmens). Ausreichend ist, wenn anlässlich der Realteilung durch die Übernahme der Wirtschaftsgüter ein neuer Betrieb entsteht (z. B. durch Begründung einer Betriebsaufspaltung). Unerheblich ist, ob die Wirtschaftsgüter zum notwendigen oder gewillkürten Betriebsvermögen zählen.[7]

(Einstweilen frei)

---

1 Vgl. BMF v. 20.12.2016, „Realteilungs-Erlass", BStBl 2017 I 228, Tz. 4.1.
2 Vgl. *Stahl* in Korn, § 16 EStG Rz. 318; *Wacker* in Schmidt, § 16 EStG Rz. 546.
3 Zur Behaltensfrist nach § 16 Abs. 3 Satz 3 EStG vgl. auch → Rz. 599 ff.
4 Zur Behaltensfrist nach § 6 Abs. 5 Satz 4 EStG vgl. auch KKB/Teschke/C. Kraft, § 6 EStG Rz. 372 ff.
5 Vgl. BFH v. 16.12.2015 - IV R 8/12, NWB DokID: QAAAF-66772.
6 Vgl. BMF v. 20.12.2016, „Realteilungs-Erlass", BStBl 2017 I 228, Tz. 4.1.
7 Vgl. *Schallmoser* in Blümich, § 16 EStG Rz. 402.

4. Abgrenzung der Realteilung von der Veräußerung/Aufgabe eines Mitunternehmeranteils

583 Abzugrenzen ist die Realteilung von der Veräußerung oder der Aufgabe eines Mitunternehmeranteils bei Fortbestehen der Mitunternehmerschaft. Nach Auffassung der FinVerw liegt keine begünstigte Realteilung, sondern ein Fall der Veräußerung bzw. der Aufgabe eines Mitunternehmeranteils vor (§ 16 Abs. 1 Satz 1 Nr. 2 EStG oder § 16 Abs. 3 Satz 1 EStG), wenn ein Mitunternehmer aus einer mehrgliedrigen Mitunternehmerschaft ausscheidet und diese von den verbleibenden Mitunternehmern fortgeführt wird.[1] Dasselbe gilt auch dann, wenn ein Mitunternehmer aus einer zweigliedrigen Mitunternehmerschaft ausscheidet und der verbleibende Mitunternehmer den Betrieb als Einzelunternehmen fortführt.[2] Die Auffassung der FinVerw steht im Widerspruch zur Rechtsprechung des BFH.[3] Hiernach gelten die Grundsätze der Realteilung sowohl für das Ausscheiden (mindestens) eines Mitunternehmers aus einer mehrgliedrigen Mitunternehmerschaft unter Mitnahme von mitunternehmerischen Vermögen als auch für die Auflösung der Mitunternehmerschaft und Verteilung des Betriebsvermögens.

584 Abweichend von vorgenannten Grundsätzen erkennt die FinVerw,[4] unter Hinweis auf Rspr. des BFH[5] eine begünstigte Realteilung an, wenn ein oder mehrere Mitunternehmer unter Mitnahme jeweils eines Teilbetriebs (§ 16 Abs. 1 Satz 1 Nr. 1 EStG) aus der Mitunternehmerschaft ausscheidet/ausscheiden und die Mitunternehmerschaft von den verbleibenden Mitunternehmern fortgeführt wird bzw. sofern ein Mitunternehmer verbleibt und der Betrieb als Einzelunternehmen fortgeführt wird. Entsprechendes soll im Fall von doppelstöckigen Personengesellschaften beim Ausscheiden aus der Mutter-Personengesellschaft für die Mitnahme eines Mitunternehmeranteils an einer Tochter-Personengesellschaft gelten.[6][7]

585–588 (Einstweilen frei)

5. Rechtsfolgen der Realteilung – Grundsatz der Buchwertfortführung

589 Liegen die Voraussetzungen der Realteilung vor, sind die Wirtschaftsgüter gem. § 16 Abs. 3 Satz 2 EStG in der Schlussbilanz der Mitunternehmerschaft zwingend mit dem Buchwert anzusetzen (**Grundsatz der Buchwertfortführung**). Ein Wahlrecht zum Ansatz von Zwischen- bzw. gemeinen Werten besteht nicht.[8] Im Ergebnis führt die Regelung zu einem Steuerstundungseffekt. Durch die zwingende Buchwertfortführung wird die Realteilung inhaltlich weitgehend einer Übertragung nach § 6 Abs. 5 Satz 3 EStG gleichgestellt.[9] Die gesetzlich angeordnete Buchwertfortführung (Steuerneutralität) bei der Realteilung widerspricht der Dogmatik des

---

[1] Vgl. BMF v. 20.12.2016, „Realteilungs-Erlass", BStBl 2017 I 228, Tz. 2; Wollweber/Stenert, DStR 2016, 2144.
[2] Vgl. BMF v. 20.12.2016, „Realteilungs-Erlass", BStBl 2017 I 228, Tz. 2.
[3] Vgl. BFH v. 30.3.2017 - IV R 11/15, NWB DokID: LAAAG-48083; Levedag, DStR 2017, 1233; Schmidt/Siegmund, NWB 2017, 3926.
[4] Vgl. BMF v. 20.12.2016, „Realteilungs-Erlass", BStBl 2017 I 228, Tz. 2.
[5] Vgl. BFH v. 17.9.2015 - III R 49/13, BStBl 2017 II 37; Levedag, DStR 2017, 1233; Lüken, DStR 2016, 889; Steiner/Ullmann, DStR 2017, 912; Wollweber/Stenert, DStR 2016, 2144.
[6] Vgl. BMF v. 20.12.2016, „Realteilungs-Erlass", BStBl 2017 I 36, Tz. 2.
[7] Vgl. Jacobsen/Thörmer, DStR 2017, 632, die sich für eine grundlegende Reform der Begünstigung von Ein- und Ausbringungen in bzw. aus Mitunternehmerschaften aussprechen.
[8] Im Unterschied hierzu enthält die thematisch vergleichbare Regelung des § 24 UmwStG ein entsprechendes Wahlrecht. Zu eventuellen Nachteilen einer zwangsweisen Buchwertfortführung und etwaigen Vermeidungsstrategien im Hinblick auf den durch die BFH-Rechtsprechung erweiterten Anwendungsbereich der Realteilung vgl. Paus, NWB 2018, 504.
[9] Laut Gesetzesbegründung stellen die Realteilung sowie die Übertragungen gem. § 6 Abs. 5 Satz 3 EStG Umstrukturierungsmaßnahmen dar, für die eine Steuerneutralität als sachgerecht angesehen wird, vgl. BT-Drucks. 14/6882, 34.

§ 16 EStG, wonach grundsätzlich ein Veräußerungs- bzw. Aufgabegewinn zu besteuern ist, aber gewisse steuerliche Begünstigungen gewährt werden.[1]

Gegebenenfalls sind einzelne Wirtschaftsgüter – z. B. bei einer Überführung einzelner Wirtschaftsgüter in das Privatvermögen des Realteilers oder falls die Besteuerung der stillen Reserven nicht sichergestellt ist – mit dem **gemeinen Wert** auszuweisen.

Die übernehmenden Realteiler sind an die Wertansätze in der Schlussbilanz der Mitunternehmerschaft gebunden. Soweit Buchwertfortführung angeordnet ist, treten die Realteiler in die Rechtsstellung der Personengesellschaft ein (**Fußstapfentheorie**, z. B. bzgl. AfA).[2]

Nach Rechtsprechung des BFH[3] kann ein gewinnwirksamer Bilanzierungsfehler der realgeteilten Mitunternehmerschaft nach den Grundätzen des formellen Bilanzzusammenhangs bei den Realteilern berichtigt werden.

Die Rechtsfolgen (zwingender Buchwertansatz) sind bei den Regelungen § 16 Abs. 3 Satz 2 EStG und § 6 Abs. 5 Satz 3 EStG weitgehend identisch. Unterschiede bestehen bei der Übertragung von Verbindlichkeiten.[4] Während Verbindlichkeiten im Zuge einer Realteilung steuerneutral übertragen werden können, stellt die Übernahme einer Verbindlichkeit im Rahmen des § 6 Abs. 5 Satz 3 EStG wohl eine Gegenleistung für übernommene aktive Wirtschaftsgüter dar,[5] mit der Folge einer teilweisen Gewinnrealisierung.[6] Des Weiteren bestehen Unterschiede beim sachlichen Anwendungsbereich der Behaltensfrist. Der sachliche Anwendungsbereich der Behaltensfrist nach § 6 Abs. 5 Satz 4 EStG umfasst sämtliche Wirtschaftsgüter, die nach § 6 Abs. 5 EStG übertragen werden, während der Anwendungsbereich der Behaltensfrist nach § 16 Abs. 3 Satz 3 EStG auf wesentliche Betriebsgrundlagen beschränkt ist.[7]

(*Einstweilen frei*)

6. Ausnahmen vom Grundsatz der Buchwertfortführung

a) Sicherstellung der Besteuerung stiller Reserven

Voraussetzung der Buchwertfortführung ist, dass die **stillen Reserven** in den übergegangenen **Wirtschaftsgütern in Deutschland steuerverhaftet bleiben**. § 16 Abs. 3 Satz 2 2. Halbsatz EStG ordnet die entsprechende Anwendung der Entstrickungsregelung des § 4 Abs. 1 Satz 4 EStG an. Nach der Entstrickungsregelung scheidet die Buchwertfortführung aus, soweit anlässlich der Realteilung einer Mitunternehmerschaft das inländische Besteuerungsrecht hinsichtlich des Gewinns aus der Veräußerung einzelner Wirtschaftsgüter beschränkt oder ausgeschlossen wird. Typisierend wird ein Ausschluss oder eine Beschränkung des inländischen Besteuerungsrechts angenommen, wenn ein bisher einer inländischen Betriebsstätte der Mitunternehmerschaft zugeordnetes Wirtschaftsgut nach Realteilung einer ausländischen Betriebsstätte zuzuordnen ist (§ 4 Abs. 1 Satz 5 EStG). Für diese Wirtschaftsgüter scheidet die Buchwertfortfüh-

---

1 Ebenso *Kauffmann* in Frotscher/Geurts, § 16 EStG Rz. 177a.
2 Vgl. *Hörger/Rapp* in Littmann/Bitz/Pust (Stand: EL 75 – ET 08/2007), § 16 EStG Rz. 192.
3 Vgl. BFH v. 20.10.2015 - VIII R 33/13, BStBl 2016 II 596; *Staschewski*, SteuK 2016, 276.
4 Vgl. *Hörger/Rapp* in Littmann/Bitz/Pust (Stand: EL 75 – ET 08/2007), § 16 EStG Rz. 189b.
5 Die Übernahme der Verbindlichkeiten wird von der FinVerw als gesondertes Entgelt gesehen, vgl. BMF v. 7.6.2001, BStBl 2001 I 367.
6 Vgl. BFH v. 11.12.2001 - VIII R 58/98, BStBl 2002 II 420; *Stahl* in Korn, § 16 EStG Rz. 298; *Wacker* in Schmidt, § 16 EStG Rz. 536.
7 Vgl. *Hörger/Rapp* in Littmann/Bitz/Pust (Stand: EL 75 – ET 08/2007), § 16 EStG Rz. 190.

rung aus. Die Wirtschaftsgüter sind in der Schlussbilanz der Mitunternehmerschaft mit dem gemeinen Wert anzusetzen (§ 6 Abs. 1 Nr. 1 Satz 1 2. Halbsatz EStG). Die stillen Reserven werden aufgedeckt und besteuert.[1]

b) Behaltensfrist

599 In § 16 Abs. 3 Satz 3 1. Halbsatz EStG ist eine **Nachversteuerung** (rückwirkende Beseitigung des Buchwerts) vorgesehen, soweit bei einer Realteilung

- Einzel-Wirtschaftsgüter übertragen worden sind und
- zum Buchwert übertragener Grund und Boden, übertragene Gebäude oder andere übertragene wesentliche Betriebsgrundlagen innerhalb einer Behaltensfrist veräußert oder entnommen werden.

Bei einer Realteilung durch Übertragung von Betrieben, Teilbetrieben oder Mitunternehmeranteilen ist die Behaltensfrist nach dem Gesetzeswortlaut unbeachtlich.[2] Bei sog. Mischkonstellationen (z. B. Realteiler übernimmt Teilbetrieb und einzelne Wirtschaftsgüter) ist der Anwendungsbereich der Behaltensfristregelung auf die überführten Einzel-Wirtschaftsgüter beschränkt.[3]

600 Die **Behaltensfrist** beginnt grundsätzlich mit Übergang des wirtschaftlichen Eigentums am Wirtschaftsgut auf den Realteiler und endet drei Jahre nach Abgabe der Steuererklärung der Mitunternehmerschaft (Tag des Eingangs der Feststellungserklärung der Mitunternehmerschaft) für den Veranlagungszeitraum der Realteilung (§ 16 Abs. 3 Satz 3 2. Halbsatz EStG).[4] Die Behaltensfristregelung des § 16 Abs. 3 Satz 3 EStG ist weitgehend identisch mit der Behaltensfrist nach § 6 Abs. 5 Satz 4 EStG.[5]

601 Laut Gesetzesbegründung[6] soll durch die Behaltensfrist vermieden werden, dass die Realteilung der Vorbereitung einer Veräußerung bzw. Entnahme des Wirtschaftsguts dient. Steuerlich begünstigt sollen Unternehmensrestrukturierungen mit dem Ziel der Fortsetzung des unternehmerischen Engagements in anderer Form sein. Bei einer Veräußerung oder Entnahme des Einzel-Wirtschaftsguts würde – laut Gesetzgeber[7] – die unternehmerische Tätigkeit nicht fortgesetzt, sondern – bezogen auf dieses Wirtschaftsgut – vielmehr beendet. Im Schrifttum[8] wird die Behaltensfristregelung u. E zutreffend als verfehlt angesehen. Die Buchwertfortführung setzt voraus, dass das Wirtschaftsgut in ein Betriebsvermögen überführt wird und die Besteuerung der stillen Reserven sichergestellt ist. Ein Transfer stiller Reserven z. B. in das Privatvermögen des Stpfl. ist im Rahmen der Realteilung grundsätzlich ausgeschlossen. Im Ergebnis führt die Behaltensfrist lediglich zu einer zeitlichen Vorverlagerung der Besteuerung der stillen Reserven.

---

1 Vgl. BMF v. 20.12.2016, „Realteilungs-Erlass", BStBl 2017 I 36, Tz. 5.
2 Vgl. BMF v. 20.12.2016, „Realteilungs-Erlass", BStBl 2017 I 36, Tz. 8.
3 Im Schrifttum wird von einer personen- und objektbezogenen Betrachtungsweise gesprochen vgl. *Wacker* in Schmidt, § 16 EStG Rz. 552; *Hörger/Rapp* in Littmann/Bitz/Pust (Stand: EL 75 – ET 08/2007), § 16 EStG Rz. 194.
4 Zum Fristende bei Nichtabgabe der Feststellungserklärung vgl. *Kauffmann* in Frotscher/Geurts, § 16 EStG Rz. 206.
5 Zur inhaltlichen Gleichstellung der Behaltensfristen vgl. BT-Drucks. 14/6882, 33 f.
6 Vgl. BT-Drucks. 14/6882, 34.
7 Vgl. BT-Drucks. 14/6882, 33.
8 Vgl. *Carle/Bauschatz*, KÖSDI 2002, 13133, m.w. N.

Nicht abschließend geklärt ist, **welche Wirtschaftsgüter von der Behaltensfrist erfasst** sind. 602
Die FinVerw[1] möchte die Behaltensregelung auf Grund und Boden, Gebäude (des Anlagevermögens) und andere wesentliche Betriebsgrundlagen anwenden. Nach der Verwaltungsauffassung löst auch eine Veräußerung bzw. Entnahme von Grund und Boden bzw. Gebäuden (des Anlagevermögen), die keine wesentliche Betriebsgrundlage darstellen, die Rechtsfolgen des § 16 Abs. 3 Satz 3 EStG aus. Die Auslegung widerspricht u. E. dem Gesetzeswortlaut, wonach Grund und Boden, Gebäude oder andere wesentliche Betriebsgrundlagen erfasst sind. Aus der **„oder"-Verknüpfung** ist zu schließen, dass Grund und Boden bzw. Gebäude ebenfalls wesentliche Betriebsgrundlagen sein müssen.[2]

Die FinVerw[3] wertet die folgenden Vorgänge als schädliche Veräußerungen i. S. d. § 16 Abs. 3 603
Satz 3 EStG:

▶ Die **Einbringung** der im Wege der Realteilung erhaltenen einzelnen Wirtschaftsgüter nach §§ 20, 24 UmwStG, zusammen mit einem Betrieb, Teilbetrieb oder Mitunternehmeranteil. Unerheblich ist, ob die Wirtschaftsgüter zum Buchwert, Zwischenwert oder zum gemeinen Wert eingebracht werden.[4]

▶ **Formwechsel** nach § 25 UmwStG.

▶ **Übertragung** der im Zuge der Realteilung erhaltenen Wirtschaftsgüter **gegen Gewährung von Gesellschaftsrechten** nach § 6 Abs. 5 EStG auf einen Dritten.

Die **Nachversteuerung** wird ausgelöst, wenn das wirtschaftliche Eigentum am Einzel-Wirt- 604
schaftsgut im Wege einer schädlichen Veräußerung bzw. Entnahme innerhalb der Behaltensfrist übertragen wird.[5] Im Fall der Nachversteuerung ist das Wirtschaftsgut rückwirkend mit dem gemeinen Wert in der Schlussbilanz der Mitunternehmerschaft zu berücksichtigen. Durch die Nachversteuerung wird der laufende Gewinn der Mitunternehmerschaft um die Differenz zwischen dem in der Schlussbilanz angesetzten Buchwert und dem gemeinen Wert des Wirtschaftsguts im Zeitpunkt der Realteilung erhöht. Der Gewinn ist grundsätzlich nach den im Zeitpunkt der Realteilung vorgesehenen Gewinnverteilungsschlüssel auf die ehemaligen Mitunternehmer zu verteilen.[6] Von der FinVerw[7] werden jedoch auch schriftliche Vereinbarungen akzeptiert, wonach die Nachversteuerung von demjenigen Realteiler (allein) zu tragen ist, dem die schädliche Veräußerung bzw. Entnahme zuzurechnen ist. Gehörte das Wirtschaftsgut zum Sonderbetriebsvermögen eines Realteilers, ist im Fall eines Verstoßes gegen die Behaltensfrist der Gewinn von diesem Realteiler (allein) nachzuversteuern. Wurde Sonderbetriebsvermögen im Zuge der Realteilung von einem anderen Realteiler übernommen, ist die Nachversteuerung nur bei einer entsprechenden schriftlichen Vereinbarung vom übernehmenden Realteiler vorzunehmen.[8] Der Nachversteuerungsgewinn unterliegt nicht der Gewerbesteuer, soweit der

---

1 Vgl. BMF v. 20.12.2016, „Realteilungs-Erlass", BStBl 2017 I 36, Tz. 8.
2 Ebenso *Wacker* in Schmidt, § 16 EStG Rz. 552; a. A. *Kauffmann* in Frotscher/Geurts, § 16 EStG Rz. 204.
3 Vgl. BMF v. 20.12.2016, „Realteilungs-Erlass", BStBl 2017 I 36, Tz. 8.
4 Kritisch *Wacker* in Schmidt, § 16 EStG Rz. 552; *Engl*, DStR 2001, 119; *Engl*, DStR 2002, 119; *Schulze zur Wiesche*, FR 2001, 1096.
5 Vgl. *Kauffmann* in Frotscher/Geurts, § 16 EStG Rz. 205.
6 Vgl. BMF v. 20.12.2016, „Realteilungs-Erlass", BStBl 2017 I 36; gl. A. *Wacker* in Schmidt, § 16 EStG Rz. 554; *Stahl* in Korn, § 16 EStG Rz. 333; a. A. *Kauffmann* in Frotscher/Geurts, § 16 EStG Rz. 204.
7 Vgl. BMF v. 20.12.2016, „Realteilungs-Erlass", BStBl 2017 I 36, Tz. 9.
8 Vgl. BMF v. 20.12.2016, „Realteilungs-Erlass", BStBl 2017 I 36, Tz. 9.

Gewinn auf natürliche Personen als unmittelbar beteiligte Mitunternehmer entfällt (§ 7 Satz 2 GewStG).[1]

605 Die rückwirkende Beseitigung der Buchwertfortführung ist beim Übernehmer des Einzel-Wirtschaftsguts nachzuvollziehen. Der Übernehmer hat **rückwirkend den Buchwertansatz** in der Eröffnungsbilanz durch den **Ansatz des gemeinen Werts** zu ersetzen. Das Wirtschaftsgut gilt als mit dem gemeinen Wert angeschafft, mit der Folge höherer AfA und eines geringeren Veräußerungs- bzw. Entnahmegewinns.[2]

606 Verfahrensrechtlich stellt der Verstoß gegen die Behaltensfrist des § 16 Abs. 3 Satz 3 EStG ein **rückwirkendes Ereignis i. S. d. § 175 Abs. 1 Satz 2 AO** dar. Der Feststellungsbescheid der Mitunternehmerschaft für den Veranlagungszeitraum der Realteilung ist entsprechend zu ändern. Das rückwirkende Ereignis (schädliche Veräußerung bzw. Entnahme) führt zum Beginn einer neuen Festsetzungsfrist (§ 175 Abs. 1 Satz 2 AO).

607–610 (*Einstweilen frei*)

c) Körperschaftsklausel I

611 Die **Missbrauchsregelung** des § 16 Abs. 3 Satz 4 EStG schließt die steuerneutrale Buchwertfortführung des § 16 Abs. 3 Satz 2 EStG aus, soweit bei einer Realteilung, bei der Einzel-Wirtschaftsgüter übertragen werden, Wirtschaftsgüter unmittelbar oder mittelbar auf eine Körperschaft, Personenvereinigung oder Vermögensmasse übertragen werden und die Körperschaft nicht bereits mittelbar oder unmittelbar an dem übertragenen Wirtschaftsgut beteiligt war (Ansatz des gemeinen Werts des Wirtschaftsguts). Zweck der Regelung ist es, eine Übertragung stiller Reserven ohne Steuerrealisation in den Anwendungsbereich des Teileinkünfteverfahrens (§ 3 Nr. 40 EStG, § 3c Abs. 2 EStG) zu vermeiden.[3]

612 Die Regelung wird als sog. **Körperschaftsklausel I** bezeichnet und ist in Zusammenhang mit der Missbrauchsregelung des § 16 Abs. 5 EStG (sog. Körperschaftsklausel II)[4] zu verstehen. Die Körperschaftsklausel I entspricht weitgehend der in § 6 Abs. 5 Satz 5 EStG enthaltenen Missbrauchsregelung.[5]

613 Ausweislich des Wortlauts ist die Regelung bei der **Übertragung von Einzel-Wirtschaftsgütern** anzuwenden. Die Regelung greift nicht bei der Überführung von Betrieben, Teilbetrieben oder Mitunternehmeranteilen.[6] Der Anwendungsbereich der Missbrauchsregelung umfasst unmittelbare und mittelbare Übertragungen von Einzel-Wirtschaftsgütern auf Körperschaften.

> **BEISPIEL:**
> ▶ **Unmittelbare Übertragung:** Das Wirtschaftsgut wird aus dem Betriebsvermögen der Personengesellschaft in das Betriebsvermögen der Körperschaft überführt.

---

1 Vgl. BMF v. 20.12.2016, „Realteilungs-Erlass", BStBl 2017 I 36, Tz. 9; *Stahl* in Korn, § 16 EStG Rz. 333.
2 Vgl. *Stahl* in Korn, § 16 EStG Rz. 331.
3 Vgl. BT-Drucks. 14/6882, 33 f.; ebenso *Wacker* in Schmidt, § 16 EStG Rz. 555; kritisch *Engl*, DStR 2001, 1725; *Paus*, FR 2002, 1217.
4 Zur Körperschaftsklausel II vgl. → Rz. 651 ff.
5 Vgl. BT-Drucks. 14/6882, 34; *Hörger/Rapp* in Littmann/Bitz/Pust (Stand: EL 75 – ET 08/2007), § 16 EStG Rz. 195.
6 Laut Realteilungs-Erlass stellt die Übertragung eines Mitunternehmeranteils keine Übertragung von Einzel-Wirtschaftsgütern dar, vgl. BMF v. 20.12.2016, „Realteilungs-Erlass", BStBl 2017 I 36.

► **Mittelbare Übertragung:** Das Wirtschaftsgut wird aus dem Betriebsvermögen der Personengesellschaft in das Gesamthandsvermögen einer Mitunternehmerschaft (oder atypisch stillen Gesellschaft[1]) überführt, an der die Körperschaft als Mitunternehmerin beteiligt ist.

Nach Auffassung der FinVerw[2] zur vergleichbaren Missbrauchsregelung des § 6 Abs. 5 Satz 5 EStG ist der Teilwert nur anzusetzen, wenn ein vermögensmäßiger Anteil der Körperschaft am Wirtschaftsgut entweder begründet wird oder sich erhöht (entgegen dem Wortlaut der Regelung).[3] U. E. sollte die Verwaltungsansicht entsprechend auf die Körperschaftsklausel I angewendet werden.[4]   614

BEISPIEL:[5] Y und die Z-GmbH sind jeweils zu 50 % an der YZ-KG beteiligt. Zum Gesamthandsvermögen der YZ-KG zählt ein Pkw mit einem Buchwert von 10 000 € (gemeiner Wert 20 000 €). Im Rahmen der Realteilung wird das Einzel-Wirtschaftsgut Pkw in das Betriebsvermögen der Z-GmbH überführt.

Grundsätzlich ist für Wirtschaftsgüter, die im Wege der Realteilung übertragen werden, der Buchwertansatz vorgeschrieben (§ 16 Abs. 3 Satz 2 EStG). Nach § 16 Abs. 3 Satz 4 EStG ist in der Schlussbilanz der YZ-KG der gemeine Wert des Pkw anzusetzen, soweit sich der vermögensmäßige Anteil der Z-GmbH an dem Einzel-Wirtschaftsgut Pkw erhöht (durch die Realteilung gehen 50 % der stillen Reserven des Pkw auf die Z-GmbH über). Der Pkw ist in der Schlussbilanz der YZ-KG mit einem Wert von 15 000 € (Buchwert zzgl. 50 % der stillen Reserven) auszuweisen.

Abwandlung:

Nunmehr ist die Z-GmbH zu 100 % an der YZ-KG beteiligt. Es sind keine stille Reserven im Wirtschaftsgut Pkw aufzudecken und zu besteuern. Der Pkw ist in der Schlussbilanz der YZ-KG mit dem Buchwert auszuweisen. Wirtschaftlich betrachtet sind der Z-GmbH vor und nach der Realteilung 100 % der stillen Reserven am Pkw zuzurechnen. Der Anteil der Z-GmbH an den stillen Reserven im Pkw wird durch die Realteilung nicht erhöht.

Der Gewinn aus dem Ansatz des gemeinen Werts ist als laufender Gewinn allen Gesellschaftern nach dem Gewinnverteilungsschlüssel zuzurechnen (keine Begünstigung nach §§ 16, 34 EStG).[6] Eine analoge Anwendung des § 16 Abs. 3 Satz 8 EStG zur Zuweisung der aufgedeckten stillen Reserven an die jeweiligen Mitunternehmer ist u. E. nicht möglich.[7] Der laufende Gewinn ist grundsätzlich gewerbesteuerpflichtig; keine Gewerbesteuer, sofern die Voraussetzungen des § 7 Satz 2 GewStG erfüllt sind.[8]   615

d) Körperschaftsklausel II

Zur Körperschaftsklausel II des § 16 Abs. 5 EStG vgl. → Rz. 651 ff.   616

(*Einstweilen frei*)   617–620

---

1 Ebenfalls *Hörger/Rapp* in Littmann/Bitz/Pust (Stand: EL 75 – ET 08/2007), § 16 EStG Rz. 195.
2 Vgl. BMF v. 8.12.2011, BStBl 2011 I 1279, Tz. 28 ff.
3 Vgl. hierzu auch KKB/Teschke/C. Kraft, § 6 EStG Rz. 379 ff.
4 Ebenso *Hörger/Rapp* in Littmann/Bitz/Pust (Stand: EL 75 - ET 08/2007), § 16 EStG Rz. 195; *Wacker* in Schmidt, § 16 EStG Rz. 555.
5 Vgl. BMF v. 8.12.2011, BStBl 2011 I 1279, Tz. 28 f.
6 Vgl. *Wacker* in Schmidt, § 16 EStG Rz. 555; *Winkemann*, BB 2004, 130; a. A. HHR/*Kulosa*, § 16 EStG Anm. 467.
7 Vgl. hierzu auch HHR/*Kulosa*, § 16 EStG Anm. 467.
8 Vgl. *Schallmoser* in Blümich, § 16 EStG Rz. 417; *Wacker* in Schmidt, § 16 EStG Rz. 555.

7. Realteilung mit und ohne Wertausgleich

a) Realteilung ohne Wertausgleich

621 Entspricht die Summe der Buchwerte der übernommenen Wirtschaftsgüter dem Buchwert des Kapitalkontos des betreffenden Realteilers und geht auf den jeweiligen Realteiler exakt der Anteil an den stillen Reserven über, der ihm auf Ebene der Mitunternehmerschaft zuzurechnen war, erübrigen sich Anpassungsmaßnahmen.[1] Der Realteiler kann sowohl die Buchwerte der zugeteilten Wirtschaftsgüter als auch den Buchwert des Kapitalkontos im aufgenommenen Betriebsvermögen unverändert weiterführen. Diese Konstellation dürfte nur Ausnahmefällen gegeben sein. Regelmäßig dürfte die Summe der Buchwerte der zugeteilten Wirtschaftsgüter nicht dem Buchwert des Kapitalkontos des jeweiligen Mitunternehmers entsprechen.[2] Die Rechtsprechung hat zur bilanziellen Abbildung der Realteilung die sog. **Kapitalkontenanpassungsmethode** entwickelt.[3] Die Kapitalanpassungsmethode wurde von der FinVerw übernommen.[4] Nach der Kapitalanpassungsmethode haben die jeweiligen Realteiler die Kapitalkonten durch erfolgsneutrales Aufstocken oder Abstocken an die Summe der Buchwerte der übernommenen Wirtschaftsgüter anzupassen.[5] Die erfolgsneutrale Anpassung der Kapitalkonten führt zu einer **geänderten personellen Zuordnung der stillen Reserven** (Verlagerung der stillen Reserven auf den/die Mitgesellschafter).[6] Die stillen Reserven bleiben jedoch in unveränderter Höhe steuerverhaftet.[7]

BEISPIEL:[8] X und Y sind Mitunternehmer der XY-KG. X ist zu 30 % und Y zu 70 % beteiligt. Die Mitunternehmer beschließen die XY-KG zu liquidieren und das Vermögen im Wege der Realteilung auf die Mitunternehmer aufzuteilen. X erhält Teilbetrieb I und Y Teilbetrieb II.

Schlussbilanz XY-KG

	Buchwert	gemeiner Wert		Buchwert	gemeiner Wert
Teilbetrieb 1	100 000	120 000	Kapital X	60 000	108 000
Teilbetrieb 2	100 000	240 000	Kapital Y	140 000	252 000
	200 000	360 000		200 000	360 000

Eröffnungsbilanz X

	Buchwert	gemeiner Wert		Buchwert	gemeiner Wert
Teilbetrieb 1	100 000	120 000	Kapital X	100 000	120 000
	100 000	120 000		100 000	120 000

---

1 Vgl. BMF v. 20.12.2016, „Realteilungs-Erlass", BStBl 2017 I 36, Tz. 7.
2 Vgl. BFH v. 10.12.1991 - VIII R 69/86, BStBl 1992 II 385.
3 Vgl. BFH v. 10.2.1972 - IV 317/65, BStBl 1972 II 419; BFH v. 10.12.1991 - VIII R 69/86, BStBl 1992 II 385; BFH v. 1.12.1992 - VIII R 57/90, BStBl 1994 II 607.
4 Vgl. BMF v. 20.12.2016, „Realteilungs-Erlass", BStBl 2017 I 36, Tz. 7.
5 Vgl. BFH v. 10.2.1972 - IV 317/65, BStBl 1972 II 419; BFH v. 10.12.1991 - VIII R 69/86, BStBl 1992 II 385.
6 Vgl. BFH v. 10.12.1991 - VIII R 69/86, BStBl 1992 II 385; *Schallmoser* in Blümich, § 16 EStG Rz. 395; *Hörger/Rapp* in Littmann/Bitz/Pust (Stand: EL 75 – ET 08/2007), § 16 EStG Rz. 192.
7 Vgl. *Stahl* in Korn, § 16 EStG Rz. 324.
8 Nachgebildet aus BMF v. 20.12.2016, „Realteilungs-Erlass", BStBl 2017 I 36, Tz. 7.

Eröffnungsbilanz Y					
	Buchwert	gemeiner Wert		Buchwert	gemeiner Wert
Teilbetrieb 2	100 000	240 000	Kapital Y	100 000	240 000
	100 000	240 000		100 000	240 000

Gemäß der Kapitalanpassungsmethode wird das Kapitalkonto von X um 40 000 € aufgestockt und das Kapitalkonto von Y um 40 000 € abgestockt. Die Kapitalanpassungen sind erfolgsneutral. Im Ergebnis werden durch die Kapitalanpassungsmaßnahmen stille Reserven i. H. v. 28 000 € von X auf Y verlagert.

(*Einstweilen frei*) 622–625

b) Realteilung mit Wertausgleich

Nur in Ausnahmefällen wird der Wert der den Mitunternehmern zugewiesenen Wirtschaftsgüter mit dem rechtlichen Auseinandersetzungsanspruch übereinstimmen. Wertdifferenzen können von den Realteilern durch Zahlung eines **Wertausgleichs** (auch als **Spitzenausgleich** bezeichnet[1]) ausgeglichen werden.[2] Der Wertausgleich kann von einem Mitunternehmer oder aus dem Gesamthandsvermögen der realgeteilten Personengesellschaft geleistet werden. Wertausgleich kann in Bar oder in Sachwerten erfolgen. Die Zahlung des Wertausgleichs steht einer (steuerneutralen) Realteilung des Gesellschaftsvermögens gem. § 16 Abs. 3 Satz 2 EStG nicht entgegen.[3]

626

Wird ein Wertausgleich geleistet, liegt im Verhältnis des Wertausgleichs zum Wert des übernommenen Betriebsvermögens ein **entgeltliches Geschäft** vor.[4] Der veräußernde Realteiler erzielt in Höhe des um den anteiligen Buchwert geminderten Wertausgleichs einen Veräußerungsgewinn, der Erwerber hat zusätzliche Anschaffungskosten in entsprechender Höhe.[5]

627

Der Wertausgleich stellt einen **laufenden Gewinn** der Mitunternehmerschaft dar (keine Begünstigung nach §§ 16, 34 EStG).[6] Der Wertausgleich ist in die Schlussbilanz der Mitunternehmerschaft einzubeziehen und ist Teil der einheitlichen und gesonderten Gewinnfeststellung. Der Gewinn aus der Aufdeckung stiller Reserven ist gewerbesteuerpflichtig, soweit er nicht auf eine natürliche Person entfällt, die unmittelbar an der Mitunternehmerschaft beteiligt ist (§ 7 Satz 2 GewStG).[7]

628

---

1 Vgl. BFH v. 1.12.1992 - VIII R 57/90, BStBl 1994 II 607; *Stahl* in Korn, § 16 EStG Rz. 319 ff.
2 Vgl. *Reiss*, DStR 1995, 1129.
3 Vgl. BFH v. 1.12.1992 - VIII R 57/90, BStBl 1994 II 607; BMF v. 20.12.2016, „Realteilungs-Erlass", BStBl 2017 I 36, Tz. 6; *Wuttke*, DStR 1999, 377; *Stahl* in Korn, § 16 EStG Rz. 319; *Kauffmann* in Frotscher/Geurts, § 16 EStG Rz. 177ac; *Wacker* in Schmidt, § 16 EStG Rz. 548.
4 Sog. Trennungstheorie; die Trennungstheorie wird von der FinVerw (BMF v. 28.2.2006, „Realteilungs-Erlass", BStBl 2006 I 226, Tz. 6) und der h. M. im Schrifttum vertreten (*Wacker* in Schmidt, § 16 EStG Rz. 548, m.w.N.); *Stahl* in Korn, § 16 EStG Rz. 319.1 f.; *Kauffmann* in Frotscher/Geurts, § 16 EStG Rz. 177ad f. Unter Hinweis auf BFH v. 19.9.2012 (IV R 11/12), NWB DokID: TAAAE-19330) wird im Schrifttum die Frage diskutiert, ob der Veräußerungsgewinn nach der sog. Einheitstheorie zu ermitteln ist (Differenz von Ausgleichszahlung und Buchwert; vgl. *Prinz/Hüting*, DB 2012, 2597).
5 Vgl. *Wuttke*, DStR 1992, 377.
6 Vgl. BFH v. 17.2.1994 - VIII R 13/94, BStBl 1994 II 809; BFH v. 1.12.1992 - VIII R 57/90, BStBl 1994 II 607; BFH v. 29.10.1987 - IV R 93/85, BStBl 1988 II 374; BMF v. 28.2.2006, „Realteilungs-Erlass", BStBl 2006 I 226, Tz. 6; *Kauffmann* in Frotscher/Geurts, § 16 EStG Rz. 177ad; *Wacker* in Schmidt, § 16 EStG Rz. 548.
7 Vgl. BMF v. 20.12.2016, „Realteilungs-Erlass", BStBl 2017 I 36, Tz. 6.

BEISPIEL:[1] Y und Z sind zu jeweils 50 % an der Mitunternehmerschaft YZ-KG beteiligt. Das Betriebsvermögen der YZ-KG setzt sich aus zwei Teilbetrieben (Teilbetrieb I und Teilbetrieb II) zusammen. Im Zuge einer Realteilung erhält Y Teilbetrieb I und Z Teilbetrieb II. Die Teilbetriebe werden als Einzelunternehmen fortgeführt. Z erhält von Y eine Abfindung (= Wertausgleich) i. H. v. 200 000 €.

Schlussbilanz YZ- KG

	Buchwert	gemeiner Wert		Buchwert	gemeiner Wert
Teilbetrieb 1	200 000	2 000 000	Kapital Y	180 000	1 800 000
Teilbetrieb 2	160 000	1 600 000	Kapital Z	180 000	1 800 000
	360 000	3 600 000		360 000	3 600 000

Wertausgleich von Y an Z

Y	geleisteter Wertausgleich	- 200 000
Z	erhaltener Wertausgleich	+ 200 000

Abfindungsanspruch

Y		1 800 000
Z		1 800 000

Der Abfindungsanspruch von Y beträgt 1 800 000 €. Mit der Übernahme von Teilbetrieb 1 (gemeiner Wert 2 000 000 €) erhält Y 200 000 € zu viel. Die Zahlung des Wertausgleichs an Z stellt einen anteiligen Erwerb des übergehenden Betriebsvermögens (Teilbetriebs) dar.

Entgeltliche Anschaffung des Teilbetriebs I: 10 % (200 000 €/ 2 000 000 €)

Unentgeltliche Anschaffung[2] des Teilbetriebs I: 90 % (1 800 000 €/ 2 000 000 €)

Auf den entgeltlichen Teil (10 %) entfällt ein Buchwert von 20 000 € (10 % des Wertausgleichs i. H. v. 200 000 €). Y hat die übernommenen Wirtschaftsgüter um die zusätzlichen Anschaffungskosten i. H. v. 180 000 € (Wertausgleich 200 000 € abzgl. anteiliger Buchwert 20 000 €) aufzustocken. Z erzielt durch die Veräußerung des Betriebsvermögens an Y einen laufenden Gewinn i. H. v. 180 000 €.

629 Zur Vermeidung eines Wertausgleichs wird im Schrifttum das sog. **Einlagemodell** diskutiert.[3] Hiernach legt der ausgleichsverpflichtete Mitunternehmer vor der Realteilung liquide Mittel in Höhe der Ausgleichsverpflichtung in die Mitunternehmerschaft ein. Nach der BFH-Rechtsprechung[4] kann durch die Einlagelösung (wohl) eine Gewinnrealisierung verhindert werden. U. E. sollte die Einlagenlösung für steuerliche Zwecke akzeptiert werden, vorausgesetzt, die geleisteten Einlagen werden bei einer wirtschaftlichen Betrachtung nicht unmittelbar als Wertausgleich genutzt.[5] Im Schrifttum[6] wird das Einlagemodell teilweise kritisch beurteilt. Die vorbereitende Einlage liquider Mittel wird als Schein-Einlage (bzw. verdeckter Wertausgleich) bezeichnet oder als Missbrauch rechtlicher Gestaltungsmöglichkeiten i. S. v. § 42 AO angesehen.[7]

---

1 Beispiel nach BMF v. 20.12.2016, „Realteilungs-Erlass", BStBl 2017 I 36, Tz. 6.
2 Gegen Minderung von Gesellschaftsrechten.
3 Zum Einlagemodell vgl. *Kauffmann* in Frotscher/Geurts, § 16 EStG Rz. 177ae; *Wacker* in Schmidt, § 16 EStG Rz. 550.
4 Vgl. BFH v. 1.12.1992 - VIII R 57/90, BStBl 1994 II 607.
5 Ebenso *Hörger/Rapp* in Littmann/Bitz/Pust (Stand: EL 75 – ET 08/2007), § 16 EStG Rz. 196; *Hörger*, DStR 1993, 37; *Carle/Bauschatz*, KÖSDI 2002, 13133; *Winkemann*, BB 2004, 130.
6 Vgl. *Wacker* in Schmidt, § 16 EStG Rz. 550; *Kauffmann* in Frotscher/Geurts, § 16 EStG Rz. 177ae.
7 Vgl. BMF v. 14.3.2006, BStBl 2006 I 253, Tz. 25. Zum sog. Zweistufenmodell vgl. *Wacker* in Schmidt, § 16 EStG Rz. 550.

(*Einstweilen frei*) 630–635

IX. Sonderregelungen zur Ermittlung des Aufgabegewinns (§ 16 Abs. 3 Satz 6 bis 8 EStG)

1. Allgemeine Erläuterungen

Die Betriebsaufgabe bzw. Aufgabe eines Mitunternehmeranteils wird im Wege einer **gesetzlichen Fiktion** der Betriebsveräußerung bzw. Veräußerung eines Mitunternehmeranteils gleichgestellt. Auch die Ermittlung des Aufgabegewinns erfolgt weitgehend analog der Ermittlung des Veräußerungsgewinns nach § 16 Abs. 2 Satz 1 EStG.[1] Unterschiede bestehen insbesondere hinsichtlich des Veräußerungspreises. Bei einer Betriebsaufgabe bzw. Aufgabe eines Mitunternehmeranteils wird kein Gesamtkaufpreis entrichtet. Kaufpreise werden ggf. für Einzel-Wirtschaftsgüter gezahlt. Darüber hinaus können weitere Wirtschaftsgüter in das Privatvermögen des Gewerbetreibenden überführt werden. 636

Die **Sonderregelungen der § 16 Abs. 3 Satz 6 und 7 EStG** bestimmen, dass bei Ermittlung des Aufgabegewinns anstelle des Kaufpreises, die Summe der Veräußerungspreise der Einzel-Wirtschaftsgüter zzgl. der Summe der gemeinen Werte der in das Privatvermögen überführten Wirtschaftsgüter anzusetzen sind. Von diesem Betrag sind die Aufgabekosten sowie der Buchwert des Betriebsvermögens abzuziehen.[2] Der Begriff Aufgabekosten ist im Einkommensteuerrecht nicht konkretisiert. Die Aufgabekosten sollen grundsätzlich analog zu den Veräußerungskosten i. S. d. § 16 Abs. 2 Satz 1 EStG zu verstehen sein.[3] 637

TAB.: Ermittlung des Aufgabegewinns:
Veräußerungspreis der verkauften Wirtschaftsgüter (§ 16 Abs. 3 Satz 6 EStG)
+ gemeiner Wert der nicht veräußerten Wirtschaftsgüter (§ 16 Abs. 3 Satz 7 EStG)
= Aufgabeendvermögen
- Aufgabekosten
- Buchwert des Betriebsvermögens
= Aufgabegewinn

Zweck des Aufgabegewinns ist es, die nach § 16 bzw. § 34 EStG begünstigte Einkünfte von dem laufenden Gewinn abzugrenzen.[4] 638

Nach § 16 Abs. 3 Satz 5 EStG erfolgt eine **Umqualifizierung** des begünstigten Aufgabegewinns **in laufenden Gewinn (Fiktion)**, soweit bei der Veräußerung von Einzel-Wirtschaftsgütern auf der Seite des Veräußerers und auf der Seite des Erwerbers dieselben Personen Unternehmer oder Mitunternehmer sind. Die Regelung stellt eine typisierende Missbrauchsverhindervorschrift dar, durch die sichergestellt werden soll, dass die mit einer Betriebsaufgabe erzielten Veräußerungsgewinne nur dann steuerlich begünstigt sind, wenn die Wirtschaftsgüter an 639

---

1 Zur Ermittlung des Veräußerungsgewinns vgl. → Rz. 461 ff.
2 Vgl. BFH v. 13. 10. 1983 - I R 76/79, BStBl 1984 II 294.
3 Zu den Veräußerungskosten vgl. → Rz. 513.
4 Vgl. *Lippross/Uhländer* in Lippross, § 16 EStG Rz. 118.

Dritte veräußert werden. Die Umqualifizierung in laufende Gewinne gilt über § 7 Satz 1 GewStG auch für die Gewerbesteuer.¹

Eine Umqualifizierung in laufenden Gewinn scheidet dagegen aus, wenn das Wirtschaftsgut aus dem Betriebsvermögen in das Privatvermögen überführt und zur Erzielung von Überschüssen der Einnahmen über die Werbungskosten verwendet wird.

> **BEISPIEL:²** X gibt sein Einzelunternehmen auf. Im Aufgabezeitraum veräußert er eine Maschine (Buchwert 5, Veräußerungspreis 11) an die XYZ-oHG. X ist zu 1/3 als Mitunternehmer an der XYZ-oHG beteiligt.
>
> Nach § 16 Abs. 3 Satz 5 EStG stellt der Gewinn aus der Veräußerung der Maschine laufenden Gewinn von X dar, soweit er an der erwerbenden XYZ-oHG beteiligt ist.
>
> ▶ Begünstigter Aufgabegewinn i. H. v. 2/3 des Veräußerungsgewinns: 4
> ▶ Laufender Gewinn i. H. v. 1/3 des Veräußerungsgewinns: 2

2. Aufgabebilanz

640 Zur Bestimmung des Aufgabegewinns wird in der Praxis regelmäßig eine **Aufgabebilanz** auf freiwilliger Basis erstellt. Eine Pflicht zur Aufstellung einer Aufgabebilanz besteht grundsätzlich nicht. Bei Ermittlung des Aufgabegewinns sind die allgemeinen steuerrechtlichen Gewinnermittlungsvorschriften zu beachten.³ In der Aufgabebilanz werden alle Wirtschaftsgüter des Betriebsvermögens – einschließlich der selbst geschaffenen immateriellen Wirtschaftsgüter – einbezogen, entweder mit dem Veräußerungspreis oder dem gemeinen Wert.⁴ Ein Geschäfts- oder Firmenwert erlischt regelmäßig mit Aufgabe des Gewerbebetriebs.⁵ Werterhellende bzw. wertbegründende Erkenntnisse bis zur bestandskräftigen Veranlagung sind bei Erstellung der Aufgabebilanz zu berücksichtigen.⁶ § 6b-Rücklagen sowie weitere steuerfreie Rücklagen sind gewinnerhöhend aufzulösen. Der Gewinn aus der Auflösung der Rücklagen zählt zum begünstigten Veräußerungsgewinn (R 6b.2 Abs. 10 Satz 5 ff. EStR).

3. Veräußerte Wirtschaftsgüter (§ 16 Abs. 3 Satz 6 EStG)

641 **Wirtschaftsgüter, die anlässlich der Betriebsaufgabe veräußert werden** (d. h. es besteht ein sachlicher und zeitlicher Zusammenhang mit der Aufgabe des Betriebs), sind bei Ermittlung des Aufgabegewinns zu berücksichtigen.⁷ Regelmäßig dürfte nur bei Veräußerungen innerhalb des Betriebsaufgabezeitraums⁸ ein sachlicher und zeitlicher Zusammenhang mit der Betriebsaufgabe bestehen.⁹ Bei Veräußerungen gegen wiederkehrende Bezüge sollte u. E. das Wahl-

---

1 Vgl. BFH v. 3. 12. 2015 - IV R 4/13, BStBl 2016 II, 544.
2 Beispiel nach *Hörger/Rapp* in Littmann/Bitz/Pust (Stand: EL 67 – ET 08/2005), § 16 EStG Rz. 128c; *Schallmoser* in Blümich, § 16 EStG Rz. 560.
3 Vgl. BFH v. 12. 7. 1973 - I V R 183/70, BStBl 1973 II 3; BFH v. 11. 12. 1980 - I R 119/78, BStBl 1981 II 460.
4 Vgl. BFH v. 11. 12. 1980 - I R 119/78, BStBl 1981 II 460.
5 Vgl. BFH v. 1. 12. 1992 - VIII R 57/90, BStBl 1994 II 607; BFH v. 30. 1. 2002 - X R 56/99, BStBl 2002 II 387; *Schallmoser* in Blümich, § 16 EStG Rz. 555; zum Untergang des Geschäfts- bzw. Firmenwerts im Sonderfall der Realteilung bzw. Betriebsverpachtung vgl. BFH v. 1. 12. 1992 - VIII R 57/90, BStBl 1994 II 607; *Wacker* in Schmidt, § 16 EStG Rz. 294.
6 Vgl. BFH v. 3. 7. 1991 - X R 163-164/87, BStBl 1991 II 802; *Wacker* in Schmidt, § 16 EStG Rz. 297.
7 Vgl. BFH v. 26. 1. 1989 - IV R 86/87, BStBl 1989 II 456.
8 Zum Betriebsaufgabezeitraum vgl. → Rz. 462 ff.
9 Vgl. *Wacker* in Schmidt, § 16 EStG Rz. 292.

recht gelten, anstatt der Sofortbesteuerung die Besteuerung der laufenden Bezüge zu wählen.[1] Auch Provisionen bzw. Entschädigungsleistungen können zum begünstigten Aufgabegewinn zählen, vorausgesetzt, die Zahlungen werden für die Aufgabe des Betriebs geleistet.

BEISPIEL:[2] Der Steuerpflichtige erhält von einer Gemeinde eine Entschädigungszahlung für den Verlust eines Nießbrauchsrechts an einem Unternehmen, der zur Aufgabe des Betriebs führt.

4. In das Privatvermögen überführte Wirtschaftsgüter (§ 16 Abs. 3 Satz 7 EStG)

Bei nicht veräußerten, sondern in das **Privatvermögen überführten Wirtschaftsgütern** ist der gemeine Wert anzusetzen. Bewertungszeitpunkt ist der Zeitpunkt zu dem das Wirtschaftsgut durch Entnahme des Stpfl.[3] aus dem Betriebsvermögen ausscheidet und in das Privatvermögen übergeht (Stichtagsprinzip).[4] Aus dem Stichtagsprinzip folgt, dass nachträgliche Wertänderungen unberücksichtigt bleiben.[5]

Der gemeine Wert wird gem. § 9 Abs. 2 Satz 1 BewG „durch den Preis bestimmt, der im gewöhnlichen Geschäftsverkehr nach der Beschaffenheit des Wirtschaftsguts bei einer Veräußerung zu erzielen wäre" (**Einzelveräußerungspreis**[6]). Bei Ermittlung des gemeinen Werts sind alle Umstände zu berücksichtigen, die den Preis beeinflussen können. Ungewöhnliche oder persönliche Umstände sind jedoch außer Betracht zu lassen. Der gemeine Wert repräsentiert weitgehend den Verkehrs- bzw. Marktwert des Wirtschaftsguts am Bewertungsstichtag.[7]

Wirtschaftsgut[8]	Ermittlung des gemeinen Werts
Gebäude sowie Grund und Boden	Der gemeine Wert entspricht weitgehend dem **Verkehrswert** (§ 9 Abs. 2 BewG). Oftmals lässt sich der Verkehrswert eines Grundstücks nur im Schätzwege ermitteln. Für Hinweise zur Schätzung des Verkehrswerts vgl. BFH v. 29. 8. 1996 - VIII R 15/93, BStBl 1997 II 317; BFH v. 15. 2. 2001 - III R 20/99, BStBl 2003 II 635.[9]
Büro- und Geschäftsausstattung, Maschinen, Waren, Roh-, Hilfs- und Betriebsstoffe	**Einzelveräußerungspreis** (§ 9 Abs. 2 BewG)[10]

---

1 Ebenso *Schallmoser* in Blümich, § 16 EStG Rz. 552. Zur Ermittlung des Kapitalwerts der laufenden Bezüge vgl. *Wacker* in Schmidt, § 16 EStG Rz. 284; *Schallmoser* in Blümich, § 16 EStG Rz. 552.
2 Vgl. BFH v. 4. 11. 1980 - VIII R 55/77, BStBl 1981 II 396.
3 Zum Zeitpunkt der Entnahme vgl. *Hörger/Rapp* in Littmann/Bitz/Pust (Stand: EL 67 – ET 08/2005), § 16 EStG Rz. 136.
4 Vgl. BFH v. 1. 4. 1998 - X R 150/95, BStBl 1998 II 569; *Schallmoser* in Blümich, § 16 EStG Rz. 553.
5 Vgl. BFH v. 1. 4. 1998 - X R 150/95, BStBl 1998 II 569; zum Stichtagsprinzip im Bewertungsrecht vgl. BFH v. 13. 8. 1986 - II R 213/82, BStBl 1987 II 48.
6 Vgl. BFH v. 13. 10. 1983 - I R 76/79, BStBl 1984 II 294.
7 Vgl. BFH v. 2. 2. 1990 - III R 173/86, BStBl 1990 II 497; BFH v. 1. 4. 1998 - X R 150/95, BStBl 1998 II 569.
8 Vgl. *Schallmoser* in Bümich, § 16 EStG Rz. 553.
9 Vgl. *Wacker* in Schmidt, § 16 EStG Rz. 294.
10 Vgl. *Hörger/Rapp* in Littmann/Bitz/Pust (Stand: EL 60 – ET 02/2004), § 16 EStG Rz. 118.

Anteile an Kapitalgesellschaften	Die Bewertung von Kapitalgesellschaftsanteilen richtet sich nach § 11 BewG. Bei Ermittlung des Aufgabegewinns sind im Hinblick auf das Teileinkünfteverfahren der § 3 Nr. 40 Satz 1, § 3c Abs. 2 EStG nur 60 % des Werts der Anteile anzusetzen.
Forderungen und Verbindlichkeiten	Kapitalforderungen und Schulden sind grundsätzlich mit dem **Nennwert** zu bewerten, sofern nicht besondere Umstände einen höheren bzw. geringeren Wert begründen (§ 12 Abs. 1 Satz 1 BewG).

5. Beteiligung mehrerer Personen (§ 16 Abs. 3 Satz 8 EStG)

644 Bei Aufgabe eines Gewerbebetriebs bei dem mehrere Personen beteiligt sind, ist für jeden Beteiligten bei der einheitlichen Gewinnfeststellung der gemeine Wert der Wirtschaftsgüter anzusetzen, die er bei der Auseinandersetzung erhält.[1] Hierzu zählen Wirtschaftsgüter des Gesamthandsvermögens sowie des Sonderbetriebsvermögens.[2]

645–650 *(Einstweilen frei)*

X. Veräußerung von Beteiligungen an Körperschaften nach einer Realteilung (§ 16 Abs. 5 EStG)

1. Allgemeine Erläuterungen

651 Die **Missbrauchsregelung** des § 16 Abs. 5 EStG schließt die Körperschaftsteuerbefreiung des § 8b Abs. 2 KStG in Fällen aus, in denen anlässlich einer Realteilung (§ 16 Abs. 3 Satz 2 ff. EStG)[3] stille Reserven in Anteilen an Körperschaften und Personenvereinigungen von natürlichen Personen auf Körperschaften transferiert und anschließend gem. § 8b Abs. 2 Satz 1 KStG steuerfrei aufgedeckt werden. Die Regelung ist als Ergänzung der sog. Körperschaftsklausel des § 16 Abs. 3 Satz 4 EStG (Körperschaftsklausel I)[4] zu verstehen und wird im Schrifttum als **Körperschaftsklausel II** bezeichnet.[5]

652 Die Körperschaftsklausel II ist im Rahmen des SEStEG[6] in § 16 EStG aufgenommen worden. Die Regelung gilt erstmals für die Veräußerung von Beteiligungen (und gleichgestellte Vorgänge), die nach dem 12.12.2006 auf die veräußernde Körperschaft übertragen wurden (§ 52 Abs. 34 Satz 8 EStG).

2. Sachlicher und persönlicher Geltungsbereich

653 Die Missbrauchsregelung des § 16 Abs. 5 EStG setzt voraus, dass anlässlich einer **Realteilung Teilbetriebe** auf einzelne **Mitunternehmer** übertragen werden. Zum Betriebsvermögen des übertragenen Teilbetriebs müssen Anteile an einer Körperschaft, Personenvereinigung oder

---

1 Vgl. *Lippross/Uhländer* in Lippross, § 16 EStG Rz. 136.
2 Vgl. *Schallmoser* in Blümich, § 16 EStG Rz. 554.
3 Zu Realteilung vgl. → Rz. 556 ff.
4 Zur Körperschaftsklausel I vgl. → Rz. 611 ff.
5 Vgl. *Schallmoser* in Blümich, § 16 EStG Rz. 707; *Stahl* in Korn, § 16 EStG Rz. 432.
6 Vgl. Gesetz v. 7.12.2006, BGBl 2006 II 2782.

Vermögensmasse zählen. Eine das gesamte Nennkapital umfassende Beteiligung an einer Kapitalgesellschaft steht einem Teilbetrieb gleich.[1]

Ausweislich des Gesetzeswortlauts umfasst der Geltungsbereich der Körperschaftsteuerklausel II die **unmittelbare sowie die mittelbare Übertragung** von Kapitalgesellschaftsbeteiligungen. Der Gesetzesdiktion nach ist eine unmittelbare Übertragung anzunehmen, wenn zum Betriebsvermögen des Teilbetriebs Anteile an einer Körperschaft/Vermögensmasse zählen. Ist im Betriebsvermögen des übertragenen Teilbetriebs eine Personengesellschaftsbeteiligung enthalten, die ihrerseits Anteile an einer Kapitalgesellschaft hält, sollte von einer mittelbaren Übertragung auszugehen sein.[2]   654

Der Geltungsbereich von § 16 Abs. 5 EStG ist bei der Übertragung einzelner Wirtschaftsgüter im Zuge einer Realteilung nicht eröffnet. In diesem Fall könnte die Missbrauchsregelung des § 16 Abs. 3 Satz 4 EStG einschlägig sein (Körperschaftsklausel I). Nach der u. E. zutreffenden h. L. ist bei der Übertragung mehrerer Betriebe bzw. Mitunternehmeranteile im Zuge einer Realteilung, der Transfer stiller Reserven auf Körperschaften – mangels Missbrauchsregelung – möglich.[3] Der Übergang von Betrieben bzw. Mitunternehmeranteilen ist vom Wortlaut des § 16 Abs. 5 EStG nicht erfasst.   655

Die Körperschaftsklausel II erfasst Übertragungen von einer nicht durch § 8b Abs. 2 KStG begünstigten Person[4] (natürliche Person oder steuerbefreite Körperschaft[5]) an einen durch § 8b Abs. 2 KStG begünstigten Mitunternehmer.[6] Dem **persönlichen Geltungsbereich** des § 8b Abs. 2 KStG unterliegen alle Körperschaftsteuersubjekte i. S. d. §§ 1 und 2 KStG; d. h. unbeschränkt und beschränkt steuerpflichtige Körperschaften und Vermögensmassen mit Beteiligungen an in- und ausländischen Körperschaften.[7]   656

3. Übertragung der Anteile innerhalb sieben Jahre nach Realteilung

Tatbestandliche Voraussetzung der Missbrauchsregelung des § 16 Abs. 5 EStG ist, dass die Körperschaft die im Zuge der Realteilung erhaltenen Anteile weiter überträgt (**schädliche Übertragung**). Als schädliche Übertragung gilt die Veräußerung der Anteile. Einer (schädlichen) Veräußerung gleichgestellt sind die in § 22 Abs. 1 Satz 6 Nr. 1 bis 5 UmwStG genannten Ersatzvorgänge.[8] Die Übertragung der erhaltenen Anteile kann unmittelbar oder mittelbar erfolgen. Der Tatbestand der Missbrauchsregelung ist danach (auch) erfüllt, wenn die erhaltenen Anteile mittelbar über eine zwischengeschaltete Personengesellschaft gehalten werden und die Personengesellschaft (mittelbar) eine schädliche Übertragung vornimmt.   657

Die Körperschaftsklausel II sieht eine **siebenjährige Sperrfrist** vor. Nach Ablauf der Sperrfrist greift die Rechtsfolge des § 16 Abs. 5 EStG nicht und die stillen Reserven in den übertragenen   658

---

1 Vgl. HHR/*Kulosa*, § 16 EStG Anm. 751.
2 HHR/*Kulosa* (§ 16 EStG Anm. 752), geht auch von einer mittelbaren Beteiligung aus, wenn der Stpfl. eine Kapitalgesellschaftsbeteiligung mittelbar über eine zwischengeschaltete Kapitalgesellschaft hält.
3 Vgl. *Schallmoser* in Blümich, § 16 EStG Rz. 711; *Förster*, DB 2007, 72; a. A. *Wacker* in Schmidt, § 16 EStG Rz. 555 f.
4 Nach § 8b Abs. 2 Satz 1 KStG bleibt der Gewinn aus der Veräußerung eines Anteils an einer Körperschaft oder Vermögensmasse steuerfrei. 5 % des Veräußerungsgewinns gelten als nicht abzugsfähige Betriebsausgaben (§ 8b Abs. 3 Satz 1 KStG) und erhöhen das zu versteuernde Einkommen des Körperschaftsteuersubjekts.
5 Vgl. *Kauffmann* in Frotscher/Geurts, § 16 EStG Rz. 207b.
6 Vgl. *Kauffmann* in Frotscher/Geurts, § 16 EStG Rz. 207b.
7 Vgl. *Gröbl/Adrian* in Erle/Sauter, § 8b KStG Rz. 21.
8 U. a. unentgeltliche Übertragung (Nr. 1), Auflösung der Kapitalgesellschaft (Nr. 3), Kapitalherabsetzung und Auszahlung an die Gesellschafter (Nr. 3).

Anteilen können steuerfrei realisiert werden (§ 8b Abs. 2 KStG ist anwendbar).[1] Der Siebenjahreszeitraum ist taggenau zu ermitteln. Die Sperrfrist beginnt mit Übertragung des wirtschaftlichen Eigentums am (Teil-)Betrieb[2] auf den übernehmenden Rechtsträger.[3]

4. Rückwirkender Ansatz der Kapitalgesellschaftsanteile mit dem gemeinen Wert

659 Liegen die Voraussetzungen der Körperschaftsklausel II vor, sind die übertragenen Anteile an der Körperschaft **rückwirkend** im Rahmen der Realteilung mit dem **gemeinen Wert** anzusetzen (Durchbrechung des Grundsatzes der Buchwertfortführung bei der Realteilung[4]). Der gemeine Wert der Anteile bestimmt sich nach § 9 Abs. 2 BewG und entspricht weitgehend dem Verkehrswert. Verfahrenstechnisch gilt die schädliche Übertragung als rückwirkendes Ereignis i. S. d. § 175 Abs. 1 Satz 1 Nr. 2 AO.[5]

660 Der Veräußerungsgewinn ist unter entsprechender Anwendung des § 22 Abs. 2 Satz 3 UmwStG (Einbringungsgewinn II) zu ermitteln. Hiernach bestimmt sich der Veräußerungsgewinn wie folgt:

  Gemeiner Wert der Anteile im Zeitpunkt der Realteilung
./. Kosten der Übertragung der Anteile
./. Wert zu dem der übernehmende Rechtsträger die Anteile angesetzt hat
= Unterschiedsbetrag im Übertragungszeitpunkt
./. 1/7 des Unterschiedsbetrags für jedes abgelaufene Zeitjahr (Siebtelregelung)
= nachträglicher Veräußerungsgewinn

661 Der **nachträgliche Veräußerungsgewinn** ist als ursprünglicher Gewinn der Realteilung zu besteuern. Er sollte entsprechend dem allgemeinen Gewinnverteilungsschlüssel den Gesellschaftern der realgeteilten Personengesellschaft zuzurechnen sein. Auf den Veräußerungsgewinn ist das Halb- bzw. Teileinkünfteverfahren (§ 3 Nr. 40 Satz 1 Buchst. b EStG, § 3c Abs. 2 EStG) sowie die Beteiligungsertragsbefreiung (§ 8b Abs. 2 KStG) anwendbar.[6] Der Zinslauf sollte gem. § 223a Abs. 2a AO erst 15 Monate nach Ablauf des Kalenderjahres der schädlichen Übertragung beginnen (rückwirkendes Ereignis).

662 Nach dem Gesetzeswortlaut des § 16 Abs. 5 EStG hat der übernehmende Rechtsträger die erhaltenen Anteile mit dem gemeinen Wert im Zeitpunkt der Realteilung zu bewerten. Der gemeine Wert ist u. E. ungeachtet der Tatsache anzusetzen, dass der nachträgliche Veräußerungsgewinn durch die Siebtelregelung gemindert sein kann.[7]

---

[1] Steuerfreistellung erst ab einer Veräußerung im achten Jahr; vgl. *Kauffmann* in Frotscher/Geurts, § 16 EStG Rz. 207a.
[2] Zeitpunkt zu dem der übernehmende Rechtsträger über die übertragenen Wirtschaftsgüter (einschl. Kapitalgesellschaftsbeteiligung) verfügen kann; vgl. BFH v. 19. 7. 1993 - GrS 2/92, BStBl 1993 II 897; BFH v. 22. 9. 1992 - VIII R 7/90, BStBl 1993 II 228; *Schallmoser* in Blümich, § 16 EStG Rz. 716.
[3] Vgl. BFH v. 19. 7. 1993 - GrS 2/92, BStBl 1993 II 897; HHR/*Kulosa*, § 16 EStG Anm. 752; *Schallmoser* in Blümich, § 16 EStG Rz. 717.
[4] Vgl. hierzu → Rz. 651.
[5] Vgl. *Hörger/Rapp* in Littmann/Bitz/Pust (Stand: EL 75 – ET 08/2007), § 16 EStG Rz. 274.
[6] Vgl. *Reiß* in Kirchhof, § 16 EStG Rz. 243.
[7] Zur Kritik am Gesetzeswortlaut vgl. *Förster*, DB 2007, 72.

In der Literatur[1] wird zu Recht gefordert, das von der FinVerw anerkannte Wahlrecht zur Körperschaftsklausel I – im **Realteilungsvertrag** steuerwirksame Regelungen über die Zuteilung des Veräußerungsgewinns aufzunehmen[2] – auf die Körperschaftsklausel II auszudehnen. Eine entsprechende Stellungnahme der FinVerw ist jedoch nicht ersichtlich. **Steuerklauseln** im Realteilungsvertrag über die Erstattung etwaiger nachträglicher Steuerzahlungen sind daher empfehlenswert.

BEISPIEL: ▶ Die XY-KG wird von den Mitunternehmern X (natürliche Person) und Y-AG zu je 50 % gehalten. Zum Betriebsvermögen der XY-KG zählt eine 100 %ige Beteiligung an der Z-GmbH. Im Zuge einer Realteilung zum Buchwert (1. 6. 2012) wird die Beteiligung an der Z-GmbH (BW 50; gW 120) auf die Y-AG übertragen. Die Y-AG veräußert die übernommene Beteiligung an der Z-GmbH am 1. 1. 2015 zu einem Preis von 150.

Die Veräußerung der Anteile an der Z-GmbH durch die Y-AG im Jahr 2015 stellt einen schädlichen Vorgang i. S. d. § 16 Abs. 5 EStG dar. Auf den Zeitpunkt der Realteilung (d. h. mit steuerlicher Rückwirkung) ist die Beteiligung an der Z-GmbH mit dem gW (120) zu bewerten.

Ermittlung des nachträglichen Veräußerungsgewinns:

	Gemeiner Wert der Anteile im Zeitpunkt der Realteilung	120
./.	Kosten der Übertragung der Anteile	0
./.	Wert zu dem der übernehmende Rechtsträger die Anteile angesetzt hat (grundsätzlich Buchwert)	50
=	Unterschiedsbetrag im Übertragungszeitpunkt	70
./.	1/7 des Unterschiedsbetrags für jedes abgelaufene Zeitjahr (2/7)	20
=	**nachträglicher Veräußerungsgewinn**	**50**

Der nachträgliche Veräußerungsgewinn ist entsprechend dem Gewinnverteilungsschlüssel (je 50 %) auf die ursprünglichen Mitunternehmer X und Y-AG zu verteilen. Der nachträgliche Veräußerungsgewinn unterliegt auf Ebene von X dem Teileinkünfteverfahren (§ 3 Nr. 40 Satz 1 Buchst. b EStG, § 3c Abs. 2 EStG) und auf Ebene der Y-AG der Beteiligungsertragsbefreiung (§ 8b Abs. 2 Satz 1, § 8b Abs. 3 Satz 1 KStG). Zum Gewerbeertrag der XY-KG zählt der nachträgliche Veräußerungsgewinn nur, soweit er auf die Y-AG als Mitunternehmer (50 %) entfällt (§ 7 Satz 2 Nr. 2 GewStG).[3] Nach § 7 Satz 4 GewStG ist die Beteiligungsertragsbefreiung auch bei Ermittlung des Gewerbeertrags der XY-KG zu berücksichtigen.[4]

Die Y-AG hat die erhaltene Beteiligung an der Z-GmbH rückwirkend mit dem gemeinen Wert (120) anzusetzen (§ 16 Abs. 5 EStG). In 2015 ist ein Veräußerungsgewinn i. H. v. 30 (150-120) zu versteuern. Der Gewinn aus der Veräußerung der Beteiligung ist nach § 8b Abs. 2 Satz 1, § 8b Abs. 3 Satz 1 KStG steuerbefreit.

(Einstweilen frei)

---

1 Vgl. HHR/*Kulosa*, § 16 EStG Anm. 755.
2 Vgl. hierzu → Rz. 604.
3 So auch *Förster*, DB 2007, 72.
4 Ebenso *Hörger/Rapp* in Littmann/Bitz/Pust (Stand: EL 75 – ET 08/2007), § 16 EStG Rz. 272.

XI. Fiktive Betriebsaufgabe bei Betriebs- bzw. Teilbetriebsverlegungen in das Ausland (§ 16 Abs. 3a EStG)

1. Allgemeine Erläuterungen

671 Nach § 16 Abs. 3a EStG wird der Ausschluss oder die Beschränkung des deutschen Besteuerungsrechts hinsichtlich des Gewinns aus der Veräußerung der Wirtschaftsgüter des (Teil-)Betriebs einer Betriebsaufgabe gleichgestellt (Fiktion). Regelfall des § 16 Abs. 3a EStG ist die Verlegung eines inländischen (Teil-)Betriebs in das Ausland (DBA-Staat und Nicht-DBA-Staat).[1] Ist nach der (Teil-)Betriebsverlegung in das Ausland, die Besteuerung der im Betriebsvermögen enthaltenen stillen Reserven nicht mehr sichergestellt (**Entstrickung**), wird eine (fiktive) Betriebsaufgabe angenommen. § 16 Abs. 3a EStG sieht in diesem Fall die Besteuerung der im Betriebsvermögen enthaltenen stillen Reserven im Zeitpunkt der Verlegung des Betriebs vor, unabhängig von einer tatsächlichen Realisierung (**Substanzbesteuerung**).

672 Die Regelung des § 16 Abs. 3a EStG wurde durch das Jahressteuergesetz 2010[2] eingeführt. Die Regelung ist auf alle offenen Fälle anzuwenden (§ 52 Abs. 34 Satz 5 EStG).

2. Aufgabe der Theorie zur finalen Betriebsaufgabe

673 Die Regelung des § 16 Abs. 3a EStG ist als Reaktion des Gesetzgebers auf die Aufgabe der BFH-Rechtsprechung[3] zur sog. Theorie der **finalen Betriebsaufgabe** zu verstehen.[4] Nach der finalen Betriebsaufgabetheorie war von einer (fiktiven) Betriebsaufgabe auszugehen, wenn der (Teil-)Betrieb nach der Verlegung ins Ausland als wirtschaftlicher Organismus fortbesteht, aber durch eine Handlung des Stpfl. bzw. durch einen Rechtsvorgang in seiner ertragsteuerlichen Einordnung so verändert wird, dass die Besteuerung der im Betriebsvermögen enthaltenen stillen Reserven nicht mehr gewährleistet ist.[5] Der BFH ging in diesem Fall von einer Totalentnahme im Inland aus.[6] Entsprechend einer Betriebsaufgabe i. S. d. § 16 Abs. 3 Satz 1 EStG waren die im Betriebsvermögen verhafteten stillen Reserven aufzudecken und zu besteuern.

674 In den beiden Urteilen v. 28. 10. 2009[7] verneinte der BFH eine Rechtsgrundlage für die Theorie der finalen Betriebsaufgabe. Des Weiteren sah er keine Notwendigkeit die stillen Reserven im Zeitpunkt der Verlegung des Gewerbebetriebs zu besteuern.[8] Nach Auffassung des BFH beruht die finale Betriebsaufgabetheorie auf einem unzutreffenden DBA-Verständnis. Auch nach der (Teil-)Betriebsverlegung in das Ausland bleibe das deutsche Besteuerungsrecht hinsichtlich der im Inland entstandenen stillen Reserven bestehen. Der deutsche Fiskus könne – auch nach der Verlegung ins Ausland – die im Inland gebildeten stillen Reserven im Zeitpunkt der (tatsäch-

---

[1] Vgl. Chuchra/Diezemann/Dräger/Muxfeldt, DB 2010, Beil. 7/2010, 4.
[2] Vgl. BGBl 2010 I 1768 ff.
[3] Vgl. BFH v. 28. 10. 2009 - I R 99/08, BStBl 2011 II 1019; BFH v. 28. 10. 2009 - I R 28/08, NWB DokID: XAAAD-35173. Zur Aufgabe der BFH-Rspr. zur finalen Entnahmetheorie vgl. BFH v. 17. 7. 2008 - I R 77/06, BStBl 2009 II 464.
[4] Für Fallbeispiele zur Aufgabe der finalen Betriebsaufgabetheorie vgl. Schönfeld, IStR 2010, 133.
[5] Frühere ständige Rspr. des BFH v. 29. 10. 1981 - IV R 138/78, BStBl 1982 II 381; BFH v. 13. 10. 1976 - I R 261/70, BStBl 1977 II 76, m. w. N.; BFH v. 12. 4. 1978 - I R 136/77, BStBl 1978 II 494; BFH v. 13. 12. 1983 - VIII R 90/81, BStBl 1984 II 474; aufgegeben durch BFH v. 28. 10. 2009 - I R 99/08, BStBl 2011 II 1019; BFH v. 28. 10. 2009 - I R 28/08, NWB DokID: XAAAD-35173. Vgl. hierzu auch Schönfeld, IStR 2010, 133; Melchior, DStR 2010, 2481; Wacker in Schmidt, § 16 EStG Rz. 175; Schallmoser in Blümich, § 16 EStG Rz. 490 ff.
[6] Vgl. Carle in Korn, § 16 EStG Rz. 384.2.
[7] Vgl. BFH v. 28. 10. 2009 - I R 99/08, BStBl 2011 II 1019; BFH v. 28. 10. 2009 - I R 28/08, NWB DokID: XAAAD-35173.
[8] Vgl. Carle in Korn, § 16 EStG Rz. 384.2; Melchior, DStR 2010, 2481.

lichen) Realisierung (Veräußerung oder Aufgabe) besteuern.[1] Im Ergebnis könne die (Teil-)Betriebsverlegung in das Ausland nicht einer Betriebsaufgabe nach § 16 Abs. 3 Satz 1 EStG gleichgestellt werden.

3. Gesetzliche Festschreibung der Theorie zur finalen Betriebs- bzw. Teilbetriebsaufgabe (§ 16 Abs. 3a EStG)

Durch die im JStG 2010 enthaltene Regelung des § 16 Abs. 3a EStG wurde die Theorie der finalen Betriebsaufgabe gesetzlich festgeschrieben. Laut Gesetzesbegründung[2] trägt die Regelung dem Umstand Rechnung, dass es für die FinVerw oftmals schwierig bis unmöglich ist, die Fortführung des in das Ausland verlagerten Gewerbebetriebs zu überwachen und den tatsächlichen Realisationsakt im Ausland zu erkennen und zu erfassen. Mit der Regelung des § 16 Abs. 3a EStG wird die bisherige **BFH-Rechtsprechung und Verwaltungsauffassung weitgehend**[3] **fortgeführt.**[4] 675

Der sachliche Anwendungsbereich des § 16 Abs. 3a EStG sieht die **Fiktion einer Betriebsaufgabe** für den Fall vor, dass das deutsche Besteuerungsrecht hinsichtlich des Gewinns aus der Veräußerung sämtlicher Wirtschaftsgüter des Betriebs oder Teilbetriebs ausgeschlossen oder beschränkt wird. Das Regelbeispiel des § 4 Abs. 1 Satz 4 EStG gilt entsprechend. 676

Werden die Voraussetzungen der fiktiven Betriebsaufgabe des § 16 Abs. 3a EStG erfüllt, kann unter den weiteren Voraussetzungen der Freibetrag des § 16 Abs. 4 EStG bzw. die Tarifvergünstigung des § 34 Abs. 1 EStG beansprucht werden. 677

Die festgesetzte Steuer auf den Aufgabegewinn kann gem. § 36 Abs. 5 Satz 1 EStG in **fünf gleich hohen Jahresraten** entrichtet werden. Die Jahresraten sind nicht zu verzinsen (§ 36 Abs. 5 Satz 3 EStG). Die Ratenzahlung setzt voraus, dass 678

▶ der Steuerpflichtige einen entsprechenden Antrag stellt;

▶ die Wirtschaftsgüter einem Betriebsvermögen des Stpfl. in einem anderen EU-Staat bzw. EWR-Staat zuzuordnen sind;

▶ der Belegenheitsstaat Amtshilfe sowie Unterstützung bei der Beitreibung von Steuerforderungen leistet.

Die erste Jahresrate ist innerhalb eines Monats nach Bekanntgabe des Steuerbescheids zu entrichten. Die verbleibenden Jahresraten sind jeweils am 31. 5. des Folgejahres fällig (§ 36 Abs. 5 Satz 2 EStG). Wird der (Teil-)Betrieb vor Zahlung der letzten Jahresrate eingestellt, veräußert oder in einen Nicht-EU-Staat bzw. Nicht-EWR-Staat verlegt, wird die bislang nicht entrichtete Steuer innerhalb eines Monats nach diesem Zeitpunkt zur Zahlung fällig (§ 36 Abs. 5 Satz 4 EStG). 679

Die Regelung des § 16 Abs. 3a EStG ist (rückwirkend) auf alle offenen Fälle anzuwenden (§ 52 Abs. 34 Satz 5 EStG). Die Regelung stellt ein Nichtanwendungsgesetz der BFH-Rechtsprechung 680

---

1 Vgl. *Lohse/Zanziger*, DStR 2011, 838.
2 Vgl. BT-Drucks. 17/3549, 17.
3 Vgl. BMF v. 20. 5. 2009, BStBl 2009 I 671.
4 Vgl. *Melchior*, DStR 2010, 2481.

zur Aufgabe der finalen Betriebsaufgabetheorie in allen nicht bestandskräftigen Fällen dar. Es ist umstritten, ob die rückwirkende Anwendung der Regelung als verfassungswidrige echte Rückwirkung zu qualifizieren ist.[1]

681–688 (*Einstweilen frei*)

XII. Wahlrecht zur Betriebsaufgabe bei Betriebsunterbrechung bzw. Betriebsverpachtung (§ 16 Abs. 3b EStG)

1. Allgemeine Erläuterungen

689 Nach ständiger Rechtsprechung des BFH[2] führt eine **(vorübergehende) Betriebsunterbrechung**[3] bzw. eine **Verpachtung des Gewerbebetriebs**[4] nicht zwingend zu einer Betriebsaufgabe. Die Rechtsprechung gewährt dem Stpfl. ein Wahlrecht. Er kann zu Beginn der Betriebsunterbrechung bzw. -verpachtung die Betriebsaufgabe erklären.[5] In diesem Fall greifen die Regelungen einer (begünstigten) Betriebsaufgabe gem. § 16 EStG. Wird keine Betriebsaufgabeerklärung abgegeben, gilt die Vermutung, dass der Betrieb in Zukunft fortgeführt werden soll. Voraussetzung ist, dass bei einer objektiven Betrachtung die Weiterführung des Betriebs möglich ist. Die Rechtsprechungsgrundsätze zur (vorübergehenden) Betriebsunterbrechung bzw. zur Betriebsverpachtung werden weitgehend von der FinVerw angewendet.[6]

> **BEISPIEL:** Stpfl. A betreibt als Metzgermeister eine Metzgerei (Einzelunternehmen). Er beschließt die nächsten drei Jahre in Südafrika zu leben und verpachtet für diesen Zeitraum die Metzgerei an seinen Mitarbeiter B. Dieser führt das Geschäft unverändert fort.
>
> A kann gegenüber der FinVerw die Betriebsaufgabe erklären (Wahlrecht). In diesem Fall sind die stillen Reserven aufzudecken und zu besteuern (ggf. greifen die Begünstigungen des § 16 Abs. 4 bzw. § 34 EStG). Verzichtet er auf eine Betriebsaufgabeerklärung, gilt der Betrieb als fortgeführt. Die Verpachtung wird als gewerbliche Tätigkeit behandelt.

690 Mit BMF-Schreiben vom 22.11.2016[7] hat die FinVerw ausführlich zur Anwendung des § 16 Abs. 3b EStG Stellung genommen. Das BMF-Schreiben ist in allen offenen Fällen für Betriebsaufgaben nach dem 4.11.2016 anzuwenden. Für frühere Betriebsaufgaben sollen R 6 Abs. 5 EStR und H 16 Abs. 5 EStH unverändert fortgelten.

---

1 Verneinend BT-Drucks. 17/3549, 22; *Schallmoser* in Blümich, § 16 EStG Rz. 495; *Mitschke*, FR 2011, 706; bejahend *Micker*, IWB 2011, 774. Zu den europarechtlichen Bedenken der finalen Betriebsaufgabetheorie und der Regelung des § 16 Abs. 3a EStG vgl. *Körner*, IStR 2004, 424; *Körner*, IStR 2012, 1; *Gosch*, IWB 2012, 779; *Mitschke*, IStR 2012, 6; EuGH v. 29.11.2011 – C-371/10, *National Grid Indus*, NWB DokID: LAAAE-00703.
2 Vgl. BFH v. 15.10.1987 – IV R 66/86, BStBl 1988 II 260; BFH v. 28.9.1995 – IV R 39/94, BStBl 1996 II 276; BFH v. 26.2.1997 – X R 31/95, BStBl 1997 II 561; BFH v. 11.5.1999 – VIII R 72/96, BStBl 2002 II 722; BMF v. 7.10.2002, BStBl 2002 I 1028.
3 Zum Begriff Betriebsunterbrechung siehe auch KKB/Bäuml/Meyer, § 15 EStG Rz. 38 ff. Vgl. hierzu auch *Schweyer/Keller* in Lüdicke/Sistermann, Unternehmenssteuerrecht, § 4 Rz. 168.
4 Zum Begriff Betriebsverpachtung siehe auch KKB/Bäuml/Meyer, § 15 EStG Rz. 40. Vgl. hierzu auch *Schweyer/Keller* in Lüdicke/Sistermann, Unternehmenssteuerrecht, § 4 Rz. 168.
5 Wird ein im Ganzen verpachteter Betrieb teilentgeltlich veräußert, setzt sich das Verpächterwahlrecht bei Erwerber fort, vgl. BFH v. 6.4.2016 – X R 52/13, BStBl 2016 II 710.
6 Vgl. H 16 Abs. 2 „Betriebsunterbrechung" EStH; R 16 Abs. 2 EStR.
7 BMF v. 22.11.2016, BStBl 2016 I 1326.

2. Wahlrecht zur Betriebsaufgabe

Das Wahlrecht zur Betriebsaufgabe bei (vorübergehender) Betriebsunterbrechung bzw. Betriebsverpachtung ist in **§ 16 Abs. 3b EStG gesetzlich geregelt**. Die Regelung ist anwendbar auf Betriebsunterbrechungen bzw. Betriebsverpachtungen, die nach dem 4.11.2011 vollendet werden (§ 52 Abs. 34 Satz 9 EStG).[1]

691

Die von der Rechtsprechung entwickelten und von der FinVerw angewendeten Grundsätze zum Wahlrecht bei ruhenden und verpachteten Betrieben bleiben von § 16 Abs. 3b EStG unberührt.[2] Des Weiteren haben die Grundsätze des R 16 Abs. 5 EStR bzw. H 16 Abs. 5 EStH, die weitgehend inhaltsgleich mit der gesetzlichen Regelung sind, weiterhin Gültigkeit.[3]

692

Nach § 16 Abs. 3b EStG gilt (**gesetzliche Fiktion**) ein Gewerbebetrieb im Fall der (vorübergehenden) Betriebsunterbrechung bzw. Betriebsverpachtung im Ganzen als fortgeführt (**Fortführungsfiktion**) bis

693

- der Steuerpflichtige die Aufgabe ausdrücklich gegenüber dem Finanzamt erklärt (Aufgabeerklärung) oder
- dem Finanzamt Tatsachen bekannt werden, aus denen sich ergibt, dass die Voraussetzungen für eine Aufgabe i. S. d. § 16 Abs. 3 Satz 1 EStG erfüllt sind (tatsächliche Kenntnisnahme der FinVerw).[4]

Ausweislich der Gesetzesbegründung[5] soll durch die Regelung des § 16 Abs. 3b EStG die Besteuerung der im Betriebsvermögen enthaltenen stillen Reserven bei einer **zeitlich gestreckten (allmählichen) Betriebsaufgabe** sichergestellt werden.[6] Bei einer allmählichen Betriebsaufgabe gilt – aufgrund der Fiktion des § 16 Abs. 3b Satz 1 EStG – der Gewerbebetrieb als fortgeführt, bis der Steuerpflichtige die Aufgabe ausdrücklich erklärt bzw. bis der FinVerw Tatsachen bekannt werden, aus denen die Betriebsaufgabe ersichtlich ist. Durch die Regelung des § 16 Abs. 3b EStG kann der ehemalige Betriebsinhaber nicht rückwirkend eine (faktische) Betriebsaufgabe in Veranlagungszeiträumen geltend machen, die bereits festsetzungsverjährt sind.[7]

694

(Einstweilen frei)

695–700

3. Persönlicher und sachlicher Geltungsbereich von § 16 Abs. 3b EStG

Das Wahlrecht zur Betriebsaufgabe kann von **natürlichen Personen** sowie von Personengesellschaften mit **natürlichen Personen als Mitunternehmer** wahrgenommen werden. (Inländische) Kapitalgesellschaften sowie gewerblich geprägte Personengesellschaften erzielen (ausschließlich) gewerbliche Einkünfte und können daher keine Aufgabeerklärung i. S. d. § 16 Abs. 3b EStG abgeben.

701

Der sachliche Geltungsbereich von § 16 Abs. 3b EStG umfasst **(vorübergehende) Betriebsunterbrechungen** und **Betriebsverpachtung im Ganzen**. Auf Teilbetriebsunterbrechungen und Teil-

702

---

1 Zur Rechtslage bis zum 5.11.2011 vgl. *Stahl* in Korn, § 16 EStG Rz. 272 ff.
2 Vgl. *Hörger/Rapp* in Littmann/Bitz/Pust (Stand: EL 95 – ET 05/2012), § 16 EStG Rz. 81c.
3 Ausweislich der Gesetzesbegründung sollen sich die von der Rechtsprechung aufgestellten Grundsätze zur Betriebsunterbrechung bzw. Betriebsverpachtung durch die Regelung des § 16 Abs. 3b EStG nicht ändern, vgl. BT-Drucks. 17/5125, 38.
4 Vgl. *Schallmoser* in Blümich, § 16 EStG Rz. 526; *Wacker* in Schmidt, § 16 EStG Rz. 186.
5 Zur zeitlich gestreckten (allmählichen) Betriebsabwicklung vgl. → Rz. 393.
6 BT-Drucks. 17/5125, 38.
7 Ebenso *Stahl* in Korn, § 16 EStG Rz. 274.1.

betriebsverpachtungen ist die Regelung nicht anwendbar.[1] Des Weiteren umfasst der sachliche Anwendungsbereich Unterbrechungen bzw. Verpachtungen von ganzen Mitunternehmeranteilen (§ 16 Abs. 1 Satz 1 Nr. 2 EStG) sowie von ganzen Anteilen persönlich haftender Gesellschafter von KGaA (§ 16 Abs. 1 Satz 1 Nr. 3 EStG).[2]

4. Aufgabeerklärung (§ 16 Abs. 3b Satz 1 Nr. 1 EStG)

703 Die Betriebsaufgabe durch **Erklärung** gegenüber dem Finanzamt stellt den Regelfall dar. Gesetzlich ist kein Schriftformerfordernis vorgesehen. Die Erklärung kann in Schriftform (§ 126 BGB), Textform (§ 126b BGB), elektronischer Form (§ 126c BGB) oder mündlich erfolgen.[3] Im Hinblick auf die in § 16 Abs. 3b Satz 3 EStG genannte Frist[4] sollte aus Dokumentations- und Nachweisgründen von einer mündlichen Erklärung abgesehen werden.

704 Die Betriebsaufgabe ist dem Finanzamt **ausdrücklich zu erklären**.[5] Der Steuerpflichtige hat der FinVerw den Willen zur Aufgabe des Gewerbebetriebs (eindeutig) offen zu legen.[6] Eine konkludente Erklärung sollte dagegen nicht dem Erfordernis einer ausdrücklichen Erklärung genügen.[7]

> **BEISPIEL:** Die erstmalige Deklaration von Verpachtungseinnahmen in der Steuererklärung als Einkünfte aus Vermietung und Verpachtung (anstatt der bisherigen Erklärung als gewerbliche Einkünfte) sollte nicht als ausdrückliche Erklärung i. S. dieser Vorschrift gelten.
>
> Die Aufgabeerklärung ist gegenüber dem zuständigen Finanzamt abzugeben.[8] Nicht ausreichend sollte die Erklärung gegenüber irgendeinem Finanzamt sein. Im Unterschied zu § 16 Abs. 3b Satz 1 Nr. 2 EStG ist nicht entscheidend, dass die Erklärung dem zuständigen Sachbearbeiter zugeht. Ein Zugang beim zuständigen Finanzamt sollte hinreichend sein.[9]

705 Die Betriebsaufgabe kann innerhalb eines **Drei-Monatszeitraums** mit rückwirkender Wirkung erklärt werden (§ 16 Abs. 3b Satz 2 EStG). In diesem Fall gilt der Betrieb im vom Stpfl. gewählten Zeitpunkt (Tag) als aufgegeben. Wertänderungen, die im Rückwirkungszeitraum eingetreten sind, bleiben bei Ermittlung des Aufgabegewinns unberücksichtigt.[10]

706 Wird die Aufgabeerklärung nicht spätestens drei Monate nach dem vom Stpfl. gewählten Zeitpunkt abgegeben, gilt der Gewerbebetrieb im **Zeitpunkt des Zugangs der Erklärung** als aufgegeben.

> **BEISPIEL:** X erklärt am 1. 4. 2015 (Zugang beim Finanzamt: 4. 4. 2015) gegenüber dem zuständigen Finanzamt die Betriebsaufgabe mit rückwirkender Wirkung zum 1. 2. 2015 (0 Uhr) (d. h. innerhalb der Drei-Monatsfrist). Der Betrieb gilt an dem gewählten Zeitpunkt (1. 2. 2015, 0 Uhr) als aufgegeben (§ 16 Abs. 3b Satz 2 EStG).

---

1 Vgl. *Kauffmann* in Frotscher/Geurts, § 16 EStG Rz. 147c. *Kauffmann* weist u. E. zu Recht darauf hin, dass in Fällen einer Teilbetriebsunterbrechung bzw. Teilbetriebsverpachtung die einzelnen Wirtschaftsgüter zum Betriebsvermögen des verbleibenden Betriebs zählen. Eine Anwendung des § 16 Abs. 3b EStG scheidet daher aus.
2 Vgl. *Kauffmann* in Frotscher/Geurts, § 16 EStG Rz. 147d; *Wendt*, FR 2011, 1023.
3 Vgl. *Kauffmann* in Frotscher/Geurts, § 16 EStG Rz. 147f.
4 Abgabeerklärung... spätestens drei Monate nach dem vom Stpfl. gewählten Zeitpunkt.
5 Vgl. *Schoor*, NWB 2015, 938.
6 Vgl. *Kauffmann* in Frotscher/Geurts, § 16 EStG Rz. 147d.
7 Ebenso *Kauffmann* in Frotscher/Geurts, § 16 EStG Rz. 147e.
8 Vgl. *Hörger/Rapp* in Littmann/Bitz/Pust (Stand: EL 95 – ET 05/2012), § 16 EStG Rz. 81c; *Wendt*, FR 2011, 1023.
9 Vgl. *Kauffmann* in Frotscher/Geurts, § 16 EStG Rz. 147g.
10 Ebenso *Schallmoser* in Blümich, § 16 EStG Rz. 526; *Wendt*, FR 2011, 1023; a. A. (wohl) *Kanzler*, NWB 2011, 525.

X erklärt am 1.4.2015 (Zugang beim Finanzamt: 4.4.2015) gegenüber dem zuständigen Finanzamt die Betriebsaufgabe mit rückwirkender Wirkung zum 1.12.2014 (0 Uhr) (d. h. außerhalb der Drei-Monatsfrist). Die Aufgabeerklärung ist wirksam, jedoch tritt keine Rückwirkung ein. Der Gewerbebetrieb gilt mit Zugang der Aufgabeerklärung (4.4.2015) beim zuständigen Finanzamt als aufgegeben (§ 16 Abs. 3b Satz 3 EStG).

(Einstweilen frei) 707–710

5. Tatsächliche Kenntnisnahme der FinVerw (§ 16 Abs. 3b Satz 1 Nr. 2 EStG)

Ohne Aufgabeerklärung gilt der Betrieb für steuerliche Zwecke als fortgeführt (**Fortführungsfiktion**), bis dem Finanzamt Tatsachen bekannt werden, aus denen ersichtlich ist, dass die Voraussetzungen einer Betriebsaufgabe erfüllt sind.[1] 711

BEISPIEL: ▸ Der Betriebsinhaber hat wesentliche Betriebsgrundlagen ohne Ersatzbeschaffung veräußert oder in das Privatvermögen überführt. Infolgedessen ist eine Fortführung des Betriebs nicht möglich.[2]

Obwohl der Betrieb nach wirtschaftlichem Verständnis als aufgegeben gilt, wird der Betrieb für steuerliche Zwecke als fortgeführt behandelt, bis die FinVerw von den für die Betriebsaufgabe maßgeblichen Tatsachen Kenntnis erlangt.[3]

Entscheidend sollte die **Kenntnisnahme des zuständigen Sachbearbeiters** sein; d. h. die Informationen müssen ihm bekannt sein.[4] Ausreichend sollte sein, wenn die Informationen aus den Akten ableitbar sind. Nicht erforderlich ist, dass der Sachbearbeiter die Informationen zutreffend steuerlich würdigt.[5] Unerheblich ist, wann sich die Tatsachen ereignet haben und ob der ehemalige Betriebsinhaber (Steuerpflichtiger) davon Kenntnis hat.[6] 712

6. Erbschaft und Schenkung

Im Fall der Erbschaft geht das Wahlrecht auf die Erben als Gesamtrechtsnachfolger über. Wird der Betrieb durch eine Erbengemeinschaft geführt, ist das Wahlrecht einheitlich von der Erbengemeinschaft auszuüben. Wird der Betrieb unentgeltlich im Rahmen der vorweggenommenen Erbfolge (Schenkung) gem. § 6 Abs. 3 EStG übertragen, steht das Wahlrecht dem Rechtsnachfolger zu. 713

(Einstweilen frei) 714–719

XIII. Freibetrag gem. § 16 Abs. 4 EStG

1. Allgemeine Erläuterungen

Der Zweck der Freibetragsregelung ist es, Gewinne aus der Veräußerung kleinerer Betriebe oder deren Aufgabe im Rahmen eines gewissen Betrags steuerfrei zu stellen (sachliche Steuerbefreiung).[7] Die Regelung sieht eine steuerliche Begünstigung wegen des **Alters** oder **Berufs-** 720

---

1 Vgl. *Schallmoser* in Blümich § 16 EStG Rz. 526.
2 Vgl. *Kauffmann* in Frotscher/Geurts, § 16 EStG Rz. 147k.
3 Vgl. *Stahl* in Korn, § 16 EStG Rz. 274.1.
4 Ebenso *Hörger/Rapp* in Littmann/Bitz/Pust (Stand: EL 95 – ET 05/2012), § 16 EStG Rz. 81c; *Wendt*, FR 2011, 1023.
5 Vgl. *Kauffmann* in Frotscher/Geurts, § 16 EStG Rz. 147k.
6 Vgl. *Schallmoser* in Blümich, § 16 EStG Rz. 526.
7 Vgl. BFH v. 16.12.1975 - VIII R 147/71, BStBl 1976 II 360; vgl. *Lukas*, NWB DokID: QAAAE-67585.

unfähigkeit vor.[1] Als **sachliche Steuerbefreiung**[2] ist der Freibetrag bei Ermittlung der Einkünfte aus Gewerbebetrieb abzuziehen (§ 2 Abs. 2 Nr. 1 EStG). In zeitlicher Hinsicht ist die Freibetragsregelung auf eine Veräußerung oder Aufgabe anwendbar, die nach dem 31. 12. 1995 stattfindet (§ 52 Abs. 34 EStG).[3]

2. Sachlicher und persönlicher Geltungsbereich

721 Der Freibetrag wird für den Gewinn aus der Veräußerung bzw. Aufgabe eines Gewerbebetriebs, Teilbetriebs,[4] eines Mitunternehmeranteils oder eines ganzen Anteils eines persönlich haftenden Gesellschafters einer KGaA gewährt (**betriebsbezogen**).

722 Der persönliche Geltungsbereich umfasst natürliche Personen (**personenbezogen**).[5] Für juristische Personen gilt die Freibetragsregelung nicht. Veräußert eine Personengesellschaft ihren ganzen Betrieb oder einen Teilbetrieb steht den einzelnen Mitunternehmern (sofern natürliche Personen) für ihren Anteil am Veräußerungs- bzw. Aufgabegewinn nach Maßgabe der persönlichen Verhältnisse der Freibetrag zu (R 16 Abs. 13 Satz 5 EStR).

723 Stirbt der Betriebsinhaber/Mitunternehmer und wird infolge des Todes der Betrieb/Mitunternehmeranteil übertragen bzw. aufgegeben, müssen die Voraussetzungen des § 16 Abs. 4 Satz 1 EStG (Alter, Berufsunfähigkeit) vom Erben erfüllt werden. Ausnahmsweise kann auf die Person des Erblassers abgestellt werden, wenn der Erblasser zu Lebzeiten den Betrieb, Teilbetrieb oder Mitunternehmeranteil veräußert und die dingliche Übertragung erst nach dem Tod durch den Erben erfolgt.[6]

3. Freibetrag wegen Alters oder dauernder Berufsunfähigkeit

724 Der Freibetrag kann vom Stpfl. einmal im Leben in Anspruch genommen werden (**Lebensfreibetrag**).[7] Tatbestandliche Voraussetzung für die Gewährung des Freibetrags ist, dass der Steuerpflichtige das 55. Lebensjahr vollendet hat oder dauernd berufsunfähig ist. Die Voraussetzung muss im Zeitpunkt der Betriebsveräußerung bzw. -aufgabe vorliegen.[8] Maßgeblich ist grundsätzlich nicht der Abschluss des Verpflichtungsgeschäfts, sondern der Übergang des wirtschaftlichen Eigentums an den wesentlichen Betriebsgrundlagen.[9] Bei einer zeitlich gestreckten (allmählichen) Betriebsveräußerung bzw. -aufgabe (z. B. Übertragung in mehreren Akten) ist auf die Vollendung des Übertragungsvorgangs abzustellen. Dieser wird grundsätzlich mit der Übertragung der letzten wesentlichen Betriebsgrundlage abgeschlossen.[10]

---

1 Vgl. *Schoor*, DStR 1995, 469; *Schoor*, StuB 2001, 267; *Kauffmann* in Frotscher/Geurts, § 16 EStG Rz. 253.
2 Vgl. *Schallmoser* in Blümich, § 16 EStG Rz. 669.
3 Vgl. R 16 Abs. 13 Satz 5 EStR.
4 Zur steuerbegünstigten Veräußerung eines Teilbetriebs vgl. BFH v. 5. 6. 2003 - IV R 18/02, BStBl 2003 II 838.
5 Vgl. *Lukas*, NWB DokID: QAAAE-67585; *Schoor*, DStR 1995, 469; *Schoor*, StuB 2001, 267.
6 Vgl. BFH v. 3. 7. 1991 - X R 26/90, BFH/NV 1991, 813 = NWB DokID: WAAAB-32758; BFH v. 21. 9. 1995 - IV R 1/95, BStBl 1995 II 893; *Stahl* in Korn, § 16 EStG Rz. 417.
7 Vgl. *Schoor*, DStR 1995, 469; *Schoor*, StuB 2001, 267; *Kauffmann* in Frotscher/Geurts, § 16 EStG Rz. 253.
8 Vgl. BFH v. 28. 11. 2007 - X R 12/07, NWB DokID: PAAAC-67039; *Wendt*, FR 2000, 1199; *Schallmoser* in Blümich, § 16 EStG Rz. 694.
9 Vgl. BFH v. 28. 11. 2007 - X R 12/07, NWB DokID: PAAAC-67039; BFH v. 19. 1. 2010 - VIII R 49/07, NWB DokID: VAAAD-39598.
10 Vgl. BMF v. 20. 12. 2005, BStBl 2006 I 7; *Schoor*, StuB 2001, 267; *Kanzler*, FR 1995, 851; *Wendt*, FR 2000, 1199; *Wacker* in Schmidt, § 16 EStG Rz. 579.

Die **Vollendung des 55. Lebensjahres** bestimmt sich nach den § 108 AO, § 187 Abs. 2 und § 188 Abs. 2 BGB und tritt mit Beendigung des Tages ein, der dem 55. Geburtstag vorangeht.[1] Aufgrund der Anknüpfung der Freibetragsregelung an die Person des Stpfl. (Personenbezogenheit), ist bei Zusammenveranlagung das Alter des Ehegatten unerheblich.[2]

725

Für die Beurteilung der **dauernden Berufsunfähigkeit** ist auf das Sozialversicherungsrecht abzustellen.[3] Nach § 240 Abs. 2 SGB VI gilt als berufsunfähig, dessen „Erwerbsfähigkeit wegen Krankheit oder Behinderung im Vergleich zur Erwerbsfähigkeit von körperlich, geistig und seelisch gesunden Personen mit ähnlicher Ausbildung und gleichwertigen Kenntnissen und Fähigkeiten auf weniger als sechs Stunden gesunken ist." Maßstab für die Beurteilung der Berufsunfähigkeit ist folglich die konkret ausgeübte Tätigkeit des Steuerpflichtigen. Ist der Steuerpflichtige nicht mehr in der Lage die Tätigkeit auszuführen und veräußert er seinen Betrieb bzw. gibt diesen auf, kann er den Freibetrag des § 16 Abs. 4 EStG beanspruchen.[4] Nach einer Verfügung der OFD Niedersachsen ist nicht entscheidend, dass der Eintritt der Berufsunfähigkeit maßgeblich für die Veräußerung/Aufgabe des Betriebs war. Vielmehr sei es ausreichend, wenn bei Veräußerung/Aufgabe eine Berufsunfähigkeit gegeben ist.[5] Der Steuerpflichtige hat den Nachweis einer dauerhaften Berufsunfähigkeit zu erbringen. Nach Verwaltungsauffassung kann der Nachweis durch Vorlage eines der folgenden Dokumente geführt werden (R 16 Abs. 14 EStR):

726

- **Bescheid des Rentenversicherungsträgers** (Bestätigung, dass eine Berufsunfähigkeit oder Erwerbsunfähigkeit i. S. d. gesetzlichen Rentenversicherung gegeben ist);
- **Amtsärztliche Bescheinigung;**
- **Bescheinigung über die Leistungspflicht einer privaten Versicherungsgesellschaft** (vorausgesetzt die Versicherungsbedingungen sehen einen Behinderungsgrad von mindestens 50 % vor oder knüpfen eine Minderung der Erwerbstätigkeit auf weniger als sechs Stunden pro Tag an).

Im Gegenzug dazu wird von Verwaltungsseite eine Bescheinigung über eine anhaltende Arbeitsunfähigkeit[6] oder eine nach § 69 SGB IX getroffene Feststellung einer Behinderung i. S. d. § 33b EStG nicht als ausreichend erachtet, um den Nachweis einer dauerhaften Behinderung zu führen.[7] Beruht die Berufsunfähigkeit auf anderen Gründen (z. B. Berufsverbot), kann der Freibetrag des § 16 Abs. 4 EStG nicht in Anspruch genommen werden.[8]

727

---

1 Vgl. *Schoor*, DStR 1995, 469; *Schoor*, StuB 2001, 267; *Reiß* in Kirchhof, § 16 EStG Rz. 274; *Schallmoser* in Blümich, § 16 EStG Rz. 694.
2 Vgl. BFH v. 12. 6. 1980 - IV R 124/77, BStBl 1980 II 645; BFH v. 3. 7. 1991 - X R 26/90, BFH/NV 1991, 813 = NWB DokID: WAAAB-32758; *Wacker* in Schmidt, § 16 EStG Rz. 579.
3 OFD Niedersachsen v. 20. 12. 2011, NWB DokID: VAAAE-00581; im Schrifttum ist umstritten, ob die sozialversicherungsrechtliche Beurteilung Bindungswirkung für das Steuerrecht besitzt; verneinend *Wacker* in Schmidt, § 16 EStG Rz. 579; *Schallmoser* in Blümich, § 16 EStG Rz. 694; bejahend HHR/*Kobor*, § 16 EStG Anm. 509.
4 Vgl. FG Düsseldorf v. 20. 2. 2002 - 16 K 5432/99, NWB DokID: NAAAB-07356; ebenso *Stahl* in Korn, § 16 EStG Rz. 416.
5 Vgl. OFD Niedersachsen v. 20. 12. 2011, NWB DokID: VAAAE-00581.
6 Die FinVerw verweist auf BFH v. 26. 9. 1996 - IV R 17/96, NWB DokID: KAAAB-38053.
7 Vgl. OFD Niedersachsen v. 20. 12. 2011 - S 2242, NWB DokID: VAAAE-00581.
8 Vgl. *Lukas*, NWB DokID: QAAAE-67585.

4. Antrag des Steuerpflichtigen

728 Der Freibetrag des § 16 Abs. 4 EStG wird nicht von Amts wegen gewährt. Ein **Antrag des Steuerpflichtigen** ist erforderlich. Der Antrag ist weder form- noch fristgebunden.[1] Aus Dokumentations- und Nachweisgründen sollte der Antrag schriftlich eingereicht werden. Er ist bei der für den Stpfl. örtlich und sachlich zuständigen Finanzbehörde (Wohnsitzfinanzamt) zu stellen.[2] Der Antrag muss nicht mit der Steuererklärung eingereicht werden. Er kann bis zur Bestandskraft des Steuerbescheids (z. B. im Rechtsbehelfsverfahren) gestellt werden.[3] Nach Auffassung des BFH kann der Antrag auch nach Eintritt der Bestandskraft eines vorangehenden Bescheids erstmalig ausgeübt oder geändert werden, wenn das Finanzamt einen steuererhöhenden Änderungsbescheid erlassen hat. In zeitlicher Hinsicht ist die nachträgliche Antragsausübung durch die formelle Bestandskraft des Änderungsbescheides begrenzt, in betragsmäßiger Hinsicht durch den Änderungsrahmen nach § 351 Abs. 1 AO.[4]

5. Höhe des Freibetrags

729 Seit der Einführung der Freibetragsregelung mit Wirkung zum 1.1.1996 wurde die Höhe des Freibetrags mehrfach geändert:

Zeitraum	Freibetrag	Grenze des Freibetrags
1.1.1996 – 31.12.2000	60 000 DM	300 000 DM
1.1.2001 – 31.12.2001	100 000 DM	300 000 DM
1.1.2002 – 31.12.2003	51 200 €	154 000 €
1.1.2004 – jetzt	**45 000 €**	**136 000 €**

Gegenwärtig beträgt der Freibetrag 45 000 €. Der Freibetrag ermäßigt sich um den Betrag, um den der Veräußerungs- bzw. Aufgabegewinn die Grenze des Freibetrags i. H. v. 136 000 € übersteigt (§ 16 Abs. 4 Satz 3 EStG). Ab einem Gewinn i. H. v. 181 000 € (Freibetragsgrenze) wird der Freibetrag auf 0 € abgeschmolzen.[5]

Veräußerungs- bzw. Aufgabegewinn	Grenze des Freibetrags	Anzusetzender Freibetrag (Kürzungsbetrag)	Stpfl. Gewinn nach Freibetrag
136 000 €	136 000 €	45 000 €	91 000 €
137 000 €	136 000 €	44 000 €	93 000 €
180 000 €	136 000 €	1 000 €	179 000 €
181 000 €	136 000 €	0 €	181 000 €

---

1 Ebenso *Hörger/Rapp* in Littmann/Bitz/Pust (Stand: EL 61 – ET 05/2004), § 16 EStG Rz. 248.
2 Zuständig für die Gewährung des Freibetrags ist das Wohnsitzfinanzamt. Nur das Wohnsitzfinanzamt kann die persönlichen Verhältnisse des Stpfl. ermitteln. Vgl. BFH v. 21.9.1995 – IV R 1/95, BStBl 1995 II 893; BFH v. 9.12.2014 - IV R 36/13, BStBl 2015 II 529; *Schallmoser* in Blümich, § 16 EStG Rz. 704.
3 Vgl. *Pohl/Uhländer* in Lippross, § 16 EStG Rz. 239.
4 Vgl. BFH v. 27.10.2015 - X R 44/13, BStBl 2016 II 278.
5 Vgl. *Schoor*, NWB 2015, 937 f.

Nach umstrittener Verwaltungsauffassung umfasst der nach § 16 Abs. 4 EStG begünstigte Gewinn nicht die gem. § 16 Abs. 2 Satz 3 und Abs. 3 Satz 5 EStG in laufende Gewinne umgewidmeten Gewinnbestandteile (R 16 Abs. 13 Satz 9 EStG).[1] Die laufenden Gewinne bleiben bei Ermittlung des anzusetzenden Freibetrags (Kürzungsbetrags) unberücksichtigt.

Die Bildung einer **Reinvestitionsrücklage gem. § 6b EStG** mindert den Veräußerungs- bzw. Aufgabegewinn. Für den verbleibenden Gewinn kann der Freibetrag beansprucht werden.[2] Wird die Rücklage in nachfolgenden Wirtschaftsjahren aufgelöst, ist der Auflösungsbetrag als nicht begünstigter Gewinn (laufender Gewinn) zu qualifizieren.[3]

Gewinne auf der Auflösung der Reinvestitionsrücklage anlässlich einer Betriebsveräußerung[4] zählen zum Veräußerungsgewinn (R 6b.2 Abs. 10 Satz 5 EStR). Nach umstrittener Verwaltungsauffassung kann der Freibetrag nach § 16 Abs. 4 EStR nur dann in Anspruch genommen werden, wenn die § 6b-Rücklage aus der Aufdeckung stiller Reserven nicht wesentlicher Betriebsgrundlagen gebildet wurden. U. E. wird im Schrifttum zu Recht gegen die Verwaltungsauffassung angeführt, dass weder die veräußerte (wesentliche) Betriebsgrundlage, noch die Reinvestitionsrücklage zu den wesentlichen Betriebsgrundlagen im Zeitpunkt der Betriebsveräußerung zählen.[5]

Sind im Veräußerungs- bzw. Aufgabegewinn Bestandteile enthalten, die dem **Halb-/Teileinkünfteverfahren** unterliegen, bleibt nach BFH-Rechtsprechung[6] der steuerfreie Teil des Veräußerungsgewinns für die Berechnung des Freibetrags unberücksichtigt. Die FinVerw hat sich inzwischen der BFH-Rechtsprechung angeschlossen (R 16 Abs. 13 Satz 10 EStR).[7] Hiernach ist der Freibetrag vorrangig mit dem Veräußerungsgewinn zu verrechnen, auf den das Halb- bzw. Teileinkünfteverfahren anzuwenden ist.[8]

6. Einmalige Gewährung des Freibetrags (§ 16 Abs. 4 Satz 2 EStG)

Nach Maßgabe des § 16 Abs. 4 Satz 2 EStG kann ein Stpfl. den Freibetrag einmal im Leben beanspruchen (**Lebensfreibetrag**).[9] Bei Veräußerung oder Aufgabe mehrerer Betriebe, Teilbetriebe oder Mitunternehmeranteile innerhalb desselben Veranlagungszeitraums kann der Freibetrag nur für einen Veräußerungs- oder Aufgabevorgang in Anspruch genommen werden.[10] Eine Gewährung des Freibetrags ist daher ausgeschlossen, wenn der Steuerpflichtige für einen Veräußerungs- bzw. Aufgabegewinn einen Freibetrag nach § 14 Abs. 2 EStG, § 16 Abs. 4 EStG oder § 18 Abs. 3 EStG bereits in Anspruch genommen hat (R 16 Abs. 13 Satz 5 EStR). Unberücksich-

---

1 Vgl. *Wacker* in Schmidt, § 16 EStG Rz. 578; *Pfalzgraf/Meyer*, DStR 1994, 1329.
2 Vgl. *Stahl* in Korn, § 16 EStG Rz. 428; *Schoor*, DStR 1995, 469.
3 Vgl. BFH v. 4. 2. 1982 - IV R 150/78, BStBl 1982 II 348; *Schoor*, DStR 1995, 469.
4 Zur Bildung einer Reinvestitionsrücklage im Fall der Betriebsveräußerung vgl. BFH v. 5. 6. 1997 - III R 218/94, BFH/NV 1997, 754 = NWB DokID: AAAAB-04913.
5 Vgl. *Stahl* in Korn, § 16 EStG Rz. 429; *Wacker* in Schmidt, § 16 EStG Rz. 108, spricht sich für eine funktional-quantitative Betrachtungsweise aus.
6 Vgl. BFH v. 14. 7. 2010 - X R 61/08, BStBl 2010 II 1011; *Pohl/Uhländer* in Lippross, § 16 EStG Rz. 245; *Kauffmann* in Frotscher/Geurts, § 16 EStG Rz. 260; *Reiß* in Kirchhof, § 16 EStG Rz. 282.
7 Für die bisherige Verwaltungsauffassung vgl. BMF v. 20. 12. 2005, BStBl 2006 I 7.
8 Vgl. hierzu auch das Beispiel in H 16 Abs. 13 „Teileinkünfteverfahren" EStH.
9 Vgl. *Kauffmann* in Frotscher/Geurts, § 16 EStG Rz. 253.
10 Vgl. BFH v. 27. 10. 2015 - X R 44/13, BStBl 2016 II 278.

tigt bleiben Freibeträge, die bereits vor dem 1.1.1996 gewährt wurden (§ 52 Abs. 34 Satz 6 EStG).[1]

735 Der Freibetrag wird in voller Höhe gewährt. Unerheblich ist, ob der Steuerpflichtige den ganzen Betrieb, einen Teilbetrieb oder ein Mitunternehmeranteil veräußert/aufgibt. Auch bei einer **teilentgeltlichen Veräußerung ist der volle Freibetrag** anzusetzen.[2] Nicht verbrauchte Teile des Freibetrags (z. B. der Veräußerungsgewinn beträgt 40 000 €) entfallen und können nicht auf einen anderen Veräußerungs- bzw. Aufgabegewinn übertragen werden (R 16 Abs. 3 Satz 4 EStR).[3]

736 Nach BFH-Rechtsprechung[4] ist für den Verbrauch des Freibetrags unerheblich, ob die Ansetzung des Freibetrags rechtmäßig erfolgte oder nicht. Entscheidend ist vielmehr, dass sich der Freibetrag auf die Steuerfestsetzung ausgewirkt hat. Möchte der Steuerpflichtige den Freibetrag für einen anderen Veräußerungs- bzw. Aufgabegewinn in Anspruch nehmen, muss er zuerst eine Änderung des Steuerbescheids herbeiführen, in dem der Freibetrag angesetzt wurde. Nach Maßgabe von Treu und Glauben muss sich der Steuerpflichtige den Verbrauch des Freibetrags allenfalls dann nicht entgegenhalten lassen, wenn in Hinblick auf die geringe Höhe des Freibetrags und des fehlenden Hinweises in den Erläuterungen nicht erkennbar war, dass das Finanzamt den Freibetrag nach § 16 Abs. 4 EStG ohne Antrag angesetzt hat.[5]

737 Veräußert der Steuerpflichtige mehrere Betriebe, Teilbetriebe oder Mitunternehmeranteile – auch im selben Veranlagungszeitraum – ist die Anwendbarkeit der Freibetragsregelung für jeden Veräußerungsvorgang separat zu prüfen. Liegen in Bezug auf **mehrere Veräußerungsvorgänge** die Voraussetzungen des § 16 Abs. 4 EStG vor, steht dem Stpfl. ein **Wahlrecht** zu, für welchen Veräußerungsgewinn er den Freibetrag ansetzen möchte (R 16 Abs. 13 Sstz 6 und 7 EStR).

738 Erstreckt sich die Betriebsveräußerung bzw. -aufgabe auf **mehrere Veranlagungszeiträume** wird der Freibetrag nach § 16 Abs. 4 EStG nur einmal gewährt. Der Freibetrag umfasst den gesamten Veräußerungs- bzw. Aufgabegewinn. Er ist im Verhältnis der in den Veranlagungszeiträumen erzielten Gewinne aufzuteilen.

BEISPIEL:[6] Steuerpflichtige A gibt in einem Zeitraum zwischen Oktober 2014 und März 2015 seinen gesamten Gewerbebetrieb auf. A erzielt aus der Betriebsaufgabe die folgenden Erlöse:

VZ 2014: Oktober 2014 bis Dezember 2014: 90 000 €
VZ 2015: Januar 2015 bis März 2015: 60 000 €
Aufgabegewinn gesamt: 150 000 €

Veräußerungs- bzw. Aufgabegewinn	Grenze des Freibetrags	Anzusetzender Freibetrag (Kürzungsbetrag)	Steuerpflichtiger Gewinn nach Freibetrag
150 000 €	136 000 €	31 000 €	119 000 €

---

1 Entscheidend ist, ob das wirtschaftliche Eigentum vor dem 1.1.1996 auf den Erwerber übergegangen ist, vgl. BFH v. 19.1.2010 - VIII R 49/07, NWB DokID: VAAAD-39598.
2 Vgl. OFD Koblenz v. 6.5.2003, NWB DokID: EAAAA-81500.
3 Ebenso FG Hamburg v. 5.5.2008 - 6 K 24/05; NWB DokID: LAAAC-85138, rkr.; *Lukas*, NWB DokID: QAAAE-67585; *Reiß* in Kirchhof, § 16 EStG Rz. 279.
4 Vgl. BFH v. 21.7.2009 - X R 2/09, BStBl 2009 II 963; HHR/*Kobor*, § 16 EStG, Anm. 709; *Wacker* in Schmidt, § 16 EStG Rz. 581.
5 Vgl. BFH v. 21.7.2009 - X R 2/09, BStBl 2009 II 963.
6 Beispiel nach BMF v. 20.12.2005, BStBl 2006 I 7.

Aufteilung des Aufgabegewinns auf die VZ 2014 und 2015:
Steuerpflichtiger Aufgabegewinn VZ 2014 (60 %): 90 000 €./. (31 000 € x 60 %) = 71 400 €
Steuerpflichtiger Aufgabegewinn VZ 2015 (40 %): 60 000 €./. (31 000 € x 40 %) = 47.600 €

Bei doppelstöckigen (mehrstöckigen) Personengesellschaftsstrukturen ist zwischen der Veräußerung der Beteiligung an der Obergesellschaft und an der Untergesellschaft zu differenzieren.[1] Ein Gewinn aus der Veräußerung der Beteiligung an der Obergesellschaft ist nach Verwaltungsauffassung als einheitlicher Vorgang zu behandeln, der auch die mittelbare Beteiligung an der Untergesellschaft erfasst (R 16 Abs. 13 Satz 8 EStR).[2] Der Freibetrag wird folglich für den Veräußerungsvorgang insgesamt gewährt. In der Literatur[3] wird die Rechtsauffassung z.T. kritisch gesehen. Die abweichende Literaturauffassung geht von zwei Veräußerungsvorgängen aus.[4] Der Mitunternehmer kann nur für einen Vorgang den Freibetrag nach § 16 Abs. 4 EStG beanspruchen.[5] Die Rechtsprechung hat die Frage bislang offen gelassen.[6]

7. Zuständige Finanzbehörde

Über die Gewährung und die Höhe des Freibetrags ist im Rahmen der Einkommensteuerveranlagung zu entscheiden (R 16 Abs. 13 Satz 1 EStR).[7] Für die Prüfung der persönlichen Voraussetzungen (Alter, dauernde Berufsunfähigkeit) für die Erteilung des Freibetrags ist das **Wohnsitzfinanzamt** des Antragstellers zuständig.[8] Dies gilt auch bei Veräußerung/Aufgabe eines Mitunternehmeranteils. In diesem Fall wird im Verfahren zur gesonderten und einheitlichen Gewinnfeststellung (§ 180 Abs. 1 Nr. 2 Buchst. a AO, § 179 AO) lediglich die Höhe des auf den Mitunternehmer entfallenden Veräußerungs- bzw. Aufgabegewinns ermittelt (R 16 Abs. 13 Satz 2 EStR).[9] Die Prüfung der persönlichen Voraussetzungen des Antragstellers obliegt dessen Wohnsitzfinanzamt.[10]

(*Einstweilen frei*)

C. Verfahrensfragen

Die Veräußerungs- und Aufgabegewinne werden in vielen Fällen im Rahmen eines **Feststellungsbescheids nach § 179, § 180 Abs. 1 Satz 1 AO** festgestellt. Es erfolgt insbesondere dann eine gesonderte und einheitliche Feststellung des Gewinns, wenn an den Einkünften mehrere Personen beteiligt sind. Dies gilt vor allem für gewerbliche Mitunternehmerschaften. Die Einkünfte der Mitunternehmer werden, egal ob diese laufende Gewinne oder begünstigte Gewin-

---

1. Vgl. *Hörger/Rapp* in Littmann/Bitz/Pust (Stand: EL 61 – ET 05/2004), § 16 EStG Rz. 241.
2. Vgl. OFD Koblenz v. 28.2.2007, DStR 2007, 992, ebenso *Ley*, KÖSDI 2011, 17277; *Schallmoser* in Blümich, § 16 EStG Rz. 689.
3. Vgl. *Hörger/Rapp* in Littmann/Bitz/Pust (Stand: EL 61 – ET 05/2004), § 16 EStG Rz. 241; *Reiß* in Kirchhof, § 16 EStG Rz. 281; *Förster*, DB 2002, 1394; a. A. (wohl) *Wacker* in Schmidt, § 16 EStG Rz. 578.
4. Vgl. *Hörger/Rapp* in Littmann/Bitz/Pust (Stand: EL 61 – ET 05/2004), § 16 EStG Rz. 241.
5. Vgl. *Reiß* in Kirchhof, § 16 EStG Rz. 281; *Wacker* in Schmidt, § 16 EStG Rz. 578.
6. Vgl. BFH v. 1.7.2004 - IV R 67/00, BStBl 2010 II 157.
7. Vgl. BFH v. 21.9.1995 - IV R 1/95, BStBl 1995 II 893.
8. Vgl. BFH v. 21.9.1995 - IV R 1/95, BStBl 1995 II 893; BFH v. 9.12.2014 - IV R 36/13, BStBl 2015 II 529; *Schallmoser* in Blümich, § 16 EStG Rz. 704.
9. Vgl. BFH v. 10.7.1986 - IV R 12/81, BStBl 1986 II 811.
10. Vgl. *Schallmoser* in Blümich, § 16 EStG Rz. 704; *Hörger/Rapp* in Littmann/Bitz/Pust (Stand: EL 61 – ET 05/2004), § 16 EStG Rz. 248.

ne nach § 16 EStG darstellen, im Rahmen des Feststellungsverfahrens ermittelt und entsprechend den Mitunternehmern zugerechnet.[1] Damit entscheidet das für die gesonderte und einheitliche Feststellung zuständige Betriebsfinanzamt darüber, ob begünstigte Gewinne i. S. d. § 16 EStG vorliegen. Dies gilt sowohl für Fälle der Veräußerung oder Aufgabe von Betrieben bzw. Teilbetrieben durch die Mitunternehmerschaft als auch der Veräußerung oder Aufgabe des Mitunternehmeranteils durch den Mitunternehmer. Die Feststellungen zur Höhe des Gewinns aus der Veräußerung oder Aufgabe eines Mitunternehmeranteils stellen eine selbständige Regelung des Feststellungsbescheids dar und sind daher gesondert anfechtbar.[2]

751 Bei **doppelstöckigen Personengesellschaften** ist hinsichtlich der Feststellung der Besteuerungsgrundlagen zu unterscheiden, ob die Oberpersonengesellschaft (Mitunternehmerschaft) Anteile an der Unterpersonengesellschaft (Mitunternehmerschaft) veräußert oder ein Gesellschafter der Oberpersonengesellschaft seine Mitunternehmeranteile an dieser Gesellschaft veräußert:

▶ Im Fall der Veräußerung eines Mitunternehmeranteils an der Unterpersonengesellschaft durch die Oberpersonengesellschaft wird der Veräußerungsgewinn bei der gesonderten und einheitlichen Feststellung der Unterpersonengesellschaft berücksichtigt und bindend für die Oberpersonengesellschaft festgestellt. Der Veräußerungsgewinn gehört zum Gewinn der Oberpersonengesellschaft und fließt auf dieser Ebene in die gesonderte und einheitliche Feststellung ein.

▶ Wird dagegen ein Mitunternehmeranteil an der Oberpersonengesellschaft veräußert, erfolgt die verfahrensrechtliche Feststellung des Veräußerungsgewinns nur in der gesonderten und einheitlichen Gewinnfeststellung der Oberpersonengesellschaft.[3]

§ 17 Veräußerung von Anteilen an Kapitalgesellschaften

(1) [1]Zu den Einkünften aus Gewerbebetrieb gehört auch der Gewinn aus der Veräußerung von Anteilen an einer Kapitalgesellschaft, wenn der Veräußerer innerhalb der letzten fünf Jahre am Kapital der Gesellschaft unmittelbar oder mittelbar zu mindestens 1 Prozent beteiligt war. [2]Die verdeckte Einlage von Anteilen an einer Kapitalgesellschaft in eine Kapitalgesellschaft steht der Veräußerung der Anteile gleich. [3]Anteile an einer Kapitalgesellschaft sind Aktien, Anteile an einer Gesellschaft mit beschränkter Haftung, Genussscheine oder ähnliche Beteiligungen und Anwartschaften auf solche Beteiligungen. [4]Hat der Veräußerer den veräußerten Anteil innerhalb der letzten fünf Jahre vor der Veräußerung unentgeltlich erworben, so gilt Satz 1 entsprechend, wenn der Veräußerer zwar nicht selbst, aber der Rechtsvorgänger oder, sofern der Anteil nacheinander unentgeltlich übertragen worden ist, einer der Rechtsvorgänger innerhalb der letzten fünf Jahre im Sinne von Satz 1 beteiligt war.

(2) [1]Veräußerungsgewinn im Sinne des Absatzes 1 ist der Betrag, um den der Veräußerungspreis nach Abzug der Veräußerungskosten die Anschaffungskosten übersteigt. [2]In den Fällen des Absatzes 1 Satz 2 tritt an die Stelle des Veräußerungspreises der Anteile ihr gemeiner

---

1 Vgl. FG Köln v. 18. 5. 2016 - 11 K 441/14, NWB DokID: PAAAF-78808.
2 Vgl. BFH v. 3. 3. 2011 - IV R 8/08, NWB DokID: ZAAAD-88266.
3 Vgl. BFH v. 18. 9. 2007 - I R 79/06, NWB DokID: NAAAC-75277; vgl. dazu auch OFD Frankfurt v. 16. 9. 2014, NWB DokID: QAAAE-74956; *Schmudlach*, NWB 2015, 1771.

Wert. ³Weist der Veräußerer nach, dass ihm die Anteile bereits im Zeitpunkt der Begründung der unbeschränkten Steuerpflicht nach § 1 Absatz 1 zuzurechnen waren und dass der bis zu diesem Zeitpunkt entstandene Vermögenszuwachs auf Grund gesetzlicher Bestimmungen des Wegzugsstaats im Wegzugsstaat einer der Steuer nach § 6 des Außensteuergesetzes vergleichbaren Steuer unterlegen hat, tritt an die Stelle der Anschaffungskosten der Wert, den der Wegzugsstaat bei der Berechnung der der Steuer nach § 6 des Außensteuergesetzes vergleichbaren Steuer angesetzt hat, höchstens jedoch der gemeine Wert. ⁴Satz 3 ist in den Fällen des § 6 Absatz 3 des Außensteuergesetzes nicht anzuwenden. ⁵Hat der Veräußerer den veräußerten Anteil unentgeltlich erworben, so sind als Anschaffungskosten des Anteils die Anschaffungskosten des Rechtsvorgängers maßgebend, der den Anteil zuletzt entgeltlich erworben hat. ⁶Ein Veräußerungsverlust ist nicht zu berücksichtigen, soweit er auf Anteile entfällt,

a) die der Steuerpflichtige innerhalb der letzten fünf Jahre unentgeltlich erworben hatte. ²Dies gilt nicht, soweit der Rechtsvorgänger anstelle des Steuerpflichtigen den Veräußerungsverlust hätte geltend machen können;

b) die entgeltlich erworben worden sind und nicht innerhalb der gesamten letzten fünf Jahre zu einer Beteiligung des Steuerpflichtigen im Sinne von Absatz 1 Satz 1 gehört haben. ²Dies gilt nicht für innerhalb der letzten fünf Jahre erworbene Anteile, deren Erwerb zur Begründung einer Beteiligung des Steuerpflichtigen im Sinne von Absatz 1 Satz 1 geführt hat oder die nach Begründung der Beteiligung im Sinne von Absatz 1 Satz 1 erworben worden sind.

(3) ¹Der Veräußerungsgewinn wird zur Einkommensteuer nur herangezogen, soweit er den Teil von 9 060 Euro übersteigt, der dem veräußerten Anteil an der Kapitalgesellschaft entspricht. ²Der Freibetrag ermäßigt sich um den Betrag, um den der Veräußerungsgewinn den Teil von 36 100 Euro übersteigt, der dem veräußerten Anteil an der Kapitalgesellschaft entspricht.

(4) ¹Als Veräußerung im Sinne des Absatzes 1 gilt auch die Auflösung einer Kapitalgesellschaft, die Kapitalherabsetzung, wenn das Kapital zurückgezahlt wird, und die Ausschüttung oder Zurückzahlung von Beträgen aus dem steuerlichen Einlagekonto im Sinne des § 27 des Körperschaftsteuergesetzes. ²In diesen Fällen ist als Veräußerungspreis der gemeine Wert des dem Steuerpflichtigen zugeteilten oder zurückgezahlten Vermögens der Kapitalgesellschaft anzusehen. ³Satz 1 gilt nicht, soweit die Bezüge nach § 20 Absatz 1 Nummer 1 oder 2 zu den Einnahmen aus Kapitalvermögen gehören.

(5) ¹Die Beschränkung oder der Ausschluss des Besteuerungsrechts der Bundesrepublik Deutschland hinsichtlich des Gewinns aus der Veräußerung der Anteile an einer Kapitalgesellschaft im Fall der Verlegung des Sitzes oder des Orts der Geschäftsleitung der Kapitalgesellschaft in einen anderen Staat stehen der Veräußerung der Anteile zum gemeinen Wert gleich. ²Dies gilt nicht in den Fällen der Sitzverlegung einer Europäischen Gesellschaft nach Artikel 8 der Verordnung (EG) Nr. 2157/2001 und der Sitzverlegung einer anderen Kapitalgesellschaft in einen anderen Mitgliedstaat der Europäischen Union. ³In diesen Fällen ist der Gewinn aus einer späteren Veräußerung der Anteile ungeachtet der Bestimmungen eines Abkommens zur Vermeidung der Doppelbesteuerung in der gleichen Art und Weise zu besteuern, wie die Veräußerung dieser Anteile zu besteuern gewesen wäre, wenn keine Sitzverlegung stattgefunden hätte. ⁴§ 15 Absatz 1a Satz 2 ist entsprechend anzuwenden.

(6) Als Anteile im Sinne des Absatzes 1 Satz 1 gelten auch Anteile an Kapitalgesellschaften, an denen der Veräußerer innerhalb der letzten fünf Jahre am Kapital der Gesellschaft nicht unmittelbar oder mittelbar zu mindestens 1 Prozent beteiligt war, wenn

1. die Anteile auf Grund eines Einbringungsvorgangs im Sinne des Umwandlungssteuergesetzes, bei dem nicht der gemeine Wert zum Ansatz kam, erworben wurden und
2. zum Einbringungszeitpunkt für die eingebrachten Anteile die Voraussetzungen von Absatz 1 Satz 1 erfüllt waren oder die Anteile auf einer Sacheinlage im Sinne von § 20 Absatz 1 des Umwandlungssteuergesetzes vom 7. Dezember 2006 (BGBl I S. 2782, 2791) in der jeweils geltenden Fassung beruhen.

(7) Als Anteile im Sinne des Absatzes 1 Satz 1 gelten auch Anteile an einer Genossenschaft einschließlich der Europäischen Genossenschaft.

Inhaltsübersicht

	Rz.
A. Allgemeine Erläuterungen	1 - 100
I. Normzweck und wirtschaftliche Bedeutung der Vorschrift	1 - 16
1. Inhalt der Vorschrift	1 - 8
2. Zweck der Vorschrift	9 - 11
3. Wirtschaftliche Bedeutung der Vorschrift	12 - 16
II. Entstehung und Entwicklung der Vorschrift	17 - 25
III. Geltungsbereich	26 - 45
1. Persönlicher Geltungsbereich	26 - 37
2. Sachlicher Geltungsbereich	38
3. Zeitlicher Geltungsbereich	39 - 45
IV. Vereinbarkeit mit höherrangigem Recht	46 - 60
1. Verfassungsrecht	46 - 55
2. Europarecht	56 - 60
V. Verhältnis zu anderen Vorschriften	61 - 100
1. Verhältnis zu § 2a EStG	61
2. Verhältnis zu § 3 Nr. 40 EStG, § 3c EStG	62 - 66
3. Verhältnis zu § 4 Abs. 1 Satz 3 EStG	67
4. Verhältnis zu § 6 Abs. 1 Nr. 5 Buchst. b EStG	68
5. Verhältnis zu § 6 Abs. 6 Satz 1 EStG	69
6. Verhältnis zu § 6 Abs. 6 Satz 2 EStG	70 - 71
7. Verhältnis zu §§ 13, 15, 18 EStG, § 2 GewStG	72 - 74
8. Verhältnis zu § 16 EStG	75
9. Verhältnis zu § 20 EStG	76 - 77
10. Verhältnis zu § 22 Nr. 2 EStG i.V. m. § 23 EStG	78
11. Verhältnis zu § 32d EStG	79
12. Verhältnis zu § 34 EStG	80
13. Verhältnis zu § 49 Abs. 1 Nr. 2 Buchst. e Doppelbuchst. bb, Nr. 8 Buchst. c Doppelbuchst. bb EStG	81
14. Verhältnis zum UmwStG	82
15. Verhältnis zu § 12 KStG	83
16. Verhältnis zu § 13 Abs. 6 KStG	84
17. Verhältnis zu § 11 BewG	85
18. Verhältnis zu § 42 AO	86
19. Verhältnis zu § 6 AStG	87
20. Verhältnis zu § 8 Abs. 5 InvStG	88 - 100
B. Systematische Kommentierung	101 - 420
I. Einkunftsart	101 - 105
II. Gewinnerzielungsabsicht	106 - 110

III. Tatbestand: Veräußerung von Anteilen an einer Kapitalgesellschaft bei wesentlicher Beteiligung (§ 17 Abs. 1 EStG) .... 111 – 225
   1. Anteile an einer Kapitalgesellschaft (§ 17 Abs. 1 Satz 3 EStG) .... 111 – 125
      a) Anteile am Nennkapital einer Kapitalgesellschaft .... 111 – 113
      b) Genussscheine .... 114 – 117
      c) Ähnliche Beteiligungen 118
      d) Anwartschaften auf Beteiligungen .... 119 – 125
   2. Beteiligungsgrenze (§ 17 Abs. 1 Satz 1 EStG) .... 126 – 150
      a) Wesentliche Beteiligung .... 126 – 129
      b) Herabsetzung der Beteiligungsgrenze 130
      c) Ermittlung der Beteiligungsquote .... 131 – 134
      d) Zurechnung der Anteile .... 135 – 136
      e) Mittelbare Beteiligung .... 137 – 150
   3. Fünfjahresfrist (§ 17 Abs. 1 Satz 1 EStG) .... 151 – 160
      a) Ermittlung der Fünfjahresfrist .... 151 – 154
      b) Kapitalerhöhung 155
      c) Verschmelzung, Spaltung .... 156 – 160
   4. Veräußerung (§ 17 Abs. 1 Satz 1 EStG) .... 161 – 206
      a) Veräußerung .... 161 – 164
      b) Einzelne Veräußerungsvorgänge .... 165 – 205
         aa) Kauf 165
         bb) Tausch 166
         cc) Enteignung, Zwangsversteigerung, Verpfändung, Sicherungsübereignung .... 167 – 169
         dd) Einbringen von Anteilen in eine Kapitalgesellschaft 170
         ee) Übertragen von Anteilen in das Gesellschaftsvermögen einer Personengesellschaft oder einer anderen Gesamthand .... 171 – 178
         ff) Einlage in das Betriebsvermögen eines Einzelunternehmens ... 179
         gg) Einziehung von Anteilen .... 180 – 182
         hh) Erwerb eigener Anteile .... 183 – 186
         ii) Veräußerung eines Bezugsrechtes/Zahlung eines Aufgeldes .. 187 – 191
         jj) Wandelschuldverschreibungen 192
         kk) Verschmelzung, Spaltung .... 193 – 197
         ll) Verdeckte Einlage .... 198 – 205
      c) Teilentgeltliche Veräußerung 206
   5. Verdeckte Einlage in eine Kapitalgesellschaft (§ 17 Abs. 1 Satz 2 EStG) ... 207
   6. Wesentlichkeit kraft Rechtsnachfolge (§ 17 Abs. 1 Satz 4 EStG) .... 208 – 225
      a) Unentgeltliche Übertragung von Anteilen .... 210 – 214
      b) Ermittlung der Fünfjahresfrist .... 215 – 216
      c) Hinzuerwerb von Anteilen .... 217 – 225
IV. Veräußerungsgewinn und Veräußerungsverlust (§ 17 Abs. 2 EStG) .... 226 – 305
   1. Ermittlung des Veräußerungsgewinns oder -verlustes (§ 17 Abs. 2 Satz 1 bis 3 EStG) .... 226 – 300
      a) Art der Gewinnermittlung .... 226 – 235
      b) Veräußerungspreis .... 236 – 265
         aa) Umfang des Veräußerungspreises .... 236 – 250
         bb) Unangemessene Gegenleistung, verdeckte Einlage (§ 17 Abs. 2 Satz 2 EStG) .... 251 – 255
         cc) Wertbestimmung in Zuzugsfällen (§ 17 Abs. 2 Satz 3 und 4 EStG) .... 256 – 265
      c) Veräußerungskosten .... 266 – 271
      d) Anschaffungskosten .... 272 – 300
         aa) Anschaffungskosten bei originärem Anteilserwerb .... 278 – 284
         bb) Anschaffungskosten bei Anteilserwerb kraft Rechtsnachfolge (§ 17 Abs. 2 Satz 5 EStG) .... 285 – 288

	cc)	Nachträgliche Anschaffungskosten	289 - 298
		(1) Änderung der Rechtsprechung – „Altfälle" und „Neufälle"	289
		(2) Altfälle: Voraussetzungen	290
		(3) Altfälle: „Funktionales Eigenkapital"	291
		(4) Altfälle: Darlehen des Gesellschafters	292
		(5) Altfälle: Bürgschaft	293
		(6) Neufälle: Voraussetzungen	294 - 295
		(7) Übergangsregelung	296
		(8) Folgen der Rechtsprechungsänderung	297
		(9) Nachschüsse	298
	dd)	Anteile mit unterschiedlichen Anschaffungskosten	299
	ee)	Nachträglicher Eintritt der steuerlichen Verstrickung	300
2.	Einschränkung der Verlustberücksichtigung (§ 17 Abs. 2 Satz 6 EStG)		301 - 305
	a)	Unentgeltlicher Anteilserwerb (§ 17 Abs. 2 Satz 6 Buchst. a EStG)	301 - 302
	b)	Entgeltlicher Anteilserwerb (§ 17 Abs. 2 Satz 6 Buchst. b EStG)	303 - 305
V. Freibetrag (§ 17 Abs. 3 EStG)			306 - 315
1. Ermittlung des Freibetrags			306 - 307
2. Freibetrag bei Veräußerung gegen wiederkehrende Bezüge			308 - 315
VI. Fiktive Veräußerungsvorgänge: Liquidation, Kapitalherabsetzung und Kapitalrückzahlung sowie Ausschüttungen aus dem steuerlichen Einlagekonto (§ 17 Abs. 4 EStG)			316 - 335
1. Auflösung einer Kapitalgesellschaft			316 - 325
2. Kapitalherabsetzung und Kapitalrückzahlung			326 - 327
3. Ausschüttung aus dem steuerlichen Einlagekonto			328
4. Subsidiaritätsregel (§ 17 Abs. 4 Satz 3 EStG)			329 - 335
VII. Entstrickung bei Wegzug von Kapitalgesellschaften (§ 17 Abs. 5 EStG)			336 - 355
VIII. Besteuerungsrecht bei Einbringungen (§ 17 Abs. 6 EStG)			356 - 365
IX. Anteile an einer Genossenschaft einschließlich der Europäischen Genossenschaft (§ 17 Abs. 7 EStG)			366 - 370
X. Internationales Steuerrecht			371 - 420
1. Auslandseinkünfte unbeschränkt Steuerpflichtiger			371 - 381
2. Inlandseinkünfte beschränkt Steuerpflichtiger			382 - 393
	a)	Allgemein	382 - 383
	b)	Anteilseigner ist eine Kapitalgesellschaft	384 - 390
	c)	Anteilseigner ist eine natürliche Person	391 - 392
	d)	Anteilseigner ist eine Personengesellschaft	393
3. Wohnsitzwechsel in das Ausland – Wegzugsbesteuerung (§ 6 AStG)			394 - 404
4. Wohnsitzwechsel in das Ausland – Erweitert beschränkte Steuerpflicht (§ 2 AStG)			405 - 420
C. Verfahrensfragen			421 - 429
I. Besteuerungsverfahren			421 - 422
II. Feststellungsverfahren für steuerverstrickte Anteile			423 - 424
III. Mitteilungspflichten der Notare			425 - 429

HINWEIS:

§§ 53 und 54 EStDV; R 17. Veräußerung von Anteilen an einer Kapitalgesellschaft oder Genossenschaft EStR = NWB DokID: EAAAE-15625; H 17 EStH nebst Anhängen = NWB DokID: RAAAE-86582; BMF v. 28.6.2010, BStBl 2010 I 599; BMF v. 21.10.2010, BStBl 2010 I 832; BMF v. 20.12.2010, BStBl 2011 I 16; BMF v. 11.7.2011, BStBl 2011 I 713; BMF v. 22.9.2011, BStBl 2011 I 859; BMF v. 21.12.2011, BStBl 2012 I 42; BMF v. 27.5.2013, BStBl 2013 I 721; BMF v. 16.12.2014, BStBl 2015 I 24; BMF v. 16.12.2015, BStBl 2016 I 10; OFD Frankfurt/M. v. 9.8.2013 - S 2244; OFD Frankfurt/M. v. 11.9.2013 - S 2244; OFD Niedersachsen v. 18.9.2013 - S 2244; OFD Niedersachsen v. 20.9.2013, DStR 2014, 532; OFD Magdeburg v. 26.9.2013 - S 2244, juris; OFD Magdeburg v. 30.9.2013 - S 2244, juris; OFD Niedersachsen v. 10.10.2013

- S 2244; OFD Frankfurt/M. v. 7.8.2014 - S 2256; OFD Frankfurt/M. v. 14.10.2014 - S 2244; OFD Frankfurt/M. v. 15.10.2014 - S 2244; OFD Frankfurt/M. v. 15.10.2014 - S 2244.

LITERATUR:

► Weitere Literatur siehe Online-Version

Brocke/Rottenmoser, § 50i EStG und Wegzugsbesteuerung in Kürze zusammengefasst, SteuK 2013, 419; *Gast*, Die steuerliche Berücksichtigung von Darlehensverlusten des Gesellschafters einer Kapitalgesellschaft, Berlin 2013; *Heuermann*, Entwicklungslinien steuerbarer Veräußerungen im Privatvermögen, DB 2013, 718; *Schütz*, Wegzugsbesteuerung bei natürlichen Personen – Steuerliche Gestaltungsmöglichkeiten, SteuK 2013, 331; *Strüber*, Ist die Einführung der Beteiligungsgrenze von 1% in § 17 Abs. 1 Satz 1 EStG durch das StSenkG wirklich uneingeschränkt verfassungsgemäß?, DStR 2013, 626; *Töben*, § 50i EStG n.F. – Fälle und Unfälle – Wegzugsbesteuerung nach neuen Regeln außerhalb des § 6 AStG, IStR 2013, 682; *Ettinger/Beuchert*, Wegzugsbesteuerung – Gestaltungsüberlegungen im Hinblick auf § 6 AStG, IWB 2014, 126; *Ettinger/Beuchert*, Wegzugsbesteuerung im Lichte des § 50i EStG – Auswirkungen auf die Gestaltungspraxis bei Wegzug, IWB 2014, 680; *Haase/Steierberg*, Inbound-Investitionen: Eine Fallstudie zu Kapitalgesellschaftsbeteiligungen, ISR 2014, 282 (Teil 1), 348 (Teil 2); *Hruschka*, Das neue BMF-Schreiben zur Anwendung von DBA auf Personengesellschaften, IStR 2014, 785; *Kaminski/Strunk*, Aktuelle Entwicklungen bei der Wegzugsbesteuerung nach § 6 AStG, Stbg 2014, 449; *Link*, Bilanzielle und steuerliche Fragestellungen bei Earn-out-Gestaltungen, BB 2014, 554; *Moritz*, Kapitalanlagen im Schnittpunkt zwischen §§ 17 EStG und 20 EStG, DStR 2014, 1636 (Teil I), 1703 (Teil II); *Sonnleitner/Winkelhog*, Anwendung der Doppelbesteuerungsabkommen (DBA) auf Personengesellschaften – weitere Präzisierungen sind notwendig!, BB 2014, 473; *Wittkowski*, Wegzugsbesteuerung im Lichte der aktuellen Änderungen des § 50i EStG, BC 2014, 382; *Dorn*, Wertverluste aus Gesellschafterdarlehen des Privatvermögens, NWB 2015, 2150; *Geißler*, Abzugsfähigkeit nachträglicher Schuldzinsen – eine vergleichende Darstellung, NWB 2015, 332; *Hoffmann*, Anschaffungskosten des Kleinanlegers nach § 17 EStG, StuB 2015, 41; *Kraft/Schreiber*, Anteilstransaktionen unter Beteiligung steuerausländischer Gesellschafter, IWB 2015, 401; *Ott*, Gesellschafterdarlehen bei der GmbH, StuB 2015, 43; *Schießl*, Realisierungszeitpunkt eines Auflösungsverlustes i.S.d. § 17 EStG im Fall der Nachtragsliquidation, StuB 2015, 93; *Weber-Grellet*, BB-Rechtsprechungsreport zu 2014 veröffentlichten bilanzsteuerrechtlichen BFH-Urteilen, BB 2015, 43; *Deutschländer*, Realisierung eines insolvenzbedingten Auflösungsverlusts nach § 17 Abs. 4 EStG – Teil 1: Die „Eintrittskarte" für die Bestimmung des maßgeblichen Realisationszeitpunkts, NWB 2016, 1747; *ders.*, ... Teil 2: Die weiteren Voraussetzungen für die Bestimmung des maßgeblichen Realisationszeitpunkts, NWB 2016, 1829; *ders.*, ... Teil 3: Sonderthemen im Zusammenhang mit der Bestimmung des maßgeblichen Realisationszeitpunkts, NWB 2016, 1917; *Haase/Geils*, Steuerfalle bei der Anwendung der Wegzugsbesteuerung und anschließender Liquidation der Kapitalgesellschaft, IStR 2016, 6632; *Hils*, Nachträgliche Veränderungen des Veräußerungsgewinns nach § 17 EStG, DStR 2016, 1345; *Kraft/Gräfe*, Rettung fiktiver Wertverluste in Kapitalgesellschaftsanteilen beim Wegzug natürlicher Personen – FG München, Urteil vom 25.3.2015 – 1 K 495/13, IWB 2016, 384; *Fuhrmann*, Gesellschafter-Fremdfinanzierung und § 17 EStG, NWB 2017, 4003;*Trossen*, Anmerkung zu: BFH v. 11.7.2017 - IX R 36/15, EStB 2017, 381; *Seppelt*, Anmerkung zu: BFH v. 11.7.2017 - IX R 36/15, BB 2017, 2478; *Trossen*, Neue Grundsätze zur Behandlung von Gesellschafterdarlehen, NWB 2017, 3040; *Bauer*, Vergleichende Steuerbelastungsmessung in Bezug auf klassische Betriebsaufspaltung und GmbH & Co. KG, StuB 2017, 609; *Bauer*, Vergleichende Steuerbelastungsmessung in Bezug auf klassische Betriebsaufspaltung und GmbH & Co. KG, StuB 2017, 668; *Schießl*, Neues zu „eigenkapitalersetzenden" Finanzierungshilfen des Gesellschafters nach § 17 EStG, StuB 2017, 765; *Ott*, Gestaltungsmöglichkeiten nach der Änderung der Rechtsprechung zu eigenkapitalersetzenden Finanzierungshilfen, StuB 2018, 15; *Deutschländer*, Realisierung eines Auflösungsverlusts nach § 17 Abs. 4 EStG, NWB 2018, 634; *Eggert*, Neuerungen zum Eigenkapitalersatz bei § 17 EStG, BBK 2018, 68.

A. Allgemeine Erläuterungen

I. Normzweck und wirtschaftliche Bedeutung der Vorschrift

1. Inhalt der Vorschrift

1 Gemäß § 17 Abs. 1 Satz 1 EStG gehört als **Einmaltatbestand**[1] zu den **Einkünften aus Gewerbebetrieb** der Gewinn aus der Veräußerung von im Privatvermögen gehaltenen Anteilen an einer Kapitalgesellschaft, wenn der Veräußerer innerhalb der letzten fünf Jahre am Kapital dieser Gesellschaft unmittelbar oder mittelbar zu mindestens 1 % beteiligt war. Diesen Anteilen werden in § 17 Abs. 7 EStG Anteile an einer (Europäischen) Genossenschaft gleichgestellt. Die verdeckte Einlage von Anteilen an einer Kapitalgesellschaft in eine Kapitalgesellschaft steht dem Veräußerungsvorgang gleich. Die in § 17 Abs. 1 Satz 1 EStG bestimmte Steuerbarkeit wird ebenfalls unter den Voraussetzungen des § 6 Abs. 1 AStG infolge des Wegzugs und der Aufgabe der unbeschränkten Steuerpflicht des Anteilseigners ausgelöst.

2 Eine Beschränkung auf Anteile an inländischen Kapitalgesellschaften besteht nicht, so dass auch die Veräußerung von Anteilen an ausländischen Kapitalgesellschaften, sofern sie nach dem Rechtstypenvergleich[2] einer deutschen Kapitalgesellschaft entsprechen, grundsätzlich von der Norm erfasst wird.[3]

3 Mit § 17 EStG soll die Veräußerung von Anteilen im Privatvermögen des Stpfl. steuerlich erfasst werden.[4] Veräußerungsvorgänge von Anteilen, die im Betriebsvermögen gehalten werden, sind demgemäß nicht Gegenstand der Regelung.[5] Somit werden zum einen Veräußerungsgewinne von im Privatvermögen gehaltenen Anteilen an Kapitalgesellschaften kraft Fiktion[6] den Einkünften aus Gewerbebetrieb zugerechnet, obwohl die aus der Beteiligung zufließenden Gewinnausschüttungen den Einkünften aus Kapitalvermögen, § 20 Abs. 1 Nr. 1 EStG, zuzurechnen sind.[7] Allerdings unterliegt ein solcher Veräußerungsgewinn nicht der Gewerbesteuer, da gem. § 2 Abs. 1 Satz 1 GewStG nur stehende, im Inland betriebene Gewerbebetriebe erfasst werden.[8]

4 Zum anderen geht die Veräußerung einer Beteiligung i. S. d. § 17 EStG der Veräußerung von Anteilen einer Körperschaft gem. § 20 Abs. 2 Nr. 1 EStG aufgrund der Subsidiaritätsklausel des § 20 Abs. 8 Satz 1 EStG vor.

---

1 Vgl. BFH v. 21.12.1993 - VIII R 69/88, BStBl 1994 II 648.
2 Hierzu: BMF v. 16.4.2010, BStBl 2010 I 354, Tz.1.2; BMF v. 19.3.2004, BStBl 2004 I 411; *Hruschka*, IStR 2014, 785; *Schnittker/Lemaitre*, GmbHR 2003, 1314.
3 *Knobbe-Keuk*, Bilanz- und Unternehmenssteuerrecht, 917; *Ebling* in FS Flick, 680; vgl. → Rz. 40 ff.
4 Für die Besteuerung von Anteilen, die im Betriebsvermögen gehalten werden, gelten die allgemeinen Regelungen der §§ 4 und 5 EStG.
5 *Knobbe-Keuk*, a. a. O., 916; *HHR/Eilers/R. Schmidt*, § 17 EStG Rz. 20.
6 *Vogt* in Blümich, § 17 EStG Rz. 2.
7 *Gast*, Die steuerliche Berücksichtigung von Darlehensverlusten des Gesellschafters einer Kapitalgesellschaft, 34; *Reinhart*, Die Besteuerung privater Veräußerungsgewinne, 95.
8 R 7.1 Abs. 3 Satz 1 Nr. 2 GewStR; dazu *Lippert*, Beendigung des Engagements in einer ausländischen Kapitalgesellschaft, 65; *Bering*, DStR 1995, 1820.

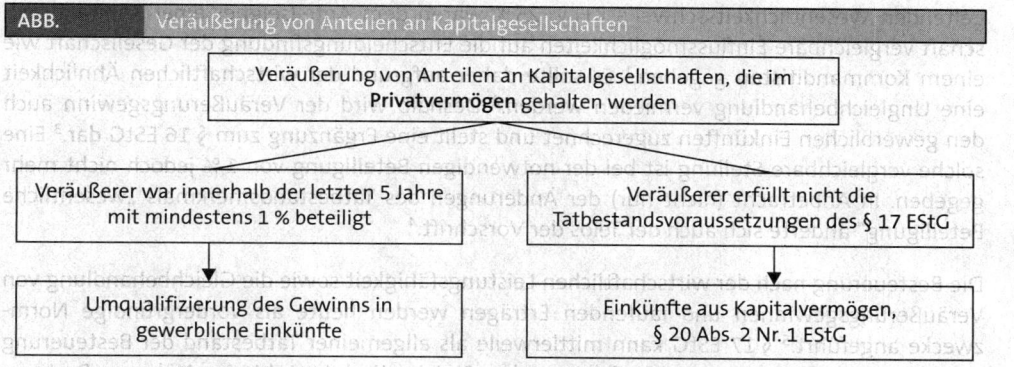

Damit stellt § 17 EStG, u. a. neben § 20 Abs. 2 EStG, eine Ausnahme davon dar, dass die Veräußerung von Privatvermögen einkommensteuerrechtlich grundsätzlich irrelevant ist.[1] Mithin werden so seit der Unternehmensteuerreform 2008 Veräußerungsgewinne generell und unabhängig von der Dauer und der Höhe der Beteiligung an einer Kapitalgesellschaft steuerlich erfasst.[2]

Dabei gelten gem. § 3 Nr. 40 Buchst. c EStG 40 % des Veräußerungspreises bzw. des gemeinen Werts als steuerfrei – Teileinkünfteverfahren. Zugleich dürfen gem. § 3c Abs. 2 Satz 1 EStG nur 60 % der Anschaffungskosten der Beteiligung und die im Zusammenhang mit der Veräußerung stehenden Betriebsausgaben abgezogen werden.[3] Veräußerungsverluste sind ausgleichsfähig und gem. § 10d EStG abzugsfähig. Jedoch ist das Verlustausgleichs- und Abzugsverbot gem. § 17 Abs. 2 Satz 6 EStG zu beachten.

Zudem wird mit § 17 Abs. 4 EStG die Norm bei der Auflösung einer Kapitalgesellschaft bzw. der Herabsetzung deren Kapitals für entsprechend anwendbar erklärt. In § 17 Abs. 5 EStG wird der Veräußerung zur Sicherung des deutschen Steuersubstrates die identitätswahrende Verlegung des Sitzes oder des Ortes der Geschäftsleitung gleichgestellt. Mit § 17 Abs. 6 EStG soll schließlich erreicht werden, dass bei Einbringungsfällen ein späterer Gewinn aus der Veräußerung dieser Anteile zu versteuern ist.

2. Zweck der Vorschrift

Mit der Besteuerung des Veräußerungsgewinns von Beteiligungen im Privatvermögen sollten ursprünglich etwaige nicht aufgedeckte stille Reserven bei der Einbringung von Gewerbebetrieben in Kapitalgesellschaften in dem Zeitpunkt erfasst werden, indem eine Veräußerung der Anteile an der Kapitalgesellschaft erfolgte. Die Besteuerung von einbringungsgeborenen Anteilen ist heute jedoch Gegenstand von § 21 UmwStG.[4]

Zudem sollte eine Vergleichbarkeit von privaten Kapitalgesellschaftsbeteiligungen und Mitunternehmeranteilen geschaffen werden.[5] Bei der im Zeitpunkt der Etablierung der Regelung

---

1 Zur Behandlung von privaten Veräußerungsgeschäften vor dem Hintergrund von Quellentheorie und Reinvermögenszugangstheorie u. a. *Reinhart*, a.a.O., 25 ff.; ferner *Niehus/Wilke*, StuW 1997, 35; *Maiterth/Müller*, BB 1999, 2639; zu Reformüberlegungen: HHR/*Eilers/R. Schmidt*, § 17 EStG Rz. 2.
2 Siehe auch *Jacob*, ZfB 2009, 579; *Moritz*, DStR 2014, 1636.
3 HHR/*Eilers/R. Schmidt*, § 17 EStG Rz. 27.
4 *Reinhart*, a.a.O., 95; *Rapp* in Littmann/Bitz/Pust, § 17 EStG Rz. 8.
5 *Reinhart*, a.a.O., 95; *Niehus/Wilke*, StuW 1997, 38-41; *Seer*, FS Hüffer, 938 ff.; *Crezelius*, DB 2003, 230.

geltenden Wesentlichkeitsschwelle i. H. v. 25 % waren dem Anteilseigner einer Kapitalgesellschaft vergleichbare Einflussmöglichkeiten auf die Entscheidungsfindung der Gesellschaft wie einem Kommanditisten gegeben.[1] Es sollte daher aufgrund der wirtschaftlichen Ähnlichkeit eine Ungleichbehandlung vermieden werden.[2] Deshalb wird der Veräußerungsgewinn auch den gewerblichen Einkünften zugerechnet und stellt eine Ergänzung zum § 16 EStG dar.[3] Eine solche vergleichbare Stellung ist bei der notwendigen Beteiligung von 1 % jedoch nicht mehr gegeben. In Anbetracht (nicht nur) der Änderungen des Tatbestandsmerkmals „wesentliche Beteiligung" änderte sich auch der Telos der Vorschrift.[4]

11 Die Besteuerung nach der wirtschaftlichen Leistungsfähigkeit sowie die Gleichbehandlung von Veräußerungsgewinnen und laufenden Erträgen werden heute als vordergründige Normzwecke angeführt.[5] § 17 EStG kann mittlerweile als allgemeiner Tatbestand der Besteuerung von Veräußerungsgewinnen aufgefasst werden. Systematisch besteht eine Nähe zur Besteuerung von Kapitalvermögen.[6]

Eigens nach der Einführung des Steuerabzugs mit Abgeltungswirkung, von dem auch Veräußerungen von privat gehaltenen Anteilen unabhängig von ihrer Haltedauer betroffen werden, erscheint es steuersystematisch durchaus fraglich, warum die Einkünfte im Rahmen von § 17 EStG in gewerbliche Einkünfte umzuqualifizieren sind.[7]

3. Wirtschaftliche Bedeutung der Vorschrift

12 Diejenigen Handlungsalternativen, die vor einer Besteuerung das höchste Einkommen erwarten lassen, sollten auch nach deren Einführung realisiert werden – Entscheidungsneutralität der Besteuerung.[8] Ein neutrales Steuersystem hinsichtlich der Veräußerungsgewinnbesteuerung ist jedoch nicht gegeben, da die Veräußerungsentscheidung des Anteilseigners durch die Einbeziehung einer solchen „Veräußerungsgewinnsteuer" das Entscheidungskalkül beeinflusst.[9] So kann modelltheoretisch gezeigt werden, dass künftige Einkommensteuerzahlungen kaufpreismindernd einfließen, wodurch das Konsumpotenzial des Veräußerers bei der Durchführung der Transaktion gemindert wird. Wirtschaftlich betrachtet, kann eine Veräußerungsgewinnbesteuerung daher u. a. dazu führen, dass Kapitalgesellschaften nicht gegründet, Beteiligungen nicht veräußert oder Gewinne nicht thesauriert werden.[10] Zudem führt eine Besteuerung des Veräußerungsgewinns zu einer Doppelbesteuerung von bereits versteuerten Unter-

---

1 Vgl. BVerfG v. 7. 10. 1969 - 2 BvL 3/66 und 2 BvR 701/64, BStBl 1970 II 160; Bericht zum RegEntw. des StÄndG 1964, zu BT-Drucks. IV/3189, 7; *Friauf*, DB Beilage 8/1995, 2 ff., m. w. N.; *Reinhart*, a. a. O., 95.
2 Vgl. BFH v. 16. 5. 1995 - VIII R 33/94, BStBl 1995 II 870.
3 *Zimmermann/Zimmermann-Schwier* in Bordewin/Brandt, § 17 EStG Rz. 24.
4 *Moritz*, a. a. O.; *Heuermann*, DB 2013, 718; *Rapp* in Littmann/Bitz/Pust, § 17 EStG Rz. 8.
5 Vgl. BVerfG v. 7. 10. 1969, a. a. O.; BFH v. 16. 5. 1995 – VIII R 33/94, BStBl 1995 II 870; *Reinhart*, a. a. O., 95 f.; *Ebling* in FS Flick, 682; *Heuermann*, a. a. O.; *Crezelius*, a. a. O.; ferner *Falkner*, DStR 2010, 788; wohl a. A.: *Friauf*, a. a. O., 10.
6 *Vogt* in Blümich, § 17 EStG Rz. 18; *Seer*, a. a. O., 945.
7 S. auch HHR/*Eilers/R. Schmidt*, § 17 EStG Rz. 9; *Zimmermann/Zimmermann-Schwier* in Bordewin/Brandt, § 17 EStG Rz. 23, 111; *Gosch* in Kirchhof, § 17 EStG Rz. 2; *Intemann*, NWB 2013, 828; s. dazu auch → Rz. 70 ff.
8 *Maiterth/Müller*, a. a. O.
9 Siehe hierzu umfassend *Jacob*, a. a. O.; vgl. ferner *Rose*, a. a. O.
10 U. a. *Jacob*, a. a. O.; *Stiglitz*, Journal of Public Economics 1983, 257; *Ball*, JBF 1984, 471; *Rose*, a. a. O.

nehmensgewinnen.¹ Mithin entsteht aufgrund der Besteuerung von Veräußerungsgewinnen eine verzerrende Wirkung und führt zu einem „Lock-In-Effekt".²

Demgegenüber führt die Besteuerung von Veräußerungsgewinnen für den Steuerfiskus zu Einnahmen. Den Steuereinnahmen stehen jedoch wiederum gegenläufige Effekte entgegen: So führt die Berücksichtigung von Veräußerungsverlusten zu Steuermindereinnahmen, der durch § 17 EStG entstehende Verwaltungsaufwand – Administration und Verifikation – verbraucht einen Teil der Steuereinnehmen.³ Ebenso kann die durch die Veräußerungsgewinnbesteuerung hervorgerufene Entscheidungsverzerrung zu ökonomisch unerwünschten Effekten führen, so dass letztlich die gesamtökonomische Wirkung des § 17 EStG u.U. negativ ist.⁴ 13

(*Einstweilen frei*) 14–16

II. Entstehung und Entwicklung der Vorschrift

Die Regelung des § 17 EStG geht auf die Regelung des § 30 Abs. 3 EStG 1925 zurück.⁵ § 30 EStG 1925 bestimmte, dass der Gewinn aus der Veräußerung des ganzen Gewerbebetriebs oder eines Betriebsteils sowie aus der Veräußerung von mitunternehmerischen Beteiligungen den Einkünften aus Gewerbebetrieb zuzurechnen sei. In Abs. 3 wurden auch Gewinne aus der Veräußerung von wesentlichen Beteiligungen als Einkünfte aus Gewerbebetrieb erfasst. Durch den systematischen Zusammenhang wurde deutlich, dass wesentliche Beteiligungen an Kapitalgesellschaften wegen ihrer wirtschaftlichen Vergleichbarkeit steuerlich wie unmittelbare Unternehmeranteile behandelt werden sollten. Demnach galt die Steuerpflicht gem. § 30 Abs. 3 EStG 1925 lediglich als „ein besonderer Anwendungsfall der allgemeinen Besteuerung von Veräußerungsgewinnen bei Gewerbebetrieben nach § 30 Abs. 1 und 2 EStG."⁶ 17

§ 30 EStG 1925 wurde bei der Neugliederung des EStG 1934 aufgespalten. Die Abs. 1 und 2 ergaben § 16 EStG 1934. Abs. 3 hingegen mündete in § 17 EStG 1934.⁷ Dieser wurde durch mehrere Gesetze unmittelbar geändert: Zuletzt durch das HBeglG 2004 v. 29.12.2003⁸ und das SEStEG v. 7.12.2006.⁹ 18

Mit dem JStG 1996 wurde die bis dahin geltende Bagatellgrenze von 1 % für die Steuerfreiheit von Veräußerungsgewinnen gestrichen und mit § 54 EStDV eine Übersendungspflicht der Notare für bestimmte Urkunden geschaffen.¹⁰ Zudem lag die Beteiligungsgrenze bis einschließlich 31.12.1998 bei mehr als 25 %.¹¹ Durch das StEntlG 1999/2000/2002 wurde mit Wirkung ab dem VZ 1999 die Beteiligungsgrenze auf mindestens 10 % gesenkt, um dann durch das 19

---

1 U.a. *Wenger*, StuW 2000, 177; *Jacob*, a.a.O.
2 Mit „Lock-in-Effekt" ist hier das Halten des Anteils gemeint, da der Verkauf zu einem transaktionsbedingten Nutzenverlust führt, umfassend dazu Jacob, a.a.O.; *Maiterth/Müller*, a.a.O.
3 *Rose*, a.a.O.
4 Ebenso *Rose*, a.a.O.
5 Vgl. RGBl 1925 I 189; umfassend zur historischen Entwicklung u.a. *Friauf*, a.a.O., 2; *Seer*, a.a.O., 937; HHR/*Eilers/ R. Schmidt*, § 17 EStG Rz. 1; *Vogt* in Blümich, § 17 EStG Rz. 1; *Crezelius*, a.a.O., 2003; *Kröner*, StbJb 1997/98, 194.
6 *Friauf*, a.a.O., 3, m.w.N.
7 *Friauf*, a.a.O., 4.; ferner *Kröner*, a.a.O.
8 BGBl 2003 I 3076.
9 BGBl 2006 I 2782.
10 *Schulze zur Wiesche*, DB 1995, 2441; *Horlemann*, DStZ 1995, 673; *Rapp* in Littmann/Bitz/Pust, § 17 EStG Rz. 155; *Bering*, a.a.O.; *Vogt* in Blümich, § 17 EStG Rz. 1.
11 *Friauf*, a.a.O., 2, m.w.N.

StSenkG ab VZ 2001/2002 erneut – auf nunmehr mindestens 1% – gesenkt zu werden.[1] Mit Absenkung der Beteiligungsgrenze auf 1% wurde zugleich das Merkmal der wesentlichen Beteiligung aufgegeben.[2] Diese Absenkung führte zu einer Verbreiterung der Besteuerungsgrundlage sowie einer Begrenzung des Missbrauchs.[3] So wurde etwa mit der Absenkung auf 10% im VZ 1999 ein steuerliches Mehraufkommen von 380 Mio. DM erwartet.[4] Aber nicht nur die Bagatell- sowie die Beteiligungsgrenze waren Gegenstand von zahlreichen Änderungen des § 17 EStG.[5]

20–25 (Einstweilen frei)

III. Geltungsbereich

1. Persönlicher Geltungsbereich

26 Der persönliche Geltungsbereich von § 17 EStG ist nicht beschränkt. Er erfasst als mögliche Veräußerer grundsätzlich sowohl natürliche als auch juristische Personen sowie unbeschränkt als auch beschränkt Stpfl.[6] Allerdings setzt § 17 EStG voraus, dass sich die Anteile an der Kapitalgesellschaft vor der Veräußerung im Privatvermögen des Veräußerers befanden.

27 Veräußert also ein **unbeschränkt Steuerpflichtiger** Anteile an einer Kapitalgesellschaft mit Sitz und Geschäftsleitung[7] im **Inland** wird dies vom Tatbestand des § 17 EStG erfasst.[8]

28 Veräußert ein **unbeschränkt Steuerpflichtiger** indes Anteile an einer Kapitalgesellschaft mit Sitz und Geschäftsleitung im **Ausland**, erzielt er ausländische Einkünfte i. S. d. § 34d Nr. 4 Buchst. b EStG, die im Inland besteuert werden,[9] wobei eine Anrechnung ausländischer Steuer gem. § 34c Abs. 1 EStG möglich sein kann. Besteht ein DBA mit dem Staat des Sitzes und der Geschäftsleitung der Kapitalgesellschaft, ergibt sich grundsätzlich nichts anderes.[10]

29 Werden Anteile an einer Kapitalgesellschaft mit Sitz oder Geschäftsleitung im **Inland** veräußert, stellt der Veräußerungsgewinn inländische Einkünfte gem. § 49 Abs. 1 Nr. 2 Buchst. e Doppelbuchst. aa EStG dar und führt zur beschränkten Steuerpflicht. Dabei sind die Anteile dann Privatvermögen oder Betriebsvermögen einer ausländischen Betriebsstätte, wenn sie nicht zum Betriebsvermögen einer inländischen Betriebsstätte gehören; § 49 Abs. 1 Nr. 2

---

1 Moritz, a.a.O., 1638; Schmidt/Busekist/Drescher, FR 2007, 1; Seibt, DStR 2000, 2061; Strüber, DStR 2013, 626; Seer, a.a.O., 943 ff.; Frotscher in Frotscher/Geurts, § 17 EStG Rz. 23, 54, 58.
2 Vgl. Reinhart, a.a.O., 96; Zimmermann/Zimmermann-Schwier in Bordewin/Brandt, § 17 EStG Rz. 5; HHR/Eilers/R. Schmidt § 17 EStG Rz. 1; Seer, a.a.O., 944.
3 Vgl. BT-Drucks. 14/23, 178; Maiterth/Müller, a.a.O.
4 Vgl. BT-Drucks. 14/23, 152.
5 Hierzu umfassend: HHR/Eilers/R. Schmidt, § 17 EStG Rz. 1; Rapp in Littmann/Bitz/Pust, § 17 EStG Rz. 1.
6 Gosch in Kirchhof, § 17 EStG Rz. 3.
7 Bei Fällen des Zuzugs auch nur mit Geschäftsleitung im Inland, vgl. EuGH v. 5.11.2002 - C-208/00, Überseering; NWB DokID: BAAAB-72640; BFH v. 8.9.2010 - I R 6/09, BStBl 2013 II 186; Gosch in Kirchhof, § 17 EStG, Rz. 4; beachte in diesen Fällen auch § 17 Abs. 2 Satz 3 EStG; anders aber im Falle des Wegzugs, vgl. dazu aber Thömmes, IWB 2002, 1213; Birk, IStR 2003, 469; Gosch in Kirchhof, § 17 EStG Rz. 4 mit Fn. 1.
8 Gosch in Kirchhof, § 17 EStG Rz. 4.
9 Gosch in Kirchhof, § 17 EStG Rz. 4; vgl. BFH v. 22.2.1989 - I R 11/85, BStBl 1989 II 794; BFH v. 21.10.1999 - I R 43, 44/98, BStBl 2000 II 424.
10 Gosch in Kirchhof, § 17 EStG Rz. 4; vgl. Art. 13 Abs. 5 OECD-MA; in einem DBA kann das Besteuerungsrecht allerdings auch dem Staat des Sitzes und/oder der Geschäftsleitung der Kapitalgesellschaft zugeordnet werden, deren Anteile veräußert werden, vgl. dazu etwa Art. 13 Abs. 3 DBA Tschechien bzw. Slowakei.

Buchst. a EStG. Abweichungen können sich ergeben, wenn ein DBA besteht, dass das Besteuerungsrecht des Wohnsitzstaates des Veräußerers vorsieht.[1]

Veräußert ein **Steuersubjekt** Anteile an einer Kapitalgesellschaft mit Sitz und Geschäftsleitung im **Ausland** und gehören die Anteile auch nicht zum Betriebsvermögen einer inländischen Betriebsstätte, fehlt es mangels inländischer Anknüpfung an inländischen Einkünften i. S. d. § 49 EStG.[2] 30

Veräußert eine **Personengesellschaft** Anteile an einer Kapitalgesellschaft aus ihrem Gesamthandsvermögen oder werden Anteile einer Personengesellschaft veräußert, zu deren Gesamthandsvermögen Anteile einer Kapitalgesellschaft gehören, greift § 17 EStG ein, wenn die Anteile der Kapitalgesellschaft nicht im Betriebsvermögen der Personengesellschaft standen und die Gesellschafter gesamthänderisch zu mindestens 1 % an der Kapitalgesellschaft beteiligt sind.[3] Die Personengesellschaft darf insoweit nicht im Bereich der Gewinneinkünfte und damit nicht betrieblich tätig sein.[4] 31

Greift § 17 EStG ein, werden die Anteile und Vermögenszuwächse gem. § 39 Abs. 2 Nr. 2 AO anteilig bei den Gesellschaftern erfasst; **Bruchteilsbetrachtung**.[5] Diese Bruchteilsbetrachtung blendet die Personengesellschaft steuerlich aus und rechnet die jeweilige Veräußerung, also die Anschaffungskosten, die Veräußerungskosten und den Veräußerungspreis, anteilig nach Bruchteilen den Gesellschaftern zu.[6] Veräußerungsgewinne und -verluste entstehen daher nicht auf der Ebene der Personengesellschaft, sondern unmittelbar bei den einzelnen Gesellschaftern. Ob eine Beteiligung in relevanter Höhe gem. § 17 EStG besteht, ist allein auf der Ebene der Gesellschafter zu klären. Es kann daher immer nur eine steuerverstrickte Beteiligung der Gesellschafter vorliegen.[7] 32

Die **Bruchteilsbetrachtung** gilt auch bei einer **atypisch stillen**,[8] nicht aber bei einer **stillen Unterbeteiligung**.[9] 33

Die **Bruchteilsbetrachtung** gilt auch für Beteiligungen an vermögensverwaltenden Personengesellschaften wie etwa **Venture Capital** und **Private Equity Fonds**. Die Beteiligungen des Fonds an Beteiligungsunternehmen, an den sog. **Portfolio-Gesellschaften** sind anteilig den Kapitalanlegern, nicht aber dem Fonds zuzurechnen.[10] Das gilt jedoch nicht für den erhöhten Ge- 34

---

1 *Gosch* in Kirchhof, § 17 EStG Rz. 4; *Vogt* in Blümich, § 17 EStG Rz. 44; vgl. BFH v. 13. 12. 1989 - I R 39/87, BStBl 1990 II 379; BFH v. 13. 12. 1989 - I R 40/87, BStBl 1990 II 381.
2 *Gosch* in Kirchhof, § 17 EStG Rz. 4; *Crezelius*, DStR 1997, 1712; *Vogt* in Blümich, § 17 EStG Rz. 44.
3 *Gosch* in Kirchhof, § 17 EStG Rz. 5; *Vogt* in Blümich, § 17 EStG Rz. 47; etwa bei reiner Vermögensverwaltung.
4 *Vogt* in Blümich, § 17 EStG Rz. 47.
5 *Vogt* in Blümich, § 17 EStG Rz. 48; *Gosch* in Kirchhof, § 17 EStG Rz. 5; vgl. BFH v. 7. 4. 1976 - I R 75/73, BStBl 1976 II 557.
6 *Vogt* in Blümich, § 17 EStG Rz. 48.
7 *Vogt* in Blümich, § 17 EStG Rz. 49; vgl. BFH v. 9. 5. 2000 - VIII R 41/99, BStBl 2000 II 686.
8 *Gosch* in Kirchhof, § 17 EStG Rz. 5; vgl. BFH v. 27. 3. 2001 - I R 66/00, BStBl 2003 II 638.
9 *Gosch* in Kirchhof, § 17 EStG Rz. 5; vgl. BFH v. 9. 5. 2000 - VIII R 41/99, BStBl 2000 II 686; BFH v. 8. 11. 2005 - VIII R 21/01, BFH/NV 2006, 491 = NWB DokID: ZAAAB-76222; BFH v. 9. 5. 2000 - VIII R 40/99, BFH/NV 2001, 17 = NWB DokID: EAAAA-66217; vgl. aber auch BFH v. 1. 8. 2012 - IX R 6/11, NWB DokID: OAAAE-22190.
10 BMF v. 16. 12. 2003, BStBl 2004 I 40, Tz. 21; OFD Frankfurt/M. v. 1. 12. 2006, FR 2007, 154; *Gosch* in Kirchhof, § 17 EStG Rz. 5; *Vogt* in Blümich, § 17 EStG Rz. 50; vgl. BFH v. 7. 4. 1976 - I R 75/73, BStBl 1976 II 557; BFH v. 19. 3. 1996 - VIII R 15/94, BStBl 1996 II 312; BFH v. 9. 5. 2000 - VIII R 41/99, BStBl 2000 II 686; BFH v. 9. 5. 2000 - VIII R 40/99, BFH/NV 2001, 17 = NWB DokID: EAAAA-66217.

winnanteil – „carried interest" – der an der Fonds-Gesellschaft unmittelbar oder mittelbar beteiligten Initiatoren. Dieser Gewinnanteil stellt verdecktes Entgelt dar.[1]

35 Die **Bruchteilsbetrachtung** gilt auch im Falle einer **ausländischen Personengesellschaft**, die in ihrem Gesamthandsvermögen Anteile i.s.v. § 17 EStG an einer Kapitalgesellschaft mit Sitz oder Geschäftsleitung im Inland hält; §§ 17, 49 Abs. 1 Nr. 2 Buchst. e Doppelbuchst. aa EStG. Dies setzt aber voraus, das Besteuerungsrecht der Personengesellschaft oder aber das deren Gesellschafter nicht durch ein DBA dem anderen Vertragsstaat zugewiesen wird und die Personengesellschaft als solche auch nicht abkommensberechtigt ist; vgl. Art. 13 Abs. 5 OECD-MA. Bei der Bruchteilsbetrachtung selbst ist allerdings die isolierende Betrachtungsweise i. S. v. § 49 Abs. 2 EStG maßgeblich, so dass es nicht darauf ankommt, ob die Anteile zum Betriebs- oder Privatvermögen der ausländischen Personengesellschaft gehören.[2] Ob jedoch die im Ausland ansässige Gesellschaft als Personen- oder als Kapitalgesellschaft zu qualifizieren ist, ist nach dem Rechtstypenvergleich zu beurteilen.[3]

36 Veräußert eine **Erbengemeinschaft**, die nur über Privatvermögen verfügt, Anteile an einer Kapitalgesellschaft aus dem Nachlass, erzielt auch sie nach § 17 EStG steuerbare Veräußerungsgewinne.[4]

37 Bei **unbeschränkt körperschaftsteuerpflichtigen Rechtssubjekten** i. S. d. § 1 KStG ist § 17 EStG grundsätzlich deshalb nicht anwendbar, weil diese grundsätzlich stets nur über Betriebsvermögen verfügen – § 8 Abs. 2 KStG.[5] Dies gilt auch betreffend der von ihnen gehaltenen Anteile an Kapitalgesellschaften.[6] Gehören indes die Anteile an Kapitalgesellschaften tatsächlich nicht zum Betriebsvermögen,[7] können die Veräußerungsgewinne grundsätzlich gem. § 17 Abs. 2 EStG i. V. m. § 8 Abs. 1 KStG steuerbar sein.[8] Eine im Ausland ansässige Kapitalgesellschaft kann fiktive gewerbliche Einkünfte i. S. d. § 49 Abs. 1 Nr. 2 Buchst. e Doppelbuchst. aa i. V. m. § 17 EStG erzielen. Bei Vorliegen der Voraussetzungen des § 8b Abs. 2 KStG wäre der Veräußerungsgewinn steuerfrei. Die Anwendung des § 8b Abs. 3 Satz 1 KStG ist umstritten.[9]

2. Sachlicher Geltungsbereich

38 Die Steuerpflicht gem. § 17 EStG setzt voraus, dass der Veräußerer innerhalb der letzten fünf Jahre vor der Veräußerung der Anteile am Kapital der Gesellschaft unmittelbar oder mittelbar zu mindestens 1 % beteiligt war.[10]

3. Zeitlicher Geltungsbereich

39 Im Beitrittsgebiet gilt § 17 EStG uneingeschränkt seit dem 1.1.1997.

---

1 BMF v. 16. 12. 2003, BStBl 2004 I 40, Tz. 23; *Gosch* in Kirchhof, § 17 EStG Rz. 5.
2 *Gosch* in Kirchhof, § 17 EStG Rz. 5, m. w. N.; *Kraft/Schreiber*, IWB 2015, 402.
3 BFH v. 12. 2. 1930 - VI A 899/27, RStBl 1930, 444; BMF v. 26. 9. 2014, BStBl 2014 I 1258, Tz. 12 m. w. N.
4 Vgl. BFH v. 5. 7. 1990 - GrS 2/89, BStBl 1990 II 837; *Vogt* in Blümich, § 17 EStG Rz. 46.
5 *Vogt* in Blümich, § 17 EStG Rz. 52; *Gosch* in Kirchhof, § 17 EStG Rz. 6.
6 *Vogt* in Blümich, § 17 EStG Rz. 52; vgl. BFH v. 6. 7. 2000 - I B 34/00, BStBl 2002 II 490.
7 So etwa bei gem. § 5 KStG von der KSt befreiten Körperschaften (s. dazu aber auch § 13 Abs. 6 KStG); vgl. *Vogt* in Blümich, § 17 EStG Rz. 53 und 70; *Gosch* in Kirchhof, § 17 EStG Rz. 6; oder bei beschränkt körperschaftsteuerpflichtigen Kapitalgesellschaften; vgl. *Gosch* in Kirchhof, § 17 EStG Rz. 6.
8 *Vogt* in Blümich, § 17 EStG Rz. 53.
9 *Kraft/Schreiber*, IWB 2015, 403, m. w. N.
10 *Rosarius* in Lippross/Seibel, § 17 EStG Rz. 16.

§ 17 EStG in der Fassung des StSenkG[1] – Absenkung der Wesentlichkeitsschwelle auf 1 % – ist, soweit Anteile an unbeschränkt steuerpflichtige Gesellschafter veräußert werden, grundsätzlich erstmals auf Veräußerungen anzuwenden, die nach Ablauf des ersten Wirtschaftsjahres der Kapitalgesellschaft deren Anteile veräußert werden, vorgenommen werden, für das KStG in der Fassung des StSenkG erstmals anzuwenden ist; § 52 Abs. 34a Satz 1 in der Fassung des StEuglG.[2]   40

Die Neuregelungen durch das SEStEG[3] – § 17 Abs. 2 Satz 3 und 4 EStG sowie § 17 Abs. 5, 6 und 7 EStG – sind **grundsätzlich**[4] erstmals im Veranlagungszeitraum 2006 anzuwenden; vgl. § 52 Abs. 1 EStG in der Fassung des Gesetzes zum Einstieg in ein steuerliches Sofortprogramm v. 22. 12. 2005.[5]   41

(*Einstweilen frei*)   42–45

IV. Vereinbarkeit mit höherrangigem Recht

1. Verfassungsrecht

§ 17 EStG erweist sich grundsätzlich als verfassungsgemäß.[6] Dies betrifft sowohl den Umstand, dass private Veräußerungsgewinne besteuert werden, als auch die Höhe der für die Besteuerung gem. § 17 EStG früher beachtliche Wesentlichkeitsgrenze von 10 %, bis zum VZ 1998 25 %. Aber auch die Reduzierung der notwendigen Beteiligung auf 1 % wirft als solche keine grundsätzlichen verfassungsrechtlichen Bedenken auf.[7]   46

Als problematisch und gleichheitsrechtlich bedenklich erweist sich allerdings das Fehlen einer absoluten Beteiligungsgrenze und die dadurch bedingte unterschiedslose Besteuerung 1 %iger Beteiligungen an großen wie auch kleinen Kapitalgesellschaften.[8]   47

Mit der steuerlichen Erfassung jeglichen Streubesitzes ist zudem die systematische Einbeziehung der Veräußerungsgewinne und -verluste in solche aus Gewerbebetrieb nicht zu vereinbaren. Mit der Einführung der Abgeltungsteuer hätte daher auch die Sonderregelung für Beteiligungen ab einer bestimmten Beteiligungshöhe vollständig aufgehoben werden müssen, da die Besteuerung der Veräußerung von Anteilen an der Kapitalgesellschaft im Privatvermögen seitdem eben durch die Abgeltungsteuer anderweitig gesichert ist. Im Weiteren hätte § 17 EStG damit zu einer Norm, die wirkliche „unternehmerische" Beteiligungen an Kapitalgesellschaften erfasst, umgestaltet werden müssen.[9] Zu berücksichtigen ist insoweit auch, dass seit   48

---

1 BGBl 2000 I 1433.
2 BGBl 2000 I 1790; BStBl 2001 I 3; umfassend zur Übergangsregelung: *Gosch* in Kirchhof, § 17 EStG Rz. 11, insbesondere auch unter Hinweis auf EuGH v. 18. 12. 2007 - C-436/06, *Grønfeldt*, BStBl 2009 II 437; BFH v. 14. 2. 2006 - VIII B 107/04, BStBl 2006 II 523; OFD Magdeburg v. 22. 9. 2006, NWB DokID: LAAAC-18585; *Milatz*, GmbHR 2006, 663; *Schnorr*, FR 2006, 529; *Englisch*, IStR 2006, 350; *Schmidt/v. Busekist/Drescher*, a. a. O.; s. dazu auch *Vogt* in Blümich, § 17 EStG Rz. 92.
3 BGBl 2006 I 2782.
4 Siehe dazu HHR/ *Eilers/R. Schmidt*, § 17 EStG Rz. 1; a. A. *Gosch* in Kirchhof, § 17 EStG Rz. 13: VZ 2007.
5 BGBl 2005 I 3682; BStBl 2006 I 79.
6 *Gosch* in Kirchhof, § 17 EStG Rz. 2; vgl. BVerfG v. 7. 10. 1969 - 2 BvL 3/66, 2 BvR 701/64, BStBl 1970 II 160; BVerfG v. 15. 5. 1985 - 1 BvR 274/85, HFR 1986, 424; BFH v. 21. 7. 1960 - IV 330/57 U, BStBl 1960 III 409; BFH v. 27. 8. 1964 - IV 204/62 U, BStBl 1964 III 624; BFH v. 25. 9. 1968 - I 110/64, BStBl 1969 II 67; BFH v. 24. 2. 1995 - VIII B 56/94, BFH/NV 1995, 973 = NWB DokID: YAAAB-37529.
7 *Gosch* in Kirchhof, § 17 EStG Rz. 2; vgl. BFH v. 24. 10. 2012 - IX R 36/11, BStBl 2013 II 164; *Bode*, FR 2013, 425 (Anmerkung); *Intemann*, NWB 2013, 828.
8 *Gosch* in Kirchhof, § 17 EStG Rz. 2.
9 HHR/*Eilers/R. Schmidt*, § 17 EStG Rz. 9; *Gosch* in Kirchhof, § 17 EStG Rz. 2; *Intemann*, NWB 2013, 828.

Einführung der Abgeltungsteuer auch alle Gewinne aus der Veräußerung von im Privatvermögen gehaltenen Anteilen an Kapitalgesellschaften von weniger als 1 %, soweit sie nicht ausnahmsweise § 17 Abs. 6 EStG unterfallen, zu den Einkünften aus Kapitalvermögen gehören, die regelmäßig der Abgeltungsteuer nach § 32d EStG unterliegen.[1]

49 Jedenfalls aus diesem Blickwinkel ist keine Rechtfertigung ersichtlich, die eine solch unterschiedliche Behandlung von Anteilen von Kapitalgesellschaften im Privatvermögen über und unter 1 % rechtfertigen würde. Zumindest aus systematischer Sicht spricht daher Vieles dafür, die Veräußerung von Anteilen an Kapitalgesellschaften wie auch deren Ausschüttungen der Abgeltungsteuer (vgl. → Rz. 3.) zu unterwerfen.[2]

50 Zur verfassungsrechtlichen Beurteilung der inhaltlich rückwirkenden Absenkung der Besteuerungsgrenze auf 1 % und zuvor bereits auf 10 % ist auf die Ausführungen von *Gosch*[3] zu verweisen. Gleiches gilt hinsichtlich der Beschränkungen des Abzugs von Veräußerungsverlusten gem. § 17 Abs. 2 Satz 6 EStG.[4]

51–55 (*Einstweilen frei*)

2. Europarecht

56 § 17 EStG begegnet dem Grunde nach keinen europarechtlichen Bedenken.[5] Solche werden aber im Hinblick auf die Wegzugsbesteuerung gem. § 6 AStG vorgetragen.[6]

57–60 (*Einstweilen frei*)

V. Verhältnis zu anderen Vorschriften

1. Verhältnis zu § 2a EStG

61 Bei Anteilen an ausländischen Kapitalgesellschaften in Drittstaaten i.S.v. § 2a Abs. 2a Satz 1 Nr. 1 und Nr. 2 EStG („**Drittstaatenkapitalgesellschaft**") ist die Geltendmachung von Verlusten aus § 17 EStG neben § 17 Abs. 2 Satz 4 EStG zusätzlich durch § 2a Abs. 1 Satz 1 Nr. 4 und Nr. 7 Buchst. c i.V. m. Abs. 2 Satz 2 EStG eingeschränkt. Verluste aus der Veräußerung von Anteilen an einer Drittstaatenkapitalgesellschaft oder aus veräußerungsgleichen Vorgängen i. S. d. § 17 Abs. 4 EStG betreffend einer solchen Kapitalgesellschaft dürfen nur mit positiven Einkünften selber Art und aus demselben Staat ausgeglichen werden. Verbleibende Verluste werden vorgetragen – § 2a Abs. 1 Satz 3 ff. EStG und analog § 10d Abs. 4 EStG gesondert festgestellt.[7]

---

[1] HHR/*Eilers/R. Schmidt*, § 17 EStG Rz. 1; vgl. dazu auch *Vogt* in Blümich, § 17 EStG Rz. 133 ff., welche vorschlägt, die maßgebliche Beteiligungshöhe wieder auf 25 % anzuheben.
[2] Ähnlich: HHR/*Eilers/R. Schmidt*, § 17 EStG Rz. 9; *Gosch* in Kirchhof, § 17 EStG Rz. 2; *Intemann*, NWB 2013, 828.
[3] *Gosch* in Kirchhof, § 17 EStG Rz. 34; vgl. auch HHR/*Eilers/R. Schmidt*, § 17 EStG Rz. 10, jeweils m. w. N.
[4] *Gosch* in Kirchhof, § 17 EStG, Rz. 113; vgl. auch HHR/*Eilers/R. Schmidt*, § 17 EStG Rz. 9, jeweils m. w. N.
[5] HHR/*Eilers/R. Schmidt*, § 17 EStG, Rz. 11.
[6] *Beiser*, IStR 2009, 236; s. dazu *Gosch* in Kirchhof, § 17 EStG Rz. 10.
[7] HHR/*Eilers/R. Schmidt*, § 17 EStG Rz. 26 insbesondere auch zur Frage eines möglichen Verstoßes gegen Art. 63 AEUV; vgl. zudem BFH v. 13.11.2002 - I R 13/02, BStBl 2003 II 795; EuGH v. 21.2.2006 - C-152/03, *Ritter-Coulais*, NWB DokID: EAAAB-80551; FG Münster v. 23.2.2016 - 12 K 2144/13 E, F, NWB DokID: ZAAAF-74804; im Hinblick auf das pauschale Verbot eines grenzüberschreitenden Verlustausgleichs: EuGH v. 13.12.2005 - C-446/03, *Marks & Spencer*, NWB DokID: ZAAAB-79456.

2. Verhältnis zu § 3 Nr. 40 EStG, § 3c EStG

Ab dem VZ 2009[1] werden Gewinne aus der Veräußerung von Anteilen an Kapitalgesellschaften i. S. d. § 17 EStG im „**Teileinkünfteverfahren**" mit 60 % des jeweiligen Veräußerungsgewinns besteuert; vgl. § 3 Nr. 40 Satz 1 Buchst. c EStG. Durch die zugleich eingeführte Abgeltungsteuer nach § 32d EStG wird der sachliche Geltungsbereich des § 17 EStG nicht eingeschränkt, da gem. § 32d Abs. 1 Satz 1 i. V. m. § 20 Abs. 8 EStG gewerbliche Einkünfte vom Geltungsbereich der Abgeltungsteuer ausgenommen sind.[2] Dies führt zugleich aber auch dazu, dass sich ein realisierter Verlust steuerlich nur anteilig auswirkt.

Sofern § 3 Nr. 40 Satz 1 Buchst. c 40 % des Veräußerungspreises bzw. des gemeinen Werts steuerfrei stellt, erlaubt § 3c Abs. 2 Satz 1 EStG korrespondierend grundsätzlich nur einen Abzug der Anschaffungs- und Veräußerungskosten i. H. v. 60 %.

Bei „**einnahmelosen Beteiligungen**" ist der Abzug von Erwerbsaufwand – etwa Anschaffungs- oder Veräußerungskosten – im Zusammenhang mit Einkünften aus § 17 Abs. 4 EStG jedenfalls dann nicht nach § 3c Abs. 2 Satz 1 EStG begrenzt, wenn der Stpfl. keinerlei durch seine Beteiligung vermittelte Einnahmen erzielte.[3]

Der Umstand, dass aus einer Beteiligung keine Einnahmen erzielt werden können, ist oftmals im Zeitpunkt der möglichen Aufwendungen i. S. v. § 3c Abs. 2 EStG noch nicht oder zumindest noch nicht hinreichend sicher absehbar. Es ist damit die Sache des Stpfl. im Rahmen der jeweiligen Steuererklärungen darzutun und glaubhaft zu machen, aufgrund welcher Anhaltspunkte er davon ausgeht, dass die Beteiligung ggf. ohne Einnahme bleiben wird.[4]

Die vorstehenden Grundsätze gelten für alle Modalitäten des § 17 EStG.[5]

3. Verhältnis zu § 4 Abs. 1 Satz 3 EStG

§ 4 Abs. 1 Satz 3 EStG bezieht sich nur auf Wirtschaftsgüter im Betriebsvermögen, weshalb § 17 EStG schon deshalb nicht einschlägig ist. Es handelt sich um eine Parallelvorschrift zu § 17 Abs. 5 EStG und § 6 AStG.[6]

4. Verhältnis zu § 6 Abs. 1 Nr. 5 Buchst. b EStG

Die Einlage von Anteilen in das Betriebsvermögen i. S. v. § 6 Abs. 1 Nr. 5 Buchst. b EStG ist vom Fall der verdeckten Einlage von Anteilen in eine andere Kapitalgesellschaft gem. § 17 Abs. 1 Satz 2 EStG zwingend zu unterscheiden.[7]

5. Verhältnis zu § 6 Abs. 6 Satz 1 EStG

Gemäß § 6 Abs. 6 Satz 1 EStG ist auch die Übertragung von Anteilen an einer Kapitalgesellschaft im Wege des Tauschs ein Veräußerungsvorgang. Für Tauschgeschäfte im Privatver-

---

1 Wegen der vorherigen Veranlagungszeiträume s. HHR/*Eilers*/R. *Schmidt*, § 17 EStG Rz. 27.
2 HHR/*Eilers*/R. *Schmidt*, § 17 EStG Rz. 27.
3 Vgl. BFH v. 25. 6. 2009 - IX R 42/08, BStBl 2010 II 220, BFH v. 14. 7. 2009 - IX R 8/09, BFH/NV 2010, 399 = NWB DokID: GAAAD-36758 sowie BFH v. 18. 3. 2010 - IX B 227/09, BStBl 2010 II 627.
4 Vgl. *Jehke/Pitzal*, DStR 2010, 256; HHR/*Eilers*/R. *Schmidt*, § 17 EStG Rz. 27.
5 HHR/*Eilers*/R. *Schmidt*, § 17 EStG Rz. 27.
6 HHR/*Eilers*/R. *Schmidt*, § 17 EStG Rz. 28.
7 HHR/*Eilers*/R. *Schmidt*, § 17 EStG Rz. 29.

mögen ist § 6 Abs. 6 Satz 1 EStG zur Ermittlung der Anschaffungskosten im Rahmen von § 17 Abs. 2 EStG entsprechend anwendbar.[1]

6. Verhältnis zu § 6 Abs. 6 Satz 2 EStG

70 § 6 Abs. 6 Satz 2 EStG ist für die Bemessung von Anschaffungskosten einer im Betriebsvermögen gehaltenen Beteiligung an der Kapitalgesellschaft anwendbar, da § 17 EStG lediglich einen normspezifischen Anschaffungskostenbegriff enthält, der nur insoweit, also allein für die Zwecke des § 17 EStG, den allgemeinen Regelungen vorgeht.[2]

71 Da sich die Anschaffungskosten von Anteilen, die im Privatvermögen gehalten werden, nach den (nachträglichen) Anschaffungskosten zum gemeinen Wert der verdeckt eingelegten Anteile bemessen, gilt bei der Anwendung von § 17 Abs. 2 EStG ein von § 6 Abs. 6 Satz 2 EStG unabhängiger Begriff der Anschaffungskosten.[3]

7. Verhältnis zu §§ 13, 15, 18 EStG, § 2 GewStG

72 Im Betriebsvermögen gehaltene Anteile an Kapitalgesellschaften werden von § 17 EStG nicht erfasst. Es besteht aber die Notwendigkeit der Abgrenzung des Tatbestands von § 17 EStG zum Grundtatbestand des Gewerbebetriebs i. S. v. § 15 Abs. 2 EStG, § 2 GewStG.[4]

73 Für die Veräußerung beweglicher Wirtschaftsgüter und für den Wertpapierhandel ist nach der Rechtsprechung des BFH erst dann ein Gewerbebetrieb anzunehmen, wenn der Stpfl. sich „wie ein Händler" verhält. Damit wird in diesen Bereichen zunächst eine Vermutung zugunsten einer privaten Vermögensverwaltung aufgestellt. Folgende Fallgruppen sind zu unterscheiden:

74 ▶ Häufiger **An- und Verkauf von Wertpapieren**.[5]

▶ Pflege eines **großen Wertpapierdepots** oder Beteiligungsvermögens.[6]

▶ **Mitarbeiter von Banken** u. Ä.[7]

▶ **Handel mit Beteiligungen**.[8]

▶ **Mitunternehmerschaft**.[9]

▶ **Venture Capital** und **Private Equity Fonds** an Wagniskapitalgesellschaften.[10]

---

1 Vgl. BFH v. 6. 4. 2009 - IX B 204/08, BFH/NV 2009, 1262, NWB DokID: OAAAD-23340; HHR/*Eilers*/R. Schmidt, § 17 EStG, Rz. 30; vgl. auch *Gosch* in Kirchhof, § 17 EStG, Rz. 7, 50 und 146.
2 Vgl. *Rapp* in Littmann/Bitz/Pust, § 17 Rz. 23; HHR/*Eilers*/R. Schmidt, § 17 EStG Rz. 31.
3 HHR/*Eilers*/R. Schmidt, § 17 EStG Rz. 31.
4 HHR/*Eilers*/R. Schmidt, § 17 EStG Rz. 32.
5 Vgl. etwa BFH v. 4. 3. 1980 - VIII R 150/76, BStBl 1980 II 389; BFH v. 29. 10. 1998 - XI R 80/97, BStBl 1999 II 448; BFH v. 25. 7. 2001 - X R 55/97, BStBl 2001 II 809; HHR/*Eilers*/R. Schmidt, § 17 EStG Rz. 32.
6 Vgl. BFH v. 20. 12. 2000 - X R 1/97, BStBl 2001 II 706; BFH v. 25. 7. 2001 - X R 55/97, BStBl 2001 II 809; HHR/*Eilers*/ R. Schmidt, § 17 EStG Rz. 32.
7 Vgl. BFH v. 15. 2. 1966 - I 95/63, BStBl 1966 III 274; BFH v. 11. 7. 1968 - IV 139/63, BStBl 1968 II 775; BFH v. 6. 3. 1991 - X R 39/88, BStBl 1991 II 631; BFH v. 9. 10. 1992 - III R 9/89, BFH/NV 1994, 80 = NWB DokID: NAAAB-32949; BFH v. 20. 12. 2000 - X R 1/97, BStBl 2001 II 706; BFH v. 20. 12. 2000 - X R 67/98; BFH v. 30. 7. 2003 - X R 7/99, BStBl 2004 II 408; HHR/*Eilers*/R. Schmidt, § 17 EStG Rz. 32.
8 BFH v. 25. 7. 2001 - X R 55/97, BStBl 2001 II 809; HHR/*Eilers*/R. Schmidt, § 17 EStG Rz. 32.
9 HHR/*Eilers*/R. Schmidt, § 17 EStG Rz. 32; s. auch → Rz. 45 ff.
10 HHR/*Eilers*/R. Schmidt, § 17 EStG Rz. 32; s. auch → Rz. 48.

8. Verhältnis zu § 16 EStG

Zu den Einkünften aus Gewerbebetrieb gilt auch die Veräußerung eines Teilbetriebs; § 16 Abs. 1 Satz 1 Nr. 1 EStG. Als solcher wird auch die das gesamte Nennkapital umfassende Beteiligung an einer Kapitalgesellschaft gesehen. Wird diese Beteiligung im Betriebsvermögen gehalten, so ist der Veräußerungsvorgang dem § 16 EStG zuzuordnen. Wird die Beteiligung hingegen im Privatvermögen gehalten, so kommt dem § 17 EStG als speziellere Regelung Vorrang zu.[1]

75

9. Verhältnis zu § 20 EStG

Bei der Veräußerung von im Privatvermögen gehaltenen Anteilen an einer Kapitalgesellschaft durch einen im Inland unbeschränkt steuerpflichtigen Anteilseigner besteht ein Konkurrenzverhältnis zwischen § 20 Abs. 2 Satz 1 Nr. 1 EStG und § 17 EStG. Die Veräußerung einer Beteiligung i. S. d. § 17 EStG geht der Veräußerung von Anteilen einer Körperschaft gem. § 20 Abs. 2 Nr. 1 EStG aufgrund der Subsidiaritätsklausel des § 20 Abs. 8 Satz 1 EStG vor. Die Abgrenzung erfolgt über die Beteiligungshöhe.[2] § 17 EStG betrifft aber nur die Veräußerung der im Privatvermögen gehaltenen Anteile, die Einkünfte für die Erträge aus der Beteiligung – wie etwa Ausschüttungen – qualifiziert die Norm nicht.[3]

76

BEISPIEL: A ist zu 0,1 % (Alternativ zu 1,5 %) am Stammkapital der A-GmbH beteiligt. Er hält die im Jahre 2009 erworbenen Anteile im Privatvermögen. Im Jahre 2011 veräußert er diese Anteile. Die Veräußerung der Anteile i. H. v. 0,1 % erfüllt nicht den Tatbestand des § 17 Abs. 1 Satz 1 EStG. Jedoch kommt § 20 Abs. 2 Satz 1 Nr. 1 EStG zur Anwendung. Hierfür ist aber Voraussetzung, dass der Erwerb der Anteile nach dem 31.12.2008 erfolgte; § 52 Abs. 28 Satz 11 EStG. Bei der Veräußerung der Anteile i. H. v. 1,5 % werden die Tatbestandsvoraussetzungen des § 17 Abs. 1 Satz 1 EStG erfüllt und es liegen daher Einkünfte aus Gewerbebetrieb vor.

PRAXISHINWEIS:

Eine verdeckte Gewinnausschüttung i. S. v. § 20 Abs. 1 Nr. 1 Satz 2 EStG ist Kapitalertrag; vgl. § 17 Abs. 4 Satz 3 EStG.

Abzugrenzen ist stets zwischen Einnahmen aus Kapitalvermögen in Gestalt von ausschüttbaren Gewinnen i. S. v. § 20 Abs. 1 Nr. 1 Satz 1 und 2 EStG i. V. m. § 27 Abs. 1 Satz 4 KStG oder der Rückzahlung von Eigenkapital (außer Nennkapital) nach § 20 Abs. 1 Nr. 2 EStG und den Einnahmen aus Gewerbebetrieb in Form von Veräußerungspreisen oder Liquidationswerten in Gestalt von gezahlten Entgelten i. S. v. § 17 Abs. 2 Satz 1 EStG, dem gemeinem Wert von verdeckten Einlagen – § 17 Abs. 2 Satz 2 EStG – oder von ausgeschüttetem bzw. zurückgezahltem Vermögen aus Nennkapital oder aus Beträgen des steuerlichen Einlagekontos i. S. v. § 17 Abs. 4 Satz 1 EStG.[4]

77

---

1 Vgl. *Zimmermann/Zimmermann-Schwier* in Bordewin/Brandt, § 17 EStG Rz. 41; a. A. *Link*, BB 2014, 554, der nicht unterscheidet, ob die Anteile im Privat- oder Betriebsvermögen gehalten werden: Bei der Veräußerung einer Beteiligung, die das gesamte Nennkapital umfasst, werde der Tatbestand des § 16 Abs. 1 Satz 1 Nr. 1 Satz 2 EStG erfüllt; erfolge hingegen die Veräußerung in Stufen, sei § 17 EStG anwendbar.
2 Vgl. *Lippert*, a. a. O., 19 ff.; *Ott*, StuB 2015, 43; vgl. dazu aber auch *Dorn*, NWB 2015, 2150.
3 HHR/*Eilers*/*R. Schmidt*, § 17 EStG Rz. 35.
4 HHR/*Eilers*/*R. Schmidt*, § 17 EStG Rz. 35, mit weiterer Differenzierung.

10. Verhältnis zu § 22 Nr. 2 EStG i. V. m. § 23 EStG

78 Ab dem VZ 2009[1] gilt die allgemeine Subsidiaritätsklausel des § 23 Abs. 2 EStG, nach welcher § 23 Abs. 1 Satz 1 Nr. 2 EStG hinter die §§ 17, 20 Abs. 2 Nr. 1 EStG zurücktritt.

11. Verhältnis zu § 32d EStG

79 Der sachliche Geltungsbereich von § 17 EStG wird durch § 32d EStG nicht eingeschränkt.[2]

12. Verhältnis zu § 34 EStG

80 Es findet derzeit weder die Tarifermäßigung gem. § 34 Abs. 1 EStG noch die ergänzte Halbsatzbesteuerung gem. § 34 Abs. 3 EStG auf Veräußerungsgewinne i. S. v. § 17 EStG Anwendung.[3] § 34 Abs. 2 EStG erfasst zudem Gewinne aus § 17 EStG nicht als außerordentliche Einkünfte.[4]

13. Verhältnis zu § 49 Abs. 1 Nr. 2 Buchst. e Doppelbuchst. bb, Nr. 8 Buchst. c Doppelbuchst. bb EStG

81 Unter die beschränkte Einkommensteuerpflicht gem. § 49 Abs. 1 Nr. 2 Buchst. e EStG fallen auch Gewinne aus der Veräußerung von Anteilen an Kapitalgesellschaften i. S. v. § 17 EStG, wenn es sich um Anteile an einer Kapitalgesellschaft handelt, die ihren Sitz oder ihre Geschäftsleitung im Inland hat oder bei deren Erwerb aufgrund eines Antrags nach § 13 Abs. 2 oder § 21 Abs. 2 Satz 3 Nr. 2 UmwStG nicht der gemeine Wert der eingebrachten Anteile angesetzt worden ist oder auf die § 17 Abs. 5 Satz 2 EStG anzuwenden war.[5]

14. Verhältnis zum UmwStG

82 Die Vorschriften des UmwStG für Umwandlungsvorgänge nach dem UmwG gehen § 17 EStG vor; vgl. § 1 UmwStG. Innerhalb des sachlichen Geltungsbereichs – § 1 Abs. 1 bis 4 UmwStG – gelten vorrangig:

- §§ 11 ff. UmwStG – Verschmelzung;
- § 15 UmwStG i. V. m. §§ 11 ff., § 16 UmwStG – Aufspaltung und Abspaltung;
- §§ 20 ff. UmwStG – Ausgliederung nach dem UmwG und Einbringungen gegen Gewährung neuer Anteile;
- §§ 3 ff. UmwStG – Vermögensübertragung;[6]
- § 25 i. V. m. §§ 20 ff. UmwStG – Formwechsel.[7]

15. Verhältnis zu § 12 KStG

83 § 12 KStG bezieht sich nur auf Wirtschaftsgüter im Privatvermögen.

---

1 Wegen der vorherigen Veranlagungszeiträume s. HHR/ *Eilers/R. Schmidt*, § 17 EStG Rz. 36.
2 HHR/*Eilers/R. Schmidt*, § 17 EStG Rz. 37.
3 BFH v. 1. 9. 2004 - VIII B 64/04, BFH/NV 2004, 1650 = NWB DokID: HAAAB-27657; HHR/*Eilers/R. Schmidt*, § 17 EStG Rz. 38.
4 HHR/*Eilers/R. Schmidt*, § 17 EStG Rz. 38.
5 HHR/*Eilers/R. Schmidt*, § 17 EStG Rz. 39; s. auch → Rz. 41 ff.
6 Vgl. dazu BFH v. 22. 10. 2015 - IV R 37/13, BFH/NV 2016, 667 = NWB DokID: IAAAF-67281.
7 HHR/*Eilers/R. Schmidt*, § 17 EStG Rz. 50, m. w. N.; *Gosch* in Kirchhof, § 17 EStG Rz. 9, m. w. N., diese insbesondere auch zu „verschmelzungsgeborenen" und „einbringungsgeborenen" Anteilen nach altem Recht; vgl. dazu auch *Reinhart*, a. a. O., 95; *Ebling* in FS Flick, 683 f.

16. Verhältnis zu § 13 Abs. 6 KStG

§ 13 Abs. 6 Satz 1 und 2 KStG erweitert den Geltungsbereich des § 17 EStG auf Fälle, in denen eine zunächst steuerpflichtige Körperschaft von der KSt befreit wird. Erfasst werden zudem die Fälle in denen die Steuerbefreiung nicht auf § 5 Abs. 1 Nr. 9 KStG beruht; vgl. § 13 Abs. 6 Satz 4 KStG. Gleiches gilt für Fälle, bei denen die Anteile an der (zuvor) steuerpflichtigen Körperschaft nicht zu deren Betriebsvermögen gehören, sowie für Fälle, bei denen außer einer Veräußerung alle weiteren Tatbestandsvoraussetzungen des § 17 EStG in dem Zeitpunkt vorliegen, in dem die Steuerpflicht der Körperschaft endet.[1]

84

17. Verhältnis zu § 11 BewG

Ab dem 1.1.2009[2] ist der gemeine Wert, sofern er für § 17 EStG maßgeblich ist, gem. § 11 BewG zu bestimmen.[3]

85

18. Verhältnis zu § 42 AO

Die Anwendung des § 42 AO hat systematisch Vorrang vor derjenigen des § 17 EStG, ist aber inhaltlich an § 17 EStG zu messen.[4]

86

19. Verhältnis zu § 6 AStG

§ 6 AStG erweitert den Geltungsbereich von § 17 EStG. Die Besteuerungsfolgen des § 17 EStG treten daher auch bei den folgenden Umständen ein:

87

- Beendigung der unbeschränkten Steuerpflicht, § 6 Abs. 1 Satz 1 AStG;[5]

- unentgeltliche Anteilsübertragung auf einen nicht unbeschränkt Stpfl., § 6 Abs. 1 Satz 2 Nr. 1 AStG, gem. § 6 Abs. 1 Satz 2 Nr. 1 AStG nunmehr auch von Todes wegen;

- Begründung der abkommensrechtlichen Ansässigkeit in einem ausländischen Staat, § 6 Abs. 1 Satz 2 Nr. 2 AStG, dies aber gem. § 6 Abs. 1 Satz 3 AStG vorbehaltlich des Besteuerungsaufschubs gem. § 17 Abs. 5 Satz 2 EStG;

- Ausschluss oder Beschränkung des deutschen Besteuerungsrechts hinsichtlich des Gewinns aus der Anteilsveräußerung aufgrund anderer Ereignisse, § 6 Abs. 1 Satz 2 Nr. 4 AStG (Auffangtatbestand);

- Einlage der Anteile in einen ausländischen Betrieb oder eine ausländische Betriebsstätte, § 6 Abs. 1 Satz 2 Nr. 3 AStG;

- Tausch der Anteile gegen Anteile an einer ausländischen Kapitalgesellschaft, § 6 Abs. 1 Satz 3 AStG i.V. m. § 21 Abs. 2 Satz 2 UmwStG.[6]

---

1 HHR/Eilers/R. Schmidt, § 17 EStG Rz. 43
2 Wegen der vorherigen Veranlagungszeiträume s. HHR/Eilers/R. Schmidt, § 17 EStG Rz. 51.
3 HHR/Eilers/R. Schmidt, § 17 EStG Rz. 51; vgl. auch BMF v. 22.9.2011, BStBl 2011 I 859; OFD Frankfurt/M. v. 15.10.2014 - S 2244 A - 40 - St 215.
4 BFH v. 15.12.1999 - I R 29/97, BStBl 2000 II 527; BFH v. 19.1.2000 - I R 117/97, BFH/NV 2000, 824 = NWB DokID: VAAAA-65355; BFH v. 18.7.2001 - I R 48/97, BFH/NV 2001, 1636 = NWB DokID: YAAAA-88018; HHR/Eilers/R. Schmidt, § 17 EStG Rz. 44, m.w.N. und Nennung relevanter Fälle.
5 Vgl. dazu Haase/Geils, IStR 2016, 662.
6 Gosch in Kirchhof, § 17 EStG Rz. 10.

20. Verhältnis zu § 8 Abs. 5 InvStG

88 Gemäß § 8 Abs. 5 InvStG gehören Gewinne aus der Rückgabe oder Veräußerung von Investmentanteilen, die weder zu einem Betriebsvermögen gehören noch zu den Einkünften nach § 22 Nr. 1 oder Nr. 5 EStG zählen, zu den Einkünften aus Kapitalvermögen i. S. d. § 20 Abs. 2 Satz 1 Nr. 1 EStG. § 17 EStG ist nicht anzuwenden.

89–100 (*Einstweilen frei*)

B. Systematische Kommentierung

I. Einkunftsart

101 Sowohl die Gewinne als auch die Verluste, die sich aus der Erfüllung der Tatbestandsvoraussetzungen des § 17 EStG ergeben, gelten als Einkünfte aus Gewerbebetrieb i. S. d. § 2 Abs. 1 Satz 1 Nr. 2 EStG.[1] Dabei handelt es sich nicht um eine fiktive Zuordnung, sondern um eine echte Qualifikationsregel.[2] Dabei stellt § 17 EStG eine eigene Gewinnermittlungsvorschrift dar,[3] wobei sich die Berechnung des Veräußerungsgewinns bzw. -verlusts an die Gewinnermittlungsvorschriften der § 4 Abs. 1 und § 5 EStG anlehnt. Demnach sind die handelsrechtlichen Grundsätze ordnungsgemäßer Buchführung für den Zeitpunkt der Realisation eines Erfolgs (Gewinn bzw. Verlust) maßgebend.[4] Es ist daher nicht auf den Zufluss des Entgelts abzustellen.

102 Dennoch gehört die Beteiligung zum Privatvermögen, so dass sie nicht wie Betriebsvermögen behandelt wird. Teilwertabschreibungen sind daher nicht möglich.[5] Die Zuordnung des Erfolgs zu den gewerblichen Einkünften hat keine Auswirkung darauf, dass die Kapitalerträge aus diesen Anteilen zu den Einkünften aus Kapitalvermögen i. S. d. § 20 EStG gehören.[6] Mithin ist ein etwaig entstehender Veräußerungsgewinn nicht als Gewerbeertrag zu behandeln, somit nicht gewerbesteuerpflichtig und § 15a EStG findet für Verluste aus § 17 EStG keine Anwendung.[7]

103–105 (*Einstweilen frei*)

II. Gewinnerzielungsabsicht

106 Mit § 17 EStG werden Einkünfte aus Gewerbebetrieb fingiert. Demnach muss der Veräußerer die Anteile mit der Absicht erworben haben, mittels derer positive Einkünfte zu erzielen.[8] Fehlt es an dieser Absicht, liegen keine steuerbaren Einkünfte vor. Hierfür ist eine Gesamtbetrachtung notwendig, wobei die Rechtsprechung davon ausgeht, dass der Veräußerer im Rahmen des § 17 EStG prinzipiell die Absicht hat, einen Gewinn zu erzielen.[9]

---

1 HHR/*Eilers*/*R. Schmidt*, § 17 EStG Rz. 63.
2 Vgl. *Friauf*, a. a. O., 6.
3 Vgl. *Vogt* in Blümich, § 17 EStG Rz. 126.
4 Vgl. BFH v. 17. 4. 1997 - VIII R 47/95, BStBl 1998 II 102; BFH v. 30. 6. 1983 - IV R 113/81, BStBl 1983 II 640; *Zimmermann*/*Zimmermann-Schwier* in Bordewin/Brandt, § 17 EStG Rz. 36; *Vogt* in Blümich, § 17 EStG Rz. 126.
5 Vgl. BFH v. 17. 4. 1997 - VIII R 47/95, BStBl 1998 II 102; *Vogt* in Blümich, § 17 EStG Rz. 122.
6 HHR/*Eilers*/*R. Schmidt*, § 17 EStG Rz. 63.
7 Vgl. HHR/*Eilers*/*R. Schmidt*, § 17 EStG Rz. 63; *Vogt* in Blümich, § 17 EStG Rz. 123.
8 Vgl. BFH v. 12. 12. 2000 - VIII R 52/93, BStBl 2001 II 286; BFH v. 2. 5. 2001 - VIII R 32/00, BStBl 2001 II 668; *Reinhart*, a. a. O., 97.
9 Vgl. BFH v. 29. 6. 1995 - VIII R 68/93, BStBl 1995 II 722; BFH v. 4. 11. 1992 - X R 33/90, BStBl 1993 II 292; wohl a. A. *Falkner*, DStR 2010, 788.

Maßgebend ist eine veranlagungszeitraumübergreifende Betrachtungsweise: Es ist auf den Totalgewinn als Gesamtergebnis der steuerrelevanten Tätigkeit abzustellen.[1] Bei der Beurteilung sind auch die Ausschüttungen der Kapitalgesellschaft für die Beteiligung zu berücksichtigen.[2]

107

Sollte sich die Erwartung des wesentlich Beteiligten sowohl im Hinblick auf Ausschüttungen als auch auf eine Wertsteigerung der Beteiligung als unrichtig erweisen, kann hieraus nicht ohne Weiteres auf eine fehlende Gewinnerzielungsabsicht geschlossen werden. Ein solches ist nur unter den gleichen Voraussetzungen möglich, die auch für Gewerbebetreibende maßgebend sind.[3] Mithin ist die Gewinnerzielungsabsicht anhand äußerer Umstände festzustellen. Hierzu ist in objektiver Hinsicht eine Prognose darüber anzustellen, ob der Betrieb nach seiner Wesensart und der Art seiner Bewirtschaftung auf Dauer geeignet ist, einen Gewinn zu erwirtschaften.

108

Bei neu gegründeten Gewerbebetrieben ist grundsätzlich von einer Gewinnerzielungsabsicht auszugehen, es sei denn, die Art des Betriebs bzw. seine Bewirtschaftung würde dagegen sprechen, weil das Unternehmen nach der Lebenserfahrung typischerweise dazu bestimmt und geeignet ist, persönlichen Neigungen des Stpfl. oder der Erlangung wirtschaftlicher Vorteile außerhalb der Einkommenssphäre zu dienen.[4] Bei der Gesamtwürdigung ist auch zu berücksichtigen, wie der Stpfl. auf längere Verlustperioden reagiert.

109

Mithin kann eine zu bejahende Liebhaberei auf Gesellschaftsebene dazu führen, dass im Rahmen des § 17 EStG die Absicht seitens des wesentlich Beteiligten fehlt, einen Gewinn zu erzielen. Eine zu bejahende Liebhaberei auf Ebene der Gesellschaft kann zudem zu einer verdeckten Gewinnausschüttung führen, die beim Anteilseigner zu versteuern wäre; § 20 Abs. 1 Nr. 1 Satz 2 EStG.[5] Die Gesellschaft würde in diesem Fall das operative Geschäft ausüben, welches im Interesse des Anteilseigners liegt, ohne dafür ein angemessenes Entgelt zu erhalten.[6]

Die Zurechnung der Anschaffungskosten bei unentgeltlichen Erwerben zur Ermittlung des Veräußerungsgewinns des Rechtsnachfolgers soll wegen des besonderen systematischen Zusammenhangs von § 17 Abs. 2 Satz 5 EStG mit § 17 Abs. 2 Satz 6 Buchst. a) Satz 2 EStG nicht in die Totalgewinnprognose des Beschenkten mit einzubeziehen sein. Eine Verneinung der Einkünfteerzielungsabsicht des Rechtsnachfolgers durch Einbeziehung der Anschaffungskosten des Rechtsvorgängers in die Totalgewinnprognose laufe der gesetzgeberischen Wertung in § 17 Abs. 2 Satz 6 Buchst. a) Satz 2 EStG zuwider. Die Anschaffungskosten des Rechtsvorgängers würden sonst – entgegen der gesetzgeberischen Zielsetzung des § 17 Abs. 2 Satz 5 EStG – steuerlich „untergehen".[7]

110

---

1 Vgl. BFH v. 25. 6. 1984 - GrS 4/82, BStBl 1984 II 751.
2 *Zimmermann/Zimmermann-Schwier* in Bordewin/Brandt, § 17 EStG Rz. 103.
3 FG Düsseldorf v. 7. 7. 2015 - 10 K 546/12 E, EFG 2015, 1608, rkr.
4 BFH v. 2. 8. 1994 - VIII R 55/93, BFH/NV 1995, 866; FG Düsseldorf v. 7. 7. 2015 - 10 K 546/12 E, EFG 2015, 1608, rkr.
5 *Deutschländer*, NWB 2015, 3369; *Mindermann/Lukas*, NWB 2014, 2092.
6 BFH v. 4. 12. 1996 - I R 54/95, BFH/NV 1997, 190 = NWB DokID: YAAAA-96773; BFH v. 8. 8. 2001 - I R 106/99, BStBl 2003 II 487.
7 FG Hamburg v. 25.11.2015 - 2 K 258/14, NWB DokID: HAAAF-66347, Rev.: BFH IX R 1/16.

III. Tatbestand: Veräußerung von Anteilen an einer Kapitalgesellschaft bei wesentlicher Beteiligung (§ 17 Abs. 1 EStG)

1. Anteile an einer Kapitalgesellschaft (§ 17 Abs. 1 Satz 3 EStG)

a) Anteile am Nennkapital einer Kapitalgesellschaft

111 Als Anteile an einer Kapitalgesellschaft i. S. d. § 1 Abs. 1 Nr. 1 KStG[1] gelten u. a. Aktien, wie z. B. Inhaberaktien, Namensaktien oder Vorzugsaktien ohne Stimmrecht, sowie Anteile an einer GmbH i. S. d. § 5 GmbHG, § 14 GmbHG.[2] Dabei ist auf das Nennkapital, bei einer AG sowie KGaA, somit auf das Grundkapital und bei einer GmbH auf das Stammkapital, abzustellen. Ob dieses Kapital eingezahlt ist, ist unbeachtlich.[3] Sofern ein Nennkapital nicht vorhanden sein sollte, ist das Vermögen maßgebend.[4] Dabei ist allein die Kapitalbeteiligung und nicht die tatsächliche Einflussmöglichkeit entscheidend.[5]

112 Es ist unerheblich, ob die Kapitalgesellschaft im Inland unbeschränkt steuerpflichtig ist. Es genügt, dass es sich um eine ausländische Kapitalgesellschaft handelt, deren Anteile Gesellschaftsrechte vermitteln, wie sie nach dem deutschen Recht mit Aktien oder den Anteilen an einer GmbH verbunden sind. Ihre Rechtsform muss daher im Rechtstypenvergleich einer deutschen Kapitalgesellschaft entsprechen.[6] Für die Beteiligung ist auf eine feste Bezugsgröße und damit auf die Eintragung ins Handelsregister abzustellen.[7]

113 Die Anteile müssen dem Privatvermögen zugeordnet sein. Beteiligungen, die im Betriebsvermögen oder zum Sonderbetriebsvermögen einer Personengesellschaft gehören, werden von § 17 EStG nicht erfasst.[8] Sofern die Anteile zum Gesamthandsvermögen einer vermögensverwaltenden Personengesellschaft gehören, sind die Anteilsrechte für die Zwecke des § 17 EStG den Gesellschaftern anteilig zuzurechnen; vgl. § 39 Abs. 2 Nr. 2 AO.[9]

b) Genussscheine

114 Der Begriff des Genussrechts ist gesetzlich nicht definiert,[10] obwohl sich dieser Begriff in verschiedenen Gesetzen wiederfindet – u. a. § 160 Abs. 1 Nr. 6 AktG, § 221 Abs. 3 AktG, § 53c Abs. 3a VAG.[11] Genussscheine, die von Unternehmen jeder Rechtsform ausgegeben werden können, verbriefen das Genussrecht (Vermögensrecht) in einem Wertpapier. Das Genussrecht erschöpft sich dabei in einem geldwerten Anspruch.[12] Der Genussrechtsinhaber wird nicht am

---

1 *Zimmermann/Zimmermann-Schwier* in Bordewin/Brandt, § 17 EStG Rz. 91.
2 Vgl. BFH v. 19. 5. 1992 - VIII R 16/88, BStBl 1992 II 902.
3 HHR/*Eilers/R. Schmidt*, § 17 EStG Rz. 114.
4 *Zimmermann/Zimmermann-Schwier* in Bordewin/Brandt, § 17 EStG Rz. 92.
5 *Vogt* in Blümich, § 17 EStG Rz. 143.
6 H 17 Abs. 2 „Ausländische Kapitalgesellschaft" EStH 2014; vgl. BFH v. 22. 2. 1989 - I R 11/85, BStBl 1989 II 794; *Kratzsch*, BB 2007, 1817; *Zimmermann/Zimmermann-Schwier* in Bordewin/Brandt, § 17 EStG Rz. 91; s. aber auch unter „Ähnliche Beteiligungen" → Rz. 118.
7 Vgl. hierfür FG Münster v. 6.12.2016 -7 K 3225/13 E, EFG 2017, 129 = NWB DokID: TAAAG-37371.
8 Vgl. BFH v. 5. 7. 1972 - I R 230/70, BStBl 1972 II 928.
9 Vgl. BFH v. 9. 5. 2000 - VIII R 41/99, BStBl 2000 II 686; s. auch → Rz. 32.
10 Zur Rechtsnatur von Genussrechten u. a. *Kratzsch*, a. a. O.
11 *Lühn*, Bilanzierung und Besteuerung von Genussrechten, 38.
12 Ausführlich BGH v. 5. 10. 1992 - II ZR 172/91, NJW 1993, 57; BFH v. 8. 4. 2008 - VIII R 3/05, BStBl 2008 II 852; *Lühn*, a. a. O., 39.

Nennkapital beteiligt. Er verfügt daher nicht wie ein Aktionär über ein Stimm- oder Mitwirkungsrecht.[1]

Für den Genussrechtsinhaber kommen aber grundsätzlich eine Gewinnbeteiligung und auch eine Beteiligung am Liquidationserlös in Betracht. Die Beteiligung am Gewinn kann sehr unterschiedlich ausgestaltet sein: Feste Verzinsung, reine Gewinnbeteiligung oder kombinierte Vergütungsformen.[2] 115

Mit § 17 Abs. 1 Satz 3 EStG wird auf Genussscheine abgestellt, die ein Genussrecht mit Beteiligung am Liquidationserlös verbriefen und demnach das Genussrechtskapital zzgl. anteiliger stiller Reserven zurückzuzahlen ist.[3] Ein Beteiligungscharakter liegt jedoch dann nicht vor, wenn eine Nachrangvereinbarung besteht.[4] 116

Genussrechte können zudem auch nach ausländischem Gesellschaftsrecht vorliegen.[5] 117

c) Ähnliche Beteiligungen

Als ähnliche Beteiligungen kommen Anteile an einer Vorgesellschaft, die körperschaftsteuerrechtlich als Kapitalgesellschaft zu beurteilen ist, oder Anteile an einer ausländischen Gesellschaft, bei der eine Vergleichbarkeit nach den Regeln des Rechtstypenvergleichs nicht möglich ist, es sich aber „bei der Gesellschaft um eine juristische Person handelt und die Beteiligung Gesellschaftsrechte ähnlich wie eine deutsche Kapitalgesellschaft verkörpert", in Betracht.[6] Nicht als ähnliche Beteiligungen gelten:[7] 118

► Anteile an einem VVaG;

► Beteiligung an einer Vorgründungsgesellschaft;

► kapitalersetzende Gesellschafterdarlehen;

► typisch stille Beteiligungen;

► atypische stille Beteiligungen;

► Nießbrauch an einem Anteil;

► Übernahme einer Bürgschaft;

► wirtschaftliche Vereine (§ 22 BGB) sowie

► Komplementäranteile an einer KGaA.

---

1 *Lühn*, a. a. O., 39 f.
2 *Lühn*, a. a. O., 40 f.
3 Vgl. BFH v. 14. 6. 2005 - VIII R 73/03, BStBl 2005 II 861; *Küting/Kessler*, BB 1994, 2103; *Zimmermann/Zimmermann-Schwier* in Bordewin/Brandt, § 17 EStG, Rz. 94; *Wüllenkemper*, FR 1991, 479; *Kratzsch*, a. a. O.; *Vogt* in Blümich, § 17 EStG Rz. 168; BT-Drucks. 16/4841, 55.
4 H 17 Abs. 2 „Genussrechte" EStH 2014; vgl. BFH v. 14. 6. 2005 - VIII R 73/03, BStBl 2005 II 861.
5 *Vogt* in Blümich, § 17 EStG Rz. 171.
6 *Kratzsch*, a. a. O.; ferner *Zimmermann/Zimmermann-Schwier* in Bordewin/Brandt, § 17 EStG, Rz. 95; HHR/*Eilers/R. Schmidt*, § 17 EStG, Rz. 22; *Rapp* in Littmann/Bitz/Pust, § 17 EStG Rz. 47; *Vogt* in Blümich, § 17 EStG Rz. 176 ff.; BT-Drucks. 16/4841, 55; *Frotscher* in Frotscher/Geurts, § 17 EStG Rz. 45a; eine Unterbeteiligung ist bei vollwertigen Vermögens- und Verwaltungsrechten als ähnliche Beteiligung zu qualifizieren, *Vogt* in Blümich, § 17 EStG Rz. 179.
7 Vgl. BFH v. 5. 2. 1992 - I R 127/90, BStBl 1992 II 532; BFH v. 28. 5. 1997 - VIII R 25/96, BStBl 1997 II 724; BFH v. 14. 6. 2005 - VIII R 73/03, BStBl 2005 II 861; *Zimmermann/Zimmermann-Schwier* in Bordewin/Brandt, § 17 EStG Rz. 97; HHR/*Eilers/R. Schmidt*, § 17 EStG Rz. 147; *Rapp* in Littmann/Bitz/Pust, § 17 EStG Rz. 47; *Vogt* in Blümich, § 17 EStG Rz. 179 ff.; *Frotscher* in Frotscher/Geurts, § 17 EStG Rz. 39 ff.

d) Anwartschaften auf Beteiligungen

119 Als Anwartschaften auf solche Beteiligungen gelten grundsätzlich alle dinglichen oder schuldrechtlichen Rechte auf den Erwerb eines Anteils an einer Körperschaft.[1] Mithin hat eine „begründete Aussicht auf den Erwerb einer tatsächlichen oder rechtlichen Position"[2] zu bestehen. Hierzu gehören Bezugsrechte,[3] die einen Anspruch auf Abschluss eines Zeichnungsvertrages begründen.[4] Eine Anwartschaft ist auch gegeben, wenn der Gesellschafter die rechtliche Möglichkeit hat, sich an der Ausgabe von Bezugsrechten zu beteiligen, dies jedoch nicht unternimmt.[5] Anwartschaften sind auch Wandlungsrechte aus Wandelschuldverschreibungen (§ 221 Abs. 1 AktG);[6] ebenso Optionsanleihen,[7] Call-Optionen auf Anteile[8] sowie Zwischenscheine (§ 8 Abs. 4 AktG).[9, 10] So kann auch ein schuldrechtlicher Anspruch des bis dahin nicht beteiligten Dritten auf Erwerb einer Beteiligung durch Teilnahme an einer Kapitalerhöhung erstarken, wenn sowohl Anmeldung als auch Eintragung der Kapitalerhöhung zum Handelsregister erfolgt sind.[11] Ebenso schuldrechtliche Ansprüche gegen Gesellschafter auf Übertragung von Anteilen an einer Kapitalgesellschaft.[12]

120–125 (*Einstweilen frei*)

2. Beteiligungsgrenze (§ 17 Abs. 1 Satz 1 EStG)

a) Wesentliche Beteiligung

126 Steuerpflichtig sind Einkünfte aus der Veräußerung von im Privatvermögen gehaltenen Anteilen an einer Kapitalgesellschaft nur dann, wenn der Veräußerer zu mindestens 1 % am Gesellschaftskapital zum Zeitpunkt der Veräußerung bzw. Auflösung beteiligt war.[13] Auf den Wert der Beteiligung oder auf die Höhe des Veräußerungsgewinns kommt es nicht an.[14] Die Beteiligungsquote gehört damit zum steuerbegründenden Tatbestand des § 17 EStG.[15] Das vormalige Merkmal „wesentlich" wurde mit der Absenkung der Wesentlichkeitsschwelle auf 1 % aufgegeben.

127 Abweichende Regelungen u. a. über Stimmrechte haben für die Beurteilung der Beteiligungshöhe keine Bedeutung, denn der Zuwachs an Leistungsfähigkeit (u. a. in Form von thesaurierten Gewinnen sowie von stillen Reserven) ist unabhängig von der Einflussnahme des Gesell-

---

1 BT-Drucks. 16/4841, 55; vgl. *Rapp* in Littmann/Bitz/Pust, § 17 EStG Rz. 49 f.
2 Vgl. BFH v. 20. 2. 1975 - IV R 15/71, BStBl 1975 II 505.
3 Vgl. hierzu auch *Frotscher* in Frotscher/Geurts, § 17 EStG Rz. 48.
4 H 17 Abs. 4 „Bezugsrechte" EStH.
5 *Zimmermann/Zimmermann-Schwier* in Bordewin/Brandt, § 17 EStG Rz. 99.
6 BT-Drucks. 16/4841, 55.
7 *Zimmermann/Zimmermann-Schwier* in Bordewin/Brandt, § 17 EStG Rz. 101.
8 *Schmidt/Busekist/Drescher*, a. a. O.; BFH v. 19. 12. 2007 - VIII R 14/06, BStBl 2008 II 475.
9 *Frotscher* in Frotscher/Geurts, § 17 EStG Rz. 50.
10 Umfassend dazu u. a. *Vogt* in Blümich, § 17 EStG Rz. 205 ff.
11 Vgl. FG Hamburg v. 11. 7. 2001 - VI 252/99, EFG 2001, 1435, rkr.
12 HHR/*Eilers/R. Schmidt*, § 17 EStG Rz. 151.
13 Vgl. BFH v. 14. 6. 2005 - VIII R 73/03, BStBl 2005 II 861; BFH v. 9. 10. 2008 - IX R 73/06, BStBl 2009 II 140; *Vogt* in Blümich, § 17 EStG Rz. 225.
14 *Friauf*, a. a. O., 2.
15 *Friauf*, a. a. O., 5.

schafters auf die Geschäfte der Kapitalgesellschaft.[1] Ebenso ist die Art des Rechtsaktes, mittels dessen der Veräußerer die Beteiligung erwarb, unbeachtlich.[2]

Überdies sind weitere Anteile des Anteilseigners, die Anteile an einer Kapitalgesellschaft i. S. d. § 17 Abs. 1 Satz 3 EStG darstellen können, wie z. B. Genussrechte, zu berücksichtigen.[3] 128

Für die Bestimmung, ob Anteile i. S. d. § 17 EStG vorliegen, sind im Privat- und im Betriebsvermögen gehaltene Anteile zusammenzurechnen.[4] Dies gilt ebenfalls für Anteile im Sonderbetriebsvermögen[5] sowie anteilmäßig zuzurechnende, gesamthänderisch gebundene Anteile.[6] Hingegen bleiben Bezugsrechte bei der Ermittlung der Beteiligungshöhe grundsätzlich außer Betracht.[7] 129

b) Herabsetzung der Beteiligungsgrenze

Bis einschließlich des VZ 1998 musste der Veräußerer eine Beteiligung von mehr als 25 % halten. Zugleich war bis zum VZ 1995 die Veräußerung von Anteilen nur dann steuerpflichtig, wenn der Stpfl. innerhalb eines VZ Anteile von mehr als 1 % des Nennkapitals der Gesellschaft veräußerte – „Bagatellgrenze".[8] Mit dem StEntlG 1999/2000/2002 wurde die Beteiligungsgrenze ab dem VZ 1999 auf mindestens 10 % herabgesetzt. Seit dem VZ 2001/2002 beträgt die Beteiligungsgrenze aufgrund des StSenkG nunmehr mindestens 1 %.[9] 130

Im Hinblick hierauf ist der Beteiligungsbegriff veranlagungszeitraumbezogen auszulegen. Das „Tatbestandsmerkmal, innerhalb der letzten fünf Jahre am Kapital der Gesellschaft wesentlich beteiligt' in § 17 Abs. 1 EStG ist für jeden abgeschlossenen Veranlagungszeitraum nach der in diesem Veranlagungszeitraum jeweils geltenden Beteiligungsgrenze zu bestimmen".[10] Dies gilt jedoch nur betreffend der Absenkung der Beteiligungsgrenze von mehr als 25 % auf mindestens 10 %. Eine analoge Anwendung auf die Absenkung der Beteiligungsgrenze durch das StSenkG auf 1 % scheidet aus, weil § 17 Abs. 1 EStG i. d. F. des StSenkG den Begriff der Wesentlichkeit der Beteiligung nicht mehr beinhaltet.[11]

c) Ermittlung der Beteiligungsquote

Es ist auf den Anteil am Nennkapital – Stammkapital einer GmbH, gezeichnetes Kapital einer AG – abzustellen.[12] Dabei ist das für die Berechnung der Beteiligungsquote zugrunde zu legende Kapital um das Kapital der ähnlichen Beteiligungen zu erhöhen.[13] Sofern eine Kapitalgesellschaft über kein Nennkapital verfügt, ist auf die wirtschaftliche Beteiligungsquote am Reinver- 131

---

1 Vgl. BFH v. 25. 11. 1997 - VIII R 29/94, BStBl 1998 II 257; BFH v. 25. 11. 1997 - VIII R 36/96, BFH/NV 1998, 691 = NWB DokID: UAAAB-39321; HHR/*Eilers/R. Schmidt*, § 17 EStG Rz. 114.
2 *Zimmermann/Zimmermann-Schwier* in Bordewin/Brandt, § 17 EStG Rz. 128.
3 Vgl. BFH v. 14. 6. 2005 - VIII 73/03, BStBl 2005 II 861; *Frotscher* in Frotscher/Geurts, § 17 EStG Rz. 89.
4 H 17 Abs. 2 „Anteile im Betriebsvermögen" EStH; vgl. BFH v. 10. 2. 1982 - I B 39/81, BStBl 1982 II 392; BFH v. 10. 11. 1992 - VIII R 40/89, BStBl 1994 II 222; *Vogt* in Blümich, § 17 EStG Rz. 255.
5 HHR/*Eilers/R. Schmidt*, § 17 EStG Rz. 103.
6 *Vogt* in Blümich, § 17 EStG Rz. 281.
7 H 17 Abs. 2 „Anwartschaftsrechte" EStH.
8 *Horlemann*, a. a. O.
9 Umfassend HHR/*Eilers/R. Schmidt*, § 17 EStG Rz. 130 ff.
10 BFH v. 11. 12. 2012 - IX R 7/12, BStBl 2013 II 372; s. dazu auch BMF v. 27. 5. 2013, BStBl 2013 I 721.
11 BMF v. 27. 5. 2013, BStBl 2013 I 721; a. A.: FG Köln v. 28. 8. 2013 - 5 K 2072/11, NWB DokID: AAAAE-47008.
12 Vgl. BFH v. 25. 11. 1997 - VIII R 29/94, BStBl 1998 II 257; BFH v. 14. 6. 2005 - VIII R 73/03, BStBl 2005 II 761; *Kratzsch*, a. a. O.
13 *Frotscher* in Frotscher/Geurts, § 17 EStG Rz. 75.

mögen der Gesellschaft abzustellen, die eine Teilhabe an den stillen Reserven der Gesellschaft verkörpert.[1] Bei dem Innehaben eines Genussscheins kommt es darauf an, in welcher Höhe dieser die Beteiligung am Gewinn und Liquidationserlös vermittelt.[2]

132 Herauszurechnen sind jedoch die Anteile, die sich im Eigenbesitz der Kapitalgesellschaft (§ 33 GmbHG, § 71 AktG) befinden, so dass von einem verminderten Nennkapital auszugehen ist.[3]

> **BEISPIEL:** Die A-AG erwirbt gem. § 71 Abs. 1 Nr. 1 i.V. m. § 71 Abs. 2 Satz 1 AktG am 1.1. 2014 eigene Aktien in Umfang von 10 % ihres Grundkapitals, welches 500 000 € beträgt. Somit 50 000 €. A ist wiederum an der A-AG mit 4 500 € an deren Grundkapital beteiligt (0,9 %). Durch den Erwerb der eigenen Anteile durch die A-AG am 1.1. 2014 ist A nunmehr zu 1 % beteiligt. Eine Veräußerung seines Anteils würde zur Veräußerung einer Beteiligung i. S.v. § 17 Abs. 1 Satz 1 EStG führen.

> **PRAXISHINWEIS:**
> Würde die A-AG nach dem 2.1. 2014 eine Kapitalerhöhung durchführen und die Beteiligungsquote des A infolgedessen wieder unter 1 % sinken, wäre eine Veräußerung seines Anteils innerhalb einer Frist von fünf Jahren dennoch gem. § 17 EStG steuerlich zu erfassen.

133 Ferner sind abzuziehen:[4]

- Gem. § 71e AktG als Pfand genommene eigene Aktien,
- gem. § 34 GmbHG von der GmbH eingezogene eigene Geschäftsanteile,
- in Fällen des Ausschlusses oder Austritts eines Gesellschafters an einer GmbH ohne Herabsetzung des Stammkapitals.

134 Gleiches gilt bei wechselseitigen Beteiligungen.[5]

> **BEISPIEL:** A ist mit 750 € = 0,75 % an der A-AG beteiligt. Die A-AG hält Anteile an der B-AG und diese hält 95 000 € = 95 % an der A-AG. Diese 95 % sind vom Nennkapital der A-AG abzuziehen, so dass A letztlich mit 15 % an der A-AG beteiligt ist.

> **PRAXISHINWEIS:**
> Eine Erhöhung erfolgt aber nicht durch kapitalersetzende Gesellschafterleistungen oder durch (typisch) stille Beteiligungen.[6] Demgemäß sind bei der Berechnung der Beteiligungsquote Gesellschafterdarlehen nicht einzubeziehen.[7]

---

1 *Kratzsch*, a. a. O.; *Vogt* in Blümich, § 17 EStG Rz. 235.
2 Vgl. BFH v. 14. 3. 2006 - VIII R 49/04, BStBl 2006 II 746; umfassend dazu u. a. *Vogt* in Blümich, § 17 EStG Rz. 350 ff.; wohl a. A.: *Rapp* in Littmann/Bitz/Pust, § 17 EStG Rz. 59.
3 Vgl. BFH v. 24. 9. 1970 - IV R 138/69, BStBl 1971 II 89; *Rapp* in Littmann/Bitz/Pust, § 17, Rz. 58; *Vogt* in Blümich, § 17 EStG Rz. 246.
4 *Zimmermann/Zimmermann-Schwier* in Bordewin/Brandt, § 17 EStG Rz. 125; *Vogt* in Blümich, § 17 EStG Rz. 247.
5 HHR/*Eilers/R. Schmidt*, § 17 EStG Rz. 114; *Rapp* in Littmann/Bitz/Pust, § 17 EStG Rz. 61.
6 Vgl. BFH v. 19. 5. 1992 - VIII R 16/88, BStBl 1992 II 902; BFH v. 28. 5. 1997 - VIII R 25/96, BStBl 1997 II 724.
7 *Frotscher* in Frotscher/Geurts, § 17 EStG Rz. 60.

d) Zurechnung der Anteile

Für die Berechnung der Beteiligungsquote kommt es auf die Zurechnung der Beteiligung an. Es werden dem Veräußerer alle Anteile zugerechnet, wenn diesem sowohl deren rechtliches als auch wirtschaftliches „Eigentum" zuzurechnen sind – **unmittelbare Beteiligung**. Fallen jedoch rechtliches Innehaben und wirtschaftliches Eigentum auseinander, so sind die Anteile dem wirtschaftlichen Eigentümer zuzurechnen; § 39 Abs. 2 Nr. 1 AO.[1] Dabei begründen Pfandrechte und Nießbrauch an den Anteilen kein wirtschaftliches Eigentum.[2] Ein Rücktrittsvorbehalt des Erwerbers[3] oder ein Kündigungsrecht mit Abfindungsanspruch[4] ist für die Annahme des rechtlichen oder wirtschaftlichen Eigentums ohne Bedeutung. Für die Zurechnung des Anteils genügt es, dass der Stpfl. für eine logische Sekunde beteiligt ist.[5]

135

Bei Bruchteils- sowie Gesamthandsgemeinschaften ohne Betriebsvermögen erfolgt eine anteilige unmittelbare Zurechnung (§ 39 Abs. 2 Nr. 2 AO),[6] wobei der nominelle Kapitalanteil maßgebend ist.[7] Für die Ermittlung der Beteiligungsgrenze ist auf den einzelnen Gesellschafter abzustellen.[8]

136

BEISPIEL: Zu einem Gesamthandsvermögen einer aus zwei Personen – A und B – bestehenden Erbengemeinschaft gehört eine Beteiligung i. H. v. 1,5 % an einer AG. A ist zu ³/₄ und B zu ¹/₄ berechtigt. A und B ist die Beteiligung gem. § 39 Abs. 2 Nr. 2 AO anteilig unmittelbar zuzurechnen. A ist demnach zu 1,125 % (= ³/₄ · 1,5 %) und B zu 0,375 % (= ¹/₄ · 1,5 %) beteiligt. Mithin hält B eine nicht steuerverstrickte Beteiligung i. S. v. § 17 EStG. A hingegen schon.

PRAXISHINWEIS:

Allerdings erfolgt keine unmittelbare Zurechnung, wenn sich die Anteile in einer Gesamthandsgemeinschaft mit Betriebsvermögen befinden. Die Anteile können nicht unter § 17 EStG erfasst werden, wenn sie einem Betriebsvermögen zugeordnet sind.[9] Nicht zulässig ist schließlich grundsätzlich die Zusammenrechnung von Anteilen Angehöriger i. S. v. § 15 AO.[10]

---

1 Vgl. BFH v. 7. 7. 1992 - VIII R 54/88, BStBl 1993 II 331; umfassend *Zimmermann/Zimmermann-Schwier* in Bordewin/Brandt, § 17 EStG Rz. 133 ff.; *Heuermann*, a. a. O.; *Rapp* in Littmann/Bitz/Pust, § 17 EStG Rz. 70; *Vogt* in Blümich, § 17 EStG Rz. 225 f., 261 ff; zu Treuhandverhältnissen: BFH v. 4. 12. 2007 - VIII R 14/05, BFH/NV 2008, 745 = NWB DokID: WAAAC-75287; BFH v. 15. 7. 1997 - VIII R 56/93, BStBl 1998 II 152; bei einer Treuhand i. S. d. § 39 Abs. 2 Nr. 1 Satz 2 AO liegt eine unmittelbare Beteiligung vor; vgl. FG Köln v. 15. 8. 2007 - 4 K 1873/04, EFG 2007, 1765, rkr.; *Seibt*, a. a. O.; im Fall einer Sicherungsübereignung ist die Beteiligung dem Sicherungsgeber zuzurechnen, § 39 Abs. 2 Nr. 1 Satz 2 AO; zu Pensionsgeschäften: BFH v. 29. 11. 1982 - GrS 1/81, BStBl 1983 II 272; zu Unterbeteiligten: *Worgulla*, DB 2009, 1146.
2 Vgl. HHR/*Eilers/R. Schmidt*, § 17 EStG Rz. 120.
3 Vgl. BFH v. 25. 1. 1996 - IV R 114/94, BStBl 1997 II 382; BFH v. 17. 6. 1998 - XI R 55/97, NWB DokID: KAAAA-62317.
4 Vgl. BFH v. 18. 5. 2005 - VIII R 34/01, BStBl 2005 II 857.
5 Vgl. BFH v. 16. 5. 1995 - VIII 33/94, BStBl 1995 II 870; *Zimmermann/Zimmermann-Schwier* in Bordewin/Brandt, § 17 EStG Rz. 136.
6 H 17 Abs. 2 EStH.
7 Vgl. BFH v. 13. 7. 1999 - VIII R 72/98, BStBl 1999 II 820; *Zimmermann/Zimmermann-Schwier* in Bordewin/Brandt, § 17 EStG Rz. 143; HHR/*Eilers/R. Schmidt*, § 17 EStG Rz. 102; *Rapp* in Littmann/Bitz/Pust, § 17 EStG Rz. 72; *Seibt*, a. a. O.
8 Vgl. BFH v. 4. 7. 2007 - VIII R 68/05, BStBl 2007 II 937; OFD Frankfurt/M. v. 7. 8. 2014 - S 2256, NWB DokID: ZAAAE-72221; *Vogt* in Blümich, § 17 EStG Rz. 275.
9 HHR/*Eilers/R. Schmidt*, § 17 EStG, Rz. 102; *Vogt* in Blümich, § 17 EStG Rz. 280; s. aber auch unter „mittelbare Beteiligung" → Rz. 137.
10 *Zimmermann/Zimmermann-Schwier* in Bordewin/Brandt, § 17 EStG Rz. 125; HHR/*Eilers/R. Schmidt*, § 17 EStG Rz. 101; *Rapp* in Littmann/Bitz/Pust, § 17 EStG Rz. 71.

e) Mittelbare Beteiligung

137 Eine mittelbare Beteiligung ist nur dann von Bedeutung, wenn eine unmittelbare Beteiligung veräußert wird, da nur die Veräußerung unmittelbarer Anteile den Tatbestand des § 17 EStG erfüllen.[1] Eine mittelbare Beteiligung kann über eine andere Kapitalgesellschaft oder eine Gesamthandsgemeinschaft mit Betriebsvermögen (Personengesellschaft mit gewerblichen Betriebsvermögen) begründet werden.[2]

138 Liegen sowohl eine unmittelbare als auch eine mittelbare Beteiligung vor, sind diese zu addieren, so dass eine Beteiligung i. S. d. § 17 EStG dann vorliegt, wenn die Beteiligungshöhe zusammengerechnet mindestens 1 % beträgt. Die mittelbare Beteiligung ist dem Anteilseigner in dem Verhältnis zuzurechnen, in dem dieser an der diese Beteiligung vermittelnden Gesellschaft beteiligt ist.[3] Selbiges gilt bei einer mehrstufigen Beteiligung.[4] Dabei ist es unerheblich, ob der Veräußerer die seine mittelbare Beteiligung vermittelnde Kapitalgesellschaft beherrscht oder nicht.[5]

> **BEISPIEL:** A ist zu 0,25 % an der A-GmbH und zu 45 % an der B-GmbH beteiligt. Die Beteiligungen hält er im Privatvermögen. Die B-GmbH wiederum hält 10 % der Anteile an der A-GmbH. A veräußert nun seine Beteiligung an der A-GmbH.
>
> A veräußert eine Beteiligung i.S.v. § 17 Abs. 1 Satz 1 EStG, da er zu 4,75 % (Unmittelbare Beteiligung: 0,25 %; Mittelbare Beteiligung: 4,5 %=10 % von 45 %]) am Stammkapital der A-GmbH beteiligt ist.

139 Ebenso ist unerheblich, ob für den Veräußerer überhaupt erkennbar ist, dass er über eine Gesellschaft im notwendigen Maße beteiligt ist.[6]

140 Es werden hinsichtlich der Beteiligung alle Rechtsbeziehungen des Gesellschafters der Kapitalgesellschaft zu anderen Gesellschaften erfasst, die dem Gesellschafter wirtschaftlich den Wert einer Beteiligung an einer Kapitalgesellschaft vermitteln.[7] Mithin auch über Personengesellschaften mit gewerblichen Einkünften[8] sowie Gesamthandsgemeinschaften mit einem Betriebsvermögen.[9] Das Zwischenschalten einer ausländischen Basisgesellschaft führt aber dazu, dass der Stpfl. selbst als Anteilsinhaber behandelt wird.[10]

141–150 *(Einstweilen frei)*

---

1 *Vogt* in Blümich, § 17 EStG Rz. 286; *Frotscher* in Frotscher/Geurts, § 17 EStG Rz. 80a; *Kröner*, a. a. O.; BFH v. 3. 9. 2015 - VI R 58/13, BStBl 2016 II 305.
2 Umfassend dazu u. a. *Rapp* in Littmann/Bitz/Pust, § 17 EStG Rz. 82 bis 84; *Vogt* in Blümich, § 17 EStG Rz. 290; *Lippert*, a. a. O., 22; BFH v. 9. 5. 2000 - VIII R 41/99, BStBl 2000 II 686; Innengesellschaften sind bei der Ermittlung der Beteiligungsquote nicht zu berücksichtigen: *Vogt* in Blümich, § 17 EStG Rz. 290.
3 Vgl. BFH v. 12. 6. 1980 - IV R 128/77, BStBl 1980 II 646; *Vogt* in Blümich, § 17 EStG Rz. 293.
4 Vgl. BFH v. 28. 6. 1978 - I R 90/76, BStBl 1978 II 590.
5 H 17 Abs. 2 „Mittelbare Beteiligung" EStH; vgl. BFH v. 12. 6. 1980 - IV R 128/77, BStBl 1980 II 646.
6 *Vogt* in Blümich, § 17 EStG Rz. 294.
7 *Zimmermann/Zimmermann-Schwier* in Bordewin/Brandt, § 17 EStG Rz. 154.
8 Vgl. BFH v. 10. 2. 1982 - I B 39/81, BStBl 1982 II 392.
9 *Zimmermann/Zimmermann-Schwier* in Bordewin/Brandt, § 17 EStG Rz. 154.
10 BFH v. 29. 1. 1975 - I R 135/70, BStBl 1975 II 553.

3. Fünfjahresfrist (§ 17 Abs. 1 Satz 1 EStG)

a) Ermittlung der Fünfjahresfrist

Für die Berechnung der Frist ist der Zeitpunkt des Übergangs des wirtschaftlichen Eigentums maßgebend.[1] Anlass für den Fristbeginn ist der erstmalige Erwerb bzw. Zuerwerb von Anteilen an einer Kapitalgesellschaft oberhalb der maßgebenden Beteiligungshöhe i. S. d. § 17 EStG. Diese Frist bemisst sich gem. § 108 Abs. 1 AO i. V. m. §§ 187 bis 193 BGB. Es handelt sich um eine Ereignisfrist i. S. d. § 187 Abs. 1 BGB, so dass der Tag der Anschaffung der maßgebenden Anteile nicht mitgerechnet wird.[2] Fristende ist der Tag, an dem der Stpfl. letztmals maßgeblich beteiligt ist.[3]

151

Dabei ist darauf abzustellen, dass zu irgendeinem Zeitpunkt innerhalb des Fünfjahreszeitraums vor der Veräußerung unabhängig von der Haltedauer[4] oder eines Durchgangserwerbs[5] Anteile i. H. v. 1 % vorgelegen haben.[6]

152

BEISPIEL: ▶ A ist zu 0,2 % an der A-GmbH beteiligt. Am 1.1.2014 erhält er als Erbe weitere 0,9 %. Am 2.1.2014 veräußert A seinen ursprünglich gehaltenen Anteil von 0,2 %. A verwirklicht den Tatbestand des § 17 Abs. 1 Satz 1 EStG, da seine Beteiligung am 2.1.2014 1,1 % betrug.

Dabei müssen die zu veräußernden Anteile nicht mit den Anteilen übereinstimmen, die innerhalb des Zeitraums die Anteile i. S. d. § 17 EStG ausmachten.[7] Ebenso muss diese Beteiligung nicht einheitlich erworben worden sein. Auch mehrere Erwerbe, die zusammen die steuerlich relevante Beteiligungsquote ergeben, werden erfasst.[8] Selbiges gilt, wenn junge Aktien bei einer Kapitalerhöhung erworben werden, nachdem die Beteiligungsgrenze unter die maßgebende Grenze fiel.[9] Wie der Anteilserwerb rechtlich zu qualifizieren ist, sei es etwa als Schenkung, Erbanfall oder Kauf, ist unbeachtlich.[10]

153

Allerdings sind auch Gewinne aus der Veräußerung von innerhalb des maßgebenden Zeitraums angeschafften Beteiligungen i. S. d. § 17 EStG steuerbar, wenn zum Zeitpunkt der Anschaffung dieser Beteiligung keine steuerrelevante Beteiligung mehr vorgelegen hat und durch diese Anschaffung auch nicht begründet wird.[11]

154

---

1 Vgl. BFH v. 10.3.1988 - IV R 226/85, BStBl 1988 II 832; *Lippert*, a. a. O., 22; *Rapp* in Littmann/Bitz/Pust, § 17 EStG Rz. 92; s. aber auch HHR/*Eilers/R. Schmidt*, § 17 EStG Rz. 110.

2 *Lippert*, a. a. O., 22 f.; HHR/*Eilers/R. Schmidt*, § 17 EStG Rz. 110; *Rapp* in Littmann/Bitz/Pust, § 17 EStG Rz. 92; zu schwebend unwirksamen Verträgen: *Rapp* in Littmann/Bitz/Pust, § 17 EStG Rz. 92; bei einem unentgeltlichen Verzicht auf Teilnahme an einer Kapitalerhöhung beginnt die Frist mit der Eintragung der Kapitalerhöhung ins Handelsregister: BFH v. 14.3.2006 - VIII R 49/04, BStBl 2006 II 746.

3 *Vogt* in Blümich, § 17 EStG Rz. 315; es sind mithin nicht entscheidend Kalenderjahre oder Veranlagungszeiträume, *Frotscher* in Frotscher/Geurts, § 17 EStG Rz. 90a.

4 H 17 Abs. 2 „Kurzfristige Beteiligung" EStH; vgl. BFH v. 11.12.2012 - IX R 7/12, BStBl 2013 II 372; BFH v. 2.6.2016 - IX B 10/16, NWB DokID: GAAAF-80038.

5 Vgl. BFH v. 16.5.1995 - VIII R 33/94, BStBl 1995 II 870.

6 Vgl. BFH v. 7.7.1992 - VIII R 54/88, BStBl 1993 II 331; BFH v. 18.1.1999 - VIII B 80/98, BStBl 1999 II 486; *Lippert*, a. a. O., 22; *Rapp* in Littmann/Bitz/Pust, § 17 EStG Rz. 90; *Herzig/Förster*, DB 1997, 594; a. A. *Crezelius*, a. a. O. 2003.

7 Vgl. BFH v. 20.4.1999 - VIII R 58/97, BStBl 1999 II 650.

8 Vgl. BFH v. 18.9.1984 - VIII R 119/81, BStBl 1985 II 55; HHR/*Eilers/R. Schmidt*, § 17 EStG Rz. 110.

9 Vgl. BFH v. 10.11.1992 - VIII R 40/89, BStBl 1999 II 222.

10 HHR/ *Eilers/R. Schmidt*, § 17 EStG Rz. 110; *Rapp* in Littmann/Bitz/Pust, § 17 EStG Rz. 90.

11 Vgl. BFH v. 10.11.1992 - VIII R 40/89, BStBl 1994 II 222; BFH v. 20.4.1997 - VIII R 58/97, BStBl 1999 II 650; HHR/*Eilers/R. Schmidt*, § 17 EStG Rz. 110; a. A.: *Kröner*, a. a. O.; *Herzig/Förster*, a. a. O.

BEISPIEL: A ist an der A-AG zu 2 % am Nennkapital beteiligt. Die Beteiligung hält A im Privatvermögen. Diese Beteiligung veräußert er am 31.12.2012. Hierdurch werden die Rechtsfolgen des § 17 EStG ausgelöst. Nunmehr erwirbt A am 1.5.2014 wieder eine Beteiligung an der A-AG. Jedoch nur im Umfang von 0,5 %. Diese Beteiligung veräußert er am 31.12.2014. Auch durch diese zweite Veräußerung werden die Rechtsfolgen des § 17 EStG ausgelöst.

b) Kapitalerhöhung

155 Sofern sich der Stpfl. an einer Kapitalerhöhung nicht beteiligt, kann sich dadurch eine maßgebliche Beteiligung in eine unmaßgebliche Beteiligung wandeln. Nach dem Ablauf der Fünfjahresfrist kann der Stpfl. dann seine Beteiligung veräußern, ohne dass § 17 EStG einschlägig wäre. Hierin ist auch grundsätzlich kein Missbrauch i.S.v. § 42 AO zu sehen. Mit Eintragung der Kapitalerhöhung in das Handelsregister beginnt die Fünfjahresfrist.[1]

PRAXISHINWEIS:
Es gilt zu beachten, dass der Verzicht auf Teilnahme an einer Kapitalerhöhung zur Veräußerung eines Bezugsrechtes führen kann, welche gem. § 17 EStG steuerpflichtig ist.[2]

c) Verschmelzung, Spaltung

156 Sowohl bei der Verschmelzung als auch der Spaltung gilt gem. § 13 Abs. 2 Satz 3 UmwStG, dass die Anteile des Gesellschafters an der übertragenden Körperschaft durch die Verschmelzung untergehen und diese durch Anteile an der übernehmenden Gesellschaft ersetzt werden. Unterlagen die untergehenden Anteile den Voraussetzungen des § 17 EStG, werden die neuen Anteile mit den Anschaffungskosten der untergegangenen Anteile bewertet – steuerneutraler Tausch auf Ebene des Gesellschafters. Mithin treten die neuen Anteile an die Stelle der untergehenden Anteile. Bei verschmelzungsgeborenen Anteilen beginnt die Fünfjahresfrist für das Unterschreiten der Wesentlichkeitsgrenze dann zu laufen, wenn die Beteiligungsquote an der übernehmenden Gesellschaft auf eine Grenze absinkt, die zurückgerechnet auf die Anteile der übertragenden Gesellschaft einer Beteiligungsquote von weniger als 1 % entsprochen hätte.[3]

BEISPIEL:[4] A ist an der A-GmbH zu 30 % beteiligt. Die A-GmbH wird auf die B-GmbH verschmolzen. Nach der Verschmelzung ist A zu 15 % an der B-GmbH beteiligt. Die Fünfjahresfrist des § 17 Abs. 1 Satz 1 EStG beginnt erst dann zu laufen, wenn die Beteiligung, auf die Beteiligung an der A-GmbH zurückgerechnet, 1 % unterschreitet. Demnach, wenn die Beteiligung des A an der B-GmbH auf unter 0,5 % sinkt.

PRAXISHINWEIS:
Gemäß § 13 Abs. 2 Satz 3 UmwStG besteht zudem eine Ausnahme von einer rückwirkenden Wertzuwachsbesteuerung. Sofern an der übertragenden Kapitalgesellschaft ein Gesellschafter beteiligt ist, der die Voraussetzungen des § 17 EStG nicht erfüllt, und erhält dieser jedoch im Zuge einer Verschmelzung oder Spaltung Anteile am übernehmenden Rechtsträger, die dann die Voraussetzungen des § 17 EStG erfüllen, stellt der gemeine Wert der erhaltenen Anteile am steuerlichen Übertragungsstichtag die Anschaffungskosten dar.[5]

---

1 Vgl. BFH v. 14.3.2006 - VIII R 49/04, BStBl 2006 II 746; HHR/*Eilers/R. Schmidt*, § 17 EStG, Rz. 111; *Rapp* in Littmann/Bitz/Pust, § 17 EStG Rz. 93.
2 Vgl. BFH v. 8.4.1992 - I R 128/88, BStBl 1992 II 761.
3 HK-UmwStG/*Edelmann*, 2014, § 13 Rz. 108; *Herzig/Förster*, a.a.O.
4 HK-UmwStG/*Edelmann*, 2014, § 13 Rz. 108.
5 Siehe auch *Herzig/Förster*, a.a.O.

(Einsteilen frei) 157–160

4. Veräußerung (§ 17 Abs. 1 Satz 1 EStG)
a) Veräußerung

Als Veräußerung gilt die entgeltliche Übertragung des rechtlichen bzw. zumindest des wirtschaftlichen Eigentums i. S. d. § 39 Abs. 2 Nr. 1 AO[1] an den Anteilen auf einen anderen Rechtsträger[2] aufgrund eines schuldrechtlichen Verpflichtungsvertrags, bei dem die Leistung sowie die Gegenleistung kaufmännisch gegeneinander abgewogen sind.[3] Mithin findet eine Gewinnrealisierung erst dann statt, wenn sowohl das Verpflichtungsgeschäft als auch das Verfügungsgeschäft in Form der Übertragung des wirtschaftlichen Eigentums erfolgt sind. Es wird daher primär auf den Übergang des wirtschaftlichen Eigentums abgestellt.[4] Demnach gilt auch als Veräußerer derjenige, dem die Beteiligung wirtschaftlich zuzurechnen ist.[5] Der Abschluss des schuldrechtlichen Vertrags gilt dabei noch nicht als Übergang des wirtschaftlichen Eigentums.[6] 161

Dabei soll der Tatbestand der Veräußerung grundsätzlich nur im Fall der entgeltlichen Übertragung erfüllt sein.[7] Eine unentgeltliche Übertragung kann nicht als Veräußerung zu einem Veräußerungspreis von 0 € verstanden werden.[8] Ohne Gegenleistung bzw. lediglich zu einem symbolischen Kaufpreis kann eine Veräußerung nur angenommen werden, wenn der zu übertragende Anteil objektiv wertlos ist.[9] 162

PRAXISHINWEIS:
Bei einer Realteilung ohne Abfindung liegt ein unentgeltlicher Erwerb vor.[10] Bei einer solchen mit Abfindung liegt eine entgeltliche Veräußerung vor.[11]

Im Falle der Abtretung einer kapitalersetzenden Forderung kann eine Veräußerung vorliegen.[12] 163

Eine Veräußerung liegt grundsätzlich auch dann vor, wenn das Veräußerungsgeschäft mit einer Rückübertragungsverpflichtung verknüpft ist. Grundsätzlich ist ebenso die Vereinbarung 164

---

1 *Heuermann*, a. a. O.; *Rapp* in Littmann/Bitz/Pust, § 17 EStG Rz. 100; *Frotscher* in Frotscher/Geurts, § 17 EStG Rz. 108a f.
2 H 17 Abs. 4 „Allgemeines" EStH.
3 Vgl. BFH v. 15. 7. 1997 - VIII R 56/93, BStBl 1998 II 152; HHR/*Eilers*/R. *Schmidt*, § 17 EStG Rz. 70; *Schulze zur Wiesche*, a. a. O.
4 HHR/*Eilers*/R. *Schmidt*, § 17 EStG Rz. 70; *Heuermann*, a. a. O.; *Crezelius*, a. a. O. 2003; ferner BFH v. 30. 6. 1983 - IV R 113/81, BStBl 1983 II 640; BFH v. 17. 7. 1980 - IV R 15/76, BStBl 1981 II 11; FG Köln v. 28. 8. 2013 - 5 K 2072/11, EFG 2013, 2000.
5 HHR/*Eilers*/R. *Schmidt*, § 17 EStG Rz. 100.
6 Vgl. BFH v. 27. 2. 1986 - IV R 52/83, BStBl 1986 II 552; zum Übergang des wirtschaftlichen Eigentums: u. a. HHR/*Eilers*/R. *Schmidt*, § 17 EStG Rz. 70; FG Köln v. 28. 8. 2013 - 5 K 2072/11, EFG 2013, 2000.
7 Vgl. BFH v. 29. 7. 1997 - VIII R 80/94, BStBl 1997 II 727; BFH v. 21. 10. 1999 - I R 43, 44/98, BStBl 2000 II 424; HHR/*Eilers*/R. *Schmidt*, § 17 EStG Rz. 70.
8 *Weber-Grellet*, BB 2015, 43; *Rapp* in Littmann/Bitz/Pust, § 17 EStG Rz. 100; in einem solchen Fall sind aber schenkungssteuerrechtliche Aspekte zu beachten; vgl. auch *Seibt*, a. a. O.; zur unentgeltlichen Anteilsübertragung: HHR/*Eilers*/R. *Schmidt*, § 17 EStG Rz. 80; zur Übertragung eines wertlosen Anteils: BFH v. 18. 11. 1998 - VIII B 101/97, NWB DokID: WAAAA-64293; BFH v. 5. 3. 1991 - VIII R 163/86, BStBl 1991 II 630; zur Anteilsveräußerung zwischen nahen Angehörigen: *Zimmermann*/*Zimmermann-Schwier* in Bordewin/Brandt, § 17 EStG Rz. 194; zur rechtsmissbräuchlichen Veräußerung: *Zimmermann*/*Zimmermann-Schwier* in Bordewin/Brandt, § 17 EStG Rz. 196 bis 199.
9 Vgl. BFH v. 18. 8. 1992 - VIII R 13/90, BStBl 1993 II 34; BFH v. 8. 4. 2014 - IX R 4/13, NWB DokID: FAAAE-67434; *Vogt* in Blümich, § 17 EStG Rz. 355 f.
10 BMF v. 14. 3. 2006, BStBl 2006 I 253, Rz. 22.
11 BMF v. 14. 3. 2006, BStBl 2006 I 253, Rz. 26.
12 Vgl. BFH v. 24. 4. 1997 - VIII R 23/93, BStBl 1998 II 342.

eines Rücktrittsrechts oder eines Rückerwerbsrechts als solches unschädlich.[1] Wird aber ein Veräußerungsgeschäft aufgrund eines Rücktrittsrechts rückabgewickelt, so entfällt auch rückwirkend die Veräußerung. wenn zum einen die Rückabwicklung unmittelbar den Veräußerungstatbestand betrifft, sich zum anderen die Rückabwicklungsmöglichkeit aus dem ursprünglichen Vertrag ergibt. Dies gilt jedoch nicht, wenn die Anteile an den Veräußerer wieder zurück übertragen werden und eine Erstattung des Kaufpreises an den Erwerber erfolgt.[2] Mithin besteht in der Rückabwicklung eines Anschaffungsgeschäfts wegen Vertragsstörungen kein steuerbares Veräußerungsgeschäft.[3]

b) Einzelne Veräußerungsvorgänge

aa) Kauf

165 Als typischer Veräußerungsvorgang i. S. v. § 17 EStG gilt die Übertragung der Anteile an einer Kapitalgesellschaft aufgrund eines Kaufvertrags – §§ 433, 398, 413 BGB.[4]

bb) Tausch

166 Als Veräußerung gilt auch der Tausch – § 480 BGB –, wobei es unerheblich ist, „gegen welche Wirtschaftsgüter die Anteile getauscht werden und ob Steuerinländer und/oder Steuerausländer an dem Rechtsgeschäft beteiligt sind."[5] Bei einem Tausch tritt eine Gewinn- bzw. Verlustrealisierung ein; § 6 Abs. 6 Satz 1 EStG.[6] Im Falle einer notwendigen Währungsumrechnung ist auf den Zeitpunkt der Erfüllung des Tauschvertrags abzustellen.

cc) Enteignung, Zwangsversteigerung, Verpfändung, Sicherungsübereignung

167 Keine Rolle spielt, ob der Inhaber die Anteile freiwillig etwa aufgrund Rechtsgeschäfts veräußert oder ob sie ihm durch hoheitlichen Eingriff entzogen werden.[7] Ein solcher ist z. B. eine Zwangsversteigerung der Anteile[8] oder deren Enteignung gegen Entschädigung.[9] Gleiches gilt für einen freihändigen Verkauf der Anteile durch einen Gerichtsvollzieher oder Vollziehungsbeamten; § 821 ZPO, § 302 AO.[10]

168 Es kommt auch nicht darauf an, ob der Veräußerer über die Anteile hat frei verfügen können oder ob sie verpfändet waren. Die Verwertung von zur Sicherung abgetretenen oder verpfändeten Anteilen an Kapitalgesellschaften durch den Sicherungsnehmer oder einen Pfandgläubiger ist eine Veräußerung i. S. v. § 17 EStG.[11]

---

1 *Vogt* in Blümich, § 17 EStG Rz. 342; BFH v. 25. 8. 2009 - I R 88, 89/07, NWB DokID: BAAAD-31278.
2 Vgl. BFH v. 21. 12. 1993 - VIII R 69/88, BStBl 1994 II 648; BFH v. 28. 10. 2009 - IX R 17/09, BStBl 2010 II 539; zur Rückübertragung: *Rapp* in Littmann/Bitz/Pust, § 17 EStG Rz. 100; zum rückwirkenden Ereignis i. S. d. § 175 Abs. 1 Satz 1 Nr. 2 AO: *Vogt* in Blümich, § 17 EStG Rz. 343 f.
3 Vgl. BFH v. 28. 10. 2009 - IX R 17/09, BStBl 2010 II 539; BFH v. 27. 6. 2006 - IX R 47/04, BStBl 2007 II 162.
4 *Ebling*, a. a. O., 681.
5 *Ebling*, a. a. O., 681.
6 Zu der früheren Behandlung und Voraussetzungen des sog. Tauschgutachtens: *Ebling*, a. a. O., 681 f.
7 *Vogt* in Blümich, § 17 EStG Rz. 375, m. w. N.
8 Vgl. BFH v. 10. 2. 1969 - I R 43/67, BStBl 1970 II 310.
9 *Vogt* in Blümich, § 17 EStG Rz. 375, m. w. N.
10 *Vogt* in Blümich, § 17 EStG Rz. 375.
11 Vgl. BFH v. 1. 6. 1967 - V 208/64, BStBl 1968 II 68; *Vogt* in Blümich, § 17 EStG Rz. 376.

Verpfändung und Sicherungsübereignung selbst sind aber keine Veräußerungsvorgänge in diesem Sinne.[1]

dd) Einbringen von Anteilen in eine Kapitalgesellschaft

Auch die Einbringung einer Beteiligung in eine Kapitalgesellschaft gegen die Gewährung von Gesellschaftsrechten stellt einen Tausch (→ Rz. 176) dar.[2] Dabei bestimmen sich der Veräußerungspreis der hingegebenen Anteile und die Anschaffungskosten der erhaltenen Anteile nach dem Wertansatz der aufnehmenden Gesellschaft.[3]

ee) Übertragen von Anteilen in das Gesellschaftsvermögen einer Personengesellschaft oder einer anderen Gesamthand

Das Übertragen von Anteilen an einer Kapitalgesellschaft i.S.v. § 17 EStG **ohne Gegenleistung** in das Betriebsvermögen einer gewerblich tätigen Personengesellschaft – verdeckte Einlage – ist keine Veräußerung i.S.v. § 17 Abs. 1 EStG.[4]

Erhält der Veräußerer hingegen für die Anteile ein dem Verkehrswert Entgelt, liegt eine Veräußerung i.S.v. § 17 Abs. 1 EStG vor.[5] Die so bei der Personengesellschaft entstehenden Anschaffungskosten entsprechenden dem beim Gesellschafter anzusetzenden Veräußerungspreis.[6]

Als entgeltlich ist eine Veräußerung i.S.d. § 17 EStG auch dann zu qualifizieren, wenn Anteile an einer Kapitalgesellschaft aus dem Privatvermögen gegen die Gewährung von Gesellschaftsrechten durch die übernehmende Gesellschaft eingebracht werden – offene Sacheinlage.[7]

Wird eine wertgeminderte Beteiligung i.S.d. § 17 Abs. 1 EStG aus dem Privatvermögen in das betriebliche Gesamthandsvermögen einer Personengesellschaft eingebracht, kann ein Veräußerungsverlust entstehen, der gem. § 17 Abs. 2 Satz 6 EStG zu berücksichtigen ist.[8] Maßgebend sind die Anschaffungskosten der Anteile. Eine Teilwertabschreibung ist ausgeschlossen.[9] Eine zuvor im Privatvermögen entstandene, aber noch nicht berücksichtigte Wertminderung der Beteiligung ist erst bei deren Veräußerung im Rahmen des Betriebsvermögens oder bei der Anwendung von § 17 Abs. 4 EStG gewinnmindernd zu berücksichtigen.[10]

> **PRAXISHINWEIS**
>
> Ist hingegen der Wert der übertragenen Anteile höher als die im Gegenzug eingeräumten Gesellschaftsrechte, ist die Übertragung in einen tauschähnlichen Vorgang und eine Einlage aufzuteilen. Aufteilungs-

---

1 Vogt in Blümich, § 17 EStG Rz. 376.
2 Vgl. BFH v. 7. 7. 1992 - VIII R 54/88, BStBl 1993 II 331; Rapp in Littmann/Bitz/Pust, § 17 EStG Rz. 107.
3 Rapp in Littmann/Bitz/Pust, § 17 EStG Rz. 108.
4 BMF v. 29. 3. 2000, BStBl 2000 I 462; Vogt in Blümich, § 17 EStG Rz. 385; Rapp in Littmann/Bitz/Pust, § 17 EStG Rz. 110.
5 Vgl. BFH v. 21. 10. 1976 - IV R 210/72, BStBl 1977 II 145; BMF v. 6. 2. 1981, BStBl 1981 I 76; Vogt in Blümich, § 17 EStG Rz. 386; a.A.: Söffing, DStR 1995, 37.
6 Vogt in Blümich, § 17 EStG Rz. 386.
7 Vogt in Blümich, § 17 EStG Rz. 386; vgl. BFH v. 19. 10. 1998 - VIII R 69/95, BStBl 2000 II 230; BMF v. 29. 3. 2000, BStBl 2000 I 462: tauschähnlicher Vorgang; a.A.: Schulze zur Wiesche, FR 1999, 519; Reiß, BB 2000, 1965; Daragan, DStR 2000, 573; Schmidt/Hageböke, DStR 2003, 1813.
8 Nach BMF v. 29. 3. 2000, BStBl 2000 I 462, Abschn. III und H 17 Abs. 8 EStH ist R 17 Abs. 8 EStR insoweit nicht anwendbar; Vogt in Blümich, § 17 EStG Rz. 387.
9 BFH v. 2. 9. 2008 - X R 48/02, BStBl 2010 II 162; Vogt in Blümich, § 17 EStG Rz. 387.
10 Vogt in Blümich, § 17 EStG Rz. 387.

maßstab ist dabei das Verhältnis des Werts des gewährten Gesellschaftsrechts zum gemeinen Wert der übertragenen Anteile.[1]

175 Die Einlage eines Anteils an einer Kapitalgesellschaft aus dem Privatvermögen in ein Sonderbetriebsvermögen des Mitunternehmers bei einer Personengesellschaft ist mangels Wechsels des Rechtsträgers keine Veräußerung.[2]

176 Aufgrund der Einlage einer Beteiligung in das (Sonder-)Betriebsvermögen einer Personengesellschaft ist bei einer späteren Veräußerung wegen der nunmehrigen Zuordnung der Beteiligung zu einem Betriebsvermögen § 17 EStG nicht mehr einschlägig.[3]

177 Überträgt ein Gesellschafter eine maßgebliche Beteiligung von mindestens 1% auf eine Personengesellschaft ohne Betriebsvermögen oder auf eine sonstige, nicht gewerblich tätige Gesamthandsgemeinschaft, so liegt im Umfang der Beteiligung des Gesellschafters an der Gesamthand keine Veräußerung gem. § 17 EStG vor. Dies ist insbesondere auch nicht abhängig davon, ob der Gesellschafter im Gegenzug etwas erhält.[4] Die Anteile werden dem Übertragenden anteilig zugerechnet; vgl. § 39 Abs. 2 Nr. 2 AO.

178 Gleiches gilt für die Übertragung von Anteilen an einer Kapitalgesellschaft durch eine Personengesellschaft ohne Betriebsvermögen oder eine sonstige, nicht gewerblich tätige Gesamthandsgemeinschaft auf den Gesellschafter.[5]

PRAXISHINWEIS:
Diese Grundsätze gelten auch für das Einbringen von Anteilen an einer Kapitalgesellschaft in eine andere Gesamthandsgemeinschaft – z. B. eine Gütergemeinschaft oder Erbengemeinschaft.[6]

ff) Einlage in das Betriebsvermögen eines Einzelunternehmens

179 Eine Einlage gem. § 4 Abs. 1 Satz 5 und § 6 Abs. 1 Nr. 5 EStG und keine Veräußerung i. S. v. § 17 EStG liegt vor, wenn ein Einzelunternehmer eine Beteiligung von mindestens 1% an einer Kapitalgesellschaft ohne Gegenleistung in sein Betriebsvermögen überführt.[7]

gg) Einziehung von Anteilen

180 Die Einziehung von Aktien gem. § 237 Abs. 2 AktG unterfällt ebenso wie die Kapitalherabsetzung gem. § 222 AktG der Regelung des § 17 Abs. 4 EStG.[8]

181 Dies gilt allerdings für die vereinfachte Form der Kapitalherabsetzung gem. § 237 Abs. 3 Nr. 2 AktG nicht. Diese unterfällt § 17 Abs. 1 EStG.[9]

---

1 BMF v. 29. 3. 2000, BStBl 2000 I 462; *Vogt* in Blümich, § 17 EStG Rz. 388.
2 *Vogt* in Blümich, § 17 EStG Rz. 389; *Söffing* DStR 1995, 37.
3 BFH v. 25. 7. 1995 - VIII R 25/94, BStBl 1996 II 684; BFH v. 14. 6. 2000 - XI R 39/99, BFH/NV 2001, 302 = NWB DokID: GAAAA-66598; BFH v. 2. 9. 2008 - X R 48/02, BStBl 2010 II 162; *Vogt* in Blümich, § 17 EStG Rz. 389.
4 *Vogt* in Blümich, § 17 EStG Rz. 390; HHR/*Eilers/R. Schmidt*, § 17 EStG Rz. 88; a. A.: *Söffing* DStR 1995, 37.
5 *Vogt* in Blümich, § 17 EStG Rz. 390.
6 BMF v. 29. 3. 2000, BStBl 2000 I 462; *Vogt* in Blümich, § 17 EStG Rz. 391.
7 Vgl. BFH v. 28. 2. 1990 - I R 43/86, BStBl 1990 II 615; BFH v. 25. 7. 1995 - VIII R 25/94, BStBl 1996 II 684; *Vogt* in Blümich, § 17 EStG Rz. 395; *Gratz/Müller*, DStR 1996, 281.
8 *Gosch* in Kirchhof, § 17 EStG Rz. 54; auch m. w. N. zur abweichenden Meinung; *Vogt* in Blümich, § 17 EStG Rz. 400.
9 *Vogt* in Blümich, § 17 EStG Rz. 400. *Gosch* in Kirchhof, § 17 EStG Rz. 54.

Die Einziehung von GmbH-Anteilen gegen Entgelt gem. § 34 GmbHG ist ebenfalls als entgeltliche Anteilsveräußerung zu beurteilen.[1] **182**

hh) Erwerb eigener Anteile

Bei dem Erwerb eigener Anteile – § 33 Abs. 1, 2 GmbHG, § 71 AktG – handelte es sich bis zum In-Kraft-Treten des BilMoG[2] regelmäßig um die Veräußerung von Anteilen an einer Kapitalgesellschaft durch den Gesellschafter an seine Kapitalgesellschaft und damit um eine Veräußerung i. S. v. § 17 Abs. 1 EStG und nicht etwa um eine Einlagenrückgewähr.[3] Dabei war es unerheblich, ob die Kapitalgesellschaft die Anteile mit oder ohne Einziehungsabsicht erwarb.[4] **183**

Nunmehr wird dieser Erwerb eigener Anteile nicht mehr als Erwerbsvorgang angesehen, sondern als Teilliquidation. Deshalb wird der Erwerb in Anlehnung an den Handelsbilanzausweis wie eine Kapitalherabsetzung und die Anteilsveräußerung wie eine Kapitalerhöhung behandelt.[5] Zwingend erscheint dies gleichwohl nicht und wird deshalb mit guten Gründen hinterfragt.[6] Insbesondere die Parallele zur steuerlichen Behandlung der Einziehung von Anteilen spricht für eine Weitergeltung der vormaligen Grundsätze, nach denen der Erwerb eigener Anteile durch die Kapitalgesellschaft eine Veräußerung auf Ebene des Gesellschafters darstellt.[7] **184**

Erweist sich das Entgelt der Kapitalgesellschaft für die eigenen Anteile als unangemessen zu hoch, so liegt in Höhe des unangemessenen Teils eine verdeckte Gewinnausschüttung vor, die auf Seiten der Gesellschafter zu Einkünften aus Kapitalvermögen führt.[8] **185**

Übertragen alle Gesellschafter gleich hohe eigene Anteile auf ihre Kapitalgesellschaft, so handelt es sich bei dem hierfür erhaltenen Entgelt ebenfalls um Einkünfte aus Kapitalvermögen.[9] **186**

ii) Veräußerung eines Bezugsrechtes/Zahlung eines Aufgeldes

Die entgeltliche Übertragung von Bezugsrechten, die zu den Anwartschaften des § 17 Abs. 1 Satz 3 EStG gehören,[10] erfüllt den Tatbestand des § 17 EStG. **187**

Eine entgeltliche Veräußerung i. S. v. § 17 EStG liegt auch dann vor, wenn der Bezugsberechtigte gegen Entgelt zugunsten eines Dritten auf das ihm zustehende Bezugsrecht verzichtet[11] oder das Bezugsrecht auf Veranlassung des Anteilseigners durch Beschluss der Gesellschafter unmittelbar einem Dritten eingeräumt wird.[12] **188**

---

1 Vgl. BFH v. 22. 7. 2008 - IX R 15/08, BStBl 2008 II 927; *Vogt* in Blümich, § 17 EStG Rz. 401; *Gosch* in Kirchhof, § 17 EStG Rz. 54.
2 BGBl 2009 I 1102; BStBl 2009 I 650.
3 Vgl. BMF v. 27. 11. 2013, BStBl 2013 I 1615; *Gosch* in Kirchhof, § 17 EStG Rz. 55 m. w. N.; HHR/*Eilers/R. Schmidt*, § 17 EStG Rz. 91, m. w. N.
4 HHR/*Eilers/R. Schmidt*, § 17 EStG Rz. 91, m. w. N.
5 *Gosch* in Kirchhof, § 17 EStG Rz. 55, m. w. N.; HHR/*Eilers/R. Schmidt*, § 17 EStG Rz. 91, m. w. N.
6 *Gosch* in Kirchhof, § 17 EStG Rz. 55, m. w. N.; HHR/*Eilers/R. Schmidt*, § 17 EStG Rz. 91, m. w. N.
7 HHR/*Eilers/R. Schmidt*, § 17 EStG Rz. 91, m. w. N.
8 HHR/ *Eilers/R. Schmidt*, § 17 EStG Rz. 91, m. w. N.
9 Vgl. BFH v. 27. 3. 1979 - VIII R 95/76, BStBl 1979 II 553; HHR/*Eilers/R. Schmidt*, § 17 EStG Rz. 91.
10 Vgl. BFH v. 19. 12. 2007 - VIII R 14/06, BStBl 2008 II 475; *Vogt* in Blümich, § 17 EStG Rz. 410.
11 H § 17 Abs. 4 EStH - Bezugsrechte: Übertragung des Bezugsrechts gegen Ausgleich auf einen Nicht-Gesellschafter; BFH, v. 20. 2. 1975 - IV R 15/71, BStBl 1975 II 505; BFH v. 5. 3. 1986 - I R 218/81, juris; v. 13. 10. 1992 - VIII R 3/89, BStBl 1993 II 477; v. 19. 4. 2005 - VIII R 68/04, BStBl 2005 II 762; *Vogt* in Blümich, § 17 EStG Rz. 411.
12 *Vogt* in Blümich, § 17 EStG Rz. 411.

189 Den Tatbestand von § 17 EStG erfüllt aber auch, wer den durch eine Kapitalerhöhung entstehenden neuen Geschäftsanteil anderen gegen Entgelt zur Übernahme überlässt.[1]

190 Dies setzt aber auch voraus, dass bereits bei Übertragung des Bezugsrechts ein Anspruch auf Übernahme des erhöhten Kapitals besteht.[2]

191 Leistet der Neu-Gesellschafter ein Aufgeld, das im Falle der Ausschüttung lediglich dem Alt-Gesellschafter zugutekommt, verwirklicht der Alt-Gesellschafter spätestens mit der Ausschüttung des Aufgeldes den Veräußerungstatbestand des § 17 Abs. 1 EStG.[3]

jj) Wandelschuldverschreibungen

192 Der Umtausch von Wandelschuldverschreibungen – § 221 AktG – in Aktien der ausgebenden Gesellschaft führt zu keiner Verwirklichung eines im Rahmen von § 17 EStG relevanten Gewinns.[4]

kk) Verschmelzung, Spaltung

193 Verschmelzungen und Spaltungen unterfallen nicht § 17 EStG, sondern §§ 3 ff. UmwStG. Im Privatvermögen gehaltene, untergehende Anteile gelten danach mit den Anschaffungskosten als veräußert. An ihre Stelle treten die neuen Anteile; § 13 Abs. 1 i.V. m. Abs. 2 Satz 3 UmwStG. Gewinne werden so regelmäßig erst bei späterer Veräußerung der neuen Anteile verwirklicht.[5]

194 Bei einem Vermögensübergang auf eine Personengesellschaft ohne Betriebsvermögen ist § 17 Abs. 3 EStG nicht anzuwenden; § 8 Abs. 2 UmwStG.

195 Bei der Umwandlung einer Kapitalgesellschaft in eine Personengesellschaft gelten die Anteile an der Kapitalgesellschaft i. S. v. § 17 EStG zum Zeitpunkt des steuerlichen Übertragungsstichtags mit den Anschaffungskosten in das Betriebsvermögen der Personengesellschaft als eingelegt; § 5 Abs. 2 UmwStG. Eine maßgebliche Beteiligung i. S. v. § 17 EStG löst immer und unabhängig davon, zu welchem Zeitpunkt die Beteiligung erworben wurde, die Einlagefiktion des § 5 Abs. 1 UmwStG aus, nach der der Gewinn der Personengesellschaft so zu ermitteln ist, als hätte sie die Anteile am steuerlichen Übertragungsstichtag angeschafft. Gemäß § 4 Abs. 6 UmwStG bleibt allerdings ein Übernahmeverlust außer Ansatz.[6] Es kann daher zu einem vollständigen steuerlichen Ausschluss von Übernahmeverlusten kommen.[7]

196 Fand zuvor eine Umwandlung auf die übertragende Körperschaft statt – §§ 11 bis 13, 15 UmwStG – ist für die Anteile an der übertragenden Körperschaft § 13 Abs. 2 Satz 2 UmwStG zu beachten, wonach die im Zuge des Vermögensübergangs gewährten Anteile als Anteile i. S. d. § 17 EStG gelten. § 5 Abs. 2 UmwStG erfasst zudem auch solche Anteile i. S. d. § 17 EStG, welche erst nach dem steuerlichen Übertragungsstichtag entgeltlich oder unentgeltlich erworben werden.[8]

---

1 BFH v. 19. 4. 2005 - VIII R 68/04, BStBl 2005 II 762; v. 30. 11. 2005 - I R 3/04, BStBl 2008 II 809; *Vogt* in Blümich, § 17 EStG Rz. 411.
2 *Vogt* in Blümich, § 17 EStG Rz. 411, 205 ff.
3 Vgl. BFH v. 13. 10. 1992 - VIII R 3/89, BStBl 1993 II 477; *Vogt* in Blümich, § 17 EStG Rz. 412.
4 *Vogt* in Blümich, § 17 EStG Rz. 415.
5 *Gosch* in Kirchhof, § 17 EStG Rz. 57.
6 *Gosch* in Kirchhof, § 17 EStG Rz. 57.
7 BMF v. 11. 11. 2011, BStBl 2011 I 1314, Rz. 04.43; *Gosch* in Kirchhof, § 17 EStG Rz. 57, m.w.N.
8 BMF v. 11. 11. 2011, BStBl 2011 I 1314, Rz. 05.05; *Gosch* in Kirchhof, § 17 EStG Rz. 57.

§ 17 EStG kann bei Umwandlungen dann zur Anwendung kommen, wenn der Inhaber der Anteile einer Kapitalgesellschaft eine Barabfindung oder Barzuzahlung erhält.[1] 197

II) Verdeckte Einlage

Die verdeckte Einlage von im Privatvermögen gehaltenen Anteilen an einer Kapitalgesellschaft steht für den Gesellschafter der Veräußerung der Anteile gleich. An die Stelle des Veräußerungspreises tritt der gemeine Wert der Anteile; § 17 Abs. 2 Satz 2 EStG.[2] 198

Verdeckte Einlagen sind unabhängig von einer damit verbundenen tatsächlichen Wertsteigerung der Beteiligung beim Gesellschafter als nachträgliche Anschaffungskosten auf die Beteiligung zu behandeln.[3] 199

Zu bewerten ist die verdeckte Einlage mit dem gemeinen Wert.[4] 200

(Einstweilen frei) 201–205

c) Teilentgeltliche Veräußerung

Im Falle der teilentgeltlichen Veräußerung ist die Übertragung der Anteile nach dem Verhältnis der Gegenleistung zum Verkehrswert der übertragenen Anteile in eine voll unentgeltliche und voll entgeltliche Übertragung aufzuteilen – „Trennungstheorie".[5] Dabei gilt der Erwerb von Todes wegen grundsätzlich als unentgeltlich.[6] 206

> **BEISPIEL:** A ist am Stammkapital der AB-GmbH, das sich auf 100 000 € beläuft, zu nominell 50 000 € beteiligt. Er erwarb die Beteiligung vor zehn Jahren. Seine Anschaffungskosten betrugen 50 000 €. Am 1.1.2014 überträgt er die Beteiligung an C, der sich zur Zahlung i.H.v. 100 000 € verpflichtet. Die Beteiligung hat zu diesem Zeitpunkt einen Verkehrswert von 400 000 €. Die Übertragung erfolgt zu 25 % entgeltlich und zu 75 % unentgeltlich, da das von C an A zu zahlende Entgelt 100 000 € und der Verkehrswert der Beteiligung jedoch 400 000 € beträgt. Nach der Trennungstheorie[7] ist die Übertragung nunmehr in eine voll entgeltliche und eine voll unentgeltliche Übertragung aufzuteilen.
>
> **Lösung:**
> Hinsichtlich der unentgeltlichen Übertragung liegt – mangels Entgelt – keine Veräußerung gem. § 17 Abs. 1 Satz 1 EStG vor. Hinsichtlich der entgeltlichen Übertragung ergibt sich folgende Lösung: A ist zu 50 % am Stammkapital der AB-GmbH beteiligt. Mithin liegt eine Veräußerung gem. § 17 Abs. 1 Satz 1 EStG vor. Der Veräußerungspreis beträgt nach dem Teileinkünfteverfahren 60 000 € (100 000 x 60 %; § 3 Nr. 40 Satz 1 Buchst. c EStG). Die Anschaffungskosten der Beteiligung betragen 7 500 € (50 000 € x 60 % x 25 %; § 3c Abs. 2 Satz 1 EStG), so dass sich grundsätzlich ein steuerpflichtiger Veräußerungsgewinn i.H.v. 52 500 € ergibt. Hiervon abzuziehen ist noch der Freibetrag gem. § 17 Abs. 3 EStG. Der Freibetrag gem. § 17 Abs. 3 Satz 1 beträgt 1 132,50 € (50 % x 25 % x 9 060 €). Dieser ist gem. § 17 Abs. 3 Satz 2 EStG aber um 47 987,50 € (52 500 € - 12,5 % x 36 100]) zu kürzen, so dass letztlich ein Freibetrag von 0,00 € verbleibt.

---

1 Gosch in Kirchhof, § 17 EStG Rz. 58.
2 Vogt in Blümich, § 17 EStG Rz. 425.
3 Vgl. nur BFH v. 28.4.2004 - I R 20/03, BFH/NV 2005, 19 = NWB DokID: EAAAB-27389; Vogt in Blümich, § 17 EStG Rz. 425.
4 Vgl. dazu BFH v. 11.2.1998 - I R 89/97, BStBl 1998 II 691; BMF v. 2.11.1998, BStBl 1998 I 1227; Vogt in Blümich, § 17 EStG Rz. 426.
5 H 17 Abs. 4 EStH; vgl. BFH v. 17.7.1980 - IV R 15/76, BStBl 1981 II 11; Groh, StuW 1984, 217; HHR/Eilers/R. Schmidt, § 17 EStG Rz. 80; Weber-Grellet, BB 2015, 43.
6 Rapp in Littmann/Bitz/Pust, § 17 EStG Rz. 131.
7 Vgl. BFH v. 17.7.1980 - IV R 15/76, BStBl 1981 II 11.

5. Verdeckte Einlage in eine Kapitalgesellschaft (§ 17 Abs. 1 Satz 2 EStG)

207 Die verdeckte Einlage eines Anteils an einer Kapitalgesellschaft in eine Kapitalgesellschaft[1] steht der (entgeltlichen) Veräußerung eines Anteils gleich. Hierbei tritt an die Stelle des Veräußerungspreises der gemeine Wert des eingelegten Anteils; § 17 Abs. 2 Satz 2 EStG. Zudem sind nachträglich die Anschaffungskosten des Anteils an der Kapitalgesellschaft, in die verdeckt eingelegt wird, gem. § 6 Abs. 6 Satz 2 EStG um den Teilwert des eingelegten Anteils zu erhöhen. Zudem sind auf Ebene der Kapitalgesellschaft die eingelegten Anteile mit dem Teilwert anzusetzen; § 6 Abs. 1 Nr. 5 Buchst. b EStG i.V. m. § 8 Abs. 1 Satz 1 KStG; R 40 Abs. 4 Satz 2 KStR.

6. Wesentlichkeit kraft Rechtsnachfolge (§ 17 Abs. 1 Satz 4 EStG)

208 Gemäß § 17 Abs. 1 Satz 4 EStG liegt eine steuerrelevante Veräußerung i. S. d. § 17 Abs. 1 Satz 1 EStG vor – Rechtsfolgeverweisung –, wenn der Veräußerer selbst nicht an der Kapitalgesellschaft steuerrelevant i. S. v. § 17 EStG beteiligt war. Hierfür muss der Veräußerer die veräußerten Anteile innerhalb der letzten fünf Jahre vor der Veräußerung unentgeltlich erworben haben und der Rechtsvorgänger bzw. einer der Rechtsvorgänger muss innerhalb der letzten fünf Jahre i. S. d. § 17 Abs. 1 Satz 1 EStG beteiligt gewesen sein.[2] Mithin hat sich der Veräußerer so die Verhältnisse des Rechtsvorgängers zurechnen zu lassen. Selbiges gilt, sofern der Veräußerer die Anteile durch eine Verschmelzung, eine Vermögensübertragung auf eine andere Kapitalgesellschaft oder durch eine Spaltung erlangte, sofern der Veräußerer an der übertragenen Gesellschaft i. S. v. § 17 EStG beteiligt war.[3]

209 Auf diese Weise soll verhindert werden, dass ein Stpfl., der eine maßgebliche Beteiligung i. S. d. § 17 Abs. 1 Satz 1 EStG hält, diese Beteiligung auf ihm nahe stehende Personen unentgeltlich überträgt, so dass bei der nahe stehenden Person als Anteilseigner keine wesentliche bzw. steuerverstrickte Beteiligung mehr gegeben ist. Diese nicht mehr steuerrelevante Beteiligung wird dann durch die nahe stehenden Personen ohne die Erfassung eines Veräußerungsgewinns nicht veräußert.[4] Diese Bedenken erscheinen aber nunmehr in Anbetracht der steuerlichen Erfassung von Veräußerungsgewinnen auch bei Beteiligungen unter 1 %, die nach dem 31. 12. 2008 erworben worden sind – § 20 Abs. 2 Nr. 1 EStG – zumindest als fragwürdig.

a) Unentgeltliche Übertragung von Anteilen

210 Als unentgeltlicher Erwerb bzw. Übertragung von Anteilen gelten insbesondere die Schenkung i. S. d. § 516 BGB sowie der Erwerb von Todes wegen durch Erbfall oder Vermächtnis. Für die Beurteilung, ob eine steuerrelevante Beteiligung vorliegt, ist auf die Beteiligungsquote des Schenkers bzw. Erblassers abzustellen.[5]

211 Bei einer Schenkung unter Auflagen kann eine teilentgeltliche Veräußerung vorliegen.[6] Bei einer gemischten Schenkung hat eine Aufteilung in einen entgeltlichen und unentgeltlichen Teil nach dem Verhältnis der tatsächlichen Gegenleistung zum Verkehrswert der übertragenen Be-

---

1 H 4.3 Abs. 1 EStH.
2 Siehe hierzu *Vogt* in Blümich, § 17 EStG Rz. 320.
3 *Rapp* in Littmann/Bitz/Pust, § 17 EStG Rz. 90, 160.
4 Vgl. BFH v. 29. 7. 1997 - VIII R 80/94, BStBl 1997 II 727; BFH v. 25. 2. 2009 - IX R 26/08, BStBl 2009 II 658; *Zimmermann/Zimmermann-Schwier* in Bordewin/Brandt, § 17 EStG Rz. 171; HHR/*Eilers/R. Schmidt*, § 17 EStG Rz. 155, 158.
5 *Zimmermann/Zimmermann-Schwier* in Bordewin/Brandt, § 17 EStG Rz. 178.
6 Vgl. BFH v. 5. 7. 1990 - GrS 4-6/89, BStBl 1990 II 847; *Ott*, GmbHR 1994, 524, 525.

teiligung zu erfolgen.¹ Veräußert nun der Erwerber die Anteile, so kann dieser bestimmen, ob es sich um die unentgeltlich oder die entgeltlich erworbenen Anteile handelt.²

Sofern die Erbschaft mit einem Vermächtnis, einer Auflage, Pflichtteilsansprüchen oder Erbersatzansprüchen belastet ist, wird die Unentgeltlichkeit des Erwerbs nicht berührt.³ Werden die Anteile im Wege einer vorweggenommenen Erbfolge übertragen, so liegt bei einem Erwerb gegen Versorgungsleistungen ein unentgeltlicher Erwerb vor; hingegen nicht beim Erwerb gegen Abstandszahlung, Gleichstellungsgeld und gegen Übernahme von Verbindlichkeiten. Dann ist ein teilentgeltlicher Erwerb gegeben.⁴ 212

Als unentgeltlich erworben gelten auch die nach einer Kapitalerhöhung aus Gesellschaftsmitteln dem unentgeltlichen Erwerber der Altaktien zugeteilten neuen Aktien.⁵ Ebenso der Erwerb durch eine verdeckte Gewinnausschüttung,⁶ durch Kapitalherabsetzung oder Liquidation einer Kapital- oder Personengesellschaft.⁷ 213

Sofern mehrere aneinander anschließende unentgeltliche Übertragungen vorgenommen werden, werden diese wie eine einzelne unentgeltliche Übertragung behandelt. Ebenso werden mehrere Rechtsvorgänger wie ein Rechtsvorgänger behandelt. Hierdurch sollen Steuerumgehungen aufgrund von Kettenschenkungen verhindert werden.⁸ 214

b) Ermittlung der Fünfjahresfrist

Der Rechtsvorgänger muss lediglich im Zeitpunkt des unentgeltlichen Erwerbs der Anteile bzw. zu irgendeinem Zeitpunkt innerhalb der letzten fünf Jahre vor der Veräußerung des Stpfl., also nicht vor der unentgeltlichen Übertragung, i. S. d. § 17 Abs. 1 Satz 1 EStG beteiligt gewesen sein. Die Haltedauer des Rechtsvorgängers ist damit irrelevant. Dabei sollte eine objektbezogene Interpretation erfolgen.⁹ 215

BEISPIEL:¹⁰ Im Jahr 2012 hält der A eine maßgebliche Beteiligung i. S. d. § 17 EStG an der A-GmbH. Er veräußert diese Mitte des Jahres 2012 vollständig. Anfang 2013 erwirbt er erneut eine Beteiligung i. H. v. 0,5 % an der A-GmbH. Diese schenkt er Mitte 2013 seinem Sohn. Dieser veräußert die Beteiligung am 31.12.2014. Die Steuerpflicht tritt hier nur ein, wenn die unentgeltlich übertragenen Anteile selbst Teil einer Beteiligung i. S. d. § 17 EStG oder bei einem der Rechtsvorgänger waren. Bei der Beteiligung i. H. v. 0,5 % liegt jedoch selbst keine steuerrelevante Beteiligung vor. Allerdings würde eine etwaige Veräußerung auf Ebene des Rechtsvorgängers innerhalb des maßgebenden Fünfjahreszeitraums (mithin bis 2017) im Rahmen des § 17 EStG erfasst werden.

Unerheblich soll aber sein, ob der Rechtsvorgänger die Beteiligung im Betriebsvermögen oder im Privatvermögen hielt.¹¹ Würde der Rechtsvorgänger die Anteile im Betriebsvermögen ge- 216

---

1 H 17 Abs. 4 „Teilentgeltliche Übertragung" EStH; *Zimmermann/Zimmermann-Schwier* in Bordewin/Brandt, § 17 EStG Rz. 177.
2 HHR/*Eilers/R. Schmidt*, § 17 EStG Rz. 156; *Rapp* in Littmann/Bitz/Pust, § 17 EStG Rz. 161; wohl a. A. *Groh*, a. a. O.
3 *Zimmermann/Zimmermann-Schwier* in Bordewin/Brandt, § 17 EStG Rz. 178.
4 *Rapp* in Littmann/Bitz/Pust, § 17 EStG Rz. 161; *Ott*, a. a. O.
5 Vgl. BFH v. 25. 2. 2009 - IX R 26/08, BStBl 2009 II 658; wegen sonstiger Fälle des unentgeltlichen Erwerbs vgl. FG München v. 30. 9. 1997 - 16 K 4577/96, EFG 1998, 461, rkr.; *Wassermeyer*, FR 1993, 532.
6 Vgl. BFH v. 20. 8. 1986 - I R 150/82, BStBl 1987 II 455.
7 *Rapp* in Littmann/Bitz/Pust, § 17 EStG Rz. 161.
8 HHR/*Eilers/R. Schmidt*, § 17 EStG Rz. 159.
9 Vgl. BFH v. 29. 7. 1997 - VIII R 80/94, BStBl 1997 II 727.
10 Zum Beispiel: *Rapp* in Littmann/Bitz/Pust, § 17 EStG Rz. 164; *Gosch* in Kirchhof, § 17 EStG Rz. 33.
11 HHR/*Eilers/R. Schmidt*, § 17 EStG Rz. 158.

halten haben und handelte es sich dabei um einen unbeschränkt Stpfl., läge zum Übertragungszeitpunkt und damit auch zum Veräußerungszeitpunkt innerhalb der Fünfjahresfrist keine Beteiligung i. S. v. § 17 Abs. 1 EStG vor.

c) Hinzuerwerb von Anteilen

217 Mit § 17 Abs. 1 Satz 4 EStG werden nur die unentgeltlich erworbenen Anteile des Veräußerers erfasst. Das heißt, dass eine zuvor gehaltene nicht steuerrelevante Beteiligung grundsätzlich nicht steuerrelevant wird.[1] Demnach wird ein im Rahmen einer Kapitalerhöhung übernommener weiterer Anteil steuerlich nicht durch den zuvor unentgeltlich erlangten steuerverhafteten Geschäftsanteil infiziert.[2]

218 Mithin ist § 17 Abs. 1 Satz 4 EStG objektbezogen zu betrachten, so dass es allein auf die Rechtsposition des Rechtsvorgängers ankommt. Überschreiten allerdings die unentgeltlich und die entgeltlich erworbenen Anteile zusammen die Wesentlichkeitsschwelle von 1 % und werden dann Anteile veräußert, liegt ein Fall des § 17 Abs. 1 Satz 1 EStG vor.[3]

> **BEISPIEL:** a) A erbt am 1.1.2014 eine Beteiligung an der A-AG. Hiernach ist A zu 1 % am Nennkapital der A-AG beteiligt. A überträgt darauf am 1.2.2014 im Wege der Schenkung 0,5 % auf B. B veräußert diese Beteiligung am 1.3.2014 an C. B ist zwar nicht zu 1 % am Nennkapital der A-AG beteiligt, jedoch greift § 17 Abs. 1 Satz 1 EStG aufgrund der Rechtsfolgenverweisung des § 17 Abs. 1 Satz 4 EStG, da A als Rechtsvorgänger zu 1 % am Nennkapital beteiligt war.
>
> b) B war schon vor der Schenkung seitens des A am Nennkapital der A-AG zu 0,1 % beteiligt. Er veräußert nunmehr seine gesamte Beteiligung i. H. v. 0,6 % (= 0,1 % + 0,5 %). Nur hinsichtlich des unentgeltlich erworbenen Anteils i. H. v. 0,5 % liegt eine Veräußerung i. S. v. § 17 Abs. 1 Satz 4 EStG vor. Mithin wird die Steuerpflicht nicht auf den entgeltlich erworbenen Anteil erweitert. Sofern B seinen 0,1 %-Anteil nach dem 31.12.2008 erwarb, erfüllt die Veräußerung diesbezüglich den Tatbestand des § 20 Abs. 2 Satz 1 Nr. 1 EStG.
>
> c) B war schon vor der Schenkung seitens des A am Nennkapital der A-AG zu 0,9 % beteiligt. Er veräußert nunmehr seine gesamte Beteiligung i. H. v. 1,4 % (= 0,9 % + 0,5 %). Hier liegt nun eine Veräußerung i. S. d. § 17 Abs. 1 Satz 1 EStG vor.

219–225 *(Einstweilen frei)*

IV. Veräußerungsgewinn und Veräußerungsverlust (§ 17 Abs. 2 EStG)

1. Ermittlung des Veräußerungsgewinns oder -verlustes (§ 17 Abs. 2 Satz 1 bis 3 EStG)

a) Art der Gewinnermittlung

226 § 17 Abs. 1 Satz 1 EStG bestimmt, dass der Gewinn aus der Veräußerung von Anteilen an Kapitalgesellschaften als Veräußerungsgewinn den Einkünften aus Gewerbebetrieb zugeordnet wird. Damit wird ein an sich nicht steuerbarer Gewinn aus der privaten Vermögenssphäre in einen steuerbaren gewerblichen Gewinn qualifiziert.[4] **Veräußerungsgewinn** ist dabei der Be-

---

1 Zimmermann/Zimmermann-Schwier in Bordewin/Brandt, § 17 EStG Rz. 174; HHR/*Eilers/R. Schmidt*, § 17 EStG Rz. 157; *Vogt* in Blümich, § 17 EStG Rz. 321; *Ott*, a. a. O.
2 Vgl. BFH v. 29.7.1997 – VIII R 80/94, BStBl 1997 II 727.
3 Siehe auch *Rapp* in Littmann/Bitz/Pust, § 17 EStG Rz. 162; *Herzig/Förster*, a. a. O.; *Ott*, a. a. O.
4 *Gosch* in Kirchhof, § 17 EStG Rz. 65.

trag, um den der Veräußerungspreis nach Abzug der Veräußerungskosten die Anschaffungskosten übersteigt; § 17 Abs. 2 Satz 1 EStG.

Es kann auch zu einem **Verlust** kommen, wenn die Anschaffungskosten den Veräußerungspreis nach Abzug der Veräußerungskosten übersteigen.[1] Bei der Geltendmachung eines Veräußerungsverlustes kommt es entscheidend darauf an, dass die veräußerte bzw. übertragene Beteiligung tatsächlich im Wert gemindert bzw. wertlos ist.[2]

In welcher Weise der steuerbare Gewinn zu ermitteln ist, richtet sich nach § 17 Abs. 2 EStG. Diese Norm enthält eine Gewinnermittlungsvorschrift eigener Art.[3] So finden zum einen die allgemeinen Gewinnermittlungsvorschriften der §§ 4, 5 EStG Anwendung, zum anderen gelten aber die Vorschriften der §§ 8, 9, 11 EStG für die Ermittlung von Überschüssen nicht.[4] Gleichwohl ist der Veräußerungsgewinn oder -verlust stichtagsbezogen[5] auf den Zeitpunkt der Veräußerung als dem Ende der Besitzzeit an den Anteilen zu erfassen. Damit findet abweichend der Gewinnermittlung gem. § 4 Abs. 1 EStG keine zeitraumbezogene Ermittlung von Vermögensmehrungen und -minderungen für einzelne Wirtschaftsjahre statt.[6]

Der **Zeitpunkt** der Veräußerung ist der Zeitpunkt des Übergangs des rechtlichen oder wirtschaftlichen „Eigentums" der veräußerten Anteile auf den Erwerber. Allein dieser Zeitpunkt ist maßgeblich, weshalb sich alle für die Besteuerung relevanten Merkmale – Veräußerungspreis, Veräußerungskosten, Anschaffungskosten – auch auf diesen beziehen.[7] Der Abschluss des schuldrechtlichen Verpflichtungsgeschäfts genügt insoweit nicht.[8] Allerdings können Verpflichtungsgeschäft – etwa der Kaufvertrag über die Anteile einer Kapitalgesellschaft – und Erfüllungsgeschäft – Abtretung der Anteile an einer Kapitalgesellschaft – zeitlich zusammenfallen. Damit ist es letztlich auch ohne Belang, wann der Veräußerungspreis dem Veräußerer tatsächlich zufließt.[9]

Nachträgliche Änderungen sind gleichwohl zu berücksichtigen, wenn und soweit sie sich auf den für die Besteuerung maßgebenden Sachverhalt beziehen. Dies betrifft vor allem Änderun-

---

1 *Vogt* in Blümich, § 17 EStG Rz. 452.
2 *Gosch* in Kirchhof, § 17 EStG Rz. 65.
3 *Gosch* in Kirchhof, § 17 EStG Rz. 66; *Vogt* in Blümich, § 17 EStG Rz. 460; vgl. BFH v. 17.10.1957 - IV 64/57 U, BStBl 1957 III 443; BFH v. 7.3.1974 - VIII R 118/73, BStBl 1974 II 567; BFH v. 12.2.1980 - VIII R 114/77, BStBl 1980 II 494.
4 *Gosch* in Kirchhof, § 17 EStG Rz. 66; vgl. BFH v. 29.6.1995 - VIII R 69/93, BStBl 1995 II 725; BFH v. 14.6.2005 – VIII R 14/04, BStBl 2006 II 15.
5 *Gosch* in Kirchhof, § 17 EStG Rz. 66; *Vogt* in Blümich, § 17 EStG Rz. 461; vgl. BFH v. 8.12.1992 - VIII R 99/90, BFH/NV 1993, 654 = NWB DokID: JAAAA-97254; BFH v. 3.6.1993 - VIII R 23/92, BFH/NV 1994, 459 = NWB DokID: MAAAA-97266; BFH v. 20.12.1995 - VIII B 83/95, BFH/NV 1996, 468 = NWB DokID: TAAAB-37535.
6 *Gosch* in Kirchhof, § 17 EStG Rz. 66.
7 *Gosch* in Kirchhof, § 17 EStG Rz. 66, 67, 69; *Vogt* in Blümich, § 17 EStG Rz. 461; vgl. BFH v. 10.3.1988 - IV R 226/85, BStBl 1988 II 832; BFH v. 3.6.1993 - VIII R 81/91, BStBl 1994 II 162; BFH v. 27.9.1994 - VIII B 21/94, NWB DokID: MAAAA-97522; BFH v. 9.10.2008 - IX R 73/06, BStBl 2009 II 140.
8 *Vogt* in Blümich, § 17 EStG Rz. 465; *Gosch* in Kirchhof, § 17 EStG Rz. 67; vgl. BFH v. 27.2.1986 - IV R 52/83, BStBl 1986 II 552.
9 *Vogt* in Blümich, § 17 EStG Rz. 465; *Gosch* in Kirchhof, § 17 EStG Rz. 67; bei einer Gegenleistung in Aktien vgl. BFH v. 25.8.2009 - IX R 41/08, NWB DokID: GAAAD-37367.

gen des Veräußerungspreises etwa aufgrund von Preisanpassungsklauseln,[1] Mängelhaftung, Anfechtung, den Ausfall der gesamten Kaufpreisforderung, Gebrauch machen von einem vertraglich ausbedungenen Rücktrittsrecht, rückgängig machen des Veräußerungsgeschäfts.[2,3]

231 Wird die Kapitalgesellschaft gegen Leistung einer Barabfindung umgewandelt, ist der Veräußerungsgewinn auf den Tag zu ermitteln, in dem die Umwandlung in das Handelsregister eingetragen wird.[4]

232 Tritt ein Gesellschafter aus, kommt es darauf an wann er verbindlich ausgeschlossen wurde bzw. er seinen Austritt erklärt.[5]

233 Die Gewinnermittlung ermöglicht keinen Abzug von Betriebsausgaben oder Werbungskosten,[6] insbesondere auch nicht als Teilwertabschreibung.[7] Aufwendungen oder Verluste, die sich weder den Anschaffungskosten noch den Veräußerungskosten zuordnen lassen, sind aber ggf. als Werbungskosten bei den Einkünften gem. § 19 EStG[8] oder § 20 EStG[9] anzusetzen.

234 Anschaffungskosten sind von Betriebsausgaben/Werbungskosten strikt zu unterscheiden. Schuldzinsen, die zum Erwerb der Beteiligung aufgewendet werden, sind insoweit stets Werbungskosten.[10] Allerdings können inzwischen Schuldzinsen für die Anschaffung einer im Privatvermögen gehaltenen Beteiligung i. S. v. § 17 EStG, die auf Zeiträume nach der Veräußerung der Beteiligung oder Auflösung der Gesellschaft entfallen, wie nachträgliche Betriebsausgaben als Werbungskosten bei den Einkünften aus Kapitalvermögen abgezogen werden.[11] Eine Berücksichtigung solcher Werbungskosten als Anschaffungskosten i. S. v. § 17 EStG ist indes gleichwohl nicht möglich.[12]

235 Im Falle, dass die Beteiligung in einer anderen Währung angeschafft und veräußert wurde, sind die für die Ermittlung des Veräußerungsgewinns maßgebenden Bemessungsgrundlagen im Zeitpunkt ihrer jeweiligen Entstehung in Euro umzurechnen.[13]

---

1 Vgl. dazu aber auch BFH v. 23.5.2012 - IX R 32/11, BStBl 2012 II 675 und BFH v. 20.11.2012 - IX R 34/12, BStBl 2013 II 378.
2 *Gosch* in Kirchhof, § 17 EStG Rz. 82, m. w. N.
3 *Vogt* in Blümich, § 17 EStG Rz. 466; *Gosch* in Kirchhof, § 17 EStG Rz. 67; vgl. BFH v. 27.9.1994 - VIII B 21/94, NWB DokID: MAAAA-97522, Kaufpreiserhöhung; BFH v. 19.4.2005 - VIII R 68/04, BStBl 2005 II 762: Anwartschaft auf neue Geschäftsanteile auch dann, wenn der neu hinzutretende Gesellschafter ein Agio leistet, das im sachlichen (zeitlichen) Zusammenhang mit der Kapitalerhöhung an die Altgesellschafter ausbezahlt wird; zum Debt-Equity-Swap mit Genussrechten s. *Beyer*, DStR 2012, 2199.
4 *Gosch* in Kirchhof, § 17 EStG Rz. 68.
5 *Gosch* in Kirchhof, § 17 EStG Rz. 68, m. w. N.
6 *Gosch* in Kirchhof, § 17 EStG Rz. 70; vgl. BFH v. 16.4.1991 - VIII R 100/87, BStBl 1992 II 234; BFH v. 3.6.1993 - VIII R 81/91, BStBl 1994 II, 162.
7 *Gosch* in Kirchhof, § 17 EStG Rz. 70.
8 *Gosch* in Kirchhof, § 17 EStG Rz. 70; vgl. BFH v. 17.7.1992 - VI R 125/88, BStBl 1993 II 111; BFH v. 5.10.2004 - VIII R 64/02, BFH/NV 2005, 54 = NWB DokID: UAAAB-35864; BFH v. 16.11.2011 - VI R 97/10, BStBl 2012 II 343.
9 *Gosch* in Kirchhof, § 17 EStG Rz. 70; BFH v. 8.10.1985 - VIII R 234/84, BStBl 1986 II 596; BFH v. 2.5.2001 - VIII R 32/00, BStBl 2001 II 668; BFH v. 21.1.2004 - VIII R 2/02, BStBl 2004 II 551; BFH v. 12.5.1995 - VI R 64/94, BStBl 1995 II 644.
10 *Gosch* in Kirchhof, § 17 EStG Rz. 70.
11 *Gosch* in Kirchhof, § 17 EStG Rz. 70, m. w. N., welcher zu Recht am steuerlichen „Vorteil" im Hinblick auf die Regelung in § 20 Abs. 9 Satz 1 EStG zweifelt; vgl. nur BFH v. 16.3.2010 - VIII R 20/08, BStBl 2010 II 787; BFH v. 27.3.2007 - VIII R 28/04, BStBl 2007 II 699; vgl. auch *Geißler*, NWB 2015, 332.
12 *Gosch* in Kirchhof, § 17 EStG Rz. 70; vgl. BFH v. 27.3.2007 - VIII R 28/04, BStBl 2007 II 699; BFH v. 21.1.2004 - VIII R 2/02, BStBl 2004 II 551; BFH v. 20.4.2004 - VIII R 52/04, BStBl 2004 II 556.
13 R 17 Abs. 7 Satz 1 EStR; *Gosch* in Kirchhof, § 17 EStG Rz. 71; vgl. BFH v. 2.4.2008 - IX R 73/04, BFH/NV 2008, 1658 = NWB DokID: RAAAC-87372; BFH v. 24.1.2012 - IX R 62/10, BStBl 2012 II 362; zum Problem der Fremdwährungsgewinne nur auf der Ebene des Anteilsinhabers s. *Gosch* in Kirchhof, § 17 EStG Rz. 71.

b) Veräußerungspreis

aa) Umfang des Veräußerungspreises

Veräußerungspreis ist das **Entgelt**, welches der Veräußerer oder vereinbarungsgemäß ein Dritter als Gegenleistung aufgrund des Veräußerungsgeschäfts zum Zwecke von dessen Erfüllung i.S.v. § 362 Abs. 2 BGB erhält.[1] Soweit die tatsächlich erhaltene Gegenleistung nicht in Geld, sondern in Sachgütern besteht, ist der Veräußerungspreis mit dem gemeinen Wert anzusetzen. Für die Bewertung kommt es auf die Verhältnisse im Zeitpunkt der Erfüllung der Gegenleistungspflicht an, wenn diese von den Verhältnissen im Zeitpunkt der Entstehung des Veräußerungsgewinns abweichen.[2]   236

Die Art der Gegenleistung – Geld- und Sachleistungen,[3] Freistellung von einer Verpflichtung[4] – ist dabei ebenso wie die Abwicklung der Gegenleistung – Zahlungsmodalitäten, Versteigerungserlöse,[5] Bedingungen oder Befristungen – völlig unerheblich.[6] Es bedarf lediglich eines kausal begründeten sachlichen Zusammenhangs zwischen Leistung und Gegenleistung.[7] Allerdings kann sich aus solchen Umständen ein Einfluss auf den Wert der Gegenleistung ergeben.[8]   237

Gewinnausschüttungen, die nach dem Zeitpunkt der Veräußerung entstehen, gebühren grundsätzlich[9] dem Erwerber und gehören nicht zum Veräußerungspreis. Beansprucht der Veräußerer gleichwohl nachfolgende Gewinnausschüttungen, so gehören diese zum Veräußerungspreis.[10] Gleiches gilt für das Entgelt, das der Erwerber entrichtet, um schon während des laufenden Geschäftsjahres am Gewinn zu partizipieren.[11]   238

Der Veräußerungspreis bestimmt sich bei einem **Kauf** grundsätzlich nach dem vereinbarten Veräußerungsbetrag.[12]   239

Auch im Falle, dass die Geldforderung erst nach dem Veräußerungszeitpunkt fällig wird, bleibt es beim Ansatz des Nennwertes; § 12 BewG. Besondere Umstände – wie etwa eine ungewöhnlich hohe oder niedrige Verzinsung, ein voraussichtlicher Kaufpreisausfall,[13] Wechselkursrisi-   240

---

1 Gosch in Kirchhof, § 17 EStG Rz. 72, m.w.N.; vgl. Hessisches FG v. 28.1.2016 - 10 K 2572/12, EFG 2016, 639, Rev.: BFH IX R 7/16.
2 Gosch in Kirchhof, § 17 EStG Rz. 72, m.w.N.; BFH v. 13.10.2015 - IX R 43/14, BStBl 2016 II 212; dazu Hils, DStR 2016, 1345.
3 Gosch in Kirchhof, § 17 EStG Rz. 72; vgl. BFH v. 7.3.1995 - VIII R 29/93, BStBl 1995 II 693; BFH v. 2.4.2008 - IX R 73/04, BFH/NV 2008, 1658 = NWB DokID: RAAAC-87372.
4 Gosch in Kirchhof, § 17 EStG Rz. 72; vgl. BFH v. 29.5.2008 - IX R 97/07, BFH/NV 2009, 9 = NWB DokID: HAAAC-95792.
5 Gosch in Kirchhof, § 17 EStG Rz. 72; vgl. BFH v. 10.12.1969 - I R 43/67, BStBl 1970 II 310.
6 Gosch in Kirchhof, § 17 EStG Rz. 72, m.w.N.
7 Gegenleistungen für eigenständige Vermögenswerte und Rechte – z.B. Gegenleistung für ein eingeräumtes Wettbewerbsverbot, vgl. BFH v. 23.2.1999 - IX R 86/95, BStBl 1999 II 590 – gehören daher nicht zum Veräußerungspreis i.S.v. § 17 EStG; differenzierend dazu H 17 (7) „Wettbewerbsverbot" EStH; Gosch in Kirchhof, § 17 EStG Rz. 74.
8 Gosch in Kirchhof, § 17 EStG Rz. 72.
9 Anders liegt es etwa dann, wenn die Gewinnausschüttung den Veräußerungspreis entrichtet wird; Gosch in Kirchhof, § 17 EStG Rz. 73; vgl. BFH v. 12.10.1982 - VIII R 72/79, BStBl 1983 II 128; BFH v. 8.2.2011 - IX R 15/10, BStBl 2011 II 684.
10 Gosch in Kirchhof, § 17 EStG Rz. 73; vgl. FG Baden-Württemberg v. 15.9.1993 - 2 K 99/89, EFG 1994, 353, rkr.
11 Gosch in Kirchhof, § 17 EStG Rz. 73; vgl. BFH v. 22.5.1984 - VIII R 316/83, BStBl 1984 II 746; BFH v. 21.5.1986 - I R 190/81, BStBl 1986 II 815; zu den dadurch ausgelösten steuerlichen Doppelbelastungen nebst deren Vermeidung: Gosch in Kirchhof, § 17 EStG Rz. 73, m.w.N.
12 Gosch in Kirchhof, § 17 EStG Rz. 75.
13 Gosch in Kirchhof, § 17 EStG Rz. 75; vgl. BFH v. 19.1.1978 - IV R 61/73, BStBl 1978 II 295.

ken[1] – können Zu- oder Abschläge begründen.[2] Bei einer zeitlich gestreckten Zahlung des Veräußerungserlöses in verschiedenen Veranlagungszeiträumen fällt der Veräußerungsverlust anteilig nach dem Verhältnis der Teilzahlungsbeträge zu dem Gesamtveräußerungserlös in den jeweiligen Veranlagungszeiträumen des Zahlungszuflusses an.[3]

241 Die zinslose Stundung einer Kaufpreisforderung führt zur Abzinsung; vgl. § 12 Abs. 3 BewG.[4] Wird später der Nennwert gezahlt, ist die Differenz zum abgezinsten Betrag herauszurechnen. Diese Differenz ist aber kein Bestandteil des Veräußerungspreises.[5] Dies gilt auch für den Fall ratenweiser Kaufpreistilgung, nicht aber bei einer Stundung des Kaufpreises auf unbestimmte Zeit.[6] Fällt die Kaufpreisforderung ganz oder teilweise aus, mindert dies den für die Besteuerung maßgeblichen Veräußerungspreis. Die Minderung führt zur rückwirkenden Änderung des Steuerbescheides gem. § 175 Abs. 1 Satz 1 Nr. 2 AO.[7]

242 Bei **Zwangsversteigerungen** und Verwertungen durch den Sicherungsnehmer tritt der jeweils erzielte Erlös an die Stelle des Preises.[8]

243 Im Falle eines **Tauschs** (siehe →Rz. 176) bemisst sich der Veräußerungspreis grundsätzlich nach dem gemeinen Wert der empfangenen WG; §§ 1 ff. BewG. § 8 Abs. 2 BewG ist nicht – auch nicht entsprechend – anwendbar.[9] Bei Wertpapieren ist der Börsenkurs anzusetzen; § 11 Abs. 1 BewG. Nicht notierte Anteile an Kapitalgesellschaften sind gem. § 11 Abs. 2 BewG zu bewerten. Besteht die Gegenleistung in neuen Gesellschaftsanteilen an einer anderen Kapitalgesellschaft, entscheidet der Wert dieser Anteile über die Höhe des Veräußerungspreises.[10] Besteht die Verpflichtung, die so erlangten Wertpapiere eine gewisse Zeit nicht zu veräußern, rechtfertigt sich daraus kein Bewertungsabschlag.[11]

244 Besteht die Gegenleistung aus kaufmännisch ausgewogenen und damit entgeltlichen wiederkehrenden Bezügen – Leibrenten, dauernde Lasten, Zeitrenten (mit überschaubarer Laufzeit), Raten mit Versorgungscharakter über einen mehr als zehn Jahre dauernden Zeitraum –,[12] so besteht das Wahlrecht, den Veräußerungsgewinn sofort – „Sofortbesteuerung" – oder aber die tatsächlich zufließenden Erträge als nachträgliche Einkünfte i. S. v. § 24 Nr. 2 EStG erst in den Folgejahren zu versteuern – „Zuflussbesteuerung".[13]

245 Bei der **Sofortbesteuerung** setzt sich der Veräußerungspreis aus dem Unterschiedsbetrag zwischen dem gemeinen Wert – das ist der Barwert der Rente gem. §§ 13 ff. BewG – vermindert um die Veräußerungs- und Anschaffungskosten der Anteile zusammen. Der Freibetrag des § 17 Abs. 3 EStG ist zu gewähren. Die laufenden Bezüge sind mit dem Ertragsanteil der Rente

---

1 *Gosch* in Kirchhof, § 17 EStG Rz. 75; a. A.: FG Düsseldorf v. 7. 7. 2010 - 7 K 3879/08 E, EFG 2010, 1603, rkr.
2 *Gosch* in Kirchhof, § 17 EStG Rz. 75.
3 Vgl. BFH v. 6.12.2016 - IX R 18/16, DStR 2017, 653 = NWB DokID: WAAAG-40817.
4 *Gosch* in Kirchhof, § 17 EStG Rz. 75; dabei ist vorbehaltlich abweichender Vereinbarungen – vgl. BFH v. 21. 10. 1980 - VIII R 190/78, BStBl 1981 II 160 – grundsätzlich von einem Zinsfuß i. H. v. 5,5 % auszugehen; § 12 Abs. 3 Satz 2 BewG.
5 *Gosch* in Kirchhof, § 17 EStG Rz. 75.
6 *Gosch* in Kirchhof, § 17 EStG Rz. 75; vgl. BFH v. 14. 2. 1984 - VIII R 41/82, BStBl 1984 II 550.
7 *Gosch* in Kirchhof, § 17 EStG Rz. 75; vgl. BFH v. 19. 7. 1993 - GrS 2/92, BStBl 1993 II 897.
8 *Gosch* in Kirchhof, § 17 EStG Rz. 75.
9 *Gosch* in Kirchhof, § 17 EStG Rz. 76; vgl. BFH v. 28. 10. 2008 - IX R 96/07, BStBl 2009 II 45.
10 *Gosch* in Kirchhof, § 17 EStG Rz. 76; BFH v. 7. 7. 1992 - VIII R 54/88, BStBl 1993 II 331.
11 *Gosch* in Kirchhof, § 17 EStG Rz. 76; BFH v. 17. 10. 1974 - IV R 223/72, BStBl 1975 II 58.
12 *Gosch* in Kirchhof, § 17 EStG Rz. 77; vgl. *Vogt* in Blümich, § 17 EStG Rz. 510; vgl. BFH v. 20. 7. 2010 - IX R 45/09, BStBl 2010 II 969.
13 *Gosch* in Kirchhof, § 17 EStG Rz. 77; *Vogt* in Blümich, § 17 EStG Rz. 510.

nach § 22 Abs. 1 Nr. 1 Satz 3 Buchst. a Doppelbuchst. bb EStG[1] bei Zahlung einer Kaufpreisrate mit dem darin enthaltenen Zinsanteil nach § 20 Abs. 1 Nr. 7 EStG steuerpflichtig.[2] Die Aufteilung der Leistung in einen Zins- und Tilgungsanteil richtet sich nach §§ 12, 13 BewG, bei Renten nach versicherungsmathematischen Grundsätzen und im Falle einer Kaufpreisrate in Anlehnung an die Ertragswerttabelle des § 55 Abs. 2 EStDV.[3]

Bei der **Zuflussbesteuerung** besteht der Veräußerungspreis aus der Summe der tatsächlichen späteren Zahlungen. Zu versteuern sind dabei die laufenden Bezüge im Zeitpunkt des tatsächlichen Zuflusses als nachträgliche Einkünfte i. S. d. § 24 Nr. 2 EStG ohne den Freibetrag gem. § 17 Abs. 3 EStG.[4] Die Versteuerung greift dabei erst ab dem Zeitpunkt, ab dem die Summe der bereits gezahlten Bezüge die Anschaffungskosten und Veräußerungskosten übersteigen.[5] Allein der Zinsanteil ist bei Zufluss zu versteuern. Die zufließenden Zahlungen sind nunmehr gem. § 3 Nr. 40 Satz 1 Buchst. c EStG mit 40 % zu erfassen. Im Falle der Veräußerung die Tatbestandsvoraussetzungen des § 17 EStG noch nach Maßgabe des früheren Rechts – etwa noch vor Einführung des Teil- oder gar Halbeinkünfteverfahrens – erfüllt und deren Rechtsfolge ausgelöst hat, widerspricht dem nicht. Im Veräußerungszeitpunkt ist insoweit noch kein Gewinn realisiert worden.[6] Dem wird entgegnet, dass auf den Zeitpunkt der Veräußerung abzustellen ist und so die ausgelösten Leibrenten noch nach dem früheren Recht zu besteuern sind, da der Ertrag aus der Veräußerung nach dem vormaligen Recht realisiert worden sei und nur die Versteuerung aus Gründen der Billigkeit zeitlich gestreckt werde.[7] Diese Einschränkung ist aber nicht von § 52 Abs. 4b Nr. 2 EStG i. d. F. des StSenkG[8] gedeckt.[9] Die Besteuerung kann nur nach Maßgabe des im Zeitpunkt des Zuflusses geltenden Rechts besteuert werden.[10]

So entschied der BFH mit Urteil v. 18. 11. 2014, dass bei der Veräußerung einer Beteiligung i. S. v. § 17 Abs. 1 Satz 1 EStG und Wahl der Zuflussbesteuerung – entsprechend R 140 Abs. 7 i. V. m. R 139 Abs. 11 EStR 2001 – sich die Besteuerung entgegen dem BMF-Schreiben v. 3. 8. 2004[11] nach dem im Zeitpunkt des Zuflusses geltenden Recht richtet.[12] Folglich ist in diesen Fällen das Stichtagsprinzip suspendiert. Unabhängig vom Veräußerungszeitpunkt ist damit ab dem VZ 2002 das Halbeinkünfteverfahren und ab VZ 2009 das Teileinkünfteverfahren anzuwenden, soweit die Zahlung im Zeitpunkt des Zuflusses zur Überschreitung der Gewinnschwelle führt. Die Grundsätze des BMF-Schreibens v. 3. 8. 2004,[13] sind daher überholt und nicht mehr zu beachten. Das Stichtagsprinzip ist bei Veräußerungen von Anteilen i. S. d. § 17

---

1 *Gosch* in Kirchhof, § 17 EStG Rz. 77; vgl. BFH v. 17. 12. 1991 - VIII R 80/87, BStBl 1993 II 15.
2 R 17 Abs. 7 Satz 2 EStR.
3 *Gosch* in Kirchhof, § 17 EStG Rz. 77; vgl. *Vogt* in Blümich, § 17 EStG Rz. 510.
4 Vgl. BFH v. 21. 12. 1988 - III B 15/88, BStBl 1989 II 409; *Gosch* in Kirchhof, § 17 EStG Rz. 77, m. w. N. auch zur a. A.
5 Vgl. BFH v. 25. 11. 1992 - X R 91/89, BStBl 1996 II 666; BFH v. 26. 11. 1992 - X R 187/87, BStBl 1993 II 298; *Vogt* in Blümich, § 17 EStG Rz. 510; *Gosch* in Kirchhof, § 17 EStG Rz. 77, m. w. N. auch zur a. A.
6 *Gosch* in Kirchhof, § 17 EStG Rz. 77; a. A.: OFD Frankfurt/M. v. 28. 5. 2003, DStR 2003, 1396.
7 Vgl. OFD Frankfurt/M. v. 28. 5. 2003, DStR 2003, 1396; und OFD Magdeburg v. 23. 6. 2004, DB 2004, 2130; BMF v. 28. 4. 2004, BStBl 2004 I 1187; R 17 Abs. 7 Satz 2 EStR i. V. m. R 16 Abs. 11 EStR.
8 BGBl 2000 I 1433.
9 *Vogt* in Blümich, § 17 EStG Rz. 511; *Gosch* in Kirchhof, § 17 EStG Rz. 77; vgl. BFH v. 18. 11. 2014 - IX R 4/14, BStBl 2015 II 526.
10 Vgl. BFH v. 18. 11. 2014 - IX R 4/14, BStBl 2015 II 526; *Vogt* in Blümich, § 17 EStG Rz. 511; *Gosch* in Kirchhof, § 17 EStG Rz. 77.
11 BStBl 2004 I 1187.
12 BFH v. 18. 11. 2014 - IX R 4/14, BStBl 2015 II 526.
13 BStBl 2004 I 1187.

EStG gegen wiederkehrende Leistungen nur noch bei der fakultativen Wahl des Stpfl. zur Sofortbesteuerung zu beachten.[1]

247 Die Anschaffungskosten des Erwerbers werden durch den Barwert der wiederkehrenden Bezüge bestimmt.[2]

248 Bei wiederkehrenden Bezügen, deren Höhe nicht nach kaufmännischen Maßstäben berechnet wird, ist die Veräußerung voll- oder teilentgeltlich.[3] Soweit der Barwert der Bezüge den Anteilswert übersteigt, ist er nicht abzugsfähig.[4]

249 Das BVerfG entschied mit Beschluss v. 7.7.2010,[5] dass § 17 Abs. 1 Satz 4 EStG i.V.m. § 52 Abs. 1 Satz 1 EStG i.d.F. des StEntlG 1999/2000/2002 v. 24.3.1999[6] gegen die verfassungsrechtlichen Grundsätze des Vertrauensschutzes verstößt und nichtig ist, soweit in einem Veräußerungsgewinn Wertsteigerungen steuerlich erfasst werden, die bis zur Verkündung des StEntlG 1999/2000/2002 am 31.3.1999 entstanden sind und die entweder – bei einer Veräußerung bis zu diesem Zeitpunkt – nach der zuvor geltenden Rechtslage steuerfrei realisiert worden sind oder – bei einer Veräußerung nach Verkündung des Gesetzes – sowohl zum Zeitpunkt der Verkündung als auch zum Zeitpunkt der Veräußerung nach der zuvor geltenden Rechtslage steuerfrei hätten realisiert werden können.[7] Der Gewinn aus der Veräußerung der Anteile ist damit aber nur insoweit nicht steuerbar, als er auf den Wertzuwachs bis zum 31.3.1999 entfällt. Zur Ermittlung des Veräußerungsgewinns tritt abweichend von § 17 Abs. 2 EStG damit der gemeine Wert der veräußerten Anteile zum 31.3.1999 an die Stelle der ursprünglichen Anschaffungskosten. Die Finanzverwaltung erließ eine Vereinfachungsregelung zur Ermittlung des steuerbaren Veräußerungsgewinns – zeitanteilige lineare (monatsweise) Ermittlung des Verhältnisses der Besitzzeit nach dem 31.3.1999 im Vergleich zur Gesamthaltedauer – und zudem zur Berücksichtigung von zwischenzeitlichen Wertminderungen.[8]

250 (Einstweilen frei)

bb) Unangemessene Gegenleistung, verdeckte Einlage (§ 17 Abs. 2 Satz 2 EStG)

251 Die Beteiligten des Veräußerungsgeschäfts können die Höhe des Veräußerungspreises frei bestimmen. Steuerrechtlich ist den Vereinbarungen der Parteien auch dann zu folgen, wenn der Marktpreis überschritten wird. Allerdings kann es sich bei überhöhten Preisen um eine verdeckte Gewinnausschüttung handeln.[9]

252 Wird ein zu niedriger Preis vereinbart, kann es sich um eine verdeckte Einlage oder eine teilentgeltliche Leistung handeln. Bei der verdeckten Einlage, die einer Veräußerung gleichsteht – § 17 Abs. 1 Satz 2 EStG – tritt an die Stelle des Veräußerungspreises der gemeine Wert – § 11

---

1 OFD Niedersachsen v. 13.11.2014 - S 2244, NWB DokID: OAAAF-09224.
2 Gosch in Kirchhof, § 17 EStG Rz. 77.
3 Vgl. → Rz. 215 ff.; Gosch in Kirchhof, § 17 EStG Rz. 78.
4 Gosch in Kirchhof, § 17 EStG Rz. 78.
5 BVerfG v. 7.7.2010 - 2 BvR 748/05, 2 BvR 753/05 - 2 BvR 1738/05, BStBl 2011 II 86.
6 BGBl 1999 I 402.
7 Vgl. BMF v. 20.12.2010, BStBl 2011 I 16.
8 BMF v. 20.12.2010, BStBl 2011 I 16 und BMF v. 16.12.2015, BStBl 2016 I 10.
9 Gosch in Kirchhof, § 17 EStG Rz. 79; z.B. Verkauf der Anteile zu überhöhten Preisen an nahe stehende Personen des Steuerpflichtigen – vgl. etwa BFH v. 6.12.1995 - I R 51/95, BStBl 1998 II 781 – oder der Erwerb eigener Anteile zu überhöhten Preisen durch die Kapitalgesellschaft – vgl. etwa BFH v. 6.12.1995 - I R 51/95, BStBl 1998 II 781; BMF v. 27.11.2013, BStBl 2013 I 1615, Tz. 12, 15, 22.

BewG – der Anteile; § 17 Abs. 2 Satz 2 EStG. Der zu niedrige Preis führt gleichwohl nicht zum Entstehen von Schenkungsteuer.[1]

(Einsweilen frei) 253–255

cc) Wertbestimmung in Zuzugsfällen (§ 17 Abs. 2 Satz 3 und 4 EStG)

§ 17 Abs. 2 Satz 3 EStG stellt für den Fall des Zuzugs – Eintritt in die unbeschränkte Steuerpflicht – eines i. S. v. § 17 Abs. 1 Satz 1 EStG an einer in- oder ausländischen Kapitalgesellschaft beteiligten Stpfl. sicher, dass keine Überbesteuerung eintritt, falls und sofern im Wegzugsstaat eine (End-)Besteuerung des bis zum Wegzugszeitpunkt entstandenen Vermögenszuwachses betreffend der Anteile an der Kapitalgesellschaft stattfand. 256

Dabei muss sich die Besteuerung im Wegzugsstaat mit einer solchen nach § 6 AStG vergleichen lassen. Es ist demnach ein Rechtsvergleich des einschlägigen, tatsächlich zur Anwendung gekommenen ausländischen Rechts mit § 6 AStG vorzunehmen. Maßgeblich ist insoweit allein der Besteuerungsanlass, mithin als der Grund der Besteuerung, nicht jedoch die Höhe der in der Folge im Ausland zu zahlenden Steuer. Dies erscheint – zumindest im Ergebnis – als durchaus streitanfällig. Letztlich wird den Voraussetzungen von § 17 Abs. 2 Satz 3 EStG wohl jede ausländische Besteuerung genügen, die die maßgeblichen stillen Reserven als solche erfasst.[2] 257

Besteuerungsgegenstand der ausländischen Steuer müssen demgemäß die Anteile an der jeweiligen Kapitalgesellschaft sein, die im Zeitpunkt der Begründung der unbeschränkten Steuerpflicht dem zuziehenden Stpfl. zuzurechnen waren. Für die Zurechnung gilt Deutsches Steuerrrecht und damit § 39 Abs. 1 AO, § 42 Abs. 1 AO. Schließlich darf sich die ausländische Steuer nur auf den (realen) Vermögenszuwachs im Wegzugsstaat beziehen. Andere Vermögenszuwächse der Anteile etwa in Drittstaaten oder bereits zuvor in Deutschland bleiben unberücksichtigt.[3] 258

Rechtsfolge einer danach einschlägigen ausländischen Steuer ist deren wertmäßige Berücksichtigung bei der Errechnung des Veräußerungsgewinns: An die Stelle der Anschaffungskosten – § 17 Abs. 2 Satz 1 EStG – tritt derjenige Wert, den der Wegzugsstaat bei der Berechnung der mit § 6 AStG vergleichbaren Steuer ansetzte. Der so gewonnene fiktive Wert wird in der Höhe jedoch durch den gemeinen Wert der Anteile begrenzt. Die Obergrenze greift daher nicht, wenn die Anschaffungskosten den gemeinen Wert überschreiten.[4] 259

Voraussetzung für eine solche Wertermittlung ist der Nachweis durch den Veräußerer, der sich sowohl auf die Zurechnung der Anteile wie auf die ausländische Wegzugsbesteuerung erstrecken muss. Hierfür kann die Vorlage des ausländischen Steuerbescheides genügen. Im Zweifelsfall sind weitere Nachweise durch den Veräußerer zu erbringen. Eine Bindung an die Steuerfestsetzung im Ausland besteht nicht. Die Finanzbehörden sind zu einer umfassenden eigenen Prüfung berechtigt und in Zweifelsfällen unter Wahrung des Grundsatzes der Verhältnismäßigkeit auch verpflichtet.[5] 260

---

[1] *Gosch* in Kirchhof, § 17 EStG Rz. 80; vgl. BFH v. 27. 8. 2014 - II R 44/13, BStBl 2015 II 249; dazu *Hoffmann*, StuB 2015, 41; BFH v. 20. 1. 2016 - II R 40/14, NWB DokID: AAAAF-69702.
[2] Im Ergebnis so auch *Gosch* in Kirchhof, § 17 EStG Rz. 81, mit Ausführungen zum Problem einer möglichen „Zuzugssperre".
[3] Vgl. *Gosch* in Kirchhof, § 17 EStG Rz. 81.
[4] *Vogt* in Blümich, § 17 EStG Rz. 745; *Gosch* in Kirchhof, § 17 EStG Rz. 81, m. w. N. auch zur a. A.
[5] *Gosch* in Kirchhof, § 17 EStG Rz. 81.

PRAXISHINWEIS:

Gemäß § 17 Abs. 2 Satz 4 EStG ist schließlich die Möglichkeit der Stundung gem. § 6 Abs. 3 AStG für die vom Vermögenszuwachs abweichende Berechnung des Änderungsbetrags gem. § 17 Abs. 3 Satz 3 EStG nicht anwendbar. § 17 Abs. 2 Satz 3 EStG erfasst allein die zuzugsbedingte Steuerverstrickung. Anderweitige Verstrickungssituationen bleiben unberücksichtigt.[1]

261–265 (*Einstweilen frei*)

c) Veräußerungskosten

266 Veräußerungskosten sind sämtliche Aufwendungen, die in unmittelbarer Beziehung zu dem einzelnen Veräußerungsgeschäft stehen[2] und durch dieses veranlasst sind. Ein bloßes zeitliches Zusammentreffen von Veräußerung und Aufwendungen reicht hierzu nicht aus.[3]

267 Aufwendungen, die lediglich anlässlich einer Veräußerung anfallen, aber nicht durch diese verursacht sind, sind keine Veräußerungskosten.[4]

268 Kosten für eine zwar geplante, letztlich aber fehlgeschlagene Veräußerung sind auch keine Veräußerungskosten. Eine „Veräußerung" liegt insoweit schon nicht vor.[5]

269 Veräußerungskosten sind etwa die Notar- Anwalts- und Gerichtsgebühren, die für die Veräußerung anfallen. Zu ihnen gehören auch sonstige Beratungs- und Vermittlungsgebühren sowie Aufwendungen für Anzeigen und Wertgutachten im Zusammenhang mit der Veräußerung.[6]

270 Aufwendungen an Dritte – wie etwa Abfindungen an Mitgesellschafter – können nur dann als Veräußerungskosten berücksichtigt werden, wenn sie in einem unmittelbaren sachlichen Zusammenhang mit dem Veräußerungsvorgang stehen.[7]

271 Zinsen für ein im Zusammenhang mit der Anschaffung der Anteile aufgenommenes Darlehen gehören grundsätzlich nicht zu den Veräußerungskosten i. S. d. § 17 Abs. 2 EStG.[8]

d) Anschaffungskosten

272 Der Begriff der Anschaffungskosten stimmt mit jenem in § 6 EStG überein.[9]

---

1 *Gosch* in Kirchhof, § 17 EStG Rz. 81a mit Ausführungen zu den sich ergebenden gleichheitsrechtlichen Problemen sowie mit Hinweisen auf Probleme bei einem Anteilserwerb durch einen seit jeher Doppelansässigen, beim Wegzug des im Ausland ansässigen Anteilseigners an einer inländischen Kapitalgesellschaft aus einem DBA-Staat in einen Nicht-DBA-Staat; beim Zuzug der ausländischen Kapitalgesellschaft bei einem Anteilseigner, der in einem Nicht-DBA-Staat ansässig ist; vgl. dazu auch *Vogt* in Blümich, § 17 EStG Rz. 749.

2 Vgl. BFH v. 26. 3. 1987 - IV R 20/84, BStBl 1987 II 561; BFH v. 1. 12. 1992 - VIII R 43/90, BFH/NV 1993, 520 = NWB DokID: XAAAB-33319; *Rosarius* in Lippross/Seibel, § 17 EStG Rz. 104; s. a. R 17 Abs. 6 EStR.

3 *Rosarius* in Lippross/Seibel, § 17 EStG Rz. 104.

4 *Rosarius* in Lippross/Seibel, § 17 EStG Rz. 104: etwa Aufwendungen zur Entscheidungsfindung wie z. B. ein Gutachten über die Ertragskraft einer Beteiligung.

5 Vgl. BFH v. 17. 4. 1997 - VIII R 47/95, BStBl 1998 II 102; *Rosarius* in Lippross/Seibel, § 17 EStG Rz. 104: etwa Aufwendungen zur Entscheidungsfindung wie z. B. ein Gutachten über die Ertragskraft einer Beteiligung.

6 Vgl. BFH v. 18. 8. 1992 - VIII R 13/90, BStBl 1993 II 34; *Vogt* in Blümich, § 17 EStG Rz. 530; *Gosch* in Kirchhof, § 17 EStG Rz. 84; *Rosarius* in Lippross/Seibel, § 17 EStG Rz. 105.

7 Vgl. BFH v. 2. 10. 1984 - VIII R 36/83, BStBl 1985 II 320; *Rosarius* in Lippross/Seibel, § 17 EStG Rz. 105.

8 Vgl. BFH v. 8. 12. 1992 - VIII R 99/90, BFH/NV 1993, 654 = NWB DokID: JAAAA-97254; BFH v. 23. 9. 1998 - VIII B 115/97 = NWB DokID: MAAAA-62659; *Vogt* in Blümich, § 17 EStG Rz. 540; *Gosch* in Kirchhof, § 17 EStG Rz. 84; *Rosarius* in Lippross/Seibel, § 17 EStG Rz. 105.

9 *Vogt* in Blümich, § 17 EStG Rz. 200; *Gosch* in Kirchhof, § 17 EStG Rz. 86.

Anschaffungskosten umfassen danach alles, was der Erwerber tatsächlich[1] aufwenden muss, um die Beteiligung zu erwerben.[2]

273

„Historische" Anschaffungskosten sind der Anschaffungspreis und dessen Nebenkosten, Einzahlungen auf das Nennkapital, Agio, nachträgliche Aufwendungen, sofern sie gesellschaftlich verursacht und weder Werbungskosten noch Veräußerungskosten sind, vgl. auch § 255 Abs. 1 HGB.[3]

274

Der Begriff der Anschaffungskosten ist im Zusammenhang mit § 17 EStG weit auszulegen. Er erfasst auch jene Aufwendungen, die auch bei Mitunternehmern zu berücksichtigen wären – „normspezifisches Nettoprinzip".[4] Es kommen damit nicht nur Aufwendungen in Betracht, die auf der Ebene der Gesellschaft als Nachschüsse oder als (verdeckte) Einlagen zu werten sind, vielmehr auch sonstige, durch das Gesellschaftsverhältnis veranlasste Aufwendungen des Gesellschafters.[5]

275

Für Anteile an Kapitalgesellschaften, die vor dem 21. 6. 1948 erworben worden sind, gilt § 53 EStDV.

276

Zum Ansatz der „historischen" Anschaffungskosten trotz der verfassungsrechtlich gebotenen Aufteilung „alter" stiller Reserven bei Absenkung der Wesentlichkeitsschwelle siehe *Gosch*.[6]

277

aa) Anschaffungskosten bei originärem Anteilserwerb

Zu den **Anschaffungskosten** gehört vor allem der (historische) **Kaufpreis**. Werden die Anteile nicht gegen Barzahlung, sondern im Tausch gegen andere Wirtschaftsgüter erworben, richten sich die Anschaffungskosten nach dem gemeinen Wert der hingegebenen Wirtschaftsgüter. Werden als Gegenleistung für die Anteilsübertragung eine Veräußerungsrente oder andere wiederkehrende Leistungen vereinbart, gehören der Rentenbarwert bzw. der Kapitalwert der wiederkehrenden Leistungen zu den Anschaffungskosten der übertragenen Anteile.[7]

278

Zu den **Anschaffungsnebenkosten** gehören alle Aufwendungen, die im unmittelbaren Zusammenhang mit der Anteilsübertragung stehen und ausschließlich durch die Übertragung der Anteile veranlasst sind.[8]

279

Solche Nebenkosten sind etwa Notar- Rechtsberatungs- und Gerichtskosten, Vermittlungs- und Maklergebühren,[9] Bankspesen,[10] Gutachter- und Beratungskosten sowie Reisekosten im Zusammenhang mit der Anteilsübertragung.[11] Erhält ein übertragender Gesellschafter eine

280

---

1 Vgl. BFH v. 10. 12. 1969 - I R 43/67, BStBl 1970 II 310; *Gosch* in Kirchhof, § 17 EStG Rz. 86.
2 *Gosch* in Kirchhof, § 17 EStG Rz. 86.
3 Vgl. BFH v. 9. 10. 1979 - VIII R 67/77, BStBl 1980 II 116; BFH v. 24. 2. 1987 - IX R 114/82, BStBl 1987 II 810.
4 Vgl. BFH v. 18. 12. 2001 - VIII R 27/00, BStBl 2002 II 733; BFH v. 27. 10. 1992 - VIII R 87/89, BStBl 1993 II 340; BFH v. 10. 11. 1997 - VIII R 6/96, BStBl 1999 II 348; *Gosch* in Kirchhof, § 17 EStG Rz. 86, m. w. N. auch zur a. A.; vgl. aber auch *Vogt* in Blümich, § 17 EStG Rz. 556.
5 *Gosch* in Kirchhof, § 17 EStG Rz. 86.
6 *Gosch* in Kirchhof, § 17 EStG Rz. 34a.
7 *Rosarius* in Lippross/Seibel, § 17 EStG Rz. 109.
8 *Rosarius* in Lippross/Seibel, § 17 EStG Rz. 110.
9 Vgl. BFH v. 20. 6. 2000 - VIII R 37/99, BFH/NV 2000, 1342 = NWB DokID: UAAAA-66216; *Rosarius* in Lippross/Seibel, § 17 EStG Rz. 110.
10 Vgl. BFH v. 9. 10. 1979 - VIII R 67/77, BStBl 1980 II 116; *Rosarius* in Lippross/Seibel, § 17 EStG Rz. 110.
11 Vgl. BFH v. 10. 3. 1981 - VIII R 195/77, BStBl 1981 II 470; *Rosarius* in Lippross/Seibel, § 17 EStG Rz. 110.

Vergütung für die Abtretung des zeitanteiligen Gewinns gem. § 101 Abs. 2 BGB, gehört auch diese Vergütung zu den Anschaffungskosten der Beteiligung beim Erwerber.[1]

281 Bei einer Bargründung führt die Bareinlage zu Anschaffungskosten.[2]

282 Bei einer Sachgründung durch Einlage einzelner Wirtschaftsgüter ergeben hingegen die Summe aller gemeinen Werte der übertragenen Wirtschaftsgüter die Anschaffungskosten.[3]

283 Gleiches gilt für die im Rahmen einer Kapitalerhöhung gegen Einlage nach §§ 184 ff. AktG für die Ermittlung der Anschaffungskosten der hinzuerlangten „jungen Aktien". Zu den Anschaffungskosten dieser jungen Aktien gehört zudem der Wert der im Zeitpunkt des Gesellschafterbeschlusses zur Kapitalerhöhung erlangten Bezugsrechte. Der Wert der Bezugsrechte ist durch Aufspaltung der Anschaffungskosten der ursprünglich gehaltenen Beteiligung zu ermitteln.[4]

284 Bei einer Kapitalerhöhung aus Gesellschaftsmitteln gem. §§ 207 ff. AktG führt die Zuteilung der neuen Anteile ebenfalls zu einer Abspaltung der in der bisherigen Beteiligung verkörperten Substanz und dementsprechend zu einer Abspaltung eines Teils der Anschaffungskosten der bisherigen Beteiligung auf die neu ausgegebenen Anteile.[5] Die Anschaffungskosten der ursprünglich gehaltenen Beteiligung vermindern sich um den Teil, der durch die Abspaltung auf die neu erlangten Anteile entfällt – „Gesamtwertmethode".[6]

bb) Anschaffungskosten bei Anteilserwerb kraft Rechtsnachfolge (§ 17 Abs. 2 Satz 5 EStG)

285 Bei unentgeltlich erworbenen Anteilen sind als Anschaffungskosten der Anteile die Anschaffungskosten des Rechtsvorgängers der die Anteile zuletzt entgeltlich erwarb maßgebend.[7] Dies gilt auch für den Erbfall.[8]

286 Bei der Veräußerung von GmbH-Anteilen, die dem Stpfl. im Rahmen eines Schenkungsvertrags von einem Dritten zugewendet worden sind, sind bei der Ermittlung des Veräußerungsgewinns gem. § 17 Abs. 2 EStG als Anschaffungskosten nicht die historischen Anschaffungskosten des Rechtsvorgängers zu berücksichtigen, wenn mit dem Schenkungsvertrag eine in Wahrheit bestehende entgeltliche Übertragung des GmbH-Anteils verdeckt werden sollte – § 41 Abs. 2 AO.[9, 10]

287 Der Rechtsnachfolger bleibt damit bei der unentgeltlichen Anteilsübertragung im Rahmen von § 17 EStG an die Anschaffungskosten des qualifiziert beteiligten Rechtsvorgängers gebunden. Er muss dann, wenn er die unentgeltlich erworbenen Anteile veräußert, damit auch die Wertsteigerungen versteuern, die während der Besitzzeit der Rechtsvorgänger eingetreten sind.

---

1 Vgl. BFH v. 22. 5. 1984 - VIII R 316/83, BStBl 1984 II 746; BFH v. 21. 5. 1986 - I R 199/84, BStBl 1986 II 794; *Rosarius* in Lippross/Seibel, § 17 EStG Rz. 110.
2 *Rosarius* in Lippross/Seibel, § 17 EStG Rz. 111.
3 *Rosarius* in Lippross/Seibel, § 17 EStG Rz. 111.
4 *Rosarius* in Lippross/Seibel, § 17 EStG Rz. 111.
5 Vgl. BFH v. 19. 12. 2000 - IX R 100/97, BStBl 2001 II 345; *Rosarius* in Lippross/Seibel, § 17 EStG Rz. 112.
6 *Rosarius* in Lippross/Seibel, § 17 EStG Rz. 112.
7 *Vogt* in Blümich, § 17 EStG Rz. 725.
8 Vgl. BFH v. 18. 1. 1999 - VIII B 80/98, BStBl 1999 II 486; *Vogt* in Blümich, § 17 EStG Rz. 725; eine Minderung des Veräußerungsgewinns durch Schenkungsteuer ist nicht möglich: FG Nürnberg v. 12. 1. 2016 - 1 K 1589/15, NWB DokID: GAAAF-69204.
9 Vgl. FG München v. 11.4.2016 - 7 K 2432/14, GmbH-StB 2016, 311 = NWB DokID: CAAAF-77888.
10 Vgl. BFH v. 18. 1. 1999 - VIII B 80/98, BStBl 1999 II 486; *Vogt* in Blümich, § 17 EStG Rz. 725; eine Minderung des Veräußerungsgewinns durch Schenkungsteuer ist nicht möglich: FG Nürnberg v. 12. 1. 2016 - 1 K 1589/15, NWB DokID: GAAAF-69204.

Dies auch in den Fällen, in denen der Erwerber erst nach dem Erwerb der Anteile unbeschränkt steuerpflichtig wird.[1]

Bei einem Vorbehaltsnießbrauch liegt keine unentgeltliche Übertragung vor.[2]

288

cc) Nachträgliche Anschaffungskosten

(1) Änderung der Rechtsprechung – „Altfälle" und „Neufälle"

Als nachträgliche Anschaffungskosten der Beteiligung kamen bisher Leistungen des Gesellschafters aus einer für die Verbindlichkeiten einer Kapitalgesellschaft begebenen Finanzierungshilfe dann in Betracht, wenn deren Übernahme durch das Gesellschaftsverhältnis veranlasst und ihm der Rückgriff gegen die Gesellschaft nicht mehr möglich war. Der BFH stellte dabei bisher betreffend die Veranlassung aus dem Gesellschaftsverhältnis unter Anknüpfung an §§ 32a, 32b GmbHG a. F. im Wesentlichen darauf ab, ob „funktionales Eigenkapital" vorliegt.[3] Das MoMiG[4] strich u. a. eben diese Bestimmungen über eigenkapitalersetzende Darlehen im GmbHG und traf in der InsO und dem AnfG dazu neue Regelungen. Damit fiel aber auch der Anknüpfungspunkt für die Veranlassung aus dem Gesellschaftsverhältnis weg. Daher sind die Grundsätze der früheren Rechtsprechung nun nicht mehr anzuwenden. Aus Gründen des Vertrauensschutzes ist diese neue Rechtsprechung aber erst für „Neufälle" nach dem 27.9.2017, dem Tag der Veröffentlichung des Urteils des BFH, anwendbar.[5]

289

(2) Altfälle: Voraussetzungen

Nach dem Erwerb der Anteile an einer Kapitalgesellschaft können Aufwendungen entstehen, die durch die Beteiligung oder das Gesellschaftsverhältnis veranlasst sind und nicht mit den Einnahmen aus dieser Beteiligung in Zusammenhang stehen. Sie wären zudem als Anschaffungskosten der Beteiligung zu werten gewesen, wenn sie in zeitlichem und sachlichem Zusammenhang mit dem Erwerb der Beteiligung gestanden hätten. Derartige Aufwendungen stellen nachträgliche Anschaffungskosten[6] der Beteiligung dar. Sie sind nicht als Werbungskosten bei den Einkünften aus Kapitalvermögen zu qualifizieren, sondern wie Anschaffungskosten zu behandeln.[7]

290

(3) Altfälle: „Funktionales Eigenkapital"

Zu den nachträglichen Anschaffungskosten einer Beteiligung zählen vor allem auch die nachträglichen Aufwendungen auf die Beteiligung, wenn sie durch das Gesellschaftsverhältnis veranlasst sind und weder Werbungskosten bei den Einkünften aus Kapitalvermögen noch Veräußerungskosten sind – „funktionales Eigenkapital". Eine Veranlassung durch das Gesell-

291

---

1 Vgl. BFH v. 30.3.1993 - VIII R 44/90, BFH/NV 1993, 597 = NWB DokID: WAAAB-34112; *Vogt* in Blümich, § 17 EStG Rz. 725.
2 Vgl. BFH v. 24.1.2012 – IX R 51/10, BStBl 2012 II 308; *Vogt* in Blümich, § 17 EStG Rz. 726.
3 Rz. 291; vgl. etwa nur: BFH v. 24.4.1997 - VIII R 23/93, BStBl 1999 II 342; v. 6.7.1999 - VIII R 9/98, BStBl 1999 II 817; v. 23.5.2000 - VIII R 3/99, BFH/NV 2001, 23 = NWB DokID: XAAAA-97498; v. 22.4.2008 - IX R 75/06, BFH/NV 2008, 1994 = NWB DokID: QAAAC-93981; BMF v. 21.10.2010, BStBl 2010 I 832.
4 Vom 23.10.2008, BGBl 2008 I 2026, in Kraft seit dem 1.11.2008.
5 BFH v. 11.7.2017 – IX R 36/15, DStR 2017, 2098 = NWB DokID: VAAAG-58248.
6 Ausführlich dazu: *Vogt* in Blümich, § 17 EStG Rz. 590 ff.; *Gosch* in Kirchhof, § 17 EStG Rz. 90 ff.; HHR/*Eilers/R. Schmidt*, § 17 EStG Rz. 200 ff; *Weber-Grellet* in Schmidt, § 17 EStG Rz. 163 ff.; *Strahl* in Korn, § 17 EStG Rz. 86 ff., jeweils mit weiteren Hinweisen auf die Rechtsprechung; zur Rechtslage nach dem MoMiG vgl. BMF v. 21.10.2010, BStBl 2010 I 832.
7 *Rosarius* in Lippross/Seibel, § 17 EStG Rz. 115.

schaftsverhältnis ist nur dann gegeben, wenn der Gesellschafter der Gesellschaft durch seine Finanzierungsmaßnahme funktionales Eigenkapital zuführt. Dies setzt wiederum voraus, dass die Finanzierungsmaßnahme eigenkapitalersetzenden Charakter hat. Entscheidend ist damit grundsätzlich, ob für die Zuwendung eines Vermögensvorteils an die Gesellschaft durch den Gesellschafter eine **gesellschaftsrechtliche Veranlassung** bestand oder ein anderer wirtschaftlicher Grund anzunehmen ist, der unter denselben Voraussetzungen auch einen Dritten veranlasst hätte, den Sachverhalt ebenso zu gestalten.[1]

(4) Altfälle: Darlehen des Gesellschafters

292 Die Hingabe eines Darlehens oder einer sonstigen Forderung ist dann durch das Gesellschaftsverhältnis veranlasst, wenn die Forderung eigenkapitalersetzenden Charakter hat. Gesellschafterdarlehen,[2] die in der Krise gewährt werden, haben stets eigenkapitalersetzenden Charakter, weil ein fremder Dritter zu diesem Zeitpunkt ein Darlehen nicht mehr gewährt hätte. Dasselbe gilt für ein vor Eintritt in die Krise[3] gewährtes Darlehen, das mit Eintritt in die Krise stehen gelassen wird oder von Anbeginn auf eine Krisenfinanzierung angelegt war. Unabhängig davon, ob die Gesellschaft sich bei der Darlehensgewährung bereits in einer Krise befindet, haben Darlehen, ohne die der Gesellschaftszweck nicht hätte verwirklicht werden können und deren Mittel der Gesellschaft dauerhaft, insbesondere auch für den Fall einer Krise gewährt werden – Finanzplandarlehen – regelmäßig eigenkapitalersetzenden Charakter.[4]

(5) Altfälle: Bürgschaft

293 Mit der Übernahme einer Bürgschaft für Verbindlichkeiten der Gesellschaft wird der Gesellschaft noch kein Vermögensvorteil zugewandt. Wird der Gesellschafter aus der Bürgschaft in Anspruch genommen, geht soweit er den Gläubiger befriedigt, die Forderung des Gläubigers gegen den Gesellschafter auf ihn über; § 774 Abs. 1 Satz 1 BGB. Verzichtet der Gesellschafter auf die Durchsetzung dieser Forderung oder wird diese wertlos, können nachträgliche Anschaffungskosten vorliegen. Es gelten insofern dieselben Maßstäbe wie für die Fälle des Forderungsverzichts. Insoweit ist auf den Zeitpunkt abzustellen an dem die Bürgschaft übernommen wurde. Nachträgliche Anschaffungskosten liegen damit ggf. bereits dann vor, wenn der Bürge in Anspruch genommen wird. Auf die Zahlung kommt es nicht an.[5]

(6) Neufälle: Voraussetzungen

294 Zu den nachträglichen Anschaffungskosten der Beteiligung gehören damit nunmehr grundsätzlich nur noch solche Aufwendungen des Gesellschafters, die nach handels- und bilanzsteuerrechtlichen Grundsätzen zu einer offenen oder verdeckten Einlage in das Kapital der Kapitalgesellschaft führen. Darunter fallen insbesondere Nachschüsse i. S. d. §§ 26 ff. GmbHG, sonstige Zuzahlungen gem. § 272 Abs. 2 Nr. 4 HGB wie etwa Einzahlungen in die Kapitalrücklage, Barzuschüsse oder der Verzicht auf eine noch werthaltige Forderung.[6]

---

1 *Vogt* in Blümich, § 17 EStG Rz. 590 ff.; *Rosarius* in Lippross/Seibel, § 17 EStG Rz. 116.
2 Eine Erweiterung auf andere Personen als den Gesellschafter ist nicht möglich: FG Hamburg v. 14.1.2016 - 1 K 164/15, juris, nachgehend: BFH v. 24.5.2016 - IX B 36/16, NWB DokID: SAAAF-78697.
3 In Fällen der Betriebsaufspaltung ist für die Frage der Krise eine Gesamtbeurteilung von Besitz- und Betriebsunternehmen vorzunehmen; FG Köln v. 26.3.2015 - 10 K 1107/13, NWB DokID: HAAAE-48728, Rev.: BFH IX R 51/15.
4 *Rosarius* in Lippross/Seibel, § 17 EStG Rz. 116; s. dazu auch *Hoffmann*, StuB 2015, 41; *Ott*, StuB 2015, 43.
5 *Rosarius* in Lippross/Seibel, § 17 EStG Rz. 116.
6 BFH v. 11.7.2017 - IX R 36/15, DStR 2017, 2098 = NWB DokID: VAAAG-58248.

Aufwendungen aus Finanzierungshilfen führen hingegen grundsätzlich nicht mehr zu Anschaffungskosten der Beteiligung. Etwas Anderes kann sich allerdings dann ergeben, wenn sich die vom Gesellschafter der Kapitalgesellschaft gewährte Finanzierungshilfe aufgrund der vertraglichen Abreden mit der Zuführung einer Einlage in das Gesellschaftsvermögen als wirtschaftlich vergleichbar erweist (so z. B. ein Darlehen des Gesellschafters dessen Rückzahlung auf Grund der getroffenen Vereinbarungen, etwa eines Rangrücktritts i. S.d. § 5 Abs. 2a EStG, im Wesentlichen denselben Voraussetzungen unterliegt wie die Rückzahlung von Eigenkapital).[1]Damit sind nunmehr die Aufwendungen die aus der Inanspruchnahme aus einer Gesellschafterbürgschaft entstehen, unabhängig davon, ob die Bürgschaft krisenbestimmt oder in der Krise der Gesellschaft übernommen worden ist, ab Geltung des MoMiG grundsätzlich nicht mehr als nachträglichen Anschaffungskosten der Beteiligung i. S.v. § 17 Abs. 2 und 4 EStG zu qualifizieren.[2]

(7) Übergangsregelung

Allerdings sind die bisherigen Grundsätze zur Berücksichtigung von nachträglichen Anschaffungskosten aus eigenkapitalersetzenden Finanzierungshilfen weiter anzuwenden, wenn der Gesellschafter eine eigenkapitalersetzende Finanzierungshilfe bis zum Tag der Veröffentlichung des Urteils des BFH vom 11.7.2017[3] leistete oder wenn eine Finanzierungshilfe des Gesellschafters bis zu diesem Tag eigenkapitalersetzend wurde.[4]

(8) Folgen der Rechtsprechungsänderung

Die Änderung der Rechtsprechung erweist sich als konsequent. Nunmehr gilt auch im Steuerrecht kein Eigenkapitalersatzrecht mehr. Finanzierungshilfen des Gesellschafters sind eben nicht mehr eigenkapitalersetzend, sondern in einer Insolvenz der Gesellschaft nachrangig oder anfechtbar. Die gewährte Finanzierungshilfe bleibt aus der Sicht der Kapitalgesellschaft damit Fremdkapital und wird nicht Eigenkapital bzw. eigenkapitalersetzend. Soweit ein Gesellschafterdarlehen oder eine zugunsten der Gesellschaft übernommene Bürgschaft als Kapitalforderung dem Anwendungsbereich des § 20 EStG und nicht dem des § 17 EStG unterfällt, führt ein entsprechender Ausfall zukünftig zu einem steuerlich unbeachtlichen Vermögensausfall, da § 20 Abs. 9 EStG den Abzug tatsächlicher Werbungskosten ausschließt.[5]

PRAXISHINWEIS:

Im Einzelfall ist sowohl die Regelung des Vertrauensschutzes durch den BFH als auch die - noch ausstehende - Reaktion der FinVerw[6] auf das Urteil des BFH vom 11.7.2017[7] hin zu beachten.[8] Bei zukünftigen Gesellschafterdarlehen sollte daher erwogen werden, ob im Rahmen der Darlehensgewährung etwa ein Rangrücktritt i. S. d. § 5 Abs. 2a EStG vereinbart wird. Dies böte die Möglichkeit dem Darlehen auch bilanzsteuerrechtlich die Funktion von (zusätzlichem) Eigenkapital zuzuweisen, so dass bei einem Ausfall des nachrangigen Gesellschafterdarlehens nachträgliche Anschaffungskosten i. S.v. § 17 Abs. 2 und 4 EStG

---

1 BFH v. 11.7.2017 - IX R 36/15, DStR 2017, 2098 = NWB DokID: VAAAG-58248; vgl. BFH v. 30.11.2011 - I R 100/10, BStBl 2012 II 332; v. 15.4.2015 - I R 44/14, BStBl 2015 II 769, v. 10.8.2016 - I R 25/15, BStBl 2017 II 670.
2 BFH v. 11.7.2017 - IX R 36/15, DStR 2017, 2098 = NWB DokID: VAAAG-58248.
3 IX R 36/15, DStR 2017, 2098 = NWB DokID: VAAAG-58248.
4 BFH v. 11.7.2017 - IX R 36/15, DStR 2017, 2098 = NWB DokID: VAAAG-58248.
5 Seppelt, BB 2017, 2478.
6 Das BMF-Schreiben v. 21.10.2010, BStBl 2010 I 832 ist bisher weder geändert noch aufgehoben.
7 IX R 36/15, DStR 2017, 2098 = NWB DokID: VAAAG-58248.
8 Trossen, EStB 2017, 381; NWB 2017, 3040.

entstünden.[1] Ist aber § 5 Abs. 2a EStG erfüllt, so zeitigt dies wiederum auch andere „nachteilige" Folgen wie etwa die der Ausbuchung der Verbindlichkeit und des Eintritts einer steuerwirksamen Gewinnauswirkung in Höhe des nicht (mehr) werthaltigen Teils der Verbindlichkeit.[2]

(9) Nachschüsse

298 Nachschüsse gem. § 26 GmbHG bis § 28 GmbHG erweisen sich nach wie vor als nachträgliche Anschaffungskosten.[3]

dd) Anteile mit unterschiedlichen Anschaffungskosten

299 Erwarb der Stpfl. Anteile an einer Kapitalgesellschaft zu verschiedenen Zeiten und zu unterschiedlichen Anschaffungskosten, so behalten die einzelnen Anteile grundsätzlich ihre Selbstständigkeit.[4] Bei der Veräußerung der Anteile sind daher grundsätzlich die Anschaffungskosten des Anteils maßgebend, der veräußert wird. Dies gilt selbst dann, wenn für einen anderen Anteil an der Kapitalgesellschaft zugleich ein anderer Preis gezahlt wurde. Die Bildung eines durchschnittlichen Anschaffungspreises ist eigens dann nicht zulässig, wenn die Identität des jeweils veräußerten Anteils feststeht.[5]

ee) Nachträglicher Eintritt der steuerlichen Verstrickung

300 Erwarb der Stpfl. die Beteiligung bereits vor Begründung der unbeschränkten Steuerpflicht, so ist bei der Ermittlung der Anschaffungskosten nicht der Wert der Anteile im Zeitpunkt des Zuzugs anzusetzen, sondern die tatsächlichen, historischen Anschaffungskosten.[6]

2. Einschränkung der Verlustberücksichtigung (§ 17 Abs. 2 Satz 6 EStG)

a) Unentgeltlicher Anteilserwerb (§ 17 Abs. 2 Satz 6 Buchst. a EStG)

301 Gemäß § 17 Abs. 2 Satz 6 Buchst. a EStG ist ein Veräußerungsverlust nicht zu berücksichtigen, soweit er auf Anteile entfällt, die der Stpfl. innerhalb der letzten fünf Jahre vor der Veräußerung unentgeltlich erwarb.

302 Eine Ausnahme besteht für Verluste, die Rechtsvorgänger hätten geltend machen können; § 17 Abs. 2 Satz 6 Buchst. a Satz 2 EStG. Voraussetzung ist dafür, dass der Rechtsvorgänger die Verluste hätte geltend machen können, wenn ihm die Anteile im Zeitpunkt der Veräußerung zuzurechnen gewesen wären und er die Veräußerung vorgenommen hätte. Es handelt sich um eine fiktive Prüfung des Verlustausgleichs beim Rechtsvorgänger. Überdies muss der Rechtsvorgänger den Anteil mit Einkunftserzielungsabsicht erworben und gehalten haben.[7]

---

1 Seppelt, BB 2017, 2478.
2 Trossen, EStB 2017, 381.
3 Rosarius in Lippross/Seibel, § 17 EStG Rz. 116; BFH v. 11. 7. 2017 - IX R 36/15, DStR 2017, 2098 = NWB DokID: [VAAAG-58248].
4 Vgl. BFH v. 29. 7. 1997 - VIII R 80/94, BStBl 1997 II 727; Vogt in Blümich, § 17 EStG Rz. 715.
5 Vogt in Blümich, § 17 EStG Rz. 715 f., m. w. N. auch zu dem Fall, das eine Identifizierung der Anteile mit Bezug auf ihre Anschaffungskosten nicht mehr möglich ist.
6 Vgl. BFH v. 19. 3. 1996 - VIII R 15/94, BStBl 1996 II 312; aber auch BFH v. 17. 12. 1997 - I B 108/97, BStBl 1998 II 558; BFH v. 18. 1. 1999 - VIII B 80/98, BStBl 1999 II 486; BFH v. 1. 3. 2005 - VIII R 92/03, BStBl 2005 II 398; Vogt in Blümich, § 17 EStG Rz. 737, m. w. N. auch zur Kritik und a. A.
7 FG Hamburg v. 25. 11. 2015 - 2 K 258/14, EFG 2016, 483, Rev.: BFH IX R 1/16.

> **PRAXISHINWEIS:**
> Bei dieser Prüfung der Möglichkeit des Verlustausgleichs beim Rechtsvorgänger ist für diesen auch die weitere Verlustausgleichsbeschränkung des § 17 Abs. 2 Satz 6 Buchst. b EStG einzubeziehen und fiktiv anzuwenden. Für die Fünfjahresfrist sind die Besitzzeiten des Rechtsvorgängers und des Veräußerers der unentgeltlich erworbenen Anteile zusammenzurechnen.[1]

b) Entgeltlicher Anteilserwerb (§ 17 Abs. 2 Satz 6 Buchst. b EStG)

Gemäß § 17 Abs. 2 Satz 6 Buchst. b EStG ist ein Veräußerungsverlust nicht zu berücksichtigen, soweit er auf Anteile entfällt, die 303

▶ entgeltlich erworben worden sind und

▶ nicht innerhalb der gesamten letzten fünf Jahre zu einer steuerverstrickten Beteiligung i. S. v. § 17 Abs. 1 Satz 1 EStG des Stpfl. gehört haben.

Dies gilt nach der Ausnahmeregelung des § 17 Abs. 2 Satz 6 Buchst. b Satz 2 EStG nicht für innerhalb der letzten fünf Jahre erworbene Anteile, 304

▶ deren Erwerb zur Begründung einer steuerverstrickten Beteiligung des Stpfl. geführt hat oder

▶ die nach Begründung der steuerverstrickten Beteiligung erworben worden sind.

§ 17 Abs. 2 Satz 6 Buchst. b Satz 2 EStG setzt nicht voraus, dass die Anteile, deren Erwerb zur Begründung einer wesentlichen bzw. steuerverstrickten Beteiligung führt, aus der Hand einer Person erworben werden. Ob die Anteile bereits bei dem Rechtsvorgänger steuerverhaftet waren, spielt für § 17 Abs. 2 Satz 6 Buchst. b EStG ebenfalls keine Rolle. Es sind auch mittelbare Beteiligungen in die Beurteilung mit einzubeziehen.[2] 305

V. Freibetrag (§ 17 Abs. 3 EStG)

1. Ermittlung des Freibetrags

§ 17 Abs. 3 EStG ist eine Tarifvorschrift. Demnach ist der Freibetrag als eine sachliche Steuerbefreiung[3] bei der Einkunftsermittlung – unabhängig von persönlichen Verhältnissen – zu berücksichtigen.[4] Die Höhe dieses Freibetrags richtet sich nach dem Verhältnis des Nennwerts der veräußerten Anteile zum Nennkapital der Kapitalgesellschaft. So ist in einem ersten Schritt der veräußerte Anteil auf die 9 060 € gem. § 17 Abs. 3 Satz 1 EStG zu beziehen. Der volle Freibetrag kann demnach nur ausgeschöpft werden, wenn sich sämtliche Anteile beim Anteilseigner vereinigen und veräußert werden – „beteiligungsproportionaler Freibetrag".[5] In einem zweiten Schritt ermäßigt sich der Freibetrag gem. § 17 Abs. 3 Satz 2 EStG jedoch um den Betrag, um den der Veräußerungsgewinn den Teil von 36 100 € übersteigt, der dem veräußerten Anteil an der Kapitalgesellschaft entspricht – „beteiligungsproportionaler Grenzbetrag".[6] Sofern die Kapitalgesellschaft aber über eigene Anteile verfügen sollte, ist die Bezugsgröße für 306

---

1 HHR/*Eilers*/*R. Schmidt*, § 17 EStG Rz. 246, m. w. N.
2 HHR/*Eilers*/*R. Schmidt*, § 17 EStG Rz. 247, m. w. N. und umfangreichen weitergehenden Erörterungen.
3 *Rapp* in Littmann/Bitz/Pust, § 17, Rz. 285; *Vogt* in Blümich, § 17 EStG Rz. 763.
4 *Reinhart*, a. a. O., 97 f.; *Lippert*, a. a. O., 26; HHR/*Eilers*/*R. Schmidt*, § 17 EStG Rz. 251.
5 *Lippert*, a. a. O., 26.
6 Vgl. auch *Lippert*, a. a. O., 26.

die Berechnung des Freibetrags das um die eigenen Anteile der Kapitalgesellschaft geminderte Nennkapital.[1]

> **BEISPIEL:** A und B sind zu je 49 % am gezeichneten Kapital der AB-AG beteiligt. 2 % der Anteile hält die AB-AG als eigene Anteile. A veräußert seine komplette Beteiligung und erzielt einen Veräußerungsgewinn i. H. v. 20 000 €. Der Freibetrag gem. § 17 Abs. 3 Satz 1 EStG beträgt 4 530 € (50 % von 9 060 €). Dieser ist nunmehr gem. § 17 Abs. 3 Satz 2 EStG zu kürzen. Hierfür ist der Veräußerungsgewinn i. H. v. 20 000 € um 50 % von 36 100 € (= 18 050 €) zu verringern. Der übersteigende Teil beträgt mithin 1 950 € (= 20 000 € ./. 18 050 €). Der verbleibende Freibetrag beträgt somit 2 580 € (= 4 530 € ./. 1 950 €), so dass sich ein steuerpflichtiger Veräußerungsgewinn i. H. v. 17 420 € (= 20 000 € ./. 2 580 €) ergibt.

307 Dabei gilt es zu berücksichtigen, dass gem. R 17 Abs. 9 EStR für die Berechnung des Freibetrags der steuerfrei bleibende Teil des Veräußerungsgewinns nicht zu berücksichtigen ist.

> **PRAXISHINWEIS:**
> Der Freibetrag gilt unabhängig für jede Beteiligung i. S. d. § 17 EStG, so dass der Freibetrag in einem Veranlagungszeitraum bei der Veräußerung von Anteilen an verschiedenen Kapitalgesellschaften für jede dieser Veräußerungen genutzt werden kann. Veräußert der Stpfl. hingegen im selben VZ mehrmals Anteile an ein und derselben Kapitalgesellschaft sind die hieraus resultierenden Veräußerungsgewinne zusammenzurechnen und der Freibetrag entsprechend nur einmal zu gewähren.[2]

2. Freibetrag bei Veräußerung gegen wiederkehrende Bezüge

308 Der Freibetrag ist nur bei der Sofortbesteuerung zu gewähren.[3]

309–315 *(Einstweilen frei)*

VI. Fiktive Veräußerungsvorgänge: Liquidation, Kapitalherabsetzung und Kapitalrückzahlung sowie Ausschüttungen aus dem steuerlichen Einlagekonto (§ 17 Abs. 4 EStG)

1. Auflösung einer Kapitalgesellschaft

316 Gemäß § 17[4] Abs. 4 Satz 1 EStG sind bei der Auflösung einer Kapitalgesellschaft die Regelungen des § 17 Abs. 1 bis 3 EStG entsprechend anzuwenden. Der Auflösungsgewinn bzw. -verlust ist daher wie ein Veräußerungsgewinn bzw. -verlust zu behandeln.[5]

317 Das Entstehen eines Auflösungsgewinns oder -verlusts setzt die tatsächliche und rechtliche Auflösung der Kapitalgesellschaft voraus.[6] Eine (formwechselnde) Umwandlung einer Kapitalgesellschaft in eine andere Kapitalgesellschaft führt nicht zur Auflösung der Kapitalgesell-

---

1 *Vogt* in Blümich, § 17 EStG Rz. 762.
2 Ebenso: HHR/*Eilers/R. Schmidt*, § 17 EStG Rz. 251; *Vogt* in Blümich, § 17 EStG Rz. 764.
3 Siehe dazu → Rz. 245; HHR/*Eilers/R. Schmidt*, § 17 EStG Rz. 251; *Rapp* in Littmann/Bitz/Pust, § 17 EStG Rz. 285; vgl. BFH v. 17.12.1991 - VIII R 80/87, BStBl 1993 II 15; BFH v. 19.8.1999 - IV R 67/98, BStBl 2000 II 179; BFH v. 21.12.1988 - III B 15/88, BStBl 1989 II 409.
4 Ausführlich dazu: *Vogt* in Blümich, § 17 EStG Rz. 805 ff.; HHR/*Eilers/R. Schmidt*, § 17 EStG Rz. 260 ff.; *Gosch* in Kirchhof, § 17 EStG Rz. 120 ff.
5 *Rosarius* in Lippross/Seibel, § 17 EStG Rz. 154.
6 Vgl. BFH v. 3.6.1993 - VIII R 81/91, BStBl 1994 II 162; *Rosarius* in Lippross/Seibel, § 17 EStG Rz. 154.

schaft in der bisherigen Rechtsform.[1] Die Umwandlung einer Kapitalgesellschaft in eine Personengesellschaft löst hingegen die Rechtsfolgen des § 17 Abs. 4 EStG aus.[2]

Der Zeitpunkt der steuerlichen Berücksichtigung des Auflösungsgewinns ergibt sich grundsätzlich aus dem Zeitpunkt der gesellschaftsrechtlichen Auflösung der Kapitalgesellschaft.[3] Im Fall der Auflösung mit anschließender Liquidation der Gesellschaft entsteht der Auflösungsgewinn grundsätzlich mit Abschluss der Liquidation, es sei denn, dass mit einer wesentlichen Änderung des bereits feststehenden Liquidationserlöses nicht mehr zu rechnen ist[4] und zudem feststeht, ob und in welchem Umfang noch nachträglich Anschaffungskosten oder Veräußerungs- oder Aufgabekosten anfallen werden.[5]

318

Dies gilt entsprechend für die Berücksichtigung eines Auflösungsgewinns bei der Auflösung einer Kapitalgesellschaft im Rahmen eines Insolvenzverfahrens.[6]

319

PRAXISHINWEIS:

Bei der Ermittlung des Auflösungsgewinns ist anstelle des Veräußerungspreises der gemeine Wert des dem Stpfl. zugeteilten oder zurückgezahlten Vermögens der Kapitalgesellschaft anzusetzen; § 17 Abs. 4 Satz 2 EStG. Dabei sind Sachgüter mit ihrem gemeinen Wert zu bewerten.[7] Kapitalforderungen sind grundsätzlich mit ihrem Nennwert anzusetzen, soweit nicht besondere Umstände einen höheren oder geringeren Wert begründen; vgl. § 12 Abs. 1 Satz 1 BewG. Solch besondere Umstände liegen etwa dann vor, wenn die einer Kapitalgesellschaft gegen ihren Gesellschafter zustehende Forderung im Zeitpunkt der Auflösung der Gesellschaft wegen der Vermögenslosigkeit des Gesellschafters objektiv wertlos ist.[8] Der gemeine Wert des zugeteilten oder zurückgezahlten Vermögens ist zudem um die Bezüge zu kürzen, die nach § 20 Abs. 1 Nr. 1 oder 2 EStG zu den Einnahmen aus Kapitalvermögen gehören. Dies können z. B. Gewinnausschüttungen für vorangegangene Geschäftsjahre, die erst im Rahmen der Auflösung der Gesellschaft dem Stpfl. zufließen sein.[9]

Allein die Auflösung einer Kapitalgesellschaft befreit aber zivilrechtlich den Gesellschafter nicht von einer gegenüber der Kapitalgesellschaft bestehenden Verbindlichkeit. Die bloße Nichteinziehung der Forderung im Zuge der Auflösung der Kapitalgesellschaft führt deshalb nicht zur Zuteilung oder Rückzahlung von Vermögen der Kapitalgesellschaft i. S. d. § 17 Abs. 4 Satz 2 EStG.[10]

(Einstweilen frei) 320–325

---

1 *Rosarius* in Lippross/Seibel, § 17 EStG Rz. 155.
2 *Rosarius* in Lippross/Seibel, § 17 EStG Rz. 155.
3 Vgl. BFH v. 26. 2. 1993 - VIII B 87/92, BFH/NV 1993, 364 = NWB DokID: AAAAB-34099; *Rosarius* in Lippross/Seibel, § 17 EStG Rz. 156.
4 Vgl. BFH v. 25. 1. 2000 - VIII R 63/98, BStBl 2000 II 343, m. w. N.; BFH v. 28. 10. 2008 - IX R 100/07, BFH/NV 2009, 561 = NWB DokID: HAAAD-08081; zuletzt BFH v. 24. 3. 2016 - IX B 6/15, BFH/NV 2016, 1014 = NWB DokID: BAAAF-74128; *Rosarius* in Lippross/Seibel, § 17 EStG Rz. 156.
5 Vgl. BFH v. 12. 12. 2000 - VIII R 52/93, BStBl 2001 II 286; BFH v. 29. 12. 2008 - X B 141/08, BFH/NV 2009, 581 = NWB DokID: YAAAD-09847; *Rosarius* in Lippross/Seibel, § 17 EStG Rz. 156; für den Fall der Nachtragsliquidation: BFH v. 1. 7. 2014 - IX R 47/13, BStBl 2014 II 786; dazu *Schießl*, StuB 2015, 93; *Weber-Grellet*, BB 2015, 43; BFH v. 3. 5. 2016 - IX B 14/16, BFH/NV 2016, 1161 = NWB DokID: NAAAF-75054.
6 Vgl. BFH v. 1. 3. 2005 - VIII R 46/03, BFH/NV 2005, 2171 = NWB DokID: OAAAB-66990; BFH v. 27. 11. 1995 - VIII B 16/95, BFH/NV 1996, 406 = NWB DokID: RAAAB-37514; *Rosarius* in Lippross/Seibel, § 17 EStG Rz. 157.
7 *Vogt* in Blümich, § 17 EStG Rz. 860.
8 Vgl. dazu BFH v. 16. 6. 2015 - IX R 28/14, NWB DokID: WAAAF-05922, DStR 2015, 2489 = EStB 2015, 402, m. Anm. *Günther*; *Jachmann-Michel*, jurisPR-SteuerR 1/2016 Anm. 5.
9 Vgl. BFH v. 12. 9. 1973 - I R 9/72, BStBl 1974 II 14; *Rosarius* in Lippross/Seibel, § 17 EStG Rz. 158.
10 Vgl. BFH v. 16. 6. 2015 - IX R 28/14, NWB DokID: WAAAF-05922, DStR 2015, 2489 = EStB 2015, 402, m. Anm. *Günther*; *Jachmann-Michel*, jurisPR-SteuerR 1/2016 Anm. 5.

2. Kapitalherabsetzung und Kapitalrückzahlung

326 Dieselben Regelungen, die für die Auflösung einer Kapitalgesellschaft gelten, gelten auch bei einer Kapitalherabsetzung bei der Kapital der Gesellschaft an die Gesellschafter zurückgezahlt wird. Unter einer Kapitalherabsetzung i. S. d. § 17 Abs. 4 Satz 1 EStG ist damit die Herabsetzung des Grund- oder Stammkapitals einer Kapitalgesellschaft nach handelsrechtlichen Vorschriften zu verstehen.[1]

327 Bei der Ermittlung des Herabsetzungsgewinns ist der gemeine Wert des dem Stpfl. zurückgezahlten Vermögens der Kapitalgesellschaft anstelle des Veräußerungspreises anzusetzen. Auch dabei sind die Teilbeträge aus dem zurückgezahlten Vermögen auszuscheiden, die zu den Einnahmen aus Kapitalvermögen i. S. d. § 20 Abs. 1 Nr. 1 oder 2 EStG gehören. Von dem so ermittelten Herabsetzungserlös sind folgend die anteiligen Anschaffungskosten und die Veräußerungskosten in Form der Herabsetzungskosten abzuziehen. Die anteiligen Anschaffungskosten sind aus den tatsächlichen Anschaffungskosten der Anteile im Verhältnis von Nennkapital vor und nach der Kapitalherabsetzung zu berechnen.[2]

3. Ausschüttung aus dem steuerlichen Einlagekonto

328 Die Rückgewähr von nicht in das Nennkapital der Gesellschaft geleisteten Einlagen führt nicht zu Einnahmen aus Kapitalvermögen i. S. v. § 20 Abs. 1 Nr. 1 EStG. Da eine (verdeckte) Einlage in die Kapitalgesellschaft allerdings die Anschaffungskosten der Gesellschaftsanteile erhöht, bestimmt § 17 Abs. 4 Satz 1 EStG, dass korrespondierend dazu die Rückgewähr dieser Einlagen und Ausschüttungen aus dem Einlagenkonto der Veräußerung der entsprechenden Anteile gleichgestellt werden. Die Ermittlung des Veräußerungsgewinns erfolgt ebenso bei der Ermittlung des Veräußerungsgewinns bei einer Kapitalherabsetzung.[3]

4. Subsidiaritätsregel (§ 17 Abs. 4 Satz 3 EStG)

329 Maßgeblich ist stets, dass die Bezüge nicht zu den Einnahmen aus Kapitalvermögen gem. § 20 Abs. 1 Nr. 1 oder 2 EStG gehören. Deshalb ist in jedem Einzelfall zunächst zu prüfen, ob die Einnahmen möglicherweise solche aus Kapitalvermögen sind.

330–335 (*Einstweilen frei*)

VII. Entstrickung bei Wegzug von Kapitalgesellschaften (§ 17 Abs. 5 EStG)

336 § 17 Abs. 5 EStG regelt die Besteuerungsfolgen von Anteilseignern und Genossen anlässlich einer Sitzverlegung einer in- oder ausländischen Kapitalgesellschaft oder Genossenschaft.[4] Gemäß § 17 Abs. 5 EStG – eingeführt durch das SEStEG[5] – soll bei identitätswahrender Sitzverlegung oder Verlegung des Ortes der Geschäftsleitung einer Kapitalgesellschaft in einen anderen Staat das Besteuerungsrecht Deutschlands sichergestellt werden.[6] Dies kommt insbeson-

---

1 Vgl. BFH v. 21. 12. 1972 - I R 70/70, BStBl 1973 II 449; *Rosarius* in Lippross/Seibel, § 17 EStG Rz. 161.
2 Vgl. BMF v. 25. 10. 2004, BStBl 2004 I 1034, Tz. 36; *Rosarius* in Lippross/Seibel, § 17 EStG Rz. 162.
3 *Rosarius* in Lippross/Seibel, § 17 EStG Rz. 165; 326.
4 *Benecke*, NWB 2007, 3325; *Eickmann/Mörwald*, DStZ 2009, 422; *Schmidt/Busekist/Drescher*, a. a. O.; *Benecke/Schnitger*, IStR 2006, 765.
5 BT-Drucks. 16/2710.
6 Zur praktischen Bedeutung einer identitätswahrenden Sitzverlegung: HHR/*Eilers/R. Schmidt*, § 17 EStG Rz. 350; *Eickmann/Mörwald*, a. a. O.; *Töben/Reckwardt*, FR 2007, 159, 166; *Schmidt/Busekist/Drescher*, a. a. O.; *Benecke/Schnitger*, a. a. O.

dere bei einer identitätswahrenden Sitzverlegung einer SE oder SCE sowie bei einer nach ausländischem Recht gegründete Kapitalgesellschaft, die ihre Geschäftsleitung im Inland hat, in Betracht.[1]

Sofern eine Sitzverlegung oder die Verlegung des Ortes der Geschäftsleitung von einem ausländischen Staat in einen anderen ausländischen Staat erfolgt, ist § 17 Abs. 5 EStG ebenfalls anwendbar.[2] Im Grundsatz führt ein solcher Vorgang zu einer fiktiven Anteilsveräußerung, wenn die Sitzverlegung zur Einschränkung oder zum Ausschluss des Besteuerungsrechts hinsichtlich des Gewinns aus der Anteilsveräußerung führt. Es erfolgt dann eine Besteuerung wie bei einer Veräußerung der Anteile zum gemeinen Wert; § 9 Abs. 2 BewG.[3]

Kann eine Gesellschaft in ihrer bisherigen Rechtsform nicht fortbestehen und wird sie daher aufgrund der Sitzverlegung zivilrechtlich aufgelöst, ist § 17 Abs. 4 Satz 1 EStG maßgebend. Ebenso wenn die Gesellschaft aufgrund des § 12 Abs. 3 KStG als aufgelöst gilt.[4]

Die fiktive Veräußerungsgewinnbesteuerung zum gemeinen Wert soll nur dann eintreten, wenn die Bundesrepublik Deutschland das Besteuerungsrecht bezüglich des Gewinns aus der Veräußerung der Anteile als Konsequenz aus der identitätswahrenden Sitzverlegung in einen anderen Staat beschränkt oder ausgeschlossen wird.[5] Das Besteuerungsrecht könnte im Falle des Vorliegens eines DBA eingeschränkt bzw. beschränkt werden.[6] So steht grundsätzlich gem. dem Art. 13 Abs. 5 OECD-MA das Besteuerungsrecht für die Veräußerung von Gesellschaftsanteilen dem Ansässigkeitsstaat des Anteilseigners zu.[7] Sofern also Deutschland als Ansässigkeitsstaat des Anteilseigners gilt, verbleibt das Besteuerungsrecht grundsätzlich in Deutschland, so dass die Sitzverlegung das Besteuerungsrecht nicht berührt.[8] Jedoch ist zu beachten, dass einzelne DBA von der Regelung des Art. 13 Abs. 5 OECD-MA abweichen – bspw. Indien, Kenia, Mexiko, Slowakei, Tschechien. Weiterhin ist zu beachten, in welchem Staat die Kapitalgesellschaft als ansässig gilt.[9]

BEISPIEL:[10] Der im Inland unbeschränkt steuerpflichtige A ist Gesellschafter der X-Ltd. Deren statuarischer Sitz und die Geschäftsleitung befinden sich in Kapstadt (Südafrika). Die X-Ltd. verlegt identitätswahrend ihren Sitz und ihren Ort der Geschäftsleitung nach Bombay (Indien).

Gemäß dem DBA Südafrika hätte im Falle einer etwaigen Veräußerung durch den A die Bundesrepublik Deutschland das Besteuerungsrecht an dem Veräußerungsgewinn gehabt (Art. 13 Abs. 5 DBA Südafrika). Aufgrund der Sitzverlegung wird jedoch das Besteuerungsrecht beschränkt, da Indien als künftiger Ansässigkeitsstaat der X-Ltd. ebenfalls ein Besteuerungsrecht hat und Deutschland demnach zur Anrechnung der in Indien festgesetzten und entrichteten Steuer verpflichtet ist (Art. 23 Abs. 1 Buchst. b iv) i.V.m. Art. 13 Abs. 4 DBA Indien).

---

1 So auch *Rapp* in Littmann/Bitz/Pust, § 17 EStG Rz. 367; *Förster*, DB 2007, 72, 78.
2 *Zimmermann/Zimmermann-Schwier* in Bordewin/Brandt, § 17 EStG Rz. 526; HHR/*Eilers/R. Schmidt*, § 17 EStG Rz. 351; *Benecke*, a. a. O.
3 *Benecke*, a. a. O.; *Eickmann/Mörwald*, a. a. O.
4 *Zimmermann/Zimmermann-Schwier* in Bordewin/Brandt, § 17 EStG Rz. 522; *Rapp* in Littmann/Bitz/Pust, § 17 EStG Rz. 366; *Förster*, a. a. O.; *Rödder/Schumacher*, DStR 2006, 1481; *Benecke/Schnitger*, a. a. O.
5 *Förster*, a. a. O.
6 Zum Begriff der Einschränkung: *Benecke/Schnitger*, a. a. O.
7 Hierzu auch *Kratzsch*, a. a. O.
8 *Benecke/Schnitger*, a. a. O.; *Benecke*, a. a. O.
9 *Rapp* in Littmann/Bitz/Pust, § 17 EStG Rz. 379.
10 *Benecke*, a. a. O.

340 Ebenso könnte die Regelung dann Bedeutung erlangen, wenn sich Besteuerungsrechte aufgrund von Erneuerungen einzelner DBA verändern und es infolgedessen zu einem Ausschluss des Besteuerungsrechts kommt. Allerdings müsste der Ausschluss oder die Beschränkung des Besteuerungsrechts gerade durch die Sitzverlegung der Kapitalgesellschaft erfolgen, so dass § 17 Abs. 5 EStG in solchen Fällen nicht greifen dürfte.[1]

341 Das Besteuerungsrecht verbleibt jedoch grundsätzlich nicht in Deutschland, wenn es sich um eine Kapitalgesellschaft handelt, deren Wert zu mehr als 50 % unmittelbar oder mittelbar auf unbeweglichem Vermögen beruht. In einem solchen Fall könnte in einem DBA ein dem Art. 13 Abs. 4 OECD-MA nachgebildeter Artikel einschlägig sein,[2] so dass der Vertragsstaat das Besteuerungsrecht erhält, in dem das unbewegliche Vermögen liegt. Mithin würde das Besteuerungsrecht der Bundesrepublik Deutschland bei einer Veräußerung seitens des in Deutschland ansässigen Anteilseigners beschränkt werden.

342 Sofern eine Verlegung des Sitzes oder der Geschäftsleitung in einen Nicht-DBA-Staat erfolgt, liegt grundsätzlich ebenfalls eine Beschränkung des Besteuerungsrechts vor. Hintergrund ist, dass eine etwaig im Ausland erhobene Steuer auf den Veräußerungsgewinn in Deutschland angerechnet – § 34c Abs. 1 EStG – oder abgezogen – § 34c Abs. 2 oder 3 EStG – wird, so dass der Umfang der Besteuerung in Deutschland beschränkt wird.[3]

343 Bei einem nicht unbeschränkt steuerpflichtigen Anteilseigner, verliert die Bundesrepublik Deutschland das Besteuerungsrecht, sofern die Kapitalgesellschaft sowohl Sitz als auch Geschäftsleitung ins Ausland verlegt – unterstellt, dass Sitz und Geschäftsleitung sich zuvor im Inland befanden –, so dass im Inland im Falle einer Veräußerung der Anteile keine inländische Einkünfte i. S. d. § 49 Abs. 1 Nr. 2 Buchst. e Doppelbuchst. aa EStG vorliegen. Hieraus folgt, dass keine beschränkte Steuerpflicht im Falle der Veräußerung gegeben ist, so dass ein etwaiges Besteuerungsrecht auf einer zweiten Ebene nicht zu diskutieren ist. Mithin wird das Besteuerungsrecht schon auf Ebene der Steuerpflicht ausgeschlossen.[4]

344 Auch im Rahmen der erweitert beschränkten Steuerpflicht i. S. d. § 2 AStG wären die Einkünfte aus der Veräußerung von Anteilen nach der Sitzverlegung der Kapitalgesellschaft nicht zu erfassen, da es sich dann um ausländische Einkünfte i. S. d. § 34d Nr. 4 Buchst. d EStG handelt.

345 Rein faktische Beschränkungen in den Zugriffsmöglichkeiten seitens der Steuerverwaltung dürften nicht als Beschränkung des Steuerrechts aufzufassen sein.[5]

PRAXISHINWEIS
Ausgenommen sind gem. § 17 Abs. 5 Satz 2 EStG Sitzverlegungen der Europäischen Gesellschaft sowie jeder anderen Kapitalgesellschaft in einen anderen EU-Mitgliedstaat. In solchen Fällen ist gem. § 17 Abs. 5 Satz 3 EStG der Gewinn aus einer späteren Veräußerung der Anteile ungeachtet der Bestimmungen eines DBA in der gleichen Art und Weise zu besteuern, wie die Veräußerung dieser Anteile zu besteuern gewesen wäre, wenn keine Sitzverlegung stattgefunden hätte – entsprechend Art. 10d Abs. 2 FusionsRL.[6] Hieraus kann folgen, dass auch Vermögenssteigerungen besteuert werden, die im Sitzstaat der Gesellschaft entstanden sind, die auch der Sitzstaat besteuert.[7]

---

1 *Frotscher* in Frotscher/Geurts, § 17 EStG Rz. 354.
2 Zur Grundbesitzklausel gem. Art. 13 Abs. 4 OECD-MA: *Wagner/Lievenbrück*, IStR 2012, 593.
3 *Rapp* in Littmann/Bitz/Pust, § 17 EStG Rz. 382; *Benecke/Schnitger*, a. a. O.
4 Wohl a. A.: *Rapp* in Littmann/Bitz/Pust, § 17 EStG Rz. 380.
5 HHR/*Eilers/R. Schmidt*, § 17 EStG Rz. 351.
6 BT-Drucks. 16/2710, 29; *Benecke*, a.a.O; *Töben/Reckwardt*, a. a. O.; *Schmidt/Busekist/Drescher*, a. a. O.; *Förster*, a. a. O.
7 *Töben/Reckwardt*, a. a. O.

Als Veräußerung in diesem Sinne gelten gem. § 17 Abs. 5 Satz 4 i. V. m. § 15 Abs. 1a Satz 2 EStG.[1]

▶ die verdeckte Einlage,

▶ die Auflösung der Gesellschaft,

▶ die Herabsetzung des Kapitals,

▶ die Rückzahlung des Kapitals und

▶ die Ausschüttung sowie Rückzahlung aus dem steuerlichen Einlagekonto i. S. d. § 27 KStG.

346

Die Verlegung des Ortes der Geschäftsleitung ist nicht von der Ausnahme erfasst.[2] Ebenso ist § 17 Abs. 5 Satz 1 EStG nicht anwendbar, wenn der Sitz der Kapitalgesellschaft erst in einen EU-Mitgliedstaat und später in einen EWR-Staat oder Drittstaat verlegt wird.[3]

347

Im Zusammenhang mit der Ausnahme vom Entstrickungsgrundsatz ist § 49 Abs. 1 Nr. 2 Buchst. e Doppelbuchst. bb EStG zu sehen. Mithin erstrecken sich die inländischen Einkünfte auf Anteile, bei denen § 17 Abs. 5 Satz 2 EStG anzuwenden war.

348

BEISPIEL:[4] ▶ A hat seinen Wohnsitz in Prag und ist Alleingesellschafter der X-SE mit Sitz in München. Im Juli 2014 verlegt die X-SE ihren Sitz[5] nach Prag. Am 2. 1. 2015 veräußert A seine Beteiligung an einen Investor.
Vor der Sitzverlegung wären die Einkünfte aus der Veräußerung gem. § 49 Abs. 1 Nr. 2 Buchst. e Doppelbuchst. aa EStG als inländische Einkünfte qualifiziert worden. Aufgrund der Sitzverlegung ist die X-SE nunmehr eine in Tschechien ansässige Gesellschaft. Mithin würden die Einkünfte aus der Veräußerung keine inländischen Einkünfte darstellen, so dass eine beschränkte Steuerpflicht nicht vorliegen würde. Zudem führt die Sitzverlegung gem. § 17 Abs. 5 Satz 2 EStG nicht zu einer Entstrickungsbesteuerung. Jedoch unterliegt der A gem. § 49 Abs. 1 Nr. 2 Buchst. e Doppelbuchst. bb EStG i. V. m. § 17 Abs. 1 EStG, § 1 Abs. 4 EStG ungeachtet des DBA Tschechien der beschränkten Steuerpflicht.

Wohl eher von theoretischer Bedeutung ist das Aufeinandertreffen von § 6 AStG und § 17 Abs. 5 EStG. Gemäß § 6 Abs. 1 Satz 3 AStG sind die Vorschriften zur Besteuerung aufgrund eines grenzüberschreitenden „Wegzugs" der Kapitalgesellschaft nicht durch den § 6 Abs. 1 AStG beschränkt.[6] Verzieht ein Stpfl. ins Ausland, der eine Beteiligung i. S. d. § 17 EStG hält, und erfüllt dieser die Tatbestandsvoraussetzungen des § 6 AStG, so ist zum Zeitpunkt des Wegzugs § 17 EStG anzuwenden – § 6 Abs. 1 Satz 1 AStG. Verlegt die Kapitalgesellschaft nunmehr ihren Sitz und ihre Geschäftsleitung ins Ausland, so greift unter den genannten Voraussetzungen § 17 Abs. 5 EStG.

349

BEISPIEL: ▶ A ist an der A-AG zu 100 % beteiligt. Seine Anschaffungskosten betrugen 100 000 €. A verzieht am 1. 1. 2014 nach Brasilien. Der gemeine Wert der Beteiligung beträgt zu diesem Zeitpunkt 2 Mio. €. Am 1. 5. 2014 verlegt die A-AG identitätswahrend ihren Sitz und ihre Geschäftsleitung nach Brasilien. Der gemeine Wert der Beteiligung beträgt zu diesem Zeitpunkt ebenfalls 2 Mio. €. Die Tatbestandsvoraussetzungen sowohl des § 6 AStG (am 1. 1. 2014) als auch des § 17 Abs. 5 EStG (am 1. 5. 2014) sollen als erfüllt gelten. Demnach hat A zum Zeitpunkt des Wegzugs 1,9 Mio. € (= 2 Mio. € ./. 100 000 €) zu versteuern. Im Zeitpunkt der Sitzverlegung der A-AG hat A ebenfalls 1,9 Mio. € zu versteuern. Eine

---

1 *Benecke*, a. a. O.
2 *Töben/Reckwardt*, a. a. O.; *Rapp* in Littmann/Bitz/Pust, § 17 EStG Rz. 385; wohl a. A.: *Benecke/Schnitger*, a. a. O.
3 *Zimmermann/Zimmermann-Schwier* in Bordewin/Brandt, § 17 EStG Rz. 537.
4 *Benecke*, a. a. O.
5 Entsprechend Art. 8 SE-Verordnung.
6 *Schmidt/Busekist/Drescher*, a. a. O.

entsprechende Regelung zu § 6 Abs. 1 Satz 5 AStG ist nicht ersichtlich, so dass der Veräußerungsgewinn nicht um die bereits besteuerten stillen Reserven gekürzt wird.

350–355 *(Einstweilen frei)*

VIII. Besteuerungsrecht bei Einbringungen (§ 17 Abs. 6 EStG)

356 § 17 Abs. 6 EStG bestimmt die entsprechende Anwendung von § 17 Abs. 1 bis 5 EStG für Einbringungsvorgänge i. S.v. § 20 Abs. 1 und § 21 Abs. 1 UmwStG, in denen

▶ der veräußernde Stpfl. innerhalb der letzten fünf Jahre nicht unmittelbar oder mittelbar i. S.v. § 17 Abs. 1 EStG an der Kapitalgesellschaft beteiligt war,

▶ die Anteile nach Maßgabe des UmwStG ohne Ansatz ihres gemeinen Werts erworben wurden und

▶ zum Einbringungszeitpunkt für die eingebrachten Anteile
 – die Voraussetzungen des § 17 Abs. 1 Satz 1 EStG erfüllt waren oder
 – die Anteile auf einer Sacheinlage i. S.v. § 20 Abs. 1 UmwStG beruhen.[1]

357 Die Regelung soll verhindern, dass die Steuerpflicht gem. § 17 EStG durch Einbringungsvorgänge umgangen wird.[2]

358 Die entsprechenden Anteile gelten als Anteile i. S.v. § 17 EStG. Dies gilt unabhängig von der Höhe der Beteiligung. Auch die Fünfjahresfrist des § 17 Abs. 1 EStG ist insofern nicht beachtlich.[3]

359 Werden Anteile i. S.v. § 17 Abs. 6 EStG in ein Betriebsvermögen eingelegt, sind diese Anteile mit ihren historischen Anschaffungskosten und nicht mit dem Teilwert anzusetzen, § 6 Abs. 1 Nr. 5 Satz 1 Buchst. b EStG.[4]

360–365 *(Einstweilen frei)*

IX. Anteile an einer Genossenschaft einschließlich der Europäischen Genossenschaft (§ 17 Abs. 7 EStG)

366 Von § 17 EStG werden gem. § 17 Abs. 7 EStG auch Anteile an einer Genossenschaft einschließlich der SCE erfasst. Dies ist dadurch bedingt, dass die Anteile an nicht nach deutschem Recht gegründeten Genossenschaften und der SCE veräußerbar sind.[5]

367 Letztlich fallen damit Erwerbs- und Wirtschaftsgenossenschaften – § 1 GenG, VVaG – §§ 15 bis 53 VAG und wirtschaftliche Vereine nicht unter § 17 EStG.[6]

368–370 *(Einstweilen frei)*

---

1 *Gosch* in Kirchhof, § 17 EStG Rz. 146.
2 *Gosch* in Kirchhof, § 17 EStG Rz. 146.
3 *Gosch* in Kirchhof, § 17 EStG Rz. 146.
4 *Gosch* in Kirchhof, § 17 EStG Rz. 146.
5 *Gosch* in Kirchhof, § 17 EStG Rz. 14.
6 *Gosch* in Kirchhof, § 17 EStG Rz. 14.

X. Internationales Steuerrecht

1. Auslandseinkünfte unbeschränkt Steuerpflichtiger

Der unbeschränkt steuerpflichtige Anteilseigner unterliegt mit seinem Welteinkommen in Deutschland der Besteuerung. Hiervon umfasst werden auch Veräußerungsgewinne aus dem Verkauf von Anteilen i. S. d. § 17 Abs. 1 Satz 3 EStG an einer ausländischen Kapitalgesellschaft.[1] Ebenso auch Fälle der Auflösung einer Kapitalgesellschaft, der Kapitalherabsetzung sowie der Ausschüttung oder Rückzahlung von Beträgen aus dem steuerlichen Einlagekonto.[2] Die Qualifikation als Kapitalgesellschaft im Ausland ist dabei unbeachtlich. Vielmehr muss nach einem Rechtstypenvergleich eine Kapitalgesellschaft angenommen werden. Ist die ausländische Personenvereinigung wie eine juristische Person körperschaftlich strukturiert und vermittelt die Beteiligung Gesellschafterrechte vergleichbar mit einer deutschen Kapitalgesellschaft, so fallen die Anteile unter die Begriffe Aktien sowie Anteile an einer Gesellschaft mit beschränkter Haftung. Ist eine solche Vergleichbarkeit hingegen nicht gegeben, werden die Anteile unter dem Begriff ähnliche Beteiligung eingeordnet. Hierfür muss es sich bei der Gesellschaft um eine juristische Person handeln und die Beteiligung Gesellschafterrecht ähnlich wie eine inländische Kapitalgesellschaft verkörpern.[3]

Zugleich kann der Anteilseigner aufgrund des innerstaatlichen Rechts des Sitzstaates der ausländischen Kapitalgesellschaft dort mit seinen Einkünften aus der Veräußerung der Anteile der beschränkten Steuerpflicht unterliegen.[4] Wird seitens des ausländischen Staates eine Quellensteuer erhoben, ergibt sich unter bestimmten Voraussetzungen für den Stpfl. ein Wahlrecht, die im Ausland entrichtete Steuer anzurechnen – § 34c Abs. 1 EStG – oder bei der Ermittlung der Einkünfte abzuziehen; § 34c Abs. 2 EStG. Sofern die Voraussetzungen hierfür nicht erfüllt werden, verbleibt dem Stpfl. lediglich die Abzugsmethode gem. § 34c Abs. 3 EStG.[5] Eine Voraussetzung für die Inanspruchnahme des Wahlrechts ist, dass ausländische Einkünfte i. S. d. § 34d EStG vorliegen müssen. Als solche kommen Einkünfte i. S. d. § 34d Nr. 4 Buchst. b EStG in Betracht. Hierfür muss die Kapitalgesellschaft ihre Geschäftsleitung oder ihren Sitz in einem ausländischen Staat haben. Entsprechendes gilt gem. § 17 Abs. 4 EStG bei Liquidation der ausländischen Gesellschaft.[6]

Sofern zwischen dem Sitzstaat der ausländischen Kapitalgesellschaft und der Bundesrepublik Deutschland ein DBA bestehen sollte und dieses ein dem Art. 13 OECD-MA nachgebildeten Artikel enthält, richtet sich die Zuweisung des Besteuerungsrechts hiernach,[7] denn durch eine im Privatvermögen gehaltene Beteiligung wird keine Betriebsstätte im Ausland begründet, so dass sich das Besteuerungsrecht nicht entsprechend nach Art. 7, 13 Abs. 2 OECD-MA richtet.[8]

---

1 *Ebling* in FS Flick, 680.
2 *Rapp* in Littmann/Bitz/Pust, § 17 EStG Rz. 14.
3 *Ebling* in FS Flick, 680; vgl. RFH v. 12. 2. 1930 - VI A 899/27, RStBl 1930, 444; BFH v. 19. 3. 1996 - VIII R 15/94, BStBl 1996 II 312; *Schnittker/Lemaitre*, a. a. O.
4 Auch ist es möglich, dass der Anteilseigner in beiden Staaten unbeschränkt steuerpflichtig ist.
5 *Lippert*, a. a. O., 69 f.
6 Siehe auch *Frotscher* in Frotscher/Geurts, § 17 EStG Rz. 27.
7 Dabei gilt es vorab zu klären, ob der Anwendungsbereich des jeweiligen DBA eröffnet ist, der Steuerpflichtige abkommensberechtigt ist und wo dieser als ansässig i. S. d. DBA gilt; vgl. dazu *Lippert*, a. a. O., 85 f.; HHR/*Eilers/R. Schmidt*, § 17 EStG Rz. 22.
8 *Rapp* in Littmann/Bitz/Pust, § 17 EStG Rz. 14.

374 Ob und wie Veräußerungsgewinne steuerlich erfasst werden, richtet sich aber nach dem innerstaatlichen Recht des jeweiligen Vertragsstaates.[1] Art. 13 OECD-MA enthält keine Definition der Veräußerung bzw. des Veräußerungsgewinns, so dass eine Auslegung unter Rückgriff auf Art. 3 Abs. 2 OECD-MA zu erfolgen hat. Hierzu ist anzuführen, dass die Auslegung zuvörderst abkommensautonom zu erfolgen hat. Erst wenn dies nicht möglich ist, ist auf das innerstaatliche Recht zurückzugreifen.[2]

375 Maßgebend für die Zuordnung des Besteuerungsrechts sind dabei die dem Art. 13 Abs. 5 OECD-MA nachgebildeten Artikel in dem jeweiligen zur Anwendung gelangenden DBA, sofern es sich nicht um Anteile an einer sog. Immobiliengesellschaft handelt – Art. 13 Abs. 4 OECD-MA.[3] Beruht nämlich das Vermögen der Kapitalgesellschaft zu mehr als 50 % (un-)mittelbar auf unbeweglichem Vermögen i. S. d. Art. 6 OECD-MA richtet sich das Besteuerungsrecht nach den Artikeln, die dem Art. 13 Abs. 4 OECD-MA nachgebildet sind. Hierdurch wird das Besteuerungsrecht dem Staat, in dem das Vermögen liegt, zugeordnet. Ansonsten wird gem. Art. 13 Abs. 5 OECD-MA das Besteuerungsrecht grundsätzlich ausschließlich dem Ansässigkeitsstaat des Veräußerers zugeordnet. Durch die Zuordnungsnorm wird die Doppelbesteuerung schon vermieden – Zuordnungsnorm mit abschließender Rechtsfolge. Der Quellenstaat hat den Veräußerungsgewinn freizustellen.[4]

376 Zugleich ist darauf hinzuweisen, dass deutsche DBA auch an das UN-MA angelehnte Zuordnungsnormen enthalten. In Art. 13 Abs. 5 UN-MA wird festgelegt, dass die Gewinne aus der Veräußerung von Anteilen an Kapitalgesellschaften bei dem Erreichen einer bestimmten Beteiligungsquote im Sitzstaat der Gesellschaft besteuert werden dürfen.[5]

377 In den Konstellationen, in denen der Stpfl. Anteile an einer ausländischen Kapitalgesellschaft veräußert, stellt sich insbesondere die Frage, ob Fremdwährungsgewinne zum Veräußerungsgewinn des § 17 EStG zählen.

378 R 17 Abs. 7 EStR stellt darauf ab, dass die Anschaffungskosten der Beteiligung sowie der Veräußerungspreis und die mit der Veräußerung einhergehenden Kosten im Zeitpunkt ihrer Entstehung aus der Fremdwährung in Euro umzurechnen sind.[6] Dies erscheint sachgerecht. Zum einen handelt es sich bei § 17 EStG um eine stichtagsbezogene Veräußerungsgewinnbesteuerung,[7] so dass für die Anschaffungskosten der Kurs im Zeitpunkt der Anschaffung zugrunde zu legen ist und ebenso der Wechselkurs im Zeitpunkt der Veräußerung.[8] Mithin kommt es nicht auf den Zufluss i. S. d. § 11 Abs. 1 Satz 1 EStG an,[9] obwohl der Fremdwährungsgewinn grundsätzlich nicht durch die Veräußerung der Anteile realisiert wird, sondern erst in einem zweiten Schritt, wenn die Fremdwährung in Euro getauscht wird.[10]

---

1 Lippert, a. a. O., 79.
2 Lippert, a. a. O., 79 ff.; Hruschka, a. a. O.
3 Lippert, a. a. O., 82 f.; HHR/Eilers/R. Schmidt, § 17 EStG Rz. 22.
4 Lippert, a. a. O., 89.
5 Hierzu auch Lippert, a. a. O., 90 f.
6 Maßgebend hierfür ist der amtliche Umrechnungskurs zum Bewertungszeitpunkt.
7 Vgl. Crezelius, DB 2005, 1924.
8 Vgl. BFH v. 2. 4. 2008 - IX R 73/04, BFH/NV 2008, 1658 = NWB DokID: RAAAC-87372; Vogt in Blümich, § 17 EStG Rz. 500.
9 Vgl. BFH v. 2. 4. 2008 - IX R 73/04, BFH/NV 2008, 1658 = NWB DokID: RAAAC-87372; BFH v. 30. 6. 1983 - IV R 113/81, BStBl 1983 II 640.
10 Crezelius, a. a. O. 2005.

Zwar mag dem entgegnet werden, dass es sich um eine Wertsteigerung handele, „die allein im Privatvermögen des Anteilseigners entstanden ist, ohne dass eine Beziehung zu der tatsächlichen Tätigkeit der Kapitalgesellschaft besteht" und „mit dem eigentlichen Unternehmenswert"[1] nichts zu tun hat. Allerdings ist zum einen nicht jede Kurssteigerung von Anteilen auf die tatsächliche Tätigkeit einer Kapitalgesellschaft zurückzuführen, zum anderen stellt der (kumulierte) Preis von Anteilen nicht unbedingt den Unternehmenswert der Kapitalgesellschaft dar. Wert und Preis sind zwei verschiedene Begrifflichkeiten, die zufälligerweise übereinstimmen können. Gerade der Unternehmenswert ist kein objektiver Wert. Insbesondere bei nicht am Markt gehandelten Anteilen spielen z. B. auch Verhandlungsgeschick und -macht eine entscheidende Rolle für den Preis der Anteile, was sich nicht mit der Tätigkeit der Kapitalgesellschaft begründen lässt. Ebenfalls werden etwaige Währungsgewinne in die Wertbeimessung des Veräußerers sowie des Erwerbers einfließen, die dann in der Verhandlung und schließlich im Preis berücksichtigt werden,[2] da beide versuchen werden, ihre Konsumeinkommensströme zu maximieren.

Darüber hinaus kann angeführt werden, dass mittels § 17 EStG eine Besteuerung nach der wirtschaftlichen Leistungsfähigkeit erfolgen soll. Eben diese ist gerade auch durch die steuerliche Erfassung von Fremdwährungsgewinnen, die sich aus der Beteiligung ergeben, gegeben.

Ebenso wird im Rahmen des § 17 EStG angenommen, dass der Veräußerer bei der Veräußerung im Rahmen des § 17 EStG prinzipiell die Absicht hat, einen Gewinn zu erzielen. Auch Fremdwährungsgewinne sind in die Gesamtbetrachtung einzubeziehen. Schließlich bleibt festzuhalten, dass ein Fremdwährungsgewinn sachlich immanent mit dem Beteiligungserwerb und der -veräußerung verbunden ist, der ohne diese Transaktionen nie hätte realisiert werden können.

PRAXISHINWEIS:

Kosten für eine Kurssicherung beeinflussen den Veräußerungsgewinn nicht.[3] Fraglich ist ferner, ob in den Sachverhalten, in denen ein DBA besteht, der Fremdwährungsgewinn von Art. 13 Abs. 5 OECD-MA umfasst ist. Dies ist dahin gehend zu beantworten, wie der Veräußerungsgewinn zu ermitteln ist. Aus nationaler Sicht ist in Anbetracht der vorherigen Ausführungen ein solcher im Falle des § 17 EStG bei der Ermittlung des Veräußerungsgewinns zu berücksichtigen und mithin grundsätzlich vom Art. 13 Abs. 5 OECD-MA erfasst.

2. Inlandseinkünfte beschränkt Steuerpflichtiger

a) Allgemein

Die Veräußerung von Anteilen an einer Kapitalgesellschaft, die nicht zum Vermögen einer inländischen Betriebsstätte gehört,[4] seitens eines im Inland nicht unbeschränkt Stpfl. kann gem. § 49 Abs. 1 Nr. 2 Buchst. e EStG zu inländischen Einkünften und somit zur beschränkten Steuerpflicht i. S. d. § 1 Abs. 4 EStG führen, wenn es sich um Anteile an einer Kapitalgesellschaft handelt, die ihren Sitz oder ihre Geschäftsleitung im Inland hat und diese demnach unbeschränkt steuerpflichtig ist – § 1 Abs. 1 Nr. 1 KStG –, oder bei deren Erwerb aufgrund eines Antrags nach § 13 Abs. 2 oder § 21 Abs. 2 Satz 3 Nr. 2 des UmwStG nicht der gemeine Wert der eingebrach-

---

1 Crezelius, a. a. O. 2005.
2 Auch bei an einem Markt gehandelten Anteilen werden Wechselkurse in die Entscheidung, ob eine Beteiligung erworben oder veräußert werden soll bzw. zu halten ist, mit einfließen.
3 Vgl. BFH v. 2. 4. 2008 - IX R 73/04, BFH/NV 2008, 1658 = NWB DokID: RAAAC-87372.
4 Vgl. *Rapp* in Littmann/Bitz/Pust, § 17 EStG Rz. 14 bis 16.

ten Anteile angesetzt worden ist oder auf die § 17 Abs. 5 Satz 2 EStG anzuwenden war. Erfasst werden auch die durch § 17 EStG der Veräußerung gleichgestellten Vorgänge, wie die verdeckte Einlage in Kapitalgesellschaften – § 17 Abs. 1 Satz 2 EStG – oder die Auflösung der Gesellschaft bzw. die Kapitalherabsetzung; § 17 Abs. 4 EStG.

383 Dabei ist es unbeachtlich, ob diese Anteile an der Kapitalgesellschaft bei dem beschränkt Stpfl. im Ausland einem Betriebsvermögen oder dem Privatvermögen zugerechnet werden.[1] Hier hilft insbesondere die isolierende Betrachtungsweise gem. § 49 Abs. 2 EStG.[2] Bei der Veräußerung von Beteiligungen unter 1 % besteht hingegen keine beschränkte Steuerpflicht, da inländische Einkünfte i.S.v. § 49 Abs. 1 Nr. 5 EStG i.V.m. § 20 Abs. 1 EStG nicht vorliegen, da insoweit § 20 Abs. 2 EStG dem Grunde nach einschlägig ist.

b) Anteilseigner ist eine Kapitalgesellschaft

384 Veräußert eine Kapitalgesellschaft mit Sitz und Geschäftsleitung im Ausland (A-Corp.) eine Beteiligung i.S.d. § 17 EStG an einer in Deutschland unbeschränkt steuerpflichtigen Kapitalgesellschaft, so erzielt die A-Corp. mit einem Veräußerungsgewinn inländische Einkünfte i.S.d. § 49 Abs. 2 i.V.m. § 49 Abs. 1 Satz 1 Nr. 2 Buchst. e Doppelbuchst. aa EStG.[3] Hiernach ist die A-Corp. in Deutschland zur Abgabe einer Körperschaftsteuererklärung verpflichtet. Zu beachten sind § 8b Abs. 2 und 3 KStG, so dass 5 % des Veräußerungsgewinns in Deutschland der Körperschaft- und Gewerbesteuer unterliegen.[4]

385 Sofern für den betreffenden Sachverhalt ein DBA zur Anwendung gelangt, dieses an das OECD-MA angelehnt ist und einen dem Art. 13 Abs. 5 OECD-MA entsprechenden Artikel enthält, wird das Besteuerungsrecht Deutschlands eingeschränkt. Gemäß Art. 13 Abs. 5 OECD-MA wird das Besteuerungsrecht an dem Veräußerungsgewinn dem Ansässigkeitsstaat des Gesellschafters zugeordnet, es sei denn, dass deren Wert gem. Art. 13 Abs. 4 OECD-MA zu mehr als 50 % aus unbeweglichem Vermögen besteht, welches im Quellenstaat belegen ist.[5]

> **BEISPIEL:** Die in Liechtenstein ansässige L-GmbH ist an der in Deutschland unbeschränkt steuerpflichtigen D-GmbH zu mehr als 1 % beteiligt. Alleiniger Geschäftszweck der D-GmbH ist es, in Deutschland belegene Immobilien zu erwerben und zu verwalten. L veräußert nun ihre Anteile an der D-GmbH. Enthält das zu würdigende DBA eine dem Art. 13 Abs. 4 OECD-MA entsprechende Bestimmung, erhält die Bundesrepublik Deutschland das Besteuerungsrecht für Gewinne aus der Veräußerung der Anteile, da das Vermögen der GmbH überwiegend aus in Deutschland belegenem unbeweglichen Vermögen besteht (Art. 13 Abs. 2 DBA-Liechtenstein).

386 Ältere DBA enthalten diese Ausnahme nicht, so dass das Besteuerungsrecht im Ansässigkeitsstaat des veräußernden Gesellschafters verbleibt.

> **BEISPIEL:** Wie zuvor, jedoch ist die L-GmbH in Italien ansässig. Gemäß Art. 13 Abs. 4 DBA-Italien wird nur dem Ansässigkeitsstaat des Veräußerers, also Italien, das Besteuerungsrecht zugewiesen.

---

1 *Scheffler*, Internationale betriebswirtschaftliche Steuerlehre, 162.
2 *Haase*, Internationales und Europäisches Steuerrecht, 138 ff.; *Rapp* in Littmann/Bitz/Pust, § 17 EStG Rz. 14.
3 Siehe hierzu auch *Haase*, Internationales und Europäisches Steuerrecht, 138 ff.; so sind aber persönliche Steuerbefreiungen gem. § 5 Abs. 1 Nr. 9 KStG zu beachten; hierzu auch *Rapp* in Littmann/Bitz/Pust, § 17 EStG Rz. 16.
4 Siehe auch *Haase/Steierberg*, ISR 2014, 282, 285.
5 *Schreiber*, Besteuerung der Unternehmen, 419; dies ist entsprechend auch in der deutschen Verhandlungsgrundlage für Doppelbesteuerungsabkommen im Bereich der Steuern vom Einkommen und Vermögen berücksichtigt.

Vom allgemeinen Grundsatz des Art. 13 Abs. 4 OECD-MA gibt es allerdings Ausnahmen, insbesondere bei der Veräußerung von Anteilen an einer börsengehandelten Gesellschaft – etwa die DBA Großbritannien, Kanada, Niederlande.[1] Die in diesen DBA enthaltenen „Börsenklauseln" führen dazu, dass trotz Veräußerung einer Beteiligung i. S. d. § 17 EStG kein Besteuerungsrecht in Deutschland gegeben ist.[2] 387

PRAXISHINWEIS:
Eine Beschränkung des Besteuerungsrechts führt jedoch nicht dazu, dass die beschränkte Steuerpflicht in Deutschland entfällt. Fraglich ist jedoch, ob die faktische Besteuerung von 5 % des Veräußerungsgewinns mit der Anwendung eines DBA vereinbar ist.[3]

Wird zwischen der Kapitalgesellschaft mit Sitz und Geschäftsleitung im Ausland (A-Corp.) eine gewerblich tätige Personengesellschaft in Deutschland – etwa eine GmbH & Co. KG – zwischengeschaltet, die die Beteiligung, die dem Betriebsvermögen der Personengesellschaft funktional zuzuordnen ist, in ihrem Gesamthandsvermögen hält, und erfolgt auch eine Veräußerung dieser Beteiligung seitens der GmbH & Co. KG, ist fraglich, welche steuerlichen Folgen hieran anknüpfen. Die A-Corp. erzielt aufgrund ihrer mitunternehmerischen Beteiligung inländische Einkünfte gem. § 49 Abs. 1 Nr. 2 Buchst. a EStG. Diesen ist auch ein Veräußerungsgewinn aus der Veräußerung der Beteiligung zuzuordnen, so dass die A-Corp. mit diesen Einkünften in Deutschland beschränkt steuerpflichtig ist. Sofern für einen solchen Sachverhalt ein DBA besteht, dieses an das OECD-MA angelehnt ist und einen dem Art. 13 Abs. 2 OECD-MA entsprechenden Artikel enthält, wird das Besteuerungsrecht dem Betriebsstättenstaat, mithin Deutschland, zugeordnet; Art. 7 Abs. 1, 4 i. V. m. Art. 13 Abs. 2 OECD-MA.[4] In einer solchen Konstellation soll auch ein hinreichender Besteuerungstatbestand für die Anwendung des § 8b Abs. 3 KStG gegeben sein.[5] 388

Handelt es sich bei der Personengesellschaft jedoch um eine gewerblich geprägte Personengesellschaft, liegen abkommensrechtlich keine Unternehmensgewinne i. S. d. Art. 7 Abs. 1 OECD-MA vor. Zwar ist die A-Corp. mit ihren inländischen Einkünften gem. § 49 Abs. 1 Nr. 2 Buchst. a EStG beschränkt steuerpflichtig, allerdings erfolgt die Zuordnung des Besteuerungsrechts allein mittels Art. 13 OECD-MA (s. o.). 389

Sofern eine rein vermögensverwaltende Personengesellschaft zwischengeschaltet wird, werden die Wirtschaftsgüter den Gesellschaftern anteilig ihrer Beteiligung direkt zugerechnet. Mithin unterscheidet sich die steuerrechtliche Beurteilung nicht gegenüber der direkten Beteiligung.[6] 390

c) Anteilseigner ist eine natürliche Person

Ist der Beteiligte eine natürliche Person, ohne Wohnsitz oder gewöhnlichen Aufenthalt im Inland, ist in einem ersten Schritt zu prüfen, ob mittels der Veräußerung der Beteiligung i. S. d. § 17 EStG inländische Einkünfte i. S. d. § 49 Abs. 1 EStG erzielt werden. Hier kommt ebenfalls § 49 Abs. 1 Nr. 2 Buchst. e EStG unter den gegebenen Voraussetzungen zur Anwendung. Sofern 391

---

1 So auch *Wagner/Lievenbrück*, a. a. O.
2 So auch *Wagner/Lievenbrück*, a. a. O.
3 U. a. *Haase/Steierberg*, a. a. O.
4 U. a. *Haase/Steierberg*, a. a. O.
5 *Haase/Steierberg*, a. a. O.
6 *Haase/Steierberg*, a. a. O.

die Beteiligung in einem Betriebsvermögen gehalten werden sollte, ist § 49 Abs. 1 Nr. 2 Buchst. a EStG maßgebend.

BEISPIEL: Der in Deutschland nicht unbeschränkt steuerpflichtige N ist an der in Deutschland unbeschränkt körperschaftsteuerpflichtigen D-GmbH beteiligt. Veräußert er diese Beteiligung, liegen gem. § 49 Abs. 1 Nr. 2 Buchst. e Doppelbuchst. aa EStG inländische Einkünfte vor, so dass er gem. § 1 Abs. 4 EStG in Deutschland beschränkt steuerpflichtig wird. Da ein Steuerabzug nicht vorgenommen wird, ist eine Einkommensteuererklärung seitens des N einzureichen.

392 Sodann sind gem. § 3 Nr. 40 Buchst. c EStG 40 % des Veräußerungspreises steuerfrei, so dass lediglich 60 % nach dem Grundtarif gem. § 32a Abs. 1 EStG zu besteuern sind. Zugleich können gem. § 3c Abs. 2 EStG Aufwendungen im Zusammenhang mit dieser Veräußerung lediglich zu 60 % berücksichtigt werden. Aufgrund des Objektsteuercharakters der beschränkten Steuerpflicht gilt es zudem zu beachten, dass dem zu versteuernden Einkommen noch der Grundfreibetrag hinzuzurechnen ist; § 50 Abs. 1 Satz 2 i. V. m. § 32a Abs. 1 EStG.[1]

PRAXISHINWEIS:
Sofern für den betreffenden Sachverhalt ein DBA zur Anwendung gelangt, entspricht die Zuordnung des Besteuerungsrechts dem zuvor Ausgeführten (vgl. → Rz. 357).

d) Anteilseigner ist eine Personengesellschaft

393 Sofern die Anteile zu einem Gesamthandsvermögen einer ausländischen Personengesellschaft gehören, ist § 17 EStG nur dann anwendbar, wenn die Personengesellschaft kein Unternehmen i. S. d. Art. 7 OECD-MA betreibt. Ein etwaig entstehender Veräußerungsgewinn ist dann den Gesellschaftern der Personengesellschaft zuzurechnen.[2]

BEISPIEL:[3] Die nach französischem Recht gegründete ABC-SNC, eine societe en nom collectif (entspricht nach dem Rechtstypenvergleich einer deutschen OHG), hält alle Anteile an der D-GmbH mit Sitz und Geschäftsleitung im Inland gem. § 1 Abs. 3 KStG. Die D-GmbH verfügt über lediglich sehr geringes Grundvermögen in Deutschland. An der ABC-SNC sind folgende Gesellschafter beteiligt:
- ▶ Die in Andorra ansässige natürliche Person A mit 15 %;
- ▶ Die in Monaco ansässige Kapitalgesellschaft B mit 20 %;
- ▶ Die in Frankreich ansässige natürliche Person C mit 25 %;
- ▶ Die in Frankreich ansässige Kapitalgesellschaft D mit 30 %;

ein nach dem Recht eines weiteren ausländischen Staates gegründeter Personengesellschaftsfonds, an dem sowohl natürliche als auch juristische Personen beteiligt sind, die aus deutscher Perspektive sowohl in DBA-Staaten wie Nicht-DBA-Staaten ansässig sind, mit 10 %.

Die ABC-SNC veräußert ihr Investment an der X-GmbH mit einem unstrittigen Veräußerungsgewinn. Die DBA sollen hier dem OECD-MA entsprechen.

Zu 1. A verwirklicht den Tatbestand des § 49 Abs. 1 Nr. 2 Buchst. e Doppelbuchst. aa EStG zwar nicht in eigener Person. Gleichwohl erzielt er hiernach inländische Einkünfte, da ihm durch die Beteiligung an der ABC-SNC 15 % der Anteile an der D-GmbH zugerechnet werden. Er ist demnach beschränkt steuerpflichtig gem. § 1 Abs. 4 EStG. Ein DBA ist mit Andorra nicht gegeben.

Zu 2. B ist gem. § 2 Nr. 1 KStG, § 8 Abs. 1 Satz 1 KStG, § 49 Abs. 1 Nr. 2 Buchst. e Doppelbuchst. aa EStG beschränkt steuerpflichtig mit den inländischen Einkünften. Eine Gewerbesteuerpflicht besteht nicht. Sie hat entsprechend 15 % Körperschaftsteuer zzgl. 5 % SolZ des anteilig auf sie entfallenden Veräußerungsgewinns zu versteuern (§ 8b Abs. 2, 3 KStG). Ein DBA ist mit Monaco nicht gegeben.

---

1 Siehe auch *Haase/Steierberg*, a. a. O.; *Lippert*, a. a. O., 25 f.
2 *Rapp* in Littmann/Bitz/Pust, § 17 EStG Rz. 15.
3 *Kraft/Schreiber*, IWB 2015, 405 f.

Zu 3. Wie 1, jedoch besteht mit Frankreich ein DBA, welches zu prüfen ist. Art. 13 Abs. 5 OECD-MA weist dem Ansässigkeitsstaat des C – Frankreich – das Besteuerungsrecht zu. Die Anwendung von Art. 13 Abs. 4 OECD-MA kommt gemäß Sachverhalt nicht in Betracht. Mithin ist C zwar beschränkt steuerpflichtig in Deutschland, jedoch wird das deutsche Besteuerungsrecht durch das DBA beschränkt.

Zu 4. Wie 2, jedoch besteht mit Frankreich ein DBA, welches zu prüfen ist. Lösung dann entsprechend 3. Das heißt, die Anwendung des § 8b Abs. 3 KStG ist suspendiert, weil das Besteuerungsrecht für den Veräußerungsgewinn in Frankreich liegt.

Zu 5. Der Personengesellschaftsfonds zwingt zum Durchgriff auf eine weitere Ebene, um beurteilen zu können, ob in dessen Anteilseignerkreis eine natürliche oder juristische Person den 1%-Schwellenwert indirekt übersteigt. Ebenso ist jeweils eine abkommensrechtliche Ansässigkeit auf der Ebene der Beteiligten am Personengesellschaftsfonds zu prüfen, um etwaige sich aus dem jeweiligen DBA ergebende Besteuerungsschranken zu identifizieren.

3. Wohnsitzwechsel in das Ausland – Wegzugsbesteuerung (§ 6 AStG)

Mit dem § 6 AStG wird das Ziel verfolgt, die Besteuerung von stillen Reserven in Kapitalgesellschaftsbeteiligungen i. S. d. § 17 EStG bei Wegzug – Beendigung der unbeschränkten Steuerpflicht durch Aufgabe des Wohnsitzes oder gewöhnlichen Aufenthaltes im Inland – einer natürlichen Person sicherzustellen.[1] Der Beendigung der unbeschränkten Steuerpflicht stehen die in § 6 Abs. 1 Satz 2 AStG aufgeführten Ersatztatbestände gleich.[2] Voraussetzung für die Anwendung des § 6 AStG ist die Erfüllung der Voraussetzungen des § 17 EStG an einer Beteiligung an einer Kapitalgesellschaft.[3] Hintergrund ist, dass das deutsche Besteuerungsrecht aufgrund des Wegzuges verloren gehen kann bzw. gefährdet wird. Dabei werden mit dem § 6 AStG auch Beteiligungen an ausländischen Gesellschaften erfasst, die nach dem Rechtstypenvergleich einer deutschen Kapitalgesellschaft entsprechen.[4] Anders als § 17 EStG kann eine Besteuerung der in der Kapitalgesellschaftsbeteiligung enthaltenen stillen Reserven auch ohne tatsächliche Veräußerung der Beteiligung erfolgen. Mithin wird insoweit der Anwendungsbereich des § 17 EStG erweitert.[5]

Dabei entfaltet die Wegzugsbesteuerung eine logische Sekunde vor dem Wegzug ihre Wirkung.[6] In diesen Fällen tritt der gemeine Wert – § 6 Abs. 1 Satz 4 AStG – an die Stelle des Veräußerungspreises. Dabei gilt es in EU-/EWR-Sachverhalten zu beachten, dass die festzusetzende Steuer zinslos und ohne Sicherheitsleistung zu stunden ist (§ 6 Abs. 5 AStG). Wird ein Anteil i. S. d. § 17 EStG nach dem Wohnsitzwechsel veräußert, so unterliegt ein etwaiger Veräußerungsgewinn unter den Voraussetzungen des § 49 Abs. 1 Nr. 2 Buchst. e EStG der beschränkten

---

1 Umfassend dazu u. a. *Töben/Reckwardt*, a. a. O.; *Schütz*, SteuK 2013, 331.
2 Auch wird der Tausch der Anteile gegen Anteile an einer ausländischen Kapitalgesellschaft erfasst, § 6 Abs. 1 Satz 3 AStG i. V. m. § 21 Abs. 2 Satz 2 UmwStG; vgl. *Vogt* in Blümich, § 17 EStG Rz. 105; dabei steht es gem. § 6 Abs. 1 Satz 2 Nr. 2 AStG der Beendigung der unbeschränkten Steuerpflicht durch Wohnsitzaufgabe gleich, wenn der Stpfl. in einem anderen Staat einen Wohnsitz und aufgrund dessen nach einem Abkommen zur Vermeidung der Doppelbesteuerung die abkommensrechtliche Ansässigkeit in diesem Staat begründet; begründet also der Stpfl. seine Ansässigkeit in einen Abkommenstaat, verliert die Bundesrepublik Deutschland u. U. ihr bisheriges Besteuerungsrecht auch dann, wenn ein Wohnsitz in Deutschland beibehalten wird, hierzu: *Bischoff/Kotyrba*, BB 2002, 382.
3 *Kaminski/Strunk*, Stbg 2014, 449; *Wittkowski*, BC 2014, 382; in § 6 Abs. 1 Satz 2 AStG werden noch weitere Tatbestände angeführt, die die Rechtsfolgen des § 6 AStG auslösen.
4 Vgl. auch *Ettinger/Beuchert*, IWB 2014, 126; *Zimmermann/Zimmermann-Schwier* in Bordewin/Brandt, § 17 EStG Rz. 70; vgl. zum Rechtstypenvergleich: *Schnittker/Lemaitre*, a. a. O.
5 *Vogt* in Blümich, § 17 EStG Rz. 106.
6 Vgl. BFH v. 23. 9. 2008 - I B 92/08, BStBl 2009 II 524; *Schütz*, a. a. O.

Steuerpflicht. Gemäß § 6 Abs. 1 Satz 5 AStG ist der Veräußerungsgewinn um einen bereits versteuerten Vermögenszuwachs zu kürzen.[1]

396 Um die Wegzugsbesteuerung zu vermeiden, kann die Kapitalgesellschaft, an der eine Beteiligung i. S. d. § 17 EStG besteht, in eine Personengesellschaft – vor Wegzug des Beteiligten – umgewandelt werden. Hierdurch besteht bei Wegzug nur noch eine Beteiligung an einer Mitunternehmerschaft. Allerdings erzielt der Gesellschafter bei späterer Veräußerung dann gem. § 49 Abs. 1 Nr. 2 Buchst. a EStG inländische Einkünfte, so dass dieser mit dem Veräußerungsgewinn in Deutschland als beschränkt steuerpflichtig i. S. d. § 1 Abs. 4 EStG gilt. Im Falle des Vorliegens eines DBA bleibt auch das Besteuerungsrecht bei einem dem OECD-MA entsprechenden DBA in Deutschland; Art. 7 Abs. 1, 13 Abs. 2 OECD-MA.[2]

397 Als Gestaltungsmodell zur Vermeidung der Wegzugsbesteuerung wurden Beteiligungen i. S. d. § 17 EStG steuerneutral – vgl. § 6 Abs. 1 Nr. 5 Buchst. b EStG – in gewerblich geprägte Personengesellschaften i. S. d. § 15 Abs. 3 Nr. 2 EStG mit fester Geschäftseinrichtung im Inland eingebracht und erst im Anschluss daran der Wohnsitzwechsel vollzogen.[3] Aus deutscher Sicht wurde die Beteiligung somit Betriebsvermögen bei der gewerblich geprägten Personengesellschaft. Die Beteiligung an der Kapitalgesellschaft war hiernach der Betriebsstätte der gewerblich geprägten Personengesellschaft zuzurechnen, mit der der Gesellschafter nach seinem Wegzug im Falle der Veräußerung inländische Einkünfte i. S. d. § 49 Abs. 1 Nr. 2 Buchst. a EStG erzielt hätte und somit mit dem Veräußerungsgewinn i. S. d. § 1 Abs. 4 EStG beschränkt steuerpflichtig gewesen wäre. Zudem bestand abkommensrechtlich ein Besteuerungsrecht an den Unternehmensgewinnen i. S. d. Art. 7 i. V. m. Art. 5, Art. 13 Abs. 2 OECD-MA. Mithin galten die Anteile als noch in Deutschland steuerverstrickt.[4]

BEISPIEL: ▶ Der in Deutschland wohnhafte D war an der D-GmbH mit Sitz in Stuttgart beteiligt. Vor seinem Wegzug ins europäische Ausland brachte D seine Beteiligung in eine vermögensverwaltende GmbH & Co. KG ein. Hierdurch erfolgte im Zeitpunkt des Wegzugs keine Besteuerung.

398 Jedoch vertrat der BFH[5] die Ansicht, dass es für die Annahme einer Betriebsstätte notwendig sei, dass die Gesellschaft einer originären gewerblichen Tätigkeit nachgehen und die eingelegten Anteile an der Kapitalgesellschaft dieser Tätigkeit funktional zuzuordnen sein müsse. Mithin sah der BFH nach Abkommensrecht eine Personengesellschaft, deren Tätigkeit sich in dem Verwalten einer Kapitalbeteiligung erschöpft, nicht als gewerblich an. Folge hieraus ist, dass sich das Besteuerungsrecht nicht nach Art. 7 Abs. 1 OECD-MA richtet, sondern grundsätzlich nach Art. 13 Abs. 5 OECD-MA.[6] Somit dürfte nur der Ansässigkeitsstaat des Veräußerers den Veräußerungsgewinn besteuern, so dass Deutschland sein Besteuerungsrecht verliert. Die Finanzverwaltung schloss sich dieser Auffassung nunmehr an.[7]

BEISPIEL: ▶ Die GmbH & Co. KG veräußert nach Wegzug des D die Beteiligung an der D-GmbH. Hierdurch liegen zwar inländische Einkünfte i. S. d. § 49 Abs. 1 Nr. 2 Buchst. a EStG vor, jedoch verliert Deutschland bei Vorliegen eines DBA grundsätzlich das Besteuerungsrecht; Art. 13 Abs. 5 OECD-MA.

---

1 *Vogt* in Blümich, § 17 EStG Rz. 113; *Frotscher* in Frotscher/Geurts, § 17 EStG Rz. 21.
2 *Ettinger/Beuchert*, IWB 2014, 126.
3 *Sonnleitner/Winkelhog*, BB 2014, 473, 475; *Kaminski/Strunk*, a. a. O.
4 Hierzu auch *Hruschka*, a. a. O.; *Wittkowski*, a. a. O.
5 Vgl. BFH v. 28. 4. 2010 - I R 81/09, BStBl 2014 II 754; BFH v. 24. 8. 2011 - I R 46/10, BStBl 2014 II 764; hierzu auch: *Töben*, IStR 2013, 682; *Sonnleitner/Winkelhog*, a. a. O.; *Kaminski/Strunk*, a. a. O.; *Brocke/Rottenmoser*, SteuK 2013, 419.
6 Eine Ausnahme hiervon gilt für Immobiliengesellschaften, vgl. Art. 13 Abs. 4 OECD-MA.
7 BMF v. 26. 9. 2014, BStBl 2014 I 1258, Tz. 2.2.1.

Im Hinblick hierauf wurde durch das Amtshilferichtlinien-Umsetzungsgesetz § 50i EStG eingeführt.[1] Hierdurch soll verhindert werden, dass ein Stpfl. seine Beteiligung steuerneutral in eine gewerblich geprägte oder infizierte Personengesellschaft einbringt, in das Ausland verzieht und sich dann auf die Rechtsprechung des BFH beruft, so dass die Bundesrepublik Deutschland das Besteuerungsrecht an einem etwaigen Gewinn aus der Veräußerung der Beteiligung i. S. d. § 17 EStG verliert.

399

Gemäß § 50i Abs. 1 Satz 1 EStG ist ungeachtet entgegenstehender Bestimmungen eines etwaig anzuwendenden DBA der Gewinn, den ein Stpfl., der im Sinne eines DBA im anderen Vertragsstaat ansässig ist, aus der späteren Veräußerung oder Entnahme von Anteilen erzielt, im Rahmen einer beschränkten Steuerpflicht i. S. d. § 1 Abs. 4, § 15 Abs. 3 i. V. m. § 49 Abs. 1 Nr. 2 Buchst. a EStG, zu versteuern. Dies gilt dann, wenn Anteile i. S. d. § 17 EStG vor dem 29. 6. 2013 in das Betriebsvermögen einer Personengesellschaft i. S. d. § 15 Abs. 3 EStG übertragen oder überführt worden sind und eine Besteuerung der stillen Reserven im Zeitpunkt der Übertragung oder Überführung unterblieben ist.[2]

400

Bei einer Übertragung der Anteile nach dem 29. 6. 2013 auf eine gewerblich geprägte Personengesellschaft kommt § 50i EStG zwar nicht zur Anwendung, jedoch kommt die Entstrickungsbesteuerung gem. § 4 Abs. 1 Satz 3 EStG in Betracht, sofern aufgrund des Wegzugs das Besteuerungsrecht aus der Veräußerung der Anteile beschränkt bzw. ausgeschlossen wird, was bei Vorliegen eines DBA grundsätzlich der Fall sein dürfte.[3]

401

Ferner wurde mit dem Gesetz zur Anpassung des nationalen Steuerrechts an den Beitritt Kroatiens zur EU und zur Änderung weiterer steuerlicher Vorschriften[4] eine Präzisierung des § 50i Abs. 1 EStG vorgenommen und ein neuer Absatz 2 eingefügt.[5] Dieser neue Absatz findet jedoch nur dann Anwendung, wenn Anteile i. S. d. § 17 EStG vor dem 29. 6. 2013 in eine gewerblich geprägte oder infizierte Personengesellschaft eingebracht wurden.[6]

402

Für den Stpfl. besteht auch die Möglichkeit, Beteiligungen i. S. d. § 17 EStG vor dem Wegzug verdeckt zu Buchwerten in ein deutsches Betriebsvermögen einzulegen; § 4 Abs. 1 Satz 8 i. V. m. § 6 Abs. 1 Nr. 5 Satz 1 Buchst. b EStG.[7] Hiernach hielt der Einbringende keine Anteile i. S. d. § 17 EStG mehr. Jedoch ist bei dem Wegzug in einen DBA-Staat zu beachten, dass sich eine Entstrickung gem. § 4 Abs. 1 Satz 3 EStG nur verhindern lässt, wenn die eingebrachten Anteile auch noch nach dem Wegzug abkommensrechtlich als Betriebsvermögen qualifiziert werden und einer deutschen Betriebsstätte zugeordnet werden können.[8]

403

Fraglich ist aber, ob allein aufgrund einer „passiven" Beschränkung des Besteuerungsrechts, etwa durch Änderung der Zuweisung des Besteuerungsrechts in einem DBA, die Tatbestandsvoraussetzungen des § 6 AStG vorliegen können.

404

BEISPIEL:[9] L ist seither in Liechtenstein unbeschränkt steuerpflichtig. Er ist alleiniger Anteilseigner der L-GmbH (Sitz und Geschäftsleitung in Deutschland). Zum 1. 1. 2013 tritt das DBA-Liechtenstein in Kraft

---

1 *Kaminski/Strunk*, a. a. O.; *Wittkowski*, a. a. O.
2 Siehe auch *Töben*, a. a. O.; *Ettinger/Beuchert*, IWB 2014, 680; *Hruschka*, a. a. O.
3 *Sonnleitner/Winkelhog*, BB 2014, 473; *Töben*, a. a. O.; *Ettinger/Beuchert*, IWB 2014, 126; *Kaminski/Strunk*, a. a. O.
4 BGBl 2014 I 1266.
5 *Ettinger/Beuchert*, IWB 2014, 680; *Kaminski/Strunk*, a. a. O.
6 *Ettinger/Beuchert*, IWB 2014, 680.
7 BMF v. 11. 7. 2011, BStBl 2011 I 713; *Ettinger/Beuchert*, IWB 2014, 680.
8 *Ettinger/Beuchert*, IWB 2014, 680.
9 *Schönfeld/Häck*, IStR 2012, 582.

mit der Wirkung, dass das Besteuerungsrecht für einen etwaigen Veräußerungsgewinn Liechtenstein zugewiesen wird (Art. 13 Abs. 5 DBA-Liechtenstein).

PRAXISHINWEIS:
Sowohl § 6 AStG als auch § 17 EStG dürften in einem solchen Fall nicht eingreifen. Insbesondere müsste gem. § 38 AO der Tatbestand durch den Stpfl. verwirklicht und diesem auch die Tatbestandsverwirklichung zugerechnet werden können.[1] Etwaig eintretende Doppelbesteuerungen können im Falle des Vorliegens eines DBA im Wege eines Verständigungsverfahrens gem. den Art. 25 OECD-MA nachgebildeten Artikeln möglicherweise vermieden werden. Soweit ersichtlich enthält jedes deutsche DBA eine solche Möglichkeit.

4. Wohnsitzwechsel in das Ausland – Erweitert beschränkte Steuerpflicht (§ 2 AStG)

405   Bei einem Wegzug ist seitens des Stpfl. ebenfalls darauf zu achten, dass hierdurch der Tatbestand des § 2 AStG erfüllt werden kann.[2] Eine natürliche Person, die in den letzten zehn Jahren vor dem Ende ihrer unbeschränkten Steuerpflicht nach § 1 Abs. 1 Satz 1 EStG als Deutscher insgesamt mindestens fünf Jahre unbeschränkt einkommensteuerpflichtig war und in einem ausländischen Gebiet ansässig ist, in dem sie mit ihrem Einkommen nur einer niedrigen Besteuerung unterliegt, oder in keinem ausländischen Gebiet ansässig ist und wesentliche wirtschaftliche Interessen im Geltungsbereich des AStG hat, ist gem. § 2 Abs. 1 AStG bis zum Ablauf von zehn Jahren nach Ende des Jahres, in dem ihre unbeschränkte Steuerpflicht geendet hat, erweitert beschränkt steuerpflichtig. Somit werden über die beschränkte Steuerpflicht hinaus, alle Einkünfte in die „beschränkte Steuerpflicht" einbezogen, die nicht explizit ausländische Einkünfte i. S. d. § 34d EStG sind. So z. B. nicht Einkünfte aus der Veräußerung einer Beteiligung an einer ausländischen Kapitalgesellschaft; § 34d Nr. 4 Buchst. b EStG.

406   Ein wesentliches wirtschaftliches Interesse i. S. d. § 2 Abs. 1 Nr. 2 AStG wird dabei gem. § 2 Abs. 3 Nr. 1 AStG durch eine Beteiligung i. S. d. § 17 Abs. 1 EStG an einer inländischen Kapitalgesellschaft begründet.

BEISPIEL: A, der die deutsche Staatsangehörigkeit besitzt und seit mehr als zehn Jahren im Inland unbeschränkt steuerpflichtig ist, ist an der A-AG (mit Sitz und Geschäftsleitung in München) am Nennkapital zu 5 % beteiligt. A verzieht am 31.12.2013 nach Monaco. Die Voraussetzungen des § 2 AStG liegen vor, so dass A bis zum 31.12.2023 der erweitert beschränkten Steuerpflicht und somit sein Welteinkommen abzüglich der in § 34d EStG genannten ausländischen Einkünfte in Deutschland der Besteuerung unterliegt.

407–420   (Einstweilen frei)

C. Verfahrensfragen

I. Besteuerungsverfahren

421   Der Veräußerungsgewinn gem. § 17 EStG wird nicht bei der Kapitalgesellschaft, sondern beim entsprechenden Gesellschafter erfasst. Gemäß § 25 EStG ist für Einkünfte aus privaten Veräußerungsgeschäften das Veranlagungsverfahren vorgesehen. Demnach hat der Stpfl. nach Ablauf des Kalenderjahres eine Steuererklärung abzugeben. Der Veräußerungsgewinn bildet einen unselbständigen Teil der folgenden Steuerfestsetzung. Er kann nicht selbständig mit

---

[1] Umfassend dazu: Schönfeld/Häck, a. a. O.; Binnewies/Wollweber, DStR 2014, 628.
[2] Vogt in Blümich, § 17 EStG Rz. 100.

Rechtsbehelfen angefochten werden; § 157 Abs. 2 AO. Der Einspruch gegen die Höhe des Veräußerungsgewinns ist gegen den Steuerbescheid zu richten.[1]

Auf die Veräußerungsgewinne sind die Vorschriften für eine steuerliche Außenprüfung anwendbar.[2] Allerdings ist eine relevante Beteiligung i. S.d. § 17 EStG kein gewerblicher Betrieb gem. § 193 Abs. 1 AO, auch wenn deren Veräußerung zu steuerpflichtigen Einkünften gewerblicher Art führt.[3] Eine steuerliche Außenprüfung kann daher nur gem. § 193 Abs. 2 Nr. 2 AO erfolgen. Sie ist damit nur dann zulässig, wenn die für die Besteuerung erheblichen Verhältnisse der Aufklärung bedürfen und eine Prüfung an Amtsstelle nach Art und Umfang des zu prüfenden Sachverhaltes nicht zweckmäßig ist. Diese Voraussetzungen müssen kumulativ vorliegen. Die Prüfungsanordnung muss folglich in ihrer Begründung erkennen lassen, aus welchen Gründen die für die Besteuerung maßgeblichen Verhältnisse der Aufklärung bedürfen und eine Prüfung an Amtsstelle nach Art und Umfang des zu prüfenden Sachverhalts nicht zweckmäßig ist.[4]

II. Feststellungsverfahren für steuerverstrickte Anteile

Aufgrund der Bruchteilsbetrachtung (siehe → Rz. 32 ff) erfüllt jeder einzelne Gesellschafter den Tatbestand des § 17 EStG. Bei Personengesellschaften kann daher der Veräußerungsgewinn nicht mittels einheitlicher und gesonderter Feststellung gem. § 180 Abs. 1 Nr. 2 Buchst. a AO festgestellt werden.[5]

Gleiches gilt für das besondere Feststellungsverfahren gem. § 179 Abs. 2 Satz 3 AO in Bezug auf Unterbeteiligungen.[6]

III. Mitteilungspflichten der Notare

Gemäß § 54 EStDV haben die Notare dem gem. § 20 AO zuständigen Finanzamt beglaubigte Abschriften sämtlicher aufgrund gesetzlicher Vorschrift aufgenommenen oder beglaubigten Urkunden zu übersenden, die für die Anwendung des § 17 EStG von Bedeutung sein können.

Davon sind insbesondere die Urkunden über die Gründung, eine Kapitalerhöhung oder -herabsetzung, die über eine Umwandlung oder Auflösung von Kapitalgesellschaften erfasst. Aber auch Urkunden die Verfügung über Anteile an Kapitalgesellschaften zum Gegenstand haben, sind zu übersenden. Zudem haben die Notare gem. § 54 Abs. 1 Satz 2 EStDV Dokumente, die im Zusammenhang mit der Anmeldung einer inländischen Zweigniederlassung stehen, dem in § 20 AO bezeichneten Finanzamt zu übersenden. § 54 EStDV umfasst aber auch Verpflichtungsgeschäfte, die in Zusammenhang mit der Verfügung über Anteile an Kapitalgesellschaften stehen. Deshalb sind auch aufschiebend bedingte Verfügungen, Treuhandverträge über Anteile an Kapitalgesellschaften sowie die Verpfändung derartiger Anteile zu übersenden.

---

1 *Vogt* in Blümich, § 17 EStG Rz. 932, m. w. N.
2 *Reinhart*, a. a. O., 99.
3 Schallmoser in HHS, § 193 AO Rz. 44.
4 Vgl. BFH v. 13.3.1987 - III R 236/83, BStBl 1987 II 664; v. 7.11.1985 - IV R 6/85, BStBl 1986 II 435; Schallmoser in HHS, § 193 AO Rz. 64.
5 Vgl. BFH v. 9.5.2000 - VIII R 41/99, BStBl 2000 II 686; BFH v. 25.1.2001 - VIII B 46/00, BFH/NV 2001, 779 = NWB DokID: MAAAA-67542; BFH v. 8.11.2005 - VIII R 11/02, BStBl 2006 II 253; *Vogt* in Blümich, § 17 EStG Rz. 933.
6 Vgl. BFH v. 9.5.2000 - VIII R 40/99, BFH/NV 2001, 17 = NWB DokID: EAAAA-66217; FG Baden-Württemberg v. 28.2.2002 - 14 K 79/00, EFG 2002, 839, rkr.; offen BFH v. 8.11.2005 - VIII R 11/02, BStBl 2006 II 253; *Vogt* in Blümich, § 17 EStG Rz. 934.

427 Gemäß § 54 Abs. 4 EStDV ist schließlich in dem Fall der Verfügung über Anteile an Kapitalgesellschaften durch einen Anteilseigner, der nicht nach § 1 Abs. 1 EStG unbeschränkt steuerpflichtig ist, zusätzlich bei dem Finanzamt Anzeige zu erstatten, das bei Beendigung einer zuvor bestehenden unbeschränkten Steuerpflicht des Anteilseigners oder bei unentgeltlichem Erwerb dessen Rechtsvorgängers nach § 19 AO für die Besteuerung des Anteilseigners zuständig war.[1]

428 Die Urkunden und die Anzeige gem. § 54 Abs. 4 EStDV sind innerhalb einer Frist von zwei Wochen ab deren Aufnahme oder Beglaubigung nach dem Finanzamt einzureichen. Die jeweilige Urkunde soll dabei mit der Steuernummer der Kapitalgesellschaft gekennzeichnet sein. Der Notar ist aber nicht verpflichtet, fremdsprachigen Urkunden eine (beglaubigte) Übersetzung beizufügen.[2]

429 An die Beteiligten darf der Notar die Urkunden erst aushändigen, nachdem er deren Abschriften an das Finanzamt absandte; § 54 Abs. 2 EStDV.

c) Selbständige Arbeit (§ 2 Absatz 1 Satz 1 Nummer 3 EStG)

§ 18 Einkünfte aus selbständiger Arbeit

(1) Einkünfte aus selbständiger Arbeit sind

1. Einkünfte aus freiberuflicher Tätigkeit. ²Zu der freiberuflichen Tätigkeit gehören die selbständig ausgeübte wissenschaftliche, künstlerische, schriftstellerische, unterrichtende oder erzieherische Tätigkeit, die selbständige Berufstätigkeit der Ärzte, Zahnärzte, Tierärzte, Rechtsanwälte, Notare, Patentanwälte, Vermessungsingenieure, Ingenieure, Architekten, Handelschemiker, Wirtschaftsprüfer, Steuerberater, beratenden Volks- und Betriebswirte, vereidigten Buchprüfer, Steuerbevollmächtigten, Heilpraktiker, Dentisten, Krankengymnasten, Journalisten, Bildberichterstatter, Dolmetscher, Übersetzer, Lotsen und ähnlicher Berufe. ³Ein Angehöriger eines freien Berufs im Sinne der Sätze 1 und 2 ist auch dann freiberuflich tätig, wenn er sich der Mithilfe fachlich vorgebildeter Arbeitskräfte bedient; Voraussetzung ist, dass er auf Grund eigener Fachkenntnisse leitend und eigenverantwortlich tätig wird. ⁴Eine Vertretung im Fall vorübergehender Verhinderung steht der Annahme einer leitenden und eigenverantwortlichen Tätigkeit nicht entgegen;

2. Einkünfte der Einnehmer einer staatlichen Lotterie, wenn sie nicht Einkünfte aus Gewerbebetrieb sind;

3. Einkünfte aus sonstiger selbständiger Arbeit, z. B. Vergütungen für die Vollstreckung von Testamenten, für Vermögensverwaltung und für die Tätigkeit als Aufsichtsratsmitglied;

4. Einkünfte, die ein Beteiligter an einer vermögensverwaltenden Gesellschaft oder Gemeinschaft, deren Zweck im Erwerb, Halten und in der Veräußerung von Anteilen an Ka-

---

1 Wegen der Bedenken gegen diese Regelung s. etwa Vogt in Blümich, § 17 EStG Rz. 952 ff.
2 Vgl. KG Berlin v. 7. 11. 2000 - 1 W 1770/00 = NWB DokID: PAAAA-03430, rkr.; Vogt in Blümich, § 17 EStG Rz. 949.

pitalgesellschaften besteht, als Vergütung für Leistungen zur Förderung des Gesellschafts- oder Gemeinschaftszwecks erzielt, wenn der Anspruch auf die Vergütung unter der Voraussetzung eingeräumt worden ist, dass die Gesellschafter oder Gemeinschafter ihr eingezahltes Kapital vollständig zurückerhalten haben; § 15 Absatz 3 ist nicht anzuwenden.

(2) Einkünfte nach Absatz 1 sind auch dann steuerpflichtig, wenn es sich nur um eine vorübergehende Tätigkeit handelt.

(3) [1]Zu den Einkünften aus selbständiger Arbeit gehört auch der Gewinn, der bei der Veräußerung des Vermögens oder eines selbständigen Teils des Vermögens oder eines Anteils am Vermögen erzielt wird, das der selbständigen Arbeit dient. [2]§ 16 Absatz 1 Satz 1 Nummer 1 und 2 und Absatz 1 Satz 2 sowie Absatz 2 bis 4 gilt entsprechend.

[1](4) [1]§ 13 Absatz 5 gilt entsprechend, sofern das Grundstück im Veranlagungszeitraum 1986 zu einem der selbständigen Arbeit dienenden Betriebsvermögen gehört hat. [2]§ 15 Absatz 1 Satz 1 Nummer 2, Absatz 1a, Absatz 2 Satz 2 und 3, §§ 15a und 15b sind entsprechend anzuwenden.

Inhaltsübersicht

	Rz.
A. Allgemeine Erläuterungen	1 - 40
I. Normzweck und wirtschaftliche Bedeutung der Vorschrift	1 - 2
II. Entstehung und Entwicklung der Vorschrift	3 - 5
III. Geltungsbereich	6 - 8
1. Sachlicher Geltungsbereich	6
2. Persönlicher Geltungsbereich	7
3. Zeitlicher Geltungsbereich	8
IV. Vereinbarkeit mit höherrangigem Recht	9 - 13
V. Verhältnis zu anderen Vorschriften	14 - 40
1. Verhältnis zu den anderen Einkunftsarten	14
2. Verhältnis zu den Gewinnermittlungsvorschriften	15 - 20
a) Laufender Gewinn	15 - 19
b) Veräußerungsgewinn (§ 18 Abs. 3 EStG)	20
3. Verhältnis zu weiteren steuerlichen Vorschriften	21 - 26
a) Einkommensteuergesetz	21 - 23
b) Gewerbesteuergesetz und weitere Gesetze	24 - 25
c) Abkommen zur Vermeidung von Doppelbesteuerung	26
4. Verhältnis zu Aufzeichnungsvorschriften	27 - 31
5. Verhältnis zu Vorlagepflichten	32 - 40
B. Systematische Kommentierung	41 - 314
I. Einkünfte aus selbständiger Arbeit (§ 18 Abs. 1 EStG)	41 - 120
1. Allgemeine Voraussetzungen	41
2. Gewinnerzielungsabsicht	42 - 50
3. Selbständigkeit der Arbeitserbringung	51 - 55
4. Persönliche Arbeitsleistung (§ 18 Abs. 1 Nr. 1 Sätze 3 und 4 EStG)	56 - 60
5. Betriebliche Kooperationsformen (§ 18 Abs. 4 Satz 2 EStG)	61 - 100
6. Einkünfteerzielung mithilfe fachlich vorgebildeter Arbeitskräfte (§ 18 Abs. 1 Nr. 1 Sätze 3 und 4 EStG)	101 - 120
II. Einkünfte aus freiberuflicher Tätigkeit (§ 18 Abs. 1 Nr. 1 EStG)	121 - 235
1. Wissenschaftliche, künstlerische, schriftstellerische, unterrichtende oder erzieherische Tätigkeit	121 - 170

1 Anm. d. Red.: Zur Anwendung des § 18 Abs. 4 siehe § 52 Abs. 26.

		a) Wissenschaftliche Tätigkeit	121 - 135
		b) Künstlerische Tätigkeit	136 - 145
		c) Schriftstellerische Tätigkeit	146 - 155
		d) Unterrichtende und erzieherische Tätigkeit	156 - 170
	2.	Katalog der freien Berufe	171 - 230
		a) Ärzte	171 - 183
		b) Zahnärzte	184 - 185
		c) Tierärzte	186 - 188
		d) Heilpraktiker	189
		e) Dentisten	190
		f) Krankengymnasten	191 - 192
		g) Rechtsanwälte	193 - 196
		h) Notare	197
		i) Patentanwälte	198 - 200
		j) Wirtschaftsprüfer	201 - 202
		k) Steuerberater und Steuerbevollmächtigte	203 - 204
		l) Vereidigte Buchprüfer	205
		m) Beratende Volks- und Betriebswirte	206 - 211
		n) Architekten	212 - 214
		o) Ingenieure und Vermessungsingenieure	215
		p) Handelschemiker	216
		q) Journalisten und Bildberichterstatter	217 - 221
		r) Dolmetscher	222
		s) Übersetzer	223 - 224
		t) Lotsen	225 - 230
	3.	Den Katalogberufen ähnliche Berufe	231 - 235
		a) Kriterien einer Vergleichbarkeit der Berufe	231 - 233
		b) Kasuistik der vergleichbaren Berufe	234 - 235
III.	Einkünfte als Einnehmer einer staatlichen Lotterie (§ 18 Abs. 1 Nr. 2 EStG)		236
IV.	Einkünfte aus sonstiger selbständiger Tätigkeit (§ 18 Abs. 1 Nr. 3 EStG)		237 - 265
	1.	Gemeinsame Merkmale der sonstigen selbständigen Tätigkeit	237 - 239
	2.	Aufsichtsratsmitglieder	240 - 243
	3.	Testamentsvollstrecker	244 - 246
	4.	Vermögensverwalter	247 - 255
	5.	Unbenannte sonstige selbständige Tätigkeit	256 - 265
V.	Einkünfte als Beteiligter einer Wagniskapitalgesellschaft (§ 18 Abs. 1 Nr. 4 EStG)		266 - 275
VI.	Veräußerungsgewinn (§ 18 Abs. 3 EStG)		276 - 300
	1.	Veräußerungsgewinnberechnung (§ 16 Abs. 2, 3, 3a und 3b EStG)	276 - 290
	2.	Freibetragsregelung (§ 16 Abs. 4 EStG) und Fünftel-Regelung (§ 34 EStG)	291 - 300
VII.	Internationales Steuerrecht		301 - 314
	1.	Freiberufliche Tätigkeit, Art. 3 Abs. 1 Buchst. h OECD-MA 2010 i. V. m. Art. 14 OECD-MA 2010	301 - 305
	2.	Aufsichtsrats- und Verwaltungsratsvergütung (Art. 16 OECD-MA 2010)	306
	3.	Künstlerische Tätigkeit (Art. 17 OECD-MA 2010)	307
	4.	Verluste aus gescheiterten DBA-Betriebsstättengründungen	308 - 314
C. Verfahrensfragen			315 - 318

HINWEIS:

R 18.1, R 18.3, R 16 EStR; H 18.1 - H 18.3, H 15.6 EStH; § 60 Abs. 4 EStDV; BMF v. 21. 1. 1994, BStBl 1994 I 112; BMF v. 27. 12. 1999, BStBl 2000 I 42; BMF v. 20. 11. 2003, BStBl 2004 I 40; BMF v. 25. 4. 2004, BStBl 2004 I 526; BMF v. 17. 11. 2004, BStBl 2004 I 1064; BMF v. 22. 11. 2004, BStBl 2004 I 1030; BMF v. 17. 12. 2007, BStBl 2008 I 17; BMF v. 17. 12. 2008, BStBl 2009 I 15; BMF v. 20. 5. 2009, BStBl 2009 I 642;

BMF v. 12. 2. 2011, BStBl 2009 I 398; BMF v. 21. 4. 2011, BStBl 2011 I 487; BMF v. 27. 11. 2012, BStBl 2012 I 1226; BMF v. 2. 10. 2014, BStBl 2014 I 1330.

LITERATUR:

Korn, Keine Abfärbewirkung geringfügiger gewerblicher Einkünfte freiberuflicher Personengesellschaften, NWB 2015, 1042; *Schoor,* Realteilung einer freiberuflichen Mitunternehmerschaft, NWB 2013, 3250; *Kraft/Schreiber,* Die unterschiedliche Ausprägung von Mitunternehmerinitiative und Mitunternehmerrisiko, NWB 2016, 1492; *Levedag,* Aufnahme von Freiberuflern in Einzelpraxen und Sozietäten, NWB 2016, 1881; *Klaßmann/Lewejohann/u. a.,* Besteuerung der Ärzte, Zahnärzte und sonstiger Heilberufe, 9. Auflage 2016; *Michels/Möller,* Ärztliche Kooperationen, 4. Auflage 2018.

A. Allgemeine Erläuterungen

I. Normzweck und wirtschaftliche Bedeutung der Vorschrift

Die Norm des § 18 EStG enthält mit den Einkünften aus selbständiger Arbeit eine der sieben enumerativ aufgeführten Einkunftsarten (§ 2 Abs. 1 Nr. 1 bis 7 EStG). Zusammen mit den Einkünften aus Gewerbebetrieb und aus Land- und Forstwirtschaft bilden die Einkünfte aus selbständiger Arbeit die Gruppe der Gewinneinkünfte (§ 2 Abs. 1 Nr. 1 EStG), die sich gegen die Einkünfte aus § 2 Abs. 1 Nr. 2 EStG abgrenzen, bei denen das Einkommen im Überschuss der Einnahmen über die Werbungskosten besteht. Die Norm des § 18 EStG enthält keine Definition des Begriffs der selbständigen Arbeit, sondern beschreibt lediglich vier Tätigkeitsbereiche, die dieser Einkunftsart zuzuordnen sind. Die freiberufliche Tätigkeit ist hierbei die regelungssystematisch wichtigste. Die Einkunftsart aus § 18 EStG ist die am stärksten von Berufs- und berufsständischen Regelungen geprägte des EStG. Von Bedeutung ist die Abgrenzung zu den Einkünften aus Gewerbebetrieb (§ 15 EStG) insbesondere wegen der fehlenden Gewerbesteuerpflicht (§ 2 Abs. 1 GewStG) und der Bestimmung der Gewinnermittlungsmethode. 1

Auf den einzelnen Steuerpflichtigen bezogen ist § 18 EStG die mit Abstand für den Staatshaushalt **ertragreichste Einkunftsart des EStG.** Denn nur 3,3 % der nach § 18 EStG Steuerpflichtigen erbrachten 6,46 % der Gesamtbeträge der Einkünfte im Jahr 2009. Die Einkunftsart nach § 15 EStG erreichte mit 8,15 % der Steuerpflichtigen noch 10,23 % der Gesamtbeträge der Einkünfte. Die ArbN trugen mit 76 % der Steuerpflichtigen zu 77 % des Gesamtbetrags der Einkünfte bei.[1] Sekundär tragen die gem. § 18 EStG besteuerten Unternehmen als ArbG (z. B. von angestellten Ärzten, Rechtsanwälten oder Steuerberatern) sowie medizinisch, rechtlich oder administrativ ausgebildetem Fachpersonal jedoch auch zum Lohnsteueraufkommen aus § 19 EStG bei. Die gem. § 18 EStG besteuerten Unternehmen stellen hierbei i. d. R. höherwertige, die Infrastruktur und die Umwelt im Vergleich zu Gewerbebetrieben weniger belastendere Arbeitsplätze zur Verfügung. 2

II. Entstehung und Entwicklung der Vorschrift

Die Grundstruktur des § 18 EStG, soweit sie die freien Berufe und die ihnen ähnlichen Berufe betrifft, geht auf die Fassung des EStG 1934[2] zurück. 3

Eine wichtige Änderung erfolgte durch das StÄndG 1960 v. 30. 7. 1960[3] mit dem für die Tätigkeiten des § 18 Abs. 1 Nr. 1 EStG, die Möglichkeit geschaffen wurde, sich der Mithilfe fremder, 4

---

[1] BMF, Datensammlung zur Steuerpolitik, Ausgabe 2013, S. 47.
[2] RGBl 1935, 33.
[3] BGBl 1960 I 514.

fachlich vorgebildeter Fachkräfte zu bedienen. Mit dieser Gesetzesergänzung erfolgte eine Abkehr von der Vervielfältigungstheorie, wonach die Tätigkeiten des § 18 EStG nur durch persönliche Arbeitsleistung erbracht werden können. Diese Gesetzesänderung hat damit eine bis in die jüngste Zeit andauernde Rechtsprechungsentwicklung angestoßen, die die Vervielfältigungstheorie auch für die nicht in Nr. 1 des § 18 EStG genannten anderen Tätigkeiten zurückdrängt.[1]

5   Als Sondertatbestand wurden im Jahr 2004 die Leistungsvergütungen zur Förderung des Gesellschaftszwecks von Wagniskapitalgesellschaften in den § 18 EStG aufgenommen. Die Leistungsvergütungen zur Förderung des Gesellschaftszwecks von Wagniskapitalgesellschaften wurden erstmals durch das WagKapG vom 30. 7. 2004[2] normiert und mit der Verortung unter § 18 Abs. 1 Nr. 4 EStG als Einkünfte aus selbständiger Tätigkeit qualifiziert. Vor Erlass des WagKapG war umstritten, ob die nun unter § 18 EStG erfassten Einkünfte als gewerblich (§ 15 EStG) oder als privat (§ 20 EStG) zu behandeln waren.[3] Mit dem im MoraKG v. 12. 8. 2008 enthaltenen Gesetz zur Förderung von Wagniskapitalbeteiligungen (WKBG)[4] sollte der Begriff der Wagniskapitalbeteiligungsgesellschaft im Rechtsverkehr unter Bezeichnungsschutz gestellt werden und diese unter bestimmten Voraussetzungen als vermögensverwaltend angesehen werden. Da diese Regelung jedoch nicht dem EU-Beihilferecht entsprach,[5] gelten für diese Gesellschaften die allgemeinen Kriterien des § 18 Abs. 1 Nr. 4 EStG.

III. Geltungsbereich

1. Sachlicher Geltungsbereich

6   Die Norm des § 18 EStG betrifft als eine der sieben Einkunftsarten Einkünfte aus selbständiger Arbeit, die in den Nr. 1 bis 4 des § 18 Abs. 1 EStG umschrieben sind. Es werden überwiegend Tätigkeiten (z. B. wissenschaftliche Tätigkeit) oder Berufstätigkeiten (Berufstätigkeit der Ärzte, Zahnärzte etc.) genannt. Teilweise wird auch die Vergütungsquelle dargestellt (Vergütungen für die Vollstreckung von Testamenten, Vergütungen für Vermögensverwaltung, Vergütung für Leistungen zur Förderung des Gesellschaftszwecks etc.).

2. Persönlicher Geltungsbereich

7   Die Norm des § 18 EStG erfasst natürliche Personen (vgl. § 1 Abs. 1 und § 1a EStG) und Personenmehrheiten (vgl. § 18 Abs. 4 Satz 2 EStG i.V. m. § 15 Abs. 1 EStG). Die Personenmehrheiten dürfen ihrerseits nur von natürlichen Personen gebildet werden; so fällt insbesondere die GmbH & Co. KG nicht in den persönlichen Anwendungsbereich des § 18 EStG. Kapitalgesellschaften oder Körperschaften fallen gleichfalls nicht, auch nicht im Rahmen des § 18 Abs. 1 Nr. 4 EStG als Empfänger von sog. carried interest, in den persönlichen Anwendungsbereich dieser Einkunftsart.

---

1 Zuletzt: BFH v. 15. 12. 2010 - VIII R 50/09, BStBl 2011 II 506, Rz. 23.
2 BGBl 2004 I 2013.
3 Vgl. BMF v. 16. 12. 3003, BStBl 2004 I 40, Rz. 18 und Rz. 21.
4 BGBl 2008 I 1672.
5 Entscheidung der Kommission v. 30. 9. 2009 über die Beihilferegelung C 2/2009 (ex N 221/2008 und N 413/2008), K (2009) 7387 endg., S. 16 f.

3. Zeitlicher Geltungsbereich

Die zeitliche Anwendung des § 18 EStG ergibt sich grundsätzlich aus § 52 Abs. 1 Satz 1 EStG, hinsichtlich der zeitlichen Anwendung des § 18 Abs. 4 Satz 2 ist § 52 Abs. 25 EStG zu beachten.

IV. Vereinbarkeit mit höherrangigem Recht

Mit der **Verfassungsmäßigkeit der Gewerbesteuerfreiheit von Freiberuflern** hat sich das BVerfG zuletzt in dem Beschluss v. 15. 1. 2008 - 1 BvL 2/04 befasst. Die Gewerbesteuerfreiheit der Freiberufler, wie auch der Land- und Forstwirte, wurde vom BVerfG im Ergebnis als verfassungsmäßig beurteilt. Trotz vieler übereinstimmender Tatbestandsmerkmale zwischen gewerblichen und freiberuflichen Unternehmen, sah das BVerfG sachliche Rechtfertigungsgründe in der Form vorliegen, dass die freien Berufe und die ihnen gleichgestellten sonstigen Selbständigen durch eine Reihe von Besonderheiten in der Ausbildung, der staatlichen und berufsautonomen Regelung ihrer Berufsausübung, ihrer Stellung im Sozialgefüge, der Art und Weise der Erbringung ihrer Dienstleistungen und auch des Einsatzes der Produktionsmittel Arbeit und Kapital geprägt werden, die sie in ihrem Typus als Berufsgruppe von den sonstigen Gewerbetreibenden unterscheiden. Da der Beschluss aus dem Jahr 2008 den VZ 1988 betraf, sind die entsprechenden Erwägungen und Begründungen auf diesen Veranlagungszeitraum bezogen. Das BVerfG stellt daher fest, dass die Konvergenz der Berufsbilder von freien Berufen und Gewerbetreibenden zum VZ 1988 in einzelnen Berufsfeldern zwar ein bereits durchaus beachtliches Ausmaß erreicht hätten und die Entwicklung seither noch weiter fortgeschritten sein mag, es sei jedoch nicht erkennbar, dass der Typus des freien Berufs insgesamt seine Struktur prägenden, ihn von den Gewerbetreibenden unterscheidenden Merkmale verloren habe. Die im Regelfall akademische oder vergleichbare besondere berufliche Qualifikation oder schöpferische Begabung als Voraussetzung für die Erlernung und Ausübung eines freien Berufs, die besondere Bedeutung der persönlichen, eigenverantwortlichen und fachlich unabhängigen Erbringung der Arbeit, verbunden mit einem häufig höchstpersönlichen Vertrauensverhältnis zum Auftraggeber, aber auch die spezifische staatliche, vielfach auch berufsautonome Reglementierung zahlreicher freier Berufe, insbesondere im Hinblick auf berufliche Pflichten und Honorarbedingungen, ließen bei der gebotenen typisierenden Betrachtung nach wie vor signifikante Unterschiede zwischen freien Berufen und Gewerbetreibenden erkennen. Die vom vorlegenden FG und im rechtswissenschaftlichen Schrifttum beschriebenen Annäherungen des Erscheinungsbilds einzelner Berufszweige reichen nicht aus, um den insgesamt fortbestehenden Typusunterschied zwischen Gewerbetreibenden und freien Berufen auszuräumen.

Verfassungsmäßigkeit der Abfärberegelung: In dem Beschluss v. 15. 1. 2008 - 1 BvL 2/04 sieht das BVerfG auch in der Abfärberegelung nach § 15 Abs. 3 Nr. 1 EStG, wonach die gesamten Einkünfte einer Personengesellschaft als Einkünfte aus Gewerbebetrieb gelten und damit der Gewerbesteuer unterliegen, wenn die Gesellschaft auch nur teilweise eine gewerbliche Tätigkeit ausübt, keinen Verstoß gegen den Gleichbehandlungsgrundsatz aus Art. 3 GG. Das BVerfG macht sich hierbei die Argumentation zu eigen, dass eine übermäßige Belastung von Personengesellschaften gegenüber Einzelunternehmern auch deshalb nicht vorliegen soll, weil die Gesellschafter einer Personengesellschaft sich der Abfärberegelung durch die Gründung einer zweiten personenidentischen Gesellschaft ohne weiteres entziehen könnten.[1]

---

1 BVerfG mit Verweis auf BFH v. 29. 11. 2001 - IV R 91/99, BStBl 2002 II 221, Rz. 35; BFH v. 19. 2. 1998 - IV R 11/97, BStBl 1998 II 603; BFH v. 10. 11. 1983 - IV R 86/80, BStBl 1984 II 152.

11 Grundfreiheiten des Art. 5 GG: Bei der Qualifizierung, ob eine künstlerische Tätigkeit i. S. d. § 18 EStG vorliegt, ist die **Kunstfreiheit** des Art. 5 Abs. 3 GG zu beachten. Die vom BFH für die Qualifizierung als künstlerische Tätigkeit im Rahmen des § 18 EStG entwickelten Kriterien grenzen die Kunst von der Nichtkunst ab, was der BFH hinsichtlich des Art. 5 Abs. 3 GG als verfassungsrechtlich unbedenklich ansieht.[1] Gleiches dürfte für die jeweils im Grundgesetz genannten Grundfreiheiten gelten, die aufgrund der in § 18 EStG enthaltenen Tätigkeiten und Berufe betroffen sind:

- **Wissenschaftsfreiheit** gem. Art. 5 Abs. 3 2. Alt. GG i. V. m. der wissenschaftlichen Tätigkeit i. S. d. § 18 Abs. 1 Nr. 1 Satz 2 1. Alt. EStG,

- **Lehrfreiheit** gem. Art. 5 Abs. 3 4. Alt. GG i. V. m. der unterrichtenden Tätigkeit i. S. d. § 18 Abs. 1 Nr. 1 Satz 2 4. Alt. EStG,

- **Pressefreiheit** und **Berichterstattungsfreiheit** gem. Art. 5 Abs. 1 Satz 2 GG i. V. m. der freiberuflichen Tätigkeit von Journalisten und Bildberichterstattern (§ 18 Abs. 1 Nr. 1 Satz 2 EStG).

12 Gleichbehandlungsgrundsatz innerhalb des § 18 EStG: Nach der sog. Vervielfältigungstheorie müssen alle Berufe des § 18 EStG grundsätzlich persönlich, d. h. ohne die Mithilfe fachlich vorgebildeter Hilfskräfte, ausgeübt werden.[2] Diese Vervielfältigungstheorie erlitt mit der Einführung des Satzes 3 in § 18 Abs. 1 Nr. 1 EStG eine ausdrückliche, gesetzliche Durchbrechung, da es Angehörigen eines freien Berufs i. S. d. Sätze 1 und 2 des § 18 Abs. 1 Nr. 1 EStG erlaubt wurde, sich der Mithilfe fachlich vorgebildeter Arbeitskräfte zu bedienen.[3] Da dieser Zusatz in den Nr. 2 bis 4 des § 18 Abs. 1 EStG fehlte, hatte der BFH die Vervielfältigungstheorie insbesondere bei den unter Nr. 3 gefassten Tätigkeiten, z. B. bei Insolvenzverwaltern, angewendet. In der weiterbestehenden Anwendung der Vervielfältigungstheorie auf die Tätigkeiten der Nr. 2 bis 4 im Gegensatz zu den Tätigkeiten der Nr. 1 des § 18 Abs. 1 EStG, wurde eine gegen Art. 3 GG verstoßende Ungleichbehandlung dieser Tätigkeiten gesehen.[4] Mit der Entscheidung des BFH v. 15. 12. 2010[5] wurde die Anwendung der Vervielfältigungstheorie jedoch für die unter § 18 Abs. 1 Nr. 3 EStG gefasste sonstige selbständige Arbeit ausdrücklich aufgegeben. Auch die Verwaltung wendet die Vervielfältigungstheorie nicht mehr an.[6]

13 Die Sonderregelung zur teileinkunftsverfahrensmäßigen **Steuerbefreiung des von Wagniskapitalgesellschaften gewährten Gewinnvorzugs/carried interest** gem. § 18 Abs. 1 Nr. 4 EStG, § 3 Nr. 40a EStG wird teilweise als eine gegen Art. 3 GG verstoßende gleichheitswidrige Begünstigung angesehen.[7] Die Begünstigung ergibt sich aufgrund des Zusammenspiels mit der Befreiungsnorm § 3 Nr. 40a EStG. Wird § 18 Abs. 1 Nr. 4 EStG isoliert von dieser Steuerbefreiungsnorm betrachtet, kann sich aus der Qualifikation der Vergütungen als Einkünfte nach § 18 EStG auch eine Schlechterstellung in den Fällen ergeben, in denen die Vergütungen ohne eine solche Qualifikation nach § 18 EStG nur der Abgeltungsteuer unterlegen hätten.

---

1 BFH v. 23. 9. 1998 - XI R 71/97, BFH/NV 1999, 460 = NWB DokID: EAAAA-62319.
2 Vgl. BFH v. 13. 5. 1966 - VI 63/64, BStBl 1966 III 489.
3 Steueränderungsgesetz 1960 v. 30. 7. 1960, BGBl 1960 I 514.
4 Vgl. *Stahlschmidt*, BB 2002, 1727, 1731.
5 BFH v. 15. 12. 2010 - VIII R 50/09, BStBl 2011 II 506, Rz. 23.
6 Vgl. OFD Koblenz v. 23. 9. 2011 - S 2246, NWB DokID: EAAAD-95605.
7 Vgl. HHR/*Kanzler*, § 3 Nr. 40a EStG Rz. 4.

V. Verhältnis zu anderen Vorschriften

1. Verhältnis zu den anderen Einkunftsarten

Die Einkünfte aus selbständiger Arbeit sind eine der sieben Einkunftsarten; ob eine Einkunftsart zu der des § 18 EStG gehört, bestimmt sich nach §§ 13 bis 24 EStG (§ 2 Abs. 1 Satz 2 EStG). 14

2. Verhältnis zu den Gewinnermittlungsvorschriften

a) Laufender Gewinn

Freiberufler können i. d. R. nach § 4 Abs. 3 EStG ihren Gewinn als Überschuss der Betriebseinnahmen über die Betriebsausgaben ermitteln, da sie regelmäßig nicht aufgrund gesetzlicher Vorschriften verpflichtet sind, Bücher zu führen und regelmäßig Abschlüsse zu machen.[1] 15

Wird der Gewinn durch den Überschuss der Betriebseinnahmen über die Betriebsausgaben (§ 4 Abs. 3 EStG) ermittelt, und liegen die Betriebseinnahmen unter 17 500 € im Wj. konnte bis letztmalig VZ 2016 eine formlose Gewinnermittlung, statt der standardisierten und elektronisch einzureichenden Einnahmenüberschussrechnung nach § 60 Abs. 4 EStDV, der Steuererklärung beigegeben werden;[2] die Gewinnermittlungs- und Aufzeichnungspflichten bleiben gleichwohl hiervon unberührt.[3] 16

PRAXISHINWEIS:

Fahrtkosten eines Freiberuflers zu seinem Auftraggeber können i. d. R. in voller Höhe als Betriebsausgaben abgezogen werden, und unterliegen nicht den Beschränkungen des § 4 Abs. 5 Satz 1 Nr. 6 EStG.[4]

Betriebseinnahmen sind ggf. getrennt zu ermitteln: So fallen etwa Betriebseinnahmen aus dem Verkauf von Kontaktlinsen mit zugehörigen Pflegeprodukten durch einen Augenarzt in dessen Behandlungsräumen oder die entgeltliche Überlassung von Hörgeräten durch einen Hals-, Nasen-, Ohrenarzt in dessen Praxisräumen nicht im Rahmen der freiberuflichen Betriebseinnahmen eines Arztes, sondern als gewerbliche Betriebseinnahmen an.[5] Entsprechende **gewerbliche Betriebseinnahmen sind abrechnungsmäßig getrennt von den freiberuflichen Betriebseinnahmen** zu erfassen. Betriebseinnahmen aus dem Verkauf von medizinischen Hilfsmitteln ohne Zusammenhang mit der Behandlung eines Patienten sind den gewerblichen Einkünften zuzurechnen; dies gilt auch dann, wenn der Einkauf dieser medizinischen Hilfsmittel im Rahmen einer Praxisgemeinschaft erfolgt.[6] Einzahlungen auf Treuhandkonten von Rechtsanwälten oder Notaren sind auch dann lediglich als durchlaufende Posten zu behandeln, wenn diese veruntreut werden.[7] 17

Werden Laborleistungen durch eine Laborgemeinschaft erbracht, sind die sich aus dem Schreiben des BMF v. 12. 2. 2009[8] ergebenden Kriterien für die ertragsteuerliche Behandlung von Kosten und Umlagen dieser Gemeinschaft zu beachten (vgl. → Rz. 82). 18

---

1 Vgl. R 4.5 Abs. 1 EStR.
2 H 25 „Anlage EÜR" EStH.
3 BMF v. 2. 10. 2014, BStBl 2014 I 1330.
4 Vgl. *Weber*, NWB 2013, 3048.
5 Vgl. BFH v. 19. 2. 1998 - IV R 11/97, BStBl 1998 II 603; BFH v. 26. 5. 1977 - V R 95/76, BStBl 1977 II 879.
6 Vgl. HMdF-Erlass v. 29. 9. 1999 - S 2246 A - 52 - II B 1 a.
7 Vgl. BFH v. 16. 12. 2014 - VIII R 19/12, BStBl 2015 II 643.
8 BStBl 2009 I 398.

19 Erzielt eine Freiberufler-Personengesellschaft aufgrund einer mitunternehmerischen Unterbeteiligung einer kooperierenden Kapitalgesellschaft Einkünfte aus Gewerbebetrieb, muss sie bei Überschreitung der Umsatz- oder Gewinngrenzen des § 141 AO den Gewinn aus Gewerbebetrieb durch Vermögensvergleich nach § 5 Abs. 1 EStG ermitteln. Eine Erleichterung ergibt sich für den Fall, dass eine mitunternehmerische Unterbeteiligung im Rahmen einer Betriebsprüfung entdeckt wird. Zurückliegende Veranlagungszeiträume, deren Gewinn durch Einnahmenüberschussrechnung gem. § 4 Abs. 3 EStG ermittelt wurden, müssen nicht auf den Vermögensvergleich nach § 5 Abs. 1 EStG umgestellt werden.[1]

b) Veräußerungsgewinn (§ 18 Abs. 3 EStG)

20 Die Norm des § 18 Abs. 3 Satz 1 EStG stellt klar, dass wie bei gewerblichen Betrieben auch die Veräußerung von Vermögen eines freiberuflichen Betriebs der Besteuerung unterliegt. Für Zwecke der Berechnung, Sicherung und Privilegierung der Veräußerungsbesteuerung verweist § 18 Abs. 3 EStG auf § 16 EStG.

3. Verhältnis zu weiteren steuerlichen Vorschriften
a) Einkommensteuergesetz

21 **§ 15 EStG:** Diese Norm enthält hinsichtlich des selbständigen (Gewerbe-)Betriebs eine Vielzahl von geschriebenen und ungeschriebenen Tatbestandsmerkmalen, die auch für die **selbständigen Betriebe des § 18 EStG** gelten. Der wichtigste Unterschied zwischen den beiden Normen ergibt sich aus der Gewerblichkeit der Einkunftsart; diese kann bei den Betrieben des § 18 EStG auch durch die sog. gewerbliche Infizierung eintreten, so dass Betriebe des § 18 EStG dann nach § 15 EStG zu besteuern sind (s. auch KKB/Bäuml/Meyer, § 15 EStG Rz. 429). Aufgrund von § 18 Abs. 4 Satz 2 EStG gelten die **Grundsätze der Mitunternehmerschaft aus § 15 EStG auch für die Einkünfte aus selbständiger Arbeit**.

22 **§ 35 EStG:** Mit dieser Vorschrift wird gezahlte **Gewerbesteuer auf die Einkommensteuer angerechnet**. Sind Einkünfte nicht als Einkünfte aus selbständiger Arbeit (§ 18 EStG), sondern als Einkünfte aus Gewerbebetrieb (§ 15 EStG) zu qualifizieren, kann die Mehrbelastung des Gewerbebetriebs gegenüber dem Betrieb gem. § 18 EStG durch Gewerbesteuer bis zu einem Gewerbesteuerhebesatz von 400 % kompensiert werden.

PRAXISHINWEIS:
Keine Kompensation der Gewerblichkeit tritt demnach in Städten und Gemeinden mit einem über 400 % liegenden Gewerbesteuerhebesatz ein, so dass der Frage, ob Einkünfte unter § 18 EStG fallen, eine hohe Bedeutung für die Steuerbelastung zukommt. Dies sind etwa Frankfurt am Main: 460 %, München: 490 %, Düsseldorf: 440 %, Köln: 475 %, Hamburg: 470 % und Berlin: 410 %.

23 **§ 5b EStG:** Die **Pflicht zur elektronischen Übermittlung von Bilanzen** sowie der Gewinn- und Verlustrechnungen an die Finanzbehörden gilt auch für Betriebe des § 18 EStG, wenn sie verpflichtend oder freiwillig bilanzieren (§ 18 Abs. 4 Satz 2 EStG). Müssen die gem. § 18 EStG Steuerpflichtigen lediglich eine Einnahmenüberschussrechnung (EÜR) gem. § 60 Abs. 4 EStDV für Zwecke des § 4 Abs. 3 EStG einreichen, hat dies gleichfalls in elektronischer Form zu erfolgen.[2]

---

1 Vgl. BFH v. 8. 3. 1989 - X R 9/86, BStBl 1989 II 714; BMF v. 26. 3. 2004, BStBl 2004 I 449, Tz. 33.
2 Vgl. BMF v. 2. 10. 2014, BStBl 2014 I 1330.

b) Gewerbesteuergesetz und weitere Gesetze

Die Qualifizierung von Einkünften als freiberufliche nach § 18 EStG oder als gewerbliche Einkünfte nach § 15 EStG bestimmt mittelbar auch die **Gewerbesteuerpflicht** der entsprechenden Einkünfte, da gem. § 2 Abs. 1 Satz 2 GewStG i. V. m. § 15 Abs. 2 EStG nur Einkünfte aus Gewerbebetrieb, nicht aber Einkünfte aus freiberuflicher Tätigkeit der Gewerbesteuer unterliegen.[1] Diese mittelbare Wirkung dieser Zuordnung zu einer Einkunftsart sollte durch die Anrechnung der gezahlten Gewerbesteuer auf die Einkommensteuer gem. § 35 EStG entschärft werden. Geht der Gewerbesteuerhebesatz einer Gemeinde jedoch über 400 % hinaus, wird die Gewerbesteuerzahlung nicht mehr durch die Anrechnung nach § 35 EStG kompensiert.

Für Zwecke der **Bewertung von Betriebsvermögen** i. S. d. § 95 BewG ist eine weitgehende Gleichstellung des gewerblichen und des freiberuflichen Betriebs erfolgt. Denn gem. § 96 BewG steht der freie Beruf i. S. d. § 18 Abs. 1 Nr. 1 EStG sowie die Tätigkeit als Einnehmer einer staatlichen Lotterie dem Gewerbebetrieb gleich.

c) Abkommen zur Vermeidung von Doppelbesteuerung

Der Besteuerung der Einkünfte aus selbständiger Arbeit i. S. d. § 18 EStG gehen gem. § 2 AO völkerrechtliche Vereinbarungen vor; diese ergeben sich u. a. aus Doppelbesteuerungsabkommen. In den Musterabkommen der OECD 2010 zur Vermeidung der Doppelbesteuerung ergeben sich Auswirkungen auf die Besteuerung aufgrund der dort enthaltenen Begriffe der „freiberuflichen Tätigkeit" (Art. 3 Abs. 1 Buchst. h i. V. m. Art. 14 OECD-MA 2010), „Aufsichtsrats- und Verwaltungsratsvergütung" (Art. 16 OECD-MA 2010) sowie der „künstlerischen Tätigkeit" (Art. 17 OECD-MA 2010).

4. Verhältnis zu Aufzeichnungsvorschriften

Aufzeichnungspflichten von Angehörigen der freien Berufe können sich etwa ergeben aus § 4 Abs. 3 Satz 5 EStG, § 6c EStG bei Gewinnen aus der Veräußerung bestimmter Anlagegüter, § 7a Abs. 8 EStG bei erhöhten Absetzungen und Sonderabschreibungen, § 41 EStG bei der Durchführung des Lohnsteuerabzugsverfahrens und § 22 UStG.[2]

§ 140 AO, § 141 AO: Werden von demjenigen, der Einkünfte nach § 18 EStG erzielt, freiwillig Bücher geführt (§ 4 Abs. 1 EStG), gelten aufgrund der Gleichstellungsvorschrift des § 146 Abs. 6 AO die Buchführungs- und Aufzeichnungspflichten aus §§ 140 bis 145 AO; der Steuerpflichtige ist an diese Buchführungspflicht gebunden (§ 4 Abs. 3 Satz 1 EStG). Auch aus der Inanspruchnahme von Steuervergünstigungen und für Zwecke der Umsatzsteuer können Aufzeichnungspflichten erwachsen (H 18.2 Abs. 2 EStH i. V. m. § 22 UStG). Eine **originäre Buchführungspflicht gem. § 141 AO** für die nach § 18 EStG Einkünfte Erzielenden ergibt sich aufgrund der fehlenden Gewerblichkeit dieser selbständigen Unternehmen dagegen nicht.[3] Auch eine derivative Buchführungspflicht gem. § 140 AO, aufgrund anderer Gesetze als den Steuergesetzen, besteht nicht; insbesondere die §§ 238 ff. HGB sind aufgrund der fehlenden Kaufmannseigenschaft der freiberuflichen Unternehmen nicht anwendbar. Dagegen führen über § 140 AO etwa die kassenärztlichen Aufzeichnungspflichten aus §§ 294 ff. SGB V und die von Ärzten, Zahnärzten und Tierärzten zu führenden Formblätter des Bundesinstituts für Arzneimittel und Medizinproduk-

---

1 Vgl. *Rengier*, NWB 2015, 1164.
2 Vgl. H 18.2 EStH.
3 BFH v. 10. 4. 1987 - V B 67/86, BFH/NV 1987, 674, Rz. 3 = NWB-DokID: OAAAB-30033.

te (§ 13 Abs. 3 BtMG, §§ 13 ff. Betäubungsmittel-VerschreibungsVO) auch zu einkommensteuerlich relevanten und verwertbaren Aufzeichnungen; das Patientengeheimnis wird hierbei aufgrund des engen, von den Finanzbehörden zu beachtenden Steuergeheimnisses hinreichend gewahrt.

> **PRAXISHINWEIS:**
> Bei einem, ggf. erst nachträglich im Rahmen von Betriebsprüfungen, festgestellten Wechsel der freiberuflichen Tätigkeit zu einer gewerblich zu qualifizierenden Tätigkeit, ist hinsichtlich der Buchführungspflicht § 141 Abs. 2 AO zu beachten, der einen vorherigen Hinweis der Finanzbehörde auf die Buchführungspflicht gem. § 141 AO vorsieht. So ist etwa ein Laborarzt, der die Voraussetzungen des § 18 EStG nicht erfüllt, ein Nichtkaufmann i. S. d. Handelsgesetzbuchs. Als solcher ist er auch bei gewerblicher Tätigkeit nicht bilanzierungspflichtig, wenn die Finanzverwaltung ihn nicht gem. § 141 Abs. 2 AO zur Buchführung aufgefordert hat.[1]

29 *(Einstweilen frei)*

30 Bei einem **Wechsel hin zur Bilanzierungspflicht** gem. § 4 Abs. 1 EStG hat der freiberufliche Betrieb Vorgänge, die bisher nicht in der Einnahmenüberschussrechnung berücksichtigt waren, in der Eröffnungsbilanz zu erfassen. Forderungen und unfertige Leistungen sind zu aktivieren und Verbindlichkeiten und Rückstellungen zu passivieren. Es kann hierbei zu Übergangsgewinnen kommen, die den zu versteuernden Gewinn des freiberuflichen Betriebs im Jahr des Übergangs erhöht.

31 Die Anwendung der Bilanzierungsgrundsätze hat insbesondere zur Folge, dass das Zufluss-/Abflussprinzip gem. § 11 EStG nicht mehr gilt; unfertige Leistungen und Forderungen gegenüber den Leistungsempfängern des freiberuflichen Betriebs sind bereits im Zeitpunkt ihrer Erbringung bzw. ihrer Entstehung zu bilanzieren und erhöhen damit den steuerpflichtigen Gewinn des freiberuflichen Betriebs. Unfertige Leistungen eines freiberuflichen Betriebs können sich bspw. durch mehrjährige Mandate bei Rechtsanwaltskanzleien ergeben; werden bei diesen mehrjährigen Mandaten keine Vorschusszahlungen geleistet,[2] kann der Wechsel zur Bilanzierungspflicht die Pflicht zur Versteuerung von bislang nicht vereinnahmten Honoraren zur Folge haben.[3]

5. Verhältnis zu Vorlagepflichten

32 Die Steuerpflicht nach § 18 EStG zieht die Notwendigkeit nach sich, die steuerlichen Angaben und Verhältnisse der entsprechenden Steuerpflichtigen im Rahmen von Veranlagungen und Außenprüfungen der unter § 18 EStG fallenden Betriebe einer Prüfung zu unterwerfen. Die Finanzbehörde bestimmt bei der Ermittlung der steuerlichen Sachverhalte Art und Umfang (§ 88 Abs. 1 Satz 2 AO). Die gem. § 18 EStG **Steuerpflichtigen haben Auskunft zu erteilen** (§ 93 AO) und an der Sachverhaltsermittlung mitzuwirken (§ 90 Abs. 1 AO), dies gilt insbesondere auch im Rahmen von Betriebsprüfungen (§ 200 Abs. 1 AO). Die Mitnahme von gespeicherten Daten für Zwecke der Außenprüfung bei freiberuflichen Betrieben ist nur aufgrund einer entsprechenden Prüfungsanordnung zulässig.[4]

33 Bei den gem. § 18 EStG steuerpflichtigen und auskunftspflichtigen Berufen sind **berufsspezifische Auskunftsverweigerungsrechte** zum Schutz von Berufsgeheimnissen zu beachten. So

---

1 Vgl. FG Baden-Württemberg v. 12. 2. 2001 - 10 K 279/97, EFG 2001, 807.
2 Vgl. BFH v. 30. 1. 2013 - III R 84/11, BFHE 240, 156 = NWB-DokID: KAAAE-32899.
3 Vgl. *Kanzler*, FR 2013, 665.
4 Vgl. BFH v. 16. 12. 2014 - VIII R 52/12, NWB DokID: ZAAAE-99396; *Beyer*, NWB 2015, 2622.

können gem. § 102 Abs. 1 AO die folgenden Berufsträger sowie deren Gehilfen die Auskunft über Sachverhalte verweigern, die ihnen in ihrer Eigenschaft als Berufsträger anvertraut wurden: Verteidiger, Rechtsanwälte, Ärzte, Notare, Steuerberater, Wirtschaftsprüfer, Steuerbevollmächtigte, vereidigte Buchprüfer, Ärzte, Zahnärzte, Psychologische Psychotherapeuten, Kinder- und Jugendlichenpsychotherapeuten und Hebammen. Die sachliche Reichweite des Auskunftsverweigerungsrechts wurde von der Rechtsprechung zuletzt ausgedehnt; es umfasst nunmehr etwa auch Ausgangsrechnungen, aus deren Leistungsbeschreibungen sich der Beratungs- oder Behandlungsgegenstand sowie aufgrund des Rechnungsadressaten die Identität des Mandanten, Patienten oder Kunden ergibt.[1] Das Auskunftsverweigerungsrecht bezüglich der dem Berufsgeheimnis unterliegenden Daten führt jedoch nicht dazu, dass unter Hinweis auf die Berufsträgereigenschaft keinerlei Auskunfts- oder Vorlagepflichten im Rahmen der steuerlichen Sachverhaltsermittlung zu erfüllen sind.[2] Die Finanzbehörden können die zur steuerlichen Prüfung erforderlichen Unterlagen in neutralisierter Form („Schwärzung") verlangen. Das entsprechende Vorlageverlangen der Finanzbehörde muss hierbei hinreichend bestimmt sein.[3]

Hinzuweisen ist, dass der Berufsträger i. S. d. § 102 AO den Finanzbehörden gegenüber das Recht hat, die Neutralisierung von Daten und Unterlagen vorzunehmen, aber, dass er gegenüber seinen Mandanten, Patienten oder Kunden ggf. berufsrechtlich auch die Pflicht hat, eine solche Neutralisierung vorzunehmen, bevor er entsprechende personenbezogene Daten an die Finanzbehörden weitergibt. 34

(Einstweilen frei) 35–40

B. Systematische Kommentierung

I. Einkünfte aus selbständiger Arbeit (§ 18 Abs. 1 EStG)

1. Allgemeine Voraussetzungen

Die für einen Gewerbebetrieb geltenden positiven Tatbestandsvoraussetzungen (Selbständigkeit, Nachhaltigkeit, Gewinnerzielungsabsicht und eine Beteiligung am allgemeinen wirtschaftlichen Verkehr), gelten auch für die selbständige Arbeit i. S. d. § 18 Abs. 1 Nr. 1 und 2 EStG. Erfordert die Ausübung eines in § 18 Abs. 1 Nr. 1 EStG genannten Berufes eine gesetzlich vorgeschriebene Berufsausbildung, so übt nur derjenige, der aufgrund dieser Berufsausbildung berechtigt ist, die betreffende Berufsbezeichnung zu führen, diesen Beruf aus.[4] 41

2. Gewinnerzielungsabsicht

Die freiberufliche Tätigkeit gem. § 18 EStG setzt als Gewinneinkunftsart gem. § 2 Abs. 2 Nr. 1 EStG die Absicht voraus, einen Gewinn zu erzielen.[5] 42

Für die Einkünfte aus einem freien Beruf gelten keine geringeren Anforderungen an die Bejahung einer Gewinnerzielungsabsicht im Vergleich zu gewerblichen Einkünften (s. KKB/Kanzler, 43

---

1 Vgl. BFH v. 14. 5. 2002 - IX R 31/00, BStBl 2002 II 712.
2 BFH v. 28. 10. 2009 - VIII R 78/05, BStBl 2010 II 455, Rz. 21 und Rz. 41.
3 BFH v. 28. 10. 2009 - VIII R 78/05, BStBl 2010 II 455.
4 Vgl. H 136 EStH; BFH v. 1. 10. 1986 - I R 123/85, BStBl 1987 II 116.
5 BFH v. 19. 7. 1990 - IV R 82/89, BStBl 1991 II 333, 335, „nebenberuflicher Konzertpianist"; BFH v. 13. 5. 1993 - IV R 131/92, BFH/NV 1994, 93, „nebenberuflicher Fußballtrainer" = NWB-DokID: VAAAA-97276.

§ 2 EStG Rz. 191).[1] Werden dauerhaft Verluste durch die freiberufliche Tätigkeit erzielt, spricht dies für eine fehlende Gewinnerzielungsabsicht. Die Rechtsprechung, wonach bei bestimmten Tätigkeiten trotz dauerhafter Verluste aufgrund ihrer Eigenart die Gewinnerzielungsabsicht unterstellt wird,[2] wurde ausdrücklich aufgegeben (s. KKB/Kanzler, § 2 EStG Rz. 193).[3]

PRAXISHINWEIS:

Sind Betriebsausgaben mangels einer Gewinnerzielungsabsicht nicht im Rahmen der Einkunftsart gem. § 18 EStG abziehbar, schließt dies einen Abzug der Kosten bei einer anderen Einkunftsart nicht aus. Die Rechtsprechung sieht eine Abzugsmöglichkeit von Kosten etwa dann, wenn der unter § 18 EStG fallende Nebenberuf sich vorteilhaft auf den unter § 19 EStG fallenden Hauptberuf auswirkt.[4]

44–50 *(Einstweilen frei)*

3. Selbständigkeit der Arbeitserbringung

51 Die Einkünfte müssen im Rahmen einer Tätigkeit erbracht werden, die selbständig ausgeübt wird. Das Merkmal der Selbständigkeit wird wie im § 15 EStG dahin gehend ausgelegt, dass der betreffende Stpfl. das Unternehmerrisiko tragen und Unternehmerinitiative entfalten muss. Das Unternehmensrisiko trägt ein Stpfl., wenn er seine Leistung auf eigene Rechnung und Gefahr und in eigener Verantwortung erbringt.[5] Unternehmerinitiative entfaltet derjenige, der in maßgeblicher Weise Einfluss auf die Geschäftsführung nimmt.[6] Bei Gesellschafter-Geschäftsführern ergeben sich die Einflussmöglichkeiten auf die Geschäftsführung unmittelbar aus dem Anstellungsverhältnis; aufgrund der Änderung der BFH-Rechtsprechung[7] kann jedoch nicht mehr allein auf die Organstellung als (nichtselbständiger) Gesellschafter-Geschäftsführer abgestellt werden,[8] sondern es ist das Verhältnis des Gesellschafter-Geschäftsführers zu seiner Gesellschaft einer Gesamtwürdigung zu unterziehen. Die Unternehmerinitiative ist geprägt von der persönlichen Unabhängigkeit des Leistenden bei der Arbeitserbringung; diese ist jedoch von der regelmäßig vorliegenden sachlich-wirtschaftlichen Abhängigkeit eines selbständig Tätigen von dessen Auftraggebern zu unterscheiden, deren Vorliegen allein nicht gegen eine selbständige Tätigkeit spricht. Abgrenzungskriterien zu einer nichtselbständigen Arbeitsleistung, die im Rahmen einer Gesamtwürdigung zu berücksichtigen sind, ergeben sich insbesondere aus § 1 Abs. 2 LStDV sowie § 611a BGB. Gleiches gilt für die Projektbindung von Forschungsstipendien.[9] Für eine selbständig ausgeübte Tätigkeit sprechen etwa folgende Umstände: persönliche Unabhängigkeit, fehlender Urlaubsanspruch, Weisungsungebundenheit hinsichtlich Ort, Zeit und Inhalt der Tätigkeit, das Fehlen fester Arbeitszeiten, keine fixen Bezüge pro Monat/Jahr, das Fehlen von Überstundenvergütungen, Freiheit bezüglich Organisation und Durchführung der Tätigkeit, Einsatz von eigenem Kapital, Pflicht zur Beschaffung der zur Auftragsdurchführung erforderlichen Arbeitsmittel, fehlende Eingliederung in einen anderen Betrieb, sowie der Umstand, dass im Rahmen der Aufträge vornehmlich der Arbeits-

---

1 BFH v. 14.12.2004 - XI R 6/02, BStBl 2005 II 392, Rechtsanwaltstätigkeit.
2 BFH v. 22.4.1998 - XI R 10/97, BStBl 1998 II 663.
3 BFH v. 14.12.2004 - XI R 6/02, BStBl 2005 II 392.
4 BFH v. 19.7.1990 - IV R 82/89, BStBl 1991 II 333, Rz. 13.
5 Vgl. BFH v. 20.10.2010 - VIII R 34/08, BFH/NV 2011, 585 = NWB DokID: CAAAD-61009.
6 Vgl. BFH v. 10.10.2012 - VIII R 42/10, BStBl 2013 II 79, Rz. 21.
7 BFH v. 10.3.2005 - V R 29/03, BStBl 2005 II 730.
8 Vgl. BFH v. 20.10.2010 - VIII R 34/08, BFH/NV 2011, 585 = NWB DokID: CAAAD-61009; BFH v. 18.6.2015 - VI R 77/12, BStBl 2015 II 2123.
9 Vgl. LSG Hessen v. 18.8.2017 - L7 AL 36/16, NWB DokID: PAAAG-58269.

erfolg und nicht die Arbeitskraft geschuldet ist, wobei die spezifischen berufsständischen Regelungen zu Erfolgshonoraren berücksichtigt werden müssen.

PRAXISHINWEIS:

Die fehlerhafte Behandlung eines Beschäftigten als freier Mitarbeiter statt als Arbeitnehmer führt zwangsläufig dazu, dass das Lohnsteuerabzugsverfahren nicht ordnungsgemäß durchgeführt wird, und sich Lohnsteuerhaftungsfragen im Verhältnis des Arbeitgebers zum Finanzamt stellen.[1]

(Einstweilen frei) 52–55

4. Persönliche Arbeitsleistung (§ 18 Abs. 1 Nr. 1 Sätze 3 und 4 EStG)

Das Merkmal, dass die Einkünfte aus selbständiger Arbeit (§ 18 Abs. 1 EStG) durch persönliche Arbeitsleistung generiert werden müssen, geht auf die sog. Vervielfältigungstheorie zurück. Nach dieser mussten alle Berufe des § 18 EStG grundsätzlich persönlich, d. h. ohne die Mithilfe fachlich vorgebildeter Hilfskräfte, ausgeübt werden.[2] Diese Vervielfältigungstheorie wurde durch das Steueränderungsgesetz 1960 v. 30. 7. 1960[3] für die Tätigkeiten des § 18 Abs. 1 Nr. 1 EStG eingeschränkt. Denn der neu eingeführte Satz 3 in § 18 Abs. 1 Nr. 1 EStG sah nunmehr vor, dass es den Angehörigen eines freien Berufs i. S. d. Satz 1 und 2 des § 18 Abs. 1 Nr. 1 EStG erlaubt wurde, sich der Mithilfe fachlich vorgebildeter Arbeitskräfte zu bedienen. Mit der Entscheidung des BFH v. 15. 12. 2010[4] wurde die Anwendung der Vervielfältigungstheorie auch für die unter § 18 Abs. 1 Nr. 3 EStG gefasste sonstige selbständige Arbeit ausdrücklich aufgegeben. Auch die Verwaltung wendet die Vervielfältigungstheorie nicht mehr an.[5]

56

Der Einsatz fachlich vorgebildeter Hilfskräfte für die Erbringung der Arbeitsleistung erfährt seine Einschränkung jedoch aufgrund des Tatbestandsmerkmals, dass der Stpfl. noch immer zumindest aufgrund eigener Fachkenntnis leitend und eigenverantwortlich tätig werden muss (§ 18 Abs. 1 Nr. 1 Satz 3 2. Halbsatz EStG).[6] Die Tätigkeit muss so erbracht werden, dass die Persönlichkeit des nach § 18 Abs. 1 EStG Tätigen, dessen Arbeitsergebnis – einem Stempel vergleichbar – prägt.[7] Nicht ausreichend ist daher etwa die Aufnahme inaktiver Sozien zur Außendarstellung, z. B. auf Briefköpfen.[8] Zur Frage, ob es bei doppelansässigen Freiberufler-Personengesellschaften erforderlich ist, dass neben den unmittelbar an der Untergesellschaft beteiligten natürlichen Personen alle mittelbar an dieser Gesellschaft beteiligten Gesellschafter der Obergesellschaft über die persönliche Berufsqualifikation verfügen und in der Untergesellschaft zumindest in geringem Umfang leitend und eigenverantwortlich mitarbeiten, ist eine Revision anhängig.[9]

57

(Einstweilen frei) 58–60

---

1 Zu den lohnsteuerlichen und sozialversicherungsrechtlichen Einzelheiten siehe: *Seel*, NWB 2013, 3774.
2 Vgl. BFH v. 13. 5. 1966 - VI 63/64, BStBl 1966 III 489.
3 BGBl 1960 I 514.
4 Vgl. BFH v. 15. 12. 2010 - VIII R 50/09, BStBl 2011 II 506, Rz. 23.
5 Vgl. OFD Koblenz v. 23. 9. 2011 - S 2246 A-St 31 4, NWB DokID: EAAAD-95605.
6 Rev.: BFH VIII R 35/16; Mustereinspruch unter der NWB DokID: FAAAG-79212.
7 Vgl. OFD Frankfurt v. 22. 11. 2011 - S 2246 A-8 -St 213 „Stempeltheorie"; BFH v. 16. 7. 2014 - VIII R 41/12, BStBl 2015 II 216; BFH v. 3. 11. 2015 - VIII R 62/13, BStBl 2016 II 381.
8 *Levedag*, NWB 2016, 1881, 1887.
9 BFH VIII R 24/17; Mustereinspruch unter der NWB DokID: UAAAG-79207.

5. Betriebliche Kooperationsformen (§ 18 Abs. 4 Satz 2 EStG)

61 Die Einkünfte gem. § 18 EStG können durch eine einzelne natürliche Person, aber auch im Rahmen bestimmter betrieblicher Kooperationsformen mit anderen zusammen erbracht werden. Insbesondere gelten über die Verweisung des § 18 Abs. 4 Satz 2 EStG die Grundsätze der Mitunternehmerschaft aus § 15 EStG auch für die Einkünfte aus selbständiger Arbeit; Mitunternehmerrisiko und Mitunternehmerinitiative müssen im ausreichenden Maß vorliegen.[1]

62 Als betriebliche Kooperationsform kommt der Zusammenschluss mehrerer natürlicher Personen in einer Personengesellschaft in Betracht. Mit der Verweisung aus § 18 Abs. 4 Satz 2 EStG auf § 15 EStG kann die Tätigkeit auch im Rahmen einer freiberuflichen Mitunternehmerschaft erbracht werden. Bei der Beteiligung von sog. berufsfremden Personen als Mitunternehmer von Freiberufler-Personengesellschaften, ordnet die Rechtsprechung diese Betriebe in Anwendung der sog. **Abfärbetheorie grundsätzlich als Gewerbebetriebe** ein (s. KKB/Bäuml/Meyer, § 15 EStG Rz. 492).[2] Erfüllen die Berufsfremden als Mitunternehmer jedoch hinsichtlich der Berufsausbildung und der Berufsausübung die Anforderungen eines anderen freien (Katalog-)Berufs, bleibt es bei der Qualifizierung der Mitunternehmerschaft als freiberuflich i. S. d. § 18 EStG (s. auch KKB/Bäuml/Meyer, § 15 EStG Rz. 428).

63 Für die Einordnung als gewerbliche Einkünfte gem. § 15 Abs. 3 Nr. 1 EStG genügt grundsätzlich, dass die Personengesellschaft neben den als freiberuflich zu qualifizierenden Tätigkeiten eine gewerbliche Tätigkeit ausübt. Ist der Anteil der gewerblichen Tätigkeit allerdings äußerst gering, kann die Umqualifizierung ausnahmsweise unterbleiben. So führt ein **gewerblicher Umsatzanteil von bis zu 3 %** noch nicht zur Umqualifizierung.[3] Liegen die absoluten Beträge des gewerblichen Umsatzanteils unter dem **Freibetrag des § 11 Abs. 1 Satz 3 Nr. 1 GewStG**, spricht dies gleichfalls gegen eine Umqualifizierung in gewerbliche Einkünfte.[4]

64 Freiberufler-Personengesellschaften können als Konzernspitze nachgeordneter Gesellschaften tätig sein. Eine solche Konzernspitze wird jedoch als gewerblich qualifiziert, wenn diese als reine Holdinggesellschaft fungiert und nur Anteile an anderen Gesellschaften hält sowie für diese Gesellschaften Managementaufgaben, wie etwa Controlling-Aufgaben, Kundengewinnung, Datenverarbeitung oder personalwirtschaftliche Aufgaben übernimmt.[5]

65 Bei der Kooperation zwischen einer Freiberufler-Personengesellschaft und einer Freiberufler-Kapitalgesellschaft ergeben sich steuerliche Auswirkungen. Eine solche Kooperation kann beispielsweise vorliegen

- ▶ zwischen einer Rechtsanwaltssozietät (als Freiberufler-Personengesellschaft) und einer Steuerberatungs-GmbH (als gem. § 1 KStG körperschaftsteuerpflichtige Freiberufler-Kapitalgesellschaft), oder
- ▶ zwischen einem Architekten-Büro (als Freiberufler-Personengesellschaft) und einer Bauträger-GmbH (als Körperschaftsteuersubjekt).

66 Die Vereinbarung einer Kooperation zwischen der Freiberufler-Personengesellschaft und einer Kapitalgesellschaft kann vorsehen, dass die Erledigung bestimmter, meist fachspezifische Tätigkeiten der anderen Gesellschaft zugewiesen werden. Sie kann aber auch darin bestehen,

---

1 Vgl. BFH v. 3. 11. 2015 - VIII R 63/13, BStBl 2016 II 383; *Kraft/Schreiber*, NWB 2016, 1492, 1493 ff.
2 Vgl. BFH v. 23. 11. 2000, BStBl 2001 II 241; vgl. *Rengier*, NWB 2015, 1165.
3 Zuletzt: BFH v. 27. 8. 2014 - VIII R 6/12, BStBl 2015 II 1002, Rz. 57; BFH v. 11. 8. 1999 - XI R 12/98, BStBl 2000 II 229.
4 Vgl. BFH v. 11. 8. 1999 - XI R 12/98, BStBl 2000 II 229.
5 Vgl. BFH v. 28. 10. 2008 - VIII R 73/06, BStBl 2009 II 647.

dass komplette Mandate/Aufträge mit Wirkung im Außenverhältnis an die andere Gesellschaft abgegeben werden.

Vermittelt die Freiberufler-Personengesellschaft Mandate oder Aufträge entgeltlich an ihren Kooperationspartner, stellt dies regelmäßig eine gewerbliche und keine freiberufliche Tätigkeit dar. Der Freiberufler-Personengesellschaft droht dann die sog. gewerbliche Infizierung ihrer an sich freiberuflichen Tätigkeit, mit der Folge, dass sämtliche Einkünfte der Freiberufler-Personengesellschaft gem. § 15 Abs. 3 Satz 1 Nr. 2 EStG grundsätzlich zu Einkünften aus Gewerbebetrieb werden.[1] Allerdings lässt sich aus dem Urteil des BFH v. 11. 8. 1999,[2] das zum Beruf des Krankengymnasten erging, eine Bagatellgrenze ableiten, die durch nachfolgende Rechtsprechung weiter konkretisiert wurde, vgl. → Rz. 63. Bestehen alle Umsätze einer Personengesellschaft höchstens zu 3 % aus gewerblichen Einkünften und wird der Freibetrag nach § 11 Abs. 1 Satz 3 Nr. 1 GewStG von 24 500 € nicht überschritten, werden nur diese Einkünfte als gewerblich behandelt. Die Erledigung bestimmter, fachspezifischer Tätigkeiten, die im Innenverhältnis zwischen den Kooperationspartnern der Freiberufler-Personengesellschaft gegen Entgelt zugewiesen wird, sollte in diesem Zusammenhang unschädlich sein, soweit die übernommenen fachspezifischen Tätigkeiten selbst gem. § 18 EStG zulässige freiberufliche Tätigkeiten darstellen.

67

Sind die Gesellschafter der beiden kooperierenden Gesellschaften identisch oder teilidentisch, so kann mit der Abgabe von Mandaten, Aufträgen oder Tätigkeiten auf der Seite des körperschaftsteuerpflichtigen Kooperationspartners eine **verdeckte Gewinnausschüttung gem. § 8 Abs. 3 Satz 2 KStG** ausgelöst werden. Dies kann zunächst nach allgemeinen Grundsätzen dadurch geschehen, dass für die an die Freiberufler-Personengesellschaft abgegebenen Mandate, Aufträge oder Tätigkeiten, ein durch das Gesellschafterverhältnis veranlasstes zu niedriges Entgelt vereinbart wurde. Aber auch bei einem angemessenen Entgelt lässt sich durch eine solche Mandatsübertragung die Belastung der Gewinnmarge aus dem Mandatsverhältnis mit Gewerbesteuer vermeiden, was wiederum Anknüpfungspunkt für die Annahme einer verdeckten Gewinnausschüttung sein kann. Ist der **Mandantenstamm funktionalwesentliche Betriebsgrundlage**, kommt auch eine Betriebsaufspaltung mit der Folge gewerblicher Einkünfte des überlassenden Freiberuflers in Betracht.[3]

68

ABB.

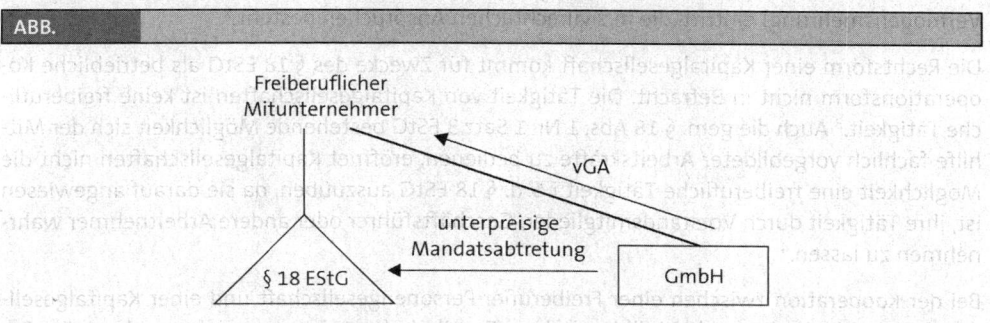

Eine verdeckte Gewinnausschüttung kann sich jedoch auch aus einer bei Kooperationen bestehenden Besonderheit, der sog. Abgrenzungsvereinbarung, ergeben. Die Tätigkeits- und Ge-

69

---

1 Vgl. § 15 Abs. 3 Satz 1 Nr. 2 EStG.
2 Vgl. BFH v. 11. 8. 1999 - XI R 12/98, BStBl 2000 II 229.
3 BFH v. 21.11.2017 - VIII R 17/15, NWB DokID: JAAAG-79575.

schäftsfelder der beiden kooperierenden Betriebe werden insbesondere bei einer Identität oder Teilidentität der Gesellschafter mittels einer **Abgrenzungsvereinbarung** voneinander getrennt. Verletzt die Freiberufler-Personengesellschaft die Abgrenzungsvereinbarung schuldhaft, indem sie Mandate, Aufträge oder Tätigkeiten bearbeitet, die an sich der kooperierenden Kapitalgesellschaft zuzuweisen gewesen wären, tritt bei der kooperierenden Kapitalgesellschaft eine Vermögensminderung in Höhe der ausgefallenen Entgelte ein. Beruht diese Vermögensminderung darauf, dass diejenigen Gesellschafter der Freiberufler-Personengesellschaft, die auch an der kooperierenden Kapitalgesellschaft beteiligt sind, darauf hingewirkt haben, dass die Mandate, Aufträge oder Tätigkeiten entgegen der Abgrenzungsvereinbarung nicht weitergeleitet werden, liegt in Höhe des Entgeltausfalls eine verdeckte Gewinnausschüttung gem. § 8 Abs. 3 Satz 2 KStG bei der kooperierenden Kapitalgesellschaft vor. Der körperschaftsteuerliche Gewinn und der Gewerbeertrag der kooperierenden Kapitalgesellschaft sind um die ausgefallenen Entgelte zu erhöhen, was zu einer zusätzlichen Körperschaftsteuerbelastung von 15 % und einer zusätzlichen Gewerbesteuerbelastung von ca. 15 % (abhängig von jeweiligen Hebesatz der Gemeinde) führt. Die der Freiberufler-Personengesellschaft insoweit zugeflossenen Entgelte führen zu Einkünften aus Kapitalvermögen gem. § 20 Abs. 1 Nr. 1 Satz 2 EStG bei denjenigen Gesellschaftern, die auch an der kooperierenden Kapitalgesellschaft beteiligt sind. Soweit diese Entgelte anteilig auch weiteren Gesellschaftern der Freiberufler-Personengesellschaft zufließen, liegen Werbungskosten bei den abgebenden Gesellschaftern vor und Einkünfte aus selbständiger Arbeit (§ 18 EStG) bei den empfangenden Gesellschaftern. Beruht der schuldhafte Verstoß der Freiberufler-Personengesellschaft gegen die Abgrenzungsvereinbarung nicht auf einem Handeln derjenigen Gesellschafter, die auch Gesellschafter bei der kooperierenden Kapitalgesellschaft sind, entsteht bei der kooperierenden Kapitalgesellschaft die Vermögensminderung, die auf dem Gesellschaftsverhältnis beruht, nur dann, wenn der der kooperierenden Kapitalgesellschaft zustehende Schadenersatzanspruch nicht geltend gemacht wird. Die verdeckte Gewinnausschüttung liegt dann in der **Nichtgeltendmachung des Schadenersatzanspruches**. Wird keine schuldrechtliche Abgrenzungsvereinbarung bezüglich der Tätigkeitsbereiche getroffen, rechtfertigt dies für sich gesehen noch nicht die Annahme einer verdeckten Gewinnausschüttung.[1] Eine verdeckte Gewinnausschüttung kann nur entstehen, wenn bei der kooperierenden Kapitalgesellschaft eine Vermögensminderung (verhinderte Vermögensmehrung) eintritt, die in zivilrechtlichen Ansprüchen besteht.[2]

70   Die Rechtsform einer Kapitalgesellschaft kommt für Zwecke des § 18 EStG als betriebliche Kooperationsform nicht in Betracht. Die Tätigkeit von Kapitalgesellschaften ist keine freiberufliche Tätigkeit.[3] Auch die gem. § 18 Abs. 1 Nr. 1 Satz 3 EStG bestehende Möglichkeit sich der Mithilfe fachlich vorgebildeter Arbeitskräfte zu bedienen, eröffnet Kapitalgesellschaften nicht die Möglichkeit eine freiberufliche Tätigkeit i. S. d. § 18 EStG auszuüben, da sie darauf angewiesen ist, ihre Tätigkeit durch Vorstandsmitglieder, Geschäftsführer oder andere Arbeitnehmer wahrnehmen zu lassen.[4]

71   Bei der Kooperation zwischen einer Freiberufler-Personengesellschaft und einer Kapitalgesellschaft mit identischen oder teilidentischen Gesellschaftern ist zu beachten, dass die Ge-

---

[1] BFH v. 13. 11. 1996 - I R 149/94, BFHE 181, 494 = NWB DokID: EAAAA-96771.
[2] *Gosch*, Wettbewerbsverbot, Geschäftschancenlehre und verdeckte Gewinnausschüttung, DStR 1997, 442; *Fleischer*, Verdeckte Gewinnausschüttung: Die Geschäftschancenlehre im Spannungsfeld zwischen Gesellschafts- und Steuerrecht, DStR 1999, 1249.
[3] Am Fall einer Wirtschaftsprüfungs-GmbH klarstellend BVerfG v. 24. 3. 2010 - 1 BvR 2130/09, WM 2010, 863.
[4] BVerfG v. 24. 3. 2010 - 1 BvR 2130/09, WM 2010, 863, Rz. 10.

schäftsanteile bzw. die Beteiligung an der kooperierenden Kapitalgesellschaft beim Gesellschafter der Freiberufler-Personengesellschaft notwendiges oder gewillkürtes Sonderbetriebsvermögen sein können. Die Eigenschaft von Sonderbetriebsvermögen liegt vor, wenn die Geschäftsanteile dazu geeignet und bestimmt sind, dem Betrieb der Freiberufler-Personengesellschaft zu dienen (Sonderbetriebsvermögen I) oder wenn die Geschäftsanteile der Beteiligung des Gesellschafters an der Freiberufler-Personengesellschaft zumindest förderlich sind (Sonderbetriebsvermögen II).[1]

Auch bei Freiberufler-Personengesellschaften, die ihren Gewinn durch Einnahmenüberschussrechnung gem. § 4 Abs. 3 EStG ermitteln, kann **gewillkürtes Sonderbetriebsvermögen** gebildet werden.[2] Voraussetzung für gewillkürtes Betriebsvermögen ist, dass das Wirtschaftsgut objektiv geeignet ist, den Betrieb der Personengesellschaft oder die Beteiligung des Mitunternehmers an der Personengesellschaft zu fördern und dass das Wirtschaftsgut subjektiv auch dazu bestimmt ist, dem Betrieb der Personengesellschaft oder der Beteiligung des Mitunternehmers zu dienen und diese Widmung rechtzeitig klar und eindeutig zum Ausdruck gebracht wird. Bei einer Einnahmenüberschussrechnung geschieht dies durch die **Aufnahme in das Anlagenverzeichnis**.

Sind die Geschäftsanteile an einer kooperierenden Kapitalgesellschaft Sonderbetriebsvermögen eines Gesellschafters bei der Freiberufler-Personengesellschaft, hat dies Auswirkungen, wenn der Freiberufler aus der Freiberufler-Personengesellschaft gegen Abfindung ausscheidet. Die Geschäftsanteile an der Freiberufler-Personengesellschaft werden dann, wenn sie nicht gleichzeitig veräußert werden, notwendiges Privatvermögen. Der Unterschied zwischen dem gemeinen Wert des Geschäftsanteiles und seinem Buchwert, i. d. R. die Anschaffungskosten des Geschäftsanteiles, ist als Entnahmegewinn zu versteuern. Der Veräußerungsgewinn, der bei dem ausscheidenden Freiberufler anlässlich seines Ausscheidens anfällt (Unterschied zwischen der Abfindung und dem Buchwert des Gesellschaftsanteils), und der Entnahmegewinn können auf Antrag dem ermäßigten Einkommensteuersatz nach § 34 Abs. 3 EStG unterworfen werden, wenn der Freiberufler bereits das 55. Lebensjahr vollendet hat. Die Tarifermäßigung besteht darin, dass auf den Veräußerungs- und Entnahmegewinn nur 56 % des durchschnittlichen Steuersatzes anfallen. Einzelheiten hierzu unter → Rz. 291 f.

Mitunternehmerische Unterbeteiligung: Für Zwecke einer Kooperation der Freiberufler-Personengesellschaft und der kooperierenden Kapitalgesellschaft kann der Kapitalgesellschaft auch eine mitunternehmerische Unterbeteiligung an der Freiberufler-Personengesellschaft eingeräumt werden. Eine solche mitunternehmerische Unterbeteiligung liegt vor, wenn die Rechtsstellung der kooperierenden Kapitalgesellschaft vertraglich so ausgestaltet ist, dass die freiberufliche Tätigkeit der Freiberufler-Personengesellschaft mittelbar anteilig auch für Rechnung der kooperierenden Kapitalgesellschaft betrieben wird und die Kapitalgesellschaft dem Typus des Mitunternehmers genügt.[3]

Indizien für eine mitunternehmerische Unterbeteiligung sind: Auf dem Briefbogen der Freiberufler-Personengesellschaft ist nicht hinreichend erkennbar, dass kein Gesellschaftsverhältnis zur kooperierenden Kapitalgesellschaft besteht.

---

1 BFH v. 19. 10. 2000 - IV R 73/99, BStBl 2001 II 335; BFH v. 18. 12. 2001 - VIII R 27/00, BStBl 2002 II 733.
2 BFH v. 2. 10. 2003 - IV R 13/03, BStBl 2004 II 985.
3 BFH v. 6. 7. 1995 - IV R 79/94, BStBl 1996 II 269; BFH v. 16. 12. 1997 - VIII R 32/90, BStBl 1998 II 480; BFH v. 8. 4. 2008 - VIII R 73/05, BStBl 2008 II 681.

Die kooperierende Kapitalgesellschaft ist am Umsatz oder am Gewinn aus der Bearbeitung derjenigen Mandate/Kunden/Aufträge prozentual beteiligt, die von ihr vermittelt werden.

Es liegen viele gemeinsam bearbeitete Mandate, Aufträge oder Tätigkeiten vor, bei denen die Entgeltberechnung für die Freiberufler-Personengesellschaft und die kooperierenden Kapitalgesellschaft gemeinsam festgelegt wurden.

76 Im Fall einer mitunternehmerischen Unterbeteiligung der kooperierenden Kapitalgesellschaft an der Freiberufler-Personengesellschaft, steht damit auch fest, dass der Gewinn der Mitunternehmerschaft „Freiberufler-Personengesellschaft" zum einen von freiberuflich Tätigen und zum anderen von einer Kapitalgesellschaft generiert wird. Da die Kapitalgesellschaft aufgrund ihrer Rechtsform Einkünfte aus Gewerbebetrieb (§ 8 Abs. 2 KStG) und keine freiberuflichen Einkünfte erzielt, hat die Freiberufler-Personengesellschaft ihre Gewinne zwingend als Einkünfte aus Gewerbebetrieb zu versteuern (§ 15 Abs. 2 Satz 1 EStG mit § 15 Abs. 3 Satz 1 Nr. 1 EStG). Dieses Ergebnis ist systemgerecht, denn es entspricht dem Fall, in dem die Freiberufler-Personengesellschaft einen Gesellschafter aufgenommen hätte, der nicht einen Katalogberuf gem. § 18 Abs. 1 Nr. 1 EStG ausübt oder die dafür erforderliche Ausbildung noch nicht durchlaufen hat.[1]

77 Erzielt die Freiberufler-Personengesellschaft aufgrund einer mitunternehmerischen Unterbeteiligung einer kooperierenden Kapitalgesellschaft Einkünfte aus Gewerbebetrieb, muss sie bei Überschreitung der Umsatz- oder Gewinngrenzen des § 141 AO den Gewinn aus Gewerbebetrieb durch Vermögensvergleich nach § 5 Abs. 1 EStG ermitteln. Eine Erleichterung ergibt sich für den Fall, dass eine mitunternehmerische Unterbeteiligung im Rahmen einer Betriebsprüfung entdeckt wird. Zurückliegende Veranlagungszeiträume, deren Gewinn durch Einnahmenüberschussrechnung gem. § 4 Abs. 3 EStG ermittelt wurden, müssen nicht auf den Vermögensvergleich nach § 5 Abs. 1 EStG umgestellt werden.[2]

78 **Vollbeteiligung von kooperierenden Kapitalgesellschaften an Freiberufler-Personengesellschaften:** Eine Freiberufler-Personengesellschaft erzielt auch dann Einkünfte aus Gewerbebetrieb, wenn eine Kapitalgesellschaft als Vollgesellschafter in die Gesellschaft des bürgerlichen Rechts aufgenommen worden ist.[3] Die Freiberufler-Personengesellschaft erzielt in diesem Fall Einkünfte aus Gewerbebetrieb, weil nicht alle Gesellschafter die Qualifikationsmerkmale der Freiberuflichkeit nach § 18 Abs. 1 Nr. 1 EStG erfüllen. Dies gilt auch dann, wenn an der kooperierenden Kapitalgesellschaft selbst ausschließlich Freiberufler beteiligt sind; die Kapitalgesellschaftsrechtsform entfaltet für die hinter ihr als Gesellschafter und auch Geschäftsführer stehenden Freiberufler eine Abschirmwirkung.[4] Eine Kooperationsform im Sinne einer GmbH & Co. KG ist zwar ggf. hinsichtlich einer Haftungsbeschränkung vorteilhaft; die KG oder eine entsprechende Freiberufler-Personengesellschaft würde aber im steuerlichen Kontext keine Einkünfte aus selbständiger Arbeit, sondern Einkünfte aus Gewerbebetrieb erzielen (§ 15 Abs. 1 Nr. 2 Satz 1 EStG).

79 Vor der Bejahung einer (freiberuflichen) Mitunternehmerschaft ist genau abzugrenzen, ob eine solche vorliegt, oder ob nicht lediglich zwei eigenständige Freiberufler lediglich verstärkt

---

[1] Vgl. BFH v. 4. 7. 2007 - VIII R 77/05, BFH/NV 2008, 53 = NWB-DokID: IAAAC-63045.
[2] Vgl. BFH v. 8. 3. 1989 - X R 9/86, BStBl 1989 II 714 und BMF v. 26. 3. 2004, BStBl 2004 I 434, Tz. 33.
[3] Vgl. BFH v. 8. 4. 2008 - VIII R 73/05, BStBl 2008 II 681.
[4] *Vgl. BFH v. 8. 4. 2008 - VIII R 73/05, BStBl 2008 II 681*, Rz. 22; BFH v. 19. 12. 2007 - VIII R 13/05, BFH/NV 2008, 669 = NWB-DokID: MAAAC-71469.

zusammen arbeiten. So dient etwa eine **Bürogemeinschaft** bestehend aus einem Steuerberater und einem Rechtsanwalt lediglich dem Zweck, den Beruf in gemeinsamen Räumen auszuüben und bestimmte Kosten im Wege eines Umlageverfahrens gemeinschaftlich zu tragen; für die Bejahung einer freiberuflichen Mitunternehmerschaft genügt ein einheitliches Auftreten nach außen, wie es bei Bürogemeinschaften erfolgt, nicht.[1]

Im Bereich der Ärzte lassen sich insbesondere zwei Kooperationsformen unterscheiden. Die Ausübung der freiberuflichen Tätigkeit als Arzt gemeinsam mit anderen Ärzten wird als Gemeinschaftspraxis bezeichnet.

Bei einer nur teilweisen Zusammenarbeit, etwa zur gemeinsamen Nutzung von medizinischen Geräten, Räumlichkeiten oder Organisationseinheiten, ist nur von einer sog. **Praxisgemeinschaft, Apparategemeinschaft oder Laborgemeinschaft** auszugehen. Die Gemeinschaft entfaltet im Gegensatz zu den an ihr beteiligten Ärzten i. d. R. nicht selbst eine freiberufliche Tätigkeit i. S. d. § 18 EStG. Sie kann eine gewerbliche Mitunternehmerschaft begründen, selbst freiberufliche Einkünfte erzielen oder lediglich eine Kosten-/Hilfsgemeinschaft sein, deren Kostenumlagen und ggf. anfallende Überschüsse in die freiberufliche Buchhaltung des einzelnen an der Gemeinschaft beteiligten Arztes eingeht. Einzelheiten der Abgrenzung für Laborgemeinschaften ergeben sich aus dem Schreiben des BMF v. 12. 2. 2009.[2]

Bei der ertragsteuerlichen Beurteilung von Laborleistungen, die von einer Laborgemeinschaft erbracht werden, soll es unabhängig von der Organisationsform (z. B. GbR, Verein) auf die Gewinnerzielungsabsicht ankommen. Werden Laborleistungen ausschließlich an die Mitglieder der Laborgemeinschaft erbracht und lediglich Selbstkosten auf diese umgelegt, entfaltet die Gemeinschaft keine Gewinnerzielungsabsicht und begründet daher keine als gewerblich einzustufende Mitunternehmerschaft i. S. d. § 15 EStG. Es handelt sich regelmäßig um eine Kosten-/Hilfsgemeinschaft, deren auf gemeinsame Rechnung getätigten Betriebsausgaben gem. § 180 Abs. 2 AO gesondert festzustellen und auf das einzelne Mitglied umgelegt werden und im Rahmen dessen freiberuflicher Buchhaltung als Betriebsausgaben (§ 4 Abs. 5 EStG) anzusetzen sind.[3] Sind an einer Laborgemeinschaft, die nicht mit Gewinnerzielungsabsicht tätig wird, auch niedergelassene Laborärzte beteiligt, ist eine Umqualifizierung der Einkünfte erst auf der Ebene des niedergelassenen Laborarztes zu prüfen.

Werden von der Laborgemeinschaft Gewinne erzielt, sind diese gleichfalls einheitlich und gesondert festzustellen; die Beteiligten der Laborgemeinschaft sind dann freiberuflich oder gewerblich zu qualifizierende Mitunternehmer der Laborgemeinschaft (§ 18 Abs. 4 Satz 2 EStG i. V. m. § 15 Abs. 1 Nr. 2 EStG). Ist diese Laborgemeinschaft etwa wegen der Beteiligung nicht selbständiger Ärzte gewerblich oder gewerblich tätig, weil die Voraussetzungen des § 18 EStG nicht erfüllt sind (etwa weil eine schädliche Mithilfe fachlich vorgebildeter Arbeitskräfte besteht), schlägt sich diese Gewerblichkeit aufgrund des § 15 Abs. 3 Nr. 1 2. Alt. EStG auf die Einkünftequalifizierung der beteiligten Ärzte nieder.

Erbringt die Laborgemeinschaft auch Laboruntersuchungen für Nichtmitglieder, ist wie bei den niedergelassenen Laborärzten zu prüfen, ob unter Berücksichtigung der Zahl der Angestellten und durchgeführten Untersuchungen eine eigenverantwortliche Tätigkeit der Laborgemeinschaft noch gegeben ist.

---

1 Vgl. BFH v. 14. 4. 2005 - XI R 82/03, BStBl 2005 II 752.
2 BMF v. 12. 2. 2009, BStBl 2009 I 398.
3 Vgl. BMF v. 12. 2. 2009, BStBl 2009 I 398.

85 Nach teilweise vertretener Auffassung soll die entgeltliche **Überlassung von medizinischem Großgerät** durch Einzel- und Gemeinschaftspraxen unterschiedslos behandelt werden; überlässt ein Arzt einer Einzelpraxis entgeltlich medizinische Großgeräte an andere Krankenhäuser oder andere Ärzte soll dies freiberufliche Einkünfte begründen. Diese Ansicht berücksichtigt nicht, dass in diesem Fall der Arzt gegenüber den Nutzenden wie ein nichtfreiberuflich tätiger Dritter auftritt. Die Überlassung an Dritte ist für die ärztliche Tätigkeit nicht erforderlich, sondern erfolgt aufgrund kaufmännischer Gründe (etwa zur Reduzierung der Fixkosten). Gegebenenfalls kann in der entgeltlichen Überlassung jedoch ein als freiberuflich zu qualifizierendes Hilfsgeschäft vorliegen, solange keine zusätzlichen Dienstleistungen wie etwa die Bereitstellung von technisch qualifiziertem Personal oder Verbrauchsmaterial erbracht werden.

86 Laborleistungen können durch sog. **Laborgemeinschaften** i. S. d. § 25 Abs. 3 des Bundesmantelvertrages-Ärzte (BMV-Ä) erbracht werden. Für die Frage, ob derartige Gemeinschaften Mitunternehmerschaften i. S. d. § 15 Abs. 3 Nr. 1 EStG oder lediglich sog. Kosten-/Hilfsgemeinschaften zur Erbringung freiberuflich zu qualifizierender Leistungen sind, ergeben sich Abgrenzungskriterien aus dem Schreiben des BMF v. 12. 2. 2009.[1] Bei einer entsprechenden Ausgestaltung der Laborgemeinschaft als gewerblich zu qualifizierende Mitunternehmerschaft kann es auch auf Ebene der originär freiberuflich tätigen Ärzte aufgrund der Regelung des § 15 Abs. 3 Nr. 1 2. Alt. EStG zu einer Umqualifizierung in gewerbliche Einkünfte kommen (Abfärbung bei Beteiligungseinkünften).

87 Eine fachspezifische Kooperation kann sich auch im Zusammenwirken zwischen Krankenkassen, Patienten, Haus- und Fachärzten ergeben, wenn die Heilbehandlung als hausarztzentrierte Versorgung nach § 73b SGB V – sog. **Hausarztmodell** – verwirklicht wird. Bei der hausarztzentrierten Versorgung (Hausarztmodell) verpflichtet sich der Versicherte gegenüber seiner Krankenkasse, ambulante fachärztliche Leistungen nur auf Überweisung des von ihm ausgewählten Hausarztes in Anspruch zu nehmen. Der Hausarzt übernimmt damit eine Lotsenfunktion und steuert den Behandlungsprozess. Der Hausarzt erhält eine Pauschalvergütung für die Beratung und Information der Versicherten bei deren Beitritt zum Hausarztmodell (Einschreibepauschale) sowie eine Pauschale für die Ausgestaltung des hausärztlichen Versorgungsgeschehens (Steuerungspauschale). Die Steuerung von medizinischen Behandlungsprozessen und die hierzu notwendige einführende Beratung des Patienten zu diesem (Hausarzt-)Modell sollte von der als freiberuflich zu qualifizierenden Heilbehandlung gedeckt sein und keine vollständige oder hinsichtlich der gezahlten Einschreibe- und Steuerungspauschalen keine teilweise Umqualifizierung der freiberuflichen Arzttätigkeit in gewerbliche Einkünfte nach sich ziehen.

88 Ein weiterer rechtlicher Rahmen zum Tätigwerden von Ärzten gegenüber Patienten kann sich auf Grundlage sog. Versorgungsverträge im Bereich der **ambulanten Versorgung** nach § 73c SGB V und/oder im Rahmen von Vereinbarungen zur integrierten Versorgung nach §§ 140a ff. SGB V ergeben, die zwischen Arzt und Krankenkasse geschlossen werden.

89 Im Bereich der **ambulanten Kranken- und Pflegedienste** ist bei der betrieblichen Kooperation in Form einer Personengesellschaft zu beachten, dass gemäß den allgemeinen Grundsätzen, alle Gesellschafter die Merkmale des freien Berufs erfüllen müssen. Dies ist auch dann gegeben, wenn bei jedem Gesellschafter ein Vergleich mit einer heilberufsähnlichen Tätigkeit möglich ist. Erbringt eine Personengesellschaft neben der freiberuflich zu qualifizierenden häusli-

---

1 Vgl. BMF v. 12. 2. 2009, BStBl 2009 I 398.

chen Krankenpflege und der hierbei anfallenden Leistungen der Grundpflege und hauswirtschaftlichen Versorgung, zusätzliche gewerbliche Leistungen der häuslichen Pflegehilfe, so erzielt die Personengesellschaft in vollem Umfang gewerbliche Einkünfte.

(Einstweilen frei) 90–100

6. Einkünfteerzielung mithilfe fachlich vorgebildeter Arbeitskräfte (§ 18 Abs. 1 Nr. 1 Sätze 3 und 4 EStG)

Die Beschäftigung von vorgebildeten Fachkräften steht regelmäßig der Annahme einer freiberuflichen Tätigkeit nicht entgegen. Unter der Mithilfe fachlich vorgebildeter Arbeitskräfte ist eine Tätigkeit zu verstehen, die die Arbeit des Berufsträgers jedenfalls in Teilbereichen ersetzt und nicht von untergeordneter Bedeutung ist.[1] Die Möglichkeit, sich bei der Einkünfteerzielung aus freiberuflicher Tätigkeit auch der Mithilfe fachlich vorgebildeter Arbeitskräfte zu bedienen, steht unter dem Vorbehalt, dass der Stpfl. hierbei aufgrund eigener Fachkenntnis leitend und eigenverantwortlich tätig wird. Die Verwaltung bezeichnet diesen Vorbehalt auch als sog. Stempeltheorie;[2] die Rechtsprechung geht davon aus, dass die Arbeitsleistung den „Stempel der Persönlichkeit" des Steuerpflichtigen tragen muss.[3] 101

Die in § 18 Abs. 1 Nr. 1 Satz 3 EStG eingeräumte Möglichkeit sich der Mithilfe fachlich vorgebildeter Arbeitskräfte zu bedienen, besteht nicht für Freiberufler-Kapitalgesellschaften. Auch wenn die Vorstandsmitglieder oder Geschäftsführer als Berufsträger Freiberufler i. S. d. § 18 EStG sind, und somit auch fachlich vorgebildet i. S. d. § 18 Abs. 1 Nr. 1 Satz 3 EStG sind, fehlt es bei der Freiberufler-Kapitalgesellschaft daran, dass die Kapitalgesellschaft als **juristische Person selbst nicht handlungsfähig** ist, und damit auch nicht in eigener Person eine freiberufliche Tätigkeit entfalten kann.[4] 102

PRAXISHINWEIS:

Der Vorbehalt des § 18 Abs. 1 Nr. 1 Satz 3 EStG führt bei der Vervielfältigung der Arbeitskraft des Freiberuflers in der Arbeitspraxis teilweise zu Umsetzungsschwierigkeiten: So ist einerseits das fachliche Niveau der Hilfskräfte sicherzustellen; andererseits darf die fachliche Vorbildung der eingesetzten Hilfskräfte nicht so spezialisiert sein, dass sie eine in diesem Teilbereich ggf. fehlende Fachkenntnis des freiberuflichen Betriebsinhabers ersetzt. Teilweise sind die eingesetzten Hilfskräfte ihrem berufsständischen Verständnis und auch aufgrund ihrer berufsständigen Pflichten mit einem großem eigenen Handlungsspielraum und eigenem Verantwortungskreis ausgestattet (z. B. mithelfende Ärzte, Rechtsanwälte, Wirtschaftsprüfer etc.); andererseits muss der freiberufliche Betriebsinhaber noch leitend und eigenverantwortlich in die Handlungsspielräume und Pflichtenkreise auch dieser Kräfte tatsächlich eingreifen – ein jederzeitiges Eingreifen-Können genügt nicht.

BEISPIEL: ▶ Beschäftigt ein niedergelassener Arzt einen anderen fachfremden Arzt, bedient er sich der Mithilfe fachlich vorgebildeter Mitarbeiter. Entscheidet der **angestellte fachfremde Arzt** hingegen allein und eigenverantwortlich über die medizinische Versorgung der Patienten, ist eine leitende Tätigkeit des Arbeit gebenden Arztes aufgrund eigener Fachkenntnis zu verneinen. Die Norm des 18 Abs. 1 Nr. 1 Satz 3 1. Halbsatz EStG erfordert grundsätzlich eine persönliche Teilnahme des Arbeit gebenden Arztes an der praktischen Arbeit des angestellten Arztes in ausreichendem Umfang. Entscheidet der angestellte Arzt hingegen allein und eigenverantwortlich über die medizinische Versorgung der Patienten, dürfte der Arbeit gebende Arzt grundsätzlich Einkünfte aus Gewerbebetrieb nach § 15 Abs. 1 Nr. 1 EStG er-

---

1 Vgl. BFH v. 21. 3. 1995 - XI R 85/93, BStBl 1995 II 732.
2 Vgl. OFD Frankfurt v. 22. 11. 2011 - S 2246 A-8 -St 213.
3 Vgl. BFH v. 1. 2. 1990 - IV R 140/88, BStBl 1990 II 507; BFH v. 5. 6. 1997 - IV R 43/96, BStBl 1997 II 681.
4 Vgl. BVerfG v. 24. 3. 2010 - 1 BvR 2130/09, WM 2010, 863, zum Fall einer „Wirtschaftsprüfungs-GmbH".

zielen. Insbesondere bei der Anstellung fachfremder Ärzte kann kaum von einer Eigenverantwortlichkeit des Praxisinhabers ausgegangen werden.

103 Grundsätze zur Auslegung des im Rahmen des § 18 EStG zulässigen Einsatzes von Hilfskräften sind insbesondere auch anhand der Erbringung von Laborleistungen durch freiberuflich tätige Laborärzte entwickelt worden. So werden bei einem niedergelassenen Laborarzt Laborleistungen nicht mehr von diesem i. S. d. § 18 Abs. Nr. 1 Satz 3 erbracht, wenn **die Zahl der vorgebildeten Arbeitskräfte** und die **Zahl der täglich anfallenden Untersuchungen** eine Eigenverantwortlichkeit des niedergelassenen Arztes ausschließen.[1]

104 Auch wenn die Arbeitsleistung mit Hilfe von Arbeitskräften erbracht werden kann, so muss sie gleichwohl eigenverantwortlich erfolgen. Kommt den Arbeitskräften hinsichtlich Art und Weise der Arbeitserbringung sowie dem Inhalt und dem Ergebnis selbst ein zu großes Maß an **Verantwortung und Gestaltungsfreiheit** zu, verbleibt für den gem. § 18 EStG Tätigen eine zu geringe Verantwortlichkeit für das einzelne Arbeitsergebnis; es droht dann die Umqualifizierung in eine gewerbliche Tätigkeit.

105 Die Eigenverantwortlichkeit der Tätigkeit eines Arztes steht etwa dann in Frage, wenn er andere Ärzte anstellt, und der angestellte Arzt allein und eigenverantwortlich über die medizinische Versorgung der Patienten entscheidet. Denn die eigenverantwortliche Tätigkeit des Arbeit gebenden Arztes i. S. d. § 18 Abs. 1 Nr. 1 Satz 3 1. Halbsatz EStG, erfordert grundsätzlich eine persönliche Teilnahme des Arbeit gebenden Arztes an der praktischen Arbeit des angestellten Arztes in ausreichendem Umfang. Der Umstand, dass der Arbeit gebende Arzt über das Fachwissen verfügt, dieses jedoch tatsächlich nicht umsetzt, reicht somit nicht aus. Andererseits kann bei der **Anstellung fachfremder Ärzte** kaum von einer Eigenverantwortlichkeit des Praxisinhabers ausgegangen werden. Gleiches gilt etwa auch für Übersetzer, die mittels **angestellter Übersetzer**, fremdsprachliche Texte übersetzen, ohne dieser Fremdsprache mächtig zu sein.[2]

106 Die Erbringung von Laborleistungen durch einen niedergelassenen Laborarzt ist nicht mehr i. S. d. § 18 Abs. Nr. 1 Satz 3 EStG leitend und eigenverantwortlich erbracht, wenn die Zahl der vorgebildeten Arbeitskräfte und die Zahl der täglich anfallenden Untersuchungen eine Eigenverantwortlichkeit ausschließen.[3]

107–120 *(Einstweilen frei)*

II. Einkünfte aus freiberuflicher Tätigkeit (§ 18 Abs. 1 Nr. 1 EStG)

1. Wissenschaftliche, künstlerische, schriftstellerische, unterrichtende oder erzieherische Tätigkeit

a) Wissenschaftliche Tätigkeit

121 Der einkommensteuerliche Begriff der wissenschaftlichen Tätigkeit ist in besonderer Weise an die Disziplinen gebunden, die an den Hochschulen gelehrt werden.[4] Für die Annahme einer wissenschaftlichen Tätigkeit ist es ausreichend, dass ein längeres Studium betrieben wurde

---

1 BMF v. 12. 2. 2009, BStBl 2009 I 398.
2 BFH v. 21.2.2017 - VIII R 45/13, NWB DokID: OAAAG-46838; vgl. FG Köln v. 24. 10. 2012 - 15 K 4041/10, EFG 2013, 1768, Rz. 64.
3 BMF v. 12. 2. 2009, BStBl 2009 I 398.
4 BFH v. 26. 11. 1992 - IV R 64/91, BFH/NV 1993, 360 = NWB DokID: RAAAB-33078.

und die Art der zu erfüllenden Aufgabe eine wissenschaftliche Tätigkeit rechtfertigt.[1] Die wissenschaftliche Tätigkeit setzt zwar keine akademische Ausbildung voraus, muss aber auf wissenschaftlicher Grundlage betrieben werden.[2] Dies setzt die wissenschaftliche Kenntnis voraus.[3] Diese Kenntnisse können zwar durch ein Eigenstudium erworben worden sein, müssen aber in etwa denen entsprechen, die durch ein Hochschulstudium erworben werden. Die selbständige Erbringung von Leistungen im Rahmen von Forschungsstipendien sind ebenfalls wissenschaftliche Tätigkeit.[4]

Eine beratende Tätigkeit kann wissenschaftlich sein, wenn die Aufgabenerfüllung einen Schwierigkeitsgrad erfüllt, wie sie wissenschaftliche Prüfungsaufgaben oder Veröffentlichungen aufweisen.[5]

122

Auswertungstätigkeiten, die erforderlich sind, um zu einem wissenschaftlichen Ergebnis zu kommen, sind unabhängig davon, ob sie schwierig oder auch nur einfacher Art sind, als wissenschaftliche Tätigkeit zu qualifizieren. Dagegen ist die **Auswertung wissenschaftlicher Ergebnisse** als nachgelagerte Verwertungshandlung keine wissenschaftliche Tätigkeit. So setzt eine wissenschaftliche Tätigkeit voraus, dass grundsätzliche Fragen oder konkrete Vorgänge methodisch nach streng objektiven und sachlichen Gesichtspunkten in ihren Ursachen erforscht, begründet und in einen Verständniszusammenhang gebracht werden.[6]

123

Die bloße Anwendung wissenschaftlicher Grundsätze und Methoden auf konkrete Sachverhalte stellt noch keine wissenschaftliche Tätigkeit dar.[7] Für die Zuordnung einer Anwendung von Forschungsergebnissen auf konkrete Vorgänge (angewandte Wissenschaft) zu § 18 EStG ist neben der bloßen Tätigkeit auch eine entsprechende wissenschaftliche Kenntnis einer solchen Anwendung von Forschungsergebnissen auf konkrete Vorgänge erforderlich.[8] Auch die bloße Ausübung eines Berufs mit wissenschaftlicher Vorbildung stellt noch keine wissenschaftliche Tätigkeit dar.

124

Verwerten Erfinder ihre patentrechtlich geschützten Rechte durch Lizenzvergabe, sind die hieraus erzielten Einkünfte denen aus selbständiger Arbeit zuzuordnen.[9]

125

Wird die **Erfindertätigkeit als Arbeitnehmer** ausgeübt, stehen i. d. R. zwar dem Arbeitgeber die Nutzungs- und Verwertungsrechte an den von seinem Arbeitnehmer gemachten Erfindungen zu. Gleichwohl erzielen solche Arbeitnehmer freiberufliche Einkünfte, wenn und soweit sie die Erfindung außerhalb ihres Arbeitsverhältnisses verwertet.[10] Eine Verwertung außerhalb des Arbeitsverhältnisses wird auch dann angenommen, wenn der Arbeitgeber auf die ihm zustehenden Nutzungs- und Verwertungsrechte aus Erfindungen seines Arbeitnehmers verzichtet, und der Arbeitnehmer die von ihm gemachte Erfindung selbst verwertet.[11]

126

---

1 BFH v. 30. 4. 1952 - IV 73/52 U, BStBl 1952 III 165; BFH v. 4. 2. 1954 - IV 6/53 U, BStBl 1954 III 147.
2 BFH v. 15. 6. 1965 - IV 283/63, BStBl 1965 III 556.
3 Vgl. BFH v. 14. 5. 2015 - VIII R 18/11, BStBl 2015 II 128; BFH v. 24. 2. 1965 - I 349/61, BStBl 1965 III 263.
4 Vgl. LSG Hessen v. 18.8.2017 - L7 AL 36/16, NWB DokID: PAAAG-58169.
5 BFH v. 27. 2. 1992 - IV R 27/90, BStBl 1992 II 826.
6 BFH v. 30. 3. 1976 - VIII R 137/75, BStBl 1976 II 464.
7 BFH v. 30. 3. 1994 - I R 54/93, BStBl 1994 II 864; BFH v. 22. 9. 1976 - IV R 20/76, BStBl 1977 II 33.
8 BFH v. 14. 5. 2014 - VIII R 18/11, BStBl 2015 I 128, Rz. 15.
9 BFH v. 26. 1. 1989 - IV R 151/86, BStBl 1989 II 455; BFH v. 14. 3. 1985 - IV R 8/84, BStBl 1985 II 424.
10 R 18.1 Abs. 2 EStR.
11 R 18.1 Abs. 2 Satz 3 EStR.

127 Auch die Veräußerung selbst erstellter wissenschaftlicher Arbeiten stellt gleichfalls eine Verwertungshandlung dar, die von den Einkünften aus nichtselbständiger Arbeit erfasst ist.[1]

128 Die Bezeichnung als Wissenschaftler kann allenfalls Indiz einer wissenschaftlichen Tätigkeit i. S. d. § 18 EStG sein. So sind etwa Kulturwissenschaftler i. d. R. freiberuflich tätig aufgrund wissenschaftlicher, schriftstellerischer oder unterrichtender Tätigkeit. Sie können jedoch auch gewerblich tätig sein, etwa durch ihre genealogischen Recherchen (Ahnenforschung), die von der Verwaltung als gewerblich qualifiziert werden; zu den nicht abschließend genannten Ausnahmen siehe BMF v. 22. 5. 2006.[2]

129–135 *(Einstweilen frei)*

b) Künstlerische Tätigkeit

136 Die steuerrechtliche Beurteilung einer Tätigkeit als künstlerisch kann auf unterschiedlichstes Verständnis bei den Stpfl, Steuerberatern, Finanzbehörden und Öffentlichkeit treffen, da dieser Begriff auch im allgemeinen Sprachgebrauch verwendet wird; die Einordnung einer Tätigkeit für steuerliche Zwecke hat dem genauso gerecht zu werden, wie dem durch Art. 5 Abs. 3 GG gegebenen verfassungsrechtlichen Bezug zur Kunstfreiheit.

137 Im Rahmen der Beweislastsystematik ist die Qualifizierung einer Tätigkeit als künstlerisch ein den Steuerpflichtigen begünstigendes Tatbestandsmerkmal, dessen Vorliegen grundsätzlich auch von diesem nachzuweisen ist. Zur Gewinnerzielungsabsicht s. KKB/Kanzler, § 2 EStG Rz. 194.

PRAXISHINWEIS:

In Grenz- und Zweifelsfällen kann ein solcher Nachweis auch durch ein Sachverständigengutachten erfolgen.[3] Im Veranlagungsverfahren gilt aufgrund der Kostentragungspflicht (§ 107 AO), die Regelung des §§ 96 ff. AO; holt das Finanzgericht ein Gutachten ein, hat es die Vorschriften der §§ 402 ff. ZPO zu beachten.[4]

138 Eine künstlerische Tätigkeit liegt u. a. dann vor, wenn eine eigenschöpferische Leistung erbracht wird, in der die individuelle Anschauungsweise und Gestaltungskraft zum Ausdruck kommt und die über eine hinreichende Beherrschung der Technik hinaus eine gewisse Gestaltungshöhe erreicht.[5]

139 Die Erstellung von Werken in den anerkannten Teilbereichen der Kunst, d. h. der Literatur, der Musik, der bildenden und darstellenden Künste, erfüllt regelmäßig den Begriff der künstlerischen Tätigkeit des § 18 EStG; dieser formale Kunstbegriff ist jedoch um die eigenschöpferische Leistung des Erstellers zu ergänzen,[6] da die bloße Nachahmung von Kunstwerken, auch wenn sie handwerklich-technisch bestens ausgeführt wird, keine künstlerische, sondern allenfalls eine verwertend gewerbliche Tätigkeit darstellt. Als Aspekt zugunsten einer künstleri-

---

[1] Vgl. BFH v. 15. 7. 1996 - IV R 70/95, BFH/NV 1997, 115 = NWB DokID: MAAAB-38074.
[2] Vgl. BMF v. 22. 5. 2006 - IV B 2-S 2246 -4/06, NWB DokID: UAAAB-88372.
[3] Vgl. BFH v. 19. 6. 1968 - I R 25/67, BStBl 1986 II 543.
[4] BFH v. 14. 12. 1976 - VIII R 76/75, BStBl 1976 II 474.
[5] BFH v. 11. 7. 1991 - IV R 33/90, BStBl 1992 II 353; BFH v. 11. 7. 1991 - IV R 15/90, BStBl 1991 II 889; BFH v. 11. 7. 1991 - IV R 102/9, BStBl 1992 II 413.
[6] Vgl. BFH v. 11. 7. 1991 - IV R 33/90, BStBl 1992 II 353; BFH v. 11. 7. 1991 - IV R 15/90, BStBl 1991 II 889; BFH v. 11. 7. 1991 - IV R 102/9, BStBl 1992 II 413.

schen Tätigkeit kann jedoch herangezogen werden, dass der künstlerische Wert den Gebrauchswert übersteigt.[1]

Die eigenschöpferische Leistung beschreibt der BFH als eine Leistung, in der die individuelle Anschauungsweise und die besondere Gestaltungskraft des Künstlers zum Ausdruck kommen.[2] Die literarische Tätigkeit als Teilbereich der künstlerischen Tätigkeit (§ 18 Abs. 1 Nr. 1 Satz 2 2. Alt. EStG) kann auch unmittelbar schriftstellerische Tätigkeit (§ 18 Abs. 1 Nr. 1 Satz 2 3. Alt. EStG) sein; Abgrenzungen erübrigen sich insofern.

(Einstweilen frei) 141–145

c) Schriftstellerische Tätigkeit

Die schriftstellerische Tätigkeit ist das schriftliche Niederlegen eigener Gedanken, Stellungnahmen und Überlegungen. Ihr Inhalt kann journalistischer, schöngeistiger, technischer, naturwissenschaftlicher, philosophischer oder geschichts-, rechts- oder staatswissenschaftlicher Art sein.

Das schriftstellerische Werk muss an einen zahlenmäßig nicht bestimmbaren Personenkreis gerichtet sein. Gutachten, Schriftsätze oder Stellungnahmen, die sich an einen abgegrenzten, individuellen Adressatenkreis richten, sind daher nicht der schriftstellerischen Tätigkeit zuzuordnen, können jedoch anderweitig die Kriterien des § 18 EStG erfüllen (z. B. im Rahmen einer Tätigkeit als Arzt, Ingenieur, Anwalt).

Die Verbreitung eines schriftstellerischen Werks durch den Autor selbst (Selbstverlag) stellt eine gewerbliche Tätigkeit dar,[3] die aber regelmäßig steuerlich getrennt von der unter § 18 EStG fallenden schriftstellerischen Tätigkeit zu behandeln ist.[4]

Die schriftliche Niederlegung ist nicht auf die Papierform beschränkt. Ausreichend ist jede körperliche Fixierung, d. h. auch die elektronische Speicherung von Texten. So ist auch das Verfassen eines elektronischen Handbuchs als schriftstellerische Tätigkeit zu qualifizieren.[5] Die ingenieurmäßige Erstellung von Anwendersoftware durch Niederlegung eines Programmcodes in einer Programmiersprache dürfte dagegen keine schriftstellerische Tätigkeit mehr darstellen, da sich der Programmiersprachinhalt an die Recheneinheit eines Computers richtet und nicht an einen zahlenmäßig nicht bestimmbaren menschlichen Personenkreis.[6]

An den Inhalt der schriftlichen Niederlegung müssen keine besonderen Anforderungen gestellt werden; ausreichend für die Bejahung einer schriftstellerischen Tätigkeit sind daher etwa das Erstellen eines Suchregisters für Bundes- oder Landesgesetze,[7] technische Gebrauchsanleitungen, wenn diese eine eigenständige gedankliche Leistung des Autors enthalten,[8] sowie die Anfertigung analytischer Protokolle durch Parlamentsstenographen.[9]

(Einstweilen frei) 151–155

---

[1] Vgl. BFH v. 26. 9. 1968 - IV 43/64, BStBl 1969 II 70.
[2] BFH v. 26. 2. 1987 - IV R 105/85, BStBl 1987 II 376; BFH v. 22. 3. 1990 - IV R 145/88, BStBl 1990 II 643.
[3] BFH v. 25. 6. 1953 - IV 151/53, BStBl 1953 III 256.
[4] BFH v. 18. 1. 1962 - IV 270/60 U, BStBl 1962 III 131.
[5] BFH v. 24. 9. 1998 - IV B 49/96, BFH/NV 1999, 462 = NWB DokID: IAAAA-62455.
[6] Insofern zu weitgehend: BFH v. 24. 9. 1998 - IV B 49/96, BFH/NV 1999, 462 = NWB DokID: IAAAA-62455.
[7] BFH v. 18. 1. 1962 - IV 270/60 U, BStBl 1962 III 131.
[8] BFH v. 25. 4. 2002 - IV R 4/01, BStBl 2002 II 475.
[9] FG Niedersachsen v. 12. 3. 2003 - 4 K 601/95, EFG 2004, 567.

d) Unterrichtende und erzieherische Tätigkeit

156 Unterrichtende Tätigkeit ist die Vermittlung von Fähigkeiten, Kenntnissen und Wissen an eine oder mehrere Personen.

157 Die von § 18 EStG erfasste Vermittlung von Fähigkeiten durch Unterrichtserteilung umfasst auch das **Vermitteln von praktischen Fertigkeiten**. Daher fallen unter § 18 EStG auch die Erteilung von Reitunterricht oder von Tanzunterricht,[1] praktischem Fahrunterricht,[2] Sportunterricht[3] und auch die Skilehrertätigkeit.[4] Anleitungen im Rahmen eines Bodybuilding-Betriebs zur Handhabung von Geräten stellen keine unterrichtende Tätigkeit dar;[5] Erbringen externe Anbieter in Bodybuilding- oder Fitnessstudios zeitlich abgegrenzt Sportunterricht, können diese externen Anbieter die Voraussetzungen einer unterrichtenden Tätigkeit i. S. d. § 18 EStG erfüllen.

158 Die unterrichtende Tätigkeit setzt ein allgemeingültiges Programm voraus, nach dem die Wissens-, Kenntnis- oder Fähigkeitsvermittlung erfolgen soll. Dieses kann für Zwecke eines **Individualunterrichts** auch auf die einzeln zu unterrichtende Person abgestimmt werden (z. B. privater Nachhilfeunterricht bei Schulpflichtigen). Die Abstimmung auf die Bedürfnisse des Einzelnen überschreitet dann die Grenze zu einer (dann ggf. gewerblichen) **Beratungsleistung**, wenn kein im Einzelfall abwandlungsfähiges Lernprogramm der Wissens-, Kenntnis- oder Fähigkeitsvermittlung zugrunde gelegt werden kann.[6]

159 Die Wissens-, Kenntnis- oder Fähigkeitsvermittlung muss auch in zeitlicher Hinsicht die Interaktion des Unterrichtenden mit den Unterrichteten dauernd bestimmen; ein einführender unterrichtender Zeitanteil, der von anders gestalteten Zeitanteilen abgelöst wird, reicht für die Annahme einer unterrichtenden Tätigkeit zwischen Personen nicht aus. Zeiten der Unterrichtsvor- und -nachbereitung ohne unmittelbaren Kontakt zwischen Unterrichtenden und Unterrichteten fallen nicht unter das o. g. zeitliche Erfordernis.

160 Die Wissens-, Kenntnis- oder Fähigkeitsvermittlung muss in organisierter und institutionalisierter Form erfolgen.[7] Der Betreiber bzw. Inhaber einer **Unterrichtsorganisation** oder eines **Unterrichtsinstituts** muss dagegen in eigener Person die unterrichtende Tätigkeit auszuüben; er kann sich jedoch daneben für die Erbringung der Unterrichtstätigkeit weiterer fachlich vorgebildeter Unterrichtspersonen bedienen (vgl. § 18 Abs. 1 Nr. 1 Satz 3 EStG). Beschränkt der Betreiber bzw. Inhaber einer Unterrichtsorganisation oder eines Unterrichtsinstituts sich auf die organisatorische Leitung des Schulbetriebs, liegt i. d. R. ein Gewerbebetrieb vor; dieser gewerbliche Schulbetrieb kann jedoch gem. § 3 Nr. 13 GewStG i. V. m. § 4 Nr. 21 UStG von der GewSt befreit sein.

161 Die unterrichtende Tätigkeit muss sich an Personen richten und schließt somit die Vermittlung von Fähigkeiten an ein Tier im direkten Verhältnis von unterrichtendem Mensch zu Tier aus. Eine unterrichtende Tätigkeit i. S. d. § 18 EStG ist jedoch in der Form möglich, dass etwa der

---

1 Vgl. BFH v. 16. 11. 1978 - IV R 191/74, BStBl 1979 II 246, Rz. 37; *Stelter*, NWB 2018, 2422.
2 BFH v. 27. 9. 1956 - IV 601/55, BStBl 1956 III 334.
3 BFH v. 1. 4. 1982 - IV R 130/79, BStBl 1982 II 589.
4 FG München v. 24. 9. 1990 - 13 K 2020/88, EFG 1991, 320: Versagung allerdings des § 18 EStG wegen Verlustwirtschaftung über 16 Jahre hinweg.
5 BFH v. 18. 4. 1996 - IV R 35/95, BStBl 1996 II 573.
6 BFH v. 11. 6. 1997 - XI R 2/95, BStBl 1997 II 687; BFH v. 2. 2. 2000 - XI R 38/98, BFH/NV 2000, 839 = NWB DokID: RAAAA-65232.
7 BFH v. 18. 4. 1996 - IV R 36/95, BStBl 1996 II 573; BFH v. 13. 1. 1994 - IV R 79/92, BStBl 1994 II 362.

Unterrichtende einem Tierhalter zusammen mit dessen Tier Wissen und Fähigkeiten vermittelt oder etwa im Rahmen eines Reitunterrichts die reitende Person unterrichtet wird. Der Betrieb einer Blindenführhundeschule stellt demnach einen Gewerbebetrieb dar.[1]

Die Programmierung und Festlegung der Bewegungsabfolgen von Robotern (Roboterkalibrierung) erfüllt daher gleichfalls nicht den Begriff einer unterrichtenden (und auch nicht den einer erzieherischen) Tätigkeit; sie kann aber den Begriff einer ingenieursmäßigen oder wissenschaftlichen Tätigkeit erfüllen.

162 Lehrtätigkeiten an Berufs- und Meisterschulen, die nebenberuflich von den Angehörigen gewerblicher Berufe erbracht werden, sind als freiberufliche Tätigkeit einzuordnen, wenn sich die Lehrtätigkeit von der gewerblichen Haupttätigkeit ohne besondere Schwierigkeit trennen lässt.[2]

163 Die **erzieherische Tätigkeit** wird von der Rechtsprechung als die planmäßige Tätigkeit zur körperlichen, geistigen und sittlichen Formung junger Menschen zu tüchtigen und mündigen Menschen beschrieben. Die Mündigkeit konkretisiert sie dahin gehend, dass hierunter die selbständige und verantwortliche Bewältigung von Lebensaufgaben zu verstehen ist.[3] Die erzieherische Tätigkeit muss auf eine umfassende Charakter- und Persönlichkeitsbildung angelegt sein.

(Einstweilen frei) 164–170

2. Katalog der freien Berufe

a) Ärzte

171 Die Zuordnung der Tätigkeit von Ärzten zur freiberuflichen Tätigkeit gem. § 18 EStG ergibt sich aus dem Standes- und Berufsrecht der Ärzte, insbesondere der Bundesärzteordnung (BÄO) in der Fassung v. 16. 4. 1987.[4] Die ärztliche Tätigkeit besteht hiernach in der **Ausübung der Heilkunde**; in Abgrenzung zum Tierarzt muss sich die Heilkunde auf den Menschen beziehen, denn gem. § 1 Abs. 1 der BÄO dient der Arzt der Gesundheit des Menschen. Jede Maßnahme, die der Vorbeugung von Krankheiten oder der Feststellung, Heilung oder Linderung von Krankheiten dient, gehört zur Ausübung der Heilkunde, darüber hinaus aber auch die von Ärzten aus ästhetischen Gründen vorgenommenen Eingriffe. Ein Arzt, der als gerichtlicher Sachverständiger Blutgruppengutachten zur Feststellung der Vaterschaft erstellt, übt zumindest einen der Berufstätigkeit der Ärzte ähnlichen Beruf aus.[5] Die ärztliche Tätigkeit muss nicht hauptberuflich ausgeübt werden[6] und bedarf keiner eigenen Arztpraxisräume.[7]

172 Die Tätigkeit als Betriebsarzt, Knappschaftsarzt, nicht voll beschäftigter Hilfsarzt bei den Gesundheitsämtern, Vertragsarzt der Bundeswehr sowie als vergleichbarer Vertragsarzt führt unabhängig davon, ob neben der vertraglichen Tätigkeit eine eigene Praxis ausgeübt wird, zu Einkünften aus selbständiger Arbeit.[8]

---

1 So auch: FG Münster v. 12. 9. 2014 - 4 K 69/14 G, EFG 2014, 2063.
2 H 18.1 „Lehrtätigkeit" EStH; BFH v. 27. 1. 1955 - IV 504/54 U, BStBl 1955 III 229.
3 BFH v. 17. 5. 1990 - IV R 14/87, BStBl 1990 II 1018; BFH v. 21. 11. 1974 - II R 107/68, BStBl 1975 II 389.
4 BGBl 1987 I 1218.
5 BFH v. 7. 2. 1985 - IV R 102/83, BStBl 1985 II 293.
6 BVerfG v. 10. 3. 1987 - I BvR 34/86, DStZ/E 1987, 122.
7 BFH v. 22. 9. 1976 - IV R 20/76, BStBl 1977 II 31.
8 R 18.1 Abs. 1 EStR.

173 Nicht mehr von der ärztlichen Tätigkeit i.S.d. § 18 EStG erfasst ist etwa die **Unterbringung und Verpflegung von Krankenhauspatienten** einer von einem Arzt betriebenen privaten Klinik; sie muss von der freiberuflich zu qualifizierenden Tätigkeit als Arzt abgegrenzt werden, insbesondere wenn eine getrennte Abrechnung dieser Leistungen erfolgt.[1] Ganzheitliche Heilverfahren ohne getrennte Abrechnung können dagegen vollständig freiberufliche Einkünfte sein.[2] Der Betrieb von Unfallkliniken kann als freiberuflich oder als gewerblich je nach örtlicher Belegenheit qualifiziert werden.[3]

174 Gleichfalls nicht mehr von den freiberuflichen Einkünften erfasst ist der Verkauf von Kontaktlinsen mit zugehörigen Pflegeprodukten durch einen Augenarzt in dessen Behandlungsräumen oder die entgeltliche Überlassung von Hörgeräten durch einen Hals-, Nasen-, Ohrenarzt in dessen Praxisräumen.[4] Es besteht die Verpflichtung, aber auch die Möglichkeit, die entsprechenden Tätigkeiten durch räumliche und gesonderte abrechnungsmäßige Erfassung von der freiberuflichen Sphäre zu trennen. Eine einheitliche Erfassung ist jedoch dann geboten, wenn die Betätigungen sich gegenseitig bedingen und derart miteinander verflochten sind, dass nach Verkehrsauffassung ein einheitlicher Betrieb anzunehmen ist; die Einstufung eines solchen Betriebs hängt davon ab, ob das freiberufliche oder gewerbliche Element überwiegt.[5]

175 Der Verkauf von medizinischen Hilfsmitteln ohne Zusammenhang mit der Behandlung eines Patienten begründet gewerbliche Einkünfte; dies gilt auch dann, wenn der Einkauf im Rahmen einer Praxisgemeinschaft gemeinsam mit anderen Ärzten erfolgt.[6]

176 Zu den Fällen, in denen niedergelassene Ärzte fachfremde oder fachgleiche Ärzte beschäftigen, siehe das Beispiel in → Rz. 102 und → Rz. 105.

177 Die Rechtsprechung zur freiberuflichen Tätigkeit von Laborärzten trug auch zur Konkretisierung der Tatbestandsvoraussetzung aus § 18 Abs. 1 Nr. 1 Satz 3 2. Halbsatz EStG bei, wonach die freiberufliche Tätigkeit aufgrund eigener Fachkenntnis leitend und eigenverantwortlich ausgeübt werden muss (s. hierzu auch → Rz. 106). Die Verfahren hatten die Tätigkeit von Fachärzten für Labormedizin zum Gegenstand, bei der sich der Facharzt der Mithilfe weiterer Ärzte und auch weiteren Fachpersonals bei der Leistungserbringung bediente. Nach ständiger BFH-Rechtsprechung ist bei Laborärzten für die Bejahung der Voraussetzung des § 18 Abs. 1 Nr. 1 Satz 2 2. Halbsatz EStG erforderlich, dass deren Teilnahme an der praktischen (Labor-)Arbeit gewährleistet sein muss.[7]

178 Das Tätigwerden von Ärzten in der hausarztzentrierten Versorgung nach § 73b SGB V (sog. Hausarztmodell) sollte grundsätzlich keine Umqualifizierung der freiberuflichen Arzttätigkeit nach sich ziehen. Bei der **hausarztzentrierten Versorgung** verpflichtet sich der Versicherte gegenüber seiner Krankenkasse, ambulante fachärztliche Leistungen nur auf Überweisung des von ihm ausgewählten Hausarztes in Anspruch zu nehmen. Der Hausarzt übernimmt damit eine Lotsenfunktion und steuert den Behandlungsprozess. Der Hausarzt erhält eine Pauschalvergütung für die Beratung und Information der Versicherten bei deren Beitritt zum Hausarzt-

---

1 BFH v. 1.10.2002 - IV R 48/01, BStBl 2004 II 363.
2 Vgl. BFH v. 12.11.1964 - IV 153/64 U, BStBl 1965 III 90.
3 BFH v. 25.10.1963 - IV 373/60 U, BStBl 1963 III 595; BFH v. 25.10.1963 - IV 373/60 U, BStBl 1963 III 595.
4 Vgl. BFH v. 19.2.1998 - IV R 11/97, BStBl 1998 II 603; BFH v. 26.5.1977 - V R 95/76, BStBl 1977 II 879.
5 Vgl. BFH v. 11.6.1991, BStBl 1992 II 413.
6 Vgl. HMdF-Erlass v. 29.9.1999 - S 2246 A - 52 - II B 1 a.
7 BFH v. 1.2.1990 - IV R 140/88, BStBl 1990 II 507; BFH v. 7.10.1987 - X B 54/87, BStBl 1988 II 17; BFH v. 25.11.1975 - VIII R 116/74, BStBl 1976 II 155.

modell (Einschreibepauschale) sowie eine Pauschale für die Ausgestaltung des hausärztlichen Versorgungsgeschehens (Steuerungspauschale). Die Steuerung von medizinischen Behandlungsprozessen und die hierzu notwendige einführende Beratung des Patienten zu diesem (Hausarzt-)Modell sollten von der als freiberuflich zu qualifizierenden Heilbehandlung gedeckt sein.

Ärzte werden teilweise auf Grundlage sog. Versorgungsverträge im Bereich der ambulanten Versorgung nach § 73c SGB V tätig. Krankenkassen können mit Ärzten ohne Einschaltung der Kassenärztlichen Vereinigung diese besonderen Versorgungsverträge abschließen. Die Ausgestaltung von Verträgen über die besondere ambulante Versorgung kann sehr vielgestaltig sein (z. B. Verträge über Hautscreening, Herzkrankheiten, Adipositas). Der Vorteil für den Arzt besteht bspw. darin, dass die gezahlten Pauschalvergütungen nicht in die Gesamtvergütung bzw. das Budget einfließen. Aufgrund der vielfältigen vertraglichen Ausgestaltungen ist kaum eine generelle Aussage zur ertragsteuerlichen Behandlung dieser Verträge möglich. Nicht auszuschließen ist, dass Verträge Tätigkeiten beinhalten können, die als gewerbliche Betätigung eingestuft werden. Diese könnte etwa in der Abgabe von Medikamenten bestehen, die für die originäre ärztliche Tätigkeit nicht unmittelbar erforderlich sind. 179

Ein weiteres Tätigkeitsfeld von Ärzten ist die **integrierte Versorgung nach §§ 140a ff. SGB V**. Vereinbarungen hierzu werden zwischen dem Arzt und der Krankenkasse abgeschlossen. Hierin verpflichtet sich die Krankenkasse gegenüber dem Arzt für die Behandlung der Patienten Fallpauschalen zu zahlen, die sowohl die medizinische Betreuung als auch die Abgabe von Arzneien und Hilfsmitteln abdecken können. Für die Teilnahme an einem integrierten Versorgungsangebot erhalten die Versicherten meist spezielle Boni (z. B. Wegfall der Krankenhauszuzahlung und der Praxisgebühr). Teilnehmenden Ärzten werden neben den Fallpauschalen teilweise zusätzliche Vergütungen gewährt. Die Abgabe von Arzneimitteln und Hilfsmitteln im Rahmen der integrierten Versorgung dürfte nicht zur gewerblichen Infektion der Einkünfte führen, wenn sich die Abgabe von Medikamenten und/oder Hilfsmitteln derart bedingen, dass die Durchführung der ärztlichen Heilbehandlung ansonsten nicht möglich wäre. In diesem Fall stellt sich die Abgabe der Hilfsmittel oder Medikamente als ein unselbständiger Teil der Heilbehandlung dar, die nach § 18 EStG besteuert wird. Gleiches sollte auch für die Abgabe von Impfstoffen im Rahmen der Durchführung von Impfungen oder für den Einkauf von medizinischem Material zum Zwecke der Heilbehandlung gelten. Auch hier bedingen sich die unmittelbar auf den Patienten bezogene Heilbehandlung und die Abgabe bzw. direkte Verwendung zugunsten des behandelten Patienten. 180

Zur Behandlung von sog. Laborgemeinschaften (§ 25 Abs. 3 des Bundesmantelvertrages -BMV-), Apparate- oder Abrechnungsgemeinschaften s. auch unter → Rz. 81. Nach teilweise vertretener Auffassung soll die entgeltliche Überlassung von medizinischem Großgerät durch Einzelpraxen unterschiedslos wie bei der Gerätenutzung innerhalb von Gemeinschaftspraxen behandelt werden; die Gewinnerzielung durch Überlassung von medizinischem Gerät an andere Krankenhäuser oder andere Ärzte durch einen einzelpraktizierenden Arzt soll dann freiberufliche Einkünfte begründen. Diese Ansicht verkennt, dass in diesem Fall der Arzt gegenüber den Nutzenden wie ein nichtfreiberuflich tätiger Dritter auftritt. Die Überlassung an Dritte ist für seine ärztliche Tätigkeit fachlich nicht erforderlich, sondern erfolgt aufgrund kaufmännischer Gründe (etwa zur Reduzierung der Fixkosten); ggf. kann in der entgeltlichen Überlassung jedoch ein als freiberuflich zu qualifizierendes Hilfsgeschäft vorliegen, solange keine zusätzlichen Dienstleistungen wie etwa die Bereitstellung technisch qualifizierten Personals oder Verbrauchsmaterials erbracht werden. 181

182 Der **Betrieb von Krankenanstalten** (Kliniken, Heilanstalten, Sanatorien) durch einen Arzt kann freiberufliche Tätigkeit sein. Voraussetzung hierfür ist, dass der Betrieb einer Krankenanstalt ein notwendiges Hilfsmittel für die Tätigkeit dieses Arztes ist, und auch dass ein besonderer Gewinn aus dem Betrieb der Krankenanstalt nicht erstrebt wird. Der Betrieb der Krankenanstalt darf nur unterstützend für die Tätigkeit sein und muss unentbehrlich für die Erreichung der ärztlichen Behandlungsziele sein.[1] Für die Anerkennung medizinischer Badeanstalten siehe BFH v. 26.11.1970.[2] Das Erfordernis keinen besonderen Gewinn aus dem Betrieb von Anstalten zu erstreben, ergibt sich steuerrechtlich nicht aus den allgemeinen Grundsätzen, denn der freiberufliche Betrieb i.S.d. § 18 EStG setzt, wie der Gewerbebetrieb i.S.d. § 15 EStG auch, eine Gewinnerzielungsabsicht voraus (§ 18 Abs. 4 i.V.m. § 15 Abs. 2 Satz 2 und 3 EStG). Das Erfordernis keinen besonderen Gewinn aus dem Betrieb zu erstreben, sollte zumindest in den Fällen erfüllt sein, in denen die von einem Arzt betriebene Anstalt i.S.d. § 108 SGB V anerkannt ist. Denn in diesen Fällen besteht gem. § 39 Abs. 1 Satz 2 SGB V ein Anspruch, dass gesetzlich Krankenversicherte ohne Zusatzkosten behandelt werden.

183 Berät ein Arzt Krankenhäuser, Krankenhausverwaltungen, Krankenhausträger und politische Stellen der Gesundheitsplanung und -vorsorge hinsichtlich des Bedarfs an Krankenhäusern sowie deren Auslegung und Ausstattung, wird er gewerblich und nicht mehr freiberuflich tätig.[3]

b) Zahnärzte

184 Der Zahnarzt wird mit der fachlichen Ausrichtung auf Zahn-, Mund- und Kieferkrankheiten in einem Heilberuf tätig. Berufsrechtlich ist der Zahnarzt hinsichtlich Bezeichnung, Ausbildung, Zulassung und Berufsausübung im Gesetz über die Ausübung der Zahnheilkunde (ZHG) i.d.F. v. 16.4.1987[4] definiert. Die Ausübung der Zahnheilkunde umfasst jede Maßnahme, die der Vorbeugung oder Feststellung, Heilung oder Linderung von Zahn-, Mund- oder Kieferkrankheiten dient, einschließlich der Lieferung und Anpassung von Zahnersatz.[5]

185 Die Tätigkeit als Vertragszahnarzt der Bundeswehr führt unabhängig davon, ob neben der vertraglichen Tätigkeit eine eigene Praxis ausgeübt wird, zu Einkünften aus selbständiger Arbeit.[6]

c) Tierärzte

186 Tierärzte üben einen Heilberuf auf dem Fachgebiet der Tierkrankheiten aus. Die Berufsbezeichnung, Berufsausbildung, Zulassung und Berufsausübung sind in der Bundes-Tierärzteordnung (BTÄO) gesetzlich geregelt. Zu den typisch tierärztlichen Tätigkeiten gehören Maßnahmen, die der Vorbeugung von Krankheiten oder der Feststellung, Heilung oder Linderung von Krankheiten oder Körperschäden beim Tier dienen.

187 Die Abgabe von Arzneimitteln durch Ärzte und Tierärzte aus deren mit behördlicher Erlaubnis betriebenen Arzneiabgabestellen (sog. ärztliche Hausapotheken) werden steuerlich gleichbehandelt: Werden diese Medikamente entgeltlich abgegeben, wird der Arzt bzw. Tierarzt gewerblich und nicht mehr freiberuflich tätig.[7] Nur die Abgabe von Medikamenten und Hilfsstof-

---

1 Vgl. RFH v. 15.3.1939 - VI 119/39, RStBl 1939, 853.
2 Vgl. BFH v. 26.11.1970 - IV 60/65, BStBl 1971 II 249.
3 Vgl. BFH v. 16.9.1999 - XI B 63/98, BFH/NV 2000, 424 = NWB DokID: AAAAA-65161.
4 BGBl 1987 I 1225.
5 BMF v. 10.7.1969, BStBl 1969 I 373.
6 R 18.1 Abs. 1 EStR.
7 Vgl. BFH v. 26.5.1977 - V R 95/76, BStBl 1977 II 879; BFH v. 1.2.1979 - IV R 113/76, BStBl 1979 II 574.

fe, die im Rahmen der Behandlung selbst verabreicht werden müssen (sog. Praxisbedarf, Notfallbehandlung, stationäre Aufnahme), ist von der freiberuflichen Tätigkeit gedeckt, wenn hier kein besonderer Gewinn erstrebt wird.[1] Die formale Gleichbehandlung von Humanmedizinern und Tierärzten berücksichtigt jedoch nicht, dass die Versorgung mit Arzneimitteln für Personen durch eine hohe Apothekendichte ungleich leichter ist, als die Versorgung mit Tierarzneimitteln, wenn bspw. abgelegene landwirtschaftliche Betriebe zu versorgen sind.

Die Tätigkeit als Vertragstierarzt der Bundeswehr führt unabhängig davon, ob neben der vertraglichen Tätigkeit eine eigene Praxis ausgeübt wird, zu Einkünften aus selbständiger Arbeit.[2] 188

d) Heilpraktiker

Einen Heil- oder Heilhilfsberuf übt derjenige aus, dessen Tätigkeit der Feststellung, Heilung oder Linderung von Krankheiten, Leiden oder Körperschäden beim Menschen dient; dazu gehören auch Leistungen der vorbeugenden Gesundheitspflege.[3] 189

e) Dentisten

Die ausdrücklich neben den Zahnärzten als Katalogberuf genannten Dentisten werden wie die Zahnärzte auch im Rahmen eines Heilberufs auf dem Fachgebiet der Zahn-, Mund- und Kieferkrankheiten tätig. Sie sind gleichfalls berufsrechtlich dem Gesetz über die Ausbildung der Zahnheilkunde (ZHG) unterworfen. Im Gegensatz zu den Zahnärzten üben sie den Heilberuf jedoch nicht aufgrund einer abgeschlossenen Hochschulausbildung aus, sondern aufgrund fachlicher Vorbildung. Da seit dem 31.5.1952 keine Dentisten mehr neu zugelassen werden, verengt sich der persönliche Anwendungsbereich. 190

f) Krankengymnasten

Das Berufsbild des Krankengymnasten wurde durch das Gesetz über die Berufe in der Physiotherapie (Masseur- und Physiotherapeutengesetz – MPhG) v. 26.5.1994 hin zum Physiotherapeuten übergeleitet (§ 16 MPhG) und ist maßgeblich für die Qualifikation der Einkunftsart nach § 18 EStG. Aufgrund der Überleitung durch das MPhG werden ab 1994 keine Krankengymnasten mehr ausgebildet. Der persönliche Anwendungsbereich des § 18 EStG hinsichtlich der Krankengymnasten läuft damit zeitlich aus. 191

Medizinisches Gerätetraining (MGT) ist auch dann keine freiberufliche Tätigkeit oder Teil einer freiberuflichen Tätigkeit, wenn dieses in krankengymnastischen Praxen und aufgrund ärztlicher Verordnung durchgeführt wird.[4] 192

g) Rechtsanwälte

Die freiberufliche Tätigkeit von Rechtsanwälten unterfällt der Einkunftsart gem. § 18 EStG. Welche Personen Rechtsanwälte sind, ergibt sich aufgrund des gesetzlich geregelten Berufsrechts, insbesondere der Bundesrechtsanwaltsordnung (BRAO). Dieses Berufsrecht legt auch die für die Ausübung dieses freien Berufs erforderliche Berufsausbildung und Berufsausübung 193

---

1 Vgl. BFH v. 1.2.1979 - IV R 113/76, BStBl 1979 II 574; H 136 „Heilberufe" EStH.
2 R 18.1 Abs. 1 EStR.
3 BMF v. 22.10.2004, BStBl 2004 I 1030.
4 BMF v. 22.10.2004, BStBl 2004 I 1030.

fest und bestimmt so auch die im Rahmen des § 18 EStG zulässigen freiberuflichen Tätigkeiten.

Wenn das anwaltliche Berufsrecht auch vor allem in der BRAO geregelt ist, wird es ergänzt etwa durch die Berufsordnung der Rechtsanwälte (BORA) und die Fachanwaltsordnung (FAO). Für ausländische Rechtsanwälte, die in Deutschland tätig sind, gilt daneben das Gesetz über die Tätigkeit europäischer Rechtsanwälte in Deutschland (EuRAG) bzw. die Verordnung zur Durchführung des § 206 BRAO für Rechtsanwälte aus dem nichteuropäischen Ausland. Bei grenzüberschreitenden Tätigkeiten innerhalb Europas hat der Anwalt darüber hinaus die Regelungen der Vereinigung der europäischen Rechtsanwaltskammern (CCBE) zu beachten. Weitere Regelungen, die die anwaltliche Berufsausübung betreffen, sind bspw. im Rechtsdienstleistungsgesetz enthalten.

194 Die in § 2 BRAO getroffene Aussage, dass Rechtsanwälte einen freien Beruf und kein Gewerbe ausüben, ist auch steuerlich für die Auslegung des § 18 EStG und § 2 GewStG grundsätzlich verbindlich; Kern der rechtsanwaltlichen Tätigkeit ist hiernach zunächst die Beratung und die Vertretung in allen Rechtsangelegenheiten (§ 3 Abs. 1 BRAO). Der BFH schränkt diesen Grundsatz jedoch dahin gehend ein, dass nicht alle Tätigkeiten, die einem Rechtsanwalt berufsrechtlich erlaubt sind, auch aus steuerrechtlicher Sicht als freiberuflich gelten. Die tatsächlich ausgeübte Tätigkeit muss für den Rechtsanwaltsberuf berufstypisch und diesem vorbehalten sein, um den Anforderungen des § 18 Abs. 1 Nr. 1 EStG zu genügen.[1]

195 Ein anwaltlicher Insolvenzverwalter ist zwar nicht i. S. d. § 18 Abs. 1 Nr. 1 EStG als Rechtsanwalt freiberuflich tätig; er erzielt als Insolvenzverwalter aber Einkünfte aus sonstiger selbständiger Arbeit.[2]

196 Schließen Rechtsanwälte eine Vereinbarung, durch welche die Vergütung vom Ergebnis ihrer Tätigkeit abhängig gemacht wird (Erfolgshonorar), führt dies nicht zur Umqualifizierung der freiberuflichen in gewerbliche Einkünfte.[3]

h) Notare

197 Der Beruf des Notars ist kein Gewerbe (§ 2 Satz 2 Bundesnotarordnung – BNotO); seine freiberufliche Tätigkeit wird insbesondere durch die Bundesnotarordnung festgelegt. Die für die freiberufliche Tätigkeit der Notare typischen Aufgaben ergeben sich aus § 20 BNotO. Die Notare, die im Landesdienst des Landes Baden-Württemberg bestellt sind (§§ 114, 115 BNotO), sind Unternehmer i. S. d. § 2 Abs. 1 UStG[4] und auch im Rahmen der Ertragsbesteuerung selbständig und freiberuflich gem. § 18 EStG tätig. Die Notarassessoren stehen dagegen in einem öffentlich-rechtlichen (Ausbildungs-)Dienstverhältnis und üben daher keine freiberufliche Tätigkeit aus (vgl. § 7 Abs. 4 BNotO).

i) Patentanwälte

198 Der Patentanwalt übt einen freien Beruf aus; seine Tätigkeit ist kein Gewerbe (§ 2 Abs. 1 Patentanwaltsordnung – PAO). Als Patentanwalt wird nur zugelassen, wer über die erforderliche technische Befähigung i. S. d. § 6 PAO verfügt und die Prüfung über Rechtskenntnisse bestan-

---

1 BFH v. 12.12.2001 - XI R 56/00, BStBl 2002 II 202.
2 BFH v. 15.12.2010 - VIII R 50/09, BStBl 2011 II 506; BFH v. 12.12.2001 - XI R 56/00, BStBl 2002 II 202.
3 BFH v. 15.10.1981 - IV R 77/76, BStBl 1982 II 340.
4 OFD Karlsruhe v. 28.2.2012 - S 7104.

den hat. Der berufliche Schwerpunkt des Patentanwalts ist der gewerbliche Rechtschutz (vgl. § 3 PAO).

Das Tätigwerden bei den in § 43a PAO als unzulässig deklarierten Tätigkeiten birgt die Gefahr, dass diese Tätigkeitübernahme als untypisch für die freiberufliche Tätigkeit i. S. d. § 18 EStG anzusehen ist, und so zu einer entsprechenden Umqualifizierung in gewerbliche Einkünfte führen kann.[1] 199

Für den Einzelfall ist gem. § 43b Abs. 2 PAO eine Vereinbarung zulässig, wonach die Vergütung des Patentanwalts als Erfolgshonorar gezahlt werden kann; dies führt nicht zur Umqualifizierung der freiberuflichen in gewerbliche Einkünfte.[2] 200

j) Wirtschaftsprüfer

Wer freiberufliche Einkünfte als Wirtschaftsprüfer erzielen kann, ergibt sich aus der Wirtschaftsprüferordnung (WPO), die die zu erfüllenden Voraussetzungen hinsichtlich Zulassung und Berufsausübung von Wirtschaftsprüfern festlegt. Typische berufliche Tätigkeit des Wirtschaftsprüfers ist die Erstellung und die Testierung von Jahresabschlüssen. Die Tätigkeit einer Wirtschaftsprüfungs-GmbH ist, wie die Tätigkeit aller Kapitalgesellschaften, keine freiberufliche Tätigkeit nach § 18 EStG.[3] 201

Schließen Wirtschaftsprüfer eine Vereinbarung nach § 55 Abs. 1 i. V. m. § 2 Abs. 3 Nr. 2 Wirtschaftsprüferordnung (WPO), durch welche die Vergütung vom Ergebnis ihrer Tätigkeit abhängig gemacht wird (Erfolgshonorar), führt dies nicht zur Umqualifizierung der freiberuflichen in gewerbliche Einkünfte.[4] 202

k) Steuerberater und Steuerbevollmächtigte

Die gem. § 32 Abs. 2 StBerG freiberufliche Tätigkeit des Steuerberaters und der Steuerbevollmächtigten ist die selbständig ausgeübte Hilfeleistung in Steuersachen i. S. d. § 1 StBerG, die durch als solche zugelassene und bestellte Steuerberater oder Steuerbevollmächtigte, ausgeübt wird. 203

Vereinbaren Steuerberater oder Steuerbevollmächtigte gem. § 9a StBerG zulässigerweise eine Vergütung, die vom Ergebnis ihrer Tätigkeit abhängig gemacht wird (Erfolgshonorar), führt dies nicht zur Umqualifizierung der freiberuflichen in gewerbliche Einkünfte.[5] 204

l) Vereidigte Buchprüfer

Die durch die WPO bestimmte freiberufliche Tätigkeit des vereidigten Buchprüfers entspricht der des Wirtschaftsprüfers; er darf allerdings keine Jahresabschlüsse großer Kapitalgesellschaften i. S. d. § 267 Abs. 3 HGB fertigen, da deren Erstellung den Wirtschaftsprüfern vorbehalten ist. 205

---

1 Vgl. BFH v. 18. 10. 2006 - XI R 10/06, BStBl 2008 II 54.
2 Vgl. hierzu die Rechtsprechung zu Erfolgshonoraren bei Rechtsanwälten: BFH v. 15. 10. 1981 - IV R 77/76, BStBl 1982 II 340.
3 Klarstellend: BVerfG v. 24. 3. 2010 - 1 BvR 2130/09, WM 2010, 863.
4 Vgl. die Rechtsprechung zu Erfolgshonoraren bei Rechtsanwälten: BFH v. 15. 10. 1981 - IV R 77/76, BStBl 1982 II 340.
5 Vgl. die Rechtsprechung zu Erfolgshonoraren bei Rechtsanwälten: BFH v. 15. 10. 1981 - IV R 77/76, BStBl 1982 II 340.

m) Beratende Volks- und Betriebswirte

206 Die Tätigkeit als beratender Volks- oder Betriebswirt setzt regelmäßig den Abschluss eines entsprechenden Hochschulstudiums oder die abprüfbaren Kenntnisse der einzelnen Studieninhalte in ausreichendem Maß voraus.[1]

207 Die beratende Tätigkeit muss mindestens einen betrieblichen Hauptbereich abdecken,[2] wobei im Fall der PR-, Marketing- und Vertriebsberatung die Anerkennung als Freiberufler zwar nicht ausgeschlossen ist,[3] teilweise aber auch als nicht ausreichend für eine freiberufliche Tätigkeit angesehen wird.[4]

208 Auch der Aufbau und die Nutzung von geschäftlichen Kontakten können, obwohl dies ggf. für die Unternehmensberatung erforderlich ist, für die freiberufliche Tätigkeit schädlich sein.[5]

209 Die wirtschaftlich-finanzielle Betreuung durch sog. Bauberater/Baubetreuer ist keine Tätigkeit beratender Betriebswirte und auch keine, der in Betracht kommenden Katalogberufen, ähnliche Tätigkeit.[6]

210 Die Tätigkeit als EDV-Berater wird nicht im Rahmen des Katalogberufs des beratenden Betriebs- oder Volkswirts als freiberuflich anerkannt,[7] sondern muss die Voraussetzungen einer ingenieursmäßigen Ausbildung und Berufsausübung erfüllen und kann in diesem Fall unter den Katalogberuf des Ingenieurs gefasst werden oder diesem ähnlich sein.[8]

211 Beratende Volks- und Betriebswirte, die aufgrund ihrer praktischen Berufsausübung die Anforderungen an den Katalogberuf (§ 18 Abs. 1 Nr. 1 EStG) nicht erfüllen, können mit diesen Tätigkeiten auch nicht einer wissenschaftlichen Tätigkeit i. S. d. § 18 Abs. 1 Nr. 1 Satz 1 1. Alt. EStG gleichgestellt werden.[9]

n) Architekten

212 Die Tätigkeit als Architekt erfordert die landesrechtlich geregelte, berufsrechtliche Zulassung (z. B. Baukammergesetz des Landes Nordrhein-Westfalen – BauKaG NRW; Bayerisches Baukammergesetz – BauKaG Bayern), die i. d. R. den Abschluss eines Architektur- oder Innenarchitekturstudiums sowie nachfolgende Praxiszeiten voraussetzen. Typische Berufsaufgaben des freiberuflich tätigen Architekten sind die gestaltende, technische, wirtschaftliche, umweltgerechte und soziale Planung von Bauwerken sowie die Orts- und Stadtplanung (vgl. § 3 BauKaG Bayern; § 1 BauKaG NRW). Zu den typischen Tätigkeiten eines Architekten gehören auch – in Anlehnung an § 15 der Honorarordnung für Architekten und Ingenieure – die Planung, Überwachung und Leitung von Baumaßnahmen.[10]

---

1 BFH v. 20.10.2016 - VIII R 2/14, BStBl 2017 II 882; FG Düsseldorf v. 24.4.2018 - K 2347/15 G, NWB DokID: ZAAAG-87058;FG Niedersachsen v. 15.5.1990 - VI 273/88, EFG 1991, 388; FG Köln v. 16.5.1994 - 13 K 4196/89, EFG 1995, 26.
2 BFH v. 16.1.1976 - I R 106/72, BStBl 1976 II 293.
3 § 18 EStG z. B. bejahend: BFH v. 26.6.2002 - IV R 56/00, BStBl 2002 II 768.
4 BFH v. 29.1.1997 - XI B 205/95, BFH/NV 1997, 559 = NWB DokID: VAAAB-39591.
5 Vgl. BFH v. 14.3.1991 - IV R 135/90, BStBl 1991 II 769.
6 BFH v. 29.5.1973 - VIII R 55-56/70, BStBl 1974 II 447; BFH v. 30.5.1973 - I R 35/71, BStBl 1973 II 668.
7 Vgl. BFH v. 19.1.2017 - III R 3/14; FG. Hamburg v. 5.10.2015 - 1 K 131/14, NWB DokID: KAAAF-18598.
8 BFH v. 11.6.1985 - VII R 254/80, BStBl 1985 II 584.
9 BFH v. 18.7.1985 - IV R 59/83, BStBl 1985 II 655.
10 BFH v. 18.6.2006 - XI R 10/06, BStBl 2008 II 54, Rz. 11.

Wird ein Architekt dahin gehend tätig, dass er schlüsselfertige Immobilien anbietet, wird er wie ein Bauunternehmer tätig und seine Tätigkeit ist als gewerblich zu qualifizieren.[1] Auch eine **wirtschaftlich-finanzielle Betreuung von Bauvorhaben** als Bauberater/Baubetreuer ist nicht mehr vom Berufsbild des Architekten gedeckt und ist auch keine den Katalogberufen ähnliche Tätigkeit.[2]

213

> **PRAXISHINWEIS:**
> Keine gewerbliche Infizierung der Architektentätigkeit tritt ein, wenn von einem Architekt im Zusammenhang mit gewerblichen Grundstücksverkäufen jeweils in getrennten Verträgen auch Architektenaufträge vereinbart und durchgeführt werden.[3]

214

o) Ingenieure und Vermessungsingenieure

Die Berufsbezeichnung **Beratender Ingenieur** für einen freiberuflich tätigen Ingenieur ist ein landesrechtlich geschützter Kammerberuf. Ein „Beratender Ingenieur" muss gesetzlich vorgeschriebene Vorgaben erfüllen und sich in die „Liste der Beratenden Ingenieure" der Ingenieurkammer seines jeweiligen Bundeslandes eintragen. EDV-Berater üben im Bereich der Systemsoftware regelmäßig eine ingenieurähnliche Tätigkeit aus. Im Bereich der Entwicklung von Anwendersoftware ist die Tätigkeit des EDV-Beraters nur dann als freiberufliche Tätigkeit zu qualifizieren, wenn er die Entwicklung der Anwendersoftware durch eine klassische ingenieurmäßige Vorgehensweise (Planung, Konstruktion, Überwachung) betreibt und er über eine Ausbildung, die der eines Ingenieurs vergleichbar ist, verfügt;[4] diese hohen Voraussetzungen werden typischerweise von als EDV-Berater bezeichneten Personen nur ausnahmsweise erfüllt.[5]

215

p) Handelschemiker

Handels- und Lebensmittelchemiker sind wissenschaftlich ausgebildet; sie arbeiten vorwiegend mit chemisch-analytischen Methoden, aber auch mit biochemischen, mikrobiologischen und molekularbiologischen Verfahren. Die Tätigkeit des Handelschemikers zielt auf die Darstellung qualitativer und quantitativer Analysen ab.[6]

216

q) Journalisten und Bildberichterstatter

Der Beruf des Journalisten ist gesetzlich nicht geregelt; auch die Berufsbezeichnung als Journalist ist nicht geschützt. Auf die Bezeichnung einer Tätigkeit als Journalist kann es für die Qualifikation für Zwecke des § 18 EStG also nicht ankommen.[7] Die berufliche Ausbildung erfordert nicht unbedingt eine Hochschulausbildung (Studium der Journalistik, Publizistik oder der Kommunikationswissenschaften), da die Ausbildung anerkanntermaßen auch über Journalistenschulen und/oder über Volontariate erfolgt.

217

---

1 Vgl. BFH v. 18. 6. 2006 – XI R 10/06, BStBl 2008 II 54.
2 BFH v. 29. 5. 1973 – VIII R 55-56/70, BStBl 1974 II 447; BFH v. 30. 5. 1973 – I R 35/71, BStBl 1973 II 668.
3 BFH v. 23. 10. 1975 – VIII R 60/70, BStBl 1976 II 152.
4 BFH v. 4. 5. 2004 – XI R 9/03, BStBl 2004 II 989; BFH v. 22. 9. 2009 – VIII R 79/06, BStBl 2010 II 404.
5 Vgl. *Hutter*, NWB 2005, 110.
6 BFH v. 17. 1. 2007 – XI R 5/06, BStBl 2007 II 519, Rz. 23.
7 Vgl. BFH v. 28. 8. 2003 – IV R 1/03, BStBl 2004 II 112, Rz. 37, zur tätigkeits- und funktionsbezogenen Berufsbestimmung.

218 Der Journalist befasst sich hauptberuflich mit der Verbreitung und Veröffentlichung von Informationen, Meinungen und Stellungnahmen zu Ereignissen des Zeitgeschehens durch Medien, wie Zeitung, Zeitschrift, Film, Rundfunk oder Fernsehen.[1] Diese Verbreitungswege sind inzwischen auch um die Möglichkeiten in elektronischen Netzen zu ergänzen, wobei einschränkend nur solche Aktivitäten als journalistisch i. S. d. § 18 EStG qualifiziert werden sollten, in denen der ganz überwiegende Informationsfluss vom Journalisten ausgehend hin zu einem grundsätzlich unbestimmten, nicht individualisierten Empfängerkreis erfolgt, wie dies etwa auch in den Medien Rundfunk oder Fernsehen der Fall ist.

219 Hinsichtlich des Inhalts und der Gegenwartsbezogenheit der in Schriftform veröffentlichten Inhalte kann sich eine teilweise oder vollständige Deckungsgleichheit mit der in § 18 Abs. 1 Nr. 1 EStG auch enthaltenen schriftstellerischen Tätigkeit ergeben.

220 Die Werkform des freiberuflich tätigen Journalisten sind schriftliche oder mündlich vorgetragene Texte. Der **Bildberichterstatter** i. S. d. § 18 Abs. 1 Nr. 1 EStG ist dagegen hinsichtlich Berufsaufgabe und Berufsbild ein Journalist, dessen vornehmliche Werkform aber die größtenteils selbsterklärende, bildliche Darstellung aktueller Ereignisse und Geschehnisse ist.[2] Von der Werkform des Bildberichterstatters erfasst sind Einzelbildaufnahmen bis hin zur – vertonten – Filmung authentischer Ereignisse (Berichterstattung durch „bewegte Bilder"). Der gem. § 18 EStG tätige Bildberichterstatter fertigt seine Bilder für Dokumentations- und Informationszwecke; werden mit den Bildern dagegen Werbezwecke verfolgt, stellt sich die Bilderstellung als gewerbliche Tätigkeit dar. Erfolgt eine weitergehende Bearbeitung der erstellten Bilder mit einer künstlerischen Intention, kann die Bildberichterstattertätigkeit eine teilweise oder vollständige Deckungsgleichheit mit der in § 18 Abs. 1 Nr. 1 EStG auch enthaltenen künstlerischen Tätigkeit aufweisen.

221 Auch die Bildberichterstattung kann im Rahmen von Kooperationsformen verwirklicht werden: So wird die Herstellung von mit Originalton unterlegtem Filmmaterial über aktuelle Ereignisse durch eine aus einem Kameramann und einen Tontechniker bestehende Personengesellschaft, als freiberufliche Tätigkeit gem. § 18 Abs. 1 Nr. 1 Abs. 4 Satz 2 EStG i. V. m. § 15 EStG anerkannt.[3]

r) Dolmetscher

222 Dolmetscher übersetzen aus einer Ausgangssprache heraus in eine Zielsprache und umgekehrt. Diese Übersetzung muss mündlich erfolgen und muss hinsichtlich der Übersetzungsgeschwindigkeit im Rahmen einer mündlichen Kommunikation möglich sein. Die Fokussierung auf die Mündlichkeit der Übersetzungsarbeit grenzt die Dolmetschertätigkeit gegen die Übersetzertätigkeit ab, da diese auch in nichtmündlicher Form denkbar ist. Mischformen zwischen Dolmetscher- und Übersetzertätigkeit sind häufig, jedoch im Rahmen des § 18 EStG unproblematisch, da sowohl Dolmetscher- als auch Übersetzertätigkeit Katalogberufe einer freiberuflichen Tätigkeit sind. Der Begriff des Dolmetschers ist zwar nicht geschützt, die Tätigkeit erfordert aber aufgrund der hohen Anforderungen regelmäßig ein hohes Ausbildungsniveau in der entsprechenden Fremdsprache sowie in der Übersetzungsmethodik.

---

1 Vgl. BFH v. 25. 4. 1978 - VIII R 149/74, BStBl 1978 II 565.
2 Vgl. BFH v. 25. 11. 1970 - I R 78/69, BStBl 1971 II 267, Rz. 11.
3 Vgl. BFH v. 20. 12. 2000 - XI R 8/00, BStBl 2002 II 478.

s) Übersetzer

Übersetzer setzen Texte in körperlicher oder elektronischer Form in anderssprachige Texte um. Die Übersetzertätigkeit setzt keine mündliche Übersetzung voraus, was sie von der Dolmetschertätigkeit abgrenzt. Gleichwohl muss der Freiberufler in eigener Person die entsprechende Fremdsprache beherrschen. Das bloße Betätigen technischer oder elektronischer Übersetzungshilfen reicht nicht aus.

Übersetzer können sich der Mithilfe fachlich vorgebildeter Arbeitskräfte bedienen (§ 18 Abs. 1 Nr. 1 Satz 3 EStG). Dies können im Fall der Übersetzer auch Fachkräfte sein, die selbst Fremdsprachen übersetzen. Das Tatbestandsmerkmal der leitenden und eigenverantwortlichen Tätigkeit bei dem Einsatz solcher Übersetzer ist jedoch nur erfüllt, wenn der Freiberufler der konkreten Fremdsprache mächtig ist, in der seine Arbeitskräfte Übersetzungen leisten; andernfalls ist eine Kontrolle der Arbeitsleistung nicht im für § 18 EStG erforderlichen Maß gewährleistet.[1]

t) Lotsen

Die Betriebsstätte eines See- und Hafenlotsen ist das Lotsrevier oder die Lotsenstation, nicht etwa ein häusliches Arbeitszimmer des Lotsen.[2]

Fluglotsen sind aufgrund ihrer engen Einbindung in den Flugsicherungsbetrieb nicht selbständig i. S. d. § 18 EStG tätig, sondern hochspezialisierte Arbeitnehmer i. S. d. § 19 EStG.

(Einstweilen frei)

3. Den Katalogberufen ähnliche Berufe

a) Kriterien einer Vergleichbarkeit der Berufe

Soweit ein Beruf nicht zu den Katalogberufen zählt, ist ein ähnlicher Beruf einem der in § 18 Abs. 1 Nr. 1 EStG genannten Katalogberufe ähnlich, wenn das typische Bild des Katalogberufs mit seinen wesentlichen Merkmalen dem Gesamtbild des zu beurteilenden Berufs vergleichbar ist. Dazu gehören die Vergleichbarkeit der jeweils ausgeübten Tätigkeit nach den sie charakterisierenden Merkmalen, die Vergleichbarkeit der Ausbildung und die Vergleichbarkeit der Bedingungen, an die das Gesetz die Ausübung des zu vergleichenden Berufs knüpft.[3]

Der Nachweis der Vergleichbarkeit eines Berufs mit einem Katalogberuf des § 18 EStG kann gestuft von einer ausdrücklichen staatlichen Anerkennung bis hin zum Gutachten unterschiedlich erbracht werden. Fehlt bei einer den Katalogberufen vergleichbaren Ausbildung eine abschließende staatliche Erlaubnis, können teilweise Zulassungen anderer Stellen (z. B. Zulassungen i. S. d. § 124 Abs. 2 SGB V durch gesetzliche Krankenkassen) die staatliche Anerkennung ersetzen. Teilweise wird auch auf solche Zulassungen verzichtet, wenn zumindest durch Gutachten nachgewiesen wird, dass die Ausbildung, die Erlaubnis und die Tätigkeit des Steuerpflichtigen mit den Erfordernissen der entsprechenden Zulassung vergleichbar sind; so etwa im Fall der Altenpflegeberufe.[4]

---

1 BFH v. 21.2.2017 - VIII R 45/13, NWB DokID: OAAAG-46838; vgl. FG Köln v. 24.10.2012 - 15 K 4041/10, EFG 2013, 1768, Rz. 64.
2 R 4.12 Abs. 1 Satz 7 EStR; BStBl I SonderNr. 1/2005, 3.
3 Vgl. BMF v. 22.10.2004, BStBl 2004 I 1030.
4 BMF v. 22.10.2004, BStBl 2004 I 1030; BFH v. 20.3.2003 - IV R 69/00, BStBl 2003 II 480.

233 Auch bei einem Beruf, der einem Katalogberuf vergleichbar ist, kann die freiberufliche Tätigkeit gemeinsam mit anderen in der Rechtsform einer Personenvereinigung betrieben werden; allerdings müssen alle Gesellschafter die Merkmale eines freien Berufs erfüllen.[1]

b) Kasuistik der vergleichbaren Berufe

234 Während die Zuordnung einer Tätigkeit zu einem Katalogberuf vergleichsweise eindeutig erfolgen kann, bestehen erhebliche Abgrenzungsschwierigkeiten bei der Frage, ob ein den Katalogberufen „ähnlicher Beruf" vorliegt. Der unbestimmte Rechtsbegriff der „Ähnlichkeit" hat zu einer umfangreichen Kasuistik geführt, deren Ergebnisse hinsichtlich einer steuerlichen Rechtfertigung teilweise starker Kritik unterliegen.[2] Ob ein ähnlicher Beruf vorliegt, ist durch Vergleich mit einem bestimmten Katalogberuf festzustellen.[3] Ein Beruf ist einem der Katalogberufe ähnlich, wenn er in wesentlichen Punkten mit ihm verglichen werden kann; dazu gehören die Vergleichbarkeit der Ausbildung und der beruflichen Tätigkeit.[4]

235 Aus den unter → Rz. 234 genannten Kriterien ergeben sich nachfolgende Abgrenzungen hinsichtlich einzelner Berufe und Tätigkeiten:

▶ **Abfallwirtschaftsberater**, können dem Katalogberuf der Handelschemiker vergleichbar, freiberufliche Einkünfte erzielen.[5]

▶ **Ahnenforschung (Genealogie)** wird als gewerblich qualifiziert.[6]

▶ **Altenpfleger** ab dem 1.8.2002 sind freiberuflich tätig, soweit keine hauswirtschaftliche Versorgung der Patienten erfolgt.[7]

▶ **Anlageberater** sind Gewerbetreibende, da keine dem beratenden Betriebswirt vergleichbare Tätigkeit vorliegt.[8]

▶ **Arztvertreter** sind in der Regel freiberuflich tätig.[9]

▶ **Assistenten**, medizinisch-technische/**MTA** sind freiberuflich tätig.[10]

▶ **Aufsichtsratsmitglieder** erfüllen bereits § 18 Abs. 1 Nr. 3 EStG.

▶ **Auktionatoren** sind Gewerbetreibende.[11]

▶ **Bademeister** üben als medizinische Bademeister eine freiberufliche Tätigkeit aus, soweit sie auch zur Feststellung des Krankheitsbefunds tätig werden oder persönliche Heilbehandlungen am Körper des Patienten vornehmen.[12]

▶ **Bauingenieure** fallen unter den Katalogberuf des Ingenieurs; daher übt auch der beratende Bauingenieur eine freiberufliche Tätigkeit aus.[13]

---

1 Vgl. H 15.6 „Gesellschaft" EStH.
2 Vgl. *Tipke/Lang*, § 9 Rz. 495.
3 Vgl. BFH v. 5.7.1973 - IV R 127/69, BStBl 1973 I 730.
4 Vgl. BFH v. 12.10.1989 - IV R 118-119/87, BStBl 1990 II 64.
5 BFH v. 17.1.2007 - XI R 5/06, BStBl 2007 II 519.
6 OFD Frankfurt a. M. v. 31.8.2006 - S 2246 A - 63 - II 31.
7 BMF v. 22.10.2004, BStBl 2004 I 1030.
8 BFH v. 2.9.1988 - III R 58/85, BStBl 1989 II 24.
9 BFH v. 10.4.1953 - IV 429/52 U, BStBl 1953 III 142.
10 BMF v. 22.10.2004, BStBl 2004 I 1030.
11 BFH v. 24.1.1957 - IV 696/54 U, U 697/54 U, BStBl 1957 III 106.
12 BMF v. 22.10.2004, BStBl 2004 I 1030.
13 BFH v. 11.9.1968 - I R 173/66, BStBl 1968 II 820.

- **Bauleiter** üben keine dem Architekten ähnliche Tätigkeit aus.[1]
- **Baustatiker** sind den Architekten ähnlich.[2]
- **Berater von Fußballspielern** üben eine gewerbliche Tätigkeit aus.[3]
- **Bezirksschornsteinfeger** betreiben ein Gewerbe.[4]
- **Body-Building-Studio-Betreiber** sind gewerblich tätig.[5]
- **Datenschutzbeauftragte** üben eine gewerbliche Tätigkeit aus, wenn sie als Externe beauftragt werden.[6]
- **Diplom-Informatiker** üben einen dem Ingenieur ähnlichen Beruf aus, wenn dies auf Grundlage von Systemanalysen erfolgt;[7] fehlt es hieran, so z. B. bei der Entwicklung von Anwendersoftware, liegt keine freiberufliche Tätigkeit vor.[8]
- **Diätassistenten** sind freiberuflich tätig.[9]
- **EDV-Berater** müssen für eine freiberufliche Tätigkeit die Voraussetzungen einer ingenieurmäßigen Berufsausbildung und Berufsausübung aufweisen.[10]
- **Entbindungshelfer/Hebamme** werden als Freiberufler qualifiziert.[11]
- **Erfinder** mit Lizenzeinkünften erzielen hiermit freiberufliche Einkünfte;[12] Erfinder, die eine Erfindung in ihrem eigenen Betrieb verwerten, erzielen insoweit Einkünfte aus Gewerbebetrieb.[13] Erfinder, die die Erfindertätigkeit als Arbeitnehmer ausüben, erzielen gleichwohl freiberufliche Einkünfte, wenn und soweit sie die Erfindung außerhalb ihres Arbeitsverhältnisses verwerten.[14]
- **Ergotherapeuten** sind freiberuflich tätig.[15]
- **Fußpflege** in medizinischer Ausübung wird ab 1.1.2004 als freiberuflich anerkannt.[16]
- **Fernsehmoderatoren,** die Produkte nach den Vorgaben des Auftraggebers in Verkaufssendungen präsentieren, üben keine freiberufliche, sondern eine gewerbliche Tätigkeit aus.[17]
- **Gerätetrainings-Anleitung**/Anleitung für **medizinisches Gerätetraining**, MGT, ist auch dann keine freiberufliche Tätigkeit, wenn diese in krankengymnastischen Praxen und aufgrund ärztlicher Verordnung durchgeführt wird.[18]

---

1 BFH v. 22.1.1988 - III R 43-44/85, BStBl 1988 II 497.
2 BFH v. 11.3.1976 - IV R 185/71, BStBl 1976 II 380, „Ingenieur für Baustatik".
3 BFH v. 26.11.1998 - IV R 59/97, BStBl 1999 II 167.
4 BFH v. 13.11.1996 - XI R 53/95, BStBl 1997 II 295.
5 BFH v. 18.4.1996 - IV R 35/95, BStBl 1996 II 573.
6 Rev.: BFH VIII 27/17; Mustereinspruch unter der NWB DokID: LAAAG-79210.
7 BFH v. 4.8.1983 - IV R 6/80, BStBl 1983 II 677.
8 BFH v. 7.12.1989 - IV R 115/87, BStBl 1990 II 337; BFH v. 24.8.1995 - IV R 61/94, BStBl 1995 II 888.
9 BMF v. 22.10.2004, BStBl 2004 I 1030.
10 BFH v. 19.1.2017 - III R 3/14; BFH v. 4.5.2004 - XI R 9/03, BStBl 2004 II 989; BFH v. 22.9.2009 - VIII R 79/06, BStBl 2010 II 404.
11 BMF v. 22.10.2004, BStBl 2004 I 1030.
12 BFH v. 26.1.1989 - IV R 151/86, BStBl 1989 II 455; BFH v. 14.3.1985 - IV R 8/84, BStBl 1985 II 424.
13 BFH v. 1.6.1976 - IV R 152/73, BStBl 1978 II 545.
14 R 18.1 Abs. 2 EStR.
15 BMF v. 22.10.2004, BStBl 2004 I 1030.
16 BMF v. 22.10.2004, BStBl 2004 I 1030.
17 Vgl. BFH v. 16.9.2014 - VIII R 5/12, BStBl 2015 II 217.
18 BMF v. 22.10.2004, BStBl 2004 I 1030.

- **Hebammen/Entbindungshelfer** werden als Freiberufler qualifiziert.[1]
- **Heilmasseure/staatliche geprüfte Masseure** werden, soweit sie nicht lediglich oder überwiegend kosmetische oder Schönheitsmassagen durchführen, freiberuflich tätig.[2]
- **Industrie-Designer** können auch künstlerisch tätig sein; ein gewerblicher Verwendungszweck des Arbeitsergebnisses schließt im Abgrenzungsbereich zwischen Kunst und Gewerbe § 18 EStG nicht aus.[3]
- **Insolvenzverwalter** sind freiberuflich tätig, wenn diese Tätigkeit isoliert als eine sonstige selbständige Tätigkeit i. S. d. § 18 Abs. 1 Nr. 3 EStG anzusehen ist.[4]
- **Kartographen** sind zumindest bei einer Berufsqualifikation als Diplomingenieur für Kartographie (FH) freiberuflich tätig.[5]
- **Kfz-Sachverständigentätigkeit**, die ingenieurmäßige mathematisch-technische Kenntnisse voraussetzt, ist freiberuflich, bei Personengesellschaften ist die „Stempel"-Theorie zu beachten (vgl. → Rz. 57).[6]
- **Kinderbetreung, Betreuung von Pflegepersonen und Kindertagespflege** kann eine unter § 18 Abs. 1 Nr. 1 EStG fallende Tätigkeit sein.[7]
- **Kindererholungsheim**: Der Betrieb eines Kindererholungsheims kann ausnahmsweise eine freiberufliche Tätigkeit darstellen, wenn die Kinder in erster Linie zum Zweck einer planmäßigen körperlichen, geistigen und sittlichen Erziehung auswärts untergebracht sind und die freiberufliche Tätigkeit der Gesamtleistung des Heimes das Gepräge gibt.[8]
- **Kinder- und Jugendlichenpsychotherapeuten** erfüllen § 18 EStG.[9]
- **Krankenpfleger/Krankenschwestern** sind freiberuflich tätig, soweit keine hauswirtschaftliche Versorgung der Patienten erfolgt; die Erbringung häuslicher Krankenpflege i. S. d. § 37 SGB V schadet nicht.[10] Die Tätigkeit ist von der häuslichen Pflegehilfe i. S. d. § 36 SGB XI abzugrenzen.
- **Kulturwissenschaftler** sind in der Regel freiberuflich tätig; wegen nicht abschließend aufgezählter Ausnahmen.[11]
- **Kunsthandwerker**, die von ihnen selbst entworfene Gegenstände herstellen, sind freiberuflich tätig;[12] handwerkliche und künstlerische Tätigkeit können nebeneinander vorliegen.[13]
- **Logopäden** erfüllen § 18 EStG.[14]

---

1 BMF v. 22. 10. 2004, BStBl 2004 I 1030.
2 BMF v. 22. 10. 2004, BStBl 2004 I 1030.
3 BFH v. 14. 12. 1976 - VIII R 76/75, BStBl 1977 II 474.
4 BFH v. 11. 8. 1994 - IV R 126/91, BStBl 1994 II 936.
5 BFH v. 8. 6. 1995 - IV R 80/94, BStBl 1995 II 776, Rz. 16.
6 BFH v. 10.11.1988 - IV R 63/86, BStBl 1989 II 198; Rev.: BFH VIII R 35/16; Mustereinspruch unter NWB DokID: FAAAG-79212.
7 Vgl. *Gragert/Wichert*, NWB 2009, 128; zum Fall einer als freiberuflich qualifizierten Kindertagesstätte mit bis zu 45 Kindern: FG Hamburg v. 20. 1. 2015 - 3 K 157/14, NWB DokID: ZAAAE-86280.
8 BFH v. 9. 4. 1975 - I R 107/73, BStBl 1975 II 610.
9 BMF v. 27. 12. 1999, BStBl 2000 II 42.
10 BMF v. 22. 10. 2004, BStBl 2004 I 1030.
11 siehe OFD Frankfurt a. M. v. 31. 8. 2006 - S 2246 A - 63 - II 31.
12 Vgl. BFH v. 26. 9. 1968 - IV 43/64, BStBl 1969 II 70.
13 Vgl. BFH v. 11. 7. 1991 - IV R 33/90, BStBl 1992 II 889.
14 BMF v. 22. 10. 2004, BStBl 2004 I 1030.

- **Marktforschung** ist Gewerbe.[1]
- **Masseure, staatlich geprüft/Heilmasseure**, soweit diese nicht lediglich oder überwiegend kosmetische oder Schönheitsmassagen durchführen, sind Freiberufler.[2]
- **Medizinischer Bademeister**, soweit diese auch zur Feststellung des Krankheitsbefunds tätig werden oder persönliche Heilbehandlungen am Körper des Patienten vornehmen, üben eine freiberufliche Tätigkeit aus.[3]
- **Medizinisches Gerätetraining, MGT**, ist auch dann keine freiberufliche Tätigkeit, wenn dieses in krankengymnastischen Praxen und aufgrund ärztlicher Verordnung durchgeführt wird.[4]
- **Medizinisch-technische Assistenten, MTA**, sind Freiberufler[5]
- **Modeschöpfer**: können künstlerisch i. S. d. § 18 EStG tätig sein.[6]
- **Orthoptisten** sind freiberuflich tätig.[7]
- **Patentberichterstatter** mit wertender Tätigkeit fallen unter § 18 EStG.[8]
- **Pflegehilfe**: Die häusliche Pflegehilfe (§ 36 SGB XI) ist gewerbliche oder nichtselbständige Tätigkeit; die häusliche Krankenpflege i. S. d. § 37 SGB V ist dagegen freiberuflich.[9]
- **Podologen** sind ab 1.1.2002 freiberuflich tätig[10]
- **Politikberater** werden im Rahmen eines Gewerbebetriebs tätig.[11]
- **Psychologische Psychotherapeuten**, Kinder- und Jugendlichenpsychotherapeuten üben ab 1.1.1998 eine freiberufliche Tätigkeit aus.[12]
- **Rettungsassistenten** sind freiberuflich tätig.[13]
- **Synchronsprecher**, die bei ausländischen Spielfilmen mitwirken, sind Freiberufler.[14]
- **Tanz- und Unterhaltungsorchester** werden freiberuflich tätig, wenn ein bestimmter Qualitätsstandard erreicht wird.[15]
- **Turnierrichter im Amateurpferdesport** beziehen sonstige Einkünfte i. S. d. § 22 Nr. 3 EStG.[16]
- **Umweltauditoren** können dem Katalogberuf des Handelschemikers vergleichbar sein und freiberufliche Einkünfte erzielen.[17]

---

1 BFH v. 27.2.1992 - IV R 27/90, BStBl 1992 II 826.
2 BMF v. 22.10.2004, BStBl 2004 I 1030.
3 BMF v. 22.10.2004, BStBl 2004 I 1030.
4 BMF v. 22.10.2004, BStBl 2004 I 1030.
5 BMF v. 22.10.2004, BStBl 2004 I 1030.
6 BFH v. 2.10.1968 - I R 1/66, BStBl 1969 II 138.
7 BMF v. 22.10.2004, BStBl 2004 I 1030.
8 BFH v. 2.12.1970 - I R 23/67, BStBl 1971 II 233.
9 BMF v. 22.10.2004, BStBl 2004 I 1030.
10 BMF v. 22.10.2004, BStBl 2004 I 1030.
11 BFH v. 14.5.2014 - VIII 18/11, BStBl 2015 II 128.
12 BMF v. 22.10.2004, BStBl 2004 I 1030.
13 BMF v. 22.10.2004, BStBl 2004 I 1030.
14 BFH v. 3.8.1978 - VI R 212/75, BStBl 1979 II 131; BFH v. 12.10.1978 - IV R 1/77, BStBl 1981 II 706.
15 BFH v. 19.8.1982 - IV R 64/79, BStBl 1983 II 7.
16 FG Nürnberg v. 14.4.2015 - 5 K 1723/12, rkr., EFG 2015, 1425.
17 BFH v. 17.1.2007 - XI R 5/06, BStBl 2007 II 519.

- **Werbung/Werbefilm:** Die Tätigkeit eines Künstlers im Bereich der Werbung kann künstlerisch sein, wenn sie als eigenschöpferische Leistung zu werten ist[1], und die gesamte Tätigkeit betrifft.[2]
- **Zahnpraktiker** üben ein dem Zahnarzt oder dem Dentisten ähnlichen Beruf aus.[3]
- **Zahntechniker** ist kein dem Katalogberuf Zahnarzt ähnlicher Beruf; der Zahntechniker behandelt selbst keine Patienten, sondern stellt lediglich Zahnersatz her.[4]
- **Zwangsverwalter:** fallen unter § 18 Abs. 1 Nr. 3 EStG.[5]

III. Einkünfte als Einnehmer einer staatlichen Lotterie (§ 18 Abs. 1 Nr. 2 EStG)

236 Wer Einnehmer einer staatlichen Lotterie ist, ergibt sich aus § 13 GewStDV. Dies sind Unternehmen, die der Staat unmittelbar selbst betreibt oder die in der Form der rechtsfähigen, der Staatsaufsicht unterliegenden Anstalt des öffentlichen Rechts organisiert sind.[6]

IV. Einkünfte aus sonstiger selbständiger Tätigkeit (§ 18 Abs. 1 Nr. 3 EStG)

1. Gemeinsame Merkmale der sonstigen selbständigen Tätigkeit

237 Die Einkünfte aus sonstiger selbständiger Tätigkeit setzen sich zusammen aus der ausdrücklichen Benennung von drei Vergütungsquellen (Testamentsvollstreckungen, Vermögensverwaltungen und Aufsichtsratsmandate). Diese drei ausdrücklich benannten Vergütungsquellen stellen aufgrund ihrer beispielhaften Nennung aber keinen abschließenden Katalog der Einkünfte aus sonstiger selbständiger Arbeit dar, sondern werden ergänzt um die unbenannten Einkünfte aus sonstiger selbständiger Arbeit.

238 Die Einkünfte aus sonstiger selbständiger Tätigkeit des § 18 Abs. 1 Nr. 3 EStG werden teilweise dahin gehend verstanden, dass es sich bei der sonstigen Tätigkeit insbesondere um gelegentliche Tätigkeiten handeln soll, die auf einer persönlichen Arbeitsleistung beruhen und ihrem Wesen nach vermögensverwaltend sein sollen. Zumindest das **Merkmal der Gelegentlichkeit** der sonstigen selbständigen Tätigkeit bleibt in seiner Bedeutung aber fraglich. Auch die Rechtsprechung zählt das Kriterium nur halbherzig auf.[7] So bleibt etwa die Konsequenz dieses Merkmals für die Einkunftsartenqualifikation unklar, wenn etwa Aufsichtsratsmandate – ein benanntes Beispiel der sonstigen selbständigen Tätigkeit gem. § 18 Abs. 1 Nr. 3 EStG – nicht nur gelegentlich, sondern etwa aufgrund mehrerer Aufsichtsratsmandate oder aufgrund eines besonders umfangreichen Aufsichtsratsmandats, als Vollzeittätigkeit ausgeübt wird. Auch eine solche als Vollzeittätigkeit ausgeübte Aufsichtsratstätigkeit ließe sich kaum einer anderen Einkunftsart als der des § 18 EStG zuordnen.

---

1 BFH v. 11.7.1991 - IV R 33/90, BStBl 1992 II 353.
2 FG Köln v. 25.4.2018 -3 K 265/15, EFG 2018, S. 1212 = NWB DokID: VAAAG-88267.
3 BMF v. 22.10.2004, BStBl 2004 I 1030.
4 BFH v. 25.11.1981 - I R 54/77, BStBl 1982 II 189.
5 BFH v. 12.12.2001 - XI R 56/00, BStBl 2002 II 202.
6 Vgl. BFH v. 4.3.2013 - III B 64/12, BFH/NV 2013, 985, Rz. 5 = NWB DokID: EAAAE-33244.
7 Vgl. BFH v. 28.8.2003 - IV R 1/03, BStBl 2004 II 112, Rz. 31 „jedenfalls".

Gleiches gilt für eine als Vollzeittätigkeit ausgeübte Vermögensverwaltung. Auch wenn eine solche Vermögensverwaltung i. S. d. § 14 AO über den Rahmen einer gewöhnlichen Vermögensverwaltung hinausginge, hätte dies zwar die Konsequenz, dass hierdurch ein wirtschaftlicher Geschäftsbetrieb begründet würde. Ein solcher wirtschaftlicher Geschäftsbetrieb wäre jedoch, wie die freiberuflichen Betriebe der in § 18 Abs. 1 Nr. 1 EStG erfassten Berufe auch, unter die Einkunftsart des § 18 EStG, und nicht etwa unter § 15 EStG, zu fassen.

Die o. g. gemeinsamen Merkmale der sonstigen selbständigen Tätigkeit sind besonders bedeutsam für die Bestimmung der in § 18 Abs. 1 Nr. 3 EStG unbenannten Beispiele. Auch die Rechtsprechung greift bei der Prüfung, ob eine unbenannte Fallgruppe des § 18 Abs. 1 Nr. 3 EStG vorliegt, auf diese Merkmale zurück.[1]

2. Aufsichtsratsmitglieder

Aufsichtsratsmitglieder erzielen Einkünfte aus sonstiger selbständiger Tätigkeit (§ 18 Abs. 1 Nr. 3 EStG). Die Tätigkeit als Aufsichtsratsmitglied ist geprägt durch die Aufgaben des Aufsichtsrats als Kontrollorgan einer Kapitalgesellschaft oder einer sonstigen Körperschaft. Der Aufsichtsrat hat die Geschäftsführung zu überwachen[2] und sich dabei insbesondere mit Fragen der Rentabilität, mit dem Gang der Geschäfte und mit der wirtschaftlichen Lage der Gesellschaft zu befassen (vgl. § 90 Abs. 1 AktG). Die Befugnisse des einzelnen Aufsichtsratsmitglieds leiten sich von diesen Befugnissen des Aufsichtsrats ab. Eine besondere Sachqualifikation ist nicht Voraussetzung für die Bestellung als Aufsichtsratsmitglied.[3]

Nicht die Bezeichnung der Tätigkeit als Aufsichtsrat, sondern die die **Geschäftsführung überwachende Tätigkeit** ist entscheidend für die Zuordnung zu § 18 Abs. 1 Nr. 3 EStG; mit Hinweis auf § 10 Nr. 4 KStG, er auch „beauftragte" Personen nennt, verneint der BFH auch, dass sich die Aufsichtsfunktion aus der Satzung der Körperschaft oder aus deren Gesellschaftsvertrag ergeben muss.[4] Sowohl bei der KG als auch bei der GmbH kann die Einrichtung eines Aufsichtsrats vereinbart werden.[5] Die Tätigkeit i. S. d. § 18 EStG ist nicht auf aktiengesellschaftsrechtliche Aufsichtsratsmandate beschränkt.

Mit dem Gesetz zur Einführung der Europäischen Gesellschaft - SE - (SEEG) mit Wirkung zum 29. 12. 2004[6] und der Neufassung durch das ARUG v. 30. 7. 2009, stellt sich die Frage, ob die Aufsichtsorgane dieser Gesellschaftsrechtsform von § 18 Abs. 1 Nr. 3 EStG erfasst werden. Die auf der europäischen SE-Verordnung beruhende SE lehnt sich zwar stark an die Aktiengesellschaftsrechte der EU-Mitgliedstaaten an; für die Struktur der Aktiengesellschaft gibt es in Europa aber zwei Führungssysteme. Dies ist zum einem das im deutschen AktG kodifizierte dualistische System, in dem die Leitungs- und Aufsichtsfunktion getrennt durch Vorstand und Aufsichtsrat wahrgenommen wird. Zum anderen findet sich aber auch das monistische System, in dem die Leitung einheitlich durch einen **Verwaltungsrat ohne formale Funktionstrennung** ausgeübt wird. Praktiziert wird dieses Führungssystem etwa in Großbritannien mittels des „Board". Im deutschen SE-Ausführungsgesetz (SEAG) finden sich wenige Paragraphen (§§ 15 bis 19) für das dualistische System, da auf das deutsche AktG zurückgegriffen werden kann, und

---

1 Vgl. BFH v. 28. 8. 2003 - IV R 1/03, BStBl 2004 II 112, Rz. 31.
2 Vgl. § 111 AktG; BFH v. 28. 8. 2003 - IV R 1/03, BStBl 2004 II 112.
3 BFH v. 2. 10. 1986 - V R 68/78, BStBl 1987 II 42, Rz. 18.
4 Vgl. BFH v. 28. 8. 2003 - IV R 1/03, BStBl 2004 II 112, Rz. 37.
5 Völkel, Die Personengesellschaft im Steuerrecht, Abschn. R, Rz. 106.
6 BGBl 2004 I 3675.

eine ausführliche Regelung des monistischen Systems (dem Verwaltungsrat, §§ 20 bis 49). Der Aufsichtsrat einer dualistisch geleiteten SE wird nach § 18 Abs. 1 Nr. 3 EStG besteuert. Für die monistisch geführte SE enthält, sofern das deutsche SEAG auf sie anwendbar ist, § 40 SEAG die Regelung, dass der Verwaltungsrat geschäftsführende Direktoren bestellen muss; diese können aus der Mitte des Verwaltungsrats entstammen (dann muss die Mehrheit des Verwaltungsrats weiterhin aus nichtgeschäftsführenden Direktoren bestehen) oder es können auch Dritte hierzu bestellt werden. Aufgrund dieser Regelung sollten bei der monistisch geführten SE die Verwaltungsratsmitglieder dem § 18 Abs. 1 Nr. 3 EStG unterliegen, sofern sie nicht zu geschäftsführenden Direktoren bestellt worden sind.[1]

243 Zu den Einkünften aus Aufsichtsratsmandaten zählen sämtliche Geldleistungen und Sachwerte, die im Zusammenhang mit der Aufsichtsratstätigkeit erlangt werden. Dies sind zum einen die in § 113 AktG aufgezählten Vergütungen, aber auch etwa Sitzungsgelder, Tagesgelder, Aufwandsentschädigungen und Reisekostenerstattungen. Zu den Einkünften aus einem Aufsichtsratsmandat gehören auch Gewinne aus der Rückgabe von Aktienoptionen zum Ausgabepreis.[2]

3. Testamentsvollstrecker

244 Der Testamentsvollstrecker hat gem. § 2203 BGB die letztwilligen Verfügungen eines Erblassers zur Ausführung zu bringen. Der Erblasser kann im Testament oder im Erbvertrag vorab einen Testamentsvollstrecker bestimmen oder er kann das Nachlassgericht anweisen, einen Testamentsvollstrecker einzusetzen, vgl. §§ 2197 ff. BGB.

245 Hinsichtlich Ausbildung oder Zulassung für die Tätigkeit als Testamentsvollstrecker ergeben sich keine Voraussetzungen; aufgrund der mit der Testamentsvollstreckung verbundenen Rechtsfragen werden jedoch häufig Rechtsanwälte als Testamentsvollstrecker eingesetzt. Auch für den anwaltlichen Testamentsvollstrecker ist die spezialgesetzliche Norm des § 18 Abs. 1 Nr. 3 EStG gegenüber dem Katalog der freiberuflichen Tätigkeit des § 18 Abs. 1 Nr. 1 EStG vorrangig.[3] Eine Abgrenzung danach, ob der Anwalt vom Erblasser gerade wegen seiner freiberuflichen Qualifikation als Rechtsanwalt zum Testamentsvollstrecker berufen wurde, ist nicht entscheidend.

246 Die Norm des § 18 Abs. 1 Nr. 3 EStG stellt auf die Vergütung eines Testamentsvollstreckers ab. Sofern der Erblasser keine Vergütung bestimmt hat, kann der Erblasser eine Vergütung verlangen, die angemessen ist; vgl. § 2221 BGB. Wird vom Erblasser eine objektiv unangemessen hohe Vergütung vorgesehen, unterfällt auch der unangemessene Teil der Vergütung der Besteuerung nach § 18 Abs. 1 Nr. 3 EStG.[4] Eine Berücksichtigung der Einkünfte im Rahmen von erbschaft- oder schenkungsteuerlichen Tatbeständen erfolgt somit nicht.

4. Vermögensverwalter

247 Die Vermögensverwaltung i. S. v. § 18 Abs. 1 Nr. 3 EStG erfordert, dass der Betreffende unmittelbar zur Verwaltung fremden Vermögens berechtigt und verpflichtet ist.[5] Eine Vermögens-

---

1 Vgl. BFH v. 28. 8. 2003 - IV R 1/03, BStBl 2004 II 112, Rz. 34 „Verwaltungsrat".
2 H 18.2 EStH; BFH v. 9. 4. 2013 - VIII R 19/11, BStBl 2013 II 689.
3 Vgl. hierzu die BFH-Rechtsprechung zum anwaltlichen Berufsbetreuer: BFH v. 15. 6. 2010 - VIII R 10/09, BStBl 2010 II 906.
4 BFH v. 6. 9. 1990 - IV R 125/89, BStBl 1990 II 1028.
5 Vgl. BFH v. 28. 4. 2005 - IV R 41/03, BStBl 2005 II 611.

verwaltung liegt vor, wenn das fremde Vermögen genutzt wird, z. B. indem Kapitalvermögen verzinslich angelegt oder unbewegliches Vermögen vermietet oder verpachtet wird (vgl. § 14 Satz 2 AO). Unter die Vermögensverwaltung im Sinne dieser Vorschrift fällt auch die Hausverwaltung.[1]

(Einstweilen frei) 248–255

5. Unbenannte sonstige selbständige Tätigkeit

Die Einkünfte aus der unbenannten sonstigen selbständigen Arbeit sind ihrem gesetzlichen Tatbestand nach kaum umrissen, denn außer der beispielhaften, nicht abschließenden Aufzählung der drei benannten Vergütungsquellen (Testamentsvollstreckungen, Vermögensverwaltungen und Aufsichtsratsmandate) sind dem Gesetzeswortlaut aus § 18 Abs. 1 Nr. 3 EStG nur zu entnehmen, dass die Tätigkeit selbständig und mit einer Arbeitsleistung verknüpft ausgeübt werden muss. Es soll sich insbesondere um gelegentliche Tätigkeiten handeln, die auf einer persönlichen Arbeitsleistung beruhen und ihrem Wesen nach vermögensverwaltend sein sollen;[2] zum Merkmal der Gelegentlichkeit vgl. → Rz. 238. 256

Die Einordnung als unbenannte sonstige selbständige Tätigkeit gem. § 18 Abs. 1 Nr. 3 EStG stieß bisweilen dann auf Widerstand, wenn eine Zuordnung der fraglichen Tätigkeit auch unter § 18 Abs. 1 Nr. 1 EStG in Betracht kam, etwa beim anwaltlichen Insolvenzverwalter. Mit der Qualifizierung einer Tätigkeit als sonstige selbständige Tätigkeit gem. § 18 Abs. 1 Nr. 3 EStG ging die Befürchtung einher, für diese Tätigkeit gelte die sog. Vervielfältigungstheorie, während bei einer Einordnung als freiberufliche Tätigkeit i. S. d. § 18 Abs. 1 Nr. 1 EStG aufgrund der ausdrücklich dort zugelassenen Mithilfe fachlich vorgebildeter Arbeitskräfte die Vervielfältigungstheorie eingeschränkt wurde. Mit der Entscheidung des BFH v. 15.12.2010[3] wurde die Anwendung der Vervielfältigungstheorie für die unter § 18 Abs. 1 Nr. 3 EStG gefasste sonstige selbständige Arbeit jedoch ausdrücklich aufgegeben. Auch die Verwaltung wendet die Vervielfältigungstheorie nicht mehr an.[4] 257

Als unbenannte sonstige Tätigkeit ist etwa ein **anwaltlicher Insolvenzverwalter** zu fassen. Dieser ist zwar nicht i. S. d. § 18 Abs. 1 Nr. 1 EStG als Rechtsanwalt freiberuflich tätig; er erzielt als Insolvenzverwalter aber Einkünfte aus sonstiger selbständiger Arbeit;[5] zum Erfordernis der leitenden und eigenverantwortlichen Tätigkeit siehe FG Düsseldorf v. 27.10.2015.[6] 258

Gleiches, wie beim anwaltlichen Insolvenzverwalter (→ Rz. 258), sollte auch für die von Freiberuflern ausgeübte **Zwangsverwaltung von Liegenschaften** i. S. v. §§ 146 ff. des Gesetzes über die Zwangsversteigerung und die Zwangsverwaltung (ZVG) gelten. Die Zwangsverwaltung von Liegenschaften nach dem ZVG erfordert zwar kaufmännisch-praktische Kenntnisse und Fertigkeiten, die regelmäßig gegen eine Zuordnung zu den Einkünften nach § 18 EStG sprechen sollen.[7] Das Verfahren der Zwangsverwaltung ist aber aufgrund der Kodifizierung durch das Zwangsverwaltungsgesetz stark verrechtlicht; die praktische Zwangsverwaltungstätigkeit 259

---

1 Vgl. BFH v. 18.3.1999 - IV R 5/98, BFH/NV 1999, 1456, Rz. 12 = NWB DokID: KAAAA-63341.
2 BFH v. 28.6.2001 - IV R 10/00, BStBl 2002 II 338.
3 Vgl. BFH v. 15.12.2010 - VIII R 50/09, BStBl 2011 I 506, Rz. 23.
4 Vgl. OFD Koblenz v. 23.9.2011 - S 2246 A-St 31 4.
5 BFH v. 15.12.2010 - VIII R 50/09, BStBl 2011 II 506; BFH v. 12.12.2001 - XI R 56/00, BStBl 2002 II 202.
6 FG Düsseldorf v. 27.10.2015 - 9 K 97/13 G, F, NWB DokID: HAAAF-74246.
7 So noch die Argumentation des FG Köln v. 28.5.2008 - 12 K 3735/05, EFG 2008, 1876, Rz. 44, die noch zum Fall des Insolvenzverwalters erging, der nachfolgend vom BFH unter § 18 EStG gefasst wurde.

ist gleichfalls durch das rechtlich anspruchsvolle Grundstücksrecht geprägt, so dass dieses Berufsbild hinsichtlich der fachlichen Anforderungen denen des § 18 EStG angenähert ist. Zudem lässt sich die Tätigkeit ihrem Wortlaut nach auch unter das benannte Beispiel „Vermögensverwaltung" des § 18 Abs. 1 Nr. 3 EStG fassen.

260 Rechtsanwälte, die Betreuungen gem. §§ 1896 ff. BGB wahrnehmen, sog. **anwaltliche Berufsbetreuer**, erzielen zwar keine Einkünfte nach § 18 Abs. 1 Nr. 1 EStG oder gewerbliche Einkünfte; sie werden aber unter § 18 Abs. 1 Nr. 3 EStG gefasst.[1] Dies hat insbesondere zur Folge, dass anderweitige Tätigkeiten, die von diesen Rechtsanwälten wahrgenommen werden und eindeutig als freiberufliche Tätigkeit i. S. d. § 18 Nr. 1 EStG zu qualifizieren sind, nicht von der Betreuungstätigkeit gewerblich infiziert werden.

261 **Ehrenamtliche Betreuer**, die eine Aufwandsentschädigung nach § 1835a BGB für ihre Tätigkeit erhalten, beziehen zwar Einkünfte i. S. d. § 18 Abs. 1 Nr. 3 EStG.[2] Die Aufwandsentschädigungen sind aber bis einschließlich des VZ 2010 nach § 3 Nr. 12 Satz 1 EStG steuerfrei. Ab dem VZ 2011 ist § 3 Nr. 26b EStG als alleinige Steuerbefreiungsvorschrift für Aufwandsentschädigungen nach § 1835a BGB als lex specialis einschlägig; es gilt ein Freibetrag von 2 400 € (ab VZ 2013).

262 **Treuhänder** üben i. d. R. eine sonstige selbständige Tätigkeit aus, soweit es sich lediglich um eine vermögensverwaltende Tätigkeit handelt. Eine Gewerblichkeit der Treuhänderschaft kann sich daraus ergeben, dass die Treuhandtätigkeit für einen freiberuflich Tätigen als berufsuntypisch qualifiziert wird. So ist eine Treuhandtätigkeit im Zusammenhang mit Bauherrenmodellen, die eine Geschäftsbesorgung für Dritte beinhaltet, berufsuntypisch etwa für Rechtsanwälte, Steuerberater, Wirtschaftsprüfer, aber auch berufsuntypisch für Architekten und (Bau-)Ingenieure.[3]

263 Mitglieder von **Gutachterausschüssen für Grundstückswerte** und für sonstige Wertermittlungen werden auf Grundlage der §§ 192 ff. des Baugesetzbuchs (BauGB) und der Verordnung zur Durchführung des Baugesetzbuchs (DVO BauGB) tätig. Erhalten sie für ihre Tätigkeit Vergütungen nach § 8 Buchst. a Justizvergütungs- und -entschädigungsgesetz (JVEG), sind diese als Einkünfte aus sonstiger selbständiger Tätigkeit gem. § 18 Abs. 1 Nr. 3 EStG steuerpflichtig. **Entschädigungen für ehrenamtliche Richter** gem. §§ 16, 18 JVEG sind dagegen nicht unter § 18 EStG und sind steuerfrei.[4]

264–265 *(Einstweilen frei)*

V. Einkünfte als Beteiligter einer Wagniskapitalgesellschaft (§ 18 Abs. 1 Nr. 4 EStG)

266 Der Tatbestand des § 18 Abs. 1 Nr. 4 EStG ordnet der selbständigen Arbeit Einkünfte zu, die ein Beteiligter an einer vermögensverwaltenden Gesellschaft oder Gemeinschaft, deren Zweck im Erwerb, Halten und in der Veräußerung von Anteilen an Kapitalgesellschaften besteht, als Vergütung für Leistungen zur Förderung des Gesellschafts- oder Gemeinschaftszwecks erzielt, wenn der Anspruch auf die Vergütung unter der Voraussetzung eingeräumt worden ist, dass die Gesellschafter oder Gemeinschafter ihr eingezahltes Kapital vollständig zurückerhalten ha-

---

1 BFH v. 15. 6. 2010 - VIII R 10/09, BStBl 2010 II 906; Korn, NWB 2010, 2680.
2 Vgl. die Rechtsprechung zu den Berufsbetreuern: BFH v. 15. 6. 2010 - VIII R 10/09, BStBl 2010 II 906.
3 Vgl. BFH v. 18. 10. 2006 - XI R 10/06, BStBl 2008 II 54.
4 BFH v. 31.1.2017 - IX R 10/16, NWB DokID: MAAAG-40816.

ben. Die Einkünfte unterliegen seit dem MoRaKG v. 12.8.2008 zu 60% der Besteuerung (§ 3 Nr. 40a EStG). Dieser Tatbestand beschreibt insbesondere bestimmte Ausgestaltungen eines **Gewinnvorzugs (sog. carried interest)** bei Wagniskapitalgesellschaften (i. d. R. Private Equity Fonds und Venture Capital Fonds i. S. d. BMF v. 20.11.2003[1]), der an die Initiatoren solcher Gesellschaften gezahlt wird. Für Private Equity Fonds, die vor dem 1.4.2002 gegründet worden sind, gilt für deren Portfolio-Beteiligung, die vor dem 8.11.2003 erworben wurden, die in Rz. 26 des BMF-Schreibens v. 20.11.2003 genannte Übergangsregelung.[2]

Von dem Tatbestandsmerkmal **der vermögensverwaltenden Gesellschaft oder Gemeinschaft** werden typischerweise Fonds erfasst, die die Voraussetzungen privat vermögensverwaltender Fonds i. S. d. BMF-Schreibens v. 16.12.2003[3] erfüllen (Private Equity Fonds und Venture Capital Fonds); neben der Vermögensverwaltung muss die Beteiligungsveräußerung ausdrücklich Geschäftszweck sein.[4] Erzielen die Fonds originär gewerbliche Einkünfte gem. § 15 Abs. 1 oder Abs. 2 EStG liegt keine vermögensverwaltende Gesellschaft oder Gemeinschaft i. S. d. § 18 Abs. 1 Nr. 4 EStG vor. Gleiches gilt, wenn diese Gesellschaften gewerblich geprägt i. S. d. § 15 Abs. 3 EStG sind; die in § 18 Abs. 1 Nr. 4 Satz 1 2. Halbsatz EStG angeordnete Aussetzung des § 15 Abs. 3 EStG gilt für die Fälle, in denen die Einkünfte nach § 18 Abs. 1 Nr. 4 EStG nicht durch einen Beteiligten, sondern durch eine Personenmehrheit erzielt werden und diese aufgrund des § 15 Abs. 3 EStG als gewerblich zu qualifizieren wären.[5] Kapitalgesellschaften sind gewerblich tätig (§ 2 Abs. 2 GewStG, § 8 Abs. 2 KStG) und sind somit keine vermögensverwaltenden Gesellschaften i. S. d. § 18 Abs. 1 Nr. 4 Satz 1 1. Halbsatz EStG.[6]

267

Beteiligter an der vermögensverwaltenden Gesellschaft oder Gemeinschaft ist der **unmittelbar gesellschaftsrechtlich beteiligte Gesellschafter**. Er kann eine natürliche Person oder Teil einer Personenmehrheit sein. Eine mittelbare Beteiligung, etwa über doppelstöckige Personengesellschaften, reicht nicht aus, da der Tatbestand des § 18 Abs. 1 Nr. 4 EStG voraussetzt, dass der Beteiligte den Zweck der vermögensverwaltenden Gesellschaft fördern muss; eine Förderung des Gesellschaftszwecks ist nur bei einer unmittelbaren Beteiligung denkbar. Förderleistungen durch einen nur mittelbar Beteiligten, die gegen Entgelt erbracht werden, stellen sich als nicht unter § 18 Abs. 1 Nr. 4 EStG fallender Leistungsaustausch dar; sie können aber Tatbestände des § 18 Abs. Nr. 1 bis 3 EStG erfüllen.[7]

268

Der unter § 18 Abs. 1 Nr. 4 EStG fallende Vergütungsempfänger, d. h. der an der carried interest leistenden vermögensverwaltenden Gesellschaft **Beteiligte, kann keine Kapitalgesellschaft sein,** dies auch nicht über eine GmbH & Co. KG (s. auch KKB/Nacke, § 3 Nr. 40a EStG Rz. 391). Denn aufgrund des § 8 Abs. 2 KStG sind alle Einkünfte von Kapitalgesellschaften als Einkünfte aus Gewerbebetrieb zu behandeln; erhalten sie Vergütungen in Sinne eines carried interest, fallen diese nicht unter § 18 Abs. 1 Nr. 4 EStG. Diese Gesetzessystematik des § 18 Abs. 1 Nr. 4 EStG führt auch dazu, dass der von Kapitalgesellschaften bezogene carried interest nicht unter die Steuerbefreiung gem. § 18 Abs. 1 Nr. 4 EStG i. V. m. § 3 Nr. 40a EStG fällt. Zudem ergibt sich aus dem Gesetzgebungsverfahren, dass die Definition des carried interest, der durch § 18

269

---

1 Vgl. BMF v. 20.11.2003, BStBl 2004 I 40.
2 Vgl. *Keisinger*, NWB 2004, 1443.
3 Vgl. BMF v. 16.12.2003, BStBl 2004 I 40.
4 FG München v. 12.12.2014 - 4 K 1918/13 E, EFG 2015, 385, Rz. 61.
5 BT-Drucks. 15/3336, 5f und 7 (Zu Nr. 2).
6 Vgl. *Gragert*, NWB 2007, 3849.
7 Vgl. FG Münster v. 12.12.2014 - 4 K 1918/13, EFG 2015, 388, Rz. 62, für den Fall, dass bereits die vermögensverwaltende Gesellschaft nicht nach § 18 Abs. 1 Nr. 4 EStG qualifiziert.

Abs. 1 Nr. 4 EStG begünstigt werden soll, aus dem Tatbestand eines als Gesetzentwurf bestehenden § 3 Nr. 40 Buchst. k EStG entnommen wurde, wobei in der Begründung ausdrücklich darauf hingewiesen wird, dass dieser § 3 Nr. 40 Buchst. k EStG-Entwurf nicht für Fälle gegolten hat, in denen der carried interest an eine Kapitalgesellschaft geflossen ist.[1] Der Umstand, dass der 2004 eingeführte § 3 Nr. 40a EStG tatbestandlich Kapitalgesellschaften nicht ausdrücklich ausschließt, führt nicht zur Anwendbarkeit auf Kapitalgesellschaften, da die erste Norm der Verweisungskette § 18 Abs. 1 Nr. 4, § 3 Nr. 40a EStG die zulässigen Anwendungsfälle der Steuerbefreiungsvorschrift § 3 Nr. 40a EStG determiniert.[2] Auch § 8 KStG verweist nicht auf § 3 Nr. 40a EStG.[3]

270 Die Vergütung muss für **Leistungen zur Förderung des Gesellschafts- oder Gemeinschaftszwecks** erzielt werden. Zu Recht weist die Literatur auf die Nachweisschwierigkeiten dieses Tatbestandsmerkmals hin. Aufgrund seiner größeren Sachnähe und den Beweislastgrundsätzen, wonach derjenige, der sich auf eine ihm günstigere Besteuerungsvorschrift beruft, das Vorliegen ihrer Voraussetzungen nachzuweisen hat, obliegt es dem einzelnen Beteiligten darzulegen, ob und inwieweit er die Leistung zur Förderung des Gesellschaftszwecks erbracht hat. Diese Leistung kann in der Einbringung von Sonder- oder Fachwissen bestehen, in der Gewinnung von Geldgebern sowie in der Ermöglichung der im Rahmen der Vermögensverwaltung zulässigen Vermögensumschichtungen in Form von Beteiligungsveräußerungen (vgl. § 14 AO).

271 Der Tatbestand des § 18 Abs. 1 Nr. 4 EStG sieht vor, dass die Vergütung (der sog. Gewinnvorzug oder carried interest) erst dann gewährt werden darf, wenn die Anleger das von ihnen **eingezahlte Kapital vollständig zurückerhalten** haben (s. auch KKB/Nacke, § 3 Nr. 40a EStG Rz. 390). Diese vorrangige Rückzahlungsobliegenheit schließt denknotwendig vorherige Abschlagszahlungen auf die Vergütung aus, auch wenn diese etwa an die zwischenzeitliche Realisierung von Geschäftsvorfällen (sog. deal-by-deal – Abschlagszahlungen) anknüpfen oder nur vorbehaltlich einer späteren Rückzahlung (sog. clawback-Klauseln) an den Beteiligten gezahlt werden sollen. Für die Besteuerung nach § 18 Abs. 1 Nr. 4 EStG ist es nicht ausreichend, dass ein schuldrechtlicher Vergütungsanspruch unter der Voraussetzung der vollständigen Kapitalrückgewähr abgeschlossen wird. Aufgrund des Gesetzeswortlauts „...zurückerhalten haben" ist, die Versteuerung nach § 18 EStG nur dann zu gewähren, wenn die Kapitalrückgewähr abgeschlossen ist und so auch der Erfolg des Fonds erkennbar ist.[4] Ansonsten hätte der Gesetzgeber die Formulierung „...zurückerhalten." verwenden müssen; mit dieser Formulierung wäre bereits der Schuldvereinbarungsinhalt, und nicht dessen Durchführung, ausreichend für die Tatbestandserfüllung gewesen.

272 Hinsichtlich internationaler Sachverhalte im Zusammenhang mit dem carried interest ist darauf hinzuweisen, dass der **carried interest nicht Gegenstand des OECD-Musterabkommens 2010 zur Vermeidung der Doppelbesteuerung** ist (i. E. hierzu → Rz. 301 ff.).

273–275 *(Einstweilen frei)*

---

1 BT-Drucks. 15/3336, 6/7.
2 Vgl. HHR/*Kanzler*, § 3 Nr. 40a EStG Rz. 1, wonach sich wegen der Bezugnahme der Nr. 40a auf die Regelung des § 18 Abs. 1 Nr. 4 die wesentlichen Tatbestandsvoraussetzungen der Steuerbefreiung aus dieser Einkunftsvorschrift ergeben.
3 R 32 Abs. 1 Nr. 1 KStR.
4 Vgl. BT-Drucks. 15/3336, 7 Sp. 2.

VI. Veräußerungsgewinn (§ 18 Abs. 3 EStG)

1. Veräußerungsgewinnberechnung (§ 16 Abs. 2, 3, 3a und 3b EStG)

Die Norm des § 18 Abs. 3 EStG sieht vor, dass auch der Gewinn aus der Veräußerung des der selbständigen Arbeit dienenden Vermögens – **Betriebsveräußerung** – erzielt wird, zu den Einkünften nach § 18 EStG gehört. Für die Bestimmung dieses Veräußerungsgewinns verweist § 18 Abs. 3 EStG auf § 16 EStG, der die Veräußerung gewerblicher Betriebe zum Gegenstand hat. Der Veräußerung wird auch die Aufgabe des freiberuflichen Betriebs – **Betriebsaufgabe** – gleichgestellt (§ 18 Abs. 3 EStG i.V. m. § 16 Abs. 3 EStG). Die Verweisung auf § 16 EStG betrifft auch verschiedene Fälle, in denen Gesellschafter aus Freiberufler-Personengesellschaften ausscheiden – **Ausscheiden von Gesellschaftern**. Die Norm des § 18 Abs. 3 EStG greift auch in bestimmten Fällen, in denen der Freiberufler stirbt und der **Erbfall** eintritt. Nicht als steuerbegünstigte Veräußerung i. S. d. Verweisungskette § 18 Abs. 3 EStG i.V. m. § 16 EStG anzusehen ist die **Aufnahme eines Gesellschafters** in ein bestehendes freiberufliches Einzelunternehmen.[1]

Bei der Veräußerung eines unter § 18 EStG fallenden Betriebs muss zwingend zum Betriebsvermögensvergleich gem. § 4 Abs. 1 EStG übergegangen werden. Die Pflicht zum Wechsel auf diese Gewinnermittlungsart ergibt sich aus § 16 Abs. 2 Satz 2 EStG i.V. m. § 18 Abs. 3 EStG nach dem der Wert des Betriebsvermögens für den Veräußerungszeitpunkt gem. § 4 Abs. 1 EStG oder § 5 EStG zu ermitteln ist. Da die Bilanzierung nach § 5 EStG für die Gewinnermittlung bei Kaufleuten und bestimmten anderen Gewerbetreibenden vorbehalten ist, ist diese Gewinnermittlung nicht auf die unter § 18 EStG fallenden Einkünfte aus nichtselbständiger Arbeit anwendbar. Für Zwecke der unter § 18 EStG fallenden Einkünfte ergibt sich somit einzig § 4 Abs. 1 EStG als zulässige Veräußerungsgewinnermittlungsart. Zu den dann geltenden Bilanzierungsgrundsätzen s. KKB/Franz/Handwerker, § 16 EStG Rz. 523.

Aus dem zwingenden Wechsel der Gewinnermittlungsart zu § 4 Abs. 3 EStG entsteht ein Übergangsgewinn, der auf den Zeitpunkt des Wechsels, das ist der Zeitpunkt der Übertragung des Betriebs, als laufender Gewinn zu versteuern ist. Der Übergangsgewinn aufgrund des Wechsels der Gewinnermittlungsart ist nicht zu verwechseln mit dem Veräußerungsgewinn aufgrund der Übertragung des Betriebs auf den Erwerber (§ 16 Abs. 2 Satz 1 EStG).

Bei der **Veräußerung eines freiberuflichen Einzelunternehmens** (z. B. Arzteinzelpraxis, Rechtsanwaltseinzelkanzlei oder Architekteneinzelbüro) hat die zwingend vorzunehmende Veräußerungsgewinnermittlung nach § 4 Abs. 1 EStG zur Folge, dass im Veräußerungszeitpunkt die wesentlichen Vermögensgegenstände mit ihren steuerlichen Buchwerten auf der Aktivseite der Bilanz auszuweisen sind und auf der Passivseite der Bilanz insbesondere Verbindlichkeiten und Rückstellungen aufzunehmen sind.

Zu aktivieren sind bei Freiberuflern etwa abzurechnende Honorarforderungen (z. B. bei Ärzten, Rechtsanwälten oder Architekten) oder Forderungen wegen Gerichtskosten und Auslagen (insbesondere bei Rechtsanwälten, Patentanwälten und Notaren).

Zu passivieren sind etwa Aktenaufbewahrungskosten aufgrund der besonderen berufsrechtlichen Dokumentations- und Aufbewahrungspflichten wie sie etwa bei Ärzten, Rechtsanwälten oder Notaren vorliegen. Zu passivieren sind etwa auch Haftungsfälle aus Rechtsberatungs-

---

1 BFH v. 18.10.1999 - GrS 2/98, BStBl 2000 II 123.

fehlern oder ärztlichen Kunstfehlern, soweit diese Haftungsfälle nicht von Versicherungen abgedeckt sind.

279 Der Gewinn aus der Veräußerung eines dem § 18 EStG unterliegenden Einzelunternehmens führt zu Einkünften aus selbständiger Arbeit (§ 18 Abs. 3 EStG). Der Veräußerungsgewinn ist unabhängig davon zu versteuern, wann und in welchen Raten der Kaufpreis bezahlt wird; für die Versteuerung entscheidend ist der Zeitpunkt der Übertragung des Einzelunternehmens, d. h. der Zeitpunkt des wirtschaftlichen, also abrechnungstechnischen Überganges.

> **PRAXISHINWEIS:**
> Die Übertragung eines Einzelunternehmens zum 31.12. eines Jahres führt dazu, dass der Veräußerungsgewinn den Jahresgewinn aus der laufenden selbständigen Tätigkeit für diesen Besteuerungszeitraum erhöht. Für die Betriebsveräußerung wird daher teilweise auch der 2.1. als Übertragungsstichtag gewählt, insbesondere dann, wenn der Verkäufer in diesem Kalenderjahr geringere andere Einkünfte hat und so seine Steuerprogression gemindert wird.

280 Der Veräußerungsgewinn ermittelt sich wie folgt: Veräußerungspreis zuzüglich der Teilwerte der Wirtschaftsgüter, die in das steuerliche Privatvermögen entnommen werden, zuzüglich der vom Erwerber übernommenen Verbindlichkeiten, abzüglich der steuerlichen Buchwerte der übergehenden oder entnommenen aktiven Wirtschaftsgüter, abzüglich der Veräußerungskosten.

281 Als Veräußerungsvorgang i. S. d. § 18 Abs. 3 EStG ist auch das **Ausscheiden eines Freiberuflers aus einer Personengesellschaft** mit drei oder mehr Gesellschaftern zu sehen. Bei Austritt eines solchen Gesellschafters bleibt die Freiberufler-Personengesellschaft regelmäßig als solche bestehen, da üblicherweise in Gesellschaftsverträgen Fortsetzungsklauseln vereinbart werden. Bei Austritt eines Gesellschafters verbleibt dessen Vermögen im Gesamthandsvermögen der restlichen Personengesellschaft. Der austretende Gesellschafter erhält in diesem Fall regelmäßig eine Sachwertabfindung. Nach Auffassung der Verwaltung soll trotz einer solchen Sachwertabfindung keine Realteilung vorliegen; das Ausscheiden aus der Personengesellschaft ist damit als Veräußerungsvorgang zu behandeln.[1] Zur Ermittlung des Veräußerungsgewinns muss die Personengesellschaft zur Gewinnermittlung durch Vermögensvergleich übergehen und grundsätzlich die im Betriebsvermögen liegenden stillen Reserven aufdecken.

282 Bei einer nur aus zwei Gesellschaftern bestehenden Freiberufler-Personengesellschaft hat der Austritt eines Gesellschafters die **Realteilung** zur Folge. Diese Realteilung wird im Rahmen des § 16 Abs. 3 Satz 2 und 3 EStG dahin gehend erfasst, dass der verbleibende Freiberufler grundsätzlich die vom ausscheidenden Gesellschafter übernommenen Vermögensgegenstände zu Buchwerten weiterführen darf.[2]

283 Stirbt der Inhaber eines freiberuflichen Einzelunternehmens, geht das Betriebsvermögen des Einzelunternehmens aufgrund des **Erbfalls** gem. § 1922 BGB auf die Erben über. Veräußern die Erben zeitnah zum Erbfall das freiberufliche Einzelunternehmen, erzielen sie in ihrer Person einen einkommensteuerpflichtigen Veräußerungsgewinn. Die Tarifbegünstigung des § 34 Abs. 3 EStG kann nur von demjenigen Erben in Anspruch genommen werden, der in eigener Person die Voraussetzungen des § 34 Abs. 3 EStG erfüllt.

---

[1] BMF v. 28.2.2006, BStBl 2006 I 228.

[2] Vgl. BMF v. 28.2.2006, BStBl 2006 I 228; zu den Voraussetzungen und Fallgruppen einer Buchwertfortführung bei Realteilung siehe auch: *Schoor*, NWB 2013, 3250.

Stirbt der Gesellschafter einer Freiberufler-Personengesellschaft und erhalten die Erben aufgrund dieses Ausscheidens des Erblassers aus der Gesellschaft eine Abfindung, entsteht ein Veräußerungsgewinn. Dieser Veräußerungsgewinn entsteht aber noch in der Person des Erblassers, so dass bei der Anwendung der Tarifbegünstigung aus § 34 Abs. 3 EStG die persönlichen Voraussetzungen des Erblassers maßgeblich sind.

(*Einstweilen frei*) 284–290

2. Freibetragsregelung (§ 16 Abs. 4 EStG) und Fünftel-Regelung (§ 34 EStG)

Aufgrund der Verweisung des § 18 Abs. 3 Satz 2 EStG auf § 16 EStG ist auch die Freibetragsregelung des § 16 Abs. 4 EStG auf den Veräußerungsgewinn anzuwenden. Der Veräußerungsgewinn ist tarifbegünstigt. Freiberufler, die im Zeitpunkt der Übertragung des Betriebsvermögens das **55. Lebensjahr vollendet** haben oder im sozialversicherungsrechtlichen Sinn dauernd berufsunfähig sind, haben auf Antrag den Veräußerungsgewinn nur mit 56 % des durchschnittlichen Steuersatzes zu versteuern, der sich für das gesamte steuerpflichtige Einkommen des Kalenderjahrs ergibt. Als Mindeststeuersatz werden 14 % angesetzt (§ 34 Abs. 3 EStG). Der Veräußerungsgewinn kann auf Antrag zusätzlich um einen Freibetrag von 45 000 € gemindert werden, der ab einem Veräußerungsgewinn von 136 000 € abgeschmolzen wird. Der Freibetrag kann nur einmalig pro Steuerpflichtigem im Anspruch genommen werden.

Greift die Tarifbegünstigung nicht, oder wird sie nicht beantragt (s. KKB/Franz/Handwerker, § 16 EStG Rz. 728), kann die sog. **Fünftel-Regelung gem. § 34 Abs. 1 EStG** in Anspruch genommen werden. Die Progression des Einkommensteuertarifs kann zusätzlich abgemildert werden, wenn der Veräußerungszeitpunkt in ein Kalenderjahr gelegt wird, in dem der Veräußerer möglichst geringe anderweitige Einkünfte bezieht; als Übertragungszeitpunkt wird daher vielfach der 2. 1. eines Kalenderjahrs gewählt.

Die Freibetragsregelung sowie die Tarifbegünstigung kann nicht in Anspruch genommen werden, wenn der Freiberufler zwar seinen freiberuflichen Betrieb veräußert, seine freiberufliche Tätigkeit aber fortsetzt. Der Veräußerungsgewinn ist dann als laufender Gewinn der freiberuflichen Einkünfte zu versteuern.

PRAXISHINWEIS:
Eine steuerbegünstigte Betriebsaufgabe und Freibetragsinanspruchnahme kommt jedoch auch bei einer Fortsetzung der Tätigkeit in Betracht. Bleibt der Freiberufler auf eigene Rechnung und sogar in der bisherigen Gemeinde tätig, erzielt hiermit aber nicht mehr als 10 % des früheren Umsatzes, kommt dies einer Betriebsaufgabe gleich. Veräußert der Freiberufler seinen Betrieb und ist anschließend als Angestellter oder freier Mitarbeiter für den Betriebserwerber tätig, ist diese Art der Fortsetzung der freiberuflichen Tätigkeit gleichfalls unschädlich für die Inanspruchnahme der Freibetragsregelung sowie der Tarifbegünstigung. Als schädlich wird allerdings angesehen, wenn der Freiberufler fünf Monate als Angestellter des bisherigen Betriebsinhabers tätig wird und anschließend wieder freiberuflich arbeitet.[1] Bei der Planung entsprechender Betriebsveräußerungen ist jedoch auch bei einem freiberuflichen Unternehmen die Gesamtplanrechtsprechung des BFH zu berücksichtigen.[2]

Der Veräußerungspreis kann auch als Leibrente oder als Zeitrente von mehr als zehn Jahren Laufzeit gezahlt werden. In diesem Fall kommt dem Freiberufler ein Wahlrecht zu. Entweder kann der Kapitalwert der **Leib- oder Zeitrente** im Veräußerungsjahr im Rahmen der Freibetragsregelung und der Tarifbegünstigung versteuert werden. Die laufenden Zahlen können

---
[1] Vgl. FG Niedersachsen v. 20. 10. 1998 - XV 500/96, EFG 1999, 551.
[2] Vgl. *Bode*, NWB 2015, 1378.

jedoch auch als nachträgliche Einkünfte aus selbständiger Arbeit gem. § 24 Nr. 2 EStG steuerlich erfasst werden.

294 Die Tarifvergünstigung wird nicht nur bei Vollendung des 55. Lebensjahrs, sondern auch dann gewährt, wenn im sozialversicherungsrechtlichen Sinn eine **dauerhafte Berufsunfähigkeit** des veräußernden Freiberuflers vorliegt. Die Alternative der dauerhaften Berufsunfähigkeit wird jedoch dann verneint, wenn ein angestellter Freiberufler in Kenntnis seiner Erkrankung einen freiberuflichen Betrieb eröffnet, und nach der Betriebsveräußerung und Inanspruchnahme der Tarifbegünstigung, wieder als Angestellter arbeitet.[1]

295 Werden bei langjährigen Mandats-, Patienten- oder Kundenverhältnissen keine Vorschusszahlungen an den Freiberufler geleistet, kann die Vereinnahmung des Entgelts i.V. m. der bei Freiberuflern vorherrschenden Gewinnermittlung gem. § 4 Abs. 3 EStG zu Steuerprogressionsspitzen führen. Trotz dieser **Zusammenballung von mehrjährig erwirtschafteten Entgelten**, sieht die Rechtsprechung hierin keine außerordentlichen Einkünfte i. S. d. Fünftel-Regelung aus § 34 EStG.[2]

296–300 (*Einstweilen frei*)

VII. Internationales Steuerrecht

1. Freiberufliche Tätigkeit, Art. 3 Abs. 1 Buchst. h OECD-MA 2010 i. V. m. Art. 14 OECD-MA 2010

301 Die in Art. 14 OECD-MA vorgesehene Definition der selbständigen Arbeit wurde aufgehoben und ist in der zurzeit aktuellen Version des OECD-MA 2010 in diesem Artikel nicht mehr besetzt.

Eine Definition ergibt sich nunmehr im Rahmen der allgemeinen Begriffsbestimmungen in Art. 3 Abs. 1 Buchst. h OECD-MA 2010. Denn hiernach schließt der Ausdruck „Geschäftstätigkeit" ausdrücklich auch die Ausübung einer freiberuflichen oder sonstigen Tätigkeit ein.

Die Begrifflichkeiten zwischen der vormals in Art. 14 OECD-MA genannten „selbständigen Arbeit" sind damit nicht identisch mit den nun in Art. 3 OECD-MA 2010 genannten Begriffen „freiberufliche Tätigkeit" und „sonstige Tätigkeit". Der vormals in Art. 14 OECD-MA genannte Überbegriff „selbständige Arbeit" erfasste die Einkunftsart des § 18 EStG vollständig, d. h. insbesondere auch den in § 18 Abs. 1 Nr. 4 EStG geregelten carried interest bei Wagniskapitalgesellschaften und die in § 18 Abs. 1 Nr. 2 EStG aufgeführten Lotterieeinnehmereinkünfte. Mit der Definition in Art. 3 OECD-MA 2010 sind dagegen ausdrücklich nur die in § 18 Abs. 1 Nr. 1 und Nr. 3 EStG erfassten freiberuflichen und sonstigen selbständigen Einkünfte angesprochen; für diese Einkünfte wird ausdrücklich definiert, dass diese sich als Geschäftstätigkeit qualifizieren. Die Qualifikation als Geschäftstätigkeit führt zur Erfassung dieser Aktivitäten als Unternehmensgewinne. Im Umkehrschluss bedeutet dies für den nicht definierten **carried interest und die Lotterieeinnehmereinkünfte**, dass diese Einkünfte **nicht Gegenstand des Musterabkommens zur Vermeidung einer Doppelbesteuerung** sind. Carried interest und Lotterieeinnehmereinkünfte fallen nunmehr auch nicht in die allgemeine Definition von Unternehmensgewinnen (Art. 7 OECD-MA 2010), Dividendeneinkünften (Art. 10 OECD-MA 2010) oder Einkünfte aus der Veräußerung von Beteiligungen, wie sie bei carried interest generierenden

---

1 Vgl. FG Niedersachsen v. 2. 7. 1999 - IX 84/96, EFG 1999, 1122.
2 Vgl. BFH v. 30. 1. 2013 - III R 84/11, BFHE 240, 156, mit Anm. *Kanzler*, FR 2013, 665.

Wagniskapitalgesellschaften gesellschaftszweckbedingt anfallen. Dies deshalb nicht, da mangels einer abkommensrechtlichen Definition des carried interest, die Definition des nationalen Steuerrechts der vertragschließenden Staaten maßgebend ist. Da die Bundesrepublik Deutschland den carried interest im Rahmen ihres Einkommensteuerrechts ausdrücklich als Einkünfte aus selbständiger Arbeit in § 18 EStG definiert hat, bleibt kein Raum den carried interest einer im OECD-MA enthaltenen Einkunftsart zuzuordnen. Auch der BFH und das BMF fassen unter Unternehmensgewinne i. S. d. Art. 7 OECD-MA nur Gewinne aus einer „ihrer Art nach unternehmerischen Tätigkeit", die bei Einkünften aus einer gewerblichen Tätigkeit i. S. d. § 15 Abs. 2 EStG und aus einer freiberuflichen Tätigkeit i. S. d. § 18 Abs. 1 Nr. 1 EStG vorliegen sollen.[1]

Aus dem BFH-Urteil v. 25. 11. 2015, I R 50/14, das die Besteuerung der **Gesellschafter einer als US-LLP organisierten Anwaltssozietät** nach Art. 14 DBA-USA 1989 zum Gegenstand hatte, lässt sich aufgrund des inzwischen weggefallenen Art. 14 OECD-MA 2010 schließen, dass mit Art. 3 Abs. 1 Buchst. c und h i.V. m. Art. 7 Abs. 1 OECD-MA 2010 das Betriebsstätten- bzw. Zurechnungsmodell bei den Einkünften aus selbständiger Arbeit zugunsten des **gesellschafterbezogenen Ausübungsmodells** aufgegeben wurde. Vergleichbar der in Art. 14 Abs. 1 DBA-USA 1989 geltenden isolierten Betrachtungsweise bezieht -zumindest nach dem neuen Konzept des OECD-MA2010 jeder Gesellschafter seinen Gewinnanteil ohne Rücksicht auf die gemeinschaftliche Erwirtschaftung des Gesellschaftsgewinns aus der Ausübung seiner selbständigen Tätigkeit.[2]

302

(*Einstweilen frei*) 303–305

2. Aufsichtsrats- und Verwaltungsratsvergütung (Art. 16 OECD-MA 2010)

In Art. 16 OECD-MA 2010 sind die Aufsichtsrats- und Verwaltungsratsvergütungen erfasst. Die Begrifflichkeit ist zwar nicht wortlautgleich zu § 18 Abs. 1 Nr. 3 EStG, der von „Vergütungen für die Tätigkeit als Aufsichtsratsmitglied" spricht. Die Begriffe sind aber deckungsgleich auszulegen. Erfasst sind aufgrund der ausdrücklichen Nennung von Verwaltungsratsvergütungen auch die im Rahmen von monistisch aufgestellten SE Vergütungen, die an die nichtgeschäftsführenden Verwaltungsratsmitglieder solcher europäischen Gesellschaften gezahlt werden (vgl. → Rz. 242).

306

3. Künstlerische Tätigkeit (Art. 17 OECD-MA 2010)

Die in Art. 17 OECD-MA 2010 angesprochene Tätigkeit als Künstler entspricht der Begrifflichkeit der künstlerischen Tätigkeit aus § 18 Abs. 1 Nr. 1 Satz 1 2. Alt. EStG.

307

4. Verluste aus gescheiterten DBA-Betriebsstättengründungen

Scheitert die Gründung einer freiberuflichen Betriebsstätte in einem anderen Nicht-EU-Mitgliedstaat, mit dem ein DBA mit Betriebsstättenvorbehalt und Freistellungsmethode gilt, so sind diese Kosten nicht im inländischen freiberuflichen Unternehmen abziehbar.[3] Gegen die Übertragung eines solchen Abzugsverbots auf EU-Sachverhalte bestehen Bedenken.[4]

308

(*Einstweilen frei*) 309–314

---

1 Vgl. *Möller*, NWB 2014, 1364.
2 Vgl. BFH v. 25. 11. 2015 - I R 50/14, Rz. 31, BFH/NV 2016, 977 = NWB DokID: QAAAF-72299.
3 BFH v. 26. 2. 2014 - I R 56/12, BStBl 2014 II 703.
4 Vgl. *Kraft*, NWB 2014, 2485.

C. Verfahrensfragen

315 Anders als bei den Einkünften aus nichtselbständiger Arbeit mit den Fällen einer Antragsveranlagung (vgl. § 46 EStG), besteht immer die **Verpflichtung zur Abgabe einer jährlichen Steuererklärung**, wenn Einkünfte aus selbständiger Arbeit erzielt werden (§ 25 Abs. 1 EStG i. V. m. § 56 EStG). Da die Steuererklärung nach amtlich vorgeschriebenen Datensatz abzugeben ist (§ 25 Abs. 1 Satz 1 EStG), sind die Einkünfte aus selbständiger Arbeit im Rahmen der Einkommensteuererklärung ausschließlich auf der Anlage S anzugeben; die Anlage G bleibt den Gewerbebetrieben gem. § 15 EStG vorbehalten.

316 Sind mehrere Personen an der Einkünfteerzielung in Form einer **unter § 18 EStG fallenden Personengesellschaft** beteiligt, so sind die Einkünfte **einheitlich und gesondert festzustellen** (§ 179 Abs. 2 Satz 2, § 180 Abs. 1 Nr. 2 AO). Das hierfür örtlich zuständige Finanzamt ergibt sich aus § 18 Abs. 1 Nr. 3 AO.[1] Mehrergebnisse nach Betriebsprüfung sind grundsätzlich nach Gewinnverteilungsschlüssel aufzuteilen.

317 Erzielt nur eine Person Einkünfte gem. § 18 EStG, sind die Einkünfte gesondert durch das Tätigkeitsfinanzamt (§ 18 Abs. 1 Nr. 3 AO) festzustellen, wenn **Tätigkeits- und Wohnsitzfinanzamt nicht identisch** sind (§ 180 Abs. 1 Nr. 2 Buchst. b AO).

318 Die **Umqualifizierung der Einkünfte aus selbständiger Arbeit in Einkünfte aus Gewerbebetrieb** kann nicht mit einem Rechtsbehelf gegen den Einkommensteuerbescheid angegriffen werden, wenn sich eine Begründetheit des Antrags nicht auf die Höhe der Einkommensteuerfestsetzung auswirkt; in diesem Fall erfolgt eine **Rechtsverletzung nur durch den Gewerbesteuermessbescheid**.[2]

d) Nichtselbständige Arbeit (§ 2 Absatz 1 Satz 1 Nummer 4 EStG)

§ 19 Nichtselbständige Arbeit

(1) ¹Zu den Einkünften aus nichtselbständiger Arbeit gehören

1. Gehälter, Löhne, Gratifikationen, Tantiemen und andere Bezüge und Vorteile für eine Beschäftigung im öffentlichen oder privaten Dienst;

1a. Zuwendungen des Arbeitgebers an seinen Arbeitnehmer und dessen Begleitpersonen anlässlich von Veranstaltungen auf betrieblicher Ebene mit gesellschaftlichem Charakter (Betriebsveranstaltung). ²Zuwendungen im Sinne des Satzes 1 sind alle Aufwendungen des Arbeitgebers einschließlich Umsatzsteuer unabhängig davon, ob sie einzelnen Arbeitnehmern individuell zurechenbar sind oder ob es sich um einen rechnerischen Anteil an den Kosten der Betriebsveranstaltung handelt, die der Arbeitgeber gegenüber Dritten für den äußeren Rahmen der Betriebsveranstaltung aufwendet. ³Soweit solche Zuwendungen den Betrag von 110 Euro je Betriebsveranstaltung und teilnehmenden Arbeitnehmer nicht übersteigen, gehören sie nicht zu den Einkünften aus nichtselbständiger

---

1 Vgl. BFH v. 25. 8. 2015 - VIII R 53/13, NWB DokID: QAAAF-17867, Bestimmung anhand des Nettoumsatzes.
2 FG München v. 16. 9. 2011 - 8 K 3584/10, NWB DokID: JAAAD-98081.

Arbeit, wenn die Teilnahme an der Betriebsveranstaltung allen Angehörigen des Betriebs oder eines Betriebsteils offensteht. ⁴Satz 3 gilt für bis zu zwei Betriebsveranstaltungen jährlich. ⁵Die Zuwendungen im Sinne des Satzes 1 sind abweichend von § 8 Absatz 2 mit den anteilig auf den Arbeitnehmer und dessen Begleitpersonen entfallenden Aufwendungen des Arbeitgebers im Sinne des Satzes 2 anzusetzen;

2.[1] Wartegelder, Ruhegelder, Witwen- und Waisengelder und andere Bezüge und Vorteile aus früheren Dienstleistungen, auch soweit sie von Arbeitgebern ausgleichspflichtiger Personen an ausgleichsberechtigte Personen infolge einer nach § 10 oder § 14 des Versorgungsausgleichsgesetzes durchgeführten Teilung geleistet werden;

3.[2] laufende Beiträge und laufende Zuwendungen des Arbeitgebers aus einem bestehenden Dienstverhältnis an einen Pensionsfonds, eine Pensionskasse oder für eine Direktversicherung für eine betriebliche Altersversorgung. ²Zu den Einkünften aus nichtselbständiger Arbeit gehören auch Sonderzahlungen, die der Arbeitgeber neben den laufenden Beiträgen und Zuwendungen an eine solche Versorgungseinrichtung leistet, mit Ausnahme der Zahlungen des Arbeitgebers

   a) zur erstmaligen Bereitstellung der Kapitalausstattung zur Erfüllung der Solvabilitätskapitalanforderung nach den §§ 89, 213, auch in Verbindung mit den §§ 234 und 238 des Versicherungsaufsichtsgesetzes,

   b) zur Wiederherstellung einer angemessenen Kapitalausstattung nach unvorhersehbaren Verlusten oder zur Finanzierung der Verstärkung der Rechnungsgrundlagen auf Grund einer unvorhersehbaren und nicht nur vorübergehenden Änderung der Verhältnisse, wobei die Sonderzahlungen nicht zu einer Absenkung des laufenden Beitrags führen oder durch die Absenkung des laufenden Beitrags Sonderzahlungen ausgelöst werden dürfen,

   c) in der Rentenbezugszeit nach § 236 Absatz 2 des Versicherungsaufsichtsgesetzes oder

   d) in Form von Sanierungsgeldern;

   Sonderzahlungen des Arbeitgebers sind insbesondere Zahlungen an eine Pensionskasse anlässlich

   a) seines Ausscheidens aus einer nicht im Wege der Kapitaldeckung finanzierten betrieblichen Altersversorgung oder

   b) des Wechsels von einer nicht im Wege der Kapitaldeckung zu einer anderen nicht im Wege der Kapitaldeckung finanzierten betrieblichen Altersversorgung.

   ³Von Sonderzahlungen im Sinne des Satzes 2 zweiter Halbsatz Buchstabe b ist bei laufenden und wiederkehrenden Zahlungen entsprechend dem periodischen Bedarf nur auszugehen, soweit die Bemessung der Zahlungsverpflichtungen des Arbeitgebers in das Versorgungssystem nach dem Wechsel die Bemessung der Zahlungsverpflichtung zum Zeitpunkt des Wechsels übersteigt. ⁴Sanierungsgelder sind Sonderzahlungen des Arbeitgebers an eine Pensionskasse anlässlich der Systemumstellung einer nicht im Wege der Kapitaldeckung finanzierten betrieblichen Altersversorgung auf der Finanzierungs- oder

---

1 **Anm. d. Red.:** Zur Anwendung des § 19 Abs. 1 Satz 1 Nr. 2 siehe § 52 Abs. 28 Satz 9.
2 **Anm. d. Red.:** Zur Anwendung des § 19 Abs. 1 Satz 1 Nr. 3 siehe § 52 Abs. 26a.

EStG § 19

Leistungsseite, die der Finanzierung der zum Zeitpunkt der Umstellung bestehenden Versorgungsverpflichtungen oder Versorgungsanwartschaften dienen; bei laufenden und wiederkehrenden Zahlungen entsprechend dem periodischen Bedarf ist nur von Sanierungsgeldern auszugehen, soweit die Bemessung der Zahlungsverpflichtungen des Arbeitgebers in das Versorgungssystem nach der Systemumstellung die Bemessung der Zahlungsverpflichtung zum Zeitpunkt der Systemumstellung übersteigt. ²Es ist gleichgültig, ob es sich um laufende oder um einmalige Bezüge handelt und ob ein Rechtsanspruch auf sie besteht.

(2) ¹Von Versorgungsbezügen bleiben ein nach einem Prozentsatz ermittelter, auf einen Höchstbetrag begrenzter Betrag (Versorgungsfreibetrag) und ein Zuschlag zum Versorgungsfreibetrag steuerfrei. ²Versorgungsbezüge sind

1. das Ruhegehalt, Witwen- oder Waisengeld, der Unterhaltsbeitrag oder ein gleichartiger Bezug
   a) auf Grund beamtenrechtlicher oder entsprechender gesetzlicher Vorschriften,
   b) nach beamtenrechtlichen Grundsätzen von Körperschaften, Anstalten oder Stiftungen des öffentlichen Rechts oder öffentlich-rechtlichen Verbänden von Körperschaften

   oder

2. in anderen Fällen Bezüge und Vorteile aus früheren Dienstleistungen wegen Erreichens einer Altersgrenze, verminderter Erwerbsfähigkeit oder Hinterbliebenenbezüge; Bezüge wegen Erreichens einer Altersgrenze gelten erst dann als Versorgungsbezüge, wenn der Steuerpflichtige das 63. Lebensjahr oder, wenn er schwerbehindert ist, das 60. Lebensjahr vollendet hat.

³Der maßgebende Prozentsatz, der Höchstbetrag des Versorgungsfreibetrags und der Zuschlag zum Versorgungsfreibetrag sind der nachstehenden Tabelle zu entnehmen:

Jahr des Versorgungsbeginns		Versorgungsfreibetrag		Zuschlag zum Versorgungsfreibetrag in Euro
		in % der Versorgungsbezüge	Höchstbetrag in Euro	
bis	2005	40,0	3 000	900
ab	2006	38,4	2 880	864
	2007	36,8	2 760	828
	2008	35,2	2 640	792
	2009	33,6	2 520	756
	2010	32,0	2 400	720
	2011	30,4	2 280	684
	2012	28,8	2 160	648
	2013	27,2	2 040	612
	2014	25,6	1 920	576
	2015	24,0	1 800	540

Nichtselbständige Arbeit § 19 EStG

Jahr des Versorgungsbeginns	Versorgungsfreibetrag		Zuschlag zum Versorgungsfreibetrag in Euro
	in % der Versorgungsbezüge	Höchstbetrag in Euro	
2016	22,4	1 680	504
2017	20,8	1 560	468
2018	19,2	1 440	432
2019	17,6	1 320	396
2020	16,0	1 200	360
2021	15,2	1 140	342
2022	14,4	1 080	324
2023	13,6	1 020	306
2024	12,8	960	288
2025	12,0	900	270
2026	11,2	840	252
2027	10,4	780	234
2028	9,6	720	216
2029	8,8	660	198
2030	8,0	600	180
2031	7,2	540	162
2032	6,4	480	144
2033	5,6	420	126
2034	4,8	360	108
2035	4,0	300	90
2036	3,2	240	72
2037	2,4	180	54
2038	1,6	120	36
2039	0,8	60	18
2040	0,0	0	0

[4]Bemessungsgrundlage für den Versorgungsfreibetrag ist
a) bei Versorgungsbeginn vor 2005
   das Zwölffache des Versorgungsbezugs für Januar 2005,
b) bei Versorgungsbeginn ab 2005
   das Zwölffache des Versorgungsbezugs für den ersten vollen Monat,
jeweils zuzüglich voraussichtlicher Sonderzahlungen im Kalenderjahr, auf die zu diesem Zeitpunkt ein Rechtsanspruch besteht. [5]Der Zuschlag zum Versorgungsfreibetrag darf nur bis zur

Höhe der um den Versorgungsfreibetrag geminderten Bemessungsgrundlage berücksichtigt werden. [6]Bei mehreren Versorgungsbezügen mit unterschiedlichem Bezugsbeginn bestimmen sich der insgesamt berücksichtigungsfähige Höchstbetrag des Versorgungsfreibetrags und der Zuschlag zum Versorgungsfreibetrag nach dem Jahr des Beginns des ersten Versorgungsbezugs. [7]Folgt ein Hinterbliebenenbezug einem Versorgungsbezug, bestimmen sich der Prozentsatz, der Höchstbetrag des Versorgungsfreibetrags und der Zuschlag zum Versorgungsfreibetrag für den Hinterbliebenenbezug nach dem Jahr des Beginns des Versorgungsbezugs. [8]Der nach den Sätzen 3 bis 7 berechnete Versorgungsfreibetrag und Zuschlag zum Versorgungsfreibetrag gelten für die gesamte Laufzeit des Versorgungsbezugs. [9]Regelmäßige Anpassungen des Versorgungsbezugs führen nicht zu einer Neuberechnung. [10]Abweichend hiervon sind der Versorgungsfreibetrag und der Zuschlag zum Versorgungsfreibetrag neu zu berechnen, wenn sich der Versorgungsbezug wegen Anwendung von Anrechnungs-, Ruhens-, Erhöhungs- oder Kürzungsregelungen erhöht oder vermindert. [11]In diesen Fällen sind die Sätze 3 bis 7 mit dem geänderten Versorgungsbezug als Bemessungsgrundlage im Sinne des Satzes 4 anzuwenden; im Kalenderjahr der Änderung sind der höchste Versorgungsfreibetrag und Zuschlag zum Versorgungsfreibetrag maßgebend. [12]Für jeden vollen Kalendermonat, für den keine Versorgungsbezüge gezahlt werden, ermäßigen sich der Versorgungsfreibetrag und der Zuschlag zum Versorgungsfreibetrag in diesem Kalenderjahr um je ein Zwölftel.

Inhaltsübersicht

	Rz.
A. Allgemeine Erläuterungen	1 - 45
I. Normzweck und wirtschaftliche Bedeutung der Vorschrift	1 - 5
II. Entstehung und Entwicklung der Vorschrift	6 - 10
III. Geltungsbereich	11
IV. Vereinbarkeit mit höherrangigem Recht	12 - 15
V. Verhältnis zu anderen Vorschriften	16 - 30
VI. Ermittlung der Einkünfte aus § 19 EStG	31 - 45
1. Grundsätze	31 - 35
2. Zeitliche Zuordnung der Einkünfte aus § 19 EStG	36 - 45
B. Systematische Kommentierung	46 - 520
I. Arbeitslohn aus einem aktiven Dienstverhältnis (§ 19 Abs. 1 Satz 1 Nr. 1 EStG)	46 - 400
1. Dienstverhältnis	56 - 260
a) Begriff Dienstverhältnis	56 - 75
b) Die wichtigsten Einzelmerkmale	76 - 105
aa) Schulden der Arbeitskraft (§ 1 Abs. 2 Satz 1 LStDV)	76 - 85
bb) Weisungsgebundenheit (§ 1 Abs. 2 Satz 2 LStDV)	86 - 95
cc) Eingliederung in den geschäftlichen Organismus (§ 1 Abs. 2 Satz 2 LStDV)	96 - 105
c) Arbeitnehmer	106 - 125
aa) Arbeitnehmer-Begriff und Bedeutung	106 - 110
bb) Arbeitnehmer in einem gegenwärtigen Dienstverhältnis	111 - 115
cc) Arbeitnehmer in einem früheren Dienstverhältnis	116
dd) Arbeitnehmer im Hinblick auf ein künftiges Dienstverhältnis	117 - 125
d) Arbeitgeber	126 - 145
aa) Arbeitgeber-Begriff	126 - 127
bb) Steuerliche Folgen und Pflichten	128
cc) Sonderfälle	129 - 145
e) Steuerliche Besonderheiten und Vorteile von Einkünften aus nichtselbständiger Arbeit	146 - 165
f) Besondere Tätigkeiten	166 - 250

		aa)	Nicht steuerbare Tätigkeiten	166 - 175
		bb)	Ehrenamtliche Tätigkeiten	176 - 185
		cc)	Neben- und Aushilfstätigkeiten	186 - 205
		dd)	Dienstverhältnisse mit nahen Angehörigen	206 - 215
		ee)	Ausbildungsdienstverhältnisse	216 - 225
		ff)	Scheinselbständigkeit	226 - 227
		gg)	Arbeitnehmerentsendung	228
		hh)	Leiharbeitsverhältnisse	229 - 250
	g)	ABC der Dienstverhältnisse		251 - 260
	2.	Arbeitslohn		261 - 380
		a)	Allgemeines	261 - 270
		b)	Objektive Bereicherung	271 - 310
			aa) Überwiegendes eigenbetriebliches Interesse	281 - 300
			bb) Durchlaufende Gelder, Auslagenersatz und Werbungskosten-Ersatz	301 - 305
			cc) Aufmerksamkeiten	306 - 310
		c)	Veranlassungszusammenhang	311 - 330
			aa) Zusammenhang mit einem Dienstverhältnis	311 - 315
			bb) Mehrere Veranlassungszusammenhänge	316 - 330
		d)	Besonderheiten	331 - 370
			aa) Arbeitslohn von Dritter Seite	331 - 340
			bb) Form der Lohnzahlung (Bar- oder Sachlohn)	341 - 345
			cc) Zeitpunkt des Zuflusses	346 - 370
		e)	ABC des Arbeitslohns	371 - 380
	3.	Werbungskosten für ein aktives Dienstverhältnis		381 - 400
		a)	Allgemeines	381 - 395
		b)	ABC der Werbungskosten für ein aktives Dienstverhältnis	396 - 400
II.	Zuwendungen anlässlich von Betriebsveranstaltungen (§ 19 Abs. 1 Satz 1 Nr. 1a EStG)			401 - 435
	1.	Begriff der Betriebsveranstaltung (§ 19 Abs. 1 Satz 1 Nr. 1a Satz 1 EStG)		403 - 405
	2.	Art und Höhe der Zuwendungen (§ 19 Abs. 1 Satz 1 Nr. 1a Satz 2 EStG)		406 - 415
	3.	Freibetrag (§ 19 Abs. 1 Satz 1 Nr. 1a Satz 3 EStG)		416 - 420
	4.	Anzahl der Betriebsveranstaltungen (§ 19 Abs. 1 Satz 1 Nr. 1a Satz 4 EStG)		421 - 425
	5.	Besondere Bewertungsvorschrift (§ 19 Abs. 1 Satz 1 Nr. 1a Satz 5 EStG)		426 - 435
III.	Arbeitslohn aus früheren Dienstleistungen (§ 19 Abs. 1 Satz 1 Nr. 2 EStG)			436 - 460
	1.	Bezüge und Vorteile aus einem früheren Dienstverhältnis (§ 19 Abs. 1 Satz 1 Nr. 2 1. Halbsatz EStG)		436 - 445
	2.	Versorgungsausgleich (§ 19 Abs. 1 Satz 1 Nr. 2 2. Halbsatz EStG)		446 - 455
	3.	WK bei früheren Dienstverhältnissen		456 - 460
IV.	Betriebliche Altersversorgung (§ 19 Abs. 1 Satz 1 Nr. 3 EStG)			461 - 480
	1.	Laufende Zahlungen (§ 19 Abs. 1 Satz 1 Nr. 3 Satz 1 EStG)		462 - 470
	2.	Sonderzahlungen (§ 19 Abs. 1 Satz 1 Nr. 3 Satz 2 bis 4 EStG)		471 - 480
V.	Versorgungsfreibetrag mit Zuschlag zum Versorgungsfreibetrag (§ 19 Abs. 2 EStG)			481 - 520
	1.	Versorgungsfreibetrag mit Zuschlag zum Versorgungsfreibetrag (§ 19 Abs. 2 Satz 1 EStG)		481 - 490
	2.	Begünstigte Versorgungsbezüge (§ 19 Abs. 2 Satz 2 EStG)		491 - 500
	3.	Berechnung des Versorgungsfreibetrags und des Zuschlags (§ 19 Abs. 2 Satz 3 bis 7, 12 EStG)		501 - 510
		a) Prozentsatz, Höchstbetrag, Zuschlag und Bemessungsgrundlage (§ 19 Abs. 2 Satz 3, 4 EStG)		501 - 505
		b) Besonderheiten bei der Berechnung (§ 19 Abs. 2 Satz 5 bis 7, 12 EStG)		506 - 510
	4.	Geltungsdauer des Versorgungsfreibetrags und des Zuschlags (§ 19 Abs. 2 Satz 8 bis 11 EStG)		511 - 520

C. Verfahrensfragen	521 - 534
I. LSt-Abzugsverfahren vs. ESt-Veranlagung	521 - 530
II. Vom LSt-Abzugsverfahren abweichende Besteuerungsgrundlagen im Veranlagungsverfahren	531 - 534

HINWEIS:

R 9 LStR; H 9 LStH; R 19 LStR; H 19 LStH; BMF v. 22. 5. 2013, BStBl 2013 I 728; BMF v. 19. 8. 2013, BStBl 2013 I 1087; BMF v. 24. 10. 2014, BStBl 2014 I 1412; BMF v. 20. 1. 2015, BStBl 2015 I 143; BMF v. 14. 10. 2015, BStBl 2015 I 832; BMF v. 14.3.2017, BStBl 2017 I 473; BMF v. 6.12.2017, BStBl 2018 I, 147; BMF v. 21.12.2017, BStBl 2018 I 93; BMF v. 3.5.2018, BStBl 2018 I 643.

LITERATUR:

Moorkamp, Ertragsteuerliche Behandlung von Entlassungsentschädigungen, StuB 2014, 129; *Geserich*, Der neue „Rabatterlass" (BMF v. 20. 1. 2015), NWB 2015, 1610; *Seifert*, Steuerliches Reisekostenrecht: Aktuelles zur ersten Tätigkeitsstätte, StuB 2015, 355; *Geserich*, Firmenwagenbesteuerung: "Neuordnung" der Berücksichtigung von Zuzahlungen des Arbeitnehmers, NWB 2017, 706.

ARBEITSHILFEN UND GRUNDLAGEN ONLINE:

Ebber, Haftung des Betriebsübernehmers, NWB DokID: AAAAB-83020; *Strohner*, Betriebsveranstaltungen ab 1. 1. 2015, NWB 2015, 246; *Hundt-Eßwein*, Haftung des Betriebsübernehmers, § 75 AO, NWB DokID: CAAAB-04678; *Langenkämper*, „Kostenerfassungsbogen Zweitausbildung", NWB DokID: TAAAE-06347.

A. Allgemeine Erläuterungen

I. Normzweck und wirtschaftliche Bedeutung der Vorschrift

1 Die Einkünfte aus nichtselbständiger Arbeit nach § 19 EStG stellen eine der sieben Einkunftsarten des EStG dar (§ 2 Abs. 1 Satz 1 Nr. 4 EStG). Die Vorschrift legt fest, welche Arten von Einnahmen aus aktiven und früheren Dienstverhältnissen zu versteuern sind. Auch wenn diese Einnahmen in § 19 EStG nicht abschließend definiert, sondern nur beispielhaft aufgezählt sind,[1] wird insbesondere durch die Formulierungen in Abs. 1 Satz 1 Nr. 1 und Nr. 2 („andere Bezüge und Vorteile") eine sehr weitreichende Wirkung erreicht. Der neue Abs. 1 Nr. 1a erfasst seit 1. 1. 2015 Zuwendungen im Rahmen von Betriebsveranstaltungen. Nach Abs. 1 Satz 1 Nr. 3 sind Beiträge des ArbG zur betrieblichen Altersversorgung der ArbN zu versteuern. Nach Abs. 2 wird Beziehern von Versorgungsbezügen ein Einkünfte mindernder Versorgungsfreibetrag mit Zuschlag gewährt.

2 Im Regelfall wird die Steuer auf Einkünfte aus nichtselbständiger Arbeit bereits im LSt-Abzugsverfahren nach den §§ 38 ff. EStG vom ArbG erhoben und an das FA abgeführt. Im Fall einer verpflichtenden oder beantragten Veranlagung nach §§ 25 ff. EStG wird unter Anrechnung der bereits einbehaltenen LSt die endgültige ESt-Schuld des ArbN festgesetzt.

3 Die ArbG entlasten durch die Berechnung und Einbehaltung der LSt die ArbN sowie die Steuerverwaltungen von Erklärungs- und Überprüfungspflichten und tragen durch die regelmäßige Abführung der LSt zu einer soliden Staatsfinanzierung bei. Die Einkünfte aus § 19 EStG stellen

---

1 H. M., *Krüger* in Schmidt, § 19 EStG Rz. 1.

für den Großteil der Erwerbstätigen[1] die wichtigste Einnahmequelle dar. Die LSt ist wegen des hohen Aufkommens eine der für den Staatshaushalt wichtigsten Steuerarten.

(Einstweilen frei) 4–5

II. Entstehung und Entwicklung der Vorschrift

Die Vorschrift des § 19 EStG war trotz der großen Bedeutung für viele Steuerpflichtige sowie für das Steueraufkommen nur selten Gegenstand wesentlicher Neuregelungen oder Nachjustierungen durch den Gesetzgeber. Der bedeutendste Teil des § 19 EStG, die Festlegung der steuerbaren Arbeitslöhne (§ 19 Abs. 1 Satz 1 Nr. 1 EStG) und Pensionen (§ 19 Abs. 1 Satz 1 Nr. 2 EStG) ist seit 1934 unverändert.[2] In der jüngeren Vergangenheit wurde mit Wirkung ab dem 1.9.2009 durch das VAStrRefG v. 3.4.2009[3] in Abs. 1 Satz 1 Nr. 2 ergänzt, dass versorgungsausgleichsberechtigte Personen zu versteuernde Versorgungsbezüge erzielen (vgl. → Rz. 446 ff.). Zuletzt wurden durch das ZollKAnpG v. 22.12.2014[4] zwei weitere Änderungen vorgenommen: In dem neuen § 19 Abs. 1 Satz 1 Nr. 1a EStG ist die steuerliche Behandlung von Betriebsveranstaltungen mit Wirkung v. 1.1.2015 erstmals gesetzlich geregelt (vgl. → Rz. 401 ff.). In § 19 Abs. 1 Satz 1 Nr. 3 EStG wurde präzisiert, welche Sonderzahlungen des ArbG im Rahmen der betrieblichen Altersversorgung zu Einkünften aus nichtselbständiger Arbeit führen (vgl. → Rz. 461 ff.). Durch das Steueränderungsgesetz 2015[5] wurde § 19 Abs. 1 Satz 1 Nr. 3 Satz 2 EStG redaktionell an Vorschriften des VAG angepasst. Eine weitere redaktionelle Änderung des § 19 Abs. 1 Satz 1 Nr. 3 Satz 2 Buchst. b wurde durch das EbAV-Gesetz vom 19.12.2018 vorgenommen.[6] 6

(Einstweilen frei) 7–10

III. Geltungsbereich

Da die Einkünfte aus nichtselbständiger Arbeit ein Dienstverhältnis voraussetzen, in dem ein Stpfl. seine Arbeitskraft schuldet, kann § 19 EStG nur für natürliche Personen gelten. Die Norm gilt für unbeschränkt Stpfl. und unter den weiteren Voraussetzungen des § 49 Abs. 1 Nr. 4 EStG auch für beschränkt Stpfl. Bei grenzüberschreitenden Sachverhalten legen die jeweiligen DBA fest, welcher der beteiligten Staaten (Ansässigkeits- oder Tätigkeitsstaat) das Besteuerungsrecht hat. Vgl. hierzu → Rz. 371 „Auslandstätigkeit". 11

IV. Vereinbarkeit mit höherrangigem Recht

Die Besteuerung der Einkünfte aus nichtselbständiger Arbeit nach § 19 EStG ist in seinen wesentlichen Teilen verfassungsgemäß.[7] Auch die bei den Lohneinkünften im Vergleich zu ande- 12

---

[1] Im Jahr 2013 bestanden in Deutschland rund 38 Mio. Beschäftigungsverhältnisse, rund 4,5 Mio. Erwerbstätige waren selbständig tätig; vgl. hierzu Veröffentlichungen des Statistischen Bundesamtes unter www.destatis.de.
[2] Vgl. RGBl 1934 I 1011.
[3] Gesetz zur Strukturreform des Versorgungsausgleichs, BGBl 2009 I 700.
[4] Gesetz zur Anpassung der Abgabenordnung an den Zollkodex der Union und zur Änderung weiterer steuerlicher Vorschriften, BGBl 2014 I 2417.
[5] Gesetz v. 2.11.2015, BGBl 2015 I 1834.
[6] Gesetz zur Umsetzung der Richtlinie (EU) 2016/2341 des Europäischen Parlaments und des Rates vom 14.12.2016 über die Tätigkeiten und die Beaufsichtigung von Einrichtungen der betrieblichen Altersversorgung, BGBl 2018 I 2672.
[7] HHR/*Pflüger*, § 19 EStG Rz. 10.

ren Einkunftsarten bestehende Besonderheit, dass vom Arbeitslohn monatlich Lohnsteuern einbehalten werden, verletzt den Gleichheitsgrundsatz des Art. 3 GG nicht.[1]

Im Übrigen befasste bzw. befasst sich das BVerfG nur in Teilbereichen mit dieser Norm. Die in der Literatur[2] kritisierte Regelung des § 19 Abs. 1 Satz 1 Nr. 3 Satz 2 EStG wurde zwar vom BFH als verfassungsgemäß eingeordnet. Im Zusammenhang mit der Zwangspauschalierung nach § 40b Abs. 4 EStG ist hierzu aber ein Normenkontrollverfahren anhängig.[3] Vgl. hierzu ausführlich → Rz. 472 f.

Das BVerfG hat eine Verfassungsbeschwerde betreffend Umlagezahlungen an die VBL nicht angenommen, die nach der Rechtsprechung des BFH zu Arbeitslohn führen.[4] Vgl. → Rz. 371 „Versorgungsanstalt des Bundes und der Länder".

Nach Auffassung des BFH sind die Unterschiede zwischen Bezügen wegen Erreichens der Altersgrenze (begünstigte Versorgungsbezüge ab 63. Lebensjahr) und Beamtenpensionen (begünstigte Versorgungsbezüge unabhängig vom Alter des Stpfl.) verfassungsrechtlich gerechtfertigt.[5] Vgl. hierzu → Rz. 494.

13–15 *(Einstweilen frei)*

V. Verhältnis zu anderen Vorschriften

16 Die §§ 38 bis 42g EStG im VI. Abschnitt des EStG regeln die Erhebung der LSt als Vorauszahlung auf die Einkommensteuerschuld. Die LSt ist von dem Arbeitslohn einzubehalten, der unter den Voraussetzungen des § 19 EStG zu versteuern ist. Die Lohnsteuer ist keine selbständige Steuerart, sondern nur eine Erhebung der Einkommensteuer an der Quelle.[6]

17 Zahlreiche **Steuerbefreiungen** und Möglichkeiten der **Pauschalversteuerung** setzen Arbeitslöhne bzw. Einkünfte aus nichtselbständiger Arbeit voraus. Vgl. hierzu → Rz. 148 f.

18 Die Einkünfte aus nichtselbständiger Arbeit sind in Grenzfällen, in denen eine Leistungsbeziehung mehrere unterschiedliche Veranlassungszusammenhänge hat, **von anderen Einkunftsarten abzugrenzen**. Die sich aus § 19 EStG ergebende Steuerpflicht von Einnahmen geht dabei der Zuordnung zu den Einkünften aus Vermietung und Verpachtung (vgl. § 21 Abs. 3 EStG), und bestimmten sonstigen Einkünften (aus wiederkehrenden Bezügen nach § 22 Nr. 1 Satz 1 EStG, aus Leistungen gem. § 22 Nr. 3 Satz 1 EStG)[7] vor. Im Vergleich zu den Kapitaleinkünften besteht keine Subsidiaritätsregelung.

19 Die **Abgrenzung von den gewerblichen oder selbständigen Einkünften** erfordert keine Subsidiaritätsnorm, da das wesentliche Unterscheidungsmerkmal, die Selbständigkeit, ohnehin jeweils im Gesetz genannt wird (vgl. § 15 Abs. 2, § 18 Abs. 1 EStG). Arbeitnehmer schulden typi-

---

[1] BVerfG v. 10. 4. 1997 - 2 BvL 77/92, BStBl 1997 II 518.
[2] *Eisgruber* in Kirchhof, § 19 EStG Rz. 76: Besteuerung erfolgt unabhängig von der Steigerung der Leistungsfähigkeit; *Krüger* in Schmidt, § 19 EStG Rz. 92, 94: „Gesetzliche Arbeitslohnfiktion" ist verfassungswidrig; a. A. hingegen HHR/ *Pflüger*, § 19 Rz. 331 EStG: Sicherung der Anwartschaften der ArbN führt zu Arbeitslohn.
[3] BFH v. 14. 11. 2013 - VI R 49/12, BFH/NV 2014, 418 = NWB DokID: CAAAE-54076: § 19 Abs. 1 Satz 1 Nr. 3 Satz 2 ist verfassungsgemäß. Az. BVerfG: 2 BvL 7/14.
[4] St. Rspr., BFH v. 7. 5. 2009 - VI R 8/07, BStBl 2010 II 194; BFH v. 15. 9. 2011 - VI R 36/09, BFH/NV 2012, 201 = NWB DokID: EAAAD-99020; BVerfG v. 14. 1. 2015 - 2 BvR 568/12, NWB DokID: UAAAE-11363.
[5] BFH v. 7. 2. 2013 - VI R 12/11, BStBl 2013 II 576.
[6] BFH v. 14. 11. 2013 - VI R 49/12, BFH/NV 2014, 418 = NWB DokID: CAAAE-54076.
[7] BFH v. 8. 5. 2008 - VI R 50/05, BStBl 2008 II 868.

scherweise ihre Arbeitskraft, sind gegenüber dem ArbG weisungsgebunden und in dessen geschäftlichen Organismus eingegliedert und damit nichtselbständig.

Die Beurteilung einer Tätigkeit als nichtselbständig oder selbständig erfolgt für die ESt, GewSt und USt grds. nach den gleichen rechtlichen Maßstäben.[1] Das Vorliegen von Arbeitslohn **schließt eine Gewerbesteuerpflicht aus**, da hiervon nur Gewerbebetriebe nach § 15 EStG erfasst werden (vgl. § 2 Abs. 1 Satz 2 GewStG). Die Arbeitsleistung eines ArbN **unterliegt nicht der Umsatzsteuerpflicht**,[2] denn diese setzt nach § 2 Abs. 1 Satz 1 und Abs. 2 Nr. 1 UStG eine selbständige Tätigkeit voraus, die nicht weisungsgebunden ausgeübt wird. Diese Merkmale werden auch bei der Bestimmung von Dienstverhältnissen nach § 1 Abs. 2 LStDV verwendet.[3]   20

Eine **Ausnahme** von diesen Grundsätzen stellen **Tätigkeitsvergütungen eines Mitunternehmers** dar, die unabhängig von der konkreten Ausgestaltung des Leistungs- bzw. Dienstverhältnisses zu Einkünften aus Gewerbebetrieb nach § 15 Abs. 1 Satz 1 Nr. 2 EStG führen. In diesen Fällen erfolgt auch die umsatzsteuerliche Behandlung losgelöst vom Ertragsteuerrecht.[4] Vgl. hierzu → Rz. 251 „Mitunternehmerschaft". Abweichungen zwischen ESt und USt können sich auch bei **Geschäftsführern von KapGes** ergeben.[5] Vgl. hierzu → Rz. 89.   21

Die Einordnung von Tätigkeiten als nichtselbständig i. S. d. § 19 EStG sowie als abhängiges Beschäftigungsverhältnis i. S. d. **Sozialversicherungsrechts** erfolgt zwar rechtlich unabhängig voneinander, in vielen Fällen jedoch parallel. Abhängigkeiten bestehen beim Absehen von der Verbeitragung bestimmter steuerfreier oder pauschal versteuerter Zuwendungen (§ 1 Abs. 1 SvEV), und bei der Pauschalversteuerung nach § 40a Abs. 2 und Abs. 2a EStG, da diese nur dann möglich ist, wenn ein geringfügiges Beschäftigungsverhältnis i. S. d. Sozialversicherungsrechts vorliegt.   22

(Einstweilen frei)   23–30

VI. Ermittlung der Einkünfte aus § 19 EStG

1. Grundsätze

Die Einkünfte aus nichtselbständiger Arbeit sind als Überschuss der Einnahmen über die WK zu ermitteln (§ 2 Abs. 2 Satz 1 Nr. 2 EStG).   31

Als WK sind entweder Pauschbeträge (ArbN-Pauschbetrag i. H. v. 1 000 €/Jahr nach § 9a Satz 1 Nr. 1a EStG oder Pauschbetrag für Versorgungsbezüge i. S. d. § 19 Abs. 2 EStG i. H. v. 102 €/Jahr nach § 9a Satz 1 Nr. 1b EStG) oder die höheren, nachgewiesenen und durch die Einnahmenerzielung veranlassten Aufwendungen im Jahr des Abflusses abziehbar.   32

(Einstweilen frei)   33–35

2. Zeitliche Zuordnung der Einkünfte aus § 19 EStG

Sowohl im Rahmen der ESt-Veranlagung als auch im LSt-Abzugsverfahren gilt für die zeitliche Zuordnung von Einnahmen und WK grds. das Zu- bzw. Abflussprinzip des § 11 EStG. Bei Ein-   36

---

1 BFH v. 2. 12. 1998 - X R 83/96, BStBl 1999 II 534.
2 BFH v. 2. 12. 1998 - X R 83/96, BStBl 1999 II 534.
3 BFH v. 30. 5. 1996 - V R 2/95, BStBl 1996 II 493.
4 BFH v. 14. 4. 2010 - XI R 14/09, BStBl 2011 II 433.
5 BFH v. 10. 3. 2005 - V R 29/03, BStBl 2005 II 730.

nahmen ist jedoch zu beachten, dass **laufender Arbeitslohn** nach § 11 Abs. 1 Satz 4 EStG i.V. m. § 38a Abs. 1 Satz 2 EStG in dem Kalenderjahr als bezogen gilt, in dem der Lohnzahlungszeitraum endet. Diese Regelung dient der Vereinfachung der zeitlichen Zuordnung von Arbeitslohnzahlungen.[1] Die zeitliche Wirkung dieser Norm wurde von der Rspr. auf Zahlungen um den Jahreswechsel beschränkt.[2] § 11 Abs. 1 Satz 4 EStG i.V. m. § 38a Abs. 1 Satz 3 EStG legt für **sonstige Bezüge** in Abgrenzung zum laufenden Arbeitslohn fest, dass diese nach dem allgemeinen Zuflussprinzip im Kalenderjahr des Zuflusses zu versteuern sind. § 11 Abs. 1 Satz 4 EStG regelt mit dem Verweis auf § 38a Abs. 1 Satz 3 EStG als Spezialregelung abschließend den Zufluss von sonstigen Bezügen. Die für andere Einkunftsarten geltende Zehn-Tage-Regelung des § 11 Abs. 1 Satz 2 gilt deshalb für sonstige Bezüge nicht.[3] Zur Unterscheidung laufender Arbeitslohn – sonstiger Bezug vgl. die Aufzählungen in R 39b.2 LStR.

> **BEISPIEL:** Am 14.1.2015 werden dem ArbN das reguläre Gehalt für Dezember 2014 sowie das Weihnachtsgeld überwiesen. Das reguläre Gehalt ist in 2014 zu versteuern, das Weihnachtsgeld im Jahr 2015.[4]

37 Da der ArbN nach § 38 Abs. 2 EStG Schuldner der **LSt** ist, fließt mit Auszahlung des Nettoarbeitslohns auch die vom ArbG einbehaltene LSt zu. Vom ArbG auf den ArbN abgewälzte **pauschale LSt** gilt nach § 11 Abs. 1 Satz 4 EStG i.V. m. § 40 Abs. 3 Satz 2 EStG als zugeflossener Arbeitslohn.

38 Für die **zeitliche Zuordnung von WK** gilt § 11 Abs. 2 EStG.

39 Zu weiteren Einzelheiten und Sonderfällen des Zuflusses von Arbeitslohn s. → Rz. 346 ff.

40–45 *(Einstweilen frei)*

B. Systematische Kommentierung

I. Arbeitslohn aus einem aktiven Dienstverhältnis (§ 19 Abs. 1 Satz 1 Nr. 1 EStG)

46 Nach § 19 Abs. 1 Satz 1 Nr. 1 EStG gehören zu den Einkünften aus nichtselbständiger Arbeit Gehälter, Löhne, Gratifikationen, Tantiemen und andere Bezüge und Vorteile für eine Beschäftigung im öffentlichen oder privaten Dienst. Das Gesetz definiert diese Einkunftsart nicht im Detail, enthält aber zwei wesentliche Tatbestandsmerkmale: Es muss ein bestimmtes **Dienstverhältnis** vorliegen, für das eine gewisse Art von **Einnahmen** erzielt wird. Die beiden Merkmale sind dadurch verknüpft, dass die Einnahmen „für" dieses Dienstverhältnis gezahlt werden.

47 Das Gesetz gibt zur Einordnung der nichtselbständigen Einkünfte nur einen bestimmten Typus vor[5] und regelt nicht, unter welchen konkreten Voraussetzungen ein Dienstvertrag beim Empfänger zu nichtselbständigen Einkünften führt. Dies gewährleistet, dass die Einnahmen aus den in der Lebenswirklichkeit vorkommenden unterschiedlichsten Formen von Dienstverhältnissen von den betroffenen Stpfl. auch tatsächlich in gleicher Weise versteuert werden müs-

---

1 BFH v. 29.5.2008 - VI R 57/05, BStBl 2009 II 147.
2 BFH v. 22.7.1993 - VI R 104/92, BStBl 1993 II 795.
3 BFH v. 24.8.2017 - VI R 58/15, BStBl 2018 II 72.
4 R 39b.2 Abs. 1 Nr. 7 und Abs. 2 Nr. 7 LStR.
5 H. M., z. B. *Eisgruber* in Kirchhof, § 19 EStG Rz. 40.

sen. Andererseits lässt es den Stpfl. ausreichend Freiheiten, die Einzelheiten ihrer auf Einnahmenerzielung gerichteten Tätigkeiten frei auszugestalten.

Die Einkunftsart nichtselbständige Arbeit wird durch die **§§ 1 und 2 LStDV** konkretisiert: Nach § 1 Abs. 2 LStDV, der das Gesetz nach st. Rspr. zutreffend auslegt,[1] liegt ein **Dienstverhältnis** vor, wenn ein Angestellter (Beschäftigter) einem **ArbG** seine Arbeitskraft schuldet. Das Schulden der Arbeitskraft wird wiederum dadurch beschrieben, dass die tätige Person in der Betätigung ihres geschäftlichen Willens unter der Leitung des ArbG steht oder im geschäftlichen Organismus dessen Weisungen zu folgen verpflichtet ist. Die Person, die Einkünfte aus nichtselbständiger Arbeit erzielt, ist nach § 1 Abs. 1 LStDV der **ArbN**. Die Einnahmen aus dem Dienstverhältnis sind nach § 2 Abs. 1 LStDV der **Arbeitslohn**. 48

(Einstweilen frei) 49–55

1. Dienstverhältnis

a) Begriff Dienstverhältnis

Ein Dienstverhältnis setzt nach § 19 Abs. 1 Satz 1 Nr. 1 EStG eine **Beschäftigung im öffentlichen oder privaten Dienst** voraus. Dieser Begriff ist mit dem Begriff des „Arbeitsverhältnisses" weitgehend identisch.[2] 56

§ 1 Abs. 2 Satz 1 LStDV verlangt für die Annahme eines Dienstverhältnisses weiter, dass der ArbN dem ArbG seine **Arbeitskraft schuldet**. Nach § 1 Abs. 2 Satz 2 LStDV erfordert dies wiederum, dass der ArbN in der Betätigung seines geschäftlichen Willens **unter der Leitung des ArbG** steht oder **im geschäftlichen Organismus des ArbG** dessen **Weisungen zu folgen verpflichtet** ist. 57

Neben den in § 1 Abs. 2 LStDV genannten Merkmalen hat die Rspr. weitere Kriterien entwickelt, die es im Einzelfall zu prüfen und zu gewichten gilt. Als wichtiges Kriterium wurde herausgestellt, dass ein ArbN **kein Unternehmerrisiko** tragen darf.[3] ArbN schulden typischerweise ihre Arbeitskraft und keinen Leistungserfolg.[4] Die Vereinbarung von Erfolgshonoraren, die Übernahme eines Ausfallrisikos oder die Möglichkeit der Auftragsablehnung durch den Auftragnehmer sprechen z. B. für eine unternehmerische Tätigkeit und gegen ein Dienstverhältnis.[5] In einer in Rspr. und Literatur häufig zitierten Grundsatzentscheidung[6] hat der BFH zahlreiche weitere **typische Merkmale** für ein Dienstverhältnis herausgearbeitet: Persönliche Abhängigkeit des ArbN, (tarifvertraglich geregelte) feste, begrenzte Arbeitszeiten und (Überstunden-)Vergütungen,[7] fester Arbeitsort, Anspruch auf Urlaub, Sozialleistungen und Fortzahlung der Bezüge im Krankheitsfall, Unselbständigkeit in Organisation und Durchführung der Tätigkeit, fehlende Unternehmerinitiative, kein Kapitaleinsatz, keine Pflicht zur Beschaffung von Arbeitsmitteln, Notwendigkeit der engen ständigen Zusammenarbeit mit anderen Mitarbeitern, Ausführung von einfachen Tätigkeiten, bei denen eine Weisungsabhängigkeit die Regel ist, Tä- 58

---

1 Z. B. BFH v. 23. 10. 1992 - VI R 59/91, BStBl 1993 II 303, betr. Amateursportler.
2 BFH v. 7. 4. 1972 - VI R 58/69, BStBl 1972 II 643.
3 BFH v. 16. 5. 2002 - IV R 94/99, BStBl 2002 II 565, betr. gewerblich tätigem Pilot.
4 BFH v. 20. 4. 1988 - X R 40/81, BStBl 1988 II, 804, betr. nichtselbständiger Konstrukteure und technischer Zeichner.
5 BFH v. 18. 6. 2015 - VI R 77/12, BStBl 2015 II, 903.
6 BFH v. 14. 6. 1985 - VI R 150-152/82, BStBl 1985 II 661, betr. Werbedamen, die für kurzfristige Werbeaktionen beschäftigt werden.
7 Vgl. hierzu auch BFH v. 21. 5. 1987 - IV R 339/84, BStBl 1987 II 625.

tigwerden für nur einen Auftraggeber, längerfristige Tätigkeiten,[1] keine Pflicht des ArbN, bei eigener Erkrankung für eine Ersatzarbeitskraft zu sorgen, aber Vertretungspflicht für erkrankte andere ArbN sowie Pflicht des ArbN, die Tätigkeit selbst zu erbringen.[2]

59 Die Frage, ob eine Tätigkeit im Rahmen eines steuerlichen Dienstverhältnisses ausgeübt wird, ist unter Beachtung des § 19 Abs. 1 Satz 1 Nr. 1 EStG, des § 1 LStDV und den von der Rspr. entwickelten Merkmalen **nach dem Gesamtbild der Verhältnisse** zu beurteilen. Gerade in Zweifelsfällen sprechen oft mehrere Merkmale für bzw. gegen ein Dienstverhältnis, die dann gegeneinander abzuwägen sind. Die jeweils gewichtigeren Umstände sind ausschlaggebend für die Beurteilung, ob eine Tätigkeit selbständig oder unselbständig ausgeübt wird.[3]

60 In die vorzunehmende Gesamtwürdigung ist auch der sich im Vertragsverhältnis widerspiegelnde **Wille der Vertragspartner** einzubeziehen, sofern die Vereinbarungen ernsthaft gewollt und tatsächlich durchgeführt werden.[4] Sofern eine bestimmte Tätigkeit aufgrund ihrer Eigenart nicht von vornherein nur nichtselbständig erbracht werden kann (z. B. Tätigkeit eines Beamten), sind Auftraggeber und Auftragnehmer in ihrer Entscheidung frei, eine Tätigkeit als selbständig oder nichtselbständig auszugestalten.[5] Der Vertragswille wird von der FinVerw aber besonders kritisch hinterfragt werden bei Verträgen mit nahen Angehörigen (vgl. → Rz. 206) oder wenn ein bislang als Dienstverhältnis ausgestalteter Dienstvertrag in eine selbständige Tätigkeit umgewandelt werden soll.[6] Widerspricht das sich aus der Gesamtwürdigung der tatsächlichen Umstände ergebende Bild den vertraglichen Vereinbarungen, kommt diesen keine Bedeutung zu.[7] Auf die Bezeichnung der Tätigkeit oder die gewählte Vertragsart kommt es deshalb grds. nicht an.[8] Bei Scheinarbeitsverhältnissen ist genau zu prüfen, welches Rechtsgeschäft bzw. welcher tatsächliche Lebensvorgang besteuert werden muss (vgl. § 41 Abs. 2 AO).[9] Die Annahme eines Dienstverhältnisses erfordert nicht zwingend einen schriftlichen Arbeitsvertrag. Ein Dienstverhältnis kann auch durch **tatsächliches Verhalten** oder durch eine **mündliche Vereinbarung** entstehen.[10]

PRAXISHINWEIS

Gerade in Zweifelsfällen ist darauf zu achten, dass die vertraglichen Vereinbarungen eindeutig sind und auch dem vertraglichen Willen entsprechend durchgeführt werden. Andernfalls besteht die Gefahr, dass die FinVerw eine Tätigkeit einer anderen Einkunftsart zuordnet. In der NWB-Datenbank stehen Musterarbeitsverträge zum Abruf bereit.[11]

---

1 Vgl. hierzu auch BFH v. 14. 6. 2007 - VI R 5/06, BStBl 2009 II 931, betr. für Kurzeinsätze beauftragte Models.
2 Niedersächsisches FG v. 6. 5. 1999 - XI 679/97, EFG 1999, 1015, rkr.
3 BFH v. 24. 11. 1961 - VI 183/59 S, BStBl 1962 III 37.
4 BFH v. 14. 6. 1985 - VI R 150-152/82, BStBl 1985 II 661.
5 BFH v. 18. 1. 1991 - VI R 122/87, BStBl 1991 II 409, betr. Beschäftigung von Ingenieuren als ArbN oder Subunternehmer.
6 BFH v. 12. 10. 1988 - X R 18/87, BFH/NV 1989, 366 = NWB DokID: ZAAAB-30641.
7 BFH v. 14. 10. 1976 - V R 137/73, BStBl 1977 II 50, betr. eines jahrelang für einen Auftraggeber tätigen Rundfunksprechers, der unzutreffend als „freier Mitarbeiter" behandelt wurde.
8 BFH v. 20. 4. 1988 - X R 40/81, BStBl 1988 II 804.
9 BFH v. 30.8.2017 - IX R 46/15, BFH/NV 2018, 125 = NWB DokID: VAAAG-62865.
10 BFH v. 23. 10. 1992 - VI R 59/91, BStBl 1993 II 303, betr. Amateurfußballspieler.
11 Vgl. NWB DokID: WAAAB-05383.

Die **arbeitsrechtliche**[1] **und sozialversicherungsrechtliche Beurteilung** einer Tätigkeit binden die steuerliche Einordnung nicht, können aber ebenfalls als Indizien herangezogen werden.[2] Selbst wenn zivilrechtlich gar kein Arbeitsverhältnis vorliegt, kann steuerlich ein Dienstverhältnis gegeben sein.[3] Auch umgekehrt führt eine rückwirkend als zivilrechtliches Arbeitsverhältnis eingeordnete Tätigkeit nicht zugleich zur Annahme eines steuerlichen Dienstverhältnisses.[4]

61

In Zweifelsfällen kann auch ausschlaggebend sein, ob eine Tätigkeit nach der **Verkehrsauffassung** i. d. R. von ArbN ausgeführt wird.[5]

62

Die Gesamtwürdigung ist grds. **für jeden einzelnen Beschäftigten** nach den für ihn konkret vorliegenden Merkmalen vorzunehmen.[6] Übt ein einzelner Stpfl. mehrere Tätigkeiten aus, ist **jede einzelne Tätigkeit** gesondert zu betrachten.[7] Insbesondere erlaubt auch die Zugehörigkeit zu einer bestimmten Berufsgruppe keine pauschale Einordnung als Dienstverhältnis oder selbständige Tätigkeit.[8] So kann z. B. ein Reiseleiter in einem Dienstverhältnis zum Reiseveranstalter stehen, wenn er an das vorgegebene Reiseprogramm gebunden ist, eine feste Vergütung erhält und der Veranstalter seine angefallenen Kosten übernimmt.[9] Die Tätigkeit kann jedoch auch selbständig ausgeübt werden, wenn der Reiseleiter nebenberuflich tätig ist, nur einzelne Reisen betreut, einen Freiraum bei der Ausgestaltung der Reise hat und ein Vergütungsrisiko trägt.[10]

63

Die Einordnung eines Dienstvertragsverhältnisses obliegt nach ständiger Rspr. des BFH in erster Linie den **Finanzgerichten als Tatsacheninstanz**. Die im Wesentlichen auf tatrichterlichem Gebiet liegende Beurteilung ist revisionsrechtlich nur begrenzt überprüfbar.[11] Die Tatsacheninstanz muss aber die nach der Rspr. des BFH maßgeblichen Umstände vollständig und ihrer Bedeutung entsprechend in die Würdigung einbeziehen.[12]

64

(Einstweilen frei)

65–75

b) Die wichtigsten Einzelmerkmale

aa) Schulden der Arbeitskraft (§ 1 Abs. 2 Satz 1 LStDV)

Ein wesentliches Merkmal für die Annahme eines Dienstverhältnisses ist das Schulden der Arbeitskraft. Dieses Merkmal ist erfüllt, wenn der ArbN eine bestimmte **Tätigkeit ausführen** muss. Nicht erforderlich ist hingegen, dass der ArbN einen konkreten Leistungserfolg schuldet.

76

---

1 Zu den zivilrechtlichen Grundlagen von Arbeitsverträgen vgl. den InfoCenter-Beitrag von *Schmalbach*, NWB DokID: HAAAB-03353.
2 BFH v. 23. 10. 1992 - VI R 59/91, BStBl 1993 II 303, betr. Amateurfußballspieler.
3 BFH v. 2. 10. 1968 - VI R 29/68, BStBl 1969 II 103, betr. Zeitungsausträger.
4 BFH v. 8. 5. 2008 - VI R 50/05, BStBl 2008 II 868, betr. Ersatzvergütung für fehlgeschlagene Hofübergabe.
5 BFH v. 11. 3. 1960 - VI 186/58 U, BStBl 1960 III 215.
6 BFH v. 18. 1. 1991 - VI R 122/87, BStBl 1991 II 409.
7 BFH v. 6. 10. 1971 - I R 207/66, BStBl 1972 II 88, betr. Schauspieler mit mehreren Tätigkeiten.
8 BFH v. 30. 6. 2000 - V B 20, 21/00, NWB DokID: MAAAA-65760, betr. Auslieferungsfahrer.
9 FG Hamburg. v. 24. 9. 1987 - II 39/85, EFG 1988, 120, rkr.
10 FG Hamburg v. 29. 6. 2005 - II 402/03, DStRE 2005, 1442, rkr.
11 BFH v. 9. 9. 2003 - VI B 53/03, BFH/NV 2004, 42 = NWB DokID: SAAAA-70796.
12 BFH v. 18. 6. 2015 - VI R 77/12, BStBl 2015 II 903.

Zur Beurteilung dieses Merkmals ist im Zweifelsfall zu prüfen, ob bzw. wie der Auftragnehmer gegenüber dem Auftraggeber für eine Nicht- oder Schlechterfüllung der Tätigkeit einzustehen hat.[1]

77 Für ein Dienstverhältnis spricht, wenn der ArbN die Tätigkeit selbst erbringen muss. Kann sich der ArbN vertreten lassen, führt dies aber nicht zwingend zu einer selbständigen Tätigkeit. Insbesondere bei einfachen Tätigkeiten hat eine Vertretungsmöglichkeit keine große Bedeutung.[2]

78 Das Merkmal „Schulden der Arbeitskraft" erfordert darüber hinaus nicht, dass ein ArbN im Betrieb des ArbG tatsächlich zum Arbeitseinsatz kommt, sich die Beschäftigung des ArbN für den ArbG betriebswirtschaftlich rentiert oder dass sich der ArbN anderweitig nützlich macht.[3] Deshalb sind auch Ausbildungsdienstverhältnisse steuerlich relevante Dienstverhältnisse (vgl. → Rz. 216).

79–85 *(Einstweilen frei)*

bb) Weisungsgebundenheit (§ 1 Abs. 2 Satz 2 LStDV)

86 Die Weisungsgebundenheit eines ArbN zeigt sich daran, dass sein ArbG bestimmen kann, **wie, wo und wann die Arbeitsleistung zu erbringen ist**. Ob diese Voraussetzungen im Einzelfall vorliegen, beurteilt sich grds. nach der vom ArbN tatsächlich ausgeübten Tätigkeit sowie nach seiner Stellung gegenüber dem ArbG im Innenverhältnis,[4] nicht jedoch nach dem nach außen erkennbaren Auftreten des ArbN.[5] Für die Beurteilung in der Praxis müssen die arbeitsvertraglichen Regelungen und deren tatsächliche, ggf. vom Arbeitsvertrag abweichende Umsetzung gewürdigt werden.

87 Die Annahme einer Weisungsgebundenheit erfordert nicht, dass der ArbG die Arbeiten des ArbN im Detail vorgibt oder ihn kontrolliert. So ist z. B. ein Kundendienstmonteur auch dann weisungsgebunden, wenn ihm der ArbG nur die Namen der aufzusuchenden Kunden nennt, ihm jedoch offen lässt, wie und in welcher Reihenfolge er seine Aufträge abarbeitet. Solange das Maß der festgestellten Bewegungsfreiheit **Ausfluss des Willens des ArbG** ist, ist er weisungsgebunden.[6] Die Weisungsgebundenheit kann im Einzelfall auch recht locker ausgestaltet sein, z. B. bei ehrenamtlich Tätigen.[7] Es kommt vor allem darauf an, ob der ArbG ein Weisungsrecht hat, und nicht in welchem Umfang er es ausübt.

88 Bei **einfachen Tätigkeiten** wird eher eine Weisungsgebundenheit anzunehmen sein[8] als bei gehobenen Tätigkeiten, deren Art und Weise der Ausführung maßgeblich durch die persönlichen Fähigkeiten des Auftragnehmers bestimmt wird. So wird z. B. eine nebenberufliche Lehrtätigkeit weitgehend weisungsfrei und damit selbständig ausgeübt.[9]

---

1 BFH v. 18.1.1991 - VI R 122/87, BStBl 1991 II 409.
2 Niedersächsisches FG v. 6.5.1999 - XI 679/97, EFG 1999, 1015, rkr.
3 BFH v. 7.4.1972 - VI R 58/69, BStBl 1972 II 64, betr. Gerichtsreferendar in Ausbildung.
4 BFH v. 7.12.1961 - V 139/59 U, BStBl 1962 III 149.
5 BFH v. 15.7.1987 - X R 19/80, BStBl 1987 II 746.
6 BFH v. 7.12.1961 - V 139/59 U, BStBl 1962 III 149.
7 BFH v. 28.2.1975 - VI R 28/73, BStBl 1976 II 134, betr. Helfer eines Wohlfahrtsverbands.
8 BFH v. 18.1.1974 - VI R 221/69, BStBl 1974 II 301.
9 BFH v. 24.4.1959 - VI 29/59 S, BStBl 1959 III 193.

Vorstände einer AG oder Geschäftsführer einer GmbH[1] können ihre Arbeit meist frei und nach eigenem Willen ausüben, unterliegen aber der Kontrolle der zuständigen Aufsichtsgremien. Auch wenn nach neuerer Rspr. zwischen der Organstellung dieser Personen und dem Anstellungsverhältnis zu unterscheiden sein soll,[2] sind sie in den meisten Fällen weisungsgebunden. Denn deren weitgehend unabhängige Stellung ist Folge der Entscheidung des ArbG, diesen ArbN große Freiheiten zu lassen. Dem ArbG kommt es bei diesen ArbN mehr auf das Ergebnis der Arbeitstätigkeit an.[3] Die ArbN-Stellung von Organpersonen ist nach den Gesamtumständen des Einzelfalls zu beurteilen.[4] Soweit nach der aktuellen Rspr. jedoch bei Geschäftsführern einer GmbH, die zugleich Gesellschafter der GmbH und zu mehr als 50 % beteiligt sind, immer eine selbständige Tätigkeit vorliegen soll,[5] ist dies abzulehnen.[6] Denn dadurch werden alle anderen für oder gegen eine ArbN-Stellung sprechenden Merkmale außer Acht gelassen. Vgl. hierzu auch → Rz. 251 „Vorstand". 89

(Einstweilen frei) 90–95

cc) Eingliederung in den geschäftlichen Organismus (§ 1 Abs. 2 Satz 2 LStDV)

Ob ein ArbN eingegliedert ist, ist in **zeitlicher, räumlicher und inhaltlicher Hinsicht** zu prüfen. Je längerfristiger ein Dienstvertragsverhältnis läuft, desto stärker ist die zeitliche Eingliederung. Übernimmt ein Auftragnehmer nur einzelne kurzfristige Aufträge, ist er weniger in den Betrieb eingegliedert.[7] In räumlicher Hinsicht ist ein ArbN auf jeden Fall eingegliedert, wenn er seine Tätigkeit im Betriebsgebäude oder auf dem betrieblichen Gelände des ArbG erbringen muss. Die fehlende räumliche Eingliederung, z. B. bei Vertriebsmitarbeitern im Außendienst oder bei Heimarbeitern, schließt für sich alleine aber ein Dienstverhältnis nicht aus. Je genauer die Vorgaben des ArbG sind, was der ArbN zu tun hat und wie er eine Arbeit ausführen soll, umso eher liegt eine inhaltliche Eingliederung vor. Da es für den ArbG bei gehobenen Tätigkeiten tendenziell schwieriger wird, konkrete Vorgaben bzgl. der Inhalte einer Tätigkeit zu machen, wird in diesen Fällen eher keine (deutliche) inhaltliche Eingliederung vorliegen.[8] 96

(Einstweilen frei) 97–105

c) Arbeitnehmer

aa) Arbeitnehmer-Begriff und Bedeutung

Der Begriff „ArbN" wird in § 19 EStG nur im Zusammenhang mit Betriebsveranstaltungen in Abs. 1 Nr. 1a genannt. Nach § 1 Abs. 1 Satz 1 LStDV sind ArbN Personen, die in öffentlichem oder privatem Dienst angestellt oder beschäftigt sind oder waren und die aus diesem Dienstverhältnis oder einem früheren Dienstverhältnis Arbeitslohn beziehen. 106

---

1 Zur sozialversicherungsrechtlichen Einordnung, vgl. *Bosse*, NWB 2015, 1066; *Bosse*, NWB 2017, 658 Sowie *Bosse*, NWB 2018, 797.
2 BFH v. 20. 10. 2010 - VIII R 34/08, BFH/NV 2011, 585 = NWB DokID: CAAAD-61009.
3 BFH v. 23. 4. 2009 - VI R 81/06, BStBl 2012 II 262.
4 BMF v. 31. 5. 2007, BStBl 2007 I 503.
5 BFH v. 20. 10. 2010 - VIII R 34/08, BFH/NV 2011, 585 = NWB DokID: CAAAD-61009.
6 A. A. noch BFH v. 23. 4. 2009 - VI R 81/06, BStBl 2012 II 262, betr. GesGf mit Beteiligung i. H. v. 65 %; *Eisgruber* in Kirchhof, § 19 EStG Rz. 27, mit überzeugender Kritik und m. w. N.; *Krüger* in Schmidt, § 19 EStG Rz. 35 „Gesellschafter einer KapGes": Beteiligungshöhe ist nur Indiz.
7 BFH v. 14. 6. 2007 - VI R 5/06, BStBl 2009 II 931, betr. für Kurzeinsätze beauftragte Models.
8 BFH v. 24. 4. 1959 - VI 29/59 S, BStBl 1959 III 193, betr. gehobene, selbständige Lehrtätigkeit; BFH v. 24. 7. 1992 - VI R 126/88, BStBl 1993 II 155, betr. einfache unselbständige Tätigkeit als Stromableser.

107 Die Frage, wer ArbN ist, hat Bedeutung im Hinblick darauf, ob und **wem die Einkünfte zuzurechnen** sind. Der ArbN ist nach § 38 Abs. 2 EStG **Schuldner der LSt**, die vom ArbG einzubehalten und abzuführen ist. Darüber hinaus **haftet** er unter den Voraussetzungen des § 42d Abs. 3 Satz 2 bis 4 EStG für nicht abgeführte LSt.

108–110 (Einstweilen frei)

bb) Arbeitnehmer in einem gegenwärtigen Dienstverhältnis

111 Die Frage, ob ein Stpfl. als ArbN im Rahmen eines Dienstverhältnisses tätig wird, geht mit der Einordnung dieses Dienstvertragsverhältnisses selbst einher. Dabei kommt es auf das Gesamtbild der Verhältnisse an.[1] Liegt ein Dienstverhältnis vor, ist der Stpfl. auch ArbN. Der ArbN ist in einem gegenwärtigen Dienstverhältnis das Gegenstück zum ArbG.

112 Ein ArbN erbringt seine Arbeitsleistungen für den ArbG grds. höchstpersönlich. Kann sich die tätige Person durch andere Personen aus eigener Entscheidungsfreiheit heraus vertreten lassen, spricht dies gegen eine Stellung als ArbN, schließt sie jedoch nicht aus.[2]

113 Anders als z. B. bei Einkünften aus Kapitalvermögen oder aus Vermietung und Verpachtung kann die Einkunftsquelle, nämlich die persönliche Arbeitskraft des ArbN, nicht auf andere Stpfl. übertragen werden.[3] Auch eine unmittelbare Weiterleitung des erzielten Arbeitslohns an Dritte, ggf. auch im abgekürzten Zahlungsweg direkt vom ArbG an den Dritten, ist steuerlich unbeachtlich und ändert nichts daran, dass die Einnahmen dem ArbN zuzurechnen sind. Die Einkünfte aus nichtselbständiger Arbeit werden auch dann dem ArbN zugerechnet, wenn er Gehaltsforderungen an einen Dritten abtritt.[4]

114–115 (Einstweilen frei)

cc) Arbeitnehmer in einem früheren Dienstverhältnis

116 Siehe → Rz. 436 ff.

dd) Arbeitnehmer im Hinblick auf ein künftiges Dienstverhältnis

117 Über die Regelung in § 1 Abs. 1 Satz 1 LStDV hinaus kann ein ArbN auch im Hinblick auf ein künftiges Dienstverhältnis Arbeitslohn beziehen, z. B. wenn ein ArbN von dem zukünftigen ArbG eine Prämie für den Arbeitsplatzwechsel erhält, bevor er tatsächlich tätig wird (sog. signing-bonus).[5]

118–125 (Einstweilen frei)

d) Arbeitgeber

aa) Arbeitgeber-Begriff

126 Der Begriff „ArbG" wird zwar in § 19 EStG an mehreren Stellen verwendet, dort jedoch nicht definiert. § 1 Abs. 2 LStDV nennt lediglich Öffentliche Körperschaften, Unternehmer oder Haus-

---

1 BFH v. 14.6.1985 - VI R 150-152/82, BStBl 1985 II 661.
2 BFH v. 2.10.1968 - VI R 29/68, BStBl 1969 II 103.
3 *Blümich*, § 19 EStG Rz. 14.
4 BFH v. 23.1.1985 - I R 64/81, BStBl 1985 II 330.
5 BFH v. 11.4.2018 - I R 5/16, NWB DokID: ZAAAG-96182.

haltsvorstände beispielhaft als ArbG. In R 19.1 Satz 1 LStR werden weitere Arten von ArbG aufgezählt (natürliche oder juristische Personen, Personenvereinigungen und Vermögensmassen). Auch die Vorschriften für das LSt-Abzugsverfahren (§§ 38 bis 42g EStG) beinhalten zahlreiche steuerliche Folgen und Pflichten für den ArbG, ohne diesen jedoch begrifflich festzulegen.

Zur Bestimmung, wer ArbG ist, muss auf das den ArbN und ArbG verbindende Dienstverhältnis zurückgegriffen werden. Aus § 1 Abs. 1 und Abs. 2 LStDV ergibt sich, dass ArbG im steuerlichen Sinne derjenige ist, dem der ArbN die Arbeitsleistung schuldet, unter dessen Leitung er tätig wird oder dessen Weisungen er zu folgen hat.[1]

bb) Steuerliche Folgen und Pflichten

Aus der Stellung als steuerlicher ArbG ergeben sich **zahlreiche materiell-rechtliche und verfahrensrechtliche Folgen und Pflichten**. So muss der ArbG die LSt der ArbN berechnen und einbehalten (vgl. §§ 38 bis 39f EStG), die LSt beim FA anmelden und abführen (§ 41a EStG), er muss dem FA eine LSt-Bescheinigung übermitteln (§ 41b EStG), er ist Schuldner der LSt für etwaigen pauschal versteuerten Arbeitslohn (§ 40 Abs. 3 Satz 2, § 40a Abs. 5, § 40b Abs. 5 EStG), er hat bestimmte Aufzeichnungspflichten (§ 41 EStG), muss die Durchführung einer LSt-Außenprüfung (§ 42f EStG) oder einer LSt-Nachschau (§ 42g EStG) dulden und er haftet nach § 42d EStG für fehlerhaften LSt-Abzug.

cc) Sonderfälle

In einem Dienstverhältnis kann ein ArbN **immer nur einen steuerlichen ArbG** haben. An dieser Zusammengehörigkeit von ArbN und ArbG ändert sich nichts, wenn der ArbN im Rahmen dieses Dienstverhältnisses **Lohnzahlungen von dritter Seite** erhält (z. B. von einem mit dem ArbG verbundenen Unternehmen oder wenn ein Entleiher Lohnzahlungen übernimmt).[2]

Der steuerliche ArbG ist i. d. R. derjenige, mit dem der ArbN arbeitsrechtlich eine Vereinbarung zur Arbeitsleistung getroffen hat.[3] Die Literatur hat hierfür den Begriff des **„zivilrechtlichen Arbeitgebers"** geprägt.[4] Der steuerliche und zivilrechtliche ArbG muss jedoch nicht zwingend identisch sein. So kommt es für die Annahme der ArbG-Eigenschaft einer **GbR** nicht darauf an, ob sie zivilrechtlich überhaupt Vertragspartner des ArbN sein kann.[5] Der arbeits- und steuerrechtliche ArbG eines Leih-ArbN ist grds. der **Verleiher** (s. → Rz. 229),[6] im Falle der unerlaubten Arbeitnehmerüberlassung bleibt der Verleiher abweichend von der arbeitsrechtlichen Situation steuerlicher ArbG, solange er die Löhne auszahlt.[7]

Ein **Verein**[8] kann ArbG sein, auch soweit es um die Belange etwaiger mit einer gewissen Selbständigkeit geführten Abteilungen geht.[9]

---

1 BFH v. 17. 2. 1995 - VI R 41/92, BStBl 1995 II 390.
2 R 19.1 Satz 7 LStR.
3 BFH v. 13. 7. 2011 - VI R 84/10, BStBl 2011 II 986.
4 *Krüger* in Schmidt, § 38 EStG Rz. 2.
5 BFH v. 17. 2. 1995 - VI R 41/92, BStBl 1995 I 390; gl. A. HHR/*Pflüger*, § 19 EStG Rz. 62.
6 R 19.1 Satz 5 LStR.
7 R 19.1 Satz 6 LStR; BFH v. 2. 4. 1982 - VI R 34/79, BStBl 1982 II 502.
8 BFH v. 23. 10. 1992 - VI R 59/91, BStBl 1993 II 303.
9 BFH v. 13. 3. 2003 - VII R 46/02, BStBl 2003 II 556.

132 Ist ein ArbN bei einer **Organgesellschaft** angestellt, ist diese und nicht der Organträger der ArbG.[1] Daran ändern auch die generellen Einflussmöglichkeiten des Organträgers auf die Organgesellschaft oder Lohnzahlungen des Organträgers nichts. Es wäre aber möglich, dass ein ArbN neben dem Dienstverhältnis zur Organgesellschaft ein weiteres Dienstverhältnis zum Organträger begründet.

133 Die Pflicht, LSt einzubehalten, trifft nur **inländische ArbG** (§ 38 Abs. 1 Nr. 1 EStG) und **ausländische Verleiher** (§ 38 Abs. 1 Nr. 2 EStG). Durch explizite gesetzliche Regelung (§ 38 Abs. 1 Satz 2 EStG) gilt im Falle einer Arbeitnehmerentsendung das **inländische aufnehmende Unternehmen** als ArbG, wenn es den Lohn wirtschaftlich trägt, auch wenn das Dienstverhältnis zwischen dem ArbN und dem entsendenden Unternehmen besteht (sog. wirtschaftlicher ArbG).[2]

134 Die ArbN von juristischen Personen des öffentlichen Rechts erhalten ihre Lohnzahlungen meist nicht direkt von ihrer Dienststelle, sondern von zentralisierten Abrechnungsstellen, sog. **öffentlichen Kassen** ausgezahlt. Diesen werden die ArbG-Pflichten nach § 38 Abs. 3 Satz 2 EStG übertragen.

135 In den Fällen des § 3 Nr. 65 EStG werden **Pensionskassen** und **Lebensversicherungsunternehmen**, und im Fall des § 3 Nr. 53 EStG wird die **Deutsche Rentenversicherung Bund** zum ArbG.

136 **Insolvenzverwalter und Testamentsvollstrecker** werden kraft Amtes zum ArbG der ArbN, die im jeweils zu verwaltenden Betrieb beschäftigt sind.[3]

137 Nach der **Übernahme eines Betriebs** durch einen Erwerber wird dieser regelmäßig der neue ArbG der dort beschäftigten ArbN sein. Für LSt, die seit dem Beginn des letzten, vor der Übereignung liegenden Kalenderjahres entstanden ist und bis zum Ablauf von einem Jahr nach Anmeldung des Betriebs festgesetzt oder angemeldet, aber noch nicht beglichen wurde, kann der Betriebsübernehmer nach § 75 AO subsidiär (vgl. § 219 Satz 1 AO) in Haftung genommen werden.[4] Strittig ist, ob der Betriebsübernehmer auch für pauschalierte LSt haftet.[5]

138–145 *(Einstweilen frei)*

e) Steuerliche Besonderheiten und Vorteile von Einkünften aus nichtselbständiger Arbeit

146 Wegen der grds. bestehenden Vertragsfreiheit kann ein Dienstvertragsverhältnis von den Beteiligten sowohl als Dienstverhältnis als auch als selbständige Tätigkeit ausgestaltet werden. Voraussetzung für die Anerkennung der gewählten Vertragsgestaltung ist aber, dass der Vertrag auch wie vereinbart durchgeführt wird. Bestimmte Tätigkeiten werden aufgrund ihrer Eigenart nur im Rahmen von Dienstverhältnissen ausgeübt, z. B. die Tätigkeit als Beamter. Andere Tätigkeiten, wie z. B. Reinigungsarbeiten, können hingegen sowohl selbständig als auch nichtselbständig ausgeübt werden.

147 Aus Sicht des „Auftragnehmers" können **außersteuerliche Gründe** dafür sprechen, ein mögliches künftiges Dienstvertragsverhältnis als Dienstverhältnis auszugestalten. Ein ArbN erhält i. d. R. ein relativ sicheres, der Höhe nach festes und für einen längeren Zeitraum zugesagtes Gehalt, eine soziale Absicherung durch Zahlung von Sozialversicherungsbeiträgen, Ansprüche

---

1 BFH v. 21.2.1986 - VI R 9/80, BStBl 1986 II 768.
2 BMF v. 3.5.2018, BStBl 2018 I 643, Tz. 4.3.3.1.
3 HHR/*Pflüger*, § 19 EStG Rz. 63.
4 Vgl. hierzu *Ebber*, NWB DokID: AAAAB-83020 sowie die Checkliste von *Hundt-Eßwein*, NWB DokID: CAAAB-04678.
5 Für die Haftung für pauschalierte LSt, AEAO zu § 75 AO, Tz. 4.1, dagegen *Loose* in Tipke/Kruse, § 75 AO Rz. 49.

aus einer Altersversorgung (gesetzliche Rentenversicherung, Beamtenpensionen, betriebliche Altersversorgung), Ansprüche auf bezahlten Urlaub und Lohnfortzahlung im Krankheitsfall. Darüber hinaus schuldet der ArbN seinem ArbG „nur" seine Arbeitskraft und keinen konkreten Arbeitserfolg.

Auch wenn Einnahmen aus einer einkommensteuerlich relevanten Erwerbstätigkeit grds. unabhängig von der Einkunftsart mit dem gleichen Steuersatz der ESt unterliegen, gibt es zahlreiche **steuerliche Besonderheiten**, die für die Vereinbarung eines Dienstverhältnisses sprechen können. 148

Das EStG enthält in § 3 EStG bestimmte **Steuerbefreiungen**, die nur für Einnahmen aus einem Dienstverhältnis gewährt werden können (z. B. Leistungen des ArbG zur Kinderbetreuung nach § 3 Nr. 33 EStG, zur Gesundheitsförderung nach § 3 Nr. 34 EStG, zur Familienberatung und kurzfristigen Kinderbetreuung aus beruflichen Gründen nach § 3 Nr. 34a EStG, Überlassung von Vermögensbeteiligungen nach § 3 Nr. 39 EStG, Gestellung von Datenverarbeitungs- und Kommunikationsmittel durch den ArbG nach § 3 Nr. 45 EStG, Trinkgelder von ArbN nach § 3 Nr. 51 EStG, Zahlung eines Kaufkraftausgleichs nach § 3 Nr. 64 EStG, Zuschläge des ArbG für Sonntags-, Feiertags- und Nachtarbeit nach § 3b EStG). 149

Weitere steuerliche Vorteile ergeben sich für ArbN durch **besondere Bewertungsbestimmungen** für Sachbezüge (z. B. Bewertung von Mahlzeiten mit dem Sachbezugswert nach § 8 Abs. 2 Sätze 6 und 8 EStG, Freigrenze für Sachbezüge i. H. v. 44 € pro Monat nach § 8 Abs. 2 Satz 11 EStG, Rabattfreibetrag i. H. v. 1 080 € nach § 8 Abs. 3 EStG). 150

Nur Einkünfte aus nichtselbständiger Arbeit eröffnen mehrere Möglichkeiten zur **pauschalen Versteuerung von Einnahmen** mit einem niedrigeren Steuersatz (in besonderen Fällen nach § 40 EStG, für Teilzeitbeschäftigte und geringfügig Beschäftigte nach § 40a EStG, bei bestimmten Zukunftssicherungsleistungen nach § 40b EStG). Andere Pauschalierungsmöglichkeiten können bei ArbN und selbständig Tätigen genutzt werden (Pauschalversteuerung von Sachprämien aus Kundenbindungsprogrammen nach § 37a EStG und Sachzuwendungen nach § 37b EStG). Zu den aktuellen Pauschalsteuersätzen und weiterführenden Hinweisen vgl. hierzu die Arbeitshilfe „Pauschalbesteuerung Sachbezüge und Arbeitslohn".[1] 151

Nur ArbN haben Anspruch auf **ArbN-Sparzulage** (vgl. § 1 Abs. 1 und Abs. 2 des 5. VermBG). 152

Die Abzugsfähigkeit von Aufwendungen, die im Zusammenhang mit einem Dienstvertragsverhältnis als BA oder WK anfallen, beurteilt sich weitgehend nach den gleichen Grundsätzen. Bei den Einkünften aus nichtselbständiger Arbeit kann bei niedrigeren tatsächlichen Aufwendungen der **WK-Pauschbetrag** nach § 9a Satz 1 Nr. 1a EStG i. H. v. 1 000 € berücksichtigt werden. 153

Andere steuerliche Sonderregelungen stehen hingegen nur selbständig Tätigen offen: Bei bestimmten Tätigkeiten kann sich der von der FinVerw akzeptierte Abzug pauschaler BA i. H. v. 25 oder 30 % der Einnahmen als günstig erweisen.[2] Geringfügige selbständige Einkünfte können durch den Härteausgleich nach § 46 Abs. 2 Nr. 1 und Abs. 5 EStG unversteuert bleiben. Die gewinnmindernde Berücksichtigung eines Investitionsabzugsbetrags nach § 7g EStG und die Übertragung stiller Reserven nach § 6b EStG kommt auch nur bei den Gewinneinkunftsarten in Betracht. 154

---

[1] In der NWB-Datenbank unter NWB DokID: NAAAE-66121.
[2] H 18.2 „Betriebsausgabenpauschale" EStH.

155 Aus Sicht des Auftraggebers geht es darum, ob er für einzelne Aufträge konkreten Erfolg einfordern möchte oder ob er für einen längerfristigen Zeitraum eine Arbeitskraft benötigt, die er relativ flexibel einsetzen kann und die dabei seinen Weisungen unterliegt. Nicht zuletzt wird für den ArbG auch mitentscheidend sein, welche **Kosten** durch ein Dienstverhältnis oder eine Auftragsvergabe an einen selbständig Tätigen oder ein Unternehmen verursacht werden.

> **PRAXISHINWEIS:**
>
> Mit Hilfe des Nettolohn-Rechners[1] können für ein Dienstverhältnis neben den Brutto- bzw. Nettolöhnen auch Sozialversicherungsbeiträge und die gesamten Lohnkosten des ArbG berechnet und als Planungshilfe herangezogen werden.

156–165 *(Einstweilen frei)*

f) Besondere Tätigkeiten

aa) Nicht steuerbare Tätigkeiten

166 Eine nichtselbständige Tätigkeit kann eine ertragsteuerlich irrelevante **Liebhaberei** sein, wenn diese Tätigkeit ohne Einkunftserzielungsabsicht und aus privaten Neigungen ausgeübt wird. Zur Beurteilung der Einkunftserzielungsabsicht ist eine Totalüberschussprognose durchzuführen, in die die Einnahmen aus dem jeweiligen Dienstverhältnis sowie etwaige sich hieraus ergebende Ansprüche des ArbN auf Ruhegehaltszahlungen sowie – subjektübergreifend – Ansprüche des Ehegatten auf Hinterbliebenenversorgung einzubeziehen sind.[2]

167 Nicht steuerbare Tätigkeiten liegen insbesondere bei sog. **Gefälligkeiten** vor. Für solche Gefälligkeiten ist typisch, dass eine Person freiwillig, ohne vertragliche Verpflichtung, weisungsunabhängig und meist aus persönlichen Gründen eine Tätigkeit für eine andere, oft verwandte oder befreundete Person oder für einen Verein ausübt. Soweit die für eine derartige Tätigkeit erhaltene Aufwandsentschädigung oder Belohnung geringfügig ist oder die tatsächlichen Aufwendungen der tätigen Person nur geringfügig übersteigt, liegt eine nichtsteuerbare Tätigkeit vor. Erreicht die Entlohnung ein höheres Maß, liegen steuerlich relevante (selbständige oder nichtselbständige) Tätigkeiten vor.[3] Typische Beispiele für solche Tätigkeiten finden sich im Bereich der Nachbarschafts- und Familienhilfe.[4]

168 Auch im **Bereich des Sports** werden häufig nichtsteuerbare Tätigkeiten erbracht. So geht ein Freizeitsportler, der den Sport zum Selbstzweck betreibt und gelegentlich bei Wettkämpfen einen niedrigen Preis gewinnt oder gegen bloßen Aufwendungsersatz aktiv ist, keiner steuerbaren Tätigkeit nach.[5] Erzielt ein Sportler hingegen regelmäßig Einnahmen und übersteigen diese seine Aufwendungen, kann eine steuerbare Tätigkeit vorliegen. Die Einordnung ist in den Grenzfällen schwierig. Geringfügige selbständige Einkünfte können u.U. durch den Härteausgleich nach § 46 Abs. 2 Nr. 1 und Abs. 5 EStG von der Besteuerung ausgenommen werden.

169–175 *(Einstweilen frei)*

---

1 Unter NWB DokID: YAAAB-05540.
2 BFH v. 28. 8. 2008 - VI R 50/06, BStBl 2009 II 243.
3 BFH v. 4. 8. 1994 - VI R 94/93, BStBl 1994 II 944, betr. Sanitätshelfer mit nicht vernachlässigbarer Entlohnung.
4 *Eisgruber* in Kirchhof, § 19 EStG Rz. 19.
5 BFH v. 23. 10. 1992 - VI R 59/91, BStBl 1993 II 303.

bb) Ehrenamtliche Tätigkeiten

Für ehrenamtliche Tätigkeiten ist typisch, dass sie vom Ehrenamtlichen **freiwillig** und weitgehend **weisungsunabhängig**, für eine **Aufwandsentschädigung** oder ein **geringes Entgelt** und im Vergleich zu einer Hauptbeschäftigung in **geringem zeitlichem Umfang** erbracht werden. Diese Merkmale sprechen eher für eine steuerlich irrelevante Gefälligkeit und gegen ein Dienstverhältnis. Andererseits schließt eine ehrenamtliche Tätigkeit ein Dienstverhältnis nicht generell aus.[1] 176

Ehrenamtliche Tätigkeiten können jedoch nicht mehr als ertragsteuerlich unbeachtlich angesehen werden, wenn die Entlohnung deutlich über den Aufwendungen liegt. Sofern im Rahmen der grds. Bereitschaft des Stpfl., ehrenamtlich tätig zu werden, eine gewisse organisatorische Eingliederung und Weisungsgebundenheit besteht, liegt ein Dienstverhältnis vor.[2] Ob die Entlohnung als Vergütung oder als Entschädigung bezeichnet wird, ist jedenfalls dann unbeachtlich, wenn sie nicht mehr als pauschale Erstattung der Selbstkosten des Stpfl. angesehen werden kann.[3] 177

Erhält ein Ehrenamtlicher neben einer Aufwandsentschädigung oder Vergütung auch eine Entschädigung für den durch die ehrenamtliche Tätigkeit verursachten Verdienstausfall aus einer anderen nichtselbständigen Haupttätigkeit, liegen Einkünfte aus nichtselbständiger Arbeit aus der Haupttätigkeit vor (§ 24 Nr. 1a EStG). Dies gilt z. B. für die Verdienstausfallentschädigungen ehrenamtlicher Richter nach § 18 JVEG.[4] Für Ehrenamtliche kommen insbesondere die Steuerbefreiungen der § 3 Nr. 12, § 3 Nr. 26 und § 3 Nr. 26a EStG unter den jeweils dort genannten Voraussetzungen in Betracht. 178

(Einstweilen frei) 179–185

cc) Neben- und Aushilfstätigkeiten

Für die steuerliche Einordnung einer Neben- und Aushilfstätigkeit ist zunächst zu prüfen, ob diese Tätigkeit unabhängig von einer ggf. ausgeübten Haupttätigkeit durchgeführt wird oder ob die Nebentätigkeit untrennbarer Teil einer anderen Haupttätigkeit ist. Sofern eine unabhängige Nebentätigkeit gegeben ist, ist weiter zu differenzieren, ob diese Tätigkeit in einem Dienstverhältnis erbracht wird oder ob eine selbständige Tätigkeit vorliegt. Hierfür gelten die sich aus § 1 Abs. 2 und Abs. 3 LStDV ergebenden allgemeinen Grundsätze[5] und es ist nur diese Tätigkeit unabhängig von einer evtl. ausgeübten Haupttätigkeit zu betrachten.[6] Im Vergleich zu einer dauerhaften Hauptbeschäftigung ergeben sich Besonderheiten wegen der geringen Höhe der Entlohnung und der nur losen Eingliederung in den Organismus des Auftraggebers. Die sozialversicherungsrechtliche Einordnung hat auch bei der steuerlichen Einordnung von Nebentätigkeiten keine Bindungswirkung.[7] 186

Wird eine Nebentätigkeit im Rahmen eines eigenständigen Dienstverhältnisses erbracht, kommen verschiedene Möglichkeiten für die **Pauschalversteuerung** der Löhne in Betracht (kurzfris- 187

---

1 BFH v. 5. 2. 1971 - VI 82/68, BStBl 1971 II 353, betr. ehrenamtliche erste Bürgermeister.
2 BFH v. 28. 2. 1975 - VI R 28/73, BStBl 1976 II 134, betr. Helfer eines Wohlfahrtsverbands.
3 BFH v. 4. 8. 1994 - VI R 94/93, BStBl 1994 II 944, betr. Sanitätshelfer.
4 BFH v. 31.1.2017 - IX R 10/16, BStBl 2018 II 571; die gem. § 16 JVEG gezahlten Entschädigungen für Zeitversäumnis sollen hingegen nicht steuerbar sein.
5 BFH v. 18. 1. 1974 - VI R 221/69, BStBl 1974 II 301.
6 BFH v. 24. 11. 1961 - VI 183/59 S, BStBl 1962 III 37.
7 BFH v. 24. 11. 1961 - VI 87/60 U, BStBl 1962 III 69.

tige Beschäftigungen nach § 40a Abs. 1 EStG mit 25 %; geringfügige Beschäftigungsverhältnisse i. S. d. § 8 Abs. 1 Nr. 1 SGB oder § 8a SGB IV nach § 40a Abs. 2 EStG mit 2 % bzw. nach § 40a Abs. 2a EStG mit 20 %; Aushilfskräfte in der Land- und Forstwirtschaft nach § 40a Abs. 3 EStG mit 5 %). Einnahmen aus nebenberuflichen Tätigkeiten als Übungsleiter, Ausbilder, Erzieher, Betreuer oder aus vergleichbaren Berufen können unter weiteren Voraussetzungen nach § 3 Nr. 26 EStG bis zur Höhe der sog. **Übungsleiterpauschale** von 2 400 € steuerfrei belassen werden. Für haushaltsnahe Tätigkeiten kann dem ArbG ggf. die **Steuerermäßigung nach § 35a EStG** gewährt werden.

188 Die LSt für eine Nebentätigkeit, die als eigenständiges Dienstverhältnis anzusehen ist, ist auf Grundlage der **StKl. VI** (§ 38b Abs. 1 Satz 2 Nr. 6 EStG) zu berechnen. Es besteht **Veranlagungspflicht** (§ 46 Abs. 2 Nr. 2 EStG).

189 Geht der Stpfl. auch einer nichtselbständigen Hauptbeschäftigung nach, ist zu prüfen, ob die Nebentätigkeit wegen ihrer Art **untrennbar mit der Haupttätigkeit verbunden** ist und ob sie nicht ohnehin zu den **eigentlichen Dienstaufgaben der Haupttätigkeit** gehört.[1] Ein unmittelbarer Zusammenhang zwischen Haupt- und Nebentätigkeit liegt auch vor, wenn beide Tätigkeiten gleichartig sind und unter ähnlichen organisatorischen Bedingungen ausgeübt werden.[2] Ist die Nebentätigkeit letztlich Ausfluss der Haupttätigkeit, dann teilt sie in der steuerlichen Beurteilung das Schicksal der Haupttätigkeit („Hilfstätigkeit zu einer Haupttätigkeit").[3] Eine Nebentätigkeit wird aber nicht schon dadurch zu einem unselbständigen Teil eines Hauptberufs, dass die Nebentätigkeit durch die im Hauptberuf erworbenen besonderen Fähigkeiten erst ermöglicht wurde.[4] Erbringt ein ArbN für den ArbG seiner Hauptbeschäftigung weitere Leistungen, die er nach dem Dienstverhältnis nicht schuldet und die vom ArbG gesondert vergütet werden, kann eine selbständige Nebentätigkeit vorliegen.[5]

190 Ist eine Nebentätigkeit isoliert von einer Haupttätigkeit zu betrachten, ist weiter zu differenzieren, ob die Nebentätigkeit selbständig oder in einem Dienstverhältnis ausgeübt wird. Dass Neben- oder Aushilfstätigkeiten oft nur in unregelmäßigen zeitlichen Abständen und für jeweils kurze Einsatzzeiten erbracht werden, spricht zwar grds. gegen das Vorliegen einer festen Eingliederung, schließt jedoch ein Dienstverhältnis nicht von vornherein aus. Typisch für ein Dienstverhältnis sind hingegen feste Vorgaben im Hinblick auf Ort, Zeit und Art und Weise der Tätigkeiten sowie Kontrollen durch den Auftraggeber. Je einfacher die Tätigkeit anzusehen ist, desto eher liegt ein Dienstverhältnis vor.[6]

191 Gegen die Annahme eines Dienstverhältnisses bei Nebentätigkeiten spricht, wenn die Beschäftigten für mehrere Auftraggeber tätig werden, im Hinblick auf die Organisation und Durchführung ihrer Tätigkeit Freiheiten haben, selbst die benötigten Arbeitsmittel beschaffen, eine er-

---

[1] BFH v. 24. 4. 1959 - VI 29/59 S, BStBl 1959 III 193.
[2] BFH v. 7. 2. 1980 - IV R 37/76, BStBl 1980 II 321.
[3] BFH v. 18. 7. 1958 - VI 134/57 U, BStBl 1958 III 384.
[4] BFH v. 7. 2. 1980 - IV R 37/76, BStBl 1980 II 321.
[5] BFH v. 25. 11. 1971 - IV R 126/70, BStBl 1972 II 212, betr. Orchestermusiker mit künstlerischer Nebentätigkeit für den Hauptarbeitgeber.
[6] BFH v. 18. 1. 1974 - VI R 221/69, BStBl 1974 II 301, betr. Verladetätigkeiten durch Gelegenheitsarbeiter; BFH v. 10. 7. 1959 - VI 73/58 U, BStBl 1959 III 354, betr. Erntehelfer.

folgsabhängige Vergütung erhalten,[1] von Fall zu Fall frei über ihr Tätigwerden entscheiden können,[2] nicht im Büro des Auftraggebers arbeiten und eine anspruchsvolle Arbeit ausführen,[3] gegenüber Dritten als selbständig auftreten und die steuerlichen Konsequenzen aus der Selbständigkeit bislang gezogen werden.[4]

Nebentätigkeiten können auch durch selbständig tätige Unternehmer im Rahmen von Dienst- oder Werkverträgen erbracht werden.[5] In diesen Fällen wird typischerweise nur der Leistungserfolg geschuldet, eine Weisungsgebundenheit oder Eingliederung liegt nicht vor. — 192

Die für Neben- und Aushilfstätigkeiten oftmals gezahlten niedrigen Vergütungen sprechen zwar tendenziell gegen ein Dienstverhältnis, schließen es aber auch nicht aus. Ein Dienstverhältnis liegt aber jedenfalls dann nicht vor, wenn die Vergütungen niedriger oder nur unwesentlich höher als die damit in Zusammenhang angefallenen Aufwendungen des Stpfl. sind.[6] — 193

Eine **nebenberufliche Lehr- oder Prüfungstätigkeit** ist nur dann losgelöst von der Hauptlehrtätigkeit zu betrachten, wenn sie nicht zu den eigentlichen Dienstaufgaben aus dieser Haupttätigkeit gehört. Sofern die Nebentätigkeit nur als Teil der Haupttätigkeit anzusehen ist, gehören die hieraus erzielten Einnahmen ebenfalls zu den nichtselbständigen Einkünften.[7] Geben Lehrer an der gleichen Schule, an der sie ihre Haupttätigkeit ausüben oder an einer anderen Schule gleicher Art zusätzliche Unterrichtsstunden, stehen sie auch insoweit in einem Dienstverhältnis.[8] Eine Tätigkeit an einer anderen Schule anderer Art ist hingegen i. d. R. selbständig.[9] Die nebenberufliche Lehrtätigkeit von Angehörigen anderer Berufe wird ebenfalls i. d. R. selbständig ausgeübt.[10] Erteilt ein Lehrer außerhalb der schulischen Organisation privaten Nachhilfeunterricht, ist er ebenfalls selbständig tätig. — 194

Auch bei nebenberuflichen Lehrtätigkeiten kommt es für die Differenzierung zwischen einem Dienstverhältnis und einer selbständigen Tätigkeit maßgeblich auf die **Eingliederung** an.[11] Im Regelfall werden nebenberufliche Lehrtätigkeiten selbständig ausgeübt, da es sich um gehobene, anspruchsvolle Tätigkeiten handelt und der Lehrer in den wesentlichen Bereichen (z. B. Gestaltung von Vorträgen, Auswahl des Lehrstoffes) ohne konkrete Weisungen unterrichten kann.[12] Nur in Ausnahmefällen liegen bei nebenberuflichen Lehrtätigkeiten Dienstverhältnisse vor, z. B. wenn ein Arbeitsvertrag auf Grundlage eines Tarifvertrags abgeschlossen wurde und Anspruch auf bezahlten Urlaub besteht.[13] — 195

---

1 BFH v. 24.11.1961 - VI 87/60 U, BStBl 1962 III 69, betr. sog. Hopfentreter.
2 FG Saarland v. 8.11.1995 - 2 K 43/94, EFG 1996, 98, betr. Sargträger, rkr.
3 BFH v. 22.3.1968 - VI R 228/67, BStBl 1968 II 455, betr. selbständige Nebentätigkeit eines Gerichtsreferendars bei einem RA.
4 BFH v. 10.9.1976 - VI R 80/74, BStBl 1977 II 178, betr. nebenberufliche Musiker.
5 BFH v. 19.1.1979 - VI R 28/77, BStBl 1979 II 326, betr. stundenweise beauftragte Fensterputzer.
6 BFH v. 23.10.1992 - VI R 59/91, BStBl 1993 II 303, betr. Amateurfußballspieler.
7 BFH v. 24.4.1959 - VI 29/59 S, BStBl 1959 III 193, betr. selbständige nebenberufliche Lehrtätigkeit an Abendschule.
8 BFH v. 4.12.1975 - IV R 162/72, BStBl 1976 I 291, betr. Grund- und Hauptschullehrerin, die zusätzlich an einer anderen Grund- und Hauptschule unterrichtete.
9 BFH v. 13.8.1975 - VI R 90/73, BStBl 1976 II 3, betr. selbständige Lehrtätigkeit an Fortbildungsschule.
10 BFH v. 17.7.1958 - IV 101/56 U, BStBl 1958 III 360, betr. RA als selbständiger Lehrbeauftragter an Hochschule; BFH v. 27.1.1955 - IV 504/54 U, BStBl 1955 III 229, betr. Handwerksmeister als selbständiger Lehrer an Berufs- und Meisterschule.
11 R 19.2 Satz 1 und 2 LStR.
12 BFH v. 24.4.1959 - VI 29/59 S, BStBl 1959 III 193.
13 BFH v. 28.4.1972 - VI R 71/69, BStBl 1972 II 617.

196 Die **FinVerw** geht aus **Vereinfachungsgründen** von einer **Eingliederung** und einem Dienstverhältnis aus, wenn die Lehrtätigkeit im **Durchschnitt pro Woche mehr als sechs Stunden** umfasst.[1] Dieses Kriterium soll auch für vergleichbare Tätigkeiten gelten (Übungsleiter, Ausbilder, Erzieher, Betreuer).[2]

> **PRAXISHINWEIS:**
>
> Diese pauschale Einordnung vereinfacht die oftmals schwierige Abgrenzung zwischen selbständiger und nichtselbständiger Tätigkeit und bietet den Stpfl. eine konkrete Orientierungshilfe. Im Einzelfall kann der Stpfl. aber eine davon abweichende Einordnung darlegen.

197–205 *(Einstweilen frei)*

dd) Dienstverhältnisse mit nahen Angehörigen

206 Grundsätzlich kann auch zwischen nahen Angehörigen ein steuerlich anzuerkennendes Dienstverhältnis eingegangen werden,[3] sofern es ernsthaft gewollt, fremdüblich und rechtswirksam vereinbart ist sowie entsprechend der Vereinbarungen tatsächlich durchgeführt wird.[4] Von der Rspr. wurden z. B. nicht anerkannt: Dienstverhältnisse mit Kindern bei nur geringfügigen oder typischerweise privaten Verrichtungen,[5] Dienstverhältnisse mit dem Ehegatten ohne feste Vereinbarung über die Höhe des Arbeitslohns,[6] längere Verschiebungen von Gehaltszahlungen,[7] wechselseitige Vereinbarungen zwischen Ehegatten[8] oder hauswirtschaftliche Beschäftigungsverhältnisse mit einem nichtehelichen Lebenspartner, der zugleich der andere Elternteil eines gemeinsamen Kindes ist.[9] Ein Arbeitsverhältnis zwischen Partnern einer nichtehelichen Lebensgemeinschaft oder zwischen freundschaftlich verbundenen fremden Dritten wird steuerlich jedoch regelmäßig anzuerkennen sein, es sei denn, es liegen eindeutige Anhaltspunkte dafür vor, dass die Arbeitsleistung gar nicht erbracht oder bewusst ein zu hoher Lohn gezahlt wurde.[10] Im Falle der Nichtanerkennung stellen die Aufwendungen des Zahlenden keine BA und die Einnahmen beim Empfänger keinen (lohn-)steuerpflichtigen Arbeitslohn dar.

> **PRAXISHINWEIS:**
>
> Dienstverhältnisse zwischen nahen Angehörigen sollten auf jeden Fall im Voraus und in Schriftform vereinbart werden. Die Art der Tätigkeit und der betriebliche Veranlassungszusammenhang sollten im Arbeitsvertrag genau beschrieben sein. Zu weiterführenden Hinweisen und Musterverträgen vgl. „Arbeitsvertrag mit Ehepartnern/Kindern".[11]

207–215 *(Einstweilen frei)*

---

1 R 19.2 Satz 3 LStR.
2 R 19.2 Satz 4 LStR.
3 BFH v. 19. 5. 1999 - XI R 120/96, BStBl 1999 II 764: Generelle Nichtanerkennung von Arbeitsverträgen zwischen Familienangehörigen wäre verfassungswidrig.
4 R 4.8 Abs. 1 bis 3 EStR.
5 BFH v. 9. 12. 1993 - IV R 14/92, BStBl 1994 II 298.
6 BFH v. 8. 3. 1962 - IV 168/60 U, BStBl 1962 III 218.
7 BFH v. 25. 7. 1991 - XI R 30/89, BStBl 1991 II 842.
8 BFH v. 12. 10. 1988 - X R 2/86, BStBl 1989 II 354.
9 BFH v. 19. 5. 1999 - XI R 120/96, BStBl 1999 II 764.
10 FG Niedersachsen v. 16.11.2016 - 9 K 316/15, EFG 2017, 482 = NWB DokID: DAAAG-38600.
11 Unter NWB DokID: DAAAE-74661.

ee) Ausbildungsdienstverhältnisse

Ein Auszubildender in einem öffentlich-rechtlichen[1] oder privatrechtlichen[2] Ausbildungsdienstverhältnis schuldet seine Arbeitskraft und steht deshalb in einem steuerlichen Dienstverhältnis.[3] Ob sich der Einsatz des Auszubildenden für den ArbG aus wirtschaftlicher Sicht rentiert, ist für die Annahme eines Dienstverhältnisses unbeachtlich, da ArbN typischerweise „nur" ihre Arbeitskraft und nicht einen konkreten Erfolg schulden.[4] Selbst wenn sich der ArbN ausschließlich seiner Ausbildung widmet und keine konkreten Arbeiten für den ArbG erledigen muss[5] oder der ArbN ausschließlich promoviert,[6] liegt ein Dienstverhältnis vor.

216

(Einstweilen frei) 217–225

ff) Scheinselbständigkeit

Als Scheinselbständige werden im Rahmen der sozialversicherungsrechtlichen Einordnung eines Beschäftigungsverhältnisses Personen bezeichnet, die zwar nach den vertraglichen Vereinbarungen selbständig tätig sein sollen, tatsächlich aber abhängig beschäftigt sind. Für Scheinselbständige gelten ähnliche Kriterien wie für die Annahme eines steuerlichen Dienstverhältnisses (z. B. Weisungsgebundenheit, feste Arbeitszeiten, vorgegebener und fester Arbeitsort, kein Unternehmerrisiko). Vgl. hierzu auch die weitergehenden Hinweise in der NWB-Datenbank „Merkmale einer Scheinselbständigkeit".[7]

226

Die sozialversicherungsrechtliche Einordnung einer Tätigkeit ist für die steuerliche Beurteilung nicht maßgeblich. Dies gilt auch für die Einordnung einer Tätigkeit als „scheinselbständig".[8,9]

227

gg) Arbeitnehmerentsendung

Werden ArbN an ein mit dem ArbG verbundenes Unternehmen im Ausland entsandt (sog. Expatriates), kommt es auf die konkrete Ausgestaltung an, zu welchem Unternehmensteil der ArbN in einem Dienstverhältnis steht. Das aufnehmende Unternehmen ist ArbG, wenn es mit dem ArbN eine arbeitsrechtliche Vereinbarung abschließt sowie den Arbeitslohn trägt und wenn der ArbN eingegliedert ist. Die FinVerw nimmt bei einer Entsendedauer von mindestens drei Monaten grds. eine feste Eingliederung in das aufnehmende Unternehmen an. Andernfalls wird kein Dienstverhältnis mit dem aufnehmenden Unternehmen begründet und der ArbN wird für seinen bisherigen ArbG als Dienstleister tätig.[10]

228

hh) Leiharbeitsverhältnisse

Leiharbeitnehmer sind bei einem Unternehmen (Verleiher) fest angestellt, welches diese Leiharbeitnehmer an Dritte zur Arbeitsleistung überlässt.[11] Die Leiharbeitnehmer erhalten ihre

229

---

1 BFH v. 19. 4. 1985 - VI R 131/85, BStBl 1985 II 465.
2 BFH v. 18. 7. 1985 - VI R 93/80, BStBl 1985 II 644.
3 Vgl. § 1 Abs. 2 LStDV.
4 BFH v. 7. 4. 1972 - VI R 58/69, BStBl 1972 II 643, betr. Ausbildung eines Rechtsreferendars.
5 BFH v. 28. 9. 1984 - VI R 127/80, BStBl 1985 II 87, betr. Hochschulstudium eines beurlaubten Soldaten.
6 BFH v. 7. 8. 1987 - VI R 60/84, BStBl 1987 II 780, betr. eines sog. Promotionsdienstverhältnisses.
7 Unter NWB DokID: FAAAE-35338.
8 BFH v. 2. 12. 1998 - X R 83/96, BStBl 1999 II 534.
9 Vgl. hierzu auch den Beitrag unter NWB DokID: HAAAA-41718.
10 BMF v. 9. 11. 2001, BStBl 2001 I 796.
11 R 19.1 Satz 5 LStR.

Entlohnung i. d. R. weitgehend vom Verleiher und stehen zu ihm in einem Dienstverhältnis. Da das entleihende Unternehmen nur im Rahmen der mit dem Verleiher vereinbarten Verfügbarkeit gegenüber den Leiharbeitnehmern weisungsberechtigt ist, liegt kein Dienstverhältnis zum Entleiher vor.[1] Ein steuerliches Dienstverhältnis zum Verleiher besteht auch dann, wenn dieser keine Erlaubnis zur gewerbsmäßigen Arbeitnehmerüberlassung besitzt, aber die Leiharbeitnehmer entlohnt.[2] Zahlt im Falle unerlaubter Arbeitnehmerüberlassung hingegen der Entleiher den Lohn, ist er der ArbG.[3] Die beteiligten Unternehmen können die zueinander bestehenden Rechtsbeziehungen (Dreiecksverhältnis) als Überlassung von Leiharbeitnehmern oder selbständig Tätigen ausgestalten. Typische Merkmale für ein Leiharbeitsverhältnis sind:[4]

- Eingliederung der Leiharbeitnehmer in die Betriebsorganisation des Entleihers
- Berechtigung des Entleihers, bestimmte Qualifikationen der Leiharbeitnehmer zu verlangen
- Weisungsgebundenheit der Leiharbeitnehmer gegenüber dem Entleiher
- Vergütung der Leistungen nach Zeiteinheiten
- besondere Vergütung für geleistete Überstunden
- Haftung des Verleihers für ein etwaiges Verschulden bei der Auswahl der Leiharbeitnehmer
- Pflicht des Entleihers, die vereinbarte Vergütung unabhängig von dem Ergebnis der von den Leiharbeitnehmern erbrachten Leistungen zu entrichten.

230–250 *(Einstweilen frei)*

g) ABC der Dienstverhältnisse

251
- **Abgeordnete**
  Landtags-, Bundestags- oder Europaabgeordnete, die nach den jeweiligen Abgeordnetengesetzen vergütet werden, stehen nicht in einem Dienstverhältnis sondern erzielen sonstige Einkünfte nach § 22 Nr. 4 EStG (vgl. KKB/Eckardt, § 22 EStG Rz. 202 f.). Zusatzfunktionen im parlamentarischen Bereich (z. B. Fraktionsgeschäftsführung, Arbeitskreisvorsitz) können je nach konkreter Ausgestaltung im Rahmen eines Dienstverhältnisses ausgeübt werden.[5]

- **Angehörige**
  Siehe → Rz. 206.

- **Anlageberater**
  Kann im Rahmen eines Dienstverhältnisses, z. B. bei einer Bank oder Fondsgesellschaft, fest angestellt oder auch gewerblich tätig sein.[6]

- **Anzeigenwerber**
  Kann im Rahmen eines Dienstverhältnisses zu einem Verlag oder selbständig tätig sein.[7]

---

1 BFH v. 18.1.1991 - VI R 122/87, BStBl 1991 II 409.
2 BFH v. 2.4.1982 - VI R 34/79, BStBl 1982 II 502.
3 R 19.1 Satz 6 LStR.
4 Nach der Auflistung im BFH v. 18.1.1991 - VI R 122/87, BStBl 1991 II 409.
5 OFD Hannover v. 24.2.1994, FR 1994, 376.
6 BFH v. 8.2.2013 - VIII B 54/12, BFH/NV 2013, 1098 = NWB DokID: AAAAE-36812.
7 BFH v. 28.7.1977 - V R 98/76, DB 1977, 2170.

Für ein Dienstverhältnis spricht u. a., wenn der Verlag einen Arbeitsplatz stellt und die lfd. Telefon- und Materialkosten trägt.

▶ **Arbeitnehmerentsendung**
Siehe → Rz. 228.

▶ **Artisten**
In einem Zirkus, Varieté etc., werden Artisten im Rahmen eines Dienstverhältnisses tätig, wenn sie dem Auftraggeber ihre Arbeitskraft zumindest für einen längeren Zeitraum, der eine Reihe von Veranstaltungen umfasst, zur Verfügung stellen.[1] Vgl. auch „Künstler".

▶ **Arzt**
In einem Krankenhaus oder einer Behörde beschäftigte Ärzte sind nichtselbständig tätig, in der eigenen Praxis arbeitende niedergelassene Ärzte sind hingegen selbständig tätig. Ob wahlärztliche Leistungen eines Krankenhausarztes im Rahmen des bestehenden Dienstverhältnisses oder selbständig erbracht werden, hängt insbesondere davon ab, ob diese Tätigkeit des Arztes zu seinen vertraglich vereinbarten Dienstpflichten gehört und ob der Arzt insoweit in den geschäftlichen Organismus des Krankenhauses eingebunden ist.[2]
Erhält ein Krankenhausarzt für die selbständige Behandlung von Patienten Einnahmen und beteiligt er daran weitere Angestellte des Krankenhauses, wird unmittelbar zwischen dem Arzt und den Angestellten ein Dienstverhältnis begründet.[3]
Bei einer Nebentätigkeit eines angestellten Arztes (z. B. Erstellung von Gutachten) ist entscheidend, ob die Nebentätigkeit in eigenem Namen oder nach außen erkennbar für den ArbG ausgeübt wird.[4] Soweit ein Arzt für eine Knappschaft[5] oder als Musterungsvertragsarzt für die Bundeswehr[6] arbeitet, ist er selbständig. Die FinVerw nimmt auch bei Betriebsärzten, nicht voll beschäftigten Hilfsärzten bei den Gesundheitsämtern und in ähnlichen Fällen (z. B. Gefängnisarzt) unabhängig davon, ob daneben eine eigene Praxis betrieben wird, eine selbständige Tätigkeit an; nur in Ausnahmefällen soll ein Dienstverhältnis vorliegen.[7] Zur Tätigkeit eines Arztes als Urlaubsvertreter eines anderen Arztes s. „Urlaubsvertreter".

▶ **AStA-Mitglieder**
Der Vorsitzende und die Referenten des AStA sind weisungsgebunden und erfüllen als Organmitglieder die Aufgaben des AStA im Rahmen eines Dienstverhältnisses.[8]

▶ **Aufsichtsratsmitglieder**
Erzielen selbständige Einkünfte nach § 18 Abs. 1 Nr. 3 EStG. Dies gilt auch für in einen Aufsichtsrat entsandte Arbeitnehmervertreter[9] sowie für Minister, Staatssekretäre oder

---

1 BFH v. 16. 3. 1951 - IV 197/50 U, BStBl 1951 III 97.
2 BFH v. 11. 8. 2009 - VI B 46/08, BFH/NV 2009, 1814 = NWB DokID: RAAAD-29314; BFH v. 5. 10. 2005 - VI R 152/01, BStBl 2006 II 94.
3 BFH v. 11. 11. 1971 - IV R 241/70, BStBl 1972 II 213.
4 BFH v. 19. 4. 1956 - IV 88/56 U, BStBl 1956 III 187.
5 BFH v. 3. 7. 1959 - VI 320/57 U, BStBl 1959 III 344.
6 BFH v. 30. 11. 1966 - VI 164/65, BStBl 1967 III 331.
7 R 18.1 EStR.
8 BFH v. 22. 7. 2008 - VI R 51/05, BStBl 2008 II 981.
9 BFH v. 9. 10. 1980 - IV R 81/76, BStBl 1981 II 29.

Beamte, auch wenn diese das Aufsichtsratsmandat für ihre öffentlich-rechtliche Körperschaft ausüben.[1] Vgl. hierzu KKB/Geeb, § 18 EStG Rz. 240 f.

▶ **Au-pair-Mädchen**
Steht nicht in einem Dienstverhältnis, wenn es familiär und nicht geschäftlich in einen Haushalt integriert ist.[2] Ein Dienstverhältnis dürfte aber anzunehmen sein, wenn die Tätigkeit als haushaltsnahes Beschäftigungsverhältnis ausgestaltet ist, für das die aufnehmende Familie die Steuerentlastung nach § 35a Abs. 1 EStG beansprucht.[3]

▶ **Ausbildung**
Siehe → Rz. 216.

▶ **Aushilfskräfte**
Siehe → Rz. 186 ff.

▶ **Auslieferungsfahrer**
Ist als selbständiger Kleinspediteur i. S. d. § 425 HGB selbständig tätig.[4]

▶ **Automatenbetreuer**
wurde von der Rspr. als ArbN eingeordnet.[5]

▶ **Bauleiter**
Können entweder auf eigene Rechnung und Gefahr selbständig tätig sein[6] oder als fest Angestellte in einem Dienstverhältnis zu einem Bauunternehmen stehen.[7]

▶ **Beamte**
stehen in einem öffentlich-rechtlichen Dienst- und Treueverhältnis zum Dienstherrn und sind unzweifelhaft ArbN. Gleiches gilt für Beamtenanwärter.[8] Siehe auch „Referendar".

▶ **Berufskraftfahrer**
Kann z. B. zu einer Spedition, einem Busunternehmen oder einem Reiseveranstalter in einem Dienstverhältnis stehen. Typische Merkmale sind z. B. Festgehalt oder Entlohnung nach Fahrtzeiten, Fahrzeuggestellung und Übernahme der Fahrtnebenkosten durch den Auftraggeber, Fahrten nur für einen Auftraggeber und Übernahme fester Touren.[9] Sind diese Merkmale nicht gegeben, kann eine Fahrtätigkeit auch selbständig ausgeübt werden.[10]

▶ **Bezirksschornsteinfeger**
Stehen trotz behördlicher Bestellung (§ 8 SchfHwG) und Aufsicht (§ 21 SchfHwG) nicht in einem Dienstverhältnis, sondern erzielen Einkünfte aus Gewerbebetrieb.[11]

▶ **Bezirksstellenleiter eines Lotto- und Totounternehmens**
Steht nicht in einem Dienstverhältnis zu einer Lottogesellschaft, wenn er mit dieser einen Geschäftsbesorgungsvertrag abschließt.[12]

---

1 *Kaya/Maier*, NWB 2014, 3620.
2 FG Hamburg v. 17. 5. 1982 - VI 198/79, EFG 1983, 21, rkr.
3 BMF v. 9.11.2016, BStBl 2016 I 1213.
4 BFH v. 30. 6. 2000 - V B 20, 21/00, BFH/NV 2001, 71 = NWB DokID: MAAAA-65760.
5 FG Nürnberg v. 17. 5. 1977 - V 75/76, EFG 1977, 555, rkr.
6 BFH v. 22. 1. 1988 - III R 43-44/85, BStBl 1988 II 497.
7 BFH v. 18. 4. 1996 - VI R 75/95, BStBl 1996 II 529.
8 BFH v. 21. 1. 1972 - VI R 337/70, BStBl 1972 II 261.
9 FG Münster v. 10. 5. 1999 - 15 K 4362/95 U, EFG 1999, 1046, rkr.
10 BFH v. 30. 3. 2004 - V B 62/03 = NWB DokID: AAAAB-23167.
11 BFH v. 13. 11. 1996 - XI R 53/95, BStBl 1997 II 295.
12 BFH v. 14. 9. 1967 - V 108/63, BStBl 1968 II 193.

► **Buchklub**
Dessen Vertrauensleute stehen in keinem Dienstverhältnis zum Buchklub.[1]

► **Buchhalter**
Ist im Rahmen eines Dienstverhältnisses tätig, wenn die Höhe der Vergütung fest vereinbart ist und er keine Unternehmerinitiative entfalten kann.[2] Auch die Tätigkeit für mehrere Auftraggeber kann jeweils in einzelnen Dienstverhältnissen erbracht werden.[3]

► **Büfettier**
Ist auch bei einer teilweise umsatzabhängigen Entlohnung ArbN.[4]

► **Bürgermeister**
Je nach rechtlicher Ausgestaltung des Amtes ist ein Bürgermeister ArbN einer Gemeinde oder selbständig tätig. Dies ist in einzelnen Bundesländern in den jeweiligen Gemeindeordnungen unterschiedlich geregelt. Ist der hauptamtliche oder nebenamtliche Bürgermeister Beamter oder Angestellter der Kommune und hat er deshalb Verwaltungsaufgaben zu erledigen, ist er ArbN (z. B. in Bayern).[5] Ist er hingegen die politische Spitze der Gemeinde bzw. des Gemeinderats, ist er – wie die übrigen Gemeinderäte auch – selbständig tätig (z. B. in NRW).[6]

► **Bundeswehr/Bundesfreiwilligendienst**
Berufssoldaten, freiwillig Wehrdienstleistende und Bundesfreiwilligendienstleistende stehen in einem Dienstverhältnis zur jeweiligen Einsatzstelle.

► **Deutsches Rotes Kreuz**
Schwestern stehen auch ohne gesonderte arbeitsrechtliche Vereinbarung in einem Dienstverhältnis zur jeweiligen DRK-Schwesternschaft.[7]

► **Diakonisse**
Steht nicht in einem Dienstverhältnis zum Mutterhaus.[8]

► **Ehrenamtliche Tätigkeit**
Siehe → Rz. 176 ff.

► **Erbe**
Siehe → Rz. 436.

► **Fahrlehrer**
Der Betreiber einer Fahrschule ist gewerblich oder selbständig tätig, dort angestellte Fahrlehrer sind nichtselbständig. Im Ausnahmefall kann jedoch auch eine Tätigkeit für eine andere Fahrschule selbständig ausgeübt werden; § 1 Abs. 4 FahrlG steht der steuerlichen Einordnung nicht entgegen.[9]

► **Fernsehen/Rundfunk**
Auch als „freie Mitarbeiter" bezeichnete Auftragnehmer, wie z. B. Journalisten oder Moderatoren, werden bei von vorneherein dauerhafter Tätigkeit von der FinVerw als ArbN

---

1 BFH v. 11. 3. 1960 - VI 186/58 U, BStBl 1960 III 215.
2 BFH v. 13. 2. 1980 - I R 17/78, BStBl 1980 II 303.
3 BFH v. 6. 7. 1955 - II 154/53 U, BStBl 1955 III 256.
4 BFH v. 31. 1. 1963 - V 80/60 U, BStBl 1963 III 230.
5 BFH v. 5. 2. 1971 - VI R 82/68, BStBl 1971 II 353.
6 BFH v. 3. 12. 1965 - VI 27/64 U, BStBl 1966 III 130.
7 BFH v. 25. 11. 1993 - VI R 115/92, BStBl 1994 II 424.
8 BFH v. 30. 7. 1965 - VI 205/64 U, BStBl 1965 III 525.
9 BFH v. 17. 10. 1996 - V R 63/94, BStBl 1997 II 188.

eingestuft. Bei der Übernahme nur einzelner Aufträge kann aber auch eine selbständige Tätigkeit vorliegen.[1] Siehe auch „Künstler" und „Schauspieler".

- **Fotomodell**
  Nur gelegentlich für Aufnahmen beauftragte Fotomodelle stehen mangels Eingliederung nicht in einem Dienstverhältnis zum Fotografen, sondern sind gewerblich tätig.[2] Das Gleiche gilt für Kurzeinsätze von Models für Filmaufnahmen[3] oder für Modenschauen.

- **Gaststättenpächter**
  Ist i. d. R. gewerblich tätig, ein Dienstverhältnis zum Verpächter dürfte nur in ganz besonders gelagerten Fällen vorliegen.[4]

- **Gelegenheitsarbeiter**
  Siehe → Rz. 186 ff.

- **Gemeinderatsmitglieder**
  Erzielen selbständige Einkünfte nach § 18 Abs. 1 Nr. 3 EStG. Siehe aber „Bürgermeister".

- **Gepäckträger**
  Z. B. in Bahnhöfen, können je nach Ausgestaltung selbständig tätig sein oder in einem Dienstverhältnis stehen.[5]

- **Geringfügig Beschäftigte**
  I. S. d. § 8 SGB IV stehen in einem Dienstverhältnis zum jeweiligen Privathaushalt oder Betrieb. Die LSt kann nach § 40a Abs. 2 oder Abs. 2a EStG pauschal versteuert werden. Zu weitergehenden Informationen vgl. die Mandanten-Merkblätter „Minijobs richtig besteuern" in der NWB-Datenbank.[6]

- **Gesellschafter einer KapGes**
  Gewinnanteile, die ein Stpfl. aus seiner Beteiligung erhält, sind Einkünfte aus Kapitalvermögen nach § 20 Abs. 1 Nr. 1 EStG. Der Gesellschafter kann daneben weitere Vereinbarungen mit der KapGes abschließen, z. B. Darlehens-, Miet-, Beratungs- oder Arbeitsverträge. Ist Gegenstand einer solchen Vereinbarung eine bestimmte Tätigkeit, ist nach den allgemeinen Grundsätzen zu prüfen, ob ein Dienstverhältnis vorliegt. Ist der Gesellschafter zugleich Geschäftsführer der KapGes, liegt i. d. R. ein Dienstverhältnis vor. Siehe hierzu → Rz. 89 und „Vorstand".

- **Gutachter**
  Erstellt ein ArbN neben seiner eigentlichen Arbeitstätigkeit Gutachten für Dritte, kommt es für die Einordnung der erzielten Einnahmen darauf an, ob er die Gutachten in eigenem Namen (dann selbständige Tätigkeit) oder nach außen erkennbar für den ArbG im Rahmen des Dienstverhältnisses erstellt.[7] Die Gutachtertätigkeit von Verwaltungsbeamten und Hochschullehrern soll i. d. R. eine selbständige Tätigkeit sein.[8]

---

1 BMF v. 5. 10. 1990, BStBl 1990 I 638.
2 BFH v. 8. 6. 1967 - IV 62/65, BStBl 1967 III 618.
3 BFH v. 14. 6. 2007 - VI R 5/06, BStBl 2009 II 931.
4 BFH v. 6. 12. 1956 - V 137/55 U, BStBl 1957 III 42.
5 FG Münster v. 28. 5. 1971 - I 158/71 G, EFG 1971, 596, rkr.
6 NWB DokID: XAAAE-50842 und NWB DokID: LAAAE-45513.
7 BFH v. 19. 4. 1956 - IV 88/56 U, BStBl 1956 III 187.
8 HHR/*Pflüger*, § 19 EStG Rz. 600 „Gutachten".

▶ **Handelsvertreter**
Ist i. d. R. selbständig (vgl. § 84 Abs. 1 HGB).[1] Die Tätigkeit des Vertreters kann aber auch in einem Dienstverhältnis ausgeübt werden (vgl. § 84 Abs. 2 HGB). Für ein Dienstverhältnis spricht, wenn der Vertreter nur einen Auftraggeber hat, wenn er von diesem Reisekostenersatz oder ein Fahrzeug zur Nutzung erhält, wenn er Anspruch auf (bezahlten) Urlaub und Sozialleistungen hat,[2] wenn ihm die benötigten Arbeitsmaterialen zur Verfügung gestellt werden, wenn der Auftraggeber den Schriftwechsel mit den Kunden, Abrechnungen und das Inkassowesen durchführt, der Auftraggeber eine Altersversorgung aufbaut und wenn ein Tarifvertrag angewandt wird.[3] Ein Vertreter kann trotz der für eine Außendiensttätigkeit typischen Freiheiten nichtselbständig sein, wenn das Maß der Bewegungsfreiheit vom ArbG bestimmt wird.[4]

▶ **Hausgewerbetreibende**
sind selbständig tätig.[5] Siehe auch „Heimarbeiter".

▶ **Haushaltshilfe**
Kann je nach vertraglicher Vereinbarung und tatsächlicher Umsetzung selbständig oder nichtselbständig sein. Die Rspr. hat beide Alternativen entschieden.[6] Sofern die Haushaltshilfe zu festgelegten Zeiten arbeitet und weisungsgebunden ist, liegt ein Dienstverhältnis vor.[7]

▶ **Hausmeister**
Arbeitet meist im Rahmen eines Dienstverhältnisses,[8] kann aber auch einen gewerblichen Hausmeisterservice betreiben (dann typischerweise mit mehreren Auftraggebern und anlassbezogener Auftragsdurchführung).

▶ **Hausverwalter**
Steht nicht in einem Dienstverhältnis zur Wohnungseigentümergemeinschaft.[9]

▶ **Heimarbeiter**
Ermöglicht es der ArbG seinem ArbN, z. B. zur besseren Vereinbarkeit von Familie und Beruf oder zur Kostenersparnis des ArbG, die geschuldete Arbeitsleistung an einem Heimarbeitsplatz zu verrichten, ändert dies nichts am Vorliegen eines Dienstverhältnisses. Die sich durch die Heimarbeit ergebenden Freiheiten (insbes. freie Zeiteinteilung) ändern daran nichts. Die FinVerw differenziert zwischen Heimarbeitern (nichtselbständig) und sog. Hausgewerbetreibenden (selbständig),[10] die Rspr. hierzu ist bislang uneinheitlich.[11]

▶ **Ingenieur**
Kann selbständig oder als ArbN in einem Dienstverhältnis tätig sein.[12]

---

1 Vgl. hierzu das Muster „Handelsvertretervertrag" unter NWB DokID: OAAAB-05445.
2 BFH v. 7. 12. 1961 - V 139/59 U, BStBl 1962 III 149.
3 BFH v. 30. 10. 1969 - V R 150/66, BStBl 1970 II 474.
4 BFH v. 7. 12. 1961 - V 139/59 U, BStBl 1962 III 149.
5 R 15.1 Abs. 2 Satz 1 EStR.
6 Dienstverhältnis bejaht: FG Baden-Württemberg v. 31. 8. 1978 - VI 259/75, EFG 1979, 238; verneint: BFH v. 19. 1. 1979 - VI R 28/77, BStBl 1979 II 326; FG Thüringen v. 27. 8. 1998 - II 227/97, EFG 1999, 235.
7 HHR/*Pflüger*, § 19 EStG Rz. 600 „Haushaltshilfe".
8 BFH v. 19. 10. 2001 - VI R 36/96, BFH/NV 2002, 340 = NWB DokID: KAAAA-68613.
9 BFH v. 18. 3. 1999 - IV R 5/98, BFH/NV 1999, 1456 = NWB DokID: KAAAA-63341.
10 R 15.1 Abs. 2 Satz 1 bis 3 EStR.
11 BFH v. 24. 11. 1961 - VI R 183/59 S, BStBl 1962 III 37; BFH v. 13. 2. 1980 - I R 17/78, BStBl 1980 II 303.
12 BFH v. 18. 1. 1991 - VI R 122/87, BStBl 1991 II 409, mit zahlreichen Kriterien zur Differenzierung.

▶ **Interimsmanager**
Kann je nach Vertragsgestaltung und tatsächlicher Umsetzung des Vereinbarten als ArbN oder Selbständiger eingeordnet werden.[1]

▶ **Interviewer**
Telefoninterviewer, die weisungsgebunden und organisatorisch in den Betrieb des ArbG eingebunden sind, sind ArbN.[2] Sofern Interviewer jedoch Erfolgshonorare erhalten, das Risiko des Honorarausfalls tragen und sie selbst die Durchführung von Interviews ablehnen können, spricht dies für eine gewerbliche Tätigkeit.[3] Face-to-Face-Interviewer und Codierer, die weitgehend frei und eigenverantwortlich tätig werden, sind nicht im Rahmen von Dienstverhältnissen tätig.[4]

▶ **Journalist**
Kann ArbN oder selbständig sein. Kein Dienstverhältnis liegt vor, wenn der Journalist zunächst auf eigene Kosten Beiträge erstellt und diese mehreren Auftraggebern anbietet und er keine Ansprüche auf feste Entlohnung oder bezahlten Urlaub hat.[5] Ein Dienstverhältnis liegt aber vor, wenn der Journalist häufig und über einen längeren Zeitraum von demselben Auftraggeber engagiert wird und er der Führung des Auftraggebers unterliegt.[6] Die FinVerw differenziert weitgehend nach den gleichen Kriterien.[7]

▶ **Kassierer**
Die Tätigkeit der sog. Betriebskassierer einer Gewerkschaft[8] oder der sog. Heber einer Ersatzkasse[9] erfolgt aus ideellen Gründen und wegen der niedrigen Entlohnung auch nicht aus Einnahmenerzielungsabsicht. Es liegen deshalb keine Dienstverhältnisse vor. Der Kassier eines Vereins kann aber bei höheren Einnahmen nichtselbständig tätig sein.[10] Siehe → Rz. 176 ff.

▶ **Kirche**
Pfarrer der öffentlich-rechtlichen Religionsgemeinschaften begründen mit dem jeweiligen Dienstherrn ein Dienstverhältnis (vgl. z. B. § 2 Pfarrdienstgesetz der Evangelischen Kirche Deutschland). Meist als Nebenberuf ausgeübte Tätigkeiten als Kirchenmusiker, Organist oder Chorleiter werden i. d. R. selbständig ausgeübt, Hilfsküster und Hilfsmessner sollen aber in einem Dienstverhältnis stehen.[11] Siehe „Ordensangehörige" und „Diakonisse".

▶ **Künstler**
Die FinVerw hat zur Abgrenzung zwischen selbständiger und nichtselbständiger Arbeit für Künstler und verwandte Berufe (u. a. Tätigkeiten bei Theaterunternehmen, bei Kulturorchestern, Hörfunk und Fernsehen sowie bei Film- und Fernsehproduzenten) bestimmte Kriterien aufgestellt und Einzelfälle typisiert. Es wird vor allem auf die Eingliederung und

---

1 *Olbertz*, Der Interimsmanager als Selbständiger oder Arbeitnehmer, NWB 2018, 2260.
2 BFH v. 29. 5. 2008 - VI R 11/07, BStBl 2008 II 933.
3 BFH v. 18. 6. 2015 - VI R 77/12, BStBl 2015 II 903.
4 FG Köln v. 14. 3. 2012 - 2 K 476/06, EFG 2012, 1650, rkr.
5 Hessisches FG v. 8. 12. 1989 - 1 K 1799/88, EFG 1990, 310, rkr.
6 BFH v. 14. 10. 1976 - V R 137/73, BStBl 1977 II 55.
7 BMF v. 5. 10. 1990, BStBl 1990 I 638, Tz. 1.3.
8 BFH v. 7. 10. 1954 - IV 127/53 U, BStBl 1954 III 374.
9 BFH v. 24. 11. 1961 - VI 208/61 U, BStBl 1962 III 1962, 125.
10 BFH v. 25. 10. 1957 - VI 143/56 U, BStBl 1958 III 15.
11 FinSen. Bremen v. 8. 8. 1982, DStR 1982, 656.

die Weisungsgebundenheit und die tatsächliche Umsetzung der getroffenen Vereinbarungen geachtet.[1] Zu Besonderheiten beim LSt-Abzug für beschränkt stpfl. Künstler vgl. weitere Erlasse der FinVerw.[2]

▶ **Landwirt**
Ein Landwirt mit eigenem Betrieb kann fremde Dritte oder auch die eigenen Kinder im Rahmen eines Dienstverhältnisses beschäftigen.[3] Unter den Voraussetzungen des § 40b Abs. 3 EStG können Löhne für Aushilfskräfte mit 5 % pauschal versteuert werden. Bei einer Nebentätigkeit als Lohnunternehmer für andere Landwirte liegt i. d. R. kein Dienstverhältnis vor, da der Lohnunternehmer die Fahrzeuge stellt und damit das wesentliche unternehmerische Risiko trägt.

▶ **Lehrtätigkeit**
Lehrer oder Professoren üben ihre hauptberufliche Lehrtätigkeit i. d. R. im Rahmen eines Dienstverhältnisses aus, da sie in den Schul- bzw. Universitätsbetrieb eingegliedert sind und zahlreiche weitere typische Merkmale für ein Dienstverhältnis erfüllt sind (z. B. festes Gehalt, Anspruch auf bezahlten Urlaub und Lohnfortzahlung im Krankheitsfall). Zu nebenberuflichen Lehr- und Prüfungstätigkeiten vgl. → Rz. 194 ff.

▶ **Liquidation**
Durch Vorstand einer AG oder Geschäftsführer einer GmbH soll auch insoweit im Rahmen des Dienstverhältnisses zu der zu liquidierenden Gesellschaft erfolgen.[4]

▶ **Lohnsteuerhilfeverein**
Der Leiter einer Beratungsstelle eines Lohnsteuerhilfevereins, der gewisse organisatorische Vorgaben des Vereins beachten muss, jedoch als freier Mitarbeiter tätig ist, steht nicht in einem Dienstverhältnis zum Verein.[5]

▶ **Mitunternehmerschaft**
Erhält ein Gesellschafter für seine Tätigkeit im Dienst seiner PersGes eine Vergütung, gehört diese nach § 15 Abs. 1 Satz 1 Nr. 2 EStG zu den Einkünften aus Gewerbebetrieb. Ein Dienstverhältnis liegt selbst dann nicht vor, wenn diese Vergütungen auf Grundlage eines typischen Arbeitsvertrags gezahlt werden. Auch eine durch einen Arbeitsvertrag verdeckte Mitunternehmerschaft eines nicht an der Gesellschaft beteiligten Mitunternehmers führt zu gewerblichen Einkünften.[6] Siehe KKB/*Bäuml/Meyer*, § 15 EStG Rz. 50 f.

▶ **Musiker**
Nebenberufliche Musiker oder Mitglieder einer Kapelle/Band, die in Gaststätten, Diskos etc. auftreten, dürften im Regelfall keine ArbN des Gastwirts oder Veranstalters sein, da die Musiker nach außen erkennbar als selbständig und meist nur gelegentlich auftreten. Zudem dürften die Musiker in der künstlerischen Darbietung meist weitgehend frei und lediglich organisatorisch weisungsgebunden sein. Ein Dienstverhältnis könnte nur dann vorliegen, wenn ein Musiker regelmäßig für einen Veranstalter auftritt.[7] U. U. können Dienstverhältnisse von einzelnen Musikern zum Leiter der Kapelle/Band bestehen.

---

1 BMF v. 5. 10. 1990, BStBl 1990 I 638.
2 BMF v. 31. 7. 2002, BStBl 2002 I 707 und BMF v. 28. 3. 2013, BStBl 2013 I 443.
3 BFH v. 17. 2. 1955 - IV 520/53 U, BStBl 1955 III 102.
4 HHR/*Pflüger*, § 19 EStG Rz. 600 „Liquidator".
5 BFH v. 10. 12. 1987 - IV R 176/85, BStBl 1988 II 273.
6 BFH v. 11. 12. 1980 - IV R 91/76, BStBl 1981 II 310.
7 BFH v. 10. 9. 1976 - VI R 80/74, BStBl 1977 II 178; die Rspr. geht allerdings vom gegenteiligen Regelfall aus: Musiker sollen grds. ArbN des Veranstalters sein.

Hauptberufliche Musiker, die längerfristig in einem Orchester, einer Kapelle etc. tätig sind, sind im Regelfall ArbN des Trägers des Orchesters. Selbständig sind hingegen gelegentliche Auftritte oder der Einsatz als Aushilfe.[1]

▶ **Nebentätigkeit**
Siehe → Rz. 186 ff.

▶ **Notar**
Ist grds. selbständig tätig. In Baden-Württemberg wird es bis einschl. 2017 auch noch nichtselbständige Amtsnotare geben. Auch ein Notariatsverweser ist selbständig.[2]

▶ **Opernsänger**
Ein spielzeitverpflichteter Opernsänger ist nach Auffassung der FinVerw nichtselbständig tätig. Ein gastspielverpflichteter Opernsänger soll nichtselbständig tätig sein, wenn er eine Rolle in einer Aufführung übernimmt und eine Probenverpflichtung eingeht.[3]

PRAXISHINWEIS:
Die Verwaltungsgrundsätze dienen als gute Orientierungs- und Entscheidungshilfe. Im Einzelfall können diese Kriterien aber auch anders bewertet oder durch andere Kriterien überlagert werden.[4] Siehe auch „Künstler".

▶ **Ordensangehörige**
Stehen nicht in einem Dienstverhältnis zum Orden, soweit sie unmittelbar Aufgaben als Mitglied der Gemeinschaft erfüllen.[5] Dies gilt auch, wenn der Ordensangehörige im Auftrag seines Ordens eine Tätigkeit für einen Dritten ausübt.[6] Ein Ordensangehöriger kann aber auch direkt ein Dienstverhältnis mit einem Dritten begründen.[7]

▶ **Organschaft**
Siehe → Rz. 132.

▶ **Pfleger**
Ein Alten- oder Krankenpfleger steht regelmäßig in einem Dienstverhältnis zu einem Krankenhaus, Altenheim oder Pflegedienst. Es kann auch ein Dienstverhältnis zu einer einzelnen pflegebedürftigen Person begründet werden[8] – z. B. bei der Kindertagespflege[9] Eine Pflegetätigkeit kann aber auch selbständig ausgeübt werden (typische Merkmale: Pflege mehrerer Patienten auf eigene Verantwortung und Vergütung direkt durch die Pflegbedürftigen). Die Pflegetätigkeit von Angehörigen (sog. Pflegepersonen, vgl. § 19 SGB XI) wird i. d. R. auf familienrechtlicher Grundlage erbracht und ist dann einkommensteuerrechtlich unbeachtlich (nur bei sehr hohen Einnahmen können sonstige Einkünfte nach § 22 Nr. 3 EStG vorliegen).[10] Die Steuerbefreiung nach § 3 Nr. 36 EStG bis zur Höhe des Pflegegeldes nach § 37 SGB XI ist deshalb in den meisten Fällen nur klarstellend. Ggf. kann der Pflegepauschbetrag nach § 33b Abs. 6 EStG geltend gemacht werden.

---

1 BMF v. 9. 7. 2014, BStBl 2014 I 1103.
2 BFH v. 12. 9. 1968 - V 174/65, BStBl 1968 II 811.
3 BMF v. 5. 10. 1990, BStBl 1990 I 638.
4 BFH v. 30. 5. 1996 - V R 2/95, BStBl 1996 II 493, betr. selbständige Opernsängerin trotz Probenverpflichtung.
5 BFH v. 9. 1. 1964 - IV 93/62 U, BStBl 1964 III 206, betr. Honorar für ein wissenschaftliches Werk.
6 BFH v. 11. 5. 1962 - VI 55/61 U, BStBl 1962 III 310, betr. Lehrtätigkeit von Ordensangehörigen.
7 BFH v. 25. 11. 1993 - VI R 115/92, BStBl 1994 II 424.
8 HHR/*Pflüger*, § 19 EStG Rz. 600 „Krankenschwester".
9 BMF v. 11.11.2016, BStBl 2016 I 1236.
10 BFH v. 14. 9. 1999 - IX R 88/95, BStBl 1999 II 776.

▶ **Physiotherapeut**
Kann eine eigene Praxis betreiben und ist dann selbständig. Als fest Angestellter in einem Krankenhaus, Rehazentrum etc. ist er nichtselbständig.

▶ **Pilot**
Die meisten Piloten sind bei einer Fluggesellschaft fest angestellt und stehen deshalb in einem Dienstverhältnis. In seltenen Fällen können Piloten jedoch selbständig tätig sein (Merkmale: Kein langfristiger Vertrag, keine Ansprüche auf bezahlten Urlaub oder Lohnfortzahlung im Krankheitsfall, stundenweise Bezahlung).[1]

▶ **Prostituierte**
Die in einem Bordell arbeiten können je nach konkreter Ausgestaltung ArbN (typische Merkmale z. B. Einbindung in die Organisation, kein eigener Arbeitsbereich, Abrechnung gegenüber Kunden durch Bordellbetreiber)[2] oder auf eigenes Risiko und eigene Rechnung selbständig sein.[3] Selbständig tätige Prostituierte erzielen Einkünfte aus Gewerbebetrieb.[4]

▶ **Rechtsanwalt**
Steht als fest Angestellter bei einem nichtanwaltlichen Unternehmen (Syndikusanwalt) oder bei einem anderen Anwalt in einem Dienstverhältnis (typische Merkmale sind z. B. festes Gehalt, Einbindung in den Organismus, Sozialleistungen etc.) oder ist selbständig tätig (typische Merkmale: erfolgsabhängiges Gehalt, eigene Räumlichkeiten und Personal etc.).

▶ **Referendar**
Während des Vorbereitungsdienstes für eine Beamtenlaufbahn im höheren Dienst steht der Referendar (z. B. Lehramtsreferendar oder Rechtsreferendar; als Beamter oder Angestellter) in einem Dienstverhältnis zu seiner Ausbildungsbehörde.[5] Daneben kann auch eine selbständige Tätigkeit ausgeübt werden.[6]

▶ **Regisseur**
Eine längerfristige Tätigkeit für einen Auftraggeber findet i. d. R. in einem Dienstverhältnis zu diesem statt.[7]

▶ **Reiseleiter**
Siehe → Rz. 63.

▶ **Rundfunkermittler**
Mit erfolgsabhängiger Vergütung steht nicht in einem Dienstverhältnis, auch wenn er nur für einen Auftraggeber tätig ist.[8]

▶ **Sargträger**
Siehe → Rz. 191.

---

1 BFH v. 16. 5. 2002 - IV R 94/99, BStBl 2002 II 565.
2 FG München v. 19. 3. 2010 - 8 K 1157/06, EFG 2011, 56, rkr.
3 FG München v. 18. 6. 2009 - 15 K 2482/06, EFG 2010, 50, rkr.
4 BFH v. 20. 2. 2013 - GrS 1/12, BStBl 2013 II 441.
5 BFH v. 7. 4. 1972 - VI R 58/69, BStBl 1972 II 643.
6 BFH v. 22. 3. 1968 - VI R 228/67, BStBl 1968 II 455, betr. Tätigkeit eines Gerichtsreferendars bei einem Anwalt.
7 BMF v. 5. 10. 1990, BStBl 1990 I 638.
8 BFH v. 2. 12. 1998 - X R 83/96, BStBl 1999 II 534.

▶ **Schauspieler**
Filmschauspieler werden sowohl von der FinVerw[1] als auch der Rspr.[2] i. d. R. als ArbN eingeordnet. Schauspieler können durch einen sog. Ausschließlichkeitsvertrag ArbN einer Gesellschaft werden, die die Dienste des Schauspielers anderen Filmherstellern überlässt,[3] oder direkt zu den Filmherstellern ein Dienstverhältnis begründen.[4]

▶ **Scheinselbständigkeit**
Siehe → Rz. 226.

▶ **Schiedsrichter**
Fußballschiedsrichter[5] sowie Tennisschiedsrichter[6] sind nicht als ArbN tätig. Eine für die Annahme eines Dienstverhältnisses sprechende enge Verbindung zum Verband, für den sie tätig werden, liegt i. d. R. nicht vor.[7] Dies gilt auch für nebenberufliche, ehrenamtliche Schiedsrichter; ggf. kommen die Freigrenze des § 22 Nr. 3 EStG und der Freibetrag des § 3 Nr. 26a EStG zur Anwendung.[8]

▶ **Schwarzarbeiter**
Nur für einzelne oder gelegentliche Arbeiten beauftragte Schwarzarbeiter sind gewerblich tätig.[9] Fest angestellte Arbeiter, die vom ArbG „schwarz" gezahlt werden, sind aber auch insoweit ArbN.

▶ **Seelotsen**
Sind trotz fester Arbeitszeiten selbständig tätig.[10]

▶ **Servicekräfte**
Können auch dann gegenüber dem ArbG weisungsgebunden und organisatorisch eingegliedert sein, wenn sie bei einem Kunden des ArbG eingesetzt werden.[11]

▶ **Sportler**
Sport wird in den meisten Fällen zur persönlichen Freizeitgestaltung ausgeübt, kann jedoch auch im Rahmen eines Dienstverhältnisses erfolgen, sofern der Sportler bei einem ArbG (ein Verein oder ein Veranstalter eines Wettkampfes) unter Vertrag steht, in dessen Betrieb eingegliedert und weisungsgebunden[12] ist, kein Unternehmerrisiko trägt und zumindest eine seine Aufwendungen übersteigende Entlohnung erhält.[13] Bei Berufssportlern, die nicht selbständig, sondern für einen Auftraggeber antreten, kann dies gegeben sein,[14] z. B. bei fest angestellten Fußballlizenzspielern. Für eine selbständige Tätigkeit spricht, wenn der Sportler nur selten für einen Auftraggeber arbeitet.[15] Eine Werbetätig-

---

1 BMF v. 5.10.1990, BStBl 1990 I 638.
2 BFH v. 6.10.1971 - I R 207/66, BStBl 1972 II 88.
3 BFH v. 31.5.1972 - I R 94/69, BStBl 1972 II 697.
4 BFH v. 10.4.1970 - VI R 303/66, BStBl 1970 II 716.
5 BFH v. 20.12.2017 - I R 98/15, DB 2018 S. 482 = NWB DokID: BAAAG-77119.
6 FG Niedersachsen v. 24.11.2004 - 9 K 147/00, EFG 2005, 766, rkr.
7 Jansen, FR 1995, 461.
8 BMF v. 21.11.2014, BStBl 2014 I 1581.
9 BFH v. 21.3.1975 - VI R 60/73, BStBl 1975 II 513.
10 BFH v. 21.5.1987 - IV R 339/84, BStBl 1987 II 625.
11 BFH v. 20.11.2008 - VI R 4/06, BStBl 2009 II 374.
12 Bei Sportler von Mannschaftssportarten dürfte das Merkmal der Eingliederung regelmäßig erfüllt sein.
13 BFH v. 23.10.1992 - VI R 59/91, BStBl 1993 II 303.
14 BFH v. 16.3.1951 - IV 197/50 U, BStBl 1951 III 97, betr. Berufsringer; BFH v. 29.11.1978 - I R 159/76, BStBl 1979 II 182, betr. Catcher, Ringrichter und Turnierleiter.
15 BFH v. 22.1.1964 - I 398/60 U, BStBl 1964 III 207, betr. Berufsboxer.

keit eines Sportlers kann neben einem bestehenden Dienstverhältnis auch gewerblich ausgeübt werden.[1]

▶ **Strafgefangene**
die zu bestimmten Arbeiten verpflichtet werden (vgl. § 41 StVollzG), sind nach h. M. in der Literatur ArbN der jeweiligen Gefängnisverwaltung.[2] Die für ein Dienstverhältnis typischen Merkmale liegen in diesen Fällen vor (insbes. Schulden der Arbeitskraft, Weisungsbefugnis, Eingliederung, Entlohnung). Ob der Gefangene die Arbeitsleistung freiwillig erbringt, ist unbeachtlich. Freigänger, die für ein Unternehmen arbeiten, können mit diesem ein Dienstverhältnis begründen.[3]

▶ **Stromableser**
sind i. d. R. ArbN, auch wenn eine freie Mitarbeit oder ein Werkvertrag vereinbart ist und das Ablesen in Ausnahmefällen auch durch einen Vertreter erfolgen darf.[4]

▶ **Synchronsprecher**
sind i. d. R. nicht eng in den Organismus des Auftraggebers eingegliedert und deshalb selbständig tätig.[5] Siehe auch „Fernsehen/Rundfunk".

▶ **Tankstellenpächter**
verkauft Benzin i. d. R. im Namen und für Rechnung einer Mineralölfirma aufgrund eines Handelsvertretervertrags und steht deshalb nicht in einem Dienstverhältnis.[6]

▶ **Telefonverkäufer**
ist selbständig tätig, wenn er das Vergütungsrisiko trägt und nicht an (Mindest-)Arbeitszeiten gebunden ist.[7]

▶ **Tutor**
als Betreuer in einem Studentenwohnheim soll nicht in einem Dienstverhältnis zur Uni stehen und sonstige Einkünfte erzielen.[8] Soweit ein Tutor Unterrichtsveranstaltungen an einer Uni durchführt, ist er aber ArbN der Universität.[9]

▶ **Übungsleiter**
Siehe → Rz. 186 ff.

▶ **Untreuehandlungen**
Fortgesetzte Untreuehandlungen eines ArbN außerhalb seiner arbeitsrechtlichen Pflichten finden nicht im Rahmen des Dienstverhältnisses zum ArbG statt, auch wenn der ArbN hierfür gezielt seine Stellung im Betrieb des ArbG ausnutzt. Vielmehr erzielt der Stpfl. durch die erzielten Vorteile insoweit gewerbliche Einkünfte.[10]

▶ **Urlaubsvertreter**
Auch ansonsten selbständig Tätige sind als Urlaubsvertreter regelmäßig nichtselbstän-

---

1 BFH v. 22. 2. 2012 - X R 14/10, BStBl 2012 II 511, betr. Werbeeinnahmen eines Fußballnationalspielers aus der Vermarktung durch den DFB.
2 *Krüger* in Schmidt, § 19 EStG Rz. 13; *Eisgruber* in Kirchhof, § 19 EStG Rz. 18.
3 HHR/*Pflüger*, § 19 EStG Rz. 600 „Freigänger".
4 BFH v. 24. 7. 1992 - VI R 126/88, BStBl 1993 II, 155; FG München v. 18. 2. 2004 - 10 K 4566/02, EFG 2004, 1050,rkr.
5 BMF v. 5. 10. 1990, BStBl 1990 I, 638; BFH v. 12. 10. 1978 - IV R 1/77, BStBl 1981 II 706.
6 BFH v. 15. 5. 1974 - I R 255/71, BStBl 1974 II 518.
7 BFH v. 14. 12. 1988 - X R 34/82, BFH/NV 1989, 541 = NWB DokID: HAAAB-30660.
8 BFH v. 21. 7. 1972 - VI R 188/69, BStBl 1972 II 738; BFH v. 28. 2. 1978 - VIII R 116/75, BStBl 1978 II 387; das Ergebnis anzweifelnd, *Krüger* in Schmidt, § 19 EStG Rz. 35, „Tutor".
9 HHR/*Pflüger*, § 19 EStG Rz. 600, „Tutor".
10 BFH v. 3. 7. 1991 - X R 163-164/87, BStBl 1991 II 802.

dig, da sie in die betrieblichen Abläufe des Vertretenen eingegliedert sind und eine fest vereinbarte Entlohnung erhalten.[1] Dieser Einordnung steht weder die meist nur kurze Zeit der Vertretung[2] noch eine weitgehende Entscheidungsbefugnis im fachlichen Bereich entgegen.[3] Die Tätigkeit eines Arztes als Urlaubsvertreter eines frei praktizierenden Arztes soll nach der Rspr. hingegen selbständig ausgeübt werden, da bei einem Arzt typischerweise seine eigene Arbeitskraft und sein persönliches Können im Vordergrund steht und er in eigener Verantwortung und ohne Bindung an Weisungen Dritter tätig wird.[4] In der Literatur werden hierzu unterschiedliche Auffassungen vertreten.[5] Es liegt vor allem dann ein Dienstverhältnis vor, wenn der Vertreter vom Vertretenen eine feste Vergütung erhält, nicht hingegen wenn der Vertreter direkt gegenüber den Patienten abrechnen darf.

► **Vermittlungstätigkeit**
eines ArbN, die zu den Aufgaben seiner Haupttätigkeit gehört, erfolgt im Rahmen dieses Dienstverhältnisses.[6] Dies gilt z.B. nach Auffassung der FinVerw für Provisionen einer Bausparkasse oder Versicherung an ArbN von Kreditinstituten, die während der Arbeitszeit Verträge vermitteln oder wenn der direkte Kundenkontakt auch außerhalb der Arbeitszeiten zu den dienstlichen Aufgaben gehört[7] sowie für sog. „Remunerationen" von Bankvorständen.[8] Die Rspr. hat die Vermittlung von Reisegepäck-, Schlechtwetter- und Unfallversicherungen durch Reisebüroangestellte als Teil der Haupttätigkeit eingeordnet,[9] nicht hingegen die Vermittlung von Sparanlagen durch Sparkassenangestellte außerhalb der Arbeitszeiten.[10]

► **Versicherungsvertreter**
Nach Auffassung der FinVerw i.d.R. selbständig und nicht in einem Dienstverhältnis zur Versicherung tätig.[11]

► **Vorstand**
Trotz der bei einem Vorstand einer AG, eines Vereins, einer Genossenschaft oder bei einem Geschäftsführer einer GmbH typischerweise fehlenden Vorgaben im Hinblick auf die genaue Arbeitszeit, den Arbeitsort und die konkret vorzunehmenden Tätigkeiten und den oftmals vereinbarten erfolgsabhängigen Gehaltsbestandteilen werden sie i.d.R. im Rahmen eines Dienstverhältnisses tätig.[12] Die Vorstände und Geschäftsführer unterliegen trotz aller Freiheiten der Kontrolle durch die zuständigen Aufsichtsgremien (Aufsichtsrat, Vereinsbeirat) sowie durch die Anteilseigner, Mitglieder oder Genossen (Haupt-, Gesellschafter-, Mitglieder- oder Genossenschaftsversammlung) und sind des-

---

1 BFH v. 20.2.1979 - VIII R 52/77, BStBl 1979 II 414, betr. Urlaubsvertreter eines Apothekers.
2 BFH v. 20.2.1979 - VIII R 52/77, BStBl 1979 II 414.
3 BFH v. 11.11.1971 - IV R 241/70, BStBl 1972 II 213, betr. Vertretung eines Klinikdirektors bei der Behandlung seiner Privatpatienten.
4 BFH v. 10.4.1953 - IV 429/52 U, BStBl 1953 III 142.
5 Für Dienstverhältnis: *Krüger* in Schmidt, § 19 EStG Rz. 40 „Urlaubsvertreter"; *Eisgruber* in Kirchhof, § 19 EStG Rz. 54, „Urlaubsvertreter"; für selbständige Tätigkeit: HHR/*Pflüger*, § 19 EStG Rz. 600 „Arztvertreter".
6 R 19.4 Abs. 1 Satz 1 LStR.
7 R 19.4 Abs. 2 LStR.
8 BMF v. 26.10.1998, FR 1998, 1144.
9 BFH v. 31.8.1962 - VI 120/61 U, BStBl 1962 III 490.
10 FG Nürnberg v. 6.6.1978 - II 28/75, EFG 1978, 591, rkr.
11 R 15.1 EStR.
12 H. M., vgl. HHR/*Pflüger*, § 19 EStG Rz. 60; *Eisgruber* in Kirchhof, § 19 EStG Rz. 54, „Gesetzlicher Vertreter einer KapGes".

halb in den Organismus der Gesellschaft eingegliedert und auch weisungsgebunden. Von der Rspr. wurden bislang als ArbN angesehen: Vorstand einer AG,[1] Vorstandsvorsitzender einer Landesversicherungsanstalt,[2] Vorstand einer Genossenschaft,[3] Vorstand einer Familienstiftung[4] sowie GesGf (unabhängig von seiner Beteiligungsquote).[5] Vgl. hierzu → Rz. 89.

PRAXISHINWEIS:
Zur Anstellung von GmbH-GesGf vgl. den Beitrag im NWB Info-Center,[6] die Musterverträge für GmbH-GesGf[7] sowie für Fremdgeschäftsführer.[8]

▶ **Werbedamen**
können je nach konkreter Ausgestaltung des Dienstvertragsverhältnisses selbständig oder nichtselbständig sein. In einem in der Rspr. und Literatur häufig zitierten Grundsatzurteil des BFH wurden Werbedamen als selbständig eingeordnet, da sie nur für einzelne kurzfristige Werbeaktionen beauftragt wurden und nicht in den Betrieb des Auftraggebers eingegliedert waren. Darüber hinaus hatten die Werbedamen mehrere unterschiedliche Auftraggeber.[9]

▶ **Zusteller**
Brief- und Paketzusteller sind i. d. R. ArbN des jeweiligen Postdienstleisters, können aber auch selbständige Subunternehmer sein (vgl. „Berufskraftfahrer"). Zusteller von Anzeigenblättern sind i. d. R. ArbN, da es sich um eine einfache Tätigkeit handelt und der Zusteller kein besonderes Unternehmerrisiko trägt.[10] Auch Zeitungsausträger dürften in den meisten Fällen als ArbN anzusehen sein.[11] Werbeprospektverteiler können ebenfalls in Dienstverhältnissen (oder auch selbständig) tätig werden.[12] Eine daneben ausgeübte Werbetätigkeit für neue Abonnements kann unabhängig von der Tätigkeit als Zusteller betrachtet und als selbständig beurteilt werden.[13]

(Einstweilen frei) 252–260

2. Arbeitslohn

a) Allgemeines

Der Begriff Arbeitslohn wird in § 19 EStG nicht explizit genannt. Das Gesetz erfasst aber alle Gehälter, Löhne, Gratifikationen und – sehr weitgehend – alle anderen Bezüge und Vorteile für eine Beschäftigung. Auch § 2 Abs. 1 Satz 1 LStDV definiert den Arbeitslohn nicht im Detail, sondern nur als „alle Einnahmen, die dem ArbN aus dem Dienstverhältnis zufließen". Diese

---

1 BFH v. 24. 9. 2013 - VI R 8/11, BStBl 2014 II 124.
2 BFH v. 11. 3. 1960 - VI 172/58 U, BStBl 1960 III 214.
3 BFH v. 2. 10. 1968 - VI R 25/68, BStBl 1969 II 185.
4 BFH v. 31. 1. 1975 - VI R 230/71, BStBl 1975 II 358.
5 BFH v. 23. 4. 2009 - VI R 81/06, BStBl 2012 II 262.
6 Unter NWB DokID: XAAAB-04820.
7 Unter NWB DokID: DAAAB-05599.
8 Siehe unter NWB DokID: RAAAB-05311.
9 BFH v. 14. 6. 1985 - VI R 150-152/82, BStBl 1985 II 661.
10 FG Niedersachsen v. 6. 5. 1999 - XI 679/97, EFG 1999, 1015, rkr.
11 BFH v. 2. 10. 1968 - VI R 29/68, BStBl 1969 II 103, m. w. N. zur schwankenden Rspr.
12 BFH v. 9. 9. 2003 - VI B 53/03, BFH/NV 2004, 42 = NWB DokID: SAAAA-70796.
13 BFH v. 22. 11. 1996 - VI R 59/96, BStBl 1997 II 254.

weite und umfassende Vorgabe dient einer möglichst **gerechten und gleichmäßigen** steuerlichen Erfassung aller Einkünfte aus nichtselbständiger Arbeit.[1]

262 Die Rspr.[2] hat den Begriff genauer umrissen und zwei wesentliche Merkmale herausgestellt: Demnach liegt Arbeitslohn vor, wenn ein ArbN durch den Zufluss von **Geld oder geldeswerten Gütern objektiv bereichert ist** (vgl. → Rz. 271), und sich diese Bereicherung nach dem Veranlassungsprinzip als **Gegenleistung für die Zurverfügungstellung der individuellen Arbeitskraft** (vgl. → Rz. 311) des ArbN erweist. Nicht notwendig ist hingegen, dass die Einnahme eine Gegenleistung für eine konkrete einzelne Tätigkeit ist. Aus diesem Grund gehören auch Belohnungen für Tätigkeiten, die ein ArbN nur selten oder ausnahmsweise durchführt, zum Arbeitslohn.[3]

263 Für die Annahme von Arbeitslohn kommt es nicht darauf an, ob es sich um laufende oder einmalige Bezüge handelt und ob ein Rechtsanspruch besteht (vgl. § 19 Abs. 1 Satz 2 EStG). Unerheblich ist auch, ob überhaupt eine Arbeitsleistung erbracht wird,[4] ob der Arbeitslohn selbst oder eine Entschädigung für entgangenen oder entgehenden Arbeitslohn gezahlt wird (ggf. tarifbegünstigte Besteuerung nach § 34 EStG[5]), ob ein Dritter die Zahlung leistet (vgl. → Rz. 331 ff.), wie die Zahlung bezeichnet wird oder in welcher Form sie erfolgt (vgl. § 2 Abs. 1 Satz 2 LStDV und → Rz. 341 ff.).

264 Das Vorliegen von Arbeitslohn ist die Grundvoraussetzung dafür, dass der ArbG von diesem Lohn LSt einbehalten muss. In den Vorschriften für den LSt-Abzug (§§ 38 ff. EStG) wird der Begriff deshalb häufig verwendet.

265–270 *(Einstweilen frei)*

b) Objektive Bereicherung

271 Eine objektive Bereicherung liegt vor, wenn sich durch eine Zuwendung die Leistungsfähigkeit eines ArbN aus wirtschaftlicher Sicht erhöht.[6] Aus der Sicht des ArbN kann es sich dabei um Zuwendungen handeln, die er zusätzlich erhält, oder aber um ersparte Aufwendungen, die er ansonsten selbst getragen hätte. Es kommt nicht darauf an, ob der ArbN Ausgaben auch getätigt hätte, wenn er den Vorteil nicht bekommen hätte. Entscheidend ist nur, **ob** ein ArbN einen Vorteil tatsächlich in Anspruch genommen hat.[7] Deshalb sind auch in Sachbezügen enthaltene sog. Luxusanteile Arbeitslohn.[8]

---

1 BFH v. 15.12.1977 - VI R 150/75, BStBl 1978 II 239.
2 Mittlerweile st. Rspr.; vgl. insbesondere Grundsatzurteil des BFH v. 17.9.1982 - VI R 75/79, BStBl 1983 II 39, betr. Vorsorgeuntersuchungen für ArbN.
3 BFH v. 22.5.1992 - VI R 178/87, BStBl 1992 II 840, betr. einer ausnahmsweise durchgeführten Vermittlungsleistung.
4 BFH v. 28.9.1984 - VI R 127/80, BStBl 1985 II 87, betr. Hochschulstudium eines beurlaubten Soldaten.
5 Zur Abgrenzung zwischen regulär zu besteuerndem Arbeitslohn und tarifbegünstigten Entlassungsentschädigungen vgl. KKB/Egner/Geißler, § 24 EStG Rz. 35 f. u. → Rz. 55 f., KKB/Bleschick, § 34 EStG Rz. 85; BMF v. 1.11.2013, BStBl 2013 I 1326 und *Moorkamp*, Ertragsteuerliche Behandlung von Entlassungsentschädigungen, StuB 2014, 129.
6 BFH v. 9.3.1990 - VI R 48/87, BStBl 1990 II 711.
7 BFH v. 27.3.1991 - VI R 126/87, BStBl 1991 II 720, betr. unentgeltliche Überlassung eines Haustrunks.
8 BFH v. 9.3.1990 - VI R 48/87, BStBl 1990 II 711.

Es ist grds. aus der Sicht des ArbN zu beurteilen, ob eine Bereicherung vorliegt.[1] Eine Bereicherungsabsicht des ArbG ist hingegen nicht erforderlich.[2]

272

Die Art und Weise der Bereicherung ist grds. unbeachtlich. Der ArbN kann durch die Zuwendung von Geld, durch die Übereignung einer Sache, die Inanspruchnahme einer Dienstleistung oder durch die Möglichkeit, eine Sache nutzen zu dürfen, bereichert werden.

273

An einer objektiven, in Geld bewertbaren Bereicherung fehlt es bei lediglich **ideellen Vorteilen**. Beispiele hierfür sind: Gestellung von besonders modernen Arbeitsmitteln oder besondere Ausgestaltung des Arbeitsplatzes und in den meisten Fällen auch die Gestellung von Parkplätzen. Die Unterscheidung zwischen einem bloß ideellen Vorteil und einer echten Bereicherung beim ArbN kann im Einzelfall sehr schwierig sein. Als Abgrenzungsmerkmal kann darauf abgestellt werden, ob ein fremder Dritter für diesen Vorteil ein Entgelt zahlen müsste. So führt z. B. die Gestellung von Sportanlagen[3] oder die Betreuung von Kindern der ArbN in Kindergärten auf jeden Fall zu Arbeitslohn.

274

(Einstweilen frei)

275–280

aa) Überwiegendes eigenbetriebliches Interesse

Trotz einer gewissen Bereicherung des ArbN führen Leistungen des ArbG, die in ganz überwiegend eigenbetrieblichem Interesse erbracht werden, nicht zu Arbeitslohn. In diesen Fällen ist zwischen dem **eigenbetrieblichen Interesse** des ArbG und **dem Ausmaß der Bereicherung** des ArbN abzuwägen. Je gewichtiger die Bereicherung des ArbN einzuschätzen ist, umso weniger wiegt das eigenbetriebliche Interesse des ArbG.[4] Ein mit einer Arbeitslohn-Zahlung lediglich einhergehendes Eigeninteresse des ArbG ist dann unbeachtlich.[5]

281

Bei dieser Abwägung ist immer der **Gesamtzusammenhang einer Leistung** zu betrachten.[6] Eine einheitliche Sachzuwendung kann nicht in einen steuerbaren Teil und einen im überwiegenden eigenbetrieblichen Interesse veranlassten Anteil auseinandergenommen werden.[7]

282

Leistungen des ArbG erfolgen auch dann im überwiegenden eigenbetrieblichen Interesse, wenn diese bei objektiver Würdigung aller Umstände nicht als Entlohnung, sondern als **notwendige Begleiterscheinung betriebsfunktionaler Zielsetzung** anzusehen sind. Das Absehen von Arbeitslohn erfordert dann aber ein **eindeutiges Überwiegen** der betrieblichen Veranlassung.[8] Dies beurteilt sich nach dem vom ArbG verfolgten **Zweck**, der nach den äußeren Umständen wie Anlass, Gegenstand der Zuwendung und der Begleitumstände festgestellt werden muss.[9] Sich aus einer originär betrieblichen Betätigung heraus ergebende Vorteile für ArbN („bloße Reflexwirkungen") führen jedenfalls nicht zu Arbeitslohn.[10]

283

---

1 BFH v. 19. 4. 1974 - VI R 107/70, BStBl 1975 II 383.
2 BFH v. 18. 10. 1974 - VI R 249/71, BStBl 1975 II 182.
3 FG Münster v. 21. 9. 1989 - VI 5297/88 L, EFG 1990, 178, betr. Gestellung eines Tennisplatzes, rkr.
4 BFH v. 27. 9. 1996 - VI R 84/95, BStBl 1997 II 147.
5 BFH v. 23. 6. 2005 - VI R 10/03, BStBl 2005 II 770.
6 BFH v. 21. 1. 2010 - VI R 2/08, BStBl 2010 II 639.
7 BFH v. 11. 3. 2010 - VI R 7/08, BStBl 2010 II 763.
8 BFH v. 5. 5. 1994 - VI R 55/92, BStBl 1994 II 771, betr. Gestellung von Mahlzeiten: „Bei weitem überwiegt"; BFH v. 11. 3. 2010 - VI R 7/08, BStBl 2010 II 763, betr. Regenerierungskur: „Nahezu ausschließlich".
9 BFH v. 20. 9. 1985 - VI R 120/82, BStBl 1985 II 718, betr. Mitgliedschaft des ArbN in einem Industrieklub.
10 BFH v. 19. 11. 2015 - VI R 47/14, BStBl 2016 II 301; *Schneider*, Versicherungsschutz des Arbeitgebers als Lohn für Arbeitnehmer?, NWB 2016, 842.

284 Auch Zuwendungen an die **Arbeitnehmerschaft als Gesamtheit** erfolgen meist im überwiegenden eigenbetrieblichen Interesse. Dazu gehört z. B. die Bereithaltung und Ausgestaltung von Pausenräumen, einer Kantine etc., nicht aber z. B. die Bereitstellung von Tennisplätzen.[1]

285 Auch **aufgedrängte Bereicherungen** können im überwiegenden eigenbetrieblichen Interesse erfolgen. Dies gilt z. B. für Vorsorgeuntersuchungen,[2] nicht hingegen für eine unentgeltliche Mitgliedschaft eines ArbN in einem Golfclub.[3]

286 Da ArbN immer auch ein nicht zu vernachlässigendes Interesse an **Personalrabatten** haben, führen diese meist zu Arbeitslohn, auch wenn der ArbG natürlich ein Interesse daran hat, dass seine ArbN bei ihm einkaufen.[4]

287 Ein Grenzfall, in dem die Abwägung zwischen dem Vorliegen von überwiegendem eigenbetrieblichen Interesse und Arbeitslohn schwer vorzunehmen ist, ist die **Übernahme von Bußgeldern** durch den ArbG, die gegen ArbN aus Anlass ihrer Arbeitstätigkeit verhängt werden. Entgegen früherer Rspr. geht der BFH mittlerweile davon aus, dass diese Übernahmen immer zu Arbeitslohn führen, da ein rechtswidriges Tun keine Grundlage betrieblicher Ziele sein kann.[5]

288 Eine **Gehaltsumwandlung** von regulär zu versteuerndem Barlohn in Leistungen des Arbeitgebers im überwiegenden eigenbetrieblichen Interesse ist lohnsteuerlich regelmäßig nicht anzuerkennen. Denn die den Gehaltsverzicht ausgleichende Leistung kann nur im Interesse des ArbN und nicht im überwiegenden eigenbetrieblichen Interesse des ArbG erfolgen. Andernfalls würde der ArbN freiwillig betriebliche Ausgaben finanzieren.

289–300 *(Einstweilen frei)*

bb) Durchlaufende Gelder, Auslagenersatz und Werbungskosten-Ersatz

301 **Keine Bereicherung** des ArbN liegt vor, wenn er von seinem ArbG Geldbeträge erhält, um diese später für betriebliche Zwecke auszugeben **(durchlaufende Gelder)**, oder als Ersatz für bereits getätigte betriebliche Aufwendungen **(Auslagenersatz)**. Beide Fälle erfordern eine Ausgabe für Rechnung des ArbG, nicht jedoch zwingend in dessen Namen.[6] Diese Zahlungen sind dem Grunde nach kein Arbeitslohn, die Steuerbefreiung des § 3 Nr. 50 EStG ist deshalb nur deklaratorisch.[7]

302 Von solchen Zahlungen des ArbG ist der **Ersatz von WK des ArbN** durch den ArbG abzugrenzen, der grds. zu Arbeitslohn führt. Diese Abgrenzung richtet sich danach, wer einen bestimmten Aufwand arbeits- oder zivilrechtlich zu übernehmen hat. Übernimmt der ArbN im ganz überwiegenden Interesse des ArbG Aufwendungen, die der Arbeitsausführung dienen und die nicht zu einer Bereicherung führen, liegt Auslagenersatz vor.[8] Dies gilt z. B. für Aufwendungen für Arbeitsmittel oder Roh-, Hilfs- und Betriebsstoffe, nicht aber für die Anschaffung, Instandhal-

---

1 BFH v. 27. 9. 1996 - VI R 44/96, BStBl 1997 II 146.
2 BFH v. 17. 9. 1982 - VI R 75/79, BStBl 1983 II 39.
3 BFH v. 21. 3. 2013 - VI R 31/10, BStBl 2013 II 700.
4 BFH v. 22. 5. 1992 - VI R 178/87, BStBl 1992 II 840.
5 BFH v. 14. 11. 2013 - VI R 36/12, BStBl 2014 II 278.
6 R 3.50 Abs. 1 Satz 1 LStR.
7 R 3.50 Abs. 1 Satz 4 LStR.
8 BFH v. 21. 9. 1995 - VI R 30/95, BStB 1995 II 906.

tung oder Abnutzung von im Eigentum des ArbN stehenden Arbeitsmitteln.[1] **Pauschaler Auslagenersatz** gilt regelmäßig als Arbeitslohn,[2] es sei denn, er entspricht im Großen und Ganzen den tatsächlichen Aufwendungen[3] oder er wird über einen repräsentativen Zeitraum von drei Monaten nachgewiesen.[4]

ABB.		
Keine Bereicherung des ArbN		Bereicherung des ArbN
Durchlaufende Gelder	Auslagenersatz	WK-Ersatz
ArbN erhält Geldbeträge vorab vom ArbG, um sie später für betriebliche Zwecke auszugeben	ArbN erhält nachträglich Geldbeträge vom ArbG als Ersatz für vom ArbN bereits getätigte betriebliche Ausgaben	ArbN erhält Geldbeträge, um Ausgaben zu tätigen, die bei ihm zu WK führen
Ausgaben für Rechnung des ArbG		Ausgaben für Rechnung des ArbN

(Einstweilen frei) 303–305

cc) Aufmerksamkeiten

Sachleistungen des ArbG an seine ArbN, die im gesellschaftlichen Verkehr üblicherweise ausgetauscht werden und zu keiner wesentlichen Bereicherung führen, behandelt die FinVerw nicht als Arbeitslohn.[5] Dazu gehören z. B. Blumen, Genussmittel, Bücher und Tonträger bis zu einem Wert von 60 €,[6] die dem ArbN oder seinen Angehörigen aus Anlass eines besonderen persönlichen Ereignisses zugewendet werden, nicht aber Geldzuwendungen.[7] Andere, auch aus sozialen Gründen gewährte Sonderzuwendungen oder Gelegenheitsgeschenke, sind aber Arbeitslohn.[8]

306

(Einstweilen frei) 307–310

c) Veranlassungszusammenhang
aa) Zusammenhang mit einem Dienstverhältnis

Einnahmen sind dann als Arbeitslohn nach § 19 EStG zu versteuern, wenn sie durch ein Dienstverhältnis veranlasst sind. Dieser Veranlassungszusammenhang ist nach st. Rspr. dann gegeben, wenn dem ArbN Einnahmen zufließen, die sich als Ertrag für dieses Dienstverhältnis darstellen, d. h., die Einnahmen müssen **im weitesten Sinne eine Gegenleistung für das Zurverfügungstellen der individuellen Arbeitskraft** des ArbN sein.[9] Die Rspr. setzt insoweit eine Art

311

---

1 BFH v. 21. 9. 1995 - VI R 30/95, BStBl 1995 II 906.
2 BFH v. 10. 6. 1966 - VI 261/64, BStBl 1966 III 607; R 3.50 Abs. 2 Satz 1 LStR.
3 BFH v. 2. 10. 2003 - IV R 4/02, BStBl 2004 II 129.
4 R 3.50 Abs. 2 Satz 2 LStR.
5 R 19.6 Abs. 1 Satz 1 LStR.
6 R 19.6 Abs. 1 Satz 2 LStR.
7 R 19.6 Abs. 1 Satz 3 LStR.
8 BFH v. 22. 3. 1985 - VI R 26/82, BStBl 1985 II 641, betr. Lehrabschlussprämie.
9 BFH v. 14. 11. 2012 - VI R 56/11, BStBl 2013 II 382.

„Mindestveranlassungszusammenhang" zwischen Leistung und Gegenleistung voraus.[1] Eine Einnahme ist aber nicht bereits dann Arbeitslohn, wenn sie in einem einfachen, ursächlichen Zusammenhang mit einem Dienstverhältnis steht. Arbeitslohn liegt demnach nicht vor, wenn dem Stpfl. lediglich in seiner Eigenschaft als ArbN ein Vorteil zugewandt wird. Erforderlich ist vielmehr ein **finaler Zusammenhang** zwischen einer Arbeitstätigkeit des ArbN und hierfür als Entlohnung gewährter Vorteile.[2] Ein solcher Veranlassungszusammenhang wird nicht dadurch aufgehoben, dass eine Einnahme nicht einer konkreten Arbeitsleistung zugeordnet werden kann,[3] dass eine Einnahme für rechtswidrig erbrachte Arbeit gezahlt wird,[4] dass eine Zahlung irrtümlich oder ohne Rechtsgrund erfolgt und später zurückgefordert wird,[5] dass der ArbG keinen arbeitsvertraglichen Anspruch auf eine bestimmte Arbeitsleistung des ArbN hat[6] oder dass eine Zuwendung des ArbG auf einem Sonderrechtsverhältnis beruht, das unabhängig vom Dienstverhältnis besteht, dessen Bedingungen aber eng an das Arbeitsverhältnis geknüpft sind.[7] Bei Lohnzahlungen **durch den ArbG** liegt auf jeden Fall ein sehr enger Zusammenhang mit dem Dienstverhältnis vor. Ein eher loser Zusammenhang ist bei Zahlungen **von Dritter Seite** gegeben. Bei der Prüfung des Veranlassungszusammenhangs sind die persönlichen Einschätzungen der an einer Zuwendung beteiligten Personen nicht maßgeblich.[8]

312–315 *(Einstweilen frei)*

bb) Mehrere Veranlassungszusammenhänge

316 Der Veranlassungszusammenhang von Zuwendungen mit einem Dienstverhältnis ist besonders genau zu prüfen, wenn Einnahmen mehrere unterschiedliche Ursachen haben.

317 Eine Zuwendung des ArbN an den ArbG kann **im weit überwiegenden eigenbetrieblichen Interesse** erfolgen und ist dann kein Arbeitslohn (vgl. hierzu ausführlich → Rz. 281 ff.). Eine betriebsfunktionale Zielsetzung kann den Veranlassungszusammenhang einer Zuwendung mit dem Dienstverhältnis – trotz einer gewissen, geringen Belohnungsabsicht – überlagern.[9]

318 Arbeitslohnzahlungen sind **von anderen Einkunftsarten abzugrenzen** (vgl. hierzu → Rz. 18 ff.). Zu Grenzfällen führen z. B. **Miet- oder Darlehensverträge** zwischen ArbN und ArbG (vgl. hierzu ausführlich → Rz. 371 „Mietzahlungen" und → Rz. 371 „Darlehen" und „Zinsen"). In diesen Fällen ist zu prüfen, ob der Zusammenhang mit einer Einkunftsart eindeutig überwiegt. Sofern keine eindeutige Zuordnung möglich ist, greifen die gesetzlichen Subsidiaritätsnormen. Fehlt eine solche Norm, ist nach den Umständen des jeweiligen Einzelfalles festzulegen, welche Einkunftsart im Vordergrund steht und dadurch die andere Einkunftsart verdrängt.[10] Vom ArbN zu seinen Gunsten und zu Lasten des ArbG **veruntreute Gelder** werden nicht für das Dienstverhältnis „gewährt", sondern der ArbN verschafft sich diese Vorteile ohne Zustimmung oder

---

[1] *Schneider*, Versicherungsschutz des Arbeitgebers als Lohn für Arbeitnehmer?, NWB 2016, 842.
[2] BFH v. 17. 7. 2014 - VI R 69/13, BStBl 2015 II 41.
[3] St. Rspr., z. B. BFH v. 26. 6. 2014 - VI R 94/13, BStBl 2014 II 864.
[4] BFH v. 14.6.2016 - IX R 2/16, BStBl 2016 II 901; *Hilbert*, NWB 2016, 320.
[5] BFH v. 4. 5. 2006 - VI R 19/03, BStBl 2006 II 832; BFH v. 14. 4. 2016 - VI R 13/14, BStBl 2016 II 778.
[6] BFH v. 20. 12. 2000 - XI R 32/00, BStBl 2001 II 496.
[7] BFH v. 5. 11. 2013 - VIII R 20/11, BStBl 2014 II 275, betr. Veräußerung eines Genussrechts des ArbG.
[8] BFH v. 25.4.2018 - VI R 34/16, BStBl 2018 II 600.
[9] BFH v. 16. 10. 2013 - VI R 78/12, BStBl 2013 II 242, betr. Teilnahme der ArbN an einer Regattabegleitfahrt.
[10] BFH v. 5. 11. 2013 - VIII R 20/11, BStBl 2014 II 275.

Wissen des ArbG (vgl. auch § 2 Abs. 1 Satz 2 LStDV, „gewährt").[1] Gegebenenfalls liegen sonstige Einkünfte vor.

Abgrenzungsschwierigkeiten können sich auch bei **privat (mit-)veranlassten Einnahmen** ergeben. So kann z. B. ein Geburtstagsgeschenk des ArbG an den ArbN im Falle einer tatsächlichen privaten Bekanntschaft auch außerhalb des Dienstverhältnisses erfolgen[2] (gilt generell auch für ein Geschenk über 60 € oder ein Geldgeschenk, vgl. R 19.6 Abs. 1 LStR). Die Abgrenzung ist aber schwierig und kann nur im Einzelfall erfolgen. Indizien könnten sein, ob das Geschenk im Rahmen einer privaten oder betrieblichen Feier übergeben wird oder ob solche Geschenke üblicherweise auch anderen ArbN übergeben werden. 319

Bei **gemischt veranlassten Zuwendungen** kann eine anteilige Zuordnung zu unterschiedlichen Veranlassungszusammenhängen erfolgen, sofern die Zuwendung dem Grunde nach aufteilbar ist. So führt z. B. im Falle eines verspätet ausgezahlten Lohns eine vereinbarte Verzinsung im Zeitpunkt der Auszahlung des Gesamtbetrags in Höhe der Zinsen zu Einkünften aus Kapitalvermögen und in Höhe des regulären Gehalts zu Arbeitslohn (vgl. hierzu → Rz. 371 „Zinsen"). Eine vom ArbG gezahlte Reise kann in einen überwiegend eigenbetrieblich veranlassten Teil und einen privaten, als Arbeitslohn zu erfassenden Teil aufgeteilt werden (vgl. hierzu → Rz. 371 „Incentive-Reisen"). 320

Häufige Praxisfälle für Zuwendungen mit unterschiedlichen Ursachen sind die **Bezüge und Vorteile von GesGf**. Wegen der besonderen Stellung eines GesGf sind Zuwendungen in vielen Fällen gesellschaftsrechtlich und nicht durch das Dienstverhältnis veranlasst. In diesen Fällen führen die Zuwendungen auf Ebene der Gesellschaft zu einer vGA nach § 8 Abs. 3 Satz 2 KStG und beim GesGf zu Einkünften aus Kapitalvermögen nach § 20 Abs. 1 Nr. 1 Satz 2 EStG. Diese Grundsätze gelten für den formell bestellten Geschäftsführer, aber auch für den sog. faktischen Geschäftsführer.[3] Dies kann z. B. bei der Gewährung von Überstundenvergütungen für einen GesGf,[4] bei der Kostenübernahme für eine privat (mit-)veranlasste Reise des GesGf[5] oder bei einer Fortführung des Dienstverhältnisses nach Pensioneintritt ohne Anrechnung des aktiven Gehalts auf die Pension[6] der Fall sein, nicht aber bereits bei nur irrtümlich ausgezahltem Arbeitslohn.[7] Die Gestellung eines Pkw durch den ArbG an den GesGf führt zu Arbeitslohn, sofern sie auf einer im Voraus abgeschlossenen, eindeutigen und fremdüblichen Regelung im Zusammenhang mit dem Dienstverhältnis beruht. Fehlt eine Vereinbarung oder nutzt der GesGf das Firmenfahrzeug entgegen einer Vereinbarung privat, ist die Gestellung durch die Gesellschafterstellung des GesGf veranlasst.[8] Das nach der Rspr. mögliche Ergebnis, dass ein nachhaltiges Missachten eines vereinbarten Privatnutzungsverbots zu Arbeitslohn führen kann,[9] wird sich in der Praxis nicht ergeben. Denn der Nachweis, dass ein schriftliches Nutzungsverbot durch eine gegenteilige mündliche Vereinbarung aufgehoben wurde, wird nur 321

---

1 BFH v. 13. 11. 2012 - VI R 38/11, BStBl 2013 II 929.
2 *Krüger* in Schmidt, § 19 EStG Rz. 51.
3 FG Münster v. 27. 1. 2016 - 10 K 1167/13 K, G, F, EFG 2016, 671, nrkr.
4 BFH v. 13. 12. 2006 - VIII R 31/05, BStBl 2007 II 393.
5 BFH v. 9. 3. 2010 - VIII R 32/07, BFH/NV 2010, 1330 = NWB DokID: ZAAAD-44402.
6 BFH v. 23.10.2013 - I R 60/12, BStBl 2015 II 413; BMF v. 18.9.2017, BStBl 2017 I 1293.
7 BFH v. 14. 4. 2016 - VI R 13/14, BStBl 2016 II 778.
8 BMF v. 3. 4. 2012, BStBl 2012 I 478.
9 BFH v. 11. 2. 2010 - VI R 43/09, BStBl 2012 II 266: „Wertende Betrachtung im Einzelfall".

schwer zu führen sein. Vielmehr sprechen die offensichtlich mangelnde Ernsthaftigkeit des Verbots und die widersprüchlichen Vereinbarungen für die gesellschaftsrechtliche Veranlassung.[1] Die Bewertung der Gestellung erfolgt nach § 8 Abs. 2 Satz 2 EStG i.V. m. § 6 Abs. 1 Nr. 4 Satz 2 EStG.[2]

322–330 *(Einstweilen frei)*

d) Besonderheiten

aa) Arbeitslohn von Dritter Seite

331 Ein ArbN kann auch von einem Dritten Zuwendungen erhalten, die als Arbeitslohn im Rahmen seines Dienstverhältnisses zum ArbG zu versteuern sind. Zu unterscheiden sind dabei sog. **echte Lohnzahlungen eines Dritten** (LSt-Abzugspflicht des ArbG nach § 38 Abs. 1 Satz 3 EStG) von den sog. **unechten Lohnzahlungen**, bei denen der Dritte nur Leistungsmittler ist, also für den ArbG bzw. an Stelle des ArbG leistet (LSt-Abzugspflicht nach § 38 Abs. 1 Satz 1 EStG).[3] Bei unechten Lohnzahlungen Dritter ist der Arbeitslohncharakter dieser Zuwendungen offenkundig.[4]

332 Echte Lohnzahlungen eines Dritten liegen hingegen nur dann vor, wenn sie ein Entgelt für eine Leistung sind, die der ArbN im Rahmen seines Dienstverhältnisses für seinen ArbG erbringt, erbracht hat oder erbringen soll und sich diese Leistung als **Frucht der Arbeit für den ArbG** darstellt.[5] Eine gegenteilige subjektive Einschätzung der Beteiligten ändert dann nichts an der Annahme von Arbeitslohn, da es allein darauf ankommt, ob die Zahlung **objektiv** eine Gegenleistung für die Arbeitsleistung des ArbN ist.[6] Die Feststellung erfordert eine Würdigung aller wesentlichen Umstände des Einzelfalls.[7] Die **Kenntnis des ArbG** von der Drittlohnzahlung ist nicht maßgeblich, sie kann sogar gegen dessen Willen erfolgen.[8] Eine **Mitwirkung des ArbG** ist jedoch ein Indiz für die Annahme von Drittlohn.[9]

333 **Kein Arbeitslohn von dritter Seite** liegt hingegen vor, wenn die Zuwendung durch **andere Rechtsbeziehungen** zwischen dem ArbN und dem Dritten veranlasst ist.[10] Dies kann z. B. der Fall sein, wenn Rabatte nicht nur den ArbN, sondern auch fremden Dritten üblicherweise eingeräumt werden oder die von Dritten eingeräumten Vorteile auf eigenwirtschaftlichen Interessen gründen.[11] Eigenwirtschaftliches Interesse des Dritten schließt Arbeitslohn jedoch nicht „automatisch" aus. Es stellt lediglich einen Aspekt dar, der in die Gesamtabwägung, ob Arbeitslohn vorliegt oder nicht, einfließt.[12] Wenn ausschließlich die ArbN eines bestimmten

---

1 Im Ergebnis gl. A., *Schmitz-Herscheidt*, Dienstwagenüberlassung an GesGf. – quo vadis?, NWB 2016, 1429; teilweise gl. A. *Krüger* in Schmidt, § 19 EStG Rz. 100 „Kraftfahrzeuggestellung".
2 BMF v. 3. 4. 2012, BStBl 2012 I 478.
3 BFH v. 4. 4. 2006 - VI R 11/03, BStBl 2006 II 668, betr. Einräumung von Optionsrechten durch Konzernmutter; BFH v. 28. 6. 2007 - VI R 45/02, BFH/NV 2007, 1871 = NWB DokID: VAAAC-52580, betr. Vorteilsgewährung innerhalb einer Versicherungsgruppe.
4 BFH v. 17. 7. 2014 - VI R 69/13, BStBl 2015 II 41, betr. unentgeltlicher Mitgliedschaft in einem Golfclub.
5 BFH v. 10. 4. 2014 - VI R 62/11, BStBl 2015 II 191, betr. verbilligte Versicherungstarife.
6 BFH v. 28. 2. 2013 - VI R 58/11, BStBl 2013 II 642, betr. Geldzahlung von der Konzernmutter.
7 *Geserich*, Der neue Rabatterlass, kritische Würdigung des BMF-Schreibens vom 20. 1. 2015, NWB 2015, 1610.
8 *Eisgruber* in Kirchhof, § 19 EStG Rz. 70.
9 BMF v. 20. 1. 2015, BStBl 2015 I 143.
10 BFH v. 10. 4. 2014 - VI R 62/11, BStBl 2015 II 191.
11 *Geserich*, NWB 2015, 1610.
12 Breinersdorfer, FR 2015, 779.

ArbG mit Vorteilen bedacht werden, ist dies zwar ein Indiz für die Annahme von stpfl. Drittlohn,[1] führt allein aber noch nicht zu diesem Ergebnis.[2]

PRAXISHINWEIS:

Erfolgen Zuwendungen an fremde ArbN aus eigenwirtschaftlichen Interessen, sind diese möglichst frühzeitig und genau zu dokumentieren. Die FinVerw sieht nur bei „überwiegendem" eigenwirtschaftlichem Interesse von der Lohnversteuerung ab.[3]

Beispiele für Arbeitslohn von Dritter Seite: 334

- Lohnersatzleistungen (z. B. Pflegeunterstützungsgeld; i. d. R. steuerfrei)
- Trinkgelder[4] (i. d. R. aber steuerfrei nach § 3 Nr. 51 EStG)
- Sonderzahlungen im Konzernverbund (keine steuerfreien Trinkgelder)[5]
- Zahlungen von Notaren an Notarassessoren für Vertretungstätigkeit[6]
- Zahlung eines Mehrheitsaktionärs an ein Vorstandsmitglied für eine erfolgreiche Sanierung[7]
- Verbilligter Erwerb einer Beteiligung im Hinblick auf ein künftiges Dienstverhältnis[8]
- Sachprämien aus einem Kundenbindungsprogramm (vgl. → Rz. 371 „Kundenbindungsprogramm")
- Nachwuchsförderpreis von einem Arbeitgeberverband[9]

Kein Arbeitslohn von dritter Seite liegt z. B. in folgenden Fällen vor: 335

- Verzicht auf Bauspargebühr bei ArbN verschiedener ArbG[10]
- Streikgelder[11] und Aussperrungsunterstützungen
- Belohnung einer Berufsgenossenschaft für ArbN, die sich bei der Verhütung von Unfällen verdient gemacht haben[12]
- Schmier- oder Bestechungsgelder[13] (aber sonstige Einkünfte nach § 22 Nr. 3 EStG)
- Weiterreichung der Aufsichtsratsvergütung des ArbN-Vertreters an ArbN-Kollegen[14]
- Rabatt eines Reiseveranstalters für Urlaubsfahrt von Reisebüroangestellten[15]

(Einstweilen frei) 336–340

---

1 BFH v. 7. 8. 2014 - VI R 58/12, BFH/NV 2015, 181 = NWB DokID: VAAAE-81154.
2 BFH v. 18. 10. 2012 - VI R 64/11, BStBl 2015 II 184, betr. Rabatte einer Apotheke an Mitarbeiter eines Krankenhauses im Rahmen eines „Mitarbeiter-Vorteilsprogramms"; vgl. hierzu *Warnke*, EStB 2013, 67 f.
3 BMF v. 20. 1. 2015, BStBl 2015 I 143.
4 BFH v. 24. 10. 1997 - VI R 23/94, BStBl 1999 II 323.
5 BFH v. 3. 5. 2007 - VI R 37/05, BStBl 2007 II 712.
6 BFH v. 10. 3. 2015 - VI R 6/14, BStBl 2015 II 767.
7 BFH v. 24. 2. 1981 - VIII R 109/76, BStBl 1981 II 707.
8 BFH v. 26. 6. 2014 - VI R 94/13, BStBl 2014 II 864.
9 BFH v. 23. 4. 2009 - VI R 39/08, BStBl 2009 II 668.
10 BFH v. 20. 5. 2010 - VI R 41/09, BStBl 2010 II 1022.
11 BFH v. 24. 10. 1990 - X R 161/88, BStBl 1991 II 337.
12 BFH v. 22. 2. 1963 - VI 165/61 U, BStBl 1963 III 306.
13 BFH v. 26. 1. 2000 - IX R 87/95, BStBl 2000 II 396; BFH v. 16. 6. 2015 - IX R 26/14, BStBl 2015 II 1019.
14 BFH v. 7. 8. 1987 - VI R 53/84, BStBl 1987 II 822.
15 FG Düsseldorf v. 21. 12. 2016 - 5 K 2504/14 E = NWB DokID: XAAAG-42240, rkr.

bb) Form der Lohnzahlung (Bar- oder Sachlohn)

341 Nach § 2 Abs. 1 Satz 2 LStDV ist es unbeachtlich, in welcher Form oder unter welcher Bezeichnung Arbeitslohn gewährt wird. Arbeitslohn kann also **Bar- und Sachlohn sein**.[1]

342 Bestimmte Sachlöhne oder zweckgebundene Geldzahlungen werden durch eine **Steuerbefreiungs-, Pauschalierungs- oder Bewertungsvorschrift** im EStG begünstigt. Für ArbN und ArbG kann es deshalb interessant sein, Lohnerhöhungen in Form dieser begünstigten Tatbestände oder eine entsprechende Gehaltsumwandlung vorzunehmen. Einige dieser Tatbestände erfordern jedoch, dass der Arbeitslohn **zusätzlich zum ohnehin geschuldeten Arbeitslohn** hinzukommt (ohne Zusätzlichkeitserfordernis, vgl. § 3 Nr. 16, § 3 Nr. 30, § 3 Nr. 31, § 3 Nr. 45, § 3 Nr. 50, § 3b, § 8 Abs. 2 Satz 2 bis 5, § 8 Abs. 2 Satz 11, § 8 Abs. 3, § 40 Abs. 2 Nr. 3, § 40b EStG; R 8.1 Abs. 7 LStR; mit Zusätzlichkeitserfordernis: § 3 Nr. 33, § 3 Nr. 34, § 3 Nr. 34a, § 40 Abs. 2 Satz 2, § 40 Abs. 2 Nr. 5 Satz 2, § 40 Abs. 2 Nr. 1 EStG). Arbeitslohn wird nur dann zusätzlich zum ohnehin geschuldeten Lohn gezahlt, wenn er zum arbeitsrechtlich geschuldeten Lohn hinzukommt.[2] Durch Gehaltsumwandlungen kann das Zusätzlichkeitserfordernis nicht erfüllt werden.[3] Nach neuer Rspr. sollen nur noch tatsächlich freiwillige Zahlungen zusätzlich erbracht werden können.[4] Die FinVerw ist hier großzügiger.[5]

343–345 *(Einstweilen frei)*

cc) Zeitpunkt des Zuflusses

346 Sowohl Bar- als auch Sachlöhne fließen nach dem **Realisierungsprinzip** erst mit **Verschaffung der Verfügungsmacht** über das Geld oder die Sache zu.[6] Da ein Sachbezug i. d. R. im Zuflusszeitpunkt zu bewerten ist, hängt von diesem Zeitpunkt die Höhe des geldwerten Vorteils ab, sowie ob überhaupt ein solcher Vorteil anfällt.[7] **Geldbeträge** fließen in dem Zeitpunkt zu, in dem sie bar ausgezahlt oder einem Konto des ArbN gutgeschrieben werden.[8] Zuwendung von **Sachen** fließen mit Erlangung des wirtschaftlichen Eigentums zu.[9] Die geldwerten Vorteile aus unentgeltlichen oder verbilligten **Dienstleistungen** fließen mit Inanspruchnahme durch den ArbN zu, da dadurch die wirtschaftliche Verfügungsmacht ausgeübt wird.[10] Zu einem Zufluss kommt es noch nicht, solange der ArbN lediglich einen Anspruch oder ein Recht auf Arbeitslohn hat oder wenn der ArbG eine Zusage für eine Lohnzahlung gibt.[11]

347 Sofern der ArbG seinem ArbN aber einen **unmittelbaren und unentziehbaren Rechtsanspruch gegen einen Dritten** nicht nur zusagt, sondern tatsächlich verschafft, führt dies in diesem Zeitpunkt zum Zufluss.[12] Dies ist z. B. in dem Zeitpunkt der Fall, in dem der ArbN tatsächlich ein

---

1 Abgrenzung nach dem Rechtsgrund des Zuflusses, vgl. BFH v. 11. 11. 2010 - VI R 21/09, BStBl 2011 II 383; VI R 27/09, BStBl 2011 II 386 und VI R 41/10, BStBl 2011 II 389.
2 BFH v. 1. 10. 2009 - VI R 41/07, BStBl 2010 II 487.
3 FG Rheinland-Pfalz v. 23.11.2016 - 2 K 1180/16, EFG 2017, 1102 = NWB DokID: CAAAG-47840, nrkr.; a. A. FG Münster v. 28.6.2017 - 6 K 2446/15 L, EFG 2017, 1598 = NWB DokID: WAAAG-59088, nrkr.
4 BFH v. 19. 9. 2012 - VI R 54/11, BStBl 2013 II 395.
5 BMF v. 22. 5. 2013, BStBl 2013 I 728.
6 BFH v. 20. 6. 2001 - VI R 105/99, BStBl 2001 II 689.
7 BFH v. 24. 1. 2001 - I R 100/98, BStBl 2001 II 509.
8 BFH v. 11. 2. 2010 - VI R 47/08, BFH/NV 2010, 1094 = NWB DokID: ZAAAD-42500.
9 BFH v. 10. 11. 1989 - VI R 155/85, BFH/NV 1990, 290 = NWB DokID: CAAAB-31288.
10 BFH v. 9. 3. 1990 - VI R 48/87, BStBl 1990 II 711.
11 BFH v. 23. 6. 2005 - VI R 10/03, BStBl 2005 II 770.
12 BFH v. 16. 4. 1999 - VI R 66/97, BStBl 2000 II 408.

verbilligtes Job-Ticket erwirbt[1] oder in dem Zeitpunkt, in dem nach Ausübung eines Aktienoptionsrechts die Aktien in das Depot des ArbN eingebucht werden.[2]

Eine von den oben dargestellten Grundsätzen abweichende, differenziertere Betrachtung ist beim Zufluss von Arbeitslöhnen bei **beherrschenden GesGf** notwendig. Da sich ein beherrschender GesGf fällige, eindeutige und unbestrittene Forderungen von seiner zahlungsfähigen Gesellschaft jederzeit auszahlen lassen kann, erfolgt der Zufluss von Arbeitslohn nicht erst im Zeitpunkt der Gutschrift auf seinem Konto, sondern fiktiv bereits im Zeitpunkt der Fälligkeit.[3] Diese Zuflussfiktion soll aber nur greifen, wenn die Gesellschaft die Arbeitslöhne tatsächlich schuldet und sich diese bei der Ermittlung des Einkommens der Gesellschaft ausgewirkt haben.[4] Nach zutreffender Auffassung der FinVerw kommt es hierbei auf die bei der Gesellschaft korrekte bilanzielle Behandlung an.[5] Der Verzicht eines beherrschenden GesGf auf Lohnzahlungen führt zum Zufluss, wenn der GesGf durch den Verzicht eine verdeckte Einlage bewirkt, nicht hingegen, wenn er eine tatsächliche Vermögenseinbuße erleidet.[6] Auch in diesem Fall ist aber die zutreffende bilanzielle Behandlung maßgeblich,[7] wobei dem Zeitpunkt des Verzichts entscheidende Bedeutung zukommt.[8] Gleiches gilt für einen Verzicht auf bereits erdiente Pensionsanwartschaften, der bei der Gesellschaft zu einer verdeckten Einlage führt.[9] Die Besonderheiten des Zuflusses von Arbeitslohn beim beherrschenden GesGf gelten aber nicht bei der Rückzahlung von zunächst irrtümlich an den GesGf ausgezahlten Lohns. Denn die beherrschte Gesellschaft hat keinen Einfluss auf die Rückzahlung durch den GesGf. Die Rückzahlung ist erst im Zeitpunkt des tatsächlichen Abflusses einkünftemindernd zu berücksichtigen.[10]

348

Weitere Sonder- und Einzelfälle des Zuflusszeitpunkts von Arbeitslohn:

349

- Gehaltsverzicht des ArbN (ohne Verwendungsauflage): Kein Zufluss.[11]
- Gehaltsverzicht mit Verwendungsauflage zu Gunsten eines Dritten: Zufluss in dem Zeitpunkt, in dem der Dritte über den Vorteil verfügen kann.
- Rückzahlung von Arbeitslohn: Im Zeitpunkt der Rückzahlung negative Einnahmen oder WK,[12] nicht aber rückwirkende Aufhebung des ursprünglichen Zuflusses.[13]
- Stille Beteiligung: Zufluss im Zeitpunkt der Gutschrift auf dem Beteiligungskonto.[14]
- Verschiebung des Zeitpunktes des Zuflusses von sonstigen Bezügen: Kann durch entsprechende Vereinbarung vor der ursprünglichen Fälligkeit erreicht werden.[15]
- Arbeitszeit- und Zeitwertkonten: Zufluss erst durch wirtschaftliche Verwertung der Guthaben; dies gilt nicht für Flexi- oder Gleitzeitkonten sowie für Organpersonen und be-

---

1 BFH v. 14.11.2012 - VI R 56/11, BStBl 2013 II 382.
2 BFH v. 20.6.2001 - VI R 105/99, BStBl 2001 II 689.
3 BFH v. 8.5.2007 - VIII R 13/06, BFH/NV 2007, 2249 = NWB DokID: DAAAC-62186.
4 BFH v. 3.2.2011 - VI R 66/09, BStBl 2014 II 491.
5 BMF v. 12.5.2014, BStBl 2014 I 860.
6 BFH v. 9.6.1997 - GrS 1/94, BStBl 1998 II 307.
7 BFH v. 15.5.2013 - VI R 24/12, BStBl 2014 II 495.
8 BFH v. 15.6.2016 - VI R 6/13, BStBl 2016 II 903.
9 BFH v. 23.8.2017 - VI R 4/16, BStBl 2018 II S. 208.
10 BFH v. 14.4.2016 - VI R 13/14, BStBl 2016 II 778.
11 BFH v. 30.7.1993 - VI R 87/92, BStBl 1993 II 884.
12 BFH v. 4.5.2006 - VI R 33/03, BStBl 2006 II 911.
13 BFH v. 4.5.2006 - VI R 19/03, BStBl 2006 II 832.
14 BFH v. 11.2.2010 - VI R 47/08, BFH/NV 2010, 1094 = NWB DokID: ZAAAD-42500.
15 BFH v. 11.11.2009 - IX R 1/09, BStBl 2010 II 746.

herrschende AE.[1] Der Aufbau eines Zeitwertkontos verträgt sich nicht mit dem Aufgabenbild von Organpersonen wie Vorständen einer AG oder Geschäftsführern einer GmbH und führt deshalb sofort zu Lohnzufluss; bei beherrschenden AE kann eine vGA vorliegen.[2] Strittig ist derzeit, ob Zeitwertkonten von Fremdgeschäftsführern anzuerkennen sind.[3]

350–370 *(Einstweilen frei)*

e) ABC des Arbeitslohns

371 ▶ **Abfindungen**
die der ArbG dem ArbN wegen der Beendigung eines Dienstverhältnisses zahlt, sind Arbeitslohn. Gegebenenfalls kommt nach § 34 EStG die ermäßigte Besteuerung in Betracht. Vgl. hierzu → Rz. 263.

▶ **Abtretung**
einer Gehaltsforderung durch einen ArbN ist eine steuerlich irrelevante Einkommensverwendung und ändert nichts am Vorliegen von Arbeitslohn.[4]

▶ **Aktien**
Werden einem ArbN im Hinblick auf das Dienstverhältnis vom ArbG oder einem Dritten verbilligt oder unentgeltlich eigene oder fremde Aktien überlassen, führt dies zu Arbeitslohn.[5] Der geldwerte Vorteil fließt grds. mit der Verschaffung der Verfügungsmacht zu (Tag der Einbuchung in das Depot des ArbN) und ist an diesem Tag nach § 8 Abs. 2 Satz 1 EStG zu bewerten.[6] Bei der Ausgabe von Aktien im Rahmen einer Kapitalerhöhung fließt der Vorteil im Zeitpunkt der Eintragung der Durchführung der Kapitalerhöhung zu.[7] Geldwerte Vorteile sind ggf. nach § 3 Nr. 39 EStG steuerfrei.

▶ **Aktienoptionen**
Gewährt ein ArbG oder ein Dritter dem ArbN verbilligt oder unentgeltlich handelbare oder nicht handelbare Optionsrechte, die zum späteren verbilligten Bezug von Aktien berechtigen, liegt Arbeitslohn vor. Der geldwerte Vorteil fließt grds. bei Ausübung der Option zu (Einbuchung der Aktien in das Depot des ArbN).[8] Davon abweichend kommt es bereits zu einem früheren Zufluss, wenn ein Optionsrecht auf einen Dritten übertragen,[9] auf eine eingeräumte Option gegen Entgelt verzichtet[10] oder eine sog. Glattstellung durchgeführt wird.[11] Weder eine Sperr- oder Haltefrist für die Veräußerung der bezogenen Aktien noch eine spätere Rückerstattungspflicht ändert den Zuflusszeitpunkt.[12] Solange aber tatsächliche Verfügungsbeschränkungen über die Aktien bestehen, liegt kein

---

1 BMF v. 17.6.2009, BStBl 2009 I 1286.
2 BFH v. 11.11.2015 - I R 26/15, BStBl 2016 II 489.
3 Für die Anerkennung: BFH v. 22.2.2018 - VI R 17/16, BFH/NV 2018, 768 = NWB DokID: JAAAG-85050, sowie FG Baden-Württemberg v. 22.6.2017 - 12 K 1044/15, EFG 2017, 1585 = NWB DokID: OAAAG-56331, nrkr.
4 BFH v. 23.1.1985 - I R 64/81, BStBl 1985 II 330.
5 BFH v. 20.6.2001 - VI R 105/99, BStBl 2001 II 689, betr. Überlassung verbilligter Aktien durch die Muttergesellschaft des ArbG.
6 BFH v. 1.2.2007 - VI R 72/05, BFH/NV 2007, 898 = NWB DokID: DAAAC-39837.
7 BFH v. 29.7.2010 - VI R 30/07, BStBl 2011 II 68.
8 BFH v. 20.11.2008 - VI R 25/05 BStBl 2009 II 382; BFH v. 24.1.2001 - I R 119/98, BStBl 2011 II 512.
9 BFH v. 18.9.2012 - VI R 90/10, BStBl 2013 II 289.
10 BFH v. 19.6.2008 - VI R 4/05, BStBl 2008 II 826.
11 BMF v. 9.10.2012, BStBl 2012 I 953.
12 BFH v. 30.9.2008 - VI R 67/05, BStBl 2009 II 282.

Zufluss vor (z. B. bei vinkulierten Aktien oder sog. restricted shares nach amerik. Recht).[1] Der Zufluss eines geldwerten Vorteils bei sog. Virtual Stock Options (schuldrechtliche Beteiligung an der Entwicklung des Unternehmenswertes) erfolgt erst mit der Realisierung.[2] Die Bewertung der geldwerten Vorteile erfolgt grds. am Tag des Zuflusses nach § 8 Abs. 2 Satz 1 EStG mit dem Endpreis der Aktien abzüglich etwaiger Zuzahlungen oder Kosten des ArbN.[3] Im Fall einer Auslandstätigkeit des ArbN in der Zeit zwischen der Gewährung und Ausübung des Optionsrechts kann der geldwerte Vorteil aus dem Aktienbezug teilweise im Inland nicht zu versteuern sein.[4] Umgekehrt ändert aber auch der Wechsel zur beschränkten Steuerpflicht vor Ausübung des Optionsrechts nichts am anteiligen inländischen Besteuerungsrecht.[5]

PRAXISHINWEIS:
Werden Optionsrechte als Belohnung für besondere, langjährige Tätigkeiten gewährt, sollte geprüft werden, ob der ermäßigte Steuersatz des § 34 EStG in Betracht kommt.

▶ **Altersteilzeit**
Die (ggf. der Höhe nach geminderten) Löhne sind sowohl im Block- als auch Teilzeitmodell lfd. Arbeitslohn und keine Versorgungsbezüge, für die der Versorgungsfreibetrag gewährt werden könnte.[6] Aufstockungsbeträge des ArbG können nach § 3 Nr. 28 EStG steuerfrei sein.

▶ **Arbeitnehmersparzulage**
Kein Arbeitslohn wegen § 13 Abs. 3 des 5. VermBG.

▶ **Arbeitslosengeld**
ist nach § 3 Nr. 2 EStG steuerfrei, unterliegt aber dem Progressionsvorbehalt nach § 32b Abs. 1 Nr. 1a EStG.

▶ **Arbeitsmittel**
Gestellung durch den ArbG dient betrieblichen Zwecken und ist kein Arbeitslohn.[7]

▶ **Aufgedrängte Bereicherung**
Siehe → Rz. 285.

▶ **Aufmerksamkeiten**
Siehe → Rz. 306.

▶ **Aufwandsentschädigungen**
sind grds. Arbeitslohn.[8] Zahlungen aus Bundes- oder Landeskassen können nach § 3 Nr. 12 EStG steuerfrei sein, aber nur soweit Aufwand abgegolten wird, der als WK abziehbar wäre.[9] Vgl. hierzu ausführlich KKB/Nacke, § 3 EStG Rz. 111 f.

▶ **Ausbildung**
Die vom ArbG gezahlte Ausbildungsvergütung ist Arbeitslohn. Finanziert der ArbG ein Studium des ArbN, liegt ebenfalls Arbeitslohn vor. Handelt es sich um ein berufsbeglei-

---

1 BFH v. 30. 6. 2011 - VI R 37/09, BStBl 2011 II 923.
2 Schiemzik, NWB 2011, 798.
3 BFH v. 20. 11. 2008 - VI R 25/05, BStBl 2009 II 382.
4 BFH v. 24. 1. 2001 - I R 100/98, BStBl 2001 II 509.
5 BFH v. 24. 1. 2001 - I R 119/98, BStBl 2001 II 512.
6 BFH v. 21. 3. 2013 - VI R 5/12, BStBl 2013 II 611.
7 BFH v. 10. 11. 1961 - VI 197/60 U, BStBl 1962 III 50.
8 BFH v. 2. 10. 1968 - VI R 25/68, BStBl 1969 II 185.
9 BVerfG v. 11. 11. 1998 - 2 BvL 10/95, BStBl 1999 II 502, zur sog. Buschzulage.

tendes Studium, das im Rahmen eines Ausbildungsdienstverhältnisses stattfindet, erfolgt die Kostenübernahme i. d. R. im überwiegenden eigenbetrieblichen Interesse.[1] Ausbildungszuschüsse aus öffentlichen Mitteln können nach § 3 Nr. 11 EStG und Stipendien nach § 3 Nr. 44 EStG steuerfrei sein.

▶ **Auslagenersatz**
Siehe → Rz. 301 ff.

▶ **Auslandsdienstreisen**
Die Erstattung der Kosten des ArbN für eine Auslandsdienstreise durch den ArbG ist in den Grenzen des § 3 Nr. 13 EStG oder § 3 Nr. 16 EStG steuerfrei. Die FinVerw veröffentlicht wegen § 9 Abs. 4a Satz 5 EStG regelmäßig länderbezogene Pauschbeträge für Verpflegungspauschalen und Übernachtungskosten.[2] Vgl. auch „Incentive-Reisen".

▶ **Auslandstätigkeit**
Auch Vergütungen für eine nichtselbständige Tätigkeit im Ausland sind Arbeitslohn. Zu prüfen ist aber, welcher Staat das Besteuerungsrecht hierfür hat. Nach dem OECD-MA geht das Besteuerungsrecht des Tätigkeitsstaates dem Recht des Ansässigkeitsstaates vor (vgl. Art. 15 Abs. 1 OECD-MA). Sofern das jeweilige DBA eine sog. 183-Tage-Klausel enthält, hat der Ansässigkeitsstaat das Besteuerungsrecht, wenn sich der ArbN nur an bis zu 183 Tagen im Tätigkeitsstaat aufhält (vgl. Art. 15 Abs. 2 OECD-MA). Die FinVerw hat in zwei Erlassen die steuerlichen Besonderheiten von Auslandstätigkeiten geregelt.[3] Nach dem sog. Auslandstätigkeitserlass[4] wird bei bestimmten Tätigkeiten (Montagen, Entwicklungshilfe etc.) in Staaten, mit denen kein DBA besteht, von der Besteuerung abgesehen. Zum EU-Tagegeld für nationale Beamte, vgl. einen weiteren Erlass.[5]

▶ **BahnCard**
Stellt der ArbG dem ArbN eine BahnCard unentgeltlich zur Verfügung oder ersetzt der ArbG die Aufwendungen des ArbN für eine BahnCard, um seine nach § 3 Nr. 13 oder Nr. 16 EStG steuerfreie Reisekostenerstattung insgesamt zu mindern, so erfolgt dies im überwiegend eigenbetrieblichen Interesse.[6] Die private Nutzungsmöglichkeit ist dann unbeachtlich. Soweit die Kosten für die Bahncard aber zu einem Mehraufwand führen, liegt Arbeitslohn vor.[7] Die Aufwendungen für eine Bahncard 100, die zu kostenlosen Fahrten berechtigt, können erst dann steuerfrei erstattet werden, wenn die fiktiven Reisekosten die Kosten der Bahncard übersteigen.[8] Die FinVerw lässt im Zeitpunkt der Hingabe der BahnCard Prognoseberechnungen zu.[9]

▶ **Bausparvertrag**
Verzichtet eine Bausparkasse oder ein Kreditinstitut gegenüber den eigenen ArbN auf die Abschlussgebühr, liegt Arbeitslohn vor.[10] Wird auch gegenüber den ArbN anderer ArbG auf die Gebühr verzichtet, kann in besonders gelagerten Fällen Arbeitslohn von

---

1 BMF v. 13. 4. 2012, BStBl 2012 I 531.
2 Pauschalen ab 2018: BMF v. 8.11.2017, BStBl 2017 I 1457.
3 BMF v. 3.5.2018, BStBl 2018 I 643; BMF v. 14.3.2017, BStBl 2017 I 473.
4 BMF v. 31. 10. 1983, BStBl 1983 I 470; Rechtsgrundlage ist § 34c Abs. 5 EStG.
5 BMF v. 12. 4. 2006, BStBl 2006 I 340.
6 OFD Frankfurt v. 31.7.2017, NWB DokID: MAAAG-56550.
7 OFD Hannover v. 16. 11. 1992, NWB DokID: GAAAA-12758.
8 FinMin Saarland v. 13. 10. 2004, NWB DokID: RAAAB-36221.
9 Zu Berechnungsbeispielen vgl. Stier, NWB 51/2017, NWB DokID: SAAAG-64836.
10 BMF v. 28. 3. 1994, BStBl 1994 I 233.

dritter Seite gegeben sein.[1] Der Verzicht führt jedoch weder bei den eigenen ArbN noch bei den Dritten zu Arbeitslohn, wenn die Bausparkasse einen größeren und heterogeneren Personenkreis begünstigt, da in diesem Fall kein ausreichend enger Zusammenhang mit den Dienstverhältnissen der ArbN vorliegt, sondern eigenwirtschaftliche Gründe für den Verzicht ausschlaggebend sind.[2] Die Bewertung des geldwerten Vorteils erfolgt beim Verzicht durch eine Bausparkasse zugunsten eigener Mitarbeiter nach § 8 Abs. 3 EStG, ansonsten nach § 8 Abs. 2 EStG.

▶ **Berufshaftpflichtversicherung**
Zahlt ein ArbG die Beiträge für eine Berufshaftpflichtversicherung eines angestellten Anwalts, liegt Arbeitslohn vor, da die Kostenübernahme wegen der Versicherungspflicht nach § 51 BRAO auch im Interesse des ArbN liegt (auch bei einer Versicherung über die gesetzliche Mindestdeckung hinaus).[3] Bei einer Gruppenhaftpflichtversicherung ist der Versicherungsbeitrag nach Köpfen aufzuteilen und den jeweiligen ArbN zuzurechnen.[4] Der Abschluss einer eigenen Berufshaftpflichtversicherung einer Rechtsanwalts-GmbH führt aber nicht zu Arbeitslohn bei den dort angestellten Anwälten. Diese Versicherung wird vor allem deshalb im überwiegenden eigenbetrieblichen Interesse abgeschlossen, da sie dem Schutz der GmbH dient, die nach §§ 59c und 59j BRAO zum Abschluss der Versicherung verpflichtet ist.[5] Gleiches gilt im Ergebnis für den Abschluss einer eigenen Berufshaftpflichtversicherung einer Rechtsanwalts-GbR[6] oder eine Rechtsanwalts-PartG mbB[7] und für die Mitversicherung angestellter Krankenhausärzte im Rahmen der Betriebshaftpflichtversicherung eines Krankenhauses.[8]

▶ **Berufskleidung**
Stellt der ArbG seinen ArbN unentgeltlich typische Berufskleidung zur Verfügung, erfolgt dies i. d. R. aus überwiegendem eigenbetrieblichen Interesse.[9] Dies gilt für Arbeitsschutz- und uniformartige Kleidung[10] sowie für einheitliche bürgerliche Kleidung mit geringem Wert für Verkaufspersonal.[11] Die Steuerbefreiung nach § 3 Nr. 31 EStG ist deshalb nur klarstellend. Die Gestellung von normalen Schuhen und Unterwäsche[12] oder von preislich hochwertigen Bekleidungsstücken[13] liegt nicht im überwiegenden betrieblichen Interesse und ist nicht steuerfrei.

---

1 BMF v. 20. 1. 2015, BStBl 2015 I 143.
2 BFH v. 20. 5. 2010 - VI R 41/09, BStBl 2010 II 1022.
3 BFH v. 26. 7. 2007 - VI R 64/06, BStBl 2007 II 892; BFH v. 28. 3. 2011 - VI B 31/11, BFH/NV 2011, 1322 = NWB DokID: YAAAD-85242.
4 FinSen. Berlin v. 22. 7. 2010, DB 2010, 1595 = NWB DokID: WAAAD-47488.
5 BFH v. 19. 11. 2015 - VI R 74/14, BStBl 2016 II 303.
6 BFH v. 10. 3. 2016 - VI R 58/14, BStBl 2016 II 621.
7 FinSen. Berlin v. 3. 5. 2016 = NWB DokID: UAAAF-73102.
8 BFH v. 19. 11. 2015 - VI R 47/14, BStBl 2016 II 301; vgl. hierzu auch *Mayer/Gries*, NWB 2015, 1699, mit ausführlicher Erläuterung des haftungsrechtlichen Hintergrundes.
9 BFH v. 10. 11. 1961 - VI 197/60 U, BStBl 1962 III 50.
10 R 3.31 Abs. 1 Satz 3 LStR.
11 BFH v. 22. 6. 2006 - VI R 21/05, BStBl 2006 II 915.
12 R 3.31 Abs. 1 Satz 3 LStR.
13 BFH v. 11. 4. 2006 - VI R 60/02, BStBl 2006 II 691.

▶ **Bestechungsgelder**
die ohne Wissen und entgegen den Interessen des ArbG von einem Dritten an den ArbN gezahlt werden, sind nicht durch das Dienstverhältnis veranlasst und deshalb kein Arbeitslohn, sondern sonstige Einkünfte nach § 22 Nr. 3 EStG.[1]

▶ **Betriebsrat**
Zahlt der ArbG den Betriebsratsmitgliedern Mehrarbeitsvergütungen nach § 37 Abs. 3 BetrVG ist dies Arbeitslohn. Ersetzt er deren Aufwendungen, liegt ebenfalls Arbeitslohn vor, sofern es sich nicht um Auslagenersatz handelt.[2]

▶ **Betriebssport**
Übernimmt ein ArbG die Kosten für sportliche Aktivitäten seiner ArbN, stellt dies Arbeitslohn dar, da sportliche Betätigungen immer auch privat (mit-)veranlasst sind.[3] Nur weil mehrere ArbN eines ArbG zusammen auf Kosten des ArbG Sport treiben, wird kein überwiegendes betriebliches Interesse vorliegen.[4] Auch die Voraussetzungen einer Betriebsveranstaltung i. S. d. § 19 Abs. 1 Nr. 1a EStG dürften in diesen Fällen nicht gegeben sein. Vgl. aber „Gesundheitsförderung".

▶ **Betriebsversammlungen**
Erstattet der ArbG die Fahrtkosten der ArbN nach § 44 BetrVG, führt dies zu Arbeitslohn. Befindet sich der Veranstaltungsort außerhalb der ersten Tätigkeitsstätte i. S. d. § 9 Abs. 4, können die Aufwendungen in den Grenzen des § 3 Nr. 13 oder § 3 Nr. 16 EStG steuerfrei erstattet werden. Andernfalls ist der WK-Abzug in Höhe der Entfernungspauschale möglich.[5]

▶ **Bewirtung**
Die Übernahme der Kosten für ein Essen des ArbN durch den ArbG ist grds. Arbeitslohn. Eine Bewirtung kann aber in besonderen Fällen auch im überwiegenden eigenbetrieblichen Interesse erfolgen, z. B. anlässlich und während eines außergewöhnlichen Arbeitseinsatzes oder aus arbeitsablaufbedingten Gründen,[6] bei der Teilnahme eines ArbN an einem sog. Arbeitsessen[7] oder an einem sog. Geschäftsessen i. S. d. § 4 Abs. 5 Satz 1 Nr. 2 EStG.[8] Arbeitslohn liegt aber vor, wenn diese Arbeitsessen regelmäßig stattfinden.[9] Auch vom ArbG gewährte verbilligte Gemeinschaftsverpflegung ist Arbeitslohn, selbst wenn der ArbN zur Teilnahme verpflichtet ist.[10] Nur in Ausnahmefällen ist eine Gemeinschaftsverpflegung überwiegend eigenbetrieblich veranlasst.[11]

Führt eine Bewirtung zu Arbeitslohn, ist sie grds. mit dem tatsächlichen Preis nach § 8 Abs. 2 Satz 1 EStG, ggf. abzüglich einer Zuzahlung des ArbN[12] zu bewerten. Sofern eine

---

1 BFH v. 26. 1. 2000 - IX R 87/95, BStBl 2000 II 396.
2 *Eisgruber* in Kirchhof, § 19 EStG Rz. 78, „Betriebsrat".
3 BFH v. 27. 9. 1996 - VI R 44/96, BStBl 1997 II 146, betr. Überlassung von Tennisplätzen; FG Bremen v. 23. 3. 2011 - 1 K 150/09 (6), DStRE 2012, 144 = NWB DokID: UAAAD-86237, rkr., betr. Firmenfitnessverträge.
4 A. A. jedoch HHR/*Pflüger*, § 19 EStG Rz. 186.
5 Je Arbeitstag kann die EntfP nur einmal berücksichtigt werden, BMF v. 31. 10. 2013, BStBl 2013 I 1376.
6 BFH v. 5. 5. 1994 - VI R 55/92, BStBl 1994 II 771.
7 Die FinVerw akzeptiert dies bei Kosten bis zu 60 € je Mahlzeit, R 19.6 Abs. 2 Satz 2 LStR.
8 R 8.1 Abs. 8 Nr. 1 LStR, ohne betragsmäßige Begrenzung.
9 BFH v. 4. 8. 1994 - VI R 61/92, BStBl 1995 II 59.
10 BFH v. 11. 3. 2004 - VI B 26/03, BFH/NV 2004, 957 = NWB DokID: UAAAB-20752, betr. Verpflegung von Polizeianwärtern; FG München v. 3. 5. 2013 - 8 K 4017/09, EFG 2013, 1407, betr. Verpflegung von Profisportlern, rkr.
11 BFH v. 21. 1. 2010 - VI R 51/08, BStBl 2010 II 700, betr. unentgeltlicher Verpflegung an Bord eines Kreuzfahrtschiffes; FG Niedersachsen v. 19. 2. 2009 - 11 K 384/07, DStRE 2010, 1162, rkr., betr. Verpflegung von Kindergärtnerinnen.
12 R 8.1 Abs. 8 Nr. 2 Satz 1 und 3 LStR.

Auswärtstätigkeit vorliegt und die Mahlzeit weniger als 60 €[1] kostet, muss nur der Sachbezugswert nach § 8 Abs. 2 Sätze 6 und 8 EStG angesetzt werden. Wenn dem ArbN wegen dieser Auswärtstätigkeit Verpflegungspauschalen zustehen, sind diese nach § 9 Abs. 4a Satz 8 EStG vorrangig zu kürzen und die Versteuerung des geldwerten Vorteils kann nach § 8 Abs. 2 Satz 9 EStG unterbleiben. Eine „Kürzung der Kürzung" ist vorzunehmen, wenn der ArbN eine gestellte Mahlzeit selbst bezahlt.[2] Bei sog. Belohnungsessen mit einem Wert über 60 € kann die Versteuerung mit dem tatsächlichen Preis nicht durch Kürzen der ggf. zustehenden Verpflegungspauschalen verhindert werden.[3] Vom ArbG selbst arbeitstäglich abgegebene Mahlzeiten sind mit dem Sachbezugswert[4] zu bewerten. Dies gilt für Mahlzeiten in einer betriebseigenen Kantine[5] oder in Einrichtungen fremder Dritter, wenn der ArbG durch eine Vereinbarung mit dem Dritten zur Verbilligung der Mahlzeiten beiträgt.[6] Zur Frage, ob unentgeltlich zur Verfügung gestellte (unbelegte) Brötchen samt Heißgetränken ein Frühstück darstellen, das mit dem Sachbezugswert anzusetzen ist, ist derzeit ein Revisionsverfahren anhängig.[7] Auch die Überlassung von Essensmarken und Restaurantschecks ist Arbeitslohn. Unter den Voraussetzungen der R 8.1 Abs. 7 Nr. 4 LStR erfolgt die Bewertung nicht mit deren Nennwert, sondern mit dem Sachbezugswert.[8] Nutzt ein ArbG keine Essensmarken oder Restaurantschecks, lässt die FinVerw auch dann die Bewertung von Mahlzeiten mit dem Sachbezugswert zu, wenn die ArbN arbeitsvertraglich (oder auf einer anderen arbeitsrechtlichen Grundlage) Anspruch auf arbeitstägliche (Bar-)Zuschüsse zu Mahlzeiten haben. Zwischen dem ArbG und der die Mahlzeiten ausgebenden Einrichtung sind entgegen R 8.1 Abs. 7 Nr. 2 und Nr. 4 keine vertraglichen Beziehungen notwendig.[9]

▶ **Bundeswehr/Bundesfreiwilligendienst**
Bis einschl. VZ 2012 waren die Geld- und Sachbezüge von Wehrpflichtigen, freiwillig Wehrdienst- und Zivildienstleistenden nach § 3 Nr. 5 EStG vollständig steuerfrei (für Bundesfreiwilligendienstleistende nur aus Billigkeit).[10] Nach der Änderung des § 3 Nr. 5 EStG durch das AmtshilfeRLUmsG v. 26. 6. 2013[11] sind nur noch Teile der Bezüge steuerfrei.[12] Die Bezüge der Wehrpflichtigen i. S. d. § 4 WehrpflichtG und der Zivildienstleistenden i. S. d. § 35 ZDG bleiben aber weiter steuerfrei (wegen Aussetzung der Wehrpflicht derzeit unbeachtlich). Ggf. sind weitere Steuerbefreiungen möglich (§ 3 Nr. 4, § 3 Nr. 13 oder 16, § 3 Nr. 31, § 3 Nr. 48, § 3 Nr. 64 EStG).

▶ **Darlehen**
Lohnsteuerliche Konsequenzen können sich sowohl aus der Gewährung eines Darlehens durch den ArbG an den ArbN als auch aus einer Gewährung durch den ArbN an den ArbG

---

1 BMF v. 24. 10. 2014, BStBl 2014 I 1412: Prüfung der 60 €-Grenze nach dem Bruttobetrag, inkl. Getränke und ohne Abzug etwaiger Zuzahlungen des ArbN.
2 BMF v. 24. 10. 2014, BStBl 2014 I 1412.
3 BMF v. 24. 10. 2014, BStBl 2014 I 1412, mit weiteren Hinweisen und Beispielen.
4 BMF v. 16.11.2018, BStBl 2018 I 1231.
5 R 8.1 Abs. 7 Nr. 1 LStR.
6 R 8.1 Abs. 7 Nr. 2 LStR.
7 FG Münster v. 31.5.2017 - 11 K 4108/14, EFG 2017, 1673 = NWB DokID: ZAAAG-61750, nrkr., Rev. Az. BFH VI R 36/17.
8 Auch bei Auswärtstätigkeit nach Ablauf von drei Monaten, BMF v. 5. 1. 2015, BStBl 2015 I 119.
9 BMF v. 24. 2. 2016, BStBl 2016 I 238.
10 BayLfSt v. 24. 10. 2011, DStR 2011, 2098 = NWB DokID: WAAAD-94397.
11 BGBl 2013 I 1809.
12 Vgl. die Übersichten in H 3.5 LStH zu steuerfreien und steuerpflichtigen Bezügen.

ergeben. Bezüglich der steuerlichen Folgen ist zudem zwischen dem Darlehensbetrag selbst und einer ggf. unüblich hohen oder niedrigen Verzinsung zu unterscheiden.
Darlehensgewährung vom ArbG an den ArbN: Führt nicht zu Arbeitslohn, solange das Darlehen zu fremdüblichen Bedingungen hingegeben und auch wieder getilgt wird. Verzichtet der ArbG jedoch auf die Rückzahlung, liegt Arbeitslohn in Höhe des (Rest-)Betrags vor, auf den verzichtet wurde; dies gilt auch dann, wenn mit dem Darlehen (nicht als WK abziehbare) Ausbildungskosten finanziert wurden.[1] Der geldwerte Vorteil fließt im Zeitpunkt des Verzichts zu.[2] Die Annahme eines Darlehens erfordert nicht nur eine aufschiebend bedingte Zahlung, sondern die Vereinbarung typischer Darlehenskonditionen.[3] Von der Darlehensgewährung durch den ArbG sind Vorschuss- oder Abschlagszahlungen abzugrenzen, die bei Auszahlung zum sofortigen Zufluss führen. Beispiele hierfür sind: Reisekostenvorschüsse, vorschüssiger Auslagenersatz, Lohnabschläge und Lohnvorschüsse.[4] Zinsersparnisse aus ArbG-Darlehen führen beim ArbN i. d. R. zu Arbeitslohn. Dies gilt jedoch nicht für Darlehen mit marktüblichen Konditionen.[5] Zuflusszeitpunkt ist der Fälligkeitstag der Zinsen, die Bewertung kann je nachdem, welcher Branche der ArbG angehört, nach § 8 Abs. 2 oder Abs. 3 EStG erfolgen. Die FinVerw lässt Zinsvorteile unversteuert, wenn das (restliche) Darlehen am Ende des Lohnzahlungszeitraums 2 600 € nicht übersteigt.[6] Zinszuschüsse zu Darlehen des ArbN mit Dritten sind unabhängig von der Marktüblichkeit der Darlehenskonditionen Arbeitslohn.[7]

PRAXISHINWEIS:

In der NWB Datenbank steht ein Mustervertrag für ein Arbeitgeber-Darlehen und ein Berechnungsschema für geldwerte Vorteile zur Verfügung.[8]

Darlehensgewährung vom ArbN an den ArbG: Zinsen aus Darlehen mit fremdüblichen Konditionen führen nicht zu Arbeitslohn, sondern sind Einnahmen aus Kapitalvermögen. Unüblich hohe Zinszahlungen können durch das Dienstverhältnis veranlasst sein und Arbeitslohn begründen. Vgl. hierzu auch „Zinsen". Zum möglichen WK-Abzug beim Verlust von ArbN-Darlehen, s. → Rz. 396 „Darlehen".

▶ **Datenverarbeitungs- und Telekommunikationsgeräte**
Ermöglicht der ArbG seinen ArbN die private Nutzung von betrieblichen Geräten, Zubehör sowie System- und Anwendungsprogrammen, führt dies zu Arbeitslohn, der aber nach § 3 Nr. 45 EStG steuerfrei ist. Übereignet der ArbG entsprechende Geräte seinen ArbN, liegt Arbeitslohn in Höhe des Marktpreises der Geräte vor, der aber unter den Voraussetzungen des § 40 Abs. 2 Satz 1 Nr. 5 EStG mit 25 % pauschal versteuert werden kann. Die FinVerw lässt pauschalen Auslagenersatz des ArbG für die dienstliche Nutzung von Geräten des ArbN entweder bis zu 20 % der gesamten Kosten, max. 20 €/Monat,

---

1 BFH v. 19. 2. 2004 - VI B 146/02, DStRE 2004, 560.
2 BFH v. 27. 3. 1992 - VI R 145/89, BStBl 1992 II 837.
3 FG Saarland v. 15. 5. 2004 - 1 V 56/04, EFG 2004, 1222, rkr.
4 BMF v. 19. 5. 2015, BStBl 2015 I 484.
5 BFH v. 4. 5. 2006 - VI R 28/05, BStBl 2006 II 781.
6 BMF v. 19. 5. 2015, BStBl 2015 I 484, mit weiteren Einzelheiten und Beispielen.
7 BFH v. 4. 5. 2006 - VI R 67/03, BStBl 2006 II 914.
8 Mustervertrag s. NWB DokID: CAAAB-05381 und Berechnungsschema, NWB DokID: HAAAE-65634; vgl. auch *Stier*, Behandlung von Arbeitgeberdarlehen in der Entgeltabrechnung, NWB 2015, Beilage, 3.

oder bis zu einem nach den tatsächlichen Kosten für einen repräsentativen Zeitraum von drei Monaten berechneten Durchschnittsbetrag nach § 3 Nr. 50 EStG steuerfrei.[1]

▶ **Deutsches Rotes Kreuz**
In Höhe des sog. Vorabzugs vom Grundgehalt einer Rot-Kreuz-Schwester für satzungsgemäße Zwecke des Vereins liegt kein Arbeitslohn vor.[2] Vom DRK gezahlte Aufwandsentschädigungen an ehrenamtliche Mitarbeiter können Arbeitslohn sein, wenn diese die Aufwendungen des Stpfl. nicht nur unwesentlich übersteigen; ggf. ist der Lohn nach § 3 Nr. 26a EStG steuerfrei, nicht aber nach § 3 Nr. 12 EStG und § 3 Nr. 26 EStG.[3]

▶ **Diebstahl**
Der Ersatz von Diebstahlschäden des ArbN durch den ArbG kann nach § 3 Nr. 16 EStG steuerfrei sein, allerdings nur bei Schäden an Gegenständen, die der ArbN auf einer Dienstreise verwenden musste.[4] Zu Untreuehandlungen des ArbN, s. „Untreuehandlungen".

▶ **Dienstfahrräder/Dienstelektrofahrräder**
Nutzungsüberlassung durch den ArbG an den ArbN zur Nutzung für Privatfahrten und Fahrten Wohnung – erste Tätigkeitsstätte ist Arbeitslohn, für den die FinVerw nach § 8 Abs. 2 Satz 10 EStG eine günstige und praktikable Bewertungsmöglichkeit zulässt.[5] Zu lohnsteuerlichen Besonderheiten der Überlassung bzw. Übereignung von (Elektro-)Fahrrädern an ArbN in Leasingfällen vgl. im Einzelnen einen Erlass der FinVerw.[6] Zusätzlich zum ohnehin geschuldeten Arbeitslohn vom ArbG gewährte Vorteile für die Überlassung eines betrieblichen (Elektro)-Fahrrads sind zwischen 1.1.2019 und 31.12.2021 nach § 3 Nr. 37 EStG steuerfrei.[7] Eine Anrechnung auf die Entfernungspauschale kann nach § 9 Abs. 1 Satz 3 Nr. 4 Satz 7 EStG unterbleiben.

▶ **Diplomatische Vertreter/Konsulatsangehörige**
Gehälter sind ggf. nach § 3 Nr. 29 EStG steuerfrei.

▶ **Durchlaufende Gelder**
Siehe → Rz. 301.

▶ **Einkommensverwendung**
von bereits versteuertem Arbeitslohn ändert nichts an der Steuerpflicht des Lohns. Eine Einkommensverwendung kann auch vorliegen, wenn eine Lohnforderung des ArbN an einen Dritten abgetreten oder gepfändet wird[8] oder gesetzlich auf einen Dritten übergeht und der ArbG direkt an den Dritten zahlt.[9]

▶ **Erbbaurecht**
Überlässt der ArbG dem ArbN ein Erbbaurecht zu einem unentgeltlichen oder verbilligten Erbbauzins, liegt Arbeitslohn vor, der nicht fortlaufend mit der Nutzung, sondern im Jahr

---

1 R 3.50 Abs. 2 Sätze 4 bis 7 LStR.
2 BFH v. 25.11.1993 - VI R 115/92, BStBl 1994 II 424.
3 BFH v. 4.8.1994 - VI R 94/93, BStBl 1994 II 944.
4 BFH v. 30.11.1993 - VI R 21/92, BStBl 1994 II 256.
5 Gleichlautende Ländererlasse v. 23.11.2012, BStBl 2012 I 1224; gilt auch für Elektrofahrräder, BMF v. 17.11.2017, BStBl 2017 I 1546, Tz. 2.
6 BMF v. 17.11.2017, BStBl 2017 I 1546.
7 Gesetz v. 11.12.2018, BGBl 2018 I 2338; § 52 Abs. 4 Satz 7 EStG. Vgl. KKB/Nacke, § 3 EStG Rz. 314 f.
8 BFH v. 30.1.1975 - IV R 190/71, BStBl 1975 II 776.
9 BFH v. 16.3.1993 - XI R 52/88, BStBl 1993 II 507.

der Bestellung des Erbbaurechts zufließt.[1] Der geldwerte Vorteil ist mit dem kapitalisierten Wert des Erbbaurechts zu bewerten.[2] Siehe auch „Wohnung".

▶ **Erholungsbeihilfen**
für den ArbN und seine Angehörigen[3] sind grds. Arbeitslohn.[4] In den Grenzen des § 40 Abs. 2 Satz 1 Nr. 3 EStG ist eine Pauschalversteuerung mit 25 % möglich. Nur in Ausnahmefällen kommt die Steuerbefreiung nach § 3 Nr. 11 EStG in Betracht.

▶ **Erschwerniszuschläge**
Die wegen der Besonderheiten einer Arbeit gezahlt werden, sind Arbeitslohn.[5] Dazu gehören z. B. Zuschläge für Hitze, Wasser, Gefahren und Schmutz.[6]

▶ **Fahrtkostenersatz**
Übernimmt der ArbG die Aufwendungen des ArbN für Fahrten zwischen Wohnung und erster Tätigkeitsstätte oder zahlt er entsprechende Barzuschüsse, liegt Arbeitslohn vor, dem der WK-Abzug in Höhe der Entfernungspauschale gegenübersteht. Nach § 40 Abs. 2 Satz 2 EStG können Fahrtkostenzuschüsse bis zur Höhe der nach der Entfernungspauschale als WK abzugsfähigen Beträge mit 15 % pauschal versteuert werden. Sammelbeförderungen sind nach § 3 Nr. 32 EStG steuerfrei. Zum Fahrtkostenersatz bei Dienstreisen, s. „Reisekosten".

▶ **Familienpflegezeit**[7]
Sowohl während der Familienpflegezeit als auch in der Nachpflegephase sind die jeweils tatsächlich vom ArbG ausgezahlten niedrigeren Löhne und etwaige vom ArbG gezahlte Entgeltaufstockungsbeträge als Arbeitslohn zu versteuern. Erstattungen des ArbN führen zu negativem Arbeitslohn.[8]

▶ **Fehlgeldentschädigungen**
Trägt der ArbG das Risiko von Kassenverlusten und zahlt an den in Vorleistung gegangen ArbN pauschale Fehlgelder, liegt Arbeitslohn vor, der aber bis zu 16 €/Monat nicht versteuert werden muss.[9] Einzeln abgerechnete Entschädigungen sind nicht steuerbarer Auslagenersatz.[10]

▶ **Fortbildung**
Berufliche Fort- oder Weiterbildungsleistungen des ArbG werden im überwiegenden eigenbetrieblichen Interesse durchgeführt und führen nicht zu Arbeitslohn,[11] wenn diese die konkrete Einsatzfähigkeit des ArbN im Betrieb des ArbG erhöhen sollen.[12] Dies gilt grds. unabhängig davon, wo die Fortbildung stattfindet und wer sie durchführt.[13] Wird die Fortbildungsveranstaltung zumindest teilweise auf die Arbeitszeit angerechnet, geht die FinVerw grds. nicht von Arbeitslohn aus; andernfalls schließt dies das eigenbetriebli-

---

1 BFH v. 10. 6. 1983 - VI R 15/80, BStBl 1983 II 642.
2 FG Rheinland-Pfalz v. 26. 5. 1981 - 6 K 53/80, EFG 1982, 13,rkr.
3 BFH v. 4. 2. 1954 - IV 178/53 U, BStBl 1954 III 111.
4 BFH v. 18. 3. 1960 - VI 345/57 U, BStBl 1960 III 237, betr. verbilligter Aufenthalt in Erholungsheim.
5 § 2 Abs. 2 Nr. 7 LStDV.
6 R 19.3 Abs. 1 Nr. 1 LStR
7 Vgl. Familienpflegezeitgesetz v. 6. 12. 2011, BGBl 2011 I 2564.
8 BMF v. 23. 5. 2012, BStBl 2012 I 617.
9 R 19.3 Abs. 1 Nr. 4 LStR.
10 BFH v. 11. 7. 1969 - VI 68/65, BStBl 1970 II 69.
11 R 19.7 Abs. 1 Satz 1 LStR.
12 R 19.7 Abs. 2 Satz 1 LStR.
13 R 19.7 Abs. 1 Satz 2, 3 LStR.

che Interesse aber auch nicht aus.[1] Diese Grundsätze gelten auch für Sprachkurse, wenn der ArbG diese Kenntnisse für das vorgesehene Aufgabengebiet vom ArbN verlangt.[2] Unter dieser Voraussetzung führen insbesondere Deutschkurse für ausländische ArbN oder Flüchtlinge nicht zu Lohn.[3] Die Übernahme der Kosten für ein berufsbegleitendes Studium des ArbN durch den ArbG kann aus überwiegendem eigenbetrieblichen Interesse erfolgen.[4]

▶ **Flüge**
Erhalten ArbN eines Luftfahrtunternehmens unentgeltliche oder verbilligte Flüge für private Zwecke, führt dies zu Arbeitslohn, der entweder nach § 8 Abs. 2, Abs. 3 oder mit Durchschnittswerten nach § 8 Abs. 2 Satz 10 EStG bewertet werden kann.[5] Zu Prämien für Vielflieger s. „Kundenbindungsprogramm".

▶ **Führerschein**
Übernimmt der ArbG die Aufwendungen des ArbN für einen privat nutzbaren Führerschein, führt dies grds. zu Arbeitslohn. In Ausnahmefällen kann aber überwiegendes eigenbetriebliches Interesse gegeben sein, z. B. wenn der Schein nur Grundlage für eine weitergehende berufliche Fahrberechtigung ist.[6] Führerscheine für Fahrzeuge, die nur dienstlich genutzt werden können (z. B. Lkw-Führerschein) können vom ArbG aus überwiegend eigenbetrieblichen Gründen finanziert werden.

▶ **Geburtstag**
Richtet ein ArbG anlässlich des Geburtstages eines ArbN eine Feier aus, führt dies nicht zu Arbeitslohn, wenn es sich um eine betriebliche Veranstaltung handelt.[7] Für eine betriebliche Veranlassung spricht, wenn der ArbG die Gästeliste bestimmt, überwiegend Geschäftspartner des ArbG, Repräsentanten des öffentlichen Lebens, Vertreter von Verbänden und Berufsorganisationen und andere ArbN teilnehmen und die Feier in Räumlichkeiten des ArbG stattfindet. Eine gewisse private Mitveranlassung ist dann unschädlich, da § 12 Nr. 1 Satz 2 EStG nicht auf Einnahmen anzuwenden ist.[8] Die FinVerw sieht aber nur bei „üblichen Sachleistungen", Kosten bis zu 110 € je Teilnehmer und einzelnen Geschenken bis zu 60 € von der Lohnversteuerung ab.[9]

▶ **Geldstrafen und -bußen**
Die Übernahme einer Geldstrafe oder -buße des ArbN durch den ArbG führt zu Arbeitslohn, da ein rechtswidriges Tun keine notwendige Begleiterscheinung betriebsfunktionaler Zielsetzungen sein kann.[10] Die Rspr. hat ihre frühere gegenteilige Auffassung aufgegeben.[11]

---

1 R 19.7 Abs. 2 Satz 2, 3 LStR.
2 R 19.7 Abs. 2 Satz 4 LStR.
3 BMF v. 4.7.2017, BStBl 2017 I 882; FG München v. 17.1.2002 - 7 K 1790/00, EFG 2002, 617, rkr.
4 BMF v. 13.4.2012, BStBl 2012 I 531.
5 Gleichlautende Ländererlasse v. 16.10.2018, BStBl 2018 I 1088.
6 BFH v. 26.6.2003 - VI R 112/98, BStBl 2003 II 886.
7 R 19.3 Abs. 2 Nr. 4 LStR.
8 BFH v. 28.1.2003 - VI R 48/99, BStBl 2003 II 724.
9 R 19.3 Abs. 2 Nr. 4 LStR.
10 BFH v. 14.11.2013 - VI R 36/12, BStBl 2014 II 278.
11 BFH v. 7.7.2004 - VI R 29/00, BStBl 2005 II 367.

▶ **Gemeinschaftsunterkunft**
Verbilligte oder unentgeltliche Gestellung durch den ArbG führt zu Arbeitslohn, der mit dem Sachbezugswert nach der SvEV zu bewerten ist.[1] Gegebenenfalls kommt in gleicher Höhe der WK-Abzug in Betracht.[2] Siehe auch „Wohnung".

▶ **Getränke und Genussmittel**
Die unentgeltliche oder verbilligte Überlassung zum privaten Verbrauch ist Arbeitslohn.[3] Auch die Überlassung zum Verzehr im Betrieb führt grds. zu Arbeitslohn; die FinVerw geht aber von nicht steuerbaren Aufmerksamkeiten aus.[4] Strittig ist, ob die unentgeltliche Gestellung von (unbelegten) Brötchen mit Heißgetränken als Aufmerksamkeit anzusehen ist.[5]

▶ **GesGf**
Das Gehalt des GesGf führt zu Arbeitslohn, soweit es der Höhe nach fremdüblich ist sowie eindeutig und im Voraus zivilrechtlich wirksam vereinbart wurde. Andernfalls liegt eine verdeckte Gewinnausschüttung vor, die zu den Einkünften aus Kapitalvermögen nach § 20 Abs. 1 Nr. 1 Satz 2 EStG gehört.[6] Vgl. hierzu ausführlicher → Rz. 89.

▶ **Gesundheitsförderung**
Maßnahmen des ArbG zur Gesundheitsförderung der ArbN können im überwiegenden eigenbetrieblichen Interesse des ArbG erfolgen. Dies ist bei vom ArbG mit einem gewissen Zwang durchgeführten Vorsorgeuntersuchungen aller Führungskräfte,[7] bei Maßnahmen zur Vorbeugung einer spezifischen berufsbedingten Beeinträchtigung der Gesundheit[8] oder bei der Verabreichung von Medikamenten im betrieblichen Bereich[9] der Fall.

PRAXISHINWEIS:

Zum Nachweis des überwiegenden eigenbetrieblichen Interesses gegenüber dem Finanzamt sollte eine Stellungnahme des medizinischen Dienstes einer Krankenkasse, einer Berufsgenossenschaft oder ein Sachverständigengutachten eingeholt werden, die die Notwendigkeit der Maßnahme zur Vermeidung krankheitsbedingter Ausfälle bestätigt.

Die Übernahme von Kurkosten durch den ArbG ist aber Arbeitslohn.[10] Gegebenenfalls kommt dann die Steuerfreiheit nach § 3 Nr. 34 EStG in Betracht.[11] Vgl. hierzu auch „Betriebssport".

▶ **Grundstück**
Die unentgeltliche oder verbilligte Übereignung eines Grundstücks ist Arbeitslohn, es sei denn, der Preisnachlass ist marktüblich.[12] Ein Preisnachlass von 50 % ist auch dann nicht

---

1 R 8.1 Abs. 5 Satz 1 und 3 LStR.
2 R 9.1 Abs. 4 Satz 2 LStR.
3 BFH v. 27. 3. 1991 - VI R 126/87, BStBl 1991 II 720.
4 R 19.6 Abs. 2 Satz 1 LStR.
5 FG Münster v. 31.5.2017 - 11 K 4108/14, EFG 2017, 167 = NWB DokID: ZAAAG-61750, nrkr.
6 Vgl. hierzu ausführlich R 36 KStR und H 36 KStH.
7 BFH v. 17. 9. 1982 - VI R 75/79, BStBl 1983 II 39.
8 BFH v. 30. 5. 2001 - VI R 177/99, BStBl 2001 II 671, betr. Massagen für Bildschirmarbeitnehmer.
9 BFH v. 24. 1. 1975 - VI R 242/71, BStBl 1975 II 340.
10 BFH v. 11. 3. 2010 - VI R 7/08, BStBl 2010 II 73, betr. Regenerierungskur eines Lotsen.
11 FG Bremen v. 11. 2. 2016 - 1 K 80/15 (5), NWB DokID: FAAAF-68202, betr. Gymnastik-Kurse und physiotherapeutische Maßnahmen, rkr.
12 BFH v. 19. 4. 1974 - VI R 107/70, BStBl 1975 II 383.

▶ marktüblich, wenn er auch den ArbN einer Tochtergesellschaft gewährt wird.[1] Der Zufluss erfolgt mit dem Übergang von Besitz, Gefahr, Nutzen und Lasten.[2]

▶ **Hochwasser**
Beihilfen und Unterstützungen des ArbG sind grds. Arbeitslohn, die aber nach § 3 Nr. 11 EStG steuerfrei sein können. Die FinVerw gewährt bei größeren Katastrophen meist steuerliche Erleichterungen.[3]

▶ **Hypotax**
Eine vom ArbG einbehaltene Hypo-Tax (eine fiktive Steuer, die typischerweise bei Arbeitnehmerentsendungen ins Ausland vereinbart wird) führt nicht zu einem Lohnzufluss. Übernimmt der ArbG hingegen tatsächlich anfallende Steuern, liegt insoweit Arbeitslohn vor, der dem jeweiligen Staat (Ansässigkeits- oder Tätigkeitsstaat) zuzuordnen ist, in dem sie anfallen.[4]

▶ **Incentive-Reisen**
Übernimmt der ArbG oder ein Geschäftspartner des ArbG[5] die Kosten für eine touristisch geprägte Reise des ArbN, liegt in Höhe des Marktpreises der Reise[6] Arbeitslohn vor. Dies gilt selbst dann, wenn die Reise beruflich mitveranlasst ist.[7] Bei gemischt veranlassten Reisen ist aber nach neuerer Rspr. eine Aufteilung in einen steuerbaren bzw. nicht steuerbaren Teil möglich.[8] Soweit ein ArbN im Rahmen einer Incentive-Reise Kunden seines ArbG betreut, erfolgt die Reiseteilnahme im überwiegenden betrieblichen Interesse; dies ist aber genau darzulegen.[9] Gegebenenfalls ist auch in diesem Fall eine Aufteilung vorzunehmen. Bei Reisen von Mitarbeitern von Reisbüros fordert die FinVerw sehr genaue Nachweise, um von Arbeitslohn absehen zu können.[10] Nur weil eine Reise ins Ausland geht, führt dies allein nicht zur Annahme von Arbeitslohn.[11] Im Rahmen der notwendigen Gesamtwürdigung spricht es aber doch tendenziell für eine touristische Mitveranlassung. Übernimmt eine Gesellschaft für ihren GesGf die Kosten einer privat oder gemischt veranlassten Reise, kann auch eine vGA vorliegen.[12]

▶ **Jagd**
Eine vom ArbG ermöglichte und vom ArbN tatsächlich ausgeübte private Jagd führt zu Arbeitslohn, es sei denn, der ArbN ist hierzu dienstlich verpflichtet.[13]

▶ **Job-Ticket**
Ein geldwerter Vorteil liegt vor, wenn ein ArbG seinem ArbN eine vergünstigte Jahresnetzkarte überlässt[14] oder der ArbG dem ArbN das Recht einräumt, bei einem Verkehrs-

---

1 FG Münster v. 5. 2. 1997 - 1 K 156/96 E, EFG 1997, 1511, rkr.
2 BFH v. 10. 11. 1989 - VI R 155/85, BFH/NV 1990, 290 = NWB DokID: CAAAB-31288.
3 Zur Unwetterlage im Mai/Juni 2016 in Deutschland, vgl. BMF v. 28. 6. 2016, BStBl 2016 I 641.
4 BMF v. 3.5.2018, BStBl 2018 I 643, Tz. 5.5.9.
5 BFH v. 5. 7. 1996 - VI R 10/96, BStBl 1996 II 545.
6 BMF v. 14. 10. 1996, BStBl 1996 I 1192.
7 BFH v. 16. 4. 1993 - VI R 6/89, BStBl 1993 II 640.
8 BFH v. 18. 8. 2005 - VI R 32/03, BStBl 2006 II 30.
9 BFH v. 5. 9. 2006 - VI R 65/03, BStBl 2007 II 312.
10 BMF v. 14. 9. 1994, BStBl 1994 I 755.
11 *Albert*, FR 2003, 1153.
12 BFH v. 9. 3. 2010 - VIII R 32/07, BFH/NV 2010, 1330 = NWB DokID: ZAAAD-44402.
13 FG München v. 14. 12. 1971 - II 143/70, EFG 1972, 228, rkr.
14 BFH v. 12. 4. 2007 - VI R 89/04, BStBl 2007 II 719.

betrieb ein vergünstigtes Job-Ticket zu erwerben.[1] Der Zufluss erfolgt sowohl bei Tages-, Monats- oder Jahreskarten mit der Aushändigung der für den jeweiligen Zeitraum gültigen Fahrkarte. Die von einem Verkehrsbetrieb üblicherweise auch anderen ArbG bzw. ArbN eingeräumten Preisnachlässe sind aber keine geldwerten Vorteile. Ab 1.1. 2019 sind Leistungen des ArbG (Zuschüsse und Sachbezüge), die zusätzlich zum ohnehin geschuldeten Arbeitslohn für Fahrten Wohnung – erste Tätigkeitsstätte oder für Privatfahrten mit dem ÖPNV (Linienverkehr) gewährt werden, nach § 3 Nr. 15 EStG steuerfrei.[2]

▶ **Jubiläum**
Übliche Sachleistungen des ArbG anlässlich von Diensteinführungen, Amts- oder Funktionswechseln, Verabschiedungen oder Dienstjubiläen führen wegen der dienstlichen Veranlassung dieser Veranstaltungen bei Kosten bis zu 110 € je Teilnehmer nicht zu Arbeitslohn.[3]

▶ **Kindergarten**
Leistungen des ArbG zur Unterbringung von Kindern in Kindergärten sind grds. Arbeitslohn, unter den Voraussetzungen des § 3 Nr. 33 EStG jedoch steuerfrei.

▶ **Konto- und Depotführung**
Ersatz entsprechender Kosten des ArbN durch den ArbG[4] ist genauso Arbeitslohn wie die unentgeltliche Konto- oder Depotführung von ArbN eines Kreditinstituts.[5]

▶ **Kraftfahrzeuggestellung**
für die Privatnutzung sowie Fahrten Wohnung – erste Tätigkeitsstätte ist Arbeitslohn. Dabei kommt es nicht auf die tatsächliche Nutzung, sondern nur auf die Nutzungsmöglichkeit an. Wenn ein Fahrzeug dem ArbN arbeitsvertraglich oder zumindest konkludent zur privaten Nutzung überlassen wird, liegt ein geldwerter Vorteil vor.[6] Dies gilt nicht, wenn das Fahrzeug wegen seiner objektiven Beschaffenheit und Einrichtung nur für betriebliche Zwecke genutzt werden kann[7] oder wenn ein ArbN für die Dauer der Rufbereitschaft ein Fahrzeug nutzen kann.[8]
Die Bewertung der geldwerten Vorteile erfolgt nach § 8 Abs. 2 Satz 2 bis 5 EStG. Siehe hierzu KKB/Wünnemann, § 8 EStG Rz. 51 f.
Nach neuer Rspr. entsteht sowohl bei der Bewertung nach der 1 %-Methode als auch bei der Fahrtenbuchmethode insoweit kein geldwerter Vorteil, als der ArbN ein pauschales Nutzungsentgelt zahlt oder einzelne Fahrzeugkosten übernimmt.[9] Die FinVerw folgt der Rspr. weitgehend. Bei selbst getragenen individuellen Kosten und Anwendung der Fahrtenbuchmethode lässt die FinVerw zwei Berechnungswege zu. Entweder werden die Kosten in die Gesamtkosten i. S. d. § 8 Abs. 2 Satz 4 einbezogen und als Nutzungsentgelt vom

---

[1] BFH v. 14.11.2012 - VI R 56/11, BStBl 2013 II 382.
[2] Gesetz v. 11.12.2018, BGBl 2018 I 2338. Vgl. auch KKB/Nacke, § 3 EStG Rz. 138 ff.
[3] R 19.3 Abs. 2 Nr. 3 LStR.
[4] R 19.3 Abs. 3 Nr. 1 LStR.
[5] BMF v. 19.5.2015, BStBl 2015 I 484, mit Aufzeichnungserleichterungen.
[6] BFH v. 21.3.2013 - VI R 31/10, BStBl 2013 II 700; BFH v. 6.2.2014 - VI R 39/13, BStBl 2014 II 641.
[7] BFH v. 18.12.2008 - VI R 34/07, BStBl 2009 II 381.
[8] BFH v. 25.5.2000 - VI R 195/98, BStBl 2000 II 690.
[9] Bei der 1 %-Methode BFH v. 30.11.2016 - VI R 2/15, BStBl 2017 II 1014; bei der Fahrtenbuchmethode BFH v. 30.11.2016 - VI R 49/16, BStBl 2017 II 1011; die bisherige Rspr. (BFH v. 18.10.2007 - VI R 57/06, BStBl 2009 II 199), nach der selbst getragene Kosten nur im Falle der Bewertung nach der Fahrtenbuchmethode als WK berücksichtigt werden konnten, ist damit überholt. Gleiches gilt für die bisherige Auffassung der FinVerw nur pauschale Nutzungsentgelte sowie Leasinggebühren als Abzugsbeträge zuzulassen (BMF v. 19.4.2013, BStBl 2013 I 513).

geldwerten Vorteil abgezogen, oder die Kosten werden von vornherein nicht in die Gesamtkosten einbezogen (und folglich nicht mehr vom geldwerten Vorteil abgezogen.)[1] Die Kostentragung des ArbN kann aber nicht zu einem negativen geldwerten Vorteil oder zu WK führen.[2] Der Barlohnverzicht im Rahmen einer Gehaltsumwandlung stellt kein Nutzungsentgelt dar.[3] Überlässt der ArbG dem ArbN mehrere Fahrzeuge, ist nach der Rspr. für jedes Fahrzeug, das arbeitsvertraglich privat genutzt werden darf, ein geldwerter Vorteil anzusetzen.[4] Nach Auffassung der FinVerw gilt dies nur, wenn auch andere nahestehende Personen das Fahrzeug nutzen. Andernfalls ist nur der geldwerte Vorteil für das überwiegend vom ArbN genutzte Fahrzeug anzusetzen.[5] Die Gestellung eines Fahrers für Fahrten Wohnung – erste Tätigkeitsstätte führt zu einem zusätzlich zu versteuernden geldwerten Vorteil, da diese Fahrten Angelegenheit des ArbN sind und die Fahrergestellung für ihn einen Wert hat.[6] Die Bewertung der Fahrergestellung kann nach § 8 Abs. 2 Satz 1 EStG mit dem Marktpreis[7] oder nach den von der FinVerw vorgegebenen pauschalen Zuschlägen bzw. den zeitanteiligen Lohn- und Lohnnebenkosten des Fahrers erfolgen.[8]

PRAXISHINWEIS:

Sofern der ArbG seinem ArbN eine private Nutzung eines oder ggf. mehrerer überlassener Fahrzeuge nicht erlauben möchte und um in diesem Fall unerwünschte steuerliche Konsequenzen zu vermeiden, sollten die Verbote eindeutig arbeitsvertraglich geregelt werden. Denn nur auf diese Weise kann die Versteuerung eines geldwerten Vorteils verhindert werden.[9] Dies gilt auch beim GesGf[10] oder auch im Falle eines zeitweisen Fahrverbots wegen einer Krankheit.[11] Durch einen Nutzungsverzicht des ArbN kann die Versteuerung hingegen nicht umgangen werden.

▶ **Kreditkartengebühren**
können vom ArbG nach § 3 Nr. 13 oder Nr. 16 EStG steuerfrei erstattet werden, soweit die Kosten tatsächlich dienstlich veranlasst sind.[12]

▶ **Kundenbindungsprogramm**
Prämien aus einem Kundenbindungsprogramm (z. B. für dienstliche Flugmeilen), die ein ArbN im Rahmen seiner beruflichen Tätigkeit erhält, führen zu Arbeitslohn, wenn der ArbG die der Prämie zugrunde liegende Leistung zahlt und der ArbN die Prämie privat verwertet.[13] Diese Prämien sind bis zu 1 080 € nach § 3 Nr. 38 EStG steuerfrei, der über-

---

1 BMF v. 4.4.2018, BStBl 2018 I S. 592, Tz. 8; Geserich, NWB 2017, 706.
2 BFH v. 30.11.2016 - VI R 49/14 = NWB DokID: UAAAG-37605.
3 BMF v. 4.4.2018, BStBl 2018 I 592, Tz. 8.
4 BFH v. 13. 6. 2013 - VI R 17/12, BStBl 2014 II 340; BFH v. 9. 3. 2010 - VIII R 24/08, BStBl 2010 II 903, betr. fahrzeugbezogenen, mehrfachen Ansatz im betrieblichen Bereich.
5 BMF v. 4.4.2018, BStBl 2018 I 592, Tz. 2.11.
6 BFH v. 15. 5. 2013 - VI R 44/11, BStBl 2014 II 589: Mit ausdrücklicher Aufgabe der noch im Urt. v. 22. 9. 2010 - VI R 54/09, BStBl 2011 II 354 geäußerten Zweifel, ob eine Fahrergestellung für Fahrten zwischen Wohnung – erster Tätigkeitsstätte überhaupt einen geldwerten Vorteil darstellt; gl. A. *Eisgruber* in Kirchhof, EStG, § 19 Rz. 78, „Kraftfahrzeuggestellung"; a. A. *Krüger* in Schmidt, § 19 EStG Rz. 100, „Kraftfahrzeuggestellung": Fahrergestellung ist Arbeitsbedingung.
7 BFH v. 15. 5. 2013 - VI R 44/11, BStBl 2014 II 589.
8 R 8.1 Abs. 10 LStR; BMF v. 4.4.2018, BStBl 2018 I 592, Tz. 5.
9 BFH v. 21. 3. 2013 - VI R 42/12, BStBl 2013 II 918.
10 BFH v. 21. 3. 2013 - VI R 46/11, BStBl 2013 II 1044.
11 FG Düsseldorf v. 24.1.2017 - 10 K 1932/16 E, EFG 2017, 458, rkr.
12 BMF v. 24. 10. 2014, BStBl 2014 I 1412; FG München v. 17. 1. 2002 - 7 K 1790/00, EFG 2002, 617, rkr.
13 Gl. A. HHR/*Bleschick*, § 37a EStG Rz. 7.

steigende Teil kann von dem Anbieter des Programms nach § 37a EStG pauschal versteuert werden.

▶ **Lebenshaltungskosten**
Erstattet ein ArbG seinem ArbN Lebenshaltungskosten, ist dies Arbeitslohn. Ausgleichszahlungen bei erhöhten Lebenshaltungskosten im Ausland können nach § 3 Nr. 64 EStG steuerfrei sein.[1]

▶ **Lösegeld**
Zahlungen des ArbG sollen nach h. M. in der Literatur nicht zu Arbeitslohn führen.[2] Die Übernahme von Prämien für Entführungsrisikoversicherungen durch den ArbG soll nur bei der Absicherung von Entführungen auf Dienstreisen in Länder mit erheblicher Gefährdung für die persönliche Sicherheit kein Arbeitslohn sein.[3]

▶ **LSt**
Vom ArbG einbehaltene LSt ist Arbeitslohn, da der ArbN nach § 38 Abs. 2 EStG Schuldner der LSt ist. Zu versteuern ist also immer der Brutto-Arbeitslohn. Auch fälschlicherweise angemeldete und abgeführte LSt kann zu Arbeitslohn führen, sofern der LSt-Abzug wegen § 41c Abs. 3 EStG nicht mehr änderbar ist und dem ArbN in Höhe der LSt nach § 36 Abs. 2 Nr. 2 EStG ein Erstattungsanspruch gegenüber dem FA zusteht.[4] Bei Nettolohnvereinbarungen führt die zusätzliche Übernahme der LSt durch den ArbG zu Arbeitslohn.[5] Die Übernahme der Pauschalsteuer nach § 40 Abs. 1 EStG führt wegen § 40 Abs. 1 Satz 2 EStG zu Arbeitslohn, nicht hingegen die Übernahme der Pauschalsteuern nach § 40 Abs. 2, § 40a und § 40b EStG.

▶ **Losgewinne**
führen zu Arbeitslohn, wenn an einer vom ArbG durchgeführten Verlosung nur die eigenen ArbN teilnehmen konnten. Zum Zufluss führt aber nur der tatsächliche Losgewinn und nicht bereits die Einräumung der Gewinnchance bei der Ausgabe der Lose. Der Zusammenhang mit dem Dienstverhältnis wird durch das „Zufallsmoment Verlosung" nicht unterbrochen.[6] Wenn eine Verlosung einen Leistungsanreiz für die ArbN darstellt und auch nur bestimmte ArbN teilnehmen dürfen, verstärkt dies den dienstlichen Zusammenhang.[7] Grds. gilt dies auch für Verlosungen, die von Dritten durchgeführt werden.[8] Losgewinne gehören zu den Gesamtkosten einer Betriebsveranstaltung und sind den teilnehmenden ArbN dadurch anteilig zuzurechnen (nicht nur gelegentlich, sondern anlässlich von Betriebsveranstaltungen nach § 19 Abs. 1 Nr. 1a EStG). Wegen der gesetzlichen Formulierung („alle Zuwendungen") gilt dies ab VZ 2015 ohne Betragsbegrenzung nach oben. Die bis 2014 geltende R 19.5 Abs. 4 Nr. 4 LStR (Geschenke nur bis zu 60 € begünstigt) ist überholt.

---

[1] BMF v. 27.12.2017, BStBl 2018 I 64.
[2] Vgl. z. B. *Eisgruber* in Kirchhof, § 19 EStG Rz. 78, „Lösegeld".
[3] *Wunderlich*, DStR 1996, 2003.
[4] BFH v. 17. 6. 2009 - VI R 46/07, BStBl 2010 II 72; zur berechtigten Kritik an dieser Entscheidung, vgl. *Krüger* in Schmidt, § 19 EStG Rz. 100, „Lohnsteuer".
[5] R 39b.9 Abs. 1 Satz 1 LStR; BFH v. 26. 2. 1982 - VI R 123/78, BStB 1982 II 403.
[6] BFH v. 25. 11. 1993 - VI R 45/93, BStBl 1994 II 254; mit Aufgabe der älteren gegenteiligen Rspr. in BFH v. 19. 7. 1974 - VI R 114/71, BStBl 1975 II 181.
[7] BFH v. 15. 12. 1977 - VI R 150/75, BStBl 1978 II 239.
[8] FG Münster v. 26. 3. 2002 - 15 K 3309/99 E, EFG 2005, 688, rkr.

▶ **Mahlzeiten**
Siehe „Bewirtung".

▶ **Metergeld**
für Möbeltransportarbeiter ist Arbeitslohn,[1] der nicht nach § 3 Nr. 51 EStG steuerfrei ist, sofern das Metergeld vom ArbG ausgezahlt wird oder der ArbN einen Rechtsanspruch darauf hat.

▶ **Mietzahlungen**
des ArbG für ein häusliches Arbeitszimmer des ArbN können zu Arbeitslohn oder Einkünften aus Vermietung und Verpachtung führen. Kommen beide Einkunftsarten in Betracht, liegt wegen § 21 Abs. 3 EStG Arbeitslohn vor. Nach der Rspr. ist maßgeblich, in wessen vorrangigem Interesse das Arbeitszimmer genutzt wird.[2] Die FinVerw folgt der Rspr., nimmt aber im Zweifel Arbeitslohn an.[3] Wird es im vorrangigen Interesse des ArbG genutzt, führen die Mietzahlungen zu Einkünften aus Vermietung und Verpachtung. Dieses Ergebnis ergibt sich insbesondere dann, wenn der ArbN über keinen weiteren Arbeitsplatz im Betrieb des ArbG verfügt, wenn der ArbG vergleichbare Mietverträge auch mit fremden Dritten abgeschlossen und ein Betretungsrecht erhalten hat[4] sowie wenn Versuche des ArbG, entsprechende Räume von Dritten anzumieten, erfolglos blieben.[5] Zahlungen führen hingegen zu Arbeitslohn, wenn sie im vorrangigen Interesse des ArbN erfolgen. Hierfür ist typisch, dass kein Mietvertrag abgeschlossen wird und pauschale Kostenzuschüsse gezahlt werden, dass der ArbN auch im Betrieb des ArbG einen Arbeitsplatz und der ArbG kein Verfügungsrecht hat.[6] Wegen des vorrangigen Interesses des ArbN dürften die Voraussetzungen des § 3 Nr. 50 EStG in diesen Fällen regelmäßig nicht erfüllt sein. Bei überhöhten Mieten dürften (in voller Höhe) Lohnzahlungen vorliegen. Die Aufwendungen des ArbN für das Arbeitszimmer sind bei Einkünften aus Vermietung und Verpachtung unabhängig von § 4 Abs. 5 Satz 1 Nr. 6b EStG in voller Höhe abziehbar,[7] bei der Annahme von Arbeitslohn sind die Abzugsbeschränkungen hingegen zu beachten.

▶ **Mitgliedsbeiträge**
Vom ArbG für den ArbN übernommene Mitgliedsbeiträge zu Berufskammern[8] oder beruflichen Interessensvertretungen[9] sind Arbeitslohn, da i. d. R. ein nicht zu vernachlässigendes Eigeninteresse des ArbN vorliegt. Der ArbN kann unter den Voraussetzungen des § 9 Abs. 1 Satz 3 Nr. 3 EStG in gleicher Höhe WK abziehen. Mitgliedsbeiträge zu einem Industrieklub können hingegen im überwiegenden eigenbetrieblichen Interesse geleistet werden.[10] Die Übernahme von Mitgliedsbeiträgen zu privaten oder geselligen Vereinigungen ist Arbeitslohn, der WK-Abzug ist nicht möglich.[11]

▶ **Mutterschaftsgeld**
nach § 3 Nr. 1d EStG (deklaratorisch) steuerfrei.

---

1 BFH v. 9. 3. 1965 - VI 109/62 U, BStBl 1965 III 426.
2 BFH v. 16. 9. 2004 - VI R 25/02, BStBl 2006 II 10.
3 BMF v. 13. 12. 2005, BStBl 2006 I 4.
4 BFH v. 19. 10. 2001 - VI R 131/00, BStBl 2002 II 300.
5 BMF v. 13. 12. 2005, BStBl 2006 I 4.
6 BFH v. 8. 3. 2006 - IX R 76/01, BFH/NV 2006, 1810 = NWB DokID: OAAAB-91847.
7 BMF v. 13. 12. 2005, BStBl 2006 I 4.
8 BFH v. 17. 1. 2008 - VI R 26/06, BStBl 2008 II 378, betr. Kammerbeiträge für StB und WP.
9 BFH v. 12. 2. 2009 - VI R 32/08, BStBl 2009 II 462, betr. Beiträge zum Deutschen Anwaltverein.
10 BFH v. 20. 9. 1985 - VI R 120/82, BStBl 1985 II 718.
11 BFH v. 27. 2. 1959 - VI 271/57 U, BStBl 1959 III 230, betr. Mitgliedschaft in Golfklub, Automobilklub, etc.

▶ **Nettolohnvereinbarung**
Arbeitslohn liegt in Höhe des Brutto-Arbeitslohns vor, auf den vom Nettolohn aus hochzurechnen ist. Dies erfordert eine dementsprechende eindeutige Vereinbarung zwischen ArbG und ArbN. Hat der ArbG LSt nachzuzahlen, verzichtet aber auf einen Rückgriff beim ArbN, führt dies zu zusätzlichem Arbeitslohn. Gleiches gilt für eine ESt-Nachzahlung des ArbN, die vom ArbG geleistet wird (mit Hochrechnung auf einen Bruttobetrag).[1]

▶ **Outplacementmaßnahmen**
des bisherigen ArbG führen zu Arbeitslohn. Zwar werden diese Maßnahmen im betrieblichen Interesse des ArbG erbracht, z. B. um die Anzahl der ArbN sozialverträglich zu vermindern. Da die Maßnahmen zu einem wesentlichen Teil auch dem Eigeninteresse des ArbN dienen, einen neuen Arbeitsplatz zu finden, liegt kein überwiegendes eigenbetriebliches Interesse vor.[2] In gleicher Höhe kann der ArbN aber vorweggenommene WK geltend machen. Gegebenenfalls kommen die R 19.7 Abs. 2 Satz 5 LStR oder § 34 EStG zur Anwendung.

▶ **Parkplatz**
Unentgeltliche Gestellung durch den ArbG erfolgt meist im überwiegenden eigenbetrieblichen Interesse.[3] Arbeitslohn könnte nur dann vorliegen, wenn sich die Parkplatzgestellung als eindeutige Belohnung bestimmter ArbN darstellt. Kostenersatz für vom ArbN gezahlte Parkplatzgebühren sind aber Arbeitslohn.

▶ **Personalrabatte**
Vom ArbG oder von einem Dritten nur bestimmten ArbN gewährte Rabatte sind Arbeitslohn, sofern die Rabattgewährung als Frucht der Arbeitsleistung anzusehen ist. Arbeitslohn liegt dann nicht vor, wenn der Rabatt auch jedem anderen Kunden gewährt wird.[4] Die Bewertung der geldwerten Vorteile erfolgt nach § 8 Abs. 2 oder Abs. 3 EStG. Zum Arbeitslohn von dritter Seite vgl. → Rz. 331 ff.

▶ **Pflegeunterstützungsgeld**[5]
nach § 44a SGB XI ist als Lohnersatzleistung grds. Arbeitslohn, aber nach § 3 Nr. 1a EStG steuerfrei.

▶ **Poolung von Einnahmen**
In einem Einnahmepool gesammelte und anschließend umverteilte Einnahmen (z. B. gemeinsame Trinkgeldkasse in Gaststätten oder bei Friseuren) führen beim jeweiligen ArbN in Höhe des konkreten Zuflusses zu Arbeitslohn,[6] der ggf. nach § 3 Nr. 51 EStG steuerfrei ist (auch bei Umverteilung durch den ArbG).[7] Trinkgelder von Beschäftigten der Spielbanken aus dem sog. Tronc sind Arbeitslohn, aber nicht nach § 3 Nr. 51 EStG steuerfrei.[8]

▶ **Postbeamte**
Für die nun bei der Deutschen Post AG oder Deutschen Telekom AG beschäftigten frühe-

---

1 BFH v. 3. 9. 2015 - VI R 1/14, BStBl 2016 II 31.
2 FG Baden-Württemberg v. 6. 3. 2007 - 4 K 280/06, EFG 2007, 832, rkr.
3 FinMin Nordrhein-Westfalen v. 28. 9. 2006, NWB DokID: XAAAC-36524; FG Köln v. 13. 11. 2003 - 2 K 4176/02, EFG 2004, 356, rkr.
4 BFH v. 4. 6. 1993 - VI R 95/92, BStBl 1993 II 687.
5 Vgl. Gesetz v. 23. 12. 2014, BGBl 2014 I 2462.
6 HHR/*Pflüger*, § 19 EStG Rz. 600, „Poolung von Einnahmen".
7 BFH v. 18. 6. 2015 - VI R 37/14, BStBl 2016 II 751.
8 BFH v. 18. 12. 2008 - VI R 8/06, BStBl 2009 II 820.

ren „Postbeamte" gilt wegen § 3 Nr. 35 EStG insbesondere die Steuerbefreiung für Reisekostenersatz nach § 3 Nr. 13 EStG fort (anders als bei § 3 Nr. 16 EStG keine Begrenzung des steuerfreien Fahrtkostenersatzes auf 30 ct./km).

▶ **Preise**
Geld- oder Sachpreise sind Arbeitslohn, wenn sie in einem wirtschaftlichen Zusammenhang mit der nichtselbständigen Tätigkeit stehen.[1] Dieser Zusammenhang soll anhand der Ausschreibungsbedingungen und den Zielen der Preisverleihung festgestellt werden.[2] Muss sich der ArbN für den Preis bewerben, spricht dies für die Annahme von Arbeitslohn.[3] Kein Zusammenhang mit einem Dienstverhältnis liegt aber z. B. bei Preisgeldern für das Lebenswerk, die Persönlichkeit, die Grundhaltung oder ein vorbildliches Verhalten vor.

▶ **Provisionen**
die ArbN durch eine im Rahmen eines Dienstverhältnisses ausgeübte Tätigkeit erzielen, sind Arbeitslohn. Dies gilt auch für Provisionen für Eigenverträge von ArbN.[4] Vgl. hierzu auch „Vermittlungstätigkeit" und „Bausparvertrag".

▶ **Reisekostenersatz**
für Dienstreisen (Fahrtkosten, Verpflegungsmehraufwendungen, Übernachtungskosten und Reisenebenkosten; vgl. hierzu auch → Rz. 396 „Reisekosten") ist grds. Arbeitslohn, der unter den Voraussetzungen und in den Grenzen des § 3 Nr. 13 EStG (ArbN im öffentlichen Dienst) oder § 3 Nr. 16 EStG (ArbN außerhalb des öffentlichen Dienstes) steuerfrei ist. Dies gilt für Geld- und Sachleistungen.[5] Es sollen nur diejenigen Aufwendungen steuerfrei erstattet werden können, die beim ArbN als WK abziehbar sind.[6] Bei dienstlich und privat veranlassten (gemischten) Reisen können die Reisekosten anteilig erstattet werden.[7] In der Literatur wird entgegen der Auffassung des Gesetzgebers und der Rspr.[8] teilweise die Ansicht vertreten, Reisekostenersatz von vorneherein als nicht steuerbaren Auslagenersatz anzusehen.[9] Gegen diese Auffassung spricht, dass die Art und Höhe der anfallenden Reisekosten vom ArbN in seinem eigenen Sinne selbst beeinflusst werden kann und dass ansonsten eine alle ArbN gleich treffende Nachprüfung durch das FA erschwert würde.

▶ **Rückzahlung an die Arbeitsverwaltung nach § 115 SGB X**
durch den ArbG führt zu Arbeitslohn, andererseits zur Berücksichtigung eines negativen Progressionsvorbehalts.[10]

▶ **Schadensersatz**
Soweit ein ArbG zivilrechtliche Schadensersatzansprüche seines ArbN befriedigt, liegt kein Arbeitslohn vor, auch wenn der Anspruch in einem tatsächlichen oder rechtlichen

---

1 BFH v. 23. 4. 2009 - VI R 39/08, BStBl 2009 II 668.
2 BMF v. 5. 9. 1996, BStBl 1996 I 1150.
3 BFH v. 16. 1. 1975 - IV R 75/74, BStBl 1975 II 558.
4 BFH v. 22. 5. 1992 - VI R 178/87, BStBl 1992 II 840, betr. als Provision bezeichneten Preisnachlass beim Kauf vom Anlageobjekten vom ArbG; BFH v. 27. 5. 1998 - X R 17/95, BStBl 1998 II 618, betr. selbständigen Versicherungsvertreter.
5 R 3.13 Abs. 1 Satz 1 LStR.
6 BFH v. 12. 4. 2007 - VI R 53/04, BStBl 2007 II 536.
7 BMF v. 24. 10. 2014, BStBl 2014 I 1412, Rz. 88.
8 BFH v. 15. 10. 1982 - VI R 229/77, BStBl 1983 II 75.
9 *Krüger* in Schmidt, § 19 EStG Rz. 100, „Reisekostenerstattung"; für WK-Ersatz hingegen HHR/*Bergkemper*, § 3 Nr. 13 EStG Rz. 2.
10 BFH v. 15. 11. 2007 - VI R 66/03, BStBl 2008 II 375.

Zusammenhang mit dem Dienstverhältnis steht.[1] Der Stpfl. trägt dabei die objektive Beweislast, dass die Ersatzleistung des ArbG tatsächlich der Erfüllung eines Schadensersatzanspruchs dient.[2] Arbeitslohn liegt aber vor, wenn ein ArbN von seinem ArbG aufgrund eines arbeitsrechtlichen Anspruchs Ersatzleistungen für entgehenden oder entgangenen Arbeitslohn[3] oder eine Ausgleichszahlung für rechtswidrig erbrachte Mehrarbeit[4] erhält. Auch eine freiwillige Leistung des ArbG wird i. d. R. Arbeitslohn sein.[5] Schadensersatzzahlungen eines Dritten aus Amtshaftung für entgangene Gehalts- und Rentenansprüche führen ebenfalls zu Arbeitslohn.[6]

▶ **Schätzung von Arbeitslohn**
durch die FinVerw ist nicht nur zulässig, sondern bei festgestellter Schwarzarbeit auch notwendig. Gegebenenfalls kann auch geschätzte LSt angerechnet werden.[7]

▶ **Sicherheitsmaßnahmen**
Des ArbG im Betrieb werden im eigenbetrieblichen Interesse erbracht und sind kein Arbeitslohn. Die FinVerw geht bei Aufwendungen des ArbG für Personenschützer sowie bei Sicherungsmaßnahmen an den privaten Wohnungen positionsgefährdeter ArbN (weitgehend) ebenfalls von eigenbetrieblichem Interesse aus.[8] Bei einer „nur" abstrakten berufsbedingten Gefährdung des ArbN führt die Kostenübernahme durch den ArbG aber zu Arbeitslohn.[9]

▶ **Sozialversicherung**
Die gesetzlich geschuldeten ArbG-Beiträge zur Sozialversicherung sind kein Arbeitslohn, da der ArbG eine eigene öffentliche Verpflichtung zu Gunsten des Umlagesystems der Rentenkasse erbringt. Die Steuerbefreiung des § 3 Nr. 62 EStG ist insoweit deklaratorisch.[10] Leistet der ArbG freiwillige Beiträge, oder leistet er die Beiträge unter der falschen Annahme eines sozialversicherungspflichtigen Beschäftigungsverhältnisses, führen die Zahlungen zu Arbeitslohn.[11] Dies gilt auch für freiwillige ArbG-Beiträge zur Rentenversicherung, auch wenn die späteren Rentenzahlungen mit anderen Versorgungsleistungen des ArbG verrechnet werden sollen.[12]
Die vom ArbG unmittelbar geschuldeten ArbN-Beiträge zur gesetzlichen Sozialversicherung sind eine Gegenleistung für die Erbringung der Arbeitsleistung und gehören deshalb zum Arbeitslohn.[13] Der ArbN kann seine Beiträge unter den Voraussetzungen des § 10 Abs. 1 Nr. 2, 3 und 3a EStG als Sonderausgaben abziehen. Vom ArbG nachträglich entrichtete ArbN-Beiträge führen grds. nicht zu Arbeitslohn, außer es liegt eine Netto-

---

1 BFH v. 20. 9. 1996 - VI R 57/95, BStBl 1997 II 144, betr. Schadensersatz wegen fehlerhafter LSt-Bescheinigung.
2 BFH v. 25.4.2018 - VI R 34/16, BStBl 2018 II 600, betr. Zahlungen des ArbG wegen einer überhöhten ESt-Festsetzung aufgrund eines fehlerhaften Fahrtenbuchs.
3 FG Köln v. 11. 11. 2009 - 7 K 3651/08, EFG 2010, 482, rkr.
4 BFH v. 14. 6. 2016 - IX R 2/16, BStBl 2016 II 901.
5 FG Hessen v. 19. 2. 1981 - I 108/79, EFG 1981, 629, rkr.
6 BFH v.12.7.2016 - IX R 33/15, BStBl 2017 II 158.
7 BFH v. 29. 2. 1996 - X B 303/95, BFH/NV 1996, 606.
8 BMF v. 30. 6. 1997, BStBl 1997 I 696.
9 BFH v. 5. 4. 2006 - IX R 109/00, BStBl 2006 II 541.
10 BFH v. 6. 6. 2002 - VI R 178/97, BStBl 2003 II 34.
11 BFH v. 21. 1. 2010 - VI R 52/08, BStBl 2010 II 703.
12 BFH v. 24. 9. 2013 - VI R 8/11, BStBl 2014 II 124.
13 BFH v. 16. 1. 2007 - IX R 69/04, BStBl 2007 II 579.

lohnvereinbarung, eine zwischen ArbG und ArbN einvernehmlich vereinbarte Schwarzarbeit bzw. Scheinselbständigkeit vor.[1]
Pauschale Sozialversicherungsbeiträge für Aushilfskräfte sind nach h.M. kein Arbeitslohn.[2]

▶ **Sterbegeld**
Lohnzahlungen, die nach dem Tod des Arbeitnehmers an einen Erben ausgezahlt werden, sind Arbeitslohn des Erben, selbst wenn die Zahlungen auf die Zeit vor dem Ableben des früheren Arbeitnehmers entfallen.[3] Das Sterbegeld und andere besondere Leistungen sind Versorgungsbezüge der Empfänger.[4]

▶ **Steuerberatungskosten**
Übernimmt der ArbG die Steuerberatungskosten für die Erstellung der ESt-Erklärungen seiner ArbN, führt dies auch dann zu Arbeitslohn, wenn die Steuererstattungen wegen einer Nettolohnvereinbarung dem ArbG zugutekommen.[5]

▶ **Streikgelder der Gewerkschaft**
sind genauso wie Aussperrungsunterstützungen kein Arbeitslohn von dritter Seite, keine Entschädigungen für entgangene oder entgehende Einnahmen i.S.d. § 24 Nr. 1a EStG und keine sonstigen Einkünfte.[6]

▶ **Teambildungsmaßnahmen**
die aus eindeutigen eigenbetrieblichen Interessen durchgeführt werden, führen nicht zu Arbeitslohn. Dies gilt insbesondere bei einer verpflichtenden Teilnahme und soll selbst dann gelten, wenn die Maßnahme mit Freizeitaktivitäten verbunden ist, die notwendige Begleiterscheinung zur Erreichung der betrieblichen Ziele sind.[7]

▶ **Trennungsgeld**
Steuerfrei nach § 3 Nr. 13 EStG.

▶ **Trinkgelder**
von Dritten sind Arbeitslohn, aber steuerfrei nach § 3 Nr. 51 EStG.

▶ **Überstundenvergütung**
Ist Arbeitslohn (§ 2 Abs. 2 Nr. 6 LStDV). Gegebenenfalls kommt die Steuerbefreiung nach § 3b EStG für Sonntags-, Feiertags- oder Nachtarbeit in Betracht.

▶ **Umzugskosten**
können vom ArbG nach § 3 Nr. 13 oder § 3 Nr. 16 EStG steuerfrei erstattet werden, sofern die Aufwendungen vom ArbN als WK abziehbar sind.[8] Vgl. → Rz. 396 „Umzugskosten".

---

1 BFH v. 29.10.1993 - VI R 4/87, BStBl 1994 II 194.
2 FG Hamburg v. 15.6.1981 - I 105/79, EFG 1982, 100, rkr.; *Krüger* in Schmidt, § 19 EStG Rz. 100, „Sozialversicherungsbeiträge", mit überzeugender Begründung.
3 § 1 Abs. 1 S. 2 LStDV.
4 R 19.8 Abs. 1 Nr. 1 LStR, R 19.9 LStR; BFH v. 8.2.1974 - VI R 303/70, BStBl 1974 II 303.
5 BFH v. 21.1.2010 - VI R 2/08, BStBl 2010 II 639; *Eisgruber* in Kirchhof, § 19 EStG Rz. 66; HHR/*Pflüger*, § 19 EStG Rz. 186; a. A. FG Rheinland-Pfalz v. 21.12.2016 - 1 K 1605/14, EFG 2017, 1205 = NWB DokID: FAAAG-48782, nrkr., Rev. Az. BFH VI R 28/17..
6 BFH v. 24.10.1990 - X R 161/88, BStBl 1991 II 337.
7 Vgl. hierzu ausführlich *Albert*, FR 2003, 1153.
8 BFH v. 12.4.2007 - VI R 53/04, BStBl 2007 II 536.

▶ **Unfallschäden**
Verdienstausfallentschädigungen sind wegen § 24 Nr. 1a EStG Arbeitslohn. Zivilrechtliche Schadensersatzleistungen zur Beseitigung eines Schadens sind kein Arbeitslohn.[1] Bei freiwilligem Ersatz durch den ArbG liegt Arbeitslohn vor, der aber ggf. steuerfreier Reisekostenersatz ist.[2]

▶ **Unfallversicherung**
Für die steuerliche Behandlung der Versicherungsprämien und Versicherungsleistungen ist zu unterscheiden zwischen Versicherungen des ArbN und Versicherungen des ArbG, sowie wer etwaige Ansprüche geltend machen kann. Vgl. hierzu im Einzelnen einen ausführlichen Erlass der FinVerw,[3] mit Verweisen auf die aktuelle Rspr.

▶ **Urheberrechtliche Vergütungen**
die einem ArbN vom ArbG oder von einem Dritten zufließen, sind i. d. R. kein Arbeitslohn.[4] Dies gilt auch für Wiederholungshonorare und Erlösbeteiligungen, selbst wenn die Erstvergütung zu Arbeitslohn geführt hat.[5]

▶ **Urlaubsgelder**
für nicht gewährten Urlaub sind Arbeitslohn.[6] Dies gilt auch für Entschädigungszahlungen Dritter (z. B. Urlaubs- und Lohnausgleichskasse der Bauwirtschaft).[7]

▶ **Versorgungsanstalt des Bundes und der Länder**
Umlagezahlungen des ArbG an die VBL, die dem ArbN einen unmittelbaren und unentziehbaren Rechtsanspruch gegen die VBL verschaffen, führen zu Arbeitslohn im Zeitpunkt der Zahlung. Dies gilt grds. unabhängig davon, welches Deckungssystem vorliegt, ob der Versicherungsfall überhaupt eintritt und welche Leistungen der ArbN letztlich erhält.[8] Zahlt ein ArbG wegen Ausscheidens aus der VBL auf Grundlage einer Direktzusage ein Versorgungsguthaben aus, führt dies – ohne Saldierung um bereits versteuerte Umlagezahlungen – zu Arbeitslohn.[9] Wirtschaftliche Ausfälle innerhalb eines vom ArbG finanzierten Versicherungsverhältnisses führen nicht zu negativem Arbeitslohn, sondern sind steuerlich unbeachtliche Vorgänge innerhalb der privaten Vermögenssphäre.[10]

▶ **Verzicht des ArbG**
gegenüber seinem ArbN auf eine bestehende Forderung (z. B. Schadensersatz- oder Kaufpreisforderung), führt zu Arbeitslohn, der im Zeitpunkt des Verzichts zufließt.[11] Da ein Verzicht aber nicht einfach vermutet werden kann, führt das vorläufige Absehen von einer Befriedigung z. B. durch Aufrechnung mit Lohnforderungen noch nicht zum Zufluss.[12]

---

1 BFH v. 20. 9. 1996 - VI R 57/95, BStBl 1997 II 144.
2 BFH v. 30. 11. 1993 - VI R 21/92, BStBl 1994 II 256.
3 BMF v. 28. 10. 2009, BStBl 2009 I 1275.
4 BFH v. 6. 3. 1995 - VI R 63/94, BStBl 1995 II 471.
5 BFH v. 26. 7. 2006 - VI R 49/02, BStBl 2006 II 917.
6 R 19.3 Abs. 1 Nr. 2 LStR.
7 BFH v. 21. 2. 2003 - VI R 74/00, BStBl 2003 II 496.
8 St. Rspr., BFH v. 7. 5. 2009 - VI R 8/07, BStBl 2010 II 194; BFH v. 15. 9. 2011 - VI R 36/09, BFH/NV 2012, 201 = NWB DokID: EAAAD-99020; hiergegen eingelegte Verfassungsbeschwerde wurde nicht angenommen, BVerfG v. 14. 1. 2015 - 2 BvR 568/12; zur Rechtslage ab 2007 s. FG Niedersachsen v. 21.2.2017 - 14 K 155/15, EFG 2017, 866, rkr.; anhängige Einsprüche und Anträge wurden durch Allgemeinverfügung vom 16.11.2017 zurückgewiesen, BStBl 2017 I 1446.
9 BFH v. 7. 5. 2009 - VI R 16/07, BStBl 2010 II 130.
10 BFH v. 7. 5. 2009 - VI R 5/08, BStBl 2010 II 133.
11 BFH v. 27. 3. 1992 - VI R 145/89, BStBl 1992 II 837.
12 BFH v. 25. 1. 1985 - VI R 173/80, BStBl 1985 II 437.

Der Verzicht auf Schadensersatz wegen eines auf einer beruflichen Fahrt alkoholbedingt entstandenen Schadens am Dienstwagen führt zu Arbeitslohn, der neben der 1 %-Regelung anzusetzen ist.[1]

▶ **Verzicht des ArbN**
auf Gehaltsansprüche gegenüber seinem ArbG ohne explizite oder konkludente Vereinbarung einer Lohnverwendung mindert den zu versteuernden Arbeitslohn.[2] So führt auch eine (arbeitsgerichtlich festgelegte) Spendenzahlung des ArbG an einen Dritten, ohne dass der ArbN den Empfänger der Spende beeinflussen kann, nicht zu Arbeitslohn.[3] Wird der Verzicht jedoch mit Bedingungen an die Verwendung der freigewordenen Mittel verknüpft und dadurch eine Lohnverwendungsabrede vereinbart, mindert dies den Arbeitslohn des ArbN nicht. Letztlich wird durch eine solche Vereinbarung nur der Zahlungsweg abgekürzt. Von diesen Grundsätzen abweichend lässt die FinVerw aus Billigkeitsgründen in besonderen Fällen sog. Arbeitslohnspenden zu, die den Arbeitslohn des jeweiligen Spenders mindern.[4] Siehe auch „Hochwasser".

▶ **VIP-Logen**
Ermöglicht der ArbG seinem ArbN einen unentgeltlichen oder verbilligten Aufenthalt in einer VIP-Loge (inkl. Eintritt, Bewirtung, Unterhaltungsprogramm etc.) führt dies zu Arbeitslohn, es sei denn, die Teilnahme des ArbN erfolgt aus überwiegendem eigenbetrieblichen Interesse, z. B. anlässlich eines Treffens mit Geschäftspartnern wegen eines Geschäftsabschlusses[5] oder zur Betreuung eines Kunden des ArbG.[6]

▶ **Wach-/Schulhund**
Pauschale Zahlungen des ArbG an den ArbN für Futter- und Pflegekosten eines beruflich genutzten Wachhundes sind Arbeitslohn, tatsächliche Kosten können nur für einen Hund des ArbG nach § 3 Nr. 50 EStG als steuerfreier Auslagenersatz erstattet werden.[7] Aufwendungen des ArbN können bei beruflicher Nutzung des Wachhundes WK sein.[8] Aufwendungen für einen Schulhund eines Lehrers sind nicht als WK abziehbar.[9]

▶ **Währung**
Arbeitslohnzahlungen in Form einer gängigen, frei konvertiblen und im Inland handelbaren ausländischen Währung (sowohl Sorten als auch Devisen) ist Barlohn nach § 8 Abs. 1 EStG. Im Zeitpunkt des Zuflusses sind die Lohnzahlungen anhand der von der Europäischen Zentralbank veröffentlichten monatlichen Referenzkurse umzurechnen.[10] Arbeitslohn in Form sog. Regionalwährungen dürfte aber i. d. R. Sachlohn sein, da diese nicht konvertibel und frei handelbar sind.

---

1 BFH v. 24. 5. 2007 - VI R 73/05, BStBl 2007 II 766.
2 BFH v. 30. 7. 1993 - VI R 87/92, BStBl 1993 II 884.
3 BFH v. 23. 9. 1998 - XI R 18/98, BStBl 1999 II 98.
4 BMF v. 21. 6. 2013, BStBl 2013 I 769; Unterstützung von hochwassergeschädigten Kollegen; BMF v. 22. 9. 2015, BStBl 2015 I 745, Förderung der Hilfe für Flüchtlinge.
5 BMF v. 22. 8. 2005, BStBl 2005 I 845.
6 BFH v. 16. 10. 2013 - VI R 78/12, BStBl 2015 II 495.
7 BMF v. 24. 4. 1990, NWB DokID: UAAAA-79089.
8 FG Hamburg v. 22. 1. 1988 - I 168/85, EFG 1989, 228, rkr.
9 FG Rheinland-Pfalz v. 12. 3. 2018 - 5 K 2345/15 = NWB Dok ID: RAAAG-79717, rkr.
10 BFH v. 3. 12. 2009 - VI R 4/08, BStBl 2010 II 698.

▶ **Wandeldarlehensverträge**
Gewährt ein ArbN dem ArbG ein Darlehen, das in Aktien des ArbG gewandelt werden kann, führt dies zu Arbeitslohn, wenn der ArbN das Darlehen an Dritte veräußert oder wenn ihm nach Ausübung des Wandlungsrechts das wirtschaftliche Eigentum an den Aktien verschafft wird.[1] Auch der Vorteil aus der Veräußerung eines Wandeldarlehens, das bereits vor Begründung des Arbeitsverhältnisses gewährt wurde, kann bei eindeutigem Zusammenhang mit dem Arbeitsverhältnis Arbeitslohn sein.[2]

▶ **Werkzeuggeld**
Steuerfrei nach § 3 Nr. 30 EStG.

▶ **Wohnung**
Vom ArbG dem ArbN gewährte Mietvorteile sind Arbeitslohn. Auch die verbilligte Überlassung von Werksdienstwohnungen erfolgt i. d. R. nicht im überwiegenden eigenbetrieblichen Interesse.[3] Gegen die Annahme von Arbeitslohn spricht, wenn der ArbG vergleichbare Wohnungen auch an fremde Dritte verbilligt vermietet.[4] Die Mietvorteile fließen grds. mit der lfd. Nutzung zu.[5] Die Bewertung erfolgt grds. mit dem ortsüblichen Mietpreis (Kaltmiete zzgl. umlagefähige Nebenkosten, auch im unteren Bereich einer Bandbreite; ohne Abschläge wegen persönlicher Bedürfnisse des ArbN)[6] abzüglich etwaiger Eigenanteile des ArbN (Miete und abgerechnete Nebenkosten).[7] Die geldwerten Vorteile aus sog. Unterkünften sind mit den Sachbezugswerten nach der SvEV zu bewerten.[8] Gegebenenfalls können die 44 €-Freigrenze des § 8 Abs. 2 Satz 11 EStG, der Rabattfreibetrag des § 8 Abs. 3 EStG oder die Steuerbefreiung des § 3 Nr. 59 EStG gewährt werden. Pauschale Zuschüsse des ArbG für die Nutzung eines häuslichen Arbeitszimmers sind Arbeitslohn in Höhe des jeweiligen Zuschusses.[9] Vgl. auch „Mietzahlungen" und „Gemeinschaftsunterkunft".

▶ **Zeugengebühr**
ist als Entschädigung des ArbN für Verdienstausfall Arbeitslohn nach § 24 Nr. 1a EStG.[10]

▶ **Zinsen**
Erhalten ArbN von Kreditinstituten auf ihre Einlagen beim ArbG höhere Zinsen als betriebsfremde Anleger, sind die überhöhten Zinsen durch das Dienstverhältnis veranlasst.[11] Werden Löhne nicht ausgezahlt, sondern in (fremdüblich verzinste) Kapitalforderungen umgewandelt, erzielt der ArbN hieraus Einkünfte aus Kapitalvermögen.[12]

▶ **Zukunftssicherungsleistungen**
des ArbG zur Absicherung seiner ArbN für den Fall der Krankheit, des Unfalls, der Invalidität, des Alters oder des Todes sind Arbeitslohn (§ 2 Abs. 2 Nr. 3 Satz 1 LStDV). Diese Absicherungen können auf unterschiedlichen Wegen erreicht werden (Abschluss von Ver-

---

1 BFH v. 23. 6. 2005 - VI R 10/03, BStBl 2005 II 770.
2 BFH v. 20. 5. 2010 - VI R 12/08, BStBl 2010 II 1069.
3 FG Rheinland-Pfalz v. 21. 7. 1987 - 2 K 29/87, EFG 1988, 123, rkr.
4 R 8.1 Abs. 6 Satz 6 LStR.
5 BFH v. 26. 5. 1993 - VI R 118/92, BStBl 1993 II 686.
6 BFH v. 2. 10. 1968 - VI R 64/68 U, BStBl 1969 II 73.
7 BFH v. 11. 5. 2011 - VI R 65/09, BStBl 2011 II 946.
8 R 8.1 Abs. 5 LStR.
9 BFH v. 8. 3. 2006 - IX R 76/01, BFH/NV 2006, 1810 = NWB DokID: OAAAB-91847.
10 H. M., z. B. *Eisgruber* in Kirchhof, § 19 EStG Rz. 78, „Zeugengebühr".
11 BMF v. 2. 3. 1990, BStBl 1990 I 141; bei Zinsdifferenzen bis zu 1 % aus Vereinfachung Eink. nach § 20 EStG.
12 BFH v. 31. 10. 1989 - VIII R 210/83, BStBl 1990 II 532.

sicherungen, Pensionszusage des ArbG, oder durch eine betriebliche Versorgungseinrichtung wie z. B. Pensions- und Unterstützungskassen). Zu unterscheiden ist, ob bereits die Beitragszahlungen oder erst die späteren Auszahlungen aus dem Versorgungssystem zu versteuern sind. Bereits die Beitragszahlungen führen zum Lohnzufluss, wenn dem ArbN ein unmittelbarer und unentziehbarer Rechtsanspruch auf Versorgungsleistungen zusteht, und zwar unabhängig davon, welches Deckungssystem vorliegt, ob der Versicherungsfall überhaupt eintritt und welche Leistungen der ArbN letztlich erhält.[1] Stehen dem ArbN hingegen noch keine eigenen Ansprüche zu, führen noch nicht die Beiträge des ArbG, sondern erst die späteren Versorgungsleistungen zum Zufluss, denn erst dann erhöht sich die wirtschaftliche Leistungsfähigkeit des ArbN.[2]

Die FinVerw schließt seit 2014 die Anwendung der 44-€-Freigrenze des § 8 Abs. 2 Satz 11 EStG sowie des § 37b EStG für Zukunftssicherungsleistungen aus.[3] Dies steht aber der Rspr. des BFH entgegen, der bei der ausschließlichen Gewährung von Versicherungsschutz Sachlohn annimmt.[4] Barlohn liegt allerdings dann vor, wenn die ArbN von ihrem ArbG arbeitsrechtlich einen (zweckgebundenen) Barzuschuss zur Bezahlung der Beiträge einer eigenen Versicherung beanspruchen können.[5] Zuwendungen zum Aufbau einer nicht kapitalgedeckten Altersversorgung durch eine Pensionskasse und Beiträge für eine Unfallversicherung können nach § 40b EStG pauschal versteuert werden. Zu prüfen wird auch immer sein, ob die Steuerbefreiung des § 3 Nr. 63 EStG (Aufbau einer kapitalgedeckten Versorgungszusage)[6] oder der Sonderausgabenabzug nach § 10a EStG (Riester-Beiträge und Riester-Zulagen) möglich ist.

Die späteren Versorgungsleistungen können je nachdem, wie die ursprünglichen Beiträge besteuert oder besonders gefördert wurden, Einkünfte aus nichtselbständiger Arbeit oder sonstige Einkünfte sein, die ggf. nur mit dem Ertragsanteil zu versteuern sind. Zu den Details siehe KKB/Eckardt, § 22 EStG Rz. 221 f. sowie einen umfangreichen Erlass der FinVerw.[7]

(*Einstweilen frei*) 372–380

3. Werbungskosten für ein aktives Dienstverhältnis

a) Allgemeines

Werbungskosten sind nach § 9 Abs. 1 Satz 1 EStG alle Aufwendungen, die der Erwerbung, Sicherung und Erhaltung der Einnahmen dienen. Übt ein ArbN ein aktives Dienstverhältnis aus, sind dies alle Aufwendungen, die durch diesen Beruf veranlasst sind.[8] Aufwendungen sind nach der Rspr. beruflich veranlasst, wenn sie objektiv mit dem Beruf zusammenhängen und im Regelfall subjektiv diese Tätigkeit fördern.[9] Die Aufwendungen müssen dabei nicht unmit-

---

1 St. Rspr., u. a. BFH v. 7. 5. 2009 - VI R 8/07, BStBl 2010 II 194.
2 BFH v. 29. 7. 2010 - VI R 39/09, BFH/NV 2010, 2296 = NWB DokID: RAAAD-53893.
3 BMF v. 10. 10. 2013, BStBl 2013 I 1301.
4 BFH v. 14. 4. 2011 - VI R 24/10, BStBl 2011 II 767; BFH v. 7.6.2018 - VI R 13/16 = NWB DokID: BAAAG-94181.
5 BFH v. 4.7.2018 - VI R 16/17 = NWB DokID: LAAAG-94182.
6 Vgl. hierzu BMF v. 25. 11. 2011, BStBl 2011 I 1250, zur Steuerfreiheit der Finanzierungsbeiträge der ArbN.
7 BMF v. 6.12.2017, BStBl 2018 I 147, Tz. 145 f.
8 R 9.1 Abs. 1 Satz 1 LStR.
9 BFH v. 28. 11. 1980 - VI R 193/77, BStBl 1981 II 368.

telbar bei der Berufsausübung entstanden sein, auch ein nur mittelbarer Zusammenhang ist ausreichend.[1] Eine für den WK-Abzug ausreichend enge Verknüpfung liegt jedenfalls dann vor, wenn Aufwendungen in einem wirtschaftlichen Zusammenhang mit der beruflichen Tätigkeit des ArbN stehen.[2] Hierfür ist wiederum die wertende Beurteilung des die betreffenden Aufwendungen auslösenden Moments und die Zuweisung dieses Besteuerungsgrundes zur einkommensteuerrechtlich relevanten Erwerbssphäre maßgebend. Dass die Aufwendungen lediglich die Folge eines beruflichen Vorgangs sind (abstrakter Kausalzusammenhang), rechtfertigt den WK-Abzug allein noch nicht.[3]

382 Bei der Prüfung, ob Aufwendungen eines ArbN als WK abziehbar sind, sind neben § 9 EStG insbes. auch die Abzugsbeschränkungen des § 4 Abs. 5 EStG (über § 9 Abs. 5 EStG auch für die Einkünfte aus nichtselbständiger Arbeit anwendbar) sowie die Abzugsverbote des § 12 EStG zu beachten. Soweit WK in unmittelbaren wirtschaftlichen Zusammenhang mit steuerfreien Einnahmen stehen, ist der WK-Abzug wegen § 3c EStG nicht möglich.[4]

383 Zu den grds. Ausführungen zum WK-Abzug vgl. die Kommentierung zu KKB/Weiss, § 9 EStG Rz. 26 f.

384 Im folgenden ABC sind Beispiele typischer Aufwendungen und Aufwendungsarten dargestellt, die ArbN im Zusammenhang mit einem Dienstverhältnis tragen.

385–395 *(Einstweilen frei)*

b) ABC der Werbungskosten für ein aktives Dienstverhältnis

396 ▶ **Angemessene Aufwendungen**
Nach § 9 Abs. 5 i. V. m. § 4 Abs. 5 Satz 1 Nr. 7 EStG sind Aufwendungen, die neben einem beruflichen Bezug auch die Lebensführung des ArbN berühren, nur dann als WK abziehbar, wenn diese nach der allgemeinen Verkehrsauffassung angemessen sind. Nach Auffassung der FinVerw ist der WK-Abzug erst dann zu versagen, wenn die Grenze der Angemessenheit erheblich überschritten wird, z. B. bei der Nutzung eines Privatflugzeugs für eine Dienstreise.[5] Nach der Rspr. hängt die Abzugsfähigkeit davon ab, ob ein ordentlicher und gewissenhafter ArbN angesichts der erwarteten Vorteile und Kosten die Aufwendungen ebenfalls getragen hätte.[6]

▶ **Arbeitsmittel**
Siehe KKB/Weiss, § 9 EStG Rz. 248 f.

▶ **Arbeitsrechtliche Streitigkeiten**
Aufwendungen des ArbN wie z. B. Prozess-, Verteidigungs- und Beratungskosten sowie Vergleichszahlungen bei arbeitsrechtlichen Streitigkeiten (z. B. als Folge einer Kündigung, eines Disziplinarverfahrens oder zur Abwehr von Schadensersatzansprüchen des ArbG) sind nach der Rspr. grds. WK.[7] Dies gilt jedoch nur, soweit diese Kosten nicht von einer

---

1 BFH v. 19. 3. 1982 - VI R 25/80, BStBl 1982 I 442.
2 BFH v. 1. 10. 1982 - VI R 192/79, BStBl 1983 II 17.
3 BFH v. 6. 5. 2010 - VI R 25/09, BStBl 2010 II 851.
4 BFH v. 23. 11. 2000 - VI R 93/98, BStBl 2001 II 199.
5 R 9.1 Abs. 1 Satz 3 LStR.
6 BFH v. 19.1.2017 - VI R 37/15, BStBl 2017 II 526; Kröller, NWB 2017, 2276 = NWB DokID: YAAAG-50156.
7 BFH v. 9. 2. 2012 - VI R 23/10, BStBl 2012 II 829.

evtl. vorhandenen Rechtsschutzversicherung übernommen werden.[1] Selbst bei Strafverteidigungskosten ist der WK-Abzug möglich, sofern die Tat in Ausübung des Berufs begangen und nicht durch private Gründe überlagert wurde.[2] Kosten für ein Wiederaufnahmeverfahren eines Beamten sind nicht bereits wegen der bei einem Beamten vorliegenden engen Verbindung zw. Straf- und Disziplinarverfahren beruflich veranlasst.[3] Siehe auch „Schadensersatz" und „Schmiergelder".

▶ **Arbeitssuche**
Kosten für die Suche eines neuen Arbeitsplatzes (z. B. für Fahrten zu Bewerbungsgesprächen,[4] Anzeigen, Bewerbungsmappen, Homepage mit berufsbezogenen Inhalten) sind WK, selbst wenn die Jobsuche letztlich vergeblich ist.

▶ **Arbeitszimmer**
Siehe KKB/Hallerbach, § 4 EStG Rz. 725 f.; KKB/Weiss, § 9 EStG Rz. 345 und „Heimarbeit".

▶ **Ausbildungskosten**
Siehe KKB/Weiss, § 9 EStG Rz. 360 f. und KKB/Wilhelm, § 10 EStG Rz. 106 f. Vgl. auch „Fortbildungskosten" und „Flugzeugführerschein".

▶ **BahnCard**
Die Kosten einer für Fahrten Wohnung – erste Tätigkeitsstätte erworbenen Bahncard sind grds. mit der Entfernungspauschale abgegolten. Wurde die BahnCard jedoch für eine Dienstreise erworben, können die (tatsächlichen) Kosten insoweit als WK abgezogen werden, als sie auch ohne BahnCard entstanden wären.[5]

▶ **Berufskleidung**
Aufwendungen können als WK abgezogen werden, wenn sie so gut wie ausschließlich beruflich veranlasst sind.[6] Eine private Nutzung muss also so gut wie ausgeschlossen sein.[7] Der WK-Abzug ist möglich bei Aufwendungen für Arbeitsschutzkleidung oder uniformartiger Kleidung,[8] nicht hingegen bei Aufwendungen für normale Schuhe[9] oder Unterwäsche,[10] Abendkleidern, schwarzen Hosen[11] oder einen Lodenmantel.[12] Auch außergewöhnlich hohe Aufwendungen für bürgerliche Kleidung und Kosmetika rechtfertigen keinen WK-Abzug.[13]
Ebenso wie die Aufwendungen für die typische Berufskleidung selbst können auch die Aufwendungen für deren Reinigung entweder in Höhe der tatsächlichen Kosten für die Reinigung in einem Reinigungsgeschäft oder in Höhe der (anteiligen) Kosten für die Rei-

---

1 BFH v. 4. 9. 1990 - IX B 10/90, BFH/NV 199, 164 = NWB DokID: LAAAB-31674.
2 BFH v. 17. 8. 2011 - VI R 75/10, BFH/NV 2011 2040 = NWB DokID: UAAAD-94376.
3 BFH v. 13. 12. 1994 - VIII R 34/93, BStBl 1995 II 457.
4 R 9.4 Satz 2 LStR.
5 OFD Hannover v. 16. 11. 1992, DStR 1993, 19.
6 R 9.1 Abs. 2 Satz 3 Nr. 1 LStR.
7 BFH v. 18. 4. 1991 - IV R 13/90, BStBl 1991 II 751.
8 R 3.31 Abs. 1 Satz 3 LStR.
9 FG Münster v. 1. 7. 2015 - 9 K 3675/14 E, rkr., NWB DokID: QAAAE-99629.
10 R 3.31 Abs. 1 Satz 4 LStR.
11 BFH v. 18. 4. 1991 - IV R 13/90, BStBl 1991 II 751.
12 BFH v. 19. 1. 1996 - VI R 73/94, BStBl 1996 II 202.
13 BFH v. 6. 7. 1989 - IV R 91-92/87, BStBl 1990 II 49.

nigung mit der privaten Waschmaschine, z. B. Wasser, Strom, Waschmittel, AfA, Reparaturen und Wartung, als WK abgezogen werden (Schätzung der anteiligen Kosten möglich).[1]

▶ **Berufskrankheit**
Krankheitskosten können nach st. Rspr. des BFH als WK abziehbar sein, wenn es sich um eine typische Berufskrankheit handelt oder die Krankheit eindeutig auf den Beruf zurückzuführen ist.[2] Der WK-Abzug wurde anerkannt für Kosten einer Lehrerin für stimmtherapeutische Übungen nach einer Stimmbandoperation[3] sowie für Kosten einer Berufsgeigerin für die Behandlung einer Schultergelenkskrankheit.[4] Der WK-Abzug wurde nicht anerkannt für Kosten eines Sportlehrers durch die Behandlung einer Gelenkarthrose,[5] für Kosten einer Kneipp-Kur,[6] für Anschaffungskosten eines Hörgeräts[7] oder einer Brille,[8] für Behandlungskosten bei Diabetes,[9] sowie für Aufwendungen für eine psychotherapeutische Behandlung ohne offenkundigen Zusammenhang mit der Berufstätigkeit.[10]

▶ **Berufsverband**
Zu Beiträgen an einen Berufsverband siehe KKB/Weiss, § 9 EStG Rz. 109 f.
Aufwendungen eines ArbN, die durch eine Teilnahme an einer Veranstaltung eines Berufsverbands anfallen, können WK nach § 9 Abs. 1 Satz 1 EStG sein, wenn die Inhalte der Veranstaltung konkreten Nutzen für die berufliche Tätigkeit des ArbN haben. Dies gilt insbesondere bei beruflichen Fortbildungsveranstaltungen,[11] nicht jedoch bei Veranstaltungen zur Vermittlung von Allgemeinwissen oder gesellschaftlichen Veranstaltungen.[12] Aufwendungen eines ArbN (z. B. Reisekosten) für eine (ehrenamtliche) Tätigkeit für die für ihn zuständige Gewerkschaft können WK sein, wenn diese Tätigkeit die Arbeitsbedingungen des ArbN fördert,[13] nicht jedoch, wenn keinerlei Zusammenhang mit der beruflichen Tätigkeit besteht.[14] Die Kosten eines ArbN für seine Tätigkeit in einem Wirtschaftsverband sind nicht als WK abziehbar, wenn die Tätigkeit mehr durch die allgemeinpolitischen Interessen des Klägers veranlasst ist und der Verband berufs- oder betriebsspezifische Belange von Gruppen verfolgt, denen der Steuerpflichtige selbst nicht angehört.[15] Ebenfalls nicht als WK abziehbar sind streikbedingte Aufwendungen.[16]

▶ **Beteiligung am Unternehmen des ArbG**
Eine Beteiligung des ArbN am Unternehmen des ArbG kann unterschiedlichsten betriebswirtschaftlichen sowie außersteuerlichen Zwecken dienen (aus Sicht des ArbG: Bindung

---

1 BFH v. 29. 6. 1993 - VI R 77/91, BStBl 1993 II 837.
2 BFH v. 11. 7. 2013 - VI R 37/12, BStBl 2013 II 815.
3 FG München v. 19. 10. 1993 - 12 K 3114/91, juris, rkr.
4 Sächsisches FG v. 26. 10. 2010 - 5 K 435/06, NWB DokID: OAAAD-57124, rkr.
5 FG Berlin v. 10. 6. 1991 - VIII 506/88, EFG 1992, 322, rkr.
6 BFH v. 17. 7. 1992 - VI R 96/88, BFH/NV 1993, 19 = NWB DokID: XAAAB-33452.
7 BFH v. 22. 4. 2003 - VI B 275/00, BFH/NV 2003, 1052 = NWB DokID: EAAAA-70792.
8 BFH v. 23. 10. 1992 - VI R 31/92, BStBl 1993 II 193.
9 BFH v. 9. 2. 1962 - VI 10/61 U, BStBl 1962 III 235.
10 BFH v. 9. 11. 2016 - VI R 36/13, BFH/NV 2016, 194 = NWB DokID: AAAAF-18892.
11 R 9.3 Abs. 2 LStR.
12 R 9.3 Abs. 1 LStR.
13 BFH v. 28. 11. 1980 - VI R 193/77, BStBl 1981 II 368.
14 BFH v. 25. 3. 1993 - VI R 14/90, BStBl 1993 II 559, betr. Aufwendungen für eine touristisch geprägte Auslandsreise; FG Nürnberg v. 15. 3. 1989 - V 137/88, EFG 1989, 565, betr. Studienreise ins Ausland, rkr.
15 BFH v. 2. 10. 1992 - VI R 11/90, BStBl 1993 II 53.
16 BFH v. 24. 10. 1990 - X R 161/88, BStBl 1991 II 337.

des ArbN an das Unternehmen, Motivation des ArbN, Verbesserung der Finanzierungssituation; aus Sicht des ArbN: Sicherung seines Arbeitsplatzes, Verbesserung der Karrierechancen).[1] Daneben ist eine Beteiligung aber im Regelfall mit Rechten als Anteilseigner bzw. Gesellschafter und zusätzlichen Einnahmen aus der Einkunftsquelle „Beteiligung" verbunden. Nur in Ausnahmefällen werden deshalb Beteiligungen eingegangen, die so gut wie ausschließlich durch das Dienstverhältnis veranlasst sind und den WK-Abzug ermöglichen.

Schuldzinsen für Darlehen zum Erwerb einer Beteiligung am Unternehmen des ArbG sind selbst dann keine WK bei den Einkünften aus nichtselbständiger Arbeit, wenn die Beteiligung eine arbeitsvertragliche Voraussetzung für die Erlangung einer höher dotierten Position ist. Denn der ArbN verfolgt im Regelfall vorrangig das Ziel, Gesellschafter zu werden und aus der eigenständigen Erwerbsquelle „Beteiligung" Einnahmen aus Kapitalvermögen zu erzielen.[2] Ein engerer Zusammenhang mit den Kapitaleinkünften liegt auch vor bei einem durch ein ArbG-Darlehen fremdfinanzierten Erwerb eines Genussrechts an einem mit dem ArbG verbundenen Unternehmen, auch wenn dies für das berufliche Fortkommen des ArbN vorteilhaft ist.[3]

Der Verlust einer GmbH-Beteiligung gehört auch nicht dann zu den WK des ArbN, wenn sowohl die Zeichnung der Anteile Voraussetzung für die Anstellung als auch der Verkauf der Beteiligung notwendig für die Weiterbeschäftigung beim ArbG-Unternehmen waren.[4] Gleiches gilt für vergebliche Aufwendungen zum Erwerb einer Beteiligung am Unternehmen des künftigen ArbG.[5] Der Verkauf einer Beteiligung am Unternehmen des ArbG unter dem gemeinen Wert anlässlich der Beendigung des Arbeitsverhältnisses führt im Regelfall nicht zu WK, da kein erheblicher Veranlassungszusammenhang mit den Einkünften aus nichtselbständiger Arbeit besteht.[6]

Der Verlust einer stillen Beteiligung am ArbG-Unternehmen kann hingegen als WK abziehbar sein, wenn die Beteiligung der Sicherung des Arbeitsplatzes diente. Anders als bei einer GmbH-Beteiligung soll bei einer stillen Beteiligung keine vorrangige gesellschaftsrechtliche Veranlassung angenommen werden.[7] Vgl. hierzu auch „Darlehen" und „Stützungsmaßnahmen".

▶ **Betriebsausflug**
Aufwendungen des ArbN sind keine WK, es sei denn, die Teilnahme ist für den ArbN verpflichtend.[8] Für den den Betriebsausflug organisierenden ArbN soll der WK-Abzug immer möglich sein.[9]

▶ **Betriebssport**
Da die Ausübung von Sport grds. zum Bereich der privaten Lebensführung gehört, ist der WK-Abzug nur in besonders gelagerten Fällen möglich.[10] Im Einzelfall kommt es darauf

---

1 Zu unterschiedlichen Möglichkeiten der Mitarbeiterbeteiligung aus betriebswirtschaftlicher Sicht, vgl. *Blunck*, BB 2015, 437.
2 BFH v. 5. 4. 2006 – IX R 111/00, BStBl 2006 II 654.
3 FG Hamburg v. 8. 3. 2002 – II 424/00, EFG 2002, 962, rkr.
4 BFH v. 12. 5. 1995 – VI R 64/94, BStBl 1995 II 644.
5 BFH v. 17.5.2017 – VI R 1/16, BStBl 2017 II 1073.
6 BFH v. 17. 9. 2009 – VI R 24/08, BStBl 2010 II 198.
7 FG Niedersachsen. v. 23. 2. 2011 – 9 K 45/08, EFG 2011, 1148, rkr.
8 FG Düsseldorf v. 12. 1. 2004 – 10 K 2335/00 E, EFG 2004, 645, rkr.
9 *Krüger* in Schmidt, § 19 EStG Rz. 110, „Betriebsausflug".
10 FG Rheinland-Pfalz v. 19. 6. 2009 – 5 K 2517/07, NWB DokID: CAAAD-29520, rkr.

an, ob ein so enger Zusammenhang mit der beruflichen Tätigkeit vorliegt, dass die privaten Motive überlagert werden. Aufwendungen eines Polizisten für Besuche im Fitnesscenter[1] oder für den Tennissport[2] sind keine WK. Der WK-Abzug wurde jedoch anerkannt, wenn die Tennisstunden eines Polizisten auf die Dienstzeit angerechnet wurden.[3] Durch einen Sportunfall im Rahmen einer betrieblichen Fortbildungsveranstaltung entstandene Folgekosten sind ebenfalls als WK abziehbar.[4]

▶ **Bewirtung**
Bewirtungskosten eines ArbN können WK nach § 9 Abs. 1 Satz 1 EStG sein, wenn ein sehr enger Zusammenhang mit dem Dienstverhältnis besteht. Dieser Zusammenhang wird vor allem durch den Anlass der Bewirtung bestimmt. Der WK-Abzug ist möglich bei Bewirtungen im Rahmen von rein beruflichen Veranstaltungen, wie z. B. Dienstbesprechungen oder Fortbildungsveranstaltungen.[5] Neben dem Anlass sind aber auch die weiteren Umstände der Bewirtung zu beachten. Für den WK-Abzug spricht, dass der ArbG die Bewirtung organisiert, die Gästeliste bestimmt und offiziell einlädt, dass die Bewirtung in den Räumlichkeiten des ArbG stattfindet und dass vor allem Personen aus dem beruflichen Umfeld des ArbN eingeladen werden.[6] Für die Anerkennung des WK-Abzugs spricht auch, dass der ArbN variabel vergütet wird,[7] zwingend notwendig ist dies allerdings nicht.[8] Nach früherer Rspr. war der WK-Abzug nicht möglich, wenn die Bewirtung Anlass eines persönlichen Ereignisses wie z. B. Geburtstag, Beförderung oder eine Amtseinführung war.[9]
Nach neuer Rspr. sollen Aufwendungen für eine Geburtstagsfeier eines ArbN trotz des privaten Anlasses als WK abziehbar sein.[10] Der BFH ließ den Abzug aber u. a. nur deshalb zu, weil die Feier in Abstimmung mit dem ArbG, in den Betriebsräumen und teilweise während der Arbeitszeit stattfand und sie in erster Linie dem kollegialen Miteinander und der Pflege des Betriebsklimas diente. Die Abzugsbeschränkung des § 4 Abs. 5 Satz 1 Nr. 2 EStG ist wegen § 9 Abs. 5 EStG auch bei den Einkünften aus nichtselbständiger Arbeit zu beachten. Sie gilt aber nur dann, wenn der ArbN selbst bewirtende Person ist,[11] nicht jedoch wenn der ArbN nur andere ArbN seines ArbG bewirtet.[12] Vgl. hierzu auch „Dienstjubiläum".

▶ **Darlehen**
Gewährt ein ArbN seinem ArbG aus beruflichen Gründen bewusst ein Darlehen, um seinen Arbeitsplatz zu sichern, ist ein etwaiger späterer Verlust der Darlehensforderung als WK abziehbar; auf die Fremdüblichkeit des vereinbarten Zinssatzes kommt es dabei

---

1 BFH v. 22. 5. 2007 - VI B 107/06, BFH/NV 2007, 1690 = NWB DokID: KAAAC-49666.
2 FG Münster v. 5. 10. 1993 - 11 K 2242/91 E, EFG 1994, 238, rkr.
3 FG Saarland v. 19. 3. 1991 - 1 K 55/91, EFG 1991, 377, rkr.
4 FG Rheinland-Pfalz v. 24. 10. 1989 - 2 K 98/87, EFG 1990, 226, rkr.
5 BFH v. 23. 3. 1984 - VI R 182/81, BStBl 1984 II 557.
6 BFH v. 11. 1. 2007 - VI R 52/03, BStBl 2007 II 317.
7 BFH v. 1. 2. 2007 - VI R 25/03, BStBl 2007 II 459.
8 BFH v. 24. 5. 2007 - VI R 78/04, BStBl 2007 II 721.
9 BFH v. 19. 2. 1993 - VI B 137/92, BStBl 1993 II 403.
10 BFH v. 10.11.2016 - VI R 7/16, BStBl 2017 II 409.
11 BFH v. 19. 6. 2008 - VI R 48/07, BStBl 2008 II 870.
12 BFH v. 19. 6. 2008 - VI R 33/07, BStBl 2009 II 11.

nicht an.[1] Der WK-Abzug wegen des Verlusts einer aus einer Gehaltsumwandlung entstandenen Darlehensforderung ist auch insoweit möglich, als ein ArbN ansonsten keine Entlohnung erhalten hätte, ohne seinen Arbeitsplatz zu gefährden; als Indiz, nicht jedoch als Voraussetzung für den WK-Abzug kann herangezogen werden, ob ein Dritter kein solches Darlehen mehr gewährt hätte.[2] Als weiteres Indiz spricht für den WK-Abzug, wenn die Höhe des gewährten Darlehens zu den künftigen Verdienstmöglichkeiten in einem angemessen Verhältnis steht.[3] Für den WK-Abzug ist unschädlich, dass der Darlehensbetrag nicht dem ArbG selbst, sondern dem alleinigen GesGf zufließt.[4] Der WK-Abzug ist auch dann zulässig, wenn ein GesGf dem ArbG ein Darlehen zunächst aus gesellschaftsrechtlichen Gründen gewährt, der spätere Verzicht auf die Darlehensforderung aber durch das Arbeitsverhältnis veranlasst ist.[5] Vgl. hierzu auch „Beteiligung am Unternehmen des ArbG" und „Stützungsmaßnahmen".

PRAXISHINWEIS:
Zum Nachweis der WK-Eigenschaft von Aufwendungen für Darlehen sollte im Zeitpunkt der Darlehenshingabe die finanzielle (Not-)Lage des ArbG-Unternehmens dokumentiert und der Zweck des Darlehens im Darlehensvertrag eindeutig dargestellt werden. Der ArbN trägt für den beabsichtigten WK-Abzug die Feststellungslast.

▶ **Dienstjubiläum**
Ein Dienstjubiläum ist nach aktueller Rspr. ein berufsbezogenes Ereignis, das die berufliche Veranlassung einer Feier anlässlich des Jubiläums indiziert. Folgende weitere Kriterien sprechen für eine berufliche Veranlassung einer Feier und den WK-Abzug: Auswahl der Gäste nach abstrakten berufsbezogenen Kriterien, maßvolle Kosten der Feier, Veranstaltungsort und -zeit mit beruflichem Charakter.[6] Dies gilt jedoch nicht bei einer Feier zur Erinnerung an die Priesterweihe, die keinen ausreichenden beruflichen Bezug hat.[7] Bei gemischt veranlassten Feiern ist es möglich, die Kosten in einen beruflich und einen privat veranlassten Teil aufzuteilen.[8] Vgl. hierzu auch „Bewirtung".

▶ **Dienstreisen**
Siehe „Reisekosten".

▶ **Doppelte Haushaltsführung**
Siehe KKB/Weiss, § 9 EStG Rz. 199 f.

▶ **Ehrenamt**
Aufwendungen für eine ehrenamtliche Tätigkeit können WK für eine andere (haupt-)berufliche Tätigkeit sein, wenn die ehrenamtliche Tätigkeit in enger Beziehung zum Beruf steht und für das berufliche Fortkommen förderlich ist.[9]

---

1 BFH v. 7.5.1993 - VI R 38/91, BStBl 1993 II 663.
2 BFH v. 10.4.2014 - VI R 57/13, BStBl 2014 II 850.
3 BFH v. 7.2.1997 - VI R 33/96, BFH/NV 1997, 400 = NWB DokID: GAAAB-39424.
4 BFH v. 7.2.2008 - VI R 75/06, BStBl 2010 II 48.
5 BFH v. 25.11.2010 - VI R 34/08, BStBl 2012 II 24.
6 BFH v. 20.1.2016 - VI R 24/15, BStBl 2016 II 744.
7 BFH v. 24.9.2013 - VI R 35/11, BFH/NV 2014, 500 = NWB DokID: YAAAE-54611.
8 BFH v. 8.7.2015 - VI R 46/14, BStBl 2015 II 1013.
9 FG Baden-Württemberg v. 3.2.1993 - 2 K 140/88, EFG 1993, 712, rkr.

▶ **Einbürgerungskosten**
sind auch dann keine WK, wenn die Einbürgerung eine berufliche Tätigkeit erst ermöglicht, da sie zu einem wesentlichen Teil auch die private Lebensführung des ArbN betrifft.[1]

▶ **Entgangene Einnahmen**
sind auch dann keine WK, wenn ein ArbN eine Zeit lang keine berufliche Tätigkeit ausgeübt und keine Einnahmen erzielt hat, um sich während dieser Zeit eine Arbeitsstelle zu suchen. Der WK-Abzug setzt vielmehr tatsächliche Aufwendungen voraus.[2]

▶ **Ersparte Aufwendungen**
Erhält ein ArbN Geld- bzw. Sachbezüge und erspart sich dadurch eigene berufliche Aufwendungen, ist in Höhe des Arbeitslohns grds. der WK-Abzug möglich.[3]

BEISPIELE: ▶ Der ArbG verzichtet auf eine gegenüber dem ArbN bestehende Schadensersatzforderung. Der ArbN erzielt in Höhe des Verzichts Arbeitslohn. Sofern die tatsächliche Begleichung der Schadensersatzforderung durch den ArbN zum WK-Abzug berechtigt hätte, liegen auch in diesem Fall WK vor.[4]

Ein Beamter ist ohne Dienstbezüge beurlaubt. Der neue ArbG zahlt den Versorgungszuschlag nach § 6 Abs. 1 Satz 2 Nr. 5 BeamtVG. Der ArbN erzielt Arbeitslohn in Höhe des Zuschlags, kann aber in gleicher Höhe WK geltend machen.[5]

▶ **Fachliteratur**
Siehe KKB/Weiss, § 9 EStG Rz. 256 „Bücher".

▶ **Fahrten Wohnung – erste Tätigkeitsstätte**
Vgl. KKB/Weiss, § 9 EStG Rz. 116 f.

▶ **Familienpflegezeitversicherung**
Die FinVerw erkennt Beiträge eines ArbN nach § 4 Abs. 1 FPfZG als WK an.[6]

▶ **Fehlgelder**
Sind WK, soweit diese vom ArbN übernommen werden.[7]

▶ **Flugzeugführerschein**
Die Ausbildung zum Verkehrsflugzeugführer steht grds. in einem engen Zusammenhang mit der angestrebten Tätigkeit als Pilot. Aufwendungen hierfür sind deshalb grds. WK nach § 9 Abs. 1 Satz 1 EStG.[8] Für Aufwendungen für die Ausbildung zum Privatflugzeugführer gilt dies nur, wenn diese Bestandteil und Voraussetzung für die Ausbildung zum Verkehrsflugzeugführer ist.[9]
Auch wenn diese Aufwendungen beruflich veranlasst und somit grds. WK sind, ist weiter zu beachten, ob § 9 Abs. 6 EStG den WK-Abzug ausschließt, da nach dem Willen des Gesetzgebers Aufwendungen für eine erstmalige Ausbildung nur im Rahmen eines Ausbil-

---

1 BFH v. 18. 5. 1984 - VI R 130/80, BStBl 1984 II 588.
2 BFH v. 15. 12. 1977 - VI R 102/75, BStBl 1978 II 216.
3 R 9.1 Abs. 4 Satz 2 LStR.
4 BFH v. 24. 5. 2007 - VI R 73/05, BStBl 2007 II 766.
5 BMF v. 22. 2. 1991, BStBl 1991 I 951.
6 BMF v. 23. 5. 2012, BStBl 2012 I 617, Tz. 4.
7 BFH v. 25. 5. 1962 - VI 162/60 S, BStBl 1962 III 286.
8 BFH v. 28. 7. 2011 - VI R 5/10, BStBl 2012 II 553.
9 BFH v. 27. 5. 2003 - VI R 85/02, BStBl 2005 II 202; BFH v. 30. 9. 2008 - VI R 4/07, BStBl 2009 II 111.

dungsdienstverhältnisses als WK abziehbar sein sollen. Der BFH geht wegen dieses gesetzlichen Ausschlusses des WK-Abzugs von einem Verstoß gegen Art. 3 Abs. 1 GG aus.[1] Vgl. hierzu KKB/Weiss, § 9 EStG Rz. 360 f. und KKB/Wilhelm, § 10 EStG Rz. 106 f.

PRAXISHINWEIS:

In vergleichbaren Fällen sollte im Einspruchsverfahren unter Verweis auf den Vorlagebeschl. des BFH Ruhen des Verfahrens nach § 363 Abs. 2 AO sowie ggf. AdV nach § 361 Abs. 2 AO beantragt werden. Vgl. hierzu das Musterschreiben in der NWB-Datenbank unter NWB DokID: RAAAE-14183. Gegebenenfalls kann die im Vergleich zur Festsetzungsverjährung längere Verlustfeststellungsverjährung genutzt werden.[2]

▶ **Fortbildungskosten**
Aufwendungen für die Fortbildung in einem bereits erlernten Beruf sind als WK abziehbar. Vgl. hierzu auch die Arbeitshilfe von *Langenkämper*[3] Das Gleiche gilt für Umschulungsmaßnahmen sowie für eine zweite bzw. weitere Berufsausbildung oder ein zweites bzw. weiteres Studium, sofern ein hinreichend konkreter, objektiv feststellbarer Zusammenhang mit späteren steuerpflichtigen Einnahmen aus dem neuen Beruf feststellbar ist.[4] Eine Fortbildung ist vor allem dann beruflich veranlasst, wenn die Lehrinhalte und ihre konkrete Anwendung auf die spezifische berufliche Tätigkeit des ArbN ausgerichtet sind.[5] Für einen beruflichen Zusammenhang sprechen auch die Durchführung der Maßnahme durch einen professionellen Veranstalter sowie ein homogener Teilnehmerkreis.[6] Unter den genannten Voraussetzungen ist auch der WK-Abzug für Aufwendungen eines Lehrers für Ski- oder Snowboardkurse möglich.[7] Der berufliche Zusammenhang ist beim Besuch einer allgemeinbildenden Schule (z. B. Fachoberschule) für den WK-Abzug nicht eng genug.[8] Zum Abzug der Aufwendungen für eine erste Ausbildung bzw. ein erstes Studium als WK s. KKB/Weiss, § 9 EStG Rz. 360 f., zum Abzug als Sonderausgaben s. KKB/Wilhelm, § 10 EStG Rz. 106 f.

▶ **Geldstrafen, -bußen- und -auflagen**
können grds. WK sein, wenn sie Folge schuldhafter Handlungen sind, die im Rahmen der beruflichen Aufgabenerfüllung des ArbN liegen.[9] Geldbußen sind jedoch nach § 9 Abs. 5 i. V. m. § 4 Abs. 5 Satz 1 Nr. 8 EStG nicht als WK abziehbar. Dazu gehören alle Sanktionen, die nach dem Recht der Bundesrepublik Deutschland als Geldbuße bezeichnet werden.[10] Geldstrafen und -auflagen sind nach § 12 Nr. 4 EStG nicht abziehbar, mit Ausnahme des Teils der Auflagen, der lediglich der Wiedergutmachung des durch die Tat verursachten Schadens dient. Ob dies der Fall ist, ist anhand des Inhalts des Gerichtsbeschlusses und der objektiven Gegebenheiten zu beurteilen.[11]

---

1 Vorlagebeschl. des BFH v. 17. 7. 2014 - VI R 2/12, BFH/NV 2014, 1954 = NWB DokID: SAAAE-78515.
2 BFH v. 7. 5. 2015 - IX R 22/14, BStBl 2015 II 829; *Yilmaz/Nunnekamp*, NWB 2015, 1832.
3 R 9.2 Satz 3 LStR; BMF v. 22. 9. 2010, BStBl 2010 I 721, Tz. 1; *Langenkämper*, NWB DokID: TAAAE-06347.
4 R 9.2 Satz 3, 4 LStR; BMF v. 22. 9. 2010, BStBl 2010 I 721, Tz. 1.
5 BFH v. 28. 8. 2008 - VI R 35/05, BStBl 2009 II 108, betr. Kurse für Führungskräfte zur Persönlichkeitsentfaltung.
6 BFH v. 28. 8. 2008 - VI R 44/04, BStBl 2009 II 106, betr. Kurs zur Verbesserung der Kommunikationsfähigkeit.
7 BFH v. 22. 6. 2006 - VI R 61/02, BStBl 2006 II 782.
8 BFH v. 22. 6. 2006 - VI R 5/04, BStBl 2006 II 717.
9 BFH v. 18. 10. 2007 - VI R 42/04, BStBl 2008 II 223.
10 BFH v. 22. 7. 2008 - VI R 47/06, BStBl 2009 II 151.
11 BFH v. 22. 7. 2008 - VI R 47/06, BStBl 2009 II 151; BFH v. 15. 1. 2009 - VI R 37/06, BStBl 2010 II 111.

▶ **Gemischte Aufwendungen**
Sind Aufwendungen teils beruflich und teils privat veranlasst und ist der berufliche Anteil nach objektiven Kriterien feststellbar, ist insoweit der WK-Abzug möglich.[1]

PRAXISHINWEIS:
Wegen der bei gemischten Aufwendungen besonders engen Verflechtung der beruflichen bzw. privaten Veranlassung ist es wichtig, rechtzeitig Beweisvorsorge zu treffen.[2]

Auch eine Aufteilung von Aufwendungen auf unterschiedliche Einkunftsarten ist möglich. Die Zuordnung ist grds. nach objektiven Kriterien dem Veranlassungszusammenhang folgend, hilfsweise aber auch durch Schätzung vorzunehmen.[3] Aufwendungen mindern grds. unabhängig von der Einkunftsart die zu versteuernden Einkünfte in gleicher Höhe. Eine mittelbare Auswirkung auf die Höhe des zu versteuernden Einkommens kann sich aber z. B. durch den zusätzlichen bzw. wegfallenden Ansatz des ArbN-Pauschbetrags nach § 9a Satz 1 Nr. 1a EStG oder die Anwendung des Härteausgleichs nach § 46 Abs. 3 EStG ergeben.
Die Aufteilung von Aufwendungen kann sich auch auf das zu versteuernde Einkommen und die Steuerlast des Stpfl. auswirken, wenn die Aufwendungen sowohl durch im Inland steuerpflichtige als auch durch im Inland nicht steuerpflichtige Einnahmen veranlasst sind. Die Zuordnung ist auch in diesen Fällen grds. nach dem Veranlassungsprinzip vorzunehmen. Falls keine eindeutige Zuordnung möglich ist, sind die Aufwendungen nach dem Verhältnis der steuerpflichtigen/nicht steuerpflichtigen zu den gesamten Einnahmen aufzuteilen.[4]

▶ **Geschenke**
Aufwendungen eines ArbN für persönliche Geschenke sind auch dann nicht als WK abziehbar, wenn sie im Rahmen einer dienstlichen Veranstaltung angefallen sind.[5] Aufwendungen eines ArbN für Kundengeschenke können aber WK sein, wenn er dadurch die Umsätze seines ArbG und damit auch sein erfolgsabhängiges Gehalt steigern kann.[6] Das Gehalt des ArbN muss aber nicht zwingend erfolgsabhängig sein, die berufliche Veranlassung kann sich auch aus anderen Umständen ergeben.[7] Wegen § 9 Abs. 5 i. V. m. § 4 Abs. 5 Satz 1 Nr. 1 EStG sind nur Geschenke mit AK/HK bis zu 35 € als WK abziehbar.

▶ **Haftung**
Haftet ein Vertreter nach § 69 AO[8] (z. B. der Geschäftsführer einer GmbH) für Ansprüche aus dem Steuerschuldverhältnis, sind seine Aufwendungen hierfür WK, wenn die Haftungsinanspruchnahme durch eine Pflichtverletzung während seiner Tätigkeit als Vertreter verursacht wurde und ein objektiver Zusammenhang zwischen Pflichtverletzung und der beruflichen Tätigkeit besteht.[9] Dies gilt auch für strafbare Handlungen[10] sowie bei

---

1 R 9.1 Abs. 2 Satz 3 Nr. 2 LStR; BFH v. 21. 9. 2009 - GrS 1/06, BStBl 2010 II 672.
2 BMF v. 6. 7. 2010, BStBl 2010 I 614, Tz. 1.
3 BFH v. 10. 6. 2008 - VIII R 76/05, BStBl 2008 II 937.
4 BFH v. 11. 2. 2009 - I R 25/08, BStBl 2010 II 536.
5 BFH v. 1. 7. 1994 - IV R 67/93, BStBl 1995 II 273.
6 BFH v. 13. 1. 1984 - VI R 194/80, BStBl 1984 II 315.
7 BFH v. 24. 5. 2007 - VI R 78/04, BStBl 2007 II 721.
8 Zu den Voraussetzungen der Haftung nach § 69 AO, vgl. *Bruschke*, BB 2017, 3040.
9 FG Sachsen-Anhalt v. 2. 7. 2013 - 4 K 1508/09, EFG 2013, 1651, rkr.
10 BFH v. 9. 12. 2003 - VI R 35/96, BStBl 2004 I 641.

einer Haftung für LSt-Beträge, auch soweit es sich um die eigene LSt des Geschäftsführers handelt.[1] Ist die Pflichtverletzung jedoch privat veranlasst, weil der ArbN sich selbst oder einen privaten Bekannten bereichern oder den ArbG bewusst schädigen wollte, liegen keine WK, sondern nicht abziehbare Kosten der privaten Lebensführung vor.[2] Bei einem GesGf kann die Haftungsinanspruchnahme auch zu nachträglichen AK seiner Beteiligung führen.[3]

▶ **Heimarbeit**
Aufwendungen, die unmittelbar durch die Heimarbeit veranlasst sind, wie Raumkosten (z. B. Miete, Finanzierungskosten, AfA, Grundsteuer, Heizung, Strom, Reinigung und Reparaturen) oder sonstige Aufwendungen (z. B. für Arbeitsmittel oder Transportfahrten), sind grds. WK, soweit sie nicht vom ArbG ersetzt werden. Zahlt der ArbG pauschale Heimarbeiterzuschläge,[4] ist der WK-Abzug nur möglich, soweit die Aufwendungen diese Zuschläge übersteigen.[5] Aufwendungen für Heimarbeit können auch vorweggenommene WK im Hinblick auf ein neues Arbeitsverhältnis sein.[6] Die Abzugsbeschränkung für ein häusliches Arbeitszimmer nach § 9 Abs. 5 i. V. m. § 4 Abs. 5 Satz 1 Nr. 6b EStG ist zu beachten. Vgl. hierzu KKB/Hallerbach, § 4 EStG Rz. 725 f.

PRAXISHINWEIS:
Wegen der besonderer Nähe der Heimarbeit zur privaten Lebensführung ist die berufliche Veranlassung derartiger Aufwendungen genau zu dokumentieren.

▶ **Kinderbetreuung**
Aufwendungen für die Betreuung[7] oder Ausbildung[8] der Kinder des ArbN sind keine WK, auch wenn auslösendes Moment hierfür die Ausübung eines bestimmten Berufes des ArbN ist. Diese Aufwendungen sind nach § 12 Nr. 1 Satz 2 EStG nicht abziehbare Kosten der privaten Lebensführung. Gegebenenfalls ist der Sonderausgabenabzug nach § 10 Abs. 1 Nr. 5 EStG möglich.

▶ **Kontoführungsgebühren**
sind WK, soweit sie durch beruflich veranlasste Gutschriften bzw. Zahlungen entstehen. Pauschal erhobene Gebühren sind aufteilbar.[9] Die FinVerw erkennt aus Vereinfachungsgründen ohne Nachweis 16 € pro Jahr als WK an.[10]

▶ **Kraftfahrzeugkosten**
Siehe KKB/Weiss, § 9 EStG Rz. 185 f.

▶ **Liebhaberei**
Der WK-Überschuss aus einer Tätigkeit, die ohne Überschusserzielungsabsicht ausgeübt wird, ist einkommensteuerrechtlich unbeachtlich.[11] In besonders gelagerten Fällen kann jedoch der WK-Überschuss aus einer nebenberuflichen Tätigkeit als WK bei der Haupt-

---

1 FG Niedersachsen v. 18. 3. 1993 - XI 264/88, EFG 1993, 713, rkr.
2 BFH v. 6. 2. 1981 - VI R 30/77, BStBl 1981 II 362.
3 BFH v. 21. 1. 2004 - VIII R 8/02, BFH/NV 2004, 947 = NWB DokID: MAAAB-20532.
4 Aus Vereinfachung bis zu 10 % des Grundgehalts steuerfrei, vgl. R 9.13 Abs. 2 LStR.
5 R 9.13 Abs. 1 LStR.
6 BFH v. 23. 5. 2006 - VI R21/03, BStBl 2006 II 600.
7 BFH v. 17. 7. 2000 - XI B 127/99, BFH/NV 2000, 1471 = NWB DokID: FAAAA-65074.
8 BFH v. 23. 11. 2000 - VI R 38/97, BStBl 2001 II 132.
9 BFH v. 9. 5. 1984 - VI R 63/80, BStBl 1984 II 560.
10 OFD Hannover v. 30. 4. 2002, NWB DokID: KAAAC-47725.
11 BFH v. 28. 8. 2008 - VI R 50/06, BStBl 2009 II 243.

tätigkeit berücksichtigt werden, wenn sich aus der Nebentätigkeit erhebliche Vorteile für die Haupttätigkeit ergeben und private Gründe so gut wie ausgeschlossen sind.[1]

▶ **Nachträgliche WK**
Auch Aufwendungen, die in einem Zeitpunkt anfallen, in dem kein Arbeitslohn mehr bezogen wird, können (nachträgliche) WK sein.[2]

▶ **Optionskosten**
Räumt ein ArbG seinem ArbN im Rahmen des Dienstverhältnisses Optionsrechte zum Erwerb von verbilligten Aktien ein, mindern Aufwendungen, die der ArbN in diesem Zusammenhang getragen hat, im Jahr der Verschaffung der Aktien den nach § 8 Abs. 2 Satz 1 EStG zu bewertenden geldwerten Vorteil.[3] Verfallen Optionsrechte, die zum Bezug verbilligter Aktien berechtigt hätten, sind die Aufwendungen im Jahr des Verfalls als vergebliche WK abziehbar.[4]

▶ **Pfarrer**
Typische Aufwendungen eines Pfarrers im Zusammenhang mit seinen Einkünften aus nichtselbständiger Arbeit sind: Lohnaufwendungen für eine Pfarrhaushälterin, soweit diese den Pfarrer bei seiner Berufstätigkeit unterstützt,[5] Aufwendungen für ein häusliches Arbeitszimmer[6] oder für eine Pilger- und Tertiatsfahrt, soweit diese berufliche (mit-)veranlasst ist.[7] Aufwendungen eines pensionierten Pfarrers sind grds. nicht als WK abziehbar (u. U. Anerkennung im Billigkeitswege nach § 163 AO).[8] Der WK-Abzug soll aber dann möglich sein, wenn dem pensionierten Pfarrer ein besonderes kirchliches Amt oder eine besondere Aufgabe zugewiesen wurde.[9]

▶ **Reinigungskosten**
Siehe KKB/Weiss, § 9 EStG Rz. 253 und „Berufskleidung".

▶ **Reisekosten**
Dazu gehören Fahrtkosten (§ 9 Abs. 1 Satz 3 Nr. 4a EStG), Verpflegungsmehraufwendungen (§ 9 Abs. 4a EStG), Übernachtungskosten (§ 9 Abs. 1 Satz 3 Nr. 5a EStG) und Reisenebenkosten, soweit diese durch eine beruflich veranlasste Auswärtstätigkeit i. S. d. § 9 Abs. 4a EStG entstehen.[10] Eine solche Auswärtstätigkeit liegt vor, wenn ein ArbN außerhalb seiner Wohnung, die den Mittelpunkt seiner privaten Lebensinteressen bildet, und im Falle einer doppelten Haushaltsführung außerhalb seiner Unterkunft am Ort der ersten Tätigkeitsstätte und außerhalb der ersten Tätigkeitsstätte i. S. d. § 9 Abs. 4 EStG[11] aus beruflichem Anlass tätig wird (vgl. 9 Abs. 4a Satz 2 und 4 EStG). Ob sich ein ArbN auf Aus-

---

1 BFH v. 22. 7. 1993 - VI R 122/92, BStBl 1994 II 510.
2 BFH v. 14. 10. 1960 - VI 45/60 U, BStBl 1961 III 20.
3 BFH v. 20. 6. 2001 - VI R 105/99, BStBl 2001 II 689.
4 BFH v. 3. 5. 2007 - VI R 36/05, BStBl 2007 II 647.
5 FG München v. 19. 2. 1998 - 10 K 156/93, EFG 1998, 937, rkr.
6 BFH v. 26. 2. 2014 - VI R 11/12, BStBl 2014 II 674.
7 BFH v. 9. 12. 2010 - VI R 42/09, BStBl 2011 II 522.
8 Sächsisches FG v. 25. 7. 2012 - 8 K 2495/07, NWB DokID: VAAAE-16143, rkr.
9 FG Niedersachsen v. 8. 6. 1993 - III 211/91, EFG 1994, 141, rkr.
10 R 9.4 Satz 1 LStR.
11 Zur Frage, welche Tätigkeitsstätte des ArbN die erste Tätigkeitsstätte i. S. d. § 9 Abs. 4 EStG ist, s. KKB/Weiss, § 9 EStG Rz. 125 f.; BMF v. 24. 10. 2014, BStBl 2014 I 1412 sowie Seifert, Steuerliches Reisekostenrecht: Aktuelles zur ersten Tätigkeitsstätte, StuB 2014, 355.

wärtstätigkeit befindet oder nicht, hat maßgebliche Bedeutung für die Art und Höhe der abziehbaren WK: Im Rahmen einer Auswärtstätigkeit können die o. g. Kostenarten als WK abgezogen werden. Arbeitet der ArbN hingegen in seiner ersten Tätigkeitsstätte, sind grds. nur die Fahrtkosten zu dieser Tätigkeitsstätte nach den Grundsätzen der Entfernungspauschale als WK abziehbar.[1]

Eine Auswärtstätigkeit ist beruflich veranlasst, wenn der ArbN dort typische berufliche Tätigkeiten ausübt, z. B. Arbeiten auf einer Baustelle, Besuch von Kunden, Teilnahme an einem Fachkongress oder das Halten eines Vortrags. Auch ein Lehrer auf Klassenfahrt ist z. B. auswärts tätig.[2]

Ist bei einer Reise hingegen zweifelhaft, ob bzw. zu welchen Teilen diese unmittelbar beruflichen Zwecken dient, kommt es vor allem auf die Inhalte und den Zweck der Reise an. So ist bei einer Fortbildungsreise entscheidend, ob das Programm der Reise konkreten Bezug zur beruflichen Tätigkeit hat.[3] Für den Zusammenhang mit dem Beruf sprechen auch eine fachliche Organisation der Reise und ein homogener Teilnehmerkreis.[4] Ein beruflicher Zusammenhang dürfte auf jeden Fall gegeben sein, wenn der ArbN von seinem ArbG verpflichtet wird, an einer bestimmten Reise teilzunehmen.[5] Bei privat mitveranlassten Reisen ist eine Aufteilung der Kosten (ggf. durch Schätzung) möglich. Insbesondere die Aufwendungen für die Hin- und Rückreise können entsprechend der beruflich und privat veranlassten Zeitanteile der Reise aufgeteilt werden.[6] Die FinVerw fordert für die berufliche Veranlassung und die beruflich veranlassten Anteile der Reise genaue Nachweise (Zweck, Dauer und zurückgelegte Wegstrecken; geltend gemachte Ausgaben).[7] Soweit Reisekosten nach § 3 Nr. 13 oder § 3 Nr. 16 EStG vom ArbG steuerfrei ersetzt werden, sind die WK nach § 3c EStG nicht abziehbar. Dies gilt nach dem Belastungsprinzip auch dann, wenn die Reisekostenerstattung erst in einem späteren VZ zufließt.[8]

Vgl. hierzu ausführlich KKB/Nacke, § 3 EStG Rz. 123 f. und Rz. 140 f. und KKB/Weiss, § 9 EStG Rz. 185 und 305.

▶ **Schadensersatz**

Aufwendungen für Schadensersatzleistungen können als WK abgezogen werden, wenn sie in einem objektiven Zusammenhang mit der Erfüllung der Berufspflichten des ArbN stehen. Werden die Aufwendungen jedoch aus privaten Gründen getragen, da der ArbN sich oder ihm nahestehende Personen bereichern oder den ArbG bewusst schädigen wollte, sind die Aufwendungen nicht als WK abziehbar.[9] Die Schwere der Schuld ist dabei nicht entscheidend.[10] Siehe auch „Arbeitsrechtliche Streitigkeiten" und „Haftung".

---

1 Abgeltungswirkung ist verfassungsgemäß, BFH v. 15.11.2016 - VI R 4/15, BStBl 2017 II 228 (Verfassungsbeschwerde wurde nicht angenommen, BVerfG v. 7.7.2017, BvR 308/17).
2 BFH v. 6.12.1991 - VI R 28/91, BFH/NV 1992, 585 = NWB DokID: KAAAB-32617.
3 BFH v. 19.1.2012 - VI R 3/11, BStBl 2012 II 416.
4 BFH v. 19.1.2012 - VI R 3/11, BStBl 2012 II 416.
5 BFH v. 9.12.2010 - VI R 42/09, BStBl 2011 II 522.
6 BFH v. 21.9.2009 - GrS 1/06, BStBl 2010 II 672; vgl. hierzu auch „Gemischte Aufwendungen".
7 R 9.4 Satz 3 bis 5 LStR.
8 BFH v. 20.9.2006 - I R 59/05, BStBl 2007 II 756.
9 BFH v. 3.5.1985 - VI R 103/82, BFH/NV 1986, 392 = NWB DokID: YAAAB-28470; BFH v. 18.9.1987 - VI R 121/84, BFH/NV 1988, 353 = NWB DokID: LAAAB-30462; BFH v. 20.10.2016 - VI R 27/15, BStBl 2018 II 441.
10 BFH v. 6.2.1981 - VI R 30/77, BStBl 1981 II 362.

▶ **Schmiergelder**
Können WK sein, wenn sie durch die berufliche Tätigkeit veranlasst und nicht auf private, in der Person des Klägers liegende Gründe zurückzuführen sind.[1] Gegebenenfalls kommt das (seit 21.10.1995 geltende) Abzugsverbot des § 4 Abs. 5 Satz 1 Nr. 10 EStG zum Tragen (über § 9 Abs. 5 EStG anwendbar).

▶ **Sicherheitsmaßnahmen**
Zum Schutz der Person des ArbN und dessen Familienmitglieder sind keine WK, da diese wesentlich auch die private Lebensführung berühren.[2] Der WK-Abzug ist deshalb selbst dann nicht möglich, wenn der ArbG die Vornahme der Sicherheitsmaßnahmen von seinem ArbN verlangt und einen Kostenanteil übernimmt,[3] oder die Wohnung in einem Ort mit hohem Verbrechensdurchschnitt liegt.[4] Der WK-Abzug könnte aber in Betracht kommen, wenn eine konkrete mit dem Beruf des Klägers zusammenhängende Gefährdung besteht und der ArbN die Aufwendungen selbst tragen muss (z. B. Sicherheitsmaßnahmen im Büro oder im Rahmen einer Auswärtstätigkeit).

▶ **Sprachkurs**
Aufwendungen für einen Deutschkurs sind auch bei beruflichem Nutzen keine WK, da die Sprachkenntnisse auch die private Lebensführung maßgeblich erleichtern.[5] Aufwendungen für einen Fremdsprachenkurs (Grundkenntnisse und/oder Fachsprache) können aber als WK abgezogen werden, wenn ein konkreter Bedarf für den Beruf besteht.[6] Bei einem Intensivsprachkurs im Ausland kommt der WK-Abzug für die im Zusammenhang mit dem Kurs angefallenen Reisekosten nur in Betracht, wenn private touristische Interessen eindeutig im Hintergrund stehen.[7] Die Reisekosten können aber auch aufgeteilt werden.[8] Der WK-Abzug kann jedenfalls nicht allein deshalb versagt werden, weil er in einem anderen Staat der EU,[9] des EWR oder in der Schweiz[10] stattfindet. Der WK-Abzug ist auch bei Sprachkursen in Drittländern möglich.[11]

▶ **Studienkosten**
Siehe KKB/Weiss, § 9 EStG Rz. 360 f. und KKB/Wilhelm, § 10 EStG Rz. 106 f. und „Fortbildungskosten".

▶ **Stützungsmaßnahmen**
Wie die Aufwendungen aus Maßnahmen des ArbN zur finanziellen Unterstützung seines ArbG, wie z. B. die Übernahme einer Bürgschaft, ein Forderungsverzicht oder die Gewährung eines Zuschusses steuerlich zu behandeln sind, hängt wesentlich davon ab, aus welchem Grund diese Maßnahme erfolgt. Diese Stützungsmaßnahmen werden vor allem von ArbN durchgeführt, die am ArbG-Unternehmen ein besonderes (über das übliche Maß hinausgehendes) Interesse haben, z. B. weil sie am ArbG-Unternehmen beteiligt

---

1 BFH v. 18.5.1990 - VI R 67/86, BFH/NV 1991, 151 = NWB DokID: HAAAB-32001.
2 BMF v. 6.7.2010, BStBl 2010 I 614; BFH v. 5.4.2006 - IX R 109/00, BStBl 2006 II 541.
3 FG Baden-Württemberg v. 19.8.1992 - 2 K 319/88, EFG 1993, 72, rkr.
4 FG München v. 7.10.2008 - 6 K 3433/07, NWB DokID: PAAAD-02864, rkr.
5 BFH v. 15.3.2007 - VI R 14/04, BStBl 2007 II 814.
6 BFH v. 10.4.2002 - VI R 46/01, BStBl 2002 II 579.
7 BFH v. 31.7.1980 - IV R 153/79, BStBl 1980 II 746.
8 BFH v. 24.2.2011 - VI R 12/10, BStBl 2011 II 796.
9 BFH v. 13.6.2002 - VI R 168/00, BStBl 2003 II 765.
10 BMF v. 26.9.2003, BStBl 2003 I 447.
11 BFH v. 24.2.2011 - VI R 12/10, BStBl 2011 II 796, betr. Sprachkurs in Südafrika.

sind. Ob der WK-Abzug möglich ist, hängt also davon ab, ob ein Zusammenhang mit dem Dienstverhältnis vorliegt und ob dieser Zusammenhang die Veranlassung durch andere Einkunftsarten wie die Einkünfte aus Kapitalvermögen nach § 20 EStG oder die Einkünfte aus der Veräußerung einer wesentlichen Beteiligung nach § 17 EStG verdrängt. Ein Zuschuss des GesGf führt i. d. R. zu einer verdeckten Einlage und nachträglichen Anschaffungskosten seiner Beteiligung, nicht hingegen zu WK bei den Einkünften aus nichtselbständiger Arbeit.[1] Je niedriger die Beteiligung am ArbG-Unternehmen ist, umso eher kann ein vorrangiger Zusammenhang mit dem Dienstverhältnis bestehen; eine genaue Beteiligungsquote, die für oder gegen einen Zusammenhang mit dem Dienstverhältnis spricht, wurde von der Rspr. bislang allerdings nicht vorgegeben.[2] Aufwendungen für eine Bürgschaft sind jedenfalls dann als WK abziehbar, wenn zwar eine Beteiligung am ArbG-Unternehmen geplant war, aber nicht zustande kam und damit eine Berücksichtigung im Rahmen des § 17 EStG nicht möglich ist.[3] Vgl. hierzu auch „Beteiligung am Unternehmen des ArbG" und „Darlehen".

▶ **Telekommunikationsaufwendungen**
Nachweisbar beruflich veranlasster Aufwand ist als WK abziehbar. Die FinVerw lässt hierfür vereinfachte Nachweise bzw. einen pauschalen WK-Abzug zu.[4]

▶ **Übernachtungskosten**
Zu Übernachtungskosten im Rahmen von Auswärtstätigkeiten s. „Reisekosten" und KKB/Weiss, § 9 EStG Rz. 231 f. Auch Kosten für gelegentliche Hotelübernachtungen am Ort der ersten Tätigkeitsstätte können WK sein, wenn sie beruflich veranlasst sind.[5] Dies könnte z. B. der Fall sein, wenn die Übernachtung notwendig ist, um die Dienstzeiten überhaupt einhalten zu können.

▶ **Umzugskosten**
Sind WK nach § 9 Abs. 1 Satz 1 EStG, wenn und soweit sie durch einen beruflich veranlassten Wohnungswechsel entstehen.[6] Ein Umzug ist beruflich veranlasst, wenn die berufliche Tätigkeit des ArbN den entscheidenden Grund für den Umzug darstellt und private Gründe nur eine ganz untergeordnete Rolle spielen. Ein für den WK-Abzug ausreichender beruflicher Zusammenhang liegt vor, wenn erstmals eine Arbeitsstelle angetreten, der ArbG oder der Arbeitsplatz gewechselt wird,[7] sich die Entfernung zwischen Wohnung und Arbeitsstätte erheblich verkürzt (auch ohne Arbeitsplatz- oder Arbeitgeberwechsel, wobei eine Fahrzeitersparnis von täglich[8] insgesamt einer Stunde als ausreichend angesehen wird,[9] oder wenn die Arbeitsstätte nach dem Umzug zu Fuß erreichbar ist,[10] nicht hingegen bei einer Zeitersparnis von nur 20 Minuten,[11]), aus überwiegenden

---

1 BFH v. 26. 11. 1993 - VI R 3/92, BStBl 1994 II 242.
2 FG Münster v. 19. 10. 1999 - 2 K 6754/97 E, EFG 2000, 554, mit umfangreicher Rechtsprechungsübersicht zur Beteiligungsquote, rkr.
3 BFH v. 16. 11. 2011 - VI R 97/10, BStBl 2012 II 343.
4 Im Einzelnen s. R 9.1 Abs. 5 LStR.
5 BFH v. 5. 8. 2004 - VI R 40/03, BStBl 2004 II 1074.
6 R 9.9 Abs. 1 LStR.
7 H 9.9 „Berufliche Veranlassung" LStH.
8 Nicht bei nur seltenen Fahrten Wohnung – erste Tätigkeitsstätte, BFH v. 7. 5. 2015 - VI R 73/13, HFR 2015, 1025 = NWB DokID: EAAAF-01949.
9 BFH v. 6. 11. 1986 - VI R 106/85, BStBl 1987 II 81.
10 FG Köln v. 24. 2. 2016 - 3 K 3502/13, EFG 2016, 991, rkr.
11 BFH v. 16. 10. 1992 - VI R 132/88, BStBl 1993 II 610.

betrieblichen Gründen eine Dienstwohnung bezogen oder geräumt wird[1] oder der ArbN seinen Lebensmittelpunkt vom bisherigen Wohnort an den Beschäftigungsort verlagert und dadurch eine doppelte Haushaltsführung beendet.[2] Liegen eindeutige berufliche Gründe für den Umzug vor, so treten private Begleitumstände wie z. B. eine Heirat und ein größerer Platzbedarf wegen der Geburt eines Kindes[3] oder der Umzug von einer Mietwohnung in eine Eigentumswohnung[4] regelmäßig in den Hintergrund. Eine berufliche Veranlassung vorausgesetzt, können auch vergebliche Umzugskosten WK sein.[5]

Beruflich veranlasste Umzugskosten sind mangels anderslautender gesetzlicher Regelung grds. in tatsächlicher Höhe als WK abziehbar, soweit sie vom ArbG nicht steuerfrei erstattet werden.[6] Bis zur Höhe der nach dem Bundesumzugskostengesetz (BUKG) oder der Auslandsumzugskostenverordnung (AUV) vom ArbG zu zahlenden Umzugskostenvergütungen (mit Ausnahme der Ausstattungs- und Einrichtungspauschale bei Auslandsumzügen sowie der Auslagen für die Anschaffung einer eigenen Wohnung) überprüft die FinVerw die erklärten WK grds. nicht.[7] Werden über diese Pauschalen hinaus Aufwendungen geltend gemacht, kommt es bei den einzelnen Kosten darauf an, ob sie jeweils nahezu ausschließlich beruflich veranlasst sind. Typische WK sind umzugsbedingte Unterrichtskosten für die Kinder und sonstige Umzugsauslagen,[8] Transportkosten, eine Mietausfallentschädigung,[9] Maklerkosten für die Vermittlung einer neuen Mietwohnung[10] sowie (zeitlich begrenzt) doppelte Mietzahlungen.[11] Nicht als WK abziehbar sind hingegen die Aufwendungen für klimabedingte Kleidung,[12] die AK/HK bei einem Wohnungs- bzw. Hauskauf (neben dem eigentlichen Kaufpreis auch Nebenkosten wie Makler-, Grundbuch- und Notariatskosten sowie die Grunderwerbsteuer), da diese die private Vermögensebene berühren,[13] entgangene Einnahmen durch einen Mietausfall,[14] Aufwendungen durch den Verkauf einer eigenen Wohnung,[15] ein Veräußerungsverlust[16] sowie Kosten für die Renovierung und Ausstattung einer neuen Wohnung.[17]

Vgl. hierzu auch die Berechnungsvorlage „Umzugskosten" in der NWB-Datenbank.[18]

▶ **Unfallkosten**
Siehe „Vermögensverluste" und KKB/Weiss, § 9 EStG Rz. 163.

---

1 BFH v. 28. 4. 1988 - IV R 42/86, BStBl 1988 II 777.
2 BFH v. 21. 7. 1989 - VI R 129/86, BStBl 1989 II 917.
3 BFH v. 23. 3. 2001 - VI R 189/97, BStBl 2002 II 56.
4 FG Köln v. 24. 2. 2016 - 3 K 3502/13, EFG 2016, 991, rkr.
5 BFH v. 24. 5. 2000 - VI R 17/96, BStBl 2000 II 584.
6 R 9.9 Abs. 2 Satz 5 LStR.
7 R 9.9 Abs. 2 Satz 2 LStR.
8 BMF v. 21.9.2018, BStBl 2018 I 1027.
9 BFH v. 1. 12. 1993 - I R 61/93, BStBl 1994 II 323.
10 BFH v. 24. 5. 2000 - VI R 188/97, BStBl 2000 II 586.
11 BFH v. 13. 7. 2011 - VI R 2/11, BStBl 2012 II 104.
12 BFH v. 27. 5. 1994 - VI R 67/92, BStBl 1995 II 17.
13 BFH v. 15. 11. 1991 - VI R 36/89, BStBl 1992 II 492.
14 BFH v. 19. 4. 2012 - VI R 25/10, BStBl 2013 II 699.
15 BFH v. 24. 5. 2000 - VI R 147/99, BStBl 2000 II 476.
16 BFH v. 24. 5. 2000 - VI R 28/97, BStBl 2000 II 474.
17 BFH v. 17. 12. 2002 - VI R 188/98, BStBl 2003 II 314.
18 NWB DokID: BAAAE-55297.

▶ **Unterarbeitsverhältnisse**
Aufwendungen für Unterarbeitsverhältnisse können grds. WK sein. Bei Arbeitsverhältnissen mit nahen Angehörigen ist jedoch zu prüfen, ob sie rechtswirksam vereinbart wurden, tatsächlich vereinbarungsgemäß durchgeführt und fremdüblich sind.[1] Bei der Prüfung der Fremdüblichkeit ist besonders zu berücksichtigen, dass im Regelfall der ArbG deshalb die notwendigen Maßnahmen ergreift und etwaige Kosten trägt, die zur Erledigung betrieblicher Aufgaben anfallen.[2]

▶ **Vermögensverluste**
Entsteht einem ArbN während oder als Folge der beruflichen Tätigkeit ein Vermögensverlust durch Beschädigung, Zerstörung oder Diebstahl eines persönlichen oder beruflich genutzten Gegenstands, kann der WK-Abzug in Betracht kommen. Der WK-Abzug ist z. B. möglich, wenn einem ArbN während einer Dienstreise Gegenstände seines für die Durchführung der Dienstreise notwendigen[3] persönlichen Gepäcks trotz Sicherheitsvorkehrungen gestohlen werden[4] oder wenn der ArbN während einer Dienstreise oder einer Fahrt von der Wohnung zur ersten Tätigkeitsstätte mit dem privaten Pkw einen Unfall erleidet (jedoch begrenzt auf die Höhe des fiktiven Restbuchwerts des Pkw).[5] Zur Behandlung von Unfallkosten im Rahmen der Entfernungspauschale s. KKB/Weiss, § 9 EStG Rz. 163. Bei einem Schaden auf einer Dienstreise muss das Schadensereignis zudem eine typische Reisegefahr darstellen. Beim Verlust von Bargeld, das für eine Dienstreise notwendig ist, gelten die gleichen Grundsätze.[6]

PRAXISHINWEIS:
Wegen der Missbrauchsanfälligkeit des WK-Abzugs in diesem Bereich fordert die Rspr. und erst recht die FinVerw ein hohes Beweismaß (z. B. polizeiliche Anzeige bei einem Diebstahl, geltend machen von Schadensersatzansprüchen).[7]

▶ **Vergebliche Aufwendungen**
können bei einem zumindest mittelbaren beruflichen Zusammenhang WK sein.[8]

▶ **Verpflegungsmehraufwendungen**
Siehe „Reisekosten" und KKB/Weiss, § 9 EStG Rz. 305 f.

▶ **Vertragsstrafen**
Die Aufwendungen für eine Vertragsstrafe wegen frühzeitigem Ausscheiden aus einem Dienstverhältnis sind als WK (oder BA) abziehbar, da ein wirtschaftlicher Zusammenhang mit den bislang erzielten Einkünften aus nichtselbständiger Arbeit (oder den künftig zu erzielenden selbständigen Einkünften vorliegt).[9] In einem weiteren Urteilsfall wurde ein vorrangiger wirtschaftlicher Zusammenhang mit der künftigen Einkunftsart angenom-

---

1 BFH v. 6. 3. 1995 - VI R 86/94, BStBl 1995 II 394, betr. Unterrichtsvorbereitung einer Lehrerin durch Tochter.
2 BFH v. 22. 11. 1996 - VI R 20/94, BStBl 1997 II 187, betr. Anstellung der Ehefrau für geringfügige Hilfeleistungen und ehrenamtliche Tätigkeiten.
3 FG München v. 7. 7. 1999 - 1 K 3088/98, EFG 1999, 1216, betr. Mitnahme von teurem Schmuck, nicht notwendig, rkr.
4 BFH v. 30. 6. 1995 - VI R 26/95, BStBl 1995 II 744, betr. Diebstahl von Gegenständen aus dem Auto während Auslandsdienstreise.
5 BFH v. 21. 8. 2012 - VIII R 33/09, BStBl 2013 II 171.
6 *Krüger* in Schmidt, § 9 EStG Rz. 81.
7 BFH v. 30. 11. 1993 - VI R 21/92, BStBl 1994 II 256.
8 FG Düsseldorf v. 26. 11. 2001 - 16 K 1370/98 E, EFG 2002, 187, betr. Buchführungs-, Rechts- und Beratungskosten sowie USt- und GewSt-Zahlungen für eine nichtselbständige Tätigkeit, rkr.
9 BFH v. 22. 6. 2006 - VI R 5/03, BStBl 2007 II 4.

men.[1] Der WK-Abzug ist auch möglich bei Vertragsstrafen für die Verletzung eines Konkurrenzverbotes oder wegen Nichtantritts einer Tätigkeit.[2]

▶ **Vorweggenommene WK**
Aufwendungen, die für ein künftiges Dienstverhältnis getätigt werden, können als vorweggenommene WK abgezogen werden. Zwischen den Aufwendungen und einer angestrebten Einkunftsart muss jedoch eine klar erkennbare Beziehung bestehen.[3] Dazu müssen die durchgeführten Vorbereitungstätigkeiten im Einzelnen konkretisiert werden, die bloße Behauptung, dass bestimmte Aufwendungen aus beruflichem Anlass entstanden seien, reicht nicht aus.[4] Sofern sich aus vorweggenommenen WK negative Einkünfte ergeben, die bei der Ermittlung des Gesamtbetrags der Einkünfte nicht ausgeglichen werden, kommt es zum Verlustabzug nach § 10d EStG.

PRAXISHINWEIS:
Wegen der zeitlichen Divergenz zwischen vorweggenommenen WK und den späteren Einnahmen sowie des von der Rspr. geforderten sehr deutlichen Zusammenhangs empfiehlt sich eine frühzeitige und ausführliche Dokumentation, für welchen Zweck Aufwendungen getätigt werden.

▶ **Wohnungskosten**
Siehe KKB/Löbe, § 12 EStG Rz. 17 sowie „Umzugskosten".

397–400 *(Einstweilen frei)*

II. Zuwendungen anlässlich von Betriebsveranstaltungen (§ 19 Abs. 1 Satz 1 Nr. 1a EStG)

401 Ob und inwieweit Zuwendungen aus Anlass von Betriebsveranstaltungen zu Arbeitslohn führen, ist **mit Wirkung vom 1.1.2015 erstmals gesetzlich geregelt**.[5] Demnach führen Zuwendungen aus Anlass einer Betriebsveranstaltung grds. zu Arbeitslohn. Dies gilt nicht für Zuwendungen bis zu 110 € je Betriebsveranstaltung und je teilnehmenden ArbN und für bis zu zwei Betriebsveranstaltungen jährlich. Soweit Arbeitslohn nach § 19 Abs. 1 Satz 1 Nr. 1a EStG zu versteuern ist, kann dieser nach § 40 Abs. 2 Satz 1 Nr. 2 EStG mit 25 % pauschal versteuert werden.

402 Bis einschl. VZ 2014 wurden die steuerlichen Grundsätze der Behandlung von Betriebsveranstaltungen vor allem durch die Rspr. und den der Rspr. weitgehend folgenden LStR geprägt. R 19.5 LStR soll nach Auffassung der FinVerw nur noch für das Jahr 2014 gelten.[6]

1. Begriff der Betriebsveranstaltung (§ 19 Abs. 1 Satz 1 Nr. 1a Satz 1 EStG)

403 Nach § 19 Abs. 1 Satz 1 Nr. 1a Satz 1 EStG werden Betriebsveranstaltungen als Veranstaltungen auf betrieblicher Ebene mit gesellschaftlichem Charakter definiert. Typische Beispiele hierfür sind Betriebsausflüge, Weihnachtsfeiern und Jubiläumsfeiern.[7] Anders als die bisherige Re-

---

1 BFH v. 7.12.2005 - I R 34/05, BFH/NV 2006, 1068 = NWB DokID: PAAAB-81716.
2 *Krüger* in Schmidt, § 19 EStG Rz. 110 „Vertragsstrafen".
3 BFH v. 3.11.1961 - VI 196/60 U, BStBl 1962 III 123.
4 BFH v. 22.7.2003 - VI R 137/99, BStBl 2004 II 888.
5 Zollkodex-Anpassungsgesetz v. 22.12.2014, BGBl 2014 I 2417.
6 BMF v. 14.10.2015, BStBl 2015 I 832.
7 BMF v. 14.10.2015, BStBl 2015 I 832.

gelung in den LStR,[1] stellt das Gesetz nicht darauf ab, ob eine Betriebsveranstaltung „üblich" ausgestaltet ist. Demnach sollten auch aufwendiger ausgestaltete Veranstaltungen unter diese Norm fallen. Wie bereits bisher in den LStR ist es nun auch in § 19 Abs. 1 Satz 1 Nr. 1a Satz 3 EStG geregelt, dass eine Betriebsveranstaltung allen Angehörigen des Betriebs oder eines Betriebsteils[2] offenstehen muss. Darüber hinaus erkennt die FinVerw auch Pensionärstreffen oder Jubilarfeiern, bei denen nur ein bestimmter eingeschränkter Personenkreis teilnehmen darf, als Betriebsveranstaltung an.[3]

§ 19 Abs. 1 Satz 1 Nr. 1a EStG gilt auch für Zuwendungen an ehemalige ArbN, Praktikanten, Referendare, Leiharbeitnehmer oder ArbN anderer konzernangehöriger Unternehmen.[4] Veranstalter der Betriebsveranstaltung kann neben dem ArbG auch der Betriebs- oder Personalrat sein.[5]

(Einstweilen frei) 404–405

2. Art und Höhe der Zuwendungen (§ 19 Abs. 1 Satz 1 Nr. 1a Satz 2 EStG)

Neben den **individuell zurechenbaren Aufwendungen** sind auch die **Aufwendungen für den äußeren Rahmen** (z. B. Raumkosten sowie Kosten für einen Veranstalter) einzubeziehen, nicht jedoch die rechnerischen Selbstkosten für den äußeren Rahmen (z. B. anteilige Gehaltsaufwendungen der Bürokraft, die die Veranstaltung organisiert).[6] Damit weicht der Gesetzgeber von der zuletzt hierzu ergangenen Rspr.[7] ab. Soweit die Betriebsveranstaltung bzw. der „äußere Rahmen" einen **marktgängigen Wert** haben (z. B. Miete von besonderen Veranstaltungsräumen, Kosten für eine Musikgruppe) ist die Kritik[8] an der neuen gesetzlichen Regelung nicht gerechtfertigt, da ein fremder Veranstalter diese Kosten in seine Preiskalkulation einbeziehen und den Teilnehmern in Rechnung stellen würde. 406

Geschenke, die anlässlich, und nicht nur gelegentlich einer Betriebsveranstaltung an die ArbN übergeben werden, sind in die Aufwendungen der Betriebsveranstaltung einzubeziehen. Dies ist dann der Fall, wenn ein konkreter Zusammenhang zwischen der Betriebsveranstaltung und dem Geschenk besteht. Ein solcher enger Zusammenhang liegt z. B. bei einem Losgewinn aus einer Tombola vor, die Gegenstand der Betriebsveranstaltung ist. Kann ein Geschenk aber auch bei jeder anderen Gelegenheit überreicht werden, ist das Kriterium „anlässlich" nicht erfüllt. Die FinVerw beanstandet es nicht, wenn Geschenke bis zu 60 € als Zuwendungen anlässlich einer Betriebsveranstaltung angesehen werden.[9]

Die ermittelten Gesamtkosten sind nach dem Gesetzeswortlaut (vgl. § 19 Abs. 1 Satz 1 Nr. 1a Satz 3 EStG) **auf die tatsächlich teilnehmenden Personen aufzuteilen**. Wurde eine Betriebsveranstaltung für mehr Personen geplant, als letztendlich daran teilgenommen haben, führt dies dazu, dass den teilnehmenden Personen auch die auf die nicht teilnehmenden Personen ent- 407

---

1 Vgl. R 19.5 Abs. 3 LStR.
2 Dies ist eine betriebliche Organisationseinheit von einiger Bedeutung und Größe, vgl. BT-Drucks. 18/3441, 60; konkreter z. B. eine Abteilung, vgl. BMF v. 14. 10. 2015, BStBl 2015 I 832.
3 BMF v. 14. 10. 2015, BStBl 2015 I 832.
4 BMF v. 14. 10. 2015, BStBl 2015 I 832.
5 BMF v. 14. 10. 2015, BStBl 2015 I 832.
6 Vgl. BT-Drucks. 18/3441, 60.
7 BFH v. 12. 12. 2012 - VI R 79/10, BFH/NV 2013, 637 = NWB DokID: FAAAE-30147; BFH v. 16. 5. 2013 - VI R 94/10, BStBl 2015 II 186.
8 *Strohner*, Betriebsveranstaltungen ab 1. 1. 2015, NWB 2015, 246.
9 BMF v. 7. 12. 2016 - IV C 5 - S 2332/15/10001, NWB DokID: HAAAF-88065.

fallenden Kostenanteile zuzurechnen sind. Dies ist z. B. bei bezahlten, aber nicht konsumierten Mahlzeiten ein **offenkundiges Missverhältnis**, gilt aber genauso bei der Zurechnung des anteiligen Werts z. B. von zu großen Räumen oder sonstigen Sachleistungen. Insoweit sind die Teilnehmer nicht bereichert und Arbeitslohn liegt nicht vor.[1] Die gesetzliche Regelung Bedarf deshalb in diesen Sonderfällen in der Praxis einer dem Arbeitslohnbegriff nahe kommenden Auslegung. Die FinVerw hält sich bislang aber an den Gesetzeswortlaut.[2]

> PRAXISHINWEIS:
> Der Nachweis eines solch offenkundigen Missverhältnisses erfordert einen zeitnah geführten und genauen Nachweis, wie viele Teilnehmer eingeladen wurden und wie viele Personen tatsächlich teilgenommen haben.

408 Nach der gesetzlichen Neuregelung sind dem ArbN **Zuwendungen an seine Begleitpersonen** als Arbeitslohn zuzurechnen. Damit wurde die bisherige Regelung in R 19.5 Abs. 5 Nr. 1 LStR gesetzlich festgeschrieben, nachdem der BFH in einer für die Rechtslage bis 2014 maßgeblichen Entscheidung insoweit keine Entlohnung des ArbN sah.[3]

409 Reisekosten, die im Zusammenhang mit einer Betriebsveranstaltung anfallen, sollen grds. in die gesamten Aufwendungen der Betriebsveranstaltung eingerechnet werden.[4] Typisches Beispiel hierfür sind die Kosten für eine gemeinsame Busfahrt der Teilnehmer zu einem Ausflugsziel. In Ausnahmefällen können nach § 3 Nr. 13 oder 16 EStG steuerfrei zu erstattende Reisekosten vorliegen. Dies ist z. B. der Fall, wenn ein ArbN individuell zum Ort der Veranstaltung (außerhalb der ersten Tätigkeitsstätte) anreist und die Reise selbst organisiert.[5] Die Spitzenverbände der deutschen Wirtschaft halten das Kriterium der Selbstorganisation hingegen offensichtlich für unzutreffend.[6] Auch in der Literatur wird kritisiert, dass für dieses Kriterium keine gesetzliche Grundlage vorliegt.[7] Darüber hinaus ist teilweise unklar, wann eine Reise durch den ArbN oder ArbG als organisiert gilt.[8]

410–415 *(Einstweilen frei)*

3. Freibetrag (§ 19 Abs. 1 Satz 1 Nr. 1a Satz 3 EStG)

416 Anders als die bis VZ 2014 geltende Freigrenze i. H. v. 110 €,[9] legt § 19 Abs. 1 Satz 1 Nr. 1a Satz 3 EStG ab 1. 1. 2015 einen **Freibetrag i. H. v. 110 €** fest. Die Einführung wurde im Gesetzgebungsverfahren teilweise kritisiert, da nun jede auch noch so kostspielige Veranstaltung begünstigt würde.[10] Diese Änderung wird aber viele Streitfälle vermeiden, bei denen sich die Kosten der Veranstaltung je Teilnehmer auf etwas mehr oder weniger als 110 € belaufen.

417–420 *(Einstweilen frei)*

---

1 *Seifert*, NWB 2017, 18; FG Köln v. 27.6.2018 - 3 K 870/17 = NWB DokID: KAAAG-93167, nrkr.
2 BMF v. 7. 12. 2016 - IV C 5 - S 2332/15/10001, NWB DokID: HAAAF-88065.
3 BFH v. 16. 5. 2013 - VI R 7/11, BStBl 2015 II 189.
4 BMF v. 14. 10. 2015, BStBl 2015 I 832.
5 BMF v. 14. 10. 2015, BStBl 2015 I 832.
6 BMF v. 7. 12. 2016 - IV C 5 - S 2332/15/10001, NWB DokID: HAAAF-88065.
7 *Lhabitant/Heuser*, NWB 2018, 1681.
8 *Seifert*, NWB 2017, 18.
9 R 19.5 Abs. 4 Satz 2 LStR.
10 BT-Drucks. 18/3441, 51.

4. Anzahl der Betriebsveranstaltungen (§ 19 Abs. 1 Satz 1 Nr. 1a Satz 4 EStG)

Nach § 19 Abs. 1 Satz 1 Nr. 1a Satz 4 EStG gilt der Freibetrag für **bis zu zwei Betriebsveranstaltungen pro Jahr**. Auf die Dauer einer Betriebsveranstaltung kommt es wie bisher[1] offensichtlich nicht an. Anders als bislang in R 19.5 Abs. 3 Satz 3 LStR geregelt, werden Jubilarfeiern aber nicht mehr als „dritte" Betriebsveranstaltung akzeptiert. Dies entspricht der eindeutigen gesetzlichen Vorgabe und ist zutreffend.[2]

421

(Einstweilen frei)

422–425

5. Besondere Bewertungsvorschrift (§ 19 Abs. 1 Satz 1 Nr. 1a Satz 5 EStG)

Wie bereits bis zum VZ 2014 üblich,[3] ist auch ab 2015 der **Wert einer Betriebsveranstaltung** nicht mit dem Marktpreis nach § 8 Abs. 2 Satz 1 EStG zu bewerten, sondern mit den anteilig auf den ArbN und dessen Begleitpersonen entfallenden **Aufwendungen des ArbG** anzusetzen. Zur Ermittlung der dem einzelnen ArbN zuzurechnenden Zuwendungen sind die gesamten Aufwendungen zu gleichen Teilen auf alle Teilnehmer (auch Begleitpersonen, vgl. → Rz. 408) aufzuteilen. Die auf Begleitpersonen entfallenden Anteile sind dem jeweiligen ArbN zuzurechnen.

426

PRAXISHINWEIS:
In der NWB-Datenbank steht eine Berechnungsvorlage für Betriebsveranstaltungen zur Verfügung.[4]

(Einstweilen frei)

427–435

III. Arbeitslohn aus früheren Dienstleistungen (§ 19 Abs. 1 Satz 1 Nr. 2 EStG)

1. Bezüge und Vorteile aus einem früheren Dienstverhältnis (§ 19 Abs. 1 Satz 1 Nr. 2 1. Halbsatz EStG)

§ 19 Abs. 1 Satz 1 Nr. 2 1. Halbsatz EStG erfasst Warte-, Ruhe-, Witwen- und Waisengelder sowie andere Bezüge und Vorteile, die für frühere Dienstleistungen gezahlt werden, als Einkünfte aus nichtselbständiger Arbeit. Warte- und Ruhegelder fließen regelmäßig dem **ArbN** zu, der die frühere Dienstleistung erbracht hat. Witwen- und Waisengelder führen bei den **Hinterbliebenen des ArbN** zu Arbeitslohn. Auch **Erben des ArbN**, denen Arbeitslohnansprüche des verstorbenen ArbN ausgezahlt werden, erzielen dadurch Arbeitslohn (vgl. § 1 Abs. 1 Satz 2 LStDV). Für die zeitliche und somit auch persönliche Zuordnung von Zahlungen zu den Einkünften aus nichtselbständiger Arbeit kommt es dabei auf den Zeitpunkt des Zuflusses an. So sind die erst nach dem Todesfall des früheren ArbN den Erben ausgezahlten Löhne des Verstorbenen Einnahmen der Erben aus nichtselbständiger Arbeit.[5] Beispiele für Bezüge aus früheren Dienstleistungen sind die Pensionen der Beamten oder die von vielen internationalen Organisationen (z. B. OECD, NATO oder EPA) gezahlten Pensionen.[6]

436

---

1 R 19.5 Abs. 3 Satz 2 LStR.
2 BMF v. 7. 12. 2016 - IV C 5 - S 2332/15/10001, NWB DokID: HAAAF-88065.
3 R 19.5 Abs. 4 Satz 2 LStR.
4 Siehe NWB DokID: XAAAE-65792.
5 BFH v. 29. 7. 1960 - VI 265/58 U, BStBl 1960 III 404.
6 BMF v. 19.8.2013, BStBl 2013 I 1087; BFH v. 23.2.2017 - X R 24/15, BStBl 2017 II 636.

437 **Warte- und Ruhegelder** aus einem früheren Dienstverhältnis sind auch dann Arbeitslohn, wenn sie erst nach der Beendigung dieses Dienstverhältnisses zufließen. Dies gilt selbst dann, wenn die Zahlung dieser Gelder erst im Zeitpunkt der vertraglich vorgesehenen Beendigung des Dienstverhältnisses vereinbart oder erhöht werden.[1]

438 Gelder die **Witwen oder Waisen** aus einer Versorgungsregelung des verstorbenen ArbN erhalten, sind ihnen zuzurechnen und nach deren lohnsteuerlichen Merkmalen zu besteuern.[2] U. U. kann auch eine mehrfache Hinterbliebenen- bzw. Erbfolge zu einem Lohnzufluss beim letzten Empfänger führen.

439 Sehr weitgehend können auch alle anderen **Bezüge und Vorteile** zu Arbeitslohn führen.[3] Hierzu gehören z. B. auch Erfindervergütungen, die für ein früheres Dienstverhältnis gezahlt werden.[4]

440 Der Arbeitslohn aus früheren Dienstleistungen ist **von Leibrenten zu unterscheiden**, die als sonstige Einkünfte nach § 22 Nr. 1 Satz 3a EStG nur mit dem Ertragsanteil zu versteuern sind. Diese Rentenzahlungen werden nicht als Gegenleistung für eine bestimmte Arbeitstätigkeit gezahlt. Vielmehr beruhen sie (ganz oder teilweise) auf eigenen Beitragsleistungen des ArbN und gehören damit nicht zum Arbeitslohn.[5] Deshalb führen Zahlungen eines ArbN aus seinem eigenen Vermögen in eine Pensionsregelung des ArbG dazu, dass die späteren Zahlungen als Leibrenten i. S. d. § 22 Nr. 1 Satz 3a EStG zu versteuern sind.[6] In voller Höhe steuerpflichtige Bezüge nach § 19 Abs. 1 Satz 1 Nr. 2 EStG liegen jedoch vor, wenn die eigenen Beiträge des ArbN in die Versorgungsregelung des ArbG als WK abgezogen werden konnten.[7] Gegebenenfalls sind einheitliche Zahlungen in Versorgungsbezüge und Leibrenten aufzuteilen.[8] Nur für Bezüge nach § 19 Abs. 1 Satz 1 Nr. 2 EStG, nicht jedoch für Leibrentenzahlungen ist LSt einzubehalten.[9]

441–445 *(Einstweilen frei)*

2. Versorgungsausgleich (§ 19 Abs. 1 Satz 1 Nr. 2 2. Halbsatz EStG)

446 Die Regelungen zum Versorgungsausgleich und dessen steuerliche Folgen wurden mit Wirkung ab dem VZ 2009 umfassend geändert.[10] Nach dieser Neuregelung sind grds. alle Anrechte auf Versorgungsleistungen „intern", d. h. innerhalb des bereits bestehenden Versorgungssystems auszugleichen (vgl. § 10 VersAusglG). Nur im Ausnahmefall soll eine externe Teilung durchgeführt werden (§ 14 VersAusglG).

447 Im Zeitpunkt der Teilung können die Übertragungen der Ansprüche selbst nach § 3 Nr. 55a EStG (interne Teilung) bzw. nach § 3 Nr. 55b EStG (externe Teilung) steuerfrei erfolgen.

---

1 BFH v. 6. 3. 2002 - XI R 51/00, BStBl 2002 II 516.
2 R 19.9 Abs. 2 Satz 1 LStR; mit Ausnahmeregel im oder für den Sterbemonat, R 19.9 Abs. 1 Satz 2 LStR.
3 Vgl. hierzu die umfangreiche Auflistung in R 19.8 Abs. 1 LStR.
4 FG München v. 21. 5. 2015 - 10 K 2195/12, EFG 2015, 1527, rkr.
5 § 2 Abs. 2 Nr. 2 Satz 2 LStDV.
6 BFH v. 21. 10. 1996 - VI R 46/96, BStBl 1997 I 127.
7 BFH v. 23.11.2016 - X R 39/14, BFH/NV 2017, 888 = NWB DokID: BAAAG-43977.
8 BFH v. 7. 2. 1990 - X R 36/86, BStBl 1990 II 1062.
9 BMF v. 19. 8. 2013, BStBl 2013 I 1087, Rz. 188.
10 VAStrRefG v. 3. 4. 2009, BGBl 2009 I 700.

Die nach der Teilung dem Ausgleichsverpflichteten und dem Ausgleichsberechtigten zufließenden Bezüge aus einer Direktzusage des ArbG oder aus einer Unterstützungskasse werden durch § 19 Abs. 1 Satz 1 Nr. 2, 2. Halbsatz EStG auch steuerrechtlich in zwei Einkünfte aufgeteilt. Der Ausgleichsverpflichtete muss nur noch die restlichen ihm zufließenden Bezüge als Arbeitslohn besteuern. Der ausgleichsberechtigte Ehegatte erzielt im Falle der internen Teilung ebenso Einkünfte aus nichtselbständiger Arbeit,[1] ohne selbst in einem Dienstverhältnis zu dem ArbG des Ausgleichsverpflichteten zu stehen. Im Falle einer externen Teilung erfolgt die Zuordnung zu einer Einkunftsart unabhängig von der bisherigen Einkunftsart des Ausgleichsberechtigten.[2]

448

(Einstweilen frei)

449–455

3. WK bei früheren Dienstverhältnissen

Von Einnahmen nach § 19 Abs. 1 Satz 1 Nr. 2 EStG können WK pauschal i. H. v. 102 € (§ 9a Satz 1 Nr. 1b EStG) oder in Höhe tatsächlicher durch diese Einnahmen veranlassten Aufwendungen abgezogen werden. Da Versorgungsbezüge (leistungs-)unabhängig von einer gegenwärtigen aktiven Tätigkeit gezahlt werden, wird jedoch nur in besonderen Fällen ein eindeutiger Veranlassungszusammenhang mit den Einnahmen vorliegen. So sind z. B. Aufwendungen eines emeritierten Hochschulprofessors für seine gegenwärtige Forschungstätigkeit[3] oder Aufwendungen eines Pastors im Ruhestand[4] keine WK. Typische WK fallen für Kontoführung und Gewerkschaftsbeiträge an. Vorab entstandene WK können vorliegen, wenn sich ein ArbN durch eine Ausgleichszahlung Ansprüche auf spätere Pensionszahlungen sichert[5] oder der ArbN durch eine Abfindungszahlung ein „Quasi-Splitting" seiner Pensionsbezüge[6] oder die Realteilung einer betrieblichen Altersversorgung[7] verhindert. Gegebenenfalls können auch nachträgliche WK geltend gemacht werden.

456

(Einstweilen frei)

457–460

IV. Betriebliche Altersversorgung (§ 19 Abs. 1 Satz 1 Nr. 3 EStG)

Die nach § 19 Abs. 1 Satz 1 Nr. 3 EStG als Arbeitslohn zu erfassenden Zahlungen des ArbG gehören begrifflich zu den sog. Zukunftssicherungsleistungen i. S. d. § 2 Abs. 2 Nr. 3 Satz 1 LStDV (vgl. hierzu auch → Rz. 371 „Zukunftssicherungsleistungen"). § 19 Abs. 1 Satz 1 Nr. 3 EStG wurde durch das JStG 2007[8] mit Wirkung v. 19. 12. 2006 eingeführt, für Sonderzahlungen i. S. d. Sätze 2 bis 4 gilt diese Norm bereits für Zahlungen seit dem 24. 8. 2006.[9]

461

---

1 § 3 Nr. 55a Satz 2 EStG; BMF v. 21.12.2017, BStBl 2018 I 93, Tz. 320.
2 § 3 Nr. 55b Satz 1 EStG; BMF v. 21.12.2017, BStBl 2018 I 93, Tz. 325.
3 BFH v. 5. 11. 1993 - VI R 24/93, BStBl 1994 II 238; ggf. WK-Abzug im Billigkeitswege nach § 163 AO, soweit Tätigkeit auf Ersuchen der Hochschule erfolgt.
4 FG Hamburg v. 13. 2. 2013 - 5 K 50/11, NWB DokID: LAAAE-37773, rkr.
5 BFH v. 19.10.2016 - VI R 22/15, BStBl 2017 II 999.
6 BFH v. 23.11.2016 - X R 48/14, BStBl 2017 II 383; Zahlungen zur Vermeidung eines schuldrechtlichen Versorgungsausgleichs sind hingegen keine WK, BFH v. 15.6.2010 - X R 23/08, BFH/NV 2010, 1807 = NWB DokID: MAAAD-49269.
7 FG Münster v. 11.11.2015 - 7 K 453/15 E, EFG 2016, 114, rkr.
8 BGBl 2006 I 2878.
9 Vgl. § 52 Abs. 35 EStG i. d. F. des JStG 2007.

1. Laufende Zahlungen (§ 19 Abs. 1 Satz 1 Nr. 3 Satz 1 EStG)

462 Nach § 19 Abs. 1 Satz 1 Nr. 3 Satz 1 EStG gehören lfd. Beiträge und Zuwendungen des ArbG[1] aus einem bestehenden Dienstverhältnis an einen Pensionsfonds, eine Pensionskasse oder für eine Direktversicherung für eine betriebliche Altersversorgung zum Arbeitslohn. Diese Festlegung ist nur klarstellender Art, da diese lfd. Beiträge bereits den allgemeinen Arbeitslohnbegriff des § 19 Abs. 1 Satz 1 Nr. 1 EStG erfüllen.[2] Denn der ArbN ist auch dann materiell bereichert, wenn sich aus der Beitragszahlung des ArbG an einen Dritten ein unmittelbarer und unentziehbarer Anspruch gegen den Dritten ergibt.[3] Wegen der Besteuerung der Beiträge des ArbG sind die späteren Versorgungsleistungen als sonstige Einkünfte nach § 22 Nr. 5 EStG oft nur mit dem Ertragsanteil zu versteuern.[4]

463 Die lfd. Beiträge nach § 19 Abs. 1 Satz 1 Nr. 3 Satz 1 EStG können nach § 40b Abs. 1 EStG mit 20 % pauschal versteuert werden.

464 Im Gegensatz zu den Beitragsleistungen, die dem ArbN einen eigenen Anspruch auf Versorgungsleistungen gewähren, handelt es sich bei Ausgaben des ArbG, die nur dazu dienen, ihm selbst die Mittel zur Leistung einer seinen ArbN zugesagten Versorgung zu verschaffen, nach § 2 Abs. 2 Nr. 3 Satz 4 LStDV nicht um Arbeitslohn. Solche Leistungen sind z. B. Zahlungen an eine Rückdeckungsversicherung des ArbG oder an eine Unterstützungskasse.[5] Dies gilt auch dann, wenn die Zusage mit einer Minderung des regulären Lohns einhergeht.[6] In diesen Fällen sind erst die im Versorgungsfall ausgezahlten Leistungen in voller Höhe Arbeitslohn nach § 19 Abs. 1 Satz 1 Nr. 2 EStG.[7] Die Ablösung einer Pensionszusage führt dann zum Zufluss, wenn der Ablösungsbetrag auf Verlangen des ArbN an einen Dritten gezahlt wird[8] und dem ArbN dabei ein Wahlrecht zusteht, den Ablösungsbetrag alternativ sich selbst auszahlen zu lassen.[9]

465–470 *(Einstweilen frei)*

2. Sonderzahlungen (§ 19 Abs. 1 Satz 1 Nr. 3 Satz 2 bis 4 EStG)

471 Nach § 19 Abs. 1 Satz 1 Nr. 3 Satz 2 EStG gehören auch Sonderzahlungen des ArbG[10] an einen Pensionsfonds, eine Pensionskasse oder für eine Direktversicherung zum Arbeitslohn. Nach § 19 Abs. 1 Satz 1 Nr. 3 Satz 2 2. Halbsatz EStG gehören dazu insbesondere sog. **Gegenwertzahlungen** an eine Pensionskasse anlässlich des Ausscheidens des ArbG aus einer nicht im Wege der Kapitaldeckung finanzierten betrieblichen Altersversorgung oder des Wechsels zwischen solchen Versorgungssystemen. Nach § 19 Abs. 1 Satz 1 Nr. 3 Satz 2 1. Halbsatz EStG werden

---

1 BMF v. 6.12.2017, BStBl 2018 I 147, Tz. 14.
2 BFH v. 7.5.2009 - VI R 8/07, BStBl 2010 II 194, betr. Beiträge zur VBL im Jahr 2005, die nach § 19 Abs. 1 Satz 1 Nr. 1 EStG als Arbeitslohn angesehen wurden.
3 BFH v. 5.7.2012 - VI R 11/11, BStBl 2013 II 190, betr. Umwandlung einer Rückdeckungsversicherung in eine Direktversicherung.
4 BMF v. 6.12.2017, BStBl 2018 I 147, Tz. 148.
5 BFH v. 16.9.1998 - VI B 155/98, BFH/NV 1999, 457 = NWB DokID: NAAAA-62543.
6 BMF v. 6.12.2017, BStBl 2018 I 147, Tz. 8.
7 BMF v. 6.12.2017, BStBl 2018 I 147, Tz. 8 und 146.
8 BFH v. 12.4.2007 - VI R 6/02, BStBl 2007 II 581.
9 BFH v. 18.8.2016 - VI R 18/13, BStBl 2017 II 730; BMF v. 4.7.2017, BStBl 2017 I 883; Janssen, NWB 2016, 3776 = NWB DokID: HAAAF-87618, mit einer ausführlichen Darstellung der Möglichkeiten der „Entsorgung" von Pensionszusagen durch eine sog. Rentner-GmbH.
10 BMF v. 6.12.2017, BStBl 2018 I 147, Tz. 15.

Zahlungen des ArbG zur erstmaligen Bereitstellung der Kapitalausstattung zur Erfüllung von Solvabilitätsvorschriften, zur Wiederherstellung einer angemessenen Kapitalausstattung nach unvorhersehbaren Verlusten, an Pensionsfonds in der Rentenbezugszeit sowie in Form von **Sanierungsgeldern**[1] ausdrücklich ausgenommen. § 19 Abs. 1 Satz 1 Nr. 3 Satz 3 EStG legt fest, dass sich wiederholende Zahlungen nur insoweit zu den Sonderzahlungen gehören, als sich die Beitragsbemessung erhöht.

§ 19 Abs. 1 Satz 1 Nr. 3 Satz 2 bis 4 EStG stellt nicht darauf ab, ob dem ArbN aus den lfd. Zahlungen oder Sonderzahlungen ein eigener, zusätzlicher Rechtsanspruch auf Versorgungsleistungen erwächst. Entscheidend ist nach der gesetzlichen Regelung nur, dass der ArbG entsprechende Beiträge leistet. Durch diese Festlegung wird der Arbeitslohnbegriff gesetzlich ausgedehnt.[2] Insbesondere in den Fällen des § 19 Abs. 1 Satz 1 Nr. 3 Satz 2 2. Halbsatz EStG geht der Gesetzgeber offensichtlich davon aus, dass diese Sonderzahlungen letztlich lfd. Zahlungen ersetzen und deshalb im Interesse des ArbN erfolgen. Die bis zur Einfügung des § 19 Abs. 1 Satz 1 Nr. 3 EStG durch das JStG 2007 ergangene Rspr.[3] lehnte in diesen Fällen hingegen die Annahme von Arbeitslohn ab, da der ArbN dadurch eben nicht bereichert werde. Nach der zur aktuellen Rechtslage ergangenen Rspr. sollen diese Sonderzahlungen Arbeitslohn sein, da die bereits erworbenen Ansprüche des ArbN zumindest abgesichert werden.[4] In der Literatur wird die Erweiterung des Arbeitslohnbegriffs durch § 19 Abs. 1 Satz 1 Nr. 3 Satz 2 EStG mehrheitlich zu Recht kritisiert, da die Besteuerung beim ArbN erfolgt, auch wenn er nicht unmittelbar bereichert ist.[5]

472

Die Sonderzahlungen nach § 19 Abs. 1 Satz 1 Nr. 3 Satz 2 EStG sind nach § 40b Abs. 4 EStG zwangsweise mit 15 % pauschal zu versteuern. Vgl. hierzu KKB/Karbe-Geßler, § 40b EStG Rz. 28.

473

(Einstweilen frei)

474–480

V. Versorgungsfreibetrag mit Zuschlag zum Versorgungsfreibetrag (§ 19 Abs. 2 EStG)

1. Versorgungsfreibetrag mit Zuschlag zum Versorgungsfreibetrag (§ 19 Abs. 2 Satz 1 EStG)

Von Versorgungsbezügen kann der sog. **Versorgungsfreibetrag** und ein **Zuschlag** zu diesem Freibetrag abgezogen werden. Diese Beträge haben den Zweck, die **unterschiedliche Behandlung** zwischen Pensionen (Besteuerung in voller Höhe) und Renten (Besteuerung mit dem Ertragsanteil) zumindest teilweise **zu beseitigen**.

481

---

1 Vgl. die Definition in § 19 Abs. 1 Satz 1 Nr. 3 Satz 4 EStG, wobei für laufende Zahlungen nur der Erhöhungsanteil als Sonderzahlung gilt; BFH v. 14. 11. 2013 - VI R 49/12, BFH/NV 2014, 418 = NWB DokID: CAAAE-54076: Andere Behandlung der Sanierungsgelder im Vergleich zu Gegenwertzahlungen ist nicht zu beanstanden.
2 H. M., *Eisgruber* in Kirchhof, § 19 EStG Rz. 76; *Krüger* in Schmidt, § 19 EStG Rz. 92.
3 BFH v. 15. 2. 2006 - VI R 92/04, BStBl 2006 II 528, betr. Gegenwertzahlungen; BFH v. 15. 2. 2006 - VI R 64/05, BFH/NV 2006, 1272 = NWB DokID: JAAAB-82729, betr. Wechsel zu einer anderen umlagefinanzierten Versorgungskasse.
4 BFH v. 14. 11. 2013 - VI R 49/12, BFH/NV 2014, 418 = NWB DokID: CAAAE-54076: § 19 Abs. 1 Satz 1 Nr. 3 Satz 2 EStG ist verfassungsgemäß.
5 *Eisgruber* in Kirchhof, § 19 EStG Rz. 76: Besteuerung erfolgt unabhängig von der Steigerung der Leistungsfähigkeit; *Krüger* in Schmidt, § 19 EStG Rz. 94: „Gesetzliche Arbeitslohnfiktion" ist verfassungswidrig; a. A. hingegen HHR/*Pflüger*, § 19 EStG Rz. 331: Sicherung der Anwartschaften der ArbN führt zu Arbeitslohn.

482 Durch das **AltEinkG**[1] wurde **ab 2005 die Besteuerung von Pensionen und Renten neu geregelt**. Nach einer Übergangsphase von 35 Jahren sollen sowohl Pensionen als auch Renten aus der gesetzlichen Rentenversicherung **in voller Höhe nachgelagert besteuert** werden. Deshalb wird der Versorgungsfreibetrag gleichzeitig mit der Erhöhung des Ertragsanteils bei der Rentenbesteuerung (vgl. Tabelle in § 22 Nr. 1 Satz 3a EStG) über einen Zeitraum von 35 Jahren auf 0 € reduziert.

483 Da ab 2005 für Versorgungsbezüge ein eigener, niedrigerer **WK-Pauschbetrag nach § 9a Satz 1 Nr. 1b EStG** i. H. v. 102 € eingeführt wurde (bis dahin galt für Versorgungsbezüge der allgemeine ArbN-Pauschbetrag), wurde als Ersatz der **Zuschlag zum Versorgungsfreibetrag** geschaffen. Auch dieser Zuschlag wird bis zum Jahr 2040 auf 0 € abgeschmolzen. Die WK-Pauschbeträge für Arbeitslohn und Versorgungsbezüge können nun auch nebeneinander zur Anwendung kommen.[2]

484 Der Freibetrag (und der Zuschlag) können **nur einmal im Jahr des Zuflusses** der Versorgungsbezüge gewährt werden. Dies gilt auch dann, wenn Versorgungsbezüge für mehrere Jahre in einem Betrag ausgezahlt werden.[3]

485 Freibetrag und Zuschlag finden bereits beim **LSt-Abzug** Berücksichtigung, können aber nur entweder für lfd. Zahlungen oder sonstige Bezüge angesetzt werden.[4] Von pauschal versteuertem Lohn dürfen die Beträge nicht abgezogen werden.[5] Die für die Berechnung des Versorgungsfreibetrags und des Zuschlags notwendigen Angaben sind im **Lohnkonto** aufzuzeichnen (vgl. § 4 Abs. 1 Nr. 4 LStDV).

486–490 *(Einstweilen frei)*

2. Begünstigte Versorgungsbezüge (§ 19 Abs. 2 Satz 2 EStG)

491 Der Versorgungsfreibetrag mit Zuschlag wird nur gewährt, wenn der Stpfl. **Versorgungsbezüge** erhält, die in § 19 Abs. 2 Satz 2 EStG festgelegt sind. Dies sind Ruhegehälter, Witwen- oder Waisengelder, Unterhaltsbeiträge oder gleichartige Bezüge aufgrund beamtenrechtlichen oder entsprechenden gesetzlichen Regelungen (Nr. 1a) und Bezüge nach beamtenrechtlichen Grundsätzen von Körperschaften des öffentlichen Rechts (Nr. 1b). Versorgungsbezüge sind auch in anderen Fällen die Bezüge aus früheren Dienstleistungen wegen Erreichens einer Altersgrenze, verminderter Erwerbsfähigkeit oder Hinterbliebenenbezüge (Nr. 2).

492 In **Grenzfällen** (Sonderurlaub vor Pension, Vorruhestand, Altersteilzeit etc.) sind die Versorgungsbezüge von regulärem, nach § 19 Abs. 1 Satz 1 Nr. 1 EStG zu versteuerndem Arbeitslohn abzugrenzen. Dabei kommt es entscheidend darauf an, ob der ArbN bei Zufluss der Bezüge bereits auf Dauer von seinen dienstlichen Verpflichtungen entbunden, also **zur Erbringung von Dienstleistungen nicht mehr verpflichtet** ist.[6] Im Falle des § 19 Abs. 1 Satz 1 Nr. 1 EStG

---

1 Gesetz v. 4. 7. 2004, BGBl 2004 I 1427.
2 BMF v. 19. 8. 2013, BStBl 2013 I 1087, Tz. 169.
3 BFH v. 23. 7. 1974 - VI R 116/72, BStBl 1974 II 680.
4 R 39b.3 Abs. 1 Satz 2 und 3 LStR; vgl. auch § 39b Abs. 2 Satz 3 und § 39b Abs. 3 Satz 3 EStG.
5 R 39b.3 Abs. 1 Satz 4 LStR.
6 BFH v. 12. 2. 2009 - VI R 50/07, BStBl 2009 II 460.

werden die Bezüge aber als Gegenleistung für gegenwärtige Dienstleistungen erbracht. Bei Vorruhestandsbezügen oder während der Freistellungsphase eines Altersteilzeitmodells gezahlten Bezüge ist auch maßgeblich, ob diese Bezüge wie ein Ruhegehalt einem **Versorgungszweck** dienen. Da dies nicht der Fall ist, sind dies keine Versorgungsbezüge.[1] Gleiches gilt für Nachzahlungen von Arbeitslohn für die frühere, aktive Tätigkeit.[2] Die FinVerw hat in **R 19.8 Abs. 1 LStR** zahlreiche Beispiele von Versorgungsbezügen aufgenommen. Werden in einem VZ lfd. Arbeitslohn und (ggf. gekürzte) Versorgungsbezüge gezahlt, sind nur die gekürzten Versorgungsbezüge begünstigt.[3]

Sozialversicherungsrenten sind keine Versorgungsbezüge i. S. d. § 19 Abs. 2 Satz 2 EStG, da die Renten nicht für ein früheres Dienstverhältnis gezahlt werden, sondern Erträge aus dem gesonderten Versicherungsverhältnis sind. Die unterschiedliche Versteuerung von Pensionen (grds. in voller Höhe, abzüglich Versorgungsfreibetrag und Zuschlag) und Sozialversicherungsrenten (nur mit dem Ertragsanteil) stellt keinen Verstoß gegen den allgemeinen Gleichheitssatz dar.[4]

493

Bezüge wegen Erreichens der Altersgrenze sind (anders als Beamtenpensionen nach § 19 Abs. 2 Satz 2 Nr. 1 EStG) erst dann Versorgungsbezüge, wenn der Stpfl. das 63. Lebensjahr bzw. bei Schwerbehinderung das 60. Lebensjahr vollendet haben. Dies ist aber verfassungsrechtlich gerechtfertigt.[5] Bezüge eines Pensionisten hängen auch dann von der Altersgrenze ab, wenn er die gleichen Bezüge bereits vor der Pensionierung erhalten hat.[6]

494

Auch **Beihilfeleistungen** für Krankheitskosten können Versorgungsbezüge sein.[7]

495

(Einstweilen frei)

496–500

3. Berechnung des Versorgungsfreibetrags und des Zuschlags (§ 19 Abs. 2 Satz 3 bis 7, 12 EStG)

a) Prozentsatz, Höchstbetrag, Zuschlag und Bemessungsrundlage (§ 19 Abs. 2 Satz 3, 4 EStG)

Der Versorgungsfreibetrag wird nach einem Prozentsatz und einem Höchstbetrag berechnet, der Zuschlag besteht aus einem festen Betrag. Die Höhe der beiden Beträge hängen (bei Versorgungsbeginn ab Januar 2005) grds. vom **ersten vollen Monat des Versorgungsbezugs** ab, bei einer nachträglichen Festsetzung kommt es unabhängig vom Zeitpunkt des Zuflusses darauf an, **für welchen Monat** die Bezüge festgesetzt werden.[8] In den Fällen des § 19 Abs. 2 Satz 2 Nr. 2 EStG ist für die Berechnung der beiden Beträge das Jahr maßgeblich, in dem der Stpfl. Anspruch auf Versorgungsbezüge und das 63. Lebensjahr vollendet hat. Freibetrag und Zuschlag werden aber nach dem Gesetzeswortlaut erst für Bezüge gewährt, die zeitlich nach dem 63. Geburtstag zufließen. Der Versorgungsbeginn und die erstmalige Gewährung des Freibetrags und des Zuschlags können also zeitlich auseinander fallen.

501

---

1 BFH v. 21. 3. 2013 - VI R 5/12, BStBl 2013 II 611.
2 FG Nürnberg v. 6. 3. 1985 - V 206/84, EFG 1985, 607, rkr.
3 R 19.8 Abs. 3 Satz 1 LStR.
4 BFH v. 7. 2. 2013 - VI R 83/10, BStBl 2013 II 573.
5 BFH v. 7. 2. 2013 - VI R 12/11, BStBl 2013 II 576.
6 FG München v. 8.5.2018 - 6 K 2979/17 = NWB DokID: DAAAG-90602, nrkr.
7 BFH v. 6. 2. 2013 - VI R 28/11, BStBl 2013 II 572.
8 BMF v. 19. 8. 2013, BStBl 2013 I 1087, Tz. 171.

502 Bemessungsgrundlage für die Berechnung des Versorgungsfreibetrags ist das **Zwölffache des ersten vollen monatlichen Versorgungsbezugs** zzgl. etwaiger voraussichtlicher Sonderzahlungen, auf die ein Rechtsanspruch besteht.

503–505 *(Einstweilen frei)*

b) Besonderheiten bei der Berechnung (§ 19 Abs. 2 Satz 5 bis 7, 12 EStG)

506 Der Zuschlag darf nach § 19 Abs. 2 Satz 5 EStG nicht zu negativen Einkünften führen. Bei mehreren Versorgungsbezügen werden der insgesamt berücksichtigungsfähige Höchstbetrag des Versorgungsfreibetrags und der Zuschlag nach 19 Abs. 2 Satz 6 auf die für den „ältesten" Versorgungsbezug möglichen Beträge gedeckelt. Im Falle eines einem Versorgungsbezug folgenden Hinterbliebenenbezugs sind nach § 19 Abs. 2 Satz 7 EStG die Verhältnisse des ursprünglichen Versorgungsbezugs maßgeblich. **Für** volle Monate, für die keine Versorgungsbezüge gezahlt werden, ermäßigen sich nach § 19 Abs. 2 Satz 12 EStG der Versorgungsfreibetrag und der Zuschlag zeitanteilig. Auf den jeweiligen Zeitpunkt des Zuflusses kommt es auch hier nicht an. Bei Abfindungszahlungen gilt die Zwölftelungsregelung aber nicht.[1]

507–510 *(Einstweilen frei)*

4. Geltungsdauer des Versorgungsfreibetrags und des Zuschlags (§ 19 Abs. 2 Satz 8 bis 11 EStG)

511 Der nach den oben dargestellten Grundsätzen ermittelte Versorgungsfreibetrag und der Zuschlag gelten nach § 19 Abs. 2 Satz 8 EStG grds. für die gesamte Laufzeit der Versorgungsbezüge (sog. **Kohortenprinzip**). Nach § 19 Abs. 2 Satz 9 EStG führen regelmäßige Anpassungen nicht zu einer Neuberechnung.

512 Eine **Neuberechnung** ist nach § 19 Abs. 2 Satz 10 EStG jedoch vorzunehmen, wenn sich der Versorgungsbezug wegen Anwendung von **Anrechnungs-, Ruhens-, Erhöhungs- oder Kürzungsregelungen** erhöht oder vermindert.[2] Dies wirkt sich aber nur auf die Bemessungsgrundlage und nicht auf die „Kohorte" aus. Der Zuschlag ändert sich deshalb nicht. Im Kalenderjahr der Änderung gilt nach § 19 Abs. 2 Satz 11 EStG das Meistbegünstigungsprinzip.

513–520 *(Einstweilen frei)*

C. Verfahrensfragen

I. LSt-Abzugsverfahren vs. ESt-Veranlagung

521 Die auf Arbeitslohn zu erhebende LSt ist keine selbständige Steuerart, sie wird lediglich abweichend von der ESt bereits an der Quelle erhoben. Dem ArbN zufließende **Arbeitslöhne** sind also **grds. in gleicher Höhe** beim LSt-Abzug und bei der ESt-Veranlagung anzusetzen. Zu Ausnahmen siehe nachfolgend → Rz. 531 ff.

---

[1] BMF v. 19. 8. 2013, BStBl 2013 I 1087, Tz. 184.
[2] Zu möglichen Fällen s. BMF v. 19. 8. 2013, BStBl 2013 I 1087, Tz. 173.

Die beiden Verfahren laufen verfahrensrechtlich weitgehend unabhängig voneinander. So können ArbG und ArbN losgelöst vom jeweils anderen Verfahren Einspruch einlegen. Auch eine dem ArbG – oder auch dem ArbN – im LSt-Abzugsverfahren erteilte Anrufungsauskunft nach § 42e EStG hat keine Bindungswirkung für eine etwaige ESt-Veranlagung.[1]   522

Eine Verknüpfung ergibt sich nur dadurch, dass die im LSt-Abzugsverfahren einbehaltene und abgeführte LSt auf Grundlage der nach § 41b Abs. 1 Satz 2 EStG erteilten LSt-Bescheinigung auf die ESt-Schuld des ArbN nach § 36 Abs. 2 Nr. 2 EStG angerechnet wird.   523

(Einstweilen frei)   524–530

II. Vom LSt-Abzugsverfahren abweichende Besteuerungsgrundlagen im Veranlagungsverfahren

Die FinVerw lässt bei einigen Arten von geldwerten Vorteilen im Rahmen der ESt-Veranlagung einen der Höhe nach abweichenden Ansatz zu. So kann der **geldwerte Vorteil aus einer KfZ-Gestellung** im Rahmen des LSt-Abzugsverfahrens pauschal nach der 1 %-Regel, im Veranlagungsverfahren aber nach der Fahrtenbuchmethode bewertet werden.[2]   531

PRAXISHINWEIS:

Als Entscheidungshilfe, welche Methode vorzugswürdig ist, stehen in der NWB-Datenbank Berechnungsvorlagen[3] und im Info-Center ein ausführlicher Beitrag zum Thema Firmenwagen[4] zur Verfügung.

Der **geldwerte Vorteil für Fahrten Wohnung – erste Tätigkeitsstätte** kann im Veranlagungsverfahren abweichend vom LSt-Abzugsverfahren durch Einzelbewertung der tatsächlich durchgeführten Fahrten angesetzt werden.[5]   532

Auch bei geldwerten Vorteilen aus einer **Fahrergestellung** ergeben sich Wahlrechte in der Veranlagung (Ansatz mit dem Marktpreis, zeitanteilige Lohnkosten des Fahrers oder pauschaler Ansatz).[6]   533

Der ArbN kann im Veranlagungsverfahren das grds. zw. den Bewertungsmethoden des **§ 8 Abs. 2 und Abs. 3 EStG** bestehende Wahlrecht frei ausüben.[7]   534

§ 19a (weggefallen)

Die mit Wirkung zum 1.4.2009 durch Gesetz v. 7.3.2009 (BGBl 2009 I 451) aufgehobene Vorschrift ist nach § 52 Abs. 27 EStG in Altfällen noch weiter anzuwenden. Die Nachfolgeregelung findet sich in § 3 Nr. 39 EStG (s. KKB/*Nacke*, § 3 Nr. 39).

▶ Zur Kommentierung siehe Online-Version, 1. Aufl. 2016

---

1 BFH v. 17.10.2013 - VI R 44/12, BStBl 2014 II 892.
2 R 8.1 Abs. 9 Nr. 3 Satz 4 LStR.
3 Unter NWB DokID: VAAAE-40524 sowie NWB DokID: ZAAAD-37232
4 Unter NWB DokID: YAAAB-04811.
5 BMF v. 4.4.2018, BStBl 2018 I 592, Tz. 2.3.f.
6 BMF v. 4.4.2018, BStBl 2018 I 592, Tz. 5.
7 BMF v. 16.5.2013, BStBl 2013 I 729.

e) Kapitalvermögen (§ 2 Absatz 1 Satz 1 Nummer 5 EStG)

§ 20 Kapitalvermögen

(1)[1] ¹Zu den Einkünften aus Kapitalvermögen gehören

1. Gewinnanteile (Dividenden), Ausbeuten und sonstige Bezüge aus Aktien, Genussrechten, mit denen das Recht am Gewinn und Liquidationserlös einer Kapitalgesellschaft verbunden ist, aus Anteilen an Gesellschaften mit beschränkter Haftung, an Erwerbs- und Wirtschaftsgenossenschaften sowie an bergbautreibenden Vereinigungen, die die Rechte einer juristischen Person haben. ²Zu den sonstigen Bezügen gehören auch verdeckte Gewinnausschüttungen. ³Die Bezüge gehören nicht zu den Einnahmen, soweit sie aus Ausschüttungen einer Körperschaft stammen, für die Beträge aus dem steuerlichen Einlagekonto im Sinne des § 27 des Körperschaftsteuergesetzes als verwendet gelten. ⁴Als sonstige Bezüge gelten auch Einnahmen, die anstelle der Bezüge im Sinne des Satzes 1 von einem anderen als dem Anteilseigner nach Absatz 5 bezogen werden, wenn die Aktien mit Dividendenberechtigung erworben, aber ohne Dividendenanspruch geliefert werden;

2. Bezüge, die nach der Auflösung einer Körperschaft oder Personenvereinigung im Sinne der Nummer 1 anfallen und die nicht in der Rückzahlung von Nennkapital bestehen; Nummer 1 Satz 3 gilt entsprechend. ²Gleiches gilt für Bezüge, die auf Grund einer Kapitalherabsetzung oder nach der Auflösung einer unbeschränkt steuerpflichtigen Körperschaft oder Personenvereinigung im Sinne der Nummer 1 anfallen und die als Gewinnausschüttung im Sinne des § 28 Absatz 2 Satz 2 und 4 des Körperschaftsteuergesetzes gelten;

3. Investmenterträge nach § 16 des Investmentsteuergesetzes;

3a. Spezial-Investmenterträge nach § 34 des Investmentsteuergesetzes;

4. Einnahmen aus der Beteiligung an einem Handelsgewerbe als stiller Gesellschafter und aus partiarischen Darlehen, es sei denn, dass der Gesellschafter oder Darlehensgeber als Mitunternehmer anzusehen ist. ²Auf Anteile des stillen Gesellschafters am Verlust des Betriebes sind § 15 Absatz 4 Satz 6 bis 8 und § 15a sinngemäß anzuwenden;

5. Zinsen aus Hypotheken und Grundschulden und Renten aus Rentenschulden. ²Bei Tilgungshypotheken und Tilgungsgrundschulden ist nur der Teil der Zahlungen anzusetzen, der als Zins auf den jeweiligen Kapitalrest entfällt;

6. der Unterschiedsbetrag zwischen der Versicherungsleistung und der Summe der auf sie entrichteten Beiträge (Erträge) im Erlebensfall oder bei Rückkauf des Vertrags bei Rentenversicherungen mit Kapitalwahlrecht, soweit nicht die lebenslange Rentenzahlung gewählt und erbracht wird, und bei Kapitalversicherungen mit Sparanteil, wenn der Vertrag nach dem 31. Dezember 2004 abgeschlossen worden ist. ²Wird die Versicherungsleistung nach Vollendung des 60. Lebensjahres des Steuerpflichtigen und nach Ablauf von zwölf Jahren seit dem Vertragsabschluss ausgezahlt, ist die Hälfte des Unterschieds-

---

1 Anm. d. Red.: Zur Anwendung des § 20 Abs. 1 siehe § 52 Abs. 28 Sätze 1 bis 10, 20 bis 22.

betrags anzusetzen. ³Bei entgeltlichem Erwerb des Anspruchs auf die Versicherungsleistung treten die Anschaffungskosten an die Stelle der vor dem Erwerb entrichteten Beiträge. ⁴Die Sätze 1 bis 3 sind auf Erträge aus fondsgebundenen Lebensversicherungen, auf Erträge im Erlebensfall bei Rentenversicherungen ohne Kapitalwahlrecht, soweit keine lebenslange Rentenzahlung vereinbart und erbracht wird, und auf Erträge bei Rückkauf des Vertrages bei Rentenversicherungen ohne Kapitalwahlrecht entsprechend anzuwenden. ⁵Ist in einem Versicherungsvertrag eine gesonderte Verwaltung von speziell für diesen Vertrag zusammengestellten Kapitalanlagen vereinbart, die nicht auf öffentlich vertriebene Investmentfondsanteile oder Anlagen, die die Entwicklung eines veröffentlichten Indexes abbilden, beschränkt ist, und kann der wirtschaftlich Berechtigte unmittelbar oder mittelbar über die Veräußerung der Vermögensgegenstände und die Wiederanlage der Erlöse bestimmen (vermögensverwaltender Versicherungsvertrag), sind die dem Versicherungsunternehmen zufließenden Erträge dem wirtschaftlich Berechtigten aus dem Versicherungsvertrag zuzurechnen; Sätze 1 bis 4 sind nicht anzuwenden. ⁶Satz 2 ist nicht anzuwenden, wenn

a) in einem Kapitallebensversicherungsvertrag mit vereinbarter laufender Beitragszahlung in mindestens gleichbleibender Höhe bis zum Zeitpunkt des Erlebensfalls die vereinbarte Leistung bei Eintritt des versicherten Risikos weniger als 50 Prozent der Summe der für die gesamte Vertragsdauer zu zahlenden Beiträge beträgt und

b) bei einem Kapitallebensversicherungsvertrag die vereinbarte Leistung bei Eintritt des versicherten Risikos das Deckungskapital oder den Zeitwert der Versicherung spätestens fünf Jahre nach Vertragsabschluss nicht um mindestens 10 Prozent des Deckungskapitals, des Zeitwerts oder der Summe der gezahlten Beiträge übersteigt. ²Dieser Prozentsatz darf bis zum Ende der Vertragslaufzeit in jährlich gleichen Schritten auf Null sinken.

⁷Hat der Steuerpflichtige Ansprüche aus einem von einer anderen Person abgeschlossenen Vertrag entgeltlich erworben, gehört zu den Einkünften aus Kapitalvermögen auch der Unterschiedsbetrag zwischen der Versicherungsleistung bei Eintritt eines versicherten Risikos und den Aufwendungen für den Erwerb und Erhalt des Versicherungsanspruches; insoweit findet Satz 2 keine Anwendung. ⁸Satz 7 gilt nicht, wenn die versicherte Person den Versicherungsanspruch von einem Dritten erwirbt oder aus anderen Rechtsverhältnissen entstandene Abfindungs- und Ausgleichsansprüche arbeitsrechtlicher, erbrechtlicher oder familienrechtlicher Art durch Übertragung von Ansprüchen aus Versicherungsverträgen erfüllt werden. ⁹Bei fondsgebundenen Lebensversicherungen sind 15 Prozent des Unterschiedsbetrages steuerfrei oder dürfen nicht bei der Ermittlung der Einkünfte abgezogen werden, soweit der Unterschiedsbetrag aus Investmenterträgen stammt;

7. Erträge aus sonstigen Kapitalforderungen jeder Art, wenn die Rückzahlung des Kapitalvermögens oder ein Entgelt für die Überlassung des Kapitalvermögens zur Nutzung zugesagt oder geleistet worden ist, auch wenn die Höhe der Rückzahlung oder des Entgelts von einem ungewissen Ereignis abhängt. ²Dies gilt unabhängig von der Bezeichnung und der zivilrechtlichen Ausgestaltung der Kapitalanlage. ³Erstattungszinsen im Sinne des § 233a der Abgabenordnung sind Erträge im Sinne des Satzes 1;

8. Diskontbeträge von Wechseln und Anweisungen einschließlich der Schatzwechsel;

9. Einnahmen aus Leistungen einer nicht von der Körperschaftsteuer befreiten Körperschaft, Personenvereinigung oder Vermögensmasse im Sinne des § 1 Absatz 1 Nummer 3 bis 5 des Körperschaftsteuergesetzes, die Gewinnausschüttungen im Sinne der Nummer 1 wirtschaftlich vergleichbar sind, soweit sie nicht bereits zu den Einnahmen im Sinne der Nummer 1 gehören; Nummer 1 Satz 2, 3 und Nummer 2 gelten entsprechend. ²Satz 1 ist auf Leistungen von vergleichbaren Körperschaften, Personenvereinigungen oder Vermögensmassen, die weder Sitz noch Geschäftsleitung im Inland haben, entsprechend anzuwenden;

10. a) Leistungen eines nicht von der Körperschaftsteuer befreiten Betriebs gewerblicher Art im Sinne des § 4 des Körperschaftsteuergesetzes mit eigener Rechtspersönlichkeit, die zu mit Gewinnausschüttungen im Sinne der Nummer 1 Satz 1 wirtschaftlich vergleichbaren Einnahmen führen; Nummer 1 Satz 2, 3 und Nummer 2 gelten entsprechend;

    b) der nicht den Rücklagen zugeführte Gewinn und verdeckte Gewinnausschüttungen eines nicht von der Körperschaftsteuer befreiten Betriebs gewerblicher Art im Sinne des § 4 des Körperschaftsteuergesetzes ohne eigene Rechtspersönlichkeit, der den Gewinn durch Betriebsvermögensvergleich ermittelt oder Umsätze einschließlich der steuerfreien Umsätze, ausgenommen die Umsätze nach § 4 Nummer 8 bis 10 des Umsatzsteuergesetzes, von mehr als 350 000 Euro im Kalenderjahr oder einen Gewinn von mehr als 30 000 Euro im Wirtschaftsjahr hat, sowie der Gewinn im Sinne des § 22 Absatz 4 des Umwandlungssteuergesetzes. ²Die Auflösung der Rücklagen zu Zwecken außerhalb des Betriebs gewerblicher Art führt zu einem Gewinn im Sinne des Satzes 1; in Fällen der Einbringung nach dem Sechsten und des Formwechsels nach dem Achten Teil des Umwandlungssteuergesetzes gelten die Rücklagen als aufgelöst. ³Bei dem Geschäft der Veranstaltung von Werbesendungen der inländischen öffentlich-rechtlichen Rundfunkanstalten gelten drei Viertel des Einkommens im Sinne des § 8 Absatz 1 Satz 3 des Körperschaftsteuergesetzes als Gewinn im Sinne des Satzes 1. ⁴Die Sätze 1 und 2 sind bei wirtschaftlichen Geschäftsbetrieben der von der Körperschaftsteuer befreiten Körperschaften, Personenvereinigungen oder Vermögensmassen entsprechend anzuwenden. ⁵Nummer 1 Satz 3 gilt entsprechend. ⁶Satz 1 in der am 12. Dezember 2006 geltenden Fassung ist für Anteile, die einbringungsgeboren im Sinne des § 21 des Umwandlungssteuergesetzes in der am 12. Dezember 2006 geltenden Fassung sind, weiter anzuwenden;

11. Stillhalterprämien, die für die Einräumung von Optionen vereinnahmt werden; schließt der Stillhalter ein Glattstellungsgeschäft ab, mindern sich die Einnahmen aus den Stillhalterprämien um die im Glattstellungsgeschäft gezahlten Prämien.

(2)[1] ¹Zu den Einkünften aus Kapitalvermögen gehören auch

1. der Gewinn aus der Veräußerung von Anteilen an einer Körperschaft im Sinne des Absatzes 1 Nummer 1. ²Anteile an einer Körperschaft sind auch Genussrechte im Sinne des Absatzes 1 Nummer 1, den Anteilen im Sinne des Absatzes 1 Nummer 1 ähnliche Beteiligungen und Anwartschaften auf Anteile im Sinne des Absatzes 1 Nummer 1;

---

1 Anm. d. Red.: Zur Anwendung des § 20 Abs. 2 siehe § 52 Abs. 28 Sätze 11 bis 17 und 19.

2. der Gewinn aus der Veräußerung

   a) von Dividendenscheinen und sonstigen Ansprüchen durch den Inhaber des Stammrechts, wenn die dazugehörigen Aktien oder sonstigen Anteile nicht mitveräußert werden. ²Soweit eine Besteuerung nach Satz 1 erfolgt ist, tritt diese insoweit an die Stelle der Besteuerung nach Absatz 1;

   b) von Zinsscheinen und Zinsforderungen durch den Inhaber oder ehemaligen Inhaber der Schuldverschreibung, wenn die dazugehörigen Schuldverschreibungen nicht mitveräußert werden. ²Entsprechendes gilt für die Einlösung von Zinsscheinen und Zinsforderungen durch den ehemaligen Inhaber der Schuldverschreibung.

   ²Satz 1 gilt sinngemäß für die Einnahmen aus der Abtretung von Dividenden- oder Zinsansprüchen oder sonstigen Ansprüchen im Sinne des Satzes 1, wenn die dazugehörigen Anteilsrechte oder Schuldverschreibungen nicht in einzelnen Wertpapieren verbrieft sind. ³Satz 2 gilt auch bei der Abtretung von Zinsansprüchen aus Schuldbuchforderungen, die in ein öffentliches Schuldbuch eingetragen sind;

3. der Gewinn

   a) bei Termingeschäften, durch die der Steuerpflichtige einen Differenzausgleich oder einen durch den Wert einer veränderlichen Bezugsgröße bestimmten Geldbetrag oder Vorteil erlangt;

   b) aus der Veräußerung eines als Termingeschäft ausgestalteten Finanzinstruments;

4. der Gewinn aus der Veräußerung von Wirtschaftsgütern, die Erträge im Sinne des Absatzes 1 Nummer 4 erzielen;

5. der Gewinn aus der Übertragung von Rechten im Sinne des Absatzes 1 Nummer 5;

6. der Gewinn aus der Veräußerung von Ansprüchen auf eine Versicherungsleistung im Sinne des Absatzes 1 Nummer 6. ²Das Versicherungsunternehmen hat nach Kenntniserlangung von einer Veräußerung unverzüglich Mitteilung an das für den Steuerpflichtigen zuständige Finanzamt zu machen und auf Verlangen des Steuerpflichtigen eine Bescheinigung über die Höhe der entrichteten Beiträge im Zeitpunkt der Veräußerung zu erteilen;

7. der Gewinn aus der Veräußerung von sonstigen Kapitalforderungen jeder Art im Sinne des Absatzes 1 Nummer 7;

8. der Gewinn aus der Übertragung oder Aufgabe einer die Einnahmen im Sinne des Absatzes 1 Nummer 9 vermittelnden Rechtsposition.

²Als Veräußerung im Sinne des Satzes 1 gilt auch die Einlösung, Rückzahlung, Abtretung oder verdeckte Einlage in eine Kapitalgesellschaft; in den Fällen von Satz 1 Nummer 4 gilt auch die Vereinnahmung eines Auseinandersetzungsguthabens als Veräußerung. ³Die Anschaffung oder Veräußerung einer unmittelbaren oder mittelbaren Beteiligung an einer Personengesellschaft gilt als Anschaffung oder Veräußerung der anteiligen Wirtschaftsgüter. ⁴Wird ein Zinsschein oder eine Zinsforderung vom Stammrecht abgetrennt, gilt dies als Veräußerung der Schuldverschreibung und als Anschaffung der durch die Trennung entstandenen Wirtschaftsgüter. ⁵Eine Trennung gilt als vollzogen, wenn dem Inhaber der Schuldverschreibung die Wertpapierkennnummern für die durch die Trennung entstandenen Wirtschaftsgüter zugehen.

(3) Zu den Einkünften aus Kapitalvermögen gehören auch besondere Entgelte oder Vorteile, die neben den in den Absätzen 1 und 2 bezeichneten Einnahmen oder an deren Stelle gewährt werden.

(3a) ¹Korrekturen im Sinne des § 43a Absatz 3 Satz 7 sind erst zu dem dort genannten Zeitpunkt zu berücksichtigen. ²Weist der Steuerpflichtige durch eine Bescheinigung der auszahlenden Stelle nach, dass sie die Korrektur nicht vorgenommen hat und auch nicht vornehmen wird, kann der Steuerpflichtige die Korrektur nach § 32d Absatz 4 und 6 geltend machen.

(4)¹ ¹Gewinn im Sinne des Absatzes 2 ist der Unterschied zwischen den Einnahmen aus der Veräußerung nach Abzug der Aufwendungen, die im unmittelbaren sachlichen Zusammenhang mit dem Veräußerungsgeschäft stehen, und den Anschaffungskosten; bei nicht in Euro getätigten Geschäften sind die Einnahmen im Zeitpunkt der Veräußerung und die Anschaffungskosten im Zeitpunkt der Anschaffung in Euro umzurechnen. ²In den Fällen der verdeckten Einlage tritt an die Stelle der Einnahmen aus der Veräußerung der Wirtschaftsgüter ihr gemeiner Wert; der Gewinn ist für das Kalenderjahr der verdeckten Einlage anzusetzen. ³Ist ein Wirtschaftsgut im Sinne des Absatzes 2 in das Privatvermögen durch Entnahme oder Betriebsaufgabe überführt worden, tritt an die Stelle der Anschaffungskosten der nach § 6 Absatz 1 Nummer 4 oder § 16 Absatz 3 angesetzte Wert. ⁴In den Fällen des Absatzes 2 Satz 1 Nummer 6 gelten die entrichteten Beiträge im Sinne des Absatzes 1 Nummer 6 Satz 1 als Anschaffungskosten; ist ein entgeltlicher Erwerb vorausgegangen, gelten auch die nach dem Erwerb entrichteten Beiträge als Anschaffungskosten. ⁵Gewinn bei einem Termingeschäft ist der Differenzausgleich oder der durch den Wert einer veränderlichen Bezugsgröße bestimmte Geldbetrag oder Vorteil abzüglich der Aufwendungen, die im unmittelbaren sachlichen Zusammenhang mit dem Termingeschäft stehen. ⁶Bei unentgeltlichem Erwerb sind dem Einzelrechtsnachfolger für Zwecke dieser Vorschrift die Anschaffung, die Überführung des Wirtschaftsguts in das Privatvermögen, der Erwerb eines Rechts aus Termingeschäften oder die Beiträge im Sinne des Absatzes 1 Nummer 6 Satz 1 durch den Rechtsvorgänger zuzurechnen. ⁷Bei vertretbaren Wertpapieren, die einem Verwahrer zur Sammelverwahrung im Sinne des § 5 des Depotgesetzes in der Fassung der Bekanntmachung vom 11. Januar 1995 (BGBl I S. 34), das zuletzt durch Artikel 4 des Gesetzes vom 5. April 2004 (BGBl I S. 502) geändert worden ist, in der jeweils geltenden Fassung anvertraut worden sind, ist zu unterstellen, dass die zuerst angeschafften Wertpapiere zuerst veräußert wurden. ⁸Ist ein Zinsschein oder eine Zinsforderung vom Stammrecht abgetrennt worden, gilt als Veräußerungserlös der Schuldverschreibung deren gemeiner Wert zum Zeitpunkt der Trennung. ⁹Für die Ermittlung der Anschaffungskosten ist der Wert nach Satz 8 entsprechend dem gemeinen Wert der neuen Wirtschaftsgüter aufzuteilen.

(4a)² ¹Werden Anteile an einer Körperschaft, Vermögensmasse oder Personenvereinigung gegen Anteile an einer anderen Körperschaft, Vermögensmasse oder Personenvereinigung getauscht und wird der Tausch auf Grund gesellschaftsrechtlicher Maßnahmen vollzogen, die von den beteiligten Unternehmen ausgehen, treten abweichend von Absatz 2 Satz 1 und den §§ 13 und 21 des Umwandlungssteuergesetzes die übernommenen Anteile steuerlich an die Stelle der bisherigen Anteile, wenn das Recht der Bundesrepublik Deutschland hinsichtlich der Besteuerung des Gewinns aus der Veräußerung der erhaltenen Anteile nicht ausgeschlossen

---

1 **Anm. d. Red.:** Zur Anwendung des § 20 Abs. 4 siehe § 52 Abs. 28 Satz 19.
2 **Anm. d. Red.:** Zur Anwendung des § 20 Abs. 4a siehe § 52 Abs. 28 Satz 18.

oder beschränkt ist oder die Mitgliedstaaten der Europäischen Union bei einer Verschmelzung Artikel 8 der Richtlinie 90/434/EWG anzuwenden haben; in diesem Fall ist der Gewinn aus einer späteren Veräußerung der erworbenen Anteile ungeachtet der Bestimmungen eines Abkommens zur Vermeidung der Doppelbesteuerung in der gleichen Art und Weise zu besteuern, wie die Veräußerung der Anteile an der übertragenden Körperschaft zu besteuern wäre, und § 15 Absatz 1a Satz 2 entsprechend anzuwenden. ²Erhält der Steuerpflichtige in den Fällen des Satzes 1 zusätzlich zu den Anteilen eine Gegenleistung, gilt diese als Ertrag im Sinne des Absatzes 1 Nummer 1. ³Besitzt bei sonstigen Kapitalforderungen im Sinne des Absatzes 1 Nummer 7 der Inhaber das Recht, bei Fälligkeit anstelle der Zahlung eines Geldbetrags vom Emittenten die Lieferung von Wertpapieren zu verlangen oder besitzt der Emittent das Recht, bei Fälligkeit dem Inhaber anstelle der Zahlung eines Geldbetrags Wertpapiere anzudienen und machen der Inhaber der Forderung oder der Emittent von diesem Recht Gebrauch, ist abweichend von Absatz 4 Satz 1 das Entgelt für den Erwerb der Forderung als Veräußerungspreis der Forderung und als Anschaffungskosten der erhaltenen Wertpapiere anzusetzen; Satz 2 gilt entsprechend. ⁴Werden Bezugsrechte veräußert oder ausgeübt, die nach § 186 des Aktiengesetzes, § 55 des Gesetzes betreffend die Gesellschaften mit beschränkter Haftung oder eines vergleichbaren ausländischen Rechts einen Anspruch auf Abschluss eines Zeichnungsvertrags begründen, wird der Teil der Anschaffungskosten der Altanteile, der auf das Bezugsrecht entfällt, bei der Ermittlung des Gewinns nach Absatz 4 Satz 1 mit 0 Euro angesetzt. ⁵Werden einem Steuerpflichtigen Anteile im Sinne des Absatzes 2 Satz 1 Nummer 1 zugeteilt, ohne dass dieser eine gesonderte Gegenleistung zu entrichten hat, werden der Ertrag und die Anschaffungskosten dieser Anteile mit 0 Euro angesetzt, wenn die Voraussetzungen der Sätze 3 und 4 nicht vorliegen und die Ermittlung der Höhe des Kapitalertrags nicht möglich ist. ⁶Soweit es auf die steuerliche Wirksamkeit einer Kapitalmaßnahme im Sinne der vorstehenden Sätze 1 bis 5 ankommt, ist auf den Zeitpunkt der Einbuchung in das Depot des Steuerpflichtigen abzustellen. ⁷Geht Vermögen einer Körperschaft durch Abspaltung auf andere Körperschaften über, gelten abweichend von Satz 5 und § 15 des Umwandlungssteuergesetzes die Sätze 1 und 2 entsprechend.

(5) ¹Einkünfte aus Kapitalvermögen im Sinne des Absatzes 1 Nummer 1 und 2 erzielt der Anteilseigner. ²Anteilseigner ist derjenige, dem nach § 39 der Abgabenordnung die Anteile an dem Kapitalvermögen im Sinne des Absatzes 1 Nummer 1 im Zeitpunkt des Gewinnverteilungsbeschlusses zuzurechnen sind. ³Sind einem Nießbraucher oder Pfandgläubiger die Einnahmen im Sinne des Absatzes 1 Nummer 1 oder 2 zuzurechnen, gilt er als Anteilseigner.

(6) ¹Verluste aus Kapitalvermögen dürfen nicht mit Einkünften aus anderen Einkunftsarten ausgeglichen werden; sie dürfen auch nicht nach § 10d abgezogen werden. ²Die Verluste mindern jedoch die Einkünfte, die der Steuerpflichtige in den folgenden Veranlagungszeiträumen aus Kapitalvermögen erzielt. ³§ 10d Absatz 4 ist sinngemäß anzuwenden. ⁴Verluste aus Kapitalvermögen im Sinne des Absatzes 2 Satz 1 Nummer 1 Satz 1, die aus der Veräußerung von Aktien entstehen, dürfen nur mit Gewinnen aus Kapitalvermögen im Sinne des Absatzes 2 Satz 1 Nummer 1 Satz 1, die aus der Veräußerung von Aktien entstehen, ausgeglichen werden; die Sätze 2 und 3 gelten sinngemäß. ⁵Verluste aus Kapitalvermögen, die der Kapitalertragsteuer unterliegen, dürfen nur verrechnet werden oder mindern die Einkünfte, die der Steuerpflichtige in den folgenden Veranlagungszeiträumen aus Kapitalvermögen erzielt, wenn eine Bescheinigung im Sinne des § 43a Absatz 3 Satz 4 vorliegt.

(7) ¹§ 15b ist sinngemäß anzuwenden. ²Ein vorgefertigtes Konzept im Sinne des § 15b Absatz 2 Satz 2 liegt auch vor, wenn die positiven Einkünfte nicht der tariflichen Einkommensteuer unterliegen.

(8) ¹Soweit Einkünfte der in den Absätzen 1, 2 und 3 bezeichneten Art zu den Einkünften aus Land- und Forstwirtschaft, aus Gewerbebetrieb, aus selbständiger Arbeit oder aus Vermietung und Verpachtung gehören, sind sie diesen Einkünften zuzurechnen. ²Absatz 4a findet insoweit keine Anwendung.

(9) ¹Bei der Ermittlung der Einkünfte aus Kapitalvermögen ist als Werbungskosten ein Betrag von 801 Euro abzuziehen (Sparer-Pauschbetrag); der Abzug der tatsächlichen Werbungskosten ist ausgeschlossen. ²Ehegatten, die zusammen veranlagt werden, wird ein gemeinsamer Sparer-Pauschbetrag von 1 602 Euro gewährt. ³Der gemeinsame Sparer-Pauschbetrag ist bei der Einkunftsermittlung bei jedem Ehegatten je zur Hälfte abzuziehen; sind die Kapitalerträge eines Ehegatten niedriger als 801 Euro, so ist der anteilige Sparer-Pauschbetrag insoweit, als er die Kapitalerträge dieses Ehegatten übersteigt, bei dem anderen Ehegatten abzuziehen. ⁴Der Sparer-Pauschbetrag und der gemeinsame Sparer-Pauschbetrag dürfen nicht höher sein als die nach Maßgabe des Absatzes 6 verrechneten Kapitalerträge.

Inhaltsübersicht

	Rz.
A. Allgemeine Erläuterungen	1 – 33
I. Normzweck und wirtschaftliche Bedeutung der Vorschrift	2 – 3
II. Entstehung und Entwicklung der Vorschrift	4 – 14
III. Geltungsbereich	15 – 16
1. Persönlicher Geltungsbereich	15
2. Sachlicher Geltungsbereich	16
IV. Vereinbarkeit der Vorschrift mit höherrangigem Recht	17 – 24
1. Beschränkung der Verlustverrechnung	18 – 19
2. Abzugsverbot für Werbungskosten	20 – 24
V. Verhältnis zu anderen Vorschriften	25 – 33
1. Durchbrechung des Prinzips der Einheitssteuer (§ 2 Abs. 5b EStG)	27
2. Teileinkünfteverfahren bei Beteiligungen im Betriebsvermögen (§ 3 Abs. 40 EStG, § 3c Abs. 2 EStG)	28 – 29
3. Gewerbliche Einkünfte bei Beteiligungen im Privatvermögen (§ 17 EStG)	30 – 33
B. Systematische Kommentierung	34 – 477
I. Kapitalerträge (§ 20 Abs. 1 EStG)	34 – 149
1. Beteiligungsbezüge (§ 20 Abs. 1 Nr. 1 Satz 1 EStG)	34 – 41
2. Verdeckte Gewinnausschüttungen (§ 20 Abs. 1 Nr. 1 Satz 2 EStG)	42 – 43
3. Zurückgewährte Einlage (§ 20 Abs. 1 Nr. 1 Satz 3 EStG)	44
4. Dividendenkompensationszahlungen (§ 20 Abs. 1 Nr. 1 Satz 4 EStG)	45 – 59
5. Bezüge bei Auflösung und Kapitalherabsetzung (§ 20 Abs. 1 Nr. 2 EStG)	60 – 61
a) Nicht in Nennkapital bestehende Kapitalrückzahlung (§ 20 Abs. 1 Nr. 2 Satz 1 EStG)	60
b) Rückzahlung in Nennkapital umgewandelter Gewinnrücklagen (§ 20 Abs. 1 Nr. 2 Satz 2 EStG)	61
6. Investmenterträge	62 – 64
a) Investmenterträge nach § 16 des Investmentsteuergesetzes (§ 20 Abs. 1 Nr. 3 EStG)	63
b) Spezial-Investmenterträge nach § 34 des Investmentsteuergesetzes (§ 20 Abs. 1 Nr. 3a EStG)	64
7. Einnahmen aus stillen Gesellschaften und partiarischen Darlehen (§ 20 Abs. 1 Nr. 4 EStG)	65 – 84

	a)	Stille Gesellschaft (§ 20 Abs. 1 Nr. 4 Satz 1 Alt. 1 EStG)	66 – 67
		aa) Voraussetzungen einer stillen Gesellschaft	66
		bb) Besondere Formen einer stillen Gesellschaft	67
	b)	Partiarische Darlehen (§ 20 Abs. 1 Nr. 4 Satz 1 Alt. 2 EStG)	68
	c)	Einnahmen aus der Beteiligung	69 – 71
	d)	Gesellschafter oder Darlehensgeber als Mitunternehmer	72
	e)	Anwendung von § 15 Abs. 4 Satz 6 bis 8 und § 15a EStG (§ 20 Abs. 1 Nr. 4 Satz 2 EStG)	73 – 84
		aa) Sinngemäße Anwendung von § 15 Abs. 4 Satz 6 bis 8 EStG	73
		bb) Sinngemäße Anwendung von § 15a EStG	74 – 84
8.	Zinsen aus Grundpfandrechten (§ 20 Abs. 1 Nr. 5 EStG)		85 – 90
9.	Erträge aus Lebensversicherungen (§ 20 Abs. 1 Nr. 6 EStG)		91 – 104
	a)	Steuerpflichtiger Unterschiedsbetrag (§ 20 Abs. 1 Nr. 6 Satz 1 EStG)	91 – 95
	b)	Begünstigung (§ 20 Abs. 1 Nr. 6 Satz 2 EStG)	96
	c)	Entgeltlicher Erwerb des Versicherungsvertrags (§ 20 Abs. 1 Nr. 6 Satz 3 EStG)	97
	d)	Entsprechende Anwendung des § 20 Abs. 1 Nr. 6 Satz 1 bis 3 EStG (§ 20 Abs. 1 Nr. 6 Satz 4 EStG)	98 – 99
	e)	Vermögensverwaltende Versicherungsverträge (§ 20 Abs. 1 Nr. 6 Satz 5 EStG)	100 – 101
	f)	Mindeststandards für den Todesfallschutz (§ 20 Abs. 1 Nr. 6 Satz 6 EStG)	102
	g)	Entgeltlicher Erwerb von Versicherungsansprüchen (§ 20 Abs. 1 Nr. 6 Satz 7 und 8 EStG)	103 – 104
	h)	Fondsgebundene Lebensversicherungen (§ 20 Abs. 1 Nr. 6 Satz 9 EStG)	
10.	Erträge aus sonstigen Kapitalforderungen (§ 20 Abs. 1 Nr. 7 EStG)		105 – 107
11.	Diskontbeträge von Wechseln und Anweisungen (§ 20 Abs. 1 Nr. 8 EStG)		108
12.	Einnahmen aus Körperschaften i. S. d. § 1 Abs. 1 Nr. 3 bis 5 KStG (§ 20 Abs. 1 Nr. 9 EStG)		109 – 129
13.	Leistungen von Betrieben gewerblicher Art und wirtschaftlichen Geschäftsbetrieben (§ 20 Abs. 1 Nr. 10 EStG)		130 – 134
	a)	Betriebe gewerblicher Art mit eigener Rechtspersönlichkeit	132
	b)	Betriebe gewerblicher Art ohne eigene Rechtspersönlichkeit	133 – 134
14.	Stillhalterprämien (§ 20 Abs. 1 Nr. 11 EStG)		135 – 149
II.	Veräußerungsgewinne (§ 20 Abs. 2 EStG)		150 – 234
1.	Gewinn aus der Veräußerung von Beteiligungen (§ 20 Abs. 2 Satz 1 Nr. 1 EStG)		150 – 152
	a)	Grundsätzliches	150
	b)	Körperschaft i. S. v. § 20 Abs. 1 Nr. 1 EStG	151
	c)	Anteile an einer Körperschaft	152
2.	Gewinn aus der Veräußerung von Dividenden- und Zinsscheinen (§ 20 Abs. 2 Satz 1 Nr. 2 EStG)		153 – 169
	a)	Veräußerung von Dividenden- und sonstigen Ansprüchen (§ 20 Abs. 2 Satz 1 Nr. 2 Buchst. a EStG)	153 – 157
	b)	Veräußerung von Zinsscheinen und -forderungen (§ 20 Abs. 2 Satz 1 Nr. 2 Buchst. b EStG)	158 – 169
3.	Gewinn aus Termingeschäften (§ 20 Abs. 2 Satz 1 Nr. 3 EStG)		170 – 182
	a)	Begriff des Termingeschäfts	170 – 171
	b)	Realisierung des Termingeschäfts	172 – 182
		aa) Differenzausgleich (§ 20 Abs. 2 Satz 1 Nr. 3 Buchst. a EStG)	172 – 175
		bb) Veräußerungsgewinn aus als Termingeschäft ausgestaltetem Finanzinstrument (§ 20 Abs. 2 Satz 1 Nr. 3 Buchst. b EStG)	176

	cc) Lieferung des Basiswerts	177 – 178
	dd) Verfall	179 – 181
	ee) Verlust	182
4.	Gewinn aus der Veräußerung von Wirtschaftsgütern mit Erträgen i. S. d. § 20 Abs. 1 Nr. 4 EStG (§ 20 Abs. 2 Satz 1 Nr. 4 EStG)	183
5.	Gewinn aus der Übertragung von Grundpfandrechten i. S. d. § 20 Abs. 1 Nr. 5 EStG (§ 20 Abs. 2 Satz 1 Nr. 5 EStG)	184 – 194
6.	Gewinn aus der Übertragung von Versicherungsansprüchen i. S. d. § 20 Abs. 1 Nr. 6 EStG (§ 20 Abs. 2 Satz 1 Nr. 6 EStG)	195 – 196
7.	Gewinn aus der Veräußerung von sonstigen Kapitalforderungen i. S. d. § 20 Abs. 1 Nr. 7 EStG (§ 20 Abs. 2 Satz 1 Nr. 7 EStG)	197 – 199
8.	Gewinn aus der Übertragung oder Aufgabe einer i. S. d. § 20 Abs. 1 Nr. 9 EStG vermittelnden Rechtsposition (§ 20 Abs. 2 Satz 1 Nr. 8 EStG)	200 – 209
9.	Veräußerungssurrogate (§ 20 Abs. 2 Satz 2 EStG)	210 – 217
10.	Veräußerung der Beteiligung an einer Personengesellschaft (§ 20 Abs. 2 Satz 3 EStG)	218 – 234
III.	Besondere Entgelte und Vorteile (§ 20 Abs. 3 EStG)	235 – 244
1.	Allgemeines	235
2.	Umfang	236
3.	Rechtsfolge	237
4.	ABC der besonderen Entgelte und Vorteile	238 – 244
IV.	Vorrangige Korrektur nach § 43 Abs. 3 Satz 7 EStG (§ 20 Abs. 3a EStG)	245 – 269
1.	Allgemeines	245 – 247
2.	Korrekturen im Abzugsverfahren (§ 20 Abs. 3a Satz 1 EStG)	248 – 254
3.	Möglichkeit der Veranlagung (§ 20 Abs. 3a Satz 2 EStG)	255 – 269
VI.	Gewinnbegriff (§ 20 Abs. 4 EStG)	270 – 309
1.	Allgemeines	270
2.	Unterschiedsbetrag (§ 20 Abs. 4 Satz 1 1. Halbsatz EStG)	271 – 284
3.	Fremdwährungsbeträge (§ 20 Abs. 4 Satz 1 2. Halbsatz EStG)	285
4.	Verdeckte Einlage (§ 20 Abs. 4 Satz 2 EStG)	286
5.	Anschaffungskosten bei Entnahme oder Betriebsaufgabe (§ 20 Abs. 4 Satz 3 EStG)	287
6.	Anschaffungskosten bei Übertragung von Ansprüchen auf eine Versicherungsleistung (§ 20 Abs. 4 Satz 4 EStG)	288
7.	Gewinn bei Termingeschäften (§ 20 Abs. 4 Satz 5 EStG)	289 – 290
8.	Zurechnung der Anschaffungskosten bei Einzelrechtsnachfolge im Falle eines unentgeltlichen Erwerbs (§ 20 Abs. 4 Satz 6 EStG)	291
9.	Fifo-Verfahren (§ 20 Abs. 4 Satz 7 EStG)	292 – 309
VII.	Kapitalmaßnahmen ohne Geldzahlung (§ 20 Abs. 4a EStG)	310 – 384
1.	Allgemeines	310 – 313
2.	Anteilstausch bei bestimmten Kapitalmaßnahmen (§ 20 Abs. 4a Satz 1 EStG)	314 – 334
	a) Tatbestandsvoraussetzungen	314 – 322
	aa) Anteile an einer Körperschaft, Vermögensmasse oder Personenvereinigung	315
	bb) Tauschvorgang aufgrund gesellschaftsrechtlicher Maßnahme	316 – 318
	cc) Kein Ausschluss und keine Beschränkung des deutschen Besteuerungsrechts	319 – 322
	b) Rechtsfolge	323 – 334
3.	Besteuerung der Barkomponente (§ 20 Abs. 4a Satz 2 EStG)	335
4.	Steuerneutralität bei Lieferoptionen (§ 20 Abs. 4a Satz 3 EStG)	336 – 349
	a) Tatbestandsvoraussetzungen	337 – 339
	b) Rechtsfolgen	340 – 349

5.	Besteuerung bei Bezugsrechten (§ 20 Abs. 4a Satz 4 EStG)	350 - 357
	a) Hintergrund der Regelung	350
	b) Tatbestandsvoraussetzungen	351 - 354
	c) Rechtsfolgen	355 - 357
6.	Zuteilung von Anteilen ohne gesonderte Gegenleistung (§ 20 Abs. 4a Satz 5 EStG)	358 - 364
	a) Tatbestandsvoraussetzungen	359 - 363
	b) Rechtsfolge	364
7.	Zeitpunkt von Kapitalmaßnahmen (§ 20 Abs. 4a Satz 6 EStG)	365
8.	Abspaltung von Körperschaften (§ 20 Abs. 4a Satz 7 EStG)	366 - 384
VII.	Zurechnung (§ 20 Abs. 5 EStG)	385 - 399
1.	Begriff des Anteilseigners (§ 20 Abs. 5 Satz 2 EStG)	386 - 387
2.	Fiktion des Anteilseigners (§ 20 Abs. 5 Satz 3 EStG)	388 - 391
3.	ABC der Zurechnung von Erträgen aus Kapitalvermögen	392 - 399
VIII.	Verrechnung von Kapitalvermögensverlusten (§ 20 Abs. 6 EStG)	400 - 429
1.	Grundsätzliches	400
2.	Begrenzung des Verlustausgleichs und -abzugs auf Kapitaleinkünfte (§ 20 Abs. 6 Satz 1 bis 3 EStG)	401 - 407
	a) Verbot des Verlustausgleichs und -abzugs (§ 20 Abs. 6 Satz 1 EStG)	401 - 404
	b) Verlustvortrag (§ 20 Abs. 6 Satz 2 bis 3 EStG)	405 - 407
3.	Verluste aus privaten Veräußerungsgeschäften mit Aktien (§ 20 Abs. 6 Satz 4 EStG)	408 - 411
4.	Verhinderung des doppelten Verlustabzugs (§ 20 Abs. 6 Satz 5 EStG)	412 - 429
IX.	Verluste von Steuerstundungsmodellen (§ 20 Abs. 7 EStG)	430 - 454
1.	Allgemeines	430 - 432
2.	Sinngemäße Anwendung des § 15b EStG (§ 20 Abs. 7 Satz 1 EStG)	433 - 440
	a) Tatbestand der Verlustverrechnungsbeschränkung des § 15b Abs. 1 und Abs. 2 EStG	433 - 437
	b) Nichtaufgriffsgrenze des § 15b Abs. 3 EStG	438
	c) Rechtsfolge der Verlustverrechnungsbeschränkung des § 15b EStG	439
	d) Gesonderte Feststellung des nicht ausgleichsfähigen Verlusts nach § 15b Abs. 4 EStG	440
3.	Ausnutzung eines Steuergefälles (§ 20 Abs. 7 Satz 2 EStG)	441 - 454
X.	Subsidiarität (§ 20 Abs. 8 EStG)	455 - 469
XI.	Sparer-Pauschbetrag (§ 20 Abs. 9 EStG)	470 - 477
1.	Werbungskostenpauschbetrag und -abzugsverbot (§ 20 Abs. 9 Satz 1 EStG)	471 - 473
2.	Ehegatten-Sparer-Pauschbetrag (§ 20 Abs. 9 Satz 2 bis 3 EStG)	474 - 476
3.	Begrenzung des Sparer-Pauschbetrags (§ 20 Abs. 9 Satz 4 EStG)	477

LITERATUR:

Hagemann/Kahlenberg, Steuerfreie Einnahmen aus Redeemable Preference Shares, zu FG Düsseldorf, Urteil v. 20. 8. 2013 - 6 K 4183/11, IWB 2013, 879; *Ronig*, Kapitaleinkünfte zum Jahreswechsel 2014/2015, NWB-EV 2014, 413; *Werner*, Selbstgenutzte Auslandsimmobilien als Steuerfalle – Einkünfte aus Kapitalvermögen aus verdeckter Gewinnausschüttung und Wechsel des Besteuerungsrechts ab 2013, NWB-EV 2014, 338; *Welker*, Der richtige Umgang mit Altverträgen und die Einsatzmöglichkeiten heute, NWB-EV 2015, 31; *Engelberth*, Behandlung nachträglicher Schuldzinsen, NWB 2016, 20; *Levedag*, Besteuerung der Erträge privater Anleger aus schwarzen und intransparenten Investmentfonds, IWB 2016, 262; *Karrenbrock*, Verlustausgleich abgeltend besteuerter negativer Einkünfte aus Kapitalvermögen im Wege der Günstigerprüfung, NWB 2017, 1416; *Welker*, Berücksichtigung von Verlusten aus der Veräußerung einer fondsgebundenen Lebensversicherung, NWB 2017, 4011.

A. Allgemeine Erläuterungen

1   Die Norm des § 20 EStG befasst sich mit der Besteuerung der Kapitaleinkünfte, die eine eigene Einkunftsart „Einkünfte aus Kapitalvermögen" darstellen (vgl. § 2 Abs. 1 Nr. 5 EStG). Die Besteuerung der Kapitaleinkünfte unterliegt innerhalb des EStG weitgehend einem eigenen, geschlossenen System. Dies erklärt, weshalb § 20 EStG in sich abgeschlossen die grundlegenden Regelungen für eine Besteuerung enthält (so z. B. den Gegenstand der Besteuerung in den Abs. 1 und 2, die Bemessungsgrundlage in den Abs. 4, 4a und 9, Einzelfragen der persönlichen Zurechnung in Abs. 5 sowie Verlustausgleichsbeschränkungen in Abs. 6 und 7), so dass für die Besteuerung der Kapitaleinkünfte in weiten Teilen (und mit Ausnahme der Vorschriften zur Abgeltungsteuer) nicht auf andere Vorschriften des EStG zu rekurrieren braucht. Die durch das UntStRefG 2008 mit der Abgeltungsteuer als Schedule eingeführten Besonderheiten der Einkünfte aus Kapitalvermögen bedingen eine tatsächliche (widerlegbare) Vermutung der Einkünfteerzielungsabsicht.[1] Im Einzelnen:

- § 20 Abs. 1 EStG enthält die abschließende Aufzählung der Erträge (Einnahmen), die den Einkünften aus Kapitalvermögen zuzurechnen sind. Dabei handelt es sich im Wesentlichen um die laufenden Einnahmen aus der jeweiligen Nutzung des Kapitalvermögens (Fruchtziehung).

- In § 20 Abs. 2 EStG werden abschließend bestimmte Tatbestände von Wertsteigerungen (Einnahmen aus der Veräußerung, Einlösung oder Abtretung von Kapitalbeteiligungen und Kapitalforderungen) im Privatvermögen den Kapitaleinkünften zugeordnet.

- § 20 Abs. 3 EStG ordnet die Einbeziehung von Einnahmesurrogaten in Form von besonderen Entgelten oder Vorteilen in den Besteuerungstatbestand an.

- § 20 Abs. 3a EStG steht im Zusammenhang mit den durch § 43a Abs. 3 Satz 7 EStG eröffneten Korrekturmöglichkeiten der KapESt-Ermittlung.

- § 20 Abs. 4 EStG regelt die Bemessungsgrundlage für die in § 20 Abs. 2 EStG genannten Veräußerungstatbestände.

- § 20 Abs. 4a EStG befasst sich mit der Gewinnbesteuerung bei bestimmten gesellschaftsrechtlichen Kapitalmaßnahmen (Tausch von Anteilen an unbeschränkt steuerpflichtigen und beschränkt steuerpflichtigen Körperschaften im EU-/EWR-Ausland) sowie bei der Ausübung von Andienungs- und Bezugsrechten.

- § 20 Abs. 5 EStG definiert, wer Anteilseigner ist oder als Anteilseigner gilt. Dies geschieht zum Zweck der persönlichen Zurechnung der Einkünfte gem. § 20 Abs. 1 Nr. 1 und 2 EStG.

- § 20 Abs. 6 EStG enthält materiell- und verfahrensrechtliche Regelungen zur Verlustverrechnung, zum Verlustausgleich und zum Verlustabzug im Zusammenhang mit Verlusten aus der Veräußerung von Kapitalvermögen.

- § 20 Abs. 7 EStG erstreckt die Regelung zur eingeschränkten Verlustberücksichtigung nach § 15b EStG auf die Einkünfte aus Kapitalvermögen.

- § 20 Abs. 8 EStG bestimmt den Vorrang der anderen Einkunftsarten (Subsidiarität).

- In § 20 Abs. 9 EStG wird der sog. Sparer-Pauschbetrag von 801 € und der Ausschluss des Abzugs der tatsächlichen Werbungskosten geregelt. Es gelten Sonderregeln für Ehegatten und Lebenspartner (§ 2 Abs. 8 EStG).

---

1 BFH v. 14.3.2017 - VIII R 38/15, BStBl 2017 II 1040.

I. Normzweck und wirtschaftliche Bedeutung der Vorschrift

§ 20 EStG konkretisiert die Einkunftsart der Einkünfte aus Kapitalvermögen nach § 2 Abs. 1 Satz 1 Nr. 5 EStG, die zu den der Einkommensteuer unterliegenden Einkunftsarten zählt. Statt einer allgemeinen Definition, was Einkünfte aus Kapitalvermögen sind, enumeriert § 20 EStG in seinen Absätzen 1 bis 3 diejenigen Einnahmen, die zu diesen Einkünften gehören.

Die Aufzählung ist **abschließend** und darf nicht durch völlig neue Punkte ergänzt werden. Wie im allgemeinen Verwaltungsrecht auch verbietet sich grundsätzlich eine analoge Anwendung des § 20 EStG auf nicht erfasste Einnahmen, da es im Bereich der Eingriffsverwaltung grundsätzlich unzulässig ist, die gesetzliche Ermächtigungsgrundlage für einen belastenden Verwaltungsakt im Wege der analogen Anwendung einer Eingriffsnorm zu gewinnen.[1] Das Bedürfnis nach einer grundsätzlichen Offenheit des Besteuerungstatbestands des § 20 EStG ist weder erforderlich noch rechtsstaatlich vertretbar, da insbesondere die weite Generalklausel in § 20 Abs. 1 Nr. 7 Satz 1 EStG und die allgemeine Öffnungsklausel in § 20 Abs. 3 EStG einen ausreichenden Spielraum schaffen, um nicht ausdrücklich genannte Einnahmen aus Kapitalvermögen zu erfassen.[2] Zudem erlaubt der Katalog des § 20 EStG über den Wortlaut des einzelnen Einnahmetatbestands hinaus, auch solche Einnahmen der Besteuerung zu unterwerfen, die nach dem Sinn und Zweck der einschlägigen Norm erfasst werden sollen (so z. B. in § 20 Abs. 1 Nr. 1 Satz 1 EStG Einnahmen aus dort nicht ausdrücklich erwähnten Beteiligungsformen oder Gewinnanteile aus Gesellschaften ausländischen Rechts).

II. Entstehung und Entwicklung der Vorschrift

Die Vorschrift beruht im Kern auf § 37 EStG 1925 und wurde als § 20 in das EStG 1934 übernommen.[3] In der Folgezeit wurde der Einnahmekatalog der Absätze 1 und 2 vereinzelt ergänzt oder um neue Einnahmetatbestände erweitert sowie (durch das EStRefG 1974[4]) ein Sparerfreibetrag eingeführt. Mit dem **ZinsabschlagG** v. 9. 11. 1992[5] hat der Gesetzgeber ein Kapitalertragsteuerabzug bei Zinserträgen eingeführt sowie im Gegenzug die Sparerfreibeträge (von bei Alleinstehenden 600 DM/bei Ehegatten 1 200 DM auf bei Alleinstehenden 6 000 DM/bei Ehegatten 12 000 DM) verzehnfacht. Dies war die vom Gesetzgeber gezogene Konsequenz aus dem bis dahin bestehenden erheblichen Erhebungsdefizit, welches vom BVerfG im Lichte des auch bei der Durchsetzung des Steueranspruchs in der Steuererhebung bestehenden Gleichheitsgrundsatzes nach Art. 3 Abs. 1 GG beanstandet worden war,[6] statt ein umfassendes System von Kontrollmitteilungen einzuführen (vgl. auch Schutz von Bankkunden nach § 30a AO). Die Reaktionen auf die Einführung dieses Zinsabschlags waren im Wesentlichen zweifach: Neben einer erheblichen Verlagerung von Kapitalvermögen in das Ausland, entwickelten die Kreditinstitute verstärkt sog. Finanzinnovationen, die zum Gegenstand hatten, den wirtschaftlichen Vorteil von der (quellensteuerpflichtigen) Ertragsebene auf die (quellensteuerfreie und im Zweifel auch nicht steuerbare) Vermögensebene zu verlagern. Der Gesetzgeber versuchte dieser Entwicklung, steuerpflichtige Kapitalerträge als steuerfreier Kursgewinn erscheinen zu

---

1 Vgl. BVerfG v. 14. 8. 1996 - 2 BvR 2088/93, NJW 1996, 3146; a. A. evtl. BFH v. 3. 11. 1961 - VI 42/60, BStBl 1962 III 7; s. ferner BFH v. 14. 2. 1984 - VIII R 126/82, BStBl 1984 II 580.
2 Vgl. *Ratschow* in Blümich, § 20 EStG Rz. 4.
3 Vgl. hierzu Begründung zum EStG 1934, RStBl 1935, 44.
4 BGBl 1974 I 1769.
5 BGBl 1992 I 1853.
6 Vgl. BVerfG v. 27. 6. 1991 - 2 BvR 1493/89, BStBl 1991 II 654.

lassen, entgegenzusteuern, indem er mit dem **StMBG** v. 21.12.1993[1] § 20 Abs. 1 Nr. 7 EStG und § 20 Abs. 2 EStG erheblich änderte und verschärfte. Die hohen Steuerfreibeträge, ursprünglich eingeführt, um den Forderungen des BVerfG zu entsprechen, wurden durch das **StEntlG 1999/2000/2002** v. 24.3.1999[2] halbiert. Durch das **StSenkG** v. 23.10.2000[3] ist das Verfahren der *Vollanrechnung der Körperschaftsteuer* bei der Dividendenbesteuerung des Anteilseigners durch das *Halbeinkünfteverfahren* ersetzt und eine Reihe von Katalogtatbeständen in § 20 Abs. 1 EStG geändert (z. B. Nr. 1 und 2), aufgehoben (Nr. 3) oder neu geschaffen (Nr. 9 und 10) worden. Das **StÄndG 2001** v. 20.12.2001[4] hat in § 20 Abs. 2 Satz 1 EStG die Finanzinnovationen ohne Emissionsrendite in die Marktrenditenbesteuerung einbezogen; außerdem hat es die Ertragsermittlung dieser Finanzanlagen in ausländischer Währung neu bestimmt. Durch das **UntStFG** v. 20.12.2001[5] wurden u. a. § 20 Abs. 1 Nr. 1, 2, 9 und 10 EStG (teilweise auch nur redaktionell) geändert. Das KleinUntFG v. 31.7.2003[6] hat die Buchführungspflichtgrenzen in Abs. 1 Nr. 10 Buchst. b Satz 1 ab dem VZ 2004 auf 350 000 € beim Umsatz und auf 30 000 € beim Gewinn erhöht. Mit dem ProtErklG v. 22.12.2003[7] ist Abs. 1 Nr. 4 Satz 2 um die sinngemäße Anwendung des § 15 Abs. 4 Satz 6 bis 8 EStG ergänzt worden. Durch das **HBeglG 2004** v. 29.12.2003[8] ist der Sparer-Freibetrag auf 1 370 € (bei Alleinstehenden)/2 740 € (bei Ehegatten) ab VZ 04 herabgesetzt worden. Das AltEinkG v. 5.7.2004[9] hat die Besteuerung von Erträgen aus Kapitallebensversicherungen und Rentenversicherungen mit Kapitalwahlrecht neu geregelt und ausgeweitet. Das Gesetz zur Beschränkung der Verlustverrechnung im Zusammenhang mit Steuerstundungsmodellen v. 22.12.2005[10] führt zur sinngemäßen Anordnung des § 15b EStG in § 20 Abs. 1 EStG. Das **StÄndG 2007** v. 19.7.2006[11] hat den Sparerfreibetrag mit Wirkung ab dem 1.1.2007 bei Alleinstehenden auf 750 € bzw. bei Ehegatten auf 1 500 € abgesenkt. Auskehrungen von bestimmten Kapitalherabsetzungen wurden durch das **SEStEG** v. 7.12.2006[12] in den Tatbestand des § 20 Abs. 1 Nr. 2 einbezogen wie auch § 20 Abs. 1 Nr. 10 Buchst. b EStG geändert wurde. Mit dem **JStG 2007** v. 13.12.2006[13] ist neben der Änderung des § 20 Abs. 1 Nr. 6, 9, 10 Buchst. a und b EStG auch in § 20 Abs. 1 Nr. 1 Satz 4 EStG eingefügt worden, der die Besteuerung von Kapitaleinnahmen im Rahmen der Abwicklung von Aktienbörsengeschäften in zeitlicher Nähe zum Dividendenstichtag (Ausschüttungstermin) betrifft. Änderungen in Abs. 1 Nr. 6 dienten der Abgrenzung der Besteuerung von Erträgen aus privaten Rentenversicherungen nach § 22 Nr. 1 Satz 3 EStG oder § 20 Abs. 1 Nr. 6 EStG. Durch die Ergänzung des Abs. 1 Nr. 10 Buchst. b wurde die Einbringung eines Betriebs gewerblicher Art in eine Kapitalgesellschaft nach dem UmwStG der schädlichen Verwendung von Gewinnrücklagen gleichgestellt. Zudem wurden mit dem neu eingefügten Abs. 2b sämtliche Einkünfte aus Kapitalvermögen der Verlustverrechnungseinschränkung des § 15b EStG unterworfen.

---

1 BGBl 1993 I 2310.
2 BStBl 1999 I 402.
3 BGBl 2000 I 1433.
4 BGBl 2001 I 3794.
5 BGBl 2001 I 3858.
6 BGBl 2003 I 1550.
7 BGBl 2003 I 2840.
8 BGBl 2003 I 3076.
9 BGBl 2004 I 1427.
10 BGBl 2005 I 3683.
11 BGBl 2006 I 1652.
12 BGBl 2006 I 2782.
13 BGBl 2006 I 2878.

Im Rahmen des **UntStReformG** 2008[1] ist zum 1.1.2009 die Kapitalertragsteuer über die Zinsabschlagsteuer hinaus auf alle Kapitaleinkünfte erstreckt und das System der sog. Abgeltungsteuer auf Kapitaleinkünfte (bestehend insbesondere aus den §§ 3 Nr. 40, 3c, 32d, 43 ff. EStG) eingeführt worden. Gleichzeitig sind die Einkünfte aus privaten Veräußerungsgeschäften mit Wertpapieren und wertpapierähnlichen Finanzinstrumenten sowie aus Termingeschäften aus dem § 23 Abs. 1 Nr. 2 und 4 EStG in den Tatbestand des § 20 Abs. 2 EStG einbezogen und damit die Besteuerungsbasis der Kapitaleinkünfte deutlich vergrößert worden. Der Steuerfreibetrag von 750 € und den Werbungskosten-Pauschbetrag von 51 € in § 20 Abs. 4 EStG wurden durch den sog. Sparer-Pauschbetrag i. H. v. 801 € bei Alleinstehenden bzw. 1 602 € für Ehegatten abgelöst.[2]

Durch **JStG 2009** v. 19.12.2008[3] sind eine Reihe von Vorschriften ergänzt und neu eingefügt worden. Hervorzuheben ist § 20 Abs. 1 Nr. 6 EStG, der um Satz 5 und 6 erweitert wurde, sowie die Änderung des § 20 Abs. 1 Nr. 10 EStG, die Ergänzung des Abs. 8 um Satz 2 (Anordnung des Vorrangs der anderen Einkunftsarten gegenüber der Sonderregelung des Abs. 4a) und die Änderung des Abs. 9. In diesem Zusammenhang ist auch die Änderung des § 52a Abs. 10 Satz 7 EStG zu nennen, der Regelungen, welche Finanzinnovationen im Ergebnis unter die Neuregelung der Abgeltungsteuer fallen, enthält. Neu eingefügt wurde Abs. 4a, der eine praktikablere Ausgestaltung der Abgeltungsteuer im Zusammenhang mit gesellschaftsrechtlichen veranlassten Kapitalmaßnahmen (z. B. Anteilstausch, Aktien- und Umtauschanleihen und Bezugsrechte) bewirken soll.

Durch das **JStG 2010** v. 8.12.2010[4] ist § 20 Abs. 1 Nr. 7 EStG um Satz 3 (siehe → Rz. 107) sowie Abs. 1 Nr. 9 um Satz 2 (siehe → Rz. 111) erweitert, Abs. 3a neu eingefügt (s. → Rz. 247) und Abs. 4a in Satz 1 und Satz 3 (s. → Rz. 310 f.) geändert worden. Das AmtshilfeRLUmsG v. 26.6.2013[5] hat Abs. 4a um Satz 7 ergänzt (siehe hierzu → Rz. 310 f.). Durch Art. 2 Nr. 9 KroatienAnpG v. 25.7.2014[6] wurden u. a. in Abs. 1 Nr. 6 Satz 7 und 8 (Erwerb gebrauchter Lebensversicherungen) und in Abs. 1 Nr. 10 Buchst. b Satz 6 angefügt und ist Abs. 2 Satz 1 Nr. 2 Buchst. a Satz 2 zur Klarstellung neu gefasst worden.[7] Abs. 6 Satz 1 (vorrangige Verlustverrechnung mit Verlusten aus § 23 Abs. 3 EStG) wurde gestrichen.

(Einstweilen frei)

III. Geltungsbereich

1. Persönlicher Geltungsbereich

Steuersubjekt ist grundsätzlich der Inhaber der Kapitalbeteiligung oder derjenige, der als Inhaber eines Kapitalvermögens dieses einem Dritten zur entgeltlichen Nutzung überlassen hat.

---

1 BGBl 2007 I 1912.
2 Zur Rechtslage vor Einführung der Abgeltungsteuer vgl. auch *Kraft/Bäuml*, Verfassungswidrigkeit der Spekulationsgewinnbesteuerung bei Wertpapieren: Eine Analyse der jüngsten Urteile des BVerfG und des BFH sowie ihrer Folgen für die Konzeption der Besteuerung privater Veräußerungsgeschäfte, DB 2004, 615 ff.; *Kraft/Bäuml*, Verfassungswidrigkeit der Besteuerung privater Wertpapier-Veräußerungsgeschäfte: Analyse des Urteils des BverfG v. 9.3.2004 im Kontext der jüngeren BFH-Rechtsprechung und seiner Auswirkungen auf das System der kapitalorientierten Einkommensteuer, FR 2004, 443 ff.
3 BGBl 2008 I 2794.
4 BGBl 2010 I 1768.
5 BGBl 2013 I 1809.
6 BGBl 2014 I 1266.
7 *Ronig*, NWB-EV 2014, 413.

Laufende oder einmalige Kapitalerträge oder Veräußerungsgewinne sind seit Einführung der abgeltenden Kapitalertragsteuer stets steuerbar.

2. Sachlicher Geltungsbereich

16 § 20 EStG findet sowohl für die Einkommensteuer wie auch für die Körperschaftsteuer (über § 8 Abs. 1 KStG) Anwendung. Jedoch findet wegen § 8 Abs. 2 KStG, § 20 EStG im Rahmen der Körperschaftsteuer unmittelbar nur Anwendung auf nicht steuerbefreite Stpfl. i. S.v. § 1 Abs. 1 Nr. 4 und 5 KStG. Für steuerbefreite Körperschaften hat § 20 EStG lediglich wegen § 5 Abs. 2 Nr. 1 KStG Bedeutung. Auch knüpft der Tatbestand des § 8b KStG an § 20 EStG an.

IV. Vereinbarkeit der Vorschrift mit höherrangigem Recht

17 Seit Einführung der Abgeltungsteuer kamen immer wieder Zweifel an der Verfassungsmäßigkeit der neuen Besteuerung von privaten Kapitaleinkünften (insbesondere an der Beschränkung der Verlustverrechnung und an dem Abzugsverbot für Werbungskosten) hinsichtlich der Vereinbarkeit mit dem Gleichheitssatz des Art. 3 Abs. 1 GG und der Eigentumsfreiheit nach Art. 14 Abs. 1 GG auf.

1. Beschränkung der Verlustverrechnung

18 Die Beschränkung der Verlustverrechnung nach § 20 Abs. 6 Satz 2 a. F./Satz 1 EStG stellt zwar einen Verstoß gegen den Grundsatz der Besteuerung nach der wirtschaftlichen Leistungsfähigkeit dar, jedoch ist dieser Verstoß durch die Folgerichtigkeit des proportionalen Sondertarifs der Kapitalertragsteuer i. H.v. 25 % gerechtfertigt.[1] Dies ergibt sich aus der Einführung eines von dem allgemeinen progressiven Einkommensteuertarif abweichenden Sondertarifs für die Kapitalertragsteuer. Geht man von einer rechtmäßigen Einführung des reduzierten Kapitalertragsteuersatzes aus,[2] so findet dieser nicht nur auf Gewinne aus Kapitalvermögen, sondern auch auf daraus resultierende Verluste Anwendung. Dies schließt sodann eine Verrechnung von Verlusten aus Kapitalvermögen, auf die der niedrigere proportionale Steuersatz von 25 % Anwendung findet, mit Gewinnen aus anderen Einkunftsarten, die einer progressiven Steuer von bis zu 45 % unterliegen, aus.[3]

19 Verfassungsrechtliche Bedenken bestehen jedoch hinsichtlich der durch die Verlustverrechnungsbeschränkung für Aktien gem. § 20 Abs. 6 Satz 5 a. F./Satz 4 EStG entstehenden Ungleichbehandlung.[4] Der Gesetzgeber rechtfertigt diese Ungleichbehandlung durch die Notwendigkeit der Verhinderung abstrakt drohender Haushaltsrisiken, die durch die Spekulation mit Aktien entstehen.[5] Allein drohende Haushaltsrisiken, die lediglich das Fiskalinteresse bedrohen, stellen jedoch keinen Rechtfertigungsgrund für die Ungleichbehandlung dar.[6] Auch die zuvor vom BFH[7] angeführte Rechtfertigung für die eingeschränkte Verrechenbarkeit von Verlusten

---

[1] Vgl. HHR/*Intemann*, § 20 EStG Rz. 8; *von Beckerath* in Kirchhof, § 20 EStG Rz. 10.
[2] So z. B. HHR/*Intemann*, § 20 EStG Rz. 8; *Jochum*, DStZ 2010, 309.
[3] Vgl. *Moritz/Strohm* in Frotscher, § 20 EStG Rz. 49.
[4] Vgl. HHR/*Intemann*, § 20 EStG Rz. 8; *Moritz/Strohm* in Frotscher, § 20 EStG Rz. 51; *von Beckerath* in Kirchhof, § 20 EStG Rz. 11; *Jochum*, DStZ, 2010, 309.
[5] BT-Drucks. 16/5491.
[6] BVerfG v. 29. 5. 1990 - 1 BvL 20/84, BStBl 1990 II 653; BVerfG v. 21. 6. 2006 - 2 BvL 2/99, NWB DokID: BAAAC-15713; BVerfG v. 9. 12. 2008 - 2 BvL 1/07, BVerfGE 116, 164 = NWB DokID: SAAAD-00290.
[7] BFH v. 18. 10. 2006 - IX R 28/05, BStBl 2007 II 259.

gem. § 23 Abs. 3 Satz 8 EStG a. F. kann nicht auf die Verlustverrechnungsbeschränkung des § 20 Abs. 6 Satz 5 a. F./Satz 4 EStG übertragen werden. Sachliche Rechtfertigungsgründe für eine Ungleichbehandlung von Aktien sind somit nicht ersichtlich.

2. Abzugsverbot für Werbungskosten

Auch aus der Streichung des Werbungskostenabzuges und der Einführung einer Werbungskostenpauschale i. H. v. 801 € bzw. 1 602 € bei Ehegatten für Einkünfte aus Kapitalvermögen resultiert eine Ungleichbehandlung, da bei Einkünften aus anderen Einkunftsarten weiterhin die tatsächlich angefallenen Werbungskosten in Abzug gebracht werden können. Hierdurch entsteht für laufende Erträge eine Bruttobesteuerung, die gegen das objektive Nettoprinzip als Ausfluss des Prinzips der Besteuerung nach Leistungsfähigkeit verstößt. Dieser Verstoß ist jedoch dadurch gerechtfertigt, dass sich der Gesetzgeber bei der Einführung der Werbungskostenpauschale und der Absenkung der Kapitalertragsteuer auf 25 % einer verfassungsrechtlich anzuerkennenden Typisierung bedient hat. Somit kann grundsätzlich von einer Verfassungsmäßigkeit des Werbekostenabzugsverbots gem. § 20 Abs. 9 EStG ausgegangen werden. Zu Einzelheiten siehe → Rz. 252.

(Einstweilen frei)

V. Verhältnis zu anderen Vorschriften

Die Unterscheidung nach den Besteuerungssubjekten (natürlichen Personen, Körperschaften), die Abgeltungsteuer, das Teileinkünfteverfahren, die Fortgeltung des § 17 EStG sowie die Option nach § 32d Abs. 2 Nr. 3 EStG führen zu einer außerordentlich komplexen und komplizierten Besteuerung von Beteiligungseinkünften (laufende Erträge und Veräußerungsgewinne), die eine Einordnung und Abgrenzung der zugrundeliegenden Vorschriften zu § 20 EStG erforderlich macht.

ABB. Beteiligungserträge

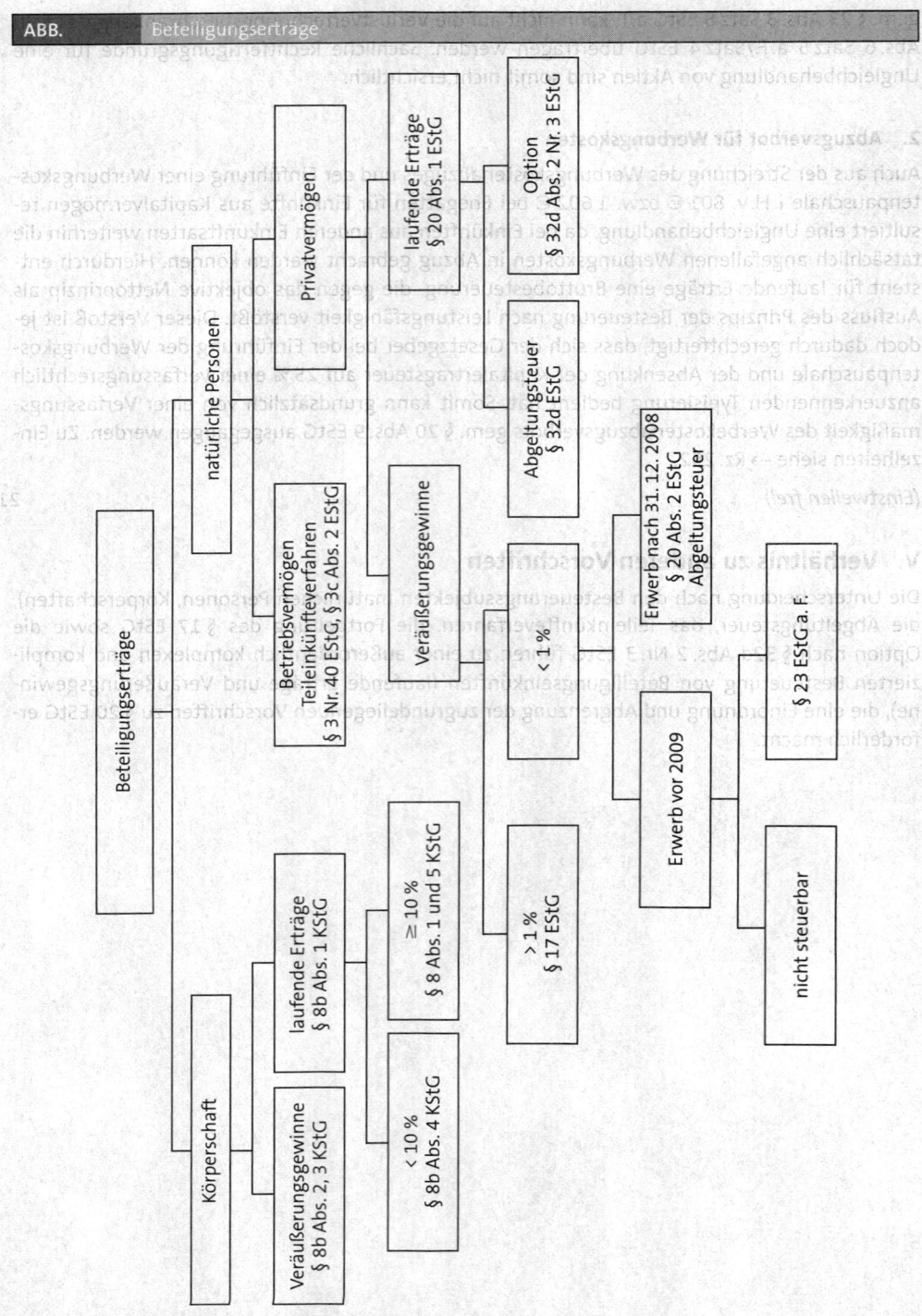

Im Ausgangspunkt ist die Besteuerung des Anteilseigners an einer Kapitalgesellschaft danach zu differenzieren, ob es sich bei ihm um eine natürliche Person oder eine Körperschaft (juristische Person) handelt. Ist der **Anteilseigner** eine **Körperschaft**, so bleiben Veräußerungsgewinne außer Ansatz (§ 8b Abs. 2 KStG), lediglich 5 % der Einnahmen gelten als nicht abzugsfähige Betriebsausgaben (§ 8b Abs. 3 KStG). Für laufende Erträge (Dividenden) ist zwischen Dividenden im Streubesitz und solchen, die sich nicht im Streubesitz befinden, zu unterscheiden. Dividenden im Streubesitz liegen vor, wenn die Beteiligung zu Beginn des Kalenderjahres unmittelbar weniger als 10 % des Grund- oder Stammkapitals (bzw. des Vermögens, wenn ein Grund- oder Stammkapital fehlt) betragen hat (§ 8b Abs. 4 KStG). Sie sind nicht steuerlich privilegiert und unterfallen in voller Höhe der Körperschaftsteuer von zurzeit 15 % (zzgl. Solidaritätszuschlag). Dividenden, die nicht als aus Streubesitz stammend qualifizieren, bleiben hingegen außer Ansatz (§ 8b Abs. 1 KStG) und 5 % der Einnahmen gelten als Ausgaben, die nicht als Betriebsausgaben abgezogen werden dürfen (§ 8b Abs. 5 KStG). Handelt es sich bei dem **Anteilseigner** um eine **natürliche Person** so ist eine Unterscheidung danach zu treffen, in welchem Vermögen die Anteile an der Körperschaft gehalten werden. Werden die Anteile im Betriebsvermögen gehalten, gilt das sog. Teileinkünfteverfahren, nach dem sowohl die Dividenden als auch die Veräußerungsgewinne zu 40 % steuerbefreit (§ 3 Nr. 40 Buchst. a und d EStG) und diesbezügliche Betriebsausgaben zu 40 % nicht abzugsfähig sind (§ 3c Abs. 2 EStG). Sind hingegen die Anteile dem Privatvermögen zugeordnet, so ist zwischen der Besteuerung der Veräußerungsgewinne und der laufenden Erträge zu differenzieren. Veräußerungsgewinne von sog. qualifizierten Beteiligungen von mindestens 1 % i. S. d. § 17 EStG unterliegen dem Teileinkünfteverfahren mit den oben genannten steuerlichen Folgen. Liegt keine solche qualifizierte Beteiligung vor, so sind Veräußerungsgewinne aus Beteiligungen, die vor dem 1. 1. 2009 erworben wurden, entweder nicht steuerbar oder nach § 23 EStG zu versteuern. Veräußerungsgewinne aus nach dem 31. 12. 2008 erworbenen Beteiligungen sind nach § 20 Abs. 2 EStG steuerpflichtig und unterliegen der Abgeltungsteuer. Letzteres gilt auch für die laufenden Erträge, sofern nicht zum Teileinkünfteverfahren optiert wird (§ 32d Abs. 2 Nr. 3 EStG). Optiert werden kann bei einer mindestens 25 %-igen Beteiligung an einer Kapitalgesellschaft oder einer mindestens 1 %-igen Beteiligung und beruflichen Tätigkeit für die Kapitalgesellschaft.

1. Durchbrechung des Prinzips der Einheitssteuer (§ 2 Abs. 5b EStG)

Die Regelung des § 2 Abs. 5b EStG normiert die **Durchbrechung des Prinzips der Einheitssteuer** für Kapitalerträge nach § 32d Abs. 1 EStG und § 43 Abs. 5 EStG. Das in § 2 Abs. 3 bis Abs. 5 EStG niedergelegte Prinzip der Einheitssteuer besagt, dass die Einkünfte der verschiedenen Einkunftsarten trotz des bestehenden Dualismus der Einkünfteermittlung und einkunftsartspezifischer Sondertatbestände grundsätzlich gleichwertig sind, d. h. gleich belastet werden müssen. Werden mehrere Einkunftsarten unterschieden, so dürfen hieran grundsätzlich keine unterschiedlichen Rechtsfolgen angeknüpft werden, es sei denn diese sind durch besondere sachliche Gründe gerechtfertigt.[1] § 2 Abs. 5b EStG nimmt Kapitalerträge nach § 32d Abs. 1 EStG und § 43 Abs. 5 EStG aus Rechtsnormen des EStG aus, die an die in Abs. 1 bis 4 definierten Begriffe Einkünfte, Summe der Einkünfte, Gesamtbetrag der Einkünfte, Einkommen und zu versteuerndes Einkommen anknüpfen, mit der Folge, dass Kapitalerträge nach § 32d Abs. 1 EStG mit einem besonderen Steuersatz besteuert werden und der Kapitalertragsteuer mit abgelten-

---

[1] Vgl. hierzu auch BVerfG v. 21. 6. 2006 - 2 BvL 2/96, BVerfGE 116, 164 = NWB DokID: PAAAB-86343; BVerfG v. 6. 3. 2002 - 2 BvL 17/99, BVerfGE 105, 73 = NWB DokID: QAAAA-89305; BVerfG v. 30. 9. 1998 - 2 BvR 1818/91, BVerfGE 99, 88 = NWB DokID: ZAAAA-96806; BVerfG v. 8. 10. 1991 - 1 BvL 50/86, BVerfGE 84, 348, jeweils m. w. N.

der Wirkung unterliegen. Es wurde mithin mit der Abgeltungsteuer als Besteuerungsform für Kapitaleinkünfte ein **Sondersystem** geschaffen. Ein solches ist grundsätzlich verfassungsrechtlich zulässig.[1]

2. Teileinkünfteverfahren bei Beteiligungen im Betriebsvermögen (§ 3 Abs. 40 EStG, § 3c Abs. 2 EStG)

28 Das in § 3 Nr. 40 EStG geregelte sog. **Teileinkünfteverfahren** stellt Kapitalerträge aus Beteiligungen im Betriebsvermögen und Gewinne aus der Veräußerung von Beteiligungen i.S.v. § 17 EStG zu 40 % von der Einkommensteuer frei. Hierzu korrespondiert ein 40 %-iges Abzugsverbot von Aufwendungen, die auf die vorgenannten Kapitalerträge entfallen (§ 3c Abs. 2 EStG). Hintergrund für diese partielle Steuerbefreiung sind zum einen – für die Steuerbefreiung als solches – die prinzipielle Berücksichtigung der Vorbelastung der Kapitaleinkünfte durch Körperschaft- und Gewerbesteuer auf Ebene der Körperschaft bei der Besteuerung des Anteilseigners und zum anderen – für die Einschränkung der Steuerbefreiung auf 40 % – der (verminderte) Körperschaftsteuersatz von 15 %.

29 Das Teileinkünfteverfahren umfasst folglich nicht Gewinnausschüttungen und Einnahmen aus der Veräußerung von Kapitalbeteiligungen i.S.v. § 20 Abs. 1 EStG, soweit sie im Privatvermögen gehalten und nicht unter den Tatbestand des § 17 EStG fallen. Gesetzeshistorisch und -systematisch ist dies mit der Einführung der abgeltenden Kapitalertragsteuer auf Kapitaleinkünfte mit einem einheitlichen Steuersatz von 25 % (zzgl. Solidaritätszuschlag und ggf. Kirchensteuer), die nicht auf betrieblich veranlasste Kapitaleinkünfte anwendbar ist, zu erklären. Erträge aus Beteiligungen im Privatvermögen mit Ausnahme von Veräußerungsgewinnen aus § 17 EStG werden im Ergebnis wie Zinsen besteuert, ohne dass der Vorbelastung mit Ertragsteuer auf Ebene der Körperschaft Rechnung getragen wird. Allerdings kann der Privatanleger bei Kapitaleinkünften nach Abs. 1 Nr. 1 und Nr. 2 durch eine entsprechende Antragstellung für das Teileinkünfteverfahren optieren, wenn diese aus einer unternehmerischen Beteiligung von mindestens 25 % oder mindestens 1 % und beruflicher Tätigkeit für die ausschüttende Körperschaft stammen (§ 32d Abs. 2 Nr. 3 EStG).

3. Gewerbliche Einkünfte bei Beteiligungen im Privatvermögen (§ 17 EStG)

30 § 17 EStG stellt einen Sondertatbestand für die Besteuerung von Veräußerungsgewinnen aus im Privatvermögen gehaltenen Anteilen an einer Kapitalgesellschaft dar, wenn der Veräußerer innerhalb der letzten fünf Jahre am Kapital der Gesellschaft unmittelbar oder mittelbar zu mindestens 1 % beteiligt war, indem er diese Veräußerungsgewinne den gewerblichen Einkünften zuordnet. Dies hat gesetzessystematisch zur Folge, dass neben den in § 17 EStG enthaltenen Regelungen (insbesondere Freibetrag nach § 17 Abs. 3 EStG und Verlustausgleich) das sog. Teileinkünfteverfahren nach § 3 Nr. 40 EStG, § 3c Abs. 2 EStG Anwendung findet. Obgleich historisch § 17 EStG und die von ihm vorausgesetzten Mindestbeteiligung mit den Schwierigkeiten der Besteuerung von Veräußerungsgewinnen bei Streubesitz begründet werden konnte, ist mit der Einführung des Abgeltungsteuersystems (insbesondere Sondertarif und Verlustausgleichsbeschränkung) seit 2009 die Ungleichbehandlung von einerseits Betei-

---

1 BVerfG v. 8.10.1991 - 1 BvL 50/86, BVerfGE 84, 348.

ligungen von 1 % und mehr und andererseits von Beteiligungen von 1 % und weniger schwerlich sachlich noch zu rechtfertigen.[1]

(Einstweilen frei) 31–33

B. Systematische Kommentierung

I. Kapitalerträge (§ 20 Abs. 1 EStG)

1. Beteiligungsbezüge (§ 20 Abs. 1 Nr. 1 Satz 1 EStG)

Nach Abs. 1 Nr. 1 Satz 1 EStG gehören zu den Einkünften aus Kapitalvermögen Gewinnanteile (Dividenden), Ausbeuten und sonstige Bezüge aus Aktien, Genussrechten, mit denen das Recht am Gewinn und Liquidationserlös einer Kapitalgesellschaft verbunden ist, aus Anteilen an Gesellschaften mit beschränkter Haftung, an Erwerbs- und Wirtschaftsgenossenschaften sowie an bergbautreibenden Vereinigungen, die die Rechte einer juristischen Person haben. 34

Als **Bezüge** sind alle Zuwendungen in Geld oder Geldeswert, die der Gesellschafter aufgrund gesellschaftlicher Veranlassung von einer Körperschaft erhält. Erfasst werden nur ausgeschüttete, nicht thesaurierte Gewinnanteile, Verlustanteile der Gesellschaft oder Wertveränderungen der Beteiligung. Ob eine Zuwendung gesellschaftlich veranlasst ist, bestimmt sich nach einer wertenden Beurteilung des die Zuwendung auslösenden Moments.[2] Die Vermögenszuwendung darf keine Kapitalrückzahlung darstellen und muss spiegelbildlich bei der Gesellschaft eine Vermögensminderung bewirken.[3] 35

Gewinnanteile sind Ausfluss der Gesellschafterstellung.[4] Gewinnanteile sind alle Bezüge des Gesellschafters, die er aufgrund seines Gewinnbezugsrechts von der Gesellschaft erhält.[5] Erforderlich ist eine Ausschüttung aufgrund eines förmlichen, ordnungsgemäßen Ausschüttungsverfahrens.[6] 36

Ausschüttungen, die ein Gesellschafter einer bergbaurechtlichen Gesellschaft erhält, stellen **Ausbeuten** dar. Dem Tatbestandsmerkmal der Ausbeuten kommt heute allerdings so gut wie keine Praxisrelevanz mehr zu, da sämtliche bergbaurechtliche Vereinigungen zum 1. 1. 1986 durch § 163 BBergG abgeschafft wurden.[7] 37

Unter die **sonstigen Bezüge** fallen alle Zuwendungen, die dem Anteilseigner aufgrund seiner Beteiligung durch die Gesellschaft zufließen und die keine Gewinnanteile oder Ausbeuten darstellen.[8] Ein Gewinnverteilungsbeschluss ist für das Vorliegen von sonstigen Bezügen nicht 38

---

1 Vgl. ausführlich hierzu *von Beckenrath* in Kirchhof, § 20 EStG Rz. 21; *Watrin/Benhof*, DB 2007, 234.
2 BFH v. 4. 7. 1990 - GrS 2-3/88, BStBl 1990 II 817.
3 BFH v. 7. 12. 2004 - VIII R 70/02, BStBl 2005 II 468; *Moritz/Strohm* in Frotscher, § 20 EStG Rz. 107; HHR/*Intemann*, § 20 EStG Rz. 60.
4 BFH v. 6. 6. 2012 - I R 6, 8/11, BStBl 2013 II 111.
5 BFH v. 20. 3. 1956 - I 178/55 U, BStBl 1956 II 179.
6 BFH v. 7. 12. 2004 - VIII R 70/02, BStBl 2005 II 468; vgl. *Moritz/Strohm* in Frotscher, § 20 EStG Rz. 107; HHR/*Intemann*, § 20 EStG Rz. 60.
7 Vgl. *Moritz/Strohm* in Frotscher, § 20 EStG Rz. 109; HHR/*Intemann*, § 20 EStG Rz. 66; *Jochum* in Kirchhof/Söhn/Mellinghof, § 20 EStG Rz. C/12 6; *von Beckerath* in Kirchhof, § 20 EStG Rz. 49.
8 BFH v. 7. 12. 2004 - VIII R 70/02, BStBl 2005 II 468; *Ratschow* in Blümich, § 20 EStG Rz. 74; HHR/*Intemann*, § 20 EStG Rz. 67.

erforderlich.[1] Den Hauptanwendungsfall der sonstigen Bezüge stellen die verdeckten Gewinnausschüttungen dar, was durch § 20 Abs. 1 Nr. 1 Satz 2 EStG klargestellt wurde.

39 Neben der gesellschaftsrechtlichen Beteiligung (**Aktien**) ist gem. § 20 Abs. 1 Nr. 1 Satz 1 EStG auch eine schuldrechtliche Beteiligung in Form von **Genussrechten** als Grundlage für die Bezüge möglich. Die Ausgabe von Genussrechten kann durch Kapitalgesellschaften, Handelsgesellschaften und Anstalten des öffentlichen Rechts erfolgen. Die Genussrechte müssen das Recht am Gewinn **und** Liquidationserlös einer Kapitalgesellschaft gewähren, damit die hieraus gezogenen Einkünfte als solche aus Kapitalvermögen qualifizieren. Ist entweder die Gewährung einer Beteiligung am Gewinn **oder** die Beteiligung an Liquidationserlösen, nicht aber beides, gewährt, so mindern durch das Genussrecht erfolgte Ausschüttungen den Gewinn der Gesellschaft.[2] So bislang die herrschende Rechtsauffassung. Mit ihrer bundeseinheitlichen Verfügung betreffend der körperschaftsteuerlichen Behandlung von Genussrechten[3] knüpft die FinVerw für die Frage, ob das Genussrecht als steuerliches Eigen- oder Fremdkapital qualifiziert (und es sich damit beim privaten Genussrechtsinhaber um Einkünfte nach § 20 Abs. 1 Nr. 1 Satz 1 EStG handelt), nunmehr an die handelsrechtliche Bilanzierung an und steht damit in Widerspruch zur langjährigen Anwendungspraxis der Finanzbehörden: Ein Genussrecht, das beim Genussrechtemittenten unter Beachtung des Vorsichtsprinzips einschließlich der durch den IDW/HFA 1/1994 aufgestellten Kriterien (Nachrangigkeit, Erfolgsabhängigkeit der Vergütung und Teilnahme am Verlust bis zur vollen Höhe sowie Längerfristigkeit der Kapitalüberlassung) schon in der Handelsbilanz keine Verbindlichkeit darstellt, darf auch in der Steuerbilanz (des Gussrechtemittenten) nicht als Verbindlichkeit ausgewiesen werden. Damit kommt es auf die zunächst in § 20 Abs. 1 Nr. 1 Satz 1 EStG aufgestellten Kriterien „Recht am Gewinn und Liquidationserlös" erst dann an, wenn das Genussrecht als steuerliches Eigenkapital qualifiziert.

40 Von § 20 Abs. 1 Nr. 1 Satz 1 EStG sind nicht nur Bezüge aus Anteilen an **Gesellschaften mit beschränkter Haftung**, sondern auch Bezüge aus Anteilen an einer **Gründungsgesellschaft (Vorgesellschaft)** erfasst.[4] Ebenfalls unter diese Regelung fallen Bezüge aus Anteilen an **Erwerbs- und Wirtschaftsgenossenschaften** i. S. d. §§ 1 ff. GenG.

41 Ausschlaggebend für die Einordnung als Einkünfte nach § 20 Abs. 1 Nr. 1 EStG sind allein die o. g. deutschen steuerrechtlichen Kriterien, nicht hingegen die nach lokalem (ausländischen) Recht vorgenommene Qualifikation. So können nach ausländischem Recht als Zinsen handelsrechtlich verbuchte Bezüge aus **Redeemable Preference Shares** (Fremdkapital) als Gewinnanteile oder sonstige Bezüge aus Aktien i. S. d. § 20 Abs. 1 Nr. 1 EStG eingestuft werden, wenn das der Auszahlung zugrunde liegende Rechtsverhältnis nach deutschem Steuerrecht Eigenkapital ist.[5] Der früher geführte Meinungsstreit, ob es sich bei § 20 Abs. 1 Nr. 1 Satz 1 EStG um eine abschließende oder nur beispielhafte Aufzählung handelt,[6] hat mit Einführung des § 20 Abs. 1 Nr. 9 EStG[7] an Bedeutung verloren.

---

1 Vgl. *Moritz/Strom* in Frotscher, § 20 EStG Rz. 110.
2 Vgl. *Jochum* in Kichhof/Söhn/Mellinghof, § 20 EStG Rz. C/1 11.
3 Vgl. OFD Nordrhein-Westfalen v. 12.5.2016, DB 2016, 1407.
4 Vgl. *von Beckerath* in Kirchhof, § 20 EStG Rz. 48a.
5 FG Düsseldorf v. 20.8.2013 - 6 K 4183/11 K, EFG 2013, 1881; hierzu *Hagemann/Kahlenberg*, IWB 2013, 879.
6 Vgl. BFH v. 8.2.1995 - I R 73/94, BStBl 1995 II 552; BFH v. 3.11.1961 - VI 42/60 U, BStBl 1962 II 7; a. A. *Jochum* in Kirchhof/Söhn/Mellinghof, § 20 EStG Rz. C/1 9, m. w. N.
7 BGBl 2006 I 2878.

2. Verdeckte Gewinnausschüttungen (§ 20 Abs. 1 Nr. 1 Satz 2 EStG)

Gemäß § 20 Abs. 1 Nr. 1 Satz 2 EStG[1] gehören zu den sonstigen Bezügen auch verdeckte Gewinnausschüttungen (vgl. § 8b Abs. 3 Satz 2 KStG). Somit wird die Gleichbehandlung von offenen und verdeckten Gewinnausschüttungen sichergestellt. Von einer verdeckten Gewinnausschüttung ist auszugehen, wenn die Kapitalgesellschaft ihrem Gesellschafter außerhalb der gesellschaftsrechtlichen Gewinnverteilung einen Vermögensvorteil zuwendet, diese Zuwendung ihren Anlass oder zumindest ihre Mitveranlassung im Gesellschaftsverhältnis hat und dem Gesellschafter zufließt:[2]

▶ **Zuwendung eines Vermögenvorteils** an einen Gesellschafter ist jede Vermögensminderung oder verhinderte Vermögensmehrung der Gesellschaft, die sich auf die Höhe des Unterschiedsbetrags i. S. d. § 4 Abs. 1 Satz 1 EStG auswirkt;

▶ **Außerhalb der gesellschaftsrechtlichen Gewinnverteilung** ist ein solcher gegeben, wenn er nicht auf einem den gesellschaftsrechtlichen Vorschriften entsprechenden Gewinnverteilungsbeschluss beruht;

▶ **Durch das Gesellschaftsverhältnis veranlasst** ist die Zuwendung, wenn ein ordentlicher und gewissenhafter Geschäftsführer diesen Vorteil einem Nichtgesellschafter nicht zugewendet hätte.[3] Im Verhältnis zwischen Gesellschaft und beherrschendem Gesellschafter ist eine Veranlassung durch das Gesellschaftsverhältnis i. d. R. auch dann anzunehmen, wenn es an einer zivilrechtlich wirksamen, klaren, eindeutigen und im Voraus abgeschlossenen Vereinbarung darüber fehlt, ob und in welcher Höhe ein Entgelt für eine Leistung des Gesellschafters zu zahlen ist, oder wenn nicht einer klaren Vereinbarung entsprechend verfahren wird. Die beherrschende Stellung muss im Zeitpunkt der Vereinbarung oder des Vollzugs der Vermögensminderung oder verhinderten Vermögensmehrung vorliegen;[4]

▶ Für einen **Zufluss beim Gesellschafter** reicht es aus, wenn die Vermögenszuwendung einer dem Gesellschafter nahestehenden Person zugutekommt und der Gesellschafter selbst so die Zuwendung zumindest mittelbar erhält.[5]

Für die Annahme einer verdeckten Gewinnausschüttung spielt es keine Rolle, ob der fragliche Sachverhalt im In- oder Ausland verwirklicht wird. Handelt es sich um einen Auslandssachverhalt, so entscheidet sich nach den allgemeinen Grundsätzen des internationalen Steuerrechts, ob z. B. für einen unbeschränkt Stpfl. die verdeckte Gewinnausschüttung in Deutschland steuerpflichtig ist.[6]

Hinsichtlich der steuerlichen Behandlung von Gewinnausschüttungen erfolgt keine Differenzierung zwischen verdeckten und offenen Gewinnausschüttungen. Die Art der Gewinnausschüttung – offen oder verdeckt – bei der Körperschaft ist unerheblich für den Status der Gewinnausschüttung beim Gesellschafter.[7] Voraussetzung für die Anwendbarkeit des besonde-

---

1 BGBl 2006 I 2878.
2 R 36 Abs. 1 KStR; vgl. BFH v. 19.7.2007 - VIII R 54/05, BStBl 2007 II 830; BFH v. 20.8.2008 - I R 29/07, BStBl 2010 II 142.
3 Vgl. BFH v. 13.12.2006 - VIII R 31/05, BStBl 2007 II 393; BFH v. 19.12.2007 - VIII R 13/05, BStBl 2008 II 568.
4 R 8.5 Abs. 2 KStR; vgl. BFH v. 24.3.1999 - I R 20/98, BStBl 2001 II 612; BFH v. 5.10.2004 - VIII R 9/03, BFH/NV 2005, 526 = NWB DokID: MAAAB-40857.
5 Vgl. BFH v. 6.12.2005 - VIII R 70/04, NWB DokID: EAAAB-77629; BFH v. 19.12.2007 - VIII R 13/05, BStBl 2008 II 568.
6 *Werner*, Selbstgenutzte Auslandsimmobilien als Steuerfalle – Einkünfte aus Kapitalvermögen aus verdeckter Gewinnausschüttung und Wechsel des Besteuerungsrechts ab 2013, NWB-EV 10/2014, 338.
7 Vgl. *Moritz/Strohm* in Frotscher, § 20 EStG Rz. 118; HHR/*Intemann*, § 20 EStG Rz. 80, m. w. N.

ren Steuertarifs für Einkünfte aus Kapitalvermögen gem. § 32d Abs. 2 Nr. 4 EStG[1] ist das Vorliegen von verdeckten Gewinnausschüttungen sowohl auf Ebene des Gesellschafters wie auch auf Ebene der Körperschaft. Zwischen der Gewinnausschüttung beim Gesellschafter und der Gewinnausschüttung bei der Körperschaft besteht somit eine materiell-rechtliche Korrespondenz. Daneben besteht auch eine formell-rechtliche Korrespondenz, so dass ein gegen den Gesellschafter, dem eine verdeckte Gewinnausschüttung zugutekommt, ergangener Steuerbescheid gem. § 32a Abs. 1 KStG aufgehoben und geändert werden kann, wenn gegenüber einer Körperschaft ein Steuerbescheid hinsichtlich der Berücksichtigung einer verdeckten Gewinnausschüttung erlassen, aufgehoben oder geändert wird. Vorgenommene Änderungen im Steuerbescheid auf Ebene der Gesellschaft müssen sich also auf Ebene des Anteilseigners wiederspiegeln.[2] Wird die verdeckte Gewinnausschüttung zu einem späteren Zeitpunkt von dem Gesellschafter an die Gesellschaft zurückveräußert, bleiben die Rechtsfolgen trotzdem bestehen.[3] Erfolgt die Rückveräußerung durch gesellschaftliche Veranlassung, ist sie als Einlage, die die Anschaffungskosten der Kapitalbeteiligung erhöht, zu betrachten.

3. Zurückgewährte Einlage (§ 20 Abs. 1 Nr. 1 Satz 3 EStG)

44 Nach § 20 Abs. 1 Nr. 1 Satz 3 EStG gehören Bezüge nicht zu den Einnahmen, soweit sie aus Ausschüttungen einer Körperschaft stammen, für die Beträge aus dem steuerlichen Einlagekonto i. S. d. § 27 KStG als verwendet gelten. Gemäß § 27 Abs. 1 Satz 1 KStG hat die unbeschränkt steuerpflichtige Kapitalgesellschaft die nicht in das Nennkapital geleisteten Einlagen am Schluss jedes Wirtschaftsjahrs auf einem steuerlichen Einlagekonto auszuweisen. Diese Möglichkeit wird auch Kapitalgesellschaften eröffnet, die in einem anderen EU-Mitgliedstaat der unbeschränkten Steuerpflicht unterliegen (§ 27 Abs. 8 KStG). Damit soll die steuerneutrale Behandlung von Rückzahlungen der Gesellschaftereinlage sichergestellt werden. § 20 Abs. 1 Nr. 1 Satz 3 EStG ist Teil einer Gesamtregelung, die davon ausgeht, dass Gesellschaftereinlagen sowohl auf der Ebene der Gesellschaft als auch auf der Ebene der Gesellschafter steuerneutral zu behandeln sind.[4] Unerheblich ist es, ob die Zuwendung der Bezüge offen oder verdeckt erfolgt ist.[5] Die Rechtsfolge des § 20 Abs. 1 Nr. 1 Satz 3 EStG besteht darin, dass die Rückgewähr von Einlagen als nichtsteuerbare Einlage zu behandeln ist.[6] Anschaffungskosten für Anteile an der ausschüttenden Körperschaft werden durch die Ausschüttung gemindert. Überschreitet die Einlagenrückzahlung die Anschaffungskosten, kann die Ausschüttung von Beträgen zu einem steuerpflichtigen Veräußerungsgewinn nach Abs. 2 Nr. 1 führen.[7]

Gesetzessystematisch sind Kapitalgesellschaften im Drittland (d. h. außerhalb der EU) vom Anwendungsbereich des § 27 KStG ausgeschlossen. Dies hat zur im Einzelnen umstrittenen Folge, dass mit Ausnahme einer Herabsetzung des Nennkapitals Kapitalrückzahlungen von Drittstaatskapitalgesellschaften stets zu Kapitaleinkünften bei dem im Inland steuerpflichtige Gesellschafter führen. Diese Rechtsfolge wurde in einer Reihe von Entscheidungen insoweit eingeschränkt, als eine nicht steuerbare Einlagenrückgewähr einer im Drittstaat ansässigen Kapitalgesellschaft möglich und damit eine Kapitalrückzahlungen von Drittstaatskapitalgesell-

---

1 BGBl 2006 I 2878.
2 Vgl. BFH v. 20. 3. 2009 - VIII B 170/08, BFH/PR 2009, 257 = NWB DokID: AAAAD-19027.
3 Vgl. BFH v. 14. 7. 2009 - VIII R 10/07, BFH/NV 2009, 1815 = NWB DokID: FAAAD-29652.
4 Vgl. BFH v. 19. 7. 1994 - VIII R 58/92, BStBl 1995 II 362.
5 Vgl. HHR/Intemann, § 20 EStG Rz. 101.
6 Vgl. BFH v. 30. 1. 2013 - I R 35/11, BStBl 2013 II 560, m.w. N.
7 Vgl. BFH v. 19. 7. 1994 - VIII R 58/92, BStBl 1995 II 362; BFH v. 19. 2. 2013 - IX R 24/12, BStBl 2013 II 484.

schaften vom inländischen Gesellschafter zumindest dann erfolgsneutral mit den Anschaffungskosten bzw. dem Buchwert der Beteiligung verrechnet werden dürfen,

▶ wenn die Drittstaatskapitalgesellschaft nachweislich über keine ausschüttungsfähigen Gewinne verfügt.[1]

▶ wenn diese kein steuerliches Einlagekonto führt und ein formelles Feststellungsverfahren i. S. d. § 27 Abs. 8 KStG fehlt. Die in § 27 KStG geregelten Nachweisvorschriften sind weder unmittelbar noch mittelbar anwendbar, was dazu führen kann, dass an den Nachweis einer Einlagenrückgewähr bei Drittstaaten-Körperschaften geringere Anforderungen zu stellen sind, als bei Anteilseigner im Inland oder in EU-Mitgliedstaaten;[2]

▶ soweit die Leistungen der Drittstaatskapitalgesellschaft im Wirtschaftsjahr das Nennkapital und den im Vorjahr festgestellten Gewinn übersteigen oder wenn sich dies aus der Bilanz der ausschüttenden Gesellschaft ergibt, wobei die Nachweisobliegenheit und das Nachweisrisiko für das Vorliegen der Voraussetzungen den Steuerpflichtigen treffen.[3]

Die Entscheidungen stützen sich maßgeblich auf unionsrechtliche Erwägungen. Nach Auffassung der finanzgerichtlichen Rechtsprechung gebietet die – auch im Drittstaatenfall anwendbare – Kapitalverkehrsfreiheit gem. Art. 56 EG und Art. 63 AEUV eine geltungserhaltende Reduktion des § 20 Abs. 1 Nr. 1 EStG i.V. m. § 27 KStG, sofern eine einfachgesetzliche Auslegung der Normen zu einem Ausschluss der Drittstaatskapitalgesellschaften von der Möglichkeit einer erfolgsneutralen Einlagenrückgewähr führen würde, obwohl eine solche im anwendbaren Vergleichspaar des Inlandsfalls anzunehmen wäre.

4. Dividendenkompensationszahlungen (§ 20 Abs. 1 Nr. 1 Satz 4 EStG)

Nach § 20 Abs. 1 Satz 4 EStG gelten als sonstige Bezüge auch Einnahmen, die anstelle der Bezüge i. S. d. Satz 1 von einem anderen als dem Anteilseigner nach Abs. 5 bezogen werden, wenn die Aktien mit Dividendenberechtigung erworben, aber ohne Dividendenanspruch geliefert werden. Eingeführt wurde diese Bestimmung mit dem JStG 2007 v. 13. 12. 2006[4] um Steuerausfälle bei um den Termin der Hauptversammlung durchgeführten Aktiengeschäften zu vermeiden. Wurden Aktiengeschäfte vor der Hauptversammlung abgeschlossen, jedoch erst nach dieser erfüllt, war es bei diesen sog. „cum-ex Geschäften" nach altem Recht möglich, doppelte Bescheinigungen der Kapitalertragsteuer zu erhalten, obwohl tatsächlich nur einmal Kapitalertragsteuer an das Finanzamt abgeführt wurde.[5]

45

BEISPIEL: ▶ Am 31. 8. 2012 war E zivilrechtlicher Eigentümer einer Inhaberaktie der X-AG, die zu diesem Datum mit 200 € gehandelt wird. Die Hauptversammlung der X-AG fand am 1. 9. 2012 statt, und es wurde eine Dividende von 20 € beschlossen. Von der inländischen Depotbank wurden E von dem Dividendenbetrag 15 € ausbezahlt. Über 5 € erhielt er eine Kapitalertragsteuerbescheinigung. Am 31. 8. 2012 veräußerte Leerverkäufer V eine Aktie cum Dividende der X-AG über eine ausländische Depotbank zum Preis von 200 €, ohne im Besitz einer solchen Aktie zu sein. Liefertermin sollte der 2. 9. 2012 sein. Nach der Hauptversammlung und nach Dividendenbeschluss erwarb V von E die Aktie der X-AG am 2. 9. 2012. Am gleichen Tag noch lieferte V die Aktie der X-AG ohne Dividendenanspruch

---

1 FG Münster v. 19. 11. 2015 - 9 K 1900/12 K, EFG 2016, 756; hiergegen Rev. BFH: BFH I R 15/16 anhängig.
2 Vgl. BFH v. 13. 7. 2016 - VIII R 47/13, BB 2016, 2517.
3 Vgl. BFH v. 13.7.2016 - VIII R 73/13, DB 2016, 2395 = NWB DokID: EAAAF-83721; BFH v. 3.5.2017 - X R 12/14 = NWB DokID: XAAAG-57378.
4 BGBl 2006 I 2878.
5 Vgl. *Rau*, DStR 2010, 1267.

(ex) weiter an K. Da eine Veräußerung ohne Dividendenanspruch erfolgt, zahlte V dem K eine Dividendenkompensation i. H. v. 15 €. Die inländische Depotbank des K stellte diesem eine Kapitalertragsteuerbescheinigung i. H. v. 5 € aus. Beide, sowohl E wie auch K, reichten die Kapitalertragsteuerbescheinigungen bei ihrem Finanzamt zwecks Erstattung der Kapitalertragsteuer ein.

46 Die damit einhergehenden Steuerausfälle sollen mit Einführung des Satzes 4 verhindert werden.[1] Gemäß § 52 Abs. 36 Satz 6 EStG findet § 20 Abs. 1 Nr. 1 Satz 4 EStG erstmalig Anwendung auf Verkäufe, die nach dem 31. 12. 2006 getätigt werden. Maßgeblicher Zeitpunkt ist der Abschluss des schuldrechtlichen Vertrags.

47 Die Einnahmen nach Satz 4 sind anstelle von Gewinnausschüttungen von einem anderen als dem Anteilseigner i. S. d. § 20 Abs. 5 EStG zu gewähren.[2]

48 Als sonstige Bezüge i. S. d. § 20 Abs. 1 Nr. 1 Satz 4 EStG sind Ausgleichszahlungen nur zu qualifizieren, wenn bei Erwerb der Aktie eine Dividendenberechtigung besteht, bei tatsächlicher Lieferung der Aktien dieser Dividendenanspruch jedoch nicht mehr gegeben ist. Erfasst werden damit hauptsächlich tatsächliche Leerverkäufe.[3] Nicht von Satz 4 erfasst werden Aktienveräußerungen mit bestehender Dividendenberechtigung, bei denen die Lieferung gegen Zahlung einer Leihgebühr („cum") aus einem Wertpapierbestand heraus erfolgt.[4] Bei Vorliegen der Voraussetzungen des Satz 4 werden auch außerbörsliche Geschäfte erfasst.[5] Auf eine Abwicklung des Aktiengeschäfts an der Börse kommt es nicht an.

49 Als Rechtsfolge ordnet Satz 4 an, dass die Dividendenkompensationszahlungen als Einkünfte gem. § 20 Abs. Nr. 1 EStG gelten, obwohl es sich materiell-rechtlich betrachtet nicht um Gewinnausschüttungen handelt. Es erfolgt somit eine Fiktion als Einnahmen aus Kapitalvermögen und eine Gleichstellung mit echten Dividenden.[6] Demnach unterliegen die Dividendenkompensationszahlungen der Abgeltungsteuer oder dem Teil-/Halbeinkünfteverfahren.

50–59 *(Einstweilen frei)*

5. Bezüge bei Auflösung und Kapitalherabsetzung (§ 20 Abs. 1 Nr. 2 EStG)

a) Nicht in Nennkapital bestehende Kapitalrückzahlung (§ 20 Abs. 1 Nr. 2 Satz 1 EStG)

60 Gemäß § 20 Abs. 1 Nr. 2 Satz 1 EStG fallen Bezüge, die nach der Auflösung einer Körperschaft oder Personenvereinigung i. S. d. § 20 Abs. 1 Nr. 1 EStG anfallen, nicht in der Rückzahlung von Nennkapital bestehen und keine Ausschüttungen aus dem steuerlichen Einlagekonto gem. § 27 KStG darstellen, unter die Einkünfte aus Kapitalvermögen:

▶ Hinsichtlich der Begriffsbestimmung „Bezüge" kann auf die Definition aus § 20 Abs. 1 Nr. 1 EStG verwiesen werden. Zusätzlich erfasst werden auch Liquidationsraten,[7]

---

1 BT-Drucks. 16/2712.
2 Str. gl. A. *Desens*, DStZ 2012, 142; a. A. *Bruns*, DStZ 2011, 676; *Berger/Matuszewski*, BB 2011, 3097; *Bruns*, DStZ 2012, 333.
3 Vgl. *Desens*, DStZ 2012, 142; *Rau*, DStR 2010, 1267; *Ratschow* in Blümich, § 20 EStG Rz. 138.
4 Vgl. HHR/*Intemann*, § 20 EStG Rz. 112.
5 Vgl. *Demuth*, DStR 2013, 1116.
6 Vgl. HHR/*Intemann*, § EStG 20 Rz. 113.
7 Vgl. *von Beckerath* in Kirchhof, § 20 EStG Rz. 58.

- Abschlusszahlungen[1] und Sachbezüge.[2] Bezüge fallen nur unter den Auffangtatbestand des § 20 Abs. 1 Nr. 2 Satz 1 EStG, sofern sie nicht schon als Einnahmen i. S. d. § 20 Abs. 1 Nr. 1 EStG qualifiziert werden können.[3]
- Seit Änderung des § 20 Abs. 1 Nr. 2 EStG durch das SEStEG v. 7. 12. 2006 ist es unerheblich, ob hinsichtlich der Körperschaft eine beschränkte und unbeschränkte Steuerpflicht besteht.[4] Erstmals mit dem VZ 2007 sind auch beschränkt steuerpflichtige Körperschaften in den Anwendungsbereich der Nr. 2 mit aufgenommen. Vereinzelt wird davon ausgegangen, dass § 20 Abs. 1 Nr. 2 Satz 1 EStG weiterhin nur Anwendung auf unbeschränkt steuerpflichtige Körperschaften findet.[5] Für die Auflösung einer Körperschaft ist ein gesetzlicher Auflösungstatbestand erforderlich. An die Stelle des bisherigen Gesellschaftszwecks tritt die Abwicklung der Gesellschaft. Umwandlung und Verschmelzung einer Körperschaft stellen keinen Auflösungstatbestand i. S. d. § 20 Abs. 1 Nr. 2 Satz 1 EStG dar.
- Zwischen der Auflösung der Körperschaft und dem Anfallen der Bezüge muss ein Zusammenhang bestehen. Die Bezüge müssen *nach* Auflösung einer Körperschaft anfallen. Aufgrund des durch den Wortlaut des § 20 Abs. 1 Nr. 2 Satz 1 EStG deutlich begrenzten zeitlichen Anwendungsbereichs sind Bezüge, die *vor* der Auflösung anfallen, nicht erfasst. Sie sind als Einkünfte aus Kapitalvermögen gem. § 20 Abs. 1 Nr. 1 Satz 1 EStG zu qualifizieren.[6] Zuvor angefallene Bezüge, die lediglich nach Auflösung ausbezahlt werden, fallen nicht unter § 20 Abs. 1 Nr. 2 Satz 1 EStG, sondern unterliegen der Besteuerung nach § 20 Abs. 1 Nr. 1 Satz 1 EStG.
- Keine nach Nr. 2 Satz 1 steuerbaren Bezüge liegen vor, soweit es sich um die Rückzahlung von Nennkapital oder um die Ausschüttung aus dem steuerlichen Einlagekonto gem. § 27 KStG handelt.

b) Rückzahlung in Nennkapital umgewandelter Gewinnrücklagen (§ 20 Abs. 1 Nr. 2 Satz 2 EStG)

Gemäß § 20 Abs. 1 Nr. 2 Satz 2 EStG sind Bezüge, die aufgrund einer Kapitalherabsetzung oder nach der Auflösung einer unbeschränkt steuerpflichtigen Körperschaft oder Personenvereinigung i. S. d. § 20 Abs. 1 Nr. 1 EStG anfallen und die als Gewinnausschüttung i. S. d. § 28 Abs. 2 Satz 2 und 4 KStG gelten, als Einkünfte aus Kapitalvermögen zu qualifizieren.

- Anders als § 20 Abs. 1 Nr. 2 Satz 1 EStG findet Satz 2 entsprechend seinem Wortlaut nur auf unbeschränkt steuerpflichtige Körperschaften Anwendung.
- Hinsichtlich der Bezüge kann auf die Ausführungen zu Nr. 1 verwiesen werden, da der hier verwandte Begriff der Bezüge identisch ist.[7]
- Die Bezüge müssen aufgrund einer Kapitalherabsetzung oder nach Auflösung einer unbeschränkt steuerpflichtigen Körperschaft anfallen. Unter einer Kapitalherabsetzung ist hierbei die handelsrechtlich wirksame Verringerung des Nennkapitals einer Körperschaft (gem. § 222 AktG, § 278 AktG, § 58 GmbHG) zu verstehen. Eine entgegen handelsrecht-

---

1 Vgl. BT-Drucks. 14/7344.
2 Vgl. HHR/*Intemann*, § 20 EStG Rz. 121; *Moritz/Strohm* in Frotscher, § 20 EStG Rz. 129.
3 Vgl. *Hamacher/Dahm* in Korn, § 20 EStG Rz. 186.
4 SEStEG v. 7. 12. 2006, BGBl 2006 I 2782.
5 Vgl. *Schlotter* in Littmann/Bitz/Pust, § 20 EStG Rz. 448.
6 Vgl. HHR/*Intemann*, § 20 EStG Rz. 123.
7 Vgl. *Moritz/Strohm* in Frotscher, § 20 EStG Rz. 134; *Hamacher/Dahm* in Korn, § 20 EStG Rz. 198.

licher Voraussetzungen durchgeführte Rückzahlung von Nennkapital stellt grundsätzlich eine verdeckte Gewinnausschüttung dar.[1] Für die handelsrechtliche Wirksamkeit der Kapitalherabsetzung ist gem. § 224 AktG, § 54 Abs. 3 GmbHG die Eintragung eines entsprechenden Gesellschafterbeschlusses in das Handelsregister erforderlich. Der Erwerb eigener Anteile an der Kapitalgesellschaft, die Einziehung von Geschäftsanteilen i. S. d. § 237 AktG, § 34 GmbHG oder auch der Ausschluss eines säumigen Gesellschafters gem. § 64 AktG, § 21 GmbHG stellen keine Kapitalherabsetzung i. S. d. § 20 Abs. 1 Nr. 2 Satz 2 EStG dar.[2]

▶ Erforderlich ist ein Zusammenhang zwischen der Kapitalherabsetzung und dem Erhalt der Bezüge. Dieser muss somit die Folge der Kapitalherabsetzung sein. Die Bezüge können erst nach handelsrechtlicher Wirksamkeit, d. h. nach Eintragung in das Handelsregister, zurückgezahlt werden. Werden Rückzahlungen vor Eintragung der Kapitalherabsetzung in das Handelsregister geleistet, so liegt eine echte Kapitalrückzahlung i. d. R. nur vor, wenn die Beteiligten im Zeitpunkt der Zahlung alles unternommen haben, was zur Herbeiführung der handelsrechtlichen Wirksamkeit der Kapitalherabsetzung erforderlich ist. Sofern keine oder nur nicht ausreichende Bemühungen zur Herbeiführung der handelsrechtlichen Wirksamkeit vorliegen, handelt es sich um eine verdeckte Gewinnausschüttung und somit um Einkünfte gem. § 20 Abs. 1 Nr. 1 EStG.[3]

▶ Die Bezüge müssen ferner Gewinnausschüttungen i. S. d. § 28 Abs. 2 Satz 2 und 4 KStG darstellen. Hierbei handelt es sich um die Rückzahlung von aus Gewinnrücklagen der Gesellschaft gebildetem Nennkapital. Sofern es sich nicht um eine Rückzahlung von Nennkapital, sondern um eine Rückzahlung von Einlagen handelt, unterfallen diese nicht dem Abs. 1 Nr. 2 Satz 2. Sie können lediglich der Besteuerung gem. § 20 Abs. 2 Nr. 1 Satz 2 EStG unterliegen.

6. Investmenterträge

62 Bei dem bis zum 31.12.2017 anwendbaren InvStG a. F. fand die Besteuerung von Erträgen aus Investmentvermögen grundsätzlich auf Ebene des Anlegers statt. Grund hierfür war das (eingeschränkte) Transparenzprinzip, wonach die Erträge auf Investmentfondsebene steuerbefreit und diese dem Anleger zugeordnet wurden mit dem Ziel, den Anleger steuerlich so zu stellen, als ob ihm die Erträge unmittelbar zugeflossen wären. Zu diesem Zweck wurde der als Körperschaftsteuersubjekt qualifizierte Investmentfonds von der Körperschaft- und Gewerbesteuer befreit und eine Besteuerung der Erträge aus dem Investmentvermögen erst auf Anlegerebene vorgenommen. Sofern sich der Investmentanteil im Zeitpunkt der Zurechnung der Erträge (ausgeschütteten Erträge, ausschüttungsgleiche Erträge und Zwischengewinne) beim Anleger nicht im Betriebsvermögen (einschließlich des Sonderbetriebsvermögens) befand und die Erträge nicht aus Verträgen zur Basisversorgung oder zertifizierten (in- und ausländischen) Altersvorsorgeverträgen resultierten, hatte der Anleger diese als Einkünfte aus Kapitalvermögen i. S. d. § 20 Abs. 1 Nr. 1 EStG (Dividendeneinkünfte) zu versteuern. Vor diesem Hintergrund war eine gesonderte Regelung zur steuerlichen Erfassung von Investmenterträge beim Privatanleger nicht erforderlich.

---

1 Vgl. BFH v. 17.10.1984 - I R 22/79, BStBl 1985 II 69; BFH v. 16.2.1977 - I R 163/75, BStBl 1977 II 572.
2 Vgl. *Schlotter* in Littman/Bitz/Pust, § 20 EStG Rz. 464 ff.; *Geurts* in Bordewin/Brandt, § 20 EStG Rz. 215.
3 Vgl. BFH v. 29.6.1995 - VIII R 69/93, BStBl 1995 II 725.

Durch das am 19.7.2016 verabschiedete und am 29.7.2018 in Kraft getretene Investmentsteuerreformgesetz[1] wurde die Besteuerung von Investmenterträgen grundlegend mit Wirkung ab 1.1.2018 geändert, um insbesondere EU-rechtliche Bedenken zu begegnen, die Besteuerung (zumindest für Publikums-Investmentfonds) zu vereinfachen und die Gestaltungsanfälligkeit des bisherigen Rechts zu beseitigen. Hierzu wurde für Publikums-Investmentfonds das Transparenzprinzip aufgegeben und das Trennungsprinzip eingeführt (§§ 6 – 24 InvStG n. F.). Für Spezial-Investmentfonds wurde das (eingeschränkte) Transparenzprinzip grundsätzlich beibehalten (§§ 25 – 54 InvStG n. F.). Die neu eingeführten Besteuerungstatbestände des § 20 Abs. 1 Nr. 3 (Publikums-Investmentfonds) und Nr. 3a EStG (Spezial-Investmentfonds) ziehen auf Anlegerebene die einkommensteuerlichen Konsequenzen aus dieser Änderung des Besteuerungssystems der Einkünfte aus Investmentvermögen nach.

a) Investmenterträge nach § 16 des Investmentsteuergesetzes (§ 20 Abs. 1 Nr. 3 EStG)

Die Vorschrift des § 16 InvStG regelt die Besteuerung von Anlegern eines Publikums-Investmentfonds und dient einem einfachen und leicht administrierbaren Besteuerungssystem. Anleger, Kreditinstitute und Finanzverwaltung sollen die erforderlichen Besteuerungsgrundlagen ohne Kenntnis vom Innenleben eines Investmentfonds und damit ohne Hilfe des Investmentfonds ermitteln können.[2] Statt einer – dem Vereinfachungsziel widersprechenden – Differenzierung bei Ausschüttungen des Investmentfonds zwischen steuerpflichtigen Erträgen und steuerfreien Beträgen werden alle Ausschüttungen grundsätzlich als steuerpflichtiger Ertrag behandelt.[3] Steuerfreie Kapitalrückzahlungen werden – mit Ausnahme der Liquidationsphase eines Investmentfonds – nicht anerkannt.

Steuerlich erfasst werden beim Anleger grundsätzlich nur die tatsächlichen zufließenden bzw. bei diesem zu buchenden Erträge aus der Anlage in den Publikums-Investmentfonds, die nach § 16 InvStG abschließend aufgezählt sind:

▶ Ausschüttungen des Investmentfonds nach § 2 Abs. 11 InvStG in Höhe der Wideranlage bzw. Auszahlung, die ein Publikums-Investmentfonds an den Anleger ausschüttet;

▶ Vorabpauschalen (§ 18 InvStG): Die gesetzgeberische Absicht ist, dass jeder Anleger jährlich mindestens einen sog. Basisertrag zu versteuern hat. Bei Publikums-Investmentfonds, die thesaurieren (nicht ausschütten) oder die weniger ausschütten als der Basisertrag, hat der Anleger daher die Vorabpauschale als der Differenzbetrag, um den die Ausschüttungen eines Investmentfonds innerhalb eines Kalenderjahres den Basisertrag für dieses Kalenderjahr unterschreiten, zu versteuern. Der Basisertrag wird ermittelt durch Multiplikation des Rücknahmepreises des Investmentanteils zu Beginn des Kalenderjahres mit 70 Prozent des Basiszinses nach § 18 Abs. 4 InvStG. Der Basisertrag ist auf den Mehrbetrag begrenzt, der sich zwischen dem ersten und dem letzten im Kalenderjahr festgesetzten Rücknahmepreis zuzüglich der Ausschüttungen innerhalb des Kalenderjahres ergibt. Im Jahr des Erwerbs der Investmentanteile vermindert sich die Vorabpauschale um ein Zwölftel für jeden vollen Monat, der dem Monat des Erwerbs vorangeht. Die Vorabpauschale gilt am ersten Werktag des folgenden Kalenderjahres als zugeflossen.

---

[1] BGBl 2016 I 1730.
[2] *Kammeter*, ISR 2016, 106; Gesetzesentwurf der Bundesregierung vom 7.4.2016, 84.
[3] *Stadler/Mager*, DStR 2016, 701.

▶ Gewinne aus der Veräußerung von Investmentanteilen (§ 19 InvStG): Der Veräußerungsgewinn ist die Differenz aus dem Veräußerungserlös abzüglich der Anschaffungskosten gemindert um die während der Besitzzeit angesetzten Vorabpauschalen (da diese bereits versteuert jedoch im Veräußerungserlös/Rücknahmepreis bei Veräußerung noch enthalten sind).

Bei deutschen natürliche Personen, die Fondsanteile im Privatvermögen halten, unterliegen die Einkünfte aus Publikums-Investmentfonds gemäß § 43 Abs. 1 Nr. 5 und Nr. 9, § 43a Abs. 1 Satz 1 Nr. 1 EStG grundsätzlich der Kapitalertragsteuer von 25 % zuzüglich Solidaritätszuschlag von 5,5 % (also 26,375 %).

Investieren Investmentfonds gemäß ihrer Anlagebedingungen fortlaufend überwiegend in Aktien oder Immobilien (Aktien- und Immobilienfonds), so werden alle Erträge des Fonds beim Anleger je nach Anlageschwerpunkt zu einem bestimmten Prozentsatz steuerfrei gestellt (sog. Teilfreistellung):[1]

▶ Bei Aktienfonds (Investmentfonds, der fortlaufend mindestens 51 % seines Wertes in Aktien anlegt, § 2 Abs. 6 InvStG) werden 30 % aller Erträge, also auch Erträge des übrigen Vermögens (z. B. Zinsen), beim Privatanleger steuerfrei gestellt (sog. Aktienteilfreistellung);

▶ Bei Mischfonds (Investmentfonds, die fortlaufend mindestens 25 % ihres Wertes in Aktien anlegen, § 2 Abs. 7 InvStG) werden 15 % aller Erträge beim Privatanleger steuerfrei gestellt;

▶ Bei Immobilienfonds, die fortlaufend mindestens 51 % des Wertes in inländische Immobilien und Immobiliengesellschaften anlegen (§ 2 Abs. 9 InvStG) werden 60 % der Erträge beim Privatanleger steuerfrei gestellt (sog. Immobilienfreistellung). Handelt es sich um einen Immobilienvermögen, der fortlaufend mindestens 51 % des Wertes in ausländische Immobilien und ausländische Immobiliengesellschaften anlegt, beträgt die Steuerfreistellung 80 %.

Teilfreistellungen sollen die (körperschaft-)steuerliche Vorbelastung auf Fondsebene gegenüber der Direktanlage auf Ebene des Anlegers kompensieren.[2] Sie findet gleichermaßen auf alle Ausschüttungen, die Vorabpauschale und etwaige Gewinne aus der Rückgabe, Abtretung, Entnahme, verdeckten Einlage oder Veräußerung der Investmentanteile Anwendung.[3] Die Teilfreistellung greift sowohl beim Kapitalertragsteuerabzug als auch im Rahmen der Veranlagung.

b) Spezial-Investmenterträge nach § 34 des Investmentsteuergesetzes (§ 20 Abs. 1 Nr. 3a EStG)

64 Ein Spezial-Investmentfonds ist ein Investmentfonds, der die Voraussetzungen für eine Gewerbesteuerbefreiung nach § 15 Abs. 2 und 3 InvStG erfüllt und in der Anlagepraxis nicht wesentlich gegen einen Katalog von Anlagenbestimmungen verstößt (vgl. § 26 InvStG). Grundsätzlich dürfen sich an einem Spezial-Investmentfonds nur institutionelle Anleger beteiligen (Ausnahmen: Beteiligung natürlicher Personen ist aufsichtsrechtlich erforderlich oder i. d. R. mittelbare Beteiligung wurde von natürlicher Person vor 6.6.2016 erworben), so dass § 20 Abs. 1 Nr. 3a

---

1 *Elser/Thiede*, NWB 2016, 54.
2 *Stadler/Bindl*, DStR 2016, 1959.
3 *Kempf/Hirtz*, DStR 2016, 1 ff.

EStG auf Privatanleger grundsätzlich unmittelbar keine, sondern nur für betriebliche Anleger Anwendung findet.

Der Umstand, dass sich maximal nur 100 Anleger an einem Spezial-Investmentfonds beteiligen dürfen und die Anleger bekannt sind, haben den Gesetzgeber bewogen, das bisherige System der Besteuerung der Erträge aus Spezial-Investmentfonds beizubehalten: Formell findet ein Feststellungsverfahren statt, im Rahmen dessen die Einhaltung von komplexen Besteuerungsvorschriften sichergestellt wird (vgl. § 51 InvStG). Materiell besteht die Möglichkeit für den Spezial-Investmentfonds, von einer KSt-Besteuerung des Fonds (Grundsatz, vgl. § 29 InvStG) zu einer transparenten Besteuerung zu wechseln (sog. Transparenzoption; vgl. §§ 30 ff. InvStG). Von der Gewerbesteuer sind die Spezial-Investment befreit (§ 29 Abs. 4 InvStG; beachte jedoch § 45 InvStG).

Die Besteuerung der Erträge aus Spezial-Investmentfonds auf Anlegerebene folgt der aus dem bis zum 31.12.2017 geltenden InvStG bekannten Systematik, wonach die Fondserträge auf Anlegerebene in vollem Umfang grundsätzlich steuerpflichtig sind. Die Anleger versteuern ausgeschüttete Erträge (§ 35 i. V. m. §§ 37 bis 41 InvStG), ausschüttungsgleiche Erträge (§ 36 Abs. 1 InvStG) und Gewinne aus der Veräußerung oder Rückgabe von Anteilen an dem Spezial-Investmentfonds (§ 49 InvStG).

Im Fall eines inländischen Spezial-Investmentfonds unterliegen die Erträge aus Spezial-Investmentfonds einem Kapitalertragsteuerabzug i. H. v. 15 % (§ 50 InvStG).

7. Einnahmen aus stillen Gesellschaften und partiarischen Darlehen (§ 20 Abs. 1 Nr. 4 EStG)

Gemäß § 20 Abs. 1 Nr. 4 Satz 1 EStG gehören Einnahmen aus der Beteiligung an einem Handelsgewerbe als stiller Gesellschafter und aus partiarischen Darlehen, es sei denn, dass der Gesellschafter oder Darlehensgeber als Mitunternehmer anzusehen ist, zu den Einkünften aus Kapitalvermögen.

a) Stille Gesellschaft (§ 20 Abs. 1 Nr. 4 Satz 1 Alt. 1 EStG)

aa) Voraussetzungen einer stillen Gesellschaft

Eine stille Gesellschaft i. S. v. §§ 230 ff. HGB liegt vor, wenn zwischen einem Inhaber eines Handelsgewerbes und einem Dritten ein Gesellschaftsvertrag geschlossen wird, mittels dessen sich der Dritte eine Einlage am Unternehmen leistet und hierfür eine Gewinnbeteiligung erhält.[1] Die Gewinnbeteiligung ist zwingende Voraussetzung für das Vorliegen einer stillen Gesellschaft. Mangelt es an einer Gewinnbeteiligungsabrede, ist zu prüfen, ob nicht ein Darlehensverhältnis vorliegt.[2] Ob ein Handelsgewerbe vorliegt, bestimmt sich nach den Grundsätzen des Handelsrechts.[3] Sofern der Unternehmensträger kein Handelsgewerbe betreibt, liegt lediglich eine (Innen-)GbR vor.[4] Ob es sich bei dem Inhaber des Handelsgewerbes um einen Voll- oder Minderkaufmann handelt, ist unerheblich.[5] Der Dritte beteiligt sich mit einer Vermögenseinlage an dem Handelsgewerbe. Die Vermögenseinlage kann in allen übertragbaren

---

1 Vgl. BFH v. 22.7.1997 - VIII R 12/96, BStBl 1997 II 761; BFH v. 30.10.2001 - VIII R 15/01, BStBl 2002 II 138.
2 Vgl. BFH v. 18.3.1970 - I R 98/68, BStBl 1970 II 425.
3 Vgl. *Moritz/Strohm* in Frotscher, § 20 EStG Rz. 139; HHR/*Intemann*, § 20 EStG Rz. 151.
4 Vgl. *von Beckerath* in Kirchhof, § 20 EStG Rz. 75; BGH v. 22.6.1981 - II ZR 94/80, NJW 1982, 99.
5 Vgl. HHR/*Intemann*, § 20 EStG Rz. 151.

Vermögenswerten geleistet werden.[1] Auch die Erbringung von Dienstleistungen oder die Überlassung von Nutzungsrechten können eine Einlage darstellen.[2] Werden nur Bürgschaften übernommen oder Darlehen ausgegeben, liegt keine stille Gesellschaft vor.[3]

bb) Besondere Formen einer stillen Gesellschaft

67 Insbesondere bei Zahlungen an nahe Angehörige ist zu prüfen, ob die stille Gesellschaft bzw. das partiarische Darlehensverhältnis nicht nur privat veranlasst sind. So findet eine steuerliche Anrechnung nur statt, wenn zivilrechtliche Formvorschriften eingehalten wurden und die Gestaltung einem Drittvergleich standhält.[4] Die Höhe der Gewinnbeteiligung muss dem Kapital- und Arbeitseinsatz sowie der Risikoübernahme gegenüber angemessen sein. Fehlt es hiernach an einer unmittelbaren Vergleichsmöglichkeit, so bestimmt sich die Angemessenheit des Gewinnanteils eines stillen Gesellschafters dabei anhand der Angemessenheit einer Durchschnittsrendite.[5] Bei Schenkung der Einlage ohne Verlustbeteiligung beträgt die angemessene Rendite 12 % des Nennbetrags der Einlage,[6] bei einer unentgeltlich erworbenen Verlustbeteiligung 15 %.[7] Bei einer selbst erbrachten Einlage ohne Verlustbeteiligung sind bis zu 25 % angemessen,[8] mit Verlustbeteiligung bis zu 35 %.[9]

b) Partiarische Darlehen (§ 20 Abs. 1 Nr. 4 Satz 1 Alt. 2 EStG)

68 Bei einem partiarischen Darlehen erfolgt neben der allgemein üblichen Verzinsung für die Kapitalüberlassung auch eine Gewinnbeteiligung an dem Unternehmen im Rahmen eines Austauschverhältnisses,[10] jedoch wird – im Gegensatz zu einer stillen Gesellschaft – kein gemeinsamer Zweck verfolgt.[11] Eine rechtliche Beurteilung, ob eine Geldeinlage in ein Handelsgewerbe eines Dritten eine stille Gesellschaft oder ein partiarisches Darlehen begründet, kann nur unter umfassender Würdigung aller Umstände des Einzelfalls getroffen werden.[12] Das Vorliegen eines partiarischen Rechtsverhältnisses ist bei einer Verlustbeteiligung ausgeschlossen, da gerade die Vereinbarung der Verlustbeteiligung eine Teilnahme am unternehmerischen Risiko und somit eine (stille) Gesellschaft darstellt.[13]

---

1 Vgl. *von Beckerath* in Kirchhof, § 20 EStG Rz. 75; HHR/*Intemann*, § 20 EStG Rz. 154.
2 Vgl. BFH v. 27.2.1975 - I R 11/72, BStBl 1975 II 611; BFH v. 16.12.1997 - VIII R 32/90, BStBl 1998 II 480.
3 Vgl. *Moritz/Strohm* in Frotscher, § 20 EStG Rz. 139.
4 Vgl. BFH v. 20.2.1975 - IV R 62/74, BStBl 1975 II 569; BFH v. 16.5.1989 - VIII R 196/84, BStBl 1989 II 877.
5 Vgl. BFH v. 29.5.1972 - GrS 4/71, BStBl 1973 II 5; *Moritz/Strohm* in Frotscher, § 20 EStG Rz. 140; *Hamacher/Dahm* in Korn, § 20 EStG Rz. 212.
6 Vgl. BFH v. 29.3.1973 - IV R 56/70, BStBl 1973 II 650.
7 Vgl. BFH v. 29.5.1972 - GrS 4/71, BStBl 1973 II 5; BFH v. 21.9.2000 - IV R 50/99, BStBl 2001 II 299.
8 Vgl. BFH v. 14.2.1973 - I R 131/70, BStBl 1973 II 395; BFH v. 9.6.1994 - IV R 47-48/92, BFH/NV 1995, 103 = NWB DokID: FAAAA-97277.
9 Vgl. BFH v. 16.12.1981 - I R 167/78, BStBl 1982 II 387; BFH v. 21.9.2000 - IV R 50/99, BStBl 2001 II 299.
10 Vgl. *von Beckerath* in Kirchhof, § 20 EStG Rz. 77; *Hamacher/Dahm* in Korn, § 20 EStG Rz. 226.
11 Vgl. *Schlotter* in Littmann/Bitz/Pust, § 20 EStG Rz. 481; *Moritz/Strohm* in Frotscher, § 20 EStG Rz. 148; BFH, v. 21.6.1983 - VIII R 237/80, BStBl 1983 II 563.
12 Vgl. BFH v. 10.2.1978 - III R 115/76, BStBl 1978 II 256; FG Düsseldorf v. 21.11.2000 - 12 K 2673/96, NWB DokID: BAAAB-07253.
13 Vgl. BFH v. 22.7.1997 - VIII R 12/6, BStBl 1997 II 761; BFH v. 30.10.2001 - VIII R 15/01, BStBl 2002 II 138.

c) Einnahmen aus der Beteiligung

Einnahmen aus einer Beteiligung gem. § 20 Abs. 1 Nr. 4 EStG sind insbesondere alle Bezüge in Geld oder Geldeswert, wie z. B. eine vereinbarte Gewinnbeteiligung oder Verzinsung, die keine Rückzahlung der Vermögenseinlage darstellt.[1] Auch besondere Entgelte oder Vorteile, die daneben gewährt werden, werden umfasst.[2] Ob eine Rückzahlung der Vermögenseinlage oder aber ein Entgelt für die Kapitalüberlassung vorliegt, hängt von dem Eintritt des Leistungserfolges ab. Die Gewinnbeteiligung des stillen Gesellschafters bzw. des partiarischen Darlehensgebers stellt für den Unternehmer Betriebsausgaben dar.[3] Gewinnanteile, die der Wiederauffüllung eines Einlagekontos dienen, sind erst nach Auffüllung des **negativen** Einlagekontos als Einnahmen bei den Einkünften aus Kapitalvermögen zu erfassen. Denn die Wiederauffüllung des **positiven** Einlagekontos bewirkt nicht nur den Zufluss der Gewinnanteile (§ 8 EStG, § 11 Abs. 1 EStG), sondern gleichzeitig auch die Erfüllung der Einlageverpflichtung des stillen Gesellschafters (Gewinnverwendung).[4]

Alle durch das Verhältnis zwischen dem stillen Gesellschafter und dem Inhaber des Handelsgewerbes veranlassten Aufwendungen in Geld oder Geldeswert stellen **Werbungskosten** im Zusammenhang mit der stillen Gesellschaft dar. Werbungskosten können nur in Höhe des Sparer-Pauschbetrages gem. § 20 Abs. 9 EStG geltend gemacht werden. Darüber hinausgehende Aufwendungen sind nicht abziehbar. Eine andere Regelung gilt nur für Anteile des stillen Gesellschafters am Verlust des Handelsgewerbes. Seit Einführung der Abgeltungsteuer ist eine Geltendmachung von Verlustanteilen als Werbungskosten nur noch bei Vorliegen eines **positiven** Einlagekontos möglich.[5] Dem steht auch nicht das Werbungskostenabzugsverbot des § 20 Abs. 9 Satz 1 EStG entgegen. Begründung hierfür ist, dass der Gesetzgeber aufgrund der Verweisung des § 20 Abs. 1 Nr. 4 Satz 2 EStG auf die Verlustverrechnungsbeschränkungen von § 15 Abs. 4 Satz 6 bis 8 EStG und § 15a EStG von einer Minderung der Bemessungsgrundlage durch die Verlustanteile des stillen Gesellschafters ausgeht. Die ist jedoch nur dann denkbar, wenn eine Abzugsmöglichkeit der Verlustanteile als Werbungskosten auch nach Einführung des Sparer-Pauschbetrags aus § 20 Abs. 9 EStG weiterhin möglich ist. So stellt § 20 Abs. 1 Nr. 4 Satz 2 EStG – wie auch § 20 Abs. 1 Nr. 11 2. Halbsatz EStG – zumindest bei Vorliegen eines positiven Einlagekontos eine Ausnahme vom Werbungskostenabzugsverbot dar.[6] Entsteht ein negatives Einlagekonto oder wird ein bestehendes **negatives** Einlagekonto erhöht, so ist eine Geltendmachung von Verlustanteilen als Werbungskosten gem. § 20 Abs. 1 Nr. 4 Satz 2 EStG i.V. m. § 15a Abs. 1 Satz 1 EStG nicht möglich.[7]

Im Fall der **Veräußerung der stillen Beteiligung** stellt die Differenz in Höhe des geleisteten Nominalwerts der Einlage und dem Veräußerungserlös keine nach § 20 Abs. 1 Nr. 4 EStG, sondern eine nach § 20 Abs. 2 Nr. 4 EStG steuerpflichtige Leistung dar. **Umwandlungen einer stillen Beteiligung** in eine andere Form der Beteiligung sind als Auflösung der stillen Gesellschaft anzusehen. Entschädigungsleistungen für den Verzicht auf zukünftige Erträge sind gem. § 20 Abs. 1

---

1 Vgl. BFH v. 11. 2. 1981 - I R 98/76, BStBl 1981 II 465; BFH v. 25. 6.1974 - VIII R 109/69, BStBl 1974 II 735.
2 Vgl. *von Beckerath* in Kirchhof, § 20 EStG Rz. 81; *Hamacher/Dahm* in Korn, § 20 EStG Rz. 210.
3 Vgl. *Schlotter* in Littmann/Bitz/Pust, § 20 EStG Rz. 474a.
4 Vgl. BFH v. 24. 1. 1990 - I R 55/85, BStBl 1991 II 147; BFH v. 23. 7. 2002 - VIII R 36/01, BStBl 2002 II 858.
5 *Moritz/Strohm* in Frotscher, § 20 EStG Rz. 144; so auch HHR/*Intemann*, § 20 EStG Rz. 142; *Geurts* in Bordewin/Brandt, § 20 EStG Rz. 256.
6 Vgl. HHR/*Intemann*, § 20 EStG Rz. 142; *von Beckerath* in Kirchhof, § 20 EStG Rz. 84.
7 BFH v. 23. 7. 2002 - VIII R 36/01, BStBl 2002 II 858.

Nr. 4 EStG steuerpflichtig.[1] Wird die stille Gesellschaft durch **Auseinandersetzung** beendet, steht dem stillen Gesellschafter gem. § 235 HGB ein Auseinandersetzungsanspruch zu. Zahlungen im Rahmen dieses Anspruchs stellen Gewinne gem. § 20 Abs. 2 Nr. 4 EStG dar.

d) Gesellschafter oder Darlehensgeber als Mitunternehmer

72 Gemäß § 20 Abs. 1 Nr. 4 Satz 1 2. Halbsatz EStG werden von den Einkünften aus Kapitalvermögen nur Einnahmen aus der Beteiligung an einem Handelsgewerbe als stiller Gesellschafter und aus partiarischen Darlehen erfasst, sofern es sich bei dem Gesellschafter bzw. Darlehensgeber **nicht** um einen Mitunternehmer handelt. Der Gesellschafter oder Darlehensgeber ist als **Mitunternehmer** anzusehen, wenn seine Mitwirkungs- und Kontrollrechte über die eines stillen Gesellschafters bzw. Darlehensgebers hinausgehen[2] und er ein gewisses Mitunternehmerrisiko selbst trägt.[3] Ob eine Mitunternehmerschaft vorliegt, ist im Einzelfall anhand der Gesamtumstände zu beurteilen.[4] Einzelheiten hierzu s. KKB/Bäuml/Meyer, § 15 EStG Rz. 50 ff.

e) Anwendung von § 15 Abs. 4 Satz 6 bis 8 und §15a EStG (§ 20 Abs. 1 Nr. 4 Satz 2 EStG)

aa) Sinngemäße Anwendung von § 15 Abs. 4 Satz 6 bis 8 EStG

73 § 20 Abs. 1 Nr. 4 Satz 2 EStG ordnet an, dass die Verlustverrechnungsbeschränkung des § 15 Abs. 4 Satz 6 bis 8 EStG entsprechend auf Einkünfte i. S. d. Abs. 1 Nr. 4 Satz 1 anzuwenden ist. Demnach ist eine Verrechnung von Verlusten aus einer Beteiligung als stiller Gesellschafter mit Einkünften aus anderen Einkunftsarten ausgeschlossen (§ 20 Abs. 1 Nr. 4 Satz 2 EStG i.V. m. § 15 Abs. 4 Satz 6 EStG). Eingeführt wurde diese Verlustverrechnungsbeschränkung nach Abschaffung der Mehrmütterorganschaft, um eine unbegrenzte Verlustverrechnung zwischen zwei Kapitalgesellschaften zu verhindern.[5] Gemäß § 20 Abs. 1 Nr. 4 Satz 2 EStG i.V. m. § 15 Abs. 4 Satz 7 EStG kann der Stpfl. die Verluste, die er in dem unmittelbar vorangegangenen Wirtschaftsjahr oder in den folgenden Wirtschaftsjahren aus derselben stillen Gesellschaft, Unterbeteiligung oder sonstigen Innengesellschaft bezieht, mit den Gewinnen aus der stillen Beteiligung verrechnen. Die Rück- bzw. Vorträge sind allerdings gem. § 10d EStG der Höhe nach begrenzt. Nach § 20 Abs. 1 Nr. 4 Satz 2 EStG i.V. m. § 15 Abs. 4 Satz 8 EStG findet die Verlustverrechnungsbeschränkung nur Anwendung auf der Körperschaftsteuer unterliegende Subjekte, natürliche Personen sind vom Anwendungsbereich ausdrücklich nicht erfasst.

bb) Sinngemäße Anwendung von § 15a EStG

74 Verpflichtet sich der stille Gesellschafter, auch über seine Einlage hinaus am Verlust teilzunehmen, so dass ein negatives Einlagekonto entsteht, sieht § 20 Abs. 1 Nr. 4 Satz 2 EStG die sinngemäße Anwendung des § 15a EStG vor.

75 Gemäß **§ 15a Abs. 1 Satz 1** EStG soll bewirkt werden, dass ein dem stillen Gesellschafter zurechenbarer Verlust aus dem Handelsgewerbe nicht mit positiven Einkünften aus anderen Einkunftsarten verrechnet wird, sofern durch den Verlust ein negatives Kapitalkonto entsteht

---

1 Vgl. *Geurts* in Bordewin/Brandt, § 20 EStG Rz. 275.
2 Vgl. *Moritz/Strohm* in Frotscher, § 20 EStG Rz. 149.
3 Vgl. *Hamacher/Dahm* in Korn, § 20 EStG Rz. 228.
4 BFH v. 11. 12. 1990 - VIII R 122/86, BFH/NV 1991, 24 = NWB DokID: CAAAA-96737; BFH v. 3. 5. 1993 - GrS 3/92, BStBl 1993 II 616.
5 Vgl. *von Beckerath* in Frotscher, § 20 EStG Rz. 85; *Schlotter* in Litmann/Bitz/Pust, § 20 EStG Rz. 527.

oder sich erhöht. Eine Verlustverrechnung ist deshalb nicht durchzuführen, da die zu einem negativen Kapitalkonto führenden oder das negative Kapitalkonto erhöhenden Verluste nicht das momentane Vermögen mindern.[1] Lässt sich die Höhe des Kapitalkontos nicht aus der Steuerbilanz entnehmen, so muss eine eigenständige Berechnung des Kapitalkontos des stillen Gesellschafters vorgenommen werden.[2] Maßgeblich für das Verlustausgleichsvolumen ist die Höhe der tatsächlich geleisteten Einlage, nicht die bedungene Einlage.[3] Dies gilt ebenfalls, wenn die Einlage der Höhe nach nur teilweise geleistet wurde.[4] Gewinne und später erbrachte Einlagen wirken sich auf die bereits geleistete Einlage erhöhend, Verluste und Entnahmen mindernd aus.[5] Die Erweiterung des Ausgleichsvolumens beim Kommanditisten gem. **§ 15a Abs. 1 Satz 2 und 3 EStG**, findet auf den stillen Gesellschafter keine Anwendung.[6]

Soweit der Verlust nach § 20 Abs. 1 und 1a EStG nicht ausgeglichen oder abgezogen werden darf, mindert er gem. **§ 15a Abs. 2 EStG** die Gewinne, die dem stillen Gesellschafter in späteren Wirtschaftsjahren aus seiner Beteiligung an der stillen Gesellschaft zuzurechnen sind. Einer Antragstellung des stillen Gesellschafters auf Vornahme der Verlustverrechnung bedarf es nicht, da diese von Amts wegen[7] zum frühestmöglichen Zeitpunkt vorgenommen wird.[8]

76

Soweit ein negatives Kapitalkonto des stillen Gesellschafters durch Entnahmen entsteht oder sich erhöht (Einlageminderung) und soweit nicht aufgrund der Entnahmen eine nach § 20 Abs. 1 Satz 2 EStG zu berücksichtigende Haftung besteht oder entsteht, ist dem stillen Gesellschafter gem. **§ 15a Abs. 3 EStG** der Betrag der Einlageminderung als Gewinn zuzurechnen. Gemäß § 15a Abs. 4 EStG ist ein gesonderter Feststellungsbescheid über den verbleibenden verrechenbaren Verlustanteil zu erlassen. Dieser stellt einen Steuerbescheid i. S. d. § 155 AO dar, Einspruch bzw. Klage gegen den Bescheid kann nur von dem stillen Gesellschafter eingelegt bzw. erhoben werden.[9] Zuständig für den Erlass des Feststellungsbescheids ist das Finanzamt, das auch den Gewinn des Unternehmens feststellt. Wird keine Gewinnfeststellung vorgenommen, ist zuständiges Finanzamt das Wohnsitz-Finanzamt des Geschäftsinhabers.[10]

77

(Einstweilen frei) 78–84

8. Zinsen aus Grundpfandrechten (§ 20 Abs. 1 Nr. 5 EStG)

Gemäß § 20 Abs. 1 Nr. 5 EStG zählen Zinseinnahmen aus Hypotheken, Grundschulden sowie Renten aus Rentenschulde zu den Einkünften aus Kapitalvermögen.

85

Zinsen sind eine für die Überlassung des Kapitals verlangte gewinn- und umsatzunabhängige, aber von der Laufzeit bestimmte geldliche Vergütung.[11] Voraussetzung für ihre Entstehung ist

86

---

1 Vgl. *von Beckerath* in Kirchhof, § EStG 20 Rz. 93.
2 Vgl. HHR/*Intemann*, § 20 EStG Rz. 207.
3 Vgl. BFH v. 5. 2. 2002 - VIII R 31/01, BStBl 2002 II 464; BFH v. 16. 10. 2007 - VIII R 21/06, BStBl 2008 II 126; *Hamacher/Dahm* in Korn, § 20 EStG Rz. 218; *Geurts* in Bordewin/Brandt, § 20 EStG Rz. 268.
4 Vgl. *Hamacher/Dahm* in Korn, § 20 EStG Rz. 218; *Geurts* in Bordewin/Brandt, § 20 EStG Rz. 268; BMF v. 14. 9. 1981, BStBl 1981 I 620(BMF-Schreiben nicht mehr anzuwenden für Steuertatbestände, die nach dem 31.12.2004 verwirklicht werden).
5 BFH v. 16. 10. 2007 - VIII R 21/06, BStBl 2008 II 126; BFH v. 15. 10. 1996 - IX R 72/92, BStBl 1997 II 250.
6 BFH v. 5. 2. 2002 - VIII R 31/01, BStBl 2002 II 464; BFH v. 16. 10. 2007 - VIII R 21/06, BStBl 2008 II 126.
7 Vgl. *Geurts* in Bordewin/Brandt, § 20 EStG Rz. 270.
8 Vgl. HHR/*Intemann*, § 20 EStG Rz. 211.
9 Vgl. *Geurts* in Bordwin/Brandt, § 20 EStG Rz. 273.
10 Vgl. *von Beckerath* in Kirchhof, § EStG 20 Rz. 94.
11 Vgl. BGH v. 3. 10. 1984 - II R 194/82, BStBl 1985 II 73.

das Bestehen einer auf die Hauptleistung gerichteten Kapitalschuld, neben der die Zinsen eine Nebenleistung bilden.[1] Eine Bezeichnung des verlangten Entgeltes als „Zinsen" ist ebenso wenig erforderlich wie ein besonderer Rechtsgrund oder die fortlaufende Zahlung der Zinsen.[2] Nicht von § 20 Abs. 1 Nr. 5 EStG erfasst sind hingegen Bereitstellungszinsen. Diese sind den einzelnen Einkunftsarten des § 2 Abs. 1 Nr. 1 bis 7 EStG zuzurechnen.[3]

87 Nach § 1113 BGB ist eine **Hypothek** die Belastung eines Grundstücks in der Weise, dass an denjenigen, zu dessen Gunsten die Belastung erfolgt, eine bestimmte Geldsumme zur Erfüllung einer ihm zustehenden Forderung aus dem Grundstück zu zahlen ist. Kommt der Schuldner seiner Zahlungsverpflichtung nicht nach, kann der Gläubiger gem. § 1147 BGB die Zwangsvollstreckung in das Grundstück und in die Gegenstände, auf die sich die Hypothek erstreckt, betreiben und so seinen Anspruch befriedigen. Gemäß § 1153 BGB kann die Forderung nicht ohne die Hypothek und die Hypothek nicht ohne die Forderung übertragen werden (Akzessorietät). Somit ist eine besicherte Forderung immer Voraussetzung für eine Hypothek. Die Abgrenzung zwischen einer Verkehrs- und einer Sicherungshypothek erfolgt in Abhängigkeit vom Grad der Akzessorietät. Bei einer Sicherungshypothek liegt eine besonders strenge Form der Akzessorietät vor. Sie kann gem. § 1184 BGB in der Weise bestellt werden, dass das Recht des Gläubigers aus der Hypothek sich nur nach der Forderung bestimmt und der Gläubiger sich zum Beweis der Forderung nicht auf die Eintragung berufen kann. Umstritten ist, ob auch Zinsen aus einer Sicherungshypothek von § 20 Abs. 1 Nr. 5 EStG erfasst werden:

▶ Nach *herrschender Ansicht* fallen nur Zinsen aus Verkehrshypotheken unter die Vorschrift des § 20 Abs. 1 Nr. 5 EStG. Zinsen aus Sicherungshypotheken sollen somit grundsätzlich dem § 20 Abs. 1 Nr. 7 EStG unterliegen, da sie nach der zugrundeliegenden Forderung einzuordnen sind.[4]

▶ Nach *anderer Ansicht* ist eine Differenzierung zwischen Verkehrs- und Sicherungshypothek nicht erforderlich, da § 20 Abs. 1 Nr. 5 EStG als lex specialis den Auffangtatbestand des § 20 Abs. 1 Nr. 7 EStG verdrängt und somit Zinsen aus allen Hypothekenarten erfasst werden. Eine Einschränkung nur auf Zinsen aus Verkehrshypotheken lässt sich weder dem Wortlaut der Norm noch der angeblichen Verschiedenheit der beiden Rechtsgebilde entnehmen.[5]

88 Eine oberste finanzgerichtliche Rechtsprechung liegt diesbezüglich bisher nicht vor. Der BFH hat in einer bereits ergangenen Entscheidung[6] diese Frage offen gelassen, da im streitgegenständlichen Verfahren die Zweckbindung der Grundschuld nach ihrer Abtretung an den Kläger entfallen ist. Eine Unterscheidung zwischen Buch- und Briefhypothek, wobei bei Letzterer zusätzlich zu der Eintragung der Hypothek in das Grundbuch gem. § 1116 BGB ein Hypothekenbrief ausgestellt wird, ist nicht erforderlich, da beide Arten der Hypothek von der Regelung des § 20 Abs. 1 Nr. 5 EStG erfasst werden.[7]

---

1 BFH v. 13. 10. 1987 - VIII R 156/84, BStBl 1988 II 252.
2 Vgl. *Moritz/Strohm* in Frotscher, § 20 EStG Rz. 153; HHR/*Buge*, § 20 EStG Rz. 232.
3 Vgl. *Geurts* in Bordewin/Brandt, § 20 EStG Rz. 292.
4 Vgl. *Schlotter* in Littmann/Bitz/Pust, § 20 EStG Rz. 545; *Ratschow* in Blümich, § 20 EStG Rz. 255; *von Beckerath* in Kirchhof, § 20 EStG Rz. 97.
5 Vgl. HHR/*Buge*, § 20 EStG Rz. 233; *Moritz/Strohm* in Frotscher, § 20 EStG Rz. 154; *Geurts* in Bordewin/Brandt, § 20 EStG Rz. 295.
6 BFH v. 11. 4. 2012 - VIII R 28/09, BStBl 2012 II 496.
7 Vgl. *Moritz/Strohm* in Frotscher, § 20 EStG Rz. 155; HHR/*Buge*, § 20 EStG Rz. 233; *Hamacher/Dahm* in Korn, § 20 EStG Rz. 239; *Geurts* in Bordewin/Brandt, § 20 EStG Rz. 295.

Unter **Grundschulden** sind gem. § 1191 BGB Belastungen eines Grundstücks in der Weise zu 89
verstehen, dass an denjenigen, zu dessen Gunsten die Belastung erfolgt, eine bestimmte Geldsumme aus dem Grundstück zu zahlen ist. Anders als Hypotheken sind Grundschulden nicht
akzessorisch, so dass es nicht auf das Bestehen einer zu sichernden Forderung ankommt. Wie
auch bei Hypotheken kann hinsichtlich der Grundschulden zwischen einer Verkehrs- und einer
Sicherungsgrundschuld unterschieden werden. Jedoch kommt es anders als bei der Hypothek
auf eine solche Unterscheidung nicht an, da nach einheitlicher Rechtsauffassung beide Rechtsgebilde von der Regelung des § 20 Abs. 1 Nr. 5 EStG erfasst werden.[1] Eine Ausnahme ergibt
sich jedoch für Eigentümergrundschulden gem. § 1196 BGB. Aufgrund der Personenidentität
zwischen Schuldner und Gläubiger fallen hier keine Zinsen an.[2] Bei Tilgungshypotheken und
-grundschulden leistet der Schuldner eine gleichbleibende, aus einem Zinsanteil und einer Til-
gungsleistung (Annuität) bestehenden Jahresleistung. Hierdurch nimmt der Zinsanteil ständig
ab, der Tilgungsanteil jedoch ständig zu. Dem ausdrücklichen Wortlaut des § 20 Abs. 1 Nr. 5
Satz 2 EStG nach ist hier nur der Teil der Zahlungen, der als Zins auf den jeweiligen Kapitalrest
entfällt, anzusetzen.

Rentenschulden sind gem. § 1199 Abs. 1 BGB Grundschulden, die in der Art und Weise bestellt 90
werden, dass in regelmäßig wiederkehrenden Terminen eine bestimmte Geldsumme aus dem
Grundstück zu zahlen ist. Diesem Rechtsgebilde kommt in der Praxis nur wenig Bedeutung zu.
Eine Unterscheidung zwischen steuerbarem Ertrags- und steuerfreiem Kapitalanteil wird nicht
vorgenommen.[3] Die gem. § 1199 Abs. 1 BGB zu zahlende Geldsumme unterliegt der vollen
Höhe nach der Regelung des § 20 Abs. 1 Nr. 5 Satz 1 EStG.

9. Erträge aus Lebensversicherungen (§ 20 Abs. 1 Nr. 6 EStG)

a) Steuerpflichtiger Unterschiedsbetrag (§ 20 Abs. 1 Nr. 6 Satz 1 EStG)

Gemäß § 20 Abs. 1 Nr. 6 Satz 1 EStG ist der Unterschiedsbetrag zwischen der Versicherungsleis- 91
tung und der Summe der auf sie entrichteten Beiträge (Erträge) im Erlebensfall oder bei Rückkauf des Vertrags bei Rentenversicherungen mit Kapitalwahlrecht (Alt. 1), soweit nicht die lebenslange Rentenzahlung gewählt und erbracht wird, und bei Kapitalversicherungen mit Sparanteil, wenn der Vertrag nach dem 31. 12. 2004 abgeschlossen worden ist (Alt. 2), steuerpflichtig. Für vor dem 1. 1. 2005 abgeschlossene Versicherungsverträge ist gem. § 52 Abs. 36 Satz 1
EStG zeitlich unbefristet § 20 Abs. 1 Nr. 6 EStG a. F. anzuwenden, der eine Besteuerung der außerrechnungsmäßigen und rechnungsmäßigen Zinsen aus den geleisteten Sparanteilen vorsieht. Maßgeblicher Zeitpunkt für den Vertragsschluss ist das Datum der Ausstellung des Versicherungsscheins.[4]

Kriterium für die **Abgrenzung** eines Versicherungsvertrags von einer regulären Kapitalanlage 92
ist die Absicherung gegen ein wirtschaftliches Risiko, das aus der Unsicherheit und Unberechenbarkeit des menschlichen Lebens für den Lebensplan des Menschen erwächst (biometrisches Risiko).[5] Nicht erfasst werden somit Versicherungsverträge, mit denen andere Risiken

---

1 Vgl. *Moritz/Strohm* in Frotscher, § 20 EStG Rz. 157.
2 Vgl. *Geurts* in Bordewin/Brandt, § 20 EStG Rz. 297; *Hamacher/Dahm* in Korn, § 20 EStG Rz. 240; HHR/*Buge*, § 20 EStG Rz. 234.
3 Vgl. *Hamacher/Dahm* in Korn, § 20 EStG Rz. 241; *Moritz/Strohm* in Frotscher, § 20 EStG Rz. 161.
4 BMF v. 1. 10. 2009, BStBl 2009 I 1172.
5 BMF v. 1. 10. 2009, BStBl 2009 I 1172.

abgesichert werden sollen (z. B. Haftpflichtversicherungen, Brandschutz- oder Rechtschutzversicherungen).

93 Von der Regelung erfasst werden Rentenversicherungen mit Kapitalwahlrecht, soweit nicht eine lebenslange Rentenzahlung gewählt wird, sowie Kapitalversicherungen mit Sparanteil:

- Eine **Rentenversicherung mit Kapitalwahlrecht** (§ 20 Abs. 1 Nr. 6 Satz 1 Alt. 1 EStG) ist gegeben, wenn einmalig eine Kapitalsumme ausgezahlt wird oder fortlaufend Teilauszahlungen getätigt werden, die jedoch nicht die Anforderungen einer Rente erfüllen.[1] Eine Rentenzahlung liegt vor, wenn für die gesamte Lebenszeit der versicherten Person konstante oder steigende Bezüge ausbezahlt werden. Um eine Steuerbegünstigung für Altersvorsorgeprodukte zu ermöglichen, die den Stpfl. lebenslang absichern, werden in der Anspar- bzw. Aufschubphase entstandene Erträge nicht besteuert.[2] Der Wortlaut des Abs. 1 Nr. 6 Satz 1 schließt eine Steuerbegünstigung nur dann nicht aus, wenn Rentenzahlungen „erbracht" werden. Eine steuerliche Privilegierung soll damit nur stattfinden, wenn auch tatsächlich Rentenzahlungen an den Bezugsberechtigten getätigt werden. Wird eine zunächst gewählte Rentenzahlung nicht vorgenommen, sondern anschließend gekündigt und durch Kapitalleistung abgegolten, ist diese gem. Abs. 1 Nr. 6 Satz 1 zu versteuern. Wird die zunächst gewählte Rentenzahlung nicht gekündigt, sondern erlischt durch den Tod der versicherten Person, findet § 20 Abs. 1 Nr. 6 Satz 1 EStG keine Anwendung auf Kapitalleistungen, die zur Abfindung einer Rentengarantiezeit gezahlt werden.

- **Kapitalversicherungen mit Sparanteilen** (§ 20 Abs. 1 Nr. 6 Satz 1 Alt. 2 EStG) treten regelmäßig als Kapitalversicherung auf den Todes- und Erlebensfall (klassische Kapital-Lebensversicherung), Unfallversicherung mit garantierter Beitragsrückzahlung, Kapitalversicherungen auf den Todes- und Erlebensfall von zwei oder mehreren Personen (Kapitalversicherung auf verbundene Leben), Kapitalversicherung mit festem Auszahlungszeitpunkt (Terminfixversicherung) und Kapitalversicherung mit lebenslangem Todesfallschutz auf.[3]

94 Besteuert wird der Unterschiedsbetrag zwischen der Versicherungsleistung und der Summe der auf sie entrichteten Beiträge im Erlebensfall oder bei Rückkauf des Vertrags. Von einem **Rückkauf** ist auszugehen, wenn der Versicherungsnehmer den Versicherungsvertrag vorzeitig durch z. B. Kündigung, Rücktritt oder Anfechtung beendet. Bei einer vorzeitigen Beendigung bekommt der Versicherungsnehmer von dem Versicherungsunternehmen den Rückkaufswert des Vertrags erstattet. Dieser spiegelt den Zeitwert der Rechte, die dem Versicherungsnehmer aus dem Versicherungsvertrag zustehen, wieder.[4]

95 Für den Fall des Eintritts des abgesicherten Risikos gewährte Leistungen sind **nicht** gem. § 20 Abs. 1 Nr. 6 Satz 1 EStG steuerpflichtig.

b) Begünstigung (§ 20 Abs. 1 Nr. 6 Satz 2 EStG)

96 Es erfolgt eine Steuerbegünstigung in Höhe der Hälfte des Unterschiedsbetrags für Versicherungsleistungen, die nach Vollendung des 60. Lebensjahres des Stpfl. und nach Ablauf von zwölf Jahren seit dem Vertragsabschluss ausgezahlt werden (§ 20 Abs. 1 Nr. 6 Satz 2 EStG). Für nach dem 31. 12. 2011 geschlossene Versicherungsverträge gilt gem. § 52 Abs. 36 Satz 9 EStG

---

1 BMF v. 1. 10. 2009, BStBl 2009 I 1172.
2 Vgl. *von Beckerath* in Kirchhof, § 20 EStG Rz. 99.
3 *BMF v. 1. 10. 2009, BStBl 2009 I 1172*; BFH v. 14.3.2017 - VIII R 25/14.
4 BMF v. 1. 10. 2009, BStBl 2009 I 1172.

eine untere Altersgrenze von 62 Lebensjahren. Sofern keine Personenidentität zwischen dem Versicherungsnehmer und dem Bezugsberechtigten besteht, ist auf das Alter des Bezugsberechtigten abzustellen.[1] Auf die zu versteuernde Hälfte des Unterschiedsbetrages findet gem. § 32d Abs. 2 Nr. 2 EStG **nicht** der besondere Abgeltungsteuertarif von 25 %, sondern der reguläre Einkommensteuertarif von bis zu 45 % Anwendung. Maßgeblicher Zeitpunkt für den Beginn der Mindestvertragsdauer ist der im Versicherungsschein bezeichnete Tag, wenn binnen drei Monaten der erste Versicherungsbeitrag einbezahlt und der Versicherungsschein ausgezahlt wird. Erfolgt die erste Beitragszahlung nicht innerhalb der Dreimonatsfrist, beginnt die Mindestvertragslaufzeit erst mit Zahlung des ersten Beitrags zu laufen.[2] Werden wesentliche Merkmale eines Versicherungsvertrags, wie z. B. Versicherungsleistung, Laufzeit oder Beitragshöhe oder -dauer, geändert, kann dies zu einem Neubeginn der Mindestlaufzeit führen. Insbesondere bei einer Erhöhung der Versicherungsleistung oder der Versicherungsbeiträge ist für den Umfang der Erhöhung ein neuer Versicherungsvertrag mit einer neuen Mindestvertragsdauer anzunehmen.[3]

c) Entgeltlicher Erwerb des Versicherungsvertrags (§ 20 Abs. 1 Nr. 6 Satz 3 EStG)

Es treten bei entgeltlichem Erwerb des Anspruchs auf die Versicherungsleistung die Anschaffungskosten an die Stelle der vor dem Erwerb entrichteten Beiträge (§ 20 Abs. 1 Nr. 6 Satz 3 EStG). Somit soll sichergestellt werden, dass der Übernehmer des Anspruchs auf Versicherungsleistung nur anteilig die Erträge zu versteuern hat, die nach seiner Übernahme entstanden sind. Bereits zuvor erwirtschaftete Erträge sind von dem Veräußerer gem. § 20 Abs. 2 Satz 1 Nr. 6 EStG zu versteuern. Die insgesamt zu versteuernden Erträge werden durch diese Regelungen besitzanteilig, gemessen an der jeweiligen Besitzzeit des Veräußerers bzw. Erwerbers, aufgeteilt.[4] Die vom Erwerber zu versteuernden Erträge bemessen sich anhand der Differenz zwischen der Versicherungsleistung und den Anschaffungskosten sowie den nach Erwerb gezahlten Versicherungsbeiträgen.

97

BEISPIEL: ▸ V veräußert eine Kapitalversicherung mit einer Versicherungssumme i. H.v. 500 000 € an E für einen Kaufpreis von 50 000 €. Bis zum Ablauf des Versicherungsvertrages nach mehr als zwölf Jahren entrichtet E weitere 200 000 € an Beiträgen und bekommt zu Vertragsende 500 000 € ausbezahlt. Die steuerbaren Kapitalerträge des E belaufen sich auf 125 000 € und setzen sich wie folgt zusammen:

Versicherungsleistung	500 000 €
./. Anschaffungskosten in Höhe des Kaufpreises	-50 000 €
./. Selbst entrichtete Beiträge	-200 000 €
Saldo	250 000 €
./. 50 % des Saldos (§ 20 Abs. 1 Nr. 6 Satz 2 EStG)	-125 000 €
Steuerpflichtiger Kapitalertrag	**125 000 €**

---

[1] Vgl. *von Beckerath* in Kirchhof, § 20 EStG Rz. 103.
[2] BMF v. 1. 10. 2009, BStBl 2009 I 1172.
[3] BMF v. 1. 10. 2009, BStBl 2009 I 1172.
[4] Vgl. *Moritz/Strohm* in Frotscher, § 20 EStG Rz. 174; HHR/*Buge*, § 20 EStG Rz. 266.

d) Entsprechende Anwendung des § 20 Abs. 1 Nr. 6 Satz 1 bis 3 EStG (§ 20 Abs. 1 Nr. 6 Satz 4 EStG)

98 Die Sätze 1 bis 3 sind auf Erträge aus fondsgebundenen Lebensversicherungen, auf Erträge im Erlebensfall bei Rentenversicherungen ohne Kapitalwahlrecht, soweit keine lebenslange Rentenzahlung vereinbart und erbracht wird, und auf Erträge bei Rückkauf des Vertrages bei Rentenversicherungen ohne Kapitalwahlrecht entsprechend anzuwenden (§ 20 Abs. 1 Nr. 6 Satz 4 EStG):

- Bei **fondsgebundenen Lebensversicherungen** besteht im Gegensatz zu herkömmlichen Lebensversicherungen die Besonderheit, dass die Sparanteile des Versicherungsnehmers in Investmentvermögen angelegt werden. Daraus resultierende Erträge werden nicht an den Versicherungsnehmer ausgeschüttet, sondern direkt erneut angelegt. Somit ist der Versicherungsnehmer direkt an der Wertentwicklung des Investmentvermögens beteiligt.

- Die aus der Anspar- bzw. Aufschubphase resultierenden Erträge aus **Rentenversicherungen ohne Kapitalwahlrecht** werden den Rentenversicherungen mit Kapitalwahlrecht aus § 20 Abs. 1 Nr. 6 Satz 1 EStG gleichgestellt, d. h. nicht besteuert, sofern der Stpfl. in Form von Rentenzahlungen lebenslang abgesichert ist.[1]

- Der **Rückkauf** von Rentenversicherungen ohne Kapitalwahlrecht, die zwischen dem 31. 12. 2004 und dem 31. 12. 2006 abgeschlossen wurden, unterliegt – wie auch der Rückkauf von Rentenversicherungen mit Kapitalwahlrecht – ebenfalls der Besteuerung, sofern er nach dem 31. 12. 2006 erfolgt.[2]

99 Ob die Alt- bzw. die Neufassung des § 20 Abs. 1 Nr. 6 EStG Anwendung findet, hängt maßgeblich vom **Abschlusszeitpunkt** des Versicherungsvertrags ab. Abgeschlossen ist der Rentenversicherungsvertrag dann, wenn die Annahmeerklärung des Versicherungsunternehmens dem Versicherungsnehmer zugeht.[3] Für die steuerrechtliche Beurteilung, ob ein Alt-oder Neuvertrag gegeben ist, ist grundsätzlich auf das Ausstellungsdatum des Versicherungsscheins abzustellen.[4] Eine Ausnahme von dieser Regelung bilden Versicherungsverträge, die zwar vor dem 1. 1. 2005 geschlossen wurden, jedoch erst einen Versicherungsbeginn nach dem 31. 3. 2005 vorsehen. Bei diesen Verträgen wird abweichend der Abschluss des Vertrags auf den Zeitpunkt des Vertragsbeginns fingiert, so dass die Neuregelung des § 20 Abs. 1 Nr. 6 EStG Anwendung findet.[5]

e) Vermögensverwaltende Versicherungsverträge (§ 20 Abs. 1 Nr. 6 Satz 5 EStG)

100 Bei vermögensverwaltenden Versicherungsverträgen, bei denen eine gesonderte Verwaltung von speziell für diesen Vertrag zusammengestellten Kapitalanlagen vereinbart ist und der wirtschaftlich Berechtigte unmittelbar oder mittelbar über die Veräußerung der Vermögensgegenstände und die Wiederanlage der Erlöse bestimmen kann, entfällt eine Besteuerung der Differenz zwischen Versicherungsleistung und der einbezahlten Beiträge (§ 20 Abs. 1 Nr. 6

---

1 Vgl. von Beckerath in Kirchhof, § 20 EStG Rz. 101.
2 Vgl. HHR/Buge, § 20 EStG Rz. 267.
3 Vgl. HHR/Buge, § 20 EStG Rz. 268.
4 BMF v. 22. 8. 2002, BStBl 2002 I 827 (für vor dem 1.1.2005 abgeschlossene Altverträge weiterhin anzuwenden; für nach dem 31. 12. 2004 abgeschlossene Neuverträge siehe BMF v. 22.12.2005 (BStBl 2006 I 92). Für Vertragsänderungen bei Altverträgen siehe auch BMF v. 22.12.2005 (BStBl 2006 I 92), Tz. 92 ff.).
5 BMF v. 25. 11. 2004, BStBl 2004 I 1096, ersetzt durch BMF v. 22.12.2005, BStBl 2006 I 92.

Satz 5 EStG). Die sonst üblichen Privilegien für Lebensversicherungen sollen den vermögensverwaltenden Lebensversicherungen gerade nicht zukommen, da bei dieser Art von Verträgen der Versicherungsnehmer frei über die Kapitalanlageformen entscheiden kann und somit auch das alleinige Kapitalanlagerisiko trägt. Es steht also die Kapitalanlage und nicht der Versorgungscharakter im Vordergrund.[1] Auf vermögensverwaltende Versicherungsverträge finden die allgemeinen Besteuerungsregeln somit keine Anwendung, vielmehr erfolgt eine transparente Besteuerung, indem die zufließenden Kapitalerträge dem wirtschaftlich Berechtigten zugerechnet werden.

Wirtschaftlich Berechtigter ist der Inhaber des Anspruchs auf die Versicherungsleistung.[2] Von einem **vermögensverwaltenden Versicherungsvertrag** ist auszugehen,[3] wenn

▶ eine gesonderte Verwaltung von Kapitalanlagen vorgesehen ist. Hier wird die Sparleistung nicht vom Versicherungsunternehmen für eine unbestimmte Vielzahl von Versicherten gemeinschaftlich, sondern separat für den einzelnen Vertrag angelegt bzw. verwaltet, wobei der wirtschaftlich Berechtigte das Kapitalanlagerisiko trägt. Typischerweise erfolgt die Kapitalanlage bei einem vermögensverwaltenden Versicherungsvertrag auf einem Konto oder Depot bei einem vom Kunden frei wählbaren Kreditinstitut. Dabei wird das Versicherungsunternehmen Eigentümer bzw. Inhaber der auf dem Konto oder Depot verwalteten Anlagegüter;

▶ die Kapitalanlagen speziell für diesen Vertrag zusammengestellt werden. Dies ist der Fall, wenn die Anlage ganz oder teilweise gem. den individuellen Wünschen des Versicherungsnehmers erfolgt. Dies ist insbesondere der Fall, wenn der Versicherungsnehmer einzelne Wertpapiere oder ein bereits vorhandenes Wertpapierdepot als Versicherungsbeitrag erbringt;

▶ sich die Kapitalanlagen nicht auf öffentlich vertriebene Investmentfondsanteile (Publikumsfonds) oder auf Kapitalanlagen, die die Entwicklung eines veröffentlichten Index abbilden, beschränken;

▶ der wirtschaftlich Berechtigte unmittelbar oder mittelbar über die Veräußerung der Vermögensgegenstände und die Wiederanlage der Erlöse bestimmen kann. Eine unmittelbare Dispositionsmöglichkeit liegt vor, wenn dem wirtschaftlich Berechtigten durch den Versicherungsvertrag ein Weisungsrecht dem Versicherungsunternehmer oder einem Vermögensverwalter gegenüber eingeräumt wird. Eine mittelbare Dispositionsmöglichkeit besteht, wenn (1) die Anlageentscheidungen von einem Vermögensverwalter getroffen werden, der durch den wirtschaftlich Berechtigten beauftragt wurde, (2) der wirtschaftlich Berechtigte einen Wechsel in der Person des Vermögensverwalters verlangen kann und (3) eine individuelle Anlagestrategie zwischen dem Versicherungsunternehmen oder dem Vermögensverwalter und dem wirtschaftlich Berechtigten vereinbart wird.

f) Mindeststandards für den Todesfallschutz (§ 20 Abs. 1 Nr. 6 Satz 6 EStG)

§ 20 Abs. 1 Nr. 6 Satz 6 EStG dient der Sicherstellung gewisser Mindestanforderungen an Risikolebensversicherungen, denen eine Steuerbegünstigung § 20 Abs. 1 Nr. 6 Satz 2 EStG zukommen soll. Versicherungsangebote, bei denen der Versorgungscharakter hinter der Kapitalanla-

---

1 BT-Drucks. 16/10494; 16/11108.
2 BMF v. 22.12.2005, BStBl 2006 I 92.
3 BMF v. 1.10.2009, BStBl 2009 I 1172.

ge zurücktritt, sollen steuerlich hingegen nicht privilegiert werden. So soll eine lediglich hälftige Besteuerung keine Anwendung finden, wenn

▶ bei einem Kapitallebensversicherungsvertrag mit vereinbarter laufender Beitragszahlung in mindestens gleichbleibender Höhe bis zum Zeitpunkt des Erlebensfalls die vereinbarte Leistung bei Eintritt des versicherten Risikos weniger als 50 % der Summe der für die gesamte Vertragsdauer zu zahlenden Beiträge beträgt (§ 20 Abs. 1 Nr. 6 Buchst. a EStG). Von dieser Regelung ausgenommen sind Versicherungsverträge, bei denen die Todesfallsumme mindestens der Erlebensfallsumme entspricht;[1]

▶ die vereinbarte Leistung bei Eintritt des versicherten Risikos das Deckungskapital oder den Zeitwert der Versicherung spätestens fünf Jahre nach Vertragsabschluss nicht um mindestens 10 % des Deckungskapitals, des Zeitwerts oder der Summe der gezahlten Beiträge übersteigt (§ 20 Abs. 1 Nr. 6 Buchst. b EStG). Erfasst werden hiervon Versicherungsverträge mit vorgesehener Einmalzahlung bzw. abgekürzter Beitragszahlung. Bei diesen Verträgen ist im Todesfall eine das Deckungskapital oder den Zeitwert um mindestens 10 % übersteigende Leistung erforderlich. Auch wenn die Anforderungen an den Risikoschutz gerade zu Beginn bei Versicherungsverträgen niedriger sind, ist eine Gleichbehandlung mit Versicherungsverträgen nach Buchst. a insbesondere aufgrund der konstanten Beitragszahlungen geboten. Es besteht eine Karenzzeit von fünf Jahren, so dass auch älteren Versicherungsnehmern, bei denen keine Gesundheitsüberprüfung mehr vorgenommen wird und die erst nach Ablauf der Karenzzeit Leistungen in Anspruch nehmen können, eine steuerliche Begünstigung ermöglicht wird.

g) Entgeltlicher Erwerb von Versicherungsansprüchen (§ 20 Abs. 1 Nr. 6 Satz 7 und 8 EStG)

103 Ausgeschlossen ist die Steuerbegünstigung nach § 20 Abs. 1 Nr. 6 Satz 2 EStG, wenn der Stpfl. Ansprüche aus einer von einem Dritten abgeschlossenen Risikoversicherung (z. B. Tod, schwere Krankheit) entgeltlich erworben hat, in Höhe des Unterschiedsbetrags zwischen der Versicherungsleistung bei Eintritt des versicherten Risikos und den Aufwendungen für den Erwerb und das Halten des Versicherungsanspruchs. Im Ergebnis wird damit der erworbene Versicherungsanspruch einer Kapitalanlage nach § 20 Abs. 2 EStG gleichgestellt. Hintergrund für diese durch das Kroatien-Anpassungsgesetz v. 25. 7. 2014[2] eingeführten Regelung ist, dass nicht mehr die Absicherung von wirtschaftlichen Risiken, die aus der Ungewissheit und Unberechenbarkeit des menschlichen Lebens erwachsen (biometrische Risiken), sondern vorab kalkulierte Erträge aus dem Eintritt des Versicherungsrisikos im Vordergrund stehen,[3] die gerade nicht steuerlich gefördert werden sollen. Damit ist der Einsatz von Lebensversicherungsverträgen (insb. von Altverträgen) als Instrument steuerlicher Gestaltung deutlich eingeschränkt worden.[4]

104 Dies gilt nicht, wenn die versicherte Person den Versicherungsanspruch von einem Dritten erwirbt oder aus anderen Rechtsverhältnissen entstandene Abfindungs- und Ausgleichsansprüche arbeitsrechtlicher, erbrechtlicher oder familienrechtlicher Art durch Übertragung von Ansprüchen aus Versicherungsverträgen erfüllt werden (§ 20 Abs. 1 Nr. 6 Satz 8 EStG). Grund hierfür ist, dass die Übertragung nicht durch die Realisierung besonderer Renditeerwartungen motiviert ist, sondern aus anderen Gründen vorgenommen werden, insbesondere anlässlich der

---

[1] BMF v. 1. 10. 2009, BStBl 2009 I 1172.
[2] BGBl 2014 I 1266.
[3] BT-Drucks. 18/1529.
[4] *Welker*, Lebensversicherungsverträge als Gestaltungswerkzeug, NWB-EV 2015, 31.

güterrechtlichen Auseinandersetzung bei Scheidungen oder der Auseinandersetzung von Nachlässen.[1]

h) Fondsgebundene Lebensversicherungen (§ 20 Abs. 1 Nr. 6 Satz 9 EStG)

Bei der fondsgebundenen Lebensversicherung hängt die Höhe der Versicherungsleistungen, die der Versicherungsnehmer erwarten kann, von der Beteiligung an der Wertentwicklung eines in Wertpapieren bestehenden Anlagestocks ab; üblicherweise werden die Sparanteile der Versicherungsbeiträge nur in Investmentanteilen angelegt.[2] Als Ausgleich für die steuerliche Vorbelastung von Investmenterträgen durch die teilweise Besteuerung von Investmentfonds durch das Investmentsteuerreformgesetz vom 19. 7. 2016 (BGBl 2016 I 1730, BStBl 2016 I 731) ab dem 1. 1. 2018 sieht der Satz 9 bei fondsgebundenen Versicherungsverträgen eine Steuerbefreiung von 15 % vor. Freigestellt werden aber nur die Teile des Unterschiedsbetrags, die aus Investmenterträgen erzielt wurden; bei hybriden Versicherungsprodukten ist ggf. eine Aufteilung vorzunehmen.[3]

10. Erträge aus sonstigen Kapitalforderungen (§ 20 Abs. 1 Nr. 7 EStG)

Sofern laufende Erträge aus Kapitalvermögen nicht schon der Besteuerung gem. § 20 Abs. 1 Nr. 1 bis 6 oder Nr. 8 bis 11 EStG unterliegen, stellt § 20 Abs. 1 Nr. 7 EStG einen Auffangtatbestand für diese Einkünfte dar. Danach liegen Einkünfte aus Kapitalvermögen auch bei Erträgen aus sonstigen Kapitalforderungen jeder Art vor, wenn die Rückzahlung des Kapitalvermögens oder ein Entgelt für die Überlassung des Kapitalvermögens zur Nutzung zugesagt oder geleistet worden ist, auch wenn die Höhe der Rückzahlung oder des Entgelts von einem ungewissen Ereignis abhängt:

▶ **Sonstige Kapitalforderungen jeder Art** sind alle auf eine Geldleistung gerichteten Forderungen ohne Rücksicht auf die Dauer der Kapitalüberlassung oder den Rechtsgrund des Anspruchs, sofern keine Steuerbarkeit nach § 20 Abs. 1 Nr. 1 bis 6 oder 8 bis 11 EStG vorliegt. Auf Sachdarlehen gerichtete Forderungen sind hiervon nicht umfasst, sondern fallen unter die Regelung des § 22 Nr. 3 EStG.[4] Die Rechtsnatur des der Kapitalüberlassung zugrunde liegenden Rechtsverhältnisses ist für die Besteuerung unerheblich. So kann es sich um eine vertragliche oder gesetzliche Kapitalforderung privater- oder öffentlicher Natur handeln. Unerheblich ist ferner, ob die Forderung freiwillig oder gegen den Willen des Stpfl. entstanden ist,[5] da auch die vom Schuldner erzwungene Kapitalüberlassung oder die Vorenthaltung von Kapital zu Einnahmen aus Kapitalvermögen führen kann (z. B. eine durch testamentarische Anordnung des Erblassers auf Geld gerichtete Teilungsanordnung oder Vermächtnis einer Geldforderung mit verbindlicher Vorgabe deren späterer Fälligkeit).[6] Ebenso kommt es nicht auf die Dauer der Kapitalüberlassung an, so dass auch bereits bei einer kurzzeitigen Kapitalüberlassung eine Kapitalforderung i. S. d. § 20 Abs. 1 Nr. 7 EStG vorliegt.[7] Auf ein wirksames Zustandekommen bzw. auf ein wirk-

---

1 BT-Drucks. 18/1995.
2 Hierzu BMF v. 1.10.2009, BStBl 2009 I 1172, Tz. 31, 32.
3 BT-Drucks 18/8045, 133; zu den Einzelheiten BMF v. 29.9.2017, BStBl 2017 I 1314.
4 BFH v. 12. 9. 1985 - VIII R 306/81, BStBl 1986 II 252.
5 BFH v. 13. 11. 2007 - VIII R 36/05, BStBl 2008 II 292; BFH v. 26. 6. 1996 - VIII R 67/95, BFH/NV 1997, 175 = NWB DokID: DAAAA-97337; BFH v. 25. 10. 1994 - VIII R 79/91, BStBl 1995 II 121.
6 BFH v. 9. 6. 2015 - VIII R 18/12, BStBl 2016 II 523.
7 BFH v. 9. 2. 2010 - VIII R 35/07, BFH/NV 2010, 1793 = NWB DokID: UAAAD-48076.

► Erträge sind alle durch die Überlassung von Kapitalvermögen veranlassten Geldwerte. Insbesondere hiervon erfasst sind **Zinsen**, wobei als Zinsen von der Laufzeit abhängige Vergütungen für den Gebrauch eines auf Zeit überlassenen Kapitals verstanden werden. Es ist nicht begriffsnotwendig, dass Zinsen fortlaufend entrichtet werden, sie können auch für die gesamte Nutzungsdauer berechnet und vom Kapital abgezogen werden (Damnum oder Disagio).[3] Umfasst werden sowohl Verzugszinsen wie auch Prozesszinsen[4] wie auch der Nutzungsersatz (z. B. des Kreditinstituts) auf rückerstattete Kreditbearbeitungsgebühren.[5] Auch im Zusammenhang mit Rentennachzahlungen gezahlte Zinsen gemäß § 44 SGB I qualifizieren als Zinsen im Sinne dieser Vorschrift.[6] Keine Zinsen stellen Bearbeitungsgebühren, Kreditvermittlungsprovisionen, Erträge aus partiarischen Darlehen sowie Miet- und Erbbaurechtzinsen dar.[7] Ebenso sind (z. B. von einem Kreditinstitut) einbehaltene negative Einlagezinsen für die Überlassung von Kapital keine Zinsen i. S. d. § 20 Abs. 1 Nr. 7 EStG, da sie nicht vom Kapitalnehmer an den Kapitalgeber als Entgelt für die Überlassung von Kapital gezahlt werden.[8] Neben den Zinsen sind auch Vergütungen für die Kapitalnutzung aller Art als **sonstige Erträge** erfasst.[9]

► Die **Rückzahlung des Kapitalvermögens** oder ein **Nutzungsentgelt** muss für die Überlassung des Kapitalvermögens zur Nutzung **zugesagt** oder **geleistet** worden sein. Eine Leistung liegt **bereits** dann vor, wenn die Rückzahlung des Kapitalvermögens oder die Zahlung eines Entgelts für die Überlassung des Kapitalvermögens tatsächlich bewirkt wurde.[10] Somit wird sichergestellt, dass auch Erträge aus reinen Spekulationsgeschäften (Vollrisikozertifikate) erfasst werden.[11] Da nach dem Wortlaut sowohl die Höhe der Rückzahlung wie auch die Höhe des Entgelts von einem ungewissen Ereignis abhängen kann, werden auch solche Kapitalforderungen erfasst, deren volle oder teilweise Rückzahlung weder rechtlich noch faktisch garantiert wird.[12]

106 Die Bezeichnung und die zivilrechtliche Ausgestaltung der Kapitalanlage ist nicht maßgeblich (§ 20 Abs. 1 Nr. 7 Satz 2 EStG).[13] Vielmehr kommt es auf den wirtschaftlichen Gehalt an. Der Norm kommt damit lediglich klarstellende Bedeutung zu. Werden z. B. Put Warrants und Call Warrants bei sog. Capped Warrants zusammen veräußert oder eingelöst, wird ein Kapitalertrag i. S. d. § 20 Abs. 1 Nr. 7 EStG erzielt. Die Bezeichnung der Warrants als „Optionen" ist dabei unbeachtlich.[14]

---

1 Vgl. *Geurts* in Bordewin/Brandt, § 20 EStG Rz. 356.
2 Vgl. *von Beckerath* in Kirchhof, § 20 EStG Rz. 111.
3 BFH v. 13.10.1987 - VIII R 156/84, BStBl 1988 II 252.
4 BFH v. 24.5.2011 - VIII R 3/09, BStBl 2012 II 254.
5 BMF v. 18.1.2016, BStBl 2016 I 85, Tz. 8b.
6 BFH v. 9.6.2015 - VIII R 18/12, BStBl 2016 II 523; BMF v. 4.7.2016, BStBl 2016 I 645.
7 Vgl. *von Beckerath* in Kirchhof, § 20 EStG Rz. 114.
8 BMF v. 18.1.2016, BStBl 2016 I 85, Tz. 129a.
9 Vgl. *Hamacher/Dahm* in Korn, § 20 EStG Rz. 282.
10 Vgl. *Haisch*, Derivatbesteuerung im Privatvermögen ab 2009, 2010, 112 f.
11 Vgl. *von Beckerath* in Kirchhof, § 20 EStG Rz. 112.
12 BMF v. 18.1.2016, BStBl 2016 I 85, Tz. 48.
13 BFH v. 20.10.2015 - VIII R 40/13, BStBl 2016 II 342.
14 BT-Drucks. 12/6078.

Ergänzt wird die Vorschrift durch den Verweis in Nr. 7 Satz 3, wonach auch Erstattungszinsen gem. § 233a AO als Einkünfte aus Kapitalvermögen steuerbar sind. Sie wurde in Reaktion auf das Urteil des BFH v. 15. 6. 2010 eingeführt, wonach Erstattungszinsen nicht steuerbar sind, da diese – dem Rechtsgedanken des § 12 Nr. 3 EStG folgend – dem nichtsteuerbaren Bereich zuzuweisen seien.[1] § 20 Abs. 1 Nr. 7 EStG ist nach § 52 Abs. 28 EStG in allen Fällen anzuwenden, in denen die Steuer noch nicht bestandskräftig festgesetzt ist. Obgleich die Verfassungswidrigkeit dieser Rückwirkung i. S. einer echten Rückwirkung diskutiert wurde,[2] hat der BFH mit seinem Urteil v. 12. 11. 2013 die Rechtmäßigkeit der Rückwirkungsanordnung bestätigt.[3] 107

11. Diskontbeträge von Wechseln und Anweisungen (§ 20 Abs. 1 Nr. 8 EStG)

§ 20 Abs. 1 Nr. 8 EStG erfasst als lex specialis zu § 20 Abs. 1 Nr. 7 EStG Diskontbeträge von Wechseln und Anweisungen einschließlich der Schatzwechsel: 108

- Gezogene **Wechsel** sind Wertpapiere, in denen ein anderer durch den Aussteller angewiesen wird, an den durch den Wechsel Berechtigten eine bestimmte Geldsumme an einem bestimmten Tag zu zahlen. Bei einem eigenen Wechsel verspricht der Aussteller selbst die Zahlung einer bestimmten Geldsumme an einem bestimmten Tag an einen Dritten.[4]
- Mit einer **Anweisung** gem. § 783 BGB wird ein anderer (Angewiesener) durch den Aussteller (Anweisender) angewiesen, an einen Dritten (Berechtigter) eine bestimmte Geldsumme an einem bestimmten Tag zu zahlen. Dieser ist sodann ermächtigt, die Leistung bei dem Angewiesenen im eigenen Namen zu erheben; der Angewiesene ist ermächtigt, für Rechnung des Anweisenden an den Anweisungsempfänger zu leisten.
- **Schatzwechsel** sind unverzinsliche, kurzfristige eigene Wechsel, die vom Bund, seinem Sondervermögen oder von den Bundesländern ausgegeben werden.[5]
- **Diskontbeträge** sind Geldbeträge, die als eine besondere Form von Zinsen bei Ankauf einer Forderung von deren Nominalwert abgezogen werden.[6]

In der Praxis kommt dieser Regelung kaum Bedeutung zu.

12. Einnahmen aus Körperschaften i. S. d. § 1 Abs. 1 Nr. 3 bis 5 KStG (§ 20 Abs. 1 Nr. 9 EStG)

Hintergrund der Regelung ist, die an Körperschaften i. S. d. § 1 Abs. 1 Nr. 3 bis 5 KStG beteiligten Personen im Hinblick auf aus diesen Körperschaften ihnen zufließenden Erträge einer Besteuerung zu unterwerfen, die der Höhe nach in etwa derjenigen der aus Körperschaften nach § 1 Abs. 1 Nr. 1 und Nr. 2 KStG (d. h. Kapitalgesellschaften und Erwerbs- und Wirtschaftsgenossenschaften) entspricht. Ohne die in § 20 Abs. 1 Nr. 9 EStG getroffene Regelung wären die Einnahmen aus Körperschaften i. S. d. § 1 Abs. 1 Nr. 3 bis 5 KStG zwar mit 15 % Körperschaftsteuer belastet, eine Nachbelastung auf Ebene des Anteilseigners würde nicht stattfinden und damit das mit dem Teileinkünfteverfahren verfolgte Ziel, die Beteiligungserträge beim Anteilseigner einer Besteuerung etwa in Höhe des Einkommensteuersatzes des Beteiligten (15 % KSt + 25 % 109

---

[1] BFH v. 15. 6. 2010 - VIII R 33/07, BStBl 2011 II 503; BT-Drucks. 12/6078.
[2] Vgl. Schleswig-Holsteinisches FG v. 27. 1. 2012 - 1 V 226/11, NWB DokID: YAAAE-02657; *Panzer/Gebert*, DStR 2011, 741; *Rublack*, FR 2011, 173, m. w. N.
[3] BFH v. 12. 11. 2013 - VIII R 36/10, BStBl 2014 II 168.
[4] Vgl. *von Beckerath* in Kirchhof, § 20 EStG Rz. 109.
[5] Vgl. *Jochum* in Kirchhof/Söhn/Mellinghof, § 20 EStG Rz. C/8 6.
[6] Vgl. HHR/*Buge*, § 20 EStG Rz. 331.

KapESt (= 60 % x 45 %) = 42 %) zu unterwerfen, verfehlt werden.[1] Aus diesen Gründen der steuerlichen Gleichbehandlung und der Sicherstellung der im Teileinkünfteverfahren angestrebten Ertragsteuerbelastung durch Körperschaft- und Einkommensteuer sollen diese Vermögensübertragungen durch § 20 Abs. 1 Nr. 9 EStG (sowie § 20 Abs. 1 Nr. 10 Buchst. a und b EStG) steuerlich erfasst werden.

110 Es muss sich um Leistungen einer nicht von der Körperschaftsteuer befreiten Körperschaft, Personenvereinigung oder Vermögensmasse i. S. d. § 1 Abs. 1 Nr. 3 bis 5 KStG handeln, die Gewinnausschüttungen i. S. d. § 20 Abs. 1 Nr. 1 EStG wirtschaftlich vergleichbar sind und nicht bereits zu den Einnahmen i. S. d. § 20 Abs. 1 Nr. 1 EStG gehören. Im Einzelnen:

- **Körperschaften i. S. d. § 1 Abs. 1 Nr. 3 bis 5 KStG** sind Versicherungsvereine auf Gegenseitigkeit (Nr. 3), sonstige juristische Personen des privaten Rechts (Nr. 4) und nichtrechtsfähige Vereine, Anstalten, Stiftungen und andere Zweckvermögen privaten Rechts (Nr. 5);

- **unbeschränkte Steuerpflichtigkeit** dieser Körperschaften, d. h. sie dürfen nicht steuerbefreit sein;

- **Leistungen, die Gewinnausschüttungen i. S. d. § 20 Abs. 1 Nr. 1 EStG wirtschaftlich vergleichbar sind,** sind ausschüttungsähnliche Nutzungserträge, die gesellschaftsrechtlich veranlasst sind und die offene oder verdeckte Verteilung eines erwirtschafteten Überschusses zum Gegenstand haben (z. B. Zahlungen an Destinatäre einer Stiftung, wenn diese unmittelbaren oder mittelbaren Einfluss auf das Ausschüttungsverhalten der Stiftung nehmen können).[2] Nicht umfasst sind somit Leistungen aufgrund allgemeiner schuldrechtlicher Beziehungen, die Vergütung für die Überlassung von Kapital oder Leistungen an Vereinsmitglieder in Erfüllung der satzungsmäßigen Aufgaben;

- Das Tatbestandsmerkmal, dass die **Leistung nicht bereits zu den Einnahmen i. S. d. § 20 Abs. 1 Nr. 1 EStG** gehört, soll eine doppelte Erfassung verhindern und den Charakter der Vorschrift als Ergänzungsregelung sicherstellen.

111 Die Regelungen über die verdeckten Gewinnausschüttungen (§ 20 Abs. 1 Nr. 1 Satz 2 EStG), der zurückgewährten Einlagen (§ 20 Abs. 1 Nr. 1 Satz 3 EStG) und die Qualifizierung von Zahlungen bei Auflösung der Körperschaft als Kapitalerträge (§ 20 Abs. 1 Nr. 2 EStG) gelten entsprechend (§ 20 Abs. 1 Nr. 9 Satz 2 EStG).

112 Durch § 20 Abs. 1 Nr. 9 Satz 3 EStG werden die bislang nur für inländische sonstige Körperschaften gefassten Regelungen auch auf Leistungen von vergleichbaren ausländischen Körperschaften erstreckt.

113–129 *(Einstweilen frei)*

13. Leistungen von Betrieben gewerblicher Art und wirtschaftlichen Geschäftsbetrieben (§ 20 Abs. 1 Nr. 10 EStG)

130 § 20 Abs. 1 Nr. 10 EStG begründet eine steuerliche Nachbelastung des Gewinntransfers von Betrieben gewerblicher Art von juristischen Personen des öffentlichen Rechts und wirtschaftlichen Geschäftsbetrieben von steuerbefreiten Körperschaften, um insbesondere die steuerliche Gleichbehandlung mit Körperschaften des privaten Rechts sicherzustellen.

---

1 Vgl. *Levedag* in Schmidt, § 20 EStG Rz. 111.
2 Vgl. *von Beckerath* in Kirchhof, § 20 EStG Rz. 61.

Diese Einkunftstatbestände führen nach § 2 Nr. 2 KStG zu einer beschränkten Steuerpflicht 131
mit einer Kapitalertragsteuerbelastung von 15 % (§ 43 Abs. 1 Satz 1 Nr. 7b EStG und 7c EStG
i.V. m. § 43a Abs. 1 Satz 1 Nr. 2 EStG). Als Gläubiger der Kapitalerträge und damit als Schuldner
der Kapitalertragsteuer (§ 44 Abs. 1 Satz 1 EStG) gilt in Fall des § 43 Abs. 1 Satz 1 Nr. 7c EStG die
juristische Person des öffentlichen Rechts (§ 44 Abs. 6 Satz 1 EStG); der Betrieb gewerblicher
Art gilt als Schuldner der Kapitalerträge. Die Kapitalertragsteuer entsteht im Zeitpunkt der Bilanzerstellung und entsteht spätestens acht (8) Monate nach Ablauf des Wirtschaftsjahres.
Die Körperschaftsteuer für diese – dem Kapitalertragsteuerabzug unterliegenden – Einkünfte
ist i. d. R. nach § 32 Abs. 1 Nr. 2 KStG durch den Steuerabzug abgegolten. Die Steuerbefreiung
auf diese dem Steuerabzug unterliegenden Einkünfte aus Kapitalvermögen ist nach § 5 Abs. 2
Nr. 1 KStG ausgeschlossen. Die Kapitalertragsteuer von 15 % ist somit nicht anrechenbar. Erfüllt die Trägerkörperschaft des Betriebs gewerblicher Art die Voraussetzungen des § 44a
Abs. 7 Satz 1 Nr. 2 oder 3 EStG, ist der Kapitalertragsteuerabzug nicht vorzunehmen; bei steuerpflichtigen wirtschaftlichen Geschäftsbetrieben von steuerbegünstigten Betrieben gewerblicher Art richtet sich die Abstandnahme vom Kapitalertragsteuerabzug nach § 44a Abs. 7
Satz 1 Nr. 1 EStG.

a) Betriebe gewerblicher Art mit eigener Rechtspersönlichkeit

Erfasst werden alle ausschüttungsähnlichen Nutzungserträge von körperschaftsteuerpflichti- 132
gen – d. h. nicht von der Körperschaftsteuer befreiten – Betrieben gewerblicher Art von juristischen Personen des öffentlichen Rechts (§ 1 Abs. 1 Nr. 6 KStG, § 4 KStG) mit eigener Rechtspersönlichkeit (z. B. Sparkasse, Versorgungsbetrieb als Anstalt des öffentlichen Rechts) an ihre
nicht steuerpflichtigen Trägerkörperschaften (z. B. Gemeinde, Gemeindeverbände).[1] Durch die
entsprechende Geltung von § 20 Abs. 1 Nr. 1 Satz 2 und 3 EStG und Nr. 2 werden auch verdeckte Gewinnausschüttungen (nicht jedoch Rückzahlungen aus dem steuerlichen Einlagekonto
i. S. d. § 27 KStG) sowie Bezüge bei Auflösung der Körperschaft erfasst.

b) Betriebe gewerblicher Art ohne eigene Rechtspersönlichkeit

Von § 20 Abs. 1 Nr. 10 Buchst. b EStG werden die **nicht von der Körperschaftsteuer befreiten** 133
Betriebe gewerblicher Art (einschließlich der Verpachtungsbetriebe gewerblicher Art i. S. d. § 4
Abs. 4 KStG) erfasst. Es handelt sich hierbei regelmäßig um kommunalrechtliche Eigenbetriebe
oder bloße Teile hieraus sowie kommunalrechtlich nach den Vorschriften für Eigenbetriebe geführte Regiebetriebe.[2] Nach § 20 Abs. 1 Nr. 10 Buchst. b Satz 4 EStG fallen wirtschaftliche Geschäftsbetriebe von befreiten Körperschaften ebenfalls in den persönlichen Anwendungsbereich der Vorschrift.[3] § 20 Abs. 1 Nr. 10 Buchst. b EStG enthält eine Ausschüttungsfiktion,
denn aufgrund der fehlenden rechtlichen Selbständigkeit des Betriebs gewerblicher Art kann
eine tatsächliche Gewinnausschüttung an die Trägerkörperschaft nicht erfolgen.[4]

Zu den von § 20 Abs. 1 Nr. 10 Buchst. b EStG erfassten Kapitaleinkünften gehören: 134

▶ der **durch Betriebsvermögensvergleich ermittelte Gewinn** (§ 5 Abs. 1 EStG i. V. m. § 140
AO, § 141 AO; § 238 HGB), soweit dieser nicht den Rücklagen zugeführt wird. Unter Gewinn wird das Ergebnis verstanden, dass die juristische Person des öffentlichen Rechts

---

1 BMF v. 9. 1. 2015, BStBl 2015 I 111, Tz. 5 ff.
2 BMF v. 9. 1. 2015, BStBl 2015 I 111, Tz. 17.
3 Zur Auslegung von § 20 Abs. 1 Nr. 10 Buchst. b Satz 4 EStG: BMF v. 2. 2. 2016 sowie BMF v. 21. 7. 2016.
4 BFH v. 16. 11. 2011 - I R 108/09, BStBl 2013 II 328.

für Zwecke außerhalb des Betriebs gewerblicher Art verwenden kann (d. h. verwendungs- bzw. rücklagefähiger Gewinn). Bei der hier maßgebenden handelsrechtlichen Betrachtung entspricht dies dem Jahresüberschuss i. S. v. § 275 HGB. Ausgenommen ist der Gewinn insoweit, als dieser im wirtschaftlichen Geschäftsbetrieb einbehalten oder den Rücklagen bzw. bei Auflösung der Rücklagen den betrieblichen Zwecken zugeführt wird. Dabei kommt es mangels rechtlicher Selbständigkeit des Betriebs gewerblicher Art hier nicht auf den tatsächlichen Zufluss oder die Verwendung des Gewinns an, sondern allein auf die Zuführung in die Rücklagen. Der Gewinn ist um die 15 %-ige Körperschaftsteuer sowie Gewerbesteuer der Trägerkörperschaft sowie um die nicht als Betriebsausgaben abziehbaren Aufwendungen i. S. v. § 10 KStG zu mindern, sowie um die Beträge für den Ausgleich von Fehlbeträgen aus früheren Wirtschaftsjahren zu kürzen;[1]

▶ der nicht den Rücklagen zugeführte **Gewinn**, wenn – unabhängig von der Gewinnermittlungsart – Umsätze einschließlich der steuerfreien Umsätze, ausgenommen die Umsätze nach § 4 Nr. 8 bis 10 UStG, von mehr als 350 000 € im Kalenderjahr oder ein Gewinn von mehr als 30 000 € im Wirtschaftsjahr erzielt werden. Eine Einschränkung der Rücklagenbildung durch die Trägerkörperschaft (und damit Erhöhung des der Trägerkörperschaft zugeführten Gewinns) ist nur in sehr engen Grenzen möglich;[2]

▶ verdeckte Gewinnausschüttungen (nicht jedoch bei wirtschaftlichen Geschäftsbetrieben i. S. d. § 20 Abs. 1 Nr. 10 Buchst. b Satz 4 EStG);[3]

▶ die Auflösung von Rücklagen des Betriebs gewerblicher Art zu Zwecken außerhalb des Betriebs gewerblicher Art (§ 20 Abs. 1 Nr. 10 Buchst. b Satz 2 1. Halbsatz EStG). Im Falle der Einbringung und des Formwechsels nach dem 6. und 8. Teil des UmwStG gelten die Rücklagen als aufgelöst (§ 20 Abs. 1 Nr. 10 Buchst. b Satz 2 2. Halbsatz EStG);

▶ die Gewinne i. S. d. § 22 Abs. 4 UmwStG und

▶ die Gewinne aus Werbesendungen durch inländische öffentlich-rechtliche Rundfunkanstalten. Als Gewinn gilt 75 % des Einkommens i. S. d. § 8 Abs. 1 Satz 3 KStG (§ 20 Abs. 1 Nr. 10 Buchst. b Satz 3 EStG).

Ausgenommen sind Rückzahlungen aus dem steuerlichen Einlagekonto i. S. d. § 27 KStG (§ 20 Abs. 1 Nr. 10 Buchst. b Satz 5 EStG).

14. Stillhalterprämien (§ 20 Abs. 1 Nr. 11 EStG)

135 Bei einem **Optionsgeschäft** räumt der Optionsgeber (Verkäufer der Option oder Stillhalter) dem Optionsnehmer (Käufer der Option) gegen Zahlung einer Stillhalterprämie das Recht ein, ein bestimmtes Kontingent an Basiswerten (z. B. Aktien) innerhalb oder nach Ablauf einer vereinbarten Laufzeit zu einem zuvor festgelegten Preis (Basispreis) zu kaufen (Call-Option) oder an ihn zu verkaufen (Put-Option). Bei Ausübung der Option ist der Optionsgeber verpflichtet, dem Optionsnehmer die entsprechenden Basiswerte zur Verfügung zu stellen bzw. von ihm entgegen zu nehmen.

136 Der Optionsgeber erhält unabhängig von der tatsächlichen Ausübung der Option und des Zustandekommens des Wertpapiergeschäfts eine Prämie (**Stillhalterprämie** oder Optionsprämie)

---

[1] Vgl. *Levedag* in Schmidt, § 20 EStG Rz. 118.
[2] Zu den Grenzen der Rücklagenbildung durch die Trägerkörperschaft eines sog. Regiebetriebs: FG Düsseldorf v. 18. 3. 2016 - 6 K 2099/13 KE (Rev.: BFH VIII R 15/16).
[3] BMF v. 2. 2. 2016, BStBl 2016 I 200, Tz. 1.

als Kompensation für die Bindung und die Risiken, die er durch die Begebung des Optionsrechts eingeht. Der Stillhalter kann wirtschaftlich maximal einen Gewinn in Höhe der Prämie erzielen, sein Verlust ist grundsätzlich unbegrenzt.

Hinsichtlich der Abzugsfähigkeit von im Zusammenhang mit dem Optionsgeschäft durch den Stillhalter entstandenen Aufwendungen ist zwischen solchen aus einem Barausgleich und solchen aus Glattstellungsgeschäften zu differenzieren:

▶ Grundsätzlich können Optionsgeber und Optionsnehmer anstelle der Bereitstellung bzw. der Abnahme des vereinbarten Basiswerts die Zahlung eines **Barausgleichs** vereinbaren. Bei Ausübung des Optionsrechts hat der Stillhalter dem Optionsnehmer die Differenz zwischen dem aktuellen Tageskurs des Basiswerts und dem vereinbarten Basispreis zu erstatten. Der vereinbarte Barausgleich ist aufgrund des Wortlauts des § 20 Abs. 1 Nr. 11 EStG nicht von der Stillhalterprämie abzuziehen, so dass es einkommensteuerrechtlich unbeachtlich ist, ob bei Ausübung des Optionsrechts ein Barausgleich zu zahlen oder der Basiswert zu liefern ist. Der zu zahlende Barausgleich qualifiziert nicht als (negative) Einkünfte aus Kapitalvermögen und kann aufgrund des Werbungskostenabzugsverbots nach § 20 Abs. 9 Satz 1 Halbs. 2 EStG nicht in Form von Werbungskosten steuerlich geltend gemacht werden.[1]

137

BEISPIEL:[2] ▶ Erhält der Stpfl. für die Veräußerung von Kaufoptionen eine Prämie von 340 870 € und leistet eine Barausgleichzahlung i.H.v. 556 720 €, so kann er Letztere nicht als Werbungskosten bei den Einkünften aus § 20 Abs. 1 Nr. 11 EStG abziehen.

▶ Anders hingegen bei dem **Glattstellungsgeschäft** (sog. Closings). Ein solches liegt vor, wenn der Stillhalter eine Option der gleichen Art unter Closing-Vermerk kauft, wie er sie zuvor verkauft hat.[3] Hier sind die Glattstellungsprämien von den Einnahmen aus den Stillhalterprämien in Abzug zu bringen, so dass nur der tatsächlich verbleibende Vermögenszuwachs der Besteuerung unterliegt. Glattstellungsaufwendungen können auch – anders als Barausgleichszahlungen – als Werbungskosten in Abzug gebracht werden. Kommt es bei der Differenz zwischen den Einnahmen aus den Stillhalterprämien und den Glattstellungsprämien zu einem negativen Saldo, so stellt dies einen Werbungskostenüberschuss dar, welcher mit anderen positiven Kapitaleinkünften verrechenbar ist.[4] Auch sog. einfache Glattstellungen, bei denen zwar eine wirtschaftliche, jedoch keine rechtliche Auflösung der Stillhalterposition vorgenommen wird, werden vom Wortlaut des § 20 Abs. 1 Nr. 11 EStG umfasst.[5]

Der BFH lehnt in seiner Rechtsprechung eine Anwendung der Abzugsmöglichkeit nach § 20 Abs. 1 Nr. 11 2. Halbsatz EStG auf Barausgleichsaufwendungen ab.[6] Der Beschluss des FG München,[7] der von der Zulässigkeit einer Abzugsmöglichkeit beim Barausgleich ausging, wurde – nachdem der BFH zunächst an seiner Rechtsprechung festgehalten und die Aussetzung der

138

---

1 BFH v. 13. 2. 2008 - IX R 68/07, BStBl 2008 II 522; BMF v. 18. 1. 2016, BStBl 2016 I 85, Tz. 26.
2 Nach BFH v. 13. 2. 2008 - IX R 68/07, BStBl 2008 II 522.
3 BR-Drucks. 220/07.
4 Vgl. HHR/*Buge*, § 20 EStG Rz. 401; *Ratschow* in Blümich, § 20 EStG Rz. 349.
5 Vgl. *Hausch*, DStZ 2007, 762.
6 BFH v. 13. 2. 2008 - IX R 68/07, BStBl 2008 II 522.
7 FG München v. 12. 8. 2009 - 1 V 1193/09, NWB DokID: AAAAD-36893.

Vollziehung abgelehnt hat[1] – durch das BVerfG aufgrund von Verfahrensfehlern aufgehoben.[2] Zwischenzeitlich scheint die erstinstanzliche Finanzgerichtsbarkeit der Grundentscheidung des BFH zu folgen und die Erfassung des Barausgleichs des Stellhalters als negative Kapitaleinkünfte abzulehnen.[3] In der Literatur regen sich Bedenken gegen die Auffassung der Rechtsprechung. So geht *Philipowski* davon aus, dass kein sachlich begründeter Unterschied für die Ungleichbehandlung von Barausgleich und Glattstellung vorliegt.[4] Nach *Helios/Philipp* stellt der Barausgleich einen Verlust aus einem Termingeschäft gem. § 20 Abs. 2 Satz 1 Nr. 3 Buchst. a EStG dar.[5]

139–149 *(Einstweilen frei)*

II. Veräußerungsgewinne (§ 20 Abs. 2 EStG)

1. Gewinn aus der Veräußerung von Beteiligungen (§ 20 Abs. 2 Satz 1 Nr. 1 EStG)

a) Grundsätzliches

150 Zu den Einkünften aus Kapitalvermögen zählen auch die Gewinne aus der Veräußerung von Anteilen an einer Körperschaft sowie von Genussrechten i. S. d. § 20 Abs. 1 Nr. 1 EStG, diesen Anteilen ähnliche Beteiligungen und Anwartschaften auf solche Anteile. Sinn und Zweck der Norm ist die Besteuerung von Veräußerungsgewinnen von Anteilen an Körperschaften, die der Stpfl. in seinem Privatvermögen hält. Die Veräußerungsgewinne unterliegen gem. § 32d EStG, § 43 Abs. 5 EStG der Abgeltungsteuer, sofern keine wesentliche Beteiligung i. S. d. § 17 EStG vorliegt. Wird die veräußerte Beteiligung im Betriebsvermögen gehalten, oder handelt es sich bei der Beteiligung um eine wesentliche Beteiligung, so findet das Teileinkünfteverfahren gem. § 3 Nr. 40 EStG Anwendung.

b) Körperschaft i. S. v. § 20 Abs. 1 Nr. 1 EStG

151 § 20 Abs. 2 Satz 1 Nr. 1 EStG erfasst den Gewinn aus der Veräußerung von Anteilen an einer Körperschaft i. S. d. § 20 Abs. 1 Nr. 1 EStG. Dies sind alle in § 20 Abs. 1 Nr. 1 EStG ausdrücklich erwähnten Körperschaften: AG, GmbH, sonstige Kapitalgesellschaften, Erwerbs- und Wirtschaftsgenossenschaften sowie bergbautreibende Vereinigungen. Von § 20 Abs. 2 Satz 1 EStG erfasst werden auch Körperschaften, die in § 20 Abs. 1 Nr. 1 EStG zwar nicht explizit erwähnt werden, jedoch den dort aufgezählten Körperschaften strukturell ähnlich sind. Handelt es sich um ausländische Körperschaften, so sind diese ebenfalls von § 20 Abs. 2 Nr. 1 EStG erfasst, sofern eine strukturelle Vergleichbarkeit mit den Körperschaften des § 20 Abs. 1 Nr. 1 EStG besteht.

c) Anteile an einer Körperschaft

152 Anteile an einer Körperschaft i. S. d. § 20 Abs. 2 Satz 1 Nr. 1 EStG sind gesellschaftsrechtliche Beteiligungen, die mit einer Stellung als Anteilseigner einhergehen:

---

1 BFH v. 24. 4. 2012 - IX B 154/10, BStBl 2012 II 454.
2 BVerfG v. 11. 10. 2010 - 2 BvR 1710/10, DB 2010, 2534.
3 Ausführlich FG Hamburg v. 20. 6. 2016 - 5 K 185/13, EFG 2016, 1432.
4 DStR 2010, 2283; DStR 2009, 353; DStR 2011, 1298.
5 Vgl. *Helios/Philipp*, BB 2010, 95.

- Hierzu zählt zunächst die gesellschaftsrechtliche Beteiligung (**Aktien**) als solche.

- Von § 20 Abs. 2 Satz 1 Nr. 1 EStG ist auch eine schuldrechtliche Beteiligung in Form von **Genussrechten** erfasst. Die Ausgabe von Genussrechten kann durch Kapitalgesellschaften, Handelsgesellschaften und Anstalten des öffentlichen Rechts erfolgen.[1] Die Genussrechte müssen das Recht am Gewinn **und** Liquidationserlös einer Kapitalgesellschaft gewähren. Ist entweder die Gewährung einer Beteiligung am Gewinn **oder** die Beteiligung an Liquidationserlösen, nicht aber beides, gewährt, so mindern durch das Genussrecht erfolgte Ausschüttungen den Gewinn der Gesellschaft.[2]

- Anteile an einer Körperschaft stellen auch **Anwartschaftsrechte** dar. Anwartschaftsrechte begründen das dingliche oder schuldrechtliche Recht auf den Erwerb einer tatsächlichen oder rechtlichen Position.[3] Folglich stellen schuldrechtliche Ansprüche auf Lieferung von Anteilen, die sich gegen Dritte richten, keine Anwartschaftsrechte dar.[4] Nach dem Willen des Gesetzgebers sollen auch Wandlungsrechte aus Schuldverschreibungen nach § 221 Abs. 1 AktG Anwartschaftsrechte i. S. d. § 20 Abs. 2 Satz 1 Nr. 1 Satz 2 EStG darstellen.[5] Dem ist so allerdings nicht zu folgen. Da eine Abspaltung des Wandlungsrechts von dem Stammrecht der Kapitalforderung nicht vorgenommen werden kann, stellen Gewinne aus der Veräußerung von Wandlungsrechten aus Schuldverschreibungen vielmehr Gewinne aus der Veräußerung sonstiger Kapitalforderungen gem. § 20 Abs. 2 Satz 1 Nr. 7 EStG dar.

- Erfasst werden auch den Anteilen i. S. d. § 20 Abs. 1 Nr. 1 EStG **ähnliche Beteiligungen**. Ähnliche Beteiligungen liegen vor, wenn die Beteiligung strukturell mit denen in § 20 Abs. 1 Nr. Satz 1 EStG vergleichbar ist. So ist z. B. von einer strukturellen Ähnlichkeit von Anteilen an einer Vorgesellschaft auszugehen.[6] Da in § 20 Abs. 2 Satz 1 Nr. 1 EStG nur darauf verwiesen wird, dass die konkrete Bezeichnung der Erträge unerheblich ist, kommt der Norm kein eigener Regelungsgehalt, sondern lediglich klarstellende Funktion zu.[7]

2. Gewinn aus der Veräußerung von Dividenden- und Zinsscheinen (§ 20 Abs. 2 Satz 1 Nr. 2 EStG)

a) Veräußerung von Dividenden- und sonstigen Ansprüchen (§ 20 Abs. 2 Satz 1 Nr. 2 Buchst. a EStG)

Gemäß § 20 Abs. 2 Satz 1 Nr. 2 Buchst. a EStG zählen zu den Einkünften aus Kapitalvermögen die Gewinne aus der Veräußerung von Dividendenscheinen und sonstigen Ansprüchen durch den Inhaber des Stammrechts, wenn die dazugehörigen Aktien oder sonstigen Anteile nicht mitveräußert werden:

153

---

[1] Vgl. *von Beckerath* in Kirchhof, § 20 EStG Rz. 48a.
[2] Vgl. *Jochum* in Kirchhof/Söhn/Mellinghof, § 20 EStG Rz. C47.
[3] BFH v. 20. 2. 1975 - IV R 15/71, BStBl 1975 II 505.
[4] Vgl. *Moritz/Strohm* in Frotscher, § 20 EStG Rz. 218; *Geurts* in Bordewin/Brandt, § 20 EStG Rz. 213; *von Beckerath* in Kirchhof, § 20 EStG Rz. 121; *Haisch*, DStZ 2007, 762.
[5] BT-Drucks. 16/4841.
[6] BFH v. 8. 11. 1989 - I R 174/86, BStBl 1990 II 91; BT-Drucks. 16/4841.
[7] BFH v. 21. 12. 1972 - I R 70/70, BStBl 1973 II 449; BFH v. 14. 2. 1984 - VIII R 126/82, BStBl 1984 II 580.

- Unter **Dividendenscheinen** werden sämtliche Schuldverschreibungen, welche die Ansprüche der Gesellschafter auf den festzustellenden verteilbaren Jahresüberschuss verbriefen, verstanden.[1]
- **Sonstige Ansprüche** sind alle Ansprüche auf einen Gewinnanteil gegen eine in § 20 Abs. 1 Nr. 1 EStG genannte Körperschaft, die nicht durch einen Dividendenschein verbrieft sind.[2]

154 Die Norm regelt den Fall, dass das Stammrecht bei dem Veräußerer verbleibt und allein der Anspruch auf den Gewinnanteil **vor Gewinnverteilungsbeschluss** übertragen wird. Der Stammrechtsinhaber erzielt statt Kapitaleinkünften nach § 20 Abs. 1 Nr. 1 und Abs. 5 EStG vorgezogene Kapitaleinkünfte i. S. d. § 20 Abs. 2 Satz 2 Nr. 2 Buchst. a EStG, was die erstgenannte Besteuerung i. S. einer gesetzlichen Surrogation ersetzt. Im Ergebnis wird damit die Besteuerung vorverlagert. Findet eine tatsächliche Besteuerung des Veräußerungserlöses beim Stammrechtsinhaber statt, so unterbleibt beim Erwerber des Anspruchs auf den Gewinnanteil eine Besteuerung.[3] Hiervon abweichende Vereinbarungen sind nicht möglich.[4] Bei Veräußerung **nach Gewinnverwendungsbeschluss** findet dagegen die Zurechnung des Dividendenertrags nach allgemeinen Zurechnungsgrundsätzen (§ 20 Abs. 5 EStG) und die Besteuerung nach § 20 Abs. 1 Nr. 1 EStG statt.

155 Eine **Veräußerung** liegt vor, wenn aufgrund eines entgeltlichen schuldrechtlichen Verpflichtungsgeschäfts das wirtschaftliche Eigentum auf einen anderen übertragen wird. Erfolgt eine unentgeltliche Übertragung, erfolgt die Besteuerung der Dividenden nicht gem. § 20 Abs. 2 Satz 1 Nr. 2 Buchst. a Satz 1 EStG, sondern gem. § 20 Abs. 1 Nr. 1 EStG. Wird nur ein Teil der Dividendenscheine entgeltlich veräußert, ist nach der Aufteilungstheorie eine Aufspaltung in einen entgeltlichen und in einen unentgeltlichen Übertragungsteil vorzunehmen. Die Besteuerung des entgeltlichen Teils erfolgt gem. § 20 Abs. 2 Satz 1 Nr. 2 Buchst. a EStG, die Besteuerung des unentgeltlichen Teils nach § 20 Abs. 5 EStG.[5]

156 Die Veräußerung muss durch den Inhaber des Stammrechts erfolgen. Veräußert der Erwerber des Dividendenscheins diesen erneut weiter, so löst der Weiterveräußerungsertrag keine Besteuerung gem. § 20 Abs. 2 Satz 1 Nr. 2 Buchst. a EStG aus. Ebenfalls nicht erfasst wird eine spätere Veräußerung des Dividendenscheins, wenn der Inhaber des Stammrechts dieses veräußert und den Dividendenschein zunächst zurückbehält. In einem solchen Fall erfolgt die Besteuerung der Einnahmen beim Erwerber des Stammrechts gem. § 20 Abs. 5 EStG.

157 § 20 Abs. 2 Satz 1 Nr. 2 Buchst. a Satz 2 EStG wurde durch das Kroatien-Anpassungsgesetz vom 25. 7. 2014 geändert. Zuvor sah die Fassung des Satz 2 vor, dass die Besteuerung nach § 20 Abs. 2 Satz 1 Nr. 2 Buchst. a Satz 1 EStG an die Stelle des Abs. 1 trete. In einigen Teilen der Literatur wurde davon ausgegangen, dass eine Anwendung des Abs. 1 auf Dividendenzahlungen generell ausgeschlossen sei, wenn der Dividendenanspruch vor dem Dividendenstichtag veräußert wurde. Die Bundesregierung begründete die Änderung des § 20 Abs. 2 Satz 1 Nr. 2 Buchst. a Satz 2 EStG damit, dass eine Doppelbesteuerung von Veräußerungserlös und späterer Dividendenzahlung verhindert werden soll. Daher findet § 20 Abs. 2 Satz 1 Nr. 2 Buchst. a

---

1 Vgl. *Geurts* in Bordewin/Brandt, § 20 EStG Rz. 244; *von Beckerath* in Kirchhof, § 20 EStG Rz. 125.
2 Vgl. *Jochum* in Kirchhof/Söhn/Mellinghof, § 20 EStG Rz. D/2 23.
3 BMF v. 26. 7. 2013, BStBl 2013 I 939.
4 Vgl. *Geurts* in Bordewin/Brandt, § 20 EStG Rz. 214; *Jochum* in Kirchhof/Söhn/Mellinghof, § 20 EStG Rz. D2/24b.
5 Vgl. HHR/*Harenberg*, § 20 EStG Rz. 451; *Jochum* in Kirchhof/Söhn/Mellinghof, § 20 EStG Rz. D/2 9; *von Beckerath* in Kirchhof, § 20 EStG Rz. 125.

EStG nur Anwendung, wenn der Veräußerungserlös beim Veräußerer des Dividendenanspruchs kongruent besteuert wird. Ist dies nicht der Fall, wird nur die spätere Dividendenzahlung besteuert.[1]

b) Veräußerung von Zinsscheinen und -forderungen (§ 20 Abs. 2 Satz 1 Nr. 2 Buchst. b EStG)

Zinsscheine sind Papiere, die neben der Schuldverschreibung einen Anspruch auf Zahlung eines Nutzungsentgelts verbriefen.[2] 158

Eine **Veräußerung** liegt vor, wenn aufgrund eines entgeltlichen schuldrechtlichen **Verpflichtungsgeschäfts** das wirtschaftliche Eigentum auf einen anderen übertragen wird. Erfolgt eine unentgeltliche Übertragung, erfolgt die Besteuerung der Zinsen stattdessen gem. § 20 Abs. 1 Nr. 7 EStG. Die Veräußerung muss durch den Inhaber oder ehemaligen Inhaber erfolgen. Veräußert der Erwerber der Schuldverschreibung diese weiter an einen Dritten, findet § 20 Abs. 1 Nr. 7 EStG Anwendung. 159

Ursprünglich sollte mit § 20 Abs. 2 Satz 1 Nr. 2 Buchst. b EStG lediglich der Zeitpunkt der Besteuerung von der Erfassung der Zinsen auf die Erfassung des Veräußerungserlöses vorverlagert werden. So war es möglich, die Besteuerung der Veräußerung zu umgehen, indem zuerst die Veräußerung des Stammrechts vorgenommen und anschließend erst die Zinsforderung veräußert wurde. Veräußerte der ehemalige Inhaber der Schuldverschreibung den Zinsschein oder löste er diesen ein, so löste dies keinen Besteuerungstatbestand aus. Mit Ausdehnung des Anwendungsbereichs des § 20 Abs. 2 Satz 1 Nr. 2 Buchst. b EStG auf den ehemaligen Inhaber der Schuldverschreibung sollte gerade diese Besteuerungslücke geschlossen werden.[3] So erfasst die Norm in Satz 2 nun auch Fälle, in denen die Schuldverschreibung zwischen zwei Zahlungsterminen durch den Inhaber veräußert wird, dieser jedoch die Zinsforderung oder den Zinsschein erst später einlöst. 160

(Einstweilen frei) 161–169

3. Gewinn aus Termingeschäften (§ 20 Abs. 2 Satz 1 Nr. 3 EStG)

a) Begriff des Termingeschäfts

Dem § 20 Abs. 2 Satz 1 Nr. 3 EStG selbst ist keine Definition des Begriffs „Termingeschäft" zu entnehmen. Auch andere Normen des EStG liefern keine Definition dieses Begriffs. Hinsichtlich der Auslegung werden jedoch unterschiedliche Auffassungen vertreten: 170

▶ Eine Ansicht geht davon aus, dass unter dem Begriff „Termingeschäfte" sämtliche als Options- oder Festgeschäft ausgestaltete Finanzinstrumente sowie Kombinationen zwischen Options- und Festgeschäften zu verstehen sind.[4] Diese Definition des Begriffs „Termingeschäft" erfolgt somit in Anlehnung an den Begriff der „Derivate" aus § 2 Abs. 2 Nr. 1 WpHG.

---

1 BT-Drucks. 18/1529.
2 Vgl. *Moritz/Strohm* in Frotscher, § 20 EStG Rz. 227; *von Beckerath* in Kirchhof, § 20 EStG Rz. 126; enger HHR/*Buge*, § 20 EStG Rz. 458.
3 BT-Drucks. 12/6078; vgl. *Jochum* in Kirchhof/Söhn/Mellinghoff, § 20 EStG Rz. D/2 39; *Scheuerle*, DB 1994, 445.
4 BT-Drucks. 16/4841; BR-Drucks. 220/07; BMF v. 18. 1. 2016, BStBl 2016 I 85, Tz. 9; *von Beckerath* in Kirchhof, § 20 EStG Rz. 130; *Levedag* in Schmidt, § 20 EStG Rz. 132.

▶ Einer anderen Ansicht zufolge sind Termingeschäfte standardisierte Verträge, die von beiden Seiten erst zu einem späteren Zeitpunkt, dem Ende der Laufzeit, zu erfüllen sind und einen Bezug zu einem Terminmarkt haben.[1]

171 Besonderes Merkmal des Termingeschäfts ist das zeitliche Auseinanderfallen von Verpflichtungs- und Erfüllungsgeschäft. Im Unterschied zu Kassageschäften müssen Termingeschäfte nicht binnen zwei Tagen erfüllt werden.[2] Nach dem Willen des Gesetzgebers sollen mit dem Begriff des Termingeschäfts sämtliche als Options- oder Festgeschäft ausgestaltete Finanzinstrumente sowie Kombinationen zwischen Options- und Festgeschäften, deren Preis unmittelbar oder mittelbar abhängt von dem Börsen- oder Marktpreis von Wertpapieren, dem Börsen- oder Marktpreis von Geldmarktinstrumenten, dem Kurs von Devisen oder Rechnungseinheiten, Zinssätzen oder anderen Erträgen oder dem Börsen- oder Marktpreis von Waren oder Edelmetallen umfasst sein. Dabei ist es ohne Bedeutung, ob das Termingeschäft in einem Wertpapier verbrieft ist und ob es an einer amtlichen Börse oder außerbörslich abgeschlossen wird.[3] Ob ein Knock-out-Zertifikat als Termingeschäft qualifiziert, ist derzeit noch ungeklärt. Einzelheiten hierzu siehe → Rn 198.

b) **Realisierung des Termingeschäfts**

aa) **Differenzausgleich (§ 20 Abs. 2 Satz 1 Nr. 3 Buchst. a EStG)**

172 Ein Differenz- bzw. Basisausgleich liegt vor, wenn bei einem Termingeschäft anstatt der Lieferung des Basiswerts eine Zahlung in Geld in Höhe der Differenz zwischen Basispreis und aktuellem Kurswert der Basiswerte stattfindet.[4] Von einem Vorteil sind alle monetären Leistungen, die anstatt des Differenzausgleichs gezahlt werden, umfasst.

173 Mit dem Merkmal des **Vorteils** soll insbesondere eine Abgrenzung zu Liefergeschäften vorgenommen werden, da ansonsten die Gefahr einer Doppelbesteuerung bestünde.[5] Unter die Voraussetzung des **Geldbetrags**, der durch den Wert einer veränderlichen Bezugsgröße bestimmt ist, „fallen über den Differenzausgleich hinaus jede auf in- oder ausländische Währung gerichtete (bedingte) Forderungen, deren Bestehen dem Grund oder der Höhe nach unmittelbar oder mittelbar von einem veränderlichen Basiswert abhängen".[6]

174 Ob es für eine Steuerbarkeit nach § 20 Abs. 3 Satz 1 Nr. 3 Buchst. a EStG ausreicht, dass der Stpfl. sich um die Erlangung eines Differenzausgleichs oder eines durch den Wert einer veränderlichen Bezugsgröße bestimmten Geldbetrags oder Vorteils bemüht, oder ob der Stpfl. den Differenzausgleich, Geldbetrag oder Vorteil auch tatsächlich erlangen muss, ist umstritten. Die Rechtsprechung, die allerdings zum Steuerregime vor Einführung der Abgeltungsteuer zum 1.1.2009 zum § 23 Abs. 1 Satz 1 Nr. 4 EStG a. F. erging, ging bislang davon aus, dass der Differenzausgleich bzw. Geldbetrag oder Vorteil durch „Beendigung des Rechts" auch tatsäch-

---

1 BGH v. 12.3.2002 - XI ZR 258/01, BGHZ 150, 164; BGH v. 13.7.2004 - XI ZR 132/03, NJW 2004, 2969; *Geurts* in Bordewin/Brandt, § 20 EStG Rz. 603; *Hamacher/Dahm* in Korn, § 20 EStG Rz. 346.
2 BGH v. 12.3.2002 - XI ZR 258/01, BGHZ 150, 164.
3 BT-Drucks. 16/4841; BT-Drucks. 18/1529.
4 Vgl. *Haisch*, Derivatebesteuerung im Privatvermögen ab 2009, 2010, 151; *Moritz/Strohm* in Frotscher, § 20 EStG Rz. 237.
5 Vgl. *Geurts* in Bordewin/Brandt, § 20 EStG Rz. 607; *Henning/Bengard*, BB 1999, 1901.
6 *Haisch*, Derivatebesteuerung im Privatvermögen ab 2009, 2010, 151 f.

lich erzielt werden muss.[1] Durch die Neufassung des Gesetzes (Ablösung des § 23 Abs. 1 Satz 1 Nr. 4 EStG a. F. durch § 20 Abs. 2 Satz 1 Nr. 3 Buchst. a i.V. m. Abs. 4 Satz 5 EStG) kommt es für die Steuerbarkeit des Termingeschäfts nunmehr nicht mehr nur auf die Gewinne, die durch die Durchführung des Basisgeschäfts oder des Differenzausgleichs innerhalb einer von Gesetzes wegen vorgegebenen Veräußerungsfrist im Zeitpunkt der Beendigung des Termingeschäfts entstehen, sondern auf alle Gewinne an. Hierfür spricht neben der wortlautgetreuen Auslegung des § 20 Abs. 3 Satz 1 Nr. 3 Buchst. a EStG auch die ertragsteuerlich zwingend anzuwendende wirtschaftliche Betrachtungsweise.[2] Ein Vorteil aus einem Termingeschäft entsteht jedem, der das Recht auf einen Barausgleich erwirbt, egal ob er diesen durchführt oder aufgrund externer Umstände (z. B. Entwicklung des Basiswertes oder des relevanten Marktes) nicht herbeiführt.[3] Nach Ansicht der neueren Rechtsprechung ist daher der Ausgang eines mit Gewinnerzielungsabsicht abgeschlossenen Termingeschäfts immer steuerbar.[4]

Von § 20 Abs. 2 Satz 1 Nr. 3 Buchst. a EStG sollen sowohl der positive wie auch der negative Differenzausgleich erfasst werden. Dies hat vor allem Auswirkung, wenn der Stpfl. bei einem als Optionsgeschäft ausgestalteten Termingeschäft das Optionsgeschäft am Ende der Laufzeit verfallen lässt. 175

bb) Veräußerungsgewinn aus als Termingeschäft ausgestaltetem Finanzinstrument (§ 20 Abs. 2 Satz 1 Nr. 3 Buchst. b EStG)

Finanzinstrumente sind gem. § 2 Abs. 2b Satz 1 WpHG Wertpapiere i.S.v. § 2 Abs. 1 WpHG, Geldmarktinstrumente i. S.v. § 2 Abs. 1a WpHG, Derivate i. S.v. § 2 Abs. 2 WpHG und Rechte auf Zeichnung von Wertpapieren. Die Finanzinstrumente müssen für § 20 Abs. 2 Satz 1 Nr. 3 Buchst. b EStG als Termingeschäft ausgestaltet sein. Erfasst werden die Gewinne aus der Veräußerung eines als Termingeschäft ausgestalteten Finanzinstruments. Hierunter sind auch Einnahmen aus Glattstellungsgeschäften zu verstehen.[5] 176

cc) Lieferung des Basiswerts

Für § 20 Abs. 2 Satz 1 Nr. 3 EStG ist es erforderlich, dass der Stpfl. durch das Termingeschäft einen Differenzausgleich oder einen durch den Wert einer veränderlichen Bezugsgröße bestimmten Geldbetrag oder Vorteil erlangt. Auf die Lieferung des Basiswerts gerichtete Termingeschäfte werden daher nicht erfasst. Sofern der Basiswert nicht einer anderen Besteuerung des § 20 Abs. 2 EStG unterliegt, ist er gem. § 23 Abs. 1 Satz 1 Nr. 2 EStG steuerbar. Wird die Kaufoption ausgeübt und der Basiswert an den Optionsinhaber geliefert, stellen die in Zusammenhang mit dem Optionsrecht stehenden Anschaffungskosten Anschaffungskosten des Basistitels dar.[6] 177

---

1 BFH v. 19.12.2007 - IX R 11/06, BStBl 2008 II 519; BFH v. 9.10.2008 - IX R 69/07, BFH/NV 2009, 152 = NWB DokID: NAAAD-02201.
2 BFH v. 12.1.2016 - IX R 49/14, BStBl 2016 II 459.
3 *Dittes*, Verluste aus Optionsgeschäften sind steuerlich auch dann anzuerkennen, wenn die Option bei Fälligkeit verfällt, BB 2016, 867.
4 BFH v. 12.1.2016 - IX R 48/13, BStBl 2016 II 456; BFH v. 12.1.2016 - IX R 49/14, BStBl 2016 II 459; BFH v. 12.1.2016 - IX R 50/14, BStBl 2016 II 462.
5 Vgl. *Helios/Philipp*, BB 2010, 95; *Helios/Link*, DStR 2008, 386; *von Beckerath* in Kirchhof, § 20 EStG Rz. 131.
6 BMF v. 18.1.2016, BStBl 2016 I 85; *von Beckerath* in Kirchhof, § 20 EStG Rz. 130; *Helios/Philipp*, BB 2010, 95.

178 Ebenfalls von Buchst. a werden Beendigungsgeschäfte erfasst, bei denen ein Differenzausgleich aufgrund der Beendigung des Termingeschäfts – ohne Veräußerung – erreicht wird.[1]

dd) Verfall

179 In seiner bisherigen Rechtsprechung zu § 23 Abs. 1 Satz 1 Nr. 4 EStG a. F. ging der BFH davon aus, dass als Optionsgeschäft ausgestaltete Termingeschäfte bei Verfall des Optionsrechts am Ende der Laufzeit keine steuerliche Berücksichtigung finden, da von § 23 Abs. 1 Satz 1 Nr. 4 EStG a. F. nur auf dem Basisgeschäft beruhende Vorteile erfasst würden. An genau solch einem Vorteil fehle es, wenn der Optionsinhaber diese verfallen lassen würde.[2]

180 Mit Urteil v. 26. 9. 2012 gab der BFH seine bisherige Rechtsprechung auf. Der BFH geht (für Sachverhalte vor Einführung der Abgeltungsteuer zum 1. 1. 2009) nunmehr davon aus, dass Verluste aus als Optionsgeschäft ausgestalteten Termingeschäften auch bei Verfall des Optionsrechts vorliegen. Wird das Optionsrecht einer wirtschaftlich wertlosen Option nicht ausgeübt, so stellt die Optionsprämie Werbungskosten nach § 23 Abs. 3 Satz 5 EStG a. F. (bzw. § 23 Abs. 1 Satz 1 Nr. 4 EStG) dar. Nach § 23 Abs. 1 Satz 1 Nr. 4 EStG steuerbar ist der positive Differenzausgleich, ebenso wie die negative Differenz, wenn der Stpfl. aus wirtschaftlichen Gründen die dann wertlose Option nicht ausübt. Das Gesetz verlangt vom Stpfl. kein wirtschaftlich sinnloses Verhalten, sondern besteuert ihn nach dem Grundsatz der Leistungsfähigkeit. Die Leistungsfähigkeit des Stpfl. ist aber um die aufgewandten Optionsprämien gemindert, unabhängig davon, ob es tatsächlich zu einem steuerbaren negativen Differenzausgleich kommt oder ob ein solcher von vornherein vermieden wird, indem – als wirtschaftlich einzig sinnvolles Verhalten – die Option nicht ausgeübt wird.[3]

Diese Rechtsprechung hat der BFH auch für Sachverhalte, die nach dem 1. 1. 2009 realisiert wurde, unter Berücksichtigung der neuen Gesetzeslage konsequent fortgeführt. § 20 Abs. 2 Satz 1 Nr. 3 Buchst. a EStG ist dahingehend zu interpretieren, dass einen „Vorteil" aus einem Termingeschäft (Option) derjenige „erlangt", der mit dem Erwerb der Option das (bedingte) Recht auf einen Barausgleich erwirbt, egal ob er den Barausgleich im Fall einer für ihn günstigen Wertentwicklung durchführt oder ob er im Fall einer für ihn ungünstigen Wertentwicklung das Recht verfallen lässt. Schließt der Stpfl. mit der Absicht, Gewinn zu erzielen, ein Termingeschäft ab, so ist jedweder Ausgang des Geschäfts, d. h. sowohl ein Gewinn oder ein Verlust, ohne zeitliche Beschränkung in vollem Umfang steuerbar.[4] Neben der (teleologischen) Auslegung des § 20 Abs. 2 Satz 1 Nr. 3 Buchst. a EStG und der zwingend anzuwendenden wirtschaftlichen Betrachtungsweise spricht für diese steuerliche Anerkennung der Verluste aus Termingeschäften auch das verfassungsrechtliche Gebot der Ausrichtung der Steuerlast am Prinzip der finanziellen Leistungsfähigkeit und dem Gebot der Folgerichtigkeit (Art. 3 Abs. 1 GG). Da die Verluste aus Termingeschäften nur mit Einkünften aus Kapitalvermögen verrechnet werden können (§ 20 Abs. 6 EStG), besteht keine Gefahr einer ausufernden Verlustnutzung. Auch steht das Werbungskostenabzugsverbot (§ 20 Abs. 9 EStG) der Berücksichtigung der Verluste (z. B. die beim Erwerb der Option gezahlten Optionsprämien) nicht entgegen. Denn § 20 Abs. 4 Satz 5 EStG enthält in Bezug auf die bei einem Termingeschäft angefallenen Aufwen-

---

1 Vgl. HHR/*Buge*, § 20 EStG Rz. J 07-22.
2 BFH v. 26. 9. 2012 - IX R 50/09, BStBl 2013 II 231.
3 BFH v. 26. 9. 2012 - IX R 50/09, BStBl 2013 II 231.
4 BFH v. 12. 1. 2016 - IX R 48/14, BStBl 2016 II 456; BFH v. 12. 1. 2016 - IX R 49/14, BStBl 2016 II 459; BFH v. 12. 1. 2016 - IX R 50/14, BStBl 2016 II 462.

dungen eine der Regelung des § 20 Abs. 9 EStG vorgehende Sondervorschrift.[1] Danach können die Aufwendungen abgezogen werden, die im unmittelbaren sachlichen Zusammenhang mit dem Termingeschäft stehen. Dazu gehören auch die vom Erwerber einer Option an den Stillhalter geleisteten Optionsprämien.[2]

Die FinVerw teilte jedoch auch nach Änderung und Bekräftigung der Rechtsprechung die Auffassung des BFH nicht.[3] Sie ging mit Verweis auf den Wortlaut und die Entstehungsgeschichte der Vorschrift weiterhin davon aus, dass der Verfall des Optionsrechts am Ende der Laufzeit nicht steuerlich zu berücksichtigen sei.[4] Da der Optionsinhaber keinen Differenzausgleich geleistet hat, mithin es an einem tatsächlich durchgeführten Differenzausgleich in Form eines Geldbetrages oder sonstigen Vorteils fehlt, liegen auch keine negativen Einnahmen i. S. d. § 20 Abs. 2 Satz 1 Nr. 3 Buchst. a EStG vor. Zwischenzeitlich ist das BMF allerdings von seiner bislang vertretenen Auffassung abgerückt und folgt der BFH-Rechtsprechung, dass die für den Erwerb der Optionen entstandenen Aufwendungen bei der Gewinn- oder Verlustermittlung gem. § 29 Abs. 4 Satz 5 EStG zu berücksichtigen sind.[5]

181

Die Konsequenz für die Praxis ist, dass der Aufwand für Optionen auch ein anzuerkennender Vermögensverlust ist, und zwar unabhängig davon, ob der Ableger den (bei Wertverfall sinnlosen) „Abschluss" (z. B. für einen symbolischen Euro) sucht, einen Differenzausgleich durchführt oder das Termingeschäft einfach verfallen lässt. Da allerdings nicht auszuschließen ist, dass in einer Übergangszeit die inländischen Kreditinstitute sich bei einem Wertverfall von Termingeschäften an die bisherigen anderslautenden BMF-Schreiben halten werden, gilt für Anleger von solchen Kreditinstituten auch zukünftig, dass eine entsprechende Berücksichtigung des Wertverfalls erst im Wege über den Korrekturantrag in der Veranlagung stattfinden kann. Alternativ kann der Anleger vor dem Verfall prüfen, ob er das Termingeschäft durch ein entsprechendes Gegengeschäft noch glattstellen kann. Letzteres ist als steuerrechtlich relevanter Verlust aus einem Termingeschäft nach § 20 Abs. 2 Satz 1 Nr. 3 Buchst. a EStG unstreitig anerkannt und wird seitens der Bank entsprechend gebucht. Sofern die Veranlagung noch offen ist, können Verluste aus dem Wertverfall von Termingeschäften seit den 1. 1. 2009 (Einführung der Abgeltungsteuer) geltend gemacht werden.

ee) Verlust

Aus Termingeschäften resultierende Verluste sind mit Zinsen oder Dividenden verrechenbar, da sowohl die Terminmarkverluste wie auch Zinsen bzw. Dividenden der Regelung des § 20 EStG unterfallen und somit im Rahmen der Verlustverrechnung ausgeglichen werden können. Die Verlustverrechnung erfolgt i. d. R. beim Kapitalertragsteuereinbehalt durch das jeweilige Kreditinstitut. Auf Verluste aus Aktienoptionen ist diese Möglichkeit nicht anwendbar. Sie können nur mit Gewinnen aus Aktienoptionen verrechnet werden.

182

---

1 BFH v. 12. 1. 2016 - IX R 49/14, BStBl 2016 II 456; vgl. *Heuermann*, DB 2013, 718, 719 f.; *Meinert/Helios*, DStR 2013, 508, 511
2 BFH v. 12. 1. 2016 - IX R 49/14, BStBl 2016 II 456; vgl. *Helios/Philipp*, BB 2010, 95, 98
3 BMF v. 18.1.2016, BStBl 2016 I 85, Tz. 27, 32.
4 Vgl. i. E. für die Argumentation des BMF: BFH v. 12. 1. 2016 - IX R 49/14, BStBl 2016 II 459.
5 BMF v. 16. 6. 2016, BStB 2016 I 527.

4. Gewinn aus der Veräußerung von Wirtschaftsgütern mit Erträgen i. S. d. § 20 Abs. 1 Nr. 4 EStG (§ 20 Abs. 2 Satz 1 Nr. 4 EStG)

183 Neben der Veräußerung erfasst § 20 Abs. 2 Satz 1 Nr. 4 EStG auch Gewinne, die bei einer **Auflösung** der stillen Beteiligung entstehen oder bei **Rückzahlung** des partiarischen Darlehens anfallen.[1] Im Rahmen der Gewinnermittlung aus **Auflösung** einer stillen Beteiligung ist die in der Regel bereits erfolgte Besteuerung von Gewinnen und Verlusten **während** des Bestehens einer stillen Beteiligung zu berücksichtigen. Bei der Ermittlung des aus der Auflösung der Gesellschaft resultierenden Gewinns müssen diese Gewinne und Verluste gewinnerhöhend oder gewinnmindern berücksichtigt werden.

> **BEISPIEL:** SG beteiligt sich im Jahr 2010 als stiller Gesellschafter mit einer Einlage von 50 000 € am Unternehmen des U. In den Jahren 2011 und 2012 entfallen auf den SG jeweils Verluste i. H. v. 5 000 €, die von der Einlage des SG abgebucht werden. 2013 erhält SG ein Auseinandersetzungsguthaben von 40 000 €.
>
> Die Verlustanteile aus 2011 und 2012 können als Verlust i. S. d. § 20 Abs. 1 Nr. 4 EStG berücksichtigt werden. Mit Erhalt des Auseinandersetzungsguthabens erzielt SG Einkünfte aus Kapitalvermögen gem. § 20 Abs. 2 Satz 1 Nr. 4 i. V. m. § 20 Abs. 2 Satz 2 EStG. Von der Einlage i. H. v. 50 000 € ist das Auseinandersetzungsguthaben i. H. v. 40 000 € abzuziehen. Hinzu kommen Verluste für 2011 und 2012 in einer Höhe von 10 000 €, so dass SG insgesamt einen Gewinn i. H. v. 0 € erzielt.

5. Gewinn aus der Übertragung von Grundpfandrechten i. S. d. § 20 Abs. 1 Nr. 5 EStG (§ 20 Abs. 2 Satz 1 Nr. 5 EStG)

184 Gemäß § 20 Abs. 2 Satz 1 Nr. 5 EStG zählen zu den Einkünften aus Kapitalvermögen auch Gewinne aus der Übertragung von Rechten i. S. d. § 20 Abs. 1 Nr. 5 EStG, also Hypotheken, Grundpfandrechte und Rentenschulden (siehe hierzu → Rz. 85 ff.). Gemäß § 52 Abs. 28 Satz 13 EStG ist der Gewinn aus der Übertragung von Grundpfandrechten erstmals steuerbar, wenn das Recht nach dem 31. 12. 2008 erworben wurde. Da die Gewinne aus der Übertragung von Grundpfandrechten i. S. d. § 20 Abs. 1 Nr. 5 EStG nicht in der Aufzählung des § 43 EStG enthalten sind, unterliegen sie auch nicht dem Kapitalertragsteuerabzug. Vielmehr sind sie nach Deklaration durch den Veräußerer vom Finanzamt im Rahmen der besonderen Veranlagung zu berücksichtigen.

185–194 *(Einstweilen frei)*

6. Gewinn aus der Übertragung von Versicherungsansprüchen i. S. d. § 20 Abs. 1 Nr. 6 EStG (§ 20 Abs. 2 Satz 1 Nr. 6 EStG)

195 Eine Veräußerung von Ansprüchen auf eine Versicherungsleistung i. S. d. Abs. 1 Nr. 6 liegt vor, wenn Verträge, in denen die Ansprüche des Versicherungsnehmers, insbesondere aus kapitalbildenden Lebensversicherungen, abgetreten werden oder ein Dritter selbst die Ansprüche durch Eintritt in den Versicherungsvertrag als Versicherungsnehmer übernimmt.[2] Die bis zum Erwerbszeitpunkt aufgelaufenen außerrechnungsmäßigen und rechnungsmäßigen Zinsen sind weder als vorweggenommene Werbungskosten bei den Einkünften aus Kapitalvermögen noch als negative Einnahmen aus Kapitalvermögen berücksichtigt, sondern als Teil der An-

---

1 Vgl. *Moritz/Strohm* in Frotscher, § 20 EStG Rz. 248; *von Beckerath* in Kirchhof, § 20 EStG Rz. 132.
2 BT-Drucks. 220/07.

schaffungskosten zu beurteilen.[1] Von dem Veräußerungstatbestand erfasst werden nur Versicherungsverträge, die gegen biometrische Risiken absichern (vgl. § 20 Abs. 1 Nr. 6 EStG).

Gemäß § 20 Abs. 2 Satz 1 Nr. 6 Satz 2 EStG ist das Versicherungsunternehmen dazu verpflichtet, nach Kenntniserlangung von einer Veräußerung unverzüglich Mitteilung an das für den Stpfl. zuständige Finanzamt zu machen und auf Verlangen des Stpfl. eine Bescheinigung über die Höhe der entrichteten Beiträge im Zeitpunkt der Veräußerung zu erteilen. Sinn und Zweck dieser Regelung ist die Sicherstellung der tatsächlichen Besteuerung des Veräußerungsvorgangs sowie die Vermeidung von Steuerdefiziten.[2] Eine solche Mitwirkungspflicht bedeutet für die Versicherungsunternehmen keinen unzumutbaren Aufwand, da ihnen aufgrund der Vertragsunterlagen der Wohnsitz des Stpfl. bekannt ist.

7. Gewinn aus der Veräußerung von sonstigen Kapitalforderungen i. S. d. § 20 Abs. 1 Nr. 7 EStG (§ 20 Abs. 2 Satz 1 Nr. 7 EStG)

§ 20 Abs. 2 Nr. 7 EStG stellt wie auch § 20 Abs. 1 Nr. 7 EStG einen Auffangtatbestand für Gewinne aus der Veräußerung von Kapitalvermögen dar, die nicht anderweitig schon der Besteuerung nach § 20 Abs. 2 Satz 1 Nr. 1 bis 6 oder Nr. 8 EStG unterliegen. Neben den Erträgen aufgrund der Nutzungsüberlassung aus sonstigen Kapitalvermögen, die durch § 20 Abs. 1 Nr. 7 EStG erfasst werden, soll der Vermögenszufluss aus der Veräußerung, Abtretung oder Endeinlösung von sonstigen Kapitalforderungen einer Besteuerung zugeführt werden. Nicht erfasst wird hingegen der (Total-)Ausfall einer privaten Darlehensforderung infolge einer Insolvenz des Darlehensnehmers, da der Gesetzgeber die steuerliche Berücksichtigung der Vermögenssphäre nicht umfassend berücksichtigen, sondern die Verlustberücksichtigung nur auf die im Gesetz ausdrücklich genannten Tatbestände einschränken wollte.[3]

Erfasst werden somit insbesondere:

▶ **Baisse-Geschäfte**, bei denen die Veräußerung der Kapitalforderung früher erfolgt als der Erwerb;

▶ Vereinnahmte **Stückzinsen**, unabhängig davon, ob sie gesondert in Rechnung gestellt werden oder im Veräußerungspreis enthalten sind. Stückzinsen sind vom Erwerber an den Veräußerer zu zahlende, bis zum Veräußerungszeitpunkt aufgelaufene Zinsen. Diese werden bei der Veräußerung entweder separat in Rechnung gestellt oder spiegeln sich in einem höheren Verkaufswert wider. Beim Erwerber stellen sie (im Jahr der Zahlung abziehbare) negative Einnahmen aus Kapitalvermögen und keine Anschaffungskosten i. S. d. § 20 Abs. 4 EStG dar.[4]

▶ **Teilrisiko-Zertifikate**, bei denen nur die Rückzahlung eines Teils des Kapitalvermögens zugesichert und geleistet ist;

▶ **Vollrisiko-Zertifikate**, bei denen weder die Leistung eines Nutzungsentgelts noch die Rückzahlung des Kapitalvermögens gesichert ist.

---

1 BFH v. 24. 5. 2011 - VIII R 46/09, BStBl 2011 II 920.
2 BT-Drucks. 220/07.
3 FG Düsseldorf v. 11. 3. 2015 - 7 K 3661/14, DStRE 2016, 523 (Rev.: BFH VIII R 13/15).
4 Vgl. *Geurts* in Bordewin/Brandt, § 20 EStG Rz. 385; *Levedag* in Schmidt, § 20 EStG Rz. 145.

Noch ungeklärt ist, ob sog. **Knock-out-Zertifikate** als sonstige Forderungen (§ 20 Abs. 1 Satz 1 Nr. 7 EStG) oder als Termingeschäfte (§ 20 Abs. 1 Satz 1 Nr. 3 Buchst. a EStG) qualifizieren.[1] Knock-out-Zertifikate sind Finanzinstrumente regelmäßig in der Form von Schuldverschreibungen, die sich auf ein Unterlying z. B. Börsenkurs eines Wertpapiers, Rohstoffs oder Index) beziehen und sich durch eine Hebelwirkung auszeichnen. Kennzeichnend für diese Produkte ist die Knock-out-Schwelle, bei deren Berührung (je nach Ausgestaltung Unter- oder Überschreitung) ein Totalverlust des Kapitaleinsatzes des Anlegers eintritt.[2] Der Vorteil von Knock-out-Zertifikaten wird darin gesehen, dass sie mit einem geringen Kapitaleinsatz eine hohe Hebelwirkung ermöglichen, wobei das Verlustrisiko auf den (geringen) Kapitaleinsatz begrenzt ist. Auswirkung könnte die unterschiedliche Einordnung dieses Finanzinstruments für die steuerliche Anerkennung von Verlusten im Fall des Knock-out haben:

- Im Falle einer Qualifikation als sonstige Kapitalforderung ist der Tatbestand des § 20 Abs. 2 Satz 1 Nr. 7 i.V. m. Abs. 2 Satz 2 EStG erfüllt, da das Eintreten der Knock-out-Bedingung als Einlösung zu betrachten ist.

- Qualifiziert das Knock-out-Zertifikat als Termingeschäft gem. § 20 Abs. 1 Satz 1 Nr. 3 Buchst. a EStG, sind die Anschaffungskosten als in unmittelbaren wirtschaftlichen Zusammenhang i. S. v. § 20 Abs. 4 Satz 5 EStG stehende Aufwendungen zu qualifizieren und im Lichte der BFH-Rechtsprechung[3] zum Verfall von Termingeschäften damit steuerlich berücksichtigungsfähig.[4]

199 Gemäß § 52 Abs. 28 Satz 15 EStG findet § 20 Abs. 2 Satz 1 Nr. 7 EStG grundsätzlich erstmals Anwendung auf einen nach dem 31. 12. 2008 zufließenden Veräußerungsgewinn.[5] Zu den zwei Ausnahmen hierzu siehe § 52 Abs. 28 Satz 16 und 17 EStG.

8. Gewinn aus der Übertragung oder Aufgabe einer i. S. d. § 20 Abs. 1 Nr. 9 EStG vermittelnden Rechtsposition (§ 20 Abs. 2 Satz 1 Nr. 8 EStG)

200 Erfasst werden Vermögensmehrungen oder -minderungen, die einem Stpfl. durch sein Ausscheiden als Mitglied oder Gesellschafter einer Körperschaft i. S. d. § 1 Abs. 1 Nr. 3 bis 5 KStG oder durch Übertragung der Gesellschafter- oder Mitgliedsstellung auf Dritte zufließen. Sinn und Zweck der Norm ist es, zu verhindern, dass – bezogen auf die umfassende einkommensteuerrechtliche Erfassung der Veräußerungsvorgänge aus Kapitalanlagen – eine „Lücke" im Zusammenhang mit den in § 1 Abs. 1 Nr. 3 bis 5 KStG genannten Körperschaften entsteht, die private Anleger zu Gestaltungen verleiten könnte, um der Besteuerung von Veräußerungsvorgängen zu entgehen.[6]

201 Einnahmen, die aus der Realisierung der Übertragung oder Aufgabe einer Rechtsposition i. S. d. § 20 Abs. 1 Nr. 9 EStG entstehen, unterliegen der Kapitalertragsteuer gem. § 43 Abs. 1 Satz 1

---

[1] Offengelassen in FG Düsseldorf v. 6. 10. 2015 - 9 K 4203/13, EFG 2015, 2173 für einen nach dem 31. 12. 2008 realisierten Sachverhalt, hiergegen Revision vor dem BFH unter VIII R 37/15; wohl das Termingeschäft verneinend BFH v. 10. 11. 2015 - IX R 20/14, DB 2016, 150 für einen vor dem 1. 1. 2009 realisierten Sachverhalt, hiergegen Verfassungsbeschwerde vor dem BVerfG unter 2 BvR 217/16.

[2] *Patzner/Wiese*, BB 2016, 409.

[3] BFH v. 12. 1. 2016 - IX R 48/14, BStBl 2016 II 456; BFH v. 12. 1. 2016 - IX R 49/14, BStBl 2016 II 459; BFH v. 12. 1. 2016 - IX R 50/14, BStBl 2016 II 462.

[4] Anders noch in BFH v. 10. 11. 2015 - IX R 20/14, BStBl 2016 II 159 für einen vor dem 1. 1. 2009 realisierten Sachverhalt, der noch unter § 23 Abs. 1 Satz 1 Nr. 4 EStG a. F. erfasst wurde; hiergegen Verfassungsbeschwerde vor dem BVerfG unter 2 BvR 217/16.

[5] Vgl. *Moritz/Strohm* in Frotscher, § 20 EStG Rz. 257; HHR/*Buge*, § 20 EStG Rz. 512.

[6] BT-Drucks. 16/4841.

Nr. 12 EStG. Diese wird durch die auszahlende Stelle gem. § 44 Abs. 1 Satz 3 EStG vorgenommen.

(Einstweilen frei) 202–209

9. Veräußerungssurrogate (§ 20 Abs. 2 Satz 2 EStG)

Gemäß § 20 Abs. 2 Satz 2 EStG gilt als Veräußerung i. S. d. Satzes 1 auch die Einlösung, Rückzahlung, Abtretung oder verdeckte Einlage in eine Kapitalgesellschaft; in den Fällen von Satz 1 Nr. 4 gilt auch die Vereinnahmung eines Auseinandersetzungsguthabens als Veräußerung. Mit dieser Regelung soll eine vollständige steuerliche Erfassung aller Wertzuwächse im Zusammenhang mit Kapitalanlagen erreicht werden. Zudem wurden zahlreichen Meinungsstreitigkeiten, ob einer der vorgenannten Surrogate eine Veräußerung darstellt, durch die explizite gesetzliche Aufnahme in Satz 2 entschieden. 210

Unter einer **Einlösung** ist die Ausführung einer in einer Schuldverschreibung versprochenen Leistung bei gleichzeitiger Rückübertragung der Schuldverschreibung zu verstehen. Ob die Einlösung zum Zeitpunkt der Endfälligkeit erfolgt, oder aber zu einem anderen Zeitpunkt, ist unerheblich. Von dem Regelungsgehalt des § 20 Abs. 2 Satz 2 EStG wird jeder gesetzlich oder vertraglich bestimmte Einlösezeitpunkt erfasst. So ist z. B. die Wandlung von Wandelanleihen oder die Einziehung einer Forderung als Einlösung anzusehen.[1] 211

Eine **Rückzahlung** liegt vor, wenn eine Kapitalforderung durch teilweise oder vollständige Rückzahlung des Kapitals erfüllt wird.[2] Auch hier kommt es nicht auf die Kapitalrückzahlung zum Zeitpunkt der Endfälligkeit an, vielmehr ist jede Rückzahlung zu jedem Zeitpunkt erfasst. Bisher war umstritten, ob die Rückzahlung einer Kapitalforderung ein Veräußerungsgeschäft darstellt. 212

Bei einer **Abtretung** i. S. d. § 20 Abs. 2 Satz 2 EStG erfolgt die entgeltliche Übertragung einer Forderung vom Zedenten an den Zessionar. Da die Abtretung jedoch im Gegensatz zur Veräußerung auf die Übertragung von Forderungen beschränkt ist, hat sie einen engeren Anwendungsbereich. Nicht erfasst ist die Sicherungsabtretung.[3] 213

Von einer **verdeckten Einlage** ist auszugehen, wenn ein Gesellschafter oder eine ihm nahe stehende Person der Kapitalgesellschaft, ohne dass der Gesellschafter hierfür neue Gesellschaftsanteile erhält, einen einlagefähigen Vermögensvorteil zuwendet und diese Zuwendung ihre Ursache im Gesellschaftsverhältnis hat.[4] 214

Bei der **Auseinandersetzung einer stillen Gesellschaft** erfolgt die Einlagenrückerstattung an den stillen Gesellschafter in Anbetracht der erzielten Gewinne und Verluste.[5] Voraussetzung für die Auseinandersetzung der stillen Gesellschaft ist die Auflösung der Gesellschaft, welche einen gesetzlichen Auflösungstatbestand erfordert. 215

Bei der **Übertragung einer Kapitalanlage** von einem Depot in das Depot eines anderen Gläubigers liegt ebenfalls gem. § 43 Abs. 1 Satz 4 EStG eine Veräußerung vor. Eine Ausnahme hiervon 216

---

1 Vgl. *von Beckerath* in Kirchhof, § 20 EStG Rz. 141.
2 Vgl. *Haisch*, Derivatebesteuerung im Privatvermögen ab 2009, 2010, 141.
3 Vgl. *von Beckerath* in Kirchhof, § 20 EStG Rz. 141.
4 BFH v. 20. 7. 2005 - X R 22/02, BStBl 2006 II 457; R 40 Abs. 1 KStR.
5 BFH v. 18. 10. 2006 - IX R 7/04, BStBl 2007 II 258.

besteht nur, wenn es sich um eine unentgeltliche Übertragung handelt, der Stpfl. dies der auszahlenden Stelle mitteilt und diese wiederum den Tatbestand beim Finanzamt anzeigt.

217 § 20 Abs. 2 Satz 2 EStG sieht keine Regelung für den Fall des **Untergangs der Kapitalanlage**. Eine Kapitalanlage geht z. B. unter, wenn aufgrund einer Insolvenz des Darlehensschuldners die Darlehensforderung erlischt oder wertlos wird. Bis zur Einführung des UStRefG 2008 blieb der Untergang privater Kapitalanlagen steuerlich unberücksichtigt, da dieser Vorgang auf einer steuerlich irrelevanten Ebene bei den Einkünften aus Kapitalvermögen gem. § 20 EStG a. F. zugeordnet war. Im Rahmen des UntStRefG 2008 wurde die steuerlich irrelevante Vermögensebene bei Einkünften gem. § 20 EStG n. F. abgeschafft. Umstritten sind die Rechtsfolgen hieraus:

- Nach Ansicht der FinVerw[1] und eines Teil der Literatur,[2] stellt der Untergang einer Kapitalforderung keine Veräußerung i. S. d. § 20 Abs. 2 Satz 2 EStG dar. Die FinVerw geht zudem davon aus, dass eine Veräußerung auch nicht vorliegt, wenn der Veräußerungspreis die tatsächlichen Transaktionskosten nicht übersteigt.

- Ein Teil der Literatur[3] geht hingegen davon aus, dass auch in solch gelagerten Fällen (Untergang der Kapitalanlage bzw. -forderung) eine Besteuerung gem. § 20 Abs. 2 EStG gegeben ist. Die Intention des Gesetzgebers war es, die Norm in Form einer Aufzählung so zu gestalten, dass jede tatsächlich realisierte positive Zunahme von der Regelung des § 20 Abs. 2 Satz 2 EStG erfasst wird, so dass kein sachlich gerechtfertigter Grund ersichtlich ist, den Untergang privater Kapitalanlagen unberücksichtigt zu lassen.[4] Eine steuerliche Berücksichtigung des Untergangs privater Kapitalanlagen im Rahmen des § 20 Abs. 2 Satz 2 EStG ist schon deshalb geboten, da der Stpfl. eine kaum noch einen Wert aufweisende Kapitalanlage zu einem sehr geringen Preis veräußern und somit einen eingetretenen Wertverlust realisieren kann.

- Der VIII. Senat des BFH hat nunmehr im Fall von Transaktionskosten in Höhe des Veräußerungspreises entschieden, dass die Erfüllung des Tatbestands der Veräußerung gem. § 20 Abs. 2 Satz 1 Nr. 1 EStG weder von der Höhe der Gegenleistung noch von der Höhe anfallenden Veräußerungskosten abhängig.[5] Denn eine Veräußerung i. S. d. § 20 Abs. 2 Satz 1 Nr. 1 EStG ist die entgeltliche Übertragung des – zumindest wirtschaftlichen – Eigentums auf einen Dritten.[6] Weitere Tatbestandsmerkmale als den entgeltlichen Rechtsträgerwechsel stellt das Gesetz nicht auf.

10. Veräußerung der Beteiligung an einer Personengesellschaft (§ 20 Abs. 2 Satz 3 EStG)

218 Gemäß § 20 Abs. 2 Satz 3 EStG gilt die Anschaffung oder Veräußerung einer unmittelbaren oder mittelbaren Beteiligung an einer Personengesellschaft als Anschaffung oder Veräußerung der anteiligen Wirtschaftsgüter. Damit soll die Anschaffung oder Veräußerung einer Beteiligung an einer Personengesellschaft, die Kapitalanlagen in ihrem Gesellschaftsvermögen hält,

---

1 BMF v. 18. 1. 2016, BStBl 2016 I 85, Tz. 60 ff.; zur steuerlichen Behandlung der Restrukturierung von Anleihen bei Kombination von Teilverzicht, Nennwertreduktion und Teilrückzahlung nach § 20 EStG: BMF. v. 10.5.2017, BSTBl 2017 I 774.
2 *Helios/Link*, DStR 2008, 386; *Bode*, DStR 2009, 1781; BT-Drucks. 220/07.
3 *Bayer*, DStR 2009, 2397; *Dinkelbach*, DB 2009, 870; *Schmitt-Homann*, BB 2010, 351.
4 *Moritz/Strohm* in Frotscher, § 20 EStG Rz. 268; *von Beckerath* in Kirchhof, § 20 EStG Rz. 144.
5 BFH v. 12.6.2018 - VIII R 32/16, BFH/NV 2018, 1184 Nr. 11 = NWB DokID: NAAAG-94741.
6 Vgl. nur BFH v. 12.5.2015 - IX R 57/13 = NWB DokID: XAAAF-00265.

der Besteuerung unterworfen und so ansonsten auftretende Besteuerungslücken vermieden werden. Ohne die Regelung des § 20 Abs. 2 Satz 3 EStG wäre eine Veräußerung des Personengesellschaftsanteils nach einem Jahr gem. § 23 Abs. 1 Satz 1 Nr. 2 EStG steuerfrei, da es sich bei einem Personengesellschaftsanteil nicht um ein Wirtschaftsgut i. S. d. § 20 Abs. 2 EStG handelt. § 20 Abs. 2 Satz 3 EStG konkretisiert § 39 Abs. 2 Nr. 2 AO, nach dem Wirtschaftsgüter, die mehreren zur gesamten Hand zustehen, den Beteiligten anteilig zugerechnet werden, soweit eine getrennte Zurechnung für die Besteuerung erforderlich ist.

Eine mittelbare Beteiligung an einer Personengesellschaft ist gegeben, wenn ein Gesellschafter einer Personengesellschaft den Stpfl. im Rahmen einer Unterbeteiligung an dem Gesellschaftsanteil beteiligt. Von einer unmittelbaren Beteiligung ist auszugehen, wenn der Stpfl. treuhänderisch an der Personengesellschaft beteiligt ist.[1] 219

Wenn sich neben den Wirtschaftsgütern des § 20 Abs. 2 EStG weitere andere Wirtschaftsgüter (z. B. Immobilien, Vorräte) im Gesamtvermögen der Personengesellschaft befinden, ist § 20 Abs. 2 Satz 3 EStG nach dem Willen des Gesetzgebers trotzdem anzuwenden.[2] Sofern die Personengesellschaft insgesamt Einkünfte gem. § 20 EStG erzielt, ist nur der Teil des Veräußerungsgewinns, der auf die anderen Wirtschaftsgüter entfällt, gem. § 23 Abs. 1 EStG steuerbar. Werden gewerbliche Einkünfte im Rahmen einer Mitunternehmerschaft gem. § 15 Abs. 1 Satz 2 EStG durch die Personengesellschaft erzielt, sind Veräußerungsgewinne gem. § 20 Abs. 8 EStG den gewerblichen Einkünften zuzurechnen. 220

(Einstweilen frei) 221–234

III. Besondere Entgelte und Vorteile (§ 20 Abs. 3 EStG)

1. Allgemeines

§ 20 Abs. 3 EStG enthält trotz Aufnahme in einem gesonderten Absatz keinen selbständigen Besteuerungstatbestand, sondern ergänzt die Besteuerungstatbestände von § 20 Abs. 1 und 2 EStG, indem er den Umfang der Einnahmen aus der Nutzung oder Verwertung der dort aufgeführten Kapitalanlagen klarstellt und der hieraus fließenden steuerpflichtigen Erträge präzisiert. Diese Klarstellung ist systematisch erforderlich, da in § 20 Abs. 1 und 2 EStG zwar die Quellen der steuerpflichtigen Kapitalerträge und Veräußerungserlöse abschließend enumeriert werden, die Arten der Kapitalerträge selbst hingegen nicht abschließend aufgezählt wie auch nicht begrifflich erläutert sind. 235

2. Umfang

Aus dem Zusammenspiel der Grundtatbestände der § 20 Abs. 1 und 2 EStG und dem Ergänzungstatbestand des § 20 Abs. 3 EStG sollen – wie sich aus den Tatbestandsmerkmalen „Entgelt" und „Vorteile" ergibt – unabhängig von der Bezeichnung und der rechtlichen Ausgestaltung – alle ins Gewicht fallende zugeflossene Vermögensmehrungen erfasst werden, die sich wirtschaftlich als Entgelt für die Überlassung von Kapital zur Nutzung oder als Wertsteigerungen aus dessen Veräußerung oder sonstiger Verwertung darstellen. Dabei sind die Begriffe der „besonderen Entgelte und Vorteile" ausgehend von der allgemeinen Einnahmedefinition des § 8 Abs. 1 EStG inhaltlich zu bestimmen. Ein solcher Vermögensvorteil muss daher in Geld 236

---

1 BR-Drucks. 220/07.
2 BT-Drucks. 16/4841.

oder Geldeswert (Sachleistungen, Nutzungen) bestehen, dem Empfänger zufließen und bei diesem eine Vermögensmehrung auslösen. Anzusetzen ist die gesamte Vermögensmehrung, die beim Stpfl. entsteht (Bruttobetrag). Besteht der Vorteil nicht in Geld, so ist der Sachbezug mit den üblichen Endpreisen am Abgabeort zu bestimmen (vgl. § 8 Abs. 2 EStG) bzw. im Falle von Wirtschaftsgütern mit dem gemeinen Wert anzusetzen.[1] Hingegen sind Vermögensverluste (z. B. durch Maßnahmen des Insolvenzverwalters, Darlehens- und Bürgschaftsverluste oder Beratungsfehler bei der Kapitalanlage) nicht von Abs. 3 erfasst und daher nicht zu berücksichtigen. Unerheblich ist, ob ein zivilrechtlicher Anspruch des Empfängers auf den Vorteil bzw. das Entgelt besteht, ob es in offener oder verdeckter Form gewährt wird, ob es – im Falle eines Nutzungsvorteils – einlegbar ist, wie es gewährt wird, ob es zusätzlich zu den Einnahmen nach Abs. 1 und 2 oder ausschließlich gewährt wird oder ob der zugeflossene Vorteil wertmäßig die Werbungskosten und/oder Rückgewähransprüche übersteigt, die wirtschaftlich durch den Zufluss ausgelöst werden.[2]

3. Rechtsfolge

237   Da Abs. 3 lediglich den Umfang der von Abs. 1 und 2 erfassten Kapitalerträge klärt und gerade keinen selbständigen Besteuerungstatbestand begründet, sind die besonderen Entgelte und Vorteile, die neben oder anstelle der Kapitalerträge gewährt werden, den betreffenden Tatbeständen der Abs. 1 und 2 zuzuordnen. Nach diesen bestimmen sich dann die Rechtsfolgen.

4. ABC der besonderen Entgelte und Vorteile

238   ▶ **Agio** (Aufgeld)/**Damnum** (Disagio, Abgeld): Zu versteuern ist beim Empfänger (Agio: Schuldner; Damnum: Gläubiger) der stets feststehende Unterschiedsbetrag zwischen Ausgabe- und Rücknahmekurs (z. B. der Schuldverschreibung, Anleihe oder Forderung, die in ein öffentliches Schuldbuch eingetragen oder über die Teilschuldverschreibungen ausgegeben ist) der die übliche Emissions-Staffelungsregelung übersteigt;[3]

▶ **Darlehensaufgeld**: bei Rückzahlung über den Nennbetrag hinaus;

▶ **Dienstleistungen** (z. B. als Gegenleistung für eine zinslose Kapitalüberlassung): sonstiger Vorteil i. S. d. § 20 Abs. 3 EStG;

▶ **Dividendengarantie**: sonstiger Vorteil i. S. d. § 20 Abs. 3 EStG;

▶ **Emissionsabschläge**: siehe „Agio";

▶ **Entschädigungszahlung**: wenn ein unmittelbarer Zusammenhang zu einer konkreten einzelnen Transaktion besteht, bei der ein konkreter Verlust entstanden oder ein steuerpflichtiger Gewinn vermindert wird.[4] Um die Gefahr des Missbrauchs zu vermeiden, bezieht die FinVerw Entschädigungszahlungen ohne rechtliche Verpflichtung und solche für künftig zu erwartende Schäden ein. Andere Entschädigungszahlungen sind nicht steuerbar. So stellt die Zahlung eines Entgelts durch die Bank an den Anleger Zug-um-Zug gegen die Rückübertragung von Wertpapieren (z. B. Bonus-Zertifikaten) im Rahmen eines Schadensersatzprozesses keine Entschädigungszahlung i. S. d. § 20 Abs. 3 EStG dar, da Geldzahlung und Rückgabe der Wertpapiere synallagmatisch verbunden sind und sich

---

1   BMF v. 21. 7. 2000, FR 2000, 1098.
2   BFH v. 23. 10. 1985 - I R 248/81, BStBl 1986 II 178.
3   BMF v. 24. 11. 1986, BStBl 1986 I 539; OFD Kiel v. 8. 6. 1999, FR 1999, 1083, zu Kurzläufern; BMF v. 15. 3. 2000, DStR 2000, 687, zu Emissionsdisagio im Fall der Aufstockung.
4   BMF v. 18. 1. 2016, BStBl 2016 I 85, Tz. 83 i. d. F. von BMF v. 16. 11. 2010, BStBl 2010 I 1305.

- **Kursgarantie**: Vermögenschaden, welcher der Darlehensnehmer dem Darlehensgeber ersetzt, den dieser dadurch erleidet, dass die zum Zwecke der Darlehenshingabe verkauften Wertpapiere gestiegen sind. Dies stellt ein besonderes Entgelt nach § 20 Abs. 3 EStG dar;
- **Optionsanleihe**: Erwerber erhält neben einer niedrigen laufenden Verzinsung Optionsscheine, die zum Erwerb von Aktien oder Anleihen zu einem festgelegten Kurs berechtigen. Der Wert der Optionsscheine stellt einen Teil des Kapitalertrags dar, der sich nach dem Kurs des Optionsscheins an dem Tag bestimmt, an dem dieser erstmals an der Börse gehandelt wird;
- **Nutzung** (z. B. Wohnungsüberlassung als Gegenleistung für eine zinslose Kapitalüberlassung): sonstiger Vorteil i. S. d. § 20 Abs. 3 EStG;
- **Provision**: wenn es als zusätzliches Entgelt für die Kapitalüberlassung gezahlt wird; stellt einen sonstigen Vorteil i. S. d. § 20 Abs. 3 EStG dar;
- **Rücknahme von Kapitalgesellschafts-Anteilen**: Werden Kapitalgesellschafts-Anteile von allen Gesellschaftern gleichmäßig gegen Zahlung eines Rücknahmebetrags (oder Verrechnung mit Darlehensschulden der Gesellschafter) zurückgenommen, ohne dass sich das Stimm- oder das Gewinnrecht, noch der Anspruch auf den Liquidationserlös verändert, liegt bei dem einzelnen Gesellschafter eine Vorteilszuwendung vor;
- **Schatzanweisungen (unverzinslich)**: Unterschiedsbetrag zwischen Erwerbs- und Einlösungspreis der Bundesbank, der sich bei Einlösung bzw. Veräußerung als Einnahme realisiert;[2]
- **Tausch von Kapitalgesellschafts-Anteilen**: Wird eine Kapitalgesellschaft durch Verschmelzung von einer anderen Kapitalgesellschaft aufgenommen und erhalten die Gesellschafter der aufgenommenen Kapitalgesellschaft Anteile der aufnehmenden Kapitalgesellschaft mit einem höheren Nennwert als dem der von ihnen hingegebenen Anteile, so liegt in dem höheren Nennwert für die Gesellschafter, bei denen die Anteile der aufgenommenen Kapitalgesellschaft dem Privatvermögen zugeordnet sind, grundsätzlich **kein** besonderes Entgelt gem. § 20 Abs. 3 EStG vor;[3]
- **Time-Sharing**: siehe „Nutzung";
- **Übernahme der Kapitalertragsteuer**: Die durch den Schuldner der Kapitalerträge für den Gläubiger übernommene Kapitalertragsteuer ist ein sonstiger Vorteil nach § 20 Abs. 1 Nr. 1 EStG bzw. § 20 Abs. 2 Nr. 1 EStG;
- **Vorfälligkeitsentschädigung**: § 20 Abs. 3 EStG erfasst die Zahlung eines Schuldners an den Gläubiger für die vorzeitige Beendigung eines Darlehensvertrags;
- **Wertsicherungsklausel** (z. B. bei Kaufpreisraten): Erhöhungsbetrag qualifiziert als besonderes Entgelt, weil dieser Betrag zusätzliches Entgelt für die Kapitalüberlassung in Form der Kaufpreisstundung ist;
- **Zinsgarantie**: sonstiger Vorteil i. S. d. § 20 Abs. 3 EStG.

(Einstweilen frei)

---

1 FG Münster v. 13. 5. 2016 - 7 K 3799/14E, EFG 2016, 1170 (Rev.: BFH VIII R 16/16).
2 BMF v. 24. 11. 1986, BStBl 1986 I 539.
3 BFH v. 23. 1. 1959 - VI 68/57 S, BStBl 1959 III 97.

IV. Vorrangige Korrektur nach § 43 Abs. 3 Satz 7 EStG (§ 20 Abs. 3a EStG)

1. Allgemeines

245 Die Vorschrift des § 20 Abs. 3 EStG steht im Zusammenhang mit dem in den §§ 43 ff. EStG geregelten Kapitalertragsteuer-Abzugsverfahren und trägt steuerlich auf der Ebene des Stpfl. denjenigen Problemen Rechnung, die bei der Aufdeckung von Fehlern beim Kapitalertragsteuer-Abzug nach Ablauf des Kalenderjahrs auftreten.

246 Sinn und Zweck des Kapitalertragsteuer-Abzugs und der daran anknüpfenden Abgeltungsteuer ist es, die Veranlagung von Kapitaleinkünften durch das Finanzamt beim Kapitalanleger, der die Kapitaleinkünfte im Privatvermögen erzielt, grundsätzlich entbehrlich zu machen. Kehrseite des hierzu implementierten Systems des Kapitalertragsteuerabzugs ist, dass rückwirkende Korrekturen nur mit einem sehr hohen administrativen Aufwand vorgenommen werden können. Mit Ablauf des Kalenderjahrs, in dem die Abgeltungsteuer erhoben wurde, tritt nämlich eine mehrfache Zäsur ein. Z. B. können Verlustverrechnungen (§ 43a Abs. 3 Satz 2 EStG) nur zeitraumbezogen innerhalb des Kalenderjahres erfolgen, während nicht ausgeglichene Verlustsalden nur in Folgejahren vorgetragen oder bescheinigt werden können. Der Anleger erhält zudem eine Steuerbescheinigung, welche die im Kalenderjahr abgeführte Kapitalertragsteuer sowie andere steuerliche Parameter feststellt. Bei jeder rückwirkenden Korrektur wäre eine Vielzahl von Folgekorrekturen nicht auszuschließen. Bei den nachfolgenden Geschäftsvorfällen müssten u. U. die Verlusttöpfe, das Freistellungsauftragsvolumen und/oder die ausländischen anrechenbaren Steuern ebenso neu berechnet werden wie Verlust- und Steuerbescheinigungen und die ihnen zugrunde liegenden Veranlagungen geändert werden müssten. Vor diesem Hintergrund hat der Gesetzgeber in § 43a Abs. 3 Satz 7 EStG die Bestimmung eingefügt, dass bei der Aufdeckung von Fehlern beim Kapitalertragsteuerabzug die Korrekturen nicht rückwirkend, sondern im Kalenderjahr ihrer Kenntnisnahme durch die zum Abzug der Kapitalertragsteuer verpflichtete Stelle vorzunehmen sind.

247 § 20 Abs. 3a EStG dient der materiell-rechtlichen Absicherung des in § 43a Abs. 3 Satz 7 EStG niedergelegten Verfahrens der Fehlerkorrektur. Nach § 43a Abs. 7 Satz 3 EStG hat die auszahlende Stelle Veränderungen einer Bemessungsgrundlage oder einer zu erhebenden Kapitalertragsteuer, von der sie erst nach Ablauf des Kalenderjahres erfährt, erst im Zeitpunkt ihrer Kenntnisnahme entsprechend zu korrigieren. Ohne die in § 20 Abs. 3a EStG getroffene Regelung könnte der Stpfl., der gerade nicht vom persönlichen Anwendungsbereich des § 43a Abs. 3 Satz 7 EStG erfasst ist (das sind nur die auszahlenden Stellen i. S. d. § 44 Abs. 1 Satz 4 EStG), die nachträglich bekannt gewordenen Veränderungen im Rahmen seiner persönlichen Veranlagung (§ 32d Abs. 4 und 6 EStG) geltend machen, in dem die Kapitaleinkünfte erzielt wurden. Dies hätte zur Folge, dass entweder die auszahlende Stelle – entgegen der in § 43a Abs. 3 EStG getroffenen gesetzgeberischen Intention – rückwirkend den durchgeführten Kapitalertragsteuerabzug mit dem damit verbundenen verwaltungstechnischen Mehraufwand korrigieren müsste oder es bei entsprechender Berücksichtigung des Fehlers durch die auszahlende Stelle in einem folgenden Veranlagungszeitraum zu einer doppelten Berücksichtigung auf Ebene des Stpfl. kommen kann. Beides soll durch § 20 Abs. 3a EStG verhindert werden, indem dem Stpfl. die Möglichkeit überhaupt genommen wird, die Korrekturen periodengerecht vorzunehmen (§ 20 Abs. 3a Satz 1 EStG), es sei denn er weist durch eine entsprechende Bescheinigung der auszahlenden Stelle nach, dass diese die Korrektur nicht vorgenommen hat und auch nicht vornehmen wird (§ 20 Abs. 3a Satz 2 EStG). Mit § 20 Abs. 3a EStG soll die Administrierbarkeit

des Kapitalertragsteuerabzugsverfahrens gewährleistet bleiben und eine doppelte Berücksichtigung von Fehlern im Abzugs- und Veranlagungsverfahren vermieden werden.

2. Korrekturen im Abzugsverfahren (§ 20 Abs. 3a Satz 1 EStG)

Nach § 20 Abs. 3a Satz 1 EStG sind Korrekturen i. S. d. § 43a Abs. 3 Satz 7 EStG erst zu dem dort genannten Zeitpunkt zu berücksichtigen. Der Anwendungsbereich wird daher aufgrund des Verweises auch durch § 43a Abs. 3 Satz 7 EStG bestimmt. 248

Erfasst wird nur der Steuerabzug durch die auszahlende Stelle, d. h. die in § 44 Abs. 1 Satz 4 EStG aufgezählten Abzugsverpflichteten. Nicht umfasst sind von § 43a Abs. 3 Satz 7 EStG hingegen der Schuldner der Kapitalerträge (§ 44 Abs. 1 Satz 3 1. Halbsatz EStG), die den Verkaufsauftrag ausführende Stelle (§ 44 Ans. 1 Satz 3 2. Halbsatz EStG) und die depotführende Stelle (§ 44b Abs. 6 EStG). Vom Anwendungsbereich ausgeschlossen sind ferner die Fälle, in denen ein Fehler bei der Veranlagung durch das Finanzamt erfolgt ist. 249

Zudem muss es sich bei dem die Kapitaleinkünfte erzielenden Stpfl. um einen solchen handeln, der diese im Privatvermögen erzielt. Vom Anwendungsbereich ausgeschlossen sind daher Steuerausländer und solche unbeschränkt Steuerpflichtigen, denen die Kapitalerträge einer anderen Einkunftsart zuzurechnen sind (§ 20 Abs. 8 EStG). Für die steuerrechtliche Zuordnung kommt es dabei nicht auf den Zeitpunkt des Steuerabzugs, sondern auf den Zeitpunkt der Korrektur an. Hält z. B. der Stpfl. im Zeitpunkt des Steuereinbehalts 01 die Wertpapiere im Privatvermögen, im Jahr 02 allerdings im Betriebsvermögen, ist eine Korrektur in 02 nicht vorzunehmen.[1] In diesem Zusammenhang ist fraglich, wie Kapitaleinkünfte von sog. Zebragesellschaften einzuordnen sind. Zwar ist eine Korrektur grundsätzlich mit Wirkung für die Zukunft vorzunehmen, da eine Zebragesellschaft kein Betriebsvermögen hat. Allerdings würde dies für betrieblich beteiligte Gesellschafter der Zebragesellschaft bedeuten, dass diese ihre Korrekturen rückwirkend in einem VZ vornehmen lassen müssten, der bestandskräftig oder u. U. sogar schon verjährt ist. Vor diesem Hintergrund verneint *Buge* die Bindungswirkung des Feststellungsbescheids für das Korrekturjahr gegenüber den Festsetzungsbescheiden der betrieblich beteiligten Gesellschafter für den VZ, in dem die Änderung bei diesen Gesellschaftern an sich zu berücksichtigen gewesen wäre.[2] 250

In sachlicher Hinsicht werden nur solche Kapitalerträge erfasst, bei denen der Steuerabzug durch die auszahlende Stelle erfolgt. Das sind die Kapitalerträge i. S. v. § 43 Abs. 1 Satz 1 Nr. 1a, 6, 7 und 8 bis 12 sowie Satz 2 EStG. Keine Korrektur erfolgt hingegen beim fehlerhaften Ansatz der Ersatzbemessungsgrundlage (§ 43a Abs. 2 Satz 7 ff. EStG).[3] 251

Es muss sich ferner um Korrekturen handeln. Hierunter sind Veränderung einer Bemessungsgrundlage oder einer zu erhebenden Kapitalertragsteuer zu verstehen (vgl. § 43a Abs. 3 Satz 7 EStG). Dem Wortlaut zufolge sind hierbei zunächst nur Veränderungen aufgrund nachträglich bekannt gewordener Tatsachen eines (fehlerhaft) zugrunde gelegten Besteuerungssachverhalts gemeint. Insoweit nimmt § 20 Abs. 3a EStG daher die Stellung einer verfahrensrechtlichen Änderungsvorschrift ein, die § 173 AO verdrängt, wonach nachträglich bekannt gewordene Tatsache in dem Steuerbescheid für den VZ zu berücksichtigen sind, auf den sich die nachträglich bekannt gewordene Tatsachen bezieht. Ob sich die nachträglich bekannt gewor- 252

---

1 BMF v. 18.1.2016, BStBl 2016 I 85, Tz. 241.
2 Vgl. HHR/*Buge*, § 20 EStG Rz. 555.
3 BMF v. 18.1.2016, BStBl 2016 I 85, Tz. 241a.

denen Tatsachen zugunsten oder zulasten des Stpfl. auswirken oder ihn ein Verschulden trifft ist dann ebenso wenig maßgeblich wie auf welche Weise die auszahlende Stelle Kenntnis erlangt hat. Fraglich ist, ob auch die fehlerhafte Rechtsanwendung im Zeitpunkt des Kapitalertragsteuereinbehalts von § 20 Abs. 3a EStG erfasst ist:

► Die *FinVerw* hat hierzu keine eindeutige Stellung bezogen. Während die Beispiele im Abgeltungsteuererlass auf eine Erstreckung von § 20 Abs. 3a EStG auf die fehlerhafte Rechtsanwendung hindeuten,[1] soll eine Korrektur für die Zukunft bei Änderung oder Wegfall der Bemessungsgrundlage aufgrund einer Entscheidung des EuGH, des BVerfG oder des BFH nicht erfolgen.[2]

► Nach Auffassung von *von Beckenrath*[3] sind von § 20 Abs. 3a EStG auch Rechtsanwendungsfehler angesprochen, da Regelungsgegenstand des § 20 Abs. 3a EStG und des § 43a Abs. 3 Satz 7 EStG die Korrektur materieller Fehler beim Einbehalt der Kapitalertragsteuer sei.

► Hingegen vertritt *Buge* die Ansicht, dass eine unrichtige Rechtsauffassung rückwirkend berichtigt werden können müsse.[4] Er begründet dies mit dem in § 43a Abs. 3 Satz 7 EStG verwandten Begriff der „Kenntnis", welche nur bei Tatsachen vorliegen könne. Auch sei fraglich, wann die Kenntnis von einer unrichtigen Rechtsanwendung gegeben sei, denn die Behauptung als solche (z. B. im Rahmen einer Betriebsprüfung) könne noch nicht als Kenntnis gewertet werden, insbesondere wenn ein Gericht über die zutreffende Auslegung noch zu entscheiden habe. Ferner würde eine Erstreckung des § 20 Abs. 3a EStG auf die fehlerhafte Rechtsanwendung zu praxisfernen Resultaten führen (z. B. der von der Betriebsprüfung beanstandete Rechtsanwendungsfehler könnte nicht in der geprüften Kapitalertragsteueranmeldung korrigiert und Kapitalertragsteuer einschließlich möglicher Nachzahlungszinsen auch nicht für die Vergangenheit nacherhoben werden).

253 Maßgeblich für die Korrektur nach § 20 Abs. 3a EStG ist der Zeitpunkt der Kenntnisnahme, die nach Ablauf des maßgeblichen Kalenderjahrs erlangt wird. Damit fingiert er, dass sich der kapitalertragsteuerpflichtige Vorgang materiell-rechtlich nicht rückwirkend, sondern erst im Jahr der Kenntnisnahme ereignet und der fehlerhafte Abzug der Kapitalertragsteuer ebenfalls in diesem Jahr stattgefunden hat. Unterjährig erlangte nachträgliche Kenntnisse sind hingegen in laufender Rechnung zu berücksichtigen und werden nicht von § 20 Abs. 3a EStG erfasst.

254 Rechtsfolge des § 20 Abs. 3a EStG ist, dass die Korrekturen im Zeitpunkt ihrer Kenntnisnahme zu berücksichtigen sind. Hierunter sollte nicht das Verschieben des materiell-rechtlichen Steueranspruchs dergeststalt verstanden werden, dass Einnahmen und Ausgaben mit materiell-rechtlicher Wirkung erst in dem Jahr zu- oder abfließen, in dem die auszahlende Stelle Kenntnis von der Veränderung erlangt. Vielmehr ordnet § 20 Abs. 3a EStG an, dass der materiell-rechtlich (bereits) entstandene Steueranspruch lediglich im Jahr der Kenntnisnahme durch die auszahlende Stelle im Rahmen der Steuerfestsetzung zu berücksichtigen ist. Ein solches verfahrensrechtliches Verständnis des § 20 Abs. 3a EStG bettet sich konfliktlos in das bestehende Steuersystem ein. Insbesondere finden die allgemeinen Grundsätze zur Festsetzungsverjährung weiterhin Anwendung. Letzteres wäre nicht der Fall, wenn dem § 20 Abs. 3a EStG ein materiell-rechtliches Verständnis beigelegt würde, da dann der Steueranspruch bis zur Kenntnis-

---

1 Vgl. Beispiel 5 im BMF v. 18. 1. 2016, BStBl 2016 I 85, Tz. 241.
2 Vgl BMF v. 18. 1. 2016, BStBl 2016 I 85, Tz. 241a.
3 *Von Beckenrath* in Kirchhof, § 20 EStG Rz. 148c.
4 HHR/*Buge*, § 20 EStG Rz. 555.

nahme nie feststellungsverjähren würde. So aber ist die auszahlende Stelle nicht mehr zur Korrektur gestattet, wenn sie Kenntnis von einer Veränderung der Bemessungsgrundlage oder der zu erhebenden Kapitalertragsteuer erst nach Ablauf der Festsetzungsverjährung erlangt. Eine dennoch erfolgte Korrektur kann vom Finanzamt rückgängig gemacht werden, der Stpfl. kann die Überprüfung der Korrektur durch das Finanzamt nach § 32d Abs. 4 EStG anstoßen.

3. Möglichkeit der Veranlagung (§ 20 Abs. 3a Satz 2 EStG)

Der Stpfl. hat nur die Möglichkeit die Korrektur im Veranlagungswege nach § 32d Abs. 4 EStG (Überprüfung des Steuereinbehalts) oder § 32d Abs. 6 EStG (Günstigerprüfung) zu erreichen, wenn er durch eine Bescheinigung der auszahlenden Stelle nachweist, dass diese die Korrektur nicht vorgenommen hat und auch nicht vornehmen wird. In Fällen, die nicht von § 20 Abs. 3a Satz 1 EStG erfasst sind oder in denen eine Korrektur für die Zukunft keine Anwendung findet, ist nach Auffassung der FinVerw eine Bescheinigung für die Durchführung des Veranlagungsverfahrens nicht erforderlich.[1] Weigert sich die auszahlende Stelle die Korrektur durchzuführen, wie auch die Bescheinigung zu erteilen, so muss der Stpfl. zivilrechtlich gegen die auszahlende Stelle vorgehen.

255

Nicht ganz geklärt ist, auf welchen VZ sich die vom Veranlagungsfinanzamt durchgeführte Korrektur nach § 32a Abs. 4 EStG oder § 32d Abs. 6 EStG bezieht. Wird dem hier vertretenen verfahrensrechtlichen Verständnis gefolgt, so hat die Korrektur in dem VZ zu erfolgen, auf das sich die Veränderungen der der Bemessungsgrundlage oder der zu erhebenden Kapitalertragsteuer beziehen. Legt man § 20 Abs. 3a Satz 1 EStG ein materiell-rechtliches Verständnis zugrunde, so kann die Korrektur nicht rückwirkend, sondern erst im VZ der Kenntnisnahme erfolgen.

256

Die Möglichkeit, das Veranlagungsverfahren nach § 32d Abs. 4 EStG oder § 32d Abs. 6 EStG durchzuführen, besteht dem Wortlaut zufolge nur dann, wenn die auszahlende Stelle die Korrektur nicht vorgenommen hat und auch nicht vornehmen wird und hierüber eine entsprechende Bescheinigung ausstellt. Führt hingegen die auszahlende Stelle tatsächlich eine Korrektur durch und stellt sie aus diesem Grund keine Bescheinigung aus, so ist dem Stpfl. der Weg, über § 20 Abs. 3a Satz 2 EStG das Veranlagungsverfahren durchzuführen, versperrt. Vor diesem Hintergrund wird argumentiert, dass die Vorschrift teleologisch dahingehend auszulegen sei, dass der Stpfl. erst dann die Korrektur nach § 32d Abs. 4 EStG und § 32d Abs. 6 EStG geltend machen kann, sofern entweder die Korrektur tatsächlich erfolgt ist oder die Bescheinigung vorliegt.[2]

257

(Einstweilen frei) 258–269

VI. Gewinnbegriff (§ 20 Abs. 4 EStG)

HINWEIS:

BMF v. 20.10.2003, BStBl 2003 I 546, Tz. 38 ff.; BMF v. 13.6.2008, DStR 2008, 1236 Nr. 2.; BMF v. 18.1.2016, BStBl 2016 I 85, Tz. 85 ff.; OFD Rheinland v. 8.1.2007, NWB DokID: YAAAC-35086; OFD Frankfurt/M. v. 27.7.2007, StB 2007, 448.

---

1 BMF v. 18.1.2016, BStBl 2016 I 85, Tz. 241b.
2 So HHR/*Buge*, § 20 EStG Rz. 556.

1. Allgemeines

270 § 20 Abs. 4 EStG ist systematisch als eine Ergänzung zum § 20 Abs. 2 EStG zu sehen. Während Abs. 2 nämlich die dort aufgezählten Veräußerungsgewinne zu den Einkünften aus Kapitalvermögen rechnet, bestimmt Abs. 4 die Ermittlung der Steuerbemessungsgrundlage für die Veräußerungsfälle des Abs. 2, indem er den Begriff des Gewinns definiert und damit im Zusammenhang stehende Einzelfragen behandelt:

- Satz 1 besagt, dass der Gewinn aus Veräußerungsgeschäften und den ihnen gleichgestellten Tatbeständen des Abs. 2 aus dem Unterschiedsbetrag zwischen den Einnahmen aus der Veräußerung einerseits und den Anschaffungskosten und den im unmittelbaren sachlichen Zusammenhang mit dem Veräußerungsgeschäft stehenden Aufwendungen andererseits zu ermitteln ist (1. Halbsatz) und im Falle von Fremdwährungsgeschäften sowohl die Anschaffungskosten als auch der Veräußerungserlös im Zeitpunkt der Anschaffung bzw. Veräußerung in Euro umzurechnen sind (2. Halbsatz);

- Satz 2 sieht vor, dass im Falle von verdeckten Einlagen der gemeine Wert der Wirtschaftsgüter anstelle der Veräußerungskosten tritt (1. Halbsatz) und dass der Gewinn aus einer verdeckten Einlage im Jahr der Einlage anzusetzen ist (2. Halbsatz);

- Satz 3 regelt spiegelbildlich zur Einlage für den Fall der Entnahme, dass bei Überführung eines Wirtschaftsgutes in das Privatvermögen durch Entnahme oder Betriebsaufgabe der hierfür bestimmte Wert nach § 6 Abs. 1 Nr. 4 EStG (grundsätzlich Teilwert) oder § 16 Abs. 3 EStG (Buchwert oder gemeiner Wert) anzusetzen ist;

- Satz 4 fingiert beim Verkauf von Versicherungsverträgen, dass die entrichteten Beiträge (1. Halbsatz) und im Falle eines vorangegangenen Erwerbs auch die nach diesem Erwerb entrichteten Beiträge (2. Halbsatz) Anschaffungskosten sind;

- Satz 5 bestimmt, dass bei Termingeschäften der Gewinn aus dem Saldo des Differenzausgleichs (Vorteils) und den mit dem Termingeschäft in unmittelbaren Zusammenhang stehenden Aufwendungen zu errechnen ist;

- Satz 6 ordnet an, dass bei einem unentgeltlichen Erwerb der Kapitalanlage im Wege der Einzelrechtsnachfolge dem Stpfl. die Anschaffungskosten i. S. d. Sätze 1, 3 bis 5 und sonstige Aufwendungen des Rechtsvorgängers zuzurechnen sind;

- Satz 7 schreibt in Fällen der Girosammelverwahrung von Wertpapieren im Veräußerungsfall die FiFo-Methode vor.

2. Unterschiedsbetrag (§ 20 Abs. 4 Satz 1 1. Halbsatz EStG)

271 Der Gewinn i. S. d. Abs. 2 wird in Anlehnung an § 17 Abs. 2 EStG und § 23 Abs. 3 EStG als der Unterschiedsbetrag (Differenz) zwischen den Einnahmen aus der Veräußerung abzüglich der Anschaffungskosten der Kapitalanlage und der im unmittelbaren sachlichen Zusammenhang mit dem Veräußerungsgeschäft stehenden Aufwendungen definiert. Der verwandte Begriff „Gewinn" ist dabei rechtssystematisch unzutreffend, da es sich bei den Einkünften aus Kapitalvermögen um eine Überschusseinkunftsart handelt (vgl. § 2 Abs. 2 Satz 1 Nr. 2 EStG). Die Einnahmenüberschussrechnung ist allerdings in Bezug auf die Einkünfte aus Kapitalvermögen infolge der Beschränkung des Werbungskostenabzugs auf den Sparer-Pauschbetrag (§ 20 Abs. 9 EStG) im Ergebnis eine Bruttobesteuerung der Einnahmen aus Kapitalvermögen, wobei auch hier das System durchbrochen wird, wenn die im unmittelbaren sachlichen Zusammenhang mit dem Veräußerungsgeschäft stehenden Aufwendungen, bei denen es sich der Sache nach ja um Werbungskosten handelt, zum Abzug zugelassen werden. Der Überschuss ist für

jeden einzelnen Veräußerungsvorgang (bezogen auf die einzelne Kapitalanlage) gesondert zu ermitteln. Dieser kann positiv (Gewinn im engeren Sinn) oder negativ (Verlust) sein.

Unter **Einnahmen** aus der Veräußerung oder der ihr gleichgestellten Vorgänge i. S. v. § 20 Abs. 2 Satz 2 EStG (Einlösung, Rückzahlung, Abtretung, verdeckte Einlage; zur verdeckten Einlage siehe auch spezielle Regelung in § 20 Abs. 4 Satz 2 EStG) sind alle in Geld oder Geldeswert bestehenden Vermögenszuflüsse (z. B. Zahlungen, Übertragung von Rechten, Sachen und Forderungen) zu erfassen, die der Stpfl. für die Übertragung der Kapitalanlage vom Erwerber als Gegenleistung erhält. Nicht maßgeblich dabei ist, ob die Gegenleistung unmittelbar vom Erwerber oder auf seine Veranlassung hin von einem Dritten geleistet wird. Die Veräußerungseinnahmen sind im Zeitpunkt des Zuflusses des Veräußerungserlöses zu erfassen (vgl. § 11 Abs. 1 Satz 1 EStG). Maßgeblicher Zeitpunkt hierfür ist der Zeitpunkt, in dem das der Veräußerung zugrunde liegende obligatorische Rechtsgeschäft (z. B. Verkaufsvertrag) abgeschlossen wird. Bei börsengehandelten Papieren ist das der Zeitpunkt, zu dem der vom Stpfl. oder das durch ihn vertretene Kreditinstitut, beauftragte Börsenhändler den Verkaufsauftrag ausführt. Bei nicht an oder außerhalb der Börse gehandelten Wertpapieren kommt es für den maßgeblichen Zeitpunkt auf den Abschluss des Kaufvertrags an.

272

Anschaffungskosten sind alle Aufwendungen von in Geld oder Geldeswert bestehenden Vermögensabflüssen, die durch die Anschaffung der Kapitalanlage veranlasst sind. Der Begriff ist einheitlich nach § 255 HGB auszulegen, so dass zu den Anschaffungskosten neben den Kosten der Anschaffung der Kapitalanlage als solches auch die **Anschaffungsnebenkosten** und nachträgliche Anschaffungskosten gehören. Maßgeblicher Zeitpunkt ist auch hier der Zeitpunkt, in dem das dem Erwerb zugrunde liegende obligatorische Rechtsgeschäft (z. B. Kaufvertrag) abgeschlossen wird. Im Falle der Zeichnung neu emittierter Wertpapiere (Neuemissionen), kommt es für den Anschaffungszeitpunkt auf den Zeitpunkt der Entscheidung über die Zuteilung der gezeichneten Wertpapiere an. Dies ist der Zeitpunkt, zu dem das Angebot des Kaufinteressenten durch den Emittenten des Wertpapiers oder seinen Vertreter angenommen wird.[1]

273

Unter **Aufwendungen in unmittelbarem sachlichem Zusammenhang mit der Veräußerung** sind alle in Geld oder Geldeswert bestehenden Vermögensabflüsse zu verstehen, die durch die Übertragung des wirtschaftlichen Eigentums an einer Kapitalanlage vom Veräußerer auf den Erwerber unmittelbar veranlasst sind und mit ihr in einer sachlichen Beziehung stehen. Von einer „Unmittelbarkeit" ist auszugehen, wenn die Aufwendungen direkt und nicht lediglich über Zwischenschritte und Mittelspersonen entstanden sind. „Sachlich" stehen die Aufwendungen im Zusammenhang mit der Veräußerung, wenn sie nicht nur eine äußere, sondern auch innere Verbindung zur Veräußerung aufweisen. Daher fallen nicht nur die durch die Veräußerung des Wirtschaftsguts selbst veranlasste Aufwendungen (z. B. Transaktionskosten) hierunter, sondern auch Kosten der Fremdfinanzierung, wenn sie durch die Veräußerung ausgelöst worden sind (z. B. Vorfälligkeitsentschädigung bei der Veräußerung der Kapitalanlage, wenn diese fremdfinanziert wurde). Hingegen qualifizieren sich Aufwendungen, die mit der Anschaffung (Anschaffungskosten) oder dem Halten einer Kapitalanlage (z. B. Schuldzinsen, Depots- oder Vermögensverwaltungsgebühren) zusammenhängen, nicht als in unmittelbarem sachlichem Zusammenhang mit der Veräußerung stehenden Aufwendungen.

274

---

[1] Bei fehlender Zuteilung sind die beim kaufinteressierten Stpfl. entstandenen Aufwendungen aufgrund des Abzugsverbots aus Art. 9 Abs. 1 steuerlich unbeachtlich.

275 Der Gewinn wird als **Unterschiedsbetrag (Differenz, Saldo)** aus Veräußerungseinnahmen (nach Abzug der Aufwendungen der Veräußerung) und Anschaffungskosten (einschließlich Anschaffungsnebenkosten) ermittelt. Die Anschaffungskosten sind danach in voller Höhe erst im VZ des Zuflusses des Veräußerungserlöses zu berücksichtigen und zwar unabhängig davon, wann sie beim Stpfl. abgeflossen sind. Daher sind Anschaffungskosten, die vom Stpfl. erst nach der Veräußerung an den Vorveräußerer gezahlt werden, im Zeitpunkt der Veräußerung abziehbar.

276 **ABC** der Veräußerungseinnahmen, Anschaffungskosten, Anschaffungsnebenkosten und Veräußerungsaufwendungen:

- **Aktiensplit**: Aktiensplit ist die Aufteilung einer Aktie in zwei oder mehr Aktien. Der Gesellschaftsanteil, den der einzelne Aktionär an dem Unternehmen hält, sowie das Grundkapital der Gesellschaft sind vor und nach dem Aktiensplit gleich. Es liegt keine gesonderte Anschaffung (und auch kein selbständiger Anschaffungszeitpunkt) für die zugeteilten Aktien vor, da diese nur durch Teilung des bisherigen Aktienbestands entstanden sind. Die Anschaffungskosten ermitteln sich aus den ursprünglichen Anschaffungskosten geteilt durch die Gesamtzahl der Aktien (nach Aktiensplit). Als Anschaffungstag gilt weiterhin der Tag der Anschaffung des ursprünglichen, ungeteilten Aktienbestands;

- **All-in-fee**: Entgelt, welches von Kreditinstituten und Vermögensverwaltern dem Kunden (Kapitalanleger) im Rahmen eines Vermögensverwaltungs- oder Beratungsvertrags statt einer einzelleistungsbezogenen Abrechnung pauschal für ein vordefiniertes Bündel an ihn erbrachten Leistungen in Rechnung gestellt wird. Sie umfasst regelmäßig neben Depot- und Vermögensverwaltungsgebühren auch das Transaktionskostenentgelt für mit dem Erwerb und der Veräußerung von Wertpapieren im Zusammenhang stehende Vorgänge (Depot- und Vermögensverwaltungsgebühr; Transaktionskostenentgelt);

- **Arbeitnehmeroptionen** (*stock options*): Bei der Arbeitnehmeroption handelt es sich um eine vom Arbeitgeber seinem Arbeitnehmer eingeräumte Option, bestimmte Wertpapiere des Arbeitgebers oder eines Dritten zu einem bestimmten Preis (ggf. unter Einhaltung einer gewissen Sperrzeit) zu erwerben. Die Anschaffungskosten setzen sich aus der Zuzahlung des Arbeitnehmers zum Kaufpreis und dem Wert des geldwerten Vorteils, der für die Besteuerung der Einkünfte aus unselbständiger Arbeit maßgeblich war, zusammen. Außer Betracht bleiben hierbei der Freibetrag nach § 8 Abs. 3 Satz 2 EStG oder sonstige Steuervergünstigungen, die daher nicht die Anschaffungskosten herabsetzen. Anschaffungszeitpunkt ist der Ausübungstag der Option durch den Arbeitnehmer;

- **Austritt aus einer Personengesellschaft**: Verlässt ein Gesellschafter eine (vermögensverwaltende) Personengesellschaft, zu deren Gesellschaftsvermögen auch Wertpapiere i. S. d. § 20 Abs. 2 EStG gehören, und lässt er sich den gegenwärtigen Wert dieser ihm anteilig zustehenden Wertpapiere auszahlen, liegt insoweit eine Veräußerung der anteiligen Wertpapiere an die verbleibenden Gesellschafter vor (vgl. § 20 Abs. 2 Satz 3 EStG). Gehören hierzu Wertpapiere i. S. d. § 23 EStG a. F., die vor dem 1. 1. 2009 erworben wurden und war der Gesellschafter zu diesem Zeitpunkt bereits an der Gesellschaft beteiligt, findet § 20 Abs. 2 Satz 3 EStG keine Anwendung: Der Veräußerungsgewinn ist nicht steuerbar. Der Gewinn des austretenden Gesellschafters berechnet sich als Saldo des ihm zufließende Auszahlungsbetrags aus der Einlage und der ihm zugewiesenen Anschaffungskosten der Wirtschaftsgüter. Als Anschaffungskosten der an die verbleibenden Gesellschafter übertragenen anteiligen Wirtschaftsgüter gilt der Anteil des Auszahlungsbetrags, der nach dem Verhältnis *des* Verkehrswerts auf das entsprechende Wirtschaftsgut entfällt.

BEISPIEL[1]: ► C ist im Jahr 2010 durch Zahlung von jeweils 2 500 € an A und B in die ABC-OHG eingetreten, an der bislang A und B mit einer Einlage von jeweils 5 000 € beteiligt waren. 1 200 Aktien der Y-AG hatten A und B zu einem Stückpreis von 5 € im Jahr 2007 (Gesamtkaufpreis 6 000 €), 800 Aktien der Z-AG zu einem Stückpreis von 5 € im Jahr 2009 (Gesamtkaufpreis 4 000 €) erworben. Im Zeitpunkt des Eintritts des C betrug der Kurswert der Aktien der Y-AG 8 € und derjenige der Z-AG 6,75 €. Im Jahre 2012 tritt A aus der GbR aus. Zu diesem Zeitpunkt haben die 1 200 Aktien der Y-AG und die 800 Aktien der Z-AG jeweils einen Wert von 10 €.

Der Wert des Gesellschaftsvermögens beträgt 20 000 € (Y-AG 12 000 € und Z-AG 8 000 €). Der Abfindungsanspruch des A beträgt 6 667 € (1/3 von 20 000 €).

► Veräußerungsgewinn Y-AG (A): Der auf die Anteile der Y-AG entfallende Veräußerungserlös i. H. v. 4 000 € führt nicht zu einem steuerbaren Veräußerungsgewinn, da die Anteile vor dem 1. 1. 2009 erworben wurden.

► Veräußerungsgewinn Z-AG (A):

erhaltener anteiliger Veräußerungserlös: $\frac{8\,000\,€}{20\,000\,€} \times 6\,667\,€ =$ 2 667 €

abzüglich Anschaffungskosten: 800 Aktien x 5 € x 1/3 =   1 333 €

Summe: 1 334 €

Nach dem Austritt des A hält B nunmehr neben seinem bisherigen Anteil von 1/3 der Aktien der Y-AG und Z-AG mit Anschaffungskosten von 5 € den von A erworbenen Anteil von 1/6 der Aktien der Y-AG und Z-AG mit Anschaffungskosten von 10 €. C hält neben seinem bisherigen Anteil von 1/3 der Aktien der Y-AG mit Anschaffungskosten von 8 € den von A erworbenen Anteil von 1/6 der Aktien der Y AG mit Anschaffungskosten von 10 €. Außerdem hält C neben seinem bisherigen Anteil von 1/3 der Aktien der Z-AG mit Anschaffungskosten von 6,75 € den von A erworbenen Anteil von 1/6 der Aktien der Z-AG mit Anschaffungskosten von 10 €.

► **Bezugsrechte**: Erhöht eine Aktiengesellschaft ihr Grundkapital gegen Einlage (§§ 182 ff. AktG) und gibt hierzu Bezugsrechte aus, liegt im Zeitpunkt der Zuteilung kein Anschaffungsvorgang vor. Bei wirtschaftlicher Betrachtung führt die Kapitalerhöhung gegen Einlage zu einer Abspaltung der in den Altaktien verkörperten Substanz (vgl. §§ 1 ff. KapErhStG, da die Höhe der Zuzahlung (Einlage) für den Bezug der jungen Aktien regelmäßig unter dem Marktwert der Altaktien im Zeitpunkt der Kapitalerhöhung festgesetzt wird (wodurch die Bezugsrechte einen sich von den Altaktien abspaltenden inneren Wert erhalten). Um die insbesondere mit der Ermittlung des Werts des Bezugsrechts nach der sog. Gesamtwertmethode verbundenen Schwierigkeiten zu umgehen, ordnet § 20 Abs. 4a Satz 4 EStG an, dass Bezugsrechte mit Anschaffungskosten von 0 € angesetzt werden. Dies führt dazu, dass der Wert der Anschaffungskosten der Anteile nicht vermindert wird;

► **Depot- und Vermögensverwaltungsgebühr**: Sie stellen keine Anschaffungsnebenkosten oder im unmittelbaren sachlichen Zusammenhang mit dem Veräußerungsgeschäft stehende Aufwendungen dar, sondern sind nicht abzugsfähige Werbungskosten (§ 2 Abs. 2 Satz 2 EStG i. V. m. § 29 Abs. 9 EStG).

► **Eintritt in eine Personengesellschaft**: Tritt ein Gesellschafter einer (vermögensverwaltenden) *Personengesellschaft* bei, erwirbt er durch seine Einlage oder den Erwerb des Gesellschafteranteils eine Beteiligung an der Personengesellschaft. Der Erwerb der Beteiligung durch den Neugesellschafter gilt zugleich als Anschaffung der von der Gesellschaft ge-

---

1 Nach BMF v. 18. 1. 2016, BStBl 2016 I 85, Tz. 81.

haltenen Wirtschaftsgüter anteilig nach der Beteiligungsquote. Für den Neugesellschafter gilt als Anschaffungskosten der erworbenen Wirtschaftsgüter der Anteil seiner Einlage oder des Kaufpreises, der nach dem Verhältnis der Verkehrswerte der erworbenen Wirtschaftsgüter zueinander auf das entsprechende Wirtschaftsgut entfällt. Durch den Neueintritt eines Gesellschafters veräußern zugleich die Altgesellschafter einen Anteil der Wirtschaftsgüter an den Neugesellschafter. Als Gewinn aus der Veräußerung der einzelnen Wirtschaftsgüter ist der dem Altgesellschafter zuzurechnende Anteil der Einlage oder des Verkaufspreises, der nach dem Verhältnis der Verkehrswerte der veräußerten Wirtschaftsgüter zueinander auf das entsprechende Wirtschaftsgut entfällt, abzüglich des Anteils der Anschaffungskosten der an den Neugesellschafter veräußerten Wirtschaftsgüter, anzusetzen.

BEISPIEL 1[1]: An der (vermögensverwaltenden) AB-OHG sind A und B mit einer Einlage von jeweils 5 000 € beteiligt, mit denen sie im Jahr 01 1 200 Aktien der Y-AG zu 5 € und 800 Aktien der Z-AG zu 5 € erworben hatten. Im Jahr 03 beteiligt sich C, in dem er an A und B jeweils 2 500 € zahlt. Er erhält 1/3 der Anteile. Die Aktien der Y-AG haben zu diesem Zeitpunkt einen Verkehrswert von 8 € (x 1 200 Stück = 9 600 €), die der Z-AG von 6,75 € (x 800 Stück = 5 400 €).

Anschaffungskosten des C: C erhält jeweils 1/3 der Anteile der Y-AG und der Z-AG. Die Anschaffungskosten bemessen sich dabei nach dem Verhältnis der Verkehrswerte der Anteile zueinander. Hinsichtlich des Anteils an den Aktien der Y-AG betragen die Anschaffungskosten 3 200 € sowie bezüglich des Anteils an den Aktien der Z-AG 1 800 €.

Veräußerungsgewinn A und B: A und B haben jeweils 1/3 ihres Anteils an den Aktien der Y-AG und der Z-AG veräußert. Der gesamte Veräußerungsgewinn setzt sich aus dem Veräußerungsgewinn aus den Aktien an der Y-AG und der Z-AG zusammen.

▶ Veräußerungsgewinn Y-AG (jeweils A und B):

erhaltener anteiliger Veräußerungserlös:	$\frac{9\,600\,€}{15\,000\,€}$ x 2 500 € =	1 600 €
abzüglich Anschaffungskosten:	1/2 x 1 200 Aktien x 5 € x 1/3 =	1 000 €
Summe:		600 €

▶ Veräußerungsgewinn Z-AG (jeweils A und B):

erhaltener anteiliger Veräußerungserlös:	$\frac{5\,400\,€}{15\,000\,€}$ x 2 500 € =	900 €
abzüglich Anschaffungskosten:	1/2 x 800 Aktien x 5 € x 1/3 =	666 €
Summe:		234 €
Veräußerungsgewinn insgesamt:		834 €

BEISPIEL 2: An der (vermögensverwaltenden) YZ-GbR sind Y und Z mit einer Einlage von jeweils 10 000 € beteiligt, mit denen sie im Jahr 01 2 400 Aktien der A-AG zu 5 € (12 000 €) und 1 600 Aktien der B-AG zu 5 € (8 000 €) erworben hatten. Der im Jahr 03 in die Gesellschaft eintretende X legt einen Betrag i. H.v. 10 000 € in das Gesellschaftsvermögen ein. Der Wert des Gesellschaftsvermögens beläuft sich im Zeitpunkt seines Eintritts auf 30 000 € (Aktienpaket A-AG 19 200 €; Aktienpaket B-AG 10 800 €). Die Beteiligungsverhältnisse sind X mit 10 000 € (= 25 %), Y und Z jeweils 15 000 € (= 37,5 %). Die Gesellschafter der YZ-GbR sind entsprechend dieser Beteiligungsquoten an den vorhandenen Wirtschaftsgütern (Aktien der A-AG und der B-AG sowie Bareinlage/Kontobestand) beteiligt.

Anschaffungskosten des C: Die Anschaffungskosten des C betragen hinsichtlich des Anteils an den Aktien der A-AG 4 800 €, des Anteils an der B-AG 2 700 € sowie bezüglich des Kontobestandes 2 500 €.

---

1 Nach BMF v. 18. 1. 2016, BStBl 2016 I 85, Tz. 75.

Veräußerungsgewinn A und B: A und B haben jeweils 1/3 ihres Anteils an den Aktien der Y AG und der Z-AG veräußert. Der gesamte Veräußerungsgewinn setzt sich aus dem Veräußerungsgewinn aus den Aktien an der Y-AG und der Z-AG zusammen

▶ Veräußerungsgewinn A-AG (jeweils Y und Z):

erhaltener anteiliger Veräußerungserlös:	$1/2 \times 25\% \times 19\,200\,€ =$	2 400 €
abzüglich Anschaffungskosten:	$1/2 \times 25\% \times 12\,000\,€ =$	1 500 €
Summe:		900 €

▶ Veräußerungsgewinn B-AG (jeweils Y und Z):

erhaltener anteiliger Veräußerungserlös:	$1/2 \times 25\% \times 10\,800\,€ =$	1 350 €
abzüglich Anschaffungskosten:	$1/2 \times 25\% \times 8\,000\,€ =$	1 000 €
Summe:		350 €
Veräußerungsgewinn insgesamt:		1 250 €

BEISPIEL 3: ▶ An der (vermögensverwaltenden) YZ-GbR sind Y und Z mit einer Einlage von jeweils 10 000 € beteiligt, mit denen sie im Jahr 01 2.400 Aktien der A-AG zu 5 € (12 000 €) und 1 600 Aktien der B-AG zu 5 € (8 000 €) erworben hatten. Der im Jahr 03 in die Gesellschaft eintretende X legt 1.200 Aktien der A-AG und 800 Aktien der B-AG in das Gesellschaftsvermögen ein. Der Wert des Gesellschaftsvermögens beläuft sich im Zeitpunkt seines Eintritts auf 30.000 € (Aktienpaket A-AG 19.200 €; Aktienpaket B-AG 10.800 €). Die Beteiligungsverhältnisse sind X mit 15.000 € (= 1/3), Y und Z jeweils 15.000 € (= 2/3). Die Gesellschafter der YZ-GbR sind entsprechend dieser Beteiligungsquoten an den vorhandenen Wirtschaftsgütern (Aktien der A-AG und der B-AG sowie Bareinlage/Kontobestand) beteiligt.

C würde nach oben geschilderten Beispielen seine Aktien der A-AG und der B-AG an den A und B jeweils im Wege des Tausches übertragen. Nach Auffassung des BFH kommt es allerdings nicht zu einer Veräußerung, wenn die Bruchteilseigentümer vor und nach der Übertragung des Wirtschaftsguts im gleichen Verhältnis an dem übertragenen Wirtschaftsgut beteiligt sind.[1] Der Sinn und Zweck der Veräußerungstatbestände liegt nämlich darin, beim Gesellschafter die eingetretene Wertsteigerung der Anteile im Fall der Veräußerung zu besteuern,[2] also den eingetretenen Zuwachs an finanzieller Leistungsfähigkeit des Steuerpflichtigen im Zeitpunkt der Realisation zu erfassen[3]. Hier ist in jedem Fall eine teleologische Reduktion geboten.[4] Bei der vorliegenden Einbringung der Aktien der A-AG und der B-AG in die YZ-GbR bleibt das Beteiligungsverhältnis gewahrt; Y und Z verzeichnen keinen Zuwachs an finanzieller Leistungsfähigkeit. Die Beteiligten sind vor und nach der Einbringung in gleicher Höhe an der A-AG und der B-AG beteiligt, ein Vermögenszuwachs erfolgt nicht. Daher sollte unter Berücksichtigung vom Sinn und Zweck der Besteuerung von Veräußerungstatbeständen in diesem Fall keine Veräußerung anzunehmen sein.

▶ **Fondsgesellschaft**: Erwirbt eine Fondsgesellschaft (z. B. Bauherrengesellschaft, Private-Equity-Fonds, Wagniskapitalgesellschaft) in der Rechtsform einer Personengesellschaft, die weder originär gewerblich noch i. S. d. § 15 Abs. 3 EStG gewerblich geprägt oder infiziert ist, Wirtschaftsgüter i. S. d. Abs. 2, können bestimmte Aufwendungen in der Investitionsphase als Anschaffungskosten aktiviert werden;[5]

▶ **Gratis- oder Berichtigungsaktien und Teilrechte**: Werden im Zuge der Erhöhung des Grundkapitals aus Gesellschaftsmitteln (§§ 207 ff. AktG) Gratis- oder Berichtigungsaktien und Teilrechte von der Aktiengesellschaft ausgegeben, so liegt im Zeitpunkt der Zutei-

---

1 Vgl. BFH v. 6.10.2004 - IX R 68/01, BStBl 2005 II 324, BB 2004, 2678 Ls.
2 Vgl. BFH v. 10.10.1978 - VIII R 126/75, BStBl 1979 II 77.
3 Vgl. BFH v. 9.5.2000 - VIII R 41/99, BStBl 2000 II 686.
4 *Wacker*, BB 2000, 1979; *Brunsbach/Mock*, BB 2013, 1051, 1053.
5 BMF v. 20.10.2003, BStBl 2003 I 546, Tz. 38 ff.; OFD Rheinland v. 8.1.2007, NWB DokID: YAAAC-35086; OFD Frankfurt/M. v. 27.7.2007, StB 2007, 448.

lung, Ausgabe oder Gewährung kein Anschaffungsvorgang der zugeteilten Gratis- oder Berichtigungsaktien bzw. Teilrechte vor. Durch die Kapitalerhöhung aus Gesellschaftsmitteln wird ein Teil der in den Altaktien verkörperten Substanz und somit der ursprünglichen Anschaffungskosten abgespalten. Die bisherigen Anschaffungskosten der Altaktien vermindern sich um den Teil, der durch die Abspaltung auf die Gratisaktien oder Teilrechte entfällt. Die Aufteilung der Anschaffungskosten erfolgt nach dem rechnerischen Bezugsverhältnis. Der Anschaffungszeitpunkt der Gratis- oder Berichtigungsaktien und der Teilrechte entspricht demjenigen der Altaktien.

BEISPIEL[1]: ▶ Der Stpfl. A hat am 10.1. 30 Aktien der B-AG zum Kurs von 150 € angeschafft. Die B-AG beschließt am 30.4. eine Kapitalerhöhung aus Gesellschaftsmitteln. Für je zwei Altaktien wird am 1.6. eine neue Aktie ausgegeben. Am 30.4. beträgt der Kurs 120 €. Durch die Abspaltung sinkt der Kurs der Altaktien am 2.5. auf 80 €. A erwirbt zu den ihm zugeteilten 30 Teilrechten am 3.5. 30 weitere Teilrechte zum Kurs von 40 € hinzu und erhält am 1.6. eine Zuteilung von 30 Aktien (für je zwei Teilrechte eine neue Aktie). A veräußert am 10.8. sämtliche Aktien der B-AG zum Kurs von 100 €.

Die durch die zugeteilten Teilrechte erlangten Aktien gelten am 10.1., die durch die erworbenen Teilrechte erlangten Aktien gelten mit der Anschaffung der Teilrechte am 3.5. als angeschafft. Die Anschaffungskosten der ursprünglich angeschafften 30 Aktien entfallen nach Ausübung der Teilrechte auf 45 Aktien. Der Veräußerungsgewinn beträgt:

Veräußerungserlös: 60 Aktien x 100 € =   6 000 €

Anschaffungskosten für 45 Aktien (nach Kapitalerhöhung): 30 Aktien x 150 € =   ./. 4 500 €

Anschaffungskosten für 15 Aktien: 30 Aktien x 40 € =   ./. 1 200 €

Veräußerungsgewinn   300 €

▶ **Kapitalerhöhung**: siehe Gratis- oder Berichtigungsaktien;

▶ **Kapitalherabsetzung**: Bei der gesellschaftsrechtlichen Kapitalherabsetzung (§ 222 AktG, § 278 AktG i.V. m. § 222 AktG; § 58 GmbHG) ist danach zu differenzieren, ob der Herabsetzungsbetrag an die Anteilseigner ausgekehrt wird oder nicht:

– Erfolgt keine Auskehrung des Herabsetzungsbetrages an die Anteilseigner, ergibt sich auch keine Auswirkung auf die Anschaffungskosten der Anteile;

– Wird der Kapitalherabsetzungsbetrag an den Anteilseigner ausgekehrt, mindert der Auskehrungsbetrag die Anschaffungskosten der Anteile, soweit er nicht auf einen Sonderausweis nach § 28 Abs. 1 Satz 3 KStG entfällt (im letztgenannten Fall tritt eine Minderung der Anschaffungskosten für die Anteile an der Kapitalgesellschaft nicht ein, da der Herabsetzungsbetrag insoweit als Einkünfte aus Kapitalvermögen nach § 20 Abs. 1 Nr. 2 EStG zu behandeln ist).

Zu beachten ist, dass Zahlungen aus einer Kapitalherabsetzung oder Zahlungen aus dem steuerlichen Einlagekonto je nach Einstandskurs auch zu negativen Anschaffungskosten führen können.

▶ **Kosten**: wie Notarkosten, Anwaltskosten, Gerichtskosten, Grundbuchgebühren, Beraterkosten, Inseratskosten, Reisekosten, Gutachterkosten und Maklerprovisionen qualifizieren als Anschaffungsnebenkosten, sofern sie mit der Anschaffung der Kapitalanlage im Zusammenhang stehen;

▶ **Optionsanleihen**: Optionsanleihen sind (Teil-)Schuldverschreibungen, die aus zwei, regelmäßig isoliert zu betrachtenden Wirtschaftsgütern bestehen (sog. Zwei-Wirtschafts-

---

1 Nach BMF v. 18.1.2016, BStBl 2016 I 85, Tz. 90.

güter-Theorie bzw. Doppelerwerb). Neben dem Stammrecht, das ein Zinskoupon mit einer festen, jedoch i. d. R. niedrigere Verzinsung für die Kapitalüberlassung umfasst, erhält der Gläubiger noch einen Optionsrecht, das den Inhaber dazu berechtigt, bei Vorliegen bestimmter Voraussetzungen Aktien oder Anleihen des Emittenten zu erwerben. Die Ausübung des Optionsrechts hat dabei keinen Einfluss auf den Bestand der Optionsanleihe (im Unterschied zur Wandelanleihe). Wurde der Optionsschein zusammen mit der Anleihe erworben, sind die Anschaffungskosten der Optionsanleihe zunächst in Anschaffungskosten der Anleihe und Anschaffungskosten des Optionsrechts aufzuteilen. Die Aufteilung der Anschaffungskosten der Optionsanleihe erfolgt nach folgender Maßgabe:

- Beim *Ersterwerb* richtet sich die Aufteilung nach den Angaben im Emissionsprospekt, soweit dort ein gesondertes Aufgeld für das Optionsrecht ausgewiesen und die Anleihe mit einer marktgerechten Verzinsung ausgestattet ist.

- In Fällen des *Zwischenerwerbs* oder der *fehlenden Angaben im Emissionsprospekt* kann der Stpfl. die Anschaffungskosten der Anleihe zurechnen.

Übt der Inhaber des Optionsscheins das Optionsrecht aus, schafft er im Zeitpunkt der Ausübung den Basiswert (z. B. Aktien, Schuldverschreibungen, Rohstoffe) an. Der Kaufpreis und die Anschaffungsnebenkosten des Optionsscheins gehören zu den Anschaffungskosten des Basiswerts;

▶ **Reverse-Split**: Ein Reverse-Split ist die Zusammenfassung mehrerer Aktien zu einem Wertpapier. Die Ausführungen zum Aktiensplit gelten daher entsprechend auch für einen Reverse-Split;

▶ **Strategieentgelt**: Ein dem Vermögensverwalter (*Wealth Manager*) gezahltes Entgelt für die Auswahl einer Anlagestrategie gehört zu den Anschaffungskosten der erworbenen Kapitalanlage;[1]

▶ **Transaktionskostenentgelt**: Unabhängig von ihrer Berechnungs- und Erhebungsform (d. h. einzelleistungsbezogen oder pauschal monatlich oder jährlich) stellen sie regelmäßig Anschaffungsneben- oder Veräußerungskosten, die im unmittelbaren sachlichen Zusammenhang mit dem Erwerb oder der Veräußerung von Kapitalanlagen nach Abs. 1 und 2 stehen, dar. Wird sie im Rahmen eines pauschalen Verwaltungsentgeltes (All-in-fee) erhoben, sind die (pauschalierten) Transaktionskosten steuerlich dann berücksichtigungsfähig, wenn im Vermögensverwaltungsvertrag festgehalten ist, wie hoch der Transaktionskostenanteil ist. Da das pauschale Entgelt keinem Geschäft konkret zugeordnet werden kann, ist die in der All-in-fee enthaltene Transaktionskostenpauschale im Zeitpunkt der Verausgabung als abziehbarer Aufwand anzuerkennen. Sofern die Pauschale einen Betrag von 50 % der gesamten Gebühr nicht überschreitet, ist sie im Rahmen des Kapitalertragsteuerabzugs in den Verlustverrechnungstopf einzustellen. Voraussetzung hierfür ist jedoch, dass die in der All-in-fee enthaltene Transaktionskostenpauschale auf einer sachgerechten und nachprüfbaren Berechnung beruht. Bei Anwendung dieser Pauschale dürfen Einzelveräußerungskosten nicht zusätzlich berücksichtigt werden, es *sei* denn, es handelt sich um weiterberechnete Spesen von dritter Seite.

BEISPIEL: ▶ Ein Vermögensverwaltungsvertrag sieht eine pauschale Vergütung i. H. v. 2 % (inkl. Umsatzsteuer) des verwalteten Depotbestands vor. Bewertungsstichtag ist der 31. 12. jeden Jahres. Die Pau-

---

[1] BFH v. 28.10.2009 - VIII R 22/07, BStBl 2010 II 469.

schale deckt auch die Transaktionskosten (Veräußerungskosten) des Kunden ab. Der Kunde erhält von seinem Vermögensverwalter (Depotbank) folgende Abrechnung nach Ablauf eines Jahres:

Verwaltetes Vermögen: 250 000 €

all-in-fee (insgesamt): 2 % v. 250 000 € = 5 000 €.

Nachrichtlich erfolgt die Information, dass sich die all-in-fee in die Positionen Vermögensverwaltung (2 600 €), Depotführung (500 €) und Wertpapierumsatz (1 900 €) gliedert.

Da der ausgewiesene Transaktionskostenanteil (Wertpapierumsatz) aufgrund des vorgegebenen festgelegten Kostenschlüssels die 50 %-Grenze bezogen auf die all-in-fee nicht übersteigt, kann der Gesamtbetrag von 1 900 € in den Verlustverrechnungstopf eingestellt werden.

▶ **Vermögensverwaltungsentgelt**: siehe „All-in-fee".

277–284 *(Einstweilen frei)*

3. Fremdwährungsbeträge (§ 20 Abs. 4 Satz 1 2. Halbsatz EStG)

285 Für die Ermittlung des Gewinns aus nicht in Euro, sondern in einer Fremdwährung denominierten Wertpapieren oder sonstigen Kapitalforderungen ordnet § 20 Abs. 4 Satz 1 2. Halbsatz EStG an, dass die Veräußerungserlöse im Zeitpunkt der Einnahme und die Anschaffungskosten im Zeitpunkt der Anschaffung jeweils in Euro umzurechnen sind (statt in der Fremdwährung saldiert und dann erst in Euro umgerechnet zu werden). Der anzusetzende Umrechnungskurs ist der Devisenbriefkurs.[1] Dies bedeutet, dass die sich aus den Währungsschwankungen ergebenden Gewinne (und Verluste) einkommensteuerlich unter den Einkünften aus Kapitalvermögen erfasst werden. Dies stellt insoweit einen Systembruch dar, als (reine) Gewinne und Verluste aus Fremdwährungsgeschäften grundsätzlich unter die Sonstigen Einkünfte (§ 22 Nr. 2 EStG i. V. m. § 23 Abs. 1 Satz 1 Nr. 2 EStG) fallen, die keiner Abgeltungsteuer unterliegen und zudem nur dann steuerbar sind, wenn sie innerhalb der Jahresfrist erzielt worden sind.

4. Verdeckte Einlage (§ 20 Abs. 4 Satz 2 EStG)

286 Nach § 20 Abs. 4 Satz 2 EStG tritt in den Fällen der verdeckten Einlage an die Stelle der Einnahmen aus der Veräußerung der Wirtschaftsgüter ihr gemeiner Wert. Wie § 20 Abs. 4 Satz 1 EStG die steuerliche Bemessungsgrundlage der in § 20 Abs. 2 Satz 1 EStG geregelten Veräußerungstatbestände ergänzt, bestimmt § 20 Abs. 4 Satz 2 EStG für die der Veräußerung gleichgestellte verdeckte Einlage (§ 20 Abs. 2 Satz 2 EStG) als steuerliche Bemessungsgrundlage den gemeinen Wert der eingelegten Wirtschaftsgüter. Diese Regelung selbst reiht sich in die einkommensteuerliche Regelungslogik (vgl. etwa § 17 Abs. 2 Satz 2 EStG) ein. Der gemeine Wert bestimmt sich grundsätzlich nach § 9 BewG, § 11 BewG. Zur Ermittlung des Gewinns sind vom gemeinen Wert der verdeckt eingelegten Wirtschaftsgüter die Anschaffungskosten und die in unmittelbarem sachlichem Zusammenhang mit der verdeckten Einlage stehenden Aufwendungen abzuziehen.

---

1 BMF v. 13. 6. 2008, NWB DokID: FAAAD-18545, nicht mehr anzuwenden für Steuertatbestände, die nach dem 31.12.2008 verwirklicht werden.

5. Anschaffungskosten bei Entnahme oder Betriebsaufgabe (§ 20 Abs. 4 Satz 3 EStG)

§ 20 Abs. 4 Satz 3 EStG ordnet an, dass bei der Veräußerung eines aus einem Betriebsvermögen entnommenen oder aufgrund einer Betriebsaufgabe in das Privatvermögen überführten Wirtschaftsguts für Zwecke der Ermittlung des Gewinns i. S. v. § 20 Abs. 2 EStG statt der (historischen) Anschaffungskosten die nach § 6 Abs. 1 Nr. 4 EStG oder § 16 Abs. 3 EStG ermittelten Werte anzusetzen sind. Der Ansatz der historischen Anschaffungskosten verbietet sich, da die Wertzuwächse im Zeitraum der Zugehörigkeit zu einem Betriebsvermögen grundsätzlich im Rahmen der Entnahmebesteuerung nach § 4 Abs. 1 EStG i. V. m. § 6 Abs. 1 Nr. 4 EStG oder der Besteuerung des Aufgabegewinns nach § 16 Abs. 3 EStG versteuert wurden und es ansonsten zu einer (zumindest) partiellen Doppelbesteuerung kommen würde. Durch den Ansatz der Werte bei Entnahme und Betriebsaufgabe wird sichergestellt, dass lediglich die Wertzuwächse und -minderungen im Rahmen der Einkünfte aus Kapitalvermögen besteuert werden.

6. Anschaffungskosten bei Übertragung von Ansprüchen auf eine Versicherungsleistung (§ 20 Abs. 4 Satz 4 EStG)

Im Falle der Veräußerung eines Anspruchs auf eine Leistung aus einer kapitalbildenden Lebensversicherung fingiert § 20 Abs. 4 Satz 4 1. Halbsatz EStG die Summe der auf den Vertrag entrichteten Beiträge gem. § 20 Abs. 1 Nr. 6 Satz 1 EStG als Anschaffungskosten. Wurde der Anspruch entgeltlich erworben, setzen sich die Anschaffungskosten aus der Summe der Erwerbsaufwendungen des Erwerbers (und Zweitveräußerers) und der nach dem Erwerb während seiner Besitzzeit von ihm entrichteten Folgebeiträge zusammen (§ 20 Abs. 4 Satz 4 2. Halbsatz EStG).

7. Gewinn bei Termingeschäften (§ 20 Abs. 4 Satz 5 EStG)

Nach § 20 Abs. 2 Satz 1 Nr. 3 Buchst. a EStG gehören zu den Einkünften aus Kapitalvermögen auch Gewinne bei Termingeschäften, durch die der Stpfl. einen Differenzausgleich oder einen durch den Wert einer veränderlichen Bezugsgröße bestimmten Geldbetrag oder Vorteil erlangt (z. B. bei Zahlung eines Differenzausgleichs bei Fälligkeit eines Future- oder Forward-Kontraktes oder bei Einnahmen aus der Glattstellung eines Termingeschäfts).[1] Allerdings lässt sich für die Berechnung des Gewinns bzw. Verlust bei einem Termingeschäft – anders als für die Veräußerungsgeschäfte gem. § 20 Abs. 2 Satz 1 Nr. 1, 2, 4 bis 8 EStG – grundsätzlich nicht auf einen Anschaffungs- und Veräußerungsvorgang abstellen, da es an solchen bei einem Termingeschäft gerade fehlt. Hier tritt an die Stelle von Anschaffung und Veräußerung die Zahlung des Differenzausgleichs. Aus diesem Grund bedurfte es zur Ermittlung der maßgebenden Besteuerungsgrundlage einer besonderen Regelung, die mit § 20 Abs. 4 Satz 5 EStG geschaffen wurde. Danach ist der Gewinn bei einem Termingeschäft entweder der Differenzausgleich oder der durch den Wert einer veränderlichen Bezugsgröße bestimmte Geldbetrag oder Vorteil abzüglich (in beiden Fällen) der im unmittelbaren sachlichen Zusammenhang mit dem Termingeschäft stehenden Aufwendungen. Einen solchen „Vorteil" erlangt derjenige, der mit dem Abschluss des Termingeschäfts (z. B. Erwerb einer Option) das Recht auf einen Differenzausgleich in bar erwirbt, egal ob er diesen durchführe oder im Falle einer für ihn ungünstigen Wertentwicklung verfallen lässt. Denn die Anschaffung des Termingeschäfts und der Ausgang des Ter-

---

[1] BMF v. 18. 1. 2016, BStBl 2016 I 85, Tz. 85.

mingeschäfts sind nach § 20 Abs. 2 Satz 1 Nr. 3 Buchst. a EStG als Einheit zu betrachten.[1] Zu den Aufwendungen zählen Transaktionskosten der Bank, ebenso wie Schuldzinsen, die für einen der Finanzierung des Termingeschäfts dienenden Kredit zu zahlen sind. Ferner gehören zu den abzugsfähigen Aufwendungen auch die Anschaffungskosten für ein Optionsrecht (Optionsprämie), wenn bei Ausübung der Option statt der Lieferung des Basiswerts ein Barausgleich stattfindet oder wenn die Option verfallen lassen wird.[2] Damit enthält § 20 Abs. 4 Satz 5 EStG in Bezug auf die bei einem Termingeschäft angefallenen Aufwendungen eine der Regelung des § 20 Abs. 9 EStG vorgehende Sondervorschrift.[3]

290 Zu beachten ist, dass § 20 Abs. 4 Satz 5 EStG nicht die Veräußerung eines (als Termingeschäft ausgestalteten) Finanzinstruments (§ 20 Abs. 2 Satz 1 Nr. 3 Buchst. b EStG) selbst erfasst. Ein sich hieraus ergebender Gewinn oder Verlust ist vielmehr nach der Gewinnermittlungsvorschrift des § 20 Abs. 4 Satz 1 EStG zu bestimmen.

8. Zurechnung der Anschaffungskosten bei Einzelrechtsnachfolge im Falle eines unentgeltlichen Erwerbs (§ 20 Abs. 4 Satz 6 EStG)

291 Werden Wirtschaftsgüter im Wege der Einzelrechtsnachfolge unentgeltlich erworben, so sind dem Erwerber bei der Ermittlung des Gewinns die Anschaffungskosten des Rechtsvorgängers (d. h. die Anschaffung, die Überführung in das Privatvermögen, die Beiträge i. S. v. § 20 Abs. 1 Nr. 6 EStG oder der Erwerb eines Rechts aus Termingeschäften) zuzurechnen. Eine solche Regelung ist erforderlich gewesen, da dem unentgeltlichen Erwerber selbst keine Aufwendungen für den Erwerb der Wirtschaftsgüter entstanden sind. Keine Anwendung findet § 20 Abs. 4 Satz 6 EStG für Fälle der Gesamtrechtsnachfolge (z. B. im Falle der Erbschaft).

9. Fifo-Verfahren (§ 20 Abs. 4 Satz 7 EStG)

292 § 20 Abs. 7 EStG legt für die Ermittlung des Gewinns aus der Veräußerung und den der Veräußerung gleichgestellten Tatbeständen nach § 20 Abs. 2 Satz 2 EStG (Abtretung, verdeckte Einlage) die Fifo-Methode (first-in-first-out) als Verbrauchsfolge fest, wenn es sich bei den veräußerten Wirtschaftsgütern um vertretbare Wertpapiere handelt und die Wertpapiere sich in einer der zwei nachstehenden Formen der Verwahrung befinden:[4]

▶ **Girosammelverwahrung** (§§ 5 ff. DepotG): Hier werden alle Wertpapiere einer Art von der Wertpapiersammelbank für alle Inhaber gemeinsam verwahrt. Die Wertpapierinhaber erhalten Miteigentum nach Bruchteilen an den zum Sammelbestand des Verwahrers gehörenden Wertpapieren. Für die Bestimmung des Bruchteils ist dabei der Wertpapiernennbetrag maßgebend, bei Wertpapieren ohne Nennbetrag die Stückzahl.

▶ **Streifbandverwahrung** (§ 2 DepotG): Die Wertpapiere werden bei dieser Form der Verwahrung unter äußerlich erkennbarer Bezeichnung jedes hinterlegenden Wertpapierinhabers (durch eine individuell ausgezeichnete Papierschleife (Streifband)) gesondert

---

1 BFH v. 12.1.2016 - IX R 48/14, BStBl 2016 II 456; BFH v. 12.1.2016 - IX R 49/14, BStBl 2016 II 459; BFH v. 12.1.2016 - IX R 50/14, BStBl 2016 II 462: Der BFH hat vor dem Hintergrund der neuen Rechtslage ab dem 1.1.2009 der BFH seine Rechtsprechung, das Eröffnungs- und das Basisgeschäft der Termingeschäfts mit Blick auf die zivilrechtliche Rechtslage ertragsteuerlich auch als getrennte Rechtsgeschäfte zu verstehen, aufgegeben.
2 Bei Lieferung des zugrunde liegenden Basiswerts stellt die gezahlte Optionsprämie Anschaffungskosten des Basiswertes dar, vgl. BMF v. 18.1.2016, BStBl 2016 I 85, Tz. 85.
3 BFH v. 12.1.2016 - IX R 49/14, BStBl 2016 II 459; vgl. *Heuermann*, DB 2013, 718, 719 f.; *Meinert/Helios*, DStR 2013, 508, 511.
4 BMF v. 18.1.2016, BStBl 2016 I 85, Tz. 97, 99.

von den Beständen des Verwahrers und von denen Dritter aufbewahrt, wenn es sich um Wertpapiere handelt, die nicht zur Sammelverwahrung durch eine Wertpapiersammelbank zugelassen sind, oder wenn der Hinterleger die gesonderte Aufbewahrung verlangt.

Beiden Fällen der Verwahrung ist gemeinsam, dass die Wertpapiere regelmäßig nicht nach dem Datum der Anschaffung getrennt verwahrt werden. Werden daher für einen Stpfl. Wertpapiere in einem Depot bei einem Kreditinstitut verwahrt und hat der Stpfl. mehrere Wertpapiere derselben Art zu unterschiedlichen Zeitpunkten angeschafft, so lässt sich bei einer anschließenden partiellen Veräußerung des jeweiligen Wertpapierbestands nicht feststellen, wann und mit welchen Anschaffungskosten die veräußerten Wertpapiere erworben wurden. Vor diesem Hintergrund ordnet § 20 Abs. 7 EStG an, dass die zuerst angeschafften Wertpapiere als zuerst veräußert gelten. Diese Fifo-Methode hat dabei im Vergleich zu der andernfalls heranzuziehenden (gleitenden oder gewogenen) Durchschnittsmethode (vgl. § 240 Abs. 4 HGB) den Vorteil, dass sie weniger fehleranfällig ist und der Veräußerungsgewinn als steuerliche Bemessungsgrundlage für die abzuführende Kapitalertragsteuer vereinfacht durch die Kreditinstitute berechnet werden kann. 293

BEISPIEL: Privatanleger A kauft am 1.12.2008 100 Stammaktien der Z-AG zu einem Kurswert von 5 € sowie 50 Vorzugsaktien der Z-AG zum Kurswert von 6 €. Am 15.5.2009 erwirbt er 75 Stammaktien zu 8 € und 50 Vorzugsaktien zu 10 €, am 17.8.2011 75 Vorzugsaktien zu einem Kurswert von 20 € sowie am 5.10.2012 80 Stammaktien zu einem Kurswert von 4 € und 100 Vorzugsaktien zu einem Kurswert von 5 €. Am 11.9.2014 verkauft A 200 Stammaktien zu einem Kurswert von 10 € sowie 200 Vorzugsaktien zu einem Kurswert von 11 €.

Zunächst ist zu berücksichtigen, dass Stammaktien und Vorzugsaktien, obwohl sie von denselben Unternehmen emittiert wurden, zwei unterschiedliche Wertpapierarten sind und daher getrennt zu beurteilen sind. Aufgrund der fingierten Veräußerungsreihenfolge, dass die zuerst angeschafften Wertpapiere als zuerst veräußert gelten, werden zunächst Alt-Aktien verkauft. Der hieraus resultierende Veräußerungsgewinn i. H.v. 500 € für die Stammaktien bzw. 250 € für die Vorzugsaktien ist nach § 23 Abs. 1 Nr. 2 EStG a. F. nicht steuerbar, da die einjährige Spekulationsfrist verstrichen ist. Hinsichtlich der nach dem 31.12.2008 erworbenen Aktien ermittelt sich der Veräußerungsgewinn wie folgt:

	Stammaktien		Vorzugsaktien	
Veräußerungserlös:	100 x 10 € =	1 000 €	150 x 11 € =	1 650 €
./. Anschaffungskosten	75 x 8 € =	./. 600 €	75 x 20 € =	./. 1 500 €
./. Anschaffungskosten	25 x 4 € =	./. 100 €	75 x 5 € =	./. 375 €
= Veräußerungsgewinn		300 €		./. 225 €
= Veräußerungsgewinn gesamt:		75 €		

Die Fifo-Methode ist auf das einzelne Depot bezogen anzuwenden. Konkrete Einzelweisungen des Kunden, welches Wertpapier veräußert werden soll, sind insoweit einkommensteuerrechtlich unbeachtlich. Als Depot im Sinne dieser Regelung ist auch ein Unterdepot anzusehen. Bei einem Unterdepot handelt es sich um eine eigenständige Untergliederung eines Depots mit einer laufenden Unterdepot-Nummer. Der Wertpapierinhaber kann hierbei die Zuordnung der einzelnen Wertpapiere zum jeweiligen Depot bestimmen. Durch die hiermit dem Stpfl. eingeräumte Möglichkeit, Wertpapiere unterschiedlichen Depots (Haupt- und Zweitdepot) zuordnen zu können, wurde sichergestellt, dass die vor dem 1.1.2009 erworbenen Wertpapiere (Bestandsschutz mit der Möglichkeit eines nicht steuerbaren Veräußerungsgewinns, sofern die Voraussetzungen des § 22 Nr. 2 EStG i.V. m. § 23 Abs. 1 Nr. 2 EStG erfüllt wurden) nicht mit artgleichen Wertpapieren, die nach dem 31.12.2008 angeschafft wurden, vermischt wurden. 294

Kempf

295–309 (Einstweilen frei)

VII. Kapitalmaßnahmen ohne Geldzahlung (§ 20 Abs. 4a EStG)

1. Allgemeines

310 Die mit § 20 Abs. 4a EStG eingeführten Regelungen sind Folge diverser Eingaben der Kreditwirtschaft und dienen – die Belange der zum Kapitalertragsteuerabzug Verpflichteten und der Privatanleger, aber auch der FinVerw Rechnung tragend –, die Abgeltungsteuer bei Kapitalmaßnahmen, die denen die Erträge nicht als Geldzahlung zufließen, praktikabler und weniger fehleranfällig auszugestalten, indem die Regelungen zur Gewinnermittlung bei Veräußerung von Kapitalanlagen in § 20 Abs. 4 EStG nachgebessert und vereinfacht wurden. Im Einzelnen war es das erklärte Ziel des Gesetzgebers,

- ▶ die grundsätzlich bei Tausch von Wirtschaftsgütern eintretende Gewinnrealisation zu vermeiden;
- ▶ die in Auslandsfällen faktisch schwierige Bestimmung und ansonsten streitanfällige Bewertung des Veräußerungspreises und des Veräußerungszeitpunktes entbehrlich zu machen;
- ▶ keinen Kapitalertragsteuerabzug vorzunehmen, um bei Sachleistungen insbesondere die in diesem Zusammenhang bestehenden Probleme der Erhebung der Kapitalertragsteuer (vgl. § 44 Abs. 1 Satz 7 bis 9 EStG) auszuschließen und
- ▶ die FinVerw von zusätzlichen Veranlagungsfällen zu entlasten.[1]

311 Vor diesem Hintergrund regelt § 20 Abs. 4a EStG in Ergänzung des § 20 Abs. 4 EStG die folgenden Konstellationen:

- ▶ Satz 1 regelt, dass bei gesellschaftsrechtlichen Kapitalmaßnahmen die erhaltenen Kapitalanteile an die Stelle der bisherigen Anteile treten und der Gewinn aus einer späteren Veräußerung derselben wie ein Gewinn aus der Veräußerung der getauschten Anteile nach § 20 Abs. 2 Satz 1 EStG zu besteuern ist;
- ▶ Satz 2 besagt, dass die vom Stpfl. zusätzlich zu den nach Satz 1 durchgeführten Kapitalmaßnahmen erhaltenen Gegenleistungen (Barkomponenten) als Kapitalertrag nach § 20 Abs. 1 Nr. 1 EStG qualifiziert werden;
- ▶ Satz 3 sieht bei Lieferoptionen (z. B. Aktien-, Umtausch- oder Wandelanleihen) vor, dass bei ihrer Ausübung kein Gewinn entsteht und als Anschaffungskosten der erhaltenen Wertpapiere die Anschaffungskosten der untergehenden Forderung treten;
- ▶ Satz 4 fingiert die Anschaffungskosten von Bezugsrechten auf Anteile mit 0 €;
- ▶ Satz 5 ordnet als Auffangtatbestand zu Satz 3 und Satz 4 an, dass bei einer Zuteilung von Anteilen i. S. d. § 20 Abs. 2 Satz 1 Nr. 1 EStG ohne Gegenleistung des Empfängers der Ertrag und die Anschaffungskosten dieser Anteile mit 0 € angesetzt werden, wenn die Ermittlung der Höhe des Kapitalertrags nicht möglich ist;
- ▶ Satz 6 legt als steuerlich relevanten Zeitpunkt für die in den Satz 1 bis 5 geregelten Kapitalmaßnahmen den Zeitpunkt der Einbuchung in das Depot des Stpfl. fest;
- ▶ Satz 7 regelt, dass im Falle eines Vermögensübergangs einer Körperschaft auf eine andere Körperschaft durch Abspaltung die Satz 1 und 2 entsprechend anzuwenden sind.

---

1 BT-Drucks. 16/10189, 66.

Allen erfassten Einzelfallregelungen ist als **Rechtsfolge** gemein, dass eine zeitgerechte Besteuerung der durch die Kapitalmaßnahmen dem Grunde nach entstandenen Kapitalerträge nach § 20 Abs. 2 und 4 EStG nicht stattfindet, sondern auf einen späteren Zeitpunkt – nämlich den der Veräußerung der erhaltenen Kapitalanteile – verschoben wird. Dies geschieht dadurch, dass der Gewinn mit 0 € angesetzt und die Anschaffungskosten der erhaltenen Anteile mit den Anschaffungskosten der hingegebenen Anteile angesetzt werden. Damit werden schwierige Bewertungsfragen (z. B. bei Bezugsrechten) umgangen, abzugspflichtige Kapitalerträge vermieden und das Abzugsverfahren bei den Kreditinstituten vereinfacht. 312

Im **Verhältnis zu anderen Vorschriften** stellt § 20 Abs. 4a EStG eine Spezialvorschrift dar. § 20 Abs. 4a EStG gilt daher nicht bei Kapitaleinkünften, die aufgrund der Subsidiarität anderen Einkunftsarten (z. B. § 15 EStG oder § 17 EStG) zuzurechnen sind (vgl. § 20 Abs. 8 Satz 2 EStG). Auch verdrängt Abs. 4a in seinem Anwendungsbereich das UmwStG (dort insbesondere die §§ 13 und § 21 UmwStG), soweit dort Anteile im Privatvermögen, die nicht von § 17 EStG erfasst sind, betroffen sind.[1] Abs. 4a findet im Rahmen des Kapitalertragsteuerabzugs Anwendung (§ 43a Abs. 2 Satz 2 EStG), erstreckt sich aber auch auf nicht girosammelverwahrte oder verwahrfähige Wirtschaftsgüter (z. B. GmbH-Gesellschaftsanteile).[2] 313

2. Anteilstausch bei bestimmten Kapitalmaßnahmen (§ 20 Abs. 4a Satz 1 EStG)

a) Tatbestandsvoraussetzungen

Es muss sich um einen Tausch von Anteilen an einer Körperschaft, Vermögensmasse oder Personenvereinigung gegen Anteile an einer anderen Körperschaft, Vermögensmasse oder Personenvereinigung aufgrund einer von den beteiligten Unternehmen ausgehenden gesellschaftsrechtlichen Maßnahme handeln und im Hinblick auf einen hieraus entstehenden Veräußerungsgewinn darf das Besteuerungsrecht der Bundesrepublik Deutschland nicht ausgeschlossen oder beschränkt sein. Im Einzelnen müssen daher folgende Voraussetzungen erfüllt sein: 314

aa) Anteile an einer Körperschaft, Vermögensmasse oder Personenvereinigung

Es müssen Anteile an einer Körperschaft, Vermögensmasse oder Personenvereinigung i. S. v. § 1 Abs. 1 KStG vorliegen. Nicht entscheidend ist hierbei, wo die Körperschaft, Vermögensmasse oder Personenvereinigung ihre Geschäftsleitung (§ 10 AO) oder ihren Sitz (§ 11 AO) hat. Umfasst sind daher sowohl inländische als auch ausländische Rechtsgebilde, im letzteren Fall allerdings nur dann, wenn sie auf Grundlage des zweistufigen Rechtstypenvergleichs[3] als eine Körperschaft, Vermögensmasse oder Personenvereinigung einzustufen sind. Keine Anwendung findet § 20 Abs. 4a Satz 1 EStG (im Falle der Verschmelzung) auf solche Investmentvermögen, die als OGAW und AIF i. S. d. InvStG zu qualifizieren sind, da hier die § 14 InvStG, § 17a InvStG vorrangig sind. Nicht von diesen investmentsteuerlichen Spezialregelungen umfasst ist hingegen die Kapital-Investitionsgesellschaft (§ 19 InvStG), die somit in den Anwendungsbereich des § 20 Abs. 4a Satz 1 EStG fällt.[4] 315

---

1 BMF v. 11.11.2011, BStBl 2011 I 1134, Tz. 13.01, 21.02.
2 Vgl. HHR/*Buge*, § 20 EStG Rz. 580.
3 Vgl. BMF v. 19.3.2004, BStBl 2004 I 411; *Jacobs*, Internationale Unternehmensbesteuerung, 429 ff.
4 BMF v. 18.1.2016, BStBl 2016 I 85, Tz. 100.

bb) Tauschvorgang aufgrund gesellschaftsrechtlicher Maßnahme

316 Es muss sich um Tauschvorgänge handeln, die auf gesellschaftsrechtlichen Maßnahmen beruhen und von den beteiligten Unternehmen ausgehen. Hiervon abzugrenzen sind daher solche Umtauschvorgänge, die von den Privatanlegern auf freiwilliger Basis (z. B. privatrechtlicher Tauschvertrag zwischen zwei Privatanlegern) erfolgen. Diese sind gem. den allgemeinen steuerlichen Vorschriften nach § 20 Abs. 2 und 4 EStG steuerbar. Neben dem tatsächlich durchgeführten Anteilstausch werden von § 20 Abs. 4a EStG auch solche Vorgänge erfasst, bei denen für steuerliche Zwecke ein Tausch fingiert wird. Obgleich keine vollständige Kongruenz zwischen den Maßnahmen nach dem UmwG und UmwStG und denjenigen nach § 20 Abs. 4a EStG besteht – § 20 Abs. 4a EStG erfasst auch solche Tauschvorgänge, die nicht im UmwG und UmwStG geregelt sind, wie auch das UmwG und UmwStG solche Maßnahmen umfasst, bei denen andere Rechtssubjekte als Körperschaften, Vermögensmassen oder Personenvereinigungen beteiligt sind –, sind als Hauptanwendungsfälle des § 20 Abs. 4a EStG in Maßnahmen, wie sie im UmwG/UmwStG beschrieben sind, zu sehen:

- Abspaltungen i. S. v. § 123 Abs. 2 UmwG (jedoch nur aufgrund des Verweises des § 20 Abs. 4a Satz 7 EStG auf § 20 Abs. 4a Satz 1 und 2 EStG);
- Aufspaltungen i. S. v. § 123 Abs. 1 UmwG;[1]
- Ausgliederungen i. S. v. § 123 Abs. 3 UmwG;
- Einbringungen von Anteilen an Körperschaften, Vermögensmassen oder Personenvereinigungen in andere Körperschaften, Vermögensmassen oder Personenvereinigungen (insbesondere der Anteilstausch gem. § 21 UmwStG);[2]
- Verschmelzungen i. S. v. § 2 UmwG, § 1 Abs. 1 Nr. 1 UmwStG sowie
- vergleichbare ausländische Vorgänge zu den vorgenannten Maßnahmen.

317 Zu beachten ist, dass tatbestandlich nicht gefordert wird, dass die Anwendbarkeit des UmwG und des UmwStG gegeben ist. Mithin erfasst § 20 Abs. 4a Satz 1 EStG daher auch solche Tauschvorgänge, die zwar dem Grunde nach in den sachlichen Regelungsbereich des UmwG/UmwStG fallen, jedoch mangels Vorliegens des persönlichen Anwendungsbereichs oder eines Ausschlusstatbestands ausgeschlossen sind (z. B. Einbringung von Anteilen an einer Kapitalgesellschaft in eine Vermögensmasse). Ferner sind Tauschvorgänge aufgrund eines freiwilligen Übernahmeangebotes ebenfalls von § 20 Abs. 4a EStG erfasst.[3]

318 Nicht unter den Tatbestand des Anteilstauschs sind in Ermangelung von Anteilen als Gegenleistung die Vermögensübertragungen nach § 174 UmwG, § 1 Abs. 1 Satz 1 Nr. 4 UmwStG sowie der Formwechsel i. S. v. § 123 UmwG.

cc) Kein Ausschluss und keine Beschränkung des deutschen Besteuerungsrechts

319 Es dürfen kein Ausschluss und keine Beschränkung des deutschen Besteuerungsrechts vorliegen. Der Ausschluss bzw. die Beschränkung bezieht sich dabei auf den Gewinn aus der zukünftigen Veräußerung der erhaltenen Anteile. Voraussetzung für einen Ausschluss bzw. eine Beschränkung ist allerdings, dass im Zeitpunkt der gesellschaftsrechtlichen Wirksamkeit des Tausches überhaupt ein Besteuerungsrecht Deutschlands bestanden hat. Ein Ausschluss des Be-

---

[1] BMF v. 11. 11. 2011, BStBl 2011 I 1314, Tz. 15.12.
[2] BMF v. 11. 11. 2011, BStBl 2011 I 1314, Tz. 21.02.
[3] BMF v. 18. 1. 2016, BStBl 2016 I 85, Tz. 100.

steuerungsrechts Deutschland liegt vor, wenn die Veräußerung der Anteile nicht mehr in Deutschland steuerpflichtig ist. Dies geschieht regelmäßig durch die Anwendung eines Doppelbesteuerungsabkommens mit Freistellungsmethode. Eine Einschränkung ist gegeben, wenn Deutschland zwar weiterhin das Besteuerungsrecht an dem Veräußerungsgewinn hat, es jedoch anfallende ausländische Steuer anzurechnen hat:[1]

- Im *Inbound-Fall* (Tausch von Anteilen an einer inländischen Körperschaft, Personenvereinigung oder Vermögensmasse gegen Anteile an einer anderen Körperschaft, Personenvereinigung oder Vermögensmasse durch eine nicht in Deutschland ansässige Person) ist ein Ausschluss bzw. eine Beschränkung des deutschen Besteuerungsrechts nur im Fall des § 49 Abs. 1 Nr. 5 Buchst. d Doppelbuchst. bb EStG (unter Einschaltung von Kreditinstituten abgewickeltes anonymes Tafelgeschäft) denkbar, wenn es aufgrund eines Doppelbesteuerungsabkommens ausgeschlossen ist. Existiert schon kein Doppelbesteuerungsabkommen und werden inländische Anteile in solche an einer ausländischen Körperschaft, Personenvereinigung oder Vermögensmasse getauscht, ist § 20 Abs. 4a EStG hingegen schon tatbestandlich nicht anwendbar.

- Im *Outbound-Fall* (Tausch von Anteilen an einer in- oder ausländischen Körperschaft, Personenvereinigung oder Vermögensmasse gegen Anteile an einer anderen Körperschaft, Personenvereinigung oder Vermögensmasse durch eine in Deutschland ansässige Person) ist eine Beschränkung bzw. ein Ausschluss des deutschen Besteuerungsrechts aufgrund des Welteinkommensprinzips grundsätzlich nicht gegeben; dies gilt grundsätzlich auch im Falle der Anwendbarkeit eines DBA (vgl. Art. 13 Abs. 5 OECD-MA), es sei denn, es handelt sich um sog. Anteile an Immobiliengesellschaften (vgl. Art. 13 Abs. 4 OECD-MA), bei denen die entstehende ausländische Steuer auf die deutsche Steuer angerechnet wird, oder das Besteuerungsrecht wird dem Ansässigkeitsstaat der Gesellschaft zugewiesen (Freistellungs- oder Anrechnungsmethode). Ist kein Doppelbesteuerungsabkommen anwendbar, so ist das deutsche Besteuerungsrecht nur dann beschränkt, wenn die von dem ausländischen Staat erhobene Steuer auf die Veräußerung der Anteile nach § 34c EStG anrechenbar ist.

Fällt das Besteuerungsrecht erst später und unabhängig vom Tauschvorgang weg oder wird es beschränkt (z. B. Abschluss eines neuen DBA oder Wegzug des Steuerpflichtigen), so ist das steuerlich unbeachtlich. Insbesondere kommt es nicht zu einer rückwirkenden Besteuerung des Anteilstausches.

Für Zwecke des Kapitalertragsteuerabzugs ist davon auszugehen, dass das Besteuerungsrecht Deutschlands hinsichtlich der erlangten Anteile nicht beschränkt oder ausgeschlossen ist.[2] Dies dient der Entlastung der Kreditinstitute, die mit einer einzelfallbezogenen Prüfung unter Berücksichtigung der persönlichen Steuerverhältnisse des Anteilsinhabers regelmäßig überfordert sind. Ist eine Beschränkung bzw. Ausschluss des deutschen Besteuerungsrechts tatsächlich gegeben, so hat der Anteilsinhaber den Tauschvorgang im Rahmen seiner Veranlagung zu erklären (§ 32d Abs. 3 EStG).

Der Ausschluss oder die Beschränkung des deutschen Besteuerungsrechts ist unschädlich, wenn die Fusionsrichtlinie (RL 90/434/EWG) anwendbar ist. Praktisch bedeutet dies, dass, wenn ein DBA den (zukünftigen) Veräußerungsgewinn an den getauschten Anteilen einem EU-

---

1 Vgl. HHR/*Buge*, § 20 EStG Rz. 582.
2 BMF v. 18. 1. 2016, BStBl 2016 I 85, Tz. 102.

Mitgliedstaat zuweist (z. B. Art. 13 Abs. 3 DBA-Tschechien), § 20 Abs. 4a EStG weiterhin anwendbar ist. Der Gesetzeswortlaut schränkt diese Ausnahme allerdings auf den Fall der Verschmelzung ein. Der ebenfalls in § 20 Abs. 4a Satz 1 EStG zitierte Art. 8 der Fusionsrichtlinie zählt aber noch andere Vorgänge (Spaltung und Anteilstausch) auf, so dass bei richtlinienkonformer Auslegung auch diese Vorgänge mit in die Ausnahmeregelung einzubeziehen sind.[1]

b) Rechtsfolge

323 § 20 Abs. 4a Satz 1 EStG ordnet als Rechtsfolge an, dass die übernommenen Anteile an der Körperschaft, Vermögensmasse oder Personenvereinigung rechtlich an die Stelle der bisherigen Anteile treten (sog. Fußstapfentheorie). Dies bedeutet im Einzelnen:

▶ **Anschaffungskosten:** Die Anschaffungskosten der hingegebenen Anteile werden in den neuen Anteilen fortgeführt.[2] Werden die Anteile auf einem Depot verwahrt, bedeutet dies technisch, dass die hingegebenen Anteile ausgebucht und die erhaltenen Anteile eingebucht werden. Ergibt sich bei einer Spaltung die Notwendigkeit, die Anschaffungskosten der alten Anteile auf mehrere neue Anteile aufzuteilen, ist grundsätzlich auf das Umtauschverhältnis gem. Spaltungs- oder Übernahmevertrag oder Spaltungsplan abzustellen. Wenn dieses Verhältnis, insbesondere bei ausländischen Maßnahmen, nicht bekannt ist, ist das rechnerische Umtauschverhältnis bzw. das Splittingverhältnis maßgebend.[3]

▶ **Kein Veräußerungsvorgang:** Der Anteilstausch stellt im Zeitpunkt seiner Durchführung keine Veräußerung nach § 20 Abs. 2 EStG dar, so dass er für den Anteilsinhaber steuerneutral ist. Die Besteuerung eines im Zeitpunkt der Durchführung des Anteilstauschs rechnerisch entstandenen Gewinns wird auf den Zeitpunkt der Verwirklichung eines Veräußerungstatbestands der übernommenen Anteile verschoben (sofern der Gewinn zu diesem Zeitpunkt noch vorhanden ist).

BEISPIEL: ▶ Privatanleger A hat 100 Aktien der börsennotierten Z-AG zu je 20 € im Frühjahr 2014 erworben. Mit Ablauf des 31. 12. 2014 wird die Z-AG in die X-AG und in die Y-AG (beide börsennotiert) aufgespalten; zu diesem Zeitpunkt notiert eine Z-AG Aktie zu einem Kurs von 30 €. Für 10 Aktien der Z-AG erhält A 8 Aktien der X-AG (Eröffnungskurs pro Aktie 25 €) und 5 Aktien der Y-AG (Eröffnungskurs pro Aktie 40 €). A veräußert die X-AG Aktien im Sommer 2015 zu einem Kurs von 20 €.

Die Anschaffungskosten der X-AG und Y-AG Aktien entsprechen jeweils 1 000 € (Börsenkurs am 1. 1. 2015 x Anzahl der Aktien geteilt durch Summe des Börsenwerts der Aktien am 1. 1. 2015 = Umtauschverhältnis; Umtauschverhältnis x historische Anschaffungskosten der Z-AG Aktien). Der Veräußerungsgewinn ermittelt sich (ohne Berücksichtigung der Veräußerungskosten) mit 1 600 € ./. 1 000 € = 600 €.

▶ **Kein Kapitalertragsteuerabzug:** Da der Anteilstausch nach § 20 Abs. 4a Satz 1 EStG keine Veräußerung darstellt, wird mangels Veräußerungsgewinns auch keine Kapitalertragsteuer erhoben.

▶ **Keine Berücksichtigung der Transaktionskosten:** Eventuell im Zusammenhang mit dem Anteilstausch anfallende Transaktionskosten (z. B. Depotumbuchungsgebühren) bleiben steuerrechtlich unberücksichtigt und führen auch nicht zu einem Veräußerungsverlust.[4]

---

1 Vgl. *Jochum* in Kirchhof/Söhn/Mellinghoff, § 20 EStG Rz. Fa 22.
2 BMF v. 18. 1. 2016, BStBl 2016 I 85, Tz. 100.
3 BMF v. 18. 1. 2016, BStBl 2016 I 85, Tz. 101.
4 *BMF* v. 18. 1. 2016, BStBl 2016 I 85, Tz. 100.

Dies gilt sowohl im Zeitpunkt des Tauschvorgangs als auch im Zeitpunkt der Weiterveräußerung. Im Zeitpunkt des Tauschvorgangs stellen solchen Transaktionskosten aufgrund der Fortführung der bisherigen Anschaffungskosten (und Anschaffungszeitpunkte) und des damit fehlenden Veräußerungsvorgangs weder im unmittelbaren sachlichen Zusammenhang mit dem Veräußerungsgeschäft stehende Veräußerungsnebenkosten i. S. d. § 20 Abs. 4 Satz 1 EStG dar, noch können sie als Werbungskosten aufgrund des Verbots des konkreten Werbungskostenabzugs nach § 20 Abs. 9 EStG steuerlich berücksichtigt werden. Im Zeitpunkt der Weiterveräußerung können sie infolge des im Rahmen des § 20 EStG zu beachtenden Abflussprinzips nach § 11 Abs. 2 EStG nicht abgezogen werden. Ein möglicher Ausweg, um die Transaktionskosten im Ergebnis dennoch steuerlich zu berücksichtigen, wäre sie als nachträgliche Anschaffungskosten zuzulassen.[1] Die FinVerw hat sich hierzu bislang nicht geäußert.

▶ **Keine Anwendung des UmwStG:** § 20 Abs. 4a EStG verdrängt in seinem Anwendungsbereich § 13 UmwStG (kein Ansatz des gemeinen Werts und keine Beachtung der Voraussetzungen an eine Buchwertverknüpfung), § 21 UmwStG (kein qualifizierter Anteilstausch) und § 15 UmwStG (kein Teilbetriebserfordernis).[2]

▶ **Nachgelagerte Besteuerung bei Weiterveräußerung (§ 20 Abs. 4 Satz 1 2. Halbsatz EStG):** Die Besteuerung des Tauschgewinns wird vom Zeitpunkt des Tauschvorgangs (Ausbuchung der abgegebenen Anteile aus dem Depot) auf den Zeitpunkt der späteren Veräußerung der erhaltenen Anteile verschoben, Der Weiterveräußerungsgewinn der erworbenen Anteile ist dabei wie derjenige der abgegebenen Anteile zu besteuern. Hierbei sind entgegenstehende Bestimmungen von DBA nicht anzuwenden. Damit sind Fälle gemeint, in denen das Besteuerungsrecht Deutschlands nach dem Zeitpunkt des Anteilstauschs aufgrund eines unveränderten Doppelbesteuerungsabkommens wegfällt. Nicht umfasst sind hingegen die Fälle, in denen das Besteuerungsrecht aus anderen Gründen wegfällt (z. B. Wegzug des Steuerpflichtigen, nachträglicher Abschluss oder Änderung eines DBA).

▶ **Veräußerungsgleichgestellte Vorgänge:** Durch Verweis auf § 15 Abs. 1a Satz 2 EStG werden die dort aufgeführten Vorgänge (verdeckte Einlage, Auflösung, Kapitalherabsetzung und -rückzahlung, Ausschüttungen aus dem steuerlichen Einlagekonto) einer Veräußerung der erhaltenen Anteile nach § 20 Abs. 2 Nr. 1 EStG gleichgestellt. Während es fraglich ist, ob der Verweis auf § 15 Abs. 1a Satz 2 EStG im Hinblick auf die verdeckte Einlage aufgrund von § 20 Abs. 2 Satz 2 EStG überhaupt erforderlich ist,[3] besteht ein originärer Anwendungsbereich für die Kapitalherabsetzung und -rückzahlung, die Ausschüttungen aus dem steuerlichen Einlagekonto und die Auflösung (im letzteren Fall nur, wenn man der Auffassung der FinVerw folgend die Auflösung nicht als von § 20 Abs. 2 Satz 2 EStG umfasst sieht[4]).

(Einstweilen frei) 324–334

---

[1] Vgl. *Bron*, DStR 2014, 353, 356; *Beinert*, GmbHR 2012, 291, 295, m.w.N.
[2] Vgl. *von Beckenrath* in Kirchhof, § 20 EStG Rz. 160.
[3] Vgl. HHR/*Buge*, § 20 EStG Rz. 583.
[4] BMF v. 18.1.2016, BStBl 2016 I 85, Tz. 63.

3. Besteuerung der Barkomponente (§ 20 Abs. 4a Satz 2 EStG)

335 Wird dem Privatanleger für die abgegebenen Anteile neben den erhaltenen Anteilen noch eine Barzahlung als weitere Gegenleistung entrichtet, so ist diese Barkomponente als Kapitalertrag i.S.v. § 20 Abs. 1 Nr. 1 EStG steuerpflichtig und unterliegt als solche auch der Kapitalertragsteuer (§ 43 Abs. 1 Satz 1 Nr. 1 EStG). Sofern es sich bei den Anteilen um Aktien handelt, kann der Ertrag (Barausgleich) damit nicht mit Verlusten aus Aktienveräußerungen verrechnet werden (vgl. § 20 Abs. 6 Satz 4 EStG), obgleich es sich dem Grunde nach um eine Entschädigung für die abgegebenen Aktien handelt.[1] Dies kann u.U. dazu führen, dass durch die gesetzliche vorgenommene Umqualifizierung des im Barausgleich verkörperten Veräußerungsgewinns in einen Kapitalertrag i.S.v. § 20 Abs. 1 Nr. 1 EStG im Ergebnis höhere Kapitalerträge versteuert werden als wenn vor der gesellschaftsrechtlichen Maßnahme die Anteile veräußert worden wären.

BEISPIEL: Privatanleger A kauft am 4.4.2015 100 Stammaktien der M-AG zu einem Kurswert von 20 € pro Stammaktie. Die M-AG wird zum 31.12.2015 auf die F-Corporation verschmolzen. Im Zeitpunkt der Verschmelzung haben die Stammaktien der M-AG einen Kurswert von 30 € pro Stammaktien. A erhält für seine 100 Stammaktien der M-AG 50 Aktien der F-Corporation sowie einen Barausgleich von 2 000 €. Die Aktien der F-Corporation haben im Zeitpunkt des Aktientausches einen Kurswert von 20 € pro Aktie.

Option 1: A unternimmt zunächst nichts, veräußert aber am 1.1.2016 seine Aktien an der F-Corporation, deren Kurswert sich nicht verändert hat (50 € pro Aktie).		Option 2: A verkauft seine Stammaktien an der M-AG unmittelbar vor der Verschmelzung zum Kurswert von 30 € pro Stammaktie.	
Die Kapitaleinkünfte des A ermitteln sich wie folgt:		**Die Kapitaleinkünfte des A ermitteln sich wie folgt:**	
1. Veräußerungseinkünfte (§ 20 Abs. 2 Satz 1 Nr. 1 EStG):		Veräußerungseinkünfte (§ 20 Abs. 2 Satz 1 Nr. 1 EStG):	
Veräußerungserlös: 50 x 20 €	= 1 000 €	1. Veräußerungserlös: 100 x 30 €	= 3 000 €
./. Anschaffungskosten: 100 x 20 €	=./. 2 000 €	./. Anschaffungskosten: 100 x 20 €	=./. 2 000 €
= Veräußerungsgewinn	=./. 1 000 €	= Veräußerungsgewinn	= 1 000 €
2. Kapitaleinkünfte gemäß § 20 Abs. 1 Nr. 1 EStG:		./. Kapitalertragsteuer (26,375 %)	=./. 263,75 €
Barausgleich (§ 20 Abs. 4a Satz 2 EStG):	= 2 000,00 €	Kapitaleinkünfte (netto)	= 736,25 €
./. Kapitalertragsteuer (26,375 %)	=./. 527,50 €	2. Gesamterlös (nach Steuern)	= 736,25 €
Kapitaleinkünfte (netto)	= 1 472,50 €		
3. Gesamterlös (nach Steuern)	= 2 472,50 €	Vorteil gegenüber Option 1	= 263,75 €

GESTALTUNGSHINWEIS:
Verkauf der Anteile i.S.d. § 20 Abs. 4a Satz 1 EStG vor dem Tausch, wenn keine anderweitigen verrechenbare Veräußerungsgewinne bestehen.

---

[1] Von Beckenrath in Kirchhof, § 20 EStG Rz. 160, m.w.N.

Zu beachten ist, dass für nicht unbeschränkt steuerpflichtige Kapitalanleger (Steuerausländer) der Barausgleich nicht zur beschränkten Steuerpflicht nach § 49 Abs. 1 Nr. 5 Buchst. a EStG führen soll. Diese gegen die Gesetzessystematik gehende (einschränkende) Anwendung des § 20 Abs. 4a Satz 2 EStG ist Ergebnis einer Einkommensteuer-Referatsleitersitzung am 3. 12. 2015 gewesen. Grund für die einschränkende Anwendung des § 49 Abs. 1 Nr. 5 Buchst. a EStG ist, dass ausländische Kapitalanleger im Vergleich zur Rechtslage vor Einführung des § 20 Abs. 4a Satz 2 EStG nicht schlechter gestellt werden sollen. Dies wäre aber der Fall, da bei ausländischen Kapitalanlegern mit einer Kapitalbeteiligung von weniger als 1 % der Barausgleich, statt Teil eines nicht steuerbaren Veräußerungsgewinns (§ 49 Abs. 1 Nr. 2 Buchst. e EStG) zu sein, aufgrund der Fiktion des § 20 Abs. 4a Satz 2 EStG fortan selbständig beschränkt steuerpflichtige Einkünfte nach § 49 Abs. 1 Nr. 5 Buchst. a EStG darstellen würde. Das BMF-Schreiben vom 18. 12. 2015, welches diese Rechtsanwendung bestätigt, ist wohl über die entschiedenen zwei Einzelfälle der Übernahmen der Westgrund AG und Gagfah S. A. hinaus anzuwenden.

4. Steuerneutralität bei Lieferoptionen (§ 20 Abs. 4a Satz 3 EStG)

Eine gesonderte Regelung für Wertpapiere mit Rückzahlungsoptionen ist zur Gewährleistung der Steuerneutralität des Tauschvorgangs und der damit einhergehenden Erleichterung des Kapitalertragsteuerabzugs durch die ausführenden Kreditinstitute erforderlich gewesen, weil die Einlösung und Rückzahlung von sonstigen Kapitalforderungen nach § 20 Abs. 2 Satz 1 Nr. 7 und Satz 2 EStG einer Veräußerung der Forderung gleichgestellt ist. Dies wird (wieder) mit Hilfe einer Fiktion erreicht, indem der Veräußerungspreis der Forderung gleich ihrer Anschaffungskosten ist (und damit ein Veräußerungsgewinn von 0 € entsteht).

a) Tatbestandsvoraussetzungen

Es muss sich um sonstige Kapitalforderungen i. S. d. § 20 Abs. 1 Nr. 7 EStG handeln, bei denen der Inhaber das Recht hat, bei Fälligkeit anstelle der Zahlung eines Geldbetrags vom Emittenten die Lieferung von Wertpapieren zu verlangen (sog. **Schuldverschreibungen mit Inhaberwahlrecht**), oder der Emittent das Recht besitzt, bei Fälligkeit dem Inhaber anstelle der Zahlung eines Geldbetrags Wertpapiere anzudienen (sog. **Schuldverschreibungen mit Emittentenwahlrecht**). Die Kapitalforderungen können verbrieft oder unverbrieft sein. Wesentlich ist, dass es sich bei der Lieferung um Wertpapiere handelt.

Zu den Kapitalforderungen i. S. d. § 20 Abs. 4a Satz 3 EStG gehören im Einzelnen:

- **Aktien- oder Hochzinsanleihe:** Bei einer Aktien- oder Hochzinsanleihe besitzt der Emittent das Recht, bei Fälligkeit dem Inhaber an Stelle der Rückzahlung des Nominalbetrags der Anleihe eine vorher festgelegte Anzahl von Aktien anzudienen. Mit der Ausübung der Option erlischt die Verpflichtung zur Rückzahlung des Nominalbetrags der Anleihe.

- **Umtauschanleihe:** Bei einer Umtauschanleihe besitzt der Inhaber das Recht, bei Fälligkeit an Stelle der Rückzahlung des Nominalbetrags der Anleihe vom Emittenten die Lieferung einer vorher festgelegten Anzahl von Aktien zu verlangen. Mit der Ausübung der Option erlischt der Anspruch auf Rückzahlung des Nominalbetrags der Anleihe.

- **Vollrisikozertifikat mit Andienungsrecht:** Bei einem Vollrisikozertifikat mit Andienungsrecht handelt es sich um eine Schuldverschreibung, bei der die Wertentwicklung von der Entwicklung eines Basiswertes (z. B. Index, Aktienkorb) abhängig ist, und daher sowohl die Erzielung von Erträgen als auch die Rückzahlung des eingesetzten Kapitals von einem ungewissen Ereignis unsicher ist.

▶ **Wandelanleihen:** Bei einer Wandelanleihe (Wandelschuldverschreibung i.S.d. § 221 AktG) besitzt der Inhaber das Recht, innerhalb einer bestimmten Frist die Anleihe in eine bestimmte Anzahl von Aktien des Emittenten umzutauschen. Mit dem Umtausch erlischt der Anspruch auf Rückzahlung des Nominalbetrags der Anleihe.

339 Hingegen zählen **nicht** zu den Kapitalforderungen i. S. d. § 20 Abs. 4a Satz 3 EStG folgende Kapitalanlagen:

▶ **Lieferschuldverschreibung:** Eine Lieferschuldverschreibung ist dadurch gekennzeichnet, dass das zu einer bestimmten Frist oder innerhalb eines bestimmten Zeitraums auszuübende Andienungsrecht (sei es des Inhabers oder Emittenten) sich auf eine Lieferung physischer Wirtschaftsgüter (z. B. Edelmetalle, Rohstoffe) bezieht. Da Bezugsobjekt bei Lieferschuldverschreibungen gerade nicht Wertpapiere sind, fallen sie aus dem Anwendungsbereich des § 20 Abs. 4a EStG heraus.

▶ **Optionsanleihe:** Bei einer Optionsanleihe besitzt der Inhaber neben dem Recht auf Rückzahlung des Nominalbetrags ein in einem Optionsschein verbrieftes Recht, innerhalb der Optionsfrist eine bestimmte Anzahl von Aktien des Emittenten oder einer anderen Gesellschaft, Anleihen, Fremdwährungen, Edelmetalle oder andere Basiswerte zu einem festgelegten Kaufpreis zu erwerben. Mit der Ausübung der Option erlischt der Anspruch auf Rückzahlung des Nominalbetrags der Anleihe nicht. Anleihe und Optionsschein können voneinander getrennt werden und sind sodann gesondert handelbar,[1] so dass die mit § 20 Abs. 4a EStG zu vermeidenden Bewertungsschwierigkeiten gerade nicht auftreten.

▶ **Schuldverschreibung mit Wahlrecht auf GmbH-Anteile:** Schuldverschreibungen, die zum Bezug auf GmbH-Anteile berechtigen, dürfen bei wörtlicher Auslegung nicht von § 20 Abs. 4a Satz 3 EStG umfasst sein, da sich GmbH-Anteile nicht als Wertpapiere qualifizieren. Jedoch wird zum Teil im Schrifttum die Vorschrift teleologisch auch auf GmbH-Anteile erweitert, weil auch in diesen Fällen Bewertungsschwierigkeiten bestehen, die durch § 20 Abs. 4a EStG vermieden werden sollen.[2]

b) Rechtsfolgen

340 Durch § 20 Abs. 4a Satz 3 EStG wird die Gewinnermittlungsvorschrift des § 20 Abs. 4 Satz 1 EStG dergestalt abgeändert, dass sowohl die Veräußerungskosten der Schuldverschreibung als auch die Anschaffungskosten der gelieferten Wertpapiere mit den historischen Anschaffungskosten der Schuldverschreibung angesetzt werden. Da der Veräußerungsgewinn als Differenz zwischen Veräußerungserlös und der Summe aus Anschaffungskosten und Veräußerungsnebenkosten ermittelt wird, entsteht im Rückzahlungszeitpunkt der Schuldverschreibung kein steuerbarer Veräußerungsgewinn, sondern – wenn überhaupt – ein Veräußerungsverlust, der steuerlich unbeachtlich ist. Der steuerliche Realisationszeitpunkt wird auf den Zeitpunkt der (Weiter-)Veräußerung der gelieferten Wertpapiere verschoben.

BEISPIEL: ▶ Privatanleger A erwirbt am 10. 2. 2013 aus einer Neuemission eine Aktienanleihe der Z-AG zu einem Preis von 5 000 €, welche die Emittenten zur Andienung von Aktien der Y-AG berechtigt. Aufgrund rückläufiger Kurse der Y-AG entscheidet sich die Z-AG, die Schuldverschreibung durch Rückzahlung in Aktien zu tilgen. A erhält am 9. 2. 2014 daher Aktien der Y-AG mit einem Kurswert von 3 000 €.

---

1 BMF v. 18. 1. 2016, BStBl 2016 I 85, Tz. 103 i.V. m. Tz. 6.
2 *Von Beckenrath* in Kirchhof, § 20 EStG Rz. 586.

A verkauft die Aktien am 1.4.2015 zu einem Preis von 5 100 €. Es ergibt sich ein Veräußerungsgewinn von (5 100 € ./. 5 000 € =) 100 €. Der eigentlich am 9.2.2014 entstehende Veräußerungsverlust wird Kraft der gesetzlichen Fiktion des § 20 Abs. 4a Satz 3 EStG auf den Veräußerungszeitpunkt der gelieferten Aktien (1.4.2015) verlagert.

Im Unterschied zu den Tauschvorgängen nach § 20 Abs. 4a Satz 1 EStG treten ausweislich des eindeutigen Wortlauts die gelieferten Wertpapiere **nicht** an die Stelle der zurückgezahlten Schuldverschreibungen. Bedeutung hat dies insbesondere für bestimmte Altfälle (z. B. vor dem 1.1.2009 angeschaffte und in 2009 eingelöste Schuldverschreibungen, da zwar die Schuldverschreibungen dem Bestandsschutz unterliegen, nicht hingegen die anstelle der Rückzahlung gelieferten Wertpapiere). 341

Nicht zu verwechseln ist dies allerdings damit, dass die eingetretenen Wertverluste im Zeitpunkt der Rückzahlung der Schuldverschreibung auf die gelieferten Wertpapiere überspringen. Dies bedeutet, dass allgemeine Verluste aus Kapitalvermögen nach § 20 Abs. 6 Satz 1 EStG zu Aktienverlusten nach § 20 Abs. 4 Satz 4 EStG werden, die nur mit Aktiengewinnen verrechnet werden können. Kann der Privatanleger absehen, dass er die gelieferten Aktien mit Verlust veräußern wird und kann er den entsprechenden Aktienverlust nicht mit Aktiengewinnen verrechnen, so kann es geboten sein, dass er vor dem Rückzahlungszeitpunkt der Schuldverschreibung diese verlustrealisierend veräußert, da der hieraus entstehende Verlust im allgemeinen mit positiven Kapitalerträgen verrechnet werden kann. 342

Nach § 20 Abs. 4a Satz 3 letzter Halbsatz EStG gilt § 20 Abs. 4a Satz 2 EStG entsprechend. Erhält der Privatanleger neben Wertpapieren eine weitere Gegenleistung, so führt dies zu Einnahmen aus Kapitalvermögen i. S. d. § 20 Abs. 1 Nr. 7 EStG. Bedeutung erlangt diese Vorschrift bei Schuldverschreibungen regelmäßig dann, wenn bei ihrer Rückzahlung durch Lieferung von Wertpapieren entstehende Bruchteile durch Barzahlung ausgeglichen werden. Je nachdem, ob die Emissionsbedingungen den **Barausgleich von Bruchteilen** vorsehen, ist wie folgt zu verfahren:[1] 343

▶ Sehen die Emissionsbedingungen von vornherein eine eindeutige Angabe zur Tilgung in bar oder in Stücken vor und wird am Ende der Laufzeit entsprechend durch das Kreditinstitut verfahren, werden die Anschaffungskosten der Anleihe entsprechend den erhaltenen Stücken zugewiesen. Der Barausgleich für die Abfindung der Bruchteile stellt Einnahmen aus Kapitalvermögen i. S. d. § 20 Abs. 4 Satz 1 EStG dar.

▶ Enthalten die Emissionsbedingungen hingegen keine (eindeutigen) Angaben zur Tilgung in bar oder in Stücken vor oder wird am Ende der Laufzeit nicht entsprechend der Emissionsbedingungen verfahren, handelt es sich bei den Zahlungen für die in Geld ausgeglichenen Bruchteile der Wertpapiere um einen Kapitalertrag i. S. d. § 20 Abs. 1 Nr. 7 EStG (mit entsprechenden Kapitalertragsteuerabzug durch die, die Kapitalerträge auszahlende Stelle).

(Einstweilen frei) 344–349

---

[1] Vgl. BMF v. 18.1.2016, BStBl 2016 I 85, Tz. 106.

5. Besteuerung bei Bezugsrechten (§ 20 Abs. 4a Satz 4 EStG)

a) Hintergrund der Regelung

350 Wird das Grund- oder Stammkapital einer in- oder ausländischen Kapitalgesellschaft gegen Einlage erhöht, so muss grundsätzlich dem Anteilseigner ein Bezugsrecht gewährt werden, aufgrund dessen er berechtigt wird, gegen Zuzahlung entsprechend seiner bisherigen Beteiligung am Kapital der Kapitalgesellschaft neue Anteile an dieser zu erwerben, um seine bisherige Anteilsquote zu erhalten (vgl. § 186 Abs. 1 Satz 1 AktG; § 55 GmbHG). Dieses Bezugsrecht ist ein mit dem Wirksamwerden des Kapitalerhöhungsbeschlusses von Gesetzes wegen entstehendes, von den allgemeinen Mitgliedschaftsrechten abgetrenntes und selbständig verwertbares Forderungsrecht des Gesellschafters. Dies führt zu einer anteiligen Abspaltung der im bisherigen Anteil verkörperten Substanz und dementsprechend eines Teils der ursprünglichen Anschaffungskosten. Ohne die in § 20 Abs. 4a Satz 4 EStG getroffene Regelung müsste der Wert des Bezugsrechts nach der sog. **Gesamtwertmethode** ermittelt werden, d. h. nach dem Verhältnis des niedrigsten Börsenkurses am ersten Handelstag zum niedrigsten Börsenkurs der Altaktie am letzten Tag vor dem Bezugsrechtshandel.[1] Diese Ermittlungsmethode ist in der praktischen Anwendung sehr schwierig und fehleranfällig.[2] Aus diesem Grund fingiert der Gesetzgeber mit § 20 Abs. 4a Satz 4 EStG, dass die Anschaffungskosten für das Bezugsrecht mit 0 € anzusetzen sind. Bei der Ermittlung des Veräußerungsgewinns einer Aktie, die durch die Ausübung eines Bezugsrechts erworben wurde, das von einer vor dem 1.1.2009 erworbenen und bereits steuerentstrickten Aktie abgespalten wurde, sind allerdings die Anschaffungskosten des Bezugsrechts entgegen der Regelung des § 20 Abs. 4a Satz 4 EStG 2009 nicht mit 0 €, sondern in der tatsächlichen Höhe anzusetzen.[3]

b) Tatbestandsvoraussetzungen

351 Es müssen Bezugsrechte, die nach § 186 AktG, § 55 GmbHG oder eines vergleichbaren ausländischen Rechts einen Anspruch auf Abschluss eines Zeichnungsvertrags begründen, veräußert oder ausgeübt werden. Im Einzelnen:

352 Ein **Bezugsrecht** ist das dem Gesellschafter einer in- oder ausländischen Kapitalgesellschaft vermittelte Recht, bei einer Neuemission von Kapitalanteilen aufgrund einer Kapitalerhöhung gegen Einlage, bei der die Gewährung von Bezugsrechten nicht ausgeschlossen ist, entsprechend seiner bisherigen Beteiligung neue Anteile zu erwerben. Es wird durch Wirksamwerden des Kapitalerhöhungsbeschlusses der Hauptversammlung der Kapitalgesellschaft konkretisiert, wodurch aus dem allgemeinen Mitgliedschaftsrecht des Gesellschafters ein selbständig verwertbares Forderungsrecht des Gesellschafters gegen die Kapitalgesellschaft erwächst.

353 Eine **Veräußerung** des Bezugsrechts ist gegeben, wenn der Gesellschafter die ihm zugeteilten Bezugsrechte entgeltlich an Dritte überträgt (z. B. bei börsennotierten Aktien durch Verkauf über die Börse). Die Veräußerung ist ein steuerbarer Vorgang nach § 20 Abs. 2 Satz 1 Nr. 1 EStG, der im Falle eines Veräußerungsgewinns zu einem Kapitalertragsteuerabzug durch das ausführende Kreditinstitut führt.

---

[1] Vgl. BMF v. 20.12.2005, BStBl 2006 I 8.
[2] Vgl. für Einzelheiten hierzu von Beckenrath in Kirchhof, § 20 EStG Rz. 162.
[3] BFH v. 9.5.2017 - VIII R 54/14, BStBl 2018 II 262.

Eine **Ausübung** des Bezugsrechts liegt vor, wenn der Gesellschafter das ihm zugeteilte Recht auf Erwerb eines Anteils an der das Bezugsrecht ausgebenden Kapitalgesellschaft geltend macht und entsprechend des zugrunde liegenden Bezugsverhältnisses einen Anteil an der Kapitalgesellschaft erwirbt. Dabei ist die Ausübung des Bezugsrechts nicht als Veräußerung des Bezugsrechts anzusehen.[1]

354

c) Rechtsfolgen

§ 20 Abs. 4a Satz 4 EStG ordnet an, dass der Teil der Anschaffungskosten der Alt-Anteile, der auf die Bezugsrechte entfällt, mit einem fiktiven Wert von 0 € bei der Veräußerung oder Ausübung angesetzt und eingebucht wird. Dies hat zur Folge, dass

355

- ein Überspringen der Anschaffungskosten der Alt-Anteile auf die Bezugsrechte und Neu-Anteile verhindert wird;
- der Veräußerungsgewinn eines Bezugsrechts nach Abs. 4 Satz 1 dem Veräußerungserlös entspricht; und
- die Alt-Anteile weiterhin mit ihren ursprünglichen, nicht um die Bezugsrechte wertgeminderten Anschaffungskosten fiktiv fortgeführt werden. Diese Rechtsfolge tritt unabhängig davon ein, ob die Alt-Anteile vor dem 1.1.2009 oder nach dem 31.12.2008 erworben wurden.[2]

Vorgenannte Rechtsfolgen finden dagegen bei einem Erwerber eines Bezugsrechts, der dieses von einem kraft seiner Gesellschafterstellung zugeteilten Bezugsrechtsinhaber erworben hat, keine Anwendung. Ein solcher Erwerber hat seine tatsächlich gezahlten Anschaffungskosten bei der Veräußerung des Bezugsrechts bzw. bei der Ausübung des Bezugsrechts als Teil der Anschaffungskosten der Neu-Anteile zu berücksichtigen.

356

Des Weiteren finden die Rechtsfolgen keine Anwendung, wenn der Privatanleger aus einer qualifizierten Beteiligung i. S. d. § 17 EStG Bezugsrechte erhält. In einem solchen Fall ist der auf die Bezugsrechte entfallende Teil der Anschaffungskosten der Alt-Anteile gesondert zu ermitteln.

357

6. Zuteilung von Anteilen ohne gesonderte Gegenleistung (§ 20 Abs. 4a Satz 5 EStG)

Die Vorschrift des § 20 Abs. 4a Satz 5 EStG trägt den praktischen Umsetzungsschwierigkeiten der Abgeltungsteuer für die Kreditinstitute insbesondere bei Auslandssachverhalten Rechnung. Sie bedeutet durch die Vermeidung von Veranlagungsfällen eine weitere Vereinfachung des Kapitalertragsteuerabzugs bei Kapitalmaßnahmen, wenn die Höhe des Kapitalertrags nicht ermittelt werden kann.

358

a) Tatbestandsvoraussetzungen

§ 20 Abs. 4a Satz 5 EStG setzt voraus, dass dem Stpfl. Anteile i. S. d. § 20 Abs. 2 Satz 1 Nr. 1 EStG zugeteilt werden müssen, diese Zuteilung an ihn ohne die Entrichtung einer seinerseits zu erbringenden Gegenleistung erfolgte, die Voraussetzungen des § 20 Abs. 4a Satz 3 und Satz 4 EStG nicht vorliegen und die Ermittlung der Höhe des Kapitalertrags nicht möglich ist.

359

---

[1] Vgl. BMF v. 18.1.2016, BStBl 2016 I 85, Tz. 110.
[2] Vgl. BMF v. 18.1.2016, BStBl 2016 I 85, Tz. 108.

360 **Anteile i. S. d. § 20 Abs. 2 Satz 1 Nr. 1 EStG** sind Anteile an Körperschaften i. S. d. § 20 Abs. 1 Nr. 1 EStG. Bei den Körperschaften kann es sich um in- oder ausländische Kapitalgesellschaften (z. B. AG, GmbH), Erwerbs- und Wirtschaftsgenossenschaften sowie um bergbaubetreibende Vereinigungen, sofern sie die Rechte einer juristischen Person haben, handeln. Zu Einzelheiten siehe unter → Rz. 151 f.

361 Der Stpfl. darf für den Erhalt dieser Anteile **keine Gegenleistung** erbracht bzw. zu erbringen haben. Davon ist regelmäßig auszugehen, wenn es sich bei der Kapitalmaßnahme nicht um einen Tausch handelt oder eine Geld(zu)zahlung zu entrichten ist.

362 Ferner darf der Stpfl. die Anteile **nicht in Ausübung einer Lieferoption** (nach § 20 Abs. 4a Satz 3 EStG) **oder aufgrund eines Bezugsrechts** (nach § 20 Abs. 4a Satz 4 EStG) erworben haben. Zu Einzelheiten hierzu siehe unter → Rz. 350 f.

363 Schließlich darf die **Ermittlung des Kapitalertrags nicht möglich** sein.

b) Rechtsfolge

364 Erfolgt die Einbuchung der erworbenen Anteile zu einem Wert von 0 €, so stellt dies für den Anteilsinhaber vorerst einen steuerneutralen Vorgang dar. Ein Ertrag entsteht weder dem Grunde noch der Höhe nach, so dass ein Steuerabzug durch das Kreditinstitut nicht erforderlich ist. Ein steuerbarer Vorgang entsteht jedoch bei einer späteren Weiterveräußerung der Anteile, da hier aufgrund der Anschaffungskosten i. H. v. 0 € der volle Wertzuwachs steuerbar ist.

7. Zeitpunkt von Kapitalmaßnahmen (§ 20 Abs. 4a Satz 6 EStG)

365 Mit § 20 Abs. 4a Satz 6 EStG soll die Bestimmung des steuerlich relevanten Zeitpunktes der Kapitalmaßnahme erleichtert werden. Insbesondere bei ausländischen Maßnahmen gestaltet sich die Bestimmung des Wirksamwerdens der Kapitalmaßnahme mangels vergleichbarer Publizitätspflichten mitunter als schwierig. § 20 Abs. 4a Satz 6 EStG bedient sich daher einer Fiktion und stellt auf den Zeitpunkt der Einbuchung der Anteile im Depot des Stpfl. ab.[1]

8. Abspaltung von Körperschaften (§ 20 Abs. 4a Satz 7 EStG)

366 § 20 Abs. 4a Satz 7 EStG erstreckt den Anwendungsbereich des Satz 1 und 2 auf Abspaltungen. Satz 7 findet erstmals ab dem VZ 2013 Anwendung.[2] Mit Satz 7 wird nunmehr die bisher von der FinVerw vertretene Auffassung gesetzlich normiert.[3] Abzustellen ist auf die Anmeldung zur Eintragung in das für den jeweiligen Vorgang erforderliche Register. Mangelt es bei Sachverhalten mit Auslandsbezug an einem entsprechenden Publizitätserfordernis, ist auf den Zeitpunkt der nach dem ausländischen Recht bestimmten gesellschaftsrechtlichen Wirksamkeit abzustellen.

367 Im Falle einer Abspaltung wird ein Tausch fingiert, so dass die Anteile am übernehmenden Rechtsträger an die Stelle der Anteile am übertragenden Rechtsträger – und nicht neben diesen – treten.[4] Die Anschaffungskosten sind – wie auch bei einem Aufspaltungstatbestand – nach dem im Spaltungsvertrag bzw. -plan vorgesehenen Umtauschverhältnis aufzuteilen. Ist

---
1 BT-Drucks. 16/11108.
2 Für die steuerliche Behandlung von Altfällen vgl. *Bron*, DStR 2014, 353, 354.
3 BMF v. 18. 1. 2016, BStBl 2016 I 85 ff., Tz. 115 a. F., i. V. m. Tz. 101.
4 *Haisch/Helios*, DB 2013, 1444, 1446.

ein Umtauschverhältnis nicht vorgesehen oder nicht bekannt, ist auf das rechnerische Splittingverhältnis abzustellen.[1]

Da § 20 Abs. 4a Satz 7 EStG den § 15 UmwStG verdrängt, müssen die Voraussetzungen des Teilbetriebserfordernisses oder der Anträge des § 15 UmwStG für die Anwendbarkeit des Satz 7 nicht vorliegen.[2]

Auch auf Auslandssachverhalte findet § 20 Abs. 4a Satz 7 EStG Anwendung.[3] Abgesehen von den Fällen einer Abspaltung zur Aufnahme ist bei ausländischen Vorgängen für die Anwendung des § 20 Abs. 4a Satz 7 EStG bereits dann von einer Abspaltung auszugehen, wenn folgende Kriterien erfüllt sind:

▶ die ISIN der ursprünglichen Gattung (= Rumpfunternehmen) bleibt erhalten;

▶ die ISIN der neu eingebuchten Gattung wurde neu vergeben und es handelt sich nicht um eine bereits börsennotierte Gesellschaft;

▶ auf Grundlage der Emittenteninformationen liegen die Strukturmerkmale einer Abspaltung gem. Rz. 01.36 des BMF-Schreibens v. 11.11.2011[4] vor, d.h. (1) Übertragung eines Teils oder mehrerer Teile eines Rechtsträgers auf einen oder mehrere übernehmende Rechtsträger, (2) aufgrund eines Rechtsgeschäfts, (3) kraft Gesetzes, (4) gegen Gewährung von Anteilen am übernehmenden Rechtsträger oder an den übernehmenden Rechtsträger an die Anteilsinhaber des übertragenden Rechtsträgers und (5) ohne Auflösung des übertragenden Rechtsträgers;

▶ es ist ein Aufteilungsverhältnis angegeben;

▶ es wird keine Quellensteuer einbehalten;

▶ aus den Emittenteninformationen ergeben sich keine Hinweise auf eine Gewinnverteilung;

▶ der übertragende ausländische und der übernehmende in- oder ausländische Rechtsträger müssen einem vergleichbaren umwandlungsfähigen Rechtsträger inländischen Rechts entsprechen. Der Rechtstypenvergleich ausgewählter ausländischer Rechtsformen erfolgt entsprechend der Tabellen 1 und 2 zum BMF-Schreiben v. 24.12.1999.[5]

▶ es wurde keine Barzuzahlung durch den Aktionär geleistet.

(Einstweilen frei)

VII. Zurechnung (§ 20 Abs. 5 EStG)

§ 20 Abs. 5 EStG regelt als Spezialvorschrift in Abgrenzung zu den allgemeinen steuerlichen Zurechnungsgrundsätzen die persönliche Zurechnung von Einnahmen (Einkünften) i.S.v. § 20 Abs. 1 Nr. 1 und Nr. 2 EStG. Nicht von § 20 Abs. 1 Nr. 1 und Nr. 2 EStG erfasste Erträge aus Kapitalvermögen werden hingegen (weiterhin) nach den allgemeinen steuerlichen Grundsätzen zugerechnet. § 20 Abs. 5 Satz 1 EStG bestimmt, dass der Anteilseigner die Einkünfte i.S.d. § 20 Abs. 1 Nr. 1 und Nr. 2 EStG erzielt. § 20 Abs. 5 Satz 2 EStG definiert, wer Anteilseigner ist und

---
1 Vgl. amtliche Gesetzesbegründung, BT-Drucks. 17/10000.
2 BMF v. 18.1.2016, BStBl 2016 I 85 ff., Tz. 115 i.d.F. BMF v. 3.1.2014, BStBl 2014 I 58.
3 BMF v. 18.1.2016, BStBl 2016 I 85 ff., Tz. 115 i.d.F. BMF v. 3.1.2014, BStBl 2014 I 58; *Ratschow* in Blümich, § 20 EStG Rz. 439a.
4 BMF v. 11.11.2011, BStBl 2011 I 1314.
5 BStBl 1999 I 1076 ff.

§ 20 Abs. 5 Satz 3 EStG fingiert für besondere Einzelfälle (Nießbrauch, Pfandrecht) die Anteilseignerschaft.

1. Begriff des Anteilseigners (§ 20 Abs. 5 Satz 2 EStG)

386 Nach der Legaldefinition des § 20 Abs. 5 Satz 2 EStG ist Anteilseigner derjenige, dem nach § 39 AO die Anteile am Kapitalvermögen i. S. d. § 20 Abs. 1 Nr. 1 EStG im Zeitpunkt des Gewinnverteilungsbeschlusses zuzurechnen sind. Anteilseigner ist folglich

- der zivilrechtliche Eigentümer (Inhaber) des Stammrechts der in § 20 Abs. 1 Nr. 1 EStG genannten Anteile (§ 39 Abs. 1 AO) oder

- der wirtschaftliche Eigentümer (§ 39 Abs. 2 Nr. 1 Satz 1 AO) oder der Treugeber, Sicherungsgeber oder Eigenbesitzer (§ 39 Abs. 2 Nr. 1 Satz 2 AO) der in § 20 Abs. 1 Nr. 1 EStG genannten Anteile, sofern er nicht bereits zivilrechtlicher Eigentümer ist.

387 Für offene Ausschüttungen – dies wird durch den von dem Gesetzgeber verwendeten Begriff des „Gewinnverteilungsbeschlusses" klargestellt – ist maßgeblicher Zeitpunkt für die Zurechnung der gesellschaftliche Beschluss der Gesellschafterversammlung. Bis zum Gewinnverteilungsbeschluss besteht hingegen kein Anspruch des Gesellschafters auf die Auszahlung von Gewinn oder Dividende, sondern nur das Gewinnrecht als unselbständiger Bestandteil des Stammrechts. Für den Fall der verdeckten Ausschüttung ist maßgeblicher Zeitpunkt für die Zurechnung die Entstehung der Forderung (Abschluss des Rechtsgeschäfts), in der sich die zu Einnahmen nach § 20 Abs. 1 Nr. 1 Satz 2 EStG führende verdeckte Gewinnausschüttung manifestiert. Nicht maßgeblich für die Zurechnung ist hingegen die Haltedauer der Kapitalanteile, so dass Anteilseigner auch derjenige ist, der die Anteile nur kurzfristig hält.[1]

2. Fiktion des Anteilseigners (§ 20 Abs. 5 Satz 3 EStG)

388 Nießbraucher und Pfandgläubiger gelten (im Sinne einer gesetzlichen Fiktion) als Anteilseigner, wenn ihnen (nach allgemeinen Grundsätzen) die Kapitaleinkünfte nach § 20 Abs. 1 Nr. 1 und Nr. 2 EStG zuzurechnen sind, d. h. insbesondere das wirtschaftliche Eigentum an dem Stammrecht auf sie übergegangen ist.

389 Unter Nießbrauch wird die Belastung einer Sache (vgl. §§ 1030 ff. BGB) oder eines Rechts (vgl. §§ 1068 ff. BGB) in der Weise verstanden, dass derjenige, zu dessen Gunsten die Belastung erfolgt, berechtigt ist, die Nutzungen der Sache bzw. Rechts zu ziehen. Durch den Nießbrauch stehen dem Begünstigten (Nießbraucher) kraft dinglichen Rechts die Nutzungen aus dem Nießbrauchgut unmittelbar zu. Im Zusammenhang mit den Einkünften aus Kapitalvermögen kommen insbesondere ein Nießbrauch an Wertpapieren, Forderungen und Beteiligungen, mithin an Rechten in Betracht. Bestellt wird der Nießbrauch an einem Recht nach den für die Übertragung des Rechts geltenden Vorschriften (§ 1069 BGB), d. h. bei

- Namenspapieren/Rektapapieren (z. B. Sparbuch, Versicherungsschein, Hypotheken-, Grundschuld- und Rentenschuldbrief) durch Übertragung des verbrieften Rechts (§§ 398 ff. BGB, § 413 BGB) und Übergabe des Papiers;

- Orderpapieren (z. B. Namensaktie, Scheck, Wechsel) durch Indossament, Einigung über die Nießbrauchsbestellung und Übergabe des Papiers (§§ 929 ff. BGB);

---

[1] Vgl. BFH v. 20. 11. 2007 - I R 85/05, BFH/NV 2009, 289 = NWB DokID: YAAAC-71426.

- Inhaberpapieren durch Einigung und Übergabe des Papiers oder Einräumung des Mitbesitzes (§ 1081 Abs. 2 BGB);

- GmbH-Anteilen durch notarielle Abtretung (§ 15 Abs. 3 GmbHG, §§ 398 ff. BGB, § 413 BGB).

Grundsätzlich werden dem Inhaber des Stammrechts die Kapitalerträge steuerlich zugerechnet, da nur er das Kapital gegen Entgelt zur Nutzung überlässt und damit den Einkünfteerzielungstatbestand verwirklicht. Die Einräumung des Nießbrauchs selbst qualifiziert sich hingegen (nur) als Vorausabtretung der künftigen Ertragnisansprüche und ist somit als bloße Vereinnahmung von Erträgen für die steuerliche Zurechnung unbeachtlich.[1] Auf den § 20 Abs. 5 Satz 3 EStG übertragen bedeutet dies, dass dieser regelmäßig nicht anwendbar ist, da dieser tatbestandsseitig voraussetzt, dass dem Nießbraucher die Kapitaleinkünfte zuzurechnen sind. Etwas anderes gilt nur dann, wenn der Nießbraucher wirtschaftlicher Eigentümer des belasteten Kapitalvermögens ist. In diesem Zusammenhang ist zwischen den nachstehenden Arten des Nießbrauchs zu unterscheiden:

- **Vorbehaltsnießbrauch:** Der Inhaber des Kapitalstamms überträgt den Kapitalstamm (schenkungsweise) auf einen Dritten und behält sich den Nießbrauch an den übertragenen Wirtschaftsgütern vor. Nach Auffassung der FinVerw und einem Teil der Steuerrechtsliteratur sind die Erträge dem Nießbraucher zuzurechnen.[2] Dies beruht auf der Annahme, dass der Vorbehaltsnießbraucher die übereigneten Gegenstände nach der Übereignung bei der gebotenen wirtschaftlichen Betrachtung nicht aufgrund eines vom Erwerber abgeleiteten, sondern ununterbrochen aufgrund eigenen Rechts nutzt.[3] Die Gegenauffassung[4] hingegen lehnt eine pauschale Zurechnung ab und stellt für die Frage der Zurechnung darauf ab, ob der Vorbehaltsnießbraucher (= Nießbrauchbesteller) Befugnisse zurückbehalten hat, die dazu führen, dass er als derjenige zu qualifizieren ist, der das Kapital zur Nutzung überlässt. Dies wird maßgeblich davon abhängen, ob der Vorbehaltsnießbraucher während der Dauer des Nießbrauchs Dispositions- und Verwaltungsbefugnisse tatsächlich innehat und ausübt.[5] Die höchstfinanzgerichtliche Rechtrechtsprechung hat zu dieser Problematik noch keine Stellung bezogen.[6] Von der Streitfrage unabhängig ist, ob die Bestellung des Vorbehaltsnießbrauchs entgeltlich oder unentgeltlich erfolgt ist. Hierauf kommt es nicht an.

BEISPIEL: Der bisherige Inhaber des Kapitalstamms (Nießbraucher) überträgt ein Wertpapierdepot (u. a. Aktien) bei der A-Bank auf seine Enkelin und behält sich die Fruchtziehung aus dem Kapitalvermögen (Zinsen, Dividenden) vor. Die aus dem Wertpapierdepot fließenden Erträge sind nach Auffassung der FinVerw dem Großvater steuerlich zuzurechnen, er gilt als Anteilseigner der im Wertpapierdepot liegenden Aktien.

---

1 Vgl. BFH v. 14. 12. 1976 - VIII R 146/73, BStBl 1977 II 115; zuletzt bestätigt durch BFH v. 17. 10. 2001 - I R 97/00, BFH/NV 2001, 1393 = NWB DokID: DAAAA-97110.
2 BMF v. 23. 11. 1983, BStBl 1983 I 508 ff., Tz. 55; *Feyerabend* in Feyerabend, Besteuerung privater Kapitalanlagen (2009) A 13.
3 Vgl. FG Düsseldorf v. 15. 2. 2000 - 14 K 7410/96 E, DStRE 2000, 731 (Rev.: BFH v. 29. 5. 2001 - VIII R 11/00, NWB DokID: LAAAA-67577).
4 Vgl. *von Beckenrath* in Kirchhof, § 20 EStG Rz. 167, m. w. N.
5 Vgl. *Korn*, DStR 1999, 1461 (1468).
6 BFH v. 29. 5. 2001 - VIII R 11/00, BFH/NV 2001, 1393 = NWB DokID: LAAAA-67577.

▶ **Vermächtnisnießbrauch:** Der Erblasser bestimmt aufgrund einer letztwilligen Verfügung oder eines Erbvertrages, dass dem Dritten der Nießbrauch am Kapitalvermögen durch den Erben des Kapitalvermögens eingeräumt wird. Ein unmittelbarer Erwerb des Nießbrauchs des Vermächtnisnehmers (= Vorbehaltsnießbraucher) von dem Erblasser findet nicht statt.[1] Nach Ansicht der FinVerw sind die Erträge aus dem Kapitalstamm (dennoch) grundsätzlich dem Nießbraucher zuzurechnen.[2] Dies wird im Fachschrifttum zunehmend bezweifelt, da aufgrund des Erwerbs des Nießbrauchs von dem Erben der Vermächtnisnießbrauch weniger mit dem Vorbehaltsnießbrauch, sondern vielmehr mit dem unentgeltlichen Zuwendungsnießbrauch gleichzustellen ist. Daher müssten beim Vermächtnisnießbrauch die Erträge aus dem Kapitalstamm dem Nießbrauchbesteller (= Erben) zugerechnet werden.[3]

BEISPIEL: ▶ Der Erblasser bestimmt testamentarisch, dass seiner Haushälterin die Erträge aus dem Wertpapierdepot (u.a. Aktien) im Rahmen eines Vermächtnisses zukommen sollen. Die aus dem Wertpapierdepot fließenden Erträge sind nach Auffassung der FinVerw der Haushälterin, nach der Gegenauffassung dem Erben steuerlich zuzurechnen. Die Haushälterin (nach FinVerwsansicht) bzw. der Erbe (Ansicht der Gegenauffassung) gilt als Anteilseigner der im Wertpapierdepot liegenden Aktien.

▶ **Zuwendungsnießbrauch:** Der Inhaber des Kapitalstamms bestellt zugunsten eines Dritten den Nießbrauch an dem Kapitalstamm, behält aber das Eigentum an dem Kapitalvermögen zurück.

BEISPIEL: ▶ Der Inhaber von Anteilen an der A-AG (Nießbrauchbesteller) räumt unter Zurückhaltung des Kapitalstamms seinem Neffen (Nießbraucher) für fünf Jahre den Nießbrauch an den Anteilen an der A-AG ein.

391 Die Bestellung des Zuwendungsnießbrauchs kann entgeltlich oder unentgeltlich erfolgen. Entgeltlichkeit ist gegeben, wenn sich der Wert der Nutzungsüberlassung und der Wert der Gegenleistung nach wirtschaftlichen Gesichtspunkten ausgeglichen gegenüberstehen. Ist dies nicht der Fall, so ist die Nießbrauchbestellung unentgeltlich.

▶ **Entgeltlicher Zuwendungsnießbrauch:** Die entgeltliche Bestellung eines Nießbrauchs an Kapitalvermögen stellt die Veräußerung des Ertragsanspruchs aus Kapitalvermögen dar, so dass dem Nießbrauchbesteller das hierfür gezahlte Entgelt nach § 20 Abs. 2 Nr. 2 EStG zuzurechnen ist. Korrespondierend hierzu zieht der Nießbraucher lediglich eine Forderung ein. Er hat die Kapitalerträge nicht zu versteuern.[4]

▶ **Unentgeltlicher Zuwendungsnießbrauch:** Grundsätzlich werden im Falle der unentgeltlichen Bestellung eines Nießbrauchs an einem Kapitalvermögen die Kapitalerträge (weiterhin) dem Nießbrauchbesteller steuerlich zugerechnet, auch wenn diese dem Nießbraucher zufließen.[5] Dies gilt nach vorherrschender Auffassung[6] allerdings unter der Maßgabe, dass dem Nießbraucher nicht selbst die Einkünfte nach § 20 Abs. 1 Nr. 1 und Nr. 2 EStG zugerechnet werden (müssen). Letzteres ist der Fall, wenn der Nießbraucher

---

1 Vgl. BFH v. 5.7.1990 - GrS 2-89, BStBl 1990 II 837; BFH v. 28.9.1993 - IX R 156/88, BStBl 1994 II 319.
2 BMF v. 23.11.1983, BStBl 1983 I 508 ff., Tz. 55.
3 Vgl. *Ratschow* in Blümich, § 20 EStG Rz. 460; *Korn*, DStR 1999, 1461, 1476.
4 BMF v. 23.11.1983, BStBl 1983 I 508 ff., Tz. 58.
5 BMF v. 23.11.1983, BStBl 1983 I 508 ff., Tz. 57.
6 *OFD* Hannover v. 23.3.1999, NWB DokID: PAAAA-83916; FG Münster v. 14.1.2003 - 7 K 2638/00, RNotZ 2004, 50, rkr.; *Ratschow* in Blümich, § 20 EStG Rz. 459; *Levedag* in Schmidt, § 20 EStG Rz. 176, jeweils m.w.N.

rechtlich in irgendeiner Weise auf den Kapitalstamm Einfluss nehmen kann und seine Rechtsposition über das bloße Empfangen der Einkünfte hinausgeht.[1] Indizien dafür, dass dem Nießbraucher die Kapitalerträge einkommensteuerlich zuzurechnen sind, sind die Einräumung der Dispositionsbefugnis über die Einkunftsquelle **zugunsten** des Nießbrauchers (z. B. Kündigung des Kapitalüberlassungsverhältnisses, Befugnis zur Kapitalumschichtung und Veränderung der Modalitäten der Kapitalanlage), das Übersteigen der Dauer des Nießbrauchs derjenigen der Kapitalüberlassung,[2] die Ausübung der an einen Gesellschaftsanteil hängenden Stimm-, Anfechtungs- und Mitgliedschaftsrechte oder die Verweigerung der Leistung durch Zurückziehen des Kapitalvermögens.[3]

3. ABC der Zurechnung von Erträgen aus Kapitalvermögen

▶ **Wertpapierdarlehen/-leihe**: Es handelt sich hierbei um ein Sachdarlehen i. S. d. § 607 Abs. 1 BGB, bei dem der Darlehensgeber dem Darlehensnehmer Wertpapiere (z. B. Aktien, Schuldverschreibungen) gegen Zahlung einer Darlehensprovision (Leihgebühr bzw. Lending Fee) sowie einer etwaigen Kompensationszahlung (zum anteiligen Ausgleich von während der Leihdauer an den Darlehensnehmer entrichteter Dividenden und Zinsen) zur Nutzung überlässt. Hierbei werden die Wertpapiere vom Darlehensgeber dem Darlehensnehmer dinglich übertragen, so dass dieser sowohl zivilrechtlich als auch wirtschaftlich Eigentümer der Wertpapiere wird. Sofern der Darlehensnehmer bilanziert, aktiviert er die Wertpapiere in seiner Bilanz wie er auch eine entsprechende Verbindlichkeit auf Rückübereignung passiviert. Aufgrund der bloßen Nutzungsüberlassung sieht die herrschende Meinung (insoweit systematisch inkonsequent) beim Darlehensgeber keine Realisierung der in den verliehenen Wertpapieren enthaltenen stillen Reserven. An die Stelle der Wertpapiere tritt lediglich die Forderung gegen den Darlehensnehmer, bei Fälligkeit Wertpapiere gleicher Art, Güte und Menge zurückzuübereignen, die mit dem Buchwert der hingegebenen Wertpapiere angesetzt werden. Dem Darlehensnehmer sind die aus dem „geliehenen" Wertpapier fließenden Erträge (z. B. Dividenden) nach § 20 Abs. 5 Satz 1 EStG zuzurechnen und stellen, sofern die Wertpapiere seinem Privatvermögen zuordnen sind, Kapitalerträge dar. Provisionen und Kompensationszahlungen sind dabei grundsätzlich aufgrund des Sparer-Pauschbetrags nach § 20 Abs. 9 EStG steuerlich nicht als Werbungskosten abzugsfähig, während sie sich hingegen beim Darlehensgeber, sofern er die Wertpapiere im Privatvermögen hält, als steuerpflichtige Einkünfte aus sonstigen Leistungen i. S. d. § 22 Nr. 3 EStG qualifizieren. Im Kapitalertragsteuerabzugsverfahren liegt – unabhängig von der zivilrechtlichen Abwicklung – einkommensteuerlich ein Depotübertrag auf einen anderen Gläubiger vor, der als Veräußerung fingiert wird (§ 43 Abs. 1 Satz 4 EStG). Beim Darlehensnehmer erfolgt eine Einbuchung mit dem Ersatzwert (§ 43a Abs. 2 Satz 11 EStG) für die Anschaffungskosten. Bei entsprechender Mitteilung kann der Vorgang auch als unentgeltlicher Depotübertrag mit Meldung an das Finanzamt abgewickelt werden (§ 43 Abs. 1 Satz 5 und Satz 6 EStG). Ist das depotführende Kreditinstitut in den Leihvorgang als Darlehensgeber eingeschaltet, sind der Darlehensvorgang und die Rückgabe steuerlich neutral zu behandeln.[4]

---

1 Im Umkehrschluss: BFH v. 24. 8. 2005 - VIII B 4/02, BFH/NV 2006, 273 = NWB DokID: XAAAB-71130.
2 FG Baden-Württemberg v. 13. 12. 2001 - 14 K 210/97, EFG 2002, 826, rkr.
3 BFH v. 29. 3. 2001 - IV R 71/99, BFH/NV 2001, 1251 = NWB DokID: QAAAA-67062.
4 BMF v. 18. 1. 2016, BStBl 2016 I 85, Tz. 170 ff.

▶ **Wertpapierpensionsgeschäft**: Ein Wertpapier-Pensionsgeschäft liegt vor, wenn der Pensionsgeber Wertpapiere gegen Zahlung eines Kaufpreises auf den Pensionsnehmer überträgt und der Pensionsnehmer gegen Entrichtung des empfangenen oder eines im Voraus vereinbarten anderen Betrags

– verpflichtet ist, die verpensionierten Wertpapiere zu einem bestimmten oder vom Pensionsgeber noch zu bestimmenden Zeitpunkt auf diesen zurückzuübertragen (sog. echtes Wertpapierpensionsgeschäft, vgl. § 340b Abs. 2 HGB). Der Pensionsnehmer erwirbt für die Dauer seiner Berechtigung (Pensionsdauer) das uneingeschränkte bürgerlich-rechtliche Eigentum an den in Pension genommenen Wertpapieren und bezieht deshalb die Dividenden aus den Wertpapieren nach § 793 BGB aus eigenem Recht (originär), so dass sie ihm auch steuerrechtlich zuzurechnen sind (obgleich bilanziell die Wertpapiere bei dem Pensionsgeber aktiviert bleiben).[1] Diese steuerliche Zurechnung, die in der Literatur bestritten wird,[2] sollte in der Vergangenheit Gegenstand einer Neuregelung werden, wonach bei echten Wertpapierpensionsgeschäften die Erträge aus der Pension dem Pensionsgeber steuerlich zugerechnet werden sollten; oder

– berechtigt, aber nicht verpflichtet ist, die Wertpapiere an den Pensionsgeber zurückzuübertragen (sog. echtes Wertpapierpensionsgeschäft, vgl. § 340b Abs. 3 HGB). Der Pensionsnehmer wird zivilrechtlicher und wirtschaftlicher Eigentümer der Wertpapiere, so dass ihm die Erträge aus der Kapitalüberlassung zuzurechnen sind. Dies stimmt mit der bilanziellen Behandlung überein (vgl. § 340b Abs. 5 HGB).

Obgleich zivilrechtlich in beiden Fällen das Eigentum an den Wertpapieren zivilrechtlich übertragen wird, fallen Pensionsgeschäfte nicht unter den Begriff der „Veräußerung", sondern sind dem Bereich der Vermögensnutzung zuzurechnen.[3]

393–399 *(Einstweilen frei)*

VIII. Verrechnung von Kapitalvermögensverlusten (§ 20 Abs. 6 EStG)

1. Grundsätzliches

400 § 20 Abs. 6 EStG regelt sowohl materiell wie auch prozessual die Berücksichtigung von Verlusten aus Kapitalvermögen und nimmt eine Beschränkung hinsichtlich der Ausgleichs- und Abzugsfähigkeit vor. Generell ist eine Verlustverrechnung im Rahmen des Steuerabzugsverfahrens vor einer Verlustverrechnung im Veranlagungsverfahren vorzunehmen. Im Einzelnen:

▶ Satz 1 untersagt eine Verrechnung von Verlusten aus Kapitalvermögen mit positiven Einkünften aus anderen Einkunftsarten;

▶ Satz 2 beschränkt den Ausgleich mit positiven Einkünften aus Kapitalvermögen auf die darauf folgenden Veranlagungszeiträume;

▶ Satz 3 ordnet die sinngemäße Anwendung von § 10d Abs. 4 EStG an;

---

[1] Vgl. BFH v. 29.11.1982 - GrS 1/81, BStBl 1983 II 272; BMF v. 28.6.1984, BStBl 1984 I 394.
[2] A.A. *Häuselmann* FR 2010, 200 (201), m.w.N.
[3] Vgl. *von Beckenrath* in Kirchhof, § 20 EStG Rz. 166, m.w.N.

► Satz 4 beschränkt den vertikalen Verlustausgleich für Verluste aus Aktiengeschäften auf Gewinne aus eben solchen privaten Veräußerungsgeschäften;

► Satz 5 erfordert für die Berücksichtigung von der Kapitalertragsteuer unterliegenden Verlusten eine Bescheinigung nach § 43a Abs. 3 Satz 2 EStG.

2. Begrenzung des Verlustausgleichs und -abzugs auf Kapitaleinkünfte (§ 20 Abs. 6 Satz 1 bis 3 EStG)

a) Verbot des Verlustausgleichs und -abzugs (§ 20 Abs. 6 Satz 1 EStG)

Nach § 20 Abs. 6 Satz 1 EStG ist ein Ausgleich von Verlusten aus Kapitalvermögen mit Einkünften aus anderen Einkunftsarten ausgeschlossen. Dieser Ausschluss erfasst auch einen eventuell möglichen Verlustabzug nach § 10d EStG in anderen Jahren. Die Verlustausgleichsmöglichkeit ist somit strikt auf die Einkunftsart „Kapitalvermögen" begrenzt.[1] Da der Wortlaut des Satz 1 nur von einem Ausgleichsverbot für Verluste aus Kapitalvermögen spricht, ist allerdings ein Ausgleich von Verlusten aus anderen Einkunftsarten mit positiven Einkünften aus Kapitalvermögen möglich.[2] Ob eine solche Verrechnung wirtschaftlich sinnvoll ist, ist jeweils für den Einzelfall zu berechnen. Im Ergebnis handelt es sich um ein **einseitiges vertikales Verlustausgleichsverbot**.

Eine Durchbrechung dieser Beschränkung existierte in der Vergangenheit (bis zum 25. 7. 2014) nur für Altverluste aus privaten Veräußerungsgeschäften i. S. d. § 22 Nr. 3 und § 23 EStG, die bis einschließlich des VZ 2008 entstanden waren,[3] und zwar so, dass die in § 20 Abs. 6 Satz 1 EStG a. F. angeordnete vorrangige Verrechnung der Altverluste nicht durch das Steuerabzugsverfahren unterlaufen werden darf; "verbleibende Einkünfte" i. S. d. § 20 Abs. 6 Satz 1 EStG a. F. sind daher nicht endgültig die positiven Kapitaleinkünfte eines Veranlagungszeitraums nach Verrechnung mit Verlusten auf Ebene der auszahlenden Stellen; mittels eines Antrags gem. § 32d Abs. 4 EStG kann der Steuerpflichtige diese Verrechnung in der Veranlagung rückgängig machen und positive Einkünfte gem. § 20 Abs. EStG vorrangig mit Altverlusten verrechnen.[4] Da die Möglichkeit, vor dem 1. 1. 2009 entstandene Altverluste vorzutragen, zeitlich begrenzt und letztmals für den VZ 2013 möglich war,[5] wurden durch das Kroatien-Anpassungsgesetz vom 25. 7. 2014 sowohl § 23 Abs. 3 Satz 9 und 10 EStG wie auch als Folgeänderung § 20 Abs. 6 Satz 1 EStG a. F. aufgehoben,[6] so dass eine Durchbrechung dieses vertikalen Verlustausgleichsverbotes seitdem nicht mehr möglich ist.

Diese Beschränkung der Verlustverrechnung verstößt nicht gegen das Leistungsprinzip und ist daher als verfassungsgemäß. anzusehen.[7]

Grundsätzlich ist von einer generellen Zulässigkeit des Verlustausgleichs unter **zusammen veranlagten Ehegatten** auszugehen.[8] Demnach ist ein Ausgleich von Verlusten aus privaten Veräußerungsgeschäften des einen Ehegatten mit Gewinnen des anderen Ehegatten aus ebenso

---

1 HHR/*Buge*, § 20 EStG Rz. 617.
2 Vgl. *Ratschow* in Blümich, § 20 EStG Rz. 466.
3 Vgl. BR-Drucks. 220/07; 18.1.2016, BStBl 2016 I 85.
4 Vgl. BFH v. 29.8.2017 - VIII R 23/15, BFHE 259, 336.
5 Zur Verfassungsmäßigkeit der Befristung: BFH v. 6.12.2016 – IX R 48/15, BFHE 256, 136.
6 Vgl. BR-Drucks. 184/14, BT-Drucks. 18/1529. Der in § 52 EStG aufgegangene § 52a Abs. 11 Satz 11 EStG sah eine Anwendung des § 23 Abs. 3 Satz 9 und 10 EStG letztmalig für den VZ 2013 vor.
7 Vgl. FG Baden-Württemberg v. 19. 3. 2014 - 1 K 675/12, EFG 2015, 413.
8 BMF v. 5. 10. 2000, BStBl 2000 I 1383.

privaten Veräußerungsgeschäften zulässig. Systemtechnisch erfolgt dies dergestalt, dass bei Ehegatten der Verlust des einen Ehegatten vom positiven Gesamtbetrag der Einkünfte des anderen Ehegatten abzuziehen ist. Denn nach § 26b Satz 2 EStG werden die Einkünfte der Ehegatten bei der Zusammenveranlagung zusammengerechnet und bilden damit einen einheitlichen Gesamtbetrag der Einkünfte, von dem die Verluste beider Ehegatten wie Sonderausgaben abgezogen werden müssen, soweit sie nicht bereits im Verlustjahr ausgeglichen worden sind.[1] Nach der FinVerw kennt diese generelle Verlustausgleichsmöglichkeit zwischen Ehegatten zwei Einschränkungen. Ausgeschlossen ist ein Verlustausgleich, sofern der erzielte Gesamtgewinn des einen Ehegatten steuerfrei bleibt.[2] Auch ist – von einer weiten Auslegung des Wortlauts des Satz 1 ausgehend – ein Ausgleich von negativen Einkünften, die einem besonderen Steuersatz unterliegen, mit positiven Kapitaleinkünften, die der tariflichen Steuer nach § 32d Abs. 2 EStG unterliegen, nicht möglich.[3]

b) Verlustvortrag (§ 20 Abs. 6 Satz 2 bis 3 EStG)

405 § 20 Abs. 6 Satz 2 EStG ordnet die Minderung von Einkünften aus Kapitalvermögen, die der Stpfl. in den kommenden Veranlagungszeiträumen erzielt, durch Verluste aus Kapitalvermögen an. Somit ist lediglich ein Verlustvortrag und kein -rücktrag möglich. Eine zeitliche oder betragsmäßige Beschränkung des Verlustvortrags hat der Gesetzgeber ausdrücklich nicht vorgesehen. Insbesondere findet eine Anwendung der Sockelbeträge aus § 10d Abs. 2 Satz 1 EStG nicht statt, da § 20 Abs. 6 Satz 3 EStG lediglich auf § 10d Abs. 4 EStG verweist. § 10d Abs. 2 Satz 1 EStG wurde von der Verweisung ausgenommen, da der Gesetzgeber davon aufgegangen ist, dass eine solche Beschränkung bei der Verlustverrechnung durch die Kreditinstitute aufgrund von administrativen Schwierigkeiten nicht mit einbezogen werden kann.[4] Der hierdurch entstehende Benachteiligung des Steuerpflichtigen, der die Verluste so dann erst im Rahmen seiner Einkommensteuerveranlagung geltend machen kann, wird dadurch Rechnung getragen, dass § 10d Abs. 2 EStG die Verlustverrechnung nach Abs. 6 nicht (weiter) einschränkt.

406 Verbleibt am Ende eines Veranlagungszeitraums ein nicht ausgeglichener Verlust, so ist dieser gem. § 20 Abs. 6 Satz 3 EStG unter entsprechender Anwendung des § 10d Abs. 4 EStG gesondert festzustellen. Ohne eine solche Feststellung ist ein Verlustabzug in einem späteren Veranlagungszeitraum nicht möglich.[5] Der Verlustfeststellung kommt die Rechtsqualität eines selbständigen Verwaltungsakts zu und hat zwischen (allgemeinen) Verlusten aus Kapitalvermögen (negative Kapitalerträge) und Verlusten aus Aktiengeschäften eine Unterscheidung zu treffen, da Letztere einer gesonderten Verrechnungsbeschränkung gem. § 20 Abs. 6 Satz 4 EStG unterliegen.

407 Der durch § 20 Abs. 6 Satz 2 EStG ermöglichte Verlustvortrag bezieht sich nicht auf vor dem 31.12.2008 festgestellte Altverluste, sondern gilt nur ab dem VZ 2009. Eine Verrechnung dieser Altverluste mit positiven Kapitalerträgen aus zukünftigen Jahren ist somit nicht möglich (auch nicht über einen Antrag nach § 32d Abs. 4 EStG, der die Verrechnung von Altverlusten

---

1 Vgl. BFH v. 13.11.1979 - VIII R 193/77, BStBl 1980 II 188; BFH v. 4.9.1969 - IV R 288/66, BStBl 1969 II 726; BFH v. 6.7.1989 - IV R 116/87, BStBl 1989 II 787.
2 BMF v. 5.10.2000, BStBl 2000 I 1383, Tz. 41.
3 BMF v. 18.1.2016, BStBl 2016 I 85, Rz. 119a.
4 BT-Drucks. 16/4841, 101.
5 Vgl. *Ratschow* in Blümich, § 20 EStG Rz. 468

nicht zulässt).¹ Dies ergibt sich auch aus dem durch das Kroatien-Anpassungsgesetz in § 52 EStG aufgegangenen § 52a Abs. 10 Satz 10 EStG.

3. Verluste aus privaten Veräußerungsgeschäften mit Aktien (§ 20 Abs. 6 Satz 4 EStG)

Aus der privaten Veräußerung von Aktien entstehende Verluste i. S. d. § 20 Abs. 2 Satz 1 Nr. 1 EStG dürfen nur mit Gewinnen verrechnet werden, die ebenfalls aus einer solchen Veräußerung von Aktien entstehen. Können Verluste innerhalb eines Kalenderjahrs nicht verrechnet werden, erfolgt – sofern der Stpfl. sich nicht für einen Verlustvortrag im Rahmen eines Verlustverrechnungstopfes gem. § 43a Abs. 3 EStG bei seinem Kreditinstitut entschieden hat und die Verluste durch das zuständige Finanzamt unter Anwendung des § 10d Abs. 4 EStG festgestellt wurden – ein Vortrag der Verluste in das folgende Kalenderjahr und eine Verrechnung im Veranlagungsverfahren mit Gewinnen aus zukünftigen Veräußerungsgeschäften.² Ein Verlustausgleich mit Einkünften aus anderen Einkunftsarten oder mit anderen Einkünften aus Kapitalvermögen ist nicht zulässig, hingegen sind Gewinne aus Aktiengeschäften mit Verlusten aus anderen Kapitalanlagen i. S. v. § 20 EStG verrechenbar.³

408

Durch Einführung einer Beschränkung der Verlustverrechnung wollte vor allem die FinVerw „durch Spekulationsgeschäfte bedingte abstrakt drohende qualifizierte Haushaltsrisiken" verhindern, da gerade „Kursstürze an den Aktienmärkten zu einem erheblichen Verlustpotential bei den Einkünften aus privaten Veräußerungsgeschäften mit Aktien führen".⁴ Der ursprüngliche Gesetzesentwurf der Bundesregierung sah eine Verrechnungsmöglichkeit von Verlusten aus privaten Veräußerungsgeschäften mit Aktien mit laufenden Einkünften aus Beteiligungen (z. B. Dividenden) und Einkünften aus anderem Kapitalvermögen (z. B. Zinsen) vor.⁵

409

Unter die Verlustausgleichsbeschränkung des § 20 Abs. 6 Satz 4 EStG fallen nur Verluste aus Aktien. Nicht erfasst werden hingegen Verluste aus der Veräußerung anderer Wertpapiere und Finanzprodukte, die sich unmittelbar oder nur mittelbar auf Aktien beziehen. Vor diesem Hintergrund sind insbesondere GmbH-Anteile, Bezugsrechte, Anteile an Investmentfonds, Termingeschäfte, Genussrechte oder Zertifikate (Aktien-, Index- oder Basketzertifikate) vom Anwendungsbereich des Satzes 4 ausgeschlossen. Allerdings soll die Verlustverrechnung des Satzes 4 auf American Depository Receipts sowie auf Global Depositiory Receipts, die als Zertifikate das Eigentum an einer Aktie verbriefen und somit den Handel dieser Wertpapiere an ausländischen Börsen erleichtern, anwendbar sein.⁶

410

Das Bestehen dieser gesonderten Verlustverrechnungsbeschränkung für Aktiengeschäfte innerhalb der Einkünfte aus Kapitalvermögen trifft auf erhebliche verfassungsrechtliche Bedenken in Teilen der Steuerliteratur.⁷ Zum einen wird in Frage gestellt, ob das in der Gesetzesbegründung angeführte reinfiskalische Argument „abstrakt drohende qualifizierter Haushaltsrisiken" als Rechtfertigungsgrund ausreichend sei. Zum anderen wird die vom BFH im Zusam-

411

---

1 Vgl. FG Münster v. 25.11.2014 - 2 K 3941/11, EFG 2015, 399 (hiergegen Rev.: BFH v. 29.8.2017 - VIII R 5/15, NWB DokID: QAAAG-63548).
2 Vgl. *von Beckerath* in Kirchhof, § 20 EStG Rz. 177.
3 Vgl. HHR/*Buge*, § 20 EStG Rz. 620.
4 BT-Drucks. 16/5491.
5 BT-Drucks. 16/5491.
6 BMF v. 18.1.2016, BStBl 2016 I 85, Rz. 123, welches das diesbezgl. anderslautende BMF-Schreiben v. 13.6.2008, NWB DokID: UAAAC-85268, Nr. 5 abgelöst hat.
7 Vgl. HHR/*Buge*, § 20 EStG Rz. 620, m. w. N.

menhang mit § 23 Abs. 3 Satz 8 EStG, a. F. im Hinblick auf vor dem 1.1.2009 angeschafften Aktien angeführte Rechtfertigung, wonach die Verlustverrechnungsbeschränkung eine zulässige Missbrauchsbekämpfung darstellt, weil ansonsten Verluste innerhalb der Haltefrist steuerpflichtig realisiert und Gewinne nach Ablauf der Haltefrist steuerfrei vereinnahmt werden könnten,[1] nicht mehr als ausreichend angesehen, da Veräußerungsgewinne aus Aktien unabhängig von der Haltedauer stets steuerpflichtig sind.

4. Verhinderung des doppelten Verlustabzugs (§ 20 Abs. 6 Satz 5 EStG)

412 Grundsätzlich ist die Verlustverrechnung im Rahmen des Steuerabzugsverfahrens durch die auszahlende Stelle (insbesondere Kreditinstitute) vorrangig vor derjenigen im Rahmen der persönlichen Veranlagung. Sie kann daher im Rahmen der Veranlagung nicht mehr rückgängig gemacht werden.[2]

413 Gemäß § 20 Abs. 6 Satz 5 EStG können Verluste, die der Kapitalertragsteuer unterliegen, im Wege der Veranlagung nur berücksichtigt werden, sofern der Stpfl. eine Bescheinigung i. S. d. § 43a Abs. 3 Satz 4 EStG vorlegt. Der Wortlaut dieser Regelung ist jedoch missverständlich, da Verluste gerade nicht dem Steuerabzug vom Kapitalertrag unterliegen können.[3] So ist Satz 5 dahin gehend auszulegen, dass mit den „Verlusten, die der Kapitalertragsteuer unterliegen" vielmehr negative Einkünfte aus Kapitalvermögen gemeint sind, da diese, sofern sie doch einen positiven Betrag aufweisen würden, dem Kapitalertragsteuerabzug unterlägen.[4]

414 Die von § 20 Abs. 6 Satz 5 EStG geforderte Bescheinigung i. S. d. § 43a Abs. 3 Satz 4 EStG ist erforderlich, um einen doppelten Verlustabzug bei der auszahlenden Stelle und in der Veranlagung zu verhindern. In der Regel berücksichtigt bereits das jeweilige Kreditinstitut als auszahlende Stelle gem. § 43a Abs. 3 EStG negative Kapitalerträge bis zur Höhe der positiven Kapitalerträge. Nicht ausgeglichene negative Kapitalerträge werden durch die auszahlende Stelle im Rahmen eines sog. „Verlustverrechnungstopfs" gem. § 43a Abs. 3 Satz 3 EStG in das folgende Kalenderjahr übertragen. Eine Berücksichtigung der Verluste findet somit nur bei der Verlustverrechnung der auszahlenden Stelle statt, nicht jedoch in der Veranlagung. Möchte der Stpfl. die negativen Kapitalerträge zwecks Verrechnung mit positiven Kapitalerträgen z. B. bei einem anderen Kreditinstitut verwenden, so hat er von der auszahlenden Stelle eine Bescheinigung nach § 43a Abs. 3 Satz 4 EStG über die Höhe der nicht ausgeglichenen Verluste zu verlangen. Mit Erteilung dieser Bescheinigung wird der Verlustverrechnungstopf geschlossen und der Verlustvortrag bei der auszahlenden Stelle entfällt (§ 43a Abs. 3 Satz 4 2. Halbsatz EStG).

> **BEISPIEL:** Steuerpflichtiger A hat zum 31.12.2014 aus seinem Wertpapierdepot bei der Z-Bank AG Gewinne aus Aktiengeschäften i. H. v. 6 000 € und sonstige positive Kapitalerträge (Zinsen und Veräußerungsgewinne aus Zertifikaten) i. H. v. 4 000 € erzielt. Das von ihm bei der Y-Bank AG geführte Depot weist hingegen Verluste aus Aktiengeschäfte i. H. v. 2 000 € und sonstige negative Kapitalerträge (Stückzinsen und Veräußerungsverluste) von 3 000 € auf. Um diese negativen Beträge (Y-Bank AG) mit den positiven Beträgen (Z-Bank AG) im Rahmen seiner Veranlagung verrechnen zu können, muss A bei der Y-Bank AG eine Bescheinigung nach § 43a Abs. 3 Satz 4 EStG beantragen. Ein solcher Antrag ist zulässig, da positive Zinserträge und Aktiengewinne dem Kapitalertragsteuerabzug unterlägen hätten. Im Ergebnis kommt es zu einer Verrechnung in voller Höhe, so dass A nur noch Aktiengewinne i. H. v. 4 000 € sowie sonstige Kapitalerträge i. H. v. 1 000 € im VZ 2014 zu versteuern hat.

---

1 Vgl. BFH v. 18.10.2006 - IX R 28/05, BStBl 2007 II 259.
2 BMF v. 18.1.2016, BStBl 2016 I 85, Rz. 118.
3 Vgl. *Schönfeld* in Schaumburg/Rödder, Unternehmenssteuerreform 2008, 640.
4 Vgl. HHR/*Buge*, § 20 EStG Rz. 621.

Das BMF hat entsprechende Muster für eine Bescheinigung gem. § 43a Abs. 3 Satz 4 EStG zur Verfügung gestellt.[1] Von dieser Mustervorlage darf nur hinsichtlich der Gestaltung für die Felder „Bezeichnung des Institutes" und „Bezeichnung des Gläubigers" abgewichen werden. Inhalt, Aufbau und Reihenfolge der Angaben sind entsprechend der Vorlage beizubehalten.[2] Nach der Auffassung des VIII. Senats des BFH muss eine solche Bescheinigung ausnahmsweise nicht vorliegen, wenn die Gefahr eines doppelten Verlustabzugs nicht besteht.[3]

(Einstweilen frei) 416–429

IX. Verluste von Steuerstundungsmodellen (§ 20 Abs. 7 EStG)

1. Allgemeines

§ 20 Abs. 7 EStG schreibt die sinngemäße Anwendung des § 15b EStG auf die Einkünfte aus Kapitalvermögen vor. Danach dürfen Verluste im Zusammenhang mit einem Steuerstundungsmodell weder mit Einkünften aus Kapitalvermögen noch mit Einkünften aus anderen Einkunftsarten ausgeglichen, noch nach § 10d EStG abgezogen werden. Die nicht genutzten Verluste mindern jedoch die (positiven) Einkünfte, die der Stpfl. in den folgenden Wirtschaftsjahren aus derselben Einkunftsquelle erzielt. Zweck des § 20 Abs. 7 EStG i.V.m. § 15b EStG ist es, auf bewusst gewählter Gestaltung (Modell, Konzept) beruhende Verluste, die ohne die Möglichkeit zeitnaher Verrechnung mit positiven Einkünften nicht in Kauf genommen wären, von der sofortigen Verlustverrechnung auszuschließen.[4]

Die aufgrund der rechtlich nicht genau konturierten Tatbestandsmerkmale bestehenden Unsicherheiten in der praktischen Anwendung des § 15b EStG werden in einem Anwendungsschreiben des BMF[5] grundsätzlich geklärt. Den in Teilen der Literatur[6] dennoch geäußerten verfassungsmäßigen Bedenken im Hinblick auf die Tatbestandsmäßigkeit der Besteuerung und die Gesetzbestimmtheit der vom Gesetzgeber gewählten Tatbestandsmerkmale wurden in den Fällen der sog. Anfangsverlustmodelle, die von Dritter Seite dem Stpfl. angeboten werden, höchstrichterlich nicht gefolgt.[7] Vielmehr wurde entschieden, dass die Tatbestandsmerkmale des § 15b EStG hinreichend bestimmt und auslegungsfähig und daher (insoweit) verfassungsgemäß sind. Ob die Rechtsausführungen auf andere Fälle, insbesondere der Strukturierung eines Steuerstundungsmodells für einen Einzelinvestor, übertragbar sind, ist weiterhin umstritten.[8]

Allerdings dürfte die praktische Bedeutung des § 20 Abs. 7 EStG gering sein. Der Gründe hierfür sind, dass zum einen die Verrechnung von Verlusten aus (sonstigen) Kapitalvermögen im Allgemeinen und aus Aktiengeschäften im Besonderen mit Einkünften aus anderen Einkunfts-

---

1 BMF v. 20.12.2012, BStBl 2013 I 36, ersetzt durch BMF v. 3.12.2014, BStBl 2014 I 1586 für Kapitalerträge, die nach dem 31.12.2013 zufließen, das wiederum durch BMF v. 15.12.2017, BStBl 2018 I 13 ersetzt wurde.
2 BMF v. 15.12.2017, BStBl 2018 I 13 Tz.1.
3 BFH v. 20.10.2016 - VIII R 55/13, BStBl 2017 II 264; BFH v. 9.5.2017 - VIII R 54/14, BStBl 2018 II 262; BFH v. 29.8.2017 - VIII R 23/15, BFHE 259, 336; BFH v. 12.6.2018 - VIII R 32/16, BB 2018, 2261 = NWB DokID: NAAAG-94741.
4 *Seeger* in Schmidt, § 15b EStG Rz. 3.
5 BMF v. 17.7.2007, BStBl 2007 I 542.
6 Vgl. *Seeger* in Schmidt, § 15b EStG Rz. 3, m.w.N.
7 Vgl. BFH v. 6.2.2014 - IV R 59/10, BStBl 2014 II 465.
8 Vgl. *Seeger* in Schmidt, § 15b EStG Rz. 3 ff., m.w.N.

arten ausgeschlossen ist (§ 20 Abs. 6 EStG), zum anderen der Abzug der tatsächlich angefallenen Werbungskosten über den Sparer-Pauschbetrag hinaus nicht möglich ist (§ 20 Abs. 9 EStG).

2. Sinngemäße Anwendung des § 15b EStG (§ 20 Abs. 7 Satz 1 EStG)

a) Tatbestand der Verlustverrechnungsbeschränkung des § 15b Abs. 1 und Abs. 2 EStG

433 Tatbestandsseitig müssen Verluste im Zusammenhang mit einem Steuerstundungsmodell vorliegen.

434 Unter **Verlusten** werden im Rahmen des § 20 EStG alle negativen Einkünfte aus Kapitalvermögen verstanden. Hierbei ist es unerheblich, auf welchen Vorschriften die negativen Einkünfte beruhen (vgl. § 15b Abs. 2 Satz 3 EStG). Negative Einkünfte können resultieren aus

- dem Überschuss von Werbungskosten über die Einnahmen aus Kapitalvermögen resultieren – ein Fall, der aufgrund der Beschränkung der Abzugsfähigkeit der Werbungskosten auf den Sparer-Freibetrag nach § 20 Abs. 9 EStG nur noch eingeschränkt eintreten sollten –, oder

- negativen Einnahmen. Negative Einnahmen ihrerseits können aus Verlusten auf der Vermögensebene entstehen (z. B. Verluste aus Beteiligungen aus Kapitalgesellschaften oder aus dem Wertpapierhandel) oder sich als laufender Verlust aus einer Kapitalanlage ergeben. Laufende Verluste können im Rahmen der Einkünfte aus Kapitalvermögen nur aufgrund von Stückzinsen und Zwischengewinnen (§ 1 Abs. 4 InvStG) – sofern das Investmentvermögen einen Ertragsausgleich (§ 9 InvStG) durchführt[1] – sowie (nach einer Mindermeinung[2] auch) aus typischen stillen Beteiligungen entstehen.

435 Als Stückzinsen wird der (im Rahmen der Direktanlage) bei der Veräußerung festverzinslicher Wertpapiere (Zinsscheine einschließlich Schuldverschreibungen) während des Zinszahlungszeitraumes vom Käufer an den Verkäufer erstattete Zinsbetrag definiert, der auf die Zeit seit dem letzten Zinstermin bis zum Tag der Veräußerung entfällt. Der Zwischengewinn (auch als Stückzins bei der Fondsanlage bezeichnet) ist derjenige Teil des Veräußerungs- oder Rückgabepreises eines Investmentanteils, der bei unterjähriger Rückgabe oder Veräußerung auf beim Privatanleger nicht zugeflossene bzw. als nicht zugeflossen geltende Zinserträge und Zinssurrogate entfällt.

436 Ein **Steuerstundungsmodell** liegt gem. der Legaldefinition des § 15b Abs. 2 EStG vor, wenn aufgrund einer modellhaften Gestaltung steuerliche Vorteile in Form negativer Einkünfte erzielt werden sollen. Eine solche modellhafte Gestaltung ist gegeben, wenn dem Stpfl. aufgrund eines vorgefertigten Konzeptes die Möglichkeit geboten werden soll, zumindest in der Anfangsphase der Investition Verluste mit übrigen Einkünften zu verrechnen. Bei Anwendung einer typisierenden (anlegerbezogenen) Betrachtungsweise werden von der FinVerw regelmäßig folgender Kriterien für die Beurteilung, ob ein Steuerstundungsmodell gegeben ist, zugrunde gelegt:

- **Leistungsbündel**: Dem Stpfl. werden neben einer Hauptleistung ein Bündel von Zusatz- und Nebenleistungen angeboten werden, die es ihm nach dem zugrunde liegenden Kon-

---

[1] Vgl. OFD Rheinland und OFD Münster v. 13.7.2010, DStR 2010, 1625; BFH v. 28.6.2017- VIII R 57/14, BStBl 2017 II 1144 zieht die Auffassung der FinVerw in Zweifel und lässt das Problem im Ergebnis offen.
[2] *Kleinmanns*, DStR 2009, 2360 (2361); a. A. *Rockoff/Weber*, DStR 2010, 363 ff.

zept ermöglichen, den sofort abziehbaren Aufwand zu erhöhen.[1] Als Hauptleistung ist bei den Einkünften aus Kapitalvermögen die Kapitalanlage anzusehen, die der Stpfl. über seine Bank am Kapitalmarkt von einem Dritten erwirbt. Eine Nebenleistung zur Hauptleistung liegt dann vor, wenn der (die) Vertragspartner des Leistungsempfängers für die Haupt- und die Nebenleistung identisch ist (sind) und der (die) leistende(n) Vertragspartner gegenüber dem Leistungsempfänger neben der Hauptleistung zusätzliche Leistungen erbringt (erbringen),[2] für die der Leistungsempfänger ein gesondertes Entgelt entrichtet (z. B. Finanzierungskosten für den Erwerb der Kapitalanlage).

▶ **Vorgefertigtes Konzept**: Die FinVerw nimmt ein solches regelmäßig an, wenn es mehr oder weniger standardisiert an verschiedene Kapitalanleger mittels Anlegerprospekts oder in vergleichbarer Form (z. B. Katalog, Verkaufsunterlagen, Beratungsbögen usw.) vertrieben werden soll, vor allem auf die Steuerstundung gerichtet ist und der Stpfl. keinerlei oder nur minimalen Einfluss auf die einzelnen Leistungsbestandteile dem Grunde und der Höhe nach nehmen kann.[3] Per se qualifizieren sich als vorgefertigte Konzepte daher solche Kapitalanlagen nicht, die z. B. durch den Stpfl. selbst entwickelt, über einen Dritten finanziert oder unabhängig von der Kapitalanlage über eine bereits vorhandene Kreditlinie finanziert werden.[4]

▶ **Geplante steuerliche Vorteile**: Selbst wenn eine modellhafte Gestaltung gegeben sein sollte, liegt ein Steuerstundungsmodell nur vor, wenn steuerliche Vorteile in Form von negativen Einkünften erzielt werden sollen. Daher ist ein Steuerstundungsmodell zu verneinen, wenn nicht steuerbare Gewinne, z. B. aufgrund von DBA, Gegenstand der vorgefertigten Konzeptes sind. Zu beachten ist, dass die Absicht der negativen Einkünfteerzielung allein ausschlaggebend sein soll, so dass der Eintritt tatsächlicher Verluste bei der Beurteilung nicht zu berücksichtigen ist.[5]

Beispiele für mögliche Steuerstundungsmodelle sind Wertpapiere mit Stückzinsen und Investmentfonds mit Zwischengewinnen, sofern die Verluste nicht ausschließlich aus dem den Marktusancen entsprechenden wirtschaftlichen Ausgleich des Zinsanspruchs des Gläubigers stammen, sondern auch aus anderen Leistungen stammen, die zur Erzielung von negativen Einkünften eingesetzt wurden, fremdfinanzierte Lebensversicherungen und fremdfinanzierte auf- und abgezinste Wertpapiere und Zerobonds. Hohe (negative) Zwischengewinne beim Erwerb von Anteilen an einem Investmentfonds führen aber nicht ohne Weiteres zur Annahme eines Steuerstundungsmodells i. S. d. § 20 Abs. 2b Satz 1 i. V. m. § 15b EStG.[6]

b) Nichtaufgriffsgrenze des § 15b Abs. 3 EStG

Die Verlustverrechnung ist nur zu beschränken, wenn bei Gesellschaften oder Gemeinschaften innerhalb der Anfangsphase die prognostizierten Verluste 10 % des gezeichneten und nach dem Konzept auch aufzubringenden Kapitals übersteigen. Bei Einzelinvestoren führt ein konzeptbedingter Verlust von mehr als 10 % des eingesetzten Eigenkapitals zur Anwendung des § 20 Abs. 7 EStG i. V. m. § 15b EStG. Zu Einzelheiten siehe KKB/Beck, § 15b EStG Rz. 121 ff.

---

1 BMF v. 17. 7. 2007, BStBl 2007 I 542, Tz. 8.
2 BMF v. 17. 7. 2007, BStBl 2007 I 542, Tz. 11.
3 BMF v. 17. 7. 2007, BStBl 2007 I 542, Tz. 10.
4 Vgl. *Brandtner/Geiser*, DStR 2009, 1732, 1733.
5 Vgl. HHR/*Intemann*, § 20 EStG Rz. 634.
6 BFH v. 28.6.2017- VIII R 57/14, BStBl 2017 II 1144.

c) Rechtsfolge der Verlustverrechnungsbeschränkung des § 15b EStG

439 Die der Verlustberrechnungsbeschränkung unterliegenden Einkünften können im Jahr der Entstehung weder mit Einkünften aus Kapitalvermögen noch mit Einkünften aus anderen Einkunftsarten ausgeglichen werden. Zudem ist ein Verlustvortrag oder -rücktrag nach § 10d EStG ausgeschlossen. Unter § 20 Abs. 7 EStG fallende Verluste können nur mit positiven Einkünften des Stpfl. aus derselben Einkunftsquelle verrechnet werden. Dieselbe Einkunftsquelle bedeutet dabei die Beteiligung am jeweiligen Steuerstundungsmodell. Handelt es sich bei dem Steuerstundungsmodell um

- eine modellhafte **Einzelinvestition**, so stellt die Einzelinvestition die Einkunftsquelle dar. Dies gilt grundsätzlich auch für stille Beteiligungen. Tätigt der Stpfl. mehrere gleichartige Einzelinvestitionen, stellt jede für sich betrachtet eine eigene Einkunftsquelle dar.[1] Im Schrifttum wird in diesem Zusammenhang mit Verweis auf die zur Zuordnung von Werbungskosten im Bereich der Kapitaleinkünfte entwickelte Rechtsprechung[2] vertreten, dass bei Erwerb gleichartiger Wertpapiere für Zwecke des § 20 Abs. 7 EStG eine Zusammenfassung möglich ist;[3]

- eine **Gesellschaft, Gemeinschaft in der Rechtsform einer Personengesellschaft oder Investmentvermögen**, bildet der Gesellschafts-, Mitunternehmer-, Gemeinschafts- bzw. Investmentvermögensanteil die Einkunftsquelle.

d) Gesonderte Feststellung des nicht ausgleichsfähigen Verlusts nach § 15b Abs. 4 EStG

440 Die nach § 20 Abs. 7 EStG i. V. m. § 15b EStG nicht mit anderen Einkünften verrechenbare Verluste aus Kapitalvermögen sind gesondert festzustellen. Zu Einzelheiten siehe KKB/Beck, § 15b EStG Rz. 142 ff.

3. Ausnutzung eines Steuergefälles (§ 20 Abs. 7 Satz 2 EStG)

441 Nach § 20 Abs. 7 Satz 2 EStG liegt ein vorgefertigtes Konzept vor, wenn die positiven Einkünfte nicht der tariflichen Einkommensteuer unterliegen. Entgegen einer rein wörtlichen Auslegung ergibt die systematische Stellung unter Berücksichtigung des § 20 Abs. 7 Satz 1 EStG, dass der Tatbestand eines Steuerstundungsmodells i. S. d. § 15b Abs. 2 EStG weiterhin erfüllt sein muss.[4] Lediglich im Hinblick auf das Tatbestandsmerkmal des vorgefertigten Konzepts wird der Tatbestand durch Abs. 7 Satz 2 dahin gehend ergänzt, dass die Ausnutzung des Steuergefälles durch Anwendung des Abgeltungsteuersatzes nach § 32 Abs. 1 EStG auf die positiven Einkünfte aus Kapitalvermögen ein vorgefertigtes Konzept begründen kann. Die niedrige Besteuerung der positiven Kapitaleinkünfte allein ist daher nicht ausreichend, ebenso wenig, wenn der Steuerpflichtige positive Einkünfte aus den Fondsanteilen erzielt, die dem progressiven Einkommensteuertarif gemäß § 32a EStG unterliegen.[5]

442 Hintergrund für diese Regelung ist, dass der Gesetzgeber Modelle, welche die Ausnutzung des Steuergefälles zwischen der tariflichen (progressiven) Einkommensteuer und dem einheitlichen Abgeltungsteuersatz von 25 % (plus Solidaritätszuschlag) zum Gegenstand haben, eben-

---

1 BMF v. 17. 7. 2007, BStBl 2007 I 542, Tz. 13.
2 BFH v. 24. 3. 1992 - VIII R 12/89, BStBl 1993 II 18.
3 Vgl. HHR/*Intemann*, § 20 EStG Rz. 640.
4 Vgl. *Brandtner/Geiser*, DStR 2009, 1732, 1733.
5 BFH v. 28.6.2017- VIII R 57/14, BStBl 2017 II 1144.

falls in den Anwendungsbereich des § 15b EStG einbeziehen wollte. Erfasst werden sollen daher insbesondere solche Modelle, bei denen die negativen Einkünfte (Kapitaleinkünfte oder Einkünfte nach anderen Einkunftsarten) der tariflichen Einkommensteuer und die positiven Einkünfte als Kapitaleinkünfte dagegen dem Abgeltungsteuersatz unterliegen.

In der Praxis fand dies insbesondere auf solche Investitionen aus der Übergangszeit vor Einführung der Abgeltungsteuer, bei denen die negativen Einkünfte vor dem 1.1.2009 anfielen, während die positiven Kapitaleinkünfte nach dem 31.12.2008 entstanden, Anwendung. Die FinVerw schränkte allerdings die Vorschrift im Falle von festverzinslichen Wertpapieren auf solche ein, die nicht mit Eigenkapital finanziert, sondern mit Krediten erworben wurden.[1]

(Einstweilen frei)

X. Subsidiarität (§ 20 Abs. 8 EStG)

§ 20 Abs. 8 EStG stellt keinen eigenen Besteuerungstatbestand, sondern lediglich eine Zuordnungsvorschrift dar. Demnach sind Kapitalerträge, soweit sie zu Einkünften aus Land- und Forstwirtschaft, aus Gewerbebetrieb, aus selbständiger Arbeit oder aus Vermietung und Verpachtung gehören, jeweils diesen Einkunftsarten zuzurechnen. Erst wenn die erzielten Einkünfte nicht als Einkünfte gem. § 13, § 15, § 18 oder § 21 EStG qualifiziert werden können, begründet § 20 Abs. 8 EStG eine eigenständige Einkunftsart. Dieser Zuordnung kommt insbesondere dadurch Bedeutung zu, dass nur Einkünfte aus Kapitalvermögen gem. § 20 EStG der Abgeltungsteuer nach § 32d EStG unterliegen.

Die Abgrenzung zu Einkünften aus anderen Einkunftsarten ist aus der Wesensart der jeweiligen Einkunftsart zu treffen. Maßgebend ist die Einkunftsart, die im Vordergrund steht und die Beziehung zu den anderen Einkünften verdrängt.[2] Eine Zurechnung zu einer bestimmten Einkunftsart erfolgt, wenn die Einkünfte in wirtschaftlichem Zusammenhang mit anderen Einkünften erzielt werden.[3] Im Einzelnen gilt:

▶ **Abgrenzung zu Einkünften aus Gewerbebetrieb (§ 15 EStG):** Von einer gewerblichen Tätigkeit eines Stpfl. ist auszugehen, wenn dessen vermögensverwaltende Tätigkeit mit der entfalteten Tätigkeit eines Wertpapierhandelsunternehmens i.S.d. KWG vergleichbar ist.[4,5]

Besondere Bedeutung kommt der Zuordnung von Einkünften zu einzelnen Einkunftsarten nach § 20 Abs. 8 EStG im Bereich der Venture Capital und Private Equity Fonds zu, da hier eine Abgrenzung der privaten Vermögensverwaltung vom Gewerbebetrieb nicht pauschal vorgenommen werden kann. Nach ständiger Rechtsprechung[6] wird der Gewerbebetrieb in Ergänzung zu § 15 Abs. 2 EStG mit dem Vorliegen einer selbständigen, nachhaltigen Betätigung mit Gewinnerzielungsabsicht, die sich als Beteiligung am allgemeinen wirtschaftlichen Verkehr darstellt und die über eine reine vermögensverwaltende Tätigkeit hinausgeht, definiert. Von einer privaten Vermögensverwaltung ist hingegen auszugehen, wenn die Umschichtung von

---

1 Vgl. OFD Rheinland und OFD Münster v. 13.7.2010, DStR 2010, 1625.
2 BFH v. 21.4.1961 - VI 158/59 U, BStBl 1961 III 431; BFH v. 21.7.1981 - VIII R 154/76, BStBl 1982 II 37; BFH v. 19.10.1982 - VIII R 97/79, BStBl 1983 II 295.
3 BFH v. 8.4.1986 - VIII R 260/82, BStBl 1986 II 557.
4 BFH v. 30.7.2003 - X R 7/99, BStBl 2004 II 408.
5 BFH v. 14.11.1972 - VIII R 100/69, BStBl 1973 II 289.
6 Vgl. BFH v. 24.8.2011 - I R 46/10, BStBl 2014 II 764.

Vermögenswerten und die Verwertung der Vermögenssubstanz in den Vordergrund treten.[1] Die Rechtsprechung[2] hat folgende Merkmale entwickelt, deren Vorliegen für eine gewerbliche Tätigkeit spricht:

- Einsatz von Bankkrediten statt Anlage von Eigenkapital;
- Unterhaltung eines Büros oder einer Organisation zur Durchführung von Geschäften;
- Ausnutzung eines Markts unter Einsatz beruflicher Erfahrungen;
- Anbieten von Wertpapiergeschäften einer breiten Öffentlichkeit gegenüber oder Wertpapiergeschäfte auch auf Rechnung Dritter;
- Eigenes unternehmerisches Tätigwerden in den Portfolio-Gesellschaften.

458 Die FinVerw zieht die von der Rechtsprechung entwickelten Abgrenzungskriterien heran und stellt auf das Gesamtbild der Tätigkeit ab.[3]

- **Abgrenzung zu Einkünften aus selbständiger Tätigkeit (§ 18 EStG):** Liegt eine selbständige Tätigkeit des Stpfl. vor und gehört das Kapitalvermögen zum notwendigen oder gewillkürten Betriebsvermögen des Steuerpflichtigen, sind die Einnahmen aus Kapitalvermögen als Einnahmen aus einer selbständigen Tätigkeit gem. § 18 EStG zu erfassen. Die Beteiligung an einer Kapitalgesellschaft kann zum gewillkürten Betriebsvermögen gehören, sofern ein enger wirtschaftlicher Zusammenhang zwischen der selbständigen Tätigkeit und einer Beteiligung an einer Kapitalgesellschaft besteht.[4] Resultieren aus der Beteiligung an einer Kapitalgesellschaft Gewinnausschüttungen, sind diese den Betriebseinnahmen zuzuordnen.[5]

- **Abgrenzung zu Einkünften aus Vermietung und Verpachtung (§ 21 EStG):** Bei der Abgrenzung zu Einkünften aus Vermietung und Verpachtung ist davon auszugehen, dass Kapitaleinnahmen mit einem engen wirtschaftlichen Zusammenhang zu der Erzielung von Mieteinnahmen, wie z. B. **Bausparverträge** oder Abschlussgebühren für und Guthabenzinsen aus Bausparverträgen,[6] den Einkünften aus Vermietung und Verpachtung zugeordnet werden.[7] Gleiches gilt i. d. R. auch für Termingeschäfte bei Immobilienfinanzierungen, da derartige Geschäfte von den Stpfl. – wie bei den betrieblichen Einkünften – meist zu Absicherungszwecken (Absicherung von Darlehen, die der Finanzierung vermieteter Immobilien dienen) abgeschlossen werden;[8]

- **Abgrenzung zu Einkünften aus nichtselbständiger Arbeit (§ 19 EStG):** § 20 Abs. 8 Satz 1 EStG erwähnt ausdrücklich nur **eine** Subsidiarität von Einkünften aus Kapitalerträgen den Einkünften aus Land- und Forstwirtschaft, aus Gewerbebetrieb, aus selbständiger Arbeit und aus Vermietung und Verpachtung gegenüber. Demnach ist davon auszugehen, dass eine Subsidiarität gegenüber Einkünften aus nichtselbständiger Arbeit nicht besteht. Sofern es zu Überschneidungen zwischen diesen beiden Einkunftsarten kommt, ist

---

1 BFH v. 29.10.1998 - XI R 80/97, BStBl 1999 II 448.
2 Vgl. BFH v. 4.3.1980 - III R 150/76, BStBl 1980 II 389; BFH v. 6.3.1991 - X R 39/88, BStBl 1991 II 631; BFH v. 19.2.1997 - XI R 1/96, BStBl 1997 II 399; BFH v. 29.10.1998 - XI R 80/97, BStBl 1999 II 448.
3 BMF v. 16.12.2003, BStBl 2004 I 4.
4 Vgl. HHR/Buge, § 20 EStG Rz. 658.
5 BFH v. 14.11.1972 - VIII R 100/69, BStBl 1973 II 289.
6 BFH v. 9.11.1982 - VIII R 188/79, BStBl 1983 II 172; BFH v. 8.12.1992 - VIII R 78/89, BStBl 1993 II 301.
7 BFH v. 8.4.1986 - VIII R 260/82, BStBl 1986 II 557.
8 BMF v. 18.1.2016, BStBl 2016 I 85, Tz. 124.

maßgebend, welcher Veranlassungszusammenhang die Einkünfte dominiert.[1] So stellen Zinsen aus einem dem Arbeitgeber vom Arbeitnehmer gewährten Darlehen – vor allem wenn es zur Sicherung des Arbeitsplatzes dienen soll – Einkünfte aus nichtselbständiger Tätigkeit dar, wenn der Arbeitnehmer das Risiko des Darlehensverlusts aus beruflichen Gründen bewusst auf sich genommen hat. Berufliche Gründe können dann angenommen werden, wenn ein Außenstehender – insbesondere eine Bank – mit Rücksicht auf die Gefährdung der Darlehensforderung das Darlehen nicht gewährt hätte und die Darlehensgewährung primär durch das zugrundeliegende Arbeitsverhältnis motiviert ist.[2] Handelt es sich bei dem Arbeitnehmer um einen angestellten Gesellschafter oder Gesellschaftergeschäftsführer, so kann zur Bestimmung des Veranlassungszusammenhangs auch die Höhe der Kapitalbeteiligung herangezogen werden. So werden bei einer nicht nur geringfügigen Kapitalbeteiligung die aus der Darlehensgewährung resultierenden Zinsen oder die Tilgung aus einer Bürgschaftsverpflichtung den Einkünften aus Kapitalvermögen zugeordnet, da davon ausgegangen werden kann, dass die Darlehensgewährung durch das Kapitalbeteiligungsverhältnis motiviert ist.[3]

Nach dem durch das JStG 2009 eingeführten § 20 Abs. 8 Satz 2 EStG findet § 20 Abs. 4a EStG keine Anwendung, wenn die Kapitalerträge nach Satz 1 den anderen Einkunftsarten zuzurechnen sind. Durch diesen Ausschluss soll insbesondere sichergestellt werden, dass § 20 Abs. 4a EStG nur auf private Kapitalerträge Anwendung findet.[4]   459

(Einstweilen frei)   460–469

XI. Sparer-Pauschbetrag (§ 20 Abs. 9 EStG)

Erstmals für den VZ 1975[5] eingeführt, diente der Sparer-Freibetrag dazu, bestimmte Kapitalerträge steuerlich zu schonen und so einen besonderen Anreiz zur Bildung von Sparvermögen zu schaffen.[6] Zeitgleich wurde der Werbungskostenpauschbetrag von 150 DM auf 100 DM für Alleinstehende sowie von 300 DM auf 200 DM für Ehegatten herabgesetzt. Im Laufe der Jahre wurde die Höhe des Freibetrags mehrmals nach oben wie nach unten hin angepasst. So erfolgte z.B. durch das **ZinsabschlagG** v. 9.11.1992 eine starke Erhöhung des Freibetrags auf 6 000 DM bzw. 12 000 DM für Ehegatten. Seit dem VZ 2000 wurden die Freibeträge jedoch wieder kontinuierlich herabgesetzt (siehe → Rz. 4). Bis Ende 2008 konnte neben einem Sparer-Freibetrag i. H. v. 750 € (§ 20 Abs. 4 a. F.) eine Werbungskostenpauschale mit 51 € (§ 9a Nr. 2 a. F.) geltend gemacht werden. Diese beiden Freibeträge wurden mit Einführung der Abgeltungsteuer zum 1.1.2009 durch das **JStG 2009** v. 19.12.2008 zu einem einzigen Sparer-Pauschbetrag vereint.   470

---

1 BFH v. 31.10.1989 - VIII R 210/83, BStBl 1990 II 532; BFH v. 28.6.2007 - VI B 23/07, BFH/NV 2007, 1870 = NWB DokID: YAAAC-53684.
2 BFH v. 7.5.1993 - VI R 38/91, BStBl 1993 II 663; BFH v. 12.5.1995 - VI R 64/94, BStBl 1995 II 644.
3 BFH v. 20.12.1988 - VI R 55/84, BFH/NV 1990, 23 = NWB DokID: KAAAB-30513; BFH v. 14.5.1991 - VI R 48/88, BStBl 1991 II 758; BFH v. 25.11.2010 - VI R 34/08, BStBl 2012 II 24; BFH v. 16.11.2011 - I R 97/10, BStBl 2012 II 343, m.w.N.
4 BT-Drucks. 16/11108, 21.
5 BGBl 1975 I 1769.
6 BT-Drucks. 7/1470, 220.

1. Werbungskostenpauschbetrag und -abzugsverbot (§ 20 Abs. 9 Satz 1 EStG)

471 Bei der Ermittlung der Einkünfte aus Kapitalvermögen ist, soweit diese gem. § 32d Abs. 1 EStG der Abgeltungsteuer unterliegen, lediglich ein **Sparer-Pauschbetrag** i. H. v. 801 € als Werbungskosten in Abzug zu bringen. Minderjährige Kinder, die selbst Einkünfte erzielen, werden nicht ihren Eltern zugerechnet, sondern können selbst einen Sparer-Pauschbetrag in Anspruch nehmen, da sie selbst einkommensteuerpflichtig sind.[1] Sofern neben Kapitalerträgen, die der Abgeltungsteuer gem. § 32d Abs. 1 EStG unterliegen, auch Erträge nach § 32d Abs. 2 Nr. 2 EStG vorliegen, ist der Sparer-Pauschbetrag vorrangig von den Kapitalerträgen i. S. d. § 32d Abs. 2 Nr. 2 EStG in Abzug zu bringen.[2]

472 In zeitlicher Hinsicht findet der Sparer-Pauschbetrag auf Kapitalerträge, die nach dem 31. 12. 2008 zugeflossen sind, erstmalig Anwendung. Der Ansatz der tatsächlichen Werbungskosten ist aufgrund des gesetzlich normierten **Werbungskostenabzugsverbots** ausgeschlossen. Dies gilt insbesondere auch für (z. B. von Kreditinstituten einbehaltene) negative Einlagezinsen für die Überlassung von Kapital, da diese negativen Einlagezinsen keine Zinsen i. S. d. § 20 Abs. 1 Nr. 7 EStG darstellen (siehe → Rz. 105), sondern bei wirtschaftlicher Betrachtung vielmehr eine Art Verwahr- und Einlagegebühr darstellen,[3]

Da Werbungskosten in dem Jahr geltend zu machen sind, in dem sie auch geleistet wurden, fallen Werbungskosten, die nach dem 31. 12. 2008 getätigt worden sind, uneingeschränkt unter das Abzugsverbot des § 20 Abs. 9 EStG. Dies gilt unabhängig davon, ob die Werbungskosten mit Kapitalerträgen im Zusammenhang stehen, die vor diesem Zeitpunkt dem Stpfl. zugeflossen sind. Ein eventueller Zusammenhang mit Kapitalerträgen aus Vorjahren, in denen der Werbungskostenabzug noch uneingeschränkt möglich war, ist nach inzwischen herrschender finanzgerichtlicher Rechtsprechung unbeachtlich.[4] Entgegen einzelner Stimmen im Schrifttum[5] und in der erstinstanzlichen finanzgerichtlichen Rechtsprechung[6] spricht hierfür trotz des nicht hinreichend aufeinander abgestimmten Wortlauts der Übergangsvorschriften nach § 52 Abs. 2, Abs. 10 Satz 10 EStG a. F. und damit missverständlichen gesetzlichen Anordnung der Sinnzusammenhang beider Regelungen dafür, dass § 20 Abs. 9 EStG den Abzug sämtlicher ab 2009 abfließender Werbungskosten ausschließen sollte, unabhängig davon, ob diese durch vor oder nach dem 31. 12. 2008 zugeflossene Kapitalerträge veranlasst waren.[7] Den Ausschluss der Abzugsfähigkeit der tatsächlichen Werbungskosten rechtfertigt der Gesetzgeber damit, dass in den niedrigen Einkommensgruppen und bei niedrigen Kapitaleinnahmen eine Typisierung hinsichtlich der Höhe der Werbungskosten vorgenommen wird und bei den oberen Einkommensgruppen die Werbungskosten mit einem relativ niedrigen Proportionalsteuersatz von 25 % mit abgegolten werden.[8]

---

1 *Hamacher/Dahm* in Korn, § 20 EStG Rz. 454.
2 BMF v. 18. 1. 2016, BStBl 2016 I 85, Tz. 129.
3 BMF v. 18. 1. 2016, BStBl 2016 I 85, Tz. 129a.
4 BFH v. 9. 6. 2015 - VIII R 12/14, BStBl 2016 II 199; BFH v. 1. 7. 2014 - VIII R 53/12, BStBl 2014 II 975; BFH v. 2. 12. 2014 - VIII R 34/13, BStBl 2015 II 387; FG Rheinland-Pfalz v. 14. 12. 2011 - 2 K 1176/11, EFG 2012, 1146.
5 Vgl. *Meinert*, Nachträgliche Werbungskosten beim Systemwechsel zur Abgeltungsteuer, DB 2015, 890.
6 Niedersächsisches FG v. 22. 6. 2015 - 7 K 19/13 (hiergegen Rev.: BFH VIII R 41/15) mit Anm. *Neu*, EFG 2016, 641; Niedersächsisches FG v. 18. 2 2014 - 3 K 433/13, EFG 2014, 1479 (aufgehoben durch BFH v. 9. 6. 2015 - VIII R 12/14, BStBl 2016 II 199); FG Köln v. 17. 4. 2013 - 7 K 244/12 (aufgehoben durch BFH v. 2. 12. 2014 - VIII R 34/13, BStBl 2015, 387);
7 BFH v. 9. 6. 2015 - VIII R 12/14, BStBl 2016 II 199; *Faller/Schröder*, DB 2016, 1047.
8 BT-Drucks. 16/14841, 57.

Zur Verfassungsmäßigkeit des Werbungskostenabzugsverbots werden verschiedene Ansichten vertreten:

▶ Hauptanknüpfungspunkt für die hauptsächlich in der **steuerlichen Fachliteratur** geäußerte Kritik an der Verfassungsmäßigkeit des Werbungskostenabzugsverbots ist, dass dieses gegen das im Einkommensteuerrecht verankerte objektive Nettoprinzip verstößt.[1] Danach wird nicht das Roheinkommen, sondern das um die mit den Einnahmen in Zusammenhang stehenden Erwerbsaufwendungen geminderte Einkommen besteuert. Ob diesem Prinzip auch Verfassungsrang zukommt, hat das BVerfG in seiner ständigen Rechtsprechung bis jetzt offen gelassen. Eine Besteuerung erfolgt eigentlich nach der steuerlichen Leistungsfähigkeit. Die steuerliche Leistungsfähigkeit wird jedoch im Rahmen des § 20 Abs. 9 Satz 1 EStG gerade nicht berücksichtigt, da der Ansatz der tatsächlichen Werbungskosten ausgeschlossen ist und Kapitaleinnahmen mit dem Sparer-Pauschbetrag typisierend abgegolten werden.

▶ Die ständige **höchstfinanzgerichtliche Rechtsprechung** und die **FinVerw** gehen hingegen davon aus, dass der Ausschluss des Abzugs der tatsächlichen Werbungskosten verfassungsmäßig[2] und selbst – über die in § 32d Abs. 2 Nr. 1 EStG geregelten Fälle hinaus – ein Abzug der tatsächlichen Werbungskosten in Einzelfällen unzulässig sei. Dies gelte auch für den Ausschluss des Abzugs von Aufwendungen als Werbungskosten bei den Einkünften aus Kapitalvermögen, die im VZ 2009 – nach Inkrafttreten der Regelungen über die Abgeltungsteuer – entstanden sind, aber mit vor dem 1.1.2009 erzielten Kapitalerträgen zusammenhängen.[3] Insbesondere gebiete die Wahrung des Gleichheitssatzes aus Art. 3 Abs. 1 GG es nicht, den § 32d Abs. 6 Satz 1 EStG (Günstigerprüfung) dahin gehend verfassungskonform auszulegen, dass der Abzug von tatsächlich entstandenen Werbungskosten jedenfalls bei einem individuellen Steuersatz von unter 25 % möglich sein muss.[4] Begründet wird dies zum einen damit, dass die Günstigerprüfung nach § 32d Abs. 6 EStG weniger den Charakter einer nach der Intention des Gesetzes zwingenden sachlichen Ausnahme von der Anwendung des Abgeltungsteuersatzes habe, sondern eher als Billigkeitsmaßnahme zu verstehen sei, mit der Steuerpflichtige, deren Steuersatz noch niedriger liegt als 25 %, eine weitere Begünstigung erfahren. Diese solle aber nicht dazu führen, dass die derart Begünstigten vollumfänglich aus dem System der Abgeltungsteuer ausscheiden. Zum anderen sei diese Ungleichbehandlung innerhalb des Systems der Besteuerung der Einkünfte aus Kapitalvermögen durch den Vereinfachungs- und Pauschalierungszweck der Regelung in § 20 Abs. 9 Satz 1 EStG gerechtfertigt, der für den typischen Fall des Kleinanlegers über den Abzug des Sparer-Pauschbetrags auch im Fall der Günstigerprüfung zu einer realitätsgerechten Berücksichtigung der Aufwendungen führt.[5] Hat der Stpfl. allerdings bei Ansatz der tatsächlichen Werbungskosten gar keine Steuern zu zahlen und wird er durch den Sparer-Pauschbetrag unverhältnismäßig betroffen, müssen im Einzelfall Billigkeitserwägungen gem. § 163 AO, § 227 AO angestellt werden.[6]

---

1 Vgl. HHR/*Buge*, § 20 EStG Rz. 682.
2 BFH v. 1.7.2014 - VIII R 53/12, BStBl 2014 II 975; BFH v. 2.12.2014 - VIII R 34/13, BStBl 2015 II 387 erl. durch BVerfG v. 24.3.2016 - 2 BvR 878/15.
3 BFH v. 9.6.2015 - VIII R 12/14 BStBl 2016 II 199.
4 BFH v. 2.12.2014 - VIII R 34/13, BStBl 2015 II 387; FG Baden-Württemberg v. 17.12.2012, EFG 2013, 1041.
5 BFH v. 28.1.2015 - VIII R 13/13, BStBl 2015 II 393.
6 FG Thüringen v. 9.10.2013 - 3 K 1035/11, EFG 2014, 1305.

2. Ehegatten-Sparer-Pauschbetrag (§ 20 Abs. 9 Satz 2 bis 3 EStG)

474 Im Rahmen der Verschmelzung von Sparer-Freibetrag und Werbungskostenpauschale wurde auch der Sparer-Freibetrag i. H. v. 1 500 € gem. §§ 26, 26b EStG für gemeinsam veranlagte Eheleute aufgehoben. Sie können ab dem VZ 2009 einen Sparer-Pauschbetrag von 1 602 € geltend machen. Sofern Ehegatten nicht gemeinsam veranlagt werden, kann jeder von ihnen einen Sparer-Pauschbetrag von 801 € in Anspruch nehmen. Dies gilt insbesondere für dauerhaft getrennt lebende Ehegatten.[1]

475 Da gemeinsam veranlagte Ehegatten trotz gemeinsamer Veranlagung wie zwei Stpfl. behandelt werden, ist der gemeinsame Sparer-Pauschbetrag hälftig bei jedem Ehegatten abzuziehen. Kann ein Ehepartner seinen anteiligen Betrag von 801 € wegen fehlender Einnahmen überhaupt nicht oder nicht vollständig in Anspruch nehmen, wird der Sparer-Pauschbetrag des anderen Ehegatten gem. § 20 Abs. 9 Satz 3 2. Halbsatz EStG um den jeweils nicht ausgeschöpften Betrag erhöht. Diese Aufteilung der Veranlagung erfolgt entweder – sofern ein Freistellungsauftrag der Ehegatten vorliegt – über das zuständige Bankinstitut oder über das Finanzamt.[2] Gemeinsam veranlagte Ehegatten können entweder einen gemeinsamen oder jeder für sich einen Freistellungsauftrag stellen, wobei der gemeinsame Freistellungsauftrag sowohl für Gemeinschaftskonten wie auch für Konten oder Depots, die auf den Namen nur eines Ehegatten geführt werden, gilt.[3] Im Falle einer Trennung können die Ehegatten für das Kalenderjahr der Trennung noch einen gemeinsamen Freistellungsauftrag stellen. Für die nachfolgenden Jahre dürfen nur einzelne Freistellungsaufträge gestellt werden. Ein gemeinsam gestellter Freistellungsauftrag für Gemeinschaftskonten verliert mit dem Tod eines Ehegatten seine Wirkung. Diese Wirkung tritt ebenfalls für Konten und Depots, die auf den Namen des verstorbenen Ehegatten lauten, ein.

476 Die Regelung über die Höhe des Sparer-Pauschbetrags für gemeinsam veranlagte Ehegatten findet auch auf Lebenspartner einer eingetragenen Lebenspartnerschaft Anwendung.[4]

3. Begrenzung des Sparer-Pauschbetrags (§ 20 Abs. 9 Satz 4 EStG)

477 Eine betragsmäßige Begrenzung der Sparer-Pauschbeträge findet durch Abs. 9 Satz 4 statt. Demnach dürfen die Sparer-Pauschbeträge nicht höher sein als die nach Abs. 6 verrechneten Einkünfte, so dass durch den Sparer-Pauschbetrag keine negativen Kapitaleinkünfte begründet werden.

---

1 Vgl. HHR/*Buge*, § 20 EStG Rz. 685.
2 Vgl. HHR/*Buge*, § 20 EStG Rz. 686.
3 OFD Frankfurt/M. v. 8. 10. 2013, NWB DokID: PAAAE-50862, Tz. 5.
4 Erstmals eingeführt durch BMF v. 31. 7. 2013, BStBl 2013 I 940, Tz. 2.

f) Vermietung und Verpachtung (§ 2 Absatz 1 Satz 1 Nummer 6 EStG)

§ 21 Einkünfte aus Vermietung und Verpachtung

(1)[1] ¹Einkünfte aus Vermietung und Verpachtung sind

1. Einkünfte aus Vermietung und Verpachtung von unbeweglichem Vermögen, insbesondere von Grundstücken, Gebäuden, Gebäudeteilen, Schiffen, die in ein Schiffsregister eingetragen sind, und Rechten, die den Vorschriften des bürgerlichen Rechts über Grundstücke unterliegen (z. B. Erbbaurecht, Mineralgewinnungsrecht);
2. Einkünfte aus Vermietung und Verpachtung von Sachinbegriffen, insbesondere von beweglichem Betriebsvermögen;
3. Einkünfte aus zeitlich begrenzter Überlassung von Rechten, insbesondere von schriftstellerischen, künstlerischen und gewerblichen Urheberrechten, von gewerblichen Erfahrungen und von Gerechtigkeiten und Gefällen;
4. Einkünfte aus der Veräußerung von Miet- und Pachtzinsforderungen, auch dann, wenn die Einkünfte im Veräußerungspreis von Grundstücken enthalten sind und die Miet- oder Pachtzinsen sich auf einen Zeitraum beziehen, in dem der Veräußerer noch Besitzer war.

²§§ 15a und 15b sind sinngemäß anzuwenden.

(2) ¹Beträgt das Entgelt für die Überlassung einer Wohnung zu Wohnzwecken weniger als 66 Prozent der ortsüblichen Marktmiete, so ist die Nutzungsüberlassung in einen entgeltlichen und einen unentgeltlichen Teil aufzuteilen. ²Beträgt das Entgelt bei auf Dauer angelegter Wohnungsvermietung mindestens 66 Prozent der ortsüblichen Miete, gilt die Wohnungsvermietung als entgeltlich.

(3) Einkünfte der in den Absätzen 1 und 2 bezeichneten Art sind Einkünften aus anderen Einkunftsarten zuzurechnen, soweit sie zu diesen gehören.

Inhaltsübersicht	Rz.
A. Allgemeine Erläuterungen	1 - 10
I. Normzweck und wirtschaftliche Bedeutung der Vorschrift	1
II. Entstehung und Entwicklung der Vorschrift	2
III. Geltungsbereich	3 - 10
B. Systematische Kommentierung	11 - 195
I. Tatbestandsmerkmale/-voraussetzungen	11 - 100
1. Begriff der Vermietung und Verpachtung	11 - 15
2. Abgrenzung zu entgeltlichen Verwertungsvorgängen	16 - 24
3. Einkünfteerzielungsabsicht	25 - 55
a) Allgemeines	25 - 30
b) Auf Dauer angelegte Vermietung von Wohnungen	31 - 44
c) Prüfung der Einkünfteerzielungsabsicht im Einzelfall	45 - 55
4. Zurechnung der Einkünfte	56 - 80
a) Allgemeine Grundsätze	56 - 59

---

1 **Anm. d. Red.:** Zur Anwendung des § 21 Abs. 1 siehe § 52 Abs. 29.

	b) Personenmehrheiten und -gesellschaften	60 - 69
	c) Nießbrauch	70 - 80
5.	Sonderfall: Mietverträge zwischen Angehörigen	81 - 100
	a) Allgemeine Grundsätze	82 - 85
	b) Fremdüblichkeit der Vermietung	86 - 90
	c) Nichtvorliegen eines Gestaltungsmissbrauchs (§ 42 AO)	91 - 100
II.	Gegenstand der Vermietung und Verpachtung (§ 21 Abs. 1 Satz 1 EStG)	101 - 114
1.	Vermietung und Verpachtung von unbeweglichem Vermögen (§ 21 Abs. 1 Nr. 1 EStG)	101
2.	Vermietung und Verpachtung von Sachinbegriffen (§ 21 Abs. 1 Satz 1 Nr. 2 EStG)	102
3.	Überlassung von Rechten (§ 21 Abs. 1 Satz 1 Nr. 3 EStG)	103 - 106
4.	Veräußerung von Miet- und Pachtzinsforderungen (§ 21 Abs. 1 Satz 1 Nr. 4 EStG)	107 - 114
III.	Ermittlung der Einkünfte aus Vermietung und Verpachtung	115 - 149
1.	Einnahmen aus VuV	116 - 124
2.	Werbungskosten	125 - 149
	a) Allgemeines	125 - 134
	b) Vorab entstandene Werbungskosten	135 - 138
	c) Nachträgliche Werbungskosten	139 - 142
	d) Einzelfälle	143 - 149
IV.	Teilweise unentgeltlich überlassene Wohnung (§ 21 Abs. 2 EStG)	150 - 165
1.	Überblick	150 - 154
2.	Tatbestandsvoraussetzungen	155 - 159
3.	Rechtsfolgen	160 - 165
V.	Verhältnis der Einkunftsarten zueinander (§ 21 Abs. 3 EStG)	166 - 175
1.	Verhältnis zu Gewinneinkunftsarten	167
2.	Verhältnis zu § 19 EStG	168
3.	Verhältnis zu § 20 EStG	169
4.	Verhältnis zu § 22 EStG	170 - 175
VI.	Sinngemäße Anwendung der §§ 15a und 15b EStG (§ 21 Abs. 1 Satz 2 EStG)	176 - 195
1.	§ 15a EStG	177 - 184
2.	§ 15b EStG	185 - 195
C.	Verfahrensfragen	196 - 197

HINWEIS:

R 21.1 – R 21.6 EStR; H 21.1 – H 21.7 EStH; BMF v. 8.10.2004, BStBl 2004 I 933; BMF v. 30.9.2013, BStBl 2013 I 1184; BMF v. 27.7.2015, BStBl 2015 I 581; BMF v. 16.5.2017, BStBl 2017 I 775.

LITERATUR:

▶ Weitere Literatur siehe Online-Version

Stein, Rechtsfolgen verbilligter Wohnraumvermietung, DStZ 2012, 19; *ders.*, Aktuelle Rechtsprechung zum Leerstand von Wohnimmobilien, SteuK 2013, 353 ff.; *Schallmoser*, Berücksichtigung nachträglicher Schuldzinsen bei den Einkünften aus Vermietung und Verpachtung, SteuK 2013, 115 ff.; *Hilbertz*, Nachträgliche Schuldzinsen bei Vermietung und Verpachtung, NWB 2014, 1934; *Paus*, Nachträgliche Schuldzinsen: Unterbrechung des Veranlassungszusammenhangs bei Wegfall der Vermietungsabsicht, DStZ 2014, 580 ff.; *Schmidt*, Fahrten zum Mietobjekt unter Berücksichtigung des neuen Reisekostenrechts, NWB 2014, 782 ff.; *Schmitz-Herscheidt*, Die Surrogationsbetrachtung des BFH beim Schuldzinsabzug nach nicht steuerbarer Veräußerung einer zuvor vermieteten Immobilie, FR 2014, 625 ff.; *Mayr*, Einkunftserzielungsabsicht bei Einkünften aus Vermietung und Verpachtung, SteuK 2015, 49 ff.; *Engelberth*, Behandlung nachträglicher Schuldzinsen, NWB 2016, 20; *Holste genannt Göcke*, Die sinngemäße Anwendung von § 15a EStG, DStR 2016, 1246; *Kußmaul/Kloster*, Sharing Economy: Versteuerung der privaten Wohnraum(unter)vermietung im Zwielicht?, DStR 2016, 1280; *L'habitant*, Ferienimmobilien im Fokus der Finanzverwaltung, NWB 2017, 3490; *Götz*, Zuwendungsnießbrauch bei Grundvermögen, NWB-EV 2018, 191; *Demuth/Haag*, Der Nießbrauch als Mittel des Vermögenserhalts und der Vermögensoptimierung, NWB-EV 2018, 228; *Schmitz-Herscheidt*, Nachträgliche Schuldzinsen bei Vermietung, NWB 2018, 1556; *Rukaber*, Verbilligte Überlassung einer möblierten Wohnung, NWB 2018, 2462; *Paus*, Schuldzinsenabzug nach Verkauf des Grundstücks, EStB 2018, 220; *ders.*, Vorfälligkeitsentschädigung bei Vermietungseinkünften, EStB 2018, 252; *Günther*, Ertragsteuerliche Folgen bei Schenkungen im Grundstücksbereich, ErbStB 2018, 223..

ARBEITSHILFEN UND GRUNDLAGEN ONLINE:

Engelberth, Schuldzinsen als nachträgliche Werbungskosten bei Vermietung und Verpachtung, NWB DokID: BAAAF-46306; *Hilbertz*, Einkünfteerzielung bei Vermietung und Verpachtung, NWB DokID: FAAAE-40149; Einkünfteerzielungsabsicht Vermietung und Verpachtung: Prognoseberechnung, Berechnungsprogramm, NWB DokID: OAAAE-77608; *Lemke*, Nießbrauch am Mehrfamilienhaus (Zuwendungsnießbrauch), NWB DokID: DAAAF-69257; *Meier*, Vermietung und Verpachtung: Werbungskosten Interaktive Checkliste zur Erfassung der berücksichtigungsfähigen Aufwendungen, NWB DokID: HAAAE-57359; *Merker*, Einkünfteerzielungsabsicht bei Vermietung und Verpachtung: Leitfaden mit Prüfschema und Muster für Prognoseberechnung, Übersicht, NWB DokID: TAAAE-70804; *Trossen*, Entfernungspauschale bei den Einkünften aus Vermietung und Verpachtung?, NWB 2016, 1256.

A. Allgemeine Erläuterungen

I. Normzweck und wirtschaftliche Bedeutung der Vorschrift

§ 21 EStG erfasst die Einkünfte aus der **entgeltlichen Nutzungsüberlassung** von Gegenständen des **Privatvermögens**. § 21 Abs. 1 EStG unterscheidet insoweit zwischen der Überlassung unbeweglichen Vermögens und grundstücksgleicher Rechte (§ 21 Abs. 1 Satz 1 Nr. 1 EStG), der Überlassung einer Gesamtheit beweglicher Gegenstände (§ 21 Abs. 1 Satz 1 Nr. 2 EStG; die Vermietung einzelner beweglicher Sachen richtet sich nach § 22 Nr. 3 EStG) und der Überlassung von sonstigen Rechten (§ 21 Abs. 1 Satz 1 Nr. 3 EStG). Für den Fall, dass Miet- und Pachtzinsforderungen im Rahmen eines Veräußerungspreises realisiert werden, enthält § 21 Abs. 1 Satz 1 Nr. 4 EStG einen Surrogationstatbestand. § 21 Abs. 2 EStG enthält besondere Vorschriften für Fälle einer teilentgeltlichen Überlassung von Wohnraum. Das Verhältnis zu anderen Einkunftsarten wird in § 21 Abs. 3 EStG im Sinne einer Subsidiarität des § 21 EStG geregelt.

1

II. Entstehung und Entwicklung der Vorschrift

Der Tatbestand des § 21 EStG entspricht seiner Struktur nach im Wesentlichen den Regelungen, die bereits das EStG 1925 vorsah; seit dem EStG 1934 ist die Einkunftsart VuV in § 21 EStG geregelt.[1] Die früher im Gesetz vorgesehene „Nutzwertbesteuerung" (§ 21 Abs. 2 Satz 1 EStG a. F.) war im Grundsatz letztmalig für den VZ 1986 anzuwenden, in Ausnahmefällen im Rahmen einer Übergangsregelung bis zum VZ 1998.[2] Änderungen des § 21 EStG in der jüngeren Vergangenheit betrafen die Aufnahme des Verweises auf § 15b EStG in § 21 Abs. 2 Satz 1 EStG[3] sowie Änderungen der Bestimmungen zur verbilligten Überlassung von Wohnraum

2

---

[1] Zur Rechtsentwicklung vgl. ausf. HHR/*Pfirrmann*, § 21 EStG Rn. 2 ff.
[2] Vgl. hierzu HHR/*Pfirrmann*, § 21 EStG Rz. 300 („Nutzwertbesteuerung").
[3] Gesetz zur Beschränkung der Verlustverrechnung im Zusammenhang mit Steuerstundungsmodellen v. 22.12.2005, BStBl 2006 I 80.

(§ 21 Abs. 2 EStG); insoweit wurde zuletzt die Grenze, ab der trotz Unterschreitung der ortsüblichen Miete eine vollentgeltliche Vermietung anzunehmen ist, von 56 % auf 66 % angehoben.[1]

III. Geltungsbereich

3 Die in § 21 Abs. 1 EStG genannten Einkünfte sind in **sachlicher** Hinsicht nur dann solche aus VuV, soweit sie nicht zu einer anderen Einkunftsart gehören (§ 21 Abs. 3 EStG; s. hierzu → Rz. 166 ff.). § 21 EStG erfasst daher insbes. nur die Überlassung von Gegenständen des **Privatvermögens**.[2] Dementsprechend kommt eine Erzielung von Einkünften gem. § 21 EStG durch unbeschränkt Stpfl. i. S. d. § 1 Abs. 1 Nr. 1 bis 3 KStG, die ausschließlich gewerbliche Einkünfte i. S. d. § 15 EStG erzielen (§ 8 Abs. 2 KStG), nicht in Betracht. Andere Körperschaftsteuersubjekte, z. B. rechtsfähige Stiftungen des privaten Rechts (§ 1 Abs. 1 Nr. 5 KStG), können hingegen Einkünfte aus VuV erzielen.

4 In **persönlicher** Hinsicht gilt § 21 EStG für unbeschränkt und beschränkt (§ 49 Abs. 1 Nr. 6 EStG) stpfl. natürliche und juristische Personen sowie aus diesen Personen bestehende Personenmehrheiten.[3] Bei unbeschränkter Steuerpflicht erfasst der Tatbestand des § 21 EStG auch die Überlassung von **im Ausland belegenen Gegenständen**. Das Besteuerungsrecht hinsichtlich der erzielten Einkünfte wird im Rahmen der DBA aber regelmäßig ausschließlich dem Belegenheitsstaat zugeordnet, die Freistellung im Inland erfolgt – mit Ausnahme der aus einem EU-/EWR-Staat stammenden Einkünfte (§ 32b Abs. 1 Satz 2 Nr. 3 EStG) – grds. unter Progressionsvorhalt (§ 32b Abs. 1 Satz 1 Nr. 3 EStG).[4] In Bezug auf negative Einkünfte aus der Vermietung und Verpachtung von unbeweglichem Vermögen oder von Sachinbegriffen, die in einem Drittstaat belegen sind, sind die Verlustabzugsbeschränkungen gem. § 2a Abs. 1 Satz 1 Nr. 6 Buchst. a EStG zu beachten.[5] Werden im Rahmen der beschränkten Steuerpflicht Einkünfte aus der zeitlich befristeten Überlassung von Rechten (§ 21 Abs. 1 Satz 1 Nr. 3 EStG) erzielt, wird die Einkommensteuer im Wege des Steuerabzugs erhoben (§ 50a Abs. 1 Nr. 3 EStG).

5–10 *(Einstweilen frei)*

B. Systematische Kommentierung

I. Tatbestandsmerkmale/-voraussetzungen

1. Begriff der Vermietung und Verpachtung

11 Den objektiven Tatbestand der Einkunftsart VuV verwirklicht, wer einem anderen eines der in § 21 Abs. 1 EStG genannten Wirtschaftsgüter entgeltlich auf Zeit zum Gebrauch oder zur Nutzung überlässt und in diesem Zusammenhang Träger der Rechte und Pflichten aus einem Miet- oder Pachtvertrag ist; entscheidend ist nach der Rspr. die „wirtschaftliche Dispositionsbefugnis" über das Mietobjekt.[6] Auf das zivilrechtliche Eigentum oder das wirtschaftliche Ei-

---

1 StVereinfG 2011 v. 1. 11. 2011, BStBl 2011 I 986.
2 Vgl. auch *Nacke* in Littmann/Bitz/Pust, § 21 EStG Rz. 1.
3 Vgl. *Schallmoser* in Blümich, § 21 EStG Rz. 26.
4 Vgl. hierzu auch KKB/Egner/Quinten, § 32b EStG Rz. 27 ff.
5 Vgl. hierzu KKB/G. Kraft, § 2a EStG Rz. 80 ff.
6 BFH v. 21. 1. 2014 - IX R 10/13, BFH/NV 2014, 836 = NWB DokID: PAAAE-61353.

gentum im steuerlichen Sinne (§ 39 AO) am Vermietungsobjekt kommt es nicht an.[1] Da es auch nicht auf die Berechtigung zur Vermietung ankommt,[2] ist letztlich die wirtschaftliche Dispositionsmöglichkeit ausreichend. Weil begrifflich eine **Nutzungsüberlassung auf Zeit** vorausgesetzt ist, wird die Veräußerung des vermieteten Gegenstands als „letzter Akt der Nutzung" nicht erfasst.

Die Einkünfte werden im Grundsatz durch Ermittlung des Überschusses der Einnahmen (§ 8 EStG) über die Werbungskosten (§ 9 EStG) ermittelt (§ 2 Abs. 1 Satz 1 Nr. 6 i.V.m. § 2 Abs. 2 Satz 1 Nr. 2 EStG), wobei die in § 21 EStG angeordneten Besonderheiten (§ 21 Abs. 1 Satz 2 EStG i.V.m. § 15a EStG und § 15b EStG sowie § 21 Abs. 2 EStG) zu berücksichtigen sind.

(Einstweilen frei)

2. Abgrenzung zu entgeltlichen Verwertungsvorgängen

§ 21 EStG erfasst nur die zeitlich begrenzte Nutzungsüberlassung, nicht hingegen die Aufgabe der Vermögenssubstanz gegen Entgelt.[3] Die Veräußerung eines ursprünglich zur Erzielung von Einkünften gem. § 21 EStG bestimmten Gegenstands des Privatvermögens unterliegt lediglich unter den Voraussetzungen der § 22 Nr. 2, § 23 EStG der Einkommensteuer.[4] § 21 und § 23 EStG schließen sich wechselseitig aus.[5] Ob eine von § 21 EStG erfasste Nutzungsüberlassung oder ein Veräußerungsgeschäft vorliegt, richtet sich nicht nach der zivilrechtlichen Qualifikation des zugrundeliegenden Sachverhalts, sondern nach wirtschaftlichen Gesichtspunkten.[6]

Relevant wird die Abgrenzung z. B. bei **Mietkauf-Geschäften**. Werden mietvertragliche und kaufvertragliche Elemente verbunden, ist entscheidend, ob es sich bei den vereinbarten Mietzahlungen dem wirtschaftlichen Gehalt nach um Kaufpreisraten handelt.[7] Ähnlich erfolgt eine Abgrenzung bei **Leasingverträgen**. Insbes. in den Fällen, in denen das wirtschaftliche Eigentum (§ 39 AO) am Leasinggut dem Leasingnehmer zuzuordnen ist,[8] dürfte von einem Veräußerungsgeschäft auszugehen sein.[9]

Eine Abgrenzung kann ferner bei sog. **Substanzausbeuteverträgen**[10] relevant werden, z. B. bei Gestattung der Hebung eines Bodenschatzes. Entscheidend ist aus steuerlicher Sicht, ob sich der Sachverhalt als Überlassung zur Fruchtgewinnung (§ 21 EStG) oder als Übertragung des überlassenen Gegenstands/Rechts darstellt (nicht von § 21 EStG erfasster Veräußerungsvorgang).[11] Wird das Grundstück nur vorübergehend zu diesem Zweck überlassen, ohne dass eine endgültige Übertragung des Grundstückseigentums erfolgt, so ist von einer Nutzungsüberlassung i. S. d. § 21 EStG auszugehen, unabhängig von der Bezeichnung des zugrundeliegenden

---

1 BFH v. 15. 5. 1990 - IX R 21/86, BStBl 1992 II 67; BFH v. 24. 4. 1990 - IX R 9/86, BStBl 1990 II 888.
2 Vgl. *Schallmoser* in Blümich, § 21 EStG Rz. 42, m.w. N.
3 BFH v. 4. 9. 1996 - XI R 20/96, BFH/NV 1997, 336 = NWB DokID: DAAAB-38680.
4 BFH v. 27. 7. 2004 - IX R 44/01, BFH/NV 2005, 188 = NWB DokID: YAAAB-36518.
5 Vgl. *Mellinghoff* in Kirchhof, § 21 EStG Rz. 5.
6 Vgl. *Kulosa* in Schmidt, § 21 EStG Rz. 5.
7 Vgl. *Mellinghoff* in Kirchhof, § 21 EStG Rz. 7.
8 BMF v. 9. 1. 1996, BStBl 1996 I 9; BMF v. 23. 12. 1991, BStBl 1992 I 13; BMF v. 9. 6. 1987, BStBl 1987 I 440.
9 Vgl. *Mellinghoff* in Kirchhof, § 21 EStG Rz. 7.
10 Vgl. hierzu BFH v. 11. 2. 2014 - IX R 26/13, BFH/NV 2014, 1510 = NWB DokID: SAAAE-70690; BFH v. 28. 9. 2010 - IX B 65/10, BFH/NV 2011, 43 = NWB DokID: KAAAD-55608.
11 BFH v. 11. 2. 2014 - IX R 26/13, BFH/NV 2014, 1510 = NWB DokID: SAAAE-70690.

schuldrechtlichen Geschäfts.[1] Eine Nutzungsüberlassung ist auch gegeben bei Aufspaltung von Verkauf und Rückübertragung in zwei getrennte Verträge, die bei wirtschaftlicher Betrachtung aber eine Einheit darstellen.[2] Ausbeuteverträge können nur in besonderen Ausnahmefällen als Veräußerungsvorgänge angesehen werden, z. B. bei einem zeitlich begrenzten Abbau und der Lieferung einer festbegrenzten Menge an Bodensubstanz.[3] Ob im Einzelfall eine von § 21 EStG erfasste Nutzungsüberlassung oder ein Veräußerungsvorgang vorliegt, hat das Finanzgericht als Tatsacheninstanz zu ermitteln und zu beurteilen, unter Berücksichtigung des Gesamtbildes der Verhältnisse des Einzelfalls und des wirklichen Willens der Beteiligten.[4]

19 Kein Entgelt für eine Nutzungsüberlassung ist ferner im Fall von Zahlungen für die Belastung eines Grundstücks oder als Entgelt für einen sonstigen dauernden **Rechtsverlust im Vermögensbereich** gegeben. So ist die Hinnahme einer Gebrauchsminderung eines Grundstücks, ohne dass einem Dritten eine Nutzung eingeräumt wird, keine Nutzungsüberlassung i. S. d. § 21 EStG.[5] Entscheidend ist, ob sich das gezahlte Entgelt bei wirtschaftlicher Betrachtung noch als Gegenleistung für die Grundstücksnutzung darstellt,[6] wie es wohl auch im Fall der Einräumung einer zeitlich befristeten **Grunddienstbarkeit** gegen Entgelt der Fall ist.[7] Der im Zusammenhang mit einem **Erbbaurecht** vereinnahmte Erbbauzins führt ebenfalls zu Einkünften gem. § 21 EStG; dies gilt auch für die Vereinnahmung einer Einmalzahlung als Entgelt für die Bestellung des Erbbaurechts.[8] Einkünfte gem. § 21 EStG kann auch derjenige erzielen, dem ein Erbbaurecht nur durch schuldrechtliche Vereinbarung überlassen wurde.[9]

20–24 *(Einstweilen frei)*

3. Einkünfteerzielungsabsicht

a) Allgemeines

25 Entsprechend der für alle Einkunftsarten geltenden allgemeinen Grundsätze[10] fällt auch eine Vermietungstätigkeit nur dann unter die Einkunftsart VuV, wenn der Vermieter mit Einkünfteerzielungsabsicht handelt (Abgrenzung zur einkommensteuerrechtlich irrelevanten „Liebhaberei").[11] Der vermietende Stpfl. muss hierzu die Absicht haben, auf Dauer einen Totalüberschuss der Einnahmen über die Werbungskosten zu erwirtschaften; nichtsteuerbare Veräußerungsgewinne bleiben dabei unberücksichtigt.[12] Die Einkünfteerzielungsabsicht ist eine innere Tatsache, die nur anhand äußerer Umstände beurteilt werden kann; aus den objektiven Um-

---

1 Vgl. nur BFH v. 6. 5. 2003 - IX R 64/98, BFH/NV 2003, 1175 = NWB DokID: JAAAA-71596; BFH v. 21. 7. 1993 - IX R 9/89, BStBl 1994 II 231.
2 BFH v. 24. 11. 1992 - IX R 30/88, BStBl 1993 II 296.
3 BFH v. 11. 2. 2014 - IX R 26/13, BFH/NV 2014, 1510 = NWB DokID: SAAAE-70690; BFH v. 24. 10. 2012 - IX R 6/12, BFH/NV 2013, 907 = NWB DokID: LAAAE-34685.
4 BFH v. 11. 2. 2014 - IX R 26/13, BFH/NV 2014, 1510 = NWB DokID: SAAAE-70690.
5 BFH v. 12. 9. 1985 - VIII R 306/81, BStBl 1986 II 252.
6 BFH v. 17. 5. 1995 - X R 64/92, BStBl 1995 II 640.
7 BFH v. 19. 4. 1994 - IX R 19/90, BStBl 1994 II 640. Etwas anderes gilt bei unbefristeter Beschränkung der Eigentümerrechte; vgl. BFH v. 2.7.2018 - IX R 31/16, BStBl 2018 II 759 zur Überspannung durch Hochspannungsleitung.
8 BFH v. 20. 9. 2006 - IX R 17/04, BStBl 2007 II 112; vgl. auch *Kulosa* in Schmidt, § 21 EStG Rz. 7.
9 BFH v. 19. 2. 2013 - IX R 31/11, BFH/NV 2013, 1075 = NWB DokID: UAAAE-35709.
10 Vgl. hierzu BFH v. 25. 6. 1984 - GrS 4/82, BStBl 1984 II 751; zum dogmatischen Hintergrund vgl. auch *Birk*, BB 2009, 860 ff.; ausführlich *Escher*, Steuerliche Liebhaberei, 18 ff.; vgl. auch KKB/Kanzler, § 2 EStG Rz. 61 ff.
11 Vgl. hierzu *Spindler*, DB 2007, 185 ff.; *Heuermann*, DStZ 2010, 825 ff.; Leitfaden betr. Einkunftserzielung bei VuV, BayLfSt v. 1. 6. 2015, NWB DokID: BAAAE-97236.
12 BFH v. 30. 9. 1997 - IX R 80/94, BStBl 1998 II 771; BFH v. 25. 6. 1984 - GrS 4/82, BStBl 1984, 751, 766 f.

ständen muss auf das Vorliegen oder Fehlen der Absicht geschlossen werden.[1] Die objektive Beweislast (Feststellungslast) für das Vorliegen der Einkünfteerzielungsabsicht trägt im Zweifel der Stpfl.[2]

In subjektiver Hinsicht kommt es im Grundsatz auf die **individuelle Einkünfteerzielungsabsicht** desjenigen Stpfl. an, der den Tatbestand des § 21 EStG erfüllt. Vor diesem Hintergrund kann dem Stpfl. nach dem entgeltlichen Erwerb eines vermieteten Objekts nicht die Einkünfteerzielungsabsicht seines Rechtsvorgängers zugerechnet werden, sondern diese ist für den Erwerber neu zu beurteilen.[3] Ebenso sollen im Fall einer unentgeltlichen Rechtsnachfolge langjährige Verluste des Erblassers nicht in eine Überschussprognose zwecks Prüfung der Einkünfteerzielungsabsicht der Erben einzubeziehen sein.[4] Die Einkünfteerzielung durch einen unentgeltlichen Rechtsnachfolger ist nach der Rspr. des BFH aber im Rahmen einer Totalerfolgsprognose zur Prüfung der Einkünfteerzielungsabsicht des Rechtsvorgängers einzubeziehen.[5] Bei **Personengesellschaften** mit Einkünften gem. § 21 EStG muss die Einkünfteerzielungsabsicht sowohl auf Ebene der Gesellschaft als auch auf Ebene des einzelnen Gesellschafters gegeben sein.[6] Auf Gesellschafterebene kann die Einkünfteerzielungsabsicht z. B. im Fall einer nur befristeten Beteiligung an der Gesellschaft zu verneinen sein.[7]

26

In sachlicher Hinsicht erfolgt die Prüfung der Einkünfteerzielungsabsicht stets **objektbezogen**.[8] Werden mehrere Objekte oder mehrere auf einem Grundstück gelegene Gebäudeteile getrennt voneinander aufgrund verschiedener Rechtsverhältnisse vermietet, so ist jedes Mietverhältnis für sich zu beurteilen und die Einkünfteerzielungsabsicht für jedes einzelne Objekt zu prüfen.[9] Ist hingegen das Grundstück als solches Gegenstand der Vermietung, so wird durch den Abbruch eines Gebäudes die Einkünfteerzielungsabsicht nicht beseitigt, wenn das Grundstück mit neuer Bebauung dauerhaft zur Vermietung genutzt werden soll.[10]

27

Der Entschluss zur Einkünfteerzielung muss **endgültig gefasst** und darf nicht zwischenzeitlich wieder aufgegeben worden sein.[11] Bei einem länger andauernden **Leerstand** ist insoweit zu differenzieren.[12] Nach einer ursprünglich auf Dauer angelegten Vermietung steht ein länger andauernder Leerstand einer Wohnung der Annahme einer fortbestehenden Einkünfteerzielungsabsicht nicht entgegen, wenn den Umständen nach ernsthafte und nachhaltige **Vermietungsbemühungen** des Stpfl. feststellbar sind; Werbungskosten bleiben während dieses Zeit-

28

---

1 BFH v. 5. 9. 2000 - IX R 33/97, BStBl 2000 II 676, m. w. N.
2 BFH v. 9. 7. 2002 - IX R 57/00, BStBl 2003 II 695, m. w. N.
3 BFH v. 22. 1. 2013 - IX R 13/12, BStBl 2013 II 533.
4 FG Niedersachsen v. 27. 3. 2009 - 1 K 11543/05, EFG 2010, 937, rkr.
5 BFH v. 6. 11. 2001 - IX R 97/00, BStBl 2002 II 726; vgl. auch BMF v. 8. 10. 2004, BStBl 2004 I 933, Tz. 34; unter Berücksichtigung des Grundsatzes der Individualbesteuerung fragwürdig, vgl. *Escher*, Steuerliche Liebhaberei, 180 ff.
6 BFH v. 8. 12. 1998 - IX R 49/95, BStBl 1999 II 468; BFH v. 21. 11. 2000 - IX R 2/96, BStBl 2001 II 789; BFH v. 25. 9. 2009 - IX R 76/07, BFH/NV 2009, 1268 = NWB DokID: QAAAD-24090.
7 BFH v. 5. 9. 2000 - IX R 33/97, BStBl 2000 II 676.
8 BFH v. 13. 1. 2015 - IX R 46/13, BFH/NV 2015, 668, m. w. N. = NWB DokID: VAAAE-86105.
9 BFH v. 21. 1. 2014 - IX R 37/12, BStBl 2015 II 631; BFH v. 12. 5. 2009 - IX R 18/08, BFH/NV 2009, 1627 = NWB DokID: GAAAD-27728.
10 BFH v. 19. 12. 2007 - IX R 50/07, BFH/NV 2008, 1111 = NWB DokID: TAAAC-80287.
11 BFH v. 12. 5. 2009 - IX R 18/08, BFH/NV 2009, 1627 = NWB DokID: GAAAD-27728. Ein Scheitern der Investition darf bei Entschlussfassung zudem nicht absehbar sein; vgl. BFH v. 6. 9. 2016 - IX R 19/15, BFH/NV 2017, 19 = NWB DokID: UAAAE-87349.
12 Vgl. hierzu ausf. *Schallmoser*, SteuK 2013, 353 ff.

raums abziehbar.[1] Folgt der Leerstand der Anschaffung bzw. Herstellung oder einer Selbstnutzung nach, muss der Stpfl. die Einkünfteerzielungsabsicht erkennbar aufgenommen haben, damit vorab entstandene Werbungskosten steuerliche Berücksichtigung finden können; im Hinblick auf die Vermarktung des Mietobjekts steht dem Stpfl. ein inhaltlich angemessener, zeitlich begrenzter Beurteilungsspielraum zu.[2] Kommen Vermietungsbemühungen noch nicht in Betracht, z. B. weil das Objekt noch nicht hergestellt ist, muss sich der Entschluss zur Vermietung aus anderen objektiven Umständen ergeben (Gesamtwürdigung).[3]

PRAXISHINWEIS

Als ernsthafte Vermietungsbemühungen sind sowohl regelmäßige Inserate des Stpfl. als auch nachweisbare Reaktionen auf „Mietgesuche", d. h. die Kontaktaufnahme seitens des Stpfl. mit etwaigen Mietinteressenten, anzusehen. Führt dies trotz nachhaltiger Bemühungen nicht zum Erfolg, müssen die Vermietungsbemühungen intensiviert werden, z. B. durch Einschaltung eines Maklers. Erforderlichenfalls ist im Rahmen des Zumutbaren die Attraktivität des Angebots zu erhöhen, ggf. auch durch Zugeständnisse bei der Ausgestaltung des Mietverhältnisses (z. B. Änderung der Vertragslaufzeit oder der Miethöhe, Anbieten einer möblierten Wohnung als unmöbliert).[4]

Sind nachhaltige Vermietungsbemühungen erkennbar, so steht es der Annahme der Einkünfteerzielungsabsicht nicht entgegen, wenn der Stpfl. die Immobilie parallel auch zum Verkauf anbietet; der Abschluss eines Kaufvertrages stellt insoweit aber eine Zäsur dar.[5] Im Fall des Leerstands renovierungsbedürftiger Objekte können der zeitliche Zusammenhang zwischen Aufwendungen und späterer Vermietung, die Dauer der Renovierung zur Vorbereitung einer Vermietung oder auch die (fehlende) Absehbarkeit, ob und ggf. wann die Räume zur Vermietung genutzt werden sollen, als Indizien herangezogen werden.[6] Eine Generalsanierung mit anschließender Vermietung nach langjährigem Leerstand ohne Sanierungsaktivitäten kann nicht als Beweisanzeichen für eine während der gesamten Leerstandzeit bestehende Einkünfteerzielungsabsicht zurückwirken.[7] Ist ein langfristiger, strukturell bedingter Leerstand einer Immobilie feststellbar, so kann dies trotz Vermietungsbemühungen des Stpfl. zur Verneinung der Einkünfteerzielungsabsicht führen.[8] Möglich ist auch eine nur teilweise Aufgabe der Vermietungsabsicht hinsichtlich einzelner Räume einer im Übrigen anderweitig genutzten Wohnung.[9]

29 Kann eine bestehende **Vermietungsabsicht** aufgrund der äußeren Umstände noch nicht sicher festgestellt werden, so lässt der BFH eine vorläufige Steuerfestsetzung gem. § 165 Abs. 1 AO zu. Die Ungewissheit hinsichtlich der Vermietungsabsicht wird jedenfalls bei späterer Vermietung des Objekts beseitigt oder wenn dessen Vermietung dauerhaft ausgeschlossen ist, z. B.

---

1 BFH v. 11.12.2012 - IX R 15/12, BFH/NV 2013, 720 = NWB DokID: WAAAE-32895; BFH v. 11.12.2012 - IX R 39/11, BFH/NV 2013, 540 = NWB DokID: FAAAE-29033.
2 BFH v. 11.12.2012 - IX R 68/10, BStBl 2013 II 367.
3 BFH v. 16.2.2016 - IX R 1/15 = NWB DokID: MAAAF-77662.
4 BFH v. 11.12.2012 - IX R 14/12, BStBl 2013 II 279; vgl. auch BFH v. 5.1.2015 - IX B 126/14, BFH/NV 2015, 494 = NWB DokID: YAAAE-85680; FG München v. 29.6.2015 - 7 K 2102/13, DStRE 2017, 17 (rkr.) zu einer Ferien-Immobilie.
5 BFH v. 14.7.2004 - IX R 56/01, BFH/NV 2005, 37 = NWB DokID: GAAAB-27426.
6 BFH v. 31.7.2007 - IX R 30/05, BFH/NV 2008, 202 = NWB DokID: XAAAC-65396; s. auch FG Düsseldorf v. 27.9.2016 - 13 K 2850/13 E, EFG 2016, 1879 zu Sanierungshindernissen; vgl. auch BFH v. 31.1.2017 - IX R 17/16, DStR 2017, 8 = NWBDokID: OAAAG-41822.
7 BFH v. 13.1.2015 - IX R 46/13, BFH/NV 2015, 668 = NWB DokID: VAAAE-86105.
8 BFH v. 11.12.2012 - IX R 14/12, BStBl 2013 II 279; BFH v. 9.7.2013 - IX R 48/12, BStBl 2013 II 693; FG Nürnberg v. 3.11.2016 - 3 K 310/15, rkr. = NWB DokID: CAAAG-35025 zu schwer vermietbarem Objekt (Schloss).
9 BFH v. 12.6.2013 - IX R 38/12, BStBl 2013 II 1013; BFH v. 22.1.2013 - IX R 19/11, BStBl 2013 II 376, zu einer Untervermietung.

infolge einer Veräußerung oder dauerhaften Selbstnutzung. Ein die zukünftige Vermietung ausschließendes Ereignis muss jedoch nicht zwingend als Indiz zurückwirken. Nach Würdigung sämtlicher Indizien verbleibende Zweifel über das Vorliegen der Vermietungsabsicht in der Vergangenheit gehen allerdings nach allgemeinen Grundsätzen zu Lasten des Stpfl.[1]

PRAXISHINWEIS:

Bei nur zögerlicher Herrichtung der Immobilie zur Vermietung kann es unter Berücksichtigung des Zeitablaufs gerechtfertigt sein, auf das Fehlen der Vermietungsabsicht zu schließen oder Zweifel hinsichtlich der Vermietungsabsicht als endgültig anzusehen. Dies ist nach Ansicht des BFH jedenfalls dann gerechtfertigt, wenn die behauptete beabsichtigte Vermietung über einen Zeitraum von mehr als zehn Jahren nicht realisiert wird.[2]

(*Einstweilen frei*)

b) Auf Dauer angelegte Vermietung von Wohnungen

Nach ständiger Rspr. ist bei einer auf Dauer angelegten Vermietungstätigkeit grds. und **typisierend** – wenn keine besonderen Umstände dagegen sprechen – davon auszugehen, dass der Stpfl. beabsichtigt, letztlich einen Einnahmeüberschuss zu erwirtschaften, auch wenn sich über längere Zeiträume Werbungskostenüberschüsse ergeben.[3] Dies ergebe sich aus dem Regelungszweck des § 21 Abs. 1 Satz 1 Nr. 1 EStG, da der Gesetzgeber die Vermietung unbeweglichen Vermögens trotz der damit regelmäßig über längere Zeiträume einhergehenden Werbungskostenüberschüsse weiterhin ohne Einschränkung als steuerbare Einkünfteerzielung erfasse.[4] Die Einkünfteerzielungsabsicht kann daher bei einer auf Dauer angelegten Vermietung nur in Ausnahmefällen verneint werden, wenn besondere Umstände gegen das Vorliegen der Einkünfteerzielungsabsicht sprechen.[5] Die FinVerw hat sich dieser Sichtweise angeschlossen.[6]

Die vorstehenden Grundsätze zur typisierenden Unterstellung der Einkünfteerzielungsabsicht gelten jedoch nur im Fall der auf Dauer angelegten **Vermietung von Wohnungen**.[7] Im Fall der unbefristeten Vermietung unbebauter Grundstücke[8] oder der Vermietung von Gewerbeobjekten[9], wozu auch die Vermietung eines „Homeoffice" an den Arbeitgeber zählt[10], gelten die vorstehenden Grundsätze indes nicht; die Einkünfteerzielungsabsicht ist in diesen Fällen stets im konkreten Einzelfall festzustellen. Dasselbe gilt bei Vermietung von beweglichem Betriebsvermögen gem. § 21 Abs. 1 Satz 1 Nr. 2 EStG.[11]

---

1 BFH v. 16.6.2015 - IX R 27/14, BStBl 2016 II 144.
2 BFH v. 16.6.2015 - IX R 27/14, BStBl 2016 II 144, m.w.N.
3 BFH v. 10.5.2007 - IX R 7/07, BStBl 2007 II 873; BFH v. 19.4.2005 - IX R 15/04, BStBl 2005 II 754; BFH v. 22.1.2013 - IX R 13/12, BStBl 2013 II 533; krit. *Stein*, DStZ 2011, 442.
4 BFH v. 30.9.1997 - IX R 80/94, BStBl 1998 II 771; vgl. hierzu auch *Spindler*, DB 2007, 185 ff.
5 BFH v. 30.9.1997 - IX R 80/94, BStBl 1998 II 771; BFH v. 9.7.2002 - IX R 57/00, BStBl 2003 II 695.
6 BMF v. 8.10.2004, BStBl 2004 I 933, Tz. 1, 4.
7 BFH v. 9.10.2013 - IX R 2/13, BStBl 2014 II 527; BFH v. 20.7.2010 - IX R 49/09, BStBl 2010 II 1038; auf eine Wohnnutzung durch den Mieter kommt es indes nicht an, vgl. BFH v. 20.7.2010, a.a.O. Zur Vermietung eines Apartments im Rahmen einer Hotelanlage vgl. FG Hamburg v. 28.5.2018 - 2 K 1925/16, EFG 2018, 1796 = NWB DokID: JAAAG-97959, Rev.: BFH: IX R 18/18.
8 BFH v. 28.11.2007 - IX R 9/06, BStBl 2008 II 515; BFH v. 1.4.2009 - IX R 39/08, BStBl 2009 II 776 (jedoch ohne Beschränkung der Rechtsprechungsgrundsätze auf die Wohnungsvermietung).
9 BFH v. 19.2.2013 - IX R 7/10, BStBl 2013 II 436; BFH v. 20.7.2010 - IX R 49/09, BStBl 2010 II 1038.
10 BFH v. 17.4.2018 - IX R 9/17, DStR 2018, 1758, entgegen BMF v. 13.12.2005, BStBl 2006 I 4. Vgl. hierzu auch *Pieske-Kontny*, NWB 2018, 2672 = NWB DokID: CAAAG-93524.
11 BFH v. 28.10.2008 - IX R 51/07, BFH/NV 2009, 157 = NWB DokID: YAAAC-71760.

33 Von einer **auf Dauer ausgerichteten Vermietung** ist nur auszugehen, wenn sie nach den bei ihrem Beginn ersichtlichen Umständen **keiner Befristung** unterliegt.[1] Allein aus dem Umstand des Abschlusses eines zeitlich befristeten Mietvertrages kann aber noch nicht der Schluss gezogen werden, dass die Vermietung insgesamt nicht auf Dauer angelegt sei; hierzu bedarf es der Feststellung ergänzender Indizien.[2] Unschädlich ist auch die Absicht einer zeitnahen Übertragung im Wege vorweggenommener Erbfolge, auch bei Nießbrauchsvorbehalt.[3] Ein Indiz gegen die Absicht einer dauerhaften Vermietung ist jedoch gegeben, wenn die Befristung mit einer ausdrücklich erklärten **Selbstnutzungsabsicht**[4] oder **Verkaufsabsicht**[5] verknüpft wird. Eine auf Dauer angelegte Vermietung kann ferner auch nicht gegeben sein, wenn dem Stpfl. selbst nur ein zeitlich befristetes Nutzungsrecht am vermieteten Objekt zusteht.[6] Eine befristete Vermietung ist außerdem anzunehmen bei einer Beteiligung an einem geschlossenen Immobilienfonds, der auf 20 Jahre angelegt ist und der die genutzte Immobilie bei Laufzeitende veräußern soll.[7] Weitere Beispiele sind die Beteiligung an einem Mietkaufmodell oder an einem Bauherrenmodell mit Rückkaufsangebot oder Verkaufsgarantie.[8]

34 Hingegen ist weiterhin von einer ursprünglich auf Dauer angelegten Vermietung auszugehen, wenn der Stpfl. nach dem Beginn seiner Vermietungstätigkeit das Grundstück aufgrund eines **neu gefassten Entschlusses** veräußert oder selbst nutzt.[9] Sofern der Stpfl. ein bebautes Grundstück allerdings innerhalb eines engen zeitlichen Zusammenhangs – von i. d. R. bis zu **fünf Jahren** – seit der Anschaffung oder Herstellung wieder **veräußert** und während dieses Zeitraums nur ein Werbungskostenüberschuss erwirtschaftet wird, sieht die Rspr. ein Indiz gegen eine ursprünglich auf Dauer angelegte Vermietung.[10] Die Zeitspanne von fünf Jahren bezeichnet insoweit keine starre Grenze, so dass auch erst nach Ablauf von fünf Jahren veräußerte Immobilien in die Betrachtung einbezogen werden können.[11] Als Veräußerung in diesem Sinne ist auch die Veräußerung an eine gewerblich geprägte Personengesellschaft zu werten, an welcher der Stpfl. selbst beteiligt ist.[12] Der Stpfl. hat auch in diesem Fall die Möglichkeit zur Darlegung von Umständen, die dafür sprechen, dass er den Veräußerungsentschluss erst nachträglich gefasst hat.[13] Ein allgemeiner Veräußerungsvorbehalt für den Fall, dass die Änderung äu-

---

1 BFH v. 29. 3. 2007 - IX R 7/06, BFH/NV 2007, 1847 = NWB DokID: NAAAC-52026; BFH v. 20. 1. 2009 - IX R 49/07, BFH/NV 2009, 757 = NWB DokID: EAAAD-16010. Die Absicht einer Neuvermietung ist unbeachtlich, vgl. FG Düsseldorf v. 6. 2. 2017 - 11 K 2879/15 E, NWB DokID: FAAAG-48769, Rev.: BFH IX R 8/17.
2 BFH v. 29. 3. 2007 - IX R 7/06, BFH/NV 2007, 1847 = NWB DokID: NAAAC-52026; BFH v. 22. 1. 2013 - IX R 13/12, BStBl 2013 II 533; enger BMF v. 8. 10. 2004, BStBl 2004 I 933, Tz. 6.
3 FG Münster v. 16. 12. 2016 - 4 K 2628/14 F, EFG 2017, 407, rkr.
4 BFH v. 9. 7. 2002 - IX R 57/00, BStBl 2003 II 695.
5 BFH v. 4. 12. 2001 - IX R 70/98, BFH/NV 2002, 635 = NWB DokID: KAAAA-69060.
6 BFH v. 9. 7. 2002 - IX R 57/00, BStBl 2003 II 695.
7 BFH v. 2. 7. 2008 - IX B 46/08, BStBl 2008 II 815.
8 Vgl. BMF v. 8. 10. 2004, BStBl 2004 I 933, Tz. 5 m. w. N.; vgl. zu diesen Modellen und der hierzu ergangenen (älteren) Rspr. auch *Mellinghoff* in Kirchhof, § 21 EStG Rz. 14 f.
9 BFH v. 9. 7. 2002 - IX R 57/00, BStBl 2003 II 695.
10 BFH v. 9. 7. 2002 - IX R 57/00, BStBl 2003 II 695; BFH v. 18. 1. 2006 - IX R 18/04, BFH/NV 2006, 1078 = NWB DokID: XAAAB-82049; vgl. auch BMF v. 8. 10. 2004, BStBl 2004 I 933, Tz. 7 f., mit Beispiel zur Selbstnutzung.
11 BFH v. 29. 12. 2006 - IX B 139/05, BFH/NV 2007, 1084 = NWB DokID: IAAAC-41528.
12 BFH v. 9. 3. 2011 - IX R 50/10, BStBl 2011 II 704; krit. *Kulosa* in Schmidt, § 21 EStG Rz. 33. Anders wäre der Fall zu beurteilen gewesen, wenn die erwerbende Personengesellschaft im steuerlichen Sinne als vermögensverwaltend zu qualifizieren gewesen wäre, da in diesem Fall mit dem Objekt weiterhin Einkünfte derselben Einkunftsart (§ 21 EStG) erzielt worden wären und dem veräußernden Stpfl. die Einkünfteerzielung durch die Personengesellschaft weiterhin zurechenbar gewesen wäre; vgl. BFH, a. a. O.
13 BFH v. 9. 7. 2002 - IX R 33/01, BFH/NV 2002, 1565 = NWB DokID: XAAAA-69034; BFH v. 17. 12. 2002 - IX R 18/00, BFH/NV 2003, 749 = NWB DokID: AAAAA-71547.

ßerer Umstände und Bedingungen eine Veräußerung erforderlich machen, ist unschädlich.[1] Ebenso wenig wie einer **bedingten Veräußerungsabsicht** steht der Annahme einer auf Dauer angelegten Vermietung eine „indifferente Überlegung" einer möglichen Selbstnutzung entgegen.[2]

Einen **Ausnahmefall**, in dem trotz einer auf Dauer angelegten Vermietung nicht typisierend vom Vorliegen der Einkünfteerzielungsabsicht ausgegangen werden kann, hat die Rspr. z. B. in folgenden Konstellationen angenommen:

- Eine Ferienwohnung wird teils selbst genutzt und teils an wechselnde Feriengäste vermietet.[3]
- Eine Ferienwohnung wird zwar nicht selbst genutzt, aber die Vermietung unterschreitet die ortsübliche Vermietungszeit von Ferienwohnungen ohne erkennbare Vermietungshindernisse um mindestens 25 %.[4]
- Ein besonders aufwändig gestaltetes Objekt wird vermietet, dessen besonderer Wohnwert durch die am Wohnungsmarkt erzielbare Miete offensichtlich nicht angemessen widergespiegelt wird.[5]
- Fehlen eines erkennbaren Finanzierungskonzepts: Ansammlung von Zinsverbindlichkeiten infolge einer Fremdfinanzierung von Anschaffungskosten bzw. Herstellungskosten sowie der Schuldzinsen, ohne dass von vornherein deren Kompensation durch spätere positive Ergebnisse vorgesehen ist.[6]

Kein Ausnahmefall, der zur Prüfung der Einkünfteerzielungsabsicht im Einzelfall führen muss, wurde hingegen in nachfolgenden Konstellationen gesehen:

- Vermietung an Angehörige.[7]
- Eine Ferienwohnung wird ausschließlich an wechselnde Feriengäste vermietet und in der übrigen Zeit hierfür bereitgehalten.[8] Dies gilt auch für eine Ferienwohnung im Haus des Vermieters.[9]
- Die Anschaffungs- oder Herstellungskosten des Vermietungsobjekts sowie anfallende Schuldzinsen werden mittels Darlehen finanziert, die zwar nicht getilgt, sondern bei Fälligkeit durch den Einsatz von parallel laufenden Lebensversicherungen abgelöst werden sollen.[10]
- Vermietung eines Wohngebäudes mit denkmalgeschützter, historischer Bausubstanz („typisches Liebhabereiobjekt"), sofern die am Wohnungsmarkt erzielbare Miete den Wohnwert angemessen widerspiegelt.[11]

---

1 BFH v. 4.12.2001 - IX R 70/98, BFH/NV 2002, 635 = NWB DokID: KAAAA-69060, m. w. N.
2 BFH v. 2.4.2008 - IX R 63/07, BFH/NV 2008, 1323 = NWB DokID: OAAAC-81440.
3 BFH v. 6.11.2001 - IX R 97/00, BStBl 2002 II 726.
4 BFH v. 26.10.2004 - IX R 57/02, BStBl 2005 II 388; BFH v. 12.7.2016 - IX R 21/15, BFH/NV 2016, 1695 = NWB DokID: OAAAF-83709.
5 BFH v. 6.10.2004 - IX R 30/03, BStBl 2005 II 386; BFH v. 4.3.2016 - IX B 114/15, BFH/NV 2016, 917 = NWB DokID: WAAAF-71542.
6 BFH v. 10.5.2007 - IX R 7/07, BStBl 2007 II 873.
7 BFH v. 30.9.1997 - IX R 80/94, BStBl 1998 II 771.
8 BFH v. 6.11.2001 - IX R 97/00, BStBl 2002 II 726; BFH v. 4.3.2016 - IX B 114/15, BFH/NV 2016, 917 = NWB DokID: WAAAF-71542.
9 BFH v. 18.1.2013 - IX B 143/12, BFH/NV 2013, 554 = NWB DokID: QAAAE-30635.
10 BFH v. 19.4.2005 - IX R 10/04, BStBl 2005 II 692.
11 BFH v. 19.4.2005 - IX R 10/04, BStBl 2005 II 692; krit. *Kulosa* in Schmidt, § 21 EStG Rz. 47.

37 Die **verbilligte Überlassung** einer Wohnung kann entgegen der früheren Rspr.[1] – jedenfalls seit der ab dem VZ 2012 erfolgten Änderung des § 21 Abs. 2 EStG – ebenfalls keinen Anlass zur Prüfung der Einkünfteerzielungsabsicht mehr geben;[2] vielmehr ist diese bei einer auf Dauer angelegten Vermietung typisierend zu unterstellen und es kommt in den Fällen des § 21 Abs. 2 Satz 1 EStG (d. h. das Entgelt liegt unterhalb von 66 % der ortsüblichen Miete) lediglich zur Aufteilung in einen entgeltlichen und einen unentgeltlichen Teil.[3]

38 Bei **Ferienwohnungen** sind die Anforderungen an den Nachweis der Einkünfteerzielungsabsicht vor allem davon abhängig, ob neben der Vermietung eine Selbstnutzung gegeben ist. Insoweit haben sich verschiedene Fallgruppen herausgebildet: Im Fall einer ausschließlichen Vermietung **ohne Selbstnutzung** oder deren Vorbehalt[4] gelten die allgemeinen Grundsätze zur Wohnungsvermietung, d. h. bei auf Dauer angelegter Vermietung ist im Grundsatz ohne Weiteres von der Einkünfteerzielungsabsicht auszugehen, selbst bei hohen Werbungskostenüberschüssen.[5] Eine Ausnahme gilt insoweit nur, wenn die ortsübliche Vermietungszeit ohne erkennbare Vermietungshindernisse (wie z. B. eine notwendige Renovierung oder höhere Gewalt) um mindestens 25 % unterschritten wird.[6] Die Feststellungslast für die ortsübliche Vermietungszeit liegt beim Stpfl.; insoweit kommt es nicht auf Vergleichswohnungen, sondern auf repräsentative Vergleichsdaten des lokalen (ggf. auch mehrere Gemeinden umfassenden) Feriengebietes an.[7] Ist hingegen eine **teilweise Selbstnutzung** gegeben oder hat sich der Stpfl. eine solche jedenfalls vertraglich vorbehalten,[8] so ist die Einkünfteerzielungsabsicht nicht typisierend zu unterstellen, sondern im Einzelfall zu prüfen.[9] Die Feststellungslast für das Fehlen der Selbstnutzung liegt beim Stpfl.[10] Der Heranziehung zur oder der Befreiung von der Zweitwohnungssteuer kommt im Hinblick auf die Frage der Selbstnutzung lediglich indizielle Bedeutung im Rahmen einer Gesamtwürdigung zu.[11] Die **FinVerw**[12] geht von einer **ausschließlichen Fremdvermietung** aus, wenn der Stpfl. einen der folgenden Umstände glaubhaft macht; im Übrigen ist das Fehlen der Selbstnutzung schlüssig darzulegen und ggf. nachzuweisen:

▶ Die Vermietung ist einem unabhängigen Vermittler (z. B. überregionaler Reiseveranstalter, Kurverwaltung) übertragen und eine Eigennutzung ist vertraglich ganzjährig ausgeschlossen.

▶ Die Ferienwohnung befindet sich im selbst genutzten Haus des Stpfl. oder in unmittelbarer Nähe zur selbst genutzten Wohnung, sofern Größe und Ausstattung der selbst ge-

---

1 BFH v. 5. 11. 2002 - IX R 48/01, BStBl 2003 II 646.
2 Vgl. auch den Leitfaden betr. Einkunftserzielung bei VuV, BayLfSt v. 1. 6. 2015, NWB DokID: BAAAE-97236, unter 8.; s. hierzu auch *Mayr*, SteuK 2015, 49, 52.
3 Vgl. *Kulosa* in Schmidt, § 21 EStG Rz. 46, m. w. N., auch zur früheren Rechtslage.
4 Vgl. hierzu BFH v. 16. 4. 2013 - IX R 22/12, BFH/NV 2013, 1552 = NWB DokID: ZAAAE-43252.
5 BFH v. 24. 8. 2006 - IX R 15/06, BStBl 2007 II 256; BMF v. 8. 10. 2004, BStBl 2004 I 933, Tz. 16.
6 BFH v. 26. 10. 2004 - IX R 57/02, BStBl 2005 II 388; BFH v. 29. 11. 2005 - IX B 109/05, BFH/NV 2006, 719 = NWB DokID: VAAAB-77632;BFH v. 9. 3. 2017 - IX B 122/16, BFH/NV 2017, 728.
7 BFH v. 19. 8. 2008 - IX R 39/07, BStBl 2009 II 138; BFH v. 24. 6. 2008 - IX R 12/07, BFH/NV 2008, 1484 = NWB DokID: XAAAC-87370. Ergänzend kann auf die durchschnittliche Vermietungszeit, nicht jedoch auf die Bettenauslastung abgestellt werden; BFH v. 4. 3. 2016 - IX B 114/15, BFH/NV 2016, 917 = NWB DokID: WAAAF-71542.
8 BFH v. 16. 4. 2013 - IX R 26/11, BStBl 2013 II 613; BFH v. 9. 3. 2006 - IX B 143/05, BFH/NV 2006, 1281 = NWB DokID: AAAAB-83247, m. w. N.
9 Vgl. auch BMF v. 8. 10. 2004, BStBl 2004 I 933, Tz. 21; FinMin Niedersachsen v. 8. 6. 2010, DStR 2010, 1842.
10 BFH v. 6. 11. 2001 - IX R 97/00, BStBl 2002 II 726.
11 BFH v. 26. 10. 2004 - IX R 26/02, BFH/NV 2005, 688 = NWB DokID: CAAAC-23402.
12 BMF v. 8. 10. 2004, BStBl 2004 I 933, Tz. 16 ff.; vgl. hierzu auch FinMin Niedersachsen v. 8. 6. 2010, DStR 2010, 1842.

- nutzten Immobilie den Wohnbedürfnissen des Stpfl. entsprechen und die Möglichkeit zur Unterbringung von Gästen bieten.
- Der Stpfl. hat an demselben Ort mehr als eine Ferienwohnung und nutzt nur eine von diesen für eigene Wohnzwecke oder in Form der unentgeltlichen Überlassung. Hiervon kann ausgegangen werden, wenn Ausstattung und Größe einer Wohnung auf die besonderen Verhältnisse des Stpfl. zugeschnitten sind.
- Die Dauer der Vermietung der Ferienwohnung entspricht zumindest dem Durchschnitt der Vermietungen in der am Ferienort üblichen Saison.

Eine **Selbstnutzung** ist gegeben, wenn der Stpfl. die Wohnung selbst nutzt oder sie unentgeltlich Dritten zur Nutzung überlässt.[1] **Keine Selbstnutzung** sind kurzfristige Aufenthalte des Stpfl. in der Ferienwohnung zu Wartungsarbeiten, zur Schlüsselübergabe an Feriengäste, Reinigung bei Mieterwechsel, allgemeinen Kontrolle, Beseitigung von durch Mieter verursachten Schäden, Durchführung von Schönheitsreparaturen oder Teilnahme an Eigentümerversammlungen. Eine Begleitung des Stpfl. dabei durch Familienmitglieder oder Dritte sowie mehrtägige Aufenthalte zu den vorgenannten Zwecken sind jedoch zu erläutern.[2]   39

PRAXISHINWEIS:
Wird die Ferienwohnung nicht ausschließlich zur Fremdvermietung bereitgehalten, sind die Zeiten der Selbstnutzung sowie kurzer Aufenthalte wegen Wartungsarbeiten etc. sorgfältig zu dokumentieren. Auf Zeiten der Selbstnutzung und anteilige Leerstandszeiten[3] entfallende Aufwendungen sind nicht als Werbungskosten abzugsfähig; im Übrigen ist ein anteiliger Werbungskostenabzug möglich, soweit die Einkünfteerzielungsabsicht im Einzelfall positiv festgestellt wird.

(*Einstweilen frei*)   40–44

c) Prüfung der Einkünfteerzielungsabsicht im Einzelfall

Sofern bei der Vermietung von Wohnraum eine auf Dauer angelegte Vermietung nicht festgestellt werden kann oder ein Ausnahmefall gegeben ist, bedarf es einer Prüfung der Einkünfteerzielungsabsicht im Einzelfall. Dasselbe gilt bei der VuV sonstiger Wirtschaftsgüter.   45

Ob ein Gesamtüberschuss zu erzielen ist, ergibt sich aus einer den Zeitraum der tatsächlichen Vermögensnutzung umfassenden **Totalüberschussprognose**.[4] Sofern sich aus den objektiven Umständen keine Befristung hinsichtlich der Nutzung durch den Stpfl. ergibt, ist der **Prognosezeitraum** nach der Rspr. **typisierend mit 30 Jahren anzusetzen**; die Nutzungszeit eines unentgeltlichen Rechtsnachfolgers ist insoweit einzubeziehen.[5] Dies gilt auch für die Vermietung unbebauter Grundstücke.[6] Ein auf die voraussichtliche Nutzungsdauer **verkürzter Prognosezeitraum** ist hingegen zugrunde zu legen, wenn die Vermietung befristet ist[7] oder der Stpfl. schon bei Erwerb einen Verkauf ernsthaft in Betracht gezogen hat.[8] Ein erst später ge-   46

---

1 BMF v. 8.10.2004, BStBl 2004 I 933, Tz. 21.
2 BMF v. 8.10.2004, BStBl 2004 I 933, Tz. 19.
3 Zur Zuordnung von Leerstandszeiten vgl. das Beispiel des BayLfSt v. 1.6.2015, NWB DokID: BAAAE-97236, Tz. 3 unter c, cc.
4 BFH v. 6.11.2001 - IX R 97/00, BStBl 2002 II 726; vgl. hierzu ausführlich KKB/Kanzler, § 2 EStG Rz. 126 ff.; s. auch Arbeitshilfe zur Prognoseberechnung, NWB DokID: TAAAE-70804.
5 BFH v. 6.11.2001 - IX R 97/00, BStBl 2002 II 726; vgl. auch BMF v. 8.10.2004, BStBl 2004 I 933, Tz. 34.
6 BFH v. 28.11.2007 - IX R 9/06, BStBl 2008 II 515.
7 BFH v. 9.7.2002 - IX R 57/00, BStBl 2003 II 695.
8 BFH v. 6.11.2001 - IX R 44/99, BFH/NV 2002, 773 = NWB DokID: QAAAA-69045; BFH v. 14.1.2003 - IX R 74/00, BFH/NV 2003, 752 = NWB DokID: TAAAA-71613.

fasster Verkaufsentschluss, z. B. als Reaktion auf eine erkannte Unwirtschaftlichkeit der Vermietungstätigkeit, lässt den ursprünglichen Prognosezeitraum hingegen unberührt; die zu Beginn der Tätigkeit vergeblich aufgewandten Werbungskosten bleiben in diesem Fall abziehbar, die Einkünfterzielungsabsicht entfällt ggf. nur für die Zukunft.[1]

47 Entscheidend im Rahmen der Überschussprognose ist, ob sich während des zugrunde zu legenden Prognosezeitraums aller Voraussicht nach ein **Überschuss der Einnahmen über die Werbungskosten** ergeben wird; ein Veräußerungsgewinn bleibt nach Auffassung der Rspr. und der FinVerw außer Betracht.[2] Die im Prognosezeitraum voraussichtlich zu erwartenden Einnahmen und Ausgaben sind hierzu zu schätzen. Zukünftig eintretende Faktoren sind nur einzubeziehen, wenn sie bei objektiver Betrachtung vorhersehbar waren. Soweit vom Stpfl. keine ausreichenden objektiven Umstände zur künftigen Entwicklung der Mieteinnahmen und Werbungskosten dargelegt werden, ist der **Schätzung** i. d. R. der Durchschnitt der in den **letzten fünf Veranlagungszeiträumen** angefallenen Einnahmen und Werbungskosten zugrunde zu legen.[3] Inflationsbedingte Erhöhungen der Einnahmen und Werbungskosten sind nicht zu berücksichtigen.[4] Reagiert der Stpfl. auf nachhaltige Verluste mit **Maßnahmen zur Verbesserung der Wirtschaftlichkeit**, so ist im Rahmen der Schätzung auf den Durchschnitt der Einnahmen und Werbungskosten der (i. d. R. ebenfalls fünf) Veranlagungszeiträume abzustellen, in denen sich die betreffenden Maßnahmen erstmals ausgewirkt haben. Die sich so ergebenden Überschüsse sind auf den Rest des Prognosezeitraums hochzurechnen.[5]

PRAXISHINWEIS:
Reagiert der Vermieter einer zuvor teilweise selbst genutzten Ferienwohnung auf sich ergebende Werbungskostenüberschüsse bereits nach wenigen Jahren mit einem Übergang zur Dauervermietung, kann die Einkünfteerzielungsabsicht ohne weitere Prüfung auch für die Vorjahre typisierend unterstellt werden.[6]

48 Bei der Ermittlung des „Totalüberschusses" ist von den Ergebnissen auszugehen, die sich nach den einkommensteuerrechtlichen Vorschriften voraussichtlich ergeben werden.[7] Rspr. und FinVerw lassen wegen der mit einer Langfristprognose verbundenen Unsicherheiten einen **Sicherheitszuschlag** bei den zu erwartenden Einnahmen und einen **Sicherheitsabschlag** bei den voraussichtlichen Werbungskosten in Höhe von jeweils 10 % zu.[8] Neben den laufenden Werbungskosten ist im Hinblick auf die Gebäudeabschreibung im Regelfall nur die AfA nach § 7 Abs. 4 EStG anzusetzen, nicht hingegen tatsächlich in Anspruch genommene Absetzungen (also nicht Sonderabschreibungen, erhöhte Absetzungen und degressive AfA nach § 7 Abs. 5 EStG).[9] Ob negative Einkünfte aufgrund von steuerrechtlichen Subventions- und Lenkungsnor-

---

1 BFH v. 14. 1. 2003 - IX R 74/00, BFH/NV 2003, 752 = NWB DokID: TAAAA-71613.
2 BFH v. 30. 9. 1997 - IX R 80/94, BStBl 1998 II 771; BFH v. 25. 6. 1984 - GrS 4/82, BStBl 1984 II 751, 766 f.; BMF v. 8. 10. 2004, BStBl 2004 I 933, Tz. 34; a. A. in Bezug auf gem. § 23 EStG stpfl. Veräußerungsgewinne *Mellinghoff* in Kirchhof, § 21 EStG Rz. 18; *Kulosa* in Schmidt, § 21 EStG Rz. 57, m. w. N.
3 BFH v. 6. 11. 2001 - IX R 97/00, BStBl 2002 II 726, m. w. N.
4 BFH v. 6. 11. 2001 - IX R 97/00, BStBl 2002 II 726.
5 BFH v. 16. 9. 2015 - IX R 31/14, BFH/NV 2016, 188 = NWB DokID: EAAAF-19024; BFH v. 6. 11. 2001 - IX R 34/97, BFH/NV 2002, 768 = NWB DokID: RAAAA-69036; BMF v. 8. 10. 2004, BStBl 2004 I 933, Tz. 34 (Bsp. 2). Zur Frage des Beginns eines neuen Prognosezeitraums nach umfangreicher Renovierung vgl. FG München v. 16.11.2017 - 11 K 1149/14, EFG 2018, 1651 = NWB DokID: PAAAG-93712, Rev.: BFH IX R 16/18.
6 BFH v. 17. 9. 2002 - IX R 63/01, BFH/NV 2003, 454 = NWB DokID: ZAAAA-71595.
7 BFH v. 6. 11. 2001 - IX R 97/00, BStBl 2002 II 726 m. w. N.; BMF v. 8. 10. 2004, BStBl 2004 I 933, Tz. 34.
8 BFH v. 6. 11. 2001 - IX R 97/00, BStBl 2002 II 726; BMF v. 8. 10. 2004, BStBl 2004 I 933, Tz. 34 (Bsp. 2).
9 BFH v. 6. 11. 2001 - IX R 97/00, BStBl 2002 II 726; BMF v. 8. 10. 2004, BStBl 2004 I 933, Tz. 34 (Bsp. 2).

men im Einzelfall doch bei der Prognose zu berücksichtigen sind, richtet sich nach den mit den betreffenden Normen verbundenen Zwecken sowie der Art der Förderung.[1]

Zur Überschussprognose bei **teilweise selbstgenutzten Ferienwohnungen** hat die Rspr. wiederum besondere Grundsätze entwickelt. In die Prognose einzubeziehen sind zunächst Werbungskosten, die ausschließlich auf die Vermietung entfallen. Gemischt (d. h. auch durch die Selbstnutzung) veranlasste Aufwendungen (z. B. Schuldzinsen, Haus- und Grundbesitzabgaben, Gebäude-AfA und Versicherungsbeiträge) sind anteilig entsprechend der Zeit der Selbstnutzung und der Vermietung aufzuteilen.[2] Auf **Leerstandszeiten** entfallende Aufwendungen sind im Fall einer im Grundsatz jederzeit möglichen Selbstnutzung ebenfalls zeitanteilig aufzuteilen; ist die Selbstnutzung in verbindlicher vertraglicher Form zeitlich beschränkt, können die Leerstandszeiten allein der Vermietungszeit zugerechnet werden.[3] Lässt sich der tatsächliche Umfang der Selbstnutzung bei jederzeitiger Nutzungsmöglichkeit nicht feststellen, sind die auf die Leerstandszeiten entfallenden Aufwendungen zu je 50 % der Selbstnutzung und der Vermietung zuzuordnen.[4] Die AfA auf in der Ferienwohnung enthaltene Einrichtungsgegenstände sind im Regelfall nach den Sätzen der amtlichen AfA-Tabelle für Gastgewerbe zu bemessen.[5]

49

Ist die **Überschussprognose negativ**, so besteht nach der Rspr. des BFH ein **Beweisanzeichen** für das Fehlen der Einkünfteerzielungsabsicht. Es kommt dann nicht darauf an, aus welchen Gründen (z. B. der Lebensführung i. S. v. § 12 EStG) der Stpfl. den Werbungskostenüberschuss hinnimmt.[6] Auch in diesem Fall steht es dem Stpfl. jedoch offen, objektive Umstände darzulegen und nachzuweisen, aus denen sich ergibt, dass er im maßgeblichen Zeitpunkt (z. B. zu Beginn der Vermietung) die objektiven Gegebenheiten verkannt und erwartet hatte, er werde trotz anfänglicher Werbungskostenüberschüsse letztlich ein positives Ergebnis erzielen.[7]

50

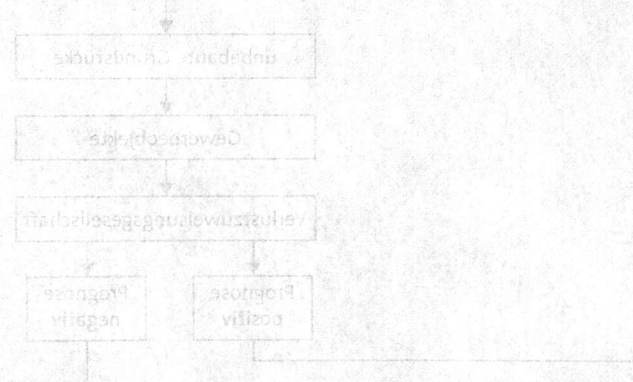

---

[1] Vgl. BFH v. 25. 6. 2009 - IX R 24/07, BStBl 2010 II 127 zur Nichteinbeziehung von Sonderabschreibungen gem. §§ 1, 3, 4 FördG in die Prognose, wenn es innerhalb des Prognosezeitraums zur vollständigen Abschreibung kommt; anders BFH v. 9. 7. 2002 - IX R 57/00, BStBl 2003 II 695 für den Fall, dass es nicht zu einer vollständigen Abschreibung kommt.

[2] BFH v. 6. 11. 2001 - IX R 97/00, BStBl 2002 II 726; BFH v. 15. 10. 2002 - IX R 58/01, BStBl 2003 II 287, zur Aufteilung der Zweitwohnungssteuer; krit. hierzu *Kulosa* in Schmidt, § 21 EStG Rz. 40.

[3] BFH v. 6. 11. 2001 - IX R 97/00, BStBl 2002 II 726; FinMin Niedersachsen v. 8. 6. 2010, DStR 2010, 1842.

[4] BFH v. 6. 11. 2001 - IX R 97/00, BStBl 2002 II 726, m. w. N.

[5] BFH v. 6. 11. 2001 - IX R 97/00, BStBl 2002 II 726.

[6] BFH v. 25. 6. 2009 - IX R 24/07, BStBl 2010 II 127BFH v. 31.1.2017 - IX R 23/16, BFH/NV 2017, 897 = NWB DokID: TAAAG-45659.

[7] BFH v. 6. 11. 2001 - IX R 97/00, BStBl 2002 II 726; *Spindler*, DB 2007, 185, 187.

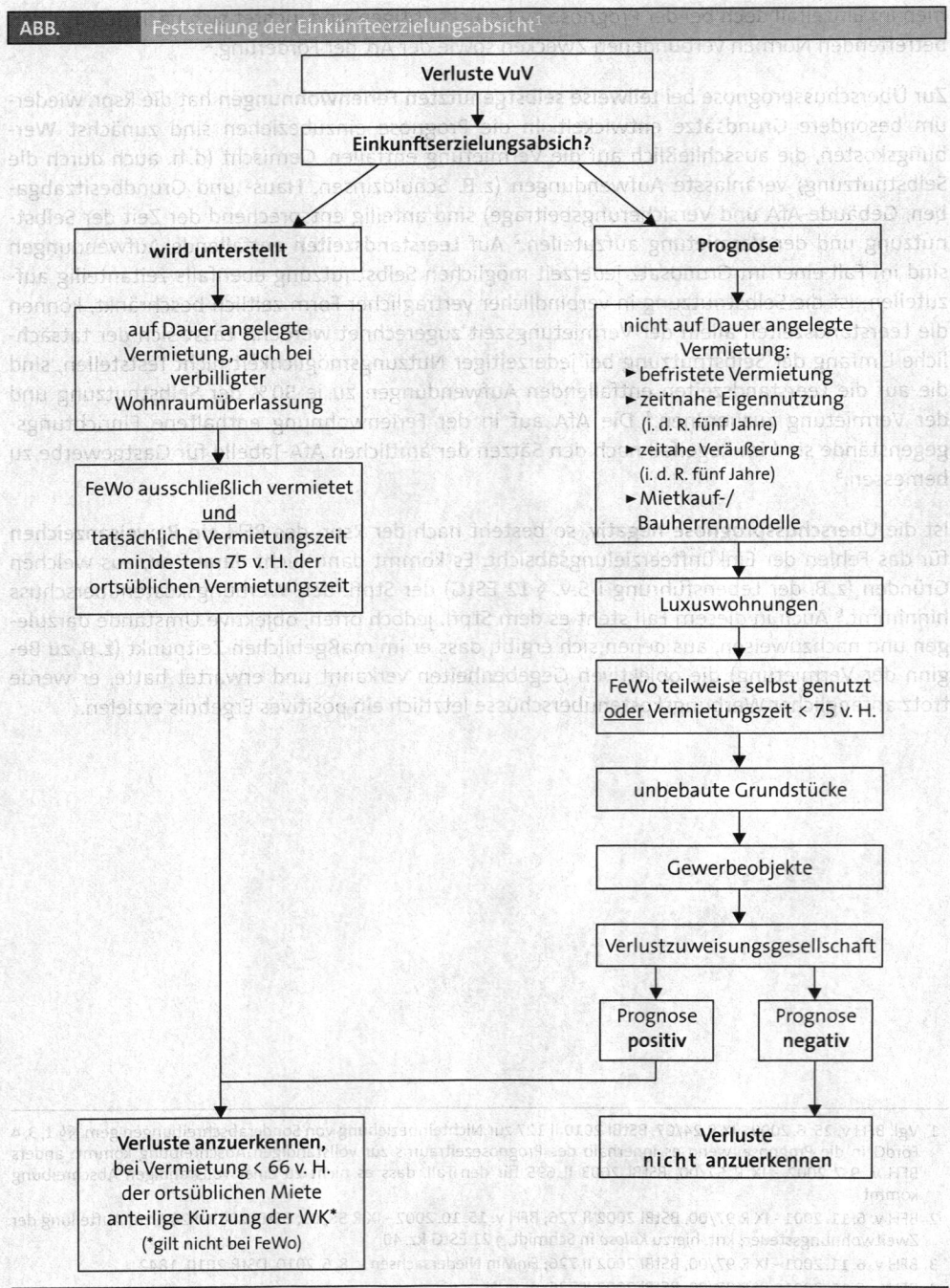

1 BayLfSt v. 1.6.2015, NWB DokID: BAAAE-97236, Tz. 1.

Unsicherheiten bei der Beurteilung der Einkünfteerzielungsabsicht kann nach der Rspr. mittels einer **vorläufigen Steuerfestsetzung (§ 165 AO)** Rechnung getragen werden.[1] Zu berücksichtigen ist jedoch, dass die im Fall der Prüfung der Einkünfteerzielungsabsicht gebotene Prognose eine in die Zukunft gerichtete Beurteilung erfordert. Belegt der Stpfl. seine Einkünfterzielungsabsicht durch eine **plausible Prognoserechnung** unter zutreffender Anwendung der steuerlichen Vorschriften, so besteht **keine „Ungewissheit" i. S. d. § 165 AO** und eine vorläufige Steuerfestsetzung mit anschließender retrospektiver Betrachtung muss ausscheiden; dasselbe muss im umgekehrten Fall gelten.[2]   51

(*Einstweilen frei*)   52–55

4. Zurechnung der Einkünfte

a) Allgemeine Grundsätze

Die Einkünfte aus VuV werden entsprechend der allgemeinen Grundsätze demjenigen zugerechnet, der den Einkünfteerzielungstatbestand in **eigener Person** verwirklicht (§ 2 Abs. 1 Satz 1 EStG).[3] Dies ist derjenige, der die rechtliche oder tatsächliche Macht hat, eines der in § 21 Abs. 1 EStG genannten Wirtschaftsgüter einem anderen entgeltlich auf Zeit zu überlassen. Er muss Träger der Rechte und Pflichten aus dem Miet- bzw. Pachtvertrag sein.[4] Auf die rechtliche Zuordnung bzw. die Eigentumsverhältnisse kommt es nicht an.[5] Ein schuldrechtliches (obligatorisches) Nutzungsrecht am Grundstück ist hinreichend,[6] selbst bei fehlender Berechtigung (z. B. unberechtigter Untervermietung) werden ggf. Einkünfte gem. § 21 EStG erzielt.[7] Zum Teil wird für die Einkünftezurechnung entscheidend darauf abgestellt, wer nach außen als Vermieter auftritt.[8] Jedoch können nach der Rspr. bei Bestehen eines **Treuhandverhältnisses** dem Treugeber auch dann eigene Einkünfte gem. § 21 EStG zugerechnet werden, wenn der Treuhänder nach außen im eigenen Namen auftritt (verdeckte Treuhand), sofern der Treugeber das Treuhandverhältnis nachweislich tatsächlich beherrscht und der Treuhänder ausschließlich auf Rechnung und Gefahr des Treugebers handelt.[9] Dies erkennt auch die FinVerw an, die für die steuerliche Anerkennung des Treuhandverhältnisses verlangt, dass dem Treugeber im Innenverhältnis die Rechte an und aus dem Treugut zustehen und der Treugeber das Marktgeschehen jederzeit beherrscht und wirtschaftlich die Rechte und Pflichten aus dem Mietverhältnis trägt.[10] Vor diesem Hintergrund erscheint es überzeugend, bei den Einkünften   56

---

1 Vgl. BFH v. 4. 8. 2008 - IV R 1/07, BStBl 2009 II 335; BFH v. 24. 2. 2009 - IX B 176/08, BFH/NV 2009, 889 = NWB DokID: KAAAD-19281; zur Beseitigung der Ungewissheit vgl. FG Münster v. 21.2.2018 - 7 K 288/16 E, EFG 2018, 613 = NWB DokID: EAAAG-79367, rkr..

2 So auch *Heuermann* in Hübschmann/Hepp/Spitaler, § 165 AO Rz. 11; *Drüen* in Kirchhof/Söhn/Mellinghoff, § 21 EStG Rz. B 169 ff.; in diesem Sinne auch BFH v. 22. 9. 2009 - IX B 82/09, BFH/NV 2010, 36 = NWB DokID: HAAAD-32825.

3 Vgl. KKB/Kanzler, § 2 EStG Rz. 257 ff.

4 BFH v. 27. 1. 1993 - IX R 269/87, BStBl 1994 II 615; BFH v. 13. 5. 1980 - VIII R 63/79, BStBl 1981 II 295.

5 BFH v. 13. 10. 1992 - IX R 17/88, BFH/NV 1993, 227 = NWB DokID: ZAAAB-33113.

6 Vgl. BFH v. 26. 4. 2006 - IX R 22/04, BFH/NV 2006, 2046 = NWB DokID: TAAAB-97239; BMF v. 30. 9. 2013, BStBl 2013 I 1184, Tz. 6.

7 Vgl. *Mellinghoff* in Kirchhof, § 21 EStG Rz. 26; *Kulosa* in Schmidt, § 21 EStG Rz. 61.

8 BFH v. 26. 4. 2006 - IX R 22/04, BFH/NV 2006, 2046 = NWB DokID: TAAAB-97239; *Kulosa* in Schmidt, § 21 EStG Rz. 61; einschränkend *Schallmoser* in Blümich, § 21 EStG Rz. 41.

9 BFH v. 27. 1. 1993 - IX R 269/87, BStBl 1994 II 615; BFH v. 12. 7. 2016 - IX R 21/15, BFH/NV 2016, 1695 = NWB DokID: OAAAF-83709; zu den Darlegungsanforderungen vgl. auch BFH v. 11. 3. 2008 - IV B 77/07, BFH/NV 2008, 1159 = NWB DokID: SAAAC-79289; BFH v. 12. 7. 2016 - IX R 21/15, BFH/NV 2016, 1695 = NWB DokID: OAAAF-83709.

10 Vgl. hierzu i. E. BMF v. 1. 9. 1994, BStBl 1994 I 604.

aus VuV – in Parallele zum Mitunternehmerbegriff[1] – im Grundsatz darauf abzustellen, wer Vermieterinitiative entfaltet (im Sinne einer Beherrschung des Nutzungsverhältnisses) und zugleich das Vermieterrisiko trägt.[2] Allerdings sind auch dem Eigentümer eines unter **Zwangsverwaltung** stehenden Grundstücks die vom Zwangsverwalter erwirtschafteten Mieteinnahmen als eigene Einkünfte zurechenbar, da der Verwalter die Tätigkeit mit Wirkung für und gegen den Vollstreckungsschuldner ausübt.[3] Gleiches gilt für den Fall einer Testamentsvollstreckung oder Nachlasspflegschaft.[4] Die Möglichkeit zur Ausübung einer eigenen Vermieterinitiative kann daher im Einzelfall eingeschränkt sein, ohne dass dies der Einkünftezurechnung entgegenstünde.

57–59 *(Einstweilen frei)*

b) Personenmehrheiten und -gesellschaften

60 An der Erzielung von Einkünften gem. § 21 EStG kann auch eine Mehrheit von Personen beteiligt sein, sei es als Mit- bzw. Bruchteilseigentümer (§§ 1008 ff., §§ 741 ff. BGB), als Gesamthandgemeinschaft oder als Gesellschafter einer steuerlich als vermögensverwaltend zu qualifizierenden[5] Personengesellschaft. In diesen Fällen ist zunächst zu prüfen, wer den Tatbestand der Einkünfteerzielung in objektiver und subjektiver Hinsicht verwirklicht, die einzelnen natürlichen Personen oder die Gemeinschaft in ihrer Gesamtheit. Nur wenn im Rahmen dieser vorrangigen Prüfung festgestellt wird, dass eine **gemeinschaftliche Einkünfteerzielung** vorliegt, ist auf einer zweiten Stufe zu fragen, welchen der beteiligten Personen Einkünfte zuzurechnen sind und mit welchem Anteil.[6] Bei Personengesellschaften muss die erforderliche Einkünfteerzielungsabsicht sowohl auf Ebene der Gesellschaft als auch beim einzelnen Gesellschafter gegeben sein (vgl. hierzu → Rz. 26).

61 Eine gemeinschaftliche Beteiligung an der Erzielung von Einkünften aus VuV setzt voraus, dass mehrere Personen in ihrer gemeinschaftlichen Verbundenheit den Tatbestand des § 21 EStG erfüllen und gemeinschaftlich Träger der Rechte und Pflichten aus einem Miet- oder Pachtvertrag sind.[7] Dies ist nicht der Fall bei einer Bauherrengemeinschaft, bei welcher jeder Eigentümer die ihm gehörende Wohnung selbständig vermietet.[8] Bei **Miteigentum von Ehegatten** werden im Grundsatz nur dann gemeinschaftlich Einkünfte gem. § 21 EStG erzielt, wenn beide als Vermieter auftreten.[9] Im Fall des Auftretens nur eines Miteigentümers mit Wissen und Wollen des anderen und für dessen Rechnung kann aber eine einkommensteuerlich anzuerkennende gemeinschaftliche Vermietung gegeben sein.[10] Insoweit ist also auch ein Auftreten

---

1 Vgl. hierzu KKB/Bäuml/Meyer, § 15 EStG Rz. 75 ff., 90 ff.
2 Vgl. *Mellinghoff* in Kirchhof, § 21 EStG Rz. 26; krit. *Drüen* in Kirchhof/Söhn/Mellinghoff, § 21 EStG Rz. B 222; *Schallmoser* in Blümich, § 21 EStG Rz. 56.
3 BFH v. 10.2.2015 – IX R 23/14, BFH/NV 2015, 1018 = NWB DokID: ZAAAE-91976; vgl. hierzu *Onusseit*, DStR 2016, 1297; BMF v. 10.2.2015, DStR 2017, 1036 = NWB DokID: HAAAG-44600.
4 *Kulosa* in Schmidt, § 21 EStG Rz. 63.
5 Vgl. hierzu KKB/Bäuml/Meyer, § 15 EStG Rz. 430 ff.
6 BFH v. 30.6.1999 – IX R 83/95, BFH/NV 2000, 118 = NWB DokID: XAAAA-96983, m.w.N.
7 BFH v. 25.6.2002 – IX R 55/99, BFH/NV 2002, 1556 = NWB DokID: VAAAA-69052; BFH v. 15.4.1986 – IX R 83/95, BStBl 1986 II 792.
8 BFH v. 22.4.1980 – VIII R 149/75, BStBl 1980 II 441.
9 BFH v. 14.12.2004 – IX R 70/02, BFH/NV 2005, 1040 = NWB DokID: EAAAB-52593; BFH v. 11.3.2003 – IX R 17/99, BFH/NV 2003, 1045 = NWB DokID: QAAAA-71546.
10 BFH v. 11.3.2003 – IX R 17/99, BFH/NV 2003, 1045 = NWB DokID: QAAAA-71546; BFH v. 25.6.2002 – IX R 55/99, BFH/NV 2002, 1556 = NWB DokID: VAAAA-69052.

als verdeckter Vertreter des anderen Miteigentümers möglich. Im Fall einer **Unterbeteiligung** an einer Personengesellschaft erzielt hingegen nur der Hauptbeteiligte Einkünfte i. S. d. § 21 EStG, wenn der Unterbeteiligte nicht nach außen als Vermieter in Erscheinung tritt und er am wirtschaftlichen Ergebnis nur aufgrund der schuldrechtlichen Vereinbarung mit dem Hauptbeteiligten teilhat.[1] Für eine **Erbengemeinschaft** als Gesamthand gilt, dass die Miterben bis zur Auseinandersetzung der Erbengemeinschaft gemeinschaftlich Einkünfte gem. § 21 EStG erzielen.[2] Im Fall der Auseinandersetzung der Erbengemeinschaft lässt die FinVerw im Regelfall auch eine rückwirkende Zurechnung der Einkünfte bei den das Vermietungsobjekt übernehmenden Miterben ab dem Zeitpunkt des Erbfalls zu, wenn die Auseinandersetzung innerhalb von sechs Monaten nach dem Erbfall erfolgt. Bei einer testamentarischen Teilungsanordnung (§ 2048 BGB), die von den Miterben schon vor Auseinandersetzung der Erbengemeinschaft berücksichtigt wird, erkennt die FinVerw eine rückwirkende Einkünftezurechnung auch für einen längeren Zeitraum an.[3] Einem einzelnen Miterben können die Einkünfte aus der Vermietung eines Nachlassgrundstücks auch dann allein zuzurechnen sein, wenn ihm über das Grundstück aufgrund einer vertraglichen Vereinbarung mit den Miterben das alleinige Nutzungsrecht zusteht.[4]

Soweit eine gemeinschaftliche Einkünfteerzielung gegeben ist, erfolgt eine **zweistufige Ermittlung der Einkünfte**. Zunächst erfolgt eine Einkünfteermittlung auf Ebene der Personenmehrheit, d. h. auf Ebene der Miteigentums- bzw. Bruchteilsgemeinschaft, Gesamthandsgemeinschaft oder Personengesellschaft.[5] In einem zweiten Schritt sind die auf Ebene der Personenmehrheit ermittelten Einkünfte auf die beteiligten Personen zu verteilen.[6] Bei Miteigentümern ist im Rahmen der anteiligen Einkünftezurechnung im Grundsatz auf die zivilrechtlichen Beteiligungsverhältnisse abzustellen (§§ 743, 748 BGB); eine auch steuerlich anzuerkennende abweichende Vereinbarung hinsichtlich der Verteilung der Einnahmen und Ausgaben ist jedoch möglich, wenn diese Vereinbarung ihren Grund im Gemeinschaftsverhältnis hat und keine unbeachtliche Einkommensverwendung (vgl. § 12 Nr. 2 EStG) vorliegt.[7] Bei ungeteilten Erbengemeinschaften erfolgt grds. eine Zurechnung entsprechend der Erbteile.[8] Bei Personengesellschaften ist regelmäßig auf den Kapitalanteil des einzelnen Gesellschafters abzustellen, in Betracht kommt jedoch – in gewissen Grenzen – auch ein Abstellen auf den (ggf. abweichenden) Gewinnverteilungsschlüssel.[9] AfA und erhöhte Absetzungen können jedoch stets nur demjenigen zugerechnet werden, der die entsprechenden Anschaffungs- bzw. Herstellungskosten getragen hat (Bruchteilsbetrachtung, § 39 Abs. 2 Nr. 2 AO).[10]

---

1 BFH v. 17. 12. 1996 - IX R 30/94, BStBl 1997 II 406.
2 BMF v. 14. 3. 2006, BStBl 2006 I 253, Tz. 6; BFH v. 9.5.2017 – IX R 45/15, BFH/NV 2017, 1036 = NWB DokID: HAAAG-47390.
3 BMF v. 14. 3. 2006, BStBl 2006 I 253, Tz. 8.
4 BFH v. 5. 8. 2004 – IX B 60/04, BFH/NV 2004, 1649 = NWB DokID: CAAAB-27423.
5 Vgl. *Kulosa* in Schmidt, § 21 EStG Rz. 65.
6 Vgl. BFH v. 17. 12. 2008 – IX R 25/08, BFH/NV 2009, 748 = NWB DokID: LAAAD-17973, m. w. N. Bei unterjähriger Anteilsveräußerung erfolgt die Einkünftezurechnung zeitanteilig; vgl. FG Nürnberg v. 9. 3. 2016 - 5 K 118/15, EFG 2016, 1011.
7 BFH v. 20. 1. 2009 – IX R 18/07, BFH/NV 2009, 1247 = NWB DokID: FAAAD-24085; BFH v. 30. 6. 1999 – IX R 83/95, BFH/NV 2000, 118 = NWB DokID: XAAAA-96983 m. w. N.; vgl. auch R 21.6 EStR.
8 BMF v. 14. 3. 2006, BStBl 2006 I 253, Tz. 6.
9 Vgl. hierzu ausführlich *Birnbaum/Escher*, DStR 2014, 1413, 1417, m. w. N.
10 Vgl. *Schallmoser* in Blümich, § 21 EStG Rz. 49, 70.

63 Die Einkünfte sind regelmäßig **gesondert und einheitlich festzustellen** (§ 179 Abs. 2 Satz 2, § 180 Abs. 1 Nr. 2 Buchst. a AO). Für einzelne Gesellschafter einer vermietenden Personengesellschaft können **Sondereinnahmen** oder **Sonder-Werbungskosten**[1] zu berücksichtigen sein. Eine abweichende Zurechnung von Aufwendungen ist jedoch nicht gerechtfertigt, soweit ein Gesellschafter ohne besondere Vereinbarungen überquotal Aufwendungen trägt, da ihm insoweit ein Ausgleichsanspruch zusteht.[2] Fehlt es hingegen an einem durchsetzbaren Ausgleichsanspruch und ist auch keine Zuwendung an die Mitgesellschafter beabsichtigt, so kommt im Rahmen der einheitlichen und gesonderten Feststellung der Einkünfte ausnahmsweise eine überquotale Zuweisung von Aufwendungen bei demjenigen Gesellschafter in Betracht, der diese allein getragen hat.[3] Soweit ein Gesellschafter allerdings anlässlich der Beendigung einer Grundstücksgemeinschaft etwas aufwendet, was nicht mehr im Zusammenhang mit der gemeinschaftlichen Einkünfteerzielung steht, sondern mit einer fortan allein ausgeübten Vermietung, so kann dieser Aufwand nicht als Sonder-Werbungskosten bei der Feststellung der Einkünfte der Gemeinschaft berücksichtigt werden.[4] Ist ein Gesellschafter an einer Grundstücks-GbR betrieblich beteiligt, so vollzieht sich eine Umqualifikation der ihm zuzurechnenden Einkünfte in gewerbliche Einkünfte erst außerhalb der Gemeinschaft auf Ebene des Gesellschafters.[5]

64 Erfolgt parallel zur Fremdvermietung von Räumen auch eine **Vermietung an Miteigentümer** oder eine Eigennutzung, so ist in einem ersten Schritt zu prüfen, wer den Tatbestand der Einkünfteerzielung gem. § 21 EStG erfüllt, bevor in einem zweiten Schritt über die Zurechnung der Einkünfte zu entscheiden ist.[6] Eine Vermietung zwischen Miteigentümern ist anzuerkennen, soweit die Nutzung des gemeinschaftlichen Gegenstands durch einen Miteigentümer über seinen Miteigentumsanteil hinausgeht.[7] Vermietet daher unter diesen Umständen eine Grundstücksgemeinschaft eine Wohnung eines im Miteigentum stehenden Wohnhauses an einen Miteigentümer, so erzielen nur die anderen Miteigentümer anteilig Einkünfte aus der Vermietung; der die Wohnung nutzende Miteigentümer hat hinsichtlich seiner auf fremdem (von den anderen Miteigentümern überlassenem) Recht beruhenden Nutzung eine mieterähnliche Stellung und erzielt folglich insoweit keine Vermietungseinkünfte.[8] Ist die Tätigkeit einer aus zwei Gesellschaftern bestehenden Personengesellschaft auf die Vermietung an einen der Gesellschafter beschränkt, so entfällt mangels Beteiligung mehrerer an der Einkünfteerzielung eine einheitlich und gesonderte Feststellung;[9] etwas anderes gilt jedoch, wenn an eine Personengesellschaft vermietet wird, der einer der Gesellschafter der vermietenden Gesellschaft angehört.[10] Vermietet umgekehrt der Gesellschafter einer vermögensverwaltenden Personengesellschaft an diese, sind ihm die Einkünfte daraus unmittelbar persönlich zuzurechnen, aller-

---

1 Vgl. hierzu *Schallmoser* in Blümich, § 21 EStG Rz. 71, m. w. N.
2 BFH v. 23. 7. 2004 - IX B 61/04, BFH/NV 2005, 41 = NWB DokID: CAAAB-35562.
3 BFH v. 23. 11. 2004 - IX R 59/01, BStBl 2005 II 454; vgl. hierzu ausf. OFD Frankfurt v. 25. 2. 2015 - S 2253 A - 84 - St 213, Tz. 5.3.
4 BFH v. 17. 12. 2008 - IX R 25/08, BFH/NV 2009, 748 = NWB DokID: LAAAC-96741.
5 BFH v. 9. 10. 2008 - IX R 72/07, BStBl 2009 II 231.
6 BFH v. 18. 5. 2004 - IX R 49/02, BStBl 2004 II 929; vgl. hierzu ausf. OFD Frankfurt v. 25. 2. 2015 - S 2253 A - 84 - St 213, Tz. 5 ff. mit Beispielen; *Rennar*, NWB 2014, 828, 832 ff.
7 BFH v. 18. 5. 2004 - IX R 49/02, BStBl 2004 II 929; vgl. auch H 21.6 „Mietverhältnis zwischen GbR und Gesellschafter" EStH.
8 BFH v. 7. 6. 2006 - IX R 14/04, BFH/NV 2006, 2053 = NWB DokID: NAAAC-03818, m. w. N.; vgl. hierzu und zu vergleichbaren Konstellationen auch BayLfSt v. 31. 10. 2006, DStR 2006, 2212.
9 BFH v. 18. 5. 2004 - IX R 83/00, BStBl 2004 II 898.
10 BFH v. 9. 10. 2008 - IX R 72/07, BStBl 2009 II 231.

dings nicht im Umfang der eigenen Beteiligung an der Gesellschaft (Bruchteilsbetrachtung, § 39 Abs. 2 Nr. 2 AO).[1]

(Einstweilen frei) 65–69

c) Nießbrauch

Unabhängig davon, ob ein dingliches oder ein rein schuldrechtliches Nießbrauchsrecht vorliegt, ist bei Einräumung eines Nießbrauchs zu prüfen, ob und inwieweit der Nießbraucher oder der Eigentümer den Einkünfteerzielungstatbestand des § 21 EStG erfüllt.[2] Nach allgemeinen Grundsätzen kommt es auch hier darauf an, wer Träger der Rechte und Pflichten aus dem Miet- bzw. Pachtvertrag ist; eine rein rechnungsmäßige Beteiligung des Nießbrauchers an den Mieterträgen genügt nicht.[3] Bei Nießbrauchsbestellung zugunsten naher Angehöriger gelten die allgemeinen Grundsätze hinsichtlich der steuerlichen Anerkennung (vgl. hierzu → Rz. 82); werden diese nicht beachtet, können dem Nießbraucher keine eigenen Einkünfte gem. § 21 EStG zugerechnet werden.[4] Bei Beteiligung Minderjähriger bedarf es grds. der Mitwirkung eines Ergänzungspflegers, soweit dies vom Familiengericht nicht im Einzelfall für entbehrlich gehalten wurde (sog. Negativattest).[5] Bei Einräumung eines Nießbrauchs an einem vermieteten Grundstück nimmt der Nießbraucher die Stellung des Vermieters bereits aufgrund gesetzlicher Anordnung ein (§ 567 i.V.m. § 566 BGB).[6] Als Vermieter ist der Nießbraucher auch bei einem sog. **Bruttonießbrauch** anzusehen, bei dem sich der Nießbrauchsbesteller zur Tragung der den Nießbraucher treffenden Kosten und Lasten verpflichtet.[7] Bei Bestellung eines Nießbrauchs an einem Anteil an einer vermietenden, im steuerlichen Sinne vermögensverwaltenden Personengesellschaft[8] können dem Nießbraucher nur dann eigene Einkünfte gem. § 21 EStG zugerechnet werden, wenn ihm Mitverwaltungsrechte eingeräumt werden, die ihm eine gesellschafterähnliche Position verschaffen.[9] 70

Die FinVerw hat zu den Anforderungen einer steuerlich wirksamen Nießbrauchsbestellung, zur Zurechnung der Einkünfte und zu den steuerlichen Folgen einer Nießbrauchsablösung detailliert Stellung bezogen (sog. „**Nießbrauchs-Erlass**").[10] Zu unterscheiden ist zwischen dem vom Eigentümer zugunsten eines anderen eingeräumten **Zuwendungsnießbrauch** und dem im Rahmen einer Grundstücksübertragung eingeräumten **Vorbehaltsnießbrauch**. Hinsichtlich der Art der Bestellung kommen jeweils eine **unentgeltliche**, eine **teilentgeltliche** oder voll **entgeltliche** Einräumung in Betracht.[11] 71

Bei einem **Zuwendungsnießbrauch** räumt der Eigentümer einem anderen den Nießbrauch an dem ihm gehörenden Wirtschaftsgut ein.[12] Im Fall eines **unentgeltlich** bestellten Zuwendungs- 72

---

1 Vgl. *Schallmoser* in Blümich, § 21 EStG Rz. 82, m.w.N.
2 Vgl. *Mellinghoff* in Kirchhof, § 21 EStG Rz. 33. Ausf. zum Nießbrauch an Immobilien auch *Demuth/Haag*, NWB-EV 2018, 228 ff.
3 Vgl. BFH v. 17. 8. 2012 - IX B 56/12, BFH/NV 2012, 1959 = NWB DokID: TAAAE-19317.
4 BFH v. 10. 10. 2000 - IX R 11/97, BFH/NV 2001, 586 = NWB DokID: GAAAA-67664.
5 Vgl. hierzu BMF v. 30. 9. 2013, BStBl 2013 I 1184, Tz. 4 f.
6 BFH v. 19. 11. 2003 - IX R 54/00, BFH/NV 2004, 1079 = NWB DokID: SAAAB-22095.
7 BMF v. 30. 9. 2013, BStBl 2013 I 1184, Tz. 14, m.w.N.
8 Vgl. hierzu ausführlich *Wälzholz*, NWB 2013, 1334 ff.; *ders.*, DStR 2010, 1786 ff.; *Frank*, MittBayNot 2010, 96 ff.
9 BFH v. 9. 4. 1991 - IX R 78/88, BStBl 1991 II 809; BMF v. 30. 9. 2013, BStBl 2013 I 1184, Tz. 1.
10 BMF v. 30. 9. 2013, BStBl 2013 I 1184.
11 Vgl. zur Abgrenzung BMF v. 30. 9. 2013, BStBl 2013 I 1184, Tz. 10 ff.
12 Siehe hierzu die Arbeitshilfe, NWB DokID: DAAAF-69257; ausf. *Götz*, NWB-EV 2018, 191 ff.

nießbrauchs erzielt allein der Nießbraucher Einkünfte gem. § 21 EStG.[1] Dem steht selbst eine freie Widerruflichkeit der Nießbrauchseinräumung nicht entgegen, sofern der Nießbraucher während der Zeit des Bestehens des Nutzungsrechts ungehindert die Vermietungstätigkeit ausüben kann.[2] Problematisch ist der unentgeltlich eingeräumte Zuwendungsnießbrauch im Hinblick auf die AfA: der Eigentümer kann diese mangels Einkünfteerzielung nicht geltend machen, ebenso wenig auch der Nießbraucher, da er den entsprechenden Aufwand nicht persönlich getragen hat.[3] Diese Grundsätze gelten auch für den **Vermächtnisnießbrauch**.[4] Im Fall eines **entgeltlich** eingeräumten Zuwendungsnießbrauchs können dem Nießbraucher ebenfalls eigene Einkünfte aus seiner Vermietungstätigkeit zugerechnet werden; darüber hinaus zählt das an den Eigentümer gezahlte Entgelt für die Nießbrauchsbestellung bei diesem zu den Einkünften gem. § 21 EStG.[5] Bei Vorausleistung des Entgelts durch den Nießbraucher für mehr als fünf Jahre können die Einnahmen gleichmäßig auf den Zeitraum verteilt werden, auf den die Zahlung geleistet wird (§ 11 Abs. 1 Satz 3 EStG).[6] Eine vom Nießbraucher für die Einräumung des Nießbrauchs geleistete Einmalzahlung kann im Jahr der Zahlung als Werbungskosten abgezogen werden, sofern sich die Vorauszahlung auf einen Zeitraum von maximal fünf Jahren bezieht; im Übrigen ist der Aufwand gleichmäßig gem. § 11 Abs. 2 Satz 3 EStG zu verteilen, bei einem lebenslangen Nießbrauchsrecht ggf. entsprechend der statistischen Lebenserwartung.[7] Darüber hinaus kann der Nießbraucher von ihm zu tragenden laufenden Aufwand als Werbungskosten abziehen.[8] Der Eigentümer ist ebenfalls zur Vornahme von Abschreibungen berechtigt, daneben kann er die von ihm zu tragenden Aufwendungen für das belastete Grundstück als Werbungskosten geltend machen.[9] Die Grundsätze zum Zuwendungsnießbrauch gelten auch für den Fall der Begründung eines in das Grundbuch eingetragenen Wohnrechts zugunsten eines anderen.[10] Ein **Sicherungsnießbrauch** ist vor Eintritt des Sicherungsfalls einkommensteuerrechtlich unbeachtlich.[11]

73 Bei einem **Vorbehaltsnießbrauch** behält sich der vormalige Eigentümer im Rahmen einer Übertragung des Wirtschaftsgutes ein Nießbrauchsrecht an diesem vor. In diesem Fall können ihm die Einkünfte aus der Vermietung weiterhin steuerlich zugerechnet werden und er kann laufenden Aufwand als Werbungskosten abziehen. Auch zur Vornahme von AfA ist er berechtigt, da er den entsprechenden Aufwand persönlich getragen hat.[12] Soweit bei einem **Quotennießbrauch**[13] das Nießbrauchsrecht reicht, sind dem Eigentümer keine Einkünfte gem. § 21 EStG

---

1 *Kulosa* in Schmidt, § 21 EStG Rz. 74; BMF v. 30. 9. 2013, BStBl 2013 I 1184, Tz. 23; a. A. aber zum Zuwendungsnießbrauch an Kapitalvermögen BMF v. 23. 11. 1983, BStBl I 1983 208, Tz. 57.
2 BFH v. 19. 11. 2003 - IX R 54/00, BFH/NV 2004, 1079 = NWB DokID: SAAAB-22095; unschädlich ist auch eine Befristung, vgl. FG Baden-Württemberg v. 13. 12. 2016 - 11 K 2951/15, EFG 2017, 965 = NWBDokID: UAAAG-45984.
3 BFH v. 26. 11. 1996 - IX R 33/94, BFH/NV 1997, 643 = NWB DokID: SAAAB-38114; BMF v. 30. 9. 2013, BStBl 2013 I 1184, Tz. 20, 24; *Kulosa* in Schmidt, § 21 EStG Rz. 74.
4 Vgl. *Kulosa* in Schmidt, § 21 EStG Rz. 74; BMF v. 30. 9. 2013, BStBl 2013 I 1184, Tz. 32.
5 Vgl. *Kulosa* in Schmidt, § 21 EStG Rz. 73.
6 BMF v. 30. 9. 2013, BStBl 2013 I 1184, Tz. 29, 70; zuvor hatte die Finanzverwaltung aus Billigkeitsgründen noch eine Verteilung auf maximal zehn Jahre zugelassen; vgl. BMF v. 24. 7. 1998, BStBl 1998 I 914, Tz. 29.
7 BMF v. 30. 9. 2013, BStBl 2013 I 1184, Tz. 26, 70, m. w. N.; anders noch BMF v. 24. 7. 1998, BStBl 1998 I 914, Tz. 26: Vornahme von AfA auf die Dauer des entgeltlich erworbenen Nießbrauchsrechts.
8 BMF v. 30. 9. 2013, BStBl 2013 I 1184, Tz. 27.
9 BMF v. 30. 9. 2013, BStBl 2013 I 1184, Tz. 30.
10 BMF v. 30. 9. 2013, BStBl 2013 I 1184, Tz. 33.
11 BFH v. 3. 2. 1998 - IX R 38/96, BStBl 1998 II 539; BMF v. 30. 9. 2013, BStBl 2013 I 1184, Tz. 9.
12 BMF v. 30. 9. 2013, BStBl 2013 I 1184, Tz. 41 ff.
13 Zum Quoten- bzw. Bruchteilsnießbrauch vgl. BMF v. 30. 9. 2013, BStBl 2013 I 1184, Tz. 16, 25.

zuzurechnen und er ist nicht zum Abzug von Werbungskosten berechtigt.[1] Nach Erlöschen des Nießbrauchsrechts erzielt der Eigentümer Einkünfte aus VuV und er ist zur Vornahme von AfA berechtigt. Bei unentgeltlichem Erwerb setzt er die AfA des Rechtsvorgängers fort (§ 11d EStDV); soweit der Erwerb entgeltlich erfolgt ist, bemessen sich die AfA nach den Anschaffungskosten des Eigentümers.[2] Ausnahmsweise kann der Eigentümer schon vorab entstandene Werbungskosten geltend machen, wenn diese im eigenen Interesse mit Blick auf die künftige Nutzung getragen wurden und der Nießbrauch in naher Zukunft enden soll.[3] Im Fall einer Grundstücksübertragung unter Einräumung eines vorbehaltenen dinglichen **Wohnrechts** sind die für den Vorbehaltsnießbrauch geltenden Grundsätze entsprechend anzuwenden, wobei der neue Eigentümer AfA nur insoweit in Anspruch nehmen darf, als diese auf den unbelasteten Teil des Gebäudes entfallen.[4]

Die vorstehenden Grundsätze gelten entsprechend für rein **obligatorische (schuldrechtliche) Nutzungsrechte**, die nicht wie ein dingliches Nutzungsrecht in das Grundbuch eingetragen werden.[5] In die Vermieterstellung tritt der Nutzungsberechtigte in diesen Fällen aber nur ein, wenn eine rechtsgeschäftliche Vertragsübernahme unter Beteiligung des Mieters bzw. Pächters erfolgt.[6] Die unentgeltliche Bestellung eines obligatorischen Nutzungsrechts zugunsten naher Angehöriger erkennt die FinVerw nur an, wenn die allgemeinen Anforderungen an die steuerliche Anerkennung von Angehörigenverträgen erfüllt sind und der Überlassungsvertrag zudem schriftlich abgeschlossen und für einen festen Zeitraum vereinbart wurde.[7] Eine bestimmte Mindestlaufzeit ist nicht erforderlich.[8]

74

Bei der **Ablösung eines Vorbehaltsnießbrauchs gegen Entgelt** erhöhen Abstandszahlungen regelmäßig die AfA-Bemessungsgrundlage des Eigentümers, soweit keine Teilentgeltlichkeit anzunehmen ist; beim Nießbraucher führt eine Einmalzahlung zu einer nicht steuerbaren Vermögensumschichtung. Erfolgt die Nießbrauchsablösung gegen wiederkehrende Leistungen, kann der in den Leistungen enthaltene Zinsanteil beim Eigentümer zu Werbungskosten bei den Einkünften gem. § 21 EStG führen, beim Nießbraucher können Einkünfte gem. § 22 Nr. 1 EStG zu erfassen sein.[9] Zahlungen zur **Ablösung eines unentgeltlichen Zuwendungsnießbrauchs** sind hingegen im Grundsatz als unbeachtliche Einkommensverwendung i.S.d. § 12 Nr. 2 EStG zu beurteilen, es sei denn, der Eigentümer hatte das Grundstück bereits mit dieser Belastung erworben; in diesem Fall liegen Anschaffungskosten des Eigentümers vor.[10] Für die entgeltliche Ablösung eines Vermächtnisnießbrauchs, eines dinglichen Wohnrechts oder eines obligatorischen Nutzungsrechts gelten vergleichbare Grundsätze.[11] Die **Ablösung eines entgeltlich bestellten Zuwendungsnießbrauchs** führt beim Eigentümer zu negativen Einnahmen, im Fall einer Verteilung des für die Bestellung vereinnahmten Entgelts gem. § 11 Abs. 1 Satz 3

75

---

1 BMF v. 30.9.2013, BStBl 2013 I 1184, Tz. 45.
2 BMF v. 30.9.2013, BStBl 2013 I 1184, Tz. 46 ff.
3 BFH v. 25.2.2009 - IX R 3/07, BFH/NV 2009, 1251 = NWB DokID: PAAAD-24086.
4 Vgl. BMF v. 30.9.2013, BStBl 2013 I 1184, Tz. 49, m.w.N. und Beispielen zur Ermittlung der AfA-Bemessungsgrundlage.
5 Vgl. *Kulosa* in Schmidt, § 21 EStG Rz. 77; BMF v. 30.9.2013, BStBl 2013 I 1184, Tz. 6 ff., 35 ff., 51 ff.
6 BFH v. 26.4.2006 - IX R 22/04, BFH/NV 2006, 2046 = NWB DokID: TAAAB-97239.
7 BMF v. 30.9.2013, BStBl 2013 I 1184, Tz. 7.
8 BFH v. 24.10.2012 - IX R 24/11, BFH/NV 2013, 1228 = NWB DokID: RAAAE-39297.
9 Vgl. hierzu ausf. BMF v. 30.9.2013, BStBl 2013 I 1184, Tz. 56 ff., m.w.N.
10 BMF v. 30.9.2013, BStBl 2013 I 1184, Tz. 61 f.
11 BMF v. 30.9.2013, BStBl 2013 I 1184, Tz. 65 ff.

EStG ist der Restbetrag als Einnahme zu erfassen; beim Nießbraucher ist die Ablösezahlung einkommensteuerrechtlich neutral.[1]

76–80 (*Einstweilen frei*)

5. Sonderfall: Mietverträge zwischen Angehörigen

81 Mietverhältnisse zwischen nahen Angehörigen bedürfen in der Praxis regelmäßig einer besonderen Würdigung.[2] Zum einen stellt sich in diesen Fällen häufig die Frage einer teilentgeltlichen Nutzungsüberlassung i. S. d. § 21 Abs. 2 EStG. Zum anderen geht es vor allem in Konstellationen, in denen hohe Werbungskosten im Zusammenhang mit der Vermietung geltend gemacht werden, darum, die Veranlassung des geltend gemachten Aufwands durch eine steuerlich anzuerkennende Vermietungstätigkeit zu überprüfen.

a) Allgemeine Grundsätze

82 Nach der Rspr. des BFH ist die steuerliche Anerkennung von Verträgen zwischen Angehörigen u. a. davon abhängig, dass die Verträge bürgerlich-rechtlich **wirksam vereinbart** worden und sowohl die Gestaltung als auch die Durchführung des Vereinbarten **fremdüblich** sind. Aufgrund des innerhalb eines Familienverbundes typischerweise mangelnden Interessengegensatzes sei es im Sinne einer effektiven Missbrauchsbekämpfung geboten und zulässig, an den Beweis des Abschlusses und an den Nachweis der Ernstlichkeit von Vertragsgestaltungen zwischen nahen Angehörigen strenge Anforderungen zu stellen.[3] Einer **zivilrechtlichen Unwirksamkeit** des Vertragsabschlusses ist nach der Rspr. allerdings nur **indizielle Bedeutung** beizumessen.[4] Dies erkennt inzwischen im Grundsatz auch die FinVerw an.[5] Im Fall des Erkennens der zivilrechtlichen Unwirksamkeit kann das Vertragsverhältnis nach der Rspr. von Beginn an steuerliche Anerkennung finden, wenn die Vertragsparteien nach Erkennen der Unwirksamkeit zeitnah auf eine Heilung des Mangels hinwirken.[6]

PRAXISHINWEIS:

Eine verstärkte Indizwirkung gegen den vertraglichen Bindungswillen ist jedenfalls dann gegeben, wenn den Vertragspartnern die Nichtbeachtung der zivilrechtlichen Formvorschriften und sonstigen Wirksamkeitsanforderungen (z. B. Erforderlichkeit des Handelns eines Ergänzungspflegers für Minderjährige, §§ 1629 Abs. 2, 1795 Abs. 1 Nr. 1 BGB) insbes. bei klarer Zivilrechtslage angelastet werden kann.[7]

83 Miet- oder Pachtverhältnisse, denen ein **Scheingeschäft** (§ 41 Abs. 2 Satz 1 AO) zugrunde liegt, finden i. R. d. § 21 EStG ebenfalls keine Berücksichtigung. Entsprechende Umstände wurden durch die Rspr. in Fällen bejaht, in denen der Zahlungsempfänger die vereinnahmten Beträge alsbald wieder an den vermeintlichen Mieter zurückzahlt.[8] Ein Beweisanzeichen für ein Schein-

---

1 BMF v. 30. 9. 2013, BStBl 2013 I 1184, Tz. 63 f.
2 Dies gilt auch allgemein bei Vermietung an nahestehende Personen oder von diesen beherrschte Gesellschaften; vgl. BFH v. 22. 3. 2017 - IX B 94/16, BFH/NV 2017, 913.
3 Vgl. BFH v. 21. 11. 2013 - IX R 26/12, BFH/NV 2014, 529 = NWB DokID: YAAAE-55045; BFH v. 7. 6. 2006 - IX R 4/04, BStBl 2007 II 294, m. w. N.
4 BFH v. 7. 6. 2006 - IX R 4/04, BStBl 2007 II 294.
5 Vgl. BMF v. 23. 12. 2010, BStBl 2011 II 37; a. A. noch BMF v. 2. 4. 2007, DStR 2007, 805.
6 BFH v. 7. 6. 2006 - IX R 4/04, BStBl 2007 II 294; a. A. BMF v. 2. 4. 2007, DStR 2007, 805.
7 BFH v. 22. 2. 2007 - IX R 45/06, BStBl 2011 II 20.
8 BFH v. 19. 12. 1995 - IX R 85/93, BStBl 1997 II 52.

geschäft ist insbes. gegeben, wenn der Mieter wirtschaftlich nicht oder nur schwer in der Lage ist, die Miete aus eigenen Mitteln aufzubringen.[1]

(*Einstweilen frei*) 84–85

b) Fremdüblichkeit der Vermietung

Die steuerliche Anerkennung eines Mietverhältnisses zwischen nahen Angehörigen setzt dessen Fremdüblichkeit voraus. Dazu müssen jedenfalls die **Hauptpflichten eines Mietvertrages** wie die Überlassung der Mietsache zum Gebrauch sowie die Entrichtung der vereinbarten Miete (§ 535 BGB) klar und eindeutig vereinbart und entsprechend durchgeführt worden sein. Maßgebend ist die Gesamtheit der objektiven Umstände, wobei nicht jede Abweichung vom Üblichen der steuerlichen Anerkennung entgegensteht.[2] Je mehr Umstände auf eine private Veranlassung hindeuten, desto strengere Anforderungen sind an den Nachweis eines ernsthaften Vertragsverhältnisses zu stellen.[3] Ein Fremdvergleich ist auch anzustellen bei Rechtsbeziehungen zwischen dem Stpfl. und einer Personengesellschaft, die von einem Angehörigen beherrscht wird.[4] 86

Die Durchführung des Fremdvergleichs[5] obliegt allein dem Finanzgericht als Tatsacheninstanz und ist vom BFH als Revisionsinstanz nur eingeschränkt überprüfbar.[6] 87

PRAXISHINWEIS:
Die Beweislast für die fremdübliche Gestaltung und tatsächliche Durchführung eines Angehörigen-Mietvertrags liegt beim Stpfl. Bei Kenntnis der fehlenden Fremdüblichkeit und der Nichtdurchführung des formal Vereinbarten kann eine strafbare Steuerhinterziehung (§ 370 AO) vorliegen.[7]

Die Fremdüblichkeit wurde von der Rspr. etwa in den nachfolgenden Konstellationen verneint:

- Festlegung der Miethöhe „vorbehaltlich der Anerkennung durch das Finanzamt";[8]
- fehlender Nachweis der tatsächlichen Mietzahlung;[9]
- jährlich nachschüssige Mietzahlungen unter Verzicht auf Nebenkostenvorauszahlungen;[10]
- Mitnutzung der vermieteten Räume durch den Vermieter;[11]
- Erreichbarkeit der Mieträume nur durch eine gemeinsam mit dem Vermieter genutzte Küche;[12]

---

1 BFH v. 28.1.2003 - IX R 53/00, BFH/NV 2003, 768 = NWB DokID: AAAAA-71586.
2 BFH v. 1.8.2012 - IX R 18/11, NWB DokID: UAAAE-30638; BFH v. 11.7.2017 - IX R 42/15, NWB DokID: NAAAG-58242.
3 BFH v. 28.1.1997 - IX R 23/94, BStBl 1997 II 655.
4 BFH v. 21.11.2013 - IX R 26/12, BFH/NV 2014, 529 = NWB DokID: YAAAE-55045.
5 Vgl. hierzu auch H 21.4 „Fremdvergleich" EStH. Für nichteheliche Lebensgemeinschaften gelten die für Angehörige geltenden Grundsätze hingegen nicht, sofern der Vertrag nicht die gemeinsam genutzte Wohnung betrifft; vgl. R 21.4 EStR.
6 BFH v. 21.11.2013 - IX R 26/12, BFH/NV 2014, 529 = NWB DokID: YAAAE-55045; BFH v. 1.8.2012 - IX R 18/11, NWB DokID: UAAAE-30638.; vgl. hierzu auch *Mellinghoff* in Kirchhof, § 21 EStG Rz. 22.
7 FG Berlin-Brandenburg v. 8.3.2012 - 9 K 9009/08, EFG 2012, 1819, rkr.
8 BFH v. 1.8.2012 - IX R 18/11, NWB DokID: UAAAE-30638.
9 BFH v. 21.11.2013 - IX R 26/12, BFH/NV 2014, 529 = NWB DokID: YAAAE-55045; BFH v. 20.10.1997 - IX R 38/97, BStBl 1998 II 106.
10 BFH v. 4.10.2016 - IX R 8/16, BStBl 2017 II 273; im Streitfall lag auch im Übrigen eine atypische Gestaltung vor.
11 BFH v. 7.12.2006 - IX B 17/06, BFH/NV 2007, 444 = NWB DokID: CAAAC-35666; BFH v. 18.5.2004 - IX B 112/03, BFH/NV 2004, 1262 = NWB DokID: UAAAB-24530.
12 BFH v. 4.8.2003 - IX R 25/02, BFH/NV 2004, 38 = NWB DokID: JAAAA-71557.

- keine endgültige Zahlung der Miete an den Vermieter aus dem Vermögen des Mieters („Rückflussverbot");[1]
- nachträgliche Einmalzahlung trotz Vereinbarung regelmäßiger Mietzahlungen.[2]

88 Der Annahme einer Fremdüblichkeit steht nach der Rspr. hingegen nicht entgegen:
- Fehlen einer schriftlichen Vereinbarung hinsichtlich der Nebenkosten;[3]
- vorschüssige Barzahlung der Miete;[4]
- Vermietung durch nur einen Ehegatten bei Miteigentum;[5]
- fehlende Angaben zu Art und Zeitpunkt der Mietzahlung und zur Zahlung von Nebenkosten.[6]

PRAXISHINWEIS:

Mietverträge zwischen nahen Angehörigen sollten stets schriftlich auf der Basis eines allgemein gebräuchlichen Vertragsmusters abgeschlossen werden. Die Hauptpflichten der Parteien sollten klar und eindeutig geregelt werden, vorsorglich sollte auch eine klare Regelung hinsichtlich der Nebenkosten getroffen werden. Mietzahlungen sollten regelmäßig und in nachweisbarer Form erfolgen, etwa durch Dauerauftrag.

89–90 (Einstweilen frei)

c) Nichtvorliegen eines Gestaltungsmissbrauchs (§ 42 AO)

91 Im Einzelfall kann trotz Fremdüblichkeit der Vereinbarung eine missbräuchliche Gestaltung gegeben sein (§ 42 AO), welcher die steuerliche Anerkennung zu versagen ist. Ein Gestaltungsmissbrauch ist gegeben, wenn eine rechtliche Gestaltung gewählt wird, die gemessen am erstrebten Ziel unangemessen ist, der Steuerminderung dienen soll und die durch wirtschaftliche oder sonst beachtliche nichtsteuerliche Gründe nicht zu rechtfertigen ist.[7] Die Frage, ob eine unangemessene rechtliche Gestaltung zu bejahen ist, lässt sich nur durch Würdigung der gesamten **Umstände im Einzelfall** feststellen.[8]

92 Nach der Rspr. des BFH ist es nicht als missbräuchlich anzusehen, wenn die Eltern ihrem **unterhaltsberechtigten Kind** eine Wohnung vermieten und das Kind die vereinbarte Miete aus dem von den Eltern erhaltenen Barunterhalt oder durch Verrechnung mit diesem bezahlt.[9] Die Grenze der Anerkennungsfähigkeit ist jedoch überschritten, wenn die Eltern und das vermeintlich mietende Kind noch in einem gemeinsamen Haushalt leben. Die Vermietung von Teilen einer Wohnung an im gemeinsamen Haushalt lebende Personen ist steuerrechtlich nicht

---

1 BFH v. 17.12.2002 - IX R 23/00, BFH/NV 2003, 612 = NWB DokID: LAAAA-71552; BFH v. 28.1.1997 - IX R 23/94, BStBl 1997 II 655.
2 BFH v. 14.1.1992 - IX R 33/89, BStBl 1992 II 549.
3 BFH v. 21.10.1997 - IX R 57/96, BStBl 1998 II 108.
4 BFH v. 7.5.1996 - IX R 69/94, BStBl 1997 II 196.
5 BFH v. 21.10.1999 - IX B 76/99, BFH/NV 2000, 319 = NWB DokID: IAAAA-64558.
6 BFH v. 15.10.1996 - IX R 6/95, BFH/NV 1997, 285 = NWB DokID: LAAAB-38125.
7 St. Rspr., vgl. nur BFH v. 21.8.2012 - VIII R 32/09, BStBl 2013 II 16.
8 Vgl. BFH v. 4.5.2012 - VIII B 174/11, BFH/NV 2012, 1330 = NWB DokID: KAAAE-12292.
9 BFH v. 17.12.2002 - IX R 58/00, BFH/NV 2003, 750 = NWB DokID: VAAAA-71592; BFH v. 19.10.1999 - IX R 80/97, BFH/NV 2000, 429 = NWB DokID: FAAAA-66302; BFH v. 19.10.1999 - IX R 30/98, BStBl 2000 II 223.

möglich.¹ Dies gilt selbst dann, wenn in einem Haus mehrere abgeschlossene Wohnungen bestehen, die jeweils gemeinsam genutzt werden.²

Ein **Gestaltungsmissbrauch** im Zusammenhang mit den Einkünften aus VuV wurde von der Rspr. in jüngerer Zeit z. B. in folgenden Konstellationen bejaht: 93

▶ Einräumung der wirtschaftlichen Verfügungsmacht an einem Gebäudeteil zugunsten eines anderen und Rückvermietung;³

▶ wechselseitige Vermietung neu erworbener Wohnungen zur gezielten Ermöglichung eines Werbungskostenabzugs;⁴

▶ Übernahme wechselseitiger Darlehensverpflichtungen zur Aufrechterhaltung des Schuldenabzugs.⁵

Im Zusammenhang mit einem **Nießbrauch** hält die FinVerw einen Gestaltungsmissbrauch insbes. dann für möglich, wenn der Nießbraucher an den Eigentümer selbst vermietet.⁶ Kein Gestaltungsmissbrauch ist hingegen anzunehmen, wenn die Eltern dem Kind zwecks Unterhaltsgewährung einen befristeten Zuwendungsnießbrauch an einem Vermietungsobjekt einräumen.⁷ 94

Kein Gestaltungsmissbrauch ist nach der Rspr. gegeben, wenn das Grundstück durch den Mieter zuvor gegen wiederkehrende Leistungen auf den Vermieter übertragen wurde (sog. „Stuttgarter Modell"), da zwischen dem Akt der Eigentumsübertragung und dem der Vermietung zu trennen ist.⁸ Einer steuerlich anzuerkennenden Vermietung steht auch ein im Rahmen einer Grundstücksübertragung eingeräumtes, dingliches und unentgeltliches Wohnrecht nicht entgegen, wenn auf dessen Ausübung verzichtet und stattdessen zwischen dem ehemaligen und dem neuen Eigentümer ein Mietverhältnis vereinbart wird.⁹ Als nicht missbräuchlich wurde außerdem die Vermietung einer Wohnung zwischen Ehegatten zur Begründung einer doppelten Haushaltsführung beurteilt,¹⁰ ebenso die Vermietung eines Hauses an die Eltern bei gleichzeitiger unentgeltlicher Nutzung eines Hauses der Eltern durch den vermietenden Sohn.¹¹ 95

(*Einstweilen frei*) 96–100

---

1 BFH v. 16. 1. 2003 - IX B 172/02, BStBl 2003 II 301; BFH v. 26. 2. 2008 - IX B 226/07, BFH/NV 2008, 791 = NWB DokID: NAAAC-75290; BFH v. 4. 7. 2007 - IX B 50/07, BFH/NV 2007, 1875 = NWB DokID: ZAAAC-52022; vgl. hierzu auch H 21.4 „Vermietung an Unterhaltsberechtigte" EStH.
2 BFH v. 12. 1. 2005 - IX B 115/04, BFH/NV 2005, 703 = NWB DokID: TAAAB-43691.
3 BFH v. 9. 10. 2013 - IX R 2/13, BStBl 2014 II 527.
4 BFH v. 22. 1. 2013 - IX R 18/12, BFH/NV 2013, 1094 = NWB DokID: OAAAE-36816.
5 BFH v. 29. 8. 2007 - IX R 17/07, BStBl 2008 II 502.
6 BMF v. 30. 9. 2013, BStBl 2013 I 1184, Tz. 17, m. w. N. zu Möglichkeiten eines Gestaltungsmissbrauchs im Zusammenhang mit einem Nießbrauch.
7 FG Baden-Württemberg v. 13. 12. 2016 - 11 K 2951/15, EFG 2017, 965 = NWBDokID: UAAAG-45984.
8 BFH v. 10. 12. 2003 - IX R 12/01, BStBl 2004 II 643; vgl. hierzu *Heuermann*, StuW 2004, 124.
9 BFH v. 15. 2. 2005 - IX R 16/04, BFH/NV 2005, 1008 = NWB DokID: SAAAB-52597; BFH v. 17. 12. 2003 - IX R 91/00, BFH/NV 2004, 1272 = NWB DokID: YAAAB-23788; BFH v. 17. 12. 2003 - IX R 60/98, BStBl 2004 II 646.
10 BFH v. 11. 3. 2003 - IX R 55/01, BStBl 2003 II 627.
11 BFH v. 14. 1. 2003 - IX R 5/00, BStBl 2003 II 509.

II. Gegenstand der Vermietung und Verpachtung (§ 21 Abs. 1 Satz 1 EStG)

1. Vermietung und Verpachtung von unbeweglichem Vermögen (§ 21 Abs. 1 Satz 1 Nr. 1 EStG)

101 Erfasst ist die Überlassung unbeweglichen Vermögens des **Privatvermögens**. § 21 Abs. 1 Satz 1 Nr. 1 EStG nennt verschiedene Beispiele, diese sind aber nicht als abschließende Aufzählung zu verstehen („insbesondere"). Hierzu zählen (unbebaute) Grundstücke, Gebäude sowie Gebäudeteile; in letztere Kategorie fällt die Vermietung von **Wohnungen** oder die Vermietung von Dächern oder Fassaden zur Nutzung durch Dritte, z. B. zur Erzeugung von Solarenergie oder zu Werbezwecken.[1] Erfasst sind außerdem in ein Schiffsregister eingetragene **Schiffe**, die unbeweglichem Vermögen gleichstehen. Die Nutzungsüberlassung eines nicht eingetragenen Schiffs führt, ebenso wie die Vermietung sonstiger beweglicher Gegenstände, ggf. zu Einkünften gem. § 22 Nr. 3 EStG.[2] Ohne ausdrückliche Nennung in § 21 Abs. 1 Satz 1 Nr. 1 EStG sind auch in die Luftfahrzeugrolle eingetragene **Flugzeuge** erfasst.[3] Eine einheitlich als gewerblich zu qualifizierende Tätigkeit ist aber gegeben, wenn die Vermietung im Sinne eines einheitlichen Geschäftskonzepts mit der späteren Veräußerung verklammert ist.[4] § 21 Abs. 1 Satz 1 Nr. 1 EStG erfasst ferner solche Rechte, die nach den Vorschriften des BGB als grundstücksgleich zu behandeln sind. Als Beispiele nennt das Gesetz das **Erbbaurecht** und das Mineralgewinnungsrecht. Weitere Beispiele sind Berg-, Fischerei- oder Apothekerrechte sowie das Wohnungseigentum oder Teileigentum nach dem WEG.[5]

2. Vermietung und Verpachtung von Sachinbegriffen (§ 21 Abs. 1 Satz 1 Nr. 2 EStG)

102 Sachinbegriffe sind eine Vielzahl von beweglichen Sachen, die funktionell und technisch so aufeinander abgestimmt sind, dass sie eine **wirtschaftliche Einheit** bilden, jedoch steuerlich und zivilrechtlich ihre **Selbständigkeit** behalten.[6] Beispiele sind das Mobiliar einer möbliert vermieteten Wohnung,[7] eine Kunstsammlung, eine Bibliothek oder ein Archiv. Kein Sachinbegriff, sondern ein einheitliches Wirtschaftsgut liegt hingegen bei aus verschiedenen Gegenständen zusammengesetzten Objekten vor, die nach der Verkehrsanschauung eine einheitliche Sache bilden.[8] Die Vermietung einer einzelnen beweglichen Sache, u.U. gemeinsam mit Zubehör, führt ggf. zu Einkünften gem. § 22 Nr. 3 EStG, soweit die Grenze zur Gewerblichkeit (vgl. § 21 Abs. 3 EStG) nicht überschritten ist. Soweit in § 21 Abs. 1 Satz 2 Nr. 2 EStG auch das bewegliche Betriebsvermögen genannt wird, bezieht sich dies auf Gegenstände, die zum Betriebsvermögen des Pächters gehören; in Bezug auf den Vermieter bzw. Verpächter beschränkt sich der Anwendungsbereich des § 21 EStG auf Gegenstände des Privatvermögens.[9]

---

1 Vgl. *Kulosa* in Schmidt, § 21 EStG Rz. 101.
2 Vgl. *Kulosa* in Schmidt, § 21 EStG Rz. 101.
3 BFH v. 2. 5. 2000 - IX R 71/96, BStBl 2000 II 467.
4 BFH v. 26. 6. 2007 - IV R 49/04, BStBl 2009 II 289.
5 Vgl. *Kulosa* in Schmidt, § 21 EStG Rz. 103; *Mellinghoff* in Kirchhof, § 21 EStG Rz. 43.
6 Vgl. *Mellinghoff* in Kirchhof, § 21 EStG Rz. 44; *Kulosa* in Schmidt, § 21 EStG Rz. 102.
7 BFH v. 27. 7. 2004 - IX R 73/01, BFH/NV 2005, 192 = NWB DokID: QAAAB-40270.
8 Vgl. *Kulosa* in Schmidt, § 21 EStG Rz. 102 m. w. N.
9 Vgl. HHR/*Pfirrmann*, § 21 EStG Rz. 140.

3. Überlassung von Rechten (§ 21 Abs. 1 Satz 1 Nr. 3 EStG)

Nr. 3 erfasst die zeitlich begrenzte Überlassung von Rechten, wobei **beispielhaft**[1] schriftstellerische, künstlerische und gewerbliche Urheberrechte, gewerbliche Erfahrungen sowie Gerechtigkeiten und Gefälle genannt sind. Der Tatbestand erfordert eine **zeitlich begrenzte Überlassung**, so dass Entgelte für die endgültige Aufgabe eines Rechts (d. h. Veräußerungserlöse) nicht unter § 21 Abs. 1 Satz 1 Nr. 3 EStG fallen. Soweit und solange der Verbleib des Rechts beim Nutzenden ungewiss ist, etwa weil das Recht an den Überlassenden zurückfallen kann, liegt jedoch eine zeitlich begrenzte Überlassung vor, unabhängig davon, wer den Rückfall herbeiführen kann.[2]

Das überlassene Recht muss mit den in § 21 Abs. 1 Satz 1 Nr. 3 EStG genannten vergleichbar sein.[3] Erfasst sind Urheberrechte, gewerbliche Schutzrechte (vgl. § 73a Abs. 2 und 3 EStDV) sowie bestimmte Lieferrechte (z. B. Milchlieferrechte[4]), ebenso – vorbehaltlich einer vorrangigen anderen Einkunftsart (§ 21 Abs. 3 EStG) – Einnahmen aus Lizenzgebühren für die Überlassung eines Patents (§ 9 PatG) oder eines Gebrauchsmusters (§ 13 GebrMG).[5] Zu den erfassten Urheberrechten gehören ferner die Nutzungs-, Vervielfältigungs- und Verbreitungsrechte an nicht standardisierter Software.[6] Unter § 21 Abs. 1 Satz 1 Nr. 3 EStG fällt auch die Überlassung von eigenen Persönlichkeitsrechten, z. B. bezüglich des Rechts am eigenen Bild im Rahmen eines Werbevertrags, soweit dies nicht zusammen mit weiteren aktiven Dienstleistungen erfolgt und von nur untergeordneter Bedeutung ist.[7] Einnahmen aus einer „Spielerleihe" im Bereich des Profisports können mangels eines „Rechts am Spieler" hingegen nicht unter § 21 Abs. 1 Satz 1 Nr. 3 EStG gefasst werden.[8] Schadensersatzleistungen wegen der Verletzung gewerblicher Schutzrechte können zu Einnahmen i. S. d. § 21 Abs. 1 Satz 1 Nr. 3 EStG (i. V. m. § 24 Nr. 1a EStG) führen.[9]

Gewerbliche Erfahrungen meint nicht gesetzlich geschütztes Spezialwissen in Form nicht patentierter wissenschaftlicher, technischer oder organisatorischer Kenntnisse und Erfahrungen.[10] Im Fall der Überlassung gewerblicher Erfahrungen liegt jedoch häufig eine als gewerblich (§ 15 EStG) zu qualifizierende Beratungsleistung vor.[11] Zu gewerblichen Einkünften führt auch die Überlassung von Fernsehübertragungsrechten.[12] Unter **Gerechtigkeiten** versteht man sachbezogene Nutzungsrechte wie Bergwerkseigentum, Fischerei- und Forstrechte oder Gewerbeberechtigungen wie Apothekerrechte.[13] **Gefälle** sind Nutzungsrechte nach landesrechtlichen Vorschriften, z. B. die Weide- und Grasnutzung oder das Recht zum Holzbezug.[14]

---

1 BFH v. 27. 5. 2009 - I R 86/07, BStBl 2010 II 120, m. w. N.
2 BFH v. 23. 4. 2003 - IX R 57/99, BFH/NV 2003, 1311 = NWB DokID: LAAAA-71591, m. w. N.
3 BFH v. 27. 5. 2009 - I R 86/07, BStBl 2010 II 120; *Mellinghoff* in Kirchhof, § 21 EStG Rz. 46.
4 Vgl. BFH v. 29. 4. 2009 - IX R 33/08, BStBl 2010 II 958.
5 Vgl. *Schallmoser* in Blümich, § 21 EStG Rz. 456.
6 Vgl. hierzu ausf. *Schallmoser* in Blümich, § 21 EStG Rz. 457, m. w. N.
7 BFH v. 19. 12. 2007 - I R 19/06, BStBl 2010 II 398; BFH v. 28. 4. 2004 - I R 73/02, BStBl 2005 II 550.
8 BFH v. 27. 5. 2009 - I R 86/07, BStBl 2010 II 120.
9 FG Münster v. 24. 5. 2013 - 12 K 1529/11 E, EFG 2014, 356, rkr.
10 Vgl. *Kulosa* in Schmidt, § 21 EStG Rz. 103; *Schallmoser* in Blümich, § 21 EStG Rz. 460.
11 Vgl. *Mellinghoff* in Kirchhof, § 21 EStG Rz. 46.
12 BFH v. 4. 3. 2009 - I R 6/07, BStBl 2009 II 625.
13 Vgl. *Schallmoser* in Blümich, § 21 EStG Rz. 461; *Mellinghoff* in Kirchhof, § 21 EStG Rz. 46.
14 Vgl. *Schallmoser* in Blümich, § 21 EStG Rz. 461.

106 Der Anwendungsbereich des § 21 Abs. 1 Satz 1 Nr. 3 EStG ist bei unbeschränkt Stpfl. sehr begrenzt, da häufig gewerbliche Einkünfte gegeben sind. Bei **beschränkter Steuerpflicht** wird § 21 Abs. 1 Satz 1 Nr. 3 EStG eher relevant, weil § 49 Abs. 1 Nr. 6 EStG die Verwertung von Rechten in einer inländischen Betriebstätte den inländischen Einkünften zurechnet[1] und wegen der in § 49 Abs. 2 EStG angeordneten isolierenden Betrachtungsweise[2] kein Vorrang der gewerblichen Einkünfte besteht.[3]

4. Veräußerung von Miet- und Pachtzinsforderungen (§ 21 Abs. 1 Satz 1 Nr. 4 EStG)

107 Nr. 4 stellt klar, dass auch im Wege einer Veräußerung realisierte Miet- und Pachtzinsforderungen zu Einkünften des Veräußerers gem. § 21 EStG führen, selbst wenn diese Forderungen in die Berechnung des Kaufpreises für ein veräußertes Grundstück einbezogen worden sind. Voraussetzung ist im Fall der Grundstücksveräußerung, dass die Miet- und Pachtzinsforderungen sich auf die **Besitzzeit des Veräußerers** beziehen und dass diese **bereits entstanden** sind.[4] Die steuerliche Erfassung erfolgt im Zeitpunkt des Zuflusses des Veräußerungspreises beim Veräußerer. Die spätere Einziehung der Miet- oder Pachtzinsforderungen durch den Erwerber führt hingegen bei keinem der Beteiligten zu stpfl. Einkünften.[5]

108–114 *(Einstweilen frei)*

III. Ermittlung der Einkünfte aus Vermietung und Verpachtung

115 Einkünfte aus VuV sind der Überschuss der Einnahmen über die Werbungskosten (§ 2 Abs. 2 Satz 1 Nr. 2 EStG).

ABB.	Einkünfteermittlung Quelle (Adomat, Praxis-Leitfaden Einkommensteuer, Tz. 2.4.2).
Einnahmen ./.	Werbungskosten
▶ Vereinnahmte Miete/Pacht (auch Vorauszahlungen) ▶ Einnahmen für Nebenleistungen (z. B. Umlage für Straßenreinigung, Wassergeld, zentrale Beheizung, Müllabfuhr) ▶ u. a.	▶ Absetzungen für Abnutzung (AfA) ▶ Erhaltungsaufwand ▶ Geldbeschaffungskosten, z. B. Damnum ▶ Schuldzinsen ▶ Sonstige Werbungskosten (z. B. Grundsteuer, Müllabfuhr-, Kanalbenutzungsgebühr, Beiträge zu Hausversicherungen, Ausgaben für Hausverwaltung u. a.)
Beträgt die Miete für die Überlassung einer Wohnung zu Wohnzwecken weniger als 66 % der ortsüblichen Marktmiete: Aufteilung der Nutzungsüberlassung in einen entgeltlichen und teilentgeltlichen Teil erforderlich (§ 21 Abs. 2 Satz 1 EStG).	

---

1 Vgl. hierzu BFH v. 5. 11. 1992 - I R 41/92, BStBl 1993 II 407.
2 Vgl. hierzu KKB/G. Kraft, § 49 EStG Rz. 231 ff.
3 Vgl. *Kulosa* in Schmidt, § 21 EStG Rz. 106.
4 BFH v. 21. 5. 1986 - I R 199/84, BStBl 1986 II 794.
5 Vgl. *Mellinghoff* in Kirchhof, § 21 EStG Rz. 47.

1. Einnahmen aus VuV

Als Einnahmen aus VuV sind alle Gegenleistungen zu erfassen, die dem Stpfl. im Rahmen seiner Vermietungs- bzw. Verpachtungstätigkeit als Entgelt für die Nutzungsüberlassung zufließen (§ 8 EStG). Zu den Einkünften aus VuV gehören nicht nur die für die Überlassung eines Gegenstandes gezahlten Miet- oder Pachtzinsen, sondern auch alle sonstigen Entgelte, die in einem objektiven wirtschaftlichen oder tatsächlichen Zusammenhang mit der Einkunftsart stehen und damit durch sie veranlasst sind.[1] Bei Vorliegen des erforderlichen **Veranlassungszusammenhangs** liegen auch dann Einnahmen i.S.v. § 21 EStG vor, wenn das Entgelt ggf. nicht vom Nutzungsberechtigten, sondern von einem Dritten geleistet wird.[2]

116

Im Hinblick auf die zeitliche Erfassung der Einnahmen gilt – wie bei allen Überschusseinkünften[3] – das **Zuflussprinzip** gem. § 11 EStG. Dies gilt im Grundsatz sowohl für laufende Miet- und Pachtzahlungen als auch für Einmalzahlungen. Wird das Entgelt für eine auf mehr als fünf Jahre angelegte Nutzungsüberlassung allerdings im Voraus geleistet, so kann der Stpfl. die Einnahmen gleichmäßig auf den Zeitraum verteilen, für den die Vorauszahlung erfolgt ist (§ 11 Abs. 1 Satz 3 EStG).

117

> **PRAXISHINWEIS:**
> Werden Teile eines selbstgenutzten Gebäudes vorübergehend vermietet und übersteigen die Einnahmen hieraus im VZ nicht 520 €, so kann nach Ansicht der FinVerw aus Vereinfachungsgründen von einer Besteuerung abgesehen werden.[4]

Neben als Miet- oder Pachtzahlungen ausgewiesenen Gegenleistungen können weitere Einnahmen[5] als solche aus VuV zu erfassen sein:

118

- **Antennenstandort:** Entgelt für die Überlassung einer Immobilie zur Nutzung als Antennenstandort.[6]
- **Arbeitnehmer-Wohnung:** Stellt ein Arbeitgeber dem Arbeitnehmer ergänzend zum Lohn unentgeltlich eine Wohnung, so erzielt der Arbeitgeber Einnahmen gem. § 21 EStG in dem Umfang, in dem der Wert der Arbeitsleistung des Arbeitnehmers anteilig auf die Nutzungsüberlassung entfällt.[7]
- **Baulast:** Die Vereinnahmung eines Entgelts für die Übernahme einer öffentlich rechtlichen Baulast führt zu Einnahmen gem. § 21 EStG.[8]
- **Bausperre:** Die Entschädigung für eine faktische Bausperre zählt nicht zu den Einnahmen gem. § 21 EStG.[9]
- **Beschlagnahme:** Die Entschädigung für die Beschlagnahme eines Grundstücks zugunsten eines Dritten, der das Grundstück daraufhin nutzt, führt zu Einnahmen gem. § 21 EStG.[10]

---

1 BFH v. 2.12.2014 - IX R 1/14, BStBl 2015 II 493, m.w.N.
2 Vgl. HHR/*Pfirrmann*, § 21 EStG Rz. 80.
3 Vgl. KKB/*Korff*, § 11 EStG Rz. 16.
4 R 21.2 Abs. 1 EStR; ebenso bei vorübergehender Untervermietung.
5 Zu weiteren Einzelfällen vgl. H 21.2 EStH.
6 FG Saarland v. 20.10.2009 - 2 K 1260/07, EFG 2010, 140, rkr.
7 BFH v. 1.9.1998 - VIII R 3/97, BStBl 1999 II 213.
8 BFH v. 4.9.1996 - XI R 20/96, BFH/NV 1997, 336 = NWB DokID: DAAAB-38680.
9 BFH v. 12.9.1985 - VIII R 306/81, BStBl 1986 II 252
10 BFH v. 14.6.1963 - VI 216/61 U, BStBl 1963 III 380.

- **Betriebskosten:** An den Vermieter gezahlte Betriebs- bzw. Nebenkosten gehören zu den Einnahmen gem. § 21 EStG, auch wenn diese vom Vermieter zweckgebunden zur Zahlung von Werbungskosten verwendet werden müssen.[1]
- **Disagio:** Die Übernahme von Verbindlichkeiten durch den Käufer eines Vermietungsobjekts führt beim Veräußerer hinsichtlich des zuvor als Werbungskosten abgezogenen Disagios nicht zu Einnahmen gem. § 21 EStG, sondern ist Teil des Veräußerungsentgelts.[2]
- **Entschädigung:** Eine einmalige Entschädigungszahlung für die Duldung der Errichtung einer Deichanlage auf dem Grundstück des Stpfl. führt zu Einnahmen gem. § 21 EStG.[3]
- **Erstattung von Werbungskosten:** Einnahmen gem. § 21 EStG im Jahr des Zuflusses, unabhängig von einem tatsächlichen Abzug als Werbungkosten.[4]
- **Gebäudeversicherung:** Leistungen aus einer Gebäudefeuerversicherung eines vermieteten Objekts führen bis zum Betrag der aufgrund des Brandes in Anspruch genommenen AfA zu Einnahmen gem. § 21 EStG.[5]
- **Investitionszuschüsse:** Öffentliche Investitionszuschüsse zur Finanzierung von Anschaffungs- oder Herstellungskosten gehören nicht zu den Einnahmen gem. § 21 EStG, sondern mindern die Anschaffungs- bzw. Herstellungskosten.[6]
- **Kaufpreisminderung:** Wird dem Käufer eines Grundstücks für die Übernahme eines unentgeltlichen Nutzungsrechts vom Verkäufer eine Kaufpreisminderung in Form einer Ausgleichszahlung gewährt, führt diese nicht zu Einnahmen gem. § 21 EStG.[7]
- **Mietereinbauten:** Wird der Vermieter wirtschaftlicher Eigentümer, so fließt ihm im Zusammenhang mit der Vermietung eine geldwerte Sachleistung zu, die als Einnahme gem. § 21 EStG zu erfassen ist.[8]
- **Mieterzuschüsse:** Beteiligt sich der Mieter an den Kosten der Herstellung oder Instandsetzung des Vermietungsobjekts und wird der Mieterzuschuss mit der künftigen Miete verrechnet, führt der vereinnahmte Zuschuss zu Einnahmen gem. § 21 EStG.[9]
- **Mietkaution:** Die Einbehaltung einer Mietkaution durch den Vermieter zur Beseitigung von Schäden führt zu Einnahmen des Vermieters gem. § 21 EStG.[10]
- **Mietvorauszahlungen:** Vorauszahlungen des Mieters vor der Überlassung des Mietobjekts gehören zu den Einnahmen gem. § 21 EStG.[11]

---

1 BFH v. 14.12.1999 - IX R 69/98, BStBl 2000 II 197; BFH v. 14.12.1999 - IX R 23/99, BFH/NV 2000, 831 = NWB DokID: VAAAA-66285.
2 BFH v. 27.7.2004 - IX R 44/01, BFH/NV 2005, 188 = NWB DokID: YAAAB-36518.
3 FG Berlin-Brandenburg v. 2.7.2014 - 3 K 3338/10, EFG 2014, 1674, rkr.
4 BFH v. 1.12.1992 - IX R 189/85, BStBl 1994 II 11; BFH v. 22.9.1994 - IX R 6/93, BFH/NV 1995, 499 = NWB DokID: RAAAB-34909.
5 BFH v. 2.12.2014 - IX R 1/14, BStBl 2015 II 493.
6 BFH v. 7.12.2010 - IX R 46/09, BStBl 2012 II 310; BFH v. 14.7.2009 - IX R 7/08, BStBl 2010 II 34; zu Zuschüssen vgl. ausführlich auch R 21.5 EStR.
7 BFH v. 22.6.1993 - IX R 72/88, BFH/NV 1994, 163 = NWB DokID: CAAAB-33929.
8 BFH v. 14.1.2004 - IX R 54/99, BFH/NV 2004, 1088 = NWB DokID: CAAAB-22096.
9 BFH v. 10.8.1988 - IX R 20/84, BFH/NV 1989, 169 = NWB DokID: TAAAB-29931. Die Übernahme von Erhaltungsaufwand durch den Mieter führt aus Vereinfachungsgründen nicht zu Einnahmen gem. § 21 EStG; vgl. auch R 21 Abs. 3 Satz 6 EStR.
10 BFH v. 11.7.2000 - IX R 48/96, BStBl 2001 II 784.
11 BFH v. 21.8.1990 - VIII R 17/86, BStBl 1991 II 76.

- **Mietzuschuss:** Ein von einem Dritten gewährter Mietzuschuss mit ungewisser Rückzahlungsverpflichtung führt zu einer Einnahme gem. § 21 EStG.[1]
- **Nutzungsentschädigung:** Entschädigungszahlungen für die Nutzung eines Grundstücks können ggf. zu Einnahmen gem. § 21 EStG führen.[2]
- **Rückabwicklung eines Kaufvertrages:** Nach Ansicht der FinVerw erfolgt die Rückerstattung des Kaufpreises einkommensteuerrechtlich neutral, die Erstattung von Werbungskosten i. R. d. Rückabwicklung führt zu Einnahmen gem. § 21 EStG; gegengerechnete vereinnahmte Mieten sind als negative Einnahmen gem. § 21 EStG zu behandeln.[3]
- **Rückvergütungen:** Zahlungen eines Kapitalvermittlers an den beitretenden Gesellschafter eines Immobilienfonds (sog. „Kick-Back"-Zahlungen) führen nicht zu Einnahmen gem. § 21 EStG, sondern mindern die Anschaffungs- bzw. Herstellungskosten.[4]
- **Sachleistung:** Entgelte i. S. v. § 21 EStG können auch Sachleistungen sein, einschließlich der Gewährung geldwerter Vorteile.[5]
- **Schadensersatz:** Schadensersatzleistungen können zu Einnahmen gem. § 21 EStG gehören, soweit sie Entgelt für die Nutzungsüberlassung sind oder einen Ersatz von Werbungskosten des Vermieters darstellen; keine Einnahmen gem. § 21 EStG liegen hingegen vor, soweit Substanzschäden oder -einbußen ersetzt werden, die nicht als AfA berücksichtigt wurden.[6]
- **Umsatzsteuer:** Soweit die Vermietung ausnahmsweise umsatzsteuerpflichtig erfolgt (§ 9 Abs. 1 und 2 UStG), gehört die in den Mietzahlungen enthaltene Umsatzsteuer zu den Einnahmen gem. § 21 EStG; dasselbe gilt für eine Vorsteuer-Erstattung durch das Finanzamt.[7]
- **Verzicht auf Mieteinnahmen:** Der unentgeltliche Verzicht auf Mieteinnahmen kann nicht als Einnahmen gem. § 21 EStG fingiert werden.[8]
- **Zugewinnausgleich:** Die zeitlich begrenzte Überlassung eines Grundstücks an den früheren Ehegatten zur Abgeltung von dessen Zugewinnausgleichsanspruch ist entgeltlich und führt zu entsprechenden Mieteinnahmen.[9]

(Einstweilen frei) 119–124

---

1 BFH v. 12. 7. 2016 - IX R 56/13, BStBl 2017 II 253.
2 BFH v. 19. 4. 1994 - IX R 19/90, BStBl 1994 II 640; BFH v. 2. 3. 2004 - IX R 43/03, BStBl 2004 II 507; BFH v. 2.7.2018 - IX R 31/16, BStBl 2018 II 759.
3 LfSt Bayern v. 16. 7. 2008, DB 2008, 2110.
4 BFH v. 26. 2. 2002 - IX R 21/01, BFH/NV 2002, 913 = NWB DokID: YAAAA-69025.
5 BFH v. 22. 9. 1994 - IX R 47/89, BFH/NV 1995, 294 = NWB DokID: UAAAA-97285; BFH v. 19. 9. 2008 - IX B 102/08, BFH/NV 2009, 146 = NWB DokID: RAAAD-00221.
6 Vgl. BFH v. 5. 5. 1971 - I R 166/69, BStBl 1968 II 309; BFH v. 23. 3. 1993 - IX R 67/88, BStBl 1993 II 748; vgl. hierzu ausf. HHR/*Pfirrmann*, § 21 EStG Rz. 85, m. w. N.
7 BFH v. 29. 6. 1982 - VIII R 6/79, BStBl 1982 II 755; offen für zu Unrecht erstattete Vorsteuerbeträge jedoch BFH v. 4. 6. 1991 - IX R 12/89, BStBl 1991 II 759.
8 BFH v. 20. 7. 2012 - IX B 24/12, BFH/NV 2012, 1970 = NWB DokID: IAAAE-19928.
9 BFH v. 8. 3. 2006 - IX R 34/04, BFH/NV 2006, 1280 = NWB DokID: PAAAB-84347.

2. Werbungskosten

a) Allgemeines

125 Zu den Werbungskosten[1] bei den Einkünften gem. § 21 EStG gehören alle durch diese Einkunftsart veranlassten Aufwendungen (§ 9 Abs. 1 EStG). Eine derartige **Veranlassung** liegt vor, wenn (objektiv) ein wirtschaftlicher Zusammenhang mit der auf VuV gerichteten Tätigkeit besteht und (subjektiv) die Aufwendungen zur Förderung der Nutzungsüberlassung gemacht werden.[2] Ein mittelbarer Veranlassungszusammenhang genügt insoweit.[3] Bei Darlehen muss eine eindeutige Zuordnung zu den Anschaffungskosten der Immobilie gegeben sein.[4] Abzugsfähig sind auch Aufwendungen, die den Grund und Boden betreffen, soweit die betreffenden Maßnahmen nicht die Substanz oder das Wesen des Grundstücks betreffen und daher Anschaffungskosten anzunehmen sind.[5] **Nicht** zu den i. R. d. Einkünfte gem. § 21 EStG zu erfassenden Werbungskosten gehören demgegenüber Aufwendungen, die allein oder ganz überwiegend durch die **Veräußerung** des Vermietungsobjekts veranlasst sind.[6] Dies gilt auch für die Kosten einer Räumung wegen einer beabsichtigten **Selbstnutzung**, da es hier an einer Veranlassung durch die Einkünfteerzielung fehlt.[7]

126 Bei **gemischt genutzten Gebäuden,** bei denen einzelne Gebäudeteile nicht vermietet, sondern selbst genutzt oder unentgeltlich überlassen werden, hat ggf. eine Aufteilung in verschiedene Wirtschaftsgüter und eine Verteilung der Aufwendungen zu erfolgen; die Aufteilung erfolgt regelmäßig nach dem Flächenschlüssel, soweit dies nicht sachfremd erscheint und daher eine Aufteilung entsprechend der Verkehrswerte zu erfolgen hat.[8] Bei unmittelbar dem vermieteten Gebäudeteil zuzuordnenden Aufwendungen entfällt eine Aufteilung und ein Werbungskostenabzug erfolgt in vollen Umfang.[9] Ohne eine nach außen erkennbare Zuordnungsentscheidung[10] stellen Darlehenszinsen bei Hinzuerwerb eines ideellen Miteigentumsanteils an einer teilweise selbst genutzten Immobilie nur anteilig Werbungskosten dar.[11]

127 Aufwendungen in Bezug auf das Vermietungs-/Verpachtungsobjekt können nur dann als Werbungskosten bei den Einkünften gem. § 21 EStG erfasst werden, wenn es sich um **Erhaltungsaufwand** handelt. Soweit hingegen **Anschaffungs- bzw. Herstellungskosten** vorliegen, kommt eine steuermindernde Berücksichtigung nur im Wege der **Abschreibungen** (§ 9 Abs. 1 Satz 3 Nr. 7 EStG) in Betracht.[12] Die Abgrenzung zwischen Erhaltungsaufwand und Anschaffungs-/

---

1 Vgl. hierzu ausführlich KKB/Weiss, § 9 EStG Rz. 26 ff.; s. auch Arbeitshilfe zur Erfassung der berücksichtigungsfähigen Aufwendungen, NWB DokID: HAAAAE-57359.
2 BFH v. 5.4.2005 - IX R 48/04, BFH/NV 2005, 1299 = NWB DokID: XAAAB-53712; BFH v. 20.12.1994 - IX R 122/92, BStBl 1995 II 534.
3 BFH v. 17.7.2007 - IX R 2/05, BStBl 2007 II 941.
4 BFH v. 9.5.2017 - IX R 45/15, BFH/NV 2017 = NWB DokID: HAAAG-47390, 1036 m.w.N.
5 BFH v. 14.12.2004 - IX R 34/03, BStBl 2005 II 343, m.w.N.
6 BFH v. 14.12.2004 - IX R 34/03, BStBl 2005 II 343, m.w.N.; BFH v. 1.8.2012 - IX R 8/12, BStBl 2012 II 781.
7 BFH v. 7.7.2005 - IX R 38/03, BStBl 2005 II 760. Räumungskosten sind hingegen Werbungskosten, wenn diese aufgewendet werden, um das Objekt neu vermieten zu können; vgl. BFH v. 26.1.2011 - IX R 24/10, BFH/NV 2011, 1480 = NWB DokID: KAAAD-87487.
8 BFH v. 24.6.2008 - IX R 26/06, BFH/NV 2008, 1482 = NWB DokID: ZAAAC-86782; BFH v. 25.5.2005 - IX R 46/04, BFH/NV 2006, 261 = NWB DokID: SAAAB-73106. Vgl. auch Kußmail/Kloster, DStR 2016, 1280, 1285 f. zur Aufteilung bei Untervermietung von Wohnungen.
9 BFH v. 25.9.2007 - IX R 43/06, BFH/NV 2008, 208 = NWB DokID: UAAAC-64817.
10 Vgl. hierzu auch FG Köln v. 5.7.2017 - 3 K 2048/16, EFG 2018, 734 = NWB DokID: FAAAG-79358, m.w.N., Rev.: BFH IX R 2/18.
11 FG Hamburg v. 25.9.2014 - 2 K 28/14, NWB 2015, 234, rkr.
12 Vgl. hierzu ausführlich KKB/Weiss, § 9 EStG Rz. 266 ff. sowie KKB/Marx, § 7 EStG Rz. 386 ff.

Herstellungskosten richtet sich nach den allgemeinen Regeln (§ 255 Abs. 1, Abs. 2 Satz 1 HGB; § 6 EStG).[1] Werden Erhaltungsmaßnahmen in Form von **Renovierungs- und Instandsetzungsarbeiten** während der Vermietungszeit wahrgenommen, so sind die hierdurch verursachten Aufwendungen – unabhängig vom Zahlungszeitpunkt – grds. als Werbungskosten abziehbar; einer Aufteilung des Aufwands bedarf es auch dann nicht, wenn der Stpfl. später zur Selbstnutzung übergeht.[2] Sofort abzugfähige Werbungskosten sind auch Aufwendungen zur Beseitigung nachträglich eingetretener Schäden an einer vermieteten Eigentumswohnung.[3] Etwas anderes gilt jedoch für veräußerungsveranlasste Instandsetzungen.[4] Die FinVerw geht auch im Fall eines bereits gekündigten Mietverhältnisses nicht von einer grundsätzlichen Abzugsfähigkeit aus.[5] Werden Renovierungsarbeiten nach Beendigung der Vermietungstätigkeit mit Blick auf eine alsbaldige Selbstnutzung ausgeführt, scheidet ein Werbungskostenabzug im Grundsatz aus, selbst wenn eigentlich der Mieter zur Ausführung von Schönheitsreparaturen verpflichtet gewesen wäre. Eine Ausnahme gilt insoweit nur, wenn die eingesetzten Mittel vom Mieter stammen und diese beim Vermieter als Einnahmen gem. § 21 EStG erfasst wurden (z. B. bei Einbehalt der Mietkaution wegen unterlassener Schönheitsreparaturen) oder im Fall der Beseitigung größerer Schäden, die über eine gewöhnliche Abnutzung durch den Mieter hinausgehen.[6] Werden die Renovierungsarbeiten hingegen während der Zeit der Selbstnutzung ausgeführt, geht die Rspr. typisierend davon aus, dass der Aufwand nicht der Einkünfteerzielung dienen soll; ein Abzug als (vorweggenommene) Werbungskosten soll dann trotz einer ggf. bestehenden Absicht zur künftigen Vermietung ausscheiden.[7]

PRAXISHINWEIS:

Renovierungs- und Instandsetzungsarbeiten an einer bislang selbst genutzten, künftig zur Vermietung vorgesehenen Immobilie sollten nicht während der Zeit der Selbstnutzung durchgeführt werden, insbes. dann nicht, wenn die betreffenden Maßnahmen dem Stpfl. für einen erheblichen Zeitraum noch selbst zugutekommen würden. Vorsorglich sollten die Arbeiten während eines zwischenzeitlichen Leerstandes durchgeführt werden, der eine klare Zäsur markiert.

Für Werbungskosten gilt in **zeitlicher Hinsicht** im Grundsatz das **Abflussprinzip** (§ 11 Abs. 2 EStG), d. h. die Aufwendungen sind regelmäßig im Veranlagungszeitraum ihrer Leistung zu berücksichtigen. Aufwendungen, die für eine Nutzungsüberlassung von mehr als fünf Jahren im Voraus geleistet werden, sind jedoch gleichmäßig auf den Vorauszahlungszeitraum zu verteilen (§ 11 Abs. 2 Satz 3 EStG).[8] Erhaltungsaufwendungen für Gebäude in Sanierungsgebieten oder für Baudenkmäler können auf zwei bis fünf Jahre verteilt werden (§§ 11a, 11b EStG). Ferner kann größerer Erhaltungsaufwand bei Gebäuden, die überwiegend Wohnzwecken dienen,

---

1 BFH v. 15. 5. 2013 - IX R 36/12, BStBl 2013 II 732; BFH v. 4. 7. 1990 - GrS 1/89, BStBl 1990 II 830; vgl. hierzu auch R 21.1 EStR sowie H 21.1 EStH; vgl. im Übrigen KKB/Teschke/C. Kraft, § 6 EStG Rz. 26 ff. und Rz. 87 ff.
2 BFH v. 10. 10. 2000 - IX R 15/96, BStBl 2001 II 787; BFH v. 20. 2. 2001 - IX R 49/98, BFH/NV 2001, 1022 = NWB DokID: KAAAA-88014. Die vollständige Erneuerung einer Einbauküche führt nach geänderter Rspr. indes zu AK/HK; BFH v. 3. 8. 2016 - IX R 14/15, BFH/NV 2017, 184 = NWB DokID: LAAAF-87994; BMF v. 16. 5. 2017 - IV C 1 - S 2211/07/10005 :001, BStBl 2017 I 775.
3 BFH v. 9. 5. 2017 - IX R 6/16, DStR 2017, 2161 = NWB DokID: HAAAG-58607: bei Beseitigung der von Dritten verursachten Schäden gilt nicht die Vermutung des § 6 Abs. 1 Nr. 1a Satz 1 EStG.
4 BFH v. 8. 3. 2006 - IX R 34/04, BFH/NV 2006, 1280 = NWB DokID: VAAAC-23491.
5 Vgl. H 21.2 „Erhaltungsaufwand" EStH.
6 Vgl. hierzu BFH v. 17. 12. 2002 - IX R 6/99, BFH/NV 2003, 610 = NWB DokID: OAAAA-71606, m. w. N.
7 Vgl. BFH v. 1. 4. 2009 - IX R 51/08, BFH/NV 2009, 1259 = NWB DokID: AAAAD-23764.
8 Eine Ausnahme gilt für ein marktübliches Disagio, § 11 Abs. 2 Satz 4 EStG. Die Marktüblichkeit wird bei Vereinbarung wie unter fremden Dritten indiziert; vgl. BFH v. 8. 3. 2016 - IX R 38/14, BStBl 2016 II 646.

ebenfalls wahlweise gleichmäßig auf einen Zeitraum von zwei bis fünf Jahren verteilt werden (§ 82b EStDV).[1]

129 Da die Einkünfte subjektbezogen zu ermitteln sind (§ 2 Abs. 1 Satz 1 EStG i.V. m. § 1 Abs. 1 Satz 1 EStG), sind anzuerkennende Werbungskosten im Grundsatz nur Aufwendungen, die der Stpfl. selbst getragen hat. Nicht abzugsfähig ist sog. **Drittaufwand**, also die Tragung von Aufwendungen durch einen Dritten, der an der Erzielung von Einkünften gem. § 21 EStG nicht beteiligt ist.[2] Von einem Dritten getragener Aufwand kann für den vermietenden Stpfl. jedoch dann zu abzugsfähigen Werbungskosten führen, wenn der entsprechende Betrag wirtschaftlich als dem Stpfl. von Dritter Seite zugewandt und sodann als von ihm selbst getragen anzusehen ist; dies kann in Fällen eines abgekürzten Zahlungsweges oder eines abgekürzten Vertragsweges der Fall sein.[3] Tragen **Ehegatten** gemeinschaftlich (z. B. Zahlung von Gemeinschaftskonto oder aufgrund eines gesamtschuldnerisch aufgenommenen Darlehens) Aufwendungen für eine vermietete Immobilie, die nur einem von ihnen gehört, so sind die Zinsen nach der Rspr. in vollem Umfang als Werbungskosten des Eigentümers anzuerkennen.[4] Hat demgegenüber der Nichteigentümer-Ehegatte allein ein Darlehen aufgenommen, um die Immobilie des anderen zu finanzieren, kann der Eigentümer-Ehegatte die Zinsen als Werbungskosten nur abziehen, soweit er sie aus eigenen Mitteln bezahlt hat.[5]

130 Die **Erstattung von Werbungskosten** führt im Jahr des Zuflusses zu Einnahmen gem. § 21 EStG.[6] Eine Erfassung als **negative Werbungskosten** ist allenfalls denkbar, wenn durch einen Rückfluss von Werbungskosten zwischen den konkret an der Zahlung beteiligten Personen die ursprüngliche Vermögenssituation wiederhergestellt werden soll.[7]

131–134 *(Einstweilen frei)*

b) Vorab entstandene Werbungskosten

135 Ein hinreichender Veranlassungszusammenhang mit den Einkünften gem. § 21 EStG ist nur gegeben, wenn der Stpfl. bereits bei Entstehung der Aufwendungen einen **endgültigen Entschluss** zur Erzielung von Einkünften hatte.[8] Ein späteres Entfallen der Einkünfteerzielungsabsicht (vgl. hierzu → Rz. 25 ff.) lässt diesen Veranlassungszusammenhang nicht entfallen, die zuvor getätigten Aufwendungen bleiben als Werbungskosten abziehbar.[9] Wird ein Objekt unmittelbar nach Fertigstellung sowohl zur Vermietung als auch zum Verkauf angeboten, so

---

1 Vgl. hierzu ausführlich *Kulosa* in Schmidt, § 21 EStG Rz. 124 ff.; zu § 82b EStDV bei von einem Nießbraucher getragenen Aufwand vgl. BMF v. 30. 9. 2013, BStBl 2013 I 1184, Tz. 22 sowie BFH v. 13.3.2018 - IX R 22/17, BFH/NV 2018, 824 = NWB DokID: ZAAAG-87917. Zur Fortführung bei unentgeltlicher Einzelrechtsnachfolge vgl. R 21.1 Abs. 6 EStR; hiergegen FG Münster v. 15.4. 2016 - 4 K 422/15 E, EFG 2016, 896, m. w. N.
2 Vgl. hierzu allgemein KKB/Weiss, § 9 EStG Rz. 57.
3 Vgl. hierzu BFH v. 15.11.2005 - IX R 25/03, BStBl 2006 II 623, m.w.N.; BFH v. 28.9.2010 - IX R 42/09, BStBl 2011 II 271; *Günther*, ErbStB 2018, 223 ff.
4 BFH v. 4.9.2000 - IX R 22/97, BStBl 2001 II 785, m. w. N.; dies gilt auch im Fall nachträglicher Schuldzinsen, vgl. BFH v. 16.9. 2015 - IX R 40/14, BStBl 2016, 78.
5 BFH v. 2. 12. 1999 - IX R 21/96, BStBl 2000 II 312.
6 BFH v. 23. 3. 1993 - IX R 67/88, BStBl 1993 II 748; BFH v. 14. 12. 1999 - IX R 23/99, BFH/NV 2000, 831 = NWB DokID: VAAAA-66285; zur Erstattung von Schuldzinsen vgl. BFH v. 31.1.2017 - IX R 26/16, BStBl 2018 II 341.
7 Vgl. BFH v. 7.12.2010 - IX R 46/09, BStBl 2012 II 797, m. w. N.; ob die Rechtsfigur „negativer Werbungskosten" steuerlich anzuerkennen ist, hat der BFH bislang allerdings offen gelassen.
8 BFH v. 4.6.1991 - IX R 30/89, BStBl 1991 II 761.
9 BFH v. 4.11.2003 - IX R 55/02, BFH/NV 2004, 484 = NWB DokID: BAAAB-16069; BFH v. 16.6.2015 - IX R 21/14, BFH/NV 2015, 1567 = NWB DokID: WAAAF-02672.

spricht dies gegen einen endgültigen Entschluss zur Erzielung von Einkünften gem. § 21 EStG;[1] dies muss jedenfalls bei Feststellung einer unbedingten Verkaufsabsicht gelten. Die Problematik vorab entstandener Werbungskosten stellt sich häufig bei **leerstehenden Objekten**; die Darlegungslast des Stpfl. hinsichtlich des Vorliegens eines endgültigen Entschlusses zur Einkünfteerzielung ist hier insbes. davon abhängig, ob der Leerstand zeitlich einer auf Dauer angelegten Vermietung nachfolgt oder ob das betreffende Objekt zuvor unvermietet war (vgl. hierzu → Rz. 28).[2] Bei **unbebauten Grundstücken** muss der Stpfl. zumindest hinreichend eindeutige Vorbereitungshandlungen unternommen haben, das Grundstück mit dem Ziel der Vermietung zu bebauen.[3] Aufwendungen im Zusammenhang mit einem gescheiterten Immobilienerwerb können vergebliche Werbungskosten sein, soweit sie sich auf das Gebäude beziehen.[4] Bei sanierungsbedürftigen Objekten müssen ernsthafte Bemühungen erkennbar sein, das Objekt in einen vermietbaren Zustand zu versetzen.[5] Vorab entstandene Werbungskosten können bei bestehender Einkünfteerzielungsabsicht auch dann vorliegen, wenn ein zunächst noch **nießbrauchsbelastetes Grundstück** erworben wird.[6] Auch nach Aufgabe der Einkünfteerzielungsabsicht können vorab entstandene **vergebliche Werbungskosten** jedoch weiter abziehbar sein, wenn der Stpfl. nach Erkennen des Scheiterns seiner Investition etwas aufwendet, um sich aus der vertraglichen Bindung zu lösen.[7] Der einmal begründete Veranlassungszusammenhang wirkt fort, solange er nicht durch eine der Vermögenssphäre zuzuweisende neue Veranlassung (z. B. in Bezug auf einen nicht steuerbaren Veräußerungsverlust) überlagert wird.[8]

(*Einstweilen frei*) 136–138

c) Nachträgliche Werbungskosten

Aufwendungen, die erst nach Beendigung der Vermietungs- bzw. Verpachtungstätigkeit getätigt werden, können als nachträgliche Werbungskosten Berücksichtigung finden. Relevant kann dies insbes. im Hinblick auf **nachträgliche Schuldzinsen** werden, die der Stpfl. noch nach Aufgabe der Vermietung oder der Veräußerung des Objekts zu tragen hat.[9] Insoweit gelten nach geänderter **Rspr. des BFH**[10] jetzt die nachfolgenden Grundsätze: Mit der tatsächlichen Verwendung einer Darlehensvaluta zur Anschaffung eines Vermietungsobjekts wird der notwendige Veranlassungszusammenhang zwischen dem Darlehen und der Einkünfteerzielung gem. § 21 EStG hergestellt. Dieser Veranlassungszusammenhang setzt sich nach einer Veräußerung – unabhängig von der Frage einer Steuerbarkeit der Veräußerung gem. § 23 EStG –

139

---

1 BFH v. 9.7.2013 - IX R 21/12, BFH/NV 2013, 1778 = NWB DokID: QAAAE-44198.
2 Vgl. auch BMF v. 8.10.2004, BStBl 2004 I 933, Tz. 24 ff.
3 BFH v. 1.12.2015 - IX R 9/15, BStBl 2016 II 335, mit Hinweisen zu tauglichen Indizien für eine bestehende Vermietungsabsicht.
4 BFH v. 9.5.2017 - IX R 24/16, BFH/NV 2017, 1106.
5 FG Nürnberg v. 10.2.2015 - 1 K 1064/13, EFG 2015, 1940 rkr.
6 FG Baden-Württemberg v. 25.4.2017 - 5 K 763/15, EFG 2017, 1733 = NWB DokID: KAAAG-61207, Rev.: BFH IX R 20/17.
7 BFH v. 5.11.2001 - IX B 92/01, BStBl 2002 II 144; BFH v. 7.6.2006 - IX R 45/05, BStBl 2006 II 803.
8 BFH v. 15.11.2005 - IX R 3/04, BStBl 2006 II 258.
9 Vgl. hierzu *Paus*, DStZ 2014, 580 ff.; ders., EStB 2018, 220 ff.; *Schallmoser*, SteuK 2013, 115 ff.; ausf. *Engelberth*, NWB 2016, 20 ff.; s. a. Schuldzinsen als nachträgliche Werbungskosten bei VuV, Arbeitshilfe, NWB DokID: BAAAF-46306; *Schmitz-Herscheidt*, NWB 2018, 1556 ff.
10 BFH v. 20.6.2012 - IX R 67/10, BStBl 2013 II 275; BFH v. 8.4.2014 - IX R 45/13, BStBl 2015 II 635; BFH v. 1.12.2015 - IX R 42/14, BStBl 2016 II 332; zur früheren Rspr. vgl. *Mellinghoff* in Kirchhof, § 21 EStG Rz. 61; *Schmitz-Herscheidt*, FR 2014, 625 ff.

am Veräußerungserlös fort. Maßgeblich ist dann die **Verwendung des Veräußerungserlöses**.[1] Soweit dieser zur Anschaffung eines **neuen Vermietungsobjekts** verwendet wird,[2] steht das nicht getilgte Darlehen (ggf. anteilig) fortan im Zusammenhang mit dem neuen Objekt und die Zinsen bleiben als Werbungskosten abziehbar. Wird **kein neues Vermietungsobjekt** (oder eine andere Einkunftsquelle[3]) angeschafft, kommt es darauf an, ob der Veräußerungserlös zur Tilgung des Darlehens ausreicht:

▶ Ist der **Veräußerungserlös zur Ablösung des Darlehens ausreichend**, so entfällt der Veranlassungszusammenhang des Darlehens mit den Einkünften gem. § 21 EStG (und damit die Abzugsfähigkeit der Zinsen als Werbungskosten) unabhängig davon, ob das Darlehen tatsächlich abgelöst wird („Vorrang der Schuldentilgung").[4]

▶ Soweit der Veräußerungserlös hingegen **nicht zur Darlehenstilgung ausreicht**, bleibt der ursprüngliche Veranlassungszusammenhang bestehen und die auf den nicht ablösbaren Teil des fortgeführten Anschaffungsdarlehens entfallenden Zinsen bleiben als Werbungskosten abziehbar. Im Sinne einer Surrogationsbetrachtung können unter diesen Voraussetzungen auch Zinsen, die auf ein später ersatzweise aufgenommenes **Refinanzierungs- oder Umschuldungsdarlehen**[5] entfallen, als Werbungskosten abzugsfähig sein.

140 Ein Abzug nachträglicher Schuldzinsen soll allerdings auch bei einem nicht zur Darlehenstilgung ausreichenden Veräußerungserlös nicht möglich sein, wenn im Einzelfall die **Einkünfteerzielungsabsicht** bereits vor der Veräußerung aus anderen Gründen entfallen sein sollte.[6]

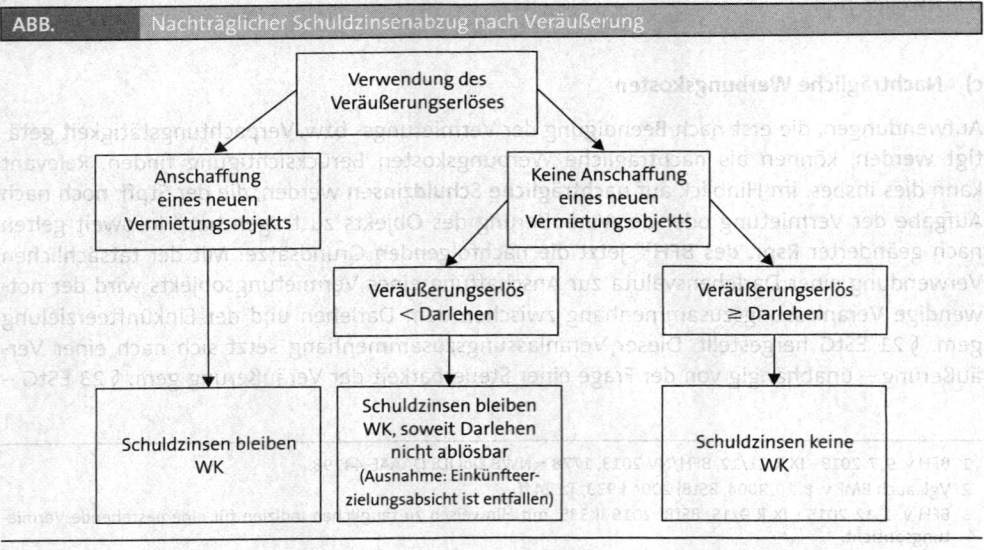

ABB. Nachträglicher Schuldzinsenabzug nach Veräußerung

---

1 Hierzu zählt auch eine vom Stpfl. anlässlich der Veräußerung vereinnahmte Leistung einer Kapitallebensversicherung, wenn diese wesentlicher Bestandteil der Darlehensvereinbarung war; vgl. BFH v. 16.9.2015 - IX R 40/14, BStBl 2016 II, 78.
2 Vgl. hierzu BFH v. 25.2.2009 - IX R 52/07, BFH/NV 2009, 1255 = NWB DokID: TAAAD-24089.
3 Als solche kommt auch eine Kapitalanlage in Betracht, vgl. FG Münster v. 11.3.2016 - 4 K 173/13, EFG 2016, 805.
4 Vgl. auch BFH v. 6.12.2017 - IX R 4/17, BStBl 2018 II 268; für den Fall einer verzinslichen Stundung des Veräußerungserlöses auch FG Düsseldorf v. 10.7.2018 - 10 K 1911/17 F, EFG 2018, 1541 = NWB DokID: VAAAG-95690.
5 Vgl. insoweit BFH v. 8.4.2014 - IX R 45/13, BStBl 2015 II 635; BFH v. 16.9.2015 - IX R 40/14, BStBl 2016 II 78.
6 BFH v. 21.1.2014 - IX R 37/12, BStBl 2015 II 631; BFH v. 20.6.2012 - IX R 67/10, BStBl 2013 II 275; vgl. hierzu *Paus*, DStZ 2014, 580, 582 ff.

Diese Rechtsprechungsgrundsätze gelten auch im Fall der Beteiligung an einer **vermögensverwaltenden Personengesellschaft** mit Einkünften gem. § 21 EStG; auch nach Beendigung der Gesellschaft können daher nachträgliche Werbungskosten zu berücksichtigen sein, soweit der zuvor beteiligte Stpfl. ein von der Gesellschaft aufgenommenes Darlehen persönlich übernimmt, jedoch nur im Umfang seiner früheren Beteiligung an der Gesellschaft (Bruchteilsbetrachtung, § 39 Abs. 2 Nr. 2 AO).[1]

141

PRAXISHINWEIS:

Die FinVerw wendet diese Rechtsprechungsgrundsätze in Bezug auf Schuldzinsen aus Anschaffungsdarlehen in Fällen einer rechtswirksamen Grundstücksveräußerung nach dem 31.12.1998 uneingeschränkt an.[2] Schuldzinsen, die auf darlehensfinanzierte Erhaltungsaufwendungen entfallen, sollen hingegen allgemein – ohne Beschränkung auf die Fälle einer stpfl. Veräußerung – abzugsfähig bleiben, soweit der Veräußerungserlös nach Verkauf des Vermietungsobjekts nicht zur Darlehenstilgung ausreichen würde.[3]

142

d) Einzelfälle[4]

143

▶ **Ablösung eines Wohnrechts**: Mietzahlungen für einen Angehörigen, der auf die Ausübung eines Wohnrechts verzichtet und eine Mietwohnung bezogen hat, sind grds. als Werbungskosten zu berücksichtigen.[5]

▶ **Abwehrkosten**: Aufwendungen zur Abwehr fremder Ansprüche sind keine Werbungskosten, wenn die Zugehörigkeit des zur Einkünfteerzielung eingesetzten Objekts zum Vermögen des Stpfl. bedroht ist.[6]

▶ **Entlassung aus Darlehenshaftung**: Das für die Entlassung aus der Haftung für ein gesamtschuldnerisch aufgenommenes Darlehen gezahlte Entgelt kann als Werbungskosten abzugsfähig sein, wenn die Zahlung dazu dient, die Höhe künftig vergeblich aufzuwendender Finanzierungskosten für ein gescheitertes Vermietungsprojekt zu begrenzen.[7]

▶ **Fahrtkosten**: Aufwendungen für gelegentliche Fahrten zum vermieteten Objekt sind Werbungskosten.[8] Stellt das Vermietungsobjekt aufgrund einer Vielzahl von Fahrten jedoch den Mittelpunkt der Vermietungstätigkeit dar, so kann im Ausnahmefall eine „erste Tätigkeitsstätte" beim betreffenden Objekt anzunehmen sein, mit der Folge, dass Fahrtkosten nur i. R. d. Entfernungspauschale gem. § 9 Abs. 1 Satz 3 Nr. 4, Abs. 3 EStG berücksichtigt werden können.[9]

---

1 BFH v. 8.4.2014 - IX R 45/13, BStBl 2015 II 635.
2 BMF v. 27.7.2015, BStBl 2015 I 581, Tz. 1.1.
3 BMF v. 27.7.2015, BStBl 2015 I 581, Tz. 4.1 für Fälle, in denen das obligatorische Veräußerungsgeschäft nach dem 31.12.2013 abgeschlossen wurde; im Übrigen gelten die Grundsätze gem. BMF v. 3.5.2006, BStBl 2006 I 363.
4 Vgl. insoweit auch H 21.2 EStH.
5 BFH v. 11.12.2012 - IX R 28/12, BFH/NV 2013, 914 = NWB DokID: BAAAE-34684.
6 BFH v. 1.10.2014 - IX R 7/14, BFH/NV 2015, 327 = NWB DokID: RAAAE-82927, zur Abwehr von Übertragungsansprüchen nach dem Verkehrsflächenbereinigungsgesetz.
7 BFH v. 21.11.2013 - IX R 12/12, BFH/NV 2014, 834 = NWB DokID: ZAAAE-61354; krit. *Kulosa* in Schmidt, § 21 EStG Rz. 142.
8 Vgl. R 21.2 Abs. 4 Satz 3 EStR; vgl. hierzu *Schmidt*, NWB 2014, 782 ff.
9 So BFH v. 1.12.2015 - IX R 18/15, BStBl 2016 II 532; a. A. *Schmidt*, NWB 2014, 782, 789 f.; vgl. hierzu auch *Trossen*, NWB 2016, 1256.

▶ **Negative Eigenmiete:** Keine Werbungskosten sind eigene Mietaufwendungen für eine privat genutzte Wohnung, auch wenn durch deren Anmietung die Vermietung der zuvor genutzten eigenen Wohnung möglich wird.[1]

▶ **Nicht abziehbare Schuldzinsen:** Nach § 4 Abs. 4a EStG nicht abziehbare Schuldzinsen können nicht als Werbungskosten bei den Einkünften gem. § 21 EStG berücksichtigt werden, auch wenn die betreffende Überentnahme in ein Vermietungsobjekt investiert wurde.[2]

▶ **Miteigentumsanteil:** Nutzt ein Miteigentümer allein eine Wohnung zu beruflichen Zwecken, kann er AfA und Schuldzinsen nur entsprechend seinem Miteigentumsanteil als Werbungskosten geltend machen, wenn die Darlehen zum Erwerb gemeinsam aufgenommen wurden und Zins und Tilgung von einem gemeinsamen Konto beglichen werden.[3]

▶ **Risikolebensversicherung:** Beiträge zu Lebensversicherungen, die der Absicherung von Finanzierungsdarlehen dienen, sind nicht als Werbungskosten abzugsfähig.[4]

▶ **Teilungsversteigerung:** Prozess- und Anwaltskosten im Zusammenhang mit der Teilungsversteigerung eines vom Stpfl. gemeinschaftlich vermieteten Grundstücks sind nicht deshalb Werbungskosten, weil die hypothetische Möglichkeit besteht, das Grundstück selbst zu erwerben.[5]

▶ **Testamentsvollstreckung:** Kosten der Dauertestamentsvollstreckung können anteilig Werbungskosten bei den Einkünften gem. § 21 EStG sein; maßgeblich ist die Zusammensetzung des Nachlasses im jeweiligen VZ.[6]

▶ **Veräußerungskosten:** Die Kosten für den Verkauf einer Immobilie können Werbungskosten sein, wenn der Veräußerungserlös zur Finanzierung eines anderen zur Vermietung bestimmten Objekts eingesetzt wird.[7]

▶ **Vorfälligkeitsentschädigung:** Kein Abzug als Werbungskosten, wenn die Vorfälligkeitsentschädigung gezahlt wird, um ein Grundstück vertragsgemäß lastenfrei übertragen zu können.[8]

▶ **Währungsverluste:** Wechselkursbedingt höhere Tilgungsleistungen für Fremdwährungsdarlehen sind keine Werbungskosten.[9]; ebenso wenig erhöhte Schuldzinsen nach Umschuldung eines Fremdwährungsdarlehens.[10]

144–149 (*Einstweilen frei*)

---

1 BFH v. 11.2.2014 - IX R 24/13, BFH/NV 2014, 1197 = NWB DokID: VAAAE-67433.
2 BFH v. 12.7.2016 - IX R 29/15, BFH/NV 2016, 1698 = NWB DokID: LAAAF-83710.
3 BFH v. 6.12.2017 - VI R 41/15, BStBl 2018 II 355; zu Miteigentumsanteil vgl. auch FG Hamburg v. 25.9.2014 - 2 K 28/14, n.v., rkr., NWB DokID: QAAAE-82252.
4 BFH v. 13.10.2015 - IX R 35/14, BStBl 2016 II 210 = NWB DokID: LAAAF-83710.
5 BFH v. 19.3.2013 - IX R 41/12, BStBl 2013 II 536.
6 BFH v. 8.11.2017 - IX R 32/16, BStBl 2018 II 191; vgl. hierzu *Dorn*, NWB 2018, 232.
7 BFH v. 11.2.2014 - IX R 22/13, BFH/NV 2014, 1195 = NWB DokID: LAAAE-67432; FG Köln v. 21.3.2018 - 3 K 2364/15, EFG 2018, 1893 = NAAAG-99099, Rev.: BFH IX R 22/18.
8 BFH v. 11.2.2014 - IX R 42/13, BStBl 2015 II 633 (Änderung der Rspr.); BMF v. 27.7.2015, BStBl 2015 I 581, Tz. 2; vgl. hierzu auch *Paus*, EStB 2018, 252 ff.
9 BFH v. 4.3.2016 - IX B 85/15, BFH/NV 2016, 917 = NWB DokID: MAAAF-71100.
10 FG Münster v. 26.9.2017 - 12 K 1832/16, EFG 2018, 211 = NWB DokID: DAAAG-70449, Rev.: BFH IX R 36/17.

IV. Teilweise unentgeltlich überlassene Wohnung (§ 21 Abs. 2 EStG)

1. Überblick

§ 21 Abs. 2 EStG enthält eine der Steuervereinfachung dienende Sonderregel für die verbilligte Überlassung von Wohnraum. Danach ist die Nutzungsüberlassung in einen entgeltlichen und einen unentgeltlichen Teil aufzuteilen, wenn das Entgelt für die Überlassung einer Wohnung zu Wohnzwecken einen bestimmten, **typisierend** festgelegten Schwellenwert unterschreitet. Ab dem VZ 2004 einschließlich VZ 2011 lag dieser Schwellenwert bei 56 % der ortsüblichen Marktmiete.[1] Seit dem VZ 2012[2] ist die Aufteilung vorzunehmen, wenn die vereinbarte Miete weniger als 66 % der ortsüblichen Marktmiete beträgt. Beträgt das Entgelt bei einer auf Dauer angelegten Wohnungsvermietung hingegen mindestens 66 % der ortsüblichen Miete, gilt die Wohnungsvermietung in vollem Umfang als entgeltlich (§ 21 Abs. 2 Satz 2 EStG).   150

Auch wenn eine verbilligte Vermietung gerade unter Angehörigen häufig vorkommen wird, ist der Anwendungsbereich der Vorschrift nicht auf diesen Personenkreis beschränkt; die Norm ist vielmehr auch im Fall einer verbilligten Vermietung an fremde Dritte anwendbar.[3] Auch eine private Motivation bzw. ein bewusster Verzicht auf eine angemessene Miete sind nicht erforderlich.[4]   151

(*Einstweilen frei*)   152–154

2. Tatbestandsvoraussetzungen

Eine Aufteilung gem. § 21 Abs. 2 EStG kommt nur in Betracht bei einer Überlassung von Wohnungen zu Wohnzwecken. **Wohnung** ist eine Zusammenfassung von nicht notwendig abgeschlossenen Räumen, die das Führen eines selbständigen Haushalts ermöglicht.[5] Bei Überlassung nur einzelner Räume oder Nutzungsüberlassungen zu gewerblichen Zwecken[6] ist der Anwendungsbereich des § 21 Abs. 2 EStG nicht eröffnet.[7]   155

Die **ortsübliche Miete** ist grds. anhand des örtlichen Mietspiegels festzustellen, wobei jeder der innerhalb der angegebenen Preisspanne liegenden Mietwerte als „ortsüblich" anzusehen ist, nicht nur der Mittelwert.[8] Zugunsten des Stpfl. kann daher der untere Rand einer ausgewiesenen Preisspanne angesetzt werden.[9] Ist kein Mietspiegel vorhanden, kann auf eine   156

---

1 Zur Rechtsentwicklung vgl. ausf. HHR/*Pfirrmann*, § 21 EStG Rz. 200; *Mellinghoff* in Kirchhof, § 21 EStG Rz. 78 ff.; *Heuermann*, DStR 2011, 2082 ff.
2 Vgl. BFH v. 2.5.2014 - IX R 154/13, BFH/NV 2014, 1363 = NWB DokID: QAAAE-68638; a. A. *Heuermann*, DStR 2011, 2082, 2084: Geltung ab VZ 2011.
3 BFH v. 28.1.1997 - IX R 88/94, BStBl 1997 II 605.
4 Vgl. *Mellinghoff* in Kirchhof, § 21 EStG Rz. 76.
5 BFH v. 27.10.1995 - IX R 3/05, BFH/NV 2006, 525 = NWB DokID: JAAAB-73913; BFH v. 3.2.1998 - IX R 51/96, BFH/NV 1998, 848 = NWB DokID: QAAAB-39785.
6 Vgl. hierzu OFD Rheinland v. 18.12.2009, DB 2010, 139.
7 Vgl. *Schallmoser* in Blümich, § 21 EStG Rz. 543, m.w.N.
8 Vgl. BFH v. 11.9.2007 - IX R 4/07, BFH/NV 2007, 2291 = NWB DokID: CAAAC-60536; *Heuermann*, DStR 2011, 2082, 2085 m.w.N.
9 Vgl. *Kulosa* in Schmidt, § 21 EStG Rz. 160; BayLfSt v. 25.1.2008 - S 2253 - 38 St 32/St 33, DStR 2008, 406.

Vergleichswohnung abgestellt werden.[1] Maßgeblich ist die ortsübliche Kaltmiete[2] zzgl. der nach der Betriebskostenverordnung umlagefähigen Betriebskosten.[3] Bei Überlassung einer voll möblierten Wohnung ist bei der Berechnung der ortsüblichen Miete ein Zuschlag zu berücksichtigen;[4] dasselbe dürfte für aufwändig gestaltete oder ausgestattete Wohngebäude gelten, deren besonderer Wohnwert sich im allgemeinen Mietspiegel offensichtlich nicht angemessen widerspiegelt.[5] Der ermittelten ortsüblichen Miete ist grds. das **vereinbarte Entgelt** für die Wohnraumüberlassung gegenüberzustellen.[6]

> **PRAXISHINWEIS:**
> Bei „Luxuswohnungen" (ab 250 qm oder bei aufwändiger Gestaltung/Ausstattung) hat nach Ansicht der FinVerw in jedem Fall eine Prüfung der Einkünfteerzielungsabsicht zu erfolgen.[7]

157–159 *(Einstweilen frei)*

3. Rechtsfolgen

160 Erreicht das vereinbarte Entgelt **nicht mindestens 66 %** der ortsüblichen Miete, erfolgt im Ergebnis eine anteilige Kürzung des Werbungskostenabzugs (§ 21 Abs. 2 Satz 1 EStG). Die erzielten Einnahmen sind bei der Einkünfteermittlung in voller Höhe anzusetzen, die Werbungskosten jedoch nur in dem Verhältnis, das demjenigen zwischen Entgelt und ortsüblicher Miete entspricht.[8] Die Einkünfteerzielungsabsicht hinsichtlich des entgeltlichen und damit steuerbaren Teils der Wohnungsüberlassung ist nur in den üblichen Ausnahmefällen zu prüfen, wobei der Umstand einer verbilligten Vermietung nicht als Indiz gegen eine Einkünfteerzielungsabsicht gewertet werden kann.[9]

> **BEISPIEL:**[10] A vermietet eine Wohnung mit 100 m² für monatlich 5 €/m² (Warmmiete) an seine volljährige Tochter. Die Marktmiete (einschließlich umlagefähiger Nebenkosten) betrug im VZ 10 €/m². Für den VZ sind WK (einschließlich AfA) i. H.v. 18 000 € angefallen. Das Mietverhältnis unter Angehörigen ist steuerlich anzuerkennen.
>
> Es liegt eine teilentgeltliche Vermietung i. H.v. 50 % der ortsüblichen Marktmiete vor (da unter 66 %). Die Aufwendungen für die Vermietung der Wohnung sind i. H.v. 50 % (9 000 €) als WK abzugsfähig. Bei Einnahmen i. H.v. 6 000 € (100 m² × 5 € × 12 Monate) ist i. R. d. Einkommensteuerveranlagung ein Verlust aus VuV i. H.v. 3 000 € (6 000 € – 9 000 €) anzusetzen. Einer Prüfung der Einkünfteerzielungsabsicht bedarf es nicht.

---

1 Vgl. BayLfSt v. 25. 1. 2008 a. a. O., zur Heranziehung eines Mietpreisspiegels für Mehrfamilienhäuser für vermietetes Einfamilienhaus vgl. FG Berlin-Brandenburg v. 18. 2. 2016 - 5 K 4220/12, nv = NWB DokID: QAAAF-82998aufgeh. aus anderen Gründen durch BFH v. 9.3.2017 - VI R 33/16, BFH/NV 2017, 1042 = NWB DokID: AAAAG-47388.
2 Zur Ermittlung vgl. ausf. OFD Frankfurt/M. v. 22. 1. 2015, NWB DokID: PAAAE-84189; OFD Karlsruhe v. 1. 2. 2013, StEK § 21 EStG Nr. 380.
3 Vgl. BFH v. 10. 5. 2016 - IX R 44/15, BFH/NV 2016, 1610 = NWB DokID: LAAAF-81432, m. w. N.; vgl. auch R 21.3 Satz 2 EStR.
4 BFH v. 6.2.2018 - IX R 14/17, BFH/NV 2018, 849 = NWB DokID: OAAAG-87925; FG Niedersachsen v. 7. 12. 2010 - 3 K 251/08, EFG 2011, 628, rkr. Ausf. *Rukaber*, NWB 2018, 2462.
5 Vgl. BFH v. 6. 10. 2004 - IX R 30/03, BStBl 2005 II 386.
6 Vgl. BFH v. 28. 1. 1997 - IX R 88/94, BStBl 1997 II 605; *Schallmoser* in Blümich, § 21 EStG Rz. 543; krit. *Kulosa* in Schmidt, § 21 EStG Rz. 159, für den Fall, dass die tatsächlich gezahlte Miete aufgrund privater Veranlassung geringer ist.
7 Vgl. BayLfSt v. 1. 6. 2015, NWB DokID: BAAAE-97236, Tz. 3 unter b, m. w. N.
8 Vgl. *Kulosa* in Schmidt, § 21 EStG Rz. 161. Dies gilt auch für vorab entstandene Werbungskosten, vgl. FG Nürnberg v. 27. 1. 2017 - 4 K 764/16, EFG 2017, 568 = NWB DokID: SAAAG-40490.
9 Vgl. auch oben → Rz. 37; s. hierzu auch *Schallmoser* in Blümich, § 21 EStG Rz. 194, 543.
10 Vgl. BayLfSt v. 1. 6. 2015, NWB DokID: BAAAE-97236, unter 8.

161 Erreicht das vereinbarte Entgelt hingegen **mindestens 66 %** der ortsüblichen Miete, unterstellt das Gesetz typisierend eine **vollentgeltliche Vermietung** (§ 21 Abs. 2 Satz 2 EStG) und die Werbungskosten bleiben in vollem Umfang abzugsfähig; die Einkünfteerzielungsabsicht wird bei auf Dauer angelegter Vermietung ebenfalls typisierend unterstellt.[1] Diese **typisierende Betrachtung** wirkt sich insbes. bei der Vermietung an Angehörige günstig für die Stpfl. aus.[2] Die Verfassungsmäßigkeit der Norm wird hierdurch nach Auffassung des für § 21 EStG zuständigen BFH-Senats aber nicht in Frage gestellt.[3]

BEISPIEL:[4] Sachverhalt wie vorheriges Beispiel. Die vereinbarte Miete beträgt aber 7 €/m².

Es liegt eine Vermietung i. H. v. 70 % der ortsüblichen Marktmiete vor, die kraft Gesetzes als vollentgeltlich anzusehen ist. Die Aufwendungen i. H. v. 18 000 € sind in voller Höhe als WK zu berücksichtigen. Im Rahmen der Einkommensteuerveranlagung ist ein Verlust i. H. v. 12 000 € (6 000 € ./. 18 000 €) zu berücksichtigen, ohne dass die Einkünfteerzielungsabsicht zu prüfen wäre.

PRAXISHINWEIS:

Die ortsübliche Miete sollte in regelmäßigen Abständen überprüft werden. In den Mietvertrag kann eine Mietanpassungsklausel dahingehend aufgenommen werden, dass die Miete stets mindestens 66 % der ortsüblichen Miete betragen soll.

ABB. Verbilligte Vermietung

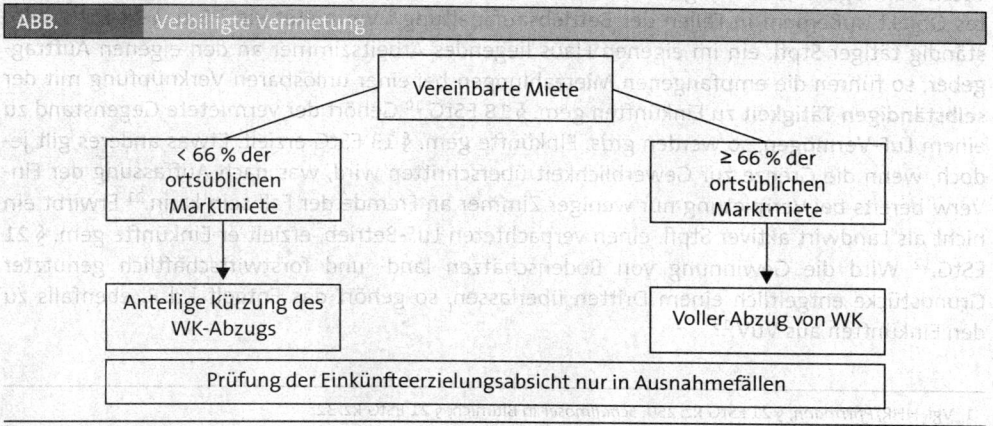

(Einstweilen frei) **162–165**

V. Verhältnis der Einkunftsarten zueinander (§ 21 Abs. 3 EStG)

166 § 21 EStG ist nach Abs. 3 gegenüber den anderen Einkunftsarten im Grundsatz subsidiär, soweit sich aus anderen Vorschriften nichts Abweichendes ergibt. Insoweit ist zu beachten, dass § 20 Abs. 8 EStG und § 22 Nr. 1 EStG für die Einkünfte aus Kapitalvermögen sowie für Einkünfte aus wiederkehrenden Bezügen und sonstigen Leistungen ebenfalls die Subsidiarität dieser Einkunftsarten anordnen; eine Besteuerung gem. § 21 EStG hat hier im Konkurrenzverhältnis

---

1 Vgl. *Schallmoser* in Blümich, § 21 EStG Rz. 549; *Kulosa* in Schmidt, § 21 EStG Rz. 161.
2 Vgl. *Stein*, DStZ 2012, 19, 23.
3 BFH v. 19. 9. 2008 – IX B 102/08, BFH/NV 2009, 146 = NWB DokID: RAAAD-00221, m. w. N.; vgl. ausf. auch HHR/*Pfirrmann*, § 21 EStG Rz. 202.
4 Vgl. BayLfSt v. 1. 6. 2015, NWB DokID: BAAAE-97236, unter 8.

Vorrang.[1] Bei beschränkter Steuerpflicht hat § 21 Abs. 3 EStG keine Bedeutung für die Zuordnung der Einkünfte zu den in § 49 EStG genannten Einkunftsarten.[2]

1. Verhältnis zu Gewinneinkunftsarten

167 Gehört der vermietete Gegenstand zum **Betriebsvermögen** eines Gewerbebetriebs oder einer Mitunternehmerschaft i. S. d. § 15 EStG bzw. zum Sonderbetriebsvermögen des Gesellschafters einer gewerblichen Personengesellschaft, so führt die Vermietung zu Einkünften gem. § 15 EStG. Zum Betriebsvermögen kann das vermietete Objekt auch dann gehören, wenn die zugrundeliegende Tätigkeit den Rahmen der privaten Vermögensverwaltung überschreitet, insbes. wenn über die reine Vermietung hinaus Zusatzleistungen angeboten werden.[3] Ebenso, wenn durch besonders häufigen Mieterwechsel eine gewerblichen Beherbergungsbetrieben vergleichbare unternehmerische Organisation erforderlich ist,[4] wenn nach dem Gesamtbild die gezielte Nutzung von Marktchancen im Vordergrund steht[5] oder wenn die Grenze zum gewerblichen Grundstückshandel überschritten ist.[6] Die Gewerblichkeit kann aber auch aus einer „Verklammerung" mit langfristig beabsichtigten Veräußerungen folgen.[7] Die Anzahl vermieteter oder verpachteter Objekte allein hat keinen Einfluss auf die Frage, ob die Grenzen der privaten Vermögensverwaltung überschritten sind.[8] Zum Betriebsvermögen gehört ein vermietetes Objekt außerdem in Fällen der Betriebsaufspaltung.[9] Vermietet ein i. S. d. § 18 EStG selbständig tätiger Stpfl. ein im eigenen Haus liegendes Arbeitszimmer an den eigenen Auftraggeber, so führen die empfangenen Mietzahlungen bei einer unlösbaren Verknüpfung mit der **selbständigen Tätigkeit** zu Einkünften gem. § 18 EStG.[10] Gehört der vermietete Gegenstand zu einem **LuF-Vermögen**, so werden grds. Einkünfte gem. § 13 EStG erzielt. Etwas anderes gilt jedoch, wenn die Grenze zur Gewerblichkeit überschritten wird, was nach Auffassung der FinVerw bereits bei Vermietung nur weniger Zimmer an Fremde der Fall sein kann.[11] Erwirbt ein nicht als Landwirt aktiver Stpfl. einen verpachteten LuF-Betrieb, erzielt er Einkünfte gem. § 21 EStG.[12] Wird die Gewinnung von Bodenschätzen land- und forstwirtschaftlich genutzter Grundstücke entgeltlich einem Dritten überlassen, so gehört das Entgelt i. d. R. ebenfalls zu den Einkünften aus VuV.[13]

---

[1] Vgl. HHR/*Pfirrmann*, § 21 EStG Rz. 250; *Schallmoser* in Blümich, § 21 EStG Rz. 32.
[2] BFH v. 27. 7. 2011 - I R 32/10, BStBl 2014 II 513.
[3] Vgl. BFH v. 14. 7. 2016 - IV R 34/13, BStBl 2017 II 175 zur Vermietung von Shopping Centern; vgl. auch *Demleitner*, BB 2015, 1307 ff.; *Wendt*, EFG 2015, 1437 ff. Ähnlich FG Baden-Württemberg v. 17. 2. 2016 - 4 K 1349/15, EFG 2016, 820, rkr., zur Vermietung im Rahmen eines betreuten Wohnens. Vgl. auch FBeh Hamburg v. 30.1.2018, DStR 2018, 1821.
[4] Vgl. BFH v. 24. 3. 2008 – IX R 11/07, BFH/NV 2008, 1462 = NWB DokID: PAAAC-86781, zur Vermietung von Messezimmern. Vgl. auch *Kußmaul/Kloster*, DStR 2016, 1280, 1283 f. zur Untervermietung von Wohnraum. Zu „hotelmäßiger" Vermietung einer Ferienwohnung vgl. FG Mecklenburg-Vorpommern v. 20.12.2017 - 3 K 342/14, EFG 2018, 1172 = NWB DokID: BAAAG-87656, Rev.: BFH IV R 10/18.
[5] Vgl. FG Münster v. 13. 5. 2015 - 10 K 1207/13 E G, EFG 2015, 1435 rkr., zur Vermietung einer Vielzahl von Unterkunftsplätzen an Subunternehmer.
[6] Vgl. hierzu KKB/Bäuml/Meyer, § 15 EStG Rz. 433 ff.
[7] Vgl. BFH v. 28.9.2017 - IV R 50/15, BStBl 2018 II 89; vgl. zur „Verklammerungsrechtsprechung" auch *Lüdicke*, DB 2018, 1620 ff.
[8] BFH v. 20. 10. 2009 - X B 241/08, BFH/NV 2010, 198 = NWB DokID: DAAAD-33110.
[9] BFH v. 24. 9. 2015 - IV R 9/13, BStBl 2016 II 154; vgl. hierzu auch KKB/Bäuml/Meyer, § 15 EStG Rz. 465 ff.
[10] FG Sachsen v. 6. 11. 2008 - 1 K 1692/06, NWB DokID: JAAAD-39511, rkr.; für eine Gewerbetreibende auch BFH v. 13. 12. 2016 - X R 18/12, BFH/NV 2017, 670 = NWB DokID: CAAAG-41505.
[11] Vgl. hierzu R 15.5 Abs. 13 EStR.
[12] BFH v. 29. 3. 2001 - IV R 88/99, BStBl 2002 II 791.
[13] BFH v. 15. 3. 1994 - IX R 45/91, BStBl 1994 II 840; BFH v. 16. 10. 1997 - IV R 5/97, BStBl 1998 II 185.

2. Verhältnis zu § 19 EStG

Auch gegenüber den Einkünften aus nichtselbständiger Arbeit gem. § 19 EStG sind die Einkünfte aus VuV nach § 21 Abs. 3 EStG nachrangig.[1] Entscheidend ist, ob das Bestehen des Mietverhältnisses und die hieraus erzielten Einkünfte durch das Arbeitsverhältnis veranlasst sind oder ob das Mietverhältnis auch unabhängig vom Arbeitsverhältnis mit einem Dritten bestehen könnte.[2] Abzustellen ist insoweit darauf, in **wessen vorrangigem Interesse** die Nutzungsüberlassung erfolgt. Dient sie vor allem den Interessen des Arbeitnehmers, der sein häusliches Arbeitszimmer („**home office**") nutzt, obwohl ihm im Betrieb des Arbeitgebers ein Arbeitsplatz zur Verfügung steht, so sind mit Blick auf die Raumnutzung erfolgende zusätzliche Zahlungen des Arbeitgebers als Arbeitslohn zu erfassen (§ 19 EStG). Wird der betreffende Raum hingegen vor allem im **eigenbetrieblichen Interesse** des Arbeitgebers genutzt und geht dieses Interesse über die Entlohnung des Arbeitnehmers und die Erbringung seiner Arbeitsleistung hinaus, so ist von einer neben dem Arbeitsverhältnis bestehenden Rechtsbeziehung auszugehen (§ 21 EStG).[3] Dies ist etwa der Fall, wenn der Arbeitgeber von seinem Arbeitnehmer aus eigenbetrieblichem Interesse einen Raum als Außendienst-Mitarbeiterbüro anmietet und vergleichbare Mietverträge auch mit fremden Dritten abgeschlossen werden.[4] Die FinVerw nimmt ein eigenbetriebliches Interesse des Arbeitgebers jedoch nur unter engen Voraussetzungen an; insbes. wenn der Arbeitnehmer über einen Arbeitsplatz im Betrieb verfügt, sei regelmäßig von Arbeitslohn auszugehen.[5] Ist im Einzelfall von einem unabhängig vom Arbeitsverhältnis bestehenden Mietverhältnis auszugehen, so sind die auf das häusliche Arbeitszimmer entfallenden Aufwendungen des Arbeitnehmers in vollem Umfang als Werbungskosten bei den Einkünften gem. § 21 EStG zu erfassen, ohne dass die Abzugsbeschränkung des § 4 Abs. 5 Satz 1 Nr. 6b EStG zur Anwendung kommt.[6] Ein anteiliger Abzug auch der Kosten für Gemeinschaftsflächen scheidet allerdings jedenfalls dann aus, wenn diese nicht mitvermietet sind.[7]

3. Verhältnis zu § 20 EStG

§ 20 Abs. 8 EStG ordnet Einkünfte der in § 20 Abs. 1, 2 und 3 EStG bezeichneten Art den Einkünften gem. § 21 EStG zu, soweit sie zu diesen gehören. Aufgrund des ausdrücklichen Vorbehalts zugunsten von § 21 EStG wird § 20 Abs. 8 EStG vielfach als die speziellere Konkurrenzklausel angesehen, weshalb im Grundsatz ein Vorrang der Einkünfte aus VuV anzunehmen sei.[8] Letztlich stellt die Rspr. jedoch auf den **Schwerpunkt der wirtschaftlichen Veranlassung** im Einzelfall ab. Ein wirtschaftlicher Zusammenhang mit den Einkünften gem. § 21 EStG wurde seitens der Rspr. etwa bejaht für Guthabenzinsen aus einem Bausparvertrag, der zeitnah der Finanzierung eines vom Bausparer zur Vermietung bestimmten Hauses dienen sollte.[9] Entsprechendes gelte für Verzugszinsen auf den Kaufpreis eines veräußerten Hauses, wenn der

---

1 Vgl. KKB/Merx, § 19 EStG Rz. 18.
2 BFH v. 19.10.2001 - VI R 131/00, BStBl 2002 II 300.
3 BFH v. 9.6.2005 - IX R 4/05, BFH/NV 2005, 2180 = NWB DokID: KAAAB-68610; BFH v. 11.1.2005 - IX R 72/01, BFH/NV 2005, 882 = NWB DokID: AAAAB-43962.
4 BFH v. 19.10.2001 - VI R 131/00, BStBl 2002 II 300.
5 BMF v. 13.12.2005, BStBl 2006 I 212; krit. *Mellinghoff* in Kirchhof, § 21 EStG Rz. 84.
6 BMF v. 13.12.2005, BStBl 2006 I 212.
7 BFH v. 5.12.2011 - IX B 131/11, BFH/NV 2012, 415 = NWB DokID: CAAAE-00557.
8 Vgl. BFH v. 21.6.1994 - IX R 57/89, BFH/NV 1995, 106 = NWB DokID: MAAAB-34899; *Schallmoser* in Blümich, § 21 EStG Rz. 581.
9 BFH v. 9.11.1982 - VIII R 198/81, BStBl 1983 II 297, m.w.N.; vgl. auch BFH v. 19.4.1996 - VIII B 41/95, BFH/NV 1996, 745 = NWB DokID: FAAAA-97332.

Kaufpreis zur Finanzierung eines anderen Hauses bestimmt sei, aus dem Einkünfte aus VuV erzielt werden.[1] Zum Teil werden auch aufgrund verspäteter Mietzahlung vereinnahmte Verzugszinsen den Einkünften gem. § 21 EStG zugeordnet.[2] Dagegen spricht, dass die Verzugszinsen nicht Entgelt für die Nutzungsüberlassung, sondern für die „erzwungene Kapitalüberlassung" infolge verspäteter Mietzahlung sind.[3] Zinsen, die Beteiligte einer Wohnungseigentümergemeinschaft aus der Anlage der Instandhaltungsrücklage erzielen, gehören zu den Einkünften gem. § 20 EStG.[4] Einnahmen aus einem Finanztermingeschäft sind nach neuerer BFH-Rspr. nicht schon deshalb den Einkünften gem. § 21 EStG zuzurechnen, weil das zugrundeliegende Geschäft der Absicherung des Zinsrisikos bezüglich der Finanzierung der Anschaffungskosten eines Vermietungsobjektes diente; denn der erforderliche wirtschaftliche Zusammenhang mit den Einkünften aus VuV sei jedenfalls dann nicht gegeben, soweit ein Geldzufluss zumindest überwiegend durch einen **Veräußerungsvorgang** veranlasst sei (wie etwa bei einer durch die vorzeitige Beendigung eines Zinsswaps ausgelösten Ausgleichszahlung).[5]

4. Verhältnis zu § 22 EStG

170 Einkünfte aus wiederkehrenden Bezügen i. S. d. § 22 Nr. 1 EStG sind gegenüber allen anderen Einkunftsarten ausdrücklich subsidiär; dasselbe gilt für Einkünfte aus sonstigen Leistungen i. S. d. § 22 Nr. 3 EStG.[6] Einkünfte aus der **Vermietung beweglicher Gegenstände** unterfallen § 22 Nr. 3 EStG, sofern kein „Sachinbegriff" i. S. d. § 21 Abs. 1 Satz 1 Nr. 2 EStG vermietet wird (vgl. hierzu → Rz. 102). Im Übrigen kommt es für eine Zuordnung zu § 21 EStG darauf an, ob ein hinreichender **wirtschaftlicher Zusammenhang** mit einer Nutzungsüberlassung besteht. Vor diesem Hintergrund wurden etwa an den Versicherungsnehmer (Vermieter) weitergeleitete Vermittlungsprovisionen für den Abschluss einer Lebensversicherung, die allein zum Zwecke der Sicherung der Finanzierung einer vermieteten Immobilie abgeschlossen wurde, den Einkünften gem. § 21 EStG zugeordnet.[7]

171–175 *(Einstweilen frei)*

VI. Sinngemäße Anwendung der §§ 15a und 15b EStG (§ 21 Abs. 1 Satz 2 EStG)

176 Durch die sinngemäße Anwendung der § 15a und § 15b EStG gelten die dort geregelten Verlustausgleichs- und -abzugsbeschränkungen im Bereich der VuV entsprechend, wovon insbes. geschlossene Immobilienfonds betroffen sein können.

---

1 BFH v. 21.6.1994 - IX R 57/89, BFH/NV 1995, 106 = NWB DokID: MAAAB-34899: krit. hierzu zu Recht *Schallmoser* in Blümich, § 21 EStG Rz. 594.
2 *Kulosa* in Schmidt, § 21 EStG Rz. 165; a. A. HHR/*Pfirrmann*, § 21 EStG Rz. 256.
3 So auch *Mellinghoff* in Kirchhof, § 21 EStG Rz. 83.
4 Vgl. R 21.2 Abs. 2 EStR.
5 BFH v. 13.1.2015 - IX R 13/14, BStBl 2015 II 827, zu einem Zinsswap gem. § 22 Nr. 2 EStG i. V. m. § 23 Abs. 1 Satz 1 Nr. 4 EStG a. F. (jetzt: § 20 Abs. 2 Satz 1 Nr. 3 EStG). Laufend vereinnahmte Zinszahlungen aus dem Zinsswap stellen nach Auffassung der Finanzverwaltung jedoch Einnahmen aus VuV dar; vgl. OFD NRW, Kurzinformation ESt v. 21.1.2016 - Nr. 03/2016, DB 2016, 205.
6 Vgl. KKB/*Eckardt*, § 22 EStG Rz. 16.
7 FG Münster v. 18.9.2000 - 4 K 6019/99 F, DStRE 2001, 538; bestätigt durch BFH v. 25.3.2003 - IX R 106/00, BFH/NV 2004, 1379 = NWB DokID: DAAAA-71533.

1. § 15a EStG

Der einem Kommanditisten zuzurechnende Anteil am Verlust einer KG darf gem. § 15a EStG weder mit anderen Einkünften aus Gewerbebetrieb noch mit anderen Einkunftsarten ausgeglichen werden, soweit ein **negatives Kapitalkonto** des Kommanditisten entsteht oder sich erhöht; er darf insoweit auch nicht nach § 10d EStG abgezogen werden.[1] Übertragen auf die Einkünfte aus VuV bedeutet die sinngemäße Anwendung des § 15a EStG im Wesentlichen, dass einem Kommanditisten einer vermögensverwaltenden KG (mit Einkünften aus VuV) zuzurechnende Werbungskosten-Überschüsse nicht mit anderen Einkünften aus VuV und aus anderen Einkunftsarten verrechnet werden können, solange für diesen Kommanditisten bei einer gewerblichen Personengesellschaft ein negatives Kapitalkonto bestehen würde; ein über die tatsächlich geleistete Einlage hinausgehender Verlustanteil soll erst in einem späteren Veranlagungszeitraum berücksichtigt und mit künftig anfallenden Überschüssen verrechnet werden können.[2]

Die sinngemäße Anwendung des § 15a EStG wird dadurch erschwert, dass § 21 EStG zu den Überschusseinkunftsarten gehört (§ 2 Abs. 2 Nr. 2 EStG) und die Einkünfte aus VuV durch Ermittlung des Überschusses der Einnahmen über die Ausgaben ermittelt werden. § 15a EStG steht hingegen im Regelungszusammenhang mit den gewerblichen Einkünften und setzt im Grundsatz eine Gewinnermittlung durch Betriebsvermögensvergleich voraus. Aus dem Verweis auf § 15a EStG folgt jedoch nicht, dass eine vermögensverwaltende KG mit Einkünften aus VuV entsprechend der steuerlichen Vorschriften zu bilanzieren hätte. Selbst wenn die KG eine Handelsbilanz aufstellt, werden die Einkünfte gem. § 21 EStG als Überschuss der Einnahmen über die Werbungskosten ermittelt.[3] Nur für Zwecke der sinngemäßen Anwendung des § 15a EStG ist nach herrschender Auffassung eine Art **„fiktives steuerliches Kapitalkonto"** zu führen.[4] Dieses ist für jeden Gesellschafter selbständig zu ermitteln, wobei von den durch die einzelnen Gesellschafter geleisteten Einlagen auszugehen ist. Diese Einlagen sind um spätere Einlagen sowie um die positiven Einkünfte der Vorjahre zu erhöhen und um die Entnahmen und negativen Einkünfte der Vorjahre zu vermindern.[5] Hieraus ergibt sich das maximal zur Verfügung stehende Ausgleichsvolumen. Verrechnungsfähig sind alle Überschüsse, die mit der Beteiligung im Zusammenhang stehen, auch soweit sie einer anderen Einkunftsart zuzurechnen sind; dies schließt positive Einkünfte aus privaten Veräußerungsgeschäften (§ 23 EStG) ein.[6] Nicht abschließend geklärt ist, ob auch steuerfreie Überschüsse (z. B. nicht steuerbare Veräußerungsgewinne) einzubeziehen sind.[7] Sondereinnahmen und **Sonderwerbungskosten** des einzelnen Kommanditisten beeinflussen das Ausgleichsvolumen hingegen nicht.[8]

Die Ausgleichs- und Abzugsbeschränkungen des § 15a EStG greifen im Grundsatz ein, soweit die dem Kommanditisten zuzurechnenden Werbungskostenüberschüsse das für ihn ermittelte Ausgleichsvolumen übersteigen. Insoweit dürfen die Werbungskostenüberschüsse nicht mit

---

1 Vgl. hierzu ausführlich KKB/Sobanski, § 15a EStG Rz. 30 ff.
2 Vgl. *Kulosa* in Schmidt, § 21 EStG Rz. 151; *Dorn*, DStR 2015, 1598, m.w.N.
3 Vgl. *Kulosa* in Schmidt, § 21 EStG Rz. 152; *Dorn*, DStR 2015, 1598, m.w.N.
4 Vgl. HHR/*Pfirrmann*, § 21 EStG Rz. 176 f.; *Kulosa* in Schmidt, § 21 EStG Rz. 152; *Dorn*, DStR 2015, 1598, m.w.N.; *Holste genannt Göcke*, DStR 2016, 1246, 1247 f., m.w.N.
5 BFH v. 2.9.2014 - IX R 52/13, BStBl 2015 II 381, m.w.N.
6 BFH v. 2.9.2014 - IX R 52/13, BStBl 2015 II 381, m.w.N.; vgl. hierzu *Bührer*, DStR 2015, 1546 ff.; OFD Niedersachsen v. 30.7.2015 - S 2256 - 174 - St 234, mit einem Beispiel.
7 Befürwortend *Schallmoser* in Blümich, § 21 EStG Rz. 483; a. A. BFH v. 28.3.1994 - IX B 81/93, BStBl 1994 II 793.
8 Vgl. *Schallmoser* in Blümich, § 21 EStG Rz. 484.

anderen positiven Einkünften ausgeglichen und nicht gem. § 10d abgezogen werden. Nicht ausgeglichene Werbungskostenüberschüsse, die entsprechend § 15a Abs. 4 EStG gesondert festzustellen[1] sind, mindern entsprechend § 15a Abs. 2 EStG die Einkünfte aus VuV in späteren Veranlagungszeiträumen.

180 In den Fällen einer sog. **Einlageminderung** i. S. d. § 15a Abs. 3 EStG, in denen ein negatives Ausgleichsvolumen durch Entnahmen des Kommanditisten bzw. eine Einlagerückgewähr entsteht oder sich dieses erhöht, ist dem Gesellschafter der Betrag der Einlageminderung im Grundsatz als positive Einkünfte aus VuV zuzurechnen.[2] Hierdurch soll vermieden werden, dass mittels kurzfristiger Einlagen ein entsprechend hohes Verlustausgleichsvolumen geschaffen wird, das nach Ausgleich eines Werbungskostenüberschusses durch Entnahmen wieder abgebaut wird.[3]

181 Gemäß § 15a Abs. 5 EStG gilt § 15a EStG sinngemäß für die Gesellschafter anderer Personengesellschaften, deren Haftung derjenigen eines Kommanditisten vergleichbar ist, insbes. auch für Gesellschafter einer GbR, soweit deren Inanspruchnahme für Schulden der Gesellschaft vertraglich ausgeschlossen oder nach Art und Weise des Geschäftsbetriebs unwahrscheinlich ist (§ 15a Abs. 5 Nr. 2 EStG). Letztere Kategorie ist vor allem für **geschlossene Immobilienfonds** relevant, die in der Rechtsform einer **GbR** geführt werden. Eine zivilrechtlich wirksame vertragliche Haftungsbeschränkung in diesem Sinne ist im Grundsatz nur durch einen Individualvertrag mit den Gläubigern der Gesellschaft möglich.[4] Die Wahrscheinlichkeit einer Inanspruchnahme ist demgegenüber nach der Rspr. regelmäßig zu verneinen, wenn der kalkulierte Gesamtaufwand durch Eigenkapital und im Wesentlichen dinglich gesichertes Fremdkapital gedeckt und eine Kostenerhöhung bei normalem Verlauf der Dinge nicht zu erwarten ist. Maßgeblich ist eine Gesamtwürdigung unter Einbeziehung insbes. der mit den Gläubigern bestehenden Verträge und sonstigen Absprachen sowie der Vermögens- und Ertragslage.[5] Die FinVerw wendet diese Grundsätze an, wobei die Unwahrscheinlichkeit einer Inanspruchnahme als Ausnahmefall angesehen und nur unter der Bedingung angenommen wird, dass den Gesellschafter aufgrund der vertraglichen Gestaltungen kein wirtschaftlich ins Gewicht fallendes Haftungsrisiko trifft.[6] Die Feststellungslast dafür, dass im Einzelfall eine Unwahrscheinlichkeit der Inanspruchnahme zu bejahen und der Anwendungsbereich des § 15a EStG über dessen Abs. 5 somit eröffnet ist, trägt grds. das Finanzamt; eine Ausnahme gilt insoweit jedoch für **Bauherrenmodelle** mit vom Anleger nicht beeinflussbarem Vertragswerk.[7]

182–184 *(Einstweilen frei)*

2. § 15b EStG

185 § 15b EStG enthält eine **Verlustausgleichs- und abzugsbeschränkung** im Zusammenhang mit Steuerstundungsmodellen, bei denen aufgrund einer modellhaften Gestaltung steuerliche Vorteile in Form negativer Einkünfte erzielt werden sollen.[8] Ausweislich der Gesetzesbegrün-

---

[1] Vgl. hierzu *Schallmoser* in Blümich, § 21 EStG Rz. 499 ff.
[2] Vgl. hierzu *Schallmoser* in Blümich, § 21 EStG Rz. 494 ff.
[3] *Mellinghoff* in Kirchhof, § 21 EStG Rz. 67.
[4] Vgl. *Schallmoser* in Blümich, § 21 EStG Rz. 505, m. w. N.
[5] Vgl. BFH v. 30. 11. 1993 - IX R 60/91, BStBl 1994 II 496; BFH v. 17. 12. 1992 - IX R 150/89, BStBl 1994 II 490; ausführlich *Schallmoser* in Blümich, § 21 EStG Rz. 506, m. w. N.
[6] BMF v. 30. 6. 1994, BStBl 1994 I 355.
[7] FG Köln v. 21. 3. 2002 - 2 K 7044/95, EFG 2002, 1036, rkr.
[8] Vgl. hierzu ausführlich KKB/Beck, § 15b EStG Rz. 1 ff.; zur Anwendung vgl. BMF v. 17. 7. 2007, BStBl 2007 I 542.

dung sollen durch den Verweis in § 21 Abs. 1 Satz 2 EStG insbes. auch geschlossene Immobilienfonds erfasst werden.[1]

Erfasst sind nur **modellhafte Gestaltungen**, bei denen dem Stpfl. aufgrund eines vorgefertigten Konzepts die Möglichkeit geboten werden soll, zumindest in der Anfangsphase der Investition Verluste mit übrigen Einkünften zu verrechnen (§ 15b Abs. 2 Satz 2 EStG).[2] Typisch für die Modellhaftigkeit ist die Bereitstellung eines Bündels an Haupt-, Zusatz- und Nebenleistungen; bei optional wählbaren Zusatz- und Nebenleistungen ist ggf. eine anlegerbezogene Prüfung durchzuführen.[3] Der Erwerb von Eigentumswohnungen vom Bauträger zum Zwecke der Vermietung stellt grds. keine modellhafte Gestaltung dar, soweit keine modellhaften Zusatz- oder Nebenleistungen (z. B. Vermietungsgarantien) in Anspruch genommen werden, die den Steuerstundungseffekt ermöglichen sollen.[4] Ebenfalls keine modellhafte Gestaltung liegt vor, wenn mit dem Bauträger zugleich die Modernisierung des Objekts ohne weitere modellhafte Zusatz- oder Nebenleistungen vereinbart wird. Dies gilt insbes. für Objekte in Sanierungsgebieten und Baudenkmale, für die erhöhte Absetzungen gem. §§ 7h, 7i EStG geltend gemacht werden können, und bei denen die Objekte vor Beginn der Sanierung an Erwerber außerhalb einer Fondskonstruktion veräußert werden.[5]

186

Verluste aus modellhaften Gestaltungen können nur mit später erzielten positiven Einkünften aus derselben **Einkunftsquelle** verrechnet werden (§ 15b Abs. 1 Satz 2 EStG).[6] Die Einkunftsquelle ist dabei die Beteiligung am jeweiligen Steuerstundungsmodell; bei Beteiligungen an Gesellschaften oder Gemeinschaften kommt es auf die Beteiligung insgesamt an, nicht auf das einzelne Investitionsobjekt. Bei vermögensverwaltenden Personengesellschaften zählen zur maßgeblichen Einkunftsquelle neben der Beteiligung an der Gesellschaft auch die Sondereinnahmen und Sonderwerbungskosten des einzelnen Gesellschafters. Eine Aufteilung in mehrere Einkunftsquellen ist nicht vorzunehmen, auch wenn nebeneinander Einkünfte aus verschiedenen Einkunftsarten erzielt werden (z. B. Einkünfte gem. § 20 und § 21 EStG).[7]

187

Anzuwenden ist § 15b EStG auch im Bereich der Einkünfte aus VuV nur dann, wenn innerhalb der Anfangsphase das Verhältnis der Summe der prognostizierten Verluste zum aufzubringenden Kapital 10 % übersteigt (§ 15b Abs. 3 EStG).[8] Kommt § 15b EStG zur Anwendung, so ist der nicht ausgleichsfähige Werbungskostenüberschuss gesondert festzustellen (§ 15b Abs. 4 EStG).

188

(Einstweilen frei)

189–195

C. Verfahrensfragen

Sind an der Erzielung der Einkünfte gem. § 21 EStG mehrere Personen beteiligt, insbes. im Fall von Personengesellschaften oder Grundstücksgemeinschaften, so sind die Einkünfte im Grundsatz **einheitlich und gesondert festzustellen** (§ 179 Abs. 2 Satz 2, § 180 Abs. 1 Nr. 2 Buchst. a

196

---

1 Vgl. BT-Drucks. 16/107, 1; vgl. auch BMF v. 17. 7. 2007, BStBl 2007 I 542, Tz. 7.
2 Vgl. hierzu ausführlich KKB/Beck, § 15b EStG Rz. 75 ff.
3 BMF v. 17. 7. 2007, BStBl 2007 I 542, Tz. 8.
4 BMF v. 17. 7. 2007, BStBl 2007 I 542, Tz. 9.
5 BMF v. 17. 7. 2007, BStBl 2007 I 542, Tz. 9.
6 Vgl. hierzu ausführlich KKB/Beck, § 15b EStG Rz. 63 ff.
7 Vgl. hierzu i. E. BMF v. 17. 7. 2007, BStBl 2007 I 542, Tz. 13.
8 Vgl. hierzu i. E. BMF v. 17. 7. 2007, BStBl 2007 I 542, Tz. 14 ff.

AO).[1] Eine Ausnahme gilt insoweit in Fällen von geringer Bedeutung (§ 180 Abs. 3 AO). Hiervon kann z. B. ausgegangen werden, wenn zusammen veranlagte Ehegatten ein in ihrem Miteigentum stehendes Grundstück vermieten.[2] Die örtliche Zuständigkeit des Finanzamts richtet sich nach § 18 Abs. 1 Nr. 4 AO. Bei Vermietung nur eines Grundstücks kann aus Vereinfachungsgründen davon ausgegangen werden, dass die Verwaltung dieser Einkünfte von dem Ort ausgeht, in dem das Grundstück liegt, es sei denn, die Stpfl. legen etwas anderes dar.[3]

197 Die von einer Feststellung von Besteuerungsgrundlagen betroffenen Feststellungsbeteiligten sind in einem finanzgerichtlichen Verfahren selbst beteiligtenfähig und klagebefugt, da sie durch die im Bescheid getroffenen Feststellungen persönlich beschwert sein können.[4] Eine **Personengesellschaft** oder Bruchteilsgemeinschaft, die Einkünfte gem. § 21 EStG erzielt, ist als solche bezüglich eines Feststellungsbescheids folglich selbst **einspruchs- und klagebefugt**.[5] Nicht zu den Feststellungsbeteiligten und demgemäß nicht zu den Klagebefugten gehört demgegenüber eine Wohnungseigentümergemeinschaft, jedenfalls soweit nicht ausschließlich das Gemeinschaftseigentum der WEG betroffen ist.[6]

g) Sonstige Einkünfte (§ 2 Absatz 1 Satz 1 Nummer 7 EStG)

§ 22 Arten der sonstigen Einkünfte

Sonstige Einkünfte sind

1.[7] Einkünfte aus wiederkehrenden Bezügen, soweit sie nicht zu den in § 2 Absatz 1 Nummer 1 bis 6 bezeichneten Einkunftsarten gehören; § 15b ist sinngemäß anzuwenden. ²Werden die Bezüge freiwillig oder auf Grund einer freiwillig begründeten Rechtspflicht oder einer gesetzlich unterhaltsberechtigten Person gewährt, so sind sie nicht dem Empfänger zuzurechnen; dem Empfänger sind dagegen zuzurechnen

   a) Bezüge, die von einer Körperschaft, Personenvereinigung oder Vermögensmasse außerhalb der Erfüllung steuerbegünstigter Zwecke im Sinne der §§ 52 bis 54 der Abgabenordnung gewährt werden, und

   b) Bezüge im Sinne des § 1 der Verordnung über die Steuerbegünstigung von Stiftungen, die an die Stelle von Familienfideikommissen getreten sind, in der im Bundesgesetzblatt Teil III, Gliederungsnummer 611-4-3, veröffentlichten bereinigten Fassung.

---

1 Vgl. hierzu Rennar, NWB 2014, 828 f.
2 BFH v. 16. 3. 2004 – IX R 58/02, BFH/NV 2004, 1211 = NWB DokID: RAAAB-24343.
3 AEAO zu § 18 Nr. 3; vgl. hierzu OFD Niedersachsen v. 8. 3. 2016, DStR 2016, 1035.
4 BFH v. 25. 6. 2009 - IX R 56/08, BStBl 2010 II 202.
5 Vgl. BFH v. 18. 5. 2004 – IX R 83/00, BStBl 2004 II 898; BFH v. 18. 5. 2004 - IX R 49/02, BStBl 2004 II 929.
6 BFH v. 25. 6. 2009 - IX R 56/08, BStBl 2010 II 202.
7 **Anm. d. Red.:** Zur Anwendung des § 22 Nr. 1 siehe § 52 Abs. 30.

³Zu den in Satz 1 bezeichneten Einkünften gehören auch

a) Leibrenten und andere Leistungen,

aa) die aus den gesetzlichen Rentenversicherungen, der landwirtschaftlichen Alterskasse, den berufsständischen Versorgungseinrichtungen und aus Rentenversicherungen im Sinne des § 10 Absatz 1 Nummer 2 Buchstabe b erbracht werden, soweit sie jeweils der Besteuerung unterliegen. ²Bemessungsgrundlage für den der Besteuerung unterliegenden Anteil ist der Jahresbetrag der Rente. ³Der der Besteuerung unterliegende Anteil ist nach dem Jahr des Rentenbeginns und dem in diesem Jahr maßgebenden Prozentsatz aus der nachstehenden Tabelle zu entnehmen:

Jahr des Rentenbeginns		Besteuerungsanteil in %
bis	2005	50
ab	2006	52
	2007	54
	2008	56
	2009	58
	2010	60
	2011	62
	2012	64
	2013	66
	2014	68
	2015	70
	2016	72
	2017	74
	2018	76
	2019	78
	2020	80
	2021	81
	2022	82
	2023	83
	2024	84
	2025	85
	2026	86
	2027	87
	2028	88
	2029	89

Jahr des Rentenbeginns	Besteuerungsanteil in %
2030	90
2031	91
2032	92
2033	93
2034	94
2035	95
2036	96
2037	97
2038	98
2039	99
2040	100

[4]Der Unterschiedsbetrag zwischen dem Jahresbetrag der Rente und dem der Besteuerung unterliegenden Anteil der Rente ist der steuerfreie Teil der Rente. [5]Dieser gilt ab dem Jahr, das dem Jahr des Rentenbeginns folgt, für die gesamte Laufzeit des Rentenbezugs. [6]Abweichend hiervon ist der steuerfreie Teil der Rente bei einer Veränderung des Jahresbetrags der Rente in dem Verhältnis anzupassen, in dem der veränderte Jahresbetrag der Rente zum Jahresbetrag der Rente steht, der der Ermittlung des steuerfreien Teils der Rente zugrunde liegt. [7]Regelmäßige Anpassungen des Jahresbetrags der Rente führen nicht zu einer Neuberechnung und bleiben bei einer Neuberechnung außer Betracht. [8]Folgen nach dem 31. Dezember 2004 Renten aus derselben Versicherung einander nach, gilt für die spätere Rente Satz 3 mit der Maßgabe, dass sich der Prozentsatz nach dem Jahr richtet, das sich ergibt, wenn die Laufzeit der vorhergehenden Renten von dem Jahr des Beginns der späteren Rente abgezogen wird; der Prozentsatz kann jedoch nicht niedriger bemessen werden als der für das Jahr 2005;

bb) die nicht solche im Sinne des Doppelbuchstaben aa sind und bei denen in den einzelnen Bezügen Einkünfte aus Erträgen des Rentenrechts enthalten sind. [2]Dies gilt auf Antrag auch für Leibrenten und andere Leistungen, soweit diese auf bis zum 31. Dezember 2004 geleisteten Beiträgen beruhen, welche oberhalb des Betrags des Höchstbetrags zur gesetzlichen Rentenversicherung gezahlt wurden; der Steuerpflichtige muss nachweisen, dass der Betrag des Höchstbetrags mindestens zehn Jahre überschritten wurde; soweit hiervon im Versorgungsausgleich übertragene Rentenanwartschaften betroffen sind, gilt § 4 Absatz 1 und 2 des Versorgungsausgleichsgesetzes entsprechend. [3]Als Ertrag des Rentenrechts gilt für die gesamte Dauer des Rentenbezugs der Unterschiedsbetrag zwischen dem Jahresbetrag der Rente und dem Betrag, der sich bei gleichmäßiger Verteilung des Kapitalwerts der Rente auf ihre voraussichtliche Laufzeit ergibt; dabei ist der Kapitalwert nach dieser Laufzeit zu berechnen. ⁴Der Ertrag des Rentenrechts (Ertragsanteil) ist aus der nachstehenden Tabelle zu entnehmen:

Bei Beginn der Rente vollendetes Lebensjahr des Rentenberechtigten	Ertragsanteil in %
0 bis 1	59
2 bis 3	58
4 bis 5	57
6 bis 8	56
9 bis 10	55
11 bis 12	54
13 bis 14	53
15 bis 16	52
17 bis 18	51
19 bis 20	50
21 bis 22	49
23 bis 24	48
25 bis 26	47
27	46
28 bis 29	45
30 bis 31	44
32	43
33 bis 34	42
35	41
36 bis 37	40
38	39
39 bis 40	38
41	37
42	36
43 bis 44	35
45	34
46 bis 47	33
48	32
49	31
50	30
51 bis 52	29

Bei Beginn der Rente vollendetes Lebensjahr des Rentenberechtigten	Ertragsanteil in %
53	28
54	27
55 bis 56	26
57	25
58	24
59	23
60 bis 61	22
62	21
63	20
64	19
65 bis 66	18
67	17
68	16
69 bis 70	15
71	14
72 bis 73	13
74	12
75	11
76 bis 77	10
78 bis 79	9
80	8
81 bis 82	7
83 bis 84	6
85 bis 87	5
88 bis 91	4
92 bis 93	3
94 bis 96	2
ab 97	1

[5]Die Ermittlung des Ertrags aus Leibrenten, die vor dem 1. Januar 1955 zu laufen begonnen haben, und aus Renten, deren Dauer von der Lebenszeit mehrerer Personen oder einer anderen Person als des Rentenberechtigten abhängt, sowie aus Leibrenten, die auf eine bestimmte Zeit beschränkt sind, wird durch eine Rechtsverordnung bestimmt;

b) Einkünfte aus Zuschüssen und sonstigen Vorteilen, die als wiederkehrende Bezüge gewährt werden;

1a. Einkünfte aus Leistungen und Zahlungen nach § 10 Absatz 1a, soweit für diese die Voraussetzungen für den Sonderausgabenabzug beim Leistungs- oder Zahlungsverpflichteten nach § 10 Absatz 1a erfüllt sind;

1b. und 1c. (weggefallen)

2. Einkünfte aus privaten Veräußerungsgeschäften im Sinne des § 23;

3. Einkünfte aus Leistungen, soweit sie weder zu anderen Einkunftsarten (§ 2 Absatz 1 Satz 1 Nummer 1 bis 6) noch zu den Einkünften im Sinne der Nummern 1, 1a, 2 oder 4 gehören, z. B. Einkünfte aus gelegentlichen Vermittlungen und aus der Vermietung beweglicher Gegenstände. ²Solche Einkünfte sind nicht einkommensteuerpflichtig, wenn sie weniger als 256 Euro im Kalenderjahr betragen haben. ³Übersteigen die Werbungskosten die Einnahmen, so darf der übersteigende Betrag bei Ermittlung des Einkommens nicht ausgeglichen werden; er darf auch nicht nach § 10d abgezogen werden. ⁴Die Verluste mindern jedoch nach Maßgabe des § 10d die Einkünfte, die der Steuerpflichtige in dem unmittelbar vorangegangenen Veranlagungszeitraum oder in den folgenden Veranlagungszeiträumen aus Leistungen im Sinne des Satzes 1 erzielt hat oder erzielt; § 10d Absatz 4 gilt entsprechend;

4.[1] Entschädigungen, Amtszulagen, Zuschüsse zu Kranken- und Pflegeversicherungsbeiträgen, Übergangsgelder, Überbrückungsgelder, Sterbegelder, Versorgungsabfindungen, Versorgungsbezüge, die auf Grund des Abgeordnetengesetzes oder des Europaabgeordnetengesetzes, sowie vergleichbare Bezüge, die auf Grund der entsprechenden Gesetze der Länder gezahlt werden, und die Entschädigungen, das Übergangsgeld, das Ruhegehalt und die Hinterbliebenenversorgung, die auf Grund des Abgeordnetenstatuts des Europäischen Parlaments von der Europäischen Union gezahlt werden. ²Werden zur Abgeltung des durch das Mandat veranlassten Aufwandes Aufwandsentschädigungen gezahlt, so dürfen die durch das Mandat veranlassten Aufwendungen nicht als Werbungskosten abgezogen werden. ³Wahlkampfkosten zur Erlangung eines Mandats im Bundestag, im Europäischen Parlament oder im Parlament eines Landes dürfen nicht als Werbungskosten abgezogen werden. ⁴Es gelten entsprechend

a) für Nachversicherungsbeiträge auf Grund gesetzlicher Verpflichtung nach den Abgeordnetengesetzen im Sinne des Satzes 1 und für Zuschüsse zu Kranken- und Pflegeversicherungsbeiträgen § 3 Nummer 62,

b) für Versorgungsbezüge § 19 Absatz 2 nur bezüglich des Versorgungsfreibetrags; beim Zusammentreffen mit Versorgungsbezügen im Sinne des § 19 Absatz 2 Satz 2 bleibt jedoch insgesamt höchstens ein Betrag in Höhe des Versorgungsfreibetrags nach § 19 Absatz 2 Satz 3 im Veranlagungszeitraum steuerfrei,

c) für das Übergangsgeld, das in einer Summe gezahlt wird, und für die Versorgungsabfindung § 34 Absatz 1,

d) für die Gemeinschaftssteuer, die auf die Entschädigungen, das Übergangsgeld, das Ruhegehalt und die Hinterbliebenenversorgung auf Grund des Abgeordnetensta-

---

1 **Anm. d. Red.:** Zur Anwendung des § 22 Nr. 4 siehe § 57 Abs. 5.

tuts des Europäischen Parlaments von der Europäischen Union erhoben wird, § 34c Absatz 1; dabei sind die im ersten Halbsatz genannten Einkünfte für die entsprechende Anwendung des § 34c Absatz 1 wie ausländische Einkünfte und die Gemeinschaftssteuer wie eine der deutschen Einkommensteuer entsprechende ausländische Steuer zu behandeln;

5. Leistungen aus Altersvorsorgeverträgen, Pensionsfonds, Pensionskassen und Direktversicherungen. ²Soweit die Leistungen nicht auf Beiträgen, auf die § 3 Nummer 63, 63a, § 10a, Abschnitt XI oder Abschnitt XII angewendet wurden, nicht auf Zulagen im Sinne des Abschnitts XI, nicht auf Zahlungen im Sinne des § 92a Absatz 2 Satz 4 Nummer 1 und des § 92a Absatz 3 Satz 9 Nummer 2, nicht auf steuerfreien Leistungen nach § 3 Nummer 66 und nicht auf Ansprüchen beruhen, die durch steuerfreie Zuwendungen nach § 3 Nummer 56 oder die durch die nach § 3 Nummer 55b Satz 1 oder § 3 Nummer 55c steuerfreie Leistung aus einem neu begründeten Anrecht erworben wurden,

a) ist bei lebenslangen Renten sowie bei Berufsunfähigkeits-, Erwerbsminderungs- und Hinterbliebenenrenten Nummer 1 Satz 3 Buchstabe a entsprechend anzuwenden,

b) ist bei Leistungen aus Versicherungsverträgen, Pensionsfonds, Pensionskassen und Direktversicherungen, die nicht solche nach Buchstabe a sind, § 20 Absatz 1 Nummer 6 in der jeweils für den Vertrag geltenden Fassung entsprechend anzuwenden,

c) unterliegt bei anderen Leistungen der Unterschiedsbetrag zwischen der Leistung und der Summe der auf sie entrichteten Beiträge der Besteuerung; § 20 Absatz 1 Nummer 6 Satz 2 gilt entsprechend.

³In den Fällen des § 93 Absatz 1 Satz 1 und 2 gilt das ausgezahlte geförderte Altersvorsorgevermögen nach Abzug der Zulagen im Sinne des Abschnitts XI als Leistung im Sinne des Satzes 2. ⁴Als Leistung im Sinne des Satzes 1 gilt auch der Verminderungsbetrag nach § 92a Absatz 2 Satz 5 und der Auflösungsbetrag nach § 92a Absatz 3 Satz 5. ⁵Der Auflösungsbetrag nach § 92a Absatz 2 Satz 6 wird zu 70 Prozent als Leistung nach Satz 1 erfasst. ⁶Tritt nach dem Beginn der Auszahlungsphase zu Lebzeiten des Zulageberechtigten der Fall des § 92a Absatz 3 Satz 1 ein, dann ist

a) innerhalb eines Zeitraums bis zum zehnten Jahr nach dem Beginn der Auszahlungsphase das Eineinhalbfache,

b) innerhalb eines Zeitraums zwischen dem zehnten und 20. Jahr nach dem Beginn der Auszahlungsphase das Einfache

des nach Satz 5 noch nicht erfassten Auflösungsbetrags als Leistung nach Satz 1 zu erfassen; § 92a Absatz 3 Satz 9 gilt entsprechend mit der Maßgabe, dass als noch nicht zurückgeführter Betrag im Wohnförderkonto der noch nicht erfasste Auflösungsbetrag gilt. ⁷Bei erstmaligem Bezug von Leistungen, in den Fällen des § 93 Absatz 1 sowie bei Änderung der im Kalenderjahr auszuzahlenden Leistung hat der Anbieter (§ 80) nach Ablauf des Kalenderjahres dem Steuerpflichtigen nach amtlich vorgeschriebenem Muster den Betrag der im abgelaufenen Kalenderjahr zugeflossenen Leistungen im Sinne der Sätze 1 bis 3 je gesondert mitzuteilen. ⁸Werden dem Steuerpflichtigen Abschluss- und Vertriebskosten eines Altersvorsorgevertrages erstattet, gilt der Erstattungsbetrag als Leistung im Sinne des Satzes 1. ⁹In den Fällen des § 3 Nummer 55a richtet sich die Zuordnung zu Satz 1 oder Satz 2 bei der ausgleichsberechtigten Person danach, wie eine nur auf die

Ehezeit bezogene Zuordnung der sich aus dem übertragenen Anrecht ergebenden Leistung zu Satz 1 oder Satz 2 bei der ausgleichspflichtigen Person im Zeitpunkt der Übertragung ohne die Teilung vorzunehmen gewesen wäre. [10]Dies gilt sinngemäß in den Fällen des § 3 Nummer 55 und 55e. [11]Wird eine Versorgungsverpflichtung nach § 3 Nummer 66 auf einen Pensionsfonds übertragen und hat der Steuerpflichtige bereits vor dieser Übertragung Leistungen auf Grund dieser Versorgungsverpflichtung erhalten, so sind insoweit auf die Leistungen aus dem Pensionsfonds im Sinne des Satzes 1 die Beträge nach § 9a Satz 1 Nummer 1 und § 19 Absatz 2 entsprechend anzuwenden; § 9a Satz 1 Nummer 3 ist nicht anzuwenden. [12]Wird auf Grund einer internen Teilung nach § 10 des Versorgungsausgleichsgesetzes oder einer externen Teilung nach § 14 des Versorgungsausgleichsgesetzes ein Anrecht zugunsten der ausgleichsberechtigten Person begründet, so gilt dieser Vertrag insoweit zu dem gleichen Zeitpunkt als abgeschlossen wie der Vertrag der ausgleichspflichtigen Person, wenn die aus dem Vertrag der ausgleichspflichtigen Person ausgezahlten Leistungen zu einer Besteuerung nach Satz 2 führen. [13]Für Leistungen aus Altersvorsorgeverträgen nach § 93 Absatz 3 ist § 34 Absatz 1 entsprechend anzuwenden. [14]Soweit Begünstigungen, die mit denen in Satz 2 vergleichbar sind, bei der deutschen Besteuerung gewährt wurden, gelten die darauf beruhenden Leistungen ebenfalls als Leistung nach Satz 1. [15]§ 20 Absatz 1 Nummer 6 Satz 9 in der ab dem 27. Juli 2016 geltenden Fassung ist anzuwenden, soweit keine Steuerbefreiung nach den §§ 8 bis 12 des Investmentsteuergesetzes erfolgt ist.

Inhaltsübersicht

	Rz.
A. Allgemeine Erläuterungen	1 - 23
I. Normzweck und wirtschaftliche Bedeutung der Vorschrift	1 - 6
II. Entstehung und Entwicklung der Vorschrift	7
III. Geltungsbereich	8 - 9
IV. Vereinbarkeit mit höherrangigem Recht	10 - 15
V. Verhältnis zu anderen Vorschriften	16 - 23
B. Systematische Kommentierung	24 - 266
I. Einkünfte aus wiederkehrenden Bezügen (§ 22 Nr. 1 EStG)	24 - 118
1. Grundlegendes	24 - 35
2. Wiederkehrende Bezüge nach § 22 Nr. 1 Satz 1 und Satz 2 EStG	36 - 56
a) Begriff	36 - 44
b) Tatbestandsvoraussetzungen	45 - 48
c) Steuerliche Behandlung	49 - 56
3. Leibrenten und andere Leistungen (§ 22 Nr. 1 Satz 3 Buchst. a EStG)	57 - 105
a) Begriffe	58 - 70
b) Leibrenten und andere Leistungen aus der Basisversorgung (§ 22 Nr. 1 Satz 3 Buchst. a Doppelbuchst. aa EStG)	71 - 88
aa) Arten	73 - 75
bb) Steuerliche Behandlung	76 - 88
c) Leibrenten und andere Leistungen aus anderen Quellen (§ 22 Nr. 1 Satz 3 Buchst. a Doppelbuchst. bb EStG)	89 - 105
aa) Arten	89 - 91
bb) Steuerliche Behandlung	92 - 93
cc) Öffnungsklausel	94 - 105
4. Einkünfte aus Zuschüssen (§ 22 Nr. 1 Satz 3 Buchst. b EStG)	106 - 110
5. Ermittlung der Einkünfte	111 - 112
6. Ausländische Versorgungssysteme	113 - 114
7. Internationale Organisationen	115 - 118

II. Einkünfte aus Leistungen und Zahlungen nach § 10 Abs. 1a EStG	119 - 155
1. Unterhaltsleistungen	124 - 130
2. Versorgungsleistungen	131 - 137
3. Ausgleichszahlungen zur Vermeidung eines Versorgungsausgleichs	138 - 145
4. Ausgleichszahlungen im Rahmen eines Versorgungsausgleichs	146 - 147
5. Werbungskosten	148 - 155
III. Einkünfte aus privaten Veräußerungsgeschäften (§ 22 Nr. 2 EStG)	156 - 160
IV. Einkünfte aus Leistungen (§ 22 Nr. 3 EStG)	161 - 201
1. Allgemeines	161 - 165
2. Begriff der Leistung	166 - 184
3. Freigrenze	185 - 190
4. Verlustausgleichs-/Verlustabzugsverbot	191 - 195
5. Sonstiges	196 - 200
6. ABC der sonstigen Leistungen	201
V. Abgeordnetenbezüge (§ 22 Nr. 4 EStG)	202 - 220
1. Grundlegendes	202 - 203
2. Umfang der Steuerpflicht	204 - 210
3. Werbungskosten	211 - 215
4. Sonstiges	216 - 220
VI. Leistungen aus Altersvorsorgeverträgen, Pensionsfonds, Pensionskassen und Direktversicherungen (§ 22 Nr. 5 EStG)	221 - 266
1. Grundlegendes	221 - 230
2. Voraussetzungen	231 - 245
a) Altersvorsorgeverträge (Riester-Rente)	232
b) Pensionsfonds, Pensionskassen und Direktversicherungen	233 - 235
c) Förderung	236 - 245
3. Rechtsfolgen	246 - 256
a) Kohorte bzw. Ertragsanteil	247 - 249
b) § 20 Abs. 1 Nr. 6 EStG	250 - 251
c) Unterschiedsbetrag zwischen Leistung und Beiträgen	252 - 256
4. Sonstiges (§ 22 Nr. 5 Satz 3 bis 15 EStG)	257 - 265
5. Werbungskosten	266

HINWEIS:

§ 55 EStDV; R 22.1 bis R 22.10 EStR; H 22.1 bis H 22.10 EStH; BMF v. 11. 11. 2004, BStBl 2004 I 1061 (mit Änderungen v. 14. 3. 2012, BStBl 2012 I 311); BMF v. 15. 7. 2009, BStBl 2009 I 836; BMF v. 11. 3. 2010, BStBl 2010 I 227; BMF v. 9. 4. 2010, BStBl 2010 I 323; BMF v. 19. 8. 2013, BStBl 2013 I 1087 (Altersbezüge); BMF v. 6.12.2017 (betriebliche Altersversorgung); BMF v. 21.12.2017 (private Altersvorsorge); BMF v. 10.4.2018, BStBl 2018 I 616 (Vordruckmuster § 22 Nr. 5 Satz 7 EStG).

LITERATUR:

► Weitere Literatur siehe Online-Version

Grube, Schadensersatz und Einkommensteuer, insbesondere beim Nachbarrechtsschutz des Privatvermögens, FR 2013, 433; *Kanzler,* Versorgungsleistungen aufgrund eines Wirtschaftsüberlassungsvertrages, NWB 2014, 2926; *Musil,* Die Besteuerung der Renten mobiler Arbeitnehmer, Fr 2014, 45; *Hörster,* Der Bundesrat stimmt dem Zollkodex-Anpassungsgesetz („JStG 2015") zu, NWB 2015, 92; *Keller/Looser,* Steuerliche Behandlung der AHV-Überbrückungsrenten und deren Finanzierung, NWB 2015, 588; *Levedag,* Besteuerung von Kapitalleistungen aus Pensionskassen in der Schweiz, IWB 2015, 553; *Ders.,* Arbeitnehmer- und Arbeitgeberbeiträge in schweizerische Pensionskassen und Anlagestiftungen, IWB 2015, 710; *Miessl,* Einmalauszahlung aus der privaten Schweizer Pensionskasse – Jetzt wissen wir fast wohin es geht?, IStR 2015, 683; *Myßen/Emser,* Regelmäßige Rentenanpassung, Teilrente, Witwenrente, Mütterrente, NWB 2015, 2383; *Engelberth,* Wiederkehrende Leistungen im Zusammenhang mit Vermögensübertragungen, NWB 2016, 1094; *Nöcker,* Doppelte Besteuerung von Altersvorsorgeaufwendungen und Altersbezügen im konkreten Einzelfall denkbar, NWB 2016, 3432; *Schorr,* Vermögensübertragung gegen wiederkehrende Leistungen, NWB 2016, 7; *Schustek,* Besteuerung von Einzahlungen und Auszahlungen bei Schweizer Pensionskassen, NWB 2016, 435; *ders.,* Einkommensteuerliche Behandlung von Leistungen aus ausländischen

Altersvorsorgeeinrichtungen am Beispiel von Schweizer Pensionskassen, DStR 2016, 447; *Keller/Meier*, Vorsorgeeinrichtungen nach der zweiten Säule der Schweizer Altersvorsorge, NWB 2017, 721; *Emser/ Roth*, Steuerliche Förderung der privaten Altersvorsorge - Die Neuregelungen des Betriebsrentenstärkungsgesetzes, NWB 2017, 2490; *Heuel/Matthey*, Steuerliche Behandlung von Kryptowährungen im Privatvermögen, NWB 2018, 1037.

ARBEITSHILFEN UND GRUNDLAGEN ONLINE:

Leistungsmitteilungen gem. § 22 Nr. 5 Satz 7 EStG, Übersicht, NWB DokID: GAAAE-66816; *Geißler*, Altersrente, infoCenter, NWB DokID: IAAAB-41424 und Alterseinkünftegesetz, infoCenter, NWB DokID: RAAAB-54644; *Meier*, Renten – Dauernde Lasten, infoCenter, NWB DokID: VAAAA-88447; *Michalowski*, Altersvorsorge und Steuern, NWB DokID: XAAAF-68663; *Langenkämper*, Kaufpreisraten – Kaufpreisrenten, infoCenter, NWB DokID: ZAAAB-04828; *Meier*, Versorgungsleistungen, infoCenter, NWB DokID: PAAAC-65659; *Meier*, Sonstige Leistungseinkünfte, infocenter, NWB DokID: NAAAB-36967.

A. Allgemeine Erläuterungen

I. Normzweck und wirtschaftliche Bedeutung der Vorschrift

Mit den sonstigen Einkünften in § 22 EStG wird eine weitere selbständige Einkunftsart neben den in § 2 Abs. 1 Nr. 1 bis 6 EStG genannten Einkunftsarten kodifiziert. § 22 EStG beinhaltet mehrere Nummern, die in ihren einzelnen Tatbeständen eigentlich unabhängig voneinander sind. Die Vorschrift präsentiert sich damit als Sammelsurium verschiedener Regelungsinhalte, die genauso gut aber in jeweils eigenen Paragraphen geregelt werden könnten. 1

§ 22 EStG gilt als Ergänzungstatbestand und ist in vielerlei Hinsicht subsidiär. Allerdings beinhaltet § 22 EStG mit den Nr. 4 und 5 auch **Sondertatbestände**, die nicht nur den anderen Nummern des § 22 EStG, sondern auch den anderen Einkunftsarten des § 2 EStG vorgehen. 2

Den praktischen Schwerpunkt der Vorschrift bildet die von § 22 Nr. 1 und 5 EStG erfasste Altersversorgung (**Rentenbesteuerung**). Während § 22 Nr. 1 EStG neben den Leistungen aus der **Basisversorgung** (dazu unter → Rz. 71) auch alle anderen Arten wiederkehrender Bezüge umfasst, betrifft § 22 Nr. 5 EStG als Spezialvorschrift nur Leistungen der zusätzlichen privaten Altersvorsorge sowie der externen Durchführungswege der betrieblichen Altersversorgung (→ Rz. 233). 3

§ 22 Nr. 1a EStG regelt die empfängerseitige steuerliche Behandlung der in § 10 Abs. 1a EStG genannten Einkünftetransfers und bezieht sich auf Unterhaltsleistungen, Versorgungsleistungen und Leistungen zur Vermeidung oder im Rahmen eines Versorgungsausgleichs. Sämtliche Fallgestaltungen des § 22 Nr. 1a EStG werden vom Korrespondenzprinzip beherrscht. Soweit beim Leistenden ein Abzug der Zahlungen als Sonderausgaben möglich ist, wird dies durch eine Versteuerung beim Leistungsberechtigten als sonstige Einkünfte ausgeglichen. 4

§ 22 Nr. 2 EStG ordnet die in § 23 EStG geregelten Einkünfte aus privaten Veräußerungsgeschäften den sonstigen Einkünften zu. Die eigentlichen „sonstigen Einkünfte" finden sich in § 22 Nr. 3 EStG. Als weiterer spezieller Tatbestand werden Abgeordnetenbezüge durch § 22 Nr. 4 EStG erfasst. 5

Wie bei den anderen Einkunftsarten des § 2 Abs. 1 Nr. 1 bis 6 EStG ist auch bei § 22 EStG **Einkunftserzielungsabsicht** erforderlich. Auch muss es sich um einen Leistungsbezug außerhalb der steuerlich irrelevanten Privatsphäre handeln. 6

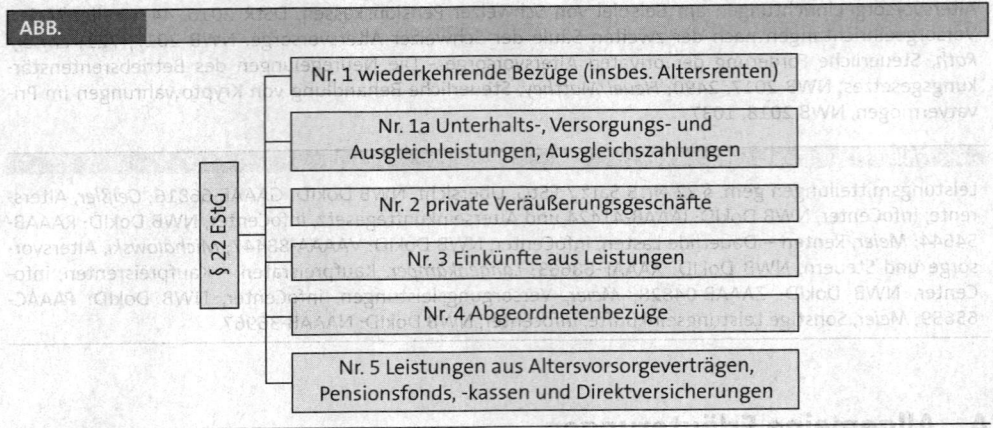

II. Entstehung und Entwicklung der Vorschrift

7 Mit dem AltEinkG[1] v. 5. 7. 2004 erfolgte eine umfassende Neuregelung der Rentenbesteuerung (zu Hintergrund und konzeptioneller Neuausrichtung s. → Rz. 57). Durch das VerlustVerr-BeschrG[2] wurde die entsprechende Anwendbarkeit des § 15b EStG in die Nr. 1 aufgenommen. Diverse weitere Modifikationen erfolgten durch JStG 2007,[3] JStG 2008,[4] EigRentenG,[5] JStG 2009,[6] VAStrRefG,[7] JStG 2010,[8] BeitrRLUmsG,[9] LSV-NOG,[10] AltvVerbG,[11] KroatienAnpG[12] und das sog. JStG 2015.[13] Neben redaktionellen und klarstellenden Änderungen bezogen sich die erfolgten Anpassungen u. a. auf die Einführung der Eigenheimrente, die Ausräumung europarechtlicher Vorbehalte und die Einführung der Abgeordnetenalimentation auf europäischer Ebene. Zuletzt wurde die steuerliche Erfassung von Unterhaltsleistungen, Versorgungsleistungen und Ausgleichszahlungen korrespondierend zur Zusammenfassung der Sonderausgabenabzugstatbestände in § 10 Abs. 1a EStG neu geregelt. Mit dem BRSG[14] wurde die Verbreitung der betrieblichen Altersversorgung gestärkt und die steuerlich geförderte private Altersvorsorge weiter verbessert. U. a. werden die steuerlichen Belastungen einer Kleinbetragsrentenabfindung durch entsprechende Anwendung der ermäßigten Besteuerung nach § 34 Abs. 1 EStG zukünftig abgemildert. Die Regelungen sind zum 1.1.2018 in Kraft getreten.

---

1 Alterseinkünftegesetz, BGBl 2004 I 1427.
2 Gesetz zur Beschränkung der Verlustverrechnung im Zusammenhang mit Steuerstundungsmodellen v. 22. 12. 2005, BGBl 2005 I 3683.
3 Jahressteuergesetz 2007 v. 13. 12. 2006, BGBl 2006 I 2878.
4 Jahressteuergesetz 2008 v. 20. 12. 2007, BGBl 2007 I 3150.
5 Eigenheimrentengesetz v. 29. 7. 2008, BGBl 2008 I 1509.
6 Jahressteuergesetz 2009 v. 19. 12. 2008, BGBl 2008 I 2794.
7 Gesetz zur Strukturreform des Versorgungsausgleichs v. 3. 4. 2009, BGBl 2009 I 700.
8 Jahressteuergesetz 2010 v. 8. 12. 2010, BGBl 2010 I 1768.
9 Beitreibungsrichtlinie-Umsetzungsgesetz v. 7. 12. 2011, BGBl 2011 I 2592.
10 LSV-Neuordnungsgesetz v. 12. 4. 2012, BGBl 2012 I 579.
11 Altersvorsorge-Verbesserungsgesetz v. 24. 6. 2013, BGBl 2013 I 1667.
12 Gesetz zur Anpassung des nationalen Steuerrechts an den Beitritt Kroatiens zur EU und zur Änderung weiterer steuerlicher Vorschriften v. 25. 7. 2014, BGBl 2014 I 1266.
13 Gesetz zur Anpassung der Abgabenordnung an den Zollkodex der Union und zur Änderung weiterer steuerlicher Vorschriften v. 22. 12. 2014, BGBl 2014 I 2417.
14 Betriebsrentenstärkungsgesetz v. 17.8.2017, BGBl 2017 I 3214; s. hierzu auch Emser/Roth, NWB 2017, 2490.

III. Geltungsbereich

§ 22 EStG gilt für unbeschränkt Steuerpflichtige. Für beschränkt Steuerpflichtige werden bestimmte Sachverhalte der Nr. 1, 2, 3, 4 und 5 über § 49 Abs. 1 Nr. 7 bis 10 EStG zu inländischen Einkünften bestimmt. So werden z. B. Leistungen von inländischen gesetzlichen Rentenversicherungsträgern etc. den inländischen Einkünften zugeordnet. Damit unterliegen auch im Ausland lebende Rentner grundsätzlich der beschränkten Steuerpflicht, soweit sie z. B. Einkünfte aus der gesetzlichen Rentenversicherung beziehen. Bei Prüfung einer Steuerpflicht ist jedoch in einem zweiten Schritt noch die Zuordnung des Besteuerungsrechts nach DBA zu beachten. Das deutsche Besteuerungsrecht darf nicht durch ein geltendes DBA ausgeschlossen sein.[1] Zu Leistungen aus ausländischen Versorgungssystemen s. → Rz. 113.

Die Nr. 1a wird hingegen von § 49 EStG nicht erfasst. § 10 Abs. 1a EStG verlangt vielmehr in seinen tatbestandlichen Voraussetzungen grundsätzlich eine Leistungserbringung an unbeschränkt Steuerpflichtige. Über § 1a Abs. 1 Nr. 1 EStG (oder bei Zuweisung eines Besteuerungsrechts über ein DBA, vgl. H 10.2 EStH) können solche Leistungen zwar auch dann als Sonderausgaben abzugsfähig sein, wenn sie an EU-/EWR-Angehörige gezahlt werden. Dies steht allerdings unter der Voraussetzung, dass die Besteuerung der Leistungen beim Empfänger durch eine Bescheinigung der zuständigen ausländischen Steuerbehörde nachgewiesen wird. Insoweit ist eine empfängerseitige Besteuerung in jedem Fall – wenn auch nicht unbedingt in Deutschland – sichergestellt.

Sonstige Einkünfte können grundsätzlich auch von juristischen Personen (Vereine etc.) erzielt werden, jedoch nicht von Körperschaften i. S. v. § 1 Abs. 1 Nr. 1 bis 3 KStG, da diese wegen § 8 Abs. 2 KStG nur gewerbliche Einkünfte erzielen.

IV. Vereinbarkeit mit höherrangigem Recht

Nachdem mit Grundsatzurteil des BVerfG v. 6.3.2002[2] die Verfassungswidrigkeit der unterschiedlichen Besteuerung von Beamtenpensionen und Renten aus der gesetzlichen Rentenversicherung festgestellt wurde, musste die Vorschrift hinsichtlich der Rentenleistungen neu konzipiert werden (s. → Rz. 57). Auch die jetzige Neuregelung war bereits mehrfach Gegenstand höchstrichterlicher Entscheidungen.[3] Der BFH hat in mehreren Entscheidungen[4] ausgeführt, dass aus seiner Sicht der gesetzgeberische Gestaltungsspielraum bei der Umstellung der Rentenbesteuerung auf die nachgelagerte Besteuerung grundsätzlich eingehalten wurde, zumindest solange nicht gegen das Verbot der Doppelbesteuerung verstoßen wird.[5] Die gegen die BFH-Entscheidungen X R 52/08 und X R 29/09 beim BVerfG eingelegten Verfassungsbeschwerden wurden nicht zur Entscheidung angenommen (Beschlüsse v. 29.9.2015 - 2 BvR 1066/10

---

1 Zu den einzelnen Fallkonstellationen und den damit verbundenen Problemen s. *Musil*, FR 2014, 45.
2 BVerfG v. 6.3.2002 - 2 BvL 17/99, BStBl 2002 II 618.
3 Überblick bei *Kulosa*, DStR 2018, 1413.
4 BFH v. 4.2.2010 - X R 52/08, BFH/NV 2010, 1253 = NWB DokID: UAAAD-44113; BFH v. 19.1.2010 - X R 53/08, BStBl 2011 II 567; BFH v. 4.2.2010 - X R 58/08, BStBl 2011 II 579; BFH v. 18.5.2010 - X R 29/09, BStBl 2011 II 591; BFH v. 18.5.2010 - X R 1/09, BFH/NV 2010, 1803 = NWB DokID: OAAAD-48052; BFH v. 26.11.2008 - X R 15/07, BStBl 2009 II 710; BFH v. 6.4.2016 – X R 2/15, BStBl 2016 II 733.
5 Vgl. hierzu BFH v. 21.6.2016 - X R 44/14, NWB DokID: AAAAF-85043 sowie *Nöcker*, NWB 2016, 3432, FG Baden-Württemberg v. 29.9.2015, sowie BFH v. 28.8.2017 - X R 33/15, BStBl 2018 II 62.

und 2 BvR 1961/10).[1] Mittlerweile erfolgen Steuerfestsetzungen durch die Finanzverwaltung in diesem Punkt auch nicht mehr vorläufig.[2]

11 Die Frage einer möglichen Abzugsfähigkeit von Rentenversicherungsbeiträgen als Werbungskosten ist mittlerweile ebenfalls geklärt. Nachdem der BFH dies ursprünglich[3] noch offen ließ, beurteilte er diese legislative Grundentscheidung in seinen Urteilen v. 18.11.2009[4] und v. 9.12.2009[5] als verfassungsgemäß. Die unter den Az. 2 BvR 288/10, 2 BvR 289/10, 2 BvR 290/10 und 2 BvR 323/10 erhobenen Verfassungsbeschwerden wurden vom BVerfG sämtlich nicht zur Entscheidung angenommen und damit die gesetzgeberische Qualifizierung von Vorsorgeaufwendungen als Sonderausgaben bestätigt.

12 Keine verfassungsrechtlichen Bedenken hatte der BFH[6] hinsichtlich der Besteuerung von Kapitalleistungen berufsständischer Versorgungseinrichtungen als andere Leistungen nach § 22 Nr. 1 Satz 3 Buchst. a Doppelbuchst. aa EStG. Die gegen die Entscheidung X R 21/12 beim BVerfG erhobene Verfassungsbeschwerde (Az. 2 BvR 143/14) hat das BVerfG nicht zur Entscheidung angenommen.

13 Auch die unterschiedliche steuerliche Behandlung von Kinderzuschüssen aus der gesetzlichen Rentenversicherung im Vergleich zu Kinderzuschüssen eines berufsständischen Versorgungswerkes hat der BFH bestätigt.[7] Anlässlich der vom BFH bestätigten Besteuerung von Erziehungsrenten aus der gesetzlichen Rentenversicherung wurde gegen das Urteil des BFH[8] Verfassungsbeschwerde eingelegt (Az. 2 BvR 2315/13).

14 Die Verfassungsmäßigkeit des eingeschränkten Verlustausgleichs nach § 22 Nr. 3 Satz 3 und 4 EStG hat der BFH mit der Begründung bestätigt,[9] dass der Gesetzgeber befugt sei, die Unschärfe des § 22 Nr. 3 EStG durch eine Begrenzung der Verlustverrechnung auszugleichen.

15 Die Verfahren gegen die vielfach kritisierte steuerfreie Abgeordnetenpauschale sind mittlerweile ebenfalls erledigt. Nachdem das BVerfG eine entsprechende Verfassungsbeschwerde wegen fehlender hinreichender Aussicht auf Erfolg nicht zur Entscheidung angenommen hatte,[10] wurden auch die beim Europäischen Gerichtshof für Menschenrechte (EGMR) unter den Az. 7258/11 und 7227/11 anhängigen Beschwerden durch Beschluss für unzulässig erklärt.

---

1 Eine Verfassungsbeschwerde gegen das Alterseinkünftegesetz selbst wurde vom BVerfG (2 BvR 2197/04) nicht zur Entscheidung angenommen.
2 Vgl. Vorläufigkeitskatalog als Anlage zum BMF v. 16.5.2011, zuletzt neu gefasst durch BMF v. 20.1.2017, BStBl 2017 I 66.
3 BFH v. 1.2.2006 - X B 166/05, BStBl 2006 II 420.
4 BFH v. 18.11.2009 - X R 9/07, BFH/NV 2010, 412 = NWB DokID: WAAAD-35169; BFH v. 18.11.2009 - X R 34/07, BStBl 2010 II 414; BFH v. 18.11.2009 - X R 45/07, BFH/NV 2010, 421 = NWB DokID: CAAAD-35167; BFH v. 18.11.2009 - X R 6/08, BStBl 2010 II 282.
5 BFH v. 9.12.2009 - X R 28/07, BStBl 2010 II 348.
6 BFH v. 23.10.2013 - X R 3/12, BStBl 2014 II 58; BFH v. 23.10.2013 - X R 11/12, BFH/NV 2014, 328 = NWB DokID: FAAAE-54062; BFH v. 23.10.2013 - X R 21/12, BFH/NV 2014, 330 = NWB DokID: MAAAE-53160, wie auch BFH v. 23.11.2016 - X R 13/14, NWB DokID: AAAAE-60013.
7 BFH v. 31.8.2011 - X R 11/10, BStBl 2012 II 312.
8 BFH v. 19.8.2013 - X R 35/11, BStBl 2014 II 557.
9 BFH v. 10.2.2015 - IX R 8/14, NWB DokID: OAAAE-89042.
10 BVerfG v. 26.7.2010 - 2 BvR 2227/08, 2 BvR 2228/08, BFH/NV 2010, 1983 = NWB DokID: TAAAD-48007.

V. Verhältnis zu anderen Vorschriften

§ 22 Nr. 1 EStG ist bereits nach seinem Wortlaut subsidiär und kommt nur dann zur Anwendung, wenn die Einkünfte nicht zu den in § 2 Abs. 1 Nr. 1 bis 6 EStG bezeichneten Einkunftsarten gehören. (Überdies greift für eine Vielzahl von Leistungen eine Steuerfreiheit nach einer der Nummern des § 3 EStG).

§ 22 EStG gilt gemeinhin als Auffangvorschrift. Dieser Ruf ist jedoch nur zum Teil berechtigt. Die Nr. 1 und 3 sind tatbestandlich den anderen Einkunftsarten nachrangig und haben damit subsidiären Charakter. Gleiches gilt für Nr. 2 (über § 23 Abs. 2 EStG). Nr. 1a hat zumindest innerhalb des § 22 EStG Vorrang. Die Nr. 4 und 5 sind jedoch als Spezialvorschriften anzusehen. Nr. 4 erfasst Bezüge, die sich keiner anderen Einkunftsart zuordnen lassen. Die Nr. 5 ist ihrerseits als vorrangige Sonderregelung ausgestaltet, die neben den anderen Nummern des § 22 EStG auch allen anderen Einkunftsarten und Spezialregelungen vorgeht.

Abgrenzungsschwierigkeiten zeigen sich häufig im Verhältnis zu den § 19 Abs. 1 Nr. 2 und § 24 Nr. 2 EStG. Eine Versteuerung nach diesen Vorschriften ist angezeigt, wenn sich Bezüge als (nachträgliche) Gegenleistung für die Arbeitskraft des Steuerpflichtigen erweisen und damit als Ursache für den Leistungsbezug das Wirken im früheren Arbeits- oder Dienstverhältnis anzusehen ist (vgl. auch KKB/Merx, § 19 EStG Rz. 436 ff. und KKB/Egner/Geißler, § 24 EStG Rz. 101 ff.).

BEISPIEL: Erhält ein Rechtsanwalt als Gegenleistung für seine umfassende Beratungstätigkeit eine lebenslange Rente, gehören diese Bezüge bei ihm zu den Einkünften aus selbständiger Tätigkeit gem. § 18 EStG (ggf. i. V. m. § 24 Nr. 2 EStG).

Bei Vorliegen einer atypischen Zusammenballung ist grundsätzlich eine ermäßigte Besteuerung als außerordentliche Einkünfte gemäß § 34 EStG denkbar. Klassisches Beispiel ist eine Rentennachzahlung i. S. d. § 22 Nr. 1 EStG, wenn diese mehrere VZ betrifft. § 34 EStG gilt jedoch nicht für Einkünfte im Sinne der Nr. 5, da Zusammenballungen in diesem Fall nicht atypisch sind (s. hierzu auch → Rz. 223). Für unter § 22 Nr. 1 Satz 3 Buchst. a Doppelbuchst. aa EStG fallende einmalige Leistungen (z. B. Kapitalauszahlungen, Sterbegeld, Abfindung von Kleinbetragsrenten) kann hingegen eine Anwendung von § 34 EStG unter Berücksichtigung der vom BFH[1] aufgestellten Grundsätze in Betracht kommen (BMF v. 19. 8. 2013, Rz. 191).

(*Einstweilen frei*)

B. Systematische Kommentierung

I. Einkünfte aus wiederkehrenden Bezügen (§ 22 Nr. 1 EStG)

1. Grundlegendes

Wiederkehrende Bezüge lassen sich in drei Gruppen unterteilen. Sie können als **Renten, dauernde Lasten** oder **sonstige wiederkehrende Bezüge** auftreten. Rentenzahlungen können allein in Geld oder anderen vertretbaren Sachen gewährt werden. Während sich Renten weiterhin durch Gleich- und Regelmäßigkeit sowie eine fehlende Abänderbarkeit in der Höhe auszeichnen (zu den Tatbestandsmerkmalen im Einzelnen s. auch ab → Rz. 58), unterscheiden sich die dauernden Lasten hiervon nur dadurch, dass sie zum einen in der Höhe änderbar sind sowie

---

1 BFH v. 23. 10. 2013 - X R 33/10, BStBl 2014 II 103 und BFH v. 23. 10. 2013 - X R 3/12, BStBl 2014 II 58.

auch in Naturalleistungen vereinbart werden können. Soweit Renten oder dauernde Lasten nicht an die Lebensdauer einer Person anknüpfen sondern für einen bestimmten Zeitraum gewährt werden, wird zur Abgrenzung von gestreckten Zahlungsverpflichtungen eine Mindestdauer von zehn Jahren gefordert.

25 Als sonstige wiederkehrende Bezüge sind Zahlungen zu bezeichnen, die in ihrer Dauer nicht die für Renten wie auch dauernde Lasten geltende Mindestdauer von zehn Jahren erfüllen, ansonsten aber sehr wohl den vorgenannten Merkmalen von Renten oder dauernden Lasten genügen.

26 Wichtig wird diese Differenzierung wegen der unterschiedlichen Rechtsfolgen, denn § 22 Nr. 1 sieht in Satz 3 bestimmte Sonderregelungen hinsichtlich der Höhe der zu besteuernden Leistungen nur für (Leib)Renten vor. Im Rahmen der Versorgungsleistungen (§ 22 Nr. 1a EStG) ist die Differenzierung hingegen unerheblich, hier sind mittlerweile die gleichen Rechtsfolgen für Renten und dauernde Lasten vorgesehen. Die Einordnung als Rente oder dauernde Last kann für Leistungsempfänger und -erbringer nur einheitlich erfolgen.

ABB. Einteilung wiederkehrender Bezüge nach Form

Renten	dauernde Lastern	sonstige wiederkehrende Bezüge
▸ auf einheitlichem Rechts- oder Verpflichtungsgrund (nicht zwingend Rentenstammrecht) ▸ mindestens für 10 Jahre oder auf Lebenszeit ▸ regelmäßig wiederkehrend ▸ gleichmäßig in der Höhe ▸ Leistung in Geld oder vertretbaren Sachen	▸ auf einheitlichem Rechts- oder Verpflichtungsgrund ▸ mindestens für 10 Jahre oder auf Lebenszeit ▸ wiederkehrend ▸ in der Höhe abänderbar ▸ Leistungen in Geld oder Geldeswert (auch Dienst- und Naturalleistungen möglich)	▸ auf einheitlichem Rechts- oder Verpflichtungsgrund ▸ wiederkehrend ▸ gleichmäßig oder in der Höhe abänderbar

27 In der Praxis sind Rentenleistungen aus gesetzlichen oder privaten Rentenversicherungen sicherlich der zahlenmäßig häufigste Anwendungsfall für wiederkehrende Bezüge. Erhebliche Bedeutung haben wiederkehrende Bezüge jedoch genauso als Veräußerungsleistungen. Auch Unterhalts- und Versorgungsleistungen spielen im Alltag eine nicht zu vernachlässigende Rolle.

Im Einzelnen:[1]

28 ▸ **Veräußerungsleistungen** sind gegeben, wenn im Gegenzug für die wiederkehrenden Bezüge ein Vermögensgegenstand übertragen wird. Leistung und Gegenleistung sind hierbei nach kaufmännischen Gesichtspunkten gegeneinander abgewogen und für gleichwertig befunden.
Achtung: Keine wiederkehrenden Bezüge i. S. d. § 22 EStG sind hingegen Kaufpreisraten, also Teilbeträge eines festen Kaufpreises. Bei Veräußerungsleistungen sind Fälle von Kaufpreis- oder Stundungsraten also abzugrenzen!

29 ▸ Bei Unterhaltsleistungen handelt es sich entweder um Leistungen aufgrund einer gesetzlichen Verpflichtung oder um eine freiwillige Zuwendung zur Existenzsicherung des Empfängers. Unterhaltsleistungen unterfallen beim Geber grundsätzlich dem Abzugsverbot des § 12 Nr. 2 EStG (mit den dort gesetzlich normierten Ausnahmen) und führen aus diesem Grund beim Empfänger auch nicht zu Einkünften (vgl. § 22 Nr. 1 Satz 2 EStG). Falls

---

[1] Gute Darstellung bei *Engelberth*, NWB 2016, 1094.

bei Unterhaltsleistungen überhaupt eine Vermögensübertragung stattfindet, tritt sie derart in den Hintergrund, dass hauptsächlich die Zuwendung des Gebers im Vordergrund steht („Überentgeltlichkeit"[1]).

▶ Für den Bereich der Vermögensübertragung zur vorweggenommenen Erbfolge existierte lange Zeit ein richterlich entwickeltes **Sonderrecht**, welches mit dem JStG 2008 nunmehr (in eingeschränkter Form) auch gesetzlich festgeschrieben wurde. Vom Rechtsinstitut der Vermögensübergabe gegen Versorgungsleistungen ist auszugehen, wenn bei einer Vermögensübertragung zur vorweggenommenen Erbfolge die Gegenleistung (wiederkehrende Bezüge) nicht nach kaufmännischen Gesichtspunkten abgewogen wurde und der Versorgungsgedanke des Übergebers im Vordergrund steht. Die steuerliche Privilegierung des Verpflichteten in Form des Sonderausgabenabzugs ist an enge Voraussetzungen geknüpft (vgl. BMF v. 11. 3. 2010[2] sowie KKB/Wilhelm, § 10 EStG Rz. 149 ff.). Beim Berechtigten erfolgt entsprechend dem Korrespondenzprinzip steuerlich in vollem Umfang ein Ansatz als Einnahme i. S. v. § 22 Nr. 1a EStG.

ABB. Einteilung wiederkehrender Bezüge nach Leistungszweck

Veräußerungsleistungen	▶ als Gegenleistung für Vermögensübertragung ▶ ausgeglichen, nach kaufmännischen Gesichtspunkten gegeneinander abgewogen ▶ WICHTIG: Unterscheidung zwischen Veräußerungsrenten und -raten
Versorgungsleistungen	▶ als Gegenleistung für teil- oder unentgeltliche Vermögensübertragung im Wege der vorweggenommenen Erbfolge
Unterhaltsleistungen	▶ wiederkehrende Leistungen, die nicht mit einer Gegenleistung oder Vermögensübertragung in Zusammenhang stehen (bzw. wenn sich Leistung und Gegenleistung nicht gleichwertig gegenüberstehen)

▶ Bei einer **betrieblichen Veräußerungsrente** (Veräußerung eines Teilbetriebs, gesamten Betriebs, MU-Anteils usw. gegen Leibrente) besteht für den Rentenberechtigten (= Veräußerer) ein Wahlrecht zwischen Sofortversteuerung und Zuflussversteuerung. Im ersten Fall bedeutet dies steuerlich neben der sofortigen Versteuerung des Veräußerungsgewinns[3] die Versteuerung der laufend zufließenden Rentenzahlungen mit dem Ertragsanteil gem. § 22 Nr. 1 Satz 3 Buchst. a Doppelbuchst. bb EStG. Wird vom Veräußerer hingegen die Zuflussversteuerung gewählt, sind sämtliche Rentenzahlungen in einen Zins- und einen Tilgungsanteil aufzuspalten, wobei der Tilgungsanteil zunächst mit dem Buchwert des steuerlichen Kapitalkontos (zzgl. Veräußerungskosten) zu verrechnen ist und erst ein darüber hinausgehender Tilgungsanteil nachträgliche Einkünfte i. S. v. § 24 Nr. 2 EStG i. V. m. z. B. § 15 oder 18 EStG begründet. In Höhe des Zinsanteils handelt es sich hingegen von Beginn an um nachträgliche Betriebseinnahmen. Der Zinsanteil kann nach versicherungsmathematischen Grundsätzen unter Verwendung eines Zinsfußes von 5,5 % berechnet werden. Im Einzelnen siehe R 16 Abs. 11 EStR sowie KKB/Franz/Handwerker, § 16 EStG Rz. 486 ff.

Bei einer Betriebsveräußerung gegen Kaufpreisraten steht dem Veräußerer hingegen

---

[1] Engelberth, NWB 2016, 1094 sowie BMF v. 11. 3. 2010, BStBl 2010 I 254, Rz. 66.
[2] BStBl 2010 I 227.
[3] Barwert der Rente abzüglich Buchwert des steuerlichen Kapitalkontos und Veräußerungskosten.

kein Wahlrecht zu. Neben der sofortigen Versteuerung des Veräußerungsgewinns sind die in den Raten enthaltenen oder mit den Raten gezahlten Zinsanteile nach § 20 Abs. 1 Nr. 7 EStG zu erfassen.

Bei **privaten Veräußerungsleistungen** ist bei der Veräußerungsleibrente (wie auch bei der Veräußerungslast) jede einzelne Zahlung in einen Tilgungs- und einen Zinsanteil zu zerlegen. Während der Tilgungsanteil sich als Vermögensumschichtung darstellt, führt der Zinsanteil i. d. R. zur Steuerpflicht. Bei Leibrenten unterfällt der Zinsanteil § 22 Nr. 1 Satz 3 Buchst. a Doppelbuchst. bb EStG. Für dauernde Lasten ergibt sich die Steuerpflicht für den Zinsanteil aus § 20 Abs. 1 Nr. 7 EStG, wobei der Zinsanteil in entsprechender Anwendung der Ertragsanteilstabelle in § 22 Nr. 1 Satz 3 Buchst. a Doppelbuchst. bb EStG oder aber nach versicherungsmathematischen Grundsätzen zu ermitteln ist.[1]

Auch bei privaten **Veräußerungsraten** unterfallen nur die mit den Raten gezahlten oder in den Raten enthaltenen Zinsanteile den Einkünften nach § 20 Abs. 1 Nr. 7 EStG.

> **BEISPIEL:** Der 60-jährige S veräußert sein Elternhaus (kein Fall des § 23 EStG) gegen eine lebenslange Rente von monatlich 4 000 € an den K. Die Rentenleistung ist nach kaufmännischen Gesichtspunkten ermittelt und dem Kaufobjekt gleichwertig.
>
> S hat die Rentenzahlungen jährlich i. H. v. 48 000 € nach § 22 Nr. 1 Satz 3 Buchst. a Doppelbuchst. bb EStG mit dem Ertragsanteil zu versteuern. Da S bei Rentenbeginn das 60. Lebensjahr vollendet hat, beträgt der Ertragsanteil 22 %. Der Besteuerung unterliegen somit 10 458 € (48 000 € x 22 % abzügl. WK-Pauschbetrag i. H. v. 102 €).
>
> **ABWANDLUNG:** Wurde hingegen vereinbart, dass die monatliche Zahlung von 4 000 € jederzeit an die wirtschaftlichen Verhältnisse eines der Beteiligten angepasst werden kann, liegt keine Rente sondern eine dauernde Last vor. Der darin enthaltene Zinsanteil wird zwar in entsprechender Anwendung der Ertragsanteilstabelle aus § 22 Nr. 1 Satz 3 Buchst. a Doppelbuchst. bb EStG ermittelt, führt jedoch beim Berechtigten S zu Einkünften aus Kapitalvermögen.

▶ Für Versorgungsleistungen greift die Sonderregelung des § 22 Nr. 1a EStG. Zu den Voraussetzungen und Rechtsfolgen dieses Rechtsinstituts im Einzelnen vgl. BMF vom 11. 3. 2010,[2]
Unter Nr. 1a fallen auch Unterhaltsleistungen im Rahmen des Realsplittings.

▶ Andere Unterhaltsleistungen führen hingegen nur in besonderen Fällen zu Einkünften aus § 22 Nr. 1 EStG, da wegen § 22 Nr. 1 Satz 2 EStG oftmals keine Zurechnung beim Empfänger erfolgen wird (s. dazu unter → Rz. 45 ff.).

31 Für sämtliche Leistungen gilt: Bezüge werden von § 22 Nr. 1 EStG nur erfasst, wenn sie nach ihrer Art Ausfluss einer bestimmten Einkunftsquelle sind. Soweit mit ihnen Vermögensübergaben oder auch vorherige Beitragszahlungen einhergehen, kann sich die Besteuerung nur auf den Ertrags- bzw. Zinsanteil, der in den wiederkehrenden Bezügen enthalten ist, beziehen.

32–35 (*Einstweilen frei*)

---

[1] Im Einzelnen vgl. BMF v. 11. 3. 2010, BStBl 2010 I 227.
[2] BStBl 2010 I 227 sowie KKB/Wilhelm, § 10 EStG Rz. 149 ff.

2. Wiederkehrende Bezüge nach § 22 Nr. 1 Satz 1 und Satz 2 EStG

a) Begriff

Im Gesetz selbst ist nicht definiert, was unter wiederkehrenden Bezügen zu verstehen ist. Bei den bezogenen Leistungen muss es sich um Güter in Geld oder Geldeswert (vgl. KKB/Wünnemann, § 8 EStG Rz. 17) handeln, die wiederkehrend, also nicht nur einmalig, gewährt werden. Vorauszusetzen ist ein mehrfacher (mindestens zweifacher) Leistungsbezug. Ausschlaggebend ist hierbei die ursprüngliche Planung. Wenn also eine mehrfache Leistungsgewährung geplant war, ist es für die Beurteilung als wiederkehrende Leistung nicht schädlich, wenn der Leistungsbezug aufgrund besonderer Umstände (z. B. Tod des Berechtigten) nach der ersten Leistungsgewährung endet.

Leistungen müssen mit einer gewissen **Regelmäßigkeit** erbracht werden. Eine Gleichmäßigkeit in der Wiederkehr wird aber (anders bei Leibrenten s. → Rz. 58) nicht verlangt.

Die sich wiederholenden Leistungen müssen auf einem **einheitlichen Entschluss** oder Rechtsgrund beruhen. Das kann ein Vertrag oder ein einheitlicher Entschluss des Gebers wie auch eine gesetzliche Grundlage sein. Eine Mindestlaufzeit der Leistungsgewährung ist nicht erforderlich.

Allein die wiederkehrende äußere Form der Bezüge führt jedoch nicht zur Steuerpflicht. Es bedarf an dieser Stelle einer teleologischen Einschränkung des Tatbestandes.[1] Die wiederkehrenden Bezüge dürfen sich nicht als reine Vermögensumschichtung oder Kapitalrückzahlung darstellen (s. auch unter → Rz. 24). Umschichtungen des privaten Vermögens sind grundsätzlich nicht steuerbar. Wiederkehrende Zahlungen sind deshalb keine wiederkehrenden Bezüge, wenn und soweit sie sich als Kaufpreisraten darstellen und die Summe der einzelnen Leistungen die Gegenleistung nicht übersteigt.[2]

> **BEISPIEL:** S veräußert sein Auto für 30 000 € an K. Da K nicht liquide ist, gestattet ihm der S, den Kaufpreis in 10 Raten à 3 000 € abzuleisten.
>
> Hier liegen keine wiederkehrenden Bezüge vor.
>
> Im Bereich der Veräußerungsleistungen ist die Abgrenzung von Ratenzahlungen folglich entscheidend. Reine Vermögensumschichtungen, also Fälle, in denen die feststehende Gegenleistung für die Übertragung eines Vermögensgegenstandes in Teilzahlungen gewährt wird, unterfallen nicht dem Besteuerungsregime des § 22 EStG. Eine Kaufpreisrente ist etwas anderes als eine Kaufpreisrate!

Tatbestandlich gleichermaßen auszuscheiden sind auch Leistungen, die sich lediglich im privaten, nicht steuerbaren Vermögensbereich abspielen. Deshalb unterliegen Schadensersatzrenten, obwohl sie nach ihrer äußeren Form wiederkehrende Bezüge sind, nur dann der Steuer, wenn sie als Ersatz für andere steuerbare Einkünfte gewährt werden.[3] Folgerichtig fallen auch Mehrbedarfsrenten und Schmerzensgeldrenten nicht unter die Vorschrift.[4]

Gleiches gilt für Geldrenten wegen Unterhaltsverlust (§ 844 BGB) und Ersatzansprüche wegen entgangener Dienste nach § 845 BGB. Auch hier handelt es sich nicht um Ersatz für entgange-

---

[1] Vgl. BFH v. 15.7.2014 - X R 41/12, NWB DokID: YAAAE-77327, m. w. N.
[2] BFH v. 12.10.1982 - VIII R 72/79, BStBl 1983 II 128 und BFH v. 20.11.2012 - VIII R 57/10, BStBl 2014 II 56.
[3] BFH v. 26.11.2008 - X R 31/07, BStBl 2009 II 651; BFH v. 9.2.2010 - VIII R 43/06, BStBl 2010 II 818.
[4] BFH v. 25.10.1994 - VIII R 79/91, BStBl 1995 II 121.

ne oder entgehende Einnahmen; die wirtschaftliche Leistungsfähigkeit des Empfängers wird in diesen Fällen nicht erhöht.[1]

41 Auch Abfindungen, die für einen Erb- und Pflichtteilsverzicht in Form wiederkehrender Zahlungen geleistet werden, sind beim Empfänger grundsätzlich nicht als wiederkehrende Bezüge steuerbar.[2]

42–44 *(Einstweilen frei)*

b) Tatbestandsvoraussetzungen

45 Nach Satz 2 sind die Bezüge **nicht** dem Empfänger **zuzurechnen**, wenn sie freiwillig, aufgrund einer freiwillig begründeten Rechtspflicht oder gesetzlicher Unterhaltspflicht gewährt werden. In diesen Fällen besteht beim Empfänger also grundsätzlich keine Steuerpflicht. Freiwillig wird etwas gewährt, wenn kein Rechtsanspruch darauf besteht. Die gesetzlichen Unterhaltspflichten ergeben sich aus dem Zivilrecht. Diese Einschränkung ist im Kontext der § 12 Nr. 1 und 2 KStG und § 10 Nr. 1 KStG zu sehen. Leistungen aufgrund freiwillig begründeter Rechtspflicht oder gegenüber einer unterhaltsberechtigten Person gehören grundsätzlich zu den nicht abziehbaren Ausgaben. Die Beträge unterlagen also auf der Ebene des Leistenden bereits der Besteuerung, eine Steuerpflicht auf Ebene des Empfängers würde zu einer doppelten steuerlichen Belastung führen.

> **BEISPIEL:** Der Steuerpflichtige S verpflichtet sich gegenüber seinem guten Freund F, diesem eine lebenslange Rente zu zahlen. Da der S diese Verpflichtung gegenüber F freiwillig und ohne Rechtsgrund eingegangen ist, bleiben die Rentenbezüge bei F steuerlich außer Ansatz. (Der S kann diese ebenso wenig steuerlich zum Abzug bringen.)

Nach den vorgenannten Grundsätzen sind Bezüge vom Empfänger hingegen zu versteuern, wenn sie der Leistende als Betriebsausgaben oder Werbungskosten abziehen kann (R 22.1 EStR) und für die Bezüge kein Steuerbefreiungstatbestand nach § 3 EStG greift.

46 Im zweiten Halbsatz von Satz 2 werden **Rückausnahmen** bestimmt, bei denen die wiederkehrenden Bezüge trotz freiwillig eingegangener Leistungsverpflichtung des Zahlenden dem Empfänger zuzurechnen sind und damit eine Steuerpflicht besteht. Zum einen handelt es sich um den Fall, dass Bezüge von einer Körperschaft, Personenvereinigung oder Vermögensmasse außerhalb der Erfüllung steuerbegünstigter Zwecke i. S. d. §§ 52 bis 54 AO geleistet werden (Buchst. a).

47 Ein klassischer Anwendungsbereich sind sog. **Destinatärszahlungen**, also Leistungen einer Stiftung an den Stifter oder dessen Familienangehörige. Für Leistungen von nicht körperschaftsteuerbefreiten Körperschaften, Personenvereinigungen oder Vermögensmassen gilt nach § 3 Nr. 40 Satz 1 Buchst. i EStG das Teileinkünfteverfahren. Wegen seiner Subsidiarität zu den anderen Einkunftsarten (s. → Rz. 16) wird § 22 Nr. 1 EStG für bestimmte Leistungen nicht steuerbefreiter Körperschaftsteuersubjekte i. S. v. § 1 Abs. 1 Nr. 3 bis 5 KStG von § 20 Abs. 1 Nr. 9 EStG (i. V. m. dem Teileinkünfteverfahren, § 3 Nr. 40 Satz 1 Buchst. d EStG) verdrängt. Zur Abgrenzung von § 20 Abs. 1 Nr. 9 EStG und § 22 Nr. 1 EStG siehe BFH I R 98/09.[3] Zur Anwendung des

---

[1] Vgl. BMF v. 15. 7. 2009, BStBl 2009 I 836.
[2] BFH v. 9. 2. 2010 - VIII R 43/06, BStBl 2010 II 818; BFH v. 20. 10. 1999 - X R 132/95, BStBl 2000 II 82.
[3] BFH v. 3. 11. 2010 - I R 98/09, BStBl 2011 II 417.

§ 20 Abs. 1 Nr. 9 EStG bei der Auskehrung von (nicht steuerbefreiten) Stiftungen siehe BMF v. 27. 6. 2006.[1]

Eine weitere Konstellation, welche eine Zurechnung der Bezüge beim Empfänger mit sich bringt, betrifft Bezüge von Stiftungen, die an die Stelle von Familienfideikommissen getreten sind (vgl. § 22 Nr. 1 Satz 2 Buchst. b EStG). Da bei der Veranlagung einer solchen Stiftung zur Körperschaftsteuer die Einkünfte außer Ansatz bleiben, die an die nach der Stiftungssatzung bezugsberechtigten, unbeschränkt einkommensteuerpflichtigen Familienmitglieder verteilt werden, droht kein Fall der Doppelbelastung. Die praktische Bedeutung dieses Sachverhalts dürfte sich in Grenzen halten.

48

c) Steuerliche Behandlung

Grundsätzlich sind die Einkünfte i. S. d. § 22 Nr. 1 Satz 1 und 2 EStG in voller Höhe zu versteuern. Die Anwendung des Teileinkünfteverfahrens bei steuerpflichtigen Körperschaften etc. gewährleistet eine sachgerechte steuerliche Gesamtbelastung.

49

§ 22 Nr. 1 Satz 1 2. Halbsatz EStG bestimmt die sinngemäße Geltung des § 15b EStG (Verlustverrechnungsbeschränkung). Damit wurde den in der Vergangenheit vielfach angebotenen Steuerstundungsmodellen (z. B. fremdfinanzierte Rentenversicherungsverträge gegen Einmalbetrag) die Grundlage entzogen. Im Rahmen modellhafter Gestaltungen ist ein Ausgleich von Verlusten mit positiven Einkünften oder aber ein anderweitiger Verlustabzug nach § 10d EStG nicht möglich. Es darf in den Folgejahren nur eine Verrechnung mit Einkünften aus derselben Einkunftsquelle erfolgen.

50

(*Einstweilen frei*)

51–56

3. Leibrenten und andere Leistungen (§ 22 Nr. 1 Satz 3 Buchst. a EStG)

Obwohl Renteneinkünfte aus gesetzlichen oder privaten Rentenversicherungen in der Praxis unzweifelhaft den Hauptanwendungsfall der Nr. 1 darstellen, handelt es sich nur um einen Unterfall der von Nr. 1 erfassten Einkünfte aus wiederkehrenden Bezügen. Gleichwohl haben sie der Vorschrift ihr Gepräge verliehen.

57

Die Fassung des § 22 Nr. 1 Satz 3 Buchst. a EStG im heutigen Format ist Resultat der Entscheidung des BVerfG v. 6. 3. 2002,[2] mit welcher das Gericht die Verfassungswidrigkeit der unterschiedlichen Besteuerung von Renten aus der gesetzlichen Rentenversicherung und Pensionen feststellte und einen Auftrag zur Neuregelung an den Gesetzgeber formulierte.

Diese vom höchsten Gericht postulierte Reform der Rentenbesteuerung vollzog der Gesetzgeber daraufhin mit dem Alterseinkünftegesetz (vgl. → Rz. 7) durch eine grundlegende Systemumstellung. Auch die Altersbezüge aus der gesetzlichen Rentenversicherung werden in die **sog. nachgelagerte Besteuerung** überführt. Dieser methodische Schwenk erfolgt im Wege einer langfristigen Übergangsregelung, durch welche eine Zweifachbesteuerung vermieden werden soll.

---

1 Vgl. BMF v. 27. 6. 2006, BStBl 2006 I 417.
2 BVerfG v. 6. 3. 2002 - 2 BvL 17/99, BStBl 2002 II 618.

Zentraler Leitgedanke des Alterseinkünftegesetzes ist die Einführung des sog. Dreischichtenmodells der Rürup-Kommission.[1]

Für jede der drei Schichten gelten eigene Regelungen der steuerlichen Förderung von Beiträgen und der Besteuerung der Erträge. Damit geht die Erwartungshaltung des Gesetzgebers einher, dass Steuerpflichtige für ihre Altersvorsorge mehrere Vorsorgebausteine kombinieren. Langfristig soll damit das Gesamtversorgungsniveau verbessert, mindestens aber gehalten werden.

Die **erste Schicht** bildet die sog. **Basisversorgung**. Hierunter fallen Versicherungsformen, deren Ansprüche nicht vererblich, nicht beleihbar, nicht veräußerbar, nicht übertragbar und nicht kapitalisierbar sind. Diese Kriterien wurden stark denen der Leistungen aus der gesetzlichen Rentenversicherung nachgebildet, welche selbst ebenfalls zur ersten Schicht gehört. Weitere Versorgungsformen der ersten Schicht sind die Leistungen der berufsständischen Versorgungseinrichtungen, der Beamtenversorgung und der sog. Rürup-Rentenversicherungen. Beitragsaufwendungen für Versorgungsansprüche der ersten Schicht können steuermindernd geltend gemacht werden. Damit korrespondiert in der Leistungsbezugsphase eine vollständige nachgelagerte Besteuerung. Zur Vermeidung einer Zweifachbesteuerung wird die Systemumstellung durch eine langfristige Übergangsregelung (bis 2039) flankiert, an deren Ende die vollständige steuerliche Gleichbehandlung von Renten und Pensionen stehen soll.

Unter die **zweite Schicht** subsumiert der Gesetzgeber **zusätzliche Versorgungsformen**, die ähnliche Kriterien aufweisen, sich aber etwas flexibler im Leistungsbezug darstellen. Hierzu gehören bestimmte Formen der betrieblichen Altersvorsorge (Pensionsfonds, Pensionskassen, Direktversicherung) und die sog. Riester-Renten. Der diesbezügliche Beitragsaufwand wird steuerfrei gestellt oder ist als Sonderausgabe abzugsfähig. Für Riester-Verträge ist eine Zulagenförderung vorgesehen. Leistungen hieraus sind voll steuerpflichtig, soweit sie entsprechend steuerlich gefördert wurden. Einzelheiten hierzu siehe bei § 22 Nr. 5 EStG → Rz. 221 ff.

Zur **dritten Schicht** gehören alle **sonstigen Versicherungsformen** oder Produkte. Ihnen ist gemeinsam, dass sie die Voraussetzungen der ersten oder zweiten Schicht nicht erfüllen, dafür in Laufzeit und Leistungsbezug aber sehr flexibel sind. In der Regel haben diese Produkte Kapitalanlagecharakter. Hierzu zählen u. a. Lebensversicherungen oder Bank- und Investmentsparpläne. Für Vorsorgeprodukte der dritten Schicht hat der Gesetzgeber keine steuerliche Förderung vorgesehen. Der Beitragsaufwand muss aus dem Nettoeinkommen bestritten werden. Dafür werden Rentenzahlungen hieraus auch nur mit dem Ertragsanteil besteuert.

---

[1] Vgl. Abschlussbericht der Sachverständigenkommission zur Neuordnung der steuerrechtlichen Behandlung von Altersvorsorgeaufwendungen und Altersbezügen v. 11. 3. 2003.

| ABB. | Die verschiedenen Schichten der Altersversorgung |

```
                    3. Schicht
                     sonstige
                 Versicherungsformen -
                § 22 Nr. 1 Satz 3 Buchst. a
                  Doppelbuchst. bb EStG

                       2. Schicht
            Riesterprodukte und externe betriebliche
              Altersversorgung - § 22 Nr. 5 EStG

                         1. Schicht
      Basisversorgung - sämtliche Leistungen aus der gesetzlichen
   Rentenversicherung, berufsständischen Versorgungseinrichtungen,
      Beamtenversorgung und Rürup-Versicherungsprodukte -
           § 22 Nr. 1 Satz 3 Buchst. a Doppelbuchst. aa EStG
```

a) Begriffe[1]

Bei der **Leibrente** handelt es sich um einen Unterfall der wiederkehrenden Bezüge, für die Satz 3 spezielle Rechtsfolgen vorsieht. — 58

Der Terminus der Leibrente deckt sich nicht mit dem des bürgerlichen Rechts (§ 759 BGB). Der steuerliche Begriff setzt neben Einnahmen in Geld oder Geldeswert (vgl. KKB/Wünnemann, § 8 EStG Rz. 17) voraus, dass diese regelmäßig und in gleichbleibender Höhe gezahlt werden. Eine regelmäßige Wiederkehr bedeutet eine Wiederholung in bestimmten zeitlichen Abständen (z. B. jährlich oder monatlich).

Überdies müssen die Leistungen **gleichmäßig** sein. Eine solche Gleichmäßigkeit ist nicht gewährleistet, wenn die Leistungen von schwankenden Größen (Umsatz, Gewinn oder Bedürftigkeit des Berechtigten) abhängig gemacht werden (H 22.3 EStH). Die Vereinbarung von Wertsicherungsklauseln hindert nicht die Gleichmäßigkeit. Auch ein Anteil an einer Überschussbeteiligung (Bonusrente) kann einheitlich mit einer garantierten Grundrente zu beurteilen sein.[2] — 59

Prägendstes Merkmal der Leibrente ist die Abhängigkeit von der **Lebensdauer eines Menschen**. Das muss nicht zwingend der Rentenberechtigte sein, auch eine andere Person oder aber mehrere Personen können in Bezug genommen werden. — 60

Hinsichtlich der Laufzeit sind bei Leibrenten auch Modalitäten möglich, die von der klassischen Ausgestaltung (Laufzeit unter Bezugnahme auf die Lebensdauer eines Menschen) abweichen. — 61

▶ Als **abgekürzte Leibrente** wird eine Leibrente bezeichnet, deren Laufzeit zwar grundsätzlich an die Lebensdauer der Bezugsperson gebunden ist, die jedoch in ihrer Höchstlaufdauer auf eine bestimmte Zeit beschränkt ist. In Abgrenzung zu Zeitrenten muss die abgekürzte Leibrente als Höchstdauer regelmäßig einen Zeitraum von mindestens zehn — 62

---

1 Siehe hierzu auch *Meyering*, NWB 2008, 675.
2 BFH v. 20. 6. 2006 - X R 3/06, BStBl 2006 II 870.

Jahren umfassen (Ausnahme bei Erwerbsunfähigkeitsrenten) – H 22.4 EStH. Sofern es sich nicht um eine Leistung aus der Basisversorgung handelt (dann Besteuerungsanteil entsprechend § 22 Nr. 1 Satz 3 Buchst. a Doppelbuchst. aa EStG), richtet sich die Besteuerung nach der Tabelle in § 55 Abs. 2 EStDV (es wird der niedrigere Prozentsatz aus den Tabellen zu Satz 3 Buchst. a Doppelbuchst. bb und § 55 Abs. 2 EStDV zugrunde gelegt).

BEISPIEL: Im Rahmen eines Grundstücksverkaufs erhält der S als Gegenleistung für sein Grundstück eine Leibrente, die jedoch längstens für einen Zeitraum von 12 Jahren zu zahlen sein soll. Im Zeitpunkt des Rentenbeginns hat S das 64. Lebensjahr vollendet.

LÖSUNG: Der Ertragsanteil nach § 22 Nr. 1 Satz 3 Buchst. a Doppelbuchst. bb EStG beträgt 19 %, nach § 55 Abs. 2 EStDV beläuft sich dieser auf 14 %. Maßgeblich ist für S der niedrigere Ertragsanteil, also 14 %.

63 ▶ Bei **verlängerten Leibrenten (Mindestzeitrenten)** handelt es sich um den umgekehrten Fall. Als verlängerte Leibrente ist eine Leibrente anzusehen, die grundsätzlich mit ihrer Laufzeit an die Lebensdauer der Bezugsperson gebunden ist, aber mindestens eine bestimmte Zeit läuft. Stirbt die Bezugsperson vor Ablauf dieser Mindestlaufzeit, ist die Leibrente bis zum Ende der Mindestlaufzeit an die Erben zu leisten.
Bleibt die Mindestlaufzeit hinter der mittleren Lebenserwartung der Bezugsperson zurück, richtet sich die Besteuerung nach § 22 Nr. 1 Satz 3 Buchst. a EStG (entweder Besteuerungs- oder Ertragsanteil). Ist die Mindestlaufzeit der Rente hingegen länger als die mittlere Lebenserwartung der versicherten Person, erfolgt eine Versteuerung nach den Grundsätzen einer Zeitrente, weil hier letztendlich die Lebenserwartung der versicherten Person für die Laufzeit der Rente keine wesentliche Rolle spielt und die laufenden Zahlungen mehr von den begrifflichen Merkmalen einer (Kaufpreis-)Rate geprägt werden.[1]

64 ▶ Wird eine Rente ohne Anknüpfung an die Lebenszeit einer Bezugsperson für eine bestimmte Laufzeit gezahlt, liegt keine Leibrente sondern eine **Zeitrente** vor. Es handelt sich hier letztendlich um die zeitlich gestreckte Auszahlung von Vermögensleistungen. Unentgeltliche Zeitrenten sind **unter den weiteren Voraussetzungen** der Nr. 1 (vgl. → Rz. 45 f.) voll steuerpflichtig. Bei Zeitrenten im Rahmen einer Veräußerung oder aber als Bezug aus einer Lebensversicherung oder Rentenversicherung mit Kapitalwahlrecht besteht die Steuerpflicht nur in Höhe des Zinsanteils und gehört zu den Einkünften aus Kapitalvermögen (vgl. BMF v. 1. 10. 2009).[2]

---

[1] BFH v. 19. 8. 2008 - IX R 56/07, BStBl 2010 II 24.
[2] BMF v. 1. 10. 2009, BStBl 2009 I 1172, Rz. 20.

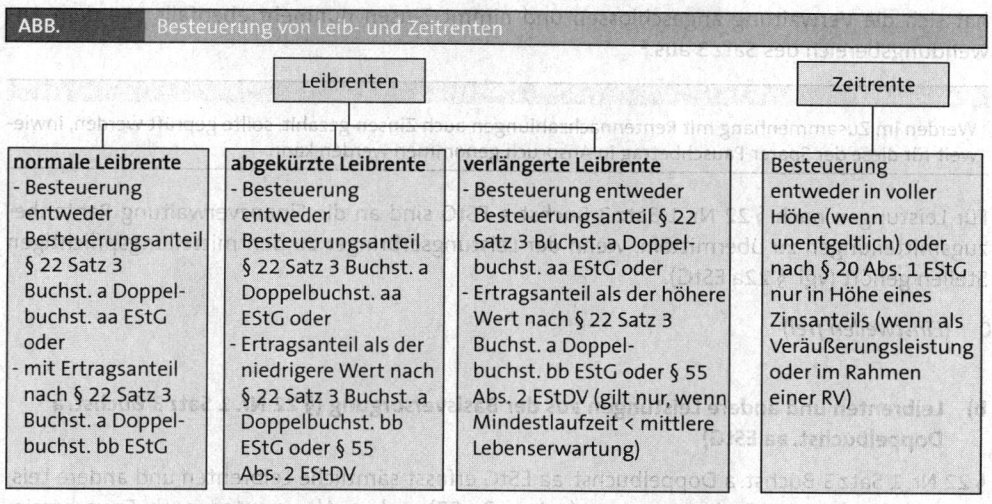

Für wiederkehrende Versorgungsleistungen im Zusammenhang mit einer Vermögensübertragung i. S. v. § 10 Abs. 1a Nr. 2 EStG ist die Besteuerung nach § 22 Nr. 1a EStG vorrangig – vgl. hierzu auch → Rz. 29. (Für wiederkehrende Versorgungsleistungen, auch in Form von Mindestzeitrenten, abgekürzten oder verlängerten Leibrenten oder dauernden Lasten, siehe BMF v. 11. 3. 2010.[1]) 65

Über Satz 3 Buchst. a werden neben Leibrenten auch ‚andere Leistungen' als wiederkehrende Bezüge definiert. Dadurch sollen sämtliche Leistungen aus den betreffenden Vorsorgesystemen erfasst werden. Neben wiederkehrenden Leistungen werden damit letztendlich auch einmalige Bezüge wie Sterbegeld, einmalige Kapitalauszahlungen und Kleinstrentenabfindungen in die Vorschrift einbezogen.[2] 66

§ 22 Nr. 1 Satz 3 Buchst. a EStG ist so auszulegen, dass eine Besteuerung als „andere Leistung" nicht zugleich das Vorliegen wiederkehrender Bezüge i. S. d. § 22 Nr. 1 Satz 1 EStG erfordert. Obwohl sich die Einbeziehung von einmaligen Leistungen in den Tatbestand der wiederkehrenden Bezüge begrifflich als nicht optimal und redaktionell nachbesserungsbedürftig darstellt, ist das Vorgehen im Hinblick auf das Besteuerungskonzept systemgerecht. Der BFH[3] hat diese Auslegung auch bestätigt, weil dies den in der Norm zum Ausdruck kommenden objektivierten Willen des Gesetzgebers widerspiegelt. 67

Bislang wurden durch die Verwaltung (BMF v. 19. 8. 2013, Rz. 196 i. d. F. bis 3. 7. 2016) auch Zinsen unter die „anderen Leistungen" subsumiert, obwohl der Anwendungsbereich des § 22 Nr. 1 EStG de lege lata subsidiär zu den anderen Einkunftsarten des § 2 Abs. 1 Nr. 1 bis 6 EStG ist. Auch der BFH[4] hat sich diesbezüglich gegen die Verwaltung positioniert und eine Steuerpflicht von im Zusammenhang mit Rentennachzahlungen gezahlten Zinsen nach § 20 Abs. 1 Nr. 7 EStG judiziert, die Anwendbarkeit von § 22 Nr. 1 Satz 3 EStG hingegen abgelehnt. Dem Urteil 68

---

1 BMF v. 11. 3. 2010, BStBl 2010 I 227, Rz. 56.
2 Vgl. BMF v. 19. 8. 2013, BStBl 2013 I 1087, Rz. 195.
3 BFH v. 23. 10. 2013 - X R 3/12, BStBl 2014 II 58.
4 BFH v. 9. 6. 2015 - VIII R 18/12, BStBl 2016 II 523.

hat sich die Verwaltung angeschlossen und nimmt Zinsen nunmehr ebenfalls aus dem Anwendungsbereich des Satz 3 aus.[1]

PRAXISHINWEIS:
Werden im Zusammenhang mit Rentennachzahlungen auch Zinsen gezahlt, sollte geprüft werden, inwieweit für diese der Sparer-Pauschbetrag in Anspruch genommen werden kann.

Für Leistungen nach § 22 Nr. 1 Satz 3 Buchst. a EStG sind an die Finanzverwaltung Rentenbezugsmitteilungen zu übermitteln, wenn der Leistungserbringer zu den mitteilungspflichtigen Stellen gehört (vgl. § 22a EStG).

69–70 *(Einstweilen frei)*

b) Leibrenten und andere Leistungen aus der Basisversorgung (§ 22 Nr. 1 Satz 3 Buchst. a Doppelbuchst. aa EStG)

71 § 22 Nr. 1 Satz 3 Buchst. a Doppelbuchst. aa EStG erfasst sämtliche Leibrenten und andere Leistungen aus der sog. **Basisversorgung** (vgl. → Rz. 57), neben Altersrenten auch Erwerbsminderungs- oder Hinterbliebenenrenten und einmalige Zahlungen[2] wie Sterbegeld und die Abfindung von Kleinstbetragsrenten.

Auch Kinderzuschüsse berufsständischer Versorgungseinrichtungen fallen unter Satz 3 Buchst. a Doppelbuchst. aa – BFH vom 31. 8. 2011 - X R 11/10[3] – s. auch → Rz. 13.

Das Prinzip der nachgelagerten Besteuerung soll ab dem Jahr 2005 uneingeschränkt für die Leistungen der Basisversorgung gelten. Erfasst werden hierbei alle ab dem Jahr 2005 gezahlten Bezüge, selbst wenn diese für frühere Jahre geleistet werden (Nachzahlungen). Allein maßgeblich ist der Zahlungszeitpunkt. Für bestimmte Bezüge existieren Steuerbefreiungsnormen (vgl. z. B. § 3 Nr. 1, 3, 6, 8, 14, 67 EStG).

Kommt es im Rahmen der Basisversorgung zu einer Beitragsrückerstattung (z. B. weil eine Versicherungspflicht überhaupt nicht besteht oder die allgemeine Wartezeit zur Begründung eines Rentenanspruchs nicht erreicht wird), bleibt diese unter bestimmten Voraussetzungen (§ 3 Nr. 3 Buchst. b, c EStG) steuerfrei, soweit ausschließlich die vom Steuerpflichtigen geleisteten Pflichtbeiträge erstattet werden. Geht die Erstattung darüber hinaus, handelt es sich insgesamt um eine steuerpflichtige Leistung nach § 22 Nr. 1 Satz 3 Buchst. a Doppelbuchst. aa EStG.[4] An dieser Stelle ist das Zusammenspiel von § 3 EStG und § 22 EStG nicht wirklich stimmig. Denn die Steuerbefreiung kann nur bedeuten, dass der ursprünglich gewährte Sonderausgabenabzug ebenfalls erhalten bleibt.[5] Es erscheint aber zumindest erläuterungsbedürftig, warum in den von § 3 Nr. 3b und c EStG erfassten Fällen die Erstattung der geleisteten Beiträge entsprechend begünstigt wird, während ansonsten bei der Rückerstattung von Sonderausgaben der Sonderausgabenabzug (i. d. R. im Erstattungsjahr) korrigiert und die steuerliche Auswirkung damit insgesamt neutralisiert wird.

---

1 Die Rz. 196 wurde geändert durch BMF v. 4. 7. 2016, BStBl 2016 I 645.
2 Siehe aber BFH v.12.12.2017 - X R 39/15 (für zur Basisversorgung hinzutretende Kapitalversorgung), DStR 2018, 1551 = NWB DokID: SAAAG-88858.
3 BStBl 2012 II 312.
4 BMF v. 19. 8. 2013, BStBl 2013 I 1087, Rz. 205; siehe hierzu auch BFH v. 10.10.2017 - X R 3/17, BFHE 260, 69.
5 Zum Entstehen der Regelung und ihrem Inhalt siehe *Myßen/Ohletz*, NWB 2007, 3593.

Auch Leistungen ausländischer Versorgungssysteme können unter § 22 Nr. 1 Satz 3 Buchst. a Doppelbuchst. aa EStG fallen, wenn Deutschland das Besteuerungsrecht nach den einschlägigen DBA zusteht (s. hierzu ab → Rz. 113). 72

aa) Arten

Zur sog. Basisversorgung rechnen die Leistungen der **gesetzlichen Rentenversicherungen, landwirtschaftlichen Alterskassen, berufsständischen Versorgungseinrichtungen sowie Rentenversicherungen i. S. d. § 10 Abs. 1 Nr. 2b EStG** zur Alterssicherung und Absicherung der Erwerbsminderung (sog. Rürup- oder Basis-Rente). 73

Über § 10 Abs. 1 Nr. 2b EStG wird der Aufbau einer eigenen kapitalgedeckten Altersversorgung gefördert, wenn die Auszahlung als monatliche lebenslange Rente nicht vor Vollendung des 60. bzw. 62. Lebensjahrs erfolgt. Ansprüche dürfen nicht vererblich, nicht übertragbar, nicht beleihbar, nicht kapitalisierbar und nicht veräußerbar sein – im Einzelnen s. KKB/Wilhelm, § 10 EStG Rz. 49 ff. Ebenfalls begünstigt ist eine ergänzende Absicherung für den Fall der Berufsunfähigkeit oder verminderten Erwerbsfähigkeit – KKB/Wilhelm, § 10 EStG Rz. 50. 74

Die Verträge sind ab VZ 2010 zu zertifizieren (vgl. AltZertG). Zur Umwandlung nicht begünstigter und begünstigter Verträge siehe BMF v. 19. 8. 2013.[1] 75

bb) Steuerliche Behandlung

Die Besteuerung der Basisversorgung beruht auf dem Konzept der nachgelagerten Besteuerung. Grundsatz der Neuregelung ist, dass Aufwendungen steuerwirksam geltend gemacht und Einnahmen in voller Höhe (nachgelagert) besteuert werden (zum Sonderfall der Öffnungsklausel s. → Rz. 94). Zur Systemumstellung wurde ein langer Übergangszeitraum bis 2039 festgelegt. Erst ab dem Jahr 2040 kommt es für Neurentner zur uneingeschränkten Anwendung des neuen Besteuerungskonzepts. 76

§ 22 Nr. 1 Satz 3 Buchst. a Doppelbuchst. aa Satz 2 bis 8 EStG dient dem Übergangszeitraum: 77

Als **Bemessungsgrundlage** für den der Besteuerung unterliegenden Anteil bestimmt das Gesetz den Jahresbetrag der Rente. Das ist die Summe aller Leistungen im Kalenderjahr, inkl. anderer (nur einmaliger) Leistungen.[2]

Besteuerungskohorte: Für Renteneintrittsjahrgänge bis 2039 wird der der Besteuerung unterliegende Anteil nach einem bestimmten Prozentsatz ermittelt (sog. **Kohortenbesteuerung**). Für Renteneintrittsjahrgänge bis einschließlich 2005 beträgt dieser 50 %. Danach erhöht sich der Anteil jährlich um 2 % bzw. 1 % (vgl. Tabelle in § 22 Nr. 1 Satz 3 Buchst. a Doppelbuchst. aa EStG). Erst ab dem Jahr 2040 gilt für Neurentner ein Besteuerungsanteil von 100 % (Vollbesteuerung).

Der für den Besteuerungsanteil maßgebliche Prozentsatz richtet sich nach dem Jahr des Leistungsbeginns. Abgestellt wird hierbei auf die Bewilligung der Leistung, nicht die tatsächliche Auszahlung. Wenn eine Leistung grundsätzlich bewilligt ist, aber wegen Anrechnung eigener Bezüge eine Kürzung auf Null erfolgt und sich deshalb kein zu zahlender Leistungsbetrag ergibt, beeinflusst dies nicht das für die Berechnung des Besteuerungsanteils maßgebliche Jahr des Leistungsbeginns und damit den Prozentsatz der einschlägigen Kohorte.

---

1 BStBl 2013 I 1087, Rz. 208 ff.
2 BMF 19. 8. 2013, BStBl 2013 I 1087, Rz. 218.

Wird umgekehrt eine Rentenleistung nachträglich für einen Zeitraum bewilligt, in dem der Steuerpflichtige andere Sozialleistungen (z. B. Krankengeld) bezogen hat und ist der Rententräger dem Sozialleistungsträger erstattungspflichtig, weil mit Bewilligung der Rente der Anspruch auf die Sozialleistung entfallen ist, gilt die Rente bereits im Zeitpunkt des Zuflusses der Sozialleistung als bezogen. Die Rentenleistung unterliegt damit im Jahr des ursprünglichen Sozialleistungsbezugs mit dem entsprechenden Besteuerungsanteil der Steuerpflicht.[1]

Auch bei einer Erhöhung oder Herabsetzung der Rente bleibt der ursprüngliche steuerrelevante Prozentsatz erhalten (erforderlich ist ggf. eine Neuberechnung des steuerfreien Teils, s. → Rz. 83).

Gleiches gilt für das Wiederaufleben einer Rente. Bei dieser liegt ebenfalls keine neue Rente vor, so dass der Prozentsatz des ersten Rentenbezugs weiter maßgeblich bleibt.

PRAXISHINWEIS:
Deswegen sollten Rentenansprüche, bei denen die Besteuerung nach Satz 3 Buchst. a Doppelbuchst. aa erfolgt, so früh wie möglich geltend gemacht werden, auch wenn von vornherein feststeht, dass zunächst noch wegen der Anrechnung eigener Einkünfte und Bezüge faktisch keine Rentenleistung zur Auszahlung kommt. Fallen später die eigenen Einkünfte/Bezüge weg und kommt es dann zu einer tatsächlichen Zahlung eines Rentenbetrags, profitiert der Rentner von der günstigeren (früheren) Besteuerungskohorte.

Beim Zufluss einer anderen Leistung vor Leibrentenbeginn bestimmt sich der Prozentsatz für die Besteuerung dieser anderen Leistung nach dem Jahr ihres Zuflusses, andernfalls nach dem Jahr des Beginns der Leibrente.[2]

Wird nach einem Teilrentenbezug eine Vollrente gewährt, richtet sich der Besteuerungsanteil der Vollrente grundsätzlich nach dem Rentenbezug der Teilrente. Beträgt die Teilrente jedoch weniger als 30 % der nachfolgenden Vollrente, ist in der Vereinbarung der Teilrente ein Missbrauch rechtlicher Gestaltungsmöglichkeiten zu sehen und für die spätere Vollrente der dann geltende Besteuerungsanteil zu Grunde zu legen.[3]

78 Für (ab 2005) nachfolgende Renten gilt Satz 8. Der Prozentsatz für die nachfolgende Rente ergibt sich bei (monatsgenauer) Subtraktion der Laufzeit der vorherigen Rente vom Rentenbeginn der Folgerente. Auch hier bleibt der Prozentsatz immer bei mindestens bei 50 %. Der steuerfreie Teil der nachfolgenden Rente wird jedoch neu und eigenständig ermittelt. Im Einzelnen siehe BMF v. 19. 8. 2013.[4]

79 **Steuerfreier Teil:** Die gesetzliche Systematik sieht während des Übergangszeitraums vor, dass betragsmäßig ein Teil der Rente als steuerfrei festgeschrieben und dieser jährlich berücksichtigt wird. Die Bezugnahme auf einen betragsmäßig festen steuerfreien Anteil bewirkt, dass Rentenerhöhungen bereits während der Übergangszeit voll in die Besteuerung überführt werden. Damit soll ein weiteres Auseinanderklaffen des Besteuerungssubstrats zwischen Renten und Pensionen vermieden werden.

80 Der steuerfreie Teil ermittelt sich als Unterschiedsbetrag zwischen dem Jahresbetrag der Rente und dem aufgrund des einschlägigen Prozentsatzes ermittelten, der Besteuerung unterliegenden, Anteil (§ 22 Nr. 1 Satz 3 Buchst. a Doppelbuchst. aa Satz 4 EStG).

---

1 BFH v. 9. 12. 2015 - X R 30/14, BStBl 2016 II 624 sowie BFH v. 15. 5. 2018 - X R 18/16, NWB DokID: MAAAG-92297; siehe auch BMF v. 19. 8. 2013, BStBl 2013 I 1087, Rz. 192.
2 BMF 19. 8. 2013, BStBl 2013 I 1087, Rz. 222.
3 *Myßen/Emser*, NWB 2015, 2383.
4 BStBl 2013 I 1087, Rz. 224 ff.

Wegen eines i. d. R. unterjährigen Leistungsbeginns bestimmt § 22 Nr. 1 Satz 3 Buchst. a Doppelbuchst. aa Satz 5 EStG, dass die dauerhafte Festschreibung des steuerfreien Teils erst im Folgejahr des Rentenbeginns erfolgt. Damit wird erreicht, dass der Leistungsbezug eines vollen Kalenderjahres in die Berechnung einfließt. Dies gilt auch dann, wenn die Rente schon im Jahr ihres Beginns für zwölf volle Monate bezogen wurde.[1] 81

Für Bestandsfälle (Rentenbeginn vor 2005) ist das Kalenderjahr 2005 maßgeblich.[2]

BEISPIEL: S bezieht ab dem 1. 8. 2008 eine Regelaltersrente aus der gesetzlichen Rentenversicherung i. H. v. monatlich 1 000 €. Zum 1. 7. 2009 wird diese im Rahmen der regelmäßigen Rentenerhöhung um 20 € auf 1 020 € monatlich angehoben. Zum 1. 7. 2010 erhöht sich die Rente erneut um 20 € monatlich.

S hat im Jahr 2008 5 000 € (5 x 1 000 €) an Rentenleistungen bezogen. Der Besteuerungsanteil beträgt gem. § 22 Nr. 1 Satz 3 Buchst. a Doppelbuchst. aa EStG 56 %. In 2008 hat S also 56 % von 5 000 € abzgl. WK-Pauschbetrag 102 € = 2 698 € zu versteuern.

Im Jahr 2009 wird der steuerfreie Teil der Rente verbindlich festgeschrieben. In 2009 hat S insgesamt 12 120 € (6 x 1 000 € und 6 x 1 020 €) an Rentenleistungen bezogen. Zu versteuern sind von S 6 685,20 € (56 % von 12 120 € abzgl. 102 € WK-Pauschbetrag). Der steuerfreie Teil beläuft sich auf 5 332,80 € und wird für die Zukunft festgeschrieben.

In 2010 sind zu versteuern:

12 360 € (6 x 1 020 € + 6 x 1 040 €) abzgl. des feststehenden steuerfreien Teils i. H. v. 5 332,80 € und des WK-Pauschbetrags i. H. v. 102 € = 6 925,20 €.

Der ermittelte steuerfreie Teil der Rente gilt für die gesamte Zeit des Rentenbezugs. Die Festschreibung hat jedoch keine Grundlagenwirkung, so dass bei einer fehlerhaften Ermittlung unproblematisch eine Korrektur des steuerfreien Teils in den Folgejahren möglich ist. 82

Bei Änderung des Jahresbetrags der Rente hat eine Neuberechnung des steuerfreien Teils zu erfolgen, wobei die Ermittlung des neuen steuerfreien Teils in dem Verhältnis erfolgt, indem sich der Jahresbetrag der Rente geändert hat – zur Berechnung siehe BMF v. 19. 8. 2013.[3] Regelmäßige Anpassungen (jährliche Rentenerhöhungen) sind hierbei keine Rentenänderungen, die zu einer Neuberechnung führen. Schwankende Überschussanteile gehören ebenfalls zu den regelmäßigen Anpassungen des Jahresbetrags der Rente. Bei der seit 1. 7. 2014 gezahlten Mütterrente handelt es sich hingegen um eine Rentenerhöhung, die eine Neuberechnung des steuerfreien Teils der Rente erforderlich macht. 83

(*Einstweilen frei*) 84–88

c) Leibrenten und andere Leistungen aus anderen Quellen (§ 22 Nr. 1 Satz 3 Buchst. a Doppelbuchst. bb EStG)

aa) Arten

Sofern es sich bei den gewährten Leibrenten nicht um Leistungen aus der Basisversorgung (vgl. dazu Doppelbuchst. aa) handelt und in den einzelnen Bezügen Einkünfte aus Erträgen des Rentenrechts enthalten sind, greift die Steuerpflicht nach Doppelbuchst. bb. Hiervon können z. B. Leibrenten einschließlich der Überschussanteile aufgrund eines privaten Versicherungsverhält- 89

---

1 BFH v. 17. 11. 2015 - X R 53/13, BFH/NV 2016, 549 = NWB DokID: HAAAF-67935.
2 BFH v. 26. 11. 2008 - X R 15/07, BStBl 2009 II 710 sowie BMF v. 19. 8. 2013, BStBl 2013 I 1087, Rz. 230.
3 BStBl 2013 I 1087, Rz. 232 ff. sowie FG Düsseldorf v. 22. 6. 2016 - 15 K 1989/13 E, NWB DokID: MAAAF-79282 zur Neuberechnung des steuerfreien Teils der Rente bei Anrechnung von Versorgungsbezügen.

nisses (wenn sie die Voraussetzungen des § 10 Abs. 1 Nr. 2 Satz 1 Buchst. b EStG nicht erfüllen) oder Veräußerungsleibrenten erfasst sein, wie auch Leistungen aus Verträgen nach § 10 Abs. 1 Nr. 3a EStG.

90 Für die private kapitalgedeckte Altersversorgung i. S. d. §§ 10a, 79 ff. EStG (**Riester-Rente**) und die betriebliche Altersversorgung geht allerdings Nr. 5 als Spezialtatbestand vor.

Zeitrenten und verlängerte Leibrenten, deren Rentengarantiezeit über der mittleren Lebenserwartung des Versicherten liegt, unterfallen § 20 Abs. 1 EStG (vgl. → Rz. 63 bis → Rz. 64).

91 Zwar werden auch bei § 22 Nr. 1 Satz 3 Buchst. a Doppelbuchst. bb EStG nach dem Wortlaut „andere Leistungen" erfasst. Als zusätzliche Voraussetzung gilt für § 22 Nr. 1 Satz 3 Buchst. a Doppelbuchst. bb EStG jedoch, das in den Bezügen Einkünfte aus Erträgen des Rentenrechts enthalten sein müssen. Andere Leistungen, in denen keine Erträge des Rentenrechts enthalten sind, sind nach Satz 3 Buchst. a Doppelbuchst. bb nicht steuerbar. Deshalb unterliegen einmalige Leistungen wie z. B. Sterbegeld nicht der Besteuerung.

bb) Steuerliche Behandlung

92 Die Besteuerung der Bezüge erfolgt nur in Höhe des **Ertragsanteils**. Dies ist die Differenz zwischen dem jährlichen Leistungsbetrag der Rente und ihrem, auf die voraussichtliche Laufzeit der Rente verteilten, Kapitalwert. Der einschlägige prozentuale Ertragsanteil kann der im Gesetz enthaltenden Tabelle entnommen werden (§ 22 Nr. 1 Satz 3 Buchst. a Doppelbuchst. bb Satz 4 EStG).

Für Leibrenten, die vor dem 1.1.1955 zu laufen begonnen haben, Renten, deren Dauer von der Lebenszeit mehrerer oder einer anderen Person als des Rentenberechtigten abhängt sowie abgekürzte Leibrenten (vgl. → Rz. 62) findet sich der Ertragsanteil in § 55 EStDV.

93 Rentenerhöhungen sind als selbständige Renten anzusehen, falls auch das Rentenrecht eine zusätzliche Werterhöhung erfährt. Damit ist eine gesonderte Ermittlung des Ertragsanteils verbunden – R 22.4 Abs. 1 EStR (für Herabsetzungen s. R 22.4 Abs. 2 EStR).

Wird eine Versicherungsleistung aus einer Rentenversicherung mit Kapitalwahlrecht **nicht** in Form einer lebenslangen Leibrente erbracht, unterliegt die Versicherungsleistung der Besteuerung nach § 20 Abs. 1 Nr. 6 EStG. Das gilt insbesondere, wenn einmalige Kapitalauszahlungen oder mehrere Teilauszahlungen geleistet werden oder aber die Leistung in Form wiederkehrender Bezüge erbracht wird, welche nicht die Voraussetzungen einer Rente erfüllen. Siehe im Einzelnen und zu weiteren Anwendungsfällen BMF v. 1. 10. 2009.[1]

cc) Öffnungsklausel

94 Zur Vermeidung einer Zweifachbesteuerung wurde in bestimmten Fällen auch für bestimmte Leistungen aus der Basisversorgung (§ 22 Nr. 1 Satz 3 Buchst. a Doppelbuchst. aa EStG) die Anwendung der (günstigen) Ertragsanteilsbesteuerung eröffnet. Voraussetzung der Anwendung der **Öffnungsklausel** ist, dass vom Steuerpflichtigen für Zeiträume vor 2005 über einen Zeitraum von mindestens zehn Jahren Beitragszahlungen oberhalb der Höchstbeiträge zur gesetzlichen Rentenversicherung geleistet wurden. Dabei wird die Beitragsbemessungsgrenze (West) zugrunde gelegt.[2] Ausschlaggebend ist hierbei, für welche Zeiträume oberhalb der Bemes-

---

[1] BMF v. 1.10.2009, BStBl 2009 I 1172, Rz. 19 ff.
[2] Siehe Anlage zu BMF v. 19.8.2013, BStBl 2013 I 1087.

sungsgrenze geleistet wurde, nicht wann die Beitragszahlung erfolgt ist.[1] Sind Beiträge sowohl an die gesetzliche Rentenversicherung wie auch an eine berufsständische Versorgungseinrichtung geleistet worden, sind die Beiträge bis zum jeweiligen Höchstbetrag vorrangig der gesetzlichen Rentenversicherung zuzuordnen.[2] Wenn Beiträge an mehrere Versorgungseinrichtungen geleistet wurden, sind zur Prüfung der Voraussetzungen der Öffnungsklausel alle Beiträge in die Prüfung einzubeziehen.[3]

95 Die Zehnjahresgrenze wurde vom BFH vor allem vor dem Hintergrund der Administrierbarkeit und Praktikabilität dieser Ausnahmevorschrift als verfassungsgemäß angesehen.[4]

96 Eine in diesem Kontext eingelegte Verfassungsbeschwerde wurde vom Bundesverfassungsgericht nicht zur Entscheidung angenommen.[5]

97 Die Anwendung der Öffnungsklausel ist antragsgebunden, erfolgt also nicht von Amts wegen. Die Ertragsanteilsbesteuerung gilt auch nur für die anteilige Leistung, die auf den vorgenannten Beiträgen (oberhalb der Beitragsbemessungsgrenze) beruht. Das Leistungsverhältnis muss dabei durch den Rententräger aufgeschlüsselt und die einzelnen Rentenbestandteile bescheinigt werden.[6] Einmalige Leistungen der Basisversorgung fallen bei Anwendung der Öffnungsklausel aus der Steuerpflicht.[7]

Zur Anwendung im Rahmen des Versorgungsausgleichs siehe BMF v. 19. 8. 2013, → Rz. 258 ff.

98–105 (*Einstweilen frei*)

4. Einkünfte aus Zuschüssen (§ 22 Nr. 1 Satz 3 Buchst. b EStG)

106 Über § 22 Satz 3 Buchst. b EStG wird klargestellt, dass sich der Anwendungsbereich des § 22 Nr. 1 EStG auch auf Einkünfte aus Zuschüssen und sonstigen Vorteilen bezieht, wenn diese als wiederkehrende Bezüge gewährt werden. Zuschüsse können z. B. Ausbildungsbeihilfen oder Stipendien[8] sein, die zur Bestreitung des Lebensunterhalts gewährt werden.

107 Zu beachten sind die Einschränkungen des § 22 Nr. 1 Satz 2 EStG, nach denen unter bestimmten Voraussetzungen eine Einkünftezurechnung nicht erfolgt (siehe → Rz. 45 ff.). Ein praktischer Anwendungsfall der Regelung sind z. B. Studienbeihilfen von Rechtsträgern i. S. v. § 22 Nr. 1 Satz 2 Buchst. a oder b EStG – ggf. greift hier jedoch eine Steuerbefreiung nach § 3 EStG. Die praktische Relevanz von Satz 3 Buchst. b ist deshalb sehr gering.

108–110 (*Einstweilen frei*)

5. Ermittlung der Einkünfte

111 Es gelten die allgemeinen Grundsätze (Einnahmen § 8 EStG, Zu- und Abflussprinzip § 11 EStG). Als Werbungskosten kommen Schuldzinsen oder auch Rechts- und Beratungskosten in Be-

---

[1] BFH v. 18.5.2010 - X R 1/09, BFH/NV 2010, 1803 = NWB DokID: OAAAD-48052; FG München v. 26.7.2017 -1 K 2510/14, EFG 2018, 300 – Rev.: X R 43/17; a. A. BMF v. 19.8.2013, BStBl 2013 I 1087, Rz. 240..
[2] BMF v. 19. 8. 2013, BStBl 2013 I 1087, Rz. 253 sowie BFH v. 17. 11. 2015 - X R 40/13, BFH/NV 2016, 388 = NWB DokID: MAAAF-46551.
[3] BFH v. 3.5.2017 - X R 12/14, BFHE 258, 317.
[4] BFH v. 4.2.2010 - X R 58/08, BStBl 2011 II 579.
[5] Az. 2 BvR 1961/10 - Nichtannahmebeschluss v. 30. 9. 2015.
[6] Vgl. auch BMF v. 19. 8. 2013, BStBl 2013 I 1087, Rz. 248 f., 266 ff.
[7] Siehe auch → Rz. 91 und BMF 19. 8. 2013, BStBl 2013 I 1087, Rz. 256.
[8] Vgl. FG Düsseldorf v. 8.5.2018 - 13 K 614/17 E, NWB DokID: XAAAG-92062.

tracht, nicht jedoch Rentenversicherungsbeiträge (dazu → Rz. 11). Es kann ein Werbungskostenpauschbetrag i. H.v. 102 € geltend gemacht werden, § 9a Abs. 1 Nr. 3 EStG, wenn nicht tatsächlich höhere Werbungskosten vorliegen. Ein solcher wird jedoch nur einmalig gewährt, auch wenn noch andere Einnahmen zum Beispiel i. S. d. § 22 Nr. 1a oder 5 EStG vorliegen. Soweit § 22 Nr. 1 EStG die Besteuerungsgrundlage bildet, ist der Sparer-Pauschbetrag (§ 20 Abs. 9 EStG) nicht zu berücksichtigen.[1]

112 Können Leibrenten als Werbungskosten abgezogen werden, erfolgt ein Abzug nur mit dem Ertragsanteil, § 9 Abs. 1 Satz 3 Nr. 1 Satz 2 EStG.

6. Ausländische Versorgungssysteme

113 Auch wiederkehrende Leistungen aus ausländischen Alterssicherungssystemen unterfallen der Besteuerung nach § 22 Nr. 1 Satz 3 Buchst. a EStG.[2] Für die Frage der Besteuerung mit dem Besteuerungsanteil (Doppelbuchst. aa) oder Ertragsanteil (Doppelbuchst. bb) ist eine rechtsvergleichende Qualifizierung der ausländischen Einkünfte nach deutschem Recht vorzunehmen.

Dabei ist – ausgehend vom Drei-Schichten-Modell (s. → Rz. 57) – zu prüfen, ob die ausländische Rentenleistung in ihrem Kerngehalt den gemeinsamen und typischen Merkmalen der inländischen Leistung vergleichbar ist. Erfüllt die Rentenleistung also im Wesentlichen die Voraussetzungen der sog. Basisversorgung, erfolgt eine Besteuerung nach § 22 Nr. 1 Satz 3 Buchst. a Doppelbuchst. aa Satz 3 EStG mit dem Besteuerungsanteil.[3]

Eine Übersicht über ausländische gesetzliche Rentenversicherungen des § 22 Nr. 1 Satz 3 Buchst. a Doppelbuchst. aa EStG und das entsprechende Besteuerungsrecht findet sich in der Verfügung der OFD Frankfurt v. 10. 2. 2016.[4]

Zu im Ausland lebenden Beziehern einer inländischen Rente s. → Rz. 8, zu den DBA-rechtlichen Schwierigkeiten siehe *Musil*.[5]

114 **Sonderproblem: Schweizer Pensionskassen**

Lange war die steuerliche Behandlung von Leistungen aus der sog. zweiten Säule des schweizerischen Vorsorgesystems (Schweizer Pensionskassen) umstritten.[6] Zu den drei Säulen des Schweizer Vorsorgesystems s. *Keller/Looser*[7] sowie *Schustek*.[8] Während die Verwaltung bei Leistungen aus Schweizer Pensionskassen sowohl den obligatorischen als auch den überobligatorischen Teil der Leistungen einheitlich als Basisversicherung behandelte, hat der BFH in einer Reihe von Urteilen[9] eine differenzierte Betrachtung vorgenommen. Auszahlungen aus privatrechtlich organisierten Pensionskassen sind, (nur) soweit sie aus dem Obligatorium stammen,

---

1 Ein dies in Frage stellender Vorlagebeschluss des BFH (BFH v. 18. 5. 2010 - X R 32-33/01 = NWB DokID: MAAAD-53565) wurde vom BVerfG als unzulässig verworfen - BVerfG v. 22.9.2009 - 2 BvL 3/02, BVerfGE 124, 251 bis 267 = NWB DokID: QAAAC-29887.
2 Abhängig vom einschlägigen DBA ggf. nur Berücksichtigung im Rahmen des Progressionsvorbehalts.
3 BFH v. 14. 7. 2010 - X R 37/08, BStBl 2011 II 628.
4 NWB-DokID: CAAAF-68550.
5 FR 2014, 45.
6 Die Abkommensberechtigung zwischen der Schweiz und Deutschland bleibt weiterhin ein Streitpunkt – s. hierzu *Schustek*, NWB 2016, 435.
7 NWB 2015, 588
8 DStR 2016, 447.
9 BFH v. 26. 11. 2014 - VIII R 31/10, BStBl 2016 II 653; BFH v. 26. 11. 2014 - VIII R 38/10, BStBl 2016 II 657; BFH v. 26. 11. 2014 - VIII R 39/10, BStBl 2016 II 665; BFH v. 1. 10. 2015 - X R 43/11, BStBl 2016 II 685 - s. hierzu auch *Levedag*, IWB 2015, 553 und IWB 2015, 710 sowie *Miessl*, IStR 2015, 683.

mit Leistungen einer gesetzlichen Rentenversicherung vergleichbar. Stammt die Auszahlung dagegen aus dem Überobligatorium, ist sie wie eine Leistung aus einer privaten Rentenversicherung mit Kapitalwahlrecht zu versteuern.[1] Für Leistungen aus öffentlich-rechtlichen Pensionskassen hat der BFH hingegen sowohl für das Obligatorium wie auch das Überobligatorium die einheitliche Handhabe der Verwaltung als Basisabsicherung bestätigt.[2]

Die Verwaltung behandelt nunmehr Leistungen aus dem Obligatorium generell als Einkünfte nach § 22 Nr. 1 Satz 3 Buchst. a Doppelbuchst. aa EStG und solche aus dem Überobligatorium generell nach § 22 Nr. 1 Satz 3 Buchst. a Doppelbuchst. bb EStG. Eine Differenzierung zwischen öffentlich-rechtlichen und privatrechtlichen Pensionskassen unterbleibt.[3]

PRAXISHINWEIS:
Bei Kapitalabfindungen aus dem Obligatorium sollte stets auch die Anwendung von § 34 EStG geprüft werden. Für Kapitalabfindungen aus dem Überobligatorium kommt das Lebensversicherungsprivileg (Steuerfreiheit oder hälftige Steuerfreiheit) nach § 20 Abs. 1 Nr. 6 EStG in Betracht.

7. Internationale Organisationen

Werden Ruhegehälter von internationalen Organisationen gezahlt, unterfallen diese § 22 Nr. 1 Satz 3 Buchst. a Doppelbuchst. aa EStG, wenn das Alterssicherungssystem der internationalen Organisation mit der inländischen gesetzlichen Rentenversicherung vergleichbar ist. Dies gilt z. B. für BIZ, EIB, ESO, EUMETSAT,[4] CERN, EMBL und die Vereinten Nationen.[5]

Für Leistungen aus dem Pensionsfonds der Vereinten Nationen hat das FG Berlin-Brandenburg eine Besteuerung nach § 22 Nr. 1 Satz 3 Buchst. a Doppelbuchst. aa Satz 3 EStG mit einem Besteuerungsanteil von 50 % für zutreffend erachtet und eine Besteuerung nur i. H. des Ertragsanteils abgelehnt.[6]

Versorgungsbezüge i. S. d. § 19 Abs. 2 EStG (und nicht Leibrenten) liegen hingegen vor, wenn die Ruhegehaltszahlungen nicht aus versteuerten Beiträgen (bzw. eigenem Vermögen) der Leistungsempfänger finanziert werden. Das ist z. B. der Fall bei ESA,[7] Europarat, NATO, OECD, WEU, EZMV, EUROCONTROL, EPO,[8] EPA und EHI.[9]

Inwieweit hierfür ein deutsches Besteuerungsrecht besteht, richtet sich nach den jeweiligen, für die internationale Organisation geltenden Abkommen bzw. zwischenstaatlichen Vereinbarungen. Eine Übersicht internationaler Organisationen nebst Fundstellen der für sie geltenden Abkommen bzw. Vereinbarungen findet sich im BMF-Schreiben v. 18. 3. 2013.[10] Für Einzelheiten zu Ruhegehältern koordinierter Organisationen s. auch OFD Frankfurt v. 20. 5. 2016.

(*Einstweilen frei*)

---

1 Hierzu auch *Schustek*, NWB 2016, 435.
2 BFH v. 23.10.2013 - X R 33/10, BStBl 2014 II 103 sowie BFH v. 16.9.2015 - I R 83/11, BStBl 2016 II 681.
3 BMF v. 27.7.2016, BStBl 2016 I 759.Siehe für Einzelheiten auch Keller/Meier, NWB 2017, 721.
4 Gegenteiliger Auffassung aber FG München v. 26.3.2015 - 13 K 2758/11, EFG 2015, 1192.
5 BMF v. 19.8.2013, BStBl 2013 I 1087, Rz. 199.
6 FG Berlin-Brandenburg v. 20.5.2014 - 15 K 1216/10, EFG 2015, 1278, bestätigt durch BFH v. 5.4.2017 - X R 50/14, BFHE 257, 393 = NWB DokID: BAAAG-47392.
7 Ebenso für ESOC BFH v. 22.7.2015 - X B 172/14, BFH/NV 2015, 1390 = NWB DokID: MAAAF-00970.
8 So auch BFH v. 23.2.2017 - X R 24/15, NWB DokID: VAAAG-42485.
9 BMF v. 19.8.2013, BStBl 2013 I 1087, Rz. 168 sowie BFH v. 22.11.2006 - X R 29/05, BStBl 2007 II 402 und BFH v. 22.7.2015 - X B 172/14, BFH/NV 2015, 1390 = NWB DokID: MAAAF-00970.
10 BStBl 2013 I 404.

II. Einkünfte aus Leistungen und Zahlungen nach § 10 Abs. 1a EStG

119 § 22 Nr. 1a EStG bildet das steuerliche Pendant zu § 10 Abs. 1a EStG. Die gesetzliche Verknüpfung zwischen den Vorschriften gewährleistet die Einhaltung der materiell-rechtlichen Korrespondenz zwischen dem Sonderausgabenabzug der Zahlungen nach § 10 Abs. 1a EStG beim Geber und der Versteuerung als sonstige Einkünfte beim Empfänger.

120 Durch das sog. JStG 2015 wurden im § 10 EStG die Abzugstatbestände der Nr. 1, 1a und 1b im neuen Abs. 1a zusammengefasst und durch einen weiteren Tatbestand ergänzt. Die Neuregelung des § 10 Abs. 1a EStG soll der Rechtsklarheit dienen und für den Rechtsanwender eine übersichtlichere Darstellung bieten.[1] Die bisherigen Sonderausgabentatbestände des § 10 Abs. 1 Nr. 1a, 1b und 1c EStG (Unterhaltsleistungen, wiederkehrende Versorgungsleistungen und Ausgleichszahlungen im Rahmen des Versorgungsausgleichs) wurden ohne inhaltliche Änderungen übernommen. Die materiell-rechtliche Neuregelung besteht in der Ergänzung eines weiteren Sonderausgabenabzugtatbestands für Ausgleichszahlungen zur Vermeidung eines Versorgungsausgleichs nach Ehescheidung bzw. Auflösung einer Lebenspartnerschaft (im Einzelnen siehe KKB/Wilhelm, § 10 EStG Rz. 160). Auch hier ergibt sich als Folge die Besteuerung der Leistungen beim Ausgleichsempfänger.

121 Den Regelungen liegt die gesetzliche Intention zugrunde, dass die Abzugsmöglichkeit des Leistenden mit einer Besteuerung beim Leistungsempfänger einhergehen soll. In dem Umfang, wie die Voraussetzungen für den Sonderausgabenabzug beim Geber vorliegen, folgt daraus eine Versteuerungspflicht beim Ausgleichsberechtigten nach Nr. 1a (Korrespondenzprinzip).

122 Der Sonderausgabenabzug muss dabei vom Leistenden weder tatsächlich in Anspruch genommen worden sein noch zu einer Steuerminderung führen, denn das Gesetz verwendet die Formulierung „soweit für diese die Voraussetzungen für den Sonderausgabenabzug beim Leistungs- oder Zahlungsverpflichteten nach § 10 Abs. 1a EStG erfüllt sind". Soweit die Fallgruppen allerdings ein tatbestandliches Antragserfordernis beinhalten (bei Unterhaltsleistungen und Ausgleichsleistungen zur Vermeidung eines Versorgungsausgleichs), wird faktisch die Inanspruchnahme des Sonderausgabenabzugs vorausgesetzt. Denn nur durch diesen Antrag werden für die geleisteten Zahlungen die Voraussetzungen für den Sonderausgabenabzug überhaupt erfüllt. Eine steuerliche Auswirkung ist aber auch hier nicht erforderlich.

123 Der Leistungsempfänger muss nach den Regelungen des § 10 Abs. 1a EStG grundsätzlich unbeschränkt steuerpflichtig sein.[2] Die Einkünfte nach § 22 Nr. 1a EStG gehören nicht zu den inländischen Einkünften i. S. d. § 49 EStG.
Die Direktive der Nr. 1a hat Vorrang vor den anderen Nummern des § 22 EStG.

1. Unterhaltsleistungen

124 Betroffen sind Unterhaltsleistungen vom geschiedenen oder dauernd getrennt lebenden Ehegatten oder Lebenspartner. Diese können unter der Voraussetzung, dass der Geber dies mit Zustimmung des Empfängers beantragt, bis 13 805 € jährlich als Sonderausgaben in Abzug gebracht werden. In gleicher Höhe entsteht die Steuerpflicht nach Nr. 1a beim Empfänger. Das sog. Realsplitting bewirkt faktisch eine Verlagerung der Steuerschuld. Der Antrag kann betragsmäßig begrenzt werden. Dann beschränkt sich die Möglichkeit des Sonderausgaben-

---

1 Vgl. BT-Drucks. 18/3441.
2 Für den Fall der fiktiven unbeschränkten Steuerpflicht eines EU-/EWR-Staatsangehörigen vgl. § 1a Abs. 1 Nr. 1 EStG.

abzugs auf diesen Betrag. Unterhaltsleistungen oberhalb dieser Grenze oder – wenn der Antrag nicht beschränkt wurde – oberhalb des Maximalbetrages von 13 805 € sind beim Geber steuerlich nicht als Sonderausgaben absetzbar und dementsprechend beim Empfänger auch nicht nach § 22 Nr. 1a EStG als sonstige Einkünfte zu versteuern. Für Einzelheiten siehe KKB/Wilhelm, § 10 EStG Rz. 144 ff.

Als steuerpflichtige Einnahmen i. S. d. § 22 Nr. 1a EStG gelten die Leistungen nur in der Höhe, wie der Geber den Sonderausgabenabzug mit Zustimmung des Empfängers beantragt hat.   125

Verfahrensrechtlich ist die Inanspruchnahme des Sonderausgabenabzugs des Leistenden ein rückwirkendes Ereignis für die Steuerfestsetzung des Leistungsempfängers mit der Folge, dass die Steuerfestsetzung des Leistungsempfängers nach § 175 Abs. 1 Satz 1 Nr. 2 AO geändert werden kann.[1]   126

Für den Leistenden gilt: Nach BFH[2] besteht für den Einkommensteuerbescheid des Leistenden eine Änderungsmöglichkeit nach § 175 Abs. 1 Satz 1 Nr. 2 AO, wenn erst nach Eintritt der Bestandskraft sowohl die Zustimmung zur Anwendung des Realsplittings erteilt als auch der Antrag gestellt wird. Dasselbe gilt für die Erweiterung eines Antrags.[3] Allerdings ist für den Leistenden ein erst nach Bestandskraft seines Einkommensteuerbescheids gestellter Antrag auf Abzug von Unterhaltsleistungen dann kein rückwirkendes Ereignis, wenn die Zustimmungserklärung des Unterhaltsempfängers dem Geber bereits vor Eintritt der Bestandskraft vorlag.[4]

(Einstweilen frei)   127–130

2. Versorgungsleistungen

Erfasst werden weiterhin auf besonderen Verpflichtungsgründen beruhende, lebenslange und wiederkehrende Versorgungsleistungen im Zusammenhang mit einer Vermögensübertragung. Der Austausch mit einer Gegenleistung wird also vorausgesetzt. Begünstigte Vermögensübergaben erfolgen häufig im Wege vorweggenommener Erbfolge. Die Übertragung muss wenigstens teilweise unentgeltlich erfolgen und dem Versorgungsbedürfnis des Vermögensübergebers Rechnung tragen. Das übertragene Vermögen muss ausreichend Ertrag bringen, aus dem zumindest teilweise die Versorgung des Übergebers gesichert werden kann. Zu den Voraussetzungen im Einzelnen siehe KKB/Wilhelm, § 10 EStG Rz. 149 ff. und BMF v. 11. 3. 2010.[5]   131

Wenn Leistung und Gegenleistung nach kaufmännischen Gesichtspunkten gegeneinander abgewogen und subjektiv gleichwertig sind, ist kein Fall des § 10 Abs. 1a EStG und damit auch nicht § 22 Nr. 1a EStG gegeben. Hier handelt es sich um einen Fall wiederkehrender Bezüge als Veräußerungsleistung, welcher ggf. von Nr. 1 Satz 3 Buchst. a Doppelbuchst. bb erfasst wird.   132

Eine Steuerpflicht des Leistungsempfängers besteht, wenn der Vermögensübernehmer zum Sonderausgabenabzug berechtigt ist. Unerheblich ist, ob tatsächlich eine Steuerminderung hieraus resultiert hat. Eine Steuerpflicht besteht betragsmäßig in der Höhe, in welcher ein Sonderausgabenabzug in Anspruch genommen werden könnte. Da für Vertragsabschlüsse vor 2008 für Versorgungsleistungen in Form einer Leibrente der Sonderausgabenabzug nur in   133

---

[1] FG Köln v. 27. 4. 1995 - 2 K 3854/94, EFG 1995, 893 sowie FG Hamburg v. 13. 6. 1995 - III 170/93, EFG 1995, 894
[2] BFH v. 12. 7. 1989 - X R 8/84, BStBl 1989 II 957.
[3] BFH v. 28. 6. 2006 - XI R 32/05, BStBl 2007 II 5.
[4] BFH v. 20. 8. 2014 - X R 33/12, BStBl 2015 II 138.
[5] BMF v. 11. 3. 2010, BStBl 2010 I 227.

Höhe des Ertragsanteils gewährt wurde, erfolgt in diesen Fällen auch die Versteuerung nur in Höhe des Ertragsanteils.

134–137 (*Einstweilen frei*)

3. Ausgleichszahlungen zur Vermeidung eines Versorgungsausgleichs

138 Dieser Tatbestand wurde in § 10 EStG neu eingefügt durch das sog. JStG 2015 (vgl. → Rz. 7). Damit wird ein Regelungsdefizit beseitigt und die steuerliche Gleichbehandlung wirtschaftlich vergleichbarer Ausgleichszahlungen im Kontext eines Versorgungsausgleichs erreicht.

139 Ausgleichszahlungen im Rahmen eines Versorgungsausgleichs waren schon vor der Neuregelung durch § 22 EStG erfasst. Jedoch war bislang durch die Judikative noch nicht abschließend geklärt, ob und inwieweit Ausgleichszahlungen **zur Vermeidung** eines Versorgungsausgleichs als Einkünfte beim Empfänger zu versteuern sind.[1] Die Rechtsprechung war uneinheitlich. § 22 Nr. 3 oder § 24 EStG wurden zur Begründung einer Steuerpflicht des Zahlungsempfängers als nicht einschlägig angesehen. Auf der anderen Seite wurde jedoch durch die Gerichte zum Teil für solche Zahlungen ein Werbungskostenabzug beim Ausgleichverpflichteten anerkannt,[2] wenn auch nicht in allen Fällen.[3] Damit ergab sich die unliebsame Situation, dass beim Verpflichteten Beträge in nicht unerheblicher Größenordnung zum Werbungskostenabzug zugelassen wurden, der Zahlungsempfänger diese gleichwohl als nicht steuerbar vereinnahmen konnte.

140 Der Gesetzgeber hat diesem Dilemma ein Ende bereitet und entsprechende Zahlungen beim Geber einheitlich den Sonderausgaben zugeordnet. Gleichzeitig wurde das Korrespondenzprinzip auch für diese Leistungen gesetzlich festgeschrieben. Der Abzugsberechtigung nach § 10 Abs. 1a EStG steht gesetzlich die Steuerpflicht nach § 22 Nr. 1a EStG gegenüber.

141 Wie auch beim Realsplitting besteht für den Sonderausgabenabzug eine Antragsvoraussetzung. Das ermöglicht den Verfahrensbeteiligten eine genaue Bestimmung des Abzugsumfangs und der damit einhergehenden steuerlichen Belastung. Für Einzelheiten siehe KKB/Wilhelm, § 10 EStG Rz. 160.

142–145 (*Einstweilen frei*)

4. Ausgleichszahlungen im Rahmen eines Versorgungsausgleichs

146 Betroffen sind Ausgleichsleistungen für Anrechte, die nicht über eine interne oder externe Teilung gewährt werden. Erfasst werden Formen schuldrechtlicher Ausgleichsleistungen des Verpflichteten an den Berechtigten, z. B. in Form von Ausgleichsrenten, aber auch die Abtretung von Versorgungsansprüchen und der Ausgleich von Kapitalzahlungen. Für Einzelheiten siehe KKB/Wilhelm, § 10 EStG Rz. 161 sowie BMF v. 9. 4. 2010.[4]

147 Auch hier hängt die Steuerpflicht nach § 22 Nr. 1a EStG davon ab, inwieweit der Ausgleichsverpflichtete die Leistungen als Sonderausgaben i. S. d. § 10 Abs. 1a Nr. 4 EStG geltend machen

---

[1] Noch anhängig z. B. BFH X R 48/14.
[2] BFH v. 8. 3. 2006 – IX R 107/00, BStBl 2006 II 446; BFH v. 17. 6. 2010 – VI R 33/08, BFH/NV 2010, 2051 = NWB DokID: JAAAD-51317.
[3] BFH v. 15. 6. 2010 – X R 23/08, BFH/NV 2010, 1807 = NWB DokID: MAAAD-49269.
[4] Vgl. BMF v. 9. 4. 2010, BStBl 2010 I 323.

kann. Nur in dieser Höhe handelt es sich beim Ausgleichsberechtigten um steuerpflichtige Einnahmen i. S. d. § 22 Nr. 1a EStG.

5. Werbungskosten

Es gelten die allgemeinen Grundsätze (Einnahmen § 8 EStG, Zu- und Abflussprinzip § 11 EStG). Als Werbungskosten kommen z. B. Schuldzinsen oder auch Rechts- und Beratungskosten in Betracht. Es kann ein Werbungskostenpauschbetrag i. H. v. 102 € geltend gemacht werden, § 9a Abs. 1 Nr. 3 EStG, wenn tatsächlich keine höheren Werbungskosten vorliegen. Ein solcher wird jedoch nur einmalig gewährt, auch wenn noch andere Einnahmen i. S. d. § 22 Nr. 1 oder 5 EStG vorliegen. Bei Unterhaltsleistungen greift § 3c EStG, wenn der tatsächlich geleistete Unterhalt über dem (beim Geber abzugsfähigen) Höchstbetrag liegt und deshalb beim Empfänger nicht in vollem Umfang steuerpflichtig ist.

(*Einstweilen frei*)

III. Einkünfte aus privaten Veräußerungsgeschäften (§ 22 Nr. 2 EStG)

Über § 22 Nr. 2 EStG werden Einkünfte aus privaten Veräußerungsgeschäften i. S. d. § 23 EStG den sonstigen Einkünften zugeordnet. Einen weitergehenden Regelungsinhalt hat die Nummer nicht. Zur Besteuerung der Einkünfte aus privaten Veräußerungsgeschäften s. § 23 EStG.

(*Einstweilen frei*)

IV. Einkünfte aus Leistungen (§ 22 Nr. 3 EStG)

1. Allgemeines

Der Tatbestand der Nr. 3 ist sowohl gegenüber den anderen Einkunftsarten des § 2 Abs. 1 Nr. 1 bis 6 EStG wie auch gegenüber den Einkünften der Nr. 1, 1a, 2, 4 und 5 subsidiär.

Es handelt sich um eine Art ergänzenden Einkünftetatbestand, dem eine mangelnde Trennschärfe immanent ist. Nr. 3 ist jedoch keinesfalls als Auffangbecken für alle jene Einkünfte zu verstehen, die nicht einer der anderen Einkunftsarten zugeordnet werden können.

Da der Tatbestand (*Einkünfte aus Leistungen*) wegen fehlender Spezifizierung ins Uferlose laufen würde, ist er einschränkend auszulegen. Der Anwendungsbereich des § 22 Nr. 3 EStG bezieht sich auf den Tätigkeitsbereich oder die Vermögensnutzung, verlangt also eine Form von Leistungsaustausch. Die steuerneutrale Vermögensumschichtung muss an dieser Stelle streng abgegrenzt werden. Auch nach Nr. 3 sind Einkünfte nur dann steuerpflichtig, wenn sie auf einem erwerbswirtschaftlichen Verhalten des Steuerpflichtigen beruhen und es beim ihm durch den Zufluss zu einer Stärkung der wirtschaftlichen Leistungsfähigkeit kommt. Vermögensumschichtungen wie die Zahlung von Kaufpreisraten oder auch Darlehenstilgungsraten erfüllen diese Voraussetzung gerade nicht.

Gleichzeitig begrenzen die anderen Einkunftsarten den Anwendungsbereich der Nr. 3. Sobald die Einkünfte aus einer Teilnahme am allgemeinen wirtschaftlichen Verkehr mit einer gewissen Nachhaltigkeit resultieren bzw. über die private Vermögensverwaltung hinausgehen, tritt die Nr. 3 aufgrund ihrer Subsidiarität hinter anderen Einkunftsarten zurück.

164 Auch für die Einkünfte aus Leistungen nach § 22 Nr. 3 EStG ist eine Einkünfteerzielungsabsicht notwendig.[1] Ausreichend ist eine Betätigung gegen Entgelt. Eine Wiederholung ist nicht erforderlich, zumal sich dann i. d. R. bereits eine Zuordnung zu anderen Einkunftsarten (z. B. Einkünfte aus Gewerbebetrieb) ergeben dürfte. Es genügt ein gelegentliches oder auch zufälliges Tun, Dulden oder Unterlassen.

165 Die Gegenleistung kann in Geld oder Sachwerten bestehen, auch sonstige wirtschaftliche Vorteile sind als Gegenleistung denkbar.

2. Begriff der Leistung

166 Als sonstige Leistung i. S. d. § 22 Nr. 3 EStG kommt jedes Tun, Dulden oder Unterlassen in Betracht, das Gegenstand eines entgeltlichen Vertrags sein kann und das eine Gegenleistung auslöst. Entscheidend ist, ob die Gegenleistung durch ein Verhalten des Steuerpflichtigen veranlasst ist. Dabei genügt, dass er eine im wirtschaftlichen Zusammenhang mit seinem Tun gewährte Gegenleistung als solche annimmt.[2]

167 Nachdem die frühere Rechtsprechung noch ein Handeln um des Entgelts willen als erforderlich erachtete, wird jetzt die Veranlassung durch das Verhalten des Steuerpflichtigen als ausreichend angesehen.[3] Eines synallagmatischen Verhältnisses von Leistung und Gegenleistung bedarf es nicht. Auch kommt es nicht darauf an, ob die Gegenleistung erst nachträglich (ohne vorherige Vereinbarung gewährt) und vom Steuerpflichtigen als solche für sein Verhalten entgegengenommen wird.[4] Die gewährte Gegenleistung muss lediglich im wirtschaftlichen Zusammenhang mit dem Verhalten stehen.

168 Bei Lotterie- oder Wettgewinnen fehlt es an einem solchen Zusammenhang zwischen Leistung und Gegenleistung. Ob und inwieweit eine Gegenleistung gewährt wird, ergibt sich hier nur durch Zufall.

169 Auch Leistungen im Rahmen des familiären Zusammenlebens erfüllen nicht die Voraussetzungen des § 22 Nr. 3 EStG. Leistungen innerhalb der familiären Lebensgemeinschaft dienen nicht der Erzielung von Einkünften, sie unterfallen keiner Einkunftsart.[5]

170 Für den Tatbestand der Nr. 3 völlig unbeachtlich ist, ob sich Leistung oder Gegenleistung als Verstoß gegen gesetzliche Verbote oder die guten Sitten darstellen.[6] Auch Schmier- und Bestechungsgelder können sehr wohl unter § 22 Nr. 3 EStG fallen, wenn sie nicht schon einer anderen Einkunftsart zuzuordnen sind. (Bei Prostitution ergeben sich i. d. R. gewerbliche Einkünfte.)

171 Unter die Vorschrift fallen Einnahmen aus dem **Tätigkeitsbereich** (also für ein Tätigsein wie z. B. Einnahmen als Amateurmusiker, aus Vermittlungsprovisionen oder auch Schweigegeld) sowie Einnahmen aus der **Nutzung des Vermögens** des Steuerpflichtigen.

Das Gesetz selbst benennt als Anwendungsbeispiele die gelegentliche Vermittlung und oder die Vermietung beweglicher Gegenstände.

---

1 BFH v. 25. 2. 2009 - IX R 33/07, BFH/NV 2009, 1253 = NWB DokID: ZAAAD-24087.
2 BFH v. 17. 7. 2007 - IX R 1/06, BFH/NV 2007, 2263 = NWB DokID: ZAAAC-61535.
3 BFH v. 24. 4. 2012 - IX R 6/10, BStBl 2012 II 581; BFH v. 21. 9. 2004 - IX R 13/02, BStBl 2005 II 44.
4 BFH v. 25. 2. 2009 - IX R 33/07, BFH/NV 2009, 1253 = NWB DokID: ZAAAD-24087.
5 BFH v. 14. 9. 1999 - IX R 88/95, BStBl 1999 II 776.
6 Vgl. FG Münster v. 10. 4. 2013 - 13 K 3654/10 E, EFG 2013, 1345.

Während die Zuordnung zum Tätigkeitsbereich kaum Probleme aufwirft, ist die Anwendung der Vorschrift im Vermögensbereich schwierig. Nur die Fruchtziehung aus dem Vermögen ist eine „Leistung" i. S. d. Vorschrift. Der Vermögenswert selbst bleibt hierbei erhalten. Einschlägig ist Nr. 3 nach diesen Grundsätzen bei erzielten Entgelten für eine Nutzungsüberlassung oder auch Nutzungsbeschränkung (z. B. Einräumung eines Vorkaufsrechts, Verzicht auf bauordnungsrechtlichen Grenzabstand, Kfz-Überlassung).

Tatbestandlich hingegen nicht erfasst werden von § 22 Nr. 3 EStG Veräußerungsvorgänge oder veräußerungsähnliche Vorgänge im privaten Bereich,[1] weil es sich hierbei letztendlich um Vermögensumschichtungen handelt.

Die Zuordnung zu Veräußerungsvorgängen oder Fruchtziehungen ist streckenweise unscharf. Man kann aber davon ausgehen, dass immer dann, wenn ein privater Vermögenswert in seiner Substanz aufgegeben wird, ein ausschließlich dem privaten Vermögensbereich unterfallender Veräußerungs- oder veräußerungsähnlicher Vorgang gegeben ist, der nicht zu einer Leistung i. S. d. § 22 Nr. 3 EStG führt. Diese privaten Vermögensumschichtungen hat der Gesetzgeber abschließend in den §§ 17, 20 und 23 EStG erfasst.

Für die in der Praxis oftmals schwierige **Grenzziehung zwischen Nutzungs- und Substanzbereich** ist nach ständiger Rechtsprechung der wirtschaftliche Gehalt der zugrundeliegenden Vereinbarung maßgebend und nicht die Bezeichnung der Leistung durch die Beteiligten. Es wird darauf abgestellt, was nach dem Gesamtbild der wirtschaftlichen Verhältnisse wirklich gewollt und tatsächlich bewirkt wurde.[2]

Soweit die Substanz des Vermögenswertes nicht beeinträchtigt wird und nur eine Nutzung des Vermögenswertes erfolgt, ist der Anwendungsbereich des § 22 Nr. 3 EStG eröffnet.

Von einer Vermögensnutzung ist z. B. auszugehen bei der Belastung eines Grundstücks mit einer Dienstbarkeit, dem Verzicht auf eine Nutzungsmöglichkeit (Einhaltung des Grenzabstands durch Nachbarn), die Duldung einer Nutzung oder dem Verzicht auf Abwehrrechte. Allerdings ist auch in diesen Fällen die Zuordnung nicht unstrittig.

Ob eine Vermögensnutzung oder eine Vermögensumschichtung gegeben ist, hängt von der Rechtsposition ab, die der Leistende innehat. Steht ihm das Eigentum zu, bedeutet Substanzaufgabe den Eigentumsverlust. Wenn ihm hingegen nur ein Nutzungsrecht zusteht, bedeutet die Übertragung dieses Nutzungsrechts eine (Substanz-)Aufgabe seiner Rechtsposition.

Neben klassischen Veräußerungsgeschäften kann ein veräußerungsähnlicher Vorgang also auch in der Aufgabe von Miet- oder Pachtrechten (Aufgabe von vermögenswerten Rechtspositionen) oder dem Verzicht auf einen Vorbehaltsnießbrauch oder ein Erbrecht liegen.

> **BEISPIEL:** Räumt der Eigentümer eines Grundstücks einem Dritten gegen Entgelt ein beschränkt dingliches Recht oder eine Dienstbarkeit ein, liegt ein Fall des § 22 Nr. 3 EStG vor. (Die ihm zustehende Rechtsposition, das Eigentum, bleibt hierbei nach wie vor erhalten.)
>
> Verzichtet jedoch der Berechtigte einer Dienstbarkeit gegen Zahlung eines Entgelts auf diese, ist der Vorgang bei ihm nicht nach Nr. 3 steuerbar, weil er seine Rechtsposition (die Dienstbarkeit) vollständig aufgegeben (veräußert) hat.

---

[1] H 22.8 EStH; BFH v. 29. 5. 2008 - IX R 97/07, BFH/NV 2009, 9 = NWB DokID: HAAAC-95792.
[2] BFH v. 19. 2. 2013 - IX R 35/12, BStBl 2013 II 578.

176 Werden erlittene Vermögensverluste im Privatbereich ausgeglichen (Schadensersatz), sind diese ebenfalls dem nicht steuerbaren Vermögensbereich zuzuordnen.

Auch auf öffentlich-rechtliche Entschädigungen wegen Enteignungen oder enteignungsgleicher Eingriffe ist § 22 Nr. 3 EStG nach ständiger Rechtsprechung nicht anzuwenden (siehe auch unter → Rz. 201).

177–184 (Einstweilen frei)

3. Freigrenze

185 Für die Einkünfteermittlung gelten die allgemeinen Grundsätze der §§ 8 und 9 EStG. Es gilt das Zu- und Abflussprinzip (zu Ausnahmen → Rz. 192). Ein Werbungskosten-Pauschbetrag ist § 22 Nr. 3 EStG jedoch fremd.

186 Das Gesetz beinhaltet eine Geringfügigkeitsfreigrenze i. H. v. 256 €. Das bedeutet, Einkünfte bis zu einem Betrag von 256 € bleiben außer Ansatz. Es handelt sich hierbei nicht um einen Freibetrag! Übersteigen also die Einkünfte den Betrag von 256 €, unterliegen sie komplett („vom ersten Euro an") der Steuerpflicht. Werden Einkünfte aus mehreren Leistungen i. S. d. Nr. 3 bezogen, sind diese zu addieren und dann die Anwendbarkeit der Freigrenze zu prüfen. Die Freigrenze kann nicht etwa für jede einzelne Leistung in Anspruch genommen werden.

187 Bei Ehegatten/Lebenspartnern gilt die Freigrenze für jeden eigenständig. Nicht verbrauchte Beträge der Freigrenze können jedoch nicht vom anderen Ehegatten genutzt werden.

188 Gehören die Einnahmen des Steuerpflichtigen aus seiner nebenberuflichen Tätigkeit zu den sonstigen Einkünften nach § 22 Nr. 3 EStG, ist ein zu gewährender Freibetrag nach § 3 Nr. 26 EStG bei der Prüfung, ob diese Freigrenze überschritten ist, zu berücksichtigen.[1]

189–190 (Einstweilen frei)

4. Verlustausgleichs-/Verlustabzugsverbot

191 Für Einkünfte nach § 22 Nr. 3 EStG gilt ein Verlustverrechnungsverbot. Werbungskostenüberschüsse dürfen nach Satz 3 1. Halbsatz nicht ausgeglichen oder nach § 10d EStG abgezogen werden. Damit scheidet ein Ausgleich mit anderen Einkunftsarten oder Einkünften nach anderen Nummern des § 22 EStG vollständig aus. Nach Satz 4 ist eine Verrechnung nur mit positiven Einkünften des § 22 Nr. 3 EStG aus dem Vorjahr oder in den Folgejahren möglich (Rücktrag oder Vortrag).

192 Aufgrund der entsprechenden Anwendung von § 10d Abs. 4 EStG sind die Verluste nach § 22 Nr. 3 EStG gesondert festzustellen. Für Verluste durch Rückzahlung von Einnahmen gilt eine Ausnahme, diese unterliegen nicht dem Verlustausgleichs- und Verlustabzugsverbot, H 22.8 ESth. Nach BFH IX R 26/14[2] gilt dies jedoch allein für **negative Einnahmen**. Solche liegen aus Sicht des BFH nur vor, wenn die Rückzahlung einer Einnahme durch das der Auszahlung zugrunde liegende Rechtsverhältnis veranlasst ist und die Einnahmen an den zuvor Zahlenden zurückerstattet werden. Demgemäß handelt es sich laut BFH nicht um negative Einnahmen sondern um Werbungskosten bei den Einkünften aus § 22 Nr. 3 EStG, wenn ein Arbeitnehmer von einem Dritten erhaltene Bestechungsgelder an den geschädigten Arbeitgeber herausgibt.

---

[1] BMF v. 21. 11. 2014, BStBl 2014 I 1581.
[2] BFH v. 16. 6. 2015 - IX R 26/14, BStBl 2015 II 1019, NWB DokID: AAAAF-05925 – hierzu auch Anmerkung Bode, FR 2015, 1143.

Bei nur einmaligen Einkünften ergeben sich verfassungsrechtliche Bedenken an der Verlustverrechnungsbeschränkung. Bei einmaligen sonstigen Leistungen sind Werbungskosten auch dann im Jahr des Zuflusses der Einnahme abziehbar, wenn sie vor diesem Jahr angefallen sind oder nach diesem Jahr mit Sicherheit anfallen werden. Entstehen in späteren Jahren Werbungskosten, die im Zeitpunkt der Einnahme nicht absehbar waren, ist die Veranlagung des Zuflussjahres gem. § 175 Abs. 1 Satz 1 Nr. 2 AO zu ändern (H 22.8 EStH).

(Einstweilen frei) 193–195

5. Sonstiges

Ab dem VZ 2009 werden Einnahmen aus Stillhaltergeschäften den Einkünften aus Kapitalvermögen (§ 20 Abs. 1 Nr. 11 EStG) zugeordnet. Bis 2008 wurden diese unter § 22 Nr. 3 EStG subsumiert. Um einen Wegfall von Verlusten wegen der Verlustausgleichs- und -abzugsbeschränkungen der Sätze 3 und 4 zu verhindern, wurden mit dem JStG 2009 die Sätze 5 und 6 eingefügt, die während einer Übergangszeit von fünf Jahren eine Verrechnung von Verlusten mit entsprechenden Kapitaleinkünften aus Stillhaltergeschäften gestatteten. Da der Übergangszeitraum mittlerweile ausgelaufen ist, wurden die Sätze 5 und 6 durch das KroatAnpG (→ Rz. 7) wieder aufgehoben. 196

(Einstweilen frei) 197–200

6. ABC der sonstigen Leistungen

▶ **Abfindungen** (s. auch Entschädigung oder Verzicht): verneint vom BFH bei Erbteilsverzicht, v. 20. 10. 1999 - X R 132/95, BStBl 2000 II 82; verneint für Mieterabfindung BFH v. 14. 9. 1999 - IX R 89/95, BFH/NV 2000, 423 = NWB DokID: JAAAA-66305; bejaht vom FG Münster v. 10. 4. 2003 - 8 K 1220/99 E, EFG 2003, 1090, für Verzicht auf Durchsetzung nachbarrechtlicher Abwehransprüche; bejaht vom FG Hamburg v. 11. 11. 2010 - 1 K 219/09, NWB DokID: UAAAD-59627, für Verzicht auf behauptete Ansprüche, EFG 2011, 631 (BFH v. 19. 3. 2013 - IX R 65/10, BFH/NV 2013, 1085 = NWB DokID: YAAAE-36817); bejaht für Wettbewerbsverbot BFH v. 15. 3. 1995 - I R 46/94, BStBl 1996 II 516 und FG Rheinland-Pfalz v. 11. 6. 1996 - 5 K 1564/96; bejaht für Abfindungszahlungen an sog. räuberischen Aktionär, FG Köln v. 11. 6. 2015 - 13 K 3013/13, EFG 2015, 1540; verneint für Ausgleichszahlung zur Abgeltung von Ansprüchen BFH v. 19. 2. 2013 - IX R 35/12, BStBl 2013 II 578 201

▶ **Abtretung:** bejaht für Abtretung von Rechten aus Mietverhältnis BFH v. 1. 3. 2013 - IX R 10/11, BFH/NV 2013, 1239 = NWB DokID: RAAAE-38704

▶ **Amateursportler:** s. Siegprämien

▶ **Ausgleichszahlung:** s. Abfindungen und Entschädigung und Verzicht

▶ **Baulast:** bejaht BFH v. 12. 12. 1996 - II R 42/94, BFH/NV 1997, 336 = NWB DokID: FAAAB-37972

▶ **Belohnungen:** Finderlohn nicht steuerbar, auch nicht Belohnung für Hinweis zur Täterergreifung FG Düsseldorf v. 21. 8. 1968, EFG 1969, 120

▶ **Bestechungs- und Schmiergelder:** bejaht BFH v. 26. 1. 2000 - IX R 87/95, BStBl 2000 II 396 und v. 9. 12. 2009 - IX B 132/09, BFH/NV 2010, 646 = NWB DokID: CAAAD-37364; BFH v. 16. 6. 2015 - IX R 26/14, BStBl 2015 II 1019, bejaht durch FG Berlin-Brandenburg v. 26. 6. 2014 - 5 K 3082/12, EFG 2014, 1856

- **Break Fee:** BFH v. 13.3.2018 - IX R 18/17
- **Entschädigung:** verneint für Entschädigung wegen Grundstücksentwertung infolge Lärmbelästigung, BFH v. 10.8.1994 - X R 45/91, BFH/NV 1995, 387 = NWB DokID: QAAAB-35407 und FG München v. 3.3.2004 - 9 K 2400/03, EFG 2004, 1120, abgelehnt bei Entschädigungszahlung für Fluglärm, FG Düsseldorf v. 20.11.2013 - 7 K 1301/13 E, NWB DokID: VAAAE-75037; zu Entschädigung für Vermögensverluste siehe BFH v. 19.3.2013 - IX R 65/10, BFH/NV 2013, 1085 = NWB DokID: YAAAE-36817; bejaht für Bindungsentschädigung Hessisches FG v. 27.1.2010 - 8 K 3585/06, EFG 2010, 863
- **Erbverzicht:** verneint BFH v. 20.11.2012 - VIII R 57/10, BStBl 2014 II 56
- **Erpressungsgeld:** bejaht FG Münster, EFG 1966, 409
- **Fahrgemeinschaft:** bejaht BFH v. 15.3.1994 - X R 58/91, BStBl 1994 II 516, BFH v. 6.6.2002 - X B 163/01, BFH/NV 2002, 1441 = NWB DokID: TAAAA-67813
- **Fehlgeschlagene Vergütungserwartung:** BFH v. 8.5.2008 - VI R 50/05, BStBl 2008 II 868
- **Fernsehshow:** s. Preisgeld
- **Fußballschiedsrichter:** s. Schiedsrichter
- **Hoheitliche Eingriffe:** abgelehnt bei Entschädigung für enteignende Maßnahmen BFH v. 17.5.1995 - X R 64/92, BStBl 1995 II 640; abgelehnt bei behördlicher Entschädigung durch FG Berlin-Brandenburg v.2.7.2014 - 3 K 3338/10, EFG 2014, 1674; abgelehnt FG Rheinland-Pfalz v. 9.9.1997 - 5 K 2093/95, EFG 1998, 199
- **Informant:** s. Whistleblowing bzw. Tipp
- **Internet-Domain:** abgelehnt bei Verkauf einer Internet-Domain FG Köln v. 20.4.2010 - 8 K 3038/08, EFG 2010, 1216
- **Kryptowährung** siehe Mining
- **Lotteriegewinn:** kein Leistungsaustausch BFH v. 2.9.2008 - X R 8/06, BStBl 2010 II 548
- **Mining von Kryptowährungen:** ggf. sonstige Leistung i. S.v. § 22 Nr. 3 EStG, wenn nur gelegentlich und nicht gewerblich, siehe BT-Drucks 19/370 S. 21 f.; *Heuel/Matthey*, NWB 2018, 1037
- **Mitfahrvergütung:** s. Fahrgemeinschaft
- **Optionsprämie:** für zeitlich befristetes Ankaufsrecht FG München v. 25.10.20111 - 2 K 130/08, EFG 2012, 839, siehe auch bei Stillhalterprämien
- **Pfandgeld:** BFH v. 6.6.1973 - I R 203/71, BStBl 1973 II 727
- **Preisgeld:** für wissenschaftliche Arbeit/Nachwuchsförderpreis (Abgrenzung zu Arbeitslohn) siehe BFH v. 23.4.2009 - VI R 39/08, BStBl 2009 II 668), FG Köln v. 12.6.2013 - 4 K 759/10, EFG 2013, 1405, allg. hierzu auch BMF v. 5.9.1996, BStBl 1996 I 1150 sowie v. 23.12.2002, BStBl 2003 I 76; für Teilnahme an Fernsehshow: Gewinne können steuerpflichtig nach Nr. 3 sein, wenn sie als leistungsbezogenes Entgelt zu beurteilen sind – siehe hierzu auch BMF v. 30.5.2008, BStBl 2008 I 645. Bejaht für Dating-Show, BFH v. 28.11.2007 - IX R 39/06, BStBl 2008 II 469 und „Big Brother", BFH v. 24.4.2012 - IX R 6/10, BStBl 2012 II 581 (Verfassungsbeschwerde nicht angenommen 2 BvR 1503/12), ebenfalls bejaht für „Die Farm", FG Münster v. 15.1.2014 - 4 K 1215/12 E, EFG 2014, 638 (bestätigt durch BFH v. 16.6.2014 - IX B 22/14, BFH/NV 2014, 1540 = NWB DokID: WAAAE-71088)

► **Prostitution:** abgelehnt, da Einkünfte aus Gewerbebetrieb bzw. nichtselbständiger Tätigkeit, BFH v. 20.2.2013 - GrS 1/12, BStBl 2013 II 441 und BFH v. 13.6.2013 - III R 30/10, BFH/NV 2013, 1577 = NWB DokID: RAAAE-42086

► **Provisionen:** bejaht BFH v. 20.4.2004 - IX R 39/01, BStBl 2004 II 1072; bejaht für Bürgschaftsprovisionen, BFH, BStBl 1965 III 313; bejaht für Provision aus der Verpfändung von GmbH-Anteilen BFH v. 14.4.2015 - IX R 35/13, BStBl 2015 II 795 (hierzu auch *Aweh*, EStB 2015, 271); für Vermittlungstätigkeit BFH v. 21.9.2004 - IX R 13/02, BStBl 2005 II 44, BFH v. 22.9.2009 - IX R 29/08, BFH/NV 2010, 195 = NWB DokID: PAAAD-33132, BFH v. 20.1.2009 - IX R 34/07, BStBl 2009 II 532; verneint im Zusammenhang mit Anteilsveräußerung BFH v. 29.5.2008 - IX R 97/07, BFH/NV 2009, 9 = NWB DokID: HAAAC-95792

► **Prozessführung:** bejaht für Entgelt für Prozessunterstützung BFH v. 25.2.2009 - IX R 33/07, BFH/NV 2009, 1253 = NWB DokID: ZAAAD-24087, bejaht für Übernahme eines Prozesskostenrisikos gegen Erfolgsbeteiligung BFH v. 10.7.2008 - IX R 47/07, BFH/NV 2008, 2001 = NWB DokID: GAAAC-93980, ebenso FG Hamburg v. 14.12.2009 - 6 K 13/09, DStRE 2011, 10

► **Räuberischer Aktionär:** bejaht durch FG Köln v. 11.6.2015 - 13 K 3023/13, EFG 2015, 1540

► **Reugeld:** s. Vertragsrücktritt

► **Schiedsrichter:** bejaht für Tunierrichter im Pferdedressur- und Springreiten durch FG Nürnberg v. 15.4.2015 - 5 K 1723/12, NWB DokID: PAAAE-93971; nach BFH v. 20.12.2017 - I R 98/15, BFHE 260, 169 handelt es sich bei den Einkünften eines national und international tätigen Fußballschiedsrichters um gewerbliche Einkünfte; die Verwaltung unterscheidet danach, ob der Einsatz des Schiedsrichters ausschließlich auf nationaler Ebene vom Verband bestimmt wird - Bayerisches Landesamt für Steuern v. 15.1.2010, NWB-DokID: NAAAD-37719

► **Schenkkreis:** bejaht FG Münster v. 18.1.2010 - 5 K 1986/06 E, EFG 2010, 1691 sowie FG Sachsen v. 12.2.2014 - 8 K 881/13, ZfWG 2014, 151 und 354

► **Siegprämie:** abgelehnt wegen Teilnahme am wirtschaftlichen Verkehr und damit § 15-Einkünften, FG Mecklenburg-Vorpommern v. 25.5.2011 - 3 K 469/09, NWB DokID: JAAAD-97874

► **Spiel- und Lotteriegewinne:** kein § 22 Nr. 3 EStG, BFH v. 2.9.2008 - X R 8/06, BStBl 2010 II 548

► **Stillhaltepflicht:** vgl. BFH v. 19.3.2013 - IX R 65/10, BFH/NV 2013, 1085 = NWB DokID: YAAAE-36817

► **Stillhalterprämien** für die Einräumung von Optionsrechten: bis 2008 unter § 22 Nr. 3 EStG, BFH v. 11.2.2014 - IX R 46/12, BFH/NV 2014, 1025 = NWB DokID: DAAAE-63499 und BFH v. 17.4.2007 - IX R 40/06, BStBl 2007 II 608 sowie BFH v. 12.7.2016 - IX R 11/14, BFH/NV 2016, 1691. Seit 2009 fallen diese unter § 20 Abs. 1 Nr. 11 EStG

► **Stimmrechtsausübung:** bejaht bei Ausgleichszahlung für abgestimmte Stimmrechtsausübung FG Münster v. 25.9.2015 - 11 K 1830/13 E, EFG 2016, 548 (Rev.: BFH IX R 46/15) – s. hierzu auch Anm. *Wackerbeck*, EFG 2016, 550

► **Strafbare Handlung:** bejaht für berufswidrige Überlassung eines Meisterbriefes FG Münster v. 10.4.2013 - 13 K 3654/10 E, EFG 2013, 1345

► **Streikunterstützung:** abgelehnt durch BFH v. 24.10.1990 - X R 161/88, BStBl 1991 II 337

- **Telefonsex**: abgelehnt, da gewerblich, BFH v. 23. 2. 2000 - X R 142/95, BStBl 2000 II 610
- **Turnierrichter**: s. Schiedsrichter
- **Tipp**: bejaht BFH v. 26. 10. 2004 - IX R 53/02, BStBl 2005 II 167
- **Vermietung**: bejaht für Vermietung von Containern FG Baden-Württemberg v. 23. 11. 2009 - 10 K 206/07, EFG 2010, 486
- **Verpfändung GmbH-Anteil**: s. Provision
- **Vertragsrücktritt**: verneint bei Vertragsrücktritt BFH 24. 8. 2006 - IX R 32/04, BStBl 2007 II 44
- **Verzicht** (s. auch Abfindungen oder Entschädigung): bejaht für Verzicht auf Nachbarrechte BFH v. 4. 3. 2008 - IX R 36/07, BFH/NV 2008, 1657 = NWB DokID: HAAAC-87371, jedoch verneint durch BFH v. 18. 5. 2004 - IX R 63/02, BStBl 2004 II 874; bejaht bei Verzicht auf Rechtsbehelfe BFH v. 12. 11. 1985 - IX R 183/84, BStBl 1986 II 890; bejaht für Verzicht auf Grenzabstand BFH v. 5. 8. 1976 - VIII R 97/73, BStBl 1977 II 26; verneint für Verzicht auf Grunddienstbarkeit BFH, BStBl 2001 II 391; zu Verzicht auf Versorgungsausgleich siehe BFH v. 23.11.2016 - X R 48/14
- **Vorkaufsrecht**: bejaht BFH v. 10. 8. 1994 - X R 42/91, BStBl 1995 II 57
- **Wettbewerbsverbot**: s. BFH v. 11. 3. 2003 - IX R 76/99, BFH/NV 2003, 1161 = NWB DokID: NAAAA-71615; offen gelassen, ob § 15 oder § 22 Nr. 3 EStG durch BFH v. 2. 4. 2008 - X R 61/06, BFH/NV 2008, 1491 = NWB DokID: KAAAC-84496
- **Whistleblowing**: bejahend bei Entgelt für Informationsübergabe an Strafverfolgungsbehörden BFH v. 23.3. 2016 - IX B 22/16, NWB DokID: UAAAF-73086
- **Wohlverhaltenspflicht**: s. Stillhaltepflicht
- **Zufallserfindung**: abgelehnt bei Erlös aus Veräußerung BFH v. 10. 9.2003 - XI R 26/02, BStBl 2004 II 218
- **Zwangsarbeiter**: Leistungen nach der ADZ-Anerkennungsrichtlinie an ehemalige deutsche Zwangsarbeiter sind nicht steuerbar.

V. Abgeordnetenbezüge (§ 22 Nr. 4 EStG)

1. Grundlegendes

202 Bei den von § 22 Nr. 4 EStG erfassten Einkünften handelt es sich um eine besondere Art von Bezügen, die sich keiner anderen Einkunftsart zuordnen lassen, da bei **Abgeordneten** weder ein Vertrags- oder Dienstverhältnis oder eine Weisungsgebundenheit vorliegt noch ein Arbeitserfolg geschuldet ist. Die Regelung dieser Einkünfte in einer eigenständigen Nummer wird der Sonderrolle der Abgeordneten gerecht. Die im Tatbestand genannten Leistungen sind enumerativ.

203 § 22 Nr. 4 EStG gilt sowohl für unbeschränkt Steuerpflichtige als auch über § 49 Abs. 1 Nr. 8a EStG für beschränkt Steuerpflichtige.

2. Umfang der Steuerpflicht

204 Von der Regelung erfasst werden Entschädigungen, Amtszulagen, Zuschüsse zu Kranken- und Pflegeversicherungsbeiträgen, Übergangsgelder, Überbrückungsgelder, Sterbegelder, Versorgungsabfindungen, Versorgungsbezüge, die u. a. aufgrund des Abgeordnetengesetzes gezahlt werden. Zu den Versorgungsbezügen zählen auch die Altersentschädigungen, welche auf-

grund der Übergangsregelung des § 38 Abs. 2 AbgG bezogen werden.[1] Die Aufzählung der Leistungen ist abschließend.

Unter die Vorschrift fallen zudem nur die Bezüge, welche aufgrund der Abgeordnetengesetze des Bundes und der Länder sowie des Europaabgeordnetengesetzes (EuAbgG) oder des Abgeordnetenstatuts des Europäischen Parlaments von der EU (AbgStatut des EP) gezahlt werden. Deshalb werden Leistungen aus dem freiwilligen Versorgungssystem des Europäischen Parlaments nicht von § 22 Nr. 4 EStG erfasst, da diese nicht aufgrund des Europaabgeordnetengesetzes gezahlt werden.[2] 205

Zu den gewährten Leistungen gehört neben den Bezügen normalerweise auch eine Amtsausstattung inklusive einer Kostenpauschale. Die nach § 3 Nr. 12 EStG steuerfreie Kostenpauschale für Abgeordnete war mehrfach Gegenstand richterlicher Entscheidungen.[3] Eine gleichheitswidrige Begünstigung der Abgeordneten wurde jedoch nicht judiziert (vgl. auch → Rz. 15). 206

Die Regelung gilt nicht für Mitglieder eines Kreistags, Gemeinderats oder Stadtrats. Diese Leistungen unterfallen i. d. R. § 18 EStG.[4] Ebenfalls nicht betroffen sind ehrenamtliche Mitglieder kommunaler Vertretungen oder kommunale Wahlbeamte. 207

Einkünfte nach anderen Vorschriften bleiben von § 22 Nr. 4 EStG unberührt. Zusätzlich zu Einkünften nach Nr. 4 können beim Steuerpflichtigen also auch andere Einkünfte, z. B. als parlamentarischer Geschäftsführer oder Fraktionsvorsitzender, vorliegen, die dann von den entsprechenden Einkunftsarten erfasst werden (z. B. §§ 18, 19 EStG aber auch § 22 Nr. 3 EStG). 208

(*Einstweilen frei*) 209–210

3. Werbungskosten

Wird den Abgeordneten eine **steuerfreie Aufwandsentschädigung**[5] gezahlt, können durch das Mandat veranlasste Aufwendungen steuerlich nicht als Werbungskosten geltend gemacht werden, § 22 Nr. 4 Satz 2 EStG. Diese pauschalen Entschädigungen haben umfänglichen **Abgeltungscharakter**. Ein Werbungskostenabzug ist also auch dann ausgeschlossen, wenn die gewährten Aufwandsentschädigungen im Einzelfall die aufgewendeten Beträge der Art oder der Höhe nach nicht abdecken (H 22.9 EStH, m. w. N.). Negative Einnahmen sind jedoch möglich. 211

Wahlkampfkosten[6] sind bereits kraft Gesetzes von der Berücksichtigung als Werbungskosten ausgeschlossen. Auf diese besteht in der Praxis meist ein Erstattungsanspruch. Wahlkampfkosten für ein Kommunalparlament können ggf. Betriebsausgaben oder Werbungskosten sein.[7] 212

---

1 BFH v. 14. 10. 2003 - IX R 17/01, BFH/NV 2004, 189 = NWB DokID: BAAAB-13769.
2 BMF v. 4. 7. 2005, NWB-DokID: YAAAB-57384.
3 Z. B. BFH v. 11. 9. 2008 - VI R 13/06, BStBl 2008 II 928; FG Münster v. 25. 4. 2013 - 3 K 3754/11 E, EFG 2013, 1288.
4 BFH v. 8. 10. 2008 - VIII R 58/06, BStBl 2009 II 405.
5 Nur in Nordrhein-Westfalen, Schleswig-Holstein und Brandenburg sehen die Abgeordnetengesetze derzeit keine steuerfreien Aufwandsentschädigungen vor. Hier ist ein Werbungskostenabzug möglich.
6 Siehe hierzu FG München v. 26.10.2017 - 10 K 614/17, EFG 2018, 213, Rev.: IX R 32/17.
7 FG Münster v. 26. 10. 2001 - 5 K 3307/01 E, EFG 2002, 129.

213 Zu den Kosten eines Wahlprüfungsverfahrens als Werbungskosten siehe FG Berlin-Brandenburg.[1] Nach BFH[2] sind Sonderbeiträge im Hinblick auf künftige Mandate ebenfalls nicht als Werbungskosten, sondern nur als Sonderausgaben i. S. d. § 10b EStG absetzbar.

214–215 (Einstweilen frei)

4. Sonstiges

216 § 22 Nr. 4 Satz 4 EStG eröffnet den Anwendungsbereich diverser anderer Vorschriften. So gilt für bestimmte Ausgaben zur Zukunftssicherung die Steuerfreiheit nach § 3 Nr. 62 EStG, für Versorgungsbezüge § 19 Abs. 2 EStG (in eingeschränkter Form) und § 34 EStG für Versorgungsabfindungen und in einer Summe gezahlte Übergangsgelder.

217 § 22 Nr. 4 Satz 4 Buchst. d EStG resultiert aus der neuen Form der Abgeordnetenalimentation auf EU-Ebene. Wegen erheblicher Unterschiede der nationalstaatlichen Regelungen betreffend die Höhe der Bezüge der Europaabgeordneten wurde durch das EU-Abgeordnetenstatut[3] v. 28. 9. 2005 (in Kraft seit Juli 2009) eine europaeinheitliche Regelung geschaffen. Die Besteuerung dieser Bezüge erfolgt ebenfalls auf EU-Ebene durch die EU-Gemeinschaftssteuer. Bei der Besteuerung nach dt. nationalen Regeln ist die Gemeinschaftssteuer wie eine ausländische Steuer anzurechnen (entsprechende Anwendung des § 34c Abs. 1 EStG).

218–220 (Einstweilen frei)

VI. Leistungen aus Altersvorsorgeverträgen, Pensionsfonds, Pensionskassen und Direktversicherungen (§ 22 Nr. 5 EStG)

1. Grundlegendes

221 § 22 Nr. 5 EStG wurde im Rahmen eines neuen steuerlichen Förderkonzepts für die **zusätzliche Altersvorsorge** durch das Altersvermögensgesetz (AVmG[4]) eingeführt. Leitgedanke ist der Aufbau einer zusätzlichen, betrieblichen oder privaten, Altersvorsorge mit massiver staatlicher Förderung. Bei der Einbeziehung der betrieblichen Altersvorsorge hat der Gesetzgeber auf die Breitenwirkung dieses Zweigs gebaut und dies entsprechend mit anderen Maßnahmen flankiert, z. B. Aufnahme eines individuellen Anspruchs des Arbeitnehmers auf betriebliche Altersversorgung durch Entgeltumwandlung (BetrAVG).

222 Fördern wollte der Gesetzgeber ursprünglich Anlageformen, die im Alter eine lebenslange Rente einbringen und bei denen zu Beginn der Auszahlungsphase zumindest die eingezahlten Beträge für die Auszahlung zur Verfügung stehen. Auf die Voraussetzung eines kapitalgedeckten Systems hat er jedoch ab 2007 verzichtet.

223 Erfasst werden von § 22 Nr. 5 EStG die (kapitalgedeckte) private Altersversorgung nach dem AVmG (Riester-Rente) und Leistungen aus bestimmten Durchführungswegen der **betrieblichen Altersversorgung** (sowohl kapitalgedeckt wie umlagefinanziert). Steuerpflicht nach § 22 Nr. 5 EStG besteht für die gesamte Leistungsbandbreite, ohne Rücksicht darauf, dass einzelne Bestandteile nach anderen Vorschriften anders behandelt würden. Einbezogen werden auch Ein-

---

1 FG Berlin-Brandenburg v. 13. 6. 2012 - 12 K 12096/09, EFG 2012, 1725, rkr.
2 BFH v. 23. 1. 1991 - X R 6/84, BStBl 1991 II 396.
3 ABl. L 262 v. 7. 10. 2005, S. 1 bis 10.
4 Altersvermögensgesetz v. 26. 6. 2001, BGBl 2001 I 1310.

malkapital- oder Teilkapitalauszahlungen. § 34 EStG kommt in diesem Fall nicht zur Anwendung, da weder eine Entschädigung noch eine Vergütung für eine mehrjährige Tätigkeit vorliegt (vgl. BMF v. 6.12.2017, Rz. 149).[1]

Auch hier ist die volle nachgelagerte Besteuerung der Grundsatz, da die Beitragsleistungen wegen gewährter Steuerfreiheit, Zulagen oder Sonderausgabenabzug i. d. R. aus nichtversteuertem Einkommen erfolgen. Nur, soweit die Leistungen auf nicht geförderten Beiträgen beruhen, ergibt sich eine andere steuerliche Behandlung (vgl. § 22 Nr. 5 Satz 2 EStG). 224

§ 22 Nr. 5 EStG gilt nicht für Leistungen aus der Basisversorgung, diese fallen ausschließlich unter § 22 Nr. 1 Satz 3 Buchst. a Doppelbuchst. aa EStG. 225

Die Regelung des § 22 Nr. 5 EStG ist eine Spezialvorschrift und geht allen anderen Einkunftsarten wie auch Sonderregelungen (z. B. InvStG) vor.[2] Der Vorrang gilt für sämtliche Leistungen, auch wenn zugunsten eines Vertrages teilweise oder ausschließlich Beiträge geleistet wurden, die nicht steuerlich gefördert wurden. Die dafür geltende abweichende steuerliche Behandlung regelt § 22 Nr. 5 EStG selbst. 226

(*Einstweilen frei*) 227–230

2. Voraussetzungen

Unter § 22 Nr. 5 EStG fallen Leistungen aus Altersvorsorgeverträgen i. S. v. § 82 EStG sowie Leistungen aus den drei externen Durchführungswegen der betrieblichen Altersversorgung (Pensionsfonds, Pensionskassen und Direktversicherungen). 231

a) Altersvorsorgeverträge (Riester-Rente)

Die Definition eines Altersvorsorgevertrages findet sich in § 1 Altersvorsorgeverträge-Zertifizierungsgesetz (AltZertG). Ein gem. § 5 AltZertG zertifizierter Altersvorsorge-Vertrag berechtigt zur Inanspruchnahme eines Sonderausgabenabzugs bzw. einer Zulage (§§ 10a bzw. 79 ff. EStG – zu den weiteren u. a. personellen Voraussetzungen siehe KKB/Wilhelm, § 10a EStG Rz. 11 ff.). In der Ansparphase erfolgt keine Besteuerung der Erträge und Wertsteigerungen. In der Auszahlungsphase unterfallen die Leistungsbezüge § 22 Nr. 5 EStG. Die erfassten Leistungen setzen sich dabei zusammen aus den in der Ansparphase geleisteten Beiträgen und Zulagen, den daraus erwirtschafteten Erträgen sowie den weiteren in der Leistungsphase erwirtschafteten Erträgen. Zur Zulagenförderung siehe §§ 79 ff. EStG. 232

b) Pensionsfonds, Pensionskassen und Direktversicherungen

Die betriebliche Altersversorgung kennt fünf Durchführungswege (Pensionsfonds, Pensionskassen, Direktversicherungen, Direktzusagen und Unterstützungskassen). Die ersten drei werden als **externe Durchführungswege** bezeichnet. Genau diese werden von § 22 Nr. 5 EStG erfasst. 233

Ursprünglich begrenzte sich die Regelung auf kapitalgedeckte Systeme. Seit 2007 ist diese gesetzliche Beschränkung jedoch aufgehoben und es werden auch umlagefinanzierte Versorgungskassen (VBL) einbezogen. 234

---

1 Siehe hierzu auch BFH v. 20.9.2016 - X R 23/15, BStBl 2017 II 347; FG Köln v. 4.7.2017 - 5 K 3136/16, Rev.: X R 39/17; FG Berlin-Brandenburg v. 24.1.2018 - 7 K 7032/16, Rev.: X R 7/18..
2 BMF v. 21.12.2017, Rz. 126 und BMF v. 6.12.2017, Rz. 148.

235 Die nachgelagerte Besteuerung rechtfertigt sich in diesem Fall durch gewährte Steuerbefreiungen (vgl. z. B. § 3 Nr. 56, 63 und 66 EStG) oder einen Sonderausgabenabzug bzw. Zulagen für die zugrunde liegenden Beiträge.

c) Förderung

236 Eine volle nachgelagerte Besteuerung ist (sowohl bei den Altersvorsorge-Verträgen wie auch der betrieblichen Altersversorgung) jedoch nur gerechtfertigt, soweit die den bezogenen Leistungen zugrunde liegenden Beiträge zuvor tatsächlich steuerlich begünstigt wurden. Deshalb ist zu differenzieren, ob in der Ansparphase die Beiträge steuerlich freigestellt bzw. über §§ 10a, 79 ff. EStG gefördert wurden. Ist dies nicht der Fall, sieht Satz 2 eine abweichende steuerliche Behandlung vor.

237 Als gefördert gelten bei der Riester-Rente die Eigenbeiträge und die gewährten Zulagen bis zum Höchstbetrag nach § 10a EStG, mindestens jedoch die Zulagen und die erbrachten Sockelbeträge oder, bei Fehlen einer Zulagenbegünstigung, wenn ein Sonderausgabenabzug für die Beiträge gewährt wurde.[1]

238 Bei der betrieblichen Altersversorgung ist von einer Förderung auszugehen, wenn eine Steuerfreiheit nach § 3 Nr. 56, 63, 66 EStG oder aber ein Sonderausgabenabzug oder eine Zulage gewährt wurde – vgl. im Einzelnen BMF v. 24. 7. 2013.[2]

239 Nicht geförderte Beiträge können vorliegen, wenn bei einem Riestervertrag der Anleger zeitweise nicht zum begünstigten Personenkreis gehört, also weder eine Zulage noch ein Sonderausgabenabzug in Anspruch nehmen kann oder wenn der abzugsfähige Höchstbetrag überschritten ist. Bei der betrieblichen Altersversorgung ist keine Förderung der Beiträge gegeben, wenn diese pauschal versteuert werden.

240 Im Fall der Förderung erfolgt bei Auszahlung eine Besteuerung in vollem Umfang. Das gilt ebenfalls, wenn die Leistungen auf einem nach § 3 Nr. 55b oder 55c EStG vollständig steuerfrei begründeten Anrecht beruhen.

241 Wenn eine Leistung teilweise auf geförderten und teilweise auf nicht geförderten Beiträgen beruht, hat durch die Versorgungsanbieter eine Aufteilung und Zuordnung der Leistung zu erfolgen.[3]

242–245 *(Einstweilen frei)*

3. Rechtsfolgen

246 Soweit Leistungen auf geförderten Beiträgen beruhen, ergibt sich aus Satz 1 eine uneingeschränkte Steuerpflicht (Vollversteuerung). Soweit die Leistungen jedoch auf nicht geförderten Beiträgen beruhen, unterscheidet Satz 2 drei mögliche Varianten der Besteuerung. Zur Anwendung im Einzelnen vgl. BMF v. 24. 7. 2013.[4]

---

1 BMF v. 21.12.2017, Rz. 131 ff.
2 BMF v. 6.12.2017, Rz. 148.
3 Vgl. hierzu BMF v. 11. 11. 2004, BStBl 2004 I 1061, mit Änderungen BMF v. 14. 3. 2012, BStBl 2012 I 311.
4 BMF v. 21.12.2017, Rz. 139 ff. und BMF v. 6.12.2017, Rz. 150 ff.

a) Kohorte bzw. Ertragsanteil

Wenn die Leistung in einer lebenslangen Rente, Berufsunfähigkeitsrente, Erwerbsminderungsrente oder Hinterbliebenenrente besteht, ergeben sich die Rechtsfolgen aus § 22 Nr. 1 Satz 3 Buchst. a EStG. 247

So gilt der Ertragsanteil nach § 22 Nr. 1 Satz 3 Buchst. a Doppelbuchst. bb EStG für Altzusagen (vor dem 1.1.2005) der betrieblichen Altersversorgung wie auch für Neuzusagen, wenn die Voraussetzungen des § 10 Abs. 1 Nr. 2b EStG (Basisrente) nicht erfüllt sind. Für abgekürzte Leibrenten, Erwerbsminderungsrenten und Berufsunfähigkeitsrenten etc. gilt § 55 EStDV. 248

Bei Leistungen aus Neuverträgen (wenn eine Zusage nach 31.12.2004 erfolgt ist), kommt es hingegen zur Kohortenbesteuerung nach § 22 Nr. 1 Satz 3 Buchst. a Doppelbuchst. aa EStG, wenn die Voraussetzungen für den Sonderausgabenabzug des § 10 Abs. 1 Nr. 2b EStG (Basisrente) erfüllt sind. 249

b) § 20 Abs. 1 Nr. 6 EStG

Für Leistungen aus Versicherungsverträgen, Pensionsfonds, Pensionskassen und Direktversicherungen, die nicht unter § 22 Nr. 1 Satz 3 Buchst. a EStG fallen (also keine lebenslangen Renten etc. sind), gilt § 20 Abs. 1 Nr. 6 EStG in der für den jeweiligen Vertrag geltenden Fassung (beachte § 52 Abs. 28 EStG). Das betrifft z. B. Kapitalauszahlungen, Ratenzahlungen und Abfindungen. Besteuert wird nur der Unterschiedsbetrag zwischen der Versicherungsleistung und der Summe der auf sie entrichteten Beiträge (siehe im Einzelnen KKB/Kempf, § 20 EStG Rz. 91 ff). 250

Für vor dem 1.1.2005 geschlossene Verträge kann die Auszahlung bei mindestens 12-jähriger Laufzeit und einer Auszahlung nach dem 60. bzw. 62. Lebensjahr steuerfrei sein. Bei Verträgen ab 1.1.2005 kommt eine Besteuerung nur zur Hälfte in Betracht – § 20 Abs. 1 Nr. 6 Satz 2 EStG. 251

c) Unterschiedsbetrag zwischen Leistung und Beiträgen

Für andere Leistungen, die nicht unter Buchst. a oder b fallen, unterliegt der Steuerpflicht die Differenz zwischen den eingezahlten Beiträgen und der ausgezahlten Leistung. Auch hier gelten die Vergünstigungen des § 20 Abs. 1 Nr. 6 Satz 2 EStG (hälftige Versteuerung). § 22 Nr. 5 Satz 2 Buchst. c EStG erfasst z. B. Leistungen in monatlich gleichbleibenden, steigenden oder variablen Teilraten oder Kapitalauszahlungen von Fondssparplänen. 252

(Einstweilen frei) 253–256

4. Sonstiges (§ 22 Nr. 5 Satz 3 bis 15 EStG)

Über § 22 Nr. 5 Satz 3 EStG erfolgt bei schädlicher Verwendung von (gefördertem) Altersvorsorge-Vermögen (§ 93 EStG) eine Versteuerung nach Satz 2. Das ausgezahlte geförderte Altersvorsorgevermögen (ohne Zulagen) gilt dann als nicht geförderte Leistung. Gleichzeitig sind nach § 93 Abs. 1 Satz 1 EStG die erhaltenen Zulagen und ein nach § 10a EStG in Anspruch genommener Sonderausgabenabzug zurück zu gewähren. Damit erfolgt eine vollständige Rückabwicklung der Förderung. Das schädlich verwendete Vermögen wird im Ergebnis als ungeförderte Leistung behandelt. 257

258 § 22 Nr. 5 Satz 4 bis 6 EStG betrifft einzelne Regelungen zum Altersvorsorge-Eigenheimbetrag – im Einzelnen siehe KKB/Wilhelm, § 92a EStG Rz. 3 ff. und BMF v. 21.12.2017, Rz. 240 ff.

259 Der Anbieter eines Altersvorsorgevertrags oder einer betrieblichen Altersversorgung hat dem Steuerpflichtigen gem. Satz 7 eine Bescheinigung zu erteilen für den Fall des erstmaligen Leistungsbezugs, in den Fällen der steuerschädlichen Verwendung nach § 93 EStG sowie bei Änderung der im Kalenderjahr auszuzahlenden Leistungen. Diese Bescheinigung ist nach amtlich vorgeschriebenem Muster[1] zu erstellen und hat den Betrag der im abgelaufenen Kalenderjahr zugeflossenen Leistungen jeweils gesondert mitzuteilen. Das gilt auch für die Abschluss- und Vertriebskosten eines Altersvorsorgevertrages, die dem Steuerpflichtigen erstattet werden.

260 Satz 8 ordnet die Erstattung von Abschluss- und Vertriebskosten ebenfalls der Leistung i. S. d. Nr. 5 zu.

261 Die Sätze 9 und 10 regeln die Zuordnung zu den Sätzen 1 oder 2 in den Fällen des § 3 Nr. 55a EStG (Versorgungsausgleich im Wege der internen Teilung) und für § 3 Nr. 55 und 55e EStG.

262 Mit den Sätzen 11 und 12 wurden die Regelungen aus §§ 52 Abs. 34c EStG (Übertragung von Versorgungsverpflichtung nach § 3 Nr. 66 EStG) und § 52 Abs. 38 Satz 4 EStG übernommen (Änderung durch KroatAnpG s. → Rz. 7).

263 Über Satz 13 kommt die Tarifermäßigung nach § 34 EStG nunmehr auch für Kleinbetragsrentenabfindungen entsprechend zur Anwendung.[2] Satz 14 betrifft Leistungen, die aus steuerfrei gestellten Beiträgen zu ausländischen Versorgungseinrichtungen resultieren. Mit Satz 15 soll eine doppelte Steuerfreistellung verhindert werden, die sich bei Steuerbefreiungen nach §§ 8-12 InvStG ergeben kann.

264–265 (Einstweilen frei)

5. Werbungskosten

266 Versicherungsbeiträge (z. B. für Riester) sind keine Werbungskosten, sondern aufgrund gesetzlicher Zuordnung Sonderausgaben (s. hierzu auch → Rz. 11). Als Werbungskosten kommen Schuldzinsen oder auch Rechts- und Beratungskosten in Betracht. Es kann ein Werbungskostenpauschbetrag i. H. v. 102 € geltend gemacht werden, § 9a Satz 1 Nr. 3 EStG. Ein solcher wird jedoch nur einmalig gewährt, auch wenn noch andere Einkünfte i. S. d. § 9a Satz 1 Nr. 3 EStG vorliegen (z. B. wenn gleichzeitig noch Einkünfte i. S. v. § 22 Nr. 1a EStG gegeben sind). Der Sparer-Pauschbetrag (§ 20 Abs. 9 EStG) ist trotz entsprechender Anwendung von § 20 Abs. 1 Nr. 6 EStG nicht zu berücksichtigen. Aufgrund des Spezialcharakters des § 22 Nr. 5 EStG finden weder Abgeltungsteuer noch Kapitalertragsteuerabzug Anwendung.

§ 22a Rentenbezugsmitteilungen an die zentrale Stelle

(1) [1]Nach Maßgabe des § 93c der Abgabenordnung haben die Träger der gesetzlichen Rentenversicherung, die landwirtschaftliche Alterskasse, die berufsständischen Versorgungseinrichtungen, die Pensionskassen, die Pensionsfonds, die Versicherungsunternehmen, die Unternehmen, die Verträge im Sinne des § 10 Absatz 1 Nummer 2 Buchstabe b anbieten, und die Anbie-

---

1 Vgl. BMF v. 10.4.2018, BStBl 2018 I 616.
2 Zur Rechtslage vor BRSG siehe FG Köln v. 4.7.2017 - 5 K 3136/16, Rev.: X R 39/17; FG Berlin-Brandenburg v. 24.1.2018 - 7 K 7032/16, Rev.: X R 7/18.

ter im Sinne des § 80 als mitteilungspflichtige Stellen der zentralen Stelle (§ 81) unter Beachtung der im Bundessteuerblatt veröffentlichten Auslegungsvorschriften der Finanzverwaltung folgende Daten zu übermitteln (Rentenbezugsmitteilung):

1. die in § 93c Absatz 1 Nummer 2 Buchstabe c der Abgabenordnung genannten Daten mit der Maßgabe, dass der Leistungsempfänger als Steuerpflichtiger gilt. ²Eine inländische Anschrift des Leistungsempfängers ist nicht zu übermitteln. ³Ist der mitteilungspflichtigen Stelle eine ausländische Anschrift des Leistungsempfängers bekannt, ist diese anzugeben. ⁴In diesen Fällen ist auch die Staatsangehörigkeit des Leistungsempfängers, soweit bekannt, mitzuteilen;

2. je gesondert den Betrag der Leibrenten und anderen Leistungen im Sinne des § 22 Nummer 1 Satz 3 Buchstabe a Doppelbuchstabe aa und bb Satz 4 sowie Doppelbuchstabe bb Satz 5 in Verbindung mit § 55 Absatz 2 der Einkommensteuer-Durchführungsverordnung sowie im Sinne des § 22 Nummer 5 Satz 1 bis 3. ²Der im Betrag der Rente enthaltene Teil, der ausschließlich auf einer Anpassung der Rente beruht, ist gesondert mitzuteilen;

3. Zeitpunkt des Beginns und des Endes des jeweiligen Leistungsbezugs; folgen nach dem 31. Dezember 2004 Renten aus derselben Versicherung einander nach, so ist auch die Laufzeit der vorhergehenden Renten mitzuteilen;

4. die Beiträge im Sinne des § 10 Absatz 1 Nummer 3 Buchstabe a Satz 1 und 2 und Buchstabe b, soweit diese von der mitteilungspflichtigen Stelle an die Träger der gesetzlichen Kranken- und Pflegeversicherung abgeführt werden;

5. die dem Leistungsempfänger zustehenden Beitragszuschüsse nach § 106 des Sechsten Buches Sozialgesetzbuch;

6. ab dem 1. Januar 2017 ein gesondertes Merkmal und ab dem 1. Januar 2019 zwei gesonderte Merkmale für Verträge, auf denen gefördertes Altersvorsorgevermögen gebildet wurde; die zentrale Stelle ist in diesen Fällen berechtigt, die Daten dieser Rentenbezugsmitteilung im Zulagekonto zu speichern und zu verarbeiten;

7. ab dem 1. Januar 2019 die gesonderte Kennzeichnung einer Leistung aus einem Altersvorsorgevertrag nach § 93 Absatz 3.

²§ 72a Absatz 4 und § 93c Absatz 1 Nummer 3 der Abgabenordnung finden keine Anwendung.

(2)[1] ¹Der Leistungsempfänger hat der mitteilungspflichtigen Stelle seine Identifikationsnummer sowie den Tag seiner Geburt mitzuteilen. ²Teilt der Leistungsempfänger die Identifikationsnummer der mitteilungspflichtigen Stelle trotz Aufforderung nicht mit, übermittelt das Bundeszentralamt für Steuern der mitteilungspflichtigen Stelle auf deren Anfrage die Identifikationsnummer des Leistungsempfängers sowie, falls es sich bei der mitteilungspflichtigen Stelle um einen Träger der gesetzlichen Sozialversicherung handelt, auch den beim Bundeszentralamt für Steuern gespeicherten Tag der Geburt des Leistungsempfängers (§ 139b Absatz 3 Nummer 8 der Abgabenordnung), wenn dieser von dem in der Anfrage übermittelten Tag der Geburt abweicht und für die weitere Datenübermittlung benötigt wird; weitere Daten dürfen nicht übermittelt werden. ³In der Anfrage dürfen nur die in § 139b Absatz 3 der Abgabenordnung genannten Daten des Leistungsempfängers angegeben werden, soweit sie der mitteilungspflichtigen Stelle bekannt sind. ⁴Die Anfrage der mitteilungspflichtigen Stelle und

---

1 **Anm. d. Red.:** Zur Anwendung des § 22a Abs. 2 siehe § 52 Abs. 30a.

die Antwort des Bundeszentralamtes für Steuern sind nach amtlich vorgeschriebenem Datensatz durch Datenfernübertragung über die zentrale Stelle zu übermitteln. [5]Die zentrale Stelle führt eine ausschließlich automatisierte Prüfung der ihr übermittelten Daten daraufhin durch, ob sie vollständig und schlüssig sind und ob das vorgeschriebene Datenformat verwendet worden ist. [6]Sie speichert die Daten des Leistungsempfängers nur für Zwecke dieser Prüfung bis zur Übermittlung an das Bundeszentralamt für Steuern oder an die mitteilungspflichtige Stelle. [7]Die Daten sind für die Übermittlung zwischen der zentralen Stelle und dem Bundeszentralamt für Steuern zu verschlüsseln. [8]Die mitteilungspflichtige Stelle darf die Identifikationsnummer sowie einen nach Satz 2 mitgeteilten Tag der Geburt nur verwenden, soweit dies für die Erfüllung der Mitteilungspflicht nach Absatz 1 Satz 1 erforderlich ist. [9]§ 93c der Abgabenordnung ist für das Verfahren nach den Sätzen 1 bis 8 nicht anzuwenden.

(3) Die mitteilungspflichtige Stelle hat den Leistungsempfänger jeweils darüber zu unterrichten, dass die Leistung der zentralen Stelle mitgeteilt wird.

(4) (weggefallen)

(5) [1]Wird eine Rentenbezugsmitteilung nicht innerhalb der in § 93c Absatz 1 Nummer 1 der Abgabenordnung genannten Frist übermittelt, so ist für jeden angefangenen Monat, in dem die Rentenbezugsmitteilung noch aussteht, ein Betrag in Höhe von 10 Euro für jede ausstehende Rentenbezugsmitteilung an die zentrale Stelle zu entrichten (Verspätungsgeld). [2]Die Erhebung erfolgt durch die zentrale Stelle im Rahmen ihrer Prüfung nach § 93c Absatz 4 der Abgabenordnung. [3]Von der Erhebung ist abzusehen, soweit die Fristüberschreitung auf Gründen beruht, die die mitteilungspflichtige Stelle nicht zu vertreten hat. [4]Das Handeln eines gesetzlichen Vertreters oder eines Erfüllungsgehilfen steht dem eigenen Handeln gleich. [5]Das von einer mitteilungspflichtigen Stelle zu entrichtende Verspätungsgeld darf 50 000 Euro für alle für einen Veranlagungszeitraum zu übermittelnden Rentenbezugsmitteilungen nicht übersteigen.

Inhaltsübersicht

	Rz.
A. Allgemeine Erläuterungen	
I. Normzweck und wirtschaftliche Bedeutung der Vorschrift	1 - 3
II. Entstehung und Entwicklung der Vorschrift	4
III. Geltungsbereich	5
IV. Verhältnis zu anderen Vorschriften	6 - 10
B. Systematische Kommentierung	11 - 45
I. Mitteilungspflichtige Stellen (§ 22a Abs. 1 Satz 1 EStG)	11 - 13
II. Mitteilungspflichtige Daten (§ 22a Abs. 1 Satz 1 EStG)	14 - 28
III. Form der Datenübermittlung	29
IV. Mitteilungspflichten des Leistungsempfängers (§ 22a Abs. 2 EStG) und der mitteilungspflichtigen Stelle (§ 22a Abs. 3 EStG)	30 - 35
V. Kontrollverfahren und Verspätungsgeld (§ 22a Abs. 5 EStG)	36 - 45
C. Verfahrensfragen	46 - 48

HINWEIS:
H 22a EStH; AltvDV v. 28. 2. 2005 – Anhang 2 II LStH; BZSt v. 28. 10. 2008, BStBl 2008 I 955; BMF v. 28. 9. 2009, BStBl 2009 I 1171; BMF v. 7. 12. 2011, BStBl 2011 I 1223; BMF v. 19. 8. 2013, BStBl 2013 I 1087.

A. Allgemeine Erläuterungen

I. Normzweck und wirtschaftliche Bedeutung der Vorschrift

§ 22a EStG wurde durch das Alterseinkünftegesetz[1] v. 5. 7. 2004 im Zuge der Neuordnung der Rentenbesteuerung (zu Einzelheiten s. KKB/Eckardt, § 22 EStG Rz. 57) eingefügt. Materiell wird damit der notwendige Informationstransfer für geleistete Rentenbezüge geschaffen. Rentenversorgungsträger (mitteilungspflichtige Stellen) müssen der Verwaltung die Art und Höhe der ausgezahlten Leistungen durch eine **Rentenbezugsmitteilung (RBM)** übermitteln. Dadurch erhält die Finanzverwaltung die Möglichkeit, umfassend die Versteuerung dieser Einkünfte zu überprüfen.

Die mitteilungspflichtigen Stellen haben die steuerrelevanten Daten an die zentrale Stelle i. S. d. § 81 EStG zu melden, welche diese an die zuständigen Landesfinanzbehörden weiterleitet. Hierfür bedient sich das BZSt, dem von Gesetzes wegen die Sammlung und Weiterleitung der Daten obliegt (§ 5 Abs. 1 Nr. 18 FVG), im Wege der Organleihe der Deutschen Rentenversicherung Bund (DRV Bund). Diesbezüglich übt das BZSt die Fachaufsicht aus. Zentrales Zuordnungskritrium der Datenflut ist die seit 2008 neu vergebene **Identifikationsnummer**[2] gem. § 139b AO (ID-Nummer).

Mit der Vorschrift soll eine vollständige steuerliche Erfassung der Rentenleistungen sichergestellt und damit eine gesetzmäßige Besteuerung nach Maßgabe des Verifikationsprinzips gewährleistet werden.[3] Nach Auffassung des FG Baden-Württemberg[4] vermeidet § 22a EStG ein strukturelles Vollzugsdefizit bei der Rentenbesteuerung und damit ggf. eine Verfassungswidrigkeit. Die Alternative *Quellensteuerabzug* wurde vom Gesetzgeber aus verschiedenen Gründen[5] nicht aufgegriffen.

II. Entstehung und Entwicklung der Vorschrift

Seit Inkrafttreten der Vorschrift zum 1. 1. 2005 wurde sie bereits mehrfach geändert, so durch das BFinVwNeuOG,[6] JStG 2007,[7] LSVMG,[8] JStG 2008,[9] JStG 2009,[10] BürgEntlG KV,[11] JStG 2010,[12] LSV-NOG[13] und durch das KroatienAnpG.[14] Mit dem Gesetz zur Modernisierung des Besteuerungsverfahrens[15] wurden die elektronischen Datenübermittlungspflichten Dritter ver-

---

1 Gesetz zur Neuordnung der einkommensteuerrechtlichen Behandlung von Altersvorsorgeaufwendungen und Altersbezügen (AltEinkG), BGBl 2004 I 1427.
2 Zur Verfassungsmäßigkeit s. BFH v. 18. 1. 2012 - II R 49/10, BStBl 2012 II 168.
3 Vgl. die Gesetzesbegründung in BT-Drucks. 15/2150, 42 f.
4 FG Baden Württemberg v. 7. 7. 2011 - 3 K 5640/08, EFG 2012, 123.
5 Vgl. hierzu die Gesetzesbegründung in BT-Drucks. 15/2150, 42 f.
6 Gesetz zur Neuorganisation der Bundesfinanzverwaltung und zur Schaffung eines Refinanzierungsregisters v. 22. 9. 2005, BGBl 2005 I 2809.
7 JStG 2007 v. 13. 12. 2006, BGBl 2006 I 2878.
8 Gesetz zur Modernisierung des Rechts der landwirtschaftl. Sozialversicherung v. 18. 12. 2007, BGBl 2007 I 2984.
9 JStG 2008 v. 20. 12. 2007, BGBl 2007 I 3150.
10 JStG 2009 v. 19. 12. 2008, BGBl 2008 I 2794.
11 Bürgerentlastungsgesetz Krankenversicherung v. 16. 12. 2009, BGBl 2009 I 1959.
12 JStG 2010 v. 8. 12. 2010, BGBl 2010 I 1768.
13 LSV-Neuordnungsgesetz v. 12. 4. 2012, BGBl 2012 I 579.
14 Gesetz zur Anpassung des nationalen Steuerrechts an den Beitritt Kroatiens zur EU und zur Änderung weiterer steuerlicher Vorschriften v. 25. 7. 2014, BGBl 2014 I 1266.
15 Gesetz zur Modernisierung des Besteuerungsverfahrens v. 18. 7. 2016, BGBl 2016 I 1679.

einheitlich und in einer Generalnorm der Abgabenordnung (§ 93c AO) – zusammengeführt. In den einzelnen Steuergesetzen verbleiben nur noch die materiell-rechtlichen und verfahrensspezifischen Sonderregelungen. In der Neuregelung des § 93c AO werden die notwendigen Mitteilungsinhalte (auch) für § 22a EStG weiter präzisiert. Größere materielle Änderungen sind nicht erfolgt. Der Leistungsempfänger ist jetzt auch verpflichtet, der mitteilungspflichtigen Stelle neben seiner Steuer-Identifikationsnummer sein Geburtsdatum mitzuteilen (§ 22a Abs. 2 EStG). Des Weiteren wurde das Fristende zur Übermittlung der Rentenbezugsmitteilungen vom 1.3. auf den 28.2. (bzw. 29.2.) geringfügig vorverlegt. Explizit ausgeschlossen wird für den Bereich der Rentenbezugsmitteilungen die nunmehr in § 93c Abs. 1 Nr. 3 AO allgemein vorgesehene Pflicht, den Steuerpflichtigen darüber zu informieren, welche für seine Besteuerung relevanten Daten an die Finanzbehörden übermittelt wurden. Ebenso finden die allgemeinen Haftungsregelungen des § 72a Abs. 4 AO keine Anwendung; es bleibt jedoch bei der Möglichkeit des Verspätungsgeldes (s. → Rz. 36 ff.). Die Neuregelungen aus dem Modernisierungsgesetz gelten ab 1.1.2017 (bzw. 1.1.2019 – vgl. Art. 23 Abs. 1 des Gesetzes sowie § 52 Abs. 30a EStG n. F.). Mit dem BRSG[1] werden ab 1.1.2019[2] die zu übermittelnden Daten noch erweitert sowie redaktionelle Folgeänderungen vorgenommen. Mit dem Gesetz zur Vermeidung von Umsatzsteuerausfällen beim Handel mit Waren im Internet und zur Änderung weiterer steuerlicher Vorschriften[3] sind kleinere Folgeänderungen sowie Fehlerkorrekturen erfolgt.

III. Geltungsbereich

5 Parallel zur gesetzlichen Neuregelung der Rentenbesteuerung hat § 22a EStG ebenfalls Gültigkeit ab dem VZ 2005. Jedoch kam es in den ersten Jahren noch nicht zur regulären Übermittlung der Daten. Da die ID-Nummer, welche wesentlicher Bestandteil des Verfahrens ist, erst im Laufe des Jahres 2008 zugeteilt wurde, konnte mit der Umsetzung der Vorschrift erst nachträglich begonnen werden. § 52 Abs. 38a EStG a. F.[4] eröffnete dem BZSt die Möglichkeit, ein besonderes Beginndatum für den Start des Verfahrens durch ein Schreiben im BStBl zu bestimmen.[5] Für die VZ 2005 bis 2008 erfolgte eine nachträgliche Datenmeldung im 4. Quartal 2009. Seit dem VZ 2009 ist die in § 22a Abs. 1 Satz 1 EStG genannte Frist maßgeblich (Meldung bis zum 1. 3. des Folgejahres).

IV. Verhältnis zu anderen Vorschriften

6 Die Mitteilungspflicht nach § 22 Nr. 5 Satz 7 EStG ersetzt nicht die Unterrichtung nach § 22a Abs. 3 EStG. Gleichwohl können beide Mitteilungen miteinander verbunden werden (s. → Rz. 32).

Das Verspätungsgeld nach § 22a Abs. 5 EStG hat keinen Bußgeldcharakter[6] und ist daher grundsätzlich neben einer Geldbuße nach § 50f Abs. 1 Nr. 1 EStG zulässig.

7–10 *(Einstweilen frei)*

---

1 Betriebsrentenstärkungsgesetz v. 17.8.2017, BGBl 2017 I 3214; siehe hierzu auch *Emser/Roth*, NWB 2017, 2490.
2 Vgl. Art. 17 Abs. 5 des BRSG.
3 Ursprünglich Jahressteuergesetz 2018.
4 Weggefallen durch KroatienAnpG.
5 Siehe hierzu BZSt v. 28.10.2008, BStBl 2008 I 955.
6 Verfassungsgemäß nach Auffassung des FG Berlin-Brandenburg v. 17.5.2017 - 5 K 10070/15, Rev.: X R 28/17 und 5 K 10290/15, Rev.: X R 29/17; v. 22.6.2017 - 5 K 5043/16, Rev.: X R 32/17 und 5 K 5102/16, Rev.: X R 33/17.

B. Systematische Kommentierung

I. Mitteilungspflichtige Stellen (§ 22a Abs. 1 Satz 1 EStG)

Folgende Versorgungsträger unterliegen der Mitteilungspflicht nach § 22a EStG: 11

- die Träger der gesetzlichen Rentenversicherung (Deutsche Rentenversicherung Bund, Deutsche Rentenversicherung Knappschaft-Bahn-See, Deutsche Rentenversicherung Regionalträger),
- die landwirtschaftliche Alterskasse (vorher Spitzenverband der landwirtschaftlichen Sozialversicherung für die Träger der Alterssicherung der Landwirte – GLA),
- die berufsständischen Versorgungseinrichtungen (§ 6 Abs. 1 SGB VI),
- Pensionskassen und Pensionsfonds (§§ 4e und 4c EStG),
- Versicherungsunternehmen und Unternehmen, die Verträge i. S. d. § 10 Abs. 1 Nr. 2b EStG (Rürup) anbieten sowie Anbieter i. S. v. § 80 EStG (Riester).

Unter die Verpflichtung des § 22a EStG fallen auch die Versorgungsanstalt des Bundes und der Länder, Zusatzversorgungskassen des kommunalen und kirchlichen Dienstes, die Versorgungsanstalten der dt. Kulturorchester, der deutschen Bühnen und der deutschen Bezirksschornsteinfeger. Ebenfalls erfasst werden die Hilfskasse des Landes NRW und die gemeinsame Ausgleichskasse im Seelotswesen der Seelotsreviere (vgl. BMF v. 7.12.2011, Rz. 6). 12

Gleichermaßen von der Übermittlungspflicht erfasst sind auch Unternehmen ohne Sitz im Inland, wenn ihnen der Geschäftsbetrieb im Inland gestattet ist (BMF v. 7.12.2011, Rz. 5). Die Übermittlungspflichten des § 22a EStG gelten hingegen nicht für sonstige private Leibrentenverpflichtete. 13

II. Mitteilungspflichtige Daten (§ 22a Abs. 1 Satz 1 EStG)

Daten gem. § 93c Abs. 1 Nr. 2c AO – u. a. Persönliche Daten (§ 22a Abs. 1 Satz 1 Nr. 1 EStG)

Neben den klassischen Personenstandsdaten (Familienname, Vorname, Geburtsdatum und Anschrift) ist als zentrales und wesentliches Zuordnungskriterium die Identifikationsnummer (§ 139b AO) mitzuteilen. Letztendlich wird nur über diese der Verwaltung eine eindeutige Zuordnung der übermittelten RBM ermöglicht. Ab VZ 2011 umfasst die Meldepflicht auch ausländische Anschriften und ausländische Staatsangehörigkeiten, soweit diese bekannt sind. Weitere Pflichtdaten sind u. a. die Daten Name, Anschrift etc. der mitteilungspflichtigen Stelle oder eines von ihr beauftragten Dritten (im Einzelnen s. § 93c Abs. 1 Nr. 2 AO). 14

Meldepflichtige Leistungsbezüge (§ 22a Abs. 1 Satz 1 Nr. 2 EStG)

Die Mitteilungspflicht umfasst nach dem Gesetzeswortlaut Leibrenten oder andere Leistungen nach § 22 Nr. 1 Satz 3 Buchst. a (Doppelbuchst. aa und Doppelbuchst. bb) EStG und nach § 22 Nr. 5 EStG. Hierunter fallen insbesondere die klassischen Rentenbezüge sowie die (geförderte) private und externe betriebliche Altersversorgung. Mit Gültigkeit ab 2010 wurde in Abs. 1 Satz 1 zudem gesetzlich normiert, dass hierbei die im BStBl veröffentlichten Auslegungsvorschriften der Finanzverwaltung maßgeblich sind. 15

Grundsätzlich ist für jeden Vertrag eine gesonderte RBM zu erstellen, in welcher die im gesamten VZ gezahlten Leistungen in einer Summe mitzuteilen sind, sofern derselbe Rechtsgrund (Besteuerungsnorm) zugrunde liegt (sonst separate RBM erforderlich). Rentenanpassungsbeträge sind wegen § 22 Nr. 1 Satz 3 Buchst. a Doppelbuchst. aa Satz 7 EStG gesondert aus- 16 zuweisen, ebenso Nachzahlungen für frühere Jahre. Einmalige Leistungen sind nicht gesondert auszuweisen, sofern sie demselben Rechtsgrund wie die regelmäßigen Leistungen unterliegen.

17 Versorgungsleistungen aufgrund einer Direktzusage und aus einer Unterstützungskasse gehören zu den Einkünften aus nichtselbständiger Tätigkeit. Hierfür sind keine RBM zu übermitteln.

18 Steuerfreie oder nicht steuerbare Leistungen unterliegen nicht der Meldepflicht. Soweit keine Leistungen im Kalenderjahr bezogen wurden, sind ebenfalls keine Daten mitzuteilen (keine Nullmeldungen – zu ‚technischen' Ausnahmen s. BMF v. 7. 12. 2011, Rz. 18). Bei Rentenrückzahlungen oder Rückkauf/Kündigung einer Versicherung sind auch negative Beträge in der RBM möglich.

19 Bei rückwirkender Zubilligung einer Rente unter Wegfall von bisher gewährten Sozialleistungen erfolgt eine Umwidmung der Sozialleistungen in meldepflichtige Rentenzahlungen, wenn dem Sozialleistungsträger gegenüber dem Rentenversicherungsträger ein analoger Erstattungsanspruch zusteht.

Dauer (§ 22a Abs. 1 Satz 1 Nr. 3 EStG)

20 In die RBM sind der Zeitpunkt des Beginns und das Ende des Leistungsbezugs aufzunehmen. Beginn ist der Zeitpunkt der ersten Leistungsbewilligung (nicht etwa der Vertragsschluss).

21 Steuerlich relevant ist das Zuflussjahr. Aus Vereinfachungsgründen kann der Mitteilungspflichtige den Tag der Auszahlung als maßgeblichen Zuflusszeitpunkt zugrunde legen (s. hierzu auch → Rz. 46). Er hat aber ebenfalls die Möglichkeit, den Zuflusszeitpunkt nach anderen Kriterien zu bestimmen.

Sonstiges (§ 22a Abs. 1 Satz 1 Nr. 4 bis 6 EStG)

22 Zu den weiteren Pflichtangaben gehören u. a. auch die Kranken- und Pflegeversicherungsbeiträge i. S. v. § 10 Abs. 1 Nr. 3 Buchst. a Satz 1 und 2 sowie Buchst. b EStG und die steuerfreien Beitragszuschüsse (§ 106 SGB VI).

23 Zu den Aufzeichnungs- und Aufbewahrungspflichten vgl. § 20 AltvDV.

24–28 *(Einstweilen frei)*

III. Form der Datenübermittlung

29 Für die Übermittlung der Vertragsdaten gilt § 93c Abs. 1 Nr. 1 AO.

Die RBM müssen nach amtlich vorgeschriebenem Datensatz auf elektronischem Wege durch Datenfernübertragung (vgl. hierzu §§ 1 bis 5 AltvDV) an die DRV Bund (siehe → Rz. 2), bis zum letzten Jahr des Monats Februar des folgenden Jahres[1] übermittelt werden. Inhalt und Aufbau des elektronischen Datensatzes werden durch das BMF bestimmt und sind auf den Internetseiten des BZSt (www.bzst.bund.de) abrufbar.

---

1 Durch das JStG 2017 wurde das ursprünglich für den 31. 5. vorgesehene Fristende wegen der üblichen Bearbeitungsroutine in den Finanzämtern, die Ende Mai bereits eine Vielzahl der Steuererklärungen bearbeitet haben, auf den 1. 3. vorgezogen. Durch das Gesetz zur Modernisierung des Besteuerungsverfahrens wurde die Frist zur Datenübermittlung auf den letzten Tag des Monats Februar verlegt (vgl. unter → Rz. 4).

IV. Mitteilungspflichten des Leistungsempfängers (§ 22a Abs. 2 EStG) und der mitteilungspflichtigen Stelle (§ 22a Abs. 3 EStG)

Der Leistungsempfänger ist verpflichtet, dem Rententräger seine Identifikationsnummer sowie den Tag seiner Geburt mitzuteilen. Tut er dies nicht, hat der Rententräger gem. § 22a Abs. 2 Satz 2 EStG die Möglichkeit, die Identifikationsnummer direkt beim BZSt zu erfragen.[1] Auch diese Anfragen erfolgen elektronisch über die zentrale Stelle (im Einzelnen s. § 22a Abs. 2 Satz 3 bis 7 EStG).[2] 30

Die mitteilungspflichtige Stelle darf die Identifikationsnummer des Leistungsempfängers **ausschließlich** für die gesetzlich normierten **Besteuerungszwecke** verwenden. Zuwiderhandlungen stellen nach § 50f EStG **Ordnungswidrigkeiten** dar, die mit einem Bußgeld geahndet werden können. 31

Auch muss sie gem. § 22a Abs. 3 EStG den Leistungsempfänger darüber informieren, dass für die Leistung eine RBM übermittelt wurde; wobei eine bestimmte Form, Frist oder der genaue Inhalt derselben jedoch gesetzlich nicht vorgegeben sind (§ 93c Abs. 1 Nr. 3 AO findet keine Anwendung – vgl. § 22a Abs. 1 Satz 2 EStG). Diese Information kann und wird üblicherweise im Rahmen eines Rentenbescheids, einer Rentenanpassungsmitteilung oder sonstigen Mitteilung vorgenommen. 32

(Einstweilen frei) 33–35

V. Kontrollverfahren und Verspätungsgeld (§ 22a Abs. 5 EStG)

Die Einhaltung der Verpflichtungen nach § 22a Abs. 1 EStG können durch die Finanzverwaltung überprüft werden (§ 93c Abs. 4 AO). 36

Soweit RBM nicht fristgerecht und vollständig übermittelt werden, ist nach § 22a Abs. 5 EStG die Festsetzung eines **Verspätungsgeldes**[3] vorgesehen. Entsprechend der Gesetzesbegründung soll dieses zusätzlichen Verwaltungsaufwand abgelten, der durch die mitteilungspflichtige Stelle ausgelöst wird. 37

Es handelt sich hierbei um eine Sollvorschrift und nicht um eine Ermessensentscheidung der zentralen Stelle. Satz 3 sieht eine Exkulpationsmöglichkeit der mitteilungspflichtigen Stelle im Falle der unverschuldet verspäteten Übermittlung vor. Wann genau ein solches Nichtvertreten müssen vorliegt, ist eine Einzelfallentscheidung.[4] Handlungen des gesetzlichen Vertreters oder Erfüllungsgehilfen werden jedenfalls gleich gestellt und führen nicht zur Entlastung. 38

(Einstweilen frei) 39–45

C. Verfahrensfragen

Sollte dem Steuerpflichtigen die Leistung zu einem (i. d. R. späteren) als vom Leistungserbringer mitgeteilten Zeitpunkt zugeflossen sein und sich hieraus eine andere steuerliche Kon- 46

---

1 Ab dem 1.1.2019 wird einem anfragenden Träger der gesetzlichen Sozialversicherung auch der beim BZSt gespeicherte Tag der Geburt des Leistungsempfängers mitgeteilt.

2 Für die VZ 2005 bis 2008 konnte durch die Rententräger ausnahmsweise direkt beim BZSt abgefragt werden – § 52 Abs. 38a Satz 2 EStG a. F.

3 Siehe hierzu FG Berlin-Brandenburg v. 17.5.2017 - 5 K 10070/15, Rev.: X R 28/17 und 5 K 10290/15, Rev.: X R 29/17; v. 22.6.2017 - 5 K 5043/16, Rev.: X R 32/17 und 5 K 5102/16, Rev.: X R 33/17.

4 Zum Vertretenmüssen siehe FG Berlin-Brandenburg v. 12.11.2015 - 5 K 10235/13, Rev.: X R 29/16.

47 Die RBM ist **kein Grundlagenbescheid**, d. h., die Finanzverwaltung ist an ihren Inhalt nicht gebunden, sondern kann bei anderen Erkenntnissen im Steuerbescheid auch abweichende Beträge ansetzen oder eine andere rechtliche Würdigung vornehmen. Dem Steuerpflichtigen steht hier das normale Rechtsbehelfsverfahren (und anschließend das finanzgerichtliche Klageverfahren) offen. Eine gerichtliche Überprüfung der in der RBM enthaltenen Daten soll mit der allgemeinen Leistungsklage verfolgbar sein,[1] ein entsprechendes Bedürfnis hierfür scheint jedoch kaum ersichtlich.

48 Soweit meldepflichtige Leistungen unter die **Öffnungsklausel** i. S. d. § 22 Nr. 1 Satz 3 Buchst. a Doppelbuchst. bb Satz 2 EStG (vgl. KKB/Eckardt, § 22 EStG Rz. 94 ff.) fallen, kann dies im Mitteilungsverfahren nach § 22a EStG nicht berücksichtigt werden, da die Anwendung der Öffnungsklausel antragsgebunden ist. Diese bleibt somit dem Veranlagungsverfahren vorbehalten (vgl. BMF v. 7. 12. 2011, Rz. 24).

§ 23 Private Veräußerungsgeschäfte

(1)[2] [1]Private Veräußerungsgeschäfte (§ 22 Nummer 2) sind

1. Veräußerungsgeschäfte bei Grundstücken und Rechten, die den Vorschriften des bürgerlichen Rechts über Grundstücke unterliegen (z. B. Erbbaurecht, Mineralgewinnungsrecht), bei denen der Zeitraum zwischen Anschaffung und Veräußerung nicht mehr als zehn Jahre beträgt. [2]Gebäude und Außenanlagen sind einzubeziehen, soweit sie innerhalb dieses Zeitraums errichtet, ausgebaut oder erweitert werden; dies gilt entsprechend für Gebäudeteile, die selbständige unbewegliche Wirtschaftsgüter sind, sowie für Eigentumswohnungen und im Teileigentum stehende Räume. [3]Ausgenommen sind Wirtschaftsgüter, die im Zeitraum zwischen Anschaffung oder Fertigstellung und Veräußerung ausschließlich zu eigenen Wohnzwecken oder im Jahr der Veräußerung und in den beiden vorangegangenen Jahren zu eigenen Wohnzwecken genutzt wurden;

2. Veräußerungsgeschäfte bei anderen Wirtschaftsgütern, bei denen der Zeitraum zwischen Anschaffung und Veräußerung nicht mehr als ein Jahr beträgt. [2]Ausgenommen sind Veräußerungen von Gegenständen des täglichen Gebrauchs. [3]Bei Anschaffung und Veräußerung mehrerer gleichartiger Fremdwährungsbeträge ist zu unterstellen, dass die zuerst angeschafften Beträge zuerst veräußert wurden. [4]Bei Wirtschaftsgütern im Sinne von Satz 1, aus deren Nutzung als Einkunftsquelle zumindest in einem Kalenderjahr Einkünfte erzielt werden, erhöht sich der Zeitraum auf zehn Jahre;

3. Veräußerungsgeschäfte, bei denen die Veräußerung der Wirtschaftsgüter früher erfolgt als der Erwerb.

[2]Als Anschaffung gilt auch die Überführung eines Wirtschaftsguts in das Privatvermögen des Steuerpflichtigen durch Entnahme oder Betriebsaufgabe. [3]Bei unentgeltlichem Erwerb ist dem Einzelrechtsnachfolger für Zwecke dieser Vorschrift die Anschaffung oder die Überführung des Wirtschaftsguts in das Privatvermögen durch den Rechtsvorgänger zuzurechnen. [4]Die An-

---

1 So die Antwort der Bundesregierung auf eine kleine Anfrage – vgl. BT-Drucks 16/1059 zu Frage 11.
2 Anm. d. Red.: Zur Anwendung des § 23 siehe § 52 Abs. 31.

schaffung oder Veräußerung einer unmittelbaren oder mittelbaren Beteiligung an einer Personengesellschaft gilt als Anschaffung oder Veräußerung der anteiligen Wirtschaftsgüter. ⁵Als Veräußerung im Sinne des Satzes 1 Nummer 1 gilt auch

1. die Einlage eines Wirtschaftsguts in das Betriebsvermögen, wenn die Veräußerung aus dem Betriebsvermögen innerhalb eines Zeitraums von zehn Jahren seit Anschaffung des Wirtschaftsguts erfolgt, und
2. die verdeckte Einlage in eine Kapitalgesellschaft.

(2) Einkünfte aus privaten Veräußerungsgeschäften der in Absatz 1 bezeichneten Art sind den Einkünften aus anderen Einkunftsarten zuzurechnen, soweit sie zu diesen gehören.

(3) ¹Gewinn oder Verlust aus Veräußerungsgeschäften nach Absatz 1 ist der Unterschied zwischen Veräußerungspreis einerseits und den Anschaffungs- oder Herstellungskosten und den Werbungskosten andererseits. ²In den Fällen des Absatzes 1 Satz 5 Nummer 1 tritt an die Stelle des Veräußerungspreises der für den Zeitpunkt der Einlage nach § 6 Absatz 1 Nummer 5 angesetzte Wert, in den Fällen des Absatzes 1 Satz 5 Nummer 2 der gemeine Wert. ³In den Fällen des Absatzes 1 Satz 2 tritt an die Stelle der Anschaffungs- oder Herstellungskosten der nach § 6 Absatz 1 Nummer 4 oder § 16 Absatz 3 angesetzte Wert. ⁴Die Anschaffungs- oder Herstellungskosten mindern sich um Absetzungen für Abnutzung, erhöhte Absetzungen und Sonderabschreibungen, soweit sie bei der Ermittlung der Einkünfte im Sinne des § 2 Absatz 1 Satz 1 Nummer 4 bis 7 abgezogen worden sind. ⁵Gewinne bleiben steuerfrei, wenn der aus den privaten Veräußerungsgeschäften erzielte Gesamtgewinn im Kalenderjahr weniger als 600 Euro betragen hat. ⁶In den Fällen des Absatzes 1 Satz 5 Nummer 1 sind Gewinne oder Verluste für das Kalenderjahr, in dem der Preis für die Veräußerung aus dem Betriebsvermögen zugeflossen ist, in den Fällen des Absatzes 1 Satz 5 Nummer 2 für das Kalenderjahr der verdeckten Einlage anzusetzen. ⁷Verluste dürfen nur bis zur Höhe des Gewinns, den der Steuerpflichtige im gleichen Kalenderjahr aus privaten Veräußerungsgeschäften erzielt hat, ausgeglichen werden; sie dürfen nicht nach § 10d abgezogen werden. ⁸Die Verluste mindern jedoch nach Maßgabe des § 10d die Einkünfte, die der Steuerpflichtige in dem unmittelbar vorangegangenen Veranlagungszeitraum oder in den folgenden Veranlagungszeiträumen aus privaten Veräußerungsgeschäften nach Absatz 1 erzielt hat oder erzielt; § 10d Absatz 4 gilt entsprechend.

Inhaltsübersicht

	Rz.
A. Allgemeine Erläuterungen	1 – 140
I. Normzweck und Bedeutung der Vorschrift	1 – 20
II. Entstehung und Entwicklung der Vorschrift	21 – 50
1. Rechtsentwicklung bis einschließlich StEntlG 1999/2000/2002	21 – 30
2. Weitere Änderungen nach dem StEntlG 1999/2000/2002	31 – 40
3. Einführung der Abgeltungsteuer ab VZ 2009 (UntStRG 2008)	41 – 50
III. Geltungsbereich	51 – 65
1. Sachlicher Geltungsbereich	51 – 55
2. Persönlicher Geltungsbereich	56 – 60
3. Zeitlicher Anwendungsbereich	61 – 65
IV. Vereinbarkeit der Vorschrift mit höherrangigem Recht	66 – 100
1. Rückwirkungsverbot I: Rückwirkende Verlängerung der Spekulationsfrist bei Grundstücksveräußerungsgeschäften teilweise verfassungswidrig	66 – 75
2. Rückwirkungsverbot II: Rückwirkende Einbeziehung eines während der Haltefrist errichteten Gebäudes	76 – 80

3. Rückwirkungsverbot III: Rückwirkende Änderung des Gebäudebegriffs		81 – 85
4. Verfassungswidrigkeit aufgrund eines strukturellen Vollzugsdefizits		86 – 100
V. Verhältnis zu anderen Vorschriften		101 – 120
1. Subsidiarität (§ 23 Abs. 2 EStG)		101 – 105
2. Abgrenzung zu § 17 EStG bzw. § 20 Abs. 2 EStG		106 – 110
3. Abgrenzung zum gewerblichen Grundstückshandel		111 – 120
VI. Verfahrensfragen		121 – 140
B. Systematische Kommentierung		**141 – 464**
I. Veräußerung von Grundstücken etc. (§ 23 Abs. 1 Satz 1 Nr. 1 EStG)		141 – 195
1. Grundstücke/grundstücksgleiche Rechte (§ 23 Abs. 1 Satz 1 Nr. 1 Satz 1 EStG)		141 – 155
2. Neue Gebäude/-teile und Außenanlagen (§ 23 Abs. 1 Satz 1 Nr. 1 Satz 2 EStG)		156 – 170
3. Ausnahme bei eigenen Wohnzwecken (§ 23 Abs. 1 Satz 1 Nr. 1 Satz 3 EStG)		171 – 195
II. § 23 Abs. 1 Satz 1 Nr. 2 EStG		196 – 208
1. Überblick und Anwendungsbereich		196 – 200
2. Ausnahme: Wertgegenstände		201 – 204
3. Verlängerung der Haltefrist auf zehn Jahre		205 – 208
III. § 23 Abs. 1 Satz 1 Nr. 3 EStG		209 – 220
IV. Anschaffung, Veräußerung und Identität des Wirtschaftsguts		221 – 275
1. Begriff der Anschaffung		221 – 245
2. Begriff des Veräußerungsgeschäfts		246 – 260
3. Identität zwischen angeschafftem und veräußertem Wirtschaftsgut		261 – 275
V. Haltefristen gemäß § 23 Abs. 1 Satz 1 Nr. 1 und Nr. 2 EStG		276 – 285
VI. § 23 Abs. 1 Satz 2 bis 5 EStG		286 – 330
1. Anschaffungsfiktion (§ 23 Abs. 1 Satz 2 EStG)		286 – 290
2. Unentgeltlicher Erwerb (§ 23 Abs. 1 Satz 3 EStG)		291 – 300
3. Beteiligung an Personengesellschaften (§ 23 Abs. 1 Satz 4 EStG)		301 – 305
4. Einlagen als Veräußerung (§ 23 Abs. 1 Satz 5 EStG)		306 – 330
VII. Subsidiaritätsklausel (§ 23 Abs. 2 EStG)		331 – 340
VIII. Ermittlung des Veräußerungsgewinns (§ 23 Abs. 3 EStG)		341 – 464
1. Grundsatz der Gewinnermittlung (§ 23 Abs. 3 Satz 1 EStG)		341 – 400
a) Regelungsinhalt		341 – 350
b) Veräußerungspreis		351 – 360
c) Werbungskosten		361 – 375
d) Anschaffungs- und Herstellungskosten		376 – 380
e) Sonderfälle der Ermittlung des Veräußerungsgewinns		381 – 400
aa) Ermittlung des Veräußerungsgewinns bei einem teilweise entgeltlich oder im Wege der Erbauseinandersetzung mit Abfindungszahlung erworbenen Grundstück		381 – 385
bb) Ermittlung des steuerpflichtigen Veräußerungsgewinns bei teilweise zu eigenen Wohnzwecken, teilweise zu anderen Zwecken genutzten Gebäuden		386 – 390
cc) Ermittlung des steuerpflichtigen Veräußerungsgewinns bei Entnahme des Grundstücks aus einem Betriebsvermögen (§ 23 Abs. 1 Satz 2 und Abs. 3 Satz 3 EStG)		391 – 395
dd) Ermittlung des privaten Veräußerungsgewinns bei Einlage des Grundstücks in das Betriebsvermögen (§ 23 Abs. 1 Satz 5 Nr. 1 und 2 und Abs. 3 Satz 2 EStG)		396 – 400
2. Wertansatz bei Einlagen (§ 23 Abs. 3 Satz 2 EStG)		401 – 405
3. Wertansatz bei Entnahme und Betriebsaufgabe (§ 23 Abs. 3 Satz 3 EStG)		406 – 410
4. Kürzung der AK/HK um Abschreibungen (§ 23 Abs. 3 Satz 4 EStG)		411 – 420
5. Höhe des Veräußerungsgewinns/-verlusts im VZ (§ 23 Abs. 3 Satz 5 bis 8 EStG)		421 – 464

a) Freigrenze (§ 23 Abs. 3 Satz 5 EStG)	421 - 430
b) Zeitliche Erfassung der Gewinne/Verluste bei Einlagen (§ 23 Abs. 3 Satz 6 EStG)	431 - 440
c) Beschränkter Verlustausgleich (§ 23 Abs. 3 Satz 7 EStG)	441 - 450
d) Eingeschränkter Verlustvor- und Verlustrücktrag (§ 23 Abs. 3 Satz 8 EStG)	451 - 464
C. Verfahrensfragen	465

HINWEIS:

Siehe auch H 23 EStH; BMF v. 11.1.1993, BStBl 1993 I 62; BMF v. 13.1.1993, BStBl 1993 I 80; BMF v. 29.3.2000, BStBl 2000 I 462; BMF v. 5.10.2000, BStBl 2000 I 1383; OFD München v. 26.6.2001, DB 2001, 1533; OFD Koblenz v. 21.6.2002, DStR 2003, 1880; BMF v. 26.3.2004, BStBl 2004 I 434; BMF v. 25.10.2004, BStBl 2004 I 1034; BMF v. 26.11.2004, BStBl 2004 I 1190; BMF v. 29.11.2004, BStBl 2004 I 1097; FinMin Mecklenburg-Vorpommern v. 5.4.2005, NWB DokID: GAAAB-52857; BMF v. 14.3.2006, BStBl 2006 I 253; BMF v. 7.2.2007, BStBl 2007 I 262; BMF v. 26.2.2007, BStBl 2007 I 269; Bayerisches Landesamt für Steuern v. 6.3.2008, DStR 2008, 872; Bayerisches Landesamt für Steuern v. 3.2.2010, DB 2010, 366; BMF v. 11.3.2010, BStBl 2010 I 227; Bayerisches Landesamt für Steuern v. 20.4.2011, DStR 2011, 817; OFD Münster v. 26.5.2011, DStR 2011, 1665; BMF v. 11.7.2011, BStBl 2011 I 713; LFD Thüringen v. 31.1.2012, DStR 2012, 970; OFD Frankfurt/M. v. 5.3.2012, DStR 2012, 1511; OFD Frankfurt/M. v. 16.5.2012, DStR 2012, 1345; BMF v. 9.10.2012, BStBl 2012 I 953; BayLfSt v. 12.3.2013, StEK EStG § 23 Nr. 110 bzw. NWB DokID: JAAAE-63471; OFD Frankfurt/M. v. 27.2.2014, ofix HE EStG /23/17; BMF v. 9.12.2014, BStBl 2014 I 1608; BMF v. 11.12.2014, BStBl 2014 I 1571; BMF v. 18.5.2015, BStBl 2015 I 464.

LITERATUR:

▶ Weitere Literatur siehe Online-Version

Bäuml, Deutsches Besteuerungsrecht bei unentgeltlicher Nutzung einer über eine Kapitalgesellschaft gehaltenen spanischen Ferienimmobilie – zugleich Anm. zu BFH v. 12.6.2013, I R 109-111/10, BB 2013, 2916; *Brunsbach/Mock*, Einbringung von Kapitalgesellschaftsbeteiligungen in eine vermögensverwaltende Personengesellschaft, BB 2013, 1051; *Heuermann*, Entwicklungslinien steuerbarer Veräußerungen von Privatvermögen, DB 2013, 718; *Kraft*, Einlagen in Personen- und Kapitalgesellschaften außerhalb des Umwandlungssteuergesetzes – Ein systematischer Überblick illustriert anhand von Fallstudien, FR 2013, 825; *Moritz/Strohm*, Stille Revolution bei der Besteuerung privater Optionsgeschäfte i. S. des § 23 Abs. 1 Satz 1 Nr. 4 EStG a. F., DB 2013, 603; *Bron*, Steuerliche Behandlung von Veräußerungskosten unter Berücksichtigung der BVerfG-Entscheidungen vom 7.7.2010, DStR 2014, 987; *Deutschländer*, Sonstige Einkünfte aus privaten Veräußerungsgeschäften, NWB 2014, 1019; *Hey*, Verfassungswidrige Übergangsvorschrift zur Verrechnung von Altverlusten aus Aktiengeschäften nach dem 31.12.2013, FR 2014, 349; *Philipowski*, Abgeltungsteuer: Die unterschiedliche Behandlung der Altverluste verstößt gegen Art. 3 GG, DStR 2014, 2051; *Schießl*, Erwerb der Beteiligung an einer Personengesellschaft und anschließende Veräußerung gesamthänderisch gehaltener Grundstücke – „Mischfall" – Zugleich Anmerkung zu dem BFH-Urteil v. 21.1.2014, IX R 9/13, DStR 2014, 512; *Schimmele*, Teilentgeltliche Übertragung einzelner Wirtschaftsgüter: Beitrittsaufforderung an das BMF, GmbH-StB 2014, 251; *Trossen*, Vorfälligkeitsentschädigung keine Werbungskosten bei den Einkünften aus Vermietung und Verpachtung, NWB 2014, 2316; *Wernsmann/Neudenberger*, Die Ermittlung des privaten Veräußerungsgewinns bei anteiliger Steuerfreiheit wegen unechter Rückwirkung, FR 2014, 253; *Cornelius*, § 23 EStG a. F.: Umtausch einer Wandelanleihe mit Zuzahlungspflicht in Aktien, EStB 2015, 127; *Kessler/Mirbach*, Grundstücksveräußerung unter Nießbrauchsvorbehalt zur Vermeidung eines Gewinns nach § 23 EStG, DStR 2015, 926; *Schöllhorn/Zöller*, „Verschwundene Altverluste" in Feststellungsbescheiden zum 31.12.2013 – Akuter Handlungsbedarf, Steuk 2015, 133; *Trossen*, Privates Veräußerungsgeschäft – Verkauf unter aufschiebender Bedingung innerhalb der Zehnjahresfrist, NWB 2015, 1222; *Blusz*, Reparatur unentgeltlicher Zuwendungen unter Ehegatten, ZEV 2016, 626; *Demuth/Jena*, Devisenbesteuerung aus Sicht strafbefreiender Selbstanzeigen, DStR 2016, 204; *Fink*, Rückkauf von Anteilen an geschlossenen Immobilienfonds, NWB 2016, 2656; *Levedag*, Besteuerung der Erträge privater Anleger aus schwarzen und intransparenten Investmentfonds, IWB 7/2016, 262; *Windeknecht*, Veräußerungsgeschäfte bei vermögensverwaltenden Immobiliengesellschaften – „Mischfälle" i. S. des § 23 Abs. 1 Satz 4 EStG, NWB 2016, 1066; *Adrian/Fey/Selzer*, BEPS-Umsetzungsgesetz 1 - Verkündung des Gesetzes zur Umsetzung der Änderungen der EU-Amtshilferichtlinie und von weiteren Maßnahmen gegen Gewinnkürzungen und -verlagerungen im Bundesgesetzblatt, StuB 2017, 94; *Fink*, Rückkauf von Anteilen an geschlossenen Immobilienfonds, NWB 2017, 643; *Schießl*, Private Veräußerungsgeschäfte: Zeitpunkt der Verlustberücksichtigung bei Ratenzahlung, NWB 2017, 1644; *Trossen*, Veräußerung einer zu eigenen Wohnzwecken genutzten Zweitwohnung nicht als privates Veräußerungsgeschäft steuerbar, NWB 2017, 3256; *Fink*, Rückkauf von Anteilen an geschlossenen Immobilienfonds – Zugleich Anmerkung zu den BFH-Urteilen vom 6.9.2016 - IX R 44/14, IX R 45/14 und IX R 27/15, NWB 2017, 643; *Albrecht/Sahrmann*, Blockchain und Steuern – Neue Technik, alte Probleme, IWB 2018, 587; *Beyer*, Einkünfte aus Bitcoins: Ermittlung durch Sammelauskunftsersuchen?, NWB 2018, 999; *Heuel/Matthey*, Steuerliche Behandlung von Kryptowährungen im Privatvermögen – Wann müssen Bitcoin-Gewinne versteuert werden?, NWB 2018, 1037; *Höhmann*, Bitcoin und andere virtuelle Währungen – Umsatz- und ertragsteuerliche Fragen, KSR 4/2018, 11; *Hötzel/Schober/Wicher*, Steuerfragen zu Kryptowährungen – Bitcoin und andere sog. virtuelle Währungen – Zwischenbilanz auf dem Weg in die Rechtssicherheit, IWB 2018, 392; *Langer/Nägele*, Blockchain- und tokenbasierte Unternehmen in Liechtenstein – Steuerliche und rechtliche Fragen und Antworten, IWB 2018, 240; *Pielke*, Besteuerung digitaler Währungen – Steuerliche Aspekte von Bitcoin und anderen blockchainbasierten Zahlungsmitteln, IWB 2018, 234; *Trinks/Trinks*, Besteuerung von Bitcoin und anderen Kryptowährungen, NWB 13/2018 Beilage 1/2018, 21.

ARBEITSHILFEN UND GRUNDLAGEN ONLINE:

Detmering/Tetzlaff, Private Veräußerungsgeschäfte, NWB DokID: IAAAE-41266.

A. Allgemeine Erläuterungen

I. Normzweck und Bedeutung der Vorschrift

1 Gewinne oder Verluste aus privaten Veräußerungsgeschäften gem. § 23 EStG gehören zu den **sog. sonstigen Einkünften (§ 22 Nr. 2 EStG)**. Sie liegen nur dann vor, wenn der Veräußerungsgewinn bzw. -verlust keiner anderen Einkunftsart zuzuordnen ist (z. B. Einkünften aus Gewerbebetrieb oder selbstständiger Arbeit).

2 Die **§§ 22 Nr. 2, 23 Abs. 1 EStG** begründen die Steuerpflicht für die Veräußerung bestimmter Wirtschaftsgüter des Privatvermögens, sofern die Anschaffung und Veräußerung dieser Wirtschaftsgüter **innerhalb bestimmter Fristen** erfolgt.

3 Handelt es sich um **Grundstücke oder grundstücksgleiche Rechte** im Privatvermögen ist der Gewinn aus deren Veräußerung grundsätzlich gem. **§ 23 Abs. 1 Satz 1 Nr. 1 EStG** steuerpflichtig, sofern zwischen Anschaffung und Veräußerung **nicht mehr als zehn Jahre** liegen. Werden sog. **„andere Wirtschaftsgüter" des Privatvermögens** (u. a. Oldtimer, Schmuck, Briefmarkensammlungen, Wertgegenstände wie z. B. Goldbarren, Devisen wie z. B. US-Dollar- oder Schweizer Franken-Bestände sowie auch die Internet- bzw. Kryptowährung Bitcoins[1] etc.), die nicht zu den Gegenständen des täglichen Gebrauchs zählen, **innerhalb eines Jahres** nach der Anschaffung veräußert, ist ein Gewinn aus der Veräußerung ebenfalls steuerpflichtig (§ 23 Abs. 1 Satz 1 Nr. 2 EStG). Die Haltefrist verlängert sich auf zehn Jahre, wenn mit den genannten Wirtschaftsgütern Einkünfte erzielt wurden (§ 23 Abs. 1 Satz. 1 Nr. 2 Satz 4 EStG).

4 Mit Gesetz zur Umsetzung der Änderungen der EU-Amtshilferichtlinie und von weiteren Maßnahmen gegen Gewinnkürzungen und -verlagerungen vom 20.12.2016[2] wurde die Besteuerung sog. privater Leerverkäufe erneut eingeführt und ein (neuer) § 23 Abs. 1 Satz 1 Nr. 3 EStG eingefügt.

---

[1] Vertiefend zu Kryptowährungen u. a. *Beyer*, NWB 2018, 999; *Heuel/Matthey*, NWB 2018, 1037.
[2] BGBl 2016 I 3000, 3009.

> **PRAXISHINWEIS:**
> Dies gilt korrespondierend für Veräußerungsverluste. Sollen diese steuerlich nutzbar sein, ist hierfür eine Veräußerung innerhalb der zehn- bzw. einjährigen Haltefrist erforderlich.

Die Einkünfte aus privaten Veräußerungsgeschäften sind gem. § 23 Abs. 2 EStG nachrangig hinter den anderen Einkunftsarten anzuwenden (**Subsidiarität**). Insbesondere sind § 17 EStG (bei Veräußerung von Beteiligungen an Kapitalgesellschaften von mind. 1 % innerhalb des Fünfjahreszeitraums) bzw. § 20 Abs. 2 EStG (sofern § 17 EStG nicht anzuwenden ist) **vorrangig** anzuwenden.

Der Regelungsgehalt des § 23 Abs. 3 EStG umfasst die Ermittlung des Veräußerungsgewinns/ -verlusts nach § 23 Abs. 1 EStG. Hervorzuheben sind insbesondere die **Freigrenze gem. § 23 Abs. 3 Satz 5 EStG** von 600 € sowie die **Verlustnutzungsbeschränkungen des § 23 Abs. 3 Satz 7 und 8 EStG**.

Die privaten Veräußerungsgeschäfte i. S. d. § 22 Nr. 2, § 23 EStG zählen gem. § 2 Abs. 2 Satz 1 Nr. 2 EStG zu den sog. **Überschusseinkunftsarten**, auch wenn dem Wortlaut nach Gewinne (und Verluste) aus Veräußerungsgeschäften erfasst werden.

Für das **Entstehen der Steuerpflicht** ist alleine das Vorliegen der objektiven Tatbestandsmerkmale maßgebend. Es ist es unerheblich, ob der der Steuerpflichtige in spekulativer Absicht gehandelt hat (**keine Spekulationsabsicht**).[1] Die auch im Rahmen der Überschusseinkünfte erforderliche **Einkünfteerzielungsabsicht** wird im Rahmen des § 23 EStG normspezifisch durch die **verhältnismäßig kurzen Haltefristen** von einem bzw. zehn Jahren in typisierender Weise objektiviert.[2]

§ 23 Abs. 1 EStG durchbricht den **systematischen Grundsatz, dass Wertsteigerungen von Wirtschaftsgütern** grundsätzlich nur im Betriebsvermögen steuerlich erfasst werden. Diese Durchbrechung liegt **auch bei § 17 EStG** vor, also im Fall der Veräußerung von im Privatvermögen gehaltenen Anteilen an Kapitalgesellschaften mit der einschränkenden Voraussetzung, dass der Anteilseigner in den letzten fünf Jahren vor der Veräußerung zu mindestens 1 % beteiligt gewesen sein muss.

Mit der Erweiterung des § 20 EStG durch das Steuerentlastungsgesetz (StEntlG) 1999/2000/2002[3] sowie durch das Unternehmenssteuerreformgesetz (UntStRG) 2008[4] u. a. auf **Veräußerungsgeschäfte (§ 20 Abs. 2 EStG)**, bei denen unabhängig von Haltefristen oder sonstigen Einschränkungen realisierte Wertsteigerungen steuerlich erfasst werden, ist der Grundsatz der Trennung des Einkünfteerzielungsbereichs (Erfassung der Nutzung des Vermögens bei §§ 19 bis 22 EStG) und des (nicht steuerbaren) Vermögensbereichs (Vermögenssubstanz bzw. Vermögensstamm) weitgehend aufgegeben. Zugleich wurde mit der Sondertarifierung von Veräußerungsgewinnen nach § 20 Abs. 2 EStG durch die **Abgeltungsteuer**

---

1 BVerfG v. 9.7.1969 - 2 BvL 20/65, BStBl 1970 II 156; s.a. BFH v. 22.4.2008 - IX R 29/06, BStBl 2009 II 296; BFH v. 23.12.2009 - IX B 72/09, BFH/NV 2010, 932 = NWB DokID: IAAAD-40096; H 23 „Spekulationsabsicht" EStH.
2 Vgl. nur BFH v. 2.5.2000 - IX R 74/96, BStBl 2000 II 469; BFH v. 25.8.2009 - IX R 60/07, BStBl 2009 II 999.
3 Steuerentlastungsgesetz (StEntlG) 1999/2000/2002, BGBl 1999 I 402; zur Problematik der steuerlichen Behandlung von Veräußerungsgewinnen in diesem Zusammenhang vgl. *Kanzler*, FR 2000, 1245.
4 Unternehmenssteuerreformgesetz (UntStRG) 2008 v. 27.3.2007, BGBl 2007 I 1912 bzw. BT-Drucks. 16/4841, 58.

(§ 32d Abs. 1 EStG) das **Prinzip der synthetischen Besteuerung** in der Einkommensteuer durch eine **Schedulensteuer** in diesem Bereich ersetzt.[1]

11 Damit einher ging die **Überführung der Veräußerungsgewinnbesteuerung bei Wertpapieren und Termingeschäften** aus § 23 EStG a. F. in den erweiterten Tatbestand des § 20 Abs. 2 EStG. Insoweit hat § 23 EStG einen nicht unwesentlichen Teil seiner praktischen Bedeutung verloren.

12 Die Neuregelungen durch das **UntStRG 2008** sind auf **nach dem 31. 12. 2008 abgeschlossene Verträge und vergleichbare Rechtsakte** anzuwenden (§ 52 Abs. 28 Satz 11 ff. EStG/§ 52a Abs. 10 EStG a. F.).

13 Insbesondere die **Veräußerung von vor dem 1. 1. 2009 erworbenen Wertpapieren** bzw. die **Beendigung von vor 2009 eingegangenen Rechten aus Termingeschäften** unterliegt noch den Regelungen des § 23 EStG a. F. und damit der Steuerfreiheit nach Ablauf der einjährigen Spekulationsfrist im Rahmen des sog. „Grandfathering" (§ 52 Abs. 31 Satz 2 und 3 EStG/§ 52a Abs. 10 Satz 1 ff. EStG a. F.).[2] Dies betrifft insbesondere Veräußerungsgeschäfte bei Aktien, Anleihen, Genussscheinen, Investmentanteilen, Anteilen an offenen Immobilienfonds, Bonus-, Index- und Discountzertifikaten und sonstigen GmbH-Anteilen. Die Verlustverrechnungsbeschränkung gem. § 23 Abs. 3 EStG greift zumindest auf Ebene des Sondervermögens nicht ein.[3] Private Veräußerungsgeschäfte nach altem Recht mit in- und ausländischen Investmentanteilen unterliegen der Besteuerung nach § 23 Abs. 1 Satz 1 Nr. 2 EStG. Eine Veräußerung liegt jedoch nicht vor, wenn der Anleger den Anteilsschein gem. § 11 Abs. 2 KAGG an die Kapitalanlagegesellschaft zurückgibt.[4]

14 Die zunehmende Tendenz zur steuerlichen **Erfassung von Wertsteigerungen des Privatvermögens** ist unverkennbar.[5] Sie resultiert zum Teil aus fiskalischer Not oder ist die Folge von Ausweichreaktionen des Finanzmarkts mit dem Ziel der Steuervermeidung.[6] Die damit einhergehende Durchbrechung des dem Einkommensteuerrecht zu Grunde liegenden dualistischen Systems der Einkünfteermittlung im Bereich der privaten Veräußerungsgeschäfte ist keineswegs zufälliges Produkt gesetzgeberischer Bemühungen. Vielmehr handelt es sich um die planmäßige Folge eines gezielten **Systemwechsels hin zu einer allgemeinen Wertzuwachsbesteuerung (capital-gains-Besteuerung)** seit 1998.[7]

15–20 *(Einstweilen frei)*

---

1 Vgl. dazu grundlegend *Bäuml*, System und Reform der Besteuerung privater Veräußerungsgeschäfte, 2005, 1, 115 ff. mit verfassungsrechtlichen Bedenken; vgl. auch *Kanzler*, FR 1999, 363; *Bäuml*, DStZ 2006, 109; *Bäuml/Gageur*, FR 2006, 213.
2 Vgl. zu den Übergangsregelungen *Helios/Link*, DStR 2008, 386, 389. Auch die EStH zur Anwendung des § 23 EStG bei Veräußerungsgeschäften mit Wertpapieren und bei Termingeschäften gelten für den VZ 2009 nur in Übergangsfällen (Anschaffung vor dem 1. 1. 2009, § 52a Abs. 11 Satz 4 und 6 EStG). Zu der für diese Übergangsfälle geltenden Rechtslage vgl. auch H 23 EStH.
3 BFH v. 17. 11. 2015 - VIII R 55/12, BStBl 2016 II 400; s. a. BFH v. 18. 9. 2012 - VIII R 45/09, BStBl 2013 II, 479.
4 BFH v. 10. 11. 2015 - IX R 3/15, BStBl 2016 II 351, DStR 2016, 580 m. Anm. *Ratschow*; entsprechendes gilt für das AuslInvG.
5 So auch *Watrin/Lühn*, DB 2003, 168; v. *Bornhaupt*, BB 2003, 125, 128; *Wenglorz/Bäuml*, BB 2003, 286, 289, 290.
6 *Tibo*, DB 2001, 2369.
7 Vgl. hierzu auch *Wenglorz/Bäuml*, BB 2003, 286, 290; *Watrin/Lühn*, DB 2003, 168.

II. Entstehung und Entwicklung der Vorschrift

1. Rechtsentwicklung bis einschließlich StEntlG 1999/2000/2002

Die Ursprünge der Besteuerung privater Veräußerungsgewinne gehen zurück auf das **EStG 1925**. Dort waren die Spekulationsgewinne in §§ 42 und 43 EStG 1925 als Unterfall der sonstigen Leistungsgewinne geregelt. Der Steuerpflichtige konnte noch *„dartun, dass der veräußerte Gegenstand nicht zum Zweck gewinnbringender Wiederveräußerung erworben worden ist"*. **§ 23 EStG 1934** entsprach bereits im Wesentlichen der bis VZ 1998 geltenden Fassung.[1]

21

Durch das **StEntlG 1999/2000/2002**[2] hat § 23 EStG a. F. eine neue Struktur erhalten. Äußerlich wurde dies dadurch deutlich, dass die **Überschrift der Vorschrift von „Spekulationsgeschäfte" in „private Veräußerungsgeschäfte" geändert** wurde. Durch den Verzicht auf den Begriff „Spekulationsgeschäft" sollte zum Ausdruck gebracht werden, dass nicht nur Geschäfte mit Spekulationsabsicht der Besteuerung unterliegen,[3] sondern **allgemein Veräußerungsgeschäfte**, bei denen das Tatbestandsmerkmal der Veräußerung innerhalb einer bestimmten Frist nach der Anschaffung erfüllt ist, und bestimmte, zeitlich abgesteckte **Termingeschäfte**.[4]

22

Unabhängig davon war der neu gefasste Tatbestand jedoch klarer als bisher dadurch gekennzeichnet, dass die einzelnen steuerbaren Vorgänge in **tatsächliche Veräußerungsgeschäfte** (§ 23 Abs. 1 Satz 1 Nr. 1 bis 3 EStG i. d. F. des StEntlG 1999/2000/2002) und solche Geschäfte unterteilt wurden, die streng genommen **keine Veräußerungsgeschäfte** waren (§ 23 Abs. 1 Satz 1 Nr. 4 EStG i. d. F. des StEntlG 1999/2000/2002), sondern, wie es der Wortlaut der Vorschrift dann auch deutlich sagte, **auf Beendigung von Rechten** gerichtete Vorgänge **(Beendigungstatbestand)**.[5]

23

Mit dem StEntlG 1999/2000/2002[6] wurden die **Haltefristen** ohne Übergangsregelung **für Grundstücke auf zehn Jahre und für andere Wirtschaftsgüter auf zwei Jahre verlängert**. Auch der **Katalog der steuerpflichtigen privaten Veräußerungsgeschäfte** wurde **erweitert**. Die wesentlichste Erweiterung hat § 23 EStG a. F. durch die Schaffung einer neuen Ziffer 4 in seinem Absatz 1 erfahren. In Ziffer 4 aufgenommen wurden **Termingeschäfte**, durch die der Steuerpflichtige einen Differenzausgleich oder einen durch den Wert einer veränderlichen Bezugsgröße bestimmten Geldbetrag oder Vorteil erlangte, sofern der Zeitraum zwischen Erwerb und Beendigung des Rechts auf einen Differenzausgleich, Geldbetrag oder Vorteil nicht mehr als ein Jahr betrug (**§ 23 Abs. 1 Satz 1 Nr. 4 EStG i. d. F. des StEntlG 1999/2000/2002**).[7]

24

Gewinn oder Verlust aus einem Termingeschäft war definiert als der Differenzausgleich oder der durch den Wert einer veränderlichen Bezugsgröße bestimmte Geldbetrag oder Vorteil abzüglich der Werbungskosten (§ 23 Abs. 3 Satz 4 EStG i. d. F. des StEntlG 1999/2000/2002). Die

25

---

1 EStG 1934 v. 16. 10. 1934, RGBl 1934 I 1005.
2 Steuerentlastungsgesetz (StEntlG) 1999/2000/2002, BGBl 1999 I 402.
3 So bereits BVerfG v. 9. 7. 1969 - 2 BvL 20/65, BStBl 1970 II 156.
4 Vgl. BT-Drucks. 14/443 v. 3. 3. 1999, II. Einzelbegründung, zu Art. 1, zu Nr. 31, § 23 EStG; *Delp*, INF 1999, 584, 585.
5 *Hamacher*, WM 2000, 1721; *Delp*, INF 1999, 331; *Bäuml*, System und Reform der Besteuerung privater Veräußerungsgeschäfte, 2005, 1, 83.
6 Steuerentlastungsgesetz (StEntlG) 1999/2000/2002, BGBl 1999 I 402.
7 Grundlegende Überlegungen bei *Heuermann*, DB 2013, 718.

Kodifizierung sollte **Differenzgeschäfte** erfassen, die nach bisheriger Rechtslage nicht steuerbar waren.[1]

26 Aus dem dritten Bericht des Finanzausschusses zum StEntlG 1999/2000/2002 geht hervor, dass der **„zivilrechtlich problematische" Begriff des Differenzgeschäfts** i. S. d. ehemaligen § 764 BGB durch den in § 2 Wertpapierhandelsgesetz[2] und § 2 Kreditwesengesetz[3] definierten Begriff des Termingeschäfts ersetzt werden sollte (§ 23 Abs. 1 Satz 1 Nr. 4 EStG i. d. F. StEntlG 1999/2000/2002).[4] Zugleich wurde damit klargestellt, dass auch die vom Differenzeinwand ausgeschlossenen Börsentermingeschäfte private Veräußerungsgeschäfte sein konnten.[5]

27 Der Finanzausschuss hat die Norm nicht nur erweitert, sondern zugleich auch eingeschränkt. Im Gegensatz zum Gesetzentwurf der Regierungskoalition hat er **auch bei Termingeschäften eine zeitliche Dimension** aufgenommen.[6] Nach den Argumenten des Finanzausschusses soll auch bei Termingeschäften – parallel zur Veräußerung von Wertpapieren (§ 23 Abs. 1 Satz 1 Nr. 2 EStG i. d. F. StEntlG 1999/2000/2002) – eine **Haltefrist von einem Jahr** gelten. Andernfalls wäre außerhalb der Jahresfrist die Veräußerung des Wertpapiers, z. B. eines Indexzertifikats, steuerfrei gewesen, dagegen der dem Scheininhaber bei Endfälligkeit gezahlte Geldbetrag steuerpflichtig.[7]

28 Schließlich wurden durch das StEntlG 1999/2000/2002[8] bei Grundstücksveräußerungen gem. § 23 Abs. 1 Satz 1 Nr. 1 EStG in Satz 2 **„fertiggestellte" Gebäude**, soweit es sich nicht nach Satz 3 um **selbstgenutztes Wohneigentum** handelte, einbezogen. In § 23 Abs. 1 Satz 2 EStG a. F. wurden zudem die **Fälle der Entnahme und der Betriebsaufgabe** sowie – bis zum Wegfall durch das SEStEG vom 7. 12. 2006[9] – die Steuerentstrickung nach § 21 UmwStG 1995 der Anschaffung gleichgestellt.

29–30 *(Einstweilen frei)*

2. Weitere Änderungen nach dem StEntlG 1999/2000/2002

31 Mit dem **Steuerbereinigungsgesetz (StBereinG) 1999**[10] wurde mit Wirkung **ab VZ 1999** die **Veräußerungsfiktion des § 23 Abs. 1 Satz 5 EStG** eingeführt, wonach die Einlage eines Wirtschaftsguts in ein Betriebsvermögen mit nachgelagerter Veräußerung desselben aus dem Betriebsvermögen heraus sowie die verdeckte Einlage in eine Kapitalgesellschaft als Veräußerungstatbestand gilt. Damit wurde die Erfassung der im Privatvermögen entstandenen stillen Reserven

---

1 Vgl. BT-Drucks. 14/23 v. 9. 11. 1998, II. Besonderer Teil, zu Art. 1, zu Nr. 27, § 23 EStG; *Hamacher*, WM 2000, 1721; vgl. auch *Moritz/Strohm*, DB 2013, 603 zu BFH v. 26. 9. 2012 - IX R 50/09, BStBl 2013 II 231, die den Abzug des negativen Differenzausgleichs als Werbungskosten auch auf die ab VZ 2009 geltende Rechtslage erstrecken wollen. Dem wird vorliegend nicht gefolgt.
2 I. d. F. der Bekanntmachung v. 9. 9. 1998, BGBl 1998 I 2708.
3 I. d. F. der Bekanntmachung v. 9. 9. 1998, BGBl 1998 I 2776.
4 Vgl. BT-Drucks. 14/443 v. 3. 3. 1999 (Dritter Bericht des Finanzausschusses), II. Einzelbegründung, zu Art. 1, zu Nr. 31, § 23 EStG; *Tibo*, DB 2001, 2369, 2370; kritisch hierzu: *Harenberg*, FR 2002, 109, 110: *Harenberg* sieht es an a. a. O. durch die in anderen Rechtsgebieten erfolgte Vorprägung des Begriffs „Termingeschäft" zu Abgrenzungsproblemen im Besteuerungsverfahren kommen.
5 *Wendt*, FR 1999, 333, 351; *Hamacher*, WM 2000, 1721; *Wenglorz/Bäuml*, BB 2003, 286, 289.
6 *Delp*, INF 1999, 584, 585.
7 Vgl. BT-Drucks. 14/443 v. 3. 3. 1999, II. Einzelbegründung, zu Art. 1, zu Nr. 31, § 23 EStG.
8 Steuerentlastungsgesetz (StEntlG) 1999/2000/2002, BGBl 1999 I 402.
9 Gesetz über steuerliche Begleitmaßnahmen zur Einführung der Europäischen Gesellschaft und zur Änderung weiterer steuerrechtlicher Vorschriften (SEStEG) v. 7. 12. 2006, BGBl 2006 I 2782.
10 Steuerbereinigungsgesetz (StBereinG) 1999 v. 22. 12. 1999, BGBl 1999 I 2601; vgl. nur *Risthaus*, FR 2000, 128.

bei Einlagen in ein Betriebsvermögen sichergestellt. Die **Folgeänderungen zur Wertermittlung in Einlagefällen** finden sich **in § 23 Abs. 3 Satz 2 und 6 EStG.** § 23 Abs. 3 Satz 3 EStG enthält nur die Klarstellung, dass der bei Entnahmen **tatsächlich angesetzte Wert** und nicht der objektiv richtige Wert als Anschaffungspreis gilt.

Weiterhin wurde im Zuge des **StBereinG** der Anwendungsbereich des § 23 Abs. 1 Satz 1 Nr. 1 Satz 2 EStG auf „**errichtete**" (statt fertiggestellte) **Gebäudeteile**, die selbständige unbewegliche Wirtschaftsgüter sind, auf **Außenanlagen** sowie auf **Wohnungs- und Teileigentum** erweitert. Mit der Formulierung „**innerhalb dieses Zeitraums**" in § 23 Abs. 1 Satz 1 Nr. 1 Satz 2 EStG wurde klargestellt, dass für neu errichtete Gebäude(-teile), Außenanlagen sowie Wohnungs- und Teileigentum die zehnjährige Haltefrist des § 23 Abs. 1 Satz 1 Nr. 1 Satz 1 EStG gleichermaßen gilt und keine eigenständige Frist.[1] Flankierend wurde die **Regelung zur Gebäude-AfA in § 23 Abs. 3 Satz 4 EStG** eingefügt mit Geltung für nach dem 31. 12. 1998 fertiggestellte Gebäude.   32

Zur Einführung des **FiFo-Verfahrens in § 23 Abs. 1 Satz 1 Nr. 2 EStG mit dem EURLUmsG**[2] vgl. BMF v. 5. 4. 2005.[3]   33

Die **Bezugnahme auf das Verlustfeststellungsverfahren gem. § 10d Abs. 4 EStG in § 23 Abs. 3 Satz 8 EStG** (Verlustrücktrag bzw. -vortrag) wurde (damals als Satz 9) durch das JStG 2007[4] eingefügt.[5]   34

(Einstweilen frei)   35–40

3. Einführung der Abgeltungsteuer ab VZ 2009 (UntStRG 2008)

Mit der Erweiterung des Anwendungsbereichs des **§ 20 Abs. 2 EStG** durch das **Unternehmensteuerreformgesetz (UntStRG) 2008**[6] auf **Veräußerungsgeschäfte bei Wertpapieren** (§ 23 Abs. 1 Satz 1 Nr. 2 EStG a. F.), **Termingeschäften** (§ 23 Abs. 1 Satz 1 Nr. 4 EStG a. F.) **und Leerverkäufe** (§ 23 Abs. 1 Satz 1 Nr. 3 EStG a. F.), bei denen unabhängig von Haltefristen oder sonstigen Einschränkungen realisierte Wertsteigerungen steuerlich erfasst werden, sowie der Anwendung der **Abgeltungsteuer** (§ 32d Abs. 1 EStG) auf diese Veräußerungsgewinne im Bereich der Kapitaleinkünfte wurden diese außerhalb des § 23 EStG zusammengefasst.[7]   41

Die **Veräußerung von vor dem 1. 1. 2009 erworbenen Wertpapieren** bzw. die **Beendigung von vor 2009 eingegangenen Rechten aus Termingeschäften** (auch innerhalb von Investmentvermögen i. S. d. InvStG) unterliegt auch nach dem 1. 1. 2009 den Regelungen des § 23 EStG a. F.; damit bleibt die steuerfreie Veräußerung nach Ablauf der einjährigen Haltefrist möglich   42

---

1 Entsprechend bereits BT-Drucks. 14/23, 179; s. a. *Wendt*, FR 1999, 353; *Bäuml*, DStZ 2006, 109.
2 Gesetz zur Umsetzung von EU-Richtlinien in nationales Steuerrecht und zur Änderung weiterer Vorschriften (EURLUmsG) v. 9. 12. 2004, BGBl 2004 I 3310, 3843.
3 BStBl 2005 I 617, Tz. 22. Vergleiche zur Historie und Rechtsentwicklung vor 2009 vertiefend auch *Glenk* in Blümich, § 23 EStG Rz. 2 - 5 bzw. *Bäuml*, System und Reform der Besteuerung privater Veräußerungsgeschäfte, 2005, 1, 81 ff.
4 JStG 2007 v. 13. 12. 2006, BGBl 2006 I 2878; s a. BFH v. 22. 9. 2005 - IX R 21/04, BStBl 2007 II 158.
5 Vgl. auch OFD Münster v. 3. 5. 2005, Kurzinformation ESt Nr. 15/2005, DB 2005, 1027; zur möglichen Verfassungswidrigkeit der Übergangsvorschrift vgl. *Hey*, FR 2014, 349, 352 ff.; *Philipowski*, DStR 2014, 2051, 2053 ff.
6 Unternehmenssteuerreformgesetz (UntStRG) 2008 v. 27. 3. 2007, BGBl 2007 I 1912 bzw. BT-Drucks. 16/4841, 58.
7 Vgl. dazu grundlegend *Bäuml*, System und Reform der Besteuerung privater Veräußerungsgeschäfte, 2005, 1, 115 ff. mit verfassungsrechtlichen Bedenken; s. a. *Bäuml*, DStZ 2006, 109; *Bäuml/Gageur*, FR 2006, 213.

(sog. „Grandfathering" i.R.d. Übergangsregelung des § 52 Abs. 31 Satz 2 und 3 EStG/§ 52a Abs. 10 Satz 1 ff. EStG a. F.).[1]

43 Auf **Altverluste aus privaten Veräußerungsgeschäften** bei Wertpapieren ist das Halbeinkünfteverfahren anwendbar mit der Folge einer hälftigen Berücksichtigungsfähigkeit. Auf **Neugewinne** findet das **ab VZ 2009** geltende reguläre Besteuerungsregime mit der Folge voller Abzugsfähigkeit der Anschaffungskosten Anwendung.[2] Die Übergangsregelung zur Verrechnung von sog Altverlusten mit Aktiengewinnen, die der Abgeltungsteuer unterliegen, ist verfassungsgemäß.[3]

44 In § 23 Abs. 1 Satz 1 Nr. 2 Satz 4 (damals Satz 2) EStG wurde zudem die **Verlängerung der Haltefrist auf zehn Jahre** statt einem Jahr für jene Wirtschaftsgüter angeordnet, die – zumindest in einem Kalenderjahr – **als Einkunftsquelle genutzt** wurden.

45 **§ 23 EStG i.d.F. des UntStRG 2008** war zeitgleich mit Einführung der Abgeltungsteuer **ab VZ 2009** anzuwenden (§ 52 Abs. 28 Satz 11 ff., Abs. 31 EStG/§ 52a Abs. 11 EStG a. F.). § 23 Abs. 1 Satz 1 Nr. 2 bis 4 EStG a. F. galt letztmalig für Veräußerungsgeschäfte von vor dem 1.1.2009 erworbenen Wirtschaftsgütern oder vor diesem Zeitpunkt abgeschlossenen Termingeschäften (§ 52 Abs. 31 Satz 2 und Satz 3 EStG/§ 52a Abs. 10 Satz 1 ff. EStG a. F.). Die Neuregelungen durch das **UntStRG 2008** sind auf **nach dem 31.12.2008 abgeschlossene Verträge und vergleichbare Rechtsakte** anzuwenden (§ 52 Abs. 31 Satz 1 ff. EStG/§ 52a Abs. 11 a. F.).

46 Mit dem **JStG 2009** wurde für **ab VZ 2009** angeschaffte oder fertiggestellte Wirtschaftsgüter (§ 52 Abs. 31 Satz 4 EStG) die Minderung der Anschaffungskosten um Abschreibungen nach **§ 23 Abs. 3 Satz 4 EStG** auch auf die (übrigen) sonstigen Einkünfte i.S.d. § 2 Abs. 1 Nr. 7 EStG ausgedehnt.[4]

47 Durch das **JStG 2010** wurden die „Gegenstände des täglichen Gebrauchs" begrifflich bei den sog. „anderen Wirtschaftsgütern" i.S.d. § 23 Abs. 1 Satz 1 Nr. 2 EStG ausgenommen.[5] Die Regelung ist in dem **neuen Satz 2 des § 23 Abs. 1 Satz 1 Nr. 2 EStG** enthalten; mithin wurde der bisherige Satz 2 zu Satz 3. **Erstmals anzuwenden** ist § 23 Abs. 1 Satz 1 Nr. 2 EStG **für nach dem 13.12.2010 angeschaffte Wirtschaftsgüter** (§ 52 Abs. 31 Satz 1 2. Halbsatz EStG).

48 Mit Gesetz zur Umsetzung der Änderungen der EU-Amtshilferichtlinie und von weiteren Maßnahmen gegen Gewinnkürzungen und -verlagerungen vom 20.12.2016[6] wurde die Besteuerung sog. privater Leerverkäufe wieder eingeführt und als § 23 Abs. 1 Satz 1 Nr. 3 EStG neu eingefügt. Danach sind private Veräußerungsgeschäft auch Veräußerungsgeschäfte, bei denen die Veräußerung der Wirtschaftsgüter früher erfolgt als der Erwerb (Steuerbarkeit von privaten Leerverkäufen). Die Neuregelung ist erstmals auf Veräußerungsgeschäfte anzuwenden, bei denen die Veräußerung auf einem nach dem 23.12.2016 (Tag der Gesetzesverkündung) rechts-

---

1 Vgl. zu den Übergangsregelungen *Helios/Link*, DStR 2008, 386, 389. Auch die EStH zur Anwendung des § 23 EStG bei Veräußerungsgeschäften mit Wertpapieren und bei Termingeschäften gelten für den VZ 2009 nur in Übergangsfällen (Anschaffung vor dem 1.1.2009, § 52a Abs. 11 Satz 4 und 6 EStG). Zu der für diese Übergangsfälle geltenden Rechtslage vgl. auch H 23 EStH 2008.
2 BFH v. 3.11.2015 - VIII R 37/13, BStBl 2016 II 273; Vorinstanz FG Berlin-Brandenburg v. 25.4.2013 - 3 K 3273/11, EFG 2013, 1219; vgl. auch OFD Münster v. 3.5.2005, Kurzinformation ESt Nr. 15/2005, DB 2005, 1027.
3 BFH v. 3.11.2015 - VIII R 37/13, BStBl 2016 II 273.
4 JStG 2009 v. 19.12.2008, BGBl 2008 I 2794.
5 JStG 2010 v. 8.12.2010, BGBl 2010 I 1768.
6 BGBl 2016 I 3000, 3009.

wirksam abgeschlossenen obligatorischen Vertrag oder gleichstehenden Rechtsakt beruht (vgl. § 52 Abs. 31 Satz 3 EStG).

In einem ebenfalls durch das **JStG 2010** neu angefügten **§ 23 Abs. 3 Satz 9 EStG** wurde mit Wirkung **ab VZ 2009** (§ 52a Abs. 11 Satz 11 EStG) bestimmt, dass nur Altverluste aus Wertpapierveräußerungsgeschäften verrechenbar sein sollten. **Altverluste aus privaten Veräußerungsgeschäften** konnten danach übergangsweise für fünf Jahre **bis einschließlich VZ 2013** sowohl mit Gewinnen aus privaten Veräußerungsgeschäften als auch mit Erträgen aus Kapitalanlagen i. S. d. § 20 Abs. 2 EStG verrechnet werden (§ 23 Abs. 3 Satz 9 und 10 EStG i. V. m. § 52a Abs. 10a, 11 Satz 11 EStG a. F.).[1] Damit wurde sichergestellt, dass insbesondere Verluste aus Wertpapierveräußerungsgeschäften nach den bis VZ 2009 geltenden Regelungen für die Übergangszeit mit entsprechenden Gewinnen aus Kapitalanlagen, die ab 1. 1. 2009 nicht mehr im Rahmen des § 23 EStG erfasst wurden, verrechnet werden konnten.[2] Entsprechend wurden in der Praxis unterschiedliche **Verlustnutzungsmodelle** umgesetzt, z. B. Veräußerungen im „(Familien-)Kreis", Verkauf- und Rückkauf derselben Wertpapiere etc. mit dem Ziel, Verrechnungspotenzial für die Altverluste zu erzeugen.[3]

49

Zum 31. 12. 2013 verbleibende Altverluste können nur noch mit zukünftigen Gewinnen aus privaten Veräußerungsgeschäften verrechnet werden. In der Verlustfeststellung zum 31. 12. 2013 erfolgt daher ein Übertrag der Altverluste auf Verluste aus privaten Veräußerungsgeschäften in der ab dem 1. 1. 2009 anzuwendenden Fassung.

Gegen Bescheide über die gesonderte Feststellung des verbleibenden Verlustvortrags zum 31. 12. 2013 konnte eine mögliche Verfassungswidrigkeit der zeitlichen Befristung der Altverlustverrechnung geltend gemacht werden. Unter den Az. 1 K 3224/14 F (FG Düsseldorf) und 12 K 3530/14 F (FG Münster) waren zwei Klagen anhängig, mit denen die Verfassungswidrigkeit der Übergangsregelung gerügt wurde. Gemäß OFD Nordrhein-Westfalen v. 4. 3. 2015 konnten Einspruchsverfahren mit Zustimmung des Einspruchsführers gem. § 363 Abs. 2 Satz 1 AO im Hinblick auf die o. g. Klageverfahren aus Zweckmäßigkeitsgründen ruhend gestellt werden.[4] Allerdings hat der BFH die **auf fünf Jahre befristete Übergangsregelung zur Verrechnung von sog. Altverlusten** mit Aktiengewinnen, die der Abgeltungsteuer unterliegen, **als verfassungsgemäß** angesehen. Ein völliger Ausschluss der Verlustverrechnung, der nach der Rspr. des BVerfG nicht zulässig wäre, ist damit nicht verbunden. Die Altverluste können weiterhin ohne zeitliche Begrenzung mit zukünftigen steuerbaren Gewinnen aus privaten Veräußerungsgeschäften verrechnet werden.[5]

§ 23 Abs. 3 Satz 9 und 10 EStG – die letztmals für VZ 2013 anzuwenden waren (§ 52a Abs. 10a EStG a. F.) – wurden durch das **KroatienAnpG aufgehoben mit Wirkung vom VZ 2014**.[6] Das KroatienAnpG führte zudem in **§ 23 Abs. 1 Satz 1 Nr. 2 Satz 3 EStG** für **Fremdwährungsvaluta**

50

---

1 Zur Übertragung von Veräußerungsverlusten i. S. d. § 23 EStG a. F. auf die nächste Generation vgl. *Königer/Ziegler*, DStR 2012, 2582.
2 Zur möglichen Verfassungswidrigkeit der Übergangsvorschrift vgl. *Hey*, FR 2014, 349, 352 ff.; *Philipowski*, DStR 2014, 2051, 2053 ff.
3 Vgl. zu den Verlustnutzungsmodellen auch *Königer/Ziegler*, DStR 2012, 2582.
4 OFD Nordrhein-Westfalen v. 4. 3. 2015 - Kurzinfo ESt 6/2015, NWB DokID: MAAAE-88759; vgl. dazu weiterführend *Schöllhorn/Zöller*, SteuK 2015, 133.
5 BFH v. 6.12.2016 - IX R 48/15, NWB DokID: EAAAG-37123.
6 KroatienAnpG v. 25. 7. 2014, BGBl 2014 I 1266; vgl. dazu *Lappas*, Stbg 2009, 446; *Seitz*, StB 2009, 426; *Strauch*, DStR 2010, 254; *Jäck/Modler*, DStZ 2011, 106.

mit Wirkung **ab VZ 2014** (§ 52 Abs. 1 EStG) wieder die **FiFo-Methode** ein. Der bisherige Satz 3 wurde Satz 4.

III. Geltungsbereich

1. Sachlicher Geltungsbereich

51 Die § 22 Nr. 2, § 23 Abs. 1 EStG begründen die Steuerpflicht für die Veräußerung bestimmter Wirtschaftsgüter **des Privatvermögens**, sofern die Anschaffung und Veräußerung dieser Wirtschaftsgüter innerhalb bestimmter Fristen erfolgt. Mithin kommt eine Anwendung der Vorschrift bei Veräußerungen aus einem Betriebsvermögen nicht in Betracht.

> **PRAXISHINWEIS:**
> Zu beachten ist allerdings, dass auch Einzelunternehmen und Personengesellschaften eine außerbetriebliche Sphäre haben können z. B. in Gestalt des notwendigen Privatvermögens bei betrieblicher Nutzung unter 10 %.[1] Bei Kapitalgesellschaften i. S. d. § 1 Abs. 1 Nr. 1 KStG scheidet eine außerbetriebliche Sphäre begrifflich aus.[2]

52 § 23 EStG erfasst ausschließlich Fälle der Veräußerung bestimmter Wirtschaftsgüter des Privatvermögens innerhalb bestimmter **Haltefristen von ein bzw. zehn Jahren**. Durch die verhältnismäßig kurzen Haltefristen wird die **Einkünfteerzielungsabsicht** im Rahmen des § 23 EStG normspezifisch in typisierender Weise objektiviert.[3]

53 Der sachliche Anwendungsbereich des § 23 EStG in seiner geltenden Fassung beschränkt sich auf **Grundstücke und grundstücksgleiche Rechte** sowie sog. **„andere Wirtschaftsgüter"**, die nicht als Gegenstände des täglichen Gebrauchs qualifiziert sind. Seit der Überführung der **Veräußerungsgeschäfte bei Wertpapieren und Termingeschäften** aus § 23 EStG a. F. mit dem UntStRG 2008 in § 20 Abs. 2 EStG sowie der Einführung der Abgeltungsteuer ab VZ 2009 ist ein wesentlicher Teil des sachlichen Anwendungsbereichs weggefallen.

54–55 *(Einstweilen frei)*

2. Persönlicher Geltungsbereich

56 Die **unbeschränkte persönliche Einkommensteuerpflicht** gem. § 1 EStG muss für Veräußerungsgeschäfte i. S. d. § 23 EStG nur im Zeitpunkt der Gewinnerzielung aus dem Veräußerungsgeschäft vorliegen.[4] Dies gilt **für inländische wie auch ausländische Veräußerungsgeschäfte gleichermaßen**, wobei insbesondere bei Veräußerungen von Grundstücken und grundstücksgleichen Rechten i. S. d. § 23 Abs. 1 Satz 1 Nr. 1 EStG abkommensrechtliche Besonderheiten zu beachten sind (vgl. Art. 13 OECD-MA).[5]

57 Im Rahmen der beschränkten persönlichen Einkommensteuerpflicht sind ab VZ 2009 nur noch **im Inland belegene Grundstücke und inländische grundstücksgleiche Rechte** – mithin Wirt-

---

1 R 4.2 Abs. 1 Satz 5 EStR.
2 Siehe BFH v. 22. 8. 2007 - I R 32/06, BStBl 2007 II 961; BFH v. 23. 1. 2008 - I R 101/06, BStBl 2008 II 719; vgl. dazu *Hoffmann*, DStR 2007, 1957.
3 Vgl. nur BFH v. 2. 5. 2000 - IX R 74/96, BStBl 2000 II 469; BFH v. 25. 8. 2009 - IX R 60/07, BStBl 2009 II 999.
4 BFH v. 17. 7. 1959 - VI 67/58 U, BStBl 1959 III 346.
5 Vgl. zu Veräußerungen spanischer Ferienimmobilien OFD Münster v. 26. 5. 2011, DStR 2011, 1665; OFD Frankfurt/M. v. 16. 5. 2012, DStR 2012, 1345; s. a. BFH v. 19. 5. 2010 - I B 191/09, BStBl 2011 II 156 zur abkommensrechtlichen Qualifikation einer gewerblich geprägten spanischen Immobilien-Personengesellschaft sowie BFH v. 12. 6. 2013 - I R 109-111/10, BStBl 2013 II 1024 zu einer spanischen Immobilien-Kapitalgesellschaft; dazu *Bäuml*, BB 2013, 2916.

schaftsgüter i. S. d. § 23 Abs. 1 Satz 1 Nr. 1 EStG – aus dem Anwendungsbereich der privaten Veräußerungsgeschäfte erfasst.

Grundsätzlich muss **Personenidentität** zwischen Erwerber und Veräußerer bestehen. Ausnahmen gelten u. a. bei Ehegattenverhältnissen (getrennte Ermittlung), Erbengemeinschaften und bestimmten gesellschaftsrechtlichen Vorgängen.[1]   58

(Einstweilen frei)   59–60

3. Zeitlicher Anwendungsbereich

Die Neuregelungen durch das **UntStRG 2008** sind auf **nach dem 31. 12. 2008 abgeschlossene Verträge und vergleichbare Rechtsakte** anzuwenden (§ 52 Abs. 31 Satz 1 ff. EStG/§ 52a Abs. 11 a. F.).   61

Zur zeitlichen Anwendung vgl. im Übrigen § 52 Abs. 31 EStG i. d. F. v. 25. 7. 2014.[2]   62

(Einstweilen frei)   63–65

IV. Vereinbarkeit der Vorschrift mit höherrangigem Recht

1. Rückwirkungsverbot I: Rückwirkende Verlängerung der Spekulationsfrist bei Grundstücksveräußerungsgeschäften teilweise verfassungswidrig

Die Gewinne aus privaten Grundstücksveräußerungsgeschäften unterlagen nach der bis zum 31. 12. 1998 geltenden Rechtslage der Einkommensteuer, wenn der Zeitraum zwischen Anschaffung und Veräußerung weniger als zwei Jahre betrug (sog. Spekulationsgeschäfte). Nach dem Regierungswechsel im Jahr 1998 wurde die **Veräußerungsfrist** durch das am 31. 3. 1999 verkündete StEntlG 1999/2000/2002 **auf zehn Jahre verlängert** (§ 23 Abs. 1 Satz 1 Nr. 1 EStG). Nach § 52 Abs. 39 Satz 1 EStG a. F. galt die neue Frist erstmals **ab dem VZ 1999, bezog aber – rückwirkend – auch bereits erworbene Grundstücke ein**, sofern der Vertrag über die Veräußerung erst im Jahr 1999 (oder später) geschlossen wurde.[3]   66

In den zur gemeinsamen Entscheidung verbundenen Normenkontrollverfahren hat das **BVerfG am 7. 7. 2010** entschieden, dass die **rückwirkende Anwendung** des § 23 Abs. 1 Satz 1 Nr. 1 EStG i. V. m. § 52 Abs. 39 Satz 1 EStG i. d. F. des StEntlG 1999/2000/2002 **wegen Verstoßes gegen die verfassungsrechtlichen Grundsätze des Vertrauensschutzes teilweise verfassungswidrig** ist.[4]   67

Zur rückwirkenden Verlängerung der Veräußerungsfrist bei Spekulationsgeschäften von zwei auf zehn Jahre sowie **zur Umsetzung des Beschlusses des BVerfG vom 7. 7. 2010**,[5] wurden seitens der **Finanzverwaltung** im Rahmen eines BMF-Schreibens vom 20. 12. 2010 **Vereinfachungs- und Aufteilungsregelungen** erlassen.[6]   68

---

1 BFH v. 17. 12. 1997 - X R 88/95, BStBl 1998 II 343.
2 BGBl 2014 I 1266.
3 Vgl. *Brandt*, NWB 2004, 1433.
4 BVerfG v. 7. 7. 2010 - 2 BvL 14/02, 2 BvL 2/04, 2 BvL 13/05, BStBl 2011 II 76; vgl. dazu *Wernsmann/Neudenberger*, FR 2014, 253; *Bron*, DStR 2014, 987; *Gelsheimer/Meyen*, DStR 2011, 193; *Werth*, DStZ 2010, 712; instruktiv: *Schmidt/Renger*, DStR 2011, 693 zu § 17 EStG.
5 BVerfG v. 7. 7. 2010 - 2 BvL 14/02, 2 BvL 2/04, 2 BvL 13/05, BStBl 2011 II 76.
6 Vgl. BMF v. 20. 12. 2010, BStBl 2011 I 14; s. a. Bayerisches Landesamt für Steuern v. 20. 4. 2011, DStR 2011, 817; zu verfassungsrechtlichen Zweifeln an der Vereinfachungsregelung vgl. BFH v. 12. 7. 2012 - IX B 64/12, BFH/NV 2012, 1782 = NWB DokID: KAAAE-16634; zur Kritik vgl. *Bron*, DStR 2014, 987, 988, 990; *Wernsmann/Neudenberger*, FR 2014, 253, 254 ff.

69 Der **BFH hat mit Urteil vom 6.5.2014 abweichend von der** in Ziffer II.1 des BMF-Schreibens v. 20.12.2010 **enthaltenen Vereinfachungsregelung** entschieden, dass **Abschreibungen,** die in der Zeit **bis zur Verkündung des StEntlG 1999/2000/2002** am 31.3.1999 **in Anspruch genommen** worden sind, **nicht dem steuerbaren Zeitraum zuzuordnen** sind.[1]

70 Die **Vereinfachungsregelung** in Ziffer II.1 des o. g. BMF-Schreibens v. 20.12.2010 wurde daher **mit BMF-Schreiben vom 18.5.2015 neu gefasst**.[2] Danach ist in allen noch offenen Fällen der Umfang des steuerbaren Wertzuwachses entsprechend dem Verhältnis der Besitzzeit nach dem 31.3.1999 im Vergleich zur Gesamtbesitzzeit linear (monatsweise) zu ermitteln. Angefangene Monate der Gesamtbesitzzeit werden aus Vereinfachungsgründen aufgerundet. Angefangene Monate der Besitzzeit nach dem 31.3.1999 werden abgerundet. Einer anteiligen Zuordnung der nach § 23 Abs. 3 Satz 1 EStG bei der Ermittlung der Einkünfte aus Veräußerungsgeschäften **abziehbaren Werbungskosten** bedarf es nicht. Diese sind in vollem Umfang vom steuerbaren Veräußerungserlös abzuziehen.[3]

71 Die **Verlängerung der Veräußerungsfrist auf zehn Jahre** als solche wurde dagegen **verfassungsrechtlich nicht beanstandet**, soweit die zweijährige Haltefrist am 31.3.1999 noch nicht abgelaufen war, da der potenzielle, noch zu realisierende Wertzuwachs nicht schutzwürdig ist.[4] Ausgehend von der zweijährigen Haltefrist des § 23 Abs. 1 Satz 1 Nr. 1 EStG a. F. waren damit Veräußerungsgeschäfte bei Grundstücken und grundstücksgleichen Rechten **vom verfassungsrechtlichen Rückwirkungsverbot nicht betroffen** (und damit nicht geschützt), bei denen die **Anschaffung** zwei Jahre zuvor, also **nach dem 31.3.1997** erfolgt war.

72–75 *(Einstweilen frei)*

2. Rückwirkungsverbot II: Rückwirkende Einbeziehung eines während der Haltefrist errichteten Gebäudes

76 Das FG Hessen hat die Besteuerung eines in 1999 realisierten Veräußerungsgewinns aus dem Verkauf eines in 1998 errichteten privaten Gebäudes nach **§ 23 Abs. 1 Satz 1 Nr. 1 Satz 2 EStG** für nicht mit dem Grundgesetz vereinbar erachtet.[5] Mit Beschluss hat es das anhängige Klageverfahren ausgesetzt, um eine Entscheidung des BVerfG hierüber einzuholen.[6]

77 Das FG Hessen war der Auffassung, dass die zu § 23 Abs. 1 Satz 1 Nr. 1 Satz 2 EStG ergangene Anwendungsvorschrift des § 52 Abs. 39 Satz 1 EStG insoweit gegen das Rechtsstaatsprinzip des Art. 20 Abs. 3 GG i. V. m. dem Grundsatz der allgemeinen Handlungsfreiheit des Art. 2 GG verstoße, als aus der Veräußerung von errichteten Gebäuden **Gewinne erfasst** werden, **die bereits vor 1999 latent entstanden waren**. Steuerpflichtige hätten aufgrund der damals geltenden Rechtslage davon ausgehen können, dass eine etwaige Veräußerung des Gebäudes keine Besteuerung des darauf entfallenden Gewinns nach sich ziehen werde. Die Gesetzesänderung

---

[1] BFH v. 6.5.2014 - IX R 39/13, BStBl 2015 II 459; vgl. auch im Wesentlichen inhaltsgleich BFH v. 6.5.2014 - IX R 40/13, BFH/NV 2014, 1525 = NWB DokID: VAAAE-72205; BFH v. 6.5.2014 - IX R 51/13, BFH/NV 2014, 1533 = NWB DokID: PAAAE-72207; s.a. Parallelentscheidung BFH v. 6.5.2014 - IX R 27/13, BFH/NV 2014, 1522 = NWB DokID: LAAAE-72204; BFH v. 6.5.2014 - IX R 48/13, BFH/NV 2014, 1529 = NWB DokID: FAAAE-72206.
[2] BMF v. 18.5.2015, BStBl 2015 I 464.
[3] Grundlegend hierzu *Bron*, DStR 2014, 987, 988 ff.; *Wernsmann/Neudenberger*, FR 2014, 253, 254 ff.; *Gelsheimer/Meyen*, DStR 2011, 193; *Werth*, DStZ 2010, 712.
[4] BVerfG v. 7.7.2010 - 2 BvL 14/02, 2 BvL 2/04, 2 BvL 13/05, BStBl 2011 II 76; s.a. *Musil/Lammers*, BB 2011, 155; *Werth*, DStZ 2010, 712.
[5] FG Hessen v. 14.1.2010 - 8 K 283/04, EFG 2010, 959.
[6] Az. des BVerfG: 2 BvL 2/10 (erledigt).

nehme zwar eine **grundsätzlich zulässige tatbestandliche Rückanknüpfung** vor, da der – gestreckte – Tatbestand des § 23 Abs. 1 EStG, nämlich Erwerb, Errichtung und Veräußerung, im Zeitpunkt der Gesetzesänderung weder rechtlich noch tatsächlich – mangels Veräußerung – abgeschlossen gewesen sei. Dennoch soll mit der Gesetzesänderung **in unzulässiger Weise ein Wertzuwachs versteuert worden sein**, der bereits **vor** der Gesetzesänderung vorhanden gewesen und in einem Zeitraum entstanden sei, in dem das errichtete Gebäude weder „steuerverstrickt" noch „steuerverhaftet" gewesen sei.[1]

Das **Vorlageverfahren** war beim BVerfG unter dem Az. 2 BvL 2/10 anhängig und ist durch Aufhebung des Vorlagebeschlusses erledigt. 78

(Einstweilen frei) 79–80

3. Rückwirkungsverbot III: Rückwirkende Änderung des Gebäudebegriffs

Das FG Münster hielt die für Grundstücksveräußerungen nach dem 31. 12. 1998 geltende **Änderung des § 23 Abs. 1 Satz 1 Nr. 1 Satz 2 EStG** durch das StBereinG v. 22. 12. 1999[2] für verfassungswidrig und hat die Frage der **Verfassungswidrigkeit der die Rückwirkung vorsehenden Anwendungsregelung des § 52 Abs. 39 EStG** dem BVerfG vorgelegt.[3] Das Verfahren ist erledigt durch Aufhebung des Vorlagebeschlusses. 81

Gemäß § 23 Abs. 1 Satz 1 Nr. 1 Satz 2 EStG i. d. F. des StBereinG 1999 ist der Gewinn aus der Veräußerung eines Grundstücks steuerpflichtig, wenn der Zeitraum zwischen Anschaffung und Veräußerung nicht mehr als zehn Jahre beträgt. In die Ermittlung des sog. Spekulationsgewinns ist ein **Gebäude**, das **auf dem zunächst unbebaut erworbenen Grundstück errichtet worden ist, einzubeziehen** und zwar selbst dann, wenn es **im Zeitpunkt des Verkaufs noch gar nicht fertiggestellt ist**. 82

Im zu Grunde liegenden Sachverhalt der FG-Entscheidung ergäbe sich durch die Einbeziehung des errichteten, beim Verkauf allerdings noch nicht fertiggestellten Gebäudes ein deutlich höherer Gewinn als ohne Berücksichtigung des Gebäudes. **Im Zeitpunkt des Verkaufs galt allerdings § 23 Abs. 1 Satz 1 Nr. 1 EStG i. d. F. des StEntlG 1999/2000/2002** vom 24. 3. 1999. Diese Regelung sah die **Einbeziehung der Wertschöpfung aus dem** innerhalb der Spekulationsfrist **errichteten Gebäude** in den steuerpflichtigen Gewinn nur für den Fall vor, dass das **Gebäude im Zeitpunkt der Veräußerung bereits fertiggestellt** war.[4] 83

Das FG Münster hielt die **rückwirkende Änderung der Regelung des § 23 Abs. 1 Satz 1 Nr. 1 EStG für verfassungswidrig**. Der Anspruch aus dem Steuerverhältnis entstehe, sobald der Kaufvertrag geschlossen worden sei. In diesem Zeitpunkt stehe unabänderlich fest, ob der Tatbestand des § 23 Abs. 1 Satz 1 Nr. 1 EStG erfüllt sei, welche Wertschöpfungen aus dem Verkauf der Einkommensteuer unterliegen und in die Bemessung der später festgesetzten Steuer eingehen. Der Steuerbürger müsse darauf vertrauen können, dass das für ihn anzuwendende 84

---

1 Vgl. auch *Seer/Drüen*, FR 2006, 661 mit Überlegungen zur verfassungskonformen Auslegung der Übergangsregelungen.
2 Steuerbereinigungsgesetz (StBereinG) 1999 v. 22. 12. 1999, BGBl 1999 I 2601; vgl. nur *Risthaus*, FR 2000, 128.
3 FG Münster v. 17. 8. 2009 – 10 K 3918/05 E, EFG 2009, 1943; Az. des BVerfG: 2 BvL 21/09 (erledigt).
4 FG Münster v. 17. 8. 2009 – 10 K 3918/05 E, EFG 2009, 1943; Az. des BVerfG: 2 BvL 21/09 (erledigt).

Recht nicht durch eine später beschlossene Gesetzesänderung mit zeitlicher Rückwirkung zu seinen Lasten geändert werde.[1]

85 *(Einstweilen frei)*

4. Verfassungswidrigkeit aufgrund eines strukturellen Vollzugsdefizits

86 Das BVerfG hat mit Urteil v. 9. 3. 2004 – der Argumentationslinie des Vorlagebeschlusses des BFH[2] und des Zinssteuerurteils von 1991[3] folgend – § 23 Abs. 1 Satz 1 Nr. 1 Buchst. b EStG 1997 für verfassungswidrig und nichtig erklärt.[4] Demnach war die **Besteuerung von Gewinnen aus privaten Wertpapierveräußerungsgeschäften i. R. d. § 23 EStG in den VZ 1997 und 1998 verfassungswidrig**, weil eine gleichmäßige Belastung aller Stpfl. durch die besondere Ausgestaltung des Erhebungsverfahrens nicht gewährleistet war (sog. **strukturelles Vollzugsdefizit**).[5]

87 Gemäß Urteil des BFH vom 12. 5. 2009 scheidet eine **Änderung des Steuerbescheids wegen nachträglich bekannt gewordener Tatsachen gem. § 173 AO** aus. Die Feststellung der Verfassungswidrigkeit eines Steuergesetzes durch das BVerfG ist keine „Tatsache" i. S. d. § 173 AO.[6] Die nachträgliche Änderung der rechtlichen Beurteilung eines unverändert bestehenden Sachverhalts führt auch nicht zu einer **Berichtigungsmöglichkeit nach § 175 Abs. 1 Satz 1 Nr. 2 AO**.[7]

88 Von der Entscheidung des BVerfG v. 9. 3. 2004 betroffen waren **nur die Veräußerungsgeschäfte bei Wertpapieren**, nicht jedoch die **Veräußerung von Anteilen an GmbHs**, denn GmbH-Anteilscheine sind lediglich Beweisurkunden, aber keine Wertpapiere.[8] Entsprechendes gilt für die sog. **„anderen Wirtschaftsgüter"** i. S. d. § 23 Abs. 1 Satz 1 Nr. 2 EStG.

89 Aufgrund der Nichtigerklärung des § 23 Abs. 1 Satz 1 Nr. 1 Buchst. b EStG a. F. für die Jahre 1997 und 1998 ist ein **im Jahr 1997/1998 entstandener Spekulationsverlust aus Wertpapiergeschäften steuerlich nicht zu berücksichtigen**.[9]

90 Die **Beschränkung des Verlustausgleichs** bei privaten Veräußerungsgeschäften **durch § 23 Abs. 3 Satz 6 und 7 EStG (1999) bzw. Satz 8 und 9 (2000) EStG ist verfassungsgemäß**.[10]

91 Für die Jahre **vor 1997** gilt, dass unabhängig davon, ob § 23 Abs. 1 Satz 1 Nr. 1 Buchst. b EStG 1996 gleichheitsgemäß vollzogen wurde, zumindest der **VZ 1996** in die nach der Rechtsprechung des BFH dem Gesetzgeber zuzubilligende **Übergangsfrist** einzubeziehen ist.[11] Berück-

---

[1] FG Münster v. 17. 8. 2009 - 10 K 3918/05 E, EFG 2009, 1943; Az. des BVerfG: 2 BvL 21/09 (erledigt).
[2] BFH v. 16. 7. 2002 - IX R 62/99, BStBl 2003 II 74.
[3] BVerfG v. 27. 6. 1991 - 2 BvR 1493/89, NJW 1991, 2129; dazu: *Bäuml*, DStZ 2006, 109; *Risto/Julius*, DB 2002, Beilage Nr. 4/2002, 1, 3 ff.
[4] BVerfG v. 9. 3. 2004 - 2 BvL 17/02, BStBl 2005 II 56, vgl. dazu *Hey*, DB 2004, 724; *Kraft/Bäuml*, DB 2004, 615.
[5] Vgl. dazu grundlegend *Kraft/Bäuml*, DB 2004, 615 bzw. *Kraft/Bäuml*, FR 2004, 443.
[6] BFH v. 12. 5. 2009 - IX R 45/08, BStBl 2009 II 891; vgl. auch BFH v. 12. 5. 2009 - IX R 45/08, BStBl 2009 II 891; BFH v. 28. 6. 2006 - III R 13/06, BStBl 2007 II 714.
[7] BFH v. 12. 5. 2009 - IX R 45/08, BStBl 2009 II 891; vgl. auch BFH v. 21. 3. 1996 - XI R 36/95, BStBl 1996 II 399; BFH v. 28. 6. 2006 - III R 13/06, BStBl 2007 II 714.
[8] BFH v. 30. 12. 2011 - IX B 66/11, BFH/NV 2012, 738 = NWB DokID: CAAAE-04750.
[9] BFH v. 26. 6. 2012 - IX B 31/12, BFH/NV 2012, 1596 = NWB DokID: BAAAE-15733; vgl. auch BFH v. 14. 7. 2004 - IX R 13/01, BStBl 2005 II 125; BFH v. 15. 1. 2008 - IX R 31/07, NWB DokID: MAAAC-78293.
[10] BFH v. 11. 2. 2014 - IX R 10/12, BFH/NV 2014, 1020 = NWB DokID: TAAAE-63498; lt. Beschl. des BVerfG v. 28. 9. 2015, 2 BvR 1109/14, wurde Verfassungsbeschwerde nicht zur Entscheidung angenommen; s. a. BFH v. 11. 2. 2014 - IX R 46/12, BFH/NV 2014, 1025 = NWB DokID: DAAAE-63499.
[11] BFH v. 15. 1. 2008 - IX R 31/07, NWB DokID: MAAAC-78293.

sichtigt man ferner die durchschnittliche Dauer eines (Zustimmungs-)Gesetzes,[1] so ist ein **möglicherweise gegebenes strukturelles Vollzugsdefizit im Jahr 1996 dem Gesetzgeber noch nicht zurechenbar.**[2]

Die Entscheidung des BVerfG vom 9.3.2004 hatte **keine unmittelbaren rechtlichen Auswirkungen auf die Nachfolgevorschrift des § 23 Abs. 1 Satz 1 Nr. 2 EStG ab 1999**.[3] Vielmehr hat der BFH mit Urteil v. 29.11.2005 entschieden, dass die Besteuerung von Einkünften aus privaten Veräußerungsgeschäften i.S.d. **§ 23 Abs. 1 Satz 1 Nr. 2 EStG i.d.F. ab VZ 1999 verfassungsgemäß** sei. Die Revision wurde als unbegründet zurückgewiesen. § 23 Abs. 1 Satz 1 Nr. 2 EStG sei verfassungsrechtlich nicht zu beanstanden. Ein Verstoß gegen Art. 3 Abs. 1 GG wegen struktureller Vollzugshindernisse liege nicht vor.[4]

92

Prüfungsmaßstab des BFH sind die Ausführungen des **BVerfG mit Urteil v. 9.3.2004**.[5] Danach verlangt Art. 3 Abs. 1 GG für das Steuerrecht, dass die Stpfl. durch ein Steuergesetz rechtlich und tatsächlich gleich belastet werden. Wird die Gleichheit im Belastungserfolg durch die rechtliche Gestaltung des Erhebungsverfahrens prinzipiell verfehlt, kann dies die Verfassungswidrigkeit der gesetzlichen Besteuerungsgrundlage nach sich ziehen. Verfassungsrechtlich verboten ist der Widerspruch zwischen dem normativen Befehl der materiell pflichtbegründenden Steuernorm und der nicht auf Durchsetzung angelegten Erhebungsregel. Zur Gleichheitswidrigkeit führt nicht ohne weiteres die empirische Ineffizienz von Rechtsnormen, wohl aber das normative Defizit des widersprüchlich auf Ineffektivität angelegten Rechts.[6]

93

Das BVerfG hat in seiner Entscheidung v. 9.3.2004 die **Anforderungen an ein gleichheitsgerechtes Besteuerungsverfahren** im Falle der Beibehaltung des Deklarationsprinzips wie folgt zusammengefasst: Das Kontrollinstrumentarium muss im Massenverfahren der Veranlagung ohne unverhältnismäßige Mitwirkungsbeiträge der Stpfl. und ohne übermäßigen Ermittlungsaufwand der Finanzbehörde einen gleichheitsgerechten Vollzug der materiellen Steuernorm ermöglichen.

94

Nach Auffassung des BFH mit Urteil v. 29.11.2005 bestehe nach der **Einführung des sog. Kontenabrufverfahrens gem. § 93 Abs. 7 i.V.m. § 93b Abs. 1 AO** kein normatives Defizit bei den Erhebungsregeln mehr. Dieses Verfahren genügt nach nunmehr **gefestigter Rechtsprechung des BFH** den Kriterien des BVerfG.[7]

95

(Einstweilen frei) 96–100

---

1 Vgl. dazu zutreffend FG Hamburg v. 25.5.2007 - 6 K 28/07, EFG 2007, 1606.
2 BFH v. 15.1.2008 - IX R 31/07, NWB DokID: MAAAC-78293; BFH v. 1.7.2004 - IX R 35/01, BStBl 2005 II 26; BFH v. 29.6.2004 - IX R 26/03, BStBl 2004 II 995; s.a. BFH v. 11.2.2014 - IX R 10/12, BFH/NV 2014, 1020 = NWB DokID: TAAAE-63498; lt. Beschl. des BVerfG v. 28.9.2015, 2 BvR 1109/14, wurde Verfassungsbeschwerde nicht zur Entscheidung angenommen; s.a. BFH v. 11.2.2014 - IX R 46/12, BFH/NV 2014, 1025 = NWB DokID: DAAAE-63499.
3 BVerfG v. 9.3.2004 - 2 BvL 17/02, BStBl 2005 II 56.
4 BFH v. 29.11.2005 - IX R 49/04, BStBl 2006 II 178; vgl. dazu *Bäuml*, DStZ 2006, 109; *Harenberg*, NWB 2006, 391.
5 BVerfG v. 9.3.2004 - 2 BvL 17/02, BStBl 2005 II 56, vgl. dazu *Kraft/Bäuml*, FR 2004, 443; *Kraft/Bäuml*, DB 2004, 615.
6 *Bäuml*, DStZ 2006, 109; *Bäuml/Gageur*, FR 2006, 213.
7 Bestätigend: BFH v. 19.8.2008 - IX R 71/07, BStBl 2009 II 13; s.a. BVerfG v. 10.1.2008 (Nichtannahmebeschluss) - 2 BvR 294/06, DStR 2008, 197; BFH v. 19.12.2007 - IX B 219/07, BStBl 2008 II 382; so bereits BFH v. 29.11.2005 - IX R 49/04, BStBl 2006 II 178; vgl. dazu *Bäuml*, DStZ 2006, 109; *Bäuml/Gageur*, ZSteu 2006, 100; a.A. FG Hessen v. 5.7.2007 - 1 V 1282/07, PStR 2007, 203.

V. Verhältnis zu anderen Vorschriften

1. Subsidiarität (§ 23 Abs. 2 EStG)

101 Gemäß § 23 Abs. 2 EStG sind Einkünfte aus privaten Veräußerungsgeschäften i. S. d. § 23 Abs. 1 EStG den Einkünften aus anderen Einkunftsarten zuzurechnen, soweit sie zu diesen gehören. Die sonstigen Einkünfte i. S. d. §§ 22 Nr. 2, 23 EStG sind **nachrangig** hinter allen anderen Einkunftsarten (§ 2 Abs. 1 EStG) – auch nachrangig hinter den anderen Überschusseinkunftsarten (§ 2 Abs. 1 Satz 1 Nr. 2 EStG) – anzuwenden (**Subsidiaritätsklausel**).

102 Insbesondere sind die Veräußerungstatbestände i. S. d. **§ 17 EStG bzw. § 20 Abs. 2 EStG vorrangig** anzuwenden.

103 **Wirtschaftsgüter im Bereich der steuerlichen Liebhaberei**[1] zählen nicht zum Betriebsvermögen und kommen daher grundsätzlich als Wirtschaftsgüter i. S. d. § 23 EStG in Betracht und führen zur Steuerpflicht, sofern Anschaffung und Veräußerung innerhalb der Haltefristen liegen. Die Zuordnung eines einem Betriebsvermögen zuzuordnenden Wirtschaftsguts bleibt allerdings bestehen, auch wenn es sich nach dem Verwendungscharakter um Liebhaberei handelt (**Strukturwandel**).[2] Dies gilt, solange der Steuerpflichtige nicht ausdrücklich die Betriebsaufgabe erklärt und das Betriebsvermögen unter Auflösung der stillen Reserven in das Privatvermögen überführt wird.[3] Werden allerdings langjährig land- und forstwirtschaftlich genutzte Grundstücke **nach einer Betriebsaufgabe** veräußert, werden Gewinn bzw. Verluste aus der Grundstücksveräußerung nicht bei den gewerblichen Einkünften, sondern bei den sonstigen Einkünften zu berücksichtigen sein.[4] Der BFH hat in der Revisionsentscheidung klargestellt, dass die Überführung eines Grundstücks ins Privatvermögen durch Entnahme oder Betriebsaufgabe nicht als Anschaffung i. S. der Grundsätze zum gewerblichen Grundstückshandel gilt; eine entsprechende Anwendung von § 23 Abs. 1 Satz 2 EStG kommt nicht in Betracht.[5]

104–105 *(Einstweilen frei)*

2. Abgrenzung zu § 17 EStG bzw. § 20 Abs. 2 EStG

106 Der Anwendungsbereich des § 17 EStG umfasst die Veräußerung von Beteiligungen an Kapitalgesellschaften von mindestens 1 % innerhalb des Fünfjahreszeitraums. Der Anwendungsbereich des § 20 Abs. 2 EStG umfasst seit dem UntStRG 2008 insbesondere die früher in § 23 EStG a. F. geregelten Veräußerungen bei Wertpapieren und Termingeschäften. § 20 Abs. 2 EStG ist anzuwenden, sofern § 17 EStG nicht vorrangig anzuwenden ist (**vgl. Subsidiaritätsklausel gem. § 20 Abs. 8 EStG**); auch hier ist § 23 EStG nachrangig. Seit VZ 1999 stellen sich daher die Abgrenzungsfragen nicht mehr.

107 Bezüglich der **Altregelungen** gilt: Soweit Wertpapierveräußerungsgeschäfte noch unter § 23 Abs. 1 Satz 1 Nr. 2 EStG a. F. fallen, geht § 23 EStG dem § 17 EStG vor. Ausgenommen sind die von der Nichtigerklärung des BVerfG betroffenen VZ 1997 und 1998.[6]

---

1 Vgl. H 15.3 „Abgrenzung der Gewinnerzielung zur Liebhaberei" EStH.
2 Vgl. H 16 Abs. 2 „Strukturwandel" EStH und H 15.5 „Strukturwandel" EStH.
3 BFH v. 15. 5. 2002 - X R 3/99, BStBl 2002 II 809; BFH v. 29. 10. 1981 - IV R 138/78, BStBl 1982 II 381.
4 FG Baden-Württemberg, v. 5.4.2017 - 4 K 1740/16, NWB DokID: QAAAG-51806.
5 BFH v. 27.6.2018 - X R 26/17, NWB DokID: LAAAG-97739.
6 BVerfG v. 9. 3. 2004 - 2 BvL 17/02, BStBl 2005 II 56, vgl. dazu *Kraft/Bäuml*, FR 2004, 443; *Kraft/Bäuml*, DB 2004, 615; *Hey*, DB 2004, 724.

(Einstweilen frei) 108–110

3. Abgrenzung zum gewerblichen Grundstückshandel

Veräußern Privatpersonen Grundstücke, ist bei der Prüfung, ob ein gewerblicher Grundstückshandel vorliegt, wesentlich auf die Dauer der Nutzung vor Veräußerung und die Zahl der veräußerten Objekte abzustellen. In Fällen, in denen ein gewerblicher Grundstückshandel zu verneinen ist, bleibt jedoch zu prüfen, ob der Gewinn aus der Veräußerung nach § 23 EStG zu besteuern ist.[1] 111

Ein gewerblicher Grundstückshandel liegt insbesondere vor, wenn **mehr als drei Objekte innerhalb von fünf Jahren veräußert** werden. In diesem Fall gilt auch bereits das erste Grundstück als gewerblich verkauft. **Unabhängig von der Drei-Objekt-Grenze** ist ein Verkauf gegebenenfalls als gewerblicher Grundstückshandel anzusehen, wenn die Verkaufsabsicht bereits bei Errichtung des Objektes bestanden hat oder ein sog. **Großobjekt** vorliegt. Gleiches gilt für **Verkäufe durch branchenkundige Immobilienbesitzer**. 112

Der Verkauf eines **durch Erbfall erworbenen Grundstücks** ist **nicht in die Drei-Objekt-Grenze einzubeziehen**. Allerdings kommt hier ein steuerpflichtiges privates Veräußerungsgeschäft i. S. d. § 23 Abs. 1 Satz 1 Nr. 1 EStG in Betracht, wenn das Grundstück vor weniger als zehn Jahren vom Erblasser gekauft wurde.[2] 113

Beträgt die Beteiligung an einer an sich **nicht gewerblich tätigen Grundstücksgesellschaft oder an einem Immobilienfonds** mindestens 10 %, gilt ein Anteilsverkauf als ein Objekt. Gleiches gilt, wenn der Verkehrswert des Gesellschaftsanteils oder des Anteils an dem veräußerten Grundstück bei einer Beteiligung von weniger als 10 % mehr als 250 000 € beträgt. Beläuft sich die Beteiligung auf 10 % oder übersteigt der Wert der Anteile 250 000 €, ist der Wert der im Fonds enthaltenen Grundstücke unerheblich.[3] 114

PRAXISHINWEIS:
Besondere Auswirkungen hat diese Sichtweise bei Immobilienfonds mit Sitz im Ausland. Während deutsche Verwalter die zehnjährige Haltedauer wegen der Haltefrist i. S. d. § 23 Abs. 1 Satz 1 Nr. 1 EStG regelmäßig beachten, ist dies bei Auslandsfonds i. d. R. nicht der Fall. Somit kann der kurzfristige Verkauf von Immobilien – etwa bei Auflösung des Fonds – beim Anleger im Falle einer Überschreitung der vorgegebenen Werte zu einer Überschreitung der Drei-Objekt-Grenze führen.

Zur Abgrenzung zwischen **privater Vermögensverwaltung** und **gewerblichem Grundstückshandel** vgl. im Übrigen BMF v. 26. 3. 2004.[4] 115

(Einstweilen frei) 116–120

VI. Verfahrensfragen

Hinsichtlich der verfassungsrechtlichen **Zweifelsfragen zur Rückwirkung und dem strukturellen Vollzugsdefizit** gibt es **keinen Vorläufigkeitsvermerk** mehr.[5] 121

---

1 BMF v. 26. 3. 2004, BStBl 2004 I 434, Tz. 1.
2 BMF v. 26. 3. 2004, BStBl 2004 I 434, Tz. 9.
3 BMF v. 26. 3. 2004, BStBl 2004 I 434, Tz. 17, 18.
4 BStBl 2004 I 434.
5 Vgl. BMF v. 11. 12. 2014, BStBl 2014 I 1571.

122 Insbesondere kommt auch eine **Änderung bestandskräftiger Bescheide** aufgrund der Nichtigerklärung durch das BVerfG betreffend die VZ 1997 und 1998 nicht in Betracht.[1] Eine **Änderung des Steuerbescheids wegen nachträglich bekannt gewordener Tatsachen gem. § 173 AO** scheidet aus, da die Feststellung der Verfassungswidrigkeit eines Steuergesetzes durch das BVerfG keine „Tatsache" i. S. d. § 173 AO ist.[2] Die nachträgliche Änderung der rechtlichen Beurteilung eines unverändert bestehenden Sachverhalts führt auch nicht zu einer **Berichtigungsmöglichkeit nach § 175 Abs. 1 Satz 1 Nr. 2 AO**.[3]

123 Der BFH hat sich mit Urteil v. 21.1.2014 mit der **Frage der gesonderten und einheitlichen Feststellung von Veräußerungsgewinnen bei Erwerb einer Beteiligung an einer grundstücksbesitzenden Personengesellschaft und Veräußerung von Wohnungen innerhalb der Veräußerungsfrist** auseinandergesetzt.[4] Erwirbt ein Stpfl. eine Beteiligung an einer grundstücksbesitzenden Personengesellschaft und veräußert diese zwei Wohnungen innerhalb der zehnjährigen Veräußerungsfrist nach Beitritt, ist über die Frage, ob er den Tatbestand des § 22 Nr. 2 i.V.m. § 23 Abs. 1 Satz 1 Nr. 1 EStG verwirklicht hat, nicht im Verfahren der gesonderten und einheitlichen Feststellung von Einkünften zu entscheiden, sondern im Rahmen der Veranlagung zur Einkommensteuer des Stpfl. selbst.

124 Hinsichtlich der vom **FG Münster** mit Beschluss v. 17.8.2009 dem **BVerfG** vorgelegten Frage, ob die für Grundstücksveräußerungen nach dem 31.12.1998 geltende – **rückwirkende – Änderung des § 23 Abs. 1 Satz 1 Nr. 1 Satz 2 EStG durch das StBereinG v. 22.12.1999**[5] als verfassungswidrig zu betrachten sei, wird auf die Erledigung des Verfahrens unter dem Aktenzeichen des BVerfG **(2 BvL 21/09)** verwiesen.[6]

125 Entsprechendes gilt für das durch Aufhebung des Vorlagebeschlusses erledigte **Verfahren beim BVerfG (2 BvL 2/10)** aufgrund der **Vorlage des FG Hessen** mit Beschluss v. 14.1.2010. Das FG Hessen erachtete die Besteuerung eines in 1999 realisierten Veräußerungsgewinns aus dem Verkauf **eines in 1998 errichteten privaten Gebäudes** nach § 23 Abs. 1 Satz 1 Nr. 1 Satz 2 EStG für nicht mit dem Grundgesetz vereinbar.[7] Mit Beschluss hat es das anhängige Klageverfahren ausgesetzt, um eine Entscheidung des BVerfG hierüber einzuholen.[8] Dieses ist durch Aufhebung des Vorlagebeschlusses zwischenzeitlich erledigt.

126 Hinzuweisen ist im Übrigen auf das **vom BFH am 16.6.2015 unter dem Az. IX R 21/14** entschiedene Verfahren zur Frage, welcher Anschaffungszeitpunkt nach § 23 EStG für Grundstücke zugrunde zu legen ist, wenn nach einem rechtskräftigen Urteil auf Rückabwicklung eines notariell vereinbarten Tausches letztlich der Rücktritt von der Rücktrittserklärung erklärt und zwischen den Parteien auch umgesetzt wird. Nach BFH ist für die Bestimmung des Anschaf-

---

1 BVerfG v. 9.3.2004 - 2 BvL 17/02, BStBl 2005 II 56; BFH v. 12.5.2009 - IX R 45/08, BStBl 2009 II 891.
2 BFH v. 12.5.2009 - IX R 45/08, BStBl 2009 II 891; vgl. auch BFH v. 12.5.2009 - IX R 45/08, BStBl 2009 II 891; BFH v. 28.6.2006 - III R 13/06, BStBl 2007 II 714.
3 BFH v. 12.5.2009 - IX R 45/08, BStBl 2009 II 891; vgl. auch BFH v. 21.3.1996 - XI R 36/95, BStBl 1996 II 399; BFH v. 28.6.2006 - III R 13/06, BStBl 2007 II 714.
4 BFH v. 21.1.2014 - IX R 9/13, BFH/NV 2014, 745 = NWB DokID: FAAAE-57218; s. a. OFD Frankfurt/M. v. 7.8.2014, NWB DokID: ZAAAE-72221; vgl. auch *Schießl*, DStR 2014, 512.
5 Steuerbereinigungsgesetz (StBereinG) 1999 v. 22.12.1999, BGBl 1999 I 2601; vgl. nur *Risthaus*, FR 2000, 128.
6 FG Münster v. 17.8.2009 - 10 K 3918/05 E, EFG 2009, 1943; Az. des BVerfG: 2 BvL 21/09 (erledigt).
7 FG Hessen v. 14.1.2010 - 8 K 283/04, EFG 2010, 959.
8 Az. des BVerfG: 2 BvL 2/10 (erledigt).

fungszeitpunkts auf den Abschluss des obligatorischen Vertrages abzustellen. Eine Rückabwicklung führt nicht zu einer Veräußerung i. S. d. § 23 Abs. 1 Nr. 1 EStG.[1]

Abgrenzung zwischen Rückabwicklung und Spekulationsgeschäft: Das FG Köln hat mit Urteil v. 1. 6. 2016[2] entschieden, dass im Falle eines Rückkaufs einer Beteiligung an einem geschlossenen Immobilienfonds ein Veräußerungsgeschäft i. S. d. § 23 Abs. 1 Satz 4 EStG gegeben ist. Überträgt der Stpfl. einen fremdfinanzierten Anteil an einem geschlossenen Immobilienfonds in Erfüllung einer Vergleichsvereinbarung auf eine von dem finanzierenden Kreditinstitut benannte Erwerbergesellschaft und verzichtet das Kreditinstitut im Gegenzug teilweise auf die Rückzahlung des restlichen Darlehens, kann ebenfalls ein privates Veräußerungsgeschäft vorliegen.[3] Für die Aufteilung der Gegenleistung in Anteile und sonstige Leistungen (z. B. **Schadensersatz**) ist auf die Vertragsfreiheit der Parteien abzustellen. Haben sie keine Vereinbarungen diesbezüglich getroffen, ist der erhaltene Betrag für die Beteiligung aufgewandt und demgemäß nach § 23 Abs. 1 Satz 4 EStG dem Veräußerungsgewinn hinzuzurechnen. Nach Auffassung des BFH in der Revisionsentscheidung ist der vereinbarte Kaufpreis aufzuteilen, sofern Anhaltspunkte dafür bestehen, dass die als Kaufpreis bezeichnete Gegenleistung teilweise auch für andere Verpflichtungen des Veräußerers erbracht worden ist (z. B. Verzicht auf Schadensersatzansprüche, Rücknahme von Klagen), die nicht den Tatbestand des § 23 Abs. 1 EStG erfüllen. Für Zwecke der Aufteilung ist das veräußerte Wirtschaftsgut zu bewerten; übersteigt die Gegenleistung den Wert des veräußerten Wirtschaftsguts, spricht dies nach BFH dafür, dass der übersteigende Teil der Gegenleistung nicht zum Veräußerungspreis gehört, sondern eine andere Verpflichtung entgolten oder ein Teil der Gegenleistung unentgeltlich zugewendet werden soll.[4] Der BFH hat zur Minderung des Veräußerungsverlusts i. S. d. § 17 EStG bzw. des Verlusts aus privaten Veräußerungsgeschäften i. S. d. § 23 EStG durch eine **eigenständige Schadensersatzleistung eines Dritten** entschieden.[5] Der Veräußerungsgewinn oder -verlust kann sich rückwirkend ändern, wenn die Vertragsparteien wegen Streitigkeiten über die Wirksamkeit oder den Inhalt des Vertrages einen Vergleich schließen und den Veräußerungspreis rückwirkend vermindern oder erhöhen. Beruht die Leistung des Dritten jedoch auf einem rechtlich und wirtschaftlich eigenständigen Rechtsgrund – z. B. einem gesetzlich begründeten Schadenersatzanspruch – und kommt ihr daher eine eigene wirtschaftliche Bedeutung zu, gehört sie nicht zu dem Veräußerungsentgelt.

Darüber hinaus ist das FG Köln der Auffassung, dass die Regelung des § 23 Abs. 1 Satz 4 EStG dazu führt, dass bei der Ermittlung des Veräußerungsgewinns nach § 23 Abs. 3 Satz 1 EStG Verbindlichkeiten, welche die Personengesellschaft für die Finanzierung ihrer Grundstücke aufgewandt hat, beim Kommanditisten (anteilig) in gleicher Weise zu berücksichtigen sind, wie dies bei einer Veräußerung von Grundstücken durch die Kommanditgesellschaft der Fall wäre.

---

1 BFH v. 16. 6. 2015 - IX R 21/14, BFH/NV 2015, 1567 = NWB DokID: WAAAF-02672.
2 FG Köln v. 1. 6. 2016 - 14 K 545/14; vgl. Revisionsentscheidung des BFH v. 11. 7. 2017 - IX R 27/16, BStBl 2018 II 348; vgl. entspr. auch BFH v. 6. 9. 2016 - IX R 44/14, NWB DokID: QAAAF-88396; IX R 45/14, NWB DokID: KAAAF-88398 und IX R 27/15, NWB DokID: AAAAF-88397 mit Anm. *Fink*, NWB 2017, 643.
3 BFH v. 31. 1. 2017 - IX R 26/16, DStR 2017, 1028, NWB DokID: RAAAG-44640; Vorinstanz FG Baden-Württemberg v. 23. 5. 2016 - 9 K 2994/15, EFG 2016, 1882.
4 FG Köln v. 1. 6. 2016 - 14 K 545/14; vgl. ausführlich dazu *Fink*, NWB 2016, 2656; Revisionsentscheidung des BFH v. 11. 7. 2017 - IX R 27/16, BStBl 2018 II 348; entspr. BFH v. 6. 9. 2016 - IX R 27/15, BFHE 255, 176; vgl. entspr. auch BFH v. 6. 9. 2016 - IX R 44/14, NWB DokID: QAAAF-88396; IX R 45/14, NWB DokID: KAAAF-88398 und IX R 27/15, NWB DokID: AAAAF-88397 mit Anm. *Fink*, NWB 2017, 643.
5 BFH v. 4. 10. 2016 - IX R 8/15, BStBl. 2017 II 316.

128 Seit Einführung der Abgeltungsteuer gehören Gewinne und Verluste aus der Veräußerung von Kapitalanlagen i. S. d. § 20 Abs. 2 EStG zu den Einkünften aus Kapitalvermögen. Diese Unterlagen nach alter Rechtslage in der Regel nur der Besteuerung, wenn Anschaffung und Veräußerung innerhalb eines Jahres erfolgten (§ 23 Abs. 1 Satz 1 Nr. 2 EStG a. F.). Verluste aus privaten Veräußerungsgeschäften dürfen gem. § 23 Abs. 3 Satz 7 und 8 EStG nur mit Gewinnen aus privaten Veräußerungsgeschäften ausgeglichen werden.

Aufgrund des Wechsels der Einkunftsart können Verluste aus privaten Veräußerungsgeschäften, auf die § 23 EStG in der bis zum 31.12.2008 geltenden Fassung anzuwenden ist (Altverluste), bis einschließlich Veranlagungszeitraum 2013 auch mit Gewinnen i. S. d. § 20 Abs. 2 EStG ausgeglichen werden (§ 23 Abs. 3 Satz 9 und 10 EStG a. F., § 52a Abs. 11 Satz 11 EStG a. F.).

Die Begrenzung der „erweiterten Verrechnungsmöglichkeit" von sog. Altverlusten aus privaten Veräußerungsgeschäften (§ 23 EStG a. F.) auf fünf Jahre hielt einer verfassungsrechtlichen Überprüfung seitens des BFH stand.[1] Zum 31.12.2013 verbleibende Altverluste, können nur noch mit zukünftigen Gewinnen aus privaten Veräußerungsgeschäften verrechnet werden. In der Verlustfeststellung zum 31.12.2013 erfolgt daher ein Übertrag der Altverluste auf Verluste aus privaten Veräußerungsgeschäften in der ab dem 1.1.2009 anzuwendenden Fassung.

129–140 *(Einstweilen frei)*

B. Systematische Kommentierung

I. Veräußerung von Grundstücken etc. (§ 23 Abs. 1 Satz 1 Nr. 1 EStG)

1. Grundstücke/grundstücksgleiche Rechte (§ 23 Abs. 1 Satz 1 Nr. 1 Satz 1 EStG)

141 Private Veräußerungsgeschäfte gem. § 22 Nr. 2, § 23 Abs. 1 Satz 1 Nr. 1 EStG sind bei **Grundstücken und grundstücksgleichen Rechten** Veräußerungsgeschäfte, bei denen der Zeitraum zwischen Anschaffung und Veräußerung nicht mehr als zehn Jahre beträgt. Ausgenommen sind Wirtschaftsgüter, die im Zeitraum zwischen Anschaffung oder Fertigstellung und Veräußerung ausschließlich **zu eigenen Wohnzwecken** oder im Jahr der Veräußerung und in den beiden vorangegangenen Jahren zu eigenen Wohnzwecken genutzt wurden.

142 Veräußerungsgegenstände i. S. d. § 23 Abs. 1 Satz 1 Nr. 1 **Satz 1** EStG sind **Grundstücke und grundstücksgleiche Rechte**. Ein veräußerbares **Grundstück** gem. **§ 23 Abs. 1 Satz 1 Nr. 1 Satz 1 Alt. 1 EStG** ist jede im Bestandsverzeichnis eines Grundbuchs gesondert aufgeführte Teilfläche. Erfasst werden unbebaute und bebaute Grundstücke gleichermaßen.[2] § 23 Abs. 1 Satz 1 Nr. 1 EStG bezieht sich auf den **bürgerlich-rechtlichen Begriff des Grund und Bodens** und bezieht aufstehende Gebäude als wesentliche Bestandteile eines Grundstücks gem. **§ 94 BGB** mit ein. Ausnahme ist das auf einem **Erbbaurecht** errichtete Gebäude (**§ 95 Abs. 1 Satz 2 BGB**). Nicht abzustellen ist demnach auf den **Begriff des Wirtschaftsguts**, der zwischen Grund und Boden und aufstehendem Gebäude differenziert. Folge ist, dass z. B. die Haltefrist des § 23 Abs. 1 Satz 1 Nr. 1 Satz 1 EStG bei Herstellung eines Gebäudes auf einem angeschafften Grundstück nicht gesondert zu betrachten ist.

---

1 BFH v. 6.12.2016 - IX R 48/15, NWB DokID: EAAAG-37123.
2 *Glenk* in Blümich, § 23 EStG Rz. 41.

Grundstücksgleiche Rechte unterliegen **im Unterschied zu den sonstigen Rechten i. S. d. § 23 Abs. 1 Satz 1 Nr. 2 EStG** ebenfalls der für Grundstücke geltenden zehnjährigen Haltefrist des § 23 Abs. 1 Satz 1 Nr. 1 EStG.[1]

143

Grundstücksgleiche Rechte sind nach der **Definition in § 23 Abs. 1 Satz 1 Nr. 1 Satz 1 Alt. 2 EStG** Rechte, die den Vorschriften des bürgerlichen Rechts über Grundstücke unterliegen. Beispielhaft und nicht abschließend werden **Erbbaurechte**[2] **und Mineralgewinnungsrechte**[3] genannt. Als grundstücksgleiche Rechte i. S. d. § 23 Abs. 1 Satz 1 Nr. 1 Satz 1 EStG anzusehen sind z. B. **Fischereirechte, Apothekengerechtigkeit.**[4]

144

Als grundstücksgleiche Rechte anzusehen sind insbesondere **Bergrechte gem. § 4 Abs. 6 BBergG** (sog. „**Gewinnungsberechtigung**" = Recht zur Gewinnung von bergfreien oder grundeigenen Bodenschätzen, z. B. auch **Salzabbaugerechtigkeiten**).[5] Damit unterscheidet das BBergG zwischen dem **Bodenschatz (z. B. Kiesvorkommen)** als solchem und dem **Recht, den Bodenschatz zu gewinnen**, also zu lösen und freizusetzen.[6] Die dem BBergG unterliegenden **grundeigenen Bodenschätze** sind zunächst Teil des Grund und Bodens; sie stehen im Eigentum des Grundeigentümers (§ 3 Abs. 2 Satz 1 BBergG) und sind daher **nicht als grundstücksgleiche Rechte** i. S. d. § 23 Abs. 1 Satz 1 Nr. 1 Satz 1 EStG zu erfassen.

145

Bodenschätze (z. B. Kiesvorkommen) sind daher bis zur Entdeckung **unselbständiger Bestandteil des Grundstücks** und werden erst nach Aufschließung zum selbständigen Wirtschaftsgut,[7] das jedoch unter **§ 23 Abs. 1 Satz 1 Nr. 2 EStG** fällt.[8]

146

Ebenfalls **nicht als grundstücksgleiche Rechte** i. S. d. § 23 Abs. 1 Satz 1 Nr. 1 Satz 1 EStG zu erfassen sind **sonstige dingliche Rechte am Grundstück** oder an einem Grundstücksrecht wie z. B. Dienstbarkeiten (inklusive **Nießbrauch**), **Dauerwohnungsrecht** nach § 31 WEG, Vorkaufsrecht, Reallasten, Hypotheken, **Grund- und Rentenschulden**.[9]

147

Ein privates Veräußerungsgeschäft i. S. d. § 23 Abs. 1 Satz 1 Nr. 1 **Satz 1** EStG liegt auch bei der **Veräußerung eines „bebauten" Erbbaurechts** vor, wenn der Zeitraum zwischen

148

- dem Abschluss des Erbbaurechtsvertrags und der Veräußerung des „bebauten" Erbbaurechts oder
- der Anschaffung und der Veräußerung des „bebauten" Erbbaurechts

nicht mehr als zehn Jahre beträgt.[10] Der Veräußerungspreis entfällt insgesamt auf das **Gebäude** oder die **Außenanlage**, wenn der Erwerber dem bisherigen Erbbauberechtigten nachweislich nur etwas für das Gebäude oder die Außenanlage gezahlt hat und gegenüber dem Erbbau-

---

1 *Glenk* in Blümich, § 23 EStG Rz. 59.
2 Zur Veräußerung des Erbbaurechts durch den Erbbauberechtigten vgl. BFH v. 23. 11. 1993 - IX R 84/92, BStBl 1994 II 292; zur Veräußerung eines unentgeltlich bestellten Erbbaurechts vgl. BFH v. 8. 11. 2017 - IX R 25/15, BB 2018, 943.
3 Das Mineralgewinnungsrecht wurde mit BergbauG v. 13. 8. 1980, BGBl 1980 I 1310, durch die Begriffe Bergbauberechtigung bzw. Grundeigentümerrecht ersetzt; vgl. auch *Glenk* in Blümich, § 23 EStG Rz. 59.
4 *Glenk* in Blümich, § 23 EStG Rz. 59, 126. Aufl. 2015.
5 Vgl. zu Salzabbaugerechtigkeiten BFH v. 11. 2. 2014 - IX R 25/13, BStBl 2014 II 566 bzw. BFH v. 11. 2. 2014 - IX R 26/13, BFH/NV 2014, 1510 = NWB DokID: SAAAE-70690.
6 BFH v. 4. 12. 2006 - GrS 1/05, BStBl 2007 II 508.
7 BFH v. 4. 12. 2006 - GrS 1/05, BStBl 2007 II 508.
8 BFH v. 18. 3. 1980 - VIII R 148/78, BStBl 1981 II 794; missverständlich FG München v. 13. 9. 2006, EFG 2007, 188, rkr.; s. a. *Glenk* in Blümich, § 23 EStG Rz. 41.
9 Vgl. u. a. BFH v. 11. 4. 2012 - VIII R 28/09, BStBl 2012 II 496, zur Grundschuld; im Übrigen vgl. *Glenk* in Blümich, § 23 EStG Rz. 61.
10 Vgl. BFH v. 30. 11. 1976 - VIII R 202/72, BStBl 1977 II 384.

verpflichteten nur zur Zahlung des laufenden Erbbauzinses verpflichtet ist.[1] Die Veräußerung eines unentgeltlich bestellten Erbbaurechts stellt jedoch kein privates Veräußerungsgeschäft dar.[2]

149 Für die Annahme eines privaten Veräußerungsgeschäfts nach § 22 Nr. 2, § 23 EStG ist dem **Erfordernis der Nämlichkeit** zwischen angeschafftem und veräußertem Wirtschaftsgut teilweise genügt, wenn ein **mit einem Erbbaurecht belastetes Grundstück** angeschafft und – nach **Löschung des Erbbaurechts** – kurzfristig lastenfrei weiterveräußert wird.[3] Der Ermittlung des Gewinns aus einem solchen privaten Veräußerungsgeschäft nach § 23 Abs. 3 Satz 1 EStG ist nur der **anteilige Veräußerungspreis** zu Grunde zu legen, der – wirtschaftlich gesehen – auf das Grundstück im belasteten Zustand entfällt; er ist ggf. im Schätzungswege zu ermitteln.[4]

150 Die **Zahlung von Erbbauzinsen**, auch in einem Einmalbetrag als Vorauszahlung, stellt keine Kaufpreiszahlung dar. Es liegen auch keine Anschaffungskosten i. S. d. § 23 EStG vor. Erbbauzinsen sind rechtlich und wirtschaftlich betrachtet vielmehr ein Entgelt für die Überlassung des belasteten Grundstücks zur Nutzung und daher wie Miet- und Pachtentgelte zu behandeln. Die Erbbauzinsen sind daher als Werbungskosten i. S. d. § 9 EStG z. B. im Rahmen der Erzielung von Einkünften gem. § 21 EStG anzusetzen.[5]

151 Sind **Grundstück und aufstehendes Gebäude getrennt handelbar** (Art. 231, 233 EGBGB), können sowohl Grundstück als auch Gebäude gesondert Gegenstand eines privaten Veräußerungsgeschäfts nach § 23 Abs. 1 Satz 1 Nr. 1 EStG sein. Wird ein **Gebäude in Ausübung eines Nutzungsrechts am Grund und Boden errichtet** und der Grund und Boden nach Fertigstellung des Gebäudes erworben, ist bei einer späteren Veräußerung des bebauten Grundstücks das Gebäude **nicht** in das private Veräußerungsgeschäft einzubeziehen.[6]

> **BEISPIEL:** An einem unbebauten Grundstück wird im Jahr 1993 ein Erbbaurecht zu Gunsten von A bestellt. A errichtet auf dem Grundstück im Jahr 1994 ein zur Vermietung bestimmtes Gebäude. Im Jahr 1997 erwirbt er das Grundstück und veräußert es im Jahr 2000 mit dem aufstehenden Gebäude.
>
> Hinsichtlich des Grundstücks liegt ein privates Veräußerungsgeschäft i. S. d. § 23 Abs. 1 Satz 1 Nr. 1 EStG vor. Das Gebäude ist nicht einzubeziehen, weil es vor der Anschaffung des Grundstücks in Ausübung des Erbbaurechts errichtet wurde und somit nicht das private Veräußerungsgeschäft betrifft, dessen Gegenstand das Grundstück und nicht das Erbbaurecht ist.

152–155 *(Einstweilen frei)*

2. Neue Gebäude/-teile und Außenanlagen (§ 23 Abs. 1 Satz 1 Nr. 1 Satz 2 EStG)

156 Gemäß § 23 Abs. 1 Satz 1 Nr. 1 **Satz 2** EStG sind **Gebäude und Außenanlagen** in die Besteuerung einzubeziehen, soweit sie innerhalb der Zehnjahresfrist nach Satz 1 errichtet, ausgebaut oder erweitert werden. Entsprechendes gilt für **Gebäudeteile**, die selbständige unbewegliche Wirtschaftsgüter sind, sowie für Sondereigentum (§ 1 Abs. 3 WEG) bei **Eigentumswohnungen** und bei im **Teileigentum** stehenden Räumen.

---

1 BFH v. 15.11.1994 - IX R 73/92, BStBl 1995 II 374; BMF v. 5.10.2000, BStBl 2000 I 1383, Tz. 14.
2 BFH v. 8.11.2017 - IX R 25/15, BB 2018, 943.
3 BFH v. 12.6.2013 - IX R 31/12, BStBl 2013 II 1011.
4 H 23 „Identisches Wirtschaftsgut" EStH; BFH v. 12.6.2013 - IX R 31/12, BStBl 2013 II 1011.
5 BFH v. 23.9.2003 - IX R 65/02, BStBl 2005 II 159; BFH v. 7.3.2007 - I R 60/06, BStBl 2007 II 654; BFH v. 23.9.2003 - IX R 65/02, BStBl 2005 II 159; vgl. zu Gestaltungsüberlegungen auch *Milatz/Kruchen*, DStZ 2004, 635.
6 BMF v. 5.10.2000, BStBl 2000 I 1383, Tz. 15.

Der **Begriff des Gebäudes** i. R. d. § 23 Abs. 1 Satz 1 Nr. 1 **Satz 2** EStG richtet sich nach den Definitionen des EStG und des § 68 BewG.[1] Demnach ist als Gebäude ein Bauwerk anzusehen, das durch räumliche Umschließung Schutz gegen äußere Einflüsse gewährt, den nicht nur vorübergehenden Aufenthalt von Menschen gestattet, fest mit dem Grund und Boden verbunden sowie von einiger Beständigkeit und standfest ist. Alle Bauwerke, die sämtliche dieser Begriffsmerkmale aufweisen, sind ausnahmslos als Gebäude zu behandeln.[2]

157

Gebäudeteile sind selbständige Wirtschaftsgüter, die gesondert abzuschreiben sind, wenn sie mit dem Gebäude nicht in einem einheitlichen Nutzungs- und Funktionszusammenhang stehen.[3] Nach wirtschaftlicher Betrachtungsweise und unter Berücksichtigung der Verkehrsauffassung gehören zu einem Gebäude auch solche Gebäudeteile und -einrichtungen, die dem Gebäude ein besonderes Gepräge geben oder deren Fehlen ein negatives Gepräge bewirkt, z. B. das Fehlen einer Zentralheizung oder – in einem mehrstöckigen Wohngebäude – eines Fahrstuhls. Danach ist für den Begriff des Gebäudes der **einheitliche Nutzungs- und Funktionszusammenhang** entscheidend.

158

Zum Gebäude rechnen solche Bestandteile **nicht**, die nicht der Nutzung des Gebäudes selbst, sondern einem davon verschiedenen Zweck, nämlich unmittelbar einem in dem Gebäude ausgeübten Betrieb dienen, z. B. **Betriebsvorrichtungen**[4] und **Scheinbestandteile**.[5]

159

Keine Gebäude oder Gebäudeteile sind insofern auch **Außenanlagen** wie z. B. Einfriedungen von Grundstücken, **Hof- und Platzbefestigungen** und **Straßenzufahrten**. Dies gilt jedoch nicht für **Umzäunungen bei Wohngebäuden**, wenn sie in einem einheitlichen Nutzungs- und Funktionszusammenhang mit dem Gebäude stehen.[6]

160

Gemäß **R 4.2 Abs. 3, Abs. 4 EStR** führen **unterschiedliche Nutzungen und Funktionen eines Gebäudes** (eigene Wohnzwecke, fremde Wohnzwecke, eigenbetriebliche Nutzung, fremdbetriebliche Nutzung) zu eigenständigen unbeweglichen Wirtschaftsgütern, also eigenständigen Gebäudeteilen i. S. d. § 23 Abs. 1 Satz 1 Nr. 1 **Satz 2** EStG. Hierzu zählen z. B. auch Ladeneinbauten und Mietereinbauten. Der **Grund und Boden** ist grundsätzlich im Verhältnis der jeweiligen Nutzung des Gebäudes bzw. des Gebäudeteils aufzuteilen.[7]

161

Errichtet ein Stpfl. ein Gebäude und veräußert er es zusammen mit dem **zuvor erworbenen Grund und Boden**, liegt ein privates Veräußerungsgeschäft sowohl hinsichtlich des Grund und Bodens als auch hinsichtlich des Gebäudes vor, wenn die Frist zwischen Anschaffung des Grund und Bodens und Veräußerung des bebauten Grundstücks nicht mehr als zehn Jahre beträgt.[8]

162

BEISPIEL:[9] A hat am 31. 3. 1993 ein unbebautes Grundstück angeschafft. Im Jahr 1998 stellt er darauf ein Einfamilienhaus fertig, das er anschließend vermietet. Ab dem 1. 4. 2003 kann er das bebaute Grundstück veräußern, ohne dass der Gewinn der Besteuerung nach § 23 EStG unterliegt.

---

1 R 7.1 Abs. 5 EStR; H 7.1 „Gebäude" EStH; s. a. Abschn. 1 Abs. 2 BewRGr.
2 So auch die ständige Rechtsprechung; vgl. nur BFH v. 26. 10. 2011 - II R 27/10, BStBl 2012 II 274; BFH v. 9. 7. 2009 - II R 7/08, BFH/NV 2009, 1609 = NWB DokID: NAAAD-27354.
3 Vgl. auch H 7.1 „Gebäudeteile" EStH; BFH v. 26. 11. 1973 - GrS 5/71, BStBl 1974 II 132.
4 R 7.1 Abs. 6 EStR; H 7.1 „Betriebsvorrichtungen" EStH.
5 BFH v. 26. 11. 1973 - GrS 5/71, BStBl 1974 II 132; vgl. auch H 7.1 „Scheinbestandteile" EStH.
6 H 7.1 „Unbewegliche Wirtschaftsgüter, die keine Gebäude oder Gebäudeteile" sind EStH.
7 BFH v. 27. 10. 1998 - IX R 44/95, BStBl 1999 II 676.
8 BMF v. 5. 10. 2000, BStBl 2000 I 1383, Tz. 9.
9 Nach BMF v. 5. 10. 2000, BStBl 2000 I 1383, Tz. 9.

163 Wurde der **Grund und Boden** vom Veräußerer **unentgeltlich erworben** und vom Rechtsvorgänger innerhalb von zehn Jahren vor der Veräußerung durch den **Rechtsnachfolger** angeschafft, unterliegt ein Veräußerungsgewinn beim Rechtsnachfolger sowohl hinsichtlich des **Grund und Bodens** als auch eines **zwischenzeitlich errichteten Gebäudes** der Besteuerung, unabhängig davon, ob der Rechtsvorgänger oder der Veräußerer das Gebäude errichtet hat. Dies gilt auch bei **unentgeltlicher Einzelrechtsnachfolge** (§ 23 Abs. 1 Satz 3 EStG).[1]

164 Wird ein **teilweise entgeltlich** (z. B. im Wege der vorweggenommenen Erbfolge) **oder gegen Abfindungszahlung bei der Erbauseinandersetzung** erworbenes Grundstück während der Zehnjahresfrist nach Anschaffung bebaut und veräußert, ist das Gebäude anteilig in die Besteuerung nach § 23 Abs. 1 Nr. 1 EStG einzubeziehen.[2]

165 Im Zeitpunkt der Veräußerung **noch nicht fertiggestellter Gebäude, Ausbauten und Erweiterungen**[3] sind einzubeziehen.[4]

> **BEISPIEL:** A errichtet auf dem von ihm im Jahr 1993 erworbenen Grund und Boden im Jahr 1995 ein Einfamilienhaus, das zu Wohnzwecken vermietet wird. Im Jahr 1998 beginnt er mit dem Ausbau des bisher nicht nutzbaren Dachgeschosses zu einer zweiten, zur Vermietung bestimmten Wohnung. Im Februar 1999 wird das Grundstück mit dem teilfertigen Zweifamilienhaus veräußert.
>
> Der auf das Gebäude (einschließlich des noch nicht fertiggestellten Dachgeschossausbaus) entfallende Teil des Veräußerungserlöses ist in die Ermittlung des steuerpflichtigen Veräußerungsgewinns einzubeziehen.

166 Die vorstehenden Grundsätze gelten entsprechend für **Außenanlagen** sowie für **Gebäudeteile**, die selbständige unbewegliche Wirtschaftsgüter sind, für **Eigentumswohnungen** und für im **Teileigentum** stehende Räume.[5]

167–170 *(Einstweilen frei)*

3. Ausnahme bei eigenen Wohnzwecken (§ 23 Abs. 1 Satz 1 Nr. 1 Satz 3 EStG)

171 **Vom Anwendungsbereich** des § 23 Abs. 1 Satz 1 Nr. 1 EStG sind gem. **Satz 3 ausgenommen** Wirtschaftsgüter, die **eigenen Wohnzwecken** dienen. Bei der Veräußerung steuerfrei bleiben danach Gebäude bzw. Gebäudeteile, die

- zwischen Anschaffung oder Fertigstellung und Veräußerung ausschließlich zu eigenen Wohnzwecken **(Alternative 1)** oder

- im Jahr der Veräußerung und den beiden vorangegangenen Jahren zu eigenen Wohnzwecken genutzt wurden **(Alternative 2)**.[6]

172 § 23 Abs. 1 Satz 1 Nr. 1 **Satz 3** EStG ist **erstmals auf Veräußerungen ab VZ 1999** anzuwenden, erstreckt sich aber generell auf bei Erwerb bereits bebaute Grundstücke.[7]

---

1 BMF v. 5. 10. 2000, BStBl 2000 I 1383, Tz. 10.
2 BMF v. 5. 10. 2000, BStBl 2000 I 1383, Tz. 11.
3 Zum Begriff der Erweiterung vgl. auch § 255 Abs. 2 HGB.
4 BMF v. 5. 10. 2000, BStBl 2000 I 1383, Tz. 12.
5 BMF v. 5. 10. 2000, BStBl 2000 I 1383, Tz. 13.
6 Alternative 2 verlangt keine „ausschließliche" Eigennutzung wie Alternative 1; entgegen dem Wortlaut des § 23 Abs. 1 Satz 1 Nr. 1 Satz 3 EStG a. A. *Weber-Grellet* in Schmidt, § 15 EStG Rz. 18, wo die „Ausschließlichkeit" auch als Voraussetzung der Alternative 2 betrachtet wird.
7 *Glenk* in Blümich, § 23 EStG Rz. 50.

Von der Veräußerungsgewinnbesteuerung ausgenommen (**begünstigte Wirtschaftsgüter**) sind Gebäude, selbständige Gebäudeteile, Eigentumswohnungen und in Teileigentum stehende Räume (Wirtschaftsgüter), die im Zeitraum zwischen Anschaffung oder Fertigstellung und Veräußerung **ausschließlich zu eigenen Wohnzwecken** oder **im Jahr der Veräußerung und in den beiden vorangegangenen Jahren zu eigenen Wohnzwecken** genutzt wurden. 173

Dasselbe gilt bei Veräußerung eines **teilweise zu eigenen Wohnzwecken und teilweise zu anderen Zwecken genutzten Gebäudes** (z. B. **zu Wohnzwecken vermietete Wohnung**, betrieblich oder beruflich genutztes **Arbeitszimmer** einschließlich des Gebäudeanteils eines Grundstücksteils von untergeordnetem Wert nach § 8 EStDV) für den zu eigenen Wohnzwecken genutzten Gebäudeteil und für zu eigenen Wohnzwecken genutzte Eigentumswohnungen.[1] 174

Von der Veräußerungsgewinnbesteuerung ausgenommen ist auch der **Grund und Boden, der zu einem zu eigenen Wohnzwecken genutzten Gebäude gehört**. Dieser umfasst nur die für die entsprechende Gebäudenutzung erforderlichen und üblichen Flächen. Dabei ist auch deren künftige Nutzung zu berücksichtigen. Die **steuerfreie Veräußerung weiterer Flächen** ist selbst dann ausgeschlossen, wenn diese im Veräußerungszeitpunkt als **Hausgarten** genutzt werden.[2] Dies gilt insbesondere, soweit **Teilflächen parzelliert** werden und dadurch ein **verkehrsfähiges** Grundstück entstanden ist, das in absehbarer Zeit einer anderen Nutzung, z. B. als **Bauland**, zugeführt werden kann.[3] 175

Bei Veräußerung eines **teilweise zu eigenen Wohnzwecken und teilweise zu anderen Zwecken genutzten Gebäudes** ist der **Grund und Boden**, der **nach dem Verhältnis der Nutzflächen** des Gebäudes auf den zu eigenen Wohnzwecken genutzten Gebäudeteil entfällt, nicht **in den Veräußerungsgewinn einzubeziehen**.[4] 176

Für die Einbeziehung des Grund und Bodens in die Ermittlung des nicht zu besteuernden Veräußerungsgewinns ist es **ohne Bedeutung, welchem Zwecken der Grund und Boden vor Errichtung des Gebäudes gedient hat**.[5] 177

BEISPIEL: A hat im Jahr 1993 ein unbebautes Grundstück angeschafft, das er zunächst als Gartenland nutzt. Im Jahr 1996 errichtet er darauf ein Einfamilienhaus, das er bis zur Veräußerung des Grundstücks im Jahr 1999 mit seiner Familie bewohnt.

Da A das Einfamilienhaus im Zeitraum zwischen Fertigstellung und Veräußerung zu eigenen Wohnzwecken genutzt hat, unterliegt ein erzielter Veräußerungsgewinn insgesamt nicht der Besteuerung.

Unbebaute Grundstücke (auch Bauland/Bauerwartungsland) fallen bereits begrifflich nicht in den Anwendungsbereich der Ausnahmeregelung, da sie nicht eigenen „Wohnzwecken" dienen können. Ein **unbebautes Grundstück** ist daher kein begünstigtes Wirtschaftsgut i. S. d. § 23 Abs. 1 Satz 1 Nr. 1 Satz 3 EStG.[6] 178

BEISPIEL: A hat im Jahr 1995 ein unbebautes Grundstück angeschafft. Bis zu dessen Veräußerung im Jahr 1999 nutzt er das unbebaute Grundstück zusammen mit seiner Familie ausschließlich zu Erholungszwecken.

---

1 BMF v. 5. 10. 2000, BStBl 2000 I 1383, Tz. 16.
2 Vgl. BFH v. 24. 10. 1996 - IV R 43/95, BStBl 1997 II 50.
3 BMF v. 5. 10. 2000, BStBl 2000 I 1383, Tz. 17; vgl. auch H 23 „Identisches Wirtschaftsgut" EStH; BFH v. 19. 7. 1983 - VIII R 161/82, BStBl 1984 II 26.
4 BMF v. 5. 10. 2000, BStBl 2000 I 1383, Tz. 18.
5 BMF v. 5. 10. 2000, BStBl 2000 I 1383, Tz. 19.
6 BMF v. 5. 10. 2000, BStBl 2000 I 1383, Tz. 20.

Ein erzielter Veräußerungsgewinn unterliegt der Besteuerung nach § 23 Abs. 1 Satz 1 Nr. 1 Satz 1 EStG.

Dies gilt auch

- in den Fällen, in denen die vorgesehene Bebauung mit einer zu eigenen Wohnzwecken bestimmten Wohnung nicht realisiert wird, und
- bei der Veräußerung von Grund und Boden (unbebaute Teilfläche) eines Grundstücks, das ansonsten mit dem zu eigenen Wohnzwecken genutzten Gebäude bebaut ist.

179 Ein **Wirtschaftsgut dient Wohnzwecken**, wenn es dazu bestimmt und geeignet ist, Menschen auf Dauer Aufenthalt und Unterkunft zu ermöglichen. Wirtschaftsgüter, die zur vorübergehenden Beherbergung von Personen bestimmt sind (z. B. **Ferienwohnungen**), dienen nicht Wohnzwecken. Nicht ausreichend ist eine **nur sporadische Nutzung** im Zusammenhang mit der **Durchführung von Baumaßnahmen** und sonstigen **Renovierungsarbeiten**.[1] Auch ein **häusliches Arbeitszimmer** dient nicht Wohnzwecken, selbst wenn der Abzug der Aufwendungen als Betriebsausgaben oder Werbungskosten nach § 4 Abs. 5 Satz 1 Nr. 6b, § 9 Abs. 5 EStG ausgeschlossen oder eingeschränkt ist.[2]

180 Der Steuerpflichtige muss das Wirtschaftsgut **zu eigenen Wohnzwecken genutzt** haben. „Nutzung zu eigenen Wohnzwecken" ist i. R. d. § 23 Abs. 1 Satz 1 Nr. 1 Satz 3 EStG so zu verstehen wie in § 10e EStG und in § 4 EigenheimZulG.[3] Diese Voraussetzung ist erfüllt, wenn er das Wirtschaftsgut allein, mit seinen Familienangehörigen oder gemeinsam mit einem Dritten bewohnt hat. Unschädlich ist, wenn der Steuerpflichtige Teile des Wirtschaftsguts einem Dritten unentgeltlich zu Wohnzwecken überlassen hat. Die dem Stpfl. zu eigenen Wohnzwecken verbleibenden Räume müssen jedoch noch den **Wohnungsbegriff** erfüllen und ihm die **Führung eines selbständigen Haushalts** ermöglichen.

Ein Wirtschaftsgut wird auch dann zu eigenen Wohnzwecken genutzt, wenn es vom Stpfl. nur **zeitweise bewohnt** wird, in der übrigen Zeit ihm jedoch als Wohnung zur Verfügung steht (z. B. Wohnung im Rahmen einer **doppelten Haushaltsführung, nicht zur Vermietung bestimmte Ferienwohnung**; auf die Belegenheit der Wohnung in einem Sondergebiet für Ferien- oder Wochenendhäuser kommt es nicht an).[4] Folglich können **gleichzeitig** auch **mehrere Wohnungen** selbst genutzt werden.[5] Mit Urteil vom 27. 6. 2017 hat der BFH ausgeführt, dass ein Gebäude auch dann zu eigenen Wohnzwecken genutzt wird, wenn es der Stpfl. nur zeitweilig bewohnt, sofern es ihm in der übrigen Zeit als Wohnung zur Verfügung steht. Unter § 23 Abs. 1 Satz 1 Nr. 1 Satz 3 EStG können deshalb auch Zweitwohnungen, nicht zur Vermietung bestimmte Ferienwohnungen und Wohnungen, die im Rahmen einer doppelten Haushaltsführung genutzt werden, fallen.[6]

181 Eine **Nutzung zu eigenen Wohnzwecken** liegt auch vor, wenn der Steuerpflichtige das Wirtschaftsgut **einem unterhaltsberechtigten Kind**, für das er Anspruch auf Kindergeld oder einen Freibetrag nach § 32 Abs. 6 EStG hat, **unentgeltlich zu Wohnzwecken überlassen** hat.

---

1 FG Münster v. 18. 6. 2007 - 1 K 3749/05 E, EFG 2007 1605.
2 BMF v. 5. 10. 2000, BStBl 2000 I 1383, Tz. 21.
3 BFH v. 25. 5. 2011 - IX R 48/10, BStBl 2011 II 868; BFH v. 18. 1. 2006 - IX R 18/03, BFH/NV 2006, 936 = NWB DokID: WAAAB-80117; vgl. dazu eingehend auch BFH v. 28. 5. 2002 - IX B 208/01, BFH/NV 2002, 1284 m. w. N. auf die Rechtsprechung = NWB DokID: GAAAA-68970.
4 BMF v. 5. 10. 2000, BStBl 2000 I 1383, Tz. 22.
5 Ebenso BFH v. 18. 1. 2006 - IX R 18/03, BFH/NV 2006, 936 = NWB DokID: WAAAB-80117.
6 BFH v. 27.6.2017 - IX R 37/16, DStR 2017, 2268; s. a. Trossen, NWB 2017, 3256.

Die unentgeltliche Überlassung eines Wirtschaftsguts an **andere** – auch unterhaltsberechtigte – **Angehörige** stellt keine Nutzung zu eigenen Wohnzwecken i. S. d. § 23 Abs. 1 Satz 1 Nr. 1 Satz 3 EStG dar. Die **Altenteilerwohnung** in der Land- und Forstwirtschaft ist kein vom Eigentümer zu eigenen Wohnzwecken genutztes Wirtschaftsgut.[1] 182

Bewohnt ein **Miteigentümer eines Zwei- oder Mehrfamilienhauses** eine Wohnung allein, liegt nach **Auffassung der Finanzverwaltung** eine Nutzung zu eigenen Wohnzwecken vor, soweit er die Wohnung aufgrund eigenen (Miteigentums-)Rechts nutzt und diese Nutzung nicht seinen Miteigentumsanteil übersteigt.[2] Aus Sicht des **BFH** führt allerdings die Selbstnutzung eines Teils des Gebäudes durch den Miteigentümer nicht zum vorrangigen „Verbrauch" seines Miteigentumsanteils. **Bei gemeinschaftlichem Bruchteilseigentum** wird die Sache selbst weder real noch ideell geteilt; geteilt wird nur die Rechtszuständigkeit am gemeinschaftlichen Gegenstand.[3] Insoweit steht die **Sichtweise der FinVerw nicht im Einklang mit der BFH-Rechtsprechung**.[4] 183

Von der Besteuerung des Veräußerungsgewinns sind Wirtschaftsgüter ausgenommen, die **ausschließlich, d. h. ununterbrochen**[5] 184

▶ **vom Zeitpunkt der Anschaffung oder Fertigstellung bis zur Veräußerung zu eigenen Wohnzwecken genutzt** wurden. Für die Bestimmung des Zeitpunkts der Anschaffung und der Veräußerung ist in diesem Zusammenhang jeweils auf den Zeitpunkt der Übertragung des wirtschaftlichen Eigentums abzustellen. Ein **Leerstand** vor Beginn der Nutzung zu eigenen Wohnzwecken ist unschädlich, wenn er mit der beabsichtigten Nutzung des Wirtschaftsguts zu eigenen Wohnzwecken in Zusammenhang steht. Dies gilt auch für einen Leerstand zwischen Beendigung der Nutzung zu eigenen Wohnzwecken und Veräußerung des Gebäudes, wenn der Steuerpflichtige die Veräußerungsabsicht nachweist;

▶ **im Jahr der Veräußerung und in den beiden vorangegangenen Jahren**, d. h. in einem zusammenhängenden Zeitraum innerhalb der letzten drei Kalenderjahre, der **nicht** die vollen drei Kalenderjahre umfassen muss, **zu eigenen Wohnzwecken genutzt** wurden. Ein **Leerstand** zwischen Beendigung der Selbstnutzung und Veräußerung ist unschädlich, wenn das Wirtschaftsgut im Jahr der Beendigung der Nutzung zu eigenen Wohnzwecken und in den beiden vorangegangenen Jahren zu eigenen Wohnzwecken genutzt wurde.

BEISPIEL:[6] Eine Eigentumswohnung, die A im Jahr 1995 angeschafft und anschließend vermietet hatte, wird nach Beendigung des Mietverhältnisses im Dezember 1998 bis zur Veräußerung im Januar 2000 von ihm zu eigenen Wohnzwecken genutzt.

Da A die Wohnung im Jahr der Veräußerung und in den beiden vorangegangenen Jahren zu eigenen Wohnzwecken genutzt hat, unterliegt ein erzielter Veräußerungsgewinn nicht der Besteuerung. Hätte A die Eigentumswohnung im Jahr 1999 auch nur kurzfristig zu anderen Zwecken genutzt (z. B. vorübergehende Fremdvermietung), wäre der erzielte Veräußerungsgewinn zu versteuern.

Zum Nachweis der Selbstnutzung vgl. FG Münster v. 18. 6. 2007.[7] 185

---

1 BMF v. 5. 10. 2000, BStBl 2000 I 1383, Tz. 23.
2 BMF v. 5. 10. 2000, BStBl 2000 I 1383, Tz. 24.
3 BFH v. 18. 5. 2004 - IX R 49/02, BStBl 2004 II 929.
4 Ebenso *Glenk* in Blümich, § 23 EStG Rz. 52; vgl. auch *Hartmann/Meyer*, FR 1999, 1089.
5 BMF v. 5. 10. 2000, BStBl 2000 I 1383, Tz. 25.
6 BMF v. 5. 10. 2000, BStBl 2000 I 1383, Tz. 25; s. a. *Hartmann/Meyer*, FR 1999, 1089.
7 FG Münster v. 18. 6. 2007 - 1 K 3749/05 E, EFG 2007, 1605, rkr.

186 Bei **unentgeltlichem Erwerb (Gesamtrechtsnachfolge, unentgeltliche Einzelrechtsnachfolge)** ist die Nutzung des Wirtschaftsguts zu eigenen Wohnzwecken durch den Rechtsvorgänger dem Rechtsnachfolger zuzurechnen.[1]

187 Werden in das zu eigenen Wohnzwecken genutzte Wirtschaftsgut innerhalb des Zehnjahreszeitraums **bisher zu anderen Zwecken genutzte Räume einbezogen**, unterliegt ein auf diese Räume entfallender Veräußerungsgewinn nur dann nicht der Besteuerung, wenn die bisher zu anderen Zwecken genutzten Räume in einem zusammenhängenden Zeitraum innerhalb der letzten drei Kalenderjahre vor der Veräußerung zu eigenen Wohnzwecken genutzt wurden.[2]

188 **PRAXISHINWEIS:**
Durch die vollentgeltliche Übertragung eines Grundstücks unter Vorbehalt des Nießbrauchs innerhalb der 10-jährigen Spekulationsfrist kann ggf. ein Gewinn aus einem privaten Veräußerungsgeschäft i. S. d. § 23 EStG vermieden oder zumindest erheblich reduziert werden. Um das Einverständnis des potentiellen Erwerbers zu gewinnen, kann dieser an dem möglichen Steuervorteil, den dieser Weg mit sich bringt, wirtschaftlich beteiligt werden. Eine spätere entgeltliche Ablösung des Nießbrauchsrechts (in Höhe des Kapitalwerts) stellt beim Veräußerer weder ein nachträgliches Entgelt für die Grundstücksveräußerung noch eine Entschädigung für künftig entgehende Einnahmen i. S. d. § 24 Nr. 1 Buchst. a EStG, sondern eine „nicht steuerbare Vermögensumschichtung" dar.[3] Ein Gestaltungsmissbrauch i. S. d. § 42 AO sollte nach Auffassung des Schrifttums hierbei nicht gegeben sein.[4]

189–195 *(Einstweilen frei)*

II. § 23 Abs. 1 Satz 1 Nr. 2 EStG

1. Überblick und Anwendungsbereich

196 Private Veräußerungsgeschäfte sind gem. **§ 23 Abs. 1 Satz 1 Nr. 2 Satz 1 EStG** bei **anderen Wirtschaftsgütern** Veräußerungsgeschäfte, bei denen der **Zeitraum zwischen Anschaffung und Veräußerung nicht mehr als ein Jahr** beträgt.

197 Der Anwendungsbereich des § 23 Abs. 1 Satz 1 Nr. 2 EStG umfasst grundsätzlich **alle Wirtschaftsgüter im Privatvermögen**.[5] Die ergänzende Regelung zu **§ 23 Abs. 1 Satz 1 Nr. 2 Satz 2 EStG** stellt klar, dass **private Veräußerungsgeschäfte mit Gegenständen des täglichen Gebrauchs** innerhalb der Haltefrist von einem Jahr **nicht steuerbar** sind. Als Gegenstände des täglichen Gebrauchs gelten z. B. der eigene Pkw, die Möbel, das eigene Boot, der Campingwagen oder das Wohnmobil.

198 Der **Begriff des „Wirtschaftsguts"** wird in § 23 Abs. 1 EStG nicht in einem anderen Sinne gebraucht als in den Vorschriften über die übrigen Einkunftsarten.[6]

199 Bei der **Veräußerung von Gegenständen des täglichen Gebrauchs** (z. B. Gebrauchtfahrzeuge) werden auf Grund des Wertverlustes regelmäßig Verluste erzielt, die in der Vergangenheit vom BFH – den Überschuss mindernd – anerkannt wurden.[7] Es ist jedoch ausweislich der

---

1 BMF v. 5. 10. 2000, BStBl 2000 I 1383, Tz. 26.
2 BMF v. 5. 10. 2000, BStBl 2000 I 1383, Tz. 27.
3 BMF v. 30. 9. 2013, BStBl. 2013 I 1184 Tz. 58; Kessler/Mirbach, DStR 2015, 926, 929.
4 Kessler/Mirbach, DStR 2015, 926.
5 BFH v. 30. 11. 2010 - VIII R 58/07, BStBl 2011 II 491; BFH v. 22. 4. 2008 - IX R 29/06, BStBl 2009 II 296.
6 BFH v. 30. 11. 2010 - VIII R 58/07, BStBl 2011 II 491.
7 BFH v. 22. 4. 2008 - IX R 29/06, BStBl 2009 II 296.

Gesetzesbegründung zu § 23 Abs. 1 Satz 1 Nr. 2 Satz 2 EStG i. d. F. des JStG 2010[1] nicht sachgerecht, derartige typische – nicht mit Einkünfteerzielungsabsicht getätigte – Verlustgeschäfte steuerrechtlich (verlust-)wirksam werden zu lassen.

§ 23 Abs. 1 Satz 1 Nr. 2 Satz 2 EStG ist **erstmals auf Veräußerungsgeschäfte** anzuwenden, bei denen die Gegenstände nach der Verkündung der Gesetzesänderung im Bundesgesetzblatt am 13.12.2010 angeschafft wurden, also auf **Erwerbe ab dem 14.12.2010**.

2. Ausnahme: Wertgegenstände

Ausnahmen hiervon – und damit bei Erwerb und Veräußerung innerhalb der Haltefrist grundsätzlich steuerbar und steuerpflichtig – sind insbesondere bei Wertgegenständen gegeben z. B. bei der Veräußerung von Edelmetallen (z. B. Gold- und Silberbarren),[2] Münzen, Schmuck, Antiquitäten, Kunstgegenständen, Briefmarkensammlungen und Oldtimern. Die **Haltefrist verlängert sich auf zehn Jahre**, wenn mit den Gegenständen in wenigstens einem Kalenderjahr Einkünfte erzielt wurden **(§ 23 Abs. 1 Satz 1 Nr. 2 Satz 4 EStG)**.[3] Die **Einlösung von Xetra-Gold Inhaberschuldverschreibungen**, die dem Inhaber ein Recht auf die Auslieferung von Gold gewähren, unterliegt hingegen nicht der Einkommensteuer.[4] Nach BFH fehlt es hier an der entgeltlichen Übertragung der angeschafften Xetra-Gold Inhaberschuldverschreibungen, weil der Inhaber lediglich seinen verbrieften Anspruch auf Lieferung des Goldes einlöst und gegen Rückgabe der Inhaberschuldverschreibungen sein Gold empfängt. Hierdurch wird aber seine wirtschaftliche Leistungsfähigkeit nicht gesteigert, da er auch danach das Risiko eines fallenden Goldpreises trägt. Die zwischen dem Erwerb der Xetra-Gold Inhaberschuldverschreibung und der Auslieferung physischen Goldes eingetretene Wertsteigerung führt auch nicht zu steuerbaren Einkünften aus Kapitalvermögen, da die Schuldverschreibungen keine Kapitalforderungen verbriefen, sondern Ansprüche auf die Lieferung physischen Goldes.

Die einjährige Haltefrist des § 23 Abs. 1 Satz 1 Nr. 2 EStG ist z. B. auch für **private eBay-Verkäufer** relevant, sofern hier nicht ohnehin Einkünfte gem. § 15 EStG **(gewerbliche Powerseller)** vorliegen.

Fremdwährungsvaluta (Sorten) sind ebenfalls „andere Wirtschaftsgüter" i. S. d. § 23 Abs. 1 Satz 1 Nr. 2 EStG.[5] Bei Anschaffung und Veräußerung mehrerer **gleichartiger Fremdwährungsbeträge** unterstellt § 23 Abs. 1 Satz 1 Nr. 2 Satz 3 EStG eine **Verwendungsreihenfolge** dahingehend, dass die zuerst angeschafften Beträge zuerst veräußert wurden.[6] Für die **Veräußerung von Wirtschaftsgütern gegen Fremdwährung** gilt das in § 20 Abs. 4 Satz 1 2. Halbsatz EStG normierte **Zeitbezugsverfahren**.[7]

---

1 Vgl. Begründung zum RegE des JStG 2010 v. 21.6.2010, BT-Drucks. 17/2249, 54; vgl. auch *Nacke*, NWB 2008, 3665; *Nacke*, NWB 2010, 1748.
2 BFH v. 24.1.2012 - IX R 62/10, BStBl 2012 II 564, zur Lieferung von Gold.
3 Vgl. zur Behandlung alternativer Anlageklassen auch *Delp*, DB 2011, 1996.
4 BFH v. 6.2.2018 - IX R 33/17, BFH/NV 2018, 574, NWB DokID: XAAAG-78221.
5 BFH v. 2.5.2000 - IX R 73/98, BStBl II 2000, 614; s. a. Bayerisches Landesamt für Steuern v. 12.3.2013, StEK EStG § 23 Nr. 110 bzw. NWB DokID: JAAAE-63471.
6 Vgl. dazu auch BMF v. 9.10.2012, BStBl 2012 I 953, Tz. 39; die Änderung des BMF v. 9.10.2012 durch BMF v. 9.12.2014, BStBl 2014 I 1608, wirkt sich auf die vorgenannte Tz. 39 nicht aus.
7 BFH v. 21.1.2014 - IX R 11/13, BStBl 2014 II 385.

204 Zur ertragsteuerlichen Behandlung des Handels mit Bitcoins in der privaten Vermögenssphäre hat das Finanzministerium der Freien und Hansestadt Hamburg Stellung genommen.[1] Nach Auffassung der Finanzverwaltung handelt es sich bei der **Kryptowährung Bitcoin** um eine unregulierte und von staatlichen Institutionen und Kreditinstituten unabhängige „Ersatzwährung", die starken Kursschwankungen unterliegt. Der Kurs richtet sich allein nach Angebot und Nachfrage, daher stellen Bitcoins auch Spekulationsobjekte dar und bei einem Kurssturz drohen hohe finanzielle Verluste. Die virtuelle Währung Bitcoin unterliegt nicht der Aufsicht der BaFin und ist kein gesetzliches Zahlungsmittel, denn es fehlt an einer Annahmepflicht. Bitcoins werden permanent neu generiert, bis maximal 21 Mio. Bitcoins vorhanden sind. Der **Gewinn (oder) Verlust aus der Veräußerung von Bitcoins** im Privatvermögen führt zu sonstigen **Einkünften aus privaten Veräußerungsgeschäften**, sofern Erwerb und Veräußerung der Bitcoins innerhalb eines Jahres stattfand (§ 22 Nr. 2 EStG i. V. m. § 23 Abs. 1 Satz 1 Nr. 2 EStG). Voraussetzung ist, dass die Bitcoins nicht selbst generiert wurden, weil es dann am „Erwerb" fehlt.

Sofern erworbene Bitcoins **als Zahlungsmittel eingesetzt** werden, gilt dieses als **Veräußerung der Bitcoins** und führt ebenfalls zu **sonstigen Einkünften aus privaten Veräußerungsgeschäften**. Der Wert der im Gegenzug erhaltenen Ware oder Dienstleistung ist als Veräußerungspreis anzusetzen; die Durchschnittswertmethode ist nicht anzuwenden.[2] Bei der Ermittlung des Gewinns sind die Anschaffungskosten von dem Veräußerungspreis abzuziehen (§ 23 Abs. 3 Satz 1 EStG). Hinsichtlich der **Anschaffungskosten** findet die Fifo- Methode Anwendung, wenn Bitcoins in mehreren Tranchen erworben wurden.[3]

3. Verlängerung der Haltefrist auf zehn Jahre

205 Bei **anderen Wirtschaftsgütern** i. S. d. § 23 Abs. 1 Satz 1 Nr. 2 Satz 1 EStG, aus deren Nutzung als Einkunftsquelle zumindest in einem Kalenderjahr Einkünfte erzielt werden, erhöht sich der Zeitraum auf **zehn Jahre** (§ 23 Abs. 1 Satz 1 Nr. 2 Satz 4 EStG).

206 Ausweislich der **Gesetzesbegründung**[4] dient diese **Verlängerung der Mindesthaltefrist** auf zehn Jahre der **Vermeidung von Steuersparmodellen**.[5] Allerdings dürften in diesen Fällen regelmäßig ohnehin gewerbliche Einkünfte i. S. d. § 15 EStG vorliegen.[6]

207 Der **Hintergrund für derartige Steuersparmodelle (insb. Container-Leasing-Modell)** stellte sich wie folgt dar:[7] Eine Gesellschaft erwirbt bewegliche Wirtschaftsgüter (z. B. Container) und vermietet diese für eine bestimmte Zeitspanne an verschiedene Nutzer. Zur Refinanzierung verkauft die Gesellschaft die Wirtschaftsgüter an Privatpersonen (Investoren). Die Investoren schließen gleichzeitig mit der Gesellschaft einen Verwaltungsvertrag ab, in dem die Gesell-

---

1 FinMin Hamburg v. 11.12.2017, NWB DokID: SAAAG-72252; vgl. vertiefend zu Besteuerungsfragen bei Kryptowährungen: *Albrecht/Sahrmann*, IWB 2018, 587; *Beyer*, NWB 2018, 999; *Heuel/Matthey*, NWB 2018, 1037; *Höhmann*, KSR 4/2018, 11; *Hötzel/Schober/Wicher*, IWB 2018, 392; *Langer/Nägele*, IWB 2018, 240; *Pielke*, IWB 2018, 234; *Trinks/Trinks*, NWB 13/2018 Beilage 1/2018, 21.
2 FinMin Hamburg v. 11.12.2017, NWB DokID: SAAAG-72252; s. a. *Beyer*, NWB 2018, 999; *Heuel/Matthey*, NWB 2018, 1037.
3 FinMin Hamburg v. 11.12.2017, NWB DokID: SAAAG-72252.
4 Vgl. Begründung zum Entwurf des UntStRG 2008 v. 27. 3. 2007, BT-Drucks. 16/4841, 58.
5 Siehe auch *Delp*, DB 2011, 1996; s. a. FG Baden-Württemberg v. 23.11.2009 - 10 K 206/07 (rkr.), EFG 2010, 486.
6 Vgl. BFH v. 26.6.2007 - IV R 49/04, BStBl 2009 II 289; dazu auch *Lüdicke/Rode*, BB 2008, 2552; *Fehling*, NWB 2007, 3695; vgl. zudem FG Baden-Württemberg v. 23.11.2009 - 10 K 206/07, EFG 2010, 486, rkr.
7 Vgl. auch LFD Thüringen v. 31.1.2012, DStR 2012, 970.

schaft eine bestimmte Miete für eine bestimmte Anzahl von Jahren garantiert, die Gefahr des zufälligen Untergangs trägt und den Rückkauf nach Ablauf der Mietzeit – zum Teil mit garantierten Rückkaufspreiswerten zum Vertragsende – anbietet.[1]

Für derartige **Container-Leasing-Modelle** wurde unter anderem mit der Steuerfreiheit des Gewinns aus dem Veräußerungsgeschäft mit den Wirtschaftsgütern geworben, da der Veräußerungsgewinn nach Ablauf der einjährigen Veräußerungsfrist (§ 23 Abs. 1 Nr. 2 Satz 1 EStG) **nicht steuerpflichtig** war.[2] Der Steuerpflichtige erzielte im Ergebnis aus dem Geschäft einen Gesamtüberschuss (Mieteinnahmen und Rückkaufswert abzüglich Anschaffungskosten), zu versteuern waren aber lediglich die Einkünfte aus § 22 Nr. 3 EStG, wobei bei diesen Einkünften die Absetzungen für Abnutzung der Wirtschaftsgüter berücksichtigt wurden. Zur Vermeidung derartiger Steuersparmodelle wurde für diese Wirtschaftsgüter die **Veräußerungsfrist auf zehn Jahre angehoben**. 208

III. § 23 Abs. 1 Satz 1 Nr. 3 EStG

Mit Gesetz zur Umsetzung der Änderungen der EU-Amtshilferichtlinie und von weiteren Maßnahmen gegen Gewinnkürzungen und -verlagerungen vom 20.12.2016 (BGBl. I S. 3000, 3009) wurde die Besteuerung sog. privater Leerverkäufe wieder eingeführt und ein (neuer) § 23 Abs. 1 Satz 1 Nr. 3 EStG eingefügt. Danach sind private Veräußerungsgeschäft auch Veräußerungsgeschäfte, bei denen die Veräußerung der Wirtschaftsgüter früher erfolgt als der Erwerb (Steuerbarkeit von privaten Leerverkäufen). Die Neuregelung ist erstmals auf Veräußerungsgeschäfte anzuwenden, bei denen die Veräußerung auf einem nach dem 23.12.2016 (Tag der Gesetzesverkündung) rechtswirksam abgeschlossenen obligatorischen Vertrag oder gleichstehenden Rechtsakt beruht (vgl. § 52 Abs. 31 Satz 3 EStG). 209

Bei sog. privaten Leerverkäufen i. S. d. § 23 Abs. 1 Satz 1 Nr. 3 EStG handelt es sich um Geschäfte, bei denen die Veräußerung des Wirtschaftsguts vor dessen Erwerb erfolgt. Bis einschließlich VZ 2008 waren solche Geschäfte steuerpflichtig (gem. § 23 Abs. 1 Satz 1 Nr. 3 EStG a. F.). Mit dem UntStRG v. 14.8.2007[3] wurde der Tatbestand des § 23 Abs. 1 Satz 1 Nr. 3 EStG a. F. im Zuge der Einführung der Abgeltungsteuer in § 20 Abs. 2 EStG integriert. Dadurch ergaben sich jedoch ausweislich der Gesetzesbegründung Besteuerungslücken, z. B. bei Fremdwährungsgeschäften oder Leerverkäufen mit Wirtschaftsgütern, deren Veräußerung dem Grunde nach unter § 23 EStG fällt, z. B. Gold oder anderen Edelmetallen.[4] Diese Lücken sollen mit der Wiederaufnahme der Regelung geschlossen werden.[5] Insoweit dürften auch wieder die Inhalte der früher einschlägigen BMF-Schreiben zu § 23 Abs. 1 S. 1 Nr. 3 EStG a. F. für die Neuregelung relevant werden.[6] 210

(Einstweilen frei) 211–220

---

[1] LFD Thüringen v. 31. 1. 2012, DStR 2012, 970; so auch FG Baden-Württemberg v. 23. 11. 2009 - 10 K 206/07, EFG 2010, 486, rkr.
[2] LFD Thüringen v. 31. 1. 2012, DStR 2012, 970; FG Baden-Württemberg v. 23. 11. 2009 - 10 K 206/07, EFG 2010, 486, rkr.
[3] BGBl I 2007, 1912.
[4] BT-Drucks. 18/10506, 80 f.
[5] Vgl. auch Adrian/Fey/Selzer, StuB 2017, 94, 98.
[6] BMF v. 27.11.2001, BStBl 2001 I 986; BMF v. 2.6.2005, BStBl 2005 I 728.

IV. Anschaffung, Veräußerung und Identität des Wirtschaftsguts

1. Begriff der Anschaffung

221 Die Begriffe **Anschaffung** und **Anschaffungskosten** sind nach **ständiger Rechtsprechung des BFH**[1] sowie nach **Auffassung der Finanzverwaltung**[2] i. S. d. § 6 Abs. 1 Nr. 1 und 2 EStG und § 255 Abs. 1 HGB auszulegen. **Anschaffung** ist mithin der **entgeltliche Erwerb** eines bereits vorhandenen Wirtschaftsguts von einem Dritten.[3] Der Erwerb des **wirtschaftlichen Eigentums** genügt.[4]

222 **Anschaffung ist auch**[5]
- ► die Abgabe eines Meistgebots bei einer **Zwangsversteigerung**;[6]
- ► der Erwerb aufgrund eines Ergänzungsvertrags, wenn damit erstmalig ein **Anspruch auf Übertragung eines Miteigentumsanteils** rechtswirksam entsteht;[7]
- ► der entgeltliche **Erwerb eines Anspruchs auf Rückübertragung** eines Grundstücks nach dem VermG vom 22. 3. 1991[8] (**übertragbarer Restitutionsanspruch**);[9]
- ► der Erwerb eines parzellierten und beplanten Grundstücks, das der Eigentümer aufgrund eines **Rückübertragungsanspruchs** dafür erhält, dass er bei der Veräußerung eines nicht parzellierten Grundstücks eine Teilfläche ohne Ansatz eines Kaufpreises überträgt.[10]

223 Gegenstand eines privaten Veräußerungsgeschäfts können auch **Fremdwährungsbeträge** sein,[11] da es sich um eigenständige Wirtschaftsgüter handelt, deren Wert wie bei anderen Wirtschaftsgütern in Euro zu ermitteln ist.[12] Erzielt z. B. ein Stpfl. aufgrund von **Wechselkursdifferenzen** zwischen der Anschaffung eines privaten Bankguthabens in fremder Währung und seinem Rücktausch in Euro einen Gewinn, so unterliegt dieser der Einkommensteuer, wenn Kauf und Rücktausch der fremden Währung innerhalb der Haltefristen eines privaten Veräußerungsgeschäfts (§ 23 Abs. 1 Satz 1 Nr. 2 EStG) stattfinden.[13]

224 **Fremdwährungsbeträge** werden „**angeschafft**" i. S. d. § 23 EStG, wenn sie im Tausch gegen eine andere Währung erworben werden. Sie werden „**veräußert**" i. S. d. § 23 EStG, wenn sie in inländische Währung zurückgetauscht oder in eine andere Fremdwährung umgetauscht werden.[14] Erst in dem durch den günstigen (oder ungünstigen) Rücktausch erhöhten (oder vermin-

---

1 Vgl. BFH v. 20. 4. 2004 - IX R 5/02, BStBl 2004 II 987; BFH v. 19. 12. 2000 - IX R 100/97, BStBl 2001 II 345.
2 H 23 „Anschaffungskosten" EStH.
3 Vgl. BFH v. 21. 1. 2014 - IX R 11/13, BStBl 2014 II 385; BFH v. 30. 11. 2010 - VIII R 58/07, BStBl 2011 II 491.
4 Ständige Rechtsprechung, vgl. nur BFH v. 27. 10. 1967 - VI R 127/66, BStBl 1968 II 142; BFH v. 27. 6. 2006 - IX R 47/04, BStBl 2007 II 162.
5 H 23 „Anschaffung" EStH.
6 BFH v. 27. 8. 1997 - X R 26/95, BStBl 1998 II 135.
7 BFH v. 17. 12. 1997 - X R 88/95, BStBl 1998 II 343.
8 VermG v. 22. 3. 1991, BGBl 1991 I 766.
9 BFH v. 13. 12. 2005 - IX R 14/03, BStBl 2006 II 513.
10 BFH v. 13. 4. 2010 - IX R 36/09, BStBl 2010 II 792, vgl. auch H 23 „Identisches Wirtschaftsgut" EStH: „*Ein privates Veräußerungsgeschäft ist auch anzunehmen, wenn ein unbebautes Grundstück parzelliert und eine Parzelle innerhalb der Veräußerungsfrist veräußert wird*; BFH v. 19. 7. 1983 - VIII R 161/82, BStBl 1984 II 26."
11 BFH v. 21. 1. 2014 - IX R 11/13, BStBl 2014 II 385.
12 BFH v. 2. 5. 2000 - IX R 74/96, BStBl 2000 II 469.
13 Vgl. auch BMF v. 25. 10. 2004, BStBl 2004 I 1034.
14 Vgl. u. a. BFH v. 2. 5. 2000 - IX R 73/98, BStBl 2000 II 614; s. a. Bayerisches Landesamt für Steuern v. 12. 3. 2013, StEK EStG § 23 Nr. 110 bzw. NWB DokID: JAAAE-63471.

derten) Betrag in einer anderen (inländischen oder fremden) Währung liegt der Zufluss des „Veräußerungspreises" i. S. d. § 23 Abs. 3 Satz 1 EStG i.V. m. § 11 Abs. 1 EStG.[1]

Währungskursschwankungen im Privatvermögen gehörten bis zur Einführung der Abgeltungsteuer zum nichtsteuerbaren Bereich, sofern nicht der Tatbestand eines privaten Veräußerungsgeschäfts erfüllt war. Dies gilt auch dann, wenn der Steuerpflichtige im Rahmen eines Anlagekonzepts durch häufigen Wechsel zwischen verschiedenen Anlagen Anschaffungen und Veräußerungen tätigt.

Die **Aufnahme eines Fremdwährungsdarlehens** stellt **keine Anschaffung** und die **Tilgung eines solchen Darlehens** stellt **keine Veräußerung** eines Wirtschaftsguts i. S. d. § 23 Abs. 1 Satz 1 Nr. 2 EStG dar.[2] Gleiches gilt für die **aufgrund des Darlehens gewährte Valuta** in Fremdwährung.[3]

Mit der **Entgegennahme eines Fremdwährungsguthabens als Gegenleistung für die Veräußerung von Wertpapieren** werden beide Wirtschaftsgüter getauscht, d. h. die Wertpapiere veräußert und das Fremdwährungsguthaben angeschafft.[4] Eine Anschaffung bzw. Veräußerung kann auch **im Wege des Tausches** erfolgen.[5] Fremdwährungsbeträge werden insbesondere angeschafft, indem sie gegen **Umtausch von nationaler Währung** erworben werden, und veräußert, indem sie **in die nationale Währung zurückgetauscht** oder **in eine andere Fremdwährung umgetauscht** werden.[6]

Kommt es zur **effektiven Lieferung des Fremdwährungsbetrags** und tauscht der Käufer diesen innerhalb eines Jahres nach Abschluss des Devisentermingeschäfts in Euro oder eine andere Währung um, führt dies zu einem privaten Veräußerungsgeschäft i. S. d. § 23 Abs. 1 Satz 1 Nr. 2 EStG. Dasselbe gilt, wenn am Fälligkeitstag ein auf Euro lautendes Konto des Käufers mit dem Kaufpreis belastet und ihm gleichzeitig der Euro-Betrag gutgeschrieben wird, welcher der auf Termin gekauften Fremdwährung entspricht. In diesem Fall wird **die mit dem Devisentermingeschäft erworbene Fremdwährung** am Fälligkeitstag geliefert und unmittelbar danach in Euro zurückgetauscht.[7]

Dabei wird die **Wertsteigerung im Privatvermögen** in Form eines erzielten Kursgewinns nach § 23 EStG durch einen marktoffenbaren Veräußerungsvorgang realisiert und steuerbar, wenn die ausländische Währung in nationale Währung zurückgetauscht wird. In dem durch den günstigen/ungünstigen **Rücktausch** erhöhten/geminderten Betrag in nationaler Währung liegt der **Zufluss des Veräußerungspreises i. S. d. § 23 Abs. 3 EStG i.V. m. § 11 Abs. 1 EStG.**[8]

Grundsätzlich gilt die **einjährige Haltefrist** für private Veräußerungsgeschäfte mit beweglichen Wirtschaftsgütern gem. § 23 Abs. 1 Satz 1 Nr. 2 EStG. Gemäß **§ 23 Abs. 1 Satz 1 Nr. 2 Satz 3 EStG** verlängert sich die einjährige Haltefrist allerdings auf **zehn Jahre** bei Wirtschafts-

---

1 BFH v. 30. 11. 2010 - VIII R 58/07, BStBl 2011 II 491; BFH v. 2. 5. 2000 - IX R 74/96, BStBl 2000 II 469.
2 Zum Umtausch von Wandelschuldverschreibungen in Aktien als privates Veräußerungsgeschäft i. S. d. § 23 EStG a. F. vgl. BFH v. 1. 10. 2014 - IX R 55/13, BStBl 2015 II 265; vgl. dazu *Cornelius*, § 23 EStG a. F.: Umtausch einer Wandelanleihe mit Zuzahlungspflicht in Aktien, EStB 2015, 127.
3 BFH v. 30. 11. 2010 - VIII R 58/07, BStBl 2011 II 491.
4 BFH v. 21. 1. 2014 - IX R 11/13, BStBl 2014 II 385.
5 BFH v. 21. 1. 2014 - IX R 11/13, BStBl 2014 II 385; vgl. auch BFH v. 19. 8. 2008 - IX R 71/07, BStBl 2009 II 13; BFH v. 6. 4. 2011 - IX R 41/10, BFH/NV 2011, 1850 = NWB DokID: GAAAD-90736.
6 BFH v. 21. 1. 2014 - IX R 11/13, BStBl 2014 II 385; vgl. auch BFH v. 2. 5. 2000 - IX R 74/96, BStBl 2000 II 469.
7 Vgl. BMF v. 9. 10. 2012, BStBl 2012 I 953, Tz. 39; die Änderung des BMF v. 9. 10. 2012 durch BMF v. 9. 12. 2014, BStBl 2014 I 1608 wirkt sich auf die vorgenannte Tz. 39 nicht aus.
8 BFH v. 21. 1. 2014 - IX R 11/13, BStBl 2014 II 385.

gütern, aus deren Nutzung der Steuerpflichtige in zumindest einem Jahr laufende Einkünfte erzielt hat.

PRAXISHINWEIS:

Damit werden von der Regelung sämtliche in Fremdwährung geführten verzinslichen Konten von der Steuerpflicht des § 23 Abs. 1 Satz 1 Nr. 2 EStG erfasst. Die Steuerpflicht wird bereits durch den Rücktausch in die Ursprungswährung oder den Tausch in eine weitere Fremdwährung ausgelöst, sofern dies innerhalb der (ggf. verlängerten) Haltefristen nach § 23 Abs. 1 Satz 1 Nr. 2 Satz 3 EStG erfolgt. Dies ist auch relevant im Bereich der steuerstrafrechtlichen Hinterziehungstatbestände bzw. der strafbefreienden Selbstanzeige.[1]

Im Rahmen einer strafbefreienden Selbstanzeige können Veräußerungsgewinne durch Devisengeschäfte ab VZ 2004 einheitlich nach der Fifo-Methode berechnet werden. Der Steuerpflichtige hat insoweit ein Wahlrecht, nach welcher Methode er Fremdwährungen als verwendet behandelt. Bei neutralen Währungszuflüssen und Währungsabflüssen hat der Steuerpflichtige mangels gesetzlicher Regelung ein Wahlrecht hinsichtlich der Verbrauchsreihenfolge.[2]

230 Bei einer **Erbauseinandersetzung durch Realteilung** (§ 2042 Abs. 2, § 752 BGB) ist ein **entgeltlicher** — auch zu einer **Anschaffung i. S. d. § 23 Abs. 1 EStG** führender — **Erwerb** eines Erben insoweit gegeben, als der Wert des Erlangten den Wert seines Erbanteils übersteigt und der Erbe deshalb Ausgleichszahlungen leistet. Bei einem **teilweise entgeltlichen Erwerb** führt nur die Veräußerung des entgeltlich erworbenen Teils zu einem Gewinn i. S. d. § 23 Abs. 1 EStG.[3]

231 Die **Übertragung eines Grundstücks i. R. d. Zugewinnausgleichs** führt stets zur Anschaffung.[4] Anders jedoch bzgl. der korrespondierenden Veräußerung im Falle der Anrechnung früherer unentgeltlicher Zuwendungen auf den Zugewinnausgleichsanspruch z. B. im Falle der sog. Güterstandsschaukel.[5]

232 **Keine Anschaffung ist**[6]

▶ der **unentgeltliche Erwerb eines Wirtschaftsguts**, z. B. durch Erbschaft, Vermächtnis[7] oder Schenkung,[8]

▶ der **Erwerb kraft Gesetzes** (z. B. bei Liquidation gem. § 72 GmbHG) **oder eines** aufgrund gesetzlicher Vorschriften ergangenen **Hoheitsaktes**,[9]

---

1 Zur Devisenbesteuerung aus Sicht strafbefreiender Selbstanzeigen vgl. nur *Demuth/Jena*, DStR 2016, 204.
2 *Demuth/Jena*, DStR 2016, 204.
3 BFH v. 19. 3. 2014 - X R 28/12, BStBl 2014 II 629; BFH v. 20. 4. 2004 - IX R 5/02, BStBl 2004 II 987.
4 Vgl. OFD Frankfurt/M. v. 27. 2. 2014 - S 2256 A-16 -St 224, ofix HE EStG /23/17; BFH v. 31. 7. 2002 - X R 48/99, BStBl 2003 II 282; BFH v. 30. 7. 1998 - X B 92/98, BFH/NV 1999, 173 = NWB DokID: EAAAA-62277; vgl. auch OFD München v. 26. 6. 2001, DB 2001, 1533; *Hollender/Schlütter*, DStR 2002, 1932; *Sagmeister*, DStR 2011, 1589; kritisch: *Tiedtke/Wälzholz*, DStZ 2002, 9.
5 FG Münster v. 13.11.2009 - 14 K 2210/06, EFG 2010, 646; bestätigt durch BFH v. 24.1.2012, IX R 8/10, BStBl 2013 II 363 zu § 17 EStG; ebenso u. a. *Blusz*, ZEV 2016, 626, 630; zustimmend mit grundlegenden Ausführungen dazu *Stein*, DStR 2012, 1734, 1735 ff.; *Götz*, NWB 2003, 4037 f.
6 Siehe auch H 23 „Anschaffung" EStH.
7 Der Erwerb von Vermögen aufgrund eines Vermächtnisses ist regelmäßig ein unentgeltlicher Vorgang; s. a. BFH v. 29. 6. 2011 - IX R 63/10, BStBl 2011 II 873.
8 Vgl. BFH v. 18. 10. 2006 - IX R 5/06, BStBl 2007 II 179; BFH v. 22. 9. 1987 - IX R 15/84, BStBl II 1988, 250; BFH v. 12. 7. 1988 - IX R 149/83, BStBl II 942; s. a. H 23 „Anschaffung" EStH.
9 BFH v. 19. 4. 1977 - VIII R 23/75, BStBl 1977 II 712; BFH v. 13. 4. 2010 - IX R 36/09, BStBl 2010 II 792; s. a. H 23 „Anschaffung" EStH.

▶ die **Rückübertragung von enteignetem Grundbesitz** oder dessen Rückgabe nach Aufhebung der staatlichen Verwaltung aufgrund des VermG vom 23. 9. 1990 i. d. F. der Bekanntmachung vom 21. 12. 1998.[1]

Bei teilentgeltlichem Erwerb kommt es für die Beurteilung eines Anschaffungsgeschäfts i. S. d. § 23 Abs. 1 EStG darauf an, ob der Erwerber, z. B. ein Vermächtnisnehmer, für den Erwerb des vermachten Gegenstandes eine **Gegenleistung** erbringen muss.[2] Es liegt ein **in vollem Umfang entgeltliches Geschäft** vor, wenn der Erwerber (Vermächtnisnehmer) für den Erwerb des vermachten Gegenstandes eine Gegenleistung erbringen muss, deren Wert die vermächtnisweise Zuwendung annähernd ausgleicht. Ist das aber nicht der Fall, muss also der Erwerber (Vermächtnisnehmer) den Wert der Zuwendung **nicht voll ausgleichen**, handelt es sich um ein **teilentgeltliches Erwerbsgeschäft**, das **in einen entgeltlichen und in einen unentgeltlichen Teil aufzuteilen ist**.[3] Nur in Bezug auf den **entgeltlichen Teil** des Erwerbs liegt ein Anschaffungsvorgang i. S. d. § 23 Abs. 1 EStG vor; **soweit unentgeltlich erworben** wurde, ist dem Stpfl. gem. § 23 Abs. 1 Satz 3 EStG die **Anschaffung durch den Rechtsvorgänger zuzurechnen**.[4] 233

Bringen **Bruchteilseigentümer** Wirtschaftsgüter i. S. d. § 23 Abs. 1 EStG zu unveränderten Anteilen in eine **personenidentische GbR** ein, liegt **kein Anschaffungsvorgang** vor, weil die Gesellschafter gem. § 39 Abs. 2 Nr. 2 AO weiterhin im bisherigen Umfang als Bruchteilseigentümer der Grundstücke anzusehen sind.[5] **Anschaffungsvorgänge liegen nur insoweit vor**, als sich die **Anteile der Gesellschafter** an den jeweiligen Wirtschaftsgütern **gegenüber den bisherigen Beteiligungsquoten erhöht** haben.[6] 234

Veräußert ein Stpfl. zur **Abwendung einer unmittelbar drohenden Enteignung** ein Grundstück und erwirbt er in diesem Zusammenhang ein Ersatzgrundstück, liegt hierin **keine Veräußerung und Anschaffung** i. S. d. § 23 EStG.[7] Veräußertes und angeschafftes Grundstück bilden in diesem Fall für die Anwendung des § 23 EStG eine Einheit. Für die **Berechnung der Veräußerungsfrist** ist daher nicht der Tag der Anschaffung des Ersatzgrundstücks, sondern der Tag maßgebend, zu dem das veräußerte Grundstück angeschafft wurde.[8] Ersetzt der Stpfl. im Zusammenhang mit der drohenden Enteignung einer Teilfläche auch die nicht unmittelbar betroffenen Grundstücksteile, handelt es sich insoweit um eine Anschaffung und Veräußerung i. S. d. § 23 EStG.[9] 235

Zu Anschaffungen im Rahmen der vorweggenommenen Erbfolge und bei Erbauseinandersetzung vgl. BMF v. 13. 1. 1993.[10] 236

---

1 BGBl 1998 I 4026, § 52 Abs. 2 Satz 2 D-Mark-Bilanzgesetz i. d. F. vom 28. 7. 1994 (DMBilG), BGBl 1994 I 1842; s. a. H 23 „Anschaffung" EStH.
2 Vgl. BFH v. 29. 6. 2011 - IX R 63/10, BStBl 2011 II 873; BFH v. 13. 11. 2002 - I R 110/00, BFH/NV 2003, 820 = NWB DokID: UAAAA-70016; BMF v. 14. 3. 2006, BStBl 2006 I 253, Tz. 63; s. a. BFH v. 19. 3. 2014 - X R 28/12, BStBl 2014 II 629; dazu auch *Schimmele*, GmbH-StB 2014, 251.
3 BFH v. 31. 5. 2000 - IX R 50, 51/97, BStBl 2001 I 594.
4 BFH v. 29. 6. 2011 - IX R 63/10, BStBl 2011 II 873.
5 BFH v. 6. 10. 2004 - IX R 68/01, BStBl 2005 II 324; s. a. H 23 „Anschaffung" EStH.
6 BFH v. 18. 10. 2011 - IX R 15/11, BStBl 2012 II 205; BFH v. 2. 4. 2008 - IX R 18/06, BStBl 2008 II 679; s. a. H 23 „Anschaffung" EStH.
7 BFH v. 29. 6. 1962 - VI 82/61 U, BStBl 1962 III 387; BFH v. 16. 1. 1973 - VIII R 96/70, BStBl 1973 II 445.
8 BFH v. 5. 5. 1961 - VI 107/60 U, BStBl 1961 III 385.
9 H 23 „Anschaffung" EStH; BFH v. 7. 12. 1976 - VIII R 134/71, BStBl 1977 II 209.
10 Siehe auch H 23 „Anschaffung" EStH; BMF v. 13. 1. 1993, BStBl 1993 I 80, unter Berücksichtigung der Änderungen durch BMF v. 26. 2. 2007, BStBl 2007 I 269 und BMF v. 14. 3. 2006, BStBl 2006 I 253.

237 Für die **Berechnung des Zeitraums zwischen Anschaffung und Veräußerung** sind nach ständiger BFH-Rechtsprechung **grundsätzlich die Zeitpunkte des Abschlusses der obligatorischen Verträge maßgebend**; auf einen früheren Zeitpunkt kann es nur ankommen, wenn das wirtschaftliche Eigentum bereits übergegangen ist.[1] Der Normzweck setzt voraus, dass die entsprechenden – schuldrechtlichen – Vertragserklärungen des Verkäufers und des Erwerbers **verbindlich innerhalb der Veräußerungsfrist abgegeben** worden sind und der Vertrag dementsprechend wirksam geworden ist.[2]

238 **Beispiele für Anschaffungskosten** sind Beratungskosten, Notargebühren, Eintragungskosten bei Registergerichten (Handelsregister) oder Grundbuch, Kosten für Werbemaßnahmen (Annoncen) und Besichtigungsfahrten etc.; vgl. im Übrigen R/H 6.2 EStR/EStH bzw. H 7.3 „Anschaffungskosten" EStH.

239 **Mieterzuschüsse** mindern die Anschaffungskosten,[3] während eine **übernommene Fremdfinanzierung** die Anschaffungskosten nicht beeinflusst. **Anders beim Nießbrauch:** Übernommene **Nießbrauchslasten** mindern von vorneherein die Anschaffungskosten. Der Vorbehalt eines Nießbrauchs stellt keine Gegenleistung dar.[4]

240 Bei der Ermittlung des Gewinns aus der **Veräußerung / Hingabe von Kryptowährungen** wie z. B. **Bitcoins als Zahlungsmittel** sind die Anschaffungskosten von dem Veräußerungspreis abzuziehen (§ 23 Abs. 3 Satz 1 EStG). Hinsichtlich der **Anschaffungskosten** findet die Fifo- Methode Anwendung, wenn Bitcoins in mehreren Tranchen erworben wurden.[5]

241–245 *(Einstweilen frei)*

2. Begriff des Veräußerungsgeschäfts

246 Unter **Veräußerung i. S. d. § 23 EStG** ist nach der **ständigen Rechtsprechung des BFH** die **entgeltliche Übertragung eines Wirtschaftsguts auf einen Dritten** zu verstehen.[6]

247 Unbeschadet der Maßgeblichkeit des obligatorischen Vertrags für die **Fristberechnung** ist der Steuertatbestand des § 23 Abs. 1 EStG nur dann erfüllt, wenn das schuldrechtliche Geschäft unter den Voraussetzungen des § 39 AO **dinglich vollzogen** wird und es zu einer Veräußerung und damit zu einer Verfügung über das Recht kommt. Erforderlich für eine Veräußerung i. S. d. § 23 Abs. 1 EStG ist mithin der **dingliche Vollzug des Veräußerungsgeschäfts**. Das wirtschaftliche Eigentum entsteht erst mit dem Übergang der Sachherrschaft, dem Zeitpunkt also, zu

---

1 Ständige Rechtsprechung, vgl. nur BFH v. 13.12.2005 - IX R 14/03, BStBl 2006 II 513; BFH v. 8.4.2003 - IX R 1/01, BFH/NV 2003, 1171 = NWB DokID: JAAAA-71531.

2 Vgl. BFH v. 10.2.2015 - IX R 23/13, BStBl 2015 II 87; BFH v. 8.4.2014 - IX R 18/13, BStBl 2014 II 826; BFH v. 18.9.2006 - IX B 154/05, BFH/NV 2007, 31 = NWB DokID: MAAAC-25600; BFH v. 2.10.2001 - IX R 45/99, BStBl 2002 II 10.

3 BMF v. 5.10.2000, BStBl 2000 I 1383, Tz. 28, 40.

4 BFH v. 22.5.2013 - IX B 187/12, BFH/NV 2013, 1405 = NWB DokID: PAAAE-40082; s.a. *Hartmann/Meyer*, FR 2001, 757.

5 FinMin Hamburg v. 11.12.2017, NWB DokID: SAAAG-72252; s.a. Beyer, NWB 2018, 999; *Heuel/Matthey*, NWB 2018, 1037.

6 Vgl. BFH v. 21.1.2014 - IX R 11/13, BStBl 2014 II 385; BFH v. 30.11.2010 - VIII R 58/07, BStBl 2011 II 491; BFH v. 16.12.2003 - IX R 46/02, BStBl 2004 II 284; BFH v. 2.10.2001 - IX R 45/99, BStBl 2002 II 10; BFH v. 2.5.2000 - IX R 73/98, BStBl 2000 II 614; damit fallen Verlust oder Zerstörung des Wirtschaftsguts begrifflich nicht unter den Veräußerungstatbestand, vgl. auch *Martini/Roth*, FR 2009, 846; vgl. dazu Bayerisches Landesamt für Steuern v. 12.3.2013, StEK EStG § 23 Nr. 110 bzw. NWB DokID: JAAAE-63471.

dem Besitz, Gefahr, Nutzen und Lasten nach dem Willen der Vertragsbeteiligten auf den Erwerber übergehen.[1]

Als Veräußerung i. S. d. § 23 Abs. 1 EStG ist auch anzusehen[2]

▶ unter besonderen Umständen die **Abgabe eines bindenden Angebots**[3]

▶ der Abschluss eines bürgerlich-rechtlich wirksamen, beide Vertragsparteien bindenden **Vorvertrags**[4]

▶ unter den Voraussetzungen des § 41 Abs. 1 AO der Abschluss eines unvollständig beurkundeten und deswegen nach den § 313 Satz 1 BGB, § 125 HGB **formunwirksamen Kaufvertrags**[5]

▶ die **Übertragung aus dem Privatvermögen eines Gesellschafters in das betriebliche Gesamthandsvermögen einer Personengesellschaft** gegen Gewährung von Gesellschaftsrechten[6]

▶ die Veräußerung des rückübertragenen Grundstücks bei entgeltlichem Erwerb des Restitutionsanspruchs nach dem VermG v. 22. 3. 1991[7] **(übertragbarer Restitutionsanspruch).**[8]

Nach § 23 EStG kann ein **rechtlich bindendes Verkaufsangebot** nur dann **als Veräußerung** angesehen werden, wenn **ein für beide Seiten verbindlicher Vertrag** vorliegt. Nach **bisheriger Rechtsprechung** sollte es daran fehlen, wenn die Vertragsparteien durch die Vereinbarung einer **aufschiebenden Bedingung** in Verbindung mit tatsächlichen und rechtlichen Ungewissheiten einen im Zeitpunkt des Vertragsschlusses noch fehlenden Bindungswillen zum Ausdruck gebracht haben.[9] Allerdings hat der **BFH mit Urteil v. 10. 2. 2015**[10] entschieden, dass ein nach § 158 Abs. 1 BGB aufschiebend bedingtes Rechtsgeschäft für die Parteien bindend ist. Der außerhalb der Veräußerungsfrist liegende **Zeitpunkt des Eintritts einer aufschiebenden Bedingung** ist insoweit für die Besteuerung nach § 23 Abs. 1 EStG **unerheblich.**[11]

Die **Übertragung eines Grundstücks i. R. d. Zugewinnausgleichs** führt stets zur Veräußerung.[12] Nicht von einer ggf. steuerpflichtigen Aufdeckung stiller Reserven aufgrund eines Veräuße-

---

1 Ständige Rechtsprechung, vgl. z. B. BFH v. 20. 10. 2011 - IV R 35/08, BFH/NV 2012, 377 = NWB DokID: OAAAE-00553; BFH v. 24. 6. 2003 - IX R 2/02, BStBl 2003 II 752; BFH v. 16. 5. 2002 - IV R 19/00, BStBl 2002 II 692; BFH v. 2. 10. 2001 - IX R 45/99, BStBl 2002 II 10; BFH v. 13. 10. 1972 - I R 213/69, BStBl 1973 II 209.
2 H 23 „Veräußerung" EStH.
3 BFH v. 12. 5. 2011 - IV R 37/09, BFH/NV 2012, 41 = NWB DokID: QAAAD-94856; BFH v. 13. 12. 2005 - IX R 14/03, BStBl 2006 II 513; BFH v. 16. 12. 2003 - IX R 46/02, BStBl II 2004, 284; BFH v. 23. 9. 1966 - VI 147/65, BStBl 1967 III 73; BFH v. 7. 8. 1970 - VI R 166/67, BStBl 1970 II 806; BFH v. 19. 10. 1971 - VIII R 84/71, BStBl 1972 II 452.
4 BFH v. 13. 12. 1983 - VIII R 16/83, BStBl 1984 II 311.
5 BFH v. 15. 12. 1993 - X R 49/91, BStBl 1994 II 687.
6 BMF v. 29. 3. 2000, BStBl 2000 I 462; vgl. aber BMF v. 11. 7. 2011, BStBl 2011 I 713; BFH v. 17. 7. 2008 - I R 77/06, BStBl 2009 II 464; s. a. BMF v. 26. 11. 2004, BStBl 2004 I 1190; vgl. dazu *Brunsbach/Mock*, BB 2013, 1051; *Kraft*, FR 2013, 825.
7 VermG v. 22. 3. 1991, BGBl 1991 I 766.
8 BFH v. 13. 12. 2005 - IX R 14/03, BStBl 2006 II 513.
9 BFH v. 12. 5. 2011 - IV R 37/09, BFH/NV 2012, 41 = NWB DokID: QAAAD-94856; BFH v. 13. 12. 2005 - IX R 14/03, BStBl 2006 II 513.
10 BFH v. 10. 2. 2015 - IX R 23/13, DB 2015, 1202.
11 BFH v. 10. 2. 2015 - IX R 23/13, DB 2015, 1202; vgl. dazu *Trossen*, NWB 2015, 1222.
12 BFH v. 31. 7. 2002 - X R 48/99, BStBl 2003 II 282; BFH v. 30. 7. 1998 - X B 92/98, BFH/NV 1999, 173 = NWB DokID: EAAAA-62277; vgl. auch OFD München v. 26. 6. 2001, DB 2001, 1533; OFD Frankfurt/M. v. 27. 2. 2014, S 2256 A-16-St 224, ofix HE EStG/23/17; *Hollender/Schlütter*, DStR 2002, 1932; *Sagmeister*, DStR 2011, 1589; kritisch: *Tiedtke/Wälzholz*, DStZ 2002, 9.

rungsvorgangs auszugehen ist allerdings im Fall der Beendigung des Güterstands der Zugewinngemeinschaft und der Auslösung des Zugewinnausgleichsanspruchs eines Ehegatten, bei dem frühere unentgeltliche Zuwendungen zwischen den Ehegatten angerechnet werden. Betroffen sind hier u. a. Fälle der sog. **Güterstandsschaukel**. Die hierfür einschlägige Vorschrift des § 29 Abs. 1 Nr. 3 ErbStG regelt das Erlöschen zunächst festgesetzter Schenkungsteuer auf frühere Zuwendungen unter Ehegatten, die bei Auflösung der Zugewinngemeinschaft auf die Zugewinnausgleichsforderung angerechnet werden. Hintergrund ist, dass gem. § 5 Abs. 1, 2 ErbStG bei Auflösung der Zugewinngemeinschaft in allen Fällen die Ausgleichsforderung gem. § 1378 BGB steuerfrei bleibt. Die Steuerbelastung der zuvor zumeist nach § 7 Abs. 1 ErbStG steuerpflichtig gewesenen Zuwendungen würde wegen deren Anrechnung auf die zivilrechtliche Zugewinnausgleichsforderung nach § 1380 Abs. 1 BGB und damit auf die steuerfreie Ausgleichsforderung in § 5 ErbStG ihren Empfänger gegenüber demjenigen Zugewinnausgleichsberechtigten benachteiligen, der erst im Zeitpunkt der Auflösung der Zugewinngemeinschaft die vollständig nach § 5 ErbStG steuerfreie Zugewinnausgleichsforderung vereinnahmt.[1]

Der Weg über § 29 Abs. 1 Nr. 3 ErbStG ist insbesondere ertragssteuerlich von Bedeutung. Die Anrechnung auf die Zugewinnausgleichsforderung neutralisiert vormalige Sachgeschenke (z. B. grundbuchrechtlich je hälftig auf die Ehegatten als Eigentümer eingetragene Grundstücke, Häuser etc., die nur durch einen der Ehegatten finanziert wurden), **ohne dass ertragsteuerlich eine Veräußerung z. B. i. S. d. § 23 EStG** unterstellt werden kann.[2] Im Unterschied dazu wäre bei einer Beendigung der Zugewinngemeinschaft und Abgeltung des Zugewinnausgleichs erst zu diesem (späteren) Zeitpunkt durch die Hingabe von Wirtschaftsgütern an Erfüllungs statt (§ 364 BGB) eine Veräußerung i. S. d. Ertragssteuerrechts verwirklicht mit der Folge der steuerpflichtigen Aufdeckung stiller Reserven bei der Hingabe steuerverstrickter Wirtschaftsgüter.[3]

251 Keine Veräußerung ist die **Rückabwicklung eines Anschaffungsgeschäfts** wegen irreparabler Vertragsstörungen.[4] Keine Rückgängigmachung der Veräußerung und auch **kein Gestaltungsmissbrauch i. S. d. § 42 AO** liegt im zeit- und preisidentischen Rückkauf **(Wiederkauf)** des Wirtschaftsguts.[5]

252 Die **nachträgliche Genehmigung** eines zunächst schwebend unwirksamen Vertrags durch einen der Vertragspartner wirkt für die **Fristberechnung** nicht auf den Zeitpunkt der Vornahme des Rechtsgeschäfts zurück.[6] Bei **Veräußerung eines im Wege der Gesamtrechtsnachfolge erworbenen Wirtschaftsguts** ist bei der Berechnung der Veräußerungsfrist von dem **Zeitpunkt des entgeltlichen Erwerbs durch den Rechtsvorgänger** auszugehen; entsprechendes gilt für

---

1 *Troll/Gebel/Jülicher/Gottschalk*, ErbStG, § 29 Rz. 87; ausführlich Eckert, DStR 1989, 347.
2 FG Münster v. 13.11.2009 - 14 K 2210/06, EFG 2010, 646; bestätigt durch BFH v. 24.1.2012 - IX R 8/10, BStBl 2013 II 363 zu § 17 EStG; ebenso u. a. *Blusz*, ZEV 2016, 626, 630; zustimmend mit grundlegenden Ausführungen dazu Stein, DStR 2012, 1734, 1735 ff.; *Götz*, NWB 2003, 4037 f.; *Troll/Gebel/Jülicher/Gottschalk*, ErbStG, § 29 Rz. 93; vereinzelte a. A. *Söffing/Thoma*, ErbStB 2003, 318; *Hollender/Schlütter*, DStR 2002, 1932.
3 Vgl. zur Differenzierung u. a. *Weber-Grellet* in Schmidt, EStG, § 17 Rz. 42; *Götz*, FR 2003, 127.
4 BFH v. 27. 6. 2006 - IX R 47/04, BStBl 2007 II 162; *Fink*, NWB 2016, 2656; vgl. FG Köln v. 1. 6. 2016 - 14 K 545/14 und dazu die, Revisionsentscheidung des BFH v. 11. 7. 2017 - IX R 27/16, BStBl 2018 II 348; vgl. entspr. auch BFH v. 6. 9. 2016 - IX R 44/14, NWB DokID: QAAAF-88396; IX R 45/14 NWB DokID: KAAAF-88398 und IX R 27/15 NWB DokID:AAAAF-88397 mit Anm. *Fink*, NWB 2017, 643.
5 BFH v. 25. 8. 2009 - IX R 60/07, BStBl 2009 II 999; BFH v. 25. 8. 2009 - IX R 55/07, BFH/NV 2010, 387 = NWB DokID: MAAAD-36756; vgl. *Bron/Seidel*, BB 2009, 2634; *Schmitt/Hagen/Lenz*, DStR 2010, 735.
6 H 23 „Veräußerungsfrist" EStH; BFH v. 2. 10. 2001 - IX R 45/99, BStBl 2002 II 10.

dessen Anschaffungskosten.[1] Das Gleiche gilt auch für ein **im Wege der unentgeltlichen Einzelrechtsnachfolge erworbenes Wirtschaftsgut**.[2]

Die **innere Motivlage** (z. B. Spekulationsabsicht, Krankheit, drohende Enteignung, sonstiger Zwang wie z. B. im Streitfall aufgrund arbeitsplatzbedingter Ortswechsel usw.) ist für eine Veräußerung i. S. d. § 23 Abs. 1 EStG grundsätzlich unbeachtlich.[3]

Ausnahmsweise ist die Anwendung des **§ 23 EStG bei besonderen Zwangslagen ausgeschlossen**, z. B. bei einem Zwangsaustausch mit Ersatzgrundstücken. So greift nach der **Rechtsprechung des BFH** die Besteuerung auf private Veräußerungsgewinne nach § 23 Abs. 1 EStG dann nicht ein, wenn eine unter Zwang erfolgte Veräußerung wegen Anschaffung eines Ersatzwirtschaftsgutes nicht zu einer Gewinnverwirklichung geführt hat.[4]

Nach der **früheren Rechtsprechung des BFH** galt auch die **Einziehung einer Forderung zum Nennwert als Veräußerung**, wenn die Forderung zuvor von einem Dritten unter dem Nennwert entgeltlich erworben wurde.[5] Diese Rechtsprechung steht **im Widerspruch zu der heutigen – auch seitens des BFH anerkannten – Definition** der Veräußerung als entgeltliche Übertragung auf einen Dritten.[6] Eine Gleichsetzung von Veräußerung einer Forderung und Einziehung einer Forderung ist daher abzulehnen. Die Gleichsetzung von Veräußerung und Einziehung würde den Wortlaut des § 23 EStG überdehnen und ist auch mit einem Rückgriff auf die wirtschaftliche Betrachtungsweise nicht zu rechtfertigen. Die Einziehung einer Forderung stellt daher keinen entgeltlichen Vorgang dar. Die Forderung des Gläubigers erlischt durch Erfüllung gem. § 362 BGB; darin ist **keine Hingabe von Kapital** zu sehen. Im Übrigen fehlt bei der Einziehung der Forderung der die Veräußerung kennzeichnende **Rechtsträgerwechsel**.[7] Es reicht nicht aus, dass der Steuerpflichtige etwas erhält, was ihm wirtschaftlich bereits zuzurechnen ist und er daher seine **Leistungsfähigkeit nicht erhöht**.[8]

Fremdwährungsbeträge werden „veräußert" i. S. d. **§ 23 EStG,** wenn sie in inländische Währung zurückgetauscht oder in eine andere Fremdwährung umgetauscht werden.[9] Erst in dem durch den günstigen (oder ungünstigen) Rücktausch erhöhten (oder verminderten) Betrag in einer anderen (inländischen oder fremden) Währung liegt der **Zufluss des „Veräußerungspreises" i. S. d. § 23 Abs. 3 Satz 1 EStG i. V. m. § 11 Abs. 1 EStG.**[10] Die **Tilgung eines solchen Darlehens** stellt **keine Veräußerung** eines Wirtschaftsguts i. S. d. § 23 Abs. 1 Satz 1 Nr. 2 EStG dar. Gleiches gilt für die **aufgrund des Darlehens gewährte Valuta** in Fremdwährung.[11]

---

1 BFH v. 12. 7. 1988 - IX R 149/83, BStBl 1988 II 942.
2 H 23 „Veräußerungsfrist" EStH.
3 Ständige Rechtsprechung, vgl. nur BFH v. 30. 12. 2011 - IX B 66/11, BFH/NV 2012, 738 = NWB DokID: CAAAE-04750; BFH v. 8. 4. 2003 - IX R 1/01, BFH/NV 2003, 1171 = NWB DokID: JAAAA-71531; BVerfG v. 9. 7. 1969 - 2 BvL 20/65, BStBl 1970 II 156.
4 Vgl. dazu BFH v. 29. 8. 1969 - VI R 319/67, BStBl 1969 II 705 sowie BGH v. 22. 2. 2012 - III ZR 226/10, NWB DokID: MAAAE-04576.
5 So insbesondere BFH v. 17. 7. 1959 - VI 67/58 U, BStBl 1959 III 346; BFH v. 13. 12. 1961 - VI 133/60 U, BStBl 1962 III 127; BFH v. 1. 12. 1967 - VI R 202/66, BStBl 1968 II 267.
6 Vgl. nur BFH v. 21. 1. 2014 - IX R 11/13, BStBl 2014 II 385; BFH v. 30. 11. 2010 - VIII R 58/07, BStBl 2011 II 491.
7 FG Hessen v. 1. 10. 2014 - 10 K 2040/13, EFG 2015, 128; s. a. *Meyer-Scharenberg*, DStR 2006, 1437, 1439; *Höhmann*, NWB 2008, Fach 3, 14955.
8 BFH v. 18. 10. 2006 - IX R 7/04, BStBl 2007 II 258; s. a. *Höhmann*, NWB 2008, 440.
9 Vgl. u. a. BFH v. 21. 1. 2014 - IX R 11/13, BStBl 2014 II 385; BFH v. 2. 5. 2000 - IX R 73/98, BStBl 2000 II 614; s. a. Bayerisches Landesamt für Steuern v. 12. 3. 2013, StEK EStG § 23 Nr. 110 bzw. NWB DokID: JAAAE-63471.
10 BFH v. 30. 11. 2010 - VIII R 58/07, BStBl 2011 II 491; BFH v. 2. 5. 2000 - IX R 74/96, BStBl 2000 II 469.
11 BFH v. 21. 1. 2014 - IX R 11/13, BStBl 2014 II 385; BFH v. 30. 11. 2010 - VIII R 58/07, BStBl 2011 II 491.

257 In der **Tilgung eines Fremdwährungsdarlehens** liegt **keine Veräußerung** eines Wirtschaftsguts i. S. d. § 23 Abs. 1 Satz 1 Nr. 2 EStG. Gleiches gilt für die **aufgrund des Darlehens gewährte Valuta in Fremdwährung**.[1]

258 Werden selbst im Privatvermögen erworbene **Kryptowährungen wie z. B. Bitcoins als Zahlungsmittel** eingesetzt, gilt dieses als **Veräußerung der Bitcoins** und führt ebenfalls zu **sonstigen Einkünften aus privaten Veräußerungsgeschäften**. Der Wert der im Gegenzug erhaltenen Ware oder Dienstleistung ist nach Auffassung der Finanzverwaltung als Veräußerungspreis anzusetzen; die Durchschnittswertmethode ist nicht anzuwenden.[2]

259 Eine Veräußerung unter dem Geltungsregime des KAGG bzw. AuslInvG liegt nicht vor, wenn ein Anleger seinen Anteilsschein an die Kapitalanlagegesellschaft zurückgibt. Eine abweichende Rechtslage ergibt sich im Geltungsbereich des § 8 Abs. 5 Satz 1 InvStG i. d. F. durch das EURLUmsG, der erstmals anordnete, dass § 23 Abs. 1 Satz 1 Nr. 2 EStG a. F. anzuwenden sei. § 8 Abs. 5 Satz 1 InvStG i. d. F. durch das UntStRefG ordnet an, dass die „Gewinne" aus der Rückgabe von Investmentanteilen zu den Einkünften aus Kapitalvermögen i. S. d. § 20 Abs. 2 Satz 1 Nr. 1 EStG gehören. Das InvStRefG sieht ebenfalls eine konstitutive Regelung vor.[3]

260 *(Einstweilen frei)*

3. Identität zwischen angeschafftem und veräußertem Wirtschaftsgut

261 Nach Wortlaut, Sinn und Zweck des § 23 EStG sollen innerhalb der Veräußerungsfrist realisierte Wertänderungen eines **bestimmten** Wirtschaftsguts im Privatvermögen des Stpfl. der Einkommensteuer unterworfen werden.[4] Daraus ergibt sich das **Erfordernis der Nämlichkeit von angeschafftem und veräußertem Wirtschaftsgut**, wobei „Nämlichkeit" **Identität im wirtschaftlichen Sinn** bedeutet.[5]

262 Eine **wirtschaftliche Teilidentität** zwischen angeschafftem und veräußertem Wirtschaftsgut ist grundsätzlich ausreichend, begründet ein privates Veräußerungsgeschäft aber nur für diesen Teil des betreffenden Wirtschaftsguts.[6] **Wirtschaftliche Teilidentität** ist z. B. gegeben, wenn ein bei Anschaffung mit einem **Erbbaurecht** belastetes Grundstück lastenfrei veräußert wird.[7]

263 **Ob und in welchem Umfang Nämlichkeit gegeben ist** oder ein anderes Wirtschaftsgut (sog. „aliud") vorliegt, richtet sich nach einem wertenden Vergleich von angeschafftem und veräußertem Wirtschaftsgut unter Berücksichtigung der Umstände des Einzelfalls.[8] Maßgebliche Kriterien sind die Gleichartigkeit, Funktionsgleichheit und Gleichwertigkeit von angeschafftem und veräußertem Wirtschaftsgut.[9]

---

1 BFH v. 30. 11. 2010 - VIII R 58/07, BStBl 2011 II 491.
2 FinMin Hamburg v. 11.12.2017, NWB DokID: SAAAG-72252; vgl. u. a. *Beyer*, NWB 2018, 999; *Heuel/Matthey*, NWB 2018, 1037.
3 BFH v. 10. 11. 2015 - IX R 3/15, BStBl 2016 II 351 zur Rechtslage nach KAGG und AuslInvG; zur (abweichenden) Rechtslage nach InvStG vgl. BFH v. 10. 11. 2015 - IX R 3/15, BStBl 2016 II 351, DStR 2016, 580 m. Anm. *Ratschow*.
4 Vgl. BFH v. 12. 6. 2013 - IX R 31/12, BStBl 2013 II 1011; BFH v. 23. 8. 2011 - IX R 66/10, BStBl 2013 II 1002.
5 BFH v. 12. 6. 2013 - IX R 31/12, BStBl 2013 II 1011; BFH v. 6. 4. 2011 - IX R 41/10, BFH/NV 2011, 1850 = NWB DokID: GAAAD-90756; BFH v. 3. 8. 2004 - X R 55/01, BFH/NV 2005, 517 = NWB DokID: JAAAB-36108.
6 Vgl. BFH v. 21. 9. 2004 - IX R 36/01, BStBl 2006 II 12; BFH v. 12. 6. 2013 - IX R 31/12, BStBl 2013 II 1011.
7 BFH v. 12. 6. 2013 - IX R 31/12, BStBl 2013 II 1011; H 23 „Identisches Wirtschaftsgut" EStH.
8 BFH v. 27. 8. 1997 - X R 26/95, BStBl 1998 II 135; BFH v. 12. 6. 2013 - IX R 31/12, BStBl 2013 II 1011.
9 BFH v. 17. 10. 1974 - IV R 223/72, BStBl 1975 II 58; BFH v. 12. 6. 2013 - IX R 31/12, BStBl 2013 II 1011.

Herstellungsmaßnahmen schließen die wirtschaftliche Identität von angeschafftem und veräußertem Wirtschaftsgut nicht aus, wenn durch die Herstellungsmaßnahmen das angeschaffte Wirtschaftsgut bei wirtschaftlicher Betrachtung nicht in ein anderes Wirtschaftsgut wird.[1] 264

Nach Auffassung von **Finanzverwaltung**[2] und **Rechtsprechung** ist ein privates Veräußerungsgeschäft auch anzunehmen, wenn ein **unbebautes Grundstück parzelliert und eine Parzelle innerhalb der Veräußerungsfrist veräußert** wird.[3] Die **Aufteilung eines Hausgrundstücks in Wohneigentum** ändert ebenfalls nichts an der wirtschaftlichen Identität von angeschafftem und veräußertem Wirtschaftsgut.[4] Bei Aufteilung eines Grundstücks bleibt demnach die wirtschaftliche Identität im Verhältnis zu den einzelnen Teilen erhalten, solange die Teilung ohne aufwendige technische Maßnahmen (z. B. durch bloßen Rechtsakt) durchgeführt werden kann.[5] 265

Der **Erwerb eines Restitutionsanspruchs** steht der Anschaffung des von diesem erfassten Grundstücks gleich. Daher ist der entgeltliche Erwerb des Restitutionsanspruchs und die **spätere Veräußerung des rückübertragenen Grundstücks** grundsätzlich als Anschaffungs- und Veräußerungsvorgang i. S. d. § 23 Abs. 1 EStG anzusehen.[6] 266

Die **Anschaffung bzw. Veräußerung eines Erbbaurechts** ist von der Anschaffung bzw. Veräußerung des Grundstücks zu unterscheiden. Das Erbbaurecht ist ein besonderes Wirtschaftsgut, das auch im Falle einer nach Anschaffung in Ausübung des Rechts vorgenommenen Bebauung **keine Identität** mit dem errichteten Gebäude als einem (weiteren) eigenständigen Wirtschaftsguts aufweist.[7] 267

(Einstweilen frei) 268–275

V. Haltefristen gemäß § 23 Abs. 1 Satz 1 Nr. 1 und Nr. 2 EStG

Maßgebend für die **Berechnung des Zeitraums zwischen Anschaffung und Veräußerung** sind nach FinVerw und Rechtsprechung des BFH grundsätzlich die Zeitpunkte, in denen **die obligatorischen Verträge** abgeschlossen wurden.[8] Bei Übergang des wirtschaftlichen Eigentums an dem Wirtschaftsgut i. S. d. § 23 Abs. 1 EStG zu einem früheren Zeitpunkt, also vor Abschluss der obligatorischen Verträge, ist der frühere Zeitpunkt für die Fristberechnung maßgeblich.[9] 276

Allerdings hat der BFH bei einem (wegen vollmachtloser Vertretung auf der Erwerberseite) **schwebend unwirksamen – genehmigungsbedürftigen – Rechtsgeschäft** (vgl. §§ 177 Abs. 1, 184 Abs. 1 BGB) auf den **Zeitpunkt der Genehmigung** und nicht auf den Zeitpunkt der zivilrechtlich rückwirkenden Wirksamkeit des Vertragsabschlusses abgestellt; denn frühestens vom Zeitpunkt der Genehmigung an können tatsächlich und rechtlich alle Folgerungen aus 277

---

1 BFH v. 13. 4. 2010 - IX R 36/09, BStBl 2010 II 792; BFH v. 27. 8. 1997 - X R 26/95, BStBl 1998 II 135.
2 H 23 „Identisches Wirtschaftsgut" EStH.
3 BFH v. 19. 7. 1983 - VIII R 161/82, BStBl 1984 II 26.
4 BFH v. 23. 8. 2011 - IX R 66/10, BStBl 2013 II 1002; H 23 „Identisches Wirtschaftsgut" EStH.
5 *Glenk* in Blümich, § 23 EStG Rz. 129.
6 BFH v. 13. 12. 2005 - IX R 14/03, BStBl 2006 II 513.
7 BFH v. 30. 11. 1976 - VIII R 202/72, BStBl 1977 II 384; BFH v. 27. 8. 1997 - X R 26/95, BStBl 1998 II 135.
8 H 23 „Veräußerungsfrist" EStH; vgl. auch BFH v. 16. 12. 2003 - IX R 46/02, BStBl 2004 II 284; BFH v. 2. 10. 2001 - IX R 45/99, BStBl 2002, 10; BFH v. 30. 11. 1999 - IX R 70/96, BStBl 2000 II 262; BFH v. 15. 12. 1993 - X R 49/91, BStBl 1994 II 687.
9 *Deutschländer*, NWB 2014, 1019 f.

dem bisher schwebend unwirksamen Vertrag gezogen werden.[1] Eine erst in späteren, nach den Streitjahren liegenden Kalenderjahren erteilte Genehmigung wirkt zwar zivilrechtlich zurück (vgl. § 184 Abs. 1 BGB), indes entfaltet sie steuerrechtlich erst im Zeitpunkt ihrer Erteilung Wirkung.[2]

278 Die **Berechnung der Haltefrist** von einem bzw. zehn Jahren richtet sich nach den allgemeinen Vorschriften (§ 108 AO i.V.m. § 187 Abs. 1, § 188 Abs. 2, 3 BGB). Fällt das **Ende der Haltefrist** auf einen Sonnabend, Sonntag oder gesetzlichen Feiertag, so wird allerdings – **abweichend von § 108 Abs. 3 AO und § 193 BGB** – das Fristende nicht auf den Ablauf des nächsten Werktages verlängert.[3]

279 Zu Anschaffungsgeschäften i.S.d. § 23 Abs. 1 EStG bei Miteigentumsanteilen an Grundstücken, wenn aufgrund eines **teilunwirksamen Vertrags** ein Ergänzungsvertrag geschlossen wird, vgl. BFH v. 17.12.1997.[4]

280–285 *(Einstweilen frei)*

VI. § 23 Abs. 1 Satz 2 bis 5 EStG

1. Anschaffungsfiktion (§ 23 Abs. 1 Satz 2 EStG)

286 Gemäß § 23 Abs. 1 Satz 2 EStG gilt auch die **Überführung eines Wirtschaftsguts in das Privatvermögen** des Stpfl. durch **Entnahme oder Betriebsaufgabe** als Anschaffung (sog. **Anschaffungsfiktion**).[5]

287 Die Regelung gilt für die **Überführung eines Wirtschaftsguts in das Privatvermögen** des Stpfl. **durch Entnahme oder Betriebsaufgabe**, wenn das Wirtschaftsgut **nach dem 31.12.1998** in das Privatvermögen überführt wird. Die Anschaffungsfiktion des § 23 Abs. 1 Satz 2 EStG gilt jedoch **nicht für Entnahmen oder Betriebsaufgaben vor dem 1.1.1999**.[6]

288 Zweck des § 23 Abs. 1 Satz 2 EStG ist die **Erfassung von Wertsteigerungen bei Veräußerung nach einer Entnahme** und gegebenenfalls der Korrektur des Entnahmewerts.

289 **Zum Zeitpunkt der Entnahme** vgl. R 4.3 Abs. 3 EStR bzw. H 4.3 Abs. 2 bis 4 „Entnahmehandlung" EStH.[7]

290 *(Einstweilen frei)*

---

[1] Vgl. BFH v. 2.10.2001 - IX R 45/99, BStBl 2002 II 10; BFH v. 16.12.2003 - IX R 46/02, BStBl 2004 II 284; bestätigt durch und unberührt von BFH v. 10.2.2015 - IX R 23/13, BStBl 2015 II 487; entsprechend H 23 „Veräußerungsfrist" EStH.

[2] BFH v. 2.10.2001 - IX R 45/99, BStBl 2002 II 10.

[3] FG Köln v. 2.6.1997 - 12 K 3682/96, EFG 1997, 1187, rkr.; vgl. auch den Grundlagenbeitrag von *Detmering/Tetzlaff*, NWB DokID: IAAAE-41266, Tz. 6.

[4] BFH v. 17.12.1997 - X R 88/95, BStBl 1998 II 343.

[5] Vgl. dazu BFH v. 18.10.2006 - IX R 5/06, BStBl 2007 II 179; s.a. OFD Koblenz v. 21.6.2002, DStR 2003, 1880.

[6] BFH v. 18.10.2006 - IX R 5/06, BStBl 2007 II 179; vgl. auch BMF v. 7.2.2007, BStBl 2007 I 262; s.a. *Intemann*, NWB 2007, 601.

[7] BFH v. 18.10.2006 - IX R 5/06, BStBl 2007 II 179; entsprechend BFH v. 18.10.2006 - IX R 27/06, BFH/NV 2007, 227 = NWB DokID: XAAAC-31855 und BFH v. 18.10.2006 - IX R 32/06, BFH/NV 2007, 228 = NWB DokID: NAAAC-32262; die Urteile wurden von der FinVerw umgesetzt, vgl. BMF v. 7.2.2007, BStBl 2007 I 262 (Änderung von BMF v. 5.10.2000, BStBl 2000 I 1383, Tz. 1).

2. Unentgeltlicher Erwerb (§ 23 Abs. 1 Satz 3 EStG)

Gemäß § 23 Abs. 1 Satz 3 EStG ist bei unentgeltlichem Erwerb dem **Einzelrechtsnachfolger** die Anschaffung (§ 23 Abs. 1 Satz 1 EStG) oder die Überführung (§ 23 Abs. 1 Satz 2 EStG) des Wirtschaftsguts in das Privatvermögen durch den Rechtsvorgänger zuzurechnen. 291

Gemäß der Regelung des § 23 Abs. 1 Satz 3 EStG erfolgt ausnahmsweise eine Zurechnung von in der Person des Rechtsvorgängers begründeten Besteuerungsmerkmalen und Rechtspositionen (hier: Anschaffung) zum unentgeltlichen Rechtsnachfolger.[1] Bei der Ermittlung des Veräußerungsgewinns sind auch die **während der Besitzzeit des Rechtsvorgängers entstandenen Wertminderungen** zu berücksichtigen.[2] 292

§ 23 Abs. 1 Satz 3 EStG rechnet dem Rechtsnachfolger sowohl die Anschaffung von Wirtschaftsgütern im Privatvermögen als auch Entnahmehandlungen und sonstige Vorgänge nach § 23 Abs. 1 Satz 2 EStG zu. § 23 Abs. 1 Satz 3 EStG gilt **nicht für Entnahmen oder Betriebsaufgaben vor dem 1. 1. 1999**.[3] 293

Auf den **Erwerb durch Gesamtrechtsnachfolge** ist § 23 Abs. 1 Satz 3 EStG nicht anwendbar; es gelten die allgemeinen Grundsätze. 294

Zum Zeitpunkt der Entnahme vgl. R 4.3 Abs. 3 EStR bzw. H 4.3 Abs. 2 bis 4 „Entnahmehandlung" EStH. 295

(Einstweilen frei) 296–300

3. Beteiligung an Personengesellschaften (§ 23 Abs. 1 Satz 4 EStG)

Gemäß § 23 Abs. 1 Satz 4 EStG gilt die Anschaffung oder Veräußerung einer unmittelbaren oder mittelbaren **Beteiligung an einer Personengesellschaft** als Anschaffung oder Veräußerung der anteiligen Wirtschaftsgüter. 301

Die Regelung wurde mit dem Missbrauchsbekämpfungs- und Steuerbereinigungsgesetz (StBMG) v. 21. 12. 1993 geschaffen,[4] nachdem der BFH mit Urteil v. 4. 10. 1990[5] entschieden hatte, dass der Erwerb und die Veräußerung von (Unter-) Beteiligungen an einer Personengesellschaft auch dann nicht unter § 23 Abs. 1 EStG fallen, wenn das Gesamthandsvermögen nur aus Grundstücken besteht (z. B. bei geschlossenen Immobilienfonds). Auch über die Zurechnungsregel des § 39 Abs. 2 Nr. 2 AO schien dem BFH eine Umqualifizierung in private Veräußerungsgeschäfte nicht möglich. 302

Der **Regelungsbereich des § 23 Abs. 1 Satz 4 EStG** ist abzugrenzen von einer **Verwirklichung des § 23 Abs. 1 EStG durch die Gesellschaft/Gemeinschaft**. Diese ist nur dann gegeben, wenn sowohl das Anschaffungs- als auch das Veräußerungsgeschäft von der Gesellschaft/Gemeinschaft getätigt werden. Die Frage, ob es sich um ein privates Veräußerungsgeschäft handelt, ist wegen der unterschiedlichen Haltefristen für jedes Wirtschaftsgut gesondert zu beurteilen. Auch die Ermittlung der Einkünfte aus dem privaten Veräußerungsgeschäft ist **wirtschaftsgutbezogen** vorzunehmen. Die gemeinschaftlich erzielten Einkünfte sind nach § 180 Abs. 1 Nr. 2a 303

---

1 BFH v. 17. 12. 2007 - GrS 2/04, BStBl 2008 II 608; BFH v. 21. 3. 1969 - VI R 208/67, BStBl 1969 II 520.
2 *Glenk* in Blümich, § 23 EStG Rz. 111.
3 BFH v. 18. 10. 2006 - IX R 5/06, BStBl 2007 II 179; vgl. auch BMF v. 7. 2. 2007, BStBl 2007 I 262; s. a. *Intemann*, NWB 2007, 601.
4 BGBl 1993 I 2310, 2313.
5 BFH v. 4. 10. 1990 - X R 148/88, BStBl 1992 II 211.

AO einheitlich und gesondert festzustellen.[1] Die in dem Feststellungsbescheid vorgenommene Zuordnung zu den Einkünften i. S. d. § 23 EStG ist **für den Einkommensteuerbescheid bindend**.[2]

304 Zur Erzielung von Einkünften aus einem privaten Veräußerungsgeschäft **durch einen Beteiligten nach § 23 Abs. 1 Satz 4 EStG** kommt es dann, wenn die Veräußerung nicht gemeinschaftlich erfolgt und eine der nachfolgend aufgeführten Konstellationen gegeben ist:

▶ **Ausscheiden des Beteiligten innerhalb der Haltefrist** aus der Gesellschaft/Gemeinschaft,

▶ die Gesellschaft/Gemeinschaft veräußert ein Wirtschaftsgut unschädlich nach Ablauf der maßgeblichen Haltefrist, der **Beteiligte ist jedoch erst zu einem späteren Zeitpunkt eingetreten**, so dass für ihn die Haltefrist noch nicht abgelaufen ist.

Auch hier ist die Ermittlung der Einkünfte aus dem privaten Veräußerungsgeschäft **wirtschaftsgutbezogen** vorzunehmen. Mangels gesondertem und einheitlichem Feststellungsverfahren wird über die Steuerpflicht des vom Beteiligten verwirklichten privaten Veräußerungsgeschäfts im Rahmen der Einkommensteuerveranlagung befunden.[3]

305 *(Einstweilen frei)*

4. Einlagen als Veräußerung (§ 23 Abs. 1 Satz 5 EStG)

306 Gemäß § 23 Abs. 1 Satz 5 EStG gilt als Veräußerung i. S. d. § 23 Abs. 1 Satz 1 Nr. 1 EStG auch

▶ die **(offene und verdeckte) Einlage eines Wirtschaftsguts in das Betriebsvermögen**, wenn die Veräußerung aus dem Betriebsvermögen innerhalb eines Zeitraums von zehn Jahren seit Anschaffung des Wirtschaftsguts erfolgt **(nachgelagerte Veräußerung)**,[4]

▶ sowie die **verdeckte Einlage**[5] **in eine Kapitalgesellschaft**.

307 **Regelungsgegenstand** des § 23 Abs. 1 Satz 5 EStG sind mithin insbesondere die **Einlage** eines Grundstücks in das Betriebsvermögen **mit nachgelagerter Veräußerung (§ 23 Abs. 1 Satz 5 Nr. 1 EStG)** und (verdeckte) Übertragungsvorgänge zwischen dem Vermögen eines Gesellschafters und dem Gesellschaftsvermögen einer Kapitalgesellschaft **(§ 23 Abs. 1 Satz 5 Nr. 2 EStG)**.

308 Der **zeitliche Anwendungsbereich** der Regelung erstreckt sich auf sämtliche ab dem 1. 1. 2000 getätigten Einlagen (§ 52a Abs. 11 Satz 7 EStG a. F.). **Sachlich ist § 23 Abs. 1 Satz 5 EStG** auf die Einlage von Grundstücken und grundstücksgleichen Rechten i. S. d. § 23 Abs. 1 Satz 1 Nr. 1 beschränkt.

309 **Keine Veräußerung i. S. d. § 23 Abs. 1 Satz 5 Nr. 1 EStG** ist die Einlage eines Grundstücks in

▶ das Betriebsvermögen eines Einzelunternehmens,

▶ in das Sonderbetriebsvermögen des Stpfl. bei einer Personengesellschaft und

▶ in das Gesamthandsvermögen einer Personengesellschaft ohne Gewährung von Gesellschaftsrechten und sonstigen Gegenleistungen.[6]

---

1 OFD Frankfurt a. M., Rundverfügung v. 5. 3. 2012, NWB DokID: PAAAE-06866, Tz. 2 bis 4.
2 BFH v. 13. 12. 2006 - VIII R 48/04, BFH/NV 2007, 863 = NWB DokID: WAAAC-39848.
3 OFD Frankfurt a. M., Rundverfügung v. 5. 3. 2012, NWB DokID: PAAAE-06866, Tz. 5 bis 8; BFH v. 21. 1. 2014 - IX R 9/13, BStBl 2016 II 515 = NWB DokID: FAAAE-57218; OFD Frankfurt/M. v. 7. 8. 2014, NWB DokID: ZAAAE-72221; s. a. *Schießl*, DStR 2014, 512; *Wacker*, DStR 2005, 2014, 2016.
4 Zum Einlagebegriff vgl. § 4 Abs. 1 Satz 8 EStG bzw. R 40 KStR; s. a. *Risthaus*, FR 2000, 128.
5 Zum Begriff der verdeckten Einlage vgl. R 40 KStR.
6 BMF v. 5. 10. 2000, BStBl 2000 I 1383, Tz. 2.

Demgegenüber ist eine **verdeckte Einlage in eine Kapitalgesellschaft stets** als Veräußerung des Grundstücks zu behandeln (**§ 23 Abs. 1 Satz 5 Nr. 2 EStG**).[1]

310

Die Einlage eines Grundstücks in das Betriebsvermögen ist jedoch dann **nachträglich als Veräußerung zu werten, wenn das Grundstück** innerhalb von zehn Jahren nach seiner Anschaffung – nachgelagert – aus dem Betriebsvermögen **veräußert wird (§ 23 Abs. 1 Satz 5 Nr. 1 EStG)**.[2]

311

Als Veräußerung des Grundstücks aus dem Betriebsvermögen gilt für die Anwendung des § 23 Abs. 1 Satz 5 Nr. 1 EStG z. B. auch[3]

312

- die Veräußerung des Grundstücks im Rahmen der Veräußerung des gesamten Betriebs oder eines Teilbetriebs. Bei einer Personengesellschaft gilt dies bei Veräußerung
  - des Betriebs,
  - eines Teilbetriebs oder
  - eines Mitunternehmeranteils,

  wenn das Grundstück zum Sonderbetriebsvermögen des Mitunternehmers gehört oder ohne Gewährung von Gesellschaftsrechten in das Gesamthandsvermögen eingelegt worden ist;

- die Überführung eines zuvor in das Betriebsvermögen eingelegten Grundstücks in eine Kapitalgesellschaft im Wege einer verschleierten Sachgründung oder einer verschleierten Sacheinlage im Zusammenhang mit einer **Kapitalerhöhung**;

- die Einbringung des zuvor eingelegten Grundstücks zusammen mit einem Betrieb, Teilbetrieb oder Mitunternehmeranteil in eine Kapitalgesellschaft oder in das Gesamthandsvermögen einer Personengesellschaft gegen Gewährung von Gesellschaftsrechten;

- die Übertragung eines Grundstücks aus dem betrieblichen Gesamthandsvermögen einer Personengesellschaft in das Privatvermögen oder das Sonderbetriebsvermögen eines Gesellschafters, soweit das Grundstück vorher in das Vermögen der Gesellschaft ohne Gewährung von Gesellschaftsrechten eingelegt wurde.

Nach **Auffassung der Finanzverwaltung**[4] soll bei einer **verdeckten Einlage eines Grundstücks in eine Kapitalgesellschaft**, wenn die Anteile an der Kapitalgesellschaft zum Betriebsvermögen des Stpfl. gehören, eine **Veräußerung i. S. d. § 23 Abs. 1 Satz 5 Nr. 1 EStG** gegeben sein und **kein Fall des § 23 Abs. 1 Satz 5 Nr. 2 EStG**, weil das Grundstück gleichzeitig in das Betriebsvermögen des Stpfl. eingelegt wird. Dies wird im **Schrifttum**[5] und der **Kommentarliteratur**[6] zu Recht abgelehnt.

313

Wird das in das Betriebsvermögen eingelegte Grundstück **wieder zurück ins Privatvermögen überführt**, liegt keine Veräußerung aus dem Betriebsvermögen i. S. d. § 23 Abs. 1 Satz 5 Nr. 1 EStG vor.[7] Bei einer **nachfolgenden Veräußerung aus dem Privatvermögen** ist jedoch auf die ursprüngliche Anschaffung abzustellen, wenn diese weniger als zehn Jahre zurückliegt. Bei der Ermittlung des privaten Veräußerungsgewinns sind die ursprünglichen Anschaffungskosten

314

---

1 *Deutschländer*, NWB 2014, 1019, 1021, mit Beispiel zu Grundstücksveräußerung mit verdeckter Einlage.
2 BMF v. 5. 10. 2000, BStBl 2000 I 1383, Tz. 3.
3 BMF v. 5. 10. 2000, BStBl 2000 I 1383, Tz. 4.
4 BMF v. 5. 10. 2000, BStBl 2000 I 1383, Tz. 4.
5 *Drefahl*, StBp 2003, 309.
6 *Glenk* in Blümich, § 23 EStG Rz. 138; offen gelassen bei *Weber-Grellet* in Schmidt, § 23 EStG Rz. 52.
7 BMF v. 5. 10. 2000, BStBl 2000 I 1383, Tz. 5.

zugrunde zu legen. Dieser Veräußerungsgewinn ist um den im Betriebsvermögen zu erfassenden Gewinn (als Unterschied zwischen Einlage- und Entnahmewert) zu korrigieren.

315 Allein diese Auslegung stellt im Falle einer **Veräußerung nach Rücküberführung in das Privatvermögen** sicher, dass – wie es die Zwecksetzung von § 23 Abs. 1 EStG verlangt – alle zwischen Anschaffung und Veräußerung im Privatvermögen entstandenen stillen Reserven erfasst werden. Die **Anschaffungsfiktion des § 23 Abs. 1 Satz 2 EStG wird insoweit verdrängt**, um alle Wertveränderungen im Zeitraum zwischen tatsächlicher Anschaffung und tatsächlicher Veräußerung zu erfassen, unabhängig davon, ob das Wirtschaftsgut zeitweise im Betriebsvermögen gehalten worden ist.[1]

316 **Kein Fall des § 23 Abs. 1 Satz 5 Nr. 1 EStG**, sondern eine Veräußerung i. S. d. § 23 Abs. 1 Satz 1 Nr. 1 EStG ist die **Übertragung eines Grundstücks** aus dem Privatvermögen in das betriebliche Gesamthandsvermögen einer Personengesellschaft oder in das Vermögen einer Kapitalgesellschaft, soweit sie **gegen Gewährung von Gesellschaftsrechten** erfolgt.[2]

317 Entsprechendes gilt bei der Übertragung eines Grundstücks in das Vermögen einer Gemeinschaft mit betrieblichem Vermögen oder aus dem betrieblichen Gemeinschaftsvermögen in das Vermögen eines Mitglieds der Gemeinschaft.[3]

318 Die **Übertragung eines Grundstücks** auf eine Personengesellschaft oder Gemeinschaft ohne Betriebsvermögen **gegen Entgelt oder gegen Gewährung von Gesellschaftsrechten** ist insoweit **nicht als Veräußerung anzusehen**, als der bisherige Eigentümer nach der Übertragung am Vermögen der Gesellschaft oder Gemeinschaft beteiligt ist. Entsprechendes gilt, wenn das Grundstück von der Personengesellschaft oder Gemeinschaft auf einen Gesellschafter oder ein Mitglied der Gemeinschaft übertragen wird.[4]

> **BEISPIEL:**[5] An der vermögensverwaltend tätigen BC-GbR sind B und C zu je $1/2$ beteiligt. Im Jahr 2000 beteiligt sich A an der GbR und bringt dazu ein unbebautes Grundstück mit einem Wert von 240 000 €, das er im Jahr 1993 für umgerechnet 180 000 € erworben hatte, in die GbR ein. Danach sind A, B und C zu je $1/3$ an der GbR beteiligt. Im Jahr 2004 veräußert die GbR das Grundstück zu einem Kaufpreis von 270 000 € an den Gesellschafter B, der es seinerseits im Jahr 2005 für 300 000 € an einen fremden Dritten verkauft.
>
> **Lösung:**
>
> **Einbringung durch A in die GbR:**
>
> Die Übertragung des Grundstücks auf die GbR ist zu $1/3$ nicht als Veräußerung anzusehen, weil A in diesem Umfang an der GbR beteiligt ist.
>
> | TAB. 1: | *Berechnung des Veräußerungsgewinns:* |
> |---|---|
> | $2/3$ des Veräußerungserlöses von 240 000 € | 160 000 € |
> | abzgl. $2/3$ der Anschaffungskosten von 180 000 € | 120 000 € |
> | Veräußerungsgewinn des A | 40 000 € |

---

1 BFH v. 23. 8. 2011 - IX R 66/10, BStBl 2013 II 1002; BMF v. 5. 10. 2000, BStBl 2000 I 1383, Tz. 35.
2 BFH v. 19. 10. 1998 - VIII R 69/95, BStBl 2000 II 230; BMF v. 5. 10. 2000, BStBl 2000 I 1383, Tz. 6; *Kraft/Bräuer*, DStR 1999, 1603.
3 BMF v. 5. 10. 2000, BStBl 2000 I 1383, Tz. 7.
4 BMF v. 5. 10. 2000, BStBl 2000 I 1383, Tz. 8.
5 Nach BMF v. 5. 10. 2000, BStBl 2000 I 1383, Tz. 8.

Verkauf GbR an B:
Die Veräußerung durch die GbR an B ist als anteilige Veräußerung des Grundstücks durch A und C an B zu behandeln. Der von A erzielte Veräußerungsgewinn unterliegt nicht der Besteuerung nach § 23 Abs. 1 Satz 1 Nr. 1 EStG, weil er das Grundstück, das ihm noch zu $1/3$ zuzurechnen ist, vor mehr als zehn Jahren vor der Veräußerung erworben hat.

TAB. 2:	Berechnung des Veräußerungsgewinns des C:	
$1/3$ des Veräußerungserlöses von 270 000 €		90 000 €
abzgl. $1/3$ der Anschaffungskosten von 240 000 € im Jahr 2000		80 000 €
Veräußerungsgewinn des C		10 000 €

Verkauf B an Dritten:
Der Erwerb des Grundstücks durch die GbR im Jahr 2000 ist zu $1/3$ als Anschaffung durch B und der Erwerb des Grundstücks von der GbR durch B im Jahr 2004 zu $2/3$ als Anschaffung des Grundstücks durch B zu behandeln. Da die Anschaffungsvorgänge und die Veräußerung der jeweiligen Grundstücksanteile innerhalb der Zehnjahresfrist erfolgte, unterliegt der gesamte Vorgang der Besteuerung nach § 23 Abs. 1 Satz 1 Nr. 1 EStG.

TAB. 3:	Berechnung des Veräußerungsgewinns:		
Veräußerungserlös			300 000 €
Anschaffungskosten			
$1/3$ von 240 000 € im Jahr 2000		80 000 €	
$2/3$ von 270 000 € im Jahr 2002		180 000 €	260 000 €
Veräußerungsgewinn des B			40 000 €

Zur steuerlichen Behandlung der **Übertragung von Grundstücken aus dem Privatvermögen in das betriebliche Gesamthandsvermögen einer Personengesellschaft** und zur **Übertragung eines Grundstücks aus dem betrieblichen Gesamthandsvermögen einer Personengesellschaft in das Privatvermögen** vgl. im Übrigen BMF v. 29. 3. 2000.[1]

(Einstweilen frei) 320–330

VII. Subsidiaritätsklausel (§ 23 Abs. 2 EStG)

Gemäß **§ 23 Abs. 2 EStG** sind Einkünfte aus privaten Veräußerungsgeschäften i. S. d. § 23 Abs. 1 EStG den Einkünften aus anderen Einkunftsarten zuzurechnen, soweit sie zu diesen gehören. Die privaten Veräußerungsgeschäfte sind als sonstige Einkünfte i. S. d. §§ 22 Nr. 2, 23 EStG **nachrangig** hinter allen anderen Einkunftsarten (§ 2 Abs. 1 EStG) anzuwenden (**Subsidiaritätsklausel**).[2] § 23 EStG ist auch nachrangig hinter den anderen Überschusseinkunftsarten (§ 2 Abs. 1 Satz 1 Nr. 2 EStG).

Insbesondere die Veräußerungstatbestände i. S. d. **§ 17 EStG bzw. § 20 Abs. 2 EStG sind vorrangig** anzuwenden.

Auch ein Abzug von Werbungskosten bei den Einkünften nach § 23 EStG kommt nur dann in Betracht, soweit nicht der Veräußerungsgegenstand im Rahmen einer vorrangigen Einkunftsart genutzt wurde. Sind daher Aufwendungen im Rahmen einer steuerlich relevanten Nutzung

---
1 BStBl 2000 I 462.
2 Vgl. auch BT-Drucks. 220/07, 95.

als Werbungskosten z. B. bei den Einkünften aus Vermietung und Verpachtung zu werten, scheidet der Abzug als Werbungskosten bei § 23 EStG schon dem Grunde nach aus.[1]

334 Zur Abgrenzung von vermögensverwaltender und gewerblicher Tätigkeit sowie zur Anwendung des BFH-Urteils v. 26. 6. 2007 - IV R 49/04[2] auf Ein-Objekt-Gesellschaften vgl. BMF v. 1. 4. 2009.[3]

335–340 *(Einstweilen frei)*

VIII. Ermittlung des Veräußerungsgewinns (§ 23 Abs. 3 EStG)

1. Grundsatz der Gewinnermittlung (§ 23 Abs. 3 Satz 1 EStG)

a) Regelungsinhalt

341 § 23 Abs. 3 Satz 1 EStG enthält eine **eigenständige Gewinnermittlungsvorschrift** für die Gewinne aus privaten Veräußerungsgeschäften. Danach ist der Gewinn oder Verlust aus Veräußerungsgeschäften nach § 23 Abs. 1 EStG der Unterschied zwischen **Veräußerungspreis** einerseits und den **Anschaffungs- oder Herstellungskosten** der veräußerten Wirtschaftsgüter sowie den **Werbungskosten** andererseits.

342 **Schema zur Berechnung des Veräußerungsgewinns gem. § 23 Abs. 3 EStG:**

Veräußerungserlös abzüglich Nebenkosten

./. Anschaffungskosten inkl. Nebenkosten

+ ggf. beanspruchte Abschreibungen

./. Werbungskosten

= Veräußerungsgewinn/-verlust

343 Die Einkünfte aus privaten Veräußerungsgeschäften i. S. d. §§ 22 Nr. 2, 23 EStG sind den **Überschusseinkunftsarten** (§ 2 Abs. 2 Satz 1 Nr. 2 EStG) zuzuordnen. Für die Ermittlung des Veräußerungsgewinns gelten daher die **allgemeinen Grundsätze für Überschusseinkünfte**, insbesondere das **Zu- und Abflussprinzip** gem. § 11 EStG.[4] Abweichend vom Abflussprinzip des § 11 Abs. 2 EStG sind die durch ein Spekulationsgeschäft veranlassten **Werbungskosten** in dem Kalenderjahr zu berücksichtigen, in dem der Veräußerungserlös zufließt, auch wenn die Werbungskosten **in anderen VZ abgeflossen** waren.[5]

344 Der **Veräußerungsgewinn** gem. § 23 Abs. 1 EStG wird demnach erst **im Jahr des Zuflusses des Veräußerungspreises realisiert**.[6] Bei einer im nachfolgenden Veranlagungszeitraum erfolgenden **nachträglichen Erhöhung des Veräußerungspreises** ist diese bei Zufluss im Folge-Veranla-

---

1 BFH v. 20. 6. 2012 - IX R 67/10, BStBl 2013 II 275.
2 BFH v. 26. 6. 2007 - IV R 49/04, BStBl 2009 II 289; vgl. dazu *Fehling*, NWB 2007, 3695.
3 BStBl 2009 I 515.
4 Ständige Rechtsprechung, vgl. BFH v. 13. 4. 1962 - VI 194/61 U, BStBl 1962 III 306; BFH v. 17. 7. 1991 - X R 6/91, BStBl 1991 II 916.
5 BFH v. 17. 7. 1991 - X R 6/91, BStBl 1991 II 916; BFH v. 3. 6. 1992 - X R 91/90, BStBl 1992 II 1017; BFH v. 1. 6. 2004 - IX R 35/01, BStBl 2005 II 26.
6 Ständige Rechtsprechung, vgl. nur BFH v. 7. 11. 2006 - VI R 2/05, BStBl 2007 II 315; BFH v. 2. 4. 1974 - VIII R 76/69, BStBl 1974 II 540.

gungszeitraum zu erfassen.[1] Entsprechendes gilt für über mehrere Veranlagungszeiträume gestreckte Kaufpreiszahlungen (**Ratenzahlung**). Auch eine (teilweise) **Rückzahlung des Kaufpreises ist erst im Jahr des Abflusses** (als negative Einkünfte gem. § 23 Abs. 1 EStG) **zu erfassen**.[2] Zur Veräußerung gegen Raten und Kaufpreisstundungen vgl. *Deutschländer*.[3] Bei zeitlich gestreckter Zahlung eines Veräußerungserlöses in verschiedenen VZ fällt ein Veräußerungsverlust anteilig nach dem Verhältnis der Teilzahlungsbeträge zu dem Gesamtveräußerungserlös in den jeweiligen VZ der Zahlungszuflüsse an.[4]

Bei **Liquidation bzw. Umwandlung** (z. B. Verschmelzung und Spaltung) liegt keine Veräußerung i. S. d. § 23 EStG vor bzw. es entsteht **kein Veräußerungsgewinn**.[5] 345

Zur Ermittlung des Gewinns bei Veräußerungsgeschäften gegen wiederkehrende Leistungen und bei der Umschichtung von nach § 10 Abs. 1 Nr. 1a EStG begünstigt übernommenem Vermögen vgl. BMF v. 11. 3. 2010.[6] 346

(Einstweilen frei) 347–350

b) Veräußerungspreis

Veräußerungspreis ist der **Verkaufserlös** zuzüglich aller sonstigen geldwerten Güter i. S. d. § 8 EStG, die der Steuerpflichtige als Gegenleistung für das veräußerte Wirtschaftsgut erhält. Er erhöht sich im Fall der **Übernahme von Schulden durch den Erwerber**, soweit der Veräußerer hierdurch von Verbindlichkeiten befreit wird.[7] 351

Der Veräußerungspreis ist nicht aufgrund eines objektivierenden Fremdvergleichsmaßstabs zu erhöhen, wenn er **unterhalb eines einem Drittvergleich standhaltenden Preises** tatsächlich vereinbart ist (z. B. zwischen Angehörigen).[8] 352

Wird z. B. infolge von Meinungsverschiedenheiten über die Formgültigkeit des innerhalb der Veräußerungsfrist abgeschlossenen Grundstückskaufvertrages der **Kaufpreis erhöht**, kann der erhöhte Kaufpreis auch dann **Veräußerungspreis i. S. d. § 23 Abs. 3 Satz 1 EStG** sein, wenn die **Erhöhung nach Ablauf der Veräußerungsfrist vereinbart und beurkundet** wird.[9] 353

Zum Veräußerungspreis gehört auch das **Entgelt für den Verzicht auf Nachbarrechte** im Zusammenhang mit der Veräußerung des betreffenden Grundstücks.[10] 354

Veräußerungspreis bei privaten **Veräußerungsgeschäften gegen wiederkehrende Leistungen** (Renten oder dauernde Lasten) ist der Unterschiedsbetrag zwischen der Summe der jährlichen Zahlungen und dem Zinsanteil. Ein Gewinn aus privaten Veräußerungsgeschäften entsteht erstmals in dem Veranlagungszeitraum, in dem der in der Summe der jährlichen Zahlungen enthaltene Veräußerungspreis die gegebenenfalls um die Absetzungen für Abnutzung, erhöh- 355

---

1 FG Düsseldorf v. 14. 10. 2010 - 14 K 1324/10 F, EFG 2011, 447, rkr., zur im Folge-VZ erfolgenden nachträglichen Erhöhung einer Abfindung.
2 BFH v. 7. 11. 2006 - VI R 2/05, BStBl 2007 II 315.
3 NWB 2014, 1019, 1023 ff., mit Beispielen.
4 Zur Berücksichtigung eines Veräußerungsverlusts bei zeitlich gestreckter Zahlung vgl. BFH v. 6.12.2016 - IX R 18/16, BFH/NV 2017 668, NWB DokID: VAAAG-40985.
5 BFH v. 19. 8. 2008 - IX R 71/07, BStBl 2009 II 13; BMF v. 25. 10. 2004, BStBl 2004 I 1034, Tz. 27, 30, 35 f.
6 BStBl 2010 I 227, Tz. 37 bis 41, 65 bis 79 und 88.
7 Siehe auch *Glenk* in Blümich, § 23 EStG Rz. 204.
8 BFH v. 31. 5. 2001 - IX R 78/98, BStBl 2001 II 756.
9 H 23 „Veräußerungspreis" EStH; BFH v. 15. 12. 1993 - X R 49/91, BStBl 1994 II 687.
10 H 23 „Veräußerungspreis" EStH; BFH v. 18. 5. 2004 - IX R 63/02, BStBl 2004 II 874.

ten Absetzungen und Sonderabschreibungen verminderten Anschaffungs- oder Herstellungskosten sowie die zugehörigen Werbungskosten übersteigt.[1]

356 Vgl. zu Veräußerungsgeschäften gegen wiederkehrende Leistungen im Übrigen BMF v. 11. 3. 2010.[2]

357–360 *(Einstweilen frei)*

c) Werbungskosten

361 **Werbungskosten i. S. d. § 23 Abs. 3 Satz 1 EStG** sind grundsätzlich alle durch ein Veräußerungsgeschäft i. S. d. § 23 EStG veranlassten, im Zusammenhang mit der Veräußerung stehenden **Aufwendungen (z. B. Schuldzinsen)**, die weder zu den **(nachträglichen) Anschaffungs- oder Herstellungskosten** des veräußerten Wirtschaftsguts gehören noch **einer vorrangigen Einkunftsart zuzuordnen** sind noch wegen privater Nutzung zu eigenen Wohnzwecken unter das **Abzugsverbot des § 12 EStG** fallen.[3]

362 **Planungsaufwendungen** zur Baureifmachung eines unbebauten Grundstücks **(Baugenehmigungsgebühren, Architektenhonorare)** können als **Werbungskosten** i. R. d. Ermittlung des Veräußerungsgewinns abziehbar sein, wenn von Anfang an Veräußerungsabsicht bestanden hat.[4] Abziehbar können z. B. auch **Erhaltungsaufwendungen** sein, soweit sie allein oder ganz überwiegend **durch die Veräußerung des Mietobjekts veranlasst** sind.[5]

363 **Schuldzinsen** während der Besitzzeit sind dann absetzbar, wenn die Anschaffung des Wirtschaftsguts fremdfinanziert wurde (Darlehensaufnahme) und die Anschaffung erkennbar nicht auf Einkünfteerzielung, sondern auf die Erzielung von Spekulationsgewinnen gerichtet war.[6] Das ist z. B. beim darlehensfinanzierten Kauf von Goldbarren der Fall, da Gold keine Erträge generiert.

364 Durch ein privates Veräußerungsgeschäft veranlasste „Werbungskosten" sind nach § 23 Abs. 3 EStG – abweichend vom Abflussprinzip des § 11 Abs. 2 EStG – **in dem Kalenderjahr zu berücksichtigen, in dem der Verkaufserlös zufließt**.[7] Fließt der **Verkaufserlös in mehreren VZ** zu, sind sämtliche Werbungskosten zunächst mit dem im ersten Zuflussjahr erhaltenen Teilerlös und ein etwa verbleibender Werbungskostenüberschuss mit den in den Folgejahren erhaltenen Teilerlösen zu verrechnen.[8]

365 Wird ein Gebäude, das **zu eigenen Wohnzwecken genutzt** werden sollte, **vor dem Selbstbezug** und innerhalb der Veräußerungsfrist wieder veräußert, mindern nur solche **Grundstücksaufwendungen** den Veräußerungsgewinn als **Werbungskosten**, die auf die Zeit entfallen, in der der Steuerpflichtige bereits zum Verkauf des Objekts entschlossen war.[9]

---

1 BMF v. 11. 3. 2010, BStBl 2010 I 227, Tz. 74.
2 BStBl 2010 I 227, Tz. 37 bis 41, 65 bis 79 und 88; *Deutschländer*, NWB 2014, 1019, 1025.
3 BMF v. 5. 10. 2000, BStBl 2000 I 1383, Tz. 29; H 23 „Werbungskosten" EStH; BFH. v. 16. 6. 2004 - X R 22/00, BStBl 2005 II 91; FG München v. 22. 7. 2003 - 6 K 4124/01, EFG 2003, 1612, rkr.
4 H 23 „Werbungskosten" EStH; BFH v. 12. 12. 1996 - X R 65/95, BStBl 1997 II 603.
5 H 23 „Werbungskosten" EStH; BFH v. 14. 12. 2004 - IX R 34/03, BStBl 2005 II 343; vgl. auch *Paus*, DStZ 2005, 453.
6 BFH v. 12. 12. 1996 - X R 65/95, BStBl 1997 II 603.
7 H 23 „Werbungskosten" EStH; BFH v. 17. 7. 1991 - X R 6/91, BStBl 1991 II 916.
8 H 23 „Werbungskosten" EStH; BFH v. 3. 6. 1992 - X R 91/90, BStBl 1992 II 1017.
9 H 23 „Werbungskosten" EStH; BFH v. 16. 6. 2004 - X R 22/00, BStBl 2005 II 91.

Durch die Verpflichtung zur lastenfreien Veräußerung von Grundbesitz veranlasste **Vorfälligkeitsentschädigungen** sind nach **Auffassung der Finanzverwaltung** und der Rechtsprechung des BFH zu § 23 EStG grundsätzlich **als Werbungskosten** in Zusammenhang mit der Veräußerung zu berücksichtigen.[1] Bezüglich der Berücksichtigung bei Einkünften aus Vermietung und Verpachtung i. S. d. § 21 EStG hat sich die **Rechtsprechung des BFH geändert** mit der Folge, dass bei diesen ein Werbungskostenabzug ausscheidet.[2]

366

Zu den Werbungskosten zählen zudem u. a. die Kosten für Verkaufsinserate, Maklergebühren, Notarkosten, Grundbuchgebühren, Telefonkosten, Fahrtkosten, Räumungskosten, Schuldzinsen **für die Zeit des Leerstehens** und Renovierungskosten **nach Beendigung der Nutzung**. Zu den Veräußerungskosten zählen auch die Kosten für die **nachträgliche Beseitigung eines Erdtanks**.[3]

367

Aufwendungen können **nicht als Werbungskosten** bei den privaten Veräußerungsgeschäften berücksichtigt werden, **wenn es tatsächlich nicht zu einer Veräußerung kommt**.[4]

368

Entstehen künftig Werbungskosten **(nachträgliche Werbungskosten)**, die im Zuflussjahr noch nicht sicher vorhersehbar waren, ist die Veranlagung des Zuflussjahres gem. § 175 Abs. 1 Satz 1 Nr. 2 AO zu ändern.[5] Seit Einführung des Verlustrücktrags in **§ 23 Abs. 3 Satz 8 EStG** bedarf es einer Änderung im Veräußerungsjahr nach § 175 AO bei Abfluss im Folgejahr regelmäßig nicht (mehr).[6] Schuldzinsen, die auf Verbindlichkeiten entfallen, welche der Finanzierung von Anschaffungskosten eines zur Erzielung von Einkünften aus Vermietung und Verpachtung genutzten Wohngrundstücks dienten, können auch **nach einer gem. § 23 Abs. 1 Satz 1 Nr. 1 EStG steuerbaren Veräußerung** der Immobilie weiter als **(nachträgliche) Werbungskosten i. R. d. § 21 EStG** abgezogen werden, wenn und soweit die Verbindlichkeiten durch den Veräußerungserlös nicht getilgt werden können.[7]

369

Mit seiner **Entscheidung v. 20. 7. 2012**[8] hat der BFH **abweichend von der Auffassung der Finanzverwaltung** und **entgegen der früheren Rechtsprechung**[9] zur beschränkten Abziehbarkeit nachträglicher Schuldzinsen bei den Einkünften aus Vermietung und Verpachtung entschieden.[10] Nach Auffassung des BFH können Schuldzinsen, die auf Verbindlichkeiten entfallen, welche der Finanzierung von Anschaffungskosten eines zur Erzielung von Einkünften aus Vermietung und Verpachtung genutzten Wohngrundstücks dienten, **auch nach einer gem. § 23 Abs. 1 Satz 1 Nr. 1 EStG steuerbaren Veräußerung** der Immobilie weiter als (nachträgliche) Werbungskosten abgezogen werden, wenn und soweit die Verbindlichkeiten durch den Veräußerungserlös nicht getilgt werden können. Demnach sind **nachträgliche Schuldzinsen**, die auf ein solches Darlehen entfallen, grundsätzlich auch nach einer Veräußerung der Immobilie

370

---

1 H 23 „Werbungskosten" EStH; BFH v. 6. 12. 2005 - VIII R 34/04, BStBl 2006 II 265.
2 BFH v. 11. 2. 2014 - IX R 42/13, BStBl 2015 II 633 zu Einkünften gem. § 21 EStG; vgl. dazu *Trossen*, NWB 2014, 2316.
3 BFH v. 24. 1. 2012 - IX R 16/11, BFH/NV 2012, 1108 = NWB DokID: TAAAE-09675.
4 BFH v. 1. 8. 2012 - IX R 8/12, BStBl 2012 II 781.
5 BFH v. 3. 6. 1992 - X R 91/90, BStBl 1992 II 1017.
6 *Glenk* in Blümich, § 23 EStG Rz. 203.
7 BFH v. 8. 4. 2014 - IX R 45/13, BStBl 2015 II 635; BFH v. 11. 2. 2014 - IX R 42/13, BStBl 2015 II 633; BFH v. 20. 6. 2012 - IX R 67/10, BStBl 2013 II 275; s. a. *Trossen*, NWB 2014, 2316; *Jachmann/Schallmoser*, DStR 2011, 1245; a. A. *Dornheim*, DStZ 2012, 553.
8 BFH v. 20. 6. 2012 - IX R 67/10, BStBl 2013 II 275.
9 BFH v. 7. 8. 1990 - VIII R 67/86, BStBl 1991 II 14; BFH v. 21. 12. 1982 - VIII R 48/82, BStBl 1983 II 373.
10 Bestätigend auch BFH v. 8. 4. 2014 - IX R 45/13, BStBl 2015 II 635.

außerhalb der Frist des § 23 Abs. 1 Satz 1 Nr. 1 EStG weiter als Werbungskosten zu berücksichtigen.[1] Die **Finanzverwaltung** hat sich der neuen Rechtsprechung angeschlossen und **lässt einen Werbungskostenabzug** in diesen Fällen **ebenfalls zu, nicht jedoch,** wenn es um **eine (nicht steuerbare) Veräußerung außerhalb der zehnjährigen Haltefrist geht.**[2]

371–375 *(Einstweilen frei)*

d) Anschaffungs- und Herstellungskosten

376 Anschaffungs- und Herstellungskosten i. S. d. § 23 Abs. 3 Satz 1 EStG sind die vom Stpfl. getragenen Aufwendungen i. S. d. § 255 HGB. Dazu gehören auch **nachträgliche Anschaffungs- und Herstellungskosten**, die für das Wirtschaftsgut aufgewendet worden sind. Werden auf die Anschaffungs- oder Herstellungskosten **Zuschüsse von dritter Seite geleistet**, die keine Mieterzuschüsse sind, sind die Anschaffungs- oder Herstellungskosten bei der Ermittlung des Veräußerungsgewinns um diese Zuschüsse zu kürzen. **Eigenheimzulage** und **Investitionszulage** mindern die Anschaffungs- und Herstellungskosten nicht (§ 13 InvZulG 2010, § 16 EigZulG).[3]

377 Bei **nur teilweise entgeltlichem Erwerb** bestehen nur im Umfang des entgeltlichen Teils des Erwerbs **Anschaffungskosten.**[4]

378 **Herstellungskosten** i. S. d. **§ 255 Abs. 2 HGB für Gebäude(-teile), die innerhalb der Haltefrist** des § 23 Abs. 1 Satz 1 Nr. 1 EStG nach Grundstückserwerb **errichtet werden**, sind in die Ermittlung des Veräußerungsgewinns einzubeziehen. **Eigenleistungen** des Stpfl. dürfen **nach gefestigter Rechtsprechung des BFH** nicht, auch nicht im Billigkeitsweg, berücksichtigt werden.[5] Auch im betrieblichen Bereich bleiben – so der BFH – Werterhöhungen, die auf den Einsatz eigener Arbeitsleistung zurückzuführen sind, mangels Aufwands unberücksichtigt.[6]

379–380 *(Einstweilen frei)*

e) Sonderfälle der Ermittlung des Veräußerungsgewinns

aa) Ermittlung des Veräußerungsgewinns bei einem teilweise entgeltlich oder im Wege der Erbauseinandersetzung mit Abfindungszahlung erworbenen Grundstück

381 Bei der Veräußerung eines teilweise entgeltlich, teilweise unentgeltlich oder im Wege der Erbauseinandersetzung mit Abfindungszahlung erworbenen Grundstücks berechnet sich der Veräußerungsgewinn i. S. d. § 23 Abs. 3 EStG für den entgeltlich erworbenen Teil durch Gegenüberstellung des anteiligen Veräußerungserlöses zu den tatsächlichen Anschaffungskosten. Der anteilige Veräußerungserlös bestimmt sich nach dem Verhältnis der aufgewendeten Anschaffungskosten zum Verkehrswert des Grundstücks im Zeitpunkt des Erwerbs.[7] Die Werbungskosten sind, soweit sie nicht eindeutig dem entgeltlichen oder unentgeltlichen Teil zugeordnet

---

1 Entsprechend BFH v. 8. 4. 2014 - IX R 45/13, BStBl 2015 II 635; BFH v. 20. 6. 2012 - IX R 67/10, BStBl 2013 II 275; s. a. *Geserich*, NWB 2012, 3304.
2 BMF v. 28. 3. 2013, BStBl 2013 I 508.
3 BMF v. 5. 10. 2000, BStBl 2000 I 1383, Tz. 28.
4 BFH v. 19. 3. 2014 - X R 28/12, BStBl 2014 II 629; BFH v. 21. 1. 2014 - IX R 9/13, BStBl 2016 II 515; OFD Frankfurt/M. v. 7. 8. 2014, NWB DokID: ZAAAE-72221; vgl. auch *Schießl*, DStR 2014, 512; *Wacker*, DStR 2005, 2014, 2016.
5 BFH v. 31. 8. 1994 - X R 66/92, BFH/NV 1995, 391 = NWB DokID: BAAAB-35412; BFH v. 27. 8. 1997 - X R 26/95, BStBl 1998 II 135.
6 Ebenso *Weber-Grellet* in Schmidt, § 23 EStG Rz. 78.
7 Vgl. BMF v. 11. 1. 1993, BStBl 1993 I 62, Tz. 28; BMF v. 13. 1. 1993, BStBl 1993 I 80 Tz. 23.

werden können, im Verhältnis des Entgelts (ohne Anschaffungsnebenkosten) zum Verkehrswert des Grundstücks im Zeitpunkt des Erwerbs aufzuteilen.[1]

Wird ein teilweise entgeltlich oder im Wege der Erbauseinandersetzung gegen Abfindungszahlung erworbenes Grundstück während der Zehnjahresfrist nach Anschaffung bebaut und veräußert, ist der auf das Gebäude entfallende Teil des Veräußerungserlöses in die Berechnung des Veräußerungsgewinns einzubeziehen, soweit das Grundstück als entgeltlich erworben gilt.[2]

382

BEISPIEL:[3] A erwirbt im Jahr 1995 im Wege der vorweggenommenen Erbfolge von B ein unbebautes Grundstück mit einem gemeinen Wert von umgerechnet 200 000 € für eine Gegenleistung von umgerechnet 50 000 €. B hatte das Grundstück im Jahr 1982 erworben. Im Jahr 1999 wird das Grundstück mit einem Zweifamilienhaus mit Herstellungskosten von umgerechnet 400 000 € bebaut und unmittelbar nach Fertigstellung des Gebäudes zu einem Kaufpreis von 800 000 € veräußert. Von diesem Kaufpreis entfallen nach dem Verhältnis der Verkehrswerte 280 000 € auf das Grundstück und 520 000 € auf das Gebäude.

Das Grundstück gilt zu einem Viertel (50 000 € zu 200 000 €) als entgeltlich erworben. Der für das Grundstück erzielte Veräußerungserlös ist somit ebenfalls zu einem Viertel in die Berechnung des Veräußerungsgewinns i. S. d. § 23 Abs. 3 EStG einzubeziehen. Der auf das Gebäude entfallende Teil des Veräußerungserlöses geht im selben Verhältnis in die Ermittlung des steuerpflichtigen Veräußerungsgewinns ein.

1/4 des Veräußerungserlöses Grundstück	70 000 €	
abzüglich Anschaffungskosten Grundstück	./. 50 000 €	20 000 €
1/4 des Veräußerungserlöses Gebäude	130 000 €	
abzüglich 1/4 der Herstellungskosten Gebäude	100 000 €	30 000 €
steuerpflichtiger Veräußerungsgewinn		50 000 €

(Einstweilen frei) 383–385

bb) Ermittlung des steuerpflichtigen Veräußerungsgewinns bei teilweise zu eigenen Wohnzwecken, teilweise zu anderen Zwecken genutzten Gebäuden

Die Anschaffungs- oder Herstellungskosten und der Veräußerungspreis des gesamten Gebäudes sind auf den zu eigenen Wohnzwecken und auf den zu anderen Zwecken genutzten Gebäudeteil aufzuteilen. Für die Aufteilung ist das Verhältnis der Nutzfläche des zu anderen Zwecken genutzten Gebäudeteils zur Nutzfläche des gesamten Gebäudes maßgebend, es sei denn, die Aufteilung nach dem Verhältnis der Nutzflächen führt zu einem unangemessenen Ergebnis. Für die Aufteilung der Anschaffungskosten und des Veräußerungspreises des Grund und Bodens, der zu dem zu anderen Zwecken genutzten Gebäudeteil gehört, ist das Verhältnis der Nutzfläche des zu anderen Zwecken genutzten Gebäudeteils zur Nutzfläche des gesamten Gebäudes maßgebend.[4]

386

---

1 BMF v. 5. 10. 2000, BStBl 2000 I 1383, Tz. 30; BFH v. 24. 3. 1993 - X R 25/91, BStBl 1993 II 704; BFH v. 1. 10. 1997 - X R 149/94, BStBl 1998 II 247.
2 BMF v. 5. 10. 2000, BStBl 2000 I 1383, Tz. 31.
3 Nach BMF v. 5. 10. 2000, BStBl 2000 I 1383, Tz. 31;; aus Vereinfachungsgründen wird auf eine Darstellung der AfA verzichtet.
4 BMF v. 5. 10. 2000, BStBl 2000 I 1383, Tz. 32.

BEISPIEL:[1] A hat im Jahr 1993 ein unbebautes Grundstück für umgerechnet 220 000 € angeschafft. Im Jahr 1996 stellt er darauf ein Zweifamilienhaus für umgerechnet 900 000 € fertig. Eine Wohnung wird von ihm zu eigenen Wohnzwecken genutzt, die andere hat er vermietet. Beide Wohnungen haben eine Nutzfläche von jeweils 150 qm. Im Jahr 1999 veräußert A das Grundstück für 1,6 Mio. €. Von dem Veräußerungspreis entfallen 1,2 Mio. € auf das Gebäude und 400 000 € auf den Grund und Boden.

Ermittlung des steuerpflichtigen Veräußerungsgewinns:

Verhältnis der Nutzfläche des vermieteten Gebäudeteils zur Gesamtnutzfläche des Gebäudes 150 qm: 300 qm.

Gebäude:			
Veräußerungspreis	1 200 000 €		
Herstellungskosten	900 000 €		
Veräußerungsgewinn	300 000 €	davon entfallen auf den vermieteten Gebäudeteil 50 % =	150 000 €
Grund und Boden:			
Veräußerungspreis	400 000 €		
Anschaffungskosten	220 000 €		
Veräußerungsgewinn	180 000 €	davon entfallen auf den vermieteten Gebäudeteil 50 % =	90 000 €
steuerpflichtiger Veräußerungsgewinn			240 000 €

A hat einen Veräußerungsgewinn von 240 000 € zu versteuern. Der auf die eigengenutzte Wohnung einschließlich des dazu gehörenden Grund und Bodens entfallende Gewinn von 240 000 € unterliegt nicht der Besteuerung.

387–390 *(Einstweilen frei)*

cc) Ermittlung des steuerpflichtigen Veräußerungsgewinns bei Entnahme des Grundstücks aus einem Betriebsvermögen (§ 23 Abs. 1 Satz 2 und Abs. 3 Satz 3 EStG)

391 Wird ein Grundstück veräußert, das vorher aus einem Betriebsvermögen in das Privatvermögen überführt worden ist, tritt an die Stelle der Anschaffungs- oder Herstellungskosten der Wert, mit dem das Grundstück bei der Überführung angesetzt worden ist (§ 23 Abs. 3 Satz 3 EStG i.V. m. § 6 Abs. 1 Nr. 4 EStG). Entsprechendes gilt für den Fall, in dem das Grundstück anlässlich der Betriebsaufgabe in das Privatvermögen überführt worden ist (§ 23 Abs. 3 Satz 3 EStG i.V. m. § 16 Abs. 3 Satz 5 EStG). Satz 1 und 2 gelten auch, wenn bei einer vorangegangenen Überführung des Grundstücks in das Privatvermögen der Entnahmegewinn nicht zur Einkommensteuer herangezogen worden ist (§ 16 Abs. 4, §§ 14, 14a, § 18 Abs. 3 EStG).[2]

392 Bleibt bei der Überführung eines Wirtschaftsguts in das Privatvermögen der Entnahmegewinn kraft gesetzlicher Regelung bei der Besteuerung außer Ansatz, tritt an die Stelle der Anschaffungs- oder Herstellungskosten der Buchwert des Wirtschaftsguts **im Zeitpunkt der Entnahme**.[3]

---

[1] Aus Vereinfachungsgründen wird auf eine Darstellung der AfA verzichtet.
[2] BMF v. 5. 10. 2000, BStBl 2000 I 1383, Tz. 33.
[3] Zum Zeitpunkt der Entnahme vgl. R 4.3 Abs. 3 EStR bzw. H 4.3 (2 bis 4) „Entnahmehandlung" EStH; zur Billigkeitsregelung für Überführungen vor dem 1. 1. 1999 vgl. BMF v. 5. 10. 2000, BStBl 2000 I 1383, Tz. 34.

BEISPIEL 1:[1] A errichtet im Jahr 2000 auf einem zum Betriebsvermögen seines landwirtschaftlichen Betriebs gehörenden Grundstücks ein Gebäude, das als Altenteilerwohnung genutzt werden soll. Das Gebäude ist im Januar 2002 fertig gestellt. Der Entnahmegewinn beim Grund und Boden bleibt nach § 13 Abs. 5 EStG bei der Besteuerung außer Ansatz. Nach dem Tod des Altenteilers wird das Gebäude mit dem dazugehörenden Grund und Boden zum 31.12.2004 veräußert.

	Gebäude	Grund und Boden
Buchwert im Zeitpunkt der Entnahme		10 000 €
Herstellungskosten des Gebäudes	300 000 €	
Veräußerungserlös zum 31.12.2004	400 000 €	100 000 €
steuerpflichtiger Veräußerungsgewinn	100 000 €	90 000 €

BEISPIEL 2:[2] Eine ehemals zu einem land- und forstwirtschaftlichen Betriebsvermögen gehörende Wohnung des Betriebsinhabers wurde zusammen mit dem dazugehörenden Grund und Boden zum 31.12.1995 in das Privatvermögen überführt. Der Entnahmegewinn war nach § 52 Abs. 15 Satz 7 EStG in der für den VZ der Entnahme anzuwendenden Fassung steuerbefreit. Die Wohnung war seit dem 1.7.1996 vermietet. Am 11.8.2000 wurde die Wohnung veräußert.

	Gebäude	Grund und Boden
Buchwert im Zeitpunkt der Entnahme	20 000 €	10 000 €
Steuerfreier Entnahmegewinn	60 000 €	40 000 €
Teilwert im Zeitpunkt der Entnahme	80 000 €	50 000 €
AfA für den Zeitraum 1.7.1996 bis 31.7.2000 (berechnet nach den ursprünglichen Anschaffungskosten)	- 5 000 €	
	75 000 €	
Veräußerungserlös zum 1.8.2000	78 000 €	52 000 €
steuerpflichtiger Veräußerungsgewinn	3 000 €	2 000 €

(Einstweilen frei) 393–395

dd) Ermittlung des privaten Veräußerungsgewinns bei Einlage des Grundstücks in das Betriebsvermögen (§ 23 Abs. 1 Satz 5 Nr. 1 und 2 und Abs. 3 Satz 2 EStG)

Wird das Grundstück in das Betriebsvermögen eingelegt und innerhalb der Zehnjahresfrist seit Anschaffung veräußert, tritt bei der Ermittlung des Gewinns oder des Verlustes aus dem privaten Veräußerungsgeschäft an die Stelle des Veräußerungspreises der Wert, mit dem die Einlage angesetzt wurde. Wurde das Grundstück wieder ins Privatvermögen überführt und innerhalb von zehn Jahren nach der ursprünglichen Anschaffung veräußert, sind bei der Ermittlung des privaten Veräußerungsgewinns die ursprünglichen Anschaffungskosten zu Grunde zu legen. Dieser Veräußerungsgewinn ist um den im Betriebsvermögen zu erfassenden Gewinn zu korrigieren. Wurde das Grundstück nach mehr als zehn Jahren seit der ursprünglichen Anschaffung, aber innerhalb von zehn Jahren nach der Überführung ins Privatvermögen veräußert, ist bei der Ermittlung des privaten Veräußerungsgewinns der bei der Überführung angesetzte Wert zugrunde zu legen.[3]

396

---

[1] Aus Vereinfachungsgründen wird auf eine Darstellung der AfA verzichtet.
[2] Aus Vereinfachungsgründen wird auf eine Darstellung der AfA verzichtet.
[3] BMF v. 5.10.2000, BStBl 2000 I 1383, Tz. 35.

BEISPIEL:[1] A hat am 2.1.1993 ein unbebautes Grundstück für umgerechnet 100 000 € angeschafft. Im Jahr 1997 legt er es in sein Einzelunternehmen zum Teilwert von 150 000 € ein und entnimmt es wieder am 3.3.2000. Der Teilwert zum Zeitpunkt der Entnahme beträgt 200 000 €.

Veräußert A das Grundstück **vor dem 3.1.2003** für 230 000 €, ermittelt sich der private Veräußerungsgewinn wie folgt:

Veräußerungserlös	230 000 €
abzgl. Anschaffungskosten	100 000 €
Veräußerungsgewinn (§ 23 Abs. 1 Satz 1 EStG)	130 000 €
Teilwert Entnahme	200 000 €
abzgl. Teilwert Einlage	150 000 €
abzuziehender Entnahmegewinn im Betriebsvermögen	./. 50 000 €
privater Veräußerungsgewinn	80 000 €

Wird das Grundstück **nach dem 2.1.2003 und vor dem 4.3.2010** veräußert, unterliegt der Veräußerungsgewinn auf der Grundlage des bei der Entnahme angesetzten Werts wie folgt der Besteuerung nach § 23 EStG:

Veräußerungserlös	230 000 €
abzgl. Entnahmewert (§ 23 Abs. 3 Satz 3 EStG)	./. 200 000 €
privater Veräußerungsgewinn	30 000 €

397–400 (Einstweilen frei)

2. Wertansatz bei Einlagen (§ 23 Abs. 3 Satz 2 EStG)

401 Gemäß § 23 Abs. 3 Satz 2 EStG tritt

- in den Fällen des **§ 23 Abs. 1 Satz 5 Nr. 1 EStG (Einlage eines Wirtschaftsguts in ein Betriebsvermögen mit nachgelagerter Veräußerung innerhalb von zehn Jahren)** an die Stelle des Veräußerungspreises der für den Zeitpunkt der Einlage nach § 6 Abs. 1 Nr. 5 EStG angesetzte Wert.

- in den Fällen des **§ 23 Abs. 1 Satz 5 Nr. 2 EStG (verdeckte Einlage in eine Kapitalgesellschaft)** der gemeine Wert.

402 Bei der Einlage eines Wirtschaftsguts in ein Betriebsvermögen mit nachgelagerter Veräußerung innerhalb von zehn Jahren gem. § 23 Abs. 1 Satz 5 Nr. 1 EStG ist demnach der **Teilwert** i. S. d. § 6 Abs. 1 Nr. 5 Satz 1 EStG **zum Zeitpunkt der Einlage** anzusetzen.[2] Bei der verdeckten Einlage in eine Kapitalgesellschaft gem. § 23 Abs. 1 Satz 5 Nr. 2 EStG ist der begrifflich an § 9 Abs. 2 BewG angelehnte **gemeine Wert** maßgeblich.[3]

403–405 (Einstweilen frei)

---

[1] Aus Vereinfachungsgründen wird auf eine Darstellung der AfA verzichtet.
[2] Zum Begriff vgl. H 6.7 „Teilwert" EStH.
[3] BFH v. 27.2.1985 - I R 235/80, BStBl 1985 II 456; zur Abgrenzung der Begriffe Teilwert und Gemeiner Wert vgl. BFH v. 30.11.1988 - I R 114/84, BStBl 1990 II 117.

3. Wertansatz bei Entnahme und Betriebsaufgabe (§ 23 Abs. 3 Satz 3 EStG)

Gemäß § 23 Abs. 3 Satz 3 EStG tritt in den Fällen der Entnahme bzw. Betriebsaufgabe nach § 23 Abs. 1 Satz 2 EStG **an die Stelle der Anschaffungs- oder Herstellungskosten** 406

▶ im Fall der **Entnahme** der nach § 6 Abs. 1 Nr. 4 EStG angesetzte Wert

▶ und im Fall der **Betriebsaufgabe** der nach § 16 Abs. 3 EStG angesetzte Wert.

Bei Entnahme ist der gem. § 6 Abs. 1 Nr. 4 Satz 1 EStG **tatsächlich angesetzte** Wert zugrunde zu legen.[1] Bei der Betriebsaufgabe ist der begrifflich an § 9 Abs. 2 BewG angelehnte, **tatsächlich angesetzte** gemeine Wert i. S. d. § 16 Abs. 3 Satz 7 EStG maßgeblich.[2] 407

Zum **Zeitpunkt der Entnahme** vgl. R 4.3 Abs. 3 EStR bzw. H 4.3 (2 bis 4) „Entnahmehandlung" EStH. 408

(Einstweilen frei) 409–410

4. Kürzung der AK/HK um Abschreibungen (§ 23 Abs. 3 Satz 4 EStG)

Gemäß § 23 Abs. 3 Satz 4 EStG mindern sich die Anschaffungs- oder Herstellungskosten um **Absetzungen für Abnutzung, erhöhte Absetzungen und Sonderabschreibungen**, soweit sie bei der Ermittlung der Überschusseinkünfte (§ 2 Abs. 1 Satz 1 Nr. 4 bis 7 EStG) abgezogen worden sind. Dies wirkt sich z. B. beim Verkauf von Beteiligungen an abgeschriebenen Schiffscontainern negativ aus. Eine Minderung tritt nur in Höhe der tatsächlich vorgenommenen Abschreibungen ein („soweit"). 411

Die Regelung gilt für **nach dem 31. 7. 1995 angeschaffte** Wirtschaftsgüter.[3] 412

Nutzt der Steuerpflichtige einen Raum zu betrieblichen oder beruflichen **Zwecken (häusliches Arbeitszimmer)**, sind die anteiligen Anschaffungs- oder Herstellungskosten um den auf das häusliche Arbeitszimmer entfallenden Teil der Absetzungen für Abnutzung, der erhöhten Absetzungen und der Sonderabschreibungen zu kürzen. Die anteiligen Anschaffungs- oder Herstellungskosten sind nicht zu kürzen, wenn der Abzug der **Aufwendungen nach § 4 Abs. 5 Satz 1 Nr. 6b, § 9 Abs. 5 EStG** ausgeschlossen ist.[4] 413

Die Anschaffungs- oder Herstellungskosten sind **nicht** um die **Abzugsbeträge nach den §§ 10e, 10f, 10g und 10h EStG** oder § 7 FördG, die Eigenheimzulage und die Investitionszulage nach dem **InvZulG 2010** zu kürzen.[5] 414

Durch das UntStRG 2008[6] wurde für Wirtschaftsgüter, aus deren Nutzung sonstige Einkünfte erzielt werden, die **Veräußerungsfrist von einem auf zehn Jahre angehoben**. Bei der Ermittlung privater Veräußerungsgewinne gem. § 23 Abs. 3 EStG sind lediglich bei den Überschusseinkunftsarten **Absetzungen für Abnutzung (AfA), erhöhte Absetzungen und Sonderabschreibungen** gewinnerhöhend zuzurechnen. Dies ist vergleichbar mit dem Buchwertansatz bei den betrieblichen Einkünften. **Ohne den fiktiven Buchwertansatz bei der Gewinnermittlung**, d. h. Berücksichtigung von **geltend gemachten AfA-Beträgen, würden** Steuerpflichtige aus der Ver- 415

---

1 Zum Begriff vgl. H 6.7 „Teilwert" EStH.
2 BFH v. 27. 2. 1985 - I R 235/80, BStBl 1985 II 456; zur Abgrenzung der Begriffe Teilwert und Gemeiner Wert vgl. BFH v. 30. 11. 1988 - I R 114/84, BStBl 1990 II 117; vgl. auch OFD Koblenz v. 21. 6. 2002, DStR 2003, 1880.
3 § 23 Abs. 3 Satz 2 EStG i. d. F. des JStG 1996 = § 23 Abs. 3 Satz 4 EStG i. d. F. des StBereinG 1999.
4 BMF v. 5. 10. 2000, BStBl 2000 I 1383, Tz. 39.
5 BMF v. 5. 10. 2000, BStBl 2000 I 1383, Tz. 40.
6 UntStRG 2008 v. 27. 3. 2007, BT-Drucks. 16/4841, 58.

äußerung **regelmäßig Verluste gerieren**. Dies wäre nach **Auffassung des Gesetzgebers** jedoch mit dem Sinn und Zweck der Gewinnermittlung i. R. d. § 23 Abs. 3 EStG – Ansatz der realisierten Gewinne – nicht zu vereinbaren.[1]

416 Zur Rechtsfrage, ob es sich bei den **gem. § 23 Abs. 3 Satz 4 EStG** im Rahmen der Ermittlung des Gewinns aus privaten Veräußerungsgeschäften zu berücksichtigenden Abschreibungs- bzw. Absetzungsbeträgen – ggf. anteilig – um **(typisierte) „Wertzuwächse"** i. S. d. Rechtsprechung des BVerfG handelt und der Steuerpflichtige darauf vertrauen durfte, diese – ggf. anteilig – steuerfrei vereinnahmen zu können,[2] hat sich der **BFH mit Urteilen v. 6.5.2014**[3] wie folgt geäußert: Wird eine Immobilie nach Ablauf der ursprünglichen Spekulationsfrist von zwei Jahren und vor Ablauf der neuen Spekulationsfrist von zehn Jahren veräußert, sind die Sonderabschreibungen und AfA-Beträge, die in der Zeit bis zur Verkündung des StEntlG 1999/2000/2002 zum 31.3.1999 in Anspruch genommen worden sind, dem nicht steuerbaren Zeitraum zuzuordnen. Die in Ziff. II.1. des BMF-Schreibens vom 20.12.2010[4] vorgesehene Vereinfachungsregel, wonach bei der Ermittlung des Gewinns aus privaten Veräußerungsgeschäften i. S. des § 23 Abs. 1 Satz 1 Nr. 1 EStG der Umfang des steuerbaren Wertzuwachses entsprechend dem Verhältnis der Besitzzeit nach dem 31.3.1999 im Vergleich zur Gesamtbesitzzeit linear (monatsweise) zu ermitteln ist, entspricht insoweit nicht der Rechtsprechung des BVerfG, als dadurch Wertsteigerungen, die im Fall einer Veräußerung vor dem 1.4.1999 nicht steuerverhaftet waren, nachträglich in die Besteuerung einbezogen werden.[5] Veräußerungskosten sind bei der Ermittlung der Einkünfte aus Veräußerungsgeschäften nach § 23 Abs. 3 Satz 1 EStG nicht aufzuteilen, sondern als Werbungskosten in vollem Umfang vom steuerbaren Veräußerungsgewinn abzuziehen (Anschluss an die frühere Auffassung der Finanzverwaltung im BMF-Schreiben vom 20.12.2010[6] unter II.1.; entgegen der späteren Auffassung in der Verfügung des Bayerischen Landesamts für Steuern S 2256.1.1 4/8 St 32 vom 20.4.2011).[7]

417–420 *(Einstweilen frei)*

5. Höhe des Veräußerungsgewinns/-verlusts im VZ (§ 23 Abs. 3 Satz 5 bis 8 EStG)

a) Freigrenze (§ 23 Abs. 3 Satz 5 EStG)

421 Gemäß **§ 23 Abs. 3 Satz 5 EStG** bleiben Gewinne steuerfrei, wenn der aus den privaten Veräußerungsgeschäften erzielte Gesamtgewinn im Kalenderjahr weniger als 600 € betragen hat.

422 Es handelt sich um eine „echte" **Freigrenze**, d. h. dass bei Überschreiten der 600 € die im Veranlagungszeitraum insgesamt erzielten Veräußerungsgewinne in voller Höhe steuerpflichtig sind.

---

1 Vgl. Begründung zum Entwurf eines JStG 2009 v. 2.9.2008, BT-Drucks. 16/1089, 52.
2 BFH v. 11.4.2012 - IX B 14/12, BFH/NV 2012, 1130 = NWB DokID: ZAAAE-09994; BFH v. 12.7.2012 - IX B 64/12, BFH/NV 2012, 1782 = NWB DokID: KAAAE-16634.
3 BFH v. 6.5.2014 - IX R 39/13, DB 2014, 2206 = NWB DokID: AAAAE-72212; s. a. BFH v. 6.5.2014 - IX R 27/13, BStBl 2018 II 380. Drei weitere gleichlautende Urteile v. 6.5.2014 zu dieser Thematik wurden als NV-Entscheidungen veröffentlicht: IX R 40/13, BFH/NV 2014, 1525 = NWB DokID: VAAAE-72205, IX R 48/13 BFH/NV 2014, 1529 = NWB DokID: FAAAE-72206 und IX R 51/13, BFH/NV 2014, 1533 = NWB DokID: PAAAE-72207.
4 BMF v. 20.12.2010, BStBl 2011 I 14.
5 BVerfG v. 7.7.2010 - 2 BvL 14/02, 2 BvL 2/04, 2 BvL 13/05, BVerfGE 127, 1 = BStBl 2011 II 76.
6 BMF v. 20.12.2010, BStBl 2011 I, 14.
7 BFH v. 6.5.2014 - IX R 27/13, BStBl 2018 II 380.

Die Freigrenze des § 23 Abs. 3 Satz 5 EStG ist (nur) **vor der Durchführung eines Verlustrücktrages** i. S. d. § 23 Abs. 3 Satz 8 EStG zu berücksichtigen.[1] 423

Wenn im Falle der **Zusammenveranlagung von Ehegatten** beide zusammenveranlagten Ehegatten Veräußerungsgewinne erzielt haben, steht jedem Ehegatten die Freigrenze des § 23 Abs. 3 EStG – höchstens jedoch bis zur Höhe seines Gesamtgewinns aus privaten Veräußerungsgeschäften – zu.[2] 424

Die Freigrenze findet ihrem Wortlaut nach **in jedem Kalenderjahr erneute Anwendung** auf die zufließenden Veräußerungsgewinne. Dies gilt auch, wenn es sich um die Streckung eines Kaufpreises über mehrere Kalenderjahre **(Ratenzahlung)** handelt. Eine einschränkende Auslegung würde gegen den Wortlaut und das bei Überschusseinkunftsarten geltende Zuflussprinzip verstoßen. 425

(Einstweilen frei) 426–430

b) Zeitliche Erfassung der Gewinne/Verluste bei Einlagen (§ 23 Abs. 3 Satz 6 EStG)

Gemäß § 23 Abs. 3 Satz 6 EStG sind 431

- in den Fällen des § 23 Abs. 1 Satz 5 Nr. 1 EStG (**Einlage eines Wirtschaftsguts in ein Betriebsvermögen mit nachgelagerter Veräußerung innerhalb von zehn Jahren**) Gewinne oder Verluste für das Kalenderjahr, in dem der Preis für die Veräußerung aus dem Betriebsvermögen **zugeflossen** ist, anzusetzen (§ 23 Abs. 3 Satz 6 1. Alt. EStG).

- in den Fällen des § 23 Abs. 1 Satz 5 Nr. 2 EStG (**verdeckte Einlage in eine Kapitalgesellschaft**) Gewinne oder Verluste für das **Kalenderjahr der verdeckten Einlage** anzusetzen (§ 23 Abs. 3 Satz 6 2. Alt. EStG).

Der private Veräußerungsgewinn bei **Einlage in das Betriebsvermögen und anschließender Veräußerung des Wirtschaftsguts aus dem Betriebsvermögen** ist in dem Kalenderjahr anzusetzen, in dem der Veräußerungspreis zufließt **(§ 23 Abs. 3 Satz 6 1. Alt. EStG)**. 432

Fließt der Veräußerungspreis in **Teilbeträgen** über mehrere Kalenderjahre zu, ist der Veräußerungsgewinn nach (nicht unbestrittener) **Auffassung der Finanzverwaltung** erst zu berücksichtigen, wenn die Summe der gezahlten Teilbeträge die gegebenenfalls um die Absetzungen für Abnutzung, erhöhten Absetzungen und Sonderabschreibungen geminderten Anschaffungs- oder Herstellungskosten des veräußerten Wirtschaftsguts übersteigt.[3] 433

In den Fällen der **Veräußerungsersatztatbestände i. S. d. § 23 Abs. 1 Satz 5 Nr. 1 EStG** gilt der Veräußerungspreis in dem Zeitpunkt als zugeflossen, in dem die nachstehenden, der Veräußerung aus dem Betriebsvermögen gleichgestellten Sachverhalte verwirklicht werden:[4] 434

---

[1] Vgl. BFH v. 11. 1. 2005 - IX R 27/04, BStBl 2005 II 433; BFH v. 11. 1. 2005 - IX R 13/03, BFH/NV 2005, 1254 = NWB DokID: FAAAB-54888.

[2] H 23 „Freigrenze" EStH; BMF v. 5. 10. 2000, BStBl 2000 I 1383, Tz. 41.

[3] BMF v. 5. 10. 2000, BStBl 2000 I 1383, Tz. 36; a. A. *Glenk* in Blümich, § 23 EStG Rz. 225: steuerliche Erfassung erst im VZ, in dem die letzte Rate zufließt. Zur Frage wann und in welcher Höhe ein **Verlust** aus einem Veräußerungsgeschäft nach § 23 EStG seine Berücksichtigung findet, wenn der Kaufpreis vereinbarungsgemäß über mehrere Jahre verteilt gezahlt wird, ist unter Az. IX R 18/16 ein Verfahren beim BFH anhängig; Vorinstanz: FG Berlin-Brandenburg v. 28. 4. 2016 - 9 K 9108/13, EFG 2016, 1091.

[4] BMF v. 5. 10. 2000, BStBl 2000 I 1383, Tz. 37.

- Überführung eines zuvor in das Betriebsvermögen eingelegten Grundstücks in eine Kapitalgesellschaft im Wege einer **verschleierten Sachgründung** oder einer **verschleierten Sacheinlage** im Zusammenhang mit einer **Kapitalerhöhung**;
- **Einbringung des zuvor eingelegten Grundstücks** zusammen mit einem Betrieb, Teilbetrieb oder Mitunternehmeranteil **in eine Kapitalgesellschaft** oder **in das Gesamthandsvermögen einer Personengesellschaft** gegen Gewährung von Gesellschaftsrechten;
- **Übertragung eines Grundstücks aus dem betrieblichen Gesamthandsvermögen** einer Personengesellschaft **in das Privatvermögen oder das Sonderbetriebsvermögen** eines Gesellschafters, soweit das Grundstück vorher in das Vermögen der Gesellschaft ohne Gewährung von Gesellschaftsrechten eingelegt worden ist.

435 Aufgrund des im Rahmen des § 23 Abs. 3 EStG anzuwendenden Zufluss- und Abflussprinzips ist bei einem – im Betriebsvermögen realisierten – **Ausfall des Kaufpreises** bei der nachgelagerten Veräußerung eine Berücksichtigung nach § 23 Abs. 3 Satz 6 EStG ausgeschlossen. Die **gewinnwirksame (Kaupfpreis-)Forderungsabschreibung** im Betriebsvermögen steht dem Zufluss gleich; der Veräußerungsgewinn ist im VZ der Abschreibung zu erfassen.

436 Bei der **verdeckten Einlage** eines Wirtschaftsguts **in eine Kapitalgesellschaft** ist der private Veräußerungsgewinn im Kalenderjahr der verdeckten Einlage zu erfassen.[1]

437–440 *(Einstweilen frei)*

c) Beschränkter Verlustausgleich (§ 23 Abs. 3 Satz 7 EStG)

441 Nach dem eindeutigen Wortlaut des § 23 Abs. 3 Satz 7 EStG dürfen **Verluste** aus privaten Veräußerungsgeschäften nur **bis zur Höhe des Gewinns**, den der Steuerpflichtige **im gleichen Kalenderjahr aus privaten Veräußerungsgeschäften erzielt** hat, **ausgeglichen werden**. Sie dürfen nicht nach § 10d EStG abgezogen werden.

442 § 23 Abs. 3 Satz 7 EStG enthält eine **Beschränkung des Verlustausgleichs für Verluste aus privaten Veräußerungsgeschäften** i. S. d. § 23 Abs. 1 EStG. Diese dürfen nur mit **Gewinnen aus privaten Veräußerungsgeschäften desselben Veranlagungszeitraums** ausgeglichen werden, **nicht jedoch mit positiven Einkünften aus anderen Gewinn- oder Überschusseinkunftsarten**.

443 Vom **Verbot des vertikalen Verlustausgleichs** betroffen sind insbesondere **auch „andere" sonstige Einkünfte i. S. d. § 22 Nr. 1 und Nr. 3 EStG**, da sich der Wortlaut des § 23 Abs. 3 Satz 7 EStG eindeutig nur auf ausgleichsfähige Gewinne aus „privaten Veräußerungsgeschäften" i. S. d. § 22 Nr. 2 EStG i. V. m. § 23 Abs. 1 EStG bezieht. Die Verluste mindern gem. **§ 23 Abs. 3 Satz 8 EStG** jedoch nach Maßgabe des § 10d EStG die Einkünfte, die der Steuerpflichtige in dem unmittelbar vorangegangenen Veranlagungszeitraum (**Verlustrücktrag**) oder in den folgenden Veranlagungszeiträumen (**Verlustvortrag**) aus privaten Veräußerungsgeschäften nach § 23 Abs. 1 EStG erzielt hat oder erzielt. Der eindeutige Gesetzeswortlaut lässt eine hiervon abweichende Anwendung der Norm nicht zu.[2]

---

[1] BMF v. 5. 10. 2000, BStBl 2000 I 1383, Tz. 4, 37.
[2] FG Köln v. 23. 10. 2014 - 11 K 1217/09, EFG 2015, 217.

Die **Beschränkung des Verlustausgleichs bei privaten Veräußerungsgeschäften** i. S. d. § 23 Abs. 1 Nr. 2 EStG **durch § 23 Abs. 3 Satz 7 EStG ist verfassungsgemäß.**[1] Es ist aus verfassungsrechtlicher Sicht auf Grundlage des Art. 3 GG gerechtfertigt, die Einkünfte i. S. d. § 23 Abs. 1 EStG **von dem vertikalen Verlustausgleich nach Maßgabe des § 10d EStG auszuschließen** und den Verlustausgleich nur durch Verrechnung mit positiven Einkünften aus privaten Veräußerungsgeschäften in früheren oder späteren Veranlagungszeiträumen nach **§ 23 Abs. 3 Satz 8 EStG** zuzulassen (**Verlustrücktrag bzw. -vortrag**). Denn ohne den Ausschluss des vertikalen Verlustausgleichs hätte es der Steuerpflichtige in der Hand, einerseits Verluste steuermindernd geltend zu machen, aber andererseits Gewinne durch entsprechende Disposition über den Zeitpunkt der Veräußerung steuerfrei vereinnahmen zu können. Damit würde der Steuerpflichtige mit seinen Einkünften aus privaten Veräußerungsgeschäften gegenüber Stpfl. mit (ausschließlichen) Einkünften aus anderen Einkunftsarten im Hinblick auf den Grundsatz der Besteuerung nach der Leistungsfähigkeit ohne hinreichenden sachlichen Grund begünstigt.[2]

444

Die FinVerw lässt bei **Zusammenveranlagung von Ehegatten** einen **vertikalen Verlustausgleich zwischen den Ehegatten** grundsätzlich zu, sofern der auch bei Zusammenveranlagung getrennt zu ermittelnde Gewinn jedes Ehegatten jeweils **über der Freigrenze gem. § 23 Abs. 3 Satz 5 EStG** liegt.[3]

445

(Einstweilen frei)

446–450

d) Eingeschränkter Verlustvor- und Verlustrücktrag (§ 23 Abs. 3 Satz 8 EStG)

Gemäß **§ 23 Abs. 3 Satz 8 1. Halbsatz EStG** mindern die Verluste **nach Maßgabe des § 10d EStG** die Einkünfte, die der Steuerpflichtige in dem unmittelbar vorangegangenen Veranlagungszeitraum (**Verlustrücktrag**) oder in den folgenden Veranlagungszeiträumen (**Verlustvortrag**) aus privaten Veräußerungsgeschäften nach § 23 Abs. 1 EStG erzielt hat oder erzielt. Für das **Verlustfeststellungsverfahren** gilt § 10d Abs. 4 EStG entsprechend (**§ 23 Abs. 3 Satz 8 2. Halbsatz EStG**).[4]

451

Die **Beschränkung des Verlustausgleichs** bei privaten Veräußerungsgeschäften durch § 23 Abs. 3 Satz 8 EStG **ist verfassungsgemäß**.[5] Die Regelung wurde durch das StEntlG 1999/2000/2002[6] eingeführt und trägt dem Beschluss des BVerfG vom 30. 9. 1998[7] Rechnung, der den völligen Ausschluss der Verlustverrechnung bei den Einkünften nach § 22 Nr. 2 EStG als Gleichheitsverstoß gewertet hat.[8] Werden bei unbeschränkter Steuerpflicht im EU-Ausland dort Verluste aus privaten Veräußerungsgeschäften erzielt, die im Ausland nicht verrechnet

452

---

[1] BFH v. 18. 10. 2006 - IX R 28/05, BStBl 2007 II 259; BFH v. 18. 9. 2007 - IX R 42/05, BStBl 2008 II 26; BFH v. 7. 11. 2006 - IX R 45/04, BFH/NV 2007, 1473 = NWB DokID: BAAAC-49134; BFH v. 6. 3. 2007 - IX R 31/04, BFH/NV 2007, 1478 = NWB DokID: XAAAC-49131; BFH v. 27. 7. 2011 - VI B 160/10, BFH/NV 2011, 1869 = NWB DokID: DAAAD-91755; s. a. OFD Münster v. 3. 5. 2005, Kurzinformation ESt Nr. 15/2005, NWB DokID: CAAAB-53022, DB 2005, 1027.

[2] BFH v. 18. 10. 2006 - IX R 28/05, BStBl 2007 II 259; vgl. dazu *Intemann*, NWB 2007, 3607; s. a. FG Köln v. 23. 10. 2014 - 11 K 1217/09, EFG 2015, 217.

[3] BMF v. 5. 10. 2000, BStBl 2000 I 1383, Tz. 41.

[4] Siehe auch Bayerisches Landesamt für Steuern v. 6. 3. 2008, NWB DokID: KAAAC-74092; Bayerisches Landesamt für Steuern v. 3. 2. 2010, DB 2010, 366; vgl. auch Grundlagenbeitrag und Beispiel bei *Detmering/Tetzlaff*, NWB DokID: IAAAE-41266, Tz. 111.

[5] H 23 „Verfassungsmäßigkeit" EStH; vgl. auch BFH v. 18. 10. 2006 - IX R 28/05, BStBl 2007 II 259; siehe dazu *Intemann*, NWB 2007, 3607; s. a. FG Köln v. 23. 10. 2014 - 11 K 1217/09, EFG 2015, 217.

[6] Steuerentlastungsgesetz (StEntlG) 1999/2000/2002, BGBl 1999 I 402.

[7] BVerfG v. 30. 9. 1998 - 2 BvR 1818/91, BVerfGE 1999, 88.

[8] Vgl. zu § 23 Abs. 3 Satz 5 EStG a. F. die Begründung zum Steuerentlastungsgesetz (StEntlG) 1999/2000/2002, BT-Drucks. 14/265, 13, 181.

werden können, sind diese Verluste nach dem Umzug nach Deutschland auch im Inland nicht verrechenbar. Dies ist **europarechtlich unbedenklich**.[1]

453 Nicht im Entstehungsjahr mit Veräußerungsgewinnen ausgeglichene **Veräußerungsverluste der Jahre ab 1999** sind nach Maßgabe des § 10d EStG **rück- und vortragsfähig**. Sie mindern in den Rück- oder Vortragsjahren erzielte private Veräußerungsgewinne i. S. d. § 23 EStG, soweit diese in die Ermittlung der Summe der Einkünfte eingegangen sind oder eingehen würden (**§ 23 Abs. 3 Satz 8 1. Halbsatz EStG**). Bei der **Zusammenveranlagung von Ehegatten** ist der Verlustabzug nach Maßgabe des § 10d Abs. 1 und 2 EStG zunächst getrennt für jeden Ehegatten und anschließend zwischen den Ehegatten durchzuführen.

454 Der am Schluss eines Veranlagungszeitraums verbleibende **Verlustvortrag ist** nach Maßgabe des § 10d Abs. 4 Satz 1 EStG **gesondert festzustellen (§ 23 Abs. 3 Satz 8 2. Halbsatz EStG)**.[2]

455 Für Veräußerungsverluste aus den **Veranlagungszeiträumen vor 1999 (Altverluste)** ist **§ 23 Abs. 3 Satz 8 EStG nicht anzuwenden**. Sie dürfen nur mit Veräußerungsgewinnen desselben Kalenderjahres ausgeglichen und nicht nach § 10d EStG abgezogen werden.[3]

456 Die **wohl herrschende Ansicht** geht davon aus, dass der **Abzug von nicht ausgeglichenen Verlusten aus privaten Veräußerungsgeschäften**, anders als bei § 10d EStG, **noch auf der Ebene der Ermittlung der Einkünfte** zu erfolgen hat. Diese Meinung stützt sich darauf, dass die nicht ausgeglichenen Verluste nach dem Gesetzeswortlaut „die Einkünfte" mindern.[4]

457 Nach **anderer Ansicht** ist der **Verlustabzug** auch bei Einkünften aus privaten Veräußerungsgeschäften **erst vom Gesamtbetrag der Einkünfte** vorzunehmen, da der Abzug „**nach Maßgabe des § 10d EStG**" erfolgt.[5]

458 § 23 Abs. 3 Satz 8 EStG beschränkt – wie z. B. auch § 15 Abs. 4, § 22 Nr. 3 Satz 3 und 4 EStG – die Verlustverrechnung auf einen bestimmten, gesondert zu ermittelnden Verlustverrechnungskreis. Dem entspricht es nach **Auffassung des BFH mit Urteil vom 22. 11. 2012**,[6] wenn der Verlustabzug erst **auf der Ebene der Einkommensermittlung** vorzunehmen wäre, den berücksichtigungsfähigen Verlust auf den Betrag der Einkünfte aus privaten Veräußerungsgeschäften zu begrenzen, der in den **Gesamtbetrag der Einkünfte** eingegangen ist.[7] Ein anderes Verständnis würde – so der BFH – § 23 Abs. 3 Satz 7 und 8 EStG mit seiner sachlichen Begrenzung des Verlustabzugs auf die Erwerbsquelle entgegenstehen. Der beschränkte Verlustabzug setzt vielmehr voraus, dass entsprechend positive Einkünfte vorhanden sind. Werden diese noch vor der Stufe des Gesamtbetrags der Einkünfte gemindert, ist es folgerichtig, den Verlustabzug entsprechend anzupassen.

---

1 Vgl. FG Düsseldorf v. 17. 1. 2012 - 13 K 1501/10 F, EFG 2012, 1150, rkr.
2 BMF v. 5. 10. 2000, BStBl 2000 I 1383 Tz. 42.
3 BMF v. 5. 10. 2000, BStBl 2000 I 1383 Tz. 43.
4 So FG Berlin-Brandenburg v. 15. 6. 2011 - 7 K 7303/08, EFG 2011, 2164; FG München v. 13. 8. 2008 - 1 K 2045/06, EFG 2009, 243; *Walter/Stümper*, DStR 2002, 204.
5 So *Weber-Grellet* in Schmidt, § 23 EStG Rz. 97; *Herzig/Lutterbach*, DStR 1999, 521, 524; *Schultze/Janßen*, FR 2002, 568.
6 BFH v. 22. 11. 2012 – III R 66/11, BFH/NV 2013, 529 = NWB DokID: FAAAE-29273.
7 So auch *Wernsmann/Dechant*, FR 2004, 1272, 1274.

Zur Anwendung des § 10d EStG im Rahmen des § 23 EStG vgl. im Übrigen BMF v. 29.11.2004[1] bzw. in Zusammenhang mit der Zusammenveranlagung von Ehegatten vgl. FinMin Mecklenburg-Vorpommern v. 5.4.2005.[2] 459

(Einstweilen frei) 460–464

C. Verfahrensfragen

Zu Verfahrensfragen s. → Rz. 121 ff. 465

h) Gemeinsame Vorschriften

§ 24 Entschädigungen, Nutzungsvergütungen u. A.

Zu den Einkünften im Sinne des § 2 Absatz 1 gehören auch

1. Entschädigungen, die gewährt worden sind

   a) als Ersatz für entgangene oder entgehende Einnahmen oder

   b) für die Aufgabe oder Nichtausübung einer Tätigkeit, für die Aufgabe einer Gewinnbeteiligung oder einer Anwartschaft auf eine solche;

   c) als Ausgleichszahlungen an Handelsvertreter nach § 89b des Handelsgesetzbuchs;

2. Einkünfte aus einer ehemaligen Tätigkeit im Sinne des § 2 Absatz 1 Satz 1 Nummer 1 bis 4 oder aus einem früheren Rechtsverhältnis im Sinne des § 2 Absatz 1 Satz 1 Nummer 5 bis 7, und zwar auch dann, wenn sie dem Steuerpflichtigen als Rechtsnachfolger zufließen;

3. Nutzungsvergütungen für die Inanspruchnahme von Grundstücken für öffentliche Zwecke sowie Zinsen auf solche Nutzungsvergütungen und auf Entschädigungen, die mit der Inanspruchnahme von Grundstücken für öffentliche Zwecke zusammenhängen.

Inhaltsübersicht

	Rz.
A. Allgemeine Erläuterungen	1 - 15
I. Normzweck und wirtschaftliche Bedeutung der Vorschrift	1 - 3
II. Entstehung und Entwicklung der Vorschrift	4
III. Geltungsbereich	5 - 7
IV. Vereinbarkeit mit höherrangigem Recht	8
V. Verhältnis zu anderen Vorschriften	9 - 15
B. Systematische Kommentierung	16 - 132
I. Entschädigungen (§ 24 Nr. 1 EStG)	16 - 81
1. Allgemeines	16 - 23
2. Entschädigungshöhe	24 - 33

---

[1] BStBl 2004 I 1097.
[2] NWB DokID: GAAAB-52857. Siehe auch H 23 „Verlustvor- und -rücktrag" EStH bzw. BMF v. 5.10.2000, BStBl 2000 I 1383, Tz. 41.

	3. Ersatz für entgangene oder entgehende Einnahmen (§ 24 Nr. 1a EStG)	34 - 57
	a) Begriffsdefinition	34 - 37
	b) Ersatzleistungen	38 - 41
	c) Entschädigungszahlungen durch Dritte	42 - 47
	d) Besonderheiten bei Gewinneinkünften	48 - 50
	aa) Allgemeines	48 - 49
	bb) Einzelfälle	50
	e) Besonderheiten bei Überschusseinkünften	51 - 57
	aa) Allgemeines	51
	bb) Einzelfälle	52 - 57
	(1) Einkünfte aus nichtselbständiger Arbeit	52
	(2) Einkünfte aus Kapitalvermögen, Vermietung und Verpachtung, sonstige Einkünfte	53 - 57
	4. Aufgabe oder Nichtausübung einer Tätigkeit oder Aufgabe einer Gewinnbeteiligung oder einer Anwartschaft auf eine solche (§ 24 Nr. 1b EStG)	58 - 71
	a) Begriffsdefinition	58 - 61
	b) Aufgabe oder Nichtausübung einer Tätigkeit	62 - 63
	c) Aufgabe einer Gewinnbeteiligung oder einer Anwartschaft	64 - 71
	5. Ausgleichszahlungen an Handelsvertreter nach § 89b HGB (§ 24 Nr. 1c EStG)	72 - 81
II.	Einkünfte aus einer ehemaligen Tätigkeit oder früherem Rechtsverhältnis (§ 24 Nr. 2 EStG)	82 - 129
	1. Allgemeines	82 - 90
	2. Frühere Tätigkeit (§ 2 Abs. 2 Satz 1 Nr. 1 bis 4 EStG)	91 - 107
	a) Frühere Gewinneinkünfte (§ 2 Abs. 2 Satz 1 Nr. 1 bis 3 EStG)	91 - 99
	aa) Grundfragen	91 - 92
	bb) Einzelfälle	93
	cc) Nachträgliche Betriebsausgaben	94 - 98
	(1) Einzelfälle	94
	(2) Besonderheiten des Schuldzinsenabzugs	95 - 98
	dd) Gewinnermittlung	99
	b) Frühere nichtselbständige Arbeit (§ 2 Abs. 2 Satz 1 Nr. 4 EStG)	100 - 107
	3. Früheres Rechtsverhältnis (§ 2 Abs. 2 Satz 1 Nr. 5 bis 7 EStG)	108 - 120
	a) Nachträgliche Einnahmen	108
	b) Nachträgliche Werbungskosten	109 - 120
	4. Als Rechtsnachfolger	121 - 129
	a) Allgemeines	121 - 123
	b) Einzelfälle	124 - 129
III.	Nutzungsvergütungen (§ 24 Nr. 3 EStG)	130 - 132

HINWEIS:

R 4.5 EStR; R 24.1 - 24.2 EStR; (R 8.1 KStR); BMF v. 28. 3. 2013, BStBl 2013 I 508; BMF v. 1. 11. 2013, BStBl 2013 I 1326; BMF v. 27. 7. 2015, BStBl 2015 I 581; OFD Rheinland, Kurzinfo ESt 11/2012, v. 16. 3. 2012, NWB DokID: XAAAE-08184.

LITERATUR:

Köhler, BFH: Abziehbarkeit nachträglicher Schuldzinsen bei Einkünften nach § 17 EStG, BB 2010, 2223; *Weber-Grellet*, Schuldzinsenabzug nach § 4 Abs. 4a EStG – Rechtsprechung und neue Entwicklungen, DB 2012, 1889; *Geißler*, Abzugsfähigkeit nachträglicher Schuldzinsen – eine vergleichende Darstellung, NWB 2015, 332; *Geißler/Quinten*, Beschränkung des nachträglichen Schuldzinsenabzugs durch § 4 Abs. 4a EStG, DStZ 2015, 956; *Geserich*, Die ermäßigte Besteuerung von Entlassungsentschädigungen, DB 2016, 1953; *Geißler*, Das ungeschriebene Tatbestandsmerkmal der Zwangslage in § 24 Nr. 1 Buchst. a EStG, Stbg 2017, 417; *Schmitz-Herscheidt*, Nachträgliche Schuldzinsen bei Vermietungseinkünften, NWB 2018, 1556.

A. Allgemeine Erläuterungen

I. Normzweck und wirtschaftliche Bedeutung der Vorschrift

§ 24 EStG regelt klarstellend und ergänzend zu § 2 Abs. 1 EStG den Umfang der sachlichen Steuerpflicht und die persönliche Zuordnung von Einkünften. Die Norm schafft keine neue Einkunftsart, sondern ergänzt lediglich die Einkünftetatbestände der §§ 13 bis 23 EStG.[1] Hierbei ist die Einkunftsart relevant, zu der die Einnahmen gehört hätten, wenn sie erzielt worden wären.[2]

An sich nicht steuerbare Sachverhalte führen somit auch im Rahmen des § 24 EStG nicht zu steuerbaren Einkünften. Sofern Entschädigungen steuerfreie Einkünfte ersetzen, sind diese ebenfalls steuerfrei.[3]

- § 24 Nr. 1 EStG regelt, dass auch Entschädigungen zu den sieben Einkunftsarten gehören, die als Ersatz für entgangene oder entgehende Einnahmen, für die Aufgabe oder Nichtausübung einer Tätigkeit oder im Rahmen einer Ausgleichszahlung an Handelsvertreter gem. § 89b HGB gezahlt werden.

- § 24 Nr. 2 EStG definiert, dass durch die Beendigung einer Tätigkeit allein nicht die Steuerpflicht entfällt, wobei dies auch für nachträgliche Betriebsausgaben oder Werbungskosten gilt.

- § 24 Nr. 3 EStG enthält Vorschriften über Nutzungsvergütungen und hiermit im Zusammenhang stehende Zinsen für die grundsätzlich vorübergehende Inanspruchnahme von Grundstücken für öffentliche Zwecke.

Die Norm hat grundlegende Bedeutung aufgrund der Vorschaltung zu § 34 EStG. § 34 EStG schafft jedoch selbst weitere Voraussetzungen, so dass § 24 EStG nicht als Teil einer Rechtsfolgenverweisung auf § 34 EStG anzusehen ist.[4] Nach § 34 EStG muss der Sachverhalt ein ungewöhnlicher, untypischer und bedeutsamer Vorgang sein. Zusätzlich müssen die Einnahmen dem Steuerpflichtigen zusammengeballt zufließen.[5]

II. Entstehung und Entwicklung der Vorschrift

Die Norm geht auf § 44 des REStG von 1925 zurück.[6] Im Rahmen des REStG von 1934[7] galt die Norm als § 24 REStG – mit sprachlichen Anpassungen – weiter. Wesentliche Änderungen waren die Anfügung von Nr. 1 Buchst. c mit dem Steueränderungsgesetz v. 13.7.1961[8] und die Anfügung von Nr. 3 durch das Steueränderungsgesetz v. 14.5.1965.[9] Im Rahmen des Einkommensteuerreformgesetzes v. 5.8.1974[10] wurde der Verweis in Satz 1 von vormals § 2 Abs. 3 EStG auf § 2 Abs. 1 EStG geändert.

---

1 BFH v. 12.9.1985 - VIII R 306/81, BStBl 1986 II 252.
2 H 24.1 EStH.
3 BFH v. 7.8.1964 - VI 165/63 U, BStBl 1964 III 576; BFH v. 20.7.2018 - IX R 25/17, NWB DokID: VAAAG-98243.
4 Vgl. *Schindler* in Littmann/Bitz/Pust, § 24 EStG Rz. 3. Beispielhaft FG München v. 25.3.2015 - 1 K 2723/13, rkr., NWB DokID: PAAAE-91213.
5 Vgl. *Mellinghoff* in Kirchhof, § 34 EStG Rz. 8 f.; KKB/Bleschick, § 34 EStG Rz. 58.
6 RGBl 1925 I 189.
7 RGBl 1934 I 1005.
8 BGBl 1961 I 981.
9 BGBl 1965 I 377.
10 BGBl 1974 I 1769.

III. Geltungsbereich

5 § 24 EStG gilt für unbeschränkt und beschränkt Steuerpflichtige gleichermaßen[1] und zudem über den Verweis von § 8 Abs. 1 KStG auch für die Körperschaftsteuer.[2]

6 § 24 EStG begründet allein dadurch, dass hierunter gem. Buchst. a Entschädigungszahlungen zu subsumieren sind, kein Besteuerungsrecht Deutschlands. Denn bei Vorliegen eines Doppelbesteuerungsabkommens ist das auslösende Moment der Zahlung der Entschädigung oder der nachträglichen Einnahmen von besonderer Bedeutung. So gilt die Zahlung einer Abfindung für den Verlust des Arbeitsplatzes bei den Einkünften aus nichtselbständiger Arbeit nicht als im Tätigkeitsstaat (gem. Art. 15 Abs. 1 OECD-MA) steuerpflichtig, da die Abfindung nicht für die Tätigkeit gezahlt wurde, sondern für den Verlust des Arbeitsplatzes.[3] Explizite Regelung findet seit dem Steueränderungsgesetz 2003[4] die beschränkte Steuerpflicht von Abfindungszahlungen gem. § 1 Abs. 4 EStG i.V.m. § 49 Abs. 1 Nr. 4 Buchst. d EStG.[5]

7 Die Norm gilt für alle Einkunftsarten. Ist nicht eindeutig zuzuordnen, welcher Einkunftsart eine Entschädigung oder Einnahme aus einer früheren Tätigkeit oder einem frühen Rechtsverhältnis zuzuordnen ist, kann § 22 Nr. 3 EStG Anwendung finden (vgl. → Rz. 63).[6]

IV. Vereinbarkeit mit höherrangigem Recht

8 Die Norm ist mit höherrangigem Recht vereinbar, da keine materielle Steuerpflicht – abgesehen von § 24 Nr. 2 2. Halbsatz EStG – geschaffen wird und lediglich die bestehenden Einkunftsarten ergänzt werden. Darüber hinaus ist keine Ungleichbehandlung von in – und ausländischen Steuerpflichtigen ersichtlich.

V. Verhältnis zu anderen Vorschriften

9 § 24 EStG dient als Vorschaltnorm für Tarifermäßigungen nach § 34 EStG. § 34 EStG verweist über Abs. 2 Nr. 2 auf Entschädigungen i. S. d. § 24 Nr. 1 EStG und über Abs. 2 Nr. 3 auf Nutzungsvergütungen und Zinsen i. S. d. § 24 Nr. 3 EStG, soweit sie für einen Zeitraum von mehr als drei Jahren nachgezahlt werden.

§ 24 EStG führt nicht zu einer Durchbrechung der allgemeinen Gewinn- oder Überschussermittlungsvorschriften.[7] Die Vorschriften von § 11 EStG gelten somit für § 24 EStG entsprechend. Soweit ein Betriebsvermögensvergleich vorzunehmen ist, gehen diese Gewinnermittlungsgrundsätze vor (§ 11 Abs. 1 Satz 5, Abs. 2 Satz 6 EStG).[8]

Entschädigungen nach § 24 Nr. 1 EStG und Nutzungsvergütungen nach § 24 Nr. 3 EStG gelten über § 7 Abs. 1 GewStG als Teil des Gewerbeertrags, wenn das auslösende Moment der Zahlung mit der gewerblichen Tätigkeit einhergeht. Einem Kammerpräsidenten gezahlte Auf-

---

1 Vgl. *Heuermann/Fischer* in Blümich, § 24 EStG Rz. 4.
2 R 8.1 Abs. 1 Nr. 1 KStR.
3 BFH v. 2. 9. 2009 - I R 90/08, BStBl 2010 II 394 sowie aktuell BFH v. 10. 6. 2015 - I R 79/13, NWB DokID: BAAAF-04542; jedoch ist der spezielle Wortlaut des jeweiligen Doppelbesteuerungsabkommens zu beachten: BFH v. 24. 7. 2013 - I R 8/13, BStBl 2014 II 929.
4 BGBl 2003 I 2645.
5 Vgl. KKB/G. Kraft, § 49 EStG Rz. 155; zur alten Rechtslage: BFH v. 27. 8. 2008 - I R 81/07, BStBl 2009 II 632.
6 Vgl. BFH v. 11. 3. 2003 - IX R 76/99, NWB DokID: NAAAA-71615.
7 BFH v. 26. 8. 2004 - IV R 5/03, BStBl 2005 II 215.
8 Vgl. jedoch KKB/Egner/Geißler, § 24 EStG → Rz. 99.

wandsentschädigungen – welche die entgehenden Einnahmen im eigenen Gewerbebetrieb des Kammerpräsidenten ausgleichen sollen – gehören zu den Einkünften aus Gewerbebetrieb.[1] Etwas anderes (z. B. bei Zahlungen einer Unfallversicherung für die geminderte Erwerbstätigkeit) gilt, wenn das auslösende Moment der Zahlung nicht dem betrieblichen Bereich zuzuordnen ist.[2]

§ 24 Nr. 1 Buchst. c EStG verweist unmittelbar auf § 89b HGB, wonach ein Handelsvertreter vom Unternehmen nach Beendigung des Vertragsverhältnisses einen angemessenen Ausgleich verlangen kann.

§ 180 Abs. 1 Nr. 2 Buchst. a AO findet bei der Feststellung von Einkünften i. S. d. § 24 EStG, die von mehreren Personen erzielt werden, Anwendung. Im einheitlichen und gesonderten Feststellungsverfahren sind die Einkunftsart, die Höhe der Einkünfte sowie die Zuordnung der Einkünfte zu den Feststellungsbeteiligten und die Anwendung der Tarifbegünstigung i. S. v. § 34 EStG festzulegen.[3]

Nach § 50d Abs. 12 EStG werden ab dem VZ 2017 grenzüberschreitende Abfindungen in dem selben Staat besteuert, wie der bisher gezahlte Arbeitslohn. Die Norm dient der Zuweisung des Besteuerungsrechts unabhängig eines DBA.[4]

(Einstweilen frei) 10–15

B. Systematische Kommentierung

I. Entschädigungen (§ 24 Nr. 1 EStG)

1. Allgemeines

Der Begriff der Entschädigungen ist nicht definiert. Nach der Rechtsprechung des BFH sind hierunter – für alle Fallgruppen von § 24 Nr. 1 EStG – Zahlungen zu verstehen, die eine finanzielle Einbuße ausgleichen, die ein Stpfl. infolge einer Beeinträchtigung seiner Rechtsgüter erlitten oder zu erwarten hat.[5] Diese – lediglich allgemein gehaltene – Begriffsdefinition ist Ausfluss der Bemühung einen Oberbegriff für sämtliche Tatbestände des § 24 Nr. 1 EStG zu schaffen, wobei für die Tatbestände des Buchst. a und b gesonderte Voraussetzungen erfüllt sein müssen.[6]

Zwischen der Entschädigungszahlung und einer Einkunftsart muss ein kausaler Zusammenhang bestehen. Kann dieser – vorbehaltlich von § 22 Nr. 3 EStG – nicht hergestellt werden, liegen keine steuerbaren Einkünfte vor.[7] Werden durch Entschädigungszahlungen steuerfreie Einkünfte ersetzt, so ist die Entschädigung ebenfalls steuerfrei.[8]

---

1 BFH v. 26. 2. 1988 - III R 241/84, BStBl II 1988, 615.
2 BFH v. 28. 8. 1968 - I 252/65, BStBl 1969 II 8.
3 Vgl. *Schindler* in Littmann/Bitz/Pust, § 24 EStG Rz. 10 sowie BFH v. 26. 10. 1972 - I R 229/70, BStBl 1973 II 121.
4 Vgl. weiterführend Kraft in KKB, § 50d EStG, Rz. 213.
5 BFH v. 12. 6. 1996 - XI R 43/94, BStBl 1996 II 516.
6 Vgl. *Schindler* in Littmann/Bitz/Pust, § 24 EStG Rz. 11; *Mellinghoff* in Kirchhof, § 24 EStG Rz. 2.
7 Demnach sind Zahlungen aufgrund von § 15 Abs. 2 AGG nicht als Entschädigung i. S. von § 24 EStG aufzufassen, wenn eine Zahlung aufgrund persönlicher Diskriminierung (immaterieller Schaden) erfolgt und nicht aufgrund entgehender Einnahmen aus einem Arbeitsverhältnis (materieller Schaden). FG Rheinland-Pfalz v. 21.3.2017 - 5 K 1594/14, NWB DokID: CAAAG-43861.
8 BFH v. 11. 3. 2003 - IX R 76/99, NWB DokID: NAAAA-71615; BFH v. 19. 3. 2013 - IX R 65/10, NWB DokID: YAAAE-36817; BFH v. 20.7.2018 - IX R 25/17, NWB DokID: VAAAG-98243.

18 Verschafft das schadensstiftende Ereignis dem Geschädigten über die Entschädigungszahlung hinaus einen Vorteil (z. B. unmittelbare Anstellung bei einem neuen Arbeitgeber zu erhöhten Bezügen nach Entlassung und Abfindungszahlung bei dem alten Arbeitgeber), so hat dies keinen Einfluss auf die Anwendbarkeit der Norm.[1] Ein Vorteilsausgleich findet nicht statt.[2] Die Entschädigungszahlungen unterliegen somit ungekürzt der Steuerermäßigung nach § 24 Nr. 1 Buchst. a EStG, § 34 Abs. 2 Nr. 2 EStG.

19 Für das Vorliegen einer Entschädigung i. S. v. § 24 Nr. 1 EStG ist eine Zusammenballung der Einkünfte nicht von Bedeutung. Dieses Kriterium ist einzig für die Beurteilung der Tarifermäßigung gem. § 34 EStG relevant.[3]

20–23 *(Einstweilen frei)*

2. Entschädigungshöhe

24 § 24 EStG wird durch die Art, Höhe oder Bezeichnung der Entschädigungszahlung in seiner Anwendbarkeit nicht begrenzt. Gleichwohl kann eine Entschädigung nur dann vorliegen, wenn diese im Rahmen des Üblichen liegt. Hierbei ist nach neuester BFH-Rechtsprechung zu prüfen, in welchem Umfang eine Entschädigung zu erwarten, insbesondere aber auch gerichtlich durchsetzbar ist. Ggf. kann es sich bei besonders hohen (zusätzlichen bzw. ergänzenden) Zahlungen um nicht steuerbare Einnahmen (z. B. Schadenersatz) handeln.[4]

25 Die Entschädigung kann sowohl in Geld als auch in geldwerten Leistungen erbracht werden.[5] Betriebsausgaben oder Werbungskosten, die in sachlich unmittelbarem Zusammenhang mit der Entschädigungszahlung geleistet werden, sind abziehbar, so dass der Nettobetrag der Besteuerung zu unterwerfen ist.

26 Fallen Betriebsausgaben oder Werbungskosten in einem vorangegangenen Veranlagungszeitraum an, so mindern diese die regelbesteuerten Einkünfte dieses früheren Veranlagungszeitraums. Betriebsausgaben oder Werbungskosten dürfen die Entschädigung im Zeitpunkt der Vereinnahmung nicht nochmals mindern, da andernfalls eine übermäßige Begünstigung vorliegen würde.[6]

Die Höhe der ermäßigt zu besteuernden Einkünfte gem. § 24 Nr. 1 EStG i. V. m. § 34 EStG ergibt sich somit aus:

Entschädigungszahlung

./. in unmittelbarem Zusammenhang stehende BA/WK

soweit nicht bereits in Vorjahren berücksichtigt

= ermäßigt zu besteuernde Einkünfte gem. § 34 EStG

Fallen die Betriebsausgaben/Werbungskosten in späteren Veranlagungszeiträumen an, wirkt dies nicht auf den Zeitpunkt der Entschädigung zurück.[7]

---

1 BFH v. 11. 1. 2005 - IX R 67/02, NWB DokID: TAAAB-52348.
2 BFH v. 9. 8. 1974 - VI R 142/72, BStBl 1974 II 714.
3 Vgl. KKB/Bleschick, § 34 EStG Rz. 58.
4 BFH v. 9.1.2018 - IX R 34/16, BStBl 2018 II 582.
5 BFH v. 22. 1. 1988 - VI R 135/84, BStBl 1988 II 525; BFH v. 3. 7. 2002 - XI R 80/00, BStBl 2004 II 447.
6 BFH v. 26. 8. 2004 - IV R 5/03, BStBl 2005 II 215.
7 Vgl. *Görke* in Frotscher, § 24 EStG Rz. 23.

Der Arbeitnehmerpauschbetrag wird, bei gleichzeitigem Bezug von Arbeitslohn und Entschädigungszahlungen, nur dann bei den Entschädigungszahlungen berücksichtigt, wenn keine tariflich zu besteuernden Einnahmen mehr für den Abzug zur Verfügung stehen.[1]

Die Berücksichtigung mehrerer Zahlungen folgt einer „einheitlichen Betrachtungsweise",[2] aufgrund dessen auch Zahlungen aus unterschiedlichen Quellen oder Zahlungen in unterschiedlichen Perioden als eine Entschädigung i.S.v. § 24 Nr. 1 EStG zu qualifizieren sind. Hierzu zählen darüber hinaus auch Zusatzleistungen. Dies sind beispielsweise solche Leistungen, die der (frühere) Arbeitgeber dem Stpfl. zur Erleichterung des Arbeitsplatz- oder Berufswechsels oder als Anpassung an eine dauerhafte Berufsaufgabe und Arbeitslosigkeit erbringt.[3] In welcher Höhe Zusatzleistungen erbracht werden dürfen, damit weiterhin eine Entschädigung i.S.v. § 24 Nr. 1 EStG vorliegt, ist jedoch durch die Rechtsprechung bisher nicht geklärt worden.[4] Diese einheitliche Betrachtungsweise entbindet jedoch nicht von der Prüfung, ob die einzelne Zahlung bzw. die insgesamt gezahlte Summe tatsächlich als einheitliche Entschädigung i.S.v. § 24 Nr. 1 EStG zu qualifizieren ist, auch wenn sie in einem einheitlichen Zusammenhang mit unstreitig vorliegenden Entschädigungszahlungen geleistet werden.[5]

(Einstweilen frei) 29–33

3. Ersatz für entgangene oder entgehende Einnahmen (§ 24 Nr. 1a EStG)
a) Begriffsdefinition

Für § 24 Nr. 1 Buchst. a EStG gilt, dass Entschädigungen nur dann vorliegen, wenn die Einnahmen (die an die Stelle der bisherigen Einnahmen treten) auf einer neuen Rechts- oder Billigkeitsgrundlage beruhen und der bisherige Rechtsanspruch durch diese neue Grundlage entfallen bzw. wesentlich geändert worden ist.[6] Insoweit ist hierbei retrospektiv das bestehende Rechtsverhältnis zu betrachten. Lediglich der Verzicht auf (vergangene oder zukünftige) Einnahmen aus diesem bisherig bestehenden Rechtsverhältnis darf im Sinne der Norm entschädigt werden. Das Rechtsverhältnis muss nicht vollumfänglich beendet sein; die Ersatzleistung aber aus der Beendigung bzw. der Änderung des Rechtverhältnisses heraus zufließen.[7] Lediglich Zahlungen zur Abgeltung von entgangenen oder entgehenden Einnahmen sind als Entschädigungen i.S.v. § 24 Nr. 1 Buchst. a EStG anzuerkennen, nicht hingegen Zahlungen, die Ausgaben ausgleichen.[8]

Fraglich ist indes, ob eine Entschädigung i.S.v. § 24 Nr. 1 Buchst. a EStG auch dann vorliegen kann, wenn diese dafür gezahlt wird, dass kein neuer Vertrag abgeschlossen wird.[9] U.E. kann

---

[1] BFH v. 29.10.1998 - XI R 63/97, BStBl 1999 II 588; a.A. *Mellinghoff* in Kirchhof, § 24 EStG Rz. 4, m.w.N.
[2] *Mellinghoff* in Kirchhof, § 24 EStG Rz. 5.
[3] BFH v. 14.8.2001 - XI R 22/00, BStBl 2002 II 180.
[4] BFH v. 9.4.2003 - XI B 71/02, NWB DokID: IAAAA-69788.
[5] BFH v. 11.7.2017 - IX R 28/16, BStBl 2018 II 86. Hierzu auch FG Niedersachsen v. 8.2.2018 - 1 K 279/17 juris, wonach eine ergänzende – weitere – Abfindungszahlung aufgrund einer im Aufhebungsvertrag vorgesehenen früheren Kündigungsmöglichkeit des Arbeitnehmers als weiteres schadensstiftendes Ereignis anzusehen ist.
[6] BFH v. 25.8.2009 - IX R 3/09, BStBl 2010 II 1030.
[7] BFH v. 25.8.2009 - IX R 3/09, BStBl 2010 II 1030; BFH v. 1.8.2007 - XI R 18/05, NWB DokID: GAAAC-59263.
[8] BFH v. 18.10.2011 - IX R 58/10, BStBl 2012 II 286; zuletzt hervorhebend in Bezug auf Arzt- und Heilungskosten sowie für immaterielle Einbußen in Form eines Schmerzensgeldes: BFH v. 11.10.2017 - IX R 11/17, BFH/NV 2018, 360 = NWB DokID: QAAAG-70595.
[9] Dezidiert FG Münster v. 30.6.2015 - 13 K 3126/13 E, F, NWB DokID: NAAAF-01771, im Ergebnis bestätigt, jedoch den Sachverhalt anders auslegend: BFH v. 12.7.2016 - IX R 33/15, NWB DokID: TAAAF-85897.

in solchen Fällen keine Entschädigungszahlung vorliegen, da eine entsprechende Vereinbarung nicht darauf abzielt, vergangene oder zukünftige Einnahmen aus einem bisherig bestehenden Rechtsverhältnis zu entschädigen.[1]

35 Unter einer neuen Rechts- oder Billigkeitsgrundlage ist nicht zwingend ein neuer Vertrag oder eine neue Billigkeitsgrundlage per se zu verstehen.[2] Es muss sich insofern lediglich um einen neuen Rechtsgrund handeln, auf dem die Entschädigungsleistung beruht. So ist es unschädlich, dass arbeitsvertragliche Regelungen bereits einen Abfindungsanspruch enthalten.[3]

Rechtsgrundlage: Hierbei kommt jede Regelung (z. B. Gesetz, Rechtsprechung, Arbeits- und Tarifvertrag) in Betracht, die einen Anspruch auf eine Leistung begründet.[4]

Billigkeitsgrundlage: Eine Billigkeitsgrundlage ist nicht als (rechtlicher) Anspruch auf eine Leistung, sondern als einseitiger Beschluss des Leistenden (z. B. aus moralischen Aspekten) oder nach den Grundsätzen von Treu und Glauben (§ 242 BGB) zu deuten.[5]

36 Das Rechtsverhältnis muss grundsätzlich durch den Vertragspartner bzw. einen Dritten schadensstiftend beeinflusst worden sein. Wird das Rechtsverhältnis durch den Stpfl. bzw. dessen Zustimmung beendet oder geändert, muss sich dieser in einer Zwangslage befunden haben, was bedeutet, dass dieser unter einem nicht unerheblichen rechtlichen, wirtschaftlichen oder tatsächlichen Druck gehandelt haben muss.[6] Hierunter fällt beispielhaft auch die Annahme eines Vergleichsangebotes vor dem OVG, wenn andernfalls die Ansprüche auf dem Rechtsweg weiter verfolgt werden müssen und der Geschäftsgrundlage die Ertragsgrundlage – zumindest in gewissen zeitlichem Umfang – entzogen worden wäre.[7]

37 Wird das Rechtsverhältnis auf eigenen Wunsch des Stpfl. aufgelöst und werden daraufhin Entschädigungszahlungen geleistet, liegt daher kein Tatbestand i. S. d. § 24 Nr. 1 Buchst. a EStG vor. Gleiches gilt für den Fall, in dem der Steuerpflichtige freiwillig eine Ursachenkette in Gang gesetzt hat, die ihm später keinen Entscheidungsraum mehr belässt. Dies hat zur Folge, dass die Einnahmen als laufende Einkünfte der Besteuerung zu unterwerfen sind, da eine Steuerermäßigung gem. § 34 Abs. 2 Nr. 2 EStG keine Anwendung finden kann. Die Entwicklung der Ursachenkette muss sich allerdings in einem absehbaren Rahmen halten. Ereignisse, mit denen der Steuerpflichtige nicht rechnen konnte und die für ihn außerhalb seiner Vorstellung lagen, unterbrechen den Ursachenzusammenhang und können eine für die Anwendung des § 24 Nr. 1 Buchst. a EStG relevante Zwangslage herbeiführen.[8] Der X. Senat hat mit neuester Rechtsprechung ausdrücklich offen gelassen, ob dieser an dem Erfordernis der Zwangssituation festhalten möchte, denn weder aus dem Wortlaut noch aus dem Zweck der Vorschrift ergebe sich dieses ungeschriebene Tatbestandsmerkmal. Vielmehr sei es folgerichtig alle Ersatzleistungen jedweder Art der Besteuerung zu unterwerfen, zumal sich die Bedeutung der Zwangslage erst für die Ermäßigung nach § 34 EStG ergebe.[9] Der IX. Senat hat die restriktive Recht-

---

1 Siehe auch BFH v. 10. 7. 2008 - IX R 84/07, NWB DokID: VAAAD-00224.
2 Vgl. *Görke* in Frotscher, § 24 EStG Rz. 27.
3 BFH v. 10. 9. 2003 - XI R 9/02, BStBl 2004 II 349.
4 Vgl. HHR/*Horn*, § 24 EStG Rz. 26. Beispielhaft gilt als neue Rechtsgrundlage ein Prozessvergleich vor dem LG: BFH v. 12. 7. 2016 - IX R 33/15, NWB DokID: TAAAF-85897.
5 Vgl. HHR/*Horn*, § 24 EStG Rz. 26; *Geserich*, DB 2016, 1953
6 FG München v. 4. 9. 2013 - 10 K 2411/10, NWB DokID: PAAAE-47752.
7 BFH v. 25. 8. 2015 - VIII R 2/13, BStBl 2015 II 1015.
8 BFH v. 11. 12. 2002 - XI R 41/01, NWB DokID: XAAAA-69812.
9 Vgl. auch *Geißler*, Stbg 2017, 417 ff.; BFH v. 23. 11. 2016 - X R 48/14, NWB DokID: OAAAG-40811.

sprechung zur Frage des tatsächlichen Drucks i. R. einer Zwangslage bei Arbeitnehmerverhältnissen zuletzt stark zurückgedrängt und ebenfalls offengehalten, ob er an diesem ungeschriebenen Tatbestandsmerkmal festhält. Bei Abfindungszahlungen bei Arbeitnehmerverhältnissen liegt nach neuerer Rechtsprechung grundsätzlich eine Entschädigung nach § 24 Nr. 1 Buchst. a EStG vor, da der Arbeitgeber nicht bereit wäre eine Abfindungszahlung zu leisten, wenn keine rechtliche Verpflichtung bestehen würde. Der Arbeitgeber zeigt durch die Abfindungszahlung somit auch ein eigenes Interesse an der Auflösung des Arbeitsvertrags, sodass nicht ausschließlich dem Arbeitnehmer die Initiative zur Beendigung des Rechtsverhältnisses zugeschrieben werden kann. Der Abschluss eines Aufhebungsvertrags erfolgt damit im Regelfall unter tatsächlichem Druck und damit im Rahmen einer Zwangslage.[1]

b) Ersatzleistungen

Die Entschädigung muss den Verlust von Einnahmen ausgleichen. Ein solcher Ausgleich liegt nicht vor, wenn die Leistung im Rahmen des gewöhnlichen Geschäftsverkehrs erbracht wird und zwar gleichgültig, ob die Einnahmen in Erfüllung eines Vergütungsanspruchs oder in Erfüllung eines Schadensersatzanspruchs zugeflossen sind, der an die Stelle eines durch vertragswidriges Verhalten entgangenen Vergütungsanspruchs getreten ist.[2]

Von einer Entschädigung als Ersatz für entgangene oder entgehende Einnahmen kann danach nur gesprochen werden, wenn der Anspruch auf Bezug von früheren oder künftigen Einnahmen weggefallen ist. Sofern die vertragliche Anspruchsgrundlage nicht wegfällt, erhält der Steuerpflichtige von dem Vertragspartner keinen Ersatz für die ihm laut Vertrag zustehende Leistung, sondern die Leistung selbst.[3] Im Rahmen von § 24 Nr. 1 Buchst. a EStG ist daher die Abgrenzung von Ersatz- und Erfüllungsleistung von besonderer Bedeutung.

Nachträglich gezahlte Leistungen stellen keinen Ersatz für entgangene oder entgehende Einnahmen dar, wenn es sich lediglich um die Erfüllung des Vergütungsanspruchs aus dem bisherigen Rechtsverhältnis handelt.[4] Somit sind Lohnnachzahlungen für mehrere Jahre keine Entschädigung i. S. v. § 24 Nr. 1 Buchst. a EStG.[5] Das Kriterium des Erfüllungsanspruches wird daher nicht zeitlich, sondern funktional verstanden.[6]

Erstattungszinsen gem. § 233a AO fallen nicht unter den Tatbestand des § 24 Nr. 1 Buchst. a EStG, da sie unabhängig davon erbracht werden, ob Einnahmen entgangen sind oder entgehen. Gleiches gilt für Prozess- oder Verzugszinsen.[7] Die Erstattung von Einkommensteuer durch eine Versicherungsgesellschaft zählt gleichwohl zur Entschädigungszahlung. Eine entsprechende Zahlung steht einer Bruttolohnvereinbarung gleich.[8]

---

1 BFH v. 13.3.2018 - IX R 16/17, NWB DokID: NAAAG-88488; sowie BFH v. 29.2.2012 - IX 28/11, BStBl 2012 II 569.
2 BFH v. 21.9.1993 - III R 53/89, NWB DokID: VAAAA-96748.
3 BFH v. 10.9.1998 - IV R 19/96, NWB DokID: BAAAA-62466.
4 FG München v. 25.3.2015 - 1 K 2723/13, rkr., NWB DokID: PAAAE-91213.
5 BFH v. 16.3.1993 - XI R 52/88, BStBl 1993 II 507.
6 Vgl. Weber-Grellet, BB 2004, 1877 (1885).
7 BFH v. 12.11.2013 - VIII R 36/10, BStBl 2014 II 168.
8 FG Baden-Württemberg v. 20.11.2017 - 10 K 3494/15, NWB DokID: MAAAG-69948, Rev. BFH: X R 1/18.

c) Entschädigungszahlungen durch Dritte

42 Für die Anwendung des § 24 Nr. 1 Buchst. a EStG ist ohne Belang, von welcher Seite die Ausgleichszahlungen geleistet werden.[1] Hierbei ist jedoch von besonderer Bedeutung, für welchen Anlass die Entschädigung geleistet wird. Nach früherer Rechtsprechung des BFH waren Streikgelder steuerpflichtig und eine Entschädigung i. S. v. § 24 Nr. 1 Buchst. a EStG, da diese den Einnahmenausfall von Arbeitslohn entschädigen sollten.[2] Dieser Ansicht hat sich der BFH im Folgenden jedoch nicht mehr angeschlossen. Streikgelder gehören zu den nicht steuerbaren Einkünften und stellen somit auch keine Entschädigungszahlung i. S. v. § 24 Nr. 1 Buchst. a EStG dar.[3] Die Leistungen aus privaten Versicherungen können zu den steuerpflichtigen Einkünften gem. § 24 Nr. 1 Buchst. a EStG gehören, sofern diese einen Einnahmenausfall abdecken. Hierbei ist der kausale Zusammenhang von Entschädigungszahlung und Anlass der Leistung zu überprüfen.[4] Auch eine Ausgleichszahlung eines früheren Ehegatten für den Ausschluss des öffentlich-rechtlichen Versorgungsausgleichs ist – zumindest in Teilen – als Ausgleich für entgehende Einnahmen nach § 24 Nr. 1 Buchst. a i. V. m. 22 Nr. 1 Satz 3 Buchst. a Doppelbuchst. aa EStG steuerbar und steuerpflichtig.[5]

43 Zusammenfassend ergibt sich folgendes vereinfachtes Prüfungsschema für Entschädigungszahlungen nach § 24 Nr. 1 Buchst. a EStG:

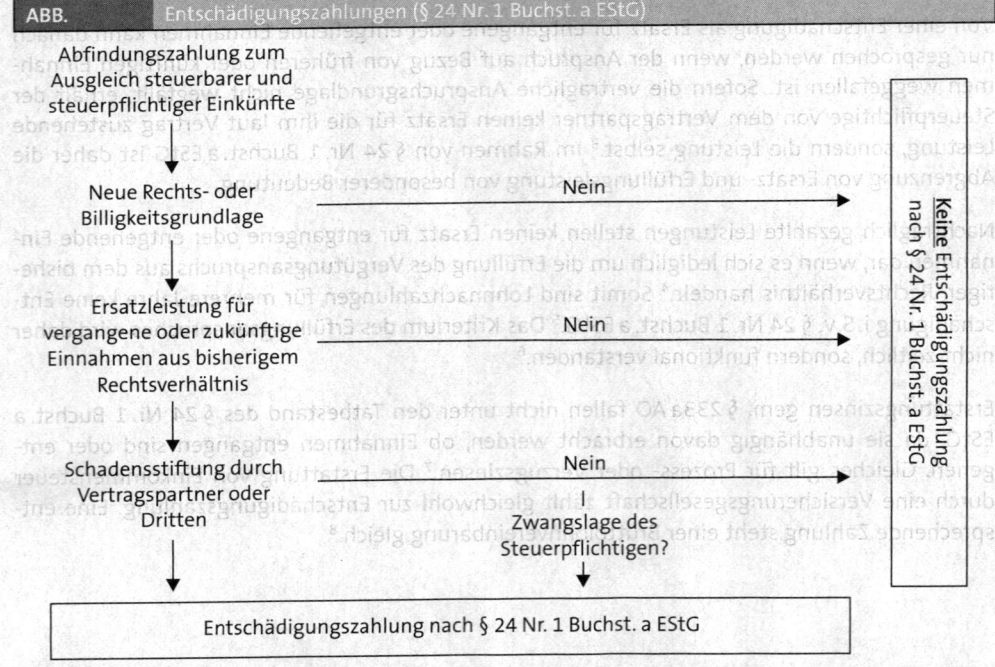

ABB. Entschädigungszahlungen (§ 24 Nr. 1 Buchst. a EStG)

44–47 (Einstweilen frei)

---

1 BFH v. 20.7.2018 - IX R 25/17, NWB DokID: VAAAG-98243.
2 BFH v. 30. 3. 1982 - III R 150/80, BStBl 1982 II 552.
3 BFH v. 24. 10. 1990 - X R 161/88, BStBl 1991 II 337.
4 Zustimmend *Schindler* in Littmann/Bist/Pust, § 24 EStG Rz. 30; a. A. *Görke* in Frotscher, § 24 EStG Rz. 35.
5 BFH v. 23. 11. 2016 - X R 48/14, NWB DokID: OAAAG-40811.

d) Besonderheiten bei Gewinneinkünften
aa) Allgemeines

Die Entschädigungsleistung muss auf einem besonderen Ereignis beruhen und daher deutlich vom laufenden Geschäftsverkehr und vom Gegenstand des Unternehmens abzugrenzen sein. Ein besonderes Ereignis liegt dann vor, wenn dem Unternehmen infolge des schadenstiftenden Ereignisses die Grundlage zum Abschluss einer unbestimmten Vielzahl von Geschäften genommen und dafür Ersatz geleistet wird.[1]

Bei Steuerpflichtigen, die im Rahmen ihrer gewerblichen oder selbständigen Tätigkeit üblicherweise eine Vielzahl von Verträgen abschließen, gehören auch die Kündigung oder Auflösung einzelner Verträge sowie deren Abwicklung nach Leistungsstörungen zur laufenden Geschäftsführung. Es handelt sich insofern nicht um ungewöhnliche Geschäftsvorfälle.[2]

bb) Einzelfälle

Aufwandsentschädigung: Die Aufwandsentschädigung, die eine Berufskammer ihrem ehrenamtlich tätigen Präsidenten, der den Beruf selbständig als Inhaber eines einschlägigen Betriebs ausübt, zahlt, gehört zu den Entschädigungen i. S. v. § 24 Nr. 1 Buchst. a EStG sowie ggf. zu den gewerbesteuerpflichtigen Einkünften aus dem Betrieb.[3]

Aufhebung eines Beratervertrags: Die gezahlte Abfindung für die Aufhebung eines Beratervertrags an einen Rechtsanwalt stellt keine Entschädigung dar, da die Kündigung eines Beratervertrags zum laufenden Geschäftsbetrieb gehört. Etwas anderes kann gelten, wenn der Rechtsanwalt arbeitnehmerähnlich beschäftigt ist.[4]

Bergbauschäden: Zahlungen aufgrund von Bergbauschäden, für – dem Betriebsvermögen zugeordnete – selbstgenutzte Wirtschaftsgüter, sind keine Entschädigungszahlungen, da durch die Zahlungen kein Einnahmenausfall ausgeglichen wird, sondern der Wertverlust des Wirtschaftsgutes.[5]

Bezirksprovision eines Handelsvertreters: Dient eine Zahlung, die der Unternehmer dem ausscheidenden Handelsvertreter leistet, sowohl zur Abgeltung der Ausgleichsansprüche nach § 89b HGB als auch zur Entschädigung für den Verlust der Rechte aus § 87 Abs. 2 HGB (Bezirksprovision, Kundenschutz), so findet in Ausnahmefällen auf den der Entschädigung dienenden Teil der Zahlung § 24 Nr. 1 Buchst. a EStG Anwendung.[6]

„Buy-Out"-Vergütung: Wird der Vertrag eines Drehbuchautors mit einer Produktionsgesellschaft dahin gehend geändert, dass die Vergütung für die Ausarbeitung von Drehbüchern, die bislang von der Zahl der ausgestrahlten Sendungen abhing, nur noch einmal für jedes gelieferte Drehbuch gezahlt wird (sog. „Buy-Out"-Vergütung), gilt die hierfür gezahlte Vergütung nicht als Entschädigung.[7]

---

1 BFH v. 9. 1. 2002 - IV B 31/01, NWB DokID: MAAAA-68339.
2 BFH v. 10. 7. 2012 - VIII R 48/09, BStBl 2013 II 155.
3 BFH v. 26. 2. 1988 - III R 241/84, BStBl 1988 II 615; vgl. → Rz. 9.
4 BFH v. 10. 7. 2012 - VIII R 48/09, BStBl 2013 II 155.
5 BFH v. 6. 8. 1998 - IV R 91/96, NWB DokID: QAAAA-62474.
6 BFH v. 19. 7. 1966 - I 235/63, BStBl 1966 III 624.
7 BFH v. 1. 7. 2004 - IV R 23/02 BStBl 2004 II 876.

Entwertung einer Beteiligung: Entschädigungszahlungen die aufgrund einer fremdbeeinflussten Entwertung von Anteilen an einer Kapitalgesellschaft gezahlt werden, sind nicht steuerbar.[1]

Kostenzuschüsse: Ausgleichsleistungen der öffentlichen Hand für Kostenunterdeckungen bei der Beförderung von Schülern durch private Omnibusunternehmen stellen keine Entschädigungszahlung dar, da diese zum laufenden Geschäftsbetrieb gehören.[2]

Pensionsansprüche bei Kapitalgesellschaften: Der Verzicht auf Pensionsansprüche eines Gesellschafter-Geschäftsführers gegen Entschädigung im Rahmen des Verkaufs der GmbH-Anteile kann als Entschädigung i. S. v. § 24 Nr. 1 Buchst. a EStG qualifiziert werden. Hierbei muss der Gesellschafter-Geschäftsführer jedoch unter einem erheblichen wirtschaftlichen, rechtlichen oder tatsächlichen Druck gestanden haben.[3] Dieser ist nicht gegeben, wenn ein Wahlrecht zur einmaligen Kapitalleistung mit gleichzeitiger Verminderung von Pensionszahlungen bereits im ursprünglichen Arbeitsvertrag existiert hat und er dieses Wahlrecht aus eigenem Antrieb nutzt.[4] Wird der Gesellschafter-Geschäftsführer zur Liquidation der Kapitalgesellschaft aufgrund äußerer Umstände gedrängt und erhält er anlässlich der Liquidation der Gesellschaft für die Aufgabe seiner Versorgungsansprüche eine Abfindung, kann ein erheblicher Druck angenommen werden, wenn auch ein gesellschaftsfremder Unternehmer, im Hinblick auf die wirtschaftliche Situation der Gesellschaft, die Liquidation beschlossen hätte.[5]

Pensionsansprüche bei Personengesellschaften: Wird ein Pensionsanspruch eines Gesellschafters aufgrund der Aufgabe des Betriebs einer Personengesellschaft gegen Zahlung abgefunden, liegt hierin keine Entschädigung i. S. v. § 24 Nr. 1 Buchst. a EStG sondern eine Sondervergütung, die den Aufgabegewinn erhöht.[6]

Produktionsverlegung: Entschädigungszahlungen die aufgrund einer Produktionsverlegung, die mit längerfristigen Produktionsausfällen oder wesentlichen Produktionseinschränkungen oder einem standortbedingten Wegfall wichtiger Geschäftsbeziehungen und damit einhergehenden Umsatzausfällen verbunden ist, gezahlt werden, unterliegen § 24 Nr. 1 Buchst. a EStG.[7]

e) Besonderheiten bei Überschusseinkünften

aa) Allgemeines

Abgrenzend von den Gewinneinkunftsarten sind zwei Merkmale gesondert zu betrachten:

1. Im Rahmen der Überschusseinkunftsarten ist nicht von Bedeutung, ob die Entschädigungszahlung auf einem besonderen Ereignis beruht. Zu beachten ist jedoch, dass dieses Merkmal bisher nicht offiziell durch die Rechtsprechung aufgegeben wurde.[8]

---

1 BFH v. 19. 3. 2013 - IX R 65/10, NWB DokID: YAAAE-36817.
2 BFH v. 3. 7. 1986 - IV R 109/84, BStBl 1986 II 806.
3 BFH v. 10. 4. 2003 - XI R 4/02, BStBl 2003 II 748.
4 BFH v. 30. 1. 1991 - XI R 21/88, NWB DokID: JAAAB-32706.
5 BFH v. 4. 9. 2002 - XI R 53/01, BStBl 2003 II 177.
6 BFH v. 20. 1. 2005 - IV R 22/03, BStBl 2005 II 559.
7 BFH v. 28. 9. 1987 - VIII R 159/83, NWB DokID: WAAAB-30214.
8 Vgl. ausführlich *Schindler* in Littmann/Bitz/Pust, § 24 EStG Rz. 34.

2. In ständiger Rechtsprechung war zudem relevant, dass das bisherige Rechtsverhältnis vollständig beendet wurde. Nach dem Urteil des BFH v. 25. 8. 2009[1] (vgl. dazu → Rz. 34) kann es jedoch auch bei wesentlich geänderten Rechtsverhältnissen zur Anwendung kommen. Unschädlich ist hierbei, dass Abfindungszahlungen bereits in einem Arbeits- oder Tarifvertrag vorgesehen sind.[2]

bb) Einzelfälle

(1) Einkünfte aus nichtselbständiger Arbeit

Beendigung des Arbeitsverhältnisses: Wird im Zusammenhang mit der Beendigung eines Arbeitsverhältnisses eine Abfindungszahlung geleistet, muss die Auflösung grds. durch den Arbeitgeber erfolgen, damit die Abfindungszahlung als Entschädigung i. S.v. § 24 Nr. 1 Buchst. a EStG, für die Anwendung der Begünstigung nach § 34 Abs. 2 Nr. 2 EStG, qualifiziert wird.[3] Der Arbeitnehmer darf das schadensstiftende Ereignis nicht in Gang gesetzt haben.

Eine Entschädigung liegt bei der Beendigung von Arbeitsverhältnissen **nicht** vor, wenn

- der Arbeitnehmer eine Arbeitszeitverkürzung beanspruchen möchte, dies vom Arbeitgeber abgelehnt wird und daraufhin das Arbeitsverhältnis beendet und eine Abfindung gezahlt wird.[4]
- der Arbeitnehmer aus privaten Gründen (nach der Hochzeit) einen Umzug anstrebt und das Arbeitsverhältnis kündigt.[5]
- die arbeitgeberseitige Kündigung auf einem Fehlverhalten des Arbeitnehmers beruht.[6]
- der Gesellschafter-Geschäftsführer einer Komplementär-GmbH, der gleichzeitig Kommanditist der KG ist, eine Entlassungsentschädigung erhält. Die Entschädigung ist als Sonderbetriebseinnahme und somit bei den Einkünften aus Gewerbebetrieb nach § 15 Abs. 1 Satz 1 Nr. 2 EStG zu versteuern. Dies gilt jedenfalls dann, wenn der Unternehmensgegenstand der Komplementär-GmbH sich ausschließlich auf die Geschäftsführung der KG beschränkt.[7]
- ein Arbeitgeberwechsel innerhalb eines Konzerns stattfindet und das Arbeitsverhältnis im gleichen Maße bei dem neuen Arbeitgeber fortgeführt wird.[8]

Eine Entschädigung liegt bei der Beendigung von Arbeitsverhältnissen vor, wenn

- Arbeitnehmer und Arbeitgeber eine Vereinbarung zur Aufhebung des Arbeitsverhältnisses unterzeichnen, wenn es dem Arbeitnehmer nicht zuzumuten ist, einen beruflich bedingten Umzug durchzuführen und die Unterzeichnung daher unter tatsächlichem Druck durchgeführt hat.[9]

---

1 BFH v. 25. 8. 2009 - IX R 3/09, BStBl II 2010, 1030.
2 BFH v. 16. 6. 2004 - XI R 55/03, BStBl 2004 II 1055.
3 Ausführlich zu ermäßigten Besteuerung von Entlassungsentschädigungen: *Geserich*, DB 2016, 1953.
4 BFH v. 28. 11. 1991 - XI R 7/90, NWB DokID: FAAAB-32742. Zu beachten ist hier jedoch die neue Rechtsprechung: BFH v. 13.3.2018 - IX R 16/17, NWB DokID: NAAAG-88488; sowie v. 29.2.2012 - IX 28/11, BStBl 2012 II 569.
5 BFH v. 21. 6. 1990 - X R 46/86, BStBl 1990 II 1020.
6 FG Rheinland-Pfalz v. 4. 6. 2003 - 1 K 1690/01, NWB DokID: ZAAAB-05839.
7 OFD Frankfurt a. M. v. 20. 10. 2016, NWB DokID: SAAAF-85909.
8 BFH v. 13. 12. 2005 - XI R 8/05, NWB DokID: WAAAB-82019.
9 BFH v. 6. 5. 1977 - VI R 161/76, BStBl 1977 II 718.

► ein Arbeitnehmer, der als Spitzenkandidat seiner Partei für eine Parlamentswahl kandidiert hat, für die Auflösung seines Arbeitsverhältnisses eine Abfindung erhält. Diese ist als Entschädigung i. S. v. § 24 Nr. 1 Buchst. a EStG anzusehen, wenn der Arbeitgeber die Auflösung des Arbeitsverhältnisses fordert, weil der Steuerpflichtige ein Regierungsamt übernimmt.[1]

Ehrenamtliche Richterinnen und Richter: Aufwandsentschädigungen eines ehrenamtlichen Richters (Schöffen) waren nach Ansicht des FG Baden-Württemberg nicht als Entschädigungszahlungen i. S. von § 24 Nr. 1 Buchst. a EStG zu qualifizieren, da es nicht genüge, dass die Entschädigung dafür entrichtet wird, dass der Stpfl. seiner Tätigkeit in seinem Hauptberuf nicht nachgehen könne. Die Zahlung sei daher unabhängig von dem Hauptberuf. Die Einkünfte wurden als solche aus selbständiger Arbeit qualifiziert, für die u. U. Steuerbefreiungen nach § 3 Nr. 12 EStG oder § 3 Nr. 26 EStG in Frage kommen würden.[2] Diese Auffassung wurde durch den BFH verworfen, da eine Aufwandsentschädigung für Verdienstausfall (§ 18 JVEG) nur dazu dient, die durch die Tätigkeit entstehenden Nachteile auszugleichen. Diese bestehen im erwarteten Verdienstausfall im originär ausgeübten Beruf. Demnach sind Entschädigungen nach § 18 JVEG für Verdienstausfall steuerbar und steuerpflichtig nach § 24 Nr. 1 Buchst. a EStG i. V. m. § 19 Abs. 1 Satz 1 Nr. 1 EStG.[3]

Grenzüberschreitende Abfindungszahlung: Wird eine Abfindungszahlung aufgrund der Beendigung eines Arbeitsverhältnisses grenzüberschreitend geleistet, unterliegt diese Abfindung nicht grundsätzlich der gleichen Behandlung im Rahmen eines Doppelbesteuerungsabkommens wie der laufende Arbeitslohn. So kann ein deutsches Besteuerungsrecht für Löhne, Gehälter oder ähnliche Vergütungen unter den Voraussetzungen des Art. 15 Abs. 1 OECD-MA bestehen, welches jedoch nicht für Abfindungszahlungen gilt, da Abfindungszahlungen nicht **für** die Tätigkeit, sondern aufgrund der **Beendigung** der Tätigkeit geleistet werden.[4] Zu beachten ist bei grenzüberschreitenden Abfindungszahlungen jedoch ab dem VZ 2017 § 50d Abs. 12 EStG. Hiernach wird das Besteuerungsrecht dem Staat zugewiesen, der das Besteuerungsrecht für die bisher geleistete Tätigkeit hatte, sofern keine explizite Regelung für Abfindungszahlungen existiert.[5]

Pensions-/Rentenanspruch: Eine Abfindung ist keine Entschädigung i. S. v. § 24 Nr. 1 Buchst. a EStG, sofern diese einen künftig entstehenden Pensionsanspruch in kapitalisierter Form (vorzeitig) abgilt.[6] Eine Ausgleichszahlung für den Verzicht auf einen höheren Altersvorsorgeanspruch in Form einer „Wechselprämie", wegen eines Wechsels zu einem anderweitig ausgestalteten betrieblichen Altersvorsorgesystem, stellt hingegen eine (Teil-)Entschädigung nach § 24 Nr. 1 Buchst. a EStG dar, da diese den Einnahmenverlust teilweise ausgleichen soll.[7]

Verfallene Urlaubsansprüche: Die Zahlung aufgrund § 15 des Tarifvertrags über das Sozialkassenverfahren im Baugewerbe (VTV) stellt Arbeitslohn dar und ist keine Entschädigung i. S. d.

---

1 BFH v. 6. 3. 2002 - XI R 51/00, BStBl 2002 II 516.
2 FG Baden-Württemberg v. 10.2.2016 - 12 K 1205/14, EFG 2016 S. 994, NWB DokID: BAAAF-73237.
3 BFH v. 31.1.2017 - IX R 10/16, BStBl 2018 II 571. Sofern nach § 18 JVEG andere Einkünfte ausgeglichen werden, sind die Ersatzzahlungen in der entsprechenden Einkunftsart zu berücksichtigen.
4 BFH v. 2. 9. 2009 - I R 90/08, BStBl 2010 II 394. Zu einem hiervon abweichenden Ergebnis aufgrund von Art. 13 Abs. 1 DBA Deutschland-Frankreich kommt das FG Baden-Württemberg mit Urteil v. 16.1.2018 - 6 K 1405/15, NWB DokID: RAAAG-91494, rkr..
5 Vgl. Kraft in KKB, § 50d EStG, Rz. 213.
6 BFH v. 6. 3. 2002 - XI R 51/00, BStBl 2002 II 516.
7 BFH v. 13.3.2018 - IX R 12/17, NWB DokID: VAAAG-83799.

§ 24 Nr. 1a EStG, da die Urlaubsansprüche bereits dadurch entstanden sind, dass der Arbeitnehmer im Geltungsbereich des Tarifvertrags des Baugewerbes tätig war. Daher ist die Zahlung lediglich Entgelt im Rahmen des Arbeitsverhältnisses.[1]

Vorruhestandsgelder: Vorruhestandsgelder, die aufgrund eines Manteltarifvertrages vereinbart werden, sind Teil der Entschädigung für den Verlust des Arbeitsplatzes.[2]

(2) Einkünfte aus Kapitalvermögen, Vermietung und Verpachtung, sonstige Einkünfte
Abstandszahlungen:

53

- Zahlt der Vermieter eines Gebäudes wegen der Kündigung des Mietverhältnisses dem Mieter eine Abfindung für den Eintritt in den vom Mieter langfristig abgeschlossenen Untermietvertrag, gilt die Zahlung als Entschädigung für entgehende Mieteinnahmen i. S. d. § 24 Nr. 1 Buchst. a EStG.[3]
- Zahlungen aufgrund der Auflösung eines Vormietvertrages sind Entschädigungen i. S. v. § 24 Nr. 1 Buchst. a EStG.[4]
- Versicherungsleistungen sind Entschädigungen i. S. v. § 24 Nr. 1 Buchst. a EStG soweit diese einen Vermieter für entgangene Mieteinnahmen entschädigen sollen.[5]

Entschädigung für entgangene Mieteinnahmen: Erhält der Eigentümer, eines wegen unklarer Vermögenslage von der Bundesrepublik Deutschland verwalteten und der Bundesfinanzverwaltung vermieteten Grundstücks, eine nach den erzielten Mieteinnahmen bemessene Entschädigung, gehört diese gem. § 24 Nr. 1 Buchst. a EStG zu den Einkünften i. S. d. § 2 Abs. 1 EStG, auch wenn der Eigentümer nie beabsichtigt hat, das Grundstück selbst zu Vermietungszwecken zu nutzen.[6]

Entschädigung für entgangene Einnahmen aus Genussrechten: Zahlungen für die vorzeitige Beendigung eines Genussrechtsverhältnisses zählen zu den Einkünften aus Kapitalvermögen und zu steuerpflichtigen Entschädigungszahlungen nach § 24 Nr. 1a EStG und nicht zu steuerbaren Veräußerungsvorgängen gem. § 23 EStG.[7]

Faktische Bausperre: Die Entschädigung für eine faktische Bausperre unterliegt nicht der Einkommensteuer und ist daher auch nicht über § 24 Nr. 1 Buchst. a EStG als steuerbare und steuerpflichtige Entschädigung zu qualifizieren.[8]

Nachzahlung von Renten: Die Nachzahlung einer Altersrente ist keine Entschädigung, da dieser Anspruch bereits aus dem Versicherungsverhältnis heraus zusteht. Sofern sie lediglich verspätet erbracht wird, wird durch die Nachzahlung keine entgangene Einnahme abgefunden.[9]

---

1 FG Münster v. 6. 10. 2004 - 1 K 6311/01 E, NWB DokID: KAAAB-42093.
2 BFH v. 16. 6. 2004 - XI R 55/03, BStBl 2004 II 1055.
3 BFH v. 26. 10. 2004 - IX R 10/03, NWB DokID: KAAAB-50838.
4 BFH v. 21. 8. 1990 - VIII R 17/86, BStBl 1991 II 76.
5 BFH v. 1. 12. 1992 - IX R 36/86, NWB DokID: CAAAB-33125.
6 BFH v. 21. 6. 2007 - IX B 5/07, NWB DokID: VAAAC-51316.
7 BFH v. 11. 2. 2015 - VIII R 4/12, BStBl 2015 II 647.
8 BFH v. 12. 9. 1985 - VIII R 306/81, BStBl 1986 II 252; vgl. insbesondere zur Abgrenzung, Stichwort „Entschädigung für entgangene Mieteinnahmen" (BFH v. 21. 6. 2007 - IX B 5/07, NWB DokID: VAAAC-51316).
9 BFH v. 31. 7. 1970 - VI R 177/68, BStBl 1970 II 784.

Nutzungsentgelte gem. § 7 Abs. 7 Satz 2 VermG: Erlangt der Berechtigte nach § 7 Abs. 7 Satz 2 VermG, Gesetz zur Regelung offener Vermögensfragen, Mietentgelte, gelten diese als Entschädigung nach § 24 Nr. 1 Buchst. a EStG.[1]

Schadenersatzzahlungen wegen Verletzung eines Gebrauchsmusters: Die von einem Unternehmen wegen der Verletzung eines Gebrauchsmusters geleisteten Schadensersatzzahlungen stellen steuerpflichtige Einnahmen i. S. v. § 21 Abs. 1 Satz 1 Nr. 3 EStG i. V. m. § 24 Nr. 1 Buchst. a EStG dar.[2]

Typisch stille Gesellschaft: Erhält ein typischer stiller Gesellschafter bei Beendigung der stillen Gesellschaft eine Abfindung, die den Betrag seiner Einlage übersteigt, so gehört der Mehrerlös grundsätzlich zu den Einkünften aus Kapitalvermögen gem. § 20 Abs. 2 Nr. 1 EStG. Aufgrund des gegebenen Sachverhalts lag keine Entschädigung i. S. v. § 24 Nr. 1 Buchst. a EStG vor, wobei aus der Urteilsbegründung nicht eindeutig hervorgeht, dass in diesen Fällen grundsätzlich keine Entschädigung i. S. v. § 24 Nr. 1 Buchst. a EStG gegeben sein kann.[3] Die Abfindung unterliegt ungeachtet dessen § 24 Nr. 1 Buchst. b EStG.[4]

54–57 (*Einstweilen frei*)

4. Aufgabe oder Nichtausübung einer Tätigkeit oder Aufgabe einer Gewinnbeteiligung oder einer Anwartschaft auf eine solche (§ 24 Nr. 1b EStG)

a) Begriffsdefinition

58 Eine Entschädigung i. S. v. § 24 Nr. 1 Buchst. b EStG muss – im Gegensatz zu Buchst. a – nicht auf einer neuen Rechts- oder Billigkeitsgrundlage beruhen.[5] Eine entsprechende Entschädigung liegt im Rahmen einer zukunftsbezogenen Sichtweise dann vor, wenn sie für die Aufgabe oder Nichtausübung einer zukünftigen Tätigkeit gezahlt wird. Es bedarf keiner Anknüpfung an bisherige Tätigkeiten oder Rechtsverhältnisse. Entgegen der Anforderungen an § 24 Nr. 1 Buchst. a EStG ist die Zustimmung des Stpfl. bzw. die Mitwirkung zur Aufgabe oder Nichtausübung der Tätigkeit ohne wirtschaftlichen, rechtlichen oder tatsächlichen Druck kein Hindernis für die Anwendung der Norm.[6] Es bedarf gerade der eigenen Mitwirkung des Steuerpflichtigen. Sofern ein Arbeitnehmer ein ihm vertraglich zugesichertes Optionsrecht nutzt, damit dieser vorzeitig aus dem aktiven Dienstverhältnis ausscheidet und hierfür eine Abfindung erhält, stellt diese Abfindung eine Entschädigung i. S. v. § 24 Nr. 1 Buchst. b EStG dar.[7]

59 Die Gründe für die Mitwirkung des Stpfl. an dem Verzicht auf eine Tätigkeit oder Gewinnbeteiligung sind nicht von Bedeutung. Es bedarf jedoch eines beiderseitigen Interesses von Leistendem und Leistungsempfänger, dass der Leistungsempfänger die Einkünfteerzielung unterlässt.[8]

60 Dem Inhalt der Vereinbarung muss eine wirtschaftliche Bedeutung beizumessen sein, so dass Wettbewerbsverbote in Unternehmenskaufverträgen daher grundsätzlich kein Tatbestand

---

1 BFH v. 11. 1. 2005 - IX R 66/03, BStBl 2005 II 480.
2 FG Münster v. 24. 5. 2013 - 12 K 1529/11 E, NWB DokID: SAAAE-53265.
3 BFH v. 14. 2. 1984 - VIII R 126/82, BStBl 1984 II 580.
4 BFH v. 16. 8. 1995 - VIII B 156/94, NWB DokID: CAAAB-37506.
5 BFH v. 16. 3. 1993 - XI R 10/92, BStBl 1993 II 497.
6 BFH v. 8. 8. 1986 - VI R 28/84, BStBl 1987 II 106; BFH v. 16. 3. 1993 - XI R 10/92, BStBl 1993 II 497.
7 BFH v. 8. 8. 1986 - VI R 28/84, BStBl 1987 II 106.
8 BFH v. 27. 11. 1991 - X R 10/91, NWB DokID: NAAAB-32748.

i. S. v. § 24 Nr. 1 Buchst. b EStG sind. Diese stellen regelmäßig nur einen unselbständigen Teil des Vertrages dar, sodass sie in diesen Fällen nach § 16 Abs. 1 EStG als Teil des Verkaufspreises zu versteuern sind. Sind Wettbewerbsverbote hingegen besonders hoch bezahlt, gesondert vereinbart oder zeitlich begrenzt, ist dies ein Indiz für eine eigene wirtschaftliche Bedeutung, sodass entsprechende Zahlungen gem. § 24 Nr. 1 Buchst. b EStG i. V. m. § 34 Abs. 1 und 2 EStG begünstigt besteuert werden können.[1] Die Zahlungen dürfen – so wie bei Buchst. a – nicht den laufenden Geschäftsvorfällen zuzuordnen sein. Sie müssen einen besonderen Charakter besitzen.

Die Entschädigung darf nicht für vertraglich ohnehin zugesicherte Leistungen gezahlt werden.[2] In der früheren Rechtsprechung des BFH galt, dass nicht das Unterlassen bzw. die Aufgabe der Tätigkeit selbst Gegenstand des Vertrages sein darf. Dies war insbesondere dann der Fall, wenn sich die Leistungen nicht einer Einkunftsart zuordnen ließen.[3] Von dieser Rechtsprechung ist der BFH zwischenzeitlich abgewichen und erkennt auch dann Leistungen als Entschädigung i. S. v. § 24 Nr. 1 Buchst. b EStG an, wenn diese Hauptgegenstand des Vertrags ist.[4] 61

b) **Aufgabe oder Nichtausübung einer Tätigkeit**

Die Aufgabe oder Nichtausübung einer Tätigkeit bedeutet, dass diese spezielle Tätigkeit in einen Zustand des Ruhens versetzt wird.[5] Dies bedeutet entsprechend nicht die Aufgabe des Berufs.[6] So kann ein Arbeitnehmer ohne weiteres nach Beendigung der Tätigkeit, für die eine Entschädigung geleistet wurde, eine weitere Tätigkeit in derselben Branche oder Position aufnehmen oder seine Tätigkeit selbständig ausüben.[7] Nichtausreichend ist die Ausübung der bisherigen Tätigkeit unter abgewandelten Bedingungen. Die Merkmale der bisherigen Tätigkeit müssen sich wesentlich ändern. 62

Für die Anwendbarkeit von § 24 Nr. 1 Buchst. b EStG ist – entsprechend zu Buchst. a – entscheidend, dass sich die Entschädigung einer Einkunftsart zuordnen ließe, wenn die Tätigkeit ausgeübt worden wäre. Wird eine Entschädigungsleistung für mehrere Tätigkeiten entrichtet und ist nicht eindeutig feststellbar zu welcher Einkunftsart sich die Zahlung zuordnen lässt, ist § 22 Nr. 3 EStG einschlägig.[8] 63

c) **Aufgabe einer Gewinnbeteiligung oder einer Anwartschaft**

Die Aufgabe einer Gewinnbeteiligung oder einer Anwartschaft auf eine solche setzt das Vorhandensein einer gesellschaftsrechtlichen Beteiligung voraus. Zudem fallen Abfindungszahlungen bei typisch stillen Gesellschaften ebenfalls unter die Norm.[9] Nicht erforderlich ist das Vorliegen einer Mitunternehmerschaft.[10] Gewinnabhängige Vergütungen eines leitenden An- 64

---

1 BFH v. 23. 2. 1999 - IX R 86/95, BStBl 1999 II 590.
2 BFH v. 17. 7. 1970 - VI R 66/67, BStBl 1970 II 683.
3 BFH v. 21. 9. 1982 - VIII R 140/79, BStBl 1983 II 289.
4 BFH v. 12. 6. 1996 - XI R 43/94, BStBl 1996 II 516.
5 BFH v. 2. 4. 1976 - VI R 67/74, BStBl 1976 II 490.
6 BFH v. 8. 8. 1986 - VI R 28/84, BStBl 1987 II 106.
7 Vgl. *Mellinghoff* in Kirchhof, § 24 EStG Rz. 17.
8 BFH v. 11. 3. 2003 - IX R 76/99, NWB DokID: NAAAA-71615.
9 BFH v. 14. 2. 1984 - VIII R 126/82, BStBl 1984 II 580.
10 BFH v. 10. 10. 2001 - XI R 50/99, BStBl 2002 II 347.

gestellten sind hingegen nicht als Entschädigungen anzusehen, da der Anspruch nicht auf einer Gewinnbeteiligung i. S. der Vorschrift beruht.[1]

65 Entschädigungszahlungen sind nur dann als Entschädigungen i. S. v. § 24 Nr. 1 Buchst. b EStG zu erfassen, wenn diese nicht als Veräußerungs- oder Aufgabegewinn zu erfassen sind. Die §§ 14, 16, 17 und 18 Abs. 3 EStG haben hierbei Vorrang, so dass § 24 Nr. 1 Buchst. b EStG bei den Gewinneinkunftsarten i. d. R. nicht zur Anwendung kommt.[2]

66 Die Zahlung aufgrund des Verzichts auf eine (rechtlich, z. B. testamentarisch,[3] gesicherte) Anwartschaft auf eine Gewinnbeteiligung ist Entschädigung i. S. d. § 24 Nr. 1 Buchst. b EStG.

67 Zusammenfassend ergibt sich folgendes vereinfachtes Prüfungsschema für Entschädigungszahlungen nach § 24 Nr. 1 Buchst. b EStG:

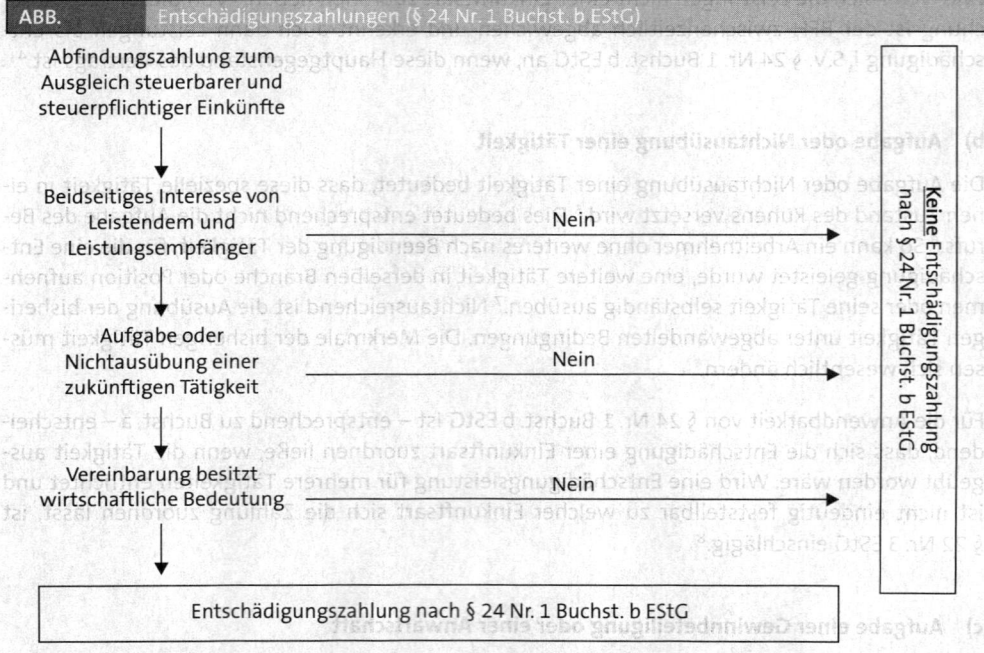

68–71 (*Einstweilen frei*)

5. Ausgleichszahlungen an Handelsvertreter nach § 89b HGB (§ 24 Nr. 1c EStG)

72 Ausgleichszahlungen gem. § 89b HGB kann ein Handelsvertreter verlangen, wenn der Unternehmer nach Vertragsbeendigung mit dem Handelsvertreter aus der Geschäftsverbindung mit neuen Kunden, die der Handelsvertreter geworben hat, weiterhin erhebliche Vorteile hat (§ 89b Abs. 1 Nr. 1 HGB) und die Zahlung eines Ausgleichs unter Berücksichtigung aller Umstände, insbesondere der dem Handelsvertreter aus Geschäften mit diesen Kunden entgehen-

---

1 BFH v. 19. 1. 1976 - VI R 67/75, BStBl 1976 II 286.
2 Vgl. *Schiffers* in Korn, § 24 EStG Rz. 38.
3 Vgl. *Schiffers* in Korn, § 24 EStG Rz. 40.

den Provisionen, der Billigkeit entspricht (§ 89b Abs. 1 Nr. 2 HGB). Eine Ausgleichszahlung ist in den Fällen des § 89b Abs. 3 HGB ausgeschlossen.

Ausgleichszahlungen an Handelsvertreter gem. § 89b HGB fallen nicht unter die Buchst. a und b und stellen laufende (gewerbesteuerpflichtige) Einkünfte dar, selbst dann, wenn sie mit der Aufgabe der Tätigkeit zusammenfallen.[1] Buchstabe c kommt daher ausschließlich die Bedeutung einer begünstigenden Besteuerung über § 34 Abs. 2 Nr. 2 EStG zu. Hierbei sind jedoch die weiteren Voraussetzungen des § 34 EStG zu beachten. So kann bei Teilzahlung einer Ausgleichszahlung nach § 89b HGB zwar eine Entschädigung i. S. v. § 24 Nr. 1 Buchst. c EStG vorliegen, jedoch aufgrund der fehlenden Zusammenballung von Einkünften eine ermäßigte Besteuerung nicht einschlägig sein. 73

Durch den direkten Verweis des § 24 Nr. 1 Buchst. c EStG auf die zivilrechtliche Norm des § 89b HGB muss die Zahlung an den Handelsvertreter unmittelbar aus der Anwendung des § 89b HGB heraus entstammen. Buchstabe c ist jedoch auch auf Fälle anwendbar, in denen andere Kaufleute als Handelsvertreter analog zu § 89b HGB Ausgleichszahlungen erhalten. Hierunter fallen Versicherungsvertreter[2] (gem. § 89b Abs. 5 HGB), Bausparkassenvertreter (gem. § 92 Abs. 5 HGB), Vertragshändler[3] und Kommissionsagenten,[4] wobei Letztere dem Handelsvertreter in wirtschaftlicher Hinsicht – aufgrund des Einbezugs in die Absatzorganisation des Herstellers bzw. Lieferanten – gleichgestellt sein müssen.[5] Die Norm des § 89b HGB muss sinngemäß zur Anwendung gekommen sein. Die Zahlung darf nicht lediglich als Ausgleichszahlung i. S. v. § 89b HGB bezeichnet werden.[6] § 24 Nr. 1 Buchst. c EStG ist auch in den Fällen anwendbar, in denen die Zahlung auf einer zu § 89b HGB vergleichbaren ausländischen Rechtsgrundlage beruht.[7] 74

Die Anwendbarkeit von § 24 Nr. 1 Buchst. a und Buchst. b EStG auf andere Entschädigungszahlungen (z. B. für den Verlust einer Bezirksprovision) als Ausgleichszahlungen i. S. v. § 89b HGB wird durch § 24 Nr. 1 Buchst. c EStG nicht eingeschränkt.[8] 75

Mit neuester Rspr. entschied der BFH, dass eine durch ein Versicherungsunternehmen aufgebaute Alters- und Hinterbliebenenversorgung (Lebensversicherung), die auf den Ausgleichsanspruch nach § 89b HGB angerechnet wird, zu den Einkünften aus Kapitalvermögen gehört und nur dort i. H. des Zinsanteils zu versteuern ist bzw. nach altem Recht steuerfrei ist. Die Zahlung gehört demnach nicht zu den gewerblichen Einkünften nach §§ 15 i. V. m. 24 Nr. 1 Buchst. c EStG, was mit der Natur des versicherten Risikos zusammenhänge. Der Abschluss einer Lebensversicherung ist demnach privat veranlasst und daher dem Privatvermögen zuzuordnen.[9] 76

Betriebsausgaben und Werbungskosten, die im Zusammenhang mit der Ausgleichszahlung stehen, sind abziehbar (vgl. → Rz. 25). 77

(Einstweilen frei) 78–81

---

1 BFH v. 5. 12. 1968 - IV R 270/66, BStBl 1969 II 196.
2 BFH v. 9. 2. 2011 - IV R 37/08, NWB DokID: DAAAD-83198.
3 BFH v. 12. 10. 1999 - VIII R 21/97, BStBl 2000 II 220.
4 BFH v. 24. 1. 1974 - IV R 76/70, BStBl 1974 II 295.
5 BGH v. 6. 10. 1993 - VIII ZR 172/92, BB 1993, 2401.
6 BFH v. 12. 10. 1999 - VIII R 21/97, BStBl 2000 II 220.
7 FG Düsseldorf v. 12. 3. 1997 - 14 K 2456/93, EFG 1997, 668.
8 BFH v. 19. 7. 1966 - I 235/63, BStBl II 1966, 624; BFH v. 23. 1. 2001 - XI R 7/00, BStBl 2001 II 541.
9 BFH v. 8.12.2016 - III R 41/14, NWB DokID: WAAAG-42959.

II. Einkünfte aus einer ehemaligen Tätigkeit oder früherem Rechtsverhältnis (§ 24 Nr. 2 EStG)

1. Allgemeines

82 § 24 Nr. 2 EStG hat ergänzenden Charakter. Die Norm begründet – wie Nr. 1 – keine Steuerpflicht und stellt lediglich klar, dass auch nachträglich zufließende Einnahmen zu den Einkünften i. S. v. § 2 Abs. 1 EStG gehören. Konstitutive Bedeutung erlangt die Norm durch § 24 Nr. 2 2. Halbsatz EStG. Hierdurch wird bestimmt, dass Einnahmen auch dann zu steuerpflichtigen Einkünften gehören, wenn diese dem Rechtsnachfolger zufließen. Neben nachträglichen Einnahmen sind von der Norm korrespondierend auch nachträgliche Betriebsausgaben oder Werbungskosten erfasst.[1] Die Einkünfte gem. § 24 Nr. 2 EStG unterliegen keiner Tarifermäßigung.

83 Die Unterscheidung zwischen einer früheren Tätigkeit und einem früheren Rechtsverhältnis innerhalb der Norm führt zu keiner differenzierenden Behandlung dieser Einkünfte. Sie dient lediglich der Verdeutlichung.[2] Nachträgliche Einnahmen fließen dem Stpfl. oder dem Rechtsnachfolger zu, wenn die Tätigkeit oder das Rechtsverhältnis bereits beendet wurde. So führen jedoch nur die Einnahmen zu Einkünften i. S. v. § 24 Nr. 2 EStG, die mit einer früheren steuerbaren Tätigkeit in einem wirtschaftlichen Zusammenhang stehen.[3]

84 Gleiches gilt für nachträgliche Betriebsausgaben oder Werbungskosten. In der früheren Rechtsprechung des BFH waren zwar nachträgliche Betriebsausgaben abziehbar, nachträgliche Werbungskosten hingegen grundsätzlich nicht.[4] Dies wurde damit begründet, dass der wirtschaftliche Veranlassungszusammenhang zwischen der Einkunftsart und den Aufwendungen durch die Beendigung des Rechtsverhältnisses durchbrochen wurde. Geänderte rechtliche Rahmenbedingungen haben den BFH jedoch zu einem Wandel in der Rechtsprechung gezwungen, so dass nachträgliche Aufwendungen – sowohl bei Gewinn- als auch bei Überschusseinkunftsarten – grundsätzlich abziehbar sind (vgl. → Rz. 95 ff.).[5] Beschränkungen des Abzugs existieren bei Gründen, die in der Privatsphäre des Stpfl. liegen (vgl. → Rz. 97).[6]

85 Die Bestimmung der Einkunftsart, welcher die Einnahmen oder Ausgaben zugeordnet werden, erfolgt unter der Fiktion, dass die Tätigkeit weiterhin ausgeübt wird oder das Rechtsverhältnis noch besteht.[7]

86–90 (Einstweilen frei)

---

1 So bereits RFH v. 23. 11. 1938 - VI 692/38, RStBl 1939, 233.
2 Vgl. *Mellinghoff* in Kirchhof, § 24 EStG Rz. 26.
3 BFH v. 24. 1. 1996 - X R 14/94, BStBl 1996 II 287.
4 Exemplarisch BFH v. 12. 9. 2007 - VIII R 38/04, NWB DokID: YAAAC-63044.
5 So z. B. bei BFH v. 16. 3. 2010 - VIII R 20/08, BStBl 2010 II 787.
6 Vgl. *Geißler*, NWB 2015, 332 ff.
7 Vgl. *Mellinghoff* in Kirchhof, § 24 EStG, Rz. 26.

2. Frühere Tätigkeit (§ 2 Abs. 2 Satz 1 Nr. 1 bis 4 EStG)

a) Frühere Gewinneinkünfte (§ 2 Abs. 2 Satz 1 Nr. 1 bis 3 EStG)

aa) Grundfragen

Nachträgliche Einnahmen oder Betriebsausgaben im Rahmen von Gewinneinkünften können grundsätzlich nur dann anfallen, wenn diese nicht bereits in der Schlussbilanz im Zeitpunkt der Betriebsaufgabe erfasst wurden. Diese Verpflichtung zur Erstellung einer Schlussbilanz nach § 4 Abs. 1 EStG gilt auch, sofern die Gewinnermittlung bisher nach § 4 Abs. 3 EStG vorgenommen wurde.[1] Die spätere Vereinnahmung oder Verausgabung von Beträgen stellt im Folgenden nur eine Vermögensumschichtung dar und ist steuerlich irrelevant. Etwas anderes gilt, wenn die Einnahmen oder Ausgaben bisher nicht berücksichtigt wurden.

Darüber hinaus ist abzugrenzen, ob bei nachträglichen Ereignissen eine Änderung i.S.v. § 175 Abs. 1 Satz 1 Nr. 2 AO in Betracht kommt. Zwar werden Anpassungen grundsätzlich nicht rückwirkend, sondern in dem Veranlagungszeitraum berücksichtigt, in dem sich der Sachverhalt ändert, jedoch gilt etwas anderes, wenn Steuertatbestände an einmalige Vorgänge anknüpfen.[2] In diesen Fällen – und somit insbesondere bei Veräußerungsvorgängen oder Betriebsaufgaben – ist zu prüfen, ob ein rückwirkendes Ereignis i.S.v. § 175 Abs. 1 Satz 1 Nr. 2 AO vorliegt. Ist dies der Fall liegen keine nachträglichen Betriebseinnahmen oder -ausgaben nach § 24 Nr. 2 EStG vor. Exemplarisch gilt dies für Wertberichtigungen auf Forderungen oder Forderungsausfälle.[3]

bb) Einzelfälle

Auseinandersetzungsguthaben: Erhält der aus einer Personengesellschaft ausscheidende Gesellschafter sein Auseinandersetzungsguthaben erst im Laufe mehrerer Jahre in Raten und hat er das Recht, die Bemessung jeder Rate im Jahr der Fälligkeit nach dem jeweiligen Preis eines Sachwertes zu verlangen, so stellen die Unterschiede zwischen den bei Ausscheiden festgesetzten Nennbeträgen der Ratenzahlungen und den durch die Ausübung des Rechts erhöhten Auszahlungsbeträgen laufende gewerbliche nachträgliche Einnahmen dar.[4]

Besserungsoption: Vereinbaren die Vertragsparteien beim Verkauf eines Anteils an einer Kapitalgesellschaft eine Besserungsoption, welche dem Verkäufer ein Optionsrecht auf Abschluss eines Änderungsvertrages zum Kaufvertrag mit dem Ziel einer nachträglichen Beteiligung an der Wertentwicklung des Kaufgegenstands einräumt, stellt die spätere Ausübung des Optionsrechts und der hiermit verbundene Zufluss zusätzlicher Einnahmen kein rückwirkendes Ereignis dar. Diese Einnahmen sind nachträgliche Einkünfte nach § 24 Nr. 2 EStG i.V. m. § 17 Abs. 2 EStG im Zeitpunkt des Zuflusses.[5]

Festschreibung von Betriebsvermögen: Der Übergang von einem einkommensteuerrechtlich relevanten Erwerbsbetrieb zur Liebhaberei („Strukturwandel") stellt keine gewinnrealisierende Betriebsaufgabe dar.[6] Da hierbei das Betriebsvermögen ins steuerlich nicht relevante Privat-

---

1 R 4.5 Abs. 6 EStR 2014.
2 BFH v. 19. 7. 1993 - GrS 2/92, BStBl 1993 II 897.
3 Vgl. KKB/Franz/Handwerker, § 16 EStG Rz. 541 ff.
4 BFH v. 16. 7. 1964 - IV 377/62 U, BStBl 1964 III 622.
5 BFH v. 23. 5. 2012 - IX R 32/11, BStBl 2012 II 675.
6 Ausführlich BFH v. 11. 5. 2016 - X R 61/14, NWB DokID: FAAAF-78700.

vermögen überführt wird, ohne die stillen Reserven aufzulösen, sind die nachfolgend steuerpflichtigen Veräußerungsgewinne nachträgliche Einkünfte i. S. v. § 24 Nr. 2 EStG.[1]

Geschäfts- und Firmenwert: Ein originärer Geschäftswert ist bei der Ermittlung des Aufgabegewinns nach erklärter Betriebsaufgabe anlässlich der Verpachtung eines Gewerbebetriebs nicht anzusetzen. Wird das verpachtete Unternehmen später veräußert und der Geschäftswert tatsächlich realisiert, ist der Erlös eine nachträgliche gewerbliche Einnahme, da der Geschäfts- und Firmenwert nicht privatisiert werden kann.[2]

Erweiterte Honorarverteilung der Kassenärztlichen Vereinigungen: Bezüge eines Kassenarztes aus der sog. erweiterten Honorarverteilung der Kassenärztlichen Vereinigung Hessen gehören zu den nachträglichen Einkünften aus selbständiger Arbeit.[3]

Milchaufgabevergütungen: Nach der Aufgabe eines milcherzeugenden Betriebes gezahlte Milchaufgabevergütungen gehören zu den nachträglichen Einkünften aus Land- und Forstwirtschaft.[4]

Rücklage nach § 6b EStG: Wird für den Gewinn aus der Veräußerung eines Gewerbebetriebs eine Rücklage nach § 6b EStG gebildet, so führt die spätere Auflösung der Rücklage zu nachträglichen Einkünften aus Gewerbebetrieb.[5]

Versorgungsrenten: Versorgungsrenten, die auf einer früheren gewerblichen oder freiberuflichen Tätigkeit des Stpfl. oder seines Rechtsvorgängers beruhen, gehören zu den nachträglichen gewerblichen oder freiberuflichen Einkünften.[6]

Zurückbehaltene Forderungen nach § 24 UmwStG: Ermittelt der Steuerpflichtige vor der Einbringung seiner Praxis in eine Personengesellschaft den Gewinn nach § 4 Abs. 3 EStG, so sind die zurückbehaltenen Forderungen (unwesentliche Betriebsgrundlage) als nachträgliche Einnahmen aus freiberuflicher Tätigkeit nach § 24 Nr. 2 EStG im Zuflusszeitpunkt zu erfassen.[7]

cc) **Nachträgliche Betriebsausgaben**

(1) **Einzelfälle**

Betriebssteuern: Nachträgliche Betriebsausgaben sind auch gezahlte Betriebssteuern, wenn bei Gewinnermittlung nach § 4 Abs. 3 EStG auf den Zeitpunkt der Betriebsaufgabe eine Schlussbilanz nicht erstellt wurde und dies nicht zur Erlangung ungerechtfertigter Steuervorteile geschah.[8]

Schuldzinsen: Siehe → Rz. 95 ff.

Zahlungen zu Rentenverpflichtungen: Betrieblich veranlasste Rentenverpflichtungen sind nach Betriebsaufgabe weiterhin als Betriebsschuld zu behandeln, wenn sie zwar durch die bei

---

1 BFH v. 29.10.1981 - IV R 138/78, BStBl 1982 II 381.
2 BFH v. 14.2.1978 - VIII R 158/73, BStBl 1979 II 99, BFH v. 30.1.2002 - X R 56/99, BStBl 2002 II 387.
3 BFH v. 22.9.1976 - IV R 112/71, BStBl 1977 II 29.
4 BFH v. 7.9.1989 - IV R 91/88, BStBl 1989 II 975.
5 BFH v. 4.2.1982 - IV R 150/78, BStBl 1982 II 348.
6 BFH v. 10.10.1963 - VI 322/61 U, BStBl 1963 III 592; BFH v. 18.10.1989 - I R 126/88, BStBl 1990 II 377; BFH v. 22.3.2006 - XI R 60/03, NWB DokID: KAAAC-16037.
7 BFH v. 4.12.2012 - VIII R 41/09, BStBl 2014 II 288.
8 BFH v. 13.5.1980 - VIII R 84/79, BStBl 1980 II 692.

der Aufgabe erzielten Erlöse hätte abgelöst werden können, der Rentenberechtigte der Ablösung aber nicht zugestimmt hat.[1]

(2) Besonderheiten des Schuldzinsenabzugs

Zinsaufwendungen sind nachträglich abziehbar, wenn die zugrunde liegende Verbindlichkeit, die während des Bestehens des Betriebes begründet wurde,[2] nicht durch den Veräußerungserlös oder die Verwertung von Aktivvermögen bei der Aufgabe einer Tätigkeit beglichen werden konnte (Grundsatz der Schuldentilgung).[3] Die Verbindlichkeiten bleiben weiterhin durch die frühere Tätigkeit veranlasst und stellen „Restbetriebsvermögen"[4] dar.[5] 95

Werden Wirtschaftsgüter durch eine Betriebsaufgabe in das Privatvermögen überführt, müssen diese veräußert und die verbliebenen Verbindlichkeiten mit diesen Erlösen getilgt werden. Geschieht dies nicht, muss der Steuerpflichtige gegen sich gelten lassen, dass die Verbindlichkeit, in der Höhe des Teilwertes mit denen diese in das Privatvermögen übernommen wurden, als beglichen gelten. Ein Schuldzinsenabzug scheidet folglich aus. Reicht der tatsächliche bzw. der fingierte Veräußerungserlös nicht aus, um die Verbindlichkeiten zu tilgen, bleiben die Schuldzinsen abziehbar. 96

Diese Grundsätze gelten für Personengesellschaften gleichermaßen mit der Folge, dass Aktivvermögen des Sonderbetriebsvermögens I zur Schuldentilgung verwendet werden muss. Dies gilt jedoch nur für die Tilgung von Darlehen des Sonderbetriebsvermögens I und nicht für Gesamthandsschulden der Gesellschaft.[6] Darlehen des Sonderbetriebsvermögens II müssen durch den Veräußerungserlös des Mitunternehmeranteils getilgt werden. Reicht der Veräußerungserlös nicht aus, ist ein nachträglicher Schuldzinsenabzug möglich.[7]

Kann die Verbindlichkeit aufgrund von Verwertungs-, Auszahlungs- oder Tilgungshindernissen, die ihren Ursprung in der betrieblichen Sphäre haben, nicht beglichen werden, ist ein Abzug von Schuldzinsen nach Aufgabe der Tätigkeit bis zum Wegfall des Hindernisses möglich. 97

- **Verwertungshindernis:** Aktivvermögen kann aus rechtlichen (z. B. Sicherungsrechte) oder faktischen Gründen (z. B. kein kaufbereiter Vertragspartner zu marktüblichen Preisen zu finden) nicht veräußert werden. Bei faktischen Gründen wird den Stpfl. eine erhöhte Nachweispflicht treffen.
- **Auszahlungshindernis:** Veräußerungserlöse werden durch den Vertragspartner nicht oder nicht rechtzeitig ausgezahlt.[8]
- **Tilgungshindernis:** Die Tilgung einer Verbindlichkeit kann (z. B. aus vertraglichen Gründen) nicht vorgenommen werden.

Stehen privat veranlasste Gründe der Schuldentilgung entgegen, ist ein nachträglicher Schuldzinsenabzug hingegen nicht möglich. Bei gemischt genutzten Wirtschaftsgütern (z. B. privat als auch gewerblich bzw. selbständig genutzte Gebäude) ist die Verwertung des Wirtschafts-

---

1 BFH v. 22. 9. 1999 - XI R 46/98, BStBl 2000 II 120.
2 BFH v. 12. 11. 1997 - XI R 98/96, BStBl 1998 II 144.
3 BFH v. 28. 3. 2007 - X R 15/04, BStBl 2007 II 642.
4 BFH v. 7. 7. 1998 - VIII R 5/96, BStBl 1999 II 209.
5 BFH v. 11. 12. 1980 - I R 61/79, BStBl 1981 II 461.
6 BFH v. 13. 2. 1996 - VIII R 18/92, BStBl 1996 II 291.
7 BFH v. 27. 11. 1984 - VIII R 2/81, BStBl 1985 II 323.
8 BFH v. 27. 11. 1984 - VIII R 2/81, BStBl 1985 II 323.

gutes vorzunehmen. Wird dies aus Gründen unterlassen, die in der privaten Sphäre liegen, liegt kein Hindernis vor, was wiederum einem Schuldzinsenabzug entgegensteht.[1] Etwas anderes kann gelten, wenn der Steuerpflichtige ausschließlich für ihn nachteilig und dem Grund nach unwirtschaftlich handeln müsste, z. B. durch Rückkauf einer Kapitallebensversicherung mit erheblichen Verlusten, sofern durch die bisherige Finanzierungsform im Vergleich zu einer Umfinanzierung günstigere Konditionen gewahrt werden können.[2] Wird der Veräußerungserlös zur Anschaffung einer neuen Einkunftsquelle verwendet, steht das bisherige Darlehen mit dieser neuen Einkunftsquelle in einem Veranlassungszusammenhang. So entfällt ein nachträglicher Schuldzinsenabzug, wenn der Veräußerungserlös aus freien Stücken verzinslich gestundet wird. Das Darlehen steht in der Folge mit Einkünften aus Kapitalvermögen in einem Veranlassungszusammenhang.[3]

98 Bisher nicht höchstrichterlich geklärt ist die Anwendbarkeit von § 4 Abs. 4a EStG im Zusammenhang mit nachträglichen Schuldzinsen. Dem Gesetzeswortlaut nach scheidet ein Schuldzinsenabzug aus, sofern Überentnahmen getätigt worden sind. Dieser Begriff ist wiederum in § 4 Abs. 4a Satz 2 EStG definiert und stellt den Betrag dar, um den die Entnahmen die Summe des Gewinns und der Einlagen übersteigen. Da nach einer Betriebsaufgabe keine Entnahmen und Einlagen vorgenommen werden können, könnte die Anwendbarkeit ausgeschlossen sein. Diese sehr enge Auslegung ist jedoch u. E. nicht angemessen und führt zu einem nicht vertretbaren Ergebnis, denn somit wären Zinsaufwendungen – sofern alle anderen Kriterien erfüllt sind – vor einer Betriebsaufgabe bspw. nicht abziehbar und nach der Betriebsaufgabe voll abziehbar.[4] Dies würde dem Zweck der Norm, einen Schuldzinsenabzug bei Entnahme von Fremdkapital einzuschränken,[5] nicht entsprechen.

dd) Gewinnermittlung

99 Nachträgliche Einkünfte i. S. d. § 24 Nr. 2 EStG können durch Betriebsvermögensvergleich nach § 4 Abs. 1 EStG oder durch Einnahmenüberschussrechnung nach § 4 Abs. 3 EStG ermittelt werden. Dies ist von den Senaten des BFH jedoch bisher unterschiedlich entschieden worden. Der I. Senat des BFH hat entschieden, dass eine Rückstellungsbildung nach der Geschäftsveräußerung nicht mehr zulässig ist und plädiert für eine sinngemäße Anwendung von § 4 Abs. 3 EStG, wobei fraglich – und durch den BFH nicht weiter diskutiert – ist, ob § 4 Abs. 3 EStG in gleicher Weise wie bei einem laufenden Gewerbebetrieb anzuwenden sei.[6] Der VIII. Senat des BFH hat demgegenüber die Anwendbarkeit von § 4 Abs. 1 EStG bejaht.[7]

Der IV. Senat hat in neuerer Rechtsprechung die Anwendbarkeit von § 4 Abs. 1 EStG abgelehnt, da der Gewinnermittlung durch Betriebsvermögensvergleich nach § 4 Abs. 1, § 5 EStG eine Bewertung von Bilanzpositionen unter Bildung stiller Reserven zugrunde liegt. Die im Betriebsvermögensvergleich enthaltenen Wirtschaftsgüter werden aber zuletzt im Zeitpunkt der Be-

---

1 BFH v. 28. 3. 2007 - X R 15/04, BStBl 2007 II 642.
2 BFH v. 16. 9. 2015 - IX R 40/14, BStBl 2016 II 78; a. A. FG Niedersachsen v. 16. 3. 2010 - 12 K 10235/07, NWB DokID: RAAAD-45219.
3 FG Düsseldorf v. 10.7.2018 - 10 K 1911/17 F, NWB DokID: DAAAG-95819, Rev. zugelassen; zur zinslosen Stundung BFH v. 1.10.1996 - VIII R 68/94, BStBl 1997 II 454.
4 Vgl. Geißler/Quinten, DStZ 2015, 956 ff. Bestätigt durch FG München v. 11.8.2016 - 10 K 746/16, NWB DokID: RAAAG-52364.
5 Vgl. Weber-Grellet, DB 2012, 1889 (1892).
6 BFH v. 22. 2. 1978 - I R 137/74, BStBl 1978 II 430.
7 BFH v. 24. 10. 1979 - VIII R 49/77, BStBl 1980 II 186.

triebsveräußerung bzw. Betriebsaufgabe in der Schlussbilanz erfasst. Soweit in diesen stille Reserven enthalten sind, erhöhen diese den Aufgabe- bzw. Veräußerungsgewinn. Nicht veräußerte aktive Wirtschaftsgüter werden in das Privatvermögen überführt. Ein Betriebsvermögensvergleich i. S. einer Gegenüberstellung des Aktiv- und des Passivvermögens ist deshalb ab dem Zeitpunkt einer Betriebsveräußerung oder einer Betriebsaufgabe nicht mehr möglich. Bei einem Betriebsvermögensvergleich sind zudem die Bewertungsvorschriften des EStG anzuwenden, welche u. a. auf der Annahme beruhen, dass der Betrieb fortgeführt wird. Daher kommt die Gewinnermittlung nachträglicher Einkünfte nur durch sinngemäße Anwendung von § 4 Abs. 3 EStG unter Berücksichtigung des Zufluss- und Abflussprinzips gem. § 11 EStG in Betracht.[1] Dieser Ansicht ist u. E. ohne Weiteres zuzustimmen.

Sollte entgegen der o. a. Rechtsprechung ein Wahlrecht zwischen beiden Gewinnermittlungsarten bestehen, so ist das Wahlrecht einmalig auszuüben und die Einkünfte jährlich mithilfe der jeweiligen Gewinnermittlungsart zu erklären, damit der entsprechende Gewinn bzw. Verlust berücksichtigt werden kann. Unterbleibt die Wahl dadurch, dass keine Gewinnermittlung eingereicht wird, verbleibt nur die Ermittlung durch Einnahmenüberschussrechnung.[2]

b) Frühere nichtselbständige Arbeit (§ 2 Abs. 2 Satz 1 Nr. 4 EStG)

Bei nachträglichen Einkünften aus nichtselbständiger Arbeit gilt das Zufluss- und Abflussprinzip nach § 11 EStG. Nachträgliche Einkünfte können durch Nachzahlung von Lohn oder sonstigen Bezügen entstehen, wenn diese in einem Veranlassungszusammenhang mit der früheren Tätigkeit stehen. Die Nachzahlung originär steuerfreier Lohnbestandteile führt nicht zu nachträglich steuerpflichtigen Einkünften. Abfindungszahlungen fallen nicht unter § 24 Nr. 2 EStG, da sie unter § 24 Nr. 1 Buchst. a EStG zu subsumieren sind.

Zu den Einkünften aus einer früheren nichtselbständigen Arbeit gehören lebenslängliche Versorgungszusagen[3] oder Übergangsgebührnisse gem. § 11 Soldatenversorgungsgesetz (SVG).[4] Hierbei ist jedoch zu beachten, dass Versorgungsbezüge aus früheren Dienstverhältnissen dem Tatbestand nach § 19 Abs. 1 Satz 1 Nr. 2 EStG unterliegen.[5] Nachträgliche Einkünfte nach § 24 Nr. 2 EStG i. V. m. § 19 EStG unterliegen dem Lohnsteuerabzug gem. § 38 Abs. 3 EStG.

Nachträgliche Werbungskosten können durch die nachträgliche Inanspruchnahme als Haftungsschuldner[6] oder bei Bürgschaftsverpflichtungen vorkommen. Für den Abzug nachträglicher Werbungskosten bedarf es jedoch eines besonderen (starken) Veranlassungszusammenhangs zum Arbeitsverhältnis. So liegen keine nachträglichen Werbungskosten vor, wenn eine Kapitalbeteiligung mit Verlust veräußert werden muss, weil das Arbeitsverhältnis beendet wird.[7] Ebenfalls liegen keine nachträglichen Werbungskosten vor, wenn die Aufwendungen maßgeblich durch das Gesellschaftsverhältnis veranlasst wurden.[8]

(Einstweilen frei) 103–107

---

1 BFH v. 23. 2. 2012 - IV R 31/09, NWB DokID: AAAAE-14034. Dies entspricht der Auffassung der FinVerw: H 24.2 EStH.
2 BFH v. 11. 2. 1999 - XI S 14/98, NWB DokID: AAAAE-14034.
3 BMF v. 1. 11. 2013, BStBl 2013 I 1326.
4 BFH v. 1. 8. 2007 - XI R 55/05, NWB DokID: FAAAC-64527.
5 Vgl. Schiffers in Korn, § 24 EStG Rz. 56.
6 BFH v. 14. 10. 1960 - VI 45/60 U, BStBl 1961 II 20.
7 BFH v. 17. 9. 2009 - VI R 24/08, BStBl 2010 II 198.
8 BFH v. 8. 12. 1992 - VIII R 99/90, NWB DokID: JAAAA-97254, m. w. N.

3. Früheres Rechtsverhältnis (§ 2 Abs. 2 Satz 1 Nr. 5 bis 7 EStG)

a) Nachträgliche Einnahmen

108 Nachträgliche Einkünfte können bei allen in der Norm genannten Einkunftsarten auftreten. So liegen beispielhaft nachträgliche Einkünfte bei Ausschüttungen nach der Veräußerung von Anteilen an Kapitalgesellschaften i. S. v. § 20 EStG vor oder bei Mieterträgen nach Veräußerung der Immobilie i. S. v. § 21 EStG.[1] Auch überhöhte Pensionszahlungen können in Form einer verdeckten Gewinnausschüttung zu nachträglichen Einkünften aus Kapitalvermögen führen.[2] Ersparte Aufwendungen können ebenfalls als Einkünfte qualifiziert werden.[3] Die Abtretung von Forderungen im Zusammenhang mit Miet- oder Zinsforderungen führt nicht zu einer abweichenden Behandlung, so dass der Zedent entsprechende Einkünfte bezieht, auch wenn der Zessionär diese erhält.[4]

b) Nachträgliche Werbungskosten

109 Zu den nachträglichen Werbungskosten gehören sämtliche Aufwendungen, die durch das frühere Rechtsverhältnis veranlasst sind, aber erst nach Beendigung des Rechtsverhältnisses gezahlt werden. Besondere Bedeutung erlangt § 24 Nr. 2 EStG hierbei bei nachträglich anfallenden Schuldzinsen.

110 In früherer ständiger Rechtsprechung sah der BFH – entgegen der Behandlung nachträglicher Schuldzinsen bei den Gewinneinkunftsarten – den Veranlassungszusammenhang von Darlehen und dem damit finanzierten Rechtsverhältnis stets als durchbrochen an, wenn die Einkünfteerzielung beendet wurde. Dies hat zur Folge, dass das über die Aufgabe des Rechtsverhältnisses bestehende Darlehen der privaten Vermögensebene zugeordnet wurde und die anfallenden Schuldzinsen nicht mehr zum Abzug zugelassen wurden.[5] Nach einer umfassenden Rechtsprechungsänderung aufgrund der Absenkung der Wesentlichkeitsschwelle i. S. v. § 17 EStG[6] und der Verlängerung der Spekulationsfrist bei Immobilien i. S. v. § 23 Abs. 1 Satz 1 Nr. 1 EStG[7] sind – unter Einhalt weiterer Voraussetzungen – nachträgliche Schuldzinsen abziehbar.

111 Wird eine Beteiligung i. S. v. § 17 EStG gehalten und diese mit einem Darlehen refinanziert, sind die entstehenden Schuldzinsen bei den Einkünften nach § 20 EStG abziehbar.[8] Der Veranlassungszusammenhang zwischen Darlehensaufnahme und Beteiligung wird durch die Aufgabe oder Veräußerung der Beteiligung nicht (mehr) durchbrochen. Kann das Darlehen durch den Veräußerungs- oder Liquidationserlös nicht getilgt werden, sind die entstehenden Schuldzinsen abziehbar. Hier gilt – vergleichbar zu den Überschusseinkunftsarten – der Grundsatz des Vorrangs der Schuldentilgung. Privat veranlasste Überlegungen zur Nichtablösung eines Darlehens führen zur Verwehrung des Schuldzinsenabzugs. Beschränkt wird die Abzugsfähigkeit durch die Einführung der Abgeltungsteuer, da hierdurch der Werbungskostenabzug gem.

---

[1] Vgl. *Mellinghoff* in Kirchhof, § 24 EStG Rz. 39.
[2] Vgl. *Schiffers* in Korn, § 24 EStG Rz. 59.
[3] BFH v. 19. 1. 2010 - X R 17/09, NWB DokID: MAAAD-40099.
[4] Vgl. *Mellinghoff* in Kirchhof, § 24 EStG Rz. 39; *Wacker* in Schmidt, § 24 EStG Rz. 64.
[5] BFH v. 12. 9. 2007 - VIII R 38/04, NWB DokID: YAAAC-63044.
[6] BFH v. 16. 3. 2010 - VIII R 20/08, BStBl 2010 II 787.
[7] BFH v. 20. 6. 2012 - IX R 67/10, BStBl 2013 II 275.
[8] BFH v. 8. 10. 1985 - VIII R 234/84, BStBl 1986 II 596.

§ 20 Abs. 9 EStG suspendiert wird.[1] Dies steht der für Steuerpflichtige positiven Rechtsprechung entgegen. Ein Abzug ist dann denkbar, wenn der Steuerpflichtige zur Anwendung des Teileinkünfteverfahrens gem. § 32d Abs. 2 Nr. 3 EStG optiert.[2] Ein Antrag kann jedoch nur letztmals in dem Jahr gestellt werden, in dem die Beteiligung existiert. Ein Abzug der Schuldzinsen ist daraufhin im Jahr der Aufgabe der Beteiligung und in den folgenden vier Jahren möglich.[3]

Fraglich ist, ob die Rechtsprechungsänderung zur Abzugsfähigkeit von Schuldzinsen nach Veräußerung oder Aufgabe der Beteiligung auch auf sämtliche andere Einkünfte aus Kapitalvermögen übertragbar ist.[4] Sollte dies der Fall sein, sind die praktischen Auswirkungen jedoch gering, da bei den sonstigen Kapitaleinkünften keine Optionsmöglichkeit nach § 32d Abs. 2 Nr. 3 EStG existiert. Denkbar sind alleinig noch Sachverhalte in denen das Werbungskostenabzugsverbot lex specialis suspendiert wird (z. B. § 32d Abs. 2 Nr. 1 Satz 1 Buchst. b EStG).[5] 112

Im Einklang zu der geänderten Rechtsprechung bei der Abzugsfähigkeit nachträglicher Schuldzinsen nach Veräußerung oder Aufgabe einer Beteiligung i.S.v. § 17 EStG ist die Abzugsfähigkeit nachträglicher Schuldzinsen nach Veräußerung einer Immobilie bei den Einkünften aus Vermietung und Verpachtung nach § 21 EStG angepasst worden. Schuldzinsen sind unabhängig davon, ob die Spekulationsfrist des § 23 Abs. 1 Satz 1 Nr. 1 EStG bereits abgelaufen ist oder nicht, nach der Veräußerung einer Immobilie abziehbar, sofern der Veräußerungserlös nicht zur Tilgung des Darlehens ausgereicht hat[6] und der Grundsatz der Schuldentilgung eingehalten wurde (vgl. → Rz. 97). Die FinVerw hat sich dieser Sichtweise zwischenzeitlich angeschlossen.[7] 113

Für nachträgliche Schuldzinsen bei den Überschusseinkunftsarten gelten Besonderheiten bei Rückzahlungs-, Verwertungs- und Auszahlungshindernissen gleichermaßen zu den Gewinneinkunftsarten (vgl. → Rz. 97). 114

Entstehen Schuldzinsen während der Einkünfteerzielung und werden diese erst nach Beendigung der Einkünfteerzielung ausgezahlt, ist die Berücksichtigung in Form von Werbungskosten ohne weiteres möglich. 115

Ist der Steuerpflichtige in gesellschaftsrechtlicher Verbundenheit an einer Einkünfteerzielung beteiligt (z. B. vermögensverwaltende Personengesellschaft) gelten die Grundsätze der Abzugsfähigkeit nachträglicher Schuldzinsen entsprechend. Dem Gesellschafter ist dabei das aufgenommene und durch die Einkünfteerzielung veranlasste Darlehen in dem Verhältnis anteilig zuzurechnen, in welchem er an der Gesellschaft beteiligt ist.[8] Wird ein Gesellschafter im Zuge der Nachhaftung i.S.v. § 736 Abs. 2 BGB i.V. m. § 160 HGB zur Nachzahlung von Schuldzinsen verurteilt, sind diese als nachträgliche Schuldzinsen abziehbar. Dies gilt aufgrund der fehlenden Möglichkeit einer Beschränkung der Haftung im Außenverhältnis auch dann, wenn der Gesellschaftsanteil veräußert wurde und damit der Veranlassungszusammenhang zwischen 116

---

1 Vgl. KKB/Kempf, § 20 EStG Rz. 471 ff.
2 Vgl. KKB/Egner/Quinten, § 32d EStG Rz. 12 ff.
3 Ausführlich zur letztmaligen Optionsausübung *Geißler*, NWB 2015, 336; sowie mit a. A. OFD Rheinland v. 16. 3. 2012, NWB DokID: XAAAE-08184.
4 Zustimmend *Köhler*, BB 2010, 2223.
5 Vgl. *Geißler*, NWB 2015, 338 f.
6 BFH v. 20. 6. 2012 - IX R 67/10, BStBl 2013 II 275; BFH v. 8. 4. 2014 - IX R 45/13, BStBl 2015 II 635 Zu aktuellen Entwicklungen beim nachträglichen Schuldzinsenabzug bei Einkünften nach § 21 EStG: *Schmitz-Herscheidt*, NWB 2018, 1556 ff.
7 Zu den näheren Voraussetzungen BMF v. 27. 7. 2015, BStBl 2015 I 581.
8 BFH v. 8. 4. 2014 - IX R 45/13, BStBl 2015 II 635.

Darlehensaufnahme und Einkünfteerzielung grundsätzlich unterbrochen wurde. Wird der Gesellschafter aufgrund einer Haftungsfreistellung mit dem Käufer des Gesellschaftsanteils im Innenverhältnis von seiner Haftung befreit, liegt keine wirtschaftliche Belastung vor und folglich kein Aufwand, der bei den Einkünften aus Vermietung und Verpachtung abziehbar ist.[1]

117–120   (Einstweilen frei)

4. Als Rechtsnachfolger

a) Allgemeines

121   § 24 Nr. 2 letzter Halbsatz EStG regelt mit rechtsbegründender Wirkung die persönliche Zurechnung der Einkünfte bei dem Rechtsnachfolger. Der sachliche Anwendungsbereich beschränkt sich auf solche Fälle, in denen die Einkünfte nach Maßgabe des Zu- und Abflussprinzips gem. § 11 EStG ermittelt werden.[2]

122   Nach allgemeinen Grundsätzen sind die Einkünfte derjenigen Person zuzurechnen, die sie erzielt, d. h. den Einkünfteerzielungstatbestand erfüllt hat. Es entsteht insofern jedoch eine Besteuerungslücke, wenn zwar der Rechtsvorgänger die Einkünfte verwirklicht, diese jedoch erst dem (Gesamt- oder Einzel-)Rechtsnachfolger oder einem Dritten gem. § 328 BGB zufließen und sodann nicht steuerpflichtig wären.[3] Rechtsnachfolger ist nicht, wem Einnahmen kraft unentgeltlichen Rechtsgeschäfts unter Lebenden während der Lebenszeit des früheren Rechtsinhabers zufließen.[4] In diesem Fall bleibt der Rechtsinhaber weiterhin Steuerpflichtiger.

123   Die Einkunftsart, welcher die dem Rechtsnachfolger zuzufließende Einnahme zuzurechnen ist, bestimmt sich nach der Einkunftsart, unter die die Einnahme gefallen wäre, wenn sie der Rechtsvorgänger bezogen hätte. Das gilt jedoch ohne Einschränkung nur für natürliche Personen. So ist trotz der höchstpersönlichen Tätigkeit eines Freiberuflers eine Zurechnung der Einnahmen und Werbungskosten bei den Einkünften aus nichtselbständiger Arbeit möglich. Da die vom Rechtsnachfolger zu versteuernden und von seinem Rechtsvorgänger herrührenden Einkünfte jedoch nur nach den Besteuerungsmerkmalen besteuert werden können, die beim Rechtsnachfolger gelten, können sich bei Körperschaften als Gesamtrechtsnachfolger Änderungen ergeben.[5]

b) Einzelfälle

124   **Festverzinsliche Wertpapiere:** Zinsen aus im Erbgang übergegangenen festverzinslichen Wertpapieren gehören beim Erben zu den nachträglichen Einnahmen aus Kapitalvermögen, soweit diese auf den Zeitraum bis zum Tode des Erblassers entfallen.[6]

Gewährleistungen: Leistet der Steuerpflichtige als Rechtsnachfolger des Verstorbenen aufgrund von Gewährleistungsansprüchen aus der Tätigkeit des Rechtsvorgängers Zahlungen, können diese u. E. nur dann zu nachträglichen Betriebsausgaben i. S. d. § 24 Nr. 2 EStG führen,

---

1 BFH v. 1.12.2015 - IX R 42/14, NWB DokID: UAAAF-69704.
2 BFH v. 17.12.2007 - GrS 2/04, BStBl 2008 II 608.
3 BFH v. 24.1.1996 - X R 14/94, BStBl 1996 II 287.
4 BFH v. 18.10.1989 - I R 126/88, BStBl 1990 II 377.
5 BFH v. 30.11.1989 - I R 19/87, BStBl 1990 II 246.
6 BFH v. 11.8.1971 - VIII R 76/70, BStBl 1972 II 55.

wenn diese den Betrag der Rückstellung übersteigen, mit welcher die Gewährleistungsverpflichtungen in der letzten Bilanz angesetzt wurden.

Negative Einnahmen: Muss der Erbe eine im Voraus gezahlte und unberechtigt erhaltene Pension des Verstorbenen zurückzahlen, liegen bei dem Erben negative Einnahmen aus nichtselbständiger Arbeit vor.[1]

Versorgungsleistungen: Laufende Versorgungsleistungen, die die Witwe eines selbständigen Versicherungsvertreters von dem vertretenen Versicherungsunternehmen im Hinblick auf die frühere Tätigkeit ihres verstorbenen Ehemannes auf Lebenszeit erhält, sind nachträgliche Einkünfte aus Gewerbebetrieb.[2]

Versorgungsleistungen im Rahmen einer Mitunternehmerschaft: Versorgungsleistungen, die eine Personengesellschaft an die Witwe eines verstorbenen Gesellschafters aufgrund des Gesellschaftsvertrages als Vergütung für die Tätigkeit dieses Gesellschafters als Geschäftsführer zahlt, sind bei der Ermittlung des Gesamtgewinns der Personengesellschaft als Betriebsausgaben abzugsfähig, wenn die Witwe nicht Gesellschafterin (Mitunternehmerin) ist. Die Zahlungen sind in voller Höhe nach § 24 Nr. 2 EStG als nachträgliche Einkünfte aus Gewerbebetrieb zu erfassen.[3]

Werbungskosten: Benutzt die Witwe eines Schriftstellers dessen häusliches Arbeitszimmer zu Abwicklungszwecken, so können die Aufwendungen für dieses Zimmer als nachträgliche Betriebsausgaben bei den Einkünften aus selbständiger Arbeit abziehbar sein.[4]

(*Einstweilen frei*) 125–129

III. Nutzungsvergütungen (§ 24 Nr. 3 EStG)

Die Vorschrift ist durch das StÄndG 1965[5] als Reaktion auf das BFH-Urteil v. 14. 6. 1963[6] eingefügt worden. Der BFH hatte im Rahmen dieses Urteils keine gesetzliche Grundlagen gesehen, die aus Anlass einer Grundstücksbeschlagnahmung zugunsten der Besatzungsmacht für mehrere Jahre nachgezahlte Nutzungsentschädigung dem ermäßigten Steuersatz nach § 34 EStG i.V. m. § 24 Nr. 1 EStG zu unterwerfen.[7]

Ergänzend gehören seither nach § 24 Nr. 3 EStG zu den Einkünften i. S. d. § 2 Abs. 1 EStG auch die Nutzungsvergütungen für die Inanspruchnahme von Grundstücken für öffentliche Zwecke. Durch die Norm werden Nutzungsvergütungen, die bereits nach § 2 Abs. 1 EStG, §§ 13 bis 23 EStG der Besteuerung unterliegen, für die Anwendung des ermäßigten Steuersatzes gemäß § 34 Abs. 2 Nr. 3 EStG ausgesondert.[8] Die Vorschrift erweitert die Steuerpflicht nicht. So bleiben nicht steuerbare Einnahmen oder nach § 3 EStG steuerfreie Einnahmen durch die Norm – äquivalent zu den Vorschriften des § 24 Nr. 1 und 2 EStG – nicht steuerbar oder steuerpflichtig.[9]

130

---

1 BFH v. 19. 12. 1975 - VI R 157/72, BStBl 1976 II 322.
2 BFH v. 25. 3. 1976 - IV R 174/73, BStBl 1976 II 487.
3 BFH v. 24. 11. 1983 - IV R 14/83, BStBl 1984 II 431.
4 BFH v. 30. 3. 1989 - IV R 45/87, BStBl 1989 II 509.
5 BGBl I 1965, 377.
6 BFH v. 14. 6. 1963 - VI 216/61 U, BStBl 1963 III 380.
7 BFH v. 28. 4. 1999 - VIII R 22/95, BStBl 1998 II 560.
8 BFH v. 17. 5. 1995 - X R 64/92, BStBl 1995 II 640.
9 Zur Frage der „faktischen Bausperre": BFH v. 12. 9. 1985 - VIII R 306/81, BStBl 1986 II 252.

131 Voraussetzung für die Anwendung der Norm ist eine hoheitliche Inanspruchnahme von Grundstücken für öffentliche Zwecke. Dies bedingt eine fehlende Einflussmöglichkeit des Grundstückseigentümers auf das Nutzungsverhältnis,[1] insbesondere auch soweit dieses die Festlegung der Höhe und der Zeitpunkte der Zahlung der (Nutzungs-)Entschädigung betrifft. Die Inanspruchnahme für öffentliche Zwecke erfordert einen Hoheitsakt oder zumindest die Anwendung hoheitlichen Drucks. Für die Anwendung der Vorschrift besteht keine Möglichkeit, wenn auf die Ausübung jedweden hoheitlichen Drucks verzichtet wird und der Steuerpflichtige das Grundstück deshalb als gleichberechtigter Vertragspartner frei von gegenwärtigem und künftigem Zwang veräußert.[2]

Unter dem Zusatz „für öffentliche Zwecke" sind die Handlungen zu verstehen, die einem mit öffentlichen Aufgaben betrauten Funktionsträger im Hinblick auf dessen Erfüllung hoheitlicher Aufgaben und die Wahrung des Gemeinwohls durch das öffentliche Recht, vor allem durch die Enteignungsgesetze, zur Verfügung stehen.[3] Ein öffentlicher Druck liegt insofern auch dann vor, wenn zur Abwendung einer drohenden Enteignung ein Kaufvertrag abgeschlossen wird.[4]

132 Neben Nutzungsvergütungen sind zudem Zinsen, die auf die verspätete Auszahlung von Nutzungsvergütungen oder Entschädigungen entfallen, nach § 24 Nr. 3 EStG i.V.m. § 34 Abs. 1, 2 Nr. 3 EStG tarifbegünstigt zu besteuern, wenn diese für einen Zeitraum von mehr als drei Jahren nachgezahlt werden. Die Vergünstigung ist hierbei jedoch für den Gesamtbetrag der gezahlten Zinsen anwendbar und nicht ausschließlich auf den drei Jahre überschreitenden Vergütungszeitraum zu beschränken.[5]

§ 24a Altersentlastungsbetrag

[1]Der Altersentlastungsbetrag ist bis zu einem Höchstbetrag im Kalenderjahr ein nach einem Prozentsatz ermittelter Betrag des Arbeitslohns und der positiven Summe der Einkünfte, die nicht solche aus nichtselbständiger Arbeit sind. [2]Bei der Bemessung des Betrags bleiben außer Betracht:
1. Versorgungsbezüge im Sinne des § 19 Absatz 2;
2. Einkünfte aus Leibrenten im Sinne des § 22 Nummer 1 Satz 3 Buchstabe a;
3. Einkünfte im Sinne des § 22 Nummer 4 Satz 4 Buchstabe b;
4. Einkünfte im Sinne des § 22 Nummer 5 Satz 1, soweit § 22 Nummer 5 Satz 11 anzuwenden ist;
5. Einkünfte im Sinne des § 22 Nummer 5 Satz 2 Buchstabe a.

[3]Der Altersentlastungsbetrag wird einem Steuerpflichtigen gewährt, der vor dem Beginn des Kalenderjahres, in dem er sein Einkommen bezogen hat, das 64. Lebensjahr vollendet hatte. [4]Im Fall der Zusammenveranlagung von Ehegatten zur Einkommensteuer sind die Sätze 1 bis

---
1 Zur Abgrenzung zum Vorliegen von Einkünften aus Vermietung und Verpachtung: FG Berlin-Brandenburg v. 2. 7. 2014 - 3 K 3338/10, rkr., NWB DokID: MAAAE-71223 sowie KKB/Escher, § 21 EStG Rz. 116.
2 BFH v. 28. 4. 1998 - VIII R 22/95, BStBl 1998 II 560.
3 BFH v. 28. 4. 1998 - VIII R 22/95, BStBl 1998 II 560.
4 Vgl. *Mellinghoff* in Kirchhof, § 24 EStG Rz. 48; BFH v. 21. 4. 1966 - VI 366/65, BStBl 1966 II 460.
5 BFH v. 14. 3. 1985 - IV R 143/82, BStBl 1985 II 463.

Altersentlastungsbetrag § 24a EStG

3 für jeden Ehegatten gesondert anzuwenden. ⁵Der maßgebende Prozentsatz und der Höchstbetrag des Altersentlastungsbetrags sind der nachstehenden Tabelle zu entnehmen:

Das auf die Vollendung des 64. Lebensjahres folgende Kalenderjahr	Altersentlastungsbetrag	
	in % der Einkünfte	Höchstbetrag in Euro
2005	40,0	1 900
2006	38,4	1 824
2007	36,8	1 748
2008	35,2	1 672
2009	33,6	1 596
2010	32,0	1 520
2011	30,4	1 444
2012	28,8	1 368
2013	27,2	1 292
2014	25,6	1 216
2015	24,0	1 140
2016	22,4	1 064
2017	20,8	988
2018	19,2	912
2019	17,6	836
2020	16,0	760
2021	15,2	722
2022	14,4	684
2023	13,6	646
2024	12,8	608
2025	12,0	570
2026	11,2	532
2027	10,4	494
2028	9,6	456
2029	8,8	418
2030	8,0	380
2031	7,2	342
2032	6,4	304
2033	5,6	266
2034	4,8	228

Kläne

Das auf die Vollendung des 64. Lebensjahres folgende Kalenderjahr	Altersentlastungsbetrag	
	in % der Einkünfte	Höchstbetrag in Euro
2035	4,0	190
2036	3,2	152
2037	2,4	114
2038	1,6	76
2039	0,8	38
2040	0,0	0

Inhaltsübersicht	Rz.
A. Allgemeine Erläuterungen	1 - 30
I. Normzweck und wirtschaftliche Bedeutung der Vorschrift	1 - 5
II. Entstehung und Entwicklung der Vorschrift	6 - 10
III. Geltungsbereich	11 - 15
IV. Vereinbarkeit mit höherrangigem Recht	16 - 20
V. Verhältnis zu anderen Vorschriften	21 - 30
B. Systematische Kommentierung	31 - 88
I. Bemessungsgrundlage des Altersentlastungsbetrags (§ 24a Satz 1 und 2 EStG)	31 - 65
1. Überblick	31 - 35
2. Bemessungsgrundlage Arbeitslohn	36 - 45
3. Bemessungsgrundlage positive Summe der Einkünfte, die nicht solche aus nichtselbständiger Arbeit sind	46 - 55
4. Nicht einzubeziehende Einkünfte	56 - 65
II. Persönliche Voraussetzungen für den Altersentlastungsbetrag (§ 24a Satz 3 EStG)	66 - 75
III. Berechnung des Altersentlastungsbetrags bei Ehegatten und Lebenspartnern (§ 24a Satz 4 EStG)	76 - 85
IV. Höhe des Altersentlastungsbetrags (§ 24a Satz 5 EStG)	86 - 88

HINWEIS:

R 24a EStR; H 24a EStH; H 24a LStH; BMF v. 23. 5. 2007, BStBl 2007 I 486.

LITERATUR:

Felix, Altersentlastungsbetrag zugunsten von Arbeitnehmern, BB 1974, 1473; *Richter*, Zur Bemessungsgrundlage des Altersentlastungsbetrags, FR 1975, 189; *Risthaus*, Unternehmenssteuerreform und JStG 2008: Änderungen mit Auswirkungen auf die Besteuerung von Altersvorsorgeaufwendungen und die Alterseinkünfte, DStZ 2007, 802.

A. Allgemeine Erläuterungen

I. Normzweck und wirtschaftliche Bedeutung der Vorschrift

1 Ziel der Vorschrift ist die steuerliche Entlastung solcher im Alter bezogenen Einkünfte, die im Gegensatz zu z. B. Leibrenten (§ 22 Nr. 1 Buchst. a EStG) oder Versorgungsbezügen (§ 19 Abs. 2 EStG) grundsätzlich in voller Höhe bei der Bemessung des zu versteuernden Einkommens zum

Allgemeine Erläuterungen § 24a EStG

Ansatz gebracht werden. Dadurch soll die Besteuerung von Altersbezügen harmonisiert werden.[1]

(Einstweilen frei) 2–5

II. Entstehung und Entwicklung der Vorschrift

Die Vorschrift wurde durch das EStRG v. 5.8.1974[2] neu eingeführt. Nach Anpassungen des Höchstbetrags (StRefG 1990 v. 25.7.1988,[3] StEuglG v. 19.12.2000[4]) ist durch das AltEinkG v. 5.7.2004[5] Satz 5 neu eingeführt worden, wonach der **Altersentlastungsbetrag** in den VZ 2005 bis 2040 **schrittweise auf 0 €** abgebaut wird. Mit vollständigem Erreichen der nachgelagerten Besteuerung der Alterseinkünfte entfällt schließlich auch die Rechtfertigung des Altersentlastungsbetrags.[6] Durch das JStG 2008 v. 20.12.2007[7] sind „klarstellend" weitere Einkünfte hinzugefügt worden, die bei der Bemessung des Altersentlastungsbetrags außer Ansatz bleiben (Satz 2 Nr. 4 und Nr. 5). Letzte redaktionelle Änderungen erfolgten durch das sog. Kroatienbeitrittsgesetz v. 25.7.2014.[8]

(Einstweilen frei) 7–10

III. Geltungsbereich

Der Altersentlastungsbetrag kann sowohl von unbeschränkt als auch von beschränkt Steuerpflichtigen (seit VZ 2009) in Anspruch genommen werden.[9]

(Einstweilen frei) 12–15

IV. Vereinbarkeit mit höherrangigem Recht

§ 24a EStG ist als Teil des Gesamtsystems der Besteuerung von Alterseinkünften zu beurteilen. Die Umstellung auf eine nachgelagerte Besteuerung der Alterseinkünfte durch das AltEinkG wird als verfassungsgemäß angesehen.[10]

(Einstweilen frei) 17–20

V. Verhältnis zu anderen Vorschriften

Verhältnis zu § 10d EStG: Im Jahr der Verlustentstehung erhöht der Altersentlastungsbetrag den vor- bzw. rücktragsfähigen Verlust. Im Vor- bzw. Rücktragsjahr hat der Verlustabzug hingegen keine Auswirkung auf den Altersentlastungsbetrag, da er keinen Einfluss auf die Bemessungsgrundlage des Altersentlastungsbetrags hat.

21

---

1 BT-Drucks. 7/1470, 217.
2 BGBl 1974 I 1769.
3 BGBl 1988 I 1093.
4 BGBl 2000 I 1790.
5 BGBl 2004 I 1427.
6 BT-Drucks. 15/2150, 43.
7 BGBl 2007 I 3150.
8 Gesetz zur Anpassung des nationalen Steuerrechts an den Beitritt Kroatiens zur EU und zur Änderung weiterer steuerlicher Vorschriften, BGBl 2014 I 1266.
9 Umkehrschluss aus § 50 Abs. 1 Satz 3 EStG i. d. F. des JStG 2009 v. 19.12.2008, BGBl 2009 I 74.
10 BFH v. 26.11.2008 - X R 15/07, BStBl 2009 II 710; BFH v. 4.2.2010 - X R 58/08, BStBl 2011 II 579.

22 Verhältnis zu § 34 EStG: Außerordentliche Einkünfte sind nicht anteilig um den Altersentlastungsbetrag gekürzt der Tarifermäßigung zu unterwerfen. Der Altersentlastungsbetrag ist erst nach Ermittlung der außerordentlichen Einkünfte nach § 2 Abs. 3 Satz 1 EStG von der Summe der Einkünfte abzuziehen (Meistbegünstigung).[1]

23 Verhältnis zu § 46 Abs. 3 EStG: Der Härteausgleichsbetrag mindert sich um den Altersentlastungsbetrag, soweit dieser den unter Verwendung des nach § 24a Satz 5 EStG maßgebenden Prozentsatz zu ermittelnden Anteil des Arbeitslohns mit Ausnahme der Versorgungsbezüge i. S. d. § 19 Abs. 2 EStG übersteigt. Dadurch soll ein doppelter Ansatz des Altersentlastungsbetrags vermieden werden.

24–30 *(Einstweilen frei)*

B. Systematische Kommentierung

I. Bemessungsgrundlage des Altersentlastungsbetrags (§ 24a Satz 1 und 2 EStG)

1. Überblick

31 Bemessungsgrundlage des Altersentlastungsbetrags ist nach Satz 1 der **Arbeitslohn** und die **positive Summe der (anderen) Einkünfte**, die nicht solche aus nichtselbständiger Arbeit sind. Die beiden Größen stellen **zwei selbständige**, voneinander unabhängige **Bemessungsgrundlagen** dar. Ergeben sich zwei positive Bemessungsgrundlagen, werden sie addiert. Ist die Summe der anderen Einkünfte negativ, bleibt diese Größe unberücksichtigt. So wird eine einfache Berücksichtigung im Lohnsteuerverfahren gewährleistet und verhindert, dass ein im Lohnsteuerverfahren gewährter Altersentlastungsbetrag bei der Veranlagung wieder ganz oder zum Teil entzogen werden muss, weil z. B. ein Verlust aus Vermietung und Verpachtung vorliegt.[2] In Satz 2 werden solche Versorgungsbezüge und Renten aus der Bemessungsgrundlage ausgenommen, die bereits durch andere Normen (z. B. Versorgungsfreibetrag, Versteuerung mit dem Ertragsanteil) begünstigt sind.

32–35 *(Einstweilen frei)*

2. Bemessungsgrundlage Arbeitslohn

36 Aus Vereinfachungsgründen wird nicht auf die Einkünfte aus nichtselbständiger Arbeit, sondern auf den Arbeitslohn abgestellt. Als Arbeitslohn sind alle **(Brutto-)Einnahmen** zu betrachten, die dem Arbeitnehmer aus dem Dienstverhältnis zufließen (§ 2 Abs. 1 LStDV). Eine Kürzung um tatsächliche Werbungskosten, Pausch- und Freibeträge erfolgt nicht.

37 Steuerfreie Zuwendungen z. B. Aufwandsentschädigungen i. S. v. § 3 Nr. 12 EStG, Reisekostenvergütungen i. S. v. § 3 Nr. 16 EStG etc. und pauschal versteuerter Arbeitslohn (§§ 40 bis 40b EStG) bleiben außer Ansatz.[3] Die Rückzahlung von Arbeitslohn mindert die Bemessungsgrundlage nach h. M. nur dann, wenn es sich um Arbeitslohn des laufenden Jahres handelt. Bei der Rückzahlung von Arbeitslohn früherer Jahre wird die Bemessungsgrundlage für den Altersent-

---

[1] BFH v. 15.12.2005 - IV R 68/04, BFH/NV 2006, 723 = NWB DokID: WAAAB-76612.
[2] BT-Drucks. 7/1470, 279 f.
[3] A. A. *Felix*, BB 1974, 1473.

lastungsbetrag hingegen nicht berührt, unabhängig davon, ob die Rückzahlung als negative Einnahme oder Werbungskosten anzusehen ist.[1]

PRAXISHINWEIS:

Bei Nettolohnvereinbarungen hat grundsätzlich eine Hochrechnung auf den Bruttobetrag zu erfolgen. Dabei lässt die FinVerw eine sich für den Stpfl. günstig auswirkende vereinfachende Hochrechnung zu (R 39b.9 Abs. 1 Satz 5 LStR).

(Einstweilen frei) 38–45

3. Bemessungsgrundlage positive Summe der Einkünfte, die nicht solche aus nichtselbständiger Arbeit sind

Zweiter Bestandteil der Bemessungsgrundlage für den Altersentlastungsbetrag ist die positive Summe der (anderen) Einkünfte, die nicht solche aus nichtselbständiger Arbeit sind. Zwischen den anderen Einkünften findet demnach eine **Verlustverrechnung** statt. Zu beachten sind jedoch die allgemeinen Verlustverrechnungsverbote (§ 2a, § 2b, § 15 Abs. 4, § 15a, § 15b, § 22 Nr. 3 Satz 3, § 23 Abs. 3 EStG).[2] Ob die einzelnen Einkunftsarten jeweils mit einem positiven oder negativen Saldo abschließen, ist unerheblich. Von Bedeutung ist lediglich, ob die anderen Einkünfte **in Summe** positiv oder negativ sind. Die positive Summe der anderen Einkünfte erhöht die Bemessungsgrundlage des Altersentlastungsbetrags. Die negative Summe der anderen Einkünfte bleibt außer Betracht. 46

Als andere Einkünfte sind – mit Ausnahme der in Satz 2 genannten – alle nach § 2 Abs. 2 EStG ermittelten Einkünfte einzubeziehen.[3] Im Gegensatz zur Bemessungsgrundlage Arbeitslohn ist jedoch nicht auf die Bruttoeinnahmen, sondern auf die **Einkünfte** – also unter Berücksichtigung von Abzügen – abzustellen. Abzüge, die bis zur Berechnung der Summe der Einkünfte abzuziehen sind, mindern die Bemessungsgrundlage. Abzüge, die im allgemeinen Ermittlungsschema erst danach zu berücksichtigen sind, bleiben ohne Ansatz. So ist z. B. der Werbungskostenpauschbetrag nach § 9a Abs. 1 Nr. 3 EStG bei Einkünften nach § 22 EStG von der Bemessungsgrundlage abzuziehen. Der Freibetrag für Land- und Forstwirte (§ 13 Abs. 3 EStG) mindert die Bemessungsgrundlage hingegen nicht, da er erst nach der Ermittlung der Einkünfte zu berücksichtigen ist.[4] 47

Entsprechend der Anknüpfung an die Summe der Einkünfte sind tarifbegünstigte Einkünfte ebenso in die Bemessungsgrundlage einzubeziehen wie ausländische Verluste, die nach § 2a EStG mit positiven Einkünften ausgeglichen werden dürfen. Unberücksichtigt bleiben hingegen steuerfreie Veräußerungsgewinne (§§ 14, 14a, § 16 Abs. 4, § 17 Abs. 3, § 18 Abs. 3 EStG), nach § 3 EStG steuerfreie Einkünfte, Einkünfte bis zu 410 €, die nach § 46 Abs. 2 Nr. 1 EStG nicht der Veranlagung unterliegen (Härteausgleich) sowie nur dem Progressionsvorbehalt unterliegende steuerfreie Auslandseinkünfte. Ab VZ 2009 der Abgeltungsteuer unterliegende Einkünfte aus Kapitalvermögen beeinflussen die Bemessungsgrundlage ebenfalls nicht, da die Ka- 48

---

1 Vgl. *HHR*, § 24a EStG Rz. 16; *Wacker* in Schmidt, § 24a EStG Rz. 4; a. A. *Frotscher*, § 24a EStG Rz. 11.
2 Gl. A. betreffend den Abzug von Verlusten aus privaten Veräußerungsgeschäften nach § 23 Abs. 3 EStG: *HHR*, § 24a EStG Rz. 16; a. A. FG Berlin-Brandenburg v. 15. 6. 2011 - 7 K 7303/08, EFG 2011, 2164; offenlassend BFH v. 22. 11. 2012 - III R 66/11, BFH/NV 2013, 529 = NWB DokID: IAAAE-29273.
3 BFH v. 6. 8. 1997 - VIII B 88/96, BFH/NV 1998, 168 = NWB DokID: UAAAB-39308.
4 Gl. A. *HHR*, § 24a EStG Rz. 16; a. A. *Richter*, FR 1975, 189.

pitalerträge i. S. v. § 32d Abs. 1 i. V. m. § 43 Abs. 5 EStG nicht in die Summe der Einkünfte einzubeziehen sind.[1]

49–55 *(Einstweilen frei)*

4. Nicht einzubeziehende Einkünfte

56 Die in Satz 2 genannten Einkünfte sind explizit nicht in die Bemessungsgrundlage des Altersentlastungsbetrags einzubeziehen. Grund für den Ausschluss ist die steuerliche Begünstigung, die diese Einkünfte anderweitig erfahren. Im Einzelnen zählen zu den ausgeschlossenen Einkünften:

- Versorgungsbezüge i. S. d. § 19 Abs. 2 EStG,
- Einkünfte aus Leibrenten i. S. d. § 22 Nr. 1 Satz 3 Buchst. a EStG,
- Abgeordnetenbezüge i. S. d. § 22 Nr. 4 Satz 4 Buchst. b EStG,
- Leistungen aus Altersvorsorgeverträgen i. S. d. § 22 Nr. 5 EStG, soweit § 22 Nr. 5 Satz 11 EStG anzuwenden ist,[2]
- Altersvorsorgeleistungen i. S. d. § 22 Nr. 5 Satz 2 Buchst. a EStG.[3]

57–65 *(Einstweilen frei)*

II. Persönliche Voraussetzungen für den Altersentlastungsbetrag (§ 24a Satz 3 EStG)

66 Der Altersentlastungsbetrag kann von jedem Stpfl. in Anspruch genommen werden, der vor Beginn des Kalenderjahres, in dem er sein Einkommen bezogen hat, das 64. Lebensjahr vollendet hat (§ 24a Satz 3 EStG). Für die Berechnung des Lebensalters sind die Vorschriften des § 108 Abs. 1 AO, § 187 Abs. 2 Satz 2, § 188 Abs. 2 BGB anwendbar. Ein Steuerpflichtiger, der am 1. 1. eines Jahres geboren ist, vollendet mit Ablauf des 31. 12. des Vorjahres sein jeweiliges Lebensjahr.

67–75 *(Einstweilen frei)*

III. Berechnung des Altersentlastungsbetrags bei Ehegatten und Lebenspartnern (§ 24a Satz 4 EStG)

76 Ehegatten bzw. Lebenspartnern steht jeweils ein **eigener Altersentlastungsbetrag** zu. Für jeden Ehegatten sind die altersmäßigen Voraussetzungen zu prüfen (Satz 3) und die Einkünfte, nach denen sich der Altersentlastungsbetrag bestimmt, gesondert zu ermitteln (Satz 1 und 2). Anschließend finden der Prozentsatz und der Höchstbetrag nach Satz 5 personenbezogen Anwendung.

---

1 Kapitaleinkünfte sind jedoch einzubeziehen, wenn der Steuerpflichtige vom Wahlrecht des § 32d Abs. 6 EStG Gebrauch macht (Günstigerprüfung).

2 Hierzu zählen Leistungen aus Altersvorsorgeverträgen, Pensionsfonds, Pensionskassen und Direktversicherungen; diese sind gem. § 52 Abs. 34c EStG durch den Versorgungsfreibetrag und den Zuschlag nach § 19 Abs. 2 EStG begünstigt und bleiben daher ab dem VZ 2008 „nunmehr ausdrücklich" bei der Bemessung des Altersentlastungsbetrags außer Ansatz (BT-Drucks. 16/6290, 56).

3 Diese Einkünfte betreffen lebenslange Renten, Berufsunfähigkeits-, Erwerbsminderungs- und Hinterbliebenenrenten, die gem. § 22 Nr. 1 Satz 3 Buchst. a Doppelbuchst. bb EStG nur mit dem Ertragsanteil besteuert werden; sie sind seit dem VZ 2008 „nunmehr ausdrücklich" nicht in die Bemessung des Altersentlastungsbetrags einzubeziehen (BT-Drucks. 16/6290, 56).

Entlastungsbetrag für Alleinerziehende § 24b EStG

PRAXISHINWEIS:
Erfüllt nur ein Ehegatte die persönlichen Voraussetzungen für die Inanspruchnahme des Altersentlastungsbetrags, kann durch entsprechende Gestaltungen (Arbeitsverträge, Umschreiben von Immobilien oder Depots) eine Ausnutzung der Steuerbegünstigung erzielt werden.

(Einstweilen frei) 77–85

IV. Höhe des Altersentlastungsbetrags (§ 24a Satz 5 EStG)

Die Höhe des Altersentlastungsbetrags ergibt sich durch Anwendung eines bestimmten Prozentsatzes auf die Bemessungsgrundlagen „Arbeitslohn" und „positive Summe der anderen Einkünfte". Dabei ist ein Höchstbetrag zu beachten. 86

Bis VZ 2004 betrug der Altersentlastungsbetrag 40 % der Bemessungsgrundlagen, max. 1 908 €. 87

Seit VZ 2005 schmelzen Prozentsatz und Höchstbetrag – dem Übergang zu einer nachgelagerten Besteuerung von Alterseinkünften geschuldet – ab (s. Tabelle in Satz 5). Anwendung finden die Tabellenwerte des Jahres, das auf die Vollendung des 64. Lebensjahrs folgt. Diese Werte werden „eingefroren" und gelten für spätere Veranlagungen fort.[1] 88

§ 24b Entlastungsbetrag für Alleinerziehende

(1)[2] ¹Allein stehende Steuerpflichtige können einen Entlastungsbetrag von der Summe der Einkünfte abziehen, wenn zu ihrem Haushalt mindestens ein Kind gehört, für das ihnen ein Freibetrag nach § 32 Absatz 6 oder Kindergeld zusteht. ²Die Zugehörigkeit zum Haushalt ist anzunehmen, wenn das Kind in der Wohnung des allein stehenden Steuerpflichtigen gemeldet ist. ³Ist das Kind bei mehreren Steuerpflichtigen gemeldet, steht der Entlastungsbetrag nach Satz 1 demjenigen Alleinstehenden zu, der die Voraussetzungen auf Auszahlung des Kindergeldes nach § 64 Absatz 2 Satz 1 erfüllt oder erfüllen würde in Fällen, in denen nur ein Anspruch auf einen Freibetrag nach § 32 Absatz 6 besteht. ⁴Voraussetzung für die Berücksichtigung ist die Identifizierung des Kindes durch die an dieses Kind vergebene Identifikationsnummer (§ 139b der Abgabenordnung). ⁵Ist das Kind nicht nach einem Steuergesetz steuerpflichtig (§ 139a Absatz 2 der Abgabenordnung), ist es in anderer geeigneter Weise zu identifizieren. ⁶Die nachträgliche Vergabe der Identifikationsnummer wirkt auf Monate zurück, in denen die Voraussetzungen der Sätze 1 bis 3 vorliegen.

(2) ¹Gehört zum Haushalt des allein stehenden Steuerpflichtigen ein Kind im Sinne des Absatzes 1, beträgt der Entlastungsbetrag im Kalenderjahr 1 908 Euro. ²Für jedes weitere Kind im Sinne des Absatzes 1 erhöht sich der Betrag nach Satz 1 um 240 Euro je weiterem Kind.

(3) ¹Allein stehend im Sinne des Absatzes 1 sind Steuerpflichtige, die nicht die Voraussetzungen für die Anwendung des Splitting-Verfahrens (§ 26 Absatz 1) erfüllen oder verwitwet sind und keine Haushaltsgemeinschaft mit einer anderen volljährigen Person bilden, es sei denn, für diese steht ihnen ein Freibetrag nach § 32 Absatz 6 oder Kindergeld zu oder es handelt sich um ein Kind im Sinne des § 63 Absatz 1 Satz 1, das einen Dienst nach § 32 Absatz 5 Satz 1 Nummer 1 und 2 leistet oder eine Tätigkeit nach § 32 Absatz 5 Satz 1 Nummer 3 ausübt. ²Ist

---

1 BT-Drucks. 15/2150, 43.
2 **Anm. d. Red.:** Zur Anwendung des § 24b siehe § 52 Abs. 37b Satz 4.

die andere Person mit Haupt- oder Nebenwohnsitz in der Wohnung des Steuerpflichtigen gemeldet, wird vermutet, dass sie mit dem Steuerpflichtigen gemeinsam wirtschaftet (Haushaltsgemeinschaft). ³Diese Vermutung ist widerlegbar, es sei denn, der Steuerpflichtige und die andere Person leben in einer eheähnlichen oder lebenspartnerschaftsähnlichen Gemeinschaft.

(4) Für jeden vollen Kalendermonat, in dem die Voraussetzungen des Absatzes 1 nicht vorgelegen haben, ermäßigt sich der Entlastungsbetrag nach Absatz 2 um ein Zwölftel.

Inhaltsübersicht

	Rz.
A. Allgemeine Erläuterungen	1 – 30
I. Normzweck und wirtschaftliche Bedeutung der Vorschrift	1 – 5
II. Entstehung und Entwicklung der Vorschrift	6 – 10
III. Geltungsbereich	11 – 15
IV. Vereinbarkeit mit höherrangigem Recht	16 – 20
V. Verhältnis zu anderen Vorschriften	21 – 30
B. Systematische Kommentierung	31 – 96
I. Entlastungsbetrag auf Antrag sowie Tatbestandsvoraussetzungen (§ 24b Abs. 1 EStG)	31 – 55
1. Entlastungsbetrag auf Antrag (§ 24b Abs. 1 Satz 1 EStG)	31 – 35
2. Tatbestandsvoraussetzungen (§ 24b Abs. 1 EStG)	36 – 55
a) Überblick	36 – 38
b) Tatbestandsmerkmal „allein stehend"	39 – 42
c) Tatbestandsmerkmal „mindestens ein Kind"	43 – 46
d) Tatbestandsmerkmal „Haushaltszugehörigkeit des Kindes"	47 – 52
e) Tatbestandsmerkmal „Identifizierung des Kindes"	53 – 55
II. „Entlastungs-Grundbetrag" und Erhöhungsbetrag (§ 24b Abs. 2 EStG)	56 – 60
III. Tatbestandsmerkmal „allein stehend" (§ 24b Abs. 3 EStG)	61 – 95
1. Legaldefinition	61 – 65
2. Kein Ehegattensplitting	66 – 75
3. Unschädliche Haushaltsgemeinschaften	76 – 85
4. Schädliche Haushaltsgemeinschaften	86 – 95
IV. Kürzung nach dem Monatsprinzip (§ 24b Abs. 4 EStG)	96

HINWEIS:

H 24b EStH; H 24b LStH; BMF v. 29.10.2004, BStBl 2004 I 1042; BMF v. 23.10.2017, BStBl 2017 I 1432.

LITERATUR:

Bernhard, Der Entlastungsbetrag für Alleinerziehende, NWB Fach 3, 13029; *Proff zu Irnich*, Der Entlastungsbetrag für Alleinerziehende gemäß § 24b EStG AOÄndG, DStR 2004, 1904; *Schulenberg*, Ist der Entlastungsbetrag für Alleinerziehende gemäß § 24b EStG verfassungswidrig?, DStZ 2007, 428; *Mandla*, Ist man nur allein, wenn der andere es nicht ist?, DStR 2011, 1642; *Gerauer*, Entlastungsbetrag für Alleinerziehende: Unwiderlegbare Vermutung der Haushaltszugehörigkeit, NWB 2015, 2192; *Baltromejus*, Die Besteuerung Alleinerziehender, NWB 2016, 2338.

ARBEITSHILFEN UND GRUNDLAGEN ONLINE:

Hillmoth, Kindergeld, Kinderfreibetrag und andere kindbedingte Steuervergünstigungen, NWB DokID: QAAAE-52191.

A. Allgemeine Erläuterungen
I. Normzweck und wirtschaftliche Bedeutung der Vorschrift

Der Entlastungsbetrag für Alleinerziehende soll die **regelmäßig höheren Lebensführungskosten** von Alleinerziehenden, die einen eigenen Haushalt nur mit ihren Kindern führen, berücksichtigen.[1]   1

(Einstweilen frei)   2–5

II. Entstehung und Entwicklung der Vorschrift

§ 24b EStG wurde durch das HBeglG 2004 v. 29.12.2003[2] neu eingefügt und ersetzt den im selbigen Gesetz abgeschafften Haushaltsfreibetrag (§ 32 Abs. 7 EStG a. F.). Infolge des AOÄndG v. 21.7.2004[3] wurde der Anwendungsbereich des Entlastungsbetrags für Alleinerziehende auch auf Fälle erweitert, in denen das zum Haushalt gehörende Kind bereits das 18. Lebensjahr vollendet hat und dem Stpfl. dafür der Freibetrag nach § 32 Abs. 6 EStG zusteht. Durch das Gesetz zur Anhebung des Grundfreibetrags, des Kinderfreibetrags, des Kindergeldes und des Kinderzuschlags v. 16.7.2015[4] ist der Entlastungsbetrag rückwirkend ab dem 1.1.2015 auf 1 908 € erhöht und um einem Erhöhungsbetrag für jedes zusätzliche Kind erweitert worden.   6

(Einstweilen frei)   7–10

III. Geltungsbereich

Der Entlastungsbetrag für Alleinerziehende kann nur von unbeschränkt und fiktiv unbeschränkt Stpfl. i. S. v. § 1 Abs. 3 EStG in Anspruch genommen werden. Für beschränkt Steuerpflichtige gilt die Vorschrift hingegen nicht (§ 50 Abs. 1 Satz 3 EStG).   11

(Einstweilen frei)   12–15

IV. Vereinbarkeit mit höherrangigem Recht

Da § 24b EStG als Sozialzwecknorm zu qualifizieren ist, hat der Gesetzgeber bei der Ausgestaltung der Vorschrift einen weiten Handlungsspielraum. Der Entlastungsbetrag für Alleinerziehende ist verfassungsgemäß.[5]   16

(Einstweilen frei)   17–20

---

1 BT-Drucks. 15/1751, 6; BR-Drucks. 122/15.2; zu den Auswirkungen der Steuerentlastung s. BT-Drucks. 18/10743.
2 BGBl 2003 I 3076.
3 BGBl 2004 I 1763.
4 BGBl 2015 I 1202.
5 BFH v. 19.10.2006 - III R 4/05, BStBl 2007 II 637; die vom BFH in diesem Urteil beiläufig erwähnten Zweifel an der Verfassungsmäßigkeit der Norm im Hinblick auf dem Ausschluss von Zusammenveranlagten, soweit diese wie Alleinerziehende ein Kind betreuen (z. B. wegen Pflegebedürftigkeit eines Elternteils), verwarf das BVerfG; s. BVerfG v. 22.5.2009 - 2 BvR 310/07, BStBl 2009 II 884; die dagegen gerichtete Beschwerde vor dem EGMR (Az. 45624/09) wurde als unzulässig zurückgewiesen; letzte Zweifel hinsichtlich der Verfassungsmäßigkeit der Nicht-Anwendbarkeit des Splittingverfahrens für Alleinerziehende hat der BFH zurückgewiesen, BFH v. 29.9.2016 - III R 62/13, BStBl 2017 II 259.

V. Verhältnis zu anderen Vorschriften

21 **Verhältnis zu anderen kindheitsbedingten Begünstigungen:** Die Inanspruchnahme des Entlastungsbetrags für Alleinerziehende hat keine Auswirkung auf andere kindheitsbedingte Begünstigungen. So wird § 24b EStG neben den Freibeträgen für Kinder gem. § 32 Abs. 6 EStG (bzw. dem Kindergeld, §§ 62 ff. EStG), dem Ausbildungsfreibetrag bei auswärtiger Unterbringung (§ 33a Abs. 2 EStG), dem Pauschbetrag für behinderte Kinder (§ 33b Abs. 5 EStG) und private Kinderbetreuungskosten nach § 10 Abs. 1 Nr. 5 EStG gewährt. Auch Elterngeld und Betreuungsgeld nach BEEG können unabhängig von Entlastungsbetrag beantragt werden.

22 **Verhältnis zu § 10d EStG:** Der Entlastungsbetrag für Alleinerziehende nach § 24b EStG mindert die Summe der Einkünfte und damit den nach § 10d Abs. 1 Satz 1, Abs. 2 Satz 1 EStG abziehbaren Verlust.

23–30 *(Einstweilen frei)*

B. Systematische Kommentierung

I. Entlastungsbetrag auf Antrag sowie Tatbestandsvoraussetzungen (§ 24b Abs. 1 EStG)

1. Entlastungsbetrag auf Antrag (§ 24b Abs. 1 Satz 1 EStG)

31 Der Entlastungsbetrag erfordert einen **Antrag** des Steuerpflichtigen. Die Begünstigung kann nicht zwischen den Elternteilen aufgeteilt werden; nur ein Elternteil hat Anspruch auf den Entlastungsbetrag. Der Betrag wird dabei **unabhängig von der Zahl der Kinder** nur einmal gewährt. Der Entlastungsbetrag wird grundsätzlich unabhängig von der Zahl der Kinder nur einmal gewährt, er ist jedoch nach der Kinderzahl gestaffelt.

32 Eine **Berücksichtigung** des „Entlastungs-Grundbetrags" wird im **Lohnsteuerabzugsverfahren** durch Gewährung der Lohnsteuerklasse II erreicht.[1] Der Erhöhungsbetrag kann im Lohnsteuerabzugsverfahren durch Antrag auf Eintragung eines Freibetrags i. H. v. 240 € je Kind geltend gemacht werden.[2]

> **PRAXISHINWEIS:**
> Die Gültigkeitszeiträume für den „Entlastungs-Grundbetrag" und den „Erhöhungsbetrag" im Lohnsteuerabzugsverfahren sind unterschiedlich. Die Steuerklasse II bleibt auch über den Jahreswechsel hinaus bestehen (bis sich die Voraussetzungen ändern). Der „Erhöhungsbetrag" kann als Freibetrag hingegen nur für max. zwei Jahre beantragt werden.

33–35 *(Einstweilen frei)*

2. Tatbestandsvoraussetzungen (§ 24b Abs. 1 EStG)

a) Überblick

36 Der Entlastungsbetrag für Alleinerziehende knüpft an **vier Tatbestandsmerkmale** an, die kumulativ vorliegen müssen: „Allein stehend" (§ 24b Abs. 1 Satz 1, Abs. 2 EStG), „mindestens ein

---

[1] Für 2015 tritt die steuerliche Wirkung der Erhöhung des „Entlastungs-Grundbetrags" bei Anwendung der Steuerklasse II in voller Höhe von Amts wegen in der Lohnabrechnung für Dezember 2015 ein (sog. Nachholung gem. § 52 Abs. 37b EStG).

[2] Die Antragsgrenze von 600 € ist hier nicht maßgeblich, § 39a Abs. 2 Satz 4 EStG.

Kind" (§ 24b Abs. 1 Satz 1 EStG), „Haushaltszugehörigkeit des Kindes" (§ 24b Abs. 1 Sätze 1 bis 3 EStG) und Identifizierung des Kindes (§ 24b Abs. 1 Satz 4 bis 6 EStG).

(Einstweilen frei) 37–38

b) Tatbestandsmerkmal „allein stehend"

Das Tatbestandsmerkmal „allein stehend" wird in § 25b Abs. 2 EStG legal definiert (s. → Rz. 61 ff.). 39

(Einstweilen frei) 40–42

c) Tatbestandsmerkmal „mindestens ein Kind"

Der Steuerpflichtige muss mindestens ein Kind haben, für das ihm ein Freibetrag nach § 32 Abs. 6 EStG oder Kindergeld zusteht. Dabei ist es unerheblich, ob es sich um ein leibliches Kind i. S. v. § 32 Abs. 1 Nr. 1 EStG, ein Pflegekind i. S. v. § 32 Abs. 1 Nr. 2 EStG oder um ein Stief- bzw. Enkelkind i. S. v. § 32 Abs. 6 Satz 10 EStG handelt. Es kommt auch nicht darauf an, dass das Kind das 18. Lebensjahr nicht vollendet hat, solange die Voraussetzungen des Familienausgleichs erfüllt werden. 43

(Einstweilen frei) 44–46

d) Tatbestandsmerkmal „Haushaltszugehörigkeit des Kindes"

Das Kind, für das dem Stpfl. ein Freibetrag oder Kindergeld zusteht, muss **zum Haushalt** des Steuerpflichten gehören (Satz 1). Haushaltszugehörig ist ein Kind, wenn es dauerhaft in der Wohnung des Stpfl. lebt. Bei Meldung des allein stehenden Stpfl. und seines Kindes unter einer gemeinsamen Adresse wird gesetzlich fingiert, dass das Kind zum Haushalt gehört (Satz 2).[1] Die FinVerw bejaht die Haushaltszugehörigkeit auch dann noch, wenn das Kind vorübergehend zu Ausbildungszwecken auswärtig untergebracht ist.[2] 47

In den Fällen der Meldung des Kindes mit Haupt- oder Nebenwohnsitz bei mehreren Stpfl. – etwa Meldung Hauptwohnsitz bei der Mutter, Meldung Nebenwohnsitz beim Vater – kommt die Konkurrenzregel des Satzes 3 zur Anwendung. Hiernach steht der Entlastungsbetrag dem Elternteil zu, der das Kind i. S. v. § 64 Abs. 2 Satz 1 EStG in seinen Haushalt aufgenommen hat (**Obhutsprinzip**) und damit anspruchsberechtigt hinsichtlich der Zahlung des Kindesgeldes ist. 48

PRAXISHINWEIS:
Ist das Kind bei beiden Elternteilen gemeldet (und hält sich auch annähernd gleich lang in beiden Haushalten auf), steht der Entlastungsbetrag dem Elternteil zu, der ihn beantragt (faktisches Wahlrecht).[3] Durch Antrag des Elternteils, bei dem der Abzug zu einer höheren Progressionswirkung führt, kann so insgesamt ein Steuervorteil erlangt werden.

(Einstweilen frei) 49–52

---

1 BT-Drucks. 15/3339, 11; die Fiktion hat selbst dann Bestand, wenn die tatsächlichen Verhältnisse nachweisbar von den Meldeangaben abweichen (unwiderlegbare Vermutung); BFH v. 5. 2. 2015 - III R 9/13, BStBl 2005 II 926; a. A. *HHR*, § 24b EStG Rz. 11.
2 Vgl. BMF v. 29. 10. 2004, BStBl 2004 I 1042.
3 Siehe auch BFH v. 8. 4. 2000 - III R 79/08, BStBl 2011 II 30; krit. *Greite*, FR 2010, 998.

e) Tatbestandsmerkmal „Identifizierung des Kindes"

53 Seit dem Veranlagungszeitraum 2015 ist weitere Voraussetzung für die Berücksichtigung beim Entlastungsbetrag die **Identifizierung des Kindes** durch die an dieses Kind vergebene Identifikationsnummer i. S. v. § 139b AO. Ist das Kind nicht im Inland steuerpflichtig, ist es in anderer geeigneter Weise zu identifizieren. Wird die Identifikationsnummer nachträglich vergeben, wirkt dies auf Monate zurück, in denen die Voraussetzungen von Satz 1 bis 3 vorliegen.

54–55 *(Einstweilen frei)*

II. „Entlastungs-Grundbetrag" und Erhöhungsbetrag (§ 24b Abs. 2 EStG)

56 Der „Entlastungs-Grundbetrag" für Alleinerziehende beläuft sich auf **1 908 €** p. a. Für jedes weitere im Haushalt des Stpfl. gemeldete Kind erhöht sich der Betrag um **240 €** p. a. („Erhöhungsbetrag").

> **BEISPIEL:** Bei drei in 2015 ganzjährig zu berücksichtigenden Kindern beträgt der Entlastungsbetrag nach § 24b Abs. 2 EStG 2 388 € (1 908 € + 2 x 240 €).

57–60 *(Einstweilen frei)*

III. Tatbestandsmerkmal „allein stehend" (§ 24b Abs. 3 EStG)

1. Legaldefinition

61 Der Begriff des allein stehenden Stpfl. wird in § 24b Abs. 3 EStG legal definiert. Demnach sind allein stehend solche Steuerpflichtige, die nicht die **Voraussetzungen** für die **Anwendung des Splitting-Verfahrens** erfüllen (oder verwitwet sind) und keine **Haushaltsgemeinschaft** mit einer anderen volljährigen Person bilden, es sei denn, für diese steht ihnen ein Freibetrag nach § 32 Abs. 6 EStG oder Kindergeld zu oder es handelt sich um Kinder i. S. v. § 63 Abs. 1 Satz 1 EStG, die Dienste nach § 32 Abs. 5 Satz 1 Nr. 1 bis 3 EStG leisten.

62–65 *(Einstweilen frei)*

2. Kein Ehegattensplitting

66 Der Entlastungsbetrag nach § 25b EStG kann nicht beantragt werden, wenn Steuerpflichtige die **Voraussetzungen** für die **Anwendung des Splitting-Verfahrens** erfüllen. Somit können nur unverheiratete, dauernd getrennt lebende und solche Steuerpflichtige die Begünstigung in Anspruch nehmen, deren Ehegatte nicht unbeschränkt steuerpflichtig ist.

67 Sowohl im Jahr der Eheschließung als auch im Jahr der Trennung scheidet eine anteilige Inanspruchnahme des Entlastungsbetrags aus (schließlich liegen für den gesamten VZ die Voraussetzungen für das Splitting-Verfahren vor).[1] Etwas anderes gilt aufgrund der ausdrücklichen gesetzlichen Regelung für das sog. Verwitweten-Splitting. Im Todesjahr des Ehegatten findet die Zwölftelregelung des § 24b Abs. 4 EStG Anwendung.

68–75 *(Einstweilen frei)*

---

[1] Gl. A. BMF v. 29. 10. 2004, BStBl 2004 I 1042; *Loschelder* in Schmidt, § 24b EStG Rz. 18; anders bis VZ 2012 bei Wahl der besonderen Veranlagung nach § 26c EStG a. F., s. BFH v. 5. 11. 2015 - III R 17/14, BFH/NV 2016, 548 = NWB DokID: EAAAF-66173.

3. Unschädliche Haushaltsgemeinschaften

Eine Haushaltsgemeinschaft des allein stehenden Stpfl. mit **minderjährigen Kindern** ist generell unschädlich, da Haushaltsgemeinschaften nach § 24b Abs. 3 Satz 1 EStG nur mit Volljährigen begründet werden können. Ebenso unschädlich ist die Haushaltsgemeinschaft mit Kindern, für die ein **Anspruch auf Kinderfreibetrag oder Kindergeld** besteht.[1] Der Gesetzgeber geht davon aus, dass diese Kinder sich nicht in einem nennenswerten Umfang finanziell an der Haushaltsführung beteiligen.[2] Die Höhe der Einkünfte und die tatsächliche finanzielle Beteiligung dieser Kinder am Haushalt sind unerheblich.

76

(Einstweilen frei) 77–85

4. Schädliche Haushaltsgemeinschaften

Eine Haushaltsgemeinschaft mit **anderen volljährigen Personen** (auch mit volljährigen Kindern, für die kein Anspruch auf Familienausgleich besteht) ist schädlich für die Inanspruchnahme des Entlastungsbetrags.[3] Der Begriff der Haushaltsgemeinschaft wird in § 24b Abs. 3 Satz 2 EStG legal definiert und zeichnet sich durch **gemeinsames Wirtschaften** aus. Da sich gemeinsames Wirtschaften nur schwer nachweisen lässt, vermutet das Gesetz in § 24b Abs. 3 Satz 2 EStG, dass eine Haushaltsgemeinschaft vorliegt, wenn eine andere Person mit Haupt- oder Nebenwohnsitz in der Wohnung des Stpfl. gemeldet ist. Die Vermutung ist widerlegbar (§ 24b Abs. 3 Satz 3 1. Halbsatz EStG).[4]

86

Wohngemeinschaften mit Studierenden sollen nach der Gesetzesbegründung schädlich sein.[5] Dies setzt jedoch voraus, dass nicht nur ein rechnerischer Abgleich einzelner Kosten zwischen den Beteiligten erfolgt (z. B. Unterkunft), sondern ein gemeinsames Wirtschaften in allen Bereichen stattfindet.[6]

87

Lebt der Steuerpflichtige in einer **eheähnlichen Gemeinschaft** oder **eingetragenen Lebenspartnerschaft**, ist die Vermutung bei übereinstimmender Meldung mit Haupt- oder Nebenwohnsitz nicht widerlegbar. Der Begriff der eheähnlichen Gemeinschaft ist wie im Sozialhilfe- oder Arbeitslosenrecht auszulegen. Danach handelt sich um eine Lebensgemeinschaft, die auf Dauer angelegt ist und über die reine Wohn- und Wirtschaftsgemeinschaft hinausgeht.[7]

88

(Einstweilen frei) 89–95

---

1 Diesen gleichgestellt sind nach § 24b Abs. 3 Satz 1 2. Halbsatz EStG gesetzlich Kinder, die Wehr- oder Zivildienst leisten oder als Entwicklungshelfer tätig sind (§ 63 Abs. 1 Satz 1, § 32 Abs. 5 Nr. 1 bis 3 EStG). Aufgrund der Aussetzung des Wehrdienstes zum 1. 7. 2011 hat § 24b Abs. 2 Satz 1 2. Halbsatz EStG jedoch keinen Regelungsbereich mehr.
2 BT-Drucks. 15/3339, 11.
3 Unbillig ist es jedoch, wenn der Entlastungsbetrag wegen einer Haushaltsgemeinschaft mit einer pflegebedürftigen Person aberkannt wird; BFH v. 28. 6. 2012 – III R 26/10, BStBl 2012 II 815; zu den Voraussetzungen im Einzelnen: BMF v. 29. 10. 2004, BStBl 2004 I 1042.
4 Da der Steuerpflichtige insoweit die Beweis- und Feststellungslast für das Nichtvorliegen einer Haushaltsgemeinschaft trägt, muss er substantiiert Umstände vortragen, die gegen das Vorliegen einer Haushaltsgemeinschaft sprechen.
5 BT-Drucks. 15/3339, 12.
6 Gl. A. *HHR*, § 25b EStG Rz. 13; a. A. BMF v. 29. 10. 2004, BStBl 2004 I 1042, wonach bereits ein gemeinsamer Teilbereich – z. B. gemeinsame Nutzung von Lebens- oder Reinigungsmitteln – gemeinsames Wirtschaften begründen soll.
7 BMF v. 29. 10. 2004, BStBl 2004 I 1042, enthält Indizien für die Bejahung/Verneinung einer eheähnlichen Lebensgemeinschaft.

IV. Kürzung nach dem Monatsprinzip (§ 24b Abs. 4 EStG)

96 Der Entlastungsbetrag nach § 24b Abs. 2 EStG ermäßigt sich für jeden Monat, in dem die Voraussetzungen nicht vorliegen, um ein Zwölftel „Entlastungs-Grundbetrag" = 159 €, „Erhöhungsbetrag" = 20 € (**Monatsprinzip**). Ein Monat wird nur dann gekürzt, wenn an keinem Tag die Voraussetzungen nach § 24b Abs. 1 und 3 EStG vorgelegen haben.

III. Veranlagung

§ 25 Veranlagungszeitraum, Steuererklärungspflicht

(1) Die Einkommensteuer wird nach Ablauf des Kalenderjahres (Veranlagungszeitraum) nach dem Einkommen veranlagt, das der Steuerpflichtige in diesem Veranlagungszeitraum bezogen hat, soweit nicht nach § 43 Absatz 5 und § 46 eine Veranlagung unterbleibt.

(2) (weggefallen)

(3) ¹Die steuerpflichtige Person hat für den Veranlagungszeitraum eine eigenhändig unterschriebene Einkommensteuererklärung abzugeben. ²Wählen Ehegatten die Zusammenveranlagung (§ 26b), haben sie eine gemeinsame Steuererklärung abzugeben, die von beiden eigenhändig zu unterschreiben ist.

(4) ¹Die Erklärung nach Absatz 3 ist nach amtlich vorgeschriebenem Datensatz durch Datenfernübertragung zu übermitteln, wenn Einkünfte nach § 2 Absatz 1 Satz 1 Nummer 1 bis 3 erzielt werden und es sich nicht um einen der Veranlagungsfälle gemäß § 46 Absatz 2 Nummer 2 bis 8 handelt. ²Auf Antrag kann die Finanzbehörde zur Vermeidung unbilliger Härten auf eine Übermittlung durch Datenfernübertragung verzichten.

Inhaltsübersicht	Rz.
A. Allgemeine Erläuterungen	1 - 15
I. Normzweck und wirtschaftliche Bedeutung der Vorschrift	1
II. Entstehung und Entwicklung der Vorschrift	2 - 4
III. Geltungsbereich	5
IV. Vereinbarkeit mit höherrangigem Recht	6
V. Verhältnis zu anderen Vorschriften	7 - 15
B. Systematische Kommentierung	16 - 74
I. Veranlagung und Veranlagungszeitraum (§ 25 Abs. 1 EStG)	16 - 35
1. Veranlagung	16 - 20
2. Veranlagungszeitraum	21 - 25
3. Einkommen	26 - 35
II. Verpflichtung zur Abgabe der Einkommensteuererklärung (§ 25 Abs. 3 EStG)	36 - 65
1. Erklärungspflicht	36 - 48
2. Einkommensteuererklärung	49 - 65
a) Form der Erklärung	49 - 50
b) Eigenhändige Unterschrift	51 - 65
III. Elektronische Übermittlung (§ 25 Abs. 4 EStG)	66 - 74
C. Verfahrensfragen	75

> **HINWEIS:**
> § 56 EStDV; § 60 EStDV; R 25 EStR; H 25 EStH; BMF v. 3.4.2012, BStBl 2012 I 522; Oberste Finanzbehörde der Länder v. 2.1.2015, BStBl 2015 I 41.

LITERATUR:

Kanzler, Die wichtigsten Änderungen durch das Steuervereinfachungsgesetz 2011, NWB 2011, 525; *Lewandowski/Ackermann*, Elektronische Kommunikation mit dem Finanzamt, DStR 2014, 1646; *Heuermann*, Rechtsprechung im besonderen Blickpunkt der Außenprüfung: II. Einkommensteuererklärung und Unterschrift per FAX, StBp 2015, 86; *Beyer*, Abgabe elektronischer Steuererklärungen – Wen trifft die strafrechtliche Verantwortung?, NWB 2016, 1304; *Happe*, Erleichterungen bei der Abgabe der Einnahmen-Überschussrechnung 2017, BBK 2018, 662.

A. Allgemeine Erläuterungen

I. Normzweck und wirtschaftliche Bedeutung der Vorschrift

§ 25 EStG enthält Vorschriften der nachgelagerten Veranlagung und knüpft an den Grundsatz der Einkommensteuer als Jahressteuer sowie der Abschnittsbesteuerung gem. § 2 Abs. 7 EStG an. Die Norm stellt Verfahrensrecht dar und verbindet das materielle Steuerrecht mit dem Verfahrensrecht der AO.[1] Absatz 1 definiert dabei, dass die Einkommensteuer nach Ablauf des Kalenderjahres veranlagt wird. Absatz 3 schreibt vor, dass der Steuerpflichtige eine eigenhändig unterschriebene Einkommensteuererklärung abzugeben hat. Absatz 4 verpflichtet den Steuerpflichtigen zur Übermittlung einer Steuererklärung nach amtlich vorgeschriebenem Datensatz durch Datenfernübertragung, sofern Gewinneinkünfte erzielt werden.

1

II. Entstehung und Entwicklung der Vorschrift

§ 25 EStG existiert in einer zu heute rudimentär vergleichbaren Form seit dem Reichs-EStG von 1925,[2] mit Anpassungen im Rahmen des Reichs-EStG von 1934.[3] Wichtige Änderungen waren in der Nachkriegszeit die Einfügung von Absatz 3,[4] wodurch die §§ 56, 57, 57a EStDV ersetzt wurden, die bis zu dieser Zeit die Einkommensteuererklärungspflicht regelten, die Abschaffung von Absatz 2[5] (unterjährige Veranlagung) und die Einfügung von Absatz 4,[6] durch welchen dem modernisierten Besteuerungsverfahren[7] Rechnung getragen wird. Die letzte Änderung erfolgte durch das Steuervereinfachungsgesetz 2011,[8] wodurch § 25 EStG an die geänderten Regelungen der Ehegattenveranlagung (§§ 26 ff. EStG) angepasst wurde.

2

Grundsätzliche Reformbestrebungen sind bisher nicht erfolgreich gewesen. Der Entwurf des JStG 1996 enthielt den nicht übernommenen § 25a EStG-E,[9] welcher eine Kurzveranlagung i. S. einer vereinfachten Einkommensteuererklärung vorsah. Im Rahmen der Kurzveranlagung sollten erhöhte Freibeträge gewährt werden, welche den Verzicht auf Einzelangaben bei Sonderausgaben und außergewöhnlichen Belastungen ausgleichen sollten. Dies sollte erhebliche Erleichterungen für Steuerpflichtige und die Finanzbehörden mit sich bringen.[10]

3

---

1 Vgl. *Heuermann* in Blümich, § 25 EStG Rz. 2.
2 RGBl 1925 I 189.
3 RGBl 1934 I 1005.
4 StBereinG 1985, BGBl 1984 I 1493.
5 JStG 1996 v. 11.10.1995, BGBl 1995 I 1250.
6 SteuerbürokratieabbauG v. 20.12.2008, BGBl 2008 I 2850.
7 BT-Drucks. 16/10188, 25.
8 SteuervereinfachungsG v. 1.11.2011, BGBl 2011 I 2131.
9 BT-Drucks. 13/901.
10 Vgl. BT-Drucks. 13/901, 135.

4 § 25a EStG-E im Entwurf des SteuervereinfachungsG 2011 enthielt die Möglichkeit eine Einkommensteuererklärung für zwei aufeinander folgende Veranlagungszeiträume abzugeben, was jedoch nur Steuerpflichtigen mit Überschusseinkunftsarten gestattet werden sollte.[1] Aufgrund einer Vielzahl von Bedenken wurden diese Reformüberlegungen nicht umgesetzt.[2]

III. Geltungsbereich

5 § 25 EStG gilt für unbeschränkt und beschränkt Steuerpflichtige gleichermaßen. Beschränkt Steuerpflichtige sind mit dem Einkommen erklärungspflichtig, welches im Inland bezogen wird.[3] Die Veranlagung umfasst das Einkommen, das der Steuerpflichtige im abgelaufenen Veranlagungszeitraum erzielt hat. § 25 EStG ist in seiner aktuellen Fassung ab dem VZ 2013 (§ 52 Abs. 68 EStG a. F.) anzuwenden.

IV. Vereinbarkeit mit höherrangigem Recht

6 § 25 EStG ist mit höherrangigem Recht vereinbar. Die Verpflichtung zur Abgabe einer Steuererklärung ist – als Ausfluss allgemeiner Mitwirkungspflichten – nicht verfassungswidrig. Andernfalls würde eine gleichmäßige Durchsetzung der Steueransprüche nach Maßgabe der Gesetze scheitern.[4] Die Verpflichtung verstößt zudem nicht gegen Persönlichkeitsrechte.[5] Gleiches gilt für die Verpflichtung zur Abgabe der Anlage EÜR gem. § 60 Abs. 4 EStDV.[6]

V. Verhältnis zu anderen Vorschriften

7 § 4a EStG sieht die Möglichkeit eines vom Kalenderjahr abweichenden Wirtschaftsjahrs vor. Da der Veranlagungszeitraum jedoch dem Kalenderjahr entspricht, enthält § 4a Abs. 2 EStG notwendige Anpassungen zu § 25 EStG.

§ 36 EStG regelt den Zeitpunkt der Entstehung der Steuerschuld. § 25 EStG enthält hierzu – als verfahrensrechtliche Norm – keine Aussage.

§ 56 EStDV regelt im Verhältnis zu § 25 Abs. 3 EStG, in welchen Fällen eine Einkommensteuererklärung abzugeben ist. Hierzu enthält § 60 EStDV ergänzende Vorschriften zur Beifügung von Unterlagen.

§ 25 EStG geht den Regelungen der §§ 149 bis 153 AO, sowie §§ 155 bis 165 AO vor.

Eine Anlaufhemmung nach § 170 Abs. 2 Satz 1 Nr. 1 AO kommt in den Fällen des § 46 Abs. 2 Nr. 8 EStG nicht in Betracht, da keine Verpflichtung zur Abgabe einer Einkommensteuererklärung besteht.[7]

8–15 (Einstweilen frei)

---

1 Vgl. BT-Drucks. 17/5125, 8. Eine zweijährige Veranlagung sah zudem der Entwurf des JStG 1996 in § 149 Abs. 3 AO-E vor.
2 Vgl. BR-Drucks. 54/11, 5; Kanzler, NWB 2011, 531 ff.; sowie grundlegend Sommer, StuW 1980, 310 ff.
3 Vgl. HHR/Pflüger, § 25 EStG Rz. 5.
4 Vgl. Söhn in Hübschmann/Hepp/Spitaler, § 90 AO Rz. 24, m. w. N.
5 Vgl. HHR/Pflüger, § 25 EStG Rz. 4, m. w. N.
6 BFH v. 16. 11. 2011 - X R 18/09, BStBl 2012 II 129.
7 BFH v. 14. 4. 2011 - VI R 53/10, BStBl 2011 II 746; siehe auch BFH v. 20. 1. 2016 - VI R 14/15, BStBl 2016 II 380 sowie KKB/Nacke, § 46 EStG Rz. 33 f.

B. Systematische Kommentierung

I. Veranlagung und Veranlagungszeitraum (§ 25 Abs. 1 EStG)

1. Veranlagung

Der Begriff der „Veranlagung" ist gesetzlich nicht definiert.[1] Die Veranlagung bezeichnet nach dem Sinn und Zweck der Norm das nachgelagerte mehrstufige Verfahren zur Festsetzung der Besteuerungsgrundlagen i. S. v. § 155 AO. Die Finanzbehörden müssen – dem Wortlaut von § 25 Abs. 1 EStG entsprechend – eine Veranlagung des (unbeschränkt als auch beschränkt)[2] Steuerpflichtigen nach Ablauf des Veranlagungszeitraums durchführen, sofern nicht durch andere Normen (z. B. § 43 Abs. 5 EStG[3], § 50 Abs. 2 EStG[4]) eine Veranlagung unterbleibt („Veranlagungszwang"[5]). 16

Die Pflicht zur Veranlagung besteht in allen Fällen, in denen die Voraussetzungen von § 56 EStDV vorliegen. Die Höhe der festzusetzenden Steuer, der Steuerschuld bzw. des Erstattungsanspruchs ist nicht von Bedeutung. Der Steuerpflichtige hat zudem einen Rechtsanspruch auf Veranlagung.[6] Fehlt es hingegen an den Voraussetzungen der Veranlagung oder ist bereits die Festsetzungsverjährung gem. § 169 AO eingetreten, unterbleibt die Veranlagung durch die Finanzbehörde (rechtens). 17

(*Einstweilen frei*) 18–20

2. Veranlagungszeitraum

Die Einkommensteuer ist nach Ablauf des Kalenderjahrs zu veranlagen. Der Veranlagungszeitraum ist dem Kalenderjahr gleichzusetzen. Der Veranlagungszeitraum ist daher nicht lediglich der Zeitraum, in welchem Einkommen bezogen wurde. Der Begriff des Veranlagungszeitraums bezeichnet vielmehr objektiv und abstrakt den Zeitraum, für den eine Einkommensteuer festzusetzen wäre, wenn Einkommen bezogen würde.[7] Verkürzte oder verlängerte Veranlagungszeiträume sind nicht vorgesehen. Auch in den Fällen, in denen die Steuerpflicht unterjährig beginnt (z. B. Geburt oder Zuzug) bzw. endet (z. B. Tod oder Wegzug) oder ein abweichendes Wirtschaftsjahr bzw. Rumpfwirtschaftsjahr vorliegt, ist der Veranlagungszeitraum weiterhin das Kalenderjahr. Der Ermittlungszeitraum des Einkommens ist lediglich verkürzt.[8] Die Veranlagung erfolgt nach Ablauf des Kalenderjahres. Unterjährige Veranlagungen sind nicht (mehr[9]) möglich.[10] 21

(*Einstweilen frei*) 22–25

---

1 Ausführlich *Lochte* in Frotscher, § 25 EStG Rz. 16.
2 Vgl. KKB/G. Kraft, § 50 EStG Rz. 3 ff.
3 Vgl. KKB/Quilitzsch, § 43 EStG Rz. 97 ff.
4 Vgl. KKB/G. Kraft, § 50 EStG Rz. 19.
5 *Geurts* in KSM, § 25 Rz. A4.
6 BFH v. 9. 7. 1959 - IV B 209/58 U, BStBl 1959 III 348.
7 BFH v. 18. 7. 1972 - VIII R 50/68, BStBl 1972 II 877.
8 So bereits *Scholtz*, DStZ 1982, 488.
9 Aufgrund der Streichung von Abs. 2 mit Wirkung ab VZ 1996.
10 A. A. *Seeger* in Schmidt, § 25 EStG Rz. 14. Nach Ansicht von Seeger kann eine unterjährige Veranlagung im Falle des Endes der subjektiven Steuerpflicht sofort erfolgen. Dies scheitert u. E. jedoch regelmäßig an praktischen Problemen (Vorhandensein von Steuererklärungsformularen; Berechnungsprogrammen etc.).

3. Einkommen

26 Gegenstand der Veranlagung ist das bezogene Einkommen. Der hierbei genutzte Begriff „Einkommen" ist nicht eindeutig, da das Einkommen – gem. Definition – nach § 2 Abs. 4 EStG lediglich dem Gesamtbetrag der Einkünfte, vermindert um die Sonderausgaben und außergewöhnlichen Belastungen, entspricht. Dieses kann daher nicht Gegenstand der Veranlagung sein. Das Einkommen ist dem zu versteuernden Einkommen nach § 2 Abs. 5 EStG gleichzustellen. Der Begriff „bezogen" stellt klar, dass nur das Einkommen der Veranlagung zugrunde zu legen ist, welches dem Steuerpflichtigen in diesem Veranlagungszeitraum gem. §§ 4 bis 8, 11 EStG zuzurechnen ist.[1] Bestand in einem Veranlagungszeitraum die beschränkte und unbeschränkte Steuerpflicht, sind die auf die jeweiligen Steuerpflichten entfallenden Einkünfte gem. § 2 Abs. 7 Satz 3 EStG in die Veranlagung zur unbeschränkten Steuerpflicht einzubeziehen.

27–35 *(Einstweilen frei)*

II. Verpflichtung zur Abgabe der Einkommensteuererklärung (§ 25 Abs. 3 EStG)

1. Erklärungspflicht

36 Steuerpflichtige sind verpflichtet, eine eigenhändig unterschriebene Einkommensteuererklärung abzugeben. Der Steuerpflichtige hat die Pflicht eine Einkommensteuererklärung für Zwecke der Veranlagung bis inklusive des VZ 2017 innerhalb von fünf Monaten nach Ende des Kalenderjahres (§ 149 Abs. 2 Satz 1 AO) einzureichen. Durch die Neuregelung i. R. des StModernG verlängert sich die Frist mit Wirkung für den VZ 2018 um zwei Monate. Im Falle der steuerlichen Vertretung besteht die Verpflichtung zur Abgabe bis inklusive des VZ 2017 bis zum 31. 12. des Jahres.[2] Auch diese Frist ist durch das StModernG um zwei Monate verlängert worden (§ 10a Abs. 4 EGAO). Die zeitliche Höchstgrenze der Veranlagung ergibt sich durch die Festsetzungsfrist (§ 169 Abs. 1 Satz 1 AO).

37 Die Pflicht zur Abgabe einer Einkommensteuererklärung betrifft unbeschränkt und beschränkt Steuerpflichtige gleichermaßen und ist Ausfluss der allgemeinen Mitwirkungspflichten gem. § 90 AO.[3] Wird der Verpflichtung nicht nachgekommen, sind die Finanzbehörden zur Festsetzung von Zwangsmitteln (§§ 152, 328 AO) ermächtigt.

38 Eine Erklärungspflicht besteht grundsätzlich immer. Ausgenommen hiervon sind Fälle, in denen spezielle Normen eine Abgeltung der Einkommensteuer durch Steuerabzüge verordnen (z. B. § 43 Abs. 5 EStG, § 50 Abs. 2 EStG) und in den Fällen, in denen die Voraussetzungen von § 56 EStDV nicht erfüllt sind. Die Möglichkeit der Antragsveranlagung sowie die Abgabepflicht bei Aufforderung durch das Finanzamt (§ 149 Abs. 1 Satz 2 AO) wird nicht berührt. Eine Veranlagung gem. § 56 EStDV ist vorzunehmen bei

▶ Ehegatten, bei denen im Veranlagungszeitraum die Voraussetzungen des § 26 Abs. 1 EStG vorgelegen haben und von denen keiner die Einzelveranlagung nach § 26a EStG wählt,

---

1 Ausführlich HHR/*Pflüger*, § 25 EStG Rz. 19.
2 Für Land- und Forstwirte bei abweichendem Wj.: Oberste Finanzbehörde der Länder v. 2. 1. 2015, BStBl 2015 I 41.
3 BFH v. 12. 11. 1992 – IV B 83/91, BStBl 1993 II 265.

- wenn keiner der Ehegatten Einkünfte aus nichtselbständiger Arbeit, von denen ein Steuerabzug vorgenommen worden ist, bezogen und der Gesamtbetrag der Einkünfte mehr als das Zweifache des Grundfreibetrages nach § 32a Abs. 1 Satz 2 Nr. 1 EStG in der jeweils geltenden Fassung betragen hat,
- wenn mindestens einer der Ehegatten Einkünfte aus nichtselbständiger Arbeit, von denen ein Steuerabzug vorgenommen worden ist, bezogen hat und eine Veranlagung nach § 46 Abs. 2 Nr. 1 bis 7 EStG in Betracht kommt;

▶ Personen, bei denen im Veranlagungszeitraum die Voraussetzungen des § 26 Abs. 1 EStG nicht vorgelegen haben,
- wenn der Gesamtbetrag der Einkünfte den Grundfreibetrag nach § 32a Abs. 1 Satz 2 Nr. 1 EStG in der jeweils geltenden Fassung überstiegen hat und darin keine Einkünfte aus nichtselbständiger Arbeit, von denen ein Steuerabzug vorgenommen worden ist, enthalten sind,
- wenn in dem Gesamtbetrag der Einkünfte Einkünfte aus nichtselbständiger Arbeit, von denen ein Steuerabzug vorgenommen worden ist, enthalten sind und eine Veranlagung nach § 46 Abs. 2 Nr. 1 bis 6 und 7 Buchst. b EStG in Betracht kommt.

▶ Eine Steuererklärung ist außerdem abzugeben, wenn zum Schluss des vorangegangenen Veranlagungszeitraums ein verbleibender Verlustabzug nach § 10d EStG festgestellt worden ist.

Die Erklärungspflicht nach § 56 Satz 2 EStDV besteht nur für den dem Verlustentstehungsjahr folgenden VZ, sofern durch das FA ein Verlust festgestellt wurde (§ 10d Abs. 4 Satz 1 EStG). Aufgrund der Verpflichtung zur Abgabe der Erklärung ist die Anlaufhemmung nach § 170 Abs. 2 Satz. 1 Nr. 1 AO zu beachten.[1]

Verpflichtungen zur Abgabe einer Einkommensteuererklärung müssen unter der Bedingung des § 34 AO auch von Dritten wahrgenommen werden. Dies betrifft insbesondere:

▶ **Gesetzliche Vertreter:** Nach § 34 Abs. 1 AO haben die gesetzlichen Vertreter geschäftsunfähiger oder in der Geschäftsfähigkeit beschränkter Personen eine Einkommensteuererklärung abzugeben. Dies betrifft daher Eltern (§ 1629 BGB) sowie Vormunde im Rahmen der Vormundschaft.[2]

▶ **Vermögensverwalter:** § 34 Abs. 3 AO bestimmt, dass – sofern den Eigentümern oder gesetzlichen Vertretern die Vermögensverwaltung nicht zugerechnet wird – diejenigen den Steuerpflichten nachzugehen haben, denen die Verwaltung des Vermögens obliegt. Dies betrifft insbesondere den Fall der Insolvenzverwaltung. Die Pflicht zur Abgabe einer Einkommensteuererklärung geht auf den Insolvenzverwalter über, jedoch nicht bei Vorliegen eines vorläufigen Insolvenzverwalters ohne Verwaltungs- und Verwertungsbefugnis gem. § 22 Abs. 2 InsO. Weitere Vermögensverwalter sind Zwangsverwalter, Nachlassverwalter und Testamentsvollstrecker.

Bei Tod eines Steuerpflichtigen sind dessen **Erben** im Rahmen der Gesamtrechtsnachfolge gem. § 45 AO verpflichtet eine Einkommensteuererklärung abzugeben, da diese in die verfahrensrechtliche Stellung des Vorgängers eintreten.[3]

---

[1] BFH v. 30.3.2017 - VI R 43/15, NWB DokID: EAAAG-45103.
[2] Ausführlich *Lochte* in Frotscher, § 25 EStG Rz. 50.
[3] Vgl. *Koenig* in Koenig, § 45 AO Rz. 13; BFH v. 17.12.2007 - GrS 2/04, BStBl 2008 II 608.

42 Die Einkommensteuerveranlagung hat **Bindungswirkung** für die gesonderte Feststellung des verbleibenden Verlustvortrags gem. § 10d Abs. 4 Satz 4 EStG. Unterbleibt hingegen eine Veranlagung, so steht dies der Feststellung eines verbleibenden Verlustvortrags nicht entgegen.[1]

43–48 (*Einstweilen frei*)

2. Einkommensteuererklärung

a) Form der Erklärung

49 Der Begriff „Einkommensteuererklärung" ist gesetzlich nicht definiert. Nach § 150 Abs. 1 AO ist diese nach amtlich vorgeschriebenem Muster abzugeben. Dieses Muster ist Ausfluss des Amtsermittlungsprinzips und hat einen Vereinheitlichungs- und Vereinfachungszweck im Besteuerungsverfahren.[2]

50 Was dem amtlich vorgeschriebenen Muster bei maschinell gedruckten Steuererklärungen entspricht, wurde durch den BFH in der Vergangenheit großzügig ausgelegt. Hiernach sind alle Steuererklärungen durch die Finanzbehörden zu akzeptieren, die dem amtlichen Muster entsprechen, auch wenn diese auf privaten Druckern gedruckt oder nur einseitig bedruckt werden.[3] Die Finanzverwaltung hat sich von der ehemals strengen Auslegung des § 150 Abs. 1 AO gelöst und sich einer für das Veranlagungsverfahren sowie für die Steuerpflichtigen günstigen Lösung geöffnet. Hiernach sind nicht amtliche Vordrucke zugelassen, sofern diese dem Layout, der Papierqualität und den Abmessungen der amtlichen Vordrucke entsprechen.[4] Die Formulare sind unabhängig davon stets vollständig abzugeben. Eine per Fax übermittelte Steuererklärung wahrt das Form- und Unterschriftserfordernis.[5] Ob dies auch für die Übermittlung einer – ansonsten ordnungsgemäßen und unterschriebenen – (z. B. eingescannten) Einkommensteuererklärung per E-Mail ohne Signatur gilt, ist zweifelhaft.[6]

b) Eigenhändige Unterschrift

51 Steuererklärungen sind eigenhändig zu unterschreiben. Im Falle der Zusammenveranlagung (§ 26b EStG) ist die Steuererklärung von beiden Ehegatten gemeinsam zu unterschreiben.[7] Im Falle des Todes eines Steuerpflichtigen ist die Einkommensteuererklärung von allen Erben eigenhändig zu unterschreiben. Alternativ ist der Person, die die Einkommensteuererklärung erstellt, eine Vollmacht aller Miterben auszustellen. Dies ergibt sich aus der Gesamtrechtsnachfolge nach § 45 AO.

52 Eigenhändigkeit der Unterschrift bedeutet, dass diese „von der Hand" des Antragstellers bzw. des Steuerpflichtigen stammen muss.[8] Die Nutzung einer Blankounterschrift – vergleichbar zur bürgerlich-rechtlichen Rechtslage[9] – ist im Steuerrecht nicht zulässig. Der Steuerpflichtige

---

1 BFH v. 13. 1. 2015 - IX R 22/14, BStBl 2015 II 829. Ausführlich KKB/Eckardt, § 10d EStG Rz. 84.
2 Vgl. *Schick*, StuW 1988, 305.
3 BFH v. 22. 5. 2006 - VI R 15/02, BStBl 2007 II 2.
4 BMF v. 3. 4. 2012, BStBl 2012 I 522.
5 BFH v. 8. 10. 2014 - VI R 82/13, BStBl 2015 II 359.
6 Ablehnend *Lewandowski/Ackermann*, DStR 2014, 1646. Zum Fall der Klageerhebung durch einfache Mail BFH v. 26.7.2011 - VII R 30/10, BStBl 2011 II 925 sowie FG Köln v. 25.1.2018 - 10 K 2732/17, NWB DokID: AAAAG-82033.
7 Zur Rechtmäßigkeit einer Einkommensteuererklärung sofern nur einer der Ehegatten unterschreibt: BFH v. 30. 10. 2001 - X B 63/01, NWB DokID: RAAAA-67587.
8 BFH v. 7. 11. 1997 - VI R 45/97, BStBl 1998 II 54.
9 *Einsele* in MüKoBGB, § 126 BGB Rz. 11.

versichert durch seine Unterschrift die Richtigkeit der gemachten Angaben.[1] Durch die unmittelbare Unterschrift wird sichergestellt, dass sich der Steuerpflichtige über die Richtigkeit der von Dritten erstellten Einkommensteuererklärung versichert hat.[2] Aus diesem Grund sind vorab getätigte Unterschriften, u. a. auf Papierstreifen, welche durch einen Dritten auf die für die Unterschrift vorgesehene Zeile der Einkommensteuererklärung geklebt werden, nicht rechtens.[3]

Die Unterschrift muss erkennbar sein, so dass eine Identifizierung und die Zuordnung der Unterschrift zum Steuerpflichtigen möglich sind. Einzelne Buchstaben müssen erkennbar sein, da andernfalls das Merkmal der Schrift fehlt. Zudem muss ein Dritter, welcher den Namen des Steuerpflichtigen kennt, aus dem Schriftzug diesen Namen herauslesen können.[4] 53

Vom Grundsatz der Eigenhändigkeit der Unterschrift kann gem. § 150 Abs. 3 AO in Fällen abgewichen werden, in denen der Steuerpflichtige infolge seines körperlichen oder geistigen Zustands oder durch längere Abwesenheit an der Unterschrift gehindert ist.[5] In diesen Fällen kann ein Bevollmächtigter die Steuererklärung unterschreiben, sofern die Bevollmächtigung offengelegt wurde.[6] 54

Wird die Steuererklärung elektronisch übermittelt, sind **drei Fallvarianten** zu differenzieren. 55

1. Wird die Einkommensteuererklärung ohne Authentifizierung per ELSTER übermittelt, ist dieser ein unterschriebenes Datenübermittlungsprotokoll – welches der übermittelten Erklärung entspricht – beizulegen (sog. komprimierte Steuererklärung). Ohne Unterschrift und postalische Übermittlung des Protokolls ist die Erklärung unwirksam.[7] Die Möglichkeit zur Nutzung dieser Variante wurde mit Wirkung zum 1.1.2018 eingeschränkt. Nur noch denjenigen, die steuerlich nicht vertreten werden, können diese in Anspruch nehmen.[8]

2. Bei einer **authentifizierten Übermittlung** (z. B. ELSTER-Zertifikat) ist keine Unterschrift notwendig, da diese nach § 87a Abs. 3, Abs. 6 AO durch eine Signatur ersetzt wird.[9] Hierbei hat sich derjenige mit einem Zertifikat auszuweisen, dessen Unterschrift ersetzt wird. Mit der Übermittlung können Dritte gem. § 87d Abs. 1 AO beauftragt werden.[10] In diesem Fall sind dem Auftraggeber (dem Steuerpflichtigen) die Daten gem. § 87d Abs. 3 AO unverzüglich und in leicht nachvollziehbarer Weise vorzulegen. Dieser hat die Daten unmittelbar auf ihre Richtigkeit zu überprüfen. Dies gilt im Falle der Vertretung durch einen Berater, da nur dieser sich durch ein Zertifikat ausweist.[11] Ebenfalls gelten diese Grundsätze für Fälle der Zusammenveranlagung, da sich nur ein Ehegatte über das Zertifikat (inkl. Signatur) sowie das dazugehörige Passwort ausweist.

---

1 Die Finanzverwaltung darf auch mehrere Unterschriften auf unterschiedlichen Blättern der Steuererklärung fordern. Vgl. *Seeger* in Schmidt, § 25 EStG Rz. 4, m.w.N.
2 Vgl. *Heuermann*, StBp 2015, 87.
3 BFH v. 8. 7. 1983 - VI R 80/81, BStBl 1984 II 13.
4 BFH v. 13. 12. 1984 - IV R 274/83, BStBl 1985 II 367, m.w.N.
5 Hierzu ausführlich *Sapio*, DStR 1995, 754; BFH v. 29. 3. 2001 - III R 48/98, BStBl 2001 II 629; BFH v. 10. 4. 2002 - VI R 66/98, BStBl 2002 II 455.
6 BFH v. 7. 11. 1997 - VI R 45/97 BStBl 1998 II 54.
7 FG Baden-Württemberg v. 17. 8. 2015 - 9 K 2505/14, NWB DokID: UAAAF-05684; NZB durch BFH verworfen.
8 Vgl. *Deutschländer*, NWB 2017, 3836 f.
9 Umfassend zu verfahrens- und verfassungsrechtlichen Fragen *Musil/Burchard/Hechtner*, DStR 2007, 2290.
10 Zu strafrechtlichen Fragen *Beyer*, NWB 2016, 1304 ff.
11 Zu beachten sind hierbei die mit dem StModernG geschaffenen Nachweispflichten nach § 87d Abs. 2 AO.

3. Werden Einkommensteuererklärungsformulare mit Hilfe einer „De-Mail" versendet, ist dies eine ausreichende Form der elektronischen Signatur, weshalb keine weitere Unterschrift geleistet werden muss.

56 Eine nicht unterzeichnete oder elektronisch nicht signierte Einkommensteuererklärung ist unwirksam. Eine **unwirksame Einkommensteuererklärung** setzt das Veranlagungsverfahren sowie den Fristenlauf nicht in Gang. Die Finanzbehörde muss die Unterschrift nachverlangen und kann – sofern dies keinen Erfolg hat – auf Grundlage der unwirksamen Einkommensteuererklärung die Besteuerungsgrundlagen schätzen.[1]

57 Durch die **Mitunterzeichnung** einer Einkommensteuererklärung **als Ehegatte** wird der Tatbestand der Steuerhinterziehung für diesen nicht erfüllt, sofern lediglich der andere Ehegatte unrichtige oder unvollständige Angaben über eigene Einkünfte macht.[2]

58–65 (*Einstweilen frei*)

III. Elektronische Übermittlung (§ 25 Abs. 4 EStG)

66 Steuerpflichtige müssen die Einkommensteuererklärung nach amtlich vorgeschriebenem Datensatz durch Datenfernübertragung übermitteln, sofern Gewinneinkünfte erzielt werden und es sich nicht um Veranlagungsfälle nach § 46 Abs. 2 Nr. 2 bis 8 EStG handelt. Das gilt auch bei nur geringfügigen Gewinnen.[3] Daher steht dem Steuerpflichtigen bei Erfüllung der Voraussetzungen kein Wahlrecht zu. Sind die Voraussetzungen nicht erfüllt, kann die Übermittlung freiwillig auf elektronischem Weg erfolgen. Die Pflicht nach § 25 Abs. 4 EStG ist keine rechtsbegründende Abgabeverpflichtung, sondern gibt nur den Weg der Übermittlung vor. Liegt keine Verpflichtung zur Einreichung einer Einkommensteuererklärung nach § 56 EStDV vor, führt § 25 Abs. 4 EStG nicht zu einer ergänzenden Steuererklärungspflicht.

67 Die Verpflichtung zur elektronischen Übermittlung der Steuererklärung besteht unabhängig von der elektronischen Übermittlung der E-Bilanz nach § 5b EStG. Beide Normen bedingen jedoch die elektronische Übermittlung bei Vorliegen von Gewinneinkünften. Wird eine Einnahmenüberschussrechnung erstellt, ist diese nach § 60 Abs. 4 EStDV ebenfalls elektronisch nach amtlich vorgeschriebenem Datensatz (Anlage EÜR) zu übermitteln. Eine in Papierform übersandte Einnahmenüberschussrechnung wird bei Umsätzen bis 17 500 € ab dem VZ 2017 nicht mehr akzeptiert.[4]

68 Auf (formlosen) Antrag hin kann die Finanzbehörde zur Vermeidung **unbilliger Härten** auf die elektronische Übermittlung verzichten. Eine unbillige Härte liegt vor, wenn es dem Steuerpflichtigen persönlich oder wirtschaftlich nicht zuzumuten ist, die Steuererklärung auf elektronischem Weg zu übermitteln. Dies ist der Fall, sofern keine Möglichkeiten der Datenfernübertragung existieren oder diese nur mit erheblichem finanziellen Aufwand geschaffen werden können. Persönliche Abneigungen gegen elektronische Kommunikationsmittel sind nicht ausreichend für die Anerkennung einer unbilligen Härte.[5] Gleiches gilt, sofern die Datenübertra-

---

[1] BFH v. 14.1.1998 - X R 84/95, BStBl 1999 II 203.
[2] BFH v. 16.4.2002 - IX R 40/00, BStBl 2002 II 501.
[3] FG Rheinland-Pfalz v. 15.7.2015 - 1 K 2204/13, rkr., NWB DokID: OAAAF-00294.
[4] NWB 2017, 1347. Zu Erleichterungen bei der Abgabe der EÜR *Happe*, BBK 2018, 662.
[5] Vgl. *Lochte* in Frotscher, § 25 EStG Rz. 74; Beispielhaft für einen Fall der wirtschaftlichen Unzumutbarkeit, wonach auf die Verhältnisse des Betriebs abzustellen ist: FG Rheinland-Pfalz v. 12.10.2016 - 2 K 2352/15, rkr., NWB DokID: NAAAF-88627.

gung aufgrund von Sicherheitsbedenken (z. B. aufgrund der NSA-Affäre) abgelehnt wird. Daher entspricht auch die Einreichung einer CD oder eines USB-Sticks, auf welcher die Einkommensteuererklärung gespeichert ist, nicht den Anforderungen der elektronischen Übermittlung von § 25 Abs. 4 EStG.[1]

(Einstweilen frei) 69–74

C. Verfahrensfragen

§ 25 EStG ist als Verfahrensvorschrift zu verstehen und betrifft die Deklaration der steuerpflichtigen Tatbestände gegenüber der Finanzbehörde. Die Norm ergänzt somit steuerartenspezifisch die allgemeinen Regelungen des Vierten Teils der AO, insb. die §§ 149 ff. AO. 75

Die Finanzbehörde hat die Steuererklärung des Steuerpflichtigen zu überprüfen und ggf. zu korrigieren. Die Veranlagung führt zur Bekanntgabe der Bemessungsgrundlage sowie der Steuerschuld durch Steuerbescheid (§§ 155 ff. AO, Steuerfestsetzung).

Im Einzelnen kommt folgenden Aspekten eine besondere Bedeutung zu:

- Schätzung: § 162 AO
- Leichtfertige Steuerverkürzung: §§ 377 ff. AO[2]
- Steuerhinterziehung: §§ 369 ff. AO; vgl. → Rz. 57
- Veranlagungsverfahren: vgl. → Rz. 56
- Verspätungszuschläge: § 152 AO
- Zwangsmittel: §§ 328 ff. AO; vgl. → Rz. 37.

§ 26 Veranlagung von Ehegatten

(1) ¹Ehegatten können zwischen der Einzelveranlagung (§ 26a) und der Zusammenveranlagung (§ 26b) wählen, wenn

1. beide unbeschränkt einkommensteuerpflichtig im Sinne des § 1 Absatz 1 oder 2 oder des § 1a sind,
2. sie nicht dauernd getrennt leben und
3. bei ihnen die Voraussetzungen aus den Nummern 1 und 2 zu Beginn des Veranlagungszeitraums vorgelegen haben oder im Laufe des Veranlagungszeitraums eingetreten sind.

²Hat ein Ehegatte in dem Veranlagungszeitraum, in dem seine zuvor bestehende Ehe aufgelöst worden ist, eine neue Ehe geschlossen und liegen bei ihm und dem neuen Ehegatten die Voraussetzungen des Satzes 1 vor, bleibt die zuvor bestehende Ehe für die Anwendung des Satzes 1 unberücksichtigt.

(2) ¹Ehegatten werden einzeln veranlagt, wenn einer der Ehegatten die Einzelveranlagung wählt. ²Ehegatten werden zusammen veranlagt, wenn beide Ehegatten die Zusammenveranlagung wählen. ³Die Wahl wird für den betreffenden Veranlagungszeitraum durch Angabe

---

1 FG Baden-Württemberg v. 23. 3. 2016 - 7 K 3192/15, NWB DokID: TAAAF-72408, rkr. NZB abgewiesen mit Beschl. v. 14.2.2017 - VIII B 43/16, NWB DokID: EAAAG-43548.
2 Vgl. insbesondere zur Beraterhaftung BFH v. 29. 10. 2013 - VIII R 27/10, BStBl 2014 II 295. Ausführlich *Tormöhlen* in Korn, § 25 EStG Rz. 16.1 ff.

in der Steuererklärung getroffen. ⁴Die Wahl der Veranlagungsart innerhalb eines Veranlagungszeitraums kann nach Eintritt der Unanfechtbarkeit des Steuerbescheids nur noch geändert werden, wenn

1. ein Steuerbescheid, der die Ehegatten betrifft, aufgehoben, geändert oder berichtigt wird und
2. die Änderung der Wahl der Veranlagungsart der zuständigen Finanzbehörde bis zum Eintritt der Unanfechtbarkeit des Änderungs- oder Berichtigungsbescheids schriftlich oder elektronisch mitgeteilt oder zur Niederschrift erklärt worden ist und
3. der Unterschiedsbetrag aus der Differenz der festgesetzten Einkommensteuer entsprechend der bisher gewählten Veranlagungsart und der festzusetzenden Einkommensteuer, die sich bei einer geänderten Ausübung der Wahl der Veranlagungsarten ergeben würde, positiv ist. ²Die Einkommensteuer der einzeln veranlagten Ehegatten ist hierbei zusammenzurechnen.

(3) Wird von dem Wahlrecht nach Absatz 2 nicht oder nicht wirksam Gebrauch gemacht, so ist eine Zusammenveranlagung durchzuführen.

Inhaltsübersicht

	Rz.
A. Allgemeine Erläuterungen	1 – 15
I. Normzweck und wirtschaftliche Bedeutung der Vorschrift	1 – 3
II. Entstehung und Entwicklung der Vorschrift	4 – 5
III. Geltungsbereich	6
IV. Vereinbarkeit mit höherrangigem Recht	7 – 8
V. Verhältnis zu anderen Vorschriften	9 – 15
B. Systematische Kommentierung	16 – 82
I. Wahlrecht (§ 26 Abs. 1 EStG)	16 – 55
1. Tatbestandsvoraussetzungen	16 – 45
a) Ehegatten und eingetragene Lebenspartner	16 – 24
b) Unbeschränkte Steuerpflicht	25 – 33
c) Nicht dauerndes Getrenntleben	34 – 44
d) Zeitliche Voraussetzung	45
2. Mehrfaches Erfüllen der Tatbestandsvoraussetzungen	46 – 55
II. Wahlrechtsausübung (§ 26 Abs. 2 EStG)	56 – 80
1. Einzelveranlagung oder Zusammenveranlagung	56 – 64
2. Form	65 – 70
3. Nachträgliche Änderung	71 – 80
III. Unterlassene Ausübung des Wahlrechts (§ 26 Abs. 3 EStG)	81 – 82

HINWEIS:
R 26 EStR; H 26 EStH; OFD Frankfurt v. 12. 8. 2011, NWB DokID: WAAAD-93402.

LITERATUR:
Egner/Quinten/Kohl, Änderungen bei der Ehegatten-Veranlagung ab Veranlagungszeitraum 2013, NWB 2013, 273; *Hagemeier/Joost*, Anspruch auf Zustimmung zur Zusammenveranlagung für das Trennungsjahr, NWB 2015, 984; *Perleberg-Kölbel*, Das Veranlagungswahlrecht von Ehegatten im Insolvenzfall, NZFam 2014, 1080; *Baltromejus*, Die Besteuerung Alleinerziehender, NWB 2016, 2338.

ARBEITSHILFEN UND GRUNDLAGEN ONLINE:
Ehegatten-Veranlagung ab VZ 2013, Übersicht; NWB DokID: IAAAE-27169; *Schmidt*, Besteuerung von Ehegatten und eingetragenen Lebenspartnern, NWB DokID: QAAAE-43281.

A. Allgemeine Erläuterungen

I. Normzweck und wirtschaftliche Bedeutung der Vorschrift

§ 26 EStG kommt – ähnlich wie § 25 EStG – eine verfahrensrechtliche Bedeutung zu. Darüber hinaus bildet die Norm jedoch auch eine Grundvorschrift für die Einzel- und Zusammenveranlagung von Ehegatten gem. §§ 26a, 26b EStG.

Absatz 1 sieht vor, dass Ehegatten zwischen der Einzelveranlagung (§ 26a EStG) und der Zusammenveranlagung (§ 26b EStG) wählen können, sofern drei Voraussetzungen (rechtsgültige Ehe/Lebenspartnerschaft, unbeschränkte Steuerpflicht beider Ehepartner und nicht dauerndes Getrenntleben der Ehepartner) zu einem Zeitpunkt im VZ vorliegen. Absatz 2 bestimmt die Wahlrechtsausübung zwischen Zusammen- und Einzelveranlagung der Ehegatten sowie die Voraussetzungen der nachträglichen Änderung der Wahl. Absatz 3 enthält eine Vorschrift zur Anwendung der Zusammenveranlagung, sofern die Wahl gem. Absatz 2 nicht oder nicht wirksam ausgeübt wurde.

Mit der Neuregelung der Ehegattenveranlagung durch das Steuervereinfachungsgesetz 2011 sind ab dem Veranlagungszeitraum 2013 nur noch **drei Veranlagungsformen** für Steuerpflichtige möglich. Einzelveranlagung Nichtverheirateter (§ 25 Abs. 1 EStG i.V. m. § 32a Abs. 1 EStG), Zusammenveranlagung von Ehegatten (§ 26 Abs. 1 EStG, § 26b EStG i.V. m. § 32a Abs. 5 EStG) und Einzelveranlagung von Ehegatten (§ 26 Abs. 1 EStG, § 26a EStG i.V. m. § 32a Abs. 1 EStG).[1]

II. Entstehung und Entwicklung der Vorschrift

§ 26 EStG ist in einer zu heute rudimentär vergleichbaren Fassung seit dem Reichs-EStG 1920 vorhanden.[2] Ursprünglich enthielt die Norm eine übermäßig progressive Wirkung, da das Einkommen der Ehegatten zusammengerechnet wurde, ohne dass eine gegenläufige Tarifermäßigung vorhanden war. Tarifermäßigungen wurden in den folgenden Jahrzehnten in unterschiedlichen Formen mehrfach eingeführt und wieder abgeschafft.[3] Insgesamt wurden Ehegatten jedoch stärker belastet als Unverheiratete mit gleichem Einkommen. Das BVerfG entschied mit Beschluss v. 17.1.1957,[4] dass § 26 EStG aufgrund dieser Wirkung nicht mit Art. 6 Abs. 1 GG vereinbar sei. Mit dem StÄndG 1958 wurde § 26 EStG in der heutigen Form eingefügt.[5] Zuletzt wurde die Norm durch das Steuervereinfachungsgesetz 2011 mit Wirkung zum 1.1.2013 (§ 52 Abs. 68 EStG a. F.) aufgrund der geänderten Veranlagungsmöglichkeiten (§§ 26a, 26b, 26c EStG [entfallen]) angepasst sowie sprachlich vereinfacht.[6]

In Folge der Entscheidung des BVerfG v. 7.5.2013[7] sind der Ehe ab 2013 **Lebenspartnerschaften** nach dem Lebenspartnerschaftsgesetz (LPartG) gem. § 2 Abs. 8 EStG gleichzustellen.[8] Somit sind bei den im Folgenden genannten Begriffen der „Ehe" oder „Ehepartner" die „Lebenspartnerschaft" oder „Lebenspartner" gem. LPartG mit eingeschlossen. Zur Frage der Verfassungs-

---

1 Vgl. Egner/Quinten/Kohl, NWB 2013, 273.
2 Vormals § 16 EStG, RGBl 1920, 359.
3 Vgl. zur historischen Entwicklung HHR/Pflüger, § 26 EStG Rz. 2.
4 BVerfG v. 17.1.1957 - 1 BvL 4/54, BStBl 1957 I 193.
5 StÄndG v. 18.7.1958, BGBl 1958 I 473.
6 SteuervereinfachungsG v. 1.11.2011, BGBl 2011 I 2131.
7 BVerfG v. 7.5.2013 - 2 BvR 909/06, 2 BvR 1981/06, 2 BvR 288/07, BFH/NV 2013, 1374 = NWB DokID: UAAAC-30135.
8 Gesetz zur Änderung des EStG v. 15.7.2013, BGBl 2013 I 2397, in Umsetzung der Entscheidung des BVerfG v. 7.5.2013. Vgl. dazu ausführlich KKB/Kanzler, § 2 EStG Rz. 384.

mäßigkeit der Ehegattenbesteuerung vgl. KKB/Egner/Geißler, § 26b EStG Rz. 11. Das Gesetz zur Einführung des Rechts auf Eheschließung für Personen gleichen Geschlechts[1] (sog. Eheöffnungsgesetz) hat für die Frage der Ehegattenbesteuerung keine unmittelbare Rechtswirkung, da bereits allen Ehen und Lebenspartnerschaften zuvor das Recht auf Zusammenveranlagung zustand.[2]

III. Geltungsbereich

6   Das Wahlrecht zur Zusammen- oder Einzelveranlagung steht jedem unbeschränkt Steuerpflichtigen zu, sofern der Ehepartner ebenfalls die Voraussetzungen der unbeschränkten Steuerpflicht erfüllt. Darüber hinaus muss eine rechtsgültige Ehe vorliegen und die Ehepartner dürfen nicht dauernd getrennt leben. Liegen die Voraussetzungen vor und üben die Ehepartner das Wahlrecht zur Zusammenveranlagung gemeinsam aus, werden die Ehepartner gemeinsam als Steuerpflichtiger behandelt (§ 26b EStG). Die Steuer beträgt in diesen Fällen gem. § 32a Abs. 5 EStG das Doppelte der tariflichen Einkommensteuer nach § 32a Abs. 1 EStG bezogen auf die Hälfte des Einkommens der Ehepartner.

IV. Vereinbarkeit mit höherrangigem Recht

7   Bis zur Entscheidung des BVerfG v. 7. 5. 2013[3] waren Lebenspartnerschaften von der Einbeziehung in das Wahlrecht zur Zusammenveranlagung ausgeschlossen. Durch die Entscheidung des BVerfG konnten betroffene Steuerpflichtige in allen offenen Fällen (bei Vorliegen der sonstigen Voraussetzungen) die Zusammenveranlagung beantragen.[4]

8   Die derzeitige Ausgestaltung von § 26 EStG ist mit dem Verfassungsrecht vereinbar.[5] Die Vereinbarkeit mit EU-Recht wird durch die Regelung des § 1 Abs. 3 i. V. m. § 1a EStG sichergestellt. Die Beschränkung von § 26 Abs. 1 Satz 2 EStG ist ebenfalls nicht verfassungswidrig.[6]

V. Verhältnis zu anderen Vorschriften

9   § 26 EStG bildet die Grundvorschrift zur Einzel- oder Zusammenveranlagung von Ehegatten gem. §§ 26a, 26b EStG. Letztere Normen stellen die Rechtsfolge dar, wenn das Wahlrecht zur Zusammenveranlagung von beiden Ehegatten gemeinsam genutzt wird oder sich einer der Ehepartner oder beide Ehepartner für die Einzelveranlagung entscheiden. Die Ausübung des Wahlrechts bedingt wiederum die tarifliche Besteuerung gem. § 32a Abs. 1 EStG für einzelveranlagte Ehegatten oder gem. § 32a Abs. 5 EStG für zusammenveranlagte Ehegatten.

§ 25 EStG bildet die Grundvoraussetzung für § 26 EStG, denn die Entscheidung für eine der nach § 26 EStG möglichen Veranlagungsarten kommt nur in Betracht, wenn verfahrensrechtlich eine Veranlagung gem. § 25 EStG überhaupt durchgeführt wird.[7]

---

1 BGBl 2017 I 2787.
2 Zur Frage der möglichen Rückwirkung i. S. von § 175 Abs. 1 Satz 1 Nr. 2 AO auf den Zeitpunkt des Inkrafttretens des LPartG zum 1.8.2011 jedoch: FG Hamburg Urteil v. 31.7.2018 - 1 K 92/18, NWB DokID: TAAAG-92649, Rev. zugelassen.
3 BVerfG v. 7. 5. 2013 - 2 BvR 909/06, 2 BvR 1981/06, 2 BvR 288/07, BFH/NV 2013, 1374 = NWB DokID: UAAAC-30135.
4 Siehe umfassend Schmidt, Besteuerung von Ehegatten und eingetragenen Lebenspartnern, NWB DokID: QAAAE-43281.
5 Vgl. ausführlich KKB/Egner/Geißler, § 26b EStG Rz. 11 ff.
6 BVerfG v. 3. 6. 1987 - 1 BvL 5/81, BStBl 1988 II 395.
7 BFH v. 21. 9. 2006 - VI R 80/04, BStBl 2007 II 11.

§ 26 EStG verdrängt die Vorschriften des Unterhaltsabzugs gem. § 33a Abs. 1 EStG als speziellere Norm.[1]

Zahlreiche Vorschriften des EStG (z. B. § 10 Abs. 1 Nr. 7 EStG) verweisen auf § 26 Abs. 1 EStG als Grundvoraussetzung.[2]

(*Einstweilen frei*)

B. Systematische Kommentierung

I. Wahlrecht (§ 26 Abs. 1 EStG)

1. Tatbestandsvoraussetzungen

a) Ehegatten und eingetragene Lebenspartner

Zentrale Voraussetzung für das Vorliegen des Wahlrechts der Zusammenveranlagung ist das Vorhandensein einer Ehe bzw. einer eingetragenen Lebenspartnerschaft. Der Begriff „Ehe" ist dem Zivilrecht entnommen und entsprechend der Vorschriften des nationalen als auch internationalen Privatrechts auszulegen.[3] Eine andere Auslegung ist – insbesondere unter der Entstehungsgeschichte von § 26 EStG – nicht möglich. Zudem fehlt es an praxistauglichen Kriterien dafür, wie eine steuerrechtlich „autonome" Konkretisierung des Begriffs der „Ehegatten" aussehen könnte.[4] Der Ehe sind eingetragene Lebenspartnerschaften nach dem Lebenspartnerschaftsgesetz gem. § 2 Abs. 8 EStG gleichzustellen. Nichteheliche bzw. nicht eingetragene Lebensgemeinschaften,[5] geschiedene bzw. getrennt lebende Eheleute[6] sowie Alleinerziehende[7] sind von der Möglichkeit der Zusammenveranlagung ausgeschlossen.

Bei der Frage der **Anerkennung von Ehen** sind **unterschiedliche Fallkonstellationen** zu unterscheiden:

1. Bei Eheschließung von deutschen Staatsangehörigen im Inland sind die Regelungen des Ehegesetzes (EheG) sowie des LPartG zu beachten. Eine Ehe ist danach nur gültig, wenn sie gem. § 11 EheG, § 1 LPartG vor einem Standesbeamten geschlossen wurde.

2. Eheschließungen von deutschen Staatsangehörigen im Ausland (z. B. „Las-Vegas-Ehe") sind steuerrechtlich anzuerkennen, sofern diese zivilrechtlich am Ort der Eheschließung gem. Art. 11 Abs. 1 EGBGB oder nach dem Recht des Heimatsstaates gem. Art. 13 Abs. 1 EGBGB ordnungsgemäß zustande gekommen sind.

---

1 BFH v. 28.11.1988 - GrS 1/87, BStBl 1989 II 164.
2 Vgl. HHR/*Pflüger*, § 26 EStG Rz. 14.
3 BFH v. 17.4.1998 - VI R 16/97, BStBl 1998 II 473, m.w. N.
4 BFH v. 17.4.1998 - VI R 16/97, BStBl 1998 II 473.
5 BFH v. 24.7.2014 - III B 28/13, BFH/NV 2014, 1741 = NWB DokID: UAAAE-74437; zuletzt BFH v. 26.4.2017 - III B 100/16, BStBl 2017 II 903.
6 BFH v. 20.9.2002 - III B 40/02, BFH/NV 2003 157 = NWB DokID: OAAAA-70271.
7 BFH v. 17.8.2004 - III B 121/03, BFH/NV 2005, 46 = NWB DokID: IAAAB-35842; FG Niedersachsen v. 14.10.2014 - 4 K 81/14, NWB DokID: CAAAE-81720, bestätigt durch BFH v. 17.9.2015 - III R 36/14, NWB DokID: OAAAF-66174; siehe auch FG Niedersachsen v. 6.5.2013 - 7 K 114/10, NWB DokID: VAAAE-61137, Rev. abgewiesen durch BFH v. 29.9.2016 - III R 62/13, NWB DokID: KAAAF-89801; Verfassungsbeschwerde nicht zur Entscheidung angenommen, BVerfG v. 18.9.2018 - 2 BvR 221/17; sowie *Baltromejus*, NWB 2016, 2338.

3. Im Inland ausschließlich nach ausländischem Recht geschlossene Ehen von Ausländern, von denen einer der Ehegatten die deutsche Staatsbürgerschaft hat, sind gem. Art. 13 Abs. 3 Satz 1 EGBGB nicht wirksam.

4. Im Inland geschlossene Ehen von Ausländern – von denen keiner die deutsche Staatsangehörigkeit besitzt – sind nach deutschem Recht anzuerkennen, auch wenn diese nicht vor einem deutschen Standesbeamten geschlossen wurden (Art. 13 Abs. 3 Satz 2 EGBGB).

5. Bei ausländischen Eheschließungen von Ausländern – von denen keiner die deutsche Staatsangehörigkeit besitzt – sind die Voraussetzungen der Ehe gem. Art. 13 Abs. 1 EGBGB für jeden Beteiligten nach den Gesetzen des Staates zu beurteilen, dem er angehört. Eine nach ausländischem Recht geschlossene Ehe ist zivilrechtlich nicht anzuerkennen, wenn das der Eheschließung zugrunde liegende Gesetz dem *ordre public* in Deutschland widerspricht. Ausländische (zivilrechtlich wirksame) Ehen sind steuerrechtlich anzuerkennen, da das Steuerrecht lediglich vermögensrechtlich an das ausländische Recht anknüpft.[1]

18 Eine **polygame Ehe** (im Streitfall nach marokkanischem Recht), in welcher nur einer der weiteren Ehegatten unbeschränkt steuerpflichtig ist, ist (gem. Fallkonstellation 5) steuerrechtlich anzuerkennen.[2] Wenn mehr als zwei Ehegatten einer Mehrehe im Inland unbeschränkt steuerpflichtig sind, erscheint eine Zusammenveranlagung – aufgrund des Wortlautes von § 26 Abs. 1 EStG – nur mit einem Ehegatten möglich.[3] Dieser Rückschluss lässt sich auch aus der Norm des § 26 Abs. 1 Satz 2 EStG ziehen, welche das Konkurrenzverhältnis bei Vorliegen von zwei rechtsgültigen Ehen in einem Veranlagungszeitraum löst. Welche Ehe im Fall einer polygamen Ehe, bei der alle Eheleute im Inland unbeschränkt steuerpflichtig sind und nicht dauernd getrennt leben, begünstigt ist, ergibt sich u. E. allein durch die Wahlrechtsausübung der Eheleute. Der nicht in die Zusammenveranlagung einbezogene Ehepartner ist zwingend einzeln zu veranlagen.

19 Eine als **nichtig erklärte Ehe** ist einkommensteuerrechtlich als gültige Ehe anzusehen bis die Nichtigerklärung rechtskräftig ist.[4] Ist ein **verschollener Ehepartner** für tot erklärt worden, gilt der Verschollene gem. § 49 AO erst mit Rechtskraft der Todeserklärung als verstorben.[5]

20 Bei **Scheidung der Ehe** gilt diese für steuerliche Zwecke erst mit Rechtskraft des Scheidungsurteils gem. § 1564 BGB, § 29 EheG, § 15 LPartG als aufgelöst. Die Ehe wird auf Lebenszeit geschlossen (§ 1353 BGB). Der Tod eines Ehegatten bzw. eines Lebenspartners führt daher zur Beendigung der Ehe oder der Lebenspartnerschaft. Dies gilt – unabhängig vom sog. „Gnaden- bzw. Witwensplitting" gem. § 32a Abs. 6 Satz 1 EStG – auch für steuerliche Zwecke.

21–24 *(Einstweilen frei)*

---

1 BFH v. 6.12.1985 - VI R 56/82, BStBl 1986 II 390.
2 BFH v. 6.12.1985 - VI R 56/82, BStBl 1986 II 390.
3 So auch *Ettlich* in Blümich, § 26 EStG Rz. 41; *Hein*, DStZ 1983, 341; a. A. Veranlagung mit zwei Ehefrauen HHR/*Pflüger*, § 26 EStG Rz. 22.
4 H 26 EStH.
5 BFH v. 24.8.1956 - I 9/55 U, BStBl 1956 III 310. Ausführlich zu Fragen verschollener Ehegatten *Schneider* in Littmann/Bitz/Pust, § 26 EStG Rz. 34.

b) Unbeschränkte Steuerpflicht

Ehegatten bzw. Lebenspartner können nur dann die Zusammenveranlagung gem. § 26b EStG wählen, wenn beide unbeschränkt steuerpflichtig gem. § 1 Abs. 1 Satz 1 EStG sind. Hierzu muss im Inland ein Wohnsitz (§ 8 AO) oder gewöhnlicher Aufenthalt (§ 9 AO) vorliegen. Eine unbeschränkte Steuerpflicht besteht ebenfalls in den Fällen des § 1 Abs. 2 EStG sowie auf Antrag gem. § 1 Abs. 3 EStG.[1] Gleiches gilt für Schweizer Grenzgänger.[2] 25

§ 1a Abs. 1 Nr. 2 EStG führt ergänzend aus, dass auch der nicht unbeschränkt steuerpflichtige Ehegatte in den Fällen der unbeschränkten Steuerpflicht gem. § 1 Abs. 1 Satz 1 und Abs. 3 Satz 1 EStG als unbeschränkt steuerpflichtig behandelt wird, sofern dieser seinen Wohnsitz oder gewöhnlichen Aufenthalt im Hoheitsgebiet eines anderen Staates der EU/EWR hat. 26

Die Frage nach der Ansässigkeit innerhalb eines Doppelbesteuerungsabkommens ist bei der Beurteilung der unbeschränkten Steuerpflicht für Zwecke von § 26 Abs. 1 EStG nicht von Bedeutung. So liegt auch in den Fällen eine unbeschränkte Steuerpflicht aufgrund eines Wohnsitzes vor, in denen im Ausland ein weiterer Wohnsitz unterhalten wird und dieser den Mittelpunkt der Lebensinteressen darstellt.[3] 27

(Einstweilen frei) 28–33

c) Nicht dauerndes Getrenntleben

Ehegatten und Lebenspartner können nur dann die Zusammenveranlagung beantragen, wenn sie nicht dauernd getrennt leben. Der zivilrechtliche Begriff des Getrenntlebens gem. § 1567 Abs. 1 BGB schließt den steuerlichen Begriff des Getrenntlebens i. d. R. mit ein.[4] Die Feststellung des dauernden Getrenntlebens im Zivilprozessverfahren ist jedoch nicht bindend für das Steuerrecht.[5] Der Begriff des Getrenntlebens ist somit rein steuerrechtlich auszulegen.[6] 34

Hiernach liegt ein dauerndes Getrenntleben vor, wenn die zum Wesen der Ehe gehörende **Lebens- und Wirtschaftsgemeinschaft** nach dem Gesamtbild der Verhältnisse auf Dauer nicht mehr besteht. Dabei ist unter Lebensgemeinschaft, die räumliche, persönliche und geistige Gemeinschaft der Ehegatten, unter Wirtschaftsgemeinschaft, die gemeinsame Erledigung der die Ehegatten gemeinsam berührenden wirtschaftlichen Fragen ihres Zusammenlebens zu verstehen.[7] 35

Ob Ehegatten dauernd getrennt leben, bestimmt sich nach dem jeweiligen **Einzelfall**. Die Finanzbehörde hat den tatsächlichen Sachverhalt zu ermitteln. Aufgrund der schwer nachvollziehbaren Verhältnisse im Einzelfall und den damit verbundenen notwendigen Ermittlungen der Finanzbehörde – was einen tiefgehenden Eingriff in die Privat- und Intimsphäre des Steu- 36

---

1 Vgl. ausführlich zur Frage der unbeschränkten Steuerpflicht KKB/Blusz, § 1 EStG Rz. 76. Zur Frage der Zusammenveranlagung bei fehlender dauerhafter Aufenthaltserlaubnis eines Ehepartners im Inland: FG Hamburg v. 12.4.2018 - 1 K 202/16, NWB DokID: QAAAG-86277; NZB eingelegt, BFH-Az. III B 65/18.
2 EuGH v. 28. 2. 2013 - C 425/11, BStBl 2013 II 896.
3 BFH v. 28. 1. 2004 - I R 56/02, BFH/NV 2004, 917 = NWB DokID: GAAAB-21049.
4 Zustimmend BFH v. 24. 1. 2013 - III B 113/11, BFH/NV 2013, 726 = NWB DokID: ZAAAE-31053; BFH v. 13. 12. 1985 - VI R 190/82, BStBl 1986 II 486; Ettlich in Blümich, § 26 EStG Rz. 55; HHR/Pflüger, § 26 EStG Rz. 28; a. A. Lochte in Frotscher, § 26 EStG Rz. 51; Schneider in Littmann/Bitz/Pust, § 26 EStG Rz. 38.
5 BFH v. 3. 1. 2011 - III B 204/09, BFH/NV 2011, 638 = NWB DokID: UAAAD-61282; BFH v. 13. 12. 1985 - VI R 190/82, BStBl 1986 II 486.
6 Übereinstimmend Ettlich in Blümich, § 26 EStG Rz. 55; Lochte in Frotscher, § 26 EStG Rz. 51; Schneider in Littmann/Bitz/Pust, § 26 EStG Rz. 38.
7 BFH v. 15. 6. 1973 - VI R 150/69, BStBl 1973 II 640.

erpflichtigen bedeuten würde – kommt den Erklärungen der Steuerpflichtigen jedoch eine erhöhte Bedeutung zu. Teilen die Steuerpflichtigen mit, dass sie nicht dauernd getrennt leben, ist dieser Aussage zu folgen, sofern nicht äußere Umstände auf ein dauerndes Getrenntleben hinweisen.[1] Liegt ein Verdacht auf unberechtigte Zusammenveranlagung vor, können von der Finanzverwaltung dessen ungeachtet entsprechende Ermittlungsmaßnahmen eingeleitet werden.[2]

37 Die Umstände des dauernden Getrenntlebens sind nach dem **Gesamtbild der äußerlich erkennbaren Merkmale**, z. B. Auszug eines Ehegatten aus der gemeinsamen Wohnung,[3] zu beurteilen, wobei ein dauerndes Getrenntleben auch innerhalb einer Wohnung möglich ist.[4]

38 § 1567 Abs. 2 BGB ist nicht auf das Steuerrecht zu übertragen, da der zivilrechtlichen Norm eine andere Zielsetzung zugrunde liegt. Somit kann ein **kurzzeitiges Zusammenleben** (ca. vier Wochen) die Möglichkeit der Zusammenveranlagung eröffnen, wenn das Zusammenleben der Versöhnung dienen soll, auch wenn der Versöhnungsversuch scheitert.[5] Von Bedeutung ist, dass die Lebens- und Wirtschaftsgemeinschaft wieder aufgenommen werden soll, der Versöhnungsversuch also ernsthaft und durch von außen erkennbare Merkmale (z. B. Aufgabe einer weiteren Wohnung) getragen wird.[6]

39 Ein dauerndes Getrenntleben liegt nicht vor, wenn die Ehegatten aufgrund einer **doppelten Haushaltsführung** oder eines **kurzzeitigen Auslandseinsatzes** nicht gemeinsam eine Wohnung dauerhaft bewohnen. Zwingen äußere Umstände (**Inhaftierung, Krankenhausaufenthalt**) die Ehegatten zu einer (zeitlich nicht absehbaren) räumlichen Trennung, ist dies ebenfalls kein Indiz für ein dauerndes Getrenntleben, wenn beide Ehepartner auf das Fortbestehen der Ehe- und Lebensgemeinschaft bedacht sind und sie diese nach Wegfall des Hindernisses wieder herstellen wollen.[7] Einer räumlichen Trennung wird bei Abwägung für und gegen die Annahme eines dauernden Getrenntlebens jedoch regelmäßig eine besondere Bedeutung beigemessen.[8]

40 Nach neuerer Rechtsprechung des FG Niedersachsen liegen die Voraussetzungen für eine Zusammenveranlagung auch dann vor, wenn ein Ehegatte aufgrund einer schweren Erkrankung in einer Pflegeeinrichtung untergebracht ist und der andere Ehegatte bereits mit einer neuen Lebensgefährtin zusammenlebt. In diesem Einzelfall (vgl. → Rz. 36) erkannten die Finanzrichter die Voraussetzungen der Lebensgemeinschaft weiterhin an, da die Trennung auf äußeren Umständen beruhte und aufgrund der jahrelangen bestehenden Fürsorge des Ehegatten für den pflegebedürftigen Ehegatten in finanzieller und moralischer Hinsicht weiterhin eine Lebensgemeinschaft bestehe.[9] Diese Entscheidung zeigt anhand eines Grenzfalles, dass die Frage nach dem Bestehen einer ehelichen Lebens- und Wirtschaftsgemeinschaft eine Wertungsent-

---

1 BFH v. 5. 10. 1966 - VI 42/65, BStBl 1967 III 84.
2 Vgl. Dörn, StB 1997, 198.
3 BFH v. 28. 4. 2010 - III R 71/07, BFH/NV 2010, 2042 = NWB DokID: UAAAD-52038.
4 BFH v. 24. 1. 2013 - III B 113/11, BFH/NV 2013, 726 = NWB DokID: ZAAAE-31053.
5 BFH v. 26. 8. 1997 - VI R 268/94, BFH/NV 1998, 163 = NWB DokID: SAAAA-97400.
6 Vgl. Müller, DStZ 1997, 87.
7 BFH v. 5. 10. 1966 - VI 42/65, BStBl 1967 III 84; Ettlich in Blümich, § 26 EStG Rz. 59 f.
8 BFH v. 15. 6. 1973 - VI R 150/69, BStBl 1973 II 640.
9 FG Niedersachsen v. 23. 6. 2015 - 13 K 225/14, NWB DokID: GAAAF-06412, aufgrund der Rücknahme der Revision rechtskräftig; anders: FG Köln v. 16. 6. 2011 - 10 K 4736/07, NWB DokID: OAAAD-88796.

scheidung darstellt, welche nicht durch reine Rechtsauslegung beantwortet werden kann, sondern die speziellen Umstände des jeweiligen Einzelfalles zu berücksichtigen hat.[1]

(*Einstweilen frei*) 41–44

d) Zeitliche Voraussetzung

Die drei genannten Voraussetzungen (rechtsgültige Ehe bzw. Lebenspartnerschaft, unbeschränkte Steuerpflicht, nicht dauerndes Getrenntleben) müssen zu einem Zeitpunkt (logische Sekunde) im Jahr gemeinsam vorliegen, andernfalls besteht das Wahlrecht zur Zusammenveranlagung nicht und die Steuerpflichtigen werden einzeln veranlagt.[2] 45

2. Mehrfaches Erfüllen der Tatbestandsvoraussetzungen

Wird eine Ehe aufgelöst (Tod, Scheidung) und heiratet ein oder heiraten beide Ehegatten im selben Jahr erneut und liegen die Voraussetzungen (rechtsgültige Ehe oder Lebenspartnerschaft, unbeschränkte Steuerpflicht, nicht dauerndes Getrenntleben) zu einem Zeitpunkt im Jahr bei der neuen Ehe vor, regelt § 26 Abs. 1 Satz 2 EStG das Konkurrenzverhältnis zwischen der geschiedenen bzw. durch Tod aufgelösten und neu eingegangenen Ehe. Das Wahlrecht zur Zusammenveranlagung besteht in diesen Fällen nur für die neue Ehe. 46

Liegen die o. g. Voraussetzungen bei der neuen Ehe nicht vor (z. B. beschränkte Steuerpflicht des neuen Ehegatten), besteht ein Wahlrecht zur Zusammenveranlagung mit dem früheren Ehepartner, sofern dieser keine neue Ehe eingegangen ist.[3] 47

(*Einstweilen frei*) 48–55

II. Wahlrechtsausübung (§ 26 Abs. 2 EStG)

1. Einzelveranlagung oder Zusammenveranlagung

Ehegatten können zwischen der Einzelveranlagung und der Zusammenveranlagung wählen. Das Wahlrecht kann von jedem Ehegatten **eigenständig** ausgeübt werden.[4] 56

Wählt ein Ehegatte die **Einzelveranlagung**, ist der andere Ehegatte ebenfalls zwingend einzeln zu veranlagen. Die Wahl der Einzelveranlagung ist ausnahmsweise ausgeschlossen, wenn sich die getroffene Wahl unter keinem denkbaren Aspekt für den Wahlberechtigten als vorteilhaft darstellt.[5] In diesem Fall verstößt die Wahl gegen Treu und Glauben gem. § 242 BGB.[6] 57

Die **Zusammenveranlagung** wird vorgenommen, wenn beide Ehegatten dem zustimmen. Die gemeinsame Wahl zur Zusammenveranlagung ist im Besteuerungsverfahren (ausgenommen o.a. Verstoß gegen Treu und Glauben) nicht erzwingbar,[7] auch wenn zivilrechtlich ein Zustimmungserfordernis besteht.[8] Gleiches gilt für den Fall der Insolvenz, wenn zu erwartende Steu- 58

---

1 Zu einem weiteren Grenzfall siehe FG Münster v. 15. 3. 2017 - 7 K 2441/15.
2 BFH v. 27. 7. 2011 - VI R 13/10, BStBl 2011 II 965.
3 Vgl. zu unterschiedlichen Fallkonstellationen *Ettlich* in Blümich, § 26 EStG Rz. 72.
4 BFH v. 21. 9. 2006 - VI R 80/04, BStBl 2007 II 11, m.w. N.
5 BFH v. 27. 7. 1988 - VI R 43/85, NWB DokID: ZAAAB-30508.
6 *Ettlich* in Blümich, § 26 EStG Rz. 94; jedoch zu beachten OFD Frankfurt v. 12. 8. 2011, NWB DokID: WAAAD-93402.
7 BFH v. 7. 2. 2005 - III B 101/04, NWB DokID: OAAAB-52555.
8 Zur zivilrechtlichen Sichtweise *Hagemeier/Joost*, NWB 2015, 984 ff.

erstattungen nicht der ehelichen Lebensgemeinschaft zur Verfügung stehen, sondern in die Insolvenzmasse fallen.[1]

59 Das Wahlrecht ist kein höchstpersönliches, sondern ein **vererbliches Recht**.[2] Im Falle des Todes eines Ehegatten steht das Wahlrecht nicht dem überlebenden Ehegatten allein zu, sondern allen Erben im Rahmen der Gesamtrechtsnachfolge gem. § 45 AO. Stehen die Erben noch nicht fest, ist – bis zur Klärung der Erben – eine Einzelveranlagung vorzunehmen.[3] Im Falle der Insolvenz eines oder beider Ehepartner ist das Wahlrecht durch den **Insolvenzverwalter** auszuüben.[4] Ein Pfändungsgläubiger hat keinen Anspruch auf Stellung eines Antrags auf Zusammenveranlagung und ist selbst nicht berechtigt, diese zu beantragen.[5]

60–64 (Einstweilen frei)

2. Form

65 Der Antrag zur Wahl der Einzel- oder Zusammenveranlagung ist mit der Einkommensteuererklärung zu stellen; bei Zusammenveranlagung durch Angabe in der gemeinsamen Steuererklärung oder bei Einzelveranlagung im Rahmen der einzelnen Steuererklärung. Erklärt wird die Art der Veranlagung durch das Ankreuzen auf dem Mantelbogen der Einkommensteuererklärung. Die Erklärung ist bindend, was fehleranfällige, manuelle Verfahrensschritte in den Finanzämtern – aufgrund nachträglicher Änderungen der Veranlagungsart – vermeiden soll.[6]

66 Aufgrund des Wortlautes von § 26 Abs. 2 Satz 4 EStG ist eine Änderung der Veranlagungsart jedoch jederzeit möglich, solange nicht die Unanfechtbarkeit des Steuerbescheides eingetreten oder die Festsetzungsfrist bei nicht bestandskräftigen Steuerbescheiden abgelaufen ist.[7] Die Intention eines vereinfachten Veranlagungsverfahrens wird durch den Wortlaut des Gesetzes somit nicht getroffen.

67–70 (Einstweilen frei)

3. Nachträgliche Änderung

71 In der Rechtslage vor dem VZ 2012 war eine nachträgliche Änderung der Veranlagungsart jederzeit im Rahmen des Besteuerungsverfahrens (bis zum Abschluss der mündlichen Verhandlung vor dem FG) oder bis zum Ablauf der Festsetzungsfrist möglich.[8] Ab dem VZ 2013 ist eine Änderung der getroffenen Wahl nach Eintritt der Unanfechtbarkeit des ersten bzw. zuletzt ergangenen Steuerbescheides nur noch dann möglich, wenn die in § 26 Abs. 2 Satz 4 EStG genannten Voraussetzungen kumulativ erfüllt sind.

---

1 OLG Schleswig, v. 23. 5. 2014 - 10 UF 63/13, NWB DokID: TAAAE-75256.
2 So BFH v. 21. 6. 2007 - III R 59/06, BStBl 2007 II 770; *Ettlich* in Blümich, § 26 EStG Rz. 78; a. A.: *Frye*, FR 2007, 1109 ff.
3 BFH v. 21. 6. 2007 - III R 59/06, BStBl 2007 II 770.
4 BFH v. 22. 3. 2011 - III B 114/09, BFH/NV 2011, 1142 = NWB DokID: JAAAD-83196; BGH v. 24. 5. 2007 - IX ZR 8/06, NWB DokID: PAAAC-48782; hieran anschließend auch für das Wahlrecht in Bezug zum Neuerwerb BFH v. 15.3.2017 - III R 12/16, BFH/NV 2018, 140 = NWB DokID: FAAAG-62866. Zu beachten ist, dass nach anderen Auffassungen lediglich die Ausübung des Wahlrechts dem Insolvenzverwalter obliegt. Das Wahlrecht als solches verbleibt bei den Eheleuten, vgl. *Perleberg-Kölbel*, NZFam 2014, 1082. Kritisch auch *Seiler* in Kirchhof, § 26 EStG Rz. 32.
5 BFH v. 29. 2. 2000 - VII R 109/98, BStBl 2000 II 573.
6 BT-Drucks. 17/5125, 40.
7 HHR/*Pflüger*, § 26 EStG Rz. 80.
8 Zur alten Rechtslage *Ettlich* in Blümich, § 26 EStG Rz. 107.

Wird ein Steuerbescheid, der beide Ehegatten betrifft, aufgehoben, geändert oder berichtigt, lebt das Wahlrecht neu auf. Dies kommt bei sämtlichen verfahrensrechtlichen Änderungsmöglichkeiten (z. B. § 129 AO, §§ 164 f. AO, §§ 172 bis 177 AO) in Betracht.[1] Ist bei Einzelveranlagung von Ehepartnern einer der beiden Einkommensteuerbescheide bereits rechtskräftig und wird der andere Steuerbescheid aufgehoben, geändert oder berichtigt, lebt das Wahlrecht (unter den weiteren Voraussetzungen) für beide Ehepartner neu auf. Auch wenn der geänderte Steuerbescheid nicht unmittelbar (gem. Wortlaut) beide Ehegatten betrifft, ist der bereits rechtskräftige Bescheid nach § 175 Abs. 1 Nr. 2 AO zu ändern.[2] Eine anderweitige Auslegung würde den Grundsätzen des Ehegattenwahlrechts widersprechen. Die Änderung der Wahl der Veranlagungsart stellt verfahrensrechtlich ein Ereignis mit steuerlicher Rückwirkung dar.[3]   72

Die Änderung der Wahl der Veranlagungsart muss der zuständigen Finanzbehörde (§ 19 AO) bis zum Eintritt der Unanfechtbarkeit des Folge- oder Änderungsbescheides schriftlich oder elektronisch mitgeteilt oder zur Niederschrift erklärt werden. Da das Wahlrecht jedem Steuerpflichtigen selbst zusteht, reicht die Erklärung eines Ehegatten aus, damit die Einzelveranlagung anstatt der bisherigen Zusammenveranlagung durchgeführt wird. Für die nachträgliche Wahl der Zusammenveranlagung bedarf es der Zustimmung beider Ehegatten.   73

Die geänderte Wahl ist nur dann wirksam, wenn der Unterschiedsbetrag aus der Differenz der festgesetzten Einkommensteuer entsprechend der bisher gewählten Veranlagungsart und der festzusetzenden Einkommensteuer, die sich bei einer geänderten Ausübung der Wahl der Veranlagungsarten ergeben würde, positiv ist. In der Summe muss die Steuerlast gemindert werden. Hierbei ist ein Vergleich der Steuerlast des jeweiligen Veranlagungszeitraums, die sich aus dem neuen Steuerbescheid bei Zusammenveranlagung und der Summe der Steuerlast bei Einzelveranlagung beider Ehepartner ergibt, durchzuführen.   74

(Einstweilen frei)   75–80

III. Unterlassene Ausübung des Wahlrechts (§ 26 Abs. 3 EStG)

Wird die Wahlrechtsausübung durch beide Ehepartner nicht vorgenommen, wählt nur einer der Ehepartner die Zusammenveranlagung und der andere Ehepartner erklärt seine Wahl nicht oder ist die Wahlrechtsausübung unwirksam (z. B. wegen fehlender Unterschrift auf der Einkommensteuererklärung), wird **kraft Gesetzes** die Zusammenveranlagung vorgenommen. Werden die Besteuerungsgrundlagen gem. § 162 AO geschätzt, unterstellt die Finanzbehörde die Zusammenveranlagung bei Vorliegen der notwendigen Voraussetzungen.[4] Diese „zwingende" Zusammenveranlagung ist nicht verfassungswidrig, da durch die Zusammenveranlagung i. d. R. eine günstigere Besteuerung eintritt.[5]   81

Die Finanzbehörde hat unwirksamen oder unklaren Anträgen nachzugehen.[6] Hat nur ein Ehegatte eine Erklärung dahin gehend abgegeben, dass er die Zusammenveranlagung wählt, so verletzt die Finanzbehörde jedenfalls dann die Ermittlungspflicht, wenn ohne weitere Nachforschungen das Einverständnis des anderen Ehegatten unterstellt wird, obwohl Anhaltspunkte   82

---

1 Vgl. Tormöhlen in Korn, § 26 EStG Rz. 20.3.
2 BFH v. 17. 5. 1977 - VI R 243/74, BStBl 1977 II 605; Ettlich in Blümich, § 26 EStG Rz. 112.
3 BFH v. 12. 8. 2015 - III B 50/15, BFH/NV 2015, 1670 = NWB DokID: LAAAF-05917, m. w. N.; bestätigt zuletzt durch BFH v. 14.6.2018 - III R 20/17, NWB DokID: WAAAG-97784.
4 FG Hamburg v. 9. 12. 1999 - II 236/98, NWB DokID: RAAAA-40841.
5 Vgl. Ettlich in Blümich, § 26 EStG Rz. 114.
6 Vgl. Ettlich in Blümich, § 26 EStG Rz. 115; Tormöhlen in Korn, § 26 EStG Rz. 30.

(z. B. laufendes Scheidungsverfahren) dafür vorliegen, dass der andere Ehegatte mit der Zusammenveranlagung nicht einverstanden sein könnte.[1]

§ 26a Einzelveranlagung von Ehegatten

(1) [1]Bei der Einzelveranlagung von Ehegatten sind jedem Ehegatten die von ihm bezogenen Einkünfte zuzurechnen. [2]Einkünfte eines Ehegatten sind nicht allein deshalb zum Teil dem anderen Ehegatten zuzurechnen, weil dieser bei der Erzielung der Einkünfte mitgewirkt hat.

(2) [1]Sonderausgaben, außergewöhnliche Belastungen und die Steuerermäßigung nach § 35a werden demjenigen Ehegatten zugerechnet, der die Aufwendungen wirtschaftlich getragen hat. [2]Auf übereinstimmenden Antrag der Ehegatten werden sie jeweils zur Hälfte abgezogen. [3]Der Antrag des Ehegatten, der die Aufwendungen wirtschaftlich getragen hat, ist in begründeten Einzelfällen ausreichend. [4]§ 26 Absatz 2 Satz 3 gilt entsprechend.

(3) Die Anwendung des § 10d für den Fall des Übergangs von der Einzelveranlagung zur Zusammenveranlagung und von der Zusammenveranlagung zur Einzelveranlagung zwischen zwei Veranlagungszeiträumen, wenn bei beiden Ehegatten nicht ausgeglichene Verluste vorliegen, wird durch Rechtsverordnung der Bundesregierung mit Zustimmung des Bundesrates geregelt.

Inhaltsübersicht	Rz.
A. Allgemeine Erläuterungen	1 - 8
I. Normzweck, Bedeutung der Vorschrift und Geltungsbereich	1 - 2
II. Rechtsentwicklung	3
III. Verhältnis zu anderen Vorschriften	4 - 8
B. Systematische Kommentierung	9 - 40
I. Einkünftezuordnung auf Ehegatten (§ 26a Abs. 1 EStG)	9 - 15
II. Sonderausgaben, außergewöhnliche Belastungen und Steuerermäßigungen (§ 26a Abs. 2 EStG)	16 - 32
1. Aufteilung und Antrag	16 - 21
2. Sonderausgaben, außergewöhnliche Belastungen und Steuerermäßigung nach § 35a EStG	22 - 32
III. Verlustnutzung bei Wechsel der Veranlagungsform (§ 26a Abs. 3 EStG)	33 - 38
IV. Vorteile der Einzelveranlagung	39 - 40

HINWEIS:

H 26a EStH.

LITERATUR:

Egner/Quinten/Kohl, Änderungen bei der Ehegatten-Veranlagung ab Veranlagungszeitraum 2013, NWB 2013, 273.

ARBEITSHILFEN UND GRUNDLAGEN ONLINE:

Ehegatten-Veranlagung ab VZ 2013, Übersicht, NWB DokID: IAAAE-27169.

---

1 BFH v. 18. 8. 1972 - VI R 125/71, BStBl 1973 II 49.

A. Allgemeine Erläuterungen

I. Normzweck, Bedeutung der Vorschrift und Geltungsbereich

§ 26a EStG regelt die Besteuerung von Ehegatten im Fall der Einzelveranlagung. Die Norm ist ausschließlich in den Fällen anwendbar, in denen die Voraussetzungen von § 26 Abs. 1 EStG erfüllt sind[1] und einer oder beide Ehegatten die Einzelveranlagung wählen. Die Norm findet nur auf unbeschränkt Steuerpflichtige Anwendung, da nur diese unter den Voraussetzungen des § 26 EStG gemeinsam veranlagt werden können. Sofern ein Ehegatte nicht unbeschränkt steuerpflichtig ist, sind beide Ehegatten gem. § 25 Abs. 1 EStG einzeln zu veranlagen. § 26a EStG ist Teil einer Rechtsfolgenverweisung. Die Wahl zur Einzelveranlagung bedingt die Besteuerung nach § 32a Abs. 1 EStG.

▶ Absatz 1 hat klarstellende Bedeutung für die Einkünftezurechnung auf die Ehegatten.

▶ Absatz 2 regelt die Frage der Aufteilung von Sonderausgaben, außergewöhnlichen Belastungen und der Steuerermäßigung nach § 35a EStG.

▶ Absatz 3 ermächtigt den Gesetzgeber mit Zustimmung des Bundesrates per Rechtsverordnung festzulegen, inwieweit eine Aufteilung eines Verlustvortrags beider Ehegatten gem. § 10d EStG bei Wechsel der Veranlagungsart von der Zusammen- zur Einzelveranlagung vorzunehmen ist.

Gemäß § 2 Abs. 8 EStG ist die Norm auf Lebenspartner i. S. d. Lebenspartnerschaftsgesetzes (LPartG) anwendbar.

II. Rechtsentwicklung

Die Norm wurde im Rahmen des StÄndG 1957[2] aufgrund der Entscheidung des BVerfG[3] zur Verfassungswidrigkeit der damals geltenden Ehegattenbesteuerung eingeführt. Seither wurde die Norm vielfach an die sich ändernden rechtlichen Rahmenbedingungen – insbesondere aufgrund von Änderungen bei Abzugsbeträgen – angepasst.[4] Zuletzt wurde die Norm durch das Steuervereinfachungsgesetz 2011[5] mit Wirkung zum 1.1.2013 (§ 52 Abs. 68 EStG a. F.) aufgrund der geänderten Veranlagungsmöglichkeiten (§§ 26a, 26b, 26c EStG (entfallen)) grundlegend geändert.[6] Die bis 2013 bestehende getrennte Veranlagung wurde abgeschafft, so dass an die Stelle der getrennten Veranlagung eine „echte" Einzelveranlagung tritt.[7] Die Anwendungsvorschriften des § 26a EStG wurden in diesem Zuge angepasst und der Gesetzestext sprachlich vereinfacht.

III. Verhältnis zu anderen Vorschriften

Die Ausübung des Wahlrechts zur Einzelveranlagung bedingt die tarifliche Besteuerung gem. § 32a Abs. 1 EStG.

---

1 Vgl. KKB/Egner/Geißler, § 26 EStG Rz. 16 ff.
2 BGBl 1957 I 848.
3 BVerfG v. 17.1.1957 - 1 BvL 4/54, BStBl 1957 I 193; vgl. KKB/Egner/Geißler, § 26 EStG Rz. 4.
4 Ausführlich *Lochte* in Frotscher, § 26a EStG Rz. 1 ff.
5 SteuervereinfachungsG v. 1.11.2011, BGBl 2011 I 2131.
6 Vgl. *Egner/Quinten/Kohl*, NWB 2013, 273 ff.
7 Vgl. HHR/*Pflüger*, § 26a EStG Rz. 6.

§ 25 EStG bildet die Grundvoraussetzung für § 26 EStG. § 26 EStG bildet wiederum die Grundvorschrift zur Einzel- oder Zusammenveranlagung von Ehegatten gem. §§ 26a, 26b EStG. Eine Einzelveranlagung gem. § 26a EStG kommt nur dann in Betracht, wenn verfahrensrechtlich eine Veranlagung gem. § 25 EStG überhaupt durchgeführt wird.[1]

5–8 *(Einstweilen frei)*

B. Systematische Kommentierung

I. Einkünftezuordnung auf Ehegatten (§ 26a Abs. 1 EStG)

9 § 26a Abs. 1 Satz 1 EStG hat lediglich klarstellende Bedeutung. Die Einzelveranlagung folgt dem Grundsatz der Individualbesteuerung. Dies ergibt sich jedoch bereits aus § 25 Abs. 1 EStG i. V. m. § 2 Abs. 1 Satz 1 EStG. Nach dem Gesetzeswortlaut sind dem Ehegatten die Einkünfte zuzurechnen, die von diesem bezogen wurden. Dies ist insoweit jedoch irreführend, da auch im Rahmen der Zusammenveranlagung gem. § 26b EStG bei jedem Ehegatten die Einkünfte einzeln zu ermitteln und diesem zuzurechnen sind.[2] Derjenige Ehegatte, der die Einkünftetatbestände der §§ 13 bis 23 EStG verwirklicht, erzielt die Einkünfte.

10 Der Güterstand, in welchem sich die Ehegatten befinden, hat keinen unmittelbaren Einfluss auf die Zurechnung der von den Ehegatten erzielten Einkünfte.[3] Jedoch können Schwierigkeiten bei der Ermittlung der Einkünfte eines Ehegatten auftreten, sofern die Ehegatten im Güterstand der Gütergemeinschaft gem. § 1416 Abs. 1 BGB leben.[4]

11 Die Bedeutung des § 26 Abs. 1 Satz 2 EStG liegt in der Klarstellung, dass aus der bloßen Tatsache der Mitwirkung des einen Ehegatten an der Einkünfteerzielung des anderen Ehegatten heraus, eine Teilung der Einkünfte ausgeschlossen wird. Aus der reinen Mitwirkung heraus kann nicht auf ein Vertragsverhältnis geschlossen werden. Damit der Mitwirkende eigene Einkünfte erzielt, müssen weitere Umstände hinzutreten, so dass ein Vertragsverhältnis zwischen den Ehegatten anerkannt wird. Die Vorschrift enthält jedoch keine Kriterien für die Beurteilung solcher Vertragsverhältnisse.[5] Diese sind der Rechtsprechung zu entnehmen.[6] Von besonderer Bedeutung ist, dass das Vertragsverhältnis nachweislich abgeschlossen, ernst gemeint und vereinbarungsgemäß vollzogen wurde.[7] § 26a Abs. 1 Satz 2 EStG schließt nicht aus, dass beide Ehegatten gemeinsam Einkünfte z. B. in Form einer Gesamthandsgemeinschaft erzielen können.[8]

12–15 *(Einstweilen frei)*

---

[1] BFH v. 21. 9. 2006 - VI R 80/04, BStBl 2007 II 11.
[2] BFH v. 21. 2. 2006 - IX R 79/01, BStBl 2006 II 598.
[3] BFH v. 18. 2. 1959 - VI D 1/58 S, BStBl 1959 III 263.
[4] Beispiele in H 26a EStH.
[5] BVerfG v. 14. 4. 1959 - 1 BvL 23/57, 1 BvL 34/57, BVerfGE 9, 237.
[6] BVerfG v. 7. 11. 1995 - 2 BvR 802/90, BStBl 1996 II 34, m. w. N.; hierzu ausführlich *Schneider* in Littmann/Bitz/Pust, § 26a EStG Rz. 6 ff.
[7] BVerfG v. 8. 7. 1963 - 1 BvR 319/60, BVerfGE 16, 241.
[8] Vgl. *Seiler* in Kirchhof, § 26a EStG Rz. 2.

II. Sonderausgaben, außergewöhnliche Belastungen und Steuerermäßigungen (§ 26a Abs. 2 EStG)

1. Aufteilung und Antrag

Eine Aufteilung der Sonderausgaben, außergewöhnlichen Belastungen und der Steuerermäßigungen nach § 35a EStG erfolgt gem. § 26a Abs. 2 Satz 1 EStG nach der wirtschaftlichen Belastung der Ehegatten durch die Aufwendungen.[1] Hierbei ist nicht von Bedeutung, wen diese Aufwendungen betreffen.[2] Da die nachträgliche Bestimmung, wer welche Aufwendungen in einem Ehegattenverhältnis getragen hat, mit praktischen Schwierigkeiten verbunden sein kann, ist auf übereinstimmenden (nicht gleichbedeutend mit gemeinsamen[3]) Antrag eine hälftige Aufteilung nach § 26a Abs. 2 Satz 2 EStG möglich.[4] Ein einseitiger Antrag ist ausreichend, wenn

▶ der Ehegatte, der die Aufwendungen tatsächlich getragen hat, diesen stellt oder
▶ ein Ehegatte gem. § 61 EStDV nicht in der Lage ist, einen entsprechenden Antrag zu stellen.

Aufgrund des Verweises innerhalb der Norm auf § 26 Abs. 2 Satz 3 EStG ist der Antrag in den Einkommensteuererklärungen der Ehegatten zu stellen. Das Finanzamt hat aufgrund der Formulierung „ist" dem Antrag zu folgen.[5]

(Einstweilen frei)

2. Sonderausgaben, außergewöhnliche Belastungen und Steuerermäßigung nach § 35a EStG

Die Abzugsfähigkeit von Sonderausgaben bei den einzelveranlagten Ehegatten gilt unabhängig davon, welcher der Ehegatten durch die Zahlung etwaige Ansprüche (z. B. Rentenzahlung, Krankenversicherungszahlungen) erhält. Nach einem Urteil des FG Baden-Württemberg sind zunächst die insgesamt angefallenen Aufwendungen zu addieren und den Ehegatten je zur Hälfte zuzuordnen. Dieser Betrag ist danach bei jedem Ehegatten nach Maßgabe einer für ihn individuell durchzuführenden Höchstbetragsberechnung und Günstigerprüfung (§ 10 Abs. 4a EStG – Übergangsregelung bis inkl. VZ 2019; hierzu KKB/Wilhelm § 10 Rz. 185) in Abzug zu bringen.[6]

Ein Abzug von Unterhaltsaufwendungen an den Ehegatten ist im Fall der Einzelveranlagung gem. § 26a EStG nicht möglich, da § 10 Abs. 1a Nr. 1 EStG davon abhängt, dass die Voraussetzungen des § 26 EStG nicht erfüllt sind. Sind die Voraussetzungen nicht erfüllt, ist ein Abzug nach § 10 Abs. 1 Nr. 1 EStG möglich, jedoch nicht aufgrund der Rechtsnorm des § 26a EStG, sondern nach § 25 Abs. 1 EStG. Unterhaltszahlungen an den Ehegatten sind im Fall der Einzelveranlagung gem. § 26a EStG auch nicht im Rahmen von § 33a Abs. 1 EStG abzugsfähig, da diese

---

1 BT-Drucks. 17/5125, 40.
2 Vgl. HHR/*Pflüger*, § 26a EStG Rz. 60.
3 Vgl. *Ettlich* in Blümich, § 26a EStG Rz. 18, 26.
4 Hiervon ist nach BFH v. 20.12.2017 - III R 2/17, NWB DokID: MAAAG-78871, auch der Behinderten-Pauschbetrag mit eingeschlossen. Nach § 26a Abs. 2 Satz 1 Halbsatz. 2 EStG müssen die Kosten demjenigen zugerechnet werden, „der die Aufwendungen wirtschaftlich getragen hat." Eine abweichende Aufteilung ist auf übereinstimmenden Antrag hin möglich. Da auch Pauschbeträge der Abgeltung besonderer, insbes. regelmäßig wiederkehrender, Aufwendungen dienen, ist der Rspr. u. E. zuzustimmen.
5 Vgl. *Ettlich* in Blümich, § 26a EStG Rz. 20.
6 FG Baden-Württemberg v. 29.11.2017 - 2 K 1032/16, rkr., NWB DokID: JAAAG-82043.

Vorschrift durch die Sondervorschriften der Ehegattenbesteuerung verdrängt wird. Dies wird mit der Tatsache gerechtfertigt, dass Ehegatten regelmäßig die Möglichkeit offensteht, die Zusammenveranlagung zu wählen.[1]

24 Die Berücksichtigung des Freibetrags zur Abgeltung des Sonderbedarfs eines sich in Berufsausbildung befindenden, auswärtig untergebrachten, volljährigen Kindes gem. § 33a Abs. 2 EStG folgt bereits einer in der Norm enthaltenen hälftigen Aufteilung oder einer anderen Aufteilung aufgrund eines gemeinsamen Antrags beider Ehegatten. Diese Aufteilung bleibt von § 26a EStG unberührt.

25 Bei außergewöhnlichen Belastungen in allgemeinen Fällen gem. § 33 EStG erfolgt die Berechnung der zumutbaren Belastung anhand des Gesamtbetrags der Einkünfte des jeweiligen Ehegatten. Eine ehegattenübergreifende Berechnung findet nicht statt. Dies folgt dem Grundsatz der Individualbesteuerung.[2]

26 Der Abzugsbetrag gem. § 35a EStG ist haushaltsbezogen auszulegen und steht daher beiden Ehegatten im Falle der Einzelveranlagung nur insgesamt im Rahmen der gesetzlichen Höchstbeträge zu. Eine Verdopplung des Höchstbetrags erfolgt nicht.[3]

27–32 *(Einstweilen frei)*

III. Verlustnutzung bei Wechsel der Veranlagungsform (§ 26a Abs. 3 EStG)

33 § 26 Abs. 3 EStG i.V. m. § 51 Abs. 1 Nr. 3 EStG ermächtigt die Bundesregierung mit Zustimmung des Bundesrates per Rechtsverordnung festzulegen, inwieweit ein bestehender Verlustvortrag von beiden Ehegatten bei Wechsel zwischen Einzel- und Zusammenveranlagung aufzuteilen ist. Der Gesetzgeber hat hierzu § 62d EStDV erlassen:

34 § 62d EStDV sieht Regelungen für folgende Fälle vor:[4]

▶ Abs. 1: Entsteht während der Zusammenveranlagung von Ehegatten gem. § 26b EStG ein Verlust, kann dieser auch in den Veranlagungszeiträumen (durch Verlustrück- bzw. -vortrag) genutzt werden, in denen eine Einzelveranlagung von Ehegatten gem. § 26a EStG vorgenommen wird. Hierbei kann der Ehegatte im Rahmen der Einzelveranlagung nur den Verlustabzug nutzen, den dieser selbst in dem Verlustentstehungsjahr erlitten hat. Hierbei ist eine quotale Ermittlung des auf den einzelnen Ehegatten entfallenden nicht ausgeglichenen Verlusts im Zeitpunkt des Verlustentstehungsjahres vorzunehmen.[5]

▶ Abs. 2 Satz 1: Während der Einzelveranlagung gem. § 26a EStG entstandene Verluste können auch im Rahmen der Zusammenveranlagung nach § 26b EStG genutzt werden.

▶ Abs. 2 Satz 2: Entsteht im Rahmen der Zusammenveranlagung gem. § 26b EStG ein Verlust und wird dieser gem. § 10d Abs. 1 EStG zurückgetragen, ist der im Verlustentstehungsjahr verbleibende Verlustvortrag gem. § 10d Abs. 2 EStG im Verhältnis der Verluste

---

1 BFH v. 28.11.1988 - GrS 1/87, BStBl 1989 II 164.
2 BT-Drucks. 17/5125, 40.
3 BFH v. 29.7.2010 - VI R 60/09, BStBl 2014 II 151.
4 Vgl. *Schneider* in Littmann/Bitz/Pust, § 26a EStG Rz. 80; sowie KKB/*Eckardt*, § 10d EStG Rz. 9.
5 Vgl. zur Ermittlung und Verrechnung von Verlusten während der Zusammenveranlagung FG Köln v. 20.4.2012 - 4 K 1027/09 (rkr.), NWB DokID: GAAAE-13102.

aufzuteilen, die im Verlustentstehungsjahr galten, sofern im Folgejahr die Einzelveranlagung gewählt wird.[1]

(Einstweilen frei) 35–38

IV. Vorteile der Einzelveranlagung

Eine Einzelveranlagung erweist sich i. d. R. gegenüber der Zusammenveranlagung als nachteilig, da das Splittingverfahren oder eine ehegattenübergreifende Verrechnung von Sonderausgaben, außergewöhnlichen Belastungen und sonstigen Steuerabzugsbeträgen nicht genutzt werden kann. 39

In Einzelfällen kann eine Einzelveranlagung jedoch sinnvoll sein: 40

▶ Die Einkünfte eines Ehegatten bestehen ausschließlich aus steuerfreien Einnahmen, die jedoch dem Progressionsvorbehalt nach § 32b EStG unterliegen. Die negative Wirkung dieser Progressionserhöhung kann die Vorteile des Splitting-Verfahrens vollständig ausgleichen oder gar überschreiten.

▶ Ein Ehegatte erhält fast ausschließlich außerordentliche Einkünfte nach § 34 Abs. 2 EStG, welche nach § 34 Abs. 1 Satz 2 ff. EStG besteuert werden, während der andere Ehegatte in nicht nur geringem Umfang eigene positive Einkünfte bezieht. In diesem Fall geht im Rahmen einer Zusammenveranlagung gem. § 26b EStG der Vorteil der Tarifbegünstigung teils verloren.[2]

▶ Bei einem Ehegatten wurde ein Verlustvortrag nach § 10d EStG festgestellt, welcher im Folgejahr nicht mit (geringen) positiven Einkünften des anderen Ehegatten verrechnet werden soll, damit der Verlustabzug für die Folgejahre nicht verloren geht.

Darüber hinaus kommen auch außersteuerliche Gründe (z. B. Nichtkenntnis des einen Ehegatten über die finanziellen bzw. steuerlichen Verhältnisse des anderen Ehegatten) für die Einzelveranlagung in Betracht.[3]

§ 26b Zusammenveranlagung von Ehegatten

Bei der Zusammenveranlagung von Ehegatten werden die Einkünfte, die die Ehegatten erzielt haben, zusammengerechnet, den Ehegatten gemeinsam zugerechnet und, soweit nichts anderes vorgeschrieben ist, die Ehegatten sodann gemeinsam als Steuerpflichtiger behandelt.

Inhaltsübersicht Rz.

A. Allgemeine Erläuterungen 1 - 19
   I. Normzweck, Bedeutung der Vorschrift und Geltungsbereich 1 - 4
   II. Rechtsentwicklung 5
   III. Verhältnis zu anderen Vorschriften 6 - 10
   IV. Rechtfertigung der Regelung und Verfassungsmäßigkeit 11 - 19
B. Systematische Kommentierung 20 - 44
   I. Ermittlung des zu versteuernden Einkommens 20 - 39

---

1 Ferner das Beispiel in BT-Drucks. 15/1518, 14 sowie FG Köln v. 20. 4. 2012 - 4 K 1027/09 (rkr.), NWB DokID: GAAAE-13102.
2 Vgl. *Seiler* in Kirchhof, § 26a EStG Rz. 13.
3 BT-Drucks. 17/5125, 40.

1. Getrennte Einkünfteermittlung	20 - 28
2. Zusammenrechnung der Einkünfte	29 - 39
II. Vorteile der Zusammenveranlagung	40 - 44
C. Verfahrensfragen	45 - 48

HINWEIS:

BMF v. 14. 1. 2015, BStBl 2015 I 83; FinMin Schleswig-Holstein v. 23. 3. 2011, DStR 2011, 1427.

LITERATUR:

Egner/Quinten/Kohl, Änderungen bei der Ehegatten-Veranlagung ab Veranlagungszeitraum 2013, NWB 2013, 273; Sandweg, Der Splittingtarif nach § 32a Abs. 5 EStG – Relikt aus alten Zeiten oder ausgewogene Berücksichtigung der steuerlichen Leistungsfähigkeit?, DStR 2014, 2097; Bareis/Siegel, Splitting als partielle Trauscheinsubvention – alles andere als „ausgewogene Berücksichtigung der steuerlichen Leistungsfähigkeit" – Stellungnahme zum Beitrag von Sandweg DStR 2014, 2097, DStR 2015, 456; Hagemeier/Joost, Anspruch auf Zustimmung zur Zusammenveranlagung für das Trennungsjahr, NWB 2015, 984; Rukaber, Anrechnung von Einkommensteuervorauszahlungen, Anmerkung zum BFH-Urteil vom 13. 5. 2015 - VII R 41/14, NWB 2016, 250; Sandweg, Duplik auf Bareis/Siegel, DStR 2015, 456, DStR 2015, 459; Becker/Englisch, Reformbedarf und Reformoptionen beim Ehegattensplitting, DStR 2015, 1005; Kirchhof, Familiensplitting: Ein zukunftsweisendes Signal, DB 2016, S1; Jachmann-Michel, Steuer(un)gerechtigkeit für Familien?, jM 2016, 16.

ARBEITSHILFEN UND GRUNDLAGEN ONLINE:

Ehegatten-Veranlagung ab VZ 2013, Übersicht, NWB DokID: IAAAE-27169; Schmidt, Besteuerung von Ehegatten und eingetragenen Lebenspartnern, NWB DokID: QAAAE-43281.

A. Allgemeine Erläuterungen

I. Normzweck, Bedeutung der Vorschrift und Geltungsbereich

1 § 26b EStG regelt die Besteuerung von Ehegatten im Fall der Zusammenveranlagung. Sofern Ehegatten die Voraussetzungen von § 26 Abs. 1 EStG erfüllen,[1] können diese die Einzel- oder Zusammenveranlagung wählen. Entscheiden sich beide Ehegatten für die Zusammenveranlagung oder wird diese gem. § 26 Abs. 3 EStG bei fehlendem Antrag unterstellt, ist § 26b EStG anzuwenden. Die Norm ist – äquivalent zu § 26a EStG – ausschließlich in den Fällen anwendbar, in denen die Voraussetzungen von § 26 Abs. 1 EStG erfüllt sind. Kommt § 26b EStG zur Anwendung, werden die Einkünfte, die die Ehegatten erzielt haben, zusammengerechnet, den Ehegatten gemeinsam zugerechnet und, soweit nichts anderes vorgeschrieben ist, die Ehegatten sodann gemeinsam als Steuerpflichtiger behandelt.

2 Die Norm findet nur auf unbeschränkt Steuerpflichtige Anwendung, da nur diese unter den Voraussetzungen des § 26 EStG gemeinsam veranlagt werden können. Sofern ein Ehegatte nicht unbeschränkt steuerpflichtig ist, sind beide Ehegatten gem. § 25 Abs. 1 EStG einzeln zu veranlagen.

3 § 26b EStG ist Teil einer Rechtsfolgenverweisung. Die Wahl zur Zusammenveranlagung führt zur Zusammenrechnung der Einkünfte und der Behandlung der Ehegatten als ein Steuerpflichtiger. Dies bedingt die Besteuerung nach dem Splittingverfahren gem. § 32a Abs. 5 EStG.[2]

---

1 Vgl. KKB/Egner/Geißler, § 26 EStG Rz. 16 ff.
2 Vgl. KKB/Egner/Gries, § 32a EStG Rz. 4.

Gemäß § 2 Abs. 8 EStG ist die Norm auf Lebenspartner i. S. d. Lebenspartnerschaftsgesetzes (LPartG) anwendbar.[1]

II. Rechtsentwicklung

Die Norm wurde im Rahmen des StÄndG 1957[2] aufgrund der Entscheidung des BVerfG[3] zur Verfassungswidrigkeit der damals geltenden Ehegattenbesteuerung zunächst als Übergangsvorschrift für die Veranlagungszeiträume 1949 bis 1957 eingeführt. Die Neuregelung des § 26b EStG galt ab dem VZ 1958 durch das StÄndG 1958.[4] Die in der heutigen Form geltende Fassung wurde mit dem EStRG 1974[5] eingeführt. Durch das Steuervereinfachungsgesetz 2011[6] wurden mit Wirkung zum 1.1.2013 (§ 52 Abs. 68 EStG a. F.) die Veranlagungsmöglichkeiten (§§ 26a, 26b, 26c EStG (entfallen)) grundlegend geändert.[7] Hierbei wurde § 26b EStG in seiner bisherigen Form jedoch beibehalten.

III. Verhältnis zu anderen Vorschriften

Die Ausübung des Wahlrechts zur Zusammenveranlagung bedingt die tarifliche Besteuerung gem. § 32a Abs. 5 EStG.

§ 25 EStG bildet die Grundvoraussetzung für § 26 EStG. § 26 EStG bildet wiederum die Grundvorschrift zur Einzel- oder Zusammenveranlagung von Ehegatten gem. §§ 26a, 26b EStG. Eine Zusammenveranlagung gem. § 26b EStG kommt nur dann in Betracht, wenn verfahrensrechtlich eine Veranlagung gem. § 25 EStG überhaupt durchgeführt wird.[8]

Sind Ehegatten gemeinsam an der Einkünfteerzielung beteiligt (z. B. durch Gesamthandsgemeinschaft), sind diese Einkünfte gem. § 180 Abs. 1 Nr. 2 Buchst. a AO gesondert und einheitlich festzustellen, sofern es sich nicht um einen Fall von geringer Bedeutung gem. § 180 Abs. 3 Nr. 2 AO handelt. Ein solcher Fall liegt vor, wenn die Höhe des festgestellten Betrags und die Aufteilung feststehen. Dies dürfte bei Ehegatten i. d. R. der Fall sein.

Gemäß § 44 Abs. 1 AO sind Ehegatten Gesamtschuldner der ihnen gegenüber festgesetzten Einkommensteuer.[9] Eine Aufteilung der Gesamtsteuerschuld zur Beschränkung der Vollstreckung nach §§ 268 ff. AO ist möglich.

Gemäß § 37 Abs. 2 Satz 1 AO sind die Ehegatten – trotz gesamtschuldnerischer Haftung – nicht Gesamtgläubiger i. S. v. § 428 BGB oder Mitgläubiger i. S. v. § 432 BGB.[10] Anspruch auf Erstattung hat ausschließlich der, auf dessen Rechnung (nicht Kosten) die Zahlung bewirkt worden ist.[11] Hierbei kommt es nur darauf an, wessen Steuerschuld nach dem Willen des Zahlenden, wie er im Zeitpunkt der Zahlung dem Finanzamt erkennbar ist, getilgt werden sollte.[12] Das

---

1 Siehe umfassend *Schmidt*, NWB DokID: QAAAE-43281.
2 BGBl I 1957, 848.
3 BVerfG v. 17.1.1957 - 1 BvL 4/54, BStBl 1957 I 193; vgl. KKB/Egner/Geißler, § 26 EStG Rz. 4.
4 BGBl 1958 I 473.
5 BGBl 1974 I 1769.
6 SteuervereinfachungsG v. 1.11.2011, BGBl 2011 I 2131.
7 Vgl. *Egner/Quinten/Kohl*, NWB 2013, 273 ff. sowie Arbeitshilfen-Online, NWB DokID: IAAAE-27169.
8 BFH v. 21.9.2006 - VI R 80/04, BStBl 2007 II 11.
9 BFH v. 24.7.1996 - I R 62/95, BStBl 1997 II 115.
10 Vgl. darüber hinaus zur Aufteilung eines Erstattungsanspruchs BMF v. 14.1.2015, BStBl 2015 I 83.
11 Vgl. *Rukaber*, NWB 2016, 250.
12 BFH v. 26.6.2007 - VII R 35/06, BStBl 2007 II 742.

Finanzamt geht bei Vorliegen einer Ehe grundsätzlich davon aus, dass derjenige Ehegatte, der die gemeinsame Steuerschuld zahlt, mit seiner Zahlung auch die Steuerschuld des anderen mit ihm zusammen veranlagten Ehegatten begleichen will.[1] In der Praxis sollte durch die Nutzung einer sog. Tilgungsbestimmung im Zahlungszeitpunkt der Vorauszahlung dem Finanzamt deutlich dargelegt werden, für wen die Vorauszahlung entrichtet wird,[2] da eine nachträgliche Tilgungsbestimmung keine Rückwirkung aufweisen kann.[3]

IV. Rechtfertigung der Regelung und Verfassungsmäßigkeit

11 Nach Art. 6 Abs. 1 GG steht die Ehe unter dem besonderen Schutz der staatlichen Ordnung. Dieses Grundrecht schützt nicht nur die spezifische Privatsphäre von Ehe und Familie sondern stellt bindendes Verfassungsrecht dar, so dass eine Beeinträchtigung von Ehe und Familie durch störende Eingriffe des Staates untersagt ist.[4] Ehegatten dürfen daher durch die steuerliche Behandlung im Rahmen der Zusammenveranlagung zur Einkommensteuer nicht schlechter gestellt werden als Ledige im Rahmen der Einzelveranlagung. Das BVerfG hat aufgrund dieses Umstandes mit Beschluss v. 17. 1. 1957[5] die bis dahin geltende Fassung des § 26 EStG als verfassungswidrig eingestuft.[6]

12 Die Ehe entspricht dem Gedanken der Erwerbs- und Verbrauchsgemeinschaft.[7] Aus der zivilrechtlichen Ausgestaltung der Ehe wird geschlossen, dass beide Ehegatten innerhalb der Ehe an den Einkünften und Lasten gemeinsam teilhaben.[8] Dies entspricht zumindest für die Zugewinngemeinschaft und die Gütergemeinschaft der rechtlichen und wirtschaftlichen Situation der Ehe. Dies bedinge und rechtfertige die hälftige Aufteilung des zusammen erzielten Einkommens.[9]

13 Die heute geltende Fassung ist – mit Hinblick auf die Ausgestaltung des Splittingtarifs nach § 32a EStG – vielfacher Kritik ausgesetzt,[10] jedoch nicht verfassungswidrig, da diese dem Grundsatz der Besteuerung nach der Leistungsfähigkeit entspricht.[11]

14 Hervorzuheben ist für die Zugewinngemeinschaft das zivilrechtliche Argument des Zugewinnausgleichs.[12] Zwar besteht bei der Zugewinngemeinschaft kein unmittelbarer Anspruch auf das anteilige Einkommen des jeweils anderen Ehegatten, doch ist es Ausdruck der Erwerbsgemeinschaft, indem ein latenter Ausgleichsanspruch besteht (§ 1363 Abs. 2 Satz 2 BGB). Insofern erwirbt der geringer verdienende Ehegatte einen Ausgleichsanspruch, der faktisch einem Anspruch auf den hälftigen Einkommensteil der Erwerbsgemeinschaft entspricht. Ohne die Zusammenveranlagung würde sich aufgrund des Zusammenspiels von Zivil- und Steuerrecht für

---

1 BFH v. 13. 5. 2015 - VII R 41/14, BFH/NV 2015, 1347 = NWB DokID: FAAAF-00981.
2 Vgl. ausführlich *Rukaber*, NWB 2016, 251 ff.
3 BFH v. 13. 5. 2015 - VII R 41/14, BFH/NV 2015, 1347 = NWB DokID: FAAAF-00981.
4 BVerfG v. 17. 1. 1957 - 1 BvL 4/54, BStBl 1957 I 193.
5 BVerfG v. 17. 1. 1957 - 1 BvL 4/54, BStBl 1957 I 193.
6 Vgl. KKB/Egner/Geißler, § 26 EStG Rz. 4.
7 BVerfG v. 3. 11. 1982 - 1 BvR 620/78, BStBl 1982 II 717.
8 BVerfG v. 7. 5. 2013 - 2 BvR 909/06, NWB DokID: KAAAE-37046.
9 Vgl. BT-Drucks. 3/260, 34 f.
10 Vgl. zu einer kontroversen Diskussion *Sandweg*, DStR 2014, 2099 ff.; sowie *Bareis/Siegel*, DStR 2015, 456 ff.; *Sandweg*, DStR 2015, 459 ff.; ebenso *Becker/Englisch*, DStR 2016, 1005 ff.; sowie KKB/Egner/Gries, § 32a EStG Rz. 23 ff. Zur Frage des „Familiensplittings": *Kirchhof*, DB 2016, S1 f. sowie differenzierend: *Jachmann-Michel*, jM 2016, 168.
11 BVerfG v. 3. 11. 1982 - 1 BvR 620/78, BStBl 1982 II 717; vgl. *Ettlich* in Blümich, § 26 EStG Rz. 16 sowie Jachmann/Liebl, DStR 2010, 2009.
12 So auch BVerfG v. 3. 11. 1982 - 1 BvR 620/78, BStBl 1982 II 717, unter C.I.4.a.

den besserverdienenden Ehegatten eine Schlechterstellung im Vergleich zu einem mit einem Partner zusammenlebenden Ledigen ergeben und damit zu einer verfassungswidrigen Situation führen.

In Folge der Entscheidung des BVerfG v. 7.5.2013[1] sind der Ehe ab 2013 Lebenspartnerschaften nach dem Lebenspartnerschaftsgesetz (LPartG) gem. § 2 Abs. 8 EStG gleichzustellen.[2]

(Einstweilen frei) 16–19

B. Systematische Kommentierung

I. Ermittlung des zu versteuernden Einkommens

1. Getrennte Einkünfteermittlung

Jedem Ehegatten werden – unabhängig von der Zusammenrechnung der Einkünfte und dem Prinzip der Individualbesteuerung folgend – die Einkünfte zugerechnet, die dieser im Rahmen der Einkünfteerzielungstatbestände der §§ 13 bis 23 EStG für sich einzeln erzielt.[3] Erst nach der Ermittlung der individuellen Einkünfte bilden die Ehegatten für den Abzug von Sonderausgaben und außergewöhnlichen Belastungen eine Einkommensgemeinschaft.[4] Die Berücksichtigung des objektiven Nettoprinzips erfolgt grundsätzlich auf Ebene der einzelnen Ehegatten (Grundsatz der Individualbesteuerung), während auf Ebene des subjektiven Nettoprinzips eine ehegattenübergreifende Sichtweise eingenommen wird.[5]

Im Rahmen der Ermittlung der Einkünfte der jeweiligen Ehegatten sind Pausch- und Freibeträge abzuziehen:[6]

▶ **Individuell zuzurechnen** sind den Ehegatten jeweils der Werbungskosten-Pauschbetrag gem. § 9a Nr. 1 und 3 EStG, der Versorgungsfreibetrag nach § 19 Abs. 2 EStG sowie die Freibeträge der §§ 16, 17 EStG und die Freigrenzen der §§ 22, 23 EStG.

▶ **Ehegattenübergreifende Zurechnung:**
  – Freibetrag für Land- und Forstwirte nach § 13 Abs. 3 EStG: Hat von den zusammenveranlagten Ehegatten einer positive und der andere negative Einkünfte aus Land- und Forstwirtschaft bezogen, hängt die Höhe des nach § 13 Abs. 3 EStG zu gewährenden Freibetrags von den zusammengerechneten Einkünften der Ehegatten aus Land- und Forstwirtschaft ab.[7]
  – Sparer-Pauschbetrag nach § 20 Abs. 9 EStG: Dieser kann voll ausgeschöpft werden, auch wenn nur einer der Ehegatten Einkünfte aus Kapitalvermögen bezieht. Bei der doppelten Berücksichtigung des Sparer-Pauschbetrags handelt es sich jedoch um eine nicht korrekte Umsetzung o. g. Grundsätze.[8]

---

1 BVerfG v. 7.5.2013 - 2 BvR 909/06, 2 BvR 1981/06, 2 BvR 288/07, BFH/NV 2013, 1374 = NWB DokID: UAAAC-30135.
2 Gesetz zur Änderung des EStG in Umsetzung der Entscheidung des BVerfG v. 7.5.2013 v. 15.7.2013, BGBl 2013 I 2397. Zur Frage der Übertragbarkeit des Urteils des BVerfG auf die Frage der Verfassungswidrigkeit des Ehegattensplittings: *Sandweg*, DStR 2014, 2099 f.; sowie *Bareis/Siegel*, DStR 2015, 456 ff.; *Sandweg*, DStR 2015, 459; vgl. darüber hinaus KKB/Kanzler, § 2 EStG Rz. 384 ff.
3 BFH v. 21.2.2006 - IX R 79/01, BStBl 2006 II 598.
4 BFH v. 6.7.1989 - IV R 116/87, BStBl 1989 II 787.
5 Vgl. *Dürr* in Frotscher, § 26b EStG Rz. 5.
6 Vgl. *Ettlich* in Blümich, § 26b EStG Rz. 11.
7 BFH v. 25.2.1988 - IV R 32/86, BStBl 1988 II 827.
8 Vgl. *Dürr* in Frotscher, § 26b EStG Rz. 12.

22 Im Anschluss an die getrennte Einkünfteermittlung werden die Einkünfte auf Ebene des Gesamtbetrags der Einkünfte zusammengerechnet.[1] Dies bewirkt ein gemeinsames Einkommen, ein gemeinsames zu versteuerndes Einkommen und eine darauf entfallende festzusetzende tarifliche Einkommensteuer.[2] Dieser Einheitsbetrachtung ist zu folgen, solange in anderen Normen nichts anderes vorgeschrieben ist.

23 Zur Ermittlung des Ermäßigungshöchstbetrags nach § 35 EStG werden positive Einkünfte des einen Ehegatten nicht mit negativen Einkünften des anderen Ehegatten aus derselben Einkunftsart verrechnet.[3] In die Berechnung der Summe der positiven gewerblichen Einkünfte und der Summe aller positiven Einkünfte gehen sämtliche positiven Einkünfte der Ehegatten (gesondert) ein. Es erfolgt keine vorherige Saldierung der Einkünfte.[4]

24–28 (Einstweilen frei)

2. Zusammenrechnung der Einkünfte

29 Der gemeinsame Gesamtbetrag der Einkünfte ergibt sich aus der Summe der einzelnen Einkünfte der Ehegatten. Hiervon wird der Altersentlastungsbetrag nach § 24a EStG und sowie der Freibetrag für Land- und Forstwirte nach § 13 Abs. 3 EStG abgezogen, wobei dieser – wie bereits o. a. – ehegattenübergreifend zu berücksichtigen ist.

30 Der Gesamtbetrag der Einkünfte, vermindert um die Sonderausgaben und die außergewöhnlichen Belastungen, ergibt das Einkommen. Vorrangig vor Sonderausgaben und außergewöhnlichen Belastungen ist nach § 10d Abs. 1 Satz 1 und Abs. 2 Satz 1 EStG jedoch ein Verlustrück- bzw. Verlustvortrag abzuziehen.[5] Trotz Unvererbbarkeit[6] des Verlustvortrags nach § 10d Abs. 2 EStG ist bei Tod eines Ehegatten der für den verstorbenen Ehegatten bestehende Verlustvortrag noch im Jahr des Todes im Rahmen der Zusammenveranlagung abzuziehen.[7]

31 Hat ein Ehegatte in einem Veranlagungszeitraum, in welchem die Einzelveranlagung nach § 25 Abs. 1 oder § 26 EStG bestand, einen Verlust erwirtschaftet, kann dieser mit anderen positiven Einkünften des Ehegatten im Folgejahr, in dem die Zusammenveranlagung gewählt wird, in Form eines Verlustvortrags verrechnet werden. Hierbei sind die Verlustabzugsbeschränkungen einzelner Einkunftsarten zu beachten. Die Verlustverrechnung zwischen den Ehegatten ist in der für sie günstigsten Reihenfolge vorzunehmen.[8]

32 Sonderausgaben und außergewöhnliche Belastungen sind unabhängig davon, wer diese von den Ehegatten geleistet hat, abziehbar, da die Ehepartner als ein Steuerpflichtiger anzusehen sind und die wirtschaftliche Belastung daher einheitlich zu beurteilen ist.[9] Höchstbeträge (z. B. § 10c EStG) verdoppeln sich nur, wenn dies gesondert vorgeschrieben ist. Aufwendungen für die Berufsausbildung gem. § 10 Abs. 1 Nr. 7 EStG sind insofern unabhängig davon, wer sie ge-

---

1 Vgl. *Schneider* in LBP, § 26b EStG Rz. 30; offen gelassen durch BFH v. 23.8.1977 - VIII R 120/74, BStBl 1978 II 8; a. A. *Dürr* in Frotscher, § 26b EStG Rz. 15 (Ermittlung einer gemeinsamen Summe der Einkünfte).
2 Vgl. *Ettlich* in Blümich, § 26b EStG Rz. 20.
3 BFH v. 23.6.2015 - III R 7/14, BStBl 2016 II 871.
4 Ausführlich KKB/Wilhelm, § 35 EStG Rz. 50.
5 Vgl. zu Besonderheiten bei Wechsel der Veranlagungsart § 62d EStDV sowie KKB/Egner/Geißler, § 26a EStG Rz. 33 f.
6 BFH v. 17.12.2007 - GrS 2/04, BStBl 2008 II 608.
7 FinMin Schleswig-Holstein v. 23.3.2011, DStR 2011, 1427.
8 BFH v. 23.8.1977 - VIII R 120/74, BStBl 1978 II 8.
9 BFH v. 2.9.2010 - VI R 11/09, BStBl 2011 II 119. Ein Spendenabzug scheidet jedoch aus, wenn der Spendenzahlung des einen Ehegatten ein entsprechender Spendeneingang bei dem anderen Ehegatten gegenübersteht: BFH v. 20.2.1991 - X R 191/87, BStBl 1991 II 690.

leistet hat abziehbar, jedoch nur bis zum Höchstbetrag von 6 000 € im Kalenderjahr je Ehegatte gem. § 10 Abs. 1 Nr. 7 Satz 2 EStG für dessen eigene Berufsausbildung.[1]

Das Einkommen, vermindert um die Freibeträge nach § 32 Abs. 6 EStG und um die sonstigen vom Einkommen abzuziehenden Beträge, ergibt das zu versteuernde Einkommen. Die Freibeträge nach § 32 Abs. 6 EStG verdoppeln sich bei Ehegatten, wenn das Kind zu beiden Ehegatten in einem Kindschaftsverhältnis steht.

Die tariflich festzusetzende Einkommensteuer ergibt sich aus der Anwendung des Splittingverfahrens gem. § 32a Abs. 5 EStG auf das gemeinsame zu versteuernde Einkommen der Ehegatten.[2]

(Einstweilen frei) 35–39

II. Vorteile der Zusammenveranlagung

Die Zusammenveranlagung von Ehegatten ist im Regelfall vorteilhaft, da durch das Splittingverfahren die Steuerbelastung gesenkt werden kann. Der Progressionseffekt ist dann hinfällig, wenn beide Ehegatten ein gleich hohes zu versteuerndes Einkommen erzielen oder beide mit ihrem zu versteuernden Einkommen jeweils in derselben Proportionalzone liegen.[3]

Neben reinen Progressionseffekten bietet die Zusammenveranlagung weitere Vorteile:[4]

▶ Ausnutzung von verdoppelten Freibeträgen (z. B. § 20 Abs. 9 EStG).

▶ Geltendmachung von Sonderausgaben und außergewöhnlichen Belastungen des Ehegatten, der wenig oder kein Einkommen bezieht und diese daher keine steuermindernde Auswirkung bei ihm bzw. ihr hätten.

▶ Nutzung von Verlusten bzw. Verlustvorträgen eines Ehegatten zur Verrechnung mit Einkünften des anderen Ehegatten.

(Einstweilen frei) 41–44

C. Verfahrensfragen

Die Ehegatten haben gem. § 25 Abs. 3 EStG eine gemeinsame Steuererklärung abzugeben.[5] Die Ehegatten sind nach § 44 Abs. 1 AO Gesamtschuldner der entstandenen Steuer. Ihnen wird nach § 155 Abs. 3 AO ein zusammengefasster Einkommensteuerbescheid an eine gemeinsame Anschrift gem. § 122 Abs. 7 AO übersandt.[6] Ausreichend ist zudem gem. § 122 Abs. 6 AO auch die Bekanntgabe des Steuerbescheides gegenüber nur einem Ehegatten, sofern beide hierüber einverstanden sind. Die Möglichkeit der Übersendung von Einzelbescheiden wird hierdurch nicht eingeschränkt.[7]

---

1 Vgl. KKB/Wilhelm, § 10 EStG Rz. 124.
2 Vgl. weiterführend KKB/Egner/Gries, § 32a EStG Rz. 23 ff.
3 Ausführlich KKB/Egner/Gries, § 32a EStG Rz. 25.
4 Vgl. zu Nachteilen der Zusammenveranlagung bzw. Vorteilen der Einzelveranlagung KKB/Egner/Geißler, § 26a EStG Rz. 39 f.
5 Vgl. KKB/Egner/Geißler, § 25 EStG Rz. 36 ff.
6 Vgl. *Seiler* in Kirchhof, § 26b EStG Rz. 13.
7 BFH v. 24. 11. 1988 - IV R 232/85, BFH/NV 1989, 782 = NWB DokID: BAAAB-29775.

46 Die Möglichkeit des Rechtsbehelfsverfahrens steht – sofern der Bescheid gegenüber beiden Ehegatten wirksam bekanntgegeben worden ist[1] – jedem Ehegatten gem. §§ 347 ff. AO einzeln zu. Ein von einem Ehegatten eingelegter Rechtsbehelf hat nicht ohne Weiteres auch die Wirkung eines Einspruchs für den anderen Ehegatten, wenn dies nicht eindeutig aus dem Einspruch hervorgeht.[2]

47 Die Prüfung des Eintritts der Festsetzungsverjährung ist für jeden Ehegatten gesondert vorzunehmen.[3] Verspätungszuschläge können gegenüber beiden Ehegatten festgesetzt werden, auch wenn nur einer der Ehegatten Einkünfte erzielt hat.[4]

48 Macht ein Ehegatte unrichtige oder unvollständige Angaben wird der Tatbestand der Steuerhinterziehung für den anderen Ehegatten nicht erfüllt.[5] Etwas anderes gilt, wenn letzterer Ehegatte diesbezüglich aktiv oder unterstützend tätig war.[6]

§ 26c (weggefallen)

▶ Zur Kommentierung siehe Online-Version, 1. Aufl. 2016

§ 27 (weggefallen)

▶ Zur Kommentierung siehe Online-Version, 1. Aufl. 2016

§ 28 Besteuerung bei fortgesetzter Gütergemeinschaft

Bei fortgesetzter Gütergemeinschaft gelten Einkünfte, die in das Gesamtgut fallen, als Einkünfte des überlebenden Ehegatten, wenn dieser unbeschränkt steuerpflichtig ist.

Inhaltsübersicht	Rz.
A. Allgemeine Erläuterungen	1 - 5
B. Systematische Kommentierung	6 - 14
C. Verfahrensfragen	15

LITERATUR:

Enders, Steuerfolgen in der Rechtspraxis: Gütergemeinschaft, MDR 1981, 813; *App*, Die fortgesetzte Gütergemeinschaft im Einkommensteuerrecht und im Erbschaftsteuerrecht, BWNotZ 1993, 11; *Kanzler*, Neuere Rechtsprechung zur Einkommensbesteuerung der Land- und Forstwirtschaft, FR 1993, 761.

---

1 BFH v. 20.1.1972 - I B 51/68, BStBl 1972 II 287.
2 BFH v. 27.11.1984 - VIII R 73/82, BStBl 1985 II 296; zum Einspruch im Rahmen der Zusammenveranlagung gegenüber der Kirchgeld-Festsetzung eines Ehegatten: FG Hamburg v. 1.9.2015 - 3 K 167/15, NWB DokID: ZAAAF-45699.
3 BFH v. 25.4.2006 - X R 42/05, BStBl 2007 II 220.
4 BFH v. 14.6.2000 - X R 56/98, BStBl 2001 II 60; siehe auch FG Hamburg v. 25.6.2015 - 6 K 253/14, NWB DokID: UAAAF-01760.
5 BFH v. 16.4.2002 - IX R 40/00, BStBl 2002 II 501.
6 Vgl. *Seiler* in Kirchhof, § 26b EStG Rz. 15.

A. Allgemeine Erläuterungen

§ 28 EStG regelt den Sonderfall der Besteuerung bei fortgesetzter Gütergemeinschaft und ist eine seit dem Reichs-EStG 1920 fortgeführte Norm.[1] Seither ist nur die Notwendigkeit der unbeschränkten Steuerpflicht beim überlebenden Ehegatten eingefügt worden. Die Norm regelt die Einkünftezurechnung und ist somit systematisch falsch platziert.[2]

Die Norm verstößt nicht gegen Verfassungsrecht.[3]

Die Relevanz von § 28 EStG wird vielfach als unbedeutend angesehen, da die Gütergemeinschaft und insbesondere die Sonderform der fortgesetzten Gütergemeinschaft nur noch in wenigen Fällen vereinbart wird.[4]

(Einstweilen frei) 4–5

B. Systematische Kommentierung

Vereinbaren die Ehegatten im Ehevertrag (ausdrücklich) die **fortgesetzte Gütergemeinschaft** gem. § 1483 Abs. 1 BGB, wird bei Tod eines Ehegatten die Gütergemeinschaft zwischen dem überlebenden Ehegatten und den Abkömmlingen fortgeführt. Ein besonderer Unterschied zur ehelichen Gütergemeinschaft besteht in der Verwaltungsherrschaft des überlebenden Ehegatten.[5]

Die Einkünfte, die in das Gesamtgut fallen, werden nach Tod des einen Ehegatten alleinig dem anderen **(überlebenden) Ehegatten zugerechnet**, sofern dieser **unbeschränkt steuerpflichtig** ist. „Hier geht der Gesetzgeber als Motiv von der weitgehenden Verwaltungsbefugnis mit entsprechenden Nutzungsrechten des überlebenden Ehegatten aus."[6] § 28 EStG soll dieser starken Stellung des überlebenden Ehegatten Rechnung tragen.[7]

Auf die Art der Steuerpflicht bei den Abkömmlingen kommt es nicht an.[8]

Durch die Aufhebung der Gütergemeinschaft gem. § 1492 BGB endet die Gütergemeinschaft. Gleiches gilt bei Tod oder Wiederverheiratung bzw. Begründung einer Lebenspartnerschaft des überlebenden Ehegatten gem. §§ 1493 f. BGB. Die Anwendbarkeit von § 28 EStG kann zudem ausgeschlossen sein, wenn die fortgesetzte Gütergemeinschaft intern nicht mehr als existent behandelt wird und die an ihr Beteiligten sich über eine Aufteilung der Einkünfte einig sind.[9] Ist § 28 EStG nicht anwendbar, findet § 39 Abs. 2 Nr. 2 AO Anwendung.

In das Gesamtgut (§ 1416 BGB) fallen sämtliche Wirtschaftsgüter der Ehepartner, die bei Abschluss des Ehevertrags existierten oder im Laufe der Ehe hinzuerworben wurden. Abzugrenzen hiervon sind das Vorbehaltsgut des überlebenden Ehegatten (§§ 1418, 1486 Abs. 1 BGB) sowie das Sondergut (§§ 1417, 1486 Abs. 2 BGB).[10] Im Rahmen der fortgesetzten Gütergemein-

---

1 Vormals § 18 EStG; RGBl 1920, 359.
2 Vgl. *Tormöhlen* in Korn, § 28 EStG Rz. 1.
3 BFH v. 4. 6. 1973 - IV R 177/69, BStBl 1973 II 638. Kritisch *Tormöhlen* in Korn, § 28 EStG Rz. 5.
4 Vgl. *App*, BWNotZ 1993, 11; *Ettlich* in Blümich, § 28 EStG Rz. 3; *Tormöhlen* in Korn, § 28 EStG Rz. 1.
5 Vgl. *Enders*, MDR 1981, 813.
6 *Enders*, MDR 1981, 813.
7 BFH v. 12. 11. 1992 - IV R 41/91, BStBl 1993 II 430.
8 Vgl. *App*, BWNotZ 1993, 11.
9 BFH v. 4. 6. 1973 - IV R 177/69, BStBl 1973 II 638, m. w. N. Zudem FG Münster v. 17. 1. 1995 - 16 K 4889/93 E, EFG 1995, 673, rkr.
10 Ausführlich *Tormöhlen* in Korn, § 28 EStG Rz. 5.

schaft können sämtliche Einkunftsarten erzielt werden (ausgenommen § 19 EStG[1]). § 28 EStG findet keine Anwendung auf den entstehenden Gewinn bei Auflösung der fortgesetzten Gütergemeinschaft, da die Norm lediglich die Zurechnung der laufenden Einkünfte regelt. Sofern die fortgesetzte Gütergemeinschaft aufgelöst wird, entstehen keine Einkünfte mehr, die in das Gesamtgut fallen können.[2]

11 Die fortgesetzte Gütergemeinschaft ist – aus rein steuerlichen Gesichtspunkten betrachtet – in den meisten Fällen unvorteilhaft, da Freibeträge (z. B. Grundfreibetrag) und Tarifermäßigungen (z. B. Ehegattensplitting) nur einmalig bzw. nicht bei dem überlebenden Ehegatten genutzt werden können. Die Steuerlast lässt sich durch die Verteilung der Einkünfte auf mehrere Personen i. d. R. reduzieren. Dies scheidet im Rahmen von § 28 EStG aus.

12 Vorteile könnte die fortgesetzte Gütergemeinschaft in den Fällen ermöglichen, in denen Mitunternehmerschaften im Gesamtgut liegen. Dies ist jedoch strittig.[3] Nach Ansicht des I. Senates des BFH sind die Abkömmlinge im Rahmen der fortgesetzten Gütergemeinschaft keine Mitunternehmer gem. § 15 Abs. 1 Nr. 2 EStG, da ausschließlich dem überlebenden Ehegatten die Einkünfte zugerechnet werden. Somit kann u. a. kein Sonderbetriebsvermögen entstehen.[4] Hingegen ist der VI. Senat der Ansicht, dass die Abkömmlinge Mitunternehmer sind, § 28 EStG lediglich als Ausnahmevorschrift anzusehen ist und die Beteiligung der Abkömmlinge am Gesamtgut der fortgesetzten Gütergemeinschaft auch steuerlich gem. § 15 Abs. 1 Nr. 2 EStG anzuerkennen ist.[5]

13–14 *(Einstweilen frei)*

C. Verfahrensfragen

15 Da die Einkünfte lediglich dem überlebenden Ehegatten zuzurechnen sind, ist verfahrensrechtlich keine gesonderte und einheitliche Feststellung der Besteuerungsgrundlagen gem. § 180 Abs. 1 Nr. 2 Buchst. a AO erforderlich. Steuerschuldner ist lediglich die Person, der die Einkünfte zugerechnet werden.[6]

§ 29 (weggefallen)

▶ Zur Kommentierung siehe Online-Version, 1. Aufl. 2016

§ 30 (weggefallen)

▶ Zur Kommentierung siehe Online-Version, 1. Aufl. 2016

---

1 Vgl. *Tormöhlen* in Korn, § 28 EStG Rz. 7; *Ettlich* in Blümich, § 28 EStG Rz. 10.
2 BFH v. 12. 11. 1992 – IV R 41/91, BStBl 1993 II 430.
3 Zustimmend *Tormöhlen* in Korn, § 28 EStG Rz. 6; *Ettlich* in Blümich, § 28 EStG Rz. 15 f.; ablehnend HHR/*Pflüger*, § 28 EStG Rz. 23; *Kanzler*, FR 1993, 769 f.
4 BFH v. 13. 5. 1966 – VI 238/64, BStBl 1966 III 505.
5 BFH v. 8. 1. 1975 – I R 142/72, BStBl 1975 II 437.
6 Vgl. *Ettlich* in Blümich, § 28 EStG Rz. 18.

IV. Tarif
§ 31 Familienleistungsausgleich

¹Die steuerliche Freistellung eines Einkommensbetrags in Höhe des Existenzminimums eines Kindes einschließlich der Bedarfe für Betreuung und Erziehung oder Ausbildung wird im gesamten Veranlagungszeitraum entweder durch die Freibeträge nach § 32 Absatz 6 oder durch Kindergeld nach Abschnitt X bewirkt. ²Soweit das Kindergeld dafür nicht erforderlich ist, dient es der Förderung der Familie. ³Im laufenden Kalenderjahr wird Kindergeld als Steuervergütung monatlich gezahlt. ⁴Bewirkt der Anspruch auf Kindergeld für den gesamten Veranlagungszeitraum die nach Satz 1 gebotene steuerliche Freistellung nicht vollständig und werden deshalb bei der Veranlagung zur Einkommensteuer die Freibeträge nach § 32 Absatz 6 vom Einkommen abgezogen, erhöht sich die unter Abzug dieser Freibeträge ermittelte tarifliche Einkommensteuer um den Anspruch auf Kindergeld für den gesamten Veranlagungszeitraum; bei nicht zusammenveranlagten Eltern wird der Kindergeldanspruch im Umfang des Kinderfreibetrags angesetzt. ⁵Satz 4 gilt entsprechend für mit dem Kindergeld vergleichbare Leistungen nach § 65. ⁶Besteht nach ausländischem Recht Anspruch auf Leistungen für Kinder, wird dieser insoweit nicht berücksichtigt, als er das inländische Kindergeld übersteigt.

Inhaltsübersicht	Rz.
A. Allgemeine Erläuterungen	1 - 15
B. Systematische Kommentierung	16 - 74
I. Prüfung der Steuerfreistellung des Existenzminimums (§ 31 Satz 1 und 2 EStG)	16 - 30
1. Alternative Freistellung des Existenzminimums	16 - 18
2. Zuständige Stellen für die Durchführung des Familienleistungsausgleichs	19
3. Kindergeldfestsetzungen und Steuerbescheide sind keine Grundlagenbescheide	20
4. Informationsaustausch zwischen den Finanzämtern und den Familienkassen	21
5. Rückforderung von Kindergeld nicht durch das Finanzamt	22 - 30
II. Kindergeld als Steuervergütung im laufenden Kalenderjahr (§ 31 Satz 3 EStG)	31 - 35
III. Vergleichsberechnung zwischen Kindergeld und Kinderfreibetrag (§ 31 Satz 4 EStG)	36 - 55
1. Grundlagen der Prüfung durch das Finanzamt	36 - 45
2. Verrechnung mit dem Anspruch auf Kindergeld	46 - 50
3. Hinzurechnung des Kindergeldes im Umfang des Kinderfreibetrags	51 - 55
IV. Dem Kindergeld vergleichbare Leistungen (§ 31 Satz 5 EStG)	56 - 65
V. Beschränkung der Anrechnung des ausländischen Kindergeldes auf die Höhe des inländischen Kindergeldes (§ 31 Satz 6 EStG)	66 - 74
C. Verfahrensfragen	75 - 77

HINWEIS:
DA-KG = BStBl 2018 I 823.

LITERATUR:
Kanzler, Die Besteuerung von Ehe und Familie, DStJG 24 (2001), 417; *Reimer*, Keine Bundeskompetenz für das Kindergeldrecht, NJW 2012, 1927; *Hillmoth*, Kinder im Steuerrecht, Herne 2016.

ARBEITSHILFEN UND GRUNDLAGEN ONLINE:

Hillmoth, Grundlagenbeitrag NWB: Kindergeld, Kinderfreibetrag und andere kindbedingte Steuervergünstigungen, NWB DokID: QAAAE-52191.

A. Allgemeine Erläuterungen

1 **Normzweck und wirtschaftliche Bedeutung der Vorschrift:** Die vom BVerfG[1] geforderte steuerliche Freistellung eines Einkommensbetrages in Höhe des **Existenzminimums** eines Kindes wird gem. § 31 Satz 1 EStG durch die alternative Inanspruchnahme von Freibeträgen für Kinder nach § 32 Abs. 6 EStG oder durch Kindergeld bewirkt.

2 § 31 EStG als grundlegende Regelung des sog. Familienleistungsausgleichs bildet die Klammer zwischen den Freibetragsregelungen für Kinder in § 32 EStG sowie den Kindergeldregelungen der §§ 62 bis 78 EStG.

3 **Entstehung und Entwicklung der Vorschrift:** Das jetzige System des Familienleistungsausgleichs gilt ab dem VZ 1996. Es wurde mit dem Jahressteuergesetz 1996 v. 11.10.1995[2] unter Aufgabe des früheren dualen Kinderlastenausgleichs eingeführt als neue Vorschrift zur steuerlichen Berücksichtigung der geminderten Leistungsfähigkeit von Familien mit Kindern.

4 Mit dem Familienförderungsgesetz v. 22.12.1999[3] wurde mit Wirkung zum 1.1.2000 der steuerliche Einkommensbetrag eines Kindes (Existenzminimum) um den Betreuungsbedarf erweitert. Mit dem Familienförderungsgesetz v. 16.8.2001[4] wurde der steuerlich freigestellte Einkommensbetrag eines Kindes mit Wirkung zum 1.1.2002 um den Bedarf für Erziehung und Ausbildung erweitert. Freigestellt ist damit ab 2002 ein Einkommensbetrag, der das sog. sächliche Existenzminimum und die Bedarfsbeträge für Betreuung, Erziehung und Ausbildung umfasst.

5 Die Verrechnung mit dem Kindergeld wurde ab VZ 2004 mit dem Steueränderungsgesetz 2003 v. 15.12.2003[5] auf den Anspruch auf Kindergeld umgestellt. Mit dem Jahressteuergesetz 2007 v. 13.12.2006[6] wurde das Jahresprinzip des Familienleistungsausgleichs herausgestellt.

6 **Geltungsbereich:** Die Vorschrift gilt ausschließlich für den einkommensteuerlichen Familienleistungsausgleich. Die Regelung findet nur auf unbeschränkt Steuerpflichtige[7] und als unbeschränkt steuerpflichtig zu behandelnde Steuerpflichtige[8] Anwendung. Auf beschränkt Steuerpflichtige ist § 31 EStG nicht anwendbar. Bei einem Wechsel von der beschränkten zur unbeschränkten Steuerpflicht ist § 31 EStG im Wechseljahr für den Zeitraum der unbeschränkten Steuerpflicht anwendbar.[9]

---

1 Vgl. u. a. BVerfG v. 29.5.1990 - 1 BvL 20/84, BStBl 1990 II 653; BVerfG v. 12.6.1990 - 1 BvL 72/86, BStBl 1990 II 664.
2 Vgl. BGBl 1995 I 1250.
3 Vgl. BGBl 1999 I 2552.
4 Vgl. BGBl 2001 I 2074.
5 Vgl. BGBl 2003 I 2645.
6 Vgl. BGBl 2006 I 2878.
7 Vgl. § 1 Abs. 1 und 2 EStG.
8 Vgl. § 1 Abs. 3 EStG.
9 Vgl. *Loschelder* in Schmidt, § 31 EStG Rz. 2.

Vereinbarkeit mit höherrangigem Recht: Nach Auffassung des BFH steht § 31 EStG im Ergebnis im Einklang mit dem Unionsrecht und verletzt weder das Gleichbehandlungsgebot noch das Diskriminierungsverbot oder die Bestimmungen über die Freizügigkeit der Arbeitnehmer.[1] Gleichwohl ist die Regelung z. B. kritisch dahin gehend zu sehen, dass Einkommen nicht von vornherein von der steuerlichen Belastung verschont wird, sondern erst im Rahmen der späteren Einkommensteuerveranlagung die steuerliche Entlastung über die Freibeträge für Kinder zur Wirkung kommt.[2] Wegen der sozialrechtlichen Bezüge wird auch ein Verstoß gegen die Gesetzgebungskompetenz der Länder angenommen.[3] § 31 Satz 4 EStG zur Hinzurechnung um den Anspruch verstößt weder gegen das verfassungsrechtliche Gebot der steuerlichen Freistellung des Kinderexistenzminimums[4] noch gegen den allgemeinen Gleichheitssatz des Art. 3 Abs. 1 GG.[5]

7

Verhältnis zu anderen Vorschriften: § 31 EStG regelt sowohl das Verhältnis zu den Freibeträgen für Kinder nach § 32 Abs. 6 EStG als auch zu den Kindergeldregelungen im X. Abschnitt des EStG.

8

(Einstweilen frei)

9–15

B. Systematische Kommentierung

I. Prüfung der Steuerfreistellung des Existenzminimums (§ 31 Satz 1 und 2 EStG)

1. Alternative Freistellung des Existenzminimums

Nach § 31 Satz 1 EStG wird die steuerliche Freistellung eines Einkommensbetrags in Höhe des Existenzminimums eines Kindes einschließlich der Bedarfe für Betreuung und Erziehung oder Ausbildung durch die Freibeträge nach § 32 Abs. 6 EStG oder durch Kindergeld nach dem X. Abschnitt gem. §§ 62 bis 78 EStG bewirkt.[6]

16

Das Existenzminimum wird in regelmäßigen Abständen von der Bundesregierung ermittelt und führt dazu, dass die Höhe des Kinderfreibetrags laufend anzupassen ist. Hinzu kommen die Bedarfsbeträge für Betreuung und Erziehung oder Ausbildung.

17

Nach § 31 Satz 2 EStG dient das Kindergeld der Förderung der Familie, soweit es zur Freistellung des Existenzminimums nicht erforderlich ist. Der Förderanteil des Kindergeldes hängt von den steuerlichen Verhältnissen der Eltern ab. Eltern, die gar nicht steuerpflichtig sind, dient das Kindergeld in vollem Umfang der Förderung der Familie.

18

2. Zuständige Stellen für die Durchführung des Familienleistungsausgleichs

Die Kindergeldfestsetzung und Auszahlung obliegt grds. den Familienkassen – frühere Kindergeldkassen – der Agenturen für Arbeit. Die Bundesagentur für Arbeit stellt dem Bundeszentral-

19

---

1 Vgl. BFH v. 18. 4. 2013 - VI R 70/11, BFH/NV 2013, 1554 = NWB DokID: SAAAE-42090; BFH v. 18. 7. 2013 - III R 59/11, BStBl 2014 II 843.
2 *Kanzler*, DStJG 24 (2001), 417, 448, m. w. N. zu Fn. 198 und i. e. h. M. s. HHR/*Kanzler*, EStG § 31 EStG Anm. 10, m. w. N.
3 *Reimer*, NJW 2012, 1927, 1929 ff.
4 Vgl. Art. 1 i. V. m. Art. 20 Abs. 1 GG, Art. 6 Abs. 1 GG.
5 BFH v. 13.9.2012 -V R 59/10, BStBl 2013 II 228; BFH v. 20.12. 2012 - III R 29/12, BFH/NV 2013, 723 = NWB DokID: TAAAE-31697; BFH v. 27.7.2017 - III R 1/09, BStBl 2018 II 96, NWB DokID: CAAAG-63544.
6 Vgl. *Hillmoth*, Kinder im Steuerrecht, Rz. 930 ff.; *Hillmoth*, NWB DokID: QAAAE-52191.

amt für Steuern (BZSt) für diese Aufgaben ihre Dienststellen zur Verfügung.[1] Diese Familienkassen und die Familienkassen nach § 72 EStG (Kindergeld festsetzende und zahlende Stellen im Bereich des öffentlichen Dienstes) gelten insoweit als Bundes-Finanzbehörden und unterliegen der Fachaufsicht des BZSt.[2] Für die Berücksichtigung der Freibeträge sind die Finanzämter zuständig.

3. Kindergeldfestsetzungen und Steuerbescheide sind keine Grundlagenbescheide

20 Die Kindergeldfestsetzung bzw. deren Ablehnung stellt keinen Grundlagenbescheid für die Einkommensteuerfestsetzung dar, da eine die Bindungswirkung ausdrücklich anordnende Norm nicht vorhanden ist.[3] Umgekehrt stellt der Einkommensteuerbescheid des Kindes grundsätzlich auch keinen Grundlagenbescheid für die Kindergeldfestsetzung dar.[4]

4. Informationsaustausch zwischen den Finanzämtern und den Familienkassen

21 Soweit die Voraussetzungen für das Kindergeld und den Freibetrag übereinstimmen (Abweichungen z. B. bei Stief- und Enkelkindern, § 32 Abs. 1, § 63 Abs. 1 Nr. 2 und 3 EStG), übernimmt das Finanzamt die von der Familienkasse getroffene Entscheidung.[5] Bei Zweifeln an der Richtigkeit dieser Entscheidung und bei einer abweichenden Entscheidung hat es die Familienkasse darüber zu unterrichten. Diese teilt dem Finanzamt mit, ob es sich dessen Auffassung anschließt. Kann im Einzelfall keine Einigung erzielt werden, hat die Familienkasse und auch das Finanzamt der jeweils vorgesetzten Behörde zu berichten. Bis zur Klärung der Streitfrage ist die Veranlagung unter dem Vorbehalt der Nachprüfung durchzuführen.

5. Rückforderung von Kindergeld nicht durch das Finanzamt

22 Die **Rückforderung** von zuviel gezahltem **Kindergeld** wird nicht vom Finanzamt veranlasst, zuständig hierfür ist die jeweilige Familienkasse. Das Finanzamt kann/muss somit eigenständig z. B. die besonderen Berücksichtigungtatbestände für Kinder zwischen dem 18. und dem 25. Lebensjahr[6] und die zutreffende Eintragung des für das jeweilige Jahr bestehenden Anspruchs auf Kindergeld in der Anlage „Kind" zur Steuererklärung prüfen.

23 Die nachträgliche Zahlung von Kindergeld, weil z. B. die Eltern zunächst keinen Kindergeldantrag gestellt hatten, hat auf die Steuerfestsetzung keinen Einfluss, da auf den Anspruch abgestellt wird. Da der Anspruch auf Kindergeld unabhängig von der Beurteilung durch die Familienkasse besteht, kann eine geänderte Beurteilung der Familienkasse zu keiner Änderung des Einkommensteuerbescheides führen. Die fehlerhafte Beurteilung des Anspruchs durch das Finanzamt im Zeitpunkt der Veranlagung ist ein Rechtsfehler und lässt eine Änderung nicht zu.[7] Eine Korrektur des Steuerbescheids gem. § 175 Abs. 1 Satz 1 Nr. 2 AO wäre denkbar, wenn ein

---

1 Vgl. § 5 Abs. 1 Nr. 11 FVG; O 1.2 DA-KG.
2 Vgl. O 2 DA-KG.
3 Vgl. BFH v. 29. 7. 1992 - I R 114/91, BStBl 1993 II 180.
4 Vgl. OFD Saarbrücken v. 15. 6. 2000, DStR 2000, 1734; BFH v. 23. 11. 2001 - VI R 125/00, BStBl 2002 II 296; BFH v. 20. 12. 2012 - III R 33/12, BStBl 2013 II 1035.
5 Vgl. R 31 Abs. 4 EStR.
6 Vgl. § 32 Abs. 4 Satz 1 EStG.
7 Vgl. OFD Niedersachsen v. 15. 5. 2013, NWB DokID: DAAAE-37190.

Steuerpflichtiger rückwirkend einen Anspruch auf Kindergeld hätte, z. B. bei einem Ausländer, dem rückwirkend der erforderliche Aufenthaltsstatus zuerkannt wird.[1]

(Einstweilen frei) 24–30

II. Kindergeld als Steuervergütung im laufenden Kalenderjahr (§ 31 Satz 3 EStG)

Nach § 31 Satz 3 EStG wird im laufenden Kalenderjahr nur das monatliche Kindergeld als Steuervergütung gezahlt. Die Freibeträge für Kinder werden erst bei der Einkommensteuerveranlagung berücksichtigt. Das Kindergeld stellt somit eine Vorauszahlung dar, obwohl die zeitlich nachfolgende Entlastung durch die Freibeträge für Kinder gesetzessystematisch vorrangig ist. 31

(Einstweilen frei) 32–35

III. Vergleichsberechnung zwischen Kindergeld und Kinderfreibetrag (§ 31 Satz 4 EStG)

1. Grundlagen der Prüfung durch das Finanzamt

Gemäß § 31 Satz 4 1. Halbsatz EStG sind bei der Veranlagung die Freibeträge für Kinder abzuziehen, wenn die gebotene Freistellung des Existenzminimums und der weiteren Bedarfsbeträge durch das Kindergeld nicht vollständig bewirkt wird. Die gebotene steuerliche Freistellung durch das Kindergeld wird nicht bewirkt, wenn das in eine Steuerentlastung umgerechnete Kindergeld die Freibeträge für Kinder für 2018 von 3 714 € bzw. 7 428 € jährlich nicht erreicht. Das Kindergeld beträgt 2018 gem. § 66 EStG monatlich 194 € für das erste und zweite Kind, für das dritte Kind 200 € und 225 € für das vierte und weitere Kinder. Für 2017 bzw. 2018 waren Anhebungen der Beiträge um jeweils 2 € beschlossen worden.[2] Zum 1.7.2019 wurde mit dem Familienentlastungsgesetz das Kindergeld um 10 € je Kind weiter angehoben.[3] 36

Die Prüfung der gebotenen Freistellung wird vom Finanzamt von Amts wegen vorgenommen. Diese Vergleichsberechnung wird auch als Günstigerprüfung bezeichnet.[4] Ab einem Grenzsteuersatz von 31,3 % sind die Freibeträge günstiger. Diese erforderlichen Grenzsteuersätze werden bei verheirateten Eltern ab einem zu versteuernden Einkommen von etwa 66 000 € und bei Alleinstehenden bei Anwendung der Grundtabelle ab einem zu versteuernden Einkommen von ca. 33 000 € erreicht. 37

---

1 Vgl. zur Mitteilungspflicht der Familienkassen O 4.3 Abs. 2 DA-KG.
2 Vgl. Gesetz zur Umsetzung der Änderungen der EU-Amtshilferichtlinie und von weiteren Maßnahmen gegen Gewinnkürzungen und –verlagerungen v. 20. 12. 2016, BGBl 2016 I 3000.
3 Vgl. BGBl 2018 I 2210.
4 Vgl. *Hillmoth*, INF 1997 301 sowie *Plenker*, DB 1996, 2095.

TAB.:	Freibetrag – Günstiger-Steuersatz für den VZ 2018		
Kind	Freibeträge bei einer Zusammenveranlagung 4 788 €[2] + 2 640 €[3]	Kindergeld[1]	Kindergeld in % zu den Freibeträgen
1. Kind	7 428 €	2 328 €	31,3
2. Kind	7 428 €	2 328 €	31,3
3. Kind	7 428 €	2 328 €	32,3
Jedes weitere Kind	7 428 €	2 700 €	36,3

38 Der Prüfung ist stets das zu versteuernde Einkommen (Jahresbetrag) zugrunde zu legen. Die **Günstigerprüfung** ist bei Eltern mit mehreren Kindern **für jedes Kind** einzeln durchzuführen. Dies gilt auch dann, wenn eine Zusammenfassung der Freibeträge für zwei und mehr Kinder wegen der Besteuerung außerordentlicher Einkünfte günstiger wäre.[4] Die Reihenfolge der Kinder bestimmt sich dabei nach dem Alter. Erstes Kind ist somit stets das älteste Kind.

Überblick: Verheiratete Eltern mit Anspruch auf die (vollen) Freibeträge für Kinder bei Anwendung der Splittingtabelle 2018; ein Steuervorteil ergibt sich ab einem zu versteuernden Einkommen von ca. 66 000 €.

Veränderung des zvE durch Abzug der Freibeträge von 7 428 €[5]	Einkommensteuer in €	Einkommensteuer – Differenz in €	Kindergeld in €	Freibeträge günstiger um
60 000 €	10 596	2 244	2 328	
52 572 €	8 452			
63 000 €	11 636	2 292	2 328	–
55 572 €	9 344			
64 000 €	11 954	2 308	2 328	
56 572 €	9 646			
65 000 €	12 274	2 324	2 328	–
57 572 €	9 950			
70 000 €	13 908	2 408	2 328	80 €
62 572 €	11 500			
80 000 €	17 340	2 570	2 328	242 €
72 572 €	14 770			
100 000 €	24 864	2 830	2 328	502 €
92 572 €	22 034			

1 Für 2018 Anhebung auf 2 328 € für das erste und zweite Kind bzw. auf 2 400 € für das dritte Kind und auf 2 700 € für das vierte und jedes weitere Kind.
2 Vgl. § 32 Abs. 6 EStG (Kinderfreibetrag bis 2008 = 3 648 €, 2009 = 3 864 €, 2010 bis 2014 = 4 368 €; für 2015 Anhebung auf 4 512 € und für 2016 auf 4 608 € und für 2017 auf 4 716 €).
3 Vgl. § 32 Abs. 6 EStG (Freibetrag für den Betreuungs- und Erziehungs- oder Ausbildungsbedarf, bis 2009 = 2 160 €).
4 Vgl. BFH v. 28. 4. 2010 - III R 86/07, BStBl 2011 II 259; BFH v. 19. 4. 2012 - III R 50/08, BFH/NV 2012, 1429 = NWB DokID: RAAAE-12965.
5 Verheiratete Eltern, Zusammenveranlagung, Anspruch auf die vollen Freibeträge für Kinder.

(Einstweilen frei) 39–45

2. Verrechnung mit dem Anspruch auf Kindergeld

Für die Verrechnung/Hinzurechnung von Kindergeld ist allein entscheidend, ob ein Anspruch auf Kindergeld besteht. Der Kindergeldanspruch ist daher unabhängig davon, ob das Kindergeld tatsächlich gezahlt worden ist, hinzuzurechnen, wenn die Berücksichtigung von Freibeträgen nach § 32 Abs. 6 EStG rechnerisch günstiger ist als der Kindergeldanspruch.[1] Dies gilt auch dann, wenn ein Kindergeldantrag trotz des materiell-rechtlichen Bestehens des Anspruchs bestandskräftig abgelehnt worden ist.[2] Die Grundsätze des „Zufluss-/Abflussprinzips" gem. § 11 Abs. 1 EStG finden keine Anwendung. Wenn nach § 66 Abs. 3 EStG nur für die letzten sechs Monate Kindergeld gezahlt wird, kommt es für die Verrechnung im Rahmen von § 31 EStG gleichwohl nicht auf den Zahlungs-, sondern auf den Anspruchszeitraum an. 46

BEISPIEL: Die Eltern haben 2018 einen Kindergeldanspruch i. H. v. 194 € x 2 = 388 € für ihr am 25.11.2018 geborenes Kind. Das Kindergeld für November und Dezember 2018 wird aber erst im Mai 2019 zusammen mit dem Kindergeld für Mai 2019 ausgezahlt. Im Rahmen der Einkommensteuerveranlagung 2018 im März 2019 werden 388 € in die Günstigerprüfung einbezogen, obwohl der Zufluss noch nicht absehbar war.

Eine tatsächliche Verfügungsmacht über das Kindergeld ist nicht Voraussetzung.[3] Die Verrechnung wird auch vorgenommen, soweit Kindergeld dem Elternteil nur im Wege eines **zivilrechtlichen Ausgleichs** zusteht.[4] Bei einem barunterhaltspflichtigen Elternteil ist eine Verrechnung daher unabhängig davon vorzunehmen, ob der zivilrechtliche Ausgleich tatsächlich in Anspruch genommen wird.[5] 47

BEISPIEL: Die geschiedenen Eltern haben einen minderjährigen Sohn, der bei der Mutter lebt. Die Mutter hat 2018 das „volle" Kindergeld i. H. v. 194 € monatlich erhalten. Die Hälfte des monatlichen Kindergeldes i. H. v. 97 € mindert die monatliche Unterhaltsleistung des barunterhaltsverpflichteten Vaters.[6] Im Rahmen der Einkommensteuerveranlagung 2018 des Vaters wird, da sich der anteilige Kinderfreibetrag wegen seines Gehalts günstiger auswirkt, auch der Kinderfreibetrag abgezogen. Dabei ist das die Unterhaltsverpflichtung mindernde Kindergeld i. H. v. 1164 € der tariflichen Einkommensteuer ohne Prüfung, ob er seine Unterhaltsbeträge tatsächlich gekürzt hat, hinzuzurechnen.[7] Bei der Mutter, die ebenfalls hohe Einkünfte erzielt, wird auch der hälftige Kinderfreibetrag berücksichtigt. Bei ihr wird das Kindergeld von 2 328 € vermindert um den zivilrechtlichen Ausgleichsanspruch des Vaters.

(Einstweilen frei) 48–50

3. Hinzurechnung des Kindergeldes im Umfang des Kinderfreibetrags

Gemäß § 31 Satz 4 2. Halbsatz EStG wird der Kindergeldanspruch im Umfang des Kinderfreibetrags angesetzt. Die Hinzurechnung des Kindergeldes richtet sich danach, ob das Einkommen um einen vollen oder halben Kinderfreibetrag für den jeweiligen Monat vermindert wur- 51

---

1 Vgl. BFH v. 13.9.2012 - V R 59/10, BStBl 2013 II 228; BFH v. 20.12.2012 - III R 29/12, BFH/NV 2013, 723 = NWB DokID: TAAAE-31697.
2 Vgl. BFH v. 15.3.2012 - III R 82/09, BStBl 2013 II 226; BFH v. 28.6.2012 - III R 86/09, BStBl 2013 II 855.
3 Vgl. BFH v. 23.12.2013 - III B 98/13, BFH/NV 2014, 519 = NWB DokID: AAAAE-55562.
4 Vgl. § 1612b BGB i. V. m. R 31 Abs. 3 EStR.
5 Vgl. BFH v. 16.3.2004 - VIII R 86/98, BStBl 2005 II 332.
6 Vgl. § 1612b BGB.
7 Vgl. R 31 Abs. 3 EStR.

de.[1] Dies gilt unabhängig davon, ob das Kindergeld an eine andere Person oder Institution, z. B. Sozialhilfeträger, ausgezahlt wurde.[2]

52 Wird eine **Übertragung des Kinderfreibetrags** vorgenommen, erfolgt eine Hinzurechnung des vollen Kindergeldes. Wird der Kinderfreibetrag gem. § 32 Abs. 6 Satz 6 EStG auf einen Elternteil übertragen, weil der andere seiner Unterhaltsverpflichtung nicht nachgekommen ist, wird dem für 2018 anzusetzenden „ganzen" Kinderfreibetrag von 4 788 € auch das „volle" Kindergeld i. H. v. 2 328 € hinzugerechnet.[3] Wurde der Kinderfreibetrag von den Eltern auf die Großeltern übertragen, wird im Rahmen der Günstigerprüfung bei den Großeltern das den Eltern gezahlte Kindergeld gegengerechnet. Es ist mit dem Gebot der steuerlichen Verschonung des Existenzminimums des Steuerpflichtigen und seiner unterhaltsberechtigten Familie und dem allgemeinen Gleichheitssatz vereinbar, dass die um die Freibeträge verminderte Einkommensteuer auch bei den Steuerpflichtigen um die Hälfte des Kindergeldes erhöht wird, die nicht in der Lage sind, Unterhalt i. H. v. 135 % des Regelbetrags nach der Regelbetragsverordnung zu leisten.[4]

53 Die etwaige alleinige Übertragung des Freibetrags für den Betreuungs- und Erziehungs- oder Ausbildungsbedarf hat auf die Hinzurechnung des Kindergeldes keine Auswirkung. Es bleibt bei der Verrechnung nur mit dem halben Kindergeld.[5] Durch eine **ausschließliche Übertragung des Freibetrags für den Betreuungs- und Erziehungs- oder Ausbildungsbedarf** können demnach Alleinerziehende auch bei einem niedriger zu versteuernden Einkommen ab ca. 17 000 € steuerliche Vorteile im Rahmen der Günstigerprüfung erreichen.

BEISPIEL: Alleinerziehender Elternteil, Übertragung ausschließlich des Freibetrags für den Betreuungs- und Erziehungs- oder Ausbildungsbedarf – VZ 2018.

Veränderung des zvE durch Abzug der Freibeträge von 5 034 €[6]	Einkommensteuer	Einkommensteuerdifferenz	Kindergeld	Freibeträge günstiger um
15 000 €	1 191 €			
9 966 €	144 €	1 047 €	1 164 €	–
16 000 €	1 437 €			
10 966 €	313 €	1 124 €	1 164 €	–
18 000 €	1 943 €			
12 966 €	712 €	1 231 €	1 164 €	67 €
20 000 €	2 467 €			
14 966 €	1 183 €	1 281 €	1 164 €	117 €
30 000 €	5 348 €			
24 966 €	3 842 €	1 506 €	1 164 €	342 €
40 000 €	8 670 €			
34 966 €	6 943 €	1 727 €	1 164 €	563 €

1 § 31 Satz 4 EStG i. V. m. R 31 Abs. 3 EStR.
2 Vgl. § 74 EStG.
3 Vgl. BFH v. 16. 3. 2004 - VIII R 88/98, BStB 2005 II 594; R 31 Abs. 3 Satz 2 EStR.
4 Vgl. BVerfG v. 13. 10. 2009 - 2 BvL 3/05, BGBl 2009 I 3785.
5 Vgl. OFD Frankfurt v. 29. 6. 2001, DB 2001, 1697; R 31 Abs. 3 Satz 4 EStR.
6 Freibetrag für Betreuung/Erziehung/Ausbildung 2 640 € + Kinderfreibetrag 2 394 €.

(Einstweilen frei) 54–55

IV. Dem Kindergeld vergleichbare Leistungen (§ 31 Satz 5 EStG)

Bei der Inanspruchnahme der Freibeträge ist der **für das jeweilige Jahr bestehende Anspruch auf Kindergeld** oder eine **vergleichbare Leistung** der tariflichen Einkommensteuer hinzuzurechnen.[1] 56

Inländische, dem Kindergeld vergleichbare Leistungen sind die in § 65 Abs. 1 Satz 1 Nr. 1 EStG aufgeführten Kinderzulagen aus der gesetzlichen Unfallversicherung und Kinderzuschüsse aus den gesetzlichen Rentenversicherungen, sowie die berufsständischen Kinderzuschüsse. 57

Dem Kindergeld vergleichbare ausländische Leistungen nach § 65 Abs. 1 Nr. 2 EStG bzw. § 65 Abs. 1 Nr. 3 EStG gibt es in den Mitgliedstaaten der EU und des EWR sowie u. a. auch in der Türkei, Marokko, Tunesien, Serbien, Montenegro, Bosnien und Herzegowina, Kosovo, Kanada und USA.[2] Eine ausführliche Liste der im Ausland gewährten Leistungen wird regelmäßig im BStBl veröffentlicht.[3] 58

Die Verrechnung ausländischen Kindergeldes oder vergleichbarer Leistungen wird auch dann vorgenommen, wenn dem inländischen unterhaltspflichtigen Elternteil kein zivilrechtlicher Ausgleich zusteht.[4] 59

(Einstweilen frei) 60–65

V. Beschränkung der Anrechnung des ausländischen Kindergeldes auf die Höhe des inländischen Kindergeldes (§ 31 Satz 6 EStG)

Eine Verrechnung ist nicht vorzunehmen, wenn ein **Kindergeldanspruch nicht besteht**, z. B. bei Ausländern ohne entsprechenden Aufenthaltsstatus. Wird nach ausländischem Recht ein höheres Kindergeld als nach dem EStG gem. § 66 EStG gezahlt, so beschränkt sich die Verrechnung gem. § 31 Satz 6 EStG auf die Höhe des inländischen Kindergeldes. 66

(Einstweilen frei) 67–74

C. Verfahrensfragen

Eltern haben zwei Ansprechpartner. Zuständige Stellen für die Durchführung des Familienleistungsausgleichs sind die Familienkassen bzw. die Finanzämter (vgl. → Rz. 19). Kindergeldfestsetzungen und Steuerbescheide sind keine wechselseitigen Grundlagenbescheide (vgl. → Rz. 20). Zur Sicherstellung des Familienleistungsausgleichs ist ein Informationsaustausch zwischen den Finanzämtern und den Familienkassen erforderlich (vgl. → Rz. 21). 75

Die Rückforderung von zu viel gezahltem Kindergeld wird nicht vom Finanzamt veranlasst, zuständig hierfür ist die jeweilige Familienkasse. Das Finanzamt kann/muss somit eigenständig z. B. die besonderen Berücksichtigungstatbestände für Kinder zwischen dem 18. und dem 25. Lebensjahr und die zutreffende Eintragung des für das jeweilige Jahr bestehenden Anspruchs auf Kindergeld in der Anlage „Kind" zur Steuererklärung prüfen. 76

---

1 Vgl. § 2 Abs. 6 Satz 3, § 31 Satz 4 und 5 EStG.
2 Vgl. H 31 EStH.
3 Vgl. BZSt v. 16.1.2017, BStBl 2017 I 151.
4 Vgl. BFH v. 13. 8. 2002 - VIII R 53/01, BStBl 2002 II 867.

77 Die nachträgliche Zahlung von Kindergeld, weil z. B. die Eltern zunächst keinen Kindergeldantrag gestellt hatten, hat auf die Steuerfestsetzung keinen Einfluss, da auf den Anspruch abgestellt wird (vgl. → Rz. 23).

§ 32 Kinder, Freibeträge für Kinder

(1) Kinder sind

1. im ersten Grad mit dem Steuerpflichtigen verwandte Kinder,
2. Pflegekinder (Personen, mit denen der Steuerpflichtige durch ein familienähnliches, auf längere Dauer berechnetes Band verbunden ist, sofern er sie nicht zu Erwerbszwecken in seinen Haushalt aufgenommen hat und das Obhuts- und Pflegeverhältnis zu den Eltern nicht mehr besteht).

(2) ¹Besteht bei einem angenommenen Kind das Kindschaftsverhältnis zu den leiblichen Eltern weiter, ist es vorrangig als angenommenes Kind zu berücksichtigen. ²Ist ein im ersten Grad mit dem Steuerpflichtigen verwandtes Kind zugleich ein Pflegekind, ist es vorrangig als Pflegekind zu berücksichtigen.

(3) Ein Kind wird in dem Kalendermonat, in dem es lebend geboren wurde, und in jedem folgenden Kalendermonat, zu dessen Beginn es das 18. Lebensjahr noch nicht vollendet hat, berücksichtigt.

(4) ¹Ein Kind, das das 18. Lebensjahr vollendet hat, wird berücksichtigt, wenn es

1. noch nicht das 21. Lebensjahr vollendet hat, nicht in einem Beschäftigungsverhältnis steht und bei einer Agentur für Arbeit im Inland als Arbeitsuchender gemeldet ist oder
2. noch nicht das 25. Lebensjahr vollendet hat und

    a) für einen Beruf ausgebildet wird oder

    b) sich in einer Übergangszeit von höchstens vier Monaten befindet, die zwischen zwei Ausbildungsabschnitten oder zwischen einem Ausbildungsabschnitt und der Ableistung des gesetzlichen Wehr- oder Zivildienstes, einer vom Wehr- oder Zivildienst befreienden Tätigkeit als Entwicklungshelfer oder als Dienstleister im Ausland nach § 14b des Zivildienstgesetzes oder der Ableistung des freiwilligen Wehrdienstes nach § 58b des Soldatengesetzes oder der Ableistung eines freiwilligen Dienstes im Sinne des Buchstaben d liegt, oder

    c) eine Berufsausbildung mangels Ausbildungsplatzes nicht beginnen oder fortsetzen kann oder

    d) ein freiwilliges soziales Jahr oder ein freiwilliges ökologisches Jahr im Sinne des Jugendfreiwilligendienstegesetzes oder einen Freiwilligendienst im Sinne der Verordnung (EU) Nr. 1288/2013 des Europäischen Parlaments und des Rates vom 11. Dezember 2013 zur Einrichtung von „Erasmus+", dem Programm der Union für allgemeine und berufliche Bildung, Jugend und Sport, und zur Aufhebung der Beschlüsse Nr. 1719/2006/EG, Nr. 1720/2006/EG und Nr. 1298/2008/EG (ABl L 347 vom 20. 12. 2013, S. 50) oder einen anderen Dienst im Ausland im Sinne von § 5 des Bundesfreiwilligendienstgesetzes oder einen entwicklungspolitischen Freiwilligendienst „weltwärts" im Sinne der Förderleitlinie des Bundesministeriums für wirtschaftliche Zusammenarbeit und Entwicklung vom 1. Januar 2016 oder einen Freiwilligendienst aller Generationen im Sinne von § 2 Absatz 1a des Siebten Buches Sozialgesetzbuch oder einen Internationalen Jugendfreiwilligendienst im Sinne der Richtlinie des Bundesministeriums für Familie, Senioren, Frauen und Jugend vom 25. Mai 2018 (GMBl S. 545) oder einen Bundesfreiwilligendienst im Sinne des Bundesfreiwilligendienstgesetzes leistet oder

3. [1]wegen körperlicher, geistiger oder seelischer Behinderung außerstande ist, sich selbst zu unterhalten; Voraussetzung ist, dass die Behinderung vor Vollendung des 25. Lebensjahres eingetreten ist.

[2]Nach Abschluss einer erstmaligen Berufsausbildung oder eines Erststudiums wird ein Kind in den Fällen des Satzes 1 Nummer 2 nur berücksichtigt, wenn das Kind keiner Erwerbstätigkeit nachgeht. [3]Eine Erwerbstätigkeit mit bis zu 20 Stunden regelmäßiger wöchentlicher Arbeitszeit, ein Ausbildungsdienstverhältnis oder ein geringfügiges Beschäftigungsverhältnis im Sinne der §§ 8 und 8a des Vierten Buches Sozialgesetzbuch sind unschädlich.

(5)[2] [1]In den Fällen des Absatzes 4 Satz 1 Nummer 1 oder Nummer 2 Buchstabe a und b wird ein Kind, das

1. den gesetzlichen Grundwehrdienst oder Zivildienst geleistet hat, oder

2. sich anstelle des gesetzlichen Grundwehrdienstes freiwillig für die Dauer von nicht mehr als drei Jahren zum Wehrdienst verpflichtet hat, oder

3. eine vom gesetzlichen Grundwehrdienst oder Zivildienst befreiende Tätigkeit als Entwicklungshelfer im Sinne des § 1 Absatz 1 des Entwicklungshelfer-Gesetzes ausgeübt hat,

für einen der Dauer dieser Dienste oder der Tätigkeit entsprechenden Zeitraum, höchstens für die Dauer des inländischen gesetzlichen Grundwehrdienstes oder bei anerkannten Kriegsdienstverweigerern für die Dauer des inländischen gesetzlichen Zivildienstes über das 21. oder 25. Lebensjahr hinaus berücksichtigt. [2]Wird der gesetzliche Grundwehrdienst oder Zivildienst in einem Mitgliedstaat der Europäischen Union oder einem Staat, auf den das Abkommen über den Europäischen Wirtschaftsraum Anwendung findet, geleistet, so ist die Dauer dieses Dienstes maßgebend. [3]Absatz 4 Satz 2 und 3 gilt entsprechend.

(6) [1]Bei der Veranlagung zur Einkommensteuer wird für jedes zu berücksichtigende Kind des Steuerpflichtigen ein Freibetrag von 2 490 Euro für das sächliche Existenzminimum des Kindes (Kinderfreibetrag) sowie ein Freibetrag von 1 320 Euro für den Betreuungs- und Erziehungs- oder Ausbildungsbedarf des Kindes vom Einkommen abgezogen. [2]Bei Ehegatten, die nach den §§ 26, 26b zusammen zur Einkommensteuer veranlagt werden, verdoppeln sich die Beträge nach Satz 1, wenn das Kind zu beiden Ehegatten in einem Kindschaftsverhältnis steht. [3]Die Beträge nach Satz 2 stehen dem Steuerpflichtigen auch dann zu, wenn

1. der andere Elternteil verstorben oder nicht unbeschränkt einkommensteuerpflichtig ist oder

2. der Steuerpflichtige allein das Kind angenommen hat oder das Kind nur zu ihm in einem Pflegekindschaftsverhältnis steht.

---

1 **Anm. d. Red.:** Zur Anwendung des § 32 Abs. 4 Satz 1 Nr. 3 siehe § 52 Abs. 32 Satz 1.
2 **Anm. d. Red.:** Zur Anwendung des § 32 Abs. 5 siehe § 52 Abs. 32 Satz 2.

⁴Für ein nicht nach § 1 Absatz 1 oder 2 unbeschränkt einkommensteuerpflichtiges Kind können die Beträge nach den Sätzen 1 bis 3 nur abgezogen werden, soweit sie nach den Verhältnissen seines Wohnsitzstaates notwendig und angemessen sind. ⁵Für jeden Kalendermonat, in dem die Voraussetzungen für einen Freibetrag nach den Sätzen 1 bis 4 nicht vorliegen, ermäßigen sich die dort genannten Beträge um ein Zwölftel. ⁶Abweichend von Satz 1 wird bei einem unbeschränkt einkommensteuerpflichtigen Elternpaar, bei dem die Voraussetzungen des § 26 Absatz 1 Satz 1 nicht vorliegen, auf Antrag eines Elternteils der dem anderen Elternteil zustehende Kinderfreibetrag auf ihn übertragen, wenn er, nicht jedoch der andere Elternteil, seiner Unterhaltspflicht gegenüber dem Kind für das Kalenderjahr im Wesentlichen nachkommt oder der andere Elternteil mangels Leistungsfähigkeit nicht unterhaltspflichtig ist. ⁷Eine Übertragung nach Satz 6 scheidet für Zeiträume aus, für die Unterhaltsleistungen nach dem Unterhaltsvorschussgesetz gezahlt werden. ⁸Bei minderjährigen Kindern wird der dem Elternteil, in dessen Wohnung das Kind nicht gemeldet ist, zustehende Freibetrag für den Betreuungs- und Erziehungs- oder Ausbildungsbedarf auf Antrag des anderen Elternteils auf diesen übertragen, wenn bei dem Elternpaar die Voraussetzungen des § 26 Absatz 1 Satz 1 nicht vorliegen. ⁹Eine Übertragung nach Satz 8 scheidet aus, wenn der Übertragung widersprochen wird, weil der Elternteil, bei dem das Kind nicht gemeldet ist, Kinderbetreuungskosten trägt oder das Kind regelmäßig in einem nicht unwesentlichen Umfang betreut. ¹⁰Die den Eltern nach den Sätzen 1 bis 9 zustehenden Freibeträge können auf Antrag auch auf einen Stiefelternteil oder Großelternteil übertragen werden, wenn dieser das Kind in seinen Haushalt aufgenommen hat oder dieser einer Unterhaltspflicht gegenüber dem Kind unterliegt. ¹¹Die Übertragung nach Satz 10 kann auch mit Zustimmung des berechtigten Elternteils erfolgen, die nur für künftige Kalenderjahre widerrufen werden kann.

Inhaltsübersicht

	Rz.
A. Allgemeine Erläuterungen	1 – 40
I. Normzweck und wirtschaftliche Bedeutung der Vorschrift	1 – 10
II. Entstehung und Entwicklung der Vorschrift	11 – 20
III. Geltungsbereich	21 – 25
IV. Vereinbarkeit mit höherrangigem Recht	26 – 35
V. Verhältnis zu anderen Vorschriften	36 – 40
B. Systematische Kommentierung	41 – 278
I. Kindbegriff und Kindschaftsverhältnisse (§ 32 Abs. 1 EStG)	41 – 65
1. Grundlagen der Berücksichtigung als Kind	41 – 45
2. Vorrangige Berücksichtigung der im ersten Grad verwandten Kinder (§ 32 Abs. 1 Nr. 1 EStG)	46 – 55
3. Grundlagen der Berücksichtigung als Pflegekind (§ 32 Abs. 1 Nr. 2 EStG)	56 – 65
II. Konkurrenzregelungen für Adoptiv- und Pflegekinder (§ 32 Abs. 2 EStG)	66 – 70
III. Grundsätzliche Berücksichtigung minderjähriger Kinder	71 – 75
IV. Kinder, die das 18. Lebensjahr vollendet haben (§ 32 Abs. 4 EStG)	76 – 200
1. Grundzüge der Berücksichtigung volljähriger Kinder	76 – 80
2. Arbeitslose Kinder zwischen 18 und 21 Jahren (§ 32 Abs. 4 Satz 1 Nr. 1 EStG)	81 – 90
3. Kinder zwischen 18 und 25 Jahren (§ 32 Abs. 4 Satz 1 Nr. 2 EStG)	91 – 135
a) Kinder, die sich in einer Berufsausbildung befinden (§ 32 Abs. 4 Satz 1 Nr. 2 Buchst. a EStG)	91 – 105
b) Übergangszeit zwischen zwei Ausbildungsabschnitten (§ 32 Abs. 4 Satz 1 Nr. 2 Buchst b EStG)	106 – 115

Kinder, Freibeträge für Kinder § 32 EStG

	c)	Kinder ohne einen Ausbildungsplatz (§ 32 Abs. 4 Satz 1 Nr. 2 Buchst. c EStG)	116 - 125
	d)	Berücksichtigung der Kinder, die einen freiwilligen Dienst leisten (§ 32 Abs. 4 Satz 1 Nr. 2 Buchst. d EStG)	126 - 135
4.		Berücksichtigung behinderter Kinder auch ohne eine Altersgrenze (§ 32 Abs. 4 Satz 1 Nr. 3 EStG)	136 - 160
	a)	Grundlagen der Berücksichtigung behinderter Kinder	136 - 140
	b)	Erforderliche Ursächlichkeit der Behinderung	141 - 145
	c)	Das Kind ist außerstande, sich selbst zu unterhalten	146 - 160
5.		Ausschluss der Berücksichtigung des Kindes nach Abschluss einer Erstausbildung bzw. eines Erststudiums aufgrund einer Erwerbstätigkeit (§ 32 Abs. 4 Satz 2 und 3 EStG)	161 - 200
	a)	Grundlagen des Ausschlusses wegen einer Erwerbstätigkeit	161 - 165
	b)	Erforderliche Abgrenzung Erstausbildung/Erststudium von Zweitausbildung/Zweitstudium	166 - 180
	c)	Unterschiedliche Auslegung des Begriffs der Berufsausbildung	181 - 185
	d)	Erforderliche Abgrenzung der schädlichen von der unschädlichen Erwerbstätigkeit	186 - 195
	e)	Monatsprinzip bei der Prüfung der Voraussetzungen	196 - 200
V.		Verlängerungstatbestände (§ 32 Abs. 5 EStG)	201 - 210
VI.		Kindbedingte Freibeträge (§ 32 Abs. 6 EStG)	211 - 278
1.		Grundlagen der Freibeträge für Kinder (§ 32 Abs. 6 Satz 1 bis 5 EStG)	211 - 230
	a)	Art und Höhe der Freibeträge für Kinder (§ 32 Abs. 6 Satz 1 und 2 EStG)	211 - 215
	b)	Anspruch auf die halben/vollen Freibeträge (§ 32 Abs. 6 Satz 3 EStG)	216 - 220
	c)	Prinzip der Kürzung der Freibeträge für Auslandskinder (§ 32 Abs. 6 Satz 4 EStG)	221 - 225
	d)	Monatsprinzip beim Anspruch auf die Freibeträge (§ 32 Abs. 6 Satz 5 EStG)	226 - 230
2.		Übertragung der Freibeträge auf einen anderen Elternteil (§ 32 Abs. 6 Sätze 6 bis 11 EStG)	231 - 278
	a)	Überblick über die Möglichkeit der Übertragung der Freibeträge	231 - 235
	b)	Grundlagen der Übertragung des Kinderfreibetrags auf den anderen Elternteil (§ 32 Abs. 6 Satz 6 und 7 EStG)	236 - 250
	c)	Grundlagen der Übertragung des Freibetrags für den Betreuungs- und Erziehungs- oder Ausbildungsbedarf auf den anderen Elternteil (§ 32 Abs. 6 Satz 8 und 9 EStG)	251 - 255
	d)	Grundlagen der Übertragung der Freibeträge für Kinder auf Stief-/Großelternteil (§ 32 Abs. 6 Satz 10 und 11 EStG)	256 - 265
	e)	Verfahrensfragen und Zeitpunkt der Übertragung der Freibeträge	266 - 270
	f)	Überblick über die Folgen der Übertragung der Freibeträge	271 - 278
C. Verfahrensfragen			279 - 281

HINWEIS:

R 32 EStR; BZSt v. 20.12.2011, BStBl 2012 I 40; DA-KG = BZSt v. 10.7.2018, BStBl 2018 I 822; BMF v. 22.11.2010, BStBl I 2010, 1346; BMF v. 7.12.2011, BStBl 2011 I 1243; BMF v. 28.6.2013, BStBl 2013 I 845; BMF v. 17.1.2014, BStBl 2014 I 109; BMF v. 8.2.2016, BStBl 2016 I 226; BMF v. 11.4.2016, BStBl 2016 I 450.

LITERATUR:

▶ Weitere Literatur siehe Online-Version

Bering/Friedenberger, Aktuelle Entwicklungen beim Kindergeld und bei der steuerlichen Berücksichtigung von Kindern, NWB 2013, 1560; *Geserich*, Meldepflicht arbeitsloser Kinder, NWB 2013, 1368; *Bering/Frie-*

denberger, Änderungen beim Kindergeld im Schatten der aktuellen Zuwandererdebatte, NWB 2014, 3532; Clausnitzer, Absenkung der Altersgrenze beim Kindergeld – Drittes Verfahren beim BVerfG anhängig, NWB 2014, 2611; Müller, Praxisfälle zum Kindergeld, NWB 2014, 3902; Wendl, Die Erst- und Zweitausbildung im steuerlichen Familienleistungsausgleich, FR 2014, 167; Bering/Friedenberger, Wann ist eine erstmalige Berufsausbildung abgeschlossen?, FR 2016, 265; Hillmoth, Kinder im Steuerrecht, Herne 2016.

ARBEITSHILFEN UND GRUNDLAGEN ONLINE:

Kindergeld seit 1996/Familienleistungsausgleich-Berechnung, Berechnungsprogramm, NWB DokID: OAAAB-05526; Kindergeld: Merkblätter, Übersicht, NWB DokID: RAAAE-34242; Familienleistungsausgleich: Dienstanweisungen der BZSt-Sammlung, Übersicht, NWB DokID: WAAAE-42751; Hillmoth, Kindergeld, Kinderfreibetrag und andere kindbedingte Steuervergünstigungen, NWB DokID: QAAAE-52191; Meier, Behinderte Menschen, InfoCenter, NWB DokID: AAAAB-03364.

A. Allgemeine Erläuterungen

I. Normzweck und wirtschaftliche Bedeutung der Vorschrift

1 § 32 EStG regelt neben dem Kindergeld als eine weitere Komponente des Familienleistungsausgleichs in sechs Absätzen die Voraussetzungen und Rechtsfolgen der Freibeträge für Kinder. Die Absätze 1 bis 5 regeln den Kindbegriff, die Berücksichtigung der Kinder bei verschiedenen Kindschaftsverhältnissen und die Altersvoraussetzungen. Absatz 6 sieht einen Kinderfreibetrag sowie den Freibetrag für den Betreuungs- und Erziehungs- oder Ausbildungsbedarf je Kind und Elternteil vor. Diese Freibeträge verdoppeln sich bei Zusammenveranlagung von Ehegatten und ggf. bei Alleinstehenden, Getrenntlebenden und Pflegekindschaftsverhältnis nur zu einem Steuerpflichtigen.

2 Die Freibeträge vermindern sich auf die für den Wohnsitzstaat eines Auslandskindes notwendigen und angemessenen Beträge. Eine Zwölftelung der Freibeträge ist im Übrigen vorgesehen, wenn die Voraussetzungen nicht das ganze Jahr über vorliegen.

3 § 32 Abs. 6 Satz 6 bis 11 EStG enthalten Sonderregelungen zur abweichenden Aufteilung der Freibeträge auf nicht der Ehegattenveranlagung unterliegende Eltern oder Stief- und Großeltern.

4 Zu beachten ist, dass die Freibeträge im Rahmen des Familienleistungsausgleichs nach § 31 EStG aber nur dann abzuziehen sind, wenn die gebotene steuerliche Entlastung der Eltern nicht schon durch das Kindergeld bewirkt worden ist.[1]

5–10 (Einstweilen frei)

II. Entstehung und Entwicklung der Vorschrift

11 Die Einordnung des § 32 EStG als Tarifvorschrift resultiert aus der Rechtsentwicklung kindbedingter Entlastungen, die ursprünglich als Ermäßigung der Steuersätze ausgestaltet waren. Eine grundlegende Neufassung der Vorschrift zur Harmonisierung von Einkommensteuer- und Kindergeldrecht im Rahmen der Neuregelung des Familienleistungsausgleichs erfolgte mit dem JStG 1996 v. 11.10.1996.[2]

---

1 Zum ausführlichen Überblick über die Berücksichtigung von Kindern vgl. Hillmoth, Kinder im Steuerrecht, Rz. 5 ff., sowie Hillmoth, NWB DokID: QAAAE-52191.
2 Vgl. BGBl 1995 I 1250.

Die wesentlichste Änderung der letzten Jahre war der Wegfall der Prüfung der Einkünfte- und Bezügegrenze für volljährige Kinder ab 2012. 12

Mit dem Gesetz zur Anpassung des nationalen Steuerrechts an den Beitritt Kroatiens zur EU und zur Änderung weiterer steuerlicher Vorschriften v. 25.7.2014 wurde zuletzt klargestellt, dass eine Übertragung des Kinderfreibetrags für Zeiträume ausscheidet, für die Unterhaltsleistungen nach dem Unterhaltsvorschussgesetz gezahlt werden.[1] Zur weiteren Anhebung ab 2015 vgl. → Rz. 27. 13

Mit dem Gesetz zur Anpassung der Abgabenordnung an den Zollkodex der Union und zur Änderung weiterer steuerlicher Vorschriften v. 22.12.2014 wurde der Katalog der Übergangszeiten gem. § 32 Abs. 4 Satz 1 Nr. 2 Buchst. b EStG ergänzt um Wartezeiten vor oder nach der Ableistung des freiwilligen Wehrdienstes nach § 58b des Soldatengesetzes.[2] 14

(Einstweilen frei) 15–20

III. Geltungsbereich

Als zentrale Vorschrift gilt § 32 EStG für alle kindbedingten Entlastungen des EStG und über § 63 Abs. 1 Nr. 1 EStG auch für das Kindergeld. § 32 EStG gilt für natürliche unbeschränkt steuerpflichtige Personen/Eltern (§ 1 Abs. 1 und 2 EStG) sowie für fiktiv unbeschränkt steuerpflichtige Personen/Eltern (§ 1 Abs. 3 EStG). Besteht nur für einen Teil des Jahres eine unbeschränkte Steuerpflicht, so sind die Freibeträge nur für die Monate zu berücksichtigen, in denen eine unbeschränkte Steuerpflicht bestanden hat. 21

Eine Anwendung des § 32 EStG auf beschränkt Steuerpflichtige ist über § 50 Abs. 1 Satz 4 EStG ausdrücklich ausgeschlossen. 22

Andererseits muss das Kind selbst nicht der unbeschränkten Einkommensteuerpflicht unterliegen. Die Freibeträge für Kinder können auch bei sog. Auslandskindern in Anspruch genommen werden. Sie werden aber ggf. entsprechend der Ländergruppeneinteilung nur anteilig gewährt. 23

(Einstweilen frei) 24–25

IV. Vereinbarkeit mit höherrangigem Recht

§ 32 EStG dient als Grundvorschrift der Familienbesteuerung dem aus Art. 3 Abs. 1 GG abzuleitenden Grundsatz der Besteuerung nach der wirtschaftlichen Leistungsfähigkeit und verwirklicht den Schutz der Familie nach Art. 6 Abs. 1 GG. 26

Auf dem Prüfstand steht immer wieder die Höhe der Freibeträge für Kinder. Der steuerliche Grundfreibetrag und der Kinderfreibetrag wurden für 2015 und 2016 mit dem Gesetz zur Anhebung des Grundfreibetrags, des Kinderfreibetrags, des Kindergeldes und des Kinderzuschlags v. 16.7.2015 verbessert. Der Kinderfreibetrag wurde für 2015 auf 4512 € und für 2016 auf 4608 € angehoben. Die ausgebliebene Anpassung für 2014 steht auf dem Prüfstand.[3] Für 2017 beschlossen wurde mit dem Gesetz zur Umsetzung der Änderungen der EU-Amtshilferichtlinie und von weiteren Maßnahmen gegen Gewinnkürzungen und -verlagerun- 27

---

1 Vgl. BGBl 2014 I 1266.
2 Vgl. BGBl 2014 I 2417.
3 Vgl. BMF v. 11.4.2016, BStBl 2016 I 450; FG Niedersachsen, Vorlagebeschluss an das BVerfG v. 2.12.2016 - 7 K 83/16, EFG 2017, 668, Az. des BVerfG: 2 BvL 3/17; Revision BFH: III R 13/17.

gen eine Anhebung für 2017 auf 4 716 € und für 2018 auf 4 788 €. Für 2019 ist eine Anhebung auf 4 980 € und für 2020 € auf 5 172 € beschlossen worden.[1]

28 Wegen der Verfassungsmäßigkeit auf dem Prüfstand steht auch die Absenkung der Altersgrenze in § 32 Abs. 4 EStG von 27 auf 25 Jahre durch das Steueränderungsgesetz 2007. Die Verfassungsbeschwerde 2 BvR 1397/14 wurde vom BVerfG nicht angenommen.[2]

29 Der dem Elternteil, in dessen Wohnung das minderjährige Kind nicht gemeldet ist, zustehende Freibetrag für den Betreuungs- und Erziehungs- oder Ausbildungsbedarf kann auf Antrag des anderen Elternteils übertragen werden. Diese Regelung ist verfassungsgemäß.[3]

30–35 *(Einsteilen frei)*

V. Verhältnis zu anderen Vorschriften

36 Eng verzahnt ist § 32 EStG mit § 63 EStG, aus dem sich der Anspruch der Eltern auf Kindergeld ergibt. Ob das Existenzminimum des Kindes durch die Freibeträge für Kinder oder das Kindergeld sichergestellt ist, wird über § 31 EStG geklärt. Geltung hat § 32 EStG auch für andere Steuergesetze wie z. B. das Solidaritätszuschlagsgesetz oder die Festsetzung der Kirchensteuer.

37 Mit der Weiterentwicklung des Familienlastenausgleichs zu einem Familienleistungsausgleich ab dem VZ 1996 ist der Kindbegriff des § 32 EStG auch maßgebend z. B. für

- den Sonderausgabenabzug für von den Eltern getragene Beiträge zur Kranken- und Pflegeversicherung nach § 10 Abs. 1 Nr. 3 Satz 2 EStG
- den Entlastungsbetrag für Alleinerziehende nach § 24b EStG
- die Bemessung der zumutbaren Belastung nach § 33 Abs. 3 EStG
- den Ausbildungsfreibetrag nach § 33a Abs. 2 EStG
- den übertragbaren Behinderten-Pauschbetrag oder Hinterbliebenen-Pauschbetrag nach § 33b Abs. 5 EStG
- die Kinderzulage nach § 85 EStG als Komponente der Altersvorsorgezulage.

38 Unterhaltsleistungen für Kinder, für die kein Freibetrag mehr gewährt wird, können ggf. nach § 33a Abs. 1 EStG berücksichtigt werden.

39–40 *(Einstweilen frei)*

B. Systematische Kommentierung

I. Kindbegriff und Kindschaftsverhältnisse (§ 32 Abs. 1 EStG)

1. Grundlagen der Berücksichtigung als Kind

41 Kinder sind nach § 32 Abs. 1 EStG im ersten Grad mit dem Steuerpflichtigen verwandte Kinder sowie Pflegekinder.

42–45 *(Einstweilen frei)*

---

[1] Vgl. Familienentlastungsgesetz v. 29.11.2018, BGBL 2018 I 2210.
[2] Vgl. *Clausnitzer*, NWB 2014, 2611; BVerfG v. 27.9.2015 - 2 BvR 1397/14, StE 2015, 548.
[3] Vgl. BFH v. 27.10.2011 - III R 42/07, BStBl 2013 II 194; a. A. wohl *Greite*, FR 2012, 684.

2. Vorrangige Berücksichtigung der im ersten Grad verwandten Kinder (§ 32 Abs. 1 Nr. 1 EStG)

Im ersten Grad verwandte Kinder sind leibliche Kinder (eheliche einschließlich angenommener Kinder, für ehelich erklärte und nichteheliche Kinder) und Adoptivkinder, nicht dagegen Stiefkinder. 46

Die Annahme als Kind wird vom Familiengericht ausgesprochen[1] und erst durch die Zustellung des betreffenden Beschlusses rechtswirksam. Mit der Annahme eines minderjährigen Kindes erlischt das Verwandtschaftsverhältnis zu seinen Eltern, bei Annahme des nichtehelichen Kindes des Ehegatten nur das Verwandtschaftsverhältnis zum anderen Elternteil.[2] Das Kindschaftsrecht stellt das nichteheliche Kind und eheliche Kind weitgehend gleich. Danach ist die Mutter eines Kindes die Frau, die es geboren hat[3] und Vater, wer zur Zeit der Geburt mit der Mutter verheiratet war, die Vaterschaft anerkannt hat oder dessen Vaterschaft gerichtlich festgestellt ist (§ 1592 BGB).[4] 47

(Einstweilen frei) 48–55

3. Grundlagen der Berücksichtigung als Pflegekind (§ 32 Abs. 1 Nr. 2 EStG)

Ein Pflegekindschaftsverhältnis setzt voraus, dass das Kind zum Haushalt der Pflegeeltern gehört und die Pflegeeltern zu dem Kind in einer familienähnlichen, auf längere Zeit angelegten Beziehung wie zu einem eigenen Kind stehen. Hieran fehlt es, wenn ein Kind von vornherein nur für eine begrenzte Zeit im Haushalt Aufnahme findet. Kinder, die mit dem Ziel der Annahme in Pflege genommen werden, sind regelmäßig Pflegekinder.[5] Eine Kurzzeitpflege wird nicht ausreichen.[6] 56

Ein Pflegekindschaftsverhältnis scheidet mangels Haushaltsaufnahme aus, wenn nicht die Pflegeperson das Pflegekind in seinen Haushalt aufgenommen hat, sondern umgekehrt die Pflegeperson in den Haushalt des Pflegekindes aufgenommen wurde.[7] 57

Bei einem Pflegekindschaftsverhältnis darf das **Obhuts- und Pflegeverhältnis zu den leiblichen Eltern** nicht mehr bestehen. Die familiären Bindungen zu diesen müssen auf Dauer aufgegeben sein. Gelegentliche Besuchskontakte allein stehen dem nicht entgegen.[8] Ein Pflegekindschaftsverhältnis wird nicht anerkannt, wenn die „Pflegeeltern" nicht nur mit dem Kind, sondern zudem auch mit einem Elternteil des Kindes in häuslicher Gemeinschaft leben. Dies gilt auch dann, wenn der Elternteil durch eine Schul- oder Berufsausbildung in der Obhut und Pflege des Kindes beeinträchtigt ist.[9] Ein zwischen einem alleinerziehenden Elternteil und seinem Kind im Kleinkindalter begründetes Obhuts- und Pflegeverhältnis wird durch die vorübergehende Abwesenheit des Elternteils nicht unterbrochen.[10] Andererseits wird davon ausgegangen, dass ein Obhuts- und Pflegeverhältnis zwischen einem alleinerziehenden Elternteil 58

---

1 Vgl. § 1752 Abs. 1, § 1768 Abs. 1 BGB.
2 Vgl. § 1755 BGB.
3 Vgl. § 1591 BGB.
4 Vgl. A 10.1 DA-KG.
5 Vgl. § 1744 BGB.
6 Vgl. FG Köln v. 20.2.2017 - 5 K 2087/16, NZB III B 26/17. NWB DokID: WAAAG-43863.
7 Vgl. BFH v. 22.12.2011 - III R 70/09, BFH/NV 2012, 1446 = NWB DokID: BAAAE-12966.
8 Vgl. R 32.2 EStR.
9 Vgl. BFH v. 9.3.1989 - VI R 94/88, BStBl 1989 II 680.
10 Vgl. BFH v. 12.6.1991 - III R 108/89, BStBl 1992 II 20.

und seinem bei Pflegeeltern lebenden, noch nicht schulpflichtigen Kind nicht mehr besteht, wenn der Elternteil mindestens ein Jahr lang keine für die Wahrung des Obhuts- und Pflegeverhältnisses ausreichenden Kontakt zu dem Kind hat.[1] Haben nach Aufnahme durch die Pflegeeltern noch schulpflichtige Kinder über zwei Jahre und länger keine ausreichenden Kontakte zu ihren leiblichen Eltern mehr, so reicht dies i. d. R. aus, einen Abbruch des Obhuts- und Pflegeverhältnisses zwischen den Kindern und ihren leiblichen Eltern anzunehmen.[2] Auch gelegentliche Treffen mit den leiblichen Eltern können der Pflegekindeigenschaft entgegenstehen.[3] Privatrechtliche Regelungen der Zuordnung des Kindes zu den leiblichen oder den Pflegeeltern sind nicht möglich.[4]

59 Ein **Altersunterschied** wie zwischen Eltern und Kindern braucht nicht unbedingt zu bestehen. Dies gilt auch dann, wenn das zu betreuende Geschwister von Kind an wegen Behinderung pflegebedürftig war und das betreuende Geschwister die Stelle der Eltern, z. B. nach deren Tod, einnimmt. Wird das zu betreuende Geschwister dagegen erst als Erwachsener pflegebedürftig, so wird im Allgemeinen ein Eltern-Kind-Verhältnis ähnliches Pflegeverhältnis nicht mehr begründet. Die betreute Person muss, um Pflegekind sein zu können, wie zur Familie gehörend angesehen und behandelt werden.[5] Dies setzt ein Aufsichts-, Betreuungs- und Erziehungsverhältnis wie zwischen Eltern und ihren leiblichen Kindern voraus. Da die körperliche Versorgung und Erziehung bei einem nicht behinderten Volljährigen i. d. R keine entscheidende Rolle mehr spielt, kann ein **behinderter Volljähriger** nur dann Pflegekind sein, wenn die Behinderung so schwer ist, dass der geistige Zustand des Behinderten dem typischen Entwicklungsstand einer minderjährigen Person entspricht. Aus weiteren Umständen wie der Einbindung in die familiäre Lebensgestaltung, dem Bestehen erzieherischer Einwirkungsmöglichkeiten und einer über längere Zeit bestehenden und auf längere Zeit angelegten ideellen Beziehung muss auf eine Bindung wie zwischen Eltern und ihren leiblichen Kindern geschlossen werden können.[6]

60 Die Pflegeeltern dürfen das Kind nicht zu Erwerbszwecken aufgenommen haben.[7] Pflegeeltern dürfen deshalb nicht nach marktwirtschaftlichen Gesichtspunkten entlohnt werden – „**Kostkinder**".[8] Werden mehr als sechs Kinder im eigenen Haushalt aufgenommen, spricht für die Finanzverwaltung eine Vermutung dafür, dass es sich um Kostkinder handelt.[9] Leistet ein als Betreiber einer sonstigen betreuten Wohnform anerkannter Trägerverein einer Pflegeperson Zahlungen für die Erziehung und Unterbringung eines fremden Kindes, scheidet die Annahme eines Pflegekindschaftsverhältnisses aus, weil das Kind zu Erwerbszwecken in den Haushalt der Pflegeperson aufgenommen worden ist.[10]

61–65 (*Einstweilen frei*)

---

1 Vgl. BFH v. 20. 1. 1995 - III R 14/94, BStBl 1995 II 582.
2 Vgl. BFH v. 7. 9. 1995 - III R 95/93, BStBl 1996 II 63.
3 Vgl. BFH v. 20. 7. 2006 - III R 44/05, BFH/NV 2008, 17 = NWB DokID: NAAAC-19150.
4 Vgl. BFH v. 25. 4. 2012 - III B 176/11, BFH/NV 2012, 1304 = NWB DokID: MAAAE-11224.
5 Vgl. Schreiben des BZSt v. 25. 10. 2016, BStBl 2016 I 1186.
6 Vgl. BFH v. 9. 2. 2012 - III R 15/09, BStBl 2012 II 739.
7 Vgl. BFH v. 19. 11. 2017 - III R 25/15, BFH/NV 2018, 546 = NWB DokID: MAAAG-78310.
8 Vgl. BFH v. 12. 6. 1991 - III R 108/89, BStBl 1992 II 20.
9 Vgl. R 32.2 Abs. 1 Satz 5 EStR.
10 Vgl. BFH v. 2. 4. 2009 - III R 92/06, BStBl 2010 II 345.

II. Konkurrenzregelungen für Adoptiv- und Pflegekinder (§ 32 Abs. 2 EStG)

Besteht bei einem angenommenen Kind das Kindschaftsverhältnis zu den leiblichen Eltern weiter, ist es vorrangig als angenommenes Kind zu berücksichtigen (§ 32 Abs. 2 Satz 1 EStG). Ist ein im ersten Grad mit dem Steuerpflichtigen verwandtes Kind zugleich ein Pflegekind, ist es vorrangig als Pflegekind zu berücksichtigen (§ 32 Abs. 2 Satz 2 EStG). 66

(Einstweilen frei) 67–70

III. Grundsätzliche Berücksichtigung minderjähriger Kinder

Der Zeitraum für die grundsätzliche Berücksichtigung von Kindern ist gem. § 32 Abs. 3 EStG einheitlich bis zur Vollendung des 18. Lebensjahres bemessen worden. Ein Kind wird in dem Monat, in dem es lebend geboren wurde, und in jedem folgenden Monat, zu dessen Beginn es das 18. Lebensjahr noch nicht vollendet hat, berücksichtigt.[1] 71

Für die Frage, ob ein Kind lebend geboren wurde, ist im Zweifel das Personenstandsregister des Standesamtes maßgebend.[2] Für die Berechnung des Lebensalters gilt § 187 Abs. 2 Satz 2 BGB i. V. m. § 188 Abs. 2 BGB. Ein vermisstes Kind ist bis zur Vollendung des 18. Lebensjahres zu berücksichtigen.[3] 72

BEISPIEL: ▶ Der am 1.1.2000 geborene Sohn hat das 18. Lebensjahr mit Ablauf des 31.12.2017, also zu Beginn des Kalenderjahres 2018 vollendet. Er kann daher ab Januar 2018 nicht mehr als Kind berücksichtigt werden, es sei denn, die weiteren Voraussetzungen des § 32 Abs. 4 EStG sind erfüllt.

(Einstweilen frei) 73–75

IV. Kinder, die das 18. Lebensjahr vollendet haben (§ 32 Abs. 4 EStG)

1. Grundzüge der Berücksichtigung volljähriger Kinder

Bei im ersten Grad verwandten Kindern oder Pflegekindern, die das 18. Lebensjahr vollendet haben, müssen zusätzliche Voraussetzungen erfüllt sein.[4] Sind die Voraussetzungen erfüllt, können die Kinder bis zum 21. bzw. 25. Lebensjahr oder als behindertes Kinder auch darüber hinaus weiter bei den Eltern berücksichtigt werden. 76

---

1 Vgl. R 32.3 EStR; BFH v. 15.1.2003 - VIII R 72/99, BFH/NV 2003, 898 = NWB DokID: ZAAAA-71355.
2 Vgl. R 32.3 Satz 3 EStR.
3 Vgl. R 32.3 Satz 5 EStR.
4 Vgl. *Bering/Friedenberger*, NWB 2012, 278.

Sonderfälle der Kinderberücksichtigung zwischen dem 18. und dem 25. Lebensjahr:		
§ 32 Absatz 4 Satz 1 Nr. 1 u. 2 EStG	Alter des Kindes	Berücksichtigungstatbestand
Satz 1 Nr. 1	18–21	Kind ohne Beschäftigungsverhältnis und bei einer Agentur für Arbeit als Arbeitsuchender gemeldet.
Satz 1 Nr. 2 Buchst. a	18–25	Kind in Berufsausbildung.
Satz 1 Nr. 2 Buchst. b	18–25	Kind in Übergangszeit zwischen zwei Ausbildungsabschnitten von höchstens vier Monaten.
Satz 1 Nr. 2 Buchst. c	18–25	Kind kann eine Berufsausbildung mangels Ausbildungsplatzes nicht beginnen oder fortsetzen.
Satz 1 Nr. 2 Buchst. d	18–25	Kind leistet ein freiwilliges soziales Jahr oder ein freiwilliges ökologisches Jahr oder einen im Gesetz genannten Freiwilligendienst (z. B. Bundesfreiwilligendienst).

77 Bis 2011 war bei volljährigen Kindern noch zu prüfen, ob die Einkünfte und Bezüge des Kindes den jeweiligen Jahresgrenzbetrag überschritten haben. Aus diesem Grundsatz heraus hat die Finanzverwaltung zunächst auch über 2012 hinaus die Berücksichtigung des **verheirateten Kindes** abgelehnt und die Einkünfte und Bezüge des Partners dem Kind zumindest anteilig weiter zugerechnet. Der BFH hat inzwischen zugunsten der Eltern entschieden, dass der Anspruch wegen einer Heirat nicht entfallen kann. Wenn also die übrigen Voraussetzungen für die Berücksichtigung erfüllt sind, können Eltern seit 2012 die Freibeträge für Kinder auch dann beanspruchen, wenn ihr Kind z. B. mit einem gut verdienenden Partner verheiratet ist.[1] Auch der Unterhaltsanspruch eines nicht verheirateten Kindes (mit eigenem Kind) gegen den Vater des Kindes nach § 1615 BGB ist ab 2012 ohne Belang.[2]

78–80 (Einstweilen frei)

2. Arbeitslose Kinder zwischen 18 und 21 Jahren (§ 32 Abs. 4 Satz 1 Nr. 1 EStG)

81 Kinder, die Arbeit suchen, können bis zur Vollendung des 21. Lebensjahres berücksichtigt werden. Als arbeitslos sind Kinder anzusehen, die vorübergehend nicht in einem Beschäftigungsverhältnis stehen und bei einer Agentur für Arbeit im Inland als Arbeitsuchender gemeldet sind.

82 Das Kind hat der Arbeitsvermittlung grds. im Inland zur Verfügung zu stehen.[3] Auch ein bei einer Arbeitsvermittlung in einem anderen Mitgliedstaat des EWR arbeitslos gemeldetes Kind kann berücksichtigt werden.[4] Die Meldung bei der Agentur für Arbeit als arbeitsuchendes Kind muss bestehen bleiben, ggf. genügen auch telefonische Meldungen.[5] Die Meldung als Arbeit-

---

1 Vgl. BFH v. 17. 10. 2013 - III R 22/13, BStBl 2014 II 257 sowie BFH v. 3. 2. 2014 - VI B 111/13, BFH/NV 2014, 696 = NWB DokID: FAAAE-59399 i.V. m. BZSt v. 5. 3. 2014, BStBl 2014 I 553.
2 Vgl. BFH v. 3. 7. 2014 - III R 37/13, BStBl 2015 II 151; BFH v. 3. 7. 2014 - III R 46/13, NWB DokID: FAAAE-78943.
3 Vgl. BFH v. 15. 7. 2003 - VIII R 56/00, BStBl 2004 II 104.
4 Vgl. A 14 DA-KG.
5 Vgl. BFH v. 19. 6. 2008 - III R 68/05, BStBl 2009 II 1008; BFH v. 25. 9. 2008 - III R 91/07, BStBl 2010 II 47.

suchender bei der Agentur für Arbeit setzt dem Grunde nach voraus, dass das Kind einen Anspruch auf die von der Agentur nach §§ 35, 36 SGB III geschuldete Vermittlungsleistung hat.[1] Aufgrund der Änderung des § 38 SGB III kann für einen Anspruch nach § 32 Abs. 4 Satz 1 Nr. 1 EStG keine erneute Meldung in engen Intervallen von drei Monaten verlangt werden. Es kommt letztlich darauf an, ob eine Arbeitsuchendmeldung des Kindes noch besteht.[2] Der Registrierung als Arbeitsuchender allein kommt keine echte Tatbestandswirkung zu.[3]

Eine **geringfügige Beschäftigung** mit regelmäßig monatlich höchstens 450 € steht einer Berücksichtigung nicht entgegen.[4] Dies gilt auch für eine selbständige Betätigung bis 15 Stunden wöchentlich.[5] 83

Eine Berücksichtigung ist auch dann möglich, wenn das Arbeit suchende Kind wegen **Erkrankung oder eines Beschäftigungsverbotes** nach §§ 3, 6 Mutterschutzgesetz (MuSchG) daran gehindert ist, sich zur Verfügung zu stellen. Steht das Kind der Arbeitsvermittlung jedoch wegen der Inanspruchnahme von Elternzeit nicht zur Verfügung, besteht während dieser Zeit kein Anspruch. Entscheidet das Kind, sich zugunsten der Betreuung des eigenen Kindes vorerst nicht dem Arbeitsmarkt zur Verfügung zu stellen, ist es auch bei ungekürztem Bezug von Arbeitslosengeld II nicht nach § 32 Abs. 4 Satz 1 Nr. 1 EStG zu berücksichtigen.[6] 84

(*Einstweilen frei*) 85–90

3. Kinder zwischen 18 und 25 Jahren (§ 32 Abs. 4 Satz 1 Nr. 2 EStG)

a) Kinder, die sich in einer Berufsausbildung befinden (§ 32 Abs. 4 Satz 1 Nr. 2 Buchst. a EStG)

Ein Kind, das das 18. aber noch nicht das 25. Lebensjahr vollendet hat, wird berücksichtigt, wenn es für einen Beruf ausgebildet wird. Als Berufsausbildung ist die Ausbildung für einen künftigen Beruf anzusehen, z. B. Ausbildung für einen handwerklichen, kaufmännischen, technischen oder wissenschaftlichen Beruf. Der Begriff der Ausbildung für einen Beruf i. S. d. § 32 Abs. 4 Satz 1 Nr. 2 Buchst. a EStG ist weiter als der Begriff der Berufsausbildung i. S. d. § 10 Abs. 1 Nr. 7 EStG.[7] 91

Zur Berufsausbildung gehört auch der Besuch von **Allgemeinwissen** vermittelnden Schulen, von Fachschulen und Hochschulen, nicht jedoch der Besuch einer Missionsschule.[8] Die ernsthafte Vorbereitung auf ein Abitur für Nichtschüler ist – zumindest ab dem Monat der Anmeldung zur Prüfung – als Berufsausbildung anzusehen.[9] Das Berufsziel ist weitgehend von den Vorstellungen des Kindes und der Eltern bestimmt. Diese haben bei der Ausgestaltung der Ausbildung – auch außerhalb geregelter Bildungsgänge – einen weiten Entscheidungsspielraum.[10] 92

---

1 Vgl. BFH v. 7. 4. 2011 - III R 24/08, BStBl 2012 II 210.
2 Vgl. BFH v. 10. 4. 2014 - III R 19/12, BStBl 2015 II 29; BFH v. 26. 8. 2014 - XI R 1/13, BFH/NV 2015, 15 = NWB DokID: RAAAE-80046; BFH v. 7. 7. 2016 - III R 19/15, BStBl 2017 II 124; s. a. *Geserich*, NWB 2013, 1368.
3 Vgl. BFH v. 18. 6. 2015 - VI R 10/14, BStBl 2015 II 940; BFH v. 18. 2. 2016 - V R 22/15, BFH/NV 2016 914 = NWB DokID: YAAAF-72292.
4 Vgl. A 14.1 Abs. 1 Satz 2 DA-KG.
5 BFH v. 18. 12. 2014 - III R 9/14, BStBl 2015 II 653.
6 Vgl. BFH v. 27. 12. 2011 - III B 187/10, BFH/NV 2012, 1104 = NWB DokID: TAAAE-10322.
7 Vgl. BFH v. 4. 3. 2010 - III R 23/08, BFH/NV 2010, 1264 = NWB DokID: AAAAD-42958.
8 Vgl. FG Münster v. 22. 12. 2017 - 4 K 3336/17 Kg, NWB DokID: FAAAG-91498, Revisionsaktenzeichen: III R 25/18.
9 Vgl. BFH v. 18. 3. 2009 - III R 26/06, BStBl 2010 II 296.
10 Vgl. A 15.1 Abs. 2 DA-KG.

93 Die **Unterbrechungszeiten** wegen Erkrankung oder Mutterschaft (innerhalb der gesetzlichen Schutzfristen) zählen auch zur Berufsausbildung.[1] Dies gilt aber nicht für Zeiten der Elternzeit bzw. des Erziehungsurlaubs.[2] Die Berücksichtigung eines Kindes für die Dauer der Untersuchungshaft setzt u. a. eine nur vorübergehende Unterbrechung der Ausbildung voraus. Eine vorübergehende Unterbrechung der Berufsausbildung liegt nicht vor, wenn das Kind zwar zu einem Zeitpunkt, in dem es Ausbildungsmaßnahmen durchführt, in Untersuchungshaft genommen wird, jedoch weder während der Untersuchungshaft noch im Anschluss an deren Ende eine Ausbildung beginnt oder fortsetzt.[3]

94 In Berufsausbildung befindet sich, wer seine Berufsziele noch nicht erreicht hat, sich aber ernstlich darauf vorbereitet.[4] Die Ferienzeit zwischen zwei Ausbildungsabschnitten gehört zur Berufsausbildung, nicht aber die Übergangszeit zwischen dem Abschluss der Berufsausbildung und dem Berufsantritt sowie die Probezeit bei erstmaligem Berufsantritt. Dies gilt auch bei Inhaftierung eines in Ausbildung befindlichen Kindes.[5] Für ein wegen einer AStA-Tätigkeit vom Studium beurlaubtes Kind besteht ebenfalls kein Anspruch.[6]

95 Eine Berufsausbildung ist nur dann anzunehmen, wenn sie die **Zeit und Arbeitskraft des Kindes** dermaßen in Anspruch nimmt, dass ein greifbarer Bezug zu dem angestrebten Berufsziel hergestellt wird und Bedenken gegen die Ernsthaftigkeit ausgeschlossen erscheinen. Eine tatsächliche Unterrichts- bzw. Ausbildungszeit von zehn Wochenstunden kann regelmäßig als ausreichende Ausbildung anerkannt werden.[7] Deshalb kann selbst die Teilnahme an einem Sprachunterricht im Ausland bei einem Au-pair-Verhältnis Berufsausbildung sein.[8] Bei besonders umfangreicher Vor- und Nacharbeit oder wenn die Unterrichtseinheiten zusätzliche ausbildungsfördernde Aktivitäten bzw. die praktische Anwendung des Gelernten erfordern, reicht ggf. auch ein geringerer Stundenumfang. Eine bloße Teilnahme an einem Work & Travel-Programm reicht nicht aus.[9] Auslandsaufenthalte, die von einer Ausbildungs- oder Prüfungsordnung zwingend vorausgesetzt werden oder der Vorbereitung auf einen für die Zulassung zum Studium oder zu einer anderen Ausbildung erforderlichen Fremdsprachentest dienen (z. B. TOEFL oder IELTS), können unabhängig vom Umfang des Fremdsprachenunterrichts als Berufsausbildung zu qualifizieren sein.[10]

96 Eine Berufsausbildung liegt auch vor bei der Ausbildung eines Zeitsoldaten zum Offizier.[11] Dies gilt auch, wenn ein Soldat auf Zeit an der Ausbildung zum Unteroffizier teilnimmt.[12] Ein

---

[1] Vgl. A 15.11 DA-KG.
[2] Vgl. BfF v. 16. 12. 1996, BStBl 1997 I 3; BFH v. 16. 4. 2002 - VIII R 89/01, BFH/NV 2002 = 1150, NWB DokID: TAAAA-68905.
[3] Vgl. BFH v. 18.1.2018 - III R 16/17, BStBl 2018 II 402 = NWB DokID: SAAAG-81726.
[4] Vgl. BFH v. 8. 11. 1972 - VI R 309/70, BStBl 1973 II 139.
[5] Vgl. BFH v. 23. 1. 2013 - XI R 50/10, BStBl 2013 II 916.
[6] Vgl. BFH v. 4. 2. 2014 - III B 87/13, BFH/NV 2014, 690 = NWB DokID: BAAAE-59396.
[7] Vgl. A 15.3 Abs. 3 DA-KG; BFH v. 28. 4. 2010 - III R 93/08, BStBl 2010 II 1060 mit Argumenten für das Vorliegen der Voraussetzungen auch bei einem Schulbesuch von weniger als 10 Stunden wöchentlich; BFH v. 8. 9. 2016 - III R 27/15, BStBl 2017 II 278 = NWB DokID: BAAAF-89052, wonach ein Mindestumfang nicht vorgesehen ist.
[8] Vgl. BFH v. 19. 2. 2002 - VIII R 83/00, BStBl 2002 II 469; BFH v. 26. 10. 2012 - VI R 102/10, BFH/NV 2013, 366 = NWB DokID: IAAAE-26252; BFH v. 14. 6. 2016 - III B 132/15, BFH/NV 2016, 1449 = NWB DokID: HAAAF-79651.
[9] Vgl. BFH v. 14. 9. 2009 - III B 119/08, BFH/NV 2010, 34 = NWB DokID: WAAAD-31887.
[10] Vgl. BFH v. 15. 3. 2012 - III R 58/08, BStBl 2012 II 743; BFH v. 22.2.2017 - III R 3/16, BFH/NV 2017, 1304 = NWB DokID: PAAAG-53811.
[11] Vgl. BFH v. 16. 4. 2002 - VIII R 58/01, BStBl 2002 II 523 sowie BFH v. 15. 7. 2003 - VIII R 19/02, BStBl 2007 II 247; BFH v. 8. 5. 2014 - III R 41/13, BStBl 2014 II 717, zur Reserveoffiziersanwärterausbildung.
[12] Vgl. BFH v. 30. 7. 2009 - III R 77/06, BFH/NV 2010, 28 = NWB DokID: EAAAD-31627.

Soldat auf Zeit, der für seine spätere Verwendung im Mannschaftsdienstgrad unterwiesen wird, befindet sich in einer Berufsausbildung i. S. d. § 32 Abs. 4 Satz 1 Nr. 2 Buchst. a EStG, solange der Ausbildungscharakter im Vordergrund seiner Tätigkeit steht. Insoweit hat der BFH die Ausbildung eines Soldaten auf Zeit im Mannschaftsdienstgrad zum Kraftfahrer der Fahrerlaubnis CE inkl. vorangegangener Grundausbildung anerkannt.[1] Zumindest in den ersten vier Monaten des Wehrdienstes kann von einer Berufsausbildung ausgegangen werden.[2] Bloße verwendungsbezogene Lehrgänge sind nicht begünstigt.[3]

Der Besuch einer Hochschule ist regelmäßig als Berufsausbildung anzuerkennen. Zur Berufsausbildung rechnet auch eine Tätigkeit als **Promotionsstudent** nach Abschluss des Staatsexamens[4] sowie eine Volontär-[5] oder Praktikumszeit,[6] ggf. auch ein Trainee-Einsatz.[7] Eine lediglich gering bezahlte praktikumsähnliche Tätigkeit, z. B. als Friseurgehilfin/Shamponeuse, zählt dagegen nicht als Berufsausbildung.[8] Ein freiwilliges Praktikum wird für eine Dauer von 12 Monaten und eine Traineezeit für eine Dauer von 3 Monaten anerkannt.[9]   97

Eine Berufsausbildung endet nicht bereits mit der Bekanntgabe des Ergebnisses der Abschlussprüfung, sondern erst mit Ablauf der Ausbildungszeit, wenn diese durch Rechtsvorschrift festgelegt ist.[10]   98

(Einstweilen frei)   99–105

b) Übergangszeit zwischen zwei Ausbildungsabschnitten (§ 32 Abs. 4 Satz 1 Nr. 2 Buchst b EStG)

Nach § 32 Abs. 4 Satz 1 Nr. 2 Buchst. b EStG besteht für ein noch nicht 25 Jahre altes Kind Anspruch, wenn es sich in einer Übergangszeit von höchstens vier Monaten befindet, die zwischen zwei Ausbildungsabschnitten liegt.[11] Die Übergangszeit beginnt mit Abschluss des unmittelbar vorangegangenen Ausbildungsabschnitts oder Dienstes, auch wenn das Kind zu diesem Zeitpunkt das 18. Lebensjahr noch nicht vollendet hat.[12]   106

BEISPIEL: ▶ Der Schüler besteht am 3. 5. sein Abitur. Die sich anschließende Ausbildung beginnt erst am 5. 10. S ist als Kind ganzjährig zu berücksichtigen. Der nächste Ausbildungsabschnitt beginnt in dem Monat nach Ablauf des vierten vollen Monats, in dem sich das Kind nicht in Ausbildung befindet.

Gleiches gilt für **Zwangspausen** vor und nach Ableistung des gesetzlichen **Wehr- oder Zivildienstes,** einer vom Wehr- oder Zivildienst befreienden Tätigkeit als Entwicklungshelfer bzw. bei einem geregelten Freiwilligendienst i. S. d. § 32 Abs. 4 Satz 1 Nr. 2d EStG. Dies gilt also auch   107

---

1 Vgl. BFH v. 10. 5. 2012 - VI R 72/11, BStBl 2012 II 895.
2 Vgl. BFH v. 3. 7. 2014 - III R 53/13, BStBl 2015 II 282 i.V. m. BZSt v. 25. 3. 2015, BStBl 2015 I 254.
3 Vgl. BFH v. 22.2.2017 - III R 20/15, BStBl 2017 II 913.
4 Vgl. BFH v. 9. 6. 1999 - VI R 92/98, BStBl 1999 II 708.
5 Vgl. BFH v. 9. 6. 1999 - VI R 50/98, BStBl 1999 II 706.
6 Vgl. BFH v. 9. 6.1999 - VI R 16/99, BStBl 1999 II 713; BFH v. 14. 1. 2000 - VI R 11/99, BStBl 2000 II 199; BFH v. 15. 7. 2003 - VIII R 79/99, BStBl 2003 II 843; BFH v. 21.10.2015 – XI R 17/14, BFH/NV 2016, 190 = NWB DokID: ZAAAF-19017 zur Nichtanerkennng eines Praktikums auf einem Reiterhof.
7 Vgl. BFH v. 26. 8. 2010 - III R 88/08, BFH/NV 2011, 26 = NWB DokID: AAAAD-55205; A 15.8 DA-KG.
8 Vgl. BFH v. 21. 1. 2010 - III R 17/07, BFH/NV 2010, 1423 = NWB DokID: DAAAD-44389.
9 Vgl. A 15.8 Abs. 3 und 4 DA-KG.
10 Vgl. BFH v. 14.9.2017 - III R 19/16, BStBl 2018 II 131 = NWB DokID: GAAAG-69522.
11 Vgl. BFH v. 5. 9. 2013 - XI R 7/12, BStBl 2014 II 37.
12 Vgl. BFH v. 16. 4. 2015 - III R 54/13, BStBl 2016 II 25.

vor und nach Ablauf eines freiwilligen sozialen oder ökologischen Jahres oder des Bundesfreiwilligendienstes. Zeiträume zwischen einem Ausbildungsabschnitt und der Ableistung der genannten Dienste sind gesetzliche Übergangszeiten, ohne dass es darauf ankommt, dass im Anschluss daran eine Ausbildung aufgenommen oder fortgesetzt werden soll und der Entschluss dazu vor Beginn des Dienstes gefasst wurde.[1] Zeiträume zwischen der Ableistung des freiwilligen Wehrdienstes nach dem 7. Abschnitt des Wehrpflichtgesetzes und einem Ausbildungsabschnitt begründen bis 2014 keine Übergangszeit. Ab 2015 ist die Berücksichtigung in diesen Fällen gesetzlich ermöglicht worden.[2]

108–115   (Einstweilen frei)

c) Kinder ohne einen Ausbildungsplatz (§ 32 Abs. 4 Satz 1 Nr. 2 Buchst. c EStG)

116   Kinder, die noch nicht 25 Jahre alt sind und die mangels eines Ausbildungsplatzes ihre Berufsausbildung nicht beginnen oder fortsetzen können, können gem. § 32 Abs. 4 Satz 1 Nr. 2 Buchst. b EStG in dieser Zeit bei ihren Eltern weiter berücksichtigt werden. Dabei wird jeder Ausbildungswunsch des Kindes anerkannt, es sei denn, die Verwirklichung ist nicht möglich.[3] Die bereits abgeschlossene Berufsausbildung in einem anderen Beruf oder der Abbruch einer Erstausbildung sind unerheblich. Ein Hinausschieben des Ausbildungsbeginns auf eigenen Wunsch ist unschädlich für die Annahme der Ausbildungswilligkeit, wenn das volljährige Kind eine Zusage für die Aufnahme einer Ausbildung erhalten hat und aus schul-, studien- oder betriebsorganisatorischen Gründen die Ausbildung erst zum nächstmöglichen Zeitpunkt aufnehmen kann.[4]

BEISPIEL: Das Kind legt die Abiturprüfung im April 2017 ab. Das Kind beabsichtigt, im Oktober ein Studium zu beginnen, und bewirbt sich im Juli. Im September 2017 erhält das Kind die Absage. Das Kind möchte sich zum Sommersemester 2018 erneut um einen Studienplatz bewerben. Das Kind kann durchgängig berücksichtigt werden, weil es nach dem Schulabschluss die Ausbildung aufgrund des Vergabeverfahrens zunächst nicht fortsetzen konnte. Für den Zeitraum ab Oktober 2017 ist das Kind aufgrund der Absage und des weiter bestehenden Ausbildungswunsches zu berücksichtigen.

117   Im Zweifel wird das Finanzamt **Nachweise** über die **ernsthaften Bemühungen** des Kindes um einen Ausbildungsplatz verlangen.[5] Als Nachweis der ernsthaften Bemühungen kommen z. B. Bescheinigungen der Agentur für Arbeit über die Meldung des Kindes als Bewerber um eine berufliche Ausbildungsstelle, Unterlagen über eine Bewerbung bei einer zentralen Vergabestelle von Studienplätzen,[6] Mitteilungen an die Deutsche Rentenversicherung mit dem Meldegrund „Ausbildungssuche bei einer deutschen Agentur für Arbeit",[7] Bewerbungsschreiben, Zwischennachrichten hierzu und Absagen in Betracht.[8] Aufgrund der während des Wehrdiens-

---

1 Vgl. BFH v. 25. 1. 2007 - III R 23/06, BStBl 2008 II 664.
2 Vgl. BZSt v. 25. 3. 2015, BStBl 2015 I 254; A 16 DA-KG.
3 Vgl. R 32.7 EStR.
4 Vgl. BFH v. 28. 5. 2013 - XI R 38/11, BFH/NV 2013, 1774 = NWB DokID: RAAAE-44189; BFH v. 28. 2. 2013 - III R 9/12, BFH/NV 2013, 1079 = NWB DokID: MAAAE-36095; BFH v. 26. 8. 2014 - XI R 14/12, BFH/NV 2015, 322 = NWB DokID: DAAAE-82106.
5 Vgl. BFH v. 19. 6. 2008 - III R 66/05, BStBl 2009 II 1005; BFH v. 22. 9. 2011 - III R 30/08, BStBl 2012 II 411.
6 Vgl. BFH v. 26. 11. 2009 - III R 84/07, BFH/NV 2010, 853 = NWB DokID: QAAAD-40397.
7 BFH v. 22. 9. 2011 - III R 30/08, BStBl 2012 II 411.
8 Vgl. R 32.7 Abs. 3 EStR; A 17 DA-KG; BFH v. 30. 11. 2009 - III B 251/08, BFH/NV 2010, 859 = NWB DokID: EAAAD-39261; BFH v. 18. 6. 2015 - VI R 10/14, BStBl 2015 II 940.

tes stattfindenden Berufsausbildung stellen die Bemühungen um eine Einstellung gleichzeitig Bemühungen um einen Ausbildungsplatz dar.[1]

Die Berücksichtigung eines Kindes ist dann ausgeschlossen, wenn es sich wegen **Kindesbetreuung** nicht um einen Ausbildungsplatz bemüht.[2] Die Berücksichtigung ist aber möglich, wenn das Kind wegen **Erkrankung** oder wegen eines **Beschäftigungsverbots** nach §§ 3 und 6 MuschG gehindert ist, seine Berufsausbildung zu beginnen oder fortzusetzen. Dies gilt auch dann, wenn die Bemühungen um einen Ausbildungsplatz nach dem Ende der Mutterschutzfrist nicht fortgesetzt werden können.[3] 118

(Einstweilen frei) 119–125

d) Berücksichtigung der Kinder, die einen freiwilligen Dienst leisten (§ 32 Abs. 4 Satz 1 Nr. 2 Buchst. d EStG)

Nach § 32 Abs. 4 Satz 1 Nr. 2 Buchst. d EStG ist ein noch nicht 25 Jahre altes Kind zu berücksichtigen, wenn es einen im Gesetz aufgeführten, geregelten Freiwilligendienst leistet. Im Einzelnen handelt es sich um folgende Dienste:[4] 126

- ▶ freiwilliges soziales Jahr oder freiwilliges ökologisches Jahr,
- ▶ Freiwilligendienst der EU,
- ▶ ein anderer Dienst im Ausland,
- ▶ Entwicklungspolitischer Freiwilligendienst „weltwärts",
- ▶ Freiwilligendienst aller Generationen,
- ▶ Internationaler Jugendfreiwilligendienst,
- ▶ Bundesfreiwilligendienst.

Andere, nicht im Gesetz genannte Freiwilligendienste erfüllen nicht die besonderen Anspruchsvoraussetzungen des § 32 Abs. 4 Satz 1 Nr. 2 Buchst. d EStG. Die Vorschrift ist nicht analog auf andere freiwillige Dienste anwendbar.[5] Insoweit führt der nicht aufgeführte freiwillige Wehrdienst auch nicht zum Anspruch auf die Berücksichtigung des Kindes. Abhängig von der Ausgestaltung und der Art der Durchführung im Einzelfall kann der freiwillige Wehrdienst jedoch in den ersten Monaten eine Maßnahme der Berufsausbildung gem. § 32 Abs. 4 Satz 1 Nr. 2 Buchst. a EStG darstellen.[6] 127

(Einstweilen frei) 128–135

---

1 Vgl. BZSt v. 25. 3. 2015, BStBl 2015 I 254.
2 Vgl. BFH v. 24. 9. 2009 - III R 83/08, BFH/NV 2010, 619 = NWB DokID: HAAAD-38262 sowie BFH v. 24. 9. 2009 - III R 79/06, BFH/NV 2010, 614 = NWB DokID: YAAAD-37348.
3 Vgl. BFH v. 13. 6. 2013 - III R 58/12, BStBl 2014 II 834.
4 Vgl. A 18 DA-KG.
5 Vgl. BFH v. 24. 5. 2012 - III R 68/11, BStBl 2013 II 864; BFH v. 18. 6. 2014 - III B 19/14, BFH/NV 2014, 1541 = NWB DokID: EAAAE-71081.
6 Vgl. BFH v. 3. 7. 2014 - III R 53/13, BStBl 2015 I 282.

4. Berücksichtigung behinderter Kinder auch ohne eine Altersgrenze (§ 32 Abs. 4 Satz 1 Nr. 3 EStG)

a) Grundlagen der Berücksichtigung behinderter Kinder

136 Unabhängig vom Alter werden nach § 32 Abs. 4 Satz 1 Nr. 3 EStG Kinder, die wegen körperlicher, geistiger oder seelischer (schwerer) Behinderung außerstande sind, sich selbst zu unterhalten, auch über das 25. Lebensjahr hinaus berücksichtigt.[1] Die Behinderung des Kindes muss nach § 32 Abs. 4 Satz 1 Nr. 3 EStG vor Vollendung des 25. Lebensjahres eingetreten sein.[2]

137 Als Kinder, die wegen körperlicher, geistiger oder seelischer Behinderung außerstande sind, sich selbst zu unterhalten, kommen insbesondere Kinder in Betracht, deren Schwerbehinderung (§ 2 Abs. 2 SGB IX) festgestellt ist oder die einem schwer behinderten Menschen gleichgestellt sind (§ 2 Abs. 3 SGB IX).[3]

138 Behinderungen i. S. d. § 32 Abs. 4 Satz 1 Nr. 3 EStG liegen vor, wenn die körperliche Funktion, geistige Fähigkeit oder seelische Gesundheit mit hoher Wahrscheinlichkeit länger als sechs Monate von dem für das Lebensalter typischen Zustand abweichen und daher die Teilhabe am Leben beeinträchtigt ist. Zu einer Behinderung können auch Suchtkrankheiten (z. B. Drogenabhängigkeit, Alkoholismus) führen.[4]

139–140 (Einstweilen frei)

b) Erforderliche Ursächlichkeit der Behinderung

141 Gefordert wird die Ursächlichkeit der Behinderung für die mangelnde Fähigkeit zum Selbstunterhalt. Beträgt der Grad der Behinderung weniger als 50 und treten keine besonderen Umstände hinzu, die einer Erwerbstätigkeit auf dem allgemeinen Arbeitsmarkt entgegenstehen, ist die Behinderung grundsätzlich als nicht ursächlich anzusehen. Im Umkehrschluss kann bei einem höheren Grad der Behinderung von einer Ursächlichkeit ausgegangen werden.[5]

142 Die Mitursächlichkeit der Behinderung des Kindes für seine mangelnde Fähigkeit zum Selbstunterhalt genügt.[6] Auch wenn ein Kind erwerbstätig ist, kann die Behinderung mitursächlich sein.[7] Die Behinderung des Kindes ist bei Ableistung einer Haftstrafe für die Unfähigkeit zum Selbstunterhalt nicht ursächlich.[8] Die Bescheinigung, ob die Behinderung ursächlich für die Unfähigkeit zum Selbstunterhalt ist, kann vom behandelnden Arzt ausgesprochen werden.[9]

143–145 (Einstweilen frei)

c) Das Kind ist außerstande, sich selbst zu unterhalten

146 Eine Behinderung führt nur dann zu einer Berücksichtigung, wenn das Kind nach den **Gesamtumständen des Einzelfalles** (Monat für Monat) wegen der Behinderung außerstande ist, sich

---

[1] Zu den steuerlichen Nachteilsausgleichen bei einer Behinderung vgl. auch Meier, NWB DokID: AAAAB-03364.
[2] Vgl. A 19.1 DA-KG; BFH v. 26. 7. 2001 - VI R 56/98, BStBl 2001 II 832.
[3] Vgl. R 32.9 EStR.
[4] Zum Nachweis der Behinderung vgl. A 19.2 DA-KG.
[5] Vgl. A 19.3 DA-KG.
[6] Vgl. BFH v. 19. 11. 2008 - III R 105/07, BStBl 2010 II 1057; BFH v. 22. 10. 2009 - III R 50/07, BStBl 2011 II 38.
[7] Vgl. BFH v. 15. 3. 2012 - III R 29/09, BStBl 2012 II 892.
[8] Vgl. BFH v. 30. 4. 2014 - XI R 24/13, BStBl 2014 II 1014.
[9] Vgl. A 19.3 DA-KG.

selbst zu unterhalten.¹ Ein behindertes Kind ist imstande, sich selbst zu unterhalten, wenn es über eine wirtschaftliche Leistungsfähigkeit verfügt, die zur Bestreitung des gesamten notwendigen Lebensbedarfs ausreicht. Der notwendige Lebensbedarf ist den kindeseigenen Mitteln gegenüberzustellen.

Der **notwendige Lebensbedarf** des behinderten Kindes setzt sich aus einem allgemeinen Lebensbedarf in Höhe des Grundfreibetrags nach § 32a Abs. 1 EStG und dem individuellen behinderungsbedingten Mehrbedarf zusammen.² Ist das Kind trotz seiner Behinderung in der Lage, z. B. aufgrund hoher Einkünfte und Bezüge selbst für den Lebensunterhalt zu sorgen, kann es – ggf. nur für einzelne Monate – nicht als Kind berücksichtigt werden.³ 147

Der behinderungsbedingte Mehrbedarf bemisst sich bei Kindern, die **nicht vollstationär** untergebracht sind, in Anlehnung an den Behinderten-Pauschbetrag des § 33b Abs. 3 EStG. Es sind jedoch besondere Leistungen Dritter gegenzurechnen, die das Kind für einen behinderungsbedingten Mehrbedarf erhält. Anstelle des Pauschbetrages kann das Pflegegeld als behinderungsbedingter Mehrbedarf angesetzt werden, wenn das Kind Pflegegeld aus der Pflegeversicherung erhält.⁴ Dies gilt gleichermaßen für das Blindengeld.⁵ Ein höherer behinderungsbedingter Mehrbedarf kann nachgewiesen oder ggf. der Höhe nach geschätzt werden.⁶ 148

In Fällen **vollstationärer Unterbringung** ist der Einzelnachweis des Mehrbedarfs erforderlich.⁷ Dieser erfolgt i. d. R. durch den Ansatz der Heimkosten. Soweit ein vollstationär untergebrachtes Kind außer Eingliederungshilfe einschließlich Taschengeld und ggf. einem Arbeitsentgelt aus einer Werkstatt für Behinderte kein weiteres verfügbares Nettoeinkommen hat, kann aus Vereinfachungsgründen davon ausgegangen werden, dass die eigenen Mittel des Kindes nicht ausreichen, sich selbst zu unterhalten. Ansonsten sind die Kosten der Heimunterbringung, abzüglich des Taschengeldes und des nach der Sozialversicherungsentgeltverordnung zu bestimmenden Wertes der Verpflegung, als behinderungsbedingter Mehrbedarf anzusetzen.⁸ 149

Dem Berechtigten steht die Glaubhaftmachung offen, dass der Lebensbedarf des Kindes auch durch höhere Einkünfte und Bezüge noch nicht gedeckt ist. Zum behinderungsbedingten Mehrbedarf rechnen **persönliche Betreuungsleistungen der Eltern**, soweit sie über die durch das Pflegegeld abgedeckte Grundpflege und hauswirtschaftliche Verrichtungen hinausgehen und nach ärztlicher Bescheinigung unbedingt erforderlich sind. Der dafür anzusetzende Stundensatz beträgt 9 €.⁹ Auch der Mehrbedarf für eine Urlaubsbegleitung kann mit 767 € berücksichtigt werden.¹⁰ 150

Die kindeseigenen **finanziellen Mittel** setzen sich aus dem verfügbaren Nettoeinkommen und den Leistungen Dritter zusammen. Bei der Ermittlung des verfügbaren Nettoeinkommens sind alle steuerpflichtigen Einkünfte i. S. d. § 2 Abs. 1 EStG (Gewinneinkünfte i. S. d. §§ 13 bis 18 EStG, Überschusseinkünfte i. S. d. §§ 19 bis 23 EStG), alle steuerfreien Einnahmen (z. B. Leistun- 151

---

1 Vgl. BFH v. 4.11.2003 - VIII R 43/02, BStBl 2010 II 1046; BFH v. 24.8.2004 - VIII R 59/01, BStBl 2010 II 1048.
2 Vgl. BFH v. 15.10.1999 - VI R 40/98, BStBl 2000 II 75; BFH v. 15.10.1999 - VI R 182/98, BStBl 2000 II 79; BFH v. 14.12.2001 - VI B 178/01, BStBl 2002 II 486; BMF v. 22.11.2010, BStBl 2010 I 1346.
3 Vgl. BFH v. 11.4.2013 - III R 35/11, BStBl 2013 II 1037.
4 Vgl. BFH v. 24.8.2004 - VIII R 50/03, BStBl 2010 II 1052.
5 Vgl. BFH v. 31.8.2006 - III R 71/05, BStBl 2010 II 1054.
6 Vgl. BFH v. 15.10.1999 - VI R 183/97, BStBl 2000 II 72 sowie BFH v. 12.12.2012 - VI R 101/10, BStBl 2015 II 651.
7 Vgl. BFH v. 9.2.2012 - III R 53/10, BStBl 2014 II 391.
8 Vgl. BfF v. 1.2.2000, BStBl 2000 I 319; BFH v. 24.5.2000 - VI R 89/99, BStBl 2000 II 580.
9 Vgl. A 19.4 DA-KG.
10 Vgl. BFH v. 4.7.2002 - III R 58/98, BStBl 2002 II 765.

gen nach dem SGB III und BEEG) sowie etwaige Steuererstattungen (Einkommensteuer, Kirchensteuer, Solidaritätszuschlag) zu berücksichtigen.[1] Eine Schmerzensgeldrente wird nicht angerechnet.[2] Es kommt jeweils auf den Zufluss-/Abflusszeitpunkt an.[3] Abzuziehen sind tatsächlich gezahlte Steuern (Steuervorauszahlungen und -nachzahlungen, Steuerabzugsbeträge) sowie die unvermeidbaren Vorsorgeaufwendungen (Beiträge zu einer Basiskranken- und Pflegepflichtversicherung, gesetzliche Sozialabgaben bei Arbeitnehmern).[4] Unterhaltsleistungen des Ehegatten des behinderten Kindes gehören zu den zur Verfügung stehenden Mitteln, auch wenn ansonsten der Ehegattenunterhalt wegen des Wegfalls der Anrechnung der eigenen Einkünfte und Bezüge keine Rolle mehr spielt.[5]

152 **Eigenes Vermögen** des Kindes, das für den Lebensunterhalt eingesetzt werden kann, wird nicht angerechnet.[6]

153–160 (*Einstweilen frei*)

5. Ausschluss der Berücksichtigung des Kindes nach Abschluss einer Erstausbildung bzw. eines Erststudiums aufgrund einer Erwerbstätigkeit (§ 32 Abs. 4 Satz 2 und 3 EStG)

a) Grundlagen des Ausschlusses wegen einer Erwerbstätigkeit

161 Ein volljähriges Kind wird grds. bis zur **Altersgrenze** von 25 Jahren berücksichtigt. Nach Abschluss einer Erstausbildung oder eines Erststudiums wird es gem. § 32 Abs. 4 Satz 2 EStG aber nur noch berücksichtigt, wenn es einen der Grundtatbestände des § 32 Abs. 4 Satz 1 Nr. 2 EStG erfüllt (Berufsausbildung, Übergangszeit, Ausbildungsplatz-Suche oder Ableistung eines freiwilligen Dienstes) und keiner anspruchsschädlichen Erwerbstätigkeit nachgeht.

162 Nach **Abschluss einer erstmaligen Berufsausbildung** wie auch nach Abschluss eines Erststudiums gilt die gesetzliche Vermutung, dass ein volljähriges Kind in der Lage ist, sich selbst zu unterhalten. Dies hat zur Folge, dass das Kind, wenn es nicht als arbeitsuchend gemeldet (bis 21 Jahre) oder behindert ist, nicht mehr zu berücksichtigen ist. Die Vermutung des Gesetzgebers gilt als widerlegt, wenn der Nachweis erbracht wird, dass das Kind z. B. weiterhin für einen Beruf ausgebildet wird[7] oder z. B. auf einen Studienplatz wartet[8] und tatsächlich keiner Erwerbstätigkeit nachgeht, die die Zeit und Arbeitskraft des Kindes überwiegend beansprucht.

163 Eine **unschädliche Erwerbstätigkeit** liegt gem. § 32 Abs. 4 Satz 3 EStG vor, wenn diese 20 Stunden regelmäßiger wöchentlicher Arbeitszeit nicht übersteigt bzw. ein Ausbildungsdienstverhältnis oder ein geringfügiges Beschäftigungsverhältnis i. S. d. §§ 8 und 8a SGB IV darstellt.[9]

164–165 (*Einstweilen frei*)

---

[1] Vgl. BFH v. 5. 2. 2015 – III R 31/13, BStBl 2015 II 1017.
[2] Vgl. BFH v. 13. 4. 2016 – III R 28/15, BStBl 2016 II 648.
[3] Vgl. BFH v. 8. 8. 2013 – III R 30/12, BFH/NV 2014, 498 = NWB DokID: KAAAE-55563.
[4] Vgl. BMF v. 7. 12. 2011, BStBl 2011 I 1243.
[5] Vgl. BFH v. 15. 2. 2017 – III B 93/16, BFH/NV 2017, 738 = NWB DokID: MAAAG-42474.
[6] Vgl. BFH v. 19. 8. 2002 – VI R 51/01, BStBl 2003 II 91; BFH v. 19. 8. 2002 – VIII R 17/02, BStBl 2003 II 88; BfF v. 29. 8. 2003, BStBl 2003 I 428.
[7] § 32 Abs. 4 Satz 1 Nr. 2 Buchst. a EStG.
[8] § 32 Abs. 4 Satz 1 Nr. 2 Buchst. b oder c EStG.
[9] Vgl. *Bering/Friedenberger*, NWB 2013, 1560.

b) Erforderliche Abgrenzung Erstausbildung/Erststudium von Zweitausbildung/Zweitstudium

Die einschränkende Regelung des § 32 Abs. 4 Satz 2 EStG stellt darauf ab, ob eine erstmalige Berufsausbildung oder ein Erststudium abgeschlossen worden ist. Eine erstmalige Berufsausbildung ist anzunehmen, wenn ihr keine andere abgeschlossene Berufsausbildung bzw. kein abgeschlossenes Hochschulstudium vorausgegangen ist. Eine erstmalige Berufsausbildung ist grundsätzlich abgeschlossen, wenn sie das Kind zur Aufnahme eines Berufs befähigt. Wenn das Kind später eine weitere Ausbildung aufnimmt (z. B. Meisterausbildung nach mehrjähriger Berufstätigkeit aufgrund abgelegter Gesellenprüfung oder Masterstudium nach mehrjähriger Berufstätigkeit), handelt es sich um eine Zweitausbildung. 166

Ein Studium stellt ein Erststudium i. S. d. § 32 Abs. 4 Satz 2 EStG dar, wenn es sich um eine Erstausbildung handelt. Es darf ihm kein anderes durch ein berufsqualifizierenden Abschluss beendetes Studium bzw. keine andere abgeschlossene nichtakademische Berufsausbildung vorangegangen sein.[1] 167

Wird ein Kind ohne entsprechende Berufsausbildung in einem Beruf tätig und führt es die zugehörige Berufsausbildung nachfolgend durch (**nachgeholte Berufsausbildung**), handelt es sich dabei um eine erstmalige Berufsausbildung.[2] 168

> **BEISPIEL:** Sohn S wird nach dem Schulabschluss zunächst als ungelernter Tischler tätig. Mit 22 Jahren holt er eine Ausbildung nach. Dabei handelt es sich jetzt (noch immer) um eine erstmalige Berufsausbildung.

Werden zwei (oder ggf. mehrere) **Studiengänge parallel** studiert, die zu unterschiedlichen Zeiten abgeschlossen werden, stellt der nach dem berufsqualifizierenden Abschluss eines der Studiengänge weiter fortgesetzte andere Studiengang vom Zeitpunkt des Abschlusses des einen Studienganges an kein Erststudium mehr dar. Etwas anderes gilt nur, wenn die Studiengänge in einem engen sachlichen Zusammenhang stehen. 169

Als berufsqualifizierender Studienabschluss gilt auch der Abschluss eines Studiengangs, durch den die fachliche Eignung für einen beruflichen **Vorbereitungsdienst** oder eine berufliche Einführung vermittelt wird.[3] Dazu zählt beispielhaft der juristische Vorbereitungsdienst (Referendariat). Daher ist z. B. das erste juristische Staatsexamen grundsätzlich ein berufsqualifizierender Abschluss. Ein sich anschließendes Referendariat zur Vorbereitung auf das zweite Staatsexamen ist zwar eine Zweitausbildung, stellt jedoch ein unschädliches Ausbildungsdienstverhältnis dar.[4] Im Übrigen ist ein in einem engen zeitlichen Zusammenhang aufgenommenes Referendariat zur Vorbereitung auf das zweite Staatsexamen Teil der erstmaligen Berufsausbildung. 170

Nach § 19 Abs. 2 HRG ist der **Bachelor- oder Bakkalaureusgrad** einer inländischen Hochschule ein berufsqualifizierender Abschluss. Daraus folgt, dass der Abschluss eines Bachelorstudiengangs den Abschluss eines Erststudiums darstellt und ein nachfolgender Studiengang grundsätzlich als weiteres Studium anzusehen ist. Dies gilt nicht, wenn ein Masterstudium i. S. d. 171

---

1 Vgl. *Wendl*, FR 2014, 167.
2 Vgl. BFH v. 6. 3. 1992 - VI R 163/88, BStBl 1992 II 661.
3 § 10 Abs. 1 Satz 2 HRG.
4 Vgl. hierzu *Seiler* in Kirchhof, § 32 EStG Rz. 17, mit Argumenten für eine einheitliche (Erst-)Ausbildung bis zum Abschluss des Referendariats.

§ 19 HRG auf einem Bachelorstudiengang aufbaut (konsekutives Masterstudium).[1] Bei konsekutiven Masterstudiengängen an einer inländischen Hochschule ist von einem engen sachlichen Zusammenhang auszugehen.[2]

172 Sind Ausbildung und Studium so miteinander verwoben, kann ggf. von einer einheitlichen Erstausbildung ausgegangen werden. Der BFH hat entschieden, dass Eltern für ein Kind, das während eines dualen Studiums einen Abschluss in einer studienintegrierten praktischen Ausbildung (hier: Steuerfachangestellte) erlangt, einen Kindergeldanspruch auch noch bis zum nachfolgenden Bachelorabschluss im gewählten Studiengang (hier: Bachelor of Arts im Bereich Steuerrecht) geltend machen können. Da es sich insoweit um eine einheitliche Erstausbildung handelt, ist es für die Berücksichtigung als Kind unschädlich, dass das Kind nach Abschluss seiner Lehre neben dem Studium mehr als 20 Stunden pro Woche gearbeitet hat. Für die Frage, ob sich die einzelnen Ausbildungsabschnitte als integrative Teile einer einheitlichen Erstausbildung darstellen, kommt es darauf an, ob sie in einem engen sachlichen Zusammenhang (z. B. dieselbe Berufssparte, derselbe fachliche Bereich) zueinander stehen und in einem engen zeitlichen Zusammenhang durchgeführt werden.[3] Mehraktige Ausbildungsabschnitte sind als einheitliche (Erst-)Ausbildung anzusehen.[4] Die Finanzverwaltung wendet die Urteile an.[5] Der Anspruch auf Kindergeld endet nicht schon dann, wenn das Kind (vor Erreichen des 25. Lebensjahres) einen ersten berufsqualifizierenden Abschluss erreicht hat, sondern auch bei einer parallelen Berufstätigkeit erst dann, wenn das von Beginn an angestrebte Berufsziel einer mehraktigen Ausbildung erreicht ist.[6] Wird z. B. eine Promotion in einem engen zeitlichen Zusammenhang mit dem Erststudium durchgeführt, ist sie noch Teil der Erstausbildung. Folge der Rechtsprechungsentwicklung wird sein, dass bei Mischformen aus Arbeit und Ausbildung der zeitlichen Untergrenze für das Vorliegen einer Ausbildung höhere Bedeutung zukommt.[7]

173 Ein Studium stellt sich nicht als integrativer Bestandteil einer einheitlichen Erstausbildung dar, wenn das Studium eine Berufstätigkeit voraussetzt.[8] Verwendungsbezogene Lehrgänge führen allein nicht zur Annahme einer Berufsausbildung.[9] Setzt ein Kind nach Beendigung der Ausbildung zur Steuerfachangestellten seine Berufsausbildung mit den weiterführenden Berufszielen "Staatlich geprüfter Betriebswirt" und "Steuerfachwirt" nicht zum nächstmöglichen Zeitpunkt fort, handelt es sich wegen der zeitlichen Zäsur bei der nachfolgenden Fachschulausbildung um eine Zweitausbildung i. S. des § 32 Abs. 4 Satz 2 EStG. In diesem Fall schließt eine mehr als 20 Wochenstunden umfassende Erwerbstätigkeit während der Zeit des Wartens auf

---

1 Vgl. BFH v. 3. 9. 2015 - VI R 9/15, BStBl 2016 II 166.
2 Vgl. BMF v. 8. 2. 2016, BStBl 2016 I 226, Rz. 19.
3 Vgl. BFH v. 3. 7. 2014 - III R 52/13, BStBl 2015 II 152 und BFH v. 16. 6. 2015 - XI R 1/14, BFH/NV 2015, 1378 = NWB DokID: DAAAE-99373; A 20.2 DA-KG sowie Müller, NWB 2014, 3902; bei einem zeitlichen Abstand von zwei Jahren wohl kein zeitlicher Zusammenhang mehr gegeben vgl. BFH v. 29.8.2017 - XI B 57/17, BFH/NV 2018, 22 = NWB DokID: VAAAG-62061.
4 Vgl. BFH v. 15. 4. 2015 - V R 27/14, BStBl 2016 II 163.
5 Vgl. BMF v. 8. 2. 2016, BStBl 2016 I 226.
6 Vgl. anhängige Revisionsverfahren: III R 32/17, III R 43/17, III R 47/17, III R 2/18, III R 3/18, III R 26/18, III R 22/18, III R 27/18, III R 33/18, III R 50/18, III R 52/18.
7 Vgl. BFH v. 8. 9. 2016 - III R 27/15, BStBl 2017 II 278, wonach ein Mindestumfang nicht vorgesehen ist.
8 Vgl. BFH v. 4. 2. 2016 - III R 14/15, BStBl 2016 II 615.
9 Vgl. BFH v. 21. 6. 2016 - III B 133/15, BFH/NV 2016, 1450 = NWB DokID: JAAAF-80961; BFH v. 22. 6. 2016 - V R 32/15, BFH/NV 2016, 1554 = NWB DokID: XAAAF-81830; BFH v. 22. 2. 2017 – III R 20/15, NWB DokID: PAAAG-47396; BFH v. 22.2.2017 - III R 20/15, BStBl 2017 II 913.

den Antritt der Fachschulausbildung und während deren Durchführung einen Kindergeldanspruch aus.[1]

(Einstweilen frei) 174–180

c) Unterschiedliche Auslegung des Begriffs der Berufsausbildung

Die enge Auslegung des Tatbestandsmerkmals „Berufsausbildung" in § 32 Abs. 4 Satz 2 EStG i. S. eines öffentlich-rechtlich geordneten Ausbildungsganges führt nicht zu einer Einschränkung des Berücksichtigungstatbestandes des § 32 Abs. 4 Satz 1 Nr. 2 Buchst. a EStG. Es wird für einen Beruf ausgebildet, wer sein Berufsziel noch nicht erreicht hat, sich aber ernstlich darauf vorbereitet. Der Vorbereitung auf ein Berufsziel dienen alle Maßnahmen, bei denen es sich um den Erwerb von Kenntnissen, Fähigkeiten und Erfahrungen handelt, die als Grundlagen für die Ausübung des angestrebten Berufs geeignet sind, und zwar unabhängig davon, ob die Ausbildungsmaßnahmen in einer Ausbildungsordnung oder Studienordnung vorgeschrieben sind. Der Besuch beispielsweise einer allgemein bildenden Schule führt demnach regelmäßig zu einer Berücksichtigung nach § 32 Abs. 4 Satz 1 Nr. 2 Buchst. a EStG, der Erwerb eines Schulabschlusses jedoch nicht zum „Verbrauch" der erstmaligen Berufsausbildung nach § 32 Abs. 4 Satz 2 EStG. Gleiches gilt für ein Volontariat oder ein freiwilliges Berufspraktikum.[2] 181

BEISPIEL: Tochter T entschließt sich nach dem Realschulabschluss in 2018 zunächst ein einjähriges Praktikum zu absolvieren. Im Sommer 2019 wird sie eine Ausbildung zur Industriekauffrau aufnehmen. T kann während des Praktikums und während der Ausbildung bei ihren Eltern berücksichtigt werden. Bei der Ausbildung zur Industriekauffrau handelt es sich um die Erstausbildung.

BEISPIEL: Nach dem Abitur in 2018 absolviert Sohn K ein Praktikum bis zum 31. 12. 2018. Danach kann K eine Berufsausbildung als Zahntechniker mangels Ausbildungsplatzes nicht beginnen und nimmt zur Überbrückung eine Erwerbstätigkeit in einem örtlichen Warenhaus auf (30 Wochenstunden). Für 2019 hat er eine Ausbildungsplatzzusage. In der Zeit zwischen Praktikum und Beginn der Berufsausbildung erfüllt K den Grundtatbestand des § 32 Abs. 4 Satz 1 Nr. 2 Buchst. c EStG. § 32 Abs. 4 Satz 2 und 3 EStG ist nicht einschlägig, da das Praktikum zwar das Tatbestandsmerkmal des § 32 Abs. 4 Satz 1 Nr. 2 Buchst. a EStG („für einen Beruf ausgebildet werden") erfüllt, jedoch keine „Berufsausbildung" i. S. d. § 32 Abs. 4 Satz 2 EStG darstellt. K wird in der Wartezeit auf einen Ausbildungsplatz bei seinen Eltern unabhängig davon berücksichtigt, wie viele Stunden er in der Woche arbeitet.

(Einstweilen frei) 182–185

d) Erforderliche Abgrenzung der schädlichen von der unschädlichen Erwerbstätigkeit

Ein Kind ist erwerbstätig, wenn es einer auf die Erzielung von Einkünften gerichteten Beschäftigung nachgeht, die den Einsatz seiner **persönlichen Arbeitskraft** erfordert.[3] Hieraus folgt, dass der Begriff „Erwerbstätigkeit" auch durch eine land- und forstwirtschaftliche, eine gewerbliche und eine selbständige Tätigkeit erfüllt werden kann. Die Verwaltung eigenen Vermögens oder auch ein Au-Pair-Verhältnis ist demgegenüber keine Erwerbstätigkeit. 186

Unschädlich ist eine Erwerbstätigkeit dann, wenn die regelmäßige wöchentliche Arbeitszeit insgesamt nicht mehr als **20 Stunden** beträgt. Hierbei ist von der individuell vertraglich vereinbarten Arbeitszeit auszugehen. Eine vorübergehende (höchstens zwei Monate andauernde) 187

---

1 Vgl. BFH v. 11.4.2018 - III R 18/17, BStBl 2018 II 548.
2 Vgl. BFH v. 9. 6. 1999 - VI R 50/98, BStBl 1999 II 706; BFH v. 9. 6. 1999 - VI R 16/99, BStBl 1999 II 713.
3 Vgl. BFH v. 16. 5. 1975 - VI R 143/73, BStBl 1975 II 537.

Ausweitung der Beschäftigung auf mehr als 20 Stunden ist unbeachtlich, wenn während des Zeitraumes innerhalb eines Kalenderjahres, in dem einer der Grundtatbestände des § 32 Abs. 4 Satz 1 Nr. 2 EStG erfüllt ist, die durchschnittliche wöchentliche Arbeitszeit nicht mehr als 20 Stunden beträgt.

> **BEISPIEL:** Der 22-jährige Auszubildende Z wird nach erfolgreicher Prüfung als Mechaniker vom Ausbildungsbetrieb übernommen. Nebenberuflich studiert er an der Fernuniversität VWL. Z kann grds. bei seinen Eltern als Kind berücksichtigt werden, da er sich mit dem Studium weiterhin in der Berufsausbildung befindet. Der Anspruch auf die kindbedingten Vergünstigungen entfällt jedoch, wenn Z mehr als 20 Stunden wöchentlich erwerbstätig ist. Unschädlich wäre es, wenn Z höchstens für zwei Monate im Kalenderjahr die Beschäftigung auf mehr als 20 Stunden ausweiten würde, wenn die durchschnittliche wöchentliche Arbeitszeit im Berücksichtigungszeitraum dennoch nicht mehr als 20 Stunden beträgt.

> **BEISPIEL:** Tochter T schließt nach dem Abitur eine Lehre als Bürokauffrau ab und studiert ab Oktober 2017 Medizin. Gemäß vertraglicher Vereinbarung ist T ab dem 1. 4. 2018 mit einer wöchentlichen Arbeitszeit von 20 Stunden als Bürokraft beschäftigt. In den Semesterferien arbeitet T – aufgrund einer zusätzlichen vertraglichen Vereinbarung – vom 1. 8. bis zur Kündigung am 30. 9. 2018 in Vollzeit mit 40 Stunden wöchentlich. Ab dem 1. 11. 2018 ist T gemäß vertraglicher Vereinbarung mit einer wöchentlichen Arbeitszeit von 15 Stunden als Verkaufsaushilfe tätig. Somit ergeben sich folgende Arbeitszeiten pro voller Woche: v. 1. 4. bis 31. 7. 2018 (17 Wochen): 20 Stunden pro Woche; v. 1. 8. bis 30. 9. 2018 (8 Wochen): 40 Stunden pro Woche (= Ausweitung der Beschäftigung); v. 1. 11. bis 31. 12. 2018 (8 Wochen): 15 Stunden pro Woche. Die durchschnittliche wöchentliche Arbeitszeit beträgt 15 Stunden; Berechnung:
>
> **(17 Wochen x 20 Std.) + (8 Wochen x 40 Std.) + (8 Wochen x 15 Std.): 52 Wochen = 15 Stunden**
>
> T ist aufgrund des Studiums das gesamte Jahr 2018 nach § 32 Abs. 4 Satz 1 Nr. 2 Buchst. a EStG zu berücksichtigen. Das Studium wird jedoch nach Abschluss einer erstmaligen Berufsausbildung durchgeführt, so dass T nach § 32 Abs. 4 Satz 2 und 3 EStG nur berücksichtigt werden kann, wenn die ausgeübte Erwerbstätigkeit unschädlich ist. Da die Ausweitung der Beschäftigung lediglich vorübergehend ist und gleichzeitig während des Vorliegens des Grundtatbestands nach § 32 Abs. 4 Satz 1 Nr. 2 EStG die durchschnittliche wöchentliche Arbeitszeit 20 Stunden nicht übersteigt, ist die Erwerbstätigkeit unschädlich. T ist während des gesamten Kalenderjahres 2018 zu berücksichtigen.
>
> **Abwandlung:**
> Würde T während der Semesterferien dagegen v. 1. 7. bis 30. 9. 2018 (= mehr als zwei Monate) vollzeiterwerbstätig sein, wäre die Ausweitung der Erwerbstätigkeit nicht nur vorübergehend und damit diese Erwerbstätigkeit als schädlich einzustufen. Dies gilt unabhängig davon, dass auch hier die durchschnittliche wöchentliche Arbeitszeit 20 Stunden nicht überschritten würde. Das Kind könnte demnach für die Monate Juli, August und September 2018 nicht berücksichtigt werden. Würde das Kind v. 16. 7. bis 25. 9. 2018 (mehr als zwei Monate) vollzeiterwerbstätig sein, könnte das Kind für den Monat August nicht berücksichtigt werden.[1]
>
> **Abwandlung:**
> Hätte T zunächst z. B. eine Ausbildung als Arzthelferin absolviert, könnte bei einem anschließenden Medizinstudium noch von einer Erstausbildung ausgegangen werden. Der Umfang einer etwaigen Erwerbstätigkeit würde dann keine Rolle spielen.

188   Ein **Ausbildungsdienstverhältnis** ist unschädlich. Es liegt dann vor, wenn die Ausbildungsmaßnahme Gegenstand des Dienstverhältnisses ist.[2] Zu den Ausbildungsdienstverhältnissen zählen z. B. die Berufsausbildungsverhältnisse gem. § 1 Abs. 3, §§ 4 bis 52 BBiG. Dementsprechend liegt kein Ausbildungsdienstverhältnis vor, wenn die Berufsausbildung oder das Studium nicht Gegenstand des Dienstverhältnisses ist, auch wenn die Berufsbildungsmaßnahme oder das

---

1 Vgl. A 20.3 DA-KG.
2 Vgl. A 20.3.2 DA-KG.

Studium seitens des Arbeitgebers durch Hingabe von Mitteln, z. B. eines Stipendiums, gefördert wird. Beispiele für ein Ausbildungsdienstverhältnis: Referendariat bei Lehramtsanwärtern und Rechtsreferendaren, duale Studiengänge, Dienstverhältnis von Beamtenanwärtern und Aufstiegsbeamten, Dienstverhältnis eines Berufssoldaten während des Studiums an einer Bundeswehrhochschule. Anerkennungsjahr bei einer Erzieherausbildung, sog. PreMaster-Programm.[1] Die nach dem Erwerb der Laufbahnbefähigung in der Bundeswehr üblichen Verwendungslehrgänge im Rahmen der Tätigkeit als Zeitsoldat machen das Dienstverhältnis nicht zu einem Ausbildungsdienstverhältnis.[2] Insoweit gehören Lehrgänge, die ein Angehöriger der Bundeswehr nach seiner Ernennung zum Leutnant i. R. d. militärfachlichen Ausbildung absolviert, nicht mehr zur erstmaligen Berufsausbildung.[3]

BEISPIEL: S absolvierte nach dem Fachabitur zunächst eine Ausbildung zur medizinischen Fachangestellten. Seit 2018 absolviert sie eine weitere Ausbildung als Versicherungskauffrau. Es handelt sich zwar um eine – nicht im sachlichen Zusammenhang mit der Erstausbildung stehende – Zweitausbildung, da diese aber im Rahmen eines Ausbildungsdienstverhältnisses absolviert wird, stehen den Eltern die kindbedingten Vergünstigungen zu.

Eine **geringfügige Beschäftigung** i. S. d. §§ 8 und 8a SGB IV ist ebenfalls unschädlich. Sie liegt z. B. vor, wenn das Arbeitsentgelt aus dieser Beschäftigung regelmäßig im Monat 450 € nicht überschreitet (geringfügig entlohnte Beschäftigung). Das gilt nicht, wenn gleichzeitig mehrere geringfügige Beschäftigungsverhältnisse bestehen und das Entgelt hieraus insgesamt mehr als 450 € beträgt. Die wöchentliche Arbeitszeit und die Anzahl der monatlichen Arbeitseinsätze sind dabei unerheblich. Die Frage der Geringfügigkeit ist – wie im Sozialrecht – im Rahmen einer vorausschauenden Betrachtung zu beurteilen.[4]

Eine geringfügige Beschäftigung kann neben einer Erwerbstätigkeit nur ausgeübt werden, wenn dadurch insgesamt die **20-Stunden-Grenze** nicht überschritten wird. Bei der Beurteilung, ob ein geringfügiges Beschäftigungsverhältnis vorliegt, ist grds. die **Einstufung des Arbeitgebers** maßgeblich. Hierzu kann eine Bescheinigung des Arbeitgebers oder ein anderer Nachweis vorgelegt werden.

(Einstweilen frei)

e) Monatsprinzip bei der Prüfung der Voraussetzungen

Bei der Prüfung, ob die Voraussetzungen des § 32 Abs. 4 Satz 1 bis 3 EStG vorliegen, ist auf den Kalendermonat abzustellen. Es genügt, wenn in dem jeweiligen Monat an einem Tag die Anspruchsvoraussetzungen vorliegen.

BEISPIEL: Tochter T schließt nach dem Abitur zunächst eine Berufsausbildung als technische Zeichnerin ab und studiert ab 2016 Soziologie. Ab dem 20. 7. 2018 nimmt T unbefristet eine Teilzeitbeschäftigung mit 30 Stunden pro Woche auf. Aufgrund des Studiums ist T nach § 32 Abs. 4 Satz 1 Nr. 2 Buchst. a EStG zu berücksichtigen. Das Studium wird jedoch nach Abschluss einer erstmaligen Berufsausbildung (ohne sachlichen Zusammenhang dazu) durchgeführt, so dass T nach § 32 Abs. 4 Satz 2 EStG nur berücksichtigt werden kann, wenn sie keiner Erwerbstätigkeit nachgeht. Die Erwerbstätigkeit ist gem. § 32 Abs. 4 Satz 3 EStG zwar grds. als schädlich einzustufen. T kann aber für jeden Kalendermonat berück-

---

1 Vgl. FG Baden-Württemberg v. 4. 12. 2013 - 1 K 775/13, rkr., NWB DokID: IAAAE-61484.
2 Vgl. BFH v. 23. 6. 2015 - III R 37/14, BStBl 2016 II 55; BFH v. 16. 9. 2015 - III R 6/15, BStBl 2016 II 281; BFH v. 22. 2. 2016 – III R 20/15, BStBl 2017 II 913 = NWB DokID: PAAAG-47396.
3 Vgl. BFH v. 9. 3. 2016 - III B 146/15, BFH/NV 2016, 918 = NWB DokID: NAAAF-71532.
4 Vgl. BFH v. 3. 4. 2014 - III B 159/13, BFH/NV 2014, 1037 = NWB DokID: CAAAE-65760.

sichtigt werden, in dem wenigstens an einem Tag die Anspruchsvoraussetzungen – hier „keiner Erwerbstätigkeit nachgeht" – vorgelegen haben, somit für die Monate Januar bis Juli 2018. Für die Monate August bis Dezember 2018 kann T nicht berücksichtigt werden.

197–200 (*Einstweilen frei*)

V. Verlängerungstatbestände (§ 32 Abs. 5 EStG)

201 Die **Berücksichtigungszeiten** (Berufsausbildung und Übergangszeiten bis 25 sowie Arbeitslosigkeit bis 21 Jahre) verlängern sich gem. § 32 Abs. 5 Satz 1 EStG, wenn das Kind

- den gesetzlichen Grundwehrdienst oder Zivildienst geleistet hat (um die Dauer des Grundwehr- oder Zivildienstes),
- sich freiwillig anstelle des gesetzlichen Grundwehr- oder Zivildienstes für eine Dauer von nicht mehr als drei Jahren zum Wehrdienst oder zum Grenzschutzdienst verpflichtet hat (um die Dauer des inländischen Grundwehrdienstes oder bei anerkannten Kriegsdienstverweigerern um die Dauer des inländischen Zivildienstes),
- eine vom gesetzlichen Grundwehrdienst oder Zivildienst befreiende Tätigkeit als Entwicklungshelfer i. S. d. § 1 Abs. 1 des Entwicklungshelfergesetzes ausgeübt hat (für einen der Dauer der Tätigkeit entsprechenden Zeitraum, höchstens um die Dauer des inländischen Grundwehrdienstes oder bei anerkannten Kriegsdienstverweigerern um die Dauer des inländischen Zivildienstes). Weitere Voraussetzung ist jeweils, dass das Kind den Dienst oder die Tätigkeit vor dem 1. 7. 2011 angetreten hat.

202 Der Verlängerungszeitraum entspricht auch dann dem der anzurechnenden Dienstzeit, wenn der Dienst nicht am Monatsersten angetreten wurde und daher im ersten Monat des Wehr- bzw. Zivildienstes noch Kindergeld bezogen wurde.[1] Die Verlängerung ist möglich, auch wenn in der seinerzeitigen Dienstzeit die Eltern gleichwohl Anspruch auf Kindergeld oder die Freibeträge für Kinder hatten.[2] Eine Verlängerung wegen der Leistung eines freiwilligen sozialen Jahres anstatt des Zivildienstes ist nicht möglich.[3] Verpflichtet sich ein Kind zu einem mehrjährigen Dienst im Katastrophenschutz (z. B. Dienst bei der freiwilligen Feuerwehr) und wird es deshalb vom Wehrdienst freigestellt, erwächst daraus ebenfalls keine Verlängerung der Berücksichtigungsfähigkeit über das 25. Lebensjahr hinaus.[4]

203 Der Anspruch auf die Berücksichtigung eines Kindes gem. § 32 Abs. 5 EStG verlängert sich höchstens um die in dem jeweiligen **Verpflichtungsgesetz** geforderte Dauer des Dienstes (v. 1. 1. 1996 bis 30. 6. 2000: Wehrdienst [WD] 10 Monate, Zivildienst [ZD] 13 Monate; v. 1. 7. 2000 bis 31. 12. 2001: WD 10 Monate, ZD 11 Monate; v. 1. 1. 2002 bis 30. 9. 2004: WD 9 Monate, ZD 10 Monate; v. 1. 10. 2004 bis 31. 12. 2010: WD 9 Monate, ZD 9 Monate; v. 1. 1. 2011 bis 30. 6. 2011: WD 6 Monate, ZD 6 Monate). Wird nach dem 1. 1. 2011 Grundwehrdienst oder Zivildienst mit der für 2010 vorgeschriebenen Dauer (WD 9 Monate, ZD 9 Monate) geleistet, ist dieser Zeitraum maßgeblich. Der Verlängerungszeitraum schließt auch die Dauer eines freiwilligen zusätzlichen Zivildienstes nach § 41a ZDG ein, nicht jedoch die Dauer eines freiwilligen

---

1 Vgl. BFH v. 27. 8. 2008 - III R 88/07, BFH/NV 2009, 132 = NWB DokID: RAAAD-00208; BFH v. 20. 5. 2010 - III R 4/10, BStBl 2010 II 827.
2 Vgl. BFH v. 5. 9. 2013 - XI R 12/12, BStBl 2014 II 39.
3 Vgl. BFH v. 31. 3. 2014 - III B 147/13, BFH/NV 2014, 1035 = NWB DokID: YAAAE-64999.
4 Vgl. BFH v. 19.10.2017 - III R 8/17, BStBl 2018 I 399 = NWB DokID: TAAAG-81059.

zusätzlichen Wehrdienstes nach § 6b WPflG bzw. des freiwilligen Wehrdienstes nach dem 7. Abschn. des WPflG.

Wird der gesetzliche Grundwehrdienst oder Zivildienst in einem Mitgliedstaat der Europäischen Union oder einem Staat, auf den das Abkommen über den Europäischen Wirtschaftsraum Anwendung findet, geleistet, so ist die Dauer dieses Dienstes maßgebend (§ 32 Abs. 5 Satz 2 EStG).

Gemäß § 32 Abs. 5 Satz 3 EStG gilt Absatz 4 Satz 2 und 3 entsprechend. Danach ist zu beachten, dass z. B. bei einem über 25 Jahre alten Sohn in Berufsausbildung, die Berücksichtigungszeit wegen des seinerzeit geleisteten Grundwehr-/Zivildienstes zwar zu verlängern ist, die Berücksichtigung aber dennoch daran scheitern kann, wenn sich das Kind in der Zweitausbildung bzw. im Zweitstudium befindet und einer schädlichen Erwerbstätigkeit nachgeht.

(Einstweilen frei)

VI. Kindbedingte Freibeträge (§ 32 Abs. 6 EStG)

1. Grundlagen der Freibeträge für Kinder (§ 32 Abs. 6 Satz 1 bis 5 EStG)

a) Art und Höhe der Freibeträge für Kinder (§ 32 Abs. 6 Satz 1 und 2 EStG)

Zur Abdeckung des sächlichen Existenzminimums des Kindes wird bei der Veranlagung zur Einkommensteuer der Eltern für jedes zu berücksichtigende Kind grds. ein sog. Kinderfreibetrag vom Einkommen abgezogen. Der Kinderfreibetrag beträgt bis 2008 1 824 € / 3 648 €, für 2009 1 932 € / 3 864 € und für 2010 bis 2014 2 184 € / 4 368 € jährlich (Anhebung gem. Familienleistungsgesetz v. 22. 12. 2008[1] bzw. Wachstumsbeschleunigungsgesetz v. 22. 12. 2009[2]). Ab 2015 erfolgte ein weitere Anhebung des Kinderfreibetrags.[3] Die ausgebliebene Anpassung für 2014 steht auf dem Prüfstand.[4] Die Einkommensteuerfestsetzungen für Veranlagungszeiträume ab 2001 ergehen hinsichtlich der Höhe der kindbezogenen Freibeträge nach § 32 Abs. 6 Satz 1 und 2 EStG vorläufig.[5] Den in Rechtsbehelfsverfahren gegen die Festsetzung der Einkommensteuer, des Solidaritätszuschlags und der Kirchensteuer für den Veranlagungszeitraum 2014 gestellten Anträgen auf Aussetzung der Vollziehung ist zu entsprechen, soweit unter Berücksichtigung eines um 72 € erhöhten Kinderfreibetrags je Kind die Steuer herabzusetzen wäre.[6] Eine weitergehende Aussetzung der Vollziehung ist nicht möglich.[7]

---

[1] Vgl. BGBl 2008 I 2955.

[2] Vgl. BGBl 2009 I 3950.

[3] Vgl. die Anhebung für 2015 bzw. 2016 gem. Gesetz zur Anhebung des Grundfreibetrags, des Kinderfreibetrags, des Kindergeldes und des Kinderzuschlags v. 16. 7. 2015, BGBl 2015 I 1202, auf 2 256 €/4 512 € für 2015 bzw. 2 304 €/4 608 für 2016. Für 2017 ist eine weitere Anhebung auf 2 358 €/4 716 € bzw. für 2018 auf 2 394 €/4 788 € beschlossen worden mit dem Gesetz zur Umsetzung der EU-Amtshilferichtlinie und von weiteren Maßnahmen gegen Gewinnverkürzungen und -verlagerungen v. 20.12.2016, BGBl 2016 I 3000.

[4] Vgl. FG Niedersachsen v. 16. 2. 2016 - 7 V 237/15, NWB DokID: TAAAF-68206; sowie FG Niedersachsen, Vorlagebeschluss an das BVerfG v. 2. 12. 2016 - 7 K 83/16, EFG 2017, 668, Az. des BVerfG: 2 BvL 3/17. Revision BFH: III R 13/17.

[5] Vgl. BFH v. 27.7.2017 - III R 1/09, BStBl 2018 II 96, zur Verfassungsmäßigkeit der Freibeträge für die Jahre 2000 bis 2004.

[6] Vgl. BMF v. 11. 4. 2016, BStBl 2016 I 450.

[7] Vgl. BFH v. 21. 7. 2016 - V B 37/16, BStBl 2017 II 28 = NWB DokID: DAAAF-80561.

Kalenderjahr	Höhe des Jahres-Kinderfreibetrages (für nicht zusammenveranlagte Eltern eines Kindes)	Höhe des Jahres-Kinderfreibetrages (für zusammenveranlagte Eltern)
2002 bis 2008	1 824 €	3 648 €
2009	1 932 €	3 864 €
2010 bis 2014	2 184 €	4 368 €
2015	2 256 €	4 512 €
2016	2 304 €	4 608 €
2017	2 358 €	4 716 €
2018	2 394 €	4 788 €
2019*	2 490 €	4 980 €
2020*	2 586 €	5 172 €

* entsprechend dem Familienentlastungsgesetz.[1]

212 Ab dem 1.1.2002 wurde zusätzlich zum Kinderfreibetrag ein sog. Freibetrag für den Betreuungs- und Erziehungs- oder Ausbildungsbedarf i.H.v. 2 160 € (monatlich = 180 €) für zusammenveranlagte Eltern bzw. 1 080 € (monatlich = 90 €) für Elternteile eingeführt, um den Forderungen des BVerfG nach der Sicherstellung des Betreuungsbedarfs aller Eltern gerecht zu werden.[2] Der Anspruch auf den Freibetrag für den Betreuungs- und Erziehungs- oder Ausbildungsbedarf ist deckungsgleich mit dem Anspruch auf den Kinderfreibetrag. Zum 1.1.2010 wurde dieser Freibetrag auf 1 320 € bzw. 2 640 € angehoben.

213–215 *(Einstweilen frei)*

b) Anspruch auf die halben/vollen Freibeträge (§ 32 Abs. 6 Satz 3 EStG)

216 Grundsätzlich steht jedem Elternteil zunächst sein (halber) Freibetrag gem. § 32 Abs. 6 Satz 1 EStG zu. Somit ist, soweit bei einem unbeschränkt steuerpflichtigen Elternpaar die Voraussetzungen für die Ehegattenbesteuerung[3] nicht vorliegen (dauernd getrennt lebende oder geschiedene Eltern, Eltern nichtehelicher Kinder) oder wenn für Ehegatten die Zusammenveranlagung wegen eines Antrags auf Veranlagung nach § 26a EStG nicht durchgeführt wird, bei jedem Elternteil der halbe Freibetrag für jeden zu berücksichtigenden Monat abzuziehen (Halbteilungsgrundsatz).[4]

217 Der **volle Kinderfreibetrag bzw. Freibetrag für den Betreuungs- und Erziehungs- oder Ausbildungsbedarf** wird gem. § 32 Abs. 6 Satz 2 EStG unbeschränkt steuerpflichtigen Ehegatten – gemeinsam – gewährt, die nicht dauernd getrennt leben und für den betreffenden Veranlagungszeitraum zusammen veranlagt werden,[5] wenn das Kind zu beiden Ehegatten in einem Kindschaftsverhältnis steht. Ein voller Kinderfreibetrag bzw. Freibetrag für den Betreuungs-

---

1 Vgl. BGBl 2018 I 2210.
2 Vgl. *Hillmoth*, INF 2002, 513.
3 Vgl. § 26 Abs. 1 EStG.
4 Vgl. *Greite*, Der Halbteilungsgrundsatz im Familienleistungsausgleich, FR 2012, 684.
5 Vgl. § 26b EStG.

und Erziehungs- oder Ausbildungsbedarf für einen Elternteil wird gem. § 32 Abs. 6 Satz 3 EStG auch in folgenden Fällen angesetzt:[1]

- der andere Elternteil ist verstorben,
- der Wohnsitz oder Aufenthaltsort des anderen Elternteils ist nicht zu ermitteln, der Vater des Kindes ist amtlich nicht feststellbar, diese Regelung ist auch anzuwenden, wenn eine Mutter den Behörden den Namen des Vaters nicht bekannt gibt,[2]
- der andere Elternteil ist nicht unbeschränkt steuerpflichtig,
- der Steuerpflichtige hat das Kind allein angenommen,
- das Kind steht nur zum Steuerpflichtigen in einem Pflegekindschaftsverhältnis.

(Einstweilen frei) 218–220

c) Prinzip der Kürzung der Freibeträge für Auslandskinder (§ 32 Abs. 6 Satz 4 EStG)

Bei Kindern mit Wohnsitz oder gewöhnlichem Aufenthalt im Ausland („Auslandskinder") ermäßigt sich die Höhe der Freibeträge entsprechend den Verhältnissen des Wohnsitzstaates des Kindes – Ländergruppeneinteilung gem. § 32 Abs. 6 Satz 4 EStG.[3] Dabei handelt es sich um Kinder, die nicht unbeschränkt steuerpflichtig i. S. v. § 1 Abs. 1 oder 2 EStG sind. Beschränkt Steuerpflichtige erhalten keinen Kinderfreibetrag bzw. Betreuungsfreibetrag.[4] 221

(Einstweilen frei) 222–225

d) Monatsprinzip beim Anspruch auf die Freibeträge (§ 32 Abs. 6 Satz 5 EStG)

Für jeden Kalendermonat, in dem die Voraussetzungen für einen Freibetrag für Kinder nach § 32 Abs. 6 Satz 1 bis 4 EStG nicht vorliegen, ermäßigen sich die dort genannten Beträge um ein Zwölftel. 226

Monatsbetrag des Kinderfreibetrags für z. B. getrennt lebende Elternteile (Betrag je Elternteil)	Monatsbetrag des Kinderfreibetrags für zusammenveranlagte Ehegatten
182 € (2010 bis 2014)	364 € (2010 bis 2014)
188 € (2015)	376 € (2015)
192 € (2016)	384 € (2016)
196,50 € (2017)	393 € (2017)
199,50 € (2018)	399 € (2018)
Monatsbetrag des Freibetrags für den Betreuungs- und Erziehungs- oder Ausbildungsbedarf für z. B. getrennt lebende Elternteile (Betrag je Elternteil)	Monatsbetrag des Freibetrags für den Betreuungs- und Erziehungs- oder Ausbildungsbedarf für zusammenveranlagte Ehegatten
110 € (ab 2010)	220 € (ab 2010)

(Einstweilen frei) 227–230

---

[1] Vgl. § 32 Abs. 6 Satz 3 EStG i. V. m. R 32.12 EStR.
[2] Vgl. OFD Hannover v. 12. 8. 1997„ NWB DokID: EAAAA-84212.
[3] Vgl. zur Ländergruppeneinteilung für 2014 bis 2016: BMF v. 18. 11. 2013, BStBl 2013 I 1462, ab 2017 BMF v. 20. 10. 2016, BStBl 2016 I 1183.
[4] Vgl. § 50 Abs. 1 Satz 4 EStG.

2. Übertragung der Freibeträge auf einen anderen Elternteil (§ 32 Abs. 6 Sätze 6 bis 11 EStG)

a) Überblick über die Möglichkeit der Übertragung der Freibeträge

231 Es besteht die Möglichkeit, auf Antrag den (halben) Kinderfreibetrag eines Elternteils, der seiner Unterhaltspflicht nicht erfüllt, auf den anderen Elternteil zu übertragen, wenn dieser, nicht jedoch der andere Elternteil seiner Unterhaltspflicht gegenüber dem Kind für das Kalenderjahr im Wesentlichen nachkommt.[1] Ab 2012 gilt dies auch, wenn der andere Elternteil mangels Leistungsfähigkeit gar nicht unterhaltspflichtig ist. Eine Übertragung scheidet aus für Zeiträume, für die Unterhaltsleistungen nach dem Unterhaltsvorschussgesetz gezahlt werden.[2]

232 Die Übertragung unter Eltern ist nur möglich, wenn die Voraussetzungen der Ehegattenveranlagung gem. § 26 Abs. 1 Satz 1 EStG nicht vorliegen. Der Kinderfreibetrag kann auch auf Antrag auf einen Stiefelternteil oder Großeltern übertragen werden, wenn sie das Kind in ihren Haushalt aufgenommen haben.[3]

233 Gegebenenfalls kann auch der grds. jedem Elternteil zustehende Freibetrag für den Betreuungs- und Erziehungs- oder Ausbildungsbedarf separat übertragen werden.

234–235 (Einstweilen frei)

b) Grundlagen der Übertragung des Kinderfreibetrags auf den anderen Elternteil (§ 32 Abs. 6 Satz 6 und 7 EStG)

236 Bei einem unbeschränkt steuerpflichtigen Elternpaar, bei dem die Voraussetzungen für eine Ehegattenveranlagung nicht vorliegen, wird gem. § 32 Abs. 6 Satz 6 EStG auf Antrag eines Elternteils der dem anderen zustehende Kinderfreibetrag auf ihn übertragen, wenn er, nicht jedoch der andere Elternteil, seiner Unterhaltspflicht gegenüber dem Kind für das Kalenderjahr im Wesentlichen nachkommt oder der andere Elternteil mangels Leistungsfähigkeit nicht unterhaltspflichtig ist.

237 Der Elternteil, bei dem ein **minderjähriges Kind** lebt, kommt seiner Unterhaltsverpflichtung durch die Pflege und Erziehung des Kindes nach.[4] Eine Unterhaltsverpflichtung kann auch durch Gewährung von Naturalunterhalt in Form von freier Kost und Unterkunft erfüllt werden. Dagegen kann die Unterhaltsverpflichtung gegenüber einem **volljährigen Kind** grds. nicht in Form von Betreuungs- und Versorgungsleistungen erbracht werden.

238 Der Elternteil, in dessen Obhut sich ein Kind nicht befindet, ist grds. zur Zahlung von **Barunterhalt** verpflichtet. Ein Elternteil ist gegenüber einem minderjährigen Kind, das nicht bei ihm wohnt und gegenüber einem volljährigen Kind allerdings nur dann zur Leistung von Unterhalt verpflichtet, wenn er leistungsfähig und das Kind unterhaltsbedürftig ist. Bei der Prüfung, ob ein Elternteil seiner Unterhaltsverpflichtung nachgekommen ist, ist der durch Urteil oder Vertrag festgelegte Betrag maßgebend. Soweit die Höhe der Verpflichtung nicht bestimmt worden ist, ist sie unter Anwendung der sog. „Düsseldorfer Tabelle" zu ermitteln.

---

1 Vgl. BFH v. 26. 2. 2002 - VIII R 90/98, BFH/NV 2002, 1137 = NWB DokID: XAAAA-68908; BFH v. 8. 4. 2003 - VIII B 2/03, BFH/NV 2003, 917 = NWB DokID: XAAAA-71214.
2 Vgl. BMF v. 28. 6. 2013, BStBl 2013 I 845.
3 Vgl. Hillmoth, INF 1997, 417.
4 Vgl. § 1606 Abs. 3 BGB; R 32.13 Abs. 2 Satz 2 EStR.

Ein Elternteil kommt seiner **Barunterhaltsverpflichtung** gegenüber dem **Kind im Wesentlichen** 239
nach, wenn er sie mindestens zu 75 % erfüllt. Maßgebend ist der Zeitraum, für den die Zahlungen bestimmt sind.[1] Soweit die Verpflichtung nicht ganzjährig bestanden hat, ist für die Beurteilung, ob und inwieweit sie erfüllt worden ist, auf den Verpflichtungszeitraum abzustellen.[2] Der BFH hat den Halbteilungsgrundsatz wiederholt bestätigt.[3] Es erfolgt auch keine Übertragung auf den anderen Elternteil, wenn der Beitrag eines Elternteils zum Unterhaltsbedarf des Kindes zwar verhältnismäßig geringfügig ist, er durch den Beitrag aber seiner konkreten Unterhaltsverpflichtung nicht nur zu einem unwesentlichen Teil nachkommt.

BEISPIEL: ▶ Die Eltern sind geschieden. Der Vater ist zu einer Barunterhaltsverpflichtung von 100 € verpflichtet. Er zahlt auch durchschnittlich 80 € monatlich und erfüllt somit seine Unterhaltsverpflichtung zu 80 %. Der Antrag der Mutter auf Übertragung des halben Kinderfreibetrags des Vaters auf sich wird abgelehnt, da der Vater seine Verpflichtung zu mehr als 75 % erfüllt hat.

Elternteile, die **mangels finanzieller Leistungsfähigkeit nicht unterhaltspflichtig** sind,[4] wurden 240
bis 2011 steuerlich so behandelt, als ob sie ihrer Unterhaltsverpflichtung nachgekommen sind.[5] Die Übertragung ist in diesen Fällen bis 2011 ausgeschlossen. Ab 2012 ist eine Übertragung gem. § 32 Abs. 6 Satz 6 letzter Halbsatz EStG auch dann möglich, wenn der andere Elternteil mangels Leistungsfähigkeit nicht unterhaltspflichtig ist. Hierdurch wird sichergestellt, dass der Elternteil, der die volle Belastung trägt, auch die gesamte steuerliche Entlastung beanspruchen kann.[6]

Eine Übertragung scheidet jedoch nach § 32 Abs. 6 Satz 7 EStG für Zeiträume aus, für die Unterhaltsleistungen nach dem Unterhaltsvorschussgesetz gezahlt werden.[7] 241

Stellt ein Elternteil den anderen Elternteil von der **Unterhaltsverpflichtung** gegenüber einem 242
gemeinsamen Kind gegen ein – den geschätzten Unterhaltsansprüchen des Kindes entsprechendes – Entgelt frei und bestreitet dann auch den vollen Unterhalt, so liegt darin gleichzeitig eine Unterhaltserfüllung des freigestellten Elternteils mit der Folge, dass dieser seinen Anspruch auf einen halben Freibetrag behält.[8] Werden im Rahmen eines gerichtlichen Vergleichs alle Unterhaltsansprüche mit Zugewinnausgleich verrechnet, so wird die Unterhaltspflicht damit erfüllt. Die Übertragung kann dann nicht mit der Begründung verlangt werden, dass der verrechnete Unterhalt, gemessen am gesamten Bedarf, nur verhältnismäßig geringfügig gewesen sei.[9]

(*Einstweilen frei*) 243–250

---

1 Vgl. BFH v. 11.12.1992 - III R 7/90, BStBl 1993 II 397.
2 Vgl. R 32.13 Abs. 3 EStR.
3 Vgl. BFH v. 25.7.1997 - VI R 113/95, BStBl 1998 II 433; BFH v. 25.7.1997 - VI R 129/95, BStBl 1998 II 435.
4 Vgl. § 1603 BGB.
5 Vgl. BFH v. 25.7.1997 - VI R 107/96, BStBl 1998 II 329; BFH v. 25.7.1997 - VI R 124/95, BFH/NV 2000, 553 = NWB DokID: IAAAC-25782; BFH v. 8.12.2009 - III B 227/08, BFH/NV 2010, 639 = NWB DokID: PAAAD-38563.
6 Wenn der unterhaltsverpflichtete Elternteil durch Aufnahme des Kindes in seinen Haushalt sog. Betreuungsunterhalt leistet, ist dies dem Barunterhalt gleichwertig, BFH v. 15.6.2016 - III R 18/15, BStBl 2016 II 893.
7 Vgl. OFD Frankfurt v. 8.12.2011, DStR 2012, 463 = NWB DokID: UAAAE-02359; R 32.13 Abs. 4 Satz 1 EStR sowie die gesetzliche Klarstellung in § 32 Abs. 6 Satz 7 EStG durch das „Kroatiengesetz", BGBl 2014 I 1266.
8 Vgl. BFH v. 25.1.1996 - III R 137/93, BStBl 1997 II 21; BFH v. 27.10.2004 - VIII R 11/04, BFH/NV 2005, 343 = NWB DokID: CAAAB-41760; BFH v. 24.3.2006 - III R 57/00, BFH/NV 2006, 1815 = NWB DokID: GAAAB-91841.
9 Vgl. BFH v. 20.7.1998 - VI B 188/96, BFH/NV 1999, 172 = NWB DokID: CAAAA-62551.

c) Grundlagen der Übertragung des Freibetrags für den Betreuungs- und Erziehungs- oder Ausbildungsbedarf auf den anderen Elternteil (§ 32 Abs. 6 Satz 8 und 9 EStG)

251 Der jedem Elternteil zustehende Freibetrag für den Betreuungs- und Erziehungs- oder Ausbildungsbedarf von 1 320 € kann bei minderjährigen Kindern auch auf den **anderen Elternteil** übertragen werden. Der dem Elternteil, in dessen Wohnung das minderjährige Kind nicht gemeldet ist, zustehende Freibetrag für den Betreuungs- und Erziehungs- oder Ausbildungsbedarf wird auf Antrag des anderen Elternteils übertragen.[1] Die Übertragung ist ausgeschlossen, wenn das Kind bei beiden Elternteilen oder bei keinem von ihnen gemeldet ist.[2] Ab 2012 billigt der Gesetzgeber dem anderen Elternteil ein Vetorecht zu. Eine Übertragung scheidet ab 2012 gem. § 32 Abs. 6 Satz 9 EStG aus, wenn der Übertragung widersprochen wird, weil der Elternteil, bei dem das Kind nicht gemeldet ist, (auch) Kinderbetreuungskosten trägt oder das Kind regelmäßig in einem nicht unwesentlichen Umfang betreut.[3] Das Vetorecht ist möglich, wenn der Elternteil das Kind nach einem weitgehend gleichmäßigen Betreuungsrhythmus tatsächlich in der vereinbarten Abfolge mit einem zeitlichen Betreuungsanteil von jährlich durchschnittlich 10 % betreut.[4]

252 Der Freibetrag für den Betreuungs- und Erziehungs- oder Ausbildungsbedarf kann unabhängig von der Übertragung des Kinderfreibetrags übertragen werden. Die Übertragung des Kinderfreibetrags führt andererseits nach Verwaltungsauffassung aber stets auch zur Übertragung des Freibetrags für den Betreuungs- und Erziehungs- oder Ausbildungsbedarf.[5]

> **BEISPIEL:** Die Eltern sind geschieden. Das 15-jährige Kind lebt bei der Mutter und ist auch nur bei ihr gemeldet. V kommt seiner Unterhaltsverpflichtung nicht nach und betreut das Kind auch nicht. M kann den Kinderfreibetrag und/oder den Freibetrag für den Betreuungs- und Erziehungs- oder Ausbildungsbedarf auf sich übertragen lassen.
>
> **Abwandlung:** V kommt seiner Unterhaltsverpflichtung nach. M kann zwar nicht den Kinderfreibetrag wohl aber den Freibetrag für den Betreuungs- und Erziehungs- oder Ausbildungsbedarf auf sich übertragen lassen, es sei denn, V weist nach, dass er auch Betreuungskosten trägt oder das Kind in einem nicht unwesentlichen Umfang betreut.
>
> **Abwandlung:** Das Kind ist volljährig. Die Übertragung des Freibetrags für den Betreuungs- und Erziehungs- oder Ausbildungsbedarf ist ausgeschlossen.
>
> **Abwandlung:** Das Kind wird im Laufe des Jahres volljährig. Die Übertragung ist nur für den Teil des Jahres möglich, in dem das Kind noch minderjährig ist.

253–255 *(Einstweilen frei)*

d) Grundlagen der Übertragung der Freibeträge für Kinder auf Stief-/Großelternteil (§ 32 Abs. 6 Satz 10 und 11 EStG)

256 Der den Eltern zustehende Kinderfreibetrag bzw. Freibetrag für den Betreuungs- und Erziehungs- oder Ausbildungsbedarf kann gem. § 32 Abs. 6 Satz 10 EStG auf Antrag auch auf einen **Stiefeltern- oder Großelternteil** übertragen werden, wenn dieser das Kind in den Haushalt aufgenommen hat oder dieser einer Unterhaltspflicht gegenüber dem Kind unterliegt. Diese antragsabhängige Übertragungsmöglichkeit wurde geschaffen, weil Stief-/Großeltern auch grds.

---

[1] Vgl. BFH v. 27.10.2011 - III R 42/07, BStBl 2013 II 194.
[2] Vgl. *Hillmoth*, INF 2000, 65.
[3] Vgl. R 32.13 Abs. 4 Satz 3 EStR.
[4] Vgl. BFH v. 8.11.2017 - III R 2/16, BStBl 2018 II 266 = NWB DokID: GAAAG-77742.
[5] Vgl. BMF v. 28.6.2013, BStBl 2013 I 845, Rz. 5.

kindergeldberechtigt sein können. Die Übertragung kann einvernehmlich, aber auch auf – einseitigen – Antrag des Stief-/Großelternteils bei Nichterfüllung der Unterhaltsverpflichtung durch die Eltern erfolgen. Auf Antrag kann bei Haushaltsaufnahme der Kinderfreibetrag auf den Lebenspartner eines Elternteils übertragen werden.[1]

Unter Haushaltsaufnahme ist das örtlich gebundene Zusammenleben in einer gemeinsamen Wohnung zu verstehen. Das Kind muss in diesem Haushalt seine persönliche Versorgung und Betreuung finden und sich nicht nur zeitweise aufhalten. Ein Kind, das sich z. B. wechselweise im Haushalt der leiblichen Eltern und der Großeltern aufhält, ist nicht in den Haushalt der Großeltern aufgenommen.[2]

257

Ab 2012 wird nicht mehr allein auf die Haushaltsaufnahme abgestellt. Die Übertragung auf Großeltern ist auch möglich, wenn ohne eine Haushaltsaufnahme diese einer **Unterhaltspflicht** gegenüber dem Kind unterliegen. Bei einem Stiefelternteil kann eine Unterhaltspflicht nicht bestehen.[3]

258

Die Zustimmung des eigentlich anspruchsberechtigten Elternteils kann nur für künftige Kalenderjahre widerrufen werden (§ 32 Abs. 6 Satz 11 EStG).

259

(*Einstweilen frei*)

260–265

e) Verfahrensfragen und Zeitpunkt der Übertragung der Freibeträge

Der Übertragungsempfänger als Antragsteller muss darlegen, dass der andere Elternteil seiner Unterhaltsverpflichtung nicht nachgekommen ist.[4] In Zweifelsfällen ist dem anderen Elternteil Gelegenheit zu geben, sich zum Sachverhalt zu äußern.[5] Der Antrag auf Freibetragsübertragung kann bis zur materiellen Bestandskraft des Steuerbescheids zurückgenommen werden. Eine etwaige fehlerhafte Doppelberücksichtigung des Kinderfreibetrags kann nach § 174 AO bereinigt werden.

266

Der Freibetrag ist auf Antrag z. B. der Großeltern auch dann auf diese zu übertragen, wenn den Eltern kein Freibetrag mehr zusteht, weil sie einen Freibetrag nicht beantragt hatten und der Steuerbescheid bestandskräftig geworden ist. Ein Steuerbescheid ist auch dann gem. § 175 Abs. 1 Satz 1 AO zu ändern, wenn nicht nur die Zustimmung zur Übertragung nach Eintritt der Bestandskraft erteilt wurde, sondern auch der Antrag auf Übertragung erst nach diesem Zeitpunkt gestellt wurde.[6] Die Zustimmung zur Übertragung ist ggf. zivilrechtlich erzwingbar.[7] Erhebt der im Einspruchsverfahren hinzugezogene Elternteil Klage gegen die Übertragung des eigenen Kinderfreibetrags auf den anderen Elternteil, so ist dieser Elternteil notwendig beizuladen.[8]

267

(*Einstweilen frei*)

268–270

---

1 Vgl. BMF v. 17. 1. 2014, BStBl 2014 I 109.
2 Vgl. A 24 DA-KG.
3 Vgl. BMF v. 28. 6. 2013, BStBl 2013 I 845.
4 Vgl. BFH v. 4. 7. 2001 - VI B 301/98, BStBl 2001 II 729 i. V. m. R 32.13 Abs. 4 EStR.
5 Vgl. § 91 AO.
6 Vgl. BFH v. 10. 10. 1996 - III R 94/93, BFH/NV 1997, 104 = NWB DokID: UAAAA-96770.
7 Vgl. BGH v. 3. 4. 1996 - XII ZR 86/95, NJW 1996, 1894 = NWB DokID: GAAAA-18652; BFH v. 25. 7. 1997 - VI R 107/96, BStBl 1998 II 329.
8 Vgl. BFH v. 11. 5. 2005 - VI R 38/02, BStBl 2005 II 776.

f) Überblick über die Folgen der Übertragung der Freibeträge

271 Die Übertragung kann dazu führen, dass auch andere kindbedingte Entlastungen entfallen, z. B. der Entlastungsbetrag für Alleinerziehende (§ 24b EStG), der Ausbildungsfreibetrag (§ 33a Abs. 2 EStG), die Übertragung des dem Kind zustehenden Behinderten-Pauschbetrags (§ 33b Abs. 5 EStG) und die Ermäßigung von Zuschlagsteuern wie Solidaritätszuschlag und Kirchensteuer. Auch verändert sich ggf. der Prozentsatz der zumutbaren Belastung bei den außergewöhnlichen Belastungen (§ 33 Abs. 3 EStG) oder es kommt zu einer Verringerung oder Wegfall der Kinderzulage auch zur Riester-Förderung (§ 85 EStG) oder zum Wegfall des Anspruchs auf Wohnungsbauprämie.[1]

272–278 *(Einstweilen frei)*

C. Verfahrensfragen

279 Zu beachten ist, dass die in § 32 EStG geregelten Freibeträge für Kinder im Rahmen des Familienleistungsausgleichs nach § 31 EStG nur dann abzuziehen sind, wenn die gebotene steuerliche Entlastung der Eltern nicht schon durch das Kindergeld bewirkt worden ist. Insoweit sind die Regelungen zu § 32 EStG sowohl von den Finanzämtern als auch von den Familienkassen zu beachten.

280 Zu Verfahrensfragen und Zeitpunkt der Übertragung der Freibeträge für Kinder vgl. → Rz. 266. Der Antrag auf Freibetragsübertragung kann bis zur materiellen Bestandskraft des Steuerbescheids zurückgenommen werden. Eine etwaige fehlerhafte Doppelberücksichtigung des Kinderfreibetrags kann nach § 174 AO bereinigt werden. Die Übertragung der Freibeträge für Kinder kann dazu führen, dass auch andere kindbedingte Entlastungen entfallen.

281 Die Vorschrift des § 32 EStG steht seit jeher im Brennpunkt von Einspruchs- und Klageverfahren. Steuerbescheide ergehen hinsichtlich der Höhe der kindbedingten Freibeträge nach § 32 Abs. 6 Satz 1 und 2 EStG vorläufig. Der Vorläufigkeitsvermerk ist im Rahmen der verfahrensrechtlichen Möglichkeiten sämtlichen Einkommensteuerfestsetzungen für Veranlagungszeiträume ab 2001 mit einer Prüfung der Steuerfreistellung nach § 31 EStG sowie den mit derartigen Einkommensteuerfestsetzungen verbundenen Festsetzungen des Solidaritätszuschlags und der Kirchensteuer beizufügen.

§ 32a Einkommensteuertarif

(1)[2] [1]Die tarifliche Einkommensteuer bemisst sich nach dem zu versteuernden Einkommen. [2]Sie beträgt im Veranlagungszeitraum 2019 vorbehaltlich der §§ 32b, 32d, 34, 34a, 34b und 34c jeweils in Euro für zu versteuernde Einkommen

1. bis 9 168 Euro (Grundfreibetrag):
   0;

2. von 9 169 Euro bis 14 254 Euro:
   $(980{,}14 \cdot y + 1\,400) \cdot y;$

---

[1] Vgl. *Gunsenheimer*, NWB 2010, 2638.
[2] **Anm. d. Red.:** Zur Anwendung des § 32a Abs. 1 siehe § 52 Abs. 32a.

3. von 14 255 Euro bis 55 960 Euro:
   (216,16 · z + 2 397) · z + 965,58;

4. von 55 961 Euro bis 265 326 Euro:
   0,42 · x − 8 780,9;

5. von 265 327 Euro an:
   0,45 · x − 16 740,68.

³Die Größe „y" ist ein Zehntausendstel des den Grundfreibetrag übersteigenden Teils des auf einen vollen Euro-Betrag abgerundeten zu versteuernden Einkommens. ⁴Die Größe „z" ist ein Zehntausendstel des 14 254 Euro übersteigenden Teils des auf einen vollen Euro-Betrag abgerundeten zu versteuernden Einkommens. ⁵Die Größe „x" ist das auf einen vollen Euro-Betrag abgerundete zu versteuernde Einkommen. ⁶Der sich ergebende Steuerbetrag ist auf den nächsten vollen Euro-Betrag abzurunden.

(2) bis (4) (weggefallen)

(5) Bei Ehegatten, die nach den §§ 26, 26b zusammen zur Einkommensteuer veranlagt werden, beträgt die tarifliche Einkommensteuer vorbehaltlich der §§ 32b, 32d, 34, 34a, 34b und 34c das Zweifache des Steuerbetrags, der sich für die Hälfte ihres gemeinsam zu versteuernden Einkommens nach Absatz 1 ergibt (Splitting-Verfahren).

(6) ¹Das Verfahren nach Absatz 5 ist auch anzuwenden zur Berechnung der tariflichen Einkommensteuer für das zu versteuernde Einkommen

1. bei einem verwitweten Steuerpflichtigen für den Veranlagungszeitraum, der dem Kalenderjahr folgt, in dem der Ehegatte verstorben ist, wenn der Steuerpflichtige und sein verstorbener Ehegatte im Zeitpunkt seines Todes die Voraussetzungen des § 26 Absatz 1 Satz 1 erfüllt haben,

2. bei einem Steuerpflichtigen, dessen Ehe in dem Kalenderjahr, in dem er sein Einkommen bezogen hat, aufgelöst worden ist, wenn in diesem Kalenderjahr

   a) der Steuerpflichtige und sein bisheriger Ehegatte die Voraussetzungen des § 26 Absatz 1 Satz 1 erfüllt haben,

   b) der bisherige Ehegatte wieder geheiratet hat und

   c) der bisherige Ehegatte und dessen neuer Ehegatte ebenfalls die Voraussetzungen des § 26 Absatz 1 Satz 1 erfüllen.

²Voraussetzung für die Anwendung des Satzes 1 ist, dass der Steuerpflichtige nicht nach den §§ 26, 26a einzeln zur Einkommensteuer veranlagt wird.

Inhaltsübersicht

	Rz.
A. Allgemeine Erläuterungen	1 - 14
I. Normzweck und wirtschaftliche Bedeutung der Vorschrift	1 - 5
II. Geltungsbereich	6 - 14
B. Systematische Kommentierung	15 - 59
I. Grundtarif	15 - 22
II. Splittingtarif	23 - 44
1. Ehegatten-/Lebenspartner-Splitting	23 - 28
2. Verwitweten-Splitting	29 - 35
3. Gnaden- bzw. Sonder-Splitting	36 - 44

III. Verfassungsrechtliche Vorgaben	45 – 59
1. Steuerrechtliches Existenzminimum (Grundfreibetrag)	45 – 53
2. Halbteilungsgrundsatz	54 – 58
3. Kalte Progression	59

LITERATUR:

▶ Weitere Literatur siehe Online-Version

Haupt/Becker, Kinder in schlechter Verfassung? Zum Neuanlauf für eine verfassungsgerechte Familienbesteuerung, DStR 2013, 734; *Merkt*, Die Gleichstellung der eingetragenen Lebenspartnerschaft mit der Ehe im Einkommensteuerrecht, DStR 2013, 2312; *Bareis/Siegel*, Splitting als partielle Trauscheinsubvention – alles andere als „ausgewogene Berücksichtigung der steuerlichen Leistungsfähigkeit" – Stellungnahme zum Beitrag von *Sandweg*, DStR 2014, 2097, DStR 2015, 456; *Hechtner*, Das Gesetz zum Abbau der kalten Progression: Baut die Anhebung des Grundfreibetrags die kalte Progression vollständig ab?, StuW 2014, 132.

ARBEITSHILFEN UND GRUNDLAGEN ONLINE:

Einkommensteuer-Tarife-Berechnung, Berechnungsprogramm, NWB DokID: MAAAB-05505.

A. Allgemeine Erläuterungen

I. Normzweck und wirtschaftliche Bedeutung der Vorschrift

1 § 32a EStG stellt die zentrale Tarifvorschrift des Einkommensteuergesetzes dar. Die Höhe der tatsächlichen Steuerbelastung wird maßgeblich durch den anzuwendenden ESt-Tarif beeinflusst. Die jeweilige konkrete Ausgestaltung des teilweise linear-progressiven und teilweise proportionalen Tarifverlaufs ermöglicht es dem Gesetzgeber, unmittelbar Einfluss auf die Höhe der Steuereinnahmen aus der Einkommensteuer zu nehmen.[1]

2 § 32a Abs. 1 Satz 1 EStG wiederholt lediglich die Ausführungen des § 2 Abs. 5 Satz 1 2. Halbsatz EStG. Er stellt nochmals klar, dass sich die tarifliche Einkommensteuer in einem Veranlagungszeitraum nach dem in diesem erzielten zu versteuernden Einkommen (§ 2 Abs. 5 Satz 1 1. Halbsatz EStG) bemisst.[2] § 32a Abs. 1 Satz 2 EStG grenzt zum einen die aktuell fünf bestehenden Tarifzonen voneinander ab. Zum anderen wird die jeweilige mathematische Formel festgelegt, die für die Ermittlung der tariflichen Einkommensteuer in der unteren und der oberen Progressionstarifzone und den beiden Proportionaltarifzonen anzuwenden ist. § 32a Abs. 1 Satz 3 bis 5 EStG definieren die einzelnen Variablen der jeweiligen Tarifformel und ergänzen somit § 32a Abs. 1 Satz 2 EStG. § 32a Abs. 1 Satz 6 EStG enthält eine Rundungsvorschrift zugunsten des Steuerpflichtigen hinsichtlich des tariflichen Einkommensteuerbetrags.

3 § 32a Abs. 2 bis 4 EStG sind derzeit unbesetzt.

4 § 32a Abs. 5 EStG enthält die Tatbestandsvoraussetzungen für das Splitting-Verfahren (Ehegatten- bzw. Lebenspartner-Splitting) sowie Maßgaben zu dessen konkreter Umsetzung.[3]

---

1 Im Kalenderjahr 2017 betrug das ESt-Aufkommen 283 203 Mio. € (195 524 Mio. € aus der LSt, 59 428 Mio. € aus der veranlagten ESt, 20 918 Mio. € aus der nicht veranlagten ESt und 7 333 Mio. € aus der Abgeltungsteuer). Die ESt besitzt bei einem Gesamtsteueraufkommen i. H. v. 674 598 Mio. € (ohne reine Gemeindesteuern) noch vor der USt mit 226 355 Mio. € die größte haushaltspolitische Relevanz; vgl. Kassenmäßige Steuereinnahmen nach Steuerarten und Gebietskörperschaften, BMF v. 26.8.2018.

2 Vgl. zur Veranlagung ausführlich KKB/Egner/Geißler, § 25 EStG Rz. 16.

3 Zur Anwendung der Vorschriften des EStG in Bezug auf Ehegatten und Ehe auch auf eingetragene Lebenspartner und Lebenspartnerschaften s. ausführlich *Merkt*, DStR 2013, 2312; *Merkt*, DStR 2012, 1157.

§ 32a Abs. 6 EStG gewährt die Anwendung des Splitting-Verfahrens über den Fortbestand der Ehe oder Lebenspartnerschaft hinaus in bestimmten Fällen. Das sog. Verwitweten-Splitting kann gem. § 32a Abs. 6 Satz 1 Nr. 1 EStG Anwendung im Falle des Todes des Ehegatten oder Lebenspartners finden. Das sog. Gnaden- bzw. Sonder-Splitting nach § 32a Abs. 6 Satz 1 Nr. 2 EStG wird dem Steuerpflichtigen unter bestimmten Voraussetzungen im Falle der Scheidung und Wiederheirat des ehemaligen Ehegattens oder Lebenspartners gewährt.

II. Geltungsbereich

§ 32a EStG gilt nur für den Bereich der Einkommensteuer. Die allgemeine Tarifvorschrift wird von § 8 Abs. 1 KStG nicht erfasst.

Der Anwendungsbereich des § 32a Abs. 1 EStG erfährt bis auf die Bestimmungen in § 32a Abs. 1 Satz 2 EStG („*vorbehaltlich der §§ 32b, 32d, 34, 34a, 34b und 34c EStG*") keinerlei Einschränkungen. Dieser Teil der Tarifvorschrift kommt grundsätzlich bei der Veranlagung unbeschränkt und beschränkt Steuerpflichtiger zur Anwendung. Im Rahmen der Veranlagung eines beschränkt Steuerpflichtigen ist lediglich das Versagen des Grundfreibetrags gem. § 50 Abs. 1 Satz 2 EStG bei der Ermittlung der tariflichen Einkommensteuer zu berücksichtigen.[1]

Der Anwendungsbereich des § 32a Abs. 5 EStG (Ehegatten- bzw. Lebenspartner-Splitting) ist – ebenfalls vorbehaltlich der §§ 32b, 32d, 34, 34a, 34b und 34c EStG – generell nur unbeschränkt steuerpflichtigen Ehegatten oder Lebenspartnern eröffnet. Unterliegt einer der Ehegatten oder Lebenspartner der beschränkten oder keiner inländischen Steuerpflicht, ist die Einschlägigkeit der §§ 26 und 26b EStG[2] und somit auch des § 32a Abs. 5 EStG grundsätzlich ausgeschlossen. Im Speziellen sind jedoch die Regelungen des § 1a Abs. 1 Nr. 2 EStG zu beachten. Danach können beschränkt steuerpflichtige bzw. nicht steuerpflichtige Ehegatten oder Lebenspartner unter bestimmten Voraussetzungen (doppelter EU-/EWR-Bezug[3]) für die Anwendung der §§ 26 und 26b EStG als fiktiv unbeschränkt steuerpflichtig behandelt werden und in der Folge in den Anwendungsbereich des § 32a Abs. 5 EStG fallen.[4]

Das Splitting-Verfahren des § 32a Abs. 5 EStG findet unter Verwirklichung der weiteren Tatbestandsvoraussetzungen des § 32a Abs. 6 Satz 1 Nr. 1 EStG (Verwitweten-Splitting) und des § 32a Abs. 6 Satz 1 Nr. 2 EStG (Gnaden- bzw. Sonder-Splitting) ebenfalls ausschließlich bei nach § 26 Abs. 1 Satz 1 EStG unbeschränkt Steuerpflichtigen Anwendung.

(Einstweilen frei)

B. Systematische Kommentierung

I. Grundtarif

Das aktuelle Konzept des Tarifsystems stammt dem Grunde nach aus dem Jahr 1958.[5] Mit dem Gesetz zur Änderung steuerlicher Vorschriften auf dem Gebiet der Steuern vom Einkom-

---

1 Vgl. *Nacke* in Littmann/Bitz/Pust, § 32a EStG Rz. 22.
2 Zu den Voraussetzungen des § 26 EStG siehe auch KKB/Egner/Geißler, § 26 EStG, Rn 16.
3 Vgl. KKB/Blusz, § 1a EStG Rz. 44; für die Schweiz siehe BMF v. 28.2.2013, BStBl 2013 I 1325.
4 § 32a Abs. 5 EStG ist i.V.m. § 26 EStG des Weiteren auch auf erweitert unbeschränkt steuerpflichtige Personen i.S.d. § 1 Abs. 2 EStG anwendbar.
5 Für einen weiterreichenden Überblick zur Rechtsentwicklung des Grundtarifs siehe ausführlich *Wagner* in Blümich, § 32a EStG Rz. 7 ff., m.w.N.

men und Ertrag und des Verfahrensrechts (StÄndG 1958) v. 18.7.1958[1] wurden vier nach Einkommensbereichen gestaffelte Tarifzonen mit unterschiedlichen algebraischen Funktionen eingeführt (Anlage zu § 32a EStG 1958: „Einkommensteuertabelle"). Der bis dahin geltende einheitliche Formeltarif in Gestalt einer logarithmischen Funktion wurde aufgegeben.[2]

16 Für 2019 sieht die Tarifvorschrift des § 32a Abs. 1 EStG fünf Tarifzonen vor. Die erste Tarifzone ist dabei als Grundfreibetrag ausgestaltet. Bei einem zu versteuernden Einkommen bis zu einer Höhe von **9 168 €** (2020: 9 408 €) fällt keine tarifliche Einkommensteuer an. Die zweite und dritte Tarifzone sind linear-progressiv ausgestaltet.[3] Sie werden auch als untere bzw. obere Progressionszone bezeichnet. In der zweiten Tarifzone beträgt der Eingangssteuersatz 14,0 % und der höchste Grenzsteuersatz 24,0 %. In der dritten Tarifzone belaufen sich die entsprechenden Steuersätze auf 24,0 % und 42,0 %. Die vierte und fünfte Tarifzone sind jeweils als Proportionalzone mit einem Steuersatz von 42,0 % bzw. 45,0 % (Spitzensteuersatz) ausgestaltet. Im allgemeinen Sprachgebrauch wird die obere Proportionalzone häufig auch als „Reichensteuer" bezeichnet.

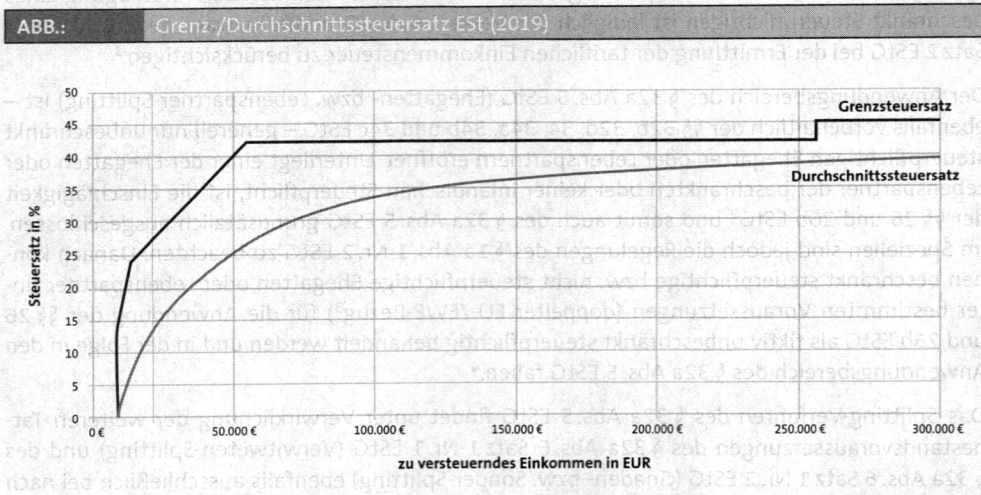

ABB.: Grenz-/Durchschnittssteuersatz ESt (2019)

17 Die progressive Ausgestaltung des Einkommensteuertarifs soll das im Ertragsteuerrecht herrschende Prinzip der Besteuerung nach der individuellen Leistungsfähigkeit umsetzen. Im Sinne der Gerechtigkeit und einer verhältnismäßigen Gleichheit soll der wirtschaftlich leistungsfähigere Steuerpflichtige einen höheren Prozentsatz seines Einkommens an den Fiskus zahlen.[4] In der Steuerwissenschaft ist derweilen die Notwendigkeit eines progressiven Tarifverlaufs für die Umsetzung des Leistungsfähigkeitsprinzips umstritten. Auch ein proportionaler Tarif („Flat tax") berücksichtigt letztendlich die individuelle Leistungsfähigkeit durch Anwendung auf eine leistungsabhängige Bemessungsgrundlage. Teilweise wird mit nachvollziehbaren Überlegungen sogar die Auffassung vertreten, der progressive Einkommensteuertarifverlauf wirke leis-

---

[1] Vgl. BGBl 1958 I 473.
[2] Zur Wirkungsweise verschiedener Tarifmodelle siehe ausführlich HHR/*Siegel*, § 32a EStG Rz. 4 ff., m.w.N.
[3] Mit Einführung des linear-progressiven Tarifs im Jahr 1990 wurde der seit Jahrzehnten kritisierte „Mittelstandsbauch" endgültig abgeschafft; vgl. *Lieb*, Direkte Steuerprogression, S. 149.
[4] Vgl. BVerfG v. 24.6.1958 - 2 BvF 1/57, BVerfGE 8, 51.

tungshemmend (Entscheidungsverzerrung zwischen Arbeit und Freizeit), setze Investitionsfehlanreize und bevorzuge durch die Berücksichtigung persönlicher Freibeträge Spitzenverdiener.[1]

(Einstweilen frei) 18–22

II. Splittingtarif

1. Ehegatten-/Lebenspartner-Splitting

Die aktuelle Konzeption des Splitting-Verfahrens stammt weitestgehend unverändert aus dem Jahr 1958. Sie stellte eine Reaktion des Gesetzgebers auf den Beschluss des BVerfG v. 17.1.1957[2] dar. Mit dem Beschluss wurde das bis dahin bestehende – in § 26 EStG i. d. F. vom 17.1.1952 (EStG 1951) verankerte – System der Ehegattenbesteuerung für nichtig erklärt. Grund hierfür war die Unvereinbarkeit der Norm mit Art. 6 Abs. 1 GG (besonderer Schutz der Ehe und Familie durch die staatliche Ordnung).[3] Ehegatten wurden bis zu diesem Zeitpunkt zwangsweise zusammen veranlagt. Gleichfalls wurde im Rahmen dieser Zusammenveranlagung ein Freibetrag von (nur) 600 DM eingeräumt. In der Folge wurden doppelt verdienende Ehegatten regelmäßig aufgrund des progressiven Tarifverlaufs schlechter gestellt als zwei unverheiratete und somit einzeln zu veranlagende Steuerpflichtige.[4] 23

Die Vorschriften zum Splitting-Verfahren in § 32a Abs. 5 EStG stellen einen eigenständigen ESt-Tarif dar. Dessen Abbildung erfolgt durch eine besondere Anwendungsregelung des Grundtarifs nach § 32a Abs. 1 EStG. Im Rahmen des Splitting-Verfahrens des § 32a Abs. 5 EStG wird das gemeinsame zu versteuernde Einkommen der Ehegatten oder Lebenspartner zunächst halbiert. Auf den so ermittelten Betrag wird der Grundtarif des § 32a Abs. 1 EStG angewendet. Als letzter Schritt erfolgt eine Verdopplung des für die Hälfte des gemeinsamen zu versteuernden Einkommens ermittelten Steuerbetrags. Bei diesem Betrag handelt es sich um die tarifliche Einkommensteuer der Ehegatten oder Lebenspartner.[5] 24

Die steuerlichen Auswirkungen des Splitting-Verfahrens lassen sich durch einen Vergleich der tariflichen Gesamtsteuerbelastung der betreffenden Steuerpflichtigen ermitteln. Hierzu ist die tarifliche Einkommensteuer bei Anwendung des Grundtarifs mit derjenigen bei Anwendung des Splittingtarifs zu vergleichen. Erzielen die Ehegatten oder Lebenspartner ein zu versteuerndes Einkommen in gleicher Höhe, ergibt sich kein Unterschied in deren Gesamtsteuerbelastung durch Anwendung des Splittingtarifs. Ebenfalls keine Differenz ergibt sich, soweit bei isolierter Betrachtung das jeweilige zu versteuernde Einkommen der Ehegatten oder Lebenspartner in die gleiche Proportionaltarifzone fällt. Die tarifliche Einkommensteuer vermindert sich jedoch durch die Anwendung des Splittingtarifs in allen Fällen, in denen unterschiedlich hohe Einkünfte durch die Ehegatten oder Lebenspartner erzielt werden und die Gesamteinkünfte der Ehegatten oder Lebenspartner nicht in den Bereich der gleichen Proportionaltarifzonen fallen. Der maximale Splittingvorteil beläuft sich auf eine tarifliche Gesamtsteuerminderung 25

---

1 Vgl. *Hey* in Tipke/Lang, § 8 Rz. 803, m. w. N.
2 Vgl. BVerfG v. 17.1.1957 - 1 BvL 4/54, BStBl 1957 I 193.
3 Zur Diskussion, ob aus dem Benachteiligungsverbot ein Förderungsgebot abzuleiten ist, siehe HHR/*Siegel*, § 32a EStG Rz. 11, m. w. N.
4 Hinsichtlich der in der Fachliteratur diskutierten Alternativen zum Ehegatten-Splitting (z. B. Familien-Splitting) siehe als Literatureinstieg *Nacke* in Littmann/Bitz/Pust, § 32a EStG Rz. 36 f., m. w. N.; *Haupt/Becker*, DStR 2013, 734; *Englisch/Becker*, ifst 510.
5 Ausführlich zum aktuellen Diskussionsstand siehe KKB/*Egner/Geißler*, § 26b EStG, Rz. 12 ff.

i. H. v. 16 740,68 € (ab VZ 2019; 17 078,74 € in 2020). Er tritt in der Einkünftekonstellation auf, in der einer der Ehegatten oder Lebenspartner keine Einkünfte und der andere Gesamteinkünfte i. H. v. 530 654 € (2020: 541 002 €) erzielt.

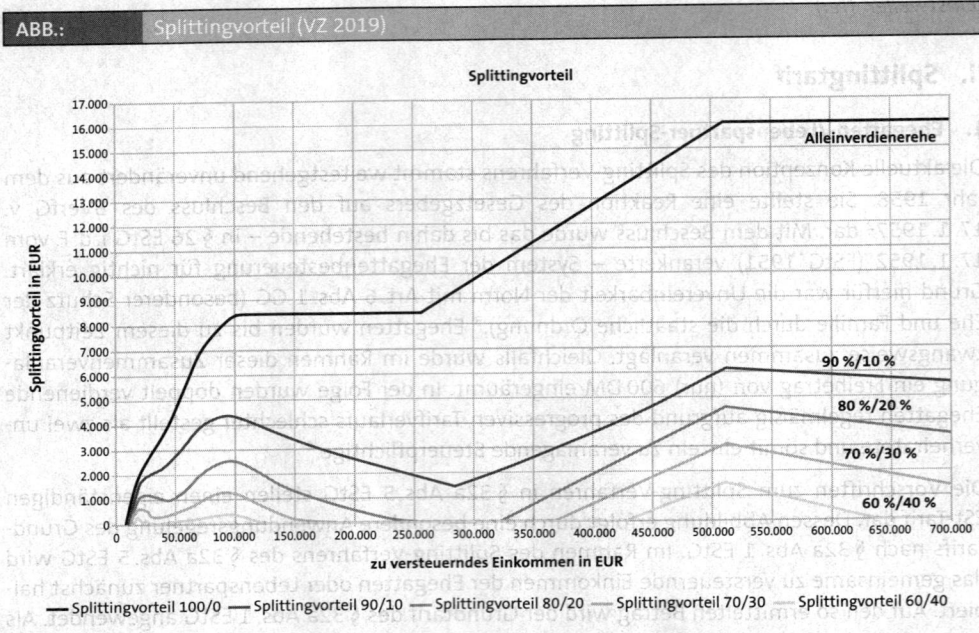

ABB.: Splittingvorteil (VZ 2019)

26–28 *(Einstweilen frei)*

2. Verwitweten-Splitting

29 Die Vorschrift des § 32a Abs. 6 Satz 1 Nr. 1 EStG sieht eine zeitliche Ausweitung der Anwendung des Splitting-Verfahrens gem. § 32a Abs. 5 EStG in bestimmten Fällen vor. Es handelt sich nicht um einen eigenen Splittingtarif.

30 Der Splittingtarif i. S. d. § 32a Abs. 5 EStG kommt bei verwitweten Steuerpflichtigen für den dem Todesjahr folgenden Veranlagungszeitraum zur Anwendung. Bedingung hierfür ist die Erfüllung der Tatbestandsvoraussetzungen des § 26 Abs. 1 Satz 1 EStG durch die Ehegatten oder Lebenspartner im Zeitpunkt des Todes. Die Anwendung des Splittingtarifs ist systematisch nicht konsequent. Es wird im betreffenden Veranlagungszeitraum nur noch das zu versteuernde Einkommen einer Person besteuert.

31 Durch die systemwidrige Gewährung des Splitting-Vorteils werden die sich aus dem Verlust des Veranlagungswahlrechts und dem Übergang zur Einkommensteuerermittlung nach dem Grundtarif ergebenden Tarifhärten entschärft. Daneben rechtfertigen die insgesamt veränderte Lebenssituation und die dadurch ausgelösten Beeinträchtigungen die zeitlich befristete ein-

kommensteuertarifliche Entlastung. Ein Verstoß gegen Art. 3 GG (Gleichheitsgrundsatz) ist nicht anzunehmen.[1]

(Einstweilen frei) 32–35

3. Gnaden- bzw. Sonder-Splitting

Die Vorschrift des § 32a Abs. 6 Satz 1 Nr. 2 EStG sieht die – ebenfalls systemwidrige – Anwendung des Splittingtarifs gem. § 32a Abs. 5 EStG bei der Ermittlung der tariflichen Einkommensteuer eines alleinstehenden (verstorbenen) Steuerpflichtigen in besonderen Fällen vor. 36

Wird eine Ehe oder Lebenspartnerschaft aufgelöst und bezieht der nunmehr alleinstehende Steuerpflichtige ein Einkommen innerhalb des betreffenden Veranlagungszeitraums, steht ihm die Begünstigung durch das Splitting-Verfahren i. S. d. § 32a Abs. 5 EStG zu. Dies gilt insofern, als der Steuerpflichtige und sein bisheriger Ehegatte oder Lebenspartner die Voraussetzungen des § 26 Abs. 1 Satz 1 EStG erfüllt haben, der bisherige Ehegatte oder Lebenspartner wieder geheiratet hat und der bisherige Ehegatte oder Lebenspartner und dessen neuer Ehegatte oder Lebenspartner gleichfalls die Tatbestandsvoraussetzungen des § 26 Abs. 1 Satz 1 EStG erfüllen. 37

Unter den im Gesetzeswortlaut nicht näher erläuterten Tatbeständen, die zur Auflösung der Ehe oder Lebenspartnerschaft führen, sind neben dem Tod eines Ehegatten oder Lebenspartners und der Scheidung auch die Auflösungstatbestände der Aufhebung sowie der Nichtigkeitserklärung zu verstehen.[2] 38

Grundsätzlich würde im Kalenderjahr der Ehe- oder Lebenspartnerschaftsauflösung und Wiederheirat des anderen Ehegatten oder Lebenspartners für den nicht wiederverheirateten oder verstorbenen Steuerpflichtigen die tarifliche Einkommensteuer nach dem Grundtarif berechnet. § 26 Abs. 1 Satz 2 EStG schließt das Veranlagungswahlrecht und somit die Anwendung des § 32a Abs. 5 EStG aus. Die Billigkeitsvorschrift des § 32a Abs. 6 Satz 1 Nr. 2 EStG verhindert diese zwangsweise Ermittlung der tariflichen Einkommensteuer nach dem Grundtarif und mildert die im Auflösungsjahr entstehenden Härten ab. Insbesondere wird auch eine eventuell fällige Korrektur der im Rahmen des Lohnsteuerabzugsverfahrens erhobenen Einkommensteuer vermieden. Sofern der verstorbene oder nicht wiederverheiratete Steuerpflichtige während der Ehe oder Lebenspartnerschaft die Steuerklasse III gewählt hat, wäre der zu geringe Lohnsteuerabzug mit belastender Wirkung zu seinen Ungunsten zu korrigieren.[3] 39

(Einstweilen frei) 40–44

III. Verfassungsrechtliche Vorgaben

1. Steuerrechtliches Existenzminimum (Grundfreibetrag)

Verfassungsrechtlich unstreitig ist die Tatsache, dass derjenige Teil des Einkommens eines Steuerpflichtigen steuerbefreit bleiben muss, welchen dieser zum Bestreiten der lebensnot- 45

---

1 Vgl. *Wagner* in Blümich, § 32a EStG Rz. 49.
2 Vgl. *Wagner* in Blümich, § 32a EStG Rz. 55.
3 Vgl. BT-Drucks. V/3430, 13 f. Hinsichtlich der verschiedenen Lohnsteuerklassen und deren Kombinationen in der Ehe oder Lebenspartnerschaft siehe ausführlich KKB/Karbe-Geßler, § 38b EStG Rz. 1 ff.

46 Zwecks Umsetzung der oben angeführten verfassungsrechtlichen Vorgaben sind grundsätzlich verschiedene Möglichkeiten denkbar.[3] Neben der schwer zu administrierenden individuellen Einzelfallprüfung kommen insbesondere Abzüge in Form eines Freibetrags auf Ebene der Steuerbemessungsgrundlage, des Steuertarifs oder der Steuerschuld in Betracht.[4] Der Gesetzgeber hat sich für eine Grundfreibetragsregelung auf der Tarifebene des § 32a Abs. 1 EStG entschieden.

47 Das BVerfG hat in seinem Beschluss v. 25.9.1992[5] grundlegend zur Ausgestaltung von Grundfreibetragsvorschriften Stellung genommen. Die über den konkreten Einzelfall hinaus aufgezeigten Maßstäbe sind durch den Gesetzgeber bei der Tarifgestaltung im Einkommensteuerrecht zu beachten. Das BVerfG stellt bei der Ableitung des steuerrechtlichen Existenzminimums grundsätzlich auf Art. 2 Abs. 1 GG (freie Persönlichkeitsentfaltung) ab und zwar im Hinblick auf dessen berufliche und vermögensrechtliche Ausprägung. Diese manifestiert sich in Art. 12 Abs. 1 GG (Berufsfreiheit) und Art. 14 Abs. 1 GG (Eigentum). Daneben sieht das BVerfG auch Art. 6 GG berührt, aus dem ein „Familienexistenzminimum" abgeleitet wird.[6] Bezüglich der Anforderungen an eine konkrete Umsetzung durch den Gesetzgeber bleibt das BVerfG seiner Linie im Rahmen der Entscheidungen mit steuerrechtlichem Anknüpfungspunkt treu. Dem Gesetzgeber wird ein weiter Gestaltungsspielraum eingeräumt.

48 Die konkrete Höhe des steuerrechtlichen Existenzminimums wird seit dem Jahr 1996 regelmäßig durch die Bundesregierung in einem zweijährigen Turnus in einem Bericht über die Höhe des steuerfrei zu stellenden Existenzminimums von Erwachsenen und Kindern ermittelt.[7] Der Existenzminimumbericht ist prognostisch angelegt, stellt also eine ex-ante-Berechnung dar. Am 9.11.2018 wurde der Bundestag durch die Bundesregierung über den 12. Existenzminimumbericht unterrichtet.[8] Für 2019 und 2020 erfolgte deshalb die Erhöhung des Grundfreibetrags auf 9 169 € bzw. 9 408 €.[9]

49–53 *(Einstweilen frei)*

2. Halbteilungsgrundsatz

54 Die verfassungsrechtliche Vorgabe im Hinblick auf das steuerrechtliche Existenzminimum (Untergrenze einer Besteuerung) ist unstreitig. Gleichfalls stellt sich die Frage nach einer Obergrenze für einen Besteuerungszugriff.

---

[1] Vgl. BVerfG v. 29.5.1990 - 1 BvL 20/84, BStBl 1990 II 653; BVerfG v. 12.6.1990 - 1 BvL 72/86, BStBl 1990 II 664; BVerfG v. 13.2.2008 - 2 BvL 1/06, BVerfGE 120, 125.
[2] Vgl. BFH v. 8.7.1990 - III R 14-16/90, BStBl 1990 II 969; BFH v. 18.11.2009 - X R 34/07, BStBl 2010 II 414; BFH v. 27.11.2012 - X B 48/11, BFH/NV 2013, 532 = NWB DokID: EAAAE-30130.
[3] Hinsichtlich weiterer verfassungsrechtlicher Anforderungen an den Einkommensteuertarif (z. B. Gleichmäßigkeit und Grenzen der Besteuerung) siehe ausführlich HHR/*Siegel*, § 32a EStG Rz. 8 ff., m.w.N.
[4] Vgl. HHR/*Siegel*, § 32a EStG Rz. 22.
[5] Vgl. BVerfG v. 25.9.1992 - 2 BvL 5/91, BStBl 1993 II 413.
[6] Vgl. ausführlich zum Familienexistenzminimum *Wagner* in Blümich, § 32a EStG Rz. 31.
[7] Vgl. BT-Drucks. 13/1558. Für eine Übersicht über die Bestandteile, BMF-Monatsbericht November 2016, 32 ff.
[8] BT-Drucks. 19/5400 v. 9.11.2018.
[9] Vgl. Gesetz zur Stärkung und steuerlichen Entlastung der Familien sowie zur Anpassung weiterer steuerlicher Regelungen vom 29.11.2018, BGBl 2018 I 2210; siehe auch Hörster, NWB 2018, 2026.

Mit Beschluss v. 22. 6. 1995[1] zur Vermögensteuer stellte das BVerfG fest, dass es sich grundsätzlich sowohl bei einem Vermögensstamm als auch einem Vermögensertrag um vermögenswerte Rechtspositionen handelt. Die Besteuerung der vermögenswerten Rechtspositionen – als Grundlagen individueller Freiheit – betrifft danach den Schutzbereich des Art. 14 GG. Der Vermögensertrag (als Sollertrag verstanden) ist einer Besteuerung zugänglich, die steuerliche Gesamtbelastung muss jedoch *„bei typisierender Betrachtung von Einnahmen, abziehbaren Aufwendungen und sonstigen Entlastungen in der Nähe einer hälftigen Teilung zwischen privater und öffentlicher Hand"*[2] verbleiben. Ein Zugriff auf den Vermögensstamm soll dem Gesetzgeber sogar nur in Ausnahmefällen möglich sein.

55

Die Ausführungen des BVerfG haben auch für den Einkommensteuertarif Bedeutung.[3] Aus der Rechtsprechung folgt für die Einkommensteuer jedoch nicht die Verfassungswidrigkeit einer steuerlichen Gesamtbelastung der Sollerträge von über 50 %. Eine solche Schlussfolgerung kann nicht aus Art. 14 GG abgeleitet werden. Aus dem Wort „zugleich" in Art. 14 Abs. 2 Satz 2 GG lässt sich eine allgemeine Besteuerungsobergrenze von 50 % nicht ableiten. Art. 14 GG konstatiert lediglich, dass der Gebrauch von Eigentum durch den Eigentümer auch dem Wohl der Allgemeinheit zu dienen hat. Demzufolge sehen sowohl das BVerfG als auch der BFH grundsätzlich keine im Halbteilungsgrundsatz wurzelnde Obergrenze der Besteuerung.[4]

56

Im Einklang mit der Auffassung des BVerfG ist von einer Obergrenze für die den einzelnen Steuerpflichtigen treffende Gesamtsteuerbelastung auszugehen.[5] Hierfür ist die Ermittlung eines Durchschnittssteuersatzes erforderlich. Im Anschluss ist zu prüfen, inwieweit die sich daraus ergebende Steuerlast zu einer u.U. verfassungswidrigen Gesamtbelastung führt. Nicht notwendigerweise verfassungswidrig ist dabei ein vom Durchschnittssteuersatz abweichender Grenz- bzw. Spitzensteuersatz von mehr als 50 %.

57

Das BVerfG geht davon aus, dass es dem Gesetzgeber im Rahmen seines Gestaltungsspielraums weitgehend frei steht, die Angemessenheit des Besteuerungseingriffs zu bestimmen. Hohe Einkommen können folglich prozentual höher belastet werden als geringere Einkommen. Eine verfassungsrechtliche Obergrenze dürfte in denjenigen Fällen erreicht sein, in denen die Privatnützigkeit des Einkommens nicht mehr gewährleistet ist. Nach Abzug der Steuerbelastung muss einem Steuerpflichtigen ein – absolut und im Vergleich zu anderen Einkommensgruppen betrachtet – hohes, frei verfügbares Einkommen verbleiben.[6] Es sind somit zwei Grenzen zu betrachten. Zum einen die prozentuale Einkommensbelastung, zum anderen die absolute Höhe des verbleibenden Einkommens. Bislang gibt es keine Rechtsprechung zu einer konkreten Verletzung einer dieser beiden Grenzen. Es ist demnach weiterhin spekulativ, wo die Obergrenze eines Besteuerungszugriffs und die maximale Höhe eines Spitzensteuersatzes liegen könnten.

58

---

1 Vgl. BVerfG v. 22. 6. 1995 - 2 BvL 37/91, BStBl 1995 II 655.
2 BVerfG v. 22. 6. 1995 - 2 BvL 37/91, BStBl 1995 II 655.
3 Vgl. *Wagner* in Blümich, § 32a EStG Rz. 36.
4 Vgl. BFH v. 21. 11. 2006 - X B 151/06, NWB DokID: SAAAC-34372; BFH v. 13. 12. 2012 - X B 104/12, BFH/NV 2013, 559 = NWB DokID: DAAAE-30126; BVerfG v. 18. 1. 2006 - 2 BvR 2194/99, NWB DokID: DAAAB-80025.
5 Hinsichtlich der verschiedenen Fragestellungen zur Durchführung der Ermittlung einer Gesamtbelastung s. *Wagner* in Blümich, § 32a EStG Rz. 38.
6 Vgl. FG Nürnberg v. 7. 3. 2012 - 3 K 1045/11, EFG 2012, 1054.

3. Kalte Progression

59 Aus der bereits angesprochenen Tatsache eines sehr weiten Gestaltungsspielraums des Gesetzgebers im Hinblick auf die Ausgestaltung einer möglichen Obergrenze des Einkommensteuertarifs, lassen sich Rückschlüsse auf die kalte Progression ziehen. Es ergibt sich diesbezüglich keine verfassungsrechtliche Verpflichtung des Gesetzgebers dieser Form einer „verdeckten" Steuererhöhung über eine Anpassung des Grundfreibetrags hinaus durch fortwährende Anpassungen des Tarifverlaufs entgegenzuwirken.[1]

Die Bundesregierung hat am 31.10.2018 den dritten Bericht zur Schätzung der kalten Progression für die Einkommensteuer in den Jahren 2018 und 2019 verabschiedet (BT-Drucks. 19/5450). Bei einer angenommenen Inflationsrate von 1,74 für 2018 (1,94 für 2019) werden ca. 32 Mio. Steuerpflichtige mit durchschnittlich 104 € im Jahr belastet (2019: 32,8 Mio. Steuerpflichtige mit durchschnittlich 116 €). Nachdem bereits für 2017 und 2018 eine Tarifverschiebung nach rechts (1,84 bzw. 1,95 %) erfolgt ist,[2] wurde durch das Familienentlastungsgesetz 2019 der Tarif für 2019 und 2020 entsprechend angepasst.[3]

§ 32b Progressionsvorbehalt

[4](1) [1]Hat ein zeitweise oder während des gesamten Veranlagungszeitraums unbeschränkt Steuerpflichtiger oder ein beschränkt Steuerpflichtiger, auf den § 50 Absatz 2 Satz 2 Nummer 4 Anwendung findet,

1. a) Arbeitslosengeld, Teilarbeitslosengeld, Zuschüsse zum Arbeitsentgelt, Kurzarbeitergeld, Insolvenzgeld, Übergangsgeld nach dem Dritten Buch Sozialgesetzbuch; Insolvenzgeld, das nach § 170 Absatz 1 des Dritten Buches Sozialgesetzbuch einem Dritten zusteht, ist dem Arbeitnehmer zuzurechnen,

    b) Krankengeld, Mutterschaftsgeld, Verletztengeld, Übergangsgeld oder vergleichbare Lohnersatzleistungen nach dem Fünften, Sechsten oder Siebten Buch Sozialgesetzbuch, der Reichsversicherungsordnung, dem Gesetz über die Krankenversicherung der Landwirte oder dem Zweiten Gesetz über die Krankenversicherung der Landwirte,

    c) Mutterschaftsgeld, Zuschuss zum Mutterschaftsgeld, die Sonderunterstützung nach dem Mutterschutzgesetz sowie den Zuschuss bei Beschäftigungsverboten für die Zeit vor oder nach einer Entbindung sowie für den Entbindungstag während einer Elternzeit nach beamtenrechtlichen Vorschriften,

    d) Arbeitslosenbeihilfe nach dem Soldatenversorgungsgesetz,

    e) Entschädigungen für Verdienstausfall nach dem Infektionsschutzgesetz vom 20. Juli 2000 (BGBl I S. 1045),

---

1 Vgl. hinsichtlich verschiedener Reformvorschläge zur Bekämpfung der kalten Progression *Nacke* in Littmann/Bitz/Pust, § 32a EStG Rz. 51. Bezüglich des Abbaus der kalten Progression durch Anhebung des Grundfreibetrags *Hechtner*, StuW 2014, 132. Ausführlich s. ifo-Institut, Heimliche Steuererhöhungen – Belastungswirkungen der kalten Progression und Entlastungswirkungen eines Einkommensteuertarifs auf Rädern, Oktober 2016.
2 Gesetz zur Umsetzung der Änderungen der EU-Amtshilferichtlinien und von weiteren Maßnahmen gegen Gewinnkürzungen und -verlagerungen vom 20.12.2016, BGBl 2016 I 3000.
3 Gesetz zur Stärkung und steuerlichen Entlastung der Familien sowie zur Anpassung weiterer steuerlicher Regelungen v. 29.11.2018, BGBl 2018 I 2210.
4 **Anm. d. Red.:** Zur Anwendung des § 32b siehe § 52 Abs. 33.

f) Versorgungskrankengeld oder Übergangsgeld nach dem Bundesversorgungsgesetz,
g) nach § 3 Nummer 28 steuerfreie Aufstockungsbeträge oder Zuschläge,
h) Leistungen an Nichtselbständige nach § 6 des Unterhaltssicherungsgesetzes,
i) (weggefallen)
j) Elterngeld nach dem Bundeselterngeld- und Elternzeitgesetz,
k) nach § 3 Nummer 2 Buchstabe e steuerfreie Leistungen, wenn vergleichbare Leistungen inländischer öffentlicher Kassen nach den Buchstaben a bis j dem Progressionsvorbehalt unterfallen, oder

2. ausländische Einkünfte, die im Veranlagungszeitraum nicht der deutschen Einkommensteuer unterlegen haben; dies gilt nur für Fälle der zeitweisen unbeschränkten Steuerpflicht einschließlich der in § 2 Absatz 7 Satz 3 geregelten Fälle; ausgenommen sind Einkünfte, die nach einem sonstigen zwischenstaatlichen Übereinkommen im Sinne der Nummer 4 steuerfrei sind und die nach diesem Übereinkommen nicht unter dem Vorbehalt der Einbeziehung bei der Berechnung der Einkommensteuer stehen,

3. Einkünfte, die nach einem Abkommen zur Vermeidung der Doppelbesteuerung steuerfrei sind,

4. Einkünfte, die nach einem sonstigen zwischenstaatlichen Übereinkommen unter dem Vorbehalt der Einbeziehung bei der Berechnung der Einkommensteuer steuerfrei sind,

5. Einkünfte, die bei Anwendung von § 1 Absatz 3 oder § 1a oder § 50 Absatz 2 Satz 2 Nummer 4 im Veranlagungszeitraum bei der Ermittlung des zu versteuernden Einkommens unberücksichtigt bleiben, weil sie nicht der deutschen Einkommensteuer oder einem Steuerabzug unterliegen; ausgenommen sind Einkünfte, die nach einem sonstigen zwischenstaatlichen Übereinkommen im Sinne der Nummer 4 steuerfrei sind und die nach diesem Übereinkommen nicht unter dem Vorbehalt der Einbeziehung bei der Berechnung der Einkommensteuer stehen,

bezogen, so ist auf das nach § 32a Absatz 1 zu versteuernde Einkommen ein besonderer Steuersatz anzuwenden. ²Satz 1 Nummer 3 gilt nicht für Einkünfte

1. aus einer anderen als in einem Drittstaat belegenen land- und forstwirtschaftlichen Betriebsstätte,

2. aus einer anderen als in einem Drittstaat belegenen gewerblichen Betriebsstätte, die nicht die Voraussetzungen des § 2a Absatz 2 Satz 1 erfüllt,

3. aus der Vermietung oder der Verpachtung von unbeweglichem Vermögen oder von Sachinbegriffen, wenn diese in einem anderen Staat als in einem Drittstaat belegen sind, oder

4. aus der entgeltlichen Überlassung von Schiffen, sofern diese ausschließlich oder fast ausschließlich in einem anderen als in einem Drittstaat eingesetzt worden sind, es sei denn, es handelt sich um Handelsschiffe, die
    a) von einem Vercharterer ausgerüstet überlassen oder
    b) an in einem anderen als in einem Drittstaat ansässige Ausrüster, die die Voraussetzungen des § 510 Absatz 1 des Handelsgesetzbuchs erfüllen, überlassen oder

c) insgesamt nur vorübergehend an in einem Drittstaat ansässige Ausrüster, die die Voraussetzungen des § 510 Absatz 1 des Handelsgesetzbuchs erfüllen, überlassen worden sind, oder

5. aus dem Ansatz des niedrigeren Teilwerts oder der Übertragung eines zu einem Betriebsvermögen gehörenden Wirtschaftsguts im Sinne der Nummern 3 und 4.

³§ 2a Absatz 2a und § 15b sind sinngemäß anzuwenden.

(1a) Als unmittelbar von einem unbeschränkt Steuerpflichtigen bezogene ausländische Einkünfte im Sinne des Absatzes 1 Nummer 3 gelten auch die ausländischen Einkünfte, die eine Organgesellschaft im Sinne des § 14 oder des § 17 des Körperschaftsteuergesetzes bezogen hat und die nach einem Abkommen zur Vermeidung der Doppelbesteuerung steuerfrei sind, in dem Verhältnis, in dem dem unbeschränkt Steuerpflichtigen das Einkommen der Organgesellschaft bezogen auf das gesamte Einkommen der Organgesellschaft im Veranlagungszeitraum zugerechnet wird.

(2) Der besondere Steuersatz nach Absatz 1 ist der Steuersatz, der sich ergibt, wenn bei der Berechnung der Einkommensteuer das nach § 32a Absatz 1 zu versteuernde Einkommen vermehrt oder vermindert wird um

1. im Fall des Absatzes 1 Nummer 1 die Summe der Leistungen nach Abzug des Arbeitnehmer-Pauschbetrags (§ 9a Satz 1 Nummer 1), soweit er nicht bei der Ermittlung der Einkünfte aus nichtselbständiger Arbeit abziehbar ist;

2. im Fall des Absatzes 1 Nummer 2 bis 5 die dort bezeichneten Einkünfte, wobei die darin enthaltenen außerordentlichen Einkünfte mit einem Fünftel zu berücksichtigen sind. ²Bei der Ermittlung der Einkünfte im Fall des Absatzes 1 Nummer 2 bis 5

   a) ist der Arbeitnehmer-Pauschbetrag (§ 9a Satz 1 Nummer 1 Buchstabe a) abzuziehen, soweit er nicht bei der Ermittlung der Einkünfte aus nichtselbständiger Arbeit abziehbar ist;

   b) sind Werbungskosten nur insoweit abzuziehen, als sie zusammen mit den bei der Ermittlung der Einkünfte aus nichtselbständiger Arbeit abziehbaren Werbungskosten den Arbeitnehmer-Pauschbetrag (§ 9a Satz 1 Nummer 1 Buchstabe a) übersteigen;

   c) sind bei Gewinnermittlung nach § 4 Absatz 3 die Anschaffungs- oder Herstellungskosten für Wirtschaftsgüter des Umlaufvermögens im Zeitpunkt des Zuflusses des Veräußerungserlöses oder bei Entnahme im Zeitpunkt der Entnahme als Betriebsausgaben zu berücksichtigen. ²§ 4 Absatz 3 Satz 5 gilt entsprechend.

(3) ¹Nach Maßgabe des § 93c der Abgabenordnung haben die Träger der Sozialleistungen im Sinne des Absatzes 1 Satz 1 Nummer 1 für jeden Leistungsempfänger der für seine Besteuerung nach dem Einkommen zuständigen Finanzbehörde neben den nach § 93c Absatz 1 der Abgabenordnung erforderlichen Angaben die Daten über die im Kalenderjahr gewährten Leistungen sowie die Dauer des Leistungszeitraums zu übermitteln, soweit die Leistungen nicht in der Lohnsteuerbescheinigung anzugeben sind (§ 41b Absatz 1 Satz 2 Nummer 5); § 41b Absatz 2 und § 22a Absatz 2 gelten entsprechend. ²Die mitteilungspflichtige Stelle hat den Empfänger der Leistungen auf die steuerliche Behandlung dieser Leistungen und seine Steuererklärungspflicht hinzuweisen. ³In den Fällen des § 170 Absatz 1 des Dritten Buches Sozialgesetz-

buch gilt als Empfänger des an Dritte ausgezahlten Insolvenzgeldes der Arbeitnehmer, der seinen Arbeitsentgeltanspruch übertragen hat.

(4) ¹In den Fällen des Absatzes 3 ist für die Anwendung des § 72a Absatz 4 und des § 93c Absatz 4 Satz 1 der Abgabenordnung das Betriebsstättenfinanzamt des Trägers der jeweiligen Sozialleistungen zuständig. ²Sind für ihn mehrere Betriebsstättenfinanzämter zuständig oder hat er keine Betriebsstätte im Sinne des § 41 Absatz 2, so ist das Finanzamt zuständig, in dessen Bezirk sich seine Geschäftsleitung nach § 10 der Abgabenordnung im Inland befindet.

(5) Die nach Absatz 3 übermittelten Daten können durch das nach Absatz 4 zuständige Finanzamt bei den für die Besteuerung der Leistungsempfänger nach dem Einkommen zuständigen Finanzbehörden abgerufen und zur Anwendung des § 72a Absatz 4 und des § 93c Absatz 4 Satz 1 der Abgabenordnung verwendet werden.

Inhaltsübersicht

	Rz.
A. Allgemeine Erläuterungen	1 - 15
I. Normzweck und wirtschaftliche Bedeutung der Vorschrift	1 - 5
II. Geltungsbereich	6 - 15
B. Systematische Kommentierung	16 - 62
I. Leistungen gem. § 32b Abs. 1 Satz 1 Nr. 1 EStG	16 - 18
II. Einkünfte gem. § 32b Abs. 1 Satz 1 Nr. 2 EStG	19 - 26
III. Einkünfte gem. § 32b Abs. 1 Satz 1 Nr. 3 EStG	27 - 37
1. Grundsatz: Progressionsvorbehalt	27 - 29
2. Ausnahme: Kein Progressionsvorbehalt	30 - 37
IV. Einkünfte gem. § 32b Abs. 1 Satz 1 Nr. 4 EStG	38 - 39
V. Einkünfte gem. § 32b Abs. 1 Satz 1 Nr. 5 EStG	40 - 46
VI. Besonderer Steuersatz	47 - 62
1. Überblick	47 - 49
2. Tatbestände	50 - 60
3. Negativer Progressionsvorbehalt	61 - 62
C. Verfahrensfragen	63 - 69

LITERATUR:

Kühling/Gühne, Kein Progressionsvorbehalt für Kapitaleinkünfte ab Veranlagungszeitraum 2009, NWB 2011, 226. *Mann/Stahl*, Hat das Goldfinger-Modell seinen Glanz verloren?, DStR 2015, 1425; Gühne, Kein Progressionsvorbehalt für (ausländische) Kapitaleinkünfte seit 2009 - unabhängig vom tariflichen Steuersatz, NWB 2017, 1511; *Kahlenberg*, Wann greift der Progressionsvorbehalt für freigestellte Betriebsstätteneinkünfte?, IWB 2017, 467.

A. Allgemeine Erläuterungen

I. Normzweck und wirtschaftliche Bedeutung der Vorschrift

§ 32b EStG regelt den Progressionsvorbehalt im Einkommensteuerrecht. Als besondere Tarifvorschrift hat § 32b EStG Vorrang vor § 32a EStG. Die Norm führt zur Anwendung eines besonderen Steuersatzes, sofern neben steuerpflichtigen Einkünften auch nicht steuerbare oder steuerfreie Einkünfte i. S. d. § 32b Abs. 1 und 1a EStG durch den Stpfl. bezogen werden. Aufgrund der Vielzahl der durch die Norm erfassten Leistungen und Einkünfte, besitzt die Vorschrift eine hohe praktische Relevanz.[1]

2 § 32b Abs. 1 Satz 1 Nr. 1 bis 5 EStG bestimmt abschließend, welche Stpfl. dem besonderen Steuersatz bzw. dem Progressionsvorbehalt mit welchen Leistungen und Einkünften unterliegen. § 32b Abs. 1 Satz 2 EStG schränkt den Anwendungsbereich des § 32b Abs. 1 Nr. 3 EStG ein (Ausschluss des Progressionsvorbehalts in bestimmten Fällen). § 32b Abs. 1 Satz 3 EStG verweist zum einen auf § 2a Abs. 2a EStG zum Zweck der Bestimmung des Drittstaatenbegriffs. Zum anderen wird die sinngemäße Anwendung des § 15b EStG mit seinen Verlustabzugsbeschränkungen im Hinblick auf unerwünschte Steuerstundungsmodelle verfügt.

3 § 32b Abs. 1a EStG ergänzt § 32b Abs. 1 Nr. 3 EStG und regelt die einkommensteuerrechtliche Behandlung derjenigen steuerfreien (ggf. anteiligen) ausländischen Einkünfte, die von einer Organgesellschaft bezogen werden.[2]

4 § 32b Abs. 2 EStG enthält Maßgaben zur konkreten Bestimmung des besonderen Steuersatzes im Rahmen des Progressionsvorbehalts. Insbesondere werden die – anlässlich der Ermittlung des besonderen Steuersatzes zu modifizierenden – das zu versteuernde Einkommen erhöhenden Leistungen und Einkünfte der Höhe nach festgelegt. § 32b Abs. 2 Nr. 1 und 2 Buchst. a und b EStG sehen Besonderheiten bei der Berücksichtigung von Werbungskosten vor. § 32b Abs. 2 Nr. 2 Buchst. c EStG konstatiert Ausnahmen hinsichtlich des Zeitpunkts der Berücksichtigung von Betriebsausgaben im Zusammenhang mit Wirtschaftsgütern des Umlaufvermögens.

5 § 32b Abs. 3 bis 5 EStG enthalten im Wesentlichen verfahrensrechtliche Regelungen bzgl. der Datenübermittlungen und Bescheinigungen der Sozialleistungsträger sowie der Zuständigkeiten der betreffenden Finanzbehörden. Ergänzende materiell-rechtliche Auswirkungen ergeben sich aus § 32b Abs. 3 bis 5 EStG nicht.

II. Geltungsbereich

6 § 32b EStG gilt nur für den Bereich der ESt. Die besondere Tarifvorschrift wird von § 8 Abs. 1 KStG nicht erfasst. Ein abkommensrechtlicher Progressionsvorbehalt kann bei Körperschaften aufgrund des proportionalen Körperschaftsteuersatzes keine Wirkung entfalten. § 32b EStG findet weiterhin keine Anwendung bei Einkünften aus Kapitalvermögen, welche dem gesonderten Steuertarif gem. § 32d EStG unterliegen. Der Progressionsvorbehalt gem. § 32b EStG ist jedoch bei Kapitaleinkünften, außerhalb des pauschalen Steuersatzes i.S.d. § 32d Abs. 1 Satz 1 EStG, zu beachten.[3] Ausländische Kapitaleinkünfte eines nach § 1 Abs. 3 EStG unbeschränkt Steuerpflichtigen unterliegen hingegen nicht dem Progressionsvorbehalt.[4]

7 Durch den Progressionsvorbehalt werden sachlich nur die in § 32b Abs. 1 Satz 1 Nr. 1 bis 5 EStG genannten nicht steuerbaren oder steuerfreien Leistungen bzw. Einkünfte erfasst. Dies gilt insoweit die steuerfreien Einkünfte nicht durch § 32b Abs. 1 Satz 2 und 3 EStG von der An-

---

[1] Zur historischen Entwicklung siehe ausführlich *Wagner* in Blümich, § 32b EStG Rz. 2 bis 11.
[2] Ausführlich hierzu *Handzik* in LBP, § 32 b EStG Rz. 75a bis 75q.
[3] Siehe hierzu ausführlich *Kühling/Gühne*, NWB 2011, 226.
[4] Vgl. FG Düsseldorf v. 5.12.2017 - 10 K 1232/16 E, NWB DokID: NAAAG-78528; FG Münster v. 7.12.2016 - 11 K 2115/15 E, EFG 2017, 294. Letzteres Urteil wird in der Literatur, aufgrund der fehlenden Differenziertheit, kritisiert. Hierzu ausführlich: *Gühne*, NWB 2017, 1511.

wendung des besonderen Steuersatzes wieder ausgeschlossen sind. Die Aufzählungen in § 32b Abs. 1 und 1a EStG sind abschließend.[1]

Der Anwendungsbereich des § 32b EStG erstreckt sich in persönlicher Hinsicht im Wesentlichen auf zeitweise oder während des gesamten Veranlagungszeitraums unbeschränkt steuerpflichtige natürliche Personen. Erfasst werden somit auch nach § 1 Abs. 2 EStG erweitert unbeschränkt Stpfl., sowie nach § 1 Abs. 3 EStG und § 1a EStG fiktiv unbeschränkt Stpfl. Mittelbar wirkt sich der Progressionsvorbehalt im Rahmen einer Zusammenveranlagung i. S. d. § 26b EStG auch auf den Ehegatten oder Lebenspartner des Stpfl. aus.[2]   8

Beschränkt Stpfl. sind durch § 32b EStG zum einen dann tangiert, sofern es sich um Arbeitnehmer handelt, die Staatsangehörige eines EU-/EWR-Staates sind und die ihren Wohnsitz oder gewöhnlichen Aufenthalt in einem dieser Staaten haben, sowie eine Antragsveranlagung gem. § 50 Abs. 2 Satz 2 Nr. 4 EStG beantragt haben.[3] Zum anderen kommt § 32b EStG u. a. im Falle eines Wechsels der Steuerpflicht i. S. d. § 2 Abs. 7 Satz 3 EStG durch den diesbezüglichen Einbezug der Einkünfte i. S. d. § 49 EStG in die Veranlagung zur unbeschränkten Steuerpflicht bei beschränkt Stpfl. zur Anwendung.   9

(Einstweilen frei)   10–15

B. Systematische Kommentierung

I. Leistungen gem. § 32b Abs. 1 Satz 1 Nr. 1 EStG

§ 32b Abs. 1 Satz 1 Nr. 1 EStG zählt die dem Progressionsvorbehalt unterliegenden Leistungen abschließend auf.[4] Sämtliche genannten Leistungen sind im Katalog der steuerfreien Einnahmen des § 3 EStG enthalten. Einen allgemeinen Einbezug steuerfreier Einnahmen in die Berechnung des besonderen Steuersatzes des § 32b EStG gibt es aber nicht.   16

Kommt es zu einer Umbenennung in den § 32b Abs. 1 Satz 1 Nr. 1 EStG zugrundeliegenden Leistungsgesetzen (z. B. Sozialgesetzbuch), ist auch eine korrespondierende Anpassung der Bezeichnung im EStG vorzunehmen. Werden neue Leistungen durch den Gesetzgeber geschaffen, unterliegen diese nur nach Aufnahme in den § 32b Abs. 1 Satz 1 Nr. 1 EStG dem Progressionsvorbehalt.   17

Anders als § 32b Abs. 1 Satz 1 Nr. 2 bis 5 EStG zielt § 32b Abs. 1 Satz 1 Nr. 1 EStG nicht auf Einkünfte ab. Erfasst werden die Leistungsbeträge, die sich nach den einschlägigen Leistungsgesetzen ergeben. Entsprechende Beträge sind nach dem Zuflussprinzip des § 11 EStG regelmäßig im Veranlagungszeitraum ihrer Auszahlung zu erfassen.[5]   18

---

1 Vgl. BFH v. 15. 12. 1999 - I R 80/98, BFH/NV 2000, 832 = NWB DokID: NAAAA-65725.
2 Vgl. BFH v. 6. 10. 1982 - I R 121/79, BStBl 1983 II 34.
3 Auf i. S. d. § 2 AStG erweitert beschränkt steuerpflichtige natürliche Personen findet der spezielle Steuersatz bzw. Progressionsvorbehalt des § 2 Abs. 5 AStG Anwendung.
4 Ausnahme hierzu bildet lediglich die in § 32b Abs. 1 Nr. 1b EStG enthaltene Generalklausel, welche „vergleichbare Lohnersatzleistungen" legitimiert.
5 Zur Besonderheit hinsichtlich des Zuflusszeitpunkts im Falle von Insolvenzgeld i. V. m. einer Abtretung der entsprechenden Ansprüche an einen Dritten siehe BFH v. 1. 3. 2012 - VI R 4/11, BStBl 2012 II 596. Näheres zu den Hinzurechnungen und Kürzungen sowie zur Berechnung der Summe der Leistungen HHR/*Kuhn*, § 32b EStG Rz. 180 bis 183.

II. Einkünfte gem. § 32b Abs. 1 Satz 1 Nr. 2 EStG

19 § 32b Abs. 1 Satz 1 Nr. 2 EStG erfasst aufgrund seiner weiten Fassung zwei verschiedene Fallkonstellationen. Zum einen sind Fälle erfasst, in denen gem. § 2 Abs. 7 Satz 3 EStG ein Wechsel von der unbeschränkten zur beschränkten Steuerpflicht oder umgekehrt stattgefunden hat. Zum anderen sind Fälle angesprochen, in denen für einen Teil des Veranlagungszeitraums eine unbeschränkte Steuerpflicht vorliegt, für einen anderen Teil des Veranlagungszeitraums jedoch gar keine Steuerpflicht besteht.

20 In Bezug auf die oben genannte erste Fallkonstellation sind mit § 32b Abs. 1 Satz 1 Nr. 2 EStG ausländische Einkünfte angesprochen, die während des Bestehens der beschränkten Steuerpflicht bezogen wurden. Solche Einkünfte sind im Inland mangels eines sachlichen Anknüpfungspunktes nicht steuerbar und haben folglich nicht der deutschen ESt im Rahmen der Veranlagung zur unbeschränkten Steuerpflicht unterlegen. Bezüglich der oben genannten zweiten Fallkonstellation sind diejenigen ausländischen Einkünfte betroffen, die während eines Zeitraumes bezogen wurden, in dem für die jeweilige Person weder ein personeller noch sachlicher Anknüpfungspunkt im Inland vorhanden ist. Mangels einer (unbeschränkten oder beschränkten) Steuerpflicht sind entsprechende Einkünfte nicht steuerbar und unterliegen somit ebenfalls nicht der deutschen ESt.

§ 32b Abs. 1 Satz 1 Nr. 2 3. Halbsatz EStG nimmt lediglich diejenigen ausländischen Einkünfte aus, die nach einem sonstigen zwischenstaatlichen Übereinkommen (nicht aufgrund eines DBA) steuerfrei zu stellen sind und die nach diesem Übereinkommen ausdrücklich nicht in einen Progressionsvorbehalt einbezogen werden dürfen.

21 Der Begriff der ausländischen Einkünfte richtet sich nach § 34d EStG. Die Norm definiert den Begriff zwar unmittelbar nur i. S. d. § 34c Abs. 1 bis 4 EStG, ist aber im Rahmen des § 32b EStG entsprechend anzuwenden. Es sind keine Anhaltspunkte dafür vorhanden, dass der Begriff in § 32b EStG eine eigenständige andere Bedeutung hat. Die ausländischen Einkünfte sind nach den allgemeinen Grundsätzen des deutschen Steuerrechts zu ermitteln.[1]

22–26 *(Einstweilen frei)*

III. Einkünfte gem. § 32b Abs. 1 Satz 1 Nr. 3 EStG

1. Grundsatz: Progressionsvorbehalt

27 § 32b Abs. 1 Satz 1 Nr. 3 EStG ist für abkommensrechtlich freigestellte Einkünfte einschlägig. Dabei sind nach Maßgabe der Symmetriethese grundsätzlich auch negative Einkünfte zu berücksichtigen (negativer Progressionsvorbehalt).[2]

28 Im Gegensatz zur Regelung betreffend die aufgrund sonstiger zwischenstaatlicher Übereinkommen steuerfreien ausländischen Einkünfte in § 32b Abs. 1 Satz 1 Nr. 2 EStG, ist es für die Anwendung des § 32b Abs. 1 Satz 1 Nr. 3 EStG nicht erforderlich, dass das DBA selbst den Progressionsvorbehalt normiert.[3] Nur wenn der Progressionsvorbehalt abkommensrechtlich explizit ausgeschlossen ist, kann § 32b Abs. 1 Satz 1 Nr. 3 EStG aufgrund § 2 AO nicht zur Anwendung kommen.

---

1 Vgl. *Wagner* in Blümich, § 32b EStG Rz. 58.
2 Vgl. BFH v. 26. 2. 2014 – I R 56/12, BStBl 2014 II 703.
3 Vgl. BFH v. 14. 7. 2010 – X R 37/08, BStBl 2011 II 628.

Die Steuerbefreiung nach § 3 EStG genießt Vorrang vor einer abkommensrechtlich gewährten Freistellung. Diese Feststellung ist für ausländische Leistungen relevant, die nach einem DBA freizustellen sind und gleichzeitig unter den Katalog der steuerfreien Einnahmen gem. § 3 EStG fallen, ohne dass sie in § 32b Abs. 1 Satz 1 Nr. 1 EStG ausdrücklich erwähnt sind. Die Vorschrift des § 3 EStG hat in diesen Fällen gegenüber dem Abkommensrecht die weiterreichende Wirkung. § 32b Abs. 1 Satz 1 Nr. 3 EStG ist nicht anwendbar.[1] Die von einem DBA unabhängige und weiterreichende Steuerbefreiung geht in diesen Fällen vor.[2]

2. Ausnahme: Kein Progressionsvorbehalt

Der Anwendungsbereich von § 32b Abs. 1 Satz 1 Nr. 3 EStG ist durch § 32b Abs. 1 Satz 2 Nr. 1 bis 5 EStG entscheidend eingeschränkt. Die Vorschrift versagt die Anwendung des negativen und positiven Progressionsvorbehalts bei bestimmten innerhalb der EU-/EWR-Mitgliedstaaten verwirklichten Tatbeständen, in denen Einkünfte abkommensrechtlich freigestellt sind. Der Gesetzgeber geht davon aus, dass Auslandsverluste unter dem Gesichtspunkt der unionsrechtlichen Grundfreiheiten im Rahmen des negativen Progressionsvorbehalts nicht berücksichtigt werden müssen, sofern im Gegenzug auch Auslandseinkünfte im Rahmen des positiven Progressionsvorbehalts keine Berücksichtigung finden.[3]

§ 32b Abs. 1 Satz 3 EStG ordnet – neben dem Verweis auf § 2a Abs. 2a EStG zur Bestimmung des Drittstaatenbegriffs – die sinngemäße Anwendung des § 15b EStG an. Nach dem Willen des Gesetzgebers sollen bei der Ermittlung des besonderen Steuersatzes die Abzugsbeschränkungen für Verluste aus Steuerstundungsmodellen Anwendung finden.[4]

Der Tatbestandskatalog in § 32b Abs. 1 Satz 2 Nr. 1 bis 5 EStG ist abschließend. Die erfassten Sachverhalte sind weitestgehend mit denen des § 2a Abs. 1 Satz 1 EStG deckungsgleich. Maßgebliches gemeinsames Merkmal der Tatbestände ist, dass die entsprechenden Einkünfte abkommensrechtlich freizustellen sind.

§ 32b Abs. 1 Satz 2 Nr. 1 EStG betrifft Einkünfte aus einer anderen als in einem Drittstaat belegenen land- und forstwirtschaftlichen Betriebsstätte (EU-/EWR-Betriebsstätte). Die Norm ist insoweit mit § 2a Abs. 1 Satz 1 Nr. 1 EStG wortgleich.[5]

§ 32b Abs. 1 Satz 2 Nr. 2 EStG betrifft Einkünfte aus einer anderen als in einem Drittstaat belegenen gewerblichen Betriebsstätte. Die Norm ist weitgehend mit § 2a Abs. 1 Satz 1 Nr. 2 EStG wortgleich. Es wird zusätzlich noch auf die Aktivitätsklausel des § 2a Abs. 2 Satz 1 EStG verwiesen (Rückausnahmeregelung). Die Vorschrift des § 32b Abs. 1 Satz 1 Nr. 3 EStG gilt somit nur für Einkünfte, die die Voraussetzungen des § 2a Abs. 2 Satz 1 EStG erfüllen. Es bleibt also bei der Anwendung eines negativen oder positiven Progressionsvorbehalts, sofern die Voraussetzungen der Aktivitätsklausel des § 2a EStG erfüllt sind.[6] Ausgeschlossen ist die Anwendung des besonderen Steuersatzes folglich für „passive" EU-/EWR-Betriebsstätteneinkünfte.

---

1 Vgl. BFH v. 22. 1. 1997 - I R 152/94, BStBl 1997 II 358.
2 Vgl. BFH v. 15. 12. 1999 - I R 80/98, BFH/NV 2000, 832 = NWB DokID: NAAAA-65375.
3 Vgl. BT-Drucks. 16/10189, 53.
4 Vgl. BT-Drucks. 18/68, 75.
5 Vgl. hinsichtlich der entsprechenden Auslegung ausführlich KKB/G. Kraft, § 2a EStG Rz. 36 ff.
6 Vgl. hinsichtlich der entsprechenden Voraussetzungen ausführlich KKB/G. Kraft, § 2a EStG Rz. 45 ff.; BFH v. 26.1.2017 - I R 66/15, BFH/NV 2017, 726 = NWB DokID: AAAG-43545.

35 § 32b Abs. 1 Satz 2 Nr. 3 EStG betrifft Einkünfte aus der Vermietung oder der Verpachtung von unbeweglichem Vermögen oder von Sachinbegriffen, sofern diese in einem anderen Staat als in einem Drittstaat belegen sind. Die Norm entspricht insoweit § 2a Abs. 1 Satz 1 Nr. 6a EStG.

36 § 32b Abs. 1 Satz 2 Nr. 4 EStG betrifft Einkünfte aus der entgeltlichen Überlassung von Schiffen unter besonderen Voraussetzungen. Die Norm ist weitgehend deckungsgleich mit § 2a Abs. 1 Satz 1 Nr. 6b EStG.[1]

37 § 32b Abs. 1 Satz 2 Nr. 5 EStG betrifft Einkünfte aus dem Ansatz des niedrigeren Teilwerts oder der Übertragung eines zu einem Betriebsvermögen gehörenden Wirtschaftsguts i. S. d. § 32b Abs. 1 Satz 2 Nr. 3 und 4 EStG. Die Norm greift zwar den Ansatz von § 2a Abs. 1 Nr. 7 EStG auf, beschränkt den Anwendungsbereich jedoch nicht auf zwischengeschaltete Kapitalgesellschaften. Ausgeschlossen von der Anwendung des besonderen Steuersatzes sind folglich Verluste aus Teilwertabschreibungen oder Erfolgsauswirkungen infolge von Übertragungsvorgängen.

IV. Einkünfte gem. § 32b Abs. 1 Satz 1 Nr. 4 EStG

38 § 32b Abs. 1 Satz 1 Nr. 4 EStG erfasst Einkünfte, die aufgrund eines sonstigen zwischenstaatlichen Übereinkommens (nicht nach DBA) freizustellen sind und nach diesem Übereinkommen dem Progressionsvorbehalt unterliegen.[2]

39 Abgestellt wird hierbei insbesondere auf die Bezüge des Personals internationaler Organisationen, welche nach den jeweiligen zwischenstaatlichen Übereinkommen unter dem Vorbehalt der Einbeziehung bei der Ermittlung der tariflichen ESt freigestellt sind. Enthält das Übereinkommen selbst keine Regelung zum Progressionsvorbehalt, bleiben die freigestellten Einkünfte außer Ansatz.[3]

V. Einkünfte gem. § 32b Abs. 1 Satz 1 Nr. 5 EStG

40 § 32b Abs. 1 Satz 1 Nr. 5 EStG erfasst Einkünfte, die bei Anwendung von § 1 Abs. 3 EStG oder § 1a EStG oder § 50 Abs. 2 Satz 2 Nr. 4 EStG im Veranlagungszeitraum bei der Ermittlung des zu versteuernden Einkommens unberücksichtigt bleiben, weil sie nicht der deutschen ESt oder einem Steuerabzug unterliegen. Wie schon in § 32b Abs. 1 Satz 1 Nr. 2 EStG sind Einkünfte ausgenommen, die nach einem sonstigen zwischenstaatlichen Übereinkommen i. S. d. § 32b Abs. 1 Satz 1 Nr. 4 EStG steuerfrei sind und die nach diesem Übereinkommen nicht explizit unter einem Progressionsvorbehalt stehen.

41 Der Einbezug der Einkünfte dient dem Ausgleich dafür, dass betreffende erweitert unbeschränkt oder fiktiv unbeschränkt Stpfl. im Rahmen der Einkommensteuerveranlagung volle Jahresbeträge hinsichtlich der Frei- und Pauschbeträge abziehen können. Ungerechtfertigte Steuervorteile sollen vermieden werden. Gleichfalls kann es beim Einbezug entsprechender negativer Einkünfte zu Steuervorteilen kommen.[4]

42–46 *(Einstweilen frei)*

---

1 Fraglich ist, ob es sich bei dem nicht vorhandenen Hinweis auf die Nachweispflicht des Überlassenden um ein bloßes redaktionelles Versehen handelt; vgl. *Wagner* in Blümich, § 32b EStG Rz. 67.
2 Hinsichtlich einer Zusammenstellung der Fundstellen der zwischenstaatlichen Vereinbarungen siehe BMF v. 18. 3. 2013, BStBl 2013 I 404.
3 Hierzu ausführlich *Wagner* in Blümich, § 32b EStG Rz. 71, m. w. N.
4 Vgl. *Wagner* in Blümich, § 32b EStG Rz. 73.

VI. Besonderer Steuersatz

1. Überblick

Für den Fall der Verwirklichung der Tatbestandsvoraussetzungen des § 32b Abs. 1 oder 1a EStG sieht die Norm auf der Rechtsfolgenseite die Anwendung eines besonderen Steuersatzes auf das nach § 32a Abs. 1 EStG zu versteuernde Einkommen vor. Der für Zwecke des Progressionsvorbehalts nach Maßgabe des § 32b Abs. 2 EStG zu ermittelnde besondere (Durchschnitts-)Steuersatz ist dabei der Steuersatz, der sich ergibt, sofern bei der Berechnung der tariflichen ESt das nach § 32a Abs. 1 EStG zu versteuernde Einkommen um die nicht steuerbaren oder steuerfreien Leistungen oder Einkünfte des § 32b Abs. 1 oder 1a EStG vermehrt oder vermindert wird. In der Folge erhöhen oder senken die, dem positiven oder negativen Progressionsvorbehalt unterliegenden, Leistungen oder Einkünfte den Durchschnittssteuersatz, dem das nach § 32a Abs. 1 EStG zu versteuernde Einkommen unterliegt. 47

Die Anwendung des besonderen Steuersatzes soll die grundsätzliche Besteuerung nach der individuellen Leistungsfähigkeit des Stpfl. über § 32a EStG hinaus sicherstellen. Die – aufgrund des Leistungsfähigkeitsgedankens – progressive Ausgestaltung des Einkommensteuertarifs in § 32a EStG soll nicht durch nicht steuerbare oder steuerfreie Leistungen oder Einkünfte beeinflusst werden. 48

Die Anwendung des besonderen Steuersatzes auch auf ein unter dem Grundfreibetrag liegendes zu versteuerndes Einkommen und die entsprechende Steuerfestsetzung ist unproblematisch.[1] Die verfassungsrechtlich gebotene Berücksichtigung des steuerlichen Existenzminimums ist bereits in der bei der Ermittlung des besonderen Durchschnittsteuersatzes zur Anwendung kommenden Tarifvorschrift des § 32a EStG inkludiert. 49

2. Tatbestände

Die für eine Hinzurechnung oder einen Abzug zum bzw. vom zu versteuernden Einkommen des § 32a Abs. 1 EStG maßgeblichen Modalitäten regelt § 32b Abs. 2 Nr. 1 EStG für Leistungen i. S. d. § 32b Abs. 1 Satz 1 Nr. 1 EStG. Die entsprechenden Vorschriften für Einkünfte i. S. d. § 32b Abs. 1 Satz 1 Nr. 2 bis 5 EStG sind in § 32b Abs. 2 Nr. 2 EStG normiert. 50

§ 32b Abs. 2 Nr. 1 EStG konstatiert den Ansatz der Summe der Leistungen nach § 32b Abs. 1 Satz 1 Nr. 1 EStG nach Abzug des Arbeitnehmerpauschbetrags i. S. d. § 9a Satz 1 Nr. 1 EStG, soweit dieser nicht oder nur begrenzt bei der Ermittlung der Einkünfte aus nichtselbständiger Arbeit abziehbar ist. Da in § 32b Abs. 2 Nr. 1 EStG nicht auf § 9a Satz 2 EStG verwiesen wird, darf der Arbeitnehmerpauschbetrag unabhängig von den tatsächlichen Einnahmen voll abgezogen werden.[2] Somit wäre auch eine negative Progressionswirkung denkbar. 51

§ 32b Abs. 2 Nr. 2 EStG bestimmt den Einbezug der nicht steuerbaren oder steuerfreien Einkünfte i. S. d. § 32b Abs. 1 Satz 1 Nr. 2 bis 5 EStG in die Ermittlung des besonderen Steuersatzes. Der Begriff der Einkünfte in § 32b EStG entspricht dabei dem § 2 Abs. 2 EStG.[3] 52

In den Einkünften i. S. d. § 32b Abs. 1 Satz 1 Nr. 2 bis 5 EStG enthaltene außerordentliche Einkünfte sind gem. § 32b Abs. 2 Nr. 2 Satz 1 EStG zu einem Fünftel zu berücksichtigen. § 32b Abs. 2 Nr. 2 Satz 1 EStG definiert den Begriff der außerordentlichen Einkünfte nicht eigenstän- 53

---

1 Vgl. BFH v. 9. 8. 2001 - III R 50/00, BStBl 2001 II 778.
2 A. A. *Wagner* in Blümich, § 32b EStG Rz. 54.
3 Vgl. BFH v. 15. 5. 2002 - I B 73/01, BFH/NV 2002, 1295 = NWB DokID: VAAAA-68080.

dig. Es ist davon auszugehen, dass hierunter die Einkünfte i. S. d. § 34 EStG erfasst werden.[1] Die Vorschrift gewährleistet, dass die Progressionswirkung im Gleichklang mit der Regelung nach § 34 Abs. 1 EStG auf ein Fünftel beschränkt wird.[2] In die Ermittlung des Steuersatzes nach § 34 EStG werden die dem Progressionsvorbehalt unterliegenden Einkünfte jedoch in voller Höhe und nicht nur mit einem Fünftel einbezogen.[3] Es erfolgt eine integrierte Berechnung der ESt.[4]

54 § 32b Abs. 2 Satz 1 Nr. 2 Buchst. a EStG lässt den Abzug des Arbeitnehmerpauschbetrags i. S. d. § 9a Satz 1 Nr. 1 Buchst. a EStG insgesamt nur einmalig bei inländischen und nicht steuerbaren oder steuerfreien Einkünften zu. Darüber hinaus sieht § 32b Abs. 2 Satz 1 Nr. 2 Buchst. b EStG einen Abzug von Werbungskosten nur vor, insoweit diese zusammen mit den bei der Ermittlung der Einkünfte aus nichtselbständiger Arbeit abziehbaren Werbungskosten den Arbeitnehmerpauschbetrag i. S. d. § 9a Satz 1 Nr. 1 Buchst. a EStG übersteigen.

55 § 32b Abs. 2 Satz 1 Nr. 2 Buchst. c Satz 1 EStG beinhaltet eine Sondervorschrift hinsichtlich der Behandlung von Wirtschaftsgütern des Umlaufvermögens. Im Fall der Gewinnermittlung nach § 4 Abs. 3 EStG sind danach entsprechende Anschaffungs- oder Herstellungskosten erst im Zeitpunkt des Zuflusses des Veräußerungserlöses oder im Zeitpunkt der Entnahme erfolgswirksam als Betriebsausgaben zu berücksichtigen. Bei der Ermittlung des besonderen Steuersatzes wirken sich somit Aufwendungen des Stpfl. für den Erwerb von Umlaufvermögen nicht nach Maßgabe des Zufluss-/Abflussprinzips des § 11 EStG bereits im Anschaffungs- oder Herstellungszeitpunkt durchschnittsteuersatzmindernd aus. Durch die gesetzliche Bestimmung in § 32b Abs. 2 Satz 1 Nr. 2 Buchst. c EStG soll dem sog. „Goldfinger-Modell" die wesentliche normative Grundlage entzogen werden.[5]

56 Durch die Abweichung von einer streng veranlagungszeitraumbezogenen Betrachtung des Zufluss-/Abflussprinzips bei Wirtschaftsgütern des Umlaufvermögens wird eine zwangsweise Saldierung von Aufwand und Ertrag in einem einzigen Veranlagungszeitraum erreicht. Dabei ist jeder Gewinn oder Verlust aus der Anschaffung oder Herstellung und der Weiterveräußerung oder Entnahme eines jeden einzelnen Wirtschaftsguts gesondert zu betrachten. § 32b Abs. 2 Satz 1 Nr. 2 Buchst. c Satz 2 EStG sieht durch den Verweis auf § 4 Abs. 3 Satz 5 EStG eine Aufnahme der betreffenden Wirtschaftsgüter in ein laufend zu führendes Verzeichnis vor.

57–60 *(Einstweilen frei)*

3. Negativer Progressionsvorbehalt

61 Der Einbezug negativer, nicht steuerbarer oder steuerfreier Leistungen oder Einkünfte in die Berechnung des besonderen Steuersatzes des § 32b EStG führt zu einem negativen Progressionseffekt. Erfasst werden Leistungen i. S. d. § 32b Abs. 1 Satz 1 Nr. 1 EStG, die einem positiven Progressionsvorbehalt unterlegen haben und in einem späteren Veranlagungszeitraum zurückgezahlt werden müssen sowie negative ausländische Einkünfte i. S. d. § 32b Abs. 1 Satz 1

---

1 Vgl. BFH v. 9. 6. 1993 - I R 81/92, BStBl 1993 II 790. Ausführlich zu außerordentlichen Einkünften und der Fünftelungsregelung HHR/*Kuhn*, § 32b EStG Rz. 190.
2 Vgl. BFH v. 22. 9. 2009 - IX R 93/07, BStBl 2010 II 1032.
3 Vgl. BFH v. 17. 1. 2008 - VI R 44/07, BStBl 2011 II 21.
4 Hinsichtlich der diversen Schwierigkeiten im Zusammenspiel des § 32b EStG und des § 34 EStG und Ausführungen zur integrierten Einkommensteuerberechnung siehe ausführlich *Eggesiecker/Ellerbeck*, DStR 2007, 1281 ff., m. w. N.
5 Zur grundsätzlichen Ausgestaltung und Wirkungsweise des Goldfingermodells und die mit ihm beabsichtigte Ausnutzung eines negativen Progressionsvorbehalts siehe ausführlich *Wagner* in Blümich, § 32b EStG Rz. 91, m. w. N.; *Mann/Stahl*, DStR 2015, 1425; zur steuerlichen Anerkennung siehe BFH v. 19.1.2017 - IV R 10/14, BStBl 2017 II 507, und BFH v. 19.1.2017 - IV R 50/14, BStBl II 2017, 456.

Nr. 2 bis 5 EStG, insoweit diese nicht durch § 32b Abs. 1 Satz 2 EStG auszunehmen sind.[1] Der Einbezug ist des Weiteren ausgeschlossen, wenn die Verlustberücksichtigung an sich versagt wird. Dies ist bei Verlusten i. S. d. §§ 2a und 15b EStG der Fall.[2]

Durch § 32b EStG kann es auch zu einem anzuwendenden besonderen Steuersatz von 0 % kommen.[3] Bei einem zu betrachtenden Welteinkommen von 0 € oder weniger ist ein Steuersatz von 0 % der zutreffende Ausdruck der individuellen Leistungs(un-)fähigkeit des Stpfl. 62

C. Verfahrensfragen

§ 32b EStG wurde zuletzt an die Regelungen des § 72a Abs. 4 AO sowie des § 93c AO angepasst. § 32b Abs. 3 EStG wurde hierzu neu gefasst und § 32b Abs. 4 und 5 EStG angefügt. Die Neufassung ist erstmals auf die ab dem 1.1.2018 gewährten Leistungen anzuwenden.[4] Letztmalig für den VZ 2017 haben die Träger der Sozialleistungen i. S. d. § 32b Abs. 1 Nr. 1 EStG die Daten über die im Kj. gewährten Leistungen sowie die Dauer des Leistungszeitraums für jeden Empfänger bis zum 28.2. des Folgejahrs nach amtlich vorgeschriebenem Datensatz durch amtlich bestimmte Datenfernübertragung zu übermitteln. Ab dem VZ 2018 sind Einzelheiten zur Art und Weise und zum Zeitpunkt der Datenübermittlung über die dem Progressionsvorbehalt unterliegenden Leistungen entbehrlich. Die entsprechenden Verpflichtungen ergeben sich nunmehr aus den Vorschriften des § 93c Abs. 1 AO. Datenübermittlungen können unterbleiben, soweit die Leistungen auf der Lohnsteuerbescheinigung i. S. d. § 41b Abs. 1 Satz 2 Nr. 5 EStG auszuweisen sind. Durch die Hinweise auf § 41b Abs. 2 EStG und § 22a Abs. 2 EStG kann der Übermittlungspflichtige in besonderen Ausnahmefällen anstelle der steuerlichen Identifikationsnummer i. S. d. § 139b AO auch ein alternatives Ordnungsmerkmal (z. B. Geburtsdatum) verwenden. 63

Die umfassenden Datenübermittlungspflichten sollen den Einbezug der einem Progressionsvorbehalt unterliegenden Leistungen in die Ermittlung des besonderen Steuersatzes und eine zutreffende Besteuerung nach der individuellen Leistungsfähigkeit des Stpfl. sicherstellen. Entsprechende Hinweise zur steuerlichen Behandlung entsprechender Leistungen auf den vormaligen Bescheinigungen der Träger der Sozialleistungen i. S. d. § 32b Abs. 1 Nr. 1 EStG wurden oftmals nicht beachtet. Die Erklärung diesbezüglicher Leistungen unterblieb in einer Vielzahl von Fällen.[5] 64

Die elektronische Datenübermittlung dient im Vergleich zu einem Bescheinigungsverfahren des Weiteren auch der Verfahrensvereinfachung. Der Finanzverwaltung stehen die für eine gleichmäßige Besteuerung erforderlichen Daten ohne zusätzlichen Aufklärungsaufwand zur Verfügung. 65

Auf die Datenübermittlung seitens der Träger der Sozialleistungen i. S. d. § 32b Abs. 1 Nr. 1 EStG kann immer dann verzichtet werden, sofern die Daten der Finanzverwaltung auf anderem Wege für die Veranlagung zur Verfügung stehen. Dies ist im Rahmen der elektronischen Lohnsteuerbescheinigung des Arbeitgebers der Fall, der den Bezug von Leistungen i. S. d. § 32b Abs. 1 Satz 1 Nr. 1 EStG bescheinigt (z. B. Kurzarbeitergeld). Zwecks eindeutiger Zuordnung der 66

---

1 Vgl. BFH v. 12.10.1995 - I R 153/94, BStBl 1996 II 201; BFH v. 10.7.2002 - X R 46/01, BStBl 2003 II 391.
2 Vgl. FG Niedersachsen v. 22.9.15 - 8 K 115/15, EFG 2016, 473.
3 Vgl. BFH v. 25.5.1970, BStBl 1970 II 660 am Beispiel ausländischer Verluste (siehe auch H 32b „Ausländische Verluste" EStH).
4 Vgl. § 52 Abs. 33 Satz 3 EStG.
5 Vgl. BT-Drucks. 16/6290, 56.

Daten und deren zielgerichteter Auswertung wird gem. § 32b Abs. 3 Satz 1 2. Halbsatz EStG i. V. m. §§ 41b Abs. 2 und 22a Abs. 2 EStG regelmäßig die steuerliche Identifikationsnummer i. S. d. § 139b AO genutzt.

67 Trotz der Datenübermittlungspflicht ist der Empfänger der Leistungen gem. § 32b Abs. 3 Satz 2 EStG entsprechend zu informieren und auf die steuerliche Behandlung dieser Leistungen und seine Steuererklärungspflicht hinzuweisen. Die Datenübermittlung entbindet den Stpfl. nicht von seiner Steuererklärungspflicht. Zudem ist die Finanzbehörde gem. § 93c Abs. 4 Satz 2 AO nicht an die übermittelten Daten gebunden und hat diese auch nicht als Grundlagenbescheid i. S. d. § 171 Abs. 10 AO zu verstehen.

68 Für die Anwendung des § 72a Abs. 4 AO (Inhaftungnahme für entgangene Steuer) und des § 93c Abs. 4 Satz 1 AO (Ermittlungsbefugnisse im Zusammenhang mit einer Datenübermittlungspflicht) bestimmt § 32b Abs. 4 Satz 1 das Betriebsstättenfinanzamt des Trägers der Sozialleistungen i. S. d. § 32b Abs. 1 Nr. 1 EStG für zuständig. § 32b Abs. 4 Satz 2 EStG bestimmt alternativ in bestimmten Fällen dasjenige Finanzamt für zuständig, in dessen Bezirk sich die Geschäftsleitung i. S. d. § 10 AO des Sozialleistungsträgers befindet.

69 § 32b Abs. 5 EStG berechtigt das gem. § 32b Abs. 4 EStG zuständige Finanzamt, die übermittelten Daten zur Anwendung der Regelungen des § 72a Abs. 4 AO und des § 93c Abs. 4 Satz 1 AO bei der für die Besteuerung des Leistungsempfängers nach dem Einkommen zuständigen Finanzbehörde abzurufen und zu verwenden.

§ 32c Tarifglättung bei Einkünften aus Land- und Forstwirtschaft

[1](1) ¹Für Einkünfte aus Land- und Forstwirtschaft im Sinne des § 13 findet nach Ablauf von drei Veranlagungszeiträumen (Betrachtungszeitraum) eine Tarifglättung nach den Sätzen 2 und 3 statt. ²Ist die Summe der tariflichen Einkommensteuer, die innerhalb des Betrachtungszeitraums auf die steuerpflichtigen Einkünfte aus Land- und Forstwirtschaft im Sinne des § 13 entfällt, höher als die Summe der nach Absatz 2 ermittelten fiktiven tariflichen Einkommensteuer, die innerhalb des Betrachtungszeitraums auf die steuerpflichtigen Einkünfte aus Land- und Forstwirtschaft im Sinne des § 13 entfällt, wird bei der Steuerfestsetzung des letzten Veranlagungszeitraums im Betrachtungszeitraum die tarifliche Einkommensteuer um den Unterschiedsbetrag ermäßigt. ³Ist die Summe der tariflichen Einkommensteuer, die innerhalb des Betrachtungszeitraums auf die steuerpflichtigen Einkünfte aus Land- und Forstwirtschaft im Sinne des § 13 entfällt, niedriger als die Summe der nach Absatz 2 ermittelten fiktiven tarifli-

---

1 Anm. d. Red.: Kursiver § 32c eingefügt gem. Art. 3 Nr. 2 i. V. mit Art. 5 Abs. 2 Gesetz v. 20. 12. 2016 (BGBl I S. 3045) mit Wirkung von dem Tag, an dem die Europäische Kommission durch Beschluss feststellt, dass die Regelung entweder keine Beihilfe oder mit dem Binnenmarkt vereinbare Beihilfe darstellt, und ist gem. § 52 Abs. 33a i. d. F. des Art. 3 Nr. 4 Buchst. a i. V. mit Art. 5 Abs. 2 Gesetz v. 20. 12. 2016 (BGBl I S. 3045) wie folgt anzuwenden: ¹§ 32c ist erstmals für den Veranlagungszeitraum 2016 anzuwenden. ²§ 32c ist im Veranlagungszeitraum 2016 mit der Maßgabe anzuwenden, dass der erste Betrachtungszeitraum die Veranlagungszeiträume 2014 bis 2016 umfasst. ³Die weiteren Betrachtungszeiträume erfassen die Veranlagungszeiträume 2017 bis 2019 und 2020 bis 2022. ⁴§ 32c ist letztmalig für den Veranlagungszeitraum 2022 anzuwenden. ⁵Hat ein land- und forstwirtschaftlicher Betrieb im gesamten Jahr 2014 noch nicht bestanden, gilt abweichend für diesen Betrieb der erste Betrachtungszeitraum im Sinne des § 32c Absatz 1 Satz 1 abweichend von den Sätzen 1 und 2 mit dem Veranlagungszeitraum, in dem erstmals Einkünfte aus Land- und Forstwirtschaft aus diesem Betrieb der Besteuerung zugrunde gelegt werden. ⁶Satz 4 findet auch in den Fällen des Satzes 5 Anwendung. ⁷Für den letzten Betrachtungszeitraum gilt in den Fällen des Satzes 5 § 32c Absatz 5 Satz 1 entsprechend.

chen Einkommensteuer, die innerhalb des Betrachtungszeitraums auf die steuerpflichtigen Einkünfte aus Land- und Forstwirtschaft im Sinne des § 13 entfällt, erhöht der Unterschiedsbetrag die festzusetzende Einkommensteuer des letzten Veranlagungszeitraums im Betrachtungszeitraum.

(2) ¹Die fiktive tarifliche Einkommensteuer, die auf die steuerpflichtigen Einkünfte aus Land- und Forstwirtschaft im Sinne des § 13 entfällt, wird für jeden Veranlagungszeitraum des Betrachtungszeitraums gesondert ermittelt. ²Dabei treten an die Stelle der tatsächlichen Einkünfte aus Land- und Forstwirtschaft im Sinne des § 13 die nach Satz 3 zu ermittelnden durchschnittlichen Einkünfte. ³Zur Ermittlung der durchschnittlichen Einkünfte aus Land- und Forstwirtschaft wird die Summe der tatsächlichen Gewinne oder Verluste der Veranlagungszeiträume eines Betrachtungszeitraums gleichmäßig auf die Veranlagungszeiträume des Betrachtungszeitraums verteilt.

(3) ¹Die auf die steuerpflichtigen Einkünfte aus Land- und Forstwirtschaft im Sinne des § 13 entfallende tarifliche Einkommensteuer im Sinne des Absatzes 1 ermittelt sich aus dem Verhältnis der positiven steuerpflichtigen Einkünfte aus Land- und Forstwirtschaft zur Summe der positiven Einkünfte. ²Entsprechendes gilt bei der Ermittlung der fiktiven tariflichen Einkommensteuer.

(4) Bei der Ermittlung der tatsächlichen und der durchschnittlichen Einkünfte aus Land- und Forstwirtschaft im Sinne des Absatzes 2 bleiben Veräußerungsgewinne im Sinne des § 14 in Verbindung mit § 34 Absatz 1 oder Absatz 3, nach § 34a begünstigte nicht entnommene Gewinne sowie Einkünfte aus außerordentlichen Holznutzungen im Sinne des § 34b Absatz 1 und 2 außer Betracht.

(5) ¹Wird ein Betrieb der Land- und Forstwirtschaft innerhalb des Betrachtungszeitraums aufgegeben oder veräußert, verkürzt sich der Betrachtungszeitraum entsprechend. ²Bestehen in diesen Fällen mehrere Betriebe der Land- und Forstwirtschaft und weichen die Betrachtungszeiträume dieser Betriebe voneinander ab, ist die Tarifglättung für jeden Betrieb gesondert vorzunehmen. ³Dasselbe gilt, wenn bei Neueröffnung eines Betriebs der Land- und Forstwirtschaft die Betrachtungszeiträume mehrerer Betriebe der Land- und Forstwirtschaft voneinander abweichen. ⁴Für Mitunternehmeranteile an Betrieben der Land- und Forstwirtschaft gelten die Sätze 1 bis 3 entsprechend.

(6) ¹Ist für einen Veranlagungszeitraum, in dem eine Tarifglättung nach Absatz 1 durchgeführt wurde, bereits ein Steuerbescheid erlassen worden, ist dieser zu ändern, soweit sich die innerhalb des Betrachtungszeitraums erzielten Einkünfte aus Land- und Forstwirtschaft ändern. ²Die Festsetzungsfrist endet insoweit nicht, bevor die Festsetzungsfrist für den Veranlagungszeitraum abgelaufen ist, in dem sich die Einkünfte aus Land- und Forstwirtschaft geändert haben.

Inhaltsübersicht	Rz.
A. Allgemeine Erläuterungen	1 - 35
I. Normzweck und wirtschaftliche Bedeutung der Vorschrift	1 - 8
II. Entstehung und Entwicklung der Vorschrift	9 - 12
III. Geltungsbereich	13 - 15
IV. Vereinbarkeit mit höherrangigem Recht	16 - 23
1. Verfassungsmäßigkeit der Regelung	16 - 20
2. Vereinbarkeit mit dem Unionsrecht	21 - 23
V. Verhältnis zu anderen Vorschriften	24 - 35

B. Systematische Kommentierung ... 36 – 75
   I. Überblick zum Regelungskomplex der Tarifglättung ... 36
   II. Das Programm der Tarifglättung (§ 32c Abs. 1 EStG) ... 37 – 45
   III. Die Ermittlung der fiktiven tariflichen Einkommensteuer (§ 32c Abs. 2 EStG) ... 46 – 53
   IV. Tarifglättung im Zusammenhang mit anderen Einkünften (§ 32c Abs. 3 EStG) ... 54 – 55
   V. Von der Tarifglättung ausgeschlossene land- und forstwirtschaftliche Einkünfte (§ 32c Abs. 4 EStG) ... 56 – 59
   VI. Verkürzte Betrachtungszeiträume bei betrieblichen Veränderungen (§ 32c Abs. 5 EStG) ... 60 – 66
   VII. Berücksichtigung geänderter Einkünfte aus Land- und Forstwirtschaft nach Durchführung der Tarifglättung (§ 32c Abs. 6 EStG) ... 67 – 75
C. Verfahrensfragen ... 76

LITERATUR:

▶ Weitere Literatur siehe Online-Version

Wissenschaftliche Dienste Deutscher Bundestag v. 18.11.2016, Verfassungsrechtliche Aspekte einer Steuerermäßigung für die Land- und Forstwirtschaft, betr. § 34e EStG-Entw., https://www.bundestag.de/blob/487598/1f75195e74d11791eeee88ca4d9de8371/wd-4-126-16-pdf-data.pdf; *Kanzler*, Die neue Tarifglättung für die Einkünfte aus Land- und Forstwirtschaft – § 32c EStG reloaded, DStZ 2017, 210; *Lammers*, Tarifglättung bei Einkünften aus Land- und Forstwirtschaft – § 32c EStG der fehlgeschlagene Versuch einer Begünstigung durch den Gesetzgeber, DStR 2017, 1576; *Wiegand*, Einführung in die Tarifglättung für Einkünfte aus Land- und Forstwirtschaft, NWB 2017, 649.

A. Allgemeine Erläuterungen

I. Normzweck und wirtschaftliche Bedeutung der Vorschrift

1 **Klimawandel und marktbedingte Gewinnschwankungen als Regelungsgrund:** Bereits in einer Entschließung vom 17.6.2016[1] und später in der Begründung zum Entwurf eines Gesetzes zum Erlass und zur Änderung marktordnungsrechtlicher Vorschriften sowie zur Änderung des Einkommensteuergesetzes[2] wird die Tarifregelung als geeignete Maßnahme bezeichnet, der „schwierigen Lage auf dem Milchmarkt" zu begegnen und auf „die Folgen des globalen Klimawandels für die land- und forstwirtschaftlichen Betriebe" zu reagieren. Diese hätten „zunehmend spürbar zu massiven Ernteausfällen und daraus resultierenden schwankenden Gewinnen geführt".[3] Nach den Angaben der Fraktionen der CDU/CSU und SPD bestünden darüber hinaus weitere vielfältige Gründe, die derzeit zu einer erheblichen Verschlechterung der Ertragslage führten und im Bereich der Tierhaltung besonders dramatisch seien.[4] Angesichts der Ende 2016 wieder gestiegenen Milchpreise stellen diese nicht näher belegten Umstände die Erforderlichkeit der Regelung in Frage; im Übrigen steht die Berufung auf den eher beständigen Klimawandel durchaus in Widerspruch zur Befristung der Regelung.[5] Andererseits kann die Berufung auf den Klimawandel und marktbedingte Schwankungen kaum als sachliche

---

1 BR-Drucks. 314/16 (Beschluss).
2 Beschlussempfehlung und Bericht des Ausschusses für Ernährung und Landwirtschaft zum Entwurf eines MarktordÄndG v. 29.11.2016, BT-Drucks. 18/10468, 1.
3 BT-Drucks. 18/10468, 1.
4 BT-Drucks. 18/10468, 1.
5 Ebenso der federführende Ausschuss für Agrarpolitik und Verbraucherschutz und der Finanzausschuss in seinen Empfehlungen v. 8.12.2016, BR-Drucks. 715/1/16, 2 f.; s.a. *Kanzler*, DStZ 2017, 210.

Rechtfertigung für die Begünstigung von Gartenbaubetrieben mit Unter-Glas-Anbau oder Forstbetrieben herangezogen werden.

Steuersystematische Bedeutung: Die Vorschrift zur Tarifglättung ist Teil des aus 5 Artikeln bestehenden MarktordÄndG. Die einkommensteuerrechtlichen Änderungen, die nur die Tarifglättung und die damit zusammenhängenden Anrechnungs- und Anwendungsregelungen betreffen, sind in Art. 3 des Gesetzes enthalten. Wie § 32c EStG a. F. (s. → Rz. 9) bricht die neue Regelung mit dem Prinzip der synthetischen Einkommensteuer,[1] das dem Gesetzgeber ohnehin keine Richtschnur zu sein scheint.

Mit keinem Wort wird in der Entwurfsbegründung das Verhältnis zu § 4a Abs. 2 Nr. 1 EStG erwähnt, eine Vorschrift, die ebenfalls wegen der volatilen Gewinne in der Landwirtschaft bereits seit Jahren eine Gewinnglättung bewirken soll. Während § 4a Abs. 1 Satz 2 Nr. 1 EStG den Grundsatz der Abschnittsbesteuerung[2] nicht durchbricht, sondern lediglich eine vom Kj. abweichende Gewinnermittlung für das Wj. vorsieht, verletzt § 32c EStG das Periodizitätsprinzip.[3] § 4a EStG und § 32c EStG sind nebeneinander anzuwenden.[4] Damit treffen zwei Regelungen zur Tarif- und Gewinnglättung aufeinander: § 32c EStG überlagert § 4a EStG gewissermaßen, was zu einem Übermaß an Begünstigung führt.

Die wirtschaftliche Bedeutung für den Stpfl. ist bei relativ gleichbleibenden und bereits über § 4a Abs. 2 Nr. 1 EStG nivellierten Gewinnen eher gering, wenn der Gewinn für das Normal-Wj. der Land- und Forstwirte ermittelt wird. Wird der Gewinn ausnahmsweise für das Kj. ermittelt und ergeben sich stark schwankende Gewinne oder gar ein Verlust im dreijährigen Betrachtungszeitraum, dann lassen sich zum Teil beachtliche Steuerermäßigungen erzielen.

Die finanziellen Auswirkungen für die öffentlichen Haushalte werden mit 50 Mio. € pro Jahr veranschlagt. Dabei ging die Entwurfsbegründung aber davon aus, dass die Europäische Kommission noch 2016 ihre Zustimmung erteilt haben würde (s. → Rz. 20).[5]

(Einstweilen frei)

II. Entstehung und Entwicklung der Vorschrift

Die Vorschrift zur Tarifglättung wurde als § 32c EStG durch das MarktordÄndG v. 20.12.2016[6] in das EStG eingefügt, nachdem die Regelung zunächst in einem neuen § 34e EStG geplant war.[7] In seinen älteren Fassungen[8] sah § 32c EStG von 1994 bis 2001 eine Tarifbegrenzung für die Einkünfte aus Gewerbebetrieb und nur für den VZ 2007 abermals eine Tarifbegrenzung vor, diesmal für Gewinneinkünfte, die dadurch von der sog. Reichensteuer ausgenommen werden sollten.[9]

---

1 Gl.A. *Lammers*, DStR 2017, 1576; gl. A. *Wendt* in HHR, § 32c EStG Anm. 7.
2 Dazu KKB/*Kanzler*, § 2 EStG Rz. 372 ff.
3 Gl. A. Wissenschaftliche Dienste Deutscher Bundestag v. 18.11.2016, a.a.O., S. 6 zum ursprünglich geplanten § 34e EntwEStG.
4 Zu dem Gedanken einer alternativen Anwendung von § 4a EStG und § 34e EntwEStG s. *Kanzler*, DStZ 2017, 210, 212; *Wiegand*, NWB 2017, 649.
5 BT-Drucks. 18/10468, 2.
6 BGBl 2016 I 3045..
7 BT-Drucks. 18/10237, 5.
8 Zu dieser Rechtsentwicklung *Kanzler*, DStZ 2017, 210.
9 Zu dieser, dem Gebot der Folgerichtigkeit widersprechenden und sachlich kaum zu rechtfertigenden Vorschrift ist ein Normenkontrollverfahren auf Vorlage des FG Düsseldorf v. 14.12.2012 - 1 K 2309/09 E, EFG 2013, 692 beim BVerfG unter dem Az. 2 BvL 1/13 anhängig.

10 Initiativen der Verbände und des Bundesrats: Seit Jahren fordern die landwirtschaftlichen Verbände wegen drastischer Preisschwankungen im Ackerbau und bei der Milch steuerliche Entlastungsmaßnahmen in Gestalt einer Risikorücklage[1] oder einer Tarifglättung. Mit einer Entschließung v. 17. 6. 2016 stellte der Bundesrat fest, dass sich die kritische wirtschaftliche Lage der Landwirtschaft verschärft habe und für das laufende Wirtschaftsjahr insbesondere Milchvieh und Schweine haltende Betriebe weiter sinkende Einnahmen zu befürchten hätten. Obwohl bisher keine verlässlichen Zahlen über Betriebsaufgaben vorlägen, werde die Bundesregierung aufgefordert, zügig eine steuerlich begünstigte Risikoausgleichsrücklage zur Stärkung des betrieblichen Risikomanagements der Agrarbetriebe einzuführen.[2]

11 Die Bundesregierung lehnte in ihrer Stellungnahme zu dieser Entschließung diesen Vorschlag mit der Begründung ab, eine gewinnausgleichende Rücklage setze „die Bildung liquider Mittel" voraus. Hieran fehle es bei den betroffenen Betrieben häufig, so dass die Rücklage „steuerlich ins Leere gehen würde".[3] Stattdessen schlug die Bundesregierung die nun Gesetz gewordene Gewinnglättung über jeweils einen Dreijahreszeitraum – allerdings unbefristet – und einen zusätzlichen Freibetrag zur Schuldentilgung von 150 000 € je Betrieb in einem neuen § 14a EStG vor.[4]

12 Umsetzung der Vorschläge durch den Gesetzgeber: Im Ergebnis verzichtete der Gesetzgeber auf den geplanten Freibetrag zur Schuldentilgung und führte die Gewinnglättung zeitlich befristet für einen Zeitraum von neun Veranlagungs- bzw. drei Betrachtungszeiträumen ein.

III. Geltungsbereich

13 Sachlicher Geltungsbereich: Die Vorschrift gilt nur für Einkünfte aus LuF nach § 13 EStG, gleich welche Gewinnermittlungsart und welches Wirtschaftsjahr diesen Einkünften zugrunde liegt.

14 Persönlicher Geltungsbereich: § 32c EStG gilt für natürliche unbeschränkt wie beschränkt stpfl. Personen; § 50 Abs. 1 Satz 5 EStG sieht insoweit keine Einschränkungen vor.

15 Zeitlicher Anwendungsbereich: Während das vom Bundespräsidenten ausgefertigte und am 23. 12. 2016 im Bundesgesetzblatt verkündete MarktordÄndG nach Art. 5 Abs. 1 am Tag nach der Verkündung in Kraft getreten ist und auch die Tarifglättung bereits für den Veranlagungszeitraum 2016 mit der Maßgabe anzuwenden sein soll, dass der erste Betrachtungszeitraum mit dem VZ 2014 beginnt, steht das Inkrafttreten des Art. 3 unter dem Vorbehalt der Zustimmung durch die EU-Kommission. Nach Art. 5 Abs. 2 des MarktordÄndG treten nämlich die Nummern 1 bis 4 des Art. 3 jeweils an dem Tag in Kraft, an dem die Europäische Kommission durch Beschluss feststellt, dass diese Regelungen entweder keine Beihilfen oder mit dem Binnenmarkt vereinbare Beihilfen darstellen. Der Tag dieses Beschlusses soll nach Art. 5 Abs. 2 Satz 2 MarktordÄndG vom Bundesministerium für Ernährung und Landwirtschaft gesondert im Bundesgesetzblatt bekannt gemacht werden. Ein entsprechender Beschluss liegt derzeit noch nicht vor. Allerdings sind sowohl der Ausschuss für Ernährung und Landwirtschaft am

---

1 Dazu etwa *Blanck/Bahrs*, Die Risikoausgleichsrücklage als Instrument des landwirtschaftlichen Risikomanagements, Agrarwirtschaft 2009, 209; *Breustedt/Schmidt*, Neue Landwirtschaft, 2009, 26.
2 BR-Drucks. 314/16 (Beschluss).
3 BR-Drucks. 314/16 (Beschluss).
4 BR-Drucks. 314/16 (Beschluss).

29.11.2016,[1] als auch der Haushaltsausschuss am 30.11.2016[2] davon ausgegangen, dass die Europäische Kommission den entsprechenden Beschluss noch im Jahr 2016 fasst.

IV. Vereinbarkeit mit höherrangigem Recht

1. Verfassungsmäßigkeit der Regelung

§ 32c als Fiskalzwecknorm: Die Vorschrift zur Tarifglättung ist wohl in erster Linie als Fiskalzwecknorm konzipiert. Sie ist antragsunabhängig anzuwenden und dient einer gleichmäßigen Einkommensteuerbelastung für einen längeren Zeitraum von drei Veranlagungszeiträumen. Stpfl., die luf Betriebe unterhalten, aber kraft ihrer Rechtsform keine Einkünfte i. S. d. § 13 EStG erzielen, werden gegenüber den Stpfl. mit Einkünften aus LuF ohne sachlich rechtfertigenden Grund benachteiligt. Denn auch diese Stpfl. sind der Volatilität der Märkte[3] und dem Klimawandel ausgesetzt.[4] Diese Risiken können selbst landwirtschaftlich tätige juristische Personen treffen, die zwar nicht progressiv besteuert werden, die aber ebenfalls jahresbedingte Schwankungen erfahren, wenn sie im dreijährigen Betrachtungszeitraum Gewinne und Verluste erwirtschaften und die zudem nicht der zeitanteiligen Gewinnzurechnung nach § 4a Abs. 2 Nr. 1 EStG unterliegen.[5] Angesichts des eindeutigen Wortlauts des Gesetzes und dem klar erkennbaren Willen des Normgebers scheidet eine verfassungskonforme Auslegung des § 32c EStG aus.[6]

16

Der Gleichheitssatz belässt dem Normgeber zwar einen weitreichenden Entscheidungsspielraum sowohl bei der Auswahl des Steuergegenstandes als auch bei der Bestimmung des Steuersatzes. Abweichungen von der mit der Wahl des Steuergegenstandes einmal getroffenen Belastungsentscheidung müssen sich jedoch ihrerseits am Gleichheitssatz messen lassen. Daraus folgt das Gebot der folgerichtigen Ausgestaltung des steuerrechtlichen Ausgangstatbestands.[7] Dieses Gebot ist im Fall des § 32c EStG zumindest insoweit verletzt, als landwirtschaftlich tätige Stpfl. mit gewerblichen Einkünften die Tarifglättung nicht in Anspruch nehmen können.[8] Schließlich wirkt die Regelung gleichheitswidrig, wonach die fiktive tarifliche Einkommensteuer nach § 32c Abs. 1 Satz 3 EStG zu einer höheren Durchschnittsbelastung führen soll, ohne dass dem Stpfl. die Option zur regulären Tarifbesteuerung eingeräumt wurde. Zur unzulässigen echten Rückwirkung in diesen Fällen s. → Rz. 43.

17

§ 32c als Sozialzwecknorm: Der Vorschrift ist aber auch ein nichtfiskalischer Lenkungszweck zuzuordnen, weil sie als steuerliche Maßnahme zur Unterstützung des betrieblichen Risikomanagements in der Landwirtschaft geschaffen wurde und drohenden Betriebsaufgaben entgegenwirken sollte.[9] Sozialzweck- oder Lenkungsnormen kann der Steuergesetzgeber im Rahmen seiner Gestaltungsfreiheit aus Gründen des Gemeinwohls erlassen. Dann aber muss der

18

---

1 BT-Drucks. 18/10468, 2.
2 BT-Drucks. 18/10502, 1.
3 BR-Drucks. 314/16 (Beschluss); gl. A. Wissenschaftliche Dienste Deutscher Bundestag v. 18.11.2016; a.a.O., S. 8.
4 Gl. A. Wissenschaftliche Dienste Deutscher Bundestag v. 18.11.2016, a. a.O., S. 8.
5 So auch die Empfehlungen der Ausschüsse in BR-Drucks. 715/1/16, 4; a. A. *Wendt* in HHR § 32c EStG Anm. 6.
6 Siehe nur BVerfG v. 31.10.2016 - 1 BvR 871/13, 1 BvR 1833/13, Juris betr. Zweitwohnungsteuer.
7 Dazu zuletzt BVerfG v. 31.10.2016 - 1 BvR 871/13, 1 BvR 1833/13, Juris, mit zahlreichen weiteren Nachweisen.
8 Gl.A. *Lammers*, DStR 2017, 1576, 1578; *Wendt* in HHR § 32c EStG Anm. 6.
9 BR-Drucks. 314/16 (Beschluss).

Förderungs- und Lenkungszweck von einer erkennbaren gesetzgeberischen Entscheidung getragen und gleichheitsgerecht ausgestaltet sein.[1] Auch diese Anforderungen kann § 32c EStG nicht erfüllen. Die gesetzgeberische Entscheidung, eine ausgeglichene tarifliche Belastung zu gewährleisten, wird solchen Unternehmern und ihren Betrieben vorenthalten, die zwar auch luf tätig und als solche dem Klimawandel und der Volatilität der Agrarmärkte[2] ausgesetzt sind, aber wegen ihrer Rechtsform keine Einkünfte aus LuF i. S. d. § 13 EStG erzielen.[3]

19 **Justitiabilität der Steuerermäßigung:** Gerichtlich ist die Verfassungsmäßigkeit der Regelung überprüfbar, wenn sich ein von der Tarifglättung ausgeschlossener Stpfl. darauf berufen sollten. Eine solche Konkurrentenklage könnten nicht nur landwirtschaftliche Unternehmer erheben, die Kraft ihrer Rechtsform keine Einkünfte aus LuF erzielen (Kapitalgesellschaften, Genossenschaften, gewerblich geprägte Personengesellschaften), sondern alle übrigen Stpfl. mit volatilen Gewinn- und Überschusseinkünften.[4] Zur Begründung der Klagebefugnis einer Konkurrentenklage fordert der BFH, dass die Verletzung einer – zumindest auch – dem Schutz der Interessen einzelner an dem betreffenden Steuerschuldverhältnis nicht beteiligter Dritter dienenden Vorschrift, einer „drittschützende" Norm,[5] geltend gemacht wird. Dazu gehören alle Vorschriften, die einer wettbewerbsneutralen Besteuerung dienen sollen und im Übrigen alle Sozialzweck- bzw. Lenkungsnormen.[6] Dass § 32c EStG der Wettbewerbsgleichheit dienen soll, folgt schon aus seiner Regelung im Zusammenhang mit der Änderung marktordnungsrechtlicher Vorschriften; aber auch in seiner Eigenschaft als Lenkungsnorm wirkt § 32c EStG drittschützend.[7]

20 **Der Inkrafttretensvorbehalt** bis zum Abschluss des unionsrechtlichen Notifizierungsverfahrens (s. → Rz. 21) ist verfassungsrechtlich nicht zu beanstanden und verstößt insbesondere nicht gegen das Bestimmtheitsgebot des Art. 82 Abs. 2 Satz 1 GG.[8] Das BVerfG hat die Sollvorschrift des Art. 82 Abs. 2 Satz 1 GG in der sog. Contergan-Entscheidung[9] dahingehend ausgelegt, dass das Inkrafttreten eines Gesetzes auch von einer Bedingung abhängig gemacht werden kann (KKB/Kanzler, § 52 Rn. 9).

2. Vereinbarkeit mit dem Unionsrecht

21 Die Regelung steht unter dem Vorbehalt des Beschlusses der Europäischen Kommission, dass diese Regelungen entweder keine Beihilfen oder mit dem Binnenmarkt vereinbare Beihilfen i. S. d. EU-Rechts darstellen (Art. 5 MarktordÄndG). Dieser Beschluss ist noch nicht gefasst.

Einem auf die Berichtsbitte der Fraktion DIE LINKE erstatteten Sachstandsbericht zum Notifizierungsverfahren zu § 32c EStG zufolge[10] hat die EU-Kommission der Bundesregierung mitgeteilt, dass es sich bei der Tarifglättung um eine staatliche Beihilfe handle. Geprüft werde, ob

---

1 BVerfG v. 21. 6. 2006 - 2 BvL 2/99, BVerfGE 116, 164 zu § 32c EStG aF; BVerfG v. 17. 12. 2014 - 1 BvL 21/12, BVerfGE 138, 136 „Erbschaftsteuer" Rz. 124 und BVerfG v. 6. 12. 2016 1 BvR 2821/11, 2 BvR 321/12, 2 BvR 1456/12, NJW 2017, 217 „Atomausstieg" Rz. 359.
2 BR-Drucks. 314/16 (Beschluss).
3 Gl. A. Wissenschaftliche Dienste Deutscher Bundestag v. 18. 11. 2016, a. a. O., S. 8.
4 Zum Teil a. A. *Nacke* in Blümich, § 32c EStG Rz. 19 ff.
5 Siehe nur BFH v. 15. 10. 1997 - I R 10/92, BStBl 1998 II 63 m. w. N.
6 *Seer* in Tipke/Lang, Steuerrecht, § 22 Rz. 126 m. w. N.
7 Siehe *Kanzler*, DStZ 2017, 210, 213.
8 *Kanzler*, FR 2018, 794; a. A. *P. Kirchhof* in Kirchhof, § 3a EStG Rz. 6.
9 BVerfG v. 8. 7. 1976 - 1 BvL 19/75, 1 BvL 20/75, 1 BvR 148/75, BVerfGE 42, 263.
10 Finanzausschuss-Drucks. 19(7)-091, NWB DokID: YAAAH-01021.

die Tarifglättung eine mit dem Binnenmarkt vereinbare und damit genehmigungsfähige Beihilfe sei. Um eine beihilferechtliche Genehmigung zu erhalten, musste die Bundesregierung gegenüber der Kommission u. a. bestätigen, dass Unternehmen in Schwierigkeiten sowie Unternehmen, denen noch eine frühere rechtswidrige Beihilfe zur Verfügung steht, die durch einen Beschluss der Kommission als mit dem Binnenmarkt für unvereinbar erklärt wurde (sogenannte „Deggendorf-Klausel"[1]), aus dem Anwendungsbereich der Tarifglättung ausgeschlossen sind. Die Kommission führt noch weitere 5 Punkte auf, die u. a. auch eine Überkompensation ausschließen sollen und neue Erklärungspflichten bedingen, für die eine Rechtsgrundlage zu schaffen ist. Schließlich soll die Regelung wegen der zeitlichen Verzögerung des Inkrafttretens der Vorschrift wahlrechtsabhängig werden.[2]

(Einstweilen frei) 22–23

V. Verhältnis zu anderen Vorschriften

Verhältnis zu § 2 EStG: Für einen Teil der Einkünfte aus LuF weicht § 32c EStG vom Grundsatz der Abschnittsbesteuerung in § 2 Abs. 7 EStG ab. 24

Verhältnis zu § 4a EStG: Die Vorschrift zur Tarifglättung ist neben § 4a Abs. 2 Nr. 1 EStG anzuwenden. Der Gewinnglättung durch die zeitanteilige Zurechnung der Ergebnisse zweier aufeinanderfolgender Wj. nach § 4a Abs. 2 Nr. 1 EStG, folgt die Tarifglättung für drei aufeinanderfolgende VZ, den dreijährigen Betrachtungszeitraum, nach § 32c EStG. 25

Verhältnis zu den Gewinnermittlungsarten: Die Tarifglättung ist unabhängig von den für die Einkünfte aus LuF geltenden Gewinnermittlungsarten anwendbar. § 32c EStG ist daher auch bei der Gewinnermittlung nach § 13a EStG anzuwenden. Die Durchschnittssatzgewinnermittlung ist aber von Schwankungen kaum betroffen, jedenfalls wenn keine oder keine nennenswerten Sondergewinne nach § 13a Abs. 7 EStG erzielt werden. Im Übrigen erfasst die Tarifglättung auch die bei einem Wechsel der Gewinnermittlungsart während des dreijährigen Betrachtungszeitraums zu erfassenden Übergangsgewinne. Nach §32c Abs. 4 EStG sind nur die Veräußerungsgewinne sowie die nach § 34a EStG und § 34b EStG begünstigten Gewinne von der Tarifglättung ausgenommen (s. → Rz. 54 ff.). 26

Verhältnis zu §§ 13 Abs. 7, 15 Abs. 1 Satz 1 Nr. 2 EStG: luf Beteiligungseinkünfte unterliegen ebenfalls der Tarifglättung. Auch diese Einkünfte gehören zu den in § 32c Abs. 1 Satz 1 EStG bezeichneten Einkünften LuF. Ausdrücklich wird dies in § 32c Abs. 5 Satz 4 EStG für die Fälle verkürzter Betrachtungszeiträume geregelt. Zu verfahrensrechtlichen Konsequenzen bei Änderung von Bescheiden im Betrachtungszeitraum s. → Rz. 68 f. 27

Verhältnis zu § 36 EStG: § 36 Abs. 2 Nr. 3 EStG bezieht sich auf § 32c Abs. 1 Satz 2 EStG und bestimmt, dass ein die tarifliche Einkommensteuer übersteigender Unterschiedsbetrag auf die Einkommensteuer anzurechnen ist. Damit erhöht sich die Einkommensteuer um den im letzten VZ des Betrachtungszeitraums nicht genutzten Unterschiedsbetrag. Diese Anrechnungsregelung verschiebt die Tarifglättung aber vom Steuerfestsetzungs- in das Steuererhebungs- 28

---

1 Die Klausel bezieht sich auf das Urteil des EuGH v. 9.3.1994 - C 188/92, ABl EG 1994, Nr C 103, 3 „TWD Textilwerke Deggendorf GmbH./. Bundesrepublik Deutschland".
2 Zu Einzelheiten s. Finanzausschuss-Drucks. 19(7)-091, NWB DokID: YAAAH-01021.

verfahren, mit der Folge, dass sich die Steuerermäßigung nicht mehr auf die Annexsteuern auswirkt.[1] Auch dies kann zu einer gleichheitswidrigen Verwerfung führen.[2]

29 **Verhältnis zu § 51a EStG:** Die Tarifglättung wirkt sich im Regelfall auch auf die Zuschlagsteuern aus. Das gilt allerdings nicht bei Anwendung des § 36 Abs. 2 Nr. 3 EStG (s. → Rz. 27).

30 **Verhältnis zur AO:** Da die Einkünfte aus LuF der Tarifglättung unterliegen, wird diese von Amtswegen auch bei einer Vollschätzung des Gewinns nach § 162 AO durchgeführt. Die Berichtigungsvorschriften der §§ 172 ff. AO werden durch die Sonderregelung in § 32c Abs. 6 Satz 1 EStG verdrängt (dazu → Rz. 68 f.).

31–35 *(Einstweilen frei)*

B. Systematische Kommentierung

I. Überblick zum Regelungskomplex der Tarifglättung

36 Die Vorschrift des § 32c EStG behandelt in den Abs. 1 bis 4 die Ermittlung der Tarifglättung für ganzjährig bestehende luf Betriebe, während Abs. 5 Regelungen zu verkürzten Betrachtungszeiträumen bei betrieblichen Veränderungen trifft. Abs. 6 enthält verfahrensrechtliche Sondervorschriften zur Korrektur von Einkommensteuerbescheiden und zur Hemmung der Festsetzungsfrist. Schließlich wurde mit § 36 Abs. 2 Nr. 3 EStG eine Anrechnungsregelung für den Fall geschaffen, dass die tarifliche Einkommensteuer des letzten VZ im Betrachtungszeitraum zur Verrechnung des übersteigenden Unterschiedsbetrags nicht ausreicht. Alle diese derzeit noch unter Inkrafttretensvorbehalt (s. → Rz. 15) stehenden Regelungen sind zeitlich befristet und erfassen insgesamt drei Betrachtungszeiträume von jeweils drei Jahren und einem Zeitraum von 2014 bis 2022.

II. Das Programm der Tarifglättung (§ 32c Abs. 1 EStG)

37 § 32c Abs. 1 EStG beschreibt die Methode der Tarifglättung über den dreijährigen Betrachtungszeitraum als eine Gegenüberstellung der Summe der auf die Einkünfte aus LuF entfallenden tariflichen Einkommensteuer und der entsprechenden Summe einer „fiktiven tariflichen Einkommensteuer".

38 **Die Tarifglättung „findet statt" (Satz 1):** Nach § 32c Abs. 1 Satz 1 EStG findet für Einkünfte aus LuF i.S.d. § 13 EStG nach Ablauf von drei Veranlagungszeiträumen (Betrachtungszeitraum) eine Tarifglättung nach den Sätzen 2 und 3 statt. In der Entwurfsbegründung[3] wird diese Bemessungsgrundlage als „Betrachtungszeitraum mit Blockbildung" bezeichnet. Wenn das Gesetz von einem „Stattfinden" der Tarifglättung ausgeht, so soll damit wohl nur zum Ausdruck gebracht werden, dass die Maßnahme antragsunabhängig und von Amtswegen zwingend durchgeführt wird und auch ein Wahlrecht ausgeschlossen ist.[4] Zunächst sind also die Einkünfte aus LuF für den Betrachtungszeitraum von drei VZ unter Berücksichtigung des § 4a Abs. 2 Nr. 1 EStG zu ermitteln.

---

1 Gl. A. *Wiegand*, NWB 2017, 649.
2 Siehe auch *Kanzler*, DStZ 2017, 210, 216 auf die Alternativlösung einer Verrechnung mit Steuerfestsetzungen anderer Veranlagungszeiträume des Betrachtungszeitraums hinweisend.
3 BT-Drucks. 18/10468, 10.
4 Gl. A. *Kanzler*, DStZ 2017, 210, 213.

BEISPIEL 1: 39

Regelwirtschaftsjahr	2013/2014	2014/2015	2015/2016	2016/2017
Gewinn aus LuF	40 000 €	- 90 000 €	80 000 €	220 000 €
Veranlagungszeitraum		2014	2015	2016
Einkünfte		- 25 000 €	- 5 000 €	150 000 €
		erster Betrachtungszeitraum 2014 bis 2016		

Geringere Durchschnittsbelastung als Normalfall (Satz 2): Wenn die Summe der tariflichen 40
Einkommensteuer, die innerhalb des Betrachtungszeitraums auf die steuerpflichtigen Einkünfte aus LuF entfällt, die Summe der fiktiven tariflichen Einkommensteuer übersteigt, wird nach § 32c Abs. 2 Satz 2 EStG bei der Steuerfestsetzung des letzten VZ im Betrachtungszeitraum die tarifliche Einkommensteuer um den Unterschiedsbetrag ermäßigt. Diesem wohl typischen Fall einer Dreijahres-Betrachtung wird in Satz 3 der umgekehrte Fall gegenübergestellt (s. → Rz. 41 f.). Im Hinblick auf die in § 32c Abs. 4 EStG vorgesehenen Begünstigungsausschlüsse müsste diese Einschränkung schon in § 32c Abs. 1 Satz 2 EStG berücksichtigt werden, so das die Vorschrift eigentlich lauten müsste: „ Ist die Summe der tariflichen Einkommensteuer, die innerhalb des Betrachtungszeitraums auf die steuerpflichtigen **begünstigten** Einkünfte aus Land- und Forstwirtschaft im Sinne des § 13 entfällt, höher als die Summe der nach Absatz 2 ermittelten fiktiven tariflichen Einkommensteuer, die innerhalb des Betrachtungszeitraums auf die steuerpflichtigen **begünstigten** Einkünfte aus Land- und Forstwirtschaft im Sinne des § 13 entfällt, wird … die tarifliche Einkommensteuer … ermäßigt." M. E. ist diese Unklarheit durch eine normzweckorientierte Auslegung der Vorschrift zu beseitigen.

Höhere Durchschnittsbelastung als Ausnahmefall (Satz 3): Fällt die Summe der tariflichen Ein- 41
kommensteuer niedriger aus als die Summe der fiktiven tariflichen Einkommensteuer, so erhöht der Unterschiedsbetrag die festzusetzende Einkommensteuer des letzten VZ im Betrachtungszeitraum. Die Regelung war in dem ursprünglichen Entwurf zu § 34e EntwEStG noch nicht enthalten.[1] Sollte dieser Ausnahmefall tatsächlich eintreten, ist dem Landwirt die Besteuerung nach dem regulären Tarif verwehrt, weil ihm kein Wahlrecht zusteht (s. → Rz. 17 und →38). Eine Begründung für diese Steuerverschärfung wird nicht angegeben. Die Regelung ist als Steuerermäßigung jedenfalls nicht folgerichtig ausgestaltet und nicht geeignet, etwaige Bedenken auszuräumen, es könne sich um eine unzulässige Beihilfe handeln. Dass die als Steuerermäßigung propagierte Tarifglättung tatsächlich auch zu einer signifikanten Höherbelastung des Stpfl. führen kann, zeigt das folgende Beispiel (Rz. →42). Zur Berücksichtigung nur der begünstigten Einkünfte aus LuF s. Rz. →40.

BEISPIEL ZU § 32C ABS. 1 SATZ 3 ESTG (HÖHERBELASTUNG DURCH DIE TARIFGLÄTTUNG)[2] 42

	Tatsächliche Einkünfte in EURO				Fiktive Einkünfte in EURO			
Veranlagungszeitraum	2014	2015	2016	Summe	2014	2015	2016	Summe
Positive Einkünfte aus LuF*	30 000	50 000	100 000	180 000	60 000	60 000	60 000	180 000
Andere positive Einkünfte	10 000	10 000	10 000	30 000	10 000	10 000	10 000	30 000
Summe positive Einkünfte	40 000	60 000	110 000	210 000	70 000	70 000	70 000	210 000

---

1 BT-Drucks. 18/10237, 5.
2 Das Beispiel geht auf Prof. *Siegel*, Humboldt-Universität Berlin, zurück.

Anteil LuF	75 %	83,30 %	90,90 %		85,70 %	85,70 %	85,70 %	
Negative Einkünfte LuF	0	0	0	0				
Andere negative Einkünfte	-5 000	-5 000	-5 000	-15 000	-5 000	-5 000	-5 000	-15 000
Gesamtbetrag der Einkünfte	35 000	55 000	105 000	195 000	65 000	65 000	65 000	195 000
Sonderausgaben	-10 000	-10 000	-60 000	-80 000	-10 000	-10 000	-60 000	-80 000
Zu versteuerndes Einkommen	25 000	45 000	45 000	115 000	55 000	55 000	5 000	115 000
Einkommensteuer (Splitting)	1 494	6 598	6 490		9 568	9 524	0	
Anteil LuF	1 120	5 498	5 899	**12 517**	8 201	8 163	0	**16 364**

* Für tatsächliche Einkünfte: Positive Einkünfte LuF; für fiktive Einkünfte: (Positive und negative) Einkünfte LuF

Die Tarifglättung führt zu einer Höherbelastung um 3 847 € (16 364 € – 12 517 €).

Allgemein lässt sich daher der Grundsatz aufstellen, dass die Tarifglättung zu einer Höherbelastung führen kann, wenn andere negative Einkünfte oder die vom fiktiven Gesamtbetrag der Einkünfte tatsächlich abziehbaren Beträge (Sonderausgaben und außergewöhnliche Belastungen) mindestens in einem VZ des Betrachtungszeitraums zu einer weitaus geringeren Steuerbelastung (oder gar einer Steuer von 0 €) führen, als bei Ermittlung des zu versteuernden Einkommens aufgrund der tatsächlichen Einkünfte.

43 Unzulässige echte Rückwirkung: Da der vorgesehene erste Betrachtungszeitraum von 2014 bis 2016 bei Inkrafttreten der Regelung mit dem erwarteten Beschluss der EU-Kommission abgelaufen ist, führt eine höhere Steuerfestsetzung wegen der Anknüpfung an bereits abgeschlossene Sachverhalte zu einer grundsätzlich unzulässigen echten Rückwirkung.[1] Die Vorschrift des § 32c Abs. 1 Satz 3 EStG ist konstitutiven Charakters und sie ändert ohne rechtfertigende Gründe eine Rechtslage, die Vertrauen vermittelt hat.[2]

44–45 *(Einstweilen frei)*

III. Die Ermittlung der fiktiven tariflichen Einkommensteuer (§ 32c Abs. 2 EStG)

46 Ermittlung der fiktiven Einkommensteuer als Vergleichsmaßstab zur Tarifsteuer im Betrachtungszeitraum: Die Vorschrift regelt die Ermittlung des Vergleichsmaßstabs für die nach § 32c Abs. 1 EStG zu gewährende Steuerermäßigung. Für jeden der drei Veranlagungszeiträume innerhalb des Betrachtungszeitraums ist die tarifliche Einkommensteuer gesondert zu ermitteln (§ 32c Abs. 2 Satz 1 EStG), die sich unter Berücksichtigung eines gleichbleibenden Durchschnittsgewinns ergäbe (§ 32c Abs. 2 Satz 2 EStG). Hierzu ist die Summe der steuerpflichtigen Einkünfte (Gewinne und Verluste) aus LuF des Betrachtungszeitraums zu ziehen und gleichmäßig auf die drei Veranlagungszeiträume zu verteilen (§ 32c Abs. 2 Satz 3 EStG). Die Summe der für jeden Veranlagungszeitraum tariflich ermittelten Einkommensteuer bildet als fiktiv ermittelte Einkommensteuer den Vergleichsmaßstab für die Steuerermäßigung im Rahmen der

---

1 Gl. A. *Kulosa* in Schmidt, § 32c EStG Rz. 6; *Lammers*, DStR 2017, 1576, 1579; *Nacke* in Blümich, § 32c EStG Rz. 25 f.; *Wendt* in HHR § 32c EStG Anm. 6. A.E.; ähnlich auch schon die Bedenken der Ausschüsse in ihren Empfehlungen v. 8.12.2016, BR-Drucks. 715/1/16, 3.

2 Siehe nur BVerfG v. 17.12.2013 - 1 BvL 5/08, BVerfGE 135, 1 und BVerfG v. 12.11.2015 - 1 BvR 2961/14, 1 BvR 3051/14, NWB DokID: XAAAF-32643.

Steuerfestsetzung. Dieser Summe der „fiktiven tariflichen Einkommensteuer" ist die Summe der „tariflichen Einkommensteuer" des Betrachtungszeitraums nach § 32c Abs. 1 Satz 2 EStG gegenüberzustellen.

Durchführung der Berechnung für jeden Veranlagungszeitraum gesondert: Ist die fiktiv ermittelte Einkommensteuer innerhalb des Betrachtungszeitraums niedriger als die reguläre Besteuerung, wird der bisherige Nachteil durch eine Steuerermäßigung ausgeglichen.[1] Diese Berechnung ist relativ einfach durchzuführen, solange der Stpfl. im Betrachtungszeitraum nur Einkünfte aus LuF erzielt hat. Da die fiktive tarifliche Einkommensteuer für jeden VZ gesondert ermittelt wird, unterliegen die durchschnittlichen Einkünfte aus LuF auch dem für den jeweiligen VZ geltenden Tarif, so dass sich unterschiedliche fiktive Einkommensteuerbeträge ergeben können.

BEISPIEL 2: Fortsetzung des Beispiels 1 → Rz. 39

Regelwirtschaftsjahr	2013/2014	2014/2015	2015/2016	2016/2017	Summe für 3 Jahre
Gewinn aus LuF	40 000 €	- 90 000 €	80 000 €	220 000 €	
Veranlagungszeitraum		2014	2015	2016	
Einkünfte		- 25 000 €	- 5 000 €	150 000 €	120 000 €
Sonderausgaben		- 10 000 €	-10 000 €	- 10 000 €	
tatsächliches zvE		0 €	0 €	140 000 €	140 000 €
ESt (Splitting)		0 €	0 €	42 010 €	42 010 €
Durchschnittseinkünfte		50 000 €	50 000 €	50 000 €	150 000 €
Sonderausgaben		- 10 000 €	- 10 000 €	- 10 000 €	
fiktives zvE		40 000 €	40 000 €	40 000 €	120 000 €
fiktive ESt (Splitting)		5 268 €	5 222 €	5 120 €	15 610 €

Berechnung der Steuerermäßigung: 42 010 € – 15 610 € = 26 400 €

Einkommensteuer im VZ 2016: 42 010 € – 26 400 € = 15 610 €

(Einstweilen frei) 49–53

IV. Tarifglättung im Zusammenhang mit anderen Einkünften (§ 32c Abs. 3 EStG)

Nach § 32c Abs. 3 EStG ist eine anteilige Berechnung der Tarifglättung durchzuführen, wenn der Stpfl. außer den Einkünften aus LuF noch andere Einkünfte bezieht. Maßgebend für diese Verhältnisrechnung sind die positiven steuerpflichtigen Einkünfte aus LuF, die der Summe der positiven Einkünfte gegenüberzustellen sind. Entsprechendes gilt für die Ermittlung der fiktiven tariflichen Einkommensteuer.

Beispiel zur Verhältnisrechnung, wenn neben den begünstigten Einkünften noch andere Einkünfte zu berücksichtigen sind:

---

1 BT-Drucks. 18/10237, 11 f.

Tatsächliche Einkünfte

Veranlagungszeitraum	2014		2015		2016		Summe
	€		€		€		€
positive Einkünfte LuF	30 000,00		50 000,00		100 000,00		
andere positive Einkünfte	10 000,00		10 000,00		10 000,00		
Summe positive Einkünfte	40 000,00		60 000,00		110 000,00		
Anteil LuF		75,00 %		83,33 %		90,91 %	
negative Einkünfte aus LuF	0						
andere negative Einkünfte	5 000,00		5 000,00		5 000,00		
Gesamtbetrag der Einkünfte	35 000,00		55 000,00		105 000,00		
- Sonderausgaben	10 000,00		10 000,00		10 000,00		
zu versteuerndes Einkommen	25 000,00		45 000,00		95 000,00		
Einkommensteuer (Splitting)	1 494,00		6 598,00		23 282,00		31 374,00
Anteil LuF	1 120,50	75,00 %	5 498,11	83,33 %	21 165,66	90,91 %	27 784,27

Systematische Kommentierung § 32c EStG

Fiktive Einkünfte

Veranlagungszeitraum	2014 €	2015 €	2016 €	Summe €
tatsächlicher Gewinn aus LuF	30 000,00	50 000,00	100 000,00	180 000,00
durchschnittl. Gewinn (je 1/3)	60 000,00	60 000,00	60 000,00	
andere positive Einkünfte	10 000,00	10 000,00	10 000,00	
Summe positive Einkünfte	70 000,00	70 000,00	70 000,00	
Anteil LuF		85,71 %	85,71 %	85,71 %
andere negative Einkünfte	5 000,00	5 000,00	5 000,00	
Gesamtbetrag der Einkünfte	65 000,00	65 000,00	65 000,00	
- Sonderausgaben	10 000,00	10 000,00	10 000,00	
zu versteuerndes Einkommen	55 000,00	55 000,00	55 000,00	
fiktive ESt. (Splitting)	9 568,00	9 524,00	9 396,00	28 488,00
Anteil LuF	8 200,73	85,71 %	8 163,02	85,71 %	8 053,31	85,71 %	24 417,06

Berechnung der Steuerermäßigung für den Betrachtungszeitraum 2014 bis 2016

Summe der Einkommensteuer im Betrachtungszeitraum 2014-2016   27 784,27 €
Summe der fiktiven Einkommensteuer   - 24 417,06 €
Steuerermäßigung (Erstattungsbetrag)   3 367,21 €

55 **Unvollständige Regelung der Verhältnisrechnung:** Die Berechnung der Tarifglättung auf die Einkünfte aus LuF im Zusammenhang mit anderen Einkünften ist in § 32c Abs. 3 EStG – wie schon in § 32c Abs. 1 Satz 2 EStG (s. → Rz. 40) – unvollständig geregelt. Nach dem Gesetzeswortlaut „ermittelt sich" die auf die luf Einkünfte entfallende tarifliche Einkommensteuer „aus dem Verhältnis der positiven steuerpflichtigen Einkünfte aus Land- und Forstwirtschaft zur Summe der positiven Einkünfte". Allerdings müsste die Verhältnisrechnung auch die Begünstigungsausschlüsse des § 32c Abs. 4 EStG berücksichtigen, damit die Tarifglättung tatsächlich nur die begünstigten luf Einkünfte erfasst. § 32c Abs. 3 Satz 1 EStG müsste dann wie folgt lauten: „Die auf die steuerpflichtigen begünstigten Einkünfte aus Land- und Forstwirtschaft im Sinne des § 13 entfallende tarifliche Einkommensteuer im Sinne des Absatzes 1 ermittelt sich aus dem Verhältnis der positiven **begünstigten** steuerpflichtigen Einkünfte aus Land- und Forstwirtschaft zur Summe der positiven Einkünfte." M. E. ist diese Unklarheit ebenso wie die unzulängliche Regelung in § 32c Abs. 1 EStG durch eine normzweckorientierte Auslegung der Vorschrift zu beseitigen.

V. Von der Tarifglättung ausgeschlossene land- und forstwirtschaftliche Einkünfte (§ 32c Abs. 4 EStG)

56 Mit der Vorschrift des § 32c Abs. 4 EStG werden, weitergehend als nach § 34e EntwEStG, nicht nur die Gewinne aus Betriebsveräußerung und Betriebsaufgabe von der Begünstigung ausgenommen, sondern auch die nach § 34a EStG begünstigten nicht entnommenen Gewinne sowie die Gewinne aus außerordentlichen Holznutzungen nach § 34b EStG. Diese Gewinne sind daher schon bei Ermittlung der tatsächlichen Einkünfte (s. → Rz. 55) auszuscheiden, um eine doppelte Begünstigung zu vermeiden. Alle anderen in Sonderfällen anfallenden Gewinne sind in die Tarifglättung einzubeziehen. Dazu gehören etwa die beim Wechsel der Gewinnermittlungsart anzusetzenden Übergangsgewinne (s. → Rz. 26) und Gewinne aus der Auflösung steuerfreier Rücklagen.

57–59 *(Einstweilen frei)*

VI. Verkürzte Betrachtungszeiträume bei betrieblichen Veränderungen (§ 32c Abs. 5 EStG)

60 **Betriebsbezogene Tarifglättung bei verschiedenen Betrieben mit abweichendem Betrachtungszeitraum:** Mit § 32c Abs. 5 EStG wird die betriebsbezogene Anwendung der Tarifglättung geregelt. Nach § 32c Abs. 5 Satz 1 EStG verkürzt sich der Betrachtungszeitraum, wenn ein Betrieb der LuF innerhalb des Betrachtungszeitraums aufgegeben oder veräußert wird. Derart verkürzte Betrachtungszeiträume wegen betrieblicher Veränderungen werden allerdings dann zum Problem, wenn der Stpfl. mehrere luf Betriebe unterhält, für die unterschiedliche Betrachtungszeiträume gelten. In diesen Fällen ist die Tarifglättung für jeden einzelnen Betrieb gesondert vorzunehmen (§ 32c Abs. 5 Satz 2 EStG). Dies gilt außer für die in § 32c Abs. 5 Satz 1 EStG erwähnte Betriebsveräußerung oder -aufgabe auch für die Neueröffnung eines Betriebs der LuF (§ 32c Abs. 5 Satz 3 EStG).

61 **Andere, gesetzlich nicht erwähnte Fälle verkürzter Betrachtungszeiträume:** Für die Einbringung eines Betriebs in eine PersGes, die Realteilung, den Strukturwandel vom landwirtschaftlichen Betrieb zum Gewerbebetrieb oder umgekehrt und für den Übergang zur Liebhaberei muss das Gleiche gelten, wenn der Stpfl. noch einen anderen landwirtschaftlichen Betrieb unterhält. M. E. sind die in den Sätzen 2 bis 3 des § 32c Abs. 5 EStG genannten Vorgänge, die zu verkürzten Betrachtungszeiträumen führen, nur beispielhaft und nicht abschließend aufgeführte Tatbestände, die einer zweckgerichteten Auslegung nicht entgegenstehen.[1]

Betriebsbezogene Tarifglättung für Mitunternehmeranteile: Die entsprechende Anwendung der Sätze 1 und 3 des § 32c Abs. 6 EStG auf Mitunternehmeranteile an Betrieben der LuF zielt auf die Fälle der Veräußerung oder Aufgabe von Mitunternehmeranteilen, sowie die Einbringung von Mitunternehmeranteilen in eine luf tätige PersGes ab. Auch insoweit sind gesonderte Berechnungen zur Tarifglättung für Mitunternehmeranteile durchzuführen, wenn daneben andere Betriebe unterhalten oder weitere Mitunternehmeranteile gehalten werden. 62

Sonderregelung für nach dem VZ 2014 eröffnete Betriebe (§ 52 Abs. 35a Satz 5 und 6 EStG): Eine Sonderregelung zu den in § 32c Abs. 5 EStG aufgeführten abgekürzten Betrachtungszeiträumen enthält § 52 Abs. 33a Satz 5 und 6 EStG. In Fällen, in denen der Betrieb im Jahr 2014 noch nicht bestanden hat, beginnt der Betrachtungszeitraum mit dem Jahr, in dem erstmals Einkünfte aus Land- und Forstwirtschaft aus diesem Betrieb besteuert werden (Satz 5). Bei Betriebseröffnung im Jahr 2015 läuft der Betrachtungszeitraum daher bis 2017 und eine Betriebsgründung im Jahr 2016 führt zu einem Betrachtungszeitraum bis 2018 (§ 52 Abs. 33a Satz 6 EStG). Auch für Betriebseröffnungen im zweiten und dritten Betrachtungszeitraum, also ab 2017 oder 2020 gilt die Tarifglättungsbegünstigung nur bis zum Ablauf des VZ 2022 (§ 52 Abs. 33a Satz 7 EStG). Dies hat zur Folge, dass der letzte Betrachtungszeitraum im ersten Fall (Betriebseröffnung im Jahr 2015) auf 2 Jahre und im zweiten Fall (Betriebsgründung im Jahr 2016) auf 1 Jahr verkürzt wird und damit eine Tarifglättung für den dritten Betrachtungszeitraum entfällt. 63

(Einstweilen frei) 64–66

VII. Berücksichtigung geänderter Einkünfte aus Land- und Forstwirtschaft nach Durchführung der Tarifglättung (§ 32c Abs. 6 EStG)

Änderung luf Einkünfte im Betrachtungszeitraum: Nach § 32c Abs. 6 Satz 1 EStG ist ein, die Tarifglättung beinhaltender Einkommensteuerbescheid zu ändern, soweit sich die innerhalb des Betrachtungszeitraums erzielten Einkünfte aus LuF ändern. Diese Folgekorrektur des Tarifglättungsbescheids kann sich zugunsten wie zulasten des Stpfl. auswirken. Die den letzten VZ des jeweiligen Betrachtungszeitraums betreffende Berichtigungsvorschrift ist lex specialis zu den Korrekturregelungen der AO. Deshalb kann es dahinstehen, ob die Änderung der die Tarifglättung enthaltenden Einkommensteuerfestsetzung nach § 173 AO wegen neuer Tatsachen gerechtfertigt wäre. Eine Änderung wegen widerstreitender Steuerfestsetzungen ist bereits tatbestandmäßig ausgeschlossen, während § 175 Abs. 1 Nr. 1 AO mangels Bindungswirkung der Steuerfestsetzungen nicht zur Anwendung käme, denn die einzelnen Steuerbescheide des Betrachtungszeitraums sind keine Grundlagenbescheide für den Tarifglättungsbescheid. Nach dem Wortlaut des Gesetzes ist die Änderung des Tarifglättungsbescheids nicht einmal von einer geänderten Steuerfestsetzung abhängig.[2] Ausreichend ist die bloße Änderung der innerhalb des Betrachtungszeitraums erzielten Einkünfte aus LuF. Eine solche Änderung der luf Einkünfte ließe sich durch Vorlage einer geänderten Gewinnermittlung nachweisen. Sie kann je- 67

---

1 A.A. *Wendt* in HHR § 32c EStG Anm. 35.
2 Gl. A. *Nacke* in Blümich, § 32c EStG Rz. 10.

den VZ des Betrachtungszeitraums betreffen, also auch den jeweils letzten VZ des Betrachtungszeitraums, für den die Tarifglättung durchgeführt wurde.[1]

68 **Unvollständigkeit der Korrekturvorschrift:** § 32c Abs. 6 Satz 1 EStG ist jedoch insoweit lückenhaft, als die Folgekorrektur nur bei einer Änderung der Einkünfte aus LuF durchzuführen ist. Die nach § 32c Abs. 3 EStG vorzunehmende Verhältnisrechnung erfordert jedoch auch dann eine Neuberechnung der Tarifglättung, wenn sich die anderweitigen Einkünfte des Stpfl. im Betrachtungszeitraum ändern, nachdem ein Tarifglättungsbescheid erlassen wurde. M. E. liegt insoweit eine planwidrige Gesetzeslücke vor, die durch analoge Anwendung des § 32c Abs. 6 Satz 1 EStG zu schließen wäre. Man wird nicht unterstellen können, dass der Gesetzgeber, der eine besondere Korrekturvorschrift für die Tarifglättung schaffen wollte, den Normadressaten bei einer Änderung der nicht begünstigten anderweitigen Einkünfte auf die Änderungsvorschriften der AO verweisen wollte. Dies würde nicht zuletzt zu Schwierigkeiten führen, wenn sich die Änderungen im Betrachtungszeitraum sowohl auf die begünstigten als auch auf die nichtbegünstigten Einkünfte beziehen sollten. Zu diesen nichtbegünstigten Einkünften gehören aber auch die luf Einkünfte, die vom Begünstigungsausschluss des § 32c Abs. 4 EStG erfasst werden (s. → Rz. 56).

69 **Änderung von Bescheiden im Betrachtungszeitraum:** In aller Regel wird die Folgekorrektur jedoch durch die Änderung eines die Einkünfte aus LuF betreffenden Bescheids, auch eines entsprechenden Gewinnfeststellungsbescheids (s. → Rz. 71 Beispiel 2) im jeweiligen Betrachtungszeitraum ausgelöst werden (s. → Rz. 71 Beispiel 1). Dies vor allem dann, wenn der Stpfl. nachträglich eine Steuervergünstigung (z. B. eine steuerfreie Rücklage) in Anspruch nimmt oder im Hinblick auf die Tarifglättung eine steuererhöhende Entscheidung trifft (z. B. die gewinnerhöhende Auflösung einer Rücklage). Soweit diese Vorgänge im letzten VZ des Betrachtungszeitraums stattfinden, ist die Änderung der Einkünfte aus LuF ohnehin Gegenstand des Bescheids, in dem die Tarifglättung korrigiert wird.

70 **Verjährungshemmung für den Tarifglättungsbescheid:** Nach § 32c Abs. 6 Satz 2 EStG endet die Festsetzungsfrist bei einer Änderung der Einkünfte aus LuF insoweit nicht, bevor die Festsetzungsfrist für den VZ abgelaufen ist, in dem sich die Einkünfte aus LuF geändert haben.

71 **BEISPIEL (ÄNDERUNG VON EINKOMMENSTEUERBESCHEIDEN IM BETRACHTUNGSZEITRAUM):** Nachdem der Einkommensteuerbescheid 2016, mit dem eine Steuerermäßigung nach § 32c gewährt wurde, in Bestandskraft erwachsen ist, kommt es zu einer Änderung des Einkommensteuerbescheids 2015 wegen nachträglich bekanntgewordener Beteiligungseinkünfte aus LuF. Nach § 32c Abs. 6 Satz 2 EStG endet die Festsetzungsfrist für den zu ändernden Einkommensteuerbescheid 2016 nicht bevor die Festsetzungsfrist für den Bescheid 2015 abgelaufen ist.

BEISPIEL (ÄNDERUNG EINES GEWINNFESTSTELLUNGSBESCHEIDS IM BETRACHTUNGSZEITRAUM): A bezieht im ersten Betrachtungszeitraum Einkünfte aus LuF aus einer Beteiligung an einer PersGes. Diese Einkünfte unterliegen der Tarifglättung. Nach Bestandskraft des Einkommensteuerbescheids 2016 wird der Gewinnfeststellungsbescheid 2014 und infolgedessen der Einkommensteuerbescheid 2014 geändert. Nach § 32c Abs. 6 Satz 2 EStG endet die Festsetzungsfrist für den wegen der anzupassenden Tarifglättung zu ändernden Einkommensteuerbescheid 2016 nicht bevor die Festsetzungsfrist für den Einkommensteuerbescheide 2014 abgelaufen ist. Der Gewinnfeststellungsbescheid 2016 ist von diesen Korrekturen nicht betroffen.

BEISPIEL (ÄNDERUNG BEI NICHTABGABE EINER EINKOMMENSTEUERERKLÄRUNG): Landwirt A hat für den VZ 2015 keine Einkommensteuererklärung eingereicht. Die Festsetzungsfrist für den VZ 2015 endet

---

[1] Gl. A. *Nacke* in Blümich, § 32c EStG Rz. 10.

daher gem. § 169 Abs. 2 Satz 1 Nr. 2 AO i.V.m. § 170 Abs. 2 Satz 1 Nr. 1 AO nach sieben Jahren mit Ablauf des Jahres 2022. Eine bereits durchgeführte Tarifglättung für den ersten Betrachtungszeitraum kann daher mit dem Einkommensteuerbescheid 2016 bis zum 31.12.2022 geändert werden.

(Einstweilen frei) 72–75

C. Verfahrensfragen

Die Korrektur einer bereits durchgeführten Tarifglättung wegen einer Änderung der Einkünfte aus LuF in einem der Veranlagungszeiträume des Betrachtungszeitraums und der Ablauf der dafür vorgesehenen Festsetzungsfrist sind in § 32c Abs. 6 EStG geregelt (s. → Rz. 68 ff.). Zur Anwendung der Tarifglättung auf Einkünfte aus LuF, die durch Vollschätzung ermittelt wurden s. → Rz. 30. 76

§ 32d Gesonderter Steuertarif für Einkünfte aus Kapitalvermögen

(1) ¹Die Einkommensteuer für Einkünfte aus Kapitalvermögen, die nicht unter § 20 Absatz 8 fallen, beträgt 25 Prozent. ²Die Steuer nach Satz 1 vermindert sich um die nach Maßgabe des Absatzes 5 anrechenbaren ausländischen Steuern. ³Im Fall der Kirchensteuerpflicht ermäßigt sich die Steuer nach den Sätzen 1 und 2 um 25 Prozent der auf die Kapitalerträge entfallenden Kirchensteuer. ⁴Die Einkommensteuer beträgt damit

$$\frac{e - 4q}{4 + k}$$

⁵Dabei sind „e" die nach den Vorschriften des § 20 ermittelten Einkünfte, „q" die nach Maßgabe des Absatzes 5 anrechenbare ausländische Steuer und „k" der für die Kirchensteuer erhebende Religionsgesellschaft (Religionsgemeinschaft) geltende Kirchensteuersatz.

(2) Absatz 1 gilt nicht

1. für Kapitalerträge im Sinne des § 20 Absatz 1 Nummer 4 und 7 sowie Absatz 2 Satz 1 Nummer 4 und 7,

   a) wenn Gläubiger und Schuldner einander nahe stehende Personen sind, soweit die den Kapitalerträgen entsprechenden Aufwendungen beim Schuldner Betriebsausgaben oder Werbungskosten im Zusammenhang mit Einkünften sind, die der inländischen Besteuerung unterliegen und § 20 Absatz 9 Satz 1 zweiter Halbsatz keine Anwendung findet,

   b) wenn sie von einer Kapitalgesellschaft oder Genossenschaft an einen Anteilseigner gezahlt werden, der zu mindestens 10 Prozent an der Gesellschaft oder Genossenschaft beteiligt ist. ²Dies gilt auch, wenn der Gläubiger der Kapitalerträge eine dem Anteilseigner nahe stehende Person ist, oder

   c) soweit ein Dritter die Kapitalerträge schuldet und diese Kapitalanlage im Zusammenhang mit einer Kapitalüberlassung an einen Betrieb des Gläubigers steht. ²Dies gilt entsprechend, wenn Kapital überlassen wird aa) an eine dem Gläubiger der Kapitalerträge nahestehende Person oder

bb) an eine Personengesellschaft, bei der der Gläubiger der Kapitalerträge oder eine diesem nahestehende Person als Mitunternehmer beteiligt ist oder

cc) an eine Kapitalgesellschaft oder Genossenschaft, an der der Gläubiger der Kapitalerträge oder eine diesem nahestehende Person zu mindestens 10 Prozent beteiligt ist,

sofern der Dritte auf den Gläubiger oder eine diesem nahestehende Person zurückgreifen kann. ³Ein Zusammenhang ist anzunehmen, wenn die Kapitalanlage und die Kapitalüberlassung auf einem einheitlichen Plan beruhen. ⁴Hiervon ist insbesondere dann auszugehen, wenn die Kapitalüberlassung in engem zeitlichen Zusammenhang mit einer Kapitalanlage steht oder die jeweiligen Zinsvereinbarungen miteinander verknüpft sind. ⁵Von einem Zusammenhang ist jedoch nicht auszugehen, wenn die Zinsvereinbarungen marktüblich sind oder die Anwendung des Absatzes 1 beim Steuerpflichtigen zu keinem Belastungsvorteil führt. ⁶Die Sätze 1 bis 5 gelten sinngemäß, wenn das überlassene Kapital vom Gläubiger der Kapitalerträge für die Erzielung von Einkünften im Sinne des § 2 Absatz 1 Satz 1 Nummer 4, 6 und 7 eingesetzt wird.

²Insoweit findet § 20 Absatz 6 und 9 keine Anwendung;

2. für Kapitalerträge im Sinne des § 20 Absatz 1 Nummer 6 Satz 2. ²Insoweit findet § 20 Absatz 6 keine Anwendung;

3. auf Antrag für Kapitalerträge im Sinne des § 20 Absatz 1 Nummer 1 und 2 aus einer Beteiligung an einer Kapitalgesellschaft, wenn der Steuerpflichtige im Veranlagungszeitraum, für den der Antrag erstmals gestellt wird, unmittelbar oder mittelbar

a) zu mindestens 25 Prozent an der Kapitalgesellschaft beteiligt ist oder

b) ¹zu mindestens 1 Prozent an der Kapitalgesellschaft beteiligt ist und durch eine berufliche Tätigkeit für diese maßgeblichen unternehmerischen Einfluss auf deren wirtschaftliche Tätigkeit nehmen kann.

²Insoweit finden § 3 Nummer 40 Satz 2 und § 20 Absatz 6 und 9 keine Anwendung. ³Der Antrag gilt für die jeweilige Beteiligung erstmals für den Veranlagungszeitraum, für den er gestellt worden ist. ⁴Er ist spätestens zusammen mit der Einkommensteuererklärung für den jeweiligen Veranlagungszeitraum zu stellen und gilt, solange er nicht widerrufen wird, auch für die folgenden vier Veranlagungszeiträume, ohne dass die Antragsvoraussetzungen erneut zu belegen sind. ⁵Die Widerrufserklärung muss dem Finanzamt spätestens mit der Steuererklärung für den Veranlagungszeitraum zugehen, für den die Sätze 1 bis 4 erstmals nicht mehr angewandt werden sollen. ⁶Nach einem Widerruf ist ein erneuter Antrag des Steuerpflichtigen für diese Beteiligung an der Kapitalgesellschaft nicht mehr zulässig;

4. für Bezüge im Sinne des § 20 Absatz 1 Nummer 1 und für Einnahmen im Sinne des § 20 Absatz 1 Nummer 9, soweit sie das Einkommen der leistenden Körperschaft gemindert haben; dies gilt nicht, soweit eine verdeckte Gewinnausschüttung das Einkommen einer dem Steuerpflichtigen nahe stehenden Person erhöht hat und § 32a des Körperschaft-

---

1 **Anm. d. Red.:** Zur Anwendung des § 32d Abs. 2 Satz 1 Nr. 3 Buchst. b siehe § 52 Abs. 33a.

steuergesetzes auf die Veranlagung dieser nahe stehenden Person keine Anwendung findet.

(3) ¹Steuerpflichtige Kapitalerträge, die nicht der Kapitalertragsteuer unterlegen haben, hat der Steuerpflichtige in seiner Einkommensteuererklärung anzugeben. ²Für diese Kapitalerträge erhöht sich die tarifliche Einkommensteuer um den nach Absatz 1 ermittelten Betrag.

(4) Der Steuerpflichtige kann mit der Einkommensteuererklärung für Kapitalerträge, die der Kapitalertragsteuer unterlegen haben, eine Steuerfestsetzung entsprechend Absatz 3 Satz 2 insbesondere in Fällen eines nicht vollständig ausgeschöpften Sparer-Pauschbetrags, einer Anwendung der Ersatzbemessungsgrundlage nach § 43a Absatz 2 Satz 7, eines noch nicht im Rahmen des § 43a Absatz 3 berücksichtigten Verlusts, eines Verlustvortrags nach § 20 Absatz 6 und noch nicht berücksichtigter ausländischer Steuern, zur Überprüfung des Steuereinbehalts dem Grund oder der Höhe nach oder zur Anwendung von Absatz 1 Satz 3 beantragen.

(5) ¹In den Fällen der Absätze 3 und 4 ist bei unbeschränkt Steuerpflichtigen, die mit ausländischen Kapitalerträgen in dem Staat, aus dem die Kapitalerträge stammen, zu einer der deutschen Einkommensteuer entsprechenden Steuer herangezogen werden, die auf ausländische Kapitalerträge festgesetzte und gezahlte und um einen entstandenen Ermäßigungsanspruch gekürzte ausländische Steuer, jedoch höchstens 25 Prozent ausländische Steuer auf den einzelnen Kapitalertrag, auf die deutsche Steuer anzurechnen. ²Soweit in einem Abkommen zur Vermeidung der Doppelbesteuerung die Anrechnung einer ausländischen Steuer einschließlich einer als gezahlt geltenden Steuer auf die deutsche Steuer vorgesehen ist, gilt Satz 1 entsprechend. ³Die ausländischen Steuern sind nur bis zur Höhe der auf die im jeweiligen Veranlagungszeitraum bezogenen Kapitalerträge im Sinne des Satzes 1 entfallenden deutschen Steuer anzurechnen.

(6) ¹Auf Antrag des Steuerpflichtigen werden anstelle der Anwendung der Absätze 1, 3 und 4 die nach § 20 ermittelten Kapitaleinkünfte den Einkünften im Sinne des § 2 hinzugerechnet und der tariflichen Einkommensteuer unterworfen, wenn dies zu einer niedrigeren Einkommensteuer einschließlich Zuschlagsteuern führt (Günstigerprüfung). ²Absatz 5 ist mit der Maßgabe anzuwenden, dass die nach dieser Vorschrift ermittelten ausländischen Steuern auf die zusätzliche tarifliche Einkommensteuer anzurechnen sind, die auf die hinzugerechneten Kapitaleinkünfte entfällt. ³Der Antrag kann für den jeweiligen Veranlagungszeitraum nur einheitlich für sämtliche Kapitalerträge gestellt werden. ⁴Bei zusammenveranlagten Ehegatten kann der Antrag nur für sämtliche Kapitalerträge beider Ehegatten gestellt werden.

Inhaltsübersicht	Rz.
A. Allgemeine Erläuterungen	1 - 5
I. Normzweck und wirtschaftliche Bedeutung der Vorschrift	1
II. Entstehung und Entwicklung der Vorschrift	2
III. Geltungsbereich	3
IV. Vereinbarkeit mit höherrangigem Recht	4
V. Verhältnis zu anderen Vorschriften	5
B. Systematische Kommentierung	6 - 49
I. Ermittlung der Abgeltungsteuer (§ 32d Abs. 1 EStG)	6
II. Ausnahmen von der Abgeltungsteuer (§ 32d Abs. 2 EStG)	7 - 23
1. § 32d Abs. 2 Nr. 1 EStG	8 - 9
2. § 32d Abs. 2 Nr. 2 EStG	10 - 11
3. § 32d Abs. 2 Nr. 3 EStG	12 - 16
4. § 32d Abs. 2 Nr. 4 EStG	17 - 23

III. Veranlagungsfälle	24 - 36
1. Nachveranlagung (§ 32d Abs. 3 EStG)	24
2. Veranlagung zur Überprüfung (§ 32d Abs. 4 EStG)	25
3. Günstigerprüfung (§ 32d Abs. 6 EStG)	26 - 36
IV. Anrechnung ausländischer Steuern (§ 32d Abs. 5 EStG)	37 - 39
V. Belastungswirkungen	40 - 49
C. Verfahrensfragen	50 - 54

HINWEIS:

R 32d EStR; BMF v. 8. 9. 2011, BStBl 2011 I 854; BMF v. 15. 11. 2011, BStBl 2011 I 1113; BMF v. 18. 1. 2016, BStBl 2016 I 85, zuletzt geändert durch BMF v. 12.4.2018, BStBl 2018 I 624.

LITERATUR:

Engelberth, Die Abgeltungswirkung des Kapitalertragsteuerabzugs, NWB 2014, 1887; *Löbe*, Abgeltungssteuersatz bei Darlehen zwischen nahestehenden Personen, NWB 2014, 3955; *Karrenbrock*, Werbungskosten im Rahmen der Abgeltungsteuer, NWB 2015, 1310; *Spieker*, Aktualisierte Anwendungsschreiben zur Abgeltungsteuer und zur Ausstellung von Steuerbescheinigungen für Kapitalerträge, DB 2015, 207; *Hoheisel/Tippelhofer*, Erleichterungen bei Anwendung des Teileinkünfteverfahrens auf Ausschüttungen aus Kapitalgesellschaften, StuB 2016, 16; *Weiss*, Abgeltungsteuer – Übergangsprobleme, Ausnahmetatbestände und Günstigerprüfung, NWB 2016, 334; *ders.*, Zur Einkünfteerzielungsabsicht bei der Abgeltungsteuer, StuB 2016, 852; *Adrian/Fey/Selzer*, BEPS-Umsetzungsgesetz 1, StuB 2017, 94; *Karrenbrock*, Verlustausgleich abgeltend besteuerter negativer Einkünfte aus Kapitalvermögen im Wege der Günstigerprüfung, NWB 2017, 1416; *Handor/Bergan*, Option zum Teileinkünfteverfahren bei Beteiligung an Kapitalgesellschaften, NWB 2017, 3639.

ARBEITSHILFEN UND GRUNDLAGEN ONLINE:

Ronig, Abgeltungsteuer, NWB DokID: MAAAE-27762.

A. Allgemeine Erläuterungen

I. Normzweck und wirtschaftliche Bedeutung der Vorschrift

1 Die Abgeltungsteuer wurde durch das Unternehmensteuerreformgesetz 2008 (UStRefG 2008)[1] eingeführt, um im internationalen Wettbewerb um mobiles Kapital konkurrenzfähig zu sein.[2] Durch den ermäßigten Steuersatz von 25 % sollte insbesondere die Kapitalflucht eingeschränkt werden. Das synthetische Einkommenskonzept wurde insofern bei den Kapitaleinkünften im Privatvermögen zu Gunsten eines schedularen Systems (duale Einkommensteuer) aufgegeben. Für die internationale Wettbewerbsfähigkeit und zur Verminderung der Anreize zur Steuerhinterziehung wurden Belastungsdifferenzen zu anderen Einkünften hingenommen.

II. Entstehung und Entwicklung der Vorschrift

2 Seit der Einführung im Rahmen des UStRefG 2008 wurde § 32d EStG bereits mehrfach geändert.[3] Die Änderungen dienten vor allem einer zielgenaueren Ausgestaltung der Norm. So findet die Abgeltungsteuer bei Darlehensverträgen zwischen Angehörigen[4] nur noch dann keine Anwendung, wenn den Einnahmen auf der einen Seite Werbungskosten/Betriebsausgaben auf der anderen Seite gegenüberstehen. Ebenfalls durch das JStG 2010 wurde der Solidaritäts-

---

1 UStRefG 2008 v. 14. 8. 2007, BGBl 2007 I 1912.
2 Vgl. BR-Drucks. 220/07, 97.
3 Für einen Überblick: *Werth* in Blümich, § 32d EStG Rz. 11 ff.
4 Änderung von § 32d Abs. 2 Nr. 1 Buchst. a EStG durch JStG 2010 v. 8. 12. 2010, BGBl 2010 I 1768.

zuschlag in die Günstigerprüfung nach § 32d Abs. 6 Satz 1 EStG einbezogen. Zuletzt wurde § 32d Abs. 2 Nr. 3b an die Rechtsprechung des BFH angepasst.[1]

III. Geltungsbereich

§ 32d EStG betrifft Einkünfte aus Kapitalvermögen i. S. d. § 20 EStG im Privatmögen natürlicher Personen mit unbeschränkter oder beschränkter Steuerpflicht. § 32d Abs. 5 EStG greift nur bei unbeschränkter Steuerpflicht. Die Norm ist für Einkünfte aus Kapitalvermögen ab dem VZ 2009 anzuwenden. § 8 Abs. 1 Satz 1 KStG greift wegen § 23 Abs. 1 KStG nicht für Kapitalgesellschaften, jedoch bestimmt § 8 Abs. 10 Satz 2 KStG eine partielle Anwendung des § 32d EStG im KStG.[2]

IV. Vereinbarkeit mit höherrangigem Recht

Die Vereinbarkeit mit dem Grundgesetz ist durchaus strittig,[3] da aufgrund des niedrigeren Steuersatzes Belastungsunterschiede zu anderen Einkunftsarten auftreten. Das Leistungsfähigkeitsprinzip wird verletzt. Hierfür sind besondere Rechtfertigungsgründe notwendig.[4] Neben der grundsätzlichen Verfassungswidrigkeit der Norm wird auch die Ausgestaltung der Norm im Einzelnen kritisiert. Dies betrifft u. a. den Ausschluss der Abgeltungsteuer bei Kapitalüberlassung zwischen nahen Angehörigen, sowie die Gesellschafterfremdfinanzierung bei Beteiligungen von mindestens 10 %. Daneben ist auch fraglich, ob in diesem Zuge grundsätzlich und bei der Günstigerprüfung, bei Anwendung des Tarifs nach § 32a EStG, im Speziellen der Werbungskostenabzug ausgeschlossen werden kann.[5] Zudem kommt es zu einer Einschränkung der Verlustverrechnung.[6] Das BVerfG hat entsprechende Verfassungsbeschwerden mit Beschluss vom 7. 4. 2016 nicht zur Entscheidung angenommen.[7] Noch offen ist eine Verfassungsbeschwerde zur Option zum Teileinkünfteverfahren.[8]

V. Verhältnis zu anderen Vorschriften

§ 32d EStG setzt Einkünfte aus Kapitalvermögen i. S. d. § 20 EStG voraus.[9] Dementsprechend hängt die Anwendung von § 32d EStG von der Qualifizierung der Einkünfte ab.[10] Soweit nach § 20 Abs. 8 EStG die Einkünfte einer anderen Einkunftsart zuzuordnen sind, findet der Einkommensteuertarif nach § 32a EStG Anwendung. Soweit die Abgeltungsteuer an der Quelle erhoben wird, ist eine Einbeziehung der Einkünfte in die Veranlagung nicht mehr notwendig (§ 25 EStG i. V. m. § 43 Abs. 5 EStG). Dies gilt nach § 2 Abs. 5b EStG für die verschiedenen Einkom-

---

1 Gesetz zur Umsetzung der Änderungen der EU-Amtshilferichtlinie und von weiteren Maßnahmen gegen Gewinnkürzungen und -verlagerungen v. 20. 12. 2016, BGBl 2016 I 3000.
2 Siehe auch R 8.1 Abs. 1 KStR 2015.
3 *Englisch*, StuW 2007, 221; *Karrenbrock*, NWB 2015, 1310.
4 BVerfG v. 21. 6. 2006 - 2 BvL 2/99, BVerfGE 116, 164.
5 Allerdings hat der BFH hier inzwischen die Verfassungskonformität mehrfach bestätigt; BFH v. 28. 1. 2015 - VIII R 13/13, BStBl 2015 II 393; BFH v. 2. 12. 2014 - VIII R 34/13, BStBl 2015 II 387; BFH v. 1. 7. 2014 - VIII R 53/12, BStBl 2014 II 975.
6 *Englisch*, StuW 2007, 236.
7 2 BvR 623/15, NWB DokID: BAAAE-99112 und 2 BvR 2325/14, NWB DokID: WAAAE-81868.
8 2 BvR 2167/15, NWB DokID: HAAAF-67371.
9 Bezüglich des Zusammenhangs der Abgeltungsteuer mit einzelnen Kapitaleinkünften nach § 20 EStG siehe *Ronig*, NWB DokID: MAAAE-27762.
10 Siehe beispielhaft die Qualifikationsprobleme bei Kapitalmaßnahmen ausländischer Unternehmen, BMF v. 20.3.2017, BStBl 2017 I 431 (Hewlett Packard Company).

mensbegriffe des § 2 EStG. Dementsprechend findet die Regelung zum Altersentlastungsbetrag (§ 24a EStG) keine Anwendung auf der Abgeltungsteuer unterliegende Einkünfte.[1] Einkünfte, die § 32d Abs. 1 EStG unterliegen, sind jedoch für die Ermittlung der Einkommensgrenzen nach § 1 Abs. 3 EStG zu berücksichtigen.[2] Eine Einbeziehung in den Regelungsbereich des § 32b EStG erfolgt jedoch nicht.[3]

Da es sich bei dem Tarif nach § 32d EStG nicht um eine tarifliche Einkommensteuer i. S. d. § 32a EStG handelt, sind die Steuerermäßigungen nach §§ 35a, 35b EStG nicht anwendbar,[4] soweit nicht durch die Günstigerprüfung der Anwendungsbreich eröffnet ist.

§ 36a EStG ist bei Anwendung des § 32d EStG, also dem Vorliegen von entsprechenden Kapitaleinkünften im Privatvermögen, nicht anzuwenden. Dies soll nach Auffassung der FinVerw auch in Fällen gelten, in denen § 36a EStG grundsätzlich anwendbar wäre (z. B. Wahlveranlagung, Günstigerprüfung), da eine Beteiligung an Gestaltungsmodellen weitestgehend ausgeschlossen ist.[5]

B. Systematische Kommentierung

I. Ermittlung der Abgeltungsteuer (§ 32d Abs. 1 EStG)

6 Der Steuersatz für Einkünfte, die der Abgeltungsteuer unterliegen, beträgt 25 %. Die Abgeltungsteuer greift nur, soweit Einkünfte aus Kapitalvermögen i. S. d. § 20 EStG vorliegen, und nach dem Subsidiaritätsprinzip (§ 20 Abs. 8 EStG) keine Zuordnung zu einer anderen Einkunftsart erfolgt. Betroffen sind somit auch Einkünfte der neu geschaffenen § 20 Abs. 1 Nr. 3 und 3a EStG, die seit 2018 (§ 52 Abs. 28 Satz 20 EStG) die Besteuerung von Erträgen aus Investmentfonds regeln.[6]

Die Höhe der Abgeltungsteuer wird durch eine ggf. vorhandene Kirchensteuerpflicht der Kapitalerträge (§ 51a Abs. 2b EStG)[7] sowie anrechenbare ausländische Steuern beeinflusst. Da durch den Einbehalt an der Quelle eine Deklaration der Kapitaleinkünfte im Rahmen der Veranlagung i. d. R. zur Vereinfachung des Besteuerungsverfahrens überflüssig werden soll, muss die steuermindernde Wirkung des Sonderausgabenabzugs der Kirchensteuer (§ 10 Abs. 1 Nr. 4 EStG) bereits bei der Bestimmung der Abgeltungsteuer berücksichtigt werden. Die Abgeltungsteuer ermittelt sich als:

$$\frac{e - 4q}{4 + k}$$

---

[1] FG Münster v. 3.12.2015 - 6 K 875/12; NZB abgewiesen durch BFH v. 25.4.2017 - III B 51/16, NWB DokID: XAAAG-49252.
[2] FinMin Schleswig-Holstein v. 3.5.2016, DStR 2016, 1266; BFH v. 12.8.2015, BStBl 2016 II 201. Dividenden sind dabei ohne 40 %-Abschlag (Teileinkünfteverfahren) zu berücksichtigen (FG Köln v. 22.2.2017 - 4 K 2163/13, NWB DokID: XAAAG-49654); *Weiss*, IWB 2017, 746.
[3] FG Münster v. 7.12.2016 - 11 K 2115/15 E, EFG 2017, 294, NWB-DokID: OAAAG-35945; kritisch *Gühne*, NWB 2017, 1511.
[4] BMF v. 18.1.2016, BStBl 2016 I 85, Rz. 132.
[5] BMF v. 3.4.2017, BStBl 2017 I 726, Rz. 131.
[6] Die Neuregelung erfolgte durch das Gesetz zur Reform der Investmentbesteuerung vom 19.7.2016, BStBl 2016 I 731.
[7] Zur Einbehaltungspflicht der Kirchensteuer ab 2015: *Schmidt*, NWB 2014, 922.

wobei „e" für die Einkünfte nach § 20 EStG steht, „q" der anrechenbaren ausländischen Steuer (Abs. 5) und „k" dem Kirchensteuersatz entspricht.

Die Gesamtbelastung aus Abgeltungsteuer, Solidaritätszuschlag (§ 3 Abs. 1 Nr. 5 SolZG) und Kirchensteuer (8 % bzw. 9 %) beträgt somit 27,82 % bzw. 28,00 %.[1] Bei Vorliegen ausländischer Einkünfte treten Minderungseffekte auf.

BEISPIEL: Betragen die ausländischen Einkünfte 100 €, die anrechenbare ausländische Steuer 20 % (20 €) und der Kirchensteuersatz 8 %, so ergibt sich die Abgeltungsteuer mit 4,90 € und der Solidaritätszuschlag mit 0,27 €. Die anfallende Kirchensteuer beträgt 0,40 € (Gesamtbelastung: 25,57 %). Bei inländischen Einkünften würde sich eine Abgeltungsteuer von 24,51 € zzgl. Solidaritätszuschlag (§ 3 Abs. 1 Nr. 5 SolZG; 5,5 % von 24,51 €) von 1,35 € und eine Kirchensteuer von 1,96 € ergeben (Gesamtbelastung: 27,82 %). Die Belastungsdifferenz resultiert aus der Nichterhebung von Solidaritätszuschlag und Kirchensteuer auf die ausländischen anrechenbaren Steuern. Der Vorteil beträgt bei einer anrechenbaren ausländischen Quellensteuer von 25 % maximal 2,82 %.

II. Ausnahmen von der Abgeltungsteuer (§ 32d Abs. 2 EStG)

In § 32d Abs. 2 EStG wird zur Vermeidung missbräuchlicher Steuergestaltungen für einige Konstellationen die Anwendung der Abgeltungsteuer ausgeschlossen.[2] Die Einkünfte sind als Einkünfte aus Kapitalvermögen in die Einkommensteuerveranlagung einzubeziehen und unterliegen der synthetischen Einkommensermittlung (Nettoprinzip). Im Einzelnen sind folgende Fälle geregelt:

1. § 32d Abs. 2 Nr. 1 EStG

Betroffen sind grundsätzlich nur Einkünfte i. S. d. § 20 Abs. 1 Nr. 4 und 7 EStG sowie Einkünfte nach § 20 Abs. 2 Nr. 4 und 7 EStG. Es handelt sich folglich um Zinsen, die auf Ebene des Schuldners Werbungskosten oder Betriebsausgaben sein können, bzw. damit in Zusammenhang stehende Veräußerungsgewinne. Betroffen sind folgende Sachverhalte:

- Handelt es sich bei Schuldner und Gläubiger um nahestehende Personen, kommt die Abgeltungsteuer nicht zur Anwendung, wenn die Zinsen beim Schuldner als Werbungskosten bzw. Betriebsausgaben bei im Inland steuerpflichtigen Einkünften tatsächlich abzugsfähig sind (§ 32d Abs. 2 Nr. 1 Buchst. a EStG). Damit ist die Abgeltungsteuer anzuwenden, wenn der Werbungskostenabzug beim Schuldner ausgeschlossen ist (§ 20 Abs. 9 Satz 1 2. Halbsatz EStG).

- Der Begriff der nahestehenden Person ist im Gesetz nicht geregelt. Die Finanzverwaltung greift zum einen auf § 15 AO und zum anderen auf § 1 Abs. 2 AStG zurück.[3] Der BFH hat in mehreren Urteilen jedoch Grenzen bei der Anwendung dieser Einschränkung gezogen. Soweit die Darlehensverbindung dem Fremdvergleich standhält,[4] ist der Abgeltungsteuertarif anwendbar, außer es besteht ein (finanzielles) Abhängigkeitsverhältnis.[5]

---

1 *Scheffler*, Unternehmensbesteuerung I, 84.
2 *Löbe*, NWB 2014, 3956.
3 BMF v. 18. 1. 2016, BStBl 2016 I 85, Rz. 136.
4 BFH v. 29. 4. 2014 - VIII R 9/13, BStBl 2014 II 986; BFH v. 29. 4. 2014 - VIII R 35/13, BStBl 2014 II 990; BFH v. 29. 4. 2014 - VIII R 44/13, BStBl 2014 II 992; *Werth*, DStZ 2014, 670; *Weiss*, NWB 2016, 337.
5 BFH v. 28. 1. 2015 - VIII R 8/14, BStBl 2015 II 397; *Gläser/Zöller*, BB 2015, 1632, Verfassungsbeschwerde (2 BvR 623/15) wurde nicht zur Entscheidung angenommen (7. 4. 2016).

- Die Abgeltungsteuer findet keine Anwendung, wenn ein Anteilseigner als Gläubiger einer Kapitalgesellschaft oder Genossenschaft an dieser zu mindestens 10 % beteiligt ist (§ 32d Abs. 1 Nr. 1 Buchst. b EStG). Gleiches gilt bei den Anteilseignern nahestehenden Personen.[1] Allerdings hat der BFH die Norm entsprechend Buchst. a hinsichtlich der nahestehenden Person eingeschränkt.[2] Insbesondere wird klargestellt, dass der Begriff der „nahe stehenden Person" einen eigenständigen, unbestimmten Rechtsbegriff darstellt, der nicht nach den Maßstäben des § 1 Abs. 2 AStG (oder § 138 der InsO) auszulegen ist.[3] Durch die Regelung soll in Ergänzung zu § 8a KStG i.V. m § 4h EStG eine steuerbedingte Gesellschafterfremdfinanzierung verhindert bzw. eingedämmt werden. Der BFH und das BVerfG sehen in der Regelung keinen grundsätzlichen Verfassungsverstoß.[4] Entgegen der Auffassung der FinVerw[5] hat der BFH entschieden, dass sich § 32d Abs. 2 Nr. 1 Buchst. b EStG nicht auf mittelbare Beteiligungen bezieht.[6] Etwas anderes kann nur gelten, wenn die Voraussetzung des § 32d Abs. 2 Nr. 1 Buchst. b Satz 2 EStG erfüllt ist und der Gläubiger nahestehende Person zur Zwischengesellschaft ist. Dies wäre gegeben, wenn der Gläubiger die Zwischengesellschaft beherrscht und dort seinen Willen durchsetzen kann (i. d. R. mehr als 50 % der Stimmrechte).[7] Der BFH lässt ausdrücklich offen, ob im Einzelfall auch eine „faktische Beherrschung" ausreichend sein kann. Wird auf ein Gesellschafterdarlehen gegen Besserungsschein verzichtet, greift für Refinanzierungszinsen das Werbungskostenabzugsverbot nach § 20 Abs. 9 EStG, da nunmehr nur noch ein Bezug zu Einkünften nach § 20 Abs. 1 Nr. 1 EStG gegeben sein kann, nicht mehr jedoch zu Einkünften nach § 20 Abs. 1 Nr. 7 EStG. Etwas anderes kann nur gelten, wenn zum Teileinkünfteverfahren optiert wurde.[8]

- Zur Verhinderung missbräuchlicher Gestaltungen der Gesellschafterfremdfinanzierung sollen durch § 32d Abs. 1 Nr. 1 Buchst. c EStG sog. „back-to-back-Finanzierungen" vermieden werden. Dabei überlässt der Gesellschafter oder eine nahestehende Person Kapital an einen Dritten, welches als Darlehen an die Gesellschaft weiter gegeben wird. Voraussetzung für die Nichtanwendung der Abgeltungsteuer ist weiterhin, dass zwischen den beiden Kapitalüberlassungsverhältnissen ein innerer Zusammenhang („einheitlicher Plan") besteht.[9] Eine unmittelbare Kapitalüberlassung durch den Gesellschafter an den Dritten ist nicht zwingend, ein Rückgriffsrecht des Dritten ist ausreichend. Um den Anwendungsbereich gerade bei mittelständischen Unternehmen nicht zu weit ausufern zu lassen, ist bei marktüblichen Zinsvereinbarungen kein schädlicher Zusammenhang gegeben.

9 Ist aufgrund der Fallkonstellationen von § 32d Abs. 2 Nr. 1 EStG die Abgeltungsteuer nicht anwendbar, so finden die Einschränkungen des § 20 Abs. 6 und 9 EStG keine Anwendung.[10] Dem-

---

1 Einschränkend im Vergleich zu § 32d Abs. 2 Nr. 1 Buchst. a EStG: R 32d Abs. 2 EStR.
2 BFH v. 14. 5. 2014 - VIII R 31/11, BStBl 2014 II 995; *Löbe*, NWB 2014, 3961.
3 BFH v. 20.10.2016 - VIII R 27/15, DStR 2017, 721, Rz. 18; NWB DokID: EAAAG-41821.
4 BFH v. 29. 4. 2014 - VIII R 23/13, BStBl 2014 II 1903, Verfassungsbeschwerde 2 BvR 2325/14 durch BVerfG nicht zur Entscheidung angenommen (7. 4. 2016).
5 BMF v. 18. 1. 2016, BStBl 2016 I 85, Rz. 137; geändert durch BMF v. 12.4.2018, BStBl 2018 I 624.
6 BFH v. 20.10.2016 - VIII R 27/15, DStR 2017, 721, NWB DokID: EAAAG-41821; *Weiss*, NWB 2016, 338, m.w. N.
7 Vgl. BFH v. 20.10.2016 - VIII R 27/15, Rz. 17 ff, DStR 2017, 721, NWB DokID: EAAAG-41821.
8 BFH v. 24.10.2017 - VIII R 19/16, NWB DokID: BAAAG-98241.
9 Im Detail: *Redert* in Kraeusel/Schiffers, § 32d EStG Rz. 45 ff.
10 *Engelberth*, NWB 2014, 1898.

entsprechend sind Werbungskosten abzugsfähig (nicht hingegen der Sparer-Pauschbetrag)[1] und Verluste aus Kapitalvermögen innerhalb der Einkunftsart und mit Einkünften aus anderen Einkunftsarten unter Berücksichtigung der allgemeinen Schranken verrechenbar. Eine Verrechnung von Verlusten aus Kapitaleinkünften nach § 32d Abs. 1 EStG mit positiven Einkünften aus § 32d Abs. 2 EStG ist nicht möglich, ausgenommen im Falle von § 32d Abs. 6 EStG.[2] Darüber hinaus ist bei Dividenden und Veräußerungsgewinnen das Teileinkünfteverfahren anzuwenden.

2. § 32d Abs. 2 Nr. 2 EStG

Um eine Doppelbegünstigung kapitalbildender Lebensversicherungen i. S. v § 20 Abs. 1 Nr. 6 EStG aus der nur hälftigen Erfassung des Unterschiedsbetrags zwischen der Versicherungsleistung und den Beiträgen bei Anwendung der Abgeltungsteuer zu vermeiden, erfolgt die Erfassung mit dem regulären Tarif nach § 32a EStG. Dies ist der Fall, wenn nach § 20 Abs. 1 Nr. 6 Satz 2 EStG die Auszahlung der Versicherungsleistung nach Vollendung des 60. Lebensjahrs erfolgt und die Laufzeit des Vertrags mindestens zwölf Jahre beträgt.

Soweit aus dem Versicherungsverhältnis Verluste entstehen, kommen die Einschränkungen des § 20 Abs. 6 EStG nicht zur Anwendung.

Nach § 43 Abs. 1 Nr. 4 Satz 1 2. Halbsatz EStG wird stets die Kapitalertragsteuer auf den vollen Unterschiedsbetrag erhoben, so dass eine Korrektur im Rahmen der Veranlagung gem. § 32d Abs. 4 EStG zu erfolgen hat.

3. § 32d Abs. 2 Nr. 3 EStG

Soweit Einkünfte nach § 20 Abs. 1 Nr. 1 und 2 EStG vorliegen, kann der Stpfl. auf Antrag die Abgeltungsteuer vermeiden und das Teileinkünfteverfahren auf die entsprechenden Beteiligungserträge anwenden (§ 3 Nr. 40 Buchst. d EStG). Voraussetzung hierfür ist, dass der Stpfl. entweder

▶ mit mindestens 25 % an der Kapitalgesellschaft beteiligt ist oder

▶ mit mindestens 1 % beteiligt ist und zudem für diese Gesellschaft (mit maßgeblichem Einfluss) beruflich tätig ist.

Als Konsequenz der Option folgt, dass auch Werbungskosten entsprechend dem Teileinkünfteverfahren zu 60 % in Abzug gebracht werden können (§ 3c Abs. 2 EStG). Darin ist auch die Zielsetzung der einschränkenden Regelung zur Abgeltungsteuer zu sehen, da bei unternehmerischen Beteiligungen (z. B. Management Buy-out) meist auch Fremdkapital zum Einsatz kommt. Ohne diese Regelung könnte eine Übermaßbesteuerung auftreten. Entfällt auf die Gewinnausschüttung einer Beteiligung i. S. d. Norm von 100 000 € ein Zins für die Fremdfinanzierung der Beteiligung von 50 000 €, ergäbe sich eine Abgeltungsteuer von 25 000 €, so dass die effektive Besteuerung des Nettoertrags (25 000 €/[100 000 € - 50 000 €]) 50 % betragen würde.[3]

---

1 BFH v. 30.11.2016 - VIII R 11/14, BStBl 2017 II 443.
2 R 32d Abs. 1 EStR; siehe auch →Rz. 28.
3 Zur Wahlrechtsausübung: *Scheffler*, Unternehmensbesteuerung I, 81.

14 Die Werbungskosten dürfen auch in VZ berücksichtigt werden, in denen keine entsprechenden Erträge vorliegen.[1] Dies gilt aber nur, soweit überhaupt noch Ertragserwartungen bestehen.[2] Die Finanzverwaltung erachtet es hinsichtlich der Beteiligung für ausreichend, wenn zu einem Zeitpunkt im VZ die Beteiligungsgrenzen überschritten werden.[3] Seit dem VZ 2017 muss durch die berufliche Tätigkeit ein maßgeblicher unternehmerischer Einfluss auf die wirtschaftliche Tätigkeit des Unternehmens möglich sein (§ 52 Abs. 33a EStG).[4] Dabei kann die berufliche Tätigkeit zumindest nach der bis VZ 2016 geltenden Fassung auch mittelbar gegenüber der Gesellschaft ausgeübt werden (z. B. bei einem Organschaftsverhältnis).[5] Da durch die Änderung jedoch nur die Qualität der beruflichen Tätigkeit neu geregelt wurde, sollte die Rechtsprechung übertragbar sein.

15 Der Antrag auf die Option zum Teileinkünfteverfahren ist mit der Abgabe der erstmaligen Einkommensteuererklärung zu stellen.[6] Der Antrag gilt auch für die folgenden vier Jahre, kann jedoch auch widerrufen werden. Allerdings ist dann eine nochmalige Option zum Teileinkünfteverfahren nicht mehr zulässig (§ 32d Abs. 2 Nr. 3 Satz 6 EStG). Dies gilt nicht nur in der vierjährigen Fortgeltungsfrist sondern auch für einen Folgeantrag.[7] Soweit erst im Rahmen einer Außenprüfung zu einem späteren Zeitpunkt die einzigen Einkünfte aus einer Beteiligung durch Umqualifizierung in eine vGA entstehen, kann der Antrag noch nachgeholt werden, bis der Einkommensteuerbescheid des fraglichen Jahres formell und materiell bestandskräftig ist.[8]

16 Strittig ist, ob es sich bei der Weitergeltung des Antrags nur um eine Verfahrenserleichterung handelt, so dass materiell-rechtlich auch in diesen VZ die Beteiligungsgrenzen bzw. die berufliche Tätigkeit vorliegen müssen – so die Ansicht der Finanzverwaltung[9] – oder die Regelung selbst materiell-rechtliche Wirkung entfaltet, so dass die Optionsvoraussetzungen nur im Jahr der Antragstellung erfüllt sein müssen.[10]

4. § 32d Abs. 2 Nr. 4 EStG

17 Gemäß § 32d Abs. 2 Nr. 4 EStG soll die Begünstigung von nicht mit Körperschaftsteuer vorbelasteten verdeckten Gewinnausschüttungen/hybride Finanzierungen vermieden werden, außer die verdeckte Gewinnausschüttung führte bei einer nahestehenden Person des Steuer-

---

1 BMF v. 18.1.2016, BStBl 2016 I 85, Rz. 143; a. A: BFH v. 21.10.2014 - VIII R 48/12, BStBl 2015 II 270.
2 BFH v. 21.10.2014 - VIII R 48/12, BStBl 2015 II 270.
3 R 32d Abs. 3 EStR; BMF v. 18.1.2016, BStBl 2016 I 85, Rz. 139.
4 Gesetz zur Umsetzung der Änderung der EU-Amtshilferichtlinie und von weiteren Maßnahmen gegen Gewinnkürzungen und -verlagerungen v. 20.12.2016, BGBl 2016 I 3000.
5 BFH v. 27.3.2018 - VIII R 1/15, BFH/NV 2018, 870, NWB DokID: EAAAG-87924. Ablehnend aber FG Düsseldorf v. 14.3.2017 - 13 K 3081/15 E, NWB DokID: HAAAG-47111 zum Fall eines beratenden Partners einer beauftragten Partnerschaftsgesellschaft.
6 BMF v. 12.4.2018, BStBl 2018 I 624, Rz. 141; BFH v. 28.7.2015 - VIII R 50/14, BStBl 2016 II 894; Verfassungsbeschwerde eingelegt (2 BvR 2167/15). Für den Fall des fachkundig beratenen Steuerpflichtigen auch: BFH v. 24.10.2017 - VIII R 19/16, NWB DokID: BAAAG-98241. Der Antrag auf Günstigerprüfung umfasst nicht konkludent den Antrag auf Anwendung des Teileinkünfteverfahrens, jedoch dürfte bei unberatenen Stpfl. i.d.R. Wiedereinsetzung nach § 110 AO möglich sein, weil die Anleitung zur Anlage KAP die Antragsrechte unzureichend beschreibt, BFH v. 29.8.2017 - VIII R 33/15, BStBl 2018 II 69.
7 HHR/Kühner, § 32d EStG Rz. 59; Redert in Kraeusel/Schiffers, § 32d EStG Rz. 71.
8 FG München v. 15.6.2016 - 9 K 190/16, EFG 2016, 1503, NWB DokID: IAAAF-80315, Rev.: BFH VIII R 20/16. Siehe auch Handor/Bergan, NWB 2017, 3639 ff.
9 BMF v. 18.1.2016, BStBl 2016 I 85, Rz. 139.
10 Fuhrmann, NWB 2010, 2942.

pflichtigen zu einer Einkommenserhöhung. Die Regelung lehnt sich an § 3 Nr. 40 Buchst. d Satz 2 und 3 EStG an.

(Einstweilen frei) 18–23

III. Veranlagungsfälle

1. Nachveranlagung (§ 32d Abs. 3 EStG)

Soweit keine Kapitalertragsteuer i. S. d. §§ 43 ff. EStG erhoben wurde, sind abgeltungsteuerpflichtige Kapitalerträge im Rahmen der Veranlagung zu deklarieren. Die Abgeltungsteuer ermittelt sich nach § 32d Abs. 1 EStG. Hauptanwendungsfälle[1] dieser Regelung dürften ausländische Kapitalerträge sowie solche aus Kapitalüberlassungen auf privater Ebene sein.[2] 24

2. Veranlagung zur Überprüfung (§ 32d Abs. 4 EStG)

Dem Steuerpflichtigen wird die Möglichkeit eröffnet, auch bei einbehaltener Abgeltungsteuer eine Steuerfestsetzung vornehmen zu lassen. Abs. 4 enthält eine nicht abschließende Aufzählung („insbesondere") möglicher Gründe:[3] 25

- Einbehalt der Abgeltungsteuer trotz nicht ausgeschöpftem Sparer-Pauschbetrag,
- Anwendung der Ersatzbemessungsgrundlage nach § 43a Abs. 2 EStG,
- fehlende Verlustberücksichtigung nach § 43a Abs. 3 EStG,
- bestehender Verlustvortrag nach § 20 Abs. 6 EStG,
- Anrechnung noch nicht berücksichtigter ausländischer Steuern,
- Überprüfung der einbehaltenen Abgeltungsteuer dem Grund und der Höhe nach.

Der Antrag kann bis zur Unanfechtbarkeit des Einkommensteuerbescheides bzw. solange dieser noch geändert werden kann, gestellt werden.[4] Diese Überprüfungsmöglichkeit ist notwendig, da die die Abgeltungsteuer einbehaltenden Kreditinstitute nach § 44 Abs. 1 Satz 3 EStG zwingend an die Auslegung der Finanzverwaltung gebunden sind.[5]

3. Günstigerprüfung (§ 32d Abs. 6 EStG)

Soweit die Abgeltungsteuer zu einer höheren Steuer als im Rahmen der tariflichen Veranlagung führen würde, kann der Stpfl. zur Einbeziehung der abgeltungsteuerpflichtigen Einkünfte in die Einkommensteuerveranlagung optieren. Die Option kann nur für alle Kapitaleinkünfte einheitlich erfolgen. Dies gilt auch für zusammenveranlagte Ehegatten.[6] Die ausländische Kapitalertragsteuer kann angerechnet werden. Die Kirchensteuer wird als Sonderausgabe berücksichtigt (§ 10 Abs. 1 Nr. 4 EStG). 26

Soweit der Stpfl. den Antrag auf Günstigerprüfung stellt, erfolgt die Prüfung von Amts wegen im Rahmen der Veranlagung. Der Stpfl. muss sämtliche relevanten Unterlagen der Steuerer- 27

---

1 Zu Altfällen bei Stückzinsen BMF v. 16. 12. 2010, BStBl 2011 I 78.
2 *Engelberth*, NWB 2014, 1891; *Anemüller*, ErbStB 2015, 346.
3 *Anemüller*, ErbStB 2015, 360.
4 BMF v. 18. 1. 2016, BStBl 2016 I 85, Rz. 145; *Spieker*, DB 2015, 207.
5 *Kuppe*, NWB 2016, 1452 mit Beispielen zur Korrekturveranlagung. Siehe als Beispiel auch BMF v. 27. 9. 2016, BStBl 2016 I 1018 zum Rückkauf-Angebot bei Argentinien-Anleihen.
6 BMF v. 18. 1. 2016, BStBl 2016 I 85, Rz. 149.

klärung beifügen. Der Antrag auf Günstigerprüfung kann gestellt werden, solange die Änderung des Einkommensteuerbescheids noch möglich ist.[1] Eine nachträgliche Änderung des Bescheids alleine für Zwecke der Günstigerprüfung wegen neuer Tatsachen i. S. d. § 173 Abs. 1 Nr. 2 AO dürfte regelmäßig am groben Verschulden des Steuerpflichtigen scheitern.[2] Eine nachträgliche Antragstellung ist jedoch möglich, wenn erst durch einen Änderungsbescheid die Grundlage für die Ausübung der Günstigerprüfung entsteht, sie vorher also bedeutungslos gewesen wäre.[3] Eine konkludente Ausübung der Option durch den Antrag auf Anwendung des Teileinkünfteverfahrens (§ 32d Abs. 2 Nr. 3 Satz 1 Buchst. a EStG) ist nicht möglich.[4]

28 Der BFH hat mit Urteil v. 30.11.2016 entgegen der Auffassung der FinVerw die Möglichkeit eröffnet, durch Antrag auf Günstigerprüfung eine Verrechnung negativer Kapitaleinkünfte i. S.v. § 32d Abs. 1 EStG mit positiven, nach § 32a EStG tarifbesteuerten Kapitaleinkünften i. S.v. § 32d Abs. 2 EStG vorzunehmen. Der BFH legt dabei ein mathematisches Verständnis des Einkünftebegriffes zu Grunde, so dass diese auch negativ sein können. Die Verlustverrechnung im Zuge der Günstigerprüfung beschränkt sich aber auf Kapitaleinkünfte des § 20 EStG (horizontale Verlustverrechnung). Die Einschränkungen des § 20 Abs. 6 Satz 2 EStG (Verbot des vertikalen Ausgleichs von Verlusten aus Kapitalvermögen mit positiven Einkünften anderer Einkunftsarten) wird durch die Günstigerprüfung nicht tangiert. Umgekehrt ist es durch einen Antrag auf Günstigerprüfung jedoch möglich, positive Einkünfte aus Kapitalvermögen mit negativen Einkünften anderer Einkunftsarten zur Verrechnung zu bringen.

29 Die Günstigerprüfung basiert auf einer Differenzsteuerüberlegung.[5] Die durch die Einbeziehung in den Tarif nach § 32a EStG entstehende Mehrsteuer ist der Abgeltungsteuer auf die Kapitaleinkünfte gegenüber zu stellen. In Abbildung 1 ist die Abgeltungsteuer von Vorteil, da die Mehrsteuer (grauer Bereich über der Abgeltungsteuerlinie) größer ist als die Mindersteuer (grauer Bereich unter der Abgeltungsteuerlinie). Soweit der Grenzsteuersatz der Tarifeinkünfte bereits den Abgeltungsteuersatz von 25 % überschreitet, ist eine Günstigerprüfung nicht sinnvoll. In die Betrachtung ist jeweils nur der steuerpflichtige Anteil der Kapitaleinkünfte einzubeziehen (z. B. 60 % bei Dividenden).

---

1 BMF v. 18.1.2016, BStBl 2016 I 85, Rz. 149; *Spieker*, DB 2015, 207; s. auch BFH v. 12.5.2015 - VIII R 14/13, BStBl 2015 II 806.
2 Kritisch *Sikorski*, NWB 2016, 626; differenzierend *Weiss*, NWB 2016, 343.
3 FG Köln v. 30.3.2017 - 15 K 2258/14, NWB-DokID: OAAAG-58810; Rev. eingelegt (VIII R 6/17).
4 BFH v. 28.7.2015 - VIII R 50/14, BStBl 2015 II 894, jedoch für den umgekehrten Fall: BFH v. 29.8.2017 - VIII R 33/15, BStBl 2018 II 69. Siehe auch → Rz. 15.
5 *Hechtner/Hundsdoerfer*, StuW 2009, 34.

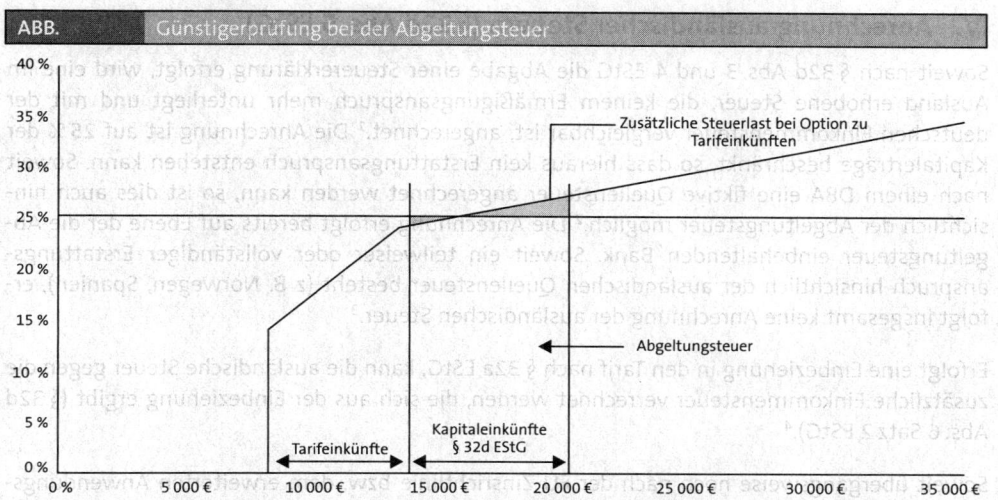

ABB. Günstigerprüfung bei der Abgeltungsteuer — 30

Nur im Falle des ausschließlichen Beziehens von Kapitaleinkünften wäre die Durchschnittssteuerbelastung aussagefähig. Dies begründet sich dadurch, dass die Option zum Regeltarif nur einheitlich für alle Einkünfte i. S. d. § 32d EStG erfolgen kann (§ 32d Abs. 6 Satz 3 EStG). Das Optionsrecht kann auch Einfluss auf die Zusammen- bzw. Einzelveranlagung nach §§ 26a und 26b EStG ausüben.[1] Soweit durch die Günstigerprüfung die Verrechnung der positiven Kapitaleinkünfte mit Verlusten aus anderen Einkunftsarten eröffnet wird, ist die Option zur Tarifbesteuerung bei einer statischen Betrachtung vorziehenswürdig, wenn die nach Verrechnung verbleibenden Kapitaleinkünfte mit einem Durchschnittsteuersatz von weniger als 25 % belastet werden. Im Einzelfall ist aber durch eine dynamische (mehrperiodige) Betrachtung zu prüfen, ob nicht durch Verlustvortrag in den folgenden Perioden eine höhere Steuerentlastung resultiert, die allerdings für Vergleichszwecke zu diskontieren ist. — 31

Die Günstigerprüfung erfolgt seit dem Jahressteuergesetz 2010 einschließlich Zusatzsteuern (SolZ).[2]

Kommt es aufgrund der Günstigerprüfung zur Anwendung des Tarifs nach § 32a EStG bleibt dennoch ein Werbungskostenabzug über den Pauschbetrag nach § 20 Abs. 9 EStG hinaus ausgeschlossen. Die Ungleichbehandlung rechtfertigt der BFH durch die der Vereinfachung dienenden Typisierung sowie der Möglichkeit von Billigkeitsmaßnahmen (§§ 163, 227 AO) im Einzelfall.[3] — 32

(Einstweilen frei) — 33–36

---

1 *Hechtner/Hundsdoerfer*, StuW 2009, 37.
2 JStG 2010 v. 8.12.2010, BGBl 2010 I 1768.
3 BFH v. 28.1.2015 - VIII R 13/13, BStBl 2015 II 393; kritisch: *Karrenbrock*, NWB 2015, 1313.

IV. Anrechnung ausländischer Steuern (§ 32d Abs. 5 EStG)

37 Soweit nach § 32d Abs. 3 und 4 EStG die Abgabe einer Steuererklärung erfolgt, wird eine im Ausland erhobene Steuer, die keinem Ermäßigungsanspruch mehr unterliegt und mit der deutschen Einkommensteuer vergleichbar ist, angerechnet.[1] Die Anrechnung ist auf 25 % der Kapitalerträge beschränkt, so dass hieraus kein Erstattungsanspruch entstehen kann. Soweit nach einem DBA eine fiktive Quellensteuer angerechnet werden kann, so ist dies auch hinsichtlich der Abgeltungsteuer möglich.[2] Die Anrechnung erfolgt bereits auf Ebene der die Abgeltungsteuer einbehaltenden Bank. Soweit ein teilweiser oder vollständiger Erstattungsanspruch hinsichtlich der ausländischen Quellensteuer besteht (z. B. Norwegen, Spanien), erfolgt insgesamt keine Anrechnung der ausländischen Steuer.[3]

38 Erfolgt eine Einbeziehung in den Tarif nach § 32a EStG, kann die ausländische Steuer gegen die zusätzliche Einkommensteuer verrechnet werden, die sich aus der Einbeziehung ergibt (§ 32d Abs. 6 Satz 2 EStG).[4]

39 Soweit übergangsweise noch nach der EU-Zinsrichtlinie bzw. dem erweiterten Anwendungsbereich des § 16a ZIV ausländische Kapitalertragsteuer einbehalten wird, geht § 14 Abs. 2 ZIV i. V. m. § 36 EStG vor. §§ 32d Abs. 5, 34c EStG finden keine Anwendung.[5]

V. Belastungswirkungen

40 Die Abgeltungsteuer wird in Politik und Literatur zum Teil heftig kritisiert, da das Leistungsfähigkeitsprinzip verletzt wird. Während Einkünfte anderer Einkunftsarten i. d. R. dem Einkommensteuertarif mit einer Belastung von bis zu 45 % zzgl. SolZ unterliegen, greift bei Kapitaleinkünften die niedrigere Abgeltungsteuer. Nachdem durch den internationalen Informationsaustausch[6] das Steuerhinterziehungspotenzial gesunken ist, bestehen bereits Forderungen, die Abgeltungsteuer wieder abzuschaffen.[7] Ein gemeinsamer Antrag der Bundesländer Berlin, Brandenburg und Bremen wurde im Bundesrat abgelehnt.[8] Dabei ist jedoch zu berücksichtigen, dass bei Dividenden und Veräußerungsgewinnen aus Beteiligungen an Kapitalgesellschaften die Abgeltungsteuer eine steuersystembedingte (typisierende) Entlastungsmaßnahme zur Vermeidung bzw. Minderung der Doppelbesteuerung von Einkommensteuer und Körperschaftsteuer darstellt.[9] Hier wäre der Übergang zum Teileinkünfteverfahren (oder ein anderes Entlastungsverfahren) notwendig, um zumindest in Ansätzen eine Finanzierungsneutralität des Unternehmensteuersystems bei Kapitalgesellschaften gewährleisten zu können. Der

---

1 Für eine Übersicht der anrechenbaren Quellensteuern in DBA-Fällen siehe BZSt zum Stand 1.1.2018 (http://www.bzst.de/DE/Steuern_International/Auslaendische_Quellensteuer/auslaendische_quellensteuer_node.htm).
2 Zur Anrechnung siehe BMF v. 3.8.2017, BStBl 2017 I 1225.
3 BMF v. 15.11.2011, BStBl 2011 I 1113; BMF v. 8.9.2011, BStBl 2011 I 854.
4 BMF v. 18.1.2016, BStBl 2016 I 85, Rz. 151; ebenso BFH v. 30.11.2016 - VIII R 11/14, BStBl 2017 II 443.
5 BMF v. 18.1.2016, BStBl 2016 I 85, Rz. 148. Für die Übergangsregelung siehe § 17 ZIV.
6 In Deutschland umgesetzt durch das FKAustG v. 21.12.2015, BGBl 2015 I 2531.
7 *Körner*, DB 2015, 397.
8 Beschl. am 12.5.2017, BR-Drucks. 643/16; Pressemitteilung 68/2016 vom 26.10.2016, NWB DokID: MAAAF-84978.
9 Kritisch bereits zur jetzigen Situation: *Englisch*, StuW 2007, 230 f.

Forderung nach Abschaffung der Abgeltungsteuer stehen aber auch Befürworter der Beibehaltung gegenüber.[1]

(Einstweilen frei) 41–49

C. Verfahrensfragen

§ 32d EStG stellt eine Tarifvorschrift dar. Die Regelung enthält partiell eigene Verfahrensvorschriften, ansonsten gelten die Bestimmungen der §§ 43 ff. EStG (Kapitalertragsteuerabzug).[2] Aufgrund der Abgeltungswirkung (§ 43 Abs. 5 EStG) ist die Einbeziehung in die Einkommensteuererklärung nur in den Fällen des § 32d Abs. 2 bis 6 EStG ggf. notwendig. 50

Für Antrags- und Wahlrechtsmöglichkeiten enthalten die jeweiligen Regelungen des § 32d EStG eigenständige Verfahrensvorschriften: Zu § 32d Abs. 2 Nr. 3 EStG siehe → Rz. 15, zu § 32d Abs. 4 EStG → Rz. 25, zu § 32d Abs. 6 EStG siehe → Rz. 27 ff. 51

Soweit eine Veranlagung zur Bemessung der Kirchensteuer notwendig ist, findet § 51a Abs. 2d EStG Anwendung. 52

Im Falle der Günstigerprüfung werden die Kapitaleinkünfte nach § 2 Abs. 1 Nr. 5 EStG als Überschusseinkünfte Bestandteil der Schwelleneinkünfte i.S.v. § 147a AO (500.000 €), so dass die verlängerten Aufbewahrungsvorschriften (6 Jahre) Anwendung finden.[3] 53

Die Bundesregierung hat im Rahmen des Steuerumgehungsbekämpfungsgesetzes[4] § 170 Abs. 7 AO eingefügt, der den Beginn der Festsetzungsfrist bei Beteiligungen i.S.d. § 138 Abs. 3 AO verschiebt. Die Frist beginnt erst, wenn die Beteiligung der FinVerw durch den Stpfl. bekannt gegeben wird oder der FinVerw auf andere Weise bekannt wird, spätestens aber 10 Jahre nach Ablauf des Kalenderjahres, in dem die Steuer entstanden ist. Die Verjährungsfristen verlängern sich dadurch entscheidend. Voraussetzung ist, dass der Stpfl. alleine oder zusammen mit nahestehenden Personen i.S.d. § 1 Abs. 2 AStG beherrschenden Einfluss ausüben kann. 54

§ 33 Außergewöhnliche Belastungen

(1) Erwachsen einem Steuerpflichtigen zwangsläufig größere Aufwendungen als der überwiegenden Mehrzahl der Steuerpflichtigen gleicher Einkommensverhältnisse, gleicher Vermögensverhältnisse und gleichen Familienstands (außergewöhnliche Belastung), so wird auf Antrag die Einkommensteuer dadurch ermäßigt, dass der Teil der Aufwendungen, der die dem Steuerpflichtigen zumutbare Belastung (Absatz 3) übersteigt, vom Gesamtbetrag der Einkünfte abgezogen wird.

(2) ¹Aufwendungen erwachsen dem Steuerpflichtigen zwangsläufig, wenn er sich ihnen aus rechtlichen, tatsächlichen oder sittlichen Gründen nicht entziehen kann und soweit die Aufwendungen den Umständen nach notwendig sind und einen angemessenen Betrag nicht übersteigen. ²Aufwendungen, die zu den Betriebsausgaben, Werbungskosten oder Sonderaus-

---

1 Zum Beispiel Deutsches Steuerzahlerinstitut des Bundes der Steuerzahler e.V., Sonderinformation 4: Abgeltungsteuer erhalten, November 2016.
2 Siehe jüngst das Beispiel zu (grenzüberschreitenden) Treuhandkonten mit einer Abzugspflicht des inländischen Treuhandkreditinstituts (BMF v. 31.3.2017, BStBl 2017 I 725).
3 BFH v. 11.1.2018 - VIII B 67/17, DB 2018, 552 = NWB DokID: AAAAG-77744.
4 Steuerumgehungsbekämpfungsgesetz v. 23.6.2017, BStBl 2017 I 865.

gaben gehören, bleiben dabei außer Betracht; das gilt für Aufwendungen im Sinne des § 10 Absatz 1 Nummer 7 und 9 nur insoweit, als sie als Sonderausgaben abgezogen werden können. ³Aufwendungen, die durch Diätverpflegung entstehen, können nicht als außergewöhnliche Belastung berücksichtigt werden. ⁴Aufwendungen für die Führung eines Rechtsstreits (Prozesskosten) sind vom Abzug ausgeschlossen, es sei denn, es handelt sich um Aufwendungen ohne die der Steuerpflichtige Gefahr liefe, seine Existenzgrundlage zu verlieren und seine lebensnotwendigen Bedürfnisse in dem üblichen Rahmen nicht mehr befriedigen zu können.

(3) ¹Die zumutbare Belastung beträgt

bei einem Gesamtbetrag der Einkünfte	bis 15 340 EUR	über 15 340 EUR bis 51 130 EUR	über 51 130 EUR
1. bei Steuerpflichtigen, die keine Kinder haben und bei denen die Einkommensteuer			
a) nach § 32a Absatz 1,	5	6	7
b) nach § 32a Absatz 5 oder 6 (Splitting-Verfahren)	4	5	6
zu berechnen ist;			
2. bei Steuerpflichtigen mit			
a) einem Kind oder zwei Kindern,	2	3	4
b) drei oder mehr Kindern	1	1	2
	Prozent des Gesamtbetrags der Einkünfte.		

²Als Kinder des Steuerpflichtigen zählen die, für die er Anspruch auf einen Freibetrag nach § 32 Absatz 6 oder auf Kindergeld hat.

(4) Die Bundesregierung wird ermächtigt, durch Rechtsverordnung mit Zustimmung des Bundesrates die Einzelheiten des Nachweises von Aufwendungen nach Absatz 1 zu bestimmen.

Inhaltsübersicht

	Rz.
A. Allgemeine Erläuterungen	1 - 15
I. Normzweck und wirtschaftliche Bedeutung der Vorschrift	1
II. Entstehung und Entwicklung der Vorschrift	2
III. Geltungsbereich	3 - 5
1. Persönlicher Geltungsbereich	3
2. Sachlicher Geltungsbereich	4
3. Anwendung auf Auslandsbeziehungen	5
IV. Vereinbarkeit der Vorschrift mit höherrangigem Recht	6 - 8
1. Verfassungsmäßigkeit des § 33 EStG	6 - 7
2. Europarechtskonformität des § 33 EStG	8
V. Verhältnis zu anderen Vorschriften	9 - 15
1. Verhältnis zum EStG	
B. Systematische Kommentierung	16 - 130
I. Begriff der außergewöhnlichen Belastung (§ 33 Abs. 1 EStG)	16 - 60
1. Aufwendungen	16 - 19

2. Belastungsprinzip	20 - 40
a) Gegenwertlehre	21 - 29
b) Ausgabenersatz, Vorteilsanrechnung und -ausgleich	30 - 40
3. Außergewöhnlichkeit der Aufwendungen	41 - 46
4. Zwangsläufigkeit	47 - 50
5. Antrag	51 - 55
6. Rechtsfolge: Zwingender Abzug vom Gesamtbetrag der Einkünfte nach Kürzung um zumutbare Belastung	56 - 60
II. Zwangsläufigkeit der Aufwendungen und Abzugsverbote (§ 33 Abs. 2 EStG)	61 - 105
1. Zwangsläufigkeit (§ 33 Abs. 2 Satz 1 EStG)	61 - 80
a) Zwangsläufigkeit dem Grunde nach	62 - 74
aa) Maßgebliche Gründe für die Zwangslage	63 - 65
bb) „Nicht-Entziehen-Können" (Zwangslage)	66 - 74
b) Zwangsläufigkeit der Höhe nach	75 - 80
2. Verhältnis zu Erwerbsaufwendungen und Sonderausgaben (§ 33 Abs. 2 Satz 2 EStG)	81 - 85
3. Aufwendungen, die durch Diätverpflegung entstehen (§ 33 Abs. 2 Satz 3 EStG)	86 - 89
4. Prozesskosten (§ 33 Abs. 2 Satz 4 EStG)	90 - 105
a) Aufwendungen für die Führung eines Rechtsstreits	91 - 94
b) Rechtsfolge: Grundsätzliches Abzugsverbot	95 - 105
aa) Grundsatz	95
bb) Ausnahmen	96 - 99
cc) Höhe der als agB abzugsfähigen Prozesskosten	100 - 105
III. Zumutbare Belastung (§ 33 Abs. 3 EStG)	106 - 113
IV. Verordnungsermächtigung (§ 33 Abs. 4 EStG)	114 - 130
1. Verordnungsermächtigung für Regelungen des § 64 EStDV	114
2. Verfassungsmäßigkeit und Geltungsbereich	115 - 119
3. Regelungen des § 64 EStDV	120 - 130
a) Anforderung an den Nachweis der Zwangsläufigkeit von Aufwendungen im Krankheitsfall (§ 64 Abs. 1 EStDV)	120 - 126
b) Ausstellung von Gesundheitszeugnissen, Gutachten oder Bescheinigungen (§ 64 Abs. 2 EStDV)	127 - 130
C. Verfahrensfragen	131 - 149
D. ABC zur außergewöhnlichen Belastung	150

HINWEIS:

§ 64 EStDV; R 33.1 EStR bis R 33.4 EStR; H 33.1 EStH bis H 33.4 EStH.

LITERATUR:

▶ Weitere Literatur siehe Online-Version

Bleschick, Prozesskosten als außergewöhnliche Belastungen, FR 2013, 932; *Kosfeld*, Zumutbare Belastung und Entscheidungen des BVerfG, FR 2013, 359; *Geserich*, Nachweis der Zwangsläufigkeit von krankheitsbedingten Aufwendungen, NWB 2014, 2004; *Heim*, Prozesskosten als außergewöhnliche Belastungen – Gesetzliche Regelung ab 2013, DStZ 2014, 2004; *Kanzler*, Der Verlust der Existenzgrundlage und die Unmöglichkeit der Befriedigung lebensnotwendiger Bedürfnisse, FR 2014, 209; *Nieuwenhuis*, Sind Scheidungskosten ab VZ 2013 nicht mehr als außergewöhnliche Belastungen zu berücksichtigen?, DStR 2014, 1701; *Geserich*, Zivilprozesskosten als außergewöhnliche Belastungen: Erneute Änderung der Rechtsprechung - Wie weiter nach der Rolle rückwärts?, NWB 2015, 2634; *Adomat*, Berücksichtigung von behinderungsbedingten Umbaukosten – Welche Aufwendungen können als außergewöhnliche Belastungen geltend gemacht werden?, NWB Beilage 1/2016, 1; *Haupt*, Zumutbare Belastung – (kein) Ende der Diskussion?, DStR 2016, 902; *Schneider*, Außergewöhnliche Belastungen und Krankheitskosten – BFH-Urteile v. 2.9.2015 – VI R 32/13 und VI R 33/13: zumutbare Belastung gilt auch bei Krankheitskosten, NWB 2016, 96; *Geserich*, Kein Abzug von Scheidungskosten nach Änderung des § 33 EStG durch das Amtshilferichtlinie-Umsetzungsgesetz, NWB 2017, 2560; *Fink*, Scheidungskosten als außergewöhnliche Belastungen nach Änderungen des § 33 EStG, NWB 2018, 173; *Geserich*, Pflegeaufwendungen und Kosten der Heimunterbringung als außergewöhnliche Belastungen, NWB 2018, 207; *Stelter*, Praxisleitfaden zur Behandlung von Beerdigungskosten im Rahmen von Hofüberlassungsverträgen, NWB 2018, 2054.

ARBEITSHILFEN UND GRUNDLAGEN ONLINE:
Außergewöhnliche Belastungen: Ermittlung der zumutbaren Belastung; Checkliste, NWB DokID: AAAAE-55789; Beerdigungskosten: Ermittlung der berücksichtigungsfähigen Aufwendungen, Berechnungsprogramm, NWB DokID: GAAAE-78973; *Fischer*, Gesamtübersicht der Rechtsprechung, NWB DokID: BAAAC-92988; *Meier*, Außergewöhnliche Belastungen – ABC, NWB DokID: QAAAC-33982; *Schmidt*, Außergewöhnliche Belastungen, Grundlagen NWB DokID: VAAAF-48920.

A. Allgemeine Erläuterungen

I. Normzweck und wirtschaftliche Bedeutung der Vorschrift

1 § 33 Abs. 1 EStG enthält die Legaldefinition von außergewöhnlichen Belastungen (agB) und bestimmt, dass diese auf Antrag – gekürzt um die zumutbare Belastung (§ 33 Abs. 3 EStG) – vom Gesamtbetrag der Einkünfte abgezogen werden.

§ 33 Abs. 2 Satz 1 EStG definiert die Zwangsläufigkeit. § 33 Abs. 2 Satz 2 1. Halbsatz EStG ordnet an, dass Aufwendungen, die Betriebsausgaben, Werbungskosten oder Sonderausgaben sind, nicht als agB abgezogen werden können. Dieses Abzugsverbot gilt nach § 33 Abs. 2 Satz 2 2. Halbsatz EStG für Aufwendungen i. S. d. § 10 Abs. 1 Nr. 7 EStG (Berufsausbildungskosten) und § 10 Abs. 1 Nr. 9 EStG (Schulgeldzahlungen) nur insoweit, als sie als Sonderausgaben abgezogen werden können (Abzugsverbot der Höhe nach). **§ 33 Abs. 2 Satz 3 EStG** verbietet den Abzug von Aufwendungen für Diätverpflegung als agB. § 33 Abs. 2 Satz 4 EStG schließt Prozesskosten grds. vom Abzug als agB aus, macht hiervon jedoch eine Ausnahme für existenz-/lebensnotwendige Aufwendungen.

§ 33 Abs. 3 Satz 1 EStG bestimmt die Höhe der die agB mindernden zumutbaren Belastung. § 33 Abs. 3 Satz 2 EStG regelt den Kreis der für die zumutbare Belastung zu berücksichtigenden Kinder.

§ 33 Abs. 4 EStG ermächtigt die BReg, die Einzelheiten des Nachweises von agB durch Erlass einer RVO zu bestimmen; hiervon hat die BReG in § 64 EStDV (nur zum Nachweis von Krankheitskosten) Gebrauch gemacht.

II. Entstehung und Entwicklung der Vorschrift

2 § 33 EStG vergleichbare Bestimmungen enthielten **§ 26 EStG 1920** und **§ 56 EStG 1925**.

§ 33 EStG wurde **zuletzt** durch das **AmtshilfeRLUmsG** v. 26. 6. 2013[1] in Abs. 2 um Satz 4 erweitert (grds. Abzugsverbot von Prozesskosten, s. → Rz. 90 ff.).

III. Geltungsbereich

1. Persönlicher Geltungsbereich

3 § 33 EStG gilt für unbeschränkt Stpfl. (§ 1 Abs. 1 bis 3 EStG). Beschränkt Stpfl. können nicht den Abzug von agB beanspruchen (§ 50 Abs. 1 Satz 3 EStG). Beim Wechsel zwischen beschränk-

---

[1] AmtshilfeRLUmsG v. 26. 6. 2013, BGBl 2013 I 1809, BStBl 2013 II 802.

ter und unbeschränkter Einkommensteuerpflicht sind die während der beschränkten Einkommensteuerpflicht erzielten inländischen Einkünfte in eine Veranlagung zur unbeschränkten Einkommensteuerpflicht einzubeziehen (Rechtsgedanke des § 2 Abs. 7 Satz 3 EStG). Werden Ehegatten/Partner einer eingetragenen Lebenspartnerschaft zusammen veranlagt, sind die agB des einen Ehegatten/Lebenspartners auch als solche des anderen anzusehen,[1] ohne dass es darauf ankommt, welcher Ehegatte/Lebenspartner den Aufwand getragen hat.[2]

2. Sachlicher Geltungsbereich

Ziel des § 33 EStG ist es, **zwangsläufige Mehraufwendungen für den existenznotwendigen Grundbedarf** zu berücksichtigen, die sich wegen ihrer Außergewöhnlichkeit einer pauschalen Erfassung in allgemeinen Freibeträgen entziehen.[3] Aus dem Anwendungsbereich des § 33 EStG ausgeschlossen sind dagegen die üblichen Aufwendungen der Lebensführung, die in Höhe des Existenzminimums durch den Grundfreibetrag abgegolten sind.[4] Obwohl § 33 EStG systematisch eigentlich unter „IV. Tarif" verortet ist, ist die Regelung eine **Einkommensermittlungsvorschrift** und keine Tarifvorschrift,[5] da nach § 33 Abs. 1 EStG agB vom Gesamtbetrag der Einkünfte zur Ermittlung des Einkommens abzuziehen sind (vgl. § 2 Abs. 4 EStG).[6]

3. Anwendung auf Auslandsbeziehungen

AgB liegen auch dann vor, wenn die Aufwendungen von ausländischen Konten oder in ausländischer Währung geleistet werden. Zum **inländischen Maßstab** der Beurteilung der Zwangsläufigkeit s. → Rz. 67. Nicht anwendbar auf § 33 EStG ist die **Ländergruppeneinteilung** (§ 33a Abs. 1 Satz 6 2. Halbsatz EStG).[7]

IV. Vereinbarkeit der Vorschrift mit höherrangigem Recht

1. Verfassungsmäßigkeit des § 33 EStG

Die **Regelung** setzt das verfassungsrechtlich verankerte Gebot der Besteuerung nach der subjektiven Leistungsfähigkeit um[8] und entspricht damit Art. 3 Abs. 1 GG.[9] Sie kann im Grundsatz von Verfassungs wegen durch den Gesetzgeber nicht abgeschafft werden.[10] Die **Auslegung** des § 33 EStG in Rspr., Literatur und FinVerw geht über das verfassungsrechtlich Gebotene hinaus, denn insbesondere Aufwendungen mit enger Berührung zu den üblichen Kosten der Lebensführung (z. B. Kuraufenthalte, Kosten einer Begleitperson auf einer Urlaubsreise) müssen nicht von Verfassungs wegen einkommensteuerrechtlich berücksichtigt werden,[11] geht es doch verfassungsrechtlich nur um die Sicherung der Existenz als solche.

---

1 BFH v. 24.1.1958 - VI 9/56 S, BStBl 1958 III 77.
2 BFH v. 17.10.1980 - VI R 98/77, BStBl 1981 II 158.
3 BFH v. 12.7.2017 - VI R 36/15, BStBl 2017 II 979.
4 BFH v. 12.7.2017 - VI R 36/15, BStBl 2017 II 979; BFH v. 29.9.1989 - III R 129/86, BStBl 1990 II 418.
5 *Loschelder* in Schmidt, § 33 EStG Rz. 1.
6 *Mellinghoff* in Kirchhof, § 33 EStG Rz. 1.
7 HHR/*Kanzler*, § 33 EStG Rz. 13.
8 BFH v. 12.5.2011 - VI R 42/10, BStBl 2011 II 1015; BFH v. 19.3.2013 - IX R 41/12, BStBl 2013 II 536.
9 HHR/*Kanzler*, § 33 EStG Rz. 9.
10 *Heger* in Blümich, § 33 EStG Rz. 8.
11 *Heger* in Blümich, § 33 EStG Rz. 8.

7 Mit der Verfassung vereinbar ist insbesondere die Kürzung der agB um die **zumutbare Belastung**, soweit dem Stpfl. ein verfügbares Einkommen verbleibt.[1] Dies ist dadurch gerechtfertigt, dass dem Stpfl. entsprechend seiner steuerlichen Leistungsfähigkeit zugemutet werden kann, einen Teil der Belastung selbst zu tragen.[2] Die Bemessung des einkommensteuerrechtlich maßgeblichen Existenzminimums richtet sich nämlich grundsätzlich nach dem im Sozialhilferecht niedergelegten Leistungsniveau. Auch Sozialhilfeempfänger haben jedoch z. B. Zuzahlungen zu leisten. Daher ist insbesondere eine Differenzierung zwischen Krankheitskosten und anderen als außergewöhnliche Belastungen abziehbaren Aufwendungen beim Ansatz der zumutbaren Belastung verfassungsrechtlich nicht geboten.[3] Indes ist noch nicht geklärt, ob anderes gilt, wenn ein Stpfl. ein zu versteuerndes Einkommen nahe am Grundfreibetrag erzielt und Zuzahlungen zu leisten hatte, die aufgrund der zumutbaren Belastung nicht als agB abziehbar waren und unter Einbeziehung dieser Zuzahlungen der Grundfreibetrag unterschritten ist.[4] Die Anknüpfung in § 33 Abs. 3 EStG an den GdE zur Bestimmung der zumutbaren Belastung ist nicht verfassungswidrig.[5] Verfassungsrechtlich unbedenklich ist auch das **Abzugsverbot nach § 33 Abs. 2 Satz 4 EStG**.[6] Denn zu dem nach Art. 1 Abs. 1 i. V. m. Art. 20 Abs. 1, Art. 3 Abs. 1 und Art. 6 Abs. 1 GG einkommensteuerrechtlich zu verschonenden Existenzminimum gehören Prozesskosten grundsätzlich nicht.[7] Soweit Prozesse zur Sicherung des Existenzminimums notwendig sind, trägt dem § 33 Abs. 2 Satz 4 EStG Rechnung, indem Prozesskosten ausnahmsweise zum Abzug als agB zugelassen werden, falls die Existenz des Stpfl. gefährdet wäre, würde er sich nicht auf einen Prozess einlassen.[8]

2. Europarechtskonformität des § 33 EStG

8 Die Europarechtskonformität des § 33 EStG ist gegeben. Das bei beschränkt Stpfl. bestehende Abzugsverbot für agB (§ 50 Abs. 1 Satz 3 EStG) ist unionsrechtskonform, da i. d. R. der Wohnsitzstaat die persönlichen Verhältnisse des Stpfl. zu berücksichtigen hat.[9] Für Stpfl. i. S. d. §§ 1 Abs. 3, 1a EStG ist § 33 EStG anzuwenden (s. → Rz. 3).

V. Verhältnis zu anderen Vorschriften

1. Verhältnis zum EStG

9 **Verhältnis zu §§ 4 Abs. 4, 9 und 10 EStG:** Siehe → Rz. 81 f.

---

1 BFH v. 21.2.2018 - VI R 11/16, BStBl 2018 II 469; BFH v. 29.11.2017 - X R 3/16, BStBl 2018 II 384; BFH v. 25.4.2017 - VIII R 52/13, BStBl 2017 II 949; BFH v. 2.9.2015 - VI R 32/13, BStBl 2016 II 151, Verfassungsbeschwerde wurde nicht zur Entscheidung angenommen (BVerfG v. 23.11.2016 - 2 BvR 180/16, n.v.); BFH v. 2.9.2015 - VI R 33/13, n.v., NWB DokID: GAAAF-18890; BVerfG v. 29.10.1987 - 1 BvR 672/87, HFR 1989, 152; BFH v. 18.7.2012 - X R 41/11, BStBl 2012 II 821; BFH v. 15.11.1991 - III R 30/88, BStBl 1992 II 179; a. A. *Haupt*, DStR 2010, 960, 962 f.; *Kosfeld*, FR 2013, 359.
2 *Mellinghoff* in Kirchhof, § 33 EStG Rz. 48, m. w. N.
3 BFH v. 2.9.2015 - VI R 32/13, BStBl 2016 II 151, Verfassungsbeschwerde wurde nicht zur Entscheidung angenommen (BVerfG v. 23.11.2016 - 2 BvR 180/16, n.v.); BFH v. 2.9.2015 - VI R 33/13, n.v., NWB DokID: GAAAF-18890; kritisch *Haupt*, DStR 2016, 902, 903.
4 Vgl. dazu *Schneider*, NWB 2016, 96, 101.
5 BFH v. 19.1.2017 - VI R 75/14, BStBl 2017 II 684; BFH v. 10.1.2003 - III B 26/02, BFH/NV 2003, 616 = NWB DokID: DAAAA-70266; BVerfG v. 29.10.1987 - 1 BvR 672/87, HFR 1989, 152.
6 BFH v. 18.5.2017 - VI R 9/16, BStBl 2017 II 988.
7 BFH v. 18.5.2017 - VI R 9/16, BStBl 2017 II 988; v. 18.6.2015 - VI R 17/14, BStBl 2015 II 800.
8 BFH v. 18.5.2017 - VI R 9/16, BStBl 2017 II 988.
9 HHR/*Kanzler*, § 33 EStG Rz. 9.

Allgemeine Erläuterungen § 33 EStG

Verhältnis zu § 10d EStG: Nicht ausgeglichene Verluste sind in den nachfolgenden VZ u. a. vorrangig vor agB abzuziehen (vgl. § 10d Abs. 2 Satz 1 EStG).

Verhältnis zu § 11 EStG: § 11 Abs. 2 EStG ist auch auf agB anwendbar.[1] Aufwendungen i. S.d. § 33 Abs. 1 EStG sind danach grds. in dem VZ zu berücksichtigen, in dem der Stpfl. sie geleistet hat.[2] Dies gilt unabhängig davon, ob sie aus eigenen oder fremden Mitteln bestritten werden.[3] Auch fremdfinanzierte Aufwendungen, die als agB anzuerkennen sind, können nur im Jahr des tatsächlichen Abflusses, also der Verwendung der Darlehensmittel, berücksichtigt werden.[4] Zur Anrechnung von Ersatzleistungen s. → Rz. 34.

Verhältnis zu § 12 EStG: Die Regelungen des § 33 EStG gehen den Abzugsverboten des § 12 EStG vor (vgl. Einleitungssatz des § 12 EStG).

Verhältnis zu § 32 Abs. 6 EStG und §§ 62 ff. EStG: Nur die üblichen Unterhaltsaufwendungen werden vom Kinderfreibetrag erfasst und durch das Kindergeld ausgeglichen. Die sonstigen Unterhaltsaufwendungen fallen hingegen – soweit sie nicht von § 33a/§ 33b EStG umfasst sind – unter § 33 EStG (→ Rz. 150 „Unterhaltsaufwendungen").

Verhältnis zu § 32a EStG: Ziel des § 33 EStG ist es, zwangsläufige Mehraufwendungen für den existenznotwendigen Grundbedarf zu berücksichtigen, die sich wegen ihrer Außergewöhnlichkeit einer pauschalen Erfassung in allgemeinen Freibeträgen (wie eben auch dem Grundfreibetrag des § 32a EStG) entziehen.[5]

Verhältnis zu §§ 33a und 33b EStG:

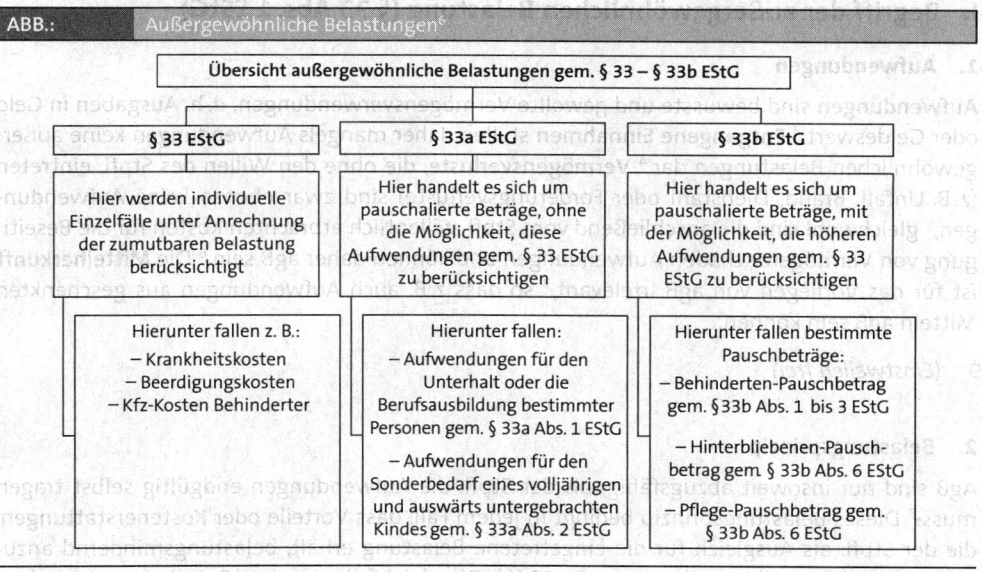

ABB.: Außergewöhnliche Belastungen[6]

---

1 BFH v. 12.7.2017 - VI R 36/15, BStBl 2017 II 979; BFH v. 30.7.1982 - VI R 67/79, BStBl 1982 II 744.
2 BFH v. 12.7.2017 - VI R 36/15, BStBl 2017 II 979; BFH v. 30.6.1999 - III R 8/95, BStBl 1999 II 766; BFH v. 10.6.1988 - III R 248/83, BStBl 1988 II 814.
3 BFH v. 12.7.2017 - VI R 36/15, BStBl 2017 II 979; BFH v. 10.6.1988 - III R 248/83, BStBl 1988 II 814; BFH v. 7.2.2008 - VI R 41/05, BFH/NV 2008, 1136 = NWB DokID: EAAAC-78581.
4 BFH v. 12.7.2017 - VI R 36/15, BStBl 2017 II 979; BFH v. 10.6.1988 - III R 248/83, BStBl 1988 II 814; BFH v. 7.2.2008 - VI R 41/05, BFH/NV 2008, 1136 = NWB DokID: EAAAC-78581.
5 BFH v. 29.3.2012 - VI R 70/10, BStBl 2012 II 572.
6 Entnommen aus Adomat, Praxis-Leitfaden Einkommensteuer 2014, 139.

Wegen weiterer Einzelheiten siehe KKB/Bleschick, § 33a EStG Rz. 160 und KKB/Bleschick, § 33b EStG Rz. 10.

Verhältnis zu § 35a EStG: § 33 EStG geht § 35a EStG vor (vgl. § 35a Abs. 5 Satz 1 1. Halbsatz EStG). Werden Pflegeaufwendungen nach § 33 EStG als agB geltend gemacht, folgt aus § 35a Abs. 5 Satz 1 1. Halbsatz EStG, dass § 35a EStG für den Anteil der Aufwendungen zu gewähren ist, der aufgrund der zumutbaren Belastung nach § 33 Abs. 3 EStG nicht vom Gesamtbetrag der Einkünfte abgezogen werden kann.[1]

Verhältnis zur Abgabenordnung: Zu den Korrekturmöglichkeiten im Falle der Erstattung von agB s. → Rz. 35.

Verhältnis zu Billigkeitsmaßnahmen: Eine abweichende Steuerfestsetzung nach § 163 AO ist atypischen Ausnahmefällen vorbehalten. Sie kommt nicht bereits dann in Betracht, wenn sich Aufwendungen im VZ der Verausgabung nicht in vollem Umfang über den Abzug der agB steuermindernd ausgewirkt haben.[2]

10–15 (Einstweilen frei)

B. Systematische Kommentierung

I. Begriff der außergewöhnlichen Belastung (§ 33 Abs. 1 EStG)

1. Aufwendungen

16 **Aufwendungen** sind bewusste und gewollte Vermögensverwendungen, d. h. Ausgaben in Geld oder Geldeswert.[3] **Entgangene Einnahmen** stellen daher mangels Aufwendungen keine außergewöhnlichen Belastungen dar.[4] **Vermögensverluste**, die ohne den Willen des Stpfl. eintreten (z. B. Unfall, Brand, Diebstahl oder Forderungsverluste) sind zwar ebenso keine Aufwendungen,[5] gleichwohl sind die anschließend vom Stpfl. willentlich erbrachten Kosten für die Beseitigung von Vermögensschäden Aufwendungen und können daher agB sein.[6] Die **Mittelherkunft** ist für das Vorliegen von agB irrelevant,[7] so dass z. B. auch Aufwendungen aus geschenkten Mitteln agB sein können.

17–19 (Einstweilen frei)

2. Belastungsprinzip

20 AgB sind nur insoweit abzugsfähig, als der Stpfl. die Aufwendungen endgültig selbst tragen muss.[8] Dieses Belastungsprinzip bedingt in jedem Fall, dass Vorteile oder Kostenerstattungen, die der Stpfl. als Ausgleich für die eingetretene Belastung erhält, belastungsmindernd anzurechnen sind (Vorteilsanrechnung → Rz. 30 ff.). Die gleichfalls aus dem Belastungsprinzip her-

---

[1] BMF v. 9.11.2016, BStBl 2016 I 1213, Rz. 32, bestätigt durch BFH v. 5. 6. 2014 - VI R 12/12, BStBl 2014 II 970.
[2] BFH v. 12.7.2017 - VI R 36/15, BStBl 2017 II 979.
[3] BFH v. 19. 6. 2006 - III R 37/05, BFH/NV 2006, 2057 = NWB DokID: LAAAB-97191.
[4] BFH v. 4.11. 2009 - VI B 43/09, BFH/NV 2010, 852 = NWB DokID: TAAAD-39590.
[5] Mellinghoff in Kirchhof, § 33 EStG Rz. 6.
[6] BFH v. 6. 5. 1994 - III R 27/92, BStBl 1995 II 104.
[7] BFH v. 6. 5. 1994 - III R 27/92, BStBl 1995 II 104.
[8] BFH v. 14. 4. 2011 - VI R 8/10, BStBl 2011 II 701.

geleitete Gegenwertlehre (→ Rz. 21 ff.) ist hingegen umstritten (→ Rz. 23 ff.). Der Streit hat eine geringe praktische Bedeutung (→ Rz. 25).

a) Gegenwertlehre

Gegenwert schließt nach h. M. außergewöhnliche Belastungen grds. aus: Die bislang h. M verneint eine Belastung durch solche Aufwendungen, mittels derer der Stpfl. einen Gegenwert (Sachen wie Kleidung[1] und Rechte) oder einen nicht nur vorübergehenden Vorteil erhält (z. B. Hebung der sozialen Stellung durch ein erfolgreiches akademisches Studium,[2] Ausbildung eines ehemaligen NVA-Offiziers,[3] Einbau von Schallschutzfenstern in eine gemietete Wohnung.[4] Diese vom BVerfG gebilligte[5] Gegenwertlehre wird damit begründet, dass nur ein verlorener Aufwand eine Belastung i. S. d. § 33 EStG ist.[6] Nur soweit Werte aus dem Vermögen eines Stpfl. oder seinem laufenden Einkommen endgültig abfließen, liegt eine Belastung vor.[7] Darüber hinaus setzt die Gegenwertlehre voraus, dass der erhaltene Gegenstand oder die bestellte Leistung nach dem Erhalt durch den Stpfl. nicht nur für diesen, sondern auch für andere Personen von Wert sein kann und damit eine gewisse **Marktfähigkeit** besitzt, die in einem bestimmten Verkehrswert zum Ausdruck kommt (z. B. abgelehnt für ein Spezialbett eines an der Bechterew'schen Krankheit leidenden Stpfl.).[8]

21

Die h. M. macht „von Fall zu Fall"[9] jedoch gleichwohl weitreichende **Ausnahmen von der Gegenwertlehre:** Danach gilt die Gegenwertlehre etwa nicht, d. h., selbst bei Erlangung eines Gegenwerts bzw. eines nicht nur vorübergehenden Vorteils sind agB nicht ausgeschlossen, wenn ein unabwendbares Ereignis vorliegt (s. → Rz. 150 „Umweltbeeinträchtigungen") oder wenn Aufwendungen für medizinische Hilfsmittel und Gesundheitsmaßnahmen vorliegen, die nur dem Kranken dienen (s. → Rz. 150 „Krankheit").

22

Nach der **Gegenansicht** stellt die Gegenwertlehre eine die Grenzen zulässiger richterlicher Rechtsfortbildung überschreitende Einschränkung des gesetzlichen Tatbestands dar.[10] Befürwortet wird auch eine Auslegung unter sozialer Wertung dahingehend, ob die Aufwendungen und das sie auslösende Ereignis – unter Berücksichtigung sich stets ändernder sozialer Verhältnisse – außerhalb der normalen Lebensführung liegen.[11]

23

In einem jüngeren Urteil hat der VI. Senat des BFH – unter Rückgriff auf eine Entscheidung aus dem Jahre 1959[12] – entschieden, behinderungsbedingter Mehraufwand stehe so stark unter dem Gebot der sich aus der Situation ergebenden Zwangsläufigkeit, dass die Erlangung eines etwaigen Gegenwerts in Anbetracht der Gesamtumstände in den Hintergrund tritt.[13] Diese Argumentation dürfte wohl für jegliche Form zwangsläufigen Aufwands gelten, so dass die

24

---

1 BFH v. 25. 10. 2007 - III R 63/06, BFH/NV 2008, 544 = NWB DokID: EAAAC-70815.
2 BFH v. 6. 3. 1964 - VI 133/63 U, BStBl 1964 III 330.
3 BFH v. 28. 8. 1997 - III R 195/94, BStBl 1998 II 183.
4 BFH v. 23. 1. 1976 - VI R 62/74, BStBl 1976 II 194.
5 BVerfG v. 13. 12. 1966 - 1 BvR 512/65, BStBl 1967 III 106.
6 H 33.1 -33.4 „Gegenwert" EStH; BFH v. 25. 10. 2007 - III R 63/06, BFH/NV 2008, 544 = NWB DokID: EAAAC-70815.
7 BFH v. 25. 10. 2007 - III R 63/06, BFH/NV 2008, 544 = NWB DokID: EAAAC-70815.
8 BFH v. 9. 8. 1991 - III R 54/90, BStBl 1991 II 920.
9 BFH v. 16. 10. 1952 - IV 376/51 S, BStBl 1952 III 298.
10 HHR/*Kanzler*, § 33 EStG Rz. 38.
11 *Loschelder* in Schmidt, § 33 EStG Rz. 15.
12 BFH v. 27. 11. 1959 - VI 62/59, StRK § 33 EStG, Rechtsspruch 109.
13 BFH v. 24. 2. 2011 - VI R 16/10, BStBl 2011 II 1012.

Gegenwertlehre nach der Rspr. des VI. Senats in ihrer Bedeutung stark relativiert worden ist.[1]

25 Der Streit zur Anwendung der Gegenwertlehre ist praktisch kaum entscheidungserheblich. Denn unter Außerachtlassung der Gegenwertlehre werden tatsächlich weitgehend dieselben Ergebnisse durch Ablehnung der Außergewöhnlichkeit der Aufwendungen erreicht (s. → Rz. 43).[2]

26–29 *(Einstweilen frei)*

b) Ausgabenersatz, Vorteilsanrechnung und -ausgleich

30 Die Aufwendungen des Stpfl. sind grds. zu mindern um Aufwendungsersatz und ersparte Aufwendungen (**nur vorübergehende Belastung keine agB**). Die Vorteilsanrechnung, die der Vermeidung einer steuerlichen Doppelentlastung dient, ist jedoch nur geboten, wenn (steuerfreie) Ersatzleistung und Aufwand **auf dem nämlichen Ereignis beruhen**; anzurechnen sind deshalb nur Vorteile in Geld oder Geldeswert, die der Stpfl. erhält, um die entstandenen agB auszugleichen[3] (z. B. keine Anrechnung von Leistungen aus einer Krankentagegeldversicherung auf Krankheitskosten, da Ausgleich für Verdienstausfall).[4]

31 **Beispiele** für anzurechnende Leistungen:
- Beihilfeleistungen von Arbeitgeber und Krankenkasse auf Krankheitskosten;[5]
- Leistungen aus einer Krankenhaustagegeldversicherung auf Krankenhauskosten und Schadensersatzleistungen des Unfallverursachers auf den Schaden;[6]
- Leistungen einer Sterbegeldversicherung;[7]
- Leistungen einer Kapitallebensversicherung, soweit diese Leistungen auf die eigentlichen (als agB anzuerkennenden) Beerdigungskosten entfallen;[8]
- Zahlungen der Hausratversicherung auf die Wiederbeschaffungskosten von Hausrat und Kleidung;[9]
- Pflegezulage nach § 35 EStG des Gesetzes über die Versorgung der Opfer des Krieges auf Kosten der krankheitsbedingten Unterbringung in einem Alters(wohn)heim;[10]
- Leistungen einer Rechtsschutzversicherung;[11]
- Haushaltsersparnisse (s. → Rz. 150 „Altersheim");
- Werterhöhungen durch Sanierungsmaßnahmen („neu für alt", s. → Rz. 150 „Umweltbeeinträchtigungen").

---

1 *Loschelder* in Schmidt, § 33 EStG Rz. 9.
2 *Loschelder* in Schmidt, § 33 EStG Rz. 15; ähnlich *Heger* in Blümich, § 33 EStG Rz. 64.
3 BFH v. 14. 4. 2011 - VI R 8/10, BStBl 2011 II 701.
4 BFH v. 22. 10. 1971 - VI R 242/69, BStBl 1972 II 177.
5 BFH v. 15. 9. 1961 - VI 231/60 U, BStBl 1961 III 516.
6 BFH v. 22. 10. 1971 - VI R 242/69, BStBl 1972 II 177.
7 BFH v. 19. 10. 1990 - III R 93/87, BStBl 1991 II 140.
8 BFH v. 22. 2. 1996 - III R 7/94, BStBl 1996 II 413.
9 BFH v. 30. 6. 1999 - III R 8/95, BStBl 1999 II 766.
10 BFH v. 18. 4. 2002 - III R 15/00, BStBl 2003 II 70.
11 BFH v. 12. 5. 2011 - VI R 42/10, BStBl 2011 II 1015.

32 Abzulehnen ist die aus der Mitte der 1970er Jahre stammende Rspr. des BFH,[1] wonach **stpfl. Erstattungen** nicht angerechnet werden.[2] Denn auch bei stpfl. Erstattungen entfällt eine Belastung in Höhe dieser Einnahmen, wobei dieser Vorteil bei der Anrechnung um die darauf entfallenden Steuern zu mindern ist.[3]

33 **Verzichtet** ein Stpfl. auf Ersatzleistungen, kann er den Aufwendungen dadurch die Zwangsläufigkeit nehmen; Umfang und Intensität der erforderlichen Durchsetzungsmaßnahmen bestimmen sich nach dem Maßstab der Zumutbarkeit.[4]

34 **In späteren VZ erlangte Ersatzleistungen:** Die Vorteilsanrechnung in späteren VZ erlangter Ersatzleistungen erfolgt nach zutreffender h. M. abweichend von dem Abflussprinzip (§ 11 Abs. 2 EStG) periodenübergreifend bereits in dem VZ, in dem die später (teilweise) erstatteten Aufwendungen getätigt werden; denn § 33 Abs. 1 EStG berücksichtigt nur endgültige Belastungen durch Minderung des Einkommens des Stpfl. (**Vorrang des Belastungsprinzips vor dem Abflussprinzip**).[5]

35 Änderung bestandskräftiger Steuerfestsetzungen: Hinsichtlich der **Korrekturmöglichkeiten** ist dementsprechend zu **differenzieren**:

- ▶ Ist die Erstattung bei Durchführung der Veranlagung bereits erfolgt, kann sie bei der Festsetzung berücksichtigt werden.[6]

- ▶ Ist die Erstattung bei der Veranlagung noch zu erwarten, erscheint es zur Ermöglichung späterer Korrekturen zweckmäßig, die Erstattungshöhe zu schätzen und die Steuer unter dem Vorbehalt der Nachprüfung bzw. vorläufig festzusetzen (§§ 164, 165 AO).[7]

- ▶ Steht die Festsetzung nicht unter dem Vorbehalt der Nachprüfung und erfolgt die Erstattung im späteren VZ, ist die Festsetzung des VZ, in dem die Aufwendungen getätigt wurden, aufgrund eines rückwirkenden Ereignisses zu korrigieren (§ 175 Abs. 1 Satz 1 Nr. 2 AO), gleich, ob der Erstattungsbetrag unzutreffend geschätzt wurde und die Festsetzung nicht unter dem Vorbehalt der Nachprüfung stand[8] oder die Aufwendungen zunächst nicht um Erstattungen gekürzt abgezogen wurden.[9]

- ▶ Erfolgte die Erstattung bereits im VZ des Aufwands und hatte das FA hiervon keine Kenntnis, greift die Änderungsmöglichkeit wegen neuer Tatsachen (§ 173 Abs. 1 Nr. 1 AO).[10]

36–40 *(Einstweilen frei)*

---

1 BFH v. 14. 3. 1975 - VI R 63/73, BStBl 1975 II 632.
2 Ebenso HHR/*Kanzler*, § 33 EStG Rz. 42; *Mellinghoff* in Kirchhof, § 33 EStG Rz. 13; *Loschelder* in Schmidt, § 33 EStG Rz. 12.
3 HHR/*Kanzler*, § 33 EStG Rz. 42.
4 BFH v. 20. 9. 1991 - III R 91/89, BStBl 1992 II 137.
5 BFH v. 30. 6. 1999 - III R 8/95, BStBl 1999 II 766; a. A. HHR/*Kanzler*, § 33 EStG Rz. 42: Verstoß gegen § 2 Abs. 7 Satz 1 und 2 EStG, so dass später zufließende Erstattungsleistungen nur mit den abziehbaren agB des VZ verrechnet werden können, in dem die Erstattung zufließt.
6 *Loschelder* in Schmidt, § 33 EStG Rz. 13.
7 *Loschelder* in Schmidt, § 33 EStG Rz. 13.
8 FG Köln v. 17. 3. 1988 - 7 K 1037/87, EFG 1988, 422.
9 *Loschelder* in Schmidt, § 33 EStG Rz. 13.
10 *Mellinghoff* in Kirchhof, § 33 EStG Rz. 14.

3. Außergewöhnlichkeit der Aufwendungen

41 Die – missglückte[1] – **Legaldefinition** der Außergewöhnlichkeit in § 33 Abs. 1 EStG setzt voraus, dass dem Stpfl. größere Aufwendungen als der überwiegenden Mehrzahl der Stpfl. gleicher Einkommensverhältnisse, gleicher Vermögensverhältnisse und gleichen Familienstands erwachsen. Der von § 33 Abs. 1 EStG vorgegebene Vergleichsmaßstab (Stpfl. gleicher Einkommensverhältnisse, gleicher Vermögensverhältnisse und gleichen Familienstands) ist eine **Konkretisierung des allg. Gleichheitssatzes** (Art. 3 Abs. 1 GG).[2]

42 **Außergewöhnlichkeit des auslösenden Ereignisses und der Aufwendungen:** Da die Regelung des § 33 EStG bezweckt, zwangsläufige Mehraufwendungen für den existenznotwendigen Grundbedarf zu berücksichtigen, die sich wegen ihrer Außergewöhnlichkeit einer pauschalen Erfassung in allgemeinen Freibeträgen entziehen,[3] sind aus dem Anwendungsbereich des § 33 EStG von vornherein die üblichen Aufwendungen der Lebensführung ausgeschlossen, die in Höhe des Existenzminimums durch den Grundfreibetrag abgegolten sind.[4] Nach zutreffender h. M. müssen sowohl das die Aufwendungen (wesentlich) auslösende Ereignis als auch die Aufwendungen als solches außergewöhnlich sein.[5] Deshalb liegt die Außergewöhnlichkeit von Aufwendungen vor, wenn sowohl das (wesentliche) die Aufwendungen auslösende Ereignis als auch die Höhe der Aufwendungen außerhalb der üblichen Lebensführung der Vergleichsgruppe liegen.[6] Im Hinblick auf das Jahresprinzip der ESt ist der **Vergleich innerhalb eines VZ** vorzunehmen.[7]

43 **Beispiele für Außergewöhnlichkeit:** Außergewöhnlichkeit liegt z. B. vor bei

▶ Gesundheitsgefährdungen durch **Holzschutzmittel**[8] und

▶ **Naturkatastrophen**, die nur einen Teil des Bundesgebietes betreffen.[9]

Beispiele fehlender Außergewöhnlichkeit: Dagegen fehlt es an der Außergewöhnlichkeit, weil insoweit Aufwendungen für übliche Vorgänge der Lebensführung gegeben sind:

▶ Wiederbeschaffung eines durch Unfall **zerstörten Pkw**;[10]

▶ **behinderungsbedingte Umbaukosten einer Motoryacht**;[11]

▶ Kosten der **Eheschließung**;[12]

▶ Neuanschaffung von Gasgeräten nach **Umstellung der Versorgung auf Erdgas**;[13]

---

1 Vgl. *Arndt* in Kirchhof/Söhn/Mellinghoff, § 33 EStG B 39.
2 HHR/*Kanzler*, § 33 EStG Rz. 50; *Arndt* in Kirchhof, § 33 EStG Rz. B 48.
3 BFH v. 12.7.2017 - VI R 36/15, BStBl 2017 II 979.
4 BFH v. 12.7.2017 - VI R 36/15, BStBl 2017 II 979; BFH v. 29.9.1989 - III R 129/86, BStBl 1990 II 418.
5 *Heger* in Blümich, § 33 EStG Rz. 83; *Loschelder* in Schmidt, § 33 Rn 15; a. A. HHR/*Kanzler*, § 33 EStG Rz. 30, mit dem Argument, der Wortlaut von § 33 Abs. 1 EStG stelle auf die Außergewöhnlichkeit der Aufwendungen, d. h., die Höhe der Belastung, ab, nicht dagegen auf die Außergewöhnlichkeit des die Aufwendungen verursachenden Ereignisses, weshalb die Außergewöhnlichkeit des die Aufwendungen auslösenden Ereignis nicht Voraussetzung sei, jedoch typischen Mehraufwendungen die Außergewöhnlichkeit fehle.
6 BFH v. 29.3.2012 - VI R 21/11, BStBl 2012 II 574; BFH v. 19.4.2012 - VI R 74/10, BStBl 2012 II 577; *Loschelder* in Schmidt, § 33 EStG Rz. 15.
7 *Mellinghoff* in Kirchhof, § 33 EStG Rz. 24; *Arndt* in Kirchhof/Söhn/Mellinghoff, § 33 EStG Rz. B 42.
8 BFH v. 29.3.2012 - VI R 21/11, BStBl 2012 II 574.
9 *Mellinghoff* in Kirchhof, § 33 EStG Rz. 23.
10 BFH v. 17.10.1973 - VI R 84/70, BStBl 1974 II 104, mit abweichender Begründung (Erlangung eines Gegenwerts).
11 BFH v. 2.6.2015 - VI R 30/14, BStBl 2015 II 775.
12 BFH v. 15.4.1992 - III R 11/91, BStBl 1992 II 821.
13 BFH v. 15.2.1974 - VI R 67/70, BStBl 1974 II 335, mit abweichender Begründung (Erlangung eines Gegenwerts).

- Rückabwicklung eines **Grundstückskaufvertrags**;[1]
- Sachschäden aus **Flugunfällen**;[2]
- **Umschulung** eines Berufsoffiziers der ehemaligen NVA mit nicht anerkanntem Studienabschluss[3] und
- **globale Katastrophen**.[4]

(Einstweilen frei) 44–46

4. Zwangsläufigkeit
Die Aufwendungen müssen darüber hinaus zwangsläufig sein. Siehe dazu → Rz. 62 ff. 47

(Einstweilen frei) 48–50

5. Antrag
AgB werden nur auf Antrag abgezogen. Dieser kann vom Stpfl. oder seinem Erben **formlos** (auch mündlich) **fristlos** (bis zum Schluss der Tatsacheninstanz) gestellt werden.[5] 51

Bei fehlendem Antrag kann die Festsetzung ggf. noch wegen neuer Tatsachen (§ 173 Abs. 1 Nr. 2 AO) geändert werden. Indes handelt regelmäßig **grob schuldhaft** i. S. d. § 173 Abs. 1 Nr. 2 Satz 1 AO, wer eine im Steuererklärungsformular ausdrücklich gestellte Frage (nach agB wird in den Steuererklärungsformularen allgemein gefragt) nicht beantwortet.[6] Einem **steuerlichen Berater** kann ein grobes Verschulden am nachträglichen Bekanntwerden von agB zur Last fallen, wenn er es unterlässt, seinen Mandanten nach solchen Aufwendungen zu fragen.[7] 52

(Einstweilen frei) 53–55

6. Rechtsfolge: Zwingender Abzug vom Gesamtbetrag der Einkünfte nach Kürzung um zumutbare Belastung

Der Abzug der agB vom Gesamtbetrag der Einkünfte erfolgt zwingend; der Stpfl. hat einen Rechtsanspruch auf die Steuerermäßigung nach § 33 EStG (Abzug der agB vermindert um die zumutbare Belastung), wenn er einen entsprechenden Antrag (s. → Rz. 51 f.) stellt. 56

(Einstweilen frei) 57–60

---

1 BFH v. 3. 3. 2005 - III R 12/04, BFH/NV 2005 1287 = NWB DokID: FAAAB-27393, mit teilweise abweichender Begründung (da Mietwohnung vorhanden, war existenzieller Wohnbedarf nicht gefährdet und freiwillige Rückabwicklung des Kaufvertrags).
2 BFH v. 24. 6. 2004 - III B 158/03, BFH/NV 2004, 1635 = NWB DokID: FAAAB-27393.
3 BFH v. 28. 8. 1997 - III R 195/94, BStBl 1998 II 183.
4 *Mellinghoff* in Kirchhof, § 33 EStG Rz. 23.
5 HHR/*Kanzler*, § 33 EStG Rz. 53.
6 BFH v. 16. 5. 2013 - III R 12/12, BStBl 2016 II 512.
7 BFH v. 3. 12. 2009 - VI R 58/07, BStBl 2010 II 531.

II. Zwangsläufigkeit der Aufwendungen und Abzugsverbote (§ 33 Abs. 2 EStG)

1. Zwangsläufigkeit (§ 33 Abs. 2 Satz 1 EStG)

61 Die Aufwendungen müssen sowohl dem Grunde nach (s. → Rz. 62 ff.) als auch der Höhe nach (s. → Rz. 75 ff.) zwangsläufig sein.

a) Zwangsläufigkeit dem Grunde nach

62 Dem Grunde nach sind Aufwendungen zwangsläufig, wenn sich der Stpfl. ihnen aus rechtlichen, tatsächlichen oder sittlichen Gründen (s. → Rz. 63 ff.) nicht entziehen kann (s. → Rz. 66 ff.).[1] Hat der Stpfl. durch sein Verhalten die entscheidende Ursache für die geltend gemachten Aufwendungen selbst gesetzt, kann er sich aber in jeder der drei genannten Konstellationen einer Zwangslage nicht darauf berufen, er habe sich in einer Zwangslage befunden.[2] Denn es kommt darauf an, ob das der Zahlungsverpflichtung als wesentliche Ursache zugrunde liegende Ereignis als solches für den Stpfl. zwangsläufig war.[3] Daher steht es der Abziehbarkeit von agB entgegen, wenn den Stpfl. ein Verschulden an der Entstehung der Aufwendungen trifft.[4] Denn er hat dann durch sein Verhalten die entscheidende Ursache für die geltend gemachten Aufwendungen selbst gesetzt und kann sich daher nicht darauf berufen, er habe sich in einer Zwangslage befunden.[5]

aa) Maßgebliche Gründe für die Zwangslage

63 **Rechtliche Gründe** können sich aus **Gesetz, Verwaltungsakt oder Vertrag** ergeben.[6] Als ein die Zwangsläufigkeit begründender rechtlicher Grund kommt aber **nur eine rechtliche Verpflichtung** in Betracht, **die der Stpfl. nicht selbst gesetzt hat**.[7] Verpflichtungen aufgrund **rechtsgeschäftlicher Vereinbarungen** können für sich allein regelmäßig eine Zwangsläufigkeit nicht begründen: Vielmehr muss in derartigen Fällen zu der selbst begründeten Rechtspflicht eine weitere rechtliche oder sittliche bzw. eine tatsächliche Zwangsläufigkeit zur Leistung gerade dieser Aufwendungen hinzutreten.[8] Entsprechendes gilt, wenn die Übernahme der Rechtspflicht ihrerseits auf einer rechtlichen oder einer sittlichen Verpflichtung bzw. einer tatsächlichen Zwangsläufigkeit beruht.[9]

64 **Tatsächliche Gründe** sind **elementare Ereignisse** (z. B. Unwetter, Hochwasser, Brand, Fälle höherer Gewalt, s. → Rz. 150 „**Umweltbeeinträchtigungen**"), **Krankheiten**, die Geburt, Todesfälle, Erpressung, Vertreibung, politische Verfolgung.[10] Hat der Stpfl. die tatsächlichen Gründe sei-

---

1 *Heger* in Blümich, § 33 EStG Rz. 88.
2 BFH v. 4.8.2016 – VI R 47/13, BStBl 2017 II 276; BFH v. 19.11.2015 - VI R 38/14, BFH/NV 2016, 902 = NWB DokID: IAAAF-70514; BFH v. 23.5.2001 – III R 33/99, BFH/NV 2001, 1391 = NWB DokID: SAAAA-66957; BFH v. 9.5.1996 – III R 224/94, BStBl 1996 II 596.
3 BFH v. 4.8.2016 – VI R 47/13, BStBl 2017 II 276; BFH v. 23.5.2001 – III R 33/99, BFH/NV 2001, 1391 = NWB DokID: SAAAA-66957.
4 BFH v. 4.8.2016 – VI R 47/13, BStBl 2017 II 276; BFH v. 19.11.2015 - VI R 38/14, BFH/NV 2016, 902 = NWB DokID: IAAAF-70514.
5 BFH v. 4.8.2016 – VI R 47/13, BStBl 2017 II 276.
6 *Loschelder* in Schmidt, § 33 EStG Rz. 23.
7 BFH v. 26.2.1998 - III R 59/97, BStBl 1998 II 605.
8 H 33.1 - 33.4 „Rechtliche Pflicht" EStH; BFH v. 26.2.1998 - III R 59/97, BStBl 1998 II 605.
9 BFH v. 26.2.1998 - III R 59/97, BStBl 1998 II 605.
10 Vgl. *Mellinghoff* in Kirchhof, § 33 EStG Rz. 35.

nerseits verursacht, ist ein Abzug der daraus folgenden Aufwendungen als agB regelmäßig ausgeschlossen (s. → Rz. 68), es sei denn, es liegen Krankheitskosten vor (s. → Rz. 68 und → Rz. 150 „Krankheitskosten").

Sittliche Gründe sind nur dann zu bejahen, wenn diese so unabdingbar auftreten, dass sie ähnlich einer Rechtspflicht von außen her als eine Forderung oder zumindest Erwartung der Gesellschaft derart auf den Stpfl. einwirken, dass ihre Erfüllung als eine selbstverständliche Handlung erwartet und die Missachtung dieser Erwartung als moralisch anstößig empfunden wird, wenn das Unterlassen der Aufwendungen also Sanktionen im sittlich-moralischen Bereich oder auf gesellschaftlicher Ebene zur Folge haben kann.[1] Bei der Beurteilung, ob Aufwendungen zugunsten eines Dritten für einen Stpfl. aus sittlichen Gründen unabdingbar sind, kann das Verhalten des Unterstützten aber nicht von ausschlaggebender Bedeutung sein. Entscheidend ist vielmehr, ob die Gründe der Zwangsläufigkeit beim Stpfl. selbst vorliegen.[2] Hauptanwendungsfall sind **Unterhaltsaufwendungen** (s. a. → Rz. 150 „Unterhaltsaufwendungen"). 65

bb) „Nicht-Entziehen-Können" (Zwangslage)

Nicht entziehen kann sich ein Stpfl., wenn die maßgeblichen Gründe der Zwangsläufigkeit (s. → Rz. 63 ff.) von außen, d. h. vom Willen des Stpfl. unabhängig, auf seine Entschließung in einer Weise einwirken, dass er ihnen nicht ausweichen kann.[3] 66

Hinsichtlich der Berücksichtigung **ausländischer Maßstäbe** für die rechtlichen und sittlichen Gründe ist **zu differenzieren:**[4] Während für rechtliche Gründe die Verpflichtung nach deutschem internationalen Privatrecht maßgeblich ist, ist für sittliche Gründe der Maßstab maßgeblich, an den sich der Stpfl. nach ausländischen Maßstäben sittlich gebunden fühlen darf.[5] 67

An der **Zwangslage fehlt es,** 68

▶ wenn der Stpfl. eine **allgemein zugängliche und übliche Versicherungsmöglichkeit** nicht wahrgenommen hat, da dann eine – auch nur teilweise – Abwälzung solcher Schäden auf die Allgemeinheit nicht gerechtfertigt ist, weil sich der Stpfl. durch den Abschluss einer Versicherung den Aufwendungen zur Beseitigung des Schadens im Ergebnis hätte entziehen können[6] (z. B. Hausratversicherung,[7] Feuer- und Sturmversicherung[8] – nicht jedoch bei Elementarversicherung;[9] ob an diesem Ausschlussgrund festzuhalten ist, hat der BFH in einer jüngeren Entscheidung[10] ausdrücklich offen gelassen;

---

1 H 33.1 - 33.4 „Sittliche Pflicht" EStH, m. w. N.
2 BFH v. 23. 5. 1990 - III R 145/85, BStBl 1990 II 895.
3 BFH v. 20. 4. 2006 - III R 23/05, BStBl 2007 II 41.
4 BFH v. 11. 2. 2010 - VI R 61/08, BStBl 2010 II 621; HHR/*Kanzler*, § 33 EStG Rz. 178; *Loschelder* in Schmidt, § 33 EStG Rz. 17; *Arndt* in Kirchhof/Söhn/Mellinghoff, § 33 EStG Rz. A 15, C 7.
5 *Mellinghoff* in Kirchhof, § 33 EStG Rz. 28; HHR/*Kanzler*, § 33 EStG Rz. 178; *Loschelder* in Schmidt, § 33 EStG Rz. 17; *Arndt* in Kirchhof/Söhn/Mellinghoff, § 33 EStG Rz. A 15, C 7.
6 BFH v. 26. 6. 2003 - III R 36/01, BStBl 2004 II 47.
7 BFH v. 26. 6. 2003 - III R 36/01, BStBl 2004 II 47.
8 *Loschelder* in Schmidt, § 33 EStG Rz. 21.
9 BMF v. 21. 6. 2013, BStBl 2013 I 769, unter VI.: Elementarversicherung sei keine allgemein zugängliche und übliche Versicherungsmöglichkeit.
10 BFH v. 29. 3. 2012 - VI R 70/10, BStBl 2012 II 572.

▶ wenn ein **Verschulden** des Stpfl. nicht gegeben ist;[1]
  – hierunter soll nur vorsätzliches oder grob fahrlässiges Verhalten fallen.[2] Dies ist abzulehnen.[3] Denn **auch bei leicht fahrlässigem Verhalten**, bei dem die im Verkehr erforderliche Sorgfalt außer Acht gelassen wird, hätte der Schaden vermieden werden können, so dass es an einem von außen einwirkenden Ereignis und mithin an der Zwangsläufigkeit fehlt.[4]
  – bei **Krankheitskosten** ist nicht zu prüfen, ob ein Verschulden vorliegt, da dies ein unzumutbares Eindringen in die Privatsphäre bedeuten würde;[5]
▶ wenn die Aufwendungen aus **eigenem strafbaren**[6] oder **eigenem sittenwidrigen**[7] **Tun** entstehen; ggf. anders bei strafbarem/sittenwidrigem Verhalten eines Angehörigen;[8]
▶ wenn der Stpfl. auf Ersatzansprüche **verzichtet**, es sei denn, die Geltendmachung des Ersatzanspruchs ist unzumutbar (s. dazu → Rz. 33);
▶ wenn der Stpfl. **Dritte unterstützt und**
  – der **Dritte über eigenes, nicht nur geringfügiges Vermögen** verfügt (das ggf. beliehen werden kann),[9] es sei denn (dann keine Zwangslage), der Einsatz dieses Vermögens ist unzumutbar[10] (unzumutbar ist z. B. der Einsatz einer maßvollen Altersvorsorge eines behinderten Kindes[11] oder die Beleihung einer maßvollen – ca. 55 000 € Unfallversicherung eines vermögens- und einkommenslosen Kindes),[12]
  – der Dritte oder der **Stpfl. die Unterstützungsbedürftigkeit** des Dritten **nicht adäquat (mit-)verursacht** hat (z. B., weil der Stpfl. sich vom Dritten zuvor das Vermögen hat übertragen lassen).[13]

69–74 *(Einstweilen frei)*

b) Zwangsläufigkeit der Höhe nach

75 Dem Grunde nach zwangsläufige Aufwendungen (s. → Rz. 62 ff.) sind nur insoweit zwangsläufig, als sie den Umständen nach **notwendig** sind und einen **angemessenen** Betrag nicht übersteigen (Zwangsläufigkeit der Höhe nach).[14] Indes ist bei **Krankheitskosten** die Zwangsläufigkeit der Höhe nach – wie auch die Zwangsläufigkeit dem Grunde nach – nicht zu prüfen.[15]

---

1 BFH v. 29. 3. 2012 - VI R 70/10, BStBl 2012 II 572.
2 BFH v. 5. 7. 1963 - VI 272/61 S, BStBl 1963 III 499; *Loschelder* in Schmidt, § 33 EStG Rz. 18.
3 Vgl. auch BFH v. 19. 11. 2015 - VI R 38/14, BFH/NV 2016, 902 = NWB DokID: IAAAF-70514.
4 *Heger* in Blümich, § 33 EStG Rz. 99.
5 BFH v. 17. 7. 1981 - VI R 77/78, BStBl 1981 II 711.
6 BFH v. 16. 4. 2013 - IX R 5/12, BStBl 2013 II 806: Die Begehung einer „Straftat ist natürlich nicht unausweichlich".
7 *Loschelder* in Schmidt, § 33 EStG Rz. 20.
8 BFH v. 23. 5. 1990 - III R 98/89, BFH/NV 1991, 153 = NWB DokID: NAAAB-31510.
9 FG Hamburg v. 21. 1. 1998 - V 90/94, EFG 1998, 663, rkr.; Hessisches FG v. 15. 11. 2001 - 3 K 2329/99, EFG 2002, 833, rkr.; *Loschelder* in Schmidt, § 33 EStG Rz. 22.
10 BFH v. 11. 2. 2010 - VI R 61/08, BStBl 2010 II 621.
11 BFH v. 11. 2. 2010 - VI R 61/08, BStBl 2010 II 621.
12 BFH v. 30. 10. 2008 - III R 97/06, BFH/NV 2009, 728 = NWB DokID: HAAAD-17957.
13 BFH v. 1. 12. 2009 - VI B 146/08, BFH/NV 2010, 637 = NWB DokID: ZAAAD-37715.
14 BFH v. 5. 3. 2009 - VI R 60/07, BFH/NV 2009, 1111 = NWB DokID: JAAAD-21094; a. A. HHR/*Kanzler*, § 33 EStG Rz. 194 und 196: nur klarstellende Bedeutung; das Erfordernis Zwangsläufigkeit umfasse auch die Zwangsläufigkeit dem Grunde nach; das Merkmal der Notwendigkeit sei allein auf Aufwendungen – aus rechtlichen oder sittlichen Gründen – zugunsten Dritter beschränkt.
15 BFH v. 26. 6. 2014 - VI R 51/13, BStBl 2015 II 9.

Die Bestimmung dessen, was notwendig und angemessen ist, richtet sich nach **objektiven Maßstäben**.[1] Die entsprechenden Feststellungen obliegen der Tatsacheninstanz (FG)[2] und erfolgen im Wege der Schätzung.[3]   76

Beispiele für die Beschränkung auf objektive Maßstäbe sind   77

- die Begrenzung auf **kürzeste zumutbare Wegstrecke** zur krankheitsbedingten Betreuung der Mutter;[4]
- die Beschränkung von **Strafverteidigungskosten**, die Eltern für ihr Kind tragen, auf die BRAGO festgelegten Rahmensätze;[5]
- die Reduzierung auf angemessene **Sanierungsaufwendungen** eines Gebäudes (s. → Rz. 150 „Umweltbeeinträchtigungen").[6]

(Einstweilen frei)   78–80

2. Verhältnis zu Erwerbsaufwendungen und Sonderausgaben (§ 33 Abs. 2 Satz 2 EStG)

Grds. Vorrang von Betriebsausgaben/Werbungskosten/Sonderausgaben vor agB: Aufwendungen, die BA/WK sind, können nach § 33 Abs. 2 Satz 2 EStG nicht als agB abgezogen werden. Aufwendungen zur Wiederherstellung der Gesundheit können betrieblich oder beruflich veranlasst sein, wenn es sich um eine typische Berufskrankheit handelt oder der Zusammenhang zwischen der Erkrankung und dem Beruf eindeutig feststeht.[7] Dabei obliegt die Feststellung, ob eine typische Berufskrankheit oder ein eindeutiger Zusammenhang zwischen der Erkrankung und dem Beruf des Steuerpflichtigen vorliegt, dem FG als Tatsacheninstanz.[8] Der vorrangige Abzug als BA/WK wird i. d. R. günstiger sein, weil diese Erwerbsaufwendungen nicht um eine zumutbare Belastung nach § 33 Abs. 3 EStG (s. → Rz. 106 ff.) zu kürzen ist. So können Kosten für einen Prozess mit dem Ziel, entgangenen oder künftig entgehenden Verdienstausfall zu ersetzen, Werbungskosten sein,[9] weshalb dann ein Abzug als außergewöhnliche Belastungen ausscheidet. Dies gilt im Grundsatz auch für Sonderausgaben, jedoch gilt das Abzugsverbot für Berufsausbildungskosten (§ 10 Abs. 1 Nr. 7 EStG) und Schulkosten (§ 10 Abs. 1 Nr. 9 EStG) nur der Höhe nach, so dass sie – wenn sie agB sind[10] – nach § 33 EStG abgezogen werden können, soweit ein Abzug nach § 10 EStG nicht greift.   81

Für die Anwendung des Abzugsverbots nach § 33 Abs. 2 Satz 2 EStG ist es unerheblich, ob die Aufwendungen im Einzelfall als Sonderausgaben abziehbar sind oder ob sie sich wegen Überschreitens der gesetzlichen Höchstgrenzen steuerlich nicht auswirken;[11] in einem solchen Fall kann jedoch Anlass für eine Billigkeitsmaßnahme der Verwaltung bestehen.[12] Durch die An-   82

---

1 HHR/*Kanzler*, § 33 EStG Rz. 196; *Heger* in Blümich, § 33 EStG Rz. 125.
2 BFH v. 17. 7. 1981 - VI R 77/78, BStBl 1981 II 711.
3 BFH v. 21. 3. 1958 - VI 15/54 U, BStBl 1955 III 137.
4 BFH v. 6. 4. 1990 - III R 60/88, BStBl 1990 II 958.
5 BFH v. 23. 5. 1990 - III R 98/89, BFH/NV 1991, 153 = NWB DokID: NAAAB-31510.
6 BFH v. 29. 3. 2012 - VI R 21/11, BStBl 2012 II 574.
7 BFH v. 9. 11. 2015 - VI R 36/13, BFH/NV 2016, 194 = NWB DokID: AAAAF-18892.
8 BFH v. 9. 11. 2015 - VI R 36/13, BFH/NV 2016, 194 = NWB DokID: AAAAF-18892.
9 BFH v. 20. 1. 2016 - VI R 14/13, BFH/NV 2016, 1142 = NWB DokID: AAAAF-75524.
10 BFH v. 28. 8. 1997 - III R 195/94, BStBl 1998 II 183.
11 BFH v. 29.11 2017 - X R 5/17, BStBl 2018 II 230, zu Krankenkassenbeiträgen zu zweiter Basisversicherung.
12 BFH v. 29. 11. 1991 - III R 191/90, BStBl 1992 II 293.

tragstellung des Unterhaltsleistenden mit Zustimmung des Empfängers nach § 10 Abs. 1 Nr. 1 EStG werden die gesamten, in dem Kalenderjahr geleisteten Unterhaltsaufwendungen – unbeschadet einer betragsmäßigen Begrenzung durch den Antragsteller oder durch den Höchstbetrag – zu Sonderausgaben umqualifiziert; die den Höchstbetrag übersteigenden Aufwendungen sind nicht als agB abziehbar.[1]

83–85 *(Einstweilen frei)*

3. Aufwendungen, die durch Diätverpflegung entstehen (§ 33 Abs. 2 Satz 3 EStG)

86 Aufwendungen für Diätverpflegung können nicht „als agB" berücksichtigt werden (§ 33 Abs. 2 Satz 3 EStG). Sie können indes als BA/WK (z. B. bei typischen Berufskrankheiten) abgesetzt werden.[2] Das Abzugsverbot ist selbst dann nicht verfassungswidrig, wenn die Diät an die Stelle medikamentöser Behandlung tritt.[3] Dem Abzugsverbot unterfallen aber nicht Aufwendungen für Arzneimittel i. S. d. § 2 AMG, wenn sie also der Medikation einer Krankheit geschuldet und deshalb ärztlich verordnet worden sind. Dabei steht der Umstand, dass der Stpfl. wegen dieser Krankheit zugleich eine Diät halten muss, dem Abzug nach § 33 Abs. 1 EStG nicht entgegen.[4] Siehe auch → Rz. 150 „Diät".

87–89 *(Einstweilen frei)*

4. Prozesskosten (§ 33 Abs. 2 Satz 4 EStG)

90 Mit § 33 Abs. 2 Satz 4 EStG[5] wurde ein grds. Abzugsverbot für Prozesskosten eingeführt. Das Abzugsverbot gilt **für VZ ab 2013**.[6] Vor Anwendung dieses Abzugsverbots ist allerdings – wie sonst auch (s. → Rz. 81) – zu prüfen, ob nicht – uneingeschränkt abziehbare – **BA/WK** vorliegen (vgl. § 33 Abs. 2 Satz 2 1. Halbsatz EStG). Wegen des Abzugsverbots braucht nicht mehr geprüft zu werden, ob der Gegenstand des Rechtsstreits außergewöhnlich ist.[7] Der Gesetzgeber wollte die Abzugsfähigkeit von Prozesskosten auf einen engen Rahmen beschränken.[8] Die Neuregelung, die auf die – bereits wieder aufgegebene (s. → Rz. 97) Rechtsprechung des BFH zur generell steuermindernden Berücksichtigung von Prozesskosten als agB zielte,[9] stellt damit nicht lediglich den bisherigen Rechtszustand betreffend den Abzug von Prozesskosten als agB wieder her, sondern **wirkt rechtsverschärfend**.[10] Zur Verfassungsmäßigkeit des Abzugsverbots s. → Rz. 7.

a) Aufwendungen für die Führung eines Rechtsstreits

91 Nach § 33 Abs. 4 Satz 2 EStG sind Aufwendungen für die Führung eines Rechtsstreits – als „Prozesskosten" legal definiert – vom Abzug ausgeschlossen. Der Begriff des Rechtsstreits bezeich-

---

1 BFH v. 7. 11. 2000 - III R 23/98, BStBl 2001 II 338.
2 *Arndt* in Kirchhof/Söhn/Mellinghoff, § 33 EStG Rz. C 39; HHR/*Kanzler*, § 33 EStG Rz. 208.
3 BFH v. 9. 10. 2003 - III B 139/02, BFH/NV 2004, 187, m. w. N. = NWB DokID: PAAAB-13737.
4 BFH v. 14. 4. 2015 - VI R 89/13, BStBl 2015 II 703.
5 Zur Gesetzesgeschichte vgl. *Bleschick*, FR 2013, 932, 933.
6 § 52 Abs. 1 Satz 1 EStG i. d. F. des AmtshilfeRLUmsG; BFH v. 18.5.2017 - VI R 9/16, BStBl 2017 II 988.
7 BFH v. 18.5.2017 - VI R 9/16, BStBl 2017 II 988, zu Ehescheidungskosten.
8 *Geserich*, NWB 2017, 2560, 2561.
9 BFH v. 12.5.2011 - VI R 42/10, BStBl 2011 II 1015.
10 *Geserich*, jurisPR-SteuerR 40/2017 Anm. 3.

net im Allgemeinen die Auseinandersetzung zwischen zwei Parteien oder Beteiligten über ein Rechtsverhältnis in einem gerichtlichen Verfahren.[1] Hierzu zählen beispielsweise Fahrten des Stpfl. zum Gericht/Rechtsanwalt sowie Büro- und Telefonkosten.[2] In den sachlichen Anwendungsbereich fallen sämtliche Gerichtsbarkeiten (Zivil-, Straf-, Arbeits-, Sozial-, Verwaltungs- und Steuergerichtsbarkeit).[3] Zu den Kosten eines Zivilrechtsstreits gehören auch die Kosten eines selbständigen Beweisverfahrens.[4] Auch der Umstand, dass die Kosten für den Zivilprozess nicht auf einer gerichtlichen Kostenentscheidung, sondern auf einem **gerichtlichen Vergleich** gründen, schließt die Berücksichtigung dieser Kosten als außergewöhnliche Belastungen nicht grundsätzlich aus.[5] **Aufwendungen einer außergerichtlichen** Streitbeilegung sind dagegen keine Prozesskosten.[6]

(*Einstweilen frei*)   92–94

b) Rechtsfolge: Grundsätzliches Abzugsverbot

aa) Grundsatz

Liegen Prozesskosten (s. → Rz. 91) vor, sind diese im Grundsatz vom Abzug ausgeschlossen. 95
Der Gesetzgeber hat damit auf das Urteil des BFH v. 12. 5. 2011[7] reagiert, durch das die Abzugsfähigkeit von Zivilprozesskosten als agB – zuvor grds. unzulässig – grundlegend neu bestimmt und nun Abziehbarkeit grds. gegeben ist.

Indes hat mittlerweile hinsichtlich der Zivilprozesskosten eine erneute Rechtsprechungsänderung stattgefunden, nach der die Kosten eines Zivilprozesses im Allgemeinen keine agB sind und nur ausnahmsweise etwas anderes gelten kann, wenn ein Rechtsstreit einen für den Steuerpflichtigen existenziell wichtigen Bereich oder den Kernbereich menschlichen Lebens berührt (s. → Rz. 97).[8]

bb) Ausnahmen

Aufwendungen im Zusammenhang mit der Existenzsicherung bzw. der Sicherung lebensnotwendiger Bedürfnisse sind nicht vom Abzugsverbot erfasst. Diese beiden Tatbestandsmerkmale sind äußerst unbestimmt. In der Rechtsprechung werden sie nur allmählich durch Fallgruppenbildung eingegrenzt werden. Jedenfalls begreift der BFH die **Existenzgrundlage** i. S. d. § 33 Abs. 2 Satz 4 EStG als die **materielle Lebensgrundlage** des Stpfl.: Der Wortlaut der Regelung und insbesondere der Zusatz „in dem üblichen Rahmen" legen einen Bezug auf die wirtschaftlichen Verhältnisse nahe. Denn im Gegensatz zu seelischen und sozialen Bedürfnissen sind wirtschaftliche Umstände messbar und quantifizierbar.[9] Auch die bisherige Steuerrechtsprechung hat den Begriff der Existenzgrundlage bislang immer in einem materiellen Sinn verstan- 96

---

1 BFH v. 18.5.2017 - VI R 9/16, BStBl 2017 II 988.
2 *Bleschick*, FR 2013, 932, 934.
3 BFH v. 18.5.2017 - VI R 9/16, BStBl 2017 II 988; *Bleschick*, FR 2013, 932, 934; a. A. *Urban*, FR 2016, 217, 219: das Abzugsverbot erfasse nur solche Aufwendungen, die in den jeweiligen Verfahrensordnungen ausdrücklich als „Prozesskosten", und nur Verfahren einbeziehen wollte, die hierin als „Rechtsstreit" bezeichnet werden.
4 BFH v. 19.11.2015 - VI R 42/14, BFH/NV 2016, 739 = NWB DokID: KAAAF-70013.
5 BFH v. 20.1.2016 - VI R 14/13, BFH/NV 2016, 1142 = NWB DokID: AAAAF-75524.
6 *Bleschick*, FR 2013, 932; a. A. *Kanzler*, FR 2014, 209, 213; *Mellinghoff* in Kirchhof, § 33 EStG Rz. 47b.
7 BFH v. 12.5.2011 - VI R 42/10, BStBl 2011 II 1015.
8 BFH v. 18.6.2015 - VI R 17/14, BStBl 2016 II 800; vgl. dazu insbesondere *Geserich*, NWB 2015, 2634 ff.
9 BFH v.18.5.2017 - VI R 9/16, BStBl 2017 II 988; ebenso *Kanzler*, FR 2014, 209, 216.

den. So wurden als Existenzgrundlage eines Stpfl. etwa ein Betrieb[1] ein Beruf und die daraus erzielten Einkünfte[2] einen Arbeitsplatz[3] oder sonstige dem Stpfl. zur Verfügung stehende Mittel.[4] Ausgehend von diesem Verständnis hat der BFH entschieden, dass der Versuch der gerichtlichen Durchsetzung eines **in spekulativer Absicht erworbenen Anspruchs** weder einen für den Anspruchserwerber existenziell wichtigen Bereich noch den Kernbereich menschlichen Lebens berührt.[5] Zu dem Bereich lebensnotwendiger Bedürfe gehört das **Wohnen**.[6] Allerdings bewirkt nicht jedwede Beeinträchtigung des existenznotwendigen Wohnbedürfnisses, dass agB vorliegen.[7] Insbesondere führt der Umstand, dass ein Stpfl. seine Wohnung räumen und herausgeben muss, regelmäßig nicht dazu, dass der Prozess existenziell wichtige Bereiche oder den Kernbereich menschlichen Lebens berührt.[8] Eine existenzielle Betroffenheit setzt vielmehr eine **schwerwiegende Beeinträchtigung des lebensnotwendigen privaten Wohnens** voraus, z. B. wenn die Nutzung des Wohnhauses zu eigenen Wohnzwecken aufgrund eines ungewöhnlichen Schadensereignisses ernsthaft in Frage gestellt ist.[9] Indes kann es auch bei Aufwendungen im Zusammenhang mit der Existenzsicherung bzw. der Sicherung lebensnotwendiger Bedürfnisse an der **Zwangsläufigkeit der Prozesskosten fehlen**: Für einen Rechtsstreit wegen Ansprüchen aus einem **Vertrag**, den der Stpfl. selbst abgeschlossen hat, ist nämlich zu beachten, ob der Stpfl. es verabsäumt hat, die später zu einem Rechtsstreit mit ungewissem Ausgang führenden Unklarheiten über das Bestehen und die Reichweite auf Vertrag beruhender Ansprüche durch eine entsprechende Gestaltung seiner zivilrechtlichen Beziehungen von vorneherein auszuschließen; hat er dies versäumt, hat er die entscheidende Ursache für die ihm später entstandenen Aufwendungen selbst gesetzt und kann sich nicht darauf berufen, er habe sich in einer Zwangslage befunden.[10] Dabei ist die Zwangsläufigkeit nicht allein deshalb gegeben, weil die Verpflichtung zur Kostentragung nicht aus einem Unterliegen im Rechtsstreit, sondern aus der **Vermögenslosigkeit der Gegenpartei** folgt. Vielmehr kommt es auch in diesem Fall darauf an, ob das der Zahlungsverpflichtung als wesentliche Ursache zugrunde liegende Ereignis als solches für den Stpfl. zwangsläufig war.[11] Die Merkmale der Existenzsicherung bzw. der Sicherung lebensnotwendiger Bedürfnisse, die – abweichend vom Wortlaut – nicht kumulativ vorliegen müssen,[12] stützen sich auf die jahrzehntelange Rspr. des BFH, wonach Prozesskosten nur im Ausnahmefall abzugsfähig sind. Denn nach der bisherigen Rspr. des BFH erfüllen Aufwendungen für Prozesskosten die Voraussetzungen für einen Abzug, wenn

▶ der Verfahrensgegenstand der Sicherung der Existenz bzw. der lebensnotwendigen Bedürfnisse dient,

▶ dem Stpfl. außerprozessual kein vorwerfbares Verhalten zur Last zu legen ist und

---

1 BFH v. 13.8.2003 - II R 48/01, BStBl 2003 II 908; v. 11.3.1992 - X R 141/88, BStBl 1992 II 499.
2 BFH v. 16.3.2006 - IV B 157/04, BFH/NV 2006, 1459 = NWB DokID: RAAAB-88788.
3 BFH v. 20.1.2016 - VI R 14/13, BFH/NV 2016, 1142 = NWB DokID: AAAAF-75524.
4 BFH v. 21.7.2004 - X R 33/03, BStBl 2004 II 1063.
5 BFH v. 19. 8. 2015 - X R 34/12, BFH/NV 2016, 22 = NWB DokID: EAAAF-08277.
6 BFH v. 14. 4. 2016 - VI R 5/13, BFH/NV 2016, 1015 = NWB DokID: EAAAF-74516, Verfassungsbeschwerde eingelegt (Az. des BVerfG: 2 BvR 1247/16); BFH v. 20. 1. 2016 - VI R 40/13, BFH/NV 2016, 908 = NWB DokID: SAAAF-70515.
7 *Teller*, HFR 2016, 711.
8 BFH v. 14. 4. 2016 - VI R 38/15, n.v.
9 BFH v. 20. 1. 2016 - VI R 40/13, BFH/NV 2016, 908; *Krüger* in HFR 2016, 530.
10 BFH v. 19. 11. 2015 - VI R 38/14, BFH/NV 2016, 902 = NWB DokID: IAAAF-70514.
11 BFH v. 19. 11. 2015 - VI R 38/14, BFH/NV 2016, 902 = NWB DokID: IAAAF-70514; BFH v. 23. 5. 2001 - III R 33/99, BFH/NV 2001, 1391 = NWB DokID: SAAAA-66957.
12 *Bleschick*, FR 2013, 932, 934 f.; a. A. *Kanzler*, FR 2014, 209, 215 ff.; *Mellinghoff* in Kirchhof, § 33 EStG Rz. 47b.

▶ hinreichende Erfolgsaussichten für die im Verfahren geltend gemachten Ansprüche bzw. für deren Abwehr bestehen.[1]

Der BFH[2] ist zu der vorgenannten Rechtsprechung zurückgekehrt,[3] wonach Zivilprozesskosten nur dann agB sind, wenn ein Rechtsstreit die in → Rz. 96 aufgezeigten und nunmehr gesetzlich fixierten Bereiche berührt. Unter Berücksichtigung der Rechtsprechung sind die Ausnahmen vom Abzugsverbot äußerst restriktiv (s. → Rz. 98). Aus der bisher veröffentlichten neueren Rechtsprechung des BFH zu den Zivilprozesskosten wird deutlich:[4] Während Zivilprozesskosten zu **immateriellen Schäden** (Nichtvermögensschäden) i. d. R. nicht als agB zu berücksichtigen sind, können Zivilprozesskosten wegen der Verfolgung von Ansprüchen auf den Ersatz (Abwehr) **materieller Schäden** – z. B. Hochwasserschäden an einem Wohnhaus – den Abzug als agB ausnahmsweise eröffnen. 97

Beispiele nach der Rechtsprechung des BFH: 98

Als agB im Zusammenhang mit der Existenzsicherung bzw. der Sicherung lebensnotwendiger Bedürfnisse wurden in der Rechtsprechung bisher **anerkannt**:

▶ **Strafverteidigungskosten** sind grds. nicht als agB abzugsfähig.[5] Dagegen sind im Zusammenhang mit einem Freispruch ausnahmsweise anfallende Kosten im Rahmen des Angemessenen (durch die Staatskasse erstattungsfähige Kosten) abzugsfähig;[6] Strafverteidigungskosten erwachsen einem Stpfl. auch im Falle eines Freispruchs nicht zwangsläufig i. S. v. § 33 Abs. 1 EStG, wenn er mit seinem Verteidiger ein Honorar vereinbart, das über den durch die Staatskasse erstattungsfähigen Kosten liegt: Denn da der Abzug der über die gesetzlichen Gebühren und Auslagen hinausgehenden, auf einer Honorarvereinbarung beruhenden Strafverteidigungskosten als agB nach der Rechtsprechung des BFH an der fehlenden Zwangsläufigkeit scheitert, ist es insoweit auch unerheblich, dass der Steuerpflichtige freigesprochen wird.[7]

▶ Prozesskosten, die durch ein **verwaltungsgerichtliches Verfahren** zur Erlangung eines dauerhaften Aufenthaltsrechts des ausländischen Partners entstanden sind, sind nicht als agB abziehbar.[8]

▶ Wird ein Stpfl. auf **Feststellung der Vaterschaft** und **Zahlung des Regelunterhaltes** verklagt, sind die ihm auferlegten Prozesskosten zwangsläufig, wenn er ernsthafte Zweifel an seiner Vaterschaft substantiiert darlegt sowie schlüssige Beweise anbietet und wenn sein Verteidigungsvorbringen bei objektiver Betrachtung erfolgversprechend scheint.[9]

▶ Kosten eines **Arzthaftungsprozesses** können als außergewöhnliche Belastungen zu berücksichtigen sein, wenn der Steuerpflichtige ohne die Geltendmachung des (vermeintli-

---

1 *Bleschick*, FR 2013, 932, 935, m. w. N., zur Rspr. des BFH.
2 BFH v. 18. 6. 2015 - VI R 17/14, BStBl 2015 II 800; BFH v. 19. 8. 2015 - X R 34/12, BFH/NV 2016, 22 = NWB DokID: EAAAF-08277; vgl. dazu insbesondere *Geserich*, NWB 2015, 2634 ff.
3 BFH v. 16. 2. 2016 - IX R 1/15, BFH/NV 2016, 1261 = NWB DokID: MAAAF-77662; BFH v. 20. 1. 2016 - VI R 40/13, BFH/NV 2016, 908 = NWB DokID: SAAAF-70515; BFH v. 19. 11. 2015 - VI R 38/14, BFH/NV 2016, 902= NWB DokID: IAAAF-70514; *Geserich*, NWB 2015, 2635: „Rolle rückwärts".
4 *Geserich*, jurisPR-SteuerR 20/2016 Anm. 2.
5 BFH v. 16. 4. 2013 - IX R 5/12, BStBl 2013 II 806; BFH v. 10. 6. 2015 - VI B 133/14, BFH/NV 2015, 2015 = NWB DokID: PAAAE-96109; *Bleschick*, FR 2013, 932, 936.
6 BFH v. 18. 10. 2007 - VI R 42/04, BStBl 2008 II 223.
7 BFH v. 10. 6. 2015 - VI B 133/14, BFH/NV 2015, 1247 = NWB DokID: PAAAE-96109.
8 BFH v. 20. 4. 2006 - III R 23/05, BStBl 2007 II 41.
9 BFH v. 18. 3. 2004 - III R 24/03, BStBl 2004 II 726.

chen) Anspruchs Gefahr liefe, seine Existenzgrundlage zu verlieren oder seine lebensnotwendigen Bedürfnisse nicht mehr befriedigen zu können (z. B., wenn Zivilklage auf eine **Erwerbsunfähigkeitsrente** oder eine **existenziell wichtige Entschädigung** als Ersatz für entgangene oder entgehende Einnahmen zielt).[1]

▶ Kosten eines **Schlichtungsverfahrens vor der Schlichtungsstelle Bergschaden NRW** können außergewöhnliche Belastungen sein, wenn der Steuerpflichtige aufgrund des Bergschadens Gefahr läuft, sein Wohnhaus nicht mehr zu Wohnzwecken nutzen zu können.[2]

▶ **Zivilprozesskosten zur Abwehr aufstaubedingter Hochwasserschäden**, wenn der Steuerpflichtige ansonsten Gefahr liefe, sein Wohnhaus nicht weiter zu Wohnzwecken nutzen und dadurch seine lebensnotwendigen Bedürfnisse in dem üblichen Rahmen nicht mehr befriedigen zu können.[3]

99 Der BFH hat das Vorliegen von agB in den folgenden Fällen **abgelehnt**:

▶ **Ehescheidungskosten**[4];

▶ Prozesskosten, die der Stpfl. **freiwillig** z. B. im Rahmen eines Vergleichs wegen Auflösung einer **Grundstücksgemeinschaft** übernahm;[5]

▶ Aufwendungen für **der Ehescheidung nachfolgende Prozesse**, z. B. wegen der Höhe des Unterhalts;[6]

▶ Kosten eines Zivilprozesses, mit dem ein **Anspruch auf Zugewinnausgleich** verfolgt wurde;[7]

▶ Prozesskosten bei **vermögensrechtlicher Auseinandersetzung** nach ehelicher Gütertrennung;[8]

▶ Zivilprozesskosten betreffend die Geltendmachung von **Schmerzensgeldansprüchen**;[9]

▶ Prozesskosten eines Stpfl., der sich auf eine **unklare rechtliche Gestaltung** eingelassen hat;[10]

▶ die Verpflichtung zur Kostentragung von Prozesskosten folgt nicht aus einem Unterliegen im Rechtsstreit, sondern aus der Vermögenslosigkeit der Gegenpartei; vielmehr kommt es auch in diesem Fall darauf an, ob das der Zahlungsverpflichtung als wesentliche Ursache zugrunde liegende Ereignis als solches für den Stpfl. zwangsläufig war;[11]

▶ Kosten eines **Schadensersatzprozesses wegen eines verkehrswidrigen Verhaltens**, die der Stpfl. als Beklagter zu tragen hat, sofern der Schaden vorsätzlich oder grob fahrlässig (bspw. durch **Trunkenheit** am Steuer) herbeigeführt worden ist;[12]

---

1 BFH v. 17. 12. 2015 - VI R 78/13, BFH/NV 2016, 904 = NWB DokID: LAAAF-71537.
2 BFH v. 20. 1. 2016 - VI R 62/13, BFH/NV 2016, 1436 = NWB DokID: ZAAAF-79658.
3 BFH v. 20. 1. 2016 - VI R 40/13, BFH/NV 2016, 908 = NWB DokID: SAAAF-70515.
4 S. →Rz. 150.
5 BFH v. 19. 3. 2013 - IX R 41/12, BStBl 2013 II 536.
6 BFH v. 30. 6. 2005 - III R 27/04, BStBl 2006 II 492.
7 BFH v. 30. 6. 2005 - III R 27/04, BStBl 2006 II 492.
8 BFH v. 9. 5. 1996 - III B 180/95, BFH/NV 1996, 882 = NWB DokID: FAAAB-37891.
9 BFH v. 17. 12. 2015 - VI R 7/14, BFH/NV 2016, 817 = NWB DokID: NAAAF-70521.
10 BFH v. 19. 11. 2015 - VI R 38/14, BFH/NV 2016, 902 = NWB DokID: IAAAF-70515.
11 BFH v. 19. 11. 2015 - VI R 38/14, BFH/NV 2016, 902 = NWB DokID: IAAAF-70515; BFH v. 23. 5. 2001 - III R 33/99, BFH/NV 2001, 1391 = NWB DokID: SAAAA-66957.
12 BFH v. 5. 7. 1963 - VI 272/61 S, BStBl 1963 III 499.

- Rechtsanwaltskosten wegen eines Zivilprozesses, die im Zusammenhang mit einer **Erbauseinandersetzung** und einem weiteren **Verfahren wegen Vergütung dieser Rechtsanwaltskosten anfallen**;[1]
- Rechtsanwalts- und Gerichtskosten wegen eines Zivilprozesses, in dem der Stpfl. die **Rückabwicklung eines Kauf- und Werkvertrags über die Errichtung eines eigenen Wohnzwecken dienenden Hauses wegen Baumängeln** geltend macht;[2]
- Rechtsanwaltskosten wegen eines Zivilprozesses, in dem sich der **Stpfl. gegen Unterhaltsansprüche seines Kindes und der Kindesmutter verteidigt**;[3]
- Kosten eines Zivilprozesses um **Ansprüche aus einem Vertrag**, und zwar auch dann, wenn die Kosten durch eine Vollstreckungsabwehrklage entstehen;[4]
- Rechtsanwalts- und Gerichtskosten, die im Zusammenhang mit **Baumängeln** entstehen;[5]
- Prozesskosten, die im Zusammenhang mit **mangelhaften Werkleistungen** entstehen;[6]
- Rechtsanwaltskosten im Zusammenhang mit der **Anfechtung der Annahme der Erbschaft**;[7]
- **Rechtsberatungs- und Prozesskosten als Folgekosten einer ausschließlich privat motivierten Straftat** mit dem Ziel, eine zeitnahe Berichterstattung der Medien über eine begangene Straftat zu unterbinden bzw. entsprechende Artikel aus dem Internet zu löschen;[8]
- Aufwendungen für einen Zivilprozess betreffend ein **Erbscheinerteilungsverfahren**;[9]
- Kosten eines Zivilprozesses, in dem die Stpfl. zur Verbesserung ihrer wirtschaftlichen Situation **Auskunfts- und Pflichtteilsansprüche gegenüber den Erben** ihres verstorbenen Vaters geltend macht;[10]
- Gerichts- und Anwaltskosten eines **Erbstreits** wegen der testamentarischen Einsetzung als Alleinerbin;[11]
- Zivilprozesskosten in Zusammenhang mit der **Erbenstellung**;[12]
- Kosten für einen im Zusammenhang mit einer **Erbstreitigkeit** geführten Zivilprozess, bei dem es um die Verhinderung der Schmälerung der im Rahmen der Vermögensnachfolge erlangten Vermögensposition des Steuerpflichtigen (Zweifamilienhausgrundstück) durch (vermeintliche) Rückübertragungsansprüche oder Ausgleichszahlungen geht, und zwar auch dann, wenn eine Wohnung in dem Haus zu eigenen Wohnzwecken genutzt wird;[13]

---

1 BFH v. 20.1.2016 - VI R 93/13, BFH/NV 2016, 1145 = NWB DokID: UAAAF-75526.
2 BFH v. 20.1.2016 - VI R 19/14, BFH/NV 2016, 909 = NWB DokID: BAAAF-71536.
3 BFH v. 18.2.2016 - VI R 56/13, BFH/NV 2016, 1150 = NWB DokID: VAAAF-76126.
4 BFH v. 18.2.2016 - VI R 17/13, BFH/NV 2016, 1148 = NWB DokID: LAAAF-76125.
5 BFH v. 10.3.2016 - VI R 80/14, BFH/NV 2016, 1266 = NWB DokID: YAAAF-78695.
6 BFH v. 10.3.2016 - VI R 72/14, BFH/NV 2016, 1265 = NWB DokID: VAAAF-77659.
7 BFH v. 14.4.2016 - VI R 14/14, BFH/NV 2016, 1441 = NWB DokID: RAAAF-80967.
8 BFH v. 14.4.2016 - VI R 61/13, BFH/NV 2016, 1268 = NWB DokID: SAAAF-79760.
9 BFH v. 18.6.2015 - VI R 17/14, BStBl 2016 II 800.
10 BFH v. 15.6.2016 - VI R 29/15, NWB DokID: BAAAF-81833.
11 BFH v. 18.6.2015 - VI R 17/14, BStBl 2016 II 800.
12 BFH v. 20.1.2016 - VI R 20/14, BFH/NV 2016, 1000 = NWB DokID: LAAAF-73076.
13 BFH v. 10.3.2016 - VI R 70/14, BFH/NV 2016, 1011 = NWB DokID: OAAAF-74517.

▶ Zivilprozesskosten für den **Schadensersatzprozess des Opfers eines betrügerischen Verhaltens** seiner Vertragspartner, wenn der Rechtsstreit keinen für den Stpfl. existenziell wichtigen Bereich oder den Kernbereich menschlichen Lebens berührt;[1]

▶ Aufwendungen für **zivilgerichtliche Auseinandersetzungen wegen Streitigkeiten über die Beendigung von Mietverhältnissen** und für die **Prozessvertretung einer Nebenklage**.[2]

cc) Höhe der als agB abzugsfähigen Prozesskosten

100 Sind Zivilprozesskosten dem Grunde nach als agB abzugsfähig, muss geprüft werden, ob die geltend gemachten Prozesskosten notwendig waren. Zu diesen können auch die **Kosten eines selbständigen Beweisverfahrens** gehören, nicht aber die Mehrkosten, die für einen zweiten Rechtsanwalt infolge eines **Anwaltswechsels** entstehen, es sei denn in der Person des Rechtsanwalts musste ein Wechsel eintreten.[3] Zudem kommt ein Abzug als agB auch nicht mehr in Betracht, wenn ein vom Stpfl. geführter Rechtsstreit zwischenzeitlich zu seinen Gunsten entschieden und ihm die streitigen Aufwendungen ersetzt worden sind. In einem solchen Fall ist er nicht mehr belastet.[4] Sind die Kosten für einen Zivilprozess **nur zum Teil als agB abziehbar**, ist der abziehbare Teil der Kosten mit Hilfe der Streitwerte der einzelnen Klageanträge zu ermitteln.[5]

101–105 *(Einstweilen frei)*

III. Zumutbare Belastung (§ 33 Abs. 3 EStG)

106 Die als agB anzuerkennenden Aufwendungen sind um die zumutbare Belastung zu kürzen (vgl. § 33 Abs. 1 EStG). Zur **Verfassungsmäßigkeit** s. → Rz. 7.

107 Die Berechnung erfolgt nach dem **Gesamtbetrag der Einkünfte** (GdE; vgl. § 33 Abs. 3 Satz 1 EStG). **Unberücksichtigt bleiben** mithin – obwohl dadurch die Leistungsfähigkeit des Stpfl. gesteigert wird –

▶ einerseits **steuerfreie Einnahmen und steuerfreie** Veräußerungsgewinne, steuerfreie ausländische Einkünfte, die dem Progressionsvorbehalt (§ 32b EStG) unterliegen, und Bezüge, für die LSt mit einem Pauschsteuersatz nach §§ 40 bis 40b EStG erhoben wird, und

▶ andererseits Aufwendungen, die die steuerliche Leistungsfähigkeit teilweise erheblich einschränken, wie z. B. **Sonderausgaben** (hier insbesondere Vorsorgeaufwendungen) und **zwangsläufige Aufwendungen i. S. d. § 33a EStG**.[6]

108 § 33 Abs. 3 EStG unterscheidet bei der Staffelung hinsichtlich der Höhe des GdE sowie des Familienstandes und der Kinderzahl.

---

1 BFH v. 18. 4. 2016 - VI B 120/15, BFH/NV 2016, 1160 = NWB DokID: WAAAF-76733.
2 BFH v. 14. 4. 2016 - VI R 5/13, BFH/NV 2016, 1015 = NWB DokID: EAAAF-74516, Verfassungsbeschwerde eingelegt (Az. des BVerfG: 2 BvR 1247/16).
3 BFH v. 19. 11. 2015 - VI R 42/14, BFH/NV 2016, 739 = NWB DokID: KAAAF-70013.
4 BFH v. 20. 1. 2016 - VI R 40/13, BFH/NV 2016, 908 = NWB DokID: SAAAF-70515.
5 BFH v. 17. 12. 2015 - VI R 7/14, BFH/NV 2016, 817 = NWB DokID: NAAAF-70512; BFH v. 19. 11. 2015 - VI R 42/14, BFH/NV 2016, 739 = NWB DokID: KAAAF-70013; BFH v. 27. 8. 2008 - III R 50/06, BFH/NV 2009, 553 = NWB DokID: UAAAD-10731.
6 *Mellinghoff* in Kirchhof, § 33 EStG Rz. 49.

33 Abs. 3 Satz 1 EStG ist so zu verstehen, dass nur der Teil des GdE, der den im Gesetz genannten Grenzbetrag übersteigt, mit dem jeweils höheren Prozentsatz belastet wird.[1] Durch diese Berechnungsweise verringert sich die zumutbare Belastung bei einem GdE von über 15 340 € bis 51 130 € um (1 % von 15 340 € =) 153,40 € und bei einem GdE von über 51 130 € zusätzlich um (1 % von 51 130 € =) 511,30 €, insgesamt also um 664,70 €. Bei Stpfl. mit drei oder mehr Kindern greift lediglich die Verminderung um 511,30 € bei einem GdE von über 51 130 €.[2]

109

(Einstweilen frei)

110–113

IV. Verordnungsermächtigung (§ 33 Abs. 4 EStG)

1. Verordnungsermächtigung für Regelungen des § 64 EStDV

§ 33 Abs. 4 EStG ermächtigt die BReg, durch RVO mit Zustimmung des BRats die Einzelheiten des Nachweises von **sämtlichen agB** zu bestimmen. Hiervon hat die BReg **nur für Krankheitskosten** Gebrauch gemacht (s. → Rz. 120); weitere Detailregelungen zu anderen Arten von agB wären aber möglich.[3] Dabei hat die BReg eine **rückwirkende Anwendung** des § 64 EStDV in allen Fällen bestimmt, in denen die ESt noch nicht bestandskräftig festgesetzt ist (vgl. § 84 Abs. 3f EStDV).[4] Die Regelung stellt eine (verfassungsrechtlich zulässige, s. → Rz. 115) **rechtsprechungskorrigierende Bestimmung** dar. Denn mit Urteil v. 11.11.2010[5] hat der BFH die langjährige Praxis, nach der zum Nachweis der Zwangsläufigkeit von Krankheitskosten grds. die Vorlage eines zeitlich vor der Leistung von Aufwendungen erstellten amts- oder vertrauensärztlichen Gutachtens bzw. eines Attestes eines anderen öffentlich-rechtlichen Trägers zu verlangen war, aufgegeben. Die Ermächtigungsgrundlage dient zur Aufrechterhaltung der bisherigen langjährigen Rechtsprechung und Verwaltungspraxis, das **formalisierte Nachweisverlangen** gesetzlich im Rahmen einer Rechtsverordnung festzuschreiben; zugleich soll es Ziel dieser gesetzlichen Regelung sein, den Stpfl. das Risiko einer Kostenbelastung in Folge einer falschen Beurteilung der Anspruchsvoraussetzungen zu ersparen, wodurch auch ein Beitrag zur Rechtssicherheit und -klarheit und damit auch für die angestrebte Steuervereinfachung geleistet werden soll.[6] Indes ist fraglich, warum dem Stpfl. ausgerechnet im Bereich der agB – und hier nur für die Krankheitskosten – die im Steuerrecht nicht seltene Rechtsunsicherheit genommen werden soll.

114

2. Verfassungsmäßigkeit und Geltungsbereich

Die Verordnungsermächtigung ist **verfassungsmäßig**. Sie genügt dem **Bestimmtheitsgebot** des Art. 80 Abs. 1 Satz 2 GG,[7] wonach Inhalt, Zweck und Ausmaß der Ermächtigung bestimmt werden müssen. Die Regelung ist auch **verhältnismäßig**: Denn die grds. Forderung eines amts-/vertrauensärztlichen Nachweises ist wegen der Neutralität und der Unabhängigkeit dieser Ärzte im steuerlichen Massenverfahren geeignet, erforderlich und angemessen, um die

115

---

1 BFH v. 23.8.2017 - X R 33/15, BStBl 2018 II 62; BFH v. 27.7.2017 - III R 1/09, BStBl 2018 II 96; BFH v. 19.1.2017 - VI R 75/14, BStBl 2017 II 684.
2 *Teller*, HFR 2017, 402, 403.
3 HHR/*Kanzler*, § 33 EStG Rz. 232.
4 Vgl. hierzu *Gesserich*, NWB 2014, 2004 ff.
5 BFH v. 11.11.2010 - VI R 17/09, BStBl 2012 II 577.
6 BT-Drucks. 17/6146, 15 und 17.
7 BFH v. 19.4.2012 - VI R 74/10, BStBl 2012 II 577.

Besteuerung nach individueller Leistungsfähigkeit zu gewährleisten; dabei trägt die ausnahmsweise Zulässigkeit des Nachweises durch den behandelnden Arzt oder Heilpraktiker verwaltungsökonomischen Gesichtspunkten Rechnung.[1] Auch die rückwirkende Anwendung des § 64 EStDV nach § 84 Abs. 3f EStDV (s. → Rz. 114) ist verfassungsmäßig, da sie zumindest bis zum Ergehen der Rspr.-Änderung (s. → Rz. 114) **keinen Verstoß gegen das Rückwirkungsverbot** darstellt:[2] Der Gesetzgeber hat die Rückwirkung selbst anordnen wollen.[3] Im Übrigen handelt es sich um eine zulässige echte Rückwirkung, da die Stpfl. kein Vertrauen bis zum Ergehen der Rspr.-Änderung, d. h. kein Vertrauen auf die Abziehbarkeit von agB ohne Nachweise haben konnten, weil das formalisierte Nachweisverlangen der bisherigen ständigen Rspr. und der einhelligen Praxis entsprach (s. → Rz. 114). Ob und inwieweit anderes nach dieser Änderung der Rspr. bis zum endgültigen Gesetzesbeschluss (1.11.2011) bzw. Verkündung des Gesetzes (4.11.2011) galt, hat der BFH offen gelassen.[4] Insoweit dürfte beim Stpfl. schützenswertes Vertrauen bestanden haben, da er auf die Auslegung durch die höchstrichterliche Rspr. wird vertrauen dürfen.[5]

116–119 *(Einstweilen frei)*

3. Regelungen des § 64 EStDV

a) Anforderung an den Nachweis der Zwangsläufigkeit von Aufwendungen im Krankheitsfall (§ 64 Abs. 1 EStDV)

120 Der sachliche Anwendungsbereich des § 64 Abs. 1 EStDV erstreckt sich nur auf **Krankheitskosten**. Das formalisierte Nachweisverlangen ist nicht anwendbar auf die in der ESDtV nicht genannten Krankheitskosten oder Aufwendungen, die nicht durch eine Krankheit verursacht sind.[6] Die Vorschrift ist **eng auszulegen** (s. → Rz. 122 zum Begriff des medizinischen Hilfsmittels).[7] Greift § 64 Abs. 1 EStDV nicht ein, hat der Stpfl. die medizinische Notwendigkeit nach allgemeinen Grundsätzen nachzuweisen (z. B. bei einem **Treppenlift**).[8] Ein von einem Beteiligten vorgelegtes Sachverständigengutachten kann nicht als Nachweis für die Richtigkeit des klägerischen Vortrags gewertet werden, da es nur als Privatgutachten zu behandeln und damit als urkundlich belegter Parteivortrag zu würdigen ist; das FG hat ein Sachverständigengutachten einzuholen.[9]

121 § 64 Abs. 1 EStDV legt das Nachweiserfordernis für Krankheitskosten **ausnahmslos** fest. Der in § 64 EStDV geregelte formalisierte Nachweis stellt indes lediglich Erkenntnishilfe und nicht Erkenntnisquelle dar,[10] sodass dem amtsärztlichen Gutachten oder der Bescheinigung des Medizinischen Dienstes keine **Bindungswirkung** zukommt.[11] Bringt der Stpfl. also substantiierte

---

1 BFH v. 19.4.2012 - VI R 74/10, BStBl 2012 II 577.
2 BFH v. 21.2.2018 - VI R 11/16, BStBl 2018 II 469; BFH v. 25.4.2017 - VIII R 52/13, BStBl 2017 II 949; BFH v. 18.6.2015 - VI R 31/14, BStBl 2016 II 40; BFH v. 19.4.2012 - VI R 74/10, BStBl 2012 II 577.
3 BT-Drucks. 17/6146, 17.
4 BFH v. 19.4.2012 - VI R 74/10, BStBl 2012 II 577.
5 Zweifelnd HHR/*Kanzler*, § 33 EStG Rz. 232, der die Rückwirkung von die Rspr. korrigierenden Gesetzen inzwischen die Regel geworden sei; a. A. *Loschelder* in Schmidt, § 33 EStG Rz. 34.
6 BFH v. 29.3.2012 - VI R 21/11, BStBl 2012 II 574, zu Sanierungsmaßnahmen wegen Schadstoffbelastungen.
7 BFH v. 6.2.2014 - VI R 61/12, BStBl 2014 II 458; *Geserich*, NWB 2014, 2004, 2006.
8 BFH v. 6.2.2014 - VI R 61/12, BStBl 2014 II 458; vgl. dazu ausführlich *Geserich*, NWB 2014, 2004 ff.
9 BFH v. 6.2.2014 - VI R 61/12, BStBl 2014 II 458.
10 *Geserich*, DStR 2012, 1490, 1494.
11 *Mellinghoff* in Kirchhof, § 33 Rz. 53.

Einwendungen vor, aus denen sich Zweifel ergeben - insbesondere, wenn der Stpfl. darlegt, dass in seinem Fall aus medizinischer Sicht etwas anderes gilt und er deshalb die Einholung eines Sachverständigengutachtens beantragt, kann das FG verpflichtet sein, ein Sachverständigengutachten einzuholen.[1] Die FinVerw hat **Erleichterungen** angeordnet. Im Allgemeinen kann nach der FinVerw als Nachweis der angefallenen Krankheitsaufwendungen auch die Vorlage der Erstattungsmitteilung der privaten Krankenversicherung oder der Beihilfebescheid einer Behörde ausreichen; diese Erleichterung entbindet den Stpfl. aber nicht von der Verpflichtung, dem FA die Zwangsläufigkeit, Notwendigkeit und Angemessenheit nicht erstatteter Aufwendungen auf Verlangen nachzuweisen.[2] Zu sonstigen **Nachweiserleichterungen nach der FinVerw** s. → Rz. 122.

Hinsichtlich des Nachweises ist wie folgt zu differenzieren:

- Einer **Verordnung eines Arztes/Heilpraktikers** bedarf es für **Arznei-, Heil- und Hilfsmittel** (§ 2 SGB V, § 23 SGB V, § 31 SGB V bis § 33 SGB V), die ggf. auch **nachträglich erstellt** werden kann. Es muss sich um Arzneimittel i. S. d. § 2 AMG handeln.[3] Bei einer andauernden Erkrankung mit anhaltendem Verbrauch bestimmter Arznei-, Heil- und Hilfsmittel reicht in der Praxis die einmalige Vorlage einer Verordnung.[4] Das Nachweiserfordernis gilt auch in den Fällen einer Erkrankung mit einer nur noch begrenzten Lebenserwartung, da die Regelung des § 64 Abs. 1 Nr. 1 EStDV keine Differenzierung zwischen bestimmten Krankheitskosten enthält.[5] Unter § 64 Abs. 1 Nr. 1 EStDV fallen etwa Kosten für Behandlungen anlässlich einer Homöopathie, Anthroposophie (mit dem Heilmittel „Heileurythmie") und Phytotherapie (kein amtsärztliches Attest).[6] **Nachweiserleichterung**: Wurde die Notwendigkeit einer **Sehhilfe** in der Vergangenheit durch einen Augenarzt festgestellt, genügt der FinVerw in den Folgejahren die Sehschärfenbestimmung durch einen Augenoptiker.[7] **Gutachten eines Diplom-Psychologen**, der kein Arzt ist, und der **Bericht eines Heilpraktikers** können weder die Verordnung eines Arztes oder eines Heilpraktikers noch ein amtsärztliches Gutachten oder die ärztliche Bescheinigung eines Medizinischen Dienstes der Krankenversicherung ersetzen.[8]

- Ein **amtsärztliches Gutachten/eine ärztliche Bescheinigung eines Medizinischen Dienstes der Krankenversicherung** (§ 275 SGB V), die **vor Beginn der Heilmaßnahme/dem Erwerb des medizinischen Hilfsmittels ausgestellt** worden sein müssen (vgl. § 64 Abs. 1 Satz 2 EStDV) und nicht durch andere Unterlagen ersetzt werden können,[9] ist zu erbringen für (vgl. § 64 Abs. 1 Nr. 2 Satz 1 Buchst. a bis f EStDV):

    - eine **Bade- oder Heilkur** (§ 64 Abs. 1 Nr. 2 Satz 1 Buchst. a EStDV); bei einer Vorsorgekur ist auch die Gefahr einer durch die Kur abzuwendenden Krankheit, bei einer **Klimakur** der medizinisch angezeigte Kurort und die voraussichtliche Kurdauer zu bescheinigen. **Nachweiserleichterung**: Wurde die Notwendigkeit einer Kur offensichtlich im Rahmen der Bewilligung von Zuschüssen oder Beihilfen anerkannt, ge-

---

1 BFH v. 18.6.2015 - VI R 68/14, BStBl 2015 II 803.
2 R 33.4 Abs. 1 Satz 5 und 6 EStR.
3 BFH v. 21.2.2018 - VI R 11/16, BStBl 2018 II 469.
4 R 33.4 Abs. 1 Satz 3 EStR.
5 BFH v. 25.4.2017 - VIII R 52/13, BStBl 2017 II 949.
6 BFH v. 26.2.2014 - VI R 27/13, BStBl 2014 II 824.
7 R 33.4 Abs. 1 Satz 4 EStR.
8 BFH v. 19.11.2015 - VI R 45/14, BFH/NV 2016, 393 = NWB DokID: IAAAF-49302.
9 BFH v. 15.1.2015 - VI R 85/13, BStBl 2015 II 586.

nügt nach der FinVerw bei Pflichtversicherten die Bescheinigung der Versicherungsanstalt und bei öffentlich Bediensteten der Beihilfebescheid;[1]

- eine **psychotherapeutische Behandlung** (§ 64 Abs. 1 Nr. 2 Satz 1 Buchst. b EStDV); die Fortführung einer Behandlung nach Ablauf der Bezuschussung durch die Krankenversicherung steht einem Behandlungsbeginn gleich; insoweit ist aufgrund der in § 84 Abs. 3f EStDV angeordneten verfassungsrechtlich unbedenklichen rückwirkenden Geltung des § 64 EStDV auch im Veranlagungsjahr 2011 ein qualifizierter Nachweis der Zwangsläufigkeit erforderlich;[2] dieses Nachweiserfordernis gilt auch, soweit im Rahmen anderer Behandlungen, für die die Nachweiserfordernisse nicht vorliegen, therapeutische Gespräche geführt werden;[3]

- eine medizinisch erforderliche **auswärtige Unterbringung** eines an Legasthenie oder einer anderen Behinderung leidenden Kindes des Stpfl. (§ 64 Abs. 1 Nr. 2 Satz 1 Buchst. c EStDV); für den **Begriff der „Behinderung"** i. S. d. § 64 Abs. 1 Nr. 2 Satz 1 Buchst. c EStDV ist auf § 2 Abs. 1 SGB IX abzustellen: Danach sind Menschen behindert, wenn ihre körperliche Funktion, geistige Fähigkeit oder seelische Gesundheit mit hoher Wahrscheinlichkeit länger als sechs Monate von dem für das Lebensalter typischen Zustand abweichen und daher ihre Teilhabe am Leben in der Gesellschaft beeinträchtigt ist;[4] ob im Einzelfall (z. B. bei aggressiven Neigungen und selbstschädigenden Handlungen) eine Behinderung i. S. d. § 64 Abs. 1 Nr. 2 Satz 1 Buchst. c EStDV i. V. m. § 2 Abs. 1 SGB IX vorliegt, hat das FG aufgrund der ihm obliegenden Würdigung der Umstände des Einzelfalls festzustellen;[5]

- die **Notwendigkeit der Betreuung des Stpfl. durch eine Begleitperson**, sofern sich diese nicht bereits aus dem Nachweis der Behinderung nach § 65 Abs. 1 Nr. 1 EStDV ergibt (§ 64 Abs. 1 Nr. 2 Satz 1 Buchst. d EStDV);

- medizinische Hilfsmittel, die als **allgemeine Gebrauchsgegenstände des täglichen Lebens** i. S. v. § 33 Abs. 1 SGB V anzusehen sind (§ 64 Abs. 1 Nr. 2 Satz 1 Buchst. e EStDV). Dies sind nur solche technischen Hilfen, die getragen oder mit sich geführt werden können, um sich im jeweiligen Umfeld zu bewegen, zurechtzufinden und die elementaren Grundbedürfnisse des täglichen Lebens zu befriedigen (z. B. **nicht Treppenlift**, Freibeweis möglich, s. → Rz. 120).[6] Der Begriff des täglichen Hilfsmittels ist eng auszulegen: Bedient sich der Gesetzgeber im Rahmen einer Ausnahmeregelung – wie hier vom Grundsatz der freien Beweiswürdigung (§ 96 Abs. 1 Satz 1 FGO) – einer Legaldefinition (§ 33 Abs. 1 SGB V), ist keine analoge Anwendung, sondern deren wortgetreue Auslegung angezeigt.[7] Wegen dieser engen Auslegung werden hiervon Aufwendungen für **Sanierungsmaßnahmen von Gebäuden** zur Schadstoffbeseitigung nicht umfasst, selbst wenn die Maßnahmen die Beseitigung einer konkreten Gesundheitsgefahr bezwecken.[8] **Nachweiserleichterung:** „Klarstellend" be-

---

[1] R 33.4 Abs. 1 Satz 7 EStR.
[2] BFH v. 9. 11. 2015 - VI R 36/13, BFH/NV 2016, 194 = NWB DokID: AAAAF-18892.
[3] BFH v. 21.2.2018 - VI R 11/16, BStBl 2018 II 469, zum (Fern-)Reiki.
[4] BFH v. 18. 6. 2015 - VI R 31/14, BStBl 2016 II 40; BFH v. 15.1.2015 - VI R 85/13, BStBl 2015 II 586.
[5] BFH v. 18. 6. 2015 - VI R 31/14, BStBl 2016 II 40.
[6] BFH v. 6. 2. 2014 - VI R 61/12, BStBl 2014 II 458.
[7] BFH v. 6. 2. 2014 - VI R 61/12, *BStBl* 2014 II 458; *Geserich*, NWB 2014, 2004, 2406.
[8] Vgl. BFH v. 29. 3. 2012 - VI R 21/11, BStBl 2012 II 574.

stimmt die FinVerw, dass für eine **Augen-Laser-Operation** die Vorlage eines amtsärztlichen Attests nicht erforderlich ist;[1]

- **wissenschaftlich nicht anerkannte Behandlungsmethoden**, wie z. B. Frisch- und Trockenzellenbehandlungen, Sauerstoff-, Chelat- und Eigenbluttherapie (§ 64 Abs. 1 Nr. 2 Satz 1 Buchst. f EStDV); eine Behandlungsmethode ist **im Allgemeinen wissenschaftlich anerkannt**, wenn Qualität und Wirksamkeit dem allgemein anerkannten Stand der medizinischen Erkenntnisse entsprechen, also „die **große Mehrheit der einschlägigen Fachleute** (Ärzte, Wissenschaftler)" die Behandlungsmethode befürwortet und über die Zweckmäßigkeit der Therapie Konsens besteht.[2] Dies setzt im Regelfall voraus, dass über Qualität und Wirksamkeit der Methode zuverlässige, wissenschaftlich nachprüfbare Aussagen gemacht werden können. Der Erfolg muss sich aus wissenschaftlich einwandfrei durchgeführten Studien über die Zahl der behandelten Fälle und die Wirksamkeit der Methode ablesen lassen.[3] Die Therapie muss in einer für die sichere Beurteilung ausreichenden Zahl von Behandlungsfällen erfolgreich gewesen sein.[4] Die Feststellung, ob eine Behandlungsmethode als wissenschaftlich anerkannt anzusehen ist, hat das FG aufgrund der ihm obliegenden **Würdigung der Umstände des Einzelfalls** festzustellen.[5] Dabei kann sich das FG auf **allgemein zugängliche Fachgutachten** oder solche Gutachten stützen, die in **Verfahren vor anderen Gerichten** zur Beurteilung dieser Frage herangezogen wurden. In diesem Fall muss das FG die Beteiligten auf diese Absicht hinweisen und ihnen die entsprechenden Unterlagen zugänglich machen.[6] **Maßgeblicher Zeitpunkt** für die wissenschaftliche Anerkennung einer Behandlungsmethode ist der Zeitpunkt der Behandlung.[7] Was im Sozialrecht wissenschaftlich anerkannt ist, ist auch steuerrechtlich anerkannt, z. B. **Homöopathie**, Anthroposophie (mit dem Heilmittel „Heileurythmie") und Phytotherapie;[8]

- **wissenschaftlich nicht anerkannt** ist eine Behandlungsmethode dann, wenn Qualität und Wirksamkeit nicht dem allgemein anerkannten Stand der medizinischen Erkenntnisse entsprechen; diese Feststellung obliegt der Tatsacheninstanz (FG).[9] Demnach wissenschaftlich nicht anerkannt sind (Fern-)Reiki-Behandlung[10] oder die Liposuktion.[11] Die Qualifikation einer gesetzlichen Krankenkasse bzw. eines medizinischen Dienstes als „**unkonventionelle Behandlungsmethode**" genügt dagegen nicht zur Einstufung als wissenschaftlich nicht anerkannt.[12]

▶ Nachweis durch eine **Bescheinigung des behandelnden Krankenhausarztes** ist notwendig für **Besuchsfahrten** zu einem für längere Zeit in einem Krankenhaus liegenden Ehegatten

---

1 R 33.4 Abs. 1 Satz 2 EStR.
2 BFH v. 21.2.2018 - VI R 11/16, BStBl 2018 II 469.
3 BFH v. 18.6.2015 - VI R 68/14, BStBl 2015 II 803.
4 BFH v. 18.6.2015 - VI R 68/14, BStBl 2015 II 803.
5 BFH v. 26.6.2014 - VI R 51/13, BStBl 2015 II 9; ähnlich bereits *Gesserich*, NWB 2014, 2004, 2009 ff.
6 BFH v. 18.6.2015 - VI R 68/14, BFH/NV 2015, 1970 = NWB DokID: RAAAF-00267.
7 BFH v. 18.6.2015 - VI R 68/14, BFH/NV 2015, 1970 = NWB DokID: RAAAF-00267.
8 BFH v. 26.2.2014 - VI R 27/13, BStBl 2014 II 824.
9 BFH v. 26.6.2014 - VI R 51/13, BStBl 2015 II 9.
10 BFH v. 21.2.2018 - VI R 11/16, BStBl 2018 II 469.
11 BFH v. 18.6.2015 - VI R 68/14, BStBl 2015 II 803; FG Baden-Württemberg v. 27.9.2017 - 7 K 1940/17, EFG 2017, 1954, rkr.; s. a. BSG.
12 BFH v. 26.6.2014 - VI R 51/13, BStBl 2015 II 9.

oder Kind des Stpfl., in dem bestätigt wird, dass der Besuch des Stpfl. zur Heilung oder Linderung einer Krankheit entscheidend beitragen kann (§ 64 Abs. 1 Nr. 3 EStDV). Das Nachweiserfordernis nach § 64 Abs. 1 Nr. 3 EStDV greift hingegen nicht für Besuchsfahrten des Kindes zu seinen Eltern; eine Schließung der Lücke – etwa im Wege des Erstrecht-Schlusses – ist nicht möglich, weil die Aufzählung in § 64 EStDV abschließend ist (siehe → Rz. 120).

123–126 *(Einstweilen frei)*

b) Ausstellung von Gesundheitszeugnissen, Gutachten oder Bescheinigungen (§ 64 Abs. 2 EStDV)

127 Die zuständigen Gesundheitsbehörden haben auf Verlangen des Stpfl. die für steuerliche Zwecke erforderlichen Gesundheitszeugnisse, Gutachten oder Bescheinigungen auszustellen. Hat der Stpfl. hierfür Kosten zu tragen, dann sind diese ebenfalls agB.[1]

128–130 *(Einstweilen frei)*

C. Verfahrensfragen

131 **Abzugsberechtigung bei Ehegatten/Partnern einer eingetragenen Lebenspartnerschaft:** Siehe → Rz. 3.

Abzugsberechtigung bei Gesamtrechtsnachfolge: Siehe → Rz. 51.

Für den Abzug maßgeblicher VZ: Siehe → Rz. 34.

132–149 *(Einstweilen frei)*

D. ABC zur außergewöhnlichen Belastung

150 **Abfindungen** zur **Vermögensauseinandersetzung** sind keine agB.[2]

Abgaben (öffentlich-rechtliche) sind, da sie nahezu jeden Bürger treffen, mangels Außergewöhnlichkeit keine agB.[3]

Abmagerungskur s. Adipositas, Diät.

Adipositas: Aufwendungen hierfür sind ggf. agB (Krankheitskosten); der Krankheitswert einer Adipositas bestimmt sich nach den konkreten Umständen des Einzelfalls.[4] Siehe auch Diät, Krankheitskosten.

Adoption: Aufwendungen für die Adoption eines Kindes sind nicht als agB abziehbar;[5] insbesondere erwachsen Kosten für die Adoption eines fremdländischen Kindes einem Stpfl. weder aus rechtlichen noch aus sittlichen Gründen zwangsläufig.[6]

Akademischer Grad s. Promotionskosten.

---

1 HHR/*Kanzler*, § 33 EStG Rz. 233.
2 BFH v. 15. 6. 2010 - X R 23/08, BFH/NV 2010, 1807 = NWB DokID: MAAAD-49269.
3 *Loschelder* in Schmidt, § 33 EStG Rz. 35 „Abgaben".
4 BFH v. 29. 5. 2007 - III B 37/06, BFH/NV 2007, 1865 = NWB DokID: VAAAC-51797.
5 BFH v. 10. 3. 2015 - VI R 60/11, BStBl 2015 II 695, Verfassungsbeschwerde wurde durch BVerfG v. 13. 6. 2016 - 2 BvR 1208/15 (n.v.) nicht zur Entscheidung angenommen; BFH v. 17. 5. 2000 - III B 71/99, BFH/NV 2000, 1352 = NWB DokID: PAAAA-65532.
6 BFH v. 20. 3. 1987 - III R 150/86, BStBl 1987 II 596.

Alkoholismus: Aufwendungen für eine Entziehungskur sind stets, Kosten für eine Nachbehandlung dann Krankheitskosten (s. dort), wenn diese medizinisch indiziert ist.[1] Vorbeugende Maßnahmen zur Vermeidung der Trunksucht oder Verhinderung eines Rückfalls dienen dagegen der Erhaltung der Gesundheit; Aufwendungen dafür sind keine agB.[2]

Alleinerziehender: Ein Alleinerziehender kann weder wegen der Unterhaltsleistungen an seine Kinder noch wegen seiner besonderen Belastungssituation als Alleinerziehender außergewöhnliche Belastungen nach § 33 EStG geltend machen.[3]

Allergie: Allergiebettzeug gehört nicht – wie z. B. Brillen, Hörgeräte – zu den Heilmitteln im engeren Sinne, die ohne besondere Nachweise typisierend als agB berücksichtigt werden.[4] Zum **Nachweis** s. Krankheitskosten. Siehe auch Umweltbeeinträchtigungen.

Altersheim:

- Aufwendungen für die **altersbedingte Unterbringung** sind als durch die üblichen Aufwendungen der Lebensführung bedingt nicht zwangsläufig und mithin keine agB.[5]
- Dagegen sind Aufwendungen für die **krankheitsbedingte Unterbringung des Stpfl. selbst**
    - **dem Grunde nach** zwangsläufig i. S. d. § 33 EStG, es sei denn, der Pflegebedürftige behält seinen normalen Haushalt bei.[6] Die Aufwendungen der Unterbringung in einer Wohnanlage für betreutes Wohnen stehen auch mit der Krankheit (**Demenz/ dementielles Syndrom**) und der zu ihrer Heilung oder Linderung notwendigen Behandlung in einem adäquaten Zusammenhang.[7] Der Aufenthalt kann auch dann krankheitsbedingt sein, wenn keine zusätzlichen Pflegekosten entstanden sind und kein Merkzeichen „H" oder „Bl" im Schwerbehindertenausweis festgestellt ist.[8] Die aufgrund der Krankheit entstehenden Aufwendungen sind nach Maßgabe der für Krankheitskosten geltenden Grundsätze als agB zu berücksichtigen, soweit sie nicht außerhalb des Rahmens des Üblichen liegen.[9] **Aufwendungen eines nicht pflegebedürftigen Stpfl.**, der mit seinem pflegebedürftigen Ehegatten/Lebenspartner in ein Wohnstift in ein Altersheim übersiedelt, erwachsen hingegen nicht zwangsläufig.[10]
    - Von den krankheitsbedingten Aufwendungen sind **der Höhe nach** abziehbar neben den **Pflegekosten** auch die Aufwendungen, die auf die **Unterbringung und Verpflegung** entfallen, soweit es sich hierbei um gegenüber der normalen Lebensführung entstehende **Mehrkosten**[11] handelt; diese Mehrkosten sind die tatsächlich entstandenen **Unterhaltskosten** abzüglich einer **Haushaltsersparnis**. Sind beide Ehegatten krankheitsbedingt in einem Alten- und Pflegeheim untergebracht, ist **für jeden der Ehegatten** eine Haushaltsersparnis anzusetzen.[12] Die Haushaltsersparnis kann aus

---

[1] BFH v. 25.3.2003 - III B 67/02, BFH/NV 2003, 1167 = NWB DokID: NAAAA-69435.
[2] BFH v. 25.3.2003 - III B 67/02, BFH/NV 2003, 1167 = NWB DokID: NAAAA-69435.
[3] BFH v. 17.9.2015 - III R 36/14, BFH/NV 2016, 545 = NWB DokID: OAAAF-66174.
[4] BFH v. 14.12.2007 - III B 178/06, BFH/NV 2008, 561 = NWB DokID: DAAAC-71433.
[5] BFH v. 4.10.2017 - VI R 22/16, BStBl 2018 II 179, dazu auch *Geserich*, NWB 2018, 8; BFH v. 30.6.2011 - VI R 14/10, BStBl 2012 II 876.
[6] BFH v. 4.10.2017 - VI R 22/16, BStBl 2018 II 179.
[7] Niedersächsisches FG v. 20.9.2017 - 9 K 257/16, EFG 2018, 124, rkr.
[8] BFH v. 13.10.2010 - VI R 38/09, BStBl 2011 II 1010.
[9] BFH v. 14.11.2013 - VI R 20/12, BStBl 2014 II 456.
[10] BFH v. 15.4.2010 - VI R 51/09, BStBl 2010 II 794.
[11] BFH v. 4.10.2017 - VI R 22/16, BStBl 2018 II 179; BFH v. 30.6.2011 - VI R 14/10, BStBl 2012 II 876.
[12] BFH v. 4.10.2017 - VI R 22/16, BStBl 2018 II 179.

Vereinfachungsgründen mit dem Höchstbetrag nach § 33a Abs. 1 Satz 1 EStG angesetzt werden;[1] ggf. zeitanteilige Kürzung ($1/360$ pro Tag bzw $1/12$ pro Monat), wenn die Voraussetzungen des § 33 EStG nur für einen Teil des VZ vorliegen.[2] **Keine Kürzung um eine Haushaltsersparnis** erfolgt, wenn dem Stpfl. nur vorübergehend, z. B. anlässlich eines Sanatoriumsaufenthalts im Anschluss an eine Krankenhausbehandlung, ausschließlich krankheitsbedingte Unterbringungskosten entstehen, solange der Stpfl. seine Wohnung in nicht vorwerfbarer Weise noch nicht aufgelöst hat.[3] Es erfolgt **keine Aufteilung** der abzugsfähigen Kosten in Unterhaltskosten (§ 33a EStG) und Krankheitskosten (§ 33 EStG), da insgesamt agB i. S. d. § 33 EStG vorliegen.[4]

▶ Bei einem **Wechsel von altersbedingter zu krankheitsbedingter Unterbringung** sind die krankheitsbedingten Aufwendungen abzugsfähig.[5]

Asyl: Aus der Anerkennung als Asylberechtigter durch die zuständigen Behörden kann nicht per se geschlossen werden, dass die Verfolgung des Asylberechtigten zwangsläufig ist.[6]

Asbest s. Umweltbeeinträchtigungen

Ausbildung: Aufwendungen für die **eigene Berufsausbildung** erwachsen regelmäßig nicht zwangsläufig, weil diese Berufsausbildung auf einer freien Entscheidung beruht; Aufwendungen für einen Berufswechsel können aber wegen **krankheitsbedingten Zwangs** zur Umschulung agB sein.[7] Erleidet der Stpfl. aber aufgrund eines außergewöhnlichen Ereignisses unverschuldet einen endgültigen Verlust in einem existenziell wichtigen Bereich, können die zu dessen Ausgleich aufgewendeten Kosten ebenfalls agB darstellen (nicht bei Umschulung eines Berufsoffiziers der ehemaligen DDR mit einem an der Offiziershochschule abgeschlossenen, nach der Wende nicht anerkannten Studium als Diplom-Gesellschaftswissenschaftler).[8] Keine agB liegt vor, wenn **ein Kind** aus sozialen, psychologischen oder pädagogischen Gründen in einer Privatschule untergebracht wird.[9]

Außenseitermethoden s. immunbiologische Krebsabwehrtherapie

Aussteuer: Aufwendungen für eine Aussteuer sind grds. auch dann nicht aus sittlichen Gründen zwangsläufige agB für die stpfl. Eltern, wenn diese ihrem Kind keine Berufsausbildung gewähren.[10]

Auswanderung s. Asyl

Badekur s. Heilkur

Baumangel s. Umweltbeeinträchtigungen

Baudenkmal s. Heizkosten

---

1 R 33.3 Abs. 2 Satz 1 EStR; BFH v. 15. 4. 2010 - VI R 51/09, BStBl 2010 II 794; BFH v. 4.10.2017 - VI R 22/16, BStBl 2018 II 179.
2 R 33.3 Abs. 2 Satz 2 EStR; gebilligt durch BFH v. 4.10.2017 - VI R 22/16, BStBl 2018 II 179.
3 BFH v. 15. 4. 2010 - VI R 51/09, BStBl 2010 II 794.
4 BFH v. 30. 6. 2011 - VI R 14/10, BStBl 2012 II 876.
5 BFH v. 10. 5. 2007 - III R 39/05, BStBl 2007 II 764.
6 BFH v. 26. 4. 1991 - III R 69/87, BStBl 1991 II 755.
7 BFH v. 18. 4. 1990 - III R 126/86, BStBl 1990 II 738.
8 BFH v. 28. 8. 1997 - III R 195/94, BStBl 1998 II 183.
9 BFH v. 22. 12. 2004 - III B 169/03, BFH/NV 2005, 699 = NWB DokID: BAAAB-43793.
10 BFH v. 3. 6. 1987 - III R 141/86, BStBl 1987 II 779.

Beerdigungskosten: Ausgaben für die Bestattung eines nahen Angehörigen sind i. d. R. als agB zu berücksichtigen, soweit sie nicht aus dem Nachlass bestritten werden können oder durch Ersatzleistungen (Lebensversicherungen/Sterbegeldversicherung) gedeckt sind.[1] Abziehbar sind nur die **unmittelbar** mit der Bestattung zusammenhängenden Kosten (ggf. auch Überführungskosten, wenn Grabpflege und -besuch unzumutbar),[2] soweit sie angemessen sind (lt. FinVerw sind Kosten bis zu 7 500 € angemessen).[3] Keine agB sind **mittelbare Aufwendungen**,[4] z. B. Trauerkleidung, Bewirtung von Trauergästen, Grabpflegekosten oder Reisekosten für die Beerdigung[5] sowie Aufwendungen für die eigene Grabstätte im Doppelgrab.[6]

Behinderungsbedingte Mehraufwendungen eines **Um- oder Neubaus** sind grds. agB[7] (z. B. Einbau eines **Treppenlifts**).[8] Indes sind Mehrkosten für die Anschaffung eines größeren Grundstücks zum Bau eines behindertengerechten Bungalows keine agB, da sie nicht vornehmlich der Krankheit oder Behinderung geschuldet, sondern in erster Linie Folge des frei gewählten Wohnflächenbedarfs des Stpfl. sind.[9] Ebenfalls keine agB sind Aufwendungen für den behindertengerechten Umbau einer **Motoryacht**; denn derartige Aufwendungen stehen im Belieben des Stpfl. und sind nicht vornehmlich der Krankheit oder Behinderung geschuldet, sondern – anders als die krankheitsbedingte oder behindertengerechte Ausgestaltung des individuellen (existenziell wichtigen) Wohnumfelds – in erster Linie Folge eines frei gewählten Konsumverhaltens.[10] Soweit agB gegeben sind, ist eine Verteilung auf mehrere VZ nicht zulässig.[11] Zum **Nachweis** ausreichend ist nach Auffassung der FinVerw der Bescheid eines gesetzlichen Trägers der Sozialversicherung oder der Sozialleistungen über die Bewilligung eines pflege- bzw. behinderungsbedingten Zuschusses (z. B. zur Verbesserung des individuellen Wohnumfeldes nach § 40 Abs. 4 SGB XI) oder das Gutachten des Medizinischen Dienstes der Krankenversicherung, des Sozialmedizinischen Dienstes oder der Medicproof Gesellschaft für Medizinische Gutachten mbH.[12]

Berufskrankheit: Aufwendungen zur Wiederherstellung der Gesundheit können betrieblich oder beruflich veranlasst sein, wenn es sich um eine typische Berufskrankheit handelt oder der Zusammenhang zwischen der Erkrankung und dem Beruf eindeutig feststeht.[13] Die Feststellung, ob eine typische Berufskrankheit oder ein eindeutiger Zusammenhang zwischen der Erkrankung und dem Beruf des Stpfl. vorliegt, obliegt dem FG als Tatsacheninstanz.[14]

Besuchsfahrten zu nahen Angehörigen sind grds. keine agB, da sie bei typisierender Betrachtung durch Familienleistungsausgleich und Grundfreibetrag abgegolten sind (z. B. Kosten eines

---

1 BFH v. 21.2.2018 - VI R 11/16, BStBl 2018 II 469; BFH v. 22.2.1996 - III R 7/94, BStBl 1996 II 413; vgl. auch *Stelter*, NWB 2018, 2054.
2 FG Düsseldorf v. 13.5.1998 - 9 K 3046/96 E, ZEV 2000, 516.
3 OFD Berlin v. 27.11.2003 - St 177-S 2284 -1/90, EStG-Kartei BE § 33 EStG Nr. 1001 III.
4 Krit. *Müller*, DStZ 1999, 313 und 905.
5 H 33.1 - 33.4 „Bestattungskosten" EStH, m. w. N.
6 FG Münster v. 1.6.2005 - 14 K 3164/04 E, EFG 2005, 1359.
7 BFH v. 17.7.2014 - VI R 42/13, BStBl 2014 II 931; vgl. auch *Adomat*, NWB Beilage 1/2016, 1 ff.
8 BFH v. 5.10.2011 - VI R 14/11, BFH/NV 2012, 39 = NWB DokID: QAAAD-96891; vgl. hierzu ausführlich *Geserich*, NWB 2015, 2004 ff.
9 BFH v. 17.7.2014 - VI R 42/13, BStBl 2014 II 931.
10 BFH v. 2.6.2015 - VI R 30/14, BStBl 2015 II 775.
11 R 33.4 Abs. 5 Satz 2 EStR.
12 R 33.4 Abs. 5 Satz 3 EStR.
13 BFH v. 9.11.2015 - VI R 36/13, BFH/NV 2016, 194 = NWB DokID: AAAAF-18892.
14 BFH v. 9.11.2015 - VI R 36/13, BFH/NV 2016, 194 = NWB DokID: AAAAF-18892.

alleinstehenden Elternteils für Wochenendfahrten zu einem von ihm getrennt lebenden Kind in Erfüllung der elterlichen Pflicht zur Personensorge).[1]

Dagegen liegen agB vor, wenn die **Fahrten ausschließlich zum Zwecke der Heilung oder Linderung einer Krankheit** (z. B. Besuchsfahrten im Rahmen einer therapeutischen Behandlung)[2] unternommen werden.[3] Zum **Nachweis** für Besuchsfahrten zu einem in einem Krankenhaus liegenden Ehegatten/Kind ist eine Bescheinigung des behandelnden Krankenhausarztes erforderlich, nach der der Besuch des Stpfl. zur Heilung oder Linderung entscheidend beitragen kann (§ 64 Abs. 1 Nr. 3 EStDV).

Aufwendungen von Eltern für Besuchsfahrten zu ihrem eine **Freiheitsstrafe verbüßenden volljährigen** Kind in der Haftanstalt sind üblicherweise als durch den Grundfreibetrag und die Regelungen des sog. Kinderlastenausgleichs abgegolten anzusehen und deshalb nicht als agB berücksichtigungsfähig (Besuchsfahrten zur Aufrechterhaltung des familiären Kontakts sind nicht unüblich und mithin nicht außergewöhnlich).[4]

Betrug: Vergebliche Zahlungen für den Erwerb eines Grundstücks und für die Erstellung eines selbst zu nutzenden Einfamilienhauses (Maklerkosten, Werklohnvorauszahlungen), zu denen der Stpfl. durch einen Betrug seiner Vertragspartner veranlasst worden ist und für die er nach dem Scheitern der Verträge keine realisierbaren Ersatzansprüche erworben hat, sind nicht als agB zu berücksichtigen.[5]

Brand s. Umweltbeeinträchtigungen

Brustoperation s. Mammaasymmetrie und Fettabsaugung

Bürgschaft: Aufwendungen zur Abdeckung einer eingegangenen Bürgschaft sind nur dann zwangsläufig, wenn die Übernahme der Bürgschaft selbst zwangsläufig ist.[6]

Darlehen s. Schuldzinsen

Demenz s. Altersheim

Diät: Aufwendungen für **Diätverpflegung** (s. → Rz. 86) sind nicht als agB abziehbar, wenn sie nicht Aufwendungen für Arzneimittel i. S. d. § 2 AMG sind; das gilt auch für **Sonderdiäten**, die eine medikamentöse Behandlung ersetzen (z. B. Zöliakie, d. h. Glutenunverträglichkeit).[7] Siehe auch Krankheitskosten.

Diebstahl: Aufwendungen für die Wiederbeschaffung von Kleidungsstücken, die dem Stpfl. auf einer Urlaubsreise entwendet wurden, sind i. d. R. keine agB. Denn die auf einer Urlaubsreise mitgeführten Kleidungsstücke stellen nach der Lebenserfahrung regelmäßig nur einen Teil der vorhandenen Ausstattung dar, während ein wesentlicher Teil in der heimatlichen Wohnung verbleibt, so dass auch nach dem Verlust des Urlaubsgepäcks noch ein lebensnotwendiger Mindestbestand an Kleidung vorhanden ist.[8]

Dioxin s. Umweltbeeinträchtigungen

---

1 BFH v. 11.1.2011 - VI B 60/10, BFH/NV 2011, 876 = NWB DokID: CAAAD-62795.
2 BFH v. 5.10.2011 - VI R 20/11, BFH/NV 2012, 38 = NWB DokID: AAAAD-96892.
3 BFH v. 5.3.2009 - VI R 60/07, BFH/NV 2009, 1111 = NWB DokID: JAAAD-21094.
4 BFH v. 23.5.1990 - III R 145/85, BStBl 1990 II 895.
5 BFH v. 19.5.1995 - III R 12/92, BStBl 1995 II 774.
6 BFH v. 18.11.1977 - VI R 142/75, BStBl 1978 II 147.
7 BFH v. 21.6.2007 - III R 48/04, BStBl 2007 II 880.
8 BFH v. 3.9.1976 - VI R 185/74, BStBl 1976 II 712.

Doktorexamen s. Promotionskosten

Doppelte Haushaltsführung s. Zweitwohnung

Drillinge s. Zwillinge

Ehescheidung: Mit Einführung des § 33 Abs. 2 Satz 4 EStG (s. →Rz. 90 ff.), der **erstmals ab dem VZ 2013** anwendbar ist, sind Ehescheidungskosten nach der Rspr. des BFH vom Abzug als agB ausgeschlossen, weil ein Stpfl. die Aufwendungen für ein Scheidungsverfahren regelmäßig nicht zur Sicherung seiner Existenzgrundlage und seiner lebensnotwendigen Bedürfnisse (s. dazu Rz. →96) erbringt.[1] Eine existenzielle Betroffenheit hat der BFH in Scheidungsfällen bisher noch nicht bejaht.[2] Für VZ **bis einschließlich 2012** galt:

Ehescheidungskosten waren in engen Grenzen als agB abzugsfähig,[3] soweit sie unmittelbaren Kosten (Gerichts- und Anwaltskosten[4]) betrafen.[5] Mit dem Gerichtsverfahren verbundene Kosten für die Ehescheidung und den **Versorgungsausgleich** sind daher als außergewöhnliche Belastungen i. S. d. § 33 EStG in der bis einschließlich 2012 geltenden Fassung abziehbar.[6] Kosten familienrechtlicher und sonstiger Regelungen im Zusammenhang mit der Ehescheidung waren und sind dagegen grundsätzlich nicht als außergewöhnliche Belastung zu berücksichtigen.[7] Das gilt jedenfalls für alle Regelungen, die **außerhalb des sog. Zwangsverbunds** durch das Familiengericht oder außergerichtlich getroffen worden sind.[8] Folglich nicht abziehbar waren Zivilprozesskosten im Zusammenhang mit dem **Zugewinn**.[9] Entscheidend war, dass der Gesetzgeber den (früheren) Eheleuten Inhalt und Verfahren der Regelung ihrer Verhältnisse im Wesentlichen in gleicher Weise zur eigenverantwortlichen Gestaltung übertragen hat wie in bestehender Ehe oder im Falle nichtehelicher Familienbeziehungen.[10] Indes prüfte der BFH, ob im Einzelfall etwas anderes gelten konnte.[11] Prozesskosten wegen **Scheidungsfolgesachen** außerhalb des sog. Zwangsverbunds, wie die Auseinandersetzung über das gemeinsame Vermögen oder den nachehelichen Unterhalt, entstand dem Stpfl. auch dann nicht zwangsläufig, wenn die Folgesachen auf Antrag des anderen Ehegatten zusammen mit der Scheidung durch das Familiengericht entschieden wurde.[12] Denn auch insoweit galten die Kosten für den mit dem Verfahren überzogenen Ehegatten nicht als unvermeidbar.[13] S. auch Hausrat.

Ehrenamt: Hieraus resultierende Kosten sind nicht zwangsläufig.[14]

---

1 BFH v. 18.5.2017 - VI R 9/16, BStBl 2017 II 988.
2 *Geserich*, NWB 2017, 2560, 2561.
3 Grundlegend: BFH v. 8.11.1974 - VI R 22/72, BStBl 1975 II 11.
4 BFH v. 20.1.2016 - VI R 70/12, BFH/NV 2016, 905 = NWB DokID: JAAAF-71098.
5 BFH v. 2.10.1981 - VI R 38/78, BStBl 1982 II 116.
6 BFH v. 10.3.2016 - VI R 69/12, BFH/NV 2016, 1155 = NWB DokID: KAAAF-75525; BFH v. 14.4.2016 - VI R 56/14, BFH/NV 2016, 1270 = NWB DokID: LAAAF-77658; BFH v. 15.6.2016 - VI R 34/14, NWB DokID: LAAAF-81834.
7 BFH v. 20.1.2016 - VI R 70/12, BFH/NV 2016, 905 = NWB DokID: JAAAF-71098; BFH v. 20.1.2016 - VI R 66/12, BFH/NV 2016, 998 = NWB DokID: HAAAF-74126.
8 BFH v. 14.4.2016 - VI R 56/14, BFH/NV 2016, 1270 = NWB DokID: LAAAF-77658; BFH v. 10.3.2016 - VI R 69/12, BFH/NV 2016, 1155 = NWB DokID: KAAAF-75525; BFH v. 10.3.2016 - VI R 38/13, BFH/NV 2016, 1009 = NWB DokID: UAAAF-74515.
9 BFH v. 15.6.2016 - VI R 34/14, NWB DokID: LAAAF-81834
10 BFH v. 20.1.2016 - VI R 70/12, BFH/NV 2016, 905 = NWB DokID: JAAAF-71098; BFH v. 15.6.2016 - VI R 34/14, NWB DokID: LAAAF-81834.
11 BFH v. 20.1.2016 - VI R 70/12, BFH/NV 2016, 905 = NWB DokID: JAAAF-71098.
12 BFH v. 20.1.2016 - VI R 70/12, BFH/NV 2016, 905 = NWB DokID: JAAAF-71098.
13 BFH v. 15.6.2016 - VI R 34/14, NWB DokID: LAAAF-81834; BFH v. 30.6.2005 - III R 27/04, BStBl 2006 II 491.
14 *Loschelder* in Schmidt, § 33 EStG Rz. 35 „Ehrenamt".

Elektrosmog s. Umweltbeeinträchtigungen

Entführung s. Lösegeld

Entgangene Einnahmen sind schon mangels Aufwendungen keine agB.[1]

Entgangene Mieteinnahmen sind schon mangels Aufwendungen keine agB.[2]

Ergänzungspfleger: Wird für einen Minderjährigen im Zusammenhang mit einer Erbauseinandersetzung die Anordnung einer Ergänzungspflegschaft erforderlich, so sind die Aufwendungen hierfür keine agB; derartige Aufwendungen sind grds. durch die allgemeinen Freibeträge abgegolten.[3] S. auch Nachlassverbindlichkeiten.

Erpressung s. Lösegeld

Ersatzleistungen s. → Rz. 30 ff.

Erschließungsbeiträge sind nicht als agB abziehbar.[4]

Familienmediation: Aufwendungen hierfür im Ehescheidungsverfahren entstehen dem Stpfl. nicht zwangsläufig.[5]

Fahrtkosten Behinderter s. KKB/Bleschick, § 33b EStG Rz. 16

Fettabsaugung (Liposuktion): Aufwendungen für eine operative Fettabsaugung und die operative Behandlung herabgesunkener Augenlider sind nicht als agB abziehbar, wenn der Stpfl. den Nachweisanforderungen des § 64 Abs. 1 Nr. 1 EStDV (Verordnung eines Arztes) nicht genügt.[6]

Fluchthilfe: Fluchthilfekosten zugunsten Angehöriger können nur dann als agB berücksichtigt werden, wenn eine besondere Zwangslage für die Flucht vorgelegen hat (z. B. akute Gefahr für Leben, körperliche Unversehrtheit, Freiheit oder wirtschaftliche Existenz).[7] Bei Fluchthilfe zugunsten Dritter ist die Zwangsläufigkeit nur bei dem Bestehen sittlicher Gründe gegeben.[8] Siehe auch Asyl.

Funktionsanalyse, biomechanische: Bei Aufwendungen für „biomechanische Funktionsanalysen" und ein Wirbelsäulentraining kann es sich, sofern man überhaupt das Vorliegen von Krankheitskosten annimmt, allenfalls um Aufwendungen für Heilmittel im Sinne einer physikalischen Therapie handeln, wenn der Stpfl. den Nachweisanforderungen des § 64 Abs. 1 Nr. 1 EStDV (Verordnung eines Arztes oder Heilpraktikers) genügt.[9]

Gewichtsreduktion s. Abmagerungskur

Gebühren s. Abgaben

Geldbuße und **Geldstrafe** sind keine agB.[10]

---

1 BFH v. 4. 11. 2009 - VI B 43/09, BFH/NV 2010, 852 = NWB DokID: TAAAD-39590.
2 BFH v. 4. 11. 2009 - VI B 43/09, BFH/NV 2010, 852 = NWB DokID: TAAAD-39590.
3 BFH v. 14. 9. 1999 - III R 39/97, BStBl 2000 II 69.
4 FG Berlin-Brandenburg v. 4.7.2018 - 7 K 7074/16, NWB DokID: FAAAG-92645.
5 *Mellinghoff* in Kirchhof, § 33 EStG Rz. 54 „Mediation".
6 BFH v. 18.6.2015 - VI R 68/14, BStBl 2015 II 803; s. auch BSG v. 24.4.2018 - B 1 KR 13/16 R, NWB DokID: FAAAG-89736; vgl. BFH v. 24. 11. 2006 - III B 57/06, BFH/NV 2007, 438 = NWB DokID: RAAAC-35139.
7 HHR/*Kanzler*, § 33 EStG Rz. 72, m. w. N.
8 HHR/*Kanzler*, § 33 EStG Rz. 72; Niedersächsisches FG v. 19. 3. 1996 - III 426/94, EFG 1996, 763, rkr.
9 BFH v. 19. 11. 2015 - VI R 42/14, BFH/NV 2016, 739 = NWB DokID: KAAAF-70013.
10 BFH v. 18. 9. 1987 - VI R 121/84, BFH/NV 1988, 353 = NWB DokID: LAAAB-30462.

Gesundheitsgefährdung s. Umweltbeeinträchtigungen

Haartransplantation: Aufwendungen hierfür sind keine agB.[1]

Handauflegen s. Reiki

Haus s. Umweltbeeinträchtigungen

Hausrat s. Umweltbeeinträchtigungen

Hausschwamm: Die Neu- oder Wiederbeschaffung von Möbeln nach einer Scheidung als Folgekosten der Scheidung stellt keine außergewöhnliche Belastung dar.[2] Dies gilt selbst dann, wenn der eine Ehegatte einen Teil der Möbel aufgrund einer richterlichen Teilungsanordnung dem anderen Ehegatten überlassen musste.[3] S. auch Umweltbeeinträchtigungen

Heilkur: Grds. agB dem Grunde nach: Aufwendungen für eine Heilkur können im Krankheitsfall agB sein. Die Abgrenzung zum Erholungsurlaub kann nunmehr durch ein ohnehin erforderliches amtsärztliches Attest (§ 64 Abs. 1 Satz 1 Nr. 1 Buchst. a EStDV) belegt werden. Allein der Umstand, dass eine Klimakur medizinisch angezeigt ist, erlaubt jedoch noch nicht den Schluss, dass es sich bei dem streitigen Aufenthalt tatsächlich um eine Heilkur gehandelt hat: Denn diese Beurteilung setzt ferner voraus, dass die Reise nach ihrem Gesamtcharakter eine Kurreise und nicht ein Erholungsaufenthalt ist, der der Gesundheit letztlich auch förderlich ist.[4] Aufwendungen für eine **Kinderkur** können als agB zu berücksichtigen sein, wenn die Kur aufgrund der Erkrankungen des Kindes medizinisch angezeigt ist; allerdings kommt bei einem Kuraufenthalt von Kindern üblicherweise in erster Linie eine Unterbringung in einem Kinderheim in Betracht.[5] Zum Nachweis der Zwangsläufigkeit ist ein amtsärztliches Attest erforderlich (§ 64 Abs. 1 Nr. 2 Buchst. a EStDV). **AgB der Höhe nach:** Kosten für **Kuren im Ausland** sind i. d. R. nur bis zur Höhe der Aufwendungen anzuerkennen, die in einem dem Heilzweck entsprechenden inländischen Kurort entstehen würden.[6] **Verpflegungsmehraufwendungen** anlässlich einer Kur können nur in tatsächlicher Höhe nach Abzug der Haushaltsersparnis von $1/_5$ der Aufwendungen berücksichtigt werden.[7] Als **Fahrtkosten** zum Kurort sind grds. die Kosten der öffentlichen Verkehrsmittel anzusetzen; die eigenen Kfz-Kosten können nur ausnahmsweise berücksichtigt werden, wenn besondere persönliche Verhältnisse dies erfordern.[8] Aufwendungen für Besuchsfahrten zu in Kur befindlichen Angehörigen sind keine agB.[9]

Heimunterbringung: Kosten für die behinderungsbedingte Unterbringung in einer betreuten Wohngemeinschaft können agB sein.[10] Zum Nachweis ist ein amtsärztliches Attest erforderlich (§ 64 Abs. 1 Nr. 2 Buchst. c EStDV).

---

1 Niedersächsisches FG v. 2. 2. 2000 - 12 K 161/98, EFG 2000, 496, rkr.
2 BFH v. 16.5.1975 - VI R 163/73, BStBl 1975 II 538.
3 BFH v. 1.8.2016 - VI B 18/16, BFH/NV 2016, 1708 = NWB DokID: PAAAF-84763.
4 BFH v. 5. 10. 2011 - VI R 88/10, BFH/NV 2012, 35 = NWB DokID: UAAAD-96894.
5 BFH v. 5. 10. 2011 - VI R 88/10, BFH/NV 2012, 35 = NWB DokID: UAAAD-96894.
6 R 33.4 Abs. 4 Satz 1 EStR.
7 R 33.4 Abs. 4 Satz 2 EStR.
8 H 33.4 „Kur" EStH, m.w. N. zur Rechtsprechung des BFH.
9 H 33.4 „Kur" EStH, m.w. N. zur Rechtsprechung des BFH.
10 BFH v. 23. 5. 2002 - III R 24/01, BStBl 2002 II 567.

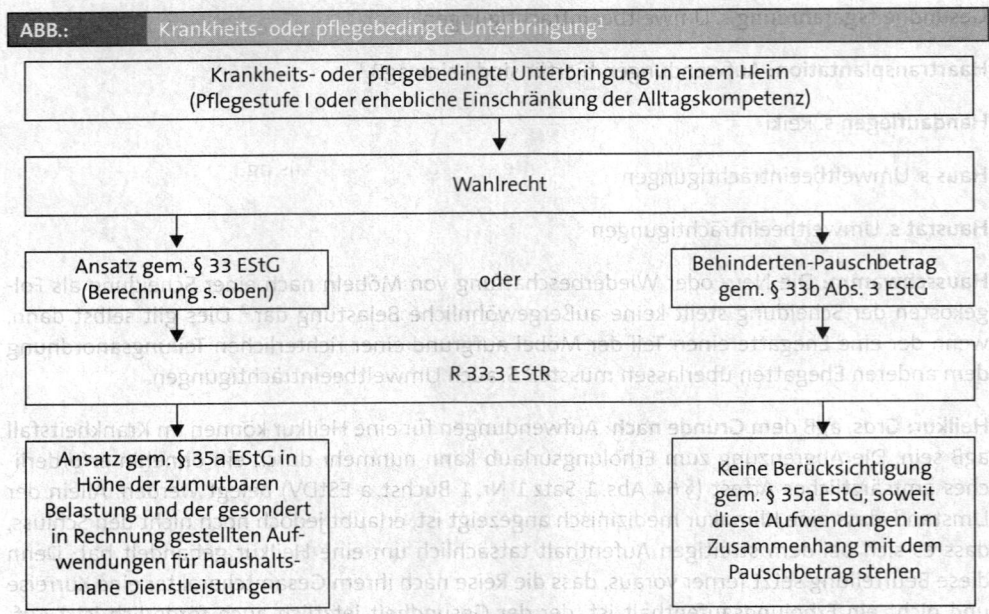

Heizkosten für ein Baumdenkmal – seien sie auch unverhältnismäßig hoch – sind keine agB.[2]

Hochbegabung s. Lerntherapie

Hochwasser s. Umweltbeeinträchtigungen

Hochzeit: Dadurch entstandene Aufwendungen sind keine agB;[3] dies gilt auch für Reisekosten anlässlich einer Eheschließung im Ausland.[4] Dasselbe gilt für **Verlobungsgeschenke**.[5]

Immunbiologische Krebsabwehrtherapie: Aufwendungen für eine immunbiologische Krebsabwehrtherapie, denen es objektiv an der Eignung zur Heilung oder Linderung mangelt, können zwangsläufig erwachsen, wenn der Stpfl. an einer Erkrankung mit einer nur noch begrenzten Lebenserwartung leidet, die nicht mehr auf eine kurative Behandlung anspricht; ihre Grenze findet die Abzugsfähigkeit von Aufwendungen für Außenseitermethoden allerdings, wenn die Behandlung von einer Person vorgenommen wird, die nicht zur Ausübung der Heilkunde zugelassen ist.[6] Zum Nachweis s. Erläuterungen zu § 64 Abs. 1 Nr. 2 Satz 1 Buchst. f EStDV unter → Rz. 122.

Insolvenz s. Verbraucherinsolvenz

Integrationsmaßnahmen: Keine agB sind Aufwendungen für den Besuch von Sprachkursen, in denen Deutsch gelehrt wird.[7] Gleiches gilt für Integrationskurse, es sei denn, der Stpfl. weist

---

1 Entnommen aus *Adomat*, Praxis-Leitfaden Einkommensteuer, 159.
2 FG Münster v. 19. 11. 2009 – 8 K 1089/06 E, EFG 2010, 703.
3 BFH v. 2. 5. 1958 – VI 303/57 U, BStBl 1958 III 296.
4 BFH v. 15. 4. 1992 – III R 11/91, BStBl 1992 II 821; FG Berlin-Brandenburg v. 15. 8. 2012 – 7 K 7030/11, EFG 2012, 2287, rkr.
5 BFH v. 18. 8. 1967 – VI R 51/66, BStBl 1967 III 758.
6 BFH v. 2. 9. 2010 – VI R 11/09, BStBl 2011 II 119.
7 R 33.4 Abs. 6 Satz 1 EStR.

durch Vorlage einer Bestätigung der Teilnahmeberechtigung nach § 6 Abs. 1 Satz 1 und 3 EStG der Verordnung über die Durchführung von Integrationskursen für Ausländer und Spätaussiedler nach, dass die Teilnahme am Integrationskurs verpflichtend war und damit aus rechtlichen Gründen zwangsläufig erfolgte.[1]

Internat: Aufwendungen für die Internatsunterbringung können als agB abziehbar sein, wenn der Schulbesuch medizinisch angezeigt war.[2] Zum **Nachweis** ist ein zuvor erstelltes amtsärztliches Attest erforderlich (§ 64 Abs. 1 Nr. 2 Buchst. c EStDV). Kosten, die um der schulischen Förderung des Kindes willen aufgewendet werden, sind selbst dann keine agB, wenn der Besuch der – auswärtigen – Schule aus sozialen, psychologischen oder pädagogischen Gründen erfolgt; derartige Aufwendungen sind lediglich als Sonderausgaben nach § 10 Abs. 1 Nr. 9 EStG beschränkt abziehbar.[3]

Katastrophe s. Umweltbeeinträchtigungen

Kleidung: Aufwendungen für die Anschaffung sind nur agB bei unabwendbaren Ereignissen, s. Umweltbeeinträchtigungen. Aufwendungen für die Reinigung und Änderung von bürgerlicher Kleidung sowie für die Anschaffung neuer bürgerlicher Kleidungsstücke Erkrankter sind nur mittelbare Krankheitskosten und keine agB, wenn die Aufwendungen dem Zweck dienten, die negativen Auswirkungen der Krankheit auf deren Äußeres zu vermindern und so einer psychischen Belastung entgegenzuwirken; derartige Aufwendungen sind auch nicht den im Einzelfall möglicherweise abziehbaren kosmetischen Rehabilitationsmaßnahmen zuzurechnen.[4] Aufwendungen für die Anschaffung von Kleidung und Schuhen, die ein **Transsexueller** zur Vorbereitung auf die Geschlechtsumwandlung während eines Alltagstests trägt, sind keine agB.[5]

Krankheitskosten: Aufwendungen für **typische Berufskrankheiten** sind WK/BA, § 33 Abs. 2 Satz 2 EStG.[6] **Ansonsten** gilt:

Anerkennung **dem Grunde nach: Kosten der eigentlichen Heilbehandlung** sind stets aus tatsächlichen Gründen zwangsläufig typisierend, ohne dass es im Einzelfall der an sich gebotenen Prüfung der Zwangsläufigkeit des Grundes und der Höhe nach bedarf, soweit sie medizinisch indiziert sind.[7] Selbst Krankheitskosten, denen es objektiv an der Eignung zur Heilung/Linderung mangelt, können zwangsläufig erwachsen, wenn der Stpfl. an einer Erkrankung mit einer nur noch begrenzten Lebenserwartung leidet, die nicht mehr auf eine kurative Behandlung anspricht; die Behandlung muss aber von einer Person vorgenommen werden, die zur Ausübung der Heilkunde zugelassen ist.[8] Kosten für **vorbeugende Maßnahmen** oder der **Erhaltung des allgemeinen Gesundheitszustandes** sind keine agB.[9] Die mit einer Krankheit verbundenen (mittelbaren) **Folgekosten** gehören ebenso wie die Kosten für vorbeugende oder der Gesundheit ganz allg. dienende Maßnahmen, die nicht gezielt der Heilung oder Linderung von Krank-

---

1 R 33.4 Abs. 6 Satz 2 EStR.
2 BFH v. 12. 5. 2011 - VI R 37/10, BStBl 2013 II 783.
3 BFH v. 11. 11. 2010 - VI R 17/09, BStBl 2011 II 969; R 33.4 Abs. 2 EStR.
4 BFH v. 29. 1. 1986 - III B 63-64/85, BFH/NV 1988, 438 = NWB DokID: NAAAB-28585.
5 BFH v. 25. 10. 2007 - III R 63/06, BFH/NV 2008, 544 = NWB DokID: EAAAC-70815.
6 BFH v. 17. 7. 1992 - VI R 96/88, BFH/NV 1993, 19 = NWB DokID: XAAAB-33452.
7 BFH v. 2. 9. 2010 - VI R 11/09, BStBl 2011 II 119.
8 BFH v. 2. 9. 2010 - VI R 11/09, BStBl 2011 II 119.
9 BFH v. 17. 7. 1992 - VI R 96/88, BFH/NV 1993, 19 = NWB DokID: XAAAB-33452.

heiten dienen, nicht zu den Krankheitskosten[1] (**Beispiele** für Folgekosten: Besuchsfahrten,[2] Kleidung,[3] Umzug[4]). **Wissenschaftlich nicht anerkannte Heilbehandlungsmethoden** können als Krankheitskosten i. d. R. nur anerkannt werden, wenn die medizinische Indikation durch ein **vor Beginn** erstelltes **amtsärztliches Attest** für geboten erachtet wird (§ 64 Abs. 1 Nr. 2 Buchst. f EStDV). Eine **Hochbegabung als solche** stellt keine Erkrankung dar.[5] Zu den **Nachweisanforderungen** des § 64 EStDV, s. → Rn 120 ff.

Anerkennung **der Höhe nach:**

▶ Bei medizinischen Hilfsmitteln im weiteren Sinne ist ein die steuerliche Berücksichtigung ausschließender **Gegenwert** (vgl. → Rz. 22) grds. nur dann anzunehmen, wenn der angeschaffte Gegenstand nicht ausschließlich dem Erkrankten selbst zu dienen bestimmt, sondern auch für Dritte von Nutzen ist,[6] weshalb die Anschaffung von Gegenständen der Lebensführung (z. B. Mobiliar und Bettwäsche) keine agB sind.[7]

▶ **Ersatzleistungen** (s. → Rz. 30 ff.) sind auf die agB anzurechnen. Dies gilt auch dann, wenn sie erst in einem späteren Kalenderjahr gezahlt werden, der Stpfl. aber bereits in dem VZ, in dem die Belastung eingetreten ist, mit der Zahlung rechnen konnte.[8]

Kredit s. Schuldzinsen

Kriegseinwirkung s. Umweltbeeinträchtigungen

Künstliche Befruchtung: Aufwendungen einer verheirateten/nicht verheirateten empfängnisunfähigen Frau für Maßnahmen zur Sterilitätsbehandlung durch sog. In-vitro-Fertilisation sind agB, wenn die Maßnahmen in Übereinstimmung mit den Richtlinien der ärztlichen Berufsordnungen vorgenommen werden.[9] Dies gilt auch für Aufwendungen für eine heterologe künstliche Befruchtung.[10] Eine zuvor freiwillig zum Zweck der Empfängnisverhütung vorgenommene Sterilisation steht dem Abzug von agB entgegen.[11] Aufwendungen für eine künstliche Befruchtung können nicht als agB Belastungen nach § 33 EStG abgezogen werden, wenn die Behandlung nach inländischen Maßstäben nicht mit dem EschG oder anderen Gesetzen vereinbar ist.[12] Ein Verstoß gegen EschG liegt nicht vor, wenn zwar mehr als drei Eizellen befruchtet werden, aber lediglich ein oder zwei entwicklungsfähige Embryonen zum Zwecke der Übertragung entstehen sollen und der Behandlung eine vorherige sorgfältige individuelle Prognose zugrunde liegt (sog. deutscher Mittelweg).[13] Aufwendungen einer empfängnisunfähigen (unfruchtbaren) Frau für eine heterologe künstliche Befruchtung durch In-vitro-Fertilisation (IVF) sind als agB (Krankheitskosten) auch dann zu berücksichtigen, wenn die Frau in einer gleichgeschlechtlichen Partnerschaft lebt.[14] Da die Aufwendungen für eine heterologe künstliche Be-

---

1 BFH v. 3. 12. 1998 - III R 5/98, BStBl 1999 II 227.
2 BFH v. 3. 12. 1998 - III R 5/98, BStBl 1999 II 227.
3 BFH v. 29. 1. 1986 - III B 63-64/85, BFH/NV 1988, 438 = NWB DokID: NAAAB-28585.
4 FG München v. 25. 6. 1990 - 13 K 2135/89, EFG 1991, 25.
5 BFH v. 19. 11. 2015 - VI R 45/14, BFH/NV 2016, 393 = NWB DokID: IAAAF-49302.
6 BFH v. 9. 8. 1991 - III R 54/90, BStBl 1991 II 920.
7 BFH v. 29. 11. 1991 - III R 74/87, BStBl 1992 II 290.
8 H 33.1 - 33.4 „Ersatz von dritter Seite" EStH, m.w. N.
9 BFH v. 10. 5. 2007 - III R 47/05, BStBl 2007 II 871.
10 BFH v. 16. 12. 2010 - VI R 43/10, BStBl 2011 II 414.
11 BFH v. 3. 3. 2005 - III R 68/03, BStBl 2005 II 566
12 BFH v. 17.5.2017 - VI R 34/15, BFH/NV 2017, 1371.
13 BFH v. 17.5.2017 - VI R 34/15, BFH/NV 2017, 1371.
14 BFH v. 5.10.2017 - VI R 47/15, BStBl 2018 II 350.

fruchtung der in einer gleichgeschlechtlichen Partnerschaft lebenden Frau dazu dienen, die Fertilitätsstörung der Steuerpflichtigen auszugleichen, sind sie als insgesamt - einschließlich der auf die Bereitstellung und Aufbereitung des Spendersamens entfallenden Kosten - auf dieses Krankheitsbild abgestimmte Heilbehandlung darauf gerichtet, die Störung zu überwinden. Eine Aufteilung der Krankheitskosten kommt insoweit nicht in Betracht.[1]

Lärmschutz s. Umweltbeeinträchtigungen

Legasthenie: Eine Legasthenie (Lese- und Rechtschreibschwäche) kann Krankheitswert besitzen. Wenn diese einer medizinisch indizierten Behandlung unterworfen wird, können die entsprechenden Kosten unmittelbare Krankheitskosten sein. Dies gilt dann auch für die auswärtige Internatsunterbringung, selbst wenn diese zugleich der schulischen Ausbildung dient.[2]
Nachweise: Eine ärztliche Bescheinigung ist erforderlich (§ 64 Abs. 1 Nr. 1 EStDV; ggf. für auswärtige Unterbringung: vor der Maßnahme erstelltes amtsärztliches Attest, § 64 Abs. 1 Nr. 2 Buchst. c EStDV).

Lerntherapie: Aufwendungen für Lerntherapie und Erziehungsberatung eines hochbegabten Kindes sind nicht als außergewöhnliche Belastungen abziehbar, wenn das Kind im Zeitpunkt der betreffenden Therapiemaßnahme nicht erkrankt ist. Eine Hochbegabung als solche stellt keine Erkrankung dar.[3]

Lese- und Rechtschreibschwäche s. Legasthenie

Liposuktion s. Fettabsaugung

Lösegeld: Die **Ursache** für die Zahlung des Lösegeldes muss **zwangsläufig** sein: Hat der Stpfl. die wesentliche Ursache für eine Erpressung bereitet, liegen grds. agB vor; kommt in diesen Fällen ein alternatives Handeln in Betracht, das nicht zu Aufwendungen führt (z. B. Anzeigeerstattung, Offenlegung sozialwidrigen Verhaltens), fehlt es an der Zwangsläufigkeit, es sei denn, diese anderen Handlungsmöglichkeiten sind dem Stpfl. nicht zumutbar.[4] Hat sich ein **Stpfl.** indes **strafbar** oder sonst **sozialwidrig** verhalten oder gegen die von ihm selbst oder von ihm nahestehenden Personen für verbindlich anerkannten Verhaltensmaximen verstoßen und somit selbst und ohne Zwang einen Erpressungsgrund geschaffen (z. B. außereheliches Verhältnis), so ist die Zahlung von Erpressungsgeldern regelmäßig nicht zwangsläufig.[5] **Rückzahlungen des Lösegeldes** sollen die agB im Jahr der Lösegeldzahlung mindern.[6]

Mammaasymmetrie: Aufwendungen für eine Mammaoperation sind nur dann agB, wenn die Mammaasymmetrie Krankheitswert i. S. d. Sozialrechts hat; psychische Folgen einer Entstellung, die keinen Krankheitswert erreicht, sind mit den Mitteln der Psychotherapie zu lindern.[7]

Mehrlinge s. Zwillinge

Mietzahlungen, die einen zusätzlichen, weiteren Wohnbedarf abdecken, weil die Wohnung, die den existenziellen, ersten Wohnbedarf abdecken sollte, nicht mehr bewohnbar ist, können

---

1 BFH v. 5.10.2017 - VI R 47/15, BStBl 2018 II 350.
2 BFH v. 11.11.2010 - VI R 17/09, BStBl 2011 II 969.
3 BFH v. 19.11.2015 - VI R 45/14, BFH/NV 2016, 393 = NWB DokID: IAAAF-49302.
4 BFH v. 18.3.2004 - III R 31/02, BStBl 2004 II 867.
5 BFH v. 18.3.2004 - III R 31/02, BStBl 2004 II 867.
6 FG Münster v. 11.11.1986 - VI-I 3814/83 E, EFG 1987, 186, rkr.
7 FG Rheinland-Pfalz v. 20.5.2014 - 5 K 1753/13, EFG 2014, 1586, rkr.

außergewöhnliche und aus tatsächlichen Gründen zwangsläufige Aufwendungen sein.[1] Aufwendungen für einen weiteren, zusätzlichen Wohnbedarf können nur für den Zeitraum als agB anerkannt werden, der erforderlich ist, die dem ersten Wohnbedarf gewidmete Wohnung wieder in einen bewohnbaren Zustand zu versetzen. Ist eine Wiederherstellung der Bewohnbarkeit nicht möglich, so sind die Aufwendungen für den weiteren Wohnbedarf nur bis zu dem Zeitpunkt anzuerkennen, in dem dem Stpfl. dies bewusst wird.[2]

Nabelschnurblut: Durch die Entnahme und Einlagerung des Nabelschnurblutes Neugeborener wird keine gegenwärtig bestehende Krankheit behandelt, sondern sie dient der privaten Vorsorge. Die den Eltern dafür entstandenen Aufwendungen können deshalb nicht als agB abgezogen werden, wenn nicht eine konkrete Gesundheitsgefährdung drohte.[3]

Nachlassverbindlichkeiten sind grds. nicht zwangsläufig, weil der Erbe die Möglichkeit hat, den Verbindlichkeiten durch Ausschlagung der Erbschaft auszuweichen. Ausnahmsweise sind solche Aufwendungen aus sittlichen Gründen zwangsläufig, wenn das Unterlassen der Aufwendungen im Einzelfall Sanktionen im sittlich-moralischen Bereich oder auf gesellschaftlicher Ebene zur Folge hätte (z. B. Erfüllung von Nachlassverbindlichkeiten durch den Sohn der Erblasserin, die auf existenziellen Bedürfnissen seiner in Armut verstorbenen Mutter unmittelbar vor oder im Zusammenhang mit deren Tod beruhen).[4] Nach a. A. entstehen Nachlassverbindlichkeiten stets aus rechtlichen Gründen zwangsläufig (§ 1967 BGB), wobei die Abziehbarkeit der Aufwendungen nach den Grundsätzen der Vorteilsanrechnung (s. → Rz. 30 ff.) bis zur Erschöpfung des Nachlasses zu versagen ist.[5] Siehe auch Beerdigungskosten und Ergänzungspfleger.

Pflege eines Angehörigen s. KKB/Bleschick, § 33b EStG Rz. 35 ff.

Pflegeheim s. Altersheim

Politische Verfolgung s. Umweltbeeinträchtigungen

Privatschule s. Internat

Promotionskosten sind keine agB;[6] sie sind i. d. R. aber WK/BA[7] und als solche vom Abzugsverbot des § 33 Abs. 2 Satz 2 EStG (vgl. → Rz. 81 f.) erfasst.

Prozesskosten s. Ehescheidungskosten und → Rz. 90 ff.

Rechtsgeschäftliche Verpflichtungen: Als rechtliche Gründe i. S. v. § 33 Abs. 2 EStG kommen nur solche rechtlichen Verpflichtungen in Betracht, die der Stpfl. nicht selbst gesetzt hat; Verpflichtungen aufgrund rechtsgeschäftlicher Vereinbarungen können für sich allein eine Zwangsläufigkeit i. S. v. § 33 Abs. 2 EStG regelmäßig nicht begründen.[8] Siehe auch → Rz. 63.

Reiki: (Fern-)Reiki ist eine wissenschaftlich nicht anerkannte Behandlungsmethode i. S. d. § 64 Abs. 1 Satz 1 Nr. 2 Buchst. f EStDV.[9]

---

[1] BFH v. 21. 4. 2010 - VI R 62/08, BStBl 2010 II 965.
[2] BFH v. 21. 4. 2010 - VI R 62/08, BStBl 2010 II 965.
[3] BFH v. 15. 10. 2007 - III B 112/06, BFH/NV 2008, 355 = NWB DokID: NAAAC-68885.
[4] BFH v. 24. 7. 1987 - III R 208/82, BStBl 1987 II 715.
[5] HHR/*Kanzler*, § 33 EStG Rz. 300 „Nachlassverbindlichkeiten".
[6] BFH v. 7. 8. 1967 - VI R 297/66, BStBl 1967 III 789.
[7] BFH v. 4. 11. 2003 - VI R 96/01, BStBl 2004 II 891.
[8] BFH v. 19. 5. 1995 - III R 12/92, BStBl 1995 II 774.
[9] BFH v. 21.2.2018 - VI R 11/16, BStBl 2018 II 469.

Reisekosten s. Besuchsfahrten und Urlaub

Sanierungsaufwand s. Umweltbeeinträchtigungen

Seniorenwohnstift s. Altersheim

Schadensersatz: Schadensersatzzahlungen können dann zwangsläufig i. S. v. § 33 EStG sein, wenn der Stpfl. bei der Schädigung nicht vorsätzlich oder leichtfertig gehandelt hat;[1] Zwangsläufigkeit soll bei Schäden im Straßenverkehr aber auch bei bestimmten Formen eines geringfügigen menschlichen Versagens (z. B. Bedienungsfehler, Überforderung mit dem äußeren Geschehensablauf) gegeben sein,[2] was jedoch nicht überzeugt,[3] da für eine systemwidrige Privilegierung (Abweichung vom Grundsatz, dass jegliche Form des Verschuldens die Zwangsläufigkeit ausschließt, s. → Rz. 68) nichts ersichtlich ist.[4] Im Übrigen fehlt es bei Schäden an einem Kfz schon an der Außergewöhnlichkeit (vgl. → Rz. 41 ff.), da im Straßenverkehr selbst schwerwiegende Sachschäden nicht unüblich sind. Zahlungen aufgrund einer Schadensersatzverpflichtung wegen einer vorsätzlich begangenen Straftat und damit zusammenhängende Rechtsanwaltskosten sind keine agB.[5]

Schadstoffbelastung s. Umweltbeeinträchtigungen

Schalldämmfenster s. Umweltbeeinträchtigung

Scheidung s. Ehescheidung

Schlichtungsverfahren: Die Kosten eines Schlichtungsverfahrens vor der Schlichtungsstelle Bergschaden NRW können außergewöhnliche Belastungen sein, wenn der Stpfl. aufgrund des Bergschadens Gefahr läuft, sein Wohnhaus nicht mehr zu Wohnzwecken nutzen zu können.[6]

Schönheitsoperation s. Fettabsaugung

Schuldzinsen und andere mit einem Kredit in Zusammenhang stehende Aufwendungen sind grds. nur dann agB, wenn die Schuldaufnahme durch Ausgaben veranlasst ist, die ihrerseits agB darstellen; Umstände, die sich erst nach der Aufnahme des Kredits ergeben, z. B. späterer Vermögensverfall, sind grds. unbeachtlich. – Zwangsläufigkeit kann in derartigen Fällen nur bejaht werden, wenn zusätzlich zu der selbst begründeten Rechtspflicht eine weitere rechtliche oder eine sittliche Verpflichtung bzw. eine tatsächliche Zwangslage zur Leistung der Aufwendungen besteht, oder wenn die Übernahme der Rechtspflicht ihrerseits auf rechtlichen oder sittlichen Verpflichtungen bzw. einer tatsächlichen Zwangslage beruht.[7]

Schule s. Internat

Schwangerschaftsverhütung: Aufwendungen für eine medikamentöse Schwangerschaftsverhütung sind grds. keine agB, da sie für einen erheblichen Teil der Bevölkerung typisch und damit nicht außergewöhnliche Kosten der individuellen Lebensführung sind.[8]

Sprachkurse s. Integrationsmaßnahmen

---

1 BFH v. 3. 6. 1982 - VI R 41/79, BStBl 1982 II 749.
2 BFH v. 3. 6. 1982 - VI R 41/79, BStBl 1982 II 749.
3 *Heger* in Blümich, § 33 EStG Rz. 98.
4 Distanzierend wohl auch BFH v. 24. 6. 2004 – III B 158/03, BFH/NV 2004, 1635 = NWB DokID: FAAAB-27393.
5 BFH v. 18. 9. 1987 - VI R 121/84, BFH/NV 1988, 353 = NWB DokID: LAAAB-30462.
6 BFH v. 20.1.2016 - VI R 62/13, BFH/NV 2016, 1436.
7 BFH v. 3. 3. 2005 - III R 54/03, BFH/NV 2005, 1529 = NWB DokID: EAAAB-56935.
8 FG Rheinland-Pfalz v. 20. 1. 2000 - 4 K 1352/97, EFG 2000, 434; FG Berlin v. 4. 9. 1990 - V 233/89, EFG 1991, 129.

Steuerberatungskosten: Ein Abzug von Steuerberatungskosten als agB kommt nicht in Betracht.[1]

Steuern s. Abgaben

Strafe s. Geldbuße und Geldstrafe

Strafgefangener: Der Abzug von Aufwendungen für den Unterhalt des in einer Justizvollzugsanstalt einsitzenden Sohnes als agB ist nicht deshalb generell ausgeschlossen, weil dem Sohn Kost, Bekleidung und Unterkunft von der Haftanstalt gewährt werden.[2]

Strafverteidigerkosten: Kosten der Strafverteidigung, die einem wegen einer vorsätzlichen Tat verurteilten Stpfl. entstanden sind, sind nicht als außergewöhnliche Belastungen abziehbar.[3] Strafverteidigungskosten erwachsen einem Stpfl. auch im Falle eines Freispruchs nicht zwangsläufig i.S.d. § 33 Abs. 1 EStG, wenn er mit seinem Verteidiger ein Honorar vereinbart, das über den durch die Staatskasse erstattungsfähigen Kosten liegt.[4] Rechtsberatungs- und Prozesskosten als Folgekosten einer ausschließlich privat motivierten Straftat mit dem Ziel, eine zeitnahe Berichterstattung der Medien über eine begangene Straftat zu unterbinden bzw. entsprechende Artikel aus dem Internet zu löschen, sind weder als WK bei den Einkünften aus nichtselbständiger Arbeit noch als außergewöhnliche Belastungen zu berücksichtigen.[5]

Sturmschaden s. Umweltbeeinträchtigungen

Therapie s. Legasthenie

Todesfall s. Beerdigungskosten

Treppenlift s. Behinderungsbedingte Mehraufwendungen

Treuhändervergütung im Verbraucherinsolvenzverfahren: Hat ein Stpfl. die entscheidende Ursache für seine Zahlungsschwierigkeiten selbst gesetzt, so kann die Insolvenztreuhändervergütung auch nicht als außergewöhnliche Belastung berücksichtigt werden.[6]

Trinkgelder sind keine agB, und zwar unabhängig davon, ob die zugrunde liegende Leistung selbst als agB zu beurteilen ist.[7]

Trinkwasserversorgung: Die Kosten einer Trinkwasserversorgungsanlage für ein Wohngrundstück im Außenbereich sind auch dann, wenn eine alte, kostenfreie Wasserversorgung ersetzt wird, nicht als agB abzugsfähig, wenn für den Verzicht auf die kostenfreie Versorgung eine Entschädigung geleistet worden ist; denn mit der Errichtung einer modernen Trinkwasserversorgung erhält der Bauherr regelmäßig einen Gegenwert (vgl. → Rz. 21 ff.), weil dadurch eine für das Außenbereichsgrundstück objektiv wertvolle Einrichtung geschaffen wird.[8]

Trunksucht s. Alkoholismus

Umgangsrecht s. Besuchsfahrten

---

1 BFH v. 4.2.2010 - X R 10/08, BStBl II 2010 617.
2 BFH v. 11.11.1988 - III R 305/84, BStBl 1989 II 233.
3 BFH v. 14.5.2014 - X R 23/12, BStBl 2014 II 684; BFH v. 16.5.2013 - IX R 5/12, BStBl 2013 II 806.
4 bFH v. 10.1.2015 - VI B 133/14, BFH/NV 2015, 1247 = NWB DokID: PAAAE-96109.
5 BFH v. 14.4.2016 - VI R 61/13, BFH/NV 2016, 1268 = NWB DokID: SAAAF-79160.
6 BFH v. 4.8.2016 - VI R 47/13, BStBl 2017 II 276.
7 BFH v. 19.4.2012 - VI R 74/10, BStBl 2012 II 577.
8 BFH v. 25.2.2005 - III B 96/04, BFH/NV 2005, 1278 = NWB DokID: TAAAB-54866.

Umweltbeeinträchtigungen: Aufwendungen zur Beseitigung von Umweltbeeinträchtigungen (Sanierungsaufwendungen) können **dem Grunde nach** agB sein, wenn (kumulativ)

- diese Aufwendungen im Zusammenhang mit **Gegenständen des existenznotwendigen Bedarfs** (z. B. Wohnung, Hausrat und Kleidung, nicht aber z. B. einem Pkw oder einer Garage[1] oder einem Geräteschuppen)[2] stehen,
- deren Verlust oder Beschädigung auf einem **unabwendbaren Ereignis** (Brand, Hochwasser, Kriegseinwirkung, Vertreibung, politische Verfolgung[3] oder Sturm) beruht oder
- von dem Gegenstand eine **konkrete Gesundheitsgefährdung** ausgeht: Sind bestimmte Grenzwerte festgelegt, ab denen von einem Gegenstand ausgehende Emissionen als gesundheitsschädlich gelten, ist eine konkrete Gesundheitsgefährdung bei Überschreiten der Grenzwerte anzunehmen;[4] liegen die Werte darunter, ist der Kausalzusammenhang zwischen der Gesundheitsgefährdung und Schadstoffbelastung zu belegen,[5]
- den Grundstückseigentümer **kein Verschulden** an der Belastung trifft, z. B. weil er zumutbare Schutzmaßnahmen unterlassen hat,[6]
- die Belastung für ihn zum Zeitpunkt des Grundstückserwerbs **nicht erkennbar** war,
- **keine realisierbare Ersatzansprüche gegen Dritte** gegeben sind (ggf. insoweit Kürzung),
- es sich **nicht um übliche Instandsetzungs- und Modernisierungsmaßnahmen oder dem gewöhnlichen Wertverzehr geschuldete Baumaßnahmen** handelt und
- **kein Baumangel** (da nicht unüblich; kein Baumangel, wenn der Einsatz mittlerweile verbotener schadstoffhaltiger Materialien zum Zeitpunkt der Errichtung des Gebäudes erlaubt war)[7] vorliegt.[8]
- Ob für die Abzugsfähigkeit von Aufwendungen für Gegenstände des existenznotwendigen Grundbedarfs an dem Erfordernis einer **allgemein zugänglichen und üblichen Versicherungsmöglichkeit** stets festzuhalten ist – so die bisherige Rspr.[9] und Verwaltungsansicht im Grundsatz[10] –, hat der BFH offengelassen.[11]

Dass das schädigende Ereignis nicht länger als drei Jahre zurückliegen darf bzw. bei Baumaßnahmen mit der Wiederherstellung oder Schadensbeseitigung innerhalb von drei Jahren nach dem schädigenden Ereignis begonnen worden sein muss,[12] ist als willkürliche Grenzziehung abzulehnen; aus dem zeitlichen Abstand resultierende Nachweisschwierigkeiten gehen indes zulasten des Stpfl. **Der Höhe nach** sind die notwendigen und angemessenen Aufwendungen[13]

---

1 R 33.2 Nr. 1 EStR.
2 Niedersächsiches FG v. 28. 8. 1995 - IX 650/89, EFG 1996, 574.
3 R 33.2 Nr. 2 EStR.
4 BFH v. 29. 1. 2007 - III B 137/06, BFH/NV 2007, 893 = NWB DokID: SAAAC-40972.
5 BFH v. 29. 1. 2007 - III B 137/06, BFH/NV 2007, 893 = NWB DokID: SAAAC-40972, der allerdings noch ein vor der Anschaffung erstelltes amtsärztliches Attest erfordert; überholt, vgl. BFH v. 29. 3. 2012 - VI R 21/11, BStBl 2012 II 574.
6 R 33.2 Nr. 7 EStR.
7 BFH v. 29. 3. 2012 - VI R 21/11, BStBl 2012 II 574.
8 BFH v. 29. 3. 2012 - VI R 21/11, BStBl 2012 II 574.
9 BFH v. 21. 4. 2010 - VI R 62/08, BStBl 2010 II 965.
10 R 33.2 Nr. 7 EStR; vgl. aber BMF v. 21. 6. 2013, BStBl 2013 I 769, unter VI.: Elementarversicherung sei keine allgemein zugängliche und übliche Versicherungsmöglichkeit.
11 BFH v. 29. 3. 2012 - VI R 70/10, BStBl 2012 II 572.
12 R 33.2 Nr. 8 EStR.
13 Vgl. auch R 33.2 Nr. 4 EStR.

im Wege des Vorteilsausgleichs zu kürzen um Wertverbesserungen;[1] zum Vorteilsausgleich für in späteren VZ geleisteten Erstattungen s. → Rz. 30 ff. **Beispiel** für Wertverbesserung durch längere Nutzungsdauer bei *Bleschick*.[2]

Nachweis der konkreten Gesundheitsgefährdung: Bei der Beseitigung konkreter von einem Gegenstand des existenznotwendigen Bedarfs ausgehender Gesundheitsgefahren ist ein vor Durchführung dieser Maßnahmen erstelltes amtliches technisches Gutachten nicht erforderlich (vgl. → Rz. 120 ff.); gleichwohl hat der Stpfl. nachzuweisen, dass er sich den Aufwendungen aus tatsächlichen Gründen nicht entziehen konnte.[3] Bei der Sanierung von Gebäuden zur Beseitigung von Schadstoffen ist keiner der in § 64 Abs. 1 EStDV (vgl. → Rz. 120 ff.) aufgezählten Fälle einschlägig; dies gilt auch dann, wenn der Umstand von Bedeutung ist, dass die Sanierung zugunsten eines Kindes erforderlich gewesen sein könnte, weil die Holzschutzmittel für die Atemwegserkrankung des Kindes ursächlich waren.[4]

> **PRAXISTIPP:**
>
> Als Nachweisverpflichteter trägt der Stpfl. das Risiko, dass ein gerichtlich bestellter Sachverständiger im Nachhinein die Zwangsläufigkeit möglicherweise nicht mehr verlässlich feststellen kann. Dieser Gefahr kann der Stpfl. entgehen, wenn er vor Beginn der Behandlung auf eigene Initiative ein amts- oder vertrauensärztliches Zeugnis bzw. amtlich technisches Gutachten einholt oder im Rahmen eines selbständigen Beweisverfahrens gem. § 155 FGO i.V. m. §§ 485 ff. ZPO die eine tatsächliche Zwangsläufigkeit begründenden Umstände feststellen lässt.[5]

Beispiele für agB bei Umweltbeeinträchtigungen nach der Rspr.: Aufwendungen für

- die Sanierung eines mit **Dioxin** belasteten Grundstücks;[6]
- die **Asbestsanierung** der Außenfassade eines Wohnhauses;[7]
- den Austausch einer **asbestbelasteten Heizung** als agB;[8]
- den Austausch mit **Formaldehyd** verseuchter Möbel;[9]
- das Fällen der das Wohnhaus umgebenden Birken können als agB abgezogen werden, wenn sie wegen der **Birkenpollenallergie** des minderjährigen Kindes anfallen;[10]
- die Abschirmung einer (neu errichteten) Eigentumswohnung vor **Hochfrequenzimmissionen** an der äußeren Gebäudehülle und im Bodenbereich der Wohnung bei „stark auffälligen" Hochfrequenzimmissionen im Rohbau der Eigentumswohnung;[11]
- die medizinisch indizierte Anschaffung von **Schlafzimmermöbeln** und einer **Couchgarnitur**;[12]

---

1 R 33.2 Nr. 4 EStR; BFH v. 29. 3. 2012 - VI R 21/11, BStBl 2012 II 574.
2 NWB 2012, 2294, 2301 f.
3 BFH v. 29. 3. 2012 - VI R 47/10, BStBl 2012 II 570.
4 BFH v. 29. 3. 2012 - VI R 21/11, BStBl 2012 II 574.
5 BFH v. 29. 3. 2012 - VI R 47/10, BStBl 2012 II 570.
6 BFH v. 20. 12. 2007 - III R 56/04, BFH/NV 2008, 937 = NWB DokID: KAAAC-78272.
7 BFH v. 9. 8. 2001 - III R 6/01, BStBl 2002 II 240.
8 BFH v. 8. 2. 2007 - III B 11/06, BFH/NV 2007, 1108 = NWB DokID: BAAAC-42109.
9 BFH v. 23. 5. 2002 - III R 52/99, BStBl 2002 II 592.
10 BFH v. 15. 3. 2007 - III R 28/06, BFH/NV 2007, 1841 = NWB DokID: PAAAC-51999.
11 FG Köln v. 8. 3. 2012 - 10 K 290/11, EFG 2012, 1345.
12 BFH v. 11. 11. 2010 - VI R 16/09, BStBl 2011 II 966.

▶ die Sanierung eines mit **echtem Hausschwamm** befallenen Gebäudes, wenn der Befall unentdeckt bleibt, die konkrete Gefahr der Unbewohnbarkeit eines Gebäudes droht und daraus eine aufwendige Sanierung folgt.[1]

Keine agB bei Umweltbeeinträchtigungen sind z. B. Aufwendungen für

▶ Schutzmaßnahmen gegen **Mobilfunkwellen**, wenn eine konkrete Gesundheitsgefährdung bei Überschreiten der Grenzwerte nicht anzunehmen ist;[2]

▶ den Einbau eines **Schalldämmfensters** in eine gemietete Wohnung zur Abschirmung des Straßenlärms an einer verkehrsreichen Kreuzung;[3]

▶ **sonstige Lärmschutzmaßnahmen**, wenn hierzu weder eine gesetzliche Verpflichtung besteht noch diese zwingend notwendig sind, um eine akute Gesundheitsgefährdung zu beseitigen;[4]

▶ die Beseitigung von **Schimmelpilz**[5] (fraglich, weil das Verschulden des Stpfl. in diesen Fällen zu Unrecht pauschal unterstellt wird, s. auch BFH v. 29. 3. 2012);[6]

▶ die Anhebung des selbstgenutzten Einfamilienhauses aus dem **Grundwasser**, wenn der Stpfl. aus Kostengründen keine Absicherungsmaßnahmen gegen drückendes Grundwasser ergriff und zudem der (Wieder-)Anstieg des Grundwassers infolge der räumlichen Verlagerung des Braunkohleabbaus – anders als etwa unberechenbare Naturkatastrophen – kein plötzliches und überraschendes Ereignis war.[7]

Siehe zu Sanierungsaufwendungen im Allgemeinen auch *Bleschick*.[8]

Umzug: Beruflich veranlasste Umzugskosten sind BA/WK und sind nicht als agB abzugsfähig (§ 33 Abs. 2 Satz 2 EStG). Privat veranlasste Umzugskosten sind unabhängig vom Grund ihres Entstehens grds. keine agB, weil sie typische Lebenshaltungskosten darstellen, mit denen jedermann zu rechnen hat; etwas anderes gilt ausnahmsweise nur dann, wenn der Umzug wegen einer Krankheit zwingend erforderlich ist.[9]

Unabwendbares Ereignis s. Umweltbeeinträchtigungen

Unfall: Bei einem Unfall zugezogene **Personenschäden** sind als Krankheitskosten abzugsfähig, s. dort. **Sachschäden** infolge von (unverschuldeten) Unfällen im **Straßenverkehr** sind keine agB, da ihnen nichts Außergewöhnliches anhaftet.[10] Sachschäden infolge von **Flugunfällen** sind den steuerlich nichtabziehbaren Kosten der Lebensführung zuzurechnen.[11]

Unterhaltsaufwendungen: Es ist zu differenzieren zwischen typischen Unterhaltsaufwendungen, die von § 33a EStG erfasst werden (s. dazu KKB/Bleschick, § 33a EStG Rz. 27 f.) und **atypischen Unterhaltsleistungen**, die nach § 33 EStG abzuziehen sind. Letztere sind – zusätzlich

---

1 BFH v. 29. 3. 2012 - VI R 70/10, BStBl 2012 II 572.
2 BFH v. 29. 1. 2007 - III B 137/06, BFH/NV 2007, 893 = NWB DokID: SAAAC-40972.
3 BFH v. 23. 1. 1976 - VI R 62/74, BStBl 1976 II 194.
4 FG Nürnberg v. 26. 1. 2006 - VI 237/2005, EFG 2006, 964.
5 R 33.2 Nr. 2 EStR.
6 BFH v. 29. 3. 2012 - VI R 70/10, BStBl 2012 II 572.
7 FG Düsseldorf v. 29. 9. 2006 - 1 K 145/04 E, EFG 2006, 1905.
8 NWB 2012, 2294.
9 BFH v. 8. 10. 2008 - VI B 66/08, BFH/NV 2009, 149 = NWB DokID: NAAAC-97799.
10 BFH v. 17. 10. 1973 - VI R 143/71, BStBl 1974 II 105.
11 BFH v. 24. 6. 2004 - III B 158/03, BFH/NV 2004, 1635 = NWB DokID: FAAAB-27393.

zum Höchstbetrag nach § 33a Abs. 1 EStG – als **agB** unter den Voraussetzungen des § 33 EStG abziehbar. Hierunter fallen etwa Aufwendungen für

- die Unterbringung von Angehörigen im Altenpflegeheim wegen Krankheit/Pflegebedürftigkeit,[1]
- einen Rechtsanwalt, die im Rechtsstreit gegen das Sozialamt wegen Inanspruchnahme auf Rückzahlung von Lebensunterhalt an ein Kind entstanden sind.[2]

Die Unterhaltsaufwendungen müssen aus **sittlichen Gründen zwangsläufig** sein (bei **Angehörigen** zu bejahen, wenn sie sich in einer Notlage befinden;[3] bei Nicht-Angehörigen muss neben der Notlage noch ein besonderes Pflichtverhältnis hinzutreten, dass die Hilfe gerade des Stpfl. erfordert).[4] Ein Alleinerziehender kann weder wegen der Unterhaltsleistungen an seine Kinder noch wegen seiner besonderen Belastungssituation als Alleinerziehender außergewöhnliche Belastungen nach § 33 EStG geltend machen.[5]

Urlaub: Unterscheidet sich die von Eltern mit ihren schwer behinderten Kindern unternommene Reise – abgesehen von den besonderen behinderungsbedingten Erschwernissen – nicht von einem üblichen Familienurlaub, so können die auf die Eltern entfallenden Reisekosten nicht als agB abgezogen werden.[6]

Verbindlichkeiten s. Schuldzinsen und rechtsgeschäftliche Verpflichtungen

Verbraucherinsolvenz: Die zweifache Zahlung zur Abwendung eines Verbraucherinsolvenzverfahrens nach Veruntreuung der zunächst erbrachten Zahlung durch den Rechtsanwalt der Stpfl. ist nicht als agB zu berücksichtigen.[7]

Verfall von Wertersatz ist die unmittelbare Folge einer Straftat und nicht als agB zu berücksichtigen.[8]

Verlobungsgeschenk s. Hochzeit

Versorgungsausgleich: Aufwendungen hierfür sind keine agB.[9]

Verzicht auf Ersatzleistungen s. → Rz. 30 ff.

Vormundschaft s. Ergänzungspfleger

Vorteilsanrechnung s. → Rz. 30 ff.

Wehrdienst: Zahlungen, die ein Stpfl. an einen ausländischen Staat leistet, um seinen Wehrdienst zu verkürzen, können nicht als agB berücksichtigt werden.[10]

Wirbelsäulentraining: Bei den Aufwendungen für Wirbelsäulentraining kann es sich, sofern man überhaupt das Vorliegen von Krankheitskosten annimmt, allenfalls um Aufwendungen

---

1 BFH v. 30.6.2011 - VI R 14/10, BStBl 2012 II 876.
2 FG Köln v. 27.6.2005 - 10 K 6314/04, EFG 2005, 1762.
3 BFH v. 12.12.2002 - III R 25/01, BStBl 2003 II 299.
4 HHR/*Kanzler*, § 33 EStG Rz. 190; *Loschelder* in Schmidt, § 33 EStG Rz. 26.
5 BFH v. 17.9.2015 - III R 36/14, BFH/NV 2016, 545 = NWB DokID: OAAAF-66174.
6 BFH v. 26.1.2006 - III R 22/04, BFH/NV 2006, 1265 = NWB DokID: WAAAB-83860.
7 BFH v. 17.11.2009 - VI B 18/09, BFH/NV 2010, 206 = NWB DokID: AAAAD-34790.
8 *Mellinghoff* in Kirchhof, § 33 EStG Rz. 54 „Verfall".
9 BFH v. 10.3.2016 - VI R 69/12, BFH/NV 2016, 1155 = NWB DokID: KAAAF-75525; BFH v. 14.4.2016 - VI R 56/14, BFH/NV 2016, 1270 = NWB DokID: LAAAF-77658; BFH v. 15.6.2010 - X R 23/08, BFH/NV 2010, 1807 = NWB DokID: MAAAD-49269.
10 BFH v. 20.12.1985 - VI R 45/84, BStBl 1986 II 459.

für Heilmittel im Sinne einer physikalischen Therapie (Bewegungstherapie, Krankengymnastik gemäß § 19 der Heilmittel-Richtlinie) handeln; zum Abzug hat der Stpfl. den Nachweisanforderungen des § 64 Abs. 1 Nr. 1 EStDV (Verordnung eines Arztes oder Heilpraktikers) zu genügen.[1]

Zöliakie s. Diät

Zuzahlungen: Zuzahlungen sind außergewöhnliche Belastungen. Es ist aber von Verfassungs wegen nicht geboten, bei der einkommensteuerrechtlichen Berücksichtigung dieser Aufwendungen auf den Ansatz der zumutbaren Belastung zu verzichten.[2]

Zweitwohnung: Aufwendungen für den Unterhalt einer Zweitwohnung sind keine agB;[3] ggf. aber WK wegen doppelter Haushaltsführung.

Zwillinge: Aufwendungen für die Beschaffung einer Erstlingsausstattung für Zwillinge führen nicht zu agB, da durch Kindergeld und Freibeträge abgegolten.[4]

§ 33a Außergewöhnliche Belastung in besonderen Fällen

(1) [1]Erwachsen einem Steuerpflichtigen Aufwendungen für den Unterhalt und eine etwaige Berufsausbildung einer dem Steuerpflichtigen oder seinem Ehegatten gegenüber gesetzlich unterhaltsberechtigten Person, so wird auf Antrag die Einkommensteuer dadurch ermäßigt, dass die Aufwendungen bis zu 9 168 Euro im Kalenderjahr vom Gesamtbetrag der Einkünfte abgezogen werden. [2]Der Höchstbetrag nach Satz 1 erhöht sich um den Betrag der im jeweiligen Veranlagungszeitraum nach § 10 Absatz 1 Nummer 3 für die Absicherung der unterhaltsberechtigten Person aufgewandten Beiträge; dies gilt nicht für Kranken- und Pflegeversicherungsbeiträge, die bereits nach § 10 Absatz 1 Nummer 3 Satz 1 anzusetzen sind. [3]Der gesetzlich unterhaltsberechtigten Person gleichgestellt ist eine Person, wenn bei ihr zum Unterhalt bestimmte inländische öffentliche Mittel mit Rücksicht auf die Unterhaltsleistungen des Steuerpflichtigen gekürzt werden. [4]Voraussetzung ist, dass weder der Steuerpflichtige noch eine andere Person Anspruch auf einen Freibetrag nach § 32 Absatz 6 oder auf Kindergeld für die unterhaltene Person hat und die unterhaltene Person kein oder nur ein geringes Vermögen besitzt; ein angemessenes Hausgrundstück im Sinne von § 90 Absatz 2 Nummer 8 des Zwölften Buches Sozialgesetzbuch bleibt unberücksichtigt. [5]Hat die unterhaltene Person andere Einkünfte oder Bezüge, so vermindert sich die Summe der nach Satz 1 und Satz 2 ermittelten Beträge um den Betrag, um den diese Einkünfte und Bezüge den Betrag von 624 Euro im Kalenderjahr übersteigen, sowie um die von der unterhaltenen Person als Ausbildungshilfe aus öffentlichen Mitteln oder von Förderungseinrichtungen, die hierfür öffentliche Mittel erhalten, bezogenen Zuschüsse; zu den Bezügen gehören auch steuerfreie Gewinne nach den §§ 14, 16 Absatz 4, § 17 Absatz 3 und § 18 Absatz 3, die nach § 19 Absatz 2 steuerfrei bleibenden Einkünfte sowie Sonderabschreibungen und erhöhte Absetzungen, soweit sie die höchstmöglichen Absetzungen für Abnutzung nach § 7 übersteigen. [6]Ist die unterhaltene Person nicht unbeschränkt einkommensteuerpflichtig, so können die Aufwendungen nur abgezogen werden,

---

1 BFH v. 19. 11. 2015 - VI R 42/14, BFH/NV 2016, 739 = NWB DokID: KAAAF-70013.
2 BFH v. 29.11.2017 - X R 3/16, BStBl 2018 II 384; BFH v. 29.9.2016 - III R 62/13, BStBl 2017 II 259; BFH v. 1.6.2016 - X R 43/14, BStBl 2017 II 55; BFH v. 2.9.2015 - VI R 32/13, BStBl 2016 II 151, Verfassungsbeschwerde wurde nicht zur Entscheidung angenommen (BVerfG v. 23.11.2016 - 2 BvR 180/16, n.v.)..
3 BFH v. 20. 11. 1987 - III R 296/84, BStBl 1988 II 137.
4 BFH v. 19. 12. 1969 - VI R 125/69, BStBl 1970 II 242.

soweit sie nach den Verhältnissen des Wohnsitzstaates der unterhaltenen Person notwendig und angemessen sind, höchstens jedoch der Betrag, der sich nach den Sätzen 1 bis 5 ergibt; ob der Steuerpflichtige zum Unterhalt gesetzlich verpflichtet ist, ist nach inländischen Maßstäben zu beurteilen. [7]Werden die Aufwendungen für eine unterhaltene Person von mehreren Steuerpflichtigen getragen, so wird bei jedem der Teil des sich hiernach ergebenden Betrags abgezogen, der seinem Anteil am Gesamtbetrag der Leistungen entspricht. [8]Nicht auf Euro lautende Beträge sind entsprechend dem für Ende September des Jahres vor dem Veranlagungszeitraum von der Europäischen Zentralbank bekannt gegebenen Referenzkurs umzurechnen. [9]Voraussetzung für den Abzug der Aufwendungen ist die Angabe der erteilten Identifikationsnummer (§ 139b der Abgabenordnung) der unterhaltenen Person in der Steuererklärung des Unterhaltsleistenden, wenn die unterhaltene Person der unbeschränkten oder beschränkten Steuerpflicht unterliegt. [10]Die unterhaltene Person ist für diese Zwecke verpflichtet, dem Unterhaltsleistenden ihre erteilte Identifikationsnummer (§ 139b der Abgabenordnung) mitzuteilen. [11]Kommt die unterhaltene Person dieser Verpflichtung nicht nach, ist der Unterhaltsleistende berechtigt, bei der für ihn zuständigen Finanzbehörde die Identifikationsnummer der unterhaltenen Person zu erfragen.

(2) [1]Zur Abgeltung des Sonderbedarfs eines sich in Berufsausbildung befindenden, auswärtig untergebrachten, volljährigen Kindes, für das Anspruch auf einen Freibetrag nach § 32 Absatz 6 oder Kindergeld besteht, kann der Steuerpflichtige einen Freibetrag in Höhe von 924 Euro je Kalenderjahr vom Gesamtbetrag der Einkünfte abziehen. [2]Für ein nicht unbeschränkt einkommensteuerpflichtiges Kind mindert sich der vorstehende Betrag nach Maßgabe des Absatzes 1 Satz 6. [3]Erfüllen mehrere Steuerpflichtige für dasselbe Kind die Voraussetzungen nach Satz 1, so kann der Freibetrag insgesamt nur einmal abgezogen werden. [4]Jedem Elternteil steht grundsätzlich die Hälfte des Abzugsbetrags nach den Sätzen 1 und 2 zu. [5]Auf gemeinsamen Antrag der Eltern ist eine andere Aufteilung möglich.

(3) [1]Für jeden vollen Kalendermonat, in dem die in den Absätzen 1 und 2 bezeichneten Voraussetzungen nicht vorgelegen haben, ermäßigen sich die dort bezeichneten Beträge um je ein Zwölftel. [2]Eigene Einkünfte und Bezüge der nach Absatz 1 unterhaltenen Person, die auf diese Kalendermonate entfallen, vermindern den nach Satz 1 ermäßigten Höchstbetrag nicht. [3]Als Ausbildungshilfe bezogene Zuschüsse der nach Absatz 1 unterhaltenen Person mindern nur den zeitanteiligen Höchstbetrag der Kalendermonate, für die sie bestimmt sind.

(4) In den Fällen der Absätze 1 und 2 kann wegen der in diesen Vorschriften bezeichneten Aufwendungen der Steuerpflichtige eine Steuerermäßigung nach § 33 nicht in Anspruch nehmen.

Inhaltsübersicht

	Rz.
A. Allgemeine Erläuterungen	1 – 20
I. Normzweck und wirtschaftliche Bedeutung der Vorschrift	1
II. Entstehung und Entwicklung der Vorschrift	2 – 4
III. Geltungsbereich	5 – 10
1. Persönlicher Geltungsbereich	5
2. Sachlicher Geltungsbereich	6
3. Anwendung bei Auslandsbeziehung	7 – 10
IV. Vereinbarkeit der Vorschrift mit höherrangigem Recht	11 – 13
V. Verhältnis zu anderen Vorschriften	14 – 20
B. Systematische Kommentierung	21 – 119
I. Steuerermäßigung für Unterhalt und Berufsausbildung (§ 33a Abs. 1 EStG)	21 – 96

§ 33a EStG — Außergewöhnliche Belastung in besonderen Fällen

1. Erwachsen von Aufwendungen für den Unterhalt und eine etwaige Rechtsfolge (§ 33a Abs. 1 Satz 1 EStG) ..... 21 - 60
   a) Erwachsen von Aufwendungen 21
   b) Aufwendungen für den Unterhalt ..... 22 - 27
   c) Aufwendungen für eine Berufsausbildung ..... 28 - 29
   d) Gesetzlich unterhaltsberechtigte Person ..... 30 - 40
   e) Antrag 41
   f) Rechtsfolge: Ermäßigung des Gesamtbetrags der Einkünfte bis zum Höchstbetrag ..... 42 - 60
2. Erhöhung des Höchstbetrages für Kranken- und Pflegeversicherung (§ 33a Abs. 1 Satz 2 EStG) ..... 61 - 63
3. Unterhalt für gleichgestellte Personen (§ 33a Abs. 1 Satz 3 EStG) ..... 64 - 70
   a) Kreis der gleichgestellten Personen 64
   b) Potenzielle Kürzung bestimmter öffentlicher Mittel mit Rücksicht auf die Unterhaltsleistungen 65
   c) Beweiserleichterung, Opfergrenze ..... 66 - 70
4. Weder Anspruch auf Kindergeld noch auf Freibetrag nach § 32 Abs. 6 EStG und maximal geringes Vermögen (§ 33a Abs. 1 Satz 4 EStG) ..... 71 - 75
5. Kürzungen des Abzugsbetrags bei Einkünften oder Bezügen des Unterhaltsempfängers (§ 33a Abs. 1 Satz 5 EStG) ..... 76 - 82
6. Minderung bei nicht unbeschränkt steuerpflichtigem Unterhaltsempfänger (§ 33a Abs. 1 Satz 6 EStG) ..... 83 - 84
   a) Begrenzung auf Verhältnisse des Wohnsitzstaats 83
   b) Beurteilung der gesetzlichen Unterhaltspflicht nach inländischen Maßstäben 84
7. Unterhaltsgewährung durch mehrere Steuerpflichtige (§ 33a Abs. 1 Satz 7 EStG) 85
8. Umrechnung nicht auf Euro lautender Beträge (§ 33a Abs. 1 Satz 8 EStG) 86
9. Abzug nur bei Angabe der Identifikationsnummer des Unterhaltsempfängers; Mitteilungspflicht; Erfragungsrecht (§ 33a Abs. 1 Satz 9 bis 11 EStG) ..... 87 - 96
II. Sonderbedarfsfreibetrag (§ 33a Abs. 2 EStG) ..... 97 - 110
   1. Abgeltung des Sonderbedarfs eines sich in Berufsausbildung befindlichen volljährigen Kindes (§ 33a Abs. 2 Satz 1 EStG) ..... 97 - 101
   2. Minderung des Freibetrags für nicht unbeschränkt einkommensteuerpflichtige Kinder (§ 33a Abs. 2 Satz 2 EStG) 102
   3. Aufteilung des Freibetrags (§ 33a Abs. 2 Satz 3 bis 5 EStG) ..... 103 - 110
III. Zeitanteilige Ermäßigung (§ 33a Abs. 3 EStG) ..... 111 - 118
   1. Zwölftelung der Abzugsbeträge (§ 33a Abs. 3 Satz 1 EStG) ..... 111 - 112
   2. Nichtberücksichtigung eigener Einkünfte und Bezüge in Kürzungsmonaten (§ 33a Abs. 3 Satz 2 EStG) ..... 113 - 114
   3. Kürzung bei Bezug von Ausbildungshilfen (§ 33a Abs. 3 Satz 3 EStG) ..... 115 - 118
IV. Verhältnis zu § 33 EStG (§ 33a Abs. 4 EStG) 119
C. Verfahrensfragen 120

HINWEIS:

R 33a EStR; H 33a EStH; BMF v. 7. 6. 2010, BStBl 2010 I 582; BMF v. 7. 6. 2010, BStBl 2010 I 588.

LITERATUR:

Myßen/Wolter, BürgEntlG KV: Änderungen mit Auswirkungen auf den privaten Bereich, NWB 2009, 3900; *Geserich*, Unterhaltsaufwendungen als außergewöhnliche Belastung nach § 33a Abs. 1 EStG, DStR 2011, 294; *Paus*, Berechnung der sog. Opfergrenze bei Unterhaltsleistungen von Selbständigen, KSR 2016, 7.

EStG § 33a 1–6   Außergewöhnliche Belastung in besonderen Fällen

> **ARBEITSHILFEN UND GRUNDLAGEN ONLINE:**
> Unterhaltsleistungen gem. § 33a EStG, Berechnungsprogramm, NWB DokID: WAAAE-26953; *Hillmoth*, Kindergeld, Kinderfreibetrag und andere kindbedingte Steuervergünstigungen, NWB DokID: QAAAE-52191; *Stumpe*, Unterhaltsleistungen (Zivilrecht, Sonderausgaben, außergewöhnliche Belastungen), NWB DokID: BAAAF-66524.

A. Allgemeine Erläuterungen

I. Normzweck und wirtschaftliche Bedeutung der Vorschrift

1 § 33a EStG enthält **zwei** – auf **Antrag** zu gewährende – **Abzugstatbestände**, die typisierend die Zwangsläufigkeit unterstellen und **abschließender Natur** sind:

▶ **Steuerermäßigung für Unterhalt und Berufsausbildung** (§ 33a Abs. 1 EStG); diese betrifft Aufwendungen für den **Unterhalt und** für die **Berufsausbildung**.

▶ **Sonderbedarfsfreibetrag** (§ 33a Abs. 2 EStG); dieser regelt den zusätzlich zu den **Kinderfreibeträgen/Kindergeld** gewährten Abzug von Aufwendungen für die **auswärtige Unterbringung** eines **volljährigen, in Berufsausbildung befindlichen Kindes**.

§ 33a Abs. 3 EStG bestimmt, dass die Voraussetzungen für die Abzugsbeträge **zeitanteilig** (monatlich) gegeben sein müssen. Nach **§ 33a Abs. 4 EStG sind** die **Aufwendungen** der in § 33a Abs. 1 und 2 EStG genannten Art vorrangig gegenüber § 33 EStG; sie können dann **nicht als außergewöhnliche Belastungen (agB)** abgezogen werden.

II. Entstehung und Entwicklung der Vorschrift

2 § 33a EStG ist durch das **StNeuOG** v. 16. 12. 1954[1] eingeführt worden. **Zuletzt** erfolgten Änderungen durch das **AmtshilfeRLUmsG**:

▶ Erweiterung des Abs. 1 Satz 4, wonach nunmehr ein angemessenes Hausgrundstück i. S. d § 90 Abs. 2 SGB XII beim Unterhaltsempfänger unberücksichtigt bleibt (→ s. Rz. 72) und

▶ Abs. 1 wurde Satz 7 angefügt (Festlegung eines Umrechnungskurses für Fremdwährungen, s. → Rz. 86).

3–4 *(Einstweilen frei)*

III. Geltungsbereich

1. Persönlicher Geltungsbereich

5 § 33a EStG gilt für **unbeschränkt steuerpflichtige** Personen (§ 1 Abs. 1 EStG) sowie für **fiktiv unbeschränkt Steuerpflichtige** (§ 1 Abs. 3 EStG), **nicht** aber für **beschränkt Steuerpflichtige** i. S. d. § 1 Abs. 2 EStG (§ 50 Abs. 1 Satz 3 EStG).

2. Sachlicher Geltungsbereich

6 § 33a **Abs. 1** EStG betrifft typische Unterhaltsaufwendungen (→ Rz. 24 f.) aufgrund einer gesetzlichen Verpflichtung (→ Rz. 31). § 33a **Abs. 2** EStG verlangt **Aufwendungen für ein auswär-**

---
1 BGBl 1954 I 373.

tig untergebrachtes, volljähriges Kind, für das ein **Anspruch auf Kinderfreibetrag bzw. Kindergeld** besteht.

3. Anwendung bei Auslandsbeziehung

Der Unterhaltsfreibetrag nach § 33a Abs. 2 EStG ist auch bei **Unterhaltsgewährung an Personen im Ausland** anwendbar, → Rz. 39. Zur Minderung des Sonderbedarfsfreibetrags bei auswärtig **im Ausland untergebrachten Kindern** gem. § 33a Abs. 1 EStG vgl. → Rz. 39.

(Einstweilen frei)

IV. Vereinbarkeit der Vorschrift mit höherrangigem Recht

Die **Verfassungsmäßigkeit des § 33a Abs. 1 EStG ist gegeben**, da er zwangsläufige **Unterhaltsleistungen** – entsprechend der Rechtsprechung des BVerfG[1] – realitätsgerecht **mindestens in Höhe des sächlichen Existenzminimums** berücksichtigt; zur Unterhaltsgewährung an Unterhaltsempfänger im Ausland → Rz. 39. Auch soweit ab dem VZ 2010 die anrechenbaren Einkünfte der unterhaltenen Person nur noch um die existenznotwendigen Beiträge zur Krankenversicherung zu mindern sind (→ Rz. 36), bestehen keine verfassungsrechtlichen Bedenken.[2] Dass der Anspruch auf Kindergeld für den Unterhaltenen den Abzug der Unterhaltsaufwendungen nach § 33a Abs. 1 EStG ausschließt, ist verfassungsrechtlich nicht zu beanstanden, da eine mehrfache Freistellung des Existenzminimums nicht geboten ist[3] und verfassungsrechtlich keine Verpflichtung besteht, Unterhaltsleistungen über das Existenzminimum hinaus steuerrechtlich in voller Höhe zu berücksichtigen.[4] Zudem ist die Berücksichtigung von **Aufwendungen für die Berufsausbildung nach § 33a Abs. 2 EStG** verfassungsmäßig geregelt, da solche Aufwendungen weniger zwangsläufig als Unterhaltsaufwendungen entstehen und dem Gesetzgeber mithin ein weiter Ermessensspielraum hinsichtlich der Frage zusteht, in welchem Umfang eine besonders qualifizierte und aufwendige Ausbildung auf Kosten der Allgemeinheit vom Staat gefördert werden soll; denn sowenig ein Heranwachsender einen verfassungsunmittelbaren Rechtsanspruch auf Ausbildungsförderung hat, wenn seine Eltern eine qualifizierte Ausbildung nicht finanzieren könnten, sowenig haben Eltern von Verfassungs wegen einen Anspruch auf die steuerliche Berücksichtigung von Aufwendungen für eine solche Ausbildung.[5] Überdies wird der **Sonderbedarf für sich in Berufsausbildung befindliche Kinder** verfassungskonform berücksichtigt, weil die daraus entstehenden Aufwendungen unter der für die Frage der Verfassungsmäßigkeit notwendigen Berücksichtigung aller Bestandteile des Familienleistungsausgleichs, also der Addition der Freibeträge nach § 32 Abs. 6 EStG und des Freibetrags nach § 33a Abs. 2 EStG in ausreichendem Maße abgezogen werden können.[6]

---

1 BVerfG v. 13. 12. 1996 - 1 BvR 1474/88, HFR 1997, 251.
2 BFH v. 18.6.2015 - VI R 66/13, BFH/NV 2015, 1569; BFH v. 18. 6. 2015 - VI R 45/13, BFH/NV 2015, 1471 = NWB DokID: NAAAF-00987, Verfassungsbeschwerde nicht zur Entscheidung angenommen: BVerfG v. 16.8.2017 - 2 BvR 1853/15.
3 BFH v. 17. 9. 2015 - III R 36/14, BFH/NV 2016, 545 = NWB DokID: OAAAF-66174; BVerfG v. 27. 7. 2010 - 2 BvR 2122/09, BFH/NV 2010, 1994 = NWB DokID: VAAAD-48203.
4 BVerfG v. 29. 5. 1990 - 1 BvL 20/84, 1 BvL 26/84, 1 BvL 4/86, BStBl 1990 II 653; BFH v. 17. 10. 2012 - III B 68/12, BFH/NV 2013, 362 = NWB DokID: ZAAAE-26242.
5 BVerfG v. 12. 1. 2006 - 2 BvR 660/05, NJW 2006, 1866; BFH v. 21. 2. 2008 - III B 56/07, BFH/NV 2008, 951 = NWB DokID: AAAAC-78271.
6 BFH v. 25. 11. 2010 - III R 111/07, BStBl 2011 II 281; Verfassungsbeschwerde nicht zur Entscheidung angenommen (BVerfG v. 23. 10. 2012 - 2 BvR 451/11).

Europarechtskonformität des § 33a EStG besteht ebenfalls, da es grds. Sache des Ansässigkeitsstaates ist, die persönlichen Verhältnisse des Steuerpflichtigen zu berücksichtigen;[1] zur Unterhaltsgewährung an Unterhaltsempfänger im Ausland → Rz. 39.

12–13 *(Einstweilen frei)*

V. Verhältnis zu anderen Vorschriften

14 ▶ **Verhältnis des § 33a Abs. 1 zu Abs. 2 des § 33a EStG:** Die Abzugsbeträge des § 33a EStG können nebeneinander Anwendung finden. Soweit allerdings Berufsausbildungskosten vorliegen, ist bei Vorliegen seiner Voraussetzungen § 33a Abs. 2 EStG gegenüber § 33a Abs. 1 EStG die speziellere Regelung;[2] ist § 33a Abs. 2 EStG nicht erfüllt, können Unterhaltsleistungen nach § 33a Abs. 1 EStG abgezogen werden.

▶ **Verhältnis zu den agB nach § 33 EStG:** → Rz. 119.

▶ **Verhältnis zu § 33b EStG:** § 33a EStG ist neben § 33b EStG anwendbar (Umkehrschluss aus § 33 Abs. 4 EStG).

▶ **Verhältnis zu Erwerbsaufwendungen (§§ 4 Abs. 4, 9 EStG):** Aufwendungen, die BA oder WK sind, fallen unter das Abzugsverbot des § 33 Abs. 2 Satz 2 1. Halbsatz EStG, der für § 33a EStG entsprechend gilt.[3]

▶ **Verhältnis zu § 11 Abs. 2 EStG:** Das allgemeine Abflussprinzip ist auf § 33a EStG anwendbar.[4]

▶ **Verhältnis zu den Sonderausgaben (allgemein):** Aufwendungen, die SA sind, fallen unter das Abzugsverbot des § 33 Abs. 2 Satz 2 1. Halbsatz EStG, der für § 33a EStG entsprechend gilt.[5]

▶ **Verhältnis zu den Sonderausgaben (Realsplitting):** Das Realsplitting (§ 10 Abs. 1 Nr. 1 EStG) geht grds. vor, wenn es beantragt wird und die sonstigen Voraussetzungen hierfür vorliegen. Der Abzug nach § 10 Abs. 1 Nr. 1 EStG ist nicht möglich, wenn ein Antrag oder seine sonstigen Voraussetzungen nicht vorliegen[6] bzw. die Zustimmung des Empfängers fehlt und diese auch nicht als erteilt gilt.[7] Wird vom Realsplitting Gebrauch gemacht, sind auch die über den Höchstbetrag des § 10 Abs. 1 Nr. 1 EStG erbrachten Unterhaltsleistungen insgesamt begrifflich SA und damit nicht als agB abziehbar.[8]

PRAXISTIPP:
Günstiger ist der SA-Abzug, da der Höchstbetrag nach § 10 Nr. 1 EStG über demjenigen des § 33a Abs. 1 EStG liegt und beim Realsplitting keine Anrechnung von Einkünften/Bezügen des Empfängers erfolgt.

▶ **Verhältnis zum Verlustvortrag (§ 10d EStG):** § 10d Abs. 2 EStG geht § 33a EStG vor (verfassungsmäßig).[9]

---

1 *Heger* in Blümich, unter Hinweis auf EuGH v. 1.9.1999 - C-391/97, *Gschwind*, BStBl 1999 II 841.
2 BFH v. 8.8.1997 - III B 180/96, BFH/NV 1998, 960 = NWB DokID: NAAAB-38843.
3 BFH v. 4.7.2002 - III R 8/01, BStBl 2002 II 760.
4 BFH v. 9.8.1991 - III R 63/89, BFH/NV 1992, 101 = NWB DokID: TAAAA-97216.
5 BFH v. 4.7.2002 - III R 8/01, BStBl 2002 II 760.
6 BFH v. 25.3.1986 - IX R 4/83, BStBl 1986 II 603; verfassungsgemäß, vgl. BVerfG v. 21.11.1986 - 1 BvR 840/86, DStZ 1988, 488.
7 BFH v. 9.12.2009 - X R 49/07, BFH/NV 2010, 1790 = NWB DokID: JAAAD-49270.
8 BFH v. 7.11.2000 - III R 23/98, BStBl 2001 II 338; BFH v. 24.7.1996 - X R 152/90, BFH/NV 1996, 889 = NWB DokID: RAAAB-38726.
9 BFH v. 14.3.2008 - IX B 247/07, BFH/NV 2008, 1147 = NWB DokID: OAAAC-79983.

▶ **Verhältnis zum Familienleistungsausgleich (§§ 31, 32 Abs. 6 EStG):** Bei § 33a Abs. 1 EStG schließen Ansprüche aus dem Familienleistungsausgleich, also FB nach § 32 Abs. 6 EStG sowie Kindergeld nach §§ 62 ff. EStG, die Steuerermäßigung für Unterhalt und Berufsausbildung aus (→ Rz. 71), dagegen ist der Familienleistungsausgleich Voraussetzung für den Sonderbedarfsfreibetrag nach § 33a Abs. 2 EStG (→ Rz. 97).

▶ **Verhältnis zur Ehegattenbesteuerung (§§ 26, 26a, 26b EStG):** Die Ehegattenbesteuerung verdrängt § 33a Abs. 1 EStG, sofern deren Voraussetzungen vorliegen.[1] Bei der Einzelveranlagung von Ehegatten (§ 26a EStG) werden Aufwendungen demjenigen Ehegatten zugerechnet, der sie wirtschaftlich getragen hat; auf übereinstimmenden Antrag der Ehegatten erfolgt die hälftige Aufteilung; in begründeten Einzelfällen ist der Antrag des zahlenden Ehegatten maßgeblich, der die Aufwendungen wirtschaftlich getragen hat (§ 26a Abs. 2 Satz 1 bis 3 EStG).

▶ **Verhältnis zur Steuerermäßigung nach § 35a EStG:** § 35a EStG ist nur anwendbar, soweit die Aufwendungen nicht nach § 33a EStG abzugsfähig sind (§ 35a Abs. 5 Satz 1 EStG).

(Einstweilen frei) 15–20

B. Systematische Kommentierung

I. Steuerermäßigung für Unterhalt und Berufsausbildung (§ 33a Abs. 1 EStG)

1. Erwachsen von Aufwendungen für den Unterhalt und eine etwaige Rechtsfolge (§ 33a Abs. 1 Satz 1 EStG)

a) Erwachsen von Aufwendungen

Aufwendungen sind bewusste und gewollte Vermögensaufwendungen in Form von Geld oder Sachwerten (s. KKB/Bleschick, § 33 EStG Rz. 15). Aufwendungen **erwachsen**, wenn der Steuerpflichtige belastet ist, woran es im Fall der Rückzahlung von Unterhalt fehlt.[2] Die **Bewertung** erfolgt entsprechend § 15 Abs. 2 BewG zu den üblichen Mittelpreisen des Verbrauchsorts.[3] 21

b) Aufwendungen für den Unterhalt

Aufwendungen für den Unterhalt i. S. d. § 33a EStG sind nur die **üblichen, typischen Unterhaltsaufwendungen**. Sie sind auch dann anzuerkennen, wenn es sich um Zuwendungen zur **Befriedigung gehobener Ansprüche** handelt.[4] 22

Die **Abgrenzung** der typischen von den untypischen Unterhaltsaufwendungen richtet sich nach deren **Anlass und Zweckbestimmung**.[5] 23

Nach diesen Grundsätzen gehören zu den **typischen Unterhaltsaufwendungen** (zu den atypischen Unterhaltsaufwendungen → Rz. 27) **insbesondere** 24

---

1 BFH v. 23. 5. 2012 - III B 129/11, BFH/NV 2012, 1452 = NWB DokID: TAAAE-12960.
2 *Loschelder* in Schmidt, § 33a EStG Rz. 8: Dann rückwirkende Änderung nach § 175 Abs. 1 Satz 1 Nr. 2 AO.
3 BFH v. 9. 11. 1993 - IX R 74/90, BFH/NV 1994, 474 = NWB DokID: JAAAB-33931.
4 BFH v. 17. 12. 1990 - III B 209/90, BFH/NV 1991, 308 = NWB DokID: CAAAB-42933.
5 BFH v. 19. 6. 2008 - III R 57/05, BStBl 2009 II 365.

- Aufwendungen für Ernährung, Kleidung, Wohnung, Hausrat und zwar ohne Rücksicht darauf, ob mit den Zuwendungen ein einfacher Lebensstil oder gehobene Ansprüche finanziert werden,[1]
- Aufwendungen für unentgeltliche Wohnungsüberlassung,[2]
- Beiträge zu notwendigen Versicherungen[3] (z. B. Krankenversicherung[4]),
- Aufwendungen für Schule und Kindergarten,[5]
- Studiengebühren,[6]
- Aufwendungen für die Unterbringung im Altersheim aus Altersgründen[7] (anders bei Unterbringung aus Krankheitsgründen; damit im Zusammenhang stehende Aufwendungen sind agB i. S. d. § 33 EStG:[8] Als agB abziehbar sind neben Pflegekosten auch Kosten, die auf Unterbringung und Verpflegung entfallen, soweit es sich hierbei um gegenüber der normalen Lebensführung entstehende Mehrkosten handelt).[9]

25 **Enger Anwendungsbereich:** Der von § 33a Abs. 1 EStG betroffene Bereich ist insofern enger als der Unterhaltsbegriff des bürgerlichen Rechts, der den „gesamten Lebensbedarf" und damit z. B. auch Krankheitskosten umfasst.[10] Typische Unterhaltsaufwendungen sind nach § 33a Abs. 4 EStG vom Abzug nach § 33 EStG ausgeschlossen (→ Rz. 119).

26 **Keine nachträgliche Zahlung von Unterhaltsaufwendungen (h. M.):** Typische Unterhaltsleistungen können nur insoweit nach § 33a Abs. 1 EStG zum Abzug zugelassen werden, als die Aufwendungen dazu bestimmt und geeignet sind, dem **laufenden Lebensbedarf** des Unterhaltsempfängers im VZ der Unterhaltszahlung zu dienen.[11] Daher können Unterhaltsleistungen **nicht** auf Monate vor ihrer Zahlung **zurückbezogen** werden.[12] Liegen die Voraussetzung des § 33a Abs. 1 EStG nur für einige Monate des Jahres der Unterhaltszahlung vor, muss der Unterhaltshöchstbetrag des § 33a Abs. 1 EStG gemäß § 33a Abs. 3 Satz 1 EStG entsprechend aufgeteilt werden.[13] Dies ergibt sich aus dem Umstand, dass Unterhaltsleistungen bestimmt und geeignet sein müssen, der Deckung des Lebensbedarfs des Unterhaltsempfängers zu dienen.[14] Es spricht eine tatsächliche **Vermutung** dafür, dass ein Unterhaltsverpflichteter, der seine Angehörigen laufend unterstützt, seine Leistungen so einrichtet, dass sie zur Deckung des Lebensbedarfs des Empfängers bis zum Erhalt der nächsten Leistung dienen; diese – im Einzelfall **widerlegbare** – Vermutung steht regelmäßig einer Rückbeziehung von Unterhaltsleistungen

---

1 BFH v. 19. 6. 2008 - III R 57/05, BStBl 2009 II 365.
2 BFH v. 18. 10. 2006 - XI R 42/04, BFH/NV 2007, 1283 = NWB DokID: WAAAC-45148.
3 H 33a.1 „Abgrenzung zu § 33 EStG" EStH, m. w. N. zur Rechtsprechung des BFH.
4 H 33a.1 „Allgemeines zum Abzug von Unterhaltsaufwendungen" EStH; BFH v. 28. 5. 1998 - III B 5/98, BFH/NV 1998, 1352 = NWB DokID: QAAAA-97389.
5 BFH v. 27. 9. 2007 - III R 30/06, BFH/NV 2008, 539 = NWB DokID: HAAAC-72609.
6 BFH v. 17. 12. 2009 - VI R 63/08, BStBl 2010 II 341.
7 BFH v. 30. 6. 2011 - VI R 14/10, BStBl 2012 II 876.
8 H 33a.1 „Abgrenzung zu § 33 EStG" und „Personen in einem Altenheim oder Altenwohnheim" EStH; BFH v. 14. 11. 2013 - VI R 21/12, BFH/NV 2014, 832 = NWB DokID: EAAAE-61844.
9 BFH v. 30. 6. 2011 - VI R 14/10, BStBl 2012 II 876.
10 BFH v. 19. 6. 2008 - III R 57/05, BStBl 2009 II 365.
11 BFH v. 25.4.2018 - VI R 35/16, NWB DokID: JAAAG-89752.
12 BFH v. 25.4.2018 - VI R 35/16, NWB DokID: JAAAG-89752; BFH v. 11.11.2010 - VI R 16/09, BStBl 2011 II 966; a. A. *Heger* in Blümich, § 33a EStG Rz. 115: ergebe sich nicht aus dem Wortlaut; kritisch *Loschelder* in Schmidt, § 33a EStG Rz. 10.
13 BFH v. 25.4.2018 - VI R 35/16, NWB DokID: JAAAG-89752.
14 BFH v. 2. 12. 2004 - III R 49/03, BStBl 2005 II 483.

auf Monate vor dem Zahlungsmonat entgegen[1] mit der Folge, dass Zahlungen, die auch für das Folgejahr geleistet werden, nur im Veranlagungszeitraum der Leistung – bloß anteilig – und wegen des Prinzips der Abschnittsbesteuerung überhaupt nicht berücksichtigt werden können.[2] Insoweit besteht jedoch eine **Vereinfachungsregelung der FinVerw**, nach der vierteljährliche Unterhaltszahlungen auch in Vormonaten Berücksichtigung finden können.[3] Jedenfalls ist es für den Abzug des laufenden Unterhalts aber **irrelevant**, ob die Unterhaltsaufwendungen **regelmäßig oder einmalig** anfallen und ob sie für den Bedarf des laufenden Veranlagungszeitraumes bestimmt sind oder im Voraus zur Abgeltung **künftigen Bedarfs** bzw. **künftiger Ansprüche** geleistet werden;[4] auch **gelegentliche Zahlungen** können für laufenden Unterhalt erbracht werden.[5] Eine Kürzung kommt also bei **Einmalzahlungen** nur in Betracht, wenn bereits abgelaufene Monate betroffen sind und die Vereinfachungsregelung der FinVerw nicht greift.

PRAXISTIPP

Da auf der Grundlage der h. M. einmalige Kapitalabfindungen zur Auflösung künftiger Unterhaltsverpflichtungen und Unterhaltsnachzahlungen für bereits abgelaufene Monate des VZ nicht oder nur in Ausnahmefällen abgezogen werden können, ist steuerrechtlich von solchen Gestaltungen abzuraten.[6]

Atypische Unterhaltsaufwendungen (z. B. die Übernahme von Krankheitskosten für Dritte,[7] Aufwendungen aufgrund unabwendbarer Ereignisse, wie z. B. Brand, Diebstahl oder Hochwasser[8]) sind – zusätzlich zum Höchstbetrag nach § 33a Abs. 1 EStG – als agB unter den Voraussetzungen des § 33 EStG abziehbar. Siehe dazu KKB/Bleschick, § 33 EStG Rz. 150 „Unterhaltsleistungen". 27

c) Aufwendungen für eine Berufsausbildung

Aufwendungen für eine **Berufsausbildung** umfassen Belastungen durch sämtliche Maßnahmen, bei denen es sich um den **Erwerb von Kenntnissen, Fähigkeiten und Erfahrungen** handelt, die als **Grundlagen für** die Ausübung des angestrebten **Berufs** geeignet sind.[9] Der Begriff der Berufsausbildung i. S. d. § 33a Abs. 1 EStG ist zwar **weit auszulegen**.[10] Allerdings ist ein **freiwilliges soziales Jahr** keine Berufsausbildung i. S. d. § 33a Abs. 2 Satz 1 EStG,[11] weil der Gesetzgeber selbst die Leistung eines freiwilligen sozialen Jahres grundsätzlich nicht als Berufsausbildung beurteilt hat[12] und auch das Steuerrecht in § 32 Abs. 4 Satz 1 Nr. 2 EStG zwischen der Berufsausbildung einerseits und dem freiwilligen sozialen Jahr andererseits differenziert. Für 28

---

1 BFH v. 2.12.2004 - III R 49/03, BStBl 2005 II 483.
2 Zweifelnd *Loschelder* in Schmidt, § 33a EStG Rz. 10.
3 BMF v. 7.6.2010, BStBl 2010 I 588, Rz. 26.
4 BFH v. 19.6.2008 - III R 57/05, BStBl 2009 II 365.
5 BFH v. 10.7.1981 - VI R 132/80, BStBl 1982 II 21.
6 *Mellinghoff* in Kirchhof, § 33b EStG Rz. 8.
7 BFH v. 18.6.1997 - III R 60/96, BFH/NV 1997, 755 = NWB DokID: EAAAA-97367.
8 *Mellinghoff* in Kirchhof, § 33a EStG Rz. 7.
9 Vgl. BFH v. 9.11.1984 - VI R 40/83, BStBl 1985 II 135; BFH v. 10.5.2012 - VI R 72/11, BStBl 2012 II 895.
10 BFH v. 9.11.1984 - VI R 40/83, BStBl 1985 II 135; *Mellinghoff* in Kirchhof, § 33a EStG Rz. 9; *Heger* in Blümich, § 33a EStG Rz. 106.
11 BFH v. 25.11.2014 - VI B 1/14, BFH/NV 2015, 332 = NWB DokID: NAAAE-82924; BFH v. 24.6.2004 - III R 3/03, BStBl 2006 II 294.
12 Vgl. schriftlichen Bericht des Ausschusses für Familien- und Jugendfragen, BT-Drucks. VI/2138, 2.

Kinder, die ein freiwilliges soziales Jahr absolvieren, ist folglich kein Ausbildungsfreibetrag zu gewähren.[1] Nachdem der Verweis auf die Zwangsläufigkeit i. S. d. § 33 Abs. 2 EStG (ab VZ 1996) entfallen ist, ist nicht mehr zu prüfen, ob die Aufwendungen für die Berufsausbildung zwangsläufig entstanden sind.

29 Die Legaldefinition der **Erstausbildung i. S. d. § 9 Abs. 6 Satz 2 bis 5 EStG ist nicht auf § 33a Abs. 1 EStG übertragbar**: Dies folgt schon aus dem **Wortlaut** des § 9 Abs. 6 Satz 2 EStG, nach dem die „Erstausbildung" ein Unterbegriff der Berufsausbildung ist („Berufsausbildung als Erstausbildung nach § 9 Abs. 6 EStG Satz 1"). Gleiches ergibt sich aus der **systematischen Stellung** des § 9 Abs. 6 Satz 2 bis 5 EStG, der eine Regelung zu den Erwerbsaufwendungen ist („II. Einkommen", „4. Überschuss der Einnahmen über die Werbungskosten (§§ 8 bis 9a EStG)"), während es bei § 33a EStG um privat veranlasste Aufwendungen geht. Schließlich spricht auch die **gesetzgeberische Intention** dagegen, den Begriff der „Erstausbildung" im Bereich der Steuerermäßigung für Unterhalt und Berufsausbildung anzuwenden. Denn nach dem Gesetzentwurf der BReg[2] soll eine typisierende Differenzierung zwischen „erster Berufsausbildung" bzw. „Erststudium" getroffen werden, um den konkreten Veranlassungszusammenhang bei Erwerbsaufwendungen zu bestimmen; zudem soll eine „sinnvolle Abgrenzung" von Erst- und Zweitausbildung getroffen werden. Bei § 33a EStG geht es aber gerade um Aufwendungen im Bereich der Privatsphäre.

d) Gesetzlich unterhaltsberechtigte Person

30 Das Bestehen einer **Unterhaltsberechtigung des Unterhaltsempfängers** bestimmt sich nach dem **inländischen** (→ Rz. 39) **Zivilrecht**:[3] Voraussetzungen sind daher Unterhaltsberechtigung (→ Rz. 31), konkrete Bedürftigkeit der unterhaltenen Person (→ Rz. 32 f.), eigene Leistungsfähigkeit des Steuerpflichtigen (→ Rz. 34 ff.) und Fehlen vorrangiger Unterhaltsverpflichtungen (→ Rz. 38).[4]

31 **Unterhaltsberechtigte** sind Personen, denen gegenüber der Steuerpflichtige oder sein Ehegatte nach dem BGB oder dem LPartG unterhaltsverpflichtet ist.[5] Dies sind insbesondere nach § 1601 BGB Verwandte in gerader Linie i. S. d. § 1589 Satz 1 BGB, wie z. B. **Kinder, Enkel, Eltern und Großeltern** – auch im Falle einer **Adoption** (§ 1754 Abs. 1 BGB) –, nicht hingegen Verwandte in der Seitenlinie (z. B. **Geschwister**,[6] **Tante, Onkel** usw.) oder **Stiefkinder und verschwägerte Personen** (§ 1590 BGB);[7] gesetzlich unterhaltsberechtigt sind ferner nach §§ 1360 ff. BGB **Ehegatten** untereinander[8] und **Partner einer eingetragenen** gleichgeschlechtlichen **Lebenspartnerschaft** nach dem LPartG.[9] Hinsichtlich der Unterhaltsverpflichtung einer Mutter bzw. der ausnahmsweisen Unterhaltspflicht eines Vaters für ein **nichteheliches Kind** gilt unter Berücksichtigung des § 1651l BGB:[10] Der gesetzliche Unterhaltsanspruch der Mutter eines nichtehelichen

---

1 BFH v. 25.11.2014 - VI B 1/14, BFH/NV 2015, 332 = NWB DokID: NAAAE-82924; BFH v. 24.6.2004 - III R 3/03, BStBl 2006 II 294.
2 BT-Drucks. 18/3017, 49 f.
3 BFH v. 12.7.2017 - VI R 42/15, BStBl 2018 II 13; BFH v. 27.7.2011 - VI R 13/10, BStBl 2011 II 965.
4 Vgl. auch H 33a.1 „Unterhaltsberechtigung" EStH.
5 R 33a.1 Abs. 1 Satz 1 EStR.
6 BFH v. 31.3.2008 - III B 28/07, BFH/NV 2008, 1320 = NWB DokID: ZAAAC-82764.
7 *Geserich*, DStR 2011, 294.
8 BFH v. 27.7.2011 - VI R 13/10, BStBl 2011 II 965.
9 § 5 Abs. 1 LPartG.
10 Wortlaut unter H 33a.1 „Unterhaltsanspruch der Mutter bzw. des Vaters eines nichtehelichen Kindes" EStH.

Kindes gegenüber dem Kindesvater nach § 1651l BGB ist vorrangig gegenüber der Unterhaltsverpflichtung ihrer Eltern mit der Folge, dass für die Kindesmutter der Anspruch ihrer Eltern auf Kindergeld oder Freibeträge für Kinder erlischt und für die Unterhaltsleistungen des Kindesvaters an sie eine neue Berücksichtigung nach § 33a Abs. 1 EStG in Betracht kommt.[1] **Schwiegereltern** sind während der Ehe zum Unterhalt verpflichtet, auch wenn die Ehegatten dauernd getrennt leben.[2]

Konkrete Bedürftigkeit der unterhaltenen Person ist eine weitere Voraussetzung für den Abzug,[3] d. h. der Unterhaltene muss **außerstande sein, sich selbst zu unterhalten** (§ 1602 BGB). Vgl. aber die **Verwaltungsvereinfachungen** nach → Rz. 33. Erforderlich ist die **tatsächliche Bedürftigkeit** des Unterhaltsempfängers (sog. konkrete Betrachtungsweise).[4] Dies verlangt die **Vermögenslosigkeit** (→ Rz. 72) und **fehlendes Einkommen** trotz **Wahrung der Erwerbsobliegenheit**:[5] Personen im arbeitsfähigen Alter, die die zum Bestreiten des Lebensunterhalts zur Verfügung stehenden Quellen, insbesondere ihre Arbeitskraft nicht ausschöpfen, sind nicht unterstützungsbedürftig.[6] Insoweit besteht insbesondere für volljährige Personen eine generelle Erwerbsobliegenheit, es sei denn, dieser kann ausnahmsweise[7] aufgrund besonderer Umstände, wie z. B. Krankheit, Behinderung oder Arbeitslosigkeit, trotz ordnungsgemäßer Bemühungen um eine Beschäftigung nicht Folge geleistet werden.[8] Das jederzeitige Bereitstehen für einen eventuellen Pflegeeinsatz bei behinderten Angehörigen („Pflege auf Abruf") ist aber kein besonderer Umstand, der die generelle Erwerbsobliegenheit volljähriger Personen entfallen lässt.[9] Selbst wenn am Wohnort Arbeitslosigkeit und Unterbeschäftigung geherrscht hat, darf daraus nicht ohne nähere Ermittlungen geschlossen werden, die unterstützte Person habe trotz Bemühens keine Arbeitsstätte, zumindest in der Form von Gelegenheitsarbeit, gefunden.[10] Allerdings kann Arbeitslosigkeit eine Bedürftigkeit begründen, wenn eine Beschäftigung trotz ordnungsgemäßer Bemühungen nicht gefunden werden kann.[11] Bei **Zahlungen an den haushaltsführenden Ehegatten/Partner einer Lebenspartnerschaft** ist während **intakter Ehe/Lebenspartnerschaft** grundsätzlich weder die Bedürftigkeit noch die sog. Erwerbsobliegenheit zu prüfen: Ehegattenunterhalt wird – anders als Verwandtenunterhalt gem. § 1601 BGB – auch jenseits der Bedürftigkeit geschuldet. Überdies ist der haushaltsführende Ehegatte/Lebenspartner nicht verpflichtet, zunächst seine Arbeitskraft zu verwerten (**modifizierte Erwerbsobliegenheit**); ausnahmsweise besteht auch für den haushaltsführenden Ehegatten/Lebenspartner eine Erwerbsobliegenheit in **Notfällen**,[12] wenn die Arbeitskraft eines Ehegatten zur Deckung des Familienunterhalts nicht ausreicht.[13] Betreibt der unterstützte Angehörige einen **landwirtschaftlichen Betrieb** in einem nach den Verhältnissen des Wohnsitzstaates übli-

---

1 BFH v. 19. 5. 2004 - III R 30/02, BStBl 2004 II 943.
2 BFH v. 27. 7. 2011 - VI R 13/10, BStBl 2011 II 965.
3 R 33a.1 Abs. 1 Satz 3 EStR; BFH v. 27. 7. 2011 - VI R 13/10, BStBl 2011 II 965.
4 R 33a.1 Abs. 1 Satz 3 EStR; BFH v. 5. 5. 2010 - VI R 29/09, BStBl 2011 II 116; vgl. dazu näher Geserich, DStR 2011, 294, 295 f.
5 BFH v. 12.7.2017 - VI R 42/15, BStBl 2018 II 13; BFH v. 27. 7. 2011 - VI R 62/10, BFH/NV 2012, 170 = NWB DokID: WAAAD-97968.
6 BFH v. 27. 7. 2011 - VI R 62/10, BFH/NV 2012, 170 = NWB DokID: WAAAD-97968.
7 BFH v. 12.7.2017 - VI R 42/15, BStBl 2018 II 13.
8 BFH v. 12.7.2017 - VI R 42/15, BStBl 2018 II 13; BFH v. 15.4.2015 - VI R 5/14, BStBl 2016 II 148.
9 BFH v. 15. 4. 2015 - VI R 5/14, BStBl 2016 II 148.
10 BFH v. 27. 7. 2011 - VI R 62/10, BFH/NV 2012, 170 = NWB DokID: WAAAD-97968.
11 BFH v. 15.4.2015 - VI R 5/14, BStBl 2016 II 148.
12 BFH v.15.4.2015 - VI R 4/15, BStBl 2016 II 148.
13 BFH v. 5. 5. 2010 - VI R 5/09, BStBl 2011 II 115.

chen Umfang und Rahmen, besteht die widerlegbare Vermutung, dass die landwirtschaftlich tätigen Angehörigen (einschließlich der Kinder) nicht unterhaltsbedürftig sind.[1] Der Steuerpflichtige hat grundsätzlich **nachzuweisen**, dass sich die unterhaltene Person um eine Beschäftigung bemüht hat. Fehlt es hieran, kommt eine **Schätzung** der (fiktiven) Einkünfte in Betracht.[2]

33 **Verwaltungsvereinfachungen (keine Prüfung der Unterhaltsberechtigung/Höhe der Unterhaltsaufwendungen)**: Eine Prüfung, ob im Einzelfall tatsächlich ein Unterhaltsanspruch besteht, ist allerdings aus Praktikabilitätsgründen grundsätzlich (Ausnahme → Rz. 39) nicht erforderlich, wenn die unterstützte Person unbeschränkt steuerpflichtig sowie dem Grunde nach (potenziell) unterhaltsberechtigt ist, tatsächlich Unterhalt erhält und alle übrigen Voraussetzungen des § 33a Abs. 1 EStG vorliegen; insoweit wird die Bedürftigkeit der unterstützten Person **typisierend unterstellt**.[3] Gehört die unterhaltsberechtigte Person zum Haushalt des Steuerpflichtigen, kann regelmäßig davon ausgegangen werden, dass ihm dafür **Unterhaltsaufwendungen in Höhe des maßgeblichen Höchstbetrags** erwachsen.[4]

34 **Eigene Leistungsfähigkeit des Steuerpflichtigen** ist zivilrechtliche Voraussetzung für das Bestehen seiner Unterhaltsverpflichtung bzw. seines Ehegatten/Partners einer eingetragenen Lebenspartnerschaft: Gem. **§ 1603 BGB** ist nicht unterhaltspflichtig, wer bei Berücksichtigung seiner sonstigen Verpflichtungen außerstande ist, den Unterhalt zu gewähren; daher können Unterhaltsaufwendungen im Allgemeinen nur dann anerkannt werden, wenn sie in einem **angemessenen Verhältnis zum Nettoeinkommen** des Leistenden stehen und diesem nach Abzug der Unterhaltsleistungen noch die angemessenen Mittel zur Bestreitung des Lebensbedarfs verbleiben (sog. **Opfergrenze**,[5] die nicht mit dem Selbstbehalt des § 1581 BGB übereinstimmt;[6] zur Berechnung → Rz. 35 ff.). Die **Opfergrenze gilt** aber **nicht** bei Aufwendungen für den Unterhalt an

▶ den (ggf. auch **geschiedenen**) **Ehegatten/Partner einer Lebensgemeinschaft**[7] oder

▶ den in **Haushaltsgemeinschaft lebenden nichtehelichen Partner**, dem mit Rücksicht auf die Unterhaltsleistungen öffentliche Mittel verweigert werden.[8]

35 **Berechnung der Opfergrenze**: Die Berechnung der Opfergrenze erfolgt in zwei Schritten. Zunächst ist das verfügbare Nettoeinkommen (→ Rz. 36) zu ermitteln, auf das sodann ein Prozentsatz (→ Rz. 37) anzuwenden ist.

36 **Verfügbares Nettoeinkommen**: Hierzu gehören alle steuerpflichtigen Einkünfte i. S. d. § 2 Abs. 1 EStG und alle steuerfreien Einnahmen.[9] Zu den dem verfügbaren Nettoeinkommen hinzuzurechnenden steuerfreien Einnahmen gehören z. B. das Kindergeld und vergleichbare Leistungen, Leistungen nach dem SGB II, SGB III und BEEG, die ausgezahlte Arbeitnehmer-Sparzulagen nach dem 5. VermBG, die Eigenheimzulage sowie der steuerfreie Teil der Rente.[10]

---

1 BFH v. 5. 5. 2010 - VI R 29/09, BStBl 2011 II 116.
2 BFH v. 15. 4. 2015 - VI R 5/14, BStBl 2016 II 148.
3 R 33a Abs. 1 Satz 4 EStR.
4 R 33a Abs. 1 Satz 5 EStR.
5 BFH v. 6. 2. 2014 - VI R 34/12, BStBl 2014 II 619; *Geserich*, DStR 2011, 294, 298 f.
6 *Mellinghoff* in Kirchhof, § 33a EStG Rz. 24.
7 BMF v. 7. 6. 2010, BStBl 2010 I 582, Rz. 11.
8 BMF v. 7. 6. 2010, BStBl 2010 I 582, Rz. 12; BFH v. 29. 5. 2008 - III R 23/07, BStBl 2009 II 363.
9 R 33a.1 Abs. 3 Satz 1 EStR; BMF v. 7. 6. 2010, BStBl 2010 I 582, Rz. 10; BFH v. 6. 2. 2014 - VI R 34/12, BStBl 2014 II 619.
10 *Geserich*, juris-PR/SteuerR 36/2016 Anm. 3.

Ebenfalls dem verfügbaren Nettoeinkommen hinzuzurechnen sind nicht steuerbare Einnahmen wie Steuererstattungen (ESt, KiSt, SolZ).[1] Verlustabzüge nach § 10d EStG, SA und agB mindern das verfügbare Nettoeinkommen dagegen nicht.[2]

Von den steuerpflichtigen Einkünften sind die folgenden Positionen **abzuziehen**:

- **Steuervorauszahlungen**(grds. im Jahr der Zahlung abzuziehen)[3] und **Steuernachzahlungen** sowie die **Steuerabzugsbeträge** (Lohn- und Kirchensteuern, Kapitalertragsteuer, Solidaritätszuschlag), weil sie für Unterhaltsleistungen nicht verfügbar sind;[4]
- der **Arbeitnehmer-Pauschbetrag**, selbst wenn der Stpfl. keine Werbungskosten hatte;[5]
- die **sonstigen Pauschbeträge nach § 9a EStG** und der **Sparer-Pauschbetrag** (§ 20 Abs. 9 EStG) – unabhängig vom Bestehen von Aufwendungen;[6]
- **Ab dem VZ 2010** sind – wegen der Neufassung des § 33a Abs. 1 Satz 5 EStG (vgl. → Rz. 76 ff.) – bei der Ermittlung der abzugsfähigen Unterhaltsleistungen die anrechenbaren Einkünfte der unterhaltenen Person nur die unvermeidbaren **existenznotwendigen Beiträge zur Krankenversicherung**; nicht (mehr) um die Arbeitnehmerbeiträge zur gesetzlichen **Renten- und Arbeitslosenversicherung** sowie um die Beiträge zur gesetzlichen **Krankenversicherung** für Leistungen, die über das sozialhilferechtliche Niveau der Krankenversorgung hinausgehen, zu mindern.[7] Auch der Umstand, dass Einnahmen gesetzlich verwendungsgebunden und die Einkünfte des Unterhaltsempfängers insoweit nicht frei verfügbar sind, ist bei der Einkünfteermittlung nach § 2 Abs. 2 EStG und damit auch im Rahmen des § 33a Abs. 1 Satz 5 EStG (vgl. → Rz. 76 ff.) ab dem VZ 2010 (verfassungsrechtlich) unerheblich. Einkünfte sind ab dem VZ 2010 vielmehr auch dann anrechenbar, wenn und soweit der unterhaltsberechtigte Empfänger damit seinen Lebensunterhalt (Nahrung, Kleidung, Hygiene, Hausrat, Wohnung und Heizung) nicht bestreiten kann, weil er (langfristige) vertragliche Verpflichtungen eingegangen ist, zwangsläufige (beispielsweise als agB abziehbare) Ausgaben tätigt oder Pflichtbeiträge zur gesetzlichen Renten- und Arbeitslosenversicherung oder Krankenversicherung für Leistungen, die über das sozialhilferechtliche Niveau der Krankenversorgung hinausgehen, bestreiten muss.[8]
- **Bis zum VZ 2009** waren von diesen Ausgaben dagegen noch abzuziehen
    - **Beträge**, die dem Verpflichteten **faktisch nicht zur Verfügung standen**[9] (z. B. steuerrechtliche Belastungen wie Steuervorauszahlungen und -nachzahlungen sowie die Steuerabzugsbeträge – Lohn- und Kirchensteuern, Kapitalertragsteuer, Solidaritätszuschlag);

---

1 *Geserich*, juris-PR/SteuerR 36/2016 Anm. 3.
2 *Geserich*, juris-PR/SteuerR 40/2015 Anm. 4.
3 BFH v. 28.3.2012 - VI R 31/11, BStBl 2012 II 769.
4 *Geserich*, juris-PR/SteuerR 36/2016 Anm. 3.
5 BFH v. 11.12.1997 - III R 214/94, BStBl 1998 II 292.
6 *Geserich*, juris-PR/SteuerR 36/2016 Anm. 3; BMF v. 7.6.2010, BStBl 2010 I 582, Rz. 10.
7 R 33a.1 Abs. 3 Satz 2 EStR; BMF v. 7.6.2010, BStBl 2010 I 582, Rz. 13; BFH v. 18.6.2015 - VI R 45/13, BFH/NV 2015, 1471 = NWB DokID: NAAAF-00987, Verfassungsbeschwerde anhängig, Az. des BVerfG: 2 BvR 1853/15; *Geserich*, NWB 2015, 2766; *Myßen/Wolter*, NWB 2009, 3900, 3905 f.
8 *Geserich*, juris-PR/SteuerR 40/2015 Anm. 4.
9 BFH v. 6.2.2014 - VI R 34/12, BStBl 2014 II 619.

– **sozialrechtliche Belastungen** (z. B. gesetzliche Sozialabgaben bei ArbN, gesetzliche Beiträge zur Kranken- und Pflegeversicherung bei Rentnern, für alle Übrigen ab dem VZ 2010 die Beiträge zu einer Basiskranken- und Pflegepflichtversicherung).[1]

Zu den steuerpflichtigen Einkünften **hinzuzurechnen** sind steuerrechtlich zulässige Gewinnminderungen, soweit kein tatsächlicher Mittelabfluss vorliegt[2] (z. B. Rücklagen, Investitionsabzugsbetrag nach § 7g EStG[3]).

Dreijahreszeitraum bei Selbständigen: Bei Selbständigen ist die Berechnung wegen stärkerer Schwankungen des Einkommens auf der Grundlage eines Dreijahreszeitraums vorzunehmen.[4] Steuerzahlungen sind von dem hiernach zugrunde zu legenden unterhaltsrelevanten Einkommen grundsätzlich in dem Jahr abzuziehen, in dem sie gezahlt wurden.[5] Führen Steuerzahlungen für mehrere Jahre jedoch zu nicht unerheblichen Verzerrungen des unterhaltsrechtlich maßgeblichen Einkommens im Streitjahr, sind die im maßgeblichen Dreijahreszeitraum geleisteten durchschnittlichen Steuerzahlungen zu ermitteln und vom „Durchschnittseinkommen" des Streitjahres abzuziehen.[6]

Verteilung des verfügbaren Nettoeinkommens nach Köpfen bei einer Haushaltsgemeinschaft: Die verfügbaren Nettoeinkommen des Unterhaltsleistenden und der unterhaltenen Person(en) sind bei dem Bestehen einer Haushaltsgemeinschaft zusammenzurechnen und dann **nach Köpfen** auf diese Personen zu verteilen.[7] Gehört der Haushaltsgemeinschaft ein unterhaltsberechtigtes Kind an, sind die für die Unterhaltsleistung zur Verfügung stehenden Mittel um den Mindestunterhalt des Kindes (vgl. § 32 Abs. 6 Satz 2 EStG) zu kürzen; der Mindestunterhalt ist in Höhe des doppelten Freibetrags für das sächliche Existenzminimum des Kindes anzusetzen (entsprechende Anwendung des § 1612a Abs. 1 Satz 3 BGB).[8]

37 Der **Prozentsatz** beträgt 1 % je volle 500 € des Nettoeinkommens, höchstens 50 %; dieser Satz ist um je 5 % für den Ehegatten und jedes Kind, für das der Steuerpflichtige einen Kinderfreibetrag, Kindergeld oder andere Leistungen für Kinder erhält, zu kürzen, höchstens um 25 %.[9] Hat der Stpfl. nur einen Teil des Jahres Anspruch auf Freibeträge für Kinder nach § 32 Abs. 6 EStG, Kindergeld oder eine andere Leistung für Kinder (§ 65 EStG), ist dies aufgrund des Monatsprinzips des § 33a Abs. 3 Satz 1 EStG bei der Berechnung der Opfergrenze durch eine monatsbezogene Kürzung der anzusetzenden kinderbezogenen 5 %-Pauschale zu berücksichtigen.[10]

38 **Vorrangige Unterhaltsverpflichtungen:** Die **Unterhaltskonkurrenzen** (§§ 1606, 1608 BGB) sind zu beachten, so dass die **Unterhaltsverpflichtung des Steuerpflichtigen entfällt**, wenn andere

---

1 BMF v. 7. 6. 2010, BStBl 2010 I 582, Rz. 10.
2 BFH v. 6. 2. 2014 - VI R 34/12, BStBl 2014 II 619.
3 BFH v. 6. 2. 2014 - VI R 34/12, BStBl 2014 II 619.
4 BFH v. 28. 4. 2016 - VI R 21/15, BStBl 2016 II 742; BFH v. 28. 3. 2012 - VI R 31/11, BStBl 2012 II 769.
5 BFH v. 28. 4. 2016 - VI R 21/15, BStBl 2016 II 742; BFH v. 28. 3. 2012 - VI R 31/11, BStBl 2012 II 769; dazu Paus, KSR 2016, 7.
6 BFH v. 28. 4. 2016 - VI R 21/15, BStBl 2016 II 742; BFH v. 28. 3. 2012 - VI R 31/11, BStBl 2012 II 769; dazu Paus, KSR 2016, 7.
7 BMF v. 7. 6. 2010, BStBl 2010 I 582, Rz. 12; BFH v. 17. 12. 2009 - VI R 64/08, BStBl 2010 II 343; jeweils mit Berechnungsbeispiel.
8 BMF v. 7. 6. 2010, BStBl 2010 I 582, Rz. 12; BFH v. 17. 12. 2009 - VI R 64/08, BStBl 2010 II 343; jeweils mit Berechnungsbeispiel.
9 BMF v. 7. 6. 2010, BStBl 2010 I 582, Rz. 11 (mit Beispielen); BFH v. 11. 12. 1997 - III R 214/94, BStBl 1998 II 292.
10 BFH v. 14.12.2016 - VI R 15/16, BStBl 2017 II 454.

Personen vorrangig unterhaltsverpflichtet sind.[1] Zu diesen Unterhaltskonkurrenzen gehört auch die vorrangige Unterhaltspflicht der Ehegatten untereinander (§ 1608 Abs. 1 Satz 1 BGB).[2]

Bei **Unterhaltszahlungen ins Ausland** gilt: Ob der Steuerpflichtige zum Unterhalt gesetzlich verpflichtet ist, ist nach **inländischen Maßstäben** zu beurteilen, § 33a Abs. 1 Satz 6 2. Halbsatz EStG (verfassungsmäßig[3] und gemeinschaftsrechtskonform[4]). Dies umfasst insbes. auch für die **Erwerbsobliegenheit** (s. → Rz. 32) der unterstützten Person.[5] Dies gilt auch im Fall einer Unterhaltspflicht nach ausländischem Recht, wenn die Unterhaltspflicht nach internationalem Privatrecht im Inland verbindlich ist.[6]

Bei der Prüfung der **Bedürftigkeit eines Unterhaltsempfängers im Ausland** trifft den Steuerpflichtigen nach § 90 Abs. 2 AO eine **erhöhte Sachaufklärungspflicht**;[7] ob der Unterhaltsempfänger seiner Erwerbsobliegenheit nachgekommen ist, ist durch Vorlage von Beweismitteln darzutun, die einen objektivierten Nachweis der Erwerbsbemühungen ermöglichen.[8] Es gilt eine **erhöhte Mitwirkungs- und Beweisvorsorgepflicht**:[9] Bedürftigkeit des Unterhaltenen und Zahlungen sind – soweit zumutbar (**Beweiserleichterung** z. B. im **Bürgerkrieg**)[10] – erschöpfend durch eine den inhaltlichen Vorgaben des BMF genügende[11] Unterhaltsbescheinigung zu belegen.[12] Der Nachweis einer Bargeldübergabe verlangt neben einer belastbaren Empfängerbestätigung einen zeitnahen, lückenlosen Nachweis der „Zahlungskette", also Nachweise über die Abhebungen oder konkrete Verfügbarkeit dieser Beträge zum Zeitpunkt der Übergabe durch den Stpfl.; auch muss der Stpfl. das „Wie und Wann" der Bargeldübergabe im Einzelnen darlegen und belastbar nachweisen.[13] Der Unterhaltsverpflichtete muss die Barzuwendung nicht persönlich übergeben; in einem solchen Fall hat er jedoch „Roß und Reiter", d. h. den Überbringer des Geldes, zu benennen.[14] Der Höchstbetrag beläuft sich ab dem VZ 2019 auf 9.168 € (in 2018: 9.000 €; im VZ 2017: 8.820 €).[15] Ebenfalls zu überprüfen ist die **Erwerbsobligenheit**: Insoweit gilt die in → Rz. 33 dargestellte Vereinfachungsregelung nicht; überdies kann bei Personen unter 65 Jahren, die bereits eine Rente beziehen, auf den Einsatz der eigenen Arbeitskraft nur dann verzichtet werden, wenn die Rente wegen eines schlechten Gesundheitszustandes oder einer Behinderung gezahlt wird (strenge **Nachweisanforderungen**: mindestens erforderlich ist eine ins Deutsche übersetzte Bescheinigung des behandelnden Arztes mit Ausführungen zur Art der Krankheit, zum Krankheitsbild und den daraus folgenden Beeinträchtigungen bzw. GdB und zum Umfang einer möglichen Erwerbstätigkeit; selbst bei Vor-

---

1 BFH v. 5. 5. 2010 - VI R 29/09, BStBl 2011 II 116.
2 BFH v. 24. 8. 2011 - VI B 18/11, BFH/NV 2011, 2062 = NWB DokID: LAAAD-93757.
3 BVerfG v. 24. 5. 2005 - 2 BvR 1683/02, BFH/NV 2005, Beilage 4, 361 = NWB DokID: YAAAB-86755.
4 BFH v. 4. 3. 2005 - VI S 14/03 (PKH), BFH/NV 2005, 1067 = NWB DokID: BAAAB-52568.
5 BFH v. 12.7.2017 - VI R 42/15, BStBl 2018 II 13.
6 BFH v. 27. 7. 2011 - VI R 13/10, BStBl 2011 II 965.
7 Geserich, DStR 2011, 294, 299.
8 BFH v. 27. 7. 2011 - VI R 62/10, BFH/NV 2012, 170 = NWB DokID: WAAAD-97968; BFH v. 7. 5. 2015 - VI R 32/14, BFH/NV 2015, 1248 = NWB DokID: OAAAE-94255.
9 BMF v. 7. 6. 2010, BStBl 2010 I 588, Rz. 3 ff.; BFH v. 2. 12. 2004 - III R 49/03, BStBl 2005 II 483.
10 BMF v. 7. 6. 2010, BStBl 2010 I 588, Rz. 4.
11 Kritisch Geserich, DStR 2011, 294, 299: Möglicherweise Verstoß gegen den Grundsatz der freien Beweiswürdigung (§ 73 Abs. 1 FGO).
12 Eingehend BMF v. 7. 6. 2010, BStBl 2010 I 588, Rz. 3 ff.
13 BFH v. 9.3.2017 - VI R 33/16, BFH/NV 2017, 1042 = NWB DokID: AAAAG-47388.
14 BFH v. 9.3.2017 - VI R 33/16, BFH/NV 2017, 1042= NWB DokID: AAAAG-47388.
15 Für den VZ 2013: 8.130 €, für den VZ 2014: 8.354 €, für den VZ 2015: 8.472 € und für den VZ 2016: 8.652 €.

Lage einer entsprechenden Bescheinigung ist das FA zur Einholung weiterer Auskünfte und Nachweise berechtigt).[1] Die **Bedürftigkeit** ist durch **vollständige** zweisprachige **Unterhaltserklärungen** zu beweisen (vgl. **amtliche Unterhaltsbescheinigung** in den gängigsten Sprachen unter www.formulare-bfinv.de > Formulare A-Z > Unterhaltserklärung). Der Abzug scheidet trotz entsprechender amtlicher Unterhaltsbescheinigung aus, wenn die darin enthaltenen Angaben nicht glaubhaft sind (z. B. bei widersprüchlichen Angaben).[2] **Zahlungen (Überweisungen/Barzahlungen)** sind grundsätzlich **lückenlos nachzuweisen**.[3]

> **PRAXISTIPP:**
>
> ArbN können aber für bis zu vier Familienheimfahrten (nur für diese[4]) jeweils in bar getätigte Unterhaltsaufwendungen in Höhe eines Nettomonatslohns für den Unterhalt des Ehegatten/Lebenspartners, der Kinder und anderer im Haushalt der Ehegatten/Lebenspartner lebender Angehöriger unter der Beweiserleichterung abziehen; macht der ArbN höhere Aufwendungen als (pauschal) den vierfachen Nettomonatslohn geltend, müssen jedoch alle Zahlungen entsprechend den allgemeinen Grundsätzen nachgewiesen werden.[5] Diese Beweiserleichterung gilt nicht, wenn beide Ehegatten im Inland leben; dann sind grds. inländische Belege über das Vorhandensein entsprechender Mittel (z. B. Abhebungsnachweise) und detaillierte Empfängerbestätigungen vorzulegen.[6]

40 Die **Opfergrenze** ist auch unabhängig davon zu beachten, ob die unterhaltene Person im **Inland** oder im **Ausland** lebt.[7]

e) **Antrag**

41 Der Abzug verlangt einen (**ggf. konkludent**) gestellten **Antrag**, der keine neue Tatsache i. S. d. § 173 Abs. 1 Nr. 2 AO ist.[8]

f) **Rechtsfolge: Ermäßigung des Gesamtbetrags der Einkünfte bis zum Höchstbetrag**

42 Liegen die Voraussetzungen des § 33a Abs. 1 Satz 1 EStG vor, ist der (ggf. geminderte, → Rz. 83) Höchstbetrag vom GdE abzuziehen, vgl. § 2 Abs. 4 EStG. Der Höchstbetrag beläuft sich für den VZ 2019 auf 9.168 €.[9]

43–60 (Einstweilen frei)

2. Erhöhung des Höchstbetrages für Kranken- und Pflegeversicherung (§ 33a Abs. 1 Satz 2 EStG)

61 Nach § 10 Abs. 1 Nr. 3 EStG für die Absicherung der unterhaltsberechtigten Person aufgewandten Beiträge (§ 33a Abs. 1 Satz 1 1. Halbsatz EStG) erhöhen den Höchstbetrag. Dieser Erhöhungsbetrag wurde mit Blick auf den Beschluss des BVerfG v. 13. 2. 2008[10] eingeführt, nachdem die vom Steuerpflichtigen geleisteten KV/PV-Beiträge steuerlich zu berücksichtigen sind,

---

1 BMF v. 7. 6. 2010, BStBl 2010 I 588, Rz. 8 f.
2 BFH v. 11. 11. 2010 - VI R 16/09, BStBl 2011 II 966.
3 BMF v. 7. 6. 2010, BStBl 2010 I 588, Rz. 10 ff.
4 BFH v. 19. 5. 2004 - III R 39/03, BStBl 2005 II 24.
5 BMF v. 7. 6. 2010, BStBl 2010 I 588, Rz. 16.
6 BFH v. 19. 5. 2004 - III R 39/03, BStBl 2005 II 24.
7 R 33a.1 Abs. 4 Satz 1 EStR.
8 BFH v. 30. 10. 2003 - III R 24/02, BStBl 2004 II 394.
9 Die Höchstbeträge beliefen sich für den VZ 2013 auf 8.130 €, den VZ 2014 8.354 €, für den VZ 2015 auf 8.472 €, für den VZ 2016 auf 8.652 €, für den VZ 2017 auf 8.820 € und für den VZ 2018 auf 9.000 €.
10 BVerfG v. 13. 2. 2008 - 2 BvL 1/06, BFH/NV 2008, 228 = NWB DokID: AAAAC-75760.

soweit sie für die Erlangung eines durch das SGB XII bestimmten sozialhilfegleichen Versorgungsniveaus erforderlich sind.[1] Bei der Berechnung dieses Erhöhungsbetrags sind Zahlungen an den Unterhaltsberechtigten einzubeziehen, mit denen dieser seine KV/PV-Beiträge entrichten kann, sowie Zahlungen des Unterhaltsverpflichteten unmittelbar an die KV/PV des Unterhaltsberechtigten (im Wege des abgekürzten Zahlungswegs).[2] Die Gewährung von Sachunterhalt (z. B. Unterkunft und Verpflegung) ist ausreichend.[3]

Zur Vermeidung einer Doppelberücksichtigung für Aufwendungen für die Absicherung des Kranken- und Pflegeversicherungsrisikos des eingetragenen Lebenspartners ist ein Abzug nach § 33a Abs. 1 EStG ausgeschlossen, da der Steuerpflichtige insoweit den Sonderausgabenabzug nach § 10 Abs. 1 Nr. 3 Satz 1 EStG in Anspruch nehmen kann.[4]

(*Einstweilen frei*)   62–63

3. Unterhalt für gleichgestellte Personen (§ 33a Abs. 1 Satz 3 EStG)

a) Kreis der gleichgestellten Personen

Zu den in § 33a Abs. 1 Satz 3 EStG genannten, den gesetzlich Unterhaltsberechtigten gleichgestellten Personen gehören v. a. **Bezieher sozialrechtlicher Leistungen**, die eine Grundsicherung für Arbeitssuchende nach dem **SGB II** (wie ALG II), Sozialgeld nach dem **SGB III** und Sozialhilfe nach §§ 20, 26 **SGB XII** erhalten und denen diese **Leistungen** aufgrund der gesetzlichen Vermutung **gekürzt** werden, dass Hilfebedürftige auch ohne gesetzliche Unterhaltsverpflichtungen von Personen ihrer **Bedarfsgemeinschaft** (§ 7 Abs. 3 SGB II),[5] **Haushaltgemeinschaft** (§ 9 Abs. 5 SGB II) oder einer **ehe-/lebenspartnerschaftsähnlichen Gemeinschaft** (§§ 20, 36 SGB XII) unterstützt werden.[6] Beim Vorliegen einer Bedarfsgemeinschaft kann i. d. R. davon ausgegangen werden, dass dem gleichgestellten Unterhaltsempfänger i. S. d. § 33a Abs. 1 Satz 3 EStG zum Unterhalt bestimmte inländische öffentliche Mittel mit Rücksicht auf die Unterhaltsleistungen des Stpfl. gekürzt werden.[7] Auf die Höhe der Kürzung kommt es nicht an.[8] Weitere Abzugsvoraussetzungen sind nicht erforderlich; insbesondere ist nicht die Verletzung einer Erwerbsobliegenheit zu prüfen und mithin sind keine den Unterhaltshöchstbetrag mindernden fiktive Einkünfte zu berücksichtigen.[9] Ab dem VZ 2013 können auch Aufwendungen für den Unterhalt von Personen, die eine **Aufenthalts- oder Niederlassungserlaubnis** nach § 23 AufenthG haben, – unabhängig von einer gesetzlichen Unterhaltsverpflichtung – nach § 33a Abs. 1 Satz 3 EStG berücksichtigt werden:[10] Voraussetzung ist aber, dass der Steuerpflichtige eine Verpflichtungserklärung nach § 68 AufenthG abgegeben hat und sämtliche Kosten zur Bestreitung des Unterhalts übernimmt. Insoweit ist die Gewährung von Leistungen bei Krank-

---

1 BT-Drucks. 16/12254, 26.
2 BT-Drucks. 16/12254, 26; *Myßen/Wolter*, NWB 2009, 3900, 3904, mit Berechnungsbeispielen; R 33a.1 Abs. 5 Satz 2 und 3 EStR.
3 R 33a.1 Abs. 5 Satz 4 EStR.
4 BT-Drucks. 16/12254, 26.
5 Zur Ermittlung der abziehbaren Unterhaltsaufwendungen bei einer Bedarfsgemeinschaft s. *Geserich*, DStR 2011, 294, 298.
6 *Geserich*, DStR 2011, 294, 296.
7 BMF v. 7.6.2010, BStBl 2010 I 582, Rz. 5; BFH v. 9.3.2017 - VI R 16/16, BStBl 2017 II 890; *Heger* in Blümich, § 33a EStG Rz. 148; HHR/*Pfirrmann*, § 33a EStG Rz. 77.
8 BT-Drucks 14/6877, 26.
9 BFH v. 9.3.2017 - VI R 16/16, BStBl 2017 II 890.
10 BMF v. 27.5.2015, BStBl 2015 I 474.

heit, Schwangerschaft und Geburt nach § 4 AsylbLG unschädlich. Werden beim Unterhalt an Aufenthalts- oder Niederlassungsberechtigte Kosten durch einen Dritten (z. B. Verein) ersetzt, ist dies mindernd zu berücksichtigen. Der Aufenthalts- bzw. Niederlassungsberechtigte muss ebenso seiner **Erwerbsobligenheit** genügen, wobei wie folgt zu differenzieren ist: Ist die unterhaltene Person unbeschränkt steuerpflichtig, so gelten im Hinblick auf ihre Erwerbsobligenheit die allgemeinen Grundsätze (→ Rz. 32); ist die unterhaltene Person nicht unbeschränkt steuerpflichtig, gelten die in → Rz. 36 dargestellten (sehr strengen) Grundsätze zum Nachweis der Wahrung der Erwerbsobligenheit.

b) Potenzielle Kürzung bestimmter öffentlicher Mittel mit Rücksicht auf die Unterhaltsleistungen

65 Der Gleichstellung nach § 33a Abs. 1 Satz 3 EStG steht nicht entgegen, dass dem mittellos nichtehelichen Lebenspartner mangels Antragstellung zum Unterhalt bestimmte öffentliche Mittel tatsächlich nicht gekürzt wurden; es reicht aus, dass die unterhaltene Person wegen der Unterhaltsleistungen keinen Anspruch auf Sozialleistungen hat.[1]

c) Beweiserleichterung, Opfergrenze

66 Die **Beweiserleichterung** des R 33a.1 Abs. 1 Satz 5 EStR (vgl. → Rz. 33) gilt entsprechend,[2] so dass regelmäßig davon ausgegangen werden kann, dass dem Steuerpflichtigen dafür Unterhaltsaufwendungen in Höhe des maßgeblichen Höchstbetrags erwachsen, wenn die unterhaltsberechtigte Person zu seinem Haushalt gehört.

Gegenüber den gleichgestellten Personen besteht zwar keine Unterhaltspflicht, die **Opfergrenze** ist aber grds. **entsprechend** anzuwenden; **Ausnahme**: zusammenlebende Partner bilden eine Bedarfsgemeinschaft (→ Rz. 34).[3]

67–70 *(Einstweilen frei)*

4. Weder Anspruch auf Kindergeld noch auf Freibetrag nach § 32 Abs. 6 EStG und maximal geringes Vermögen (§ 33a Abs. 1 Satz 4 EStG)

71 Kein Anspruch auf Kindergeld oder auf den Freibetrag nach § 32 Abs. 6 EStG darf der Steuerpflichtige/ein anderer für die unterhaltene Person haben. Auf die tatsächliche Geltendmachung/Auswirkung kommt es nicht an.[4] Mit dem Ausschluss soll der auch vom BVerfG unter verfassungsrechtlichen Gesichtspunkten nicht beanstandete Grundgedanke verwirklicht werden, die üblichen Aufwendungen für Unterhalt und Berufsausbildung eines Kindes durch das Kindergeld oder den Kinderfreibetrag abzugelten; das Gesetz geht dabei typisierend davon aus, dass das Existenzminimum des Unterhaltsempfängers bereits sichergestellt ist, wenn dem Steuerpflichtigen oder einer anderen Person für den Unterhaltsempfänger ein Kinderfreibetrag oder Kindergeld zusteht.[5] Kindergeld in diesem Sinne umfasst auch **kindergeldähnliche Leistungen nach ausländischem Recht**.[6]

---

1 BFH v. 29. 5. 2008 - III R 23/07, BStBl 2009 II 363.
2 BMF v. 7. 6. 2010, BStBl 2010 I 582, Rz. 8.
3 BMF v. 7. 6. 2010, BStBl 2010 I 582, Rz. 12; BFH v. 29. 5. 2008 - III R 23/07, BStBl 2009 II 363.
4 BFH v. 8. 5. 1992 - III R 66/90, BStBl 1992 II 900.
5 BFH v. 24. 5. 2012 - VI B 120/11, BFH/NV 2012, 1438 = NWB DokID: JAAAE-14527.
6 BFH v. 4. 12. 2003 - III R 32/02, BStBl 2004 II 275.

Kein oder nur geringes Vermögen (Nettovermögen: Verkehrswert[1] abzüglich Schulden[2]) darf 72
der Unterhaltene haben. Denn der Gesetzgeber geht typisierend davon aus, dass bei eigenem, nicht nur geringfügigem Vermögen eine Unterhaltsbedürftigkeit nicht gegeben ist und die Unterhaltsaufwendungen damit nicht zwangsläufig anfallen.[3] Als geringfügig kann i. d. R. ein Vermögen bis zu einem gemeinen Wert (Verkehrswert) von 15 500 € angesehen werden; dieser Wert ist trotz seiner Einführung im Jahr 1975 (30 000 DM) und der seitdem eingetretenen Geldentwertung nicht zu erhöhen, da er deutlich höher ist als das Schonvermögen nach § 88 Abs. 2 Nr. 8 BSHG.[4] Diese Wertgrenze ist bei **Zahlungen ins Ausland** entsprechend der sog. Ländergruppeneinteilung an die Verhältnisse des Wohnsitzstaates der unterhaltenen Person anzupassen.[5] Nunmehr[6] bleibt nach § 33a Abs. 2 Satz 4 2. Halbsatz EStG ein **angemessenes Hausgrundstück** i. S. d. § 90 Abs. 2 Nr. 8 SGB XII unberücksichtigt, wenn der Unterhaltsempfänger das Hausgrundstück allein oder zusammen mit Angehörigen bewohnt, denen es nach seinem Tod weiter als Wohnung dienen soll.[7] Außer Betracht sollen nach Ansicht der FinVerw[8] ferner Vermögensgegenstände bleiben, deren Veräußerung offensichtlich eine **Verschleuderung** bedeuten würde (zutreffend, da verhältnismäßig) und Vermögensgegenstände, die einen **besonderen persönlichen Wert**, z. B. Erinnerungswert, für den Unterhaltsempfänger haben (unzutreffend, da Berücksichtigung persönlichen Werts individuelle Beweggründe zulasten der Allgemeinheit in die Steuerfestsetzung einbezieht, was der Gleichmäßigkeit der Besteuerung widerspricht).

(Einstweilen frei) 73–75

5. Kürzungen des Abzugsbetrags bei Einkünften oder Bezügen des Unterhaltsempfängers (§ 33a Abs. 1 Satz 5 EStG)

Nicht die Unterhaltszahlungen als solche, sondern **andere Einkünfte** (→ Rz. 78) **oder Bezüge** 76
(→ Rz. 79 f.) **der unterhaltenen Person** mindern – soweit sie den **anrechnungsfreien Betrag** (derzeit 624 €) übersteigen[9] – den (ggf. erhöhten) Höchstbetrag nach § 33a Abs. 1 Satz 1 EStG, der weiter um **Ausbildungshilfen/Zuschüsse** (→ Rz. 80) gekürzt wird, die ihrerseits nicht um einen anrechnungsfreien Betrag gemindert werden.[10]

Werden **mehrere Personen unterhalten**, erfolgt die Berechnung **gesondert für jede unterstütz-** 77
te Person. Zur Ermittlung der nach § 33a Abs. 1 EStG maximal abziehbaren Unterhaltsaufwendungen sind die verfügbaren Nettoeinkommen des Unterhaltsleistenden und der unterhaltenen Person(en) zusammenzurechnen und dann **nach Köpfen** auf diese Personen **zu verteilen**.[11]

---

1 H 33a.1 „Geringes Vermögen (,Schonvermögen')" EStH: Wertmindernd ist Nießbrauchsvorbehalt sowie ein dinglich gesichertes Veräußerungs- und Belastungsverbot, m. w. N. zur Rechtsprechung des BFH.
2 BFH v. 11. 2. 2010 - VI R 65/08, BStBl 2010 II 628; *Geserich*, DStR 2011, 294, 296.
3 BFH v. 11. 2. 2010 - VI R 65/08, BStBl 2010 II 628.
4 R 33a.1 Abs. 2 Satz 3 EStR; BFH v. 11. 2. 2010 - VI R 65/08, BStBl 2010 II 628; mögliche Gründe, die für eine Erhöhung der Wertgrenze sprechen, führt *Geserich* (DStR 2011, 294, 297) an.
5 BFH v. 30. 6. 2010 - VI R 35/09, BStBl 2011 II 267.
6 BT-Drucks. 17/11220, 36 (zum gescheiterten JStG 2013): Entsprechende Anwendung der im Sozialrecht geltenden Verschonungsregelung im Steuerrecht.
7 R 33a.1 Abs. 2 Satz 4 Nr. 2 EStR.
8 R 33a.1 Abs. 2 Satz 4 Nr. 1 und 2 EStR.
9 BFH v. 20.10.2010 - VI R 57/15, BStBl 2017 II 194.
10 Berechnungsbeispiele in H 33a.1 „Zusammenfassendes Beispiel für die Anrechnung" EStH; BMF v. 7. 6. 2010, BStBl 2010 I 582, Rz. 11 f.
11 BMF v. 7. 6. 2010, BStBl 2010 I 582, Rz. 12; BFH v. 17. 12. 2009 - VI R 64/08, BStBl 2010 II 343.

Erbringt ein Steuerpflichtiger Unterhaltsleistungen an im gemeinsamen Haushalt lebende unterhaltsberechtigte Personen und gehören zu der Haushaltsgemeinschaft auch Kinder, für die der Steuerpflichtige Anspruch auf Kindergeld/Kinderfreibetrag hat, greift § 33a Abs. 1 EStG für andere Personen als die beim Kindergeld berücksichtigungsfähigen Kinder nur insoweit, als die Unterhaltsleistungen des Steuerpflichtigen insgesamt den Betrag des von ihm empfangenen Kindergelds übersteigen.[1] Das Betreuungsgeld ist – anders als das Kindergeld – als eigener Bezug der unterstützten Mutter i. S. d. § 33a Abs. 1 Satz 5 EStG zu berücksichtigen.[2]

78 Einkünfte sind Zuflüsse i. S. d. § 2 Abs. 2 EStG[3] und zwar auch solche, die durch unvermeidbare Versicherungsbeiträge gebunden sind.[4] Anrechenbare „andere Einkünfte" i. S. d. § 33a Abs. 1 Satz 5 EStG sind die nach einkommensteuerrechtlichen Vorschriften zu ermittelnden Einkünfte i. S. d. § 2 Abs. 2 EStG; Verlustabzüge nach § 10d EStG, SA und agB sind nicht zu berücksichtigen.[5] Demnach erhöhen ArbN-Anteile zur AV, KV und RV die anrechenbaren Einkünfte i. S. d. § 33a Abs. 1 Satz 5 EStG.[6]

79 **Bezüge** sind **alle Einnahmen in Geld oder Geldeswert**[7], die **weder Einkünfte**[8] (z. B. Kapitalerträge ohne Abzug des Sparer-Pauschbetrags oder steuerfreie Einnahmen[9]) **noch Ausbildungshilfen/Zuschüsse** aus öffentlichen Mitteln (→ Rz. 80) sind. Zu den Bezügen gehören nach **§ 33a Abs. 1 Satz 5 2. Halbsatz EStG** auch steuerfreie Gewinne nach den §§ 14, 16 Abs. 4 EStG, § 17 Abs. 3 EStG und § 18 Abs. 3 EStG, die nach § 19 Abs. 2 EStG steuerfrei bleibenden Einkünfte sowie Sonderabschreibungen und erhöhte Absetzungen, soweit sie die höchstmöglichen Absetzungen für Abnutzung nach § 7 EStG übersteigen.[10] Das Betreuungsgeld ist - anders als das Kindergeld - als eigener Bezug der unterstützten Mutter i. S. d. § 33a Abs. 1 Satz 5 EStG zu berücksichtigen.[11] Entgegen der h. M.[12] gilt die frühere Gesetzeslage nicht mehr, wonach die Bezüge zur Bestreitung des Unterhalts bestimmt oder geeignet sein müssen, da kein Grund dafür ersichtlich ist, die dadurch herbeigeführte Steigerung der wirtschaftlichen Leistungsfähigkeit nicht auch zu erfassen.[13] Aus Vereinfachungsgründen sind jährlich insgesamt 180 € (ggf. Zwölftelung nach § 33a Abs. 3 EStG) abzuziehen, wenn nicht höhere Aufwendungen, die im Zusammenhang mit dem Zufluss der entsprechenden Bezüge stehen, nachgewiesen oder

---

1 BFH v. 11.11.1988 - III R 261/83, BStBl 1989 II 278.
2 FG Münster v. 11.7.2017 - 14 K 2825/16 E, KSR 9/2017, 12, unter Hinweis auf den in BT-Drucks. 17/9917, 7 genannten Zweck des Betreuungsgeldes, den Unterhalt des Betreuenden zu sichern.
3 R 33a.1 Abs. 3 Satz 1 EStR; BFH v. 18.6.2015 - VI R 45/13, BStBl 2015 II 928.
4 R 33a.1 Abs. 3 Satz 2 EStR.
5 BFH v. 18.6.2015 - VI R 45/13, BStBl 2015 II 928.
6 BFH v. 18.6.2015 - VI R 45/13, BStBl 2015 II 928; VerfB nicht zur Entscheidung angenommen, BVerfG v. 16.8.2017 - 2 BvR 1853/15.
7 BFH v. 20.10.2016 - VI R 57/15, BStBl 2017 II 194, so z. B. auch das Elterngeld incl. des Sockelbetrages nach § 2 Abs. 4 BEEG.
8 R 33a.1 Abs. 3 Satz 3 EStR.
9 Weitere Beispiele in R 33a.1 Abs. 1 Satz 4 EStR.
10 BFH v. 20.10.2010 - VI R 57/15, BStBl 2017 II 194.
11 FG Münster v. 11.7.2017 - 14 K 2825/16 E, KSR 9/2017, 12, unter Hinweis auf den in BT-Drucks. 17/9917, 7 genannten Zweck des Betreuungsgeldes, den Unterhalt des Betreuenden zu sichern.
12 *Loschelder* in Schmidt, § 33a EStG Rz. 27; HHR/*Pfirrmann*, § 33a EStG Rz. 96.; *Heger* in Blümich, § 33a EStG Rz. 218; *Hufeld*, in KSM, § 33a EStG B 65; *Stöcker* in Lademann, § 33a EStG Rz. 411; *Fuhrmann* in Korn, § 33a EStG Rz. 36; *Endert* in Frotscher, EStG, § 33a Rz. 35.
13 *Mellinghoff* in Kirchhof, § 33a Rz. 21; *Pust* in Littmann/Bitz/Pust, § 33a Rz. 196; *Myßen/Wolter*, NWB 2009, 3900; offengelassen BFH v. 20.10.2016 - VI R 57/15, BStBl 2017 II 194.

glaubhaft gemacht werden (**Kostenpauschale**).¹ Ein solcher Zusammenhang ist z. B. bei Kosten eines Rechtsstreits zur Erlangung der Bezüge und bei Kontoführungskosten gegeben.²

Ausbildungshilfen/Zuschüsse aus öffentlichen Mitteln sind z. B. die als Zuschuss gewährten Leistungen nach dem **BAföG**, nach dem **SGB III** gewährte Berufsausbildungsbeihilfen und Ausbildungsgelder sowie Stipendien aus öffentlichen Mitteln;³ dagegen sollen Stipendien aus dem **ERASMUS/SOKRATES-Programm** der EU nicht anzurechnen sein.⁴   80

(Einstweilen frei)   81–82

6. Minderung bei nicht unbeschränkt steuerpflichtigem Unterhaltsempfänger (§ 33a Abs. 1 Satz 6 EStG)

a) Begrenzung auf Verhältnisse des Wohnsitzstaats

Besteht **keine unbeschränkte Steuerpflicht des Unterhaltsempfängers**, können die Aufwendungen abgezogen werden, soweit sie nach den **Verhältnissen des Wohnsitzstaates** des Empfängers **notwendig und angemessen** sind, **höchstens** jedoch der Betrag, der sich nach § 33a Abs. 1 Satz 1 bis 5 EStG ergibt. Die Verhältnisse des Wohnsitzstaats bestimmen sich nach der sog. **Ländergruppeneinteilung**.⁵ Dieser Maßstab ist ein **von den Steuergerichten zu beachtender** Maßstab, sofern sie im Einzelfall nicht zu einem offensichtlich unzutreffenden Ergebnis führt; sie ist **verfassungsmäßig**.⁶ Da § 33a Abs. 1 Satz 5 EStG nur die Berücksichtigung der durchschnittlichen Lebensverhältnisse eines Staates insgesamt verlangt, sind die **konkreten Verhältnisse des Steuerpflichtigen irrelevant**.⁷   83

> **PRAXISTIPP**
> Hält sich der Unterhaltene besuchsweise im Inland auf, können die Unterhaltsaufwendungen je Tag mit ¹/₃₆₀ des (ggf. erhöhten) Höchstbetrags nach § 33a Abs. 1 Satz 1 EStG abgezogen werden.⁸

b) Beurteilung der gesetzlichen Unterhaltspflicht nach inländischen Maßstäben

Ob der Steuerpflichtige zum Unterhalt gesetzlich verpflichtet ist, ist gem. § 33a Abs. 1 Satz 6 2. Halbsatz EStG nach inländischen Maßstäben zu beurteilen (→ Rz. 39).   84

7. Unterhaltsgewährung durch mehrere Steuerpflichtige (§ 33a Abs. 1 Satz 7 EStG)

Tragen **mehrere Steuerpflichtige Unterhaltsaufwendungen,** wird der Abzugsbetrag anteilig berücksichtigt (**Prinzip der Einmalgewährung**). Da durch § 33 Abs. 1 Satz 7 EStG gewährleistet werden soll, dass insgesamt keine höheren Aufwendungen geltend gemacht werden können als beim Unterhalt durch einen StPfl., ist die Kürzungsregelung nur auf solche StPfl. anzuwen-   85

---

1 R 33a.1 Abs. 3 Satz 5 EStR.
2 R 33a.1 Abs. 3 Satz 6 EStR.
3 H 33a.1 „Zuschüsse" EStH.
4 H 33a.1 „Zuschüsse" EStH, m. w. N. zur Rechtsprechung des BFH.
5 Bis einschließlich VZ 2016 entsprechend BMF v. 18.11.2013, BStBl 2013 I 1462; ab dem VZ 2017: BMF v. 20.10.2016, BStBl 2016 I 1183..
6 BFH v. 22. 2. 2006 - I R 60/05, BStBl 2007 II 106; BFH v. 25. 11. 2010 - VI R 28/10, BStBl 2011 II 283.
7 BFH v. 25. 11. 2010 - VI R 28/10, BStBl 2011 II 283.
8 Vgl. BFH v. 5. 6. 2003 - III R 10/02, BStBl 2003 II 714.

den, die die Voraussetzungen für eine Steuerermäßigung nach § 33a Abs. 1 EStG erfüllen.[1] Folglich muss der Unterhaltsleistende zu den Aufwendungen nach § 33a Abs. 1 Satz 1 EStG nach dem Zivilrecht verpflichtet oder nach § 33 Abs. 1 Satz 3 EStG einem zivilrechtlich Unterhaltsverpflichteten gleichgestellt sein; eine sittliche Unterhaltsverpflichtung reicht nicht aus.[2] Das Prinzip der Einmalgewährung gilt insoweit nicht, als eine zum Unterhalt beitragende Person einen Kinderfreibetrag erhält und demnach die Voraussetzungen des § 33a Abs. 1 Satz 4 EStG nicht erfüllt[3] und mithin die Mehrfachgewährung des Abzugsbetrages nach § 33a Abs. 1 EStG von vornherein nicht in Betracht kommen kann. Dann sind die Leistungen der anderen Person aber als Bezüge des Unterhaltenen gegenzurechnen.[4] Dass die andere unterhaltende Person tatsächlich einen Abzugsbetrag in Anspruch nimmt, verlangt das „Prinzip der Einmalgewährung" nicht.[5] Zu der Behandlung in Fällen mehrerer Unterhaltener → Rz. 77.

8. Umrechnung nicht auf Euro lautender Beträge (§ 33a Abs. 1 Satz 8 EStG)

86   Nicht auf Euro lautende Beträge sind nach § 33a Abs. 1 Satz 8 EStG entsprechend dem für Ende September des Jahres vor dem Veranlagungszeitraum von der Europäischen Zentralbank bekannt gegebenen Referenzkurs umzurechnen.[6]

9. Abzug nur bei Angabe der Identifikationsnummer des Unterhaltsempfängers; Mitteilungspflicht; Erfragungsrecht (§ 33a Abs. 1 Satz 9 bis 11 EStG)

87   Die **Angabe der Identifikationsnummer des Unterhaltsberechtigten** ist nach § 33a Abs. 1 Satz 9 EStG Voraussetzung für den Abzug, wenn der Unterhaltene der unbeschränkten oder beschränkten Steuerpflicht unterliegt. Diese Norm ist eine Spezialnorm zu § 160 AO.[7] Damit begegnet der Gesetzgeber dem Umstand, dass der Abzug von Unterhaltsleistungen nach § 33a Abs. 1 EStG als verwaltungsaufwändig sowie fehler- und missbrauchsanfällig gilt und dies von den Rechnungshöfen als Anlass zur Kritik genommen wurde.[8] Wird die Identifikationsnummer nicht angegeben, scheidet ein Abzug aus, so dass ein Missbrauch ausgeschlossen wird. Bei **Auslandssachverhalten** bestehen nach wie vor die kritisierten Fehler- und Missbrauchsanfälligkeiten, da die Identifikationsnummer nur an Steuerpflichtige im Inland erteilt wird.[9]

88   Es besteht eine **Verpflichtung des Unterhaltenen zur Mitteilung der Identifikationsnummer** gegenüber dem Unterhaltsleistenden. Kommt der Unterhaltene dieser Verpflichtung nicht nach, muss der Unterhaltsleistende (zumindest nicht unmittelbar) gerichtliche Hilfe in Anspruch nehmen: Er oder sein Ehegatte/Lebenspartner ist gem. § 33a Abs. 1 Satz 11 EStG bei der für ihn zuständigen Finanzbehörde **zur Erfragung der Identifikationsnummer berechtigt**. Richtet der Unterhaltsleistende die Erfragung an die unzuständige Behörde, leitet sie diese an

---

[1] *Mellinghoff* in Kirchhof, § 33a Rz. 27.
[2] *Mellinghoff* in Kirchhof, § 33a Rz. 27; FG Sachsen v. 5.9.2017 - 3 K 1098/16, NWB DokID: NAAAG-67635; nrkr. Az. des BFH: VI R 43/17.
[3] BFH v. 6.6.1986 - III R 212/81, BStBl 1986 II 805.
[4] BMF v. 7.6.2010, BStBl 2010 I 588, Rz. 19; BFH v. 6.6.1986 - III R 212/81, BStBl 1986 II 805.
[5] FG Münster v. 28.11.2014 - 14 K 2477/12 E, U, EFG 2015, 453, rkr.
[6] Vgl. BMF v. 22.1.2014, BStBl 2014 I 211.
[7] *Mellinghoff* in Kirchhof, § 33a EStG Rz. 27b.
[8] BT-Drucks. 18/1529, 65.
[9] *Mellinghoff* in Kirchhof, § 33a EStG Rz. 27b.

die zuständige Finanzbehörde weiter, was sie dem Unterhaltsleistenden mitteilen sollte. Dieses Erfragungsrecht stellt eine Offenbarungsbefugnis i. S. d. § 30 Abs. 4 Nr. 2 AO dar.

(Einstweilen frei) 89–96

II. Sonderbedarfsfreibetrag (§ 33a Abs. 2 EStG)

1. Abgeltung des Sonderbedarfs eines sich in Berufsausbildung befindlichen volljährigen Kindes (§ 33a Abs. 2 Satz 1 EStG)

Für auswärtig untergebrachte volljährige Kinder in Berufsausbildung, für die **Anspruch auf einen Kinderfreibetrag oder Kindergeld** besteht, kann ein **Sonderbedarfsfreibetrag** berücksichtigt werden. 97

Zum Begriff der **Berufsausbildung** → Rz. 28 und KKB/Hillmoth, § 32 EStG Rz. 91 ff. 98

Auswärtige Unterbringung verlangt das Wohnen des (ggf. verheirateten[1]) Kindes **außerhalb des Haushalts beider**[2] **Elternteile**,[3] wozu für das Kind außerhalb des Haushalts der Eltern eine Wohnung ständig bereithalten und es auch außerhalb des elterlichen Haushalts verpflegt werden muss.[4] Seine Unterbringung muss darauf angelegt sein, die **räumliche Selbständigkeit** des Kindes während seiner ganzen Ausbildung (z. B. Studium) zu gewährleisten[5] und **auf eine gewisse Dauer angelegt** sein[6] (z. B. nicht: Klassenfahrt,[7] dreiwöchiger Sprachkurs im Ausland,[8] kurzes, etwa sechswöchiges Praktikum außerhalb der Hochschule[9]); **besuchsweise Aufenthalte** im elterlichen Haushalt stehen der auswärtiger Unterbringung nicht entgegen.[10] Die **Gründe** für die auswärtige Unterbringung sind **irrelevant**.[11] 99

Zum Abzug ist ein (ggf. konkludent gestellter, → Rz. 51) **Antrag erforderlich**. 100

Rechtsfolge ist der Abzug des (ggf. zeitanteilig gekürzten, → Rz. 111 f.) Sonderbedarfsfreibetrags vom GdE (§ 2 Abs. 4 EStG). 101

2. Minderung des Freibetrags für nicht unbeschränkt einkommensteuerpflichtige Kinder (§ 33a Abs. 2 Satz 2 EStG)

Für ein nicht unbeschränkt einkommensteuerpflichtiges Kind mindert sich der vorstehende Betrag nach Maßgabe der **Ländergruppeneinteilung** (→ Rz. 83). Ausländische Kinder, die während des Schulbesuches bei Verwandten im Heimatland der Eltern wohnen, sind grds. nicht unbeschränkt steuerpflichtig; dies gilt auch, wenn sie sich während der Ferien bei den Eltern im 102

---

1 BFH v. 8. 2. 1974 - VI R 229/70, BStBl 1974 II 299.
2 BFH v. 26. 6. 1992 - III R 83/91, BStBl 1993 II 212.
3 R 33a.2 Abs. 2 Satz 1 EStR.
4 R 33a.2 Abs. 2 Satz 2 EStR.
5 R 33a.2 Abs. 2 Satz 3 EStR.
6 R 33a.2 Abs. 2 Satz 4 EStR.
7 BFH v. 5. 11. 1982 - VI R 47/79, BStBl 1983 II 109.
8 BFH v. 29. 9. 1989 - III R 304/84, BStBl 1990 II 62.
9 BFH v. 20. 5. 1994 - III R 25/93, BStBl 1994 II 699.
10 BFH v. 22. 4. 1994 - III R 22/92, BStBl 1994 II 887.
11 R 33a.2 Abs. 2 Satz 5 EStR.

Inland aufhalten.¹ In diesen Fällen ist der Sonderbedarfsfreibetrag in den Monaten nicht zu kürzen, in denen das Kind sich in den Ferien bei seinen Eltern im Inland aufhält.²

3. Aufteilung des Freibetrags (§ 33a Abs. 2 Satz 3 bis 5 EStG)

103 Der Sonderbedarfsfreibetrag kann insgesamt nur einmal abgezogen werden, wenn mehrere Steuerpflichtige für dasselbe Kind die Voraussetzungen für die Gewährung des Sonderbedarfsfreibetrag erfüllen (§ 33a Abs. 2 Satz 3 EStG: **Prinzip der Einmalgewährung**). Steht einem Elternteil kein Kinderfreibetrag/Kindergeld zu, liegen die Voraussetzungen für eine Aufteilung nicht vor.³

Hinsichtlich der Aufteilung lassen sich folgende Konstellationen unterscheiden:

- **Nur ein Anspruchsberechtigter**: Nur für einen Steuerpflichtigen greifen die Voraussetzungen des § 33a Abs. 2 Satz 1 EStG. Dies ist etwa der Fall, falls nur ein Steuerpflichtiger die Voraussetzungen des § 33a Abs. 2 Satz 1 EStG erfüllt (z. B. wenn die beiden Freibeträge des § 32 Abs. 6 Satz 1 EStG nach § 32 Abs. 6 Satz 7 EStG auf einen Großeltern- oder Stiefelternteil übertragen wurden und dieser auch der einige Kindergeldberechtigte i. S. d. § 64 Abs. 1 EStG ist). Die Eltern haben im Anschluss an die Übertragung keinen Anspruch auf die FB und das Kindergeld mehr und erfüllen damit nicht mehr die Voraussetzungen des § 33a Abs. 2 Satz 1 EStG; es erfolgt ebenfalls keine Aufteilung zwischen Pflegeeltern und leiblichen Eltern, da das Kind vorrangig als Pflegekind zu berücksichtigen ist (§ 32 Abs. 2 Satz 2 EStG).⁴

- **Zwei Anspruchsberechtigte**: Zwei Steuerpflichtigen steht ein Kinderfreibetrag/Kindergeld zu, z. B. bei zusammen zur Einkommensteuer veranlagten Ehegatten.

- **Drei und mehr Anspruchsberechtigte**: Diese Fallgruppe liegt etwa vor, wenn die Großeltern nach §§ 63 Abs. 1 Satz 1 Nr. 7, 64 Abs. 2 Satz 1 EStG kindergeldberechtigt sind, der nach § 32 Abs. 6 Satz 7 EStG vorausgesetzte Antrag auf Übertragung der Kinderfreibeträge aber nicht gestellt wird.⁵ In diesen Fällen ist der von sämtlichen Berechtigten übereinstimmend gestellten Aufteilung zu folgen; bei Uneinigkeit ist analog § 32 Abs. 6 Satz 5 EStG zu quoteln.⁶

104 **Rechtsfolge:** Der Ausbildungsfreibetrag wird seiner Höhe nach **nur einmal gewährt**, sei es, weil er nur einem Steuerpflichtigen zusteht, sei es, dass er auf mehrere Steuerpflichtige aufgeteilt werden muss. Es erfolgt **grds. eine hälftige Aufteilung** (§ 33a Abs. 2 Satz 4 EStG), es sei denn auf **gemeinsamen Antrag** der Eltern wird eine davon **abweichende** (beliebige und unabhängig von den tatsächlichen Aufwendungen) **Aufteilung** beantragt (§ 33a Abs. 2 Satz 5 EStG). Steht den Elternteilen für mehrere Kinder jeweils ein Sonderbedarfsfreibetrag zu, besteht für jeden dieser Freibeträge die gesonderte Möglichkeit einer (beliebigen) Aufteilung. Die Übertragung dieses Freibetrages kann auch zivilrechtlich beansprucht werden, wenn der abgegebene El-

---

1 BFH v. 27. 4. 1995 - III R 57/93, BFH/NV 1995, 967 = NWB DokID: JAAAB-37158.
2 BFH v. 27. 4. 1995 - III R 57/93, BFH/NV 1995, 967 = NWB DokID: JAAAB-37158.
3 HHR/*Pfirrmann*, § 33a EStG Rz. 134.
4 HHR/*Pfirrmann*, § 33a EStG Rz. 134.
5 HHR/*Pfirrmann*, § 33a EStG Rz. 134.
6 HHR/*Pfirrmann*, § 33a EStG Rz. 134.

ternteil dadurch keine steuerlichen Nachteile erleidet.[1] Bei **getrennter Veranlagung** (§ 26c EStG a. F.) galt dasselbe.[2]

Verfahrensrecht für den gemeinsamen Antrag: Zur den Anforderungen und den zeitlichen Grenzen der Ausübung des Wahlrechts vgl. AEAO Vor §§ 172 bis 177 Nr. 8 AO. Kann der Antrag aus zwingenden Gründen nicht gemeinsam gestellt werden, darf der Antrag des anderen Elternteils entsprechend § 61 EStDV als genügend angesehen werden.[3]

(Einstweilen frei)

III. Zeitanteilige Ermäßigung (§ 33a Abs. 3 EStG)

1. Zwölftelung der Abzugsbeträge (§ 33a Abs. 3 Satz 1 EStG)

Monatsprinzip: Für jeden vollen Kalendermonat, in dem die in den § 33a Abs. 1 und 2 EStG bezeichneten Voraussetzungen nicht vorgelegen haben, ermäßigen sich die dort bezeichneten Beträge (Höchstbetrag, Sonderbedarfsfreibetrag und anrechnungsfreier Betrag) um je $1/12$.

Wechselmonate sind keine Kürzungsmonate – Geringstmögliche Kürzung: Da die Voraussetzungen für einen vollen Kalendermonat gefehlt haben müssen, findet keine Kürzung statt, wenn die Voraussetzungen nur an einem Tag im jeweiligen Kalendermonat vorgelegen haben. Ist also in einem Kalenderjahr der Höchstbetrag nach § 33a Abs. 1 EStG oder der Freibetrag nach § 33a Abs. 2 EStG in unterschiedlicher Höhe zu berücksichtigen, z. B. bei Anwendung der Ländergruppeneinteilung für einen Teil des Kalenderjahres, wird für den Monat, in dem die geänderten Voraussetzungen eintreten, der jeweils höhere Betrag angesetzt.[4]

2. Nichtberücksichtigung eigener Einkünfte und Bezüge in Kürzungsmonaten (§ 33a Abs. 3 Satz 2 EStG)

Eigene Einkünfte und Bezüge der nach § 33a Abs. 1 EStG unterhaltenen Person, die auf Kürzungsmonate entfallen, ermäßigen gem. § 33a Abs. 3 Satz 1 EStG den Höchstbetrag nicht. Auf Kürzungsmonate **entfallen** solche Einkünfte, die diesen **wirtschaftlich zuzurechnen** sind; der Zuflusszeitpunkt ist irrelevant.[5] **Aus Vereinfachungsgründen** gilt:[6] Einkünfte nach §§ 19 und 22 EStG sowie Bezüge sind nach dem Verhältnis der in den jeweiligen Zeiträumen zugeflossenen Einnahmen aufzuteilen; die Grundsätze des § 11 Abs. 1 EStG gelten entsprechend. **Pauschbeträge** nach § 9a und die **Kostenpauschale** für Bezüge (180 €, → Rz. 79) sind hierbei zeitanteilig anzusetzen,[7] andere Einkünfte auf jeden Monat des Kalenderjahres mit $1/12$.[8] Diese Grundsätze können nicht gegen den Willen des Steuerpflichtigen angewendet werden;[9] er kann vielmehr eine abweichende Zuordnung geltend machen, wenn er eine entsprechende wirtschaftliche Zurechnung nachweist.[10] Dies gilt z. B., wenn bei Einkünften aus selbständiger Arbeit die

---

1 BFH v. 27. 2. 2007 - III B 90/05, BFH/NV 2007, 1119 = NWB DokID: MAAAC-42114.
2 *Mellinghoff* in Kirchhof, § 33a EStG Rz. 35.
3 *Loschelder* in Schmidt, § 33a EStG Rz. 52.
4 R 33a.3 Abs. 1 EStR.
5 BFH v. 26. 4. 1991 - III R 48/89, BStBl 1991 II 716.
6 R 33a.3 Abs. 2 Satz 1 EStR.
7 R 33a.3 Abs. 2 Satz 1 Nr. 1 EStR.
8 R 33a.3 Abs. 2 Satz 1 Nr. 2 EStR.
9 FG Baden-Württemberg v. 5. 7. 1994 - 4 K 152/92, EFG 1994, 1051; *Loschelder* in Schmidt, § 33a EStG Rz. 54.
10 R 33a Abs. 2 Satz 2 EStR; *Mellinghoff* in Kirchhof, § 33a EStG Rz. 40.

Tätigkeit erst im Laufe des Jahres aufgenommen wird oder wenn bei Einkünften aus nichtselbständiger Arbeit im Unterhaltszeitraum höhere Werbungskosten angefallen sind als bei verhältnismäßiger bzw. zeitanteiliger Aufteilung darauf entfallen würden.[1] Zuflüsse **außerhalb des Unterstützungs-/Ausbildungszeitraums** bleiben unberücksichtigt.[2] Ein **Fallbeispiel** zur Berechnung findet sich in H 33a.3 „Beispiel" EStH.

114 Durch eine **Beschränkung des Antrags** auf Gewährung der Freibeträge auf einzelne Kalendermonate kann der Steuerpflichtige nicht erreichen, dass die während der übrigen Monate erzielten Einkünfte eines Kindes nicht angerechnet werden.[3]

3. Kürzung bei Bezug von Ausbildungshilfen (§ 33a Abs. 3 Satz 3 EStG)

115 Als Ausbildungshilfe bezogene **Zuschüsse** jeglicher Art, z. B. Stipendien für ein Auslandsstudium **aus öffentlichen oder aus privaten Mitteln**,[4] mindern die zeitanteiligen Höchstbeträge und Freibeträge nur der Kalendermonate, für die die Zuschüsse bestimmt sind (§ 33a Abs. 3 Satz 3 EStG). Liegen bei der unterhaltenen Person sowohl eigene Einkünfte und Bezüge als auch Zuschüsse vor, die als Ausbildungshilfe nur für einen Teil des Unterhaltszeitraums bestimmt sind, sind zunächst die eigenen Einkünfte und Bezüge anzurechnen und sodann die Zuschüsse zeitanteilig entsprechend ihrer Zweckbestimmung.[5]

Ein **Fallbeispiel** zur Berechnung findet sich in H 33a.3 „Besonderheiten bei Zuschüssen" EStH.

116–118 *(Einstweilen frei)*

IV. Verhältnis zu § 33 EStG (§ 33a Abs. 4 EStG)

119 **Keine agB neben den Freibeträgen nach § 33a Abs. 1 und Abs. 2 EStG:** § 33a Abs. 4 EStG bestimmt, dass der Steuerpflichtige für die in § 33a Abs. 1 und 2 EStG genannten Aufwendungen keinen Abzug als agB nach § 33 EStG in Anspruch nehmen kann. Es besteht also **kein Wahlrecht** zwischen einem Abzug nach § 33 EStG oder nach § 33a EStG.[6] Zu den nach § 33a Abs. 4 EStG nicht zu berücksichtigenden Aufwendungen gehören allerdings **nur die typischen Unterhaltsaufwendungen** (→ Rz. 24 f.); atypische Unterhaltsaufwendungen können hingegen nach § 33 EStG berücksichtigt werden (→ Rz. 27).[7] Unterhaltsleistungen an nach den Vorschriften des BGB nicht unterhaltsberechtigte Angehörige in der Seitenlinie sind auch dann nicht (weder nach § 33a Abs. 1 EStG noch nach § 33 EStG) abziehbar, wenn der Steuerpflichtige nach ausländischem Recht zu deren Unterhalt verpflichtet ist, selbst wenn die Unterhaltspflicht aufgrund internationalen Privatrechts im Inland verbindlich ist.[8]

Die das eigene Vermögen des Unterhaltsempfängers betreffende Bestimmung des § 33a Abs. 1 Satz 4 EStG (→ Rz. 72) kommt im Rahmen des § 33 EStG nicht eigens zur Anwendung.[9]

---

1 R 33a Abs. 2 Satz 2 EStR.
2 *Loschelder* in Schmidt, § 33a EStG Rz. 54.
3 FG Münster v. 22. 6. 1993 - 6 K 3834/91 E, EFG 1993, 662.
4 H 33a.3 „Besonderheiten bei Zuschüssen" EStH.
5 H 33a.3 „Besonderheiten bei Zuschüssen" EStH.
6 BFH v. 26. 3. 2009 - VI R 60/08, BFH/NV 2009, 1418 = NWB DokID: AAAAD-24493.
7 BFH v. 18. 6. 1997 - III R 60/96, BFH/NV 1997, 755 = NWB DokID: EAAAA-97367.
8 BFH v. 4. 7. 2002 - III R 8/01, BStBl 2002 II 760.
9 BFH v. 11. 2. 2010 - VI R 61/08, BStBl 2010 II 621.

C. Verfahrensfragen

Zu den **Mitwirkungs- und Nachweisanforderungen** → Rz. 39.

Zum **Antragserfordernis**, → Rz. 41; zur **Stellung eines gemeinsamen Antrags** → Rz. 104.

120

§ 33b Pauschbeträge für behinderte Menschen, Hinterbliebene und Pflegepersonen

(1) ¹Wegen der Aufwendungen für die Hilfe bei den gewöhnlichen und regelmäßig wiederkehrenden Verrichtungen des täglichen Lebens, für die Pflege sowie für einen erhöhten Wäschebedarf können behinderte Menschen unter den Voraussetzungen des Absatzes 2 anstelle einer Steuerermäßigung nach § 33 einen Pauschbetrag nach Absatz 3 geltend machen (Behinderten-Pauschbetrag). ²Das Wahlrecht kann für die genannten Aufwendungen im jeweiligen Veranlagungszeitraum nur einheitlich ausgeübt werden.

(2) Die Pauschbeträge erhalten

1. behinderte Menschen, deren Grad der Behinderung auf mindestens 50 festgestellt ist;
2. behinderte Menschen, deren Grad der Behinderung auf weniger als 50, aber mindestens auf 25 festgestellt ist, wenn

    a) dem behinderten Menschen wegen seiner Behinderung nach gesetzlichen Vorschriften Renten oder andere laufende Bezüge zustehen, und zwar auch dann, wenn das Recht auf die Bezüge ruht oder der Anspruch auf die Bezüge durch Zahlung eines Kapitals abgefunden worden ist, oder

    b) die Behinderung zu einer dauernden Einbuße der körperlichen Beweglichkeit geführt hat oder auf einer typischen Berufskrankheit beruht.

(3) ¹Die Höhe des Pauschbetrags richtet sich nach dem dauernden Grad der Behinderung. ²Als Pauschbeträge werden gewährt bei einem Grad der Behinderung

von 25 und 30   310 Euro,
von 35 und 40   430 Euro,
von 45 und 50   570 Euro,
von 55 und 60   720 Euro,
von 65 und 70   890 Euro,
von 75 und 80   1 060 Euro,
von 85 und 90   1 230 Euro,
von 95 und 100 1 420 Euro.

³Für behinderte Menschen, die hilflos im Sinne des Absatzes 6 sind, und für Blinde erhöht sich der Pauschbetrag auf 3 700 Euro.

(4) ¹Personen, denen laufende Hinterbliebenenbezüge bewilligt worden sind, erhalten auf Antrag einen Pauschbetrag von 370 Euro (Hinterbliebenen-Pauschbetrag), wenn die Hinterbliebenenbezüge geleistet werden

1. nach dem Bundesversorgungsgesetz oder einem anderen Gesetz, das die Vorschriften des Bundesversorgungsgesetzes über Hinterbliebenenbezüge für entsprechend anwendbar erklärt, oder

2. nach den Vorschriften über die gesetzliche Unfallversicherung oder

3. nach den beamtenrechtlichen Vorschriften an Hinterbliebene eines an den Folgen eines Dienstunfalls verstorbenen Beamten oder

4. nach den Vorschriften des Bundesentschädigungsgesetzes über die Entschädigung für Schäden an Leben, Körper oder Gesundheit.

²Der Pauschbetrag wird auch dann gewährt, wenn das Recht auf die Bezüge ruht oder der Anspruch auf die Bezüge durch Zahlung eines Kapitals abgefunden worden ist.

(5) ¹Steht der Behinderten-Pauschbetrag oder der Hinterbliebenen-Pauschbetrag einem Kind zu, für das der Steuerpflichtige Anspruch auf einen Freibetrag nach § 32 Absatz 6 oder auf Kindergeld hat, so wird der Pauschbetrag auf Antrag auf den Steuerpflichtigen übertragen, wenn ihn das Kind nicht in Anspruch nimmt. ²Dabei ist der Pauschbetrag grundsätzlich auf beide Elternteile je zur Hälfte aufzuteilen, es sei denn, der Kinderfreibetrag wurde auf den anderen Elternteil übertragen. ³Auf gemeinsamen Antrag der Eltern ist eine andere Aufteilung möglich. ⁴In diesen Fällen besteht für Aufwendungen, für die der Behinderten-Pauschbetrag gilt, kein Anspruch auf eine Steuerermäßigung nach § 33.

(6) ¹Wegen der außergewöhnlichen Belastungen, die einem Steuerpflichtigen durch die Pflege einer Person erwachsen, die nicht nur vorübergehend hilflos ist, kann er anstelle einer Steuerermäßigung nach § 33 einen Pauschbetrag von 924 Euro im Kalenderjahr geltend machen (Pflege-Pauschbetrag), wenn er dafür keine Einnahmen erhält. ²Zu diesen Einnahmen zählt unabhängig von der Verwendung nicht das von den Eltern eines behinderten Kindes für dieses Kind empfangene Pflegegeld. ³Hilflos im Sinne des Satzes 1 ist eine Person, wenn sie für eine Reihe von häufig und regelmäßig wiederkehrenden Verrichtungen zur Sicherung ihrer persönlichen Existenz im Ablauf eines jeden Tages fremder Hilfe dauernd bedarf. ⁴Diese Voraussetzungen sind auch erfüllt, wenn die Hilfe in Form einer Überwachung oder einer Anleitung zu den in Satz 3 genannten Verrichtungen erforderlich ist oder wenn die Hilfe zwar nicht dauernd geleistet werden muss, jedoch eine ständige Bereitschaft zur Hilfeleistung erforderlich ist. ⁵Voraussetzung ist, dass der Steuerpflichtige die Pflege entweder in seiner Wohnung oder in der Wohnung des Pflegebedürftigen persönlich durchführt und diese Wohnung in einem Mitgliedstaat der Europäischen Union oder in einem Staat belegen ist, auf den das Abkommen über den Europäischen Wirtschaftsraum anzuwenden ist. ⁶Wird ein Pflegebedürftiger von mehreren Steuerpflichtigen im Veranlagungszeitraum gepflegt, wird der Pauschbetrag nach der Zahl der Pflegepersonen, bei denen die Voraussetzungen der Sätze 1 bis 5 vorliegen, geteilt.

(7) Die Bundesregierung wird ermächtigt, durch Rechtsverordnung mit Zustimmung des Bundesrates zu bestimmen, wie nachzuweisen ist, dass die Voraussetzungen für die Inanspruchnahme der Pauschbeträge vorliegen.

Behinderten-, Hinterbliebenen- und Pflege-Pb § 33b EStG

Inhaltsübersicht

	Rz.
A. Allgemeine Erläuterungen	1 - 11
I. Normzweck und wirtschaftliche Bedeutung der Vorschrift	1
II. Entstehung und Entwicklung der Vorschrift	2
III. Geltungsbereich	3 - 5
1. Persönlicher Geltungsbereich	3
2. Sachlicher Geltungsbereich	4
3. Anwendung bei Auslandsbeziehung	5
IV. Vereinbarkeit der Vorschrift mit höherrangigem Recht	6
V. Verhältnis zu anderen Vorschriften	7 - 11
B. Systematische Kommentierung	12 - 59
I. Behinderten-Pauschbetrag (§ 33b Abs. 1 EStG)	12 - 27
1. Sachliche Voraussetzungen	12 - 20
a) Wahlrecht zum Abzug des Behinderten-Pauschbetrags für Aufwendungen behinderter Menschen (§ 33b Abs. 1 Satz 1 EStG)	12 - 13
aa) Abgeltung laufender, typischer Mehrbelastungen wegen einer Behinderung	12
bb) Nicht erfasste Aufwendungen	13
b) Rechtsfolge: Einheitliche Ausübung des Wahlrechts (§ 33b Abs. 1 Satz 2 EStG)	14 - 20
2. Persönliche Voraussetzungen (§ 33b Abs. 2 EStG)	21 - 22
a) Behinderte Menschen und Feststellung des Grads der Behinderung	21
b) Unterscheidung nach dem Grad der Behinderung	22
3. Höhe (§ 33b Abs. 3 EStG)	23 - 27
II. Hinterbliebenen-Pauschbetrag (§ 33b Abs. 4 EStG)	28 - 31
III. Übertragung des Behinderten- und Hinterbliebenen-Pauschbetrags (§ 33b Abs. 5 EStG)	32 - 37
1. Voraussetzungen für die Übertragung (§ 33b Abs. 5 Satz 1 EStG)	32
2. Übertragung auf Eltern (§ 33b Abs. 5 Satz 2 bis 4 EStG)	33 - 37
IV. Pflege-Pauschbetrag (§ 33b Abs. 6 EStG)	38 - 46
1. Pflege-Pauschbetrag statt agB nach § 33 EStG (§ 33b Abs. 6 Satz 1 EStG)	38
2. Pflegegeld an Eltern (§ 33b Abs. 6 Satz 2 EStG)	39
3. Hilflosigkeit der pflegebedürftigen Person (§ 33b Abs. 6 Satz 3 und 4 EStG)	40
4. Persönliche Pflege und Ort der Pflege (§ 33b Abs. 6 Satz 5 EStG)	41
5. Aufteilung des Pauschbetrags bei mehreren Pflegepersonen (§ 33b Abs. 6 Satz 6 EStG)	42 - 46
V. Nachweisfragen (§ 33b Abs. 7 EStG)	47 - 59
1. Verordnungsermächtigung für Regelungen des § 65 EStDV	47
2. Regelungen des § 65 EStDV	48 - 59
C. Verfahrensfragen	60

HINWEIS:

§ 65 EStDV; R 33b EStR; H 33b LStH.

LITERATUR:

Kanzler, Der Pflege-Pauschbetrag des § 33b Abs. 6 und die damit zusammenhängenden Änderungen des § 33a Abs. 3 EStG, FR 1992, 669; *Dziadkowski*, Zur unterbliebenen Anpassung der Behinderten-Pauschbeträge in § 33b EStG im Steuervereinfachungsgesetz 2011, FR 2011, 224; *Adomat*, Berücksichtigung von behinderungsbedingten Umbaukosten, NWB Beilage 1/2016; *Weigel*, Hälftige Übertragung des Behinderten-Pauschbetrags auf den Ehegatten nach § 26a EStG - Pro und Contra, EStB 2017, 118.

A. Allgemeine Erläuterungen

I. Normzweck und wirtschaftliche Bedeutung der Vorschrift

1 § 33b EStG regelt **drei Pauschbeträge (Pb):** (1.) **Behinderten-Pb**, (2.) **Hinterbliebenen-Pb** und (3.) **Pflege-Pb**. Diese Pb können **nebeneinander** greifen. Der **Behinderten-Pb** (§ 33b Abs. 1 bis 3 EStG) ermöglicht behinderten Stpfl., für behinderungsbedingte Aufwendungen einen nach dem Grad der Behinderung bzw. dem Vorliegen von Hilflosigkeit/Blindheit gestaffelten Pb abzuziehen, der anstelle der agB nach § 33 EStG gewährt wird. Ein Abzug der agB nach § 33 EStG kann zwar – auch unter Berücksichtigung der zumutbaren Belastung (§ 33 Abs. 3 EStG) – höher sein, jedoch müssen die agB bei § 33 EStG anders als beim Behinderten-Pb im Einzelnen nachgewiesen/glaubhaft gemacht werden. Damit dient der Behinderten-Pb der Entlastung, weil der Stpfl. weniger Nachweispflichten zur Zwangsläufigkeit/Kausalität der Aufwendungen zu erfüllen hat und weil sowohl für den Stpfl. als auch für die Verwaltung umfangreiche oder die Intimsphäre verletzende Nachforschungen vermieden werden.[1] Der **Hinterbliebenen-Pb** (§ 33b Abs. 4 EStG) kompensiert keine Aufwendungen des Stpfl., verlangt er doch einzig die Bewilligung von Hinterbliebenenbezügen und setzt damit keine finanziellen Belastungen des Stpfl. voraus. Der **Pflege-Pb** (§ 33b Abs. 6 EStG) **bezweckt**, dass bei Übernahme der Pflege die vielfach entstehenden, aber nur schwer nachweisbaren und schwierig überprüfbaren Aufwendungen pauschal steuermindernd berücksichtigt werden. Mithin dient der Pflege-Pb der **Vereinfachung** sowohl für den Stpfl., der ohnehin die menschliche Belastung durch die Pflege zu tragen hat,[2] als auch für die FinVerw, die keine weiteren Ermittlungen mehr anzustellen hat.[3] Daneben bezweckt der Pflege-Pb aber auch, die **häusliche Pflege zu stärken und die Pflege von Schwerstpflegebedürftigen zu begünstigen**; daher dient der Pflege-Pb nicht vorrangig der Existenzsicherung.[4] Die **Übertragung** von **Behinderten- und Hinterbliebenen-Pb** ist möglich (vgl. § 33b Abs. 5 EStG). Durch § 33b Abs. 7 EStG wird die BReg ermächtigt, **Nachweisanforderungen** durch Rechtsverordnung zu regeln. Dies ist durch § 65 EStDV geschehen.

II. Entstehung und Entwicklung der Vorschrift

2 Vorläufer des § 33b EStG waren § 65 EStDV 1971 und § 26 LStDV 1971.

Zuletzt wurde § 33b Abs. 6 Satz 5 EStG mit Wirkung ab VZ 2013 dahin gehend neu gefasst, dass der Pflege-Pb nunmehr auch für die Pflege im EU-/EWR-Ausland gewährt werden kann (→ Rz. 6 und → Rz. 41).

III. Geltungsbereich

1. Persönlicher Geltungsbereich

3 § 33b EStG gilt nur bei unbeschränkt stpfl. Personen (§ 50 Abs. 1 Satz 3 EStG) und bei Personen, die nach § 1 Abs. 3 EStG als unbeschränkt steuerpflichtig behandelt werden. Beschränkt stpfl. Personen (§ 1 Abs. 4 EStG) können § 33b EStG nicht beanspruchen (europarechtlich unbedenklich, s. → Rz. 6). Ebenso nicht Stpfl. i. S. d. § 1a Abs. 1 Nr. 2 EStG.[5]

---

[1] BFH v. 27. 5. 1998 - III B 22/98, BFH/NV 1998, 1474 = NWB DokID: LAAAA-97395; BR-Drucks. 544/07, 71.
[2] BT-Drucks. 11/2157, 151 f.
[3] BFH v. 14. 10. 1997 - III R 102/96, BStBl 1998 II 20.
[4] BFH v. 21. 1. 2005 - III B 85/04, BFH/NV 2005, 1048 = NWB DokID: BAAAB-52020.
[5] Vgl. FG Münster v. 4. 12. 1973 - VIII 1422/73 L, EFG 1974, 230, rkr.

2. Sachlicher Geltungsbereich

§ 33b EStG gehört zur Einkommensermittlung (§ 2 Abs. 4 EStG). Die Bestimmungen des § 33b Abs. 1 bis 3 EStG gelten für laufende und typische, unmittelbar mit der Behinderung oder Pflege hilfloser Personen zusammenhängende Kosten. § 33b Abs. 4 EStG gleicht keine Aufwendungen aus, sondern ist eine historisch bedingte, systemfremde Billigkeitsregelung.[1] § 33b Abs. 6 EStG erfasst Aufwendungen bei häuslicher Pflege.

3. Anwendung bei Auslandsbeziehung

§ 33b Abs. 1 bis 3 EStG (Behinderten-Pb) und Abs. 4 (Hinterbliebenen-Pb) verlangen keinen Inlandsbezug bei der Entstehung der Aufwendungen. § 33b Abs. 6 EStG (Pflege-Pb) erfasst auch die Pflege in einem EU-/EWR-Staat (§ 33b Abs. 6 Satz 5 EStG, s. → Rz. 41).

IV. Vereinbarkeit der Vorschrift mit höherrangigem Recht

§ 33b EStG ist insgesamt **mit höherrangigem Recht vereinbar**: Verfassungsmäßig ist der **Behinderten-Pb**, weil es sich um eine zulässige Typisierung im Bereich des subjektiven Nettoprinzips zur Abgeltung des höheren existenziellen Grundbedarfs handelt;[2] auch ist die Staffelung des Behinderten-Pb nach dem GdB verfassungsrechtlich zulässig.[3] Dem Verfassungsrecht entspricht ebenfalls der **Hinterbliebenen-Pb**: Weil dieser Pb unabhängig von den tatsächlich entstandenen Aufwendungen gewährt wird, steht der Billigkeitscharakter des Abzugs im Vordergrund;[4] ob diese Norm deshalb als (bloß) systemfremd zu beanstanden ist;[5] ist für die Frage der Verfassungsmäßigkeit unmaßgeblich.[6] Verfassungsmäßig ist überdies der **Pflege-Pb**: Es handelt sich um eine zulässige Lenkungsnorm zur Stärkung häuslicher Pflege; mit diesem Pb soll nicht wegen persönlich nicht disponibler Umstände der erhöhte Grundbedarf abgegolten werden.[7] § 33b EStG ist überdies **insgesamt europarechtskonform**, da die darin geregelten Pb über § 1 Abs. 3 EStG auch für EU-/EWR-Bürger anwendbar sind (→ Rz. 3) und darüber hinaus auch die Pflege im EU-/EWR-Staat erfasst wird (→ Rz. 5 und → Rz. 41).

V. Verhältnis zu anderen Vorschriften

Verhältnis zu § 26a EStG: s. dazu → Rz. 33.. **Verhältnis der Tatbestände des § 33b EStG untereinander**: Die in § 33b EStG geregelten Pb (Überblick → Rz. 1) können **nebeneinander** geltend gemacht werden.

---

1 *Mellinghoff* in Kirchhof, § 33b EStG Rz. 10; HHR/*Schüler-Täsch*, § 33b EStG Rz. 5, weshalb sie Streichung befürworten.
2 Zwar keine Erhöhung der seit 1975 unveränderten Beträge, jedoch Einzelnachweis nach § 33 EStG möglich und wegen Kostensteigerungen im Bereich der Pflege geboten; wegen Möglichkeit des Einzelnachweises verfassungsmäßig, BFH v. 20.3.2003 - III B 84/01, BFH/NV 2003, 1164 = NWB DokID: ZAAAA-70305; *Mellinghoff* in Kirchhof, § 33b EStG Rz. 9; *Görke* in Frotscher, § 33b EStG Rz. 15: nur rechtspolitisch bedenklich; *Schmieszek* in Bordewin/Brandt, § 33b EStG Rz. 47: nur wirklichkeitsfremd; a. A. *Dziadkowski*, FR 2011, 224, Verfassungswidrigkeit wegen „realitätsferner" Pauschbeträge.
3 BFH v. 8.8.1997 - VI R 158/90, BFH/NV 1998, 441.
4 BT-Drucks. 7/1470, 282.
5 *Mellinghoff* in Kirchhof, § 33b EStG Rz. 10.
6 HHR/*Schüler-Täsch*, § 33b EStG Rz. 7; a. A. *Nacke* in Littmann/Bitz/Pust, § 33b EStG Rz. 137: Es sei sachlich nicht zu rechtfertigen, weshalb sonstige alleinstehende Personen keinen Anspruch auf einen solchen Pb hätten.
7 BFH v. 20.2.2003 - III R 9/02, BStBl 2003 II 476; BFH v. 21.1.2005 - III B 85/04, BFH/NV 2005, 1048 = NWB DokID: BAAAB-52020; *Heger* in Blümich, § 33b EStG Rz. 3.

Verhältnis zu agB, § 33 EStG: Es besteht ein Wahlrecht, für die von § 33b EStG erfassten Aufwendungen, die Pb des § 33b EStG geltend zu machen (Alternativverhältnis). Fällt die Wahl auf den Abzug nach § 33b EStG, ist der Abzug nach § 33 EStG ausgeschlossen (vgl. § 33b Abs. 1 Satz 1 EStG: Pb „anstelle" einer Steuerermäßigung nach § 33 EStG). Soweit die Pb aber ausnahmsweise bestimmte Aufwendungen nicht erfassen, sind § 33b EStG und § 33 EStG nebeneinander anwendbar (s. dazu → Rz. 13).

Verhältnis zu § 33a EStG: § 33b EStG und § 33a EStG sind **nebeneinander** anwendbar.

Verhältnis zu Erwerbsaufwendungen (§§ 4 Abs. 4, 9 EStG) und zu den Sonderausgaben: Soweit WK, BA oder SA vorliegen, geht deren Abzug vor, vgl. § 33 Abs. 2 Satz 2 EStG.

Verhältnis zu nicht abzugsfähigen Aufwendungen (§ 12 EStG): § 33b EStG ist in § 12 EStG als Ausnahme von dem Grundsatz genannt, wonach Aufwendungen der privaten Lebensführung vom GdE abgezogen werden dürfen.

Verhältnis zur Steuerermäßigung nach § 35a EStG: Beansprucht der Stpfl. einen Behinderten-Pb, ist § 35a Abs. 5 Satz 1 EStG ausgeschlossen, soweit die Aufwendungen mit dem Behinderten-Pb abgegolten sind (→ Rz. 12).[1] Der Ausschluss des § 35a EStG durch § 33b EStG gilt nicht, wenn der einem Kind zustehende Behinderten-Pauschbetrag nach § 33b Abs. 5 EStG auf den Stpfl. übertragen wird[2] und dieser für Pflege- und Betreuungsaufwendungen des Kindes aufkommt.[3] Werden dagegen Pflegeaufwendungen nicht nach § 33b Abs. 1 bis 3 EStG, sondern nach § 33 EStG als agB geltend gemacht, ist § 35a EStG für den Anteil der Aufwendungen zu gewähren, der aufgrund der zumutbaren Belastung nach § 33 Abs. 3 EStG nicht vom Gesamtbetrag der Einkünfte abgezogen werden kann.[4]

Verhältnis zu den Änderungsvorschriften: Der Verwaltungsakt, mit dem der GdB festgestellt wird, ist ein **Grundlagenbescheid**. Wird dieser Verwaltungsakt rückwirkend geändert, ist ggf. eine Änderung früherer bestandskräftiger Festsetzungen nach § 175 Abs. 1 Satz 1 Nr. 1 AO vorzunehmen; dies gilt selbst dann, wenn zuvor der Pb für den VZ nicht gestellt worden ist; die Änderung ist für alle nicht festsetzungsverjährten VZ vorzunehmen, auf die sich der Grundlagenbescheid erstreckt.[5]

8–11 *(Einstweilen frei)*

---

[1] BMF v. 9.11.2016, BStBl 2016 I 1213, Rz. 33; BFH v. 5.6.2014 - VI R 12/12, BStBl 2014 II 970; FG Baden-Württemberg v. 30.11.2016 - 2 K 2338/15, juris, NZB eingelegt (Az. des BFH: VI B 13/17), vgl. dazu *Weigel*, EStB 2017, 118.
[2] BFH v. 11.2.2010 - VI R 61/08, BStBl 2010 II 621; BMF v. 9.11.2016, BStBl 2016 I 1213.
[3] BMF v. 9.11.2016, BStBl 2016 I 1213, Rz. 33.
[4] BMF v. 9.11.2016, BStBl 2016 I 1213, Rz. 33; BFH v. 5.6.2014 - VI R 12/12, BStBl 2014 II 970; FG Baden-Württemberg v. 30.11.2016 - 2 K 2338/15, juris, NZB eingelegt (Az. des BFH: VI B 13/17).
[5] H 33b „Allgemeines" EStH, m.w.N. zur Rspr. des BFH.

B. Systematische Kommentierung

I. Behinderten-Pauschbetrag (§ 33b Abs. 1 EStG)

1. Sachliche Voraussetzungen

a) Wahlrecht zum Abzug des Behinderten-Pauschbetrags für Aufwendungen behinderter Menschen (§ 33b Abs. 1 Satz 1 EStG)

aa) Abgeltung laufender, typischer Mehrbelastungen wegen einer Behinderung

Mit dem Pb für behinderte Menschen werden die **laufenden und typischen Aufwendungen** abgegolten, die behinderten Menschen erfahrungsgemäß durch ihre Krankheit bzw. Behinderung entstehen und deren alleinige behinderungsbedingte Veranlassung nur schwer nachzuweisen ist.[1] Durch den Behinderten-Pb sind die **folgenden Belastungen** abgegolten: 12

▶ Aufwendungen für **gewöhnliche und regelmäßig wiederkehrende Verrichtungen des täglichen Lebens** (z. B. Aufwendungen für die Körperpflege, für die Ernährung, für die Mobilität und für die hauswirtschaftliche Versorgung, vgl. dazu näher § 14 Abs. 4 SGB XI; hierunter fallen etwa auch Aufwendungen eines Blinden für Anschaffung/Unterhalt eines **Blindenhundes**);[2]

▶ Aufwendungen für **Hilfe**; hierzu sind entsprechend § 14 Abs. 3 SGB XI die folgenden Leistungen zu zählen:[3] Unterstützung und – teilweise – Übernahme der **Verrichtungen im Verlauf des täglichen Lebens**, die Beaufsichtigung oder die Anleitung mit dem Ziel der eigenständigen Übernahme dieser Verrichtungen;

▶ Aufwendungen für die **Pflege**, die sich allerdings von Aufwendungen für die Hilfe wegen bestehender Überschneidungen nicht trennscharf abgrenzen lassen; jedenfalls zählen hierzu z. B. Kosten für die **Heimunterbringung**[4] oder Aufwendungen für die Unterbringung in einem **Altenwohnheim**;[5]

▶ Aufwendungen für den **erhöhten Wäschebedarf** (§ 33b Abs. 1 Satz 1 EStG), allerdings nur in Höhe des behinderungsbedingten Mehrbedarfs.

bb) Nicht erfasste Aufwendungen

Nicht erfasst werden **Erwerbsaufwendungen und SA**. Diese werden gem. § 33 Abs. 2 1. Halbsatz EStG bei den Einkünften als Erwerbsaufwand oder aber als SA abgezogen. 13

Überdies **nicht abgegolten** werden Aufwendungen, die **untypische Mehrbelastungen** wegen der Behinderung sind. Solche atypischen Aufwendungen sind aber als **agB i. S. d § 33 EStG** abzugsfähig.[6] Untypische Mehrbelastungen sind mit der Körperbehinderung zusammenhängende, sich aber infolge ihrer Einmaligkeit der Typisierung des § 33b EStG entziehende Kosten, so-

---

1 R 33b Abs. 1 Satz 1 und 2 EStR; BFH v. 4. 11. 2004 - III R 38/02, BStBl 2005 II 271.
2 FG München v. 16. 11. 1984 - V K 298/84, EFG 1985, 390, rkr.
3 Vgl. HHR/*Schüler-Täsch*, § 33b EStG Rz. 23.
4 *Heger* in Blümich, § 33b EStG Rz. 73.
5 BFH v. 4. 11. 2004 - III R 38/02, BStBl 2005 II 271.
6 HHR/*Schüler-Täsch* § 33b EStG Rz. 26.

wie **zusätzliche Krankheitskosten**.[1] Zu den nicht nach § 33b EStG abgegoltenen und damit nach § 33 EStG abziehbaren Aufwendungen zählen z. B.

- **Aufwendungen für Heilbehandlungen**[2] (hierzu fallen Aufwendungen für Operationen[3] sowie für Arznei und Arztbesuche);[4]
- **Heilkuren**;[5]
- **Arzneimittel**;[6]
- **Wohnungskosten** (behinderungsbedingte **Umbaumaßnahmen**,[7] **Umzugskosten** eines erheblich Geh- und Stehbehinderten in eine Erdgeschosswohnung);[8]
- **Zahlungen zur Einwilligung** des Eigentümers **in behinderungsbedingten Umbau** eines Bades;[9]
- Anschaffung eines **Blindencomputers**;[10]
- **Schulgeld** für den Privatschulbesuch des behinderten Kindes;[11]
- notwendige und angemessene Kosten für eine **Begleitperson bei Urlaubsfahrten**;[12]
- **Führerscheinkosten** für ein schwer geh- und stehbehindertes Kind;[13]
- bei **Kfz-Kosten**[14] ist wie folgt zu unterscheiden:[15] (1.) Bei geh- und stehbehinderten Stpfl. (GdB von mindestens 80 oder GdB von mindestens 70 und Merkzeichen G): durch Behinderung veranlasste unvermeidbare Fahrten (Einzelnachweis erforderlich; aus Vereinfachungsgründen **3 000 km/Jahr**, und (2.) bei außergewöhnlich gehbehinderten (Merkzeichen aG), blinden (Merkzeichen Bl) und hilflosen (Merkzeichen H) Menschen: bis zu **15 000 km/Jahr** (auch für die Kosten für Erholungs-, Freizeit und Berufsfahrten),[16] aber nur i. H. d. Km-Pb,[17] u. U. Erhöhung um weitere 5 000 km;[18]
- selbst getragenen Aufwendungen für die **häusliche Intensiv- und Behandlungspflege**, soweit die Leistungen nicht deckungsgleich mit den Grundpflegeleistungen i. S. d. § 14

---

1 BFH v. 4. 11. 2004 - III R 38/02, BStBl 2005 II 271.
2 R 33b Abs. 1 Satz 4 EStR; BT-Drucks. 544/07, 71.
3 R 33b Abs. 1 Satz 4 EStR; BFH v. 30. 11. 1966 - VI 313/64, BStBl 1967 III 457.
4 R 33b Abs. 1 Satz 4 EStR.
5 R 33b Abs. 1 Satz 4 EStR; BT-Drucks. 544/07, 71; BFH v. 11. 12. 1987 - III R 95/85, BStBl 1988 II 275.
6 BT-Drucks. 544/07, 71.
7 H 33b „Neben den Pauschbeträgen für behinderte Menschen zu berücksichtigende Aufwendungen" EStH; R 33.4 Abs. 5 EStR; H 33.1 - 33.4 „Behindertengerechte Ausstattung" EStH; BFH v. 22. 10. 2009 - VI R 7/09, BStBl 2010 II 280.
8 Zutr. Loschelder in Schmidt, § 33b EStG Rz. 9 gegen FG Schleswig-Holstein v. 20. 7. 1972 - I 17/71, EFG 1972, 540, rkr.
9 FG Baden-Württemberg v. 29. 1. 1987 - III K 510/83, EFG 1987, 245, rkr.
10 FG Sachsen v. 7. 11. 2000 - 5 K 1777/98, EFG 2001, 440, rkr.
11 H 33b „Neben den Pauschbeträgen für behinderte Menschen zu berücksichtigende Aufwendungen" EStH; R 33.4 Abs. 2 EStR; H 33.1 - 33.4 „Schulbesuch" EStH.
12 BFH v. 4. 7. 2002 - III R 58/98, BStBl 2002 II 765: im Streitjahr 1994 nach der vom Statistischen Bundesamt durchgeführten „Einkommens- und Verbrauchsstichprobe" 767 €; zum Nachweis vgl. § 64 Abs. 1 Nr. 2 Buchst. d EStDV.
13 H 33b „Neben den Pauschbeträgen für behinderte Menschen zu berücksichtigende Aufwendungen" EStH; BFH v. 26. 3. 1993 - III R 9/92, BStBl 1993 II 749.
14 BT-Drucks. 544/07, 71.
15 H 33.1 - 33.4 „Fahrtkosten behinderter Menschen" EStH.
16 BFH v. 19.1.2017 - VI R 60/14, BFH/NV 2017, 571; BFH v. 19. 5. 2004 - III R 16/02, BStBl 2005 II 23.
17 H 33.1 - 33.4 „Fahrtkosten behinderter Menschen" EStH; BFH-Urteil v. 21. 2. 2008 - III R 105/06, BFH/NV 2008, 1141 = NWB DokID: VAAAC-79972.
18 H 33.1 - 33.4 „Fahrtkosten behinderter Menschen" EStH; BFH v. 13. 12. 2001 - III R 6/99, BStBl 2002 II 198.

SGB XI sind.[1] **Nicht abziehbar** (weder nach § 33b EStG noch nach § 33 EStG) sind Kosten der Erholung[2] und behinderungsbedingte Diätkosten.[3]

b) Rechtsfolge: Einheitliche Ausübung des Wahlrechts (§ 33b Abs. 1 Satz 2 EStG)

Als Rechtsfolge des § 33b Abs. 1 besteht ein **Wahlrecht**, das **nur einheitlich** „für die **gesamten Aufwendungen im jeweiligen VZ**" ausgeübt werden kann: Der Stpfl. kann für die vom Behinderten-Pb erfassten Aufwendungen (→ Rz. 13) also entweder den Pb oder aber agB nach § 33 EStG abziehen. Er kann also innerhalb eines VZ z. B. nicht Pflegekosten nach § 33 EStG geltend machen und hinsichtlich des erhöhten behinderungsbedingten Wäschebedarfs den Pb beanspruchen (**kein Teilverzicht**).[4]

14

PRAXISHINWEIS:
Die Inanspruchnahme von § 33 EStG (Einzelnachweis) statt des Pb ist sinnvoll, wenn die tatsächlichen (und nachweisbaren/glaubhaft zu machenden!) Aufwendungen abzüglich der zumutbaren Belastung nach § 33 Abs. 3 EStG die Pauschalen des § 33b Abs. 3 EStG übersteigen oder wenn die Voraussetzungen des § 33b Abs. 2 EStG nicht vorliegen.

Wird § 33b Abs. 1 EStG gewählt, erfolgt der **Abzug des Pb vom GdE** (vgl. § 2 Abs. 4 EStG).

(Einstweilen frei) 15–20

2. Persönliche Voraussetzungen (§ 33b Abs. 2 EStG)

a) Behinderte Menschen und Feststellung des Grads der Behinderung

Behinderte Menschen (vgl. § 2 Abs. 1 SGB IX) erhalten den Pb, wobei die **Feststellung** der Behinderung erforderlich ist (vgl. § 69 SGB IX; zum Nachweis s. → Rz. 47 f.; zur späteren Änderung des GdB s. → Rz. 7 „Verhältnis zu den Änderungsvorschriften").

21

b) Unterscheidung nach dem Grad der Behinderung

Nach § 33b Abs. 2 EStG ist hinsichtlich der **Anspruchsberechtigung** wie folgt zu differenzieren:

22

- **Schwerbehinderte** (GdB mindestens 50, § 33b Abs. 2 Nr. 1 EStG), die allein wegen des GdB zum Kreis der Anspruchsberechtigten zählen;

- **Minderbehinderte** (GdB unter 50, aber mindestens 25) **mit laufenden Bezügen wegen** (Kausalzusammenhang erforderlich)[5] **Behinderung** (§ 33b Abs. 2 Nr. 2a EStG). Die gesetzliche Leistungspflicht der öffentlichen Hand muss an eine bestimmte grundsätzliche Schädigung des Versorgungsberechtigten anknüpfen, sog. **Beschädigtenversorgung** (z. B. BVG, §§ 80 ff. SVG, §§ 56 ff. SGB VII; § 35 BeamtVG);[6] keine Beschädigtenversorgung in diesem Sinne ist gegeben bei Ruhebezügen eines sog. Minderbehinderten wegen Dienstunfähigkeit[7] oder bei Bezügen aus einer Erwerbsunfähigkeitsrente;[8]

---

1 FM Schleswig-Holstein v. 29. 10. 2014, NWB DokID: WAAAB-83860; *Adomat*, NWB 2016, Beilage 1, 1, 6.
2 BFH v. 26. 1. 2006 - III R 22/04, BFH/NV 2006, 1265 = NWB DokID: WAAAB-83860.
3 HHR/*Schüler-Täsch*, § 33b EStG Rz. 26.
4 BR-Drucks. 544/07, 71.
5 *Loschelder* in Schmidt, § 33b EStG Rz. 16.
6 BFH v. 28. 9. 2000 - III R 21/00, BFH/NV 2001, 435 = NWB DokID: EAAAA-66953.
7 BFH v. 28. 9. 2000 - III R 21/00, BFH/NV 2001, 435 = NWB DokID: EAAAA-66953.
8 FG Niedersachsen v. 16. 6. 2005 - 10 K 183/00, EFG 2005, 1774.

▶ **Minderbehinderte** (GdB unter 50, aber mindestens 25) **ohne laufende Bezüge wegen Behinderung** (§ 33b Abs. 2 Nr. 2b EStG), wenn die Behinderung entweder zu einer **dauernden Einbuße der körperlichen Beweglichkeit** (mehr als sechs Monate, vgl. § 2 Abs. 1 SGB IX)[1] geführt hat, **oder** wenn die Behinderung auf einer **typischen Berufskrankheit** (vgl. § 9 SGB VII)[2] beruht. Zu den jeweiligen Nachweisanforderungen s. → Rz. 48.

3. Höhe (§ 33b Abs. 3 EStG)

23 Der **dauernde** (wegen § 2 Abs. 1 SGB IX **mehr als sechs Monate**)[3] GdB bestimmt die Höhe des Pb (§ 33b Abs. 3 Satz 1 EStG). § 33b Abs. 3 Satz 2 EStG enthält **acht Stufen der Behinderung**. Den höchsten Pb erhalten **Hilflose** (Merkzeichen H, s. → Rz. 40) und **Blinde** (Merkzeichen Bl, beidäugige Gesamtsehschärfe bis zu 50 %/gleichzuachtende Störung, § 72 Abs. 5 SGB XII); auch die Behinderung Hilfloser und Blinder muss **dauernd** sein. Die Pb sind **Jahresbeträge**, so dass weder eine zeitanteilige Kürzung bei Veränderungen im laufenden VZ[4] noch eine **Zwölftelung**[5] vorzunehmen sind.

24–27 *(Einstweilen frei)*

II. Hinterbliebenen-Pauschbetrag (§ 33b Abs. 4 EStG)

28 Der Hinterbliebenen-PB wird unabhängig davon, ob Aufwendungen angefallen sind (**Billigkeitscharakter**, s. → Rz. 6), auf **Antrag** allein deshalb gewährt, weil bestimmte **Hinterbliebenenbezüge bezogen** werden (§ 33b Abs. 4 Satz 1 EStG), weil das **Recht auf diese Bezüge ruht** oder weil der Anspruch auf die Bezüge durch **Kapitalzahlung abgefunden** worden ist (§ 33b Abs. 4 Satz 2 EStG). Der **Kreis der begünstigten Hinterbliebenenbezüge** ist in § 33b Abs. 4 Satz 1 EStG **abschließend** aufgezählt.[6] Der **Nachweis**, ob solche begünstigten Hinterbliebenenbezüge vorliegen, erfolgt durch Vorlage eines entsprechenden Bewilligungs- bzw. Leistungsbescheids (vgl. § 65 Abs. 3 EStDV).

29–31 *(Einstweilen frei)*

III. Übertragung des Behinderten- und Hinterbliebenen-Pauschbetrags (§ 33b Abs. 5 EStG)

1. Voraussetzungen für die Übertragung (§ 33b Abs. 5 Satz 1 EStG)

32 Sowohl der Behinderten- als auch der Hinterbliebenen-Pb können übertragen werden. Dazu müssen nach § 33b Abs. 5 Satz 1 EStG folgende Voraussetzungen gegeben sein:

▶ Es muss die **Anspruchsberechtigung eines Kindes** auf die Gewährung des Behinderten-Pb oder des Hinterbliebenen-Pb bestehen; insbesondere muss das Kind selbst in den persönlichen Geltungsbereich (→ Rz. 3) fallen;[7]

---

1 *Loschelder* in Schmidt, § 33b EStG Rz. 13 und 17.
2 *Mellinghoff* in Kirchhof, § 33b EStG Rz. 6.
3 *Mellinghoff* in Kirchhof, § 33b EStG Rz. 8; *Loschelder* in Schmidt, § 33b EStG Rz. 13 und 17.
4 R 33b Abs. 8 Satz 1 EStR.
5 R 33b Abs. 8 Satz 2 EStR.
6 Näheres in H 33b „Hinterbliebenen-Pauschbetrag" EStH.
7 R 33b Abs. 3 EStR; BFH v. 2. 6. 2005 - III R 15/04, BStBl 2005 II 828.

- ferner muss der **Stpfl.** der Empfänger der Übertragung sein, d. h. er muss seinerseits persönlich berechtigt (→ Rz. 3) sein;
- überdies muss der **Stpfl.** einen **Anspruch auf** einen Freibetrag nach § 32 Abs. 6 EStG oder einen Anspruch auf **Kindergeld** haben, worunter **Eltern**[1] bzw. **Stief- oder Großeltern**[2] fallen;
- es darf zudem keine Inanspruchnahme der Pb durch das Kind erfolgen. Die deshalb grundsätzlich erforderliche Zustimmung des Kindes kann auch konkludent durch Nichtbeantragung (eines) der Pb durch das Kind erfolgen;[3]
- der Stpfl. muss einen **Antrag** auf Gewährung des Hinterbliebenen-Pb geltend machen.

Zusätzlicher Abzug eigener Aufwendungen: Erfolgt die Übertragung auf einen Stpfl., kann er daneben eigene Aufwendungen für den behinderten Menschen unter den Voraussetzungen des § 33 EStG geltend machen.[4]

2. Übertragung auf Eltern (§ 33b Abs. 5 Satz 2 bis 4 EStG)

Grundsatz hälftiger Aufteilung (§ 33b Abs. 5 Satz 2 EStG): Grds. steht jedem Elternteil die Hälfte des Pb zu. Eine **erste Ausnahme** besteht dann, wenn der Kinderfreibetrag auf den anderen Elternteil übertragen wurde (vgl. § 33b Abs. 5 Satz 2 2. Halbsatz EStG). In diesem Fall steht der volle Pb dem anderen Elternteil zu. Eine **weitere Ausnahme** besteht nach § 33 Abs. 5 Satz 3 EStG, wenn eine **andere Aufteilung** auf **gemeinsamen Antrag**[5] erfolgt.[6] Wird eine abweichende Aufteilung auf gemeinsamen Antrag vorgenommen, besteht Veranlagungspflicht (vgl. § 46 Abs. 2 Nr. 4a Buchst. e EStG). Bei **getrennter Veranlagung** ging für VZ bis einschließlich 2012 § 26a Abs. 2 EStG vor (nur hälftiger Abzug), wenn der getrennt lebender Ehegatte/Lebenspartner Elternteil des behinderten Kindes ist.[7] Für VZ ab 2013 (mit Wirkung ab diesem VZ greift eine Änderung des § 26a Abs. 2 EStG) erfolgt der Abzug des Pb grds. bei dem Elternteil, der Aufwendungen getragen hat (s. § 26a Abs. 2 Satz 1 EStG). Jedoch ist nach § 26a Abs. 2 Satz 2 EStG auf übereinstimmenden Antrag der Ehegatten der grundsätzlich einem Ehegatten zustehende Behinderten-Pb bei der Einzelveranlagung der Ehegatten jeweils zur Hälfte abzuziehen.[8] Damit enthält § 26a Abs. 2 EStG in der jetzigen Fassung gegenüber der Vorgängerregelung eine Reduzierung auf nur zwei Zuordnungsalternativen (entweder Zurechnung zu dem Stpfl., der die Aufwendungen wirtschaftlich getragen hat, oder aber hälftige Verteilung). Eine bei der getrennten Veranlagung noch mögliche freie steueroptimale Zuordnung bestimmter Kosten ist seit dem VZ 2013 nicht mehr möglich.

Wählen die Eltern nach § 33b Abs. 5 Satz 3 EStG eine andere Aufteilung, besteht nach § 33b Abs. 5 Satz 4 EStG **kein Anspruch auf die Steuerermäßigung des § 33 EStG.** Da der Behinderten-

---

1 Vgl. § 32 Abs. 6 Satz 6 bis 9; BMF v. 28. 6. 2013, BStBl 2013 I 845, Rz. 1 ff.; 6 ff.
2 Vgl. § 32 Abs. 6 Satz 10 und 11; BMF v. 28. 6. 2013, BStBl 2013 I 845, Rz. 12 ff.
3 *Mellinghoff* in Kirchhof, § 33b EStG Rz. 11; HHR/*Schüler-Täsch*, § 33b EStG Rz. 90; a. A. *Loschelder* in Schmidt, § 33b EStG Rz. 26 (weder ausdrückliche noch konkludente Zustimmung erforderlich).
4 R 33b Abs. 2 EStR, für Eltern, muss aber auch für andere Empfänger gelten (*Mellinghoff* in Kirchhof, § 33b EStG Rz. 12).
5 Zum Verfahrensrecht, vgl. AEAO Vor §§ 172 bis 177, Nr. 8.
6 Ggf. einklagbare Mitwirkung bei abw. Aufteilung des Pb, vgl. BGH v. 24. 2. 1988 - IV b ZR 29/87, NJW 1988, 1720.
7 BFH v. 19. 4. 2012 - III R 1/11, BStBl 2012 II 861; zum Fall, dass getrennt lebender Ehegatte/Lebenspartner nicht Elternteil ist vgl. FG Niedersachsen v. 12. 5. 2009 - 10 K 160/06, DStRE 2009, 1303.
8 BFH v. 20.12.2017 - III R 2/17, BStBl 2018 II 468; *Mellinghoff* in Kirchhof, § 33b EStG Rz. 13 (ansonsten würde Vereinfachungszweck des § 33b nicht gewahrt); *Loschelder* in Schmidt, § 33b EStG Rz. 29; *Heger* in Blümich, § 33b EStG Rz. 92; *Selder*, jurisPR-SteuerR 42/2012, Anm. 4, unter D; *Weigel*, EStB 2017, 118.

Pb jedoch nur Aufwendungen des Kindes abgilt, können die Eltern neben dem übertragenen Pb stets eigene Aufwendungen nach § 33 EStG geltend machen, da die Regelung des § 33b Abs. 4 Satz 3 EStG nur vom Behinderten-Pb abgegoltene Aufwendungen erfasst.[1]

> **PRAXISTIPP**
> Die vom Pb nicht erfassten Aufwendungen können neben dem übertragenen Pb nach §§ 33, 33a und 35a EStG abgezogen werden.[2]

34–37 *(Einstweilen frei)*

IV. Pflege-Pauschbetrag (§ 33b Abs. 6 EStG)

1. Pflege-Pauschbetrag statt agB nach § 33 EStG (§ 33b Abs. 6 Satz 1 EStG)

38 Damit der Pflege-Pb in Anspruch genommen werden kann, muss die hilflose Person nicht nur **vorübergehend** gepflegt werden (zum notwendigen Umfang der Pflege s. → Rz. 40 f.; zum Nachweis s. → Rz. 48).

Durch die Pflege erwachsene Aufwendungen werden durch den Pb abgegolten. Hierzu gehören Aufwendungen, deren Verursachung in der Pflege als solche liegt; nicht erfasste Aufwendungen können nach §§ 33, 33a und 35a EStG abgezogen werden.[3] Dies gilt z. B. bei Aufwendungen für Fahrten, um einen kranken Angehörigen im eigenen Haushalt zu betreuen und zu versorgen[4] oder bei Fahrtkosten gehbehinderter Menschen.[5]

Wegen der agB müssen die Aufwendungen entstanden sein. Die mithin erforderliche **Zwangsläufigkeit** wird i. d. R. aufgrund einer persönlichen Beziehung und der deshalb bestehenden **sittlichen Verpflichtung** vorliegen.[6]

Der Stpfl. darf keine Einnahmen für die Pflege erhalten. Einnahmen sind Zuflüsse jeglicher Art[7] (§ 8 EStG),[8] auch **steuerfreie Einnahmen**.[9] Allerdings sollen **Beiträge zur Renten-, Kranken- und Pflegeversicherung** der pflegenden Person, die die Pflegekasse übernimmt, nicht zu Einnahmen führen.[10] An Einnahmen fehlt es auch dann, wenn **Pflegegeld** ausschließlich dazu verwendet wird, Aufwendungen des Pflegebedürftigen zu bestreiten (**Weiterleitung**).[11] Für eine solche Weiterleitung ist aber der **Nachweis** konkreter Verwendung des Pflegegeldes bzw. nachträgliche **Vermögenstrennung** erforderlich.[12] Zum **Pflegegeld an Eltern eines behinderten Kindes** s. → Rz. 39: Keine Einnahmen. Liegen Einnahmen vor, ist der Pflege-Pb insgesamt ausgeschlossen (§ 33b Abs. 6 Satz 1 EStG: „wenn" statt „soweit"); dies ist hinnehmbar, da tatsächlich verbleibende agB nach § 33 EStG geltend gemacht werden können.[13]

---

1 R 33b Abs. 2 EStR; BFH v. 11. 2. 2010 - VI R 61/08, BStBl 2010 II 621.
2 BFH v. 11. 2. 2010 - VI R 61/98, BStBl 2010 II 621; BMF v. 9.11.2016, BStBl 2016 I 1213.
3 BFH v. 22. 10. 2009 - VI R 7/09, BStBl 2010 II 280.
4 BFH v. 22. 10. 1996 - III R 265/94, BStBl 1997 II 558.
5 FG Schleswig-Holstein v. 8. 12. 1999 - V 557/98, EFG 2000, 1131.
6 H 33b „Pflege-Pauschbetrag" EStH, m.w. N. zur Rspr. des BFH.
7 BFH v. 21. 3. 2002 - III R 42/00, BStBl 2002 II 417; vgl. auch BMF v. 9.11.2016, BStBl 2016 I 1213, Rz. 43, Beispiel 7.
8 *Heger* in Blümich, § 33b EStG Rz. 117.
9 *Loschelder* in Schmidt, § 33b EStG Rz. 36.
10 R 33b Abs. 7 EStR, unsystematisch.
11 H 33b „Pflege-Pauschbetrag" EStH; BFH v. 17. 7. 2008 - III R 98/06, BFH/NV 2009, 131 = NWB DokID: ZAAAC-97795; jeweils m.w. N.
12 H 33b „Pflege-Pauschbetrag" EStH, m.w. N. zur Rspr. des BFH.
13 BFH v. 21. 3. 2002 - III R 42/00, BStBl 2002 II 417.

Rechtsfolge: Sind die vorgenannten Voraussetzungen gegeben, besteht ein **Wahlrecht** zwischen dem Abzug des Pflege-Pb und dem Abzug von agB i. S. d. § 33 EStG. Der Pflege-Pb kann **neben** einem vom Kind auf die Eltern nach § 33b Abs. 5 EStG übertragenen **Behinderten-Pb** beansprucht werden.[1] Überdies kann der Pflege-Pb auch abgezogen werden, wenn ein **Ehegatte/Lebenspartner den anderen pflegt**, auch wenn dieser den Behinderten-Pb in Anspruch nimmt.[2]

Der Pb ist ein **Jahresbetrag** (keine zeitanteilige Kürzung).[3] Pflegt der Stpfl. **mehrere Pflegebedürftige**, erhält er den Pflege-Pb für jede persönlich gepflegte Person.[4]

2. Pflegegeld an Eltern (§ 33b Abs. 6 Satz 2 EStG)

Das Pflegegeld an Eltern eines behinderten Kindes **zählt nicht als Einnahme** (§ 33b Abs. 6 Satz 2 EStG). Diese Regelung bezweckt, Eltern behinderter Kinder den Nachweis der treuhänderischen Verwendung (s. → Rz. 38) zu ersparen.[5]

3. Hilflosigkeit der pflegebedürftigen Person (§ 33b Abs. 6 Satz 3 und 4 EStG)

Zur Annahme der Hilflosigkeit (Merkzeichen H, → Rz. 49) bedarf es der **Erforderlichkeit dauernder fremder Hilfe zur Sicherung persönlicher Existenz im täglichen Ablauf** (§ 33b Abs. 5 Satz 3 EStG). Hierunter fallen die Körperpflege (Waschen, Kämmen, Toilettenbenutzung), die Ernährung (Zubereitung selbst sowie Essen und Trinken) und die Mobilität (sog. **Grundpflege**)[6] sowie Maßnahmen zur psychischen Erholung, geistige Anregung und Kommunikation (**Sehen, Hören, Sprechen** und **Fähigkeit zur Interaktion**);[7] nicht jedoch **Verrichtung hauswirtschaftlicher Arbeiten**.[8] Für eine Reihe von Verrichtungen ist die Pflege erforderlich, wenn der Pflegebedürftige **mindestens zwei Stunden** am Tag fremder Hilfe dauernd bedarf; bei einem täglichen Zeitaufwand **zwischen einer und zwei Stunden**, wenn der **wirtschaftliche Wert der** erforderlichen **Pflege besonders hoch ist**.[9] Bei **Zuordnung zur Pflegestufe III** besteht regelmäßig Hilflosigkeit.[10] Eine **Behinderung** ist grds. nicht erforderlich.[11] Ein **Kleinkind** ist nur dann hilflos, wenn dessen Pflegebedürftigkeit die bei allen Kindern derselben Altersstufe regelmäßig bestehende Hilflosigkeit dauernd (sechs Monate, vgl. § 2 Abs. 1 SGB IX)[12] wesentlich übersteigt.[13]

Die **Hilfe durch Überwachung, Anleitung oder Dauerbereitschaft** wird gem. § 33b Abs. 5 Satz 4 EStG der Hilfe i. S. d. § 33b Abs. 5 Satz 3 EStG gleichgestellt.

---

1 R 33b Abs. 6 EStR.
2 *Loschelder* in Schmidt, § 33b EStG Rz. 39.
3 *Heger* in Blümich, § 33b EStG Rz. 111.
4 *Mellinghoff* in Kirchhof, § 33b EStG Rz. 17.
5 BT-Drucks. 15/1945, 9.
6 Vgl. § 14 Abs. 4 SGB XI.
7 Vgl. BSG v. 12. 2. 2003 - B 9 SB 1/02 R, BFH/NV 2004, 189 = NWB DokID: RAAAC-14445.
8 BFH v. 27. 2. 1996 - X B 148/95, BFH/NV 1996, 603 = NWB DokID: UAAAA-97327.
9 BSG v. 12. 2. 2003 - B 9 SB 1/02 R, BFH/NV 2004, 189 = NWB DokID: RAAAC-14445.
10 *Mellinghoff* in Kirchhof, § 33b EStG Rz. 16.
11 *Loschelder* in Schmidt, § 33b EStG Rz. 34.
12 *Mellinghoff* in Kirchhof, § 33b EStG Rz. 14.
13 BFH v. 26. 1. 1979 - VI R 107/76, BStBl 1979 II 260.

4. Persönliche Pflege und Ort der Pflege (§ 33b Abs. 6 Satz 5 EStG)

41 Die **persönliche Durchführung** durch den Stpfl. ist Voraussetzung für den Abzug des Pflege-Pb, d. h., der Stpfl. muss die Pflege und/oder die Hilfe (→ Rz. 38) selbst vornehmen. Ein Stpfl. führt die Pflege aber auch dann noch persönlich durch, wenn er sich zur Unterstützung zeitweise einer **ambulanten Pflegekraft** bedient.[1] Unschädlich ist überdies, wenn der Pflegebedürftige eine **angestellte Hilfe** hat[2] oder der Pflegebedürftige während der Arbeitszeit des Pflegenden in einem **Tagesheim** untergebracht ist.[3] Zwar ist keine Mindestpflegedauer bestimmt, aber da die Hilflosigkeit gem. § 33b Abs. 6 Satz 3 EStG „dauernd" gegeben sein muss, erfordert die persönliche Pflege der hilflosen Person **nicht nur eine untergeordnete Unterstützung (mehr als 10 % des pflegerischen Zeitaufwands).**[4]

In der Wohnung des Stpfl./des Pflegebedürftigen muss die Pflege und/oder Hilfe durchgeführt werden. Der Begriff der Wohnung ist weit auszulegen,[5] so dass auch die Pflege in einer **Bleibe**, in einem **Zimmer** einer anderen Wohnung bzw. in einem **Altenheim** oder in einem **Altenwohnheim**[6] oder in einem **Tagesheim**[7] begünstigt ist.

> **PRAXISTIPP**
>
> Ein Stpfl. kann den Pflege-PB dann beanspruchen, wenn der Pflegebedürftige ganzjährig in einem Heim untergebracht ist und nur an den Wochenenden in der Wohnung des Stpfl. betreut wird. Voraussetzung ist allerdings, dass die häuslichen Pflegemaßnahmen einen nicht nur geringfügigen Zeitraum einnehmen, d. h. mindestens 10 % des gesamten pflegerischen Zeitaufwands betragen.[8]

Schließlich ist **die Belegenheit der Wohnung im Inland oder EU-/EWR-Ausland**[9] erforderlich.

5. Aufteilung des Pauschbetrags bei mehreren Pflegepersonen (§ 33b Abs. 6 Satz 6 EStG)

42 Beteiligen sich im VZ, **mehrere Personen** an der Pflege, wird der Pflege-Pb **nach Köpfen aufgeteilt** (keine einvernehmliche andere Aufteilung).[10] Es zählen **nur solche** Pflegenden, „bei denen die Voraussetzungen der (§ 33b Abs. 6 EStG) Sätze 1 bis 5 vorliegen", also **nicht** solche, die für die Pflege ein **Entgelt erhalten**.[11] Eine **Aufteilung** findet **auch dann** statt, wenn einige der Pflegenden nach § 33 EStG den Abzug ihrer tatsächlichen Aufwendungen beantragen oder auf eine steuerliche **Geltendmachung verzichten**.[12] Da der Pflege-Pb ein Jahresbetrag ist (s. → Rz. 23), richtet sich die Aufteilung nur nach der Zahl der Pflegepersonen und nicht nach den Monaten, in denen diese Personen die Pflege durchgeführt haben.[13]

43–46 *(Einstweilen frei)*

---

[1] R 33b Abs. 4 EStR.
[2] *Loschelder* in Schmidt, § 33b EStG Rz. 37.
[3] *Heger* in Blümich, § 33b EStG Rz. 122.
[4] *Loschelder* in Schmidt, § 33b EStG Rz. 37; a. A. *Heger* in Blümich, § 33b EStG Rz. 126: auch nur kurzfristige Pflegetätigkeit (z. B. während eines Urlaubs) soll ausreichen.
[5] *Kanzler*, FR 1992, 669.
[6] *Mellinghoff* in Kirchhof, § 33b EStG Rz. 15.
[7] *Heger* in Blümich, § 33b EStG Rz. 122.
[8] *Kanzler*, FR 1992, 669, 674; FG München v. 14. 2. 1995 - 16 K 2261/94, EFG 1995, 722; a. A. *Heger* in Blümich, § 33b EStG Rz. 126.
[9] BT-Drucks. 17/10000, 55: um Norm europarechtstauglich zu machen, s. → Rz. 6.
[10] BFH v. 17. 7. 2008 - III R 98/06, BFH/NV 2009, 131 = NWB DokID: ZAAAC-97795.
[11] BFH v. 17. 7. 2008 - III R 98/06, BFH/NV 2009, 131 = NWB DokID: ZAAAC-97795.
[12] BFH v. 19. 6. 2008 - III R 34/07, BFH/NV 2008, 1827 = NWB DokID: CAAAC-91420.
[13] BFH v. 19. 6. 2008 - III R 34/07, BFH/NV 2008, 1827 = NWB DokID: CAAAC-91420.

V. Nachweisfragen (§ 33b Abs. 7 EStG)

1. Verordnungsermächtigung für Regelungen des § 65 EStDV

Das BMF hat von der Ermächtigungsgrundlage des § 33b Abs. 7 EStG Gebrauch gemacht. Soweit § 65 EStDV Regelungen enthält, kann der Stpfl. den **Nachweis nicht in anderer Form** führen.[1] Deshalb kann etwa der Pflegepauschbetrag nur gewährt werden, wenn der Steuerpflichtige die Hilflosigkeit entsprechend den Vorgaben des § 65 Abs. 2 EStDV (s. auch → Rz. 49) belegt.[2]

2. Regelungen des § 65 EStDV

Nachweis der Behinderung (§ 65 Abs. 1 EStDV): Es gelten differenzierte Anforderungen:

▶ **Schwerbehinderte mit GdB von mindestens 50:** Ausweis nach § 152 Abs. 1 SGB IX; auch Nachweis bei Übermittlung der Bescheinigung in elektronischer Form möglich, wenn Ausdruck vorgelegt wird.[3]

▶ **Schwerbehinderte mit GdB von weniger als 50, aber mindestens 25:** durch eine Bescheinigung der nach § 152 Abs. 1 SGB IX zuständigen Behörde auf Grund eines Feststellungsbescheids nach § 152 Abs. 1 SGB IX, die eine Äußerung darüber enthält, ob die Behinderung zu einer dauernden Einbuße der körperlichen Beweglichkeit geführt hat oder auf einer typischen Berufskrankheit beruht, (§ 65 Abs. 1 Nr. 2 Buchst. a EStDV) oder, wenn ihm wegen seiner Behinderung nach den gesetzlichen Vorschriften Renten oder andere laufende Bezüge zustehen, durch den Rentenbescheid oder den die anderen laufenden Bezüge nachweisenden Bescheid (§ 65 Abs. 1 Nr. 2 Buchst. b EStDV).

▶ Zum Nachweis der **Behinderung von in Deutschland nicht steuerpflichtigen Kindern** s. BMF v. 8. 8. 1997.[4]

Nachweis der Merkmale „blind" und „hilflos" (§ 65 Abs. 2 EStDV): Der Nachweis erfolgt **durch entsprechenden Ausweis** § 152 Abs. 1 SGB IX (Merkzeichen „H" oder „Bl").[5] Dem Merkzeichen „H" steht nach § 65 Abs. 2 Satz 2 EStDV die Einstufung als Schwerstpflegebedürftiger in **Pflegestufe III** nach dem SGB XI, SGB XII oder diesen entsprechenden gesetzlichen Bestimmungen gleich. Insoweit hat der Verordnungsgeber die Anpassung an die Änderungen in § 15 SGB XI nicht vorgenommen. Dieses Versäumnis ist für die Praxis dadurch entschärft, dass nach Auffassung der FinVerw dem Merkzeichen „H" überdies die Einstufung in die Pflegegrade 4 und 5 gleichsteht.[6] § 65 Abs. 2 Satz 2 2. Halbsatz EStDV verlangt zum Nachweis die Vorlage des entsprechenden Bescheides.[7] Die Anforderungen an den Nachweis der Hilflosigkeit gelten sowohl für den erhöhten Behinderten- als auch für den Pflege-Pb.[8] Soweit es nicht um den Nachweis der Hilflosigkeit für den Behinderten-Pb, sondern um die Anforderungen an den Pflege-Pb, nämlich die persönliche Pflegeleistung in der Wohnung des Pflegebedürftigen oder des Stpfl. sowie die Mitwirkung oder das Fehlen weiterer Pflegepersonen, greifen nach § 65 EStDV keine

---

1 BFH v. 20. 2. 2003 - III R 9/02, BStBl 2003 II 476; BFH v. 13. 12. 1985 - III R 204/81, BStBl 1986 II 245.
2 BFH v. 14. 4. 2015 - VI B 143/14, BFH/NV 2015, 975 = NWB DokID: IAAAE-91049.
3 R 33b Abs. 9 EStR.
4 BStBl 1997 I 1016.
5 H 33b „Allgemeines" EStH.
6 BMF v. 19. 8. 2016, BStBl 2016 I 804.
7 § 65 Abs. 2 Satz 2 EStDV.
8 BFH v. 14.4.2015 - VI B 143/14, BFH/NV 2015, 975 = NWB DokID: IAAAE-91049.

formellen Nachweisvorschriften, so dass diese grds. glaubhaft zu machen und ggf. in geeigneter Form nachzuweisen sind (§ 92 AO und § 81 FGO).[1] Bei **Pflege im EU-/EWR-Ausland** muss für die Inanspruchnahme des Pflege-Pb (§ 33b Abs. 6 Satz 5 EStG) die Hilflosigkeit der im Ausland pflegebedürftigen Person nachgewiesen werden. Die Anerkennung einer im Ausland festgestellten Schwerbehinderung kann über ein im Schwerbehindertengesetz geregeltes Verfahren durch inländische deutsche Behörden herbeigeführt werden.[2]

50 **Nachweis durch Vorlage von Urkunden zusammen mit Steuererklärung/LSt-Ermäßigungsantrag (§ 65 Abs. 3 EStDV):** Die Gewährung des Behinderten-Pb setzt nach § 65 Abs. 3 Satz 1 EStDV voraus, dass der Antragsteller Inhaber gültiger Unterlagen nach § 65 Abs. 1 und 2 EStDV ist. Dies ist – weil es sich um ein Nachweiserfordernis handelt – von der Ermächtigungsgrundlage des § 33b Abs. 7 EStG gedeckt.[3] Soweit aber einem Stpfl. die Unterlagen rückwirkend ausgestellt werden, ist er auch für den Zeitraum der rückwirkenden Anordnung „Inhaber" i. S. d. § 65 Abs. 3 Satz 1 EStDV. Für die **Geltendmachung** des Behinderten-Pb hatte der Stpfl. **bis einschließlich des VZ 2016** nach § 65 Abs. 3 EStDV entsprechende Nachweise in Papierform (v. a. Schwerbehindertenausweis) jedes Jahr erneut vorzulegen, obwohl die Nachweise regelmäßig eine mehrjährige Gültigkeit besaßen. Zur **Erleichterung der Nachweispflichten** mit der Folge der vereinfachten Abgabe der Steuererklärung für den Stpfl. und der gestrafften Bearbeitung durch das FA ist die Vorlage der Unterlagen ab dem VZ 2017 nur noch ausnahmsweise erforderlich (BT-Drucks. 18/7457, 107). **Seit dem VZ 2017** gilt daher: Nach § 65 Abs. 3 Satz 2 EStDV besteht eine **Nachweispflicht** nur **ausnahmsweise**, wenn der Behinderten-Pb erstmalig geltend gemacht wird oder sich die Verhältnisse ändern (z. B. GdB wechselt oder ist auf bestimmten Zeitraum begrenzt), bedarf es des Nachweises. Der Nachweis ist zusammen mit seiner Steuererklärung oder seinem Antrag auf LSt-Ermäßigung einzureichen (§ 65 Abs. 3 Satz 2 EStDV). Wird er bei einem Antrag auf LSt-Ermäßigung eingereicht, wird i. d. R. bei Antragstellung durch den Stpfl. der maßgebliche Behinderten-Pb einschließlich seiner Geltungsdauer durch die Zuständigkeit der FÄ für die Bildung der elektronischen Lohnsteuerabzugsmerkmale (ELStAM) in einer Datenbank erfasst;[4] dann bedarf es keiner Vorlage bei Abgabe der ESt-Erklärung. Regelmäßig genügt der Stpfl. seiner **Nachweispflicht**, wenn er gültige Unterlagen besitzt und er diese auf Verlangen des FA vorlegt (BT-Drucks. 18/7457, 107). Indes muss der Stpfl. nach § 65 Abs. 3a Satz 2 EStDV die **elektronische Übermittlung des Nachweises veranlassen** (s. → Rz. 51).

51 **Form des Nachweises:** § 65 Abs. 3a Satz 1 EStDV verlangt nunmehr die **elektronische Übermittlung der Feststellungen** der zuständigen Stelle an die zuständige FinBeh. Ohne diese Mitteilung (bzw. im Fall der Übertragung ohne die Mitteilung der Daten der behinderten Person), kann der Behinderten-Pb künftig nicht mehr gewährt werden; der **Nachweis in Papierform** ist **nicht mehr möglich**.[5] Die Neuregelung ist nach § 84 Abs. 3f Satz 1 EStDV erstmals für den VZ anzuwenden, der auf den VZ folgt, in dem die für die Anwendung erforderlichen Programmierarbeiten für das elektronische Datenübermittlungsverfahren abgeschlossen sind. Gem. § 84 Abs. 3 f Satz 2 EStDV gibt das BMF im Einvernehmen mit den obersten FinBeh. der Länder den VZ bekannt, ab dem die Neuregelung erstmals anzuwenden ist. Ab diesem VZ sind die bisheri-

---

1 HHR/*Schüler-Täsch*, § 33b EStG Rz. 116.
2 BT-Drucks. 17/10000, 55.
3 Blümich/*Heger*, § 33b EStG Rz. 70; a. A. HHR/*Schüler-Täsch*, § 33b EStG Rz. 116: § 65 Abs. 3 Satz 1 EStDV könne nur als besondere Aufbewahrungspflicht im Hinblick auf nach § 65 Abs. 3 Satz 2 EStDV mögliche Anforderungen des FA verstanden werden.
4 BT-Drucks. 18/7457, 107.
5 BT-Drucks. 18/7457, 107.

gen Nachweisregelungen nicht mehr anzuwenden (§ 84 Abs. 3f Satz 3 EStDV). Die Mitteilung ist bisher noch nicht erfolgt. Indes behalten noch gültige und dem FA vorliegende Feststellungen über eine Behinderung ihre Gültigkeit, es sei denn, die Feststellungen ändern sich vor Ablauf der Gültigkeit (§ 84 Abs. 3f Satz 5 EStDV).

Durch die elektronische Übermittlung von Nachweisen nach amtlich vorgeschriebenem Datensatz direkt von der für die Feststellung der Behinderung zuständigen Stelle an die FinBeh. soll die maschinelle Bearbeitung der Steuererklärung für den Stpfl. und die FinVerw. wesentlich erleichtert werden.[1] Die Mitteilung erfolgt entgegen § 93c Abs. 1 Nr. 1 AO nicht nach Ablauf des Besteuerungszeitraums, sondern (unverzüglich) bei **Änderung der Feststellungen** (§ 65 Abs. 3a Satz 5 EStDV). Die dadurch bewirkte Suspendierung des formellen Gesetzes (§ 93c Abs. 1 Nr. 1 AO) durch das materielle Gesetz (EStDV) ist insoweit gerechtfertigt, als bei **Änderung der Feststellungen nach Ablauf des VZ** Verwaltungsaufwand verringert wird und die Übermittlung in diesen Fällen auf eine bloße Förmelei hinausliefe und bei **Änderung der Feststellungen vor Ablauf des VZ** die Gefahr einer unzutreffenden LSt-Festsetzung minimiert wird. Werden die Daten rückwirkend geändert (s. auch § 65 Abs. 3a Satz 5 EStDV), greift § 65 Abs. 3a Satz 1 EStDV im Rahmen des Änderungsverfahrens nach § 175 Abs. 1 Satz 1 Nr. 1 AO. Sollte aber eine rückwirkende Datenänderung nicht möglich sein, ist die Durchbrechung des formellen Gesetzes (§ 175 Abs. 1 Satz 1 Nr. 1 AO) durch das materielle Gesetz (§ 65 Abs. 3a Satz 1 EStDV) nicht gerechtfertigt und die Änderung ist vorzunehmen.[2] **Verfahren**: Die elektronische Mitteilung wird durch den Stpfl. ausgelöst; er hat es dadurch in der Hand, ob seine persönlichen Daten an die FinBeh. übermittelt werden (BT-Drucks. 18/7457, 107). Die mitteilungspflichtigen Stellen haben nach § 65 Abs. 3a Satz 2 EStDV ihre Feststellungen auf schriftlichen oder elektronischen Antrag derjenigen Person, die diese Feststellungen begehrt, an die nach § 65 Abs. 3a Satz 1 EStDV zuständige FinBeh. zu übermitteln. Die beantragende Person hat der mitteilungspflichtigen Stelle zu diesem Zweck nach § 65 Abs. 3a Satz 3 EStDV ihre Identifikationsnummer (§ 139b AO) mitzuteilen. Die mitteilungspflichtige Stelle hat den Stpfl. nicht nach § 93c Abs. 1 Nr. 3 AO darüber zu informieren, welche für seine Besteuerung relevanten Daten sie an die FinBeh. übermittelt hat oder übermitteln wird (§ 65 Abs. 3a Satz 6 EStDV). Dass die im formellen Gesetz (AO) normierten Mitteilungspflichten durch ein materielles Gesetz verändert werden, bedarf einer verfassungsrechtlichen Rechtfertigung. Diese sieht die Gesetzesbegründung darin, dass der Stpfl. einen ausdrücklichen Antrag gestellt hat und die mitteilungspflichtige Stelle diesem Antrag lediglich nachkommt (BT-Drucks. 18/7457, 107). Tatsächlich reicht dies dann aus, wenn sich die mitteilungspflichtige Stelle auf die Übermittlung der in § 65 Abs. 3a Satz 4 EStDV genannten Daten beschränkt. Die mitteilungspflichtige Stellen unterliegen **keiner Haftung nach § 72a AO** für fehlerhafte Mitteilungen und haben **keine Außenprüfung i. S. d. § 203a AO** zu dulden (§ 65 Abs. 3a Satz 6 EStDV).

Nachweise bei Versterben des Menschen mit Behinderungen (§ 65 Abs. 4 EStDV): Ist der behinderte Mensch verstorben und kann sein Rechtsnachfolger die Nachweise nicht vorlegen, so genügt zum Nachweis eine gutachtliche Stellungnahme der nach § 152 Abs. 1 SGB IX zuständigen Behörde (§ 65 Abs. 4 Satz 1 EStDV). Diese Stellungnahme hat die FinBeh. – im Wege der Amtshilfe nach § 111 AO[3] – einzuholen (§ 65 Abs. 4 Satz 2 EStDV). Im Klageverfahren ist die Stellungnahme beim Versterben des Menschen mit Behinderungen – für den unwahrscheinli-

---

1 BT-Drucks. 18/7457, 107.
2 Ähnlich HHR/*Schüler-Täsch*, § 33b EStG Rz. 116.
3 HHR/*Schüler-Täsch*, § 33b EStG Rz. 120.

chen Fall, dass das die FinBeh. die Stellungnahme nicht einholt – auf Verlangen des FG zu erteilen (§§ 13, 86 FGO); die Verpflichtung der FinBeh. aus § 65 Abs. 4 Satz 2 EStDV wird dadurch nicht berührt (§ 76 Abs. 4 FGO).[1] Die Stellungnahme gemäß § 65 Abs. 4 EStDV ist mangels Außenwirkung i. S. d. § 118 Satz 1 AO kein Verwaltungsakt, weshalb die Rechtmäßigkeit der Stellungnahme im Rahmen der ESt-Festsetzung inzident zu überprüfen ist.[2]

53–59 *(Einstweilen frei)*

C. Verfahrensfragen

60 Ein Antrag ist nur noch für den Hinterbliebenen-Pb erforderlich (s. → Rz. 28). Zum **Nachweis** s. → Rz. 48 ff.; zu den **Änderungsvorschriften** s. → Rz. 7 („Verhältnis zu den Änderungsvorschriften").

§ 34 Außerordentliche Einkünfte

(1) ¹Sind in dem zu versteuernden Einkommen außerordentliche Einkünfte enthalten, so ist die auf alle im Veranlagungszeitraum bezogenen außerordentlichen Einkünfte entfallende Einkommensteuer nach den Sätzen 2 bis 4 zu berechnen. ²Die für die außerordentlichen Einkünfte anzusetzende Einkommensteuer beträgt das Fünffache des Unterschiedsbetrags zwischen der Einkommensteuer für das um diese Einkünfte verminderte zu versteuernde Einkommen (verbleibendes zu versteuerndes Einkommen) und der Einkommensteuer für das verbleibende zu versteuernde Einkommen zuzüglich eines Fünftels dieser Einkünfte. ³Ist das verbleibende zu versteuernde Einkommen negativ und das zu versteuernde Einkommen positiv, so beträgt die Einkommensteuer das Fünffache der auf ein Fünftel des zu versteuernden Einkommens entfallenden Einkommensteuer. ⁴Die Sätze 1 bis 3 gelten nicht für außerordentliche Einkünfte im Sinne des Absatzes 2 Nummer 1, wenn der Steuerpflichtige auf diese Einkünfte ganz oder teilweise § 6b oder § 6c anwendet.

(2) Als außerordentliche Einkünfte kommen nur in Betracht:

1. Veräußerungsgewinne im Sinne der §§ 14, 14a Absatz 1, der §§ 16 und 18 Absatz 3 mit Ausnahme des steuerpflichtigen Teils der Veräußerungsgewinne, die nach § 3 Nummer 40 Buchstabe b in Verbindung mit § 3c Absatz 2 teilweise steuerbefreit sind;

2. Entschädigungen im Sinne des § 24 Nummer 1;

3. Nutzungsvergütungen und Zinsen im Sinne des § 24 Nummer 3, soweit sie für einen Zeitraum von mehr als drei Jahren nachgezahlt werden;

4. Vergütungen für mehrjährige Tätigkeiten; mehrjährig ist eine Tätigkeit, soweit sie sich über mindestens zwei Veranlagungszeiträume erstreckt und einen Zeitraum von mehr als zwölf Monaten umfasst.

5. (weggefallen)

(3) ¹Sind in dem zu versteuernden Einkommen außerordentliche Einkünfte im Sinne des Absatzes 2 Nummer 1 enthalten, so kann auf Antrag abweichend von Absatz 1 die auf den Teil dieser außerordentlichen Einkünfte, der den Betrag von insgesamt 5 Millionen Euro nicht

---

[1] HHR/*Schüler-Täsch*, § 33b EStG Rz. 120.
[2] HHR/*Schüler-Täsch*, § 33b EStG Rz. 120.

übersteigt, entfallende Einkommensteuer nach einem ermäßigten Steuersatz bemessen werden, wenn der Steuerpflichtige das 55. Lebensjahr vollendet hat oder wenn er im sozialversicherungsrechtlichen Sinne dauernd berufsunfähig ist. ²Der ermäßigte Steuersatz beträgt 56 Prozent des durchschnittlichen Steuersatzes, der sich ergäbe, wenn die tarifliche Einkommensteuer nach dem gesamten zu versteuernden Einkommen zuzüglich der dem Progressionsvorbehalt unterliegenden Einkünfte zu bemessen wäre, mindestens jedoch 14 Prozent. ³Auf das um die in Satz 1 genannten Einkünfte verminderte zu versteuernde Einkommen (verbleibendes zu versteuerndes Einkommen) sind vorbehaltlich des Absatzes 1 die allgemeinen Tarifvorschriften anzuwenden. ⁴Die Ermäßigung nach den Sätzen 1 bis 3 kann der Steuerpflichtige nur einmal im Leben in Anspruch nehmen. ⁵Erzielt der Steuerpflichtige in einem Veranlagungszeitraum mehr als einen Veräußerungs- oder Aufgabegewinn im Sinne des Satzes 1, kann er die Ermäßigung nach den Sätzen 1 bis 3 nur für einen Veräußerungs- oder Aufgabegewinn beantragen. ⁶Absatz 1 Satz 4 ist entsprechend anzuwenden.

Inhaltsübersicht

	Rz.
A. Allgemeine Erläuterungen	1 - 29
I. Normzweck und wirtschaftliche Bedeutung der Vorschrift	1 - 4
II. Entstehung und Entwicklung der Vorschrift	5 - 9
III. Geltungsbereich	10 - 19
1. Persönlicher Geltungsbereich	10
2. Sachlicher Geltungsbereich	11
3. Anwendung bei Auslandsbeziehung	12 - 19
IV. Vereinbarkeit der Vorschrift mit höherrangigem Recht	20 - 24
1. Verfassungsmäßigkeit	20
2. Europarechtskonformität	21 - 24
V. Verhältnis zu anderen Vorschriften	25 - 29
B. Systematische Kommentierung	30 - 179
I. Tarifermäßigung bei außerordentlichen Einkünften (§ 34 Abs. 1 EStG)	30 - 54
1. Besondere Berechnung der ESt bei außerordentlichen Einkünften (§ 34 Abs. 1 Satz 1 EStG)	30 - 34
a) Außerordentliche Einkünfte sind im zu versteuernden Einkommen enthalten	30
b) Rechtsfolge: Tarifermäßigung für alle im VZ bezogenen außerordentlichen Einkünfte	31 - 34
2. Ermittlung der Tarifermäßigung (§ 34 Abs. 1 Sätze 2 und 3 EStG)	35 - 49
3. Keine Anwendung des § 34 EStG auf Einkünfte i. S. d. § 34 Abs. 2 Nr. 1 EStG bei Tarifermäßigung nach § 6b EStG oder § 6c EStG (§ 34 Abs. 1 Satz 4 EStG)	50 - 54
II. Aufzählung der außerordentlichen Einkünfte (§ 34 Abs. 2 EStG)	55 - 109
1. Zusammenballung von Einkünften	58 - 69
2. Ermittlung der Höhe der außerordentlichen Einkünfte	70 - 79
3. Enumeration der außerordentlichen Einkünfte	80 - 109
a) Bestimmte Aufgabe- und Veräußerungsgewinne (§ 34 Abs. 2 Nr. 1 EStG)	80 - 84
b) Entschädigungen i. S. d. § 24 Nr. 1 EStG (§ 34 Abs. 2 Nr. 2 EStG)	85 - 89
c) Nutzungsvergütungen und Zinsen i. S. d. § 24 Nr. 3 EStG (§ 34 Abs. 2 Nr. 3 EStG)	90 - 94
d) Vergütungen für mehrjährige Tätigkeiten (§ 34 Abs. 2 Nr. 4 EStG)	95 - 109

III. Besonderer Steuersatz für Veräußerungsgewinne beim Ausscheiden aus dem Erwerbsleben (§ 34 Abs. 3 EStG)	110 - 179
1. Abweichende Tarifermäßigung für bestimmte Veräußerungsgewinne i. S. d. § 34 Abs. 2 Nr. 1 EStG (§ 34 Abs. 3 Satz 1 EStG)	110 - 139
a) Zu versteuerndes Einkommen enthält Veräußerungsgewinne i. S. d. § 34 Abs. 2 Nr. 1 EStG	110 - 114
b) Antrag	115 - 119
c) Höchstbetrag	120 - 124
d) Altersgrenze oder dauernde Berufsunfähigkeit	125 - 129
e) Rechtsfolge: Tarifermäßigung	130 - 139
2. Höhe der Tarifermäßigung (§ 34 Abs. 3 Sätze 2 und 3 EStG)	140 - 144
3. Tarifermäßigung nur einmal im Leben (§ 34 Abs. 3 Satz 4 EStG)	145 - 149
4. Tarifermäßigung nur für einen Veräußerungs-/Aufgabegewinn bei mehrfachen Veräußerungs-/Aufgabegewinnen pro VZ (§ 34 Abs. 3 Satz 5 EStG)	150 - 159
5. Ausschluss der Steuerermäßigung (§ 34 Abs. 3 Satz 6 EStG)	160 - 179
C. Verfahrensfragen	180

HINWEIS:

R 34.1 bis 34.4 EStR; H 34.1 bis 34.4 EStH; BMF v. 20. 12. 2005, BStBl 2006 I 7; BMF v. 1. 11. 2013, BStBl 2013 I 1326.

LITERATUR:

▶ Weitere Literatur siehe Online-Version

Nöcker, Tarifbegünstigung bei Vergütung für mehrjährige Tätigkeiten - ausnahmsweise auch bei Gewinneinkünften, NWB 2014, 2627; *Bode*, Tarifbegünstigung bei Veräußerung eines Mitunternehmeranteils, NWB 2015, 1374; *Geserich*, Die ermäßigte Besteuerung von Entlassungsentschädigungen, DB 2016, 1953; *Schoor*, Besteuerung betrieblicher Veräußerungs- und Aufgabegewinne – Problemfelder und Gestaltungshinweise, NWB-EV 2016, 311; *Wacker*, Zur Gesamtplanrechtsprechung bei Übertragung betrieblicher Einheiten - eine Zwischenbilanz aus ertragsteuerlicher Sicht des BFH, Ubg 2016, 245; *Gommers*, Aufhebungsvertrag auf Initiative des Arbeitnehmers: Ein Fall für die Tarifermäßigung des § 34 EStG?, NWB 2017, 3410; *Moorkamp*, Keine Tarifermäßigung bei Kapitalabfindung einer betrieblichen Altersversorgung, StuB 2017, 225; *Müller/Dorn/Schwarz*, Variable Veräußerungsentgelte, NWB 2017, 2906.

A. Allgemeine Erläuterungen

I. Normzweck und wirtschaftliche Bedeutung der Vorschrift

1 § 34 EStG ist eine **Tarifvorschrift zugunsten** des Steuerpflichtigen.

§ 34 Abs. 1 Satz 1 EStG bestimmt als **Billigkeitsregelung**[1] eine **Ermäßigung des ESt-Tarifs** (sog. **Fünftel-Regelung**), wenn in dem zvE außerordentliche Einkünfte nach § 34 Abs. 2 EStG enthalten sind. Dies dient der **Abmilderung von Spitzenbelastungen**, die sich aus der progressiven Besteuerung der zusammengeballt zugeflossenen Einkünfte[2] sowie der in einem VZ aufgedeckten stillen Reserven[3] ergeben. Die Sätze 2 und 3 regeln, wie diese Tarifermäßigung zu ermitteln ist (**Berechnungsmethode**): Im Grundsatz erfolgt eine **Progressionsmilderung durch rechnerische Verteilung** der außerordentlichen Einkünfte **auf fünf Jahre**. Satz 4 nimmt Veräußerungs-/Aufgabegewinne von der Tarifermäßigung aus, wenn der Stpfl. im Zusammen-

---

[1] *Lindberg* in Blümich, § 34 EStG Rz. 4.
[2] *Mellinghoff* in Kirchhof, § 34 EStG Rz. 5.
[3] *Wacker* in Schmidt, § 34 EStG Rz. 1.

hang mit diesen Einkünften **Rücklagen** nach § 6b EStG oder § 6c EStG bildet (**Verbot mehrfacher Begünstigung**).

§ 34 Abs. 2 EStG zählt abschließend den Kreis der außerordentlichen Einkünfte auf (**Enumerationsprinzip**). 2

Abs. 3 Satz 1 bestimmt für Veräußerungs-/Aufgabegewinne, soweit sie den Betrag von 5 Mio. € nicht übersteigen, die Anwendung einer **alternativ** zu der Fünftel-Regelung nach Abs. 1 anzuwendenden, **i. d. R.** gegenüber der Fünftel-Regelung vorteilhafteren **Tarifermäßigung**, die ein Stpfl. ab der Vollendung des **55. Lebensjahres** oder bei **dauernder Berufsunfähigkeit** beanspruchen kann. Insoweit ist § 34 Abs. 3 EStG eine **Sozialzwecknorm** mit dem Ziel der Sicherung der Altersversorgung mittelständischer Unternehmen.[1] Satz 2 legt die Tarifermäßigung auf **56 % des durchschnittlichen Steuersatzes**, mindestens jedoch auf 14 %, fest. Satz 3 ordnet die Anwendung des allgemeinen Tarifs auf die nicht begünstigten Einkünfte an. Die Tarifermäßigung kann der Steuerpflichtige **nur einmal im Leben** beanspruchen (Satz 4). Bei **mehreren Veräußerungs-/Aufgabegewinnen in einem VZ** kann die 56 %-Regelung nur auf einen Veräußerungs- und Aufgabegewinn angewandt werden (Satz 5). Die 56 %-Regelung gilt gem. Satz 6 nicht für Veräußerungs-/Aufgabegewinne, wenn der Stpfl. im Zusammenhang mit diesen Einkünften **Rücklagen** nach § 6b EStG oder § 6c EStG bildet (**Verbot mehrfacher Begünstigung**). 3

(Einstweilen frei) 4

II. Entstehung und Entwicklung der Vorschrift

Die Vorschrift geht zurück auf das EStG 1920 und das EStG 1925.[2] 5

Zuletzt wurde § 34 Abs. 2 Nr. 5 EStG durch das **StVereinfG 2011** v. 1. 11. 2011[3] aufgehoben, da die dort zuvor geregelte Berechnung der Tarifermäßigung für Einkünfte aus **außerordentlicher Holznutzung** ab dem VZ 2012 abschließend in § 34b EStG[4] geregelt wird.

(Einstweilen frei) 6–9

III. Geltungsbereich

1. Persönlicher Geltungsbereich

§ 34 EStG ist für **unbeschränkt Steuerpflichtige** (§ 1 Abs. 1 und 3 EStG) sowie für **beschränkt Steuerpflichtige** (Umkehrschluss aus § 50 Abs. 1 Satz 3 EStG) anzuwenden. Bei § 34 EStG handelt es sich um eine sachliche Steuerbegünstigung, die der **Erbe** des Stpfl. beanspruchen kann.[5] Dies gilt auch für solche Erben, die den Betrieb nicht fortführen, sondern ihn sofort abwickeln, da sie den Veräußerungsgewinn aus der ehemaligen Tätigkeit des Erblassers erzielen.[6] § 34 EStG ist auch dann anzuwenden, wenn eine **Personengesellschaft** außerordentliche Einkünfte erzielt;[7] zum Feststellungsverfahren s. → Rz. 25 „Verhältnis zu §§ 179 f. AO". Auf **Körperschaf**- 10

---

1 BFH v. 20. 10. 2010 - IX R 56/09, BStBl 2011 II 409.
2 *Schiffers* in Korn, § 34 EStG Rz. 3.
3 BGBl 2011 I 2131.
4 Vgl. KKB/*Walter*, § 34b EStG Rz. 11 f.
5 *Mellinghoff* in Kirchhof, § 34 EStG Rz. 5.
6 *Wacker* in Schmidt, § 34 EStG Rz. 3.
7 *Schiffers* in Korn, § 34 EStG Rz. 2.

ten ist § 34 EStG nicht anwendbar.[1] Gewinne aus der Veräußerung von Teilbetrieben einer **Organgesellschaft** sind auch dann nicht dem ermäßigten Steuersatz des § 34 EStG zu unterwerfen, wenn der Organträger eine natürliche Person ist.[2]

2. Sachlicher Geltungsbereich

11 § 34 EStG gilt nur für die abschließend in § 34 Abs. 2 EStG aufgezählten außerordentliche Einkünfte (→ Rz. 80 ff.). § 34 **Abs. 1** EStG umfasst grds. sämtliche Einkunftsarten[3] (z. B. Nachzahlungen von Ruhegehaltsbezügen/Renten i. S. d. § 22 Nr. 1 EStG, soweit diese nicht für den laufenden VZ geleistet werden;[4] Gewinne aus der Veräußerung von Anteilen an Kapitalgesellschaften[5]). § 34 **Abs. 3** EStG gilt nur für Veräußerungs-/und Aufgabegewinne,[6] die einzig bei den Gewinneinkunftsarten (§§ 14, 16 und § 18 Abs. 3 EStG) entstehen können; Abs. 3 gilt insbesondere nicht für die dem Teileinkünfteverfahren unterliegenden Einkünfte aus der Veräußerung von Anteilen an Kapitalgesellschaften (§ 17 EStG).[7]

3. Anwendung bei Auslandsbeziehung

12 § 34 EStG gilt auch für im Ausland erzielte Einkünfte, soweit sie nicht durch ein DBA freigestellt sind.[8]

13–19 (Einstweilen frei)

IV. Vereinbarkeit der Vorschrift mit höherrangigem Recht

1. Verfassungsmäßigkeit

20 **Vorschrift verfassungsmäßig:** § 34 EStG ist Ausfluss des Prinzips der **Besteuerung nach der wirtschaftlichen Leistungsfähigkeit;**[9] zwar ist die Leistungsfähigkeit des Stpfl. beim Zufluss zusammengeballter Einkünfte (→ Rz. 58 ff.) hinreichend gegeben, indes bezweckt die Vorschrift, die mit diesem zusammengeballten Zufluss einhergehende Härte der überproportionalen Progressionssteigerung in einem Jahr, die ihre wirtschaftliche Veranlassung in mehreren Jahren hat, typisierend auszugleichen (sog. **Billigkeitsregelung**[10]). § 34 EStG war wegen Verstoßes gegen die Grundsätze des verfassungsrechtlichen Vertrauensschutzes verfassungswidrig, soweit durch das StEntlG 1999/2000/2002 der „halbe" Steuersatz zugunsten der nicht so günstigen Fünftel-Regelung für solche Entschädigungen wegfiel, die vor Verkündung des Gesetzes am 31.3.1999 zugeflossen waren.[11] In seiner jetzigen Fassung ist § 34 EStG verfassungsmäßig.[12] Der Gesetzgeber war berechtigt, die bis zum VZ 1998 geltende Besteuerung von Veräuße-

---

1 BFH v. 21.2.1991 - IV R 93/89, BStBl 1991 II 455.
2 BFH v. 22.1.2004 - III R 19/02, BStBl 2004 II 515.
3 R 34 Abs. 1 Satz 1 EStR.
4 R 34.4 Abs. 1 Satz 2 EStR.
5 BFH v. 20.10.2010 - IX R 56/09, BStBl 2011 II 409.
6 R 34 Abs. 1 Satz 2 EStR.
7 BFH v. 20.10.2010 - IX R 56/09, BStBl 2011 II 409, verfassungsmäßig und unionsrechtskonform.
8 BFH v. 9.6.1993 - I R 81/92, BStBl 1993 II 790.
9 *Lindberg* in Blümich, § 34 EStG Rz. 4.
10 *Lindberg* in Blümich, § 34 EStG Rz. 4.
11 BVerfG v. 7.7.2010 - 2 BvL 1/03, 2 BvL 57/06, 2 BvL 58/06, BGBl 2010 I 1297.
12 BFH v. 15.9.2010 - X R 55/03, BFH/NV 2011, 231; v. 23.10.2015 - IX B 74/15, BFH/NV 2016, 193; FG Baden Württemberg v. 14.5.2014 - 1 K 2136/13, EFG 2015, 415; *Schiffers* in Korn, § 34 EStG Rz. 8.

rungsgewinnen mit dem halben Steuersatz **für die Zukunft neu zu gestalten**.[1] Die Einführung der Fünftel-Regelung anstelle des zuvor geltenden halben Steuersatzes für Veräußerungsgewinne erforderte auch keine Übergangsregelung,[2] selbst wenn die Entschädigung in zeitlichem Zusammenhang mit dem Eintritt des Berechtigten in den Ruhestand entstand.[3] Dass § 34 Abs. 3 EStG ausschließlich auf Veräußerungsgewinne i. S. d. § 34 Abs. 2 Nr. 1 EStG beschränkt ist (→ Rz. 11), verstößt nicht gegen Art. 3 Abs. 1 GG.[4]

2. Europarechtskonformität

Vorschrift unionsrechtskonform: § 34 EStG ist mangels Diskriminierung beschränkt Steuerpflichtiger unionsrechtskonform, da diese die Tarifvergünstigung ebenfalls in Anspruch nehmen können (→ Rz. 10).[5]

(Einstweilen frei) 22–24

V. Verhältnis zu anderen Vorschriften

Verhältnis zu § 2a EStG: Verlustausgleichsbeschränkungen (§§ 2a, 2b EStG, § 15 Abs. 4 EStG, § 15b EStG haben Vorrang vor § 34 EStG).[6]

Verhältnis zu § 2b EStG: § 2b EStG geht der Anwendung von § 34 EStG vor.[7]

Verhältnis zu § 3 Nr. 28 EStG: Soweit die Spezialeinlage nicht gemäß § 3 Nr. 28 EStG steuerfrei ist, kann sie gemäß § 34 i. V. m. § 24 Nr. 1 Buchst. a EStG ermäßigt besteuert werden.[8]

Verhältnis zu § 3 Nr. 40 EStG: → Rz. 81.

Verhältnis zu § 3c EStG: → Rz. 81.

Verhältnis zu §§ 6b und 6c EStG: Sowohl Abs. 1 als auch Abs. 3 des § 34a EStG sind auf Veräußerungs-/Aufgabegewinne i. S. d. § 34 Abs. 2 Nr. 1 EStG nicht anzuwenden, wenn der Stpfl. auf diese Einkünfte § 6b EStG oder § 6c EStG anwendet (→ Rz. 50 f. und → 160).

Verhältnis zu § 13 Abs. 3 EStG: Sind in dem Einkommen Einkünfte aus LuF enthalten und bestehen diese zum Teil aus außerordentlichen Einkünften, die nach § 34 EStG ermäßigt zu besteuern sind, ist hinsichtlich der Anwendung dieser Vorschrift der Freibetrag nach § 13 Abs. 3 EStG zunächst von den nicht nach § 34 EStG begünstigten Einkünften aus Land- und Forstwirtschaft abzuziehen.[9]

Verhältnis zu § 15 Abs. 4 EStG: § 15 Abs. 4 EStG geht der Anwendung von § 34 EStG vor.[10]

---

1 BFH v. 9.3.2010 - VIII R 109/03, BFH/NV 2010, 1266 = NWB DokID: LAAAD-44129.
2 BFH v. 27.8.2002 - XI B 94/02, BStBl 2003 II 18; BFH v. 15.9.2010 - X R 55/03, BFH/NV 2011, 231 = NWB DokID: MAAAD-59083.
3 BFH v. 9.2.2011 - IV R 37/08, BFH/NV 2011, 1120 = NWB DokID: DAAAD-83198.
4 BFH v. 8.10.2012 - IX B 83/12, BFH/NV 2013, 31 = NWB DokID: DAAAE-22642.
5 Soweit aufgrund unterschiedlicher Anwendungsbestimmungen die Veräußerung von Inlands- und Auslandsbeteiligungen zeitweise ungleich behandelt wurden, lag darin kein Verstoß gegen die Kapitalverkehrsfreiheit (BFH v. 20.10.2010 - IX R 56/09, BStBl 2011 II 409).
6 R 34.1 Abs. 3 Satz 2 EStR.
7 R 34.1 Abs. 3 Satz 2 EStR.
8 BFH v. 17.5.2017 - X R 10/15, BStBl 2017 II 1251.
9 R 34.1 Abs. 1 Satz 5 EStR.
10 R 34.1 Abs. 3 Satz 2 EStR.

Verhältnis zu § 15b EStG: § 15b EStG geht der Anwendung von § 34 EStG vor.[1]

Verhältnis zu § 16 EStG: § 34 Abs. 2 Nr. 1 EStG erfasst bestimmte Veräußerungsvorgänge i. S. d. § 16 EStG (s. dazu → Rz. 80). Werden bei einer **Realteilung** nach § 16 Abs. 3 Sätze 2 bis 4 EStG keine stillen Reserven aufgedeckt, greift die Tarifbegünstigung nach § 34 EStG nicht ein.[2]

Verhältnis zu § 19 Abs. 2 EStG: Der in § 19 Abs. 2 EStG geregelte Versorgungsfreibetrag ist zunächst bei den nicht nach § 34 EStG begünstigten Einkünften zu berücksichtigen; nur insoweit nicht verbrauchte Freibeträge für Versorgungsbezüge sind bei den nach § 34 EStG begünstigten Einkünften abzuziehen.[3]

Verhältnis zu § 24a EStG: Ausgangsgröße für die Anwendung des § 34 Abs. 1 EStG sind die gesamten außerordentlichen Einkünfte ohne anteilige Kürzung aufgrund des Altersentlastungsbetrags.[4]

Verhältnis zu § 32a EStG: § 34 EStG geht aufgrund seines Zwecks, eine Ermäßigung des ESt-Tarifs herbeizuführen (→ Rz. 1), der allgemeinen Tarifvorschrift des § 32a EStG vor.

Verhältnis zu § 32b EStG: Unterliegen Einkünfte sowohl der Tarifermäßigung des § 34 Abs. 1 EStG als auch dem negativen Progressionsvorbehalt des § 32b EStG, ist eine **integrierte Steuerberechnung** vorzunehmen (s. dazu → Rz. 38).

Verhältnis von § 34 Abs. 1 EStG und § 34 Abs. 3 EStG untereinander: Auf dieselben Einkünfte sind die Tarifermäßigungen grds. nur alternativ anwendbar. Sind in dem zvE auch Einkünfte enthalten, die nach § 34 Abs. 3 EStG ermäßigten Steuersätzen unterliegen, ist die jeweilige Tarifermäßigung unter Berücksichtigung der jeweils anderen Tarifermäßigung zu berechnen.[5] Soweit der in § 34 Abs. 3 EStG bestimmte Höchstbetrag von 5 Mio. € überschritten wurde, ist auf den übersteigenden Betrag § 34 Abs. 1 EStG anzuwenden (→ Rz. 120).

Verhältnis zu § 34a EStG: Sind bei denselben Einkünften sowohl die Voraussetzungen für eine Tarifermäßigung nach § 34a EStG als auch die Voraussetzungen für eine Begünstigung nach § 34 Abs. 1 EStG erfüllt, kann der Stpfl. wählen, welche Begünstigung er in Anspruch nehmen möchte (**Wahlrecht**).[6] Fließen dem Stpfl. innerhalb eines Veranlagungszeitraums nebeneinander Einkünfte zu, auf die jeweils § 34 EStG bzw. 34a EStG anzuwenden sind (die Ausübung eines Wahlrechts also nicht möglich ist), bleiben Einkünfte, die nach § 34a Abs. 1 EStG mit einem besonderen Steuersatz versteuert werden, bei der Berechnung der Tarifermäßigung nach § 34 Abs. 1 EStG unberücksichtigt.[7]

Verhältnis zu § 34b EStG: → Rz. 39.

Verhältnis zu §§ 38 ff. EStG: Die LSt ist bei einem sonstigen Bezug i. S. d. § 34 Abs. 1 und 2 Nrn. 2 und 4 EStG durch rechnerische Streckung auf fünf Jahre zu ermäßigen (vgl. § 39b Abs. 3 Sätze 9 und 10 EStG; siehe auch → Rz. 25 „Verhältnis zu § 46 EStG"). Kann der Arbeitgeber die erforderlichen Feststellungen nicht treffen, ist die LSt ohne Anwendung des § 39b Abs. 3 Satz 9 EStG zu berechnen; die begünstigte Besteuerung erfolgt dann ggf. erst im Veranla-

---

1 R 34.1 Abs. 3 Satz 2 EStR.
2 BMF v. 20.12.2016, BStBl 2017 I 36, unter IV. und IX.
3 R 34.4 Abs. 3 Sätze 3 und 4 EStR.
4 BFH v. 15.12.2005 - IV R 68/04, BFH/NV 2006, 723 = NWB DokID: WAAAB-76612.
5 R 34.2 Abs. 2 Satz 1 EStR; Berechnungsbeispiel H 34.2 „Berechnungsbeispiele", Beispiel 5 EStH.
6 H 34 „Nicht entnommene Gewinne" EStH; BMF v. 11.8.2008, BStBl 2008 I 838, Rz. 6.
7 R 34.2 Abs. 2 Satz 2 EStR.

gungsverfahren (Antragsveranlagung nach § 46 Abs. 2 Nr. 8 EStG).[1] Die ermäßigte Besteuerung ist auch bei der Berechnung der LSt nicht anzuwenden, wenn sie zu einer höheren Steuer führt.[2]

Verhältnis zu § 37 EStG: Die Tarifermäßigung des § 34 EStG kann auch durch Anpassung der Vorauszahlungen geltend gemacht werden.[3]

Verhältnis zu § 46 EStG: Bei Anwendung des § 34 EStG im LSt-Verfahren nach § 39b EStG erfolgt eine ESt-Veranlagung (§ 46 Abs. 2 Nr. 5 EStG).

Verhältnis zum UmwStG: Nach § 20 Abs. 5 UmwStG sind § 34 Abs. 1 und 3 EStG auf bestimmte Fälle von Umwandlungen anwendbar. Ebenfalls tarifbegünstigt ist der bei einer **Einbringung von Betriebsvermögen** in eine Personengesellschaft entstehende Gewinn (§ 24 Abs. 3 Satz 2 UmwStG). § 21 Abs. 3 Satz 2 UmwStG schließt die Anwendung von § 34 Abs. 1 EStG auf den **Anteilstausch** aus. Gleiches gilt nach § 22 Abs. 1 Satz 1 2. Halbsatz UmwStG für den sog. **Einbringungsgewinn I** bzw. nach § 22 Abs. 2 Satz 1 2. Halbsatz UmwStG für den sog. **Einbringungsgewinn II**.

Verhältnis zu § 163 AO: Fließt dem Steuerpflichtigen nach einem Rechtsstreit eine Auszahlung, Entschädigung oder Nachzahlung versehentlich in mehreren VZ zu, deren Auszahlung zuvor noch für einen VZ geplant war, kommt es – mangels Zusammenballung der Einkünfte in einem VZ – eigentlich nicht insgesamt zur Anwendung des § 34 EStG. In diesen Fällen greift jedoch die Billigkeitsregelung des § 163 AO (abweichende Festsetzung von Steuern aus Billigkeitsgründen). Denn Nachzahlungen von versehentlich zu niedrigen Auszahlungen, Entschädigungen oder Nachzahlungen nach einem Rechtsstreit führen dazu, dass ein planwidriger Zufluss in mehreren VZ stattfindet, obwohl die Vereinbarungen eindeutig auf einen einmaligen Zufluss gerichtet waren. In diesen Fällen ist die im nachfolgenden VZ (VZ 02) zufließende Nachzahlung auf Antrag des Steuerpflichtigen in den VZ (VZ 01) zurückzubeziehen, in dem die – grds. begünstigte – Leistung zugeflossen ist.[4] Stimmt das FA diesem Antrag zu (**§ 163 AO**), ist der Steuerbescheid (VZ 01) nach **§ 175 Abs. 1 Satz 1 Nr. 2 AO** zu ändern, wobei die begünstigte Besteuerung auf die gesamte Entschädigungsleistung (Hauptentschädigung zzgl. Korrekturbetrag) anzuwenden ist.[5] Wird der Antrag nicht gestellt und ist die Steuerfestsetzung für diesen VZ (VZ 02) bereits bestandskräftig, so ist der Bescheid (VZ 01) nach § 175 Abs. 1 Satz 1 Nr. 2 AO zu ändern und die begünstigte Steuerberechnung wegen fehlender Zusammenballung zu versagen.[6] In den Fällen der **Rückzahlung einer Abfindung** ist diese auch dann im Abflussjahr zu berücksichtigen – eine Rückwirkung auf das Zuflussjahr scheidet also aus –, wenn die Abfindung im Zuflussjahr begünstigt besteuert worden ist. Denn eine Lohnrückzahlung ist regelmäßig **kein rückwirkendes Ereignis i. S. d. § 175 Abs. 1 Satz 1 Nr. 2 AO,** das zur Änderung des ESt-Bescheides des Zuflussjahres berechtigt.[7] Dagegen liegt keine unbillige Belastung des Stpfl. darin, dass die Anwendung der Fünftelungsregelung im Einzelfall dazu führt, dass die Steuernachzahlung die erstatteten Kirchensteuerbeträge deutlich übersteigt.[8]

---

1 BMF v. 1. 11. 2013, BStBl 2013 I 1326, Rz. 12; *Geserich*, DB 2016, 1953, 1958.
2 BMF v. 1. 11. 2013, BStBl 2013 I 1326, Rz. 12; *Geserich*, DB 2016, 1953, 1958.
3 *Schiffers* in Korn, § 34 EStG Rz. 15.
4 BMF v. 1. 11. 2013, BStBl 2013 I 1326, Rz. 16.
5 BMF v. 1. 11. 2013, BStBl 2013 I 1326, Rz. 16.
6 BMF v. 1. 11. 2013, BStBl 2013 I 1326, Rz. 16.
7 BFH v. 4. 5. 2006 - VI R 33/03, BStBl 2006 II 911.
8 BFH v. 17. 4. 2013 - X R 6/11, BFH/NV 2013, 1537 = NWB DokID: DAAAE-42082.

Verhältnis zu § 175 Abs. 1 Satz 1 Nr. 2 AO: Siehe → Rz. 25 „Verhältnis zu § 163 AO ".

Verhältnis zu §§ 179 f. AO: Im Verfahren der einheitlichen und gesonderten Feststellung der Einkünfte nach § 180 Abs. 1 Nr. 2a AO ist auch festzustellen, ob, inwieweit und für welchen Mitunternehmer die Einkünfte nach § 34 EStG tarifbegünstigt sind.[1]

28–29 *(Einstweilen frei)*

B. Systematische Kommentierung

I. Tarifermäßigung bei außerordentlichen Einkünften (§ 34 Abs. 1 EStG)

1. Besondere Berechnung der ESt bei außerordentlichen Einkünften (§ 34 Abs. 1 Satz 1 EStG)

a) **Außerordentliche Einkünfte sind im zu versteuernden Einkommen enthalten**

30 § 34 Abs. 1 Satz 1 EStG setzt außerordentliche Einkünfte (vgl. dazu → Rz. 80 ff.) voraus, ohne den Kreis der relevanten Einkünfte festzulegen. Die Tarifermäßigung verlangt überdies eine **Zusammenballung** dieser Einkünfte (s. → Rz. 58 ff.). Die Stellung eines **Antrags** ist – anders als bei der Tarifermäßigung nach § 34 Abs. 3 EStG (s. → Rz. 115 f.) – **nicht erforderlich**.

b) **Rechtsfolge: Tarifermäßigung für alle im VZ bezogenen außerordentlichen Einkünfte**

31 **Ausschließlich Tarifermäßigung:** Entsprechend des Normzwecks (→ Rz. 1) wird die Anwendung des § 34 EStG grds. zu einer Tarifermäßigung führen. Indes ergibt sich in Ausnahmefällen ein ungünstigerer Tarif (→ Rz. 40). Trotz der nach dem Wortlaut zwingenden Anwendung des besonderen Tarifs (§ 34 Abs. 1 Satz 1 EStG „ist"), führt die FinVerw **von Amts wegen** eine **Günstigerprüfung** durch, nach der der besondere Tarif in den Ausnahmefällen – dann allerdings vollständig und nicht auf einen Teil der außerordentlichen Einkünfte beschränkt – unterbleibt.[2]

32–34 *(Einstweilen frei)*

2. Ermittlung der Tarifermäßigung (§ 34 Abs. 1 Sätze 2 und 3 EStG)

35 Für die außerordentlichen Einkünfte (zur Ermittlung deren Höhe s. → Rz. 70 ff.) ist die Tarifermäßigung in **vier Schritten** zu berechnen. Ergeben sich ausnahmsweise Tariferhöhungen aus der Anwendung des § 34 EStG, ist seine Anwendung nicht zwingend (→ Rz. 31).

36 Die Berechnung der ESt erfolgt grds. nach dem in § 34 Abs. 1 Satz 2 EStG genannten **vier Berechnungsschritten:**[3]

▶ **Schritt 1:** Zunächst ist für den VZ, in dem die außerordentlichen Einkünfte erzielt worden sind, die ESt zu ermitteln, die sich ergibt, wenn die in dem **positiven** zvE enthaltenen außerordentlichen Einkünfte nicht in die Bemessungsgrundlage einbezogen werden (verbleibendes – positives – zvE; zu den Fällen eines verbleibenden negativen zvE siehe

---

[1] BFH v. 21.2.1991 - IV R 93/89, BStBl 1991 II 455; *Wacker* in Schmidt, § 34 EStG Rz. 65.
[2] *Schiffers* in Korn, § 34 EStG Rz. 16.
[3] Vgl. R 34.2 Abs. 1 EStR; Grundfall der Berechnung in H 34.2 „Berechnungsbeispiel", Beispiel 1 EStH.

→ Rz. 37). Dabei sind **laufende negative Einkünfte** vorrangig mit laufenden positiven Einkünften zu verrechnen; erst danach ist eine Verrechnung mit den ermäßigt zu versteuernden Einkünften zulässig.[1]

▶ **Schritt 2:** Die ESt wird auf die Bemessungsgrundlage aus Schritt 1, also dem verbleibenden zvE, zzgl. $^1/_5$ der außerordentlichen Einkünfte – ohne Abzug des Altersentlastungsbetrags[2] – berechnet. Zur Berücksichtigung von dem **Progressionsvorbehalt** unterliegenden Einkünften siehe → Rz. 38.

▶ **Schritt 3:** Die Differenz der Steuerbeträge aus Schritt 1 und Schritt 2 wird mit fünf multipliziert und ergibt die Steuerbelastung auf die außerordentlichen Einkünfte.

▶ **Schritt 4:** Die gesamte ESt ergibt sich als Summe der Steuerbeträge aus Schritt 1 und Schritt 3.

Ist das **verbleibende zvE negativ** und das zvE positiv, beträgt die ESt das Fünffache der auf $^1/_5$ des zvE entfallenden ESt (§ 34 Abs. 1 Satz 3 EStG).[3] Dies bewirkt eine „Mindeststeuer", denn die außerordentlichen Einkünfte werden mindestens mit dem Durchschnittssteuersatz für $^1/_5$ des zvE besteuert, was sachgerecht ist, da in diesen Fällen das zvE ausschließlich aus außerordentlichen Einkünften besteht.[4]

Zusammentreffen von außerordentlichen Einkünften und Einkünften, die dem Progressionsvorbehalt (§ 32b EStG) unterliegen: Dem Progressionsvorbehalt unterliegende Einkünfte i. S. d. § 32b EStG sind **bei der Berechnung im Schritt 2** in der Weise zu berücksichtigen, dass diese Einkünfte bei der Berechnung nach § 34 Abs. 1 Satz 2 EStG steuersatzerhöhend wirken (sog. **integrierte Steuerberechnung**,[5] vgl. das **Beispiel** in H 34.2 „Berechnungsbeispiel" EStH, 3. Beispiel[6]). Übersteigen die der Tarifermäßigung unterliegenden außerordentlichen Einkünfte das zvE, sind die Progressionseinkünfte bei der Steuerberechnung im Schritt 2 nur insoweit zu berücksichtigen, als sich nach einer Verrechnung mit dem **negativen verbleibenden zvE** ein positiver Differenzbetrag ergibt.[7] Im Rahmen der Ermittlung des Steuerbetrags nach § 34 Abs. 1 Satz 3 EStG wirkt sich ein **negativer Progressionsvorbehalt** wegen des niedrigeren Steuersatzes notwendig steuermindernd aus.[8] Insoweit gilt das **Meistbegünstigungsprinzip**,[9] wonach die Ermäßigungsvorschriften in der Reihenfolge anzuwenden sind, die zu einer geringeren Steuerbelastung führt, als dies bei ausschließlicher Anwendung des negativen Progressionsvorbehalts der Fall wäre.[10]

---

1 BFH v. 12.4.2006 - X B 53/05, BFH/NV 2006, 1463, m.w. N. = NWB DokID: AAAAB-87988.
2 BFH v. 15.12.2005 - IV R 68/04, BFH/NV 2006, 723 = NWB DokID: WAAAB-76612.
3 Vgl. dazu das Beispiel in H 34.2 „Berechnungsbeispiele", Beispiel 2 EStH.
4 *Schiffers* in Korn, § 34 EStG Rz. 26.
5 BFH v. 11.12.2012 - IX R 23/11, BStBl 2013 II 370; *Jachmann*, DB 2010, 86; a. A. *Siegel*, FR 2008, 389; *Siegel/Diller*, DStR 2008, 178: Um zu einem konsistenten Ergebnis zu gelangen, sollen beide Abweichungen vom allgemeinen Tarif nach § 32b EStG sowie nach § 34 EStG jeweils gesondert berechnet und anschließend miteinander kombiniert werden (sog. additive Methode); dies hat der BFH a. a. O. als mit dem Wortlaut von § 34 EStG nicht vereinbar abgelehnt.
6 R 34.2 Abs. 1 Satz 3 EStR.
7 BFH v. 1.4.2009 - IX R 87/07, BFH/NV 2009, 1787 = NWB DokID: LAAAD-28289.
8 BFH v. 11.12.2012 - IX R 23/11, BStBl 2013 II 370; vgl. dazu H 34.2 „Berechnungsbeispiele", Beispiel 4 EStH.
9 *Wacker* in Schmidt, § 34 EStG Rz. 56.
10 H 34.2 „Negativer Progressionsvorbehalt" EStH im Anschluss an BFH v. 15.11.2007 - VI R 66/03, BStBl 2008 II 375.

> **PRAXISTIPP:**
> Das Zusammenwirken von § 34 EStG und § 32b EStG kann zu Grenzsteuersätzen bis zum Fünffachen des Spitzensteuersatzes der ESt führen. Im Falle eines negativen Progressionsvorbehalts können sich sogar noch weit höhere Grenzsteuersätze ergeben. Dies ist bei der Steuerplanung zu beachten.[1]

39 **Kumulative Anwendung der Tarifermäßigung:** Sind in dem zvE auch **Einkünfte i. S. d. § 34 Abs. 3 EStG oder § 34b Abs. 3 EStG** enthalten, ist die jeweilige Tarifermäßigung unter Berücksichtigung der jeweils anderen Tarifermäßigung zu berechnen.[2] Einkünfte, die nach § 34a Abs. 1 EStG mit einem besonderen Steuersatz versteuert werden, bleiben bei der Berechnung der Tarifermäßigung nach § 34 Abs. 1 EStG unberücksichtigt.[3] Treffen Einkünfte aus außerordentlichen Holznutzungen gem. § 34b EStG mit außerordentlichen Einkünften i. S. d. § 34 Abs. 2 EStG zusammen und übersteigen diese Einkünfte das zvE, sind die von der Summe der Einkünfte, dem Gesamtbetrag der Einkünfte und dem Einkommen abzuziehenden Beträge zunächst bei den nicht nach § 34 EStG begünstigten Einkünften, danach bei den nach § 34 Abs. 1 EStG begünstigten Einkünften und anschließend bei den nach § 34 Abs. 3 EStG begünstigten Einkünften zu berücksichtigen, wenn der Stpfl. keine andere Zuordnung beantragt; dabei darf der Freibetrag nach § 13 Abs. 3 EStG nur von Einkünften aus LuF abgezogen werden.[4]

40 **Faktoren für Entlastungswirkung des § 34 EStG:** Die Entlastungswirkung des § 34 Abs. 1 EStG hängt im Einzelfall von einer Vielzahl von Faktoren ab; z. B.:[5]

- Die Tarifermäßigung des § 34 Abs. 1 EStG ist am größten, wenn **ausschließlich außerordentliche Einkünfte** vorliegen, und zwar in Höhe des fünffachen oberen Grenzbereichs der Progressionszone.

> **PRAXISTIPP:**
> Daher sollten nicht begünstigte Einkünfte möglichst für den VZ der Anwendung des § 34 Abs. 1 EStG reduziert oder zumindest in möglichst großem Umfang aus dem VZ, in dem die außerordentlichen Einkünfte anfallen, in andere Jahre verlagert werden.[6]

- § 34 Abs. 1 EStG bewirkt **keine Tarifermäßigung**, wenn die übrigen Einkünfte bereits bis in die obere Proportionalzone reichen.

- Bei **sehr geringen nicht begünstigten Einkünften** kann deren Grenzbelastung deutlich über 100 % liegen, so dass eine Vermeidung dieser Einkünfte ein größeres Nachsteuervermögen bedeutet.

- Treffen außerordentliche Einkünfte mit **Einkünften i. S. d. § 32b EStG** zusammen, bewirkt § 34 Abs. 1 EStG aufgrund der integrierten Steuerberechnung (→ Rz. 38) eine Verfünffachung der Wirkung des Progressionsvorbehaltes, was bei positivem Progressionsvorbehalt oftmals einen Nachteil der Fünftel-Regelung gegenüber dem allgemeinen Tarif bedeutet, so dass § 34 Abs. 1 EStG von Amts wegen nicht anzuwenden ist (→ Rz. 31).

41–49 *(Einstweilen frei)*

---

1 *Schiffers* in Korn, § 34 EStG Rz. 24.
2 R 34.2 Abs. 2 Satz 1 EStR.
3 R 34.2 Abs. 2 Satz 2 EStR.
4 R 34b.5 Abs. 2 EStR.
5 *Schiffers* in Korn, § 34 EStG Rz. 27 ff., m. w. N.
6 *Schiffers* in Korn, § 34 EStG Rz. 34; *Stahl*, KÖSDI 2000, 12338, 12341.

3. Keine Anwendung des § 34 EStG auf Einkünfte i. S. d. § 34 Abs. 2 Nr. 1 EStG bei Tarifermäßigung nach § 6b EStG oder § 6c EStG (§ 34 Abs. 1 Satz 4 EStG)

Verbot mehrfacher Begünstigung: Die Tarifermäßigung nach § 34 Abs. 1 EStG greift nicht, wenn der Stpfl. für diese Einkünfte ganz oder teilweise Rücklagen nach § 6b EStG oder § 6c EStG bildet (§ 34 Abs. 1 Satz 4 EStG). Dieser Ausschluss bleibt auch bestehen, wenn für den Veräußerungs-/Aufgabegewinn zunächst eine Rücklage gebildet wird, diese später mangels Reinvestition wieder aufgelöst wird.[1] Die Bildung einer Rücklage für Gewinne aus der Veräußerung der Beteiligung an einer Kapitalgesellschaft nach § 6b Abs. 10 EStG steht der Anwendung der Steuerermäßigung des § 34 Abs. 1 EStG auf den verbleibenden Teil des Veräußerungsgewinns nicht entgegen.[2]   50

Nur teilweise Bildung von Rücklagen bei mehreren Veräußerungs-/Aufgabegewinnen: Werden in einem VZ mehrere Veräußerungs-/Aufgabegewinne erzielt, ist § 34 Abs. 1 Satz 4 EStG für jeden dieser Gewinne gesondert anzuwenden, so dass die Anwendung der § 6b EStG oder § 6c EStG bei einem Veräußerungsvorgang die Anwendung des § 34 EStG bei den anderen Veräußerungsvorgängen unberührt lässt, da insoweit keine Mehrfachbegünstigung durch Anwendung von § 34 EStG neben § 6b EStG/§ 6c EStG vorliegt.[3]   51

(Einstweilen frei)   52–54

II. Aufzählung der außerordentlichen Einkünfte (§ 34 Abs. 2 EStG)

Einschränkende Auslegung: Das Vorliegen außerordentlicher Einkünfte verlangt – über den Wortlaut des § 34 Abs. 2 EStG hinaus (zu den einzelnen Fällen s. → Rz. 80 ff.) – die **Zusammenballung** von Einkünften in einem VZ (→ Rz. 58 ff.). Zur Ermittlung der Höhe der außerordentlichen Einkünfte siehe → Rz. 70 ff.   55

(Einstweilen frei)   56–57

1. Zusammenballung von Einkünften

Zusammenballung in einem Veranlagungszeitraum: Die in § 34 EStG aufgezählten Einkünfte unterliegen der Tarifermäßigung nur, wenn sie auch „außerordentlich" sind. Dies setzt bei allen Tatbeständen des § 34 Abs. 2 EStG grds. (zu Ausnahmen s. → Rz. 60) eine atypische Zusammenballung in einem VZ voraus. Eine solche atypische Zusammenballung liegt vor, wenn alle stillen Reserven, die in den wesentlichen Grundlagen einer betrieblichen Sachgesamtheit angesammelt wurden, in einem **einheitlichen Vorgang** aufgelöst werden.[4] Das Erfordernis der Zusammenballung folgt aus dem Zweck der Tarifbegünstigung nach § 34 EStG, die kumulierte Realisierung der wirtschaftlich während vieler Jahre entstandenen Vorteile nicht nach dem progressiven ESt-Tarif zu erfassen.[5] Im Übrigen dient § 34 EStG nicht dazu, die nachteiligen Fol-   58

---

1 BFH v. 4.2.1982 - IV R 150/78, BStBl 1982 II 348; s. a. KKB/Kanzler, § 6b EStG Rz. 12 und Rz. 30.
2 FG Münster v. 23.9.2015 - 10 K 4079/14 F, EFG 2016, 20, rkr.; *Mellinghoff* in Kirchhof, § 34 Rz 46.
3 *Schiffers* in Korn, § 34 EStG Rz. 20.
4 BFH v. 13.12.2016 - X R 4/15, BStBl 2017 II 786; BFH v. 9.12.2014 - IV R 36/13, BStBl 2015 II 529, m.w.N.; *Bode*, NWB 2015, 1374, 1378.
5 BFH v. 17.12.2014 - IV R 57/11, BStBl 2015 II 536; *Bode*, NWB 2015, 1374, 1378.

gen temporal schwankender Einkünfte generell auszugleichen.[1] Auch kommt es auf eine konkrete Progressionserhöhung nicht an.[2]

59 **Doppelte Prüfung**: Eine Zusammenballung in einem VZ kann bei tatsächlicher Kumulierung (FinVerw: „ **1. Prüfung** "[3], s. → Rz. 60), aber auch unter Berücksichtigung von **Entschädigungszahlungen** für weggefallene Einnahmen (FinVerw: „**2. Prüfung** "[4], s. → Rz. 61 ff.) ergeben.

60 **Zusammenballung (sog. „1. Prüfung")**: Grundsätzlich ist die tatsächliche Zusammenballung von Einkünften **in einem VZ** erforderlich.[5] Deshalb werden außerordentliche Einkünfte i. S. d. § 34 Abs. 1 und 2 EStG in ständiger Rechtsprechung des BFH grundsätzlich nur bejaht, wenn die zu begünstigenden Einkünfte in einem VZ zu erfassen sind und durch die Zusammenballung von Einkünften erhöhte steuerliche Belastungen entstehen.[6] Die Zahlung eines zu verrechnenden Vorschusses auf die in demselben VZ vereinnahmte Entschädigung ist eine die Abwicklung betreffende Zahlungsmodalität und für die Zusammenballung der außerordentlichen Einkünfte i. S. des § 34 Abs. 1, Abs. 2 Nr. 2 EStG unschädlich.[7] Bei der im Hinblick auf das Erfordernis der Zusammenballung von Einkünften i. S. d. § 34 Abs. 1, Abs. 2 Nr. 2 EStG erfolgenden Prüfung, ob der Stpfl. einschließlich der Abfindung insgesamt mehr erhalten hat, als ansonsten (z. B. bei ungestörter Fortsetzung eines Arbeitsverhältnisses) erhalten hätte, sind stfr. Einkünfte (z. B. stfr. Teil der nach Beendigung des Arbeitsverhältnisses bezogenen Renten des Stpfl.) mangels progressionssteigernder Wirkung nicht in die Vergleichsberechnung einzubeziehen.[8] Die **Ursache** für die Zahlung in mehreren VZ ist **irrelevant**.[9] Denn die Tarifbegünstigung des § 34 EStG knüpft an die Progressionsbelastung durch zugeflossene Einnahmen und z. B. nicht daran an, ob die Modalitäten des Zuflusses vereinbart oder dem Zahlungsempfänger aufgezwungen wurden. Erfolgt die Auszahlung der Gesamtvergütung in zwei Veranlagungszeiträumen in etwa gleich großen Teilbeträgen, kommt eine Tarifbegünstigung nach § 34 Abs. 1 EStG nicht in Betracht.[10] Arbeitgeber und Arbeitnehmer können den Zeitpunkt des Zuflusses einer Abfindung oder eines Teilbetrags einer solchen beim Arbeitnehmer indes in der Weise **steuerwirksam gestalten**, dass sie deren ursprünglich vorgesehene Fälligkeit vor ihrem Eintritt auf einen späteren Zeitpunkt verschieben.[11] Zum planwidrigen Zufluss in mehreren VZ s. → Rz. 27 „Verhältnis zu § 163". Keine Zusammenballung in diesem Sinne liegt typischerweise vor, wenn eine Entschädigung in zwei oder mehreren VZ gezahlt wird, auch wenn die Zahlungen jeweils mit anderen laufenden Einkünften zusammentreffen und sich ein Progressionsnachteil ergibt.[12] Dabei ist die **Ursache für die Verteilung auf mehrere VZ unerheblich**.[13] Keine Anwendung findet § 34 EStG deshalb, wenn Teilzahlungen an einen Arbeitnehmer durch die

---

1 BFH v. 16. 9. 2014 - VIII R 1/12, NWB DokID: YAAAE-82472.
2 BMF v. 1. 11. 2013, BStBl 2013 I 1326, Rz. 11.
3 BMF v. 1. 11. 2013, BStBl 2013 I 1326, Rz. 8.
4 BMF v. 1. 11. 2013, BStBl 2013 I 1326, Rz. 9 ff.
5 *Geserich*, DB 2016, 1953, 1954.
6 BFH v. 9. 10. 2008 - IX R 85/07, BFH/NV 2009, 558 = NWB DokID: DAAAD-09893.
7 BFH v. 11.10.2017 - IX R 11/17, BFH/NV 2018, 360 = NWB DokID: QAAAG-70595.
8 BFH v. 13.3.2018 - IX R 16/17, BFHE 261, 258.
9 BFH v. 2.8.2016 - VIII R 37/14, BStBl 2017 II 258.
10 BFH v. 2.8.2016 - VIII R 37/14, BStBl 2017 II 258.
11 BFH v. 11.11.2009 - IX R 1/09, BStBl 2010 II 746.
12 BFH v. 14. 4. 2015 - IX R 29/14, BFH/NV 2015, 1354 = NWB DokID: QAAAE-99386.
13 BFH v. 2. 8. 2016 - VIII R 37/14, BStBl 2017 II 258; BFH v. 14. 4. 2015 - IX R 29/14, BFH/NV 2015, 1354 = NWB DokID: QAAAE-99386.

Insolvenz eines Arbeitgebers verursacht und vom Insolvenzverwalter sozial motiviert waren.[1] **Ausnahmsweise** können in den folgenden Fällen **in mehreren VZ** zugeflossene Teilleistungen durch § 34 Abs. 1 EStG begünstigt sein,[2]

► soweit es sich um eine im Verhältnis zur Hauptleistung stehende **geringfügige Zahlung**[3] (**keine starre Prozentgrenze** im Gesetz vorgesehen[4]); aus Vereinfachungsgründen bis 10 % der Hauptleistung[5] handelt, die in einem anderen VZ zufließt; darüber hinaus kann eine Zahlung unter Berücksichtigung der konkreten individuellen Steuerbelastung als geringfügig anzusehen sein, wenn sie niedriger ist als die tarifliche Steuerbegünstigung der Hauptleistung und deshalb als Nebenleistung zur Hauptleistung anzusehen ist;[6] ein solcher Ausnahmefall ist jedoch nicht gegeben, wenn die Nachzahlung in den Streitjahren in nahezu gleich großen Beträgen erfolgte;[7]

► wenn **ergänzende Zusatzleistungen** (arbeitsrechtliche Verpflichtung des Arbeitgebers sowie Bedürftigkeit des Arbeitnehmers irrelevant[8]) vorliegen, die Teil der einheitlichen Entschädigung sind und in späteren VZ aus Gründen der **sozialen Fürsorge** für eine gewisse Übergangszeit gewährt werden. Dies kann für die Beurteilung der Hauptleistung als einer zusammengeballten Entschädigung unschädlich sein, wenn sie weniger als 50 % der Hauptleistung (Einnahmenvergleich)[9] betragen. Die aus sozialer Fürsorge erbrachten ergänzenden (!) Zusatzleistungen, die außerhalb des zusammengeballten Zuflusses in späteren VZ erfolgen, fallen nicht unter die Tarifbegünstigung des § 34 Abs. 1 EStG;[10]

BEISPIEL: ► Zusatzleistungen aus Gründen der sozialen Fürsorge sind z. B. solche Leistungen, die der (frühere) Arbeitgeber seinem (früheren) Arbeitnehmer zur Erleichterung des Arbeitsplatz- oder Berufswechsels oder als Anpassung an eine dauerhafte Berufsaufgabe und Arbeitslosigkeit erbringt,[11] wie etwa[12] die Übernahme von Kosten für eine Outplacement-Beratung, die befristete Weiterbenutzung des Dienstwagens, die befristete Übernahme von Versicherungsbeiträgen, die befristete Zahlung von Zuschüssen zum Arbeitslosengeld, die Zahlung einer Jubiläumszuwendung nach dem Ausscheiden, die der Arbeitnehmer bei Fortsetzung des Arbeitsverhältnisses erhalten hätte und Zahlungen zur Verwendung für die Altersversorgung.

► wenn die Zahlung der Entschädigung von vornherein in einer Summe vorgesehen war und nur wegen ihrer **ungewöhnlichen Höhe und der besonderen Verhältnisse des Zahlungspflichtigen auf zwei Jahre verteilt wurde** oder wenn der Entschädigungsempfänger – bar aller Existenzmittel – **dringend auf den baldigen Bezug einer Vorauszahlung angewiesen** war;

► ist die weitere Nutzung einer Wohnung Bestandteil der Entschädigungsvereinbarung, so ist die Mietverbilligung nur dann für die Zusammenballung von Einkünften schädlich,

---

1 BFH v. 14.4.2015 - IX R 29/14, BFH/NV 2015, 1354 = NWB DokID: QAAAE-99386.
2 BMF v. 1.11.2013, BStBl 2013 I 1326, Rz. 8, m.w.N. zur Rspr. des BFH.
3 BFH v. 14.4.2015 - IX R 29/14, BFH/NV 2015, 1354 = NWB DokID: QAAAE-99386.
4 BFH v. 13.10.2015 - IX R 46/14, BStBl 2016 II 214); v. 8.4.2014 – IX R 28/13, BFH/NV 2014, 1514; v. 26.1.2011 – IX R 20/10, BStBl 2012 II 2012, 659; v. 20.6.2011 - IX B 59/11, BFH/NV 2011, 1682.
5 BMF v. 1.11.2013, BStBl 2013 I 1326, Rz. 8;
6 BMF v. 1.11.2013, BStBl 2013 I 1326, Rz. 8; BFH v. 13.10.2015 - IX R 46/14, BStBl 2016 II 214;
7 BFH v. 2.8.2016 - VIII R 37/14, BStBl 2017 II 258.
8 BMF v. 1.11.2013, BStBl 2013 I 1326, Rz. 8.
9 BMF v. 1.11.2013, BStBl 2013 I 1326, Rz. 14.
10 BMF v. 1.11.2013 - BStBl 2013 I 1326, Rz. 14, mit Beispiel: *Geserich*, DB 2016, 1353, 1357.
11 BMF v. 1.11.2013, BStBl 2013 I 1326, Rz. 14, mit Berechnungsbeispiel.
12 Vgl. BMF v. 1.11.2013, BStBl 2013 I 1326, Rz. 14, m.w.N. zur Rspr. des BFH.

- wenn sie mietrechtlich frei vereinbar und dem Grunde nach geldwerter Vorteil aus dem früheren Dienstverhältnis ist und nicht auf die Lebenszeit des oder der Berechtigten abgeschlossen ist.[1]

- wenn **zwei selbständiger Entschädigungszahlungen** bei einem zeitlichen Abstand **von sechs Jahren** gezahlt werden: Hier fehlt der für die Beurteilung der Einheitlichkeit einer Entschädigungsleistung erforderliche zeitliche Zusammenhang;[2] aufgrund der typisierten Verteilung des Zuflusses auf (rechnerisch) fünf Jahre, sind innerhalb des fünfjährigen Zeitraums zugeflossene Entschädigungszahlungen für die Einordnung als einheitliche Entschädigungsleistung schädlich.[3]

61 **Entschädigungszahlungen (sog. „2. Prüfung")** Bei der Zahlung von **Entschädigungen für entgangene Einnahmen** kommt es für das Vorliegen zusammengeballter Einkünfte (§ 34 Abs. 1 EStG anwendbar) darauf an, ob die anlässlich der Beendigung eines Dienstverhältnisses gezahlte Entschädigung die bis zum Ende des (Zufluss-)VZ entgehenden Einnahmen übersteigt (vgl. → Rz. 62 f.). Denn eine Zusammenballung von Einkünften ist nur gegeben, wenn der Stpfl. **infolge der Entschädigung** in einem VZ **mehr erhält**, als er bei normalem Ablauf der Dinge erhalten hätte. Nur in diesem Fall ist die Ermäßigung des Steuersatzes gerechtfertigt. Erhält der Stpfl. weniger als bzw. ebenso viel, wie er bei Fortsetzung des Arbeitsverhältnisses erhalten hätte, besteht für eine Milderung der ESt kein Anlass.[4]

62 Ist die **Entschädigung höher als** die bis zum Ende des (Zufluss-)VZ **entgehenden Einnahmen**, d. h. die Einnahmen die der Stpfl. bei Fortsetzung des Arbeitsverhältnisses bezogen hätte, ist das Merkmal der Zusammenballung von Einkünften stets erfüllt.[5]

63 **Übersteigt die Entschädigung die** bis zum Ende des (Zufluss-)VZ **entgehenden Einnahmen nicht**, ist das Merkmal der Zusammenballung von Einkünften nur erfüllt, wenn der Stpfl. weitere Einnahmen bezieht, die er bei Fortsetzung des Dienstverhältnisses nicht erhalten hätte.[6] Dabei ist entscheidend, ob es unter Einschluss der Entschädigung infolge der Beendigung des Dienstverhältnisses in dem jeweiligen VZ insgesamt zu einer über die normalen Verhältnisse hinausgehenden Zusammenballung von Einkünften kommt (**Überkompensation entgangener Einnahmen**), insbesondere, wenn im Jahr des Zuflusses der Entschädigung weitere Einkünfte erzielt werden, die der Stpfl. nicht bezogen hätte, wenn das Dienstverhältnis ungestört fortgesetzt worden wäre und er dadurch mehr erhält, als er bei normalem Ablauf der Dinge erhalten hätte.[7] Daher ist es ohne Bedeutung, ob die Entschädigung für den Einnahmeverlust mehrerer Jahre gewährt werden soll.[8] Bei der Berechnung der Einkünfte, die der Stpfl. beim Fortbestand des Vertragsverhältnisses im VZ bezogen hätte, ist grds. auf die **Einkünfte des Vorjahres** abzustellen, es sei denn, die Einnahmesituation ist in diesem Jahr durch außergewöhnliche Ereignisse geprägt.[9] Zur **Ermittlung der Höhe der außerordentlichen Einkünfte** siehe → Rz. 70 ff. **Negative Einkünfte** aus einer neu aufgenommenen Tätigkeit i. S. d. § 13 EStG, § 15

---

1 BMF v. 1.11.2013, BStBl 2013 I 1326, Rz. 15
2 BFH v. 11.10.2017 - IX R 11/17, BFH/NV 2018, 360 = NWB DokID: QAAAG-70595.
3 *Schießl*, jurisPR-SteuerR 10/2018 Anm. 3, unter D.II.
4 BFH v. 4.3.1998 - XI R 46/97, BStBl 1998 II 787.
5 BMF v. 1.11.2013, BStBl 2013 I 1326, Rz. 9 C.
6 BMF v. 1.11.2013, BStBl 2013 I 1326, Rz. 10; BMF v. 1.11.2013, BStBl 2013 I 1326, Rz. 15.
7 BMF v. 1.11.2013, BStBl 2013 I 1326, Rz. 11; *Geserich*, DB 2016, 1953, 1955.
8 BMF v. 1.11.2013, BStBl 2013 I 1326, Rz. 11; *Geserich*, DB 2016, 1953, 1955.
9 BMF v. 1.11.2013, BStBl 2013 I 1326, Rz. 11; *Geserich*, DB 2016, 1953, 1955.

EStG, § 18 EStG sowie § 19 EStG (ohne Versorgungsbezüge) sind nicht zu berücksichtigen.[1] Zu Berechnungsbeispielen vgl. BMF v. 1. 11. 2013.[2]

(Einstweilen frei) 64–69

2. Ermittlung der Höhe der außerordentlichen Einkünfte

Grundsätzliche Geltung des allgemeinen Einkommensermittlungsprinzips: Die Ermittlung der außerordentlichen Einkünfte erfolgt getrennt von den übrigen Einkünften (also auch innerhalb derselben Einkunftsart). Grundsätzlich gilt die Formel des § 2 Abs. 2 EStG (**Einnahmen abzüglich BA/WK**): Mit den außerordentlichen Einkünften unmittelbar zusammenhängende **BA/WK** sind von diesen abzuziehen. Fallen allerdings mit der Entschädigung zusammenhängende BA/WK in einem der Vereinnahmung der Entschädigung vorausgehenden Besteuerungszeitraum an, mindern sie die regelbesteuerten Einkünfte dieses Zeitraums; entsprechend mindert sich der dem ermäßigten Tarif unterliegende Betrag in dem Besteuerungszeitraum, in dem die Entschädigung als Einnahme zu erfassen ist.[3] Mithin ist die um die BA/WK gekürzte Entschädigung bei der Berechnung der Tarifermäßigung zugrunde zu legen. 70

Ergibt sich bei den außerordentlichen Einkünften ein **Verlust**, werden die außerordentlichen Einkünfte auch beim **Verlustausgleich** gesondert behandelt: Sie werden erst zum Verlustausgleich herangezogen, wenn alle laufend voll steuerbaren Einkünfte mit Verlusten ausgeglichen sind.[4] Die von der SdE, dem GdE und dem Einkommen abzuziehenden Beträge (insbes. **Sonderausgaben, außergewöhnliche Belastungen**) sind zunächst bei den nicht nach § 34 EStG begünstigten Einkünften zu berücksichtigen.[5] Vorgenannte Aufwendungen müssen tatsächlich angefallen sein, weshalb es nicht zulässig ist, außerordentliche Einkünfte um den Betrag beschränkt abziehbarer SA zu kürzen, der sich bei der Berechnung der ESt für das verbleibende zvE nicht ausgewirkt hat.[6] Der **Altersentlastungsbetrag** ist nicht (auch nicht anteilig) zu berücksichtigen (siehe → Rz. 25 „Verhältnis zu § 24a EStG"). Zum Versorgungsfreibetrag siehe → Rz. 25 „Verhältnis zu § 19 Abs. 2 EStG".

Besonderheiten bei Gewinneinkünften: Veräußerungskosten sind bei der Ermittlung des tarifbegünstigten Veräußerungsgewinns erst im Zeitpunkt des Entstehens des Veräußerungsgewinns zu berücksichtigen, auch wenn sie bereits im VZ vor dem Entstehen des Veräußerungsgewinns angefallen sind.[7] 71

Besonderheiten bei Einkünften i. S. d. § 19 EStG: Der **Arbeitnehmerpauschbetrag** ist vorrangig von den laufenden Einkünften i. S. d. § 19 EStG abzuziehen.[8] § 32b EStG unterliegende positive Lohnersatzleistungen und dem § 32b EStG unterliegender Arbeitslohn sind in die Vergleichsrechnung einzubeziehen; liegen ausschließlich Einkünfte i. S. d. § 19 EStG vor, ist es nach Auffassung der FinVerw nicht zu beanstanden, wenn die erforderliche Vergleichsrechnung stattdessen anhand der betreffenden Einnahmen aus nichtselbständiger Arbeit durchgeführt wird.[9] 72

---

1 BMF v. 1. 11. 2013, BStBl 2013 I 1326, Rz. 11; *Gesserich*, DB 2016, 1953, 1955.
2 BStBl 2013 I 1326, Rz. 11.
3 BFH v. 26. 8. 2004 - IV R 5/03, BStBl 2005 II 215.
4 BFH v. 10. 10. 2007 - VI B 33/07, BFH/NV 2008, 45 Nr. 1 = NWB DokID: LAAAC-63031.
5 R 34 Abs. 1 Satz 3 EStR.
6 BFH v. 2. 9. 2008 - X R 15/06, BFH/NV 2009, 138 = NWB DokID: GAAAC-97826.
7 R 34.1 Abs. 4 Satz 4 EStR.
8 BMF v. 1. 11. 2013, BStBl 2013 I 1326, Rz. 11.
9 BMF v. 1. 11. 2013, BStBl 2013 I 1326, Rz. 11.

Bei einer solchen Vergleichsrechnung sind nach Maßgabe der Einnahmen neben den positiven Lohnersatzleistungen und dem Arbeitslohn, die dem Progressionsvorbehalt nach § 32b EStG unterliegen, auch **pauschalbesteuerte Arbeitgeberleistungen** einzubeziehen.[1]

73 Zu den Besonderheiten bei Vergütungen für mehrjährige Tätigkeiten: Siehe → Rz. 98.

74–79 *(Einstweilen frei)*

3. Enumeration der außerordentlichen Einkünfte

80 **a) Bestimmte Aufgabe- und Veräußerungsgewinne (§ 34 Abs. 2 Nr. 1 EStG)**

§ 34 Abs. 2 Nr. 1 EStG erfasst bestimmte Veräußerungsgewinne (§ 14 EStG, § 16 EStG, § 18 Abs. 3 EStG); auf die Kommentierung dieser Vorschriften wird Bezug genommen. Nach § 34 EStG tarifbegünstigt sind diese grds. aber nur, wenn die stillen Reserven **in einem einheitlichen wirtschaftlichen Vorgang** aufgedeckt werden und deshalb eine atypische Zusammenballung vorliegt (s. dazu → Rz. 58 ff.).[2] Die Begünstigung nach § 34 EStG setzt voraus, dass die Erträge dem Aufgabegewinn und **nicht dem lfd. Gewinn zuzuordnen** sind.[3] Für den anlässlich der Einbringung erzielten Gewinn steht dem Einbringenden die Vergünstigung nur zu, wenn das eingebrachte BV einschließlich des SBV des Einbringenden mit dem Teilwert angesetzt wird.[4] Erstreckt sich eine Betriebsaufgabe über zwei VZ und fällt der Aufgabegewinn daher in zwei VZ an, kann die Tarifermäßigung nach § 34 Abs. 3 EStG für diesen Gewinn auf Antrag in beiden VZ gewährt werden; der Höchstbetrag von 5 Mio. € ist dabei aber insgesamt nur einmal zu gewähren.[5] Die Tarifbegünstigung für Gewinne aus der Veräußerung eines (Teil-)Mitunternehmeranteils setzt voraus, dass auch das **SBV** des veräußernden Mitunternehmers quotentsprechend mitveräußert wird, soweit es wesentliche Betriebsgrundlagen enthält; wird **SBV** überquotal mitveräußert, erstreckt sich die Tarifbegünstigung auch auf den darauf entfallenden Gewinn.[6] Veräußert ein Land- und Forstwirt seinen Betrieb und **pachtet** er diesen **unmittelbar nach der Veräußerung zurück**, ist auf den dabei entstehenden Veräußerungsgewinn i. S. d. § 14 EStG der § 34 Abs. 1 EStG oder § 34 Abs. 3 EStG anzuwenden.[7] Wird für den bei der erklärten Betriebsaufgabe nicht in das Privatvermögen zu überführenden **Geschäfts-/Firmenwert** später ein Erlös erzielt, ist der Gewinn nicht nach § 34 EStG begünstigt.[8] Werden Teile der wesentlichen Betriebsgrundlagen einer KG unter Fortführung stiller Reserven auf eine **Schwester-KG** übertragen und sodann die Mitunternehmeranteile an der Schwester-KG veräußert, ist die Tarifbegünstigung nach § 34 Abs. 2 Nr. 1 EStG i. V. m. § 34 Abs. 1 EStG nicht zu gewähren, weil nicht alle in der Person des Veräußerers (Mitunternehmers) vorhandenen stillen Reserven

---

1 BMF v. 1. 11. 2013, BStBl 2013 I 1326, Rz. 11, mit Berechnungsbeispiel (Beispiel 3).
2 BFH v. 20.3.2017 - X R 11/16, BStBl 2017 II 992: deshalb ist es schädlich, wenn eine eingeführte Bezeichnung für einen Betrieb nicht mitverkauft, sondern lediglich im Rahmen eines Franchisevertrags zur Nutzung überlassen wird; *Bode*, NWB 2015, 1374, 1378; vgl. auch *Wacker*, Ubg 2016, 245, der sich dafür ausspricht, die Tarifbegünstigung an die Aufdeckung aller stiller Reserven zu knüpfen, d. h. die Steuerbegünstigung nicht ohne Sonderregelung bei teilentgeltlicher Veräußerung der betrieblichen Einheit zu gewähren.
3 BFH v. 8.6.2017 - IV R 6/14, BStBl 2017 II 1053.
4 BFH v. 26.1.1994 - III R 39/91, BStBl 1994 II 458; BFH v. 10.2.2016 - VIII R 38/12, BFH/NV 2016, 1256.
5 BMF v. 20. 12. 2005, BStBl 2006 I 7.
6 BFH v. 10.2.2016 - VIII R 38/12, BFH/NV 2016, 1256
7 H 34.1 „Betriebsveräußerung" EStH.
8 H 34.1 „Geschäfts- oder Firmenwert" EStH.

in einem einheitlichen Vorgang aufgedeckt werden.[1] Der Gewinn aus der **Veräußerung eines Mitunternehmeranteils** unterliegt nicht der Tarifbegünstigung, wenn der Stpfl. zuvor aufgrund einheitlicher Planung und im zeitlichen Zusammenhang mit der Veräußerung einen Teil des ursprünglichen Mitunternehmeranteils ohne Aufdeckung der stillen Reserven übertragen hat.[2]

Teileinkünfteverfahren: Nach § 34 Abs. 2 Nr. 1 EStG ist von der Tarifvergünstigung ausgenommen der steuerpflichtige Teil der Veräußerungsgewinne, die nach **§ 3 Nr. 40 Buchst. b EStG i. V. m. § 3c Abs. 2 EStG** teilweise steuerbefreit sind. Dadurch soll sichergestellt werden, dass nur solche Gewinne der ermäßigten Besteuerung unterliegen, die in vollem Umfang besteuert werden[3] (**Ausschluss einer mehrfachen Berücksichtigung**[4]). Dies hat zur Folge, dass der Freibetrag gem. § 16 Abs. 4 EStG für Zwecke der Ermittlung der nach § 34 Abs. 1 und 3 EStG tarifermäßigt zu besteuernden Gewinne vorrangig mit dem Veräußerungsgewinn, auf den das Teileinkünfteverfahren anzuwenden ist, verrechnet wird, wenn der Stpfl. einen Veräußerungsgewinn i. S. d. § 16 Abs. 1 EStG erzielt, der sowohl dem Teileinkünfteverfahren unterliegende als auch in voller Höhe zu besteuernde Gewinne enthält; denn auch die Anwendung des Grundsatzes der Meistbegünstigung bedeutet nicht, solche Gewinne zusätzlich zu begünstigen, sondern bewirkt, dem Stpfl., soweit wie möglich, die ihm gesetzlich zustehende Tarifermäßigung für seine in vollem Umfang der Besteuerung unterliegenden Veräußerungsgewinne zu erhalten.[5]

81

(Einstweilen frei)

82–84

b) Entschädigungen i. S. d. § 24 Nr. 1 EStG (§ 34 Abs. 2 Nr. 2 EStG)

Eine Tarifvergünstigung verlangt grds. den Zufluss in einem VZ: Zum Begriff der Entschädigung i. S. d. § 24 Nr. 1 EStG vgl. die entsprechende Kommentierung.[6] Da die ermäßigte Besteuerung die sich aus der progressiven Besteuerung ergebenden Härten ausgleichen soll, zählen Entschädigungen i. S. v. § 24 Nr. 1 Buchst. a EStG grundsätzlich nur dann zu den außerordentlichen Einkünften i. S. v. § 34 Abs. 1 und 2 Nr. 2 EStG, wenn sie zusammengeballt in einem Betrag gezahlt werden und die entgangenen oder entgehenden Einnahmen sich bei normalem Ablauf auf mehrere Jahre verteilt hätten.[7] Der Steuerpflichtige muss mithin mehr erhalten haben, als er ohne das schadenstiftende Ereignis erhalten hätte.[8] Deshalb liegen keine außerordentliche Einkünfte i. S. d. § 34 Abs. 2 Nr. 2 EStG vor, wenn der Stpfl. im Streitjahr unter Einbeziehung der Entschädigung lediglich Beträge erhält, die er bei ungestörtem Fortbestand des Arbeitsverhältnisses ohnehin erhalten hätte.[9] Tarifbegünstigt sind diese Entschädigungen deshalb grds. nur, wenn die zu begünstigenden Einkünfte in **einem VZ** zu erfassen sind.[10] Zu **Ausnahmen** siehe

85

---

1 BFH v. 17. 12. 2014 - IV R 57/11, BStBl 2015 II 536; s. dazu auch *Bode*, NWB 2015, 1374, 1376; BFH v. 10.3.2016 - IV R 22/13, BFH/NV 2016, 1438.
2 BFH v. 9. 12. 2014 - IV R 36/13, BStBl 2015 II 529; s. dazu auch *Bode*, NWB 2015, 1374, 1375 ff.
3 BT-Drucks. 14/2683, 116.
4 *Mellinghoff* in Kirchhof, § 34 EStG Rz. 21.
5 BFH v. 14. 7. 2010 - X R 61/08, BStBl 2010 II 1011; H 16 Abs. 13 „Teileinkünfteverfahren" EStH, mit Berechnungsbeispiel; noch a. A. BMF v. 20. 12. 2005, BStBl 2006 I 7.
6 Vgl. KKB/Egner/Geißler, § 24 EStG Rz. 16 ff. und R 24.1 EStR.
7 BFH v. 16. 9. 2015 - III R 22/14, BFH/NV 2016, 26, m. w. N. = NWB DokID: PAAAF-08282.
8 BFH v. 16. 9. 2015 - III R 22/14, BFH/NV 2016, 26 = NWB DokID: PAAAF-08282; BFH v. 9. 10. 2008 - IX R 85/07, BFH/NV 2009, 558 = NWB DokID: DAAAD-09893.
9 BFH v. 8. 4. 2014 - IX R 33/13, BFH/NV 2014, 1358 = NWB DokID: NAAAE-70362; a. A. FG Münster v. 16. 3. 2015 - 14 K 2005/13 E, EFG 2015, 983, rkr.
10 H 34.3 „Entschädigung in zwei VZ" EStH.

→ Rz. 60. Darüber hinaus kann die **Ablösung wiederkehrender Bezüge aus einer Betriebs- oder Anteilsveräußerung** durch eine Einmalzahlung als Veräußerungserlös auch dann tarifbegünstigt sein, wenn im Jahr der Betriebs- oder Anteilsveräußerung eine **Einmalzahlung** tarifbegünstigt versteuert worden ist, diese aber im Verhältnis zum Ablösebetrag als **geringfügig** (jedenfalls bei weniger als 1 %) anzusehen ist.[1] **Ausgeschlossen** ist die Tarifermäßigung bei Land- und Forstwirten mit einem vom Kalenderjahr **abweichenden Wirtschaftsjahr**, wenn sich die außerordentlichen Einkünfte aufgrund der Aufteilungsvorschrift des § 4a Abs. 2 Nr. 1 Satz 1 EStG auf mehr als zwei VZ verteilen.[2]

Beispiele für tarifbegünstigte Entschädigungen sind:

▶ **Zahlungen an einen Verpächter**, die dieser nach einem Streit über die Berechtigung der vorzeitigen außerordentlichen Kündigung des Pächters durch gerichtlichen Vergleich erhält und die sich an der Höhe der bei regulärer Vertragserfüllung zu zahlenden Pachten für mehrere Jahre, d. h. seinem Erfüllungsanspruch, orientieren, wenn er dem Vergleich unter wirtschaftlichem Druck zugestimmt hat;[3]

▶ **zusätzliche Leistungen aufgrund von Entlassungsvereinbarungen** (z. B. unentgeltliche Nutzung des Dienstwagens, ohne dass der ausgeschiedene Mitarbeiter noch zu einer Dienstleistung verpflichtet wäre);[4] nicht bei altersbedingtem Ausscheiden, z. B. Fortführung von Mietverhältnissen, von Arbeitgeber-Darlehen, von Deputatlieferungen und von Sondertarifen, sowie Weitergewährung von Rabatten;[5]

▶ vom Arbeitgeber geleisteten **Rentenversicherungsbeiträge nach § 187a SGB VI** einschließlich darauf entfallender, ggf. vom Arbeitgeber getragener Steuerabzugsbeträge. Diese sind – soweit sie nicht nach § 3 Nr. 38 EStG steuerfrei sind – als Teil der Entschädigung i. S. d. § 24 Nr. 1 EStG, die im Zusammenhang mit der Auflösung eines Dienstverhältnisses geleistet wird, zu behandeln und damit insoweit tarifbegünstigt.[6]

86–89 *(Einstweilen frei)*

c) Nutzungsvergütungen und Zinsen i. S. d. § 24 Nr. 3 EStG (§ 34 Abs. 2 Nr. 3 EStG)

90 **Tarifbegünstigte Nutzungsvergütungen/Zinsen**: Zum Begriff der Nutzungsvergütungen und Zinsen i. S. d. § 24 Nr. 3 vgl. KKB/Egner/Geißler, § 24 EStG Rz. 151 ff. Damit diese tarifbegünstigt sind, muss die Nachzahlung von Nutzungsvergütungen und Zinsen i. S. d. § 34 Abs. 2 Nr. 3 EStG einen Zeitraum von **mehr als 36 Monaten** umfassen; es genügt nicht, dass sie auf drei Kalenderjahre entfällt.[7] Werden Nutzungsvergütungen oder Zinsen i. S. d. § 24 Nr. 3 EStG für einen Zeitraum von mehr als 36 Monaten nachgezahlt, ist der gesamte Nachzahlungsbetrag tarifbegünstigt.[8] **Nicht begünstigt** sind Nutzungsvergütungen, die in einem **Einmalbetrag** für einen drei Jahre übersteigenden Nutzungszeitraum gezahlt werden und von denen ein Teilbetrag auf einen Nachzahlungszeitraum von weniger als drei Jahren und die im Übrigen auf

---

1 H 34.3 „Entschädigung in zwei VZ" EStH.
2 H 34.3 „Entschädigung in zwei VZ" EStH. Geserich, DB 2016, 1953, 1954.
3 BFH v. 16.9.2015 - III R 22/14, BFH/NV 2016, 26 = NWB DokID: PAAAF-08282.
4 BMF v. 1.11.2013, BStBl 2013 I 1326, Rz. 13.
5 BMF v. 1.11.2013, BStBl 2013 I 1326, Rz. 13
6 BMF v. 1.11.2013, BStBl 2013 I 1326, Rz. 21.
7 R 34.3 Abs. 2 EStR.
8 H 34.3 „Nutzungsvergütungen i. S. d. § 24 Nr. 3" EStH.

den zukünftigen Nutzungszeitraum entfallen.[1] Teilzahlungen, die ein **Handelsvertreter** entsprechend seinen abgeschlossenen Geschäften **laufend** vorweg auf seine künftige Wettbewerbsentschädigung (§ 90a HGB) und auf seinen künftigen Ausgleichsanspruch (§ 89b HGB) erhält, führen in den jeweiligen VZ zu keiner Zusammenballung von Einkünften und sind ebenfalls nicht begünstigt.[2]

(Einstweilen frei) 91–94

d) Vergütungen für mehrjährige Tätigkeiten (§ 34 Abs. 2 Nr. 4 EStG)

Vergütung i. S. d. § 34 Abs. 2 Nr. 4 EStG kann jeder Vorteil von wirtschaftlichem Wert sein, den der Stpfl. im Rahmen der jeweiligen Einkunftsart erzielt.[3] **Mehrjährig** ist eine Tätigkeit, soweit sie sich über **mindestens zwei VZ** erstreckt und einen Zeitraum von mehr als zwölf Monaten umfasst (§ 34 Abs. 2 Nr. 4 2. Halbsatz EStG). Dies ist bei sämtlichen Einkunftsarten denkbar.[4] Vergütungen werden dann „für" mehrjährige Tätigkeiten gewährt werden, wenn sich aus den Umständen ergibt, dass mit ihnen gerade diese mehrjährige Tätigkeit abgegolten werden soll.[5] Eine tarifbegünstigte Vergütung setzt – wie sonst auch (s. → Rz. 58 ff.) – die **Zusammenballung** von Einkünften voraus, die bei Einkünften aus nichtselbständiger Arbeit auf wirtschaftlich vernünftigen Gründen beruht und bei anderen Einkünften nicht dem vertragsgemäßen oder dem typischen Ablauf entspricht.[6] Die Anwendung von § 34 Abs. 2 Nr. 4 EStG i. V. m. § 34 Abs. 1 EStG ist nicht dadurch ausgeschlossen, dass die Vergütungen für eine mehrjährige Tätigkeit während eines VZ in mehreren Teilbeträgen gezahlt werden.[7] Bei einer Verteilung auf bereits zwei VZ ist § 34 Abs. 1 EStG nur ausnahmsweise und zwar dann anzuwenden, wenn der Stpfl. nur eine geringfügige Teilleistung erhält und die ganz überwiegende Leistung in einem Betrag ausgezahlt wird.[8] Deshalb kommt eine Tarifbegünstigung nach § 34 Abs. 1 EStG nicht in Betracht, wenn die Auszahlung der Gesamtvergütung in zwei VZ in etwa gleich großen Teilbeträgen erfolgt.[9] Verteilt sich die Auszahlung außerordentlicher Einkünfte auf drei oder mehr VZ, kommt die Gewährung der Tarifvergünstigung erst recht nicht in Betracht.[10]

95

BEISPIELE FÜR VERGÜTUNGEN FÜR MEHRJÄHRIGE TÄTIGKEITEN:

▶ **Lohnzahlungen** für eine Zeit, die vor dem VZ liegt, deshalb nachträglich geleistet wird, weil der Arbeitgeber **Lohnbeträge zu Unrecht einbehalten** oder **mangels flüssiger Mittel** nicht in der festgelegten Höhe ausgezahlt hat;[11]

▶ **Tantiemen** für mehrere Jahre;[12] nicht regelmäßig ausgezahlte gewinnabhängige Tantiemen, deren Höhe erst nach Ablauf des Wirtschaftsjahrs festgestellt werden kann;[13]

---
1 H 34.3 „Nutzungsvergütungen i. S. d. § 24 Nr. 3" EStH.
2 H 34.3 „Vorabentschädigungen" EStH.
3 BFH v. 25.2.2014 - X R 10/12, BStBl 2014 II 668.
4 R 34.4 Abs. 1 Satz 1 EStR.
5 BFH v. 7.8.2014 - VI R 57/12, BFH/NV 2015, 181; v. 7.8.2014 - VI R 58/12, BFH/NV 2015, 184.
6 BFH v. 20.9.2016 - X R 23/15, BStBl 2017 II 347, zu verneinen bei vertragsgemäßer Kapitalabfindung; R 34.4 Abs. 1 Satz 3 EStR.
7 BFH v. 11.6.1970 - VI R 338/67, BStBl 1970 II 639.
8 BFH v. 2.8.2016 - VIII R 37/14, BStBl 2017 II 258.
9 BFH v. 2.8.2016 - VIII R 37/14, BStBl 2017 II 258.
10 BFH v. 21.4.2009 - VIII R 65/06, BFH/NV 2009, 1973 = NWB DokID: KAAAD-29980.
11 BFH v. 17.7.1970 - VI R 66/67, BStBl 1970 II 683.
12 BFH v. 11.6.1970 - VI R 338/67, BStBl 1970 II 639.
13 BFH v. 30.8.1966 - VI 211/65, BStBl 1966 III 545.

- Zahlungen zur **Abfindung von Pensionsanwartschaften**, wenn diese Arbeitslohn sind;[1] dies gilt auch für **fiktiv zugeflossene Pensionsanwartschaften** (verdeckte Einlage oder Zufluss bei beherrschenden Gesellschafter-Geschäftsführer mit Fälligkeit), weil auch sie eine Vergütung für eine mehrjährige Tätigkeit des Gesellschafter-Geschäftsführers sind;[2]
- berufsübliche **Honorare** eines Freiberuflers für eine **mehrjährige Tätigkeit**, aber nur wenn sich der Freiberufliche während mehrerer Jahre ausschließlich einer bestimmten Sache gewidmet und die Vergütung dafür in einem einzigen VZ erhalten hat oder dass eine sich über mehrere Jahre erstreckende Sondertätigkeit, die von der übrigen Tätigkeit des Stpfl. ausreichend abgrenzbar ist und nicht zum regelmäßigen Gewinnbetrieb gehört, in einem einzigen VZ entlohnt wird;[3]
- **Nachzahlungen einer Kassenärztlichen Vereinigung**, die insgesamt mehrere Jahre betreffen;[4]
- **Ertrag aufgrund der geballten Nachaktivierung von Umsatzsteuer**, die darauf beruht, dass der EuGH die gesamte Tätigkeit des Stpfl. (**Glücksspielumsätze**) für umsatzsteuerfrei hält, ist bei einem bilanzierenden Gewerbetreibenden als tarifbegünstigte Vergütung für mehrjährige Tätigkeiten anzusehen;[5]
- gem. § 22 Nr. 1 Satz 3 Buchst. a Doppelbuchst. aa EStG steuerpflichtige **Austrittsleistungen** (aus einer **Schweizerischen Pensionskasse**);[6]
- **Kapitalleistungen**, die **von berufsständischen Versorgungseinrichtungen** nach dem 31.12.2004 gezahlt werden;[7] diese Erwägungen lassen sich auf **Sterbegelder** nicht übertragen, weil sie nur untergeordnete Zusatzleistungen zu den laufenden Rentenbezügen und daher – anders als Kapitalauszahlungen – nicht als Fremdkörper im Leistungskatalog der Basisversorgung anzusehen sind;[8]
- **mehrfache** Leistungen aus **Gruppenunfallversicherung**, wenn diese Arbeitslohn sind;[9]
- **Vergütungen für eine mehrjährige Tätigkeit aus einem Aktienoptionsprogramm**, wenn sie Arbeitslohn sind;[10]
- Auszahlung eines **Versorgungsguthabens für eine mehrjährige nichtselbständige Tätigkeit** an die Witwe des regulär Begünstigten.[11]
- **Ausgleichszahlungen**, die der Dienstherr anstelle des vorrangig zu gewährenden Freizeitausgleichs für unionsrechtswidrig zu viel geleisteten Dienst an **Berufsfeuerwehrleute** leistet.[12]

96 **Einkünfte aus Gewerbebetrieb**[13] § 34 Abs. 2 Nr. 4 EStG ist – sofern die tatbestandlichen Voraussetzungen erfüllt sind und im Einzelfall kein Grund für eine einschränkende Auslegung gegeben ist – auch zugunsten der Beziehen von Einkünften aus Gewerbebetrieb anwendbar.[14] Soweit einigen älteren Entscheidungen des BFH[15] die Auffassung zu entnehmen sein sollte, die Steuerermäßigung für mehrjährige Tätigkeiten sei zugunsten von Gewerbetreibenden generell nicht anwendbar, wäre dies zum einen durch die neuere Rechtsprechung des BFH[16] überholt, auch wenn er eine Anwendbarkeit auf Gewerbetreibende bisher nicht ausdrücklich bejaht hat.

---

1 BFH v. 12.4.2007 - VI R 6/02, BStBl 2007 II 581.
2 BFH v. 23.8.2017 - VI R 4/16, BStBl 2018 II 208.
3 BFH v. 16.9.2014 - VIII R 1/12, StuB 2015, 316.
4 BFH v. 2.8.2016 - VIII R 37/14, BStBl 2017 II 258.
5 BFH v. 25.9.2014 - III R 5/12, BStBl 2015 II 220; BFH v. 25.2.2014 - X R 10/12, BStBl 2014 II 668.
6 BFH v. 23.10.2013 - X R 33/10, BStBl 2014 II 103; v. 16.9.2015 - I R 83/11, BStBl 2016 II 681.
7 BFH v. 20.9.2016 - X R 23/15, BStBl 2017 II 347; BFH v. 23.10.2013 - X R 3/12, BStBl 2014 II 58.
8 BFH v. 23.11.2016 - X R 13/14, BFH/NV 2017, 445.
9 BFH v. 11.12.2008 - VI R 3/08, BFH/NV 2009, 907 = NWB DokID: LAAAD-18504.
10 BFH v. 10.7.2008 - VI R 70/06, BFH/NV 2008, 1828 = NWB DokID: IAAAC-90715.
11 FG München v. 25.3.2015 - 1 K 2723/13, EFG 2015, 1200, rkr.
12 BFH v. 26.8.2016 - VIII B 95/15, BFH/NV 2016, 1726.
13 Vgl. dazu allgemein *Nöcker*, NWB 2014, 2627 ff.
14 BFH v. 25.2.2014 - X R 10/12, BStBl 2014 II 668; R 34.4 Abs. 1 Satz 1 EStR.
15 BFH v. 19.5.1961 - VI 127/60 U, BStBl 1961 III 354; v. 2.8.1962 IV 177/62, HFR 1963, 99.
16 BFH v. 14.12.2006 - IV R 57/05, BStBl 2007 II 180.

Der BFH verwendet aber deutlich weiter gefasste Obersätze als sie noch den zuvor genannten früheren Entscheidungen zugrunde lagen.[1] Zudem hat der Gesetzgeber mit dem StRG 1990 den zuvor verwendeten Begriff der „Entlohnung" – den man mit guten Gründen auf bezogenen Arbeitslohn und allenfalls noch die Einnahmen freiberuflich Tätiger beschränken konnte – durch den umfassenderen der „Vergütungen" ersetzt, der prinzipiell eine Offenheit für sämtliche Einkunftsarten aufweist.[2]

Einkünfte aus nichtselbständiger Arbeit sind das hauptsächliche Anwendungsgebiet von § 34 Abs. 2 Nr. 4 EStG.[3] Hier kommt es nicht darauf an, dass die Vergütung für eine abgrenzbare Sondertätigkeit gezahlt wird, dass auf sie ein Rechtsanspruch besteht oder dass sie eine zwangsläufige Zusammenballung von Einnahmen darstellt.[4] Zuwendungen, die ohne Rücksicht auf die Dauer der Betriebszugehörigkeit lediglich aus Anlass eines **Firmenjubiläums** erfolgen, erfüllen nicht die Voraussetzungen von § 34 Abs. 2 Nr. 4 EStG.[5] Die einem Arbeitnehmer gewährte Prämie für einen **Verbesserungsvorschlag** stellt keine Entlohnung für eine mehrjährige Tätigkeit i. S. d. § 34 Abs. 2 Nr. 4 EStG dar, wenn sie nicht nach dem Zeitaufwand des Arbeitnehmers, sondern ausschließlich nach der Kostenersparnis des Arbeitgebers in einem bestimmten künftigen Zeitraum berechnet wird.[6] **Versorgungsbezüge** gehören auch zu den Vergütungen für mehrjährige Tätigkeiten. Zur Anwendung des **Versorgungsfreibetrags** siehe → Rz. 25 „Verhältnis zu § 19 Abs. 2 EStG ". 97

Einkünfte aus VuV und aus KapV: Die Rspr. des BFH hat sich gegen eine Anwendung von § 32 Abs. 2 Nr. 4 EStG auf Einkünfte aus VuV bei Nachzahlungen von Nutzungsvergütungen[7] und bei Einkünften aus KapV bei nachträglichem Eingang von Zinsen für mehrere Jahre[8] ausgesprochen. Da auch bei diesen Einkunftsarten grds. – mit Ausnahme der Abgeltungsteuer – derselbe Progressionsanstieg denkbar ist, sollte § 32 Abs. 2 Nr. 4 EStG auch in diesen Fällen greifen.[9] 98

Ermittlung der Höhe der Einkünfte: Vergleiche zunächst → Rz. 70 ff. Nicht verbrauchte Freibeträge/Pauschbeträge sind zunächst bei den nicht nach § 34 EStG begünstigten Einkünften zu berücksichtigen (siehe auch → Rz. 97).[10] Werden außerordentliche Einkünfte i. S. d. § 19 EStG neben laufenden Einkünften dieser Art bezogen, ist bei den Einnahmen der Arbeitnehmerpauschbetrag oder der Pauschbetrag nach § 9a Satz 1 Nr. 1 Buchst. b EStG insgesamt nur einmal abzuziehen, wenn insgesamt keine höheren WK nachgewiesen werden.[11] In anderen Fällen sind die auf die jeweiligen Einnahmen entfallenden tatsächlichen WK bei diesen Einnahmen zu berücksichtigen.[12] 99

(Einstweilen frei) 100–109

---

1 BFH v. 25.2.2014 - X R 10/12, BStBl 2014 II 668.
2 BFH v. 25.2.2014 - X R 10/12, BStBl 2014 II 668.
3 *Wacker* in Schmidt, § 34 EStG Rz. 38.
4 R 34.4 Abs. 2 EStR.
5 H 34.4 „Jubiläumszuwendungen" EStH.
6 BFH v. 31.8.2016 - VI R 53/14, BStBl 2017 II 322; H 34.4 „Verbesserungsvorschläge" EStH; *Mellinghoff* in Kirchhof, § 34 EStG Rz. 30.
7 BFH v. 14.6.1963 - VI 216/61 U, BStBl 1963 III 380.
8 BFH v. 22.4.1966 - VI 142/65, BStBl 1966 III 462.
9 So auch die FinVerw in R 34.4 Abs. 1 Satz 2 EStR; *Mellinghoff* in Kirchhof, § 34 EStG Rz. 26 f.; *Wacker* in Schmidt, § 34 EStG Rz. 39.
10 R 34.4 Abs. 3 Satz 4 EStR.
11 R 34.4 Abs. 3 Satz 5 EStR.
12 R 34.4 Abs. 3 Satz 6 EStR.

III. Besonderer Steuersatz für Veräußerungsgewinne beim Ausscheiden aus dem Erwerbsleben (§ 34 Abs. 3 EStG)

1. Abweichende Tarifermäßigung für bestimmte Veräußerungsgewinne i. S. d. § 34 Abs. 2 Nr. 1 EStG (§ 34 Abs. 3 Satz 1 EStG)

a) Zu versteuerndes Einkommen enthält Veräußerungsgewinne i. S. d. § 34 Abs. 2 Nr. 1 EStG

110 Zur Frage, auf welche Einkünfte die Tarifermäßigung des § 34 Abs. 3 EStG anzuwenden ist, vgl. → Rz. 11.

111–114 *(Einstweilen frei)*

b) Antrag

115 **Antragserfordernis**: Im Gegensatz zu § 34 Abs. 1 EStG (s. → Rz. 30) setzt die Anwendung von § 34 Abs. 3 EStG einen Antrag des Stpfl. voraus (§ 34 Abs. 3 Satz 1 2. Halbsatz EStG: *„auf Antrag"*). Da die Tarifermäßigung des § 34 Abs. 3 EStG nur einmal im Leben gewährt werden kann (s. → Rz. 145 f.), hat sich der Stpfl. mittels seines Antrags eindeutig für die Tarifermäßigung des § 34 Abs. 3 EStG zu entscheiden. Das Antragsrecht darf nicht verbraucht sein, was insbesondere dann der Fall sein kann, wenn das FA die Vergünstigung deshalb zu Unrecht gewährt hat, weil der Stpfl. erforderlichen Antrag nicht gestellt hat.[1] Regelmäßig ist § 34 Abs. 3 EStG gegenüber § 34 Abs. 1 EStG **vorteilhaft** (s. → Rz. 131).

116 Der Antrag kann **form- und fristlos** gestellt[2] und **bis zur Bestandskraft** der Festsetzung nachgeholt, geändert oder zurückgenommen[3] werden. Im Falle einer partiellen Bestandskraft kommt die Änderung nur in Betracht, wenn ihre steuerlichen Folgen nicht über den durch § 351 Abs. 1 AO gesetzten Rahmen hinausgehen.[4] Die Änderung eines Wahlrechts rechtfertigt auch dann für sich genommen die Änderung des Steuerbescheids nicht, wenn sie auf einer Änderung der wirtschaftlichen Geschäftsgrundlage beruht.[5] Die Grundsätze zum Veranlagungswahlrecht von Ehegatten sind auf das Wahlrecht nach § 34 Abs. 3 EStG nicht übertragbar.[6] Bei einer **Zusammenveranlagung** kann der Antrag nur von beiden Ehegatten/Partnern einer eingetragenen Lebenspartnerschaft gestellt werden, da die Anwendung des § 34 Abs. 3 EStG Auswirkungen auf beide der zusammenveranlagten Personen Auswirkungen hat.[7]

117 **Umfang des Antrags; Ausbleiben des Antrags**: Der Antrag nach § 34 Abs. 3 Satz 1 EStG ist unabhängig von dem Antrag nach § 16 Abs. 4 EStG.[8] Wird der Antrag gestellt, findet § 34 Abs. 3 EStG für einen Veräußerungsvorgang insgesamt Anwendung; eine Kombination aus den Vergünstigungen nach § 34 Abs. 3 EStG und § 34 Abs. 1 EStG ist nicht möglich.[9]

---

1 BFH v. 1.12.2015 - X B 111/15, BFH/NV 2016, 199 = NWB DokID: PAAAF-19016.
2 *Schiffers* in Korn, § 34 EStG Rz. 62.
3 BFH v. 9.12.2015 - X R 56/13, BStBl 2016 II 967; *Wacker* in Schmidt, § 34 EStG Rz. 55.
4 BFH v. 9.12.2015 - X R 56/13, BStBl 2016 II 967.
5 BFH v. 9.12.2015 - X R 56/13, BStBl 2016 II 967.
6 BFH v. 9.12.2015 - X R 56/13, BStBl 2016 II 967.
7 *Schiffers* in Korn, § 34 EStG Rz. 62.
8 *Schiffers* in Korn, § 34 EStG Rz. 62.
9 *Mellinghoff* in Kirchhof, § 34 EStG Rz. 50.

> **PRAXISTIPP:**[1]
>
> Soweit in einem VZ mehrere Veräußerungs- oder Aufgabegewinne erzielt werden, sollte der Freibetrag nach § 16 Abs. 4 EStG (bei ausreichender Höhe des Veräußerungsgewinns) für den Veräußerungsgewinn beantragt werden, für den nicht § 34 Abs. 3 EStG, sondern nur § 34 Abs. 1 EStG beantragt wird; dadurch wird die höhere Begünstigung nach § 34 Abs. 3 EStG in größtmöglichem Ausmaß in Anspruch genommen.

Fehlende Antragstellung: Wird der Antrag dagegen nicht gestellt, kann die Tarifermäßigung nach § 34 Abs. 1 EStG gewährt werden.[2] Das FA kann bei Vorliegen der Voraussetzungen des § 34 Abs. 3 EStG jedoch auf die Möglichkeit einer Antragstellung hinweisen.[3] Gewährt das FA eine Vergünstigung nach § 34 Abs. 3 EStG, ohne dass der Stpfl. einen Antrag gestellt hat und damit in rechtswidriger Weise, ist das Antragsrecht für spätere VZ verbraucht (s. → Rz. 115).

(Einstweilen frei) 118–119

c) Höchstbetrag

Die Tarifermäßigung nach § 34 Abs. 3 EStG ist auf außerordentliche Einkünfte bis 5 Mio. € begrenzt. Der den HB **übersteigende Betrag** ist nach § 34 Abs. 1 EStG begünstigt;[4] dies wird aber i. d. R. zu keiner weiteren Tarifermäßigung führen, da bei derart hohen Einkünften die übrigen Einkünfte bereits dem Spitzensteuersatz unterliegen dürften.[5]

Personenbezogener HB: Da der HB personen- und nicht betriebsbezogen ist, gilt er bei Veräußerungs- und Aufgabegewinnen, die von mehreren Stpfl. erzielt werden, für jeden Stpfl. gesondert.[6] Im Falle der **Zusammenveranlagung** ist der HB auf jede der zusammen veranlagten Person einzeln anzuwenden,[7] da die Erzielung des jeweiligen Veräußerungs- bzw. Aufgabegewinns nur dem einzelnen Stpfl. zuzurechnen ist.

(Einstweilen frei) 122–124

d) Altersgrenze oder dauernde Berufsunfähigkeit

Persönliche Voraussetzungen: § 34 Abs. 3 EStG verlangt, dass der Stpfl. das 55. Lebensjahr vollendet hat oder dass er im sozialversicherungsrechtlichen Sinne dauernd berufsunfähig ist.

> **PRAXISTIPP:**[8]
>
> Soweit diese Voraussetzungen nicht vorliegen oder die betragsmäßige Begrenzung (→ Rz. 120 f.) greift, kann ein Mitunternehmeranteil steuerneutral in eine Kapitalgesellschaft eingebracht oder eine Personengesellschaft in eine Kapitalgesellschaft umgewandelt werden; nach Ablauf der Sieben-Jahres-Frist des § 3 Nr. 40 Satz 4 Buchst. a EStG können die so entstandenen Anteile dann unter Anwendung des Teileinkünfteverfahrens veräußert werden. Gegebenenfalls können auch ungewisse Kaufpreisbestandteile vereinbart werden, deren jeweilige Realisierung zu einer sukzessiven Besteuerung führt (Progressionsvorteil).

---

1 *Schiffers* in Korn, § 34 EStG Rz. 62.
2 *Mellinghoff* in Kirchhof, § 34 EStG Rz. 50.
3 *Mellinghoff* in Kirchhof, § 34 EStG Rz. 50.
4 *Mellinghoff* in Kirchhof, § 34 EStG Rz. 50.
5 *Lindberg* in Blümich, § 34 EStG Rz. 77.
6 *Mellinghoff* in Kirchhof, § 34 EStG Rz. 47.
7 *Schiffers* in Korn, § 34 EStG Rz. 63.
8 *Schiffers* in Korn, § 34 EStG Rz. 64.

126 **Vollendung des 55. Lebensjahres**: Die Altersberechnung bestimmt sich nach den **zivilrechtlichen Vorschriften** (§ 108 Abs. 1 AO i.V. m. § 187 Abs. 2, § 188 Abs. 2 BGB). Die Altersgrenze muss im **Zeitpunkt** der Veräußerung, nämlich Zeitpunkt des Überganges des wirtschaftlichen Eigentums (§ 39 AO) der Wirtschaftsgüter des Unternehmens, erreicht sein; das Erreichen bis zum Ende des VZ ist ohne Bedeutung.[1]

127 **Dauernde Berufsunfähigkeit i. S. d. Sozialrechts**: Dauernd berufsunfähig sind nach dem Sozialrecht Versicherte, deren Erwerbsfähigkeit wegen Krankheit oder Behinderung im Vergleich zur Erwerbsfähigkeit von körperlich, geistig und seelisch gesunden Versicherten mit ähnlicher Ausbildung und gleichwertigen Kenntnissen und Fähigkeiten auf weniger als sechs Stunden täglich gesunken ist (**§ 240 Abs. 2 SGB VI**).[2] Die dauernde Berufsunfähigkeit muss im **Zeitpunkt** der Veräußerung oder Aufgabe vorliegen; eine Kausalität zwischen der Veräußerung oder Aufgabe und der Berufsunfähigkeit ist nicht erforderlich.[3] Zum **Nachweis** der dauernden Berufsunfähigkeit reicht die Vorlage eines **Bescheids des Rentenversicherungsträgers** aus, wonach die Berufsunfähigkeit oder Erwerbsunfähigkeit i. S. d. gesetzlichen Rentenversicherung vorliegt; der Nachweis kann auch durch eine **amtsärztliche Bescheinigung** oder durch die **Leistungspflicht einer privaten Versicherungsgesellschaft**, wenn deren Versicherungsbedingungen an einen Grad der Berufsunfähigkeit von mindestens 50 % oder an eine Minderung der Erwerbsfähigkeit wegen Krankheit oder Behinderung auf weniger als sechs Stunden täglich anknüpfen, erbracht werden.[4] Feststellungen des Versicherungsträgers der Sozialversicherung zur Berufsunfähigkeit sind indes **kein Grundlagenbescheid** i. S. d. § 171 Abs. 10 AO.[5]

128–129 *(Einstweilen frei)*

e) Rechtsfolge: Tarifermäßigung

130 **Deutliche Tarifermäßigung**: Es ist eine Tarifermäßigung zu gewähren (zur Berechnung s. → Rz. 140), die zu einer spürbaren Tarifermäßigung führt.[6]

131 **Vor- und Nachteile; Vergleich zu § 34 Abs. 1 EStG**: Ist die obere Proportionalzone des ESt-Tarifs erreicht, ergibt sich (gerade im Vergleich zu § 34 Abs. 1 EStG, der dann zu keiner weiteren Entlastung führt, s. → Rz. 39) eine signifikante Entlastung, die ca. 56 % des Spitzensteuersatzes multipliziert mit den nach § 34 Abs. 3 EStG begünstigten Einkünften entspricht.[7] Wegen des Mindeststeuersatzes **nachteilig** ist § 34 Abs. 3 EStG nur beim Zusammentreffen von geringen Veräußerungsgewinnen mit geringen anderen Einkünften, weshalb dann kein Antrag (s. → Rz. 115) nach § 34 Abs. 3 EStG gestellt werden sollte.

132–139 *(Einstweilen frei)*

---

1 BFH v. 28. 11. 2007 - X R 12/07, BStBl 2008 II 193, zum insoweit wortgleichen § 16 Abs. 4; *Mellinghoff* in Kirchhof, § 34 EStG Rz. 48.
2 *Mellinghoff* in Kirchhof, § 34 EStG Rz. 48, m. w. N.
3 R 34.5 Abs. 3 EStR i. V. m. R 16 Abs. 14 Satz 3 EStR.
4 R 34.5 Abs. 3 EStR i. V. m. R 16 Abs. 14 Satz 1 EStR.
5 *Schiffers* in Korn, § 34 EStG Rz. 64.
6 *Schiffers* in Korn, § 34 EStG Rz. 69.
7 *Schiffers* in Korn, § 34 EStG Rz. 69.

2. Höhe der Tarifermäßigung (§ 34 Abs. 3 Sätze 2 und 3 EStG)

Die **Berechnung** des ermäßigten Tarifs erfolgt in drei Schritten:[1]   140

▶ **1. Schritt:** Für das gesamte zvE (also einschließlich der außerordentlichen Einkünfte, soweit sie zur ESt heranzuziehen sind) ist der Steuerbetrag nach den allgemeinen Tarifvorschriften zu ermitteln.

▶ **2. Schritt:** Aus dem Verhältnis des sich ergebenden Steuerbetrags zu dem gerundeten zvE ergibt sich der durchschnittliche Steuersatz, der auf vier Dezimalstellen abzurunden ist.

▶ **3. Schritt:** 56 % dieses durchschnittlichen Steuersatzes, mindestens 14 %, ist der anzuwendende ermäßigte Steuersatz.

(Einstweilen frei)   141–144

3. Tarifermäßigung nur einmal im Leben (§ 34 Abs. 3 Satz 4 EStG)

Einmal im Leben ab 2001: Die Tarifermäßigung wird nur einmal im Leben des Stpfl. gewährt.   145
Allerdings ist die **Inanspruchnahme** einer Steuerermäßigung nach § 34 EStG in VZ **vor 2001 unbeachtlich**, wie sich aus § 52 Abs. 7 Satz 8 EStG a. F. ergab.[2] Wurde die Tarifermäßigung ab 2001 bereits in einem früheren VZ gewährt, kommt es nicht darauf an, ob dies zu Recht geschehen ist; entscheidend ist allein, dass sich die Tarifermäßigung ausgewirkt hat und dies nicht mehr rückgängig gemacht werden kann.[3] Der Ausschluss gilt übergreifend für verschiedene Einkunftsarten, so dass z. B. die Inanspruchnahme der Tarifermäßigung nach § 34 Abs. 3 EStG für einen Veräußerungsgewinn aus § 18 Abs. 4 EStG die nochmalige Anwendung von § 34 Abs. 3 EStG für einen Veräußerungsgewinn i. S. d. § 16 EStG ausschließt.[4] Gewährt das FA eine Vergünstigung nach § 34 Abs. 3 EStG, ohne dass der Stpfl. einen Antrag gestellt hat und damit in rechtswidriger Weise, ist das Antragsrecht für spätere VZ verbraucht (→ Rz. 115).

Wird der **zum Betriebsvermögen eines Einzelunternehmers gehörende Mitunternehmeranteil**   146
im Zusammenhang mit der Veräußerung des Einzelunternehmens veräußert, ist die Anwendbarkeit des § 34 Abs. 3 EStG für beide Vorgänge getrennt zu prüfen; liegen hinsichtlich beider Vorgänge die Voraussetzungen des § 34 Abs. 3 EStG vor, kann der Stpfl. diese Tarifermäßigung entweder für die Veräußerung des Einzelunternehmens oder für die Veräußerung des Mitunternehmeranteiles beantragen.[5] Die Veräußerung eines Anteils an einer Mitunternehmerschaft (Obergesellschaft), zu deren Betriebsvermögen die Beteiligung an einer anderen Mitunternehmerschaft gehört (**mehrstöckige Personengesellschaft**), stellt für die Anwendung des § 34 Abs. 3 EStG einen einheitlich zu beurteilenden Veräußerungsvorgang dar.[6]

(Einstweilen frei)   147–149

---

1 Vgl. R 34.5 Abs. 1 EStR.
2 R 34.5 Abs. 2 Satz 2 EStR.
3 BFH v. 21. 7. 2009 - X R 2/09, BStBl 2009 II 963, zu § 16 Abs. 4 EStG.
4 BFH v. 21. 7. 2009 - X R 2/09, BStBl 2009 II 963, zu § 16 Abs. 4 EStG.
5 R 34.5 Abs. 5 Satz 3 und 4 EStR.
6 R 34.5 Abs. 5 Satz 5 EStR.

4. Tarifermäßigung nur für einen Veräußerungs-/Aufgabegewinn bei mehrfachen Veräußerungs-/Aufgabegewinnen pro VZ (§ 34 Abs. 3 Satz 5 EStG)

150 Erzielt der Steuerpflichtige in einem VZ mehr als einen Veräußerungs-/Aufgabegewinn, kann er § 34 Abs. 3 EStG nur für einen Veräußerungs-/Aufgabegewinn beantragen (vgl. § 34 Abs. 3 Satz 5 EStG). Dies erscheint folgerichtig, da ansonsten § 34 Abs. 3 Satz 4 EStG durch Zusammenlegung mehrerer Veräußerungs-/Aufgabegewinne in einem VZ umgangen werden könnte.[1]

151–159 *(Einstweilen frei)*

5. Ausschluss der Steuerermäßigung (§ 34 Abs. 3 Satz 6 EStG)

160 **Verbot mehrfacher Begünstigung** Ebenso wie die Tarifermäßigung nach § 34 Abs. 1 EStG (→ Rz. 50 f.) wird auch diejenige nach § 34 Abs. 3 EStG ausgeschlossen, wenn der Stpfl. für den Veräußerungs-/Aufgabegewinn eine Rücklage nach § 6b EStG bzw. § 6c EStG bildet.

161–179 *(Einstweilen frei)*

C. Verfahrensfragen

180 Ein **Antragserfordernis** besteht nur für die Tarifermäßigung nach § 34 Abs. 3 EStG (→ Rz. 30 und → Rz. 115).

Verhältnis des Veranlagungsverfahrens zum Feststellungsverfahren: → Rz. 25 „Verhältnis zu §§ 179 f. AO".

Zum **Nachweis** der **dauernden Berufsunfähigkeit** i. S. d. Sozialrechts → Rz. 127.

Verhältnis zum LSt-Verfahren: (→ Rz. 25 „Verhältnis zu § 39b EStG").

Zu **Korrekturmöglichkeiten bei planwidriger Zufluss in mehreren VZ/Rückzahlung bereits empfangener Entschädigungen** siehe → Rz. 25 „Verhältnis zu § 163 AO".

§ 34a Begünstigung der nicht entnommenen Gewinne

[2](1) [1]Sind in dem zu versteuernden Einkommen nicht entnommene Gewinne aus Land- und Forstwirtschaft, Gewerbebetrieb oder selbständiger Arbeit (§ 2 Absatz 1 Satz 1 Nummer 1 bis 3) im Sinne des Absatzes 2 enthalten, ist die Einkommensteuer für diese Gewinne auf Antrag des Steuerpflichtigen ganz oder teilweise mit einem Steuersatz von 28,25 Prozent zu berechnen; dies gilt nicht, soweit für die Gewinne der Freibetrag nach § 16 Absatz 4 oder die Steuerermäßigung nach § 34 Absatz 3 in Anspruch genommen wird oder es sich um Gewinne im Sinne des § 18 Absatz 1 Nummer 4 handelt. [2]Der Antrag nach Satz 1 ist für jeden Betrieb oder Mitunternehmeranteil für jeden Veranlagungszeitraum gesondert bei dem für die Einkommensbesteuerung zuständigen Finanzamt zu stellen. [3]Bei Mitunternehmeranteilen kann der Steuerpflichtige den Antrag nur stellen, wenn sein Anteil am nach § 4 Absatz 1 Satz 1 oder § 5 ermittelten Gewinn mehr als 10 Prozent beträgt oder 10 000 Euro übersteigt. [4]Der Antrag kann bis zur Unanfechtbarkeit des Einkommensteuerbescheids für den nächsten Veranlagungszeitraum vom Steuerpflichtigen ganz oder teilweise zurückgenommen werden; der Ein-

---

1 A. A. *Schiffers* in Korn, § 34 EStG Rz. 71: Begrenzung sei nicht einsichtig.
2 **Anm. d. Red.:** Zur Anwendung des § 34a siehe § 52 Abs. 34.

kommensteuerbescheid ist entsprechend zu ändern. ⁵Die Festsetzungsfrist endet insoweit nicht, bevor die Festsetzungsfrist für den nächsten Veranlagungszeitraum abgelaufen ist.

(2) Der nicht entnommene Gewinn des Betriebs oder Mitunternehmeranteils ist der nach § 4 Absatz 1 Satz 1 oder § 5 ermittelte Gewinn vermindert um den positiven Saldo der Entnahmen und Einlagen des Wirtschaftsjahres.

(3) ¹Der Begünstigungsbetrag ist der im Veranlagungszeitraum nach Absatz 1 Satz 1 auf Antrag begünstigte Gewinn. ²Der Begünstigungsbetrag des Veranlagungszeitraums, vermindert um die darauf entfallende Steuerbelastung nach Absatz 1 und den darauf entfallenden Solidaritätszuschlag, vermehrt um den nachversteuerungspflichtigen Betrag des Vorjahres und den auf diesen Betrieb oder Mitunternehmeranteil nach Absatz 5 übertragenen nachversteuerungspflichtigen Betrag, vermindert um den Nachversteuerungsbetrag im Sinne des Absatzes 4 und den auf einen anderen Betrieb oder Mitunternehmeranteil nach Absatz 5 übertragenen nachversteuerungspflichtigen Betrag, ist der nachversteuerungspflichtige Betrag des Betriebs oder Mitunternehmeranteils zum Ende des Veranlagungszeitraums. ³Dieser ist für jeden Betrieb oder Mitunternehmeranteil jährlich gesondert festzustellen.

(4) ¹Übersteigt der positive Saldo der Entnahmen und Einlagen des Wirtschaftsjahres bei einem Betrieb oder Mitunternehmeranteil den nach § 4 Absatz 1 Satz 1 oder § 5 ermittelten Gewinn (Nachversteuerungsbetrag), ist vorbehaltlich Absatz 5 eine Nachversteuerung durchzuführen, soweit zum Ende des vorangegangenen Veranlagungszeitraums ein nachversteuerungspflichtiger Betrag nach Absatz 3 festgestellt wurde. ²Die Einkommensteuer auf den Nachversteuerungsbetrag beträgt 25 Prozent. ³Der Nachversteuerungsbetrag ist um die Beträge, die für die Erbschaftsteuer (Schenkungsteuer) anlässlich der Übertragung des Betriebs oder Mitunternehmeranteils entnommen wurden, zu vermindern.

(5) ¹Die Übertragung oder Überführung eines Wirtschaftsguts nach § 6 Absatz 5 Satz 1 bis 3 führt unter den Voraussetzungen des Absatzes 4 zur Nachversteuerung. ²Eine Nachversteuerung findet nicht statt, wenn der Steuerpflichtige beantragt, den nachversteuerungspflichtigen Betrag in Höhe des Buchwerts des übertragenen oder überführten Wirtschaftsguts, höchstens jedoch in Höhe des Nachversteuerungsbetrags, den die Übertragung oder Überführung des Wirtschaftsguts ausgelöst hätte, auf den anderen Betrieb oder Mitunternehmeranteil zu übertragen.

(6) ¹Eine Nachversteuerung des nachversteuerungspflichtigen Betrags nach Absatz 4 ist durchzuführen

1. in den Fällen der Betriebsveräußerung oder -aufgabe im Sinne der §§ 14, 16 Absatz 1 und 3 sowie des § 18 Absatz 3,

2. in den Fällen der Einbringung eines Betriebs oder Mitunternehmeranteils in eine Kapitalgesellschaft oder eine Genossenschaft sowie in den Fällen des Formwechsels einer Personengesellschaft in eine Kapitalgesellschaft oder Genossenschaft,

3. in den Fällen der unentgeltlichen Übertragung eines Betriebs oder Mitunternehmeranteils nach § 6 Absatz 3, wenn die Übertragung an eine Körperschaft, Personenvereinigung oder Vermögensmasse im Sinne des § 1 Absatz 1 des Körperschaftsteuergesetzes erfolgt. ²Dies gilt entsprechend für eine unentgeltliche Übertragung auf eine Mitunternehmerschaft, soweit der Betrieb oder der Mitunternehmeranteil einer Körperschaft, Personenvereinigung oder Vermögensmasse im Sinne des § 1 Absatz 1 des Körperschaftsteuergesetzes als Mitunternehmer zuzurechnen ist,

4. wenn der Gewinn nicht mehr nach § 4 Absatz 1 Satz 1 oder § 5 ermittelt wird oder
5. wenn der Steuerpflichtige dies beantragt.

²In den Fällen der Nummern 1 bis 3 ist die nach Absatz 4 geschuldete Einkommensteuer auf Antrag des Steuerpflichtigen oder seines Rechtsnachfolgers in regelmäßigen Teilbeträgen für einen Zeitraum von höchstens zehn Jahren seit Eintritt der ersten Fälligkeit zinslos zu stunden, wenn ihre alsbaldige Einziehung mit erheblichen Härten für den Steuerpflichtigen verbunden wäre.

(7) ¹In den Fällen der unentgeltlichen Übertragung eines Betriebs oder Mitunternehmeranteils nach § 6 Absatz 3 hat der Rechtsnachfolger den nachversteuerungspflichtigen Betrag fortzuführen; Absatz 6 Satz 1 Nummer 3 bleibt unberührt. ²In den Fällen der Einbringung eines Betriebs oder Mitunternehmeranteils zu Buchwerten nach § 24 des Umwandlungssteuergesetzes geht der für den eingebrachten Betrieb oder Mitunternehmeranteil festgestellte nachversteuerungspflichtige Betrag auf den neuen Mitunternehmeranteil über.

(8) Negative Einkünfte dürfen nicht mit ermäßigt besteuerten Gewinnen im Sinne von Absatz 1 Satz 1 ausgeglichen werden; sie dürfen insoweit auch nicht nach § 10d abgezogen werden.

(9) ¹Zuständig für den Erlass der Feststellungsbescheide über den nachversteuerungspflichtigen Betrag ist das für die Einkommensbesteuerung zuständige Finanzamt. ²Die Feststellungsbescheide können nur insoweit angegriffen werden, als sich der nachversteuerungspflichtige Betrag gegenüber dem nachversteuerungspflichtigen Betrag des Vorjahres verändert hat. ³Die gesonderten Feststellungen nach Satz 1 können mit dem Einkommensteuerbescheid verbunden werden.

(10) ¹Sind Einkünfte aus Land- und Forstwirtschaft, Gewerbebetrieb oder selbständiger Arbeit nach § 180 Absatz 1 Satz 1 Nummer 2 Buchstabe a oder b der Abgabenordnung gesondert festzustellen, können auch die Höhe der Entnahmen und Einlagen sowie weitere für die Tarifermittlung nach den Absätzen 1 bis 7 erforderliche Besteuerungsgrundlagen gesondert festgestellt werden. ²Zuständig für die gesonderten Feststellungen nach Satz 1 ist das Finanzamt, das für die gesonderte Feststellung nach § 180 Absatz 1 Satz 1 Nummer 2 der Abgabenordnung zuständig ist. ³Die gesonderten Feststellungen nach Satz 1 können mit der Feststellung nach § 180 Absatz 1 Satz 1 Nummer 2 der Abgabenordnung verbunden werden. ⁴Die Feststellungsfrist für die gesonderte Feststellung nach Satz 1 endet nicht vor Ablauf der Feststellungsfrist für die Feststellung nach § 180 Absatz 1 Satz 1 Nummer 2 der Abgabenordnung.

(11) ¹Der Bescheid über die gesonderte Feststellung des nachversteuerungspflichtigen Betrags ist zu erlassen, aufzuheben oder zu ändern, soweit der Steuerpflichtige einen Antrag nach Absatz 1 stellt oder diesen ganz oder teilweise zurücknimmt und sich die Besteuerungsgrundlagen im Einkommensteuerbescheid ändern. ²Dies gilt entsprechend, wenn der Erlass, die Aufhebung oder Änderung des Einkommensteuerbescheids mangels steuerlicher Auswirkung unterbleibt. ³Die Feststellungsfrist endet nicht, bevor die Festsetzungsfrist für den Veranlagungszeitraum abgelaufen ist, auf dessen Schluss der nachversteuerungspflichtige Betrag des Betriebs oder Mitunternehmeranteils gesondert festzustellen ist.

Inhaltsübersicht

	Rz.
A. Allgemeine Erläuterungen	1 - 62
I. Normzweck und wirtschaftliche Bedeutung der Vorschrift	1 - 20
II. Entstehung und Entwicklung der Vorschrift	21 - 26
III. Geltungsbereich	27 - 40
1. Persönlicher Geltungsbereich	27 - 29
2. Sachlicher Geltungsbereich	30 - 33
3. Zeitlicher Geltungsbereich	34 - 40
IV. Vereinbarkeit mit höherrangigem Recht	41 - 45
V. Verhältnis zu anderen Vorschriften	46 - 56
1. Begünstigter Gewinn bei beschränkter Steuerpflicht	46
2. Veräußerungsgewinne	47 - 51
3. Steuervorauszahlungen	52 - 56
VI. Aktuelle Verfahrensfragen	57 - 62
B. Systematische Kommentierung	63 - 507
I. § 34a Abs. 1 EStG	63 - 115
1. § 34a Abs. 1 Satz 1 bis 3 EStG	63 - 81
a) Begünstigungsfähige Gewinne	63 - 69
b) Antragstellung	70 - 75
aa) Antragstellung bei Einzelunternehmern	71
bb) Antragstellung bei Mitunternehmern	72 - 75
c) Ermäßigter Steuersatz i. H. v. 28,25 %	76 - 77
d) Keine Inanspruchnahme sonstiger Steuerermäßigungen	78 - 81
2. § 34a Abs. 1 Satz 4, 5 EStG	82 - 85
3. Antragstellung und Verzinsung nach AO?	86 - 115
II. § 34a Abs. 2 EStG	116 - 180
1. Nicht entnommener Gewinn	116 - 130
2. Gewinnermittlungsart	131 - 132
3. Nicht abziehbare Betriebsausgaben	133 - 148
a) Überblick	133 - 134
b) Nicht abziehbare Betriebsausgabe: Gewerbesteuer	135 - 148
4. Steuerfreie Gewinnanteile	149 - 153
5. Ausländische Betriebsstättengewinne	154 - 157
6. Abweichendes Wirtschaftsjahr	158 - 160
7. Nicht entnommener Gewinn bei Personengesellschaften	161 - 180
a) Nicht entnommener Gewinn bei Mitunternehmerschaften	161 - 162
b) Nicht entnommener Gewinn bei doppel- und mehrstöckigen Mitunternehmer-Personengesellschaften	163 - 180
III. § 34a Abs. 3 EStG	181 - 200
1. Überblick	181
2. Begünstigungsbetrag (§ 34a Abs. 3 Satz 1 EStG)	182
3. Nachversteuerungspflichtiger Betrag des VZ (§ 34a Abs. 3 Satz 2 EStG)	183 - 200
IV. § 34a Abs. 4 EStG	201 - 315
1. Nachversteuerung (§ 34a Abs. 4 Satz 1 EStG)	201 - 219
a) Nachversteuerungsbetrag	204 - 210
b) *Verwendungsreihenfolge bei der Nachversteuerung*	211 - 219
aa) Verwendungsreihenfolge im Entnahmefall	211
bb) Verwendungsreihenfolge bei der Nachversteuerung: lock-in-effect	212 - 219
2. § 34a Abs. 4 Satz 2 EStG	220 - 221
3. Entnahmen zur Zahlung von Erbschaft- bzw. Schenkungsteuer (§ 34a Abs. 4 Satz 3 EStG)	222 - 315

V.	Übertragungen und Überführungen von einzelnen Wirtschaftsgütern (§ 34a Abs. 5 EStG)	316 - 355
	1. Nachversteuerung bei Übertragung oder Überführung einzelner Wirtschaftsgüter (§ 34a Abs. 5 Satz 1 EStG)	316 - 317
	2. Übertragbarkeit des nachversteuerungspflichtigen Betrags (§ 34a Abs. 5 Satz 2 EStG)	318 - 337
	a) Übertragung einzelner Wirtschaftsgüter nach § 6 Abs. 5 EStG	318 - 329
	b) Sonderfall: Überführung von Geldbeträgen	330 - 337
	3. Grenzüberschreitende Überführungen und Übertragungen von Wirtschaftsgütern	338 - 355
	a) Übertragungen innerhalb eines Betriebs oder Mitunternehmeranteils	339 - 340
	b) Übertragungen und Überführungen zwischen mehreren Betrieben oder Mitunternehmeranteilen	341 - 344
	c) Grenzüberschreitende Übertragungen und Überführungen bei Einkünften aus Land- und Forstwirtschaft und selbständiger Arbeit	345 - 355
VI.	Sonderfälle der Nachversteuerung (§ 34a Abs. 6 EStG)	356 - 390
	1. § 34a Abs. 6 Satz 1 EStG	356 - 372
	a) Betriebsaufgabe, -veräußerung, Realteilung	357 - 361
	b) Umwandlungsfälle	362 - 369
	c) (Un-) Mittelbare Übertragung auf Körperschaften gem. § 6 Abs. 3 EStG	370
	d) Wechsel der Gewinnermittlungsart	371
	e) Antrag auf Nachversteuerung	372
	2. Stundung der Nachsteuer (§ 34a Abs. 6 Satz 2 EStG)	373 - 390
VII.	Nachversteuerung bei § 6 Abs. 3 EStG und § 24 UmwStG (§ 34a Abs. 7 EStG)	391 - 415
VIII.	§ 34a Abs. 8 EStG	416 - 425
IX.	Feststellung des nachversteuerungspflichtigen Betrags (§ 34a Abs. 9, 11 EStG)	426 - 445
X.	§ 34a Abs. 10 EStG	446 - 470
XI.	Mehrstöckige Personengesellschaften sowie Organschaft	471 - 507
	1. Doppelstöckige Personengesellschaften/Mitunternehmerschaften	471 - 490
	a) Grundsatz: Antrag je Mitunternehmeranteil	471 - 472
	b) Reichweite des Mitunternehmer-Anteilsbegriffs/Umfang der Thesaurierungsbegünstigung	473 - 476
	c) Zweifelsfragen bei doppel- bzw. mehrstöckigen Personengesellschaften	477 - 490
	2. Ertragsteuerliche Organschaftsverhältnisse bei Anwendung des § 34a EStG	491 - 507
	a) Organschaftliche Einkommenszurechnung gem. § 14 Abs. 1 KStG/§ 34a EStG	491 - 496
	b) Organschaftliche Mehr- und Minderabführungen nach § 14 Abs. 4 KStG	497 - 507

HINWEIS:

BMF v. 11. 8. 2008, BStBl 2008 I 838; FinMin Schleswig-Holstein v. 27. 1. 2010 - S 2290a-001; OFD Frankfurt a. M. v. 19. 11. 2013 - S 2290a A-02-St 213, NWB DokID: JAAAE-50864; OFD Frankfurt a. M. v. 2. 7. 2015, S 2290a A - 1 - St 213, NWB DokID: DAAAE-99399.

LITERATUR:

▶ Weitere Literatur siehe Online-Version

Maetz, Nachversteuerung i. S. d. § 34a EStG bei Stiftungserrichtung?, FR 2013, 652; *Bareis*, Steuerliche Gewinnbegriffe und Thesaurierungsbegünstigung gem. § 34a EStG – Zugleich Anmerkungen zum Urteil des FG Münster v. 19. 2. 2014 – 9 K 511/14 F, FR 2014, 611, FR 2014, 581; *Bodden*, Aktuelle Brennpunkte der

Allgemeine Erläuterungen 1–6 § 34a EStG

Thesaurierungsbesteuerung nach § 34a EStG, FR 2014, 920; *Baschnagel*, Ertragsteuerliche Aspekte doppelstöckiger Personengesellschaften, BB 2015, 349, 353; *Schanz*, Steuerplanung – Der Steuerberater als betriebswirtschaftlicher Ratgeber (Teil II), DStR 2015, 2032; *Niehus/Wilke*, Zur Frage der Meistbegünstigung bei der Berücksichtigung von Verlusten und persönlichen Abzügen bei der Thesaurierungsbegünstigung des § 34a EStG, FR 2016, 366.

A. Allgemeine Erläuterungen

I. Normzweck und wirtschaftliche Bedeutung der Vorschrift

1   Im Rahmen der **Unternehmensteuerreform 2008**[1] wurde der Regelsteuersatz für Kapitalgesellschaften von 25 % auf 15 % (§ 23 Abs. 1 KStG) sowie die Gewerbesteuermesszahl von 5 % auf 3,5 % (§ 11 Abs. 2 GewStG) herabgesenkt. Die steuerliche Belastung für thesaurierte Gewinne bei Kapitalgesellschaften reduzierte sich damit auf **29,83 %**[2] (vorher: 38,65 %[3]).[4]

2   Werden die **Anteile an einer Kapitalgesellschaft im Privatvermögen** gehalten, greift im Falle der Ausschüttung des verbleibenden Gewinns nach Steuern (70,17 %) grundsätzlich die **Abgeltungsteuer** (§ 32d Abs. 1 EStG: 25 %) sowie der Solidaritätszuschlag, SolZ (§§ 1 bis 4 SolZG: 5,5 %); im Ergebnis führt dies zu einer Ausschüttungsbelastung auf Anteilseignerebene im Privatvermögen i. H. v. 18,5 % (= 70,17 % x 26,375 % Abgeltungsteuer zzgl. SolZ]).

3   Werden die **Anteile an einer Kapitalgesellschaft im Betriebsvermögen** gehalten, greift im Falle der Ausschüttung des verbleibenden Gewinns nach Steuern (70,17 %) das **Teileinkünfteverfahren** (§ 3 Nr. 40 EStG, § 3c Abs. 2 EStG: 60 % steuerpflichtig/40 % steuerfrei); im Ergebnis führt dies zu einer Ausschüttungsbelastung auf Anteilseignerebene von 19,98 % (18,65 %) bei einem individuellen Einkommensteuersatz i. H. v. 45 % (42 %) zzgl. SolZ und Geltung des gewerbesteuerlichen Schachtelprivilegs (§ 8 Nr. 5 GewStG, § 9 Nr. 2a GewStG).

4   In Zusammenschau mit der Thesaurierungsbelastung von 29,83 % führt dies bei **Ausschüttung in das Privatvermögen** zu einer Gesamtsteuerbelastung i. H. v. **47,33 %** und bei **Ausschüttung in das Betriebsvermögen** zu einer Gesamtsteuerbelastung i. H. v. **49,81 % (48,48 %)**.

5   Die **Regelbesteuerung** bei (steuerlich transparenten) Personenunternehmen auf Ebene des Gesellschafters beläuft sich (einschließlich SolZ, Gewerbesteuer und Gewerbesteueranrechnung gem. § 35 EStG 3,8 x Gewerbesteuermessbetrag bei einem Einkommensteuersatz von 45 % (42 %) und einem Gewerbesteuer-Hebesatz von 400 %) auf **47,44 %**; dies unabhängig davon, ob der Gewinn thesauriert oder entnommen wird. Hierin liegt eine signifikante Benachteiligung der Personenunternehmer.[5]

6   Mit der im Rahmen des **Unternehmensteuerreformgesetzes 2008 (UntStRefG 2008)** v. 14. 8. 2007[6] eingeführten Tarifbegünstigung für nicht entnommene Gewinne gem. § 34a EStG (sog. **Thesaurierungsbegünstigung**) sollte „ertragsstarken und im internationalen Wettbewerb (stehenden) Personenunternehmen" das Recht eingeräumt werden, die Belastung für thesaurierte Gewinne derjenigen von Kapitalgesellschaften (29,83 %)[7] anzunähern und hierdurch die

---
1 UntStRefG 2008 v. 14. 8. 2007, BGBl 2007 I 1912.
2 KSt: 15 %; SolZ: 5,5 %; GewSt-Messzahl: 3,5 %; GewSt-Hebesatz: 400 %.
3 KSt: 25 %; SolZ: 5,5 %; GewSt-Messzahl: 3,5 %; GewSt-Hebesatz: 400 %.
4 Vgl. auch *Wacker*, FR 2008, 605.
5 *Fechner/Bäuml*, DB 2008, 1652 ff.; zur Verfehlung der Belastungsneutralität vgl. u. a. *Crezelius*, FS Reiss, 399 ff.
6 BGBl 2007 I 1912 = BStBl 2007 I 630.
7 KSt: 15 %; SolZ: 5,5 %; GewSt-Messzahl: 3,5 %; GewSt-Hebesatz: 400 %.

Eigenkapitalbasis sowie die Investitionsmöglichkeiten zu verbessern.[1] Mit der Regelung ist also eine Annäherung an die gesunkene Steuerbelastung für Kapitalgesellschaften beabsichtigt (**Belastungs- und Rechtsformneutralität**).[2] Gleichzeitig sollte ein Anreiz für eine bessere Eigenkapitalausstattung und damit eine Verbesserung der Investitionsfähigkeit gegeben werden.[3]

7 Nicht entnommene Gewinne von Personenunternehmen (Mitunternehmerschaften und Einzelunternehmer) können auf **Antrag des Steuerpflichtigen** anstatt mit der tariflichen Einkommensteuer ganz oder teilweise mit einem **(Sonder-)Steuersatz von 28,25 %**[4] (zzgl. SolZ und ggf. Kirchensteuer) besteuert werden (betriebs- und personenbezogene Ausgestaltung[5]). Wird der thesaurierte Gewinn abzgl. der darauf entfallenden Steuer in späteren Veranlagungsjahren entnommen, findet eine **zusätzliche Nachversteuerung mit 25 %** zzgl. Zuschlagsteuern statt. Daher lohnt sich die Inanspruchnahme der Thesaurierungsbegünstigung grundsätzlich nur bei einem Durchschnittssteuersatz von über 28,25 % und einer möglichst langen Thesaurierungsdauer.

8 Durch den gewählten Steuersatz von 28,25 % werden die betrieblichen Gewinne in vergleichbarer Weise wie das Einkommen von Kapitalgesellschaften besteuert. Er setzt sich rechnerisch aus dem Körperschaftsteuersatz von 15 % und der durchschnittlichen Gewerbesteuerbelastung zusammen. Zuzüglich SolZ i. H.v. 5,5 % ergibt sich damit eine Belastung von 29,77 %.[6]

Bei späterer Entnahme des sondertarifierten Gewinns wird eine **Nachsteuer i. H.v. 25 %** zzgl. Zuschlagsteuern erhoben, die sich an der für Dividendenausschüttungen geltenden Abgeltungsteuer (§ 32d Abs. 1 EStG) orientiert.[7]

9 § 34a EStG löst sich vom **Konzept der transparenten Besteuerung bei Personenunternehmen** insofern, als es zwar grundsätzlich bei der transparenten Mitunternehmerbesteuerung bleibt, für einbehaltene Gewinne aber **antragsweise ein besonderer Steuertarif** gewährt wird. Anders als im Bereich der Körperschaftsteuer findet keine separate Belastung der Gesellschaft als solcher statt, vielmehr liegt die Technik des § 34a Abs. 1 bis 3 EStG darin, dass der **Gewinn auf Gesellschaftsebene letztlich nur ein Zwischenschritt** ist.[8]

---

1 BT-Drucks. 16/4841, 31, 109; BT-Drucks. 16/74841, 31, 62.
2 Vgl. nur *Wacker*, FR 2008, 605; *Kessler/Jüngling/Pfuhl*, Ubg 2008, 741 ff.
3 BT-Drucks. 16/4841, 31 ff.; BT-Drucks. 16/74841, 31, 62.
4 Thesaurierungssteuersatz § 34a Abs. 1 EStG: 28,25 %; SolZ: 5,5 %.
5 BT-Drucks. 16/4841, 31, 62; bestätigend FG Baden-Württemberg v. 7.11.2014 - 9 K 3297/13 und BFH v. 20.3.2017 - X R 65/14, NZG 2017, 1197.
6 Vgl. auch BT-Drucks. 16/74841, 31, 62.
7 Vgl. BT-Drucks. 16/4841, 32; s. a. *Bindl*, DB 2008, 949, 950.
8 *Crezelius*, FS Spiegelberger, 65, mit Verweis auf *Hey*, DStR 2007, 925, 927.

Allgemeine Erläuterungen § 34a EStG

ABB. Belastungsvergleich Kapitalgesellschaft – Personenunternehmen – Gesellschafter 2007 nach dem UntStRefG 2008

Personengesellschaft, Kapitalgesellschaft, Gesellschafter
Belastungsunterschiede aufgrund UntStRG 2008 im Vergleich zu 2007

	2007				2009 - Abgeltungsteuer							
	KapG		PersG		ohne Therausierungslösung				mit Therausierungslösung			
					KapG		PersG		KapG		PersG	
	1	2	3	4	5	6	7	8	9	10	11	12
1. Gesellschaft												
1. Gewinn		100,00		100,00		100,00		100,00		100,00		100,00
2. Gewerbesteuer	400 %	16,67	400 %	16,67	400 %	14,00	400 %	14,00	400 %	14,00	400 %	14,00
3. Betriebsergebnis		83,33		83,33		100,00		100,00		100,00		100,00
4. KSt	25,0 %	20,83			15,0 %	15,00	45,0 %	45,00	15,0 %	15,00	28,25 %	28,25
5. ESt			42,0 %	35,00				-13,30				-13,30
6. GewStAnrechn.				-7,50			3,8	1,74			3,8	0,82
7. SolZ	5,5 %	1,15		1,8	5,5 %	0,83		52,56	5,5 %	0,83		70,23
8. Gewinn nach Steuer		61,35		1,51		70,17		47,44		70,17		29,77
9. Steuerbelastung		**52,24**		52,32		**29,83**		**47,44**		**29,83**		**-0,05**
				45,68				59,07 %				
1. Mehrbel.PersG Pkte.				7,03								
2. Mehrbel.PersG v. H.		**14,36 %**		**18,20 %**								**-0,18 %**
2. Gesellschafter												
1. Ausschüttung		61,35				70,17				70,17		70,23
2. SolZ+KSt		30,68			25,0 %	17,54			25,0 %	17,54	25,0 %	17,56
3. Einkommen		12,88			5,5 %	0,96			5,5 %	0,96	5,5 %	0,97
4. ESt/Abgeltungst.	42,0 %	0,71										
5. SolZ	5,5 %	47,76		54,32		51,67		54,56		51,67		51,72
6. Gewinn nach Steuer		**52,24**		45,68		**48,33**		**47,44**		**48,33**		**48,28**
7. Steuerbelastung		6,56				0,89				0,05		
1. Mehrbel.KGes Pkte.												
2. Mehrbel.KGes v. H.						**1,87 %**				**0,10 %**		

Bäuml

Eine konsequente Umsetzung der angestrebten **Rechtsformneutralität** erfolgte mit der gegenwärtigen Ausgestaltung des § 34a EStG nicht. Am **Nebeneinander von Transparenz- und Trennungsprinzip** wird festgehalten.[1]

10 Insbesondere **ist § 34a EStG entgegenzuhalten**, dass das Ziel der rechtsformneutralen Besteuerung schon deshalb nicht erreicht werde, weil – im Gegensatz zur Ertragsteuerbelastung bei Kapitalgesellschaften (29,83 %) – der auf die **nicht (mehr) als Betriebsausgabe abziehbare Gewerbesteuer** entfallende Gewinn nicht der Sondertarifierung des § 34a Abs. 1 EStG (29,77 %), sondern dem Regeltarif mit der Folge unterstehe, dass die **Thesaurierungsbelastung auf rund 32,3 % ansteige**.[2] Berücksichtigt man zudem, dass i. d. R. auch die Einkommensteuer aus dem Betrieb entnommenen Mitteln bestritten werden muss, steigt die **Belastung der Einzel- bzw. Mitunternehmer auf rund 36 bis 38 %** an.[3]

11 Eine **Steuersatzsenkung von 28,25 % auf 21 %** würde die **Belastungsgleichheit** von nach § 34a EStG optierenden Personenunternehmern und thesaurierenden Kapitalgesellschaften auch unter Berücksichtigung der Steuerentnahmen und der Gewerbesteuer als nicht abziehbare Betriebsausgabe herstellen.[4]

---

1 *Bindl*, DB 2008, 949; zur grundlegenden Kritik: *Hey*, DStR 2007, 925, 935.
2 *Wacker*, FR 2008, 605, 606.
3 *Fechner/Bäuml*, DB 2008, 1652 ff.; *Wacker*, FR 2008, 605, 606.
4 Vgl. dazu vertiefend *Fechner/Bäuml*, FR 2010, 744-750.

Allgemeine Erläuterungen 11 § 34a EStG

ABB. Regelbelastung bei maximaler Thesaurierung: Auswirkungen einer Satzsenkung für Personenunternehmer/Freiberufler von 28,25 % auf 21 % in § 34a EStG[1]

Übersicht zur Regelbelastung bei maximaler Thesaurierung von Personenunternehmer, Freiberufler, Kapitalgesellschafter
Auswirkungen einer Absenkung des Thesaurierungssatzes von 28,25 % auf 21 % in § 34a EStG

	2	Personenunternehmer/Personengesellschafter						Personenunternehmer/Personengesellschafter						Kapitalgesellschafter	
		Vollentnahme		Maximale Thesaurierung				Vollentnahme		Maximale Thesaurierung					
		45%		28,25%		21,00%		45%		28,25%		21,00%		15%	
		3	4	5	6	7	8	9	10	11	12	13	14	15	16
			Steuer		Steuer		Steuer		Steuer		Steuer		Steuer		Steuer
1. JÜ vor Steuer	400%	100		100,00		100		100		100,00		100		100,00	
2. GewSt	15,83%	-14,0	14,0	-14,0	14,0	-14,0	14,0	-14,0	14,0	-14,0	14,0	-14,0	14,0	-14,0	14,00
3. ESt/KSt/SolZ		86,0		86,00		86,0		86,0		100,00		100,00		0,2	
4. Gewinn lt HB Z. 1-3		100,0		100,00		100,0		100,0		100,00		100,00		85,8	
5. zvE		0,00		63,84		70,30		0,00		63,80		70,34		85,8	15,00
6. Begünstigungsbetrag/Thesaurierter Gewinn (max)				36,16		29,70				36,20		29,66			
7. Rest zvE-Normalsatz		100,00		18,03		13,37		100,00		18,02		13,35			
8. ESt-Sondertarif/KSt 28,25%/21%/15%			14,76		14,0		14,76			14,77		28,12		70,2	
9. Normalsatz ESt 45% auf Z.8		45,0		16,27	13,30		29,70		45,0		16,29		29,66			
10. ESt Gesamt vor Anrechnung GewSt Z. 7+9	13,3	-13,30		34,31		28,13		45,0		34,31	28,12					
11. Anrechenbare GewSt		1,7		1,16		0,82		2,5		1,89		1,55			
12. SolZ. 10+11	5,5%			14,83		15,64		45,0		34,31		28,12			
13. Gesamtbelastung ESt, SolZ Z. 10+11+12		33,4		36,16		29,64		47,5		36,20		29,66			
14. Thesaurierungsbelastung GewSt, ESt, SolZ Z. 2+13		47,44		36,16		70,36		47,48		36,20		70,34			
15. Ausschüttungsfähig				63,84		70,36		0		63,80		70,34			
16. Nachzuversteuernder Betrag (§ 24a Abs. 3 Satz 2 EStG)	25%			44,81		17,59				44,79		17,58			
1. Abgeltungsteuer		0,0	0,0			0,97		0	0,0		0,62		0,97		5,5%
2. SolZ	5,5%	0,0	0,0			18,56		0	0,0		11,81		18,55		0,96
3. Gesamtlast Ausschüttung (Z. 16.1+16.2)				11,56											
17. Gesamtlast PU/Freiberufler/KapGter (Z. 14+16.3)		47,44		47,98		48,20		47,48		48,01		48,22		48,33

1. Für den Personenunternehmer (PU) beträgt derzeitig die Regelbelastung thesaurierter Gewinne rd. 36,16 % (Z.14 Sp. 6). Sie ist damit um 6,33 Prozentpunkte höher als die Regelbelastung des Kapitalgesellschafters von 29,83 % (Z. 14 Sp. 16). Die Regelbelastung thesaurierter Gewinne eines Freiberuflers liegt mit 36,20 % geringfügig noch höher (Z. 14 Sp. 12), weil die teilweise Anrechnung der Gewerbesteuer beim PU den SolZ mindert.
2. Mit der Absenkung des Thesaurierungssatzes auf 21 % sinkt die Belastung des PU auf 29,64 % (Z. 14 Sp. 8) und damit auf das Niveau des Kapitalgesellschafters von 29,83 % (Z. 14 Sp. 14). Die rechtsformneutrale Belastung thesaurierten Gewinns wird damit erreicht. Die Regelbelastung des Freiberuflers sinkt bei dem Satz von 21 % auf 29,66 % (Z. 14 Sp. 14).
3. Sofern man den Thesaurierungssatz auf 21 % absenkt, lässt sich bei der Nachversteuerung auf die Minderung des Begünstigungsbetrages um die Steuerbelastung aus Abs. 1 des § 34a EStG sowie den darauf entfallenden SolZ verzichten. Über diesen Verzicht hebt die Abgeltungsteuer dann die Belastung wieder an, dass für den PU (Z.17 Sp. 8) und 48,22 % für den Freiberufler (Z.17 Sp. 14) auf das normale Niveau an, das für den Kapitalgesellschafter 48,33 % (Z.17 Sp.16) beträgt.
4. Sofern die Ausschüttung nicht der Abgeltungsteuer unterworfen wird, bleiben 40 % (vgl. § 3 Nr. 40 EStG) steuerfrei. 60 % des Nachversteuerungsbetrages unterliegen als Einkünfte aus Gewerbebetrieb dem Tarifsatz des einkommensteuerlichen Normaltarifs. § 32d Abs. 6 EStG gilt entsprechend.

[1] Nach *Fechner/Bäuml*, FR 2010, 744, 746.

12 Weiterhin gilt, dass die **Gesamtbelastung nach § 34a EStG** (proportionaler Sondertarif und proportionale Nachsteuer) die Regelbesteuerung des Gewinns (Verzicht auf § 34a EStG) überschreitet und dieser Nachteil mit fallenden Einkommensteuersätzen zunimmt. Daher bedarf es gerade im Bereich der **kritischen Grenzsteuersätze (unterhalb 40 %)**[1] der sorgfältigen Einzelabwägung (z. B. anhand Gewinnprognose, Investitionsbedarf, Thesaurierungszeitraum), ob der Zinsvorteil aus der vorübergehend geminderten Thesaurierungsbelastung die Nachsteuermehrbelastung kompensieren wird.[2] Zu berücksichtigen ist dabei auch das Recht zur **Antragsrücknahme** (§ 34a Abs. 1 Satz 4 EStG) und der Umstand, dass die Bescheide nicht selten unter dem Vorbehalt der Nachprüfung (§ 164 AO) stehen.[3]

13 Weiterhin löst die Zwangsnachversteuerung gem. § 34a Abs. 4 Satz 1 EStG sowie die daraus abgeleitete **Verwendungsreihenfolge**[4] die **Praxisempfehlung**[5] aus, vor der erstmaligen Anwendung des § 34a EStG gebildetes Eigenkapital dem Betrieb zu entziehen. Hinzu kommt, dass sie auch nach erstmaliger Inanspruchnahme der Thesaurierungsbegünstigung den permanenten Zwang auslöst, sowohl (im Inland) steuerfreie als auch steuerpflichtige Gewinne bis zur Grenze der Nachversteuerung zu entnehmen.[6] Damit wird das Ziel des Gesetzgebers, die Eigenkapitalbildung zu fördern, konterkariert.[7]

14 Dennoch wäre eine ersatzlose **Aufhebung des § 34a EStG**[8] bei gleichzeitiger Beibehaltung einer Privilegierung der thesaurierten Gewinne auf Ebene der Kapitalgesellschaften eine Verletzung der „Freiheit zu ökonomischer Vernunft", wie sie durch die grundgesetzlich gebotene **Neutralität des Steuersystems** sichergestellt werden soll.[9] Kaum als opportun anzusehen, jedoch in diesem Fall verfassungsrechtlich geboten, wäre die Angleichung der Thesaurierungsbelastung auf Ebene der Kapitalgesellschaft an die wesentlich höhere Steuerbelastung des Personenunternehmers, wie es bis 1999 im Anrechnungsverfahren der Besteuerungsrealität entsprach.[10]

15 Die Begünstigung kann nur in Anspruch genommen werden, wenn der Gewinn durch **Betriebsvermögensvergleich** ermittelt wird (§ 34a Abs. 2 EStG). Bei Mitunternehmeranteilen ist eine Thesaurierungsbegünstigung nur möglich, wenn die Beteiligung am Gewinn mindestens 10 % oder mehr als 10 000 € beträgt. Die Thesaurierungsbegünstigung umfasst auch das **Sonderbetriebsvermögen** i. S. d. § 15 Abs. 1 Nr. 2 EStG (§ 34a Abs. 1 Satz 3 EStG).

16 Zur Begünstigung der nicht entnommenen Gewinne nimmt das **BMF** mit seinem **Anwendungsschreiben vom 11. 8. 2008** Stellung.[11]

---

1 Zur betriebswirtschaftlichen Sicht vgl. u. a. vgl. *Schanz*, DStR 2015, 2032, 2034, 2015; *Förster*, Ubg 2008, 185, 192.
2 *Wacker*, FR 2008, 605, 606; *Ley*, KÖSDI 2007, 15743; s. a. vertiefend *Fechner/Bäuml*, DB 2008, 1652 ff. sowie *Fechner/Bäuml*, FR 2010, 744, 745.
3 *Wacker* in Schmidt, § 34a EStG Rz. 7.
4 BMF v. 11. 8. 2008, BStBl 2008 I 838, Tz. 29; zum BMF vgl. auch *Fellinger*, DB 2008, 1877 ff.; *Grützner*, StuB 2008, 745 ff.; *Schiffers*, DStR 2008, 1805 ff.; *Ley*, Ubg 2008, 13 ff. bzw. Ubg 2008, 214 ff.
5 Vgl. u. a. *Thiel/Sterner*, DB 2007, 1106; *Fechner/Bäuml*, DB 2008, 1652 ff.; *Fechner/Bäuml*, FR 2010, 744, 745; *Ley*, KÖSDI 2007, 15737, 15755, m. w. N.
6 Siehe a. *Fellinger*, DB 2008, 1877, 1881.
7 *Fechner/Bäuml*, DB 2008, 1652 ff.; *Wacker*, FR 2008, 605, 606.
8 So die Forderung von *Knirsch/Maiterth/Hundsdoerfer*, DB 2008, 1405 ff.; vgl. ablehnende Replik von *Fechner/Bäuml*, DB 2008, 1652 ff.
9 *Kirchhof*, DStR 2001, 913, 915 bzw. StuW 2002, 3, 6.
10 *Fechner/Bäuml*, FR 2010, 744, 745.
11 BMF v. 11. 8. 2008, BStBl 2008 I 838.

(Einstweilen frei) 17–20

II. Entstehung und Entwicklung der Vorschrift

Mit dem **Unternehmensteuerreformgesetz 2008** v. 14. 8. 2007[1] wurde der Körperschaftsteuersatz gem. § 23 Abs. 1 KStG von 25 % auf 15 % herabgesenkt, um die nominale Belastung der Kapitalgesellschaften – unter Berücksichtigung der nicht mehr abzugsfähigen Gewerbesteuer – auf unter 30 % zu senken und damit den Standort Deutschland für Investitionen attraktiver zu machen.[2] Die Tarifbegünstigung für nicht entnommene Gewinne gem. § 34a EStG **(sog. Thesaurierungsbegünstigung)** wurde ebenfalls durch das Unternehmensteuerreformgesetz 2008 eingeführt und dient der Angleichung der Belastung thesaurierter Gewinne von Personen- und Kapitalgesellschaften. Durch das **Jahressteuergesetz 2009 (JStG 2009)**[3] wurden einige verfahrenstechnische Ergänzungen in § 34a Abs. 1 Satz 4 und 5, Abs. 10 und 11 EStG angefügt.[4]   21

Mit dem Gesetz gegen schädliche Steuerpraktiken im Zusammenhang mit Rechteüberlassungen (sog. „Lizenzschrankengesetz") wurde ein neuer § 34a Abs. 6 Satz 1 Nr. 3 EStG eingefügt.[5] Die bisherigen Nummern 3 und 4 in § 34a Abs. 6 Satz 1 EStG wurden die Nummern 4 und 5. § 34a Abs. 6 Satz 2 EStG wurde an die neue Nummer 3 in § 34a Abs. 6 Satz 1 EStG angepasst. Auch der bisherige Abs. 7 des § 34a EStG wurde entsprechend geändert. Die Neuregelungen gelten ab dem 5.7.2017 (Tag nach der Verkündung des Gesetzes).[6]   22

§ 34a EStG fußt in Teilen auf dem sog. **„T-Modell" des Wissenschaftlichen Beirats des Fachbereichs Steuern bei der Ernst & Young AG**.[7] Ein weiteres Denkmodell war die **sog. „Tarifrücklage"** als Alternative zur satzermäßigten Besteuerung von Personenunternehmen.[8] Seit ihrem Inkrafttreten ist die Thesaurierungsbegünstigung des § 34a EStG **Gegenstand zahlreicher Abschaffungs-**,[9] **Änderungs- und Fortentwicklungsvorschläge**.[10]   23

(Einstweilen frei) 24–26

---

1 BGBl 2007 I 1912.
2 Vgl. auch *Wilke* in Mössner/Seeger, § 23 KStG Rz. 14.
3 Jahressteuergesetz 2009, JStG 2009 v. 19. 12. 2008, BGBl 2008 I 2794.
4 Vgl. *Meyer/Sterner*, Ubg 2008, 733.
5 Gesetz v. 4.7.2017, BGBl I 2017 2074; vgl. zum Gesetzesentwurf auch BT-Drucks. 18/11233, 18/11531 sowie zum Bundestagsbeschluss v. 27.4.2017 auch BT-Drucks. 18/12128, insbesondere die Beschlussfassung des Bundesrates v. 12.5.2017, BR-Drucks. 366/17.
6 BGBl 2017 I 2074 v. 4.7.2017.
7 Vgl. Wissenschaftlicher Beirat des Fachbereichs Steuern bei der Ernst & Young AG, BB 2005, 1653 ff.; vgl. auch *Wacker*, FR 2008, 605, 607; lesenswert dazu FG Baden-Württemberg v. 7. 11. 2014 - 9 K 3297/13, s. a. BFH v. 20.3.2017 - X R 65/14, NZG 2017, 1197.
8 *Fechner/Lethaus*, IFSt-Schrift Nr. 437, 2006, 1-61.
9 Vgl. Aufruf der Wissenschaft zur Abschaffung des § 34a EStG in *Knirsch/Maiterth/Hundsdoerfer*, DB 2008, 1405 ff.; ablehnende Replik der Wirtschaft in *Fechner/Bäuml*, DB 2008, 1652 ff.
10 Siehe u. a. *Fechner/Bäuml*, FR 2010, 744 ff.; *Dörfler/Fellinger/Reichl*, Beihefter zu DStR 2009, 69 ff. **Zur praktischen Akzeptanz** von § 34a EStG vgl. *Fechner/Bäuml*, FR 2010, 744; *Kessler/Pfuhl/Grether*, DB 2011, 185, *Brähler/Guttzeit/Scholz*, StuW 2012, 119. **Zur notwendigen Fortentwicklung des § 34a EStG** vgl. *Bindl*, DB 2008, 949; *Fechner/Bäuml*, DB 2008, 1652 bzw. *Fechner/Bäuml*, FR 2010, 744; *Siegel*, FR 2008, 557; *Dörfler/Fellinger/Reichl*, Beihefter zu DStR 29/2009, 69.

III. Geltungsbereich

1. Persönlicher Geltungsbereich

27 § 34a EStG gilt für alle **unbeschränkt und beschränkt Steuerpflichtigen**, die als **Einzelunternehmer, Mitunternehmer** oder **persönlich haftende Gesellschafter einer KGaA** (§ 15 Abs. 1 Satz 1 Nr. 1 bis 3 EStG) durch Betriebsvermögensvergleich (§ 4 Abs. 1 Satz 1, § 5 Abs. 1 EStG) ermittelte Gewinne erzielen.[1]

28 **Adressat der Vorschrift** ist der einzelne Gesellschafter, nicht die Gesellschaft. Deutlich wird dies im gesellschafterbezogenen Antragsrecht zur Sondertarifierung sowie im Einbezug von Sonder- und Ergänzungsbilanzen in die Ermittlung des begünstigten Gewinns.[2] § 34a EStG kann insofern **nur von natürlichen Personen** beansprucht werden. **Kapitalgesellschaften**, auch wenn sie Mitunternehmer bei einer Personengesellschaft sind, werden in die Regelung nicht einbezogen.[3]

29 Bei **beschränkt Steuerpflichtigen** erstreckt sich die Anwendung des § 34a EStG auf die Gewinneinkünfte nach § 49 EStG, soweit diese nach einem ggf. anzuwendenden **DBA** in Deutschland der Einkommensteuer unterliegen. In diesen Fällen sind bei der Ermittlung des Begünstigungshöchstbetrags und eines evtl. Nachversteuerungsbetrags nur die Einlagen und Entnahmen zu berücksichtigen, die den im Inland der Einkommensteuer unterliegenden Einkünften zuzuordnen sind.[4]

2. Sachlicher Geltungsbereich

30 Unbeschränkt oder beschränkt Steuerpflichtige können die Tarifbegünstigung nach § 34a EStG für

- Einkünfte aus Land- und Forstwirtschaft (§ 13 EStG),
- Gewerbebetrieb (§ 15 EStG),
- und selbständiger Arbeit (§ 18 EStG)

für den **nicht entnommenen Teil des Gewinns aus einem Einzelunternehmen oder aus einem Mitunternehmeranteil** in Anspruch nehmen.[5]

31 Die **Ermittlung des zu versteuernden Einkommens** (§ 2 Abs. 5 EStG) **bleibt** durch § 34a EStG **unberührt**; es handelt sich um eine **Tarifvorschrift**. Damit sind insbesondere die Regelungen über den Verlustausgleich und -abzug vorrangig zu beachten. Der Verlustausgleich und -abzug ist auch dann vorzunehmen, wenn für nicht entnommene Gewinne die Tarifbegünstigung nach § 34a EStG in Anspruch genommen wird. Durch § 34a EStG kann daher **kein Verlustvortrag nach § 10d EStG** generiert werden.

32 Bei Mitunternehmeranteilen kommt eine Inanspruchnahme des § 34a EStG für den Gewinnanteil des Mitunternehmers aus der Mitunternehmerschaft, d. h. für den **Anteil am Gewinn der Gesellschaft sowie aus etwaigen Ergänzungs- und Sonderbilanzen des Mitunternehmers** in Betracht. Unstreitig gehören zu den nach § 34a EStG antragsfähigen Einkünften auch solche

---

1 BMF v. 11.8.2008, BStBl 2008 I 838, Tz. 1, 2; *Gragert/Wißborn*, NWB 2007, 2551.
2 *Bindl*, DB 2008, 949, 950.
3 *Harle/Geiger*, StBp 2009, 1.
4 BMF v. 11.8.2008, BStBl 2008 I 838, Tz. 3; s. a. *Schiffers*, DStR 2008, 1805, 1806.
5 Weiterführende Beispiele vgl. *Grützner*, StuB 2008, 745, 746.

aus gewerblich infizierten (§ 15 Abs. 3 Nr. 1 EStG) bzw. gewerblich geprägten (§ 15 Abs. 3 Nr. 2 EStG) Personengesellschaften.[1]

Die **Gewinnanteile des persönlich haftenden Gesellschafters (im Weiteren: Komplementär) einer KGaA** gehören nach § 15 Abs. 1 Satz 1 Nr. 3 EStG zu den Einkünften aus Gewerbebetrieb. Zwar ist der Komplementär kein Mitunternehmer im Verhältnis zur KGaA oder den Kommanditisten der KGaA. Der Komplementäranteil an einer KGaA ist daher auch kein Mitunternehmeranteil. Einkommensteuerrechtlich wird der Komplementär einer KGaA jedoch „wie" ein Mitunternehmer behandelt. Nach dem Wortlaut des § 34a Abs. 1 Satz 2 EStG kann der Antrag nach § 34a Abs. 1 Satz 1 EStG nur für einen Betrieb oder Mitunternehmeranteil gestellt werden; damit scheidet strenggenommen ein Antrag für den Gewinnanteil eines Komplementärs einer KGaA mangels Mitunternehmeranteilsqualität aus.

Da jedoch gewerbliche Einkünfte vermittelt werden und der **Komplementär „wie" ein Mitunternehmer** zu behandeln ist, findet die Thesaurierungsbegünstigung auch für seinen nicht entnommenen Gewinnanteil gem. § 15 Abs. 1 Satz 1 Nr. 3 EStG Anwendung.[2]

3. Zeitlicher Geltungsbereich

Die Tarifbegünstigung für nicht entnommene Gewinne gem. § 34a EStG (sog. Thesaurierungsbegünstigung) wurde durch das **Unternehmensteuerreformgesetz 2008** v. 14. 8. 2007[3] eingeführt und ist **ab dem VZ 2008** anzuwenden (§ 52 Abs. 34 EStG). Für Gewerbetreibende mit vom Kalenderjahr abweichenden Wirtschaftsjahr gilt dies bereits für den Gewinn des Wirtschaftsjahres 2007/2008. Gemäß **§ 52 Abs. 34 EStG** sind auch die in § 34a EStG enthaltenen Änderungen und Ergänzungen aufgrund des **JStG 2009** (§ 34a i. d. F. des Art. 1 des Gesetzes v. 19. 12. 2008)[4] erstmals **für den VZ 2008** anzuwenden.

(Einstweilen frei)

IV. Vereinbarkeit mit höherrangigem Recht

§ 34a EStG findet ausschließlich im Falle der Gewinnermittlung durch Betriebsvermögensvergleich gem. §§ 4 Abs. 1 Satz 1, 5 EStG Anwendung und schließt damit die **Gewinnermittler nach § 4 Abs. 3 EStG** sowie die **Erzielung von Überschusseinkünften nach § 2 Abs. 1 Nr. 4 ff. EStG** vom Anwendungsbereich aus. Ein hinreichender sachlicher Grund für diesen Ausschluss und die damit einhergehende **Ungleichbehandlung** vor dem Hintergrund des **Art. 3 Abs. 1 GG** ist nicht erkennbar.[5] Insbesondere stehen auch Träger der Einkunftsarten nach § 2 Abs. 1 Nr. 4 ff. EStG im internationalen Wettbewerb, so dass auch deren Wettbewerbsfähigkeit und Eigenkapitalisierung als erklärtes Ziel des § 34a EStG[6] einer Verbesserung zugänglich sein müsste.

Ebenfalls mit **verfassungsrechtlichen Zweifeln in Bezug auf Art. 3 Abs. 1 GG** behaftet ist die in § 34a Abs. 1 Satz 3 EStG enthaltene Einschränkung des Anwendungsbereichs auf Mitunterneh-

---

1 Vgl. u. a. *Paus*, EStB 2008, 322.
2 BMF v. 11. 8. 2008, BStBl 2008 I 838, Tz. 2; ebenso *Gragert/Wißborn*, NWB 2007, 14621; *Schiffers*, DStR 2008, 1805.
3 BGBl 2007 I 1912.
4 BGBl 2008 I 2794.
5 Vgl. *Gragert/Wißborn*, NWB 2007, 14621; zum Streitstand vgl. *Wacker* in Schmidt, § 34a EStG Rz. 12.
6 BT-Drucks. 16/4841, 31.

mer, deren **Gewinnanteil mehr als 10 % oder mehr als 10 000 €** beträgt. Ausweislich der Gesetzesbegründung[1] dient diese Beschränkung der Verwaltungsvereinfachung und dem Ausschluss von Kleinbeteiligungen an als nicht begünstigungsfähig anzusehenden Publikums-Personengesellschaften.[2] Einzelunternehmer können hingegen unabhängig von der Höhe des Gewinns nach §§ 4 Abs. 1 Satz 1, 5 EStG die Tarifbegünstigung nach § 34a EStG ganz oder teilweise in Anspruch nehmen. In die Bestimmung der 10 %-Grenze bzw. der 10 000 €-Grenze ist ggf. auch ein Sonderbetriebsvermögensergebnis bzw. ein Vorabgewinn als Bestandteil des Gewinnanteils gem. § 34a Abs. 1 Satz 3 EStG einzubeziehen.[3]

43 § 34a Abs. 3 EStG sieht **keinen Abzug der Kirchensteuer** bei der Ermittlung des nachversteuerungspflichtigen Betrags vor, sondern nur den Abzug von Einkommensteuer und SolZ.[4] Es stellt sich auch hier die Frage, ob insoweit nicht eine **nicht gerechtfertigte Ungleichbehandlung** zu den Steuerpflichtigen vorliegt, die keine Kirchensteueraufwendungen auf sondertarifierte Beträge i. R. d. § 34a EStG haben. Ein sachlicher Grund für die unterschiedliche Behandlung ist nicht erkennbar.

44–45 *(Einstweilen frei)*

V. Verhältnis zu anderen Vorschriften

1. Begünstigter Gewinn bei beschränkter Steuerpflicht

46 Abweichend von der Behandlung der unbeschränkt Steuerpflichtigen gilt für **beschränkt Steuerpflichtige** Folgendes:

Bei beschränkt Steuerpflichtigen erstreckt sich die **Anwendung des § 34a EStG auf die Gewinneinkünfte nach § 49 EStG** (ggf. eingeschränkt durch ein **DBA**). Entnahmen und Einlagen, die nicht diesen Einkünften zugeordnet werden können, bleiben außer Ansatz.[5]

2. Veräußerungsgewinne

47 § 34a EStG konkurriert mit den anderen **Tarifermäßigungen**. Für Veräußerungsgewinne, bei denen der Stpfl. den Freibetrag nach § 16 Abs. 4 EStG oder die Tarifermäßigung nach § 34 Abs. 3 EStG in Anspruch nimmt, soll eine Tarifbegünstigung nach § 34a EStG nicht möglich sein.

48 Der Ausschluss des § 34a EStG gilt nach **Auffassung der Finanzverwaltung**[6] auch für den Veräußerungsgewinn, der nach Abzug des Freibetrags nach **§ 16 Abs. 4 EStG** zu versteuern ist, der bei Inanspruchnahme des § 34 Abs. 3 EStG die Höchstgrenze überschreitet oder nach § 3 Nr. 40 Satz 1 Buchst. b EStG dem **Teileinkünfteverfahren** unterliegt.[7] Bereits die Gesetzesbegründung hatte dies vorgesehen.[8] Insofern gilt das Ausschlussprinzip für den gesamten (inklusive des nicht sondertarifierten) Veräußerungsgewinn. Dennoch gibt es hier **berechtigte Zweifel an die-**

---

1 Vgl. BT-Drucks. 16/4841, 31, 63.
2 Kritisch: *Wacker* in Schmidt, § 34a EStG Rz. 12; vgl. *Gragert/Wißborn*, NWB 2007, 2551.
3 *Söffing/Worgulla*, NWB 2009, 841 ff.
4 Vgl. BT-Drucks. 16/4841, 31, 63.
5 Vgl. auch *Fellinger*, DB 2008, 1877.
6 BMF v. 11. 8. 2008, BStBl 2008 I 838, Tz. 4.
7 Vertiefend *Schiffers*, DStR 2008, 1805; *Ley*, Ubg 2008, 13.
8 BT-Drucks. 16/4841, 63; vgl. auch *Fellinger*, DB 2008, 1877.

Allgemeine Erläuterungen 49–51 § 34a EStG

ser Interpretation der Finanzverwaltung, die sich mit dem insofern klaren **Gesetzeswortlaut** des § 34a Abs. 4 Satz 1 EStG (**„soweit"**) begründen lassen.[1]

Eine Tarifbegünstigung nach § 34a EStG kommt auch in Betracht, soweit es sich um einen Veräußerungsgewinn handelt, der nicht aus dem Unternehmen entnommen wurde (z. B. bei Veräußerung eines Teilbetriebs oder Veräußerung eines in einem Betriebsvermögen befindlichen Mitunternehmeranteils) und kein Antrag nach **§ 16 Abs. 4 EStG oder § 34 Abs. 3 EStG** gestellt wurde. 49

Sind sowohl die Voraussetzungen für eine Tarifbegünstigung nach § 34a EStG als auch die Voraussetzung für eine Begünstigung nach **§ 34 Abs. 1 EStG (sog. Fünftel-Regelung)** erfüllt, kann der Stpfl. wählen, welche Begünstigung er (alternativ) in Anspruch nehmen will. Dies gilt auch für **übrige Tarifermäßigungen** (z. B. **§ 34b EStG**).[2] 50

PRAXISHINWEIS: 51
Es besteht Optimierungspotenzial dahin gehend, dass zu prüfen ist, ob der Verzicht auf die Anwendung des § 16 Abs. 4 EStG und des § 34 Abs. 3 EStG vorteilhaft ist, da dann die Thesaurierungsbegünstigung des § 34a EStG in Anspruch genommen werden kann.

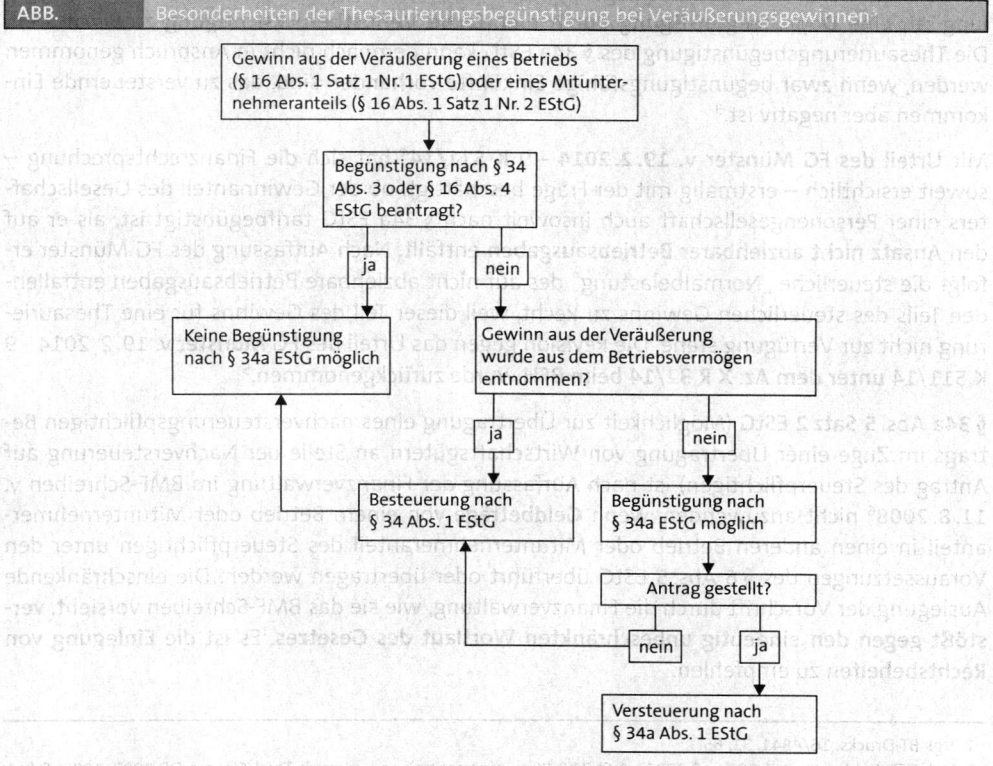

ABB. Besonderheiten der Thesaurierungsbegünstigung bei Veräußerungsgewinnen[3]

---

1 Vgl. z. B. *Schiffers*, DStR 2008, 1805, 1807; so auch *Ley*, Ubg 2008, 13.
2 Vgl. weiterführend *Bodden*, FR 2012, 68; *Paus*, EStB 2008, 322.
3 Nach *Gragert/Wißborn*, NWB 2007, 2551. Weiterführend zum Verhältnis des § 34a EStG zu § 32a (Einkommensteuertarif), § 32b (Progressionsvorbehalt), § 34c EStG (Anrechnung ausländischer Steuerbeträge) und § 35 EStG (Gewerbesteueranrechnung) vgl. *Bodden*, FR 2012, 68, *Rohler*, GmbH-StB 2008, 238 und *Schiffers*, DStR 2008, 1805.

3. Steuervorauszahlungen

52 Die Steuerermäßigung nach § 34a EStG wird bei der Bemessung der Einkommensteuer-Vorauszahlungen nicht berücksichtigt (**§ 37 Abs. 3 Satz 5 EStG**).[1] Die Inanspruchnahme der Begünstigung ist antragsgebunden und der Antrag kann regelmäßig erst bei Abgabe der Einkommensteuererklärung gestellt werden. Insbesondere ist auch der Begünstigungsumfang i. d. R. erst nach Ablauf des Veranlagungszeitraums feststellbar.[2] Entsprechendes gilt für die Zuschlagsteuern (insbesondere SolZ).

53–56 *(Einstweilen frei)*

VI. Aktuelle Verfahrensfragen

57 Gemäß § 34a Abs. 8 EStG dürfen negative Einkünfte nicht mit ermäßigt besteuerten Gewinnen i. S. d. § 34a Abs. 1 Satz 1 EStG ausgeglichen werden. Sie dürfen insoweit auch nicht nach **§ 10d EStG** abgezogen werden. Beim vertikalen und beim horizontalen Verlustausgleich führt § 34a Abs. 8 EStG dazu, dass eine begünstigte Besteuerung nur dann erfolgen kann, wenn die betroffenen Gewinne vorher nicht mit negativen Einkünften verrechnet worden sind. Ziel der Regelung ist, eine **Doppelbegünstigung durch mehrfache Verlustberücksichtigung** zu vermeiden. Die Thesaurierungsbegünstigung des § 34a EStG kann demnach nicht in Anspruch genommen werden, wenn zwar begünstigungsfähige Einkünfte vorhanden sind, das zu versteuernde Einkommen aber negativ ist.[3]

58 Mit **Urteil des FG Münster v. 19. 2. 2014 - 9 K 511/14**[4] hat sich die Finanzrechtsprechung – soweit ersichtlich – erstmalig mit der Frage beschäftigt, ob der Gewinnanteil des Gesellschafters einer Personengesellschaft auch insoweit nach § 34a EStG tarifbegünstigt ist, als er auf den **Ansatz nicht abziehbarer Betriebsausgaben** entfällt. Nach Auffassung des FG Münster erfolgt die steuerliche „Normalbelastung" des auf nicht abziehbare Betriebsausgaben entfallenden Teils des steuerlichen Gewinns zu Recht, weil dieser Teil des Gewinns für eine Thesaurierung nicht zur Verfügung stehe. Die Revision gegen das Urteil des **FG Münster** v. 19. 2. 2014 - 9 K 511/14 **unter dem Az. X R 32/14 beim BFH** wurde zurückgenommen.[5]

59 § 34a Abs. 5 Satz 2 EStG (Möglichkeit zur Übertragung eines nachversteuerungspflichtigen Betrags im Zuge einer Übertragung von Wirtschaftsgütern an Stelle der Nachversteuerung auf Antrag des Steuerpflichtigen) ist nach Auffassung der Finanzverwaltung im BMF-Schreiben v. 11. 8. 2008[6] nicht anzuwenden, wenn **Geldbeträge** von einem Betrieb oder Mitunternehmeranteil in einen anderen Betrieb oder Mitunternehmeranteil des Steuerpflichtigen unter den Voraussetzungen des § 6 Abs. 5 EStG überführt oder übertragen werden. Die einschränkende Auslegung der Vorschrift durch die Finanzverwaltung, wie sie das BMF-Schreiben vorsieht, **verstößt gegen den eindeutig unbeschränkten Wortlaut des Gesetzes**. Es ist die **Einlegung von Rechtsbehelfen** zu empfehlen.

---

1 Vgl. BT-Drucks. 16/4841, 31, 65.
2 Vgl. OFD Koblenz v. 3. 9. 2008 - S 2290a-A-St 31 2 (Kurzinformation); so u. a. auch *Thiel/Sterner*, DB 2007, 1099; *Schultes-Schnitzlein/Keese*, NWB 2007, 2841.
3 BFH v. 20. 3. 2017 - X R 65/14, NZG 2017, 1197; Vorinstanz: FG Baden-Württemberg v. 7. 11. 2014 - 9 K 3297/13, NWB DokID: FAAAE-82247; vgl. dazu Niehus/Wilke, FR 2016, 366, 367.
4 FG Münster v. 19. 2. 2014 - 9 K 511/14, EFG 2014, 1201 bzw. BB 2014, 1700, mit Anm. *Renger*, BB 2014, 1700; vgl. zum Urteil auch *Bareis*, FR 2014, 581 ff.
5 BFH v. 15. 7. 2014 - X R 32/14, n.v.
6 BMF v. 11. 8. 2008, BStBl 2008 I 838, Tz. 32.

(Einstweilen frei) 60–62

B. Systematische Kommentierung

I. § 34a Abs. 1 EStG

1. § 34a Abs. 1 Satz 1 bis 3 EStG

a) Begünstigungsfähige Gewinne

Unbeschränkt oder beschränkt Steuerpflichtige können die Tarifbegünstigung nach § 34a EStG für Einkünfte aus 63

- Land- und Forstwirtschaft (§ 13 EStG),
- Gewerbebetrieb (§ 15 EStG),
- und selbständiger Arbeit (§ 18 EStG)

für den **nicht entnommenen Teil des Gewinns** i. S. d. gem. § 4 Abs. 1 Satz 1 EStG oder § 5 EStG aus einem Einzelunternehmen oder aus einem Mitunternehmeranteil in Anspruch nehmen.[1]

Bei Mitunternehmeranteilen ist auf den **Gewinn aus der Gesamthandsbilanz und** – soweit vorhanden – **etwaiger Ergänzungs- und Sonderbilanzen** gem. § 4 Abs. 1 Satz 1 EStG oder § 5 EStG abzustellen.[2] 64

Die **Ermittlung des zu versteuernden Einkommens** (§ 2 Abs. 5 EStG) bleibt durch § 34a EStG unberührt; es handelt sich um eine **Tarifvorschrift**. Sind in dem zu versteuernden Einkommen aufgrund eines Verlustausgleichs der negativen und positiven Einkünfte aus Gewerbebetrieb keine begünstigen nicht entnommenen Gewinne aus Gewerbebetrieb enthalten, ist der nach § 34a EStG begünstigte Steuersatz von 28,25 % nicht anwendbar. Denn nach § 34a Abs. 1 Satz 1 1. Halbsatz EStG ist Grundvoraussetzung für die Thesaurierungsbegünstigung, dass die begünstigten Gewinne im zu versteuernden Einkommen der Klägerin enthalten sein müssen. § 34a EStG ist demnach keine lex specialis gegenüber § 2 Abs. 5 EStG. Folglich nehmen auch Begünstigungsbeträge i. S. d. § 34a EStG an der Einkommensermittlung teil und können somit auch nicht der synthetischen Einkommensbesteuerung entzogen werden.[3] 65

In dem nach § 4 Abs. 1 Satz 1 oder § 5 EStG ermittelten Gewinn sind die **außerbilanziellen Hinzu- und Abrechnungen**, wie **nicht abziehbare Betriebsausgaben** oder im Inland **steuerfreie Betriebsstättengewinne**, noch enthalten.[4] Diese Gewinnbestandteile werden bei der Ermittlung des steuerpflichtigen Gewinns zwar vom Gesetzgeber nicht als Ausgaben zugelassen (z. B. § 4 Abs. 5 EStG) oder aufgrund von **DBA** steuerfrei gestellt, trotzdem haben sie den ursprünglichen Gewinn gemindert/erhöht oder sind unabhängig von ihrer Besteuerung in das Unternehmen geflossen. Aus diesem Grund hat der Gesetzgeber auch auf den nach § 4 Abs. 1 Satz 1 oder § 5 EStG ermittelten Gewinn und nicht etwa den steuerpflichtigen Gewinn für die Anwendung der Thesaurierungsbegünstigung abgestellt. 66

---

1 Vgl. zum Gewinnbegriff in Zusammenhang mit § 34a EStG auch *Bareis*, FR 2014, 581 ff.; *Bareis*, FR 2008, 537 ff.
2 Vertiefend dazu *Crezelius*, FS Spiegelberger, 65.
3 Vgl. bestätigend FG Baden-Württemberg v. 7.11.2014 - 9 K 3297/13, EFG 2015, 564, BFH v. 20.3.2017 - X R 65/14, NZG 2017, 1197; a. A. HHR/*Stein*, § 34a EStG, Rz. 95.
4 Vgl. zum Problem im Inland steuerfreier ausländischer Betriebsstättengewinne u. a. *Crezelius*, FS Spiegelberger, 65; zu den Gestaltungschancen: *Kessler/Jüngling/Pfuhl*, Ubg 2008, 741 ff.

PRAXISHINWEIS:

Dadurch, dass steuerfreie Gewinnanteile den nicht entnommenen Gewinn erhöhen, eröffnen sich auch Gestaltungsmöglichkeiten, z. B. aus steuerfreien Gewinnanteilen (zeitgleiche) Entnahmen zu finanzieren bzw. nicht abziehbare Betriebsausgaben zu kompensieren. Damit kann sich bei hinreichend hohen steuerfreien Einkünften der tatsächliche Steuersatzeffekt der Thesaurierungsbegünstigung der theoretischen Entlastungsmöglichkeit nähern.[1]

67 Bei der **Antragstellung** hat der **steuerpflichtige Gewinn** allerdings durchaus Bedeutung, weil dieser aufgrund des Wortlauts des § 34a Abs. 1 Satz 1 EStG im Endeffekt immer die Obergrenze für einen Antrag nach § 34a EStG darstellt.[2] Genauso wenig, wie durch § 34a EStG ein **Verlustvortrag nach § 10d EStG** generiert werden kann, kann es durch einen Antrag zu einer mittelbaren Begünstigung von nicht begünstigungsfähigen Gewinnen kommen. Auch dies ist Folge der Aussage in Tz. 1 Satz 2 des Anwendungsschreibens vom 11. 8. 2008,[3] dass die Ermittlung des zu versteuernden Einkommens unberührt bleibt.[4]

BEISPIEL:[5] A erzielt aus seinem Gewerbebetrieb einen Gewinn nach § 4 Abs. 1 Satz 1 EStG i. H. v. 100 000 €. Darin sind 50 000 € steuerfreie Gewinne und 30 000 € nicht abziehbare Betriebsausgaben (§ 4 Abs. 5 EStG) enthalten. Der steuerpflichtige Gewinn beträgt somit 80 000 €. Der nicht entnommene Gewinn i. S. v. § 34a Abs. 2 EStG beträgt 100 000 €.

A kann einen Antrag auf Thesaurierungsbegünstigung i. H. v. 80 000 € stellen. Die nicht abziehbaren Betriebsausgaben werden damit vorrangig mit dem steuerfreien Gewinnanteil verrechnet. Somit kann die Thesaurierungsbegünstigung in diesen Fällen mittelbar auch die nicht abziehbaren Betriebsausgaben umfassen.

68–69 *(Einstweilen frei)*

b) Antragstellung

70 Gemäß § 34a Abs. 1 Satz 2 EStG ist der **Antrag** grundsätzlich **formlos und in beliebiger Höhe bis zum maximalen Begünstigungsbetrag**[6] gem. § 34a Abs. 1 Satz 1 EStG für jeden Betrieb oder Mitunternehmeranteil für jeden VZ gesondert bei dem für die Einkommensbesteuerung zuständigen Finanzamt zu stellen.

aa) Antragstellung bei Einzelunternehmern

71 Einzelunternehmer können unabhängig von der Höhe des Gewinns nach § 4 Abs. 1 Satz 1 EStG oder § 5 EStG die Tarifbegünstigung nach § 34a EStG ganz oder teilweise in Anspruch nehmen. Hat der Einzelunternehmer **mehrere Betriebe**, ist der Antrag gesondert für den einzelnen Betrieb zu stellen.[7]

---

1 Vgl. *Kessler/Jüngling/Pfuhl*, Ubg 2008, 741; vertiefend: *Husken/Schmidt/Siegmund*, BB 2008, 1204 ff.
2 *Gragert/Wißborn*, NWB 2008, 2617.
3 BMF v. 11. 8. 2008, BStBl 2008 I 838.
4 *Gragert/Wißborn*, NWB 2008, 2617.
5 Nach *Gragert/Wißborn*, NWB 2008, 2617.
6 *Schiffers*, DStR 2008, 1805.
7 Vertiefend vgl. *Schiffers*, DStR 2008, 1805.

bb) Antragstellung bei Mitunternehmern

§ 34a Abs. 1 Satz 3 EStG schränkt dies dahingehend ein, als der Stpfl. bei Mitunternehmeranteilen den Antrag (bei mehreren Mitunternehmeranteilen je Mitunternehmeranteil)[1] nur stellen kann, wenn sein Anteil am durch **Betriebsvermögensvergleich** (§ 4 Abs. 1 Satz 1 und § 5 EStG) ermittelten **Gewinn mehr als 10 % beträgt oder 10 000 €** übersteigt. Der einzelne Mitunternehmer kann demnach nur dann einen Antrag stellen, wenn die Beteiligung am **Gewinn (aus Gesamthands-, Sonder- und Ergänzungsbilanz)** nach § 4 Abs. 1 Satz 1 oder § 5 EStG mehr als 10 % oder mehr als 10 000 € beträgt. **Der vertraglichen Gewinnverteilungsabrede kommt keine Bedeutung zu.**[2] Einer einheitlichen Antragstellung aller Mitunternehmer einer Personengesellschaft bedarf es nicht.

72

Mit den Grenzen von 10 % bzw. 10 000 € für die Antragstellung soll erreicht werden, dass Gewinne z. B. aus **Beteiligungen an Medien- oder Windparkfonds** von der Teilhabe an der begünstigten Besteuerung mit 28,25 % ausgeschlossen bleiben.[3]

73

Der **Antrag** auf Tarifbegünstigung nach § 34a EStG ist grundsätzlich **bei Abgabe der Einkommensteuererklärung für jeden Betrieb oder Mitunternehmeranteil gesondert** zu stellen. Dabei kann der Stpfl. für jeden Betrieb oder Mitunternehmeranteil **wählen**, ob und in welcher Höhe er für den jeweils nicht entnommenen Gewinn die Tarifbegünstigung nach § 34a EStG in Anspruch nimmt. Der Antrag kann für jeden Betrieb oder Mitunternehmeranteil **bis zur Höhe des nicht entnommenen Gewinns** gestellt werden.

74

BEISPIEL:[4] A und B sind Mitunternehmer der AB-OHG. A ist zu 90 %, B ist nach der getroffenen Gewinnverteilungsabrede zu 10 % am Gesamthandsgewinn beteiligt. Der Gewinn nach § 4 Abs. 1 Satz 1 EStG aus dem Gesamthandsbereich beträgt 200 000 €. Es sind nicht abzugsfähige Betriebsausgaben i. H.v. 30 000 € angefallen. B hat in seiner Sonderbilanz aus der Vermietung eines Grundstücks an die AB-OHG einen Verlust von 12 000 € erzielt.

Der nach § 4 Abs. 1 Satz 1 und § 5 EStG ermittelte Gewinn der Mitunternehmerschaft beträgt 188 000 € (200 000 € Gesamthand abzgl. 12 000 € Sonderbilanz des B; die nicht abzugsfähigen Betriebsausgaben haben den Gewinn nach § 4 Abs. 1 Satz 1 EStG gemindert). Hieran ist B mit weniger als 10 000 € (20 000 € Gesamthandsbereich abzgl. 12 000 € aus Sonderbilanz = 8 000 €) und nicht zu mehr als 10 % (8/188 = 4,25 %) beteiligt, so dass die Anwendung des § 34a EStG nur für A (Gewinnanteil 180 000 €) zulässig ist.

---

1 *Schiffers*, DStR 2008, 1805.
2 U. a. *Schiffers*, DStR 2008, 1805.
3 BT-Drucks. 16/4841, 63.
4 BMF v. 11. 8. 2008, BStBl 2008 I 838, Tz. 9; vgl. auch *Harle/Geiger*, StBp 2009, 1.

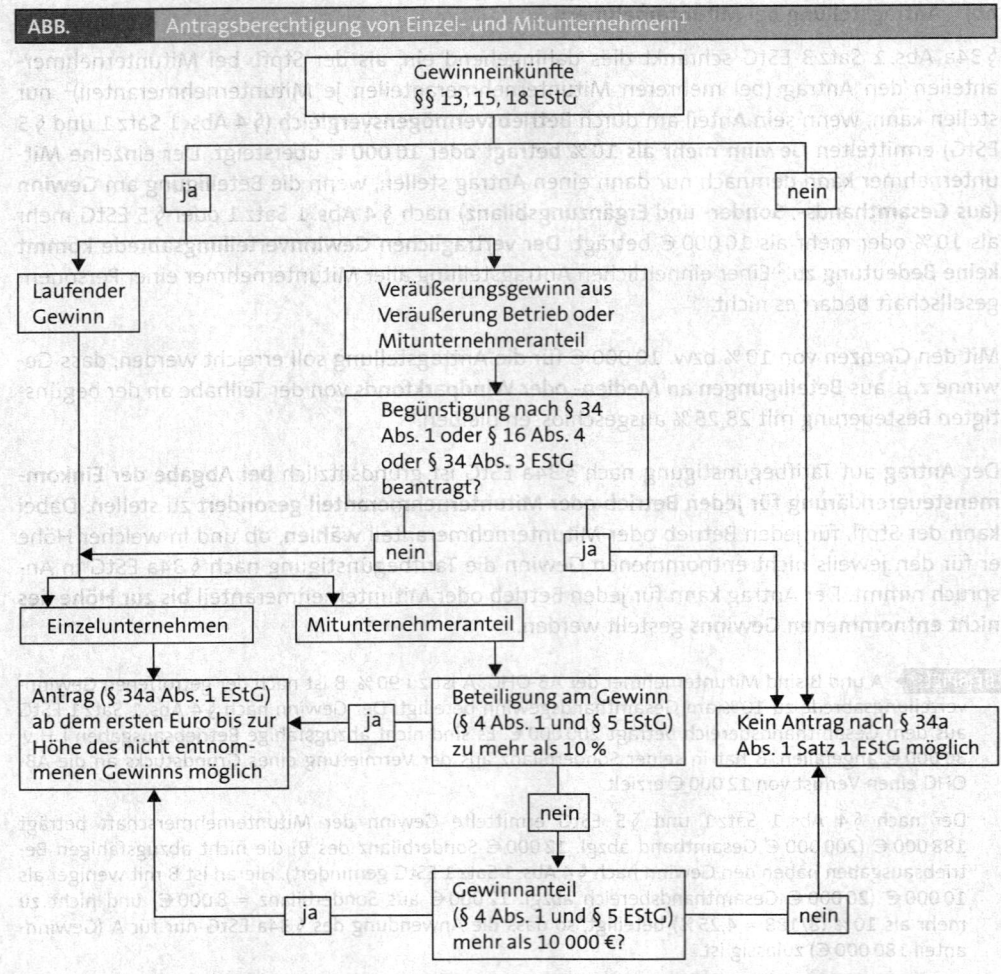

ABB. Antragsberechtigung von Einzel- und Mitunternehmern[1]

75 (Einstweilen frei)

c) Ermäßigter Steuersatz i. H. v. 28,25 %

76 Mit dem **Steuersatz von 28,25 %** werden die betrieblichen Gewinne annähernd gleich wie das thesaurierte Einkommen von Kapitalgesellschaften besteuert. Er setzt sich rechnerisch zusammen aus dem Körperschaftsteuersatz von 15 % und der durchschnittlichen Gewerbesteuerbelastung. Zuzüglich SolZ i. H. v. 5,5 % ergibt sich damit eine Belastung von 29,77 %.[2]

77 Der ermäßigte **Thesaurierungssteuersatz beträgt** gem. § 34a Abs. 1 Satz 3 EStG **28,25 %** und nicht etwa 15 % (also in Höhe des Körperschaftsteuersatzes). Dies liegt darin begründet, dass Einzel- bzw. Mitunternehmer bei der Einkommensteuerveranlagung die Gewerbesteueranrechnung gem. § 35 EStG in Anspruch nehmen können. Diese Anrechnung blieb im Zuge der

---

1 Nach *Gragert/Wißborn*, NWB 2007, 2551.
2 Vgl. auch BT-Drucks. 16/74841, 31, 62.

Unternehmensteuerreform 2008 insofern unverändert, als sie nicht auf die entnommenen bzw. die zum (normalen) progressiven Steuersatz besteuerten Gewinne begrenzt wurde. Damit führt die Thesaurierungsbegünstigung gem. § 34a EStG nicht zu einer **Verkomplizierung der Gewerbesteueranrechnung**.[1]

d) Keine Inanspruchnahme sonstiger Steuerermäßigungen

Sind im Gewinn nach § 4 Abs. 1 Satz 1 oder § 5 EStG auch **Veräußerungsgewinne** enthalten, ist für die Anwendung der Thesaurierungsbegünstigung ausschlaggebend, ob der **Freibetrag nach § 16 Abs. 4 EStG** oder die **Tarifermäßigung nach § 34 Abs. 3 EStG** durch den Steuerpflichtigen für diesen Betrieb oder Mitunternehmeranteil in Anspruch genommen wurde. Die Tarifermäßigung des § 34a EStG kann nicht beansprucht werden, soweit für die Gewinne der Freibetrag nach § 16 Abs. 4 EStG oder die Steuerermäßigung nach § 34 Abs. 3 EStG in Anspruch genommen wird oder es sich um Gewinne i.S.d. § 18 Abs. 1 Nr. 4 EStG handelt (§ 34a Abs. 1 Satz 1 2. Halbsatz EStG). Die **Finanzverwaltung**[2] weitet dieses Alternativverhältnis auch auf die sog. **Fünftel-Regelung des § 34 Abs. 1 EStG** aus.[3]

78

In diesen Fällen kann die Tarifermäßigung nach § 34a EStG auch nicht für den Teil des Veräußerungsgewinns in Anspruch genommen werden, der den Freibetrag nach § 16 Abs. 4 EStG und die Höchstgrenzen nach § 34 Abs. 3 EStG übersteigt oder der nach § 3 Nr. 40 Satz 1 Buchst. b EStG dem Teileinkünfteverfahren unterliegt.[4]

79

Tz. 4 Satz 2 des **BMF-Schreibens v. 11. 8. 2011**,[5] ist jedoch nicht dahin gehend zu verstehen, dass Teileinkünfte i. S. v. § 3 Nr. 40 Satz 1 Buchst. b EStG generell nicht nach § 34a EStG besteuert werden können. Soweit **Teileinkünfte Bestandteil des laufenden Gewinns** sind, besteht kein Grund, für den steuerpflichtigen Teil die Begünstigung zu versagen. Sind die Teileinkünfte Bestandteil eines Veräußerungsgewinns (z. B. bei Beteiligung an einer Kapitalgesellschaft im Betriebsvermögen), ist die **Begünstigung nur dann zu versagen**, wenn der **Freibetrag nach § 16 Abs. 4 EStG** oder die **Tarifbegünstigung nach § 34 Abs. 3 EStG** im Übrigen für den Veräußerungsgewinn in Anspruch genommen wird.[6]

80

Schließlich darf § 34a EStG nicht in Anspruch genommen werden, sofern es sich um einen von einer **vermögensverwaltenden Wagniskapitalgesellschaft** gezahlten **Carried Interest i. S. d. § 18 Abs. 1 Nr. 4 EStG** handelt. Auch hier käme es ausweislich der Gesetzesbegründung sonst nahezu zu einer **Doppelbegünstigung**, da gem. § 3 Nr. 40a EStG 40 % des **Carried Interests** steuerfrei sind.[7]

81

2. § 34a Abs. 1 Satz 4, 5 EStG

Der **Antrag** gem. § 34a Abs. 1 Satz 1 EStG kann **bis zur Unanfechtbarkeit** des Einkommensteuerbescheids für den nächsten VZ vom Steuerpflichtigen **ganz oder teilweise zurückgenommen** werden; der Einkommensteuerbescheid ist entsprechend zu ändern. Die **Festsetzungsfrist** endet insoweit nicht, bevor die Festsetzungsfrist für den nächsten VZ abgelaufen ist (§ 34a Abs. 1

82

---

1 *Gragert/Wißborn*, NWB 2007, 2551.
2 BMF v. 11. 8. 2008, BStBl 2008 I 838, Tz. 6.
3 *Meyer/Sterner*, Ubg 2008, 733; *Gragert/Wißborn*, NWB 2007, 2551.
4 BMF v. 11. 8. 2008, BStBl 2008 I 838, Tz. 4.
5 BMF v. 11. 8. 2008, BStBl 2008 I 838.
6 *Gragert/Wißborn*, NWB 2007, 2551.
7 *Gragert/Wißborn*, NWB 2007, 2551.

Satz 4, 5 EStG). Dadurch soll gewährleistet werden, dass keine Festsetzungsverjährung eintritt, solange das **Wahlrecht zur Antragsrücknahme** noch zulässigerweise ausgeübt werden kann.[1]

83 Hinsichtlich der **Änderung des Antrages nach § 34a Abs. 1 Satz 1 EStG** gelten mithin die **allgemeinen Grundsätze zur Ausübung von Wahlrechten**.[2] Danach können nach Eintritt der Unanfechtbarkeit der Steuerfestsetzung Wahlrechte nur noch ausgeübt werden, soweit die Steuerfestsetzung nach §§ 129, 164, 165, 172 ff. AO oder nach entsprechenden Regelungen in den Einzelsteuergesetzen korrigiert werden kann; dabei sind die § 177 AO und § 351 Abs. 1 AO zu beachten.

84 Der Steuerpflichtige kann den Antrag jederzeit noch bis zur Unanfechtbarkeit des Einkommensteuerbescheids für den folgenden VZ ganz oder teilweise zurücknehmen (§ 34a Abs. 1 Satz 4 EStG). Diese Regelung wird als notwendig angesehen, um den Steuerpflichtigen nicht einem unkalkulierbaren Risiko bei Wahl der Thesaurierungsbegünstigung auszusetzen – insbesondere, wenn es **im Folgejahr zu** unvorhersehbaren **Verlusten** kommt.

85 Denn nach **§ 10d Abs. 1 Satz 2 EStG** ist der **Verlustrücktrag** nur auf den Gesamtbetrag der Einkünfte zulässig, der um die darin enthaltenen Begünstigungsbeträge nach § 34a Abs. 3 Satz 1 EStG gemindert worden ist.[3] Ergibt sich nach Inanspruchnahme der Begünstigung gem. § 34a EStG im Folgejahr ein **rücktragsfähiger Verlust**, verbleibt es bei der Besteuerung des nicht entnommenen Gewinns mit 28,25 %. Für den Fall, dass die **Inanspruchnahme des Verlustrücktrags** zu einem günstigeren steuerlichen Ergebnis führen würde, kann dies durch die völlige oder teilweise Rücknahme des Antrags der Berücksichtigung der Steuerermäßigung nach § 34a EStG erreicht werden.[4]

3. Antragstellung und Verzinsung nach AO?

86 Wird der zulässige **zeitliche Rahmen für die erstmalige Antragstellung** gem. § 34a EStG (maximal) ausgeschöpft,[5] stellt sich die Frage, ob der zugunsten des Steuerpflichtigen entstehende Unterschiedsbetrag zwischen der erstmaligen Steuerfestsetzung (ohne Berücksichtigung der ermäßigt zu besteuernden thesaurierten Gewinne) und der zweiten Steuerfestsetzung (unter Berücksichtigung des § 34a EStG) verzinslich i. S. d. § 233a AO ist.

87 Der Antrag auf begünstigte Besteuerung thesaurierter Gewinne gem. § 34a Abs. 1 EStG unterliegt keiner Frist. Die erstmalige Antragstellung kann deshalb **grds. bis zur Unanfechtbarkeit des Einkommensteuerbescheides** erfolgen (vgl. § 172 Abs. 1 Satz 1 Nr. 2a Satz 2 AO); bei Klagen bis zum Abschluss des finanzgerichtlichen Verfahrens.[6] Ist der nicht angefochtene Einkommensteuerbescheid unter dem Vorbehalt der Nachprüfung ergangen (keine materielle Bestandskraft),[7] kann er (z. B. zur Milderung eines Mehrergebnisses aus Betriebsprüfung) bis zum Ablauf der Festsetzungsfrist auch zur Berücksichtigung eines Antrags gem. § 34a EStG geän-

---

1 *Grützner*, StuB 2009, 182.
2 Vgl. Nr. 8 des AEAO vor §§ 172 bis 177 AEAO.
3 Zur Problematik der Anwendung des § 10d EStG in Zusammenhang mit § 34a EStG vgl. *Wacker*, FR 2008, 605, 607, 608; *Wendt*, DStR 2009, 406.
4 *Grützner*, StuB 2009, 182; *Grützner*, StuB 2007, 445; *Meyer/Sterner*, Ubg 2008, 733, 739.
5 Entspricht dem Regelfall in der Praxis, vgl. *Schanz*, DStR 2015, 2032, 2036.
6 Vgl. z. B. BFH v. 19. 5. 1987 - VIII R 327/83, BStBl 1987 II 848.
7 Siehe BFH v. 22. 9. 1982 - II R 48/81, BStBl 1983 II 164.

dert werden (§ 162 Abs. 2 AO).[1] Wird der Einkommensteuerbescheid – außerhalb von § 164 AO – z. B. gem. § 173 Abs. 1 Nr. 1 AO geändert, sind die §§ 177, 351 Abs. 1 AO zu beachten.[2]

Die genannten Grenzen gelten auch für die **Änderung oder Rücknahme des Antrags**.[3] Darüber hinaus gestattet § 34a Abs. 1 Satz 4 EStG die gänzliche oder teilweise Zurücknahme des Antrags bis zur Unanfechtbarkeit (= formelle Bestandskraft) der nächsten Einkommensteuer-Veranlagung (nicht also: erstmaliger Antrag oder Antragserweiterung für den vorhergehenden VZ). Die wirksame (Teil-)Rücknahme des Antrags durchbricht als rückwirkendes Ereignis (§ 175 Abs. 1 Nr. 2 AO) die Bestandskraft des Einkommensteuerbescheides des VZ, für den die Begünstigung in Anspruch genommen wurde.[4]

Ergibt sich aufgrund einer erstmaligen Antragstellung im Rahmen der o. g. zulässigen Grenzen **aufgrund geänderter Steuerfestsetzungen** ein **Unterschiedsbetrag i. S. d. § 233a Abs. 1 und 3 AO**, so ist dieser gem. § 233a Abs. 1 und 2 AO zu verzinsen (Beginn des Zinslaufs 15 Monate nach Ablauf des Kalenderjahres, in dem die Steuer entstanden ist).

Nach § 38 AO entstehen **Ansprüche aus dem Steuerschuldverhältnis** grds. in dem Augenblick, in dem der Tatbestand verwirklicht ist, an den das Gesetz die Leistungspflicht knüpft. Der Zeitpunkt der Steuerentstehung muss aus dem Einzelsteuergesetz entnommen werden; für die zu veranlagende Einkommensteuer ist § 36 Abs. 1 EStG einschlägig, wonach die Steuer mit Ablauf des VZ entsteht. In **Steuererstattungsfällen** beginnt der **Zinslauf** frühestens mit dem Tag der Zahlung (§ 233a Abs. 3 Satz 3; § 233a Abs. 5 Satz 4 AO), nicht jedoch vor Ablauf der genannten Karenzfrist von 15 Monaten.

Freiwillige oder überhöhte Vorauszahlungen bleiben bei der Berechnung des Unterschiedsbetrages i. S. d. § 233a Abs. 3 AO unberücksichtigt. Dadurch wird verhindert, dass Stpfl. bei einem unterhalb des **gesetzlichen Zinssatzes von 6 % (§ 238 AO)** liegenden Marktzins zum Zweck der Kapitalanlage Überzahlungen leisten.[5] Nach der hier vertretenen Auffassung handelt es sich bei einer „Überzahlung" aufgrund zum Veranlagungszeitpunkt noch nicht erfolgter Antragstellung gem. § 34a EStG nicht um einen der „freiwilligen oder überhöhten Vorauszahlung" vergleichbaren Fall.

Aufhebung oder Änderung der Steuerfestsetzung i. S. d. § 233a Abs. 5 AO (= lex specialis zu §§ 172 ff. AO) ist jede Korrektur der bisherigen Steuerfestsetzung. Die Begriffe „Aufhebung" und „Änderung" sind weit auszulegen.[6]

Bei **(teilweiser) Änderung oder Rücknahme des Antrags** im Rahmen der o. g. zulässigen Grenzen handelt es sich um ein rückwirkendes Ereignis i. S. d. § 175 Abs. 1 Nr. 2 AO. Mithin ist für die Verzinsung § 233a Abs. 2a AO zu beachten (**Beginn des Zinslaufs** 15 Monate nach Ablauf des Kalenderjahres, in dem das rückwirkende Ereignis eingetreten ist).

Im Ergebnis spricht – bei Vorliegen der allgemeinen Voraussetzungen des § 233a AO – zunächst nichts gegen eine **Verzinsung des Unterschiedsbetrags** i. S. d. Fragestellung. Insbesondere sind die Besonderheiten des § 233a AO für Steuererstattungsfälle zu beachten.[7]

---

1 Vgl. auch BMF v. 11. 8. 2008, BStBl 2008 I 838, Tz. 10.
2 *Wacker* in Schmidt, § 34a EStG Rz. 41.
3 So BMF v. 11. 8. 2008, BStBl 2008 I 838, Tz. 10; *Wacker* in Schmidt, § 34a EStG Rz. 41.
4 *Wacker* in Schmidt, § 34a EStG Rz. 41; *Schiffers*, DStR 2008, 1805.
5 *Loose* in Tipke/Kruse, § 233a AO Rz. 43.
6 BFH v. 6. 8. 1996 - V B 51/95, BFH/NV 1997 165 = NWB DokID: UAAAB-38174.
7 Andere Ansicht: *Paus*, EStB 2008, 322.

95 Ist bspw. der nicht angefochtene **Einkommensteuerbescheid** unter dem **Vorbehalt der Nachprüfung** ergangen, kann er (z. B. zur **Milderung eines Mehrergebnisses aus Betriebsprüfung**) bis zum Ablauf der Festsetzungsfrist auch zur Berücksichtigung eines Antrags gem. § 34a EStG geändert werden. Damit liegt eine **Änderung der Steuerfestsetzung** i. S. d. § 233a Abs. 5 AO vor.

96 Ein **Gestaltungsmissbrauch gem. § 42 AO** scheidet wohl aus, da es sich bei einer Antragsstellung unter Ausschöpfung der maximal zulässigen zeitlichen Grenzen lediglich um die Anwendung des Gesetzes handelt.

97–115 *(Einstweilen frei)*

II. § 34a Abs. 2 EStG

1. Nicht entnommener Gewinn

116 § 34a Abs. 2 EStG definiert den **nicht entnommenen und damit sondertarifierungsfähigen Gewinn** als denjenigen des **Betriebs oder Mitunternehmeranteils**, der nach **§ 4 Abs. 1 Satz 1 EStG oder § 5 EStG** ermittelt und um den **positiven Saldo der Entnahmen und Einlagen des Wirtschaftsjahres vermindert** wird.

117 Maßgeblich für die Tarifbegünstigung nach § 34a EStG ist der nach § 4 Abs. 1 Satz 1 EStG oder § 5 EStG ermittelte **Gewinn** (einschließlich Ergebnisse aus Ergebnisabführungsverträgen in **Organschaftsfällen**[1] oder **steuerfreier Gewinnbestandteile** wie z. B. im Inland steuerfreie **Betriebsstättengewinne**, **steuerfreie Teileinkünfte** oder **Investitionszulage**).

118 Dieser Gewinn ist der Unterschiedsbetrag zwischen dem Betriebsvermögen am Schluss des Wirtschaftsjahrs und dem Betriebsvermögen am Schluss des vorangegangenen Wirtschaftsjahrs (**§ 4 Abs. 1 Satz 1 1. Halbsatz EStG**), vermehrt um die **Hinzurechnungen** der privat veranlassten Wertabgaben, die das Betriebsvermögen gemindert haben (Entnahmen i. S. d. § 4 Abs. 1 Satz 2 EStG)[2] und **vermindert um** die privat veranlassten Wertzuführungen, die das Betriebsvermögen erhöht haben (**Einlagen** i. S. d. § 4 Abs. 1 Satz 8 EStG), vgl. auch § 4 Abs. 1 Satz 1 2. Halbsatz EStG.

119 Die **Übertragungs- und Überführungsvorgänge nach § 6 Abs. 5 Satz 1 bis 3 EStG** qualifizieren im Rahmen des **engen Betriebsbegriffs** des § 34a EStG als Entnahme und Einlage sowohl für die Ermittlung des nicht entnommenen Gewinns gem. § 34a Abs. 2 EStG als auch des Nachversteuerungsbetrags gem. § 34a Abs. 4 EStG.[3]

120 Im Gewinn nach § 4 Abs. 1 Satz 1 EStG sind auch noch die Beträge enthalten, die zur weiteren Ermittlung des steuerpflichtigen Gewinns **außerhalb der Bilanz abgezogen** (z. B. steuerfreie Gewinnanteile) **oder hinzugerechnet** (z. B. nicht abzugsfähige Betriebsausgaben) werden.

121 Bei **Personengesellschaften** umfasst der Gewinn nach § 4 Abs. 1 Satz 1 EStG auch die Korrekturen aufgrund von **Ergänzungsbilanzen** und die **Ergebnisse der Sonderbilanzen** der Mitunternehmer.

---

1 Vgl. nur BMF v. 11. 8. 2008, BStBl 2008 I 838, Tz. 11. Zur Problematik, dass der maßgebliche Steuerbilanzgewinn des Organträgers lediglich den Handelsbilanzgewinn, nicht aber den Steuerbilanzgewinn der Organgesellschaft berücksichtigt, werden im BMF v. 11. 8. 2008 keine Hinweise gegeben; vgl. dazu *Rogall*, DStR 2008, 429; *Wacker*, FR 2008, 605.
2 Zum Entnahmebegriff in Zusammenhang mit Vorgängen nach § 6 Abs. 5 EStG vgl. *Pohl*, BB 2008, 1536 ff.
3 *Niehus/Wilke*, DStZ 2009, 14.

BEISPIEL:[1] An der A&B OHG sind A, C und D beteiligt. Ausgehend von einem nach § 4 Abs. 1 Satz 1 EStG ermittelten Gewinn – lt. Steuerbilanz – i. H. v. 500 000 € ergibt sich unter Einbeziehung von Sonder- und Ergänzungsbilanzen folgende Gewinnverteilung:

	Gesamt	A	B	C
Gewinn lt. Steuerbilanz	500 000 €	250 000 €	200 000 €	50 000 €
./. steuerfrei zu belassender Gewinn	./. 400 000 €	./. 200 000 €	./. 160 000 €	./. 40 000 €
+ nicht abziehbare Betriebsausgaben	200 000 €	100 000 €	80 000 €	20 000 €
+ Korrektur aus Ergänzungsbilanz A	20 000 €	20 000 €	-	-
./. Korrektur aus Ergänzungsbilanz C	./. 80 000 €	-	./. 80 000 €	-
+ Tätigkeitsvergütung C und D	200 000 €	-	100 000 €	100 000 €
+ Gewinn Sonderbilanz A	60 000 €	60 000 €	-	-
./. Verlust Sonderbilanz C	./. 30 000 €	-	./. 30 000 €	-
zu versteuernder Gewinn	**470 000 €**	**230 000 €**	**110 000 €**	**130 000 €**

Für A, C und D ergeben sich danach folgende nicht entnommene Gewinne:

	Gesamt	A	C	D
Gewinn lt. Steuerbilanz OHG		250 000 €	250 000 €	50 000 €
+ Ergänzungsbilanz A		20 000 €	-	-
./. Ergänzungsbilanz C		-	./. 80 000 €	-
+ Sonderbilanz A		60 000 €	-	-
./. Sonderbilanz C		-	./. 30 000 €	-
+ Tätigkeitsvergütung C und D		-	100 000 €	100 000 €
Gewinnanteil lt. Steuerbilanz insgesamt	330 000 €	240 000 €	150 000 €	
./. Entnahme Pacht A		./. 100 000 €	-	-
./. Entnahme Tätigkeitsvergütung C und D		-	./. 100 000 €	./. 100 000 €
nicht entnommener Gewinn		**230 000 €**	**140 000 €**	**50 000 €**

Der **nicht entnommene Gewinn i. S. d. § 34a EStG** wird durch Abzug des positiven Saldos aus Entnahmen und Einlagen (bei Mitunternehmeranteilen Entnahmen und Einlagen der Gesamthands-, Sonder- und Ergänzungsbilanzen) vom Gewinn nach § 4 Abs. 1 Satz 1 EStG ermittelt **(maximaler Begünstigungsbetrag)**.[2] 122

Entnahmen i. S. d. § 34a EStG sind die Entnahmen nach § 4 Abs. 1 Satz 2 i. V. m. § 6 Abs. 1 Nr. 4 EStG. Es wird nicht zwischen Bar-, Sach- und Nutzungsentnahmen unterschieden.[3] Zur Behandlung von Entnahmen nach § 4 Abs. 1 Satz 3 EStG bei **Überführung von Wirtschaftsgütern ins Ausland**.[4] 123

Aufgrund der Berücksichtigung von Sonderbilanzen bei der Ermittlung des nicht entnommenen Gewinns eines Mitunternehmers sind **Übertragungen von Wirtschaftsgütern zwischen** 124

---

1 Nach *Grützner*, StuB 2009, 182.
2 Zum Gewinnbegriff vgl. auch *Wendt*, DStR 2009, 406 ff.
3 Zum Entnahmebegriff in Zusammenhang mit Vorgängen nach § 6 Abs. 5 EStG vgl. *Pohl*, BB 2008, 1536 ff.
4 Vgl. BMF v. 11. 8. 2008, BStBl 2008 I 838, Tz. 34 ff.; vgl. dazu *Grützner* mit Beispielen, StuB 2008, 745.

dem **Gesamthandsvermögen einer Mitunternehmerschaft und dem Sonderbetriebsvermögen des Mitunternehmers** ohne Auswirkungen auf den nicht entnommenen Gewinn.[1]

125 Dies hat besondere Bedeutung für die **Buchungen der Mitunternehmerschaft auf Gesellschafterkonten**. Qualifiziert das Gesellschafterkonto auf Gesamthandsebene steuerrechtlich als **Eigenkapital**, liegt in einer Gutschrift bereits dem Grunde nach keine Entnahme vor. Wird das **Gesellschafterkonto im Sonderbetriebsvermögen** erfasst, gleichen sich die Vermögensebenen Gesamthand und Sonderbetriebsvermögen aus. Eine **Verrechnung des laufenden Gewinns mit einem Gesellschafterkonto**, das eine Forderung gegenüber dem Gesellschafter ausweist und kein Sonderbetriebsvermögen ist, ist grundsätzlich als **Entnahme des laufenden Gewinns** zu behandeln und für die Thesaurierung schädlich.[2]

PRAXISHINWEIS:
In Zusammenhang mit der gesellschaftsvertraglichen Ausgestaltung von Entnahmerechten der Mitunternehmer und von Steuerklauseln ergeben sich aufgrund des § 34a EStG Verschiebungen, die in der Kautelarpraxis Beachtung finden sollten. Grundsätzlich ist die Festlegung sog. Mindestentnahmequoten bzw. maximaler Thesaurierungsquoten zu empfehlen, um ggf. unterschiedliche Gewinnverwendungsinteressen von Mitunternehmern zu harmonisieren. Ebenso sind Klauseln betreffend das Recht zur Entnahme von Ertragsteuerzahlungen (sog. Steuerklauseln) anzupassen und/oder etwaige Optionspflichtklauseln vorzusehen, besteht doch die Gefahr, dass der anzuwendende Steuersatz innerhalb des Kreises der Mitunternehmer u.U. durch den individuellen Antrag auf Thesaurierungsbegünstigung einerseits im Vergleich zum Spitzensteuersatz andererseits erheblich auseinanderläuft.[3]

126 **Außerbilanzielle Korrekturen** werden erst nach der Ermittlung des Gewinns vorgenommen, sie können damit **den nicht entnommenen Gewinn nicht beeinflussen**.

127 Sind in dem Gewinn **im Ausland bereits besteuerte und daher im Inland steuerfreie Gewinnanteile** (z. B. Auslandsgewinnanteile nach **DBA**) enthalten, können diese **nicht Gegenstand der Thesaurierungsbegünstigung** sein, weil sie ohnehin (im Inland) steuerfrei sind. Eine **Entnahme dieser Gewinnanteile** mindert den nicht entnommenen Gewinn um den Wert, der ohnehin nicht thesaurierbar wäre. Steuerfreie Gewinnanteile des laufenden Gewinns können daher entnommen werden, **ohne einen negativen Einfluss auf die Höhe des thesaurierungsfähigen Betrages** zu haben.[4]

128 Soweit der **Gewinn aufgrund außerbilanzieller Hinzurechnungen** entstanden ist, kann die Steuerermäßigung nicht in Anspruch genommen werden, da diese Beträge zusätzlich verauslagt wurden und damit nicht entnahmefähig sind. Dies gilt z. B. für **nichtabzugsfähige Betriebsausgaben** und für die **Gewerbesteuer**.

129–130 *(Einstweilen frei)*

2. Gewinnermittlungsart

131 Die Tarifbegünstigung nach § 34a EStG kann nur in Anspruch genommen werden, wenn der **Gewinn durch Bestandsvergleich (§ 4 Abs. 1 Satz 1 EStG oder § 5 EStG) ermittelt** wird. Das Erfordernis der Gewinnermittlung durch Bestandsvergleich erstreckt sich auch auf etwaige **im

---

1 BMF v. 11. 8. 2008, BStBl 2008 I 838, Tz. 20.
2 Vgl. auch *Meyer/Sterner*, Ubg 2008, 733; *Schiffers*, DStZ 2013, 851.
3 Vgl. dazu weiterführend z. T. mit Formulierungsvorschlägen: *Levedag*, GmbHR 2009, 13 ff.; *Rodewald/Pohl*, DStR 2008, 724 und *Reichert/Düll*, ZIP 2008, 1249, mit zahlreichen Hinweisen.
4 Vgl. zu ausländischen Betriebsstättengewinnen auch *Crezelius*, FS Spiegelberger, 65; *Kessler/Jüngling/Pfuhl*, Ubg 2008, 741.

Betriebsvermögen gehaltene Beteiligungen an vermögensverwaltenden, land- und forstwirtschaftlichen, gewerblichen oder freiberuflichen Personengesellschaften.[1] Es ist nicht erforderlich, dass die Untergesellschaft selbst ihren Gewinn nach § 4 Abs. 1 Satz 1 EStG oder § 5 EStG ermittelt. Jedoch muss die Obergesellschaft ihren Gewinn aus der Untergesellschaft nach § 4 Abs. 1 Satz 1 EStG oder § 5 EStG ermitteln.

Bei **Gewinnermittlung durch Einnahmenüberschussrechnung (§ 4 Abs. 3 EStG)** oder bei **pauschalierten Gewinnermittlungen (§§ 5a, 13a EStG)** ist eine ermäßigte Besteuerung nicht möglich. Damit kommen im Ergebnis gerade **Freiberufler (§ 18 EStG)** letztendlich nicht in den Genuss der Begünstigung, da diese ihren Gewinn i. d. R. durch Einnahmenüberschussrechnung ermitteln. Für die Anwendung des § 34a EStG wäre demnach in diesen Fällen ein **Wechsel zur Bilanzierung** Voraussetzung.[2] 132

3. Nicht abziehbare Betriebsausgaben

a) Überblick

Da § 34a Abs. 2 EStG an den gem. § 4 Abs. 1 Satz 1 oder § 5 EStG ermittelten Gewinn anknüpft, bleiben **außerbilanzielle Gewinnkorrekturen**, insbesondere nicht abziehbare Betriebsausgaben, **für die Ermittlung des nicht entnommenen Gewinns außer Betracht.** 133

Die nach § 4 Abs. 4a, 5, 5a und 5b EStG und § 4h EStG nicht abzugsfähigen Betriebsausgaben haben den nach § 4 Abs. 1 Satz 1 EStG oder § 5 EStG ermittelten Gewinn gemindert, da sie außerbilanziell hinzuzurechnen sind. Soweit der steuerpflichtige Gewinn also auf Betriebsausgabenabzugsverboten beruht, kann **keine Tarifbegünstigung nach § 34a EStG** in Anspruch genommen werden. 134

> **BEISPIEL:**[3] Der Gewinn (§ 4 Abs. 1 Satz 1 EStG oder § 5 EStG) des Unternehmens beträgt 330 000 €. Es sind nicht abzugsfähige Betriebsausgaben (§ 4 Abs. 5 EStG) von 45 000 € angefallen. Der Unternehmer hat 70 000 € entnommen. Einlagen wurden i. H. v. 10 000 € getätigt.
> Der nicht entnommene Gewinn beträgt 270 000 € (330 000 € abzgl. Saldo Entnahmen (70 000 €) und Einlagen (10 000 €) = (60 000 €)). Der steuerpflichtige Gewinn beträgt 375 000 € (330 000 € zzgl. 45 000 € nicht abzugsfähige Betriebsausgaben). Der Steuerpflichtige kann einen Antrag nach § 34a EStG für einen Gewinn bis zu 270 000 € stellen.

b) Nicht abziehbare Betriebsausgabe: Gewerbesteuer

Bei der **Gewerbesteuer** handelt es sich nach § 4 Abs. 5b EStG um eine **nicht abziehbare Betriebsausgabe** und **nicht** um eine „**Entnahme**". Aufgrund der Gesetzesformulierung in § 4 Abs. 5b EStG wurde im **Schrifttum**[4] über den neuen Charakter der Gewerbesteuer nach dem **UntStRefG 2008** umfassend diskutiert. 135

Auch wenn der **Gesetzeswortlaut** eher dafür spricht, dass die Gewerbesteuer als Entnahme (wie z. B. auch die Einkommensteuer) aus dem Betriebsvermögen gebucht werden muss, ließ die gesetzliche Platzierung in § 4 Abs. 5b EStG und der eigentlich unzweifelhaft betrieblich veranlasste Charakter der Gewerbesteuer auch den Schluss zu, dass sie weiterhin auf der ersten 136

---

1 Vgl. BFH v. 11. 4. 2005 - GrS 2/02, BStBl 2005 II 679.
2 *Gragert/Wißborn*, NWB 2007, 2551.
3 BMF v. 11. 8. 2008, BStBl 2008 I 838, Tz. 16.
4 Vgl. *Hey*, DStR 2007, 925; *Ley/Brandenberg*, FR 2007, 1092.

Stufe der Gewinnermittlung als Betriebsausgabe gewinnmindernd zu buchen ist, allerdings außerbilanziell dem Gewinn hinzugerechnet wird.

137 Durch die Aufnahme in die abschließende **Aufzählung der nicht abziehbaren Betriebsausgaben in Tz. 16 des Anwendungsschreibens vom 11. 8. 2008**[1] stellt die **Finanzverwaltung** klar, dass die Gewerbesteuer weiterhin als Betriebsausgabe gewinnmindernd gebucht werden muss und somit auch den Gewinn nach § 4 Abs. 1 Satz 1 EStG oder § 5 EStG mindert, jedoch keine Entnahme darstellt.

138 Diese Entscheidung führt im Endergebnis dazu, dass die **Gewerbesteuer bei Kapitalgesellschaften und Personenunternehmen gleich zu behandeln** ist, da bei Kapitalgesellschaften eine Buchung als Entnahme gar nicht möglich gewesen wäre. Auch die durch die **UntStRefG 2008** eingeführte Zinsschrankenregelung nach § 4h EStG beeinflusst den Gewinn nach § 4 Abs. 1 Satz 1 oder § 5 EStG nicht und ist ausschließlich außerbilanziell zu berücksichtigen.[2]

139 Eine wesentliche praktische Auswirkung der **Klassifizierung als (nicht abziehbare) „Betriebsausgabe"** ist auch, dass die Zahlung der **Gewerbesteuer nicht durch eine Einlage in gleicher Höhe kompensiert** werden kann.

140 Für Steuerpflichtige mit gewerblichen Einkünften bedeutet dies vor allem, dass die nicht von der Bemessungsgrundlage abziehbare **Gewerbesteuer** den **begünstigungsfähigen Gewinn mindert**. Hierdurch **erhöht** sich auch bei voller Einbehaltung des Gewinns für Unternehmer im Einkommensteuerspitzensatz die **Gesamtbelastung auf 32,25 %** (bei Hebesatz 400 % und ESt-Satz 45 %). Dieses Ergebnis ist nicht sachgerecht.

141 Mit dem **Urteil des FG Münster vom 19. 2. 2014 - 9 K 511/14 F**[3] hat sich die Finanzrechtsprechung – soweit ersichtlich – erstmalig mit der Frage beschäftigt, ob der **Gewinnanteil** des Gesellschafters einer Personengesellschaft auch insoweit **nach § 34a EStG tarifbegünstigt ist**, als er auf den **Ansatz nicht abziehbarer Betriebsausgaben** entfällt. Nach Auffassung des FG Münster erfolgt die steuerliche „Normalbelastung" des auf nicht abziehbare Betriebsausgaben entfallenden Teils des steuerlichen Gewinns zu Recht, weil dieser Teil des Gewinns für eine Thesaurierung nicht zur Verfügung stehe. Die Nichterfassung dieses Teils des Gewinns durch die Begünstigung i. S. d. § 34a EStG verstößt nach Auffassung des FG Münster weder gegen **Art. 3 Abs. 1 GG** noch gegen das **Gebot der Folgerichtigkeit**, auch wenn die Tarifbelastung des auf nicht abziehbare Betriebsausgaben entfallenden Gewinnanteils bei der Einkommensteuer höher ist als bei der Körperschaftsteuer. Die gegen das **Urteil des FG Münster v. 19. 2. 2014** anhängige **Revision beim BFH** wurde zurückgenommen.[4]

142 Mit seiner Einschätzung bestätigt das **FG Münster** das bereits im **Schrifttum**[5] und bei der **Finanzverwaltung**[6] vorherrschende Verständnis zur Behandlung außerbilanzieller Korrekturbeträge in Zusammenhang mit der Ermittlung des begünstigungsfähigen Gewinns gem. § 34a Abs. 2 EStG.[7]

---

1 BMF v. 11. 8. 2008, BStBl 2008 I 838.
2 *Gragert/Wißborn*, NWB 2008, 2617.
3 FG Münster v. 19. 2. 2014 - 9 K 511/14 F (Rev.: BFH X R 32/14), EFG 2014, 1201, mit Anm. *Renger*, BB 2014, 1700; vgl. zum Urteil auch *Bareis*, FR 2014, 581 ff.
4 Az. des BFH: X R 32/14.
5 *Hey*, DStR 2007, 925; *Ley*, KÖSDI 2007, 15737; *Meyer/Sterner*, Ubg 2008, 733; a. A. *Schiffers*, GmbHR 2007, 841.
6 BMF v. 11. 8. 2008, BStBl 2008 I 838, Tz. 16.
7 Vgl. *Bodden*, FR 2014, 920, 921; *Bareis*, FR 2014, 581 ff.

Auch der **Gesetzgeber**[1] begründet die Behandlung nicht abziehbarer Betriebsausgaben damit, dass diese Beträge „nicht entnahmefähig" seien. Damit entfernt er sich allerdings von der **Konzeption des „nicht entnommenen" Gewinns**. Denn auch soweit der Gewinn auf nicht abziehbare Betriebsausgaben entfällt, ist er nicht i. S. v. § 4 Abs. 1 Satz 2 EStG entnommen worden.

143

Unter diesem Gesichtspunkt wäre es **sachgerecht, nicht abziehbare Betriebsausgaben zum sondertarifierungsfähigen Gewinn hinzuzurechnen**, wobei allerdings gleichzeitig der **Nachversteuerungsbetrag** (§ 34a Abs. 4 EStG) **in entsprechender Höhe gekürzt** werden müsste. Nur dann käme es auch zu einem **Gleichlauf mit der Kapitalgesellschaft**.[2] Denn bei einer Kapitalgesellschaft werden nicht abziehbare Betriebsausgaben allein auf der Gesellschaftsebene gewinnerhöhend erfasst, unterliegen also der Körperschaftsteuer, mangels Ausschüttbarkeit jedoch nicht der Einkommensteuer auf der Ebene des Anteilseigners.

144

Die **Ungleichbehandlung nicht abziehbarer Betriebsausgaben** ergibt sich – anders als die Abweichungen durch die Entnahme der Sondertarifsteuer sowie die Berücksichtigung von Sonder- und Ergänzungsbilanzen – nicht unmittelbar aus der Transparenz der Personengesellschaft, sondern aus der (nicht zwingenden) Anknüpfung in § 34a Abs. 2 EStG an den Gewinn i. S. v. § 4 Abs. 1 Satz 1 EStG.[3]

145

Hier wäre eine entsprechende **Nachbesserung zugunsten des Steuerpflichtigen** ggf. auf Verwaltungsebene **sachgerecht und geboten**, dergestalt, dass zumindest die Gewerbesteuer als nicht abziehbare Betriebsausgabe trotzdem begünstigungsfähig ist (Anknüpfung an einen insofern modifizierten Gewinn i. S. d. § 4 Abs. 1 Satz 1 EStG).

146

Dem hält das **FG Münster** mit der Entscheidung **v. 19. 2. 2014**[4] entgegen, dass eine etwaige Einbeziehung der nicht abziehbaren Betriebsausgaben in die Begünstigung im **Widerspruch zum Gesetzeswortlaut** und der **Intention des Gesetzgebers** stünde. Denn der Gesetzgeber wollte ausweislich der Begründung zum Gesetzesentwurf[5] mit der Einführung von § 34a EStG nur eine Begünstigung nicht entnommener Gewinne erreichen. **Nicht abziehbare Betriebsausgaben** sollten nach dem Willen des Gesetzgebers schon deshalb nicht in die Begünstigung einbezogen werden, weil es sich hierbei um **tatsächlich verausgabte bzw. zu verausgabende und damit für eine Thesaurierung nicht mehr zur Verfügung stehende Beträge** handelt. Die fehlende Einbeziehung der nicht abziehbaren Betriebsausgaben in den nach § 34a Abs. 2 EStG begünstigten Gewinn führt nach Auffassung des FG Münster auch weder zu einer gegen **Art. 3 Abs. 1 GG** verstoßenden Ungleichbehandlung der in einer Mitunternehmerschaft tätigen Steuerpflichtigen gegenüber Kapitalgesellschaften noch zu einem Verstoß gegen das Gebot der Folgerichtigkeit.[6]

147

Die gegen die Entscheidung des **FG Münster** anhängige **Revision beim BFH** wurde zurückgenommen.[7]

148

---

1 Vgl. auch BT-Drucks. 16/4841, 63.
2 In diesem Sinne auch *Fechner/Lethaus*, Schriftenreihe des Instituts für Finanzen und Steuern e.V., IFSt-Schrift Nr. 437, 2006, 16.
3 Vgl. auch *Hey*, DStR 2007, 925, 928.
4 FG Münster v. 19. 2. 2014 - 9 K 511/14 F, EFG 2014, 1201.
5 BT-Drucks. 16/4841, 63.
6 FG Münster v. 19. 2. 2014 - 9 K 511/14 F, EFG 2014, 1201, mit Verweis auf BVerfG v. 7. 7. 2010 - 2 BvL 14/02 u. a., BVerfGE 127, 1; BVerfG v. 21. 6. 2006 - 2 BvL 2/99, BVerfGE 116, 164; ähnlich wohl auch *Hey*, DStR 2007, 925; vgl. zum Urteil des FG Münster auch *Bareis*, FR 2014, 581 ff.
7 Az. des BFH: X R 32/14.

4. Steuerfreie Gewinnanteile

149 **Steuerfreie Gewinnanteile** sind **Bestandteil des Steuerbilanzgewinns**, können aufgrund ihrer Steuerfreiheit jedoch selbst **nicht Gegenstand der Tarifbegünstigung** nach § 34a EStG sein. Bei der Ermittlung des nicht entnommenen Gewinns **gelten** sie jedoch **als vorrangig entnommen**.[1]

> **PRAXISHINWEIS:**
> Insoweit kann es sich in der Praxis anbieten, steuerfreie Gewinnanteile und damit für Zwecke der Ermittlung des maximalen Begünstigungsbetrags nicht relevante entnahmefähige Beträge auf gesonderten Konten gesellschafterbezogen festzuhalten.[2]

> **BEISPIEL:**[3] Der Gewinn (§ 4 Abs. 1 Satz 1 EStG oder § 5 EStG) des Unternehmens beträgt 330 000 €. Hierin sind steuerfreie Gewinnanteile (z. B. nach § 3 Nr. 40 EStG) von 50 000 € enthalten. Der Unternehmer hat 70 000 € entnommen. Einlagen wurden nicht getätigt.
>
> Der nicht entnommene Gewinn beträgt 260 000 € (330 000 € abzgl. 70 000 € Entnahmen). Der steuerpflichtige Gewinn beträgt 280 000 € (330 000 € abzgl. 50 000 € steuerfreie Gewinnanteile). Der Steuerpflichtige kann einen Antrag nach § 34a EStG für einen Gewinn bis zu 260 000 € stellen.

150 Bislang offen ist die **Saldierbarkeit von Gewerbesteuer und steuerfreien Gewinnanteilen**. Die Gewerbesteuer als nicht abziehbare Betriebsausgabe erhöht das zu versteuernde Einkommen im Vergleich zum Bilanzgewinn. Steuerfreie Gewinnanteile hingegen mindern das zu versteuernde Einkommen.

> **BEISPIEL:** Der steuerpflichtige Gewinn (ohne Abzug von Gewerbesteuer und ohne Berücksichtigung steuerfreier Einnahmen) beträgt 70 000 €, es liegen steuerfreie Einnahmen i. H.v. 20 000 € vor und es muss Gewerbesteuer i. H.v. 20 000 € gezahlt werden. Unklar ist, ob in diesem Fall 70 000 € oder 50 000 € thesaurierbar sind.

Im **Schrifttum** wird die Auffassung vertreten, dass beide Werte saldiert werden und somit bei gleicher Höhe dazu führen können, dass doch der volle Bilanzgewinn thesauriert werden kann.[4] Die **Befürworter der Saldierung** nicht abziehbarer Betriebsausgaben mit steuerfreien Gewinnanteilen sehen ihr Meinung mittelbar durch o. g. Tz. 17 des BMF-Schreibens v. 11. 8. 2008[5] bestätigt, wonach steuerfreie Gewinnanteile durch den Steuerpflichtigen im Jahr ihrer Entstehung „vorrangig" entnommen werden können, ohne die Möglichkeit der Thesaurierungsbegünstigung einzuschränken.[6]

151–153 *(Einstweilen frei)*

5. Ausländische Betriebsstättengewinne

154 **Einkünfte ausländischer Betriebsstätten** sind im Rahmen des Betriebsvermögensvergleichs des Gesamtunternehmens zu erfassen und führen zu einem **um die ausländischen Gewinnanteile**

---

[1] BMF v. 11. 8. 2008, BStBl 2008 I 838, Tz. 17; für Beispielsrechnungen vgl. *Fellinger*, DB 2008, 1877; zur Problemstellung auch: *Crezelius*, FS Spiegelberger, 65.
[2] *Schiffers*, DStR 2008, 1805.
[3] BMF v. 11. 8. 2008, BStBl 2008 I 838, Tz. 17.
[4] Für eine Saldierung *Thiel/Sterner*, DB 2007, 1099; *Meyer/Sterner*, Ubg 2008, 733; s. a. *Wacker* in Schmidt, § 34a EStG Rz. 26.
[5] BMF v. 11. 8. 2008, BStBl 2008 I 838, Tz. 17.
[6] Gegen eine Saldierung wohl FG Baden-Württemberg v. 7. 11. 2014 - 9 K 3297/13; s. a BFH v. 20. 3. 2017 - X R 65/14, NZG 2017, 1197.

erhöhten oder verminderten Gewinn nach § 4 Abs. 1 Satz 1 EStG oder § 5 EStG.[1] Damit beeinflussen ausländische Betriebsstättenergebnisse unmittelbar den nicht entnommenen Gewinn des (inländischen) Betriebs.

Soweit die **Gewinne aus ausländischen Betriebsstätten steuerfrei** (z. B. aufgrund eines Doppelbesteuerungsabkommens) gestellt sind, können sie – wie die anderen steuerfreien Gewinnanteile – nicht Gegenstand der Tarifbegünstigung nach § 34a EStG sein. 155

Sollte allerdings die **Steuerpflicht ausländischer Gewinnanteile** gegeben sein, z. B. aufgrund der Nichtexistenz eines DBA, eines DBA mit Anrechnungsmethode, einer subject-to-tax-clause bzw. einer switch-over-clause oder des AStG etc., käme die Anwendung des Sondertarifs von 28,25 % nach § 34a Abs. 1 EStG auch für die ausländischen Teile des Unternehmensgewinns durchaus in Betracht.[2] 156

Auch eine **Anrechnung ausländischer (Quellen-)Steuern** auf die vollen 28,25 % ist möglich.[3] 157

6. Abweichendes Wirtschaftsjahr

Bei Personenunternehmen, die **Einkünfte aus Gewerbebetrieb** beziehen und **ein abweichendes Wirtschaftsjahr** haben, gilt der Gewinn in dem Veranlagungsjahr als bezogen, in dem das Wirtschaftsjahr endet (**§ 4a Abs. 2 Nr. 2 EStG**). Eine **Aufteilung des Gewinns des Wirtschaftsjahrs** 2007/2008 **sowie der Entnahmen und Einlagen** für Zwecke des § 34a EStG ist **nicht vorzunehmen**. Daher kann die **Tarifbegünstigung** nach § 34a EStG auch schon **für den gesamten Gewinn des Wirtschaftsjahrs 2007/2008** beantragt werden, wenn die übrigen Voraussetzungen erfüllt sind. 158

Dagegen ist der Gewinn bei Personenunternehmen, die **Einkünfte aus Land- und Forstwirtschaft** erzielen und ein abweichendes Wirtschaftsjahr haben, auf die Kalenderjahre, in denen das Wirtschaftsjahr beginnt und endet, zeitanteilig aufzuteilen (**§ 4a Abs. 2 Nr. 1 EStG**). Die Entnahmen und Einlagen sind dabei für Zwecke des § 34a EStG ebenfalls zeitanteilig auf die betreffenden Kalenderjahre aufzuteilen. Der Antrag nach § 34a Abs. 1 EStG kann somit auch nur für den danach auf das jeweilige Kalenderjahr entfallenden nicht entnommenen Gewinn gestellt werden. 159

Enden zwei Wirtschaftsjahre in einem Veranlagungszeitraum ist fraglich, welcher nicht entnommene Gewinn in dem zu versteuernden Einkommen des VZ enthalten ist (**§ 34a Abs. 2 EStG**) bzw. wie der Nachversteuerungsbetrag (**§ 34a Abs. 4 EStG**) zu ermitteln ist. Dieser Fall ist gesetzlich nicht geregelt. Für Zwecke der Thesaurierungsbegünstigung sinnvoll erscheint eine **Zusammenfassung der Entnahmen und Einlagen des abweichenden Wirtschaftsjahres und des Rumpfwirtschaftsjahres** in dem VZ, in denen beide enden. Systematisch bestätigt wird dieses Verständnis dadurch, dass gem. § 34a Abs. 1 Satz 2 EStG das **Antragsrecht des Steuerpflichtigen veranlagungszeitraumbezogen** auszuüben ist.[4] 160

---

1 Zur Diskussion, inwieweit eine getrennte Ermittlung in- und ausländischer Betriebsstättengewinne Einfluss auf § 34a EStG hat vgl. *Ley/Brandenberg*, FR 2007, 1085 bzw. *Thiel/Sterner*, DB 2007, 1099.
2 *Kessler/Jüngling/Pfuhl*, Ubg 2008, 741; *Fellinger*, DB 2008, 1877.
3 Vgl. im Übrigen BMF v. 11. 8. 2008, BStBl 2008 I 838, Tz. 34 ff. bzw. *Kessler/Jüngling/Pfuhl*, Ubg 2008, 741 ff.
4 Vgl. *Meyer/Sterner*, Ubg 2008, 733.

7. Nicht entnommener Gewinn bei Personengesellschaften

a) Nicht entnommener Gewinn bei Mitunternehmerschaften

161 Bei Mitunternehmeranteilen werden sowohl die **Entnahmen und Einlagen** des Gesamthandsvermögens als auch die des Sonderbetriebsvermögens berücksichtigt. Deren Ermittlung erfolgt für Zwecke des § 34a EStG **mitunternehmeranteilsbezogen**, d. h. eine Entnahme des Mitunternehmers aus dem Betriebsvermögen der Mitunternehmerschaft mindert den nicht entnommenen Gewinn nur, wenn sie in sein **Privatvermögen** oder in ein anderes **Betriebsvermögen** erfolgt.

162 Die **Übertragung eines Wirtschaftsguts aus dem Gesamthandsvermögen** einer Mitunternehmerschaft in das Sonderbetriebsvermögen eines Mitunternehmers bei derselben Mitunternehmerschaft (und umgekehrt) hat keinen Einfluss auf die Höhe des nicht entnommenen Gewinns dieses Mitunternehmeranteils. Die **Zahlung von Sondervergütungen** i. S. v. § 15 Abs. 1 Satz 1 Nr. 2 Satz 1 2. Halbsatz EStG an einen Mitunternehmer führt nur dann zu einer **Entnahme** i. S. d. § 34a EStG, wenn die **Zahlung ins Privatvermögen** (z. B. auf ein privates Bankkonto des Mitunternehmers) erfolgt.

b) Nicht entnommener Gewinn bei doppel- und mehrstöckigen Mitunternehmer-Personengesellschaften

163 Bei doppel- und mehrstöckigen Personengesellschaften ist für den Mitunternehmer der Obergesellschaft nur ein **einheitlicher begünstigter Gewinn** zu ermitteln, der neben dem Gewinn aus der Obergesellschaft – einschließlich der Ergebnisse aus Ergänzungs- und Sonderbilanzen – **auch** die Ergebnisse aus einer etwaigen **Sonderbilanz nach § 15 Abs. 1 Satz 1 Nr. 2 Satz 2 EStG bei der Untergesellschaft** umfasst.[1]

164 **Entnahmen des Mitunternehmers bei der Obergesellschaft** sind zu **addieren** mit **Entnahmen**, die von ihm **aus seinem Sonderbetriebsvermögen bei der Untergesellschaft** (§ 15 Abs. 1 Satz 1 Nr. 2 Satz 2 EStG) getätigt werden. Gleiches gilt für **Einlagen**. Zahlungen zwischen der Obergesellschaft und der Untergesellschaft haben **keinen Einfluss auf das Begünstigungsvolumen**.

165 Im Ergebnis ist damit lediglich bei **Entnahmen in das Privatvermögen oder ein anderes Betriebsvermögen** eine **Minderung des nicht entnommenen Gewinns** gegeben.[2] Entnahmen i. S. d. § 34a Abs. 2 EStG liegen daher insbesondere bei der **Zahlung von Sondervergütungen** in Form von **Mieten**, **Geschäftsführergehältern** oder auch **Zinsen** vor.[3]

> **BEISPIEL:**[4] An der X-KG (Obergesellschaft) ist A zu 50 % als Mitunternehmer beteiligt. Die X-KG ist ihrerseits an der Y-OHG (Untergesellschaft) beteiligt. Die X-KG erzielt (einschließlich des von der Y-OHG stammenden Gewinnanteils) einen Gewinn von 80 000 €, der A zur Hälfte zugerechnet wird. A erzielt aus einem an die Y-OHG vermieteten Grundstück (Sonderbetriebsvermögen des A bei der Y-OHG) einen Gewinn von 5 000 €. Die gesamten Mietzahlungen der Y-OHG i. H. v. 20 000 € hat A privat verwendet. Aus der X-KG hat A 15 000 € entnommen. Weitere Entnahmen oder Einlagen wurden nicht getätigt.
>
> Der nicht entnommene Gewinn des A beträgt 10 000 € (40 000 € Gewinnanteil Obergesellschaft zzgl. 5 000 € Gewinn aus dem Sonderbetriebsvermögen bei der Untergesellschaft) = 45 000 € Gewinn nach

---

1 Kritisch gegenüber h. M. *Wacker* in Schmidt, § 34a EStG Tz. 22.
2 BMF v. 11. 8. 2008, BStBl 2008 I 838, Tz. 20.
3 *Fellinger*, DB 2008, 1877.
4 BMF v. 11. 8. 2008, BStBl 2008 I 838, Tz. 21.

§ 4 Abs. 1 Satz 1 EStG abzgl. Saldo aus Entnahmen (15 000 € aus Obergesellschaft zzgl. 20 000 € aus Sonderbetriebsvermögen bei der Untergesellschaft = 35 000 € und Einlagen 0 €]).

(Einstweilen frei)

III. § 34a Abs. 3 EStG

1. Überblick

Aus der **Ausgangsgröße des nicht entnommenen Gewinns** werden zunächst der **Begünstigungsbetrag (§ 34a Abs. 3 Satz 1 EStG)** und daraus der **nachversteuerungspflichtige Betrag** entwickelt **(§ 34a Abs. 3 Satz 2 EStG)**. Gemäß § 34a Abs. 3 Satz 1 EStG handelt es sich beim **Begünstigungsbetrag** um den im Veranlagungszeitraum nach Abs. 1 Satz 1 **auf Antrag begünstigten Gewinn**. Aus diesem **Begünstigungsbetrag** wird nach Maßgabe des § 34a Abs. 3 Satz 2 EStG mittels Hinzurechnungen und Kürzungen der **nachversteuerungspflichtige Betrag** des Betriebs oder Mitunternehmeranteils zum Ende des Veranlagungszeitraums abgeleitet. Der **nachversteuerungspflichtige Betrag** wird für jeden Betrieb oder Mitunternehmeranteil **jährlich gesondert festgestellt (§ 34a Abs. 3 Satz 3 EStG)**.

2. Begünstigungsbetrag (§ 34a Abs. 3 Satz 1 EStG)

Nach der Ermittlung des nicht entnommenen **Gewinns (= maximaler begünstigungsfähiger Betrag)** i. S. d. § 34a Abs. 1 EStG folgt die **Ermittlung des Begünstigungsbetrags**. Der Begünstigungsbetrag ist der Teil des nicht entnommenen Gewinns, für den der Stpfl. einen **Antrag nach § 34a Abs. 1 EStG** stellen kann und diesen auch gestellt hat. Der Begünstigungsbetrag ist die **Bemessungsgrundlage für die Steuer nach § 34a Abs. 1 Satz 1 EStG** und **Ausgangspunkt** für die Ermittlung des nachversteuerungspflichtigen Betrags.

> **BEISPIEL:**[1] Der nicht entnommene Gewinn (§ 34a Abs. 2 EStG) beträgt 150 000 €. Der Steuerpflichtige stellt einen Antrag nach § 34a Abs. 1 Satz 1 EStG für 60 000 €.
>
> Der Begünstigungsbetrag (§ 34a Abs. 3 Satz 1 EStG) beträgt 60 000 €. Der Steuerpflichtige muss 90 000 € mit dem progressiven persönlichen Steuersatz (Bemessungsgrundlage verbleibendes z. v. E. nach Abzug des nach § 34a EStG begünstigt zu versteuernden Gewinns) versteuern. Für den Begünstigungsbetrag zahlt er 16 950 € (28,25 % v. 60 000 €) ESt zzgl. 932,25 € (5,5 % v. 16 950 €) SolZ.

3. Nachversteuerungspflichtiger Betrag des VZ (§ 34a Abs. 3 Satz 2 EStG)

Der **nachversteuerungspflichtige Betrag** des jeweiligen Veranlagungszeitraums wird durch Abzug der Einkommensteuerbelastung (28,25 %) und des darauf entfallenden SolZ vom Begünstigungsbetrag ermittelt. Die ggf. anfallende Kirchensteuer mindert den nachversteuerungspflichtigen Betrag jedoch nicht. **Tz. 24 des BMF-Anwendungsschreibens v. 11. 8. 2008**,[2] stellt klar, dass eine Abrundung des nachversteuerungspflichtigen Betrags auf einen vollen Euro-Betrag nicht vorgesehen ist. Vielmehr ist der nachversteuerungspflichtige Betrag **auf Euro und Cent genau** zu ermitteln.

---

1 BMF v. 11. 8. 2008, BStBl 2008 I 838, Tz. 23.
2 BMF v. 11. 8. 2008, BStBl 2008 I 838.

> **BEISPIEL:**[1] Der Steuerpflichtige hat für 60 000 € seines im Jahr 01 nicht entnommenen Gewinns die Tarifbegünstigung nach § 34a EStG beantragt (wie voriges Beispiel).
>
> Der nachversteuerungspflichtige Betrag des Jahres 01 ermittelt sich wie folgt:
>
> Begünstigungsbetrag 60 000,00 €
>
> Abzgl. ESt (28,25 % von 60 000 €) 16 950,00 €
>
> Abzgl. SolZ (5,5 % von 16 950 €) 932,25 €
>
> Nachversteuerungspflichtiger Betrag 42 117,75 €

184 Die **Ermittlung und Fortschreibung des nachversteuerungspflichtigen Betrags** (§ 34a Abs. 3 Satz 2 EStG) wird durch das nachfolgende **Schema** veranschaulicht:[2]

Nachversteuerungspflichtiger Betrag zum 31. 12. des vorangegangenen VZ

- ▶ zzgl. nachversteuerungspflichtiger Betrag des laufenden VZ (§ 34a Abs. 3 EStG)
- ▶ zzgl. auf diesen Betrieb oder Mitunternehmeranteil von einem anderen Betrieb oder Mitunternehmeranteil desselben Steuerpflichtigen übertragener nachversteuerungspflichtiger Betrag (§ 34a Abs. 5 EStG)
- ▶ abzgl. Nachversteuerungsbetrag des laufenden VZ (§ 34a Abs. 4, 5 und 6 EStG)
- ▶ abzgl. auf einen anderen Betrieb oder Mitunternehmeranteil von diesem Betrieb oder Mitunternehmeranteil übertragener nachversteuerungspflichtiger Betrag (§ 34a Abs. 5 EStG)

= **Nachversteuerungspflichtiger Betrag zum 31. 12. des VZ**

185 Der nachversteuerungspflichtige Betrag ist **jährlich fortzuschreiben** und **zum Ende des Veranlagungszeitraums für jeden Betrieb und Mitunternehmeranteil gesondert festzustellen** (§ 34a Abs. 3 Satz 3 EStG).

186 **Etwas anderes gilt**, wenn ein Betrieb oder Mitunternehmeranteil **im Laufe des Veranlagungszeitraums unentgeltlich übertragen** wird, also ein **Fall des § 34a Abs. 7 EStG** vorliegt. In den Fällen des § 34a Abs. 7 EStG ist der nachversteuerungspflichtige Betrag **zum Ende des Tages vor dem steuerlichen Übertragungsstichtag festzustellen**.

187–200 *(Einstweilen frei)*

IV. § 34a Abs. 4 EStG

1. Nachversteuerung (§ 34a Abs. 4 Satz 1 EStG)

201 Eine **Nachversteuerung** ist immer dann vorzunehmen, **wenn der positive Saldo aus Entnahmen und Einlagen** bei einem Betrieb oder Mitunternehmeranteil **den Gewinn des laufenden Wirtschaftsjahres übersteigt**. Dieser Unterschiedsbetrag wird als **Nachversteuerungsbetrag** bezeichnet (§ 34a Abs. 4 Satz 1 EStG). Werden die begünstigten Gewinne in einem **späteren Wirtschaftsjahr** entnommen, ist – vorbehaltlich § 34a Abs. 5 EStG – eine Nachversteuerung mit einem Steuersatz von 25 % zzgl. SolZ und ggf. Kirchensteuer durchzuführen, soweit zum Ende des vorangegangenen VZ ein **nachversteuerungspflichtiger Betrag** nach § 34a Abs. 3 EStG festgestellt wurde.

---

1 BMF v. 11. 8. 2008, BStBl 2008 I 838, Tz. 24.
2 Vgl. auch BMF v. 11. 8. 2008, BStBl 2008 I 838, Tz. 25.

Über § 34a Abs. 4 EStG hinausgehend ist – **entnahmeunabhängig** – gem. **§ 34a Abs. 6 EStG** eine **Nachversteuerung** vorzunehmen, wenn der Betrieb 202

- **verkauft** oder **aufgegeben** wird,
- **in eine Kapitalgesellschaft oder eine Genossenschaft eingebracht oder umgewandelt** wird,
- den **Gewinn nicht mehr nach § 4 Abs. 1 Satz 1 EStG oder § 5 EStG** ermittelt
- oder wenn der Stpfl. die **Nachversteuerung beantragt**.

Spätestens mit dem **Tod des Steuerpflichtigen** wird eine Nachversteuerung durchgeführt.

Der **Steuersatz** für den ursprünglich begünstigen Betrag beträgt **im Falle der Nachversteuerung insgesamt 48,32 %** Einkommensteuer inklusive SolZ. 203

a) Nachversteuerungsbetrag

Ein **Nachversteuerungsbetrag** entsteht immer dann, wenn der positive Saldo aus Entnahmen und Einlagen den Gewinn nach § 4 Abs. 1 Satz 1 EStG oder § 5 EStG dieses Wirtschaftsjahres übersteigt **(Entnahmeüberhang)**. Im Fall eines **Verlusts** ist der Entnahmeüberhang so hoch wie der positive Saldo von Entnahmen und Einlagen. In Höhe des **Entnahmeüberhangs** entsteht ein Nachversteuerungsbetrag (Ausnahme: Entnahmen zur Zahlung von Erbschaft-/Schenkungsteuer und Fälle des § 34a Abs. 5 Satz 2 EStG). 204

Entsteht also ein **Entnahmeüberhang**, ist in dieser Höhe – maximal jedoch in Höhe des festgestellten nachversteuerungspflichtigen Betrags – eine **Nachversteuerung** i. H. v. 25 % zzgl. SolZ und ggf. KiSt durchzuführen. Diese Nachversteuerung erfolgt neben der „normalen" Versteuerung des zu versteuernden Einkommens des Veranlagungszeitraums mit dem persönlichen Einkommensteuersatz. 205

BEISPIEL:[1] Der Steuerpflichtige hat im Jahr 04 einen Gewinn nach § 4 Abs. 1 Satz 1 EStG i. H. v. 8 000 €. Die Entnahmen betragen 50 000 €. Der für das Vorjahr festgestellte nachversteuerungspflichtige Betrag beträgt 60 000 €. Einlagen wurden nicht getätigt. Der Steuerpflichtige muss den laufenden Gewinn des Jahres (8 000 €) nach § 32a EStG versteuern. Der Entnahmeüberhang beträgt 42 000 €, für die er 10 500 € ESt (25 % von 42 000 €) und 577,50 € SolZ zahlen muss. Der nachversteuerungspflichtige Betrag zum 31. 12. 2004 ist i. H. v. 18 000 € festzustellen.

Bei der **Ermittlung des Entnahmeüberhangs** sind die **außerbilanziellen Hinzurechnungen** (z. B. **nicht abziehbare Betriebsausgaben**) **nicht** zu berücksichtigen.[2] Maßgeblich ist demnach auch hier der Gewinn nach § 4 Abs. 1 Satz 1 EStG oder § 5 EStG und nicht etwa der zu versteuernde Gewinn. **Besondere Härten** können sich z. B. bei Entnahmen aus dem **Sonderbetriebsvermögen bei personenstarken Mitunternehmerschaften** ergeben, bei denen die Rückgabe des im Sonderbetriebsvermögen überlassenen Wirtschaftsguts oftmals außerhalb des gesellschaftsrechtlichen Einflussbereichs des betroffenen Mitunternehmers liegt.[3] 206

BEISPIEL:[4] Der Steuerpflichtige hat im Jahr 04 einen Gewinn nach § 4 Abs. 1 Satz 1 EStG i. H. v. 60 000 €. Es sind nicht abzugsfähige Betriebsausgaben nach § 4 Abs. 5 EStG i. H. v. 30 000 € entstanden. Die Ent-

---

1 BMF v. 11. 8. 2008, BStBl 2008 I 838, Tz. 27.
2 BMF v. 11. 8. 2008, BStBl 2008 I 838, Tz. 28.
3 Fellinger, DB 2008, 1877.
4 BMF v. 11. 8. 2008, BStBl 2008 I 838, Tz. 28.

nahmen betragen 80 000 €. Der für das Vorjahr festgestellte nachversteuerungspflichtige Betrag beträgt 60 000 €. Einlagen wurden nicht getätigt.

Der Steuerpflichtige muss den laufenden Gewinn des Jahres (90 000 € 60 000 € zzgl. nichtabzugsfähige Betriebsausgaben von 30 000 €]) nach § 32a EStG versteuern. Der Entnahmeüberhang beträgt 20 000 € (60 000 € abzgl. 80 000 €), für die er 5 000 € ESt (25 % von 20 000 €) und 275 € SolZ zahlen muss. Der nachversteuerungspflichtige Betrag zum 31. 12. 2004 ist i. H. v. 40 000 € festzustellen.

207 Der **Nachversteuerungsbetrag** ermittelt sich – ausgehend vom Begünstigungsbetrag (§ 34a Abs. 3 Satz 1 EStG) – nach dem **Schema gem. § 34a Abs. 3 Satz 2 ff. EStG:**[1]

Begünstigungsbetrag (§ 34a Abs. 3 Satz 1 EStG = der im Veranlagungsjahr auf Antrag begünstigter Gewinn)

▶ abzgl. Steuerbelastung i. H. v. 28,25 % zzgl. SolZ

▶ zzgl. nachversteuerungspflichtiger Betrag des Vorjahres

▶ abzgl. bereits festgesetzte Nachsteuer

▶ zzgl. nachversteuerungspflichtiger Betrag aus Wirtschaftgutsübertragungen auf diesen Betrieb

▶ abzgl. nachversteuerungspflichtiger Betrag aus Wirtschaftgutsübertragungen auf anderen Betrieb

▶ abzgl. Beträge, die für die Erbschaftsteuer (Schenkungsteuer) anlässlich der Übertragung des Betriebs oder Mitunternehmeranteils entnommen wurden

= **Nachversteuerungspflichtiger Betrag**

208 Im Schreiben des BMF vom 11. 8. 2008,[2] wird auf Grundlage des o. g. Schemas ebenfalls nur die Einkommensteuer und der SolZ abgezogen. Explizit wird die **Kirchensteuer** – auch durch den Gesetzeswortlaut des § 34a Abs. 3 Satz 2 EStG – vom Abzug ausgenommen.[3]

209–210 *(Einstweilen frei)*

b) Verwendungsreihenfolge bei der Nachversteuerung

aa) Verwendungsreihenfolge im Entnahmefall

211 Die **Verwendungsreihenfolge** des positiven Saldos aus Entnahmen und Einlagen ist wie folgt aufgebaut:[4]

1. positiver steuerfreier Gewinn des laufenden Jahres
2. positiver steuerpflichtiger Gewinn des laufenden Jahres
3. nicht entnommene und nach § 34a EStG begünstigte Gewinne der Vorjahre (= Nachversteuerungspflichtiger Gewinn der Vorjahre)
4. steuerfreie und nicht entnommene mit dem persönlichen Steuersatz versteuerte Gewinne der Vorjahre.

---

1 Vgl. auch BMF v. 11. 8. 2008, BStBl 2008 I 838, Tz. 24, 25.
2 BMF v. 11. 8. 2008, BStBl 2008 I 838, Tz. 24.
3 Kritisch dazu: *Fellinger*, DB 2008, 1877.
4 BMF v. 11. 8. 2008, BStBl 2008 I 838, Tz. 29; s. a. *Fellinger*, DB 2008, 1877.

bb) Verwendungsreihenfolge bei der Nachversteuerung: lock-in-effect

Im Rahmen der Nachversteuerung stellt sich zwingend die Frage nach der **Verwendungsreihenfolge der nicht entnommenen Gewinne** von Einzelunternehmern oder Mitunternehmern bei einer etwaigen Entnahme. Der Gesetzgeber weist in der **Gesetzesbegründung** darauf hin, dass der zur Bestimmung des Nachversteuerungsbetrages maßgebliche Betrag um die steuerfreien Einnahmen zu kürzen sei.[1] Damit soll klargestellt werden, dass **steuerfreie Gewinne auch steuerfrei entnommen** werden können. 212

Eine solche **klarstellende Aussage des Gesetzgebers fehlt** hingegen an anderer Stelle. Trotzdem wird in dem Schreiben des **BMF v. 11. 8. 2008**,[2] eine **Verwendungsreihenfolge** bei der Nachversteuerung vorgesehen, die mit der ausdrücklichen Zielsetzung des **UntStRefG 2008** – nämlich der Stärkung der Eigenkapitalbasis der Unternehmen – kaum vereinbar ist. Nach dem Verständnis des BMF betreffend § 34a Abs. 4 Satz 1 EStG **gilt**, sobald der Saldo aus Entnahmen und Einlagen den laufenden Gewinn übersteigt, stets **vorrangig der Nachversteuerungsbetrag als entnommen (last-in, first-out)**. 213

Hierdurch kommt es zur **Einsperrung versteuerter „Altgewinne", regelbesteuerter Gewinne sowie steuerfreier Gewinne**, die nicht sofort entnommen wurden **(lock-in-effect)**.[3] Die Auslegung des BMF trägt vielleicht zur Vereinfachung des Gesetzes bei, **verfehlt aber den Gesetzeszweck**. Denn es liegt nahe, vor Anwendung des § 34a EStG sämtliche Altrücklagen, und zukünftig, im laufenden Gewinn enthaltene steuerfreie Auslandsgewinne nach Möglichkeit **unmittelbar zu entnehmen**, um die Einsperrwirkung zu verhindern.[4] 214

Die **Gesetzesbegründung** selbst schweigt zu der **Verwendungsreihenfolge** betreffend die vorrangige Entnahme des Nachversteuerungsbetrages gänzlich und lässt insofern keinerlei Rückschlüsse auf den gesetzgeberischen Willen hinsichtlich der Auslegung der Vorschrift zu. Gesetzessystematisch ließe sich diese Verwendungsreihenfolge allenfalls mit dem Wort „soweit" in § 34a Abs. 4 Satz 1 EStG begründen. 215

Allerdings steht diesem Verständnis der Vorschrift entgegen, dass das klare Ziel der Unternehmensteuerreform u. a. die Stärkung des Eigenkapitals war. Gegen eine solche unterstellte **Verwendungsreihenfolge** spricht auch eine (frühere) Mitteilung des BMF selbst, wonach die Entnahme von normal (nicht tarifbegünstigt) besteuerten Gewinnen aus Jahren vor Einführung der Thesaurierungsbegünstigung keine Auswirkungen auf die Nachversteuerung haben dürfe.[5] 216

Auch wird mit der in **Tz. 29 des BMF-Schreibens vom 11. 8. 2008**,[6] vorgesehenen **Verwendungsreihenfolge** das Reformziel einer annähernden Belastungsgleichheit von Personengesellschaften und Kapitalgesellschaften verfehlt. Denn Personengesellschaften sind in diesem Fall gegenüber Kapitalgesellschaften insofern schlechter gestellt, als Entnahmen, die über den Gewinn hinausgehen, stets zu einer Nachversteuerung führen, wenn ein Nachversteuerungsbetrag festgestellt und fortgeschrieben ist. Dies gilt auch, wenn durch getrennte Kontenführung nachzuweisen ist, dass der nicht entnommene Gewinn dem Betrieb verblieben ist. 217

---

1 BT-Drucks. 16/4841, 64.
2 BMF v. 11. 8. 2008, BStBl 2008 I 838, Tz. 29.
3 Vgl. zur Problemstellung: *Crezelius*, FS Spiegelberger, 65, 69; *Brähler/Guttzeit/Scholz*, StuW 2012, 119, 121.
4 Siehe a. *Fellinger*, DB 2008, 1877.
5 Vgl. Nachweis bei *Thiel/Sterner*, DB 2007, 1099, mit Verweis auf BMF v. 11. 10. 2006, Mitteilung im Internet, Anlage 2, „Modelle zur Begünstigung von Personenunternehmen".
6 BMF v. 11. 8. 2008, BStBl 2008 I 838.

218 Eine **sachgerechte Interpretation** des § 34a Abs. 4 EStG müsste diese fiktive **Verwendungsreihenfolge** (last-in, first-out) zwingend ändern und die Entnahme von bereits versteuerten **Altrücklagen** konsequent der vorrangigen Entnahme von steuerfreien Gewinnanteilen gleichstellen oder zumindest neben und unabhängig von der Entnahme des Nachversteuerungsbetrags als **Wahlrecht des Steuerpflichtigen** zulassen.

219 Dies könnte durchaus auf **Ebene eines Verwaltungsschreibens** erfolgen, ohne dass der Gesetzeswortlaut geändert werden müsste, da bei methodischer Auslegung der Vorschrift kein eindeutiges Ergebnis erzielt werden kann und mindestens die anerkannte Auslegungsmethode nach dem Sinn und Zweck der Regelung für eine entsprechende Änderung der Tz. 29 des BMF-Schreibens v. 11. 8. 2008,[1] spricht.

2. § 34a Abs. 4 Satz 2 EStG

220 Gemäß § 34a Abs. 4 Satz 2 EStG beträgt die Einkommensteuer auf den Nachversteuerungsbetrag bei späterer Entnahme des sondertarifierten Gewinns 25 % (zzgl. Zuschlagsteuern). Der **Steuersatz von 25 %** orientiert sich an der für Dividendenausschüttungen geltenden **Abgeltungsteuer (§ 32d Abs. 1 EStG)**.[2]

221 Im internationalen Besteuerungskontext ist die **Nachsteuer** als nachträgliche **Steuer auf Unternehmensgewinne** i. S. d. Art. 7 OECD-MA einzuordnen.[3]

3. Entnahmen zur Zahlung von Erbschaft- bzw. Schenkungsteuer (§ 34a Abs. 4 Satz 3 EStG)

222 Eine **Nachversteuerung** nach § 34a Abs. 4 Satz 1 EStG ist nicht durchzuführen, soweit sie durch **Entnahmen für die Erbschaft-/Schenkungsteuer** anlässlich der Übertragung des Betriebs oder Mitunternehmeranteils ausgelöst wird (§ 34a Abs. 4 Satz 3 EStG).

223 Dies ist vor dem Hintergrund der nach der festgelegten **Verwendungsreihenfolge** zurückgestellten **Verwendungsmöglichkeit bereits versteuerter Altgewinne** von Bedeutung. Regelmäßig wurden in der Vergangenheit Rücklagen für die Zahlung entsprechender auf den Betrieb entfallenden Steuerschulden in den Unternehmen gebildet. Durch die geforderte **Verwendungsreihenfolge** wäre die Nutzung dieser ebenfalls regelbesteuerten Beträge jedoch für Erbschaftsteuerzahlungen erst dann ohne Nachversteuerung möglich, wenn der gesamte bestehende nachversteuerungspflichtige Betrag entnommen wurde.

Diesem Dilemma soll mit § 34a Abs. 4 Satz 3 EStG abgeholfen werden.[4] Der Nachversteuerungsbetrag ist daher um die Beträge zu mindern, die für die **Erbschaft- und Schenkungsteuerzahlung** anlässlich der Übertragung des Betriebs oder Mitunternehmeranteils entnommen wurden.

---

1 BStBl 2008 I 838.
2 Vgl. BT-Drucks. 16/4841, 32; s. a. *Bindl*, DB 2008, 949.
3 *Kessler/Jüngling/Pfuhl*, Ubg 2008, 741.
4 *Fellinger*, DB 2008, 1877.

Die Erbschaft-/Schenkungsteuer anlässlich der Übertragung des Betriebs oder Mitunternehmeranteils berechnet sich wie folgt: 224

Erbschaftsteuerbemessungsgrundlage für den Betrieb oder Mitunternehmeranteil

Festgesetzte Erbschaftsteuer x Erbschaftsteuerbemessungsgrundlage

Entnahmen für die Erbschaft-/Schenkungsteuer sind bei der Ermittlung des nicht entnommenen Gewinns des laufenden Wirtschaftsjahrs zu berücksichtigen.[1] Die Regelung des § 34a Abs. 4 Satz 1 und 3 EStG lässt diese **nur bei der Ermittlung des Nachversteuerungsbetrags unberücksichtigt**. Im Ergebnis kann daher ein im Laufe der Vorjahre für Zwecke der Erbschaftsteuerzahlung angesammelter Betrag nicht für die Entnahme genutzt werden. Vielmehr **gilt der laufende Gewinn als** für diesen Zweck **verbraucht**, so dass dieser dann für eine begünstigte Thesaurierung nicht mehr zur Verfügung steht.[2] 225

Eine Entnahme aus einem Betrieb für die Erbschaftsteuer eines **anderen** Betriebsvermögens desselben Steuerpflichtigen fällt nicht unter die Ausnahmeregelung und führt daher im Fall des Entnahmeüberhangs zur Nachversteuerung beim Betrieb, bei dem die Entnahme getätigt wurde. 226

Eine **Minderung des Nachversteuerungsbetrags gem. § 34a Abs. 4 Satz 3 EStG** ist auch dann vorzunehmen, wenn der entnommene Geldbetrag zur Zahlung der anlässlich einer Übertragung des Betriebs oder Mitunternehmeranteils entstandenen **ausländischen Erbschaft- oder Schenkungsteuer** verwendet wird. Der Wortlaut der Vorschrift unterscheidet weder zwischen in- und ausländischer Erbschaftsteuer (Schenkungsteuer) noch zwischen Erbschaftsteuer (Schenkungsteuer) aus EU-Mitgliedstaaten und sonstigen Drittstaaten.[3] Vielmehr ist für die Minderung des Nachversteuerungsbetrags Voraussetzung, dass die tatsächlich gezahlte und keinem Ermäßigungsanspruch – auch nicht durch Anrechnung im jeweiligen nationalen Recht – unterliegende Erbschaftsteuer (Schenkungsteuer) für einen inländischen Betrieb oder Mitunternehmeranteil gezahlt wird (betriebsbezogene Betrachtungsweise).[4] Dies gilt jedoch nur, wenn die ausländische Erbschaft- oder Schenkungsteuer der deutschen Erbschaft- oder Schenkungsteuer entspricht.[5] 227

Laut Verfügung der OFD Frankfurt a. M. v. 2. 7. 2015 ist ein bundeseinheitlich abgestimmtes Verzeichnis „Ausländische Steuern, die der deutschen Erbschaft-/Schenkungsteuer entsprechen" derzeit nicht geplant ist. Bekannt ist bislang lediglich, dass die kanadische „capital gains tax" und die portugiesische Erbersatzsteuer negativ von der deutschen Erbschaftsteuer abgegrenzt wurden, weil es sich bei diesen – ihrer jeweiligen Erhebungsform nach – um Steuern auf das Einkommen handelt.[6]

Wird die Erbschaft-/Schenkungsteuer **nur teilweise aus dem Betrieb entnommen**, gilt die Entnahme vorrangig als für die auf den Betrieb oder Mitunternehmeranteil entfallende Erbschaft-/Schenkungsteuer getätigt. Dadurch wird sichergestellt, dass der Nachversteuerungs- 228

---

1 BMF v. 11. 8. 2008, BStBl 2008 I 838, Tz. 11.
2 *Fellinger*, DB 2008, 1877; *Schiffers*, DStR 2008, 1805.
3 So auch OFD Frankfurt a. M. v. 2. 7. 2015, NWB DokID: DAAAE-99399.
4 Vgl. OFD Frankfurt a. M. v. 2. 7. 2015, NWB DokID: DAAAE-99399.
5 FinMin Schleswig-Holstein v. 27. 1. 2010 - S 2290a-001 (Kurzinformation Nr. 2010/3).
6 Vgl. OFD Frankfurt/M. v. 2. 7. 2015, NWB DokID: DAAAE-99399.

betrag immer zuerst um die auf den Betrieb entfallende entnommene Erbschaft- bzw. Schenkungsteuerzahlung gemindert wird.[1]

> **BEISPIEL:**[2] Die Erbschaftsteuer beträgt insgesamt 100 000 €, davon entfallen 50 000 € auf den geerbten Gewerbebetrieb. Zur Bezahlung der Erbschaftsteuer entnimmt der Steuerpflichtige 80 000 € aus dem Betrieb. Die restlichen 20 000 € werden aus privaten Mitteln beglichen. Der Gewinn des Betriebs beträgt 0 €. Es wurde ein nachversteuerungspflichtiger Betrag von 60 000 € für diesen Betrieb festgestellt.
>
> Der Entnahmeüberhang beträgt 80 000 €. Davon entfallen 50 000 € auf die Entnahme für Erbschaftsteuer (§ 34a Abs. 4 Satz 1 EStG). Es sind daher lediglich 30 000 € nachzuversteuern.

229–315 *(Einstweilen frei)*

V. Übertragungen und Überführungen von einzelnen Wirtschaftsgütern (§ 34a Abs. 5 EStG)

1. Nachversteuerung bei Übertragung oder Überführung einzelner Wirtschaftsgüter (§ 34a Abs. 5 Satz 1 EStG)

316 Nach § 34a Abs. 5 Satz 1 EStG führt die **Übertragung oder Überführung eines Wirtschaftsguts gem. § 6 Abs. 5 Satz 1 bis 3 EStG** unter den Voraussetzungen des § 34a Abs. 4 EStG zur Nachversteuerung.

317 Daraus folgt aus dem **für § 34a EStG geltenden (engen) Betriebsbegriff** unmittelbar, dass die **von § 6 Abs. 5 EStG erfassten Überführungen bzw. Übertragungen** i. S. d. § 34a EStG **grundsätzlich Entnahmen** aus dem abgebenden Betrieb bzw. Mitunternehmeranteil gefolgt von einer Einlage in das aufnehmende Betriebsvermögen darstellen. § 34a Abs. 5 Satz 1 EStG ist insoweit lediglich klarstellend.[3] Dabei gilt die **Qualifikation der Übertragungs- und Überführungsvorgänge nach § 6 Abs. 5 Satz 1 bis 3 EStG als Entnahme und Einlage** sowohl für die Ermittlung des nicht entnommenen Gewinns gem. § 34a Abs. 2 EStG als auch des Nachversteuerungsbetrags gem. § 34a Abs. 4 EStG.[4]

2. Übertragbarkeit des nachversteuerungspflichtigen Betrags (§ 34a Abs. 5 Satz 2 EStG)

a) Übertragung einzelner Wirtschaftsgüter nach § 6 Abs. 5 EStG

318 § 34a Abs. 5 Satz 2 EStG gibt die Möglichkeit, im Fall von Übertragungen und Überführungen von einzelnen Wirtschaftsgütern in ein anderes Betriebsvermögen nach § 6 Abs. 5 EStG **statt einer Nachversteuerung beim Ursprungsbetrieb den (anteiligen) nachversteuerungspflichtigen Betrag auf das übernehmende Unternehmen zu übertragen**. In diesem Fall werden die Wirtschaftsgüter weiterhin betrieblich genutzt, so dass kein Zwang zur Nachversteuerung bestehen soll.[5]

319 **Voraussetzung** ist ein **Antrag des Steuerpflichtigen**, den nachversteuerungspflichtigen Betrag in Höhe des Buchwerts des übertragenen oder überführten Wirtschaftsguts auf den anderen

---

1 Fellinger, DB 2008, 1877, 1881.
2 BMF v. 11. 8. 2008, BStBl 2008 I 838, Tz. 31.
3 Niehus/Wilke, DStZ 2009, 14; Ley, KÖSDI 2007, 15737.
4 Niehus/Wilke, DStZ 2009, 14.
5 BR-Drucks. 220/07, 103 f.; BT-Drucks. 16/4841, 64.

Betrieb oder Mitunternehmeranteil zu übertragen.[1] Die **Übertragbarkeit des nachversteuerungspflichtigen Betrags (§ 34a Abs. 3 Satz 2 EStG)** ist – neben dem Buchwert des Wirtschaftsguts – der Höhe nach (zusätzlich) beschränkt auf den Nachversteuerungsbetrag i. S. d. § 34a Abs. 4 Satz 1 EStG, den die Übertragung oder Überführung des Wirtschaftsguts ausgelöst hätte. Es sind mithin **zwei Wertobergrenzen** zu beachten.

Ist **in späteren Wirtschaftsjahren** nach § 6 Abs. 5 Satz 4 oder 6 EStG für den Übertragungs-/Überführungsvorgang **aufgrund eines schädlichen Ereignisses rückwirkend der Teilwert anzusetzen**, ist insoweit – nach **Auffassung der Finanzverwaltung**[2] und des überwiegenden **Schrifttums**[3] die Übertragung des nachversteuerungspflichtigen Betrags **rückgängig** zu machen. **Andere** halten diese **Auffassung** für gesetzeswidrig.[4]

BEISPIEL:[5] Der Steuerpflichtige überführt in 01 ein Grundstück (Buchwert 200 000 €) zum Buchwert von seinem Einzelunternehmen in das Sonderbetriebsvermögen einer Personengesellschaft, an der er beteiligt ist. Der Steuerpflichtige tätigt in 01 übrige Entnahmen i. H.v. 60 000 €. Der Gewinn seines Einzelunternehmens beträgt in 01 40 000 €. Der nachversteuerungspflichtige Betrag des Einzelunternehmens zum 31. 12. 2000 beträgt 300 000 €. Einlagen wurden nicht getätigt.

Die Gesamtentnahmen des Steuerpflichtigen betragen 260 000 €. Der Nachversteuerungsbetrag nach § 34a Abs. 4 EStG beträgt zunächst 220 000 € (260 000 € Entnahmen abzgl. 40 000 € Gewinn). Auf Antrag des Steuerpflichtigen können 200 000 € (= Buchwert des überführten Grundstücks) auf den nachversteuerungspflichtigen Betrag des Mitunternehmeranteils übertragen werden. Es verbleiben 20 000 €, die der Nachversteuerung mit 25 % unterliegen (= 5 000 €). Der nachversteuerungspflichtige Betrag des Einzelunternehmens zum 31. 12. 2001 beträgt 80 000 € (300 000 € abzgl. 200 000 € Übertragung abzgl. 20 000 € Nachversteuerung).[6]

Der **übertragungsfähige nachversteuerungspflichtige Betrag i. S. d. § 34a Abs. 5 EStG** ist der nach Berücksichtigung der übrigen Entnahmen und hierauf nach § 34a Abs. 4 EStG erfolgender Nachversteuerungen verbleibende nachversteuerungspflichtige Betrag, **maximal** jedoch der **Buchwert**.

BEISPIEL:[7] Der Steuerpflichtige überführt in 01 ein Grundstück (Buchwert 200 000 €) zum Buchwert von seinem Einzelunternehmen in das Sonderbetriebsvermögen einer Personengesellschaft, an der er beteiligt ist. Der Steuerpflichtige tätigt in 01 übrige Entnahmen i. H.v. 60 000 €. Der Gewinn seines Einzelunternehmens beträgt in 01 0 €. Der nachversteuerungspflichtige Betrag des Einzelunternehmens zum 31. 12. 2000 beträgt 150 000 €. Einlagen wurden nicht getätigt.

Die Gesamtentnahmen des Steuerpflichtigen betragen 260 000 €. Der Entnahmeüberhang nach § 34a Abs. 4 EStG beträgt (zunächst) 260 000 €, da ein Gewinn nicht erzielt wurde. Der Steuerpflichtige muss 60 000 € nachversteuern, da der Entnahmeüberhang insoweit auf den übrigen Entnahmen beruht. Auf Antrag des Steuerpflichtigen können 90 000 € (= Buchwert des überführten Grundstücks 200 000 €, maximal jedoch verbleibender nachversteuerungspflichtiger Betrag (150 000 € abzgl. Nachversteuerungsbetrag 60 000 €) auf den nachversteuerungspflichtigen Betrag des Mitunternehmeranteils übertragen werden. Der nachversteuerungspflichtige Betrag des Einzelunternehmens zum 31. 12. 2001 beträgt 0 € (150 000 € abzgl. 60 000 € Nachversteuerungsbetrag abzgl. 90 000 € Übertragungsbetrag).

---

1 Kritisch zur Beschränkung auf Buchwertübertragungen *Pohl*, BB 2008, 1536.
2 BMF v. 11. 8. 2008, BStBl 2008 I 838, Tz. 32.
3 Siehe a. *Harle/Geiger*, BB 2009, 587, 590; *Ley*, Ubg 2008, 214, mit weitergehenden Überlegungen.
4 *Niehus/Wilke*, DStZ 2009, 14.
5 BMF v. 11. 8. 2008, BStBl 2008 I 838, Tz. 32.
6 Kritisch zum Vorrang „normaler" Entnahmen vor Überführungen nach § 6 Abs. 5 EStG: *Pohl*, BB 2008, 1536.
7 BMF v. 11. 8. 2008, BStBl 2008 I 838, Tz. 33.

322 Nach der **Gesetzesbegründung zu § 34a Abs. 5 EStG** ist eine **Nachversteuerung in Fällen der Übertragung nach § 6 Abs. 5 EStG nicht gerechtfertigt**, da die Wirtschaftsgüter weiterhin betrieblich genutzt werden, und der Übertragungs- oder Überführungsvorgang lediglich **buchungstechnisch als Entnahme** behandelt wird.[1]

323 Die Regelung berührt einen **sensiblen Bereich des Bilanzsteuerrechts**, der bis heute nicht hinreichend geklärt ist. Eine Entnahme kann nicht nur für private, sondern auch **für andere betriebsfremde Zwecke** erfolgen (**§ 6 Abs. 1 Nr. 4 Satz 1 EStG**). Der **Entnahmetatbestand** ist mithin vom Begriff des Betriebs abhängig.[2] Im Rahmen des § 34a EStG ist von einem „engen" **Betriebsbegriff** auszugehen.[3]

324 Eine Nachversteuerung findet nach § 34a Abs. 4 EStG nur statt, wenn die Übertragung oder Überführung des Wirtschaftsguts **zwischen zwei verschiedenen Betrieben** stattfindet, so dass der Entnahmetatbestand erfüllt ist. Dies ist aber durchaus **nicht** bei allen in § 6 Abs. 5 Satz 1 bis 3 EStG geregelten Fällen so.

325 Wird ein Wirtschaftsgut **gegen Gewährung oder Minderung von Gesellschaftsrechten** aus dem **Sonderbetriebsvermögen des Mitunternehmers in das Gesamthandsvermögen** derselben **Mitunternehmerschaft** übertragen oder umgekehrt (**§ 6 Abs. 5 Satz 3 Nr. 2 EStG**), bleibt es innerhalb ein und desselben Mitunternehmeranteils. Es liegt deshalb **keine Entnahme i. S. d. § 34a EStG** vor, so dass keine Nachversteuerung durchzuführen ist.[4]

326 § 34a Abs. 5 EStG betrifft offenbar **nur die Fälle des § 6 Abs. 5 Satz 1 bis 3 EStG**, in denen ein **Wirtschaftsgut zwischen verschiedenen Mitunternehmern** oder **zwischen verschiedenen Betriebsvermögen desselben (Mit-)Unternehmers** übertragen wird. Nur dann besteht überhaupt die Antragsmöglichkeit, den Nachversteuerungsbetrag auf den anderen Betrieb oder Mitunternehmeranteil zu übertragen.[5]

> **PRAXISHINWEIS:**
> Die Sichtweise, dass bestimmte Übertragungen bzw. Überführungen von Wirtschaftsgütern im Rahmen des § 6 Abs. 5 EStG als Entnahmen aus einem Betriebsvermögen und als Einlagen in das aufnehmende (andere) Betriebsvermögen darstellen, führt dazu, dass hierdurch im Zielbetriebsvermögen zusätzliches Entnahmepotenzial erzeugt wird; insoweit werden Entnahmen in das Privatvermögen ermöglicht, die weder eine Nachversteuerung auslösen noch einer begünstigten Besteuerung des im Zielbetriebsvermögen erzielten Gewinns entgegenstehen, während eine sich im Ursprungsbetriebsvermögen infolge einer ggf. vorliegenden Überentnahme ergebende Nachversteuerung durch eine Übertragung des nachsteuerungspflichtigen Betrags gem. § 34a Abs. 5 Satz 2 EStG unterdrückt werden kann.[6]

> **BEISPIEL:**[7] X verfügt über zwei Betriebe. Betrieb 1 weist zum 31. 12. 2001 einen nachversteuerungspflichtigen Betrag i. H. v. 100 und einen Gewinn von Null aus; Einlagen sind nicht vorgenommen worden. Gewinn, Einlagen und Entnahmen des Wirtschaftsjahres 01 betragen in Betrieb 2 Null.
> Entnimmt X nun 100 aus dem Betriebsvermögen des Betriebs 1, so löst dies eine Nachversteuerung des nachversteuerungspflichtigen Betrags i. H. v. 100 aus. Überführt X stattdessen ein Wirtschaftsgut

---

1 BT-Drucks. 16/4841, 64.
2 Hierzu weiterführend: *Pohl*, BB 2008, 1536 ff.
3 *Niehus/Wilke*, DStZ 2009, 14.
4 Ebenso *Ley*, Ubg 2008, 214; zum Entnahmebegriff in Zusammenhang mit Vorgängen nach § 6 Abs. 5 EStG vgl. *Pohl*, BB 2008, 1536 ff.; *Niehus/Wilke*, DStZ 2009, 14; *Fellinger*, DB 2008, 1877, m. w. N.
5 Vgl. auch *Thiel/Sterner*, DB 2007, 1099; weiterführend: *Niehus/Wilke*, DStZ 2009, 14 ff; zur Entnahmequalität bei Überführung eines Wirtschaftsguts aus dem SBV eines Gesellschafters in ein SBV eines (anderen) Gesellschafters vgl. auch *Wendt*, Stbg 2009, 1.
6 *Niehus/Wilke*, DStZ 2009, 14.
7 Nach *Niehus/Wilke*, DStZ 2009, 14.

mit einem Buchwert von 100 in seinen Betrieb 2 und beantragt die Übertragung des nachversteuerungspflichtigen Betrags i. H.v. 100 auf diesen Betrieb, wird dadurch (1) die Nachversteuerung in Betrieb 1 unterdrückt und (2) kann X Entnahmen i. H. des Buchwerts des überführten Wirtschaftsguts aus Betrieb 2 vornehmen, ohne eine Nachversteuerung auszulösen. Es wird lediglich die vorherige Einlage wieder entnommen, so dass insoweit die Voraussetzungen des § 34a Abs. 4 Satz 1 EStG (den Gewinn des Wirtschaftsjahres übersteigender positiver Saldo von Entnahmen und Einlagen des Wirtschaftsjahres) nicht erfüllt ist.

(*Einstweilen frei*)

b) Sonderfall: Überführung von Geldbeträgen

§ 34a Abs. 5 Satz 2 EStG ist nicht anzuwenden, wenn **Geldbeträge** von einem Betrieb oder Mitunternehmeranteil in einen anderen Betrieb oder Mitunternehmeranteil des Steuerpflichtigen unter den Voraussetzungen des § 6 Abs. 5 EStG überführt oder übertragen werden.

Das Schreiben des BMF v. 11. 8. 2008,[1] zur Tarifbegünstigung für nicht entnommene Gewinne sieht vor, dass § 34a Abs. 5 Satz 2 EStG nicht anzuwenden ist, wenn **Geldbeträge** von einem Betrieb oder Mitunternehmeranteil in einen anderen Betrieb oder Mitunternehmeranteil des Steuerpflichtigen unter den Voraussetzungen des § 6 Abs. 5 EStG überführt oder übertragen werden.

Damit nimmt das BMF die Überführung bzw. Übertragung von Geldbeträgen aus dem sachlichen Anwendungsbereich der Vorschrift heraus. Dies steht im Widerspruch zu dem insofern eindeutigen Wortlaut des Gesetzes (**§ 34a Abs. 5 Satz 2 EStG**), welches allgemein den Begriff des Wirtschaftsguts ohne jede Einschränkung verwendet.

Insbesondere kann aus der Formulierung „einzelne Wirtschaftsgüter" keine Einschränkung hinsichtlich des Begriffs des Wirtschaftsguts abgeleitet werden. Diese Formulierung lehnt sich lediglich an den Wortlaut des § 6 Abs. 5 EStG an, der unter bestimmten Voraussetzungen Anwendung auf die Übertragung bzw. Überführung einzelner Wirtschaftsgüter findet in Abgrenzung zur Vorschrift des § 6 Abs. 3 EStG, bei der es um die Übertragung bzw. Überführung von Betrieben, Teilbetrieben und Mitunternehmeranteilen geht.

Nach **allgemein anerkannter Definition sind Wirtschaftsgüter** Gegenstände i. S. d. BGB und vermögenswerte Vorteile, auf die der Stpfl. Aufwendungen gemacht hat, die nach der Verkehrsauffassung einer selbständigen Bewertung zugänglich sind und die einen Nutzen über den Bilanzstichtag hinaus erbringen. Der **Begriff des Wirtschaftsguts** umfasst nach einhelliger Auffassung auch Zahlungsmittel, mithin auch **Geldbeträge**. Diese werden in der steuerrechtlichen und steuerbilanziellen Systematik den sog. finanziellen (monetären) Wirtschaftsgütern zugeordnet.[2]

Nach den Grundsätzen der juristischen Methodenlehre ist eine Rechtsvorschrift zunächst nach ihrem **Wortlaut** auszulegen. Der Wortlaut ist zugleich die Grenze jeder Auslegung. Der Wortlaut des § 34a Abs. 5 Satz 2 EStG bietet keinen Anhaltspunkt, der ein einschränkendes, von der allgemeinen Ansicht abweichendes Verständnis des Begriffs des Wirtschaftsguts rechtfertigen könnte. Die in dem o. g. BMF-Schreiben vorgesehene **einschränkende Auslegung** ist mithin nicht im Wortlaut der Vorschrift angelegt und damit **methodisch unzulässig**.

---

1 BMF v. 11. 8. 2008, BStBl 2008 I 838, Tz. 32.
2 Vgl. nur *Weber-Grellet* in Schmidt, § 5 EStG Rz. 116; *Ley*, Ubg 2008, 214.

336 Auch nicht aus der **Gesetzessystematik** und dem **Sinn und Zweck der Vorschrift**, insbesondere auch nicht aus der Gesetzesbegründung, ergibt sich ein die Ausklammerung von Geldbeträgen aus dem sachlichen Anwendungsbereich rechtfertigender Anhaltspunkt. Im Gegenteil: Da es sich bei der **Übertragung bzw. Überführung von Geldbeträgen** auf Grundlage des § 6 Abs. 5 EStG ebenfalls um eine nur „buchungstechnische Entnahme" handelt, ist – mit der Gesetzesbegründung zu § 34a Abs. 5 EStG – eine Nachversteuerung nicht gerechtfertigt.[1] Die einschränkende Auslegung der Vorschrift durch die Exekutive, wie sie das BMF-Schreiben vorsieht, **verstößt damit gegen das Gesetz**. Es ist die **Einlegung von Rechtsbehelfen** zu empfehlen.

337 Im Übrigen wird die sich aus der vorgesehenen Zwangsnachversteuerung ergebende **Einsperrung von Geldbeträgen** (im Unterschied zu anderen Wirtschaftsgütern i. S. d. § 6 Abs. 5 EStG) der wirtschaftlichen Realität nicht gerecht und behindert wirtschaftlich sinnvolle Übertragungen und Überführungen zwischen Betriebsvermögen ein und desselben Steuerpflichtigen unnötig. Die Einbeziehung von Geldbeträgen in den sachlichen Anwendungsbereich des § 34a Abs. 5 Satz 2 EStG würde auch die steuerliche Erfassung nicht gefährden.

3. Grenzüberschreitende Überführungen und Übertragungen von Wirtschaftsgütern

338 **Entnahmen i. S. d. § 4 Abs. 1 Satz 3 ff. EStG** aufgrund der Überführung oder Übertragung von Wirtschaftsgütern aus einem inländischen Betriebsvermögen in ein **ausländisches Betriebsvermögen desselben Steuerpflichtigen** sind grundsätzlich auch bei der Ermittlung des nicht entnommenen Gewinns und des Entnahmeüberhangs i. S. d. § 34a EStG zu berücksichtigen. **Gleiches gilt für Einlagen i. S. d. § 4 Abs. 1 Satz 7 EStG** aufgrund der Überführung oder Übertragung aus einem **ausländischen Betriebsvermögen** in ein inländisches Betriebsvermögen desselben Steuerpflichtigen.[2]

Dabei sind folgende Fallgruppen zu unterscheiden:

a) Übertragungen innerhalb eines Betriebs oder Mitunternehmeranteils

339 Ausgehend von einem „engen" Betriebsbegriff[3] vertritt die Finanzverwaltung die Auffassung, dass sich die **Überführung eines Wirtschaftsguts von einer inländischen in eine ausländische Betriebsstätte** nicht auf den Gewinn des Gesamtunternehmens auswirke, da der Entnahme aus der inländischen Betriebsstätte eine korrespondierende Einlage in das ausländische Betriebsvermögen gegenüberstehe.[4] Entsprechendes gilt für die (umgekehrte) **Überführung eines Wirtschaftsguts von einer ausländischen in eine inländische Betriebsstätte**.[5]

340 Bei **beschränkt Steuerpflichtigen** ist die Anwendung des § 34a EStG begrenzt auf den nicht entnommenen Gewinn/den Entnahmeüberhang der **inländischen Betriebsstätte**.[6] Die der Einlage in die inländische Betriebsstätte vorhergehende Entnahme aus dem ausländischen Betriebsvermögen oder die der Entnahme aus der inländischen Betriebsstätte nachfolgenden Einlage in das ausländische Betriebsvermögen bleibt unberücksichtigt.

---

1 Ebenso *Pohl*, BB 2008, 1536.
2 BMF v. 11. 8. 2008, BStBl 2008 I 838, Tz. 34; *Fellinger*, DB 2008, 1877.
3 *Niehus/Wilke*, DStZ 2009, 14.
4 BMF v. 11. 8. 2008, BStBl 2008 I 838, Tz. 35; vgl. weiterführend *Niehus/Wilke*, DStZ 2009, 14.
5 Zustimmend: *Kessler/Jüngling/Pfuhl*, Ubg 2008, 741.
6 BMF v. 11. 8. 2008, BStBl 2008 I 838, Tz. 3; vgl. auch *Kessler/Jüngling/Pfuhl*, Ubg 2008, 741 ff.

b) Übertragungen und Überführungen zwischen mehreren Betrieben oder Mitunternehmeranteilen

Die Überführung eines Wirtschaftsguts von einem inländischen Betrieb in einen anderen, im Ausland belegenen Betrieb desselben unbeschränkt Steuerpflichtigen ist eine Entnahme aus dem inländischen und eine Einlage in den ausländischen Betrieb. Eine **zusammenfassende Betrachtung** ist – wie bei reinen Inlandsvorgängen – **nicht zulässig**.[1] Entsprechendes gilt für die Überführung eines Wirtschaftsguts von einem ausländischen Betrieb in einen anderen, im Inland belegenen Betrieb desselben unbeschränkt Steuerpflichtigen. Das heißt, es findet anders als bei den Überführungen zwischen Betriebsstätten **keine zusammenfassende Gesamtbetrachtung** statt.

341

Zur Überführung eines Wirtschaftsguts von einem inländischen Betrieb in einen anderen, im Ausland belegenen Betrieb eines Steuerpflichtigen vgl. entsprechend auch BMF v. 11. 8. 2008.[2]

342

Bei **beschränkt Steuerpflichtigen** haben derartige Vorgänge nur Bedeutung für den nicht entnommenen Gewinn/den Entnahmeüberhang der inländischen Betriebsstätte. Infolge der in Begrenzung auf den nicht entnommenen Gewinn/den Entnahmeüberhang der inländischen Betriebstätte sind die Verhältnisse im Ausland (also Entnahmen und Einlagen) ohne Bedeutung.[3] Dies ergibt sich aus der **Anknüpfung der beschränkten Steuerpflicht an die inländischen Gewinne i. S. d. § 49 EStG** und darauf aufbauend auch aus Tz. 3 des BMF-Schreibens v. 11. 8. 2008.[4]

343

Die grenzüberschreitende Übertragung eines Wirtschaftsguts aus dem oder in das **Gesamthandsvermögen einer Personengesellschaft** steht der grenzüberschreitenden Überführung aus einem oder in einen Betrieb gleich.[5]

344

c) Grenzüberschreitende Übertragungen und Überführungen bei Einkünften aus Land- und Forstwirtschaft und selbständiger Arbeit

Die vorstehend geschilderten Grundsätze zur Übertragung oder Überführung innerhalb eines Betriebs bzw. Mitunternehmeranteils oder zwischen mehreren Betrieben bzw. Mitunternehmeranteilen gelten sinngemäß für **Einkünfte aus Land- und Forstwirtschaft** und **selbständiger Arbeit**.

345

(Einstweilen frei)

346–355

VI. Sonderfälle der Nachversteuerung (§ 34a Abs. 6 EStG)

1. § 34a Abs. 6 Satz 1 EStG

Nach § 34a Abs. 6 Satz 1 EStG ist eine **Nachversteuerung** des nachversteuerungspflichtigen Betrags i. S. d. § 34a Abs. 4 EStG ist auch in den folgenden **Fällen** durchzuführen:[6]

356

---

1 *Fellinger*, DB 2008, 1877.
2 BStBl 2008 I 838, Tz. 37, 39 sowie *Niehus/Wilke*, DStZ 2009, 14.
3 BMF v. 11. 8. 2008, BStBl 2008 I 838, Tz. 36, 38; s. a. *Fellinger*, DB 2008, 1877.
4 BMF v. 11.8. 2008, BStBl 2008 I 838; *Fellinger*, DB 2008, 1877.
5 Vgl. entsprechend BMF v. 11. 8. 2008, BStBl 2008 I 838, Tz. 37.
6 Vgl. auch BMF v. 11. 8. 2008, BStBl 2008 I 838, Tz. 41 ff.; *Harle/Geiger*, BB 2009, 587.

1. in den Fällen der **Betriebsveräußerung oder -aufgabe** i. S. d. §§ 14, 16 Abs. 1 und 3 (einschl. **Realteilung** nach § 16 Abs. 3 Satz 2 bis 4 EStG)[1] sowie des **§ 18 Abs. 3 EStG**,

2. in den Fällen der **Einbringung eines Betriebs oder Mitunternehmeranteils** in eine Kapitalgesellschaft oder eine Genossenschaft sowie in den Fällen des **Formwechsels**[2] einer Personengesellschaft in eine Kapitalgesellschaft oder Genossenschaft nach UmwStG,[3]

3. in den Fällen der unentgeltlichen Übertragung eines Betriebs oder Mitunternehmeranteils nach § 6 Abs. 3 EStG, wenn die Übertragung an eine Körperschaft, Personenvereinigung oder Vermögensmasse i. S. d. § 1 Abs. 1 KStG erfolgt. Entsprechendes gilt für eine unentgeltliche Übertragung auf eine Mitunternehmerschaft, soweit der Betrieb oder der Mitunternehmeranteil einer Körperschaft, Personenvereinigung oder Vermögensmasse i. S. d. § 1 Abs. 1 KStG als Mitunternehmer zuzurechnen ist.

4. wenn der Gewinn nicht mehr nach § 4 Abs. 1 Satz 1 EStG oder § 5 EStG ermittelt wird **(Wechsel der Gewinnermittlungsmethode)** oder

5. auf Antrag des Steuerpflichtigen **(freiwillige Nachversteuerung)**.

a) Betriebsaufgabe, -veräußerung, Realteilung

357 Wird ein ganzer Betrieb oder ein ganzer Mitunternehmeranteil vollständig aufgegeben, real geteilt oder veräußert (§ 16 EStG), entfällt die Grundlage für die Tarifbegünstigung nach § 34a EStG und damit die Möglichkeit, beim Steuerpflichtigen eine Nachversteuerung durchzuführen **(§ 34a Abs. 6 Satz 1 Nr. 1 EStG)**.

358 Die Übertragung eines Mitunternehmeranteils aufgrund einer **Stiftungserrichtung** ist vom Wortlaut des § 34a Abs. 6 Satz 1 Nr. 1 EStG nicht erfasst; eine Nachversteuerung auf Grundlage dieser Vorschrift scheidet daher aus.[4] Der für diesen Betrieb oder Mitunternehmeranteil festgestellte nachversteuerungspflichtige Betrag ist in voller Höhe aufzulösen und nachzuversteuern. Dies gilt auch für die **Fälle des § 16 Abs. 2 Satz 3 EStG**.

359 Explizit werden aus Sicht der Finanzverwaltung[5] auch **Realteilungen nach § 16 Abs. 3 Satz 2 EStG** von der Nachversteuerungspflicht erfasst. Diese Vorgehensweise wirkt vereinfachend. Sie ist jedoch nicht zwingend, da zumindest bei der **Realteilung einer Personengesellschaft in einzelne Teilbetriebe** von einem partiellen Weiterbestehen der Gesellschaft auszugehen ist. Daher wäre alternativ zur Auffassung der Finanzverwaltung auch eine Aufteilung des Nachversteuerungsbetrags denkbar.[6]

360 Veräußert der Steuerpflichtige nur einen **Teil seines Betriebs oder Mitunternehmeranteils** oder einen **Teilbetrieb**, löst dies hingegen keine Nachversteuerung der zuvor nach § 34a EStG begünstigten Gewinne aus, da eine Nachversteuerung beim Steuerpflichtigen im Rahmen des verbleibenden Teils des Betriebs oder Mitunternehmeranteils weiterhin möglich ist. Zur Be-

---

1 Dazu auch *Ley*, Ubg 2008, 214.
2 Der Einbezug des Formwechsels (§ 25 UmwStG) geht auf einen Änderungsvorschlag des Bundesrats zurück, vgl. BT-Drucks. 16/5377, 14.
3 Siehe auch *Ley*, Ubg 2008, 214.
4 Siehe a. *Maetz*, FR 2013, 652; ebenso *Bodden*, FR 2014, 920; unzutreffend eine Analogie bejahend: *Haag*, BB 2012, 1966.
5 BMF v. 11. 8. 2008, BStBl 2008 I 838, Tz. 41, 42.
6 *Fellinger*, DB 2008, 1877.

triebsaufgabe bzw. -veräußerung/Realteilung durch den Erben bzw. unentgeltlichen Erwerber im Rahmen der vorweggenommenen Erbfolge oder einer Erbauseinandersetzung vgl. die Ausführungen im Kontext des § 34a Abs. 7 EStG.

(Einstweilen frei)

b) Umwandlungsfälle

Eine **Nachversteuerung in voller Höhe** des festgestellten nachversteuerungspflichtigen Betrags ist bei **Einbringung eines Betriebs oder Mitunternehmeranteils in eine Kapitalgesellschaft oder eine Genossenschaft** sowie in den Fällen des **Formwechsels** einer Personengesellschaft in eine Kapitalgesellschaft oder Genossenschaft vorzunehmen (**§ 34a Abs. 6 Satz 1 Nr. 2 EStG**). Bei der **Einbringung eines Teils eines Betriebs, eines Teilbetriebs oder eines Teils eines Mitunternehmeranteils** gilt dies entsprechend.

Der Gesetzgeber begründet diese Regelung damit, dass der Steuerpflichtige nach der Umwandlung (= **Wechsel des Besteuerungssystems**) keinen Betrieb oder Mitunternehmeranteil mehr unterhalte und damit auch keinen weiteren Anspruch auf die Gewährung des Steuervorteils habe.[1] Vgl. in diesem Zusammenhang aber auch den mit dem Gesetz gegen schädliche Steuerpraktiken im Zusammenhang mit Rechteüberlassungen (sog. „Lizenzschrankengesetz") neu eingefügten § 34a Abs. 6 Satz 1 Nr. 3 EStG.[2] Die Neuregelung gilt ab dem 5.7.2017 (Tag nach der Verkündung des Gesetzes).[3]

> **BEISPIEL:**[4] Ein Einzelunternehmen soll unentgeltlich – im Erbwege – von einer natürlichen Person auf eine gemeinnützige GmbH übergehen. An der Kapitalgesellschaft als Erbin sollen keine Familienangehörigen oder andere nahestehende Personen des Erblassers, sondern nur Personen des öffentlichen Lebens beteiligt sein. Für die im Einzelunternehmen nicht entnommenen Gewinne wurde bisher die Steuerermäßigung nach § 34a EStG gewährt.
>
> Im Zeitpunkt des Erbfalls ist bei dem Einzelunternehmen eine Nachversteuerung nach § 34a Abs. 6 Satz 1 Nr. 2 EStG vorzunehmen; der nachversteuerungspflichtige Betrag geht nicht nach § 34a Abs. 7 EStG auf die Kapitalgesellschaft als Erbin über.

Nach **Auffassung der OFD Frankfurt a. M.**[5] liegt der Grund hierfür darin, dass bei einem Wechsel im Besteuerungssystem von der Einkommensteuer (Einzelunternehmen oder Gesellschafter einer Personengesellschaft) zur Körperschaftsteuer (Kapitalgesellschaft und/oder deren Anteilseigner) der nachversteuerungspflichtige Betrag vollständig aufzulösen und eine Nachversteuerung durchzuführen ist. Zudem sei § 34a EStG eine Tarifvorschrift, die über § 8 Abs. 1 KStG keine Berücksichtigung bei Kapitalgesellschaften findet. Deshalb wären die **Feststellung von Besteuerungsgrundlagen** für die Anwendung des § 34a EStG auf der Ebene der Kapitalgesellschaft und die Durchführung einer gesonderten Feststellung des nachversteuerungspflichtigen Betrags sowie der Nachversteuerung auf der Ebene des Anteilseigners der Kapitalgesellschaft nicht möglich.

---

1 Vgl. BT-Drucks. 16/4841, 64 bzw. BT-Drucks. 16/5377, 14.
2 Gesetz v. 4.7.2017, BGBl I 2017 S. 2074; vgl. zum Gesetzesentwurf auch BT-Drucks. 18/11233, 18/11531 sowie zum Bundestagsbeschluss v. 27.4.2017 auch BT-Drucks. 18/12128, insbesondere die Beschlussfassung des Bundesrates v. 12.5.2017, BR-Drucks. 366/17.
3 BGBl 2017 I 2074 v. 4.7.2017.
4 Nach OFD Frankfurt a. M. v. 19. 11. 2013, NWB DokID: JAAAE-50864; vgl. auch *Bodden*, FR 2014, 920.
5 OFD Frankfurt a. M. v. 19. 11. 2013, NWB DokID: JAAAE-50864.

365 § 34a Abs. 6 Satz 1 Nr. 2 EStG wird von der **überwiegenden Meinung** so verstanden, dass es zu einer vollständigen Nachversteuerung bei Einbringung eines Betriebs oder Mitunternehmeranteils in eine Kapitalgesellschaft kommt, demgegenüber bei **Einbringung eines Teilbetriebs oder eines Teils eines Mitunternehmeranteils** die Nachversteuerung nicht ausgelöst wird.[1] Nach OFD Frankfurt a. M. soll zumindest die unentgeltliche Übertragung eines Teilbetriebes oder eines Teils eines Mitunternehmeranteils nicht als Entnahme anzusehen sein, da auch im Rahmen des § 34a EStG die allgemein gültige Definition der Gewinnermittlungsbegriffe anzuwenden sei. Daher lösen diese Vorgänge keine sofortige Nachversteuerung aus.[2] **Unberührt bleibt** hier die Nachversteuerung gem. § 34a Abs. 4 EStG z. B. bei Überführung der Kapitalgesellschaftsanteile in das Privatvermögen.

366 Der entsprechende **Änderungsvorschlag des Bundesrats**,[3] zwecks Vermeidung von Gestaltungspotenzialen[4] auch diese Fälle in die Nachversteuerungstatbestände des § 34a Abs. 6 Satz 1 Nr. 2 EStG aufzunehmen wurde seinerzeit wurde nicht umgesetzt.

367 **Keine Anwendung** – aufgrund einer teleologischen Reduktion – soll **§ 34a Abs. 6 Satz 1 Nr. 2 EStG** finden, **wenn der eingebrachte Anteil zu** einem **Betriebsvermögen gehört**. In diesem Fall verliert der Einbringende durch die Einbringung nicht seine Stellung als steuerlicher Mitunternehmer. Vielmehr unterhält der Einbringende auch nach der Einbringung einen Betrieb und der nachversteuerungspflichtige Betrag kann diesem Betrieb auch der Höhe nach zugeordnet werden. **Entsprechend** wird auch bei der Regelung zur **Betriebsveräußerung oder -aufgabe** verfahren; diese lösen nur dann eine Nachversteuerung gem. § 34a Abs. 6 Satz 1 Nr. 1 EStG aus, wenn der Veräußerungs- oder Aufgabegewinn nicht im Betrieb verbleibt. **Entsprechend** sind z. B. auch die **Veräußerung des Anteils an der Untergesellschaft bei einer mehrstöckigen Personengesellschaft** oder die **Veräußerung von Teilbetrieben** unschädlich.[5]

368 Der Gesetzeswortlaut des § 34a Abs. 6 Satz 1 Nr. 2 EStG nimmt nur „**Kapitalgesellschaften**[6] **und Genossenschaften**[7]" in Bezug. Auch wenn es sich bei einer **Stiftung** weder um eine Kapitalgesellschaft noch um eine Genossenschaft handelt, sondern um eine **sonstige juristische Person des privaten Rechts i. S. d. § 1 Abs. 1 Nr. 4 KStG**, ist **umstritten**, ob § 34a Abs. 6 Satz 1 Nr. 2 EStG dennoch Anwendung finden kann.[8] Dem steht allerdings der **eindeutige Wortlaut der Vorschrift** entgegen.

369 Zur **Einbringung/Formwechsel durch den Erben bzw. unentgeltlichen Erwerber im Rahmen der vorweggenommenen Erbfolge** oder einer **Erbauseinandersetzung** vgl. u. a. auch die Ausführungen im Kontext des § 34a Abs. 7 EStG.

---

1 *Crezelius*, FR 2011, 401; BMF v. 11.8.2008, BStBl 2008 I 838, Tz. 43; *Wacker* in Schmidt, § 34a EStG Rz. 77.
2 Vgl. OFD Frankfurt a. M. v. 2.7.2015, NWB DokID: DAAAE-99399.
3 BT-Drucks. 16/5377, 24.
4 Vgl. vertiefend *Bindl*, DB 2008, 949.
5 Vgl. BT-Drucks. 16/4841, 63; *Wiese/Klass/Möhrle*, GmbHR 2007, 412; *Bindl*, DB 2008, 949.
6 § 1 Abs. 1 Nr. 1 KStG.
7 § 1 Abs. 1 Nr. 2 KStG.
8 Eine zumindest analoge Anwendung des § 34a Abs. 6 Satz 1 Nr. 2 EStG auf unentgeltliche Unternehmensübertragungen auf (andere) juristische Personen (auch Stiftungen) bejaht *Haag*, BB 2012, 1966; zu recht ablehnend z. B. *Maetz*, FR 2013, 652.

c) (Un-) Mittelbare Übertragung auf Körperschaften gem. § 6 Abs. 3 EStG

Mit dem Gesetz gegen schädliche Steuerpraktiken im Zusammenhang mit Rechteüberlassungen (sog. „Lizenzschrankengesetz") wurde ein neuer § 34a Abs. 6 Satz 1 Nr. 3 EStG eingefügt.[1]
Nach dem neu eingefügten § 34a Abs. 6 Satz 1 Nr. 3 EStG ist eine Nachversteuerung des nachversteuerungspflichtigen Betrags gem. § 34a Abs. 4 EStG auch in den Fällen der **unentgeltlichen Übertragung eines Betriebs oder Mitunternehmeranteils nach § 6 Abs. 3 EStG** durchzuführen, wenn die Übertragung an eine Körperschaft, Personenvereinigung oder Vermögensmasse i. S. d. § 1 Abs. 1 KStG erfolgt. Dies soll **entsprechend für eine unentgeltliche Übertragung auf eine Mitunternehmerschaft**, soweit der Betrieb oder der Mitunternehmeranteil einer Körperschaft, Personenvereinigung oder Vermögensmasse i. S. d. § 1 Abs. 1 KStG als Mitunternehmer zuzurechnen ist, Anwendung finden.[2] Die bisherigen Nummern 3 und 4 in § 34a Abs. 6 Satz 1 EStG wurden die Nummern 4 und 5.

370

Die Neuregelungen gelten ab dem 5.7.2017 (Tag nach der Verkündung des Gesetzes).[3]

d) Wechsel der Gewinnermittlungsart

Beim Übergang von der Gewinnermittlung durch Betriebsvermögensvergleich zur Einnahmenüberschussrechnung oder zu einer pauschalierten Gewinnermittlung (z. B. § 5a EStG, § 13a EStG) ist der festgestellte nachversteuerungspflichtige Betrag ebenfalls in voller Höhe aufzulösen (**§ 34a Abs. 6 Satz 1 Nr. 4 EStG**).[4] Mit dem Gesetz gegen schädliche Steuerpraktiken im Zusammenhang mit Rechteüberlassungen (sog. „Lizenzschrankengesetz") wurde ein neuer § 34a Abs. 6 Satz 1 Nr. 3 EStG eingefügt.[5] Die bisherige Nummer 3 in § 34a Abs. 6 Satz 1 EStG wurde die Nummer 4. Die Neuregelungen gelten ab dem 5.7.2017 (Tag nach der Verkündung des Gesetzes).

371

e) Antrag auf Nachversteuerung

Eine **(freiwillige) Nachversteuerung** des gesamten oder eines Teils des festgestellten nachversteuerungspflichtigen Betrags ist zudem durchzuführen, wenn der Steuerpflichtige dies beantragt (**§ 34a Abs. 6 Satz 1 Nr. 5 EStG**). Mit dem Gesetz gegen schädliche Steuerpraktiken im Zusammenhang mit Rechteüberlassungen (sog. „Lizenzschrankengesetz") wurde ein neuer § 34a Abs. 6 Satz 1 Nr. 3 EStG eingefügt. Die bisherige Nummer 4 in § 34a Abs. 6 Satz 1 EStG wurde die Nummer 5. Die Neuregelungen gelten ab dem 5.7.2017 (Tag nach der Verkündung des Gesetzes).

372

---

1 BGBl 2017 I 2074 v. 4.7.2017; Gesetz im BGBl I 2017 2074; vgl. zum Gesetzesentwurf auch BT-Drucks. 18/11233, 18/11531 sowie zum Bundestagsbeschluss v. 27.4.2017 auch BT-Drucks. 18/12128 bzw. insbesondere die Beschlussfassung des Bundesrates v. 12.5.2017, BR-Drucks. 366/17.
2 Zum Lizenzschrankengesetz im Überblick vgl. *Hörster*, Steuerumgehungsbekämpfungsgesetz und Lizenzschrankengesetz im Überblick, NWB 2017, 1875.
3 BGBl 2017 I 2074 v. 4.7.2017.
4 Vgl. ergänzend *Ley*, Ubg 2008, 214.
5 BGBl 2017 I 2074 v. 4.7.2017; Gesetz im BGBl I 2017 S. 2074; vgl. zum Gesetzesentwurf auch BT-Drucks. 18/11233, 18/11531 sowie zum Bundestagsbeschluss v. 27.4.2017 auch BT-Drucks. 18/12128 bzw. insbesondere die Beschlussfassung des Bundesrates v. 12.5.2017, BR-Drucks. 366/17.

2. Stundung der Nachsteuer (§ 34a Abs. 6 Satz 2 EStG)

373 Bei Nachversteuerungen nach § 34a Abs. 6 Satz 1 Nr. 1 und 2 EStG besteht die Möglichkeit, die nach § 34a Abs. 4 EStG geschuldete Steuer über einen Zeitraum von bis zu zehn Jahren zinslos zu stunden. Dies **gilt nicht** für die Nachversteuerungsfälle des **§ 34a Abs. 6 Satz 1 Nr. 3 und 4 EStG**.

374 **Voraussetzung für die Stundung** ist jedoch, dass die sofortige Begleichung der Steuer eine erhebliche Härte darstellen würde. Ob eine **erhebliche Härte** vorliegt, richtet sich nach den Gesamtumständen des jeweiligen Einzelfalls, basierend auf den **Grundsätzen des § 222 AO**.

375 Anders als in § 222 Satz 1 AO ist in **§ 34a Abs. 6 Satz 2 EStG** als Stundungsvoraussetzung nicht vorgesehen, dass der **Anspruch durch die Stundung nicht gefährdet** erscheint. Eine **Sicherheitsleistung** wie bei § 222 Satz 2 AO kann auch nicht eingefordert werden. Auch handelt es sich bei § 34a Abs. 6 Satz 2 EStG **nicht** um eine **Ermessensvorschrift**.[1]

376 Eine Stundung nach § 34a Abs. 6 Satz 2 EStG ist bei **Wechsel der Gewinnermittlungsart** und bei **freiwilliger Nachversteuerung** nicht vorgesehen (§ 34a Abs. 6 Satz 1 Nr. 4 und 5 EStG). Die Stundungsmöglichkeit nach **§ 222 AO bleibt unberührt.**

377–390 *(Einstweilen frei)*

VII. Nachversteuerung bei § 6 Abs. 3 EStG und § 24 UmwStG (§ 34a Abs. 7 EStG)

391 In den Fällen der **unentgeltlichen Übertragung** eines **Betriebs** oder **Mitunternehmeranteils** nach § 6 Abs. 3 EStG hat der Rechtsnachfolger den nachversteuerungspflichtigen Betrag fortzuführen (**§ 34a Abs. 7 Satz 1 EStG**). Der bisherige Abs. 7 des § 34a EStG wurde im Rahmen des Gesetzes gegen schädliche Steuerpraktiken im Zusammenhang mit Rechteüberlassungen (sog. „Lizenzschrankengesetz") aufgrund des neu eingefügten § 34a Abs. 6 Satz 1 Nr. 3 EStG ebenfalls geändert.[2] Nach § 34a Abs. 7 Satz 1 EStG n. F. bleibt in den Fällen der unentgeltlichen Übertragung eines Betriebs oder Mitunternehmeranteils nach § 6 Abs. 3 EStG, in denen der Rechtsnachfolger den nachversteuerungspflichtigen Betrag nach der bisherigen Anordnung des Abs. 7 fortzuführen hat, der **neue § 34a Abs. 6 Satz 1 Nr. 3 EStG hiervon unberührt**. Es soll demnach keine Fortführung des nachversteuerungspflichtigen Betrags stattfinden, wenn die Übertragung (unmittelbar bzw. mittelbar; vgl. § 34a Abs. 6 Satz 1 Nr. 3 Satz 2 EStG n. F.) an eine Körperschaft, Personenvereinigung oder Vermögensmasse i. S. d. § 1 Abs. 1 KStG erfolgt. Die Neuregelungen gelten ab dem 5.7.2017 (Tag nach der Verkündung des Gesetzes).[3]

392 Ausweislich der Gesetzesbegründung in Zusammenhang mit der Ersteinführung des § 34a EStG sind als unentgeltliche Übertragungen i. S. d. § 34a Abs. 7 Satz 1 EStG insbesondere die **Erbfolge sowie die vorweggenommene Erbfolge** anzusehen.[4] Handelt es sich um mehrere Er-

---

[1] Vgl. dazu auch *Bindl*, DB 2008, 949.
[2] BGBl 2017 I 2074 v. 4.7.2017; Gesetz im BGBl I 2017 S. 2074; vgl. zum Gesetzesentwurf auch BT-Drucks. 18/11233, 18/11531 sowie zum Bundestagsbeschluss v. 27.4.2017 auch BT-Drucks. 18/12128 bzw. insbesondere die Beschlussfassung des Bundesrates v. 12.5.2017, BR-Drucks. 366/17.
[3] BGBl 2017 I 2074 v. 4.7.2017.
[4] BT-Drucks. 16/4841, 64.

ben, so geht grundsätzlich – ungeachtet einer späteren Erbauseinandersetzung – ein Nachversteuerungsbetrag bruchteilsmäßig entsprechend der Erbquote jeweils auf den einzelnen Erben über, sofern dieser Mitunternehmer geworden ist.[1]

Werden im Erbfall **weichende Erben** von dem Betriebsübernehmer aus dem Betriebsvermögen **abgefunden**, wird dies i. d. R. einen Nachversteuerungsfall auslösen.[2] Das für die Thesaurierungsbegünstigung einschlägige BMF-Schreiben vom 11. 8. 2008[3] behandelt weder die **Gesamtrechtsnachfolge** noch die **betriebliche Erbauseinandersetzung**.[4]

Hat der Erbe aufgrund **testamentarischer Anordnung** ein **Vermächtnis** oder eine **Auflage** aus dem Betriebsvermögen zu erfüllen, hat er, sofern ein Nachversteuerungsbetrag vorhanden ist, diesen nachzuversteuern, soweit die Entnahmen den laufenden Gewinn übersteigen (§ 34a Abs. 4 Satz 1 EStG). Bei der **Ermittlung des Nachversteuerungsbetrags** unberücksichtigt bleiben **Entnahmen zur Zahlung der Erbschaftsteuer**, soweit diese auf das Betriebsvermögen entfällt (§ 34a Abs. 4 Satz 3 EStG).[5]

Neben der Entnahme von steuerbegünstigten Gewinnen führen auch die **Betriebsveräußerung** und die **Betriebsaufgabe durch den unentgeltlichen Erwerber** zur Nachversteuerung des nachversteuerungspflichtigen Betrags, allerdings im Anwendungsbereich des **§ 34a Abs. 6 Satz 1 Nr. 1 EStG**.

Ein **veräußerungsgleicher Vorgang** i. S. d. § 34a Abs. 6 Satz 1 Nr. 1 EStG liegt zudem vor, wenn[6]

▶ der **unentgeltliche** Erwerber den Betrieb durch Einzelveräußerung oder Überführung aller wesentlicher Betriebsgrundlagen in das Privatvermögen aufgibt;

▶ ein Miterbe aus einer **Erbengemeinschaft** mit Betriebsvermögen ausscheidet, ohne dass die Voraussetzungen einer Nachlassteilung gegeben sind (= Anteilsveräußerung);

▶ ein Miterbe aus einer **Erbengemeinschaft** mit Betriebsvermögen ausscheidet, indem er seinen Erbanteil an Miterben oder Dritte veräußert.

Wird der Betrieb des Erblassers oder die Mitunternehmeranteile an dem Betrieb der Erbengemeinschaft **in eine Kapitalgesellschaft eingebracht**, löst dies eine Nachversteuerung gem. § 34a Abs. 6 Satz 1 Nr. 2 EStG aus, wenn ein nachversteuerungspflichtiger Betrag im Zusammenhang mit dem eingebrachten Betrieb oder Mitunternehmeranteil steht. Gleiches gilt für den **Formwechsel**. Bei **Einbringung zu Buchwerten gem. § 24 UmwStG** geht der für den eingebrachten Betrieb oder Mitunternehmeranteil festgestellte nachversteuerungspflichtige Betrag auf den neuen Mitunternehmeranteil über.

Zum Einfluss **gesellschaftsvertraglicher Regelungen** (Fortsetzungsklausel, einfache und qualifizierte Nachfolgeklausel bei Personengesellschaften) und **testamentarischer Verfügungen** auf die Auseinandersetzung betrieblicher Vermögen bzw. die steuerliche Behandlung des nachver-

---

1 Bis zur Erbauseinandersetzung ist i. d. R. das Vorhandensein von Mitunternehmerrisiko und -initiative beim Erben gegeben; vgl. *Schulze zur Wiesche*, DB 2008, 1933; beachtlich ist aber die bis zu sechs Monate mögliche Rückwirkungsfiktion im Falle der Erbauseinandersetzung, vgl. BMF v. 14. 3. 2006, BStBl 2006 I 253. Entsprechendes gilt grds. auch bei Vermächtniserfüllung bzw. Teilungsanordnung.
2 *Schulze zur Wiesche*, DB 2008, 1933; *Gragert/Wißborn*, NWB 2007, 2551.
3 BMF v. 11. 8. 2008, BStBl 2008 I 838.
4 Vgl. hierzu i. E. *Schulze zur Wiesche*, DB 2008, 1933.
5 Zur gesellschaftsvertraglicher Entnahmebefugnis vgl. *Levedag*, GmbHR 2009, 13.
6 *Schulze zur Wiesche*, DB 2008, 1933.

steuerungspflichtigen Betrags sowie zur **Nachlassteilung** und **Realteilung** vgl. im Übrigen *Schulze zur Wiesche*.[1]

398 Bei § 34a EStG handelt es sich um eine Tarifvorschrift für die Besteuerung natürlicher Personen. **Umstritten war** daher, ob § 34a Abs. 7 Satz 1 EStG beim Übergang von Mitunternehmeranteilen auf juristische Personen überhaupt anwendbar ist. Dem Wortlaut des § 34a Abs. 7 Satz 1 EStG konnte eine Beschränkung des Anwendungsbereichs auf natürliche Personen nicht entnommen werden.[2]

Auch die **Finanzverwaltung** trifft im Schreiben des BMF v. 11.8.2008, keine Unterscheidung zwischen natürlichen und juristischen Personen.[3]

Im **Schrifttum** wurde bislang nach h.M. vertreten, § 34a Abs. 7 Satz 1 EStG sei auf Erwerbe juristischer Personen – auch wenn sie i.R.d. § 6 Abs. 3 EStG zulässig sind – nicht anwendbar, da nachversteuerungspflichtige Beträge nicht auf juristische Personen übergehen könnten und nur eine natürliche Person die für eine Nachversteuerung relevante Entnahme tätigen könne.[4] Die Regelungsbereiche des § 6 Abs. 3 EStG und des § 34a Abs. 7 EStG sind insofern nicht deckungsgleich.

Mit der Änderung des bisherigen Abs. 7 des § 34a EStG im Rahmen des Gesetzes gegen schädliche Steuerpraktiken im Zusammenhang mit Rechteüberlassungen (sog. „Lizenzschrankengesetz") aufgrund des neu eingefügten § 34a Abs. 6 Satz 1 Nr. 3 EStG[5] bleibt ab dem 5.7.2017 (Tag nach der Verkündung des Gesetzes) in den Fällen der unentgeltlichen Übertragung eines Betriebs oder Mitunternehmeranteils nach § 6 Abs. 3 EStG, in denen der Rechtsnachfolger den nachversteuerungspflichtigen Betrag nach der Anordnung des Absatzes 7 grundsätzlich fortzuführen hat, der neue § 34a Abs. 6 Satz 1 Nr. 3 EStG ausdrücklich hiervon unberührt. Damit wurde die bislang h.M. im Schrifttum bestätigt, wonach keine Fortführung des nachversteuerungspflichtigen Betrags stattfindet, wenn die Übertragung (unmittelbar bzw. mittelbar; vgl. § 34a Abs. 6 Satz 1 Nr. 3 Satz 2 EStG n.F.) an eine Körperschaft, Personenvereinigung oder Vermögensmasse i.S.d. § 1 Abs. 1 KStG erfolgt.

399 In den Fällen der Einbringung eines Betriebs oder Mitunternehmeranteils zu Buchwerten nach § 24 UmwStG geht der für den eingebrachten Betrieb oder Mitunternehmeranteil festgestellte nachversteuerungspflichtige Betrag auf den neuen Mitunternehmeranteil über (**§ 34a Abs. 7 Satz 2 EStG**).[6]

Dies ist konsequent, da der **Nachversteuerungsbetrag**, der subjektbezogen ist, demselben Steuerpflichtigen zur Verfügung steht.[7] Obwohl die Einbringung gem. § 24 Abs. 1 UmwStG als Veräußerung zu beurteilen ist, überspielt § 34a Abs. 7 Satz 2 EStG den Grundtatbestand der Nachversteuerung in § 34a Abs. 6 Satz 1 EStG. Auch wenn dies einen **Bruch innerhalb des § 34a**

---

1 DB 2008, 1933 bzw. *Crezelius*, in FS Spiegelberger, 65.
2 Vgl. dazu *Haag*, BB 2012, 1966.
3 BMF v. 11.8.2008, BStBl 2008 I 838 Tz. 47; *Haag*, BB 2012, 1966.
4 *Maetz*, FR 2013, 652; *Ley*, KÖSDI 2007, 15751; *Ley*, Ubg 2008, 214.
5 BGBl 2017 I 2074 v. 4.7.2017; Gesetz im BGBl I 2017 S. 2074; vgl. zum Gesetzesentwurf auch BT-Drucks. 18/11233, 18/11531 sowie zum Bundestagsbeschluss v. 27.4.2017 auch BT-Drucks. 18/12128 bzw. insbesondere die Beschlussfassung des Bundesrates v. 12.5.2017, BR-Drucks. 366/17.
6 BMF v. 11.8.2008, BStBl 2008 I 838, Tz. 25.
7 *Bindl*, DB 2008, 949, 952; *Crezelius*, FR 2011, 401.

EStG darstellt,[1] so ist dies vom Zweck des UmwStG gedeckt, welches i. R. einer Buchwertfortführung gem. § 24 Abs. 2 Satz 2 UmwStG keine steuerpflichtige Veräußerung annimmt.[2]

Der **Wortlaut des § 34a Abs. 7 Satz 2 EStG** geht **nicht** auf den Fall der Übertragung eines **Teils eines Betriebs, eines Teilbetriebs oder eines Teils eines Mitunternehmeranteils** ein.[3] Bei der Übertragung eines Teils eines Betriebs, eines Teilbetriebs oder eines Teils eines Mitunternehmeranteils soll der **nachversteuerungspflichtige Betrag** nach **Auffassung der Finanzverwaltung**[4] in voller Höhe beim bisherigen (Mit-)Unternehmer verbleiben. Nach konkretisierender Auffassung der OFD Frankfurt a. M. soll die **unentgeltliche Übertragung eines Teilbetriebes oder eines Teils eines Mitunternehmeranteils nicht als Entnahme anzusehen** sein, da auch im Rahmen des § 34a EStG die allgemein gültige Definition der Gewinnermittlungsbegriffe anzuwenden sei. Daher lösen diese Vorgänge keine sofortige Nachversteuerung aus.[5]

Teile des Schrifttums äußern sich hierzu kritisch, da § 24 Abs. 1 UmwStG auch auf **Teilbetriebe und Teil-Mitunternehmeranteile** Anwendung finde.[6] Es wäre nach dieser Auffassung nur konsequent, dass der Nachversteuerungsbetrag auch in diesen Fällen anteilig übergeht (in Analogie zum Übergang von Einzelwirtschaftsgütern gem. § 34a Abs. 5 EStG).[7]

Andere Teile des Schrifttums sehen keine Grundlage für die Einbeziehung der **Übertragung eines Teilbetriebs** in den Anwendungsbereich des § 34a Abs. 7 Satz 1 EStG – in Abweichung zu § 6 Abs. 3 EStG; Hintergrund dieser unterschiedlichen Behandlung sei der Gedanke, dass immer dann, wenn der Betrieb durch den Übertragenden fortgeführt werden kann, der nachversteuerungspflichtige Betrag hier verbleiben soll.[8] Dem ist unter Berücksichtigung des insofern **eindeutigen Wortlauts des § 34a Abs. 7 Satz 1 EStG** zu folgen.

Nicht ausdrücklich geregelt ist der **Sachverhalt des § 6 Abs. 3 Satz 2 EStG**, der aber nach der **hier vertretenen Auffassung** entsprechend zu lösen ist.[9] Auch der mit dem Gesetz gegen schädliche Steuerpraktiken im Zusammenhang mit Rechteüberlassungen (sog. „Lizenzschrankengesetz") neu eingefügte § 34a Abs. 6 Satz 1 Nr. 3 EStG bringt hierzu keine Klärung.[10] Auch das Schreiben des BMF v. 11. 8. 2008 nimmt keinen Bezug auf die Fälle, in denen ein Stpfl. einen **Rechtsnachfolger zu Buchwerten in sein Unternehmen aufnimmt**, dabei jedoch das Betriebsvermögen in seinem Alleineigentum zurückbehält, das als Sonderbetriebsvermögen auszuweisen ist.

> **BEISPIEL:**[11] In 2009 nimmt der Vater seinen Sohn in sein Einzelunternehmen auf, indem er ihm 50 % des Kapitals (100 000 € Buchwert; Teilwert 500 000 €) überträgt. Er behält allerdings das Betriebsgrundstück mit einem Buchwert von 200 000 € (Teilwert 1 000 000 €) in seinem Alleineigentum zurück, das

---

1 *Wacker* in Schmidt, § 34a EStG Rz. 78.
2 *Crezelius*, FR 2011, 401.
3 Dazu bereits *Cordes*, Wpg 2007, 529.
4 BMF v. 11. 8. 2008, BStBl 2008 I 838, Tz. 47.
5 Vgl. OFD Frankfurt a. M. v. 2. 7. 2015, NWB DokID: DAAAE-99399.
6 *Ley/Brandenberg*, FR 2008, 1107; *Niehus/Wilke*, DStZ 2009, 14; *Crezelius*, FR 2011, 401; *Wacker* in Schmidt, § 34a EStG Rz. 78.
7 *Bindl*, DB 2008, 949; *Cordes*, Wpg 2007, 529; *Ley/Brandenberg*, FR 2007, 1104.
8 Siehe a. *Harle/Geiger*, BB 2009, 587.
9 *Harle/Geiger*, BB 2009, 587, mit weitergehenden Lösungsansätzen.
10 BGBl 2017 I 2074 v. 4.7.2017; Gesetz im BGBl I 2017 2074; vgl. zum Gesetzesentwurf auch BT-Drucks. 18/11233, 18/11531 sowie zum Bundestagsbeschluss v. 27.4.2017 auch BT-Drucks. 18/12128 bzw. insbesondere die Beschlussfassung des Bundesrates v. 12.5.2017, BR-Drucks. 366/17.
11 Nach *Harle/Geiger*, BB 2009, 587.

in einer Sonderbilanz ausgewiesen wird. Der Sohn veräußert seinen Mitunternehmeranteil in 2011 innerhalb der Sperrfrist für einen Wert von 800 000 €.

Nach § 6 Abs. 3 EStG hat der Vater einen laufenden Gewinn i. H. v. 400 000 € zu versteuern, während der Sohn in 2011 einen begünstigt zu besteuernden Veräußerungsgewinn i. H. v. 300 000 € erzielt. Bzgl. des nachversteuerungspflichtigen Betrags gilt, dass dieser in 2009 in voller Höhe beim Vater (= bisheriger Betriebsinhaber) verbleibt, da in diesem und vergleichbaren Fällen eben nicht der gesamte Betrieb oder Mitunternehmeranteil übergeht.

403 Erfolgt die **Einbringung eines ganzen Betriebs oder eines ganzen Mitunternehmeranteils nicht zu Buchwerten**, sondern zu **Zwischenwerten** oder zum **gemeinen Wert**, ist der nachversteuerungspflichtige Betrag im Jahr der Einbringung in voller Höhe nachzuversteuern.[1]

404 Findet die **unentgeltliche Übertragung des Betriebs oder Mitunternehmeranteils nicht zum Ende des Wirtschaftsjahres** statt, ist eine Schlussbilanz auf den Zeitpunkt der Übertragung zu erstellen. Geschieht dies nicht, sind die Entnahmen und Einlagen des Wirtschaftsjahres der Übertragung vor dem Übertragungsstichtag dem Rechtsvorgänger und die Entnahmen und Einlagen des Wirtschaftsjahres der Übertragung nach dem Übertragungsstichtag dem Rechtsnachfolger zuzurechnen. Maßgeblich ist der tatsächliche Zeitpunkt der Entnahmen und Einlagen.

405 Der **Gewinn des Wirtschaftsjahres** der Übertragung ist im Wege der **Schätzung** auf Rechtsvorgänger und Rechtsnachfolger **aufzuteilen**. Zur **Feststellung des nachversteuerungspflichtigen Betrags zum Ende des Tages vor dem steuerlichen Übertragungsstichtag** vgl. BMF v. 11. 8. 2008.[2]

406 Die **Übertragung des nachversteuerungspflichtigen Betrags auf den Rechtsnachfolger** kann **vermieden** werden, wenn der Rechtsvorgänger vor der Übertragung die **Nachversteuerung nach § 34a Abs. 6 Satz 1 Nr. 4 EStG** beantragt.

407–415 *(Einstweilen frei)*

VIII. § 34a Abs. 8 EStG

416 Gemäß **§ 34a Abs. 8 EStG dürfen negative Einkünfte nicht** mit ermäßigt besteuerten Gewinnen i. S. d. § 34a Abs. 1 Satz 1 EStG **ausgeglichen werden**; sie dürfen insoweit auch **nicht nach § 10d EStG abgezogen** werden. Beim **vertikalen und beim horizontalen Verlustausgleich** führt § 34a Abs. 8 EStG dazu, dass eine begünstigte Besteuerung nur dann erfolgen kann, wenn die betroffenen Gewinne vorher nicht mit negativen Einkünften verrechnet worden sind.[3]

417 Der **vorrangige Verlustausgleich** untersteht dem **Meistbegünstigungsgrundsatz**, weshalb Verluste aus anderen Einkunftsquellen zunächst mit den nicht nach § 34a EStG begünstigten positiven Einkünften zu verrechnen sind.[4] Durch dieses Verbot wird eine **Doppelbegünstigung**

---

1 Siehe a. *Bindl*, DB 2008, 949.
2 BMF v. 11. 8. 2008, BStBl 2008 I 838, Tz. 25 Satz 2.
3 Vgl. dazu auch *Bodden*, FR 2012, 68.
4 *Wacker*, FR 2008, 605.

von Einkünften nach § 34a Abs. 1 Satz 1 EStG vermieden (Sondertarif und zusätzliche Verrechnung mit Verlusten).[1]

Nach **Auffassung des FG Baden-Württemberg**[2] besteht die Gefahr einer Doppelbegünstigung nach der Systematik des Gesetzes nur im Fall einer **Änderungsveranlagung**, da andernfalls die positiven und negativen Einkünfte bereits bei der Berechnung des zu versteuernden Einkommens (§ 2 Abs. 5 EStG) verrechnet wurden. Ob im Rahmen einer **Änderungsveranlagung** aufgrund später bekanntgewordener negativer Einkünfte (bspw. durch Betriebsprüfung oder Feststellungsbescheid) zunächst die ermäßigte Besteuerung nach § 34a Abs. 1 EStG rückgängig gemacht werden muss, um dann einen Verlustausgleich durchzuführen, war durch das FG Baden-Württemberg nicht entschieden worden. In der **Urteilsbegründung** führen die Richter allerdings aus, dass für eine derartige Lösung die Anwendung des Meistbegünstigungsgrundsatzes spreche,[3] wonach vorrangig immer ein Verlustausgleich stattfindet, der naturgemäß eine steuerliche Belastung verhindert. Das Urteil des FG Baden-Württemberg wurde im Revisionsverfahren durch den BFH bestätigt.[4]

418

Für den **Verlustrücktrag** ist im Übrigen gem. § 10d Abs. 1 Satz 2 EStG zu beachten, dass der Gesamtbetrag der Einkünfte des Rücktragsjahres um die Begünstigungsbeträge nach § 34a Abs. 3 Satz 1 EStG – also um den Teil des nicht entnommenen Gewinns, der in das zu versteuernde Einkommen (§ 2 Abs. 5 EStG) eingegangen ist und für den der Antrag auf Sondertarifierung gestellt wurde (= begünstigter Gewinn = Begünstigungsbetrag = Bemessungsgrundlage des Sondertarifs) – gemindert wird.[5] Können hierdurch **Verluste nicht zurückgetragen werden**, gehen sie in den Verlustvortrag. Um Nachteile bzw. unbillige Härten durch einen Verlustrücktrag zu vermeiden, kann gem. § 34a Abs. 1 Satz 4 EStG der **Antrag auf begünstigte Besteuerung im Rücktragsjahr** bis zur Unanfechtbarkeit des Einkommensteuerbescheids des folgenden VZ zurückgenommen werden.[6]

419

Nach **Auffassung der Finanzverwaltung im Schreiben des BMF v. 11. 8. 2008,** kann durch § 34a EStG **kein Verlustvortrag nach § 10d EStG generiert** werden.[7] In der Konsequenz heißt das, dass § 10d Abs. 1 Satz 2 EStG, nachdem der Gesamtbetrag der Einkünfte des Verlustrücktragsjahres um die Begünstigungsbeträge gem. § 34a Abs. 3 EStG und damit in dieser Höhe auch der Verlustrücktrag zu kürzen ist, nicht angewendet werden soll. Diese **„Überschreibung"** der **gesetzlichen Anordnung des § 10d Abs. 1 Satz 2 EStG** seitens der Finanzverwaltung sowie die Außerachtlassung des § 10d Abs. 1 Satz 5 EStG wird **zu Recht kritisiert**.[8]

420

(Einstweilen frei) 421–425

---

[1] FG Baden-Württemberg v. 7. 11. 2014 - 9 K 3297/13; BFH v. 20. 3. 2017 - X R 65/14, NZG 2017, 1197; s. a. Niehus/Wilke, FR 2016, 366, 367.
[2] FG Baden-Württemberg v. 7. 11. 2014 - 9 K 3297/13 BFH v. 20. 3. 2017 - X R 65/14, NZG 2017, 1197, s. a. *Niehus/Wilke*, FR 2016, 366, 367.
[3] So bereits *Wacker*, FR 2008, 605; zustimmend: *Niehus/Wilke*, FR 2016, 366, 367.
[4] BFH v. 20. 3. 2017 - X R 65/14, NZG 2017, 1197; vgl. zu den anhängigen Einspruchsverfahren OFD Frankfurt a. M. v. 2. 7. 2015, NWB DokID: DAAAE-99399.
[5] Vgl. *Wacker*, FR 2008, 605, 607; *Wacker*, a. a. O., hält § 34a Abs. 8 EStG für gegenstandslos und fordert dessen Abschaffung; ebenso *Schiffers*, DStR 2008, 1805.
[6] BT-Drucks. 16/4841, 63.
[7] BMF v. 11. 8. 2008, BStBl 2008 I 838, Tz.1.
[8] *Wacker*, FR 2008, 605; vgl. auch *Wendt*, DStR 2009, 406. Weiterführend zum Verlustausgleich vgl. *Wendt*, DStR 2009, 406 bzw. *Wacker*, FR 2008, 605.

IX. Feststellung des nachversteuerungspflichtigen Betrags (§ 34a Abs. 9, 11 EStG)

426 Der **nachversteuerungspflichtige Betrag** i.S.d. § 34a Abs. 3 Satz 2 EStG ist für jeden Betrieb oder Mitunternehmeranteil **jährlich gesondert festzustellen** (§ 34a Abs. 3 Satz 3 EStG). Gemäß § 34a Abs. 9 Satz 1 EStG ist das für die Einkommensbesteuerung zuständige Finanzamt (vgl. § 19 AO) auch für den Erlass der Feststellungsbescheide über den nachversteuerungspflichtigen Betrag zuständig. Der **Antrag auf begünstigte Besteuerung** ist daher für jeden Betrieb oder Mitunternehmeranteil **gesondert** bei dem für die Einkommensbesteuerung zuständigen Finanzamt zu stellen und **nicht** etwa beim für eine gesonderte Feststellung zuständigen Finanzamt.

427 Das für den **Erlass der Feststellungsbescheide** über den nachversteuerungspflichtigen Betrag zuständige Finanzamt ist auch für deren **Aufhebung oder Änderung** zuständig.[1]

428 Bei der **Feststellung der für die Tarifermittlung nach § 34a Abs. 1 bis 7 EStG erforderlichen Besteuerungsgrundlagen** handelt es sich nur um eine **gesonderte und nicht auch um eine einheitliche Feststellung**.[2]

429 Die Feststellungsbescheide können nur insoweit angegriffen werden (**Anfechtungsumfang**), als sich der nachversteuerungspflichtige Betrag gegenüber dem nachversteuerungspflichtigen Betrag des Vorjahres verändert hat (§ 34a Abs. 9 Satz 2 EStG). Der **Vorjahresbescheid** ist somit als Grundlagenbescheid für das Folgejahr bindend (§§ 182, 175 Abs. 1 Satz 1 Nr. 1 AO); dies gilt auch für die Höchstgrenze der Nachversteuerung des Folgejahres (§ 34a Abs. 4 Satz 1 letzter Halbsatz EStG). Mit dieser Regelung wird die **Einbindung des Feststellungsbescheids** über den nachversteuerungspflichtigen Betrag in die Zulässigkeitsvoraussetzungen des steuerlichen Rechtsbehelfsverfahrens sichergestellt.[3]

430 Die **gesonderten Feststellungen nach § 34a Abs. 9 Satz 1 EStG** können mit dem Einkommensteuerbescheid **verbunden** werden (§ 34a Abs. 9 Satz 3 EStG). Die Verbindung führt jedoch nicht dazu, dass der Feststellungsbescheid gem. § 34a Abs. 3 Satz 3 EStG eine **Grundlagenfunktion** (§ 179 Abs. 1, § 182 AO) erlangt.[4]

431 Bei der **Feststellung der für die Tarifermittlung nach § 34a Abs. 1 bis 7 EStG erforderlichen Besteuerungsgrundlagen** handelt es sich **weder um einen Teil der einheitlichen und gesonderten Feststellung der Einkünfte i.S.v. § 180 Abs. 1 Nr. 2a AO noch sonst um eine einheitliche und gesonderte Feststellung**.[5] Nach dem Wortlaut von § 34a Abs. 10 Satz 3 EStG kann die gesonderte Feststellung der für die Tarifermittlung nach § 34a Abs. 1 bis 7 EStG erforderlichen Besteuerungsgrundlagen zwar mit der einheitlichen und gesonderten Feststellung der Einkünfte i.S.v. § 180 Abs. 1 Nr. 2a AO verbunden werden; sie wird jedoch nicht Teil dieser Feststellung.[6] Sie **bleibt ein gesonderter, separat anfechtbarer Verwaltungsakt**.[7]

---

1 *Bodden*, FR 2011, 829.
2 FG Münster v. 19. 2. 2014 - 9 K 511/14 F, EFG 2014, 1201, mit Anm. *Renger*, BB 2014, 1700; s. a. ausführlich zum steuerlichen Gewinnbegriff und § 34a EStG mit Bezug auf das Urt. des FG Münster: *Bareis*, FR 2014, 581.
3 *Bodden*, FR 2011, 829.
4 *Bodden*, FR 2011, 829.
5 FG Münster v. 19. 2. 2014 - 9 K 511/14 F, EFG 2014, 1201, mit Anm. *Renger*, BB 2014, 1700.
6 Zur rechtlichen Selbständigkeit der Feststellungen s. nur *Bodden*, FR 2011, 829.
7 *Bodden*, FR 2011, 829; *Wacker* in Schmidt, § 34a EStG Rz. 91.

Nach **Auffassung des FG Münster mit Urteil vom 19.2.2014 - 9 K 511/14 F**[1] liegt – im Gegensatz etwa zur Feststellung des nicht ausgleichsfähigen Verlusts nach § 15a Abs. 4 EStG (s. dazu § 15a Abs. 4 Satz 6 EStG) – insbesondere **keine gesetzliche Anordnung** vor, wonach es sich bei der gesonderten Feststellung der für die Tarifermittlung nach § 34a Abs. 1 bis 7 EStG erforderlichen Besteuerungsgrundlagen zugleich um eine **einheitliche Feststellung** handeln soll.[2]

432

Letztlich erscheint das Vorliegen einer – nur – gesonderten Feststellung auch **sachgerecht**, denn die **Feststellung der für die Tarifermittlung nach § 34a Abs. 1 bis 7 EStG erforderlichen Besteuerungsgrundlagen** muss nicht notwendig für alle Mitunternehmer einer Personengesellschaft vorgenommen werden, sondern **nur für die Mitunternehmer, die die Inanspruchnahme der Tarifbegünstigung beantragt** haben.

§ 34a Abs. 11 Satz 1 EStG regelt, zu welchem Anlass ein Feststellungsbescheid nach § 34a Abs. 3 Satz 3 EStG konkret zu erlassen ist. Gemäß **§ 34a Abs. 11 Satz 1 EStG** ist der Bescheid über die gesonderte Feststellung des nachversteuerungspflichtigen Betrags zu erlassen, aufzuheben oder zu ändern, soweit der Stpfl. einen **Antrag nach § 34a Abs. 1 EStG** stellt oder diesen ganz oder teilweise zurücknimmt und sich die **Besteuerungsgrundlagen** im Einkommensteuerbescheid **ändern**.

433

Dies gilt insbesondere auch in den Fällen des § 34a Abs. 7 Satz 1 EStG (**Übertragung des nachversteuerungspflichtigen Betrags auf den unentgeltlichen Rechtsnachfolger**) bzw. § 34a Abs. 7 Satz 2 EStG (**Übertragung des nachversteuerungspflichtigen Betrags auf einen Mitunternehmer**).[3]

434

Unbeachtlich ist dabei gem. **§ 34a Abs. 11 Satz 2 EStG**, ob sich aus der Ausübung des Gestaltungsrechts durch den Steuerpflichtigen eine steuerliche Auswirkung ergibt. **§ 34a Abs. 11 Satz 1 EStG** gilt nach § 34a Abs. 11 Satz 2 EStG nämlich entsprechend, wenn der Erlass, die Aufhebung oder Änderung des Einkommensteuerbescheids mangels steuerlicher Auswirkung unterbleibt.

435

Die **Feststellungsfrist endet** gem. **§ 34a Abs. 11 Satz 3 EStG** nicht, bevor die Festsetzungsfrist für den VZ abgelaufen ist, auf dessen Schluss der nachversteuerungspflichtige Betrag des Betriebs oder Mitunternehmeranteils gesondert festzustellen ist (**Ablaufhemmung**). Mit dieser Regelung wird die gesonderte Feststellung des nachversteuerungspflichtigen Betrags in die für den Einkommensteuerbescheid des betreffenden Jahres geltenden **steuerlichen Verjährungsgrundsätze** eingebunden.[4]

436

Zu verfahrensrechtlichen Details bzgl. § 34a Abs. 9 und 11 EStG vgl. weiterführend *Bodden*.[5]

437

(Einstweilen frei)

438–445

---

1 FG Münster v. 19.2.2014 - 9 K 511/14 F, EFG 2014, 1201, mit Anm. *Renger*, BB 2014, 1700; vgl. auch *Bareis*, FR 2014, 581.
2 Im Ergebnis ebenso: FG Baden-Württemberg v. 7.11.2014 - 9 K 3297/13; BFH v. 20.3.2017 - X R 65/14, NZG 2017, 1197; vgl. auch FG Münster v. 19.2.2014 - 9 K 511/14 F, FR 2014, 611.
3 Vgl. *Grützner*, StuB 2009, 182; *Bodden*, FR 2011, 829.
4 *Bodden*, FR 2011, 829, 830.
5 FR 2011, 829.

X. § 34a Abs. 10 EStG

446 § 34a Abs. 10 EStG enthält neben den Absätzen 9 und 11 (§ 34a Abs. 9 und 11 EStG) ein **weiteres Feststellungsverfahren**. Vom Anwendungsbereich erfasst ist der Fall, dass Gewinneinkünfte nicht von dem für die Einkommensbesteuerung allgemein und die Ermittlung des thesaurierungsfähigen Gewinns im Besonderen zuständigen **Wohnsitzfinanzamt des Steuerpflichtigen** beurteilt werden, sondern von einem **Feststellungsfinanzamt i. S. d. § 18 AO**. Hat ein solches Finanzamt die Gewinneinkünfte nach § 180 Abs. 1 Nr. 2 Buchst. a oder b AO gesondert festzustellen, kann dieses aufgrund gegebener **Sachnähe** auch die **Höhe der Entnahmen und Einlagen** sowie weitere für die Tarifermittlung nach § 34a Abs. 1 bis 7 EStG erforderliche Besteuerungsgrundlagen **gesondert** feststellen (fakultative Feststellung), vgl. **§ 34a Abs. 10 Satz 1 und 2 EStG**.[1]

447 Es handelt sich dabei zunächst nur um eine **gesonderte, nicht jedoch einheitliche Feststellung**. Hieraus folgt für Personengesellschaften (Mitunternehmerschaften), dass die **Einspruchs- und Klagebefugnis** gegen diesen Feststellungbescheid nur für den betroffenen Gesellschafter besteht – nicht also für die Gesellschaft. Diese ist damit auch nicht zu einem Rechtsbehelfs- oder Klageverfahren des Gesellschafters heranzuziehen bzw. beizuladen (§ 360 AO, § 60 FGO).[2]

> **PRAXISHINWEIS:**
> Dies könnte in der Praxis bedeutsam sein, wenn die Finanzämter in den Rechtsbehelfsbelehrungen der Feststellungsbescheide nach § 34a Abs. 10 Satz 1 EStG angegeben haben, dass nur der in § 352 AO benannte Personenkreis (also regelmäßig nur die Gesellschaft) einspruchsbefugt ist. Solche Rechtsbehelfsbelehrungen sind dann unrichtig und führen zur Verlängerung der Einspruchsfrist auf ein Jahr (§ 356 Abs. 2 AO).[3]

448 Das **Feststellungsverfahren nach § 34a Abs. 10 Satz 1 EStG** ist „kein Selbstzweck",[4] sondern nur anlassbezogen durchzuführen. Das Feststellungsfinanzamt wird die Feststellungen nur dann vornehmen, wenn die begünstigte Besteuerung vom steuerpflichtigen Betriebsinhaber oder Mitunternehmer tatsächlich in Anspruch genommen wird bzw. eine entsprechende „Anlage § 34a" zur Einkommensteuer- oder Feststellungserklärung sowie eine „Anlage FE 4" zur Feststellungserklärung abgegeben wird. Das **Ermessen („kann")** der Finanzverwaltung zur Durchführung des Feststellungsverfahrens gem. § 34a Abs. 10 Satz 1 EStG **reduziert** sich in einem solchen Fall **auf null**.[5]

> **PRAXISHINWEIS:**[6]
> Dem Feststellungs-Finanzamt sollte frühzeitig deutlich gemacht werden, ob und ggf. für welche Mitunternehmer ein Feststellungsverfahren nach § 34a Abs. 10 EStG in Betracht kommt.

449 Gemäß **§ 34a Abs. 10 Satz 3 EStG** kann die gesonderte Feststellung nach § 34a Abs. 10 Satz 1 EStG mit der Feststellung nach § 180 Abs. 1 Nr. 2 AO verbunden werden. Das Ermessen („kann") über eine **Verbindung der – im Übrigen eigenständig bleibenden**[7] – **Feststellungen**

---

1 *Grützner*, StuB 2009, 182, 183; *Bodden*, FR 2011, 829.
2 Bestätigend FG Münster v. 19. 2. 2014 - 9 K 511/14 F, EFG 2014, 1201, mit Anm. *Renger*, BB 2014, 1700; vgl. dazu auch *Bodden*, FR 2014, 929.
3 *Bodden*, FR 2014, 929.
4 Vgl. Gesetzesbegründung, in BT-Drucks. 16/11108, 17.
5 Siehe a. *Bodden*, FR 2011, 829.
6 Siehe a. *Grützner*, StuB 2009, 182.
7 Ebenso: FG Münster v. 19. 2. 2014 - 9 K 511/14 F, EFG 2014, 1201, mit Anm. *Renger*, BB 2014, 1700; vgl. dazu auch *Bodden*, FR 2014, 929.

wird in der Regel aus Zweckmäßigkeitsgesichtspunkten zugunsten einer solchen Verbindung ausgeübt werden.[1]

§ 34a Abs. 10 Satz 4 EStG enthält eine eigenständige Regelung zur Ablaufhemmung und stellt den **verjährungstechnischen Gleichlauf** zwischen dem Feststellungsbescheid gem. § 34a Abs. 10 Satz 1 EStG und dem Feststellungsbescheid gem. § 180 Abs. 1 Nr. 2 AO in der Weise her, dass die **Feststellungsfrist** für die gesonderte Feststellung nach § 34a Abs. 10 Satz 1 EStG nicht vor **Ablauf der Feststellungsfrist** für die Feststellung nach § 180 Abs. 1 Nr. 2 AO endet.[2]   450

Solange kein Feststellungsbescheid i. S. d. § 34a Abs. 10 EStG vorliegt, hat das Finanzamt gem. § 155 Abs. 2 AO die Möglichkeit, bei der Einkommensteuerveranlagung die insoweit bedeutsamen Besteuerungsgrundlagen im Wege der **Schätzung** zu berücksichtigen. **Nach Durchführung des Feststellungsverfahrens** ist der Einkommensteuerbescheid dann ggf. gem. § 175 Abs. 1 Nr. 1 AO entsprechend zu ändern.[3]   451

In verfahrensrechtlicher Hinsicht ist der Feststellungsbescheid gem. § 180 Abs. 1 Nr. 2 AO **Grundlagenbescheid** des Feststellungsbescheids gem. § 34a Abs. 10 EStG; Letztgenannter ist mithin Folgebescheid.   452

Hinsichtlich seiner individuellen Feststellungen ist der Feststellungsbescheid gem. § 34a Abs. 10 EStG wiederum **zugleich Grundlagenbescheid** für den Einkommensteuerbescheid desselben Jahres, in dem entweder die begünstigte Besteuerung des nicht entnommenen Gewinns i. S. d. § 34a Abs. 1 Satz 1 und § 34a Abs. 2 EStG oder eine Nachversteuerung gem. § 34a Abs. 4 EStG zu berücksichtigen ist.[4]

Für **Einwendungen gegen den Feststellungsbescheid** gem. § 34a Abs. 10 EStG folgt daraus, dass diese nur insoweit zulässig sind, als der (Folge-)Feststellungsbescheid gem. § 34a Abs. 10 EStG über den (Grundlagen-)Feststellungsbescheid gem. § 180 Abs. 1 Nr. 2 AO hinaus eigenständige Feststellungen trifft (vgl. auch § 351 Abs. 2 AO).   453

PRAXISHINWEIS

Da auch im Rahmen der Gewinnfeststellung gem. § 180 Abs. 1 Nr. 2 AO den Betriebsinhaber bzw. Mitunternehmer betreffende individuelle Feststellungen zu treffen sind, empfiehlt es sich, zunächst beide Bescheide anzufechten.[5]

Zu den in der Regel nach § 34a Abs. 10 EStG festzustellenden Besteuerungsmerkmalen vgl. vertiefend *Grützner*.[6] **Zu verfahrensrechtlichen Details bzgl. § 34a Abs. 10 EStG** vgl. weiterführend *Bodden*.[7]   454

(Einstweilen frei)   455–470

---

1 *Bodden*, FR 2011, 829.
2 *Bodden*, FR 2011, 829.
3 AEAO Nr. 1.2 zu § 175 AO; vgl. auch *Grützner*, StuB 2009, 182.
4 *Grützner*, StuB 2009, 182; *Bodden*, FR 2011, 829.
5 *Bodden*, FR 2011, 829, 834; *Wacker* in Schmidt, § 34a EStG Rz. 95 bis 98.
6 StuB 2009, 182.
7 FR 2011, 829.

XI. Mehrstöckige Personengesellschaften sowie Organschaft

1. Doppelstöckige Personengesellschaften/Mitunternehmerschaften

a) Grundsatz: Antrag je Mitunternehmeranteil

471 Bei Doppel- und mehrstöckigen Personengesellschaften darf nur der **Mitunternehmer an der Obergesellschaft** einen Antrag auf Thesaurierungsbegünstigung für den Gewinn der Obergesellschaft stellen, da dieser neben den Gewinnen aus der Gesamthands-, der Sonder- und der Ergänzungsbilanz der Obergesellschaft auch Gewinne (einschließlich etwaiger Sonderbilanzen gem. § 15 Abs. 1 Satz 1 Nr. 2 Satz 2 EStG) aus der Untergesellschaft umfasst.[1] Somit sind konsequent auch Entnahmen und Einlagen, die der Mitunternehmer bei der Ober- und der Untergesellschaft tätigt, jeweils nur in der Summe zu berücksichtigen.

472 Das heißt, dass **Entnahmen des Mitunternehmers bei der Obergesellschaft zu addieren** sind **mit Entnahmen**, die von ihm **aus seinem Sonderbetriebsvermögen bei der Untergesellschaft** getätigt werden. Gleiches gilt für Einlagen.[2] Dies hat zur Folge, dass in den Fällen, in denen isoliert betrachtet auf Ebene der Untergesellschaft ein nicht entnommener Gewinn entstanden ist, auf Ebene der Obergesellschaft dies jedoch nicht der Fall ist, ein Antrag auf Thesaurierungsbegünstigung nicht gestellt werden kann.[3]

> **BEISPIEL:** A ist zu 5 % an der X-KG beteiligt. Diese hält eine 100 %-ige Beteiligung an der Y-KG. Die X-KG erzielt im WJ 08 im Gesamthandsbereich einen Verlust nach § 4 Abs. 1 Satz 1 EStG i. H. v. 400 000 € (ohne Berücksichtigung des Gewinns der Y-KG). Die Y-KG hat im WJ 08 einen Gewinn von 580 000 € erzielt. Der Gewinn der X-KG beträgt somit 180 000 €. Der Gewinnanteil des A beträgt 9 000 €.
>
> A erzielt aus seiner Beteiligung Einkünfte aus Gewerbebetrieb i. H. v. 9 000 € (5 % von 180 000 €). A kann keinen Antrag auf Thesaurierungsbegünstigung stellen, da er weder zu mehr als 10 % am Gewinn der X-KG beteiligt ist noch sein Gewinnanteil mehr als 10 000 € beträgt. Ein Antrag für die mittelbare anteilige Beteiligung an der Y-KG ist nicht möglich, obwohl sein Gewinnanteil an der Untergesellschaft insoweit mehr als 10 000 € (5 % von 580 000 € = 29 000 €) beträgt.

b) Reichweite des Mitunternehmer-Anteilsbegriffs/Umfang der Thesaurierungsbegünstigung

473 Nach § 34a Abs. 1 Satz 1 EStG kann grds. jeder steuerpflichtige Mitunternehmer die Thesaurierungsbegünstigung in Anspruch nehmen, soweit in seinem zu versteuernden Einkommen nicht entnommene Gewinne aus den Gewinneinkunftsarten enthalten sind. Die Thesaurierungsbegünstigung richtet sich mithin nach **zwei Größen**, die kumulativ erfüllt sein müssen, nämlich dem **zu versteuernden Einkommen des Mitunternehmers** und dem **nicht entnommenen Gewinn**. Nur für die Schnittmenge beider Größen kann die begünstigte Besteuerung beantragt werden.

474 § 34a Abs. 2 EStG bestimmt den **nicht entnommenen Gewinn** eines Mitunternehmeranteils als den nach § 4 Abs. 1 Satz 1 oder § 5 EStG ermittelten Gewinn vermindert um den positiven Entnahmeüberschuss (positiver Saldo der Entnahmen und Einlagen des Wirtschaftsjahres). Im Rahmen der Gewinnermittlung bei der Personengesellschaft ist grds. vom Betriebsvermögen der Personengesellschaft auszugehen. Das Betriebsvermögen umfasst das **Gesamthandsver-**

---

1 Vgl. u. a. Söffing/Worgulla, NWB 2009, 916.
2 Harle/Geiger, StBp 2009, 1.
3 Kritisch: Wacker, FR 2008, 605.

mögen inklusive **Ergänzungsbilanzen** und das **Sonderbetriebsvermögen**. Dies gilt auch für Zwecke des § 34a EStG.[1]

Soweit Sonderbetriebseinnahmen eine **bare Vergütung** darstellen, wird das Sonderbetriebsergebnis regelmäßig vom jeweiligen Gesellschafter entnommen **(Buchung auf dem Privatkonto)** und steht daher der begünstigten Besteuerung nicht zur Verfügung.

Der **Einbezug von Ergänzungsbilanzergebnissen** kann positive **(negative Ergänzungsbilanzen)** oder negative **(positive Ergänzungsbilanz)** Auswirkungen auf die Höhe des nicht entnommenen Gewinns haben, weil bei positiver Ergänzungsbilanz ggf. Gewinne einbehalten werden, für welche die Thesaurierungsbegünstigung nicht in Anspruch genommen werden kann, und bei negativer Ergänzungsbilanz der potenzielle **Anspruch auf Thesaurierungsbegünstigung teilweise leer läuft**.[2]

c) Zweifelsfragen bei doppel- bzw. mehrstöckigen Personengesellschaften

Ist eine Personengesellschaft **(Obergesellschaft)** ihrerseits an einer Personengesellschaft **(Untergesellschaft)** beteiligt, unterliegt der Gewinn der Untergesellschaft bei den Gesellschaftern der Obergesellschaft der Besteuerung.[3] Eine Ausnahme gilt insoweit, als ein Gesellschafter der Obergesellschaft von der Untergesellschaft **Vergütungen i. S. d. § 15 Abs. 1 Satz 1 Nr. 2 EStG** bezieht; insoweit ist er als **Mitunternehmer der Untergesellschaft** zu behandeln.[4]

Bei doppel- und mehrstöckigen Personengesellschaften war nach Einführung der Thesaurierungsbegünstigung zunächst unklar, ob für Zwecke des § 34a EStG auf Ober- und Untergesellschaft getrennt abgestellt wird **(getrennte Betrachtung)** oder ob Ober- und Untergesellschaft in der Obergesellschaft zusammengefasst werden **(zusammenfassende Betrachtung)**. Für beide Betrachtungen gibt es **verschiedene Argumente**. Die getrennte Betrachtung hat den Vorteil, dass der Stpfl. ein größeres Gestaltungspotenzial im Hinblick auf Entnahmen hat. Bei der zusammenfassenden Betrachtung steht eindeutig die leichtere Handhabung im Vordergrund.[5]

Nach **überwiegender Auffassung im Schrifttum** ist aufgrund der **Fiktion des § 15 Abs. 1 Satz 1 Nr. 2 Satz 2 EStG** ein mittelbar an der Untergesellschaft beteiligter Mitunternehmer der Obergesellschaft hinsichtlich seines Sonderbetriebsvermögens bei der Untergesellschaft zugleich Mitunternehmer der Untergesellschaft. Erzielt er in seinem Sonderbetriebsvermögen bei der Untergesellschaft Gewinne, die er nicht entnimmt, findet auf diese die Vorschrift des § 34a EStG aufgrund der gesetzlichen Fiktion des § 15 Abs. 1 Satz 1 Nr. 2 Satz 2 EStG Anwendung.[6]

Auch die **Finanzverwaltung** favorisiert gem. BMF-Schreiben v. 11. 8. 2008 die zusammenfassende Betrachtung:[7]

---

1 BMF v. 11. 8. 2008, BStBl 2008 I 838, Tz. 9, 21; *Dörfler/Graf/Reichl*, DStR 2007, 645.
2 So bereits *Rogall*, DStR 2008, 429.
3 Vgl. nur BFH v. 26. 1. 1995 - IV R 23/93, BStBl 1995 II 467.
4 *Grützner*, StuB 2008, 745.
5 *Rogall*, DStR 2008, 429.
6 Vgl. u. a. *Söffing/Worgulla*, NWB 2009, 916; *Rogall*, DStR 2008, 429; differenzierend *Ley/Brandenberg*, DStR 2007, 1085; vgl. auch *Wacker* in Schmidt, § 34a EStG Rz. 22, m. w. N.: *Wacker*, a. a. O., vertritt allerdings die **abweichende Auffassung**, dass auch im Rahmen des § 34a EStG nach Beteiligungsstufen und Gewinnermittlungskreisen zu trennen sei; ebenso: *Ley*, Ubg 2008, 19; *Niehus/Wilke*, DStZ 2009, 25. Zum Meinungsstand insgesamt vgl. *Baschnagel*, BB 2015, 349, 353.
7 BMF v. 11. 8. 2008, BStBl 2008 I 838, Tz. 21; stellv. f. a. *Pohl*, DB 2008, 84.

481 Bei **doppel- und mehrstöckigen Personengesellschaften** ist für den Mitunternehmer der Obergesellschaft nur ein einheitlicher begünstigter Gewinn zu ermitteln, der neben dem Gewinn aus der Obergesellschaft – einschließlich der Ergebnisse aus Ergänzungs- und Sonderbilanzen – auch die Ergebnisse aus einer etwaigen Sonderbilanz nach § 15 Abs. 1 Satz 1 Nr. 2 Satz 2 EStG bei der Untergesellschaft umfasst. Die Begünstigung nach § 34a EStG kann insoweit vom Mitunternehmer der Obergesellschaft in Anspruch genommen werden.[1]

482 **Entnahmen des Mitunternehmers** bei der Obergesellschaft sind zu addieren mit Entnahmen, die von ihm aus seinem Sonderbetriebsvermögen bei der Untergesellschaft (**§ 15 Abs. 1 Satz 1 Nr. 2 Satz 2 EStG**) getätigt werden. Gleiches gilt für Einlagen. Zahlungen zwischen der Obergesellschaft und der Untergesellschaft haben daher keinen Einfluss auf das Begünstigungsvolumen.

483 **BEISPIEL:**[2] A ist als Kommanditist mit 50 % an der Y-GmbH & Co. KG beteiligt, die ihrerseits Kommanditistin (80 %) der Z-GmbH & Co. KG ist. A hat von der letztgenannten KG eine Sondervergütung i. H. v. 100 000 € erhalten, die er nicht entnommen hat. Außerdem steht der Y-GmbH & Co. KG aufgrund ihrer Beteiligung an der Z-GmbH & Co. KG ein Gewinn i. H. v. 60 000 € zu, der ebenfalls nicht entnommen wurde. Die Y-GmbH & Co. KG selbst hat einen Gewinn i. H. v. 200 000 €, von denen 100 000 € auf A entfallen. Hiervon hat A 60 000 € nicht entnommen.

A kann die Thesaurierungsbegünstigung hinsichtlich seiner unmittelbaren Beteiligung an der Y-GmbH & Co. KG bezüglich des nicht entnommenen Gewinns i. H. v. 60 000 € beantragen. Unabhängig davon kann er aufgrund seiner mittelbaren Beteiligung an der Z-GmbH & Co. KG hinsichtlich des anteiligen nicht entnommenen Gewinns aus dem Gesellschaftsvermögen der Z-GmbH & Co. KG (50 % von 60 000 € = 30 000 €) zzgl. eines nicht entnommenen Gewinns aus seinem Sonderbetriebsvermögen bei der Z-GmbH & Co. KG (100 000 €) eine Thesaurierungsbegünstigung nach § 34a EStG verlangen. Damit wird verhindert, dass Überentnahmen auf einer Ebene die Nachversteuerung auf einer anderen Ebene auslösen.

484 Diese **zusammenfassende Betrachtung** dürfte für den Steuerpflichtigen in vielen Fällen vorteilhaft sein. Insbesondere bietet die Möglichkeit der **unschädlichen Vermögensverschiebung (Zahlungen, Entnahmen und Einlagen)**[3] zwischen den einzelnen Stufen der Beteiligungskette eine **hohe Flexibilität** z. B. um individuelle Entnahmestrategien zu realisieren.[4]

PRAXISHINWEIS:[5]
Rein vermögensverwaltend tätige Personengesellschaften, die weder originäre gewerbliche Einkünfte i. S. d. § 15 Abs. 1 Satz 1 Nr. 2 EStG erzielen noch gewerblich infiziert (§ 15 Abs. 3 Nr. 1 EStG) oder gewerblich geprägt (§ 15 Abs. 3 Nr. 2 EStG) sind, vermitteln i. d. R. Einkünfte aus Kapitalvermögen (§ 20 EStG) oder aus Vermietung und Verpachtung (§ 21 EStG). Diese Einkunftsarten sind einer Sondertarifierung nach § 34a EStG nicht zugänglich. Wird die Beteiligung an einer derartigen Gesellschaft hingegen z. B. in einem gewerblichen Betriebsvermögen gehalten, werden auch insoweit Einkünfte aus Gewerbebetrieb bezogen.[6] Nach Auffassung der Finanzverwaltung[7] sind diese Einkünfte in den nach § 34a EStG begünstigten Gewinn des in Betracht kommenden Betriebs einzubeziehen, wenn sie nach § 4 Abs. 1 EStG, § 5 EStG ermittelt wurden.

485–490 *(Einstweilen frei)*

---

1 Ebenso *Söffing/Worgulla*, NWB 2009, 916.
2 Nach *Söffing/Worgulla*, NWB 2009, 916.
3 Vgl. *Ley*, Ubg 2008, 13.
4 Vertiefend dazu *Schiffers*, DStR 2008, 1805.
5 *Grützner*, StuB 2008, 745.
6 BFH v. 11. 4. 2005 - GrS 2/02, BStBl 2005 II 679.
7 BMF v. 11. 8. 2008, BStBl 2008 I 838, Tz. 15.

2. Ertragsteuerliche Organschaftsverhältnisse bei Anwendung des § 34a EStG

a) Organschaftliche Einkommenszurechnung gem. § 14 Abs. 1 KStG/§ 34a EStG

Einigkeit besteht darin, dass § 34a EStG auch auf Organträger in der Form von Einzelunternehmen und Personengesellschaften anwendbar ist.[1] Der nach § 4 Abs. 1 Satz 1 EStG oder § 5 EStG ermittelte Gewinn umfasst auch **Ergebnisse aus Ergebnisabführungsverträgen** in Organschaftsfällen. Danach kann das „Ergebnis" einer Organgesellschaft, das auf der Grundlage des Gewinnabführungsvertrags von der Organgesellschaft an den Organträger abzuführen ist, auf Ebene des Organträgers (z. B. Personengesellschaft bestehend aus natürlichen Personen) unter den Voraussetzungen des § 34a EStG der Thesaurierungsbegünstigung unterliegen.

Trotzdem stellt sich im Fall einer Organschaft mit einer Personengesellschaft als Organträgerin für die Gesellschafter der Personengesellschaft die Frage, **inwieweit § 34a EStG auch auf das anteilige Einkommen aus der Organgesellschaft Anwendung** findet. Kritische Größe ist hier der auf die Organträgerpersonengesellschaft zu übernehmende (nicht entnommene) Gewinn der Organgesellschaft.

§ 34a EStG würde erfordern, dass der **steuerbilanzielle Gewinn der Organgesellschaft** dem steuerbilanziellen Gewinn des Organträgers hinzu gerechnet wird. Diese Zurechnung ergibt sich allerdings nicht aus dem allgemeinen Zurechnungsschema. Hier geht zunächst die handelsrechtliche Gewinnabführung in den steuerbilanziellen Gewinn des Organträgers ein. Die Ergebnisabführung wird außerbilanziell abgezogen und beim Organträger durch das zu versteuernde Einkommen ersetzt. In Bezug auf den nicht entnommenen Gewinn wäre jedoch der Rückgriff auf das Steuerbilanzergebnis der Organgesellschaft nötig. Dies wird dem Organträger allerdings nicht zugerechnet.

Die Frage, was **„Ergebnis aus dem Ergebnisabführungsvertrag"** ist, muss nicht beantwortet werden, wenn **Handelsbilanzgewinn, Steuerbilanzgewinn und Einkommen der Organgesellschaft identisch** sind. In diesem Fall ist der „nicht entnommene Gewinn" des Organträgers um den identischen Betrag – das „Ergebnis" – zu erhöhen. Allerdings könnte es in Fällen der **von der Handelsbilanz abweichenden Steuerbilanz** der Organgesellschaft zu Verwerfungen kommen.

Eine **Berücksichtigung auch des Steuerbilanzgewinns** der Organgesellschaft ergäbe sich allerdings dann, wenn die Organgesellschaft als Bestandteil des Betriebs der Personengesellschaft bzw. Bestandteil des Mitunternehmeranteils angesehen würde (weiter Betriebsbegriff bzw. Begriff des Mitunternehmeranteils. Dann würde durch § 34a Abs. 2 EStG nämlich eine gesonderte Ermittlung des nicht entnommenen Gewinns von Personengesellschaft und bzw. inkl. Organgesellschaft begründet werden.

Offen ist allerdings, ob sich ein derart weiter Betriebsbegriff bzw. Begriff des Mitunternehmeranteils in die gegenwärtig bestehenden Regelungen „hineininterpretieren" lässt.[2] Für die Zinsschranke hat der Gesetzgeber einen derart weiten Betriebsbegriff explizit normiert (§ 15 Nr. 3 KStG).

---

1 Siehe a. BMF v. 11. 8. 2008, BStBl 2008 I 838, Tz. 11.
2 Vgl. *Rogall*, DStR 2008, 429.

b) Organschaftliche Mehr- und Minderabführungen nach § 14 Abs. 4 KStG

497 Die Frage, wie eine **organschaftliche Mehr- oder Minderabführung der Organgesellschaft** für Zwecke des § 34a EStG zu behandeln ist, wird im Schreiben des BMF v. 11. 8. 2008, nicht beantwortet. Konkret ist zu fragen, worauf für die Ermittlung des nicht entnommenen Gewinns des Organträgers abzustellen ist, wenn Handelsbilanzgewinn, Steuerbilanzgewinn und/oder Einkommen voneinander abweichen.

498 Eine organschaftliche Mehr- oder Minderabführung liegt (insbesondere) dann vor, wenn der von der Organgesellschaft an den Organträger abgeführte Gewinn von dem Steuerbilanzgewinn der Organgesellschaft abweicht und diese Abweichung in organschaftlicher Zeit verursacht ist (§ 14 Abs. 4 Satz 6 KStG). Im Gegensatz zur „unproblematischen" Einkommenszurechnung (s. o.) ergibt sich bei vom Steuerbilanzgewinn abweichendem Handelsbilanzgewinn die Fragestellung, welche Bezugsgröße in die Gewinnermittlung für Zwecke des § 34a EStG beim Organträger einfließt.[1]

499 Das Einkommen einer Organgesellschaft weicht regelmäßig vom Handelsbilanzgewinn und/oder Steuerbilanzgewinn ab. Nach § 14 Abs. 1 Satz 1 KStG ist „das Einkommen der Organgesellschaft, soweit sich aus § 16 KStG nichts anderes ergibt, dem Träger des Unternehmens (Organträger) zuzurechnen".

500 **Methodisch** erfolgt die Einkommenszurechnung in zwei Schritten: im ersten Schritt ist das Einkommen der Organgesellschaft zu ermitteln. Dabei ist die **Bruttomethode des § 15 KStG** zu beachten (z. B. ist § 8b Abs. 1 bis 6 KStG auf Ebene der Organgesellschaft nicht anzuwenden). Nicht abziehbare Betriebsausgaben nach § 4 Abs. 5 EStG sind bei der Ermittlung des Einkommens der Organgesellschaft zu berücksichtigen, d. h. das Einkommen der Organgesellschaft ist insoweit außerbilanziell zu erhöhen.

501 Im zweiten Schritt ist das **Einkommen der Organgesellschaft dem Einkommen des Organträgers hinzuzurechnen**. Die Summe ist der Veranlagung des Organträgers zugrunde zu legen; mit anderen Worten: Das Einkommen der Organgesellschaft wird – vereinfacht – so behandelt, als sei es das Einkommen des Organträgers.[2] Im Ergebnis ist somit die steuerliche Nichtabziehbarkeit von Betriebsausgaben der Organgesellschaft bei der Ermittlung des Einkommens des Organträgers berücksichtigt. In Höhe des Betrags der nicht abziehbaren Betriebsausgaben wird das Einkommen des Organträgers tariflich besteuert, eine Anwendung von § 34a EStG scheidet nach **Auffassung der Finanzverwaltung** aus.[3] Der Organträger wird so behandelt, als seien die nicht abziehbaren Betriebsausgaben bei ihm angefallen.

502 Festzuhalten ist deshalb, dass sich im Organschaftsfall bei einer Abweichung des Einkommens von der Gewinnabführung **keine Besonderheiten hinsichtlich der Thesaurierungsbegünstigung des § 34a EStG** ergeben dürften.[4]

503 In dem **Steuerbilanzgewinn des Organträgers** ist die handelsbilanzielle Gewinnabführung enthalten. Die Herausrechnung der handelsrechtlichen Gewinnabführung erfolgt auf gleicher Stufe wie bspw. die Hinzurechnung nicht abziehbarer Aufwendungen des Organträgers (außer-

---

1 Vgl. dazu auch *Pohl*, DB 2008, 84.
2 Vgl. Ziff. 16 des Schemas in R 29 KStR.
3 BMF v. 11. 8. 2008, BStBl 2008 I 838, Tz. 16.
4 Vgl. von *Freeden/Rogall*, FR 2009, 785.

bilanzielle Hinzurechnung).[1] Die originären Abweichungen zwischen Handels- und Steuerbilanz der Organgesellschaft werden beim Organträger nicht übernommen.

In die steuerliche Gewinnermittlung des Organträgers fließen von der Organgesellschaft nur der Handelsbilanzgewinn und das Einkommen ein. Die Brücke zum Steuerbilanzgewinn der Organgesellschaft wird über den aktiven oder passiven Ausgleichsposten gem. § 14 Abs. 4 Satz 1 KStG auf Ebene des Organträgers gebildet. Dabei soll für jede Mehr-/Minderabführung ein **separater Ausgleichsposten** zu bilden sein. 504

Bei **wirtschaftlicher Betrachtung** „korrigieren" die Ausgleichsposten den Buchwert der Organbeteiligung. Ein aktiver Posten erhöht den Beteiligungsbuchwert, ein passiver Posten vermindert ihn. Die Bildung der Ausgleichsposten erfolgt zwar einkommensneutral. Im ersten Schritt mindert jedoch ein in Folge einer Mehrabführung zu bildender passiver Ausgleichsposten das Betriebsvermögen des Organträgers i. S. d. § 4 Abs. 1 Satz 1 EStG, § 5 Abs. 1 Satz 1 EStG. Ein in Folge einer Minderabführung zu bildender aktiver Ausgleichsposten erhöht das Betriebsvermögen des Organträgers. Der Steuerbilanzgewinn des Organträgers (nicht entnommener Gewinn, § 34a Abs. 2 EStG) wird in Folge der Bildung von Ausgleichsposten also vermindert oder erhöht. Im zweiten Schritt wird die steuerbilanzielle Ergebnisauswirkung in Folge der Bildung des Ausgleichspostens außerbilanziell neutralisiert, so dass die Bildung der organschaftlichen Ausgleichsposten letztlich einkommensneutral erfolgt.[2] 505

Durch die Anfügung des Absatzes 4 (§ 14 Abs. 4 KStG) in § 14 KStG durch das JStG 2008 und die Aufnahme des **steuerlichen Ausgleichspostens für Mehr- bzw. Minderabführungen** in die Steuerbilanz sollten daher etwaige Verwerfungen nach allgemeiner Ansicht für Zwecke des § 34a EStG „eingefangen" worden sein.[3] Denn über den Ausgleichsposten kann das vom Organträger zu übernehmende Handelsbilanzergebnis an das Steuerbilanzergebnis der Organgesellschaft angepasst werden.[4] 506

Zu den aktuellen Verfahrensfragen vgl. →Rz. 57 bis → Rz. 62. 507

§ 34b Steuersätze bei Einkünften aus außerordentlichen Holznutzungen

(1) Außerordentliche Holznutzungen sind

1. Holznutzungen, die aus volks- oder staatswirtschaftlichen Gründen erfolgt sind. ²Sie liegen nur insoweit vor, als sie durch gesetzlichen oder behördlichen Zwang veranlasst sind;
2. Holznutzungen infolge höherer Gewalt (Kalamitätsnutzungen). ²Sie sind durch Eis-, Schnee-, Windbruch oder Windwurf, Erdbeben, Bergrutsch, Insektenfraß, Brand oder durch Naturereignisse mit vergleichbaren Folgen verursacht. ³Hierzu gehören nicht die Schäden, die in der Forstwirtschaft regelmäßig entstehen.

(2) ¹Zur Ermittlung der Einkünfte aus außerordentlichen Holznutzungen sind von den Einnahmen sämtlicher Holznutzungen die damit in sachlichem Zusammenhang stehenden Betriebs-

---

1 Vgl. Ziffer 10 des Schemas in R 29 KStR.
2 R 63 Abs. 1 Satz 4 KStR.
3 *Rogall*, DStR 2008, 429; *von Freeden/Rogall*, FR 2009, 785.
4 *Rogall*, DStR 2008, 429.

ausgaben abzuziehen. ²Das nach Satz 1 ermittelte Ergebnis ist auf die ordentlichen und außerordentlichen Holznutzungsarten aufzuteilen, in dem die außerordentlichen Holznutzungen zur gesamten Holznutzung ins Verhältnis gesetzt wird. ³Bei einer Gewinnermittlung durch Betriebsvermögensvergleich sind die im Wirtschaftsjahr veräußerten Holzmengen maßgebend. ⁴Bei einer Gewinnermittlung nach den Grundsätzen des § 4 Absatz 3 ist von den Holzmengen auszugehen, die den im Wirtschaftsjahr zugeflossenen Einnahmen zugrunde liegen. ⁵Die Sätze 1 bis 4 gelten für entnommenes Holz entsprechend.

(3) Die Einkommensteuer bemisst sich für die Einkünfte aus außerordentlichen Holznutzungen im Sinne des Absatzes 1

1. nach der Hälfte des durchschnittlichen Steuersatzes, der sich ergäbe, wenn die tarifliche Einkommensteuer nach dem gesamten zu versteuernden Einkommen zuzüglich der dem Progressionsvorbehalt unterliegenden Einkünfte zu bemessen wäre;

2. nach dem halben Steuersatz der Nummer 1, soweit sie den Nutzungssatz (§ 68 der Einkommensteuer-Durchführungsverordnung) übersteigen.

(4) Einkünfte aus außerordentlichen Holznutzungen sind nur anzuerkennen, wenn

1. das im Wirtschaftsjahr veräußerte oder entnommene Holz mengenmäßig getrennt nach ordentlichen und außerordentlichen Holznutzungen nachgewiesen wird und

2. Schäden infolge höherer Gewalt unverzüglich nach Feststellung des Schadensfalls der zuständigen Finanzbehörde mitgeteilt und nach der Aufarbeitung mengenmäßig nachgewiesen werden.

(5) Die Bundesregierung wird ermächtigt, durch Rechtsverordnung mit Zustimmung des Bundesrates

1. die Steuersätze abweichend von Absatz 3 für ein Wirtschaftsjahr aus sachlichen Billigkeitsgründen zu regeln,

2. die Anwendung des § 4a des Forstschäden-Ausgleichsgesetzes für ein Wirtschaftsjahr aus sachlichen Billigkeitsgründen zu regeln,

wenn besondere Schadensereignisse nach Absatz 1 Nummer 2 vorliegen und eine Einschlagsbeschränkung (§ 1 Absatz 1 des Forstschäden-Ausgleichsgesetzes) nicht angeordnet wurde.

Inhaltsübersicht	Rz.
A. Allgemeine Erläuterungen	1 - 40
I. Normzweck und wirtschaftliche Bedeutung der Vorschrift	1 - 10
II. Entstehung und Entwicklung der Vorschrift	11 - 15
III. Geltungsbereich	16 - 25
IV. Vereinbarkeit mit höherrangigem Recht	26 - 30
V. Verhältnis zu anderen Vorschriften	31 - 40
B. Systematische Kommentierung	41 - 130
I. Außerordentliche und ordentliche Holznutzungen nach § 34b Abs. 1 EStG	41 - 55
1. Außerordentliche Holznutzung aus volks- oder staatswirtschaftlichen Gründen nach § 34b Abs. 1 Nr. 1 EStG	44
2. Außerordentliche Holznutzungen infolge höherer Gewalt (Kalamitätsnutzungen) nach § 34b Abs. 1 Nr. 2 EStG	45
3. Zeitpunkt der Verwertung	46 - 55

II. Ermittlung der Einkünfte aus außerordentlichen Holznutzungen nach § 34b Abs. 2 EStG	56 - 70
1. Einnahmen sämtlicher Holznutzungen und Teilwert für entnommenes Holz (§ 34b Abs. 2 Satz 1, 5 EStG)	59
2. In sachlichem Zusammenhang mit Holznutzungen und Entnahme stehende Betriebsausgaben (§ 34b Abs. 2 Satz 1, 5 EStG)	60 - 61
3. Verhältnismäßige Aufteilung der Betriebseinnahmen und der Betriebsausgaben (§ 34b Abs. 2 Satz 2 EStG) je nach Gewinnermittlungsart (§ 34b Abs. 2 Satz 3 oder 4 EStG)	62
4. Umrechnung der Einkünfte auf den Veranlagungszeitraum	63 - 70
III. Umfang der Tarifvergünstigung nach § 34b Abs. 3 EStG	71 - 105
1. Anzuwendende Steuersätze	71 - 80
2. Nutzungssatz nach § 68 EStDV	81 - 85
3. Vereinfachungsregelung in R 34b.6 Abs. 3 EStR	86 - 90
4. Betriebsgutachten/Betriebswerk nach § 68 EStDV	91 - 95
5. Steuersätze nach § 5 Forstschäden-Ausgleichsgesetz	96 - 105
IV. Voraussetzungen für die Anwendung der Tarifvergünstigung nach § 34b Abs. 4 EStG	106 - 115
1. Mengenmäßiger Nachweis	106 - 110
2. Zwingendes Meldeverfahren	111 - 115
V. Sachliche Billigkeitsmaßnahmen bei bestimmten Schadensereignissen nach § 34b Abs. 5 EStG	116 - 130
1. Verordnungsermächtigung der Bundesregierung zur Regelung eines besonderen Steuersatzes	116 - 120
2. Ermächtigung der FinVerw zur Regelung eines besonderen Steuersatzes in größeren, regional begrenzten Schadensfällen	121 - 130
C. Verfahrensfragen	131 - 137

HINWEIS:

§§ 51, 68 EStDV; BMF v. 16. 5. 2012, BStBl 2012 I 595; BewRL = BStBl 1967 I 397 und 1968 I 223; Nutzungssatz-Richtlinien, BMF v. 17. 5. 2017, BStBl 2017 I 783.

LITERATUR:

Ortenburg/Ortenburg, Zur Bedeutung des „stehenden Holzes" bei der Besteuerung der Forstwirtschaft, DStZ 2005, 782; *Ortenburg*, 1 ha-Grenze und 10 %-Grenze führen zu unsachgemäßen Ergebnissen, NWB 2009, 3344; *Wiegand*, Das StVereinfG 2011 aus der Sicht der LuF, NWB 2011, 3606.

A. Allgemeine Erläuterungen

I. Normzweck und wirtschaftliche Bedeutung der Vorschrift

Für die Forstwirtschaft ist aus natürlichen Gründen nicht klar abgrenzbar, ob durch eine Holznutzung noch eine „Waldrente", also quasi Einkommen oder ob schon ein Eingriff in das Waldkapital, quasi eine Vermögensumschichtung vorliegt.

In der Forstwirtschaft werden im Zeitpunkt der Veräußerung des geernteten Holzes stille Reserven aufgedeckt, die sich während der Wachstumsperiode des Holzes (in ca. 80 bis 200 Jahren) gebildet haben. Die Vorschrift bezweckt deshalb eine Tarifvergünstigung bei bestimmten Einkünften und zwar den Einkünften aus außerordentlichen Holznutzungen, wenn eine Aufdeckung stiller Reserven gegen den Willen des Stpfl. erfolgt. Der Gesetzgeber geht dabei typisierend davon aus, dass in diesen Fällen Progressionsnachteile entstehen und gewährt eine Tarifvergünstigung.[1] Außerdem soll ein Ausgleich für mangelnden Bestandsvergleich[2] gewährt werden.

3 In § 34b EStG bestimmt **Abs. 1** die begünstigten Holznutzungen (Nutzungen aus volks- und staatswirtschaftlichen Gründen und Kalamitätsnutzungen), **Abs. 2** beschreibt die Ermittlung der begünstigten Einkünfte und den Gewinnverwirklichungszeitpunkt, **Abs. 3** nennt die Steuersätze ($1/2$ oder $1/4$) und **Abs. 4** führt die Voraussetzungen der Steuervergünstigung auf (mengenmäßiger Nachweis und das Meldeverfahren) und **Abs. 5** enthält eine Verordnungsermächtigung für Billigkeitsmaßnahmen bei bestimmten Schadensereignissen. § 68 EStDV regelt die Einzelheiten zur Ermittlung des Nutzungssatzes.

4–10 (Einstweilen frei)

II. Entstehung und Entwicklung der Vorschrift

11 § 34b EStG wurde durch das StVereinfG 2011 v. 1. 11. 2011[3] neu gefasst.

12 Die Neuregelung ist eine echte Vereinfachung durch Wegfall der Holznutzungen aus wirtschaftlichen Gründen, Wegfall der Mengenrechnung, Wegfall der wirtschaftsjahresübergreifenden Betrachtung der Einnahmen, Wegfall der nutzungsmäßigen Zuordnung der Betriebsausgaben bzw. Aufteilung der Betriebseinnahmen. § 34b EStG ist bei den Einkünften aus LuF, Gewerbebetrieb und bei privaten Veräußerungsgeschäften anwendbar.

13–15 (Einstweilen frei)

III. Geltungsbereich

16 **Sachlich**: Gewinne aus Holznutzungen die außerhalb der planmäßigen Bewirtschaftung aufgrund unvorhersehbarer Ereignisse anfallen (außerordentliche Holznutzungen), die sich bei normalem Geschehensablauf auf mehrere Wj. verteilt hätten. Die Veräußerung des GuB einschließlich des Aufwuchses ist keine Holznutzung mehr. Die Gewinnermittlungsart ist unerheblich.

17 **Zeitlich**: Die Neuregelung ist ab dem VZ 2012 anzuwenden. Im VZ 2012 bestand eine Wahlmöglichkeit[4] für altes oder neues Recht.

18 **Persönlich**: § 34b EStG ist bei unbeschränkt und beschränkt stpfl. natürlichen Personen anzuwenden. Auf die Einkunftsart kommt es nicht an (§§ 13, 15, 23 EStG). Zur steuerlichen Behandlung bei Mitunternehmerschaften s. BFH v. 25. 8. 1960,[5] und bei juristischen Personen vgl. R 71 KStR. Zum Besteuerungsrecht vgl. KKB/G. Kraft, § 49 EStG Rz. 149 und KKB/Walter, § 13a EStG Rz. 32.

19–25 (Einstweilen frei)

---

1 Vgl. 24. Subventionsbericht, BT-Drucks. 17/14621.
2 BFH v. 31. 5. 1954 - IV 476/53, BStBl 1954 III 229; BFH v. 11. 4. 1961 - I 138/60 S, BStBl 1961 III 276.
3 BGBl 2011 I 2131, BStBl 2011 I 986. Zum Gesetzgebungsverfahren Hinweis auf BT-Drucks. 17/5125 und 17/5196.
4 BMF v. 16. 5. 2012, BStBl 2012 I 594.
5 IV 262/59 S, BStBl 1960 III 486.

IV. Vereinbarkeit mit höherrangigem Recht

Die Regelung entspricht dem gesetzgeberischen Gestaltungsspielraum. Der Gesetzgeber ist nach → Rz. 2 zur Abmilderung verpflichtet (§ 41 BWaldG, § 1 LandwGesetz). Die VO-Ermächtigung in Abs. 5 ist rechtlich zweifelhaft, → Rz. 116. Unionsrechtlich wird in der Steuervergünstigung derzeit keine Beihilfe gesehen. 26

(*Einstweilen frei*) 27–30

V. Verhältnis zu anderen Vorschriften

§ 6b EStG: Der aufstehende Baumbestand mit dem dazugehörenden GuB gehört zu den begünstigten WG; bis 2011 war der anteilige Kaufpreis für den aufstehenden Bestand eine begünstigte Holznutzung, R 14 Abs. 4 EStR 2008, → Rz. 42. 31

§ 23 EStG: Bei Anschaffung einer Waldfläche die nicht Betriebsvermögen wird (vgl. KKB/Walter, § 14 EStG Rz. 50) und Kahlschlag innerhalb von zehn Jahren, ist der Gewinn aus dem Wirtschaftsgut aufstehender Bestand nach § 23 EStG zu erfassen (vgl. KKB/Bäuml, § 23 EStG Rz. 144 ff.).

§ 34 Abs. 2 Nr. 1 EStG bei Betrieb oder Teilbetrieb: Beim Zusammentreffen von außerordentlichen Einkünften nach § 34 Abs. 2 EStG mit außerordentlichen Holznutzungen erläutert R 34b.5 Abs. 2 EStR die Reihenfolge der Begünstigung.

§ 34 Abs. 2 Nr. 2 und § 24 Nr. 2 EStG bei Entschädigungen: Zur Korrektur der Steuervergünstigung zur Vermeidung einer doppelten Begünstigung vgl. Ausführungen in R 34b.3 Abs. 4 und 34b.5 Abs. 2 EStR.

Forstschädenausgleichsgesetz: § 3 FAG (Der Nutzungssatz ist erforderlich für die Berechnung der jährlichen (25 %igen) Zuführungsmöglichkeit zur Rücklage); § 4 FAG (Der BA-Pauschsatz erhöht sich nur im Falle einer Einschlagsbeschränkung auf 90 % bzw. 65 % der Einnahmen aus der Holznutzung); § 4a FAG (Aktivierungswahlrecht Holzvorräte); § 5 FAG (Gewährt den ¼-Steuersatz für jegliche Kalamitätsnutzung innerhalb der Einschlagsbeschränkung und für Kalamitätsfolgehiebe).

R 6.6 EStR RfE: bei Veräußerung des aufstehenden Baumbestandes mit dem dazugehörenden GuB.

(*Einstweilen frei*) 32–40

B. Systematische Kommentierung

I. Außerordentliche und ordentliche Holznutzungen nach § 34b Abs. 1 EStG

Holznutzung: Mit dem Einschlag (= Trennung vom Wurzelstock) wird der einzelne Baum zu einem selbständig bewertbaren WG. Mit dem Einschlag ändert sich der Nutzungs- und Funktionszusammenhang des Baumes. Er verliert seine Eigenschaft als Waldbestandteil des WG aufstehender Baumbestand; sein Zweck beschränkt sich auf die Verwertung des Holzes; es wird zu Umlaufvermögen. Entsprechendes gilt, wenn Holz auf dem Stamm verkauft wird und bei Entnahmen. (Wird Holz im selben Betrieb z. B. für bauliche Zwecke verwendet, wird es Anlagevermögen; es kommt zu keiner Verwertung und damit zu keiner Gewinnverwirklichung). 41

42 Der Verkauf des Waldgrundstücks ist keine Holznutzung mehr;[1] vor 2012 war der Verkauf noch Holznutzung.[2]

43 **Ordentliche Holznutzung:** Alle übrigen Nutzungen die keine außerordentlichen Nutzungen i. S. d. § 34b Abs. 1 EStG sind, sind ordentliche Holznutzungen.

1. Außerordentliche Holznutzung aus volks- oder staatswirtschaftlichen Gründen nach § 34b Abs. 1 Nr. 1 EStG

44 Außerordentliche Holznutzungen aus volks- oder staatswirtschaftlichen Gründen werden durch gesetzlichen oder behördlichen Zwang veranlasst. **Einzelfälle:** drohende Enteignung oder Landabgabe für Verteidigungszwecke,[3] für Verkehrswege (R 34b.2 Abs. 3 EStR), Flurbereinigungsmaßnahmen,[4] Energieversorgung (vgl. § 45 Abs. 1 Nr. 2 EnWG), angeordnete Einschläge zur Bekämpfung des asiatischen Laubholzbockkäfers (ALHB). Nicht dazu gehören die Verpflichtungen, die allein aufgrund der Waldgesetze erforderlich sind.

2. Außerordentliche Holznutzungen infolge höherer Gewalt (Kalamitätsnutzungen) nach § 34b Abs. 1 Nr. 2 EStG

45 Holznutzung infolge höherer Gewalt (Kalamitätsnutzungen) sind durch in Nr. 2 beispielhaft aufgeführtes Naturereignis verursacht (Eis-, Schnee-, Windbruch oder Windwurf, Erdbeben, Bergrutsch, Insektenfraß, Brand) oder durch Naturereignis mit vergleichbaren Folgerungen verursacht (wie z. B. Schneedruck, Hochwasser, Wolkenbrüche, Dürre). Ob eine Kalamitätsnutzung im Wj. des Eintritts des Naturereignisses oder in einem späteren Wj. erfolgt, ist ohne Bedeutung. Auf den Verursacher kommt es nicht an (Brand durch Funkenflug der Eisenbahn; Schäden durch militärische Übungen R 34b.2 Abs. 5 EStR). Zu den Kalamitätsnutzungen zählen nicht die Schäden, die in der Forstwirtschaft regelmäßig entstehen.[5] Bei erforderlichen Kalamitätsfolgehieben[6] ist eine tatsächliche Verständigung zwischen Forstsachverständigen der FinVerw und dem zuständigen Finanzamt zweckdienlich.

3. Zeitpunkt der Verwertung

46 Mit dem Einschlag wird der Baum zum Umlaufvermögen (→ Rz. 41). Mit dem Wegfall der Regelung in § 6 Abs. 1 Nr. 2 Satz 4 EStG durch das StEntlG 1999/2000/2002, also der Möglichkeit des Ansatzes des höheren Teilwerts beim Einschlag, wurde der Zeitpunkt der Gewinnverwirklichung umgestellt. Der eingeschlagene Baum kann nur mit den tatsächlichen Herstellungskosten angesetzt werden. Die Aktivierung führt zu keiner Gewinnverwirklichung. Je nach Gewinnermittlungsart entstehen die Einkünfte mit dem Zufluss oder beim vollständigen Verkauf. Entnahmen sind zum Zeitpunkt der Entnahme mit dem Teilwert anzusetzen. Überführungen nach § 6 Abs. 5 EStG sind mit dem Buchwert anzusetzen und führen zu keiner Gewinnverwirklichung.

47–55 (Einstweilen frei)

---

1 BT-Drucks. 17/5125, 43; R 34b.2 Abs. 1 EStR.
2 R 14 Abs. 4 EStR; RFH v. 23. 2. 1938 – VI 73/38, RStBl 1938, 406.
3 RFH v. 23. 8. 1939 – VI 540/39, RStBl 1939, 1056.
4 BMF 2. 9. 1957, DStZ/B 1958, 19.
5 BFH v. 10. 10. 1963 – IV 422/60 S, BStBl 1964 III 119; Rotfäule H 34b.2 EStH; Schäden durch Fichtenblattwespe unter 60 %.
6 BFH v. 11. 4. 1961 – I 138/60 S, BStBl 1961 III 276; RFH v. 11. 12. 1929, RStBl 1930, 238.

II. Ermittlung der Einkünfte aus außerordentlichen Holznutzungen nach § 34b Abs. 2 EStG

§ 34b Abs. 2 EStG beschreibt die Ermittlung der begünstigten Einkünfte und den Gewinnverwirklichungszeitpunkt. Anknüpfungspunkt hierfür ist eine Verhältnisrechnung anhand der Holzmengen. Die Holzmenge, die im Wj. zu Einnahmen geführt hat, ist den ordentlichen und den außerordentlichen Holznutzungen zuzuordnen. 56

§ 34b Abs. 2 EStG ist keine eigene Gewinnermittlung, er folgt den Gewinnermittlungsmethoden nach § 4 Abs. 1 oder § 4 Abs. 3 EStG. Die FinVerw verlangt eine gesonderte Aufzeichnung (R 34b.3 Abs. 1 EStR). 57

Für die Berechnung der Tarifermäßigung werden von der FinVerw im Internet Berechnungshilfen bereitgestellt. 58

1. Einnahmen sämtlicher Holznutzungen und Teilwert für entnommenes Holz (§ 34b Abs. 2 Satz 1, 5 EStG)

Einnahmen sind Erlöse aus der Verwertung und der Teilwert aus der Entnahme, die bei der Gewinnermittlung zugrunde gelegt wurden. Die USt ist daher bei der Durchschnittssatzbesteuerung nach § 24 UStG immer Betriebseinnahme/Bruttoerlös. Bei Regelversteuerung zählt die USt nur bei § 4 Abs. 3 EStG zu den Roherlösen. Zu den Einnahmen aus Holznutzungen (s. → Rz. 41) gehören Einnahmen aus Derbholz (Holzstärke > 7 cm) und aus Reisig (Holzstärke < 7 cm). Nicht dazu gehören: Nebennutzungen (Schmuckreisig, Rinde, Harz, Birkensaft, Faschinen), Christbäume aus dem Wald, Saat- und Pflanzgut, Verkäufe von WG des Anlagevermögens. Zur steuerlichen Nichterfassung bei § 13a EStG (vgl. KKB/Walter, § 13a EStG Rz. 197). 59

2. In sachlichem Zusammenhang mit Holznutzungen und Entnahme stehende Betriebsausgaben (§ 34b Abs. 2 Satz 1, 5 EStG)

Vor 2012 (Altregelung) wurde kein unmittelbarer wirtschaftlicher Zusammenhang mit der Holznutzung verlangt. Es erfolgte eine Aufteilung nach Kostenarten. Nach dem Gesetzeswortlaut sind „die damit *(von den Einnahmen sämtlicher Holznutzungen)* in sachlichem Zusammenhang stehenden Betriebsausgaben" abzuziehen. Die FinVerw geht in R 34b.3 Abs. 1 EStR von einem sachlichen Zusammenhang der Betriebsausgaben „mit diesen Einnahmen" aus. Außerdem geht sie von einer Bindung an die Gewinnermittlung des Wj. aus *(„die der Gewinnermittlung zu Grunde gelegt wurden")*. In den EStR werden nur die Kostenarten, nicht aber die (günstigere) anteilige Höhe angesprochen. Nach Auffassung der FinVerw (EStR) sind die Zuführungen und die Auflösung der Rücklage nach § 3 FAG zu berücksichtigen, nicht aber beim Investitionsabzugsbetrag nach § 7g EStG. 60

Aufgrund der von der FinVerw angenommenen Bindung an die Gewinnermittlung des Wj., geht R 34b.3 Abs. 3 EStR im Falle der Betriebsausgaben-Pauschalierung nach § 51 EStDV von einer deckungsgleichen Anwendung bei § 34b Abs. 2 EStG aus. 61

3. Verhältnismäßige Aufteilung der Betriebseinnahmen und der Betriebsausgaben (§ 34b Abs. 2 Satz 2 EStG) je nach Gewinnermittlungsart (§ 34b Abs. 2 Satz 3 oder 4 EStG)

Aus den Rohholzerlösen und den damit in Zusammenhang stehenden Betriebsausgaben wird typisierend für den gesamten Betrieb ein Gewinn aus Holznutzungen ermittelt und im Wege einer Verhältnisrechnung den entsprechenden Holzmengen zugeordnet. Die vor 2012 (Altrege- 62 lung) erforderliche gesonderte Ermittlung und Zuordnung der Rohholzerlöse zu den einzelnen Holznutzungen ist weggefallen.

4. Umrechnung der Einkünfte auf den Veranlagungszeitraum

63 § 34b EStG ist als Tarifvorschrift auf die Einkünfte des Kj. (VZ) anzuwenden. Die für das Wj. ermittelten begünstigten Einkünfte sind je nach Wj. entsprechend dem zeitlichen Anteil (durch Zwölftelung) bzw. Zuordnung bei § 4 FAG auf das Kj. zu verteilen.

64–70 (Einstweilen frei)

III. Umfang der Tarifvergünstigung nach § 34b Abs. 3 EStG

1. Anzuwendende Steuersätze

71 Das im Rahmen einer planmäßigen Bewirtschaftung veräußerte Holz (ordentliche Holznutzung) führt zu laufenden Einkünften und unterliegt deshalb der regulären Besteuerung.

72 Für die begünstigten Holznutzungen (→ Rz. 44, 45) wird in einer ersten Stufe der halbe Steuersatz gewährt. Auf das Vorliegen eines Nutzungssatzes kommt es nicht an.

73 Die im Rahmen einer zweiten Stufe zu gewährende Tarifvergünstigung (1/4 Steuersatz) für die den Nutzungssatz übersteigenden Einkünfte ist – wie bisher – vom Vorliegen eines Nutzungssatzes abhängig. Das früher erforderliche Auffüllen des Nutzungssatzes ist nicht erforderlich.

74 In den Unwettererlassen der FinVerw kann aus Billigkeitsgründen bei jeglicher Kalamitätsnutzung (Nutzungssatz ist nicht erforderlich) der 1/4-Steuersatz berücksichtigt werden (vgl. → Rz. 121).

75–80 (Einstweilen frei)

2. Nutzungssatz nach § 68 EStDV

81 Beim Nutzungssatz handelt es sich quasi um die ordentliche (planmäßige) Holznutzung. Er muss den Nutzungen entsprechen, dass innerhalb der zehn Jahre nachhaltig die gleiche Menge Holz eingeschlagen werden kann und am Ende des zehnjährigen Zeitraums theoretisch wieder der gleiche Waldbestand vorhanden ist.[1]

82 Nach § 68 Abs. 1 EStDV muss der Nutzungssatz in Erntefestmeter[2] für zehn Jahre durch die Finanzbehörde festgesetzt werden. Nach dem Verwaltungshandeln soll es aber – wie bisher – eine unselbständige Besteuerungsgrundlage des ESt-Bescheids sein (R 34b.6 Abs. 4 EStR).[3]

83–85 (Einstweilen frei)

3. Vereinfachungsregelung in R 34b.6 Abs. 3 EStR

86 Bei Betrieben mit bis zu 50 ha forstwirtschaftlich genutzter Fläche kann auf die Festsetzung eines Nutzungssatzes verzichtet werden und für die Anwendung des § 34b Abs. 3 Nr. 2 EStG ein Nutzungssatz von **fünf Erntefestmeter ohne Rinde je Hektar** zugrunde gelegt werden.

87–90 (Einstweilen frei)

---

[1] BFH v. 7. 10. 1954 - IV 29/52 S, BStBl 1954 III 345.
[2] § 68 Abs. 1 i. d. F. der VO v. 18. 7. 2016, BStBl 2016 I 1722.
[3] BMF v. 17. 5. 2017, BStBl 2017 I 783, Rz. 2.

4. Betriebsgutachten/Betriebswerk nach § 68 EStDV

Zur Begriffserläuterung vgl. die Ausführungen in Abschn. 4.01 Abs. 9 und 10 BewRL[1] Zur Zusammensetzung einer Forsteinrichtung vgl. Rz. 10 Nutzungssatz-Richtlinien.[2]

Die Nutzungssatzfeststellung muss spätestens auf den Anfang des Wj. des Schadensereignisses aufgestellt sein, sofern es nicht an eine bestehende Nutzungssatzfeststellung anschließt. Es soll innerhalb eines Jahres (nach dem Beginn dieses Wj.) der Finanzbehörde übermittelt werden (§ 68 Abs. 2 Satz 2 EStDV). Diese sehr knappe Frist soll eine zeitnahe Prüfung der Daten ermöglichen, anderenfalls können die Daten nicht der Festsetzung des Nutzungssatzes zu Grunde gelegt werden (vgl. R 34b.6 Abs. 1 Satz 3 und 4 EStR).

(Einstweilen frei) 93–95

5. Steuersätze nach § 5 Forstschäden-Ausgleichsgesetz

Im Wj. einer Einschlagsbeschränkung gilt für jede Kalamitätsnutzung (innerhalb und außerhalb des Nutzungssatzes) der ¼-Steuersatz. Nach § 5 Abs. 2 FAG ist der ¼-Steuersatz auch für Kalamitätsfolgehiebe möglich.[3]

(Einstweilen frei) 97–105

IV. Voraussetzungen für die Anwendung der Tarifvergünstigung nach § 34b Abs. 4 EStG

1. Mengenmäßiger Nachweis

Nach Abs. 4 Nr. 1 müssen die verschiedenen veräußerten oder entnommenen Holzmengen getrennt nach ordentlichen und außerordentlichen Holznutzungen nachgewiesen werden, um die Ermittlung der begünstigten Einkünfte aus außerordentlichen Holznutzungen zu gewährleisten.

(Einstweilen frei) 107–110

2. Zwingendes Meldeverfahren

Nach Abs. 4 Nr. 2 müssen die Kalamitätsnutzungen nach Feststellung des Schadensfalles unverzüglich gemeldet werden, um eine forstfachliche Begutachtung der Schäden durch einen Forstsachverständigen der FinVerw vor der Aufarbeitung sicherzustellen. Hierfür kann der bundeseinheitliche Vordruck „Anmeldung" www.formulare-bfinv.de unter Formularcenter > Formulare A-Z > Forstwirtschaft verwendet werden. Ergeben sich bei der Aufarbeitung Abweichungen von mehr als 20 % der ursprünglich mitgeteilten Schadensmenge, ist eine Berichtigung nach § 153 Abs. 2 AO in Form einer ergänzenden Mitteilung vorzunehmen, ansonsten entfällt mangels mengenmäßigen Nachweises die Tarifvergünstigung. Nach Aufarbeitung des Schadens ist die tatsächlich gemessene Schadensmenge (Vordruck Nachweis) mitzuteilen. Nach Abgabe des Nachweises muss das Schadholz zwei Wochen lang am Schadensort oder in unmittelbarer Nähe zur Prüfung durch die FinVerw bereitliegen.

(Einstweilen frei) 112–115

---

1 BStBl 1967 I 421.
2 BMF v. 17. 5. 2017, BStBl 2017 I 783.
3 BFH v. 11. 4. 1961 - I 138/60 S, BStBl 1961 III 276.

V. Sachliche Billigkeitsmaßnahmen bei bestimmten Schadensereignissen nach § 34b Abs. 5 EStG

1. Verordnungsermächtigung der Bundesregierung zur Regelung eines besonderen Steuersatzes

116 Abs. 5 enthält eine Ermächtigung für die Bundesregierung, durch Rechtsverordnung mit Zustimmung des Bundesrats sachliche Billigkeitsmaßnahmen bei Naturkatastrophen größeren Ausmaßes zu gewähren. Voraussetzung für steuerliche Maßnahmen ist, dass keine Einschlagsbeschränkung nach § 1 Abs. 1 FAG verordnet wird. Die Regelung des § 163 AO bleibt hiervon unberührt. *Nacke*,[1] hält die Verordnungsermächtigung aufgrund der fehlenden Festlegung des Steuersatzes nicht für hinreichend bestimmt i. S. d. Art. 80 GG.

117–120 (*Einstweilen frei*)

2. Ermächtigung der FinVerw zur Regelung eines besonderen Steuersatzes in größeren, regional begrenzten Schadensfällen

121 Damit können durch typisierende Verwaltungsanweisungen entsprechende Maßnahmen auf der Grundlage des § 163 AO getroffen werden (R 34b.7 Abs. 4 EStR). Mit den Unwettererlassen wird in den betroffenen Gebieten für jegliche Kalamitätsnutzungen der ¼-Steuersatz gewährt. Eine Nutzungssatzfeststellung (vgl. → Rz. 73, 74) ist daher in diesen Fällen nicht erforderlich.

122–130 (*Einstweilen frei*)

C. Verfahrensfragen

131 Bei Mitunternehmerschaften ist im Feststellungsverfahren über die begünstigten Einkünfte zu entscheiden (→ Rz. 18).[2]

132 Die Festsetzung des Nutzungssatzes nach § 68 Abs. 1 EStDV wird derzeit nicht als Verwaltungsakt, sondern als unselbständiger Teil des ESt-Bescheids behandelt (→ Rz. 82).

133 Eine Änderung des Nutzungssatzes bei Nichteinhaltung der Bewirtschaftungsgrundsätze kann zu einer Änderung nach § 173 AO des ESt-Bescheids führen (→ Rz. 92).

134 Die Berichtigung nach § 153 AO der Anmeldung nach § 34b Abs. 4 Nr. 2 EStG ist bei Abweichung der gemeldeten vorläufigen Schadensmenge vorzunehmen (→ Rz. 111).

135 **Billigkeitsmaßnahme:**[3] Werden im Steuerbescheid keine konkreten Entscheidungen zum Billigkeitsantrag getroffen und der Steuerbescheid lediglich unter dem Vorbehalt der Nachprüfung gestellt, ist dadurch der Steuerbescheid dahin gehend zu verstehen, dass das Finanzamt über den Billigkeitsantrag positiv entschieden hat.

136 Bei Kalamitätsfolgehieben ist eine tatsächliche Verständigung zweckdienlich (→ Rz. 45).

137 Der Nutzungssatz soll unselbständige Besteuerungsgrundlage des ESt-Bescheids sein (→ Rz. 82).

---

1 In Blümich, § 34b EStG Rz. 2.
2 BFH v. 25. 8. 1960 – IV 262/59 S, BStBl 1960 III 486.
3 BFH v. 12. 7. 2012 – I R 32/11, BStBl 2015 II 175; BFH v. 7. 11. 2013 – IV R 13/10, BStBl 2015 II 226.

V. Steuerermäßigungen

1. Steuerermäßigung bei ausländischen Einkünften

§ 34c Steuerermäßigung bei ausländischen Einkünften

(1)[1] ¹Bei unbeschränkt Steuerpflichtigen, die mit ausländischen Einkünften in dem Staat, aus dem die Einkünfte stammen, zu einer der deutschen Einkommensteuer entsprechenden Steuer herangezogen werden, ist die festgesetzte und gezahlte und um einen entstandenen Ermäßigungsanspruch gekürzte ausländische Steuer auf die deutsche Einkommensteuer anzurechnen, die auf die Einkünfte aus diesem Staat entfällt; das gilt nicht für Einkünfte aus Kapitalvermögen, auf die § 32d Absatz 1 und 3 bis 6 anzuwenden ist. ²Die auf die ausländischen Einkünfte nach Satz 1 erster Halbsatz entfallende deutsche Einkommensteuer ist in der Weise zu ermitteln, dass der sich bei der Veranlagung des zu versteuernden Einkommens, einschließlich der ausländischen Einkünfte, nach den §§ 32a, 32b, 34, 34a und 34b ergebende durchschnittliche Steuersatz auf die ausländischen Einkünfte anzuwenden ist. ³Bei der Ermittlung des zu versteuernden Einkommens und der ausländischen Einkünfte sind die Einkünfte nach Satz 1 zweiter Halbsatz nicht zu berücksichtigen; bei der Ermittlung der ausländischen Einkünfte sind die ausländischen Einkünfte nicht zu berücksichtigen, die in dem Staat, aus dem sie stammen, nach dessen Recht nicht besteuert werden. ⁴Gehören ausländische Einkünfte der in § 34d Nummer 3, 4, 6, 7 und 8 Buchstabe c genannten Art zum Gewinn eines inländischen Betriebes, sind bei ihrer Ermittlung Betriebsausgaben und Betriebsvermögensminderungen abzuziehen, die mit den diesen Einkünften zugrunde liegenden Einnahmen in wirtschaftlichem Zusammenhang stehen. ⁵Die ausländischen Steuern sind nur insoweit anzurechnen, als sie auf die im Veranlagungszeitraum bezogenen Einkünfte entfallen.

(2) Statt der Anrechnung (Absatz 1) ist die ausländische Steuer auf Antrag bei der Ermittlung der Einkünfte abzuziehen, soweit sie auf ausländische Einkünfte entfällt, die nicht steuerfrei sind.

(3) Bei unbeschränkt Steuerpflichtigen, bei denen eine ausländische Steuer vom Einkommen nach Absatz 1 nicht angerechnet werden kann, weil die Steuer nicht der deutschen Einkommensteuer entspricht oder nicht in dem Staat erhoben wird, aus dem die Einkünfte stammen, oder weil keine ausländischen Einkünfte vorliegen, ist die festgesetzte und gezahlte und um einen entstandenen Ermäßigungsanspruch gekürzte ausländische Steuer bei der Ermittlung der Einkünfte abzuziehen, soweit sie auf Einkünfte entfällt, die der deutschen Einkommensteuer unterliegen.

(4) (weggefallen)

(5) Die obersten Finanzbehörden der Länder oder die von ihnen beauftragten Finanzbehörden können mit Zustimmung des Bundesministeriums der Finanzen die auf ausländische Einkünfte entfallende deutsche Einkommensteuer ganz oder zum Teil erlassen oder in einem Pauschbetrag festsetzen, wenn es aus volkswirtschaftlichen Gründen zweckmäßig ist oder die Anwendung des Absatzes 1 besonders schwierig ist.

---

1 Anm. d. Red.: Zur Anwendung des § 34c Abs. 1 siehe § 52 Abs. 34a.

(6) ¹Die Absätze 1 bis 3 sind vorbehaltlich der Sätze 2 bis 6 nicht anzuwenden, wenn die Einkünfte aus einem ausländischen Staat stammen, mit dem ein Abkommen zur Vermeidung der Doppelbesteuerung besteht. ²Soweit in einem Abkommen zur Vermeidung der Doppelbesteuerung die Anrechnung einer ausländischen Steuer auf die deutsche Einkommensteuer vorgesehen ist, sind Absatz 1 Satz 2 bis 5 und Absatz 2 entsprechend auf die nach dem Abkommen anzurechnende ausländische Steuer anzuwenden; das gilt nicht für Einkünfte, auf die § 32d Absatz 1 und 3 bis 6 anzuwenden ist; bei nach dem Abkommen als gezahlt geltenden ausländischen Steuerbeträgen sind Absatz 1 Satz 3 und Absatz 2 nicht anzuwenden. ³Absatz 1 Satz 3 gilt auch dann entsprechend, wenn die Einkünfte in dem ausländischen Staat nach dem Abkommen zur Vermeidung der Doppelbesteuerung mit diesem Staat nicht besteuert werden können. ⁴Bezieht sich ein Abkommen zur Vermeidung der Doppelbesteuerung nicht auf eine Steuer vom Einkommen dieses Staates, so sind die Absätze 1 und 2 entsprechend anzuwenden. ⁵In den Fällen des § 50d Absatz 9 sind die Absätze 1 bis 3 und Satz 6 entsprechend anzuwenden. ⁶Absatz 3 ist anzuwenden, wenn der Staat, mit dem ein Abkommen zur Vermeidung der Doppelbesteuerung besteht, Einkünfte besteuert, die nicht aus diesem Staat stammen, es sei denn, die Besteuerung hat ihre Ursache in einer Gestaltung, für die wirtschaftliche oder sonst beachtliche Gründe fehlen, oder das Abkommen gestattet dem Staat die Besteuerung dieser Einkünfte.

(7) Durch Rechtsverordnung können Vorschriften erlassen werden über

1. die Anrechnung ausländischer Steuern, wenn die ausländischen Einkünfte aus mehreren fremden Staaten stammen,
2. den Nachweis über die Höhe der festgesetzten und gezahlten ausländischen Steuern,
3. die Berücksichtigung ausländischer Steuern, die nachträglich erhoben oder zurückgezahlt werden.

Inhaltsübersicht

	Rz.
A. Allgemeine Erläuterungen	1 - 15
I. Normzweck und wirtschaftliche Bedeutung der Vorschrift	1 - 2
II. Entstehung und Entwicklung der Vorschrift	3
III. Geltungsbereich	4 - 5
IV. Vereinbarkeit mit höherrangigem Recht	6 - 9
V. Verhältnis zu anderen Vorschriften	10 - 15
B. Systematische Kommentierung	16 - 86
I. Anrechnungsmethode (§ 34c Abs. 1 EStG)	16 - 45
1. Voraussetzungen der Steueranrechnung	16 - 27
a) Steuersubjektidentität	16 - 18
b) Ausländische Einkünfte	19
c) Entsprechende Steuer im Ursprungsstaat	20 - 22
d) Sachliche Identität des Abgabegegenstands	23
e) Zeitliche Identität (§ 34c Abs. 1 Satz 5 EStG)	24 - 27
2. Anrechnungshöchstbetrag	28 - 45
a) Voraussetzungen	28
b) Anrechnungshöchstbetrag für Veranlagungszeiträume vor 2015	29
c) Anrechnungshöchstbetrag für Veranlagungszeiträume ab 2015	30 - 32
d) Ermittlung des durchschnittlichen Einkommensteuersatzes	33 - 34
e) Ermittlung der ausländischen Einkünfte	35 - 38
f) Per-country-limitation	39 - 40
g) Beispiel zur Ermittlung des Anrechnungshöchstbetrags	41 - 45

II.	Abzugsmethode auf Antrag (§ 34c Abs. 2 EStG)	46 - 53
	1. Voraussetzungen	46
	2. Wahlrechtsausübung	47 - 53
III.	Abzug nicht anrechenbarer ausländischer Steuern von Amts wegen (§ 34c Abs. 3 EStG)	54 - 63
	1. Voraussetzungen	54 - 55
	2. Tatbestände des § 34c Abs. 3 EStG	56 - 63
IV.	Pauschalierung, Teilerlass und Erlass (§ 34c Abs. 5 EStG)	64 - 71
	1. Zielsetzung, Anwendungsbereich	64 - 67
	2. Voraussetzungen	68
	3. Rechtsfolgen und Verfahrensfragen	69
	4. Auslandstätigkeits- und Pauschalierungserlass	70 - 71
V.	Verhältnis zu den Doppelbesteuerungsabkommen (§ 34c Abs. 6 EStG)	72 - 79
	1. Überblick über die Regelungssystematik	72
	2. Regelungen im Einzelnen	73 - 79
VI.	Verordnungsermächtigung (§ 34c Abs. 7 EStG)	80 - 86
C. Verfahrensfragen		87 - 89

HINWEISE:

§§ 68a, 68b EStDV; R 34c EStR; H 34c EStH; Vgl. BMF v. 31.10.1983, BStBl 1983 I 470; BMF v. 10.4.1984, BStBl 1984 I 252; BMF v. 24.12.1999, BStBl 1999 I 1076; Leitfaden zur Besteuerung ausländischer Einkünfte bei unbeschränkt steuerpflichtigen natürlichen Personen (z. B. OFD NDs. v. 12.1.2010, juris).

LITERATUR:

▶ Weitere Literatur siehe Online-Version
Gosch, Das EuGH-Urteil „Petersen und Petersen" und seine Konsequenzen für den Auslandstätigkeitserlass und die öffentliche Entwicklungshilfe, IStR 2013, 325; *Ismer,* Die Berücksichtigung der persönlichen Verhältnisse bei Anrechnungshöchstbetrag und Progressionsvorbehalt, IStR 2013, 297; *Ismer,* Verwirrung beim Anrechnungshöchstbetrag: Unionsrechtliche Probleme der geplanten Neufassung des § 34c EStG, IStR 2014, 925; *Möller,* Anwendung von DBA auf Personengesellschaften, NWB 2014, 3883; *Ebner/Meinert,* Unionsrechtswidrigkeit der Pauschalbesteuerung von Investmentfondserträgen, NWB 2015, 417; *Gosch,* Über die Zeit im Abkommensrecht, IStR 2015, 709; *JacobsBuge/Bujotzek/Steinmüller,* Die InvSt-Reform ist verabschiedet, DB 2016, 1594; *Desens,* Der neue Anrechnungshöchstbetrag in § 34c Abs. 1 Satz 2 EStG – ein unionsrechts- und verfassungswidriges, fiskalisches Eigentor, IStR 2016, 77; (Hrsg.), Internationale Unternehmensbesteuerung, München 2016; *Micker/Thomas,* Der Einfluss des Unionsrechts auf das nationale Steuerrecht – Rechtsprechungsreport zu jüngeren EuGH-Entscheidungen, IWB 2016, 168; *Reese/Hehlmann,* Die Berücksichtigung mittelbarer Aufwendungen bei der Ermittlung des Anrechnungshöchstbetrages nach § 34c Abs. 1 Satz 4 EStG ist europarechtswidrig, IStR 2016, 461; *Riehl/Wagemann,* Kein Steuerabzug nach § 34c Abs. 3 EStG 1997 bei missbräuchlicher Gestaltung – BFH, Urteil vom 2.3.2016 - I R 73/14, IWB 2016, 651; *Siegle,* Die Anrechnungsmethode des § 34c EStG – ein mathematischer Irrgarten?, DStR 2016, 508; *Sprang,* Begriff des „wirtschaftlichen Zusammenhangs" i. S. des § 34c Abs. 1 Satz 4 EStG – BFH-Urteil vom 6.4.2016 - I R 61/14 zum Umfang der Anrechnung ausländischer Steuern, NWB 2016, 3012; *Sölflow-Schwork,* Die neue Berechnung des Anrechnungshöchstbetrages nach § 34c Abs. 1 EStG, IStR 2016, 802; *Anger,* Auslandsbetriebsstätten durch Montageprojekte Überblick über Aspekte aus Sicht der steuerlichen Beratungspraxis, IWB 2017, 147.

A. Allgemeine Erläuterungen

I. Normzweck und wirtschaftliche Bedeutung der Vorschrift

Unbeschränkt Stpfl. unterliegen nach dem Welteinkommensprinzip der Besteuerung unabhängig davon, ob diese Einkünfte im In- oder Ausland (§ 1 Abs. 1 bis 3 EStG, § 2 Abs. 1 EStG) erwirtschaftet werden. § 34c EStG ist als kollisionsauflösende Tarifvorschrift konzipiert, um

1

eine Doppelbesteuerung von Auslandseinkünften zu vermeiden und damit unilateral das Leistungsfähigkeitsprinzip zu gewährleisten. Die im Ausland gezahlten Steuern können entweder angerechnet (Abs. 1) oder alternativ von der Bemessungsgrundlage abgezogen werden (Abs. 2 und 3). Daneben ist die Pauschalierung oder der Erlass der ausländischen Steuern unter bestimmten Umständen möglich (Abs. 5). Im Falle eines Doppelbesteuerungsabkommens treten die Abs. 1 bis 3 grundsätzlich hinter die Regelungen des DBA zurück (Abs. 6). Schließlich enthält Abs. 7 die Ermächtigung zu Durchführungsverordnungen im Rahmen der Anrechnungsmethode, die durch §§ 68a und 68b EStDV ausgefüllt wird (s. →Rz. 18 ff.).

2 Die Anrechnungsmethode verwirklicht grundsätzlich eine Besteuerung nach der Kapitalexportneutralität, während die Abzugsmethode sowie die Pauschalierungs- und Erlassmethode die Doppelbesteuerung nicht vollständig vermeiden kann.[1]

II. Entstehung und Entwicklung der Vorschrift

3 Durch das Steueränderungsgesetz 1956[2] wurde erstmals eine Regelung zur Anrechnung ausländischer Steuern in das deutsche Einkommensteuergesetz eingeführt, die die zuvor nur im Erlasswege ergangenen Regelungen[3] ersetzte. Im Laufe seiner Entwicklung war § 34c EStG zahlreichen Änderungen unterworfen.[4] Mit Wirkung ab dem VZ 1998 wurde Abs. 4 gestrichen, der eine besondere Tarifermäßigung für Handelsschiffe im internationalen Verkehr enthielt.[5] Zu den wichtigsten Änderungen der jüngeren Zeit gehören die Einführung der Sätze 3 und 4 in § 34c Abs. 1 EStG durch das Steuervergünstigungsabbaugesetz 2003,[6] die Herausnahme der Abgeltungsteuer unterliegenden Kapitaleinkünfte aus dem Anwendungsbereich des § 34c EStG (JStG 2009)[7] sowie ab dem VZ 2015 die unionsrechtlich gebotene Änderung der Berechnung des Anrechnungshöchstbetrags in § 34c Abs. 1 Satz 2 durch das Gesetz zur Anpassung der Abgabenordnung an den Zollkodex der Union.[8]

III. Geltungsbereich

4 Der **persönliche Anwendungsbereich** von § 34c EStG erstreckt sich nach dem Wortlaut nur auf **unbeschränkt steuerpflichtige natürliche Personen**. Die Anwendung des § 34c EStG setzt Personenidentität (Steuersubjektidentität) im In- und Ausland voraus, bei zusammenveranlagten Ehegatten/Lebenspartnern mindestens eines Ehegatten/Lebenspartners. Wegen des für **Personengesellschaften** nach deutschem Recht geltenden Transparenzprinzips ist die Personenidentität auch gewahrt für die (anteilig) auf den Gesellschafter entfallenden Steuern einer nach ausländischem Recht ebenfalls transparenten Personengesellschaft.[9] Bei Qualifikations- und Zuordnungskonflikten nach in- und ausländischem Recht ist nach h. M. des BFH und der

---

1 Vgl. *Jacobs*, Internationale Unternehmensbesteuerung, 2016, 13 ff.
2 Steueränderungsgesetz 1954 v. 5. 10. 1956, BStBl 1956 I 433.
3 Vgl. RdF v. 24. 12. 1942, RStBl 1942, 1146; v. 31. 3. 1943, RStBl 1943, 313.
4 Zum Überblick s. *Lüdicke* in Flick/Wassermeyer/Baumhoff/Schönfeld, § 34c EStG Anm. 32.
5 Vgl. *Wagner* in Blümich, § 34c EStG Rz. 93.
6 Steuervergünstigungsabbaugesetz v. 16. 5. 2003, BStBl 2003 I 321. Vgl. *Grotherr*, IWB 2003, 489; *Müller-Dott*, DB 2003, 1468; *Wagner*, IWB 2003, 1103.
7 JStG 2009 v. 19. 12. 2008, BStBl 2009 I 74.
8 Gesetz zur Anpassung der Abgabenordnung an den Zollkodex der Union und zur Änderung weiterer steuerlicher Vorschriften v. 22. 12. 2014, BGBl 2014 I 2417. Zur Anwendung siehe § 52 Abs. 34a EStG.
9 Vgl. *Lüdicke/Wassermeyer/Weggenmann*, in: Flick/Wassermeyer/Baumhoff/Schönfeld, § 34c EStG Rn 130.

Finanzverwaltung die Wertung nach deutschem Recht maßgebend.[1] So ist eine Personenidentität mit der Konsequenz einer (anteiligen) Anrechnung der ausländischen (Körperschaft-)Steuer durch den Gesellschafter der Personengesellschaft selbst dann zu bejahen, wenn die Personengesellschaft nach ausländischem Recht als intransparent behandelt wird (siehe ausführlich →Rz. 17).[2] Die notwendige Identität liegt auch dann vor, wenn die Steuer im Wege des Steuerabzugs durch einen Dritten einbehalten wird (z. B. Kapitalertragsteuerabzug),[3] nicht jedoch wenn es sich auch nach deutscher Wertung um die Steuer eines anderen Steuersubjektes (z. B. ausländische KSt) handelt.[4] Zu den Ausnahmen vom Erfordernis der Steuersubjektidentität (s. →Rz. 18).

Der **sachliche Anwendungsbereich** betrifft **ausländische Einkünfte**, die einer doppelten Besteuerung dadurch unterliegen, dass eine der deutschen Einkommensteuer **entsprechende ausländische Steuer** auf diesen Einkünften lastet. Es müssen dieselben Einkünfte im In- und Ausland besteuert werden (**Einkünfteidentität**, →Rz. 23). Dagegen ist Identität weder bezüglich der Höhe der Einkünfte (Bemessungsgrundlage) noch bezüglich der Form der Besteuerung (Veranlagung oder Abzugsbesteuerung) noch in Bezug auf die Erhebungsform (Brutto- oder Nettobesteuerung) oder den Erhebungszeitraum (Veranlagungsjahr) erforderlich. Die Identität muss nur bezüglich des Abgabegegenstandes dem Grunde nach bestehen.[5] Ob die Einkünfte nach deutschem Recht als **ausländische Einkünfte** qualifizieren, regelt abschließend § 34d EStG (vgl. KKB/G. Kraft, § 34d EStG Rz. 11 ff.). Die der deutschen Einkommensteuer entsprechende ausländische Steuer (→ Rz. 2) kann Kraft (erst) in dem VZ angerechnet werden, in dem die ausländischen Einkünfte nach den deutschen Besteuerungsgrundsätzen als bezogen gelten (**zeitliche Identität**, →Rz. 24).[6]

5

IV. Vereinbarkeit mit höherrangigem Recht

Verfassungsrechtliche und unionsrechtliche Bedenken bestehen in Bezug auf die Anrechnungsmethode (§ 34c Abs. 1 EStG) sowie in Bezug auf den Steuererlass (§ 34c Abs. 5 EStG), insbesondere wegen des Auslandstätigkeitserlasses.

6

Die Anrechnungsmethode des **§ 34c Abs. 1 EStG** wirft verfassungsrechtliche Bedenken (Verletzung des **Gleichbehandlungsgrundsatz**, Art. 3 GG) wie auch **unionsrechtliche Probleme** auf hinsichtlich der per-country-limitation, der separaten Behandlung der privaten Kapitaleinkünfte nach § 32d EStG wie auch hinsichtlich des Anrechnungshöchstbetrags.[7] Durch die Wechselwirkung mit den ausländischen Besteuerungsregelungen kann der Stpfl. durch diese Begrenzungen in der Kapitalverkehrsfreiheit (Art. 63 AEU), der Arbeitnehmerfreizügigkeit (Art. 45 AEUV) und der Niederlassungsfreiheit (Art. 49 AEUV) beschränkt sein.[8]

---

1 Vgl. BMF v. 26. 9. 2014, BStBl 2014 I 1258; BFH v. 25. 5. 2011 - I R 95/10, BFH/NV 2011, 1602 = NWB DokID: UAAAD-88272.
2 Vgl. BMF v. 26. 9. 2014, BStBl 2014 I 1258, Tz 4.1.4.
3 Vgl. *Gosch* in Kirchhof, § 34c EStG Rz. 2.
4 Vgl. FG München v. 26. 1. 1998 - 15 K 3861/93, EFG 1998, 1076.
5 Zu Beispielen vgl. *Lüdicke/Wassermeyer/Weggenmann* in Flick/Wassermeyer/Baumhoff/Schönfeld, § 34c EStG Rz. 134.
6 Vgl. *Lüdicke/Wassermeyer/Weggenmann* in Flick/Wassermeyer/Baumhoff/Schönfeld, § 34c EStG Rz. 208 ff.
7 Vgl. *Ismer*, IStR 2013, 297; *Lüdicke/Jorewitz*, IStR 2011, 390; *Cordewener/Schnitger*, Europarechtliche Vorgaben für die Vermeidung der internationalen Doppelbesteuerung im Wege der Anrechnungsmethode, StuW 2006, 50; *Schönfeld*, Doppelbesteuerung und EG-Recht, StuW 2006, 79.
8 Vgl. *Lüdicke/Wassermeyer/Weggenmann* in Flick/Wassermeyer/Baumhoff/Schönfeld, § 34c EStG Rz. 61.

7 Die **per-country-limitation** setzt einen Anreiz zur Konzentration von Investitionen in einem Land, da mit einer zunehmenden Verteilung von Auslandsinvestitionen auf unterschiedliche Länder die Gefahr von Anrechnungsüberhängen steigt.[1] Um daraus resultierende Beschränkungen der Kapitalverkehrsfreiheit und der Niederlassungsfreiheit zu vermeiden, wird in der Literatur die **Einführung einer overall-limitation** (evtl. kombiniert mit einem Wahlrecht zur per-country-limitation) sowie durch die Gewährung von Vorträgen bzw. Rückträgen für Anrechnungsüberhänge gefordert.[2] Eine EU-bezogene Höchstbetragsberechnung, **per-community-limitation**, löst dagegen mögliche unionsrechtliche Probleme der Kapitalverkehrsfreiheit im Hinblick auf die Drittstaatenwirkungen nicht.[3] Indessen sieht die höchstrichterliche Rechtsprechung des BFH und des EUGH die zu besorgenden Verletzung von Grundfreiheiten durch den Grundsatz einer ausgewogenen Aufteilung der Besteuerungsbefugnis zwischen den Mitgliedstaaten als gerechtfertigt an, insbesondere wenn die Anrechnungsmethode bilateral vereinbart und eine Harmonisierung der Steuersätze in den Mitgliedstaaten nicht erfolgt ist.[4] Darüber hinaus lehnt der EUGH eine mehrstaatliche Meistbegünstigung, die mit der overall-limitation einhergehen würde, in ständiger Rechtsprechung ab.[5] Zudem wirkt die overall-limitation nicht einseitig zu Lasten des Stpfl., insbesondere wenn in einzelnen Ländern Verluste erzielt werden. Insoweit ist aus unionsrechtlicher Sicht weder eine per-community-limitation noch die darüber hinaus gehende overall-limitation zu fordern.[6] So sieht auch der BFH die unionsrechtliche Lage hinsichtlich der länderbezogenen Berechnung des Anrechnungshöchstbetrags durch eine gefestigte Spruchpraxis des EUGH als hinreichend geklärt an.[7]

8 Bei der **Ermittlung des Anrechnungshöchstbetrags** nach § 34c Abs. 1 Satz 2 EStG sind die persönlichen Abzugsbeträge, die der individuellen (subjektiven) Leistungsfähigkeit des Stpfl. Rechnung tragen, wie Sonderausgaben (§§ 10, 10a, 10b, 10c EStG), außergewöhnliche Belastungen (§§ 33, 33a EStG), Kinder-Freibeträge (§§ 31, 32 Abs. 6 EStG), Altersentlastungsbetrag (§ 24a EStG), Entlastungsbetrag für Alleinerziehende (§ 24b EStG) sowie auch das im Grundfreibetrag repräsentierte Existenzminimum (§ 32a Abs. 1 Nr. 1 EStG), ausschließlich zu Lasten der inländischen Einkünfte zu berücksichtigen.[8] Diesem unionsrechtlichen Gebot ist der deutsche Gesetzgeber in Umsetzung der höchstrichterlichen Rechtsprechung zum Fall „Beker und Beker" durch eine ab dem 1.1.2015 geltende Änderung der Berechnungsformel zum Anrechnungshöchstbetrag § 34c Abs. 1 Satz 2 EStG nachgekommen.[9] Zu den weiterhin bestehenden Problemen (s. → Rz. 34).[10]

---

1 Vgl. *Gosch* in Kirchhof, § 34c EStG Rz. 28.
2 Vgl. z. B. *Wölfert/Quinten/Schiefer*, BB 2013, 2076; HHR/*Lieber*, § 26 KStG Rz 4; *Haritz/Werneburg*, GmbHR 2013, 447; *Thömmes*, IWB 2013, 295; *Gosch* in Kirchhof, § 34c EStG Rz. 28; *Jacobs*, Internationale Unternehmensbesteuerung, 2016, S. 53 ff.; *Schönfeld* in Flick/Wassermeyer/Baumhoff/Schönfeld, vor § 34c EStG Rz. 31.
3 Vgl. *Lüdicke/Wassermeyer/Weggenmann* in Flick/Wassermeyer/Baumhoff/Schönfeld, § 34c EStG Rz. 61.
4 Vgl. BFH v. 18.12.2013 - I R 71/10, BStBl 2015 II 361; EuGH v. 28.2.2013 - C-168/11, *Beker und Beker* = NWB DokID: UAAAE-31649; EuGH v. 12.12.2002 - C-385/00, *de Groot*, Slg. 2002, I-11819 = NWB DokID: CAAAB-72777.
5 Vgl. EuGH v. 5.7.2005 - C-376/03, *C*, Slg. 2005 I-5821; EuGH v. 7.9.2006 - C-470/04, *N*, Slg. 2006 I-7409; v. 12.12.2006 - C-374/04, *Test Claimants in Class IV oft he ACT Group Litigations*, Slg 2006 I-11673; s.a. BFH v. 9.11.2005 - I R 27/03, BStBl 2006 II 564.
6 Vgl. *Prokisch* in Kirchhof/Söhn/Mellinghoff, § 34c EStG Rz. B 173; *Gosch* in Kirchhof, § 34c EStG Rz. 28; a.A. *Thömmes*, IWB 2013, 295.
7 Vgl. BFH v. 6.4.2016 - I R 61/14, DStRE 2016, 954 = NWB DokID: JAAAF-77193; BFH v. 18.12.2013 - I R 71/10, BStBl 2015 II 361; BFH v. 23.10.2013 - I R 21/11, NWB DokID: CAAAE-61340.
8 Vgl. EuGH v. 28.2.2013 - C-168/11, *Beker und Beker* = NWB DokID: UAAAE-31649; EuGH v. 12.12.2002 - C-385/00, *de Groot*, Slg. 2002, I-11819; BFH v. 18.12.2013 - I R 71/10, BStBl 2015 II 361; BMF v. 30.9.2013, BStBl 2013 I 1612.
9 Vgl. Gesetz zur Anpassung der Abgabenordnung an den Zollkodex der Union und zur Änderung weiterer steuerlicher Vorschriften v. 22.12.2014, BGBl 2014 I 2417. Zur Anwendung s. § 52 Abs. 34a EStG.
10 Vgl. *Ismer*, IStR 2014, 925.

Die in § 34c Abs. 5 EStG enthaltene Ermächtigung zum Erlass von Verordnungen, die durch 9
den Auslandstätigkeitserlass[1] und den Pauschalierungserlass[2] umgesetzt ist, wurde bislang
nach h. M. als verfassungskonform erachtet.[3] Die vom EUGH festgestellte Verletzung des Unionsrechts,[4] insbesondere der Dienstleistungsfreiheit (Art. 56 AEUV) und der Arbeitnehmerfreizügigkeit (Art. 45 AEUV), durch den Auslandtätigkeitserlass wegen der Beschränkung auf **inländische** Arbeitgeber sowie **inländische** Lieferanten, Hersteller oder Auftragnehmer lässt Rückwirkungen auf die verfassungsrechtliche Beurteilung erwarten. Da dem mit dem Auslandstätigkeitserlass verfolgten Begünstigungszwecks (Förderung der deutschen Wirtschaft) die Legitimation entzogen ist, kann auch die punktuelle Privilegierung von bestimmten Arbeitnehmern gegenüber nicht begünstigten Arbeitnehmern gleichheitsrechtlich nicht mehr ohne weiteres unbedenklich sein.[5]

V. Verhältnis zu anderen Vorschriften

§ 34c EStG regelt die Anrechnung und den Abzug ausländischer Steuern für alle Einkunftsarten 10
unbeschränkt Steuerpflichtiger mit Ausnahme der **ausländischen privaten Kapitaleinkünfte**,
die dem abgeltenden Steuerabzug unterliegen. Insoweit ist die Anrechnungsregel des **§ 32d
Abs. 5** EStG für ausländische Einkünfte aus Kapitalvermögen vorrangig, § 34c Abs. 1
Satz 1 2. Halbsatz EStG. Bei beschränkt Stpfl., bei denen nur ausnahmsweise ausländische Einkommensbestandteile zu dem Kreis der inländischen Einkünfte des § 49 EStG rechnen, gewährleistet **§ 50 Abs. 3** EStG die entsprechende Anwendung des § 34c Abs. 1 bis 3 EStG. Für die
Anrechnung ausländischer Körperschaftsteuer gelangen die Regelungen des § 34c EStG über
§ 26 Abs. 1 und 2 KStG entsprechend zur Anwendung.

Ausländische Steuern auf ausländische betriebliche Kapitalerträge, die dem Teileinkünfteverfahren nach § 3 Nr. 40 EStG unterliegen, sind im Rahmen des Höchstbetrags der Anrechnungsmethode nach § 34c Abs. 1 EStG in vollem Umfang anrechenbar, während im Rahmen der Abzugsmethode nur ein anteiliger Abzugs erfolgt (s. ausführlich → Rz. 46 f.).

Bestehen für die ausländischen Einkünfte Verlustausgleichsbeschränkungen der **§§ 2a, 15a
EStG**, so sind diese auch bei der Steueranrechnung oder dem Steuerabzug zu beachten.[6]

Eine inhaltliche, nicht jedoch eine tatbestandliche Verknüpfung besteht zu **§ 4 Abs. 1 Satz 3
EStG** sowie **§ 12 Abs. 1 KStG**. Eine fiktive Entnahme bzw. Veräußerung liegt vor, wenn das deutsche Besteuerungsrecht hinsichtlich des Gewinns aus der Veräußerung eines Wirtschaftsguts beschränkt wird. Infolge der Anrechnung oder des Abzugs ausländischer Steuern tritt eine solche „Beschränkung" des deutschen Besteuerungsrechts ein.

---

1 Vgl. BMF v. 31. 10. 1983, BStBl 1983 I 470.
2 Vgl. BMF v. 10. 4. 1984, BStBl 1984 I 252.
3 Vgl. BVerfG v. 19. 4. 1978 - 2 BvL 2/75, BStBl 1978 II 548; BFH v. 8. 12. 2010 - I B 98/10, BFH/NV 2011, 596 = NWB DokID: EAAAD-61004.
4 Vgl. EuGH v. 28. 2. 2013 - C 544/11, *Petersen und Petersen*, BStBl 2013 II 847.
5 Vgl. *Gosch*, IStR 2013, 325. Diese Konsequenz zieht der österreichische VfGH (v. 30. 9. 2010 - G 29/10-6, G30/10-6, G 31/10-6, G 32/10-6, G 33/10-6, G 49/10-6, G 49/10-6; G50/10-6, G51/10-6, AFS 10/2010) zu der vergleichbaren Vorschrift des § 3 Nr. 14a öEStG a. F., was zu deren Unanwendbarkeit führte.
6 Vgl. *Lüdicke/Wassermeyer/Weggenmann* in Flick/Wassermeyer/Baumhoff/Schönfeld, § 34c EStG Rz. 187.

Die Anrechnung ausländischer Steuern erfolgt ausschließlich im Rahmen der Personensteuern, nicht dagegen auf die Gewerbesteuer.[1] Soweit die ausländischen Einkünfte nicht der Gewerbesteuer unterliegen, erfolgt nach § 8 Nr. 12 GewStG eine Hinzurechnung von nach § 34c Abs. 2 und 3 EStG abgezogenen ausländischen Steuern.

§ 12 Abs. 2 und 3 AStG und § 15 Abs. 5 AStG sichern die entsprechende Anwendung der Anrechnungsvorschriften auf die Hinzurechnungsbeträge nach §§ 7 ff. AStG sowie auf die Einkünftezurechnung bei ausländischen Familienstiftungen unter Verzicht auf das Erfordernis der Steuersubjektidentität.

§ 20 Abs. 8 UmwStG erfasst den Sonderfall der Einbringung einer Betriebsstätte durch eine in einem anderen EU-Staat ansässigen Gesellschaft, die für steuerliche Zwecke als transparent behandelt wird. In entsprechender Anwendung des §§ 34c, 50 Abs. 3 EStG wird auf die Steuer aus dem Einbringungsgewinn die fiktive ausländische Steuer angerechnet, die im Betriebsstättenstaat im Veräußerungsfall anfallen würde.[2]

Für ausländische Steuern auf Erträge aus Investmentanteilen (Investmentfonds) findet § 34c EStG entsprechende Anwendung (§ 4 Abs. 2 InvStG). Nach dem zum 1.1.2018 in Kraft tretenden Gesetz zur Investmentbesteuerung[3] wird die bisherige transparente Besteuerung für Publikumsfonds abgeschafft. Neben die eigenständige Besteuerung der Publikumsfonds tritt eine ermäßigte pauschalierte Besteuerung der Anleger, für die keine Anrechnung ausländischer Steuern vorgesehen ist.[4] Nur für Spezial-Investmentfonds bleibt es (auf Antrag) bei einer semi-transparenten Besteuerung. In diesem Kontext gelangen die Anrechnungsregeln des § 34c EStG auf Ebene der Anleger eines Spezial-Investmentfonds zur Anwendung (vgl. § 47 InvStG 2018).

11–15 *(Einstweilen frei)*

B. Systematische Kommentierung

I. Anrechnungsmethode (§ 34c Abs. 1 EStG)

1. Voraussetzungen der Steueranrechnung

a) Steuersubjektidentität

16 Der unbeschränkt Stpfl., der die Anrechnung der ausländischen Steuer geltend macht, muss auch Schuldner der ausländischen Steuer sein (**Personen- oder Subjektidentität**).[5] Dabei kommt es nicht auf die ausländische Erhebungsform (Veranlagung oder Quellensteuerabzug) an. Vielmehr ist die Personenidentität auch dann gewahrt, wenn im Wege des Quellensteuer-

---

1 Zur strittigen Frage der Anrechnung ausländischer Ertragsteuern auf die Gewerbesteuer vgl. *Gosch/Kroppen/Grotherr*, DBA-Kommentar, Art. 23a/23b OECD-MA, Rz. 325; *Becker/Loose*, IStR 2012, 57; *Kessler/Dietrich*, IStR 2011, 108; a. A. *Eglmaier*, IStR 2011, 951.
2 Vgl. dazu ausführlich *Bäuml* in Kraft/Edelmann/Bron, § 20 UmwStG Rz. 434 ff.
3 Vgl. Investmentsteuerreformgesetz – InvStRefG, BGBl 2016 I, 1730.
4 Vgl. *Buge/Bujotzek/Steinmüller*, DB 2016, 1594.
5 Vgl. BFH v. 4.6.1991 - X R 35/88, BStBl 1992 II 187.

abzugs ein Dritter die Steuer für Rechnung des Stpfl. einbehält.[1] Bei zusammenveranlagten Ehegatten/Lebenspartnern muss zumindest einer der Ehegatten/Lebenspartner Steuersubjekt im Ausland sein. Auf Dividendeneinkünfte können nur ausländische Steuern nach § 34c EStG angerechnet werden, wenn es sich nicht um private Dividenden nach § 32d EStG handelt[2] und die ausländischen Steuern von den Dividenden für Rechnung des Stpfl. erhoben werden.[3] Auch für ausländische Steuern, die mit der inländischen Kapitalertragsteuer vergleichbar sind, ist eine Erstattung ausgeschlossen und weder aus dem Gleichheitssatz noch unionsrechtlich geboten.[4] Eine Anrechnung der ausländischen Körperschaftsteuer ist wegen der fehlenden Steuersubjektidentität nicht möglich, wenn der ausländische Staat nur eine Körperschaftsteuer erhebt und Dividenden steuerfrei sind oder wenn im ausländischen Steuersystem eine Voll- oder Teilanrechnung der Körperschaftsteuer stattfindet. In diesen Fällen ist nur die nach der Anrechnung im Ausland noch verbleibende ausländische Einkommensteuer anrechenbar.[5]

Ob eine ausländische Gesellschaft als **Personengesellschaft** oder als Körperschaft zu qualifizieren ist, bestimmt sich auch für die Anwendung des § 34c EStG ausschließlich nach deutschem Steuerrecht. Nach den **Grundsätzen des Rechtstypenvergleichs** erfolgt die Einordnung unabhängig von der zivil- oder steuerrechtlichen Qualifikation des Sitzstaates danach, ob die Strukturmerkmale des ausländischen Gesellschaftsrechts nach dem Gesamtbild der Verhältnisse einer deutschen Körperschaft oder Personenunternehmung entsprechen.[6] Wird die Personengesellschaft auch im Ausland als transparent behandelt, ist Steuersubjektidentität für die Anrechnung der ausländischen Steuern stets gewahrt. Bei **Qualifikationskonflikten** gilt für die Anwendung des § 34c EStG Folgendes:

▶ Wird eine nach deutschem Steuerrecht als Personengesellschaft einzuordnende ausländische Gesellschaft im ausländischen Staat als Körperschaft besteuert, so wird die auf den Gewinn der Gesellschaft erhobene ausländische Körperschaftsteuer als anteilige Einkommensteuer der Gesellschafter umgedeutet und nach § 34c Abs. 1 und 2 EStG berücksichtigt.[7] Für eine vom ausländischen Staat erhobene Quellensteuer im Ausschüttungsfall ist das Erfordernis der Steuersubjektidentität zwar erfüllt. Da die Ausschüttungsbesteuerung i. d. R zeitlich erst nach dem Gewinnerzielungszeitraum erfolgt, ist aber insoweit das Anrechnungserfordernis „gleicher Besteuerungszeitraum" nicht gewährleistet. Eine Anrechnung der ausländischen Quellensteuer im Ausschüttungsfall wird in der Literatur kontrovers diskutiert.[8] Die Finanzverwaltung lehnt (zumindest im DBA-Fall) eine Berücksichtigung ab, da es sich aus deutscher Sicht um steuerlich nicht relevante Entnahmen handele.[9]

▶ Ausländische Steuern auf Sondervergütungen des Gesellschafters sind unabhängig davon, ob das ausländische Steuersystem diese nach dem Mitunternehmerkonzept dem Gewinnanteil des Gesellschafters zurechnet oder – wie das häufig der Fall ist – als (be-

---

1 Vgl. FG München v. 26.1.1998, IStR 1998, 434, rkr.
2 Vgl. BFH v. 30.11.2016 - VIII R 11/14, BStBl 2017 II 443.
3 Vgl. BFH v. 5.2.1992 - I R 9/90, BStBl 1992 II 607.
4 Vgl. BFH v. 3.12.2003 - I S 10/03, IStR 2004, 297, mit Anm. *Wassermeyer*, NWB DokID: UAAAB-16576.
5 Vgl. *Heinicke* in Schmidt § 34c EStG Rz. 6.
6 Vgl. u. a. BFH v. 20.8.2008 - I R 34/08, BStBl 2009 II 263, m.w. N.; BFH v. 25.5.2011 - I R 95/10, IStR 2011, 688 = NWB DokID: UAAAD-88272; BMF v. 26.9.2014, BStBl 2014 I 1258, Tz. 1.2.; *Möller*, NWB 2014, 3883; *Haase*, IStR 2010, 45.
7 BMF v. 26.9.2014, BStBl 2014 I 1258, Tz. 4.1.4.1; *Haase*, IStR 2010, 45; *Wassermeyer*, FR 1010, 537.
8 Die Anrechnung befürwortend: Vgl. *Jacobs*, Internationale Unternehmensbesteuerung, 2016, S. 532 f., ablehnend: *Kluge*, das deutsche internationale Steuerrecht, 2000, S. 371.
9 Vgl. BMF v. 26.9.2014, BStBl 2014 I 1258, Tz. 4.1.4.1.

schränkt) steuerpflichtige Einkünfte des Gesellschafters einer Quellenbesteuerung unterwirft, als Steuern des Gesellschafters unter den übrigen Voraussetzungen des § 34c EStG anrechenbar.[1]

▶ Wird eine nach deutschem Steuerrecht als Körperschaft einzuordnende ausländische Gesellschaft dort transparent behandelt, so unterliegen die im Inland ansässigen Gesellschafter im Ausland mit ihrem Gewinnanteil der Besteuerung. Nach deutschem Steuerrecht werden die Gesellschafter nach § 3 Nr. 40 EStG, § 32d EStG oder § 8b KStG besteuert, soweit sie Gewinnausschüttungen i. S. d. § 20 Abs. 1 Nr. 1 beziehen.[2] Eine systementsprechende Anrechnung der anteiligen auf der Gewinnzuweisung lastenden ausländischen Steuern wird von der h. M. bejaht,[3] von der Finanzverwaltung dagegen nicht thematisiert.[4]

18 Eine **gesetzliche Ausnahme vom Erfordernis der Steuersubjektidentität** besteht für **Organschaften** (§§ 14, 17 KStG). Hier werden die von der Organgesellschaft entrichteten ausländischen Steuern dem Organträger zugerechnet (§ 19 KStG). Ebenso sind in Ausnahme vom Grundsatz der Steuersubjektidentität ausländische Steuern anrechenbar, wenn die Einkünfte im Ausland dem **Treuhänder oder Nießbraucher**, im Inland aber nach inländischem Recht, z. B. nach § 39 AO, dem Treugeber oder Eigentümer zuzurechnen sind.[5] Kontrovers diskutiert wird das Erfordernis von Personenidentität auch bei der (missbräuchlichen) Einschaltung einer **Basisgesellschaft** (§ 42 AO).[6] Werden dem Gesellschafter Einkünfte einer ausländischen Basisgesellschaft als eigene zugerechnet, so entspricht es der konsequenten Umsetzung des Rechtsgedankens des § 42 AO, dem Gesellschafter auch die von der ausländischen Kapitalgesellschaft entrichtete Steuer wie eine eigene zuzurechnen.[7] Dies belegen auch die §§ 12 und 15 Abs. 5 AStG, die auf das Erfordernis der Steuersubjektidentität im Bereich der Hinzurechnungsbesteuerung und bei der Einkünftezurechnung ausländischer Familienstiftungen verzichten.[8] Dagegen sieht der BFH die Steuersubjektidentität in einem Fall missbräuchlicher Gestaltung nicht als erfüllt.[9]

Anrechnungsberechtigt bei Erträgen aus Investmentfonds ist nach bisherigem Recht nicht die Investmentgesellschaft, sondern entsprechend dem Transparenzprinzip der am Fonds Beteiligte (§ 4 Abs. 2 bis 4 InvStG). Nach der ab 2018 grundsätzlich vorgesehenen intransparenten Besteuerung von Publikumsfonds besteht dagegen kein Anrechnungsrecht mehr für die Anleger (InvStG 2018)[10]. Lediglich bei Spezial-Investmentfonds kann durch die semi-transparente Besteuerung die Anrechnungsregeln des § 34c EStG auf Ebene der Anleger weiterhin zur Anwendung gelangen (vgl. § 47 InvStG 2018).

---

1 Vgl. *Piltz* in FS Wassermeyer, 2005, 747.
2 Vgl. BMF v. 26. 9. 2014, BStBl 2014 I 1258, Tz. 4.1.4.2.
3 Vgl. *Wagner* in Blümich, § 34c EStG Rz. 35; *Debatin*, BB 1989, 1181.
4 Vgl. BMF v 26. 9 2014, BStBl 2014 I 1258, Tz. 4.1.4.2; Das BMF verweist nur auf die regelmäßig nicht anfallenden Quellensteuern bei der Gewinnverteilung der ausländischen Personengesellschaft.
5 Vgl. *Lüdicke/Wassermeyer/Weggenmann* in Flick/Wassermeyer/Baumhoff/Schönfeld, § 34c EStG Rz. 132.
6 Vgl. BFH v. 24. 2. 1976 - VIII R 155/71, BStBl 1977 II 265, zu § 6 StAnpG. Zur Kritik s. *Gosch* in Kirchhof, § 34c EStG Rz. 2.
7 Vgl. BFH v. 1. 4. 2003 - I R 39/02, NZG 2003, 1030, für den Steuerabzug nach § 34c Abs. 3.
8 Vgl. *Lüdicke/Wassermeyer/Weggenmann* in Flick/Wassermeyer/Baumhoff/Schönfeld, § 34c EStG Rz. 132. Allerdings kann im Einzelfall zweifelhaft sein, ob es sich um ausländische Einkünfte handelt.
9 Vgl. BFH v. 2. 3. 2016 - I R 73/14, DStR 2016, 1596 = NWB DokID: GAAAF-77664; s. dazu kritisch *Wassermeyer*, IStR 2016, 825; Riehl/Wagemann, Kein Steuerabzug nach § 34c Abs. 3 EStG 1997 bei missbräuchlicher Gestaltung – BFH v. 2. 3. 2016 - I R 73/14, IWB 2016, 651.
10 Vgl. Investmentsteuerreformgesetz – InvStRefG, BGBl 2016 I 1730.

b) Ausländische Einkünfte

Was unter dem Begriff **ausländische Einkünfte** i. S. d. § 34c EStG zu verstehen ist, regelt abschließend § 34d EStG und das jeweilige DBA (§ 34c Abs. 6 Satz 2 EStG).[1] Sowohl für die Bestimmung der Einkunftsart wie auch für die Ermittlung der ausländischen Einkünfte findet ausschließlich deutsches Recht Anwendung.[2] Für im Katalog des § 34d EStG nicht aufgeführte Einkünfte sowie für Einkünfte, die aufgrund ihres lokalen Bezugs nicht aus dem ausländischen Staat stammen, kommt allenfalls ein Abzug nach § 34c Abs. 3 EStG in Betracht. Vgl. dazu im Einzelnen die Kommentierung zu § 34d EStG. Zur Zusammensetzung und Ermittlung der bei Höchstbetragsberechnung zu berücksichtigenden ausländischen Einkünfte (vgl. → Rz. 35 ff.).

c) Entsprechende Steuer im Ursprungsstaat

Ausländische Steuern sind anrechenbar, wenn sie (1) im Ursprungsland der Einkünfte erhoben werden, (2) der deutschen Einkommensteuer entsprechen und (3) tatsächlich festgesetzt, gezahlt und um einen entstandenen Ermäßigungsanspruch gekürzt sind.

(1) Der Stpfl. muss in dem ausländischen Staat, **aus dem die Einkünfte stammen** zu einer der deutschen Einkommensteuer vergleichbaren Steuer herangezogen werden. Dies schließt sowohl Steuern des ausländischen Staates an sich wie auch Steuern von Bundesstaaten, Kantonen, Provinzen, Ländern und Gemeinden ein.[3] Steuern, die nicht im Ursprungsstaat der Einkünfte, sondern in einem Drittstaat erhoben werden, können nur durch Abzug von der Bemessungsgrundlage nach § 34c Abs. 3 EStG berücksichtigt werden. Wegen des Begriffs des Auslands und der Lokalisierung der Einkünfte s. Erläuterung bei KKB/G. Kraft, § 34d EStG Rz. 5.

(2) Eine der deutschen Einkommensteuer **entsprechende ausländische Steuer** muss unabhängig von ihrer Bezeichnung auf die Besteuerung des Einkommens, Teile des Einkommens oder des Gewinns einer natürlichen Person gerichtet sein.[4] Eine Gleichartigkeit hinsichtlich der Steuerbemessungsgrundlage, der steuertechnischen Ausgestaltung (Steuersatz, Pauschalierung), der Steuererhebung (Veranlagung oder Quellensteuerabzug) oder des Ertragsberechtigten (Land, Provinz, Gemeinde) ist dagegen nicht erforderlich.[5] Zur Vereinfachung siehe das vom BMF herausgegebene Verzeichnis entsprechender ausländischer Steuern (EStG, Anhang 12 Ziffer 2). Ausländische Umsatzsteuern, Verkehrsteuern, Realsteuern, Verbrauchsteuern, Gebühren, Beiträge, Sozialversicherungsbeiträge sowie steuerliche Nebenleistungen (Zinsen, Säumniszuschläge u. Ä.) entsprechen nicht der deutschen Einkommensteuer.[6]

(3) Die ausländischen Steuern müssen im Zeitpunkt der deutschen Veranlagung **tatsächlich festgesetzt** und **gezahlt** und **um einen entstandenen Ermäßigungsanspruch gekürzt** sein. Für die Festsetzung der ausländischen Steuer ist kein besonderes Verfahren erforderlich, auch eine Steueranmeldung erfüllt die Voraussetzung.[7] Die Nachweise gegenüber der Finanzbehörde über Zahlung und Höhe der ausländischen Steuern können durch Urkunden i. S. d. § 68b EStDV (Steuerbescheide, Quittungen u. Ä.) erbracht werden, die ggf. zu übersetzen sind. Ermäßigungsansprüche müssen gegenüber dem ausländischen Steuergläubiger bestehen, Erstattun-

---

1 Vgl. BFH v. 19. 3. 2002 - I R 15/01, IStR 2002, 707; zweifelnd FG München v. 22. 4. 2008, EFG 2008, 1629.
2 Vgl. *Gosch* in Kirchhof, § 34c EStG Rz. 14.
3 Vgl. *Lüdicke/Wassermeyer/Weggenmann* in Flick/Wassermeyer/Baumhoff/Schönfeld, § 34c EStG Rz. 145.
4 Vgl. die Definition in Art. 2 Abs. 2 OECD-MA.
5 Vgl. *Gosch* in Kirchhof, § 34c EStG Rz. 19.
6 Vgl. *Wagner* in Blümich, § 34c EStG Rz. 29.
7 Vgl. BFH v. 5. 2. 1992 - I R 9/90, BStBl 1992 II 607.

gen durch Geschäftspartner sind als Betriebseinnahmen zu qualifizieren und führen nicht zu einer Reduktion der Steueranrechnung.[1] Nach dem eindeutigen Gesetzeswortlaut kommt es allein auf das „*Entstehen*" des Ermäßigungsanspruchs an, folglich ist unerheblich, ob Vergütungs-, Erstattungs- oder sonstige Ermäßigungsansprüche tatsächlich durchgesetzt werden können oder beispielsweise wegen Verjährung oder Eintreten der Bestandskraft die ausländische Steuerschuld nicht reduzieren.[2]

d) Sachliche Identität des Abgabegegenstands

23 Die ausländische Steuer ist nur anrechenbar, wenn im In- und Ausland *dieselben* ausländischen Einkünfte besteuert werden (**Einkünfteidentität**). Sind die Einkünfte nur im ausländischen Staat steuerpflichtig, im Inland nach nationalem Recht oder aufgrund der DBA-Freistellung steuerfrei, so kann die ausländische Steuer mangels Einkünfteidentität nicht angerechnet werden.[3] Insoweit fehlt es bereits an einer Doppelbesteuerung.

Bei unterschiedlichen Bemessungsgrundlagen nach in- und ausländischem Recht aufgrund von national unterschiedlichen Ermittlungsvorschriften fehlt es nicht an der Identität des Abgabegegenstandes. Daher ist die ausländische Steuer nicht im Verhältnis der unterschiedlichen Bemessungsgrundlagen herabzusetzen.[4] Allerdings führen unterschiedliche Bemessungsgrundlagen dazu, dass Anrechnungsüberhänge bei der Ermittlung des Anrechnungshöchstbetrags entstehen können. Werden im Ausland vollumfänglich steuerpflichtige Einkünfte im Inland nur teilweise besteuert, z. B. auf der Grundlage des Teileinkünfteverfahrens nach § 3 Nr. 40 EStG oder aufgrund der Ertragsanteilbesteuerung von Renten nach § 22 Nr. 1 EStG, so ist die ausländische Steuer im Rahmen der Höchstbetragsbegrenzung ungekürzt zu berücksichtigen.[5]

e) Zeitliche Identität (§ 34c Abs. 1 Satz 5 EStG)

24 Ausländische Steuern können nur insoweit angerechnet werden, als sie auf Einkünfte entfallen, die im VZ als bezogen gelten (§ 34c Abs. 1 Satz 5 EStG). Die zeitliche Identität stellt auf eine zeitliche Übereinstimmung der inländischen Besteuerung der Einkünfte und der Anrechnung der ausländischen Steuer ab.[6] Wann die Einkünfte als bezogen gelten, richtet sich nach dem Realisationsprinzip oder dem Zufluss-Abfluss-Prinzip in Abhängigkeit von den für die jeweilige Einkunftsart anzuwendenden inländischen Ermittlungsgrundsätzen (§ 4 Abs. 1 EStG, § 5 Abs. 1 EStG, § 11 Abs. 1 und 2 EStG). Weichen die ausländischen Ermittlungsgrundsätze ab, so werden ausländische Steuern, die in einem anderen VZ im Ausland bezahlt werden, erst in dem VZ im Inland angerechnet, in dem die Einkünfte im Inland als bezogen gelten.[7] Ein zeitli-

---

[1] Vgl. BFH v. 25. 4. 1990 - I R 70/88, BStBl 1990 II 1086. Zu den detaillierten Voraussetzungen des Nachweises vgl. auch BFH v. 15. 01. 2015 - I R 69/12, BFH/ NV 2015, 1037 = NWB DokID: RAAAE-91970.
[2] Vgl. BFH v. 15. 3. 1995 - I R 98/94, BStBl 1995 II 580.
[3] Vgl. BFH v. 4. 6. 1991 - X R 35/88, BStBl 1992 II 187; BFH v. 20. 12. 1995 - I R 57/ 96, BStBl 1996 II 261; a. A. u. a. *Schnitger*, IStR 2003, 298, m. w. N.
[4] Vgl. BFH v. 4. 6. 1991 - X R 35/88, BStBl 1992 II 187; BFH v. 2. 2. 1994 - I R 66/92, BStBl 1994 II 727; *Gosch* in Kirchhof, § 34c EStG Rz. 3.
[5] Vgl. *Lüdicke/Wassermeyer/Weggenmann* in Flick/Wassermeyer/Baumhoff/Schönfeld, § 34c EStG Rz. 136; a. A. *Wagner* in Blümich, § 34c EStG Rz. 44, der für die Ertragsanteilbesteuerung bei Lebrenten die Einkünfteidentität als teilweise nicht gewahrt ansieht, nicht hingegen für das Teileinkünfte-Verfahren bei Dividenden.
[6] Vgl. *Lüdicke/Wassermeyer/Weggenmann* in Flick/Wassermeyer/Baumhoff/Schönfeld, § 34c EStG Rz. 208 ff.
[7] Vgl. BFH v. 31. 7. 1991 - I R 51/89, BStBl 1991 II 922; BFH v. 13. 9. 2000 - I B 126/99, NWB DokID: XAAAA-66643 zu FG Köln v. 22. 9. 1999 - 6 K 2225/96, EFG 2000, 567; Gosch, IStR 2015, 715f.

ches Auseinanderfallen der Zahlung der ausländischen Steuer und ihrer Anrechnung im Inland kann sich insbesondere bei langfristiger Fertigung, bei Bauausführungen und Montagen sowie bei Steuervorauszahlungen im Ausland ergeben. Dieses zeitliche Auseinanderfallen ist zwar systematisch nicht frei von Bedenken, folgt jedoch zwingend aus § 34c Abs. 1 Satz 5 EStG, der auf die „bezogenen Einkünfte" abstellt.[1]

(Einstweilen frei) 25–27

2. Anrechnungshöchstbetrag

a) Voraussetzungen

Nach § 34c Abs. 1 Satz 1 EStG wird die ausländische Steuer bis zur Höhe der deutschen Einkommensteuer angerechnet, die auf die ausländischen Einkünfte entfällt. Dies schließt auch sämtliche betrieblichen Kapitalerträge ein, die dem Teileinkünfteverfahren (§ 3 Nr. 40 EStG) unterliegen, nicht jedoch private Einkünfte aus Kapitalvermögen, auf die § 32d EStG anzuwenden ist.

b) Anrechnungshöchstbetrag für Veranlagungszeiträume vor 2015

Zur Ermittlung des Anrechnungshöchstbetrags für Veranlagungszeiträume vor 2015 und den bestehenden unionsrechtlichen Problemen vgl. die 1. Auflage.

c) Anrechnungshöchstbetrag für Veranlagungszeiträume ab 2015

Durch die gesetzliche Neuregelung, die mit dem Gesetz zur Anpassung der Abgabenordnung an den Zollkodex der Union ab dem VZ 2015 erfolgt ist,[2] kann die ausländische Steuer bis zur Höhe der durchschnittlichen deutschen Einkommensteuer angerechnet werden, die auf die ausländischen Einkünfte entfällt. Formelmäßig ergibt sich der Anrechnungshöchstbetrag wie folgt:

Anrechnungshöchstbetrag = durchschnittlicher ESt-Satz x ausländische Einkünfte aus Land A

Wenn der durchschnittliche Einkommensteuersatz als Quotient aus tariflicher Einkommensteuer und zu versteuerndem Einkommen definiert wird, kann man die neue Höchstbetragsformel auch schreiben als:

$$\text{Durchschnittliche ESt} = \frac{\text{ESt gem. §§ 32a, 32b, 34, 34a, 34b EStG}}{\text{zu versteuerndes Einkommen}}$$

$$\text{Anrechnungshöchstbetrag} = \text{ESt gem. §§ 32a ff. EStG} \times \frac{\text{ausl. Einkünfte aus Land A}}{\text{zu versteuerndes Einkommen}}$$

Durch diese Schreibweise wird deutlich, dass sich die neue Höchstbetragsformel von der bisherigen lediglich dadurch unterscheidet, dass die Summe der Einkünfte durch das zu versteuernde Einkommen ersetzt wurde. Die deutsche Einkommensteuer ist unter Berücksichtigung der

---

[1] Zur Kritik an der gesetzlichen Regelung *Haase*, IStR 2010, 45.
[2] Gesetz zur Anpassung der Abgabenordnung an den Zollkodex der Union und zur Änderung weiterer steuerlicher Vorschriften v. 22. 12. 2014, BGBl 2014 I 2417. Zur Anwendung s. § 52 Abs. 34a EStG.

Tarifvorschriften nach §§ 32a, 32b, 34, 34a und 34b EStG zu ermitteln (s. → Rz. 33 f.). Die ausländischen Einkünfte umfassen alle Einkünfte aus *einem* ausländischen Staat (**per-country-limitation**) – mit Ausnahme der privaten Kapitalerträge nach § 32d EStG. Für die übrigen Einkünfte erfolgt keine Differenzierung hinsichtlich der Einkunftsarten (s. → Rz. 35 f.). Können durch diese Höchstbetragsbegrenzung die ausländischen Steuern nicht vollständig auf die deutsche Einkommensteuer angerechnet werden, spricht man von **Anrechnungs- oder Steuerüberhängen**.[1]

31 Mit dieser Neudefinition des Anrechnungshöchstbetrags setzt der Gesetzgeber die unionsrechtlichen Vorgaben insoweit um, als die persönlichen Verhältnisse in Form von Sonderausgaben, außergewöhnliche Belastungen und personenbezogenen Freibeträgen im Ansässigkeitsstaat berücksichtigt werden.[2] Allerdings wird das gesetzgeberische Ziel, die Unionsrechtswidrigkeit zu beseitigen, im Hinblick auf die Berücksichtigung des steuerfreien Existenzminimums nicht vollständig erreicht.[3] Da der Grundfreibetrag den durchschnittlichen Steuersatz mindert, können insbesondere dann Anrechnungsüberhänge und damit eine höhere Belastung als bei reiner Inlandstätigkeit auftreten, wenn der Stpfl. ein zu versteuerndes Einkommen nur knapp über dem Grundfreibetrag erzielt.[4] Die Verwendung eines **modifizierten Durchschnittssteuersatzes** berechnet als Quotient aus der tariflichen Einkommensteuer und dem um den Grundfreibetrag gekürzten zu versteuernden Einkommen könnte dieses verbleibende unionsrechtliche Problem auf einfache Weise lösen (s. Beispiel → Rz. 41).[5] In dieser Weise wurde die unionsrechtskonforme Höchstbetragsberechnung durch den BFH vorgenommen.[6]

32 Werden Einkünfte aus inländischen Investmentfonds mit ausländischen Einkünften oder aus ausländischen Investmentfonds erzielt, so findet in Bezug auf diese Einkünfte eine gesonderte Höchstbetragsberechnung nach § 4 Abs. 2 InvStG statt.[7] Diese ist – vermutlich durch ein gesetzgeberisches Versehen – nicht an die unionsrechtlichen Vorgaben angepasst worden, sondern bezieht sich für die Einkommensteuer (immer noch) auf die Summe der Einkünfte.[8] Nach der zukünftigen intransparenten Besteuerung von Publikumsfonds besteht dagegen kein Anrechnungsrecht mehr für die Anleger[9] (InvStG 2018). Lediglich für die Anleger in Spezial-Investmentfonds ist nach neuem Recht eine Anrechnungsregel vorgesehen, die den unionsrechtlichen Vorgaben entsprechend gem. § 34c EStG ausgestaltet ist (§ 47 InvStG 2018).

d) Ermittlung des durchschnittlichen Einkommensteuersatzes

33 Die auf die ausländischen Einkünfte entfallende deutsche Einkommensteuer errechnet sich durch Anwendung des durchschnittlichen Einkommensteuersatzes auf die ausländischen Einkünfte (§ 34c Abs. 1 Satz 2 EStG). Der Gesetzgeber gibt dabei die anzuwendenden Tarifvorschriften (§§ 32a, 32b, 34, 34a und 34b EStG) vor. Wie der durchschnittliche Einkommensteu-

---

1 Vgl. *Jacobs*, Internationale Unternehmensbesteuerung, 2016, S. 46 ff.
2 Vgl. die Gesetzesbegründung BR-Drucks. 432/14, 56 - Grunddrucksache.
3 Zum Erfordernis den Grundfreibetrag auch bei ausländischen Einkünften zu berücksichtigen vgl. *Wagner* in Blümich, § 34c EStG Rz. 52a.
4 Siehe dazu die Berechnungsbeispiele bei *Ismer*, IStR 2014, 925.
5 So auch *Desens*, IStR 2015, 77; *Sülflow-Schworck*, IStR 2015, 802
6 Vgl. BFH v. 18. 12. 2013 - I R 71/10, BStBl 2015 II 361.
7 Vgl. *Korn*, § 4 InvStG Rz. 9.
8 Vgl. *Ebner/Meinert*, NWB 2015, 417.
9 Vgl. Investmentsteuerreformgesetz – InvStRefG), BGBl 2016 I, 1730.

ersatz zu errechnen ist, wird dagegen nicht spezifiziert. Nach h. M. wird der Durchschnittssteuersatz errechnet, indem die festzusetzende Einkommensteuer (§ 2 Abs. 6 EStG) durch das zu versteuernde Einkommen (§ 2 Abs. 5 EStG) dividiert wird. Im Rahmen des § 34c Abs. 1 EStG sind die Rechengrößen allerdings in besonderer Weise zu ermitteln.

Zur Ermittlung der in den Durchschnittssteuersatz des § 34c EStG eingehenden **Einkommensteuer** sind nicht alle Tarifvorschriften, sondern nur die explizit genannten zu beachten, nämlich die allgemeine Tarifvorschrift (§ 32a EStG), der Progressionsvorbehalt (§ 32b EStG), die Steuerermäßigung für außerordentliche Einkünfte (§ 34 EStG), die Begünstigung nicht entnommener Gewinne (§ 34a EStG), sowie die begünstigten Steuersätze für außerordentliche Holznutzungen (§ 34b EStG). Die Aufzählung der zu berücksichtigenden Tarifvorschriften ist abschließend, daher bleiben weitere Ermäßigungen der tariflichen Einkommensteuer, wie z. B. die Steuerermäßigung bei Einkünften aus Gewerbebetrieb (§ 35 EStG) oder die Steuerermäßigung für haushaltsnahe Beschäftigungsverhältnisse und Dienstleistungen (§ 35a EStG) außen vor.[1] Damit werden diese letztgenannten Steuerermäßigungen nur zu Lasten der inländischen Einkünfte berücksichtigt. Maßgeblich ist die Einkommensteuer, die vor Steuerabzugsbeträgen oder Vorauszahlungen festgesetzt wird.[2]

34

Die so ermittelte Einkommensteuer wird durch das **zu versteuernde Einkommen** dividiert. Bei der Ermittlung des zu versteuernden Einkommens werden die der Abgeltungsteuer unterliegenden privaten Kapitaleinkünfte (§ 32d EStG, § 34c Abs. 1 Satz 3 1. Halbsatz EStG) nicht einbezogen.

Der in dieser Weise ermittelte Durchschnittssteuersatz ist **aus unionsrechtlicher Sicht unzureichend**, da zusätzlich eine Kürzung des zu versteuernden Einkommens um den Grundfreibetrag (bei Ehegatten/Lebenspartner um den doppelten Grundfreibetrag) zu fordern ist, um die Steuerfreiheit des Existenzminimums auch bei Auslandseinkünften vollumfänglich zu gewährleisten.[3]

Wenn die nach den Vorgaben des § 34c Abs. 1 Satz 2 EStG errechnete Einkommensteuer aufgrund von negativen Einkünften durch Verlustausgleich oder Verlustabzug Null beträgt, ist eine Anrechnung der ausländischen Steuer nicht möglich. Dieses Ergebnis ist systemgerecht, da insoweit keine Doppelbesteuerung vorliegt.[4] Zum Wahlrecht des Steuerabzugs bei Verlusten (vgl. → Rz. 49).

e) Ermittlung der ausländischen Einkünfte

Die ausländischen Einkünfte (§ 34d EStG) werden grundsätzlich länderbezogen entsprechend den **deutschen Einkünfteermittlungsvorschriften** (§ 2 Abs. 2 EStG) berechnet.[5] Folglich werden nur die nach deutschem Recht steuerpflichtigen Einnahmen und die nach deutschem Recht abzugsfähigen Betriebsausgaben oder Werbungskosten berücksichtigt. Auf die Ermittlung der Bemessungsgrundlage nach ausländischem Recht kommt es nicht an.[6] Auch die Einordnung in

35

---

1 Vgl. auch BFH v. 28. 10. 1987 - I R 85/84, BStBl 1988 II 78, zur KSt.
2 Vgl. *Wagner* in Blümich, § 34c EStG Rz. 63.
3 Vgl. BFH v. 18. 12. 2013 - I R 71/10, BStBl 2015 II 361; *Ismer*, IStR 2014, 925.
4 Vgl. *Wagner* in Blümich, § 34c EStG Rz. 66.
5 Vgl. BFH v. 2. 2. 1994 - I R 66/92, BStBl 1994 II 727; BFH v. 16. 5. 2001 - I R 102/00, BStBl 2001 II 710, m. w. N.
6 Vgl. HHR/*Kuhn*, § 34c EStG Rz. 91 ff.

die Einkunftsarten erfolgt nach deutschem Recht.[1] § 34c Abs. 1 Satz 3 und 4 EStG und im DBA-Fall § 34c Abs. 6 Satz 2 und 3 EStG (s. →Rz. 71 ff.) modifizieren die Ermittlung der ausländischen Einkünfte für die Ermittlung des Anrechnungshöchstbetrags in der folgenden Weise:

36 § 34c Abs. 1 Satz 3 1. Halbsatz EStG schließt bei der Ermittlung der ausländischen Einkünfte (und des zu versteuernden Einkommens) die privaten Kapitalerträge aus, die nach § 32d EStG der Abgeltungsteuer unterliegen. Dagegen sind die betrieblichen Kapitalerträge in den ausländischen Einkünfte nach den deutschen Einkünfteermittlungsvorschriften (also ggf. unter Berücksichtigung des § 3 Nr. 40 EStG) enthalten.[2]

37 Nach § 34c Abs. 1 Satz 3 2. Halbsatz EStG sind in die länderbezogene Ermittlung der ausländischen Einkünfte nur die im ausländischen Staat **steuerpflichtigen Einkünfte** einzubeziehen. Durch die Reaktion des Gesetzgebers auf die Rechtsprechung[3] bleiben ab dem VZ 2003 sowohl die nach dem nationalen Recht des ausländischen Staates wie auch die infolge eines DBA dort steuerfreien Einkünfte bei der Höchstbetragsermittlung außen vor.[4] Dies ist zwar für die steuerfreien Einkünfte systemkonform, da insoweit keine Doppelbesteuerung vorliegt.[5] Allerdings wird nach der per-country-limitation der Anrechnungsumfang i. d. R. gemindert, wenn neben den steuerfreien Einkünften in diesem Staat noch weitere steuerpflichtige Einkünfte erzielt werden.[6] Insoweit bewirkt diese Regelung eine per-item-limitation.[7]

38 § 34c Abs. 1 Satz 4 EStG, der ebenfalls als Reaktion auf die Rechtsprechung mit dem StVergAbG eingefügt wurde, ordnet an, dass für die Höchstbetragsermittlung **explizit genannte ausländische Einkünfte** i. S. d. § 34d EStG, wenn sie zum Gewinn eines inländischen Betriebs gehören, um die **Betriebsausgaben und Betriebsvermögensminderungen** zu kürzen sind, die mit den jeweiligen Einnahmen in einem **wirtschaftlichen Zusammenhang** stehen. Für Privateinkünfte gilt diese Regelung ausdrücklich nicht. Bei den explizit genannten Einkünften (§ 34d Nr. 3, 4, 6, 7 und 8 Buchst. c EStG) handelt es sich – mit Ausnahme der Nr. 3[8] – um subsidiäre Einkunftsarten, auf die nach dem Willen des Gesetzgebers bei Zugehörigkeit zu einem inländischen Betrieb grundsätzlich die Gewinnermittlungsvorschriften (§ 4 Abs. 1 EStG) anzuwenden sind. Der gesetzlich nicht definierte Begriff des **wirtschaftlichen Zusammenhangs** wird nach der höchstrichterlichen Rechtsprechung i. S. d. Veranlassungsprinzips (§ 4 Abs. 4 EStG) interpretiert.[9] Danach sind Betriebsausgaben und Betriebsvermögensminderung abzuziehen, die einen **direkten wirtschaftlichen Bezug** mit den ausländischen Einnahmen aufweisen, und zusätzlich Kosten, die einen **wirtschaftlichen Bezug** mit diesen ausländischen Einnahmen aufweisen und keinen anderen Einnahmen direkt zugerechnet werden können.[10] Dies betrifft als **Betriebsausgaben**

---

1 Vgl. BFH v. 20. 12. 1995 - I R 75/94, BStBl 1996 II 261.
2 Vgl. *Gosch* in Kirchhof, § 34c EStG Rz. 24; *Lüdicke/Wassermeyer/Weggenmann* in Flick/Wassermeyer/Baumhoff/Schönfeld, § 34c EStG Rz. 178.1.
3 Vgl. BFH v. 20. 12. 1995 - I R 57/94, BStBl 1996 II 261.
4 StVergAbG (Steuervergünstigungsabbaugesetz) v. 16. 5. 2003, BGBl 2003 I 660.
5 *Schnitger*, IStR 2003, 298.
6 Zur im Einzelfall auch begünstigenden Wirkung vgl. *Gosch* in Kirchhof, § 34c EStG Rz. 26.
7 Vgl. *Lüdicke/Wassermeyer/Weggenmann* in Flick/Wassermeyer/Baumhoff/Schönfeld, § 34c EStG Rz. 195 f.
8 Insoweit ist die Nennung der Nr. 3 unverständlich. So auch *Lüdicke/Wassermeyer/Weggenmann* in Flick/Wassermeyer/Baumhoff/Schönfeld, § 34c EStG Rz. 197.
9 Vgl. BFH v. 6. 4. 2016 - I R 61/14, BFH/NV 2016, 1351 = NWB DokID: JAAAF-77193; Sprang, Begriff des „wirtschaftlichen Zusammenhangs" i. S. d. § 34c Abs. 1 Satz 4 EStG – BFH v. 6. 4. 2016 - I R 61/14 zum Umfang der Anrechnung ausländischer Steuern, NWB 2016, 3012.
10 Zur Problematik u. a. *Müller-Dott*, DB 2003, 1468; *Schnitger*, IStR 2003, 73.

beispielsweise (Re-)Finanzierungskosten oder Lizenzgebühren und als **Betriebsvermögensminderungen** planmäßige Abschreibungen auf abnutzbare Wirtschaftsgüter, soweit der direkte Zweckbezug zu den Einnahmen nachgewiesen werden kann.[1] Nach Auffassung des BFH kann im Einzelfall auch eine Zuordnung von Teilwertabschreibungen auf Beteiligungen oder Anleihen zu den ausländischen Zins- und Dividendeneinnahmen nach dem wirtschaftlichen Zusammenhang erforderlich sein.[2] Darüber hinaus sollen Aufwendungen, die sowohl mit ausländischen als auch mit inländischen Einkünften oder mit mehreren Arten von ausländischen Einkünften einen Verrechnungszusammenhang aufweisen (z. B. Verwaltungskosten, Personalkosten u. Ä.), aufgeteilt oder den Einkünften zugerechnet werden, zu denen sie überwiegend gehören.[3] Bei Einkünften, die im Ausland einer Bruttobesteuerung unterliegen, kann die daraus resultierende doppelte Nichtberücksichtigung von Betriebsausgaben zu einer unionsrechtswidrigen Doppelbelastung führen.[4] Betriebsausgaben oder Betriebsvermögensminderung, die nach inländischem Recht (z. B. §§ 3c, 4 Abs. 5 EStG, § 8b Abs. 2 und 3 Satz 3 KStG) nicht abzugsfähig sind, sind nicht zu berücksichtigen. Dies gilt auch für die nach § 4 Abs. 5a EStG nicht abzugsfähige Gewerbesteuer.[5] Eine Zuordnung von Ausgaben setzt den Bezug von Einnahmen in dem betreffenden VZ voraus. Eine veranlagungszeitraumübergreifende Verrechnung kann nach § 34c Abs. 1 Satz 5 EStG nicht erfolgen.[6]

f) Per-country-limitation

Bezieht der Stpfl. aus mehreren ausländischen Staaten Einkünfte, so ist die Höchstbetragsberechnung für jeden ausländischen Staat gesondert durchzuführen (**per-country-limitation**), § 34c Abs. 1 Satz 1 EStG, § 68a Satz 2 EStDV). Für die Höchstbetragsberechnung sind alle Einkünfte aus dem jeweiligen Staat (mit Ausnahme privater Kapitaleinkünfte, § 34c Abs. 1 Satz 1 2. Halbsatz EStG), zusammenzurechnen, auch wenn sie unterschiedlichen Einkunftsarten zuzurechnen sind und/oder aus unterschiedlichen Einkunftsquellen in diesem Staat stammen.[7] Soweit Freibeträge nicht direkt zugeordnet werden können, ist eine verhältnismäßige Aufteilung – jeweils getrennt nach Staaten – vorzunehmen.[8] Die länderbezogene Höchstbetragsberechnung ist für den Stpfl. insoweit nachteilig, als kein Ausgleich zwischen hoch- und niedrigbesteuernden Ländern stattfindet. Sie wirkt sich zugunsten des Stpfl. aus, wenn in einem Land Verluste erzielt werden, da die negativen Einkünfte dann nicht das Anrechnungsvolumen für (positive) Einkünfte aus anderen Staaten mindern.

39

Die in der Literatur kontrovers diskutierte Verletzung der Kapitalverkehrsfreiheit (Art. 63 AEUV) durch die per-country-limitation kann durch den Grundsatz einer ausgewogenen Aufteilung der Besteuerungsbefugnis zwischen den Mitgliedstaaten gerechtfertigt werden.[9] Insoweit ist

40

---

1 Vgl. BFH v. 6. 4. 2016 - I R 61/14, BFH/NV 2016, 1351 = NWB DokID: JAAAF-77193; kritisch: *Wagner* in Blümich, § 34c EStG Rz. 60.
2 Vgl. BFH v. 18.4.2018 - I R 37/16, BFHE 261, 166; ablehnend FG München v. 11.6.2016 - 6 K 2122/14, EFG 2016, 1363.
3 Vgl. BFH v. 6.4.2016 - I R 61/14, BFH/NV 2016, 1351 = NWB DokID: JAAAF-77193; BFH v. 18.4.2018 - I R 37/16, BFHE 261, 166; HHR/*Kuhn*, § 34c EStG Rz. 93.
4 Vgl. *Reese/Hehlmann*, IStR 2015, 461.
5 Für VZ vor 2008, in denen ein Betriebsausgabenabzug der Gewerbesteuer bestand, ist auch eine anteilige Zuordnung der Gewerbesteuer auf die ausländischen Einkünfte geboten. Vgl. BFH v. 18.4.2018 - I R 37/16, BFHE 261, 166; so auch bereits FG München v. 11.6.2016 - 6 K 2122/14, EFG 2016, 1363.
6 Zu den möglichen unionsrechtlichen Problemen vgl. *Gosch* in Kirchhof, § 34c EStG Rz. 28.
7 Vgl. BFH v. 20. 12. 1995 - I R 57/94, BStBl 1996 II 261.
8 Vgl. BFH v. 16. 5. 2001 - I R 102/00, BStBl 2001 II 710; R 34c Abs. 3 Satz 6 EStR.
9 Vgl. *Prokisch* in Kirchhof/Söhn/Mellinghoff, § 34c EStG Rz. B 173; *Gosch* in Kirchhof, § 34c EStG Rz. 28; a. A. *Thömmes*, IWB 2013, 295.

aus unionsrechtlicher Sicht weder eine per-community-limitation noch die darüber hinaus gehende overall-limitation zu fordern (s. dazu auch → Rz. 7). So sieht auch der BFH die unionsrechtliche Lage hinsichtlich der länderbezogenen Berechnung des Anrechnungshöchstbetrags durch eine gefestigte Spruchpraxis des EUGH als hinreichend geklärt an.[1]

g) Beispiel zur Ermittlung des Anrechnungshöchstbetrags

41 Der im Inland ansässige Gewerbetreibende G (unverheiratet, kinderlos) bezieht im Rahmen seiner betrieblichen Tätigkeit die folgenden Einnahmen und hat die folgenden Ausgaben:

	Betrag €
Inländische Einkünfte aus Gewerbebetrieb	40 000
aus Land A (Nicht DBA Staat):	
Einnahmen aus gewerblicher Tätigkeit	40 000
Ausgaben in Zusammenhang mit der ausländischen gewerblichen Tätigkeit	15 000
ausländische Steuer auf gewerbliche Tätigkeit (Bruttobesteuerung 25 % v. 40 000 €)	10 000
Lizenzgebühren (steuerfrei in Land A)	10 000
aus Land B (DBA-Staat):	
Betriebsstättengewinn im Inland freigestellt nach Art. 23A OECD-MA	100 000
Steuer Land B (20 %)	20 000
Weitere steuerrelevante Annahmen:	
Sonderausgaben, § 10 EStG	5 000
Steuerermäßigung nach § 35a EStG	1 200
Gewerbesteuermessbetrag	700

Lösung:[2]

Ermittlung des zu versteuernden Einkommens	Betrag €
Inländische Einkünfte aus Gewerbebetrieb	40 000
Land A	
+ ausländische Einnahmen aus gewerblicher Tätigkeit	+ 40 000
- Ausgaben in Zusammenhang mit der ausländischen gewerblichen Tätigkeit	- 15 000
+ Lizenzgebühren	+ 10 000
Land B	
Betriebsstättengewinn im Inland freigestellt nach Art. 23A OECD-MA	0
Summe der Einkünfte	75 000
- Sonderausgaben, § 10 EStG	- 5 000
= zu versteuerndes Einkommen	= 70 000

---

1 Vgl. BFH v. 18.12.2013 - I R 71/10, BStBl 2015 II 361; BFH v. 23.10.2013 - I R 21/11, NWB DokID: CAAAE-61340; EuGH v. 28.2.2013 - C-168/11, *Beker und Beker*, NWB DokID: UAAAE-31649; EuGH v. 12.12.2002 - C-385/00, *de Groot*, Slg. 2002, I-11819.
2 Zur Ermittlung des *Anrechnungshöchstbetrags* für Veranlagungszeiträume vor 2015 s. 1. Aufl.

Tarifliche Einkommensteuer	Betrag €
Einkommensteuer unter Berücksichtigung des Progressionsvorbehalts, § 32a Abs. 1 Nr. 4 EStG (2019) i.V.m § 32b Abs. 1 Nr. 3 EStG 0,42 x (70 000 + 100 000) − 8 780,90 = 62 619,10	
Einkommensteuersatz nach § 32b Abs. 2 EStG: 62 619,10/170 000 = 36,83 %	
Einkommensteuersatz nach § 32b Abs. 2 EStG angewendet auf das zu versteuernde Einkommen: 36,83 % x 70 000	
= tarifliche Einkommensteuer	= 25 781

Anrechnungshöchstbetrag		Betrag €
tarifliche ESt gem. §§ 32a, 32b, 34, 34a, 34b / zu versteuerndes Einkommen	= 25 781 / 70 000 = 36,83 %	
Land A: Anwendung des durchschnittlichen ESt-Satzes auf die steuerpflichtigen Einkünfte aus Land A: 25.000 x 36,83 %		
= Anrechnungshöchstbetrag Land A, § 34c Abs. 1 EStG		9 207 €
Keine Anrechnung der Steuern aus Land B wegen DBA-Freistellung		

Festzusetzende Einkommensteuer	Betrag €
Tarifliche Einkommensteuer	25 781
- Steuerermäßigung, § 35 EStG (700 € x 3,8)	- 2 660
- Steueranrechnung, § 34c Abs. 1 EStG	- 9 207
- Steuerermäßigung, § 35a Abs. 3 EStG	- 1 200
= festzusetzende Einkommensteuer	12 714

Eine unionsrechtskonforme Ermittlung des Anrechnungshöchstbetrags[1] erfordert, dass eine von der Rechtslage des § 34c Abs. 1 EStG abweichende Vorgehensweise; s. → Rn 31:

Unionsrechtskonforme Ermittlung des Anrechnungshöchstbetrags		Betrag €
tarifliche ESt gem §§ 32a, 32b, 34, 34a, 34b / zu versteuerndes Einkommen - **Grundfreibetrag**	= 25 781 / 70 000 - 9 168 = 42,38 %	
Land A: Anwendung des durchschnittlichen ESt-Satzes auf die steuerpflichtigen Einkünfte aus Land A: 25.000 x 42,38 %		
= unionsrechtskonformer Anrechnungshöchstbetrag Land A		10 595
Maximal anrechenbar: gezahlte ausländische Steuer		10 000

(Einstweilen frei)

---

[1] Vgl. BFH v. 18.12.2013 - I R 71/10 BFH/ NV 2014, 759, NWB DokID: EAAAE-60953; v. 23.10.2013 I R 21/11, NWB DokID: GAAAD-85705; EUGH v. 28.2.2013 – C-168/11, Beker und Beker, IStR 2013, 275, NWB DokID: UAAAE-31649.

II. Abzugsmethode auf Antrag (§ 34c Abs. 2 EStG)

1. Voraussetzungen

46 Als Alternative zur Steueranrechnung nach § 34c Abs. 1 EStG kann der Stpfl. **auf Antrag** die ausländischen Steuern **bei der Ermittlung der Einkünfte** abziehen, soweit die ausländischen Einkünfte im Inland nicht steuerfrei sind. Damit wird dem Stpfl. eine Wahlmöglichkeit eröffnet, die durch den Klammerverweis auf § 34c Abs. 1 EStG erfordert, dass sämtliche Anwendungsvoraussetzungen des Abs. 1 erfüllt sind. Es muss folglich **(1)** unbeschränkte Steuerpflicht bestehen (→ Rz. 16) sowie **(2)** die abzuziehende Steuer **(a)** im Ursprungsstaat der Einkünfte erhoben werden (→ Rz. 20), **(b)** der deutschen Einkommensteuer entsprechen (→ Rz. 21), **(c)** festgesetzt und gezahlt sein und um einen entstandenen Ermäßigungsanspruch gekürzt sein (→ Rz. 22), **(d)** auf im VZ bezogene (→ Rz. 27) **(3)** ausländische Einkünfte i. S. d. § 34d EStG entfallen (→ Rz. 19).[1]

In Abweichung von § 34c Abs. 1 EStG ist der Abzug der ausländischen Steuern nicht auf einen Höchstbetrag begrenzt. Der Abzug ist durch den 2. Halbsatz jedoch nur möglich, **soweit** die Einkünfte im Inland nicht steuerfrei sind.[2] Damit erfolgt insbesondere für Einkünfte, die dem Teileinkünfteverfahren nach § 3 Nr. 40 EStG unterliegen, nur ein anteiliger Steuerabzug i. H. v. 60 % der ausländischen Steuern, für ausländische Einkünfte, die nach DBA-Freistellung oder nach § 8b Abs. 1 und 2 KStG steuerfrei sind, ist der Steuerabzug dagegen vollständig ausgeschlossen.[3]

2. Wahlrechtsausübung

47 **Verfahren:** Das **Wahlrecht zum Steuerabzug** muss durch den Verweis auf § 34c Abs. 1 EStG für alle Einkünfte aus **demselben** ausländischen Staat **einheitlich** ausgeübt werden (R 34c Abs. 4 Satz 1 EStR).[4] Insoweit sind komplexe Vorteilhaftigkeitsberechnungen erforderlich, um die für den Stpfl. günstigste Wahlrechtsausübung zu ermitteln.[5]

Zusammenveranlagte Ehegatten und Lebenspartner können für Einkünfte aus demselben Staat das Wahlrecht unterschiedlich nutzen. Ebenso ist bei mehreren Beteiligten im Rahmen der gesonderten und einheitlichen Feststellung eine unterschiedliche Wahlrechtsausübung möglich (s. → Rz. 88). Die Wahlrechtsausübung erfolgt ohne förmlichen Antrag grundsätzlich im Rahmen der Steuer- oder Feststellungserklärung und kann im Rechtsbehelfsverfahren (mit Ausnahme des Revisionsverfahrens) sowie bei nach der AO zulässigen Änderung von Steuerbescheiden nachgeholt oder zurückgenommen werden.[6]

48 **Wirkung der Abzugsmethode:** Die Abzugsmethode mindert die inländische Steuerbemessungsgrundlage und bewirkt damit eine Steuerentlastung in Höhe des Produkts aus Differenzsteuersatz[7] und ausländischer Steuer. Da die ausländischen Steuern bei der Ermittlung der Ein-

---

1 Vgl. *Lüdicke/Wassermeyer/Weggenmann* in Flick/Wassermeyer/Baumhoff/Schönfeld, § 34c EStG Rz. 252 ff.
2 Die Einschränkung des Steuerabzugs durch den 2. Halbsatz ist durch das JStG 2007 v. 13. 12. 2006, BStBl 2007 I 40 eingeführt worden.
3 Vgl. *Gosch* in Kirchhof, § 34c EStG Rz. 31. Den 2. Halbsatz anders interpretierend *Lüdicke/Wassermeyer/Weggenmann* in Flick/Wassermeyer/Baumhoff/Schönfeld, § 34c EStG Rz. 262. Zur Diskussion, ob wegen § 8b Abs. 3 und 5 KStG ein Abzug von 5 % der ausländischen Steuern systemkonform wäre, vgl. *Pohl* in Blümich, § 26 EStG Rz. 102.
4 Vgl. R 34c Abs. 4 Satz 1 EStR.
5 Vgl. dazu ausführlich *Jacobs*, Internationale Unternehmensbesteuerung, 2016, S. 59 ff.
6 Vgl. R 34c Abs. 2 Satz 2 bis 5 EStR; OFD Frankfurt v. 24. 7. 2013 - S 2293 A-80 -St 513, mit Beispiel.
7 Vgl. *Jacobs*, Internationale Unternehmensbesteuerung, 2016, S. 60 FN 67.

künfte abgezogen werden, kann der Steuerabzug zu einem Verlustabzug nach § 10d EStG führen oder diesen erhöhen.[1] Zudem wirkt sich der Steuerabzug – anders als die Steueranrechnung – auf die gewerbesteuerliche Ausgangsgröße nach § 7 GewStG aus. Soweit die ausländischen Einkünfte jedoch nicht der Gewerbesteuer unterliegen, insbesondere soweit für die ausländischen Einkünfte eine der Kürzungsvorschriften nach § 9 GewStG greift, ist die abgezogene ausländische Steuer nach § 8 Nr. 12 GewStG hinzuzurechnen.[2] Dies gilt bspw. für Einkünfte aus ausländischen Betriebsstätten im Nicht-DBA-Fall wegen der Kürzungsvorschrift nach § 9 Nr. 3 GewStG und im DBA-Fall wegen Freistellung der Betriebsstättengewinne durch Art. 23A OECD-MA.

Die **Vorteilhaftigkeit der Wahlrechtsausübung** hängt von vielfältigen Faktoren ab – insbesondere von der Höhe der inländischen Einkünfte, der ausländischen Einkünfte und der ausländischen Steuer – so dass allgemeine Vorteilhaftigkeitsaussagen nur eingeschränkt möglich sind.[3]

▶ *Regel 1*: Sind die in- und die ausländischen Einkünfte positiv und besteht nach der Anrechnungsmethode **kein Anrechnungsüberhang**, so ist Anrechnungsmethode immer günstiger als der Steuerabzug.
Begründung: Die Steueranrechnung führt in diesem Fall zu einer Steuerminderung in Höhe der voll anrechenbaren ausländischen Steuer, die Abzugsmethode nur in Höhe des Produkts aus Differenzsteuersatz und ausländischer Steuer. Da der inländische Differenzsteuersatz immer unter 100 % beträgt, ist die **Steuerersparnis der Anrechnungsmethode immer höher**.

▶ *Regel 2*: Sind die in- und die ausländischen Einkünfte positiv und besteht nach der Anrechnungsmethode **ein Anrechnungsüberhang**, so ist die **Abzugsmethode vorteilhaft**, wenn die Steuerentlastungswirkung der Abzugsmethode höher ist als die Steuerentlastungswirkung des Anrechnungshöchstbetrags der Anrechnungsmethode. Folglich muss gelten:
Differenzsteuersatz x ausländische Steuer > Durchschnittsteuersatz x ausländische Einkünfte
Da für diesen Fall keine allgemeingültigen Vorteilhaftigkeitsaussagen gemacht werden können, sind Einzelfallberechnungen erforderlich.

▶ *Regel 3*: Die Abzugsmethode ist immer günstiger als die Anrechnungsmethode, falls durch den Abzug der ausländischen Steuer ein negativer Gesamtbetrag der Einkünfte entsteht oder sich erhöht.[4]
Begründung: Bei einem negativen Gesamtbetrag der Einkünfte läuft die Anrechnungsmethode ins Leere, da sich keine inländische Steuer ergibt. Durch die Abzugsmethode kann sich die ausländische Steuer dann zumindest im Rahmen des Verlustabzugs nach § 10d EStG auswirken.

▶ *Regel 4*: Die Die Abzugsmethode ist immer günstiger als die Anrechnungsmethode, falls die ausländischen Einkünfte nach deutschen Einkünfteermittlungsvorschriften negativ sind.

---

1 Vgl. *Wagner* in Blümich, § 34c EStG Rz. 74.
2 Vgl. *Hofmeister* in Blümich, § 8 EStG Rz. 720 ff.
3 Vgl. *Jacobs*, Internationale Unternehmensbesteuerung, 2016, S. 59 ff.
4 Vgl. *Lüdicke/Wassermeyer/Weggenmann* in Flick/Wassermeyer/Baumhoff/Schönfeld, § 34c EStG Rz. 257.

Begründung: Eine Anrechnung ist nicht möglich, da keine deutsche Einkommensteuer auf die negativen ausländischen Einkünfte entfällt.

50–53 *(Einstweilen frei)*

III. Abzug nicht anrechenbarer ausländischer Steuern von Amts wegen (§ 34c Abs. 3 EStG)

1. Voraussetzungen

54 Liegen die Voraussetzungen der Anrechnungsmethode nach § 34c Abs. 1 EStG nicht vor, ermöglicht § 34c Abs. 3 EStG als Auffangtatbestand den Abzug der ausländischen Steuer.[1] Für die abschließend genannten Tatbestände des § 34c Abs. 3 EStG müssen die **folgenden Voraussetzungen** erfüllt sein: Es muss sich um einen **unbeschränkt Stpfl.** handeln, **Steuersubjektidentität** im In- und Ausland muss vorliegen, die ausländische Steuer muss eine **Steuer vom Einkommen** sein, die **festgesetzt** und **gezahlt** und **um einen entstandenen Ermäßigungsanspruch gekürzt** wurde und auf im Inland **steuerbare** Einkünfte entfällt.[2] Ein Steuerabzug nach § 34c Abs. 3 EStG erfolgt **von Amts wegen**, wenn die ausländische Steuer **(1)** nicht der deutschen Einkommensteuer entspricht oder **(2)** nicht in dem Staat erhoben wird, aus dem die Einkünfte stammen oder **(3)** auf Einkünfte erhoben wird, die keine ausländischen Einkünfte i. S. d. § 34d EStG darstellen.

55 Ob ein Abzug nach § 34c Abs. 3 EStG nur dann möglich ist, wenn die Einkünfte im Inland nicht nur steuerbar, sondern auch steuerpflichtig sind, wird kontrovers diskutiert.[3] Aufgrund des von § 34c Abs. 2 2. Halbsatz EStG abweichenden Wortlauts des Abs. 3 2. Halbsatz ist es ausreichend, dass die Einkünfte „der deutschen Einkommensteuer unterliegen" i. S. d. § 2 EStG. Eine (vollständige oder teilweise) Steuerbefreiung ist für die Anwendung des § 34c Abs. 3 EStG unschädlich.

Im DBA-Fall ist § 34c Abs. 3 EStG regelmäßig nicht anwendbar auf Einkünfte aus dem jeweiligen DBA-Staat. Eine Anwendung kann sich allenfalls für Drittstaaten-Einkünfte ergeben (§ 34c Abs. 6 Satz 6 EStG, →Rz. 79).

2. Tatbestände des § 34c Abs. 3 EStG

56 Dem Tatbestand einer **der deutschen Einkommensteuer nicht entsprechenden ausländischen Steuer** kommt lediglich eine (in der Praxis wenig relevante) Auffangfunktion zu. In der Regel entspricht die ausländische Steuer vom Einkommen der deutschen Einkommensteuer. Eine abkommenswidrig einbehaltene ausländische Steuer kann auch nach dieser Vorschrift nicht abgezogen werden.[4]

57 Die Erhebung der ausländischen Steuer **durch einen anderen Staat als dem Herkunftsstaat der Einkünfte** (Drittstaat) kommt insbesondere dann in Betracht, wenn der Stpfl. Betriebsstätteneinkünfte aus einem ausländische Staat bezieht, in denen Zinsen, Lizenzgebühren oder andere quellenbesteuerte Einkünfte aus einem Drittstaat enthalten sind. Sofern im Rahmen der be-

---

1 Vgl. FG Hamburg v. 17. 5. 2013 - 6 K 73/12, EFG 2013, 1671.
2 Vgl. HHR/*Kuhn*, § 34c EStG Rz. 115.
3 Vgl. *Lüdicke/Wassermeyer/Weggenmann* in Flick/Wassermeyer/Baumhoff/Schönfeld, § 34c EStG Rz. 323; a. A. *Wagner* in Blümich, § 34c EStG Rz. 87.
4 Vgl. BFH v. 2. 3. 2010 - I R 75/08, BFH/NV 2010, 1820 = NWB DokID: SAAAD-48551.

schränkten Steuerpflicht im Betriebsstättenstaat eine Anrechnung der Quellensteuer des Drittstaats erfolgt, kann der Stpfl. nach § 34c Abs. 1 EStG lediglich die um den Anrechnungsanspruch geminderte ausländische Steuer des Betriebsstättenstaats anrechnen. Die Quellensteuer des Drittstaats wird nach § 34c Abs. 3 2. Alt. EStG abgezogen.[1] Ein weiterer Anwendungsfall besteht bei doppelter oder mehrfacher Ansässigkeit, wenn der nach deutschem Recht unbeschränkt Stpfl. in einem ausländischen Staat ebenfalls der unbeschränkten Steuerpflicht nach dem Welteinkommensprinzip unterliegt und darin auch Drittstaateneinkünfte enthalten sind. Die ausländische Steuer auf die Drittstaateneinkünfte wird nicht in dem Staat erhoben, aus dem die ausländischen Einkünfte stammen.[2]

Der in der Besteuerungspraxis wichtigste Fall betrifft ausländische Steuern, die **nicht von ausländischen Einkünften i. S. d. § 34d EStG** erhoben werden. Dies betrifft insbesondere Liefergewinnsteuern oder Steuern bei Montagetätigkeiten, die nicht als Betriebsstätte i. S. v. § 12 AO qualifizieren.[3] In diesen Fällen liegen keine ausländischen Einkünfte nach § 34d EStG vor. Ebenso stellen bei doppelter oder mehrfacher Ansässigkeit die in der Welteinkommensbesteuerung des ausländischen Staates enthaltenen deutschen Einkünfte nach den Wertungen des inländischem Rechts keine ausländischen Einkünfte i. S. d. § 34d EStG dar.[4] Insoweit erfolgt ein Abzug der ausländischen Steuer nach § 34c Abs. 3 EStG 3. Alt.[5] In Fällen, in denen eine nichtselbständige Tätigkeit im Inland ausgeübt wird, so dass die Einkünfte nach § 34d Nr. 5 EStG nicht aus dem Ausland stammen, ist die im Ausland darauf erhoben Steuer nach § 34c Abs. 3 EStG 3. Alt. abzuziehen.[6] Wenn man – entgegen der hier vertretenen Auffassung (→ Rz. 18)[7] – ausländischen Steuern auf Basisgesellschaften die Anrechnung bzw. den Abzug nach § 34c Abs. 1 und 2 EStG versagt, muss ein Abzug der ausländischen Steuer nach § 34c Abs. 3 EStG 2. Alt. erfolgen, da aus deutscher Sicht keine ausländischen Einkünfte vorliegen.[8] Dagegen sieht der BFH die Steuersubjektidentität in einem Fall missbräuchlicher Gestaltung nicht als erfüllt an und versagt den Abzug der auf Ebene der ausländischen Kapitalgesellschaft angefallenen Steuern, obwohl dem Stpfl. die Einkünfte unmittelbar zugerechnet werden.[9] Da bei einer angemessenen und damit nicht rechtsmissbräuchlichen Gestaltung der Beteiligungsverhältnisse die ausländische Steuer überhaupt nicht angefallen wäre, müsse der deutsche Fiskus die Minderung seines Steueraufkommens nicht hinnehmen. Damit können die ausländischen Steuern bei Nichtanerkennen des ausländischen Rechtsträgers in systemwidriger Weise nicht berücksichtigt werden.[10]

58

(Einstweilen frei) 59–63

---

1 Vgl. HHR/*Kuhn*, § 34c EStG Rz. 126; *Lüdicke/Wassermeyer/Weggenmann* in Flick/Wassermeyer/Baumhoff/Schönfeld, § 34c EStG Rz. 311; a. A. *Wagner* in Blümich, § 34c EStG Rz. 90.
2 Vgl. *Lüdicke/ Wassermeyer/ Weggenmann* in Flick/Wassermeyer/Baumhoff/Schönfeld, § 34c EStG Rz. 312.
3 Vgl. *Lüdicke/Wassermeyer/Weggenmann* in Flick/Wassermeyer/Baumhoff/Schönfeld, § 34c EStG Rz. 314 f.
4 In diesem Fall liegt eine Überschneidung mit der 2. Alt. vor, da die (ausländische) Steuer auch nicht in dem Staat erhoben wird, aus dem die (inländischen) Einkünfte stammen. Vgl. *Lüdicke/Wassermeyer/Weggenmann* in Flick/Wassermeyer/Baumhoff/Schönfeld, § 34c EStG Rz. 315.
5 Vgl. *Wagner* in Blümich, § 34c EStG Rz. 91.
6 Vgl. dazu BFH v. 19. 3. 2002 - I R 15/01, BFH/NV 2002, 1411 = NWB DokID: BAAAA-68107.
7 So *Gosch* in Kirchhof, § 34c EStG Rz. 2.
8 Vgl. BFH v. 1. 4. 2003 - I R 39/02, BStBl 2003 II 869; BFH v. 24. 3. 1998 - I R 28/97, BStBl 1998 II 471.
9 Vgl. BFH v. 2. 3. 2016 - I R 73/14, BStBl 2016 II 887.
10 Vgl. dazu auch die Kritik von *Wassermeyer*, IStR 2016, 825; Riehl/Wagemann, Kein Steuerabzug nach § 34c Abs. 3 EStG 1997 bei missbräuchlicher Gestaltung – BFH v. 2. 3. 2016 - I R 73/14, IWB 2016, 651.

IV. Pauschalierung, Teilerlass und Erlass (§ 34c Abs. 5 EStG)

1. Zielsetzung, Anwendungsbereich

64 In den Fällen, in denen es (1) aus volkswirtschaftlichen (d. h. speziell außenwirtschaftlichen) Gründen zweckmäßig ist oder (2) die Steueranrechnung nach § 34c Abs. 1 EStG besonders schwierig ist, kann die Finanzverwaltung die auf die ausländischen Einkünfte entfallende deutsche Einkommensteuer ganz oder teilweise erlassen. § 34c Abs. 5 EStG erfüllt eine Auffangfunktion für den Fall, dass die primär vom Gesetzgeber vorgesehenen Lösungen (DBA, Steueranrechnung, Steuerabzug) im konkreten Einzelfall nicht zu sachgerechten, volkswirtschaftlich erwünschten Ergebnissen führen.[1] § 34c Abs. 5 EStG enthält eine **Ermächtigung** zum Erlass von Verordnungen, die durch den **Auslandstätigkeitserlass**[2] und den **Pauschalierungserlass**[3] umgesetzt wurden. Diese Erlassregelungen sind jedoch nicht abschließend, daneben kommen **im Einzelfall weitere Billigkeitsmaßnahmen** in Betracht.[4]

65 **Ziel** der Vorschrift ist, Steuerermäßigung und Steuerbefreiungen, die insbesondere in Entwicklungsländern gewährt werden, dem inländischen Investor zu erhalten. Die nach § 34c Abs. 5 EStG mögliche Pauschalierung und der Teilerlass (anders Vollerlass) führen regelmäßig zu einer **Milderung der Doppelbesteuerung**. Sie gehen aber in jedem Fall weniger weit als die Freistellung, können aber gegenüber der Anrechnung insbesondere dann vorteilhaft sein, wenn das ausländische Steuerniveau niedriger ist, da es nicht zu einer Hochschleusung auf das inländische Steuerniveau kommt.

66 Auch bei **Bestehen eines DBA** ist § 34c Abs. 5 EStG grundsätzlich weiter anwendbar (fehlender Ausschluss des § 34c Abs. 5 in Abs. 6 Satz 1 EStG), wird von der Finanzverwaltung wegen des Auffangcharakters aber selten angewendet. Soweit das DBA allerdings die Einkünfte steuerfrei stellt, bleibt für die Anwendung des § 34c Abs. 5 EStG mangels Doppelbesteuerung kein Anwendungsbereich mehr.[5] Bei Hinzurechnungsbesteuerung nach §§ 7 ff. AStG erfolgt keine Anwendung der Vorschrift, da § 12 AStG nur auf § 34c Abs. 1 EStG verweist.[6]

67 Die in § 34c Abs. 5 EStG enthaltene **Ermächtigung** zum Erlass von Verordnungen wurde nach bislang h. M. als verfassungskonform erachtet.[7] Die **Verletzung des Unionsrechts**, insbes. der Dienstleistungsfreiheit (Art. 56 AEUV) und der Arbeitnehmerfreizügigkeit (Art. 45 AEUV), durch **den Auslandtätigkeitserlass** steht wegen der Beschränkung auf **inländische Arbeitgeber** sowie inländische Lieferanten, Hersteller oder Auftragnehmer außer Frage.[8] Die Unionswidrigkeit des mit dem Auslandstätigkeitserlass verfolgten Begünstigungszwecks hat Rückwirkungen auf die verfassungsrechtliche Beurteilung, da es für die punktuelle Privilegierung von begünstigten Arbeitnehmern gegenüber nicht begünstigten Arbeitnehmern an einer verfassungsrechtlichen

---

1 Vgl. *Gosch* in Kirchhof, § 34c EStG Rz. 35.
2 Vgl. BMF v. 31. 10. 1983, BStBl 1983 I 470, Auslandstätigkeitserlass.
3 Vgl. BMF v. 10. 4. 1984, BStBl 1984 I 252, Pauschlierungserlass.
4 Vgl. BFH v. 18. 8. 1987 - VIII R 297/82, BStBl 1988 II 139; BFH v. 20. 5. 1992 - I B 16/92, BFH/NV 1992, 740 = NWB DokID: TAAAB-32840.
5 Vgl. BFH v. 11. 9. 1987 - VI R 19/84, BStBl 1987 II 856; BFH v. 11. 9. 1987, BFH/NV 1988, 671; BMF v. 31. 10. 1983, BStBl 1983 I 470, Tz. 5 Nr. 2; BMF v. 10. 4. 1984, BStBl 1984 I 252, Tz. 10.
6 Vgl. BFH v. 20. 4. 1988 - I R 197/84, BStBl 1988 II 893.
7 Vgl. BVerfG v. 19. 4. 1978 - 2 BvL 2/75, BStBl 1978 II 548; BFH v. 8. 12. 2010 - I B 98/10, BFH/NV 2011, 596 = NWB DokID: EAAAD-61004.
8 Vgl. EuGH v. 28. 2. 2013 - C 544/11, *Petersen und Petersen*, BStBl 2013 II 847.

Legimitation fehlt.¹ Insoweit bestehen berechtigte verfassungsrechtliche **Zweifel an der (weiteren) Verfassungsmäßigkeit**. Da der EuGH auch die von der Bundesregierung vorgebrachten Rechtfertigungsgründe (Notwendigkeit der steuerlichen Überprüfung und Sicherung der zur fördernden Entwicklungshilfe) nicht als ausreichend ansah, muss die Finanzverwaltung den Erlass entweder den Anforderungen des EuGH anpassen und die Vergünstigung auch Arbeitnehmern gewähren, die von ausländischen Arbeitsgebern in Drittstaaten entsandt werden, oder den Erlass aufheben.²

2. Voraussetzungen

Nur **unbeschränkt Stpfl.** können die Vergünstigungen des § 34c Abs. 5 EStG in Anspruch nehmen, für beschränkt Stpfl. gilt die vergleichbare Regelung des § 50 Abs. 4 EStG. Erlass oder Pauschalierung werden nur gewährt, wenn deutsche Einkommensteuer auf **ausländische Einkünfte** i. S. d. § 34d EStG aus einem **ausländischen Staat** entfällt. Die Antarktis ist daher vom Anwendungsbereich des Auslandstätigkeitserlasses ausgenommen.³

Zweckmäßigkeit aus volkswirtschaftlichen Gründen (1. Alt.) setzt voraus, dass die Begünstigung der deutschen Außenwirtschaft dient. Unabhängig davon, ob eine Besteuerung im Ausland stattgefunden hat, ist die Steuerbegünstigung möglich, wenn ausländische handels- und wirtschaftspolitische Maßnahmen zum Schutz der deutschen Volkswirtschaft eine schnelle, auf den Einzelfall bezogene entlastende Reaktion der Finanzbehörden erfordern, z. B. zur Sicherung der Rohstoffversorgung, nicht jedoch aus humanitären Gründen.⁴

Besondere Schwierigkeiten bei der Anwendung des Abs. 1 (2. Alt.) liegen nur in besonderen Ausnahmefällen vor, wenn die Feststellung der ausländischen Einkünfte, der ausländische Steuer oder die Zuordnung der ausländischen Steuer zu bestimmten ausländischen Einkünften nicht möglich ist.⁵ Wegen des Bezugs auf § 34c Abs. 1 EStG muss im Ausland eine Besteuerung erfolgt sein.⁶

3. Rechtsfolgen und Verfahrensfragen

Die Entscheidung liegt im pflichtgemäßen behördlichen Ermessen, soweit der Stpfl. durch Verwaltungsvorschriften (Auslandstätigkeits- und Pauschalierungserlass) keinen Anspruch auf die Begünstigung hat.⁷ Die auf die ausländischen Einkünfte entfallende deutsche Einkommensteuer kann ganz oder teilweise erlassen werden bzw. mit einem Pauschbetrag festgesetzt werden. Insgesamt darf sich durch die Anwendung des § 34c Abs. 5 EStG keine höhere Steuerbelastung ergeben,⁸ es darf daraus aber auch keine Entlastung der inländischen Einkünfte resultieren.

---

1 Vgl. *Gosch*, IStR 2013, 325. Diese Konsequenz zieht der österreichische VfGH (v. 30.9.2010 - G 29/10-6, G30/10-6, G 31/10-6, G 32/10-6, G 33/10-6, G 49/10-6, G 49/10-6; G50/10-6, G51/10-6, AFS 10/2010) zu der vergleichbaren Vorschrift des § 3 Nr. 14a öEStG a. F., was zur Unanwendbarkeit führte.
2 Vgl. *Gosch*, IStR 2013, 325; *Wagner* in Blümich, § 34c EStG Rz. 124.
3 Vgl. BFH v. 14.6.1991 - VI R 185/87, BStBl 1991 II 926.
4 Vgl. BVerfG v. 19.4.1978 - 2 BvL 2/75, BStBl 1978 II 548; BFH v. 8.12.2010 - I B 98/10, BFH/NV 2011, 596 = NWB DokID: EAAAD-61004; Vgl. HHR/*Kuhn*, § 34c EStG Rz. 171.
5 Zu den Anwendungsfällen vgl. Lüdicke/Wassermeyer/Weggenmann in Flick/Wassermeyer/Baumhoff/Schönfeld, § 34c EStG Rz. 571 ff.
6 Vgl. BFH v. 20.5.1992 - I B 16/92, BFH/NV 1992, 740 = NWB DokID: TAAAB-32840.
7 Ermessenreduzierung auf „Null", vgl. BFH v. 14.6.1991 - VI R 185/87, BStBl 1991 II 926.
8 Vgl. BVerfG v. 19.4.1978 - 2 BvL 2/75, BStBl 1978 II 548.

Die Begünstigungen des § 34c Abs. 5 EStG erfolgen grundsätzlich **antragsunabhängig** und können bis zum Eintritt der Festsetzungsverjährung gewährt werden.[1] Hingegen ist nach dem Pauschalierungs- und dem Auslandstätigkeitserlass ein Antrag erforderlich.[2] Zuständig für die Entscheidung sind die obersten Finanzbehörden der Länder oder die von ihnen beauftragten Finanzbehörden mit Zustimmung des BMF. Die Entscheidung ergeht als eigenständiger und selbständig anfechtbarer Grundlagenbescheid (§ 171 Abs. 10 AO).[3]

4. Auslandstätigkeits- und Pauschalierungserlass

70 Von praktischer Relevanz sind vor allem die im Auslandstätigkeitserlass und im Pauschalierungserlass geregelten Fälle. Der **Auslandstätigkeitserlass**[4] betrifft die Besteuerung unbeschränkt und beschränkt steuerpflichtiger Arbeitnehmer, die aufgrund eines gegenwärtigen Dienstverhältnisses zu einem **inländischen** Arbeitgeber (i. S. d. § 38 Abs. 1 EStG) eine begünstigte Tätigkeit im Ausland ausüben.[5] Diese Beschränkung des Auslandstätigkeitserlasses auf inländische Arbeitgeber steht im Widerspruch zum Unionsrecht (→ Rz. 64).[6] Zu den **begünstigten Auslandstätigkeiten** für einen inländischen (nunmehr wohl auch EU-)Lieferanten, Hersteller oder Auftragnehmer gehören die folgenden Tätigkeiten, wenn sie über einen Zeitraum von **mindestens drei Monaten** andauern und u. a. die Planung, Errichtung, Inbetriebnahme, Erweiterung, Modernisierung, Überwachung oder Wartung von Fabriken, Bauwerken, ortsgebundenen großen Maschinen oder ähnlichen Anlagen umfassen.[7]

Nicht begünstigt nach dem Auslandstätigkeitserlass sind Einkünfte aus nichtselbständiger Arbeit, die nach einem DBA allein im Ausland zu besteuern sind[8] sowie die Tätigkeit des Bordpersonals von Schiffen, Leiharbeitnehmer sowie die Tätigkeit von Piloten im Flugbetrieb.[9] Da Abschnitt I Nr. 4 des Auslandstätigkeitserlasses allein deutsche öffentliche Entwicklungshilfe und nicht etwa auch internationale oder europäische Entwicklungshilfe begünstigt, ist die Freistellung einer nichtselbständigen Auslandstätigkeit im Zusammenhang mit aus Mitteln der EU und anderer Staaten finanzierten Entwicklungshilfe nach § 34c Abs. 5 EStG nicht zu gewähren.[10] Vom FG verneint, aber durchaus fraglich ist, ob diese Auffassung mit Unionsrecht vereinbar ist.[11]

---

1 Vgl. *Lüdicke/Wassermeyer/Weggenmann* in Flick/Wassermeyer/Baumhoff/Schönfeld, § 34c EStG Rz. 518.
2 BMF v. 31. 10. 1983, BStBl 1983 I 470, Tz. VI.
3 Vgl. *Gosch* in Kirchhof, § 34c EStG Rz. 35; a. A: *Lüdicke/Wassermeyer/Weggenmann* in Flick/Wassermeyer/Baumhoff/Schönfeld, § 34c EStG Rz. 462.
4 BMF v. 31. 10. 1983, BStBl 1983 I 470.
5 Vgl. BFH v. 8. 12. 2010 - I B 98/10, BFH/NV 2011, 596 = NWB DokID: EAAAD-61004.
6 Vgl. EuGH v. 28. 2. 2013 - C 544/11, BStBl 2013 II 847; *Gosch*, IStR 2013, 325. Die Geltendmachung eines Unionsrechtsverstoßes erfordert, dass der Beschwerdeführer darlegt, inwieweit der Anwendungsbereich einer unionsrechtlichen Grundfreiheit im konkreten Fall eröffnet ist. Vgl. BGH v. 21.3.2018 - I B 63/17, BFH/NV 2018, 838 = NWB DokID: VAAAG-87337..
7 Vgl. BMF v. 31. 10. 1983, BStBl 1983 I 470, Tz. I und II; FG München v. 3. 3. 1993, EFG 1993, 522 rkr.; Anger, Auslandsbetriebsstätten durch Montageprojekte Überblick über Aspekte aus Sicht der steuerlichen Beratungspraxis, IWB 2017, 147.
8 Vgl. BMF v. 31. 10. 1983, BStBl 1983 I 470, Tz. V.2.; BFH v. 27. 3. 1994 - I R 180/87, BFH/NV 1992, 248 = NWB DokID: LAAAB-32283, m. w. N.
9 Vgl. BMF v. 31. 10. 1983 -, BStBl 1983 I 470, Tz I.; FG Baden-Württemberg v. 24. 1. 2011 - 10 K 3251/09, EFG 2011, 1162 rkr.
10 Vgl. FG Köln v. 22.3.2018 - 7 K 585/15, NWB DokID: CAAAG-95708, Rev. eingelegt: BFH I R 20/18.
11 Vgl. EuGH v. 28.2.2013 - C 544/11, BStBl 2013 II 847.

Der begünstigte Arbeitslohn bleibt nach dem Auslandstätigkeiterlass im Inland unter Progressionsvorbehalt (§ 32b Abs. 1 EStG) unabhängig davon steuerfrei,[1] ob eine Besteuerung im Ausland stattgefunden hat.[2] Mit dem Arbeitslohn in Zusammenhang stehende Werbungskosten können nach § 3c EStG nicht abgezogen werden.[3] Die Antragstellung auf Anwendung der Begünstigung nach § 34c Abs. 5 EStG ist auch nach Bestandskraft des Steuerbescheids bis zum Eintritt der Festsetzungsverjährung möglich.[4]

Zielsetzung des **Pauschlierungserlasses**[5] ist es, bei Tätigkeiten in ausländischen Staaten, mit denen **kein DBA** besteht, Steuererleichterungen aus (entwicklungs-)politischen Gründen zu gewähren. Zu den auf Antrag pauschal mit 25 % besteuerten ausländischen Einkünften aus einem Nicht-DBA-Staat gehören u. a. gewerbliche Einkünfte aus einer aktiven ausländischen Betriebsstätte (Tz. 3.1.1) und Schachteldividenden (Tz. 3.2).

71

Das Antragswahlrecht ist für alle begünstigten Einkünfte aus einem Staat einheitlich auszuüben (per-country-limitation), mehrere Beteiligte (z. B. Gesellschafter einer Personengesellschaft) können das Antragswahlrecht unterschiedlich ausüben.[6] Zur Steuerberechnung und den Auswirkungen der pauschalen Steuerfestsetzung auf die Steueranrechnung bzw. den Steuerabzug nach Abs. 1 bis 3 vgl. Tz. 8 des Erlasses.

V. Verhältnis zu den Doppelbesteuerungsabkommen (§ 34c Abs. 6 EStG)

1. Überblick über die Regelungssystematik

Mit § 34c Abs. 6 EStG wird das Konkurrenzverhältnis zwischen dem innerstaatlichen Recht und dem anzuwendenden DBA geregelt. Nach der Grundsatzregel des § 34c Abs. 6 Satz 1 EStG tritt der Anwendungsbereich der § 34 Abs. 1 bis 3 EStG hinter die abkommensrechtlichen Regelungen zurück, wenn die Einkünfte aus einem ausländischen Staat stammen, mit dem ein DBA besteht, was aufgrund der Vielzahl der deutschen DBA in der Praxis sehr häufig der Fall sein wird.[7] Der grundsätzliche Vorrang der abkommensrechtlichen Vorschriften wird durch die Ausnahmen des Satz 2 bis 6 des § 34c Abs. 6 durchbrochen, die zu einer partiellen Anwendung der innerstaatlichen Regelungen der § 34c Abs. 1 bis 3 EStG auch im Abkommensfall führen. Die Billigkeitsregelung des § 34c Abs. 5 EStG bleibt nach dem eindeutigen Gesetzeswortlaut auch im Abkommensfall anwendbar.

72

2. Regelungen im Einzelnen

§ **34c Abs. 6 Satz 1 EStG:** Die innerstaatlichen Regelungen werden durch die abkommensrechtlichen Vorschriften nur dann verdrängt, wenn die ausländischen Einkünfte **aus dem auslän-**

73

---

1 Vgl. BFH v. 27. 3. 1991 - I R 180/87, BFH/NV 1992, 248 = NWB DokID: LAAAB-32283.
2 FG Köln v. 22. 3. 2001 - 7 K 1709/99, EFG 2001, 974; FG Hessen v. 21. 2. 2008 - 13 K 2392/05, NWB DokID: WAAAC-83001.
3 Vgl. *Wagner* in Blümich, § 34c EStG Rz. 129.
4 Vgl. Hessisches FG v. 5.12.2017 - 1 K 501/16, EFG 2018, 732 = NWB DokID: QAAAG-80798; Rev. eingelegt: BFH I R 7/18.
5 BMF v. 10. 4. 1984, BStBl 1984 I 252.
6 *Wagner* in Blümich, § 34c EStG Rz. 121.
7 Vgl. HHR/*Kuhn*, § 34c EStG Rz. 6.

dischen DBA-Staat stammen. Ob der Ausdruck „einem ausländischen Staat stammen" inhaltlich den Anknüpfungsmerkmalen des § 34d EStG entspricht[1] oder vorrangig nach dem Abkommen auszulegen ist,[2] ist nicht abschließend geklärt.[3] Im Ergebnis ist die Anwendung von § 34c Abs. 1 bis 3 EStG immer dann ausgeschlossen, wenn das einschlägige DBA abstrakt eine Doppelbesteuerung des grenzüberschreitenden Sachverhalts vermeidet.[4] Im **Umkehrschluss** ergibt sich, dass § 34c Abs. 1 bis 3 EStG unmittelbar anwendbar bleiben, wenn die Einkünfte nicht aus dem DBA-Staat stammen und dennoch dort besteuert werden (s. § 34c Abs. 6 Satz 4 EStG vorbehaltlich der dort vorgesehenen Einschränkungen, vgl. → Rz. 77). Sind die Voraussetzungen des § 34c Abs. 6 Satz 1 EStG erfüllt, kommen die Methoden zur Vermeidung der Doppelbesteuerung des jeweiligen DBA (Anrechnung oder Freistellung mit Progressionsvorbehalt) vorrangig selbst dann zur Anwendung, wenn das Ergebnis für den Stpfl. ungünstiger ausfällt als die Vermeidung der Doppelbesteuerung nach § 34c Abs. 1 bis 3 EStG.[5]

74 **§ 34c Abs. 6 Satz 2 1. Teilsatz EStG:** Soweit das jeweilige DBA die Anrechnungsmethode (und nicht die Freistellungsmethode) vorsieht, können die Vorschriften hinsichtlich der **Durchführung der Anrechnung** nach § 34c Abs. 1 Satz 2 bis 5 EStG und der **alternative Steuerabzug nach § 34c Abs. 2 EStG** entsprechend anwendbar sein. Allerdings sind die innerstaatlichen Regelungen nach § 2 AO nachrangig gegenüber dem DBA, wenn das DBA die Anrechnungsmethode vorsieht und Regelungen zu ihrer Durchführung enthält.[6] Wenn (wie in den meisten) DBA die Steueranrechnung nur dem Grunde nach geregelt ist oder auf das nationale Recht verwiesen wird, kommen die innerstaatlichen Vorschriften zur **Ermittlung des Anrechnungshöchstbetrags** (§ 34c Abs. 1 Satz 2 EStG, → Rz. 30 ff.) sowie zur **Berechnung der ausländischen Einkünfte** (§ 34c Abs. 1 Satz 3 bis 5 EStG, → Rz. 35 ff.) ergänzend zur Anwendung.[7] Durch den fehlenden Verweis auf § 34c Abs. 1 Satz 1 EStG bestimmen sich die Voraussetzungen der Anrechnung allein nach den Abkommensvorschriften.

In die **Ermittlung des Anrechnungshöchstbetrags** (s. auch → Rz. 30 ff.) sind im DBA-Fall alle Einkünfte aus dem Vertragsstaat einzubeziehen, für die die Anrechnungsmethode im DBA vereinbart ist (per-country-limitation, → Rz. 39).[8] Dagegen bleiben die folgenden Einkünfte bei der Höchstbetragsberechnung außer vor: (1) Einkünfte, die nach dem DBA in Deutschland steuerfrei sind, (2) Einkünfte, die nach § 34c Abs. 6 Satz 3 i.V.m. Abs. 1 Satz 3 EStG im ausländischen Staat nicht besteuert werden können, (3) im Inland steuerfreie Einkünfte und (4) Einkünfte, die von einer DBA-Rückfallklausel (subject-to-tax-Klausel) erfasst werden.[9] Durch das Abkommen wird der Anrechnungsbetrag zusätzlich der Höhe nach begrenzt. Ein höherer Betrag, als dem Abkommensstaat nach dem DBA zusteht, kann nicht angerechnet werden.[10] Soweit die Berechnung des Anrechnungshöchstbetrages unionsrechtswidrig ist (s. → Rz. 34), gilt dies

---

[1] Vgl. BFH v. 2.3.2010 - I R 75/08, BFH/NV 2010, 1820 = NWB DokID: SAAAD-48551, die Anknüpfungsmerkmale nach § 34d EStG anwendend.
[2] Vgl. FG München v. 22.4.2008, EFG 2008, 1629; FG Hamburg v. 17.5.2013, EFG 2013, 1671, für die vorrangig der abkommensrechtliche Zuordnung.
[3] Offengelassen in BFH v. 17.11.2010 - I R 76/09, BFH/NV 2011, 674 = NWB DokID: YAAAD-62351; BFH v. 24.3.1998 - I R 38/97, BStBl 1998 II 471.
[4] Vgl. BFH v. 1.7.2009 - I R 113/08, BFH/NV 2009, 1992 = NWB DokID: OAAAD-31265.
[5] Vgl. BFH v. 15.3.1995 - I R 98/94, BStBl 1995 II 580; HHR/*Kuhn*, § 34c EStG Rz. 201 f.
[6] Vgl. *Heinicke* in Schmidt, § 34c EStG Rz. 26.
[7] Vgl. *Gosch* in Kirchhof, § 34c EStG Rz. 8.
[8] Vgl. BFH v. 20.12.1995 - I R 57/94, BStBl 1996 I 261.
[9] Vgl. *Wagner* in Blümich, § 34c EStG Rz. 140; *Gosch* in Kirchhof, § 34c EStG Rz. 10 f.
[10] Vgl. BFH v. 15.3.1995 - I R 98/84, BStBl 1995 II 580; H 32c Abs. 5 EStH.

auch für die entsprechende Anwendung nach § 34c Abs. 6 Satz 2 1. Teilsatz EStG, da auch bei bilateraler Vereinbarung der Berechnungsmethode im DBA ein Verstoß gegen die Kapitalverkehrsfreiheit vorliegt, denn auch bei der Aufteilung ihrer Steuerhoheit sind die Vertragsstaaten dem Unionsrecht verpflichtet.[1]

Auch wenn das Abkommen kein Wahlrecht zur Abzugsmethode vorsieht, ist es dem nationalen Gesetzgeber freigestellt, dieses auch im DBA-Fall zuzulassen (§ 34c Abs. 6 Satz 2 EStG, Grundsatz der Meistbegünstigung).[2] Insoweit können die innerstaatlichen Regelungen nach § 34c Abs. 2 EStG – mit Ausnahme der Anrechnung fiktiver Steuern – auch im Abkommensfall angewendet werden (s. → Rz. 46 ff.)

§ 34c Abs. 6 Satz 2 2. Teilsatz EStG schließt im Wege einer Rückausnahme Kapitaleinkünfte, die der Abgeltungsteuer nach § 32d Abs. 1 und 3 bis 6 EStG unterliegen, von der entsprechenden Anwendung der § 34c Abs. 1 und 2 EStG aus. Die Anrechnung der ausländischen Steuern für private Kapitaleinkünfte richtet sich nach der spezielleren Regelung des § 32d Abs. 5 EStG.

75

Durch Rückausnahme nach **§ 34c Abs. 6 Satz 2 3. Teilsatz EStG** sind die Abs. 1 Satz 3 und Abs. 2 für die typischerweise in DBAs mit Entwicklungsländern vereinbarte fiktive Anrechnung ausländischer Steuern nicht anwendbar.[3] Zum einen werden durch den Verweis auf § 34c Abs. 1 Satz 3 EStG die in den Anrechnungshöchstbetrag eingehenden ausländischen Einkünfte bei fiktiven Quellensteuern unabhängig von einer tatsächlichen Besteuerung im Ausland ermittelt. Zum anderen wird der (wahlweise) Steuerabzug bei der fiktiven Steueranrechnung nach Abs. 2 ausgeschlossen, um zu gewährleisten, dass diese Steuervergünstigung vollumfänglich dem Stpfl. zugutekommt.[4]

§ 34c Abs. 6 Satz 3 EStG erweitert den Anwendungsbereich des Abs. 1 Satz 3 (→ Rz. 35 ff.) auch auf den Fall, dass die ausländischen Einkünfte aufgrund der im DBA vereinbarten Freistellungsmethode im Quellenstaat nicht besteuert werden. Damit sind diese auch im DBA-Fall nicht in die Berechnung des Anrechnungshöchstbetrags einzubeziehen.

76

§ 34c Abs. 6 Satz 4 EStG verweist auf die vollumfängliche Anwendung der Abs. 1 und 2 in den Fällen, in denen die ausländische Einkommensteuer nicht unter den Anwendungsbereich des Abkommens fällt. Entgegen der missverständlichen Formulierung des Gesetzes ist nicht Voraussetzung, dass das DBA sich nicht auf Steuern vom Einkommen bezieht, sondern dass das Abkommen lückenhaft ist und sich nicht auf alle Einkommensteuern des ausländischen Staats erstreckt.[5] Damit erfasst die Regelung bspw. Fälle, in denen Einkommensteuern der ausländischen Gebietskörperschaften (Gemeinden, Länder) oder bestimmte ausländische Steuern (z. B. capital gains tax im Fall des DBA Australien) nicht vom Abkommen abgedeckt sind.[6] Für diese Steuern erfolgt die Vermeidung der Doppelbesteuerung wie im Nicht-DBA-Fall allein nach nationalem Recht durch die vollumfängliche Anwendung der Abs. 1 und 2. Dagegen erfolgt keine Entlastung durch entsprechende Anwendung von Abs. 1 und 2, wenn das Abkommen die Doppelbesteuerung abstrakt vermeidet und die konkrete Doppelbesteuerung aus ei-

77

---

1 Vgl. EuGH v. 28. 2. 2013 – C-168/11, *Beker und Beker*, IStR 2013, 275.
2 Vgl. *Gosch* in Kirchhof, § 34c EStG Rz. 8; *Wagner* in Blümich, § 34c EStG Rz. 143.
3 Vgl. die Übersicht *Ismer* in Vogel/Lehner, Art. 23 Rz. 191 ff.
4 Vgl. *Gosch* in Kirchhof, § 34c EStG Rz. 8.
5 Vgl. BFH v. 8. 12. 2010 – I R 92/09, BStBl 2011 II 488; BFH v. 28. 4. 2010 – I R 81/09, BStBl 2014 II 754. *Lüdicke/Wassermeyer/Weggenmann* in Flick/Wassermeyer/Baumhoff/Schönfeld, § 34c EStG Rz. 767.
6 Vgl. *Ismer* in Vogel/Lehner, Art. 2 OECD-MA, Rz. 20.

ner abkommenswidrigen (Fehl-)Anwendung des Abkommens durch den Vertragsstaat oder aus Versäumnissen des Stpfl. resultiert (erforderliche Anträge werden nicht oder nicht fristgerecht gestellt).[1] Auf die Ausschüttung einer US-amerikanischen S-Corporation ist Satz 4 dagegen nicht anwendbar, da es sich nicht um einen Sachverhalt handelt, bei dem das DBA-USA die Doppelbesteuerung nicht beseitigt, da Deutschland das alleinige Besteuerungsrecht zusteht. Soweit durch eine davon abweichende Abkommensauslegung die USA gleichwohl besteuern, kann dies nicht zu einer Anwendung des § 34c Abs. 6 Satz 4 EStG führen.[2]

78 **§ 34 c Abs. 6 Satz 5 EStG** führt zu einer entsprechenden Anwendung der innerstaatlichen Vorschriften des Abs. 1 bis 3 und des Abs. 6 Satz 6, wenn die im Abkommen vereinbarte Freistellung der ausländischen Einkünfte durch die unilaterale switch-over-Klausel des § 50d Abs. 9 EStG als treaty override (KKB/Gebhardt, § 50d EStG Rz. 171 ff.) verdrängt wird.[3] Somit flankiert § 34c Abs. 6 Satz 5 EStG die Regelung des § 50d Abs. 9 EStG und stellt eine Einmalbesteuerung der ausländischen Einkünfte sicher. Unter der Voraussetzung, dass kein Gestaltungsmissbrauch vorliegt (Abs. 6 Satz 6), wird die ausländische Steuer nach Maßgabe des Abs. 1 angerechnet oder wahlweise nach Abs. 2 abgezogen (s. im Einzelnen dazu → Rz. 16 ff., → Rz. 46 ff.). Auch ein Abzugs von Amts wegen nach Abs. 3 kommt in Betracht (→ Rz. 54 ff.).

79 **§ 34c Abs. 6 Satz 6 1. Halbsatz EStG** erklärt auch im Abkommensfall den Steuerabzug nach Abs. 3 dann für anwendbar, wenn im Vertragsstaat eine Besteuerung von Drittstaateneinkünften erfolgt. Dadurch soll vermieden werden, dass Abs. 6 Satz 1 zu Doppelanrechnungen führt. Durch Rückausnahme des **§ 34c Abs. 6 Satz 6 2. Halbsatz EStG** gilt dies allerdings nicht, wenn die Besteuerung der Drittstaateneinkünfte im anderen DBA-Staat ihre Ursache in einer missbräuchlichen Gestaltung hat (1. Alt.), für die wirtschaftliche oder sonst beachtliche Gründe fehlen, oder, wenn dem anderen DBA-Staat die Besteuerung der Drittstaateneinkünfte durch das DBA gestattet wird (2. Alt.). Besteuert der Vertragsstaat Drittstaateneinkünfte entgegen dem Abkommen zu Unrecht und basieren die Einkünfte nicht auf einer missbräuchlichen Gestaltung, so bleibt der Steuerabzug nach Abs. 3 anwendbar.[4] § 34c Abs. 6 Satz 6 EStG ist nicht über den Wortlaut hinaus dahin gehend auszulegen, dass bei konkurrierendem Steuerzugriff stets ein Abzug möglich ist.[5]

Auch im Abkommensfall bleiben der **Progressionsvorbehalt** nach § 32b EStG und die **Pauschalierung** der ausländischen Steuer anwendbar.

VI. Verordnungsermächtigung (§ 34c Abs. 7 EStG)

80 § 34c Abs. 7 EStG enthält die abschließende Aufzählung der Ermächtigungsgrundlagen zum Erlass von Rechtsverordnung. Die Ermächtigung zur Regelung der Anrechnung ausländischer Steuern in Mehrstaatenkonstellationen (Nr. 1) ist durch § 68a EStDV umgesetzt (→ Rz. 39 f.), während die Ermächtigung zur Regelung des tatsächlichen Nachweises über Festsetzung und Zahlung der ausländischen Steuer (Nr. 2) in § 68b EStDV ausgeführt ist (→ Rz. 89).[6] Dagegen ist

---

[1] Vgl. BFH v. 2.3.2010 - I R 75/08, BFH/NV 2010, 1810 = NWB DokID: SAAAD-48551; BFH v. 1.7.2009 - I R 113/08, BFH/NV 2009, 1892 = NWB DokID: OAAAD-31265.
[2] Vgl. BFH v. 11.10.2017 - I R 42/15, BFH/NV 2018, 616 = NWB DokID: KAAAG-80492.
[3] Vgl. Lüdicke/Wassermeyer/Weggenmann in Flick/Wassermeyer/Baumhoff/Schönfeld, § 34c EStG Rz. 771.
[4] Vgl. Gosch in Kirchhof, § 34c EStG Rz. 7.
[5] Vgl. FG Hamburg v. 17.5.2013 - 6 K 73/12, EFG 2013, 1671.
[6] Vgl. Wagner in Blümich, § 34c EStG Rz. 148.

die Ermächtigung zur Regelung nachträglicher Änderungsmöglichkeiten (Nr. 3), soweit die ausländische Steuer nachträglich geändert oder erhoben wird, derzeit ohne Verordnungsumsetzung, da sich die entsprechenden Änderungsmöglichkeiten aus der AO ergeben.[1]

(Einstweilen frei) 81–86

C. Verfahrensfragen

Die **Steueranrechnung** nach § 34c Abs. 1 EStG und der **Steuerabzug** nach § 34c Abs. 3 EStG erfolgen von Amts wegen, der Abzug nach § 34c Abs. 2 EStG dagegen nur auf Antrag des Stpfl. Die Steueranrechnung ist als Steuerermäßigung Teil des Steuerfestsetzungsverfahrens.[2] Auch bei Lohnsteuerpflichtigen werden ausländische Steuern nicht durch das Lohnsteuerabzugsverfahren (§§ 38 ff. EStG), sondern nur im Rahmen der Veranlagung berücksichtigt (Antragstellung nach § 46 Abs. 2 Nr. 8 EStG). Dieser Antrag kann bis zum Ablauf der Festsetzungsfrist gestellt werden (§ 46 Abs. 2 Nr. 8 Satz 2 EStG). Bei **Personengesellschaften** sind die ausländischen Einkünfte, ihre Herkunft und ihre Aufteilung auf die einzelnen Gesellschafter sowie die den Gesellschaftern zuzurechnenden ausländischen Steuern Gegenstand der einheitlichen und gesonderten Feststellung nach § 179 AO, § 180 Abs. 1 Nr. 2 Buchst. a AO.[3] 87

Die **Wahlrechtsausübung** gem. § 34c Abs. 2 EStG erfolgt ohne förmlichen Antrag grundsätzlich im Rahmen der Steuer- oder Feststellungserklärung und kann im Rechtsbehelfsverfahren (mit Ausnahme des Revisionsverfahrens) sowie bei nach der AO zulässigen Änderung von Steuerbescheiden (insbesondere nach § 175 Abs. 1 Satz 1 Nr. 2 AO) nachgeholt oder zurückgenommen werden.[4] Das Wahlrecht gem. § 34c Abs. 2 EStG kann bei **mehreren Beteiligten** (Gesellschaftern einer Personengesellschaft, zusammenveranlagte Ehegatten/Lebenspartnern) für Einkünfte aus demselben Staat unterschiedlich ausgeübt werden.[5] 88

Der **Nachweis** über Festsetzung und Zahlung der ausländischen Steuer ist durch die Vorlage (deutschsprachiger) Urkunden (z. B. Steuerbescheide, Quittungen, Überweisungsträger u. Ä.) zu erbringen (§ 34c Abs. 7 i. V. m. § 68b EStDV).[6] Bei Abzugsteuern genügt die Abrechnung des Zahlungsschuldners. Die ausländische Steuer ist auf der Grundlage der von der europäischen Zentralbank täglich veröffentlichten Euro-Referenzkurse (zur Vereinfachung auch zu den monatlich im BStBl I veröffentlichten USt-Umrechnungskursen) umzurechnen.[7] **Nachträgliche Änderungen** der ausländischen Steuer nach bestandskräftiger Festsetzung der Einkommensteuer führen zu einer Korrektur von Amts wegen nach § 175 Abs. 1 Nr. 2 AO.[8] 89

---

1 Vgl. *Lüdicke/Wassermeyer/Weggenmann* in Flick/Wassermeyer/Baumhoff/Schönfeld, § 34c EStG Rz. 822 f.
2 Vgl. BFH v. 19. 3. 1996 - VIII R 15/94, BStBl 1996 II 312.
3 Vgl. BFH v. 28. 4. 2010 - I R 81/09, BStBl 2014 II 754; BFH v. 24. 9. 2009 - I B 28/08, BFH/NV 2009, 117 = NWB DokID: WAAAD-00199; BFH v. 18. 7. 1990 - I R 115/88, BStBl 1990 II 951.
4 Vgl. *Gosch* in Kirchhof, § 34c EStG Rz. 37.
5 Vgl. R 34c Abs. 4 Satz 2 bis 6 EStR; OFD Frankfurt v. 24. 7. 2013 - S 2293 A-80 -St 513, mit Beispiel.
6 Vgl. BFH v. 5. 2. 1992 - I R 9/90, BStBl 1992 II 607; BFH v. 9. 11. 2011 - VIII R 18/08, BFH/NV 2012, 370 = NWB DokID: ZAAAD-99574. Zu den detaillierten Voraussetzungen des Nachweises vgl. auch BFH v. 15. 1. 2015 - I R 69/12, BFH/NV 2015, 1037 = NWB DokID: RAAAE-91470.
7 Vgl. auch § 34c EStG Abs. 1.
8 Vgl. BFH v. 22. 9. 2010 - II R 54/09, BStBl 2011 II 247.

§ 34d Ausländische Einkünfte

Ausländische Einkünfte im Sinne des § 34c Absatz 1 bis 5 sind

1. Einkünfte aus einer in einem ausländischen Staat betriebenen Land- und Forstwirtschaft (§§ 13 und 14) und Einkünfte der in den Nummern 3, 4, 6, 7 und 8 Buchstabe c genannten Art, soweit sie zu den Einkünften aus Land- und Forstwirtschaft gehören;
2. Einkünfte aus Gewerbebetrieb (§§ 15 und 16),
   a) die durch eine in einem ausländischen Staat belegene Betriebsstätte oder durch einen in einem ausländischen Staat tätigen ständigen Vertreter erzielt werden, und Einkünfte der in den Nummern 3, 4, 6, 7 und 8 Buchstabe c genannten Art, soweit sie zu den Einkünften aus Gewerbebetrieb gehören,
   b) die aus Bürgschafts- und Avalprovisionen erzielt werden, wenn der Schuldner Wohnsitz, Geschäftsleitung oder Sitz in einem ausländischen Staat hat, oder
   c) die durch den Betrieb eigener oder gecharterter Seeschiffe oder Luftfahrzeuge aus Beförderungen zwischen ausländischen oder von ausländischen zu inländischen Häfen erzielt werden, einschließlich der Einkünfte aus anderen mit solchen Beförderungen zusammenhängenden, sich auf das Ausland erstreckenden Beförderungsleistungen;
3. Einkünfte aus selbständiger Arbeit (§ 18), die in einem ausländischen Staat ausgeübt oder verwertet wird oder worden ist, und Einkünfte der in den Nummern 4, 6, 7 und 8 Buchstabe c genannten Art, soweit sie zu den Einkünften aus selbständiger Arbeit gehören;
4. Einkünfte aus der Veräußerung von
   a) Wirtschaftsgütern, die zum Anlagevermögen eines Betriebs gehören, wenn die Wirtschaftsgüter in einem ausländischen Staat belegen sind,
   b) Anteilen an Kapitalgesellschaften,
      aa) wenn die Gesellschaft Geschäftsleitung oder Sitz in einem ausländischen Staat hat oder
      bb) deren Anteilswert zu irgendeinem Zeitpunkt während der 365 Tage vor der Veräußerung unmittelbar oder mittelbar zu mehr als 50 Prozent auf in einem ausländischen Staat belegenen unbeweglichen Vermögen beruhte und die Anteile dem Veräußerer zu diesem Zeitpunkt zuzurechnen waren; für die Ermittlung dieser Quote sind die aktiven Wirtschaftsgüter des Betriebsvermögens mit den Buchwerten, die zu diesem Zeitpunkt anzusetzen gewesen wären, zugrunde zu legen;
5. Einkünfte aus nichtselbständiger Arbeit (§ 19), die in einem ausländischen Staat ausgeübt oder, ohne im Inland ausgeübt zu werden oder worden zu sein, in einem ausländischen Staat verwertet wird oder worden ist, und Einkünfte, die von ausländischen öffentlichen Kassen mit Rücksicht auf ein gegenwärtiges oder früheres Dienstverhältnis gewährt werden. ²Einkünfte, die von inländischen öffentlichen Kassen einschließlich der Kassen der Deutschen Bundesbahn und der Deutschen Bundesbank mit Rücksicht auf ein gegenwärtiges oder früheres Dienstverhältnis gewährt werden, gelten auch dann als

inländische Einkünfte, wenn die Tätigkeit in einem ausländischen Staat ausgeübt wird oder worden ist;

6. Einkünfte aus Kapitalvermögen (§ 20), wenn der Schuldner Wohnsitz, Geschäftsleitung oder Sitz in einem ausländischen Staat hat oder das Kapitalvermögen durch ausländischen Grundbesitz gesichert ist;

7. Einkünfte aus Vermietung und Verpachtung (§ 21), soweit das unbewegliche Vermögen oder die Sachinbegriffe in einem ausländischen Staat belegen oder die Rechte zur Nutzung in einem ausländischen Staat überlassen worden sind. ²Bei unbeweglichem Vermögen, das zum Anlagevermögen eines Betriebs gehört, gelten als Einkünfte im Sinne dieser Nummer auch Wertveränderungen von Wirtschaftsgütern, die mit diesem Vermögen in wirtschaftlichem Zusammenhang stehen;

8. sonstige Einkünfte im Sinne des § 22, wenn

    a) der zur Leistung der wiederkehrenden Bezüge Verpflichtete Wohnsitz, Geschäftsleitung oder Sitz in einem ausländischen Staat hat,

    b) bei privaten Veräußerungsgeschäften die veräußerten Wirtschaftsgüter in einem ausländischen Staat belegen sind,

    c) bei Einkünften aus Leistungen einschließlich der Einkünfte aus Leistungen im Sinne des § 49 Absatz 1 Nummer 9 der zur Vergütung der Leistung Verpflichtete Wohnsitz, Geschäftsleitung oder Sitz in einem ausländischen Staat hat.

Inhaltsübersicht

	Rz.
A. Allgemeine Erläuterungen	1 – 10
I. Konzeption der ausländischen Einkünfte bei unbeschränkter Steuerpflicht	1
II. Geltungsbereich, Verhältnis zu anderen Vorschriften	2 – 4
III. Begriff der ausländischen Einkünfte	5 – 10
1. Ausland	5
2. Einkunftsermittlung	6 – 10
B. Systematische Kommentierung	11 – 30
I. Einkünfte aus Land- und Forstwirtschaft (§ 34d Nr. 1 EStG)	11
II. Einkünfte aus Gewerbebetrieb (§ 34d Nr. 2 EStG)	12 – 24
1. Betriebsstätte und ständiger Vertreter (§ 34d Nr. 2 Buchst. a EStG)	13 – 15
2. Bürgschafts- und Avalprovisionen (§ 32d Nr. 2 Buchst. b EStG)	16
3. Seeschiffe und Luftfahrzeuge (§ 32d Nr. 2 Buchst. c EStG)	17 – 24
III. Einkünfte aus selbständiger Arbeit (§ 32d Nr. 3 EStG)	25
IV. Einkünfte aus Veräußerungen (§ 32d Nr. 4 EStG)	26
V. Einkünfte aus nicht selbständiger Arbeit (§ 34d Nr. 5 EStG)	27
VI. Einkünfte aus Kapitalvermögen (§ 34d Nr. 6 EStG)	28
VII. Einkünfte aus Vermietung und Verpachtung (§ 34d Nr. 7 EStG)	29
VIII. Sonstige Einkünfte (§ 34d Nr. 8 EStG)	30

LITERATUR:

▶ Weitere Literatur siehe Online-Version

Lüdicke, Subject-to-tax-Klauseln nach den DBA – Bemerkungen zum BMF-Schreiben vom 20. 6. 2013, IStR 2013, 721; *Schäfer*, Die konsequente Anwendung des Veranlassungsprinzips bei nachträglichen Betriebsstätteneinkünften in der Rechtsprechung, IStR 2015, 346; *Wassermeyer*, Die BFH-Rechtsprechung zur Betriebsstättenbesteuerung vor dem Hintergrund des § 1 Abs. 5 AStG und der BsGaV, IStR 2015, 37; *Zies-*

ecke/Richle/Muscheites, BMF-Schreiben vom 12.11.2014 zur „Steuerlichen Behandlung des Arbeitslohns nach dem DBA, DStR 2015, 969, 1029.

A. Allgemeine Erläuterungen

I. Konzeption der ausländischen Einkünfte bei unbeschränkter Steuerpflicht

1 In der Vorschrift des § 34d EStG ist abschließend festgelegt, welche ausländischen Einkünfte gem. § 34c Abs. 1 und 2 EStG tarifbegünstigt sind. Damit ist die Vorschrift als tatbestandliche Ergänzung der Voraussetzungen des § 34c EStG zu verstehen. Ausländische Steuern auf nicht als „ausländisch" zu qualifizierende Einkünfte können demzufolge nur gem. § 34c Abs. 3 EStG bei der Ermittlung der Einkünfte abgezogen werden.

II. Geltungsbereich, Verhältnis zu anderen Vorschriften

2 Die Bestimmung des § 34d EStG erstreckt sich auf zahlreiche Regelungsbereiche. So ergänzt sie neben § 34c EStG auch die Verweisungsnorm in § 50 Abs. 3 EStG. Durch den Verweis in § 26 Abs. 1 KStG kommt der Vorschrift auch erhebliche körperschaftsteuerliche Relevanz zu. Aufgrund ausdrücklicher Erwähnung kommt der Bestimmung Bedeutung zu für den Begriff der ausländischen Einkünfte i.S.d. § 2 AStG, vgl. § 2 Abs. 1 Satz 1 letzter Halbsatz AStG. Ebenso, indessen ohne ausdrückliche Inbezugnahme im Kontext des § 32b Abs. 1 Satz 1 Nr. 2 EStG.

3 § 34d EStG lässt sich gewissermaßen als inhaltliches Gegenstück zum Begriff der inländischen Einkünfte im Kontext der beschränkten Steuerpflicht (§ 49 Abs. 1 EStG) verstehen. Die tatbestandlichen Voraussetzungen dieser – indessen weiter gefassten – Vorschrift werden in Teilbereichen aufgegriffen. Vollumfänglich deckungsgleich sind sie jedoch nicht.

Eine normative Grundlage entsprechend § 49 Abs. 2 EStG findet sich im Rahmen der unbeschränkten Steuerpflicht und der dort definierten „ausländischen Einkünfte" nicht. Gleichwohl berechtigt die Konzeption des § 34d EStG, auch hier von einer „isolierenden Betrachtungsweise" zu sprechen. Dies wirkt sich so aus, dass sog. „inländische Besteuerungsmerkmale" außer Betracht bleiben, soweit sie die Annahme ausländischer Einkünfte ausschließen.[1] Diese Form der isolierenden Betrachtung wirkt sich auch auf das Veranlassungsprinzip in seiner allgemeinen Ausprägung aus, somit auch auf Aufwendungen, die den einzelnen Einkünften zuzuordnen sind.[2]

4 Besonderheiten bestehen bei Erträgen aus ausländischen Investmentanteilen. Sind in ausgeschütteten oder ausschüttungsgleichen Investmenterträgen ausländische Einkünfte enthalten, bleiben diese gem. § 4 Abs. 1 InvStG bei der Veranlagung des Anteilseigners außer Betracht.

Dies ist an die Voraussetzung geknüpft, dass Deutschland nach Maßgabe einschlägiger DBA auf sein Besteuerungsrecht verzichtet hat. Der Begriff der ausländischen Einkünfte bestimmt sich auch in diesem Kontext nach § 34d EStG.

---

[1] BFH v. 16.3.1994 - I R 42/93, BStBl 1994 II 799; BFH v. 9.4.1997 - I R 178/94, BStBl 1997 II 657; BFH v. 29.3.2000 - I R 15/99, BStBl 2000 II 577.
[2] BFH v. 9.4.1997 - I R 178/94, BStBl 1997 II 657.

III. Begriff der ausländischen Einkünfte

1. Ausland

Unter „Ausland" ist dasjenige Hoheitsgebiet zu verstehen, das nicht zum deutschen Hoheitsgebiet gehört, ohne jedoch hoheitsfrei zu sein.[1] Steuerrechtlich bezieht sich der Begriff „Ausland" demnach auf diejenigen Einkünfte i. S. d. § 34d EStG, die zu Steuerquellen im Ausland gehören.

2. Einkunftsermittlung

Die Einkünfteermittlung der ausländischen Einkünfte bestimmt sich – was sowohl Art als auch Höhe anbelangt – nach deutschem Recht. Voraussetzung ist, dass die ausländischen Besteuerungsgrundlagen die Anwendung der deutschen Regelungen überhaupt ermöglichen. Andernfalls blieben solche Regelungen unanwendbar, was sich am Regelungsgehalt des § 13a EStG exemplifizieren lässt.[2] Abzüge von Betriebsausgaben und Werbungskosten bestimmen sich nach dem allgemeinen Veranlassungsprinzip[3] (§ 4 Abs. 4 EStG, § 9 EStG). § 3c Abs. 1 EStG entfaltet diesbezüglich keine Wirkung, weil es insoweit an dem dafür erforderlichen unmittelbaren wirtschaftlichen Zusammenhang mit steuerfreien Einnahmen fehlt.[4]

Die Besonderheiten der Aufwandszuordnung bei Betriebsstätten bestimmen sich nach den Regelungen der Betriebsstättengewinnaufteilungsverordnung (BsGaV). Demnach gehören Währungsgewinne oder -verluste zu der Betriebsstätte, aus der sie stammen. Welche Unternehmenseinheit insbesondere die Währungsverluste trägt, ist ohne Belang.[5] Allerdings führt dies aus unionsrechtlicher Perspektive zu nicht unproblematischen Anrechnungsüberhängen[6].

(Einstweilen frei)

B. Systematische Kommentierung

I. Einkünfte aus Land- und Forstwirtschaft (§ 34d Nr. 1 EStG)

Im Ausgangspunkt korrespondiert die Bestimmung des § 34d Nr. 1 EStG mit der des § 49 Abs. 1 Nr. 1 EStG. Einkünfte aus Land- und Forstwirtschaft sind ausländische, wenn die Land- und Forstwirtschaft in einem ausländischen Staat betrieben wird. Dieser Gesetzesbefehl umfasst im Wege der Spezialitätsklausel (§ 34d Nr. 1 2. Halbsatz EStG) auch Einkünfte aus selbständiger Arbeit, aus der Veräußerung von Wirtschaftsgütern oder von Anteilen an Kapitalgesellschaften sowie Kapitaleinkünfte und Einkünfte aus Vermietung und Verpachtung, soweit sie zu den Einkünften aus Land- und Forstwirtschaft gehören.[7]

---

1 BFH v. 14. 6. 1991 - VI R 185/87, BStBl 1991 II 926.
2 BFH v. 24. 9. 1985 - IX R 143/83, BStBl 1986 II 287; BFH v. 11. 4. 1990 - I R 63/88, BFH/NV 1990, 705 = NWB DokID: AAAAA-97189; BFH v. 19. 9. 1990 - IX R 72/85, BFH/NV 1991, 369 = NWB DokID: RAAAB-31714; OFD Düsseldorf v. 10. 7. 1991, StEd 1991, 267.
3 Vgl. hierzu bspw. BFH v. 20. 7. 1988 - I R 49/84, BStBl 1989 II 140; BFH v. 29. 3. 2000 - I R 15/99, BStBl 2000 II 577.
4 BFH v. 16. 3. 1994 - I R 42/93, BStBl 1994 II 799.
5 BFH v. 16. 2. 1996 - I R 43/95, BStBl 1997 II 128; BFH v. 16. 2. 1996 - I R 46/95, BStBl 1996 II 588; BFH v. 18. 9. 1996 - I R 69/95, BFH/NV 1997, 408 = NWB DokID: XAAAA-97352; BFH v. 16. 12. 2008 - I B 44/08, BFH/NV 2009, 940 = NWB DokID: JAAAD-18480; a. A. *Ditz/Schönfeld*, DB 2008, 1460; aus EU-rechtlicher Sicht s. EuGH v. 28. 2. 2008 - C-293/06, *Deutsche Shell*, BStBl 2009 II 976.
6 Vgl. ausführlich mit Beispielen *Lüdicke/Kempf/Brink*, Verluste im Steuerrecht, 2010, 129 ff. Hiernach soll ggf. Abhilfe über § 34c Abs. 1 Satz 3 EStG geschaffen werden. Zweifelnd hierzu *Gosch* in Kirchhof, § 34c EStG Rz. 28.
7 Vgl. *Gosch* in Kirchhof, § 32d EStG Rz. 6.

II. Einkünfte aus Gewerbebetrieb (§ 34d Nr. 2 EStG)

12 Die Norm des § 34d Nr. 2 EStG kann ohne weiteres als Korrespondenzvorschrift zu § 49 Abs. 1 Nr. 2 EStG verstanden werden. Allerdings bleibt sie hinter dieser Bestimmung zurück. Beispielsweise ist zu denken an § 49 Abs. 1 Nr. 2 Buchst. d EStG, der Vorschrift, die Berufssportler ohne aus- oder inländische Betriebsstätte zum Regelungsgegenstand hat. Zutreffend ist die Aussage, ein durchgehendes Konzept fehle. Der Vorschrift dürften demzufolge letztlich primär fiskalische Erwägungen zugrunde liegen.[1]

1. Betriebsstätte und ständiger Vertreter (§ 34d Nr. 2 Buchst. a EStG)

13 Die im Ausland belegene Betriebsstätte darf fraglos als wichtigstes Anknüpfungsmerkmal der Bestimmungen charakterisiert werden. Daneben kommt dem Begriff des „im Ausland tätigen ständigen Vertreters" zwar auch erhebliche, gleichwohl geringere Bedeutung zu. Als ausländische Einkünfte aus Gewerbebetrieb werden durch die Spezialitätsklausel des § 34d Nr. 2 2. Halbsatz EStG auch Einkünfte aus selbständiger Arbeit, aus der Veräußerung von Wirtschaftsgütern oder von Anteilen an Kapitalgesellschaften sowie Kapitaleinkünfte und Einkünfte aus Vermietung und Verpachtung qualifiziert, soweit sie zu den Einkünften aus Gewerbebetrieb gehören. Ausschlaggebend für Zwecke der Ergebniszuordnung ist die wirtschaftliche Veranlassung. Dabei erscheint bedeutungslos, wo die Aufwendungen angefallen sind und wer sie getragen hat.[2]

14 Zur Anrechnung bedarf es einer tatsächlich-funktionalen Einkünftezuordnung. Mit anderen Worten besteht keine automatische „Attraktivkraft" der Auslandsbetriebsstätte.[3] Damit korrespondiert, dass die ausländische Steuer nur auf jene Einkünfte angerechnet wird, welche „durch" die im anderen Staat belegene Betriebsstätte erzielt werden. Durch die Auslandsbetriebsstätte nicht erwirtschaftete Einkünfte sind anderen Betriebsstätten zuzuordnen, soweit solche vorhanden sind. Es entspricht robuster höchstrichterlicher Rechtsprechung, dass es „betriebsstättenlose" Einkünfte aus Gewerbebetrieb im deutschen Recht prinzipiell nicht gibt.[4]

15 Die Aufteilung von Gewinnen bzw. Verlusten auf Betriebsstätte und Stammhaus regelt sich vorrangig nach der BsGaV. Der detaillierte Zuordnungskanon der BsGaV stellt auf die Zuordnung der Personalfunktionen ab. Diese werden in § 2 Abs. 3 BsGaV legaldefiniert als „*Geschäftstätigkeit[en], die von eigenem Personal des Unternehmens für das Unternehmen ausgeübt werden]*".

Zugeordnet werden sollen laut § 1 Abs. 2 Nr. 1 BsGaV sowohl allgemein „*Personalfunktionen*"[5] als auch „*insbesondere die maßgeblichen Personalfunktionen*" (significant people functions)

---

[1] Vgl. so auch *Gosch* in Kirchhof, § 32d EStG Rz. 7.

[2] Vgl. hierzu bspw. BFH v. 20. 7. 1988 - I R 49/84, BStBl 1989 II 140; BFH v. 18. 9. 1996 - I R 69/95, BFH/NV 1997, 408 = NWB DokID: XAAAA-97352.

[3] So HHR/*Peter/Spohn*, § 34d EStG Anm. 28.

[4] BFH v. 19. 12. 2007 - I R 19/06, BFH/NV 2008, 672 = NWB DokID: GAAAC-72657; BFH v. 28. 7. 1993 - I R 15/93, BStBl 1994 II 148; BFH v. 16. 12. 2008 - I R 23/07, n.v.; *Wassermeyer*, IStR 2004, 676; *Schauhoff*, IStR 1995, 108; *Schauhoff/Idler*, IStR 341; 2008, *Enneking/Denk*, DStR 1997, 1911; a. A. bezügl. § 2 AStG vgl. bspw. BMF v. 14. 5. 2004, BStBl 2004 I Sonder-Nr. 1 Tz. 2.5.0.1; *Kramer*, IStR 2004, 672; *Zimmermann/Könemann* in Strunk/Kaminski/Köhler, § 2 AStG Rz. 69. Zu eingehenden Überlegungen zur Theorie betriebsstättenloser Einkünfte vgl. insbesondere *Haase/Brändel*, StuW 2011, 49.

[5] Verwendung von „Personalfunktionen" ebenfalls in § 1 Abs. 5 Satz 3 AStG.

analog des OECD-Konzepts.[1] § 2 Abs. 4 Satz 1 BsGaV grenzt die für eine Zuordnung betrachteten Personalfunktionen jedoch auf diejenigen mit maßgeblichem Charakter ein und nimmt zusätzlich eine Negativabgrenzung von unterstützenden und allgemeine Geschäftspolitik betreffenden Funktionen vor. Sodann wird im Zuge der weiteren Zuordnungsregelungen in der Verordnungsbegründung jeweils die Maßgeblichkeit für die einzelnen Zuordnungskomplexe definiert.[2] Im Ergebnis bewirkt die BsGaV eine Angleichung von Betriebsstätten an verbundene Unternehmen anhand der vollständigen Selbständigkeitsfiktion durch die Umsetzung des „Authorised OECD-Approach" (AOA) in § 1 AStG.

2. Bürgschafts- und Avalprovisionen (§ 32d Nr. 2 Buchst. b EStG)

Von der Bestimmung werden Bürgschafts- und Avalprovisionen erfasst, wenn der Schuldner Wohnsitz, Geschäftsleitung oder Sitz in einem ausländischen Staat hat. In erster Linie ist dies von Bedeutung für Kreditinstitute, die hierdurch in den Genuss der Steueranrechnung kommen.

3. Seeschiffe und Luftfahrzeuge (§ 32d Nr. 2 Buchst. c EStG)

Die Vorschrift stellt eine Korrespondenzvorschrift zu § 49 Abs. 1 Nr. 2 Buchst. b EStG dar.

(Einstweilen frei)

III. Einkünfte aus selbständiger Arbeit (§ 32d Nr. 3 EStG)

Auch die Bestimmung des § 34d Nr. 3 EStG ist Korrespondenzvorschrift zu § 49 Abs. 1 Nr. 3 EStG, umfasst aber durch die Spezialitätsklausel des § 34d Nr. 3 2. Halbsatz EStG darüber hinaus auch Einkünfte aus der Veräußerung von Wirtschaftsgütern oder von Anteilen an Kapitalgesellschaften sowie Kapitaleinkünfte und Einkünfte aus Vermietung und Verpachtung, soweit sie zu den Einkünften aus selbständiger Arbeit gehören.

IV. Einkünfte aus Veräußerungen (§ 32d Nr. 4 EStG)

§ 34d Nr. 4 EStG erfasst neben in einem ausländischen Staat belegene und zum Anlagevermögen eines inländischen Betriebs gehörende Wirtschaftsgüter (§ 34d Nr. 4 Buchst. a EStG) Anteile an Kapitalgesellschaften mit Geschäftsleitung (§ 10 AO) und Sitz (§ 11 AO) im Ausland (§ 34d Nr. 4 Buchst. b EStG). Damit korrespondiert die Bestimmung mit § 49 Abs. 1 Nr. 2 Buchst. e und f EStG. Die Belegenheit bestimmt sich danach, wo sich das betreffende Wirtschaftsgut im Zeitpunkt der Veräußerung befindet. Bei Forderungen kommt es mithin auf den Erfüllungsort an. Die Belegenheit von Rechten bestimmt sich nach dem Ort der Ausübung. Immaterielle Wirtschaftsgüter sind dort belegen, wo sich der Ort der Nutzung befindet.

Bei der Beteiligung an einer ausländischen Kapitalgesellschaft i. S. d. § 34d Nr. 4 Buchst. b Doppelbuchst. aa EStG muss es sich nicht um eine solche nach § 17 EStG handeln. Da das gesetzgeberische Anliegen darin besteht, die Steueranrechnung bei entsprechend steuerbaren und steuerpflichtigen Veräußerungsvorgängen im Ausland („capital gains") sicherzustellen,

---

1 OECD-Betriebsstättenbericht 2010, Teil I, Tz. 15f.
2 BR-Drucks. 401/14, 55.

kommt inländischen Besteuerungsgrundsätzen keine Bedeutung zu.[1] Sind die Anteile dem Privatvermögen zuzurechnen, findet § 17 Abs. 2 EStG Anwendung.[2]

Ausländische Einkünfte i. S. d. § 34c Abs. 1 bis 5 EStG sind nach § 34d Nr. 4 Buchst. b Doppelbuchst. bb 1. Halbsatz EStG Einkünfte aus der Veräußerung von Anteilen an Kapitalgesellschaften, deren Anteilswert zu irgendeinem Zeitpunkt während der 365 Tage vor der Veräußerung unmittelbar oder mittelbar zu mehr als 50 % auf in einem ausländischen Staat belegenen unbeweglichen Vermögen beruhte und die Anteile dem Veräußerer zu diesem Zeitpunkt zuzurechnen waren. § 34d Nr. 4 Buchst. b Doppelbuchst. bb 2. Halbsatz EStG regelt, dass für die Ermittlung dieser Quote die aktiven Wirtschaftsgüter des Betriebsvermögens mit den Buchwerten zugrunde zu legen sind, die zu diesem Zeitpunkt anzusetzen gewesen wären. Während Halbsatz 1 die materielle Rechtsgrundlage zur Definition ausländischer Einkünfte im Kontext bestimmter Anteilsveräußerungsgewinne darstellt, normiert Halbsatz 2 die diesbezüglich relevante Quotenermittlung aufgrund einer Buchwertklausel.

Ausweislich der Gesetzesbegründung[3] ist der Telos der Bestimmung darin zu sehen, die (spiegelbildliche) Regelung im Rahmen der beschränkten Steuerpflicht in § 49 Abs. 1 Nr. 2 Buchst. e Doppelbuchst. cc EStG für Zwecke der Anrechnung ausländischer Steuern nach § 34c EStG auch für solche Sachverhalte nachzuvollziehen, in denen kein Doppelbesteuerungsabkommen besteht. Nach der Bestimmung sind Einkünfte aus der Veräußerung von Immobilienkapitalgesellschaften als ausländische Einkünfte anzusehen, wenn der Anteilswert zu irgendeinem Zeitpunkt während der 365 Tage vor der Veräußerung unmittelbar oder mittelbar zu mehr als 50 % auf in dem ausländischen Staat belegenen unbeweglichen Vermögen beruhte.

Die Regelung stellt bei unbeschränkt Steuerpflichtigen sicher, dass eine ausländische Besteuerung analog der im Rahmen der beschränkten Steuerpflicht anwendbaren Regelung des § 49 Abs. 1 Nr. 2 Buchst. e Doppelbuchst. cc EStG zu einer Anrechnungsverpflichtung dem Grunde nach unter § 34c Abs. 1 EStG bzw. § 26 Abs. 1 KStG führt. Allerdings dürfte sich der zentrale Anwendungsbereich auf natürliche Personen erstrecken, da bei Körperschaften die Steuerfreistellung nach § 8b Abs. 2 KStG ohnehin eine Anrechnungsnotwendigkeit ausländischer Steuern entbehrlich werden lässt.

V. Einkünfte aus nicht selbständiger Arbeit (§ 34d Nr. 5 EStG)

27 Die Vorschrift stellt auf die Ausübung oder Verwertung der nichtselbständigen Tätigkeit ab. Hierin kommen zwei elementare Grundprinzipien der Besteuerung von Einkünften aus nichtselbständiger Arbeit zum Ausdruck, nämlich das Prinzip des Ausübungsortes sowie des Verwertungsortes. Somit kann sie Korrespondenzvorschrift zu § 49 Abs. 1 Nr. 4 Buchst. a und b EStG verstanden werden. Anknüpfungsmerkmal des § 34d Nr. 5 Satz 1 2. Halbsatz und Satz 2 EStG stellt das Kassenstaatsprinzip dar. Demnach handelt es sich auch bei Bezügen aus einer ausländischen öffentlichen Kasse mit Rücksicht auf ein gegenwärtiges oder früheres Dienstverhältnis um ausländische Einkünfte. Von inländischen öffentlichen Kassen gewährte Einkünfte werden auch dann als inländisch behandelt, wenn sie im Ausland ausgeübt werden. *Gosch* konstatiert diesbezüglich einen Wertungswiderspruch, weil im Inland agierende Arbeit-

---

1 Vgl. *Wassermeyer/Lüdicke* in Flick/Wassermeyer/Baumhoff/Schönfeld, § 34d EStG Anm. 112. *Schaumburg* spricht sich hingegen im Ergebnis insoweit für eine teleologische Reduktion aus. Vgl. *Schaumburg*, Internationales Steuerrecht, 3. Aufl., Rz. 15.93.
2 Vgl. *Wagner* in Blümich, § 34d EStG Rz. 43.
3 Vgl. BT-Drucks. 19/4455, 46 f.

nehmer mit Bezügen aus ausländischen öffentlichen Kassen im Rahmen von § 49 Abs. 1 Nr. 4 Buchst. a EStG im Inland als beschränkt steuerpflichtig behandelt werden.[1] Dies vermag im Ergebnis zur Verhinderung der Anrechnung ausländischer Steuer mit nicht zu leugnenden gleichheitsrechtlichen Bedenken führen.[2] Entsprechende Bedenken sind auch im Hinblick auf die Tätigkeit als Geschäftsführer, Prokurist oder Vorstandsmitglied einer Gesellschaft mit Geschäftsleitung im Ausland auszumachen. Für diese statuiert § 34d EStG abweichend von § 49 Abs. 1 Nr. 4 Buchst. c EStG keine Parallele.

VI. Einkünfte aus Kapitalvermögen (§ 34d Nr. 6 EStG)

Die Bestimmung erfasst Einkünfte i. S. d. § 20 EStG[3] unter der Voraussetzung, dass der Schuldner im Ausland ansässig ist (auch bei Doppelansässigkeit) oder das Kapitalvermögen durch ausländischen Grundbesitz (nach ausländischem Recht) dinglich (auch durch Eintragung im Schifffahrtsregister) gesichert ist. Damit lässt sich die Bestimmung als Korrespondenzvorschrift zu § 49 Abs. 1 Nr. 5 Buchst. a und Nr. 5 Buchst. c Doppelbuchst. aa EStG verstehen.

28

Bei Kapitaleinkünften, die aus der ausländischen Betriebsstätte eines inländischen Schuldners stammen, liegen keine ausländischen Einkünfte vor. Die Zurechnung von Aufwendungen zu den ausländischen Kapitaleinkünften ist nur dann zulässig, wenn sie durch diese konkret veranlasst sind und im Rahmen der Bemessungsgrundlage der Einkünfte aus Kapitalvermögen. gem. § 20 Abs. 1 Nr. 1 EStG erfasst werden.[4] Die Abzugsfähigkeit von Aufwendungen bestimmt sich ausschließlich nach deutschem Steuerrecht. Die steuerliche Behandlung im Ausland ist unmaßgeblich.

VII. Einkünfte aus Vermietung und Verpachtung (§ 34d Nr. 7 EStG)

Die Norm betrifft Einkünfte aus Vermietung und Verpachtung, soweit das unbewegliche Vermögen oder die Sachinbegriffe im Ausland belegen oder die Rechte im Ausland zur Nutzung überlassen sind. Die Belegenheit kann gleichgesetzt werden mit „sich befinden". Erfasst werden i. S. v. § 21 EStG lediglich die Nutzungsentgelte, nicht hingegen die Veräußerungsgewinne. Die Bestimmung lässt sich auffassen als Korrespondenzvorschrift zu § 49 Abs. 1 Nr. 6 EStG. Allerdings ist § 34d Nr. 7 EStG weiter gefasst. Für nicht vom Gesetzgeber geregelte Fälle wird in der Literatur für eine Steueranrechnung gem. §§ 227, 163 AO aus Gründen der Billigkeit plädiert.[5]

29

VIII. Sonstige Einkünfte (§ 34d Nr. 8 EStG)

Nach ihrem Gehalt kommt der Bestimmung des § 34d Nr. 8 EStG der Charakter einer Auffangvorschrift zu, sie kann als Korrespondenzvorschrift zu § 49 Abs. 1 Nr. 7 bis 10 EStG interpretiert werden. Die Erfassung von sonstigen Einkünften i. S. d. § 22 EStG ist gegeben, wenn entweder der Verpflichtete wiederkehrender Bezüge im Ausland ansässig ist (§ 34d Nr. 8 Buchst. a EStG)

30

---

1 *Gosch* in Kirchhof, § 34d EStG Rz. 13.
2 Vgl. *Wagner* in Blümich, § 34d EStG Rz. 46; a. A. bspw. *Wassermeyer/Lüdicke* in Flick/Wassermeyer/Baumhoff/Schönfeld, § 34d EStG Rz. 145.
3 BFH v. 16. 3. 1994 - I R 42/93, BStBl 1994 II 799; BFH v. 9. 4. 1997 - I R 178/94, BStBl 1997 II 657.
4 BFH v. 9. 4. 1997 - I R 178/94, BStBl 1997 II 657.
5 Vgl. *Gosch* in Kirchhof, § 34d EStG Rz. 15; *Wagner* in Blümich, § 34d EStG Rz. 58.

oder bei privaten Veräußerungsgeschäften i.S.v. § 23 EStG die veräußerten Wirtschaftsgüter im Ausland belegen sind (§ 34d Nr. 8 Buchst. b EStG)[1] oder der Vergütungsschuldner der Leistungen einschließlich solcher i.S.v. § 49 Abs. 1 Nr. 9 EStG im Ausland ansässig ist (§ 34d Nr. 8 Buchst. c EStG).

2. Steuerermäßigung bei Einkünften aus Land- und Forstwirtschaft

§ 34e (weggefallen)

▶ Zur Kommentierung siehe Online-Version, 1. Aufl. 2016

2a. Steuerermäßigung für Steuerpflichtige mit Kindern bei Inanspruchnahme erhöhter Absetzungen für Wohngebäude oder der Steuerbegünstigungen für eigengenutztes Wohneigentum

§ 34f Baukindergeld

(1) [1]Bei Steuerpflichtigen, die erhöhte Absetzungen nach § 7b oder nach § 15 des Berlinförderungsgesetzes in Anspruch nehmen, ermäßigt sich die tarifliche Einkommensteuer, vermindert um die sonstigen Steuerermäßigungen mit Ausnahme der §§ 34g und 35, auf Antrag um je 600 Deutsche Mark für das zweite und jedes weitere Kind des Steuerpflichtigen oder seines Ehegatten. [2]Voraussetzung ist,

1. dass der Steuerpflichtige das Objekt, bei einem Zweifamilienhaus mindestens eine Wohnung, zu eigenen Wohnzwecken nutzt oder wegen des Wechsels des Arbeitsortes nicht zu eigenen Wohnzwecken nutzen kann und
2. dass es sich einschließlich des ersten Kindes um Kinder im Sinne des § 32 Absatz 1 bis 5 oder 6 Satz 7 handelt, die zum Haushalt des Steuerpflichtigen gehören oder in dem für die erhöhten Absetzungen maßgebenden Begünstigungszeitraum gehört haben, wenn diese Zugehörigkeit auf Dauer angelegt ist oder war.

(2) [1]Bei Steuerpflichtigen, die die Steuerbegünstigung nach § 10e Absatz 1 bis 5 oder nach § 15b des Berlinförderungsgesetzes in Anspruch nehmen, ermäßigt sich die tarifliche Einkommensteuer, vermindert um die sonstigen Steuerermäßigungen mit Ausnahme des § 34g, auf Antrag um je 512 Euro für jedes Kind des Steuerpflichtigen oder seines Ehegatten im Sinne des § 32 Absatz 1 bis 5 oder 6 Satz 7. [2]Voraussetzung ist, dass das Kind zum Haushalt des Steuerpflichtigen gehört oder in dem für die Steuerbegünstigung maßgebenden Zeitraum gehört hat, wenn diese Zugehörigkeit auf Dauer angelegt ist oder war.

---

1 Zu Unabgestimmtheiten bei Termingeschäften siehe insbesondere *Egner/Heinz/Koetz*, IStR 2007, 41.

(3)[1] ¹Bei Steuerpflichtigen, die die Steuerbegünstigung nach § 10e Absatz 1, 2, 4 und 5 in Anspruch nehmen, ermäßigt sich die tarifliche Einkommensteuer, vermindert um die sonstigen Steuerermäßigungen, auf Antrag um je 512 Euro für jedes Kind des Steuerpflichtigen oder seines Ehegatten im Sinne des § 32 Absatz 1 bis 5 oder 6 Satz 7. ²Voraussetzung ist, dass das Kind zum Haushalt des Steuerpflichtigen gehört oder in dem für die Steuerbegünstigung maßgebenden Zeitraum gehört hat, wenn diese Zugehörigkeit auf Dauer angelegt ist oder war. ³Soweit sich der Betrag der Steuerermäßigung nach Satz 1 bei der Ermittlung der festzusetzenden Einkommensteuer nicht steuerentlastend auswirkt, ist er von der tariflichen Einkommensteuer der zwei vorangegangenen Veranlagungszeiträume abzuziehen. ⁴Steuerermäßigungen, die nach den Sätzen 1 und 3 nicht berücksichtigt werden können, können bis zum Ende des Abzugszeitraums im Sinne des § 10e und in den zwei folgenden Veranlagungszeiträumen abgezogen werden. ⁵Ist für einen Veranlagungszeitraum bereits ein Steuerbescheid erlassen worden, so ist er insoweit zu ändern, als die Steuerermäßigung nach den Sätzen 3 und 4 zu gewähren oder zu berichtigen ist; die Verjährungsfristen enden insoweit nicht, bevor die Verjährungsfrist für den Veranlagungszeitraum abgelaufen ist, für den die Steuerermäßigung nach Satz 1 beantragt worden ist.

(4)[2] ¹Die Steuerermäßigungen nach den Absätzen 2 oder 3 kann der Steuerpflichtige insgesamt nur bis zur Höhe der Bemessungsgrundlage der Abzugsbeträge nach § 10e Absatz 1 oder 2 in Anspruch nehmen. ²Die Steuerermäßigung nach den Absätzen 1, 2 und 3 Satz 1 kann der Steuerpflichtige im Kalenderjahr nur für ein Objekt in Anspruch nehmen.

Inhaltsübersicht	Rz.
A. Allgemeine Erläuterungen	1–2
I. Normzweck und wirtschaftliche Bedeutung der Vorschrift	1
II. Entstehung und Entwicklung der Vorschrift	2

A. Allgemeine Erläuterungen

I. Normzweck und wirtschaftliche Bedeutung der Vorschrift

Die Vorschrift sah eine Steuerermäßigung für Steuerpflichtige mit Kindern bei der Inanspruchnahme erhöhter Absetzungen für Wohngebäude oder von Steuerbegünstigungen für eigengenutztes Wohneigentum vor (sog. Baukindergeld). Gewährt wurde eine Ermäßigung der tariflichen Einkommensteuer, die einen Antrag voraussetzte.

1

II. Entstehung und Entwicklung der Vorschrift

Die Norm hat keine aktuelle Bedeutung mehr. Sie wurde als Kinderkomponente zu § 7b EStG mit dem Inhalt des Abs. 1 durch das 2. HStruktG v. 22.12.1981[3] in das EStG eingefügt. Abs. 2 wurde durch das WohneigFG v. 15.5.1986[4] als Ergänzung zu § 10e EStG angefügt.

2

---

1 **Anm. d. Red.:** Zur Anwendung des § 34f Abs. 3 siehe § 52 Abs. 35 Satz 1 und § 57 Abs. 6.
2 **Anm. d. Red.:** Zur Anwendung des § 34f Abs. 4 siehe § 52 Abs. 35.
3 Haushaltsstrukturgesetz v. 22.12.1981, BGBl 1981 I 1523.
4 Gesetz zur Neuregelung der steuerrechtlichen Förderung des selbstgenutzten Wohnungseigentums (WohneigFG) v. 15.5.1986, BGBl 1986 I 730.

2b. Steuerermäßigung bei Zuwendungen an politische Parteien und an unabhängige Wählervereinigungen

§ 34g Steuermäßigung bei Zuwendungen an politische Parteien und an unabhängige Wählervereinigungen

¹Die tarifliche Einkommensteuer, vermindert um die sonstigen Steuerermäßigungen mit Ausnahme des § 34f Absatz 3, ermäßigt sich bei Zuwendungen an

1. politische Parteien im Sinne des § 2 des Parteiengesetzes, sofern die jeweilige Partei nicht gemäß § 18 Absatz 7 des Parteiengesetzes von der staatlichen Teilfinanzierung ausgeschlossen ist, und

2. Vereine ohne Parteicharakter, wenn

    a) der Zweck des Vereins ausschließlich darauf gerichtet ist, durch Teilnahme mit eigenen Wahlvorschlägen an Wahlen auf Bundes-, Landes- oder Kommunalebene bei der politischen Willensbildung mitzuwirken, und

    b) der Verein auf Bundes-, Landes- oder Kommunalebene bei der jeweils letzten Wahl wenigstens ein Mandat errungen oder der zuständigen Wahlbehörde oder dem zuständigen Wahlorgan angezeigt hat, dass er mit eigenen Wahlvorschlägen auf Bundes-, Landes- oder Kommunalebene an der jeweils nächsten Wahl teilnehmen will.

²Nimmt der Verein an der jeweils nächsten Wahl nicht teil, wird die Ermäßigung nur für die bis zum Wahltag an ihn geleisteten Beiträge und Spenden gewährt. ³Die Ermäßigung für Beiträge und Spenden an den Verein wird erst wieder gewährt, wenn er sich mit eigenen Wahlvorschlägen an einer Wahl beteiligt hat. ⁴Die Ermäßigung wird in diesem Fall nur für Beiträge und Spenden gewährt, die nach Beginn des Jahres, in dem die Wahl stattfindet, geleistet werden.

²Die Ermäßigung beträgt 50 Prozent der Ausgaben, höchstens jeweils 825 Euro für Ausgaben nach den Nummern 1 und 2, im Fall der Zusammenveranlagung von Ehegatten höchstens jeweils 1 650 Euro. ³§ 10b Absatz 3 und 4 gilt entsprechend.[1]

Inhaltsübersicht

	Rz.
A. Allgemeine Erläuterungen	1 - 9
I. Normzweck und wirtschaftliche Bedeutung der Vorschrift	1 - 2
II. Entstehung und Entwicklung der Vorschrift	3
III. Geltungsbereich	4 - 6
IV. Verhältnis zu anderen Vorschriften	7 - 9
B. Systematische Kommentierung	10 - 40
I. Allgemeines	10
II. Begünstigung von Zuwendungen an politische Parteien (§ 34g Satz 1 Nr. 1 EStG)	11 - 19
III. Begünstigung von Zuwendungen an Vereine ohne Parteicharakter (§ 34g Satz 1 Nr. 2 EStG)	20 - 30

---

1 Anm. d. Red.: § 34g i. d. F. des Gesetzes v. 18. 7. 2017 (BGBl I S. 2730) mit Wirkung v. 29. 7. 2017.

IV.	Höhe der Steuerermäßigung	31 - 35
V.	Behandlung von Sachzuwendungen, Vertrauensschutz und Haftung (§ 34g Satz 3 EStG)	36 - 38
VI.	Nachweis der Zuwendung	39 - 40

HINWEIS:
§ 50 EStDV; BMF v. 16. 6. 1989, BStBl 1989 I 239; BMF v. 7. 11. 2013, BStBl 2013 I 1333; BMF v. 26. 3. 2014, BStBl 2014 I 791; BMF v. 25.11.2014, BStBl 2014 I 1584; BMF v. 24.8.2016, BStBl 2016 I 994.

A. Allgemeine Erläuterungen

I. Normzweck und wirtschaftliche Bedeutung der Vorschrift

§ 34g EStG regelt eine Steuerermäßigung für Zuwendungen an politische Parteien und unabhängigen Wählervereinigungen und dient mittelbar der staatlichen Parteienfinanzierung.   1

(Einstweilen frei)   2

II. Entstehung und Entwicklung der Vorschrift

Die Vorschrift wurde seit ihrer Einführung durch das Gesetz zur Änderung des Parteiengesetzes und anderer Gesetze v. 22.12.1983[1] mehrfach geändert. Nachfolgend wird kurz die wesentliche Entwicklung der Vorschrift aufgeführt: 3

▶ Durch das Gesetz zur steuerlichen Begünstigung von Zuwendungen an unabhängige Wählervereinigungen vom 25.7.1988[2] wurde § 34g EStG grundlegend überarbeitet. Die Steuerermäßigung wurde auf unabhängige Wählervereinigungen ausgedehnt. Die Höchstbeträge (seinerzeit 600 DM bzw. 1 200 DM für Ehegatten) gelten jeweils gesondert für politische Parteien als auch für unabhängige Wählervereinigungen.

▶ Durch das Gesetz über Maßnahmen zur Entlastung der öffentlichen Haushalte (Haushaltsbegleitgesetz 1989) vom 20.12.1988[3] wurde die steuerliche Begünstigung für Zuwendungen an unabhängige Wählervereinigungen rückwirkend auf VZ 1984 vorgezogen, vgl. § 52 Abs. 24a EStG a. F.

▶ Das Fünfte Gesetz zur Änderung des Parteiengesetzes und zur Änderung anderer Gesetze vom 22.12.1988[4] erweitert den sachlichen Anwendungsbereich um die Begünstigung von Sachzuwendungen und Aufwandspenden entsprechend § 10b EStG.

▶ Durch das Gesetz zur Verbesserung und Vereinfachung der Vereinsbesteuerung (Vereinsförderungsgesetz) vom 18.12.1989[5] wurde § 34g Satz 3 EStG um den Hinweis auf die Regelung in § 10b Abs. 4 EStG ergänzt.

▶ Durch das Gesetz zur Entlastung der Familien und zur Verbesserung der Rahmenbedingungen für Investitionen und Arbeitsplätze (StÄndG 1992) vom 25.2.1992[6] wurde die

---
1 BGBl 1983 I 1577.
2 BGBl 1988 I 2262.
3 BGBl 1988 I 2262.
4 BGBl 1988 I 2615.
5 BGBl 1989 I 2212.
6 BGBl 1992 I 297.

Anemüller

- vorrangige Berücksichtigung der Steuerermäßigung nach § 34g EStG vor der Steuerermäßigung nach § 34f EStG eingefügt.
- Durch das Sechste Gesetz zur Änderung des Parteiengesetzes und zur Änderung anderer Gesetze vom 28.1.1994[1] erfolgte die Anhebung der Höchstbeträge auf 1 500 DM bzw. 3 000 DM.
- Durch das Gesetz zur Umrechnung und Glättung steuerlicher Euro-Beträge (Steuer-Euroglättungsgesetz – StEuglG) vom 19.12.2000[2] wurden die auf „DM" lautenden Höchstbeträge in Euro umgerechnet.
- Durch das Achte Gesetz zur Änderung des Parteiengesetzes vom 28.6.2002[3] wurden die Höchstbeträge auf 825 € bzw. 1 650 € bei Ehegatten angehoben. An die Stelle der Begriffe „Mitgliedsbeiträge und Spenden" wurde der Begriff „Zuwendungen" eingefügt.
- Durch das Gesetz zum Ausschluss verfassungsfeindlicher Parteien von der Parteienfinanzierung vom 18.7.2017[4] wurde in § 34g Satz 1 EStG ein Hinweis auf § 18 Abs. 7 Parteiengesetz aufgenommen. Die Begünstigung nach § 34g EStG soll nur für solche Parteien in Betracht kommen, die nicht von der staatlichen Teilfinanzierung ausgeschlossen sind. Die Neuregelung gilt ab dem Tag, der der Bekanntgabe im Bundesgesetzblatt folgt, mithin ab dem 29.7.2017.

III. Geltungsbereich

4 § 34g EStG ist auf unbeschränkt und beschränkt einkommensteuerpflichtige Personen anwendbar. § 50 Abs. 1 Satz 3 EStG schließt für beschränkt Einkommensteuerpflichtige die Anwendung von § 34g EStG nicht aus. Die Inanspruchnahme der Steuerermäßigung nach § 34g EStG ist ausschließlich im Wege der Steuerveranlagung möglich. Nicht begünstigt sind unbeschränkt oder beschränkt steuerpflichtige Körperschaften.

5–6 *(Einstweilen frei)*

IV. Verhältnis zu anderen Vorschriften

7 Die Steuerermäßigung nach § 34g EStG für Zuwendungen an politische Parteien ist im Verhältnis zum Abzug nach § 10b Abs. 2 EStG vorrangig zu berücksichtigen, vgl. auch KKB/Eckardt, § 10b Abs. 2 Satz 2 EStG Rz. 91 ff. Für Zuwendungen an Vereine ohne Parteicharakter ist lediglich die Steuerermäßigung nach § 34g EStG, nicht jedoch ein Abzug nach § 10b Abs. 1 und 2 EStG zu gewähren.

8 **RECHTSPRECHUNGSHINWEIS: URTEIL DES BUNDESFINANZHOFS**

Mit Urteil vom 20.3.2017[5] hat der BFH entschieden, dass Spenden an kommunale Wählervereinigungen nicht nach § 10b Abs. 2 EStG begünstigt sind.

Die fehlende Begünstigung von Spenden und Beiträgen an kommunale Wählervereinigungen ist verfassungsrechtlich zulässig. Die Chancengleichheit von Parteien und diesen politischen Organisationen auf kommunaler Ebene wird nicht verletzt.

Im entschiedenen Fall hatte der Kläger die Steuerermäßigung nach § 34g Satz 1 Nr. 2 Buchst. a EStG in Anspruch genommen. Diese reichte nach seiner Auffassung jedoch nicht aus, um seine Zuwendungen in

---

1 BGBl 1994 I 142.
2 BGBl 2000 I 1790.
3 BGBl 2002 I 2268.
4 BGBl 2017 I 2730.
5 X R 55/14, BFH/NV 2017, 1230.

angemessenem Umfang bei der Festsetzung der Steuer zu berücksichtigen. Daher klagte er letztendlich auf den höheren Sonderausgabenabzug für Spenden an politische Parteien auch für Zuwendungen an kommunale Wählervereinigungen. Zur Begründung berief er sich auf mehrere verfassungsgerichtliche Entscheidungen.

Der BFH hat jedoch entgegen der Auffassung des Klägers entschieden, dass die Benachteiligung bei Spenden zugunsten von Wählervereinigungen vor allem wegen der umfassenden Aufgabenbreite der Parteien i. S. des § 2 PartG sachlich gerechtfertigt sei. Es sei jedoch nicht auszuschließen, dass das BVerfG dies anders sehen könnte, wenn ihm mit einer Verfassungsbeschwerde die Möglichkeit zu einer erneuten Prüfung des § 10b Abs. 2 EStG gäbe. Die letzte Entscheidung des BVerfG zu § 10b EStG in einer Fassung, die sich von der jetzigen unterscheidet, datiert vom 21.6.1988[1] Seinerzeit hatte das BVerfG den völligen Ausschluss der kommunalen Wählervereinigungen von steuerlichen Entlastungen gem. § 10b und § 34g EStG a. F. für nicht mit dem Grundgesetz vereinbar gehalten. Verfassungsbeschwerde wurde, soweit ersichtlich, nicht eingelegt.

Aufwendungen zur Förderung staatspolitischer Zwecke nach § 10b EStG sind nicht als Betriebsausgaben oder Werbungskosten zu berücksichtigen, vgl. KKB/Hallerbach, § 4 Abs. 6 EStG Rz. 886.   9

B. Systematische Kommentierung

I. Allgemeines

§ 34g EStG enthält die Begünstigung von Zuwendungen zum einen für politische Parteien i. S. v. § 2 PartG (Gesetz über die politischen Parteien)[2] und zum anderen an Vereine ohne Parteicharakter (unabhängige Wählergemeinschaften).[3]   10

Die steuerliche Vergünstigung wird in Form einer progressionsunabhängigen Verminderung der tariflichen Einkommensteuer (Steuerermäßigung) i. H. v. 50 % der Ausgaben, höchstens 825 € bzw. im Fall der Zusammenveranlagung von Ehegatten bzw. Lebenspartnern[4] höchstens 1 650 € gewährt.

II. Begünstigung von Zuwendungen an politische Parteien (§ 34g Satz 1 Nr. 1 EStG)

Nach § 34g Satz 1 Nr. 1 EStG wird die tarifliche Einkommensteuer bei Zuwendungen an politische Parteien i. S. v. § 2 PartG ermäßigt.   11

Nach § 10b Abs. 1 Satz 1 EStG fallen unter den Begriff der „Zuwendung" Spenden und Mitgliedsbeiträge.   12

Bei Parteien im obigen Sinne handelt es sich um Vereinigungen von Bürgern, die dauernd oder für längere Zeit für den Bereich des Bundes oder eines Landes auf die politische Willensbildung Einfluss nehmen und an der Vertretung des Volkes im Deutschen Bundestag oder einem Landtag mitwirken wollen, wenn sie nach dem Gesamtbild der tatsächlichen Verhältnisse, insbesondere nach Umfang und Festigkeit ihrer Organisation, nach der Zahl ihrer Mitglieder und   13

---

1 2 BvR 638/84, BStBl1989 II 67.
2 § 34g Satz 1 Nr. 1 EStG.
3 § 34g Satz 1 Nr. 2 EStG.
4 Vgl. § 2 Abs. 8 EStG.

nach ihrem Hervortreten in der Öffentlichkeit eine ausreichende Gewähr für die Ernsthaftigkeit dieser Zielsetzung bieten.[1]

14 Nicht zu Parteien i. S. v. § 34g Satz 1 Nr. 1 EStG gehören Vereine ohne Parteicharakter.

15 Zur Definition der Begriffe „Mitgliedsbeitrag" und „Spende" wird auf die Ausführungen zu § 10b EStG (KKB/Eckardt, § 10b EStG Rz. 12 ff. und Rz. 14 ff.) verwiesen.

16 Durch das Gesetz zum Ausschluss verfassungsfeindlicher Parteien von der Parteienfinanzierung vom 18.7.2017[2] wurde in § 34g Satz 1 EStG ein Hinweis auf § 18 Abs. 7 PartG aufgenommen. Die Begünstigung nach § 34g EStG soll nur noch für solche Parteien in Betracht kommen, die nicht von der staatlichen Teilfinanzierung ausgeschlossen sind. Die Neuregelung gilt ab dem 29.7.2017.

Hintergrund für die Verschärfung im Einzelsteuergesetz ist die Rechtsprechung des BVerfG zum Verbot von Parteien.[3] Nach Art. 21 Abs. 3 GG sind Parteien, die nach ihren Zielen oder dem Verhalten ihrer Anhänger darauf ausgerichtet sind, die freiheitliche demokratische Grundordnung zu beeinträchtigen oder zu beseitigen oder den Bestand der Bundesrepublik Deutschland zu gefährden, von staatlicher Finanzierung ausgeschlossen. Wird der Ausschluss festgestellt, so entfällt auch eine steuerliche Begünstigung dieser Parteien und von Zuwendungen an diese Parteien. Durch die Ergänzung des § 10b Abs. 2 Satz 1 EStG und des § 34g Satz 1 EStG wird diese neue verfassungsrechtliche Rechtslage einfachgesetzlich im Einkommensteuergesetz nachvollzogen. Durch den Verweis auf § 18 Abs. 7 PartG sind Zuwendungen an Parteien, die nach ihren Zielen oder dem Verhalten ihrer Anhänger darauf ausgerichtet sind, die freiheitliche demokratische Grundordnung zu beeinträchtigen oder zu beseitigen oder den Bestand der Bundesrepublik Deutschland zu gefährden, ab dem Zeitpunkt der dies feststellenden Entscheidung des BVerfG nach Art. 21 Abs. 4 GG nicht mehr steuerlich abzugsfähig. Zuwendungen an Parteien, die von der staatlichen Teilfinanzierung ausgeschlossen sind, können weiterhin abgezogen werden, wenn die Zuwendung bis zur Entscheidung des BVerfG erfolgt ist und der Zuwendende bis zu diesem Zeitpunkt eine Zuwendungsbestätigung erhalten hat oder die Daten nach amtlich vorgeschriebenem Datensatz durch Datenfernübertragung nach Maßgabe des § 93c AO an die FinVerw. übermittelt wurden (§ 50 Abs. 2 EStDV). Für Zuwendungsbestätigungen, die eine Partei, die von der staatlichen Teilfinanzierung ausgeschlossen ist, nach der Entscheidung des Bundesverfassungsgerichts ausstellt, besteht kein schutzwürdiges Vertrauen im Sinne des § 10b Abs. 4 Satz 1 EStG, der nach § 34g Satz 3 EStG auch für die Gewährung der Steuerermäßigung anzuwenden ist. Aufgrund der zu erwartenden hohen medialen Berichterstattung über eine solche Entscheidung wird dem Zuwendenden bekannt oder zumindest grob fahrlässig unbekannt sein, dass die Zuwendungsbestätigung zumindest dann unrichtig ist.[4]

17–19 *(Einstweilen frei)*

---

[1] Vgl. § 2 des Gesetzes über die politischen Parteien.
[2] BGBl 2017 I 2730.
[3] Siehe zuletzt BVerfG v. 17.1.2017 - 2 BvB 1/13.
[4] Vgl. BT-Drucks. 18/12358, 10 v. 16.7.2017.

III. Begünstigung von Zuwendungen an Vereine ohne Parteicharakter (§ 34g Satz 1 Nr. 2 EStG)

§ 34g Satz 1 Nr. 2 Buchst. a und b EStG sieht für Zuwendungen an Vereine ohne Parteicharakter eine Ermäßigung der tariflichen Einkommensteuer vor. **20**

Bei Vereinen ohne Parteicharakter handelt es sich im Regelfall um unabhängige Wählergemeinschaften und vergleichbare Vereine. Die Voraussetzungen des Gesetzes über die politischen Parteien dürfen nicht erfüllt sein; anderenfalls fallen die Vereine in den Anwendungsbereich von § 34g Satz 1 Nr. 1 EStG. Der Verein muss m. E. kein eingetragener Verein sein. Nicht unter den Begriff des Vereins ohne Parteicharakter fallen Bürgerinitiativen oder Unterschriftenaktionen. **21**

Der Zweck des Vereins darf nach § 34g Satz 1 Nr. 2 Buchst. a EStG ausschließlich darauf gerichtet sein, durch Teilnahme mit eigenen Wahlvorschlägen an Wahlen der Bundes-, Landes- oder Kommunalebene bei der politischen Willensbildung mitzuwirken. Der Zweck des Vereins muss sich aus der Satzung ergeben und tatsächlich verfolgt werden. Andere in der Satzung festgelegte bzw. verfolgte Zwecke führen zum Ausschluss aus dem Anwendungsbereich von § 34g Satz 1 Nr. 2 EStG (Merkmal: „ausschließlich"). **22**

Nach § 34g Satz 1 Nr. 2 Buchst. b EStG ist ferner Voraussetzung, dass der Verein entweder bei der letzten Wahl auf Bundes-, Landes- oder Kommunalebene ein Mandat errungen hat oder der/dem zuständigen Wahlbehörde/-organ angezeigt hat, bei der jeweils nächsten Wahl auf Bundes-, Landes- oder Kommunalebene teilnehmen zu wollen.

Die Steuerermäßigung wird nach § 34g Satz 1 Nr. 2 Satz 2 EStG bei Nichtteilnahme des Vereins an der jeweils nächsten Wahl lediglich für bis zum Wahltag an den Verein geleistete Beiträge und Spenden gewährt. Nach § 34g Satz 1 Nr. 2 Satz 3 und 4 EStG wird die Steuerermäßigung erst dann wieder für Beiträge und Spenden gewährt, die nach Beginn des Jahres, in dem der Verein sich wieder mit eigenen Wahlvorschlägen an einer Wahl beteiligt hat, geleistet wurden. **23**

Zuwendungsbestätigungen dürfen erst nach Anzeige bei dem zuständigen Wahlorgan o. Ä. ausgestellt werden.[1] **24**

Für Zuwendungen an Vereine ohne Parteicharakter ist ein Sonderausgabenabzug nach § 10b Abs. 2 EStG nicht vorgesehen. Hinweis auf → Rz. 7. **25**

(Einstweilen frei) **26–30**

IV. Höhe der Steuerermäßigung

Die Steuerermäßigung beträgt nach § 34g Satz 2 EStG 50 % der Ausgaben, höchstens 825 €. Bei Zusammenveranlagung von Ehegatten bzw. Lebenspartnern verdoppelt sich der Betrag auf 1 650 €. **31**

Die Steuerermäßigung kann nach dem Wortlaut („jeweils") sowohl für Zuwendungen an Parteien als auch an Vereine ohne Parteicharakter, mithin bis zu zweimal je VZ in Anspruch genommen werden. Eine mehrfache Inanspruchnahme der Steuerermäßigung aufgrund von Zuwendungen an mehrere Parteien ist hingegen nicht möglich. **32**

---

1 Vgl. H 34g „Zuwendungen an unabhängige Wählervereinigungen" EStH.

33 Zuwendungen an Parteien i. S. v. § 34g Satz 1 Nr. 1 EStG, die die Höchstbeträge übersteigen, können unter den übrigen Voraussetzungen nach § 10b Abs. 2 EStG als Sonderausgaben abgezogen werden.

34 Ein Vor- oder Rücktrag der Steuerermäßigung ist nicht möglich. Die Erstattung über eine auf 0 € ermäßigte Einkommensteuer ist ausgeschlossen.

35 *(Einstweilen frei)*

V. Behandlung von Sachzuwendungen, Vertrauensschutz und Haftung (§ 34g Satz 3 EStG)

36 Durch den Verweis in § 34g Satz 3 EStG auf § 10b Abs. 3 und 4 EStG finden die dortigen Regelungen zu Sachzuwendungen mit Ausnahme von Nutzungen und Leistungen sowie zum Vertrauensschutz des gutgläubig Zuwendenden und der Haftungsvorschriften entsprechend Anwendung. Zu weiteren Einzelheiten wird auf die Ausführungen von KKB/Eckardt, § 10b EStG Rz. 101 ff., Rz. 115 ff. und Rz. 124 ff. verwiesen.

37–38 *(Einstweilen frei)*

VI. Nachweis der Zuwendung

39 Nach § 50 Abs. 1 Satz 1 EStDV dürfen Zuwendungen nach § 34g EStG nur dann abgezogen werden, wenn diese durch eine Zuwendungsbestätigung nachgewiesen wurden. Die Zuwendungsbestätigung ist nach amtlich vorgeschriebenem Vordruck auszustellen.[1]

40 Bei Zuwendungen bis 200 € reicht nach § 50 Abs. 4 Satz 1 EStDV die Vorlage eines Bareinzahlungsbelegs oder einer Buchungsbestätigung aus. Nach § 50 Abs. 4 Satz 1 Nr. 2 Buchst. c EStDV muss bei Spenden der Verwendungszweck auf dem vom Empfänger hergestellten Beleg aufgedruckt sein. Nach § 50 Abs. 6 EStDV genügt bei Zahlung von Mitgliedsbeiträgen an politische Parteien i. S. v. § 2 PartG die Vorlage von Bareinzahlungsbelegen, Buchungsbestätigungen oder Beitragsquittungen.

§ 34h (weggefallen)

Die von der Bundesregierung geplante Einführung eines Abzugs von der Steuerschuld für bestimmte ehrenamtliche Tätigkeiten vor allem im pflegerischen Bereich (§ 34h EStG i. d. F. des Regierungsentwurfs aus dem Jahr 2007) ist nicht verwirklicht worden. Stattdessen ist auf Vorschlag des Finanzausschusses des Bundestags ein Freibetrag i. H. v. 500 € (VZ 2007) (§ 3 Nr. 26a EStG n. F.) geschaffen worden. Seit dem VZ 2013 beträgt dieser Freibetrag 720 € im Jahr.

---

1 Zu Einzelheiten wird auf die Schreiben des BMF v. 7. 11. 2013, BStBl 2013 I 1333 und BMF v. 26. 3. 2014, BStBl 2014 I 791 verwiesen.

3. Steuerermäßigung bei Einkünften aus Gewerbebetrieb

§ 35 Steuerermäßigung bei Einkünften aus Gewerbebetrieb

(1) ¹Die tarifliche Einkommensteuer, vermindert um die sonstigen Steuerermäßigungen mit Ausnahme der §§ 34f, 34g und 35a, ermäßigt sich, soweit sie anteilig auf im zu versteuernden Einkommen enthaltene gewerbliche Einkünfte entfällt (Ermäßigungshöchstbetrag),

1. bei Einkünften aus gewerblichen Unternehmen im Sinne des § 15 Absatz 1 Satz 1 Nummer 1

    um das 3,8-fache des jeweils für den dem Veranlagungszeitraum entsprechenden Erhebungszeitraum nach § 14 des Gewerbesteuergesetzes für das Unternehmen festgesetzten Steuermessbetrags (Gewerbesteuer-Messbetrag); Absatz 2 Satz 5 ist entsprechend anzuwenden;

2. bei Einkünften aus Gewerbebetrieb als Mitunternehmer im Sinne des § 15 Absatz 1 Satz 1 Nummer 2 oder als persönlich haftender Gesellschafter einer Kommanditgesellschaft auf Aktien im Sinne des § 15 Absatz 1 Satz 1 Nummer 3

    um das 3,8-fache des jeweils für den dem Veranlagungszeitraum entsprechenden Erhebungszeitraum festgesetzten anteiligen Gewerbesteuer-Messbetrags.

²Der Ermäßigungshöchstbetrag ist wie folgt zu ermitteln:

$$\frac{\text{Summe der positiven gewerblichen Einkünfte}}{\text{Summe aller positiven Einkünfte}} \cdot \text{geminderte tarifliche Steuer.}$$

³Gewerbliche Einkünfte im Sinne der Sätze 1 und 2 sind die der Gewerbesteuer unterliegenden Gewinne und Gewinnanteile, soweit sie nicht nach anderen Vorschriften von der Steuerermäßigung nach § 35 ausgenommen sind. ⁴Geminderte tarifliche Steuer ist die tarifliche Steuer nach Abzug von Beträgen auf Grund der Anwendung zwischenstaatlicher Abkommen und nach Anrechnung der ausländischen Steuern nach § 32d Absatz 6 Satz 2, § 34c Absatz 1 und 6 dieses Gesetzes und § 12 des Außensteuergesetzes. ⁵Der Abzug des Steuerermäßigungsbetrags ist auf die tatsächlich zu zahlende Gewerbesteuer beschränkt.

(2) ¹Bei Mitunternehmerschaften im Sinne des § 15 Absatz 1 Satz 1 Nummer 2 oder bei Kommanditgesellschaften auf Aktien im Sinne des § 15 Absatz 1 Satz 1 Nummer 3 ist der Betrag des Gewerbesteuer-Messbetrags, die tatsächlich zu zahlende Gewerbesteuer und der auf die einzelnen Mitunternehmer oder auf die persönlich haftenden Gesellschafter entfallende Anteil gesondert und einheitlich festzustellen. ²Der Anteil eines Mitunternehmers am Gewerbesteuer-Messbetrag richtet sich nach seinem Anteil am Gewinn der Mitunternehmerschaft nach Maßgabe des allgemeinen Gewinnverteilungsschlüssels; Vorabgewinnanteile sind nicht zu berücksichtigen. ³Wenn auf Grund der Bestimmungen in einem Abkommen zur Vermeidung der Doppelbesteuerung bei der Festsetzung des Gewerbesteuer-Messbetrags für eine Mitunternehmerschaft nur der auf einen Teil der Mitunternehmer entfallende anteilige Gewerbeertrag berücksichtigt wird, ist der Gewerbesteuer-Messbetrag nach Maßgabe des all-

gemeinen Gewinnverteilungsschlüssels in voller Höhe auf diese Mitunternehmer entsprechend ihrer Anteile am Gewerbeertrag der Mitunternehmerschaft aufzuteilen. ⁴Der anteilige Gewerbesteuer-Messbetrag ist als Prozentsatz mit zwei Nachkommastellen gerundet zu ermitteln. ⁵Bei der Feststellung nach Satz 1 sind anteilige Gewerbesteuer-Messbeträge, die aus einer Beteiligung an einer Mitunternehmerschaft stammen, einzubeziehen.

(3) ¹Zuständig für die gesonderte Feststellung nach Absatz 2 ist das für die gesonderte Feststellung der Einkünfte zuständige Finanzamt. ²Für die Ermittlung der Steuerermäßigung nach Absatz 1 sind die Festsetzung des Gewerbesteuer-Messbetrags, die Feststellung des Anteils an dem festzusetzenden Gewerbesteuer-Messbetrag nach Absatz 2 Satz 1 und die Festsetzung der Gewerbesteuer Grundlagenbescheide. ³Für die Ermittlung des anteiligen Gewerbesteuer-Messbetrags nach Absatz 2 sind die Festsetzung des Gewerbesteuer-Messbetrags und die Festsetzung des anteiligen Gewerbesteuer-Messbetrags aus der Beteiligung an einer Mitunternehmerschaft Grundlagenbescheide.

(4) Für die Aufteilung und die Feststellung der tatsächlich zu zahlenden Gewerbesteuer bei Mitunternehmerschaften im Sinne des § 15 Absatz 1 Satz 1 Nummer 2 und bei Kommanditgesellschaften auf Aktien im Sinne des § 15 Absatz 1 Satz 1 Nummer 3 gelten die Absätze 2 und 3 entsprechend.

Inhaltsübersicht

	Rz.
A. Allgemeine Erläuterungen	1 – 15
I. Normzweck und wirtschaftliche Bedeutung der Vorschrift	1 – 3
II. Entstehung und Entwicklung der Vorschrift	4
III. Geltungsbereich	5 – 8
IV. Vereinbarkeit mit höherrangigem Recht	9
V. Verhältnis zu anderen Vorschriften	10 – 15
B. Systematische Kommentierung	16 – 75
I. Regelungsinhalt	16
II. Tatbestandsvoraussetzungen des § 35 Abs. 1 EStG	17 – 56
1. Gewerbliche Unternehmen	17
2. Potenzielles (maximales) Anrechnungsvolumen (§ 35 Abs. 1 Satz 1 Nr. 1 und 2, Satz 3 EStG)	18 – 45
a) Gewerbliche Einkünfte i. S. d. § 35 Abs. 1 Satz 3 EStG	19 – 21
b) Unternehmens- oder betriebsbezogene Ermittlung der Einkünfte	22 – 28
c) Einzelfälle	29 – 30
aa) Ausgenommene Gewinne	29
bb) KGaA	30
d) Festgesetzter Gewerbesteuermessbetrag	31 – 45
aa) Grundsätze	31 – 33
bb) Aufteilung des Gewerbesteuermessbetrags	34 – 37
cc) Mehrstöckige Mitunternehmerschaften	38 – 45
3. Ermäßigungshöchstbetrag (§ 35 Abs. 1 Satz 1 bis 3 EStG)	46 – 55
a) Grundlage	46 – 49
b) Ehegatten/eingetragene Lebenspartner	50 – 55
4. Tatsächlich zu zahlende Gewerbesteuer (§ 35 Abs. 1 Satz 5 EStG)	56
III. Rechtsfolge	57 – 63
IV. Sonderfälle	64 – 75
1. Unternehmensübertragung, Gesellschafterwechsel und Umwandlungen	64 – 66
2. Organschaft	67 – 75

Allgemeine Erläuterungen § 35 EStG

C. Verfahrensfragen	76 - 78
I. Einzelunternehmer	76
II. Mitunternehmerschaften	77
III. Mehrstöckige Mitunternehmerschaften	78

HINWEIS:

H 35 EStH; BMF v. 3. 11. 2016 (Einführungsschreiben), BStBl 2016 I 1187; BayLfSt v. 22. 7. 2011, ESt-Kartei BY § 35 EStG Karte 1.4 - 44/2011 -, NWB DokID: EAAAD-87505, OFD Münster v. 14. 7. 2009 - Kurzinfo ESt 22/2009, NWB DokID: LAAAD-25230.

LITERATUR:

► Weitere Literatur siehe Online-Version

Schiffers, Keine quellenbezogene Betrachtung bei der Ermittlung des Ermäßigungshöchstbetrags nach § 35 EStG – Keine Saldierung positiver und negativer Einkünfte zwischen Ehegatten, DStZ 2015, 770; *Nöcker*, Steuerermäßigung bei Einkünften aus Gewerbebetrieb – eine Frage der Berechnung, FR 2015, 1045; *Schöneborn*, Gewerbesteueranrechnung nach § 35 EStG für Veräußerungsgewinne nach Umwandlung einer Organgesellschaft in eine PersGes, NWB 2015, 2480; *Förster*, Update § 35 EStG: Offene und geklärte Fragen bei der Anrechnung der GewSt im Licht der neueren Rechtsprechung, DB 2016, 1398; *Gragert*, Steuerermäßigung bei den Einkünften aus Gewerbebetrieb gem. § 35 EStG, NWB 2016, 3924; *Schiffers*, Grundsatzentscheidung des BFH: Aufteilung des GewSt-Messbetrags nach § 35 Abs. 2 EStG bei unterjährigem Gesellschafterwechsel, DStZ 2016, 434; *Przybilka*, Steuerliche Doppelbelastung bei unterjähriger Anteilsveräußerung?, StuB 2016, 509; *Dreßler/Oenings*, Chancen und Risiken der Gewerbesteueranrechnung bei unterjährigem Gesellschafterwechsel – Zugleich Anmerkung zu den BFH-Urteilen IV R 5/14 und IV R 48/12 v. 14.1.2016, DStR 2017, 625; *Eggert*, Anrechnung von Gewerbesteuer auf die Einkommensteuer – Besonderheiten bei Mitunternehmerschaften mit Beispielsfällen, BBK 2017, 339; *Grützner*, Zur Anrechnung von Gewerbesteuer auf die Einkommensteuer nach § 35 EStG, StuB 2017, 18; *Staaden*, Übernahme des horizontalen Verlustausgleichs beim Ermäßigungshöchstbetrag nach § 35 Abs. 1 Satz 2 EStG durch die Finanzverwaltung – Neuerungen und neue Zweifelsfragen, DStR 2017, 184; *Bauer*, Gegenüberstellung relevanter Steuerbelastungsdeterminanten von klassischer Betriebsaufspaltung und GmbH & Co. KG, StuB 2017, 609; *Bauer*, Vergleichende Steuerbelastungsmessung in Bezug auf klassische Betriebsaufspaltung und GmbH & Co. KG, StuB 2017, 668; *Hoheisel*, Betriebsbezogene Ermittlung des Ermäßigungshöchstbetrags nach § 35 EStG, StuB 2017, 896; *Michel*, Begrenzung der Steuerermäßigung nach § 35 Abs. 1 Satz 5 EStG auf jeder Beteiligungsstufe, NWB 2018, 98; *Nöcker*, Betriebsbezogene Ermittlung der Begrenzung nach § 35 Abs. 1 Satz 5 EStG, jurisPR-SteuerR 14/2018 Anm. 4; *Steinhauff*, Gewerbesteuerpflicht für Gewinne aus der Veräußerung von Anteilen an einer Mitunternehmerschaft (§ 7 Satz 2 Nr. 2 GewStG), jurisPR-SteuerR 48/2018 Anm. 5.

ARBEITSHILFEN UND GRUNDLAGEN ONLINE:

Ebber, Gewerbesteueranrechnung, NWB DokID: AAAAA-41703.

A. Allgemeine Erläuterungen

I. Normzweck und wirtschaftliche Bedeutung der Vorschrift

Normzweck: Gewerbliche Einkünfte von Einzelunternehmen und mitunternehmerisch Beteiligten i. S. v. § 15 Abs. 1 Satz 1 Nr. 2 und 3 EStG sind wirtschaftlich mit Einkommensteuer und Gewerbesteuer belastet, ohne dass diese Doppelbelastung durch einen niedrigen Steuersatz wie etwa bei der Körperschaftsteuer (15 %) für Kapitalgesellschaften Rechnung getragen wird. Durch Einführung des § 35 EStG sollte eine „gleichwertige Entlastung von Personengesellschaften und Einzelunternehmen einerseits und Kapitalgesellschaften andererseits (Belas-

1

tungsneutralität)"[1] geschaffen werden, indem die Gewerbesteuer (teilweise) auf die Einkommensteuer angerechnet wird.

2 **Bedeutung:** Seit dem UntStRefG 2008[2] kommt der Vorschrift eine größere Bedeutung zu, da die Gewerbesteuer gem. § 4 Abs. 5b EStG keine Betriebsausgabe mehr ist und daher weder ihre eigene noch die Bemessungsgrundlage der Einkommensteuer und der Körperschaftsteuer mindert. Die Vorschrift dient dazu, den damit verbundenen Anstieg der Gesamtsteuerbelastung mit Einkommen- und Gewerbesteuer abzumildern.

3 **Gestaltungsmöglichkeiten** sollten genutzt werden, um sog. **Anrechnungsüberhänge** (= nicht genutzte Anrechnungsvolumina, → Rz. 34) zu vermeiden. Sofern bei Mitunternehmerschaften Sonderbetriebsvermögen Auslöser für eine inkongruente Gewerbesteuerentlastung ist, könnte seine Einbringung in das Gesamthandsvermögen[3] oder die Ausgliederung des Sonderbetriebsvermögens auf eine Schwestergesellschaft und anschließende Nutzungsüberlassung Abhilfe schaffen.[4] Beruhen die Anrechnungsüberhänge auf der **Nichteinbeziehung von Vorabgewinnen** (→ Rz. 34) bei der Aufteilung des Gewerbesteuermessbetrags einer Mitunternehmerschaft, scheidet m. E. eine Einbeziehung derselben in den allgemeinen Gewinnverteilungsschlüssel durch schuldrechtliche Vereinbarungen aus; allenfalls Anpassungen des Gesellschaftsvertrags sind denkbar. Um eine Minderung der Einkommensteuerbelastung durch **Verlustausgleich/-rücktrag** zu vermeiden, kann die **Einzelveranlagung** (§ 26a EStG) bei Ehegatten hilfreich sein. Im Einzelfall kann auch die gewerbliche Abfärbung (§ 15 Abs. 3 Nr. 1 EStG) nützlich sein.[5] Im Rahmen einer **Betriebsaufspaltung** können die Gewinne der Besitzgesellschaft in den Anwendungsbereich des § 35 EStG einbezogen werden, wenn sie in der Rechtsform der Personengesellschaft betrieben wird, da die Vermietungseinkünfte in gewerbliche Einkünfte umqualifiziert werden (s. → Rz. 17).

II. Entstehung und Entwicklung der Vorschrift

4 Durch das **StSenkG v. 23. 10. 2000**[6] wurde die Vorschrift als wesentliches Element zur Reform der Besteuerung von Personenunternehmen[7] eingeführt und ersetzte die bis dahin geltende Tarifkappung nach § 32c EStG a. F.

Mit **StÄndG 2001 v. 20. 12. 2001**[8] wurde die Vorschrift erstmals für den VZ 2001 für anwendbar erklärt (§ 52 Abs. 50a EStG) und ihre Anwendung bei der Tonnagebesteuerung ausgeschlossen (§ 5a Abs. 5 Satz 2 EStG).

Nach Klarstellungen in Bezug auf die Geltung der Vorschrift bei Organschaftsverhältnissen durch das **UntStFG v. 20. 12. 2001**[9] wurde durch das **Gesetz zum Dritten Zusatzprotokoll zum DBA-Niederlande** v. 14. 12. 2004[10] die Anwendung der Vorschrift bei Mitunternehmerschaften mit Auslandsbezug in DBA-Fällen geregelt.

---

1 RegE des StSenkG, BR-Drucks. 90/00, 142.
2 BGBl 2007 I 1912.
3 Köpplin/Niggemeier, NWB 2001, 7.
4 Ritzer/Stangl, DStR 2002, 1785.
5 Höck, FR 2001, 683.
6 BGBl 2000 I 1433.
7 BR-Drucks. 90/00, 142.
8 BGBl 2001 I 3794.
9 BGBl 2001 I 3858.
10 BGBl 2004 II 1653.

Nach redaktionellen Änderungen wurde die Vorschrift durch das **UntStRefG v. 14.8.2007**[1] grundlegend geändert. So wurde zum Ausgleich für die Absenkung des KSt-Satzes auf 15 % der Anrechnungsfaktor von 1,8 auf 3,8 erhöht und in § 35 Abs. 1 Satz 5 EStG sowie § 35 Abs. 2 Satz 1 und Abs. 4 EStG eine weitere Anrechnungsobergrenze (tatsächlich gezahlte Gewerbesteuer) eingeführt.

JStG 2008 v. 20.12.2007:[2] Erst auf Initiative des Bundesrats und nach entsprechender Empfehlung des Finanzausschusses[3] wurde § 35 Abs. 1 EStG um die Sätze 2 bis 4 ergänzt, welche die Berechnung des Ermäßigungshöchstbetrags nach einer gesetzlich definierten Formel vorsehen und klarstellen, dass nur die tatsächlich gezahlte Gewerbesteuer angerechnet werden kann, um Überkompensationen zu vermeiden.

JStG 2009 v. 19.12.2008:[4] In § 35 Abs. 1 Satz 1 EStG wird das Verhältnis der Vorschrift zu den Steuerermäßigungen nach §§ 34f, 34g und 35a EStG geregelt und in § 52 Abs. 50a Satz 2 EStG die Anwendbarkeit des erhöhten Anrechnungsfaktors festgelegt.

AmtshilfeRLUmsG v. 26.6.2013:[5] In § 35 Abs. 1 Satz 4 EStG wird ergänzt, dass für die Ermittlung des Ermäßigungshöchstbetrags eine Kürzung auch um die ausländische Steuer erfolgt, die nach § 32d Abs. 6 Satz 2 EStG (neben der nach § 34c Abs. 1 und 6 EStG anzurechnenden) auf die inländische Abgeltungsteuer anzurechnen ist.

III. Geltungsbereich

Sachlicher Geltungsbereich: Die Vorschrift gilt für gewerbliche Einkünfte, die der Gewerbesteuer unterlegen haben. Damit scheiden solche Beträge aus, die nicht mit Gewerbesteuer belastet sind, wie etwa Veräußerungsgewinne i. S. v. § 17 EStG (s. → Rz. 29).

Persönlicher Geltungsbereich: § 35 EStG gilt für alle Steuerpflichtigen, die als **Einzelunternehmer** (§ 15 Abs. 1 Satz 1 Nr. 1 EStG), unmittelbar beteiligte Mitunternehmer (§ 15 Abs. 1 Satz 1 Nr. 2 Satz 1 EStG), mittelbar beteiligte **Mitunternehmer** (§ 15 Abs. 1 Satz 1 Nr. 2 Satz 2 EStG) oder persönlich haftende Gesellschafter einer **KGaA** (§ 15 Abs. 1 Satz 1 Nr. 3 EStG) gewerbliche Einkünfte erzielen, und zwar sowohl für unbeschränkt Steuerpflichtige als auch beschränkt Steuerpflichtige. Entscheidend ist, dass gewerbliche Einkünfte erzielt werden, die der deutschen Gewerbesteuer unterliegen.[6]

Zeitlicher Geltungsbereich: § 35 EStG ist erstmals für den VZ 2001 anwendbar und i. d. F. des UntStRefG 2008 v. 14.8.2007,[7] geändert durch das JStG 2008 v. 19.12.2008[8] und das JStG 2009 v. 19.12.2008,[9] erstmals für den VZ 2008.[10]

---

1 BGBl 2007 I 1912.
2 BGBl 2008 I 2794.
3 BR-Drucks. 16/6739, 13 f.; vgl. auch BT-Drucks. 16/6981, 5; BT-Drucks. 16/7036, 15.
4 BGBl 2008 I 2793.
5 BGBl 2013 I 1809.
6 Zur Anwendung des § 35 EStG bei doppelstöckigen Personengesellschaften vgl. → Rz. 31 ff.
7 BGBl 2007 I 1912.
8 BGBl 2007 I 3150.
9 BGBl 2008 I 2794.
10 BMF v. 3.11.2016, BStBl 2016 I 1187.

8 **Auslandsbezug des § 35 EStG:** § 35 Abs. 2 Satz 3 EStG sieht eine von der allgemeinen Gewinnverteilungsregelung abweichende Aufteilung des Gewerbesteuermessbetrags in bestimmten DBA-Fällen vor (vgl. → Rz. 36).

IV. Vereinbarkeit mit höherrangigem Recht

9 **Verfassungsmäßigkeit:** Während die Verfassungsmäßigkeit der Vorgängervorschrift § 32c EStG in Frage stand, bestehen m. E. bzgl. § 35 EStG keine Bedenken.[1] Zum einen bleibt das in Art. 28 Abs. 2 Satz 3 GG verankerte Recht der Gemeinden zur Erhebung von Gewerbesteuer unberührt, zum anderen ist es mit Art. 106 GG vereinbar, wenn der Anteil der Länder und Gemeinden an der Einkommensteuer infolge der Steuerermäßigung gemindert wird, da Art. 106 GG kein bestimmtes Aufkommensniveau einzelner Steuern garantiert.[2] Es ist auch unter dem Gesichtspunkt der **Folgerichtigkeit** gesetzlicher Regelungen und der **Widerspruchsfreiheit** der Rechtsordnung nicht zu beanstanden, dass auf gewerbliche Einkünfte zunächst Gewerbesteuer erhoben wird, die dadurch entstehende Belastung jedoch durch Anrechnung auf eine andere Steuer wieder (teilweise) neutralisiert wird. Denn das BVerfG räumt dem Gesetzgeber einen weiten **Gestaltungsspielraum** bei der Ausgestaltung steuerlicher Vorschriften ein.[3] Daher ist auch der Umstand, dass es nicht bei allen Steuerpflichtigen zu einer vollständigen Entlastung von Gewerbesteuer kommt (z. B. bei Gewerbesteuerbelastungen aufgrund von Hinzurechnungen nach § 8 GewStG), als **verfassungskonforme Typisierung** des Gesetzgebers hinzunehmen.[4] Aus demselben Grund verstößt es auch nicht gegen den Gleichheitssatz, wenn einer Nutzung des Steuerermäßigungsbetrags Verluste aus einer anderen Einkunftsart entgegenstehen.[5] Die Nichtbegünstigung von Kapitalgesellschaften ist aus Gründen der Belastungsneutralität sachlich gerechtfertigt, da auf diese Weise ein Ausgleich für die niedrige Körperschaftsteuerbelastung bei Kapitalgesellschaften geschaffen wird (vgl. → Rz. 1). Die bzgl. der bis zum VZ 2008 geltenden Fassung des § 35 EStG kritisierte Möglichkeit der Überentlastung ist seit der Begrenzung der Steuerermäßigung auf die tatsächlich gezahlte Gewerbesteuer ab dem VZ 2008 beseitigt worden. Noch nicht geklärt ist die Frage, ob die Regelung des § 3 SolZG in ihrem Zusammenspiel mit § 35 EStG (Beschränkung der Steuerermäßigung auf gewerbliche Einkünfte) gegen den Gleichheitssatz des Art. 3 Abs. 1 GG verstößt, weil § 35 EStG die tarifliche Einkommensteuer ermäßigt und diese Grundlage für den Solidaritätszuschlag ist.[6]

PRAXISHINWEIS:
Es ist zu überlegen, unter Hinweis auf die anhängigen Revisionsverfahren Einspruch gegen den Einkommensteuerbescheid und gegen die Festsetzung des Solidaritätszuschlags geltend zu machen. Allerdings ist fraglich, ob der Steuerpflichtige, für den mangels gewerblicher Einkünfte die Anwendung des § 35 EStG ausscheidet, insoweit beschwert i. S. d. § 350 AO ist.

---

1 So auch *Wacker* in Schmidt, § 35 EStG Rz. 7; *Kaminski* in Frotscher/Geurts, § 35 EStG Rz. 21 ff.
2 BFH v. 23. 4. 2008 - X R 32/06, BStBl 2009 II 7; BR-Drucks 90/00, 141.
3 BVerfG v. 15. 1. 2008 - 1 BvL 2/04, BVerfGE 120, 1 = NWB DokID: CAAAC-80313; zur Verfassungsmäßigkeit der Vorgängerregelung s. § 32c BVerfG v. 21. 6. 2006 - 2 BvL 2/99, BVerfGE 116, 164 = NWB DokID: BAAAC-15713.
4 Vgl. zur Typisierungsbefugnis des Gesetzgebers BVerfG v. 23. 6. 2015 - 1 BvL 13/11, NWB DokID: JAAAE-96163.
5 BFH v. 23. 4. 2008 - X R 32/06, BStBl 2009 II 7, zum Verfall von Anrechnungsüberhängen.
6 Rev.: BFH X R 22/15, neues Az. II R 63/15, NWB DokID: HAAAG-81358 und VIII R 25/15, neues Az. II R 64/15, NWB DokID: RAAAG-81359.

V. Verhältnis zu anderen Vorschriften

Verhältnis zu anderen Steuerermäßigungen: Die Vorschrift enthält gemäß ihrer Einordnung im Abschnitt V des EStG eine Steuer(betrags)ermäßigung. Grundlage für die Berechnung des Ermäßigungsbetrags ist die tarifliche ESt (§§ 32a, 32b EStG), allerdings vermindert um die sonstigen Steuerermäßigungen (§ 35 Abs. 1 Satz 1 EStG). Demzufolge ist § 35 EStG grundsätzlich gegenüber den sonstigen Steuerermäßigungen **subsidiär**. Etwas anderes gilt ausdrücklich für das Baukindergeld (**§ 34f EStG**), die Parteispenden (**§ 34g EStG**) und die Aufwendungen für haushaltsnahe Beschäftigungsverhältnisse (**§ 35a EStG**),[1] welche erst nach Abzug der Steuerermäßigung nach § 35 EStG zu berücksichtigen sind und damit ein größeres Ermäßigungspotenzial haben. Damit haben die anderen Ermäßigungen nach **§§ 34, 34a, 34b, 34e und 35b EStG** Vorrang vor der Steuerermäßigung nach § 35 EStG. Die Kürzung führt zu einer Verringerung des Ermäßigungspotenzials („geminderte tarifliche Steuer" § 35 Abs. 1 Satz 2 EStG). Nach § 35 Abs. 1 Satz 4 EStG sind auch Steueranrechnungen bei ausländischen Einkünften nach § 34c Abs. 1 und 6 EStG sowie § 12 AStG vorrangig zu berücksichtigen.[2] Mit dem Amtshilfe-RLUmsG v. 26. 6. 2013[3] wurde mit Wirkung ab dem VZ 2013 konsequenterweise eine vorrangige Kürzung auch um die ausländische Steuer, die nach **§ 32d Abs. 6 Satz 2 EStG** auf die inländische Abgeltungsteuer anzurechnen ist, in § 35 Abs. 1 Satz 4 EStG aufgenommen („Folgeänderung aus der Einführung der Abgeltungsteuer").[4] Nach § 35 Abs. 1 Satz 4 EStG sind ab VZ 2008 **auch ausländische Steuern**, die nach zwischenstaatlichen Abkommen (**DBA**) anzurechnen sind, vorrangig zu kürzen.[5] Damit hat die Anrechnung ausländischer Steuern grundsätzlich Vorrang vor der Anrechnung von Gewerbesteuer. **§ 34a EStG** (Sondersteuersatz für nicht entnommene Gewinne) steht einer Anrechnung nicht entgegen,[6] d. h., die Anrechnung der Gewerbesteuer erfolgt auf den Sondersteuersatz. Allerdings scheidet eine Anwendung des § 35 EStG im Veranlagungszeitraum der Nachversteuerung nach § 34a Abs. 4a EStG aus, da die Nachversteuerungsbeträge nicht zu den begünstigten gewerblichen Einkünften gehören. Die Einkommensteuer auf den Nachversteuerungsbetrag gehört jedoch zur tariflichen Einkommensteuer i. S. d. § 35 Abs. 1 Satz 1 EStG, die die Ausgangsgröße für die Ermittlung des Ermäßigungshöchstbetrags darstellt.[7]

Verhältnis zu anderen Vorschriften: Nach **§ 5a Abs. 5 Satz 2 EStG** ist § 35 EStG bei **Tonnagegewinnen** nicht anzuwenden. Nach **§ 18 Abs. 3 Satz 3 UmwStG** sind Veräußerungs- oder Aufgabegewinne im Anschluss an die Umwandlung von einer Kapitalgesellschaft in eine Personengesellschaft bei der Anwendung des § 35 EStG nicht zu berücksichtigen. Dies gilt jedoch nicht für im Anschluss an die Umwandlung einer Organgesellschaft in eine Personengesellschaft erzielte und mit Gewerbesteuer belastete Veräußerungs- und Aufgabegewinne.[8] Nach **§ 51a Abs. 2 Satz 3 EStG** i. V. m. den jeweiligen **Kirchensteuergesetzen** hat die Steuerermäßigung nach § 35 EStG grundsätzlich keine ermäßigende Wirkung bei den Zuschlagsteuern

---

1 BMF v. 3.11.2016, BStBl 2016 I 1187 Rz. 4; vgl. auch § 52 Abs. 50a EStG i. d. F. JStG 2009 v. 19.12.2008, BGBl 2008 I 2793 und BFH v. 30. 1. 2008 - X R 1/07, BStBl 2008 II 520.
2 Eingefügt durch JStG 2008 v. 20. 12. 2007, BGBl 2007 I 3150.
3 BGBl 2013 I 1809.
4 BT-Drucks. 17/13033, 67.
5 Vgl. Art. 1 JStG 2007 v. 20.12.2007, BGBl 2007 I 3150 und Bericht d. Finanzausschusses v. 8.11.2007, BT-Drucks. 16/7036, 15.
6 BMF v. 3.11. 2016, BStBl 2016 I 1187, Rz. 15; *Kaminski* in Frotscher/Geurts, § 35 EStG Rz. 1087; *Wacker* in Schmidt, § 35 EStG Rz. 5, m.w. N.
7 BMF v. 3. 11. 2016, BStBl 2016 I 1187, Rz. 15.
8 BFH v. 28. 5. 2015 - IV R 27/12, BStBl 2015 II 837; vgl. hierzu *Schöneborn*, NWB 2015, 248.

und führt daher nicht zu einer Ermäßigung der kirchensteuerlichen Bemessungsgrundlage. Etwas anderes gilt jedoch nach § 3 Abs. 2 SolZG für den Solidaritätszuschlag.[1]

12–15 *(Einstweilen frei)*

B. Systematische Kommentierung

I. Regelungsinhalt

16 § 35 EStG sieht eine Ermäßigung der auf gewerbliche Einkünfte entfallenden Einkommensteuer durch Anrechnung der Gewerbesteuer vor. Dabei beträgt das sog. **potenzielle Anrechnungsvolumen**[2] für Einzelunternehmer das 3,8-fache des Gewerbesteuermessbetrags und für Mitunternehmer und persönlich haftende Gesellschafter einer KGaA das 3,8-fache des entsprechenden Anteils am Gewerbesteuermessbetrag (§ 35 Abs. 1 Satz 1 Nr. 1, 2 EStG). Dieser maximale Anrechnungsbetrag wird auf die anteilige tarifliche Einkommensteuer (§ 35 Abs. 1 Satz 1 EStG) und die tatsächlich gezahlte Gewerbesteuer (§ 35 Abs. 1 Satz 5 EStG) begrenzt. Die Grenzen sind kumulativ zu beachten, damit nur die tatsächlich gezahlte Gewerbesteuer angerechnet wird und die Entlastung nur soweit erfolgt, als auch eine Doppelbelastung vorliegt.

II. Tatbestandsvoraussetzungen des § 35 Abs. 1 EStG

1. Gewerbliche Unternehmen

17 Begünstigt sind Einkünfte aus **gewerblichen Einzelunternehmen** (§ 35 Abs. 1 Satz 1 Nr. 1 EStG) und aus **Gewerbebetrieb als Mitunternehmer** i. S. v. § 15 Abs. 1 Satz 1 Nr. 2 EStG. Voraussetzung ist nach § 35 Abs. 1 Satz 3 EStG, dass die gewerblichen Einkünfte der Gewerbesteuer unterlegen haben. Dazu gehören auch die Einkünfte aus gewerblich infizierten oder gewerblich geprägten Personengesellschaften i. S. d. § 15 Abs. 3 Nr. 1 und 2 EStG, Gewinne einer atypisch stillen Gesellschaft, Gewinne aus einer gewerblichen Beteiligung an einer Zebragesellschaft, Einkünfte der Erben eines Einzelunternehmens bis zur Erbauseinandersetzung, die Einkünfte des Nießbrauchers an einem Personengesellschaftsanteil,[3] die Einkünfte der Besitzpersonengesellschaft im Rahmen einer Betriebsaufspaltung.

> **PRAXISHINWEIS:**
> Letzteres gilt allerdings nur für den eher seltenen Fall der Betriebsaufspaltung, in der die Besitzpersonengesellschaft in der Rechtsform der Personengesellschaft und nicht in der Rechtsform der Kapitalgesellschaft betrieben wird, da dann die Vermietungseinkünfte in gewerbliche Einkünfte umqualifiziert werden und die Besitzgesellschaft als Personengesellschaft in den Anwendungsbereich des § 35 EStG fällt.

2. Potenzielles (maximales) Anrechnungsvolumen (§ 35 Abs. 1 Satz 1 Nr. 1 und 2, Satz 3 EStG)

18 Dieses wird auf Grundlage der Gewerbesteuermessbeträge ermittelt und setzt demzufolge gewerbliche Einkünfte, die der Gewerbesteuer unterlegen haben, voraus. Der Gewerbesteuer-Messbescheid nach § 14 GewStG ist **Grundlagenbescheid** für die Höhe des Anrechnungsvolumens.

---

[1] BMF v. 3. 11. 2016, BStBl 2016 I 1187, Rz. 3; zu den verfassungsrechtlichen Bedenken vgl. Rz. 9.
[2] BFH v. 23. 4. 2008 - X R 32/06, BStBl 2009 II 7.
[3] *Gragert*, NWB 2011, 746.

a) Gewerbliche Einkünfte i. S. d. § 35 Abs. 1 Satz 3 EStG

Hierzu gehören die Einkünfte aus Gewerbebetrieb i. S. d. § 15 EStG, wenn sie gewerbesteuerpflichtig und nicht von der Anwendung des § 35 ausgeschlossen sind.[1] Damit fallen in erster Linie laufende Gewinne i. S. d. § 15 EStG in den Anwendungsbereich der Vorschrift, es sei denn, sie werden außerhalb der gewerblichen Tätigkeit (z. B. in der Vorbereitungsphase oder von einem ruhenden Betrieb) erzielt. Die gewerblichen Einkünfte werden **nach den allgemeinen Vorschriften** ermittelt. Daher sind solche Einkünfte, die von der Einkommensteuer befreit sind, nicht enthalten. Dazu gehören insbesondere Einkünfte, die nach dem Teileinkünfteverfahren (§ 3 Nr. 40 EStG) steuerbefreit sind. Werden diese nach § 8 Nr. 5 GewStG gewerbesteuerlich wieder hinzugerechnet, ist dies für die Ermittlung des Anrechnungsvolumens zu berücksichtigen und kann zu einem Anrechnungsüberhang führen.[2] Wird der Gewerbesteuermessbescheid aufgrund eines Rechtsbehelfs aufgehoben, weil der Steuerpflichtige keine gewerblichen Einkünfte (sondern Einkünfte aus selbständiger Tätigkeit) erzielt, kann das Finanzamt den Einkommensteuerbescheid durch Versagung des § 35 EStG nach § 174 Abs. 4 AO ändern, da in diesem Fall beide steuerlichen Folgerungen – sowohl die Aufhebung des Gewerbesteuermessbescheids als auch die Versagung der Steuerermäßigung – auf der rechtlichen Qualifikation der vom Steuerpflichtigen ausgeübten Tätigkeit und damit auf dem gleichen „bestimmten Sachverhalt" i. S. d. § 174 Abs. 4 Satz 1 AO beruhen.[3]

Damit sind gewerbesteuerfreie Einkünfte wie Einkünfte **gewerbesteuerbefreiter Betriebe** (vgl. § 3 GewStG), **gewerbesteuerbefreite Veräußerungsgewinne** i. S. d. § 17 EStG, Gewinne aus der Veräußerung/Aufgabe von (Teil-)Betrieben nach § 16 EStG, § 22 Abs. 1, § 24 Abs. 2 UmwStG und gewerbesteuerfreie Übernahmegewinne nach § 18 Abs. 2 UmwStG (zum Anrechnungsverbot nach § 18 Abs. 3 Satz 4 UmwStG vgl. → Rz. 29) nicht zu berücksichtigen. **Ausnahme:** die gewerbesteuerpflichtige Veräußerung einer 100 %igen Beteiligung an einer Kapitalgesellschaft, wenn sie nicht im Zusammenhang mit einer Betriebsaufgabe/Veräußerung steht.[4] Entsprechendes gilt für **Teilanteilsveräußerungen** gem. § 16 Abs. 1 Satz 2 EStG[5] und Gewinne aus Veräußerungen i. S. d. § 16 Abs. 2 Satz 3 EStG und § 24 Abs. 3 Satz 3 UmwStG und Veräußerungsgewinne nach § 7 Satz 2 GewStG[6] sowie **Übernahmefolgegewinne** als laufender und damit gewerbesteuerpflichtiger Gewinn i. S. d. §§ 6, 18 Abs. 1 UmwStG.[7] Nach § 7 Abs. 1 Satz 2 GewStG sind auch Gewinne aus der Veräußerung betrieblicher Einheiten insoweit gewerbesteuerpflichtig, als sie nicht auf eine natürliche Person als unmittelbar beteiligtem Mitunternehmer entfallen, so dass der mittelbar beteiligte Mitunternehmer von § 35 EStG begünstigt ist.[8]

Laufende Gewinne können **gewerbesteuerlichen Kürzungen** nach § 9 Nr. 1 Satz 2 und 3, Nr. 2a, 3, 5, 7 und 8 sowie § 9 Nr. 2 GewStG, soweit die Gewinne auf ausländische Betriebsstätten entfallen, unterworfen sein. Streitig ist, ob auch diese Gewinnanteile von der Anwendung des

---

1 BMF v. 3. 11. 2016, BStBl 2016 I 1187, Rz. 14.
2 A. A. *Gosch* in Kirchhof, § 35 EStG Rz. 16.
3 So BFH v. 4. 2. 2016 - III R 12/14, BStBl 2016 II 818 zur Vorgängervorschrift § 32c EStG a. F.
4 BMF v. 3. 11. 2016, BStBl 2016 I 1187, Rz. 14.
5 BMF v. 3. 11. 2016, BStBl 2016 I 1187, Rz. 14; zur Gewerbesteuerpflicht für Gewinne aus der Veräußerung von Anteilen an einer Mitunternehmerschaft (§ 7 Satz 2 Nr. 2 GewStG) vgl. *Steinhauff*, jurisPR-SteuerR 48/2018 Anm. 5..
6 BMF v. 3. 11. 2016, BStBl 2016 I 1187, Rz. 14.
7 BMF v. 11. 11. 2011, BStBl 2011 I 1314, Rz. 6.02.
8 BMF v. 3. 11. 2016, BStBl 2016 I 1187, Rz. 14; vgl. auch BFH v. 22. 7. 2010 - IV R 29/07, BStBl 2011 II 511.

§ 35 EStG ausgeschlossen sind.[1] M. E. sind die auf die gewerbesteuerfreien Einkünfte entfallenden Gewinne von der Anwendung der Vorschrift auszunehmen.[2] Hierfür spricht zum einen der Wortlaut, da § 35 Abs. 1 Satz 3 EStG „von die der Gewerbesteuer unterliegenden Gewinne und Gewinnanteile" spricht, und zum anderen der Sinn und Zweck der Vorschrift, die Doppelbelastung von Einkommen- und Gewerbesteuer zu verringern (→ Rz. 1).

b) Unternehmens- oder betriebsbezogene Ermittlung der Einkünfte

22 Da das potenzielle Anrechnungsvolumen auf der Grundlage des Gewerbesteuermessbetrags berechnet wird, sind die jeweiligen Gewerbesteuermessbeträge für jeden Gewerbebetrieb und für jede Mitunternehmerschaft **getrennt zu ermitteln (betriebsbezogene Betrachtungsweise)**[3], wenn dem Steuerpflichtigen als Einzelunternehmer oder als Mitunternehmer Gewinne aus mehreren Gewerbebetrieben zuzurechnen sind.[4] Dementsprechend ist die Begrenzung nach § 35 Abs. 1 Satz 5 EStG auf die tatsächlich gezahlte Gewerbesteuer bei einer Beteiligung eines Steuerpflichtigen an mehreren der Gewerbesteuer unterliegenden Mitunternehmerschaften für jeden Mitunternehmeranteil gesondert (betriebsbezogene Betrachtungsweise) und nicht durch die Summe der tatsächlich gezahlten Gewerbesteuer aller Einkunftsquellen (unternehmerbezogene Betrachtungsweise) zu ermitteln. Diese Auffassung hat der BFH mittlerweile bestätigt.[5] Die Gewinne gewerbesteuerbefreiter Unternehmen sind nicht zu berücksichtigen.

23–28 *(Einstweilen frei)*

c) Einzelfälle

aa) Ausgenommene Gewinne

29 Nach § 5a Abs. 5 Satz 2 EStG gilt für den **Tonnagegewinn** trotz gewerbesteuerlicher Belastung nach § 7 Satz 3 GewStG die Steuerermäßigung nach § 35 EStG nicht.[6] Des Weiteren bleibt der auf einen Veräußerungs- oder Aufgabegewinn innerhalb der fünfjährigen Sperrfrist nach **Umwandlung einer Kapitalgesellschaft** nach § 18 Abs. 3 Satz 1 und 2 UmwStG (§ 18 Abs. 4 Satz 1 und 2 UmwStG a. F.) entfallende Gewerbesteuermessbetrag außer Ansatz.[7] Etwas anderes gilt jedoch nach der Rechtsprechung des BFH[8] für die im Anschluss an die Umwandlung einer Organgesellschaft in eine Personengesellschaft erzielten und mit Gewerbesteuer belasteten Veräußerungs- und Aufgabegewinne. Denn infolge der hier bis zur Umwandlung vorliegenden Organschaft hätte auch ein von der umgewandelten Organgesellschaft erzielter Veräußerungsgewinn im Ergebnis zu einer Anrechnung nach § 35 EStG geführt. Es ginge aber über den Zweck des § 18 Abs. 4 UmwStG hinaus, in die Gewerbesteuerverstrickung mit Ausschluss der

---

1 Dagegen *Gosch* in Kirchhof, § 35 EStG Rz. 11, m. w. N.
2 So auch *Kaminski* in Frotscher/Geurts, § 25 EStG Rz. 55; *Wacker* in Schmidt, § 35 EStG Rz. 18; das BMF-Schreiben v. 3. 11. 2016 (BStBl 2016 I 1187) äußert sich nicht explizit zu den § 9 GewStG unterliegenden Einkünften, sondern spricht allgemein von „gewerbesteuerpflichtigen Einkünften" und geht damit in eine ähnliche Richtung.
3 BFH v. 20.3.2017 - X R 12/15, BFH/NV 2017, 1536 = NWB DokID: RAAAG-56142 und BFH v. 20.3.2017 - X R 62/14, BFH/NV 2018 S. 108 Nr. 1, NWB DokID: XAAAG-62860.
4 BMF v. 3. 11. 2016, BStBl 2016 I 1187, Rz. 10.
5 BFH v. 20.3.2017 - X R 12/15, BFH/NV 2017, 1536 = NWB DokID: RAAAG-56142.
6 BMF v. 3. 11. 2016, BStBl 2016 I 1187, Rz. 13.
7 Vgl. BFH v. 15. 4. 2010 - IV R 5/08, BStBl 2010 II 912, wonach die durch das UntStFG v. 20. 12. 2001 (BGBl 2001 I 2001) in § 18 Abs. 4 Satz 3 UmwStG eingefügte Regelung, nach der der auf Veräußerungs- oder Aufgabegewinnen i. S. d. Sätze 1 und 2 beruhende Teil des Gewerbesteuermessbetrags bei der Einkommensteuerermäßigung nach § 35 EStG nicht zu berücksichtigen ist, lediglich klarstellende Bedeutung hat.
8 Zutreffend BFH v. 28. 5. 2015 - IV R 27/12, BStBl 2015 II 837; hierzu *Schöneborn*, NWB 2012, 2480.

Steuerermäßigung nach § 35 EStG auch den auf dem Veräußerungsgewinn beruhenden Teil des Gewerbesteuermessbetrags einzubeziehen, der vor dem Formwechsel noch Eingang in die gesonderte und einheitliche Feststellung des Gewerbesteuermessbetrags nach § 35 Abs. 2 EStG bei der Organträgerin gefunden hätte.

bb) KGaA

Da § 35 EStG eine Ermäßigung der tariflichen Einkommensteuer vorsieht, scheidet eine Anwendung auf Körperschaften grundsätzlich aus, es sei denn, im Falle einer Organschaft unterliegt der Organträger dem persönlichen Anwendungsbereich des EStG. Eine Besonderheit besteht durch den Verweis in § 35 Abs. 1 Satz 1 Nr. 2 EStG auf § 15 Abs. 1 Satz 1 Nr. 3 EStG für die KGaA, wenn an ihr eine **natürliche Person als persönlich haftender Gesellschafter** beteiligt ist. Für diesen ist § 35 EStG anzuwenden, soweit er gewerbliche Einkünfte (z. B. nicht auf den Kommanditanteil entfallende Gewinnanteile, Geschäftsführervergütungen) erzielt.[1]

30

d) Festgesetzter Gewerbesteuermessbetrag

aa) Grundsätze

Der nach § 14 GewStG festgesetzte Gewerbesteuermessbescheid ist Grundlagenbescheid nach § 170 Abs. 10 AO und als solcher bindend für Zwecke des § 35 EStG, d. h. der Messbetrag i. S. d. § 35 Abs. 1 Satz 1 Nr. 1 und 2 EStG stimmt grundsätzlich mit dem nach § 14 GewStG überein. Die Ermittlung erfolgt gesondert für jeden Betrieb, auch wenn ein Steuerpflichtiger mehrere Betriebe unterhält.[2] Für die Ermittlung des Ermäßigungspotenzials werden die einzelnen Beträge jedoch addiert.[3] Im Bereich der **doppel- und mehrstöckigen Personengesellschaften** ist diese Feststellung auf jeder Ebene vorzunehmen (s. → Rz. 78). Der Gewerbesteuermessbetrag wird nach § 10a GewStG um etwaige **negative Gewerbeerträge** aus der Vergangenheit verringert. Dementsprechend verringert sich auch der potenzielle Entlastungsbetrag. Der Verlustabzug nach § 10d EStG bewirkt lediglich eine Reduzierung der tariflichen ESt, nicht aber der gewerblichen Einkünfte.

31

In Fällen, in denen die sachliche Gewerbesteuerpflicht für ein Unternehmen fortbesteht, aber der Steuerschuldner wechselt (z. B. bei Einbringung eines Betriebs in eine Personengesellschaft), ergehen mehrere (anteilige) Gewerbesteuermessbescheide für denselben Erhebungszeitraum. Diese (anteiligen) Gewerbesteuermessbescheide sind auch Grundlage für den Messbetrag nach § 35 EStG.

32

§ 14 Satz 2 GewStG stellt auf den Erhebungszeitraum (= Kalenderjahr) und nicht auf den Veranlagungszeitraum ab. Maßgebend ist der Gewerbesteuermessbetrag, der für den Erhebungszeitraum festgesetzt worden ist, der dem Veranlagungszeitraum entspricht. Bei einem vom Kalenderjahr abweichenden Wirtschaftsjahr wird der Gewerbeertrag nach § 10 Abs. 2 GewStG dem Erhebungszeitraum zugerechnet, in dem das Wirtschaftsjahr endet.[4] Dies entspricht § 4a Abs. 2 Nr. 2 EStG.

33

---

1 Vgl. zum Begriff der Vergütung für die Geschäftsführung durch persönlich haftenden Gesellschafter einer KGaA BFH v. 31. 10. 1990 - I R 32/86, BStBl 1991 II 253.
2 BMF v. 3. 11. 2016, BStBl 2016 I 1187, Rz. 9.
3 BMF v. 3. 11. 2016, BStBl 2016 I 1187, Rz. 9.
4 BMF v. 3. 11. 2016, BStBl 2016 I 1187, Rz. 7.

bb) Aufteilung des Gewerbesteuermessbetrags

34 Nach § 35 Abs. 1 Satz 1 Nr. 2, Abs. 2 bis 4 EStG ist der Gewerbesteuermessbetrag bei Mitunternehmerschaften aufzuteilen, und zwar nach Maßgabe des **allgemeinen Gewinnverteilungsschlüssels** (§ 35 Abs. 2 Satz 2 EStG). Nach einem aktuellen Urteil des BFH richtet sich der Anteil eines Mitunternehmers am Gewerbesteuermessbetrag auch bei unterjährigem Gesellschafterwechsel selbst dann nach seinem Anteil am Gewinn der Mitunternehmerschaft nach Maßgabe des allgemeinen Gewinnverteilungsschlüssels, wenn sich der aus der Gesellschaft ausgeschiedene Veräußerer eines Mitunternehmeranteils zivilrechtlich zur Übernahme der auf einen Veräußerungsgewinn entfallenden Gewerbesteuer verpflichtet hat.[1] Hierfür ist grundsätzlich die handelsrechtliche Gewinnverteilung maßgeblich und damit die **Anteile am Festkapital**.[2] Bei der Ermittlung des Aufteilungsmaßstabs sind **Vorabgewinnanteile** nach § 35 Abs. 2 Satz 2 2. Halbsatz EStG, Sondervergütungen i. S. d. § 15 Abs. 1 Satz 1 Nr. 2 EStG, die in ihrer Höhe nicht vom Gewinn abhängig sind, sowie Ergebnisse aus **Sonder- und Ergänzungsbilanzen** nicht zu berücksichtigen.[3] Gewinnabhängige Vorabgewinnanteile sind nicht in die Verhältnisrechnung miteinzubeziehen.[4] Da die Personengesellschaft nach § 5 Abs. 1 Satz 3 GewStG Steuerschuldnerin auch für die an einzelne Mitunternehmer gezahlten Sondervergütungen ist, die Gewerbesteuermessbeträge aber nach dem allgemeinen Gewinnverteilungsschlüssel zugerechnet werden, kann es zu sog. **Anrechnungsüberhängen** (d. h. ein Teil der Gewerbesteuer führt nicht zur Entlastung bei der Einkommensteuer) kommen. Der BFH hat jedoch ausgeführt, dass das Entstehen von Anrechnungsüberhängen wegen der fehlenden Abstimmung des Anteils am Gewerbesteuermessbetrag mit dem Anteil an den steuerlichen Einkünften verfassungsrechtlich nicht zu beanstanden ist und sich im Rahmen der Typisierungsbefugnis des Gesetzgebers hält.[5] Damit ist diese **Gesetzesunschärfe** hinzunehmen und kann m. E. auch nicht durch schuldrechtliche Individualabreden abbedungen werden.[6]

PRAXISHINWEIS:

Denkbar sind allenfalls entsprechende Vereinbarungen im Gesellschaftsvertrag (disquotale Gewinnverteilung).

35 Auch Gewerbesteuermessbeträge aus gewerbesteuerpflichtigen Veräußerungsgewinnen sind nach dem am Ende des gewerbesteuerlichen Erhebungszeitraums geltenden, allgemeinen Gewinnverteilungsschlüssel auf die am Ende des gewerbesteuerlichen Erhebungszeitraums beteiligten Mitunternehmer aufzuteilen.[7] Des Weiteren sind auch Gesellschafter, für die eine Ermäßigung nach § 35 EStG nicht in Betracht kommt (Kapitalgesellschaften), bei der Aufteilung zu berücksichtigen.[8] Zur Frage, wie in den Fällen, in denen ein **Nießbrauch an einem Mitunter-**

---

1 BFH v. 14.1.2016, BFHE 253, 67 mit Anm. *Schiffers*, DStZ 2016, 434; *Förster*, DB 2016, 1398 ff. Dem unterjährig ausgeschiedenen Gesellschafter ist kein anteiliger Gewerbesteuermessbetrag zuzurechnen; vgl. auch → Rz. 64. Eine entsprechende Änderung der Verwaltungsauffassung ist zu erwarten.
2 Im Einzelnen: BMF v. 3.11.2016, BStBl 2016 I 1187, Rz. 19 ff., mit Berechnungsbeispiel.
3 BMF v. 3.11.2016, BStBl 2016 I 1187, Rz. 22 f.
4 BFH v. 7.4.2009 - IV B 109/08, BStBl 2010 II 116 und BFH v. 5.6.2014 - IV R 43/11, BStBl 2014 II 695, wonach der „Vorabgewinnanteil" vor der allgemeinen Gewinnverteilung zu berücksichtigen ist und den noch zu verteilenden Restgewinn reduziert; BMF v. 3.11.2016, BStBl 2016 I 1187, Rz. 22.
5 BFH v. 7.4.2009 - IV B 109/08, BStBl 2010 II 116.
6 So auch *Wacker* in Schmidt, § 35 EStG Rz. 27.
7 BMF v. 3.11.2016, BStBl 2016 I 1187, Rz. 23.
8 BMF v. 3.11.2016, BStBl 2016 I 1187, Rz. 26.

nehmeranteil eingeräumt wird, die Steuerermäßigung für gewerbliche Einkünfte zu berechnen ist, vgl. *Gragert*.[1]

Nach § 35 Abs. 2 Satz 3 EStG ist in **DBA-Fällen** der Gewerbesteuermessbetrag nach Maßgabe des individuellen Gewinnanteils des unbeschränkt steuerpflichtigen Mitunternehmers im Verhältnis zur Summe der Gewinnanteile aller unbeschränkt steuerpflichtigen Mitunternehmer aufzuteilen. Die Gewinnanteile des ausländischen Mitunternehmers bleiben (da nicht mit Gewerbesteuer belastet) außer Ansatz. Diese allgemein formulierte Regelung findet derzeit nur auf das DBA-Niederlande Anwendung, welches im Dritten Zusatzprotokoll die Beteiligung an einer Personengesellschaft abweichend vom Betriebsstättenprinzip wie ein Direktgeschäft behandelt, bei dem das ertragsteuerliche Besteuerungsrecht in den Niederlanden verbleibt.[2]

36

Die Aufteilungsgrundsätze des § 35 Abs. 2 EStG gelten sowohl für die **KGaA** als auch für andere Mitunternehmerschaften (Erbengemeinschaft, atypisch stiller Gesellschaft etc.). Bei der KGaA ist zur Ermittlung des anteilig auf den persönlich haftenden Gesellschafter entfallenden Gewerbesteuermessbetrags auf den **allgemeinen Gewinnverteilungsschlüssel** abzustellen, d. h., das Verhältnis seines allgemeinen Gewinnanteils an der Gesellschaft, soweit er nicht auf seinen Anteil am Grundkapital (Kommanditaktien) entfällt, zum Gesamtgewinn ist maßgebend.[3]

37

cc) Mehrstöckige Mitunternehmerschaften

Ist eine Personengesellschaft an einer anderen Personengesellschaft beteiligt, werden nach der Rechtsprechung die Gewinnanteile der Untergesellschaft der Obergesellschaft als Mitunternehmerin zugerechnet. Um eine mehrfache Belastung des Ertrags mit Gewerbesteuer zu vermeiden, ist gewerbesteuerlich auf Ebene der Obergesellschaft der Gewerbertrag der Untergesellschaft nach § 9 Nr. 2 GewStG zu kürzen, etwaige Verluste der Untergesellschaft sind nach § 8 Nr. 8 GewStG hinzuzurechnen. Für die Ermittlung des Anrechnungspotenzials sieht § 35 Abs. 2 Satz 5 EStG indes vor, dass bei der Bestimmung des Gewerbesteuermessbetrags der Obergesellschaft die anteiligen Gewerbesteuermessbeträge der Untergesellschaft zu berücksichtigen sind. Nach der neueren Verwaltungsauffassung sind daher aus Vereinfachungsgründen bei der Ermittlung des Ermäßigungshöchstbetrags nur die Einkünfte aus der Obergesellschaft (einschließlich der Ergebnisse der Untergesellschaften) als gewerbliche Einkünfte zu berücksichtigen. Es ist eine **Saldobetrachtung** (Gewinn/Verlust der Obergesellschaft einschließlich der Gewinn-/Verlustanteile der Untergesellschaften) vorzunehmen.[4] Die Ermittlung eines Ermäßigungshöchstbetrags auf Ebene der Untergesellschaft ist daher nicht mehr erforderlich. Bei dieser wird lediglich der Anteil der Obergesellschaft am Gewerbesteuermessbetrag sowie die Höhe der anteilig gezahlten Gewerbesteuer festgestellt und an die Obergesellschaft „durchgereicht".[5] Sofern auf einer Ebene ein Verlust erzielt wurde, es aufgrund von gewerbesteuerlichen Hinzurechnungen (§ 8 GewStG) jedoch zur Festsetzung eines Gewerbesteuermessbetrags kommt, hat diese Betrachtungsweise folgende Auswirkungen: Für einen (auf Hinzurechnungen beruhenden) Gewerbesteuermessbetrag der Unter- oder Obergesellschaft, dem negative Einkünfte auf Ebene der Obergesellschaft unter Berücksichtigung der Einkünfte der Untergesellschaft zugrunde liegen, ist mangels einkommensteuerlicher Belastung keine Steu-

38

---

1 *Gragert*, NWB 2013, 746.
2 Ausführlich hierzu: *Kaminski* in Frotscher/Geurts, § 35 EStG Rz. 145 ff.
3 BMF v. 3. 11. 2016, BStBl 2016 I 1187, Rz. 27.
4 BMF v. 3. 11. 2016, BStBl 2016 I 1187, Rz. 25.
5 Im Einzelnen BMF v. 25. 11. 2010, BStBl 2010 I 1312, Rz. 27 ff. und *Gragert*, NWB 2011, 430, jeweils mit Beispielen.

erermäßigung zu gewähren.¹ Soweit auf Ebene der Untergesellschaft ein Verlust erzielt wurde, aber aufgrund von Hinzurechnungen ein Gewerbesteuermessbetrag festgesetzt wurde, ist eine Anrechnung von § 35 EStG möglich, wenn auf Ebene der Obergesellschaft ein den Verlust der Untergesellschaft kompensierender Gewinn erzielt wurde. Entsprechendes gilt, wenn auf Ebene der Obergesellschaft ein Verlust (ohne Berücksichtigung der Ergebnisse der Untergesellschaft) erzielt wurde und es dort aufgrund von Hinzurechnungen zur Festsetzung eines Gewerbesteuermessbetrags kam.² Allerdings kann an dieser Verwaltungsauffassung nach dem BFH-Urteil v. 23. 6. 2015³ nicht mehr festgehalten werden, vgl. → Rz. 22. Nach der Hinzurechnung nach Satz 5 erfolgt **eine Zuweisung des Ermäßigungspotenzials** zu den einzelnen Gesellschaftern nach Maßgabe des allgemeinen Verteilungsschlüssels (→ Rz. 34). Denkbar ist, dass ein Mitunternehmer der Obergesellschaft zugleich unmittelbar an der Untergesellschaft beteiligt ist. In dem Fall kommt es zu einer zweifachen Zuweisung von Anrechnungspotenzial, das auf der Ebene des Mitunternehmers zusammenzurechnen ist.

39–45 (Einstweilen frei)

3. Ermäßigungshöchstbetrag (§ 35 Abs. 1 Satz 1 bis 3 EStG)

a) Grundlage

46 Das aus dem Gewerbesteuermessbetrag ermittelte potenzielle, **maximale Anrechnungsvolumen** wird durch den sog. **Anrechnungshöchstbetrag** begrenzt, wonach die Steuerermäßigung auf die tarifliche Einkommensteuer beschränkt ist, die anteilig auf die gewerblichen Einkünfte entfällt. Dies erfolgt, indem die zu zahlende Einkommensteuer mit dem **Anteil der gewerblichen Einkünfte** multipliziert wird. Dieser ergibt sich grundsätzlich aus dem Verhältnis der begünstigten gewerblichen Einkünfte zur Summe der Einkünfte. Nach § 35 Abs. 1 Satz 2 EStG wird ab VZ 2008 der Ermäßigungshöchstbetrag nach folgender Formel berechnet:⁴

$$\frac{\text{Summe der positiven gewerblichen Einkünfte}}{\text{Summe aller positiven Einkünfte}} \times \text{geminderte tarifliche Steuer}$$

47 Dabei waren nach bisheriger Verwaltungsauffassung „positive Einkünfte" im Sinne dieser Berechnungsformel die positiven Einkünfte aus der jeweiligen **Einkunftsquelle**. Eine Saldierung der positiven mit den negativen Einkunftsquellen innerhalb der gleichen Einkunftsart (sog. horizontaler Verlustausgleich) und zwischen den verschiedenen Einkunftsarten (sog. vertikaler Verlustausgleich) erfolgt nach bisheriger Verwaltungsauffassung nicht. Allerdings hält die Finanzverwaltung nach dem Urteil des BFH v. 23. 6. 2015⁵ an dieser Auffassung nicht mehr fest,

---

1 So auch BMF v. 25.11.2010, BStBl 2010 I 1312, Rz. 27; *Gragert*, NWB 2011, 432; a.A. *Kaminski* in Frotscher/Geurts, § 35 EStG Rz. 154.
2 Im Einzelnen *Gragert*, NWB 2011, 432, mit Beispielen.
3 BFH/NV 2015, 1482 = NWB DokID: GAAAF-01623.
4 Vor Einführung des § 35 Abs. 1 Satz 2 EStG durch das JStG 2008 v. 20.12.2007 (BGBl 2008 I 2794) war nach der BFH-Rechtsprechung (vgl. BFH v. 27.9.2006 - X R 25/04, BStBl 2007 II 694) bis VZ 2007 zunächst ein horizontaler Verlustausgleich, d.h. negative Einkünfte werden mit positiven Einkünften derselben Art ausgeglichen, durchzuführen. Im Anschluss wurden negative Einkünfte vorrangig mit nicht gem. § 35 EStG tarifbegünstigten gewerblichen Einkünften verrechnet (sog. Meistbegünstigungsprinzip). Nur wenn solche nicht oder nicht in ausreichender Höhe zur Verfügung standen, war der Verlustausgleich mit den tarifbegünstigten (gewerblichen) Einkünften durchzuführen (so auch BMF v. 19.9.2007, BStBl 2007 I 701).
5 BMF v. 3.11.2016, BStBl 2016 I 1187, Rz. 16; zur bisherigen Verwaltungsauffassung vgl. KKB/Wilhelm, 1. Aufl., § 35 EStG Rz. 46 ff.

soweit der horizontale Verlustausgleich betroffen ist.[1] Nach Auffassung des BFH ist vor Anwendung der Formel ein horizontaler (innerhalb einer Einkunftsart) Verlustausgleich durchzuführen und zwar sowohl im Zähler als auch im Nenner; damit sind „positive" Einkünfte nicht die Einkünfte aus der jeweiligen Einkunftsquelle, sondern aus der jeweiligen Einkunftsart (horizontaler Verlustausgleich). Eine negative Summe der Einkünfte aus einer Einkunftsart sollte jedoch auch weiterhin nicht mit der positiven Summe der Einkünfte aus einer anderen Einkunftsart verrechnet werden können (vertikaler Verlustausgleich). Bei der Ermittlung der „Summe der positiven gewerblichen Einkünfte" (Zähler) i. S. d. Berechnungsformel sind nur positive und negative gewerbliche Einkünfte i. S. d. § 35 EStG zu berücksichtigen Dagegen sind bei der Ermittlung der Summe aller positiven Einkünfte (Nenner) jegliche positiven und negativen gewerblichen Einkünfte – also u. a. auch solche gewerblichen Einkünfte, die nicht gewerbesteuerpflichtig oder von der Anwendung des § 35 EStG ausgeschlossen sind – zu saldieren.

BEISPIEL:[2] Der steuerpflichtige A erzielt folgende Einkünfte:

§ 15 EStG, Gewerbebetrieb 1	- 50 000 €
§ 15 EStG, Gewerbebetrieb 2	120 000 €
§ 17 EStG, (nicht gewerblich i. S. d. § 35 EStG)	- 30 000 €
§ 18 EStG	- 100 000 €
§ 21 EStG, Grundstück 1	- 100 000 €
§ 21 EStG, Grundstück 2	200 000 €
Summe der Einkünfte	100 000 €

Der Ermäßigungshöchstbetrag ermittelt sich wie folgt:

$$\frac{70\,000\,€ \text{ (positive) gewerbliche Einkünfte aus Gewerbebetrieb 1, 2 und 4)}}{140\,000\,€ \text{ gewerbliche EK i. S.v. §§ 15, 17 EStG + Einkünfte i. S.v. § 21 EStG}} \times \text{geminderte tarifl. Steuer}$$

$$= 40\,000\,€\,(100\,000\,€)$$

PRAXISHINWEIS:
Bei beschränkt Steuerpflichtigen sind m. E. bei der Summe der Einkünfte nur die inländischen (beschränkt steuerpflichtigen) Einkünfte zu berücksichtigen, da nur insoweit das deutsche Besteuerungsrecht besteht. Außerdem würde sich der Anteil der begünstigten gewerblichen Einkünfte und das Ermäßigungspotenzial bei Berücksichtigung des Welteinkommens verringern und das Ergebnis verzerren.

(Einweilen frei) 48–49

b) Ehegatten/eingetragene Lebenspartner

Bei zusammen veranlagten Ehegatten vertritt die Finanzverwaltung nunmehr das Prinzip der Individualbesteuerung und es ist für jeden Ehegatten getrennt zu prüfen, ob positive Einkünfte i. S. d. Berechnungsformel vorliegen. Positive Einkünfte eines Ehegatten sind danach nicht mit negativen Einkünften des anderen Ehegatten aus derselben Einkunftsart zu verrechnen.[3] Diese Grundsätze finden nach § 2 Abs. 8 EStG auf eingetragene Lebenspartnerschaften entsprechend Anwendung.

---

1 BFHE 250, 369; dazu *Ebber*, NWB DokID: AAAAA-41703; *Nöcker*, FR 2015, 1045; *Förster*, DB 2016, 1398.
2 Entnommen aus BMF v. 3. 11. 2016, BStBl 2016 I 1187, Rz. 16; vgl. auch *Grützner*, StuB 2017, 18 (19 ff.) mit weiteren Beispielen.
3 BMF v. 3. 11. 2016, BStBl 2016 I 1187, Rz. 16.

BEISPIEL[1]: Ein zusammenveranlagtes Ehepaar erzielt folgende Einkünfte:

	EM		EF	
§ 15 EStG	50 000 €	Gewerbebetrieb EM	– 25 000 €	Gewerbebetrieb EF
§ 19 EStG			10 000 €	
§ 21 EStG	– 30 000 €	Grundstück EM	25 000 €	Grundstück EF
			– 10 000 €	Grundstück EF
Summe der Einkünfte:			20 000 €	

Lösung:

Der Ermäßigungshöchstbetrag ermittelt sich wie folgt:

$$\frac{50\,000 \text{ (Einkünfte aus Gewerbebetrieb EM)}}{75\,000 \text{ (Einkünfte Gewerbebetrieb EM (50 t)+ Einkünfte § 19 EF}} \times \text{geminderte tarifliche Steuer}$$
$$\text{(10 t)+ Einkünfte Grundstück EF (15 t)}$$

51–55 *(Einstweilen frei)*

4. Tatsächlich zu zahlende Gewerbesteuer (§ 35 Abs. 1 Satz 5 EStG)

56 Ab VZ 2008 unterliegt die Steuerermäßigung nach § 35 EStG einer weiteren Begrenzung. Das Anrechnungsvolumen darf die **tatsächlich zu zahlende Gewerbesteuer** nicht übersteigen. Diese entspricht grundsätzlich der im Gewerbesteuerbescheid (Grundlagenbescheid) festgesetzten Gewerbesteuer für den jeweiligen Betrieb (§ 35 Abs. 3 Satz 2 EStG) und bei Mitunternehmerschaften, der jeweils anteiligen festgesetzten Gewerbesteuer.[2] Ob auch diese Begrenzung bei einer Beteiligung des Steuerpflichtigen an mehreren der Gewerbesteuer unterliegenden Mitunternehmerschaften oder bei mittelbarer Beteiligung an mehreren Mitunternehmerschaften (mehrstöckigen Personengesellschaften) in der Weise zu erfolgen, dass sie für jeden (mittelbaren) Mitunternehmeranteil gesondert ermittelt wird (betriebsbezogene Betrachtungsweise), ist höchstrichterlich mittlerweile geklärt (vgl. → Rz. 22).[3] Nach Auffassung der Verwaltung[4] ist die Berechnung der Beschränkung des Anrechnungsvolumens auf die tatsächlich gezahlte Gewerbesteuer bei mehrstöckigen Mitunternehmerschaften ausschließlich in Bezug auf die (anteiligen) Gewerbesteuermessbeträge der Ober- und Untergesellschaft(en) und die (anteilige) tatsächlich zu zahlende Gewerbesteuer der Ober- und Untergesellschaft(en) des anrechnungsberechtigten Mitunternehmers der Obergesellschaft vorzunehmen. Eine Beschränkung des § 35 Abs. 1 Satz 5 EStG auf jeder Feststellungsebene ist gerade nicht vorgesehen.[5] Erfolgt die Festsetzung der Einkommensteuer vor Bekanntgabe des Gewerbesteuerbescheids durch die Gemeinde, kann die tatsächlich zu zahlende Gewerbesteuer auf der Grundlage des festgestellten Gewerbesteuermessbetrags und des Hebesatzes der Gemeinde

---

1 Entnommen aus BMF v. 3. 11. 2016, BStBl 2016 I 1187, Rz. 18; weitere Beispiele bei Staaden, DStR 2017, 184 (186 f.).
2 BMF v. 24. 2. 2009, BStBl 2009 I 440, Rz. 6 f.
3 Für **betriebsbezogene** Berechnung: BFH v. 20.3.2017 - X R 12/15, BFH/NV 2017, 1536 = NWB DokID: RAAAG-56142; *Wacker* in Schmidt, § 35 EStG Rz. 41, *Danelsing* in Blümich, § 35 EStG Rz. 39; *Gosch* in Kirchhof, § 35 EStG Rz. 13; für **unternehmer- bzw. gesellschafterbezogene** Betrachtungsweise: *Cordes*, DStR 2010, 1416; HHR/*Lewedag*, § 35 EStG Rz. 23.
4 BMF v. 3. 11. 2016, BStBl 2016 I 1187, Rz. 25.
5 So aber BFH v. 20.3.2017 - X R 12/15, BFH/NV 2017, 1536 = NWB DokID: RAAAG-56142.

angesetzt werden. Bei etwaigen Abweichungen kann der Einkommensteuerbescheid nach § 175 Abs. 1 Satz 1 Nr. 1 AO geändert werden.[1]

III. Rechtsfolge

Als Tarifvorschrift ermäßigt § 35 EStG die Einkommensteuer. Die Höhe der Steuerermäßigung beträgt ab VZ 2008 das **3,8-fache** (zuvor das 1,8-fache) des **festgesetzten Gewerbesteuermessbetrags (Anrechnungsvolumen)**, soweit der Ermäßigungsbetrag nicht den Anrechnungshöchstbetrag und die tatsächlich zu zahlende Gewerbesteuer überschreitet. Wenn der 3,8-fache Gewerbesteuermessbetrag die anteilige tarifliche Einkommensteuer, die auf den gewerblichen Einkünften lastet, übersteigt, geht Anrechnungspotenzial verloren, da in dem betreffenden Veranlagungszeitraum die Einkommensteuer bereits aufgezehrt ist und sog. Anrechnungsüberhänge nicht auf vorherige und nachfolgende Veranlagungszeiträume übertragen werden können.[2] Anrechnungsüberhänge entstehen z. B. durch Einkommensteuerminderung infolge von negativen Einkünften, Verlustvorträgen, sonstigen Steuerermäßigungen sowie gewerbesteuerlichen Hinzurechnungen. 57

(Einstweilen frei) 58–63

IV. Sonderfälle

1. Unternehmensübertragung, Gesellschafterwechsel und Umwandlungen

Bei Ein- und Austritt eines Gesellschafters in eine Personengesellschaft während des Wirtschaftsjahres geht der Gewerbebetrieb nicht als Ganzes auf einen anderen Unternehmer über und der für den Erhebungszeitraum festgestellte Gewerbesteuermessbescheid ist auf die einzelnen Gesellschafter nach dem allgemeinen Gewinnverteilungsschlüssel, unter Berücksichtigung der besonderen Ein- und Austrittsvereinbarungen, aufzuteilen.[3] Der Anteil am Gewerbesteuermessbetrag ist allerdings nur für diejenigen Gesellschafter festzustellen, die zum Zeitpunkt der Entstehung der Gewerbesteuer Mitunternehmer der fortbestehenden Personengesellschaft als Schuldnerin der Gewerbesteuer sind.[4] Bei Umwandlungen von einem Einzelunternehmen in eine Personengesellschaft (Einbringung eines Betriebs) und umgekehrt während des Kalenderjahres, ist der für den Erhebungszeitraum einheitliche Steuermessbetrag dem Einzelunternehmer und der Personengesellschaft anteilig zuzurechnen und getrennt festzusetzen (R 11.1 GewStR). Eine gesonderte Aufteilung des Gewerbesteuermessbetrags ist in diesen Fällen daher nicht erforderlich.[5] 64

Sofern die Gewerbesteuerpflicht nach Umwandlungen fortbesteht, obwohl der gewerbesteuerliche Schuldner wechselt, ergehen mehrere den Steuerschuldnerwechsel berücksichtigende Gewerbesteuermessbescheide. Die darin vorgenommene Aufteilung ist auch für die Ermittlung des Steuerermäßigungsbetrags maßgeblich.[6] 65

---

1 BMF v. 3. 11. 2016, BStBl 2016 I 1187, Rz. 6, mit weiteren Fallgestaltungen.
2 BFH v. 23. 4. 2008 - X R 32/06, BStBl 2009 I 7; BMF v. 3. 11. 2016, BStBl 2016 I 1187, Rz. 19.
3 BFH v. 14. 1. 2016 - IV R 5/14, BStBl 2016 II 875, mit Anm. *Schiffers*, DStZ 2016, 434; *Förster*, DB 2016, 1398 ff.; *Dreßler/Oenings*, DStR 2017, 626 ff., mit Beispielen; BMF v. 3. 11. 2016, BStBl 2016 I 1187, Rz. 30.
4 BFH v. 14. 1. 2016 - IV R 5/14, BStBl 2016 II 875; so mittlerweile auch BMF v. 3. 11. 2016, BStBl 2016 I 1187, Rz. 28, zur Übergangsregelung vgl. Rz. 34 des BMF-Schreibens.
5 BMF v. 3. 11. 2016, BStBl 2016 I 1187, Rz. 29.
6 BMF v. 3. 11. 2016, BStBl 2016 I 1187, Rz. 30.

66 Die **Verschmelzung** von einer Personengesellschaft in eine Kapitalgesellschaft hat einen **Wechsel des Steuerschuldners** zur Folge. Entsprechend kürzer ist der Erhebungszeitraum, für den ein Gewerbesteuermessbetrag festzusetzen ist.[1]

2. Organschaft

67 Gewerbesteuerlich werden die Organgesellschaften nach § 2 Abs. 2 Satz 2 GewStG als Betriebsstätten des Organträgers behandelt, auch wenn die Gewerbeerträge für die im Organkreis verbundenen Betriebe zunächst getrennt ermittelt werden (R 7.1 Abs. 5 GewStR). Dies hat zur Folge, dass für Zwecke der Ermittlung des Steuerermäßigungsbetrags **keine betriebsbezogene Betrachtung** (→ Rz. 22) erfolgt, sondern ein **horizontaler Verlustausgleich** stattfindet. Sowohl die für die Ermittlung des Steuerermäßigungsbetrags relevante tarifliche Steuer als auch der Gewerbesteuermessbetrag vermindern sich entsprechend. Umgekehrt führt die Organschaft bei ausschließlich positiven Einkünften zu einer entsprechenden Erhöhung der Beträge. Nach der Rechtsprechung des BFH[2] sind jedoch Gewerbesteuermessbeträge, die aus einer Beteiligung an einer (zwischengeschalteten) Kapitalgesellschaft (Organgesellschaft) stammen, auch bei Vorliegen einer Organschaft nicht einzubeziehen, da diese wegen der Abschirmwirkung der Kapitalgesellschaft nicht aus einer Beteiligung an einer Mitunternehmerschaft stammen. Die Nichtberücksichtigung anteiliger Gewerbesteuermessbeträge sei auch nicht sachlich unbillig i. S d. § 163 AO, da die konkrete Ausgestaltung des § 35 EStG die „Durchleitung" von anteiligen Gewerbesteuermessbeträgen durch eine Kapitalgesellschaft nicht zulasse und auch die Gesetzesmaterialien nicht erkennen lassen, dass der Gesetzgeber eine anderslautende oder weniger restriktive Regelung treffen wollte.

68–75 *(Einstweilen frei)*

C. Verfahrensfragen

I. Einzelunternehmer

76 Die Steuerermäßigung wird nach § 35 EStG **im Rahmen der Einkommensteuerveranlagung** berücksichtigt, wobei nach § 35 Abs. 3 Satz 2 EStG der Gewerbesteuermessbescheid für den Gewerbesteuermessbetrag und der Gewerbesteuerbescheid für die tatsächlich zu zahlende Gewerbesteuer bindender Grundlagenbescheid (§ 182 Abs. 1, § 175 Abs. 1 Satz 1 Nr. 1, § 171 Abs. 10 AO) ist. Diese Regelungen sind Gegenstand eines gegenüber der Gewinnfeststellung gem. § 180 Abs. 1 Nr. 2 Buchst. a AO **eigenständigen Feststellungsverfahrens**.[3] Bei Auseinanderfallen von Wohnsitz- und Betriebsfinanzamt stellt Letzteres die gewerblichen Einkünfte i. S. d. § 35 EStG gesondert fest.[4] Zu Änderungsmöglichkeiten vgl. → Rz. 19.

II. Mitunternehmerschaften

77 Verfahrensrechtlich sind bei Mitunternehmerschaften nach § 35 Abs. 2 Satz 1 EStG der Betrag des **Gewerbesteuermessbetrags** und die **auf die einzelnen Mitunternehmer entfallenden An-

---

[1] Zur Behandlung von Veräußerungs- und Aufgabegewinnen nach § 7 Satz 2 GewStG vgl. BMF v. 3. 11. 2016, BStBl 2016 I 1187, Rz. 33.
[2] Zuletzt BFH v. 22. 9. 2011 - IV R 42/09, BFH/NV 2012, 236 Nr. 2 = NWB DokID: QAAAD-98378; s. a. BFH v. 16. 10. 2013 - XI R 19/11, BStBl 2012 II 14; a. A., *Wacker* in Schmidt, § 35 EStG Rz. 54.
[3] BFH v. 15. 4. 2010 - IV R 5/08, BStBl 2010 II 912 und BT-Drucks. 14/2683, 116; BT-Drucks. 14/3366, 119.
[4] BMF v. 3. 11. 2016, BStBl 2016 I 1187, Rz. 31.

teile gesondert und einheitlich festzustellen.[1] Beide Bescheide sind für die Ermittlung des anteiligen Gewerbesteuermessbetrags nach § 35 Abs. 2 EStG Grundlagenbescheide (§ 35 Abs. 3 Satz 3 EStG) und Gegenstand eines gegenüber der Gewinnfeststellung gem. § 180 Abs. 1 Nr. 2 Buchst. a AO eigenständigen Feststellungsverfahrens, die aber äußerlich miteinander verbunden werden können.[2] Das für die gesonderte und einheitliche Feststellung nach § 35 Abs. 3 Satz 1 EStG zuständige Finanzamt hat lediglich zu prüfen, ob eine Mitunternehmerstellung (§ 15 Abs. 1 Satz 1 Nr. 2 Satz 1 EStG) des Feststellungsbeteiligten vorliegt. Ob und inwieweit für den Beteiligten die Möglichkeit einer Anrechnung besteht, ist für die Feststellung ohne Bedeutung. Denn auch bei Mitunternehmerschaften erfolgt die Ermittlung des Steuerermäßigungshöchstbetrags erst auf der **Ebene der Einkommensteuerveranlagung**. Eine im Rahmen des Gewinnfeststellungsbescheids der Mitunternehmerschaft insoweit getroffene Feststellung entfaltet daher keine Bindungswirkung.[3] Nach § 35 Abs. 3 Satz 2 und 3 EStG ist lediglich der Betrag des Gewerbesteuermessbetrags, die tatsächlich zu zahlende Gewerbesteuer und der auf die einzelnen Mitunternehmer oder auf die persönlich haftenden Gesellschafter entfallende Anteil, gesondert festzustellen. Nur hinsichtlich dieser in den Vorschriften des § 35 Abs. 2 bis 4 EStG ausdrücklich und abschließend genannten Punkte entfalten die Gewinnfeststellungsbescheide und die darin getroffenen Feststellungen mithin Bindungswirkungen für den Einkommensteuerbescheid bzw. bei mehrstöckigen Personengesellschaften für den Gewinnfeststellungsbescheid der Obergesellschaft. Daraus ergibt sich, dass die Ermittlung des individuellen Höchstbetrags unter Beachtung der verschiedenen Begrenzungen aus § 35 Abs. 1 EStG (3,8-fache des Gewerbesteuermessbetrags, des Ermäßigungshöchstbetrags in § 35 Abs. 1 Satz 2 EStG und die Beschränkung auf die tatsächlich zu zahlende Gewerbesteuer nach § 35 Abs. 1 Satz 5 EStG) auf der Ebene des Gesellschafters erfolgt.

III. Mehrstöckige Mitunternehmerschaften

Ist eine Mitunternehmerschaft (Obergesellschaft) an einer anderen Mitunternehmerschaft (Untergesellschaft) beteiligt, setzt sich der für Zwecke des § 35 Abs. 2 EStG festzustellende Gewerbesteuermessbetrag aus dem für die Obergesellschaft selbst festgesetzten Gewerbesteuermessbetrag und dem im Verfahren nach § 35 Abs. 2 EStG bei der Untergesellschaft festgestellten Anteil der Obergesellschaft am Gewerbesteuermessbetrag der Untergesellschaft zusammen (s. → Rz. 38). Dabei ist der im Verfahren bei der Untergesellschaft ergangene Feststellungsbescheid als Grundlagenbescheid für die Feststellung des Gewerbesteuermessbetrags i. S. d. § 35 Abs. 2 EStG bei der Obergesellschaft bindend. Der aus beiden Bestandteilen zusammengesetzte Betrag für die Obergesellschaft wird dann auf die Mitunternehmer der Obergesellschaft verteilt.[4]

---

[1] Zu den Besonderheiten bei unterjährigem Gesellschafterwechsel vgl. → Rz. 78.
[2] BFH v. 28. 5. 2015 - IV R 27/12, BStBl 2015 II 837.
[3] BFH v. 20.3.2017 - X R 12/15, BFH/NV 2017, 1536 = NWB DokID: RAAAG-56142.
[4] BFH v. 20.3.2017 - X R 12/15, BFH/NV 2017, 1536 = NWB DokID: RAAAG-56142.

4. Steuerermäßigung bei Aufwendungen für haushaltsnahe Beschäftigungsverhältnisse und für die Inanspruchnahme haushaltsnaher Dienstleistungen

§ 35a Steuerermäßigung bei Aufwendungen für haushaltsnahe Beschäftigungsverhältnisse, haushaltsnahe Dienstleistungen und Handwerkerleistungen

(1) Für haushaltsnahe Beschäftigungsverhältnisse, bei denen es sich um eine geringfügige Beschäftigung im Sinne des § 8a des Vierten Buches Sozialgesetzbuch handelt, ermäßigt sich die tarifliche Einkommensteuer, vermindert um die sonstigen Steuerermäßigungen, auf Antrag um 20 Prozent, höchstens 510 Euro, der Aufwendungen des Steuerpflichtigen.

(2) [1]Für andere als in Absatz 1 aufgeführte haushaltsnahe Beschäftigungsverhältnisse oder für die Inanspruchnahme von haushaltsnahen Dienstleistungen, die nicht Dienstleistungen nach Absatz 3 sind, ermäßigt sich die tarifliche Einkommensteuer, vermindert um die sonstigen Steuerermäßigungen, auf Antrag um 20 Prozent, höchstens 4 000 Euro, der Aufwendungen des Steuerpflichtigen. [2]Die Steuerermäßigung kann auch in Anspruch genommen werden für die Inanspruchnahme von Pflege- und Betreuungsleistungen sowie für Aufwendungen, die einem Steuerpflichtigen wegen der Unterbringung in einem Heim oder zur dauernden Pflege erwachsen, soweit darin Kosten für Dienstleistungen enthalten sind, die mit denen einer Hilfe im Haushalt vergleichbar sind.

(3) [1]Für die Inanspruchnahme von Handwerkerleistungen für Renovierungs-, Erhaltungs- und Modernisierungsmaßnahmen ermäßigt sich die tarifliche Einkommensteuer, vermindert um die sonstigen Steuerermäßigungen, auf Antrag um 20 Prozent der Aufwendungen des Steuerpflichtigen, höchstens jedoch um 1 200 Euro. [2]Dies gilt nicht für öffentlich geförderte Maßnahmen, für die zinsverbilligte Darlehen oder steuerfreie Zuschüsse in Anspruch genommen werden.

(4) [1]Die Steuerermäßigung nach den Absätzen 1 bis 3 kann nur in Anspruch genommen werden, wenn das Beschäftigungsverhältnis, die Dienstleistung oder die Handwerkerleistung in einem in der Europäischen Union oder dem Europäischen Wirtschaftsraum liegenden Haushalt des Steuerpflichtigen oder – bei Pflege- und Betreuungsleistungen – der gepflegten oder betreuten Person ausgeübt oder erbracht wird. [2]In den Fällen des Absatzes 2 Satz 2 zweiter Halbsatz ist Voraussetzung, dass das Heim oder der Ort der dauernden Pflege in der Europäischen Union oder dem Europäischen Wirtschaftsraum liegt.

(5) [1]Die Steuerermäßigungen nach den Absätzen 1 bis 3 können nur in Anspruch genommen werden, soweit die Aufwendungen nicht Betriebsausgaben oder Werbungskosten darstellen und soweit sie nicht als Sonderausgaben oder außergewöhnliche Belastungen berücksichtigt worden sind; für Aufwendungen, die dem Grunde nach unter § 10 Absatz 1 Nummer 5 fallen, ist eine Inanspruchnahme ebenfalls ausgeschlossen. [2]Der Abzug von der tariflichen Einkommensteuer nach den Absätzen 2 und 3 gilt nur für Arbeitskosten. [3]Voraussetzung für die Inanspruchnahme der Steuerermäßigung für haushaltsnahe Dienstleistungen nach Absatz 2 oder für Handwerkerleistungen nach Absatz 3 ist, dass der Steuerpflichtige für die Aufwendungen eine Rechnung erhalten hat und die Zahlung auf das Konto des Erbringers der Leistung erfolgt

ist. ⁴Leben zwei Alleinstehende in einem Haushalt zusammen, können sie die Höchstbeträge nach den Absätzen 1 bis 3 insgesamt jeweils nur einmal in Anspruch nehmen.

Inhaltsübersicht

	Rz.
A. Allgemeine Erläuterungen	1 - 15
I. Normzweck und wirtschaftliche Bedeutung der Vorschrift	1 - 3
II. Entstehung und Entwicklung der Vorschrift	4
III. Geltungsbereich	5 - 6
IV. Vereinbarkeit der Vorschrift mit höherrangigem Recht	7
V. Verhältnis zu anderen Vorschriften	8 - 15
B. Systematische Kommentierung	16 - 175
I. Begünstigte haushaltsnahe geringfügige Beschäftigungsverhältnisse (§ 35a Abs. 1 EStG)	16 - 40
1. Anspruchsberechtigte	16 - 20
2. Beschäftigungsverhältnis	21 - 30
3. Haushaltsnahe Tätigkeit	31 - 35
4. Steuerermäßigung	36 - 40
II. Versicherungspflichtige haushaltsnahe Beschäftigungen und Dienstleistungen (§ 35a Abs. 2 EStG)	41 - 90
1. Anspruchsberechtigte	41 - 55
2. Versicherungspflichtige Beschäftigung	56 - 60
3. Dienstleistung	61 - 70
4. Haushaltsnahe Tätigkeit	71 - 75
5. Pflege- und Betreuungsleistungen (§ 35a Abs. 2 Satz 2 1. Alt. EStG)	76 - 80
6. Steuerermäßigung	81 - 90
III. Begünstigte Handwerkerleistungen (§ 35a Abs. 3 EStG)	91 - 115
1. Anspruchsberechtigter	91 - 95
2. Handwerkerleistungen	96 - 105
3. Steuerermäßigung	106 - 115
IV. Ort der Leistungen (§ 35a Abs. 4 EStG)	116 - 130
V. Besondere Abzugsvoraussetzungen (§ 35a Abs. 5 EStG)	131 - 175
1. Steuerermäßigung	131 - 135
2. Bemessungsgrundlage	136 - 145
3. Begünstigte Arbeitskosten und Gesamtaufwendungen (§ 35a Abs. 5 Satz 2 EStG)	146 - 150
4. Nachweise und Zahlungsweise (§ 35a Abs. 5 Satz 3 EStG)	151 - 160
5. Haushaltsbindung: Einmalförderung zusammenlebender Alleinstehender (§ 35a Abs. 5 Satz 4 EStG)	161 - 174
6. ABC der begünstigten und nicht begünstigten Dienst- und Handwerkerleistungen	175
C. Verfahrensfragen	176 - 178

LITERATUR:

▶ Weitere Literatur siehe Online-Version

Czisz/Krane, Das neue BMF-Schreiben vom 10.1.2014 zu § 35a EStG, DStR 2014, 873; *Geserich*, Steuerermäßigung nach § 35a EStG bei Inanspruchnahme des Behindertenpauschbetrags, NWB 2014, 3296; *Geserich*, Steuerbegünstigung nach § 35a EStG für Dienst- und Handwerkerleistungen auf öffentlichem Grund, NWB 2014, 1930; *Nolte*, Haushaltsnahe Dienstleistungen und haushaltsnahe Beschäftigungsverhältnisse, NWB 2014, 508; *Schalburg*, Die Steuerbegünstigung nach § 35a EStG, Stbg. 2014, 401; *Trinks/Trinks*, Steuerermäßigung für haushaltsnahe Dienstleistungen, Beilage zu NWB 2014, 3; *Bruschke*, Umbaumaßnahmen als Handwerkerleistung i. S. d. § 35a EStG?, DStZ 2015, 313; *Kanzler*, Kommentar zu BFH v. 5. 6. 2014 - VI R 12/12, FR 2015, 243; *Kratzsch*, Aufwendungen zur Überprüfung der Funktionsfähigkeit einer Anlage sind nach § 35a EStG begünstigt, KSR direkt 3/2015, 8; *Trinks/Trinks*, Betriebskosten des Mieters: Steuerermäßigung en passant, Beilage 1 zu NWB 2016, 13; *Heine*, Smart Home – digitaler Haushalt

i. S. des § 35a EStG?, NWB 2017, 2031; *Koss*, Erschließungsleistungen als Handwerkerleistungen, BB 2017, 2209; *Seifert*, Aufwendungen für haushaltsnahe Beschäftigungsverhältnisse, StuB 2017, 786.

ARBEITSHILFEN UND GRUNDLAGEN ONLINE:

Langenkemper, Haushaltsnahe Dienstleistungen – Berechnungsbogen mit Formularen, Berechnungsprogramm, NWB DokID: GAAAE-14019; *Schmidt*, Haushaltsnahe Dienstleistungen, NWB DokID: TAAAE-62140; Haushaltsnahe Dienstleistungen und Handwerkerleistungen: Übersicht der begünstigten und nicht begünstigten Tatbestände, NWB DokID: HAAAE-55872.

A. Allgemeine Erläuterungen

I. Normzweck und wirtschaftliche Bedeutung der Vorschrift

1 § 35a EStG ist die **Grundlage für** drei verschiedene **Steuerermäßigungen der tariflichen Einkommensteuer im Zusammenhang mit dem Haushalt**. Durch sie möchte der Gesetzgeber einen Anreiz für mehr legale Beschäftigungen in Privathaushalten geben, Schwarzarbeit bekämpfen sowie Handwerk und Mittelstand unterstützen.[1] Die Vorschrift regelt in Abs. 1 eine Steuerermäßigung für haushaltsnahe Beschäftigte, in Abs. 2 für haushaltsnahe Dienstleistungen und in Abs. 3 für Handwerkerleistungen.[2]

TAB:	
Begünstigte Tätigkeit im Privathaushalt	Steuerabzug
Minijobber (Arbeitslohn bis 450 € monatlich)	20 % der Aufwendungen, max. 510 € jährlich
Sozialversicherungspflichtiges Beschäftigungsverhältnis, Pflege- und Betreuungsleistungen, haushaltsnahe Dienstleistungen	20 % der Aufwendungen, max. 4 000 € jährlich
Handwerkerleistungen (nicht für öffentlich geförderte Leistungen)	20 % der Aufwendungen, max. 1 200 € jährlich

2 § 35a EStG bewirkt als bloße **Lenkungsnorm** eine Ausnahme von dem auch in § 12 EStG zum Ausdruck kommenden einkommensteuerrechtlichen Grundsatz, dass Aufwendungen für die Lebensführung die steuerliche Bemessungsgrundlage nicht mindern dürfen (s. KKB/Löbe, § 12 EStG Rz. 1 bis 4) Darüber hinaus bewirkt § 35a EStG eine direkte Subvention für bestimmte vom Stpfl. in Anspruch genommene Leistungen, die nicht der Sphäre der Einkommenserzielung zuzuordnen sind. Seine Auslegung hat sich daher eng an dem in der Gesetzesbegründung umschriebenen Förderzweck zu orientieren.[3]

3 Der BRH hat die Abschaffung von § 35a EStG wegen unvertretbar hoher Mitnahmeeffekte empfohlen.[4] Eine Beschränkung der Steuerermäßigung für Handwerkerleistungen durch einen Sockelbetrag zugunsten einer neu zu schaffenden Subventionsnorm für energetische Modernisierungsmaßnahmen wurde Anfang 2015 diskutiert.[5]

---

1 Ausführlich *Schalburg*, Stbg 2014, 401.
2 *Langenkemper*, NWB DokID: GAAAE-14019.
3 FG Schleswig-Holstein v. 2. 2. 2011 - 2 K 56/10, EFG 2011, 1241.
4 BT-Drucks. 17/4641; BT-Drucks 19/26.
5 Den Vorschlag einer Einführung eines Sockelbetrags i. H. v. 300 € enthielt bereits der Entwurf des Bundesrats zum Gesetz zur weiteren Vereinfachung des Steuerrechts 2013 (StVereinfG 2013) v. 30. 4. 2014, BT-Drucks. 18/1290; zuletzt bekräftigt in BR-Drucks. 121/1/15.

II. Entstehung und Entwicklung der Vorschrift

§ 35a EStG ist durch Art. 8 Nr. 7 des **Zweiten Gesetzes für moderne Dienstleistungen am Arbeitsmarkt** v. 23.12.2002[1] in das EStG eingefügt und im Folgenden mehrfach geändert worden. Durch das **FamLeistG** v. 22.12.2008[2] wurde § 35a EStG neu gefasst, vereinheitlicht[3] und die bisherige Regelung zur Zwölftelung aus Vereinfachungsgründen gestrichen.

III. Geltungsbereich

Sachlicher Geltungsbereich: Die begünstigten Beschäftigungen und Leistungen müssen in einem in der EU oder dem EWR[4] liegenden Haushalt des Steuerpflichtigen ausgeübt oder erbracht werden (§ 35a Abs. 4 Satz 1 EStG; s. dazu → Rz. 116.). Dies gilt auch für die begünstigten Pflegeleistungen (§ 35a Abs. 4 Satz 2 EStG; s. dazu →Rz. 121.).

Persönlicher Geltungsbereich: Nur natürliche Personen können im Inland bzw. im gleichgestellten Gebiet (s. → Rz. 5) einen Haushalt unterhalten und sind daher begünstigt. Nicht begünstigt sind Personengesellschaften. Berechtigt zur Inanspruchnahme der Begünstigung sind nur unbeschränkt Steuerpflichtige (§ 50 Abs. 1 Satz 3 EStG).

IV. Vereinbarkeit der Vorschrift mit höherrangigem Recht

Verfassungsrechtlich sind Einzelregelungen wiederholt Gegenstand gerichtlicher Prüfung gewesen. So ist es verfassungsrechtlich geboten in Bezug auf § 35a EStG, Mitglieder von WEG Eigentümern eines EFH gleichzustellen, da es keinen sachlichen Grund für eine Ungleichbehandlung gibt (s. → Rz. 42).[5] Unbedenklich ist es, dass § 35a EStG Steuervergünstigungen nicht unabhängig vom Zahlungsweg bar oder unbar gewährt.[6] Ebenso begegnet es keinen verfassungsrechtlichen Zweifeln, dass in § 35a EStG keine Erstattung eines Anrechnungsüberhangs oder die Feststellung einer rück- oder vortragsfähigen Steuerermäßigung vorgesehen ist.[7] Ebenso wenig ist es verfassungsrechtlich geboten, die Übertragung eines Anrechnungsüberhangs auf die nach § 32d Abs. 1 EStG vorzunehmende Schedulenbesteuerung nach der Abgeltungsteuer zuzulassen.[8] Unionsrechtlich verstößt die Vorschrift nicht gegen die Grundfreiheit der Freizügigkeit (Art. 45 AEUV), denn die Steuermäßigung wird gewährt, wenn sich der Haushalt, das Heim oder der Ort der dauernden Pflege in einem Mitgliedstaat der EU oder des EWR befindet (§ 35a Abs. 4 EStG).[9]

V. Verhältnis zu anderen Vorschriften

Die Steuerermäßigungen nach § 35a EStG sind nachrangig. Gemäß § 35a Abs. 5 Satz 1 EStG können sie nur in Anspruch genommen werden, soweit die Aufwendungen nicht BA oder WK darstellen und soweit sie nicht als Sonderausgaben oder außergewöhnliche Belastungen be-

---

1 BGBl 2002 I 4621.
2 BGBl 2008 I 2955.
3 BT-Drucks. 16/10189, 8, 15; kritisch hierzu *Schmidt*, NWB DokID: TAAAE-62140, Rz. 243.
4 Zum EWR zählen die Mitgliedstaaten der EU sowie Norwegen, Island und Liechtenstein.
5 FG Baden-Württemberg v. 17.5.2006 - 13 K 262/04, EFG 2006, 1163.
6 BFH v. 20.11.2008 - VI R 14/08, BStBl 2009 II 307.
7 BFH v. 29.1.2009 - VI R 44/08, BStBl 2009 II 411.
8 FG Hamburg v. 23.11.2017 - 6 K 106/16, EFG 2018, 372, nrkr. Rev.: Az. BFH: VI R 54/17.
9 EuGH v. 13.11.2003 - C-209/01, *Schilling und Fleck-Schilling*, BFH/NV-Beilage 2004, 4 = NWB DokID: VAAAB-72642.

rücksichtigt worden sind. Für Aufwendungen, die dem Grunde nach Kinderbetreuungskosten i. S. d. § 10 Abs. 1 Nr. 5 EStG) sind, ist eine Inanspruchnahme ausgeschlossen.[1]

9 Hiernach gilt bei Vorliegen der sonstigen Voraussetzungen, dass

- gemischte Aufwendungen nach Zeitanteilen sachgerecht aufzuteilen sind, z. B. für eine Reinigungskraft, die auch das beruflich genutzte Arbeitszimmer reinigt;[2]
- Aufwendungen begünstigt sind, die durch Ansatz der zumutbaren Belastung nach § 33 Abs. 3 EStG oder wegen der Gegenrechnung von Pflegegeld oder Pflegetagegeld nicht als außergewöhnliche Belastung berücksichtigt werden;[3] dies gilt auch für die aufgrund der Haushaltsersparnis bei Heimunterbringung nicht zum Abzug zugelassenen Aufwendungen;[4]
- die Inanspruchnahme des Behinderten-Pauschbetrags nach § 33 Abs. 1 Satz 1 i. V. m. Abs. 3 Satz 2 oder 3 EStG eine Berücksichtigung dieser Pflegeaufwendungen nach § 35a EStG ausschließt.[5] Dies gilt nicht, wenn der einem Kind zustehende Behinderten-Pauschbetrag nach § 33 Abs. 5 EStG auf den Stpfl. übertragen wird und dieser für Pflege- und Betreuungsaufwendungen des Kindes aufkommt.[6]

10 Die Inanspruchnahme der Steuerermäßigung des § 35a EStG steht einer Förderung der privaten Altersvorsorge entgegen (§ 92a Abs. 1 Satz 1 Nr. 3 EStG).

11–15 *(Einstweilen frei)*

B. Systematische Kommentierung

I. Begünstigte haushaltsnahe geringfügige Beschäftigungsverhältnisse (§ 35a Abs. 1 EStG)

1. Anspruchsberechtigte

16 Begünstigt und berechtigt sind natürliche, unbeschränkt stpfl. Personen (s. → Rz. 6). **Erben** sind zur Inanspruchnahme ausnahmsweise berechtigt,

- wenn sie zusammen mit dem Erblasser im gemeinsamen Haushalt gelebt haben, dem die Aufwendungen zuzurechnen sind, oder
- die Leistung für die eigen genutzte geerbte Wohnung noch vom Erblasser in Anspruch genommen und die Rechnungsbeträge vom Erben überwiesen worden sind.[7]

17–20 *(Einstweilen frei)*

2. Beschäftigungsverhältnis

21 Ein **geringfügiges Beschäftigungsverhältnis** im Privathaushalt i. S. d. § 8a SGB IV ist Voraussetzung für die Inanspruchnahme der Steuermäßigung. Der Stpfl. muss Arbeitgeber sein. Ein ge-

---

1 BT-Drucks. 17/2249, 56.
2 BMF v. 9. 11. 2016, BStBl 2016 I 1213, Rz. 31.
3 BMF v. 9. 11. 2016, BStBl 2016 I 1213, Rz. 32; a. A. *Kanzler*, Kommentar zu BFH v. 5. 6. 2014 - VI R 12/12, FR 2015, 243.
4 Niedersächsisches FG v. 19. 4.2018 - 11 K 212/17, NWB DokID: RAAAG-84648, NZB (Az. BFH: VI B 42/18).
5 BFH v. 5. 6. 2014 - VI R 12/12, BStBl 2014 II 970; s. a. *Geserich*, NWB 2014, 3296.
6 BMF v. 9. 11. 2016, BStBl 2016 I 1213, Rz. 33.
7 BMF v. 9. 11. 2016, BStBl 2016 I 1213, Rz. 1, 30.

ringfügiges Beschäftigungsverhältnis liegt vor, wenn es durch einen privaten Haushalt begründet ist und die Tätigkeit sonst gewöhnlich durch Mitglieder des privaten Haushalts erledigt wird.

Ein geringfügiges Beschäftigungsverhältnis i. S. d. § 35a EStG liegt vor, wenn der Stpfl. am Haushaltsscheckverfahren teilnimmt und die geringfügige Beschäftigung in seinem inländischen oder im gleichgestellten Gebiet liegenden Haushalt ausgeübt wird. Bei einem nicht inländischen Haushalt müssen die Sozialversicherungsbeiträge ausschließlich vom Arbeitgeber zu entrichten sein und auch entrichtet werden.[1]

Beschäftigungsverhältnisse zwischen in einem Haushalt lebenden Ehegatten (§ 1360 BGB, § 1356 Abs. 1 BGB) bzw. Partnern einer eingetragenen Lebenspartnerschaft können nicht Gegenstand eines steuerlich anzuerkennenden Vertrags sein. Ebensowenig sind Verträge zwischen Eltern und in deren Haushalt lebenden Kindern (§ 1619 BGB) begünstigt.

Leben Partner in einer nichtehelichen Lebensgemeinschaft oder einer nicht eingetragenen Lebenspartnerschaft in einem Haushalt zusammen, ist das Beschäftigungsverhältnis regelmäßig nicht begünstigt. Es fehlt insoweit an dem für Beschäftigungsverhältnisse typischen Über- und Unterordnungsverhältnis, da jeder Partner auch seinen Haushalt führt.[2]

Andere Beschäftigungsverhältnisse, z. B. mit Kindern, die in einem eigenen Haushalt leben, können steuerlich nur anerkannt werden, wenn die Verträge zivilrechtlich wirksam zustande gekommen sind, einem Fremdvergleich standhalten und tatsächlich durchgeführt werden.[3]

(Einstweilen frei) 26–30

3. Haushaltsnahe Tätigkeit

Das Wirtschaften im Haushalt umfasst Tätigkeiten, die für die Haushaltung oder die Haushaltsmitglieder erbracht werden,[4] u. a. die Zubereitung von Mahlzeiten im Haushalt, die Reinigung der Wohnung, die Gartenpflege sowie die Pflege, Versorgung und Betreuung von Kindern sowie kranken, alten oder pflegebedürftigen Personen.[5] Verrichtungen, die zwar im Haushalt des Steuerpflichten ausgeübt werden, aber keinen Bezug zur Hauswirtschaft haben, zählen nicht zu den haushaltsnahen Dienstleistungen,[6] z. B. die Erteilung von Unterricht, die Vermittlung besonderer Fähigkeiten sowie sportliche und andere Freizeitbetätigungen. Die Vermittlung eines haushaltnahen Beschäftigungsverhältnisses ist keine haushaltsnahe Tätigkeit.[7]

(Einstweilen frei) 32–35

4. Steuerermäßigung

Die Steuerermäßigung beträgt bei geringfügiger Beschäftigung i. S. v. § 8a SGB IV 20 % der Bemessungsgrundlage (→ Rz. 107 ff.), höchstens 510 €.

---

1 BMF v. 9.11.2016, BStBl 2016 I 1213, Rz. 8.
2 BMF v. 9.11.2016, BStBl 2016 I 1213, Rz. 9.
3 BMF v. 9.11.2016, BStBl 2016 I 1213, Rz. 10.
4 BFH v. 29.1.2009 - VI R 28/08, BStBl 2010 II 166.
5 BMF v. 9.11.2016, BStBl 2016 I 1213, Rz. 5.
6 BFH v. 6.5.2010 - VI R 4/09, BStBl 2011 II 909.
7 FG Köln v. 21.10.2015 - 3 K 2253/13, EFG 2016 S. 621 Nr. 8.

37 Weitere Voraussetzung für die Steuerermäßigung ist die Beantragung in der Steuererklärung (VZ 2018: Mantelbogen, S. 3, Zeile 71).

> **PRAXISHINWEIS:**
> Die Summe der Aufwendungen ist aus der Bescheinigung nach § 28h Abs. 4 SGB IV der Minijobzentrale zu übertragen.

38–40 *(Einstweilen frei)*

II. Versicherungspflichtige haushaltsnahe Beschäftigungen und Dienstleistungen (§ 35a Abs. 2 EStG)

1. Anspruchsberechtigte

41 Begünstigt und berechtigt sind natürliche, unbeschränkt stpfl. Personen (s. → Rz. 6).

42 Berechtigt sind auch Eigentümer einer **Wohnungseigentümergemeinschaft**, wenn diese ein Beschäftigungsverhältnis unterhält oder Auftraggeber der haushaltsnahen Dienstleistung ist.[1]

43 Dies gilt auch für **Mieter** einer Wohnung, wenn die zu zahlenden Nebenkosten Beträge umfassen, die für ein haushaltsnahes Beschäftigungsverhältnis oder für haushaltsnahe Dienstleistungen geschuldet werden.[2] Wird die Wohnung unentgeltlich überlassen, ist weitere Voraussetzung, dass der Nutzende entsprechende Aufwendungen getragen hat.

44 Schließen sich mehrere Stpfl. als Arbeitgeber für ein haushaltsnahes Beschäftigungsverhältnis zusammen (sog. **Arbeitgeber-Pool**), kann jeder Stpfl. die Steuermäßigung für seinen Anteil an den Aufwendungen beanspruchen.

45 **Dienst- oder Werkswohnungen:** Lässt der Arbeitgeber haushaltsnahe Dienstleistungen oder Handwerkerleistungen von einem fremden Dritten durchführen und trägt er hierfür die Aufwendungen, kann der Arbeitnehmer die Steuerermäßigung nach § 35a EStG nur in Anspruch nehmen, wenn er die Aufwendungen als Sachbezug versteuert hat und der Arbeitgeber eine Bescheinigung erteilt hat.[3]

46 **Bewohner eines Altenheims**, eines Altenwohnheims, eines Pflegeheims oder eines Wohnstiftes können die Steuerermäßigung für Pflege- und Betreuungsleistungen sowie Dienstleistungen, die denen einer Hilfe im Haushalt vergleichbar sind, beanspruchen (§ 35a Abs. 2 Satz 2 EStG). Ob dies auch für Wohnformen gilt, die keine von den Heimgesetzen erfasste Einrichtungen sind, z. B. „Betreutes Wohnen" ist derzeit offen.[4] Unstreitig begünstigt sind in diesen Fällen Aufwendungen für haushaltsnahe Dienstleistungen.[5]

47 Die Steuerermäßigung gem. § 35a Abs. 2 Satz 2 EStG steht auch bei sonst erfüllten Voraussetzungen anderen Personen zu, wenn diese für die Pflege- und Betreuungsleistungen aufkommen, die in ihrem oder im Haushalt der gepflegten oder betreuten Person durchgeführt werden.[6]

48–55 *(Einstweilen frei)*

---

[1] BMF v. 9.11.2016, BStBl 2016 I 1213, Rz. 26.
[2] BMF v. 9.11.2016, BStBl 2016 I 1213, Rz. 27.
[3] BMF v. 9.11.2016, BStBl 2016 I 1213, Rz. 45.
[4] Siehe *Schmidt*, Haushaltsnahe Dienstleistungen, NWB DokID: TAAAE-62140, Rz. 60.
[5] BFH v. 3.9.2015 - VI R 18/14, BStBl 2016 II 272.
[6] BMF v. 9.11.2016, BStBl 2016 I 1213, Rz. 13.

2. Versicherungspflichtige Beschäftigung

§ 35a Abs. 2 Satz 1 1. Alt. EStG setzt ein Beschäftigungsverhältnis voraus, für das Pflichtbeiträge zur gesetzlichen Sozialversicherung entrichtet werden. Bei einem nicht inländischen Haushalt, welcher der Europäischen Union oder dem Europäischen Wirtschaftsraum angehört, ist für die Gewährung der Steuerermäßigung Voraussetzung, dass aufgrund des Beschäftigungsverhältnisses Arbeitgeber- und Arbeitnehmerbeiträge an die Sozialversicherung in dem jeweiligen Staat entrichtet werden.[1]

56

(Einstweilen frei)

57–60

3. Dienstleistung

Dienstleistungen i. S. d. § 35a Abs. 2 Satz 1 2. Alt. EStG sind Leistungen, die eine hinreichende Nähe zur Haushaltsführung aufweisen. Hieran mangelt es bei der bloßen Vermittlung einer solchen Dienstleistung (s. → Rz. 31).

61

Die als eigenständige Leistung vergütete Bereitschaft auf Erbringung im Bedarfsfall ist eine begünstigte haushaltsnahe Dienstleistung, wenn sie Nebenleistungen einer ansonsten begünstigten Hauptleistung ist oder typischerweise von in einer Haushaltsgemeinschaft zusammenlebenden Familien- oder Haushaltsangehörigen erbracht wird.[2]

62

Handwerkliche Tätigkeiten i. S. d. § 35a Abs. 3 EStG gehören nicht zu den haushaltsnahen Dienstleistungen. Siehe auch Aufzählung der begünstigten und nicht begünstigten haushaltsnahen Dienstleistungen im BMF-Schreiben v. 9. 1. 2016.[3]

63

Dienstleistender kann abweichend von § 35a Abs. 1 EStG jede natürliche und juristische Person sein.

64

Mit einer Haushaltshilfe vergleichbare Dienstleistungen wegen der Unterbringung in einem Heim oder zur dauernden Pflege (§ 35a Abs. 2 Satz 2 2. Alt. EStG) sind ebenfalls begünstigt.[4] Hierzu zählen

65

- ▶ die Reinigung des Zimmers oder des Appartements,
- ▶ die Reinigung der Gemeinschaftsflächen,
- ▶ das Zubereiten und Servieren der Mahlzeiten in einem Heim oder dem Ort der dauernden Pflege,
- ▶ der Wäscheservice, soweit er in dem Heim oder an dem Ort der dauernden Pflege erfolgt.

Nicht begünstigt sind die Mietzahlungen, die Aufwendungen für den Hausmeister, den Gärtner sowie sämtliche Handwerkerleistungen.[5] Nicht mit einer Hilfe im Haushalt vergleichbar sind Pflege- und Betreuungsleistungen (s. → Rz. 76).

(Einstweilen frei)

66–70

---

[1] EuGH v. 12. 11. 2003 - C-209/01, BFH/NV-Beilage 2004, 4 = NWB DokID: VAAAB-72642; BMF v. 9. 11. 2016, BStBl 2016 I 1213, Rz. 8.

[2] BFH v. 3. 9. 2015 - VI R 18/14, BStBl 2016 II 272; BMF v. 9. 11. 2016, BStBl 2016 I 1213, Rz. 11.

[3] BMF v. 9. 11. 2016, BStBl 2016 I 1213, Anlage 1.

[4] BMF v. 9. 11. 2016, BStBl 2016 I 1213, Rz. 15.

[5] BMF v. v. 9. 11. 2016, BStBl 2016 I 1213, Rz. 16.

4. Haushaltsnahe Tätigkeit

71 Zum Begriff der haushaltsnahen Tätigkeit gehören die in → Rz. 31 dargestellten Verrichtungen.

> **PRAXISHINWEIS:**
> Hierzu gehören im Fall des Wohneigentums und der Vermietung bspw. die Hausmeisterarbeiten, die Gartenpflege sowie kleinere Reparaturarbeiten, die Reinigung der Gemeinschaftsflächen, wie Flure, Treppenhäuser und Gemeinschaftsräume. Dies gilt auch bei einer Heimunterbringung des Stpfl.,[1] soweit er dort einen eigenständigen und abgeschlossenen Haushalt unterhält (→ Rz. 121).

72–75 *(Einstweilen frei)*

5. Pflege- und Betreuungsleistungen (§ 35a Abs. 2 Satz 2 1. Alt. EStG)

76 Personenbezogene Dienstleistungen sind grundsätzlich keine haushaltsnahen Dienstleistungen. Es sei denn, sie zählen zu den im Leistungskatalog der Pflegeversicherung aufgeführten Pflege- und Betreuungsleistungen und werden im Haushalt des Stpfl. erbracht. Eine Unterscheidung nach Pflegestufen ist nicht erforderlich. Es reicht aus, wenn Dienstleistungen zur Grundpflege (Körperpflege, Ernährung und Mobilität) oder zur Betreuung in einem Heim nach § 1 HeimG oder im Rahmen der dauernden Pflege[2] in Anspruch genommen werden.[3]

77–80 *(Einstweilen frei)*

6. Steuerermäßigung

81 Die Steuerermäßigung nach § 35a Abs. 2 EStG beträgt 20 % der Bemessungsgrundlage (→ Rz. 136 ff.), höchstens 4 000 €. Bemessungsgrundlage sind die Aufwendungen des Stpfl. für ein haushaltsnahes Beschäftigungsverhältnis und haushaltsnahe Dienstleistungen nach § 35a Abs. 1 Satz 1 2. Alt. EStG sowie den Pflege- und Betreuungsleistungen und den einer Haushaltshilfe vergleichbaren Dienstleistungen nach § 35a Abs. 2 Satz 2 EStG.

82 Weitere Voraussetzung für die Steuerermäßigung ist die Beantragung in der Steuererklärung (VZ 2018: Mantelbogen, S. 3, Zeile 72).

> **PRAXISHINWEIS:**
> Im Fall von Wohnungseigentümergemeinschaften, Mietern, unentgeltlichen Nutzern und Heimbewohnern sowie Beteiligten eines Arbeitgeberpools ergibt sich die Summe der begünstigten Aufwendungen aus der Jahresabrechnung oder Bescheinigung nach amtlichen Muster.[4] Zur entsprechend aussagekräftigen Nebenkostenabrechnung ist der Vermieter verpflichtet. Diese Pflicht kann nicht mietvertraglich abbedungen werden.[5]

83–90 *(Einstweilen frei)*

---

[1] BMF v. 9.11.2016, BStBl 2016 I 1213, Rz. 17.
[2] Eine dauernde Pflege besteht nach § 14 Abs. 1 SGB XI bei einer Dauer von voraussichtlich sechs Monaten.
[3] BMF v. 9.11.2016, BStBl 2016 I 1213, Rz. 13.
[4] BMF v. 9.11.2016, BStBl 2016 I 1213, Rz. 26 i.V. m. Anlage 2; *Trinks/Trinks*, Beilage 1 zu NWB 2016, 13.
[5] LG Berlin v. 18.10.2017 - 18 S 339/16, Grundeigentum 2017, 1473.

III. Begünstigte Handwerkerleistungen (§ 35a Abs. 3 EStG)

1. Anspruchsberechtigter

Der Stpfl. kann die Steuermäßigung grundsätzlich nur beanspruchen, wenn er Auftraggeber der Handwerkerleistung ist. Im Übrigen gelten die in → Rz. 41 bis → Rz. 45 dargestellten Regelungen.

(Einstweilen frei) 92–95

2. Handwerkerleistungen

Begünstigt sind nach § 35a Abs. 3 EStG Handwerkerleistungen für Renovierungs-, Erhaltungs- und Modernisierungsmaßnahmen. Unerheblich ist, ob es sich um einfache oder qualifizierte handwerkliche Tätigkeiten, um regelmäßig vorzunehmende Renovierungsarbeiten oder um Erhaltungs- und Modernisierungsmaßnahmen handelt.[1] So werden handwerkliche Tätigkeiten, die von Mietern und Eigentümern für die zu eigenen Wohnzwecken genutzte Wohnung in Auftrag gegeben werden, z. B. das Streichen und Tapezieren von Innenwänden, die Beseitigung kleinerer Schäden, die Erneuerung eines Bodenbelags (Teppichboden, Parkett oder Fliesen), die Modernisierung des Badezimmers oder der Austausch von Fenstern begünstigt. Gemäß der Gesetzesbegründung sind auch Aufwendungen für Renovierungs-, Erhaltungs- und Modernisierungsarbeiten auf dem Grundstück, z. B. Garten- und Wegebauarbeiten begünstigt,[2] sowie die Reparatur, Wartung und der Austausch von Gas- und Wasserinstallationen.[3]

Es ist nicht erforderlich, dass der Leistungserbringer in der Handwerksrolle eingetragen ist. Auch die Leistungen eines Kleinunternehmers i. S. d. § 19 UStG sind begünstigt. Die öffentliche Hand kann steuerbegünstigte Handwerkerleistungen erbringen, soweit sie nicht auf gesetzlicher Grundlage erbracht und mit dem Haushaltseigentümer nach öffentlich-rechtlichen Kriterien abgerechnet werden.[4]

Nicht begünstigt sind handwerkliche Tätigkeiten im Rahmen einer Neubaumaßnahme.[5] Hierunter fallen Maßnahmen, die im Zusammenhang mit der Errichtung eines Haushalts bis zu dessen Fertigstellung anfallen.[6] Ein Gebäude ist fertig gestellt, wenn die wesentlichen Bauarbeiten abgeschlossen sind und der Bau so weit errichtet ist, dass der Bezug der Wohnungen zumutbar ist oder dass das Gebäude für den Betrieb in allen seinen wesentlichen Bereichen nutzbar ist.[7] Fehlen hingegen noch Türen, Böden und der Innenputz, liegt keine Fertigstellung vor.[8] Im Anschluss an die Bezugsfertigkeit durchgeführte Arbeiten, wie bspw. die nachträgliche Einrichtung eines Carports und letzte Maler- und Tapezierarbeiten sowie Restarbeiten, sind hingegen begünstigungsfähig. Eine Eigentumswohnung ist mit der Bezugsfertigkeit fertiggestellt, auch wenn zu diesem Zeitpunkt zivilrechtlich noch kein Wohneigentum begründet und die Teilungserklärung noch nicht abgegeben worden ist.[9] Unerheblich ist hingegen die er-

---

1 BFH v. 20. 3. 2014 - VI R 56/12, BStBl 2014 II 882.
2 BT-Drucks. 16/643, 10 und BT-Drucks. 16/753, 11.
3 BFH v. 6. 11. 2014 - VI R 1/13, BStBl 2015 II 481.
4 BMF v. 9. 11. 2016, BStBl 2016 I 1213, Rz. 21. *Seifert*, StuB 2017, 786 f.
5 BMF v. 9. 11. 2016, BStBl 2016 I 1213, Rz. 22.
6 *Bruschke*, DStZ 2015, 313.
7 BFH v. 11. 3. 1975 - VIII R 23/70, BStBl 1975 II 659.
8 BFH v. 21. 7. 1989 - III R 89/85, BStBl 1989 II 906.
9 BFH v. 26. 1. 1999 - IX R 53/96, BStBl 1999 II 589.

tragsteuerliche Unterscheidung zwischen Erhaltungsaufwand und Herstellungskosten. Die Schaffung von neuem Wohn- oder Nutzraum in einem bestehenden Haushalt ist daher begünstigt.[1] Eine nachhaltige Erhöhung des Gebrauchswerts der Immobilie ist kein Kriterium und führt nicht zum Ausschluss der Steuerermäßigung.

99 Eine Gutachtertätigkeit zur Erhebung des u.U. noch mangelfreien Istzustands kann Handwerkerleistung i.S.d. § 35a Abs. 3 EStG sein.[2] Dies gilt auch dann, wenn der Handwerker über den ordnungsgemäßen Istzustand eines Gewerkes/einer Anlage eine Bescheinigung „für amtliche Zwecke" erstellt. Nicht erforderlich ist, dass eine etwaige Reparatur- oder Instandhaltungsmaßname zeitlich unmittelbar nachfolgt.

100 Begünstigt sind daher:
- Mess- oder Überprüfungsarbeiten,
- eine Legionellenprüfung,
- die Kontrolle von Aufzügen und Blitzschutzanlagen,
- die Feuerstättenschau sowie andere
- technische Prüfdienste.[3]

Nicht begünstigt, da kein Zusammenhang mit einer Handerkerleistung besteht, sind:
- Tätigkeiten, die der Wertermittlung dienen,
- die Erstellung eines Energiepasses sowie
- Tätigkeiten in Zusammenhang mit einer Finanzierung.[4]

101–105 *(Einstweilen frei)*

3. Steuerermäßigung

106 Der Steuerermäßigungsbetrag beläuft sich auf 20 % der Bemessungsgrundlage (→ Rz. 136 ff.), höchstens 1 200 €.

107 Weitere Voraussetzung für die Steuerermäßigung ist die Beantragung in der Steuererklärung (VZ 2018: Mantelbogen, S. 3, Zeile 73).

PRAXISHINWEIS:
Die Aufwendungen sind der zwingend erforderlichen Rechnung zu entnehmen (§ 35a Abs. 5 Satz 3 EStG). Im Fall von Wohnungseigentümergemeinschaften, Mietern, unentgeltlichen Nutzern und Heimbewohnern sowie Beteiligten eines Arbeitgeberpools ergibt sich die Summe der begünstigten Aufwendungen aus der Jahresabrechnung oder Bescheinigung nach amtlichem Muster.[5] Zur entsprechend aussagekräftigen Nebenkostenabrechnung ist der Vermieter verpflichtet. Diese Pflicht kann nicht mietvertraglich abbedungen werden.[6]

108–115 *(Einstweilen frei)*

---

1 BFH v. 13.7.2011 - VI R 61/10, BStBl 2012 II 232. *Schalburg*, Stbg 2014, 401.
2 BFH v. 6.11.2014 - VI R 1/13, BStBl 2015 II 481; *Kratzsch*, KSR direkt 3/2015, 8.
3 BMF v. 9.11.2016, BStBl 2016 I 1213, Rz. 20.
4 BMF v. 9.11.2016, BStBl 2016 I 1213, Rz. 20.
5 BMF v. 9.11.2016, BStBl 2016 I 1213, Rz. 26 i.V.m. Anlage 2.
6 LG Berlin v. 18.10.2017 - 18 S 339/16, Grundeigentum 2017, 1473.

IV. Ort der Leistungen (§ 35a Abs. 4 EStG)

Unter einem „Haushalt" i. S. d. § 35a EStG ist die Wirtschaftsführung mehrerer zusammenlebender einzelner Personen oder einer einzelnen Person in einer Wohnung oder in einem Haus einschließlich des dazu gehörenden Grund und Bodens zu verstehen.[1] Der räumlich-funktionale Bereich des Hauhalts wird regelmäßig durch die Grundstücksgrenzen abgesteckt. Werden Leistungen in unmittelbarem Zusammenhang zum Haushalt auf fremdem, bspw. öffentlichen, Grund erbracht, sind sie begünstigt, wenn sie dem Haushalt dienen.[2] Ein solcher unmittelbarer räumlicher Zusammenhang liegt nur vor, wenn beide Grundstücke eine gemeinsame Grenze haben oder diese durch eine Grunddienstbarkeit vermittelt wird.[3] Zu einem inländischen oder in einem gleichgestellten Gebiet (Europäsche Union und Europäischer Wirtschaftsraum) liegenden Haushalt des Stpfl. gehört auch eine Wohnung, die der Stpfl. einem bei ihm zu berücksichtigen Kind (s. § 32 EStG) zur unentgeltlichen Nutzung überlässt. Das Gleiche gilt für tatsächlich genutzte Zweit-, Wochenend- oder Ferienwohnungen sowie eine tatsächlich genutzte geerbte Wohnung.[4]

116

Der Begriff „im Haushalt" ist räumlich-funktional auszulegen.[5] Zur Haushaltsführung gehört auch das Bewirtschaften von Zubehörräumen und Außenanlagen.[6] Derzeit strittig ist die Frage, ob Handwerkerleistungen, die in der Werkstatt des leistenden Unternehmers ausgeführt werden, auch begünstigt sind, wenn der schließliche Leistungserfolg im Haushalt eintritt.[7] Dies wäre beispielsweise dann der Fall, wenn der Gegenstand lediglich zum Zweck der Reparatur aus dem Haushalt entfernt und nach Abschluss der Arbeiten wieder eingebracht wird.[8] Verbleibt der Gegenstand hingegen im Haushalt und wird durch Datenfernzugriff gewartet oder repariert ("Smart-Home"-Geräte) ist m. E. der räumlich-funktionale Zusammenhang gewahrt.[9]

117

Maßgeblich für die Zuordnung von Bereichen zum Haushalt i. S. v. § 35a EStG ist, dass der Stpfl. den ggf. gemeinschaftlichen Besitz ausübt und für Dritte dieser Bereich nach der Verkehrsanschauung der (Wohn-)Anlage, in welcher der Stpfl. seinen Haushalt führt, zugeordnet wird.[10]

118

Grundsätzlich ist der Begriff „im Haushalt" mit „tatsächlichem Bewohnen" gleichzusetzen, d. h. das in Frage kommende Objekt darf nicht nur sporadisch, sondern muss mit einer gewissen Regelmäßigkeit (etwa im Zusammenhang mit der Berufsausübung an dem von der Familienwohnung abweichenden Sitz des Arbeitgebers oder in der Urlaubszeit) zu Wohnzwecken (mit den wesentlichen Ausprägungen Schlafen, Zubereitung von Mahlzeiten, Körperpflege, Aufbewahrung und Nutzung persönlicher Gegenstände, Zusammensein mit Vertrauten, Frei-

119

---

1 BFH v. 29. 7. 2010 - VI R 60/09, BStBl 2014 II 151; BMF v. 9. 11. 2016, BStBl 2016 I 1213, Rz. 1.
2 BFH v. 20. 3. 2014 - VI R 55/12, BStBl 2014 II 880 und BFH v. 20. 3. 2014 - VI R 56/12, BStBl 2014 II 882.
3 BMF v. 9. 11. 2016, BStBl 2016 I 1213, Rz. 2.
4 BMF v. 9. 11. 2016, BStBl 2016 I 1213, Rz. 1.
5 BFH v. 20. 3. 2014 - VI R 56/12, BStBl 2014 II 882 u. - VI R 55/12, BStBl 2014 II 880; s. a. *Geserich*, NWB 2014, 1930.
6 BMF v. v. 9. 11. 2016, BStBl 2016 I 1213, Rz. 1.
7 BFH-Verfahren anhängig unter Az.: VI R 4/18 und VI R 7/18, NWB DokID: MAAAG-84077 und NWB DokID: GAAAG-84097. Differenzierend nach nicht begünstigten Werkstattleistungen und begünstigten Montageleistungen im Haushalt des Stpfl. FG München vom 19. 4.2018 - 13 K 1736/17, NWB DokID NAAAG-88261; Ablehnend FG Rheinland-Pfalz v. 6. 7. 2016 - 1 K 1252/16, NWB DokID: ZAAAF-78522.
8 FG Berlin-Brandenburg v. 27.7.2017 - 12 K 12040/17, NWB DokID: JAAAG-81434.
9 So auch *Heine*, NWB 2017, 2031.
10 BMF v. 9. 11. 2016, BStBl 2016 I 1213, Rz. 1.

zeitgestaltung) genutzt werden. Wird ein Anwesen lediglich zur Erfüllung der einem Hauseigentümer bzw. -besitzer obliegenden öffentlich-rechtlichen Obliegenheiten und/oder zur Pflege und Unterhaltung des Grundstücks samt Immobilie aufgesucht, reicht dies für die Annahme eines Haushalts i. S. d. § 35a EStG nicht aus.[1] Ausnahmen von diesem Grundsatz lässt die FinVerw in Fällen des Wohnungswechsels zu. Wurde für diesen Zweck bereits eine Wohnung oder ein Haus gekauft oder gemietet, gehören auch diese Räumlichkeiten zum Haushalt des Steuerpflichtigen, soweit er dorthin tatsächlich umzieht. Maßnahmen zur Beseitigung der durch den bisherigen Haushalt verursachten Abnutzung (Renovierungsarbeiten) gelten noch als im Haushalt erbracht, wenn sie in einem engen und zeitlichen Zusammenhang mit dem Umzug stehen. Zur Bemessung des Zeitraums ist auf das wirtschaftliche Eigentum abzustellen (Übergang von Nutzen und Lasten, Ende der Kündigungsfrist, vereinbarter Mietbeginn).

> **PRAXISHINWEIS:**
> Abweichende Termine des Ein- bzw. Auszugs sind durch geeignete Unterlagen nachzuweisen (z. B. Meldebestätigung, Bestätigung des Vermieters, Übernahme-/Übergabeprotokoll).

120 Handwerkerleistungen sind nur dann begünstigt, wenn sie im räumlichen Bereich eines vorhandenen Haushalts erbracht werden[2] (→Rz. 98).

121 Eine Steuerermäßigung nach § 35a Abs. 1 bis 3 EStG ist auch möglich, wenn sich der eigenständige und abgeschlossene Haushalt in einem Heim, bspw. Alten-, Altenwohn-, Pflegeheim oder Wohnstift, befindet. Dabei müssen die Räumlichkeiten des Stpfl. nach ihrer Ausstattung für eine Haushaltsführung geeignet sein, d. h. über Bad-, Küche, Wohn- und Schlafbereich verfügen.[3] Die eigene Wirtschaftsführung des Stpfl. muss nachgewiesen oder glaubhaft gemacht werden.[4] Das Vorliegen eines eigenen Haushalts im Heim oder an dem Ort der dauernden Pflege ist nicht erforderlich, wenn Aufwendungen für Dienstleistungen geltend gemacht werden, die mit denen für eine Hilfe im Haushalt vergleichbar sind, § 35a Abs. 2 Satz 2 EStG (→ Rz. 65).

122–130 *(Einstweilen frei)*

V. Besondere Abzugsvoraussetzungen (§ 35a Abs. 5 EStG)

1. Steuerermäßigung

131 Die Rechtsfolge von § 35a EStG ist eine reine Steuerermäßigung. Sie erfolgt durch den Abzug von der um die sonstigen Steuerermäßigungen verminderten tariflichen Einkommensteuer (§ 32a EStG).

> **PRAXISHINWEIS:**
> Nach § 39a Abs. 1 Nr. 5c EStG kann auf Antrag die 4-fach vervielfältigte Steuerermäßigung als Freibetrag auf der Lohnsteuerkarte eingetragen werden. Eine Berücksichtigung bei der Bemessung der ESt-Vorauszahlungen ist möglich.

132–135 *(Einstweilen frei)*

---

[1] Hessisches FG v. 19. 5. 2010 - 12 K 2497/09, EFG 2011, 529.
[2] BFH v. 13. 7. 2011 - VI R 61/10, BStBl 2012 II 232.
[3] FG Hessen v. 28. 2.2017 - 9 K 400/16; anhängig unter BFH Az.: VI R 19/17, NWB DokID: PAAAG-47929.
[4] BMF v. 9. 11. 2016, BStBl 2016 I 1213, Rz. 17.

2. Bemessungsgrundlage

Tatsächliche Aufwendungen als Bemessungsgrundlage: Bemessungsgrundlage für die Steuerermäßigungen nach § 35a Abs. 1 bis 3 EStG sind die jeweiligen tatsächlichen Aufwendungen des Stpfl., soweit sie vertraglich geschuldet werden. 136

Hierzu gehört in den Fällen des § 35a Abs. 1 und 2 EStG der Bruttoarbeitslohn bzw. das Arbeitsentgelt sowie die vom Stpfl. getragenen Sozialversicherungsbeiträge, die Lohnsteuer ggf. zzgl. Solidaritätszuschlag und Kirchensteuer, die Umlagen nach dem Aufwendungsausgleichsgesetz (U1 u. U2) sowie die Unfallversicherungsbeiträge, die an den Gemeindeunfallversicherungsverband abzuführen sind.[1] 137

Vorteilsanrechnung: Erhaltene Versicherungsleistungen[2] oder Ansprüche aus Vergleichen[3] mindern die Bemessungsgrundlage, da insoweit keine wirtschaftliche Belastung eingetreten ist. Dies gilt auch für und in späteren VZ zu erwartende Versicherungsleistungen sowie Versicherungsleistungen die zur medizinischen Rehabilitation erbracht werden (z. B. für Haushaltshilfen nach § 10 Abs. 2 Satz 2, § 36 Abs. 1 Satz 2, § 37 Abs. 1 Satz 2, § 39 Abs. 1 Satz 2 des Gesetzes über die Alterssicherung der Landwirte, § 10 des Zweiten Gesetzes über die Krankenversicherung der Landwirte, § 38 Abs. 4 Satz 1 2. Alt. SGB V, § 54 Abs. 2, § 55 SGB VII, § 54 SGB IX). 138

PRAXISHINWEIS

Sind die Versicherungsleistungen vom Zahlungspflichtigen bestritten, ist der Steuerbescheid offen zu halten.[4]

Begünstigt verbleibt der jeweilige Selbstbehalt.[5]

Zweckgebundene Leistungen der Pflegeversicherung (z. B. Leistungen nach §§ 36, 45b SGB XI) sowie Leistungen im Rahmen des persönlichen Budgets nach § 17 SGB IX sind anzurechnen. Dies gilt nicht für das sog. Pflegegeld (§ 37 SGB XI), da es nicht zweckgebunden für professionelle Pflegeleistungen gezahlt wird.[6] 139

Begünstigungsausschlüsse: Um eine Doppelförderung zu vermeiden,[7] sind öffentlich geförderte (Einzel-)Maßnahmen, für die zinsverbilligte Darlehen oder steuerfreie Zuschüsse in Anspruch genommen werden, nicht begünstigt (§ 35a Abs. 3 Satz 2 EStG). Es ist unerheblich, welche Körperschaften öffentlichen Rechts das Programm aufgelegt hat. Der Ausschluss gilt für bereits bestehende und künftige Programme. Zum Anschluss der Begünstigung soll nur eine unmittelbare Förderung der Maßnahmen des Stpfl. führen (strittig).[8] 140

Nicht begünstigt ist ebenfalls der Teil der Aufwendungen, der sich im Rahmen der öffentlichen Förderung nicht auswirkt, bspw. weil sie den Förderhöchstbetrag übersteigen. Eine Aufteilung 141

---

1 BMF v. 9. 11. 2016, BStBl 2016 I 1213, Rz. 36.
2 FG Münster v. 6. 4. 2016 - 13 K 136/15, DB 2016, 12 Nr. 22.
3 Sächsisches FG v. 8.11.2016 - 3 K 218/16, NWB DokID: FAAAG-40464.
4 *Nolte*, NWB 2014, 508.
5 BMF v. 9. 11. 2016, BStBl 2016 I 1213, Rz. 41.
6 BMF v. 9. 11. 2016, BStBl 2016 I 1213, Rz. 42.
7 BR-Drucks. 622/06, 91 und BT-Drucks. 17/2249, 55.
8 FG Sachsen v. 12.11.2015 - 8 K 194/15, NWB DokID: WAAAF-85001, ohne Klärung dieser Frage aufgehoben durch BFH v. 21.2.2018 - VI R 18/16, BStBl 2018 II S. 641.

der Aufwendungen in einen geförderten und ungeförderten Teil mit dem Ziel der Inanspruchnahme der Steuerermäßigung ist nicht möglich.[1]

142–145 *(Einstweilen frei)*

3. Begünstigte Arbeitskosten und Gesamtaufwendungen (§ 35a Abs. 5 Satz 2 EStG)

146 Begünstigt sind gem. § 35a Abs. 5 Satz 2 EStG im Rahmen von Leistungen nach § 35a Abs. 2 EStG und Handwerkerleistungen gem. § 35a Abs. 3 EStG abgerechnete und gesondert ausgewiesene Arbeitskosten, die im Haushalt des Stpfl. erbracht wurden. Das sind Aufwendungen für die Inanspruchnahme der haushaltsnahen Tätigkeit selbst, für Pflege- und Betreuungsleistungen, für Handwerkerleistungen einschließlich der in Rechnung gestellten Maschinen- und Fahrtkosten sowie Kosten für Verbrauchsmittel. Materialkosten bleiben außer Ansatz.[2]

147 Der Anteil der begünstigten Arbeitskosten muss nach Ansicht der FinVerw anhand der Angaben in der Rechnung gesondert ermittelt werden können. Hierzu lässt sie eine ggf. erfolgte prozentuale Aufteilung des Rechnungsbetrags durch den Rechnungsaussteller ausreichen. Bei Wartungsverträgen beanstandet sie es zudem nicht, wenn der Anteil der Arbeitskosten aus einer Anlage zur Rechnung hervorgeht. Zur Aufteilung der Aufwendungen bei Wohnungseigentümergemeinschaften genügt eine Jahresbescheinigung des Grundstücksverwalters.[3] Tatsächlich ist der gesonderte Ausweis der Arbeitskosten auf der Rechnung keine gesetzliche Voraussetzung für die Inanspruchnahme der Steuerermäßigung. Auch eine Aufteilung im Schätzungswege durch den Stpfl. oder die FG ist zulässig.[4] Ein gesonderter Ausweis der auf die Arbeitskosten entfallenden Mehrwertsteuer ist nicht erforderlich.

Erbringt die öffentliche Hand steuerbegünstigte Handwerkerleistungen soll ein Auskunftsanspruch auf Aufteilung nach Material- und Arbeitskosten gem. § 259 Abs. 1 BGB i.V. m. § 242 BGB und § 39 VerVfG bestehen.[5]

148–150 *(Einstweilen frei)*

4. Nachweise und Zahlungsweise (§ 35a Abs. 5 Satz 3 EStG)

151 **Nachweise durch Bescheinigungen oder Rechnungen:** Als Nachweis bei geringfügigen Beschäftigungsverhältnissen i. S. d. § 35a Abs. 1 EStG dient die von der Minijob-Zentrale zum Jahresende erteilte Bescheinigung nach § 28h Abs. 4 SGB IV. Sie führt den Zeitraum, für den die Beträge zur Rentenversicherung gezahlt wurden, die Höhe des Arbeitsentgelts sowie die vom Arbeitgeber gezahlten Gesamtsozialversicherungsbeiträge, Umlagen und die Höhe der einbehaltenen Pauschsteuer auf. In diesen Fällen ist die Leistung des Arbeitslohns mit sämtlichen Zahlungsmitteln möglich und für die Gewährung der Steuerermäßigung nicht schädlich.[6]

---

1 BMF v. 9.11.2016, BStBl 2016 I 1213, Rz. 23.
2 BMF v. 9.11.2016, BStBl 2016 I 1213, Rz. 39.
3 BMF v. 9.11.2016, BStBl 2016 I 1213, Rz. 40.
4 BFH v. 20.3.2014 - VI R 56/12, BStBl 2014 II 882; *Pfützenreuther*, EFG 2012, 2210.
5 *Koss*, BB 2017, 2209.
6 BMF v. 9.11.2016, BStBl 2016 I 1213, Rz. 37.

Als Nachweis für Leistungen i. S. d. § 35a Abs. 2 und 3 EStG fordert § 35a Abs. 5 Satz 3 EStG, dass der Steuerpflichtige eine Rechnung erhalten hat und die Zahlung auf das Konto des Leistungserbringers erfolgt ist.[1] 152

Wurde

- ein Dauerauftrag eingerichtet,
- im SEPA-Lastschriftverfahren abgebucht
- im Rahmen des Online-Bankings überwiesen
- per Verrechnungsscheck oder
- im Electronic-Cash-Verfahren oder
- durch elektronisches Lastschriftverfahren

gezahlt, kann die Zahlung durch einen Bankauszug belegt werden.[2] Dies gilt auch für Abschlagzahlungen.[3] Aus der Rechnung i. S. d. § 35a Abs. 2 Satz 3 EStG müssen sich der Erbringer der haushaltsnahen Dienstleistung als Rechnungsaussteller, der Empfänger dieser Dienstleistung, die Art, der Zeitpunkt und der Inhalt der Dienstleistung sowie die dafür vom Stpfl. jeweils geschuldeten Entgelte ergeben.[4]

PRAXISHINWEIS:

Werden Leistungen durch die Vermittlung von Internetportalen in Anspruch genommen, erkennt die FinVerw eine Rechnung, die das Portal im Auftrag des jeweiligen Leistungserbringers stellt, als Nachweis gem. § 35a Abs. 5 Satz 3 EStG an, wenn sich aus der Rechnung:

- der Erbringer der Leistung, mind. bezeichnet mit Name, Anschrift und Steuernummer,
- der Empfänger,
- Art, Inhalt und Zeitpunkt der Leistung sowie
- das jeweils geschuldete Entgelt, ggf. aufgeteilt nach Arbeitszeit und Material (→ Rz. 147),

ergeben. Eine unbare Zahlung an den Betreiber des Portals, statt an den Leistungsempfänger, ist in diesen Fällen unschädlich.[5]

Abgekürzter Zahlungsweg: Abweichend vom Wortlaut des § 35a Abs. 5 Satz 3 EStG sind auch Zahlungen vom Konto eines Dritten (abgekürzter Zahlungsweg) zulässig.[6] Nicht begünstigt sind Zahlungen auf ein anderes Konto als das des Leistungserbringers.[7] Keinesfalls sind Barzahlungen, Baran- oder -teilzahlungen anzuerkennen.[8] Dies gilt selbst dann, wenn die Barzahlung vom Erbringer nachweislich ordnungsgemäß gebucht worden ist oder eine Barzahlung durch eine später veranlasste unbare Zahlung ersetzt wird.[9] 153

---

1 FG München v. 14. 1. 2016 - 7 K 2205/15, NWB DokID: YAAAF-82991.
2 BMF v. 9. 11. 2016, BStBl 2016 I 1213, Rz. 50.
3 BMF v. 9. 11. 2016, BStBl 2016 I 1213, Rz. 49.
4 BFH v. 29. 1. 2009 - VI R 28/08, BStBl 2010 II 166.
5 BMF v. 9. 11. 2016, BStBl 2016 I 1213, Rz. 52.
6 FG Sachsen v. 18. 9. 2009 - 4 K 645/09, NWB DokID: DAAAD-32981; BMF v. 10. 1. 2014, BStBl 2014 I 75, Rz. 51.
7 FG Baden-Württemberg v. 23. 12. 2014 - 6 K 2688/14, EFG 2015, 730; FG Schleswig-Holstein v. 9. 7. 2008 - 3 K 45/06, NWB DokID: WAAAC-88714.
8 BFH v. 20. 11. 2008 - VI R 14/08, BStBl 2009 II 307.
9 BMF v. 9. 11. 2016, BStBl 2016 I 1213, Rz. 50.

> **PRAXISHINWEIS:**
> Zahlungen an Inkassobüros oder Factoring-Unternehmen zur Beitreibung der Forderungen von Dienstleistungs- oder Handwerksunternehmen stehen der Inanspruchnahme der Steuerermäßigung nicht entgegen.[1] Eine Aufrechnung der Rechnungssumme gegen bestehende Darlehensforderungen genügt den gesetzlichen Anforderungen hingegen nicht.[2]

154 Es ist ausreichend, wenn der Stpfl. die Nachweise auf Verlangen des Finanzamts vorlegen kann.[3] Eine Aufbewahrung der Zahlungsnachweise ggf. bis zur Festsetzungsverjährung ist geboten.[4] Ein Steuerpflichtiger kann Aufwendungen für haushaltsnahe Dienstleistungen i. S. v. § 35a EStG für eine von ihm angemietete Wohnung auch „nachträglich" geltend machen, wenn ihm die Betriebskostenabrechnung der Verwaltungsgesellschaft erst nach Eintritt der Bestandskraft des entsprechenden Bescheides zugestellt wird. Der Steuerbescheid ist in diesem Fall nach § 173 Abs. 1 Nr. 2 AO wegen des nachträglichen Bekanntwerdens von Tatsachen zu ändern.[5] Als Mieter hat der Stpfl. Anspruch auf eine Betriebskostenabrechnung, die bestimmte Kosten so aufschlüsselt, dass er dem FA Aufwendungen nach § 35a EStG nachweisen kann.[6]

155 **Nachweise in ausländischer Sprache:** Insbesondere bei begünstigten Sachverhalten, die nicht im Inland verwirklicht werden, stellt sich das Problem, dass Zahlungsnachweise, Bescheinigungen (siehe bspw. → Rz. 56) oder Rechnungen in ausländischer Sprache ausgestellt sind. In diesen Fällen trifft den Stpfl. eine erhöhte Mitwirkungspflicht i. S. d. § 90 Abs. 2 Satz 1 und 2 EStG. Zum Nachweis des Vorliegens der für die Steuermäßigung notwendigen Voraussetzungen hat er deshalb alle bestehenden rechtlichen und tatsächlichen Möglichkeiten, wie bspw. die Einholung und Übersetzung geeigneter Unterlagen, auszuschöpfen.[7]

156 Der Zahlungszeitpunkt ist nach den Grundsätzen des § 11 Abs. 2 EStG zu ermitteln. Die FinVerw dehnt im Falle von geringfügigen Beschäftigungsverhältnissen den Zehn-Tage-Zeitraum nach § 11 Abs. 2 Satz 2 EStG. So gehören die Abgaben für ein Beschäftigungsverhältnis i. S. d. § 35a Abs. 1 EStG für das in den Monaten Juli bis Dezember erzielte Arbeitsentgelt, die erst am 15. 1. des Folgejahres fällig werden, als wiederkehrende Ausgaben noch zu den begünstigten Aufwendungen des Vorjahres.[8]

157–160 *(Einstweilen frei)*

5. Haushaltsbindung: Einmalförderung zusammenlebender Alleinstehender (§ 35a Abs. 5 Satz 4 EStG)

161 Die Steuerermäßigung nach § 35a EStG ist haushaltsbezogen (§ 35a Abs. 5 Satz 4 EStG). Sowohl im Falle von Eheleuten bzw. eingetragenen Lebenspartnern als auch bei Zusammenleben von zwei Alleinstehenden in einem Haushalt werden die Höchstbeträge der § 35a Abs. 1 bis 3 EStG insgesamt nur einmal gewährt (VZ 2018: Mantelbogen S. 3, Zeile 74 f.).

---

1 *Nolte*, NWB 2014, 508.
2 FG München v. 27. 1. 2016 - 7 K 342/15, NWB DokID: MAAAF-82995.
3 BMF v. 9. 11. 2016, BStBl 2016 I 1213, Rz. 49.
4 *Trinks/Trinks*, Beilage zu NWB 13/2014, 3.
5 FG Köln v. 24. 8. 2016 - 11 K 1319/16 (rkr.), NWB DokID: UAAAG-53549.
6 LG Berlin v. 18.10.2017 - 220 C 72/16, NWB DokID: GAAAG-60018.
7 BFH v. 15. 12. 2016 - VI B 50/16, NWB DokID: XAAAG-39571.
8 BMF v. 9. 11. 2016, BStBl 2016 I 1213, Rz. 44.

Ganzjährig gemeinsamer Haushalt: Dies ergibt sich für zusammenveranlagte Eheleute und Partner einer eingetragenen Lebenspartnerschaft (seit VZ 2001[1]) aus der Regelung des § 26b EStG, wonach beide Stpfl. gemeinsam als ein Stpfl. behandelt werden (VZ 2018: Mantelbogen S. 3, Zeile 79).

Erfolgt eine getrennte Veranlagung, ist die Steuerermäßigung nach § 35a EStG demjenigen Ehegatten/Partner zuzurechnen, der die Aufwendungen wirtschaftlich getragen hat, § 26a Abs. 2 Satz 1 EStG. Auf übereinstimmenden Antrag der Ehegatten/Partner werden sie jeweils zur Hälfte abgezogen, § 26a Abs. 2 Satz 2 EStG. Darauf, wer von beiden die Aufwendungen getragen hat, kommt es nicht an. Der Antrag des Ehegatten, der die Aufwendungen wirtschaftlich getragen hat, ist in begründeten Einzelfällen ausreichend, § 26a Abs. 2 Satz 3 EStG. Die Wahl wird für den betreffenden VZ durch Angabe in der Steuererklärung getroffen, § 26a Abs. 2 Satz 4 EStG i. V. m. § 26 Abs. 2 Satz 3 EStG (VZ 2018: Mantelbogen, S. 3, Zeilen 76-78).

Die Regelungen zur getrennten Veranlagung sind durch Limitierung des Höchstbetrags für einen gemeinsamen Haushalt von Alleinstehenden entsprechend anzuwenden, § 35a Abs. 5 Satz 4 EStG.[2]

PRAXISHINWEIS:

Die FinVerw lässt eine abweichende Aufteilung der Höchstbeträge bis zur Höhe der tatsächlich getragenen Aufwendungen zu, wenn die Stpfl. dies einvernehmlich wählen (VZ 2018: Mantelbogen S. 3, Zeilen 76-78).[3]

Hierbei ist zu beachten, dass es im Fall der Zusammenveranlagung auf die Höhe der persönlich tatsächlich getragenen Aufwendungen nicht ankommt.

BEISPIEL: A und B sind alleinstehend und leben gemeinsam im Haus der A. Im VZ lassen sie Türen und Fenster austauschen sowie die Wände neu tapezieren und streichen. Ebenso wird das Bad saniert. Insgesamt fallen hierfür Handwerkerkosten i. H. v. 30 000 € an. Auf Arbeitskosten einschließlich Fahrtkosten entfallen 10 000 €. A und B treten gegenüber den Handwerkern gemeinsam als Auftraggeber auf. A trägt als Eigentümerin des Hauses die Aufwendungen allein.

Die Steuerermäßigung für A wird für den VZ grundsätzlich wie folgt berechnet:

20 % v. 10 000 € (§ 35a Abs. 3 EStG)   = 2 000 €

höchstens 1/2 v. 1 200 € (hälftiger Höchstbetrag) = **600 €**

Da B keine Kosten trug, kann er keine Steuerermäßigung beantragen.

Alternativ können A und B einvernehmlich eine andere Aufteilung des Höchstbetrags wählen und dies dem Finanzamt anzeigen. Hier empfiehlt sich die Aufteilung nach den tatsächlich getragenen Aufwendungen. A ist somit der gesamte Höchstbetrag zuzuordnen. Die Steuerermäßigung beträgt in diesem Falle:

20 % v. 10 000 € (§ 35a Abs. 3 EStG)   = 2 000 €

höchstens 1 200 € (Höchstbetrag)   = **1 200 €**

Unterjährige Begründung oder Beendigung eines gemeinsamen Haushalts: Begründen zwei bisher Alleinstehende mit eigenem Haushalt im Laufe des VZ einen gemeinsamen Haushalt oder wird der gemeinsame Haushalt zweier Personen während des VZ aufgelöst und es werden wieder zwei getrennte Haushalte begründet, können beide bei Vorliegen der übrigen

---

1 BVerfG v. 7. 5. 2013 - 2 BvR 909/06, 2 BvR 1981/06, 2 BvR 288/07, BFH/NV 2013, 1374 = NWB DokID: KAAAE-37046.
2 Siehe hierzu die zahlreichen Beispiele gem. BMF v. 9. 11. 2016, BStBl 2016 I 1213, Rz. 54.
3 BMF v. 9. 11. 2016, BStBl 2016 I 1213, Rz. 53.

Voraussetzungen die vollen Höchstbeträge für die tatsächlich getragenen Aufwendungen in diesem VZ in Anspruch nehmen.[1] Maßgebend ist, dass von der jeweiligen Person zumindest für einen Teil des VZ ein alleiniger Haushalt unterhalten worden ist. Eine Übertragung nicht ausgeschöpfter Höchstbeträge ist nicht möglich. Sie kann durch eine Zusammenveranlagung im VZ der Begründung oder Beendigung jedoch mittelbar erreicht werden, da es bezogen auf den gemeinsamen Haushalt nicht darauf ankommt, wer die Aufwendungen tatsächlich getragen hat.[2]

165 Wird unmittelbar nach Auflösung eines gemeinsamen Haushalts ein gemeinsamer Haushalt mit einer anderen Person begründet, kann der Stpfl., der ganzjährig in gemeinsamen Haushalten gelebt hat, seine tatsächlichen Aufwendungen nur bis zur Höhe des hälftigen Höchstbetrags geltend machen. Besteht im Anschluss an die Trennung der Haushalte für einen Teil des Veranlagungszeitraums für die verbliebene Person ein alleiniger Haushalt, ist die Regelung lt. → Rz. 164 sinngemäß anzuwenden, d. h. sie kann einen vollen Höchstbetrag beanspruchen. Im Übrigen ist die Aufteilung der Höchstbeträge nach Maßgabe der → Rz. 163 zulässig. Dabei kann für den Stpfl. max. der volle Höchstbetrag berücksichtigt werden.[3]

166–174 *(Einstweilen frei)*

6. ABC der begünstigten und nicht begünstigten Dienst- und Handwerkerleistungen[4]

175 **A**

Abfallmanagement	begünstigt als haushaltsnahe Dienstleistung innerhalb des Haushalts
Abfallentsorgung	begünstigt als haushaltsnahe Dienst- oder Handwerkerleistung, wenn die Entsorgung als Nebenleistung anzusehen ist
Abflussrohrreinigung	begünstigt als haushaltsnahe Handwerkerleistung innerhalb des Haushalts
Ablesedienste und Abrechnung bei Verbrauchszählern	nicht begünstigt
Abriss eines baufälligen Gebäudes mit anschließendem Neubau	nicht begünstigt
Abwasserentsorgung	begünstigt ist Wartung und Reinigung innerhalb des Haushalts; die Abwasserentsorgung selbst ist nicht begünstigt[5]
Alarmüberwachung	Pauschale Beiträge für den Anschluss an eine Notrufbereitschaft sind im Gegensatz zu einem „Hausnotrufsystem" im Rahmen des betreuten Wohnens nicht begünstigt[6]

---

[1] BMF v. 9.11.2016, BStBl 2016 I 1213, Rz. 54.
[2] BMF v. 9.11.2016, BStBl 2016 I 1213, Rz. 54.
[3] BMF v. 9.11.2016, BStBl 2016 I 1213, Rz. 55.
[4] Siehe auch BMF v. 9.11.2016, BStBl 2016 I 1213, Anlage 1; *Schmidt*, NWB DokID: HAAAE-55872.
[5] FG Sachsen v. 2.4.2009 - 6 K 64/09, n.v., NWB DokID: OAAAD-80212.
[6] FG Hamburg v. 20.1.2009 – 3 K 245/08, DStRE 2009, 1177; FG Berlin-Brandenburg v. 13.9.2017 – 7 K 7128/17, EFG 2018, 40.

Anliegerbeitrag	nicht begünstigt
Arbeiten	am Dach, an Bodenbelägen, an der Fassade, an Garagen, Innen- und Außenwänden sowie Zu- und Ableitungen sind als haushaltsnahe Handwerkerleistung begünstigt
Architektenleistungen	nicht begünstigt
Asbestsanierung	als haushaltsnahe Handwerkerleistung begünstigt
Aufstellen eines Baugerüstes	nur die Arbeitskosten sind als haushaltsnahe Handwerkerleistung begünstigt
Aufzugnotruf	begünstigt als haushaltsnahe Dienstleistung
Außenanlagen (z. B. Gartenbau, Wege, Zäune)	Errichtung im Umfang der Arbeitskosten als haushaltsnahe Handwerkerleistung begünstigt[1]
Au-pair	50 % der Gesamtaufwendungen können pauschal als haushaltsnahe Dienstleistung begünstigt werden[2]
Austausch oder Modernisierung	der Einbauküche, von Bodenbelägen oder Fenster und Türen sind als haushaltsnahe Handwerkerleistungen begünstigt, soweit im Haushalt erbracht.

B

Bereitschaft zur Erbringung einer ansonsten begünstigten Leistung im Bedarfsfall	begünstigte haushaltsnahe Dienst- oder Handwerkerleistung, ggf. abzugrenzen[3]
Brandschadensanierung	begünstigte haushaltsnahe Handwerkerleistung, soweit nicht durch Versicherungsleistung gedeckt
Breitbandkabelnetz	begünstigt sind Installation, Wartung und Reparatur innerhalb des Haushalts

C

Carport und Terrassenüberdachung	begünstigt sind Arbeitskosten im Rahmen einer haushaltsnahen Handwerkerleistung an bestehenden Objekten
Chauffeur	erbringt keine begünstigte Leistung

D

Dachgaube	Leistungen i. Z. mit dem erstmaligen Einbau sind nicht begünstigt[4]
Dachgeschossausbau	begünstigte haushaltsnahe Handwerkerleistung
Dachrinnenreinigung	begünstigte haushaltsnahe Dienstleistung
Datenverbindungen	siehe Hausanschlüsse

---

1 BT-Drucks. 16/643, 10; BT-Drucks. 16/753, 11.
2 BMF v. 9. 11. 2016, BStBl 2016 I 1213, Rz. 35.
3 BFH v. 3. 9. 2015 - VI R 18/14, BStBl 2016 II 272.
4 FG Berlin-Brandenburg v. 11. 12. 2012 - 4 K 4361/08, NWB DokID: EAAAE-40894, rkr.

Deichabgaben	nicht begünstigt
Dichtheitsprüfungen von Abwasseranlagen	begünstigte (vorbeugende) Erhaltungsmaßnahme und somit haushaltsnahe Handwerkerleistung[1]

E

Elektroanlagen	Wartung und Reparatur sind begünstigte haushaltsnahe Handwerkerleistungen
Energiepass	die Erstellung ist keine begünstigte Leistung
Entsorgung	ist ausschließlich als Nebenleistung zur haushaltsnahen Leistung (z. B. Bauschutt, Fliesenabfuhr bei Neuverfliesung, Grünschnittabfuhr bei Gartenpflege) begünstigt
Erhaltungsmaßnahmen	begünstigt sind die Arbeitskosten haushaltsnaher Dienst- und Handwerkerleistungen (Wartung, Reparatur, Modernisierung)
Erschließung als Maßnahme öffentlicher Daseinsvorsorge	innerhalb des Haushalts begünstigte haushaltsnahe Handwerkerleistung, soweit nicht erstmalig im Rahmen einer Neubaumaßnahme.[2] Strittig ist die Frage, ob Straßenausbaubeiträge begünstigt sind.[3] Nicht begünstigt sind Beiträge für Maßnahmen die der Errichtung allgemeiner öffentlicher Einrichtungen dienen (Gehwege, Straßenlaternen).[4]
Erstellung der oder Hilfe bei der Steuererklärung	nicht begünstigt
Essen auf Rädern	nicht begünstigt[5]

F

Fäkalienabfuhr	nicht begünstigt
Fahrstuhlkosten	Wartung und Reparatur sind begünstigte haushaltsnahe Handwerkerleistungen
Fertiggaragen	ausschließlich die Arbeitskosten sind haushaltsnahe Handwerkerkosten, ausgenommen sind Arbeiten im Rahmen einer Neubaumaßnahme
Feuerlöscher	Wartung ist eine begünstigte haushaltsnahe Handwerkerleistung
Feuerstättenschau, s. auch Schornsteinfeger	begünstigt
Finanzierungsgutachten	nicht begünstigt

---

1 BFH v. 6.11.2014 - VI R 1/13, BStBl 2015 II 481.
2 BFH v. 20.3.2014 - VI R 56/12, BStBl 2014 II 882; FG Berlin-Brandenburg v. 15.4.2015 - 11 K 11018/15, EFG 2015, 1281; FG Nürnberg v. 24.6.2015 - 7 K 1356/14, NWB DokID: XAAAF-06428.
3 Koss, BB 2017, 2209; FG Berlin-Brandenburg v. 15.4.2015 - 11 K 11018/15, EFG 2015, 1281;FG Berlin-Brandenburg v. 25.10.2017 – 3 K 3130/17, EFG 2018, 42, nrkr Rev. BFH Az: VI R 50/17.
4 FG Rheinland-Pfalz v. 18.10.2017 - 1 K 1650/17, NWB DokID: QAAAG-67702.
5 FG Münster v. 15.7.2011 - 14 K 1226/10 E, EFG 2012, 126.

Fitnesstrainer	nicht begünstigt
Friseurleistungen	begünstigt nur soweit sie als haushaltsnahe Dienstleistung zu den Pflege- und Betreuungsleistungen gehören
Fußbodenheizung	Wartung, Spülung, Reparatur sowie nachträglicher Einbau (Arbeitskosten) sind begünstigte haushaltsnahe Handwerkerleistung
G	
Gärtner	soweit innerhalb des Haushalts tätig, liegen begünstigte haushaltsnahe Dienst- bzw. Handwerkerleistungen vor
Gartengestaltung	begünstigt sind die Arbeitskosten als haushaltsnahe Handwerkerleistung; nicht begünstigt im Rahmen einer Neubaumaßnahme
Gartenpflegearbeiten (z. B. Rasen mähen, Hecken schneiden)	begünstigt einschließlich der Nebenleistung Grünschnittentsorgung als haushaltsnahe Dienstleistung, soweit im Haushalt ausgeführt
Gemeinschaftsmaschinen bei Mietern (z. B. Waschmaschine, Trockner)	Reparatur und Wartung sind begünstigte haushaltsnahe Handwerkerleistungen
Gewerbeabfallentsorgung	nicht begünstigt
Graffitibeseitigung	begünstigt als haushaltsnahe Handwerkerleistung
Grabpflege und andere auf dem Friedhof erbrachte Dienstleistungen	nicht begünstigt[1]
Gutachtertätigkeit	nach Abgrenzung im Einzelfall begünstigt (→ Rz. 99 f.)
H	
Hand- und Fußpflege	nur als haushaltsnahe Dienstleistung begünstigt, soweit sie zu den Pflege- und Betreuungsleistungen gehören und im Leistungskatalog der Pflegeversicherung aufgeführt sind und der Behindertenpauschbetrag nicht geltend gemacht wird
Hausanschlüsse (z. B. Strom, Fernsehen, Internet, Glasfaser)	begünstigte haushaltsnahe Handwerkerleistung, soweit im Haushalt ausgeführt und nicht im Rahmen einer Neubaumaßnahme, s. auch „Erschließung"
Hausarbeiten (z. B. Reinigen, Fenster putzen, bügeln usw.)	begünstigte haushaltsnahe Dienstleistung
Haushaltsauflösung	nicht begünstigt
Hauslehrer	nicht begünstigt
Hausmeister, -wart	begünstigte haushaltsnahe Dienstleistung

---

[1] FG Niedersachsen v. 23. 4. 2013 - 15 K 181/12, EFG 2013, 1341.

Hausnotrufsystem	begünstigt als haushaltsnahe Dienstleistung innerhalb des sog. „Betreuten Wohnens" im Rahmen einer Seniorenwohneinrichtung (→ Rz. 62)
Hausreinigung	begünstigte haushaltsnahe Dienstleistung
Hausschwammbeseitigung	begünstigte haushaltsnahe Handwerkerleistung
Haustierbetreuung	im Haushalt des Stpfl. eine begünstigte haushaltsnahe Dienstleistung,[1] Das Ausführen von Haustieren außerhalb der Grundstücksgrenzen („Gassi gehen") ist eine begünstigte haushaltsnahe Dienstleistung[2]
Haustürrenovierung	begünstigte haushaltsnahe Handwerkerleistung[3]
Hausverwalterkosten	nicht begünstigt
Heizkosten	
1. Verbrauch	nicht begünstigt
2. Zählermiete	nicht begünstigt
3. Garantiewartung	begünstigte haushaltsnahe Handwerkerleistung
4. Heizungswartung/-reparatur	begünstigte haushaltsnahe Handwerkerleistung
5. Zähleraustausch nach Eichgesetz	begünstigte haushaltsnahe Handwerkerleistung
6. Schornsteinfeger	s. Schornsteinfeger
7. Ablesedienst	nicht begünstigt
8. Abrechnung	nicht begünstigt
Haushaltshilfe	s. Hausarbeiten
Hundebetreuung	s. Haustierbetreuung
I	
Insektenschutzgitter	begünstigt sind Montage und Reparatur als haushaltsnahe Handwerkerleistung
K	
Kachelofen	bei zusätzlichem Einbau zur vorhandenen Heizung sind Arbeitskosten als haushaltsnahe Handwerkerleistung begünstigt[4]
Kamineinbau	Arbeitskosten begünstigt als haushaltsnahe Handwerkerleistung, soweit nicht im Rahmen einer Neubaumaßnahme

---

1 BFH v. 3.9.2015 - VI R 13/15, NWB DokID: EAAAF-08854; FG Münster v. 25.5.2012 - 14 K 2289/11 E, EFG 2012, 1674.
2 FG Hessen v. 1.2.2017 – 12 K 902/16, StE 2017, 550; BFH v. 25.9.2017 - VII B 25/17, NWB DokID: HAAAG-63538.
3 FG München v. 23.2.2015 - 7 K 1242/13, KÖSDI 2015 S. 19593 Nr. 12.
4 FG Sachsen v. 23.3.2012 - 3 K 1388/10, n.v., NWB DokID: HAAAE-25772.

Kaminkehrer	s. Schornsteinfeger
Katzenbetreuung	s. Haustierbetreuung
Kellerausbau	Arbeitskosten begünstigt als haushaltsnahe Handwerkerleistung
Kellerschachtabdeckungen	Montage- und Reparatur begünstigt als haushaltsnahe Handwerkerleistung
Kfz-Reparatur	nicht begünstigt
Kinderbetreuungskosten	begünstigt als haushaltsnahe Dienstleistung, soweit sie nicht unter § 10 Abs. 1 Nr. 5 EStG (§ 9c EStG a. F.) fallen und im Haushalt des Stpfl. anfallen
Klavierstimmer	begünstigte haushaltsnahe Dienstleistung
Kleidungs- und Wäschepflege sowie -reinigung	begünstigte haushaltsnahe Dienstleistung, soweit im Haushalt des Stpfl. erbracht
Kontrollaufwendungen des TÜV (z. B. für Fahrstuhl o. Treppenlift)	begünstigt (→ Rz. 99)
Kosmetikleistungen	nur als haushaltsnahe Dienstleistung begünstigt, soweit sie zu den Pflege- und Betreuungsleistungen gehören und im Leistungskatalog der Pflegeversicherung aufgeführt sind und der Behindertenpauschbetrag nicht geltend gemacht wird

L

Laubentfernung	im Bereich des Haushalts begünstigte haushaltsnahe Dienst- oder Handwerkerleistung; dies gilt auch, wenn der Stpfl. als Eigentümer oder Mieter zur Reinigung von öffentlichen Straßen und Gehwegen verpflichtet ist[1]
Legionellenprüfung	nicht begünstigt (→Rz. 99)
Leibwächter	nicht begünstigt

M

Mahlzeiten	Zubereitung und Servieren im Speisesaal des Alten(wohn)heims, Pflegeheims o. Ä. rechnen zu den begünstigten haushaltsnahen Dienstleistungen;[2] nicht begünstigt ist „Essen auf Rädern"[3]
Material und sonstige im Zusammenhang mit der Leistung gelieferte Waren einschließlich darauf entfallende USt	z. B. Farbe, Fliesen, Pflastersteine, Mörtel, Sand, Tapeten, Teppichboden u. a. Fußbodenbeläge, Waren, Stützstrümpfe usw. – nicht begünstigt

---

[1] BFH v. 20. 3. 2014 - VI R 55/12, BStBl 2014 II 880.
[2] BMF v. 10. 1. 2014, BStBl 2014 I 75, Rz. 17.
[3] FG Münster v. 15. 7. 2011 - 14 K 1226/10 E, EFG 2012, 126.

Mauerwerksanierung	begünstigte haushaltsnahe Handwerkerleistung
Miete von Verbrauchszählern (z. B. für Strom, Gas, Wasser, Heizung usw.)	nicht begünstigt
Modernisierungsmaßnahmen (z. B. Badezimmer, Küche)	begünstigte haushaltsnahe Handwerkerleistung innerhalb des Haushalts
Montageleistungen (z. B. bei Erwerb neuer Möbel)	begünstigte haushaltsnahe Handwerkerleistung
Müllabfuhr	nicht begünstigt
Müllentsorgungsanlage (Müllschlucker)	Wartung und Reparatur sind begünstigte haushaltsnahe Handwerkerleistung
Müllschränke	Anlieferung und Aufstellung sind begünstigte haushaltsnahe Handwerkerleistung

N

Nebenpflichten einer Haushaltshilfe, wie kleine Botengänge oder Begleitung von kleinen Kindern, kranken, alten oder pflegebedürftigen Personen bei Einkäufen oder Arztbesuchen	rechnen zur begünstigten haushaltsnahen Dienstleistung
Neubaumaßnahmen	vor Bezugsfertigkeit (→ Rz. 98) nicht begünstigt[1]
Notbereitschaft/ Notfalldienste	Jeweils begünstigt als haushaltsnahe Dienstleistung, wenn sie im räumlichen Bereich des vorhandenen Haushalts geleistet wird (z. B. im Rahmen des „Betreuten Wohnens")[2]

O

Öffentlich-rechtlicher Erschließungsbeitrag	nicht begünstigt
Öffentlich-rechtlicher Straßenaus- bzw. rückbaubeitrag	s. Erschließung als Maßnahme öffentl. Daseinsvorsorge

P

Pflasterarbeiten	sind innerhalb des räumlichen Bereichs des Haushalts erbracht eine begünstigte haushaltsnahe Handwerkerleistung
Pflegebett	nicht begünstigt

---

1 FG Schleswig-Holstein v. 2. 2. 2011 - 2 K 56/10, EFG 2011, 1241.
2 BFH v. 3. 9. 2015 - VI R 18/14, BStBl 2016 II 272.

Pflege der Außenanlagen	innerhalb des räumlichen Bereichs des Haushalts als haushaltsnahe Dienstleistung begünstigt
Pilzbekämpfung	begünstigte haushaltsnahe Handwerkerleistung
Polsterarbeiten	nicht begünstigt, soweit die Arbeiten außerhalb des Haushalts stattfinden[1]
Prüfdienste/-leistung (z. B. bei Aufzügen)	begünstigt (→ Rz. 99)

R

Rechtsberatung	nicht begünstigt
Reinigung der Wohnung, des Treppenhauses und der Zubehörräume	begünstigte haushaltsnahe Dienstleistung
Reparatur, Wartung, Pflege von	
1. Bodenbelägen (z. B. Teppichboden, Parkett, Fliesen)	Pflege ist begünstigte haushaltsnahe Dienstleistung; Wartung und Reparatur ist begünstigte haushaltsnahe Handwerkerleistung
2. Fenstern und Türen (innen und außen)	Pflege ist begünstigte haushaltsnahe Dienstleistung; Wartung und Reparatur ist begünstigte haushaltsnahe Handwerkerleistung
3. Gegenständen im Haushalt des Stpfl. (z. B. Waschmaschine, Geschirrspüler, Herd, Fernseher, Computer etc.)	Pflege ist begünstigte haushaltsnahe Dienstleistung, wenn Gegenstände in der Hausratversicherung mitversichert werden können; Wartung und Reparatur ist begünstigte haushaltsnahe Handwerkerleistung; Voraussetzung ist jeweils die Verrichtung im Haushalt des Stpfl.[2]
4. Heizungsanlagen, Elektro-, Gas- und Wasserinstallationen	Pflege ist begünstigte haushaltsnahe Dienstleistung; Wartung und Reparatur ist begünstigte haushaltsnahe Handwerkerleistung; Voraussetzung ist jeweils die Verrichtung im Haushalt des Stpfl.
5. KFZ einschl. TÜV-Gebühren	nicht begünstigt[3]
6. Wandschränken	begünstigte haushaltsnahe Handwerkerleistung

---

[1] FG Rheinland-Pfalz v. 6. 7. 2016 - 1 K 1252/16, NWB DokID: ZAAAF-78822.
[2] Siehe auch BT-Drucks. 18/13202, 23.
[3] In Anlage 1 zum BMF v. 9.11.2016, BStBl 2016 I 1213, als begünstigt gelistet. M. E. handelt es sich hierbei um ein redaktionelles Versehen. Zu den Voraussetzungen des Abzugs einer Gutachtertätigkeit → Rz. 99.

S

Schadens-, Ursachenfeststellung (z. B. bei Wasserschaden, Rohrbruch usw.)	begünstigte haushaltsnahe Handwerkerleistung (→ Rz. 99)
Schadstoffsanierung	begünstigte haushaltsnahe Handwerkerleistung
Schädlings- und Ungezieferbeseitigung	begünstigte haushaltsnahe Handwerkerleistung
Schornsteinfeger	begünstigt sind Kehr-, Reparatur- und Wartungsarbeiten als haushaltsnahe Handwerkerleistung; ebenso Mess- und Überprüfungsarbeiten als (vorbeugende) Erhaltungsmaßnahme (→ Rz. 99)
Schulverpflegung	nicht begünstigt[1]
Sekretär; hierunter fallen auch Dienstleistungen in Form von Büroarbeiten	nicht begünstigt; dies gilt z. B. auch für Ablageorganisation, Erledigung von Behördengängen, Stellen von Anträgen bei Versicherungen und Banken usw.
Sperrmüllabfuhr	nicht begünstigt
Statikerleistungen	nicht begünstigt
Straßenreinigung	begünstigt als haushaltsnahe Dienstleistung im räumlichen Bereich des Haushalts[2]

T

Tagesmutter bei Betreuung im Haushalt des Stpfl.	begünstigt als haushaltsnahe Dienstleistung, soweit es sich nicht um Kinderbetreuungskosten (§ 10 Abs. 1 Nr. 5 EStG) handelt
Taubenabwehr	begünstigte haushaltsnahe Dienstleistung oder Handwerkerleistung
Technische Prüfdienste (z. B. bei Aufzügen)	als (vorbeugende) Erhaltungsmaßnahme und damit haushaltsnahe Handwerkerleistung begünstigt (→ Rz. 99)
Terrassenüberdachung	Arbeitskosten sind begünstigte haushaltsnahe Handwerkerleistung
Tierbetreuungs-, -pflege oder -arztkosten	grundsätzlich nicht begünstigt;[3] Ausnahme: Tierbetreuung im Haushalt des Stpfl., z. B. Füttern, Fellpflege, Beschäftigung des Tieres;[4] zum „Gassi gehen" siehe Haustierbetreuung
Trockeneisreinigung	begünstigte haushaltsnahe Handwerkerleistung
Trockenlegen von Mauerwerk	begünstigte haushaltsnahe Handwerkerleistung bei Arbeiten mit Maschinen vor Ort; nicht begünstigt ist die ausschließliche Anmietung von Maschinen

---

1 FG Sachsen v. 7. 1. 2016 - 6 K 1546/13, NWB 2016, 1058.
2 BFH v. 20. 3. 2014 - VI R 55/12, BStBl 2014 II 880.
3 Für Tierarztkosten siehe FG Nürnberg v. 4. 10. 2012 - 4 K 1065/12, EFG 2013, 224.
4 BFH v. 3. 9. 2015 - VI R 13/15, BStBl 2016 II 47.

U

Überprüfung von Anlagen (z. B. Gebühr für den Schornsteinfeger oder die Kontrolle von Blitzschutzanlagen)	siehe Schornsteinfeger sowie Prüfdienste/-leistung
Umzäunung, Stützmauer o. Ä.	Arbeitskosten für Maßnahmen im räumlichen Bereich des Haushalts zählen zu den begünstigten haushaltsnahen Handwerkerleistungen
Umzugsdienstleistungen für Privatpersonen	rechnen zu den haushaltsnahen Dienstleistungen, soweit sie weder Betriebsausgaben noch Werbungskosten sind oder von Dritten erstattet werden

V

Verarbeitung von Verbrauchsgütern im Haushalt des Steuerpflichtigen	begünstigte haushaltsnahe Dienstleistung
Verbrauchsmittel, z. B. Schmier-, Reinigungs- oder Spülmittel sowie Streugut	begünstigt als haushaltsnahe Dienst- oder Handwerkerleistung soweit Nebenleistung
Vermittlung von haushaltsnahen Beschäftigungsverhältnissen, Dienst- oder Handwerkerleistungen	nicht begünstigt[1]
Verwaltergebühr	nicht begünstigt

W

Wachdienst	innerhalb des räumlichen Bereichs des Haushalts begünstigte haushaltsnahe Dienstleistung
Wärmedämmmaßnahmen	begünstigte haushaltsnahe Handwerkerleistung
Wartung	
1. Aufzug	begünstigte haushaltsnahe Handwerkerleistung
2. Heizung und Öltankanlagen (einschl. Tankreinigung)	begünstigte haushaltsnahe Handwerkerleistung
3. Feuerlöscher	begünstigte haushaltsnahe Handwerkerleistung
4. CO_2-Warngeräte	begünstigte haushaltsnahe Handwerkerleistung
5. Pumpen	begünstigte haushaltsnahe Handwerkerleistung
6. Abwasser-Rückstau-Sicherungen	begünstigte haushaltsnahe Handwerkerleistung

---

1 FG Köln v. 21.10.2015 - 3 K 2253/13, EFG 2016, 621.

Wasserschadensanierung	begünstigte haushaltsnahe Handwerkerleistung soweit nicht von Versicherung erstattet
Wasserversorgung	begünstigte haushaltsnahe Handwerkerleistung ist die Wartung und Reparatur
Wertermittlung	nicht begünstigt (→ Rz. 99)
Winterdienst	begünstigt, wenn der Stpfl. als Eigentümer oder Mieter zur Reinigung und Schneeräumung von öffentlichen Straßen und Gehwegen verpflichtet ist[1]
Wintergarten	der erstmalige und mit einer Vergrößerung der Wohnfläche einhergehende Anbau ist nicht begünstigt[2]
Z	
Zubereitung von Mahlzeiten im Haushalt des Stpfl.	begünstigte haushaltsnahe Dienstleistung; siehe auch Mahlzeiten
Zulegung an das öffentliche Straßennetz	begünstigte haushaltsnahe Handwerkerleistung, auch soweit im öffentlichen Raum vorgenommen.[3]

C. Verfahrensfragen

176 Die Steuerermäßigungen des § 35a EStG werden nur auf Antrag gewährt (s. → Rz. 37, → Rz. 82, → Rz. 107). Ebenso ist eine von den tatsächlichen Verhältnissen abweichende Kostenzuteilung im Falle der getrennten Veranlagung von Eheleuten sowie in Fällen eines gemeinsamen Haushalts von Alleinlebenden dem Finanzamt durch gemeinsamen Antrag anzuzeigen (→ Rz. 162). Dies gilt auch in Fällen der abweichenden Aufteilung von Höchstbeträgen (→ Rz. 163).

177 Steuerfälle sind offen zu halten, wenn die Steuerermäßigung mindernde Versicherungsleistungen strittig sind (→ Rz. 138). Nachträglich bekannt werdende begünstigte haushaltsnahe Dienstleistungen können gem. § 172 Abs. 1 Nr. 2 AO berücksichtigt werden (→ Rz. 154).

178 Noch zu klärende Rechtsfragen sind an geeigneter Stelle angesprochen (z. B. → Rz. 46, → Rz. 117, Rz. → 140 und → Rz. 175 „Erschließungsbeiträge..."). Einschlägige Steuerfälle sollten offen gehalten werden. Gegebenenfalls ist die Möglichkeit einer Klage unter Abwägung des Prozesskostenrisikos zu prüfen.

5. Steuerermäßigung bei Belastung mit Erbschaftsteuer

§ 35b Steuerermäßigung bei Belastung mit Erbschaftsteuer

[1]Sind bei der Ermittlung des Einkommens Einkünfte berücksichtigt worden, die im Veranlagungszeitraum oder in den vorangegangenen vier Veranlagungszeiträumen als Erwerb von Todes wegen der Erbschaftsteuer unterlegen haben, so wird auf Antrag die um sonstige Steu-

---

1 BFH v. 20. 3. 2014 - VI R 55/12, BStBl 2014 II 880; a. A. *Schalburg*, Stbg 2014, 401.
2 FG Rheinland-Pfalz v. 18. 10. 2012 - 4 K 1933/12, EFG 2013, 127.
3 FG Nürnberg v. 24. 6. 2015 - 7 K 1356/14, n. v., NWB DokID: XAAAF-06428.

erermäßigungen gekürzte tarifliche Einkommensteuer, die auf diese Einkünfte entfällt, um den in Satz 2 bestimmten Prozentsatz ermäßigt. ²Der Prozentsatz bestimmt sich nach dem Verhältnis, in dem die festgesetzte Erbschaftsteuer zu dem Betrag steht, der sich ergibt, wenn dem steuerpflichtigen Erwerb (§ 10 Absatz 1 des Erbschaftsteuer- und Schenkungsteuergesetzes) die Freibeträge nach den §§ 16 und 17 und der steuerfreie Betrag nach § 5 des Erbschaftsteuer- und Schenkungsteuergesetzes hinzugerechnet werden.

Inhaltsübersicht

	Rz.
A. Allgemeine Erläuterungen	1 - 40
I. Normzweck und Bedeutung der Vorschrift	1 - 5
II. Entstehung und Entwicklung der Vorschrift	6 - 10
III. Geltungsbereich	11 - 21
1. Persönlicher Geltungsbereich	11 - 15
2. Sachlicher Geltungsbereich	16 - 20
3. Zeitlicher Geltungsbereich	21
IV. Vereinbarkeit der Vorschrift mit höherrangigem Recht	22 - 30
V. Verhältnis zu anderen Vorschriften	31 - 35
VI. Verfahrensfragen	36 - 40
B. Systematische Kommentierung	41 - 129
I. Voraussetzungen des § 35b Satz 1 EStG	41 - 110
1. Antrag des Steuerpflichtigen	41 - 50
2. Einkünfte, die der Erbschaftsteuer unterlegen haben	51 - 100
a) Mit Erbschaftsteuer belasteter Erwerb	51 - 60
b) Berücksichtigung bei der Einkommensermittlung und der Erbschaftsteuer	61 - 100
aa) Belastung mit Erbschaftsteuer	61 - 75
bb) Berücksichtigung bei der Einkommensermittlung	76 - 90
cc) Fallgruppen zur Anwendung des § 35b EStG	91 - 100
3. Begünstigungszeitraum	101 - 110
II. Rechtsfolge: Steuerermäßigung	111 - 129
1. Grundsatz	111 - 115
2. Ermittlung der Steuerermäßigung	116 - 129
C. Verfahrensfragen	130

LITERATUR:

▶ Weitere Literatur siehe Online-Version

Crezelius, Konkurrenz zwischen Einkommensteuer und Erbschaft- und Schenkungsteuer, ZEV 2015, 392; *Friz*, Das Verhältnis der Erbschaft- und Schenkungsteuer zur Einkommensteuer, DStR 2015, 2409; *Michalowski*, Besteuerungsdualität bei Erbschaften und Schenkungen, ErbStB 2018, 307.

A. Allgemeine Erläuterungen

I. Normzweck und Bedeutung der Vorschrift

Soweit auf Einkünften i. S. d. § 2 Abs. 1, 2 EStG eine nicht als Nachlassverbindlichkeit gem. § 10 Abs. 5 ErbStG abziehbare Einkommensteuer lastet, unterliegt diese **Einkommensteuerlatenz** regelmäßig auch der Erbschaftsteuer. Einkommensteuer und Erbschaftsteuer schließen sich nicht zwingend gegenseitig aus; eine **Doppelbelastung** mit beiden Steuerarten ist vom

1

Gesetzgeber[1] – bestätigt durch die **Rechtsprechung**[2] – **grundsätzlich gewollt**, auch wenn die Anknüpfungspunkte der beiden Steuerarten unterschiedlich sind.[3]

2 **Realisiert erst der Rechtsnachfolger** dem Erblasser wirtschaftlich zuzurechnende **Einkünfte**, die beim Erblasser mangels Tatbestandsverwirklichung noch nicht mit Einkommensteuer belegt wurden, kann es zu einer solchen Doppelbelastung kommen. Es entspricht u. a. auch der Rechtsprechung des **BFH mit Urteil v. 17. 2. 2010**, dass diese **Einkommensteuerlatenz** bei der Ermittlung der erbschaftsteuerlichen Bemessungsgrundlage nicht im Rahmen der Nachlassverbindlichkeiten abzugsfähig ist und ein solcher Abzug auch nicht verfassungsrechtlich vor dem Hintergrund des Art. 3 GG (Gleichheitssatz) bzw. des Art. 14 GG (Eigentumsgarantie) geboten ist.[4] Dies wurde mit **Entscheidung des BVerfG v. 7. 4. 2015** bestätigt.[5] Verstärkt kann es zu solchen Doppelbelastungen kommen, seit sich die Erbschaftsteuer an der **Bewertung zum gemeinen Wert** orientiert.[6]

3 Solche **steuerlichen Doppelbelastungen** soll **§ 35b Satz 1 EStG** abmildern, indem die Einkommensteuer um einen – nach **§ 35b Satz 2 EStG** bestimmten – Teil der Erbschaftsteuer ermäßigt wird. Die Steuerermäßigung gem. § 35b EStG wird nur auf **Antrag des Steuerpflichtigen** gewährt.

4–5 *(Einstweilen frei)*

II. Entstehung und Entwicklung der Vorschrift

6 Mit der (nahezu) wortlautidentischen Wiedereinführung des bis einschließlich VZ 1998 geltenden „alten" § 35 EStG[7] als § 35b EStG durch das Erbschaftsteuerreformgesetz (ErbStRG) v. 24. 12. 2008[8] wird eine Regelung in das EStG aufgenommen, die die **doppelte Belastung** stiller Reserven im Betriebsvermögen **mit Erbschaftsteuer und Einkommensteuer abmildern** soll.[9] Die Neuregelung führt allerdings **nicht** zu einer **Verhinderung der Doppelbelastung**, sondern nur zu einer **teilweisen Entlastung**.[10]

7 Der in der ab VZ 2009 geltenden Fassung des § 35b EStG ursprünglich enthaltene Satz 3 lautete: „*Die Sätze 1 und 2 gelten nicht, soweit Erbschaftsteuer nach § 10 Abs. 1 Nr. 1a abgezogen wird.*" Der **Sonderausgabenabzug gem. § 10 Abs. 1 Nr. 1a EStG** war nach den Änderungen

---

1 Vgl. BT-Drucks. 7/2180, 21.
2 Zuletzt: BFH v. 13.3.2018 - IX R 23/17, BStBl 2018 II 593; vgl. auch *Michalowski*, ErbStB 2018, 307, 310; BFH v. 17. 2. 2010 - II R 23/09, BStBl 2010 II 641; vorher bereits BFH v. 9. 9. 1988 - III R 191/84, BStBl 1989 II 9; BFH v. 23. 2. 94 - X R 123/92, BStBl 1994 II 690.
3 Zur Verfassungsmäßigkeit der Doppelbelastung vgl. BVerfG v. 7. 4. 2015 - 1 BvR 1432/10, WM 2015, 1121; zur Rechtsentwicklung bzgl. Doppelbelastung mit Einkommen- und Erbschaftsteuer vgl. *Esskandari/Steffen*, ErbStB 2012, 17, 20.
4 BFH v. 17. 2. 2010 - II R 23/09, BStBl 2010 II 641.
5 BVerfG v. 7. 4. 2015 - 1 BvR 1432/10, WM 2015, 1121.
6 Vgl. BVerfG v. 7. 11. 2006 - 1 BvL 10/02, BStBl 2007 II 192; *Herzig/Joisten/Vossel*, DB 2009, 584; *Hechtner*, BB 2009, 486.
7 Geltung des § 35 EStG i. d. F. des EStRG v. 5. 8. 1974, BGBl 1974 I 1769 zwischen 1975 und 1998; aus Vereinfachungsgründen (BT-Drucks. 14/23, 183) Aufhebung der Vorschrift durch das StEntlG 1999/2000/2002 v. 24. 3. 1999, BGBl 1999 I 402, mit Wirkung ab VZ 1999. Die Rspr. zu § 35 a. F. kann daher grds. auch zur Auslegung des § 35b herangezogen werden.
8 ErbStRG v. 24. 12. 2008, BGBl 2008 I 3018; vgl. dazu nur *Fechner/Bäuml*, FR 2009 (Sonderbeilage zu Heft 11), 22.
9 *Seifried*, ZEV 2009, 285; *Lüdicke/Fürwentsches*, DB 2009, 12, 17.
10 *Lüdicke/Fürwentsches*, DB 2009, 12, 18; *Herzig/Joisten/Vossel*, DB 2009, 584; *Fürwentsches*, NWB 2009, 2908, 2915; *Crezelius*, ZEV 2015, 392, 394.

Allgemeine Erläuterungen 8 – 17 § 35b EStG

durch das JStG 2008[1] allerdings nur noch eingeschränkt möglich;[2] insoweit war § 35b Satz 3 EStG eine „leer laufende" Vorschrift.[3] Die Regelung wurde daher **mit Wirkung v. 1.1.2015** durch Gesetz v. 22.12.2014[4] **aufgehoben**.

(*Einstweilen frei*)   8–10

III. Geltungsbereich

1. Persönlicher Geltungsbereich

Die Steuerermäßigung des § 35b EStG findet nur auf **natürliche Personen** Anwendung, soweit   11
sie als Einzel- oder Gesamtrechtsnachfolger mit Erbschaftsteuer belastet sind.[5]

§ 35b EStG ist **nicht auf Körperschaften anzuwenden**, obwohl auch bei diesen die Gefahr der   12
Doppelbelastung mit Körperschaft- und Erbschaftsteuer gegeben ist. Allerdings handelt es sich bei § 35b EStG nicht um eine Einkommensermittlungsvorschrift, sondern um eine Tarifvorschrift und fällt insofern nicht unter die nach § 8 Abs. 1 Satz 1 KStG im Körperschaftsteuerrecht anwendbaren Gewinnermittlungsvorschriften des EStG.[6]

Nicht eindeutig geklärt ist, ob – wie auch schon zu § 35 EStG a. F. diskutiert[7] – eine **personelle**   13
Identität zwischen Einkommen- und Erbschaftsteuerschuldner gegeben sein muss. Bereits der Gesetzeswortlaut, aber auch die unabhängig von den involvierten Personen eintretende Doppelbelastung mit Einkommen- und Erbschaftsteuer sprechen **gegen dieses Erfordernis**.[8]

(*Einstweilen frei*)   14–15

2. Sachlicher Geltungsbereich

Die Steuerermäßigung des § 35b EStG ist anwendbar auf (steuerbare und steuerpflichtige) **Ein-**   16
künfte i. S. d. § 2 Abs. 1 Nr. 1 bis 7 EStG, die – aus einkommensteuerlicher, veranlagungszeitraumbezogener Perspektive – im (aktuellen) VZ oder in den vorangegangenen vier VZ mit Erbschaftsteuer belastet waren, also bei der Ermittlung des Einkommens berücksichtigt wurden. Aus Sicht der Entstehung der Erbschaftsteuer als **Stichtagssteuer** handelt es sich um den VZ der Steuerentstehung gem. § 9 Abs. 1 Nr. 1 ErbStG sowie die nachfolgenden vier VZ als **Begünstigungszeitraum (Fünfjahreszeitraum)** nach § 35b EStG.

§ 35b EStG kommt nur bei Belastung des Steuerpflichtigen mit **Erbschaftsteuer (§ 1 Abs. 1**   17
Nr. 1 ErbStG) zur Anwendung, **nicht** hingegen **bei einer Belastung mit Schenkungsteuer**. Nicht begünstigt werden können somit

---

1 JStG 2008 v. 20.12.2007, BGBl 2007 I 3150; zur Rechtslage ab VZ 1999 vgl. BFH v. 18.1.2011 - X R 63/08, BStBl 2011 II 680.
2 Beschränkung des Sonderausgabenabzugs gem. § 10 Abs. 1 Nr. 1a EStG auf Versorgungsleistungen; vgl. auch BT-Drucks. 16/6290, 53; BT-Drucks. 16/6981, 9; BT-Drucks. 16/7036, 11; vgl. im Übrigen *Hechtner*, BB 2009, 486, 487.
3 So u. a. *Zimmermann*, NWB-EV 2010, 352; ausführlich dazu *Herzig/Joisten/Vossel*, DB 2009, 584, 590.
4 BGBl 2014 I 2417.
5 Ebenso *Kulosa* in Schmidt, § 35b EStG Rz. 3.
6 Zum eingeschränkten Anwendungsbereich des § 35b EStG vgl. vertiefend *Herzig/Joisten/Vossel*, DB 2009, 584, 585; vgl. auch BFH v. 14.9.1994 - I R 78/94, BStBl 1995 II 207.
7 *Herzig/Joisten/Vossel*, DB 2009, 584, 585, m.w. N.
8 Ebenso *Zimmermann*, NWB-EV 2010, 352, 353; vgl. *Herzig/Joisten/Vossel*, DB 2009, 584, 587; *Bron/Seidel*, ErbStB 2010, 43, 51; *Krumm*, FR 2012, 624, 626.

▶ Schenkungen unter Lebenden (§ 1 Abs. 1 Nr. 2 ErbStG),

▶ Zweckzuwendungen (§ 1 Abs. 1 Nr. 3 ErbStG),

▶ Besteuerung des Vermögens von Familienstiftungen in Zeitabständen von je 30 Jahren (§ 1 Abs. 1 Nr. 4 ErbStG).

Die Steuerermäßigung wird mithin nur für erbschaftsteuerpflichtige Erwerbe von Todes wegen, nicht aber für in gleicher Weise steuerpflichtige Schenkungen unter Lebenden oder Zweckzuwendungen gewährt.

18–20 (Einstweilen frei)

3. Zeitlicher Geltungsbereich

21 Nach § 52 Abs. 50c EStG a. F. ist § 35b EStG **erstmalig für den VZ 2009** anzuwenden, wenn der Erbfall nach dem 31. 12. 2008 eingetreten ist. Damit ist eine Anwendung des § 35b EStG ausgeschlossen für den Fall, dass gem. Art. 3 Abs. 1 ErbStRG v. 24. 12. 2008[1] das neue Erbschaftsteuerrecht **rückwirkend auf Erwerbe von Todes wegen nach dem 31. 12. 2006** angewendet wurde.[2]

IV. Vereinbarkeit der Vorschrift mit höherrangigem Recht

22 Die Regelung des § 35b EStG führt **nicht** zu einer **Verhinderung der Doppelbelastung**, sondern nur zu einer **teilweisen Entlastung**.[3] Bereits im Zuge der Aufhebung des § 35 EStG i. d. F. des EStRG[4] hatte der **Gesetzgeber** zwar erkannt, dass damit eine dem Leistungsfähigkeitsprinzip widersprechende Doppelbelastung von Einkünften mit Einkommensteuer und Erbschaftsteuer eintreten würde.[5] **Verfassungsrechtliche Bedenken** bestehen deshalb nach **Auffassung der Rechtsprechung** jedoch nicht; begründet wird dies mit dem Verweis auf die Unterschiedlichkeit der Besteuerungsgegenstände von Einkommen- und Erbschaftsteuer.[6] Zuletzt wurde dies bestätigt durch die **Entscheidung des BVerfG v. 7. 4. 2015** betreffend die Doppelbelastung durch Erbschaft- und Einkommensteuer bei der Vererbung von Zinsansprüchen.[7]

23 **Zur vollständigen Vermeidung einer Doppelbelastung** hätte man sicherstellen müssen, dass die stillen Reserven nur einmal erfasst werden. Dazu hätte man das errechnete Verhältnis, das der tatsächlichen Erbschaftsteuerbelastung entspricht, auf den **Veräußerungsgewinn (d. h. die stillen Reserven)**, nicht aber auf die darauf entfallende Steuer anwenden müssen.[8]

---

1 ErbStRG v. 24. 12. 2008, BGBl 2008 I 3018.
2 Hechtner, BB 2009, 486, 487; weiterführende Auslegungsüberlegungen vgl. Bron/Seidel, ErbStB 2010, 43, 52.
3 Lüdicke/Fürwentsches, DB 2009, 12, 18; Herzig/Joisten/Vossel, DB 2009, 584; Stein, ZEV 2011, 520, 522.
4 EStRG v. 5. 8. 1974, BGBl 1974 I 1769.
5 BT-Drucks. 14/23, 183; vgl. bereits BT-Drucks. 7/2180, 21 zur Belastung von bereits als Einkommen versteuertem Vermögen mit Erbschaft- bzw. Schenkungsteuer; s. a. Herzig/Joisten/Vossel, DB 2009, 584.
6 BFH v. 18. 1. 2011 - X R 63/08, BStBl 2011 II 680; vgl. bereits BFH v. 22. 12. 1976 - II R 58/67, BStBl 1977 II 420; BFH v. 28. 11. 1986 - II R 190/81, BStBl 1987 II 175; BFH v. 9. 9. 1988 - III R 191/84, BStBl 1989 II 9.
7 Zur Verfassungsmäßigkeit der Doppelbelastung vgl. BVerfG v. 7. 4. 2015 - 1 BvR 1432/10, WM 2015, 1121; vgl. auch Friz, DStR 2015, 2409, 2413; zum Verfahrensgang vgl. BFH v. 17. 2. 2010 - II R 23/09, BStBl 2010 II 641; vgl. zusätzlich FG Hamburg v. 20. 1. 2015 - 3 K 180/14, BFH v. 27. 9. 2017 - II R 15/15, BStBl 2018 II 281.
8 Vgl. im Detail dazu Lüdicke/Fürwentsches, DB 2009, 12, 18; Fürwentsches, NWB 2009, 2908, 2915; weiterführende Überlegungen und Systemkritik: Seifried, ZEV 2009, 285, 286.

Die einkommensteuerliche Belastung würde wie folgt aussehen:

BEISPIEL:[1] Erblasser E ist an einer KG beteiligt, deren steuerlich nicht begünstigungsfähiges Vermögen (§ 13b ErbStG) mehr als 50 % beträgt. Die anteiligen Buchwerte betragen 200 000 €, der Verkehrswert der Beteiligung 300 000 €. Seine Beteiligung vermacht er seinem Bruder B im Rahmen eines Vermächtnisses. Die erhaltene Beteiligung verkauft B innerhalb eines Jahres.

Steuerpflichtiger Erwerb 300 000 € - 20 000 € [Freibetrag, § 16 ErbStG]	280 000 €
Erbschaftsteuer (Stkl. II, 30 %, § 19 ErbStG)	84 000 €
Veräußerungsgewinn	100 000 €
Tarifliche Einkommensteuer (Annahme: 42 %, § 32a EStG)	42 000 €
Abzgl. Entlastungsbetrag (84 T€ : 280 T€ + 20 T€=) 28 % v. 100 T€[2]	./. 28 000 €
Einkommensteuer	14 000 €

Die Steuerermäßigung des § 35b EStG kommt nur bei Belastung des Steuerpflichtigen mit Erbschaftsteuer (§ 1 Abs. 1 Nr. 1 ErbStG) zur Anwendung, **nicht** hingegen **bei einer Belastung mit Schenkungsteuer**. Auch bei Schenkungsfällen kann grds. eine **Doppelbelastung mit Einkommen- und Schenkungsteuer** eintreten.[3] Diese Doppelbelastung mit Schenkung- und Einkommensteuer wäre grds. anzuerkennen, da der Gesetzgeber einen weiten Gestaltungsspielraum bei der Ausgestaltung der Steuergesetze genießt.[4]   24

Fraglich bleibt jedoch, ob § 35b EStG wegen der Nichterfassung von Schenkungen unter Lebenden verfassungswidrig ist.[5] Diese **Benachteiligung von Schenkungen** gegenüber Erbfällen ist vor dem Hintergrund des Gleichheitssatzes nach **Art. 3 Abs. 1 GG** nur schwer nachvollziehbar. Allenfalls könnte der Verzicht auf die Erfassung von Zuwendungen unter Lebenden seine Rechtfertigung daraus beziehen, dass etwa bei Schenkungen eher Maßnahmen ergriffen werden können, um eine Doppelbelastung zu verhindern. Derartige Gestaltungen dürften im Regelfall aber weder leicht noch kostengünstig zu verwirklichen sein. Zudem verstoßen sie gegen das **Gebot der Entscheidungsneutralität**.[6]   25

(*Einstweilen frei*)   26–30

V. Verhältnis zu anderen Vorschriften

Nach dem Wortlaut des § 35b Satz 1 EStG und der systematischen Stellung der Vorschrift erfolgt die Steuerermäßigung nach § 35b EStG **nachrangig nach allen anderen Steuerermäßigungen**. Insbesondere gehen die **§§ 34a, 34f, 34g, 35, 35a EStG** sowie **§ 12 AStG** vor.   31

Da § 35b Satz 1 EStG den Passus der um sonstige Steuerermäßigungen gekürzten tariflichen Einkommensteuer enthält, ist die **Nachrangigkeit** der Steuerermäßigung des § 35b EStG **in doppelter Hinsicht zu beachten: Zum einen** ist die gekürzte tarifliche Einkommensteuer Ausgangsbasis für den Abzug, **zum anderen** ist sie aber auch bei der Berechnung der anteiligen   32

---

1 Nach *Lüdicke/Fürwentsches*, DB 2009, 12, 18.
2 Anstelle der Anwendung des Verhältnissatzes in % auf die auf den Veräußerungsgewinn entfallende Steuer gem. § 35b EStG in seiner geltenden Fassung wird vorliegend – zwecks Veranschaulichung der echten Vermeidung der Doppelbelastung – die Anwendung auf den Veräußerungsgewinn als solchem dargestellt.
3 *Seifried*, ZEV 2009, 285; ähnlich *Tolksdorf/Seidler/Simon*, ErbStB 2009, 28, 29.
4 So das FG Nürnberg v. 12. 1. 2016 - 1 K 1589/15, ZEV 2016, 229, NZB eingelegt: BFH IX B 33/16.
5 *Friz*, DStR 2015, 2409.
6 *Herzig/Joisten/Vossel*, DB 2009, 584, 585; *Huber/Reimer*, DStR 2007, 2048.

Einkommensteuer zu beachten. Dieses Vorgehen bewirkt zudem, dass die Steuerermäßigung maximal der gekürzten tariflichen Einkommensteuer entspricht. Folglich kann durch § 35b EStG die **tarifliche Einkommensteuer höchstens auf Null ermäßigt** werden.[1]

33 Für die Bestimmung der **Anwendungsreihenfolge von § 35b EStG und** dem **Verlustabzug** ist aufgrund des Fehlens einer speziellen gesetzlichen Vorschrift davon auszugehen, dass für die Ermittlung der begünstigten Einkünfte das **Meistbegünstigungsprinzip** gilt. Die begünstigten Einkünfte werden erst dann durch anderweitige Verluste (horizontaler bzw. vertikaler Verlustausgleich) gemindert, wenn keine weiteren positiven Einkünfte vorliegen. Da der **Verlustabzug nach § 10d EStG** erst nach der Summe der Einkünfte ansetzt, kann dieser nicht im Rahmen der Ermittlung der begünstigten Einkünfte berücksichtigt werden. Er wirkt sich aber indirekt durch eine geringere tarifliche Einkommensteuer bei der Ermittlung der anteiligen Einkommensteuer aus.[2]

34–35 *(Einstweilen frei)*

VI. Verfahrensfragen

36 Der **Erbschaftsteuerbescheid ist Grundlagenbescheid** für den Einkommensteuerbescheid.[3] Ändert sich allerdings z. B. aufgrund eines nachträglichen Verstoßes gegen Steuerbefreiungsvorschriften wie §§ 13a, 13b ErbStG die festzusetzende Erbschaftsteuer, wirkt dies als rückwirkendes Ereignis i. S. d. § 175 Abs. 1 Nr. 2 AO und beeinflusst insofern auch das (zu korrigierende) Verhältnis (= Prozentsatz) gem. § 35b Satz 2 EStG.[4]

37 Die Steuerermäßigung des § 35b Satz 1 EStG findet nur Anwendung, wenn bei der Ermittlung des Einkommens Einkünfte berücksichtigt wurden, die im Begünstigungszeitraum als Erwerb von Todes wegen der Erbschaftsteuer i. S. d. Erbschaftsteuergesetzes unterlegen haben. Folgt man – entgegen der hier vertretenen Ansicht – der Auffassung, dass damit auch **ausländische Erbschaftsteuer** in den Anwendungsbereich des § 35b EStG einbezogen ist, wäre die **Geltendmachung der ausländischen Erbschaftsteuer im Veranlagungsverfahren** (Antrag) zu empfehlen.[5]

38–40 *(Einstweilen frei)*

B. Systematische Kommentierung

I. Voraussetzungen des § 35b Satz 1 EStG

1. Antrag des Steuerpflichtigen

41 Die Steuerermäßigung gem. § 35b EStG wird nur auf **Antrag des Steuerpflichtigen** gewährt. Der Antrag ist im Veranlagungsverfahren zur Einkommensteuer zu stellen; § 35b EStG kommt mithin nicht von Amts wegen zur Anwendung.[6]

---

[1] *Hechtner*, BB 2009, 486, 487.
[2] *Hechtner*, BB 2009, 486, 488.
[3] Vgl. dazu auch *Bron/Seidel*, ErbStB 2010, 43, 51.
[4] Ebenso *Kulosa* in Schmidt, § 35b EStG Rz. 10; a. A. *Schallmoser* in Blümich, § 35b EStG Rz. 10.
[5] So jedenfalls *Bron/Seidel*, ErbStB 2010, 43, 51.
[6] Kritisch zur Notwendigkeit eines Antrags mit Verweis auf die generelle steuersystematische Problematik vgl. *Mellinghoff*, DStJG 22 (1999), 148, 149.

Der Antrag ist grds. **nicht fristgebunden** und kann auch noch im Einspruchs- oder im Klageverfahren vor dem Finanzgericht – bis zum **Schluss der mündlichen Verhandlung** – nachgeholt werden.[1] 42

Findet eine **Veranlagung nur auf Antrag** statt, ist der Ermäßigungsantrag nach § 35b EStG mit dem Antrag nach § 46 Abs. 2 Nr. 8 EStG innerhalb der **Frist des § 46 Abs. 2 Nr. 8 Satz 3 EStG** zu stellen.[2] 43

Der Antrag kann **formlos** gestellt werden; es genügt das Ausfüllen der entsprechenden Zeile in der Einkommensteuererklärung.[3] 44

(Einstweilen frei) 45–50

2. Einkünfte, die der Erbschaftsteuer unterlegen haben

a) Mit Erbschaftsteuer belasteter Erwerb

Voraussetzung für die Anwendung der Steuerermäßigung gem. § 35b EStG ist, dass bei der Ermittlung des Einkommens **Einkünfte** berücksichtigt werden, die als Erwerb von Todes wegen (§§ 1 Abs. 1 Nr. 1, 3 ErbStG) **der Erbschaftsteuer unterlegen** haben. 51

Bereits die **Bezugnahme auf „Einkünfte"** im Gesetzeswortlaut des § 35b Satz 1 EStG ist missverständlich.[4] Die Bemessungsgrundlagen sind bei Einkommen- und Erbschaftsteuer unterschiedlich. Stellt die Einkommensteuer auf das „Markteinkommen"[5] in Gestalt der „Einkünfte" i. S. d. § 2 Abs. 1, 2 EStG ab, unterliegt der Erbschaftsteuer der einmalige Vermögensanfall in Gestalt der „Bereicherung" des Erwerbers im Umfang des übertragenen Vermögens (§ 10 Abs. 1 Satz 1 ErbStG). 52

Gemeint sind damit **„Bereicherungsobjekte"**, die beim Erblasser noch nicht steuerpflichtiges Einkommen waren, sondern erst beim Erben durch eine Transformation in Geld oder Geldeswert dazu werden.[6] Nach dem Sinn und Zweck der Vorschrift sollen mit dem Begriff „Einkünfte" jene Tatbestände **(„Maßgrößen")**[7] umfasst werden, die der Erbschaftsteuer unterlegen haben und in zukünftigen Perioden zur Realisierung von Einkünften i. S. d. EStG führen.[8] 53

Umstritten ist, ob die **Belastung mit ausländischer Erbschaftsteuer** einen mit Erbschaftsteuer belasteten Erwerb i. S. d. § 35b EStG darstellt. Dies wird **vorliegend abgelehnt**. Die Steuerermäßigung des § 35b Satz 1 EStG findet nur Anwendung, wenn bei der Ermittlung des Einkommens Einkünfte berücksichtigt wurden, die im Begünstigungszeitraum als Erwerb von Todes wegen der Erbschaftsteuer i. S. d. (deutschen) Erbschaftsteuergesetzes unterlegen haben. Dies 54

---

1 *Seifried*, ZEV 2009, 285.
2 *Schallmoser* in Blümich, § 35b EStG Rz. 9.
3 *Kulosa* in Schmidt, § 35b EStG Rz. 15.
4 Kritisch zum Begriff „Einkünfte" u. a. *Crezelius*, ZEV 2009, 1, 3; *Seifried*, ZEV 2009, 285.
5 = Periodische und aperiodische Einkünfte nach Berücksichtigung von Erwerbsaufwendungen und persönlichen Abzügen; vgl. *Hechtner*, BB 2009, 486.
6 *Kulosa* in Schmidt, § 35b EStG Rz. 8; *Zimmermann*, NWB-EV 2010, 352, 353.
7 BFH v. 7. 12. 1990 - X R 72/89, BStBl 1991 II 352, zu § 35b EStG a. F.
8 *Herzig/Joisten/Vossel*, DB 2009, 584, 585.

ergibt sich aus der Zusammenschau des Satzes 1 mit dem **Wortlaut des Satzes 2**, der nur die nach den maßgeblichen Bestimmungen des **Erbschaftsteuer**gesetzes (und gerade nicht allgemein des Erbschaftsteuerrechts) festgesetzte Steuer in Bezug nimmt.[1]

55–60 (*Einstweilen frei*)

b) Berücksichtigung bei der Einkommensermittlung und der Erbschaftsteuer

aa) Belastung mit Erbschaftsteuer

61 **Einkommensteuerschulden des Erblassers**, die im Wege der **Gesamtrechtsnachfolge** (§ 1922 Abs. 1 BGB; § 45 Abs. 1 AO) auf den Rechtsnachfolger übergehen, sind als **Nachlassverbindlichkeiten** (§ 10 Abs. 5 Nr. 1 ErbStG) unter der Voraussetzung abzugsfähig, dass sie im Todeszeitpunkt des Erblassers rechtlich bestehen und den Erben wirtschaftlich belasten. Die **Abzugsfähigkeit bei der Ermittlung der Bereicherung** nach § 10 Abs. 1 Satz 2 ErbStG ist in den Fällen gegeben, in denen der Erblasser in eigener Person noch einen einkommensteuerpflichtigen Tatbestand realisiert (§ 38 AO), der ihm gegenüber zu einer entsprechenden Einkommensteuerbelastung führt.[2]

62 **Realisiert** hingegen **erst der Rechtsnachfolger** dem Erblasser wirtschaftlich zuzurechnende **Einkünfte**, die beim Erblasser mangels Tatbestandsverwirklichung noch nicht mit Einkommensteuer belegt wurden, kann es zu einer **Doppelbelastung** kommen. Denn soweit auf diesen Einkünften eine systembedingt nicht als Nachlassverbindlichkeit abziehbare Einkommensteuer lastet, unterliegt diese **Einkommensteuerlatenz** regelmäßig auch der Erbschaftsteuer.[3] Es entspricht der **Rechtsprechung des BFH mit Urteil v. 17. 2. 2010**[4] **sowie des BVerfG mit Entscheidung v. 7. 4. 2015**,[5] dass diese Einkommensteuerlatenz bei der Ermittlung der erbschaftsteuerlichen Bemessungsgrundlage nicht im Rahmen der Nachlassverbindlichkeiten abzugsfähig ist.

63 Die steuerliche **Doppelbelastung mit Einkommensteuer und Erbschaftsteuer** tritt daher deswegen auf, weil auf die bereits im Vermögensanfall enthaltenen stillen Reserven neben der Erbschaftsteuer später nochmals Einkommensteuer erhoben wird, aber die daraus im Zeitpunkt des Vermögensanfalls resultierende (latente) Einkommensteuerlast nicht bei der Bemessungsgrundlage der Erbschaftsteuer steuermindernd als Nachlassverbindlichkeit berücksichtigt werden darf.[6] Da sich die Erbschaftsteuer an der **Bewertung zum gemeinen Wert** orientiert,[7] werden häufig auch bei der Erbschaftsteuer stille Reserven zu berücksichtigen sein und folglich einer steuerlichen Doppelbelastung unterliegen.[8]

64 Insbesondere in Bezug auf die im Erbschaftsteuerrecht vorgesehenen **Verschonungstatbestände für Betriebsvermögen gem. §§ 13a, 13b ErbStG** stellt sich die Frage, inwieweit ein Gewinn i. S. d. § 35b EStG der Erbschaftsteuer unterlegen hat. Zusätzlich kompliziert wird die Frage da-

---

1 Zustimmend *Schallmoser* in Blümich, § 35b EStG Rz. 41, m.w.N.; FG Hessen v. 18.2.1982 – X 184/78, EFG 1982, 570; a. A. *Kulosa* in Schmidt, § 35b EStG Rz. 10; *Bron/Seidel*, ErbStB 2010, 43, 51. Letztgenannte empfehlen die Geltendmachung der ausländischen Erbschaftsteuer.
2 *Zimmermann*, NWB-EV 2010, 352.
3 *Zimmermann*, NWB-EV 2010, 352.
4 BFH v. 17.2.2010 – II R 23/09, BStBl 2010 II 641.
5 Zur Verfassungsmäßigkeit der Doppelbelastung vgl. BVerfG v. 7.4.2015 – 1 BvR 1432/10, WM 2015, 1121.
6 *Hechtner*, BB 2009, 486; zur Problematik der Doppelbelastung vgl. bereits *Hübner*, DStR 2007, 1018.
7 Vgl. nur BVerfG v. 7.11.2006 – 1 BvL 10/02, BStBl 2007 II 192.
8 Vgl. *Herzig/Joisten/Vossel*, DB 2009, 584; *Hechtner*, BB 2009, 486.

durch, dass bei **Verstoß gegen die erbschaftsteuerlichen Verschonungsvoraussetzungen** z. B. durch Veräußerung einer wesentlichen Betriebsgrundlage nach § 13a Abs. 5 ErbStG innerhalb der vorgeschriebenen Mindestbehaltensfristen von fünf bzw. sieben Jahren die anfänglich steuerfrei gestellte Bemessungsgrundlage **nachträglich** – aber nur **pro rata** – **zu versteuern** ist.

Unklar ist hierbei, ob der Ermäßigungsprozentsatz gem. § 35b Satz 2 EStG **vor Anwendung der** **Berichtigung** in Zusammenhang mit § 13a Abs. 5 ErbStG **oder danach zu korrigieren** ist. Da die Berichtigung der Erbschaftsteuer rückwirkend erfolgt und unmittelbar durch eine schädigende Handlung (z. B. durch eine Veräußerung) veranlasst ist, spricht dies für eine Berechnung des Ermäßigungsprozentsatzes **nach** der bereits berichtigten Erbschaftsteuer.[1] In der Folge erhöhen sich damit die begünstigungsfähigen Einkünfte.[2] 65

Weiterhin ist fraglich, ob die Steuerermäßigung gem. § 35b EStG nur insoweit zu gewähren ist, als das Vermögen zur Erbschaftsteuer herangezogen wurde. Dies hätte zur Folge, dass die **Steuerermäßigung insoweit versagt** wird, **als das Vermögen** aufgrund der §§ 13a, 13b ErbStG **von der Erbschaftsteuer freigestellt** wird.[3] 66

Der **BFH** hat hierzu bereits mit **Urteil v. 7. 12. 1990**[4] Stellung genommen und die **tatsächliche Doppelbelastung** für die Inanspruchnahme der Steuerermäßigung gem. § 35b EStG gefordert.[5] An einer Doppelbelastung fehlt es – ausweislich der insofern klarstellenden Gesetzesbegründung[6] – regelmäßig dann, wenn die begünstigten Einkünfte nur einer der Steuern unterworfen werden.[7] Fehlen kann es an einer **Doppelbelastung** z. B. aufgrund der Berücksichtigung von **Freibeträgen im EStG** (vgl. z. B. Freibeträge gem. § 16 Abs. 3 EStG, § 17 Abs. 3 EStG, § 18 Abs. 3 EStG) oder ErbStG (§§ 13a, 13b, 13c, 16, 17 ErbStG). Ähnliches gilt, wenn der **erbschaftsteuerliche Wertansatz unter dem einkommensteuerlichen Buchwert liegt**.[8]

§ 35b EStG setzt nicht voraus, dass die **Erbschaftsteuer tatsächlich entrichtet** wurde. Nach dem insoweit eindeutigen Wortlaut des § 35b Satz 2 EStG **reicht die Festsetzung der Erbschaftsteuer** für die Anwendung der Steuerermäßigung aus. Die Bestandskraft der Festsetzung ist ebenfalls nicht zwingend erforderlich. Auch die **Stundung der Erbschaftsteuer** gem. § 28 ErbStG steht der Anwendung des § 35b EStG – anders als der **Erlass einer festgesetzten Erbschaftsteuer**[9] – nicht entgegen.[10] 67

(Einstweilen frei) 68–75

bb) Berücksichtigung bei der Einkommensermittlung

Bei der „Einkommensermittlung berücksichtigt" i. S. d. § 35b Satz 1 EStG werden Einkünfte, wenn sie in die **Summe der Einkünfte (§ 2 Abs. 3 EStG)** und den **Gesamtbetrag der Einkünfte** 76

---

1 *Seifried*, ZEV 2009, 285, 286 m. w. N.; a. A. zu § 35b EStG a. F. *Wendt*, NWB 1997, 2711.
2 Ebenso *Bron/Seidel*, ErbStB 2010, 43, 51.
3 Vertiefende Darstellung mit Beispiel vgl. *Seifried*, ZEV 2009, 285, 287.
4 BFH v. 7. 12. 1990 - X R 72/89, BStBl 1991 II 350.
5 Ebenso *Bron/Seidel*, ErbStB 2010, 43, 49, 50.
6 BT-Drucks. 16/11107, 29.
7 *Hechtner*, BB 2009, 486, 488.
8 *Hechtner*, BB 2009, 486, 488.
9 Erbschaftsteuererlass ist ein Fall eines rückwirkenden Ereignisses und damit eine Änderung gem. § 175 Satz 1 Nr. 1 AO.
10 Stellvertretend für andere vgl. *Kulosa* in Schmidt, § 35b EStG Rz. 10.

(§ 2 Abs. 4 EStG) eingeflossen sind. Diese sind auch nach § 35b EStG einer ermäßigten Besteuerung zugänglich.

77 Positive Einkünfte sind auch dann i. S. d. § 35b Satz 1 EStG bei der Ermittlung des Einkommens „berücksichtigt", wenn sie bei der Ermittlung der Summe der Einkünfte im Rahmen eines **horizontalen oder vertikalen Verlustausgleichs** durch negative Einkünfte derselben Einkunftsart oder einer anderen Einkunftsart ganz oder teilweise ausgeglichen werden.[1]

78 Auch **steuerfreie Einkünfte oder Einkunftsteile** (z. B. nach DBA im Inland steuerfreie Auslandseinkünfte) werden nicht von § 35b EStG erfasst, weil diese nicht in die Summe der Einkünfte (§ 2 Abs. 3 EStG) einfließen. Ähnliches gilt für Einkünfte, die nach § 32b EStG dem **Progressionsvorbehalt** unterliegen, weil dieser nicht bei der Ermittlung des Einkommens, sondern bei der Anwendung des Tarifs zum Tragen kommt.[2]

79 **Keine Anwendung** findet die Steuerermäßigung des § 35b EStG auf Einkünfte, die der **Abgeltungsteuer gem.** § 32d Abs. 1, 3 und 4 EStG unterliegen. Dies gilt grundsätzlich auch für Veräußerungsgewinne i. S. d. § 20 Abs. 2 EStG. Diese Einkünfte gehen im Rahmen der Ermittlung des zu versteuernden Einkommens gem. § 2 Abs. 5 EStG aufgrund der gesetzlichen Anordnung des **§ 2 Abs. 5b EStG** nicht in die Summe der Einkünfte bzw. den Gesamtbetrag der Einkünfte ein.[3] Bei **Verzicht auf die Abgeltungsteuer** soll § 35b EStG anwendbar sein. Dies betrifft den Fall, dass für die dem Grunde nach abgeltend besteuerten Einkünfte ein **Antrag auf Veranlagung nach § 32d Abs. 6 EStG** gestellt wird.[4]

PRAXISHINWEIS:[5]
Unterliegen Einkünfte aus Kapitalvermögen dem persönlichen Steuertarif, weil dieser niedriger als die Abgeltungsteuer ist, findet § 35b EStG Anwendung. In diesem Fall greift nämlich die tarifliche Einkommensteuer, zum anderen findet ein Veranlagungsverfahren statt, in dem eine Steuerermäßigung beantragt und berücksichtigt werden kann.

80 Dem **Teileinkünfteverfahren gem. § 3 Nr. 40 EStG** unterfallende Gewinne (z. B. Veräußerungsgewinne gem. §§ 16, 17 EStG) werden nur im Umfang von **60 % zur Einkommensteuer herangezogen** und im Umfang von 40 % steuerfrei gestellt. Die anteilige Einkommensteuer i. S. d. § 35b Satz 1 EStG ergibt sich in diesem Fall aus dem Verhältnis von 60 % des Veräußerungsgewinns zu den gesamten Einkünften einschließlich 60 % des Veräußerungsgewinns.[6]

81 Dem **ermäßigten Steuersatz gem. § 34 Abs. 3 EStG** unterfallende Gewinne (z. B. Veräußerungsgewinne gem. §§ 16, 18 EStG) werden mit einem **Steuersatz von 56 %** des durchschnittlichen Steuersatzes zur Einkommensteuer herangezogen. Die so ermittelte anteilige Einkommensteuer ermäßigt sich wiederum um den Ermäßigungsprozentsatz gem. § 35b Satz 2 EStG.[7]

82 Unterliegen **wiederkehrende Leistungen** sowohl der Erbschaft- als auch der Einkommensteuer, ist eine Steuerermäßigung nach § 35b EStG zu gewähren.[8] Dies gilt insbesondere, wenn der

---

1 Vgl. auch *Schallmoser* in Blümich, § 35b EStG Rz. 12; *Kulosa* in Schmidt, § 35b EStG Rz. 6.
2 So bereits *Geck*, ZEV 1996, 376, 377.
3 Vgl. BMF v. 9. 10. 2012, BStBl 2012 I 953, Tz. 132; *Bron/Seidel*, ErbStB 2010, 43, 49; a. A. *Gauß/Schwarz*, BB 2009, 1387; *Seifried*, ZEV 2009, 285, 287, mit weiterführenden Beispielsrechnungen.
4 *Gauß/Schwarz*, BB 2009, 1387; vgl. vertiefend zu Kapitalanlagen *Bron/Seidel*, ErbStB 2010, 43 ff. (Teil I) bzw. *Bron/Seidel*, ErbStB 2010, 81 ff. (Teil II).
5 Siehe a. *Klümpen-Neusel*, ErbBstg 2010, 97.
6 Vertiefendes Beispiel vgl. *Seifried*, ZEV 2009, 285, 288.
7 Vertiefendes Beispiel vgl. *Seifried*, ZEV 2009, 285, 287.
8 Vgl. auch BFH v. 18. 1. 2011 - X R 63/08, BStBl 2011 II 680.

Steuerpflichtige sein erbschaftsteuerliches **Wahlrecht** zwischen der Besteuerung mit dem Kapitalwert oder einer laufenden Besteuerung gem. § 23 ErbStG ausübt.[1] Zu einer Doppelbelastung mit Erbschaft- und Einkommensteuer kommt es, wenn ertragsteuerlich die gesamten wiederkehrenden Leistungen erfasst werden und nicht nur der Ertragsanteil.[2]

Auch die Inanspruchnahme der **Thesaurierungsbegünstigung gem. § 34a EStG** auf Antrag des Steuerpflichtigen im Rahmen seiner Einkommensteuerveranlagung führt im Ergebnis zu einer **latenten Einkommensteuerlast auf die thesaurierten Beträge**. Diese wird (erst) im Fall der späteren Entnahme der sondertarifierten Beträge in Gestalt der **Nachsteuer i. H. v. 25 %** zzgl. SolZ realisiert.[3]   83

(Einstweilen frei)   84–90

cc)   **Fallgruppen zur Anwendung des § 35b EStG**

Die von der Zwecksetzung des § 35b EStG umfassten, nicht gewollten **steuerlichen Doppelbelastungen** können insbesondere in folgenden **Fallgruppen** auftreten, die zugleich den **Anwendungsbereich des § 35b EStG** definieren:[4]   91

▶ **(Laufende) Einkünfte** im Bereich der **Überschusseinkünfte**, z. B.

  – Zahlungen auf Mietrückstände (§ 21 EStG);

  – Tantiemeforderungen oder sonstige Gehaltsnachzahlungen eines Arbeitnehmers (§ 19 EStG);

  – Erträge aus Kapitalvermögen wie z. B. Zinsgutschriften (§ 20 EStG), soweit diese Einkünfte noch zu Lebzeiten des Erblassers von diesem erwirtschaftet wurden, die Vereinnahmung aber erst nach dem Todestag erfolgt.[5]

▶ **(Laufende) Einkünfte** im Anwendungsbereich der **Einnahmeüberschussrechnung nach § 4 Abs. 3 EStG (Gewinneinkünfte** i. S. d. § 2 Abs. 2 Satz 1 Nr 1 EStG), z. B.

  – Honorarforderungen von Freiberuflern, die nach dem Todestag vereinnahmt werden;[6]

  – Forderungen von gewerblichen Unternehmen, die die Buchführungspflichtgrenzen gem. § 141 AO nicht erreichen; diese Forderungen sind nach den einschlägigen Bewertungsmethoden des BewG (z. B. vereinfachtes Ertragswertverfahren gem. §§ 199 ff. BewG oder Substanzwert als Mindestwert) mit berücksichtigt und unterliegen damit grds. auch der Erbschaftsteuer.[7]

---

1 Weiterführende Überlegungen in Zusammenhang mit § 23 ErbStG vgl. *Geck*, DStR 2010, 1977, 1979 ff.
2 Vgl. vertiefend *Schallmoser* in Blümich, § 35b EStG Rz. 20; s. a. Beispiel bei *Seifried*, ZEV 2009, 285, 288.
3 Weiterführend zur Steuerermäßigung des § 35b EStG in Zusammenhang mit § 34a EStG vgl. *Hechtner*, BB 2009, 486, 488; *Herzig/Joisten/Vossel*, DB 2009, 584, 585, 586; *Seifried*, ZEV 2009, 285, 288.
4 Vgl. u. a. Gesetzesbegründung, BT-Drucks. 16/11107, 29; *Seifried*, ZEV 2009, 285, 286; *Herzig/Joisten/Vossel*, DB 2009, 584, 585; *Merker*, StuB 2009, 20, 23.
5 Grundlegend zur Analyse des § 35b EStG unter besonderer Berücksichtigung von Kapitalanlagen vgl. *Bron/Seidel*, ErbStB 2010, 43 ff. (Teil I) bzw. *Bron/Seidel*, ErbStB 2010, 81 ff. (Teil II).
6 Vgl. BT-Drucks. 7/2180, 21.
7 *Seifried*, ZEV 2009, 285, 286.

▶ **Veräußerungs-, Aufgabe- und Entnahmegewinne**, z. B. aus der Veräußerung
  - von land- und forstwirtschaftlichen Betrieben (§ 14 EStG);
  - von Gewerbebetrieben oder Anteilen daran (§ 16 EStG);[1]
  - von Anteilen an Kapitalgesellschaften (§ 17 EStG);[2]
  - von Betrieben mit selbständiger Tätigkeit oder von Anteilen einer selbständig tätigen Gesellschaft i. S. d. § 18 EStG;
  - von Kapitalvermögen, das zu Gewinnen nach § 20 Abs. 2 EStG führt;[3]
  - von Vermögensgegenständen i. S. d. § 23 EStG (insbes. Immobilien des Privatvermögens).

▶ **Veräußerungsersatztatbestände** (z. B. Betriebsaufgabe, Entnahme etc.) i. S. d. §§ 14, 16, 17 und 18 EStG.

▶ **Auflösung stiller Reserven**, die in **steuerfreien Rücklagen** (z. B. § 6b EStG; R 6.6 EStR) oder dem **Investitionsabzugsbetrag** (§ 7g EStG) enthalten sind.

92 Bei einer **Steuerermäßigung auf Veräußerungsgewinne** ist Voraussetzung, dass die bei der Veräußerung realisierten stillen Reserven der Erbschaftsteuer unterlagen. Der BFH stellt klar, dass nach § 35b Satz 1 EStG begünstigte Einkünfte aus der Veräußerung eines Vermögensgegenstandes herrühren müssen, der sowohl von Todes wegen erworben worden ist als auch tatsächlich der Erbschaftsteuer unterlegen hat; der in Anspruch genommene persönliche Freibetrag (§ 16 ErbStG) ist dabei anteilig abzuziehen.[4] Diese Voraussetzungen sind dann **nicht gegeben**, wenn der Vermögensgegenstand bei der **Erbschaftsteuer mit einem niedrigeren Wert als dem Veräußerungserlös** zum Ansatz kommt. Die Steuerermäßigung des § 35b EStG ist dann nur in Höhe des erbschaftsteuerpflichtigen Werts abzüglich des ertragsteuerlichen Buchwerts zu gewähren.[5]

BEISPIEL 2:[6] Zum Nachlass gehört eine im Januar 2009 erworbene Aktie mit Anschaffungskosten von 100. Zur Erbschaftsteuer wird die Aktie mit einem Wert von 90 herangezogen (Kurswert am Todestag des Erblassers). Der Erbe veräußert die Aktie später für 120. Die in der Aktie enthaltenen steuerpflichtigen stillen Reserven von 20 unterlagen nicht der Erbschaftsteuer. Eine Anrechnung scheidet somit aus.
Abwandlung: Der Kurswert am Todestag betrug 110. Die Ermäßigung ist auf einen Teil des Veräußerungsgewinns von 10 zu gewähren.

93 Eine **Doppelbelastung mit Einkommensteuer und Erbschaftsteuer** ist auch bei **Erbauseinandersetzungen**[7] (insbes. bei Realteilungen, Abfindungszahlungen für weichende Erben, Veräußerung eines Erbteils etc.) denkbar.[8]

94–100 (*Einstweilen frei*)

---

1 Zur Problematik der Anwendung des § 35b auf Vermögen im Wirkungsbereich der Gesamtbewertung vgl. *Herzig/Joisten/Vossel*, DB 2009, 584; *Zimmermann*, NWB-EV 2010, 352, 354 ff.
2 Vgl. BFH v. 10. 3. 1988 - IV R 226/85, BStBl 1988 II 832.
3 Grundlegend zu § 35b EStG und Kapitalanlagen: *Bron/Seidel*, ErbStB 2010, 43 ff. (Teil I) bzw. *Bron/Seidel*, ErbStB 2010, 81 ff. (Teil II)
4 BFH v. 13.3.2018 - IX R 23/17, NWB DokID: WAAAD-31083
5 *Seifried*, ZEV 2009, 285, 286; BFH v. 7. 12. 1990 - X R 72/89, BStBl 1990 II 350.
6 Nach *Seifried*, ZEV 2009, 285, 286.
7 Zur einkommensteuerrechtlichen Behandlung von Abfindungszahlungen zur Erbauseinandersetzung vgl. BFH v. 5. 7. 1990 - GrS 2/89, BStBl 1990 II 837; zur ertragsteuerlichen Behandlung der Erbengemeinschaft und ihrer Auseinandersetzung vgl. auch BMF v. 14. 3. 2006, BStBl 2006 I 253.
8 Vgl. auch *Schallmoser* in Blümich, § 35b EStG Rz. 19.

3. Begünstigungszeitraum

101 Die der Einkommensteuer unterliegenden Einkünfte müssen gem. § 35b Satz 1 EStG **im aktuellen VZ oder in den vorangegangenen vier VZ** der Erbschaftsteuer unterlegen haben. Entscheidend für den Begünstigungszeitraum ist nach zutreffender Ansicht einzig der **Zeitpunkt der Entstehung der Erbschaftsteuer** gem. **§ 9 Abs. 1 Nr. 1 ErbStG** und nicht der verfahrensrechtliche Stand des Erbanfalls bzw. der Zeitpunkt der Festsetzung und der Entrichtung der Erbschaftsteuer.[1]

102 Dieser (maximal) Fünfjahreszeitraum ist verfahrenstechnischen Vereinfachungen geschuldet.[2] Insbesondere für den Fall eines vom Kalenderjahr **abweichenden Wirtschaftsjahres** kann die **Zeitspanne von fünf Kalenderjahren unterschritten** werden.

103 Eine **Verlängerung des Fünfjahreszeitraums** kann sich bei **Land- und Forstwirten** ergeben. Gemäß § 4a Abs. 1 Satz 2 Nr. 1 Satz 1, Abs. 2 Nr. 1 Satz 1 EStG kann sich der Begünstigungszeitraum auf fünf Jahre und sechs Monate verlängern. Bei **reinen Forstwirten** kann sich der Begünstigungszeitraum gem. § 4a Abs. 1 Satz 2 Nr. 1 Satz 2, Abs. 2 Nr. 1 Satz 1 EStG i.V. m. § 8c Abs. 1 Satz 1 Nr. 2 EStDV sogar auf fünf Jahre und neun Monate erstrecken, da insoweit auch solche Geschäftsvorfälle begünstigt sind, die in dem Wirtschaftsjahr stattfinden, das in dem fünften auf den VZ der Entstehung der Erbschaftsteuer folgenden VZ endet.[3]

104 In Zusammenhang mit der Steuerbefreiung für Betriebsvermögen gem. §§ 13a, 13b ErbStG ist der **Fünfjahreszeitraum** als **nicht unproblematisch** anzusehen. Bei Verstoß gegen die Voraussetzungen der Optionsverschonung gem. § 13a Abs. 8 ErbStG kann der Verschonungsabschlag auch erst nach Ablauf der Siebenjahresfrist (pro rata) wegfallen. Insoweit können Fälle eintreten, in denen eine steuerliche Doppelbelastung durch § 35b EStG nicht mehr vermieden werden kann.

105 Problematisch ist zudem die **Abstimmung mit § 14 ErbStG** betreffend die **Zusammenrechnung mehrerer erbschaft- bzw. schenkungsteuerlicher Erwerbe innerhalb von zehn Jahren**. Der für die Berechnung der Ermäßigung anzuwendende Erbschaftsteuersatz ist innerhalb der Dauer des Begünstigungszeitraums zu korrigieren, sofern es zu einem weiteren Erwerb kommt. Der Zeitraum für die Berücksichtigung des weiteren Erwerbs ist allerdings mit zehn Jahren deutlich länger als der Zeitraum für die Anwendung des § 35b EStG.[4] Zur Ermittlung des Ermäßigungsprozentsatzes beim Zusammentreffen von Erwerben von Todes wegen und Vorerwerben vgl. BFH v. 13.3.2018.[5]

(Einstweilen frei) 106–110

---

[1] Hechtner, BB 2009, 486, 487; Herzig/Joisten/Vossel, DB 2009, 584, 588.
[2] Die zugrunde liegende Annahme ist, dass innerhalb von fünf Jahren die wesentlichen Fälle der Doppelbelastung, d. h. insbesondere die Begleichung von Forderungen, bereits abgewickelt seien. Kritisch: Thonemann, DB 2008, 2620; Herzig/Joisten/Vossel, DB 2009, 584, 588.
[3] Vgl. auch Schallmoser in Blümich, § 35b EStG Rz. 31.
[4] Siehe a. Herzig/Joisten/Vossel, DB 2009, 584, 588. Weiterführend zur Kritik am Fünfjahreszeitraum in Bezug auf einkommensteuerrechtliche Vorschriften (z. B. §§ 17, 23 EStG) vgl. Herzig/Joisten/Vossel, DB 2009, 584, 588.
[5] BFH v. 13.3.2018 - IX R 23/17, NWB DokID: WAAAD-31083.

II. Rechtsfolge: Steuerermäßigung

1. Grundsatz

111 Die Vorschrift des § 35b Satz 1 EStG sieht die Ermäßigung des Teils der um sonstige Steuerermäßigungen gekürzten tariflichen Einkommensteuer vor, der auf die mit Erbschaftsteuer belasteten Einkünfte entfällt (sog. „begünstigte Einkünfte"). Dieser tarifliche Einkommensteuerbetrag wird um einen in § 35b Satz 2 EStG bestimmten Prozentsatz ermäßigt.

112 Die Steuerermäßigung des § 35b EStG ist auf die – unter Beachtung der allgemeinen Tarifvorschrift[1] und der besonderen Tarifvorschriften[2] – ermittelte **tarifliche Einkommensteuer (§ 2 Abs. 5 EStG)** anzuwenden, die sich **nach Verminderung um sonstige Steuerermäßigungen** ergibt.[3] Andere Steuerermäßigungen (z. B. § 34c Abs. 1, § 34g, § 12 AStG) sind also vorrangig vor der Begünstigung nach § 35b EStG zu berücksichtigen.[4]

113–115 (Einstweilen frei)

2. Ermittlung der Steuerermäßigung

116 Zur Ermittlung der Steuerermäßigung gem. § 35b EStG werden in einem **ersten Schritt** dem erbschaftsteuerpflichtigen Erwerb gem. § 10 Abs. 1 ErbStG die im Rahmen der § 10 Abs. 1 Satz 1 ErbStG abgerechneten (persönlichen) Freibeträge nach §§ 16, 17 ErbStG sowie der **steuerfreie Betrag gem. § 5 ErbStG (fiktiver Zugewinnausgleich)** wieder hinzugerechnet (**erbschaftsteuerlicher „Gesamterwerb"**), jedoch nur insoweit, als sie bei der Ermittlung des erbschaftsteuerpflichtigen Erwerbs **tatsächlich berücksichtigt** worden sind.[5] Unberücksichtigt bleiben die **sachlichen Freibeträge** gem. §§ 13, 13a, 13b, 13c ErbStG.

117 In einem **zweiten Schritt** wird die **festgesetzte Erbschaftsteuer zu** dem so ermittelten erbschaftsteuerlichen **„Brutto"-Erwerb ins Verhältnis gesetzt**. Dadurch wird ein **erbschaftsteuerlicher Durchschnittsteuersatz** ermittelt:[6]

Erbschaftsteuer x 100 : Gesamterwerb = durchschnittlicher Erbschaftsteuersatz (in %)

Der sich nach dieser Verhältnisrechnung ergebende **Prozentsatz** für die Einkommensteuerermäßigung **bleibt** während der in Betracht kommenden fünf VZ **unverändert**.

---

1 § 32a EStG.
2 §§ 32b, 34, 34a, 34b EStG.
3 *Hechtner*, BB 2009, 486; *Seifried*, ZEV 2009, 285.
4 Vgl. auch *Schallmoser* in Blümich, § 35b EStG Rz. 35.
5 Dies ist nicht unumstritten; der Wortlaut des Gesetzes lässt wohl auch die Interpretation zu, dass die Freibeträge pauschal zuzurechnen sind. Zu bedenken ist, dass bereits die Hinzurechnung genutzter Freibeträge dazu führt, dass die Anrechnung nur unzureichend erfolgt; vgl. hierzu und zum Streitstand *Herzig/Joisten/Vossel*, DB 2009, 584, 589.
6 Vgl. auch *Herzig/Joisten/Vossel*, DB 2009, 584, 589.

In einem **dritten Schritt** wird die **anteilige Einkommensteuer** ermittelt, die auf die Einkünfte 118 entfällt, die bereits der Erbschaftsteuer unterlegen haben (= **begünstigte Einkünfte**). Die auf die begünstigten Einkünfte (= **doppelbelastete Einkünfte**) entfallende Einkommensteuer ermittelt sich als

anteilige Einkommensteuer auf begünstigte Einkünfte

= (Begünstigte Einkünfte: Summe der Einkünfte) x tarifliche ESt (nach Ermäßigungen[1]).[2]

Diese **anteilige Einkommensteuer auf begünstigte Einkünfte** (i. S. d. Schritts 3) ermäßigt sich 119 um den **Prozentsatz des erbschaftsteuerlichen Durchschnittsteuersatzes** (i. S. d. Schritts 2) nach **§ 35b Satz 2 EStG**.[3]

Sowohl das Gesetz als auch die Gesetzesbegründung enthalten keine weiterführenden Informationen darüber, welcher **Aufteilungsmaßstab sachgerecht** ist. In **Analogie zu § 34c Abs. 1 EStG** ist an die **Summe der Einkünfte (§ 2 Abs. 3 EStG)** anzuknüpfen. Hiermit werden die nach der Summe der Einkünfte zu berücksichtigenden Abzüge (Sonderausgaben, außergewöhnliche Belastungen) den begünstigten Einkünften anteilig zugerechnet.[4] Dies wurde durch das Urteil des BFH vom 13.3.2018[5] bestätigt, wonach die auf die begünstigten Einkünfte anteilig entfallende Einkommensteuer nach dem Verhältnis der begünstigten Einkünfte zur Summe der Einkünfte (§ 2 Abs. 3 EStG) zu ermitteln ist (Leitsatz 2).

Ist die auf die begünstigten Einkünfte entfallende Einkommensteuer **bei der Veranlagung be-** 120 **reits gesondert ermittelt** worden (z. B. für Veräußerungsgewinne) oder sind nur begünstigte Einkünfte erzielt worden, bedarf es keiner besonderen Berechnung.[6]

BEISPIEL:[7] Erblasser E ist an einer KG beteiligt, deren steuerlich nicht begünstigungsfähiges Vermögen (§ 13b ErbStG) mehr als 50 % beträgt. Die anteiligen Buchwerte betragen 200 000 €, der Verkehrswert der Beteiligung 300 000 €. Seine Beteiligung vermacht er seinem Bruder B i. R. eines Vermächtnisses. Die erhaltene Beteiligung verkauft B innerhalb eines Jahres.

Steuerpflichtiger Erwerb 300 000 € - 20 000 € [Freibetrag, § 16 ErbStG]	280 000 €
Erbschaftsteuer (Stkl. II, 30 %, § 19 ErbStG)	84 000 €
Veräußerungsgewinn	100 000 €
Tarifliche Einkommensteuer (Annahme: 42 %, § 32a EStG)	42 000 €
Abzgl. Entlastungsbetrag (84 T€ : 280 T€ + 20 T€=) 28 % v. 42 T€	./. 11 760 €
Einkommensteuer	30 240 €

---

1 Nach sonstigen Steuerermäßigungen, aber vor Anwendung des § 35b EStG. Die tarifliche Einkommensteuer nach Ermäßigung versteht sich unter Berücksichtigung sämtlicher Tarifvorschriften (§§ 32a, 32b, 34, 34a EStG). Im Rahmen des § 34a EStG wird im Jahr der Begünstigung nur die Thesaurierungssteuer (28,25 %), nicht aber die Nachsteuer gem. § 34a Abs. 4 EStG (25 %) berücksichtigt. Dieser nachteilige Effekt kehrt sich in das Gegenteil um, wenn bei Anwendung von § 35b EStG auch die Nachsteuer in späteren Jahren zu berücksichtigen ist; vertiefend hierzu Hechtner, BB 2009, 486, 488.
2 Ähnlich: Herzig/Joisten/Vossel, DB 2009, 584, 589; Zimmermann, NWB-EV 2010, 352, 353; Hechtner, BB 2009, 486, 488.
3 Hechtner, BB 2009, 486, 487; Seifried, ZEV 2009, 285.
4 Hechtner, BB 2009, 486, 488.
5 BFH v. 13.3.2018 – IX R 23/17, NWB DokID: WAAAD-31083
6 Vgl. Schallmoser in Blümich, § 35b EStG Rz. 37.
7 Nach Lüdicke/Fürwentsches, DB 2009, 12, 17.

BEISPIEL:[1] Nach dem Tod des Vaters V im April 2009 erbt dessen Tochter T (45 Jahre alt) als Alleinerbin dessen Vermögen von insgesamt 1 Mio. €. Darin enthalten ist eine Forderung aus einer Aufsichtsratstätigkeit des V i. H. v. 100 000 €. Diese kommt im Mai 2009 zur Auszahlung. Sowohl V als auch T haben in 2009 weitere Einkünfte von jeweils 260 000 €. Der Erbfallkostenpauschbetrag nach § 10 Abs. 5 Nr. 3 ErbStG sowie die Kirchensteuer bleiben zur Vereinfachung unberücksichtigt. Bei T entsteht folgende Erbschaftsteuerlast:

Steuerwert des erworbenen Vermögens	1 000 000 €
./. Freibetrag	400 000 €
steuerpflichtiger Erwerb	600 000 €
Steuerlast (Steuersatz 15 %)	90 000 €

Die Zahlung der Aufsichtsratsvergütung führt vor Berücksichtigung der Steuerermäßigung zu einer Erhöhung der Einkommensteuerlast der T um 45 000 €, einschl. Solidaritätszuschlag 47 475 €. Ohne Berücksichtigung von § 35b EStG wäre der Erwerb der 100 000 € somit mit einer anteiligen Erbschaftsteuer von 9 000 € und einer Einkommensteuer (einschließlich SolZ) von 47 475 € belastet. T würden vom Nachlassvermögen nach Steuern 862 525 € verbleiben.

Die Steuerermäßigung nach § 35b EStG führt nun dazu, dass sich die Einkommensteuer um den Prozentsatz der durchschnittlichen Erbschaftsteuerbelastung ermäßigt. Der Ermäßigungsprozentsatz beträgt 9 % (90 000 €/1 000 000 €). Dieser Prozentsatz wird allerdings nicht auf die Einkommensteuergrenzbelastung angewandt, sondern auf die anteilige Einkommensteuerlast. Die gesamte Einkommensteuerlast der T beträgt 146 586 €. Die anteilige Steuerlast der „geerbten" Einkünfte beträgt 40 718 €. § 35b EStG führt zu einer Minderung der Einkommensteuer um 3 665 €. T verbleiben vom Nachlassvermögen nach Steuern 866 190 €.

Abwandlung: Hätte V die Aufsichtsratsvergütung noch zu seinen Lebzeiten vereinnahmt, wäre die Steuerlast von 47 475 € (Einkommensteuer von 45 % zzgl. SolZ) noch bei ihm angefallen. Das auf T übergehende Vermögen hätte sich um diesen Betrag gemindert. Die Erbschaftsteuerlast der T würde sich wie folgt errechnen:

Steuerwert des erworbenen Vermögens	952 525 €
./. Freibetrag	400 000 €
steuerpflichtiger Erwerb (abgerundet)	552 500 €
Steuerlast (Steuersatz 15 %)	82 875 €

Bei T verbliebe ein Nachlassvermögen nach Steuern i. H. v. 869 650 €. Der Erwerb nach Steuern wäre in diesem Fall immer noch höher als bei Zufluss nach dem Erbfall und Anwendung der Steuerermäßigung.[2]

121 Beim Zusammentreffen von Erwerben von Todes wegen und Vorerwerben ermittelt sich der Ermäßigungsprozentsatz des § 35b Satz 2 EStG durch Gegenüberstellung der anteiligen, auf die von Todes wegen erworbenen Vermögensteile entfallenden Erbschaftsteuer und des Betrags, der sich ergibt, wenn dem anteiligen steuerpflichtigen Erwerb (§ 10 Abs. 1 ErbStG) der anteilige Freibetrag nach § 16 ErbStG hinzugerechnet wird.[3]

122–129 (*Einstweilen frei*)

---

1 Nach *Seifried*, ZEV 2009, 285.
2 Weitere vertiefende Berechnungsbeispiele vgl. auch bei *Herzig/Joisten/Vossel*, DB 2009, 584 ff.; *Lüdicke/Fürwentsches*, DB 2009, 12 ff.; *Hechtner*, BB 2009, 486 ff.
3 BFH v. 13.3.2018 - IX R 23/17, NWB DokID: WAAAD-31083.

C. Verfahrensfragen

Siehe hierzu → Rz. 36 ff.

130

VI. Steuererhebung

1. Erhebung der Einkommensteuer

§ 36 Entstehung und Tilgung der Einkommensteuer

(1) Die Einkommensteuer entsteht, soweit in diesem Gesetz nichts anderes bestimmt ist, mit Ablauf des Veranlagungszeitraums.

(2) Auf die Einkommensteuer werden angerechnet:

1. die für den Veranlagungszeitraum entrichteten Einkommensteuer-Vorauszahlungen (§ 37);
2. die durch Steuerabzug erhobene Einkommensteuer, soweit sie entfällt auf
   a) die bei der Veranlagung erfassten Einkünfte oder
   b) die nach § 3 Nummer 40 dieses Gesetzes oder nach § 8b Absatz 1, 2 und 6 Satz 2 des Körperschaftsteuergesetzes bei der Ermittlung des Einkommens außer Ansatz bleibenden Bezüge

   und keine Erstattung beantragt oder durchgeführt worden ist. ²Die durch Steuerabzug erhobene Einkommensteuer wird nicht angerechnet, wenn die in § 45a Absatz 2 oder Absatz 3 bezeichnete Bescheinigung nicht vorgelegt worden ist. ³Soweit der Steuerpflichtige einen Antrag nach § 32d Absatz 4 oder Absatz 6 stellt, ist es für die Anrechnung ausreichend, wenn die Bescheinigung auf Verlangen des Finanzamts vorgelegt wird. ⁴In den Fällen des § 8b Absatz 6 Satz 2 des Körperschaftsteuergesetzes ist es für die Anrechnung ausreichend, wenn die Bescheinigung nach § 45a Absatz 2 und 3 vorgelegt wird, die dem Gläubiger der Kapitalerträge ausgestellt worden ist;
3. ¹in den Fällen des § 32c Absatz 1 Satz 2 der nicht zum Abzug gebrachte Unterschiedsbetrag, wenn der Unterschiedsbetrag höher als die tarifliche Einkommensteuer des letzten Veranlagungszeitraums im Betrachtungszeitraum ist.

(3) ¹Die Steuerbeträge nach Absatz 2 Nummer 2 sind auf volle Euro aufzurunden. ²Bei den durch Steuerabzug erhobenen Steuern ist jeweils die Summe der Beträge einer einzelnen Abzugsteuer aufzurunden.

(4) ¹Wenn sich nach der Abrechnung ein Überschuss zuungunsten des Steuerpflichtigen ergibt, hat der Steuerpflichtige (Steuerschuldner) diesen Betrag, soweit er den fällig gewordenen, aber nicht entrichteten Einkommensteuer-Vorauszahlungen entspricht, sofort, im Übrigen innerhalb eines Monats nach Bekanntgabe des Steuerbescheids zu entrichten (Abschlusszahlung). ²Wenn sich nach der Abrechnung ein Überschuss zugunsten des Steuerpflichtigen ergibt, wird dieser dem Steuerpflichtigen nach Bekanntgabe des Steuerbescheids ausgezahlt.

---

1 Anm. d. Red.: Zur Anwendung des § 36 Abs. 2 Nr. 3 siehe § 52 Abs. 35a.

³Bei Ehegatten, die nach den §§ 26, 26b zusammen zur Einkommensteuer veranlagt worden sind, wirkt die Auszahlung an einen Ehegatten auch für und gegen den anderen Ehegatten.

(5) ¹In den Fällen des § 16 Absatz 3a kann auf Antrag des Steuerpflichtigen die festgesetzte Steuer, die auf den Aufgabegewinn und den durch den Wechsel der Gewinnermittlungsart erzielten Gewinn entfällt, in fünf gleichen Jahresraten entrichtet werden, wenn die Wirtschaftsgüter einem Betriebsvermögen des Steuerpflichtigen in einem anderen Mitgliedstaat der Europäischen Union oder des Europäischen Wirtschaftsraums zuzuordnen sind, sofern durch diese Staaten Amtshilfe entsprechend oder im Sinne der Amtshilferichtlinie gemäß § 2 Absatz 2 des EU-Amtshilfegesetzes und gegenseitige Unterstützung bei der Beitreibung im Sinne der Beitreibungsrichtlinie einschließlich der in diesem Zusammenhang anzuwendenden Durchführungsbestimmungen in den für den jeweiligen Veranlagungszeitraum geltenden Fassungen oder eines entsprechenden Nachfolgerechtsakts geleistet werden. ²Die erste Jahresrate ist innerhalb eines Monats nach Bekanntgabe des Steuerbescheids zu entrichten; die übrigen Jahresraten sind jeweils am 31. Mai der Folgejahre fällig. ³Die Jahresraten sind nicht zu verzinsen. ⁴Wird der Betrieb oder Teilbetrieb während dieses Zeitraums eingestellt, veräußert oder in andere als die in Satz 1 genannten Staaten verlegt, wird die noch nicht entrichtete Steuer innerhalb eines Monats nach diesem Zeitpunkt fällig; Satz 2 bleibt unberührt. ⁵Ändert sich die festgesetzte Steuer, sind die Jahresraten entsprechend anzupassen.

Inhaltsübersicht

	Rz.
A. Allgemeine Erläuterungen	1 - 9
I. Normzweck und wirtschaftliche Bedeutung der Vorschrift	1 - 2
II. Entstehung und Entwicklung der Vorschrift	3
III. Geltungsbereich	4
IV. Verhältnis zu anderen Regelungen	5 - 9
B. Systematische Kommentierung	10 - 115
I. Allgemeines	10 - 11
II. Entstehung der Einkommensteuer (§ 36 Abs. 1 EStG)	12 - 30
1. Grundlagen	12 - 18
2. Abweichende Bestimmungen zur Entstehung der Einkommensteuer	19 - 26
3. Rechtsfolgen der Entstehung der Einkommensteuer	27 - 30
III. Anrechnung auf die Einkommensteuer (§ 36 Abs. 2 EStG)	31 - 97
1. Allgemeines	31 - 40
2. Anrechnung von Einkommensteuer-Vorauszahlungen (§ 36 Abs. 2 Nr. 1 EStG)	41 - 45
3. Anrechnung von durch Steuerabzug erhobener Einkommensteuer (§ 36 Abs. 2 Nr. 2 EStG)	46 - 96
a) Allgemeines	46 - 60
b) Anrechnung von Lohnsteuer	61 - 70
c) Anrechnung von Kapitalertragsteuer	71 - 90
d) Anrechnung von Einkommensteuer bei beschränkt Steuerpflichtigen	91 - 95
e) Anrechnung bei Abzugsbeträgen nach § 48 EStG	96
4. Unterschiedsbetrag in den Fällen des § 32c Abs. 1 Satz 2 EStG (§ 36 Abs. 2 Nr. 3 EStG)	97
IV. Rundung der Steuerbeträge (§ 36 Abs. 3 EStG)	98 - 100
V. Abschlusszahlung bzw. Erstattung (§ 36 Abs. 4 Satz 1 bis 3 EStG)	101 - 110
VI. Stundung der Einkommensteuer in bestimmten Fällen (§ 36 Abs. 5 Satz 1 bis 5 EStG)	111 - 115

A. Allgemeine Erläuterungen

I. Normzweck und wirtschaftliche Bedeutung der Vorschrift

§ 36 EStG regelt die Entstehung der Einkommensteuer, die Anrechnung bereits erfolgter Zahlungen auf die Einkommensteuer sowie die einzelnen Modalitäten der Abrechnung der Einkommensteuer. 1

(*Einstweilen frei*) 2

II. Entstehung und Entwicklung der Vorschrift

Die Vorschrift des § 36 EStG wurde durch das EStRG vom 5.8.1974[1] aus dem vorherigen § 47 EStG übernommen. Die Rundungsregelung in § 36 Abs. 3 EStG wurde neu eingefügt. Seit ihrer Einführung wurde die Vorschrift mehrfach geändert. Nachfolgend wird kurz die wesentliche Entwicklung der Vorschrift aufgeführt: 3

- ▶ Durch das Körperschaftsteuerreformgesetz (KStRG) v. 31.8.1976[2] wurde u. a. § 36 Abs. 2 EStG um die Anrechnung der Körperschaftsteuer (Anrechnungsverfahren) ergänzt.
- ▶ Durch das Steuerbereinigungsgesetz 1985 (StBereinG) v. 14.12.1984[3] wurde in § 36 Abs. 3 EStG die Aufrundung von Einkommensteuer-Vorauszahlungen gestrichen.
- ▶ Durch das Standortsicherungsgesetz (StandOG) v. 13.9.1993[4] wurde § 36 Abs. 2 EStG neu gefasst.
- ▶ Durch das Jahressteuergesetz (JStG) 1996 v. 11.10.1995[5] wurde § 36 Abs. 2 Satz 1 EStG neu eingefügt. Für den Fall, dass ein Kinderfreibetrag nach § 32 Abs. 6 EStG gewährt wird, ist das gezahlte Kindergeld (Steuervergütung nach §§ 31, 62 EStG) der tariflichen Einkommensteuer hinzuzurechnen. Darüber hinaus wurde für die Anrechnung von Kapitalertragsteuer die Vorlage einer Bescheinigung gem. § 45a Abs. 2 oder 3 EStG festgelegt.
- ▶ Durch das Steuersenkungsgesetz (StSenkG) v. 23.10.2000[6] wurde § 36 EStG an den Wegfall des körperschaftsteuerlichen Anrechnungsverfahrens und die Einführung des Halbeinkünfteverfahrens (§ 3 Nr. 40 EStG) angepasst.
- ▶ Durch das Gesetz zur Umrechnung und Glättung steuerlicher Euro-Beträge (Steuer-Euroglättungsgesetz – StEuglG) v. 19.12.2000[7] wurden die auf „DM" lautenden Höchstbeträge in Euro umgerechnet.
- ▶ Durch das Steueränderungsgesetz 2003 (StÄndG) v. 15.12.2003[8] wurde die Regelung in § 36 Abs. 2 Satz 1 EStG (Regelung zu Freibeträgen) aufgehoben.

---

1 BGBl 1974 I 1769.
2 BGBl 1976 I 2597.
3 BGBl 1984 I 1493.
4 BGBl 1993 I 1569.
5 BGBl 1995 I 1250.
6 BGBl 2000 I 1413.
7 BGBl 2000 I 1790.
8 BGBl 2003 I 2645.

Anemüller

▶ Durch das JStG 2008 v. 20.12.2007[1] wurde § 36 Abs. 3 EStG an den Wegfall von § 36 Abs. 2 Satz 1 EStG a. F. angepasst.

▶ Durch das JStG 2010 v. 8.12.2010[2] wurde § 36 Abs. 5 EStG (Umsetzung der Rechtsprechung zur „finalen" Betriebsaufgabe, § 16 Abs. 3a EStG) neu eingefügt.

▶ Durch das Amtshilferichtlinie-Umsetzungsgesetz (AmtshilfeRLUmsG) v. 26.6.2013[3] wurden die Voraussetzungen für die Stundung nach § 36 Abs. 5 Satz 1 EStG an die aktuelle EU-Amtshilferichtlinie und das EU-Amtshilfegesetz angepasst.

▶ Durch das Gesetz zur Modernisierung des Besteuerungsverfahrens (StModernG) v. 18.7.2016[4] wurde die Vorlagepflicht der Bescheinigung nach § 45a Abs. 2 und 3 EStG als materielle Voraussetzung für die Anrechnung von durch Steuerabzug erhobener Einkommensteuer bei Antragstellung nach § 32d Abs. 4 und 6 EStG in eine Vorhaltepflicht geändert. Darüber hinaus wurde in § 36 Abs. 2 Nr. 2 Buchst. b EStG die Anrechnung der durch Steuerabzug erhobenen Steuer auch auf Bezüge ergänzt, die nach § 8b Abs. 2 KStG (Gewinne aus der Veräußerung von Anteilen an Körperschaften oder Personenvereinigungen) bei der Ermittlung des Einkommens außer Ansatz bleiben.

▶ Durch das MarktordÄndG[5] wurde in § 36 Abs. 2 Nr. 3 EStG eine Anrechnungsregelung für den Fall eines die tarifliche Einkommensteuer übersteigenden Unterschiedsbetrags eingeführt. Das Inkrafttreten dieser Regelung hängt von der Zustimmung durch die EU-Kommission ab. Nach Art. 5 Abs. 2 MarktordÄndG treten die Nrn. 1 bis 4 des Art. 3 jeweils an dem Tag in Kraft, an dem die Europäische Kommission durch Beschluss feststellt, dass diese Regelungen entweder keine Beihilfen oder mit dem Binnenmarkt vereinbare Beihilfen darstellen.

III. Geltungsbereich

4   § 36 EStG gilt für unbeschränkt als auch für beschränkt einkommensteuerpflichtige Personen, sofern eine Steuerveranlagung durchgeführt wird.

IV. Verhältnis zu anderen Regelungen

5   Für nach dem 31.12.2015 zufließende Kapitalerträge ist die Anrechnung von durch Steuerabzug erhobener Einkommensteuer auf Kapitalerträge i. S. d. § 43 Abs. 1 Satz 1 Nr. 1a EStG und auf Anteile oder Genussscheine, die zu inländischen Einkünften i. S. d. § 43 Abs. 3 Satz 1 EStG führen und im Ausland verwahrt werden, nur unter den zusätzlich in § 36a EStG genannten Voraussetzungen möglich.

6–9 *(Einstweilen frei)*

B. Systematische Kommentierung

I. Allgemeines

10 § 36 EStG regelt die Entstehung und Tilgung der Einkommensteuer.

---

1 BGBl 2007 I 3150.
2 BGBl 2010 I 1768.
3 BGBl 2013 I 1809.
4 BGBl 2016 I 1679.
5 Gesetz v. 20.12.2016, BGBl 2016 I 3045.

Die Vorschrift ist wie folgt gegliedert: 11
- Abs. 1: Entstehung der Einkommensteuer.
- Abs. 2: Anrechnung auf die Einkommensteuer.
- Abs. 3: Rundung der Steuerbeträge.
- Abs. 4: Abschlusszahlung und Erstattung.
- Abs. 5: Stundung der festgesetzten Steuer in Sonderfällen.

II. Entstehung der Einkommensteuer (§ 36 Abs. 1 EStG)

1. Grundlagen

Grundsätzlich entsteht die Einkommensteuer nach § 36 Abs. 1 EStG mit Ablauf des Veranlagungszeitraums. 12

Einkommensteuer i. S. v. § 36 Abs. 1 EStG ist die festzusetzende Einkommensteuer gem. § 2 Abs. 6 EStG. Es handelt sich somit um die um Hinzurechnungs- bzw. Abzugsbeträge erhöhte bzw. geminderte tarifliche Einkommensteuer. 13

Die Einkommensteuer ist nach § 2 Abs. 7 Satz 1 und 2 EStG eine Jahressteuer, deren Grundlagen für ihre Festsetzung jeweils für ein Kalenderjahr zu ermitteln sind. Besteht die Steuerpflicht nicht während des gesamten Kalenderjahres, wird das Einkommen nicht auf das Kalenderjahr hochgerechnet.

Nach § 25 Abs. 1 EStG wird die Einkommensteuer nach Ablauf des Kalenderjahres (= Veranlagungszeitraum) nach dem Einkommen veranlagt, das der Stpfl. in diesem Veranlagungszeitraum bezogen hat, soweit nicht nach § 43 Abs. 5 EStG und § 46 EStG eine Veranlagung unterbleibt. Das gilt auch bei Fortfall der Steuerpflicht während des Kalenderjahres. 14

§ 36 Abs. 1 EStG enthält im Verhältnis zur Entstehung der Ansprüche aus dem Steuerschuldverhältnis nach § 38 AO eine speziellere Regelung, denn während § 38 AO lediglich an die Verwirklichung des Tatbestands anknüpft, setzt § 36 Abs. 1 EStG die Verwirklichung des Tatbestands in einem bestimmten Zeitraum (VZ) voraus. 15

(Einstweilen frei) 16–18

2. Abweichende Bestimmungen zur Entstehung der Einkommensteuer

Die Einkommensteuer entsteht nach § 36 Abs. 1 EStG mit Ablauf des Veranlagungszeitraums, soweit im EStG nichts anderes bestimmt ist. Abweichende Entstehungszeitpunkte sind vor allem in folgenden Vorschriften geregelt: 19
- § 10d EStG: Verlustrücktrag.
- § 37 EStG: Steuervorauszahlungen.
- § 38 EStG: Lohnsteuerabzug.
- § 44 EStG: Kapitalertragsteuerabzug.
- § 50a EStG: Steuerabzug bei beschränkt Stpfl.

Der auf einem Verlustrücktrag nach § 10d Abs. 1 EStG beruhende Erstattungsanspruch entsteht nicht schon mit Ablauf des Jahres des Verlustabzugs, sondern erst mit Ablauf des Veranlagungszeitraums, in dem der Verlust entstanden ist. 20

21 Nach § 37 Abs. 1 Satz 2 EStG entstehen Einkommensteuer-Vorauszahlungen jeweils mit Beginn des Kalendervierteljahres, in dem die Vorauszahlungen zu entrichten sind, oder, wenn die Steuerpflicht erst im Laufe des Kalendervierteljahres begründet wird, mit Begründung der Steuerpflicht.

Zu weiteren Einzelheiten wird auf die Ausführungen zu § 37 EStG (vgl. KKB/Anemüller, § 37 EStG Rz. 10 ff.) verwiesen.

22 Nach § 38 Abs. 2 Satz 2 EStG entsteht die Lohnsteuer in dem Zeitpunkt, in dem der Arbeitslohn dem Arbeitnehmer zufließt.

Zu weiteren Einzelheiten wird auf die Ausführungen zu § 38 EStG (vgl. KKB/Karbe/Geßler, § 38 EStG Rz. 8 ff.) verwiesen.

23 Die Kapitalertragsteuer entsteht nach § 44 Abs. 1 Satz 2 EStG in dem Zeitpunkt, in dem die Kapitalerträge dem Gläubiger zufließen.

Zu weiteren Einzelheiten wird auf die Ausführungen zu § 44 EStG (KKB/Anemüller, § 44 EStG Rz. 14 ff.) verwiesen.

24 Bei beschränkt Stpfl. entsteht die durch Steuerabzug nach § 50a EStG erhobene Einkommensteuer in dem Zeitpunkt, in dem die Vergütung dem Gläubiger zufließt.[1]

Zu weiteren Einzelheiten wird auf die Ausführungen zu § 50a EStG (KKB/G. Kraft/Weigert, § 50a EStG Rz. 68 ff.) verwiesen.

25–26 *(Einstweilen frei)*

3. Rechtsfolgen der Entstehung der Einkommensteuer

27 Die Entstehung der Einkommensteuer ist für andere Vorschriften von besonderer Bedeutung, wenn sie die Steuerentstehung voraussetzen. Exemplarisch wird auf folgende Vorschriften hingewiesen:

Abgabenordnung:

► § 45 AO: Übergang von Forderungen und Schulden aus dem Steuerschuldverhältnis auf den Rechtsnachfolger bei Gesamtrechtsnachfolge.

► § 46 Abs. 2 und 6 AO: Abtretung, Verpfändung und Pfändung von Ansprüchen auf Erstattung von Steuern, Haftungsbeträgen oder Steuervergütungen.

► § 48 AO: Haftung Dritter.

► § 69 AO: Haftung der Vertreter.

► § 170 AO: Beginn der Festsetzungsfrist.

► § 192 AO: Vertragliche Haftung.

► § 233a AO: Verzinsung von Steuerforderungen und Steuernachzahlungen.

► § 324 AO: Anordnung von dinglichem Arrest.

Einkommensteuergesetz/-durchführungsverordnung:

► § 42d EStG: Haftung des Arbeitgebers und bei Arbeitnehmerüberlassung.

► § 44 EStG: Haftung des Steuerabzugsverpflichteten.

---

1 Zum Zeitpunkt des Zuflusses siehe § 73c EStDV.

- § 45a EStG: Haftung des Ausstellers einer Steuerbescheinigung.
- § 73g EStDV: Haftung in den Fällen von § 50a EStG.

(Einstweilen frei) 28–30

III. Anrechnung auf die Einkommensteuer (§ 36 Abs. 2 EStG)

1. Allgemeines

§ 36 Abs. 2 EStG regelt die Anrechnung von Steuervorauszahlungen und Steuerabzugsbeträgen auf die Einkommensteuer. 31

Die Anrechnung auf die Einkommensteuerschuld ist nicht Teil der Steuerfestsetzung, sondern des **Erhebungsverfahrens**. Die Anrechnung der Steuerabzugsbeträge ist unselbständiger Teil eines weiteren Verwaltungsakts, des Leistungsgebots, auch wenn dieses aus Gründen der Zweckmäßigkeit mit der Festsetzung der Steuerschuld in einer Urkunde zusammengefasst ist.[1] Der Abrechnungsteil ist ein selbständiger Verwaltungsakt, auf den die Vorschriften für sonstige Verwaltungsakte einschließlich der Zahlungsverjährungsfrist nach § 228 AO Anwendung finden.[2] 32

Die Anrechnung von Steuervorauszahlungen sowie von Steuerabzugsbeträgen erfolgt stets im Rahmen des Steuerveranlagungsverfahrens. Außerhalb eines Veranlagungsverfahrens ist die Erstattung geleisteter Steuerabzugsbeträge, z. B. nach § 37 Abs. 2 AO, möglich. 33

Nach § 36 Abs. 2 Nr. 1 EStG werden auf die Einkommensteuer die für den Veranlagungszeitraum entrichteten Einkommensteuer-Vorauszahlungen gem. § 37 EStG angerechnet. Nach § 36 Abs. 2 Nr. 2 EStG wird die durch Steuerabzug erhobene Einkommensteuer auf die Einkommensteuer angerechnet. Nach § 36 Abs. 2 Nr. 3 EStG wird sichergestellt, dass die Steuerermäßigung nach § 32c EStG auch dann greift, wenn im letzten VZ eines Betrachtungszeitraums ein Unterschiedsbetrag abzuziehen wäre, die festgesetzte tarifliche Einkommensteuer aber geringer ist als der Ermäßigungsbetrag ist. 34

Die Anrechnung ist nicht antragsgebunden, sondern erfolgt von Amtswegen. 35

Die Abtretung des Anspruchs auf Anrechnung von Steuerabzugsbeträgen bzw. Steuervorauszahlungen ist nicht möglich. Lediglich der Anspruch auf Erstattung überzahlter Einkommensteuer kann abgetreten werden. 36

(Einstweilen frei) 37–40

2. Anrechnung von Einkommensteuer-Vorauszahlungen (§ 36 Abs. 2 Nr. 1 EStG)

Die für den Veranlagungszeitraum entrichteten Einkommensteuer-Vorauszahlungen werden ohne gesondertes Antragserfordernis auf die (festgesetzte) Einkommensteuer angerechnet. Die Anrechnung erfolgt ausschließlich in Höhe tatsächlich entrichteter Vorauszahlungen. Zur Fälligkeit nicht entrichteter Einkommensteuer-Vorauszahlungen siehe → Rz. 102. 41

---

1 U. a. BFH v. 14. 11. 1984 - I R 232/80, BStBl 1985 II 216.
2 U. a. BFH v. 16. 10. 1986 - VII R 159/83, BStBl 1987 II 405.

42 Die Anrechnung erfolgt unabhängig davon, ob es sich um „laufende" Vorauszahlungsbeträge i.S.v. § 37 Abs. 1 Satz 1 EStG oder um nachträgliche Vorauszahlungsbeträge i.S.v. § 37 Abs. 3 Satz 3 bzw. Abs. 4 EStG handelt.

43–45 *(Einstweilen frei)*

3. Anrechnung von durch Steuerabzug erhobener Einkommensteuer (§ 36 Abs. 2 Nr. 2 EStG)

a) Allgemeines

46 Voraussetzung für die Anrechnung von Steuerabzugsbeträgen nach § 36 Abs. 2 Nr. 2 Satz 1 EStG ist, dass die durch Steuerabzug erhobene Einkommensteuer entweder

▶ auf Einkünfte entfällt, soweit diese bei der Veranlagung erfasst wurden oder

▶ auf Bezüge entfällt, die bei der Ermittlung des Einkommens nach § 3 Nr. 40 EStG oder § 8b Abs. 1 und 6 Satz 2 KStG außer Ansatz bleiben.

Die Erstattung der Steuerabzugsbeträge darf weder beantragt noch durchgeführt worden sein. Durch einen bestandskräftig abgelehnten Antrag auf Erstattung von Kapitalertragsteuer wird die Anrechnung von Kapitalertragsteuer bei der Veranlagung zur Einkommensteuer nicht ausgeschlossen.[1]

47 Ohne Erfassung der Einkünfte mit Steuerabzug in der Steuerfestsetzung ist insoweit die Anrechnung der Steuerabzugsbeträge ausgeschlossen. Die Steuerfestsetzung ist für die Anrechnungsverfügung verbindlich.[2] Allein zum Zweck der Anrechnung von Steuerabzugsbeträgen ist die Steuerfestsetzung nicht erneut zu überprüfen.

48 Die Anrechnung von Steuerabzugsbeträgen erfolgt grds. in dem Veranlagungszeitraum, dem die Einkünfte nach allgemeinen Grundsätzen (z.B. Zuflussprinzip oder Realisationsprinzip) zuzurechnen sind. Abweichend davon erfolgt die Anrechnung von Kapitalertragsteuer stets im Erhebungsjahr, auch wenn die der Anrechnung zugrunde liegenden Einnahmen ganz oder teilweise in früheren Jahren zu erfassen waren,

▶ bei Bilanzierung abgezinster Forderungen,[3]

▶ bei Veräußerung oder Rückgabe eines Anteils an einem ausländischen thesaurierenden Investmentvermögen.[4]

Darüber hinaus sind Abweichungen aus verfahrensrechtlichen Gründen bei einheitlichen und gesonderten Feststellungen nach § 180 Abs. 5 Nr. 2 AO möglich.[5]

49 Werden durch einen die Festsetzung der Einkommensteuer ändernden Steuerbescheid die Einkünfte in abweichender Weise erfasst und führt diese Änderung zu einer entsprechenden Änderung der gem. § 36 Abs. 2 Nr. 2 EStG auf die Einkommensteuer anzurechnenden Beträge, ist die erforderliche Berichtigung einer früheren Anrechnungsverfügung durch eine neue mit dem

---

[1] H 36 „Anrechnung – bei Veranlagung" EStH.
[2] Z. B. BFH v. 3.8.2010 - VII B 70/10, BFH/NV 2010, 2274 = NWB DokID: EAAAD-54638; BFH v. 9.12.2008 - VII R 43/07, BStBl 2009 II 344.
[3] R 36 Satz 3 EStR.
[4] BMF v. 17.12.2012, BStBl 2013 I 54.
[5] BFH v. 18.9.2007 - I R 54/06, NWB DokID: VAAAC-66240.

Steueränderungsbescheid verbundene Anrechnungsverfügung oder einen Abrechnungsbescheid innerhalb der fünfjährigen Zahlungsverjährungsfrist vorzunehmen, die insoweit durch die Bekanntgabe des Steueränderungsbescheids in Lauf gesetzt wird.[1]

Die Änderung der Anrechnungsverfügung ist lediglich innerhalb der Zahlungsverjährungsfrist möglich.[2] 50

Die Anrechnung erfolgt von Amts wegen und ist nicht antragsgebunden, sofern die erforderlichen Nachweise erbracht wurden. 51

Die Anrechnung von Steuerabzugsbeträgen ist auch möglich, wenn der Steuerabzug zu hoch oder unberechtigt erfolgt ist. 52

Bei Einkünften, bei denen die Einkommensteuer durch Steuerabzug abgegolten ist, erfolgt grds. keine Anrechnung der Steuerabzugsbeträge. Ausnahmen ergeben sich lediglich dann, wenn diese gesetzlich zugelassen sind, siehe z. B. § 32d Abs. 2, 4 und 6 EStG, § 50 Abs. 2 Satz 2 EStG. 53

Die Anrechnung von Steuerabzugsbeträgen kann m. E. versagt werden, wenn die Voraussetzungen für die Inanspruchnahme des Steuerschuldners (Arbeitnehmer, Gläubiger der Kapitalerträge, beschränkt Stpfl.) nach § 42d Abs. 3 Satz 4 EStG, § 44 Abs. 5 Satz 2 EStG oder § 50a Abs. 5 Satz 5 EStG erfüllt sind und keine vorherige Inanspruchnahme des Steuerschuldners durch Nachforderungsbescheid erfolgt ist. 54

(Einstweilen frei) 55–60

b) Anrechnung von Lohnsteuer

Durch Steuerabzug erhobene Einkommensteuer vom Arbeitslohn (Lohnsteuer) wird auf die im Veranlagungswege festgesetzte Einkommensteuer angerechnet, soweit die Einkünfte bei der Veranlagung erfasst wurden und soweit nicht die Erstattung beantragt oder durchgeführt worden ist. 61

Zu den bei der Veranlagung erfassten Einkünften aus nichtselbständiger Arbeit gehören die Einkünfte, die der Arbeitnehmer im Veranlagungszeitraum erzielt hat. Laufender Arbeitslohn gilt in dem Kalenderjahr als bezogen, in dem der Lohnzahlungszeitraum endet, vgl. § 38a Abs. 1 Satz 2 EStG. Sonstige Bezüge werden in dem Kalenderjahr bezogen, in dem sie dem Arbeitnehmer zufließen, vgl. § 38a Abs. 1 Satz 3 EStG. 62

Angerechnet wird die Lohnsteuer, die vom Arbeitslohn einbehalten wurde, der in dem Veranlagungszeitraum bezogen wurde. Auf den Zeitpunkt der tatsächlichen Abführung der Lohnsteuer durch den Arbeitgeber kommt es nicht an. Somit ist die Einbehaltung durch den Arbeitgeber vom Arbeitslohn („erhoben") maßgebend. 63

Gemäß § 36 Abs. 2 Nr. 2 EStG wird die durch Steuerabzug erhobene Einkommensteuer auf die Jahreseinkommensteuer angerechnet, soweit sie auf die bei der Veranlagung erfassten Einkünfte entfällt. „Erhoben" i. S. d. § 36 Abs. 2 Nr. 2 EStG ist eine Abzugsteuer nur dann, wenn sie vom Abzugspflichtigen einbehalten worden ist. Erfüllt er bewusst oder aus Unkenntnis seine Abzugspflicht nicht, entfällt die Anrechnung. Lohnsteuer ist immer dann anzurechnen, wenn 64

---

1 BFH v. 29. 10. 2013 - VII R 68/11, BStBl 2016 II 115.
2 Hinweis auf § 228 AO.

sie als vom Arbeitnehmer entrichtet gelten muss, weil sie aus seiner Sicht vorschriftsmäßig einbehalten worden ist. Voraussetzung hierfür ist, dass entweder der Arbeitgeber die Lohnsteuer bei Auszahlung des dem Arbeitnehmer zustehenden Lohns tatsächlich und vorschriftsmäßig einbehalten oder sie im Rahmen einer sog. Nettolohnvereinbarung übernommen hat.[1]

Die auf den Lohn entfallende Lohnsteuer ist auch dann als eine durch Steuerabzug erhobene Einkommensteuer i. S. d. § 36 Abs. 2 Nr. 2 EStG, wenn der Arbeitgeber die Lohnsteuer nicht angemeldet und damit auch nicht abgeführt hat, sofern der Arbeitnehmer nicht weiß, dass der Arbeitgeber die Lohnsteuer nicht angemeldet hat.[2]

65 Die anzurechnende Lohnsteuer wird anhand der Lohnsteuerbescheinigung bzw. anhand der besonderen Lohnsteuerbescheinigung nachgewiesen, vgl. § 41b Abs. 1 Satz 3 und 4 EStG. Der Arbeitgeber hat nach § 41b Abs. 1 EStG bis zum 28. 2. des Folgejahres die elektronische Lohnsteuerbescheinigung nach amtlich vorgeschriebenem Datensatz auf elektronischem Wege an die Finanzverwaltung zu übermitteln. Die Vorlage der (elektronischen) Lohnsteuerbescheinigung ist keine materiell-rechtliche Voraussetzung für die Anrechnung der Lohnsteuer auf die Einkommensteuer.

66 Angerechnet werden kann nur die durch Steuerabzug erhobene eigene Einkommensteuer. Dadurch entfällt die Anrechnung von pauschaler Lohnsteuer (z. B. § 37a EStG, § 37b EStG, § 40 EStG), denn in diesen Fällen ist der Arbeitnehmer nicht Schuldner der Lohnsteuer, sondern z. B. der Arbeitgeber. In Abgrenzung hierzu ist die Anrechnung von Lohnsteuer in den Fällen einer Nettolohnvereinbarung möglich, denn Schuldner der Lohnsteuer ist der Arbeitnehmer.[3]

67–70 *(Einstweilen frei)*

c) Anrechnung von Kapitalertragsteuer

71 Die durch Steuerabzug vom Kapitalertrag erhobene Einkommensteuer (Kapitalertragsteuer) wird auf die bei der Veranlagung festgesetzte Einkommensteuer angerechnet, soweit sie auf die bei der Veranlagung erfassten Einkünfte oder auf die bei nach § 3 Nr. 40 EStG oder § 8b Abs. 1 und Abs. 6 Satz 2 KStG außer Ansatz bleibenden Bezüge entfällt und nicht die Erstattung beantragt oder durchgeführt worden ist.

72 Der Kapitalertragsteuerabzug erfolgt nach § 43 Abs. 5 Satz 1 EStG grds. mit Abgeltungswirkung. Lediglich in genau bestimmten Ausnahmefällen werden die Kapitalerträge in die Veranlagung einbezogen. Zu diesen Ausnahmefällen gehören

▶ die obligatorische Anwendung der tariflichen Einkommensteuer nach § 32d Abs. 2 EStG,

▶ die Überprüfung des Steuereinbehalt nach § 32d Abs. 4 EStG und

▶ die Günstigerprüfung nach § 32d Abs. 6 EStG.

In diesen Fällen ist m. E. die Anrechnung der Steuerabzugsbeträge nach § 36 Abs. 2 Nr. 2 EStG möglich.

Bei nicht durch Steuerabzug abgegoltener Einkommensteuer entsprechen die Steuerabzugsbeträge einer Vorauszahlung auf die Einkommensteuer.

---

1 BFH v. 18. 6. 1993 - VI R 67/90, BStBl 1994 II 182.
2 BFH v. 8. 11. 1985 - VI R 238/80, BStBl 1986 II 186.
3 BFH v. 19. 12. 1960 - VI 92/60 U, BStBl 1961 III 170.

Zu den bei der Veranlagung erfassten Einkünften aus Kapitalvermögen gehören die Einkünfte, die der Stpfl. im Veranlagungszeitraum erzielt hat. **73**

Sofern die Anwendung von § 3 Nr. 40 EStG (Halb- bzw. Teileinkünfteverfahren) bzw. von § 8b Abs. 1, 2 und Abs. 6 Satz 2 KStG in Betracht kommt, ist die Anrechnung der Steuerabzugsbeträge, soweit sie auf die steuerfreien Einnahmen (Bezüge) entfallen, möglich. Die Ergänzung der Bezüge nach § 8b Abs. 2 KStG (Gewinne aus der Veräußerung von Anteilen an Körperschaften oder Personenvereinigungen) durch das StModernG hat m. E. klarstellenden Charakter. Sofern auf den Gewinn aus der Veräußerung von Anteilen an Körperschaften oder Personenvereinigungen durch den Steuerabzugsverpflichteten Kapitalertragsteuer einbehalten wurde, ist diese anzurechnen, sofern die Bezüge i. S. d. § 8b Abs. 2 KStG dem Grunde nach in der Veranlagung erfasst wurden. **74**

Für die Erfassung der Einkünfte ist grds. das Zuflussprinzip maßgebend. Bei Zuordnung der Kapitaleinkünfte zu anderen Einkunftsarten (§ 20 Abs. 8 EStG) gelten m. E. die für die anderen Einkünfte geltenden Regelungen (z. B. Realisationsprinzip bei Gewinneinkünften in den Fällen von § 4 Abs. 1 EStG bzw. § 5 EStG, Zuflussprinzip bei Einkünften aus Vermietung und Verpachtung). **75**

Auf die Einkommensteuer kann nur die durch Steuerabzug „erhobene" Einkommensteuer angerechnet werden. Entsprechend der Regelung zum Lohnsteuerabzug ist die Kapitalertragsteuer dann erhoben, wenn sie vom Steuerabzugsverpflichteten für Rechnung des Gläubigers der Kapitalerträge einbehalten und diesem der Nettoertrag ausgezahlt wurde. **76**

Mit der ordnungsgemäßen Einbehaltung durch den Schuldner der Kapitalerträge ist die Kapitalertragsteuer auch dann i. S. v. § 36 Abs. 2 Nr. 2 EStG erhoben, wenn sie nicht an das Finanzamt abgeführt wird. Liegen auch die übrigen Voraussetzungen des § 36 Abs. 2 Nr. 2 EStG vor, so erlangt der Gläubiger der Kapitalerträge als Steuerschuldner im Zeitpunkt der Einbehaltung der Kapitalertragsteuer durch den Schuldner der Kapitalerträge einen Steueranrechnungsanspruch, der zu einer Einnahme aus Kapitalvermögen i. S. v. § 8 Abs. 1 EStG i. V. m. § 11 Abs. 1 EStG führt. Dem steht nicht entgegen, dass die Voraussetzungen für eine Inanspruchnahme des Steuerschuldners für die nicht abgeführte Kapitalertragsteuer nach § 44 Abs. 5 Satz 2 Nr. 2 EStG vorliegen und das FA in einem späteren Veranlagungszeitraum dementsprechend handelt.[1] Die Inanspruchnahme des Gläubigers der Kapitalerträge in einem späteren Veranlagungszeitraum führt bei diesem zu negativen Einnahmen aus Kapitalvermögen. **77**

Zur Erstattung von Kapitalertragsteuer wird auf die Ausführungen in → Rz. 46 verwiesen. Bereits erstattete Steuerabzugsbeträge können nicht mehr auf die im Veranlagungswege festgesetzte Einkommensteuer angerechnet werden. **78**

Nach § 36 Abs. 2 Nr. 2 Satz 2 EStG ist die Vorlage der Steuerbescheinigung nach § 45a Abs. 2, 3 EStG nach amtlich vorgeschriebenem Muster[2] materiell-rechtliche Voraussetzung für die Anrechnung der Kapitalertragsteuer auf die Einkommensteuer. Die Anrechnung von Kapitalertragsteuer setzt voraus, dass die der Anrechnung zugrunde liegenden Einnahmen bei der Veranlagung erfasst werden und der Anteilseigner die in § 45a Abs. 2 oder 3 EStG bezeichnete Bescheinigung **im Original** vorlegt.[3] Siehe jedoch → Rz. 80 **79**

---

1 BFH v. 23. 4. 1996 - VIII R 30/93, BFH/NV 1996, 364 = NWB DokID: OAAAA-96772.
2 Siehe BMF v. 3. 12. 2014, BStBl 2014 I 1586.
3 Vgl. R 36 Satz 1 EStR.

80 Durch das StModernG v. 18.7.2016[1] wurde die Belegvorlagepflicht in § 36 Abs. 2 Nr. 2 EStG punktuell in eine Belegvorhaltepflicht geändert. Die Neuregelung gilt nach § 52 Abs. 1 EStG ab VZ 2017. Danach ist die Vorlage der Steuerbescheinigung nach § 45a Abs. 2, 3 EStG als materielle Voraussetzung für die Anrechnung der durch Steuerabzug vom Kapitalertrag erhobenen Einkommensteuer nunmehr für die Fälle entfallen, in denen der Steuerpflichtige einen Antrag nach § 32d Abs. 4 oder 6 EStG stellt. Allerdings ist der Stpfl. dazu verpflichtet, die Steuerbescheinigung aufzubewahren und auf Verlangen des Finanzamts vorzulegen. Diese Regelung dient zumindest teilweise der Umsetzung des Gedankens der Verfahrensvereinfachung und Entbürokratisierung des Steuerverwaltungsverfahrens.[2] Der Finanzverwaltung wird die Möglichkeit eingeräumt, die Angaben des Steuerpflichtigen zur Anrechnung von Kapitalertragsteuer einschließlich Anhangsteuern nach eigenem Ermessen auf Glaubhaftigkeit und Schlüssigkeit zu prüfen.

81 Von dieser Neuregelung werden nur die Fälle erfasst, in denen der Privatanleger Einkünfte aus Kapitalvermögen erzielt. Die Vorlagepflicht ist in allen anderen Fällen (z. B. bei Erzielung von Einkünften aus Gewerbebetrieb oder Einkünften aus Vermietung und Verpachtung) nicht entfallen. M. E. ist weiterhin auch in allen Fällen der gesonderten und einheitlichen Feststellung von Steuerabzugsbeträgen nach § 180 Abs. 5 Nr. 2 AO, die in Zusammenhang mit der Erzielung von Einkünften aus Kapitalvermögen stehen, die Vorlage der Steuerbescheinigung erforderlich, denn die Ausübung der Veranlagungswahlrechte nach § 32d Abs. 4, 6 EStG erfolgt erst auf Ebene des jeweiligen Gesellschafters/Beteiligten und nicht schon durch die Gesellschaft/Gemeinschaft. Darüber hinaus wandeln sich auch bei einem Gesellschafter, der betrieblich an einer vermögensverwaltenden Personengesellschaft beteiligt ist, die ihm zuzurechnenden Beteiligungseinkünfte außerhalb der Zebragesellschaft erst auf seiner Besteuerungsebene in betriebliche Einkünfte um.[3]

82 Die Regelungen zur Ausstellung von Steuerbescheinigungen nach § 45a Abs. 2, 3 EStG bleiben unberührt, siehe KKB/Anemüller, § 45a EStG Rz. 6 ff.

83 Für den Fall, dass der Schuldner der Kapitalerträge und der Gläubiger der Kapitalerträge die Übernahme der Steuerschuld durch den Schuldner der Kapitalerträge vereinbart haben, sind beim Gläubiger der Kapitalerträge auch die vom Schuldner der Kapitalerträge übernommenen Beträge als Einnahmen anzusetzen. Die durch den Schuldner der Kapitalerträge übernommenen Beträge sind in der Steuerbescheinigung zugleich als anrechenbare Steuerabzugsbeträge auszuweisen.

84–90 *(Einstweilen frei)*

d) Anrechnung von Einkommensteuer bei beschränkt Steuerpflichtigen

91 Die Einkommensteuer, die nach § 50a Abs. 1 EStG durch Steuerabzug erhoben wurde, ist gem. § 50 Abs. 2 Satz 1 EStG durch den Steuerabzug grds. abgegolten. Greifen die Ausnahmetatbestände des § 50 Abs. 2 Satz 2 EStG, sind die Steuerabzugsbeträge nach § 50a Abs. 1 EStG auf die Einkommensteuer unter den dort genannten Voraussetzungen anzurechnen.

---

1 BGBl 2016 I 1679.
2 BT-Drucks. 18/7457, 106.
3 BFH v. 11.4.2005 - GrS 2/02, BStBl 2005 II 679.

Der nach § 50a Abs. 7 EStG angeordnete Steuerabzug entfaltet m. E. grds. keine Abgeltungswirkung. Die Steuerabzugsbeträge sind wie Steuervorauszahlungen zu behandeln. 92

(Einstweilen frei) 93–95

e) Anrechnung bei Abzugsbeträgen nach § 48 EStG

Zur Anrechnung von Abzugsbeträgen nach § 48 EStG (Bauabzugssteuer) auf die Einkommensteuer wird auf die Ausführungen zu KKB/Holthaus, § 48c EStG Rz. 1 verwiesen. 96

4. Unterschiedsbetrag in den Fällen des § 32c Abs. 1 Satz 2 EStG (§ 36 Abs. 2 Nr. 3 EStG)

Mit der Neuregelung in § 36 Abs. 2 Nr. 3 EStG soll sichergestellt werden, dass die Steuerermäßigung nach § 32c EStG auch dann greift, wenn im letzten VZ eines Betrachtungszeitraums ein Unterschiedsbetrag abzuziehen wäre, die festgesetzte tarifliche Einkommensteuer aber geringer ist als der Ermäßigungsbetrag. Da sich in diesen Fällen die Steuerermäßigung nicht in vollem Umfang auswirken würde oder sogar komplett ohne Auswirkung bliebe, wird der überschießende Betrag im Wege der Anrechnung zum Abzug gebracht. In den betroffenen Fällen kann es somit zu einer Erstattung gem. § 36 Abs. 4 Satz 2 EStG kommen. Hintergrund für die Einführung der neuen Anrechnungsmöglichkeit ist die Vermeidung willkürlicher Ergebnisse, denn die Durchführung der Tarifglättung erfordert nach der gesetzlichen Konzeption im dritten VZ des Betrachtungszeitraums eine Tarifsteuer, die mindestens dem steuerermäßigenden Unterschiedsbetrag entspricht.[1] Durch die Einführung des § 36 Abs. 2 Nr. 3 EStG wird die Wirkung der Tarifglättung vom Steuerfestsetzungsverfahren in das Steuererhebungsverfahren verschoben.[2] 97

IV. Rundung der Steuerbeträge (§ 36 Abs. 3 EStG)

Die Steuerbeträge nach § 36 Abs. 2 Nr. 2 EStG sind auf volle Euro aufzurunden. Nach § 36 Abs. 3 Satz 2 EStG ist bei den durch Steuerabzug erhobenen Steuern jeweils die Summe der Beträge einer einzelnen Abzugsteuer aufzurunden. Somit werden die Lohnsteuerbeträge insgesamt auf den nächsten vollen Euro aufgerundet und die gesamte Kapitalertragsteuer wird auch auf den nächsten vollen Euro aufgerundet. 98

(Einstweilen frei) 99–100

V. Abschlusszahlung bzw. Erstattung (§ 36 Abs. 4 Satz 1 bis 3 EStG)

§ 36 Abs. 4 EStG regelt die Verfahrensweise zum Umgang mit Erstattungsansprüchen des Stpfl. bzw. Abschlusszahlungen, die durch den Stpfl. zu entrichten sind. 101

Ergibt sich nach der Abrechnung ein Überschuss zu Ungunsten des Stpfl., hat der Stpfl. als Steuerschuldner den Betrag grds. innerhalb eines Monats nach Bekanntgabe des Steuerbescheids zu entrichten (Abschlusszahlung). Soweit der Unterschiedsbetrag zu Ungunsten des 102

---

[1] BT-Drucks. 18/10468, 11.
[2] Kritisch hierzu *Kanzler*, DStZ 2017, 210.

Stpfl. den fällig gewordenen, aber nicht entrichteten Einkommensteuer-Vorauszahlungen entspricht, ist der offene Betrag sofort zu entrichten.

103 Zur Entrichtung von Klein- und Kleinstbeträgen zwischen 1 € und 3 € wird auf das Schreiben des BMF v. 22. 3. 2001[1] verwiesen.

104 Ergibt sich nach der Abrechnung ein Überschuss zugunsten des Stpfl., wird das Guthaben dem Stpfl. nach Bekanntgabe des Steuerbescheides ausgezahlt, vgl. § 36 Abs. 4 Satz 2 EStG. Die Auszahlung schließt die Aufrechnung, Gutschrift oder Verrechnung nicht aus. Die Auszahlung erfolgt nach § 224 Abs. 3 Satz 1 AO grds. unbar.

105 In § 36 Abs. 4 Satz 3 EStG ist geregelt, dass bei nach §§ 26, 26b EStG zusammenveranlagten Ehegatten bzw. Lebenspartnern[2] die Auszahlung an einen Ehegatten/Lebenspartner auch für und gegen den anderen Ehegatten/Lebenspartner wirkt.

106–110 *(Einstweilen frei)*

VI. Stundung der Einkommensteuer in bestimmten Fällen (§ 36 Abs. 5 Satz 1 bis 5 EStG)

111 Nach § 36 Abs. 5 EStG wird dem Stpfl. die Begleichung der festgesetzten Einkommensteuer in fünf gleichen Jahresraten erlaubt, soweit die Steuer in den Fällen des § 16 Abs. 3a EStG auf den Aufgabegewinn und den durch den Wechsel der Gewinnermittlungsart erzielten Gewinn entfällt, wenn die Wirtschaftsgüter einem Betriebsvermögen des Stpfl. in einem anderen Mitgliedstaat der Europäischen Union oder des Europäischen Wirtschaftsraums zuzuordnen sind, sofern durch diese Staaten Amtshilfe entsprechend oder im Sinne der Amtshilferichtlinie gem. § 2 Abs. 2 des EU-Amtshilfegesetzes und gegenseitige Unterstützung bei der Beitreibung im Sinne der Beitreibungsrichtlinie einschließlich der in diesem Zusammenhang anzuwendenden Durchführungsbestimmungen in den für den jeweiligen Veranlagungszeitraum geltenden Fassungen oder eines entsprechenden Nachfolgerechtsakts geleistet werden.

112 Die erste Jahresrate ist nach § 36 Abs. 5 Satz 2 EStG innerhalb eines Monats nach Bekanntgabe des Steuerbescheids zu entrichten. Die übrigen Jahresraten sind jeweils am 31. 5. der Folgejahre fällig. Ändert sich die festgesetzte Steuer, sind die Jahresraten entsprechend anzupassen.

113 Die Stundung erfolgt zinslos, vgl. § 36 Abs. 5 Satz 3 EStG.

114 Wird der Betrieb oder Teilbetrieb während dieses Zeitraums eingestellt, veräußert oder in andere als die in § 36 Abs. 5 Satz 1 EStG genannten Staaten verlegt, wird die noch nicht entrichtete Steuer innerhalb eines Monats nach diesem Zeitpunkt fällig.

115 Die durch das JStG 2010[3] eingeführte Regelung des § 16 Abs. 3a EStG bzw. § 36 Abs. 5 EStG ist auf alle noch offenen Fälle anzuwenden.[4]

---

1 BMF v. 22. 3. 2001, BStBl 2001 I 242.
2 § 2 Abs. 8 EStG.
3 JStG 2010, BGBl 2010 I 1768.
4 Vgl. § 52 Abs. 34 Satz 5 EStG und § 52 Abs. 50d Satz 3 EStG jeweils in der bis zum 30. 7. 2014 anzuwendenden Fassung.

§ 36a Beschränkung der Anrechenbarkeit der Kapitalertragsteuer

[1](1) ¹Bei Kapitalerträgen im Sinne des § 43 Absatz 1 Satz 1 Nummer 1a setzt die volle Anrechnung der durch Steuerabzug erhobenen Einkommensteuer ferner voraus, dass der Steuerpflichtige hinsichtlich der diesen Kapitalerträgen zugrunde liegenden Anteile oder Genussscheine

1. während der Mindesthaltedauer nach Absatz 2 ununterbrochen wirtschaftlicher Eigentümer ist,
2. während der Mindesthaltedauer nach Absatz 2 ununterbrochen das Mindestwertänderungsrisiko nach Absatz 3 trägt und
3. nicht verpflichtet ist, die Kapitalerträge ganz oder überwiegend, unmittelbar oder mittelbar anderen Personen zu vergüten.

²Fehlen die Voraussetzungen des Satzes 1, so sind drei Fünftel der Kapitalertragsteuer nicht anzurechnen. ³Die nach den Sätzen 1 und 2 nicht angerechnete Kapitalertragsteuer ist auf Antrag bei der Ermittlung der Einkünfte abzuziehen. ⁴Die Sätze 1 bis 3 gelten entsprechend für Anteile oder Genussscheine, die zu inländischen Kapitalerträgen im Sinne des § 43 Absatz 3 Satz 1 führen und einer Wertpapiersammelbank im Ausland zur Verwahrung anvertraut sind.

(2) ¹Die Mindesthaltedauer umfasst 45 Tage und muss innerhalb eines Zeitraums von 45 Tagen vor und 45 Tagen nach der Fälligkeit der Kapitalerträge erreicht werden. ²Bei Anschaffungen und Veräußerungen ist zu unterstellen, dass die zuerst angeschafften Anteile oder Genussscheine zuerst veräußert wurden.

(3) ¹Der Steuerpflichtige muss unter Berücksichtigung von gegenläufigen Ansprüchen und Ansprüchen nahe stehender Personen das Risiko aus einem sinkenden Wert der Anteile oder Genussscheine im Umfang von mindestens 70 Prozent tragen (Mindestwertänderungsrisiko). ²Kein hinreichendes Mindestwertänderungsrisiko liegt insbesondere dann vor, wenn der Steuerpflichtige oder eine ihm nahe stehende Person Kurssicherungsgeschäfte abgeschlossen hat, die das Wertänderungsrisiko der Anteile oder Genussscheine unmittelbar oder mittelbar um mehr als 30 Prozent mindern.

(4) Einkommen- oder körperschaftsteuerpflichtige Personen, bei denen insbesondere aufgrund einer Steuerbefreiung kein Steuerabzug vorgenommen oder denen ein Steuerabzug erstattet wurde und die die Voraussetzungen für eine Anrechenbarkeit der Kapitalertragsteuer nach den Absätzen 1 bis 3 nicht erfüllen, haben dies gegenüber ihrem zuständigen Finanzamt anzuzeigen und eine Zahlung in Höhe des unterbliebenen Steuerabzugs auf Kapitalerträge im Sinne des § 43 Absatz 1 Satz 1 Nummer 1a und des Absatzes 1 Satz 4 zu leisten.

(5) Die Absätze 1 bis 4 sind nicht anzuwenden, wenn

1. die Kapitalerträge im Sinne des § 43 Absatz 1 Satz 1 Nummer 1a und des Absatzes 1 Satz 4 im Veranlagungszeitraum nicht mehr als 20 000 Euro betragen oder
2. der Steuerpflichtige bei Zufluss der Kapitalerträge im Sinne des § 43 Absatz 1 Satz 1 Nummer 1a und des Absatzes 1 Satz 4 seit mindestens einem Jahr ununterbrochen wirtschaftlicher Eigentümer der Aktien oder Genussscheine ist; Absatz 2 Satz 2 gilt entsprechend.

---

1 Anm. d. Red.: Zur Anwendung des § 36a siehe § 52 Abs. 35a.

EStG § 36a — Beschränkung der Anrechenbarkeit der Kapitalertragsteuer

(6) ¹Der Treuhänder und der Treugeber gelten für die Zwecke der vorstehenden Absätze als eine Person, wenn Kapitalerträge im Sinne des § 43 Absatz 1 Satz 1 Nummer 1a und des Absatzes 1 Satz 4 einem Treuhandvermögen zuzurechnen sind, welches ausschließlich der Erfüllung von Altersvorsorgeverpflichtungen dient und dem Zugriff übriger Gläubiger entzogen ist. ²Entsprechendes gilt für Versicherungsunternehmen und Versicherungsnehmer im Rahmen von fondsgebundenen Lebensversicherungen, wenn die Leistungen aus dem Vertrag an den Wert eines internen Fonds im Sinne des § 124 Absatz 2 Satz 2 Nummer 1 des Versicherungsaufsichtsgesetzes gebunden sind.

(7) § 42 der Abgabenordnung bleibt unberührt.

Inhaltsübersicht

	Rz.
A. Allgemeine Erläuterungen	1 - 16
I. Normzweck und wirtschaftliche Bedeutung der Vorschrift	1 - 2
II. Entstehung und Entwicklung der Vorschrift	3 - 4
III. Geltungsbereich	5 - 10
IV. Verhältnis zu anderen Regelungen	11 - 16
B. Systematische Kommentierung	17 - 141
I. Beschränkung der Anrechenbarkeit der Kapitalertragsteuer – Allgemeines	17 - 20
II. Anwendungsbereich allgemein	21 - 30
1. Sachlicher Anwendungsbereich (§ 36a Abs. 1 Satz 1 und 4 EStG)	21 - 23
2. Persönlicher Anwendungsbereich	24
3. Zeitlicher Anwendungsbereich (§ 52 Abs. 35a EStG)	25 - 30
III. Beschränkung der Anrechenbarkeit der Kapitalertragsteuer (§ 36a Abs. 1 Satz 1 bis 3 EStG)	31 - 42
1. Voraussetzungen für die Anrechnung der Kapitalertragsteuer (§ 36a Abs. 1 Satz 1 EStG)	31 - 32
2. Keine Anrechnung der Kapitalertragsteuer (§ 36a Abs. 1 Satz 2 EStG)	33
3. Abzug von Kapitalertragsteuer bei Ermittlung der Einkünfte (§ 36a Abs. 1 Satz 3 EStG)	34 - 42
IV. Mindesthaltedauer (§ 36a Abs. 2 EStG)	43 - 60
1. Bestimmungen zur Mindesthaltedauer	43 - 46
2. Besonderheiten zur Fälligkeit der Kapitalerträge	47 - 48
3. Verbrauchsfolgeverfahren (§ 36a Abs. 2 Satz 2 EStG)	49 - 60
V. Wirtschaftliches Eigentum (§ 36a Abs. 1 Satz 1 Nr. 1 EStG)	61 - 75
VI. Mindestwertänderungsrisiko (§ 36a Abs. 3 EStG)	76 - 100
1. Allgemeines	76
2. Gegenläufige Ansprüche	77 - 83
a) Arten gegenläufiger Ansprüche	77
b) Zuordnung gegenläufiger Ansprüche	78 - 83
3. Nahe stehende Person	84 - 85
4. Kein hinreichendes Mindestwertänderungsrisiko (§ 36a Abs. 3 Satz 2 EStG)	86 - 100
VII. Weiterleitung von Kapitalerträgen (§ 36a Abs. 1 Satz 1 Nr. 3 EStG)	101 - 110
VIII. Anzeigepflicht in Fällen der Steuerbefreiung oder bei Steuererstattungen (§ 36a Abs. 4 EStG)	111 - 120
IX. Ausnahmeregelungen nach § 36a Abs. 5, 6 EStG	121 - 140
1. Allgemeines	121
2. Bagatellgrenze (§ 36a Abs. 5 Nr. 1 EStG)	122
3. Langfristiges wirtschaftliches Eigentum (§ 36a Abs. 5 Nr. 2 EStG)	123 - 124
4. Altersvorsorgeverpflichtungen (§ 36a Abs. 6 Satz 1 EStG)	125
5. Fondsgebundene Lebensversicherungen (§ 36a Abs. 6 Satz 2 EStG)	126 - 140
X. Missbrauch steuerlicher Gestaltungsmöglichkeiten i. S. v. § 42 AO (§ 36a Abs. 7 EStG)	141

> **HINWEIS:**
> BMF v. 3.4.2017, BStBl 2017 I S. 726; BMF v. 20.2.2018, BStBl 2018 I S. 308.

A. Allgemeine Erläuterungen

I. Normzweck und wirtschaftliche Bedeutung der Vorschrift

§ 36a EStG beschränkt die Anrechnung der insbesondere auf Kapitalerträge i. S. d. § 43 Abs. 1 Satz 1 Nr. 1a EStG erhobenen Kapitalertragsteuer unter bestimmten Voraussetzungen und soll verhindern, dass die Besteuerung von Dividenden mittels sog. Cum/Cum-Geschäfte umgangen wird.   1

(Einstweilen frei)   2

II. Entstehung und Entwicklung der Vorschrift

Die Regelung in § 36a EStG wurde durch das InvStRefG v. 19. 7. 2016[1] mit Wirkung für ab dem 1. 1. 2016 zufließende Kapitalerträge eingeführt.   3

(Einstweilen frei)   4

III. Geltungsbereich

Die Vorschrift findet auf Steuerinländer Anwendung, die die volle Anrechnung der durch Steuerabzug erhobenen Steuer auf Kapitalerträge i. S. d. § 43 Abs. 1 Satz 1 Nr. 1a EStG und diesen nach § 36a Abs. 1 Satz 4 EStG gleichgestellten Erträgen begehren.   5

§ 36a EStG findet sowohl auf einkommensteuerpflichtige als auch auf körperschaftsteuerpflichtige Personen Anwendung und erfasst auch inländische Investmentfonds.   6

(Einstweilen frei)   7–10

IV. Verhältnis zu anderen Regelungen

§ 36a EStG beschränkt in Ergänzung der Grundregel in § 36 Abs. 2 Nr. 2 EStG die Anrechenbarkeit der durch Steuerabzug auf Kapitalerträge erhobenen Einkommensteuer dem Grunde und der Höhe nach. Die Voraussetzungen in § 36a Abs. 1 Satz 1 EStG sind somit zusätzlich zu den Anforderungen in § 36 Abs. 2 Nr. 2 EStG zu erfüllen.[2]   11

(Einstweilen frei)   12–16

---

[1] BGBl 2016 I 1730.
[2] Vgl. BT-Drucks. 18/8739, 117.

B. Systematische Kommentierung

I. Beschränkung der Anrechenbarkeit der Kapitalertragsteuer – Allgemeines

17 Die Regelungen in § 36a EStG zielen auf die Einschränkung der Anrechnung der Kapitalertragsteuer beim Steuerinländer ab, sofern dieser bestimmte Voraussetzungen bei Gestaltungen im Rahmen des Dividendenstrippings erfüllt. Bereits seit mehreren Jahren werden durch den Gesetzgeber verschiedene Arten von Dividendenstripping intensiv auf ihre Zulässigkeit und Wirkungsweise hin untersucht. Mit der in § 36a EStG geschaffenen Regelung wird auf sog. Cum/Cum-Geschäfte abgezielt, mit deren Hilfe die Besteuerung von Dividenden umgangen werden kann.[1] Bei Cum/Cum-Geschäften werden Wertpapiere, insbesondere Aktien, kurz vor dem Dividendenstichtag durch einen Steuerausländer oder einem nach § 8b Abs. 4 KStG steuerpflichtigen Steuerinländer auf einen (anderen) Steuerinländer übertragen. Die Übertragung erfolgt in vielen Fällen entweder durch Kassa-, Wertpapierleih- oder Wertpapierpensionsgeschäfte. Die Rückübertragung der Aktien an den Steuerausländer oder an den nach § 8b Abs. 4 KStG steuerpflichtigen Steuerinländer erfolgt in aller Regel wenige Tage nach dem Dividendenstichtag. Bei diesen Geschäften erhält der dem Grunde nach anrechnungsberechtigte Steuerinländer die Dividende. Der Steuerausländer hingegen erzielt anstelle der nach § 49 Abs. 1 Nr. 5 Buchst. a EStG beschränkt steuerpflichtigen Dividendenzahlung einen Ertrag in Form eines Veräußerungsgewinns oder einer Leihgebühr, die entweder dem Grunde nach nicht der beschränkten Steuerpflicht unterliegen oder, bestehendes Doppelbesteuerungsabkommen unterstellt, bei denen das Besteuerungsrecht dem Ansässigkeitsstaat zugewiesen ist.

18–20 (Einstweilen frei)

II. Anwendungsbereich allgemein

1. Sachlicher Anwendungsbereich (§ 36a Abs. 1 Satz 1 und 4 EStG)

21 § 36a Abs. 1 Satz 1 EStG erfasst Beteiligungseinkünfte i. S. d. § 43 Abs. 1 Satz 1 Nr. 1a EStG. Zu diesen Beteiligungseinkünften gehören Dividenden aus im Inland girosammelverwahrten Aktien und Genussrechten.

22 Nach der Regelung in § 36a Abs. 1 Satz 4 EStG werden auch Dividenden aus Beteiligungen an inländischen Emittenten erfasst, die im Ausland einer Wertpapiersammelbank zur Verwahrung anvertraut wurden. Es handelt sich nach § 43 Abs. 3 Satz 1 EStG in den Fällen des § 43 Abs. 1 Satz 1 Nr. 1 und 1a bis 4 EStG dann um inländische Kapitalerträge, wenn der Schuldner Wohnsitz, Sitz oder Geschäftsleitung im Inland hat. Diese Regelung dient der Vermeidung von Umgehungsgestaltungen der Vorgaben in § 36a EStG allein durch Änderung der Wertpapierverwahrung.

23 Da der sachliche Anwendungsbereich Kapitalerträge i. S. d. § 43 Abs. 1 Satz 1 Nr. 1a EStG umfasst, sind m. E. auch Erträge, die Inhaber von Hinterlegungsscheinen erzielen, von § 36a EStG erfasst. Nach den Ausführungen im BMF-Schreiben zur Besteuerung von American Depository Receipts (ADRs) auf inländische Aktien v. 24. 5. 2013[2] werden die über Hinterlegungsscheine erzielten Kapitalerträge entsprechend den Kapitalerträgen i. S. d. § 43 Abs. 1 Satz 1 Nr. 1a EStG

---

1 Vgl. BT-Drucks. 18/8045, 133.
2 BStBl 2013 I 718.

behandelt. Somit greifen auch für den Fall, dass sich inländische Anleger über Hinterlegungsscheinprogramme an inländischen Aktien beteiligen, die Regelungen des § 36a EStG.

2. Persönlicher Anwendungsbereich

Jede einkommen- oder körperschaftsteuerpflichtige Person wird von § 36a EStG erfasst. Darüber hinaus haben auch inländische Investmentfonds die Vorgaben in § 36a EStG zu berücksichtigen. 24

3. Zeitlicher Anwendungsbereich (§ 52 Abs. 35a EStG)

Nach § 52 Abs. 35a EStG ist § 36a EStG in der am 27.7.2016 geltenden Fassung erstmals auf Kapitalerträge anzuwenden, die ab dem 1.1.2016 zufließen. 25

(*Einstweilen frei*) 26–30

III. Beschränkung der Anrechenbarkeit der Kapitalertragsteuer (§ 36a Abs. 1 Satz 1 bis 3 EStG)

1. Voraussetzungen für die Anrechnung der Kapitalertragsteuer (§ 36a Abs. 1 Satz 1 EStG)

Die volle Anrechnung der Kapitalertragsteuer setzt in Ergänzung der allgemeinen Regelungen in § 36 Abs. 2 Nr. 2 EStG voraus, dass der Steuerpflichtige hinsichtlich der den Kapitalerträgen (vgl. im Einzelnen → Rz. 21 ff.) zugrunde liegenden Anteile oder Genussscheine 31

1. eine Mindesthaltedauer von 45 Tagen einhält (Hinweis auf → Rz. 43 ff.),
2. während der Mindesthaltedauer ununterbrochen wirtschaftlicher Eigentümer ist (Hinweis auf → Rz. 61 ff.),
3. während der Mindesthaltedauer ununterbrochen das Mindestwertänderungsrisiko trägt (Hinweis auf → Rz. 76 ff.) und
4. keiner Verpflichtung unterliegt, die Kapitalerträge ganz oder überwiegend, unmittelbar oder mittelbar anderen Personen zu vergüten (Hinweis auf → Rz. 101 ff.).

Diese Voraussetzungen müssen kumulativ erfüllt sein, um nicht die Beschränkungen des § 36a EStG auszulösen. 32

2. Keine Anrechnung der Kapitalertragsteuer (§ 36a Abs. 1 Satz 2 EStG)

Sofern die Voraussetzungen in § 36a Abs. 1 Satz 1 EStG nicht erfüllt sind, ist die Anrechnung der Kapitalertragsteuer beschränkt. In Höhe von 3/5 darf die Kapitalertragsteuer in diesen Fällen nicht angerechnet werden. Diese Regelung führt zunächst zu einer Steuerbelastung von 15 % und ist der Höhe nach grundsätzlich mit der Definitivbelastung von Körperschaftsteuer im Fall der Streubesitzdividendenregelung nach § 8b Abs. 4 KStG und der Belastung des Steuerausländers nach Anwendung des Erstattungsverfahrens nach § 50d EStG und der Erstattungsmöglichkeiten nach § 44a Abs. 9 Satz 1 EStG vergleichbar. Die Anrechnung der Kapitalertragsteuer bleibt im Umfang von 10 % (2/5) erhalten. Zum Abzug nicht angerechneter Kapitalertragsteuer bei Ermittlung der Einkünfte siehe → Rz. 34. 33

3. Abzug von Kapitalertragsteuer bei Ermittlung der Einkünfte (§ 36a Abs. 1 Satz 3 EStG)

34 Soweit Kapitalertragsteuer nach § 36a Abs. 1 Satz 1 und 2 EStG nicht angerechnet werden kann, kann diese auf Antrag bei der Ermittlung der Einkünfte abgezogen werden. Sie mindert somit die steuerliche Bemessungsgrundlage und im Ergebnis die Steuerbelastung. Beim Privatanleger greift das Werbungskostenabzugsverbot insoweit nicht.[1]

35 Der Abzug bei Ermittlung der Einkünfte erfolgt nur auf Antrag und sollte aus Beweisgründen schriftlich gestellt werden und inhaltlich hinreichend klar und bestimmt erfolgen. Der Antrag ist nicht fristgebunden; allerdings kann der Antrag ausschließlich im Rahmen der verfahrensrechtlichen Änderungsmöglichkeiten berücksichtigt werden und sollte daher insbesondere zeitnah vor Eintreten der formellen Bestandskraft der Steuerfestsetzung gestellt werden.

36–42 *(Einstweilen frei)*

IV. Mindesthaltedauer (§ 36a Abs. 2 EStG)

1. Bestimmungen zur Mindesthaltedauer

43 Der Steuerpflichtige muss die Anteile mindestens 45 Tage innerhalb eines Zeitraums von 45 Tagen vor und 45 Tagen nach Fälligkeit der Kapitalerträge halten. Mithin ergibt sich aus den Vorgaben in § 36a Abs. 2 Satz 1 EStG ein Betrachtungszeitraum, der 91 Tage umfasst.

44 Die Mindesthaltedauer von 45 Tagen schließt auch Sonnabende, Sonntage und gesetzliche Feiertage ein. Nach Auffassung der FinVerw ist bei der Berechnung der Mindesthaltedauer § 108 Abs. 3 AO zu berücksichtigen. Bei Ermittlung der Mindesthaltedauer endet die Frist somit erst mit dem Ablauf des nachfolgenden Werktags.[2]

45 Nach dem Wortlaut in § 36a Abs. 2 Satz 2 EStG muss die Mindesthaltedauer 45 Tage umfassen. Im Sinne dieser Regelung sind 45 volle Tage gemeint, so dass der Tag des Erwerbs des wirtschaftlichen Eigentums nicht mitzuzählen ist. Umgekehrt bleibt bei der Ermittlung der Mindesthaltedauer auch der Tag des Verlusts des wirtschaftlichen Eigentums unberücksichtigt.

46 Die Mindesthaltedauer muss innerhalb des Betrachtungszeitraums **ununterbrochen** 45 Tage betragen. Unterbrechungen führen zum Beginn einer neuen Mindesthaltedauer.

2. Besonderheiten zur Fälligkeit der Kapitalerträge

47 Die Mindesthaltedauer muss innerhalb eines Zeitraums von 45 Tagen vor und 45 Tagen nach Fälligkeit der Kapitalerträge eingehalten werden. Die Fälligkeit der Kapitalerträge ergibt sich bei Aktien regelmäßig aus dem Beschluss der Hauptversammlung und bei Genussrechten aus den Emissionsbedingungen. Wurde durch die Hauptversammlung kein Fälligkeitstag bestimmt, so gilt nach § 44 Abs. 2 Satz 2 EStG (siehe →Rz. 47) der Tag nach Beschlussfassung als Zeitpunkt des Zufließens, es sei denn, es liegt eine abweichende gesetzliche oder satzungsrechtliche Regelung zum Zeitpunkt der Fälligkeit vor. Grundsätzlich ist der sogen. „Ex-Tag" als Tag der Fälligkeit anzunehmen; allerdings können diese beiden Tage bei entsprechender Regelung auch auseinanderfallen.

---

1 Vgl. BT-Drucks. 18/8739, 117.
2 Vgl. BMF v. 3.4.2017, BStBl 2017 I 726, Rz. 8.

> **HINWEIS:**
> Für die praktische Umsetzung bedeutet dies, dass für jeden Einzelfall die Mindesthaltedauer gesondert zu berechnen ist. Das Gesetz sieht bisher keine Vereinfachung zur Berechnung der Mindesthaltedauer beim Auseinanderfallen von „Ex-Tag" und dem Tag der Fälligkeit der Kapitalerträge vor.

48

3. Verbrauchsfolgeverfahren (§ 36a Abs. 2 Satz 2 EStG)

Bei der Prüfung, ob die Mindesthaltedauer für jedes einzelne Wertpapier eingehaltene wurde, ist die „FiFo-Methode" als Verbrauchsfolgeverfahren anzuwenden.

49

(Einstweilen frei)

50–60

V. Wirtschaftliches Eigentum (§ 36a Abs. 1 Satz 1 Nr. 1 EStG)

Nach § 36a Abs. 1 Satz 1 Nr. 1 EStG muss der Steuerpflichtige während der Mindesthaltedauer wirtschaftlicher Eigentümer der Anteile und Genussscheine sein. Eine spezialgesetzliche Definition des Begriffs des wirtschaftlichen Eigentums an Wertpapieren enthält § 36a EStG nicht, so dass auf die allgemeinen Grundsätze zurückzugreifen ist.

61

Einkünfte aus Kapitalvermögen i.S.v. § 20 Abs. 1 Nr. 1 und 2 EStG erzielt der Anteilseigner. Nach § 20 Abs. 5 Satz 2 EStG ist derjenige Anteilseigner, dem nach § 39 AO die Anteile an dem Kapitalvermögen i.S.d. § 20 Abs. 1 Nr. 1 EStG im Zeitpunkt des Gewinnverteilungsbeschlusses zuzurechnen sind. Nach § 39 Abs. 1 AO sind Wirtschaftsgüter dem Eigentümer zuzurechnen. Abweichend hiervon bestimmt § 39 Abs. 2 Nr. 1 AO den Begriff des Eigentums unter Berücksichtigung der tatsächlichen Herrschaft und der gewöhnlichen Nutzungsdauer eines Wirtschaftsguts. § 39 Abs. 2 Nr. 1 Satz 1 AO: „Übt ein anderer als der Eigentümer die tatsächliche Herrschaft über ein Wirtschaftsgut in der Weise aus, dass er den Eigentümer im Regelfall für die gewöhnliche Nutzungsdauer von der Einwirkung auf das Wirtschaftsgut wirtschaftlich ausschließen kann, so ist ihm das Wirtschaftsgut zuzurechnen."

62

Nach der Rechtsprechung des BFH v. 15. 12. 1999[1] erlangt der Erwerber bei Aktien wirtschaftliches Eigentum im Allgemeinen ab dem Zeitpunkt, von dem ab er nach dem Willen der Vertragspartner über die Wertpapiere verfügen kann. Das ist i. d. R. der Fall, sobald Besitz, Gefahr, Nutzungen und Lasten, insbesondere die mit Wertpapieren gemeinhin verbundenen Kursrisiken und -chancen, auf den Erwerber übergegangen sind. Diesen Anforderungen genügt nach Auffassung des BFH, wenn dem Erwerber ein Besitzmittlungsanspruch zu der girosammelverwahrenden Stelle und diesem nach den einschlägigen Börsenusancen (Lieferung „t+2") und den üblichen Abläufen die mit den Anteilen verbundenen Gewinnansprüche regelmäßig nicht mehr entzogen werden können. Der Umstand, dass die tatsächliche Umbuchung evtl. erst zwei Tage nach dem Vertragsabschluss vorgenommen worden ist, trete demgegenüber zurück und beeinflusse nicht den Übergang des wirtschaftlichen Eigentums. Für die Zuordnung eines Wirtschaftsgutes komme es auf das Gesamtbild der Verhältnisse an. Somit könne der Übergang des wirtschaftlichen Eigentums auch dann anzunehmen sein, wenn nicht sämtliche Voraussetzungen in vollem Umfang gegeben seien. Weitere Voraussetzung sei allerdings, dass der Besitz oder eine vergleichbare unentziehbare Position in Erwartung des Eigentumserwerbs eingeräumt würde. Hiervon könne ausgegangen werden, wenn die Vertragsbeteiligten entsprechende schuldrechtliche Verpflichtungen eingegangen sind. Diese Auffassung hat der BFH

63

---

[1] BFH v. 15. 12. 1999 - I R 29/97, BStBl 2000 II 527.

im Grunde mit Urteil vom 20.11.2007[1] bestätigt. Für die börsliche Abwicklung von Wertpapiertransaktionen kann dieser Rechtsprechung m.E. gefolgt werden. Allerdings bleibt bei außerbörslich abgewickelten Wertpapiertransaktionen auf die tatsächliche Erfüllung abzustellen, da dem Erwerber in solchen Fällen alleine durch Abschluss des Verpflichtungsgeschäfts gerade keine, ggf. durch Börsenusancen flankierte, unentziehbare Rechtsposition eingeräumt wird. Der Eigentumsübergang tritt erst im Zeitpunkt der Lieferung der Aktie ein.[2]

64 Für den Fall, dass dem Erwerber nicht das wirtschaftliche Eigentum zuzurechnen ist, bleiben die Auswirkungen auf die ggf. in die Cum/Cum-Gestaltungen eingebundenen Geschäftspartner (z.B. Steuerausländer) gesondert zu prüfen. Hierzu gehören insbesondere die Zurechnung der Anteile und die Versteuerung der Gewinnausschüttung. Im Einzelfall kann sich bei Einbindung von Steuerausländern auch eine Berechtigung auf vollständige oder anteilige Erstattung der erhobenen Kapitalertragsteuer unter Beachtung der Regelungen in § 50d EStG ergeben.

PRAXISHINWEIS:
Die FinVerw hat mit BMF-Schreiben v. 17.7.2017[3] zur steuerlichen Behandlung von Cum/Cum-Transaktionen, zur Zurechnung des wirtschaftlichen Eigentums und u.a. zur Anrechnung der Kapitalertragsteuer auf der Seite des Erwerbers (Steuerinländer) Stellung genommen.

65–75 *(Einstweilen frei)*

VI. Mindestwertänderungsrisiko (§ 36a Abs. 3 EStG)

1. Allgemeines

76 Voraussetzung für die volle Anrechnung der Kapitalertragsteuer ist, dass der Steuerpflichtige während der Mindesthaltedauer ununterbrochen das Mindestwertänderungsrisiko trägt, vgl. § 36a Abs. 1 Satz 1 Nr. 2 EStG. Ausweislich der Ausführungen in § 36a Abs. 3 Satz 1 EStG muss der Steuerpflichtige das Risiko aus einem sinkenden Wert der Anteile oder Genussscheine im Umfang von mindestens 70 % tragen. Hierbei sind gegenläufige Ansprüche des Steuerpflichtigen oder ihm nahe stehender Personen zu berücksichtigen.

2. Gegenläufige Ansprüche

a) Arten gegenläufiger Ansprüche

77 Unter gegenläufigen Ansprüchen sind Ansprüche aus Rechtsgeschäften zu verstehen, deren Wert sich erhöht, wenn der Wert der Anteile oder Genussscheine sinkt, sog. Kurssicherungs- und Termingeschäfte. Diese Geschäfte können sich auf die Anzahl, den Wert oder den Preis bestimmter Positionen beziehen. Hierzu gehören vor allem Swaps, Futures/Forwards, Optionen und Optionsscheine.

b) Zuordnung gegenläufiger Ansprüche

78 Die Zuordnung gegenläufiger Ansprüche sollte m.E., soweit möglich, unmittelbar zu den einzelnen gehandelten Anteilen und Genussscheinen erfolgen, um die 70%-Grenze zutreffend

---

[1] BFH v. 20.11.2007 - I R 85/05, BStBl 2013 II 287.
[2] Vgl. FG Hessen v. 10.2.2016 - 4 K 1684/14, NWB DokID: AAAAF-69848. A.A. BStBK v. 19.8.2016, Abruf am 28.8.2016: http://www.bstbk.de/de/presse/stellungnahmen/archiv/20160819_stellungnahme_bstbk/index.html
[3] BStBl 2017 I 986.

prüfen zu können. Es kommt mithin auf den wirtschaftlichen Zusammenhang zwischen dem einzelnen Wertpapier und dem Hedge-Geschäft an (sog. micro-hedge).

Sofern durch macro-hedge ein gesamtes Portfolio dynamisch abgesichert wird, sind m. E. die zu einer Gesamtrisikoposition zusammengefassten Anteile und Genussscheine in die Prüfung der 70 %-Grenze einzubeziehen. 79

Nur für den Fall, dass kein wirtschaftlicher Zusammenhang zwischen den gehaltenen Anteilen und Genussscheinen und den Sicherungsgeschäften hergestellt werden kann, dürfte es m. E. zu einer Betrachtung sowohl des gesamten Wertpapierbestandes, getrennt nach Gattung, und sämtlicher gegenläufiger Ansprüche kommen. 80

Bei der Berechnung des Mindestwertänderungsrisikos bleiben, sofern keine unmittelbare Zuordnung zwischen dem Sicherungsgeschäft und den gehaltenen Anteilen möglich ist, unabhängig von ihrer Haltedauer sämtliche Anteile der gleichen Gattung zu berücksichtigen. 81

Die Absicherung von Währungsrisiken ist m. E. dann in die Berechnung der 70 %-Grenze einzubeziehen, wenn es sich um ein einheitliches Hedge-Geschäft handelt, welches sowohl die Absicherung von Kursen als auch von Währungsschwankungen beinhaltet. 82

Zur Dokumentation und Nachweiserleichterung, ob und in welchem Umfang eine Absicherung (bestimmter) Positionen erfolgt ist, sollten geeignete Unterlagen (z. B. Verträge, Wertpapierabrechnungen, Berechnungsschemata) vorgehalten werden. Sofern Hedge-Positionen nahe stehender Personen von Bedeutung sind, sollten von diesen ebenfalls vergleichbare Nachweise angefordert und aufbewahrt werden. 83

3. Nahe stehende Person

Der Begriff der nahe stehenden Person ist in § 36a EStG nicht näher ausgeführt. Nach der neueren Rechtsprechung des BFH[1] zur Anwendung des Steuertarifs nach § 32d Abs. 2 Nr. 1 EStG ist von nahe stehenden Personen auszugehen wenn, die Person auf den Steuerpflichtigen einen beherrschenden Einfluss ausüben kann oder umgekehrt der Steuerpflichtige auf diese Person einen beherrschenden Einfluss ausüben kann oder eine dritte Person auf beide einen beherrschenden Einfluss ausüben kann oder die Person oder der Steuerpflichtige imstande ist, bei der Vereinbarung der Bedingungen einer Geschäftsbeziehung auf den Steuerpflichtigen oder die nahestehende Person einen außerhalb dieser Geschäftsbeziehung begründeten Einfluss auszuüben oder wenn einer von ihnen ein eigenes wirtschaftliches Interesse an der Erzielung der Einkünfte des anderen hat. Von einem solchen Beherrschungsverhältnis ist auszugehen, wenn der beherrschten Person aufgrund eines absoluten Abhängigkeitsverhältnisses im Wesentlichen kein eigener Entscheidungsspielraum verbleibt. Das Abhängigkeitsverhältnis kann wirtschaftlicher oder persönlicher Natur sein.[2] 84

Im Übrigen kann m. E. auf die Definition der nahe stehenden Person in § 1 Abs. 2 AStG zurückgegriffen werden. 85

---

1 BFH v. 29. 4. 2014 - VIII R 9/13, BStBl 2014 II 986; BFH v. 29. 4. 2014 - VIII R 35/13, BStBl 2014 II 990; BFH v. 29. 4. 2014 - VIII R 44/13, BStBl 2014 II 992; BFH v. 14. 5. 2014 - VIII R 31/11, BStBl 2014 II 995; BFH v. 28. 1. 2015 - VIII R 8/14, BStBl 2015 II 397.
2 Vgl. auch BMF v. 18. 1. 2016, BStBl 2016 I 85, Rz. 136.

4. Kein hinreichendes Mindestwertänderungsrisiko (§ 36a Abs. 3 Satz 2 EStG)

86 Kurssicherungsgeschäfte, die der Steuerpflichtige oder ihm nahe stehende Personen abgeschlossen haben und die das Wertänderungsrisiko der betroffenen Anteile und Genussscheine um mehr als 30 % mindern, sind schädlich. Die in § 36a Abs. 3 Satz 2 EStG getroffene Regelung hat in Bezug auf § 36a Abs. 3 Satz 1 EStG überwiegend klarstellenden Charakter.

87–100 (*Einstweilen frei*)

VII. Weiterleitung von Kapitalerträgen (§ 36a Abs. 1 Satz 1 Nr. 3 EStG)

101 Die ganze oder überwiegende, unmittelbare oder mittelbare Weiterleitung der durch den Steuerpflichtigen vereinnahmten Kapitalerträge an andere Personen, führt zur Beschränkung der Anrechenbarkeit der Kapitalertragsteuer.

102 Eine überwiegende Weiterleitung der Kapitalerträge ist anzunehmen, wenn mehr als die Hälfte des Kapitalertrags an andere vergütet wird.

103 Die gesonderte Vergütung kann hierbei sowohl in Form direkter Ausgleichszahlungen, Leihgebühren und/oder vom Kapitalertrag abhängiger Zusatzzahlungen zur Leihgebühr als auch indirekt über abweichend vereinbarte Rückkaufspreise oder Derivatetransaktionen (z. B. Swapzahlungen, Futurekontrakte) erfolgen.

104 Als andere Personen im Sinne dieser Vorschrift kommen die in die Gestaltung eingebundenen Geschäftspartner als auch deren nahe stehende Personen in Betracht.

105–110 (*Einstweilen frei*)

VIII. Anzeigepflicht in Fällen der Steuerbefreiung oder bei Steuererstattungen (§ 36a Abs. 4 EStG)

111 In Fällen, in denen aufgrund Freistellungsauftrag, Nichtveranlagungsbescheinigung oder Freistellungsbescheinigung ein Steuerabzug unterblieben ist oder, bei denen im Nachgang zum Steuerabzug eine Erstattung erfolgt ist, obwohl die Voraussetzungen von § 36a Abs. 1 bis 3 EStG nicht erfüllt sind, trifft den Steuerpflichtigen die Pflicht zur Anzeige und Zahlung des unterbliebenen Steuerabzugs.

112 Die Anzeige hat gegenüber dem für den Steuerpflichtigen zuständigen Finanzamt zu erfolgen. Entsprechendes gilt, sofern keine abweichende Mitteilung ergeht, auch für die Zahlung des Steuerbetrags.

113 Zur zeitlichen Umsetzung der Anzeige und Abführungsverpflichtung ist keine gesetzliche Regelung vorgesehen. M. E. hat die Anzeige gegenüber dem Finanzamt unverzüglich nach Kenntnisnahme von der unberechtigt erfolgten Abstandnahme vom Steuerabzug oder Steuererstattung zu erfolgen. Im Zweifel ist in den betroffenen Fällen, in denen eine Abstandnahme vom Steuerabzug aus Gründen im Betriebsablauf nicht vermieden werden konnte, unmittelbar nach Vorliegen aller Voraussetzungen i. S. v. § 36a Abs. 1 bis 3 EStG eine Anzeige vorzunehmen. Entsprechendes gilt, wenn der Steuerpflichtige die Anrechnungsschädlichkeit nach § 36a EStG erst nachträglich erkennt.

Die Anzeige sollte aus Beweisgründen schriftlich erfolgen. Nach Auffassung der FinVerw sollte die Anzeige folgende Angaben enthalten:[1] 114

- Steuernummer sowie (sofern vorhanden) steuerliche Identifikationsnummer,
- Name und Anschrift des Stpfl.,
- Bezeichnung der Wertpapiere einschl. Wertpapierkennnummer der Wertpapiere, bei deren Erträgen die erweiterten Anrechnungsvoraussetzungen nach § 36a EStG fehlen,
- Höhe der Bruttodividenden einer Wertpapiergattung, bei denen die erweiterten Anrechnungsvoraussetzungen nach § 36a EStG fehlen, und Höhe der gesamten Bruttodividenden dieser Wertpapiergattung, die dem Steuerpflichtigen zufließen, und
- Höhe des unterbliebenen Steuerabzugs, soweit die erweiterten Anrechnungsvoraussetzungen nach § 36a EStG fehlen.
- Bei Korrektur einer Anzeige nach § 36a Abs. 4 EStG die Angabe „Korrekturmeldung".[2]

Ein Steueranmeldungs-, Erklärungs- oder Festsetzungsverfahren ist für diesen Fall gesetzlich nicht explizit vorgeschrieben. Die Steuer nach § 36a Abs. 4 EStG stellt einen Anspruch aus dem Steuerschuldverhältnis nach § 37 Abs. 1 AO dar. M. E. wird der Anspruch gemäß § 220 Abs. 2 Satz 1 AO mit seiner Entstehung fällig, sofern nicht explizit ein Leistungsgebot nach § 254 AO eingeräumt worden ist. 115

Nach Auffassung der FinVerw ist die Anzeige unverzüglich nach Ablauf des Kalenderjahres abzugeben. Bei bilanzierenden Stpfl. kann auf den Ablauf des Wirtschaftsjahres abgestellt werden. 116

PRAXISHINWEIS:
Anzeigen für das Kalenderjahr 2016 sowie für vor dem 30.6.2017 endende Wirtschafts- oder Geschäftsjahre konnten aus Billigkeitsgründen bis zum 30.6.2017 abgegeben werden.[3]

Die Zahlung nach § 36a Abs. 4 EStG hat mithilfe einer Kapitalertragsteueranmeldung zu erfolgen und umfasst drei Fünftel der KapESt (15 %). Bei bilanzierenden Stpfl. hat die Anmeldung der Steuer nach Ablauf des Wirtschaftsjahres und im Übrigen nach Ablauf des Kalenderjahres bis zum 10. Tag des Folgemonats zu erfolgen. 117

PRAXISHINWEIS:
Durch die FinVerw wird es nicht beanstandet, wenn die Kapitalertragsteueranmeldung für das Kalenderjahr 2016 und für vor dem 30.6.2017 endende Wirtschafts- und Geschäftsjahre bis zum 30.6.2017 abgegeben wurde.[4]

Kirchensteuer und Solidaritätszuschlag sind mangels Verweis in § 51a Abs. 1 EStG und § 1 Abs. 1 SolZG grundsätzlich nicht zusammen mit der Zahlung nach § 36a Abs. 4 EStG zu entrichten, denn es handelt sich lediglich um eine Zahlung auf einen im Ergebnis unterbliebenen Steuerabzug und nicht originär um Einkommen- oder Kapitalertragsteuer. 118

(*Einstweilen frei*) 119–120

---
1 Vgl. BMF v. 3.4.2017, BStBl 2017 I 724, Rz. 114.
2 Vgl. BMF v. 20.2.2018, BStBl 2018 I 308, Rz. 114.
3 Vgl. BMF v. 3.4.2017, BStBl 2017 I 726, Rz. 115.
4 Vgl. BMF v. 3.4.2017, BStBl 2017 I 726, Rz. 118.

IX. Ausnahmeregelungen nach § 36a Abs. 5, 6 EStG

1. Allgemeines

121 § 36a Abs. 5 und 6 EStG sehen Ausnahmen von der Beschränkung der Anrechenbarkeit von Kapitalertragsteuer vor. Den Ausnahmen liegen entweder verwaltungsökonomische oder wirtschaftliche Erwägungen zugrunde.

2. Bagatellgrenze (§ 36a Abs. 5 Nr. 1 EStG)

122 Übersteigen die Kapitalerträge i.S.v. § 43 Abs. 1 Satz 1 Nr. 1a EStG und nach § 36a Abs. 1 Satz 4 EStG nicht die Grenze von 20 000 €, finden § 36a Abs. 1 bis 4 EStG keine Anwendung.

3. Langfristiges wirtschaftliches Eigentum (§ 36a Abs. 5 Nr. 2 EStG)

123 In den Fällen, in denen der Steuerpflichtige bei Zufluss der Kapitalerträge mindestens ein Jahr wirtschaftlicher Eigentümer der Anteile und Genussscheine ist, ist die Beschränkung der Anrechenbarkeit von Kapitalertragsteuer ausgeschlossen. Für diese Regelung ist auf das einzelne Wertpapier abzustellen.

124 Für Berechnung der durch Erreichen der Jahresfrist begünstigten Wertpapiere ist die FiFo-Methode anzuwenden.

4. Altersvorsorgeverpflichtungen (§ 36a Abs. 6 Satz 1 EStG)

125 In den Fällen der Übertragung von Wirtschaftsgütern zur Absicherung von Altersvorsorgeverpflichtungen auf einen Treuhänder, verbleibt das wirtschaftliche Eigentum an den Wirtschaftsgütern beim Treugeber während das zivilrechtliche Eigentum beim Treuhänder anzunehmen ist. Solche Konstellationen erachtet der Gesetzgeber, sofern die Altersvorsorgeverpflichtungen dem Zugriff übriger Gläubiger entzogen ist, als unschädlich und behandelt Treuhänder und Treugeber als eine Person.

5. Fondsgebundene Lebensversicherungen (§ 36a Abs. 6 Satz 2 EStG)

126 In den Fällen, in denen Versicherungsunternehmen interne Fonds für fondsgebundene Versicherungsverträge bilden, trägt der Versicherungsnehmer das wirtschaftliche Risiko aus den im internen Fonds gehaltenen Aktien. Das zivilrechtliche Eigentum an den Aktien hat typischerweise das Versicherungsunternehmen. Auch für diese Fälle wird unterstellt, dass sie keiner Gestaltung zur Umgehung des § 36a EStG dienen. Aus diesem Grunde werden auch für diesen Fall das Versicherungsunternehmen und der Versicherungsnehmer als eine Person behandelt.

127–140 (*Einstweilen frei*)

X. Missbrauch steuerlicher Gestaltungsmöglichkeiten i.S.v. § 42 AO (§ 36a Abs. 7 EStG)

141 Unabhängig von der Erfüllung der Anforderungen in § 36a Abs. 1 bis 5 EStG ist die Anwendung von § 42 AO (Missbrauch von steuerlichen Gestaltungsmöglichkeiten) nicht ausgeschlossen und kann für die gewählte Gestaltung stets gesondert geprüft werden.

Anhand dieser Regelung soll klargestellt werden, dass § 36a EStG keine typisierende Missbrauchsvorschrift darstellt, die einen Rückgriff auf die allgemeine Missbrauchsvorschrift[1] ausschließt.

§ 37 Einkommensteuer-Vorauszahlung

(1) ¹Der Steuerpflichtige hat am 10. März, 10. Juni, 10. September und 10. Dezember Vorauszahlungen auf die Einkommensteuer zu entrichten, die er für den laufenden Veranlagungszeitraum voraussichtlich schulden wird. ²Die Einkommensteuer-Vorauszahlung entsteht jeweils mit Beginn des Kalendervierteljahres, in dem die Vorauszahlungen zu entrichten sind, oder, wenn die Steuerpflicht erst im Laufe des Kalendervierteljahres begründet wird, mit Begründung der Steuerpflicht.

(2) (weggefallen)

(3) ¹Das Finanzamt setzt die Vorauszahlungen durch Vorauszahlungsbescheid fest. ²Die Vorauszahlungen bemessen sich grundsätzlich nach der Einkommensteuer, die sich nach Anrechnung der Steuerabzugsbeträge (§ 36 Absatz 2 Nummer 2) bei der letzten Veranlagung ergeben hat. ³Das Finanzamt kann bis zum Ablauf des auf den Veranlagungszeitraum folgenden 15. Kalendermonats die Vorauszahlungen an die Einkommensteuer anpassen, die sich für den Veranlagungszeitraum voraussichtlich ergeben wird; dieser Zeitraum verlängert sich auf 23 Monate, wenn die Einkünfte aus Land- und Forstwirtschaft bei der erstmaligen Steuerfestsetzung die anderen Einkünfte voraussichtlich überwiegen werden. ⁴Bei der Anwendung der Sätze 2 und 3 bleiben Aufwendungen im Sinne des § 10 Absatz 1 Nummer 4, 5, 7 und 9 sowie Absatz 1a, der §§ 10b und 33 sowie die abziehbaren Beträge nach § 33a, wenn die Aufwendungen und abziehbaren Beträge insgesamt 600 Euro nicht übersteigen, außer Ansatz. ⁵Die Steuerermäßigung nach § 34a bleibt außer Ansatz. ⁶Bei der Anwendung der Sätze 2 und 3 bleibt der Sonderausgabenabzug nach § 10a Absatz 1 außer Ansatz. ⁷Außer Ansatz bleiben bis zur Anschaffung oder Fertigstellung der Objekte im Sinne des § 10e Absatz 1 und 2 und § 10h auch die Aufwendungen, die nach § 10e Absatz 6 und § 10h Satz 3 wie Sonderausgaben abgezogen werden; Entsprechendes gilt auch für Aufwendungen, die nach § 10i für nach dem Eigenheimzulagengesetz begünstigte Objekte wie Sonderausgaben abgezogen werden. ⁸Negative Einkünfte aus der Vermietung oder Verpachtung eines Gebäudes im Sinne des § 21 Absatz 1 Satz 1 Nummer 1 werden bei der Festsetzung der Vorauszahlungen nur für Kalenderjahre berücksichtigt, die nach der Anschaffung oder Fertigstellung dieses Gebäudes beginnen. ⁹Wird ein Gebäude vor dem Kalenderjahr seiner Fertigstellung angeschafft, tritt an die Stelle der Anschaffung die Fertigstellung. ¹⁰Satz 8 gilt nicht für negative Einkünfte aus der Vermietung oder Verpachtung eines Gebäudes, für das erhöhte Absetzungen nach den §§ 14a, 14c oder 14d des Berlinförderungsgesetzes in Anspruch genommen werden. ¹¹Satz 8 gilt für negative Einkünfte aus der Vermietung oder Verpachtung eines anderen Vermögensgegenstands im Sinne des § 21 Absatz 1 Satz 1 Nummer 1 bis 3 entsprechend mit der Maßgabe, dass an die Stelle der Anschaffung oder Fertigstellung die Aufnahme der Nutzung durch den Steuerpflichtigen tritt. ¹²In den Fällen des § 31, in denen die gebotene steuerliche Freistellung eines Einkommensbetrags in Höhe des Existenzminimums eines Kindes durch das Kindergeld nicht in vollem Umfang bewirkt wird, bleiben bei der Anwendung der Sätze 2 und 3 Freibeträge nach § 32 Absatz 6 und zu verrechnendes Kindergeld außer Ansatz.

---

1 . BT-Drucks. 18/8739, 114.

(4) ¹Bei einer nachträglichen Erhöhung der Vorauszahlungen ist die letzte Vorauszahlung für den Veranlagungszeitraum anzupassen. ²Der Erhöhungsbetrag ist innerhalb eines Monats nach Bekanntgabe des Vorauszahlungsbescheids zu entrichten.

(5) ¹Vorauszahlungen sind nur festzusetzen, wenn sie mindestens 400 Euro im Kalenderjahr und mindestens 100 Euro für einen Vorauszahlungszeitpunkt betragen. ²Festgesetzte Vorauszahlungen sind nur zu erhöhen, wenn sich der Erhöhungsbetrag im Fall des Absatzes 3 Satz 2 bis 5 für einen Vorauszahlungszeitpunkt auf mindestens 100 Euro, im Fall des Absatzes 4 auf mindestens 5 000 Euro beläuft.

(6) ¹Absatz 3 ist, soweit die erforderlichen Daten nach § 10 Absatz 2 Satz 3 noch nicht nach § 10 Absatz 2a übermittelt wurden, mit der Maßgabe anzuwenden, dass

1. als Beiträge im Sinne des § 10 Absatz 1 Nummer 3 Buchstabe a die für den letzten Veranlagungszeitraum geleisteten

    a) Beiträge zugunsten einer privaten Krankenversicherung vermindert um 20 Prozent oder

    b) Beiträge zur gesetzlichen Krankenversicherung vermindert um 4 Prozent,

2. als Beiträge im Sinne des § 10 Absatz 1 Nummer 3 Buchstabe b die bei der letzten Veranlagung berücksichtigten Beiträge zugunsten einer gesetzlichen Pflegeversicherung

anzusetzen sind; mindestens jedoch 1 500 Euro. ²Bei zusammen veranlagten Ehegatten ist der in Satz 1 genannte Betrag von 1 500 Euro zu verdoppeln.

Inhaltsübersicht	Rz.
A. Allgemeine Erläuterungen	1 – 9
I. Normzweck und wirtschaftliche Bedeutung der Vorschrift	1 – 2
II. Entstehung und Entwicklung der Vorschrift	3
III. Geltungsbereich	4 – 9
B. Systematische Kommentierung	10 – 83
I. Allgemeines	10 – 25
II. Festsetzung von Einkommensteuer-Vorauszahlungen (§ 37 Abs. 1 EStG)	26 – 33
1. Entstehung von Einkommensteuer-Vorauszahlungen	26 – 30
2. Zahlungsverpflichtung	31 – 33
III. Festsetzung und Bemessung der Vorauszahlungen (§ 37 Abs. 3 Satz 1 bis 3 EStG)	34 – 40
IV. Bemessung der Vorauszahlungen	41 – 70
V. Nachträgliche Vorauszahlungen (§ 37 Abs. 4 EStG)	71 – 75
VI. Mindestbeträge zur Festsetzung von Vorauszahlungen (§ 37 Abs. 5 EStG)	76 – 80
VII. Sonderregelung für Beiträge zur Kranken- und Pflegeversicherung (§ 37 Abs. 6 EStG)	81 – 83

A. Allgemeine Erläuterungen

I. Normzweck und wirtschaftliche Bedeutung der Vorschrift

§ 37 EStG bestimmt die Entrichtung von Einkommensteuer-Vorauszahlungen und regelt in diesem Zusammenhang insbesondere die Entstehung der Vorauszahlungen sowie deren Festsetzung und Fälligkeit. Darüber hinaus wird die Bemessung der Vorauszahlungen geregelt. 1

(Einstweilen frei) 2

II. Entstehung und Entwicklung der Vorschrift

Die Vorschrift des § 37 EStG wurde durch das EStRG vom 5.8.1974[1] in der jetzigen Form in das EStG eingefügt. Eine vergleichbare Regelung existierte im EStG bzw. in der EStDV bereits seit 1920.[2] Seit ihrer Einführung wurde die Vorschrift mehrfach geändert. Nachfolgend werden kurz die wichtigsten Änderungen der Vorschrift aufgeführt: 3

- Durch das Körperschaftsteuerreformgesetz (KStRG) v. 31.8.1976[3] wurde § 37 Abs. 3 EStG um die Anrechnung der Körperschaftsteuer (Anrechnungsverfahren) ergänzt.

- Durch das Steueränderungsgesetz (StÄndG 1979) v. 30.11.1978[4] wurden im Rahmen des Realsplitting geleistete Unterhaltsleistungen nach § 10 Abs. 1 Nr. 1a EStG in § 37 Abs. 3 EStG einbezogen.

- Durch das Gesetz zur Änderung und Vereinfachung des Einkommensteuergesetzes anderer Gesetze v. 18.8.1980[5] wurden in § 37 Abs. 5 EStG die Bagatellgrenzen zur Festsetzung von Vorauszahlungen eingefügt.

- Durch das Haushaltsbegleitgesetz 1983 (HBeglG) v. 20.12.1982[6] wurde die beschränkte Abziehbarkeit des hälftigen Kinderfreibetrags bei Unterhaltsverpflichtung in § 37 Abs. 3 EStG eingefügt.

- Durch das Steuerentlastungsgesetz 1984 (StEntlG) v. 22.12.1983[7] wurde die beschränkte Berücksichtigung bestimmter Verluste aus Vermietung und Verpachtung bei Bemessung der Vorauszahlungen in § 37 Abs. 3 EStG eingefügt.

- Durch das Steuerbereinigungsgesetz 1985 (StBereinigungsG) v. 14.12.1984[8] wurde § 37 Abs. 3 EStG um die Berücksichtigung beschränkt abzugsfähiger Kinderbetreuungskosten nach § 33c EStG ergänzt.

- Durch das Steuerreformgesetz 1990 (StRefG) v. 25.7.1988[9] wurde der Höchstbetrag in § 37 Abs. 3 Satz 4 EStG von 1 800 DM auf 1 200 DM gesenkt.

---

1 BGBl 1974 I 1769.
2 Vgl. *Dißars* in Frotscher/Geurts, § 37 EStG Rz. 3b.
3 BGBl 1976 I 2597.
4 BGBl 1978 I 1849.
5 BGBl 1980 I 1537.
6 BGBl 1982 I 1857.
7 BGBl 1983 I 1583.
8 BGBl 1984 I 1493.
9 BGBl 1988 I 1093.

- Durch das Gesetz zur Änderung des Steuerreformgesetzes 1990 v. 30.6.1989[1] wurde § 37 Abs. 3 Satz 4 EStG um die Aufwendungen für hauswirtschaftliche Beschäftigungsverhältnisse ergänzt.

- Durch das Wohnungsbauförderungsgesetz (WoBauFG) v. 22.12.1989[2] wurde die Frist zur Anpassung nachträglicher Vorauszahlungen auf 15 bzw. 21 Monate nach Ablauf des Veranlagungszeitraums verlängert.

- Durch das StÄndG 1991 v. 24.6.1991[3] wurde die Berücksichtigung von Aufwendungen für private Ersatzschulen nach § 10 Abs. 1 Nr. 9 EStG für Vorauszahlungszwecke eingefügt. Zudem wurde die Förderung von Gebäuden im Sinne der §§ 14c und 14d BerlinFG und § 4 FördG in § 37 Abs. 3 Satz 8 EStG a. F. berücksichtigt.

- Durch das Jahressteuergesetz 1997 (JStG) v. 20.12.1996[4] wurde § 37 Abs. 3 EStG um § 37 Abs. 3 Satz 10 EStG ergänzt und die Berücksichtigung von Kinderfreibeträgen im Vorauszahlungsverfahren ausgeschlossen.

- Durch das Steuerentlastungsgesetz 1999/2000/2002 (StEntlG) v. 24.3.1999[5] wurde bei Gewinnermittlung durch Bestandsvergleich die Pflicht eingeführt, bei Herabsetzungsanträgen wegen dieses Gesetzes einen amtlichen Vordruck zu benutzen (§ 37 Abs. 3 Satz 4 EStG a. F.) Darüber hinaus wurde der Verweis auf den entfallenen Sonderausgabenabzug von Steuerzinsen nach § 10 Abs. 1 Nr. 5 EStG a. F. gestrichen.

- Durch das Gesetz zur Familienförderung v. 22.12.1999[6] wurde durch § 37 Abs. 3 EStG a. F. unter anderem redaktionell an Änderungen beim Abzug von Kinderbetreuungskosten angepasst und anstelle des Begriffs „Kinderfreibeträge" ein Verweis auf § 32 Abs. 6 EStG eingefügt, damit auch der Betreuungsfreibetrag Berücksichtigung findet.

- Durch das Steuer-Euroglättungsgesetz (StEuglG) v. 19.12.2000[7] wurden die DM-Beträge in § 37 Abs. 3 und 5 EStG mit Wirkung ab 2002 durch €-Beträge ersetzt und geglättet.

- Durch das Altersvermögensgesetz (AvmG) v. 26.6.2001[8] wurde für Vorauszahlungszwecke die Berücksichtigung von Altersvorsorgebeiträgen nach § 10a Abs. 1 EStG ausgeschlossen (§ 37 Abs. 3 Satz 5 EStG a. F.).

- Durch das Zweite Gesetz zur Familienförderung v. 16.8.2001[9] wurde § 37 Abs. 3 Satz 5 EStG a. F. redaktionell an den Wegfall des hauswirtschaftlichen Freibetrags nach § 10 Abs. 1 Nr. 8 EStG a. F. und die Neueinführung des Abzugs von Kinderbetreuungskosten nach § 33c EStG a. F. angepasst.

- Durch das Unternehmensteuerreformgesetz 2008 (UntStReformG) vom 14.8.2007[10] wurde die neu in das EStG eingefügte Tarifbegünstigung nach § 34a EStG von der Berücksichtigung im Vorauszahlungsverfahren ausgenommen.

---

1 BGBl 1989 I 1267.
2 BGBl 1989 I 2408.
3 BGBl 1991 I 1322.
4 BGBl 1996 I 2049.
5 BGBl 1999 I 402.
6 BGBl 1999 I 2552.
7 BGBl 2000 I 1790.
8 BGBl 2001 I 1310.
9 BGBl 2001 I 2074.
10 BGBl 2007 I 1912.

▶ Durch das JStG 2008 v. 20.12.2007[1] wurde das formelle Verfahren zur Herabsetzung von Vorauszahlungen nach amtlich vorgeschriebenem Vordruck aufgehoben und § 37 Abs. 3 Satz 4 EStG um Leistungen aufgrund schuldrechtlichem Versorgungsausgleich nach § 10 Abs. 1 Nr. 1b EStG a. F. ergänzt.

▶ Das JStG 2009 v. 19.12.2008[2] hat die Möglichkeit der Bestimmung abweichender Vorauszahlungszeitpunkte durch eine Oberfinanzdirektion (§ 37 Abs. 2 EStG a. F.) mit Wirkung ab VZ 2009 aufgehoben. Außerdem wurden die Mindestbeträge zur Festsetzung von Vorauszahlungen verdoppelt.

▶ Durch das Gesetz zur Förderung von Familien und haushaltsnahen Dienstleistungen v. 22.12.2008[3] wurde die Zusammenfassung der Aufwendungen für Kinderbetreuungskosten in § 9c EStG a. F. in § 37 EStG entsprechend nachvollzogen.

▶ Durch das Bürgerentlastungsgesetz Krankenversicherung v. 16.7.2009[4] wurde in § 52 Abs. 50f EStG eine Sonderregelung für die Berücksichtigung von Versicherungsbeiträgen i. S. v. § 10 Abs. 1 Nr. 3 EStG getroffen, sofern die erforderlichen Meldungen des Versicherungsträgers nach § 10 Abs. 2a EStG noch nicht vorliegen.

▶ Durch das Gesetz zur weiteren Vereinfachung des Steuerrechts 2011 (StVereinfG) v. 1.11.2011[5] wurde die Frist zur Anpassung von Vorauszahlungen bei Einkünften aus Land- und Forstwirtschaft auf 23 Monate verlängert. In § 37 Abs. 3 Satz 4 EStG wurde der Verweis auf § 9c EStG a. F. mit Wirkung ab VZ 2010 um einen Verweis auf § 10 Abs. 1 Nr. 5 EStG ersetzt.

▶ Durch das Gesetz zur Anpassung des nationalen Steuerrechts an den Beitritt Kroatiens zur EU und zur Änderung weiterer steuerlicher Vorschriften vom 25.7.2014[6] wurde die bisherige Regelung aus § 52 Abs. 50f EStG a. F. zur Berücksichtigung von Versicherungsbeiträgen i. S. v. § 10 Abs. 1 Nr. 3 EStG, sofern die erforderlichen Meldungen des Versicherungsträgers nach § 10 Abs. 2a EStG noch nicht vorliegen, in § 37 Abs. 6 EStG übernommen.

▶ Durch das Gesetz zur Anpassung der Abgabenordnung an den Zollkodex der Union und zur Änderung weiterer steuerlicher Vorschriften v. 22.12.2014[7] wurde § 37 EStG an die Änderung des § 10 EStG angeglichen.

III. Geltungsbereich

§ 37 EStG bezieht sich auf die Einkommensteuer und findet über § 31 KStG auch bei der Körperschaftsteuer Anwendung. Zur Entrichtung von Vorauszahlungen ist jede natürliche Person (Stpfl. nach § 33 AO) verpflichtet.

(Einstweilen frei)

---

1 BGBl 2007 I 3150.
2 BGBl 2008 I 2794.
3 BGBl 2008 I 2955.
4 BGBl 2009 I 1959.
5 BGBl 2011 I 2131.
6 BGBl 2014 I 1266.
7 BGBl 2014 I 2417.

B. Systematische Kommentierung

I. Allgemeines

10 Die Einkommensteuer entsteht nach § 36 Abs. 1 EStG, soweit im EStG nichts anderes bestimmt ist, mit Ablauf des Veranlagungszeitraums (VZ). Die Einkommensteuer ist eine Jahressteuer, vgl. § 2 Abs. 7 Satz 1 EStG.

Abweichend von diesem Grundsatz ist der Stpfl. nach § 37 Abs. 1 EStG verpflichtet, Vorauszahlungen auf seine voraussichtliche Steuerschuld zu leisten.

11 Die Festsetzung von Einkommensteuer-Vorauszahlungen dient mehreren Zwecken.

In erster Linie dienen die Vorauszahlungen der Erhaltung und Verstetigung der Liquidität des Staates und sichern somit das Steueraufkommen von Bund, Ländern und Kommunen. Zum anderen wird der Steuergläubiger durch die Einkommensteuer-Vorauszahlungen vor dem Ausfall der Steuerforderung, soweit diese dem nach § 36 Abs. 1 EStG entstandenen Steueranspruch entspricht, geschützt. Im Übrigen dienen Einkommensteuer-Vorauszahlungen im Grunde der Gleichstellung von Einkünften ohne Steuerabzug an der Quelle und Einkünften mit Steuerabzug; auch wenn eine völlige Gleichstellung aufgrund der unterschiedlichen Zahlungstermine (grds. monatliche Abführung der Abzugssteuern und vierteljährliche Abführung der Einkommen-Steuervorauszahlungen) nicht eintreten kann. Es soll keine Besserstellung der Einkünfte ohne Steuerabzug gegenüber Einkünften insoweit mit Steuerabzug eintreten.

12 Nach § 37 Abs. 1 Satz 1 EStG sollen die Einkommensteuer-Vorauszahlungen der für den laufenden Veranlagungszeitraum voraussichtlichen Steuerschuld entsprechen. Diesem Zweck widerspricht die Festsetzung „negativer Vorauszahlungen", allenfalls können die Vorauszahlungen bis auf 0 € (Untergrenze) festgesetzt werden.

13 Mit der Festsetzung von Einkommensteuer-Vorauszahlungen wird keine Entscheidung über die endgültige Steuerbelastung des Stpfl. getroffen, sondern es handelt sich um die Entrichtung auf die voraussichtlich entstehende Steuerschuld und im Fall der Festsetzung nachträglicher Vorauszahlungen nach § 37 Abs. 4 EStG auf die voraussichtlich entstandene Steuerschuld.

14 Einkommensteuer-Vorauszahlungen werden in einem eigenständigen Verfahren durch Steuerbescheid (Vorauszahlungsbescheid) festgesetzt. Die Festsetzung einer Vorauszahlung ist stets eine Steuerfestsetzung unter dem Vorbehalt der Nachprüfung, vgl. § 164 Abs. 1 Satz 2 AO. Bei Einkommensteuer-Vorauszahlungen handelt es sich um eine aufschiebend bedingte selbständige Steuerschuld, die ihre Eigenständigkeit m. E. durch den Erlass eines Jahresfestsetzungsbescheids verliert.[1] Die Anpassung von Einkommensteuer-Vorauszahlungen ist nach Festsetzung der Jahressteuerschuld (Bekanntgabe des Einkommensteuerbescheides) nicht mehr möglich.[2]

15 Nach § 36 Abs. 2 Nr. 1 EStG werden (tatsächlich) entrichtete Einkommensteuer-Vorauszahlungen auf die Einkommensteuerschuld angerechnet. Die Anrechnung dient der Tilgung der Jahressteuerschuld.[3]

---

1 A. A. *Loschelder* in Schmidt, § 37 EStG Rz. 1.
2 BFH v. 31. 5. 1978 - I R 105/77, BStBl 1978 II 596.
3 BFH v. 4. 6. 1981 - VIII B 31/80, BStBl 1981 II 767.

Die Vorschrift § 37 EStG ist wie folgt strukturiert: 16
- Abs. 1: Festsetzung und Fälligkeit laufender Einkommensteuer-Vorauszahlungen.
- Abs. 3: Verfahren zur Festsetzung und Bemessung der Einkommensteuer-Vorauszahlungen.
- Abs. 4: Festsetzung „nachträglicher" Vorauszahlungen.
- Abs. 5: Mindestbeträge zur Festsetzung von Einkommensteuer-Vorauszahlungen.
- Abs. 6: Sonderregelung zur Berücksichtigung von Beiträgen zur Kranken- und Pflegeversicherung bei fehlender Datenübermittlung nach § 10 Abs. 2a EStG.

(Einstweilen frei) 17–25

II. Festsetzung von Einkommensteuer-Vorauszahlungen (§ 37 Abs. 1 EStG)

1. Entstehung von Einkommensteuer-Vorauszahlungen

Einkommensteuer-Vorauszahlungen entstehen gem. § 37 Abs. 1 Satz 2 EStG abweichend von der Grundsatzregelung in § 36 Abs. 1 EStG mit Beginn des Kalendervierteljahres, in dem die Vorauszahlungen zu entrichten sind. Wird die Steuerpflicht erst im Laufe eines Kalendervierteljahres begründet, z. B. durch Zuzug oder Geburt, entsteht die Einkommensteuer-Vorauszahlung mit Begründung der Steuerpflicht. Die Entstehung der Vorauszahlung ist somit von den Zahlungsterminen nach § 37 Abs. 1 Satz 1 EStG abhängig; mithin entstehen die Einkommensteuer-Vorauszahlungen grundsätzlich zum 1. 1., 1. 4., 1. 7. und 1. 10. im jeweiligen Jahr. Abweichende Zahlungszeitpunkte können seit VZ 2009 (§ 37 Abs. 2 EStG a. F.) nicht mehr bestimmt werden. 26

Bei Begründung der Steuerpflicht z. B. zum 15. 6. kann die auf Juni entfallende Steuer lediglich mit der folgenden Einkommensteuer-Vorauszahlung festgesetzt werden. 27

Bei Festsetzung nachträglicher Vorauszahlungen i. S. v. § 37 Abs. 4 EStG entstehen diese Vorauszahlungen m. E. mit Beginn des letzten Kalendervierteljahres regelmäßig zum 1. 10.[1] § 37 Abs. 4 EStG enthält keine explizite Regelung zum Entstehungszeitpunkt nachträglich festgesetzter Vorauszahlungen. § 37 Abs. 4 Satz 2 EStG befindet lediglich über die Fälligkeit der nachträglichen Vorauszahlung. Die Fälligkeit einer Steuer ist jedoch ohne Auswirkung auf die Entstehung der Steuer. Die Entstehung einer Vorauszahlung nach Entstehung der Steuer gem. § 36 Abs. 1 EStG ergibt m. E. keinen Sinn. 28

Der Wegfall der Steuerpflicht, z. B. durch Tod, hat keine Auswirkung auf die Entstehung der Einkommensteuer-Vorauszahlung. Stirbt der Stpfl. am 1. 9., hat dies keine Auswirkung auf die zum 1. 7. entstandene Steuer. 29

(Einstweilen frei) 30

2. Zahlungsverpflichtung

Nach § 37 Abs. 1 Satz 1 EStG ist der Stpfl. am 10. 3., 10. 6., 10. 9. und 10. 12. zur Zahlung der Vorauszahlungen verpflichtet. Die Verpflichtung zur Entrichtung von Einkommensteuer-Vo- 31

---

1 Gl. A. *Gosch* in Kirchhof, § 37 EStG Rz. 26; HHR/*Schmidt*, § 37 EStG; *Loschelder* in Schmidt, § 37 EStG Rz. 2; a. A. *Dißars* in Frotscher/Geurts, § 37 EStG Rz. 9a: „Mit Bekanntgabe des Steuerbescheids, der die Vorauszahlung festsetzt.".

rauszahlungen betrifft unbeschränkt steuerpflichtige natürliche Personen. Körperschaften, Personenvereinigungen und Vermögensmassen sind unter Berücksichtigung der Voraussetzungen in § 31 KStG zur Entrichtung von Vorauszahlungen verpflichtet.

32–33 *(Einstweilen frei)*

III. Festsetzung und Bemessung der Vorauszahlungen (§ 37 Abs. 3 Satz 1 bis 3 EStG)

34 Nach § 37 Abs. 3 Satz 1 EStG werden die Vorauszahlungen durch Vorauszahlungsbescheid (Steuerbescheid) nach § 155 Abs. 1 AO festgesetzt. Der Vorauszahlungsbescheid steht nach § 164 Abs. 1 Satz 2 AO stets unter dem Vorbehalt der Nachprüfung.

Der Vorauszahlungsbescheid verliert seine Wirkung mit Bekanntgabe des Jahressteuerbescheids, denn ab diesem Zeitpunkt ist hinsichtlich der Steuerfestsetzung allein der Einkommensteuerbescheid maßgebend. Der Vorauszahlungsbescheid hat sich damit „auf andere Weise" i. S. d. § 124 Abs. 2 AO erledigt.[1]

35 Die Festsetzung der Vorauszahlungen hat nach § 37 Abs. 1 Satz 1 EStG verbindlich zu erfolgen. Die Anpassung der Vorauszahlungen hingegen ist gem. § 37 Abs. 3 Satz 3 EStG eine Ermessensentscheidung.

36 Die Vorauszahlungen bemessen sich gem. § 37 Abs. 3 Satz 2 EStG grds. nach der Einkommensteuer, die sich nach Anrechnung der Steuerabzugsbeträge nach § 36 Abs. 2 Satz 2 EStG bei der letzten Veranlagung ergeben hat.

Die Festsetzung von Vorauszahlungen ist für sämtliche Einkunftsarten möglich, auch wenn diese (teilweise) einem Steuerabzug unterliegen. Soweit Einkünfte mit Steuerabzug in die Berechnung der Vorauszahlungen einfließen erfolgt durch Berücksichtigung der Anrechnungsbeträge nach § 36 Abs. 2 Nr. 2 EStG keine Übermaßbesteuerung.

Von den Besteuerungsgrundlagen, die der Berechnung der Vorauszahlungen zugrunde gelegt wurden, kann bei besseren Erkenntnissen abgewichen werden und somit eine Erhöhung bzw. Minderung der Vorauszahlungen erfolgen.

Zu den Mindestbeträgen nach § 37 Abs. 5 EStG siehe → Rz. 76 ff.

37–40 *(Einstweilen frei)*

IV. Bemessung der Vorauszahlungen

41 § 37 Abs. 3 Satz 4 EStG schließt bestimmte Aufwendungen und abziehbare Beträge bei Bemessung der Vorauszahlungen aus, wenn die Aufwendungen und abziehbaren Beträge insgesamt 600 € nicht übersteigen. Hierzu gehören im Einzelnen:

- gezahlte Kirchensteuer (§ 10 Abs. 1 Nr. 4 EStG),
- Kinderbetreuungskosten (§ 10 Abs. 1 Nr. 5 EStG),
- Ausbildungskosten (§ 10 Abs. 1 Nr. 7 EStG),
- Schulgeld (§ 10 Abs. 1 Nr. 9 EStG),
- Unterhaltsleistungen an den geschiedenen oder dauernd getrenntlebenden unbeschränkt einkommensteuerpflichtigen Ehegatten (§ 10 Abs. 1a Nr. 1 EStG),

---

1 BFH v. 20.12.2004 - VI R 182/97, BStBl 2005 II 358.

- auf besonderen Verpflichtungsgründen beruhende, lebenslange und wiederkehrende Versorgungsleistungen, die nicht mit Einkünften in wirtschaftlichem Zusammenhang stehen, die bei der Veranlagung außer Betracht bleiben, wenn der Empfänger unbeschränkt einkommensteuerpflichtig ist (§ 10 Abs. 1a Nr. 2 EStG),
- Ausgleichsleistungen zur Vermeidung eines Versorgungsausgleichs (§ 10 Abs. 1a Nr. 3 EStG),
- Ausgleichszahlungen im Rahmen des Versorgungsausgleichs (§ 10 Abs. 1a Nr. 4 EStG),
- Zuwendungen zur Förderung steuerbegünstigter Zwecke (§ 10b EStG),
- außergewöhnliche Belastungen (nach §§ 33, 33a EStG).

Die nicht in § 37 Abs. 3 Satz 4 EStG genannten Aufwendungen nach § 10 Abs. 1 Nr. 2, 3 und 3a EStG (Vorsorgeaufwendungen) werden im Rahmen der gesetzlichen Höchstbeträge bei Bemessung der Vorauszahlungen berücksichtigt.

Bei der Veranlagung von Ehegatten nach § 26a EStG ist für die Ermittlung der 600 €-Grenze in § 37 Abs. 3 EStG die Summe der für beide Ehegatten in Betracht kommenden Aufwendungen und abziehbaren Beträge zugrunde zu legen.[1]

Ebenfalls außer Ansatz bleibt die Steuerermäßigung nach § 34a EStG (Steuerbegünstigung nicht entnommener Gewinne), vgl. § 37 Abs. 3 Satz 5 EStG.

Nach § 37 Abs. 3 Satz 6 EStG bleibt der Sonderausgabenabzug nach § 10a Abs. 1 EStG (zusätzliche Altersvorsorge) bei Bemessung der Vorauszahlungen ebenfalls unberücksichtigt.

§ 37 Abs. 3 Satz 7 EStG schließt auch die Berücksichtigung von § 10e Abs. 6 EStG, § 10h Satz 3 EStG und § 10i EStG (Steuerbegünstigung bestimmter zu eigenen Wohnzwecken genutzter Gebäude) aus. Diese Vorschriften haben keine praktische Bedeutung mehr.

Bestimmte negative Einkünfte aus Vermietung und Verpachtung bleiben für die Anwendung von § 37 Abs. 3 Satz 2 und 3 EStG außer Betracht. Negative Einkünfte aus der Vermietung oder Verpachtung eines Gebäudes i. S. d. § 21 Abs. 1 Satz 1 Nr. 1 EStG werden bei Bemessung der Vorauszahlungen nur für Kalenderjahre berücksichtigt, die nach der Anschaffung bzw. Fertigstellung des Gebäudes beginnen, vgl. § 37 Abs. 3 Satz 8 EStG. Nach § 37 Abs. 3 Satz 9 EStG tritt bei Anschaffung eines Gebäudes vor dem Kalenderjahr seiner Fertigstellung an die Stelle der Anschaffung die Fertigstellung.

Nach dem Jahr der Anschaffung bzw. Fertigstellung des Gebäudes können solche Verluste bei Bemessung der Vorauszahlungen berücksichtigt werden.

Gehören die Verluste zu einer anderen Einkunftsart, sind die Einschränkungen nach § 37 Abs. 3 Satz 8 ff. EStG nicht zu beachten.

Die Einkünfte aus Vermietung und Verpachtung sind auf ein Kalenderjahr zu beziehen und per Saldo, also unter Berücksichtigung positiver und negativer Einkünfte zu ermitteln.

BEISPIEL: Verluste, die aus einem im März 2014 angeschafften bzw. fertiggestellten Gebäude resultieren, können erstmalig mit den Vorauszahlungen für 2015 berücksichtigt werden. Die Verluste des VZ 2014 können ausschließlich im Veranlagungsverfahren berücksichtigt werden.

---

1 Vgl. R 37 EStR.

50 Positive Einkünfte aus der Vermietung oder Verpachtung eines Gebäudes i. S. d. § 21 Abs. 1 Satz 1 Nr. 1 EStG sind bei Bemessung der Vorauszahlungen nach § 37 Abs. 3 Satz 2 und 3 EStG im Erstjahr nicht ausgeschlossen.

51 Die Regelung, dass Verluste aus Vermietung und Verpachtung im Vorauszahlungs- und Lohnsteuer-Ermäßigungsverfahren nicht im Jahr der Anschaffung oder Fertigstellung des Gebäudes berücksichtigt werden, verstößt nicht gegen die Verfassung,[1] obwohl die Einkünfte aus Vermietung und Verpachtung gegenüber anderen Einkunftsarten ungleich behandelt werden.

52 § 37 Abs. 3 Satz 8 EStG gilt gem. § 37 Abs. 3 Satz 10 EStG nicht für negative Einkünfte aus der Vermietung oder Verpachtung eines Gebäudes, für das erhöhte Absetzungen nach den §§ 14a, 14c oder 14d BerlinFG oder Sonderabschreibungen nach § 4 FördG in Anspruch genommen werden. Diese Vorschriften haben keine praktische Bedeutung mehr.

53 § 37 Abs. 3 Satz 11 EStG regelt, dass § 37 Abs. 3 Satz 8 EStG auch für negative Einkünfte aus der Vermietung oder Verpachtung eines anderen Vermögensgegenstands i. S. d. § 21 Abs. 1 Satz 1 Nr. 1 bis 3 EStG (z. B. grundstücksgleiche Rechte, Sachinbegriffe, in ein Schiffsregister eingetragene Schiffe) entsprechend mit der Maßgabe gilt, dass an die Stelle der Anschaffung oder Fertigstellung die Aufnahme der Nutzung durch den Stpfl. tritt.

54 Kinderfreibeträge, die nach § 31 EStG zu gewähren sind, da die gebotene steuerliche Freistellung eines Einkommensbetrags in Höhe des Existenzminimums eines Kindes durch das Kindergeld nicht in vollem Umfang bewirkt wird, sind bei Bemessung von Einkommensteuer-Vorauszahlungen nicht zu berücksichtigen, vgl. § 37 Abs. 3 Satz 12 EStG.

55–70 *(Einstweilen frei)*

V. Nachträgliche Vorauszahlungen (§ 37 Abs. 4 EStG)

71 Zur Entstehung nachträglicher Vorauszahlungen siehe → Rz. 28.

72 Abweichend vom Grundsatz des § 37 Abs. 1 EStG, dass die Vorauszahlungen gleichmäßig auf die dort bestimmten Vorauszahlungstermine verteilt werden, werden Beträge zur Festsetzung nachträglicher Vorauszahlungen nach § 37 Abs. 4 Satz 1 EStG ausschließlich der letzten Vorauszahlung zum 10. 12. zugerechnet.

73 § 37 Abs. 4 Satz 4 EStG enthält eine eigenständige Regelung zur Fälligkeit nachträglich festgesetzter Vorauszahlungen. Die Fälligkeit tritt einen Monat nach Bekanntgabe des Bescheids über die Festsetzung nachträglicher Vorauszahlungen ein.

74–75 *(Einstweilen frei)*

VI. Mindestbeträge zur Festsetzung von Vorauszahlungen (§ 37 Abs. 5 EStG)

76 Laufende Vorauszahlungen sind nur dann festzusetzen, wenn sie mindestens 400 € im Kalenderjahr und mindestens 100 € für einen Vorauszahlungstermin betragen, vgl. § 37 Abs. 5 Satz 1 EStG.

---

[1] BFH v. 17. 3. 1994 - VI B 154/93, BStBl 1994 II 567.

Nach § 37 Abs. 5 Satz 2 EStG sind laufende Vorauszahlungen nur zu erhöhen, wenn der Erhöhungsbetrag mindestens 100 € beträgt. Bei Festsetzung nachträglicher Vorauszahlungen muss der Erhöhungsbetrag mindestens 5 000 € betragen. Insoweit besteht kein Ermessensspielraum. 77

Im Gegensatz zur Erhöhung von Vorauszahlungen unterliegt die Herabsetzung von Vorauszahlungen keinen betragsmäßigen Einschränkungen. 78

(Einstweilen frei) 79–80

VII. Sonderregelung für Beiträge zur Kranken- und Pflegeversicherung (§ 37 Abs. 6 EStG)

Für die Berücksichtigung von Beiträgen zur Kranken- und Pflegeversicherung nach § 37 Abs. 3 EStG, soweit die erforderlichen Daten nach § 10 Abs. 2 Satz 3 EStG (elektronische Datenübermittlung an das Finanzamt) noch nicht übermittelt wurden, gilt Folgendes: 81

▶ Beiträge zur privaten Krankenversicherung werden um 20 % vermindert,

▶ Beiträge zur gesetzlichen Krankenversicherung werden um 4 % gemindert,

▶ Beiträge zur gesetzlichen Pflegeversicherung werden mit dem Betrag, der bei der letzten Veranlagung berücksichtigt wurde, angesetzt.

Es werden mindestens 1 500 €, bei Ehegatten bzw. Lebenspartnern 3 000 € angesetzt. 82

Diese Regelung entspricht weitestgehend der vorherigen Regelung des § 52 Abs. 50f EStG a. F. 83

§ 37a Pauschalierung der Einkommensteuer durch Dritte

(1) ¹Das Finanzamt kann auf Antrag zulassen, dass das Unternehmen, das Sachprämien im Sinne des § 3 Nummer 38 gewährt, die Einkommensteuer für den Teil der Prämien, der nicht steuerfrei ist, pauschal erhebt. ²Bemessungsgrundlage der pauschalen Einkommensteuer ist der gesamte Wert der Prämien, die den im Inland ansässigen Steuerpflichtigen zufließen. ³Der Pauschsteuersatz beträgt 2,25 Prozent.

(2) ¹Auf die pauschale Einkommensteuer ist § 40 Absatz 3 sinngemäß anzuwenden. ²Das Unternehmen hat die Prämienempfänger von der Steuerübernahme zu unterrichten.

(3) ¹Über den Antrag entscheidet das Betriebsstättenfinanzamt des Unternehmens (§ 41a Absatz 1 Satz 1 Nummer 1). ²Hat das Unternehmen mehrere Betriebsstättenfinanzämter, so ist das Finanzamt der Betriebsstätte zuständig, in der die für die pauschale Besteuerung maßgebenden Prämien ermittelt werden. ³Die Genehmigung zur Pauschalierung wird mit Wirkung für die Zukunft erteilt und kann zeitlich befristet werden; sie erstreckt sich auf alle im Geltungszeitraum ausgeschütteten Prämien.

(4) Die pauschale Einkommensteuer gilt als Lohnsteuer und ist von dem Unternehmen in der Lohnsteuer-Anmeldung der Betriebsstätte im Sinne des Absatzes 3 anzumelden und spätestens am zehnten Tag nach Ablauf des für die Betriebsstätte maßgebenden Lohnsteuer-Anmeldungszeitraums an das Betriebsstättenfinanzamt abzuführen.

EStG § 37a 1   Pauschalierung der Einkommensteuer durch Dritte

Inhaltsübersicht

	Rz.
A. Allgemeine Erläuterungen	1 – 13
B. Systematische Kommentierung	14 – 36
I. Tatbestandsvoraussetzungen und Besteuerungsgrundlagen (§ 37a Abs. 1 EStG)	14 – 23
II. Rechtsfolgen der Pauschalierung (§ 37a Abs. 2 EStG)	24 – 29
III. Zuständiges Finanzamt (§ 37a Abs. 3 EStG)	30 – 32
IV. Die pauschale Einkommensteuer gilt als Lohnsteuer (§ 37a Abs. 4 EStG)	33 – 36

HINWEIS:

FinSen. Berlin v. 13. 3. 1995, DB 1995, 1310, betr. Flüge; FinMin NRW v. 3. 7. 1998, Juris, betr. Kundenbindungsprogramme bei Lufttransportunternehmen; Oberste FinBeh. der Länder v. 10. 12. 2003, BStBl 2003 I 748, betr. Mitarbeiterflüge; OFD Düsseldorf v. 27. 4. 2004, NWB DokID: JAAAB-21852, betr. Umsatzbesteuerung; FinMin Saarland v. 24. 10. 2005, NWB DokID: FAAAB-69011, betr. Prämienprogramm für Bahnfahrer „bahn.bonus"; Oberste FinBeh der Länder v. 8. 8. 2016, BStBl I 2016, 773 betr. KiSt. bei Pauschalierung der Lohn- und Einkommensteuer.

LITERATUR:

▶ Weitere Literatur siehe Online-Version

Lühn, Bonus-Punkte aus Kundenbindungsprogrammen – Zuordnung und Versteuerung, BB 2007, 2713; *Werner*, Bonuspunkte zur Kundenbindung – Lohnsteuer- und Sozialversicherungspflicht bei pauschalierten Zuwendungen von dritter Seite?, NWB F. 6, 4952; *Robisch*, Das EuGH-Urteil vom 7. 10. 2010 zu Kundenbindungsprogrammen und seine praktischen Auswirkungen, DStR 2011, 9; *Kanzler*, Die Finanzverwaltung als Gesetzgeber: Pauschalierte Einkommen- und Lohnsteuer als neue Betriebssteuer und Steuerbefreiungen extra legem, FR 2014, 343; *Holzner/Dürr*, Die Einkommensteuer und ihre Erhebungsformen, NWB 13/2017 Beilage 1/2017, 24..

A. Allgemeine Erläuterungen

1 **Normzweck und wirtschaftliche Bedeutung der Vorschrift:** Der zunehmende Einsatz von Kundenbindungsprogrammen als „Marketinginstrument"[1] in den 1990er Jahren (z. B. Miles & More der Lufthansa) warf auch die Frage der Besteuerung der Sachprämien auf.[2] Der Finanzausschuss[3] schlug daher im Gesetzgebungsverfahren zum JStG 1997 die Einführung eines Steuerfreibetrags von 2 400 DM für den Prämienbezieher und alternativ eine Pauschalsteuer von 2 % des Prämienwerts vor, die den Prämienanbieter belasten sollte. Dadurch sollten Wettbewerbsnachteile deutscher Unternehmen im internationalen Dienstleistungsgeschäft vermieden werden; andererseits aber sollte eine völlige Steuerbefreiung der Prämien „im Hinblick auf die begrenzte Steuerfreiheit von Trinkgeldern und Belegschaftsrabatten mit ähnlichen lohnsteuerlichen Erfassungsproblemen nicht in Betracht kommen", weshalb der Freibetrag dem damaligen Trinkgeldfreibetrag[4] entsprechen sollte.[5] Schon nach Auffassung des Finanz-

---

1 So Bericht des Finanzausschusses zum Entwurf des JStG 1997, BT-Drucks. 13/5952, 32.
2 Als Initiator der Regelung hatte sich seinerzeit die Lufthansa gerühmt, die das Programm Miles & More aufgelegt hatte (s. o. V., Miles & More taxes), FR 1997, 125.
3 Bericht des Finanzausschusses zum Entwurf des JStG 1997, BT-Drucks. 13/5952, 32.
4 Inzwischen ist jedoch das Trinkgeld durch das Gesetz zur Steuerfreistellung von Arbeitnehmertrinkgeldern v. 8. 8. 2002 (BGBl 2002 I 3111) in vollem Umfang steuerfrei gestellt, ohne dass dies Auswirkungen auf die Besteuerung der Sachprämien gehabt hätte.
5 Bericht des Finanzausschusses zum Entwurf des JStG 1997, BT-Drucks. 13/5952, 32.

ausschusses ist die Vorschrift „steuersystematisch nicht unproblematisch".[1] Sie schafft eine Unternehmensteuer eigener Art,[2] mit der auch Prämien erfasst werden, die zu nicht steuerbaren Einnahmen führen.[3]

Entstehung und Entwicklung der Vorschrift: Die Vorschrift wurde durch das JStG 1997 v. 20.12.1996[4] mit Wirkung zum 1.1.1997[5] gemeinsam mit dem Steuerfreibetrag nach § 3 Nr. 38 EStG eingeführt, der Steuersatz durch HBegleitG v. 17.10.2003[6] von 2 % auf 2,25 % erhöht und durch BestG-HBeglG 2004 v. 5.4.2011[7] erneut erlassen.[8]

Geltungsbereich: Sachlich erfasst § 37a EStG Sachprämien zum Zweck der Kundenbindung (Verweisung auf § 3 Nr. 38 EStG) ohne Rücksicht auf bestimmte Einkunftsarten. Persönlich betrifft die Vorschrift nur Personenunternehmen und Kapitalgesellschaften, die Sachprämien i. S. d. § 3 Nr. 38 EStG anbieten und ihre Betriebsstätte im Inland haben (→ Rz. 4, → Rz. 30).

Vereinbarkeit der Vorschrift mit höherrangigem Recht: Die Vorschrift ist wohl verfassungsgemäß. Die Einführung von Elementen schedulärer Besteuerung ist nach dem Tarifbegrenzungsbeschluss des BVerfG[9] im Hinblick auf die Verbesserung der „Position des Wirtschaftsstandorts Deutschland im internationalen Wettbewerb" hinreichend sachlich gerechtfertigt. Damit ist auch der Verstoß gegen steuersystematische Grundsätze sanktioniert. Die ungeschriebene Tatbestandsvoraussetzung einer inländischen Betriebsstätte verstößt allerdings gegen die unionsrechtliche Dienstleistungsfreiheit (Art. AEUV), weil inländische Prämienbezieher wegen einer drohenden Besteuerung ausländische Prämienanbieter vermeiden könnten. M. E. kommt als sachliche Rechtfertigung der Gedanke der effizienten Steuererhebung[10] nicht in Betracht. Denn die Schwierigkeit, Sachprämien überhaupt steuerlich zu erfassen,[11] betrifft auch die Prämien inländischer Anbieter, weshalb die Pauschalbesteuerung eingeführt wurde.

Das Verhältnis zu anderen Vorschriften ist zum Teil Gegenstand der Regelung selbst (s. § 37a Abs. 1 Satz 1, Abs. 2 und Abs. 4 EStG). Zum Verhältnis zu § 37b EStG s. KKB/Kanzler, § 37b EStG Rz. 60. Im Übrigen gilt Folgendes:

Verhältnis zur Regelbesteuerung (§ 2 Abs. 1 EStG): Die Pauschalversteuerung der Sachprämien hat Abgeltungswirkung für die Einkommensbesteuerung des Prämienempfängers (→ Rz. 25). Fehlt es an einer Pauschalierungsgenehmigung nach § 37a Abs. 1 und 3 EStG, dann sind Prämienleistungen nur steuerbar, wenn sie mit einer Einkunftsart zusammenhängen und steuer-

---

1 Bericht des Finanzausschusses zum Entwurf des JStG 1997, BT-Drucks. 13/5952, 32.
2 So die h. M.: Siehe nur Kirchhof/*Gosch*, § 37a EStG Rz. 10; *Hoffmann* in Kirchhof/Söhn/Mellinghoff, § 37a EStG Rz. A 20, A 48, C 3; *Kanzler*, FR 2014, 343; *Loschelder* in Schmidt, § 37a EStG Rz. 8; ähnlich *Ettlich* in Blümich, § 37a EStG Rz. 3; a. A. HHR/*Bleschick*, § 37a EStG Anm. 3. Ebenfalls a. A. könnte der BFH sein, der in einem Urteil zu § 37b EStG den Unternehmensteuercharakter pauschalierter Lohnsteuer abgelehnt hat (BFH v. 30.3.2017 - IV R 13/14, NWB DokID: UAAAG-46836; s. auch KKB/Kanzler § 37b Rz. 7).
3 BT-Drucks. 13/5952, 48; dazu *Kanzler*, FR 2014, 343.
4 BGBl 1996 I 2049.
5 Nach § 52 Abs. 2g Satz 2 EStG i. d. F. des JStG 1997 war auch eine Pauschalierung für zurückliegende Zeiträume möglich.
6 BGBl 2003 I 3076.
7 BGBl 2011 I 554.
8 Aufgrund des Beschlusses des BVerfG v. 8.12.2009 - 2 BvR 758/07, (BVerfGE 125, 104 = NWB DokID: KAAAD-45029), wonach dem Vermittlungsausschuss kein eigenes Gesetzesinitiativrecht zusteht, waren alle Vorschriften, die auf dem sog. Koch-Steinbrück-Papier (linearer Subventionsabbau) beruhten, formell verfassungswidrig und daher neu zu erlassen.
9 BVerfG v. 21.6.2006 - 2 BvL 2/99, BVerfGE 116, 164 = NWB DokID: BAAAC-15713.
10 Dazu EuGH v. 18.10.2012 - C-498/10, NWB DokID: CAAAE-20710.
11 BT-Drucks. 13/5952, 32.

pflichtig, wenn ihr Wert den Freibetrag von 1 080 € nach § 3 Nr. 38 EStG übersteigt. Der Steuervollzug begegnet jedoch den gleichen praktischen Schwierigkeiten, die der früheren Trinkgeldbesteuerung zugrunde lagen und die zur völligen Steuerbefreiung dieser Leistungen geführt haben.[1]

PRAXISHINWEIS

Prämienbezüge aus privat veranlasster Inanspruchnahme von Dienstleistungen sind nicht steuerbar.[2] Vorteile, die aus erwerbsbedingter Veranlassung gewährt werden (Gutschriften von Meilen oder Punkten) sind bei den Gewinneinkunftsarten und der Gewinnermittlung durch Bestandsvergleich bei Gutschrift als Forderung zu erfassen, wenn das Mindestguthaben erreicht ist;[3] bei der Einnahmenüberschussrechnung nach § 4 Abs. 3 EStG ist eine Betriebseinnahme erst bei Gewährung der Prämie zu erfassen. Bei privater Verwendung der Prämie ist eine Entnahme anzusetzen. Die betriebliche Verwendung von Prämien, die aus privater Veranlassung erworben wurden, führt zu einer Einlage. Bei den Überschusseinkunftsarten sind die einkunftsspezifischen Besonderheiten zu beachten. Während Prämienansprüche aus der Inanspruchnahme von Dienstleistungen nicht zu Einkünften aus Vermietung und Verpachtung (Flug zur Eigentümerversammlung)[4] oder Kapitalvermögen (Flug zur Hauptversammlung) führen, sind sie bei den Einkünften aus nichtselbständiger Arbeit als Arbeitslohn von dritter Seite zu erfassen.[5]

7 **Verhältnis zur Umsatzsteuer:** Der allgemein übliche Verzicht des Unternehmers (Arbeitgebers) auf die Abtretung der Bonusmeilen durch den Arbeitnehmer ist ein nicht umsatzsteuerbarer Vorgang. Die vom Prämienanbieter gewährten Sachprämien sind unentgeltliche Wertabgaben i. S. d. § 3 Abs. 1b UStG.[6]

8–13 *(Einstweilen frei)*

B. Systematische Kommentierung

I. Tatbestandsvoraussetzungen und Besteuerungsgrundlagen (§ 37a Abs. 1 EStG)

14 **Pauschalierungsvoraussetzungen:** Nach § 37a Abs. 1 Satz 1 EStG kann das FA auf Antrag zulassen, dass das Sachprämien gewährende Unternehmen i. S. d. § 3 Nr. 38 EStG die Einkommensteuer für den Teil der Prämien, der nicht steuerfrei ist, pauschal erhebt. Zuständiges FA ist das Betriebsstätten-FA (s. → Rz. 30). Der Prämienanbieter muss seinen Betrieb, seine Betriebsstätte oder den Mittelpunkt seiner geschäftlichen Oberleitung im Inland haben. Das folgt aus der Regelung zur Bestimmung des Betriebsstätten-FA in § 37a Abs. 3 Satz 1 EStG.[7] Der Antrag ist formlos und ohne Einschränkungen bzw. Bedingungen zu stellen. Zur Entscheidung über den Antrag und das Ermessen s. → Rz. 31.

---

1 Gesetz zur Steuerfreistellung von Arbeitnehmertrinkgeldern v. 8. 8. 2002, BGBl 2002 I 3111.
2 Siehe auch BT-Drucks. 13/5952, 45.
3 Gl. A. HHR/*Bleschick*, § 37a EStG Anm. 7; *Hoffmann* in Kirchhof/Söhn/Mellinghoff, § 37a EStG Rz. A 14; ähnlich FinSen. Berlin v. 13. 3. 1995, DB 1995, 1310: Aktivierung des Prämienanspruchs bei Erreichen eines ausreichenden Meilenguthabens und Erteilung eines Zertifikats; a. A. wohl FinMin NRW v. 3. 7. 1998, Juris: Der Besteuerung unterliegen nur die tatsächlich in Anspruch genommenen Prämien und nicht bereits die Gutschriften von Bonuspunkten auf dem Prämienkonto.
4 Siehe etwa *Thomas*, DStR 1997, 305, 309, zu Einkünften aus VuV.
5 Zu Einzelheiten s. FinMin Saarland v. 24. 10. 2005, NWB DokID: FAAAB-69011, betr. „bahn.bonus" und Oberste FinBeh der Länder v. 10. 12. 2003, BStBl 2003 I 748.
6 EuGH v. 27. 4. 1999 - C-48/97, NWB DokID: TAAAA-96808. Zur umsatzsteuerlichen Behandlung des Lufthansa-Bonusmeilen-Programmes „Miles & More" ausführlich: OFD Düsseldorf v. 27. 4. 2004, NWB DokID: JAAAB-21852.
7 Zur Unionsrechtswidrigkeit dieser Regelung s. → Rz. 4.

Zum Begriff der „Sachprämien" verweist die Vorschrift auf § 3 Nr. 38 EStG, wo der Begriff allerdings auch nicht definiert wird. Gemeint sind nicht in Geld bestehende Prämien, also Freiflüge, Bahnfahrten oder Hotelübernachtungen und sog. Upgrades,[1] m. E. auch die bei einer Mindestanzahl von Flugmeilen gewährten Vielfliegerkarten, die wiederum zum Bezug von Sachleistungen (Aufenthalten in Lounges, bevorzugtes Einchecken usw.) berechtigen, aber bisher wohl kaum bewertet wurden. 15

Die Pauschalierung erfasst nur „den Teil der Prämien, der nicht steuerfrei ist". Die Steuerbefreiung soll nach dem Willen des Gesetzgebers durch den geringen Steuersatz berücksichtigt werden.[2] Lufthansa führt allerdings Aufzeichnungen über die jeweiligen Kundenkonten zur Durchführung der pauschalen Versteuerung bei Überschreiten des Freibetrags.[3] 16

Bemessungsgrundlage ist der „gesamte Wert der Sachprämien", die den im Inland ansässigen Stpfl. zufließen (§ 37a Abs. 1 Satz 2 EStG). Dabei wird nicht nach der Steuerbarkeit und der Steuerpflicht (s. → Rz. 16) unterschieden; diese Umstände sollen durch den geringen Steuersatz berücksichtigt werden.[4] Die Bewertung erfolgt nach § 8 Abs. 2 Satz 1 EStG mit den um übliche Preisnachlässe geminderten üblichen Endpreisen am Abgabeort.[5] Firmenbezogene Ermäßigungen (sog. company rates) sind nicht zu berücksichtigen. 17

Dem im Inland ansässigen Stpfl. muss die Prämie zufließen. Der Stpfl. ist eine natürliche Person, die im Inland ansässig ist, wenn sie unbeschränkt einkommensteuerpflichtig ist (§ 1 Abs. 1 EStG). In den Fällen der erweiterten oder fiktiven unbeschränkten und erweiterten beschränkten Steuerpflicht (§ 1 Abs. 2 und 3, § 1a EStG und § 2 AStG) ist § 37a EStG mangels Ansässigkeit im Inland nicht – auch nicht über eine unionsrechtskonforme Auslegung – anwendbar.[6] Die Prämie fließt mit der Inanspruchnahme zu. 18

Der Pauschalsteuersatz von 2,25 % des Prämienwerts beruht auf einer sog. „Mischkalkulation",[7] denn er berücksichtigt aus Vereinfachungsgründen, „dass nur ein Teil der Prämien steuerbar und ein weiterer Teil bis zur Höhe des noch nicht ausgeschöpften Freibetrags steuerfrei ist".[8] Die Entwurfsbegründung enthält dazu eine freie Schätzung zu den Grundlagen der Bestimmung eines Steuersatzes von 2 %, die einem Nettosteuersatz von 53,84 % entsprechen sollte, für die spätere Erhöhung auf 2,25 % jedoch ohne jede Bedeutung war. 19

(Einstweilen frei) 20–23

II. Rechtsfolgen der Pauschalierung (§ 37a Abs. 2 EStG)

Nach § 37a Abs. 2 Satz 1 EStG ist auf die pauschale Einkommensteuer § 40 Abs. 3 EStG sinngemäß anzuwenden (→ Rz. 25). Im Übrigen hat der Prämienanbieter die Prämienempfänger von der Steuerübernahme zu unterrichten (§ 37a Abs. 2 Satz 2 EStG; → Rz. 26). 24

Die sinngemäße Anwendung des § 40 Abs. 3 EStG bedeutet, dass der Prämienanbieter die Pauschalsteuer zu übernehmen hat (§ 40 Abs. 3 Satz 1 EStG), Steuerschuldner dieser Pauschalsteu- 25

---

1 FinMin NRW v. 3. 7. 1998, Juris.
2 BT-Drucks. 13/5952, 48.
3 OFD Düsseldorf v. 27. 4. 2004, NWB DokID: JAAAB-21852.
4 BT-Drucks. 13/5952, 48.
5 Oberste FinBeh der Länder v. 10. 12. 2003, BStBl 2003 I 748.
6 Gl. A. *Gosch* in Kirchhof, § 37a EStG Rz. 5 und *Seibel*, FR 1997, 889; a. A. HHR/*Bleschick*, § 37a EStG Anm. 26, m. w. N.
7 So BFH v. 16. 10. 2013 - VI R 57/11, BStBl 2015 II 457, zu Rz. 18.
8 BT-Drucks. 13/5952, 48.

er wird (§ 40 Abs. 3 Satz 2 EStG) und dass die pauschal besteuerte Prämie sowie die darauf entfallende Steuer bei der Einkommensteuerveranlagung oder dem Lohnsteuerjahresausgleich außer Ansatz bleiben (§ 40 Abs. 3 Satz 3 EStG) und nicht auf die Einkommensteuer oder Jahreslohnsteuer anzurechnen ist (§ 40 Abs. 3 Satz 4 EStG).

26 **Die Unterrichtungspflicht des Prämienanbieters** nach § 37a Abs. 2 Satz 2 EStG soll offenkundig sicherstellen, dass der Prämienempfänger zweifelsfrei davon ausgehen kann, dass ihn keine Steuerpflichten treffen. Die Unterrichtung erfolgt durch Übersendung entsprechender Kontoauszüge oder Einsichtnahme in diese Auszüge online. Eine unterlassene Unterrichtung hat keine Rechtsfolgen; es bleibt bei den Rechtswirkungen der Übernahme der Pauschalsteuer (s. → Rz. 25 und → Rz. 33 ff.).

27–29 *(Einstweilen frei)*

III. Zuständiges Finanzamt (§ 37a Abs. 3 EStG)

30 **Das Betriebsstättenfinanzamt** entscheidet über den Pauschalierungsantrag des Prämienanbieters. Bei mehreren Betriebsstätten-FÄ entscheidet das FA der Betriebsstätte, in der die Pauschalbesteuerung abgewickelt wird (§ 37a Abs. 3 Satz 1 und 2 EStG). Sind mehrere Betriebsstätten mit der Pauschalbesteuerung betraut, dann soll sich daraus auch die Zuständigkeit mehrerer Betriebsstätten-FÄ ergeben.[1] Bei Prämienermittlung im Ausland wird die Betriebsstätte fingiert: Als Betriebsstätte gilt dann der Mittelpunkt der geschäftlichen Leitung des Prämienanbieters im Inland (§ 37a Abs. 3 Satz 1 EStG i. V. m. § 41a Abs. 1 Nr. 1 EStG und § 41 Abs. 2 Satz 2 EStG).

31 **Die Pauschalierungsgenehmigung** wird mit Wirkung für die Zukunft erteilt und kann zeitlich befristet werden; sie erstreckt sich auf alle im Geltungszeitraum ausgeschütteten Prämien (§ 37a Abs. 3 Satz 3 EStG). Nach dem Wortlaut des § 37a Abs. 1 Satz 1 EStG („kann auf Antrag zulassen") liegt der Genehmigung (= Zulassung[2]) eine Ermessensentscheidung zugrunde. Auszugehen ist von einer Ermessensreduzierung auf Null, es sei denn, dem Prämienanbieter sind Pflichtverletzungen auch hinsichtlich der Anmeldung und Abführung von Lohnsteuer in vorangegangenen Zeiträumen vorzuwerfen. Die Genehmigung ist ein begünstigender Verwaltungsakt, kein Steuerbescheid (§§ 118 ff. AO); sie kann mit Nebenbestimmungen versehen werden (ausdrücklich benannt ist die Befristung, aber auch ein Widerrufsvorbehalt ist denkbar) und sie berechtigt, verpflichtet aber nicht zur Pauschalierung. Wählt der Prämienanbieter die Pauschalierung, dann treffen ihn die Pflichten nach § 37a Abs. 2 und 4 EStG. Gegen einen ablehnenden Bescheid steht nur dem Prämienanbieter die Verpflichtungsklage offen; der Prämienbegünstigte ist weder klagebefugt noch ist er zu dem Verfahren hinzuzuziehen oder beizuladen.

32 **Gegenstand der Pauschalierungsgenehmigung** sind alle im Geltungszeitraum ausgeschütteten Prämien (§ 37a Abs. 3 Satz 3 2. Halbsatz EStG). Damit wollte der Gesetzgeber klarstellen,[3] dass die Pauschalierung nicht gegenständlich, personell oder zeitlich beschränkt werden kann. Die

---

1 Siehe nur HHR/*Bleschick*, § 37a EStG Anm. 35, m. w. N. zur a. A. Dies scheint eine eher theoretische Streitfrage zu sein. Weil sich Antrag und Genehmigung auf alle ausgeschütteten Prämien beziehen müssen, werden die Prämienanbieter diese Aufgaben zentral erledigen.
2 M. E. sind die Begriffe der Zulassung in § 37a Abs. 1 Satz 1 EStG und der Genehmigung in § 37a Abs. 3 Satz 3 EStG *gleichbedeutend*.
3 BT-Drucks. 13/5952, 48.

Genehmigung erfasst aber nur die im Inland ansässigen Prämienbezieher, da nur der Wert deren Prämien in die Bemessungsgrundlage der Pauschalsteuer eingehen (→ Rz. 17).[1]

IV. Die pauschale Einkommensteuer gilt als Lohnsteuer (§ 37a Abs. 4 EStG)

Mit der gesetzlichen Fiktion, wonach die pauschale Einkommensteuer als Lohnsteuer „gilt", verweist die Vorschrift auf die §§ 38 ff. EStG, obwohl sich bereits die Abs. 2 und 3 auf einzelne lohnsteuerrechtliche Bestimmungen beziehen (→ Rz. 25 und → Rz. 30 ff.). Diese Verweisung ist sinngemäß zu verstehen, so dass die Begriffe „Arbeitgeber" sowie „Arbeitnehmer" durch die Bezeichnungen „Prämienanbieter" und „Prämienempfänger" zu ersetzen sind. Die Fiktion der Pauschalsteuer als Lohnsteuer erzeugt also über die ausdrücklich in § 37a Abs. 4 EStG geregelte Verpflichtung zur Anmeldung und Abführung der Lohnsteuer hinausgehend noch weitere Rechtswirkungen (s. → Rz. 34).

Kirchensteuer und Solidaritätszuschlag sind wie bei der Lohnsteuer ebenfalls anzumelden und abzuführen. Der dafür zugrunde gelegte, von der Inanspruchnahme einer Vereinfachungsregelung abhängige geringere Hebesatz,[2] soll berücksichtigen, dass nicht alle Prämienbegünstigten einer Kirche angehören.[3] Nimmt der Stpfl. die Vereinfachungsregelung nicht in Anspruch, steht ihm der Nachweis frei, dass einzelne Prämienbegünstigte keiner steuererhebenden Religionsgemeinschaft angehören – eine m. E. praktisch unmögliche Rechtsfolge. Als Beleg für die Zugehörigkeit oder Nichtzugehörigkeit zu einer steuererhebenden Religionsgemeinschaft soll in den Fällen der §§ 37a und 37b EStG eine Erklärung nach vorgegebenem Muster genügen.[4] Kann der Pauschalierende die auf den einzelnen Empfänger entfallende pauschale Steuer nicht ermitteln, ist aus Vereinfachungsgründen die gesamte pauschale Steuer im Verhältnis der kirchensteuerpflichtigen zu den nicht kirchensteuerpflichtigen Empfängern aufzuteilen; der auf die kirchensteuerpflichtigen Empfänger entfallende Anteil ist Bemessungsgrundlage für die Anwendung des allgemeinen Kirchensteuersatzes. Die so ermittelte Kirchensteuer ist auf die Empfänger gleichmäßig zu verteilen und entsprechend deren Zugehörigkeit zu einer steuererhebenden Religionsgemeinschaft zuzuordnen.[5]

Die Anmeldung und Abführung der Pauschalsteuer ist eine Verpflichtung, die den Prämienanbieter nach § 37a Abs. 4 EStG trifft. Da die Pauschalierung antragsabhängig ist, entsteht das Recht zur Pauschalierung und zugleich die Steuer selbst erst mit der finanzbehördlichen Genehmigung (→ Rz. 31).[6] Die pauschale Einkommensteuer ist für den Anmeldungszeitraum zusammen mit der Lohnsteuer der Betriebsstätte beim Betriebsstätten-FA anzumelden. Der Anmeldungszeitraum bestimmt sich nach § 41a Abs. 2 EStG und wird bei Unternehmen, die Kundenbindungsprogramme auflegen, wohl stets der Kalendermonat sein. Dass die pauschale Einkommensteuer als fiktive Lohnsteuer in die Berechnung der Betragsgrenzen des § 41a Abs. 2 Satz 2 EStG einzubeziehen ist,[7] wird daher kaum praktische Konsequenzen haben. Die Pau-

---

1 A. A. HHR/*Bleschick*, § 37a EStG Anm. 36.
2 Siehe etwa FinMin Rheinland-Pfalz v. 3. 3. 2015, BStBl 2015 I 230, wonach die Kirchensteuer 7 % anstatt 9 % der Einkommensteuer beträgt. Für Baden-Württemberg gilt ein Satz von 5,5 % der pauschalen Einkommensteuer: FinMin Baden-Württemberg v. 8.3.2018, BStBl 2018 I 314.
3 Oberste FinBeh der Länder v. 8. 8. 2016, BStBl 2016 I 773, zu 1.
4 Oberste FinBeh der Länder v. 8. 8. 2016, BStBl 2016 I 773, zu 2.c.; OFD Frankfurt v. 14.3.2018 - S 2444 A-2-St 212, Juris.
5 Oberste FinBeh der Länder v. 8. 8. 2016, BStBl 2016 I 773, zu 2.
6 Inzwischen wohl allgemeine Auffassung, s. nur HHR/*Bleschick*, § 37a EStG Anm. 44, m. w. N.
7 So *Hoffmann* in Kirchhof/Söhn/Mellinghoff, § 37a EStG Rz. E 4.

schalsteuer ist spätestens am zehnten Tag nach Ablauf des für die Betriebsstätte maßgebenden Lohnsteuer-Anmeldungszeitraums an das Betriebsstätten-FA abzuführen. Fehlerhafte Anmeldungen führen zu einem Pauschalierungsbescheid.

36 **Fehlgeschlagene Einkommensteuerpauschalierungen**, wie etwa bei unwirksamer oder rückwirkend aufgehobener Zulassung und bei Rücknahme des Pauschalierungsantrags, führen zur Regelbesteuerung: Der Prämienbegünstigte wird Steuerschuldner und die Abgeltungswirkung der Pauschalierung entfällt, der Begünstigte kommt allerdings in den Genuss des Freibetrags nach § 3 Nr. 38 EStG von 1 080 € jährlich.

§ 37b Pauschalierung der Einkommensteuer bei Sachzuwendungen

(1) ¹Steuerpflichtige können die Einkommensteuer einheitlich für alle innerhalb eines Wirtschaftsjahres gewährten

1. betrieblich veranlassten Zuwendungen, die zusätzlich zur ohnehin vereinbarten Leistung oder Gegenleistung erbracht werden, und
2. Geschenke im Sinne des § 4 Absatz 5 Satz 1 Nummer 1,

die nicht in Geld bestehen, mit einem Pauschsteuersatz von 30 Prozent erheben. ²Bemessungsgrundlage der pauschalen Einkommensteuer sind die Aufwendungen des Steuerpflichtigen einschließlich Umsatzsteuer; bei Zuwendungen an Arbeitnehmer verbundener Unternehmen ist Bemessungsgrundlage mindestens der sich nach § 8 Absatz 3 Satz 1 ergebende Wert. ³Die Pauschalierung ist ausgeschlossen,

1. soweit die Aufwendungen je Empfänger und Wirtschaftsjahr oder
2. wenn die Aufwendungen für die einzelne Zuwendung

den Betrag von 10 000 Euro übersteigen.

(2) ¹Absatz 1 gilt auch für betrieblich veranlasste Zuwendungen an Arbeitnehmer des Steuerpflichtigen, soweit sie nicht in Geld bestehen und zusätzlich zum ohnehin geschuldeten Arbeitslohn erbracht werden. ²In den Fällen des § 8 Absatz 2 Satz 2 bis 10, Absatz 3, § 40 Absatz 2 sowie in Fällen, in denen Vermögensbeteiligungen überlassen werden, ist Absatz 1 nicht anzuwenden; Entsprechendes gilt, soweit die Zuwendungen nach § 40 Absatz 1 pauschaliert worden sind. ³§ 37a Absatz 1 bleibt unberührt.

(3) ¹Die pauschal besteuerten Sachzuwendungen bleiben bei der Ermittlung der Einkünfte des Empfängers außer Ansatz. ²Auf die pauschale Einkommensteuer ist § 40 Absatz 3 sinngemäß anzuwenden. ³Der Steuerpflichtige hat den Empfänger von der Steuerübernahme zu unterrichten.

(4) ¹Die pauschale Einkommensteuer gilt als Lohnsteuer und ist von dem die Sachzuwendung gewährenden Steuerpflichtigen in der Lohnsteuer-Anmeldung der Betriebsstätte nach § 41 Absatz 2 anzumelden und spätestens am zehnten Tag nach Ablauf des für die Betriebsstätte maßgebenden Lohnsteuer-Anmeldungszeitraums an das Betriebsstättenfinanzamt abzuführen. ²Hat der Steuerpflichtige mehrere Betriebsstätten im Sinne des Satzes 1, so ist das Finanzamt der Betriebsstätte zuständig, in der die für die pauschale Besteuerung maßgebenden Sachbezüge ermittelt werden.

Pauschalierung der Einkommensteuer bei Sachzuwendungen § 37b EStG

Inhaltsübersicht

	Rz.
A. Allgemeine Erläuterungen	1 - 19
B. Systematische Kommentierung	20 - 89
I. Tatbestandsvoraussetzungen und Besteuerungsgrundlagen (§ 37b Abs. 1 EStG)	20 - 55
1. Pauschalierungsberechtigter, Gegenstand der Pauschalierung und Steuersatz (§ 37b Abs. 1 Satz 1 EStG)	20 - 39
a) Wahlrecht des Pauschalierungsberechtigten	20 - 21
b) Gegenstand der Pauschalierung	22 - 33
c) Pauschaler Steuersatz	34 - 39
2. Bemessungsgrundlage (§ 37b Abs. 1 Satz 2 EStG)	40 - 49
3. Pauschalierungsausschlüsse (§ 37b Abs. 1 Satz 3 EStG)	50 - 55
II. Arbeitnehmer als Zuwendungsempfänger (§ 37b Abs. 2 EStG)	56 - 61
III. Zusammenfassende Darstellung und Abgrenzung der Tatbestände des § 37b Abs. 1 und Abs. 2 EStG	62 - 67
IV. Rechtsfolgen der Steuerübernahme (§ 37b Abs. 3 EStG)	68 - 77
V. Die pauschale Einkommensteuer gilt als Lohnsteuer (§ 37b Abs. 4 EStG)	78 - 89
C. Verfahrensfragen	90 - 99

HINWEIS:

BMF v. 22.8.2005, BStBl 2005 I 845 und v. 11.7.2006, BStBl 2006 I 447, beide betr. VIP-Logen in Sportstätten; BMF v. 19.5.2015, BStBl 2015 I 468; betr. Pauschalierung der Einkommensteuer nach § 37b EStG; BMF v. 14.10.2015, BStBl 2015 I 832, betr. lohn- und umsatzsteuerliche Behandlung von Betriebsveranstaltungen; Oberste FinBeh. der Länder v. 8.8.2016, BStBl 2016 I 773 betr. KiSt. bei Pauschalierung der Lohn- und Einkommensteuer; BMF v. 28.6.2018, BStBl 2018 II 814.

LITERATUR (WEGEN ÄLTEREN SCHRIFTTUMS S. 1. AUFL.):

▶ Weitere Literatur siehe Online-Version

Kanzler, Die Finanzverwaltung als Gesetzgeber: Pauschalierte Einkommens- und Lohnsteuer als neue Betriebssteuer und Steuerbefreiungen extra legem, FR 2014, 343; *Schneider*, Einkommensteuerpauschalierung nach § 37b EStG nur in den Grenzen einkommensteuerbarer Einkünfte, NWB 2014, 340; *Schneider*, Leitfaden zu den Tatbestandsmerkmalen des § 37b EStG, NWB 2014, 374; *Mohr*, Pauschalierung der Einkommensteuer bei Sachzuwendungen nach § 37b EStG, DStZ 2015, 588; *Niermann*, Pauschalierung der ESt auf Sachzuwendungen nach § 37b EStG, DB 2015, 1242; *Rätke*, Das neue BMF-Schreiben zur Pauschalierung von Sachzuwendungen nach § 37b EStG, BBK 2015, 549; *Schmidt*, Pauschalierung der Einkommensteuer bei Sachzuwendungen nach § 37b EStG, NWB Rapid 2015; *Seifert*, Pauschalierung der Einkommensteuer nach § 37b EStG, StuB 2015, 537; *Weber*, Pauschalierung von Sachzuwendungen nach § 37b EStG, NWB 2015, 2136; *v. Wolffersdorf/Hey*, Rechtsanwendungsfragen zur Pauschalierung bei Sachzuwendungen nach § 37b EStG, DB 2015, 153; *Geserich*, Pauschalierung von Sachzuwendungen nach § 37b EStG – Ausübung und Widerruf der Wahlrechte, NWB 46/2016, 3444; *Riegler/Riegler*, Pauschalierung der Einkommensteuer bei Sachzuwendungen an Steuerausländer im Lichte der neueren Rechtsprechung, IStR 2016, 291; *Seifert*, Die neue lohnsteuerliche Behandlung von Betriebsveranstaltungen, DStZ 2016, 104; *Gehrs/Brügge*, Tax-Compliance – auch ein Thema für die Lohnsteuer, StuB 2017, 100; *Holzner/Dürr*, Die Einkommensteuer und ihre Erhebungsformen, NWB 13/2017 Beilage 1, 24; *Niermann*, Pauschalierung der ESt nach § 37b EStG, DB 2017, 868; *Seifert*, Betriebsveranstaltungen: Wann feiert das Finanzamt mit?, NWB 2017, 18; *Seifert*, § 37b EStG: Neues zur Bemessungsgrundlage, StuB 2017, 119; *Backhaus/Engelsing*, Steuerpauschalierung nach § 37b EStG für betrieblich veranlasste Zuwendungen, NWB 2018, 1502; *Geserich*, Steuerpauschalierung für betrieblich veranlasste Zuwendungen, jurisPR-SteuerR 19/2018; *Kanzler*, Das Zusätzlichkeitserfordernis bei der Steuerpauschalierung für betriebliche Zuwendungen in einem Dreiecksverhältnis, FR 2018, 710; *L'habitant*, Zufluss des Arbeitslohns bei Erhalt von Gutscheinen für mehrere Monate im Voraus, NWB 2018, 2232; *Weber-Grellet*, Abwälzung pauschalierter Lohnsteuer auf den Arbeitnehmer, jurisPR-ArbR 48/2017 Anm 4; *v. Wolfersdorff*, Sachzuwendungen im Geschäftsleben – Missstände der einkommensteuerrechtlichen Behandlung und Reformvorschläge, ifst-Schrift 522 (2018).

> **ARBEITSHILFEN UND GRUNDLAGEN ONLINE:**
> Pauschalbesteuerung Sachbezüge und Arbeitslohn: Checkliste zur Prüfung der Voraussetzungen für § 37b EStG und § 40 Abs. 2 EStG, NWB DokID: YAAAE-66032; Pauschalbesteuerung Sachbezüge und Arbeitslohn: Übersicht der Steuersätze, NWB DokID: NAAAE-66121; *A. Schmidt*, Pauschalierung der Einkommensteuer bei Sachzuwendungen nach § 37b EStG; Grundlagen, NWB DokID: WAAAE-94436; Mustereinspruch zum Widerruf eines Antrags nach § 37b EStG, NWB DokID: MAAAF-89887.

A. Allgemeine Erläuterungen

1 **Normzweck und wirtschaftliche Bedeutung der Vorschrift:** Bei Sachzuwendungen an ArbN, Geschäftspartner und deren ArbN handelt es sich regelmäßig um einen steuerpflichtigen geldwerten Vorteil, dessen Bewertung für den Begünstigten oft schwierig ist. Daher dient die Pauschalversteuerung dieser Zuwendungen nach dem Muster des § 37a EStG der Vereinfachung.[1] Die Pauschalversteuerung solcher Zuwendungen mit Abgeltungswirkung für den Empfänger entsprach dem Wunsch von „Stimmen aus der Wirtschaft"[2] und einem Vorschlag des Bundesrechnungshofs, der vom BMF zunächst abgelehnt worden war[3] und mit keinem Wort im Regierungsentwurf[4] erwähnt wird. Mit § 37b EStG wurde keine weitere eigenständige Einkunftsart etabliert, sondern lediglich eine besondere pauschalierende Erhebungsform der Einkommensteuer zur Wahl gestellt.[5] Zugleich hat der Gesetzgeber aber gemeinsam mit § 37a EStG eine Unternehmensteuer eigener Art begründet (vgl. KKB/Kanzler, § 37a EStG Rz. 1, m.w.N., s. aber → Rz. 7).[6]

2 **Entstehung und Entwicklung der Vorschrift:** Die Vorschrift wurde durch JStG 2007 v. 13.12.2006[7] mit Wirkung für Zuwendungen nach dem 31.12.2006 in das EStG eingefügt und durch Anpassung von Verweisungen in § 37b Abs. 2 Satz 2 EStG wiederholt geändert.[8] Vor Einführung der Vorschrift galten BMF-Schreiben,[9] die eine Pauschalversteuerung der Zuwendungen ohne Rechtsgrundlage vorsahen.[10]

3 **Sachlicher und persönlicher Geltungsbereich des § 37b EStG:** Sachlich erfasst die Pauschalbesteuerung Sachzuwendungen des Zuwendenden an seine ArbN (→ Rz. 56 ff.) sowie Dritte, unabhängig von ihrer Rechtsform (z. B. AG, GmbH, Aufsichtsräte, Verwaltungsratsmitglieder, sonstige Organmitglieder von Vereinen und Verbänden, Geschäftspartner, deren Familienangehörige, ArbN, Dritter).[11] Nicht steuerpflichtige juristische Personen des öffentlichen Rechts werden mit der Wahl der Pauschalierung zu Stpfl. i. S. d. § 37b EStG.[12] Persönlich gilt § 37b EStG für Zuwendende, die natürliche und juristische Personen oder Personenvereinigungen sein können.

---

1 RegE zum JStG 2007, BT-Drucks. 16/2712, 55.
2 Bericht des Bundesrechnungshofs v. 12.12.2005, BT-Drucks. 16/160, 28.
3 Bericht des Bundesrechnungshofs v. 12.12.2005, BT-Drucks. 16/160, 28.
4 BT-Drucks. 16/2712, 55; allerdings weist der Bundesrat in seiner Stellungnahme zum Entwurf des JStG 2007 auf die Berichte des Bundesrechnungshofs hin (BR-Drucks. 622/06) (B), 22.
5 Siehe nur BFH v. 16.10.2013 - VI R 57/11, BStBl 2015 II 457.
6 *Kanzler*, FR 2014, 343.
7 BGBl 2006 I 2878.
8 Durch das Mitarbeiterkapitalbeteiligungsgesetz v. 7.3.2009 (BGBl 2009 I 451) und das UntStReiseKG v. 20.2.2013 (BGBl 2013 I 285).
9 BMF v. 22.8.2005, BStBl 2005 I 845, Tz. 16 und 18; BMF v. 30.3.2006, BStBl 2006 I 447.
10 Dazu auch *v. Wolfersdorff*, ifst-Schrift 522 (2018), 46 f. m.w. N.
11 BMF v. 19.5.2015, BStBl 2015 I 468, Rz. 2.
12 BMF v. 19.5.2015, BStBl 2015 I 468, Rz. 1.

Anwendung auf Auslandssachverhalte: § 37b EStG gilt auch für ausländische Zuwendende, die spätestens mit Wahl der Pauschalierung zu Stpfl. i. S. d. § 37b EStG werden.[1] Da die Zuwendungen beim Empfänger dem Grunde nach steuerbar und steuerpflichtig sein müssen (→ Rz. 28), ist § 37b EStG auf Zuwendungen an nicht steuerpflichtige Empfänger nicht anwendbar. Gleiches gilt für beschränkt und unbeschränkt steuerpflichtige Empfänger, die nach einem DBA oder dem Auslandstätigkeitserlass nicht der inländischen Besteuerung unterliegen.[2] Der Stpfl. kann hier die Vereinfachungsregelung des BMF in Anspruch nehmen und einen bestimmten Prozentsatz aller gewährten Zuwendungen an Dritte der Besteuerung nach § 37b EStG unterwerfen (→ Rz. 44). In der Praxis wird man sich hier nur nach dem (angenommenen) Wohnsitz der Empfänger orientieren können.[3]

4

Vereinbarkeit der Vorschrift mit höherrangigem Recht: Der BFH geht stillschweigend von der Verfassungsmäßigkeit der Pauschalierungsregelung aus,[4] die als Vereinfachungsvorschrift sachlich hinreichend gerechtfertigt scheint. Die Rüge eines Gleichheitsverstoßes durch die Besteuerung von Geschenken beim Empfänger, der ihm zugewendete Bewirtungskosten nicht zu versteuern habe,[5] betrifft nicht § 37b EStG und den zuwendenden Stpfl., sondern allein die Empfängerseite.[6] Allerdings wird in der gesetzlich vorgesehenen Bruttobesteuerung der Zuwendungen und der Erfassung nicht besteuerungswürdiger Sachverhalte eine „signifikante Übermaßbesteuerung" gesehen.[7] Anders als etwa bei § 37a EStG (KKB/Kanzler, § 37a EStG Rz. 16) wird die Besteuerung nicht steuerbarer oder steuerpflichtiger Zuwendungen von Gesetzes wegen auch nicht durch einen Abschlag vom Pauschalsteuersatz berücksichtigt. Die Vereinfachungsregelung des BMF (→ Rz. 44) ist kein Ersatz für dieses gesetzgeberische Unterlassen.

5

Das Verhältnis zu anderen Vorschriften ist zum Teil Gegenstand der Regelung selbst und in diesem Zusammenhang zu erläutern. Im Übrigen gilt Folgendes:

6

Verhältnis zu § 4 Abs. 4 EStG und § 4 Abs. 5 EStG (Betriebsausgabenabzug) und -abzugsverbote: Nach Auffassung der FinVerw richtet sich die Abziehbarkeit der Pauschalsteuer als Betriebsausgabe danach, „ob die Aufwendungen für die Zuwendung als Betriebsausgabe abziehbar sind".[8] Die bisher hier vertretene Auffassung vom Unternehmensteuercharakter der pauschalierten Lohnsteuer hat der BFH ausdrücklich abgelehnt. Die pauschale Lohnsteuer unterliegt daher als weitere Zuwendung ebenfalls dem Abzugsverbot für Geschenke nach § 4 Abs. 5 Satz 1 Nr. 1 EStG, das bei einer Behandlung der Pauschalsteuer als Unternehmsteuer eigener Art nicht anzuwenden wäre.[9]

7

---

1 BMF v. 19. 5. 2015, BStBl 2015 I 468, Rz. 1.
2 BMF v. 19. 5. 2015, BStBl 2015 I 468, Rz. 13; ausführlich dazu mit einer Tabelle für 4 verschiedene Fallgruppen *Riegler/Riegler*, IStR 2016,291.
3 Gl. A. *v. Wolfersdorff*, ifst-Schrift 522 (2018), 68.
4 BFH v. 16. 10. 2013 - VI R 52/11, BStBl 2015 II 455; BFH v. 16. 10. 2013 - VI R 57/11, BStBl 2015 II 457 und BFH v. 16. 10. 2013 - VI R 78/12, BStBl 2015 II 495.
5 So *Kohlhaas*, FR 2012, 950, 956.
6 Ähnlich HHR/*Lingemann*, § 37b EStG Anm. 15.
7 *V. Wolfersdorff*, ifst-Schrift 522 (2018), 74 f. und 126.
8 BMF v. 19. 5. 2015, BStBl 2015 I 468, Rz. 26; gl. A. BFH v. 30.3.2017- IV R 13/14, BStBl 2017 II 892, der dem BMF folgend, den Unternehmensteuercharakter der pauschalierten Lohnsteuer abgelehnt hat.
9 BFH v. 30.3.2017 - IV R 13/14, a. A. BMF v. 19.5.2015, BStBl 2015 I 468, Rz. 25.

> **HINWEIS:**
> Der zuwendende Unternehmer, der die Wertgrenze des § 4 Abs. 5 Satz 1 Nr. 1 EStG von 35 € einhalten will, muss also nach dem Urteil des BFH darauf achten, dass der Wert des Geschenks und die übernommene pauschale Einkommensteuer diesen Betrag nicht übersteigt. Allerdings hatte der BFH nicht weiter beachtet, dass das BMF in seinem Schreiben v. 19. 5. 2015[1] bereits angeordnet hatte, bei Prüfung der Freigrenze des § 4 Abs. 5 Satz 1 Nr. 1 Satz 2 EStG aus Vereinfachungsgründen allein auf den Betrag der Zuwendung abzustellen und die übernommene Steuer nicht mit einzubeziehen. Auf Nachfrage des Bundes der Steuerzahler (BdSt) hat das BMF nach einer Pressemitteilung des BdSt) mitgeteilt, das Urteil werde zwar im BStBl veröffentlicht und damit für alle Finanzbeamten bindend; es solle aber eine Fußnote gesetzt werden, die auf die Tz. 25 des BMF-Schreibens vom 19. 5. 2015 verweise.[2] Damit wird das Urteil des BFH zugunsten der Stpfl. nicht angewendet: Ein Nichtanwendungserlass durch Fußnote

Geschäftlich veranlasste Bewirtungen i. S. d. § 4 Abs. 5 Satz 1 Nr. 2 EStG fallen nicht unter § 37b EStG;[3] es sei denn, sie sind Teil einer Gesamtleistung, die insgesamt als Zuwendung nach § 37b EStG besteuert wird (z. B. Bewirtung auf einer Incentive-Reise) oder einer Repräsentationsveranstaltung i. S. d. § 4 Abs. 5 Satz 1 Nr. 4 EStG (z. B. Einladung zu einem Golfturnier, zu einem Segeltörn oder zu einer Jagdgesellschaft).[4] Eine insgesamt der Pauschalbesteuerung unterliegende Incentive-Reise liegt bei mindestens einer Übernachtung vor; ansonsten handelt es sich um eine Incentive-Maßnahme, bei der ggf. ein Bewirtungsanteil herausgerechnet werden kann.[5]

8 **Verhältnis zu § 37a EStG:** Die Pauschalierungsregelungen des § 37a und des § 37b EStG schließen einander aus (s. auch → Rz. 60 und das Beispiel 3 → Rz. 31).

9 **Verhältnis zu § 160 AO:** § 37b EStG kann auch dann angewendet werden, wenn die Aufwendungen beim Zuwendenden ganz oder teilweise unter das Abzugsverbot des § 160 AO fallen.[6] Fallen mehrere Zuwendungen zusammen, bei denen § 160 AO zum Abzugsverbot der Aufwendungen führt, ist die Summe dieser Aufwendungen den Höchstbeträgen gegenüberzustellen.[7]

> **BEISPIEL:** Bei drei Zuwendungen im Wert von je 4 000 € im Wj. verweigert der Stpfl. die Benennung der Empfänger. Das Abzugsverbot des § 160 AO erfasst alle drei Zuwendungen; eine Pauschalierung nach § 37b EStG ist nur für die Hälfte der dritten Zuwendung möglich.

10 **Verhältnis zum Erbschaftsteuer- und Schenkungsteuerrecht:** § 37b EStG steht nicht in Konkurrenz zu Tatbeständen des ErbStG.[8]

11 **Verhältnis zum Umsatzsteuerrecht:** Die unentgeltliche Zuwendung eines Gegenstands durch den Unternehmer an sein Personal für dessen Privatbedarf ist der Lieferung gegen Entgelt nach § 3 Abs. 1b Nr. 2 UStG gleichgestellt, sofern es sich nicht um eine Aufmerksamkeit handelt. Nach § 3 Abs. 1b Nr. 3 UStG gilt Entsprechendes für jede andere unentgeltliche Zuwendung von Gegenständen zu Zwecken des Unternehmens, es sei denn, es handelt sich um geringwertige Geschenke und Warenmuster. Unentgeltliche Dienstleistungen sind nach § 3 Abs. 9a Nr. 1 und Nr. 2 UStG zu beurteilen.

---

1 BStBl 2015 I 468, Rz. 25.
2 Siehe Pressemitteilung des BdSt v. 29.8.2017, https://www.steuerzahler.de/Geschenke-an-Geschaeftsfreunde/86308c98167i1p1520/index.html); s. auch NWB DokID: KAAAG-55369.
3 R 4.7 Abs. 3 EStR und R 8.1 Abs. 8 Nr. 1 LStR.
4 BMF v. 19. 5. 2015, BStBl 2015 I 468, Rz. 10.
5 BMF v. 19. 5. 2015, BStBl 2015 I 468, Rz. 10.
6 BMF v. 19. 5. 2015, BStBl 2015 I 468, Rz. 34; ebenso schon BT-Drucks. 16/2712, 55.
7 BMF v. 19. 5. 2015, BStBl 2015 I 468, Rz. 34.
8 Ausführlich dazu BFH v. 12. 12. 2013 - VI R 47/12, BStBl 2015 II 490, m. w. N. zu Rz. 22.

Ist die Zuwendung danach zu 19 % umsatzsteuerpflichtig, wird der in Anspruch genommene Vorsteuerabzug wieder neutralisiert. Allerdings ist der Vorsteuerabzug nach § 15 Abs. 1a UStG für Aufwendungen ausgeschlossen, die den Abzugsverboten des § 4 Abs. 5 Satz 1 Nr. 1 bis 4 und 7 EStG unterliegen.

Verhältnis zum Sozialversicherungsrecht: Zuwendungen nach § 37b Abs. 1 EStG sind dem Arbeitsentgelt nicht hinzuzurechnen, soweit sie an Arbeitnehmer eines Dritten erbracht werden und diese Arbeitnehmer nicht Arbeitnehmer eines mit dem Zuwendenden verbundenen Unternehmens sind (§ 1 Abs. 1 Nr. 14 der Sozialversicherungsentgeltverordnung – SvEV). Sozialversicherungspflichtig sind daher nur Sachzuwendungen an eigene Arbeitnehmer und Arbeitnehmer verbundener Unternehmen. Übernimmt der Arbeitgeber den Arbeitnehmeranteil zur Sozialversicherung, dann handelt es sich insoweit um individuell zu versteuernden Barlohn, der nicht unter § 37b EStG fällt und der daher auch sozialversicherungspflichtig ist.

12

Verhältnis zum Arbeitsrecht: Nach einem Urteil des ArbG Siegburg[1] hat der Arbeitgeber als Schuldner pauschaler Lohnsteuer im Innenverhältnis keinen Anspruch auf Erstattung der übernommenen Steuer aus § 38 Abs. 2 Satz 1 EStG bzw. § 670 BGB; nach a. A. kann der Arbeitgeber die Steuer abwälzen, es sei denn, man habe eine NettolohnvereinbaRung geschlossen (so zutreffend *Weber-Grellet*, jurisPR-ArbR 48/2017 Anm. 4).

13

(Einstweilen frei)

14–19

B. Systematische Kommentierung

I. Tatbestandsvoraussetzungen und Besteuerungsgrundlagen (§ 37b Abs. 1 EStG)

> **HINWEIS:**
> **Arbeitshilfen:** Checkliste zur Prüfung der Voraussetzungen für § 37b EStG, NWB DokID: YAAAE-66032.

1. Pauschalierungsberechtigter, Gegenstand der Pauschalierung und Steuersatz (§ 37b Abs. 1 Satz 1 EStG)

a) Wahlrecht des Pauschalierungsberechtigten

Pauschalierungsberechtigter ist der als Steuerpflichtiger bezeichnete Zuwendende, der allerdings erst Stpfl. wird, wenn er das Wahlrecht ausübt. Bis zu diesem Zeitpunkt ist der Zuwendungsempfänger steuerpflichtig. Stpfl. in diesem Sinne können jede natürliche und juristische Personen oder Personenvereinigungen sein.[2] Juristische Personen des öffentlichen Rechts können sowohl mit ihrem hoheitlichen Bereich und dem Bereich der Vermögensverwaltung als auch mit ihren einzelnen Betrieben gewerblicher Art jeweils Zuwendender i. S. d. § 37b EStG sein und können das Wahlrecht für die verschiedenen Bereiche unabhängig voneinander ausüben.[3]

20

Das Wahlrecht auf Pauschalversteuerung kann der Stpfl. für alle Zuwendungen im Wirtschaftsjahr nur einheitlich wahrnehmen. Es wird durch die Anmeldung der Pauschalsteuer

21

---
1 Vom 25.8.2017 - 3 Ca 1304/17, NWB DokID: RAAAG-84327.
2 BMF v. 19. 5. 2015, BStBl 2015 I 468, Rz. 1.
3 BMF v. 19. 5. 2015, BStBl 2015 I 468, Rz. 1.

nach § 37b Abs. 4 EStG ausgeübt. Nach der Entwurfsbegründung soll das Erfordernis der einheitlichen Wahlrechtsausübung auch die beiden Tatbestände der Zuwendungen an Dritte (Abs. 1) und an eigene ArbN (Abs. 2) erfassen.[1] Das BMF ist dem zu Recht nicht gefolgt. M. E. ist die unterschiedliche Behandlung von Zuwendungen an Dritte und solche an eigene ArbN zulässig, weil es sich bei Abs. 1 und Abs. 2 um zwei gesonderte Tatbestände handelt.[2] Bei einem vom Kalenderjahr abweichenden Wj. soll das Wahlrecht für die eigenen ArbN immer kalenderjahrbezogen ausgeübt werden.[3] Die Bindungswirkung des Wahlrechts erstreckt sich dann auch nur auf das Kalenderjahr.

BEISPIEL: Das Unternehmen U hat ein abweichendes Wj. vom 1.8.01 bis zum 31.7.02. Für die Sachzuwendungen an die eigenen Arbeitnehmer kann das Wahlrecht zur Anwendung der Pauschalierung spätestens bis zu dem für die Übermittlung der elektronischen Lohnsteuerbescheinigung maßgeblichen Termin, hier der 28.2.02 (vgl. § 41b Abs. 1 Satz 2 EStG) ausgeübt werden. Für den Personenkreis der eigenen Arbeitnehmer gilt bei einem abweichenden Wj. die kalenderjährliche Betrachtungsweise. Das Wahlrecht nach § 37b Abs. 2 EStG wird damit ausschließlich für die im Kj. 01 ausgegebenen Sachzuwendungen ausgeübt und kann für das Kj. 02 erneut ausgeübt werden.

Übt ein ausländischer Zuwendender das Wahlrecht zur Anwendung des § 37b EStG aus, sind die Zuwendungen, die unbeschränkt oder beschränkt Einkommen- oder Körperschaftsteuerpflichtigen im Inland gewährt werden, einheitlich zu pauschalieren.[4] Das Wahlrecht ist für alle inländischen lohnsteuerlichen Betriebsstätten nach § 41 Abs. 2 EStG einheitlich und nach Auffassung der FinVerw unwiderruflich auszuüben.[5] Nach der Entwurfsbegründung folgt das gesetzlich nicht ausdrücklich geregelte Widerrufsverbot aus dem Rechtsschutzbedürfnis des unterrichteten Zuwendungsempfängers.[6] Da ein Widerrufsverbot ausdrücklicher gesetzlicher Regelungen bedarf, können die Wahlrechte, wie ansonsten auch, bis zum Eintritt der Bestandskraft widerrufen werden,[7] nachdem der Empfänger der Zuwendungen entsprechend unterrichtet ist. Die Unterrichtungspflicht im Falle des Widerrufs folgt dann ebenfalls aus § 37b Abs. 3 Satz 3 EStG (actus contrarius). Zu Verfahrensfragen im Zusammenhang mit der Wahlrechtsausübung s. → Rz. 90.

b) Gegenstand der Pauschalierung

Gegenstand der Pauschalierung sind betrieblich veranlasste Zuwendungen, die zusätzlich zur ohnehin vereinbarten Leistung oder Gegenleistung (§ 37b Abs. 1 Satz 1 Nr. 1 EStG) oder zum ohnehin geschuldeten Arbeitslohn erbracht werden (§ 37b Abs. 2 EStG) und nicht in Geld bestehende Geschenke i. S. d. § 4 Abs. 5 Satz 1 Nr. 1 EStG. Dazu gehören etwa die vom Bundesrechnungshof erwähnten Einladungen zu sportlichen, kulturellen oder sonstigen gesellschaft-

---

1 BT-Drucks. 16/2712, 56; andererseits sollen aber Zuwendungen an ArbN verbundener Unternehmen auch individuell besteuert werden können, wenn der Zuwendende im Übrigen die Pauschalversteuerung wählt (BMF v. 19.5.2015, BStBl 2015 I 468, Rz. 5).
2 BFH v. 15.6.2016 – VI R 54/15, BStBl 2016 II 1010; gl. A. BMF v. 19.5.2015, BStBl 2015 I 468, Rz. 4; ferner HHR/*Lingemann*, § 37b EStG Anm. 27, m.w.N. auch zur überholten a. A.
3 So BMF v. 19.5.2015, BStBl 2015 I 468, Rz. 4.
4 So BMF v. 19.5.2015, BStBl 2015 I 468, Rz. 6.
5 BMF v. 19.5.2015, BStBl 2015 I 468, Rz. 4.
6 Siehe BT-Drucks. 16/2712, 55; gl. A. Hessisches FG v. 13.4.2016 – 7 K 872/13, EFG 2016, 1705, aus anderen Gründen aufgehoben (BFH v. 21.2.2018 – VI R 25/16, BStBl 2018 II 389), betr. Bonusprogramm an Fachverkäufer, m.w.N. zum Streitstand.
7 BFH v. 15.6.2016 – VI R 54/15, BStBl 2016 II 1010.

lichen Ereignissen, z. B. in VIP-Logen, zu Formel 1-Autorennen, zur Teilnahme an einer Jagd oder die Zuwendung wertvoller Sachen wie Uhren.[1] Sachbezüge, die im ganz überwiegenden eigenbetrieblichen Interesse des Arbeitgebers gewährt werden[2] sowie steuerfreie Sachbezüge, z. B. auch nach § 19 Abs. 1 Satz 1 Nr. 1a EStG, werden von § 37b Abs. 2 EStG nicht erfasst.[3]

Betrieblich veranlasste Zuwendungen (§ 37b Abs. 1 Satz 1 Nr. 1 EStG) wurden auf Vorschlag des Bundesrats im Hinblick auf die frühere Behandlung von Incentive-Reisen[4] in die Pauschalbesteuerung einbezogen. Die lückenhafte steuerliche Erfassung von Incentive-Reisen hatte auch der Bundesrechnungshof gerügt.[5] Diese anderen Zuwendungen müssen zusätzlich zur ohnehin vereinbarten Leistung erbracht werden.   23

Eine Aufteilung von Gesamtaufwendungen wird erforderlich, wenn Gesamtleistungen erbracht werden, die nicht steuerpflichtige Zuwendungen enthalten, wie etwa die Bewirtung anlässlich einer Incentive-Maßnahme, die im Unterschied zur Incentive-Reise keine Übernachtung umfasst.[6]   24

Die betriebliche Veranlassung der Zuwendungen ist Tatbestandsvoraussetzung für die Pauschalbesteuerung nach § 37b Abs. 1 Satz 1 Nr. 1 EStG. Von der Pauschalierung sind daher Zuwendungen aus gesellschaftsrechtlicher (vGA)[7] oder privater Veranlassung ausgeschlossen. Die betriebliche Veranlassung setzt einen Betrieb voraus, so dass etwa Sachzuwendungen eines Vorstandsvorsitzenden an Kunden und Geschäftsfreunde nicht pauschalierungsfähig sind.[8]   25

Steuerbare und steuerpflichtige Sachzuwendungen erforderlich: Ungeschriebene Tatbestandsvoraussetzung für die Steuerpauschalierung ist ferner, dass die Sachzuwendungen beim Empfänger dem Grunde nach zu steuerbaren und steuerpflichtigen Einkünften führen müssen.[9] Dies folgt ohne weiteres aus der Rechtsnatur der Pauschalierung als besonderer Erhebungsform der Einkommensteuer. Daher fallen Sachzuwendungen an Empfänger mit Gewinneinkünften i. S. d. § 2 Abs. 1 Satz 1 Nr. 1 bis 4 EStG nur dann unter die Pauschalierung, wenn die Einnahmen auch im Inland steuerpflichtig sind. Zu Auslandssachverhalten im Übrigen s. → Rz. 4.   26

> **BEISPIELE:** Der Stpfl. überreicht anlässlich einer Geschäftsreise im Ausland einen Bildband über Deutschland. Eine Pauschalierung nach § 37b EStG ist nicht erforderlich und der Betriebsausgabenabzug bei AK über 35 € einschließlich USt verwehrt.   27
>
> Ein Großunternehmen lädt neben seinen Arbeitnehmern aus seinem Stammwerk im Inland auch die Arbeitnehmer aus ihrer polnischen Betriebsstätte zu einem Musicalbesuch in Hamburg ein. Die Arbeitnehmer der polnischen Betriebsstätte sind in Deutschland nicht steuerpflichtig.

---

1 Bericht des Bundesrechnungshofs v. 12. 12. 2005, BT-Drucks. 16/160, 28 und 162 f.
2 Dazu BFH v. 16. 10. 2013 - VI R 78/12, BStBl 2015 II 495.
3 BMF v. 19. 5. 2015, BStBl 2015 I 468, vor Rz. 17.
4 BMF v. 14. 10. 1996, BStBl 1996 I 1192.
5 Bericht des Bundesrechnungshofs v. 12. 12. 2005, BT-Drucks. 16/160, 28 und 162.
6 BMF v. 19. 5. 2015, BStBl 2015 I 468, zu Rz. 10, verweist dazu auf das BMF-Schreiben zur ertragsteuerlichen Behandlung von Incentive-Reisen (BMF v. 14. 10. 1996, BStBl 1996 I 1192).
7 BT-Drucks. 16/2712, 56 und BMF v. 19. 5. 2015, BStBl 2015 I 468, zu Rz. 9.
8 BFH v. 12. 12. 2013 - VI R 47/12, BStBl 2015 II 490; inzwischen gl. A. BMF v. 19. 5. 2015, BStBl 2015 I 468, Rz. 3.
9 St. Rspr. zuletzt BFH v. 21. 2. 2018 - VI R 25/16, BStBl 2018 II 389, Rz. 13; a. A. noch BMF v. 29. 4. 2008, BStBl 2008 I 566, zu Rz. 13.

28 Bei Empfängern mit Überschusseinkünften (§ 2 Abs. 1 Satz 1 Nr. 4 bis 7 EStG) sind Sachzuwendungen nur ausnahmsweise steuerbar und pauschalierungsfähig.[1] Außer in den Fällen der Arbeitnehmerbesteuerung (§ 19 EStG) sind Sachzuwendungen etwa auch an Stpfl. mit Einkünften aus VuV, Kapitalvermögen oder sonstigen Einkünften denkbar. Allerdings führen Sachzuwendungen eines Unternehmers an Privatkunden nicht zu steuerbaren Einnahmen, wenn sie nicht in Zusammenhang mit einer Einkunftsart stehen.

29 **BEISPIELE:** Ein selbständiger Installateur überlässt seinen Kunden zu Weihnachten ein Weinpräsent. Der Abzug als Betriebsausgaben ist von den Anschaffungskosten (35 € nach § 4 Abs. 5 Satz 1 Nr. 1 EStG) abhängig. Die Pauschalversteuerung richtet sich nach dem Veranlassungszusammenhang der Einnahmen beim Zuwendungsempfänger, danach also, ob dieser die Dienste des Unternehmers für sein Mietshaus (Einkünfte aus VuV[2]) oder für sein privates Eigenheim in Anspruch genommen hatte.

Der Kfz-Händler gibt einem Autokäufer einen Satz Fußmatten. Die Aufwendungen sind Betriebsausgaben des Unternehmers, führen aber beim Empfänger zu einer nicht steuerbaren Vermögensmehrung.

Eine Bank überreicht ihrem Privatkunden, der ausschließlich Einkünfte aus Kapitalvermögen erzielt, einen Blumenstrauß, einen exklusiven Kalender oder Karten für ein Konzert. Die Zuwendungen führen nicht zu stpfl. Einnahmen, weil sie auch bei wirtschaftlicher Betrachtung nicht als Entgelt für die Kapitalüberlassung nach § 20 Abs. 3 EStG zu beurteilen sind.

Ein Fachverlag überlässt seinen Autoren einschlägige Fachbücher zur Erstellung ihrer Manuskripte. Dieser Vermögenswert bleibt ohne gewinnmäßige Auswirkung, weil die durch ihn ersparten Aufwendungen ihrerseits durch den Betrieb veranlasst sind.[3]

Als Zuwendender wird der Stpfl. oft nicht in der Lage sein nachzuweisen, dass die Sachzuwendung beim Empfänger kein steuerbarer geldwerter Vorteil ist.

30 **Die Zusätzlichkeitsvoraussetzung** für betrieblich veranlasste Zuwendungen nach § 37b Abs. 1 Satz 1 Nr. 1 EStG erfordert, dass die Zuwendungen in sachlichem und zeitlichem Zusammenhang mit einem zwischen den Vertragsparteien abgeschlossenen Vertragsverhältnis, dem sog. Grundgeschäft, stehen und zur ohnehin geschuldeten Leistung als zusätzliche Leistung hinzukommen (z. B. Kulanzleistungen). Anders als bei § 37b Abs. 2 EStG (Barlohnumwandlungsverbot) erscheint der Zweck dieser Pauschalierungsbeschränkung unklar. Denn einerseits fallen Sachzuwendungen im Austauschverhältnis (Synallagma) unter die Besteuerung des Geschäfts selbst, während andererseits solche Zuwendungen außerhalb dieses Verhältnisses als Schenkungen von § 37b Abs. 1 Satz 1 Nr. 2 EStG erfasst werden. Mit diesem auf Vorschlag des Bundesrats eingefügten Zusätzlichkeitserfordernis sollten insbesondere Incentive-Reisen erfasst werden, die keine Geschenke i. S. d. § 4 Abs. 5 Satz 1 Nr. 1 EStG sind.[4] Jedenfalls werden Zuwendungen außerhalb eines Leistungsaustauschs, etwa zur Anbahnung eines Vertragsverhältnisses[5] ebensowenig von der Pauschalbesteuerung erfasst, wie die beim Empfänger regelmäßig nicht zu steuerbaren und steuerpflichtigen Einnahmen führenden Gewinne aus Verlosungen, Preisausschreiben und sonstigen Gewinnspielen sowie Prämien aus (Neu)Kundenwerbungsprogrammen und Vertragsneuabschlüssen.[6] Nach Auffassung der FinVerw soll unbeachtlich

---

1 *Schneider*, NWB 2014, 340, 350.
2 A.A. *Schneider*, NWB 2014, 340, 350, mit der eher unsubstantiierten Begründung, „diese Sachzuwendung (dürfte) kaum unter Einkünfte aus Vermietung und Verpachtung zu subsumieren sein".
3 BFH v. 22. 7. 1988 - III R 175/85, BStBl 1988 II 995, unter II. 2.a der Gründe.
4 BT-Drucks. 16/3368, 19.
5 BFH v. 12. 12. 2013 - VI R 47/12, BStBl 2015 II 490.
6 BMF v. 28. 6. 2018, BStBl 2018 II 814, zu Rz. 9e.

sein, ob die Zuwendung aufgrund eines Rechtsanspruchs oder freiwillig geleistet wird.[1] Zu Bonuspunkten im Rahmen von Kundenbindungsprogrammen s. → Rz. 31.

Das Zusätzlichkeitserfordernis setzt voraus, dass der Stpfl. als Zuwendender in einem synallagmatischen Leistungsaustausch mit dem Zuwendungsempfänger steht. § 37b Abs. 1 Satz 1 Nr. 1 EStG erfasst nämlich nicht unterschiedslos alle unabhängig von einem bestehenden Leistungsaustausch erbrachten Zuwendungen, sondern nur solche, die ergänzend zu einem synallagmatischen Leistungsaustausch hinzutreten, in dem die Zuwendungen zwar nicht geschuldet, aber durch den Leistungsaustausch veranlasst sind.[2] Daran fehlt es etwa, wenn ein Fachhändler nicht bei ihm angestellten Fachverkäufern Prämien für den Verkauf seiner Produkte gewährt.[3] Das Zusätzlichkeitserfordernis führt also einerseits zum Pauschalierungsausschluss, wenn es an einer zugrundeliegenden Leistung überhaupt fehlt (wie dies bei Geschenken der Fall ist) und andererseits, wenn die Zuwendung Teil des Leistungsaustauschs selbst ist. Daher fallen etwa auch Vermittlungsprovisionen, die als Sachzuwendungen (z. B. in Form von Gutscheinen) gewährt werden, mangels Zusätzlichkeit nicht unter die Pauschalbesteuerung; sie sind Teil des Leistungsaustauschs und vom Empfänger als sonstige Einkünfte nach § 22 Nr. 3 EStG zu versteuern, wenn die Freigrenze des § 22 Nr. 3 Satz 2 EStG überschritten ist.

BEISPIELE: Die Zugabe eines Gratis-Glases bei Erwerb eines Kastens Bier (Grundgeschäft) erfüllt das Zusätzlichkeitserfordernis,[4] bleibt aber als Streuwerbeartikel (AK oder HK unter 10 €) bei § 37b EStG außer Ansatz.[5]

A möchte den Unternehmer B als Zulieferer für sein Unternehmen gewinnen und lädt ihn dazu in ein Musical ein. Hier fehlt es an einem Grundgeschäft und damit an dem Zusätzlichkeitserfordernis.

Mit einem Kundenbindungsprogramm vergibt A Bonuspunkte, die je nach ihrer Anzahl zum Bezug unterschiedlicher Sach- oder Leistungsprämien berechtigen. Der gesamte Vorgang (Gutschrift und Einlösung der Punkte) wird zum Gegenstand des Leistungsaustauschs im Grundgeschäft. § 37b EStG ist nicht anwendbar, wohl aber kann § 37a EStG anwendbar sein.

Geschenke i. S. d. § 4 Abs. 5 Satz 1 Nr. 1 EStG (§ 37b Abs. 1 Satz 1 Nr. 2) waren zunächst die einzigen im Regierungsentwurf von § 37b EStG erfassten Sachzuwendungen (jetzt § 37b Abs. 1 Satz 1 Nr. 2 EStG).[6] Dies sollte der Abgrenzung gegenüber Zuwendungen dienen, die nicht unter den Geschenkbegriff fallen und nicht besteuert werden. Dazu zählen nach Auffassung des BMF etwa Bewirtungsaufwendungen, die nicht Teil einer steuerbaren Gesamtleistung sind,[7] Streuwerbeartikel[8] und geringwertige Warenproben, deren AK oder HK 10 € nicht übersteigen.[9]

---

1 BMF 19. 5. 2015, BStBl 2015 I 468, zu Rz. 9a.
2 BFH v. 12. 12. 2013 - VI R 47/12, BStBl 2015 II 490.
3 BFH v. 21. 2. 2018 - VI R 25/16, BStBl 2018 II 389; mit Anm. *Backhaus/Engelsing*, NWB 2018, 1502 und Kanzler, FR 2018, 710.
4 A. A. *Seifert*, StuB 2014, 134, 136.
5 BMF 19. 5. 2015, BStBl 2015 I 468, zu Rz. 10.
6 Siehe BT-Drucks. 16/2712, 11.
7 BMF v. 19.5.2015, BStBl 2015 I 468, zu Rz. 10, verweist dazu auf Bewirtungen anlässlich einer Incentive-Reise, eines Golfturniers, Segeltörns oder einer Jagdgesellschaft. Allerdings gibt es nach Auffassung des BFH für die Außerachtlassung der Bewirtungskosten keine Rechtsgrundlage (BFH v. 16.10.2013 - VI R 52/11, BStBl 2015 II 455, zu Rz. 16).
8 BMF v. 19.5.2015, BStBl 2015 I 468, zu Rz. 10, nimmt solche geringwertigen Sachzuwendungen von der Pauschalbesteuerung aus. Dafür gibt es allerdings auch keine Rechtsgrundlage (BFH v. 16.10.2013 - VI R 52/11, BStBl 2015 II 455, zu Rz. 16); gl. A. *Kanzler*, FR 2014, 343); gleichwohl wendet die FinVerw die Regelung weiter an (s. BMF v. 19.5.2015, Fn. 1). Zur Ermittlung der 10 €-Grenze vgl. *Weber*, NWB 2015, 2136, 2143.
9 BT-Drucks. 16/2712, 55.

> **PRAXISHINWEIS:**
> Die Grenze von 10 € gilt aber nur bei Anwendung des § 37b EStG. Daher haben Arbeitgeber, die Sachzuwendungen an Mitarbeiter nicht nach dieser Vorschrift pauschalieren, auch Sachzuwendungen, deren AK oder HK die Wertgrenze nicht übersteigen, im Lohnkonto zu erfassen.

c) Pauschaler Steuersatz

34 Der Pauschsteuersatz beträgt **30 %** der Bemessungsgrundlage (→ Rz. 40 ff.). Anders als der pauschale Durchschnittsteuersatz nach § 37a Abs. 1 Satz 3 EStG (vgl. KKB/Kanzler, § 37a EStG Rz. 19) beruht der Steuersatz von 30 % nicht auf einer sog. „Mischkalkulation",[1] die auch eine Erfassung nicht steuerbarer Zuwendungen rechtfertigen mag. Der Regelung des § 37b EStG und dem gewählten Pauschsteuersatz von 30 % liegen derartige Typisierungs- und Vereinfachungserwägungen ersichtlich nicht zugrunde.[2] Nach den Vorstellungen des Regierungsentwurfs sollte sich der Pauschsteuersatz von 45 % ursprünglich am Spitzensteuersatz orientieren und berücksichtigen, „dass die übernommene Steuer einen weiteren Vorteil für den Empfänger der Sachzuwendungen darstellt, der steuersystematisch ebenfalls als Einnahme zu erfassen wäre".[3] Auch die auf Vorschlag des Finanzausschusses vorgenommene Absenkung des Pauschsteuersatzes von 45 % auf 30 % diente keineswegs der Berücksichtigung nicht steuerbarer Zuwendungen; der geringere Pauschsteuersatz sollte vielmehr nur „einen Anreiz zur zukünftigen Entrichtung durch die Aufwendenden ... setzen" und damit eine Besteuerung sicherstellen, die in der Praxis bis zur Einführung der Norm durch das JStG 2007 nur lückenhaft erfolgte;[4] ferner sollte mit der Absenkung des Steuersatzes berücksichtigt werden, dass ein Unternehmen die Geschenke wegen ihrer Nichtabzugsfähigkeit aus dem Ertrag erwirtschaften müsse und deshalb faktisch ein viel höherer Steuersatz darauf laste.[5]

35–39 *(Einstweilen frei)*

2. Bemessungsgrundlage (§ 37b Abs. 1 Satz 2 EStG)

40 **Kosten als Bemessungsgrundlage:** Aus Vereinfachungsgründen wird der geldwerte Vorteil abweichend von § 8 Abs. 2 Satz 1 EStG mit den tatsächlichen Kosten des Zuwendenden einschließlich USt bewertet.[6] Diese Bemessungsgrundlage der pauschalen Einkommensteuer ist nicht um einen Anteil für Werbeaufwand zu kürzen.[7] Die Einbeziehung der USt in die Bemessungsgrundlage ist sachgerecht, da die Pauschalierung die Besteuerung beim Endverbraucher abgilt.[8] Nach BMF kann der Bruttobetrag aus Vereinfachungsgründen mit dem Faktor 1,19 aus dem Nettobetrag hochgerechnet werden.[9] Soweit diese Bemessungsgrundlage in Herstellungsfällen erheblich von dem allgemeinen Bewertungsgrundsatz in § 8 Abs. 2 Satz 1 EStG abweicht, hält dies der Gesetzgeber im Hinblick auf den Vereinfachungszweck und den geringen

---

1 So BFH v. 16. 10. 2013 - VI R 57/11, BStBl 2015 II 457, zu Rz. 18.
2 A. A. *Eisgruber* in Kirchhof, § 37b EStG Rz. 8.
3 BT-Drucks. 16/2712, 55 f.
4 Siehe nur den Bericht des Bundesrechnungshofs v. 12. 12. 2005, BT-Drucks. 16/160, 28, 161 ff.
5 BT-Drucks. 16/3368, 11.
6 BT-Drucks. 16/2712, 55, unter Hinweis auf die Rechtsprechung des BFH (BFH v. 18. 8. 2005 - VI R 32/03, BStBl 2006 II 30).
7 FG Bremen v. 21. 9. 2017 - 1 K 20/17 (5), NWB DokID: ZAAAG-72322.
8 BT-Drucks. 16/2712, 55, unter Hinweis auf die Regelung in § 6 Abs. 1 Nr. 4 Satz 2 EStG.
9 BMF v. 19. 5. 2015, BStBl 2015 I 468, Rz. 14.

Steuersatz von im Entwurf vorgeschlagenen 45 % (jetzt 30 %) für vertretbar.[1] Die übernommene Pauschalsteuer ist nicht Teil der Bemessungsgrundlage, obwohl sie als zusätzliches Geschenk behandelt wird.[2]

Bei Veranstaltungen, die keine Betriebsveranstaltungen sind, also die Tatbestandsvoraussetzungen des § 19 Abs. 1a EStG nicht erfüllen,[3] gehen in die Bemessungsgrundlage nicht nur diejenigen Aufwendungen ein, die der Eingeladene konsumieren kann (z. B. Musik), sondern auch die Aufwendungen für den äußeren Rahmen wie z. B. für die Raummiete oder die Veranstaltungsagentur.[4] Damit überträgt das BMF-Schreiben die gesetzliche Neuregelung des § 19 Abs. 1 Nr. 1a EStG[5] in den Anwendungsbereich des § 37b EStG.[6] Aufwendungen für Betriebsveranstaltungen, die die Voraussetzungen des § 19 Abs. 1a EStG erfüllen, sind, soweit sie den Freibetrag[7] von 110 € übersteigen, Arbeitslohn, der nach § 40 Abs. 2 Satz 1 Nr. 2 EStG mit 25 % pauschal versteuert werden kann.[8] Eine Pauschalbesteuerung nach § 37b EStG ist daher insoweit ausgeschlossen. Dies folgt auch aus § 37b Abs. 2 Satz 2 EStG (s. → Rz. 59).[9]

41

PRAXISHINWEIS:

Ob Aufwendungen im Zusammenhang mit einer betrieblich veranlassten Veranstaltung mit 25 % nach § 40 Abs. 2 Satz 1 Nr. 2 EStG oder mit 30 % nach § 37b Abs. 1 und 2 EStG pauschal zu versteuern und ob der Freibetrag von 110 € nach § 19 Abs. 1a Satz 3 EStG zu gewähren ist, hängt davon ab, ob die Veranstaltung als Betriebsveranstaltung i. S. d. § 19 Abs. 1a EStG zu beurteilen ist. Eine Betriebsveranstaltung ist danach eine Veranstaltung auf betrieblicher Ebene mit gesellschaftlichem Charakter, die allen Angehörigen des Betriebs oder eines Betriebsteils offensteht. Die begünstigte Besteuerung mit Freibetrag und pauschalierten 25 % gilt jedoch nur für bis zu zwei Betriebsveranstaltungen jährlich (§ 19 Abs. 1a Satz 4 EStG). Fehlt es an diesen Voraussetzungen, dann kommt eine Pauschalversteuerung der Aufwendungen nach § 37b EStG in Betracht. In diesem Fall gehen alle Kosten in die Aufwendungen ein, die der Arbeitgeber gegenüber Dritten für den äußeren Rahmen der Betriebsveranstaltung aufwendet, also auch Kosten für die Raummiete oder die Veranstaltungsagentur, nicht aber Gemeinkosten, weil sie nicht gegenüber Dritten erbracht werden. Gemeinkosten bleiben daher auch bei Anwendung des § 37b EStG außer Ansatz. Die von der FinVerw praktizierte Aufteilung der Gesamtkosten auf die Zahl der tatsächlich erschienenen (und nicht die eingeladenen) Teilnehmer wird wegen der Erfassung von „Scheinvorteilen" bei den erschienenen Gästen für bedenklich gehalten, wenn dadurch die 110 €-Grenze für Aufmerksamkeiten überschritten wird und der Vorsteuerabzug entfällt (so *Seifert*, DStZ 2016, 104).

Die Vereinfachungsregelungen, die zur Aufteilung der Gesamtaufwendungen für VIP-Logen in Sportstätten und in ähnlichen Sachverhalten ergangen sind, gelten unverändert fort.[10] Der danach ermittelte, auf Geschenke entfallende pauschale Anteil, ergibt die Aufwendungen, die in die Bemessungsgrundlage nach § 37b EStG einzubeziehen sind. Die Vereinfachungsregelungen zur Übernahme der Besteuerung[11] sind ab dem 1. 1. 2007 nicht mehr anzuwenden.

42

---

1 BT-Drucks. 16/2712, 55.
2 BFH v. 30.3.2017- IV R 13/14, BStBl 2017 II 892 zu Rz. 32.
3 Das BMF benennt als Beispiele „Einladungen zu einem Golfturnier, zu einem Segeltörn oder zu einer Jagdgesellschaft" (BMF v. 19. 5. 2015, BStBl 2015 I 468, Rz. 10).
4 BMF v. 19. 5. 2015, BStBl 2015 I 468, Rz. 14. So etwa auch die Kosten für sog. Eventagenturen (FG Köln v. 22.2.2018 - 1 K 3154/15, EFG 2018, 1133 = NWB DokID: DAAAG-86264, Rev. VI R 13/18).
5 Eingeführt durch das ZollkodexAnpG v. 22. 12. 2014, BGBl 2014 I 2417.
6 Gl. A. *Rätke*, BBK 2015, 549, 552.
7 Nach unzutreffender a. A. von HHR/*Wagner* (§ 40 EStG Anm. 38) eine Freigrenze.
8 BMF v. 14. 10. 2015, BStBl 2015 I 832, Tz. 5.
9 Gl. A. *Schmidt*, NWB Rapid 2015, 15, 26.
10 BMF v. 19. 5. 2015, BStBl 2015 I 468, Rz. 15, unter Hinweis auf BMF v. 22. 8. 2005, BStBl 2005 I 845 und BMF v. 11. 7. 2006, BStBl 2006 I 447.
11 BMF v. 22. 8. 2005, BStBl 2005 I 845, Rz. 16 und 18 und die entsprechende Verweise in BMF v. 11. 7. 2006, BStBl 2006 I 447.

43 **Konzernfälle:** Zuwendungen an Arbeitnehmer verbundener Unternehmen i. S. d. §§ 15 ff. AktG oder § 271 HGB fallen in den Anwendungsbereich des § 37b Abs. 1 EStG und sind nach § 37b Abs. 1 Satz 2 EStG mindestens mit dem sich aus § 8 Abs. 3 Satz 1 EStG ergebenden Wert zu bemessen (Rabattgewährung an Konzernmitarbeiter). Die Ausnahmeregelung in § 37b Satz 2 2. Halbsatz EStG soll sicherstellen, dass ArbN eines verbundenen Unternehmens nicht besser gestellt werden, als ArbN des „Herstellerunternehmens", bei denen nach § 37b Abs. 2 Satz 2 EStG die Besteuerung nach § 8 Abs. 3 EStG durchzuführen ist. Dies führt zur Gleichbehandlung aller konzernzugehörigen ArbN.[1] Auf Wunsch der Verbände erfolgte allerdings eine Vereinfachung bei der Durchführung des Verfahrens nach § 37b EStG in Konzernfällen. Für Zuwendungen an Mitarbeiter verbundener Unternehmen wird es danach nicht beanstandet, wenn anstelle des Zuwendenden der Arbeitgeber des Zuwendungsempfängers die Pauschalierung entsprechend § 37b Abs. 1 EStG vornimmt.[2] Nach dem BMF wird es nicht beanstandet, wenn diese Zuwendungen an Arbeitnehmer verbundener Unternehmen individuell besteuert werden, auch wenn der Zuwendende für die übrigen Zuwendungen § 37b Abs. 1 EStG anwendet. Für die übrigen Zuwendungen ist das Wahlrecht aber einheitlich auszuüben.[3]

44 **Vereinfachte Ermittlung der Bemessungsgrundlage:** Soweit einzelne Zuwendungen nicht von § 37b EStG erfasst werden, weil sie beim Empfänger nicht zu Einkünften führen (→ Rz. 4 und → Rz. 28), kann ein bestimmter Prozentsatz aller gewährten Zuwendungen an Dritte der Besteuerung nach § 37b EStG unterworfen werden.[4] Dieser Prozentsatz hat sich an den „unternehmensspezifischen Gegebenheiten" zu orientieren, ist glaubhaft zu machen und unter gleichbleibenden Verhältnissen beizubehalten. Dazu sollen Aufzeichnungen genügen, die über einen repräsentativen Zeitraum (mindestens drei Monate) geführt werden.[5] Der so ermittelte Prozentsatz kann so lange angewandt werden, wie sich die Verhältnisse nicht wesentlich ändern.[6]

45–49 *(Einstweilen frei)*

3. Pauschalierungsausschlüsse (§ 37b Abs. 1 Satz 3 EStG)

50 Nach § 37b Abs. 1 Satz 3 EStG ist die Pauschalierung in zwei Fällen durch einen Freibetrag und eine Freigrenze ausgeschlossen, und zwar

1. soweit die Aufwendungen je Empfänger und Wirtschaftsjahr oder

2. wenn die Aufwendungen für die einzelne Zuwendung

den Betrag von 10 000 € übersteigen. Maßgebend dafür sind die Bruttoaufwendungen.[7] Die Regelung soll bei hohen Sachzuwendungen eine Besteuerung mit dem individuellen Steuersatz des Empfängers der Zuwendung gewährleisten.[8] Zuzahlungen durch den Zuwendungsempfänger mindern den Wert der Zuwendung, auf den der Höchstbetrag bzw. die Höchstgren-

---

1 BT-Drucks. 16/2712, 55.
2 Vgl. *Schmidt*, NWB Rapid 2015, 30.
3 BMF v. 19. 5. 2015, BStBl 2015 I 468, zu Rz. 5.
4 BMF v. 19. 5. 2015, BStBl 2015 I 468, zu Rz. 13a.
5 BMF v. 19. 5. 2015, BStBl 2015 I 468, zu Rz. 13a.
6 BMF v. 19. 5. 2015, BStBl 2015 I 468, zu Rz. 13a.
7 BMF v. 19. 5. 2015, BStBl 2015 I 468, zu Rz. 21.
8 BT-Drucks. 16/2712, 56.

ze anzuwenden ist.[1] Bei Prüfung der 10 000 €-Grenze sind Zuwendungen an nahe stehende Personen eines Geschäftsfreundes oder Mitarbeiters dem Geschäftsfreund oder Mitarbeiter zuzurechnen.[2] Zu den Aufzeichnungspflichten, die eine Überprüfung der Pauschalierungsverbote sicherstellen s. → Rz. 92 ff.

Höchstbetrag nach Nr. 1: Da die Pauschalierung nur ausgeschlossen ist, „soweit die Aufwendungen 10 000 € … übersteigen", handelt es sich um einen Höchstbetrag für jeden Empfänger jeweils für ein Wj.   51

> **BEISPIEL:**[3] Bei drei Zuwendungen im Wert von je 4 000 € im Wj. ist § 37b EStG nicht nur für die ersten beiden Zuwendungen, sondern auch auf die Hälfte der Aufwendungen für die dritte Zuwendung anzuwenden.

Freigrenze nach Nr. 2: Da die Pauschalierung bei Einzelzuwendungen im Wert über 10 000 € (sog. Luxusaufwendungen) ausgeschlossen ist, handelt es sich bei § 37b Abs. 1 Satz 3 Nr. 2 EStG um eine Höchstgrenze.   52

> **BEISPIEL:**[4] Bei einer Zuwendung im Wert von 15 000 € ist § 37b EStG für diese Zuwendung ausgeschlossen.

Das Pauschalierungsverbot nach Nr. 2 lässt den Freibetrag nach Nr. 1 für denselben Zuwendungsempfänger unberührt.

> **BEISPIEL:**[5] Bei drei Zuwendungen im Wert von 3 000 €, 5 000 € und 12 000 € entfällt die Pauschalierung für die Einzelzuwendung i. H. v. 12 000 €, während die Aufwendungen für die beiden anderen Einzelzuwendungen von insgesamt 8 000 € der Pauschalbesteuerung unterliegen.

(Einstweilen frei)   53–55

II. Arbeitnehmer als Zuwendungsempfänger (§ 37b Abs. 2 EStG)

Verweisung auf Abs. 1 und Abgrenzung beider Tatbestände: Nach § 37b Abs. 2 EStG gilt Abs. 1 auch für betrieblich veranlasste Zuwendungen an ArbN des Stpfl., soweit sie nicht in Geld bestehen und zusätzlich zum ohnehin geschuldeten Arbeitslohn erbracht werden. Damit verweist Abs. 2 nur auf die Zuwendungen nach § 37b Abs. 1 Satz 1 Nr. 1 EStG und nicht auf Geschenke, die nach § 4 Abs. 5 Satz 1 Nr. 1 EStG ohnehin nicht die ArbN des Stpfl. betreffen. Nach Auffassung der FinVerw „ist es zulässig, für Zuwendungen an Dritte (Abs. 1) und an eigene Arbeitnehmer (Abs. 2) § 37b EStG jeweils gesondert anzuwenden".[6] Nach a. A. ist das Wahlrecht für beide Tatbestände einheitlich auszuüben (dazu → Rz. 21). Es gilt der lohnsteuerrechtliche ArbN-Begriff. Zuwendungen an ArbN verbundener Unternehmen i. S. d. §§ 15 ff. AktG oder § 271 HGB fallen in den Anwendungsbereich des § 37b Abs. 1 EStG,[7] sind aber nach § 37b Abs. 1 Satz 2 EStG mindestens mit dem sich aus § 8 Abs. 3 Satz 1 EStG ergebenden Wert zu   56

---

1 BMF v. 19. 5. 2015, BStBl 2015 I 468, Rz. 21.
2 BMF v. 19. 5. 2015, BStBl 2015 I 468, Rz. 21.
3 Nach BMF v. 19. 5. 2015, BStBl 2015 I 468, Rz. 21.
4 Nach BMF v. 19. 5. 2015, BStBl 2015 I 468, Rz. 21.
5 Nach BMF v. 19. 5. 2015, BStBl 2015 I 468, Rz. 21.
6 BMF v. 19. 5. 2015, BStBl 2015 I 468, Rz. 4; gl. A. hier Rz. 17.
7 BMF v. 19. 5. 2015, BStBl 2015 I 468, Rz. 23.

bemessen (s. → Rz. 43). Mit der Verweisung auf § 37b Abs. 1 EStG finden auch die Pauschalierungsausschlüsse durch den Freibetrag und die Freigrenze von 10 000 € auf arbeitnehmerbezogene Zuwendungen Anwendung. Soweit die Zuwendungen als Arbeitslohn von dritter Seite zu qualifizieren sind, findet § 37b Abs. 2 Satz 1 EStG ebenfalls Anwendung.[1]

57 **Steuerbare und steuerpflichtige Sachzuwendungen:** Auch bei Zuwendungen an Arbeitnehmer hängt die Pauschalierung wie bei § 37b Abs. 1 EStG (s. → Rz. 28 f.) davon ab, dass die Zuwendungen der Einkommensteuer unterliegen. Ist der nichtselbständig tätige Empfänger von Sachzuwendungen im Inland zwar unbeschränkt oder beschränkt einkommensteuerpflichtig, seine Einkünfte aber aufgrund des Auslandstätigkeitserlasses oder eines DBA steuerbefreit, dann entfällt eine Pauschalversteuerung, wenn der Zuwendende – wie bei konzerninternen Sachzuwendungen – über die entsprechenden Informationen verfügt.[2] Die Pauschalierung ist zulässig, wenn die Steuerbefreiung für Sachbezüge entfällt, weil die Sachbezugsgrenze des § 8 Abs. 2 Satz 11 EStG wegen einer Zahlung für mehrere Monate überschritten wird.[3]

58 **Das Zusätzlichkeitserfordernis** soll beim Tatbestand des Abs. 2 Barlohnumwandlungen verhindern, die zu ungerechtfertigten Steuervorteilen führen könnten.[4] Zusätzlich zum ohnehin geschuldeten Arbeitslohn gewährte Zuwendungen an eigene ArbN sind Sachbezüge i. S. d. § 8 Abs. 2 Satz 1 EStG, für die keine gesetzliche Bewertungsmöglichkeit besteht. Deshalb bestehen Pauschalierungsverbote nach § 37b Abs. 2 Satz 2 EStG (→ Rz. 59).

59 **Pauschalierungsverbote** sieht § 37b Abs. 2 Satz 2 EStG für solche Sachbezüge vor, für die eine gesetzliche Bewertungs- oder Pauschalierungsmöglichkeit besteht. Das betrifft Sachbezüge nach § 8 Abs. 2 Satz 2 bis 10 und Abs. 3 EStG sowie § 40 Abs. 2 EStG. In den Fällen des § 8 Abs. 3 EStG ist es auch dann unzulässig, die Steuer nach § 37b Abs. 2 EStG zu pauschalieren, wenn der Stpfl. nach R 8.2 Abs. 1 Satz 1 Nr. 4 LStR, die Bewertung des geldwerten Vorteils nach § 8 Abs. 2 EStG wählt. Für sonstige Sachbezüge, die nach § 40 Abs. 1 EStG pauschaliert besteuert werden können, kann der Stpfl. auch die Pauschalierung nach § 37b EStG wählen. Die Zuwendung von Vermögensbeteiligungen an eigene ArbN ist von der Pauschalierung nach § 37b EStG ausgeschlossen.[5]

60 **Sachprämien im Rahmen eines Kundenbindungsprogramms** sind nach § 37b Abs. 2 Satz 3 EStG ebenfalls ausdrücklich von der Pauschalierung nach § 37b EStG ausgeschlossen, weil es insoweit mit § 37a EStG bereits eine Pauschalierungsregelung gibt.[6] Das gesetzliche Pauschalierungsverbot greift aber auch in den Fällen, in denen die Genehmigung nach § 37a Abs. 3 EStG versagt wurde. Die Regelung ist steuersystematisch fehlplatziert, weil sie nicht nur ArbN betrifft, für die § 37b Abs. 2 EStG vorgesehen ist, sondern in erster Linie Kunden der Prämienanbieter. Deshalb wäre das Konkurrenzverhältnis zu § 37a EStG in § 37b Abs. 1 EStG zu regeln gewesen; dort aber scheitert die Pauschalversteuerung nach § 37b Abs. 1 EStG an dem Zusätz-

---

1 FG Bremen v. 17. 1. 2017 - 1 K 111/16 (5), NWB DokID: KAAAG-44317, rkr., betr. Geschenke an Arbeitnehmer von Geschäftsfreunden.
2 Weber, NWB 2015, 2136, 2140.
3 Sächsisches FG v. 9.1.2018 - 3 K 511/17, EFG 2018, 1259 = NWB DokID: HAAAG-86267 betr. Tankgutscheine mit Anm. L'habitant, NWB 2018, 2232.
4 BT-Drucks. 16/2712, 56.
5 BMF v. 19. 5. 2015, BStBl 2015 I 468, Rz. 3.
6 BT-Drucks. 16/2712, 56.

lichkeitserfordernis, weil die Kundenbindungsprogramme Teil des Leistungsaustauschs sind (s. → Rz. 29 f.). Angesichts des gesetzlichen Pauschalierungsverbots ist die Begründung der FinVerw,[1] wonach die Sachprämien keine zusätzliche Leistung sind, überflüssig.

Verhältnis zu anderen arbeitnehmerbezogenen Sachbezügen: Sachbezüge, die im ganz überwiegenden eigenbetrieblichen Interesse des Arbeitgebers gewährt werden[2] sowie steuerfreie Sachbezüge, werden von § 37b Abs. 2 EStG nicht erfasst.[3] Das gilt etwa auch für sog. Aufmerksamkeiten nach R 19.6 LStR, deren jeweiliger Wert 60 € nicht übersteigt[4] und für Mahlzeiten aus besonderem Anlass, wenn der Wert der Mahlzeit 60 € übersteigt.[5] Bei Überschreitung dieser Wertgrenzen ist Pauschalierung nach § 37b EStG zulässig. Wird die Sachbezugsfreigrenze des § 8 Abs. 2 Satz 11 EStG i. H. v. 44 € nicht überschritten, liegt kein steuerpflichtiger Sachbezug vor; bei Prüfung dieser Freigrenze bleiben die nach § 8 Abs. 2 Satz 1 EStG zu bewertenden Vorteile, die nach §§ 37b und 40 EStG pauschal versteuert werden, außer Ansatz.[6]

III. Zusammenfassende Darstellung und Abgrenzung der Tatbestände des § 37b Abs. 1 und Abs. 2 EStG

Zusammenfassend lassen sich die Regelungen zum Gegenstand der Pauschalierung (ABB. 1) und der Anwendungsbereich des § 37b Abs. 1 und 2 EStG (ABB. 2) schematisch wie folgt darstellen:

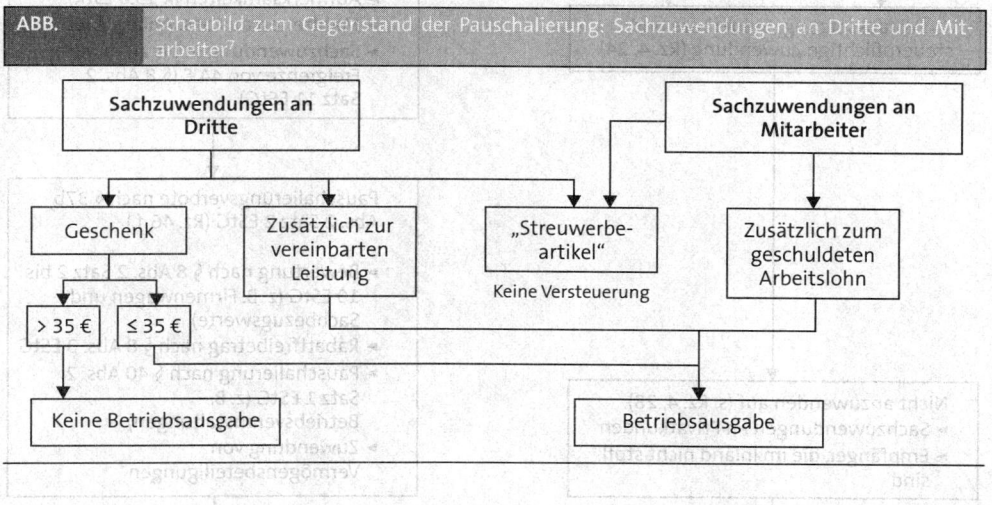

ABB. Schaubild zum Gegenstand der Pauschalierung: Sachzuwendungen an Dritte und Mitarbeiter[7]

---

1 BMF v. 19. 5. 2015, BStBl 2015 I 468, Rz. 9d.
2 BFH v. 16. 10. 2013 - VI R 78/12, BStBl 2015 II 495, betr. Kundenbetreuung bei Regatta.
3 BMF v. 19. 5. 2015, BStBl 2015 I 468, zu 3.
4 BMF v. 19. 5. 2015, BStBl 2015 I 468, Rz. 19. Die Nichtberücksichtigung solcher Aufmerksamkeiten wurde zunächst damit begründet, dass es keine Geschenke seien (BMF a. a. O. Rz. 9c), später aber mit Wirkung für alle noch offenen Fälle angeführt, dass diese Zuwendungen nicht zu steuerbaren und steuerpflichtigen Einnahmen führten (BMF v. 28. 6. 2018, BStBl 2018 II 814, Rz. 9c u. 38).
5 BMF v. 19. 5. 2015, BStBl 2015 I 468, Rz. 18.
6 BMF v. 19. 5. 2015, BStBl 2015 I 468, Rz. 17.
7 Nach *Schmidt*, NWB Rapid 2015, 15.

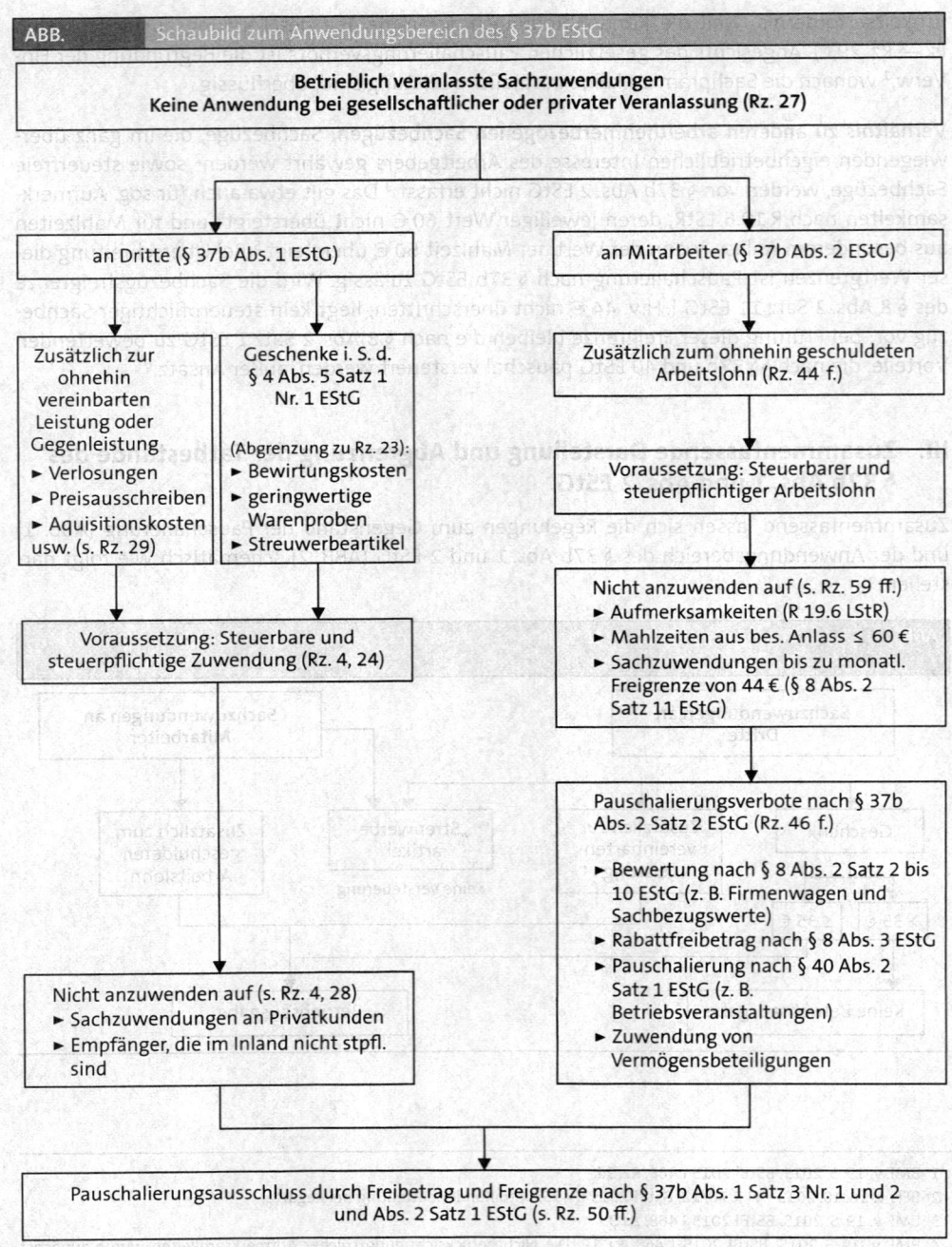

63–67 *(Einstweilen frei)*

IV. Rechtsfolgen der Steuerübernahme (§ 37b Abs. 3 EStG)

Nach § 37b Abs. 3 EStG bleiben die pauschal besteuerten Sachzuwendungen bei der Ermittlung der Einkünfte des Empfängers außer Ansatz (Satz 1); dieser ist von der Steuerübernahme zu unterrichten (Satz 3). Die Verletzung dieser Informationspflicht löst allerdings keine Sanktionen aus. Im Übrigen ist § 40 Abs. 3 EStG sinngemäß anzuwenden (Satz 2). 68

Bei der Ermittlung der Einkünfte des Empfängers bleiben die Sachzuwendungen außer Ansatz (§ 37b Abs. 3 Satz 1 EStG). Da die Zuwendungen nicht zu Einkünften führen, fallen sie auch nicht unter den Progressionsvorbehalt (§ 32b Abs. 1 Satz 1 Nr. 3 und 4 EStG). 69

Die sinngemäße Anwendung des § 40 Abs. 3 EStG (§ 37b Abs. 3 Satz 2 EStG) bedeutet, dass der Zuwendende die Pauschalsteuer zu übernehmen hat (§ 40 Abs. 3 Satz 1 EStG), Steuerschuldner dieser Pauschalsteuer wird (§ 40 Abs. 3 Satz 2 EStG) und dass die pauschal besteuerten Sachzuwendungen sowie die darauf entfallende Steuer bei der Einkommensteuerveranlagung oder dem Lohnsteuerjahresausgleich außer Ansatz bleiben (§ 40 Abs. 3 Satz 3 EStG) und nicht auf die Einkommensteuer oder Jahreslohnsteuer anzurechnen sind (§ 40 Abs. 3 Satz 4 EStG). Die Zuwendungen müssen nicht zum Lohnkonto genommen werden (s. → Rz. 92). 70

Die Unterrichtungspflicht des Zuwendenden nach § 37b Abs. 3 Satz 3 EStG soll offenkundig sicherstellen, dass der Zuwendungsempfänger zweifelsfrei davon ausgehen kann, dass ihn keine Steuerpflichten treffen. Eine unterlassene Unterrichtung hat keine Rechtsfolgen; es bleibt bei den Rechtswirkungen der Übernahme der Pauschalsteuer. Für den Fall, dass Pauschalierungsverbote eingreifen (s. → Rz. 59), besteht keine Unterrichtungspflicht, obgleich dies ebenso zweckmäßig wäre, wenn die individuelle Steuer nicht vom Zuwendenden übernommen wird. 71

(Einstweilen frei) 72–77

V. Die pauschale Einkommensteuer gilt als Lohnsteuer (§ 37b Abs. 4 EStG)

Mit der gesetzlichen Fiktion, wonach die pauschale Einkommensteuer als Lohnsteuer „gilt", verweist die Vorschrift auf die §§ 38 ff. EStG. Diese Verweisung ist sinngemäß zu verstehen, so dass die Begriffe „Arbeitgeber" sowie „Arbeitnehmer" für die Tatbestände des § 37b Abs. 1 EStG durch die Bezeichnungen „Zuwendender" und „Zuwendungsempfänger" zu ersetzen sind. Die Fiktion der Pauschalsteuer als Lohnsteuer erzeugt also über die ausdrücklich in Abs. 4 geregelte Verpflichtung zur Anmeldung und Abführung der Lohnsteuer hinausgehend noch weitere Rechtswirkungen. 78

Kirchensteuer und Solidaritätszuschlag sind wie bei der Lohnsteuer ebenfalls anzumelden und abzuführen. Der dafür zugrunde gelegte, von der Inanspruchnahme einer Vereinfachungsregelung abhängige geringere Hebesatz,[1] soll berücksichtigen, dass nicht alle Zuwendungsempfänger einer Kirche angehören. Nimmt der Stpfl. die Vereinfachungsregelung nicht in Anspruch, so steht ihm der Nachweis frei, dass einzelne Zuwendungsempfänger keiner steuererhebenden Religionsgemeinschaft angehören.[2] M. E. eine praktisch unmögliche Rechtsfolge. Als Beleg für die Zugehörigkeit oder Nichtzugehörigkeit zu einer steuererhebenden Religionsgemein- 79

---

[1] Siehe etwa FinMin Rheinland-Pfalz v. 3. 3. 2015, BStBl 2015 I 230, wonach die Kirchensteuer 7 % anstatt 9 % der Einkommensteuer beträgt. Für Baden-Württemberg gilt ein Satz von 5,5 % der pauschalen Einkommensteuer: FinMin Baden-Württemberg v. 8.3.2018, BStBl 2018 I 314.

[2] BMF v. 29.10.2008, BStBl 2009 I 332 und gleichlautende Erlasse der obersten Finanzbehörden der Länder v. 28.12.2006, BStBl 2007 I 76.

schaft soll in den Fällen der §§ 37a und 37b EStG eine Erklärung nach vorgegebenem Muster genügen.[1] Kann der Pauschalierende die auf den einzelnen Empfänger entfallende pauschale Steuer nicht ermitteln, ist aus Vereinfachungsgründen die gesamte pauschale Steuer im Verhältnis der kirchensteuerpflichtigen zu den nicht kirchensteuerpflichtigen Empfängern aufzuteilen; der auf die kirchensteuerpflichtigen Empfänger entfallende Anteil ist Bemessungsgrundlage für die Anwendung des allgemeinen Kirchensteuersatzes. Die so ermittelte Kirchensteuer ist auf die Empfänger gleichmäßig zu verteilen und entsprechend deren Zugehörigkeit zu einer steuererhebenden Religionsgemeinschaft zuzuordnen.[2]

80 **Die Anmeldung und Abführung der Pauschalsteuer** ist eine Verpflichtung, die den Zuwendenden nach § 37b Abs. 4 Satz 1 EStG trifft. Da die Pauschalierung wahlrechtsabhängig ist, entsteht das Recht zur Pauschalierung und zugleich die Steuer selbst erst mit der LSt-Anmeldung. Zum Zeitpunkt der Wahlrechtsausübung s. → Rz. 90. Die pauschale Einkommensteuer ist für den Anmeldungszeitraum zusammen mit der Lohnsteuer der Betriebsstätte beim Betriebsstätten-FA anzumelden. Bei mehreren Betriebsstätten ist das Finanzamt der Betriebsstätte zuständig, in der die für die pauschale Besteuerung maßgebenden Sachbezüge ermittelt werden (§ 37b Abs. 4 Satz 2 EStG). Der Anmeldungszeitraum bestimmt sich nach § 41a Abs. 2 EStG. Die Pauschalsteuer ist spätestens am zehnten Tag nach Ablauf des für die Betriebsstätte maßgebenden Lohnsteuer-Anmeldungszeitraums an das Betriebsstätten-FA abzuführen. Fehlerhafte Anmeldungen führen zu einem Pauschalierungsbescheid.

81–89 *(Einstweilen frei)*

C. Verfahrensfragen

90 **Ausübung der Wahlrechte und Zeitpunkt der Wahlrechtsausübung:** Beide Wahlrechte werden durch Abgabe einer entsprechenden Lohnsteuer-Anmeldung gem. § 37 Abs. 4 Satz 1 EStG ausgeübt.[3] Hinsichtlich des Zeitpunkts der Ausübung unterscheidet die FinVerw die beiden Tatbestände der Zuwendungen an Dritte und an ArbN. Zur Pauschalierung nach § 37b Abs. 1 EStG kann sich der Zuwendende auch im laufenden Wj., spätestens in der letzten Lohnsteuer-Anmeldung des Wj. der Zuwendung entschließen, ohne die vorangegangenen Lohnsteuer-Anmeldungen berichtigen zu müssen.[4] Eine spätere Ausübung des Wahlrechts ist allerdings nur möglich, solange die Lohnsteuer-Anmeldungen noch nicht bestandskräftig sind, so dass das Wahlrecht auch noch im Rahmen einer Außenprüfung erstmalig ausgeübt werden kann.[5]

91 Für die Zuwendungen an eigene ArbN (§ 37b Abs. 2 EStG) soll der Stpfl. das Wahlrecht spätestens bis zu der für die Übermittlung der elektronischen Lohnsteuerbescheinigung geltenden Frist nach § 41b Abs. 1 Satz 2 EStG, dem 28. 2. des Folgejahres, auch dann ausgeübt haben, wenn einzelne ArbN während des laufenden Kj. ausgeschieden sind. Ist eine Änderung des Lohnsteuerabzugs nach § 41c EStG bei späterer Wahlrechtsausübung nicht mehr möglich, so hat der ArbG dem ArbN die Pauschalierung nach § 37b Abs. 2 EStG zu bescheinigen, damit dieser die Korrektur im Veranlagungsverfahren zur Einkommensteuer veranlassen kann.[6] Bei noch nicht bestandskräftiger Lohnsteuer-Anmeldung ist auch eine spätere erstmalige Aus-

---

1 Oberste FinBeh der Länder v. 8. 8. 2016, BStBl 2016 I 773, zu 2.c. OFD Frankfurt v. 14.3.2018 - S 2444 A-2-St 212, Juris.
2 Oberste FinBeh der Länder v. 8. 8. 2016, BStBl 2016 I 773, zu 2.
3 BFH v. 15. 6. 2016 - VI R 54/15, BStBl 2016 II 1010.
4 BMF v. 19. 5. 2015, BStBl 2015 I 468, Rz. 7.
5 BMF v. 19. 5. 2015, BStBl 2015 I 468, Rz. 8a.
6 BMF v. 19. 5. 2015, BStBl 2015 I 468, Rz. 8.

übung des Wahlrechts für Zuwendungen an eigene ArbN möglich, jedoch ausgeschlossen, wenn die Sachzuwendungen bereits individuell besteuert wurden. Eine bereits durchgeführte Pauschalbesteuerung der Sachzuwendungen bindet den zuwendenden ArbG und schließt eine nachträgliche Individualbesteuerung der Sachzuwendungen aus.[1]

Der Widerruf des Wahlrechts ist durch Abgabe einer geänderten Pauschsteueranmeldung gegenüber dem Betriebsstätten-FA zu erklären. Als rückwirkendes Ereignis i. S. d. § 175 Abs. 1 Satz 1 Nr. 2 AO kann dies zu einer Änderung von Veranlagungen der Zuwendungsempfänger führen, die die Sachzuwendungen als Einnahmen zu versteuern haben.[2] 92

Örtlich zuständig für die Pauschalbesteuerung ist das jeweilige Betriebsstätten-FA (s. → Rz. 68). Für ausländische Zuwendende ergeben sich die für die Verwaltung der Lohnsteuer zuständigen Finanzämter aus analoger Anwendung des H 41.3 LStH (wie ausländische Bauunternehmer).[3] 93

Aufzeichnungspflichten: Für Zuwendungen, die nicht in die Bemessungsgrundlage des § 37b EStG einzubeziehen sind (s. → Rz. 4, → Rz. 28 ff. und → Rz. 50 ff.), hat der Zuwendende neben den für den Betriebsausgabenabzug bestehenden Aufzeichnungspflichten zusätzlich durch geeignete Aufzeichnungen darzulegen, dass diese Zuwendungen beim Empfänger nicht steuerbar und steuerpflichtig sind. Die Empfänger der Zuwendungen müssen auf Verlangen der Finanzbehörde genau benannt werden (§ 160 AO),[4] ohne dass daraus ein Pauschalierungsverbot folgt (→ Rz. 8). Nach § 37b EStG pauschal versteuerte Zuwendungen müssen nicht zum Lohnkonto genommen werden (§ 4 Abs. 2 Nr. 8 LStDV i. V. m. § 41 Abs. 1 EStG).[5] 94

Die bestehenden **Aufzeichnungspflichten für Geschenke** nach § 4 Abs. 5 Satz 1 Nr. 1 EStG bleiben unberührt (§ 4 Abs. 7 EStG; R 4.11 EStR). Besondere Aufzeichnungspflichten für die Ermittlung der Zuwendungen, die nach § 37b EStG pauschaliert besteuert werden sollen, bestehen nicht.[6] Aus der Buchführung oder den Aufzeichnungen muss allerdings ersichtlich sein, dass bei Wahlrechtsausübung alle Zuwendungen erfasst und die Höchstbeträge nicht überschritten wurden.[7] 95

Auch wenn **Streuwerbeartikel** nicht als Sachzuwendungen erfasst werden, wenn das Unternehmen die Pauschalierung nach § 37b Abs. 2 EStG gewählt hat, ist fraglich, ob sie in die monatliche 44 €-Sachbezugsfreigrenze des § 8 Abs. 2 Satz 11 EStG einzubeziehen sind und deshalb aufgezeichnet werden müssen. Da die nach § 8 Abs. 2 Satz 1 EStG zu bewertenden Vorteile, die nach §§ 37b, 40 EStG pauschal versteuert werden, bei der Prüfung der Sachbezugsfreigrenze außer Ansatz bleiben, sind konsequenterweise insoweit auch keine entsprechenden Aufzeichnungen zu führen.[8] 96

Anrufungsauskunft: Zur Pauschalierung der Einkommensteuer bei Sachzuwendungen können die Betroffenen (Arbeitgeber oder Arbeitnehmer) eine kostenfreie Anrufungsauskunft beim zuständigen Betriebsstätten-FA einholen.[9] 97

---

1 BMF v. 19. 5. 2015, BStBl 2015 I 468, Rz. 8a.
2 BFH v. 15. 6. 2016 - VI R 54/15, BStBl 2016 II 1010.
3 BMF v. 19. 5. 2015, BStBl 2015 I 468, Rz. 35.
4 BMF v. 19. 5. 2015, BStBl 2015 I 468, Rz. 13.
5 BMF v. 19. 5. 2015, BStBl 2015 I 468, Rz. 32.
6 BMF v. 19. 5. 2015, BStBl 2015 I 468, Rz. 32.
7 BMF v. 19. 5. 2015, BStBl 2015 I 468, Rz. 32.
8 Gl. A. *Niermann*, DB 2015, 1242, 1246; *Weber*, NWB 2015, 2136, 2143 f.
9 BMF v. 19. 5. 2015, BStB 2015 I 468, Rz. 37.

98 **Ermittlungspflichten der Behörde:** Die Voraussetzungen für die Anwendung des § 37b EStG (insbesondere Veranlassungszusammenhang zwischen Zuwendung und Leistungsaustausch) hat die Behörde hinsichtlich jeden Gastes einer Jubiläumsfeier zu ermitteln, andernfalls kann eine Kassationsentscheidung nach § 100 Abs. 3 Satz 1 FGO ergehen.[1]

99 **Die Feststellungslast** dafür, dass keine steuerbaren und steuerpflichtigen Sachzuwendungen erbracht wurden, trifft m. E. den Stpfl. Dies betrifft auch die Inanspruchnahme der Vereinfachungsregelung des BMF zur Ermittlung der Bemessungsgrundlage (→ Rz. 44).

2. Steuerabzug vom Arbeitslohn (Lohnsteuer)

§ 38 Erhebung der Lohnsteuer

(1) [1]Bei Einkünften aus nichtselbständiger Arbeit wird die Einkommensteuer durch Abzug vom Arbeitslohn erhoben (Lohnsteuer), soweit der Arbeitslohn von einem Arbeitgeber gezahlt wird, der

1. im Inland einen Wohnsitz, seinen gewöhnlichen Aufenthalt, seine Geschäftsleitung, seinen Sitz, eine Betriebsstätte oder einen ständigen Vertreter im Sinne der §§ 8 bis 13 der Abgabenordnung hat (inländischer Arbeitgeber) oder

2. einem Dritten (Entleiher) Arbeitnehmer gewerbsmäßig zur Arbeitsleistung im Inland überlässt, ohne inländischer Arbeitgeber zu sein (ausländischer Verleiher).

[2]Inländischer Arbeitgeber im Sinne des Satzes 1 ist in den Fällen der Arbeitnehmerentsendung auch das in Deutschland ansässige aufnehmende Unternehmen, das den Arbeitslohn für die ihm geleistete Arbeit wirtschaftlich trägt; Voraussetzung hierfür ist nicht, dass das Unternehmen dem Arbeitnehmer den Arbeitslohn im eigenen Namen und für eigene Rechnung auszahlt. [3]Der Lohnsteuer unterliegt auch der im Rahmen des Dienstverhältnisses von einem Dritten gewährte Arbeitslohn, wenn der Arbeitgeber weiß oder erkennen kann, dass derartige Vergütungen erbracht werden; dies ist insbesondere anzunehmen, wenn Arbeitgeber und Dritter verbundene Unternehmen im Sinne von § 15 des Aktiengesetzes sind.

(2) [1]Der Arbeitnehmer ist Schuldner der Lohnsteuer. [2]Die Lohnsteuer entsteht in dem Zeitpunkt, in dem der Arbeitslohn dem Arbeitnehmer zufließt.

(3) [1]Der Arbeitgeber hat die Lohnsteuer für Rechnung des Arbeitnehmers bei jeder Lohnzahlung vom Arbeitslohn einzubehalten. [2]Bei juristischen Personen des öffentlichen Rechts hat die öffentliche Kasse, die den Arbeitslohn zahlt, die Pflichten des Arbeitgebers. [3]In den Fällen der nach § 7f Absatz 1 Satz 1 Nummer 2 des Vierten Buches Sozialgesetzbuch an die Deutsche Rentenversicherung Bund übertragenen Wertguthaben hat die Deutsche Rentenversicherung Bund bei Inanspruchnahme des Wertguthabens die Pflichten des Arbeitgebers.

(3a) [1]Soweit sich aus einem Dienstverhältnis oder einem früheren Dienstverhältnis tarifvertragliche Ansprüche des Arbeitnehmers auf Arbeitslohn unmittelbar gegen einen Dritten mit Wohnsitz, Geschäftsleitung oder Sitz im Inland richten und von diesem durch die Zahlung von Geld erfüllt werden, hat der Dritte die Pflichten des Arbeitgebers. [2]In anderen Fällen kann das

---

1 FG Sachsen v. 9. 3. 2016 - 6 K 1201/16, NWB DokID: FAAAG-47116, rkr.

Finanzamt zulassen, dass ein Dritter mit Wohnsitz, Geschäftsleitung oder Sitz im Inland die Pflichten des Arbeitgebers im eigenen Namen erfüllt. ³Voraussetzung ist, dass der Dritte
1. sich hierzu gegenüber dem Arbeitgeber verpflichtet hat,
2. den Lohn auszahlt oder er nur Arbeitgeberpflichten für von ihm vermittelte Arbeitnehmer übernimmt und
3. die Steuererhebung nicht beeinträchtigt wird.

⁴Die Zustimmung erteilt das Betriebsstättenfinanzamt des Dritten auf dessen Antrag im Einvernehmen mit dem Betriebsstättenfinanzamt des Arbeitgebers; sie darf mit Nebenbestimmungen versehen werden, die die ordnungsgemäße Steuererhebung sicherstellen und die Überprüfung des Lohnsteuerabzugs nach § 42f erleichtern sollen. ⁵Die Zustimmung kann mit Wirkung für die Zukunft widerrufen werden. ⁶In den Fällen der Sätze 1 und 2 sind die das Lohnsteuerverfahren betreffenden Vorschriften mit der Maßgabe anzuwenden, dass an die Stelle des Arbeitgebers der Dritte tritt; der Arbeitgeber ist von seinen Pflichten befreit, soweit der Dritte diese Pflichten erfüllt hat. ⁷Erfüllt der Dritte die Pflichten des Arbeitgebers, kann er den Arbeitslohn, der einem Arbeitnehmer in demselben Lohnabrechnungszeitraum aus mehreren Dienstverhältnissen zufließt, für die Lohnsteuerermittlung und in der Lohnsteuerbescheinigung zusammenrechnen.

(4) ¹Wenn der vom Arbeitgeber geschuldete Barlohn zur Deckung der Lohnsteuer nicht ausreicht, hat der Arbeitnehmer dem Arbeitgeber den Fehlbetrag zur Verfügung zu stellen oder der Arbeitgeber einen entsprechenden Teil der anderen Bezüge des Arbeitnehmers zurückzubehalten. ²Soweit der Arbeitnehmer seiner Verpflichtung nicht nachkommt und der Arbeitgeber den Fehlbetrag nicht durch Zurückbehaltung von anderen Bezügen des Arbeitnehmers aufbringen kann, hat der Arbeitgeber dies dem Betriebsstättenfinanzamt (§ 41a Absatz 1 Satz 1 Nummer 1) anzuzeigen. ³Der Arbeitnehmer hat dem Arbeitgeber die von einem Dritten gewährten Bezüge (Absatz 1 Satz 3) am Ende des jeweiligen Lohnzahlungszeitraums anzugeben; wenn der Arbeitnehmer keine Angabe oder eine erkennbar unrichtige Angabe macht, hat der Arbeitgeber dies dem Betriebsstättenfinanzamt anzuzeigen. ⁴Das Finanzamt hat die zu wenig erhobene Lohnsteuer vom Arbeitnehmer nachzufordern.

Inhaltsübersicht	Rz.
A. Allgemeine Erläuterungen	1 - 7
B. Systematische Kommentierung	8 - 39
I. Inländischer Arbeitgeber (§ 38 Abs. 1 Satz 1 Nr. 1 EStG)	8 - 12
II. Verleih von ArbN (§ 38 Abs. 1 Satz 1 Nr. 2 EStG)	13 - 20
III. Lohnzahlung von Dritten (§ 38 Abs. 1 Satz 3 EStG)	21 - 25
IV. Steuerschuldner (§ 38 Abs. 2 EStG)	26 - 27
V. Einbehaltungspflicht (§ 38 Abs. 3 EStG)	28 - 36
VI. Anzeigepflichten (§ 38 Abs. 4 EStG)	37 - 39
C. Verfahrensfragen	40 - 41

HINWEIS:

R 38.1, R 38.2, R 38.3, R 38.4, R 38.5 LStR; BMF v. 27. 1. 2004, BStBl 2004 I 173, Tz. III 1.

LITERATUR:

Niermann, Geldwerte Vorteile bei Aktienoptions- und Wandlungsrechten, NWB 2007, 875; *Hilbert*, Arbeitslohn durch Vorteilsgewährung von dritter Seite, NWB 2010, 3031; *Wissenschaftlicher Beirat Steuern Ernst & Young*, Der Arbeitgeber als kostenloses Hilfsorgan der Finanzverwaltung?, DB 2013, 139.

> **ARBEITSHILFEN UND GRUNDLAGEN ONLINE:**
> *Hold/Hilbert/Paul*, Betriebliche Arbeitszeit – Möglichkeiten der Flexibilisierung und ihre steuerliche Behandlung, NWB DokID: DAAAE-30823; Die wichtigsten Zahlen zur Lohnsteuer, Übersicht, NWB DokID: UAAAD-61846; Betriebliche Arbeitszeit, NWB DokID: DAAAE-30823.

A. Allgemeine Erläuterungen

1 **Normzweck und wirtschaftliche Bedeutung der Vorschrift:** Vom Arbeitslohn wird die Steuer an der Quelle durch direkten Abzug vom Arbeitslohn erhoben. Die LSt ist keine eigene Steuerart, sondern nur eine besondere Art der Erhebung durch Vorauszahlung.[1] Dadurch wird die ESt-Schuld auf die Einkünfte aus nichtselbständiger Arbeit nicht erst nach Ablauf des Kj. getilgt, sondern im laufenden Kj. Die Anrechnung der LSt erfolgt im Rahmen der ESt-Veranlagung nach § 46 EStG. Erfolgt keine Veranlagung ist die ESt auf Einkünfte aus nichtselbständiger Arbeit mit der Zahlung der LSt abgegolten. Die LSt ist nach der USt die einnahmestärkste Steuer. § 38 EStG regelt, den Abzug der LSt an der Quelle und die Einbehaltungspflicht des ArbG. Dieser ist somit Erfüllungsgehilfe des Staates. Er muss die Bemessungsgrundlage ermitteln, die Höhe der LSt berechnen, anmelden und abführen.[2] Schuldner der LSt bleibt der ArbN. Diese gesetzliche Pflicht kann nicht durch zivilrechtliche Vereinbarungen zwischen ArbN und ArbG außer Kraft gesetzt werden. Der ArbN muss die Einbehaltung dulden. Neben der LSt sind auch die darauf entfallenden Zuschlagsteuern, wie die KiSt und der SolZ, an der Quelle einzubehalten.

2 **Geltungsbereich:** Die Pflicht zur Einbehaltung, Anmeldung und Zahlung der LSt gilt für alle ArbG, die im Inland einen Wohnsitz, gewöhnlichen Aufenthalt, die Geschäftsleitung, den Sitz, eine Betriebsstätte oder einen ständigen Vertreter haben und für ausländische ArbG, die Arbeitnehmer gewerbsmäßig überlassen. Die LSt gilt zudem für alle ArbN, die im Inland steuerpflichtig sind, unabhängig ob geringfügig beschäftigt oder nicht. Der LSt-Abzug gilt ausschließlich für die Einkünfte aus nichtselbständiger Arbeit (§ 19 EStG). Der Arbeitslohnbegriff entspricht der Definition in § 19 EStG (siehe KKB/Merx, § 19 EStG Rz. 46 ff., 261 ff.).

3 **Verhältnis zu anderen Vorschriften:** § 37 EStG regelt das Vorauszahlungsverfahren, aber nur für die anderen Einkunftsarten (§ 2 Abs. 1 EStG). Auch wenn der LSt-Abzug nur für die Einkünfte aus nichtselbständiger Arbeit (§ 19 EStG) gilt, ist § 38 EStG dennoch nicht lex specialis. Vorauszahlungen sind neben dem LSt-Abzug bei ausschließlich erzieltem Arbeitslohn (z. B. aus mehreren Arbeitsverhältnissen) möglich.[3] Eine Stundung oder ein Erlass der LSt beim ArbG ist nicht möglich.[4] Dies gilt auch für den ArbN, da dies § 222 Abs. 3 AO verneint. Der Steuerabzug nach § 50a Abs. 1 EStG für beschränkt steuerpflichtige, nichtselbständige Künstler, Berufssportler, Schriftsteller usw., geht dem Abzug nach §§ 38 ff. EStG vor.

4 Die Einbehaltungspflicht ist **verfassungsgemäß**.[5] Auch im Bezug zum ArbN verstößt der LSt-Abzug an der Quelle nicht gegen das Gleichheitsgebot im Vergleich zu Stpfl., die andere Einkünfte erhalten.[6] Die Kosten, die für die Berechnung, den Einbehalt und die Abführung der LSt

---

1 BFH v. 18. 7. 1985 - VI R 208/82, BStBl 1986 II 152; BFH v. 29. 4. 1992 - VI B 152/91, BStBl 1992 II 752.
2 Die wichtigsten Zahlen zur Lohnsteuer, NWB DokID: UAAAD-61846.
3 BFH v. 20. 12. 2004 - VI R 182/97, BStBl 2005 II 358.
4 BFH v. 24. 3. 1998 - I R 120/97, BStBl 1999 II 3.
5 BFH v. 5. 7. 1963 - VI 270/62 U, BStBl 1963 III 468; BVerfG v. 14. 12. 1965 - 1 BvL 31, 32/62; BVerfGE 19, 226; BVerfG v. 17. 2. 1977 - 1 BvR 33/76; BVerfGE 44, 103 = NWB DokID: UAAAE-67724.
6 BVerfG v. 26. 1. 1977 - 1 BvL 7/76, BStBl 1977 II 297.

entstehen, verletzen den ArbG nicht in seinen Grundrechten nach Art. 12 GG. Es handelt sich um Berufsausübungskosten.[1] Zur Frage einer Entschädigungspflicht des Fiskus für die Indienstnahme des ArbG, berät auch ausführlich der Wissenschaftliche Beirat des Fachbereichs Steuern bei der Ernst & Young AG.[2] Die Pflicht zum Einbehalt der LSt besteht unabhängig davon, ob ESt festgesetzt wird.

(Einstweilen frei) 5–7

B. Systematische Kommentierung

I. Inländischer Arbeitgeber (§ 38 Abs. 1 Satz 1 Nr. 1 EStG)

Der ArbG-Begriff ist im EStG nicht definiert. Es gilt die LStDV und die Ableitung erfolgt zudem aus § 19 EStG. Es gilt der zivilrechtliche Begriff. ArbG ist derjenige, mit dem der ArbN ein Arbeitsverhältnis hat[3] und in dessen Weisungs- und Organisationsbereich der ArbN eingegliedert ist. Die Rechtsform ist für die Definition ohne Bedeutung. ArbG können auch an ehemalige ArbN oder Rechtsnachfolger zahlen. Bei der ArbN-Überlassung ist ArbG derjenige, der den Lohn im eigenen Namen und auf eigene Rechnung zahlt[4] – also der Verleiher. Ein ArbN kann mehrere ArbG haben. 8

Die LSt vom Arbeitslohn muss der ArbG einbehalten, der im Inland (Gebiet der Bundesrepublik Deutschland) seinen Wohnsitz (§ 8 AO), gewöhnlichen Aufenthalt (§ 9 AO), Sitz (§ 11 AO), seine Geschäftsleitung (§ 10 AO), eine Betriebsstätte (§ 12 AO) oder einen ständigen Vertreter (§ 13 AO) hat. Die Betriebsstätte nach § 41 Abs. 2 EStG ist nicht maßgeblich. Dieser Begriff gilt nur für die Aufzeichnungspflichten und bestimmt die Zuständigkeit des FA. 9

Inländischer ArbG ist auch der wirtschaftliche ArbG (§ 38 Abs. 1 Satz 2 EStG). Entsenden ausländische Unternehmen ArbN ins Inland, ist das aufnehmende Unternehmen im Inland ArbG, wenn es den Lohn für die Arbeitsleistung trägt (Konzernfälle). Wirtschaftlicher ArbG ist damit derjenige, der den ArbN in seinen Betrieb integriert, weisungsbefugt ist und den Arbeitslohn trägt – unmittelbar oder mittelbar durch Vorauslage eines anderen Unternehmens.[5] Erhält das inländische Unternehmen die Aufwendungen vom ausländischen Unternehmen zurück, trägt das inländische Unternehmen dennoch den Arbeitslohn. Auch der wirtschaftliche ArbG ist zum LSt-Abzug verpflichtet.[6] Kein wirtschaftlicher ArbG liegt bei einem echten Dienst- oder Werkvertrag oder im Fall der ArbN-Überlassung vor. Hier entsteht dennoch aber eine Haftung des Entleihers für die LSt (vgl. KKB/Karbe-Geßler, § 42d Abs. 6 bis 8 EStG Rz. 96 ff.). 10

Nach § 3 Nr. 65 EStG sind die Pensionskassen ArbG kraft gesetzlicher Fiktion. Zahlen diese aufgrund einer Insolvenz des eigentlichen ArbG die Leistungen an ArbN, so sind die Pensionskassen zum LSt-Abzug verpflichtet (vgl. KKB/Nacke, § 3 Nr. 65 EStG Rz. 588). 11

Für den LSt-Abzug ist es gleichgültig, ob der ArbN unbeschränkt oder beschränkt steuerpflichtig ist. Für beschränkt steuerpflichtige ArbN ist die Höhe der LSt nach § 50 EStG oder nach zwi- 12

---

1 BVerfG v. 17. 2. 1977 - 1 BvR 33/76, BVerfGE 44, 103 = NWB DokID: UAAAE-67724.
2 DB 2013, 139.
3 BFH v. 13. 7. 2011 - VI R 84/10, BStBl 2010 II 986; BFH v. 19. 2. 2004 - VI R 122/00, BStBl 2004 II 620.
4 BFH v. 2. 4. 1982 - VI R 34/79, BStBl 1982 II 502.
5 BFH v. 21. 8. 1985 - I R 60/80, BStBl 1986 II 88; BFH v. 23. 2. 2005 - I R 46/03, BStBl 2005 II 547; BMF v. 27. 1. 2004, BStBl 2004 I 173, Tz. III 1.
6 BMF v. 27. 1. 2004, BStBl 2004 I 173, Tz. III 1.

schenstaatlichen Sonderabkommen (DBA) zu ermitteln. Zudem ist bei Entsendungen von ArbN ins Ausland zu beachten, welcher Staat nach dem DBA oder Auslandstätigkeitserlass das Besteuerungsrecht hat.[1]

II. Verleih von ArbN (§ 38 Abs. 1 Satz 1 Nr. 2 EStG)

13 Verleiht ein ausländischer ArbG seine ArbN an inländische Unternehmen, ist dieser verpflichtet die LSt einzubehalten, anzumelden und abzuführen – wie ein inländischer ArbG. Dies gilt auch für im Inland ansässige ArbN des Verleihers. Die ArbN-Überlassung muss gewerbsmäßig sein. Dies ist der Fall, wenn sie nachhaltig ist, mit dem Ziel wirtschaftliche Vorteile zu erzielen[2] und die Voraussetzungen des § 1 Abs. 1 AÜG erfüllt sind. Erfolgt der Verleih nur um einen kurzfristigen Personalmangel zu decken, liegt keine Gewerbsmäßigkeit vor.[3] Die Verpflichtung zum LSt-Abzug ist sowohl bei erlaubter als auch bei unerlaubter ArbN-Überlassung gegeben.[4] Der ausländische Verleiher hat seine Betriebsstätte an dem Ort, an dem die ArbN ganz oder überwiegend die Leistung erbringen (§ 41 Abs. 2 Satz 2 2. Halbsatz EStG). Nach diesem Ort bestimmt sich auch die Zuständigkeit des Betriebsstätten-FA.

14 Ausländische ArbG, die keine ArbN verleihen, sind nicht zum LSt-Abzug verpflichtet. Keine Verpflichtung zum LSt-Abzug besteht zudem, wenn Deutschland kein Besteuerungsrecht hat. Dies ist z. B. der Fall, wenn der ArbN weder unbeschränkt noch beschränkt steuerpflichtig ist oder sich weniger als 183 Tage in Deutschland aufhält und der ArbN im Ausland ansässig ist.[5]

15 Durch die Verpflichtung des Verleihers[6] zum LSt-Abzug kann auch der Entleiher nach § 42d Abs. 6 bis 8 EStG für die LSt in Haftung genommen werden.

16 Hat der Verleiher im Inland einen Anknüpfungspunkt nach § 38 Abs. 1 Satz 1 Nr. 1 EStG, so geht Nr. 1 vor.

17–20 *(Einstweilen frei)*

III. Lohnzahlung von Dritten (§ 38 Abs. 1 Satz 3 EStG)

21 Der ArbG ist auch zum LSt-Abzug verpflichtet, wenn ein Dritter Arbeitslohn an den ArbN zahlt. Es sind dabei aber unechte und echte Lohnzahlungen zu unterscheiden. Bei einer echten Lohnzahlung greift § 38 Abs. 1 Satz 3 EStG.

22 Eine **unechte Lohnzahlung** wird angenommen, wenn der Dritte als Zahlstelle fungiert bzw. im Auftrag des ArbG die Lohnzahlung vornimmt.[7] Ein Beispiel ist die Zahlung von Unterstützungskassen an ArbN, denen der ArbG die Mittel stellt.[8] Der ArbG gilt als Zahlender und ist damit zum LSt-Abzug verpflichtet.

23 Eine **echte Lohnzahlung** liegt vor, wenn der Dritte nicht nur Zahlstelle ist, sondern dem ArbN Leistungen gewährt, die ein Entgelt bzw. Belohnung für seine Arbeitsleistung sein sollen. Dies ist häufig bei der ArbN-Überlassung der Fall, wenn der Entleiher z. B. geldwerte Vorteile an den

---

[1] BMF v. 31. 10. 1983, BStBl 1983 I 470; BMF v. 12. 11. 2014, BStBl 2014 I 1467.
[2] HHR/*Pflüger*, § 38 EStG Rz. 31.
[3] HHR/*Pflüger*, § 38 EStG Rz. 32.
[4] BFH v. 2. 4. 1982 - VI R 37/79, BStBl 1982 II 502.
[5] BFH v. 10. 5. 1989 - I R 50/85, BStBl 1989 II 755; dazu ausführlich BMF v. 12. 11. 2014, BStBl 2014 I 1467.
[6] BFH v. 2. 4. 1982 - VI R 37/79, BStBl 1982 II 502; vgl. KKB/Karbe-Geßler, § 42d EStG Rz. 96 ff.
[7] BFH v. 21. 2. 2003 - VI R 74/00, BStBl 2003 II 496; BFH v. 30. 5. 2001 - VI R 123/00, BStBl 2002 II 230.
[8] BFH v. 28. 3. 1958 - VI 233/56 S, BStBl 1958 III 268; BFH v. 4. 4. 2006 - VI R 11/03, BStBl 2006 II 668.

Leih-ArbN leistet.[1] Der Verleiher bleibt in diesen Fällen ArbG und hat die Pflicht zum LSt-Abzug[2] auch für die geldwerten Vorteile.

Die Verpflichtung zum LSt-Abzug durch den ArbG bei Zahlung eines Dritten besteht, wenn der ArbG weiß oder erkennen kann, dass Lohnzahlungen von dritter Seite erbracht werden.[3] Die Kenntnis wird angenommen, wenn z. B. der ArbG bei der Verschaffung des Vorteils mitgewirkt hat oder der ArbN Leistungen bekommt, weil im Gegenzug die ArbN des Dritten vom ArbG Leistungen erhalten.[4] Keine Mitwirkung und kein Kennenkönnen liegen z. B. vor, wenn der ArbG Angebote Dritter im Unternehmen am schwarzen Brett bekannt macht. Kennenkönnen ist mehr als das bloße Dulden. Problematisch ist, wann das Merkmal des Erkennenkönnens in anderen Fällen erfüllt ist.[5] Nach § 38 Abs. 1 Satz 3 2. Halbsatz EStG wird das Kennenkönnen des ArbG vermutet, wenn Dritter und ArbG konzernverbundene Unternehmen nach § 15 AktG sind. ArbG haben in diesen Fällen verschärfte Nachforschungsobliegenheiten.[6] 24

Der ArbN hat zudem die Pflicht dem ArbG mitzuteilen, welche Leistungen er von einem Dritten erhalten hat (§ 38 Abs. 4 Satz 3 EStG). Das können sowohl Geld- als auch Sachleistungen sein. Die Mitteilung muss zum Ende des Lohnzahlungszeitraumes (Monat, Quartal oder Kj.) erfolgen. Nach Mitteilung muss der ArbG für die Leistungen des Dritten die LSt einbehalten und abführen. Macht der ArbN keine oder unrichtige Angaben und der ArbG stellt dies später fest, hat er das Betriebsstätten-FA zu informieren (§ 38 Abs. 4 Satz 3 EStG). 25

IV. Steuerschuldner (§ 38 Abs. 2 EStG)

Der ArbN ist Steuerschuldner der LSt. Dies gilt auch bei einer Nettolohnvereinbarung.[7] Der ArbG kann aber in Haftung genommen werden (§ 42d EStG). Behält der ArbG keine LSt ein, kann das FA diese beim ArbN nachfordern (§ 38 Abs. 4 Satz 4 EStG). Wird die LSt pauschaliert (§§ 37b, 40, 40a, 40b EStG) ist der ArbG Steuerschuldner. 26

Die LSt und damit die Vorauszahlungsschuld entstehen, wenn der steuerpflichtige Arbeitslohn dem ArbN zufließt (vgl. KKB/Korff, § 11 EStG Rz. 111 ff.). Dies ist der Fall, wenn der ArbN darüber verfügen kann.[8] Maßgeblich ist nicht das Kj. sondern der Tag, an dem der ArbN die Verfügungsmacht erhält.[9] Die ESt dagegen entsteht mit Ablauf des Kj. (§ 36 EStG). Die LSt-Schuld erlischt erst, wenn der ArbG diese an das FA gezahlt hat. Allein die Anmeldung der LSt und Einbehaltung durch den ArbG reicht noch nicht.[10] Die Schuld entsteht bei jeder Lohnzahlung, auch Vorschüssen oder Abschlagszahlungen. 27

V. Einbehaltungspflicht (§ 38 Abs. 3 EStG)

Der ArbG ist verpflichtet vom Arbeitslohn (auch Vorschüsse) die LSt und die Zuschlagsteuern (SolZ und KiSt) einzubehalten. Dafür muss er die richtige Bemessungsgrundlage ermitteln und 28

---

1 R 38.4 Abs. 2 LStR.
2 BFH v. 29. 9. 1967 - VI 158/65, BStBl 1968 II 84.
3 *Niermann*, NWB 2007, 875.
4 BMF v. 20. 1. 2015, BStBl 2015 I 143.
5 BFH v. 20. 5. 2010 - VI R 41/09, BStBl 2010 II 1022.
6 *Niermann/Plenker*, DB 2003, 2724.
7 R 39b.9 LStR.
8 Zum Zufluss bei Arbeitszeitkonten: NWB DokID: DAAAE-30823.
9 BFH v. 5. 5. 2006 - VI R 19/03, BStBl 2006 II 832.
10 BFH v. 5. 5. 1993 - VI R 91/93, BFH/NV 1994, 862 = NWB DokID: LAAAB-34240.

die richtigen LSt-Abzugsmerkmale (in elektronischer Form, ELStAM, § 39e EStG) anwenden. Der Einbehalt erfolgt, in dem nur der gekürzte Arbeitslohn an den ArbN ausbezahlt wird (Nettolohn). Arbeitslohn sind nach § 2 Abs. 1 LStDV alle Einnahmen, die dem ArbN aus dem Dienstverhältnis zufließen. Dem LSt-Abzug unterliegen aber nur die steuerpflichtige Einnahmen. Nicht steuerbare (z. B. Leistungen im ganz überwiegend betrieblichen Interesse des ArbG, vgl. KKB/Merx, § 19 EStG Rz. 281 ff.) oder steuerfreie Leistungen (z. B. § 3 Nr. 33, 34, 34a EStG) fallen nicht unter die Einbehaltungsverpflichtung. Der Arbeitslohn muss zugeflossen sein (vgl. KKB/Korff, § 11 EStG; KKB/Karbe-Geßler, § 38a EStG Rz. 7), also in den Verfügungsbereich des ArbN gelangt sein. Die Einbehaltung muss auch erfolgen, wenn der ArbN zur ESt veranlagt wird. Erfolgt keine Auszahlung des Arbeitslohnes, ist die LSt entweder gar nicht oder später bei Zahlung einzubehalten. Zur Bemessungsrundlage vgl. KKB/Karbe-Geßler, § 38a EStG Rz. 10.

29 Hat der ArbG nicht ausreichend Mittel zur Verfügung, um die LSt zu zahlen, hat er den Arbeitslohn zu kürzen und von einem niedrigeren Betrag die LSt zu berechnen und einzubehalten.[1]

30 Auch inländische Dritte sind verpflichtet LSt einzubehalten (§ 38 Abs. 3a EStG). Dies ist der Fall, wenn der ArbN tarifvertragliche Ansprüche gegen einen Dritten hat (z. B. Lohnausgleichskasse des Baugewerbes).[2] Dieser wird aber nicht zum ArbG, hat aber die gleichen Pflichten. Die Leistung muss in einer Geldzahlung bestehen. Der Dritte muss ebenfalls ein Lohnkonto führen (§ 4 Abs. 4 LStDV), die LSt anmelden und abführen. Auch hat er eine LSt-Bescheinigung auszustellen.

31 Der ArbG kann zudem die LSt-Abzugsverpflichtung auf einen inländischen Dritten übertragen (§ 38 Abs. 3a Satz 2 EStG), wenn er neben Geld- auch Sachleistungen an den ArbN zuwendet. Dies muss beim Betriebsstätten-FA beantragt werden. Eine besondere Form hierzu besteht nicht. Der Dritte muss sich gegenüber dem ArbG zum LSt-Abzug verpflichten und den Lohn auszahlen. Beispiele sind z. B. studentische Arbeitsvermittlungen. Das Betriebsstätten-FA des Dritten muss der Übertragung zustimmen. Das Betriebsstätten-FA des ArbG wird hierbei hinzugezogen. Die Zustimmung erfolgt, wenn die LSt-Erhebung nicht beeinträchtigt wird und der Dritte für den gesamten Arbeitslohn des ArbN die LSt-Abzugsverpflichtung übernimmt.[3]

32 Der Dritte tritt für das gesamte LSt-Abzugsverfahren an die Stelle des ArbG (§ 38 Abs. 3a Satz 6 EStG). Der ArbG wird aber von seinen Pflichten nur frei, wenn der Dritte auch die Pflichten erfüllt. Damit bleibt die Haftung des ArbG bestehen (vgl. KKB/Karbe-Geßler, § 42d Abs. 9 Satz 3 EStG Rz. 111 ff.). Der Dritte kann die Löhne der ArbN aus mehreren Arbeitsverhältnissen zusammenrechnen und der LSt-Ermittlung zugrunde legen (§ 38 Abs. 3a Satz 7 EStG).

33–36 *(Einstweilen frei)*

VI. Anzeigepflichten (§ 38 Abs. 4 EStG)

37 Ist die vom ArbG berechnete LSt höher als der Barlohn (z. B. bei Zahlung von dritter Seite, hohen Sachzuwendungen oder zu hohen Abschlagzahlungen, von denen keine LSt einbehalten wurde), kann die LSt nicht in voller Höhe einbehalten werden. Der ArbN muss dem ArbG die notwendigen Zahlungsmittel zur Verfügung stellen oder der ArbG kann einen Teil anderer Bezüge des ArbN zurückbehalten. Erfolgt dies nicht, hat der ArbG das Betriebsstätten-FA zu infor-

---

1 BFH v. 20. 4. 1982 - VII R 96/79, BStBl 1982 II 521.
2 BFH v. 5. 7. 2007 - VI R 47/02, BFH/NV 2007, 1876 = NWB DokID: WAAAC-53689.
3 R 38.5 Satz 2 LStR.

mieren (§ 38 Abs. 4 Satz 2 EStG). Die Anzeige muss Name, Anschrift, Geburtsdatum, Identifikationsnummer, die LSt-Abzugsmerkmale des ArbN sowie den Grund und die notwendigen Mitteilungen für die Berechnung der LSt-Nachforderung (Höhe und Art des Arbeitslohnes) beinhalten.[1] Die Anzeigepflicht hat unverzüglich zu erfolgen. Das FA fordert die LSt dann vom ArbN als Steuerschuldner nach. Mit der Anzeige an das FA hat der ArbG seine Einbehaltungspflicht erfüllt und entgeht der Haftung (vgl. KKB/Karbe-Geßler, § 42d EStG Rz. 42).[2]

Der ArbN ist verpflichtet, dem ArbG am Ende des Lohnzahlungszeitraums mitzuteilen, ob er Leistungen von Dritten (§ 38 Abs. 1 Satz 3 EStG) erhalten hat (§ 38 Abs. 4 Satz 3 EStG). Macht der ArbN keine Angaben und der ArbG erkennt dies später, muss der ArbG die Nichteinbehaltung der LSt dem Betriebsstätten-FA anzeigen (§ 38 Abs. 4 Satz 3 2. Halbsatz EStG). Die Anzeige muss unverzüglich erfolgen.[3] Die erfolgte Anzeige steht der Einbehaltung gleich und lässt die Haftung entfallen.[4]   38

Zu wenig einbehaltene LSt kann das FA vom ArbN nachfordern (§ 38 Abs. 4 Satz 4 EStG).   39

C. Verfahrensfragen

Da der ArbG die LSt für den ArbN von dessen Arbeitslohn einbehält, handelt er treuhänderisch. Aus diesem Grund kann eine Stundung der LSt nicht in Betracht kommen. Der ArbG behält fremde Mittel ein. Der ArbG ist aus der Fürsorgeverpflichtung gegenüber seinem ArbN zur richtigen Vorgehensweise beim LSt-Abzug verpflichtet. Die Ansprüche aus einer unrichtigen Vorgehensweise sind im arbeitsrechtlichen Verfahren zu klären. Ggf. hat der ArbN einen Schadensersatzanspruch, wenn der unrichtige LSt-Abzug auch nicht im Rahmen der Veranlagung geheilt werden kann.[5] Eine daraus resultierende Zahlung von Schadensersatz ist kein Arbeitslohn.[6]   40

Erachtet der ArbN den LSt-Abzug für zu hoch, muss er dies gegenüber dem FA geltend machen. Die LSt-Anmeldung kann angefochten werden (KKB/Dietz, § 41a EStG Rz. 5). Anfechtungsberechtigt sind sowohl ArbG als auch ArbN.[7]   41

§ 38a Höhe der Lohnsteuer

(1) [1]Die Jahreslohnsteuer bemisst sich nach dem Arbeitslohn, den der Arbeitnehmer im Kalenderjahr bezieht (Jahresarbeitslohn). [2]Laufender Arbeitslohn gilt in dem Kalenderjahr als bezogen, in dem der Lohnzahlungszeitraum endet; in den Fällen des § 39b Absatz 5 Satz 1 tritt der Lohnabrechnungszeitraum an die Stelle des Lohnzahlungszeitraums. [3]Arbeitslohn, der nicht als laufender Arbeitslohn gezahlt wird (sonstige Bezüge), wird in dem Kalenderjahr bezogen, in dem er dem Arbeitnehmer zufließt.

---

1 H 41c Abs. 2 LStH.
2 BFH v. 9.10.2002 - VI R 112/99, BStBl 2002 II 884.
3 R 38.4 Abs. 2 Satz 5 LStR.
4 BFH v. 9.10.2002 - VI R 112/99, BStBl 2002 II 884.
5 BAG v. 20.7.1997 - 8 AZR 121/95.
6 BFH v. 20.9.1996 - VI R 57/95, BStBl 1997 II 144.
7 BFH v. 20.7.2005 - VI R 165/01, BStBl 2005 II 890.

(2) Die Jahreslohnsteuer wird nach dem Jahresarbeitslohn so bemessen, dass sie der Einkommensteuer entspricht, die der Arbeitnehmer schuldet, wenn er ausschließlich Einkünfte aus nichtselbständiger Arbeit erzielt.

(3) ¹Vom laufenden Arbeitslohn wird die Lohnsteuer jeweils mit dem auf den Lohnzahlungszeitraum fallenden Teilbetrag der Jahreslohnsteuer erhoben, die sich bei Umrechnung des laufenden Arbeitslohns auf einen Jahresarbeitslohn ergibt. ²Von sonstigen Bezügen wird die Lohnsteuer mit dem Betrag erhoben, der zusammen mit der Lohnsteuer für den laufenden Arbeitslohn des Kalenderjahres und für etwa im Kalenderjahr bereits gezahlte sonstige Bezüge die voraussichtliche Jahreslohnsteuer ergibt.

(4) Bei der Ermittlung der Lohnsteuer werden die Besteuerungsgrundlagen des Einzelfalls durch die Einreihung der Arbeitnehmer in Steuerklassen (§ 38b), Feststellung von Freibeträgen und Hinzurechnungsbeträgen (§ 39a) sowie Bereitstellung von elektronischen Lohnsteuerabzugsmerkmalen (§ 39e) oder Ausstellung von entsprechenden Bescheinigungen für den Lohnsteuerabzug (§ 39 Absatz 3 und § 39e Absatz 7 und 8) berücksichtigt.

Inhaltsübersicht	Rz.
A. Allgemeine Erläuterungen	1 - 5
B. Systematische Kommentierung	6 - 15
I. Jahreslohnsteuer (§ 38a Abs. 1 EStG)	6 - 9
II. Bemessungsgrundlage (§ 38a Abs. 2 EStG)	10
III. Erhebung (§ 38a Abs. 3 EStG)	11
IV. Besteuerungsgrundlagen (§ 38a Abs. 4 EStG)	12 - 15
C. Verfahrensfragen	16

HINWEIS:
R 39b.2, R 39b.5, 39b.6, R 39b.9 LStR.

LITERATUR:
Michalowski, Voraussichtlicher Jahresarbeitslohn bei Abfindungsentschädigung, NWB 2005, 327.

ARBEITSHILFEN UND GRUNDLAGEN ONLINE:
Lohnsteuer auf sonstige Bezüge seit 1996, Berechnungsprogramm, NWB DokID: BAAAB-05539; *Stier,* Wie wird ein sonstiger Bezug besteuert?, Steuerfach-Scout 2016, NWB DokID: XAAAE-64366.

A. Allgemeine Erläuterungen

1 **Normzweck und wirtschaftliche Bedeutung der Vorschrift:** Die Norm bestimmt, wie die LSt vom Arbeitslohn zu berechnen ist und regelt die zeitliche Zuordnung für den LSt-Abzug.

2 **Geltungsbereich:** § 38a EStG gilt für alle ArbN (unbeschränkt und beschränkt steuerpflichtig), richtet sich aber an den ArbG, der die LSt abführen muss. Der LSt-Abzug gilt nur für Einnahmen aus nichtselbständiger Arbeit (§ 19 EStG).

3 **Verhältnis zu anderen Vorschriften:** § 38a EStG ist die Grundregelung des LSt-Abzuges und wird ergänzt durch §§ 38b, 39, 39a, 39b, 39c EStG. Die Pauschalierungsvorschriften (§§ 40, 40a, 40b EStG) sind lex specalis. § 38a EStG ist lex specialis zu § 11 Abs. 1 Satz 1 EStG.

4–5 *(Einstweilen frei)*

B. Systematische Kommentierung

I. Jahreslohnsteuer (§ 38a Abs. 1 EStG)

Die Jahres-LSt wird nach dem Jahresarbeitslohn ermittelt. Zum Jahresarbeitslohn zählt der Arbeitslohn, der der LSt unterliegt. Arbeitslohn sind alle Einnahmen, die dem ArbN aus seinem Arbeitsverhältnis zufließen (§ 2 Abs. 1 Satz 1 LStDV). Die Bezeichnung ist gleichgültig. Bei mehreren Arbeitsverhältnissen ist für jedes Arbeitsverhältnis der Jahresarbeitslohn separat zu ermitteln. 6

Beim LSt-Abzug sind lfd. Arbeitslohn und sonstige Bezüge zu unterscheiden. **Laufender Arbeitslohn** ist ein zeitraumbezogener regelmäßig wiederkehrender dem ArbN zufließender Betrag. Er gilt in dem Kj. als zugeflossen bzw. bezogen, in dem der Lohnzahlungszeitraum endet. Somit zählt die Zahlung für den Monat Januar, die bereits Ende Dezember erfolgt, in das folgende Kj. Damit wird das Zuflussprinzip von § 11 Abs. 1 Satz 2 EStG durchbrochen. Es gilt die Spezialnorm des § 11 Abs. 1 Satz 4 EStG i.V.m. § 38a Abs. 1 Satz 2, 3 EStG. Grundsätzlich setzt der LSt-Abzug aber immer den Zufluss von Arbeitslohn voraus. Durch die zeitliche Zuordnung des Arbeitslohnes zu dem Kj. wird der LSt-Abzug aber vereinfacht.[1] Dadurch ist der ArbG der Pflicht enthoben, bei Lohnzahlungen für kj-übergreifende Lohnzahlungszeiträume die Arbeitslöhne nach ihrem wirtschaftlichen Gehalt auf das abgelaufene und das neue Kj. aufzuteilen.[2] Beispiele für lfd. Lohn sind Monatsgehälter, Zuschläge, Zulagen oder geldwerte Vorteile.[3] Die Vereinfachungsregelung beim Zufluss gilt nicht für Zahlungen für Lohnzahlungszeiträume eines bereits abgelaufenen Jahres oder noch früherer Jahre.[4] Erhält ein ArbN z. B. wegen einer unwirksamen Kündigung für frühere Jahre eine Gehaltsnachzahlung, so ist diese als Lohn im Jahr der Nachzahlung zu erfassen. 7

Sonstige Bezüge hingegen sind keine wiederkehrenden, sondern ggf. einmalige Leistungen. Sie werden in dem Lohnzahlungszeitraum bzw. Kj. dem LSt-Abzug unterworfen, in dem sie zufließen. Hier gilt uneingeschränkt § 11 Abs. 1 EStG. Zu den sonstigen Bezügen zählen z. B. Weihnachtsgeld als 13. Gehalt oder Gratifikationen.[5] 8

Lohnzahlungszeitraum ist der Zeitraum für den der Arbeitslohn gezahlt wird.[6] Dies kann ein Tag, die Woche, der Monat, das Quartal oder das Kj. sein. Dieser wird zivilrechtlich vereinbart und ergibt sich aus den Verträgen zw. ArbG und ArbN. Die Zeiträume können auch wechseln. 9

II. Bemessungsgrundlage (§ 38a Abs. 2 EStG)

Die Jahres-LSt entspricht genau der ESt, die der ArbN schulden würde, wenn er nur Einkünfte aus nichtselbständiger Tätigkeit (§ 19 EStG) beziehen und versteuern würde. Es gilt somit der ESt-Tarif (§ 32a EStG). Bemessungsgrundlage ist der Arbeitslohn, vor Abzug der LSt, also der Bruttolohn. Bei Nettolohnvereinbarungen gehören die vom ArbG übernommenen Beträge zum Arbeitslohn und sind zur Steuerermittlung hinzuzurechnen.[7] Die LSt ist nur eine Vorauszahlung auf die ESt-Schuld. Sie wird angerechnet. Erfolgt keine Veranlagung gilt die ESt durch 10

---

1 BFH v. 29. 5. 2008 - VI R 57/05, BStBl 2009 II 147.
2 BFH v. 22. 7. 1993 - VI R 104/92, BStBl 1993 II 795.
3 R 39b.2 Abs. 1 LStR.
4 BFH v. 22. 7. 1993 - VI R 104/92, BStBl 1993 II 795.
5 R 39b.2 Abs. 2 LStR; *Poxrucker*, Lohnsteuer auf sonstige Bezüge, NWB DokID: BAAAB-05539.
6 R 39b.5 Abs. 2 LStR.
7 R 39b.9 Abs. 1 LStR.

die gezahlte LSt als abgegolten. Werbungskosten (WK) werden im LSt-Abzug nur durch den WK-Pauschbetrag (§ 9a EStG) oder durch einen gesondert zu beantragenden Freibetrag im Ermäßigungsverfahren nach § 39a EStG berücksichtigt.

III. Erhebung (§ 38a Abs. 3 EStG)

11 Die LSt wird in dem Lohnzahlungszeitraum (→ Rz. 9) als Teilbetrag von der Jahres-LSt erhoben. Es wird davon ausgegangen, dass die Bemessungsgrundlage (der Arbeitslohn) auch in den folgenden Zeiträumen des Kj. in gleicher Höhe gezahlt wird. Schwankt der Arbeitslohn oder erhält der ArbN zwischendurch keinen Arbeitslohn, weil er arbeitslos ist, so kommt es zu einer Überzahlung der LSt. Diese wird entweder im LSt-Jahresausgleich (§ 39b Abs. 2 Satz 12 i.V. m. § 42b EStG) oder bei einer Veranlagung ausgeglichen. Bei sonstigen Bezügen ermittelt sich die LSt aus der Differenz der Jahres-LSt aus dem lfd. Arbeitslohn des Kj. inklusive bereits bezahlter sonstiger Bezüge und der Jahres-LSt ohne den sonstigen Bezug.[1]

IV. Besteuerungsgrundlagen (§ 38a Abs. 4 EStG)

12 Die Ermittlung der LSt nach § 38a EStG ist nicht abschließend. Die Norm verweist auf weitere nicht abschließend genannte Normen, die zu beachten sind. Beim LSt-Abzug und der Ermittlung der LSt sind die Steuerklassen (§ 38b EStG), Freibeträge und Hinzurechnungsbeträge (§ 39a EStG) sowie sonstige LSt-Abzugsmerkmale aus den ELStAM (§ 39e EStG) oder entsprechenden Bescheinigungen für den LSt-Abzug durch das FA (§ 39 Abs. 3 EStG und § 39e Abs. 7, 8 EStG) zu berücksichtigen.

13–15 (Einstweilen frei)

C. Verfahrensfragen

16 § 38a EStG regelt die materiellen Grundlagen für den LSt-Abzug und die Erhebung und definiert den Lohnzahlungszeitraum. Der ArbG ist formell verpflichtet ein Lohnkonto für jeden ArbN zu führen (§ 41 EStG; § 4 LStDV).

§ 38b Lohnsteuerklassen, Zahl der Kinderfreibeträge

(1) [1]Für die Durchführung des Lohnsteuerabzugs werden Arbeitnehmer in Steuerklassen eingereiht. [2]Dabei gilt Folgendes:

1. In die Steuerklasse I gehören Arbeitnehmer, die
    a) unbeschränkt einkommensteuerpflichtig und
        aa) ledig sind,
        bb) verheiratet, verwitwet oder geschieden sind und bei denen die Voraussetzungen für die Steuerklasse III oder IV nicht erfüllt sind; oder
    b) beschränkt einkommensteuerpflichtig sind;

---

[1] R 39b.6 LStR; Stier, Wie wird ein sonstiger Bezug besteuert?, NWB DokID: XAAAE-64366; Poxrucker, Lohnsteuer auf sonstige Bezüge, NWB DokID: BAAAB-05539.

2. in die Steuerklasse II gehören die unter Nummer 1 Buchstabe a bezeichneten Arbeitnehmer, wenn bei ihnen der Entlastungsbetrag für Alleinerziehende (§ 24b) zu berücksichtigen ist;

3. in die Steuerklasse III gehören Arbeitnehmer,

   a) die verheiratet sind, wenn beide Ehegatten unbeschränkt einkommensteuerpflichtig sind und nicht dauernd getrennt leben und der Ehegatte des Arbeitnehmers auf Antrag beider Ehegatten in die Steuerklasse V eingereiht wird,

   b) die verwitwet sind, wenn sie und ihr verstorbener Ehegatte im Zeitpunkt seines Todes unbeschränkt einkommensteuerpflichtig waren und in diesem Zeitpunkt nicht dauernd getrennt gelebt haben, für das Kalenderjahr, das dem Kalenderjahr folgt, in dem der Ehegatte verstorben ist,

   c) deren Ehe aufgelöst worden ist, wenn

      aa) im Kalenderjahr der Auflösung der Ehe beide Ehegatten unbeschränkt einkommensteuerpflichtig waren und nicht dauernd getrennt gelebt haben und

      bb) der andere Ehegatte wieder geheiratet hat, von seinem neuen Ehegatten nicht dauernd getrennt lebt und er und sein neuer Ehegatte unbeschränkt einkommensteuerpflichtig sind,

      für das Kalenderjahr, in dem die Ehe aufgelöst worden ist;

4. in die Steuerklasse IV gehören Arbeitnehmer, die verheiratet sind, wenn beide Ehegatten unbeschränkt einkommensteuerpflichtig sind und nicht dauernd getrennt leben; dies gilt auch, wenn einer der Ehegatten keinen Arbeitslohn bezieht und kein Antrag nach Nummer 3 Buchstabe a gestellt worden ist;

5. in die Steuerklasse V gehören die unter Nummer 4 bezeichneten Arbeitnehmer, wenn der Ehegatte des Arbeitnehmers auf Antrag beider Ehegatten in die Steuerklasse III eingereiht wird;

6. die Steuerklasse VI gilt bei Arbeitnehmern, die nebeneinander von mehreren Arbeitgebern Arbeitslohn beziehen, für die Einbehaltung der Lohnsteuer vom Arbeitslohn aus dem zweiten und einem weiteren Dienstverhältnis sowie in den Fällen des § 39c.

³Als unbeschränkt einkommensteuerpflichtig im Sinne der Nummern 3 und 4 gelten nur Personen, die die Voraussetzungen des § 1 Absatz 1 oder 2 oder des § 1a erfüllen.

(2) ¹Für ein minderjähriges und nach § 1 Absatz 1 unbeschränkt einkommensteuerpflichtiges Kind im Sinne des § 32 Absatz 1 Nummer 1 und Absatz 3 werden bei der Anwendung der Steuerklassen I bis IV die Kinderfreibeträge als Lohnsteuerabzugsmerkmal nach § 39 Absatz 1 wie folgt berücksichtigt:

1. mit Zähler 0,5, wenn dem Arbeitnehmer der Kinderfreibetrag nach § 32 Absatz 6 Satz 1 zusteht, oder

2. mit Zähler 1, wenn dem Arbeitnehmer der Kinderfreibetrag zusteht, weil

   a) die Voraussetzungen des § 32 Absatz 6 Satz 2 vorliegen oder

   b) der andere Elternteil vor dem Beginn des Kalenderjahres verstorben ist oder

   c) der Arbeitnehmer allein das Kind angenommen hat.

²Soweit dem Arbeitnehmer Kinderfreibeträge nach § 32 Absatz 1 bis 6 zustehen, die nicht nach Satz 1 berücksichtigt werden, ist die Zahl der Kinderfreibeträge auf Antrag vorbehaltlich des § 39a Absatz 1 Nummer 6 zu Grunde zu legen. ³In den Fällen des Satzes 2 können die Kinderfreibeträge für mehrere Jahre gelten, wenn nach den tatsächlichen Verhältnissen zu erwarten ist, dass die Voraussetzungen bestehen bleiben. ⁴Bei Anwendung der Steuerklassen III und IV sind auch Kinder des Ehegatten bei der Zahl der Kinderfreibeträge zu berücksichtigen. ⁵Der Antrag kann nur nach amtlich vorgeschriebenem Vordruck gestellt werden.

(3) ¹Auf Antrag des Arbeitnehmers kann abweichend von Absatz 1 oder 2 eine für ihn ungünstigere Steuerklasse oder geringere Zahl der Kinderfreibeträge als Lohnsteuerabzugsmerkmal gebildet werden. ²Der Wechsel von der Steuerklasse III oder V in die Steuerklasse IV ist auch auf Antrag nur eines Ehegatten möglich mit der Folge, dass beide Ehegatten in die Steuerklasse IV eingereiht werden. ³Diese Anträge sind nach amtlich vorgeschriebenem Vordruck zu stellen und vom Antragsteller eigenhändig zu unterschreiben.

Inhaltsübersicht	Rz.
A. Allgemeine Erläuterungen	1 - 2
B. Systematische Kommentierung	3 - 5
I. Steuerklasse (§ 38b Abs. 1 EStG)	3
II. Kinderfreibeträge (§ 38b Abs. 2 EStG)	4
III. Steuerklassenwahl (§ 38b Abs. 3 EStG)	5
C. Verfahrensfragen	6 - 7

HINWEIS:
R 39.2 LStR; BMF v. 7. 8. 2013, BStBl 2013 I 951.

LITERATUR:
Tölle, Eingetragene Lebenspartnerschaft, NWB 2013, 2708.

ARBEITSHILFEN UND GRUNDLAGEN ONLINE:
Lohnsteuerklassen-Wahl – Berechnung, Berechnungsprogramm, NWB DokID: HAAAB-05537.

A. Allgemeine Erläuterungen

1 **Normzweck und wirtschaftliche Bedeutung der Vorschrift:** Die Steuerklassen sind das wichtigste LSt-Abzugsmerkmal. Es gibt sechs Steuerklassen. Die Unterschiede in den einzelnen Steuerklassen liegen in der Berücksichtigung unterschiedlicher Freibeträge. Verheiratete ArbN können eine Steuerklassenkombination wählen (III/IV oder IV/IV). Die Steuerklasse beeinflusst die Höhe der LSt. Zudem wird in Abs. 2 der Kinderfreibetrag geregelt. Freibeträge beeinflussen ebenfalls die Höhe der LSt und können nach § 39a EStG beantragt werden. Sowohl die Steuerklasse als auch die Freibeträge sind in der ELStAM-Datenbank gespeichert.

2 **Geltungsbereich:** Die Steuerklassen gelten für alle ArbN (beschränkt oder unbeschränkt steuerpflichtig), aber nur im LSt-Abzugsverfahren. Im Veranlagungsverfahren haben die Steuerklassen keine Bedeutung.

B. Systematische Kommentierung

I. Steuerklasse (§ 38b Abs. 1 EStG)

Steuerklassen gelten für alle ArbN (unbeschränkt oder beschränkt steuerpflichtig). Die Zuordnung der Steuerklassen ist vom Familienstand, der Zuordnung der Kinder, der Anzahl der Arbeitsverhältnisse und der Steuerpflicht des Ehegatten abhängig. Die Wahl der Steuerklassenkombination bei Ehegatten ist dafür verantwortlich, ob es zu LSt-Nachzahlungen am Ende des Kj. durch die ESt-Veranlagung kommt oder nicht. Die Steuerklasse IV entspricht beim LSt-Abzug der Steuerklasse I. Haben die Ehegatten die Steuerklassenkombination IV/IV, wird beim LSt-Abzug unterstellt, dass beide ArbN gleich hohe Gehälter haben. Sind diese unterschiedlich, kommt es zu einer Überzahlung der LSt. Diese soll der Faktor nach § 39f EStG verhindern, der für die Steuerklassenkombination IV/IV eingetragen werden kann. Dieser berücksichtigt die Freibeträge und aufgrund der Anwendung wird die LSt der tatsächlichen ESt-Schuld der Ehegatten angenähert (vgl. KKB/Karbe-Geßler, § 39f EStG Rz. 1). Die Steuerklassenkombination III/V ist sinnvoll, wenn ein ArbN-Ehegatte weniger (Vh. 60/40) oder gar keinen Arbeitslohn bezieht. Der höher verdienende ArbN-Ehegatte wählt i. d. R. die Steuerklasse III. Steuerklasse VI gilt immer für das zweite bzw. jedes weitere Arbeitsverhältnis.[1]

II. Kinderfreibeträge (§ 38b Abs. 2 EStG)

Kinderfreibeträge sind ein weiteres wichtiges LSt-Abzugsmerkmal, die in der ELStAM-Datenbank gespeichert sind. Der oder mehrere Kinderfreibeträge haben Auswirkungen auf die Zuschlagsteuern – SolZ und KiSt. Die Bildung der Kinderfreibeträge ist in § 38 Abs. 2 i. V. m. § 39 EStG geregelt. Sie werden i. d. R. automatisiert ab Geburt bis zum 18. Lebensjahr des Kindes gebildet. Ab dem 18. Lebensjahr des Kindes müssen Kinderfreibeträge nach amtlich vorgeschriebenem Vordruck beantragt werden. Kinderfreibeträge für Kinder über dem 18. Lebensjahr können mehrjährig gelten.

III. Steuerklassenwahl (§ 38b Abs. 3 EStG)

Arbeitnehmer können eine ungünstigere Steuerklasse und eine geringere Anzahl an Kinderfreibeträgen beim Wohnsitz-FA beantragen. Das BMF gibt jährlich ein Merkblatt zur Steuerklassenwahl bei Ehegatten oder Lebenspartnern, die beide Arbeitnehmer sind, heraus.[2] Der Wechsel von der Steuerklasse III oder V in die Steuerklasse IV ist auch auf Antrag (förmlicher Vordruck) nur eines Ehegatten möglich. Beide Ehegatten werden in die Steuerklasse IV eingereiht.

C. Verfahrensfragen

Die Steuerklasse gilt bis zu einer Änderung (automatisiert z. B. durch Scheidung oder Tod des Ehegatten) oder auf Antrag (bei Ehegatten). Hat ein ArbN bisher keine Steuerklasse wird diese beim erstmaligen Abruf eines ArbG in der ELStAM-Datenbank (durch das BZSt) automatisiert gebildet. Ein gesonderter Antrag ist nicht erforderlich. Zuständig für die Änderung von Steuerklassen ist das FA (Wohnsitz-FA bei unbeschränkt steuerpflichtigen ArbN, das Betriebsstätten-FA bei beschränkt oder erweitert beschränkt steuerpflichtigen ArbN) oder die Änderung erfolgt automatisiert aufgrund der Daten der Meldebehörden (Tod, Geburt, Scheidung). Nach § 39

---

1 Lohnsteuerklassen-Wahl-Berechnung, NWB DokID: HAAAB-05537.
2 Aktuell für das Jahr 2015 BMF v. 27. 11. 2014; Lohnsteuerklassen-Wahl-Berechnung, NWB DokID: HAAAB-05537.

Abs. 5 EStG ist der ArbN verpflichtet die Änderung von Verhältnissen, die die Steuerklasse ändern anzuzeigen.[1]

7 Die Bildung der LSt-Abzugsmerkmale ist ein Verwaltungsakt und eine Feststellung von Besteuerungsgrundlagen (§ 179 AO). Die Anfechtung ist durch einen Einspruch möglich.

§ 39 Lohnsteuerabzugsmerkmale

[2](1) [1]Für die Durchführung des Lohnsteuerabzugs werden auf Veranlassung des Arbeitnehmers Lohnsteuerabzugsmerkmale gebildet (§ 39a Absatz 1 und 4, § 39e Absatz 1 in Verbindung mit § 39e Absatz 4 Satz 1 und nach § 39e Absatz 8). [2]Soweit Lohnsteuerabzugsmerkmale nicht nach § 39e Absatz 1 Satz 1 automatisiert gebildet werden oder davon abweichend zu bilden sind, ist das Finanzamt für die Bildung der Lohnsteuerabzugsmerkmale nach den §§ 38b und 39a und die Bestimmung ihrer Geltungsdauer zuständig. [3]Für die Bildung der Lohnsteuerabzugsmerkmale sind die von den Meldebehörden nach § 39e Absatz 2 Satz 2 mitgeteilten Daten vorbehaltlich einer nach Satz 2 abweichenden Bildung durch das Finanzamt bindend. [4]Die Bildung der Lohnsteuerabzugsmerkmale ist eine gesonderte Feststellung von Besteuerungsgrundlagen im Sinne des § 179 Absatz 1 der Abgabenordnung, die unter dem Vorbehalt der Nachprüfung steht. [5]Die Bildung und die Änderung der Lohnsteuerabzugsmerkmale sind dem Arbeitnehmer bekannt zu geben. [6]Die Bekanntgabe richtet sich nach § 119 Absatz 2 der Abgabenordnung und § 39e Absatz 6. [7]Der Bekanntgabe braucht keine Belehrung über den zulässigen Rechtsbehelf beigefügt zu werden. [8]Ein schriftlicher Bescheid mit einer Belehrung über den zulässigen Rechtsbehelf ist jedoch zu erteilen, wenn einem Antrag des Arbeitnehmers auf Bildung oder Änderung der Lohnsteuerabzugsmerkmale nicht oder nicht in vollem Umfang entsprochen wird oder der Arbeitnehmer die Erteilung eines Bescheids beantragt. [9]Vorbehaltlich des Absatzes 5 ist § 153 Absatz 2 der Abgabenordnung nicht anzuwenden.

(2) [1]Für die Bildung und die Änderung der Lohnsteuerabzugsmerkmale nach Absatz 1 Satz 2 des nach § 1 Absatz 1 unbeschränkt einkommensteuerpflichtigen Arbeitnehmers ist das Wohnsitzfinanzamt im Sinne des § 19 Absatz 1 Satz 1 und 2 der Abgabenordnung und in den Fällen des Absatzes 4 Nummer 5 das Betriebsstättenfinanzamt nach § 41a Absatz 1 Satz 1 Nummer 1 zuständig. [2]Ist der Arbeitnehmer nach § 1 Absatz 2 unbeschränkt einkommensteuerpflichtig, nach § 1 Absatz 3 als unbeschränkt einkommensteuerpflichtig zu behandeln oder beschränkt einkommensteuerpflichtig, ist das Betriebsstättenfinanzamt für die Bildung und die Änderung der Lohnsteuerabzugsmerkmale zuständig. [3]Ist der nach § 1 Absatz 3 als unbeschränkt einkommensteuerpflichtig zu behandelnde Arbeitnehmer gleichzeitig bei mehreren inländischen Arbeitgebern tätig, ist für die Bildung der weiteren Lohnsteuerabzugsmerkmale das Betriebsstättenfinanzamt zuständig, das erstmals Lohnsteuerabzugsmerkmale gebildet hat. [4]Bei Ehegatten, die beide Arbeitslohn von inländischen Arbeitgebern beziehen, ist das Betriebsstättenfinanzamt des älteren Ehegatten zuständig.

(3) [1]Wurde einem Arbeitnehmer in den Fällen des Absatzes 2 Satz 2 keine Identifikationsnummer zugeteilt, hat ihm das Betriebsstättenfinanzamt auf seinen Antrag hin eine Bescheinigung für den Lohnsteuerabzug auszustellen. [2]In diesem Fall tritt an die Stelle der Identifikationsnummer das vom Finanzamt gebildete lohnsteuerliche Ordnungsmerkmal nach § 41b Ab-

---

1 BMF v. 7.8.2013, BStBl 2013 I 951.
2 **Anm. d. Red.:** Zur Anwendung des § 39 siehe § 52 Abs. 36.

satz 2 Satz 1 und 2. ³Die Bescheinigung der Steuerklasse I kann auch der Arbeitgeber beantragen, wenn dieser den Antrag nach Satz 1 im Namen des Arbeitnehmers stellt. ⁴Diese Bescheinigung ist als Beleg zum Lohnkonto zu nehmen und während des Dienstverhältnisses, längstens bis zum Ablauf des jeweiligen Kalenderjahres, aufzubewahren.

(4) Lohnsteuerabzugsmerkmale sind

1. Steuerklasse (§ 38b Absatz 1) und Faktor (§ 39f),
2. Zahl der Kinderfreibeträge bei den Steuerklassen I bis IV (§ 38b Absatz 2),
3. Freibetrag und Hinzurechnungsbetrag (§ 39a),
4. Höhe der Beiträge für eine private Krankenversicherung und für eine private Pflege-Pflichtversicherung (§ 39b Absatz 2 Satz 5 Nummer 3 Buchstabe d) für die Dauer von zwölf Monaten, wenn der Arbeitnehmer dies beantragt,
5. Mitteilung, dass der von einem Arbeitgeber gezahlte Arbeitslohn nach einem Abkommen zur Vermeidung der Doppelbesteuerung von der Lohnsteuer freizustellen ist, wenn der Arbeitnehmer oder der Arbeitgeber dies beantragt.

(5) ¹Treten bei einem Arbeitnehmer die Voraussetzungen für eine für ihn ungünstigere Steuerklasse oder geringere Zahl der Kinderfreibeträge ein, ist der Arbeitnehmer verpflichtet, dem Finanzamt dies mitzuteilen und die Steuerklasse und die Zahl der Kinderfreibeträge umgehend ändern zu lassen. ²Dies gilt insbesondere, wenn die Voraussetzungen für die Berücksichtigung des Entlastungsbetrags für Alleinerziehende, für die die Steuerklasse II zur Anwendung kommt, entfallen. ³Eine Mitteilung ist nicht erforderlich, wenn die Abweichung einen Sachverhalt betrifft, der zu einer Änderung der Daten führt, die nach § 39e Absatz 2 Satz 2 von den Meldebehörden zu übermitteln sind. ⁴Kommt der Arbeitnehmer seiner Verpflichtung nicht nach, ändert das Finanzamt die Steuerklasse und die Zahl der Kinderfreibeträge von Amts wegen. ⁵Unterbleibt die Änderung der Lohnsteuerabzugsmerkmale, hat das Finanzamt zu wenig erhobene Lohnsteuer vom Arbeitnehmer nachzufordern, wenn diese 10 Euro übersteigt.

(6) ¹Ändern sich die Voraussetzungen für die Steuerklasse oder für die Zahl der Kinderfreibeträge zu Gunsten des Arbeitnehmers, kann dieser beim Finanzamt die Änderung der Lohnsteuerabzugsmerkmale beantragen. ²Die Änderung ist mit Wirkung von dem ersten Tag des Monats an vorzunehmen, in dem erstmals die Voraussetzungen für die Änderung vorlagen. ³Ehegatten können einmalig im Laufe des Kalenderjahres beim Finanzamt die Änderung der Steuerklassen beantragen. ⁴Dies gilt unabhängig von der automatisierten Bildung der Steuerklassen nach § 39e Absatz 3 Satz 3 sowie einer von den Ehegatten gewünschten Änderung dieser automatisierten Bildung. ⁵Das Finanzamt hat eine Änderung nach Satz 3 mit Wirkung vom Beginn des Kalendermonats vorzunehmen, der auf die Antragstellung folgt. ⁶Für eine Berücksichtigung der Änderung im laufenden Kalenderjahr ist der Antrag nach Satz 1 oder 3 spätestens bis zum 30. November zu stellen.

(7) ¹Wird ein unbeschränkt einkommensteuerpflichtiger Arbeitnehmer beschränkt einkommensteuerpflichtig, hat er dies dem Finanzamt unverzüglich mitzuteilen. ²Das Finanzamt hat die Lohnsteuerabzugsmerkmale vom Zeitpunkt des Eintritts der beschränkten Einkommensteuerpflicht an zu ändern. ³Absatz 1 Satz 5 bis 8 gilt entsprechend. ⁴Unterbleibt die Mitteilung, hat das Finanzamt zu wenig erhobene Lohnsteuer vom Arbeitnehmer nachzufordern, wenn diese 10 Euro übersteigt.

(8) ¹Der Arbeitgeber darf die Lohnsteuerabzugsmerkmale nur für die Einbehaltung der Lohn- und Kirchensteuer verwenden. ²Er darf sie ohne Zustimmung des Arbeitnehmers nur offenbaren, soweit dies gesetzlich zugelassen ist.

(9) ¹Ordnungswidrig handelt, wer vorsätzlich oder leichtfertig entgegen Absatz 8 ein Lohnsteuerabzugsmerkmal verwendet. ²Die Ordnungswidrigkeit kann mit einer Geldbuße bis zu zehntausend Euro geahndet werden.

Inhaltsübersicht

	Rz.
A. Allgemeine Erläuterungen	1 – 8
B. Systematische Kommentierung	9 – 25
I. Bildung der Lohnsteuerabzugsmerkmale und Zuständigkeit (§ 39 Abs. 1 und 2 EStG)	9 – 12
II. Lohnsteuerabzugsmerkmale für Arbeitnehmer ohne Identifikationsnummer (§ 39 Abs. 3 EStG)	13 – 14
III. Die einzelnen Lohnsteuerabzugsmerkmale (§ 39 Abs. 4 EStG)	15
IV. Änderung der Lohnsteuerabzugsmerkmale zu Ungunsten und zu Gunsten des Arbeitnehmers (§ 39 Abs. 5 und 6 EStG)	16 – 17
V. Wechsel zur beschränkten Steuerpflicht (§ 39 Abs. 7 EStG)	18
VI. Verwendung der Lohnsteuerabzugsmerkmale und Geheimhaltungsgebot (§ 39 Abs. 8 und 9 EStG)	19 – 25
C. Verfahrensfragen	26 – 28

HINWEIS:

R 39 LStR; H 39 LStH; BMF v. 6. 12. 2011, BStBl 2011 I 1254; BMF v. 25. 7. 2013, BStBl 2013 I 943; BMF v. 7. 8. 2013, BStBl 2013 I 951, geändert durch BMF v. 23. 10. 2014, BStBl 2014 I 1411 und BMF v. 19. 10. 2015, BStBl 2015 I 831, ab dem Kalenderjahr 2019 ersetzt durch BMF v. 8.11.2018, NWB DokID: CAAAH-00052.

A. Allgemeine Erläuterungen

1 **Normzweck und wirtschaftliche Bedeutung der Vorschrift:** § 39 EStG sieht vor, dass für alle unbeschränkt und beschränkt steuerpflichtigen ArbN LSt-Abzugsmerkmale zu bilden sind, nach denen der ArbG den LSt-Abzug vorzunehmen hat.

2 **Entstehung und Entwicklung der Vorschrift:** § 39 EStG in der geltenden Struktur wurde aufgrund des Wegfalls der LSt-Karte und der Einführung elektronischer LSt-Abzugsmerkmale durch Art. 2 Nr. 14 des BeitrRLUmsG v. 7. 12. 2011 mit Wirkung ab dem VZ 2012 eingeführt.[1]

3 **Geltungsbereich:** § 39 EStG gilt für unbeschränkt oder beschränkt steuerpflichtige ArbN, ausgenommen Aushilfskräfte bzw. Teilzeitbeschäftige i. S. v. § 40a EStG.

4 **Verhältnis zu anderen Vorschriften:** § 39 EStG regelt das allgemeine Verfahren zur Bildung und Änderung der LSt-Abzugsmerkmale. Vorschriften zum technischen Verfahren der elektronischen LSt-Abzugsmerkmale enthält § 39e EStG.

5–8 *(Einstweilen frei)*

---

1 BGBl 2011 I 2592 ff. vgl. im Folgenden auch BT-Drucks. 17/6263, 49 ff.

B. Systematische Kommentierung

I. Bildung der Lohnsteuerabzugsmerkmale und Zuständigkeit (§ 39 Abs. 1 und 2 EStG)

Für die Durchführung des LSt-Abzugs werden auf Veranlassung des ArbN LSt-Abzugsmerkmale gebildet (§ 39 Abs. 1 Satz 1 EStG). Dies erfolgt entweder dadurch, dass der ArbN dem ArbG seine von der FinVerw zugeteilte Identifikationsnummer und sein Geburtsdatum mitteilt und der ArbG die LSt-Abzugsmerkmale mittels dieser Daten elektronisch beim Bundeszentralamt für Steuern (BZSt) abruft, oder dadurch, dass der ArbN selbst bei seinem Wohnsitz-FA einen Antrag auf Mitteilung seiner LSt-Abzugsmerkmale stellt.[1]

Die Bildung der LSt-Abzugsmerkmale erfolgt durch das BZSt und das zuständige FA auf Basis der von den Meldebehörden nach § 39e Abs. 2 Satz 2 EStG mitgeteilten Daten. Das BZSt bildet automatisiert die Steuerklassen I bis IV und die Zahl der Kinderfreibeträge. Die übrigen LSt-Abzugsmerkmale, wie Freibeträge für Werbungskosten, Pauschbeträge für Behinderte und Hinterbliebene, die Steuerklassenkombination III/V und Änderungen der Steuerklassenkombination, werden auf Antrag des Arbeitnehmers durch das FA gebildet (§ 39 Abs. 1 Satz 2 f. EStG).

Der ArbN ist zu einer Berichtigung seiner Angaben gegenüber dem FA nur verpflichtet, wenn diese bereits bei Abgabe der Erklärung unrichtig oder unvollständig sind, nicht, wenn sich später die Verhältnisse geändert haben. Eine Ausnahme gilt für den Wegfall der Voraussetzungen für die Steuerklasse II (§ 39 Abs. 1 Satz 9 i. V. m. Abs. 5 EStG und § 153 Abs. 2 AO).

§ 39 Abs. 2 EStG regelt, welches FA für die Bildung und Änderung der LSt-Abzugsmerkmale zuständig ist.

II. Lohnsteuerabzugsmerkmale für Arbeitnehmer ohne Identifikationsnummer (§ 39 Abs. 3 EStG)

Bei erweitert unbeschränkt, fiktiv unbeschränkt und beschränkt steuerpflichtigen ArbN[2] kann es vorkommen, dass diesen keine Identifikationsnummer zugeteilt worden ist, z. B. weil sie im Inland nicht meldepflichtig sind.[3]

Das Betriebsstätten-FA hat in diesem Fall auf Antrag eine Papierbescheinigung für den LSt-Abzug auszustellen. Zur Verfahrensvereinfachung kann der ArbG im Namen des ArbN einen Antrag auf Erteilung einer Bescheinigung mit der Steuerklasse I stellen. Weitere LSt-Abzugsmerkmale werden nur auf Antrag des ArbN gebildet.

III. Die einzelnen Lohnsteuerabzugsmerkmale (§ 39 Abs. 4 EStG)

§ 39 Abs. 4 EStG beschreibt die in Betracht kommenden LSt-Abzugsmerkmale.

---

1 Vgl. BT-Drucks. 17/6263, 49.
2 Vgl. § 1 Abs. 2 bis 4 EStG.
3 Vgl. *Thürmer* in Blümich, § 39 EStG Rz. 50.

IV. Änderung der Lohnsteuerabzugsmerkmale zu Ungunsten und zu Gunsten des Arbeitnehmers (§ 39 Abs. 5 und 6 EStG)

16 Bei einer Änderung der Voraussetzungen für eine Steuerklasse oder Zahl der Kinderfreibeträge **zu Ungunsten** des ArbN ist dieser **verpflichtet**, dies dem FA mitzuteilen (§ 39 Abs. 5 EStG). Dies gilt insbesondere, wenn die Voraussetzungen für die Steuerklasse II entfallen. Eine Mitteilungspflicht entfällt, wenn es zu einer Änderung von Daten kommt, die nach § 39e Abs. 2 Satz 2 EStG von den Meldebehörden zu übermitteln sind (z. B. Änderung des Familienstandes). Bei einer Verletzung der Anzeigepflicht hat das FA die Änderung von Amts wegen vorzunehmen. Erfolgt dies nicht, hat es die zu wenig erhobene LSt vom ArbN nachzufordern, wenn diese 10 € übersteigt. Dies gilt nicht, wenn ohnehin eine Veranlagung nach § 46 EStG erfolgt.

17 Bei einer Änderung **zu Gunsten** des ArbN **kann** dieser beim zuständigen Finanzamt die Änderung der LSt-Abzugsmerkmale beantragen (§ 39 Abs. 6 EStG). Die Änderung ist mit Wirkung vom ersten Tag des Monats an vorzunehmen, in dem erstmals die Voraussetzungen für die Änderung vorlagen. Ehegatten können einmalig im Laufe eines Kalenderjahres einen Wechsel der Steuerklassen beantragen.[1] Dieses Recht wird nicht durch die erstmalige Änderung der automatisch gebildeten Steuerklassenkombination (§ 39e Abs. 3 Satz 3 EStG) verbraucht. Die Änderung wirkt ab dem Beginn des auf die Antragstellung folgenden Kalendermonats.

V. Wechsel zur beschränkten Steuerpflicht (§ 39 Abs. 7 EStG)

18 Wird ein unbeschränkt estpfl. ArbN beschränkt steuerpflichtig, hat er dies dem FA unverzüglich mitzuteilen. Das FA hat die LSt-Abzugsmerkmale vom Zeitpunkt des Eintritts der beschränkten Steuerpflicht an zu ändern und dem ArbN entsprechend § 39 Abs. 1 Satz 5 bis 8 EStG bekanntzugeben. Unterbleibt die Mitteilung, hat das FA zu wenig erhobene LSt vom ArbN nachzufordern, wenn diese 10 € übersteigt.

VI. Verwendung der Lohnsteuerabzugsmerkmale und Geheimhaltungsgebot (§ 39 Abs. 8 und 9 EStG)

19 § 39 Abs. 8 und 9 EStG enthält eine Schutzbestimmung vor missbräuchlicher Verwendung der LSt-Abzugsmerkmale.[2]

20–25 *(Einstweilen frei)*

C. Verfahrensfragen

26 Die Bildung der LSt-Abzugsmerkmale ist eine gesonderte Feststellung von Besteuerungsgrundlagen (§ 179 Abs. 1 AO), die unter dem Vorbehalt der Nachprüfung steht (§ 39 Abs. 1 Satz 4 EStG) und mit dem Einspruch angefochten werden kann.

27 Sie ist dem ArbN bekannt zu geben (üblicherweise durch die Lohn- und Gehaltsabrechnung, § 39 Abs. 1 Satz 5 ff. EStG).[3] Ihr braucht keine Rechtsbehelfsbelehrung beigefügt zu werden, die Frist zum Einlegen des Einspruchs beträgt ein Jahr (§ 356 Abs. 2 AO).

---

1 Seit dem Jahr 2018 ist es nicht mehr erforderlich, dass hierzu beide Ehegatten in einem Dienstverhältnis stehen. Vgl. Steuerumgehungsbekämpfungsgesetz v. 24. 6. 2017, Art. 7 Nr. 3, BGBl 2017 I 1682.
2 Vgl. BT-Drucks. 17/6263, 51.
3 Vgl. BT-Drucks. 17/6263, 50.

Freibetrag und Hinzurechnungsbetrag § 39a EStG

Ein schriftlicher Bescheid mit einer Rechtsbehelfsbelehrung ist zu erteilen, wenn einem Antrag 28
des ArbN auf Bildung/Änderung der LSt-Abzugsmerkmale nicht entsprochen wird oder der
ArbN dies beantragt (§ 39 Abs. 1 Satz 8 EStG).

§ 39a Freibetrag und Hinzurechnungsbetrag

¹(1) ¹Auf Antrag des unbeschränkt einkommensteuerpflichtigen Arbeitnehmers ermittelt das Finanzamt die Höhe eines vom Arbeitslohn insgesamt abzuziehenden Freibetrags aus der Summe der folgenden Beträge:

1. Werbungskosten, die bei den Einkünften aus nichtselbständiger Arbeit anfallen, soweit sie den Arbeitnehmer-Pauschbetrag (§ 9a Satz 1 Nummer 1 Buchstabe a) oder bei Versorgungsbezügen den Pauschbetrag (§ 9a Satz 1 Nummer 1 Buchstabe b) übersteigen,

2. Sonderausgaben im Sinne des § 10 Absatz 1 Nummer 4, 5, 7 und 9 sowie Absatz 1a und des § 10b, soweit sie den Sonderausgaben-Pauschbetrag von 36 Euro übersteigen,

3. der Betrag, der nach den §§ 33, 33a und 33b Absatz 6 wegen außergewöhnlicher Belastungen zu gewähren ist,

4. die Pauschbeträge für behinderte Menschen und Hinterbliebene (§ 33b Absatz 1 bis 5),

4a. der Erhöhungsbetrag nach § 24b Absatz 2 Satz 2,

5. die folgenden Beträge, wie sie nach § 37 Absatz 3 bei der Festsetzung von Einkommensteuer-Vorauszahlungen zu berücksichtigen sind:

    a) die Beträge, die nach § 10d Absatz 2, §§ 10e, 10f, 10g, 10h, 10i, nach § 15b des Berlinförderungsgesetzes abgezogen werden können,

    b) die negative Summe der Einkünfte im Sinne des § 2 Absatz 1 Satz 1 Nummer 1 bis 3, 6 und 7 und der negativen Einkünfte im Sinne des § 2 Absatz 1 Satz 1 Nummer 5,

    c) das Vierfache der Steuerermäßigung nach den §§ 34f und 35a,

6. die Freibeträge nach § 32 Absatz 6 für jedes Kind im Sinne des § 32 Absatz 1 bis 4, für das kein Anspruch auf Kindergeld besteht. ²Soweit für diese Kinder Kinderfreibeträge nach § 38b Absatz 2 berücksichtigt worden sind, ist die Zahl der Kinderfreibeträge entsprechend zu vermindern. ³Der Arbeitnehmer ist verpflichtet, den nach Satz 1 ermittelten Freibetrag ändern zu lassen, wenn für das Kind ein Kinderfreibetrag nach § 38b Absatz 2 berücksichtigt wird,

7. ein Betrag für ein zweites oder ein weiteres Dienstverhältnis insgesamt bis zur Höhe des auf volle Euro abgerundeten zu versteuernden Jahresbetrags nach § 39b Absatz 2 Satz 5, bis zu dem nach der Steuerklasse des Arbeitnehmers, die für den Lohnsteuerabzug vom Arbeitslohn aus dem ersten Dienstverhältnis anzuwenden ist, Lohnsteuer nicht zu erheben ist. ²Voraussetzung ist, dass

    a) der Jahresarbeitslohn aus dem ersten Dienstverhältnis geringer ist als der nach Satz 1 maßgebenden Eingangsbetrag und

1 Anm. d. Red.: Zur Anwendung des § 39a siehe § 52 Abs. 37.

Maßbaum

b) in Höhe des Betrags für ein zweites oder ein weiteres Dienstverhältnis zugleich für das erste Dienstverhältnis ein Betrag ermittelt wird, der dem Arbeitslohn hinzuzurechnen ist (Hinzurechnungsbetrag).

³Soll für das erste Dienstverhältnis auch ein Freibetrag nach den Nummern 1 bis 6 und 8 ermittelt werden, ist nur der diesen Freibetrag übersteigende Betrag als Hinzurechnungsbetrag zu berücksichtigen. ⁴Ist der Freibetrag höher als der Hinzurechnungsbetrag, ist nur der den Hinzurechnungsbetrag übersteigende Freibetrag zu berücksichtigen,

8. der Entlastungsbetrag für Alleinerziehende (§ 24b) bei Verwitweten, die nicht in Steuerklasse II gehören.

²Der insgesamt abzuziehende Freibetrag und der Hinzurechnungsbetrag gelten mit Ausnahme von Satz 1 Nummer 4 und vorbehaltlich der Sätze 3 bis 5 für die gesamte Dauer eines Kalenderjahres. ³Die Summe der nach Satz 1 Nummer 1 bis 3 sowie 4a bis 8 ermittelten Beträge wird längstens für einen Zeitraum von zwei Kalenderjahren ab Beginn des Kalenderjahres, für das der Freibetrag erstmals gilt oder geändert wird, berücksichtigt. ⁴Der Arbeitnehmer kann eine Änderung des Freibetrags innerhalb dieses Zeitraums beantragen, wenn sich die Verhältnisse zu seinen Gunsten ändern. ⁵Ändern sich die Verhältnisse zu seinen Ungunsten, ist er verpflichtet, dies dem Finanzamt umgehend anzuzeigen.

(2) ¹Der Antrag nach Absatz 1 ist nach amtlich vorgeschriebenem Vordruck zu stellen und vom Arbeitnehmer eigenhändig zu unterschreiben. ²Die Frist für die Antragstellung beginnt am 1. Oktober des Vorjahres, für das der Freibetrag gelten soll. ³Sie endet am 30. November des Kalenderjahres, in dem der Freibetrag gilt. ⁴Der Antrag ist hinsichtlich eines Freibetrags aus der Summe der nach Absatz 1 Satz 1 Nummer 1 bis 3 und 8 in Betracht kommenden Aufwendungen und Beträge unzulässig, wenn die Aufwendungen im Sinne des § 9, soweit sie den Arbeitnehmer-Pauschbetrag übersteigen, die Aufwendungen im Sinne des § 10 Absatz 1 Nummer 4, 5, 7 und 9 sowie Absatz 1a, der §§ 10b und 33 sowie die abziehbaren Beträge nach den §§ 24b, 33a und 33b Absatz 6 insgesamt 600 Euro nicht übersteigen. ⁵Das Finanzamt kann auf nähere Angaben des Arbeitnehmers verzichten, wenn er

1. höchstens den Freibetrag beantragt, der für das vorangegangene Kalenderjahr ermittelt wurde, und
2. versichert, dass sich die maßgebenden Verhältnisse nicht wesentlich geändert haben.

⁶Das Finanzamt hat den Freibetrag durch Aufteilung in Monatsfreibeträge, falls erforderlich in Wochen- und Tagesfreibeträge, jeweils auf die der Antragstellung folgenden Monate des Kalenderjahres gleichmäßig zu verteilen. ⁷Abweichend hiervon darf ein Freibetrag, der im Monat Januar eines Kalenderjahres beantragt wird, mit Wirkung vom 1. Januar dieses Kalenderjahres an berücksichtigt werden. ⁸Ist der Arbeitnehmer beschränkt einkommensteuerpflichtig, hat das Finanzamt den nach Absatz 4 ermittelten Freibetrag durch Aufteilung in Monatsbeträge, falls erforderlich in Wochen- und Tagesbeträge, jeweils auf die voraussichtliche Dauer des Dienstverhältnisses im Kalenderjahr gleichmäßig zu verteilen. ⁹Die Sätze 5 bis 8 gelten für den Hinzurechnungsbetrag nach Absatz 1 Satz 1 Nummer 7 entsprechend.

(3) ¹Für Ehegatten, die beide unbeschränkt einkommensteuerpflichtig sind und nicht dauernd getrennt leben, ist jeweils die Summe der nach Absatz 1 Satz 1 Nummer 2 bis 4 und 5 in Betracht kommenden Beträge gemeinsam zu ermitteln; der in Absatz 1 Satz 1 Nummer 2 genannte Betrag ist zu verdoppeln. ²Für die Anwendung des Absatzes 2 Satz 4 ist die Summe der für beide Ehegatten in Betracht kommenden Aufwendungen im Sinne des § 9, soweit sie je-

weils den Arbeitnehmer-Pauschbetrag übersteigen, und der Aufwendungen im Sinne des § 10 Absatz 1 Nummer 4, 5, 7 und 9 sowie Absatz 1a, der §§ 10b und 33 sowie der abziehbaren Beträge nach den §§ 24b, 33a und 33b Absatz 6 maßgebend. ³Die nach Satz 1 ermittelte Summe ist je zur Hälfte auf die Ehegatten aufzuteilen, wenn für jeden Ehegatten Lohnsteuerabzugsmerkmale gebildet werden und die Ehegatten keine andere Aufteilung beantragen. ⁴Für eine andere Aufteilung gilt Absatz 1 Satz 2 entsprechend. ⁵Für einen Arbeitnehmer, dessen Ehe in dem Kalenderjahr, für das der Freibetrag gilt, aufgelöst worden ist und dessen bisheriger Ehegatte in demselben Kalenderjahr wieder geheiratet hat, sind die nach Absatz 1 in Betracht kommenden Beträge ausschließlich auf Grund der in seiner Person erfüllten Voraussetzungen zu ermitteln. ⁶Satz 1 zweiter Halbsatz ist auch anzuwenden, wenn die tarifliche Einkommensteuer nach § 32a Absatz 6 zu ermitteln ist.

(4) ¹Für einen beschränkt einkommensteuerpflichtigen Arbeitnehmer, für den § 50 Absatz 1 Satz 4 anzuwenden ist, ermittelt das Finanzamt auf Antrag einen Freibetrag, der vom Arbeitslohn insgesamt abzuziehen ist, aus der Summe der folgenden Beträge:

1. Werbungskosten, die bei den Einkünften aus nichtselbständiger Arbeit anfallen, soweit sie den Arbeitnehmer-Pauschbetrag (§ 9a Satz 1 Nummer 1 Buchstabe a) oder bei Versorgungsbezügen den Pauschbetrag (§ 9a Satz 1 Nummer 1 Buchstabe b) übersteigen,
2. Sonderausgaben im Sinne des § 10b, soweit sie den Sonderausgaben-Pauschbetrag (§ 10c) übersteigen, und die wie Sonderausgaben abziehbaren Beträge nach § 10e oder § 10i, jedoch erst nach Fertigstellung oder Anschaffung des begünstigten Objekts oder nach Fertigstellung der begünstigten Maßnahme,
3. den Freibetrag oder den Hinzurechnungsbetrag nach Absatz 1 Satz 1 Nummer 7.

²Der Antrag kann nur nach amtlich vorgeschriebenem Vordruck bis zum Ablauf des Kalenderjahres gestellt werden, für das die Lohnsteuerabzugsmerkmale gelten.

(5) Ist zuwenig Lohnsteuer erhoben worden, weil ein Freibetrag unzutreffend als Lohnsteuerabzugsmerkmal ermittelt worden ist, hat das Finanzamt den Fehlbetrag vom Arbeitnehmer nachzufordern, wenn er 10 Euro übersteigt.

Inhaltsübersicht	Rz.
A. Allgemeine Erläuterungen	1 - 8
B. Systematische Kommentierung	9 - 65
I. Als Freibetrag zu berücksichtigende Beträge (§ 39a Abs. 1 EStG)	9 - 35
1. Werbungskosten	11 - 12
2. Sonderausgaben	13 - 14
3. Außergewöhnliche Belastungen	15
4. Pauschbeträge für behinderte Menschen und Hinterbliebene	16
5. Verlustabzug nach § 10d EStG, Abzugsbeträge zur Förderung des Wohnungseigentums, negativer Betrag der Einkünfte und Steuerermäßigungen nach § 34f und § 35a EStG	17 - 21
6. Kinder- und Betreuungsfreibeträge	22 - 23
7. Übertragung des Grundfreibetrages	24 - 25
8. Entlastungsbetrag für verwitwete Alleinerziehende	26 - 27
9. Geltungsdauer von Freibetrag und Hinzurechnungsbetrag	28 - 35
II. Antragsverfahren (§ 39a Abs. 2 EStG)	36 - 44
III. Freibetrag bei Ehegatten (§ 39a Abs. 3 EStG)	45 - 54
IV. Freibetrag bei beschränkt steuerpflichtigen Arbeitnehmern (§ 39a Abs. 4 EStG)	55 - 60

V. Nachforderung von Lohnsteuer (§ 39a Abs. 5 EStG)	61 – 64
VI. Vereinbarkeit mit höherrangigem Recht	65
C. Verfahrensfragen	66 – 68

HINWEIS:

R 39a LStR; H 39a LStH.

A. Allgemeine Erläuterungen

1 **Normzweck und wirtschaftliche Bedeutung der Vorschrift:** § 39a EStG regelt das LSt-Ermäßigungsverfahren. Dieses Verfahren berücksichtigt im Gegensatz zum LSt-Einbehalt nach § 38b Abs. 1 EStG[1] die individuellen steuerlichen Umstände von unbeschränkt und beschränkt estpfl. ArbN in Form eines Freibetrages als LSt-Abzugsmerkmal. Die Berücksichtigung eines Freibetrages erfolgt auf Antrag des ArbN.

2 Ziel ist es zu vermeiden, dass die durch den LSt-Abzug zu leistenden LSt-Vorauszahlungen die (voraussichtliche) Jahres-LSt des ArbN übersteigen und im Zuge der Veranlagung zurückerstattet werden müssen.[2]

3 **Entstehung und Entwicklung der Vorschrift:** § 39a EStG in der derzeit geltenden Struktur wurde durch Art. 2 Nr. 15 des BeitrRLUmsG[3] aufgrund des Wegfalls der LSt-Karte und der Einführung der ELStAM mit Wirkung ab dem VZ 2012 eingeführt.[4] Der Freibetrag ist für höchstens zwei Kj. gültig.[5]

4 **Geltungsbereich:** § 39a EStG enthält Vorschriften zum LSt-Ermäßigungsverfahren für unbeschränkt oder beschränkt estpfl. ArbN, die Einkünfte aus nichtselbständiger Arbeit erzielen.

5 **Verhältnis zu anderen Vorschriften:** § 39a EStG regelt die Ermittlung der Höhe eines vom Arbeitslohn insgesamt abzuziehenden Freibetrages. Er ist ein Teil des Lohnsteuerabzugsverfahrens und hat infolge dessen Auswirkungen auf SolZ und KiSt, deren Höhe an die LSt anknüpft.[6]

6–8 (*Einstweilen frei*)

B. Systematische Kommentierung

I. Als Freibetrag zu berücksichtigende Beträge (§ 39a Abs. 1 EStG)

9 Der Freibetrag ergibt sich nach § 39a Abs. 1 Satz 1 EStG als die Summe der Freibeträge, die sich aus der abschließenden Aufzählung des § 39a Abs. 1 Nr. 1 bis 8 EStG ergeben. Auch zukünftig entstehende Aufwendungen können bei der Ermittlung des Freibetrags als LSt-Abzugsmerkmal berücksichtigt werden, wenn sie glaubhaft gemacht werden können.

---

1 Vgl. KKB/Karbe-Geßler, § 38b EStG Rz. 1 bis 3.
2 Vgl. HHR/*Tillmann*, § 39a EStG Rz. 3.
3 Vom 7. 12. 2011, BGBl 2011 I 2592 ff.
4 Vgl. dazu BT-Drucks. 17/6263, 48 f.
5 Vgl. BT-Drucks. 17/10000, 56.
6 § 51a Abs. 2a EStG i.V. m. § 3 Abs. 1 Nr. 3 SolZG 1995 und vgl. § 4 Abs. 1 Nr. 1 Buchst. a, § 5 KiStG NRW.

Steht ein ArbN in mehreren Dienstverhältnissen, so kann er die Verteilung des Freibetrages auf die einzelnen Dienstverhältnisse frei wählen.[1] 10

1. Werbungskosten

Da der ArbN-Pauschbetrag für Werbungskosten[2] und für Versorgungsbezüge[3] bereits bei der automatisierten Berechnung der LSt berücksichtigt werden, dürfen nur WK eingetragen werden, die diesen Pauschbetrag übersteigen. 11

Negative Einnahmen (z. B. Rückzahlung von Arbeitslohn) sind wie WK eintragungsfähig.[4] 12

2. Sonderausgaben

Alle Sonderausgaben nach § 10 EStG mit Ausnahme der Vorsorgeaufwendungen nach § 10 Abs. 1 Nr. 2, 3 und 3a EStG können in der Höhe, in der sie den Sonderausgaben-Pauschbetrag übersteigen, als Freibetrag berücksichtigt werden. Vorsorgeaufwendungen werden im Rahmen des LSt-Abzugsverfahrens nach § 39b Abs. 2 Satz 5 Nr. 3 EStG in Höhe der Vorsorgepauschale erfasst.[5] 13

Mitgliedsbeiträge und Spenden an politische Parteien i. S. v. § 34g EStG sind bei der Ermittlung des Freibetrages zu berücksichtigen. 14

3. Außergewöhnliche Belastungen

Bei den außergewöhnlichen Belastungen nach §§ 33, 33a und 33b Abs. 6 EStG sind die nach den geltenden Grundsätzen vorgesehenen Höchstbeträge unter Berücksichtigung der zumutbaren Belastung (§ 33 Abs. 3 EStG) zu berücksichtigen. 15

4. Pauschbeträge für behinderte Menschen und Hinterbliebene

Die Pauschbeträge nach § 33b Abs. 1 bis 5 EStG sind zu berücksichtigen. 16

5. Verlustabzug nach § 10d EStG, Abzugsbeträge zur Förderung des Wohnungseigentums, negativer Betrag der Einkünfte und Steuerermäßigungen nach § 34f und § 35a EStG

§ 39a Abs. 1 Satz 1 Nr. 5 EStG fasst die Regelungen zur Berücksichtigungsfähigkeit von Verlusten, die als Sonderausgaben eingeordneten Beträgen im Zusammenhang mit eigengenutzten Wohnungen sowie für haushaltsnahe Dienstleistungen zusammen, die auch bei der Festsetzung von ESt-Vorauszahlungen nach § 37 EStG berücksichtigt werden. 17

Für das Ermäßigungsverfahren kann der ArbN Verlustvorträge nach § 10d Abs. 2 EStG geltend machen (§ 39a Abs. 1 Satz 1 Nr. 5 Buchst. a EStG). Unerheblich ist, aus welcher Einkunftsart die Verluste stammen. 18

Ebenso können Steuerbegünstigungen nach § 10f EStG für zu eigenen Wohnzwecken genutzte Baudenkmale und Gebäude in Sanierungsgebieten und städtebaulichen Entwicklungsbereichen sowie nach § 10g EStG für schutzwürdige Kulturgüter, die weder zur Einkunftserzielung 19

---

1 Vgl. *Thürmer* in Blümich, § 39a EStG Rz. 32.
2 § 9a Satz 1 Nr. 1 Buchst. a EStG.
3 § 9a Satz 1 Nr. 1 Buchst. b EStG.
4 Vgl. *Thürmer* in Blümich, § 39a EStG Rz. 35; *Krüger* in Schmidt, § 39a EStG Rz. 3.
5 Vgl. zur Verfassungsmäßigkeit der Vorschrift → Rz. 65.

noch zu eigenen Wohnzwecken genutzt werden, berücksichtigt werden. Dies gilt nicht für die Regelungen der §§ 10e, 10h und 10i EStG sowie § 15b BerlinFG, da die Förderungszeiträume abgelaufen sind. Die entsprechende Regelung in § 39a Abs. 1 Satz 1 Nr. 5 EStG ist damit faktisch gegenstandslos.[1]

20 Der ArbN kann nach § 39a Abs. 1 Satz 1 Nr. 5 Buchst. b EStG als Freibetrag die negative Summe der Einkünfte aus Land- und Forstwirtschaft, Gewerbebetrieb, selbständiger Arbeit, Vermietung und Verpachtung und sonstigen Einkünften sowie negative Einkünfte aus Kapitalvermögen,[2] soweit diese nicht unter das Verlustausgleichsverbot des § 20 Abs. 6 Satz 2 EStG fallen, berücksichtigen. Mögliche gesetzliche Verlustausgleichsbeschränkungen[3] sind dabei zu berücksichtigen.[4]

21 Nach § 39a Abs. 1 Satz 1 Nr. 5 Buchst. c EStG können für die Steuerermäßigungen nach § 34f EStG für jedes Kind, für das die Anspruchsberechtigung besteht, nach § 35a EStG für Aufwendungen für haushaltsnahe Beschäftigungsverhältnisse haushaltsnaher Dienstleistungen LSt-Abzugsmerkmale gebildet werden. Es besteht die Möglichkeit, das Vierfache der Steuerermäßigung als Freibetrag einzutragen.

6. Kinder- und Betreuungsfreibeträge

22 § 39a Abs. 1 Satz 1 Nr. 6 EStG enthält für ArbN, die keinen Anspruch auf Kindergeld haben, die Möglichkeit, die ihnen gem. § 32 Abs. 6 EStG zustehenden Kinder- und Betreuungsfreibeträge als Freibetrag im LSt-Ermäßigungsverfahren berücksichtigen zu lassen. Diese Regelung betrifft unbeschränkt estpfl. ArbN, deren Kinder außerhalb der EU- bzw. EWR-Staaten leben[5] und ArbN, die Kinder im Inland haben, aber keine Aufenthaltserlaubnis oder -berechtigung besitzen (§ 62 Abs. 2 EStG).

23 Sind Freibeträge schon nach § 38b Abs. 2 EStG[6] als LSt-Abzugsmerkmal berücksichtigt, ist die Zahl der Kinderfreibeträge entsprechend zu mindern,[7] um eine Doppelberücksichtigung zu verhindern. Für unbeschränkt estpfl. Kinder unter 18 Jahren oder Kinder, die aus dem Ausland ins Inland ziehen und estpfl. werden, werden diese automatisch unabhängig vom beantragten Freibetrag als LSt-Abzugsmerkmal berücksichtigt.

7. Übertragung des Grundfreibetrages

24 § 39a Abs. 1 Satz 1 Nr. 7 EStG sieht die Möglichkeit vor, einen Teil oder den gesamten Grundfreibetrag, der nur beim ersten Arbeitsverhältnis (Steuerklasse I bis V) berücksichtigt wird, auf das zweite oder weitere Arbeitsverhältnisse (Steuerklasse VI) zu übertragen. Diese betrifft z. B. Fälle, in denen der Lohn des ersten Dienstverhältnisses nicht ausreicht, um den Grundfreibetrag auszuschöpfen.

25 Erfolgt eine Übertragung des Grundfreibetrages, ist ein Hinzurechnungsbetrag als LSt-Abzugsmerkmal für das erste Arbeitsverhältnis in der Höhe zu bilden, in der der Grundfreibetrag über-

---

1 Vgl. *Frotscher* in Frotscher/Geurts, § 39a EStG Rz. 19.
2 § 2 Abs. 1 Satz 1 Nr. 1 bis 3, 5 bis 7 EStG.
3 Vgl. § 2a Abs. 1, § 15 Abs. 4, § 15a, § 23 Abs. 4 EStG.
4 OFD Nürnberg v. 11. 11. 1999, DB 1999, 2387.
5 § 63 Abs. 1 Satz 3 EStG, vgl. BFH v. 22. 4. 1994 - III R 22/92, BStBl 1994 II 887.
6 Vgl. KKB/Karbe-Geßler, § 38b EStG Rz. 4.
7 Vgl. dazu BT-Drucks. 17/6263, 51.

tragen worden ist, um zu vermeiden, dass der Grundfreibetrag beim LSt-Abzug doppelt berücksichtigt wird.

8. Entlastungsbetrag für verwitwete Alleinerziehende

Die Bildung des Entlastungsbetrags als LSt-Abzugsmerkmal nach § 39a Abs. 1 Satz 1 Nr. 8 EStG kommt bei Verwitweten in Betracht, die nicht in Steuerklasse II gehören. **26**

Für verwitwete ArbN, die das Splittingverfahren im Kalenderjahr des Todes des Ehegatten oder Lebenspartners i.S.v. § 2 Abs. 8 EStG und für das folgende Kalenderjahr nutzen und dadurch der Steuerklasse III oder IV zuzuordnen sind, wird der Entlastungsbetrag für Alleinerziehende nicht automatisch wie in der Steuerklasse II berücksichtigt. **27**

9. Geltungsdauer von Freibetrag und Hinzurechnungsbetrag

Entsprechend der Regelungen in Abs. 1 Satz 2 bis 5 gilt ein im LSt-Abzugsverfahren zu berücksichtigender Freibetrag mit Ausnahme der Pauschbeträge für behinderte Menschen und Hinterbliebene, die zeitlich unbegrenzt festgestellt werden, für einen Zeitraum von längstens zwei Kj. Bei einer Erhöhung des eintragungsfähigen Freibetrags kann der ArbN bei seinem FA einen Antrag auf Anpassung stellen, bei einem geringeren Freibetrag ist er verpflichtet, dies seinem FA mitzuteilen. **28**

(Einstweilen frei) **29–35**

II. Antragsverfahren (§ 39a Abs. 2 EStG)

Der Antrag ist nach amtlichem Vordruck in der Zeit vom 1.10. des Vorjahres bis 30.11. des Kj., für den das Lohnsteuerabzugsmerkmal gelten soll, zu stellen und eigenhändig zu unterschreiben. Die gesetzte Frist ist eine Ausschlussfrist und kann nicht verlängert werden. **36**

Für die Freibeträge nach Abs. 1 Nr. 1 bis 3 und 8 gilt der Antrag aus verwaltungsökonomischen Gründen als unzulässig, wenn ihre Summe nicht 600 € überschreitet. Die Prüfung der Eintragungsgrenze ist nur bei Erstanträgen erforderlich, d.h. spätere Erhöhungen und Verminderungen sind ohne Antragsgrenze zu berücksichtigen. Bei Ehegatten wird dieser Betrag nicht verdoppelt. Ohne Mindestbetragsgrenze werden nur die Freibeträge nach Abs. 1 Nr. 4 bis 7 berücksichtigt. **37**

Das FA kann bei der Antragstellung auf nähere Angaben durch den ArbN verzichten, wenn der Freibetrag den Freibetrag aus dem Vorjahr nicht übersteigt und er versichert, dass sich die maßgebenden Verhältnisse im Vergleich zum Vorjahr nicht geändert haben. **38**

Die Feststellung des LSt-Abzugsmerkmals erfolgt für die der Antragstellung folgenden Monate. Die FinVerw verteilt diesen Betrag auf die Monate und ggf. auch Wochen- und Tagesbeträge. **39**

Bei einem beschränkt estpfl. ArbN ist der für ihn geltende Freibetrag in Monats-, Wochen- oder Tagesbeträge über die prognostizierte Dauer des Arbeitsverhältnisses gleichmäßig zu verteilen. Eventuell bereits abgelaufene Zeiträume desselben Arbeitsverhältnisses sind mit einzubeziehen, es sei denn, der ArbN beantragt die Verteilung der Beträge auf die restliche Dauer des Dienstverhältnisses. **40**

(Einstweilen frei) **41–44**

III. Freibetrag bei Ehegatten (§ 39a Abs. 3 EStG)

45 Unbeschränkt estpfl. und nicht dauernd getrennt lebende Ehegatten ermitteln den Freibetrag grundsätzlich gemeinsam. Es ist dabei unerheblich, bei welchem der Ehegatten die Aufwendungen angefallen sind.

46 Erfüllen beide Ehegatten die Voraussetzung für den Pauschbetrag für Körperbehinderte nach § 33b EStG, so ist jedem Ehegatten der Pauschbetrag zu gewähren, auch wenn nur ein Ehegatte ArbN ist.[1] Der Sonderausgaben-Pauschbetrag nach § 10c Abs. 1 EStG ist für die Ermittlung des gemeinsamen Freibetrags von 36 € auf 72 € zu verdoppeln.[2] Dies gilt auch beim Fall der Anwendung des Splittingverfahrens bei Scheidung oder Tod eines Ehegatten.

47 Ausgenommen von der gemeinsamen Ermittlung der Freibeträge sind die WK, welche von jedem Ehegatten, soweit beide ArbN sind, gesondert zu ermitteln sind.[3]

48 Grundsätzlich erhalten beide Ehegatten jeweils die Hälfte des ermittelten Freibetrages. Eine andere Aufteilung ist auf Antrag möglich. Abweichend davon kann der Freibetrag für erhöhte WK nur bei dem Ehegatten berücksichtigt werden, bei dem die WK angefallen sind.

49 Bei Auflösung der Ehe und Neuheirat eines Ehegatten im gleichen Kj. sind nur die Beträge berücksichtigungsfähig, die in der Person desjenigen erfüllt sind, für den die Freibeträge als LSt-Abzugsmerkmale gebildet worden sind.

50–54 (*Einstweilen frei*)

IV. Freibetrag bei beschränkt steuerpflichtigen Arbeitnehmern (§ 39a Abs. 4 EStG)

55 Ein beschränkt estpfl. ArbN hat für die Berücksichtigung eines Freibetrages einen Antrag nach amtlich vorgeschriebenem Vordruck bis zum Ablauf des Kj. zu stellen. Er unterliegt dabei den Einschränkungen des § 50 Abs. 1 Satz 4 EStG, wonach bei beschränkt Steuerpflichtigen nur bestimmte Vorschriften des EStG anzuwenden sind. Eine Antragsgrenze existiert nicht.

56 Werbungskosten werden nur berücksichtigt, soweit sie den Pauschbetrag nach § 9a Nr. 1 Buchst. a oder b EStG übersteigen und im Zusammenhang mit inländischen Einkünften stehen.

57 Auch Sonderausgaben nach § 10b EStG können nur berücksichtigt werden, soweit sie den Pauschbetrag nach § 10c EStG übersteigen. Beträge nach §§ 10 und 10i EStG können (ohne Abzug) als Freibeträge berücksichtigt werden.

58 Bei einer nicht ganzjährigen Beschäftigung sind WK und Sonderausgaben nur insoweit einzutragen, als sie die zeitanteiligen Pauschbeträge übersteigen.

59–60 (*Einstweilen frei*)

V. Nachforderung von Lohnsteuer (§ 39a Abs. 5 EStG)

61 Das FA kann die Freibeträge, die unzutreffend berücksichtigt worden sind, ändern und die darauf entfallende LSt vom ArbN nachfordern, soweit ein Betrag von 10 € überschritten wird.

---

1 Vgl. R 39a.3 Abs. 4 LStR.
2 Vgl. R 39a.3 Abs. 2 LStR.
3 Vgl. R 39a.3 Abs. 1 LStR.

Dabei kann der LSt-Nachforderungsbescheid auch noch nach Abschluss des LSt-Abzugsverfahrens ergehen.[1]

(*Einstweilen frei*)

62

63–64

VI. Vereinbarkeit mit höherrangigem Recht

65

Durch einen Freibetrag zu berücksichtigen sind nur die in § 39a Abs. 1 EStG aufgeführten Beiträge. Nicht berücksichtigungsfähig sind damit insbesondere Vorsorgeaufwendungen, obwohl diese bei der Berechnung von Einkommensteuervorauszahlungen nach § 37 EStG im Rahmen der Höchstbeträge berücksichtigt werden können. Das BVerfG hat diese ungleiche Behandlung in seinem Nichtannahmebeschluss von 14. 6. 2016 verfassungsrechtlich nicht beanstandet.

C. Verfahrensfragen

Die Ermittlung eines Freibetrages als LSt-Abzugsmerkmal ist ein Feststellungsbescheid, gegen den bei Ablehnung eines Eintragungsantrags durch das FA der Einspruch statthaft ist (§ 347 AO). Darüber hinaus ist ein vorläufiger Rechtsschutz im Wege der Aussetzung der Vollziehung zu gewähren.[2]

66

Nach erfolglosem Einspruchsverfahren kann der ArbN Anfechtungsklage erheben.[3]

67

Das Rechtsschutzbedürfnis für die Klage oder das Verfahren des einstweiligen Rechtsschutzes entfällt, wenn sich der Freibetrag nicht mehr im LSt-Abzugsverfahren auswirken kann. Für den ArbN besteht dann die Möglichkeit, seine Interessen im Rahmen der Veranlagung geltend zu machen. Bei berechtigtem Interesse kann im bisher betriebenen Klageverfahren von der Anfechtungsklage zur Fortsetzungsfeststellungsklage (§ 100 Abs. 1 Satz 4 FGO) übergegangen werden.[4]

68

§ 39b Einbehaltung der Lohnsteuer

(1) Bei unbeschränkt und beschränkt einkommensteuerpflichtigen Arbeitnehmern hat der Arbeitgeber den Lohnsteuerabzug nach Maßgabe der Absätze 2 bis 6 durchzuführen.

(2)[5] [1]Für die Einbehaltung der Lohnsteuer vom laufenden Arbeitslohn hat der Arbeitgeber die Höhe des laufenden Arbeitslohns im Lohnzahlungszeitraum festzustellen und auf einen Jahresarbeitslohn hochzurechnen. [2]Der Arbeitslohn eines monatlichen Lohnzahlungszeitraums ist mit zwölf, der Arbeitslohn eines wöchentlichen Lohnzahlungszeitraums mit $360/_7$ und der Arbeitslohn eines täglichen Lohnzahlungszeitraums mit 360 zu vervielfältigen. [3]Von dem hochgerechneten Jahresarbeitslohn sind ein etwaiger Versorgungsfreibetrag (§ 19 Absatz 2) und Altersentlastungsbetrag (§ 24a) abzuziehen. [4]Außerdem ist der hochgerechnete Jahresarbeits-

---

1 Vgl. BFH v. 20. 3. 1987 - VI R 161/82, BFH/NV 1987, 511 = NWB DokID: MAAAB-30479.
2 Vgl. BFH v. 23. 8. 2007 - VI B 42/07, BStBl 2007 II 799.
3 Vgl. BFH v. 11. 5. 1973 - VI B 116/72, BStBl 1973 II 667.
4 Vgl. *Thürmer* in Blümich, § 39a EStG Rz. 23.
5 **Anm. d. Red.:** Zur Anwendung des § 39b Abs. 2 siehe § 52 Abs. 37b.

lohn um einen etwaigen als Lohnsteuerabzugsmerkmal für den Lohnzahlungszeitraum mitgeteilten Freibetrag (§ 39a Absatz 1) oder Hinzurechnungsbetrag (§ 39a Absatz 1 Satz 1 Nummer 7), vervielfältigt unter sinngemäßer Anwendung von Satz 2, zu vermindern oder zu erhöhen. ⁵Der so verminderte oder erhöhte hochgerechnete Jahresarbeitslohn, vermindert um

1. den Arbeitnehmer-Pauschbetrag (§ 9a Satz 1 Nummer 1 Buchstabe a) oder bei Versorgungsbezügen den Pauschbetrag (§ 9a Satz 1 Nummer 1 Buchstabe b) und den Zuschlag zum Versorgungsfreibetrag (§ 19 Absatz 2) in den Steuerklassen I bis V,
2. den Sonderausgaben-Pauschbetrag (§ 10c Satz 1) in den Steuerklassen I bis V,
3. eine Vorsorgepauschale aus den Teilbeträgen

    a) für die Rentenversicherung bei Arbeitnehmern, die in der gesetzlichen Rentenversicherung pflichtversichert oder von der gesetzlichen Rentenversicherung nach § 6 Absatz 1 Nummer 1 des Sechsten Buches Sozialgesetzbuch befreit sind, in den Steuerklassen I bis VI in Höhe des Betrags, der bezogen auf den Arbeitslohn 50 Prozent des Beitrags in der allgemeinen Rentenversicherung unter Berücksichtigung der jeweiligen Beitragsbemessungsgrenzen entspricht,

    b) für die Krankenversicherung bei Arbeitnehmern, die in der gesetzlichen Krankenversicherung versichert sind, in den Steuerklassen I bis VI in Höhe des Betrags, der bezogen auf den Arbeitslohn unter Berücksichtigung der Beitragsbemessungsgrenze, den ermäßigten Beitragssatz (§ 243 des Fünften Buches Sozialgesetzbuch) und den Zusatzbeitragssatz der Krankenkasse (§ 242 des Fünften Buches Sozialgesetzbuch) dem Arbeitnehmeranteil eines pflichtversicherten Arbeitnehmers entspricht,

    c) für die Pflegeversicherung bei Arbeitnehmern, die in der sozialen Pflegeversicherung versichert sind, in den Steuerklassen I bis VI in Höhe des Betrags, der bezogen auf den Arbeitslohn unter Berücksichtigung der Beitragsbemessungsgrenze und den bundeseinheitlichen Beitragssatz dem Arbeitnehmeranteil eines pflichtversicherten Arbeitnehmers entspricht, erhöht um den Beitragszuschlag des Arbeitnehmers nach § 55 Absatz 3 des Elften Buches Sozialgesetzbuch, wenn die Voraussetzungen dafür vorliegen,

    d) für die Krankenversicherung und für die private Pflege-Pflichtversicherung bei Arbeitnehmern, die nicht unter Buchstabe b und c fallen, in den Steuerklassen I bis V in Höhe der dem Arbeitgeber mitgeteilten Beiträge im Sinne des § 10 Absatz 1 Nummer 3, etwaig vervielfältigt unter sinngemäßer Anwendung von Satz 2 auf einen Jahresbetrag, vermindert um den Betrag, der bezogen auf den Arbeitslohn unter Berücksichtigung der Beitragsbemessungsgrenze und den ermäßigten Beitragssatz in der gesetzlichen Krankenversicherung sowie den bundeseinheitlichen Beitragssatz in der sozialen Pflegeversicherung dem Arbeitgeberanteil für einen pflichtversicherten Arbeitnehmer entspricht, wenn der Arbeitgeber gesetzlich verpflichtet ist, Zuschüsse zu den Kranken- und Pflegeversicherungsbeiträgen des Arbeitnehmers zu leisten;

    ²Entschädigungen im Sinne des § 24 Nummer 1 sind bei Anwendung der Buchstaben a bis c nicht zu berücksichtigen; mindestens ist für die Summe der Teilbeträge nach den Buchstaben b und c oder für den Teilbetrag nach Buchstabe d ein Betrag in Höhe von 12 Prozent des Arbeitslohns, höchstens 1 900 Euro in den Steuerklassen I, II, IV, V, VI und höchstens 3 000 Euro in der Steuerklasse III anzusetzen,

Einbehaltung der Lohnsteuer § 39b EStG

4. den Entlastungsbetrag für Alleinerziehende für ein Kind (§ 24b Absatz 2 Satz 1) in der Steuerklasse II,

ergibt den zu versteuernden Jahresbetrag. [6]Für den zu versteuernden Jahresbetrag ist die Jahreslohnsteuer in den Steuerklassen I, II und IV nach § 32a Absatz 1 sowie in der Steuerklasse III nach § 32a Absatz 5 zu berechnen. [7]In den Steuerklassen V und VI ist die Jahreslohnsteuer zu berechnen, die sich aus dem Zweifachen des Unterschiedsbetrags zwischen dem Steuerbetrag für das Einsinviertelfache und dem Steuerbetrag für das Dreiviertelfache des zu versteuernden Jahresbetrags nach § 32a Absatz 1 ergibt; die Jahreslohnsteuer beträgt jedoch mindestens 14 Prozent des zu versteuernden Jahresbetrags, für den 10 635 Euro übersteigenden Teil des zu versteuernden Jahresbetrags höchstens 42 Prozent, für den 27 980 Euro übersteigenden Teil des zu versteuernden Jahresbetrags 42 Prozent und für den 212 261 Euro übersteigenden Teil des zu versteuernden Jahresbetrags 45 Prozent. [8]Für die Lohnsteuerberechnung ist die als Lohnsteuerabzugsmerkmal mitgeteilte oder die nach § 39c Absatz 1 oder Absatz 2 oder nach § 39e Absatz 5a oder Absatz 6 Satz 8 anzuwendende Steuerklasse maßgebend. [9]Die monatliche Lohnsteuer ist $1/12$, die wöchentliche Lohnsteuer sind $7/360$ und die tägliche Lohnsteuer ist $1/360$ der Jahreslohnsteuer. [10]Bruchteile eines Cents, die sich bei der Berechnung nach den Sätzen 2 und 9 ergeben, bleiben jeweils außer Ansatz. [11]Die auf den Lohnzahlungszeitraum entfallende Lohnsteuer ist vom Arbeitslohn einzubehalten. [12]Das Betriebsstättenfinanzamt kann allgemein oder auf Antrag zulassen, dass die Lohnsteuer unter den Voraussetzungen des § 42b Absatz 1 nach dem voraussichtlichen Jahresarbeitslohn ermittelt wird, wenn gewährleistet ist, dass die zutreffende Jahreslohnsteuer (§ 38a Absatz 2) nicht unterschritten wird. [13]Darüber hinaus kann das Betriebsstättenfinanzamt auf Antrag zulassen, dass bei nach § 1 Absatz 1 unbeschränkt einkommensteuerpflichtigen Arbeitnehmern mit Steuerklasse VI und ohne Freibetrag nach § 39a, die bei dem Arbeitgeber gelegentlich, nicht regelmäßig wiederkehrend beschäftigt werden und deren Dauer der Beschäftigung 24 zusammenhängende Arbeitstage nicht übersteigt, der während der Beschäftigung erzielte Arbeitslohn auf einen Jahresbetrag hochgerechnet und die sich ergebende Lohnsteuer auf den Lohnabrechnungszeitraum zurückgerechnet wird, wobei als Lohnabrechnungszeitraum der Zeitraum vom Beginn des Kalenderjahres bis zum Ende der Beschäftigung gilt. [14]Bei Anwendung des Satzes 13 sind auch der im Kalenderjahr in etwaigen vorangegangenen und beendeten weiteren Dienstverhältnissen in der Steuerklasse VI bezogene Arbeitslohn und die darauf erhobene Lohnsteuer einzubeziehen, soweit dort bereits Satz 13 angewandt wurde. [15]Voraussetzung für die Anwendung des Verfahrens nach Satz 13 ist zudem, dass der Arbeitnehmer vor Aufnahme der Beschäftigung

1. unter Angabe seiner Identifikationsnummer gegenüber dem Arbeitgeber schriftlich zustimmt,
2. mit der Zustimmung den nach Satz 14 einzubeziehenden Arbeitslohn und die darauf erhobene Lohnsteuer erklärt und
3. mit der Zustimmung versichert, dass ihm der Pflichtveranlagungstatbestand nach § 46 Absatz 2 Nummer 2 und 3a bekannt ist.

[16]Die Zustimmungserklärung des Arbeitnehmers ist zum Lohnkonto zu nehmen.

(3) [1]Für die Einbehaltung der Lohnsteuer von einem sonstigen Bezug hat der Arbeitgeber den voraussichtlichen Jahresarbeitslohn ohne den sonstigen Bezug festzustellen. [2]Hat der Arbeitnehmer Lohnsteuerbescheinigungen aus früheren Dienstverhältnissen des Kalenderjahres nicht vorgelegt, so ist bei der Ermittlung des voraussichtlichen Jahresarbeitslohns der Arbeits-

Maßbaum

lohn für Beschäftigungszeiten bei früheren Arbeitgebern mit dem Betrag anzusetzen, der sich ergibt, wenn der laufende Arbeitslohn im Monat der Zahlung des sonstigen Bezugs entsprechend der Beschäftigungsdauer bei früheren Arbeitgebern hochgerechnet wird. ³Der voraussichtliche Jahresarbeitslohn ist um den Versorgungsfreibetrag (§ 19 Absatz 2) und den Altersentlastungsbetrag (§ 24a), wenn die Voraussetzungen für den Abzug dieser Beträge jeweils erfüllt sind, sowie um einen etwaigen als Lohnsteuerabzugsmerkmal mitgeteilten Jahresfreibetrag zu vermindern und um einen etwaigen Jahreshinzurechnungsbetrag zu erhöhen. ⁴Für den so ermittelten Jahresarbeitslohn (maßgebender Jahresarbeitslohn) ist die Lohnsteuer nach Maßgabe des Absatzes 2 Satz 5 bis 7 zu ermitteln. ⁵Außerdem ist die Jahreslohnsteuer für den maßgebenden Jahresarbeitslohn unter Einbeziehung des sonstigen Bezugs zu ermitteln. ⁶Dabei ist der sonstige Bezug um den Versorgungsfreibetrag und den Altersentlastungsbetrag zu vermindern, wenn die Voraussetzungen für den Abzug dieser Beträge jeweils erfüllt sind und soweit sie nicht bei der Steuerberechnung für den maßgebenden Jahresarbeitslohn berücksichtigt worden sind. ⁷Für die Lohnsteuerberechnung ist die als Lohnsteuerabzugsmerkmal mitgeteilte oder die nach § 39c Absatz 1 oder Absatz 2 oder nach § 39e Absatz 5a oder Absatz 6 Satz 8 anzuwendende Steuerklasse maßgebend. ⁸Der Unterschiedsbetrag zwischen den ermittelten Jahreslohnsteuerbeträgen ist die Lohnsteuer, die vom sonstigen Bezug einzubehalten ist. ⁹Die Lohnsteuer ist bei einem sonstigen Bezug im Sinne des § 34 Absatz 1 und 2 Nummer 2 und 4 in der Weise zu ermäßigen, dass der sonstige Bezug bei der Anwendung des Satzes 5 mit einem Fünftel anzusetzen und der Unterschiedsbetrag im Sinne des Satzes 8 zu verfünffachen ist; § 34 Absatz 1 Satz 3 ist sinngemäß anzuwenden. ¹⁰Ein sonstiger Bezug im Sinne des § 34 Absatz 1 und 2 Nummer 4 ist bei der Anwendung des Satzes 4 in die Bemessungsgrundlage für die Vorsorgepauschale nach Absatz 2 Satz 5 Nummer 3 einzubeziehen.

(4) In den Kalenderjahren 2010 bis 2024 ist Absatz 2 Satz 5 Nummer 3 Buchstabe a mit der Maßgabe anzuwenden, dass im Kalenderjahr 2010 der ermittelte Betrag auf 40 Prozent begrenzt und dieser Prozentsatz in jedem folgenden Kalenderjahr um je 4 Prozentpunkte erhöht wird.

(5) ¹Wenn der Arbeitgeber für den Lohnzahlungszeitraum lediglich Abschlagszahlungen leistet und eine Lohnabrechnung für einen längeren Zeitraum (Lohnabrechnungszeitraum) vornimmt, kann er den Lohnabrechnungszeitraum als Lohnzahlungszeitraum behandeln und die Lohnsteuer abweichend von § 38 Absatz 3 bei der Lohnabrechnung einbehalten. ²Satz 1 gilt nicht, wenn der Lohnabrechnungszeitraum fünf Wochen übersteigt oder die Lohnabrechnung nicht innerhalb von drei Wochen nach dessen Ablauf erfolgt. ³Das Betriebsstättenfinanzamt kann anordnen, dass die Lohnsteuer von den Abschlagszahlungen einzubehalten ist, wenn die Erhebung der Lohnsteuer sonst nicht gesichert erscheint. ⁴Wenn wegen einer besonderen Entlohnungsart weder ein Lohnzahlungszeitraum noch ein Lohnabrechnungszeitraum festgestellt werden kann, gilt als Lohnzahlungszeitraum die Summe der tatsächlichen Arbeitstage oder Arbeitswochen.

(6) ¹Das Bundesministerium der Finanzen hat im Einvernehmen mit den obersten Finanzbehörden der Länder auf der Grundlage der Absätze 2 und 3 einen Programmablaufplan für die maschinelle Berechnung der Lohnsteuer aufzustellen und bekannt zu machen. ²Im Programmablaufplan kann von den Regelungen in den Absätzen 2 und 3 abgewichen werden, wenn sich das Ergebnis der maschinellen Berechnung der Lohnsteuer an das Ergebnis einer Veranlagung zur Einkommensteuer anlehnt.

(7) und (8) (weggefallen)

Systematische Kommentierung 1–9 § 39b EStG

Inhaltsübersicht   Rz.

A. Allgemeine Erläuterungen   1 - 8
B. Systematische Kommentierung   9 - 55
   I. Durchführung des Lohnsteuerabzugs (§ 39b Abs. 1 EStG)   9
   II. Lohnsteuerabzug vom laufenden Arbeitslohn (§ 39b Abs. 2 EStG)   10 - 28
      1. Laufender Arbeitslohn im Lohnzahlungszeitraum   11 - 12
      2. Hochgerechneter Jahresarbeitslohn   13
      3. Zu versteuernder Jahresbetrag   14 - 15
      4. Jahreslohnsteuer und Lohnsteuer für den Lohnzahlungszeitraum   16 - 19
      5. Permanenter Lohnsteuer-Jahresausgleich   20 - 28
   III. Lohnsteuerabzug von sonstigen Bezügen (§ 39b Abs. 3 EStG)   29 - 40
   IV. Übergangsregelung bei der Vorsorgepauschale (§ 39b Abs. 4 EStG)   41 - 45
   V. Lohnsteuerabzug bei Abschlagszahlungen (§ 39b Abs. 5 EStG)   46 - 50
   VI. Programmablaufplan (§ 39b Abs. 6 EStG)   51 - 55
C. Verfahrensfragen   56 - 57

HINWEIS:

R 39b LStR; H 39b LStH.

A. Allgemeine Erläuterungen

Normzweck und wirtschaftliche Bedeutung der Vorschrift: § 39b EStG regelt die Ermittlung und Einbehaltung der LSt durch den ArbG.   **1**

Entstehung und Entwicklung der Vorschrift: Die Vorschrift des § 39b EStG in der geltenden Struktur wurde durch Art. 2 Nr. 16 des BeitrRLUmsG v. 7.12.2011[1] aufgrund des Wegfalls der LSt-Karte und der Einführung der ELStAM mit Wirkung ab dem VZ 2012 eingeführt.[2] Die Beträge in § 39b Abs. 2 Satz 7 EStG wurden zuletzt durch das Gesetz zur Umsetzung der Änderungen der EU-Amtshilferichtlinie und von weiteren Maßnahmen Gewinnkürzungen und -verlagerungen mit Wirkung vom 1.1.2018[3] angepasst.   **2**

Geltungsbereich: § 39b EStG ist auf unbeschränkt oder beschränkt estpfl. ArbN anwendbar.   **3**

Verhältnis zu anderen Vorschriften: Für ArbN ohne vorliegende LSt-Abzugsmerkmale ist § 39c EStG anwendbar, bei einer Pauschalbesteuerung sind die §§ 40 ff. EStG maßgebend.   **4**

(Einstweilen frei)   **5–8**

B. Systematische Kommentierung

I. Durchführung des Lohnsteuerabzugs (§ 39b Abs. 1 EStG)

Nach § 39b Abs. 1 EStG hat der ArbG bei unbeschränkt und beschränkt estpfl. ArbN den LSt-Abzug nach Maßgabe des § 39b Abs. 2 bis 6 EStG durchzuführen.   **9**

---

1 BGBl 2011 I 2592 ff.
2 Vgl. dazu BT-Drucks. 17/6263, 48 f.
3 BGBl 2016 I 3000.

II. Lohnsteuerabzug vom laufenden Arbeitslohn (§ 39b Abs. 2 EStG)

10 Der Steuereinbehalt erfolgt nach folgendem Schema:

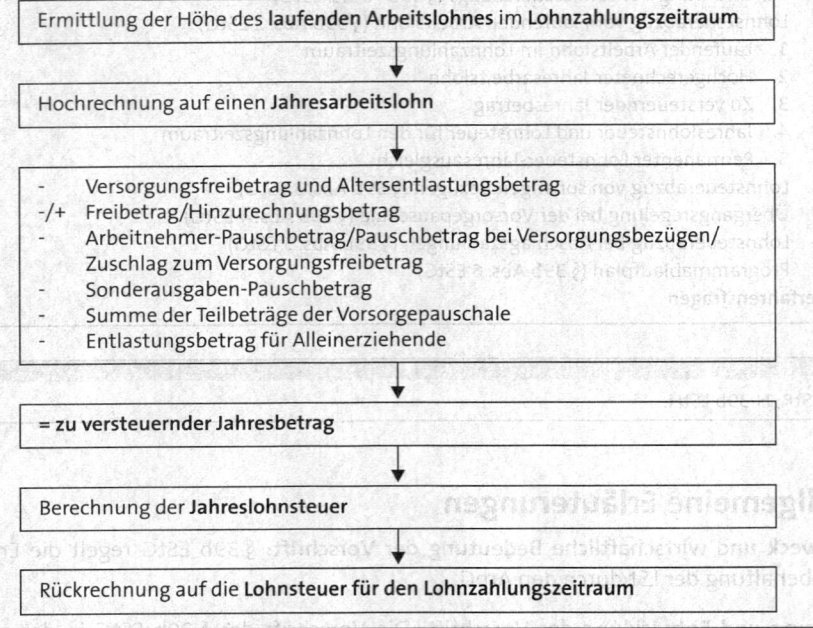

1. Laufender Arbeitslohn im Lohnzahlungszeitraum

11 Zunächst ist die Höhe des laufenden Arbeitslohns im Lohnzahlungszeitraum festzustellen und auf einen Jahresarbeitslohn hochzurechnen.

12 Laufender Arbeitslohn ist der Arbeitslohn, der dem ArbN fortlaufend zufließt.[1] Lohnzahlungszeitraum ist der Zeitraum, für den der laufende Arbeitslohn gezahlt wird.[2]

2. Hochgerechneter Jahresarbeitslohn

13 Für die Hochrechnung ist der Arbeitslohn bei monatlichem Lohnzahlungszeitraum mit 12, bei einem wöchentlichen Lohnzahlungszeitraum mit $^{360}/_7$ und bei täglichem Lohnzahlungszeitraum mit 360 zu multiplizieren.

3. Zu versteuernder Jahresbetrag

14 Der hochgerechnete Jahresarbeitslohn ist um einen etwaigen Versorgungsfreibetrag (§ 19 Abs. 2 EStG) und Altersentlastungsbetrag (§ 24a EStG) zu vermindern. Zudem sind, jeweils hochgerechnet auf einen Jahresbetrag, ein als LSt-Abzugsmerkmal mitgeteilter Freibetrag

---

[1] Beispiele für laufenden Arbeitslohn finden sich in R 39b.2 Abs. 1 LStR.
[2] Vgl. R 39b.5 Abs. 2 LStR.

(§ 39a Abs. 1 EStG) abzuziehen bzw. ein Hinzurechnungsbetrag (§ 39a Abs. 1 Satz 1 Nr. 7 EStG) hinzuzurechnen.

Des Weiteren sind zur Ermittlung des zu versteuernden Jahresbetrages die folgenden Beträge abzuziehen:

- der ArbN-Pauschbetrag (§ 9a Satz 1 Nr. 1 Buchst. a EStG) i. H. v. 1 000 €, bei Versorgungsbezügen der Pauschbetrag (§ 9a Satz 1 Nr. 1 Buchst. b EStG) i. H. v. 102 € und der Zuschlag zum Versorgungsfreibetrag (§ 19 Abs. 2 EStG), jeweils in den Steuerklassen I bis V,
- der Sonderausgaben-Pauschbetrag (§ 10c Satz 1 EStG) i. H. v. 36 € in den Steuerklassen I bis V,
- eine Vorsorgepauschale aus der Summe der Teilbeträge für die Renten-, die Kranken- und die Pflegeversicherung.
- Der Teilbetrag zur **Rentenversicherung** (§ 39b Abs. 2 Satz 5 Nr. 3 Buchst. a EStG) wird für alle in der gesetzlichen Rentenversicherung pflichtversicherten ArbN für die Steuerklassen I bis VI ermittelt sowie für ArbN, die nach § 6 Abs. 1 Nr. 1 SGB VI befreit von der gesetzlichen Rentenversicherung sind. Dies sind ArbN, die Mitglied in einer berufsständischen Versicherungseinrichtung oder Mitglied einer berufsständischen Kammer sind. Für versicherungsfreie Personen, insbesondere Beamte oder beherrschende Gesellschafter-Geschäftsführer, wird keine Vorsorgepauschale ermittelt. Der zu berücksichtigende Teilbetrag für die Rentenversicherung beträgt 50 % des Beitrags zur Rentenversicherung, unter Berücksichtigung des Arbeitslohns und der jeweiligen Beitragsbemessungsgrenze.
- Für die **Kranken- und Pflegeversicherung** (§ 39b Abs. 2 Satz 5 Nr. 3 Buchst. b und c EStG) wird bei ArbN, die in der gesetzlichen Kranken- bzw. Pflegeversicherung versichert sind, unabhängig von der Steuerklasse ein Betrag berücksichtigt, der dem ArbN-Beitrag zur gesetzlichen Kranken- bzw. Pflegeversicherung entspricht, unter Berücksichtigung des Arbeitslohns und der Beitragsbemessungsgrenze. Sondervorschriften wie ein ermäßigter Beitragssatz, der Zusatzbeitrag nach § 242 SGB VI i. R. d. Krankenversicherung oder der Beitragszuschlag für Kinderlose nach § 55 Abs. 3 SGB VI i. R. d. Pflegeversicherung sind zu berücksichtigen.
- Für ArbN, die nicht pflichtversichert im Rahmen der Kranken- und Pflegeversicherung sind, enthält § 39b Abs. 2 Satz 5 Nr. 3 Buchst. d EStG eine besondere Regelung für die Berücksichtigung der Vorsorgeteilbeträge zur **privaten Kranken- und Pflegeversicherung**. Eine Vorsorgepauschale wird nur für die Steuerklassen I bis V angesetzt. Darüber hinaus werden nur Versicherungen begünstigt, die in § 10 Abs. 1 Nr. 3 EStG genannt und damit der gesetzlichen Sozialversicherung vergleichbar sind. Die Beiträge zu diesen Versicherungen werden in Höhe der dem ArbG mitgeteilten Beiträge berücksichtigt. Bei ArbN, die einen gesetzlichen Anspruch auf einen Beitragszuschuss durch den ArbG haben, mindert sich die Höhe um den Betrag, der dem ArbG-Anteil in der Sozialversicherung unter Berücksichtigung des Arbeitslohns und der jeweiligen Beitragsbemessungsgrenze entspricht.
- Für die Summe der Teilbeträge nach den Buchst. a bis c (gesetzliche Renten-, Kranken- und Pflegeversicherung) sowie für den Teilbetrag nach Buchst. d (private Kranken- und Pflegeversicherung) ist mindestens ein Betrag i. H. v. 12 % des Arbeitslohns, höchstens 1 900 € in den Steuerklassen I, II, IV, V und VI sowie höchstens 3 000 € in der Steuerklasse III anzusetzen.

Maßbaum

▶ den Entlastungsbetrag für Alleinerziehende (§ 24b EStG) in der Steuerklasse II i. H. v. 1.908 € für das erste Kind zuzüglich 240 € für jedes weitere Kind..

4. Jahreslohnsteuer und Lohnsteuer für den Lohnzahlungszeitraum

16 Auf den zu versteuernden Jahresbetrag[1] ist unter Anwendung der Steuerklasse des ArbN die Jahres-LSt zu ermitteln. Hierbei ist grundsätzlich die als LSt-Abzugsmerkmal mitgeteilte Steuerklasse anzuwenden. Alternativ kann nach § 39c Abs. 1 oder Abs. 2 oder nach § 39e Abs. 5a oder Abs. 6 Satz 8 EStG auch die Steuerklasse VI anzuwenden sein.

17 Für die Steuerklassen I, II und IV ist die Jahres-LSt nach § 32a Abs. 1 EStG (Grundtarif), für Steuerklasse III nach § 32a Abs. 5 EStG (Splittingtarif) zu ermitteln (§ 39b Abs. 2 Satz 6 EStG).

18 § 39b Abs. 2 Satz 7 EStG enthält Regelungen zur Ermittlung der Jahres-LSt bei den Steuerklassen V und VI. Der Regelung liegt die gesetzliche Vermutung zugrunde, dass die Einkünfte des der Steuerklasse V (bzw. der Steuerklasse VI) unterliegenden ArbN im Verhältnis von 3:2 zu dem nach der Steuerklasse III dem LSt-Abzug unterworfenen Arbeitslohn (bzw. dem Arbeitslohn aus einem ersten Dienstverhältnis) stehen und die im Rahmen der LSt-Berechnung zu berücksichtigenden Frei- und Pauschbeträge bereits ausgeschöpft sind.[2]

19 Ausgehend von der Jahres-LSt ist auf die LSt für den Lohnzahlungszeitraum zurückzurechnen und vom Arbeitslohn einzubehalten (§ 39b Abs. 2 Satz 9 ff. EStG). Die monatliche LSt ist $1/12$, die wöchentliche LSt sind $7/360$ und die tägliche LSt ist $1/360$ der Jahres-LSt.

5. Permanenter Lohnsteuer-Jahresausgleich

20 Das Betriebsstätten-FA kann beim laufenden Arbeitslohn (nicht bei sonstigen Bezügen) allgemein oder auf Antrag zulassen, dass der ArbG im Rahmen des sog. permanenten LSt-Jahresausgleichs die LSt jeweils nach dem voraussichtlichen Jahresarbeitslohn ermittelt, wenn gewährleistet ist, dass die zutreffende Jahres-LSt (§ 38a Abs. 2 EStG) nicht unterschritten wird (§ 39b Abs. 2 Satz 12 EStG).[3] Mit Wirkung ab 2018 dürfen ArbG bei kurzfristig beschäftigten ArbN mit der Steuerklasse VI ebenfalls einen permanenten LSt-Jahresausgleich durchführen.[4]

21 Durch dieses Verfahren wird sichergestellt, dass bei in der Höhe schwankenden Arbeitslöhnen bereits im Rahmen des LSt-Abzugs LSt-Überzahlungen vermieden werden, deren Erstattung sonst erst im Rahmen der ESt-Veranlagung des ArbN möglich wäre.

22–28 *(Einstweilen frei)*

III. Lohnsteuerabzug von sonstigen Bezügen (§ 39b Abs. 3 EStG)

29 § 39b Abs. 3 EStG regelt den LSt-Abzug von sonstigen Bezügen i. S. d. § 38a Abs. 1 Satz 3 EStG.[5]

30 Der Arbeitgeber hat hierzu im ersten Schritt den voraussichtlichen Jahresarbeitslohn ohne den **sonstigen Bezug** festzustellen. Dabei sind der laufende Arbeitslohn, der im Kj. bereits zugeflos-

---

[1] Vgl. BT-Drucks. 14/3366, 120. Dieser Betrag korrespondiert mit dem zu versteuernden Einkommen bei der Einkommensteuerberechnung.
[2] Vgl. *Thürmer* in Blümich, § 39b EStG Rz. 68.
[3] Vgl. hierzu im Einzelnen R 39b.8 LStR.
[4] Diese Regelung wurde eingeführt durch das Steuerumgehungsbekämpfungsgesetz v. 24.6.2017, BGBl 2017 I 1682.
[5] Vgl. zur Abgrenzung von laufendem Arbeitslohn und sonstigen Bezügen auch R 39b.2 LStR.

sen ist, und die in diesem Kj. bereits gezahlten sonstigen Bezüge, mit dem laufenden Arbeitslohn zusammenzurechnen, der sich voraussichtlich für die Restzeit des Kj. ergibt.[1]

Hat der Arbeitnehmer im laufenden Kj. den ArbG gewechselt und hat er dem neuen ArbG keine Kopie der LSt-Bescheinigung des alten ArbG vorgelegt, ist bei der Ermittlung des voraussichtlichen Jahresarbeitslohns der Arbeitslohn für die Zeit beim alten ArbG mit dem Betrag anzusetzen, der sich ergibt, wenn der laufende Arbeitslohn im Monat der Zahlung des sonstigen Bezugs entsprechend der Beschäftigungsdauer bei früheren ArbG hochgerechnet wird (§ 39b Abs. 3 Satz 2 EStG). 31

Der voraussichtliche Jahresarbeitslohn ist bei Erfüllung der entsprechenden Voraussetzungen um den Versorgungsfreibetrag i. S. d. § 19 Abs. 2 EStG, den Altersentlastungsbetrag i. S. d. § 24a EStG sowie um einen etwaigen als LSt-Abzugsmerkmal mitgeteilten Freibetrag zu vermindern sowie um einen etwaigen Hinzurechnungsbetrag zu erhöhen. 32

Für den so berechneten Jahresarbeitslohn (maßgebender Jahresarbeitslohn) ist die LSt nach Maßgabe des § 39b Abs. 2 Satz 5 bis 7 EStG zu ermitteln. 33

Im zweiten Schritt ist die Jahreslohnsteuer für den maßgebenden Jahresarbeitslohn **unter Einbeziehung des sonstigen Bezugs** zu ermitteln (§ 39b Abs. 3 Sätze 5 bis 7 EStG). Hierbei ist der sonstige Bezug, sofern die Voraussetzungen erfüllt sind, um den Versorgungsfreibetrag und den Altersentlastungsbetrag zu vermindern, soweit diese nicht bei Ermittlung des maßgebenden Arbeitslohnes berücksichtigt worden sind. 34

Im dritten Schritt wird der **Unterschiedsbetrag zwischen den ermittelten Jahreslohnsteuerbeträgen** mit und ohne Einbeziehung des sonstigen Bezugs als die LSt, die vom sonstigen Bezug einzubehalten ist, ermittelt. 35

Sonstige Bezüge i. S. v. § 34 Abs. 1 und 2 Nr. 2 und 4 EStG sind im Rahmen der Berechnung des maßgebenden Jahresarbeitslohns mit nur einem Fünftel anzusetzen. Der Unterschiedsbetrag der LSt-Beträge mit und ohne sonstigen Bezug ist zu verfünffachen (§ 39b Abs. 3 Satz 9 f. EStG). 36

(Einstweilen frei) 37–40

IV. Übergangsregelung bei der Vorsorgepauschale (§ 39b Abs. 4 EStG)

§ 39b Abs. 4 EStG beinhaltet eine Übergangsregelung für die Vorsorgepauschale. Die Vorsorgepauschale ist in den Jahren 2010 bis 2024 nur mit einem von Jahr zu Jahr steigenden Prozentsatz anzusetzen. Erst ab dem Jahr 2025 ist der volle Betrag der Vorsorgepauschale abzugsfähig. 41

Diese Vorschrift korrespondiert mit der Übergangsregelung für den Abzug von Altersvorsorgebeiträgen als Sonderausgaben in § 10 Abs. 3 Satz 4 bis 6 EStG. 42

(Einstweilen frei) 43–45

V. Lohnsteuerabzug bei Abschlagszahlungen (§ 39b Abs. 5 EStG)

Bei Abschlagszahlungen auf den laufenden Arbeitslohn hat der ArbG grundsätzlich bereits im Zeitpunkt der Zahlung LSt einzubehalten (§ 38 Abs. 3 EStG). 46

---

1 Vgl. R 39b.6 Abs. 2 Satz 2 LStR.

47 Davon abweichend darf ein ArbG aus Vereinfachungsgründen einen längeren Lohnabrechnungszeitraum als Lohnzahlungszeitraum behandeln und die LSt (erst) bei der Lohnabrechnung einbehalten (§ 39b Abs. 5 EStG), sofern der Lohnabrechnungszeitraum nicht mehr als fünf Wochen beträgt und die Lohnabrechnung spätestens drei Wochen nach dessen Ablauf erfolgt.[1]

48–50 (Einstweilen frei)

VI. Programmablaufplan (§ 39b Abs. 6 EStG)

51 § 39b Abs. 6 EStG verpflichtet das Bundesministerium der Finanzen, einen Programmablaufplan für die maschinelle Berechnung der LSt aufzustellen und bekannt zu machen.

52–55 (Einstweilen frei)

C. Verfahrensfragen

56 Rechtsstreitigkeiten wegen der Frage des korrekten LSt-Abzugs sind ausschließlich zwischen dem ArbN als Steuerschuldner und dem Finanzamt auszutragen. Der ArbN kann gegen die LSt-Anmeldung mittels Anfechtungsklage vorgehen. Im Fall des Erlasses eines ESt-Bescheides für den Arbeitnehmer erledigt sich die Anfechtungsklage und es ist zur Fortsetzungsfeststellungsklage überzugehen.[2]

57 Ein Erstattungsanspruch wegen zu hoch einbehaltener LSt steht regelmäßig dem ArbN zu.[3] Erstattungsverpflichtet ist grundsätzlich das FA. Der ArbN kann seinen Anspruch nur dann geltend machen, wenn der ArbG von seiner Berechtigung, den LSt-Abzug nach § 41c Abs. 1 und 2 EStG zu ändern, keinen Gebrauch macht.[4]

§ 39c Einbehaltung der Lohnsteuer ohne Lohnsteuerabzugsmerkmale

(1) ¹Solange der Arbeitnehmer dem Arbeitgeber zum Zweck des Abrufs der elektronischen Lohnsteuerabzugsmerkmale (§ 39e Absatz 4 Satz 1) die ihm zugeteilte Identifikationsnummer sowie den Tag der Geburt schuldhaft nicht mitteilt oder das Bundeszentralamt für Steuern die Mitteilung elektronischer Lohnsteuerabzugsmerkmale ablehnt, hat der Arbeitgeber die Lohnsteuer nach der Steuerklasse VI zu ermitteln. ²Kann der Arbeitgeber die elektronischen Lohnsteuerabzugsmerkmale wegen technischer Störungen nicht abrufen oder hat der Arbeitnehmer die fehlende Mitteilung der ihm zuzuteilenden Identifikationsnummer nicht zu vertreten, hat der Arbeitgeber für die Lohnsteuerberechnung die voraussichtlichen Lohnsteuerabzugsmerkmale im Sinne des § 38b längstens für die Dauer von drei Kalendermonaten zu Grunde zu legen. ³Hat nach Ablauf der drei Kalendermonate der Arbeitnehmer die Identifikationsnummer sowie den Tag der Geburt nicht mitgeteilt, ist rückwirkend Satz 1 anzuwenden. ⁴Sobald dem Arbeitgeber in den Fällen des Satzes 2 die elektronischen Lohnsteuerabzugsmerkmale vorliegen, sind die Lohnsteuerermittlungen für die vorangegangenen Monate zu überprüfen

---

1 Vgl. hierzu auch R 39b.5 Abs. 5 LStR.
2 Vgl. BFH v. 20. 7. 2005 - VI R 165/01, BStBl 2005 II 890.
3 Vgl. BFH v. 19. 12. 1960 - VI 92/60 U, BStBl 1961 III 170.
4 Vgl. R 41c.1 Abs. 5 Satz 3 LStR.

und, falls erforderlich, zu ändern. ⁵Die zu wenig oder zu viel einbehaltene Lohnsteuer ist jeweils bei der nächsten Lohnabrechnung auszugleichen.

(2) ¹Ist ein Antrag nach § 39 Absatz 3 Satz 1 oder § 39e Absatz 8 nicht gestellt, hat der Arbeitgeber die Lohnsteuer nach Steuerklasse VI zu ermitteln. ²Legt der Arbeitnehmer binnen sechs Wochen nach Eintritt in das Dienstverhältnis oder nach Beginn des Kalenderjahres eine Bescheinigung für den Lohnsteuerabzug vor, ist Absatz 1 Satz 4 und 5 sinngemäß anzuwenden.

(3) ¹In den Fällen des § 38 Absatz 3a Satz 1 kann der Dritte die Lohnsteuer für einen sonstigen Bezug mit 20 Prozent unabhängig von den Lohnsteuerabzugsmerkmalen des Arbeitnehmers ermitteln, wenn der maßgebende Jahresarbeitslohn nach § 39b Absatz 3 zuzüglich des sonstigen Bezugs 10 000 Euro nicht übersteigt. ²Bei der Feststellung des maßgebenden Jahresarbeitslohns sind nur die Lohnzahlungen des Dritten zu berücksichtigen.

Inhaltsübersicht

	Rz.
A. Allgemeine Erläuterungen	1 - 8
B. Systematische Kommentierung	9 - 30
I. Lohnsteuerabzug nach Steuerklasse VI (§ 39c Abs. 1 EStG)	9 - 18
II. Lohnsteuerabzug bei verspäteter Vorlage der Bescheinigung für den Lohnsteuerabzug (§ 39c Abs. 2 EStG)	19 - 25
III. Lohnsteuerabzug durch Dritte (§ 39c Abs. 3 EStG)	26 - 30
C. Verfahrensfragen	31

HINWEIS:
R 39c LStR; H 39c LStH.

A. Allgemeine Erläuterungen

Normzweck und wirtschaftliche Bedeutung der Vorschrift: § 39c EStG enthält Anweisungen für den ArbG für die Durchführung des LSt-Abzugs ohne Lohnsteuerabzugsmerkmale.   1

Entstehung und Entwicklung der Vorschrift: § 39c EStG in der geltenden Fassung wurde durch Art. 2 Nr. 17 des BeitrRLUmsG v. 7.12.2011[1] aufgrund der Einführung der ELStAM mit Wirkung ab dem VZ 2012 neu gefasst und auf beschränkt steuerpflichtige ArbN ausgedehnt.[2]   2

Geltungsbereich: Die Vorschrift ist auf alle unbeschränkt oder beschränkt estpfl. ArbN anwendbar, die zur Mitteilung ihrer Identifikationsnummer und des Tags der Geburt verpflichtet sind.   3

Verhältnis zu anderen Vorschriften: § 39 Abs. 1 Satz 5 EStG enthält wie § 41c Abs. 1 EStG Bestimmungen zur Änderung des LSt-Abzugs. Während § 39 Abs. 1 Satz 5 EStG eine Verpflichtung zur Korrektur längstens für einen Zeitraum von drei Monaten vorsieht, sieht § 41c EStG keine Verpflichtung zur Korrektur, aber auch keine zeitliche Begrenzung vor.   4

(Einstweilen frei)   5–8

---
1 BGBl 2011 I 2592 ff.
2 Vgl. dazu BT-Drucks. 17/6263, 53 f.

B. Systematische Kommentierung

I. Lohnsteuerabzug nach Steuerklasse VI (§ 39c Abs. 1 EStG)

9 § 39c Abs. 1 EStG regelt den Lohnsteuerabzug durch den ArbG bei Verhinderung des Abrufs der ELStAM.

10 Solange der ArbN dem ArbG zum Zweck des Abrufs der ELStAM die Identifikationsnummer sowie den Tag der Geburt **schuldhaft** (d. h. vorsätzlich oder fahrlässig)[1] nicht mitteilt oder das BZSt die Mitteilung der ELStAM ablehnt,[2] hat der Arbeitgeber die LSt nach der Steuerklasse VI zu ermitteln (§ 39c Abs. 1 Satz 1 EStG).[3]

11 Kann der ArbG die elektronischen LSt-Abzugsmerkmale wegen technischer Störungen nicht abrufen oder hat der ArbN die fehlende Mitteilung der ihm zuzuteilenden Identifikationsnummer **nicht zu vertreten**,[4] hat der ArbG für die LSt-Berechnung die voraussichtlichen LSt-Abzugsmerkmale i. S. d. § 38b EStG längstens für die Dauer von drei Kalendermonaten zugrunde zu legen (§ 39c Abs. 1 Satz 2 EStG).[5]

12 Hat der Arbeitnehmer dem ArbG nach Ablauf von drei Monaten die Identifikationsnummer sowie den Tag der Geburt nicht mitgeteilt, hat der ArbG bei der LSt-Ermittlung rückwirkend für alle drei Monate die Steuerklasse VI anzuwenden (§ 39c Abs. 1 Satz 3 EStG).

13 Sobald dem ArbG im Fall des Unverschuldens des ArbN die ELStAM vorliegen, hat er die Lohnsteuerermittlungen für die vorangegangenen Monate zu überprüfen und ggf. zu ändern (§ 39c Abs. 1 Satz 4 EStG). Die zu wenig oder zu viel einbehaltene LSt ist bei der nächsten Lohnabrechnung auszugleichen (§ 39c Abs. 1 Satz 5 EStG). Um übermäßige Belastungen der ArbG zu vermeiden, ist eine Korrektur der Lohnabrechnungen nur für bis zu drei zurückliegende Kalendermonate vorgesehen. Im Übrigen sind die Regelungen des § 41c EStG anzuwenden.[6]

14–18 *(Einstweilen frei)*

II. Lohnsteuerabzug bei verspäteter Vorlage der Bescheinigung für den Lohnsteuerabzug (§ 39c Abs. 2 EStG)

19 Ist einem ArbN keine Identifikationsnummer erteilt worden, so kann er nach § 39 Abs. 3 Satz 1 EStG oder § 39e Abs. 8 EStG eine Bescheinigung für den LSt-Abzug beantragen, in der die LSt-Abzugsmerkmale enthalten sind und die es dem ArbG ermöglicht, die LSt nach diesen Merkmalen einzubehalten.

20 Beantragt ein ArbN eine solche Bescheinigung nicht, so hat der ArbG die LSt nach Steuerklasse VI zu ermitteln.

21 Legt der ArbN innerhalb von sechs Wochen nach Eintritt in das Dienstverhältnis oder nach Beginn des Kj. eine entsprechende Bescheinigung vor, hat der ArbG die LSt-Berechnung für diesen

---

[1] Vgl. *Thürmer* in Blümich, § 39c EStG Rz. 20.
[2] Z. B. weil der ArbN die Mitteilung der LSt-Abzugsmerkmale an diesen ArbG oder allgemein gesperrt hat. § 39e Abs. 6 Satz 6 Nr. 1 f. EStG. Vgl. KKB/Karbe-Geßler, § 39e EStG Rz. 22 bis 24.
[3] Vgl. dazu BT-Drucks. 17/6263, 53.
[4] Z. B. aufgrund einer verzögerten Vergabe.
[5] So BT-Drucks. 17/6263, 53 f.
[6] Vgl. BT Drucks. 17/6263, 54.

Zeitraum zu überprüfen und entsprechend § 39c Abs. 1 Satz 4 f. EStG erforderlichenfalls zu ändern.

(Einstweilen frei) 22–25

III. Lohnsteuerabzug durch Dritte (§ 39c Abs. 3 EStG)

Ist ein Dritter nach § 38 Abs. 3a Satz 1 EStG zum LSt-Abzug verpflichtet, kann zur Verringerung des Verwaltungsaufwands dieser die LSt für einen sonstigen Bezug unabhängig von den festgestellten LSt-Abzugsmerkmalen des ArbN i. H. v. 20 % des sonstigen Bezugs vornehmen. Voraussetzung ist, dass der auf den Dritten bezogene maßgebende Jahresarbeitslohn nach § 39b Abs. 3 EStG einen Betrag von 10 000 € nicht übersteigt. 26

Werden sonstige Bezüge nach § 39c Abs. 3 EStG versteuert, ist für den ArbN verpflichtend eine ESt-Veranlagung vorzunehmen.[1] Die pauschal versteuerten Bezüge werden im Rahmen dieser Veranlagung erfasst und die pauschale LSt auf die ESt angerechnet.[2] 27

(Einstweilen frei) 28–30

C. Verfahrensfragen

Das FA kann den ArbG wegen einer aufgrund der Nichtbeachtung der Vorschriften des § 39c EStG zu wenig einbehaltenen LSt als Haftenden in Anspruch nehmen.[3] Wendet der ArbG zu Unrecht § 39c EStG an, so kann der ArbN die zu viel einbehaltene LSt zivilrechtlich vom ArbG verlangen und nicht auf den LSt-Jahresausgleich verwiesen werden.[4] 31

§ 39d (weggefallen)

▶ Zur Kommentierung siehe Online-Version, 1. Aufl. 2016

§ 39e Verfahren zur Bildung und Anwendung der elektronischen Lohnsteuerabzugsmerkmale

(1) ¹Das Bundeszentralamt für Steuern bildet für jeden Arbeitnehmer grundsätzlich automatisiert die Steuerklasse und für die bei den Steuerklassen I bis IV zu berücksichtigenden Kinder die Zahl der Kinderfreibeträge nach § 38b Absatz 2 Satz 1 als Lohnsteuerabzugsmerkmale (§ 39 Absatz 4 Satz 1 Nummer 1 und 2); für Änderungen gilt § 39 Absatz 2 entsprechend. ²Soweit das Finanzamt Lohnsteuerabzugsmerkmale nach § 39 bildet, teilt es sie dem Bundeszentralamt für Steuern zum Zweck der Bereitstellung für den automatisierten Abruf durch den Arbeitgeber mit. ³Lohnsteuerabzugsmerkmale sind frühestens bereitzustellen mit Wirkung von Beginn des Kalenderjahres an, für das sie anzuwenden sind, jedoch nicht für einen Zeitpunkt vor Beginn des Dienstverhältnisses.

---

1 § 46 Abs. 2 Nr. 5 EStG.
2 R 39c LStR.
3 § 42d EStG. Vgl. BFH v. 12. 1. 2001 - VI R 102/98, BStBl 2003 II 151; BFH v. 29. 7. 2009 - VI B 99/08, BFH/NV 2009, 1809 = NWB DokID: BAAAD-29315.
4 LArbG Berlin-Brandenburg v. 4. 10. 2007 - 14 Sa 855/07, BB 2008, 497.

(2) ¹Das Bundeszentralamt für Steuern speichert zum Zweck der Bereitstellung automatisiert abrufbarer Lohnsteuerabzugsmerkmale für den Arbeitgeber die Lohnsteuerabzugsmerkmale unter Angabe der Identifikationsnummer sowie für jeden Steuerpflichtigen folgende Daten zu den in § 139b Absatz 3 der Abgabenordnung genannten Daten hinzu:

1. rechtliche Zugehörigkeit zu einer steuererhebenden Religionsgemeinschaft sowie Datum des Eintritts und Austritts,

2. melderechtlichen Familienstand sowie den Tag der Begründung oder Auflösung des Familienstands und bei Verheirateten die Identifikationsnummer des Ehegatten,

3. Kinder mit ihrer Identifikationsnummer.

²Die nach Landesrecht für das Meldewesen zuständigen Behörden (Meldebehörden) haben dem Bundeszentralamt für Steuern unter Angabe der Identifikationsnummer und des Tages der Geburt die in Satz 1 Nummer 1 bis 3 bezeichneten Daten und deren Änderungen im Melderegister mitzuteilen. ³In den Fällen des Satzes 1 Nummer 3 besteht die Mitteilungspflicht nur, wenn das Kind mit Hauptwohnsitz oder alleinigem Wohnsitz im Zuständigkeitsbereich der Meldebehörde gemeldet ist und solange das Kind das 18. Lebensjahr noch nicht vollendet hat. ⁴Sofern die Identifikationsnummer noch nicht zugeteilt wurde, teilt die Meldebehörde die Daten unter Angabe des Vorläufigen Bearbeitungsmerkmals nach § 139b Absatz 6 Satz 2 der Abgabenordnung mit. ⁵Für die Datenübermittlung gelten die §§ 2 und 3 der Zweiten Bundesmeldedatenübermittlungsverordnung vom 1. Dezember 2014 (BGBl I S. 1950) in der jeweils geltenden Fassung entsprechend.

(3) ¹Das Bundeszentralamt für Steuern hält die Identifikationsnummer, den Tag der Geburt, Merkmale für den Kirchensteuerabzug und die Lohnsteuerabzugsmerkmale des Arbeitnehmers nach § 39 Absatz 4 zum unentgeltlichen automatisierten Abruf durch den Arbeitgeber nach amtlich vorgeschriebenem Datensatz bereit (elektronische Lohnsteuerabzugsmerkmale). ²Bezieht ein Arbeitnehmer nebeneinander von mehreren Arbeitgebern Arbeitslohn, sind für jedes weitere Dienstverhältnis elektronische Lohnsteuerabzugsmerkmale zu bilden. ³Bei Eheschließung wird für jeden Ehegatten automatisiert die Steuerklasse IV gebildet, wenn zum Zeitpunkt der Eheschließung die Voraussetzungen des § 38b Absatz 1 Satz 2 Nummer 4 vorliegen. ⁴Das Bundeszentralamt für Steuern führt die elektronischen Lohnsteuerabzugsmerkmale des Arbeitnehmers zum Zweck ihrer Bereitstellung nach Satz 1 mit der Wirtschafts-Identifikationsnummer (§ 139c der Abgabenordnung) des Arbeitgebers zusammen.

(4) ¹Der Arbeitnehmer hat jedem seiner Arbeitgeber bei Eintritt in das Dienstverhältnis zum Zweck des Abrufs der Lohnsteuerabzugsmerkmale mitzuteilen,

1. wie die Identifikationsnummer sowie der Tag der Geburt lauten,

2. ob es sich um das erste oder ein weiteres Dienstverhältnis handelt (§ 38b Absatz 1 Satz 2 Nummer 6) und

3. ob und in welcher Höhe ein nach § 39a Absatz 1 Satz 1 Nummer 7 festgestellter Freibetrag abgerufen werden soll.

²Der Arbeitgeber hat bei Beginn des Dienstverhältnisses die elektronischen Lohnsteuerabzugsmerkmale für den Arbeitnehmer beim Bundeszentralamt für Steuern durch Datenfernübertragung abzurufen und sie in das Lohnkonto für den Arbeitnehmer zu übernehmen. ³Für den Abruf der elektronischen Lohnsteuerabzugsmerkmale hat sich der Arbeitgeber zu authentifizieren und seine Wirtschafts-Identifikationsnummer, die Daten des Arbeitnehmers nach Satz 1

Nummer 1 und 2, den Tag des Beginns des Dienstverhältnisses und etwaige Angaben nach Satz 1 Nummer 3 mitzuteilen. ⁴Zur Plausibilitätsprüfung der Identifikationsnummer hält das Bundeszentralamt für Steuern für den Arbeitgeber entsprechende Regeln bereit. ⁵Der Arbeitgeber hat den Tag der Beendigung des Dienstverhältnisses unverzüglich dem Bundeszentralamt für Steuern durch Datenfernübertragung mitzuteilen. ⁶Beauftragt der Arbeitgeber einen Dritten mit der Durchführung des Lohnsteuerabzugs, hat sich der Dritte für den Datenabruf zu authentifizieren und zusätzlich seine Wirtschafts-Identifikationsnummer mitzuteilen. ⁷Für die Verwendung der elektronischen Lohnsteuerabzugsmerkmale gelten die Schutzvorschriften des § 39 Absatz 8 und 9 sinngemäß.

(5) ¹Die abgerufenen elektronischen Lohnsteuerabzugsmerkmale sind vom Arbeitgeber für die Durchführung des Lohnsteuerabzugs des Arbeitnehmers anzuwenden, bis

1. ihm das Bundeszentralamt für Steuern geänderte elektronische Lohnsteuerabzugsmerkmale zum Abruf bereitstellt oder
2. der Arbeitgeber dem Bundeszentralamt für Steuern die Beendigung des Dienstverhältnisses mitteilt.

²Sie sind in der üblichen Lohnabrechnung anzugeben. ³Der Arbeitgeber ist verpflichtet, die vom Bundeszentralamt für Steuern bereitgestellten Mitteilungen und elektronischen Lohnsteuerabzugsmerkmale monatlich anzufragen und abzurufen. ⁴Kommt der Arbeitgeber seinen Verpflichtungen nach den Sätzen 1 und 3 sowie nach Absatz 4 Satz 2, 3 und 5 nicht nach, ist das Betriebsstättenfinanzamt für die Aufforderung zum Abruf und zur Anwendung der Lohnsteuerabzugsmerkmale sowie zur Mitteilung der Beendigung des Dienstverhältnisses und für die Androhung und Festsetzung von Zwangsmitteln zuständig.

(5a) ¹Zahlt der Arbeitgeber, ein von diesem beauftragter Dritter in dessen Namen oder ein Dritter im Sinne des § 38 Absatz 3a verschiedenartige Bezüge als Arbeitslohn, kann der Arbeitgeber oder der Dritte die Lohnsteuer für den zweiten und jeden weiteren Bezug abweichend von Absatz 5 ohne Abruf weiterer elektronischer Lohnsteuerabzugsmerkmale nach der Steuerklasse VI einbehalten. ²Verschiedenartige Bezüge liegen vor, wenn der Arbeitnehmer vom Arbeitgeber folgenden Arbeitslohn bezieht:

1. neben dem Arbeitslohn für ein aktives Dienstverhältnis auch Versorgungsbezüge,
2. neben Versorgungsbezügen, Bezügen und Vorteilen aus seinem früheren Dienstverhältnis auch andere Versorgungsbezüge oder
3. neben Bezügen und Vorteilen während der Elternzeit oder vergleichbaren Unterbrechungszeiten des aktiven Dienstverhältnisses auch Arbeitslohn für ein weiteres befristetes aktives Dienstverhältnis.

³§ 46 Absatz 2 Nummer 2 ist entsprechend anzuwenden.

(6) ¹Gegenüber dem Arbeitgeber gelten die Lohnsteuerabzugsmerkmale (§ 39 Absatz 4) mit dem Abruf der elektronischen Lohnsteuerabzugsmerkmale als bekannt gegeben. ²Einer Rechtsbehelfsbelehrung bedarf es nicht. ³Die Lohnsteuerabzugsmerkmale gelten gegenüber dem Arbeitnehmer als bekannt gegeben, sobald der Arbeitgeber dem Arbeitnehmer den Ausdruck der Lohnabrechnung mit den nach Absatz 5 Satz 2 darin ausgewiesenen elektronischen Lohnsteuerabzugsmerkmalen ausgehändigt oder elektronisch bereitgestellt hat. ⁴Die elektronischen Lohnsteuerabzugsmerkmale sind dem Steuerpflichtigen auf Antrag vom zuständigen Finanzamt mitzuteilen oder elektronisch bereitzustellen. ⁵Wird dem Arbeitnehmer bekannt,

dass die elektronischen Lohnsteuerabzugsmerkmale zu seinen Gunsten von den nach § 39 zu bildenden Lohnsteuerabzugsmerkmalen abweichen, ist er verpflichtet, dies dem Finanzamt unverzüglich mitzuteilen. [6]Der Steuerpflichtige kann beim zuständigen Finanzamt

1. den Arbeitgeber benennen, der zum Abruf von elektronischen Lohnsteuerabzugsmerkmalen berechtigt ist (Positivliste) oder nicht berechtigt ist (Negativliste). [2]Hierfür hat der Arbeitgeber dem Arbeitnehmer seine Wirtschafts-Identifikationsnummer mitzuteilen. [3]Für die Verwendung der Wirtschafts-Identifikationsnummer gelten die Schutzvorschriften des § 39 Absatz 8 und 9 sinngemäß; oder

2. die Bildung oder die Bereitstellung der elektronischen Lohnsteuerabzugsmerkmale allgemein sperren oder allgemein freischalten lassen.

[7]Macht der Steuerpflichtige von seinem Recht nach Satz 6 Gebrauch, hat er die Positivliste, die Negativliste, die allgemeine Sperrung oder die allgemeine Freischaltung in einem bereitgestellten elektronischen Verfahren oder nach amtlich vorgeschriebenem Vordruck dem Finanzamt zu übermitteln. [8]Werden wegen einer Sperrung nach Satz 6 einem Arbeitgeber, der Daten abrufen möchte, keine elektronischen Lohnsteuerabzugsmerkmale bereitgestellt, wird dem Arbeitgeber die Sperrung mitgeteilt und dieser hat die Lohnsteuer nach Steuerklasse VI zu ermitteln.

(7) [1]Auf Antrag des Arbeitgebers kann das Betriebsstättenfinanzamt zur Vermeidung unbilliger Härten zulassen, dass er nicht am Abrufverfahren teilnimmt. [2]Dem Antrag eines Arbeitgebers ohne maschinelle Lohnabrechnung, der ausschließlich Arbeitnehmer im Rahmen einer geringfügigen Beschäftigung in seinem Privathaushalt im Sinne des § 8a des Vierten Buches Sozialgesetzbuch beschäftigt, ist stattzugeben. [3]Der Arbeitgeber hat dem Antrag unter Angabe seiner Wirtschafts-Identifikationsnummer ein Verzeichnis der beschäftigten Arbeitnehmer mit Angabe der jeweiligen Identifikationsnummer und des Tages der Geburt des Arbeitnehmers beizufügen. [4]Der Antrag ist nach amtlich vorgeschriebenem Vordruck jährlich zu stellen und vom Arbeitgeber zu unterschreiben. [5]Das Betriebsstättenfinanzamt übermittelt dem Arbeitgeber für die Durchführung des Lohnsteuerabzugs für ein Kalenderjahr eine arbeitgeberbezogene Bescheinigung mit den Lohnsteuerabzugsmerkmalen des Arbeitnehmers (Bescheinigung für den Lohnsteuerabzug) sowie etwaige Änderungen. [6]Diese Bescheinigung sowie die Änderungsmitteilungen sind als Belege zum Lohnkonto zu nehmen und bis zum Ablauf des Kalenderjahres aufzubewahren. [7]Absatz 5 Satz 1 und 2 sowie Absatz 6 Satz 3 gelten entsprechend. [8]Der Arbeitgeber hat den Tag der Beendigung des Dienstverhältnisses unverzüglich dem Betriebsstättenfinanzamt mitzuteilen.

(8) [1]Ist einem nach § 1 Absatz 1 unbeschränkt einkommensteuerpflichtigen Arbeitnehmer keine Identifikationsnummer zugeteilt, hat das Wohnsitzfinanzamt auf Antrag eine Bescheinigung für den Lohnsteuerabzug für die Dauer eines Kalenderjahres auszustellen. [2]Diese Bescheinigung ersetzt die Verpflichtung und Berechtigung des Arbeitgebers zum Abruf der elektronischen Lohnsteuerabzugsmerkmale (Absätze 4 und 6). [3]In diesem Fall tritt an die Stelle der Identifikationsnummer das lohnsteuerliche Ordnungsmerkmal nach § 41b Absatz 2 Satz 1 und 2. [4]Für die Durchführung des Lohnsteuerabzugs hat der Arbeitnehmer seinem Arbeitgeber vor Beginn des Kalenderjahres oder bei Eintritt in das Dienstverhältnis die nach Satz 1 ausgestellte Bescheinigung für den Lohnsteuerabzug vorzulegen. [5]§ 39c Absatz 1 Satz 2 bis 5 ist sinngemäß anzuwenden. [6]Der Arbeitgeber hat die Bescheinigung für den Lohnsteuerabzug entgegenzunehmen und während des Dienstverhältnisses, längstens bis zum Ablauf des jeweiligen Kalenderjahres, aufzubewahren.

(9) Ist die Wirtschafts-Identifikationsnummer noch nicht oder nicht vollständig eingeführt, tritt an ihre Stelle die Steuernummer der Betriebsstätte oder des Teils des Betriebs des Arbeitgebers, in dem der für den Lohnsteuerabzug maßgebende Arbeitslohn des Arbeitnehmers ermittelt wird (§ 41 Absatz 2).

(10) Die beim Bundeszentralamt für Steuern nach Absatz 2 Satz 1 gespeicherten Daten können auch zur Prüfung und Durchführung der Einkommensbesteuerung (§ 2) des Steuerpflichtigen für Veranlagungszeiträume ab 2005 verwendet werden.

Inhaltsübersicht Rz.

A. Allgemeine Erläuterungen	1 - 7
B. Systematische Kommentierung	8 - 44
I. Bildung von ELStAM nach § 39e Abs. 1 EStG	8
II. Speicherung der ELStAM nach § 39e Abs. 2 EStG	9
III. Bereitstellung der ELStAM nach § 39e Abs. 3 EStG	10
IV. Abruf der ELStAM nach § 39e Abs. 4 EStG	11 - 19
V. Anwendung und Änderung der ELStAM nach § 39e Abs. 5 EStG	20
VI. Rechte und Pflichten des Arbeitnehmers nach § 39e Abs. 6 EStG	21 - 28
VII. Härtefallregelung für die Nichtteilnahme am ELStAM-Verfahren nach § 39e Abs. 7 EStG	29 - 35
VIII. Unbeschränkt steuerpflichtige ArbN ohne Identifikationsnummer nach § 39e Abs. 8 EStG	36 - 38
IX. Wirtschaftsidentifikationsnummer nach § 39e Abs. 9 EStG	39 - 43
X. Zugriff durch Finanzämter auf gespeicherte Daten nach § 39e Abs. 10 EStG	44
C. Verfahrensfragen	45

HINWEIS:
BMF v. 8.11.2018, NWB DokID: CAAAH-00052; BMF v. 23.10.2014, BStBl 2014 I 1411.

LITERATUR:
Schramm/Harder-Buschner, ELStAM – Was müssen Arbeitgeber und Arbeitnehmer beim neuen Verfahren beachten?, NWB 2013, 348.

ARBEITSHILFEN UND GRUNDLAGEN ONLINE:
ELStAM-Verfahren: Fragen und Antworten für Arbeitnehmer, NWB DokID: WAAAE-27805; Arbeitgeber: Fragen und Antworten zum ELStAM-Verfahren, NWB DokID: UAAAD-88233; ELStAM: Anleitung für die Registrierung von Arbeitnehmern und Arbeitgebern, NWB DokID: IAAAE-22354.

A. Allgemeine Erläuterungen

Normzweck und wirtschaftliche Bedeutung der Vorschrift: Im Jahr 2013 erfolgte die Einführung des elektronischen LSt-Abzugsverfahrens, welches die Lohnsteuerkarte ablöste. Durch elektronische LSt-Abzugsmerkmale (ELStAM) werden alle Daten für den LSt-Abzug zwischen FA, ArbG und ArbN elektronisch übermittelt.   1

Entstehung und Entwicklung der Vorschrift: § 39e EStG ist die Einführungsnorm der ELStAM und regelt das technische Verfahren.   2

Geltungsbereich: § 39e EStG gilt für alle ArbG, die in Deutschland verpflichtet sind, LSt einzubehalten und abzuführen. Für alle ArbN, die in Deutschland einen Wohnsitz haben, sind ELStAM zu bilden und in der ELStAM-Datenbank zu speichern.   3

Verhältnis zu anderen Vorschriften: § 39 EStG definiert die LSt-Abzugsmerkmale.   4

5–7 *(Einstweilen frei)*

B. Systematische Kommentierung

I. Bildung von ELStAM nach § 39e Abs. 1 EStG

8 Das Bundeszentralamt für Steuern (BZSt) bildet automatisiert für jeden ArbN die Steuerklasse[1] und für die Steuerklassen I bis IV die Zahl der Kinderfreibeträge. Für die Änderung und Bildung anderer LSt-Abzugsmerkmale, z. B. Freibeträge nach § 39a EStG oder Steuerklassen der Ehegatten nach antragsgebundenem Steuerklassenwechsel, ist das FA zuständig und teilt diese dem BZSt mit. ELStAM werden für jedes Dienstverhältnis des ArbN gebildet. Dies gilt für ein erstes und auch für jedes weitere Dienstverhältnis.

II. Speicherung der ELStAM nach § 39e Abs. 2 EStG

9 Die von den Meldebehörden mitgeteilten, melderechtlichen Daten sind die Grundlage für die ELStAM.[2] Die FinVerw ist grundsätzlich an diese Daten gebunden. Die Meldebehörden teilen dem BZSt automatisch Änderungen (z. B. Eheschließung, Tod oder Scheidung) tagesaktuell mit, die dort gespeichert werden.

III. Bereitstellung der ELStAM nach § 39e Abs. 3 EStG

10 Das BZSt stellt die ELStAM für den automatisierten Abruf durch den ArbG kostenlos für jedes Arbeitsverhältnis zur Verfügung. Durch Heirat erfolgt eine automatische Bildung der Steuerklassen IV für beide Ehegatten. Ein Antrag beim FA ist nicht mehr für die Steuerkombination IV/IV erforderlich. Für die Steuerkombination III/V ist ein Antrag beider Ehegatten notwendig (§ 38b Abs. 1 Satz 2 Nr. 3a EStG).

IV. Abruf der ELStAM nach § 39e Abs. 4 EStG

11 Die erstmalige Bildung der ELStAM erfolgt im Regelfall zu Beginn des ersten Arbeitsverhältnisses, indem der ArbG den ArbN erstmals in der ELStAM-Datenbank anmeldet, um die ELStAM des ArbN abzurufen. Der ArbG ist verpflichtet, die abgerufenen ELStAM im Lohnkonto abzuspeichern. Er darf sie nur für bei ihm beschäftigte ArbN abrufen.[3]

12 Um die ELStAM der ArbN abzurufen, hat sich der ArbG über das Elster-Online-Portal einmalig zu authentifizieren und seine Wirtschaftsidentifikationsnummer anzugeben. Zudem muss er beim FA als ArbG gemeldet sein.[4]

13 Der ArbN muss jedem ArbG neben der Identifikationsnummer und dem Geburtstag auch mitteilen, ob es sich um das erste oder ein weiteres Dienstverhältnis handelt. Die Festlegung erfolgt allein durch den ArbN.[5] Zudem muss er mitteilen, ob und ggf. in welcher Höhe ein festgestellter Hinzurechnungsbetrag nach § 39a Abs. 1 Satz 1 Nr. 7 EStG berücksichtigt werden soll. Für den ersten Abruf wird zudem der Tag des Beginns des Arbeitsverhältnisses benötigt.[6]

---

1 *Schramm/Harder-Buschner*, NWB 2013, 348.
2 *Schramm/Harder-Buschner*, NWB 2013, 348.
3 ELStAM Fragen + Antworten, NWB DokID: WAAAE-27805.
4 ELStAM Fragen + Antworten, NWB DokID: UAAAD-88233.
5 ELStAM Anleitung, NWB DokID: IAAAE-22354.
6 *Schramm/Harder-Buschner*, NWB 2013, 348.

Gibt der ArbG nicht an, ob es sich um das erste oder ein weiteres Arbeitsverhältnis handelt, so wird programmgesteuert ein weiteres unterstellt und die Steuerklasse VI mitgeteilt. 14

Der ArbG hat die ELStAM für die Durchführung des LSt-Abzugs des ArbN ab dem Gültigkeitsdatum solange anzuwenden, bis ihm die FinVerw geänderte ELStAM oder der ArbG die Beendigung des Arbeitsverhältnisses mitteilt. 15

Endet dies, muss der ArbG der ELStAM-Datenbank unverzüglich die Daten des abzumeldenden ArbN, Identifikationsnummer, Geburtsdatum, Datum der Beendigung und Referenzdatum elektronisch übermitteln. 16

(Einstweilen frei) 17–19

V. Anwendung und Änderung der ELStAM nach § 39e Abs. 5 EStG

Der ArbG ist verpflichtet, die ELStAM monatlich abzurufen. Die Änderungsdaten, z. B. nach einem Steuerklassenwechsel, stehen spätestens ab dem fünften Werktag des Folgemonats zur Verfügung. Die abgerufenen ELStAM sind in der Lohnabrechnung dem ArbN mitzuteilen. Da sich die ELStAM i. d. R. nicht monatlich ändern, kann der ArbG sich per Mail informieren lassen, wenn geänderte ELStAM vorliegen. Dieser Mitteilungsservice kann im Elster-Online-Portal aktiviert werden.[1] 20

VI. Rechte und Pflichten des Arbeitnehmers nach § 39e Abs. 6 EStG

Der ArbN ist in der Lohnabrechnung über die dem LSt-Abzug zugrunde gelegten und auch neu abgerufenen ELStAM zu informieren. Die Mitteilung kann in Papierform oder elektronisch bereitgestellt werden. Hierdurch gelten die ELStAM gegenüber dem ArbN als bekanntgegeben. Zudem haben ArbN das Recht, beim zuständigen Wohnsitz-FA einen Antrag auf Auskunft über die für ihn gebildeten ELStAM sowie über die durch den ArbG in den letzten 24 Monaten erfolgten Abrufe der ELStAM zu stellen. 21

Der ArbN kann einen oder mehrere zum Abruf der ELStAM berechtigte ArbG bei der Finanzverwaltung benennen (sog. Positivliste) oder bestimmte ArbG von der Abrufberechtigung oder sämtliche ArbG ausschließen (sog. Negativliste, Vollsperrung). 22

Um die Berechtigung oder Sperrung eines ArbG zum Abruf der ELStAM zu erteilen, muss der ArbN die Steuernummer der Betriebsstätte oder des Teilbetriebs des ArbG mitteilen. Die Abrufberechtigung oder Sperrung ist beim Wohnsitz-FA zu beantragen. Abrufberechtigungen und Abrufsperren gelten lediglich mit Wirkung für die Zukunft und können geändert bzw. aufgehoben werden.[2] 23

Bei fehlender Abrufberechtigung ist der ArbG zur Anwendung der Steuerklasse VI verpflichtet.[3] 24

(Einstweilen frei) 25–28

---

1 ELStAM Fragen, NWB DokID: UAAAD-88233.
2 ELStAM Fragen + Antworten, NWB DokID: WAAAE-27805.
3 ELStAM Fragen, NWB DokID: UAAAD-88233.

VII. Härtefallregelung für die Nichtteilnahme am ELStAM-Verfahren nach § 39e Abs. 7 EStG

29 Auf Antrag des ArbG kann das Betriebsstätten-FA zur Vermeidung unbilliger Härten die Nichtteilnahme am ELStAM-Verfahren zulassen. Der Antrag ist für jedes Kj. neu zu stellen und zu begründen. Im Antrag müssen die Steuernummer der lohnsteuerlichen Betriebsstätte angegeben sowie ein Verzeichnis der beschäftigten ArbN mit Identifikationsnummer, Geburtsdatum und Angaben darüber, ob es sich um ein erstes oder weiteres Dienstverhältnis handelt und bei einem weiteren Dienstverhältnis der nach § 39a Abs. 1 Satz 1 Nr. 7 EStG zu berücksichtigende Freibetrag beigefügt werden.

30 Eine unbillige Härte liegt vor, wenn der ArbG nicht über die technischen Möglichkeiten der Kommunikation über das Internet verfügt und eine solche Kommunikationsform wirtschaftlich oder persönlich unzumutbar ist. Wirtschaftliche Gründe können z. B. die ernsthaft beabsichtigte Betriebsaufgabe oder die geplante Umstellung auf eine neue Software sein.

31 Wenn der ArbG ohne maschinelle Lohnabrechnung nur ArbN im Rahmen einer geringfügigen Beschäftigung in seinem Privathaushalt i. S. d. § 8a SGB IV beschäftigt, deren Arbeitslohn nicht pauschal besteuert wird, ist dem Antrag stets stattzugeben.

32 Wird dem ArbG der Härtefall genehmigt, so erhält er eine arbeitgeberbezogene Bescheinigung zur Durchführung des LSt-Abzugs. Diese enthält die für das jeweilige Kj. gültigen ELStAM der einzelnen ArbG. Ändern sich diese wird eine geänderte Bescheinigung übersandt. Diese Bescheinigungen sind nur für den beantragenden ArbG bestimmt. Der ArbG muss die Bescheinigung der ELStAM für die bei ihm beschäftigten ArbN sowie eventuelle Änderungsmitteilungen als Beleg zum Lohnkonto nehmen und sie während der Beschäftigung aufbewahren. Der ArbG kann jederzeit zum elektronischen Abrufverfahren wechseln.

33–35 *(Einstweilen frei)*

VIII. Unbeschränkt steuerpflichtige ArbN ohne Identifikationsnummer nach § 39e Abs. 8 EStG

36 Für unbeschränkt steuerpflichtige ArbN ohne Identifikationsnummer können ELStAM weder automatisiert gebildet noch vom ArbG abgerufen werden. Der ArbG benötigt eine Papierbescheinigung des FA mit den gültigen ELStAM. Diese muss der ArbN beim Wohnsitz-FA beantragen.[1]

37 Die Bescheinigung gilt für ein Kj. und ersetzt die Verpflichtung und Berechtigung des ArbG zum Abruf der ELStAM. Sie ist als Beleg zum Lohnkonto zu nehmen und während des Dienstverhältnisses aufzubewahren. Bei Beendigung vor Ablauf des Kj. muss sie dem ArbN ausgehändigt werden, um sie einem neuen ArbG zu übergeben.

38 Beantragt der ArbN sie nicht oder legt er sie nicht innerhalb von sechs Wochen nach Beginn des Dienstverhältnisses vor, muss der ArbG die LSt nach der Steuerklasse VI ermitteln.

IX. Wirtschaftsidentifikationsnummer nach § 39e Abs. 9 EStG

39 Solange die Wirtschaftsidentifikationsnummer nicht eingeführt ist, muss die Steuernummer der lohnsteuerlichen Betriebsstätte angegeben werden.

---

[1] Schramm/Harder-Buschner, NWB 2013, 348.

(Einstweilen frei) 40–43

X. Zugriff durch Finanzämter auf gespeicherte Daten nach § 39e Abs. 10 EStG

Dieser darf im Rahmen der ESt-Festsetzung erfolgen. 44

C. Verfahrensfragen

Besondere Verfahrensfragen sind grundsätzlich nicht zu beachten. Bei verschiedenen Lohnarten nebeneinander in einem Dienstverhältnis (z. B. Versorgungsbezüge und Bezüge aus einem aktiven Arbeitsverhältnis) darf der ArbG übergangsweise auch zwei Arbeitsverhältnisse führen und das zweite mit der Steuerklasse VI abrechnen.[1] 45

§ 39f Faktorverfahren anstelle Steuerklassenkombination III/V

(1)[21]¹Bei Ehegatten, die in die Steuerklasse IV gehören (§ 38b Absatz 1 Satz 2 Nummer 4), hat das Finanzamt auf Antrag beider Ehegatten nach § 39a anstelle der Steuerklassenkombination III/V (§ 38b Absatz 1 Satz 2 Nummer 5) als Lohnsteuerabzugsmerkmal jeweils die Steuerklasse IV in Verbindung mit einem Faktor zur Ermittlung der Lohnsteuer zu bilden, wenn der Faktor kleiner als 1 ist. ²Der Faktor ist Y : X und vom Finanzamt mit drei Nachkommastellen ohne Rundung zu berechnen. ³„Y" ist die voraussichtliche Einkommensteuer für beide Ehegatten nach dem Splittingverfahren (§ 32a Absatz 5) unter Berücksichtigung der in § 39b Absatz 2 genannten Abzugsbeträge. ⁴„X" ist die Summe der voraussichtlichen Lohnsteuer bei Anwendung der Steuerklasse IV für jeden Ehegatten. ⁵Maßgeblich sind die Steuerbeträge des Kalenderjahres, für das der Faktor erstmals gelten soll. ⁶In die Bemessungsgrundlage für Y werden jeweils neben den Jahresarbeitslöhnen der ersten Dienstverhältnisse zusätzlich nur Beträge einbezogen, die nach § 39a Absatz 1 Satz 1 Nummer 1 bis 6 als Freibetrag ermittelt und als Lohnsteuerabzugsmerkmal gebildet werden könnten; Freibeträge werden neben dem Faktor nicht als Lohnsteuerabzugsmerkmal gebildet. ⁷In den Fällen des § 39a Absatz 1 Satz 1 Nummer 7 sind bei der Ermittlung von Y und X die Hinzurechnungsbeträge zu berücksichtigen; die Hinzurechnungsbeträge sind zusätzlich als Lohnsteuerabzugsmerkmal für das erste Dienstverhältnis zu bilden. ⁸Arbeitslöhne aus zweiten und weiteren Dienstverhältnissen (Steuerklasse VI) sind im Faktorverfahren nicht zu berücksichtigen. *⁹Der nach Satz 1 gebildete Faktor gilt bis zum Ablauf des Kalenderjahres, das auf das Kalenderjahr folgt, in dem der Faktor erstmals gilt oder zuletzt geändert worden ist. ¹⁰Die Ehegatten können eine Änderung des Faktors beantragen, wenn sich die für die Ermittlung des Faktors maßgeblichen Jahresarbeitslöhne im Sinne des Satzes 6 ändern. ¹¹Besteht eine Anzeigepflicht nach § 39a Absatz 1 Satz 5 oder wird eine Änderung des Freibetrags nach § 39a Absatz 1 Satz 4 beantragt, gilt die Anzeige oder der Antrag auf Änderung des Freibetrags zugleich als Antrag auf Anpassung des Faktors.*[3]

---

1 BMF v. 23.10.2014, BStBl 2014 I 1411; BMF v. 19.10.2015, BStBl 2015 I 831; ELStAM Fragen + Antworten, NWB DokID: UAAAD-88233.
2 **Anm. d. Red.:** Zur Anwendung des § 39f Abs. 1 siehe § 52 Abs. 37a.
3 **Anm. d. Red.:** Abs. 1 kursive Sätze 9 bis 11 sind gem. § 52 Abs. 37a erstmals für den Veranlagungszeitraum 2019 anzuwenden.

(2) Für die Einbehaltung der Lohnsteuer vom Arbeitslohn hat der Arbeitgeber Steuerklasse IV und den Faktor anzuwenden.

(3)[1] [1]*§ 39 Absatz 6 Satz 3 und 5 gilt mit der Maßgabe, dass die Änderungen nach Absatz 1 Satz 10 und 11 keine Änderungen im Sinne des § 39 Absatz 6 Satz 3 sind.*[2] [2]§ 39a ist anzuwenden mit der Maßgabe, dass ein Antrag nach amtlich vorgeschriebenem Vordruck (§ 39a Absatz 2) nur erforderlich ist, wenn bei der Faktorermittlung zugleich Beträge nach § 39a Absatz 1 Satz 1 Nummer 1 bis 6 berücksichtigt werden sollen.

(4) Das Faktorverfahren ist im Programmablaufplan für die maschinelle Berechnung der Lohnsteuer (§ 39b Absatz 6) zu berücksichtigen.

Inhaltsübersicht

	Rz.
A. Allgemeine Erläuterungen	1 - 5
B. Systematische Kommentierung	6 - 13
I. Antragsverfahren und Berechnung des Faktors nach § 39f Abs. 1 EStG	6 - 11
II. Anwendung des Faktors nach § 39f Abs. 2 EStG	12
III. Gültigkeit und Berücksichtigung von Werbungskosten nach § 39f Abs. 3 EStG	13
C. Verfahrensfragen	14

LITERATUR:

Tölle, Lohnsteuerklassenwahl 2010 – Das neue Faktorenverfahren nach § 39f EStG, NWB 2009, 3491.

A. Allgemeine Erläuterungen

1 **Normzweck und wirtschaftliche Bedeutung der Vorschrift:** Mit dem Faktorverfahren soll der geringer verdienende ArbN den Anreiz erhalten, eine steuer- und sozialversicherungspflichtige Beschäftigung aufzunehmen. Durch den Faktor werden bei jedem Ehegatten oder eingetragenen Lebenspartner die steuerentlastenden Normen sowie die Wirkung des Splittings beim LSt-Abzug berücksichtigt. Der LSt-Abzug wird so der voraussichtlichen ESt-Jahresschuld fast genau angenähert. ESt-Nachzahlungen bei Ehegatten vor allem bei der Steuerklassenkombination III/V werden vermieden.

2 **Entstehung und Entwicklung der Vorschrift:** Mit dem JStG 2009 wurde § 39f in das EStG aufgenommen und gilt seit 1.1.2010. Die letzte Änderung erfolgte zum 1.8.2015.

3 **Geltungsbereich:** § 39f EStG gilt für ArbN-Ehegatten und eingetragene Lebenspartner.

4–5 *(Einstweilen frei)*

---

1 **Anm. d. Red.:** Zur Anwendung des § 39f Abs. 3 siehe § 52 Abs. 37a.
2 **Anm. d. Red.:** Abs. 3 kursiver Satz 1 ist gem. § 52 Abs. 37a erstmals für den Veranlagungszeitraum 2019 anzuwenden. Abs. 3 Satz 1 der Vorfassung lautet: „§ 39 Absatz 6 Satz 3 und 5 gilt sinngemäß."

B. Systematische Kommentierung

I. Antragsverfahren und Berechnung des Faktors nach § 39f Abs. 1 EStG

Der Antrag ist beim FA nur für die Steuerklasse IV bis zum 30.11. des Kj. zu stellen. Es sind nur die voraussichtlichen Arbeitslöhne des Kj. der Ehegatten/eingetragenen Lebenspartner aus den ersten Dienstverhältnissen anzugeben. Das FA ermittelt die Bruttolöhne beider Ehegatten zur Berechnung des Faktors.

Dieser ist kleiner als 1 (auf Dreinachkommastellen) und ergibt sich aus der voraussichtlichen ESt im Splittingverfahren (Y).[1] Hierbei werden der ArbN-Pauschbetrag von 1 000 € (§ 9a Satz 1 Nr. 1a EStG), bei Versorgungsbezügen der WK-Pauschbetrag von 102 € (§ 9a Satz 1 Nr. 1b EStG), ein Versorgungsfreibetrag (§ 19 Abs. 2 EStG) und Zuschlag zum Versorgungsfreibetrag (§ 19 Abs. 2 EStG), der Altersentlastungsbetrag (§ 24a Abs. 1 EStG), der Sonderausgaben-Pauschbetrag (§ 10c Abs. 1 EStG) und die Vorsorgepauschale für die Teilbeträge Rentenversicherung, Krankenversicherung und Pflegeversicherung (§ 39b Abs. 2 Satz 5 Nr. 3 EStG) berücksichtigt. Daneben werden Freibeträge nach § 39a EStG berücksichtigt, z. B. wenn der ArbN-Pauschbetrag geringer ist. Die ermittelte ESt wird geteilt durch die Summe der LSt für die ArbN-Ehegatten oder eingetragenen Lebenspartner nach Steuerklasse IV (X). Ein zusätzlicher Freibetrag für WK kann neben dem Faktor nicht berücksichtigt werden.

BEISPIEL: ▶ Die Ehegatten haben Steuerklasse IV/IV. A hat einen monatlichen Bruttoarbeitslohn von 4 000 € und eine jährliche Lohnsteuer von 8 387 €. B hat einen monatlichen Bruttoarbeitslohn von 2 000 € und eine jährliche Lohnsteuer von 2 209 €. Die Summe der LSt (X) für beide Ehegatten in der Steuerklassenkombination IV/IV beträgt somit 10 596 €. Die voraussichtliche ESt im Splittingverfahren (Y) beträgt 10 142 €. Y (10 142) ist durch X (10 596) zu teilen. Der Faktor mit drei Nachkommastellen ohne Rundung beträgt 0,958. Im LSt-Abzug ist der Faktor bei beiden Arbeitnehmern zu berücksichtigen und führt zu einer geringeren Lohnsteuer als in der Steuerklasse IV/IV ohne Faktor.

(Einstweilen frei)

II. Anwendung des Faktors nach § 39f Abs. 2 EStG

Der Faktor wird vom FA berechnet, mit drei Nachkommastellen ohne Rundung, und in der ELStAM-Datenbank gespeichert und so dem ArbG beim elektronischen Abruf nach § 39e EStG mitgeteilt. Der ArbG ist zur Anwendung des Faktors verpflichtet. Die Lohnsteuer der Ehegatten oder Lebenspartner nach der Steuerklasse IV wird durch Multiplikation mit dem Faktor reduziert. Der Faktor wirkt sich auch auf den SolZ und die KiSt aus. Der von der FinVerw zur Verfügung gestellte Programmablaufplan (§ 39f Abs. 4 EStG) berücksichtigt einen Faktor. Er muss aber in den Lohndaten enthalten sein.[2]

---

1 *Tölle*, NWB 2009, 3491.
2 *Tölle*, NWB 2009, 3491.

III. Gültigkeit und Berücksichtigung von Werbungskosten nach § 39f Abs. 3 EStG

13 Die Steuerklasse IV mit Faktor gilt erstmalig mit Beginn des auf die Antragstellung folgenden Monats. Der Faktor kann bei Änderung der Verhältnisse geändert werden. Ebenso können Ehegatten den Steuerklassenwechsel von III/IV oder IV/IV auf IV/IV mit Faktor beantragen.

C. Verfahrensfragen

14 Der Antrag kann formlos gestellt werden. Ein amtlich vorgeschriebener Vordruck ist erforderlich, wenn bei der Berechnung des Faktors ein Freibetrag für Werbungskosten nach § 39a EStG berücksichtigt werden soll. Nach Anwendung des Faktors, ist der LSt-Jahresausgleich ausgeschlossen. Der ArbN ist verpflichtet eine ESt-Erklärung für das Kj. abzugeben (§ 46 Abs. 2 Nr. 3a EStG).[1]

§ 40 Pauschalierung der Lohnsteuer in besonderen Fällen

(1) ¹Das Betriebsstättenfinanzamt (§ 41a Absatz 1 Satz 1 Nummer 1) kann auf Antrag des Arbeitgebers zulassen, dass die Lohnsteuer mit einem unter Berücksichtigung der Vorschriften des § 38a zu ermittelnden Pauschsteuersatz erhoben wird, soweit

1. von dem Arbeitgeber sonstige Bezüge in einer größeren Zahl von Fällen gewährt werden oder

2. in einer größeren Zahl von Fällen Lohnsteuer nachzuerheben ist, weil der Arbeitgeber die Lohnsteuer nicht vorschriftsmäßig einbehalten hat.

²Bei der Ermittlung des Pauschsteuersatzes ist zu berücksichtigen, dass die in Absatz 3 vorgeschriebene Übernahme der pauschalen Lohnsteuer durch den Arbeitgeber für den Arbeitnehmer eine in Geldeswert bestehende Einnahme im Sinne des § 8 Absatz 1 darstellt (Nettosteuersatz). ³Die Pauschalierung ist in den Fällen des Satzes 1 Nummer 1 ausgeschlossen, soweit der Arbeitgeber einem Arbeitnehmer sonstige Bezüge von mehr als 1 000 Euro im Kalenderjahr gewährt. ⁴Der Arbeitgeber hat dem Antrag eine Berechnung beizufügen, aus der sich der durchschnittliche Steuersatz unter Zugrundelegung der durchschnittlichen Jahresarbeitslöhne und der durchschnittlichen Jahreslohnsteuer in jeder Steuerklasse für diejenigen Arbeitnehmer ergibt, denen die Bezüge gewährt werden sollen oder gewährt worden sind.

(2)²¹Abweichend von Absatz 1 kann der Arbeitgeber die Lohnsteuer mit einem Pauschsteuersatz von 25 Prozent erheben, soweit er

1. arbeitstäglich Mahlzeiten im Betrieb an die Arbeitnehmer unentgeltlich oder verbilligt abgibt oder Barzuschüsse an ein anderes Unternehmen leistet, das arbeitstäglich Mahl-

---

1 *Tölle*, NWB 2009, 3491.
2 **Anm. d. Red.:** Zur Anwendung des § 40 Abs. 2 siehe § 52 Abs. 37c.

zeiten an die Arbeitnehmer unentgeltlich oder verbilligt abgibt. ²Voraussetzung ist, dass die Mahlzeiten nicht als Lohnbestandteile vereinbart sind,

1a. oder auf seine Veranlassung ein Dritter den Arbeitnehmern anlässlich einer beruflichen Tätigkeit außerhalb seiner Wohnung und ersten Tätigkeitsstätte Mahlzeiten zur Verfügung stellt, die nach § 8 Absatz 2 Satz 8 und 9 mit dem Sachbezugswert anzusetzen sind,

2. Arbeitslohn aus Anlass von Betriebsveranstaltungen zahlt,

3. Erholungsbeihilfen gewährt, wenn diese zusammen mit Erholungsbeihilfen, die in demselben Kalenderjahr früher gewährt worden sind, 156 Euro für den Arbeitnehmer, 104 Euro für dessen Ehegatten und 52 Euro für jedes Kind nicht übersteigen und der Arbeitgeber sicherstellt, dass die Beihilfen zu Erholungszwecken verwendet werden,

4. Vergütungen für Verpflegungsmehraufwendungen anlässlich einer Tätigkeit im Sinne des § 9 Absatz 4a Satz 2 oder Satz 4 zahlt, soweit die Vergütungen die nach § 9 Absatz 4a Satz 3, 5 und 6 zustehenden Pauschalen um nicht mehr als 100 Prozent übersteigen,

5. den Arbeitnehmern zusätzlich zum ohnehin geschuldeten Arbeitslohn unentgeltlich oder verbilligt Datenverarbeitungsgeräte übereignet; das gilt auch für Zubehör und Internetzugang. ²Das Gleiche gilt für Zuschüsse des Arbeitgebers, die zusätzlich zum ohnehin geschuldeten Arbeitslohn zu den Aufwendungen des Arbeitnehmers für die Internetnutzung gezahlt werden,

6. den Arbeitnehmern zusätzlich zum ohnehin geschuldeten Arbeitslohn unentgeltlich oder verbilligt die Ladevorrichtung für Elektrofahrzeuge oder Hybridelektrofahrzeuge im Sinne des § 6 Absatz 1 Nummer 4 Satz 2 zweiter Halbsatz übereignet. ²Das Gleiche gilt für Zuschüsse des Arbeitgebers, die zusätzlich zum ohnehin geschuldeten Arbeitslohn zu den Aufwendungen des Arbeitnehmers für den Erwerb und die Nutzung dieser Ladevorrichtung gezahlt werden.

²Der Arbeitgeber kann die Lohnsteuer mit einem Pauschsteuersatz von 15 Prozent für Sachbezüge in Form der unentgeltlichen oder verbilligten Beförderung eines Arbeitnehmers zwischen Wohnung und erster Tätigkeitsstätte sowie Fahrten nach § 9 Absatz 1 Satz 3 Nummer 4a Satz 3 und für zusätzlich zum ohnehin geschuldeten Arbeitslohn geleistete Zuschüsse zu den Aufwendungen des Arbeitnehmers für Fahrten zwischen Wohnung und erster Tätigkeitsstätte sowie Fahrten nach § 9 Absatz 1 Satz 3 Nummer 4a Satz 3 erheben, soweit diese Bezüge den Betrag nicht übersteigen, den der Arbeitnehmer nach § 9 Absatz 1 Satz 3 Nummer 4 und Absatz 2 als Werbungskosten geltend machen könnte, wenn die Bezüge nicht pauschal besteuert würden. ³Die nach Satz 2 pauschal besteuerten Bezüge mindern die nach § 9 Absatz 1 Satz 3 Nummer 4 und Absatz 2 abziehbaren Werbungskosten; sie bleiben bei der Anwendung des § 40a Absatz 1 bis 4 außer Ansatz.

(3) ¹Der Arbeitgeber hat die pauschale Lohnsteuer zu übernehmen. ²Er ist Schuldner der pauschalen Lohnsteuer; auf den Arbeitnehmer abgewälzte pauschale Lohnsteuer gilt als zugeflossener Arbeitslohn und mindert nicht die Bemessungsgrundlage. ³Der pauschal besteuerte Arbeitslohn und die pauschale Lohnsteuer bleiben bei einer Veranlagung zur Einkommensteuer und beim Lohnsteuer-Jahresausgleich außer Ansatz. ⁴Die pauschale Lohnsteuer ist weder auf die Einkommensteuer noch auf die Jahreslohnsteuer anzurechnen.

Inhaltsübersicht

	Rz.
A. Allgemeine Erläuterungen	1 – 8
B. Systematische Kommentierung	9 – 43
I. Antrag auf Pauschalierung nach § 40 Abs. 1 EStG	9
II. Pauschalierung von sonstigen Bezügen nach § 40 Abs. 1 Satz 1 Nr. 1 EStG	10
III. Pauschalierung bei Nacherhebung von Lohnsteuer nach § 40 Abs. 1 Satz 1 Nr. 2 EStG	11 – 12
IV. Ermittlung des Pauschsteuersatzes nach § 40 Abs. 1 Satz 2 EStG	13 – 25
V. Pauschalierungen mit 25 % nach § 40 Abs. 2 Satz 1 EStG	26 – 33
1. Mahlzeiten (§ 40 Abs. 2 Satz 1 Nr. 1 EStG)	27
2. Auswärtige Mahlzeiten (§ 40 Abs. 2 Satz 1 Nr. 1a EStG)	28
3. Betriebsveranstaltungen (§ 40 Abs. 2 Satz 1 Nr. 2 EStG)	29
4. Erholungsbeihilfen (§ 40 Abs. 2 Satz 1 Nr. 3 EStG)	30
5. Verpflegungsmehraufwendungen (§ 40 Abs. 2 Satz 1 Nr. 4 EStG)	31
6. Übereignung von Datenverarbeitungsgeräten, Zubehör und Internetzuschüssen (§40 Abs. 2 Satz 1 Nr. 5 EStG)	32
7. Übereignung von Ladevorrichtungen für Elektro- oder Hybridelektrofahrzeuge (§40 Abs. 2 Satz 1 Nr. 6 EStG)	33
VI. Pauschalierung eines Fahrtkostenzuschusses nach § 40 Abs. 2 Satz 2 EStG	34 – 36
VII. Folgen der Pauschalierung nach § 40 Abs. 3 EStG	37 – 43
C. Verfahrensfragen	44 – 46

HINWEIS:

R 40.1, R 40.2 LStR.

LITERATUR:

Liess, Mahlzeiten an Arbeitnehmer richtig abrechnen, NWB 2013, 543; *Schramm/Harder-Buschner,* Fahrtkostenzuschüsse, Unterkunftskosten und doppelte Haushaltsführung ab 1.1.2014, NWB 2014, 256; *Schramm/Harder-Buschner,* Die neuen Verpflegungspauschalen und die Behandlung vom Arbeitgeber zur Verfügung gestellter Mahlzeiten, NWB 2014, 175.

ARBEITSHILFEN UND GRUNDLAGEN ONLINE:

Meier, Pauschalbesteuerung Sachbezüge und Arbeitslohn: Checkliste zur Prüfung der Voraussetzungen für § 37b EStG und § 40 Abs. 2 EStG, Checkliste, NWB DokID: YAAAE-66032; Pauschalbesteuerung Sachbezüge und Arbeitslohn: Übersicht der Steuersätze, Arbeitshilfe, NWB DokID: NAAAE-66121.

A. Allgemeine Erläuterungen

1 **Normzweck und wirtschaftliche Bedeutung der Vorschrift:** Vom Grundsatz her sind die LSt, der SolZ und die KiSt nach den individuellen ELStAM zu berechnen. Hier gibt es aber eine Ausnahme: die Pauschalierung der LSt, des SolZ und der KiSt. Zu unterscheiden ist die Pauschalierung mit einem besonderen Pauschsteuersatz auf Antrag des ArbG und die Pauschalierung mit einem festen Pauschsteuersatz (15 oder 25 %) bei besonderen Sachverhalten.[1] § 40 Abs. 1 EStG knüpft an die individuelle LSt an und der Bescheid betrifft eine gesamte ArbN-Gruppe. Der Bescheid einer Pauschalierung nach § 40 Abs. 2 EStG betrifft dagegen jeden einzelnen ArbN.

2 **Entstehung und Entwicklung der Vorschrift:** Seit 1941 bestehen Pauschalierungsvorschriften, die in der Folgezeit erweitert wurden.

---

1 Übersicht der Steuersätze, NWB DokID: NAAAE-66121.

Geltungsbereich der Pauschalierung gilt für alle ArbG. Schuldner der pauschalen Lohnsteuer ist immer der ArbG nach § 40 Abs. 3 EStG. Der ArbN ist am Pauschalierungsverfahren nicht beteiligt. Bei der Veranlagung des ArbN bleiben die pauschalbesteuerten Bezüge und die pauschale LSt außer Ansatz. 3

Verhältnis zu anderen Vorschriften: §§ 40a, 40b EStG beinhalten ebenfalls Regelungen zur Pauschalierung der LSt. Diese gehen als lex specialis vor. 4

(Einstweilen frei) 5–8

B. Systematische Kommentierung

I. Antrag auf Pauschalierung nach § 40 Abs. 1 EStG

Der ArbG kann bei seinem Betriebsstätten-FA beantragen, dass die LSt für sonstige Bezüge (einmalige Zuwendungen) mit einem besonderen Pauschsteuersatz ermittelt wird. Der ArbG muss im Antrag den Pauschsteuersatz selbst berechnen und die Berechnungsgrundlagen beifügen. Ohne entsprechenden Antrag kann der ArbG nicht zur Pauschalierung verpflichtet werden und der Pauschalierungsbescheid ist rechtswidrig, aber nicht nichtig.[1] Der Antrag muss vom FA genehmigt werden, wenn die Voraussetzungen vorliegen.[2] 9

II. Pauschalierung von sonstigen Bezügen nach § 40 Abs. 1 Satz 1 Nr. 1 EStG

Sonstige Bezüge sind einmalige Zuwendungen an die ArbN und kein laufender Arbeitslohn (vgl. KKB/Maßbaum, § 39b Abs. 3 EStG Rz. 29). Eine Pauschalierung der LSt ist nicht in Einzelfällen möglich, sondern nur für eine größere Zahl von Fällen an ArbN. Ohne besonderen Nachweis ist eine größere Anzahl bei 20 ArbN erreicht, für die die Pauschalierung angewandt werden soll.[3] Bei weniger als 20 ArbN kommt es auf die Verhältnisse im Einzelfall an. Hier ist der erzielbare Vereinfachungseffekt von großer Bedeutung. Als dritte Voraussetzung darf der Gesamtbetrag der pauschal mit einem besonderen Steuersatz zu besteuernden Bezüge eines ArbN 1 000 € im Kj. nicht übersteigen (sog. Pauschalierungsgrenze). Dazu muss anhand der Aufzeichnungen im Lohnkonto überprüft werden, wie hoch die gezahlten sonstigen Bezüge des ArbN waren.[4] Wird die Grenze überschritten, so kann der übersteigende Betrag nicht mehr pauschal versteuert werden. In die 1 000 €-Grenze werden aber nur Bezüge eingerechnet, die nach einem besonderen Pauschsteuersatz besteuert werden. Solche, die nach § 40 Abs. 2 EStG oder § 37b EStG mit einem festen Steuersatz pauschal besteuert werden, zählen nicht dazu.[5] Die Grenze gilt pro Arbeitsverhältnis. 10

III. Pauschalierung bei Nacherhebung von Lohnsteuer nach § 40 Abs. 1 Satz 1 Nr. 2 EStG

Muss im Rahmen einer LSt-Außenprüfung in einer größeren Zahl von Fällen LSt nacherhoben werden, so kommt vor allem die Pauschalierung der LSt in Betracht. Die 1 000 €-Grenze gilt 11

---

[1] BFH v. 7. 2. 2002 - VI R 80/00, BStBl 2002 II 438.
[2] FG Hessen v. 31. 10. 1984 - 1 K 228/83, EFG 1985, 312.
[3] R 40.1 Abs. 1 LStR.
[4] R 40.1 Abs. 2 LStR.
[5] *Meier*, NWB DokID: YAAAE-66032.

dabei nicht. Zudem muss es sich nicht zwingend um sonstige Bezüge handeln, die nachversteuert werden. Es kann auch laufender nicht versteuerter Arbeitslohn pauschal versteuert werden. Ein Antrag ist hier ebenfalls erforderlich und beinhaltet die Übernahme der LSt. Der ArbG wird selbst zum Steuerschuldner und es ergeht ein Nachforderungsbescheid.

12 Anstelle der Pauschalierung der LSt kann das FA auch einen Haftungsbescheid gegen den ArbG erlassen und die LSt nach den allgemeinen Regelungen berechnen (§§ 39b, 39c EStG). Hier kann ein Durchschnittssteuersatz berechnet werden (vgl. KKB/Karbe-Geßler § 42d EStG Rz. 84). In einem Haftungsbescheid kann keine pauschale LSt festgesetzt werden.

IV. Ermittlung des Pauschsteuersatzes nach § 40 Abs. 1 Satz 2 EStG

13 Der ArbG muss den besonderen Pauschsteuersatz selbst ermitteln. Die gesetzlich vorgeschriebene Berechnungsweise ist richterlich bestätigt.[1] Die Pauschalsteuer soll der Summe der individuellen LSt möglichst nahe kommen. Sie soll weder höher noch niedriger sein, wird dieser aber auch selten genau entsprechen. Die Ermittlung erfolgt für jedes Kj. Die pauschale LSt entsteht bei Zufluss des Arbeitslohns. Bei der Ermittlung müssen der Durchschnittsbetrag der pauschal zu versteuernden Bezüge und die Summe der Jahresarbeitslöhne der betroffenen ArbN berechnet werden. Die Jahresarbeitslöhne sind um die jeweiligen Freibeträge (§ 39a EStG), den Entlastungsbetrag für Alleinerziehende (§ 24b EStG), den Altersentlastungsbetrag (§ 24a EStG) oder den Versorgungsfreibetrag (§ 19 Abs. 2 EStG) zu kürzen. Ein gültiger Hinzurechnungsbetrag (§ 39a EStG) erhöht den Jahresarbeitslohn.

14 Die betroffenen ArbN können bei der Berechnung des Pauschsteuersatzes in Gruppen nach den Steuerklassen eingeteilt werden. Eine Gruppe bilden jeweils ArbN mit Steuerklasse I, II und IV, eine Gruppe die ArbN mit Steuerklasse III und eine Gruppe die ArbN mit Steuerklasse V und VI.

15 Aus Vereinfachungsgründen können für die Jahresarbeitslöhne der betroffenen ArbN auch die Verhältnisse des Vorjahrs aus der Summe der Lohnkonten zugrunde gelegt werden.

16 Aus der Summe der Jahresarbeitslöhne ist der durchschnittliche Jahresarbeitslohn der erfassten ArbN nach Gruppen und die darauf entfallende LSt zu berechnen. Dann ist der Durchschnittsbetrag der pauschal zu versteuernden Bezüge hinzuzuaddieren. Dieser ist auf den nächsten, durch 216 (ohne Rest) teilbaren Euro-Betrag, aufzurunden. Anschließend ist für jede der drei Gruppen der Jahressteuerbetrag zu ermitteln, der auf diese Summe entfällt. Für die 1. Gruppe ist die Steuerklasse I, für die 2. Gruppe die Steuerklasse III und für die 3. Gruppe die Steuerklasse V anzuwenden. Die LSt für die drei Gruppen ist stets mit der vollen Vorsorgepauschale (§ 39b Abs. 2 Satz 5 Nr. 3 EStG) für sozialversicherungspflichtige Arbeitnehmer zu berechnen. Unberücksichtigt bleibt der Beitragszuschlag für Kinderlose in der Pflegeversicherung und das Faktorverfahren.

17 Der ermittelte Steuerbetrag aus der Differenz der LSt auf die Jahresarbeitslöhne und der Summe mit dem Durchschnittsbetrag der pauschal zu versteuernden Bezüge ist mit der Zahl der ArbN in der jeweiligen Gruppe zu multiplizieren. Die Beträge aller drei Gruppen sind zusammenzurechnen und durch die Anzahl der gesamt betroffenen ArbN und den gerundeten Durchschnittsbetrag der pauschal zu versteuernden Bezüge zu teilen. Das Ergebnis ist die durchschnittliche Steuerbelastung (abgerundet auf eine Dezimalstelle).

---

1 BFH v. 11. 3. 1988 - VI R 106/84, BStBl 1988 II 726.

BEISPIEL: Der ArbG zahlt seinen 25 ArbN einen sonstigen Bezug i. H. v. 500 €. Aufgerundet auf den durch 216 teilbaren Betrag betragen die Bezüge 648 €. 15 ArbN haben Steuerklasse I, II und IV, 5 ArbN Steuerklasse III und 5 ArbN Steuerklasse V und VI. Die Jahresarbeitslöhne betragen insgesamt 600 000 €, im Durchschnitt also für jeden ArbN 24 000 €. Zuzüglich mit dem aufgerundeten sonstigen Bezug ergibt sich ein Durchschnittsbetrag von 24 648 €. Es ist die jeweilige Jahres-LSt für beide Durchschnittsbeträge der einzelnen Gruppen zu ermitteln. Die Differenz beträgt für die 1. Gruppe 144 € (2 160 € für 15 ArbN), 2. Gruppe 76 € (380 € für 5 ArbN) und für die 3. Gruppe 190 € (950 € für 5 ArbN). Die Summe der Steuerbeträge von 3 490 € ist durch 16 200 (648 € mal 25 ArbN) zu teilen. Die durchschnittliche Steuerbelastung beträgt 21,5 % (Stand ESt-Tarif 2019).

Der so ermittelte Bruttosteuersatz ist in einen Nettosteuersatz umzurechnen. So ist sichergestellt, dass durch die Übernahme der pauschalen LSt durch den ArbG nicht zu wenig LSt entrichtet wird. Der Nettosteuersatz (abgerundet auf eine Dezimalstelle) errechnet sich wie folgt: **18**

$$\frac{100 \times \text{Bruttosteuersatz}}{100 - \text{Bruttosteuersatz}}$$

Der Nettosteuersatz ist der besondere Pauschsteuersatz und wird auf die sonstigen Bezüge für alle ArbN gewandt. SolZ und KiSt sind auf die pauschale LSt zu berechnen. Die Übernahme durch den ArbG stellt keinen zusätzlichen geldwerten Vorteil dar. **19**

(Einstweilen frei) **20–25**

V. Pauschalierungen mit 25 % nach § 40 Abs. 2 Satz 1 EStG

Vom besonderen Pauschsteuersatz sind die Sachverhalte zu unterscheiden, für die ein fester Pauschsteuersatz von entweder 25 % oder 15 % gilt. Die Anwendung ist ohne Antrag und Genehmigung des FA und sowohl für einzelne Sachverhalte als auch für eine Mehrzahl von Fällen möglich. Für die Tatbestände nach § 40 Abs. 2 Satz 1 EStG gilt ein Steuersatz von 25 %. Für den Fahrtkostenzuschuss nach § 40 Abs. 2 Satz 2 EStG gilt ein Pauschsteuersatz von 15 %.[1] **26**

1. Mahlzeiten (§ 40 Abs. 2 Satz 1 Nr. 1 EStG)

Vom ArbG zur Verfügung gestellte verbilligte oder unentgeltliche Mahlzeiten sind ein geldwerter Vorteil und damit Arbeitslohn KKB/Merx, § 19 EStG Rz. 261 ff.). Hierunter fallen nur arbeitstägige Mahlzeiten.[2] Eine Bewertung mit den Sachbezugswerten[3] hat zwingend eine Pauschalierung der LSt zur Folge.[4] Zahlen die ArbN den Sachbezugswert für eine Mahlzeit selbst, entfällt sowohl eine individuelle als auch pauschale Besteuerung.[5] Für die Berechnung ist eine Durchschnittsberechnung möglich.[6] Die Bewertung und Pauschalierung gilt auch für die Ausgabe von Essenmarken, die der Arbeitnehmer bei einem Restaurant oder anderen Anbieter gegen Mahlzeiten einlösen kann.[7] Dies gilt auch, wenn die Essenmarken in Form von Apps ausgegeben werden.[8] **27**

---

1 Übersicht der Steuersätze, NWB DokID: NAAAE-66121.
2 R 8.1 Abs. 7 LStR.
3 R 8.1 Abs. 7 Nr. 1 LStR.
4 *Liess*, NWB 2013, 543.
5 R 8.1 Abs. 7 Nr. 3 LStR.
6 R 8.1 Abs. 7 Nr. 5 LStR.
7 R 8.1 Abs. 7 Nr. 4 LStR.
8 BMF v. 24. 2. 2016, BStBl 2016 I 238.

2. Auswärtige Mahlzeiten (§ 40 Abs. 2 Satz 1 Nr. 1a EStG)

28 Seit dem VZ 2014 ist es möglich vom ArbG auf Auswärtstätigkeiten zur Verfügung gestellte unentgeltliche oder verbilligte Mahlzeiten pauschal zu besteuern, wenn die Besteuerung nach § 8 Abs. 2 Satz 9 EStG nicht unterbleiben kann. Dies ist der Fall, wenn der ArbN weniger als acht Stunden eintägig auswärts tätig, die Dreimonatsfrist abgelaufen ist oder der ArbG keine Aufzeichnungen über die Abwesenheit führt und insofern keine Verpflegungspauschale nach § 9 Abs. 4a EStG gezahlt werden darf.[1]

3. Betriebsveranstaltungen (§ 40 Abs. 2 Satz 1 Nr. 2 EStG)

29 Liegt eine Betriebsveranstaltung nach § 19 Abs. 1 Nr. 1a EStG vor, für die entweder ein Freibetrag nicht mehr in Anspruch genommen werden kann oder der Freibetrag überschritten wird, können die übersteigenden Aufwendungen vom ArbG pauschal besteuert werden. Zur Definition der Betriebsveranstaltung und der Sachzuwendungen vgl. KKB/Merx, § 19 Abs. 1 Nr. 1a EStG Rz. 403 ff.[2] Liegt keine Betriebsveranstaltung vor, können die Aufwendungen nach § 37b EStG pauschal besteuert werden.[3]

4. Erholungsbeihilfen (§ 40 Abs. 2 Satz 1 Nr. 3 EStG)

30 Hierbei handelt es sich um Leistungen zum Zweck der Erholung, die im Zusammenhang mit einem Urlaub stehen.[4] Es sind nur die gesetzlich vorgegebenen Beträge pauschal zu besteuern. Darüber hinausgehende Leistungen sind nach Abs. 1 EStG individuell zu besteuern. Der Zusammenhang besteht, wenn die Beihilfe drei Monate vor oder nach dem Urlaub gewährt wird.

5. Verpflegungsmehraufwendungen (§ 40 Abs. 2 Satz 1 Nr. 4 EStG)

31 Zahlt der ArbG Verpflegungsmehraufwendungen an die ArbN bei Auswärtstätigkeiten, die den gesetzlichen Pauschbetrag (§ 9 Abs. 4a EStG) um 100 % übersteigen, so dürfen die übersteigenden Beträge pauschal besteuert werden. Höhere Zahlungen sind individuell oder pauschal nach § 40 Abs. 1 EStG mit LSt zu unterwerfen. Eine Pauschalierung ist nicht möglich, wenn keine Verpflegungspauschalen gezahlt werden dürfen (Abwesenheit unter acht Stunden oder nach Ablauf der Dreimonatsfrist) oder eine doppelte Haushaltsführung vorliegt.[5]

6. Übereignung von Datenverarbeitungsgeräten, Zubehör und Internetzuschüssen (§ 40 Abs. 2 Satz 1 Nr. 5 EStG)

32 Die Geräte müssen übereignet werden. Das Eigentum muss auf den ArbN übergehen. Die reine Überlassung zu dienstlichen Zwecken mit Erlaubnis der privaten Nutzung im Rahmen des Arbeitsverhältnisses fällt nicht hierunter, sondern ist nach § 3 Nr. 45 EStG steuerfrei. Zu den Datenverarbeitungsgeräten zählen u. a. Laptops, Tablets und Smartphones. Ein Zuschuss zur Internetnutzung i. H. v. 50 € kann ohne Nachweis pauschal besteuert werden.[6] Darüber hi-

---

1 BMF v. 24. 10. 2014, BStBl 2014 I 1412; *Schramm/Harder-Buschner*, NWB 2014, 175.
2 BMF v. 14. 10. 2015, BStBl 2015 I 832.
3 *Meier*, NWB DokID: YAAAE-66032.
4 R 40.2 Abs. 3 LStR.
5 BMF v. 24. 10. 2014, BStBl 2014 I 1412; *Schramm/Harder-Buschner*, NWB 2014, 175.
6 R 40.2 Abs. 5 Satz 7 LStR.

nausgehende Beträge sind nachzuweisen. Hierfür ist ein Nachweis eines repräsentativen Zeitraumes (drei Monate) ausreichend.

Voraussetzung für die Pauschalierung ist, dass die Zuwendung zusätzlich zum ohnehin geschuldeten Arbeitslohn geleistet wird (vgl. KKB/Nacke, § 3 Nr. 33 EStG Rz. 260 und § 3 Nr. 34a EStG Rz. 284).

7. Übereignung von Ladevorrichtungen für Elektro- oder Hybridelektrofahrzeuge (§ 40 Abs. 2 Satz 1 Nr. 6 EStG)

Steuerbefreit sind nach § 3 Nr. 46 EStG vom ArbG gewährte Vorteile für das elektrische Aufladen eines privaten Elektro- oder Hybridelektrofahrzeugs des ArbN im Betrieb des ArbG. Zudem darf der ArbG dem ArbN die Ladevorrichtung übereignen. Diese befindet sich dann im Eigentum des ArbN z. B. in seiner Garage. Die Kosten für die Anschaffung der Ladevorrichtung kann der ArbG mit 25 % pauschalieren. Dies gilt ebenso für Zuschüsse an den ArbN für die Anschaffung einer Ladevorrichtung. Die Pauschalierung setzt voraus, dass die Übereignung und die Zuschüsse zusätzlich zum ohnehin geschuldeten Arbeitslohn erfolgen.[1]

VI. Pauschalierung eines Fahrtkostenzuschusses nach § 40 Abs. 2 Satz 2 EStG

ArbG können Barzuschüsse sowie die Gestellung eines Kfz an den ArbN für Fahrten zwischen Wohnung und erster Tätigkeitsstätte pauschal mit 15 % besteuern.[2] Die Höhe ist auf die WK begrenzt, die der ArbN geltend machen kann (§ 9 Abs. 1 Satz 3 Nr. 4 EStG, § 9 Abs. 2 EStG). Maßgeblich ist somit die Entfernungspauschale für die einfache Entfernung zwischen Wohnung und erster Tätigkeitsstätte. Ohne Nachweis der Arbeitstage darf der ArbG 15 Tage monatlich berücksichtigen. Zahlt er den Zuschuss für mehr als 15 Tage im Monat muss ein Arbeitszeitnachweis geführt werden.[3] Darüber hinausgehend gezahlte Beträge sind individuell oder pauschal nach § 40 Abs. 1 EStG zu besteuern. Neben den zweckbestimmten Barzuschüssen können auch Leistungen zum Job-Ticket (bis einschließlich 31.1.2018) pauschal besteuert werden. Ab 1.1.2019 kann das Ticket für den öffentlichen Personennahverkehr nach § 3 Nr. 15 EStG steuerfrei zur Verfügung gestellt werden, wenn der Arbeitgeber den Zuschuss oder das Ticket zusätzlich zum ohnehin geschuldeten Arbeitslohn zur Verfügung stellt. Bei Gehaltsumwandlungen bleibt es bei der Pauschalversteuerung.

BEISPIEL: Der ArbN fährt 20 km zwischen Wohnung und erster Tätigkeitsstätte. Der Fahrtkostenzuschuss beträgt 15 Tage x 20 km x 0,30 € = 90 €. Dieser Betrag kann an den ArbN ausgezahlt werden. Der ArbG bezahlt darauf 15 % pauschale LSt.

Voraussetzung für die Pauschalierung ist ebenfalls wieder die Zahlung des Zuschusses zusätzlich zum ohnehin geschuldeten Arbeitslohn (vgl. KKB/Nacke, § 3 Nr. 33 EStG Rz. 260 und § 3 Nr. 34a EStG Rz. 284).

Die Summe der pauschal besteuerten Fahrtkostenzuschüsse ist in der Jahreslohnsteuerbescheinigung in Zeile 18 zu bescheinigen.

---

1 BMF v. 14.12.2016, BStBl 2016 I 1438 und Ergänzung vom 26.10.2017, BStBl 2017 I 1439.
2 *Schramm/Harder-Buschner*, NWB 2014, 256.
3 BMF v. 31.10.2013, BStBl 2013 I 1376, Tz. 5.2.

VII. Folgen der Pauschalierung nach § 40 Abs. 3 EStG

37 Die Steuer entsteht mit Zufluss der Bezüge bzw. des Arbeitslohns beim ArbN. Steuerschuldner ist der ArbG. Er hat auch einen Anspruch auf zu viel entrichtete LSt. Der pauschal besteuerte Arbeitslohn und die pauschale LSt bleiben bei der Veranlagung des ArbN unberücksichtigt. Bei einer nicht gesetzlichen Pauschalierung bleibt der ArbN Schuldner der Steuer. Ist die Pauschalierung rechtswidrig, wird die Leistung als Arbeitslohn in die ESt-Veranlagung einbezogen. Eine Anrechnung der rechtswidrigen pauschalen LSt erfolgt nicht.

38 Der Arbeitgeber kann die pauschale LSt auf den ArbN abwälzen. Die abgewälzte pauschale LSt gilt als zugeflossener Arbeitslohn und darf die Bemessungsgrundlage für die pauschale LSt nicht mindern. Der ArbG bleibt zwar Schuldner der pauschalen LSt. Jedoch trägt der ArbN diese wirtschaftlich. Eine Minderung des zu versteuernden Arbeitslohns aufgrund der abgewälzten LSt ist nicht möglich.[1] Eine Abwälzung ergibt sich aus zivilrechtlichen Verträgen, z. B. Arbeitsvertrag und Zusatzvereinbarungen zur Gehaltsumwandlung. Dies gilt auch für die abgewälzten Zuschlagssteuern (SolZ und KiSt), sowie für die Abwälzung der pauschalen LSt nach §§ 40a und 40b EStG (mit Ausnahme von § 40b Abs. 4 EStG, hier muss eine freiwillige Vereinbarung vorliegen, siehe KKB/Karbe-Geßler, § 40b EStG Rz. 28).

39–43 *(Einstweilen frei)*

C. Verfahrensfragen

44 Wird der Antrag des ArbG auf Pauschalierung nach § 40 Abs. 1 EStG abgelehnt, kann dieser Einspruch erheben. Der ArbN ist nicht einspruchsberechtigt. Der ArbG ist an seinen Pauschalierungsantrag gebunden, sobald der Pauschalierungsbescheid bekanntgegeben und wirksam ist.[2] Für die Pauschalierung nach § 40 Abs. 2 Satz 2 EStG ist ein Antrag oder eine Genehmigung durch das FA nicht erforderlich.[3] Dies bedeutet, die Pauschalierung ist vom ArbG ohne Antrag vorzunehmen, in dem die Pauschalsteuer zu erheben und anzumelden ist. Der ArbG hat insoweit ein Wahlrecht, ob er die Pauschalierung durchführt oder individuell lohnversteuert.

45 Haftungs- und Pauschalierungsbescheid können verbunden werden, müssen aber äußerlich erkennbar bleiben.[4] Gegen jeden Bescheid ist dennoch getrennt Einspruch möglich.

46 Änderungen eines Pauschalierungsbescheids erfolgen nach §§ 172 ff. AO. Ist bereits Verjährung für die LSt eingetreten, ist eine Pauschalierung ausgeschlossen. Die Stundung kann bei Vorliegen der Voraussetzungen ebenfalls erfolgen.

§ 40a Pauschalierung der Lohnsteuer für Teilzeitbeschäftigte und geringfügig Beschäftigte

(1) ¹Der Arbeitgeber kann unter Verzicht auf den Abruf von elektronischen Lohnsteuerabzugsmerkmalen (§ 39e Absatz 4 Satz 2) oder die Vorlage einer Bescheinigung für den Lohnsteuerabzug (§ 39 Absatz 3 oder § 39e Absatz 7 oder Absatz 8) bei Arbeitnehmern, die nur kurzfristig

---
1 BMF v. 10.1.2000, BStBl 2000 I 138.
2 BFH v. 8.7.1993 - VI R 79/91, BStBl 1993 II 692.
3 BFH v. 24.9.2015 - VI R 69/14, BStBl 2016 II 176.
4 BFH v. 1.8.1985 - VI R 28/79, BStBl 1985 II 664.

beschäftigt werden, die Lohnsteuer mit einem Pauschsteuersatz von 25 Prozent des Arbeitslohns erheben. ²Eine kurzfristige Beschäftigung liegt vor, wenn der Arbeitnehmer bei dem Arbeitgeber gelegentlich, nicht regelmäßig wiederkehrend beschäftigt wird, die Dauer der Beschäftigung 18 zusammenhängende Arbeitstage nicht übersteigt und

1. der Arbeitslohn während der Beschäftigungsdauer 72 Euro durchschnittlich je Arbeitstag nicht übersteigt oder
2. die Beschäftigung zu einem unvorhersehbaren Zeitpunkt sofort erforderlich wird.

(2)¹ Der Arbeitgeber kann unter Verzicht auf den Abruf von elektronischen Lohnsteuerabzugsmerkmalen (§ 39e Absatz 4 Satz 2) oder die Vorlage einer Bescheinigung für den Lohnsteuerabzug (§ 39 Absatz 3 oder § 39e Absatz 7 oder Absatz 8) die Lohnsteuer einschließlich Solidaritätszuschlag und Kirchensteuern (einheitliche Pauschsteuer) für das Arbeitsentgelt aus geringfügigen Beschäftigungen im Sinne des § 8 Absatz 1 Nummer 1 oder des § 8a des Vierten Buches Sozialgesetzbuch, für das er Beiträge nach § 168 Absatz 1 Nummer 1b oder 1c (geringfügig versicherungspflichtig Beschäftigte) oder nach § 172 Absatz 3 oder 3a (versicherungsfrei oder von der Versicherungspflicht befreite geringfügig Beschäftigte) oder nach § 276a Absatz 1 (versicherungsfrei geringfügig Beschäftigte) des Sechsten Buches Sozialgesetzbuch zu entrichten hat, mit einem einheitlichen Pauschsteuersatz in Höhe von insgesamt 2 Prozent des Arbeitsentgelts erheben.

(2a)² Hat der Arbeitgeber in den Fällen des Absatzes 2 keine Beiträge nach § 168 Absatz 1 Nummer 1b oder 1c oder nach § 172 Absatz 3 oder 3a oder nach § 276a Absatz 1 des Sechsten Buches Sozialgesetzbuch zu entrichten, kann er unter Verzicht auf den Abruf von elektronischen Lohnsteuerabzugsmerkmalen (§ 39e Absatz 4 Satz 2) oder die Vorlage einer Bescheinigung für den Lohnsteuerabzug (§ 39 Absatz 3 oder § 39e Absatz 7 oder Absatz 8) die Lohnsteuer mit einem Pauschsteuersatz in Höhe von 20 Prozent des Arbeitsentgelts erheben.

(3) ¹Abweichend von den Absätzen 1 und 2a kann der Arbeitgeber unter Verzicht auf den Abruf von elektronischen Lohnsteuerabzugsmerkmalen (§ 39e Absatz 4 Satz 2) oder die Vorlage einer Bescheinigung für den Lohnsteuerabzug (§ 39 Absatz 3 oder § 39e Absatz 7 oder Absatz 8) bei Aushilfskräften, die in Betrieben der Land- und Forstwirtschaft im Sinne des § 13 Absatz 1 Nummer 1 bis 4 ausschließlich mit typisch land- oder forstwirtschaftlichen Arbeiten beschäftigt werden, die Lohnsteuer mit einem Pauschsteuersatz von 5 Prozent des Arbeitslohns erheben. ²Aushilfskräfte im Sinne dieser Vorschrift sind Personen, die für die Ausführung und für die Dauer von Arbeiten, die nicht ganzjährig anfallen, beschäftigt werden; eine Beschäftigung mit anderen land- und forstwirtschaftlichen Arbeiten ist unschädlich, wenn deren Dauer 25 Prozent der Gesamtbeschäftigungsdauer nicht überschreitet. ³Aushilfskräfte sind nicht Arbeitnehmer, die zu den land- und forstwirtschaftlichen Fachkräften gehören oder die der Arbeitgeber mehr als 180 Tage im Kalenderjahr beschäftigt.

(4) Die Pauschalierungen nach den Absätzen 1 und 3 sind unzulässig

1. bei Arbeitnehmern, deren Arbeitslohn während der Beschäftigungsdauer durchschnittlich je Arbeitsstunde 12 Euro übersteigt,
2. bei Arbeitnehmern, die für eine andere Beschäftigung von demselben Arbeitgeber Arbeitslohn beziehen, der nach § 39b oder § 39c dem Lohnsteuerabzug unterworfen wird.

---

1 **Anm. d. Red.:** Zur Anwendung des § 40a Abs. 2 siehe § 52 Abs. 38.
2 **Anm. d. Red.:** Zur Anwendung des § 40a Abs. 2a siehe § 52 Abs. 38.

(5) Auf die Pauschalierungen nach den Absätzen 1 bis 3 ist § 40 Absatz 3 anzuwenden.

(6)[11]¹Für die Erhebung der einheitlichen Pauschsteuer nach Absatz 2 ist die Deutsche Rentenversicherung Knappschaft-Bahn-See zuständig. ²Die Regelungen zum Steuerabzug vom Arbeitslohn sind entsprechend anzuwenden. ³Für die Anmeldung, Abführung und Vollstreckung der einheitlichen Pauschsteuer sowie die Erhebung eines Säumniszuschlags und das Mahnverfahren für die einheitliche Pauschsteuer gelten dabei die Regelungen für die Beiträge nach § 168 Absatz 1 Nummer 1b oder 1c oder nach § 172 Absatz 3 oder 3a oder nach § 276a Absatz 1 des Sechsten Buches Sozialgesetzbuch. ⁴Die Deutsche Rentenversicherung Knappschaft-Bahn-See hat die einheitliche Pauschsteuer auf die erhebungsberechtigten Körperschaften aufzuteilen; dabei entfallen aus Vereinfachungsgründen 90 Prozent der einheitlichen Pauschsteuer auf die Lohnsteuer, 5 Prozent auf den Solidaritätszuschlag und 5 Prozent auf die Kirchensteuern. ⁵Die erhebungsberechtigten Kirchen haben sich auf eine Aufteilung des Kirchensteueranteils zu verständigen und diesen der Deutschen Rentenversicherung Knappschaft-Bahn-See mitzuteilen. ⁶Die Deutsche Rentenversicherung Knappschaft-Bahn-See ist berechtigt, die einheitliche Pauschsteuer nach Absatz 2 zusammen mit den Sozialversicherungsbeiträgen beim Arbeitgeber einzuziehen.

Inhaltsübersicht

	Rz.
A. Allgemeine Erläuterungen	1 - 7
B. Systematische Kommentierung	8 - 39
I. Voraussetzungen der Pauschalierung bei kurzfristig und geringfügig beschäftigten Arbeitnehmern	8 - 9
II. Pauschalierung bei kurzfristig beschäftigten Arbeitnehmern nach § 40a Abs. 1 EStG	10 - 14
III. Pauschalierung bei geringfügig beschäftigten Arbeitnehmern nach § 40a Abs. 2 EStG	15 - 20
IV. Pauschsteuersatz von 20 % nach § 40a Abs. 2a EStG	21 - 27
V. Aushilfskräfte in der Land- und Forstwirtschaft nach § 40a Abs. 3 EStG	28 - 35
VI. Unzulässige Pauschalierung nach § 40a Abs. 4 EStG	36 - 37
VII. Zuständigkeiten und Aufzeichnungspflichten	38 - 39
C. Verfahrensfragen	40 - 42

HINWEIS:

R 40a.1 LStR; R 40a.2 LStR.

LITERATUR:

Pfeiffer, Mehr verdienen in Minijobs, NWB 2013, 2658; *Dürr*, Pauschalierung der Lohnsteuer nach §§ 40 ff. EStG, SteuerStud 2014, 610.

ARBEITSHILFEN UND GRUNDLAGEN ONLINE:

Romanowski, Geringfügig entlohnte Beschäftigung (Minijob), Grundlagen, NWB DokID: OAAAE-32435.

A. Allgemeine Erläuterungen

1 **Normzweck und wirtschaftliche Bedeutung der Vorschrift:** Mit § 40a EStG soll die Erhebung der LSt durch eine Pauschalierung für Aushilfskräfte und Teilzeitbeschäftigte vereinfacht werden. Ein Antrag oder eine Genehmigung sind nicht erforderlich. Die Entscheidung über eine

---

1 Anm. d. Red.: Zur Anwendung des § 40a Abs. 6 siehe § 52 Abs. 38.

Pauschalierung obliegt allein dem ArbG. Ohne Pauschalierung sind die allgemeinen Grundsätze der individuellen Lohnversteuerung mit Abruf der ELStAM nach § 39e EStG anzuwenden.

Entstehung und Entwicklung der Vorschrift: Eine umfassende Neuregelung fand zum Jahr 2003 statt. Die Arbeitsentgeltgrenzen sind zum 1.1.2013 geändert worden. 2

Geltungsbereich: Die Vorschrift gilt für alle ArbG mit geringfügig beschäftigten ArbN. 3

Verhältnis zu anderen Vorschriften: Es kommt beim Tatbestand der geringfügigen Beschäftigung auf die sozialversicherungsrechtlichen Vorgaben an. Sind diese nicht erfüllt, ist eine Pauschalierung nach § 40a EStG möglich, wenn die Voraussetzungen von § 40a Abs. 1 oder Abs. 3 EStG erfüllt sind.[1] 4

(Einstweilen frei) 5–7

B. Systematische Kommentierung

I. Voraussetzungen der Pauschalierung bei kurzfristig und geringfügig beschäftigten Arbeitnehmern

Die Besteuerung nach § 40a EStG ist eine eigene Besteuerungsart, bei der der ArbG Steuerschuldner ist. Zu unterscheiden sind drei Arten von geringfügig Beschäftigten: Geringfügigkeit wegen Entgelt (bis 450 € monatlich), wegen Zeit (im Kj. längstens drei Monate oder 70 Tage, § 8 Abs. 1 Nr. 2 SGB IV) unabhängig von der Höhe des Entgelts oder wegen ausschließlicher Beschäftigung im Privathaushalt (§ 8a SGB IV). 8

Bemessungsgrundlage für die Pauschalsteuer ist der stpfl. Arbeitslohn. Die LSt und steuerfreien Leistungen, auch diese nach der 44 €-Freigrenze, sind nicht hinzuzurechnen. Sonderzahlungen sind auf die Lohnzahlungszeiträume zu verteilen, für die sie erbracht werden (ggf. also zwölf Monate). 9

II. Pauschalierung bei kurzfristig beschäftigten Arbeitnehmern nach § 40a Abs. 1 EStG

Ein Pauschsteuersatz von 25 % auf Arbeitslohn ist möglich, wenn eine kurzfristige, also gelegentliche, nicht regelmäßig wiederkehrende, Tätigkeit vorliegt. Ein Zeitraum von 18 Tagen hintereinander darf dabei nicht überschritten werden. Hierbei muss es sich aber um Arbeitstage oder Tage handeln, für die Arbeitslohn gezahlt wird, z. B. Urlaub oder Krankheit. Feier- und Sonntage bleiben z. B. außer Betracht. Ein von vornherein vereinbarter wiederholter Einsatz ist nicht gelegentlich. Ohne Wiederholungsabsicht kann eine gelegentliche Tätigkeit auch beim selben ArbG vorliegen.[2] 10

Weitere Voraussetzung ist, dass der Arbeitslohn entweder 72 € durchschnittlich je Arbeitstag nicht übersteigt (Nr. 1) oder die Beschäftigung zu einem unvorhersehbaren Zeitpunkt sofort erforderlich ist (Nr. 2). Bei einem solchen unvorhergesehenen Zeitpunkt darf der Tagesdurchschnitt von 72 € überschritten werden. Dies ist z. B. bei krankheitsbedingten oder akuten Einsätzen wegen erhöhtem Arbeitsanfall der Fall. Unvorhersehbar ist ein Zeitpunkt auch, wenn der Einsatz nicht schon länger geplant ist (z. B. Urlaubsvertretung oder Einsatz bei geplantem 11

---

1 BFH v. 29.5.2008 - VI R 57/05, BStBl 2009 II 147.
2 *Dürr*, SteuerStud 2014, 610.

Fest). Der durchschnittliche Stundenlohn pro Zeitstunde[1] darf 12 € nicht übersteigen (Abs. 3). Die Ermittlung erfolgt im Durchschnitt anhand der tatsächlichen Arbeitsstunden und dem Gesamtlohn. Bei Überschreitung ist keine Pauschalierung der gesamten Beschäftigungszeit möglich (→ Rz. 36 f.).

12–14 *(Einstweilen frei)*

III. Pauschalierung bei geringfügig beschäftigten Arbeitnehmern nach § 40a Abs. 2 EStG

15 Bei Arbeitsentgelt aus einer geringfügig entlohnten Beschäftigung nach § 8 Abs. 1 Nr. 1 SGB IV (Geringfügigkeit – Minijob) oder § 8a SGB IV (Privathaushalt) kann anstelle der Berechnung der individuellen LSt nach ELStAM diese pauschal mit 2 % erhoben werden, wenn der ArbG auch pauschale Sozialversicherungsbeiträge für die Renten- und Krankenversicherung zahlt. Es besteht insofern ein Wahlrecht des ArbG auf individuelle oder pauschalierte Lohnsteuerberechnung.

16 Geringfügigkeit nach Sozialversicherungsrecht ist gegeben, wenn das Arbeitsentgelt regelmäßig (wiederkehrend, nicht nur gelegentlich) im Monat 450 € (bis 31. 12. 2012: 400 €)[2] nicht übersteigt. Die Ermittlung des regelmäßigen Arbeitsentgelts erfolgt nach der Anzahl der Monate, für die die Beschäftigung besteht. Im Zweifel gilt ein Zwölf-Monatszeitraum.[3] Das SGB IV schreibt keine Stundenanzahl oder Stundenlohngrenze vor. Jedoch ist der gesetzliche Mindestlohn zu beachten.[4] Daher ergibt sich eine Stundenbegrenzung. Mehrere nebeneinander ausgeübte Minijobs werden zusammengerechnet und dürfen insgesamt 450 € im Monat nicht übersteigen.[5]

17 Eine geringfügige Beschäftigung im Privathaushalt liegt vor, wenn diese ausschließlich in einem privaten Haushalt und sonst typischerweise durch Mitglieder des privaten Haushalts ausgeübt wird. Hierunter fallen z. B. Reinigungs- oder Gartenarbeit. Der Pauschsteuersatz gilt die Zuschlagsteuern SolZ und KiSt mit ab.

18 Die Pauschalierung der LSt mit 2 % knüpft an die sozialversicherungsrechtliche Behandlung des Beschäftigungsverhältnisses an. Dies gilt auch für die Bemessungsgrundlage. Diese ist für die 2 %ige Pauschalsteuer das sozialversicherungspflichtige Arbeitsentgelt. Steuerfreie sowie pauschalbesteuerte und sozialversicherungsfreie Leistungen beeinträchtigen die 450 €-Grenze nicht.[6] Hierunter fallen z. B. Zuwendungen nach der 44 €-Freigrenze (§ 8 Abs. 2 Satz 11 EStG), nach dem Rabattfreibetrag (§ 8 Abs. 3 EStG) oder nach § 3 Nr. 33, Nr. 45 EStG, sowie z. B. der Fahrtkostenzuschuss nach § 40 Abs. 2 Satz 2 EStG. Ein gelegentliches und nicht vorhersehbares Überschreiten der 450 €-Grenze führt nicht zur Sozialversicherungspflicht, wenn dies nur für bis zu zwei Monaten innerhalb eines Jahres vorkommt.

19–20 *(Einstweilen frei)*

---

1 BFH v. 10. 8. 1990 - VI R 89/88, BStBl 1990 II 1092.
2 *Eilts*, NWB 2013, 534; *Foerster*, StuB 2013, 49.
3 *Romanowski*, NWB DokID: OAAAE-32435; *Eilts*, NWB 2015, 898.
4 *Schmidt*, NWB 2014, 3640.
5 *Romanowski*, NWB DokID: OAAAE-32435, Rz. 35.
6 *Pfeiffer*, NWB 2013, 2658.

IV. Pauschsteuersatz von 20 % nach § 40a Abs. 2a EStG

Zahlt der ArbG keine pauschalen Sozialversicherungsbeiträge (z. B. weil die Geringfügigkeitsgrenzen aufgrund mehrfacher geringfügiger Beschäftigungen überschritten wurden), sondern die vollen Abgaben, so kann der ArbG einen Pauschalsteuersatz von 20 % für die LSt anwenden. Es besteht auch hier ein Wahlrecht des ArbG zur individuellen LSt. Ein Antrag und eine Genehmigung sind nicht erforderlich. Ebenso kann der ArbG seine ArbN unterschiedlich behandeln. 21

Voraussetzung ist aber auch hier, dass der Arbeitslohn je Arbeitsverhältnis nicht höher als 450 € (bis 31. 12. 2012 400 €) ist. Der Anwendungsfall ist z. B. gegeben, wenn ein ArbN neben seiner Haupttätigkeit mehrere Nebenbeschäftigungen von weniger als 450 € hat. Es gilt nur eine Nebenbeschäftigung als geringfügig nach Abs. 2.[1] Alle weiteren müssen mit vollen Sozialversicherungsbeiträgen und nach § 40a Abs. 2a EStG abgerechnet werden. Der Pauschsteuersatz kann nicht bei einer normalen Beschäftigung über 450 € angewandt werden. Unbeachtlich ist, ob der durchschnittliche Stundenlohn 12 € übersteigt (§ 40a Abs. 4 EStG). Zur Bemessungsgrundlage gelten die Ausführungen zu Abs. 2 (→ Rz. 16). 22

Es ist unerheblich, ob der ArbN noch in einem anderen Hauptarbeitsverhältnis steht. Es dürfen aber nicht gleichzeitig zwei Arbeitsverhältnisse (Haupt- und Nebentätigkeit) beim selben ArbN bestehen. Dann ist eine Pauschalierung ausgeschlossen (→ Rz. 36 f.). 23

Bei der Pauschalierung der LSt mit 20 % ist der SolZ und die KiSt nicht mit abgegolten. Diese fallen zusätzlich an. 24

Die Pauschalbesteuerung kann nachgeholt werden, solange keine LSt-Bescheinigung übermittelt wurde, eine Lohnsteueranmeldung kann berichtigt werden, wenn noch keine Festsetzungsverjährung eingetreten ist. 25

(Einstweilen frei) 26–27

V. Aushilfskräfte in der Land- und Forstwirtschaft nach § 40a Abs. 3 EStG

Für Löhne von Aushilfskräften in der Land- und Forstwirtschaft ist eine Pauschalsteuer von 5 % möglich, wenn der ArbN in einem land- und forstwirtschaftlichen Betrieb i. S. d. § 13 EStG nicht mehr als 180 Tage ausschließlich für typisch land- und forstwirtschaftliche Tätigkeiten tätig ist. Zudem darf der ArbN keine land- und forstwirtschaftliche Fachkraft sein und nur Arbeiten ausüben, die nicht ganzjährig anfallen.[2] Der Stundenlohn darf ebenfalls durchschnittlich 12 € nicht übersteigen (→ Rz. 11). Eine wöchentliche Stunden- oder monatliche Entgeltgrenze gibt es nicht. 28

Typische land- und forstwirtschaftliche Arbeiten sind alle anfallenden Arbeiten bis zur Verkaufsreife des Produkts (z. B. auch Feldarbeit, Kraftfahrer vom bzw. zum Feld, Bau von Waldwegen im Forstbetrieb). Bei einer Weiterverarbeitung des Produkts ist diese nicht gegeben.[3] Üben ArbN keine typische land- und forstwirtschaftliche Tätigkeit aus, z. B. Florist, Kellner, Verkäufer, oder sie üben abwechselnd auch andere Arbeiten aus, z. B. im Gewerbebetrieb oder Nebenbetrieb des gleichen Arbeitgebers, ist keine Pauschalierung der LSt mit 5 % möglich. 29

---

1 *Romanowski*, NWB DokID: OAAAE-32435 Rz. 35 ff.
2 *Dürr*, SteuerStud 2014, 610.
3 Z. B. Spargel, BFH v. 8. 5. 2008 - VI R 76/04, BStBl 2009 II 40.

30 Die Pauschalierung ist nur möglich, wenn der ArbN keine Fachkraft ist. Nach der Rspr. liegt eine Fachkraft vor, wenn der ArbN die Fertigkeiten für eine land- oder forstwirtschaftliche Tätigkeit im Rahmen einer Berufsausbildung erlernt hat oder ohne Ausbildung anstelle einer Fachkraft, z. B. als Traktorfahrer eingesetzt wird und keine Handlangerdienste oder einfache Tätigkeiten nach kurzer Anleitung ausübt.[1] Dies ist auch der Fall, wenn mehr als 25 % der zu beurteilenden Tätigkeit Kenntnisse einer Fachkraft erfordern.[2]

31 Bei der 180 Tage-Berechnung ist auf die Dauer des Beschäftigungsverhältnisses beim selben ArbG abzustellen. Bei tageweisen Aushilfstätigkeiten sind dies einzelne Arbeitstage. Bei einer wiederholten Beschäftigung muss der ArbG rückblickend rechnen. Gegebenenfalls entfallen rückwirkend die Voraussetzungen für eine Pauschalierung der LSt mit 5 %.

32 Tätigkeiten, die das ganze Jahr über anfallen (Füttern, Abfüllen, Abfahren von Gülle) können nicht mit 5 % pauschaliert werden. Maßgeblich ist, ob die Arbeiten als solche von ihrer Art her von vorübergehender Dauer oder das ganze Jahr über anfallen. Nicht ganzjährig sind Arbeiten, die abhängig vom Lebensrhythmus der produzierten Pflanzen oder Tiere sind und einen erkennbaren Abschluss haben, diese also nur einmal jährlich stattfinden.[3]

33–35 *(Einstweilen frei)*

VI. Unzulässige Pauschalierung nach § 40a Abs. 4 EStG

36 Bei Pauschalierungen nach Abs. 1 und 3 ist ein durchschnittlicher Stundenlohn von 12 € zu beachten (→ Rz. 11). Bei Übersteigen des Stundenlohns ist eine Pauschalierung nicht möglich.

37 Zudem ist eine Pauschalierung unzulässig, wenn in Fällen des Abs. 1 und Abs. 3 der ArbN beim ArbG Lohn bezieht, der mit individueller LSt unterworfen wird. Es liegt dann ein einheitliches Beschäftigungsverhältnis vor, welches nicht aufgeteilt werden kann.[4] Eine Tätigkeit in zwei Betrieben des gleichen Inhabers ist kein einheitliches Beschäftigungsverhältnis.[5]

VII. Zuständigkeiten und Aufzeichnungspflichten

38 Nach § 4 Abs. 2 Nr. 8 Satz 4 LStDV muss der ArbG bei einer Pauschalierung der LSt Name und Anschrift des ArbN, Dauer der Beschäftigung, Tag der Zahlung, Höhe des Arbeitslohns (auch steuerfreier Arbeitslohn und pauschal besteuerte Fahrtkostenzuschüsse) und Art der Beschäftigung bei Tätigkeiten nach Abs. 3 aufzeichnen. Bei fehlenden oder fehlerhaften Aufzeichnungen müssen die Voraussetzungen der Pauschalierung auf andere Weise nachgewiesen oder zumindest glaubhaft gemacht werden. Durch die Aufzeichnung der Beschäftigungsdauer muss der Stundenlohn zu ermitteln sein, wenn dieser 12 € nicht übersteigen darf (§ 40a Abs. 1 und Abs. 3 EStG, → Rz. 11). Es ist die Zahl der tatsächlichen Arbeitsstunden (Stunden oder Strichlisten à 60 Minuten) in dem jeweiligen Monat aufzuzeichnen.[6] Auch der Arbeitsvertrag, in dem die Stunden enthalten sind, ist ausreichend. Bei der Pauschalierung nach Abs. 1 sind zudem die Zahl der Arbeitstage festzuhalten. Zusätzlich ist bei einer Pauschalierung nach Abs. 3 auch die Art der Tätigkeit aufzuzeichnen.

---

1 BFH v. 25. 10. 2005 - VI R 59/03, BStBl 2006 II 204.
2 BFH v. 25. 10. 2005 - VI R 60/03, BStBl 2006 II 206.
3 BFH v. 25. 10. 2005 - VI R 59/03 und VI R 60/03, BStBl 2006 II 204 und 206.
4 BFH v. 4. 8. 1994 - VI R 94/93, BStBl 1994 II 944.
5 FG Münster v. 21. 3. 2003 - 11 K 1158/01 L, EFG 2003, 864, rkr.
6 BFH v. 10. 9. 1976 - VI R 220/75, BStBl 1977 II 17.

Für die Erhebung der Pauschalsteuer nach § 40a Abs. 2 EStG ist die Minijobzentrale bei der Deutschen Rentenversicherung Knappschaft-Bahn-See zuständig. Die pauschale LSt nach § 40a Abs. 1 und 3 EStG sowie der SolZ und die KiSt sind in der LSt-Anmeldung beim Betriebsstätten-FA anzumelden und abzuführen. 39

C. Verfahrensfragen

Schuldner der pauschalen LSt ist der ArbG. Mit der Pauschalierung ist die Besteuerung des Arbeitslohns des ArbN abgeschlossen. Sowohl die Einkünfte als auch die pauschale LSt bleiben bei der Veranlagung des ArbN außer Betracht. Der ArbN kann keine WK mehr geltend machen. Die Steuerschuld entsteht mit Ablauf des Lohnzahlungszeitraums. Der ArbG kann eine zunächst vorgenommene Pauschalierung am Jahresende rückwirkend ändern und zur individuellen Lohnversteuerung übergehen.[1] Ist eine Pauschalbesteuerung fehlerhaft, so ist das Wohnsitz-FA an diese nicht gebunden.[2] Wird die Pauschalierung durch das Wohnsitz-FA des ArbN rückgängig gemacht, hat der ArbG einen Anspruch auf Erstattung der pauschalen LSt. 40

Werden die Betragsgrenzen der jeweiligen Pauschalierungsnorm überschritten, muss rückwirkend individuelle LSt abgeführt werden. Für steuerpflichtige Zahlungen, die nicht zum sozialversicherungspflichtigen Entgelt gehören (z. B. Abfindungen), ist die Pauschalierung mit 2 % nach § 40a Abs. 2a EStG nicht zulässig. Diese sind immer individuell zu besteuern.[3] 41

Die Abwälzung der Pauschalsteuer nach § 40a EStG auf den Arbeitnehmer ist zulässig, sie ist ein arbeitsrechtlicher Vorgang. Dies darf sich nicht auf die Bemessungsgrundlage auswirken (vgl. KKB/Karbe-Geßler, § 40 EStG Rz. 38). Eine Abwälzung der Pauschalbeiträge für die Renten- und Krankenversicherung ist nicht zulässig. 42

§ 40b Pauschalierung der Lohnsteuer bei bestimmten Zukunftssicherungsleistungen

(1)[4] Der Arbeitgeber kann die Lohnsteuer von den Zuwendungen zum Aufbau einer nicht kapitalgedeckten betrieblichen Altersversorgung an eine Pensionskasse mit einem Pauschsteuersatz von 20 Prozent der Zuwendungen erheben.

(2)[5] ¹Absatz 1 gilt nicht, soweit die zu besteuernden Zuwendungen des Arbeitgebers für den Arbeitnehmer 1 752 Euro im Kalenderjahr übersteigen oder nicht aus seinem ersten Dienstverhältnis bezogen werden. ²Sind mehrere Arbeitnehmer gemeinsam in der Pensionskasse versichert, so gilt als Zuwendung für den einzelnen Arbeitnehmer der Teilbetrag, der sich bei einer Aufteilung der gesamten Zuwendungen durch die Zahl der begünstigten Arbeitnehmer ergibt, wenn dieser Teilbetrag 1 752 Euro nicht übersteigt; hierbei sind Arbeitnehmer, für die Zuwendungen von mehr als 2 148 Euro im Kalenderjahr geleistet werden, nicht einzubeziehen. ³Für Zuwendungen, die der Arbeitgeber für den Arbeitnehmer aus Anlass der Beendigung des Dienstverhältnisses erbracht hat, vervielfältigt sich der Betrag von 1 752 Euro mit der Anzahl der Kalenderjahre, in denen das Dienstverhältnis des Arbeitnehmers zu dem Arbeitgeber be-

---

1 BFH v. 26. 11. 2003 - VI R 10/99, BStBl 2004 II 195.
2 BFH v. 10. 6. 1988 - III R 232/84, BStBl 1988 II 981.
3 R 40a.2 Satz 4 LStR.
4 **Anm. d. Red.:** Zur Anwendung des § 40b Abs. 1 siehe § 52 Abs. 40.
5 **Anm. d. Red.:** Zur Anwendung des § 40b Abs. 2 siehe § 52 Abs. 40.

standen hat; in diesem Fall ist Satz 2 nicht anzuwenden. ⁴Der vervielfältigte Betrag vermindert sich um die nach Absatz 1 pauschal besteuerten Zuwendungen, die der Arbeitgeber in dem Kalenderjahr, in dem das Dienstverhältnis beendet wird, und in den sechs vorangegangenen Kalenderjahren erbracht hat.

(3) Von den Beiträgen für eine Unfallversicherung des Arbeitnehmers kann der Arbeitgeber die Lohnsteuer mit einem Pauschsteuersatz von 20 Prozent der Beiträge erheben, wenn mehrere Arbeitnehmer gemeinsam in einem Unfallversicherungsvertrag versichert sind und der Teilbetrag, der sich bei einer Aufteilung der gesamten Beiträge nach Abzug der Versicherungsteuer durch die Zahl der begünstigten Arbeitnehmer ergibt, 62 Euro im Kalenderjahr nicht übersteigt.

(4) In den Fällen des § 19 Absatz 1 Satz 1 Nummer 3 Satz 2 hat der Arbeitgeber die Lohnsteuer mit einem Pauschsteuersatz in Höhe von 15 Prozent der Sonderzahlungen zu erheben.

(5) ¹§ 40 Absatz 3 ist anzuwenden. ²Die Anwendung des § 40 Absatz 1 Satz 1 Nummer 1 auf Bezüge im Sinne des Absatzes 1, des Absatzes 3 und des Absatzes 4 ist ausgeschlossen.

Inhaltsübersicht	Rz.
A. Allgemeine Erläuterungen	1 – 11
B. Systematische Kommentierung	12 – 34
I. Pauschalierung von Zukunftssicherungsleistungen nach § 40b Abs. 1 EStG	12 – 14
II. Pauschalierungsgrenze nach § 40b Abs. 2 EStG	15 – 26
III. Pauschalierung von Beiträgen zur Unfallversicherung nach § 40b Abs. 3 EStG	27
IV. Pflicht zur Pauschalierung nach § 40b Abs. 4 EStG	28
V. Aufzeichnungspflichten	29 – 34
C. Verfahrensfragen	35 – 38

HINWEIS:
R 40b.1, R 40b.2 LStR; BMF v. 24. 7. 2013, BStBl 2013 I 1022, geändert durch BMF v. 13. 1. 2014, BStBl 2014 I 97 und BMF v. 13. 3. 2014, BStBl 2014 I 554.

LITERATUR:
Hilbert/Sperandio, Arbeitgeberbeiträge zu einer Gruppenkrankenversicherung, NWB 2011, 3032.

A. Allgemeine Erläuterungen

1 **Normzweck und wirtschaftliche Bedeutung der Vorschrift:** § 40b EStG regelt die Pauschalbesteuerung einer betrieblichen Altersversorgung.

2 **Entstehung und Entwicklung der Vorschrift:** Kapitaldeckende Versorgungszusagen, die ab 1. 1. 2015 vereinbart wurden, sind nicht mehr pauschal zu besteuern. Grund hierfür war die Umstellung der Rentenbesteuerung auf eine nachgelagerte Besteuerung. Der pauschalen Besteuerung nach § 40b EStG unterliegen nur noch Zuwendungen an eine umlagefinanzierten Pensionskasse oder Beiträge an Pensionskassen oder für Direktversicherungen, die bis 31. 12. 2004 abgeschlossen wurde. Seit dem JStG 2007 zählen auch lfd. Beiträge und Zuwendungen des ArbG aus einem bestehenden Dienstverhältnis an einen Pensionsfonds, eine Pensionskasse oder für eine Direktversicherung für eine betriebliche Altersversorgung zum Arbeits-

lohn nach § 19 Abs. 1 Satz 1 Nr. 3 Satz 1 EStG.[1] Zudem zählen seitdem auch Sonderzahlungen des ArbG an eine Versorgungseinrichtung (z. B. bei Austritt aus der Versorgungsanstalt des Bundes und der Länder – VBL) zum Arbeitslohn (§ 19 Abs. 1 Satz 1 Nr. 3 Satz 2 EStG). Für diese muss der ArbG aufgrund des durch das JStG 2007 eingeführten § 40b Abs. 4 EStG zwingend 15 % Pauschalsteuer abziehen.

Geltungsbereich: § 40b EStG gilt für Beiträge an Pensionskassen und Direktversicherungen. Eine Pensionskasse ist eine rechtsfähige Versorgungseinrichtung, die dem begünstigten ArbN oder seinen Hinterbliebenen einen Rechtsanspruch auf die Versorgungsleistungen gewährt und von einem oder mehreren ArbG getragen wird (§ 1b Abs. 3 Satz 1 BetrAVG). Auch nicht-rechtsfähige Zusatzversorgungseinrichtungen des öffentlichen Dienstes nach § 18 BetrAVG (z. B. VBL) fallen darunter. Der Sitz der Pensionskasse, z. B. im Ausland, spielt keine Rolle. 3

Eine Direktversicherung ist eine Versicherung, die der ArbG bezahlt und bei der der ArbN oder seine Hinterbliebenen einen direkten Anspruch auf die Versicherungsleistungen erwirbt (§ 1b Abs. 2 Satz 1 BetrAVG). Hierunter fallen alle Arten von Versicherungen (z. B. Kapital-, Risiko-, Renten-, fondsgebundene Lebens-, Kranken-, Unfall- und Haftpflichtversicherungen). 4

Vereinbarkeit mit höherrangigem Recht: Der BFH hat dem BVerfG die Frage vorgelegt, ob die Erhebung der pauschalen LSt auf Sonderzahlungen an eine Pensionskasse nach § 40b Abs. 4 EStG verfassungsgemäß ist.[2] Der BFH selbst hat Zweifel daran und sieht das Gebot der Besteuerung nach der wirtschaftlichen Leistungsfähigkeit nach Art. 3 Abs. 1 GG verletzt, weil der ArbG ESt für den ArbN nicht nur erheben, sondern auch tragen müsse, ohne dass er die Möglichkeit hat, die ESt seinem ArbN zu belasten. Diese Auffassung wird im Schrifttum unterstützt,[3] ihr wird z. T. widersprochen.[4] 5

Verhältnis zu anderen Vorschriften: Die Pauschalierung nach § 40 Abs. 1 Satz 1 Nr. 1 EStG ist nicht möglich (§ 40 Abs. 5 Satz 2 EStG). Aufgrund des Rechtsanspruchs sind Zuwendungen des ArbG an die Pensionskasse gegenwärtig zufließender Arbeitslohn des ArbN (§ 19 Abs. 1 Satz 1 Nr. 3 Satz 1 EStG). Nach § 3 Nr. 63 Satz 1 EStG sind Beiträge des ArbG in eine betriebliche Altersversorgung seit 1. 1. 2018 bis zu 8 % der BBG zur gesetzlichen Rentenversicherungssteuer- und sozialversicherungsfrei.[5] Vom Dotierungsrahmen sind Beträge, die pauschal nach § 40b EStG, § 40b Abs. 1 und 2 Satz 1 EStG versteuert werden, abzuziehen. Weitere Zahlungen des ArbG darüber hinaus müssen individuell besteuert werden. Werden die Beiträge zu einer Pensionskasse in der Ansparphase pauschal mit 20 % besteuert,[6] sind die späteren Rentenzahlungen aus der Pensionskasse an den ArbN als sonstige Einkünfte nach § 22 Nr. 5 Satz 2a EStG i.V. m. § 22 Nr. 1 Satz 3a bb EStG mit dem geringeren Ertragsanteil steuerpflichtig. Zusatzversicherungsbeiträge des Arbeitgebers können auch Sachlohn darstellen und fallen dann unter die Freigrenze nach § 8 Abs. 2 Satz 11 EStG.[7] 6

Die Beiträge des ArbG zu Direktversicherungen gehören zum steuer- und beitragspflichtigen Arbeitslohn (§ 2 Abs. 2 Nr. 3 Satz 1 LStDV). Sie sind seit 1. 1. 2005 wie die Beiträge zur Pensions- 7

---

1 JStG 2007 v. 13. 12. 2006, BGBl 2006 I 2878, BStBl 2007 I 28.
2 BFH v. 14. 11. 2013 – VI R 49/12 und VI R 50/12, BFH/NV 2014, 418 = NWB DokID: CAAAE-54076 und BFH/NV 2014, 423 = MAAAE-54077, Az. beim BVerfG: 2 BvL 7/14, NWB DokID: GAAAE-56075.
3 HHR/*Reuss*, Jahresband 2007, § 40b EStG Rz. J 06-5; HHR/*Apitz*, Jahresband 2007, § 19 EStG Rz. 06-2, *Barein* in Littmann/Bitz/Pust, § 19 EStG Rz. 194c.
4 *Wagner* in Heuermann/Wagner, LSt, H Rz. 106; HHR/*Pflüger*, § 19 EStG Rz. 331.
5 Siehe Kommentierung KKB/Nacke, § 3 Nr. 63.
6 BMF-Schreiben v. 6.12.2017, Rz. 31,85 ff.
7 BFH v. 7.6.2018 – VI R 13/16, NWB DokID: BAAAG-94181.

kasse nach § 3 Nr. 63 EStG steuerfrei, wenn die Direktversicherung eine Auszahlung der gesamten Alters-, Invaliditäts- oder Hinterbliebenenversorgung in Form einer lebenslänglichen Rente oder eines entsprechenden Auszahlungsplans vorsehen. Bei Steuerfreiheit nach § 3 Nr. 63 EStG sind die Zahlungen aus einer Direktversicherung im Zeitpunkt der Auszahlung in vollem Umfang als sonstige Einkünfte besteuert, soweit sie auf steuerfreien Beitragsleistungen des Arbeitgebers beruhen (§ 22 Nr. 5 Satz 1 EStG). Zahlungen aus Altzusagen, die weiter pauschal mit 20 % versteuert wurden, sind mit einem sehr geringen Ertragsanteil (z. B. 18 % bei Rentenbeginn mit 65 Jahren) als sonstige Einkünfte zu versteuern (§ 22 Nr. 5 Satz 2 EStG).

8–11 (Einstweilen frei)

B. Systematische Kommentierung

I. Pauschalierung von Zukunftssicherungsleistungen nach § 40b Abs. 1 EStG

12 Mit 20 % pauschal besteuert, können Beiträge an eine Pensionskasse (→ Rz. 3) zu einer umlagefinanzierten betrieblichen Altersversorgung (sog. nicht kapitalgedeckte Pensionskasse) werden. Dazu zählen vor allem Beiträge an Zusatzversorgungseinrichtungen des öffentlichen Dienstes, z. B. VBL oder kommunale Zusatzversorgungskassen. Beiträge an Unterstützungskassen zählen nicht dazu, weil sie keinen Rechtsanspruch auf Leistungen gewähren und daher die Zahlungen keinen Arbeitslohn darstellen.

13 Außerdem können Leistungen an Pensionskassen und Beiträge an Direktversicherungen, die vor dem 1.1.2005 abgeschlossen wurden (sog. Altfälle), mit 20 % pauschal besteuert werden. Die Fortführung der Pauschalierung mit 20 % für Altfälle war notwendig, weil nur ein Teil der am 31.12.2004 bestehenden Direktversicherungsverträge die Voraussetzungen für die seit 1.1.2005 geltende Steuerbefreiung nach § 3 Nr. 63 EStG erfüllte. Die Steuerfreiheit nach § 3 Nr. 63 EStG scheidet aus, wenn die späteren Versorgungsleistungen als einmalige Kapitalleistung erbracht werden sollen. Voraussetzung für die Pauschalierung von Beiträgen an eine Direktversicherung ist, dass die Versicherung nicht auf den Erlebensfall eines früheren als des 60. Lj. des ArbN abgeschlossen ist und die Abtretung oder Beleihung eines dem ArbN eingeräumten unwiderruflichen Bezugsrechts oder eine vorzeitige Kündigung des Versicherungsvertrags durch den ArbN ausgeschlossen ist.[1]

14 Barzuwendungen an ArbN, die diese dann zur Altersversorgung verwenden, fallen nicht in den Anwendungsbereich. Allerdings kann der ArbN zusätzlich zu den Leistungen des ArbG Zahlungen leisten. Diese sind kein Arbeitslohn und fallen nicht unter die Pauschalierung.[2]

II. Pauschalierungsgrenze nach § 40b Abs. 2 EStG

15 Die Pauschalierung ist nur im ersten Arbeitsverhältnis, also mit der Steuerklasse I bis V möglich,[3] bei einem ArbN mit der Steuerklasse VI dagegen nicht. Bei einem ArbG-Wechsel im Jahr gelten die Arbeitsverhältnisse nacheinander. Dies gilt auch bei Teilzeitverhältnissen.[4]

---

1 R 40b.1 Abs. 6 LStR.
2 BFH v. 9.12.2010 - VI R 23/09, BFH/NV 2011, 972 = NWB DokID: YAAAD-81024.
3 BFH v. 12.8.1996 - VI R 27/96, BStBl 1997 II 143.
4 BFH v. 8.12.1989 - VI R 165/86, BStBl 1990 II 398.

Es sind nur Beiträge bis zu einer Grenze von 1 752 € pro ArbN jährlich pauschalierungsfähig. Pauschaliert werden kann nur in dem Jahr, in dem die Leistungen erbracht werden. Eine Pauschalierung ist aber auch nach Ausscheiden des ArbN möglich, auch wenn dieser bereits in einem neuen Arbeitsverhältnis beschäftigt ist.[1] Eine Vervielfältigung für Beiträge für zurückliegende Jahre, die nicht gezahlt worden sind, ist nicht möglich, weil die Pauschalierung nicht in Anspruch genommen wurde.[2]

Gleichgültig ist, ob die Beiträge zusätzlich zum ohnehin geschuldeten oder anstelle des Arbeitslohns (Gehaltsumwandlung – Herabsetzung des steuerpflichtigen Arbeitslohns) geleistet werden. Die Gehaltsumwandlung kann beim laufenden Arbeitslohn oder bei einer einmaligen Zuwendung erfolgen. Die Umwandlung vom laufenden Arbeitslohn führt allerdings nicht zur Sozialversicherungsfreiheit, es sei denn, der Arbeitslohn liegt auch nach der Umwandlung weiter über der Beitragsbemessungsgrenze. Übersteigende Beträge sind steuerpflichtiger Arbeitslohn.[3]

Wenn mehrere ArbN in einem Versicherungsvertrag oder einer Pensionskasse versichert und die Personen und Wagnisse gemeinsam bezeichnet sind, ist der Wert pro ArbN in einer Durchschnittsberechnung zu ermitteln. Dadurch kann für einen ArbN, für den ein höherer Beitrag von 1 752 € anfällt, dennoch die Pauschalierung möglich sein. Die Durchschnittsberechnung entfällt für Beiträge, die für einen ArbN 2 148 € übersteigen. Eigenanteile sind unschädlich, da sie keinen Lohn darstellen.[4] Auch steuerfreie Beiträge an Pensionskassen oder Direktversicherungen oder solche, die individuell versteuert werden (z. B. Riester-Rente), sind gleichgültig.[5] Alle anderen steuerpflichtigen Beiträge an Direktversicherungen und Pensionskassen für ArbN sind zusammenzurechnen und durch die Anzahl der ArbN zu teilen. Dies kann auch erfolgen, wenn ArbN in einer Direktversicherung (Altvertrag) und andere ArbN in einer Pensionskasse versichert sind oder ein Rahmenvertrag vorliegt, der alle Personen und Wagnisse bezeichnet. Liegt der Durchschnittsbetrag unter 1 752 € so kann für jeden ArbN die LSt pauschaliert werden. Kommen weitere Leistungen an ArbN hinzu, so dürfen nur 1 752 € berücksichtigt werden. Bei Übersteigen sind die Leistungen an die einzelnen ArbN zu berücksichtigen und individuell mit LSt zu versteuern.

Werden Leistungen aus Anlass der Beendigung des Arbeitsverhältnisses erbracht, darf der Betrag von 1 752 € um die Jahre (angefangene Jahre zählen voll), die der ArbN beim ArbG beschäftigt war, vervielfältigt werden. Die Gründe für die Beendigung sind gleichgültig. Es muss sich jedoch um eine zivilrechtliche wirksame Beendigung handeln. Der Neubeginn eines Arbeitsverhältnisses beim selben ArbG ist gleichgültig. Jedoch darf es sich nicht um eine Fortsetzung handeln. Dies ist gegeben, wenn die Entlohnung, der Arbeitsbereich und die sozialen Besitzstände dem bisherigen Arbeitsverhältnis entsprechen.[6] Der Zusammenhang mit der Beendigung ist gegeben, wenn die Zahlung an die Direktversicherung innerhalb von drei Monaten vor dem Auflösungszeitpunkt geleistet wird.[7] Die Durchschnittsberechnung nach Satz 2 entfällt. Auf die ermittelte Pauschalierungsgrenze sind Beiträge für ArbN in dem Kj. in dem das

---

1 BFH v. 18. 12. 1987 – VI R 245/80, BStBl 1988 II 554.
2 BFH v. 18. 12. 1987 – VI R 204/83, BStBl 1988 II 379.
3 R 40b.1 Abs. 8 Satz 2 LStR.
4 BFH v. 12. 4. 2007 – VI R 55/05, BStBl 2007 II 619.
5 R 40b.1 Abs. 9 Satz 4 LStR; BFH v. 12. 4. 2007 – VI R 55/05, BStBl 2007 II 619.
6 BFH v. 30. 10. 2008 – VI R 53/05, BStBl 2009 II 162.
7 R 40b.1 Abs. 11 Satz 3 LStR.

Arbeitsverhältnis beendet wurde und den sechs vorangegangenen Kj., die nach Abs. 1 pauschal versteuert wurden, anzurechnen.[1]

20 Lässt sich der ArbG das Deckungskapital später wieder von der Direktversicherung auszahlen, liegt keine Lohnrückzahlung vor. Diese ist gegeben, wenn der ArbN sein Bezugsrecht verliert (z. B. wegen Ausscheiden aus dem Arbeitsverhältnis)[2] und mit pauschal besteuerbaren Beitragszahlungen des ArbG im selben Kj. bis maximal auf 0 € verrechnet wird. Die Minderung der Beiträge aus den Vorjahren ist nicht möglich.[3] Dies gilt auch für Zuwendungen an Pensionskassen.

21 Scheidet der ArbG aus der VBL und damit aus der Zusatzversorgung des ArbN aus, führt dies nicht zur Rückzahlung von Arbeitslohn und zu negativem Arbeitslohn oder zu WK bei dem ArbN.[4]

22–26 *(Einstweilen frei)*

III. Pauschalierung von Beiträgen zur Unfallversicherung nach § 40b Abs. 3 EStG

27 Übernimmt der ArbG Beiträge zur Unfallversicherung des ArbN, liegt ein steuerpflichtiger Arbeitslohn vor.[5] Beiträge für berufliche Unfälle oder bei Auswärtstätigkeiten sind steuerfrei (vgl. KKB/Merx, § 19 EStG Rz. 371 – Stichwort „Unfallversicherung"). Steuerpflichtige Beiträge des ArbG für eine Unfallversicherung des ArbN dürfen mit einem Pauschsteuersatz von 20 % besteuert werden, wenn es sich um eine Gruppenunfallversicherung handelt, die vorliegt, wenn die versicherten Personen und Wagnisse bezeichnet sind. Dies kann auch ein Rahmenvertrag sein, der ebenfalls alle ArbN bezeichnet.[6] Die Pauschalierung ist allerdings nur möglich, wenn der Durchschnittsbeitrag ohne Versicherungssteuer 62 € jährlich pro ArbN nicht übersteigt. Der Beitrag der Gruppenversicherung ist dabei durch die Anzahl aller begünstigten ArbN zu teilen. Bei übersteigenden Beiträgen ist der Durchschnittsbetrag als Arbeitslohn dem LSt-Abzug zu unterwerfen. Gleiches gilt bei Beiträgen, die zu keiner Gruppenversicherung zählen.[7]

IV. Pflicht zur Pauschalierung nach § 40b Abs. 4 EStG

28 Sonderzahlungen des ArbG an betriebliche Zusatzversorgungskassen sind steuerpflichtiger Arbeitslohn (§ 19 Abs. 1 Satz 1 Nr. 3 Satz 2 EStG). Für diese Sonderzahlungen ist der ArbG verpflichtet eine Pauschalierung von 15 % vorzunehmen. Entgegen der anderen Pauschalierungsvorschriften hat der ArbG hier kein Wahlrecht. Dies führt dazu, dass der ArbG originär Schuldner der LSt.[8] Die Überwälzung auf den ArbN kann nur erfolgen, wenn freiwillige arbeitsrechtliche Vereinbarungen bestehen.[9] Allerdings wird nur selten vorkommen, dass der ArbN keine solche freiwillige Vereinbarung schließen wird.

---

1 R 40b.1 Abs. 11 Satz 5 LStR.
2 R 40b.1 Abs. 13 LStR.
3 R 40b. 1 Abs. 14 LStR.
4 BFH v. 7. 5. 2009 - VI R 37/08, BStBl 2010 II 135; BFH v. 7. 5. 2009 - VI R 16/07, BStBl 2010 II 130.
5 BMF v. 28. 10. 2009, BStBl 2009 I 1275, Tz. 1.4, Hilbert/Sperandio, NWB 2011, 3032.
6 R 40b.2 Satz 3 LStR.
7 BMF v. 28. 10. 2009, BStBl 2009 I 1275.
8 BFH v. 14. 11. 2013 - VI R 49/12 und VI R 50/12, NWB DokID: CAAAE-54076 und NWB DokID: MAAAE-54077.
9 BT-Drucks. 16/2712, 57; BR-Drucks. 622/06, 95.

V. Aufzeichnungspflichten

Der ArbG hat nachzuweisen, dass es sich beim ArbN um das erste Arbeitsverhältnis handelt.[1] 29
Dies ist durch den Abruf der ELStAM möglich.

Die weiteren Aufzeichnungspflichten erfolgen aus § 4 Abs. 2 Nr. 8 LStDV. Die Pauschalierung 30
ist auch bei Arbeitsverhältnissen zwischen Ehegatten oder Kindern möglich. Allerdings müssen
die Verträge einem Fremdvergleich standhalten.[2]

(Einstweilen frei) 31–34

C. Verfahrensfragen

Die Leistungen des ArbG bleiben bei der ESt-Veranlagung des ArbN außer Ansatz. Der ArbN 35
kann daher auch keine Sonderausgaben geltend machen.

Die pauschale Steuer entsteht mit dem Zeitpunkt der Zahlung der Beiträge durch den ArbG 36
(§ 40 Abs. 3 EStG). Ist die Pauschalierung rechtswidrig oder fehlgeschlagen, sind die Beiträge in
die ESt-Veranlagung einzubeziehen.[3] Eine Nachholung der Pauschalierung im Rahmen der ESt-
Veranlagung des ArbN ist nicht möglich.[4]

Beiträge nach § 40b EStG sind nicht sozialversicherungspflichtig. Beiträge aufgrund einer Ge- 37
haltsumwandlung sind dagegen nach § 1 Nr. 4 SvEV sozialversicherungspflichtig. Auch kennt
die Sozialversicherung keine Durchschnittsberechnung. Somit sind Beträge über 1 752 € pro
ArbN sozialversicherungspflichtig.

Die 44 €-Freigrenze ist auf Zukunftssicherungsleistungen nicht anwendbar.[5] 38

§ 41 Aufzeichnungspflichten beim Lohnsteuerabzug

(1) ¹Der Arbeitgeber hat am Ort der Betriebsstätte (Absatz 2) für jeden Arbeitnehmer und jedes Kalenderjahr ein Lohnkonto zu führen. ²In das Lohnkonto sind die nach § 39e Absatz 4 Satz 2 und Absatz 5 Satz 3 abgerufenen elektronischen Lohnsteuerabzugsmerkmale sowie die für den Lohnsteuerabzug erforderlichen Merkmale aus der vom Finanzamt ausgestellten Bescheinigung für den Lohnsteuerabzug (§ 39 Absatz 3 oder § 39e Absatz 7 oder Absatz 8) zu übernehmen. ³Bei jeder Lohnzahlung für das Kalenderjahr, für das das Lohnkonto gilt, sind im Lohnkonto die Art und Höhe des gezahlten Arbeitslohns einschließlich der steuerfreien Bezüge sowie die einbehaltene oder übernommene Lohnsteuer einzutragen; an die Stelle der Lohnzahlung tritt in den Fällen des § 39b Absatz 5 Satz 1 die Lohnabrechnung. ⁴Ferner sind das Kurzarbeitergeld, das Schlechtwettergeld, das Winterausfallgeld, der Zuschuss zum Mutter-

---

1 BFH v. 8.12.1989 - VI R 165/86, BStBl 1990 II 398.
2 BFH v. 10.11.1982 - I R 135/80, BStBl 1983 II 173.
3 BFH v. 10.6.1988 - III R 232/84, BStBl 1988 II 981.
4 BFH v. 15.12.1989 - VI B 78/88, BStBl 1990 II 344.
5 BMF v. 10.10.2013 - BStBl 2013 I 1301.

schaftsgeld nach dem Mutterschutzgesetz, der Zuschuss bei Beschäftigungsverboten für die Zeit vor oder nach einer Entbindung sowie für den Entbindungstag während einer Elternzeit nach beamtenrechtlichen Vorschriften, die Entschädigungen für Verdienstausfall nach dem Infektionsschutzgesetz vom 20. Juli 2000 (BGBl I S. 1045) sowie die nach § 3 Nummer 28 steuerfreien Aufstockungsbeträge oder Zuschläge einzutragen. [5]Ist während der Dauer des Dienstverhältnisses in anderen Fällen als in denen des Satzes 4 der Anspruch auf Arbeitslohn für mindestens fünf aufeinander folgende Arbeitstage im Wesentlichen weggefallen, so ist dies jeweils durch Eintragung des Großbuchstabens U zu vermerken. [6]Hat der Arbeitgeber die Lohnsteuer von einem sonstigen Bezug im ersten Dienstverhältnis berechnet und ist dabei der Arbeitslohn aus früheren Dienstverhältnissen des Kalenderjahres außer Betracht geblieben, so ist dies durch Eintragung des Großbuchstabens S zu vermerken. [7]Die Bundesregierung wird ermächtigt, durch Rechtsverordnung mit Zustimmung des Bundesrates vorzuschreiben, welche Einzelangaben im Lohnkonto aufzuzeichnen sind und Einzelheiten für eine elektronische Bereitstellung dieser Daten im Rahmen einer Lohnsteuer-Außenprüfung oder einer Lohnsteuer-Nachschau durch die Einrichtung einer einheitlichen digitalen Schnittstelle zu regeln. [8]Dabei können für Arbeitnehmer mit geringem Arbeitslohn und für die Fälle der §§ 40 bis 40b Aufzeichnungserleichterungen sowie für steuerfreie Bezüge Aufzeichnungen außerhalb des Lohnkontos zugelassen werden. [9]Die Lohnkonten sind bis zum Ablauf des sechsten Kalenderjahres, das auf die zuletzt eingetragene Lohnzahlung folgt, aufzubewahren. [10]Die Aufbewahrungsfrist nach Satz 9 gilt abweichend von § 93c Absatz 1 Nummer 4 der Abgabenordnung auch für die dort genannten Aufzeichnungen und Unterlagen.

(2) [1]Betriebsstätte ist der Betrieb oder Teil des Betriebs des Arbeitgebers, in dem der für die Durchführung des Lohnsteuerabzugs maßgebende Arbeitslohn ermittelt wird. [2]Wird der maßgebende Arbeitslohn nicht in dem Betrieb oder einem Teil des Betriebs des Arbeitgebers oder nicht im Inland ermittelt, so gilt als Betriebsstätte der Mittelpunkt der geschäftlichen Leitung des Arbeitgebers im Inland; im Fall des § 38 Absatz 1 Satz 1 Nummer 2 gilt als Betriebsstätte der Ort im Inland, an dem die Arbeitsleistung ganz oder vorwiegend stattfindet. [3]Als Betriebsstätte gilt auch der inländische Heimathafen deutscher Handelsschiffe, wenn die Reederei im Inland keine Niederlassung hat.

Inhaltsübersicht

	Rz.
A. Allgemeine Erläuterungen	1 - 15
B. Systematische Kommentierung	16 - 51
I. Aufbewahrungspflichten nach § 41 Abs. 1 Satz 9 EStG	41 - 45
II. Lohnsteuerlicher Betriebsstättenbegriff (§ 41 Abs. 2 EStG)	46 - 51

HINWEIS:

§ 4 LStDV „Lohnkonto", § 5 LStDV „Besondere Aufzeichnungs- und Mitteilungspflichten im Rahmen der betrieblichen Altersversorgung"; R 41.1 bis 41.3 LStR; H 41.3 LStH.

ARBEITSHILFEN UND GRUNDLAGEN ONLINE:

Geißler, Arbeitgeber, InfoCenter, NWB DokID: TAAAB-26804; *Wenning*, Arbeitnehmer, InfoCenter, NWB DokID: DAAAB-05654; *Wenning*, Lohnkonto, InfoCenter, NWB DokID: IAAAA-41709.

A. Allgemeine Erläuterungen[1]

Normzweck und wirtschaftliche Bedeutung der Vorschrift: Nach § 38 Abs. 3 Satz 1 EStG hat der Arbeitgeber[2] die Pflicht, Lohnsteuer für Rechnung des Arbeitnehmers[3] bei jeder Lohnzahlung vom Arbeitslohn einzubehalten. Dazu hat der Arbeitgeber für jeden Arbeitnehmer ein Lohnkonto zu führen und aufzubewahren. § 41 EStG bestimmt hierzu den Umfang der Lohnkontenführung und den Ort der lohnsteuerlichen Betriebsstätte.

Dieser Ort der lohnsteuerlichen Betriebsstätte (§ 41 Abs. 2 EStG) ist u. a. (siehe → Rz. 6) für die Zuständigkeit der Finanzämter von Bedeutung, die die Lohnsteuereinbehaltungspflichten im Rahmen einer Lohnsteuer-Außenprüfung (§ 42f EStG) oder einer Lohnsteuer-Nachschau (§ 42g EStG) kontrollieren. Der Ort der lohnsteuerlichen Betriebsstätte wird abweichend von § 12 AO und dem DBA-Betriebsstättenbegriff (Art. 5 OECD-MA) bestimmt.

Auf Grundlage des § 41 Abs. 1 Satz 7 EStG werden in den §§ 4, 5 LStDV die für eine ordnungsgemäße Lohnkontenführung erforderlichen Mindestangaben normiert. Die ab dem 1.1.2018 im Lohnkonto aufzuzeichnenden Daten (§ 4 Abs. 1 und 2 LStDV, § 41 EStG) muss der Arbeitgeber der Finanzbehörde im Rahmen einer Lohnsteuer-Außenprüfung oder -Nachschau nach einer amtlich vorgeschriebenen einheitlichen Form über eine digitale Schnittstelle (DLS) elektronisch bereitstellen (§ 8 Abs. 3 LStDV).[4] Damit verfolgt der Gesetzgeber das Ziel, Lohnsteuer-Außenprüfungen und -Nachschauen im Ablauf zu verbessern. Die amtlich vorgeschriebene DLS ist ein Standarddatensatz mit einer einheitlichen Strukturierung und Bezeichnung von elektronischen Dateien und Datenfeldern. Die jeweils aktuelle Version der DLS mit weitergehenden Informationen steht auf der Internetseite des Bundeszentralamtes für Steuern (www.bzst.bund.de) zum Download bereit. Das Betriebsstättenfinanzamt kann zur Vermeidung unbilliger Härten auf Antrag des Arbeitgebers zulassen, dass diese Daten in anderer auswertbarer Form bereitgestellt werden.

Entstehung und Entwicklung der Vorschrift: Durch das Einkommensteuer-Reformgesetz v. 5.8.1974[5] wurden die Aufzeichnungspflichten erstmals ins EStG übernommen. Im Laufe der Jahre wurden die Aufzeichnungspflichten erweitert. Größte Bedeutung kommt hierbei den Anpassungen an die dv-unterstützte Lohnkontenführung zu.

Geltungsbereich: Die Lohnkontenführung müssen vor allem inländische Arbeitgeber beachten. Ausländische Arbeitgeber mit einer inländischen Betriebsstätte oder einem inländischen ständigen Vertreter können zur Lohnkontenführung verpflichtet sein, wenn diese Arbeitnehmer im Inland beschäftigen.[6] Auch der ausländische Arbeitnehmerverleiher (§ 38 Abs. 1 Nr. 2 EStG) und jeder Dritte kann unter den Voraussetzungen des § 38 Abs. 3a EStG diese Pflichten zu erfüllen haben.

Verhältnis zu anderen Vorschriften: Der lohnsteuerliche Betriebsstättenbegriff (§ 41 Abs. 2 EStG) ist als zentrale Norm des Lohnsteuerabzugsverfahrens neben den in → Rz. 2 bezeichne-

---
1 Siehe auch *Wenning*, NWB DokID: IAAAA-41709.
2 Siehe auch *Geißler*, NWB DokID: TAAAB-26804.
3 Siehe auch *Wenning*, NWB DokID: DAAAB-05654.
4 BMF v. 26.5.2017 - IV C 5 - S 2386/07/0005: 001, BStBl 2017 I S. 789.
5 BStBl 1974 I 530.
6 BMF v. 27.12.2002, BStBl 2002 I 1399, Tz. 100.

ten Sachverhalten von Bedeutung: § 38 EStG (Erhebung der Lohnsteuer), § 39 EStG (Lohnsteuerabzugsmerkmale), § 39b EStG (Einbehaltung der Lohnsteuer), § 39e EStG (Verfahren zur Bildung und Anwendung der elektronischen Lohnsteuerabzugsmerkmale), § 40 EStG (Pauschalierung der Lohnsteuer in besonderen Fällen), § 41a EStG (Anmeldung und Abführung der Lohnsteuer), § 41b EStG (Abschluss des Lohnsteuerabzugs, Haftung Dritter bei Datenübermittlungen an Finanzbehörden nach §§ 72a, 93c AO), § 41c EStG (Änderung des Lohnsteuerabzugs), § 42d EStG (Haftung des Arbeitgebers und Haftung bei Arbeitnehmerüberlassung), § 42e EStG (Anrufungsauskunft).

7 **Verstöße gegen die Aufzeichnungspflicht:** Erfüllt der Arbeitgeber seine gesetzlichen Aufzeichnungspflicht nicht oder nicht richtig oder nicht vollständig, kann das lohnsteuerliche Betriebsstättenfinanzamt dem Arbeitgeber Auflagen zur Führung der Lohnkonten machen und diese mit einem Zwangsgeld durchsetzen. Dadurch kann der Tatbestand der Gefährdung von Abzugssteuern erfüllt sein, der als Ordnungswidrigkeit mit einer Geldbuße bis zu 25.000 € bedroht ist (§ 380 AO).

8–15 *(Einstweilen frei)*

B. Systematische Kommentierung

16 **Führen eines Lohnkontos:** Ab dem Beginn einer Beschäftigung eines Arbeitnehmers bis zur Beendigung des Arbeitsverhältnisses ist für jedes Jahr der Beschäftigung am Ort der Betriebsstätte ein Lohnkonto anzulegen. Dabei kommt es nicht darauf an, ob Lohnsteuer anfällt.

17 **Inhalte des Lohnkontos:** Die Inhalte des Lohnkontos ergeben sich aus § 41 Abs. 1 Satz 2 bis 6 EStG sowie § 4 LStDV.

18 **Besteuerungsmerkmale:** Die vom Finanzamt bereitgestellten elektronischen Lohnsteuerabzugsmerkmale (u. a. Steuerklasse, Faktor, Kinderzahl, Frei- und Hinzurechnungsbetrag) sind – auch bei inhaltlichen Bedenken seitens des Arbeitgebers – in das Lohnkonto zu übernehmen.

19 **Lohnabrechnungsrelevante Informationen:** In das Lohnkonto sind Art und Höhe des gezahlten Arbeitslohns einschließlich der steuerfreien Bezüge, getrennt nach Bar- und Sachlohn sowie einbehaltene Steuerabzugsbeträge (LSt, KiSt, SolZ) aufzuzeichnen. Als Bar- und Sachlohn sind – auch bei einer Nettolohnvereinbarung – immer die Bruttobeträge anzugeben. Darüber hinaus sind der Tag der Lohnzahlung und der Lohnzahlungszeitraum zu vermerken.

20 Auch dient das Lohnkonto als Grundlage für die vom Arbeitgeber auszustellende Lohnsteuerbescheinigung. Da seit dem Veranlagungszeitraum 2010 der Abzug von Sonderausgaben für Vorsorgeaufwendungen neu geregelt wurde, sind bestimmte Eintragungen zu Sozialversicherungsbeiträgen im Lohnkonto und auf der Lohnsteuerbescheinigung erforderlich.[1]

21 **Vermerk von Großbuchstaben:** Bei jeder Unterbrechung des Anspruchs auf Arbeitslohn für mindestens fünf aufeinander folgende Arbeitstage ist der Großbuchstabe U (Unterbrechung) im Lohnkonto einzutragen, und zwar je Unterbrechung einmal. Der Großbuchstabe F ist bei kostenloser oder verbilligter Sammelbeförderung von der Wohnung zur Ersten Tätigkeitsstätte

---

1 Siehe BMF v. 15. 9. 2014, BStBl 2014 I 1244.

im Lohnkonto zu vermerken. Der Großbuchstabe S ist dann zu bescheinigen, wenn bei der Besteuerung eines sonstigen Bezugs der Arbeitslohn aus einem oder mehreren früheren Dienstverhältnissen außer Betracht geblieben ist.

Verweis auf die LStDV zu den Detailregelungen: § 4 LStDV bestimmt die Mindestangaben im Lohnkonto. 22

Besonderheiten der elektronischen Lohnkontenführung: Das Betriebsstättenfinanzamt kann bei dv-unterstützer Lohnabrechnung Erleichterungen in den Aufzeichnungspflichten zulassen, wenn die Möglichkeit zur Nachprüfung in anderer Weise sichergestellt ist. 23

Bei der elektronischen Lohnabrechnung mit Datenverarbeitungsanlagen können sich gegenüber der manuellen Lohnabrechnung insbesondere folgende Besonderheiten ergeben: 24

▶ Die nach § 4 Abs. 1 Nr. 1 LStDV erforderlichen persönlichen Angaben können in einer sog. Personalstammdatenkartei (Stammdatei) festgehalten werden. Der Ausdruck der monatlichen Lohn- und Gehaltszahlungen erfolgt daneben gesondert, ohne mit der Stammdatei verbunden zu werden. Beim Druck der Lohnabrechnung werden die Vormonate wieder mit ausgewiesen. 25

▶ In den einzelnen Monaten werden nur die in dem betreffenden Lohnzahlungszeitraum gezahlten Löhne und Gehälter abgerechnet und ausgedruckt. Der Druck des Lohnkontos i. S. d. § 4 LStDV erfolgt dann erst mit der letzten Lohnabrechnung im Kalenderjahr. 26

▶ Bisweilen fehlt ein Jahreslohnkonto gänzlich; in diesem Fall können die einzelnen monatlichen Abrechnungen in ihrer Gesamtheit als Lohnkonto angesehen werden, sofern sie alle erforderlichen Angaben (§ 4 LStDV) beinhalten. 27

Diese Abweichungen wurden bisher unter der Voraussetzung zugelassen, dass eine Überprüfung leicht und einwandfrei möglich ist (z. B. Zusammenführung von Stammdatei und Lohnkonten, bei Bedarf Ausdruck des gesamten Lohnkontos für das laufende Jahr). Mängel bei der maschinellen Lohnkontenführung sind anzuzeigen. Gegebenenfalls ist eine ausgesprochene Genehmigung (→ Rz. 23) zu widerrufen. 28

Nach § 147 Abs. 1 Nr. 5 AO i.V. m. § 147 Abs. 2 AO ist eine Mikroverfilmung (z. B. COM-Verfahren) möglich und zulässig; Voraussetzung hierfür ist u. a., dass die Daten jederzeit innerhalb einer angemessenen Frist lesbar gemacht werden können. 29

Aufzeichnungserleichterungen: Nach § 4 Abs. 2 Nr. 4 LStDV sind mit Ausnahme von Vorteilen aus der privaten Nutzung von betrieblichen Personalcomputern und Telekommunikationsgeräten sowie zur privaten Nutzung überlassener System- und Anwendungsprogramme, die der Arbeitgeber auch in seinem Betrieb einsetzt, i. S. d. § 3 Nr. 45 EStG und Trinkgeldern i. S. d. § 3 Nr. 51 EStG alle steuerfreien Bezüge im Lohnkonto aufzuzeichnen. Nach § 4 Abs. 2 Nr. 4 Satz 2 LStDV kann das Betriebsstättenfinanzamt auf Antrag des Arbeitgebers für alle übrigen steuerfreien Bezüge Aufzeichnungserleichterungen zulassen,[1] wenn es sich um Fälle von geringer Bedeutung handelt oder die Möglichkeit zur Nachprüfung in anderer Weise sichergestellt ist. 30

(Einstweilen frei) 31–40

---

1 Z. B. für Personalrabatte bei Arbeitnehmern von Kreditinstituten BMF v. 15. 4. 1993, BStBl 1993 I 339.

I. Aufbewahrungspflichten nach § 41 Abs. 1 Satz 9 EStG

41 Lohnkonten und die sie ergänzenden/erläuternden Unterlagen sind bis zum Ablauf des sechsten Kalenderjahres, das auf die zuletzt eingetragene Lohnzahlung folgt, aufzubewahren. Diese Frist gilt ab dem 1.1.2017 abweichend von § 93c Abs. 1 Nr. 4 AO auch für die dort genannten Aufzeichnungen und Unterlagen. Diese Frist läuft jedoch nach § 147 Abs. 3 Satz 3 AO nicht ab, soweit und solange die Unterlagen für Steuern von Bedeutung sind, für welche die Festsetzungsfrist noch nicht abgelaufen ist. Eine freiwillige längere Aufbewahrung kann u. a. in den Fällen angezeigt sein, in denen künftig zu zahlende Entschädigungen nach § 49 Abs. 1 Nr. 4 Buchst. d EStG aufzuteilen sind.

42–45 *(Einstweilen frei)*

II. Lohnsteuerlicher Betriebsstättenbegriff (§ 41 Abs. 2 EStG)

46 **Allgemeines:** Der lohnsteuerliche Betriebsstättenbegriff als zentrale Norm des Lohnsteuerabzugsverfahrens (s. → Rz. 6) bestimmt die örtliche Zuständigkeit eines Finanzamts. Nach § 17 Finanzverwaltungsgesetz und (bspw. für Hessen) der Verordnung über die Zuständigkeiten der hessischen Finanzämter v. 16.12.2008[1] – kann in bestimmten Fällen die örtliche Zuständigkeit auf andere Finanzämter übertragen werden. Eine lohnsteuerliche Betriebsstätte ist dort, wo der für die Durchführung des Lohnsteuerabzugs maßgebende Arbeitslohn ermittelt wird, d. h., wo die für die Berechnung der Steuerabzugsbeträge maßgebenden Lohnteile zusammengestellt oder bei maschineller Lohnabrechnung die für den Lohnsteuerabzug maßgebenden einzugebenden Daten festgestellt werden. Darauf, wo die Berechnung der Steuerabzugsbeträge vorgenommen wird oder wo die dafür zu führenden Unterlagen aufbewahrt werden, kommt es nicht an. Das Büro des Steuerberaters oder der Standort des Rechenzentrums ist daher im Regelfall keine lohnsteuerliche Betriebsstätte.

47 **Mehrere Betriebsstätten[2]/Konzernunternehmen:** Arbeitgeber mit mehreren Betriebsstätten i. S. d. § 12 AO können auch mehrere lohnsteuerlichen Betriebsstätten innehaben, wenn diese jeweils die in → Rz. 46 aufgeführten Voraussetzungen erfüllen. Arbeitgeber in diesem Sinne ist das jeweils anstellende Unternehmen. Arbeitsverhältnisse mit einem Konzern gibt es nicht. Es kann aber sein, dass der Arbeitnehmer bei mehreren Konzernunternehmen (entgeltlich) beschäftigt ist. Dann sind für alle Konzernunternehmen die jeweiligen Voraussetzungen der → Rz. 46 zu prüfen.

48 **Lohnsteuerlicher Betriebsstättenbegriff** für den öffentlichen Dienst vgl. KKB/Dietz, § 41a EStG Rz. 19.

49 **Fiktion als Betriebsstätte:** Bei ausländischen Arbeitgebern mit Wohnsitz, Sitz oder Geschäftsleitung im Ausland, der im Inland einen ständigen Vertreter i. S. d. § 13 AO hat, aber keine Betriebsstätte unterhält, gilt als Mittelpunkt der geschäftlichen Leitung der Wohnsitz oder der gewöhnliche Aufenthalt des ständigen Vertreters. Für ausländische Bauunternehmer sind die in der Umsatzsteuerzuständigkeitsverordnung genannten Finanzämter auch für die Verwaltung der Lohnsteuer zuständig.[3]

---

1 GVBl 2008 I 1050.
2 Zu Aufzeichnungserleichterungen für Kreditinstitute mit mehreren lohnsteuerlichen Betriebsstätten BMF v. 19.5.2015, BStBl 2015 I 484.
3 Siehe H 41.3 LStH.

Bei einer ausländischen Reederei ohne Niederlassung im Inland gilt für deutsche Handelsschiffe der Heimathafen als lohnsteuerliche Betriebsstätte (§ 41 Abs. 2 Satz 3 EStG). 50

Gestaltungsmöglichkeiten: Der Arbeitgeber kann ohne Zustimmung der Finanzverwaltung den Ort der lohnsteuerlichen Betriebsstätte durch entsprechende Gestaltung der in der → Rz. 46 aufgezeigten Kriterien gestalten und organisieren. Dies ist hinzunehmen und nicht gestaltungsmissbräuchlich i. S. d. § 42 AO. 51

§ 41a Anmeldung und Abführung der Lohnsteuer

(1) ¹Der Arbeitgeber hat spätestens am zehnten Tag nach Ablauf eines jeden Lohnsteuer-Anmeldungszeitraums

1. dem Finanzamt, in dessen Bezirk sich die Betriebsstätte (§ 41 Absatz 2) befindet (Betriebsstättenfinanzamt), eine Steuererklärung einzureichen, in der er die Summen der im Lohnsteuer-Anmeldungszeitraum einzubehaltenden und zu übernehmenden Lohnsteuer angibt (Lohnsteuer-Anmeldung),

2. die im Lohnsteuer-Anmeldungszeitraum insgesamt einbehaltene und übernommene Lohnsteuer an das Betriebsstättenfinanzamt abzuführen.

²Die Lohnsteuer-Anmeldung ist nach amtlich vorgeschriebenem Datensatz durch Datenfernübertragung zu übermitteln. ³Auf Antrag kann das Finanzamt zur Vermeidung unbilliger Härten auf eine elektronische Übermittlung verzichten; in diesem Fall ist die Lohnsteuer-Anmeldung nach amtlich vorgeschriebenem Vordruck abzugeben und vom Arbeitgeber oder von einer zu seiner Vertretung berechtigten Person zu unterschreiben. ⁴Der Arbeitgeber wird von der Verpflichtung zur Abgabe weiterer Lohnsteuer-Anmeldungen befreit, wenn er Arbeitnehmer, für die er Lohnsteuer einzubehalten oder zu übernehmen hat, nicht mehr beschäftigt und das dem Finanzamt mitteilt.

(2) ¹Lohnsteuer-Anmeldungszeitraum ist grundsätzlich der Kalendermonat. ²Lohnsteuer-Anmeldungszeitraum ist das Kalendervierteljahr, wenn die abzuführende Lohnsteuer für das vorangegangene Kalenderjahr mehr als 1 080 Euro, aber nicht mehr als 5 000 Euro betragen hat; Lohnsteuer-Anmeldungszeitraum ist das Kalenderjahr, wenn die abzuführende Lohnsteuer für das vorangegangene Kalenderjahr nicht mehr als 1 080 Euro betragen hat. ³Hat die Betriebsstätte nicht während des ganzen vorangegangenen Kalenderjahres bestanden, so ist die für das vorangegangene Kalenderjahr abzuführende Lohnsteuer für die Feststellung des Lohnsteuer-Anmeldungszeitraums auf einen Jahresbetrag umzurechnen. ⁴Wenn die Betriebsstätte im vorangegangenen Kalenderjahr noch nicht bestanden hat, ist die auf einen Jahresbetrag umgerechnete für den ersten vollen Kalendermonat nach der Eröffnung der Betriebsstätte abzuführende Lohnsteuer maßgebend.

(3) ¹Die oberste Finanzbehörde des Landes kann bestimmen, dass die Lohnsteuer nicht dem Betriebsstättenfinanzamt, sondern einer anderen öffentlichen Kasse anzumelden und an diese abzuführen ist; die Kasse erhält insoweit die Stellung einer Landesfinanzbehörde. ²Das Betriebsstättenfinanzamt oder die zuständige andere öffentliche Kasse können anordnen, dass die Lohnsteuer abweichend von dem nach Absatz 1 maßgebenden Zeitpunkt anzumelden und abzuführen ist, wenn die Abführung der Lohnsteuer nicht gesichert erscheint.

(4)[1] ¹Arbeitgeber, die eigene oder gecharterte Handelsschiffe betreiben, dürfen die gesamte anzumeldende und abzuführende Lohnsteuer, die auf den Arbeitslohn entfällt, der an die Besatzungsmitglieder für die Beschäftigungszeiten auf diesen Schiffen gezahlt wird, abziehen und einbehalten. ²Die Handelsschiffe müssen in einem inländischen Seeschiffsregister eingetragen sein, die deutsche Flagge führen und zur Beförderung von Personen oder Gütern im Verkehr mit oder zwischen ausländischen Häfen, innerhalb eines ausländischen Hafens oder zwischen einem ausländischen Hafen und der Hohen See betrieben werden. ³Die Sätze 1 und 2 sind entsprechend anzuwenden, wenn Seeschiffe im Wirtschaftsjahr überwiegend außerhalb der deutschen Hoheitsgewässer zum Schleppen, Bergen oder zur Aufsuchung von Bodenschätzen oder zur Vermessung von Energielagerstätten unter dem Meeresboden eingesetzt werden. ⁴Ist für den Lohnsteuerabzug die Lohnsteuer nach der Steuerklasse V oder VI zu ermitteln, so bemisst sich der Betrag nach Satz 1 nach der Lohnsteuer der Steuerklasse I.

Inhaltsübersicht

	Rz.
A. Allgemeine Erläuterungen	1 - 15
B. Systematische Kommentierung	16 - 35
I. Anmeldung und Abführung (§ 41a Abs. 1 bis 3 EStG)	16 - 24
II. Sondervorschriften für Reeder (§ 41a Abs. 4 EStG)	25 - 35
C. Verfahrensfragen	36 - 38

HINWEIS:

R 41a.1, 41a.2 LStR; H 41a.1 LStH; FinMin Niedersachsen v. 30. 7. 1997 - S 2377, BB 1997, 1829.

LITERATUR:

Urbahns, Befristete Erhöhung des Lohnsteuereinbehalts in der Seeschifffahrt – Änderung des § 41a Abs. 4 Satz 1 EStG zum Erhalt der maritimen deutschen Wirtschaft, NWB 2016, 1578.

ARBEITSHILFEN UND GRUNDLAGEN ONLINE:

Urbahns, Befristete Erhöhung des Lohnsteuereinbehalts in der Seeschifffahrt, NWB DokID: HAAAF-73517;
Wenning, Lohnsteueranmeldung, InfoCenter, NWB DokID: ZAAAB-05677.

---

1 **Anm. d. Red.:** Abs. 4 Satz 1 i. d. F. des Gesetzes v. 24. 2. 2016 (BGBl I S. 310), i. V. mit Bekanntmachung v. 18. 5. 2016 (BGBl I S. 1248), ist mit Wirkung v. 3. 5. 2016 in Kraft getreten und erstmals für laufenden Arbeitslohn anzuwenden, der – bei einem monatlichen Lohnzahlungszeitraum – für den Lohnzahlungszeitraum Juni 2016 gezahlt wird, oder für sonstige Bezüge, die nach dem 31. Mai 2016 zufließen. Gemäß § 52 Abs. 40a ist § 41a Abs. 4 Satz 1 für eine Dauer von 60 Monaten (bis 1. 6. 2021) anzuwenden. Danach gilt erneut die Vorfassung des Satzes 1: „Arbeitgeber, die eigene oder gecharterte Handelsschiffe betreiben, dürfen vom Gesamtbetrag der anzumeldenden und abzuführenden Lohnsteuer einen Betrag von 40 Prozent der Lohnsteuer der auf solchen Schiffen in einem zusammenhängenden Arbeitsverhältnis von mehr als 183 Tagen beschäftigten Besatzungsmitglieder abziehen und einbehalten." Im Rahmen der Genehmigung weist die Europäische Kommission auf folgende Sachverhalte hin, die nach § 41a Absatz 4 des Einkommensteuergesetzes (EStG) nur mit Einschränkungen begünstigt sind:
1. Bei Seeleuten, die auf Schiffen (einschließlich Ro-Ro-Fahrgastschiffen) arbeiten, die im regelmäßigen Personenbeförderungsdienst zwischen Häfen der Gemeinschaft eingesetzt werden, darf die Lohnsteuer nach § 41a Absatz 4 EStG nur einbehalten werden, wenn die Seeleute Gemeinschafts/EWR-Bürger sind.
2. § 41a Absatz 4 EStG gilt hinsichtlich der Seeschiffe, die für Schlepp- und Baggerarbeiten genutzt werden, mit der Einschränkung, dass es sich um seetüchtige Schlepper und Baggerschiffe mit Eigenantrieb handeln muss sowie dass die Schiffe während mindestens 50 Prozent ihrer Betriebszeit für Tätigkeiten auf See eingesetzt werden.

A. Allgemeine Erläuterungen

Normzweck und wirtschaftliche Bedeutung der Vorschrift: Die Vorschrift normiert die Anmeldung und Abführung der nach den §§ 39b ff. EStG einzubehaltenden Lohnsteuern. Für Zuschlagsteuern (SolZ, KiSt) ist die Vorschrift des § 41a EStG entsprechend anzuwenden (§ 51a Abs. 1 EStG).

Entstehung und Entwicklung der Vorschrift: Die ehemals in der LStDV 1971 enthaltenen Anmelde- und Abführungspflichten wurde durch das Einkommensteuerreformgesetz 1975 erstmals in das EStG übernommen. Durch die Reform der Abgabenordnung in 1976 (AO 1977) wurden Lohnsteueranmeldungen als Steueranmeldungen i. S. d. § 167 AO bestimmt.

Geltungsbereich: Die im Bereich des Lohnsteuerabzugsverfahrens geregelte Vorschrift ist nur für Einkünfte aus nichtselbständiger Arbeit (§ 19 EStG) von Bedeutung.

Vereinbarkeit des § 41a EStG mit höherrangigem Recht: Verfassungsrechtlich problematisch ist die Subventionsnorm des § 41a Abs. 4 EStG, weil sie Reeder gegenüber anderen Transportunternehmern begünstigt. Derartige Vorschriften sind entsprechend ihrem Begünstigungszweck unter Berücksichtigung des Gleichheitsgebots (Art. 3 Abs. 1 GG) nur insoweit sachlich vertretbar, als dadurch den besonderen Verhältnissen dieses Wirtschaftszwigs Rechnung getragen werden soll. Dies bejaht das Niedersächsische FG[1] und verweist dazu auf BFH v. 17. 2. 1995.[2]

Ein Verstoß gegen Unionsrecht ist nicht anzunehmen, da die EU-Kommission die Genehmigung für die Einbehaltung von 40% der LSt durch das Seeschifffahrtsanpassungsgesetz v. 9. 9. 1998[3] erteilt hat.[4] Mit Schreiben der EU-Kommission v. 3. 5. 2016 wurde die Genehmigung für die Einbehaltung von 100% der LSt mit Wirkung ab dem Lohnzahlungszeitraum Juni 2016 erteilt (→ Rz. 25 bis 33). Die Neuregelung basiert auf den Leitlinien der Gemeinschaft für staatliche Beihilfen im Seeverkehr (Mitteilung C (2004) 43 der Kommission, ABl. v. 17. 1. 2004, C 13/3) als Grundlage für die Genehmigung der Europäischen Kommission. Danach stellt der völlige Verzicht auf Lohnsteuern für Seeleute die Obergrenze einer genehmigungsfähigen Beihilfe dar.[5]

Verhältnis zu anderen Vorschriften: Lohnsteueranmeldungen stehen Steuerfestsetzungen unter dem Vorbehalt der Nachprüfung (§ 164 AO) gleich (§ 168 Satz 1 AO). Sie können somit nach den Regelungen des §§ 164 ff. AO geändert werden. Nach einer Lohnsteueraußenprüfung ist der Vorbehalt der Nachprüfung für die Lohnsteueranmeldungen aufzuheben, wenn sich Änderungen gegenüber der Steuerfestsetzung unter Vorbehalt der Nachprüfung nicht ergeben.

Verjährung bei der Lohnsteuer-Anmeldung: Besondere Bedeutung hat der Ablauf der Festsetzungsfrist bei der Steuerfestsetzung unter Vorbehalt der Nachprüfung (§ 164 AO). Eine Steueranmeldung, hier die Lohnsteuer-Anmeldung, steht stets unter dem Vorbehalt der Nachprüfung (§ 168 AO). Bei der Vorbehaltsfestsetzung bleibt der gesamte Steuerfall „offen", solange der Vorbehalt wirksam ist. Auch nach Ablauf der Rechtsbehelfsfrist kann eine Vorbehaltsfest-

---

[1] Niedersächsisches FG v. 18. 3. 2004 - 11 K 38/03, EFG 2004, 1456.
[2] BFH v. 17. 2. 1995 - VI R 51/94, BStBl 1995 II 392, zur Subventionsvorschrift des § 40a Abs. 3 EStG betr. Aushilfskräfte in der Land- und Forstwirtschaft.
[3] BGBl 1998 I 2860.
[4] BGBl 1998 I 4023.
[5] BT-Drucks. 18/7268, 8.

setzung jederzeit und dem Umfang nach uneingeschränkt von Amts wegen oder auf Antrag des Betroffenen aufgehoben oder geändert werden. Stellt der Arbeitgeber einen Antrag auf Aufhebung oder Änderung der Steuerfestsetzung, so kann die Entscheidung hierüber gem. § 164 Abs. 2 Satz 3 AO bis zur abschließenden Prüfung des Steuerfalls hinausgeschoben werden. Diese Prüfung ist innerhalb einer angemessenen Frist vorzunehmen.

7–15 (Einstweilen *frei*)

B. Systematische Kommentierung

I. Anmeldung und Abführung (§ 41a Abs. 1 bis 3 EStG)

16 Der Arbeitgeber hat die einbehaltenen und übernommenen Steuerabzugsbeträge seiner Arbeitnehmer elektronisch[1] beim Betriebsstättenfinanzamt anzumelden[2] und abzuführen (§ 41a Abs. 1 Satz 1 Nr. 2 EStG i.V. m. § 51a Abs. 1 EStG). Auch wenn keine Lohnsteuer anzumelden und damit abzuführen ist, muss eine Lohnsteueranmeldung abgegeben werden. Im Rahmen der Lohnsteuer-Außenprüfung oder -Nachschau kann dann überprüft werden, ob die einbehaltenen und übernommenen Steuerabzugsbeträge mit den angemeldeten und abgeführten Beträgen übereinstimmen. Im Betrieb des Arbeitgebers kann nur ein Vergleich mit den angemeldeten Steuern erfolgen. Die Überwachung, ob die angemeldeten Steuerabzugsbeträge auch tatsächlich abgeführt worden sind, obliegt grundsätzlich der Finanzkasse/Erhebungsstelle. Gleichwohl sollte sich der Prüfer jedoch auch über die Abführung der angemeldeten Steuern und über die grundsätzliche Zahlungsfähigkeit des Arbeitgebers vergewissern. Diese Kenntnisse können u. a. für die Entscheidung, ob der Arbeitgeber als Haftungsschuldner oder der Arbeitnehmer als Steuerschuldner in Anspruch genommen werden soll, von Bedeutung sein.

17 Erst wenn keine Arbeitnehmer mehr beschäftigt werden, entfällt die Pflicht zur Abgabe einer Lohnsteuer-Anmeldung. Die Nichtbeschäftigung von Arbeitnehmern ist dem Finanzamt aber formlos anzuzeigen.[3]

18 **Lohnsteuer-Anmeldungszeitraum (§ 41a Abs. 2 EStG):** Der Lohnsteuer-Anmeldungszeitraum ist nur für den Arbeitgeber, nicht jedoch für das Arbeitsverhältnis von Bedeutung. Er bestimmt nicht, wann Lohnsteuer einzubehalten, sondern nur, wann sie an das Finanzamt abzuführen ist. Nach dem Zweiten Bürokratieentlastungsgesetz (BGBl 2017 I 2143) wurde die obere Grenze zur vierteljährlichen Abgabe der LSt-Anmeldung ab dem 1.1.2017 von 4 000 € auf 5 000 € (§ 41a Abs. 2 Satz 2 EStG) angehoben.

19 **Abführen der Lohnsteuer an eine andere Kasse; abweichende Fälligkeit (§ 41a Abs. 3 EStG):** Da der lohnsteuerliche Betriebsstättenbegriff (§ 41 Abs. 2 EStG) aufgrund der zentral organisierten Besoldungsstellen für Beamte und andere Mitarbeiter des öffentlichen Dienstes ungeeignet ist, kann die Oberste Finanzbehörde des Landes die Anmeldung und Abführung der Steuerabzugsbeträge an ein speziell zu benennendes Finanzamt oder an eine andere öffentliche Kasse anordnen.

---

1 BMF v. 29. 11. 2004, BStBl 2004 I 1135.
2 Muster der Lohnsteuer-Anmeldung 2016 siehe BMF v. 27. 8. 2015, BStBl 2015 I 650.
3 Siehe R 41.1 LStR.

Darüber hinaus kann das Betriebsstättenfinanzamt oder die zuständige andere Kasse (siehe → Rz. 19) den Lohnsteuer-Anmeldungszeitraum vorverlegen. Dies ist aber nur zulässig, wenn die Abführung der Steuerabzugsbeträge nicht gesichert erscheint.

(Einstweilen frei)

II. Sondervorschriften für Reeder (§ 41a Abs. 4 EStG)

Diese seit dem 1.1.1999 geltende Subventionsnorm[1] begünstigt Reeder gegenüber anderen Transportunternehmen. Sie begünstigt nur die im Gesetz bestimmten zum Lohnsteuerabzug verpflichteten Arbeitgeber, nicht hingegen die in Frage kommenden Arbeitnehmer.

Umfang der Begünstigung: Vom Gesamtbetrag der anzumeldenden und abzuführenden Lohnsteuer waren bis zum Lohnzahlungszeitraum Mai 2016 40 % der Lohnsteuer abzuziehen. Mit der Neufassung des § 41a Abs. 4 Satz 1 EStG durch das Gesetz zur Änderung des Einkommensteuergesetzes zur Erhöhung des Lohnsteuereinbehalts in der Seeschifffahrt v. 24.2.2016 (zum Inkrafttreten und zur Befristung dieser Norm siehe KKB/Kanzler, § 52 EStG Rz. 14) wird der Steuereinbehalt auf die Dauer von 60 Monaten auf 100 % erhöht.[2] Das Inkrafttreten dieser Neuregelung stand unter dem Vorbehalt der Genehmigung durch die Europäische Kommission; diese wurde am 3.5.2016[3] erteilt. Somit kann die Neuregelung erstmals für den Lohnzahlungszeitraum Juni 2016 angewendet werden.

Ab dem Lohnzahlungszeitraum Juni 2021 wird die bis zum Lohnzahlungszeitraum Mai 2016 geltende Rechtslage wieder hergestellt.

Voraussetzung für die Begünstigung war bis zum Lohnzahlungszeitraum Mai 2016 und ist ab dem Lohnzahlungszeitraum Juni 2021, dass das Besatzungsmitglied in einem zusammenhängenden Arbeitsverhältnis[4] von mehr als 183 Tagen beschäftigt wird, die Handelsschiffe in einem inländischen Seeschiffsregister eingetragen sind (= „qualifiziertes" Schiff) und die deutsche Flagge führen sowie zur Beförderung von Personen oder Gütern im Verkehr mit oder zwischen ausländischen Häfen, innerhalb eines ausländischen Hafens oder zwischen einem ausländischen Hafen und der Hohen See betrieben werden.[5] Ein Schiff, das für Zwecke des Fischfangs eingesetzt wird, hat seinen Hauptzweck nicht in der Beförderung von Gütern oder Personen und ist somit nicht nach § 41a Abs. 4 EStG begünstigt.[6]

Während der Geltungsdauer des § 41a Abs. 4 Satz 1 EStG in der Fassung des Gesetzes zur Änderung des Einkommensteuergesetzes zur Erhöhung des Lohnsteuereinbehalts in der Seeschifffahrt v. 24.2.2016 (siehe KKB/Kanzler, § 52 EStG Rz. 14) müssen die Besatzungsmitglieder nicht mehr in einem zusammenhängenden Arbeitsverhältnis von mehr als 183 Tagen beschäftigt sein. Die 183-Tage-Regelung wurde damit bis zum Lohnzahlungszeitraum Mai 2021 ersatzlos gestrichen.

---

1 Zu steuerlichen Zweifelsfragen zum Lohnsteuereinbehalt durch die Reeder BMF v. 18.6.1999 - IV C 5 - S 2355 - 11/99 = NWB DokID: RAAAA-78468.
2 BGBl 2016 I 310.
3 Bekanntmachung über das Inkrafttreten des Gesetzes zur Änderung des Einkommensteuergesetzes zur Erhöhung des Lohnsteuereinbehalts in der Seeschifffahrt v. 18.5.2016, BGBl 2016 I 1248.
4 Niedersächsisches FG v. 18.3.2004 - 11 K 38/03, EFG 2004, 1456.
5 Zu den Voraussetzungen des Einsatzes eines Schiffes zur Beförderung im internationalen Verkehr siehe Niedersächsisches FG v. 27.4.2017- 14 K 15/17) und Revison, BFH: VI R 30/17.
6 Niedersächsisches FG vom 21.6.2017 - 14 K 316/16; NWB DokID: YAAAG-82038.

28 Im Rahmen der Genehmigung (→ Rz. 26) wurde durch die Europäische Kommission darauf hingewiesen, dass die Neuregelung des § 41a Abs. 4 des EStG nur unter folgenden Vorbehalten erteilt wird:

1. Bei Seeleuten, die auf Schiffen (einschließlich Ro-Ro-Fahrgastschiffen) arbeiten, die im regelmäßigen Personenbeförderungsdienst zwischen Häfen der Gemeinschaft eingesetzt werden, darf die Lohnsteuer nach § 41a Abs. 4 EStG nur einbehalten werden, wenn die Seeleute Gemeinschafts-/EWR-Bürger sind.

2. § 41a Abs. 4 EStG gilt hinsichtlich der Seeschiffe, die für Schlepp- und Baggerarbeiten genutzt werden, mit der Einschränkung, dass es sich um seetüchtige Schlepper und Baggerschiffe mit Eigenantrieb handeln muss sowie dass die Schiffe während mindestens 50 % ihrer Betriebszeit für Tätigkeiten auf See eingesetzt werden.

29 Die 40 %ige bzw. 100 %ige Kürzung der Lohnsteuer ist unter den vorgenannten Bedingungen auch anzuwenden, wenn Seeschiffe im Wirtschaftsjahr überwiegend außerhalb der deutschen Hoheitsgewässer zum Schleppen, Bergen oder zur Aufsuchung von Bodenschätzen oder zur Vermessung von Energielagerstätten unter dem Meeresboden eingesetzt werden. Wartezeiten von Besatzungsmitgliedern der begünstigten Hochseeschlepper sind einzubeziehen.

30 Der Solidaritätszuschlag und die Kirchensteuer dürfen nicht gekürzt werden.

31 Der Lohnsteuereinbehalt durch den Reeder gilt für den Kapitän und alle Besatzungsmitglieder einschließlich des Service-Personals, die über ein Seefahrtsbuch verfügen und deren Arbeitgeber er ist (R 41a.1 Abs. 5 Satz 2 LStR).

32 **Kürzung bei den Steuerklassen V und VI (§ 41a Abs. 4 Satz 4 EStG):** Ist für den Lohnsteuerabzug die Lohnsteuer nach der Steuerklasse V oder VI zu ermitteln, so bemisst sich der 40 %ige bzw. 100 %ige Kürzungsbetrag nach der Lohnsteuer der Steuerklasse I. Der Kürzungsbetrag verringert sich also in diesen Fällen beträchtlich.

33 Der Lohnsteuereinbehalt von 40 % bzw. 100 % gilt auch bei pauschal erhobenen Lohnsteuern.

34–35 *(Einstweilen frei)*

C. Verfahrensfragen

36 Wird die Lohnsteuer-Anmeldung rechtzeitig abgegeben, aber verspätet gezahlt, sind Säumniszuschläge hinsichtlich der Steuerabzugsbeträge (ohne KiSt) verwirkt (§ 240 AO).

37 Die verspätete oder unvollständige Entrichtung sowie die Nichtentrichtung der Steuerabzugsbeträge (ohne KiSt) ist als Steuerordnungswidrigkeit (§ 380 AO) anzusehen und kann mit einer Geldbuße geahndet werden.

38 Berichtigte oder verspätet abgegebene Lohnsteuer-Anmeldungen sind nur in begründeten Einzelfällen an die Straf- und Bußgeldsachenstelle weiterzuleiten. Kurzfristige Terminüberschreitungen und geringfügige Abweichungen sind unschädlich, es sei denn, es bestehen zusätzliche Anhaltspunkte für eine Steuerhinterziehung oder leichtfertige Steuerverkürzung.[1]

---

[1] OFD der Länder v. 30.10.2012, BStBl 2012 I 1018, Rz. 132.

§ 41b Abschluss des Lohnsteuerabzugs

(1) ¹Bei Beendigung eines Dienstverhältnisses oder am Ende des Kalenderjahres hat der Arbeitgeber das Lohnkonto des Arbeitnehmers abzuschließen. ²Auf Grund der Aufzeichnungen im Lohnkonto hat der Arbeitgeber nach Abschluss des Lohnkontos für jeden Arbeitnehmer der für dessen Besteuerung nach dem Einkommen zuständigen Finanzbehörde nach Maßgabe des § 93c der Abgabenordnung neben den in § 93c Absatz 1 der Abgabenordnung genannten Daten insbesondere folgende Angaben zu übermitteln (elektronische Lohnsteuerbescheinigung):

1. die abgerufenen elektronischen Lohnsteuerabzugsmerkmale oder die auf der entsprechenden Bescheinigung für den Lohnsteuerabzug eingetragenen Lohnsteuerabzugsmerkmale sowie die Bezeichnung und die Nummer des Finanzamts, an das die Lohnsteuer abgeführt worden ist,
2. die Dauer des Dienstverhältnisses während des Kalenderjahres sowie die Anzahl der nach § 41 Absatz 1 Satz 5 vermerkten Großbuchstaben U,
3. die Art und Höhe des gezahlten Arbeitslohns sowie den nach § 41 Absatz 1 Satz 6 vermerkten Großbuchstaben S,
4. die einbehaltene Lohnsteuer, den Solidaritätszuschlag und die Kirchensteuer,
5. das Kurzarbeitergeld, den Zuschuss zum Mutterschaftsgeld nach dem Mutterschutzgesetz, die Entschädigungen für Verdienstausfall nach dem Infektionsschutzgesetz vom 20. Juli 2000 (BGBl I S. 1045), zuletzt geändert durch Artikel 11 § 3 des Gesetzes vom 6. August 2002 (BGBl I S. 3082), in der jeweils geltenden Fassung, sowie die nach § 3 Nummer 28 steuerfreien Aufstockungsbeträge oder Zuschläge,
6. die auf die Entfernungspauschale anzurechnenden steuerfreien Arbeitgeberleistungen für Fahrten zwischen Wohnung und erster Tätigkeitsstätte sowie Fahrten nach § 9 Absatz 1 Satz 3 Nummer 4a Satz 3,
7. die pauschal besteuerten Arbeitgeberleistungen für Fahrten zwischen Wohnung und erster Tätigkeitsstätte sowie Fahrten nach § 9 Absatz 1 Satz 3 Nummer 4a Satz 3,
8. für die dem Arbeitnehmer zur Verfügung gestellten Mahlzeiten nach § 8 Absatz 2 Satz 8 den Großbuchstaben M,
9. für die steuerfreie Sammelbeförderung nach § 3 Nummer 32 den Großbuchstaben F,
10. die nach § 3 Nummer 13 und 16 steuerfrei gezahlten Verpflegungszuschüsse und Vergütungen bei doppelter Haushaltsführung,
11. Beiträge zu den gesetzlichen Rentenversicherungen und an berufsständische Versorgungseinrichtungen, getrennt nach Arbeitgeber- und Arbeitnehmeranteil,
12. die nach § 3 Nummer 62 gezahlten Zuschüsse zur Kranken- und Pflegeversicherung,
13. die Beiträge des Arbeitnehmers zur gesetzlichen Krankenversicherung und zur sozialen Pflegeversicherung,
14. die Beiträge des Arbeitnehmers zur Arbeitslosenversicherung,
15. den nach § 39b Absatz 2 Satz 5 Nummer 3 Buchstabe d berücksichtigten Teilbetrag der Vorsorgepauschale.

³Der Arbeitgeber hat dem Arbeitnehmer die elektronische Lohnsteuerbescheinigung nach amtlich vorgeschriebenem Muster binnen angemessener Frist als Ausdruck auszuhändigen oder elektronisch bereitzustellen. ⁴Soweit der Arbeitgeber nicht zur elektronischen Übermittlung nach Absatz 1 Satz 2 verpflichtet ist, hat er nach Ablauf des Kalenderjahres oder wenn das Dienstverhältnis vor Ablauf des Kalenderjahres beendet wird, eine Lohnsteuerbescheinigung nach amtlich vorgeschriebenem Muster auszustellen. ⁵Er hat dem Arbeitnehmer diese Bescheinigung auszuhändigen. ⁶Nicht ausgehändigte Lohnsteuerbescheinigungen hat der Arbeitgeber dem Betriebsstättenfinanzamt einzureichen.

(2) ¹Ist dem Arbeitgeber die Identifikationsnummer (§ 139b der Abgabenordnung) des Arbeitnehmers nicht bekannt, hat er für die Datenübermittlung nach Absatz 1 Satz 2 aus dem Namen, Vornamen und Geburtsdatum des Arbeitnehmers ein Ordnungsmerkmal nach amtlich festgelegter Regel für den Arbeitnehmer zu bilden und das Ordnungsmerkmal zu verwenden. ²Er darf das lohnsteuerliche Ordnungsmerkmal nur für die Zuordnung der elektronischen Lohnsteuerbescheinigung oder sonstiger für das Besteuerungsverfahren erforderlicher Daten zu einem bestimmten Steuerpflichtigen und für Zwecke des Besteuerungsverfahrens erheben, bilden, verarbeiten oder verwenden.

(2a) ¹Ordnungswidrig handelt, wer vorsätzlich oder leichtfertig entgegen Absatz 2 Satz 2, auch in Verbindung mit § 32b Absatz 3 Satz 1 zweiter Halbsatz, das Ordnungsmerkmal verwendet. ²Die Ordnungswidrigkeit kann mit einer Geldbuße bis zu zehntausend Euro geahndet werden.

(3) ¹Ein Arbeitgeber ohne maschinelle Lohnabrechnung, der ausschließlich Arbeitnehmer im Rahmen einer geringfügigen Beschäftigung in seinem Privathaushalt im Sinne des § 8a des Vierten Buches Sozialgesetzbuch beschäftigt und keine elektronische Lohnsteuerbescheinigung erteilt, hat anstelle der elektronischen Lohnsteuerbescheinigung eine entsprechende Lohnsteuerbescheinigung nach amtlich vorgeschriebenem Muster auszustellen. ²Der Arbeitgeber hat dem Arbeitnehmer nach Ablauf des Kalenderjahres oder nach Beendigung des Dienstverhältnisses, wenn es vor Ablauf des Kalenderjahres beendet wird, die Lohnsteuerbescheinigung auszuhändigen. ³Nicht ausgehändigte Lohnsteuerbescheinigungen hat der Arbeitgeber dem Betriebsstättenfinanzamt einzureichen.

(4) ¹In den Fällen des Absatzes 1 ist für die Anwendung des § 72a Absatz 4 und des § 93c Absatz 4 Satz 1 der Abgabenordnung sowie für die Anwendung des Absatzes 2a das Betriebsstättenfinanzamt des Arbeitgebers zuständig. ²Sind für einen Arbeitgeber mehrere Betriebsstättenfinanzämter zuständig, so ist das Finanzamt zuständig, in dessen Bezirk sich die Geschäftsleitung des Arbeitgebers im Inland befindet. ³Ist dieses Finanzamt kein Betriebsstättenfinanzamt, so ist das Finanzamt zuständig, in dessen Bezirk sich die Betriebsstätte mit den meisten Arbeitnehmern befindet.

(5) ¹Die nach Absatz 1 übermittelten Daten können durch das nach Absatz 4 zuständige Finanzamt zum Zweck der Anwendung des § 72a Absatz 4 und des § 93c Absatz 4 Satz 1 der Abgabenordnung verwendet werden. ²Zur Überprüfung der Ordnungsmäßigkeit der Einbehaltung und Abführung der Lohnsteuer können diese Daten auch von den hierfür zuständigen Finanzbehörden bei den für die Besteuerung der Arbeitnehmer nach dem Einkommen zuständigen Finanzbehörden erhoben, abgerufen, verarbeitet und genutzt werden.

(6) Die Absätze 1 bis 5 gelten nicht für Arbeitnehmer, soweit sie Arbeitslohn bezogen haben, der nach den §§ 40 bis 40b pauschal besteuert worden ist.

Allgemeine Erläuterungen 1–7 § 41b EStG

Inhaltsübersicht	Rz.
A. Allgemeine Erläuterungen	1 – 10
B. Systematische Kommentierung	11 – 22
C. Verfahrensfragen	23 – 24

HINWEIS:

R 41b.1 LStR; H 41b.1 LStH; BMF v. 7.11.2013, BStBl 2013 I 1474; BMF v. 15.9.2014, BStBl 2014 I 1244; BMF v. 16.9.2014, BStBl 2014 I 1251; BMF v. 19.5.2015, BStBl 2015 I 468; OFD Frankfurt v. 23.9.2014, NWB DokID: LAAAE-78526; BMF v. 31.8.2016, BStBl 2016 I 1004; BMF v. 27.9.2017, BStBl 2017 I 1339.

LITERATUR:

Seifert, Großbuchstabe „M": Verlängerung der Aufzeichnungsbefreiung? StuB 2018, 599.

A. Allgemeine Erläuterungen

Normzweck und wirtschaftliche Bedeutung der Vorschrift: Damit Finanzämter Einkommensteuererklärungen mit den korrekten Werten hinsichtlich der Einkünfte aus nichtselbständiger Arbeit (§ 19 EStG) veranlagen können, wirkt § 41b EStG als Verbindung zwischen den Daten des Arbeitgebers und den Finanzbehörden. Darüber hinaus werden der Finanzverwaltung Daten bereitgestellt, um u.a. mehrfache Inanspruchnahmen von einkommensmindernden Aufwendungen auszuschließen. Auch werden die Anwendung des Progressionsvorbehalts (§ 32b EStG) und Fälle der Pflichtveranlagung (§ 46 EStG) weitgehend sichergestellt. 1

Entstehung und Entwicklung der Vorschrift: Die seit 1975 im EStG verankerte Norm hat seitdem viele Änderungen, insbesondere durch die Regularien der elektronischen Lohndatenübermittlung an die Finanzbehörden, erfahren. 2

Geltungsbereich: Alle Arbeitgeber haben die Norm des § 41b EStG zu beachten. Bei Beschäftigung von ausschließlich geringfügig tätigen Arbeitnehmern gelten Erleichterungen (Abs. 3). 3

Verhältnis zu anderen Vorschriften: Die Option zur Anwendung des § 37b Abs. 2 EStG an eigene Arbeitnehmer ist spätestens bis zu dem für die Übermittlung der elektronischen Lohnsteuerbescheinigung geltenden Termin (§ 41b Abs. 1 Satz 2 EStG; 28.2. des Folgejahres) zu treffen. Dieser Ausschlusstermin gilt nach Rz. 8 des BMF-Schreibens v. 19.5.2015[1] auch dann, wenn ein Arbeitnehmer während des laufenden Kalenderjahrs ausgeschieden ist. 4

Erfüllt ein Dritter unmittelbar gegen sich gerichtete tarifvertragliche Arbeitslohnansprüche (z. B. Sozialkassen des Baugewerbes), ist er zum Lohnsteuerabzug verpflichtet, wenn es sich um Geldleistungen handelt (§ 38 Abs. 3a Satz 1 EStG). Der Dritte hat die Pflichten des Arbeitgebers, damit auch die Verpflichtungen nach § 41b EStG. 5

Erbringen Pensionskassen, Lebensversicherungsunternehmen oder Dritte Leistungen i. S. d. § 3 Nr. 65 EStG, die den Einkünften aus nichtselbständiger Arbeit zuzurechnen sind, gelten sie als Arbeitgeber. Ihnen obliegen neben den Pflichten zum Lohnsteuerabzug auch die sich aus § 41b EStG ergebenden Pflichten. 6

Mit Wirkung ab dem 1.1.2017 wird ein neuer Haftungstatbestand in die AO eingeführt, der auch den Lohnsteuerabzug betrifft. Nach § 72a AO haften dann u. a. Hersteller von nicht amtlichen Computerprogrammen, soweit die Daten infolge einer Verletzung bestimmter Pflichten 7

---

1 BMF v. 19.5.2015, BStBl 2015 I 468.

(§ 87c AO) unrichtig oder unvollständig verarbeitet und dadurch Steuern verkürzt oder zu Unrecht steuerliche Vorteile erlangt werden. Die Haftung entfällt, soweit der Hersteller nachweist, dass die Pflichtverletzung nicht auf grober Fahrlässigkeit oder Vorsatz beruht. Entsprechendes gilt auch für Auftragnehmer (§ 87d AO).

Diese Neuregelung ist erstmals anzuwenden, wenn Daten nach dem 31.12.2016 aufgrund gesetzlicher Vorschriften nach amtlich vorgeschriebenem Datensatz über amtlich bestimmte Schnittstellen an Finanzbehörden zu übermitteln sind oder freiwillig übermittelt werden.

Für Daten, die vor dem 1.1.2017 zu übermitteln sind oder freiwillig übermittelt werden, sind § 150 Abs. 6 und 7 AO und die Vorschriften der Steuerdaten-Übermittlungsverordnung in der jeweils am 31.12.2016 geltenden Fassung weiter anzuwenden.

8–10 *(Einstweilen frei)*

B. Systematische Kommentierung

11 **Lohnsteuerbescheinigung (§ 41b Abs. 1 EStG):** Die Norm gilt für unbeschränkt und beschränkt steuerpflichtige Arbeitnehmer. Mit dem Abschluss des Lohnkontos sind alle einzelnen Informationen zusammenzutragen und den in § 41 Abs. 1 Satz 2 EStG bestimmten Angaben zuzuordnen. Der außer Ansatz bleibende Arbeitslohn aufgrund einer Arbeitslohnspende ist nicht in der Lohnsteuerbescheinigung (§ 41b Abs. 1 Satz 2 Nr. 3 EStG) anzugeben.

12 Die Lohnsteuerbescheinigung und ab dem 1.1.2017 die nach § 93c Abs. 1 AO zu erhebenden Daten sind dem für die Einkommensteuerveranlagung zuständigem Finanzamt bis zum 28.2. des Folgejahres elektronisch zu übermitteln und dem Arbeitnehmer (elektronisch) zur Verfügung zu stellen. Für den Zeitpunkt der Überlassung der Lohnsteuerbescheinigung an Arbeitnehmer gibt es bis zum 31.12.2016 keine gesetzlichen Regelungen.[1] Eine Nichtüberlassung an Arbeitnehmer kann bis dahin nur beim Arbeitsgericht eingeklagt werden. Ab dem 1.1.2017 hat der Arbeitgeber dem Arbeitnehmer die elektronische Lohnsteuerbescheinigung nach amtlich vorgeschriebenem Muster binnen angemessener Frist als Ausdruck auszuhändigen oder elektronisch bereitzustellen.

Arbeitgeber ohne maschinelle Lohnabrechnung müssen den Arbeitnehmern nach Ablauf des Kalenderjahres oder nach Beendigung des Dienstverhältnisses, wenn es vor Ablauf des Kalenderjahres beendet wird, die Lohnsteuerbescheinigung aushändigen. Nicht ausgehändigte Lohnsteuerbescheinigungen sind dem lohnsteuerlichen Betriebsstättenfinanzamt zuzuleiten.

13 **Großkennbuchstabe „M":** Bei nach § 3 Nr. 13 und 16 EStG steuerfrei gezahlten Verpflegungszuschüssen und Vergütungen bei doppelter Haushaltsführung ist hinsichtlich einer vom Arbeitgeber zur Verfügung gestellten und mit dem amtlichen Sachbezugswert zu bewertenden Mahlzeit für eine Übergangszeit (bis max. 31.12.2018) eine Bescheinigung des Großkennbuchstabens „M" nach § 41b Abs. 1 Satz 2 Nr. 8 EStG nicht zwingend erforderlich.[2] Die bisher von der Finanzverwaltung eingeräumte Übergangsregelung zur programmtechnischen Umsetzung der Bescheinigung des Großbuchstabens „M" wurde nicht über den 31.12.2018 hinaus verlängert.

---

1 Antwort des Parlamentarischen Staatssekretärs im Bundesministerium der Finanzen in der BT-Drucks. 18/7842 v. 11.3.2016.
2 Vgl. BMF v. 30.9.2013, BStBl 2013 I 1279, Tz 86; sowie BMF v. 30.7.2015, BStBl 2015 I 614 sowie BMF v. 27.9.2017, BStBl 2017 I 1339.

Die Datenübermittlung ist seit 2009 authentifiziert vorzunehmen.[1] 14

Nutzung des Ordnungsmerkmals bzw. der Identifikationsnummer im Rahmen der elektronischen Datenübermittlung (§ 41b Abs. 2 EStG): Wurde die steuerliche Identifikationsnummer noch nicht vergeben (z. B. an beschränkt einkommensteuerpflichtige Arbeitnehmer), muss der Arbeitgeber für jeden in Frage kommenden Arbeitnehmer ein lohnsteuerliches Ordnungsmerkmal (sog. eTIN) bilden. Dieses besteht aus dem Vor- und Nachnamen sowie dem Geburtsdatum. Dieses Ordnungsmerkmal darf nur für die (elektronische) Lohnsteuerbescheinigung verwendet werden. 15

Arbeitgeber mit manuellem Abrechnungsverfahren (§ 41b Abs. 3 EStG): Die seit dem 1. 1. 2006 geltende Verpflichtung zur Abgabe einer elektronischen Lohnsteuerbescheinigung gilt nicht für Arbeitgeber ohne maschinelles Lohnsteuerverfahren, die Arbeitnehmer in ihrem Privathaushalt nach § 8a SGB IV beschäftigen. Eine geringfügige Beschäftigung im Privathaushalt liegt vor, wenn diese durch einen privaten Haushalt begründet ist und die Tätigkeit sonst gewöhnlich durch Mitglieder des privaten Haushalts erledigt wird. Gleichwohl ist dieser Arbeitgeber zur Ausfertigung einer manuellen Bescheinigung verpflichtet, die die in § 41 Abs. 1 EStG aufgeführten Angaben enthält. 16

Sonderregelung bei pauschal besteuertem Arbeitslohn (§ 41b Abs. 4 EStG): Die Regelungen des § 41b Abs. 1 bis 3 EStG gelten nicht für Dienstverhältnisse mit Arbeitnehmern, deren Arbeitslohn nach den §§ 40 bis 40b EStG pauschal versteuert wurde. Ebenso sind Pauschalsteuern nach § 37b EStG nicht zu bescheinigen. 17

Sonderregelung für die aktiven Bediensteten des Landes Hessen: Seit dem 1.1.2018 können die Beschäftigten des Landes Hessen den öffentlichen Personennahverkehr kostenlos nutzen. Und zwar nicht nur für den Arbeitsweg. 18

Ein Ausweis der Gestellung des Landestickets Hessen an die aktiven Bediensteten erfolgt entgegen § 41b Abs. 1 Nr. 7 EStG in der Lohnsteuerbescheinigung nicht. Der steuerliche Werbungskostenabzug beim einzelnen Bediensteten für Fahrten zwischen Wohnung und erster Tätigkeitsstätte in Form der Entfernungspauschale wird nach Auffassung der Landesregierung durch die Nutzung des Landestickets nicht berührt. Das Land Hessen hat als Arbeitgeber die geldwerten Vorteile aus der Gestellung lohnversteuert.

(Einstweilen frei) 19–22

C. Verfahrensfragen

Die in § 41b EStG dem Arbeitgeber auferlegten Pflichten können vom lohnsteuerlichen Betriebsstättenfinanzamt (§ 41 Abs. 2 EStG) mithilfe der §§ 328 ff. AO erzwungen werden. 23

Dagegen sind Ansprüche der Arbeitnehmer auf Erteilung, Ergänzung oder Berichtigung der Lohnsteuerbescheinigungen auf dem arbeitsgerichtlichen Instanzenweg bis Ende März des dem Abzugsjahr folgenden Jahres[2] geltend zu machen.[3] Das Wohnsitzfinanzamt ist im einkommensteuerlichen Veranlagungsverfahren nicht an die Lohnsteuerbescheinigung gebunden. 24

---

1 Vgl. BMF v. 22. 8. 2008, BStBl I 2008, 872, Tz. 86.
2 BFH v. 19. 10. 2001 - VI R 36/96, BFH/NV 2002, 340 = NWB DokID: KAAAA-68713.
3 BFH v. 29. 6. 1993 - VI B 108/92, BStBl 1993 II 760.

§ 41c Änderung des Lohnsteuerabzugs

(1) ¹Der Arbeitgeber ist berechtigt, bei der jeweils nächstfolgenden Lohnzahlung bisher erhobene Lohnsteuer zu erstatten oder noch nicht erhobene Lohnsteuer nachträglich einzubehalten,

1. wenn ihm elektronische Lohnsteuerabzugsmerkmale zum Abruf zur Verfügung gestellt werden oder ihm der Arbeitnehmer eine Bescheinigung für den Lohnsteuerabzug mit Eintragungen vorlegt, die auf einen Zeitpunkt vor Abruf der Lohnsteuerabzugsmerkmale oder vor Vorlage der Bescheinigung für den Lohnsteuerabzug zurückwirken, oder

2. wenn er erkennt, dass er die Lohnsteuer bisher nicht vorschriftsmäßig einbehalten hat; dies gilt auch bei rückwirkender Gesetzesänderung.

²In den Fällen des Satzes 1 Nummer 2 ist der Arbeitgeber jedoch verpflichtet, wenn ihm dies wirtschaftlich zumutbar ist.

(2) ¹Die zu erstattende Lohnsteuer ist dem Betrag zu entnehmen, den der Arbeitgeber für seine Arbeitnehmer insgesamt an Lohnsteuer einbehalten oder übernommen hat. ²Wenn die zu erstattende Lohnsteuer aus dem Betrag nicht gedeckt werden kann, der insgesamt an Lohnsteuer einzubehalten oder zu übernehmen ist, wird der Fehlbetrag dem Arbeitgeber auf Antrag vom Betriebsstättenfinanzamt ersetzt.

(3) ¹Nach Ablauf des Kalenderjahres oder, wenn das Dienstverhältnis vor Ablauf des Kalenderjahres endet, nach Beendigung des Dienstverhältnisses, ist die Änderung des Lohnsteuerabzugs nur bis zur Übermittlung oder Ausschreibung der Lohnsteuerbescheinigung zulässig. ²Bei Änderung des Lohnsteuerabzugs nach Ablauf des Kalenderjahres ist die nachträglich einzubehaltende Lohnsteuer nach dem Jahresarbeitslohn zu ermitteln. ³Eine Erstattung von Lohnsteuer ist nach Ablauf des Kalenderjahres nur im Wege des Lohnsteuer-Jahresausgleichs nach § 42b zulässig. ⁴Eine Minderung der einzubehaltenden und zu übernehmenden Lohnsteuer (§ 41a Absatz 1 Satz 1 Nummer 1) nach § 164 Absatz 2 Satz 1 der Abgabenordnung ist nach der Übermittlung oder Ausschreibung der Lohnsteuerbescheinigung nur dann zulässig, wenn sich der Arbeitnehmer ohne vertraglichen Anspruch und gegen den Willen des Arbeitgebers Beträge verschafft hat, für die Lohnsteuer einbehalten wurde. ⁵In diesem Fall hat der Arbeitgeber die bereits übermittelte oder ausgestellte Lohnsteuerbescheinigung zu berichtigen und sie als geändert gekennzeichnet an die Finanzverwaltung zu übermitteln; § 41b Absatz 1 gilt entsprechend. ⁶Der Arbeitgeber hat seinen Antrag zu begründen und die Lohnsteuer-Anmeldung (§ 41a Absatz 1 Satz 1) zu berichtigen.

(4) ¹Der Arbeitgeber hat die Fälle, in denen er die Lohnsteuer nach Absatz 1 nicht nachträglich einbehält oder die Lohnsteuer nicht nachträglich einbehalten kann, weil

1. der Arbeitnehmer vom Arbeitgeber Arbeitslohn nicht mehr bezieht oder

2. der Arbeitgeber nach Ablauf des Kalenderjahres bereits die Lohnsteuerbescheinigung übermittelt oder ausgeschrieben hat,

dem Betriebsstättenfinanzamt unverzüglich anzuzeigen. ²Das Finanzamt hat die zu wenig erhobene Lohnsteuer vom Arbeitnehmer nachzufordern, wenn der nachzufordernde Betrag 10 Euro übersteigt. ³§ 42d bleibt unberührt.

Systematische Kommentierung § 41c EStG

Inhaltsübersicht

	Rz.
A. Allgemeine Erläuterungen	1 - 8
B. Systematische Kommentierung	9 - 25
C. Verfahrensfragen	26 - 28

HINWEIS:
R 41c.1 bis 41c.3 LStR; H 41c.1 bis 41c.3 LStH. BMF v. 14.3.2017, BStBl 2017 I 473.

LITERATUR:
Seifert, Zeitliche Grenzen für den Wechsel zur Lohnsteuerpauschalierung, StuB 2015, 429.

A. Allgemeine Erläuterungen

Normzweck und wirtschaftliche Bedeutung der Vorschrift: Mit dieser Norm soll – bezogen auf den jeweiligen Veranlagungszeitraum – eine materiell korrekte Besteuerung des Arbeitslohns durch den Arbeitgeber sichergestellt werden. Auch dienen die in § 41c Abs. 4 EStG geregelten Anzeigepflichten dazu, Haftungsrisiken für Arbeitgeber größtenteils zu vermeiden. **1**

Geltungsbereich: Diese Norm gilt sowohl für unbeschränkt als auch beschränkt steuerpflichtige Arbeitnehmer. Bei Letztgenannten ist eine Änderung des Lohnsteuerabzugs nach Ablauf des Kalenderjahres nur dann zulässig, wenn der Arbeitgeber Lohnsteuer nachfordert. Eine Änderung zugunsten des beschränkt einkommensteuerpflichtigen Arbeitnehmers darf nach Ablauf des Kalenderjahres nur das Finanzamt vornehmen. **2**

In dieser Vorschrift werden die Änderungstatbestände (Abs. 1), Regelungen zur Aufbringung der zu erstattenden Lohnsteuer (Abs. 2), zeitliche Rahmenbedingungen (Abs. 3) und vom Arbeitgeber zu beachtende Anzeigepflichten (Abs. 4) behandelt. **3**

Entstehung und Entwicklung der Vorschrift: Ab dem 1.1.1975 wurde die Vorschrift aus der LStDV ins EStG übernommen. Neben redaktionellen Änderungen wurden im Laufe der Jahre zuletzt Regelungen zum Wegfall der Lohnsteuerkarte getroffen. Seit dem 1.1.1999 muss eine rückwirkende Änderung der bisher durchgeführten Lohnabrechnungen auch dann durchgeführt werden, wenn Gesetzesänderungen rückwirkend in Kraft treten. **4**

Verhältnis zu anderen Vorschriften: Adressaten dieser Vorschrift sind alle Arbeitgeber und Dritte, die nach § 38 Abs. 1 und Abs. 3a EStG zum Lohnsteuerabzug verpflichtet sind. **5**

(Einstweilen frei) **6–8**

B. Systematische Kommentierung

Berechtigung und Verpflichtung zu Änderung des Lohnsteuerabzugs (§ 41c Abs. 1 EStG): Die Vorschrift dient dazu, dass Arbeitgeber einen fehlerhaften Lohnsteuerabzug in den gesetzlich geregelten Fällen richtigstellen können. Im Rahmen einer Lohnsteuer-Nachschau oder Lohnsteuer-Außenprüfung festgestellte Fehler fallen für den Prüfungszeitraum nicht unter diese Norm. **9**

Finanzielle Aspekte der Änderung des Lohnsteuerabzugs (§ 41c Abs. 2 EStG): Erstattungen von Lohnsteuer an den Arbeitnehmer betreffen nur die individuelle Lohnsteuer, da der Arbeitnehmer nur insoweit Steuerschuldner ist. Hat der Arbeitgeber im Laufe des Kalenderjahres zu viel Lohnsteuer einbehalten und abgeführt und ist weder durch Änderung des Lohnsteuer-Abzugs **10**

Dietz

noch im Rahmen des Arbeitgeberjahresausgleichs (§ 42b EStG) eine Korrektur durchgeführt worden, so muss der Arbeitnehmer die Korrektur im Rahmen des Veranlagungsverfahrens geltend machen. Der Lohnsteuer-Abzug des Arbeitnehmers kann nach Ablauf des Kalenderjahres allerdings bis zur Übermittlung und Ausschreibung der Lohnsteuer-Bescheinigung korrigiert werden, wenn die Lohnsteuer-Anmeldung geändert wird.[1] Eine Erstattung der Lohnsteuer ist nach Ablauf des Kalenderjahres nur noch im Wege des Arbeitgeberjahresausgleichs (§ 42b EStG) zulässig (vgl. § 41c Abs. 3 Satz 3 EStG).

11 **Zeitliche Grenzen des Lohnsteuerabzugs (§ 41c Abs. 3 EStG):** Hat der Arbeitgeber die elektronische Lohnsteuerbescheinigung übermittelt, ist eine Änderung des Lohnsteuerabzugs grundsätzlich nicht mehr möglich (§ 41c Abs. 3 Satz 1 EStG). Hierauf wird von den Lohnsteuer-Außenprüfern ein besonderes Augenmerk gerichtet, da viele Arbeitgeber Rückrechnungen beim Arbeitslohn programmgesteuert vornehmen (können). Möglich ist lediglich eine Erhöhung der Lohnsteuer-Entrichtungsschuld unter den Voraussetzungen des § 164 Abs. 2 Satz 1 AO.[2] Eine Minderung der Lohnsteuer-Entrichtungsschuld ist nur bei veruntreutem Arbeitslohn möglich.[3] Die bloße Korrektur eines zunächst unrichtig übermittelten Datensatzes ist zulässig (R 41c.1 Abs. 7 Satz 2 LStR).

12 **Anzeigepflichten des Arbeitgebers (§ 41c Abs. 4 EStG):** Der Arbeitgeber haftet nicht (§ 42d EStG), soweit er eine Anzeige in den Fällen des § 41c Abs. 4 EStG erstattet hat und zwar

13 a) weil er von seiner Berechtigung, Lohnsteuer nachträglich einzubehalten, keinen Gebrauch gemacht hat, wenn ihm die ELStAM zum Abruf zur Verfügung gestellt werden bzw. ihm der Arbeitnehmer eine Lohnsteuer-Karte/Bescheinigung für den Lohnsteuerabzug 2011/2012/2013 mit Eintragungen vorgelegt hat, die auf einen Zeitpunkt vor Abruf der ELStAM bzw. vor Vorlage der Lohnsteuer-Karte/Bescheinigung für den Lohnsteuerabzug 2011/2012/2013 zurückwirkten,

14 b) weil er von seiner Berechtigung, Lohnsteuer nachträglich einzubehalten, keinen Gebrauch gemacht hat, wenn er erkannt hat, dass er die Lohnsteuer bisher nicht vorschriftsmäßig einbehalten hat,

15 c) weil er von seiner Berechtigung, Lohnsteuer nachträglich einzubehalten, keinen Gebrauch gemacht hat, wenn er erkannt hat, dass die Lohnsteuer bei rückwirkender Gesetzesänderung nicht vorschriftsmäßig einbehalten wurde,

16 d) weil er die Lohnsteuer in den Fällen a bis c nicht nachträglich einbehalten konnte, da der Arbeitnehmer von ihm Arbeitslohn nicht mehr bezogen hat,

17 e) weil er die Lohnsteuer in den Fällen a bis c nicht nachträglich einbehalten konnte, da er nach Ablauf des Kalenderjahrs bereits die Lohnsteuerbescheinigung ausgeschrieben hatte.

18 In den Fällen b und c besteht für den Arbeitgeber die Verpflichtung Lohnsteuer nachträglich einzubehalten, wenn ihm dies wirtschaftlich zumutbar ist (§ 41c Abs. 1 Satz 2 EStG).

19 Weicht der Arbeitgeber von einer erteilten Anrufungsauskunft ab, kann er jedoch nicht dadurch einen Haftungsausschluss bewirken, dass er die Abweichung dem Betriebsstättenfinanzamt anzeigt.[4] Der Haftungsausschluss setzt stets eine Korrekturberechtigung i.S.d.

---

[1] BFH v. 17.6.2009 - VI R 46/07, BStBl 2010 II 72.
[2] BFH v. 30.10.2008 - VI R 10/05, BStBl 2009 II 354.
[3] Vgl. BMF v. 7.11.2013, BStBl 2013 I 1474 zu BFH v. 13.11.2012 - VI R 38/11, BStBl 2013 II 929.
[4] BFH v. 4.6.1993 - VI R 95/92, BStBl 1993 II 687.

§ 41c Abs. 1 EStG voraus. Daran fehlt es, wenn eine Lohnsteueranmeldung vorsätzlich fehlerhaft abgegeben worden war und dies dem Arbeitgeber zuzurechnen ist.[1]

(Einstweilen frei) 20–25

C. Verfahrensfragen

Nach Übermittlung oder Ausschreibung der Lohnsteuerbescheinigung ist eine Berichtigung der Lohnsteueranmeldung im Rahmen des § 164 Abs. 2 Satz 1 AO zulässig, wenn sich die Lohnsteuer-Entrichtungsschuld erhöht.[2] 26

Erstattungsansprüche des Arbeitnehmers wegen zu Unrecht einbehaltener Lohnsteuer sind nach Ablauf des Kalenderjahrs nur noch im Rahmen einer Veranlagung zur Einkommensteuer geltend zu machen. Darüber hinaus ist ein Erstattungsantrag gem. § 37 AO nicht zulässig.[3] Dies gilt auch für zu Unrecht angemeldete und abgeführte Lohnsteuerbeträge, wenn der Lohnsteuerabzug nach § 41c Abs. 3 EStG nicht mehr geändert werden kann.[4] 27

Wird eine Zahlung des Arbeitgebers zu Unrecht dem Lohnsteuerabzug unterworfen, weil die Besteuerung abkommensrechtlich dem Wohnsitzstaat des Arbeitnehmers zugewiesen ist, besteht die Möglichkeit, einen Erstattungsantrag in analoger Anwendung des § 50d Abs. 1 Satz 2 EStG zu stellen, soweit die entsprechenden Einkünfte aus nichtselbständiger Arbeit nicht bereits im Rahmen einer Veranlagung nach § 50 Abs. 2 Satz 2 Nr. 4 Buchst. b i.V.m. Satz 7 EStG erfasst wurden. Der Erstattungsanspruch ist dabei gegen das Betriebsstättenfinanzamt des Arbeitgebers zu richten. 28

§ 42 (weggefallen)

▶ Zur Kommentierung siehe Online-Version, 1. Aufl. 2016

§ 42a (weggefallen)

▶ Zur Kommentierung siehe Online-Version, 1. Aufl. 2016

§ 42b Lohnsteuer-Jahresausgleich durch den Arbeitgeber

(1) ¹Der Arbeitgeber ist berechtigt, seinen unbeschränkt einkommensteuerpflichtigen Arbeitnehmern, die während des abgelaufenen Kalenderjahres (Ausgleichsjahr) ständig in einem zu ihm bestehenden Dienstverhältnis gestanden haben, die für das Ausgleichsjahr einbehaltene Lohnsteuer insoweit zu erstatten, als sie die auf den Jahresarbeitslohn entfallende Jahreslohnsteuer übersteigt (Lohnsteuer-Jahresausgleich). ²Er ist zur Durchführung des Lohnsteuer-Jahresausgleichs verpflichtet, wenn er am 31. Dezember des Ausgleichsjahres mindestens zehn

---

1 BFH v. 21.4.2010 - VI R 29/08, BStBl 2010 II 833.
2 BFH v. 30.10.2008 - VI R 10/05, BStBl 2009 II 354.
3 BFH v. 20.5.1983 - VI R 111/81, BStBl 1983 II 584.
4 BFH v. 17.6.2009 - VI R 46/07, BStBl 2010 II 72.

Arbeitnehmer beschäftigt. ³Der Arbeitgeber darf den Lohnsteuer-Jahresausgleich nicht durchführen, wenn

1. der Arbeitnehmer es beantragt oder

2. der Arbeitnehmer für das Ausgleichsjahr oder für einen Teil des Ausgleichsjahres nach den Steuerklassen V oder VI zu besteuern war oder

3. der Arbeitnehmer für einen Teil des Ausgleichsjahres nach den Steuerklassen II, III oder IV zu besteuern war oder

3a. bei der Lohnsteuerberechnung ein Freibetrag oder Hinzurechnungsbetrag zu berücksichtigen war oder

3b. das Faktorverfahren angewandt wurde oder

4. der Arbeitnehmer im Ausgleichsjahr Kurzarbeitergeld, Schlechtwettergeld, Winterausfallgeld, Zuschuss zum Mutterschaftsgeld nach dem Mutterschutzgesetz, Zuschuss bei Beschäftigungsverboten für die Zeit vor oder nach einer Entbindung sowie für den Entbindungstag während einer Elternzeit nach beamtenrechtlichen Vorschriften, Entschädigungen für Verdienstausfall nach dem Infektionsschutzgesetz vom 20. Juli 2000 (BGBl I S. 1045) oder nach § 3 Nummer 28 steuerfreie Aufstockungsbeträge oder Zuschläge bezogen hat oder

4a. die Anzahl der im Lohnkonto oder in der Lohnsteuerbescheinigung eingetragenen Großbuchstaben U mindestens eins beträgt oder

5. für den Arbeitnehmer im Ausgleichsjahr im Rahmen der Vorsorgepauschale jeweils nur zeitweise Beträge nach § 39b Absatz 2 Satz 5 Nummer 3 Buchstabe a bis d oder der Beitragszuschlag nach § 39b Absatz 2 Satz 5 Nummer 3 Buchstabe c berücksichtigt wurden oder sich im Ausgleichsjahr der Zusatzbeitragssatz (§ 39b Absatz 2 Satz 5 Nummer 3 Buchstabe b) geändert hat oder

6. der Arbeitnehmer im Ausgleichsjahr ausländische Einkünfte aus nichtselbständiger Arbeit bezogen hat, die nach einem Abkommen zur Vermeidung der Doppelbesteuerung oder unter Progressionsvorbehalt nach § 34c Absatz 5 von der Lohnsteuer freigestellt waren.

(2) ¹Für den Lohnsteuer-Jahresausgleich hat der Arbeitgeber den Jahresarbeitslohn aus dem zu ihm bestehenden Dienstverhältnis festzustellen. ²Dabei bleiben Bezüge im Sinne des § 34 Absatz 1 und 2 Nummer 2 und 4 außer Ansatz, wenn der Arbeitnehmer nicht jeweils die Einbeziehung in den Lohnsteuer-Jahresausgleich beantragt. ³Vom Jahresarbeitslohn sind der etwa in Betracht kommende Versorgungsfreibetrag und Zuschlag zum Versorgungsfreibetrag und der etwa in Betracht kommende Altersentlastungsbetrag abzuziehen. ⁴Für den so geminderten Jahresarbeitslohn ist die Jahreslohnsteuer nach § 39b Absatz 2 Satz 6 und 7 zu ermitteln nach Maßgabe der Steuerklasse, die die für den letzten Lohnzahlungszeitraum des Ausgleichsjahres als elektronisches Lohnsteuerabzugsmerkmal abgerufen oder auf der Bescheinigung für den Lohnsteuerabzug oder etwaigen Mitteilungen über Änderungen zuletzt eingetragen wurde. ⁵Den Betrag, um den die sich hiernach ergebende Jahreslohnsteuer die Lohnsteuer unterschreitet, die von dem zugrunde gelegten Jahresarbeitslohn insgesamt erhoben worden ist, hat der Arbeitgeber dem Arbeitnehmer zu erstatten. ⁶Bei der Ermittlung der insgesamt erhobenen Lohnsteuer ist die Lohnsteuer auszuscheiden, die von den nach Satz 2 außer Ansatz gebliebenen Bezügen einbehalten worden ist.

Allgemeine Erläuterungen 1-2 § 42b EStG

(3) ¹Der Arbeitgeber darf den Lohnsteuer-Jahresausgleich frühestens bei der Lohnabrechnung für den letzten im Ausgleichsjahr endenden Lohnzahlungszeitraum, spätestens bei der Lohnabrechnung für den letzten Lohnzahlungszeitraum, der im Monat Februar des dem Ausgleichsjahr folgenden Kalenderjahres endet, durchführen. ²Die zu erstattende Lohnsteuer ist dem Betrag zu entnehmen, den der Arbeitgeber für seine Arbeitnehmer für den Lohnzahlungszeitraum insgesamt an Lohnsteuer erhoben hat. ³§ 41c Absatz 2 Satz 2 ist anzuwenden.

(4) ¹Im Lohnkonto für das Ausgleichsjahr ist die im Lohnsteuer-Jahresausgleich erstattete Lohnsteuer gesondert einzutragen. ²In der Lohnsteuerbescheinigung für das Ausgleichsjahr ist der sich nach Verrechnung der erhobenen Lohnsteuer mit der erstatteten Lohnsteuer ergebende Betrag als erhobene Lohnsteuer einzutragen.

Inhaltsübersicht

	Rz.
A. Allgemeine Erläuterungen	1 - 9
B. Systematische Kommentierung	10 - 29
I. Voraussetzungen für den Lohnsteuerjahresausgleich durch den Arbeitgeber (§ 42b Abs. 1 EStG)	10 - 19
II. Bestimmung der Jahreslohnsteuer (§ 42b Abs. 2 EStG)	20 - 21
III. Durchführungsfristen und Lohnsteuer-Erstattung (§ 42b Abs. 3 EStG)	22 - 23
IV. Aufzeichnungspflichten des Arbeitgebers (§ 42b Abs. 4 EStG)	24 - 29
C. Verfahrensfragen	30 - 32

HINWEIS:
R 42b LStR; OFD Nordrhein-Westfalen v. 15.8.2018, NWB DokID: GAAAG-94752, betr. LSt-Jahresausgleich durch den Arbeitgeber bei Nettolohnvereinbarungen.

LITERATUR:
Drenseck, Verwaltungsakte im Lohnsteuer- und Einkommensteuerverfahren, DStJG 9 (1986), 377; *Hidien/Holthaus*, Besteuerung beschränkt steuerpflichtiger Arbeitnehmer und Gleichmaß der Besteuerung, IWB 2009, 635; *Schramm/Harder-Buschner*, ELSTAM – Was müssen Arbeitgeber und Arbeitnehmer beim neuen Verfahren beachten? Der Lohnsteuerabzug in einer zeitgemäßen Form, NWB 2013, 348; *Bultmann*, Inhaberschaft des Erstattungsanspruchs nach vom Arbeitgeber durchgeführtem Lohnsteuerjahresausgleich, ZInsO 2018, 1135.

A. Allgemeine Erläuterungen

Normzweck und wirtschaftliche Bedeutung der Vorschrift: Als letzter Akt des Lohnsteuerabzugsverfahrens ist der betriebliche LSt-Jahresausgleich ein Sonderfall der Änderung des LSt-Abzugs i. S. d. § 41c EStG.[1] Dies dient einer zeitnahen Festsetzung der zutreffenden Jahreslohnsteuer, die besonders bei unterschiedlichen Monatslöhnen, Änderung der LSt-Abzugsmerkmale oder Sonderzahlungen (Urlaubs- und Weihnachtsgeld) zu Erstattungen führen kann.   **1**

Entstehung und Entwicklung der Vorschrift: Nachdem der LSt-Jahresausgleich durch den ArbG seit 1948 im Verordnungswege geregelt war, wurde § 42b EStG erstmals durch EStRG v. 5.8.1974[2] in das EStG aufgenommen und seitdem mehrfach geändert,[3] wobei die neuere An-   **2**

---

1 *Drenseck*, DStJG 9 (1986) 377, 386.
2 BGBl 1974 I 1769.
3 Zu einer vollständigen Rechtsentwicklung s. HHR/*Bergkemper*, § 42b EStG Anm. 2.

passung an das ELStAM-Verfahren durch das BeitrRLUmsG v. 7.12.2011[1] von besonderer Bedeutung ist.

3 **Geltungsbereich:** Der sachliche Geltungsbereich ist auf die Einkünfte aus nichtselbständiger Arbeit beschränkt. Als Maßnahme des LSt-Abzugsverfahrens ist der LSt-Jahresausgleich durch den ArbG nur bei ArbN möglich. Persönlich gilt der betriebliche LSt-Jahresausgleich nur für unbeschränkt einkommensteuerpflichtige ArbN (§ 42b Abs. 1 Satz 1 EStG). Beschränkt einkommensteuerpflichtige ArbN unterliegen der Abgeltungswirkung des Steuerabzugs (§ 50 Abs. 2 Satz 1 EStG). Ihnen steht nur die ESt-Veranlagung zur Erstattung zu viel gezahlter Lohnsteuer offen (§ 50 Abs. 2 Satz 2 Nr. 4 EStG i.V.m. § 46 Abs. 2 Nr. 8 EStG).

4 **Vereinbarkeit der Vorschrift mit höherrangigem Recht:** Der Ausschluss beschränkt einkommensteuerpflichtiger ArbN vom betrieblichen LSt-Jahresausgleich beruht auf der Abgeltungswirkung des Steuerabzugs nach § 50 Abs. 2 Satz 1 EStG, die ihrerseits verfassungsrechtlich nicht zu beanstanden ist.[2]

5 **Verhältnis zu anderen Vorschriften:** Die Zulässigkeit des sog. permanenten Lohnsteuerjahresausgleichs des ArbG ist von den Voraussetzungen des § 42b Abs. 1 EStG abhängig, auf die nach § 39b Abs. 2 Satz 12 EStG verwiesen wird. Die Änderung des LSt-Abzugs nach § 41c EStG und der betriebliche LSt-Jahresausgleich schließen einander aus: Während des Kj. können Korrekturen des LSt-Abzugs nur nach § 41c EStG und nach Ablauf des Kj. nur nach § 42b EStG vorgenommen werden. Die Berechnungsgrundsätze des § 42b EStG werden bei gleichbleibenden Verhältnissen im Laufe des Jahres auch zur Ermittlung des steuerfreien und steuerpflichtigen Arbeitslohns nach den Doppelbesteuerungsabkommen sowie nach dem Auslandstätigkeitserlass im Lohnsteuerabzugsverfahren herangezogen.[3]

6–9 *(Einstweilen frei)*

B. Systematische Kommentierung

I. Voraussetzungen für den Lohnsteuerjahresausgleich durch den Arbeitgeber (§ 42b Abs. 1 EStG)

10 **Überblick zu den Voraussetzungen:** Nach § 42b Abs. 1 Satz 1 EStG ist der ArbG berechtigt und nach Satz 2 verpflichtet den LSt-Jahresausgleich nur für unbeschränkt einkommensteuerpflichtige ArbN durchzuführen,

- ▶ die während des Ausgleichsjahrs ständig in einem zu ihm bestehenden Dienstverhältnis gestanden haben,
- ▶ die am 31.12. des Ausgleichsjahres in seinen Diensten stehen oder zu diesem Zeitpunkt von ihm Arbeitslohn aus einem früheren Dienstverhältnis beziehen und
- ▶ bei denen kein Ausschlusstatbestand nach § 42b Abs. 1 Satz 3 EStG vorliegt.

Beginnt oder endet die unbeschränkte Einkommensteuerpflicht im Laufe des Kj., ist der betriebliche LSt-Jahresausgleich ebenfalls ausgeschlossen.[4]

---

1 BGBl 2011 I 2592.
2 BVerfG v. 5.9.1975 - 1 BVR 219/75, HFR 1975, 540; kritisch dazu *Hidien/Holthaus*, IWB 2009 F. 3 Gr. 1, 2404. Zur Vereinbarkeit des § 50 Abs. 2 EStG mit dem Unionsrecht s. HHR/*Herkenroth/Striegel*, § 50 EStG Anm. 7.
3 BMF v. 14.3.2017, BStBl 2017 I 473, Tz. 19 und 21.
4 R 42b Abs. 1 LStR.

Die Dauerbeschäftigung bei ein und demselben ArbG ist Voraussetzung für den betrieblichen LSt-Jahresausgleich, weil dieser im ELStAM-Verfahren nur durchzuführen ist, wenn der ArbN während des ganzen Jahres bei dem ArbG beschäftigt war. Der ArbG kennt nämlich die LSt-Abzugsmerkmale, im ELStAM-Verfahren nur für die Zeit der Beschäftigung im eigenen Unternehmen.[1]

11

Rechtsfolge ist die Erstattung der für das Ausgleichsjahr einbehaltenen LSt insoweit, als sie die auf den Jahresarbeitslohn entfallende Jahres-LSt übersteigt.

12

Die Verpflichtung zur Durchführung des LSt-Jahresausgleichs trifft den ArbG, der am 31.12. des Ausgleichsjahres mindestens zehn ArbN beschäftigt, auch wenn der LSt-Jahresausgleich nur für einen oder zwei ArbN durchzuführen ist, weil für alle anderen einer der Ausschlusstatbestände zutrifft. Zu den bei der Mindestgrenze zu berücksichtigenden ArbN gehören auch Teilzeitbeschäftigte, gering entlohnte ArbN und solche, deren Arbeitslohn pauschal versteuert wird.[2] Die Verletzung der Pflicht zur Durchführung des LSt-Jahresausgleichs kann mit den Zwangsmitteln der §§ 328 ff. AO durchgesetzt werden.

13

Die Durchführungsverbote des § 42b Abs. 1 Satz 3 Nr. 2 bis 6 EStG sollen unberechtigte Lohnsteuer-Erstattungen und dadurch veranlasste Rückforderungen verhindern. Der Ausschluss auf Antrag des ArbN nach § 42b Abs. 1 Satz 3 Nr. 1 EStG soll eine frühzeitige Einkommensteuer-Veranlagung durch das FA ermöglichen;[3] er verhindert auch zunächst die Einziehung eines gepfändeten Erstattungsanspruchs.[4] Der Antrag ist formlos und für den ArbG bindend.

14

(Einstweilen frei)

15–19

II. Bestimmung der Jahreslohnsteuer (§ 42b Abs. 2 EStG)

Berechnung des Erstattungsbetrags: Der ArbG hat zunächst den Jahresarbeitslohn des ArbN festzustellen. Auf Antrag des ArbN sind auch Nachzahlungen von Arbeitslohn für mehrere Jahre in den betrieblichen LSt-Jahresausgleich einzubeziehen. Für den Jahresarbeitslohn, der ggf. um einen Versorgungsfreibetrag mit Zuschlag und einen Altersentlastungsbetrag gemindert wird, ist die Jahreslohnsteuer nach § 39b Abs. 2 Satz 6 und 7 EStG unter Anwendung der Steuerklasse zu ermitteln, die für den letzten Lohnzahlungszeitraum des Ausgleichsjahres als elektronisches Lohnsteuerabzugsmerkmal abgerufen oder die in den entsprechenden Ersatzdokumenten zuletzt eingetragen wurde. Die danach die Jahreslohnsteuer übersteigenden Abzugsbeträge sind dem ArbN zu erstatten. Die maschinelle Berechnung der vom Arbeitslohn einzubehaltenden Lohnsteuer, des Solidaritätszuschlags und der Maßstabsteuer für die Kirchenlohnsteuer aufgrund der nach § 51 Abs. 4 Nr. 1a EStG erstellten Programmablaufpläne (vgl. KKB/Kanzler, § 51 EStG Rz. 44) kann auch für den LSt-Jahresausgleich durch den ArbG nach § 42b EStG genutzt werden.[5]

20

Bei einer Nettolohnvereinbarung hat der ArbG die zutreffende Jahreslohnsteuer durch Hochrechnung des Jahresnettolohns auf den entsprechenden Jahresbruttolohn zu ermitteln und diesen auf der von ihm zu erstellenden LSt-Bescheinigung zu vermerken. Führt die Durchfüh-

21

---

1 Vgl. *Schramm/Harder-Buschner*, NWB 2013, 348, 351.
2 Gl. A. *Seifert* in Korn, § 42b EStG Rz. 8, m.w.N.
3 Gl. A. *Trzaskalik* in Kirchhof/Söhn/Mellinghoff, § 42b EStG Rz. B6; HHR/*Bergkemper*, § 42b EStG Anm. 15.
4 Zur Inhaberschaft eines solchen Erstattungsanspruchs in der Insolvenz des Arbeitnehmers s. Bultmann, ZInsO 2018, 1135.
5 BMF v. 26.11.2014, BStBl 2014 I 1518, betr. Programmablaufpläne für den Lohnsteuerabzug für Dezember 2015.

rung des LSt-Jahresausgleichs zu Steuererstattungen (die beim ArbG verbleiben), ist die zu bescheinigende einbehaltene Lohnsteuer entsprechend zu vermindern.[1]

III. Durchführungsfristen und Lohnsteuer-Erstattung (§ 42b Abs. 3 EStG)

22 **Drei- oder Zweimonatszeitraum:** Der betriebliche LSt-Jahresausgleich ist frühestens nach dem 31.12. des Ausgleichsjahrs und spätestens bei der Lohnabrechnung für den letzten Lohnzahlungszeitraum, der im Monat März des dem Ausgleichsjahr folgenden Kj. endet, durchzuführen. Diese Schlussfrist zum 31.3. des Folgejahrs nach § 42b Abs. 3 Satz 1 EStG steht in Widerspruch zur Frist für die Abgabe der elektronischen LSt-Bescheinigung am 28.2. des Folgejahrs (§ 41b Abs. 1 Satz 2 EStG);[2] denn nach Abgabe der elektronischen LSt-Bescheinigung, mit der der LSt-Abzug für das Ausgleichsjahr abgeschlossen ist, sind Änderungen des LSt-Abzugs ausgeschlossen.[3] Korrekturen sind dann nur noch über eine Antragsveranlagung möglich.

23 **Verrechnung und hilfsweiser Aufwendungsersatz:** Der ArbG hat die zu erstattende Lohnsteuer dem Betrag zu entnehmen, den er für seine ArbN für den Lohnzahlungszeitraum insgesamt an Lohnsteuer erhoben hat (§ 42b Abs. 3 Satz 2 EStG). Reicht dies nicht aus, wird der Fehlbetrag dem Arbeitgeber auf Antrag vom Betriebsstätten-FA ersetzt (§ 42b Abs. 3 Satz 3 EStG i.V.m. § 41c Abs. 2 Satz 2 EStG).

IV. Aufzeichnungspflichten des Arbeitgebers (§ 42b Abs. 4 EStG)

24 Nach § 42b Abs. 4 Satz 1 EStG hat der ArbG im Lohnkonto für das Ausgleichsjahr die aufgrund des LSt-Jahresausgleichs erstattete LSt gesondert einzutragen und nach Satz 2 dieser Vorschrift die erhobene Lohnsteuer unter Berücksichtigung des Erstattungsbetrags in der elektronischen LSt-Bescheinigung für das Ausgleichsjahr zu vermerken.

25–29 *(Einstweilen frei)*

C. Verfahrensfragen

30 **Aus der öffentlich-rechtlichen Natur** der Berechtigung und Verpflichtung des ArbG zur Durchführung des LSt-Jahresausgleichs folgt, dass nur die FinVerw die Verpflichtung mit Zwangsmitteln (§§ 328 ff. AO) durchsetzen kann. Daher hat der ArbN auch keinen arbeitsrechtlichen Anspruch auf Durchführung des LSt-Jahresausgleichs gegen den ArbG.[4] Ihm bleibt dann nur der Antrag auf Einkommensteuerveranlagung nach § 46 Abs. 2 Nr. 8 EStG.

31 **Der Rechtsweg zur Finanzgerichtbarkeit** ist dem ArbN ebenfalls verschlossen, weil den Entscheidungen des ArbG im Rahmen des § 42b EStG keine Verwaltungsaktsqualität zukommt.[5]

32 **Verfügungen über den Erstattungsanspruch:** Die Ansprüche auf Arbeitslohn und LSt-Erstattung richten sich gegen unterschiedliche Schuldner (ArbG und FA). Gleichwohl umfasst eine allgemeine Gehaltsabtretung nach der Rechtsprechung des BFH auch ohne ausdrückliche Er-

---

[1] OFD Nordrhein-Westfalen v. 15.8.2018, NWB DokID: GAAAG-94752.
[2] Gl. A. *Seifert* in Korn, § 42b EStG Rz. 15.
[3] BFH v. 30.12.2010 – III R 50/09, BFH/NV 2011, 786 = NWB DokID: TAAAD-79653.
[4] BAG v. 7.5.2013 – 10 AZB 8/13, NWB DokID: TAAAE-36729, betr. einen Rechtsstreit um die richtige Ausfüllung der Lohnsteuerbescheinigung.
[5] *Drenseck*, DStJG 9 (1986) 377, 386.

währung etwaige LSt-Erstattungsansprüche gegen das FA.[1] Die Abtretung, wie die Verpfändung des Erstattungsanspruchs richten sich nach § 46 AO. Ob sich eine Gehaltspfändung auch auf einen LSt-Erstattungsanspruch erstreckt ist bislang ungeklärt,[2] aber wohl eher eine theoretische Streitfrage; in der Praxis ist es inzwischen üblich, auch die Steuererstattungsansprüche zu pfänden.[3] Gegen den Erstattungsanspruch aus dem betrieblichen LSt-Jahresausgleich kann der ArbG nur mit Einwilligung des ArbN mit einer Forderung gegen diesen aufrechnen; Schuldner des Erstattungsanspruchs ist nicht der ArbG, sondern das FA.[4]

§ 42c (weggefallen)

▶ Zur Kommentierung siehe Online-Version, 1. Aufl. 2016

§ 42d Haftung des Arbeitgebers und Haftung bei Arbeitnehmerüberlassung

(1) Der Arbeitgeber haftet

1. für die Lohnsteuer, die er einzubehalten und abzuführen hat,

2. für die Lohnsteuer, die er beim Lohnsteuer-Jahresausgleich zu Unrecht erstattet hat,

3. für die Einkommensteuer (Lohnsteuer), die auf Grund fehlerhafter Angaben im Lohnkonto oder in der Lohnsteuerbescheinigung verkürzt wird,

4. für die Lohnsteuer, die in den Fällen des § 38 Absatz 3a der Dritte zu übernehmen hat.

(2) Der Arbeitgeber haftet nicht, soweit Lohnsteuer nach § 39 Absatz 5 oder § 39a Absatz 5 nachzufordern ist und in den vom Arbeitgeber angezeigten Fällen des § 38 Absatz 4 Satz 2 und 3 und des § 41c Absatz 4.

(3) [1]Soweit die Haftung des Arbeitgebers reicht, sind der Arbeitgeber und der Arbeitnehmer Gesamtschuldner. [2]Das Betriebsstättenfinanzamt kann die Steuerschuld oder Haftungsschuld nach pflichtgemäßem Ermessen gegenüber jedem Gesamtschuldner geltend machen. [3]Der Arbeitgeber kann auch dann in Anspruch genommen werden, wenn der Arbeitnehmer zur Einkommensteuer veranlagt wird. [4]Der Arbeitnehmer kann im Rahmen der Gesamtschuldnerschaft nur in Anspruch genommen werden,

1. wenn der Arbeitgeber die Lohnsteuer nicht vorschriftsmäßig vom Arbeitslohn einbehalten hat,

2. wenn der Arbeitnehmer weiß, dass der Arbeitgeber die einbehaltene Lohnsteuer nicht vorschriftsmäßig angemeldet hat. [2]Dies gilt nicht, wenn der Arbeitnehmer den Sachverhalt dem Finanzamt unverzüglich mitgeteilt hat.

---

1 BFH v. 4.12.1979 - VII R 29/77, BStBl 1980 II 488.
2 Dazu etwa HHR/*Bergkemper*, § 42b EStG Anm. 6, m.w.N.
3 Siehe nur BGH v. 12.12.2003 - IXa ZB 115/03, BGHZ 157, 195 = NWB DokID: TAAAC-01094.
4 BFH v. 28.4.1961 - VI 301/60 U, BStBl 1961 III 372.

(4) ¹Für die Inanspruchnahme des Arbeitgebers bedarf es keines Haftungsbescheids und keines Leistungsgebots, soweit der Arbeitgeber

1. die einzubehaltende Lohnsteuer angemeldet hat oder
2. nach Abschluss einer Lohnsteuer-Außenprüfung seine Zahlungsverpflichtung schriftlich anerkennt.

²Satz 1 gilt entsprechend für die Nachforderung zu übernehmender pauschaler Lohnsteuer.

(5) Von der Geltendmachung der Steuernachforderung oder Haftungsforderung ist abzusehen, wenn diese insgesamt 10 Euro nicht übersteigt.

(6) ¹Soweit einem Dritten (Entleiher) Arbeitnehmer im Sinne des § 1 Absatz 1 Satz 1 des Arbeitnehmerüberlassungsgesetzes in der Fassung der Bekanntmachung vom 3. Februar 1995 (BGBl I S. 158), das zuletzt durch Artikel 26 des Gesetzes vom 20. Dezember 2011 (BGBl I S. 2854) geändert worden ist, zur Arbeitsleistung überlassen werden, haftet er mit Ausnahme der Fälle, in denen eine Arbeitnehmerüberlassung nach § 1 Absatz 3 des Arbeitnehmerüberlassungsgesetzes vorliegt, neben dem Arbeitgeber. ²Der Entleiher haftet nicht, wenn der Überlassung eine Erlaubnis nach § 1 des Arbeitnehmerüberlassungsgesetzes in der jeweils geltenden Fassung zugrunde liegt und soweit er nachweist, dass er den nach § 51 Absatz 1 Nummer 2 Buchstabe d vorgesehenen Mitwirkungspflichten nachgekommen ist. ³Der Entleiher haftet ferner nicht, wenn er über das Vorliegen einer Arbeitnehmerüberlassung ohne Verschulden irrte. ⁴Die Haftung beschränkt sich auf die Lohnsteuer für die Zeit, für die ihm der Arbeitnehmer überlassen worden ist. ⁵Soweit die Haftung des Entleihers reicht, sind der Arbeitgeber, der Entleiher und der Arbeitnehmer Gesamtschuldner. ⁶Der Entleiher darf auf Zahlung nur in Anspruch genommen werden, soweit die Vollstreckung in das inländische bewegliche Vermögen des Arbeitgebers fehlgeschlagen ist oder keinen Erfolg verspricht; § 219 Satz 2 der Abgabenordnung ist entsprechend anzuwenden. ⁷Ist durch die Umstände der Arbeitnehmerüberlassung die Lohnsteuer schwer zu ermitteln, so ist die Haftungsschuld mit 15 Prozent des zwischen Verleiher und Entleiher vereinbarten Entgelts ohne Umsatzsteuer anzunehmen, solange der Entleiher nicht glaubhaft macht, dass die Lohnsteuer, für die er haftet, niedriger ist. ⁸Die Absätze 1 bis 5 sind entsprechend anzuwenden. ⁹Die Zuständigkeit des Finanzamts richtet sich nach dem Ort der Betriebsstätte des Verleihers.

(7) Soweit der Entleiher Arbeitgeber ist, haftet der Verleiher wie ein Entleiher nach Absatz 6.

(8) ¹Das Finanzamt kann hinsichtlich der Lohnsteuer der Leiharbeitnehmer anordnen, dass der Entleiher einen bestimmten Teil des mit dem Verleiher vereinbarten Entgelts einzubehalten und abzuführen hat, wenn dies zur Sicherung des Steueranspruchs notwendig ist; Absatz 6 Satz 4 ist anzuwenden. ²Der Verwaltungsakt kann auch mündlich erlassen werden. ³Die Höhe des einzubehaltenden und abzuführenden Teils des Entgelts bedarf keiner Begründung, wenn der in Absatz 6 Satz 7 genannte Prozentsatz nicht überschritten wird.

(9) ¹Der Arbeitgeber haftet auch dann, wenn ein Dritter nach § 38 Absatz 3a dessen Pflichten trägt. ²In diesen Fällen haftet der Dritte neben dem Arbeitgeber. ³Soweit die Haftung des Dritten reicht, sind der Arbeitgeber, der Dritte und der Arbeitnehmer Gesamtschuldner. ⁴Absatz 3 Satz 2 bis 4 ist anzuwenden; Absatz 4 gilt auch für die Inanspruchnahme des Dritten. ⁵Im Fall des § 38 Absatz 3a Satz 2 beschränkt sich die Haftung des Dritten auf die Lohnsteuer, die für die Zeit zu erheben ist, für die er sich gegenüber dem Arbeitgeber zur Vornahme des Lohnsteuerabzugs verpflichtet hat; der maßgebende Zeitraum endet nicht, bevor der Dritte seinem Betriebsstättenfinanzamt die Beendigung seiner Verpflichtung gegenüber dem Arbeitgeber

angezeigt hat. ⁶In den Fällen des § 38 Absatz 3a Satz 7 ist als Haftungsschuld der Betrag zu ermitteln, um den die Lohnsteuer, die für den gesamten Arbeitslohn des Lohnzahlungszeitraums zu berechnen und einzubehalten ist, die insgesamt tatsächlich einbehaltene Lohnsteuer übersteigt. ⁷Betrifft die Haftungsschuld mehrere Arbeitgeber, so ist sie bei fehlerhafter Lohnsteuerberechnung nach dem Verhältnis der Arbeitslöhne und für nachträglich zu erfassende Arbeitslohnbeträge nach dem Verhältnis dieser Beträge auf die Arbeitgeber aufzuteilen. ⁸In den Fällen des § 38 Absatz 3a ist das Betriebsstättenfinanzamt des Dritten für die Geltendmachung der Steuer- oder Haftungsschuld zuständig.

Inhaltsübersicht

	Rz.
A. Allgemeine Erläuterungen	1 - 9
B. Systematische Kommentierung	10 - 126
I. Begriff und Ziel der Haftung (§ 42d Abs. 1 EStG)	10 - 40
1. Entstehung und Erlöschen der Haftungsschuld	11
2. Höhe und Umfang der Haftungsschuld	12
3. Haftungsschuldner	13
4. Haftung für einzubehaltende Lohnsteuer nach § 42d Abs. 1 Nr. 1 EStG	14 - 26
5. Haftung für erstattete Lohnsteuer beim Lohnsteuer-Jahresausgleich nach § 42d Abs. 1 Nr. 2 EStG	27 - 30
6. Haftung wegen fehlerhafter Angaben im Lohnkonto nach § 42d Abs. 1 Nr. 3 EStG	31 - 34
7. Haftung für LSt Dritter nach § 42d Abs. 1 Nr. 4 EStG	35 - 40
II. Ausschluss der Haftung nach § 42d Abs. 2 EStG	41 - 54
III. Inanspruchnahme des ArbG und Geltendmachung der Haftung nach § 42d Abs. 3 EStG	55 - 83
1. Gesamtschuldnerschaft	55
2. Zuständigkeit	56
3. Ermessen	57 - 68
a) Entschließungsermessen	58
b) Auswahlermessen	59 - 68
4. Einwendungen des ArbG	69 - 74
5. Inanspruchnahme	75 - 83
IV. Haftungsbescheid nach § 42d Abs. 4 EStG	84 - 92
V. Bagatellgrenze nach § 42d Abs. 5 EStG	93 - 95
VI. Haftung bei Arbeitnehmer-Überlassung nach § 42d Abs. 6 bis 8 EStG	96 - 110
VII. Haftung bei Einbehaltungspflicht Dritter nach § 42d Abs. 9 EStG	111 - 126
1. Verjährung	119
2. Rechtsbehelfe und Änderung	120 - 123
3. Rückgriff des ArbG	124 - 126

HINWEIS:

R 42d. 1 bis 42d. 3 LStR; BMF v. 16. 10. 2014, BStBl 2014 I 1408.

LITERATUR:

Hundt-Eßwein, Haftung im Steuerrecht, NWB 1989, 5284; *Krause*, Die Arbeitnehmerüberlassung, NWB 2004, 1019; *Rüsken*, Lohnsteuerabführungspflicht bei drohender Insolvenz, NWB 2009, 196; *Hannig*, Lohnsteuer-Haftung des Geschäftsführers im Insolvenzverfahren, NWB 2014, 1704.

A. Allgemeine Erläuterungen

1 **Normzweck und wirtschaftliche Bedeutung der Vorschrift:** Der ArbG ist verpflichtet die LSt vom Arbeitslohn einzubehalten und abzuführen (§ 38 Abs. 1 EStG). Die LSt wird direkt durch Abzug vom Arbeitslohn erhoben und ist damit eine Quellensteuer. Schuldner der LSt bleibt aber immer der ArbN. Für nicht ordnungsgemäß einbehaltene und abgeführte LSt soll somit der ArbG auch haften. § 42d EStG regelt die Tatbestände, aber auch den Ausschluss der Haftung des ArbG sowie die mögliche Inanspruchnahme des ArbG für nicht ordnungsgemäß einbehaltene LSt in Form einer Ermessensentscheidung. Zugleich ist § 42d EStG Ermächtigungsnorm den Steueranspruch in Form eines Haftungsbescheids geltend zu machen.

2 **Entstehung und Entwicklung der Vorschrift:** Die Haftung für Lohnsteuer existiert im EStG seit Einführung der Einbehaltung der Lohnsteuer vom Arbeitslohn im Jahr 1920. § 42d EStG wurde zum 1.1.1975 eingefügt und seitdem zahlreich geändert und ergänzt.[1]

3 **Geltungsbereich:** § 42d EStG gilt für alle ArbG, die in Deutschland verpflichtet sind, Lohnsteuer nach § 38 Abs. 1 EStG einzubehalten und abzuführen. Verpflichtet sind inländische ArbG, ausländische ArbG mit einer Betriebsstätte in Deutschland und ausländische Verleiher von ArbN. Andere ausländische ArbG können nicht in Anspruch genommen werden. Zudem kann ein Dritter, der den LSt-Abzug für den ArbG nach § 38 Abs. 3a EStG vornimmt (Abs. 9) sowie der Entleiher von ArbN (Abs. 6 bis 8) in Anspruch genommen werden. Die Haftung gilt nur für Lohnsteuer, die nach § 38 EStG einzubehalten ist, und somit nicht für Arbeitslohn, für den keine LSt-Pflicht besteht oder der von Dritten zu versteuern ist. Sie gilt ebenfalls nicht für Lohnsteuer, die pauschaliert erhoben wird (§§ 37b, 40, 40a, 40b EStG), wenn der Pauschalierungsantrag oder die Zustimmung nicht mehr widerrufen werden kann. In diesen Fällen ist der ArbG Steuerschuldner und kann nur durch Steuerbescheid und nicht durch Haftungsbescheid in Anspruch genommen werden.

4 **Verfassungsmäßigkeit:** Die Haftung des ArbG für nicht ordnungsgemäß einbehaltene Lohnsteuer ist verfassungsgemäß.[2]

5 **Verhältnis zu anderen Regelungen:** Nach § 42d EStG haften nur die in → Rz. 3 genannten Personen. Andere Personen können nach §§ 69, 75 AO oder nach § 71 AO bei Beteiligung an einer Steuerhinterziehung haften (→ Rz. 76).[3] Trotz Haftung nach § 42d EStG kann ein Schätzungsbescheid nach § 167 AO erlassen werden.[4]

6–9 *(Einstweilen frei)*

B. Systematische Kommentierung

I. Begriff und Ziel der Haftung (§ 42d Abs. 1 EStG)

10 Die Haftung soll zum einen das Steueraufkommen der LSt – neben der USt die größte Steuereinnahmequelle – sichern und zum anderen bewirken, dass die LSt korrekt berechnet und erhoben wird. So wird die Effektivität der LSt-Erhebung an der Quelle erhöht. Voraussetzung für die Haftung ist eine gesetzlich geschuldete LSt des ArbN. Der ArbG steht somit für eine fremde

---

[1] Ausführlich HHR/*Gersch*, § 42d EStG Rz. 4.
[2] BFH v. 5.7.1963 - VI 270/62 U, BStBl 1963 III 468; BVerfG v. 17.2.1977 - 1 BvR 33/76, BVerfGE 44, 103.
[3] H 42d.1 „Haftung anderer Personen" LStH.
[4] BFH v. 7.7.2004 - VI R 168/01, BFH/NV 2005, 357 = NWB DokID: SAAAB-35548.

Schuld ein.[1] Steuer- und Haftungsschuld sind akzessorisch, da die LSt-Schuld des ArbN und die Pflicht zum LSt-Abzug des ArbG zunächst bestehen müssen.[2] Mit der Haftung entsteht eine eigene Schuld des ArbG, die neben der LSt-Schuld des ArbN besteht und es entsteht ein Gesamtschuldverhältnis (Abs. 3, → Rz. 55).

1. Entstehung und Erlöschen der Haftungsschuld

Die Haftungsschuld für die LSt entsteht verschuldensunabhängig (im Gegensatz zu §§ 69, 72 AO). Die nicht ordnungsgemäße Einbehaltung und Abführung der LSt sowie eine Ermessensentscheidung zur Inanspruchnahme des ArbG durch das FA sind ausreichend.[3] Beim Ermessen ist aber ein Verschulden zu berücksichtigen (Abs. 3, → Rz. 59 ff.). In der Literatur besteht dagegen die Auffassung, die verschuldensunabhängige Haftung sei verfassungswidrig bzw. unbillig.[4] Neben der Verschuldensunabhängigkeit ist es nicht notwendig, dass das FA zunächst den ArbN in Anspruch nimmt. Es besteht keine Subsidiarität der Haftung des ArbG. Ausreichend für die Entstehung der Haftungsschuld ist, wenn eine LSt-Schuld des ArbN für zugewandten Arbeitslohn besteht und ein Tatbestand nach Abs. 1 (abschließende Aufzählung) durch den ArbG erfüllt ist.[5] Dies bedeutet, dass beim vorschriftsmäßigen oder bei unmöglichem LSt-Abzug die Haftung des ArbG ausgeschlossen ist. Die Haftungsschuld erlischt außerdem, wenn die LSt-Schuld des ArbN beglichen ist, oder der Haftungsanspruch gegenüber dem ArbG wegen Zahlung oder Verjährung (→ Rz. 119) wegfällt.

2. Höhe und Umfang der Haftungsschuld

Aufgrund der Akzessorietät sind LSt-Schuld und Haftungsschuld gleich hoch. Die LSt-Schuld und damit die Haftungsschuld ist nach § 38a EStG zu berechnen. Zunächst ist jede LSt-Schuld jedes ArbN individuell zu berechnen. Bei der Berechnung ist die Steuerklasse VI anwendbar, wenn keine ELStAM vorliegen oder keine LSt-Berechnung durch den ArbG durchgeführt wurde.[6] Die LSt für mehrere ArbN wird für die Haftungsschuld zusammengerechnet, aber für den Rückgriff des ArbG gegenüber dem ArbN weiter einzeln zugeordnet (zum Rückgriff des ArbG → Rz. 124). Ist die individuelle LSt-Schuld nur unter erschwerten Umständen zu berechnen oder gar nicht zu ermitteln, z. B. weil keine Aufzeichnungen des ArbG vorhanden sind oder vorgelegt wurden, so kann von der individuellen LSt-Berechnung abgewichen und der Arbeitslohn als Bemessungsgrundlage für die LSt nach § 162 AO geschätzt werden. Ein Durchschnittssteuersatz darf im Haftungsverfahren nur angewandt werden, wenn die individuelle Ermittlung der LSt schwierig ist und der ArbG keine Einwendungen gegen die Ermittlung hat sowie keinen Rückgriff gegen die ArbN beabsichtigt.[7] ArbG und FA verständigen sich hier auf einen durchschnittlichen Steuersatz (Bruttosteuersatz).[8] Die individuelle Berechnung geht stets vor, sobald die Grundlagen für die Ermittlung der LSt vorhanden sind.

---

1 BFH v. 15. 4. 1987 - VII R 160/83, BStBl 1988 II 167.
2 BFH v. 17. 10. 1980 - VI R 136/77, BStBl 1981 II 138.
3 BFH v. 19. 5. 2009 - VI B 8/08, BFH/NV 2009, 1454 = NWB DokID: UAAAD-25924.
4 HHR/*Gersch*, § 42d EStG Rz. 23; *Friedrich*, DB 1984, 1114; *Rössler*, FR 1982, 155.
5 BFH v. 27. 3. 1990 - VI R 26/98, BStBl 1990 II 939.
6 BFH v. 29. 7. 2009 - VI B 99/08, BFH/NV 2009, 1809 = NWB DokID: BAAAD-29315.
7 BFH v. 7. 12. 1984 - VI R 72/82, BStBl 1985 II 170.
8 BFH v. 29. 10. 1993 - VI R 26/92, BStBl 1994 II 197.

3. Haftungsschuldner

13 Haftungsschuldner ist der ArbG, der nach § 38 Abs. 1 EStG zur Einbehaltung und Abführung der LSt verpflichtet ist. Das sind alle ArbG mit einer Betriebsstätte in Deutschland, auch wenn der Sitz im Ausland ist sowie der ausländische Verleiher von ArbN (vgl. KKB/Karbe-Geßler, § 38 EStG Rz. 10, 13 ff.).

4. Haftung für einzubehaltende Lohnsteuer nach § 42d Abs. 1 Nr. 1 EStG

14 Bei Einkünften aus nichtselbständiger Tätigkeit wird die LSt durch Abzug vom Lohn an der Quelle erhoben. Der ArbG ist für den Einbehalt und die Zahlung verantwortlich (§ 38 Abs. 3 EStG) und haftet für die richtige Einbehaltung und Abführung der LSt, KiSt und SolZ.[1] Die Haftung erstreckt sich auch auf das ausgezahlte Kindergeld, wenn ein ArbG verpflichtet ist, dieses auszuzahlen. Für private Arbeitgeber besteht keine Verpflichtung zur Auszahlung des Kindergeldes. Die Haftung nach § 42d EStG entfällt insofern.

15 Die Einbehaltung und Abführung von LSt ist unrichtig, wenn der ArbG einzelne oder alle ArbN vom Abzug der LSt ausnimmt. Eine mögliche Veranlagung des ArbN zur ESt heilt dies nicht. Die Haftung besteht auch, wenn der Jahresarbeitslohn voraussichtlich lohnsteuerfrei bleiben wird. Dies kann z. B. bei Aushilfskräften der Fall sein. Korrespondierend besteht keine Haftung, wenn, trotz richtigem LSt-Abzug, am Jahresende eine Nachzahlung der ESt bei der Veranlagung entsteht.[2]

16 Der Haftungstatbestand ist ebenfalls erfüllt, wenn der ArbG Leistungen, die zu versteuernder Arbeitslohn und demzufolge nicht steuerfrei sind, nicht dem LSt-Abzug unterwirft. Dem ArbG obliegt somit die Pflicht, die LSt-Freiheit (z. B. nach § 8 Abs. 2 Satz 11 EStG oder § 3 Nr. 33 EStG) zu prüfen. Handelt der ArbG entsprechend einer ihm erteilten Anrufungsauskunft oder verbindlichen Zusage, die sich im Nachhinein als unrichtig herausstellt, so hat der ArbG die LSt dennoch ordnungsgemäß abgeführt (KKB/Karbe-Geßler, § 42e EStG Rz. 29).[3] Eine unterlassene Anzeige des ArbG an das FA, dass der Arbeitslohn des ArbN für die Einbehaltung der LSt nicht ausreicht (§ 38 Abs. 4 Satz 2 EStG), ist ebenfalls eine nicht ordnungsgemäße Einbehaltung.[4]

17 Die Haftung besteht auch für die richtige rechnerische Ermittlung der LSt nach §§ 38a, 39b EStG. Der ArbG ist verpflichtet für jeden Lohnzahlungszeitraum (Tag, Woche, Monat, Jahr) die LSt richtig zu berechnen. Dies kann maschinell oder manuell mittels der LSt-Tabelle (Allgemeine oder Besondere LSt-Tabelle, Monats-, Wochen-, Tagestabelle) erfolgen. Hierbei muss der ArbG prüfen, ob die Voraussetzungen für einen Altersentlastungsbetrag (§ 24a EStG) oder Freibeträge für Versorgungsbezüge (§ 19 Abs. 2 EStG) vorliegen und zu berücksichtigen sind.

18 Nach § 39e EStG ist der ArbG verpflichtet, bei der Durchführung des LSt-Abzugs die ELStAM des ArbN für jeden Lohnzahlungszeitraum abzurufen und anzuwenden. Diese beinhalten Steuerklasse, Zahl der Kinderfreibeträge, KiSt-Merkmal, Freibetrag und Hinzurechnungsbetrag. Ist der elektronische Abruf nicht möglich, sind die LSt-Abzugsmerkmale auf einer Bescheinigung für den LSt-Abzug in Papierform durch das Finanzamt auszustellen und danach zu berücksichtigen. Dies kann z. B. der Fall sein, wenn der ArbN beschränkt oder erweitert unbeschränkt steuerpflichtig ist oder wegen unzutreffender Meldedaten bzw. fehlender Identifikationsnum-

---

1 U. a. BFH v. 26. 7. 1974 - VI R 24/69, BStBl 1974 II 756.
2 BFH v. 11. 6. 1970 - VI R 67/68, BStBl 1970 II 664.
3 BFH v. 16. 11. 2005 - VI R 23/02, BStBl 2006 II 210.
4 BFH v. 9. 12. 2002 - VI R 112/99, BStBl 2002 II 884.

mer keine ELStAM bereitgestellt werden kann. Teilt der ArbN die ihm zugeteilte Identifikationsnummer sowie den Tag der Geburt schuldhaft nicht mit, muss der ArbG die Steuerklasse VI anwenden (§ 39c Abs. 1 Satz 1 EStG). Das Gleiche gilt, wenn der ArbG keine Abrufberechtigung der ELStAM für einen ArbN hat. Dies ist bei einer Sperrung der ELStAM der Fall (§ 39e Abs. 6 Satz 8 EStG). Eine Haftung besteht nicht, wenn der ArbG die ELStAM anwendet, obwohl er weiß, dass diese unrichtig sind. Nach § 39e Abs. 6 EStG ist der ArbG verpflichtet, die ihm elektronisch mitgeteilten ELStAM anzuwenden. Dies galt schon bei der LSt-Karte.[1]

Pauschaliert der ArbG die LSt, muss er den richtigen und vorgeschriebenen Pauschsteuersatz anwenden und darf nur die entsprechenden Leistungen nach §§ 40, 40a, 40b, 37a, 37b EStG pauschal besteuern. **19**

Auch bei Nettolohnvereinbarungen ist der ArbN Schuldner der LSt. Daher sind hier und bei Zahlung von sonstigen Bezügen vom ArbG die besonderen Berechnungsvorschriften (§ 39b Abs. 3 EStG) zu beachten.[2] Eine privatrechtliche Vereinbarung über die LSt-Schuld ist unbeachtlich.[3] **20**

Der Haftungstatbestand ist auch für die unrichtige Berechnung und Zahlung der LSt für Arbeitslohn von dritter Seite erfüllt. Voraussetzung ist, dass § 38 Abs. 1 Satz 3 EStG (vom Dritten gewährter Arbeitslohn) erfüllt ist und der ArbG die Bemessungs- und Besteuerungsgrundlage kennt. Eine eigene Ermittlungspflicht des ArbG besteht nicht.[4] **21**

Der ArbG muss die LSt bei jeder Lohn- oder Abschlagszahlung einbehalten, unabhängig davon, ob der ArbG nicht den tariflich oder vertraglich vereinbarten Arbeitslohn zahlt. Auf den tatsächlich dem ArbN zufließenden Arbeitslohn ist die LSt einzubehalten und vom Arbeitslohn zu kürzen (§ 38 Abs. 3 EStG, §§ 39b, 41a EStG). **22**

Der ArbG haftet für die pünktliche Zahlung der LSt an das FA. Die Termine sind nach § 41a EStG festgeschrieben (10. Tag nach Ablauf des LSt-Anmeldezeitraums). LSt-Anmeldezeitraum ist grds. der Kalendermonat, das Kalendervierteljahr oder das Kalenderjahr. Die bloße Übermittlung der elektr. LSt-Anmeldung und damit die Anmeldung der LSt durch den ArbG reicht nicht. Es muss auch die Zahlung an das FA erfolgen. Mit der Einbehaltung der LSt beim und für den ArbN gilt diese für den ArbN als bezahlt. Der ArbG verwaltet die LSt treuhänderisch bis zur Zahlung an das FA. Die Nichtabführung der einbehaltenen LSt ist deshalb neben der Haftung auch als Steuerhinterziehung strafbar. **23**

(Einstweilen frei) **24–26**

5. Haftung für erstattete Lohnsteuer beim Lohnsteuer-Jahresausgleich nach § 42d Abs. 1 Nr. 2 EStG

Der ArbG haftet bei unrichtiger Durchführung des Lohnsteuer-Jahresausgleich nach § 42b EStG. Die Haftung erstreckt sich auf die LSt, die durch eine unzulässige oder unzutreffende Durchführung des Lohnsteuer-Jahresausgleichs dem ArbN zu viel erstattet wurden. Dies ist auch der Fall, wenn ein Lohnsteuer-Jahresausgleich vorgenommen wird, obwohl die Voraussetzungen dafür nicht vorliegen. Ein unrichtiger permanenter Lohnsteuer-Jahresausgleich (§ 39b **27**

---

1 BFH v. 9. 11. 1984 - VI R 157/83, BStBl 1985 II 191.
2 R 39b.2, R 33b.6, R 39b.9 LStR.
3 BFH v. 18. 2. 1954 - IV 174/53 U, BStBl 1954 III 130.
4 BFH v. 24. 10. 1997 - VI R 23/94, BStBl 1999 II 323.

Abs. 2 Satz 12 EStG) führt zu einer Haftung wegen nicht einbehaltener LSt nach Nr. 1. Dieser ist eine besondere Form der LSt-Erhebung bei der maschinellen Lohnabrechnung.[1]

28–30 (Einstweilen frei)

6. Haftung wegen fehlerhafter Angaben im Lohnkonto nach § 42d Abs. 1 Nr. 3 EStG

31 Der LSt-Abzug ist unrichtig, wenn fehlerhafte Angaben im Lohnkonto oder fehlerhafte Eintragungen in der Jahres-LSt-Bescheinigung zu einer verkürzten LSt führen. Nach § 41 Abs. 1 EStG hat der ArbG im Lohnkonto gesetzlich vorgeschriebene Aufzeichnungen zu führen und nach § 41b Abs. 1 EStG eine Jahres-LSt-Bescheinigung elektronisch zu übermitteln. Der ArbG haftet somit für Steuerausfälle, wenn er die elektronische LSt-Bescheinigung unrichtig an das FA übermittelt hat. Erstattet das FA deshalb zu viel ESt oder setzt das FA diese zu niedrig fest, haftet der ArbG. Eine Haftung des ArbG kommt auch dann in Betracht, wenn er seiner Pflicht, die LSt-Bescheinigung elektronisch an die FinVerw zu übermitteln, nicht nachkommt und hierdurch ESt beim betreffenden ArbN verkürzt wird. Beispiele für unrichtige LSt-Bescheinigungen sind fehlende oder fehlerhafte Eintragungen von steuerfreien ArbG-Leistungen für Fahrten zwischen Wohnung und Tätigkeitsstätte, pauschal mit 15 % besteuerte Fahrkostenzuschüsse (vgl. KKB/Karbe-Geßler, § 40 EStG Rz. 34 ff.), gezahlte Lohnersatzleistungen wie z. B. Kurzarbeitergeld, Aufstockungsbeträge nach dem Altersteilzeitgesetz oder gezahlter Arbeitslohn aus einem zweiten Dienstverhältnis.

32–34 (Einstweilen frei)

7. Haftung für LSt Dritter nach § 42d Abs. 1 Nr. 4 EStG

35 Handelt ein Dritter im eigenen Namen wie ein ArbG, können die Pflichten zum LSt-Abzug übertragen werden (KKB/Karbe-Geßler, § 38 Abs. 3a EStG Rz. 30 ff.). Das FA muss hier zustimmen. Beispiele sind die Sozialkassen des Baugewerbes, die studentischen Arbeitsvermittlungen, im Konzernbereich oder bei Kirchenkassen. Bestehen aus einem Dienstverhältnis oder früheren Dienstverhältnis tarifvertragliche Ansprüche des ArbN unmittelbar gegen einen Dritten mit Wohnsitz, Geschäftsleitung oder Sitz im Inland und werden die Leistungen auch von diesem gezahlt, muss der Dritte die LSt-Pflichten des ArbG erfüllen.

36 ArbG haften in diesen Fällen auch für die LSt, die ein Dritter zu übernehmen hat. Er kann sich durch die Übertragung auf den Dritten nicht aus seiner Haftung für LSt befreien. Die Haftung besteht nur, wenn der Dritte die LSt für ArbG nicht vorschriftsmäßig vom Arbeitslohn einbehalten hat. Hat der Dritte sich an eine Anrufungsauskunft gehalten oder an die Weisungen der FinVerw, so hat er die LSt ordnungsgemäß einbehalten.[2]

37–40 (Einstweilen frei)

II. Ausschluss der Haftung nach § 42d Abs. 2 EStG

41 § 42d Abs. 2 EStG beinhaltet Ausschlussgründe für die Haftung, die nicht abschließend sind. Liegt ein Ausschlussgrund vor, kommt auch keine Ermessensausübung für eine Inanspruch-

---

1 R 39b.8 LStR.
2 BFH v. 16. 11. 2005 - VI R 23/02, BStBl 2006 II 210.

nahme des ArbG (Abs. 3, → Rz. 57 ff.) in Betracht.[1] Die LSt kann in diesen Fällen nur vom ArbN nachgefordert werden.

Die Haftung des ArbG ist ausgeschlossen, wenn die LSt wegen einer Anzeige vom ArbG an das FA aufgrund nicht ausreichenden Barlohns (§ 38 Abs. 4 Satz 2 und 3 EStG; vgl. KKB/Dietz, § 41c EStG Rz. 16) ausschließlich vom ArbN nachzufordern ist. Durch die Anzeige ist der ArbG nicht mehr Haftender und die Einbehaltungspflicht des ArbG ist erfüllt.[2] Die Haftung ist ebenso ausgeschlossen, wenn der ArbG bei Lohn durch Dritte die Höhe nicht kennt und der ArbN seiner Anzeigeverpflichtung nicht nachkommt oder die Angaben des ArbN unvollständig oder unrichtig waren. Die Ermittlung der LSt war dem ArbG in diesem Fall nicht möglich. Konnte der ArbG aber erkennen, dass die Angaben unrichtig waren, oder er wusste oder konnte erkennen, dass Zuwendungen zugeflossen sind, ist er zur Anzeige des nicht ausreichenden Barlohns an das FA verpflichtet (§ 38 Abs. 4 Satz 3 EStG; vgl. KKB/Karbe-Geßler, § 38 EStG Rz. 37). 42

Der ArbG muss nach § 41c Abs. 4 EStG anzeigen, wenn er die LSt nicht nachträglich einbehält oder einbehalten kann, weil der ArbN keinen Arbeitslohn mehr vom ArbG bezieht oder der ArbG bereits die LSt-Bescheinigung übermittelt hat und nicht ändern kann (§ 41c Abs. 1 EStG). Erfolgt die Anzeige, so erlischt die Einbehaltungspflicht und somit die Haftung für die LSt. Voraussetzung ist aber, dass eine nachträgliche Korrektur der LSt überhaupt möglich ist und der ArbG nicht willkürlich die LSt unrichtig einbehalten hat. Dies ist der Fall, wenn eine LSt-Anmeldung vorsätzlich fehlerhaft abgegeben wurde und dem ArbG zuzurechnen ist.[3] Wenn der ArbG auf nachträgliche Änderung des LSt-Abzugs bei rückwirkenden Gesetzesänderungen (§ 41c Abs. 1 Nr. 2 EStG) verzichtet und er dies dem Betriebsstätten-FA mitteilt, haftet er ebenfalls nicht. 43

Kann die LSt durch das FA vom ArbN nachgefordert werden (§ 39 Abs. 5 Satz 5 EStG), weil dieser seine Anzeigepflicht verletzt hat, da sich die Voraussetzungen für LSt-Abzugsmerkmale zu seinen Ungunsten geändert haben, besteht keine Haftung des ArbG für die zu niedrig einbehaltene LSt. Der ArbG hat den LSt-Abzug korrekt vorgenommen, weil er die ihm übermittelten ELStAM angewandt hat. 44

Nach § 39a Abs. 5 EStG ist die LSt nur vom ArbN nachzufordern, wenn wegen eines falsch ermittelten Freibetrags zu wenig LSt einbehalten wurde. Auch hier hat sich der ArbG an die ihm übermittelten ELStAM gehalten und kann nicht in Haftung genommen werden. 45

Zu den nicht geregelten Haftungsausschlüssen zählt eine dem ArbG erteilte Anrufungsauskunft, die unrichtig ist. Der ArbG hat sich in diesem Fall an die ihm erteilte Auskunft und Weisung gehalten und somit die LSt ordnungsgemäß einbehalten und abgeführt. Der ArbG haftet nicht für dadurch zu gering gezahlte LSt (vgl. KKB/Karbe-Geßler, § 42e EStG Rz. 29). Auch eine verbindliche Zusage im Anschluss einer LSt-Außenprüfung, nach der der ArbG handelt, lässt die Haftung entfallen.[4] 46

Zudem schließt nach der Rspr. ein entschuldbarer Rechtsirrtum des ArbG die Haftung nach dem Grundsatz von Treu und Glauben für die LSt aus.[5] Der Irrtum muss sich darauf beziehen, ob überhaupt Arbeitslohn vorliegt oder ob und in welchem Umfang LSt einzubehalten ist. Der 47

---

1 BFH v. 26. 7. 1974 - VI R 24/69, BStBl 1974 II 756.
2 BFH v. 9. 10. 2002 - VI R 112/99, BStBl 2002 II 884.
3 BFH v. 21. 4. 2010 - VI R 29/08, BStBl 2010 II 833.
4 BFH v. 13. 12. 1989 - X R 208/87, BStBl 1990 II 274; BFH v. 16. 11. 2005 - VI R 23/02, BStBl 2006 II 210.
5 BFH v. 18. 9. 1981 - VI R 44/77, BStBl 1981 II 801; BFH v. 18. 8. 2005 - VI R 32/03, BStBl 2006 II 30.

Irrtum kann entschuldbar sein, wenn die FinVerw den Grund dafür gelegt hat, und der ArbG trotz sorgfältiger Prüfung überzeugt sein konnte, die LSt nicht einzubehalten müssen.[1] Dies ist der Fall, wenn in der LSt-Außenprüfung ein Punkt aufgegriffen und nicht beanstandet wurde, obwohl der ArbG unrichtig handelt[2] oder das FA den ArbG im Glauben lässt, er handele richtig.[3] Nur der Aspekt, dass keine Anrufungsauskunft gestellt wurde, verneint grds. die Entschuldbarkeit nicht. Hätten dem ArbG aber Zweifel kommen müssen, wenn er ausreichend sorgfältig den Sachverhalt geprüft hätte, so kann das Unterlassen der Anrufungsauskunft die Entschuldbarkeit entfallen lassen.[4] In offensichtlichen Zweifelsfällen ist immer eine Anrufungsauskunft einzuholen.[5] Dies gilt vor allem, wenn der ArbG vom Gesetz abweicht oder die LStR unklar sind,[6] sowie wenn der ArbG eine LSt-Befreiung aufgrund von Verwaltungsanweisungen annimmt, die nicht an gesetzliche Änderungen angepasst wurden.[7]

48 Liegt ein Tatsachenirrtum beim ArbG vor und ist dieser entschuldbar, ist ebenfalls die Haftung ausgeschlossen, z. B. beim Irrtum über die Bemessungsgrundlage.[8] Die Entschuldbarkeit ist vor allem dann gegeben, wenn der ArbG keine Zweifel über die Unrichtigkeit der Angaben des ArbN haben brauchte, die nicht aus den ELStAM vorgehen und keine Möglichkeit hatte, diese anderweitig nachzukontrollieren und somit den Angaben vertraut hat (z. B. bei Lohn von Dritten oder Reisekostenabrechnungen).[9]

49–54 *(Einstweilen frei)*

III. Inanspruchnahme des ArbG und Geltendmachung der Haftung nach § 42d Abs. 3 EStG

1. Gesamtschuldnerschaft

55 ArbG und ArbN sind Gesamtschuldner. Das Betriebsstätten-FA kann die Steuer- oder Haftungsschuld gegenüber jedem Gesamtschuldner geltend machen. Ist ein Haftungstatbestand nach Abs. 1 erfüllt, ist nicht automatisch der ArbG allein zur Zahlung heranzuziehen. Das FA muss nach pflichtgemäßem Ermessen prüfen, ob der ArbG überhaupt in Anspruch genommen werden kann (Entschließungsermessen, → Rz. 58). Danach muss es prüfen, ob im Rahmen der Gesamtschuldnerschaft der ArbG oder der ArbN in Anspruch genommen wird (Auswahlermessen, → Rz. 59 ff.). Nur bei einer Ermessensreduzierung auf Null ist eine einzige Entscheidung, z. B. die Inanspruchnahme des ArbG, rechtmäßig.[10] Die Gesamtschuldnerschaft reicht nur soweit die Haftung des ArbG besteht. Erlischt die Haftungsschuld des ArbG, kann diese auch nicht vom ArbN verlangt werden. Das FA kann von einem Schuldner nicht mehr verlangen als vom Anderen.

---

1 BFH v. 20. 3. 2014 - VI R 43/13, BStBl 2014 II 592.
2 BFH v. 27. 3. 1991 - VI R 126/87, BStBl 1991 II 720; BFH v. 24. 1. 1992 - VI R 177/88, BStBl 1992 II 696.
3 BFH v. 25. 10. 1985 - VI R 130/82, BStBl 1986 II 98; BFH v. 22. 7. 1993 - VI R 116/90, BStBl 1993 II 775.
4 BFH v. 18. 8. 2005 - VI R 32/03, BStBl 2006 II 30; BFH v. 5. 2. 1971 - VI R 82/68, BStBl 1971 II 353; BFH v. 29. 5. 2008 - VI R 11/07, BStBl 2008 II 933.
5 BFH v. 11. 6. 1968 - VI R 102/67, BStBl 1968 II 726.
6 BFH v. 18. 9. 1981 - V I R 44/77, BStBl 1981 II 801; BFH v. 9. 10. 1992 - VI R 47/91, BStBl 1993 II 169; BFH v. 18. 8. 2005 - VI R 32/03, BStBl 2006 II 30; BFH v. 29. 5. 2008 - VI R 11/07, BStBl 2008 II 933.
7 BFH v. 13. 6. 2013 - VI R 17/12, BStBl 2013 II 340.
8 HHR/*Gersch*, § 42d EStG Rz. 64; *Krüger* in Schmidt, § 42d EStG Rz. 26.
9 HHR/*Gersch*, § 42d EStG Rz. 64.
10 BFH v. 5. 3. 1993 - VI R 79/91, BStBl 1993 II 692.

2. Zuständigkeit

Zuständig für den Erlass des Haftungsbescheids ist das Betriebsstätten-FA, an das auch die LSt angemeldet und abgeführt wird. **56**

3. Ermessen

Die Prüfung des Ermessens ist zweistufig (Entschließungs- und Auswahlermessen). Es ist nur auszuüben, wenn der ArbG in Haftung genommen werden soll. Die Ermessensentscheidung ist stets im Haftungsbescheid zu begründen (→ Rz. 85). Wird die LSt vom ArbN als Steuerschuldner nachgefordert, ist eine Ermessensentscheidung nicht notwendig.[1] Gegen den ArbN ergeht immer ein Nachforderungsbescheid (→ Rz. 75) und kein Haftungsbescheid. **57**

a) Entschließungsermessen

Beim Entschließungsermessen muss das FA prüfen, ob die Inanspruchnahme des ArbG nicht unbillig ist und dieser dem Grunde nach haftet, d. h. die Inanspruchnahme nicht gegen Treu und Glauben verstoßen würde.[2] Siehe hierzu die Ausführungen unter → Rz. 47 f. **58**

b) Auswahlermessen

Kann der ArbG in Anspruch genommen werden, weil kein Verstoß gegen Treu- und Glauben vorliegt, muss das FA sein Auswahlermessen ausüben. Hier muss es prüfen, ob vorrangig der ArbG anstelle des ArbN in Anspruch genommen werden kann. Die Wahl muss nach pflichtgemäßem Ermessen unter Beachtung der durch Recht und Billigkeit gezogenen Grenzen und unter verständiger Abwägung der Interessen aller Beteiligten getroffen werden.[3] Der ArbN muss nicht vorrangig in Anspruch genommen werden.[4] Das FA muss das Für und Wider abwägen, welches dafür spricht, gerade den einen Gesamtschuldner (ArbG) in Anspruch zu nehmen. Bei der Abwägungen können Zweckmäßigkeit, Verwaltungsökonomie und Verschuldensgrad des ArbG bzw. das Vorliegen einer Straftat sowie das Verhalten des FA ebenso wie Vertrauens- oder Bestandsschutz ausschlaggebend sein.[5] Zweckmäßigkeit und einfache Inanspruchnahme des ArbG haben bei der Ermessensentscheidung keine Priorität. Die Abwägung ist bei jeder Entscheidung in jedem Einzelfall neu auszuüben. Es gibt keine Grundsatzentscheidung für oder gegen eine Inanspruchnahme des ArbG.[6] Die Ermessensentscheidung kann bis zur letzten Tatsacheninstanz (FG) nachgeholt werden. Ohne Ermessensentscheidung und entspr. Begründung ist der Haftungsbescheid rechtswidrig. Hat das FA über einen längeren Zeitraum keine LSt-Außenprüfung durchgeführt oder den LSt-Abzug länger nicht überwacht, ist dies kein Grund, den ArbG nicht in Haftung zu nehmen.[7] **59**

Die Ermessensentscheidung ist nur auszuüben, wenn der ArbG anstatt des ArbN in Anspruch genommen werden soll. In die Abwägung sind alle in Betracht kommenden Gesamtschuldner **60**

---

1 *Hundt-Eßwein*, NWB 1989, 5284.
2 BFH v. 9. 8. 2002 - VI R 41/96, BStBl 2003 II 160.
3 BFH v. 24. 11. 1961 - VI 160/61, DB 1961,1678; BFH v. 12. 2. 2009 - VI R 40/07, BStBl 2009 II 478.
4 BFH v. 6. 5. 1959 - VI R 252/57 U, BStBl 1959 III 292.
5 BFH v. 12. 2. 2009 - VI R 40/07, BStBl 2009 II 478.
6 BFH v. 3. 6.1982 - VI R 48/79, BStBl 1982 II 710; BFH v. 15. 5. 2013 - VI R 28/12, BStBl 2013 II 737.
7 BFH v. 11. 8. 1978 - VI R 169/75, BStBl 1978 II 683.

einzubeziehen.[1] Es gibt keinen Grundsatz, vorrangig den ArbN in Anspruch zu nehmen.[2] Es reicht aber auch nicht aus, festzustellen, dass keine besonderen Gründe vorliegen, den ArbN in Anspruch zu nehmen.[3] Dieser kann als Steuerschuldner stets in Anspruch genommen werden, wenn die LSt nicht ordnungsgemäß einbehalten worden ist, entweder durch Nachforderungsbescheid oder durch Veranlagung zur ESt sowie Änderung des ESt-Bescheids. Auch wenn Abs. 3 Satz 4 vorschreibt, den ArbN nur im Rahmen des LSt-Abzugsverfahrens als Gesamtschuldner neben dem ArbG in Haftung zu nehmen, kann die Inanspruchnahme des ArbN durch ESt-Veranlagung erfolgen.[4]

61 Kann die LSt genauso einfach vom ArbN, z. B im Rahmen der Pflichtveranlagung, nacherhoben werden, kann eine Haftungsinanspruchnahme des ArbG ermessensfehlerhaft sein.[5] Ist der ArbN inzwischen beim ArbG ausgeschieden, ist die Inanspruchnahme des ArbN durch Nachforderung oder Veranlagung zur ESt einfacher.[6] Ist der Versuch des FA erfolglos, die LSt bei einem Gesamtschuldner, z. B. ArbN, nachträglich zu erheben, kann der ArbG in Haftung genommen werden.[7] Der ArbG kann als Gesamtschuldner ebenfalls in Anspruch genommen werden, wenn der ArbN zur ESt veranlagt wird und die Festsetzung bestandskräftig und nicht mehr änderbar ist oder der ArbN keine ESt schuldet.[8]

62 **Ermessensfehlerhaft** ist die Inanspruchnahme des ArbG, wenn die LSt nur bei wenigen (z. B. 33) einzeln bekannten ArbN ebenso leicht wie beim ArbG durch das FA nachgefordert werden kann,[9] das FA eine falsche Auskunft über den LSt-Abzug gegeben hat,[10] das FA Fehler bei einer LSt-Außenprüfung nicht gerügt bzw. den ArbG noch in seiner Rechtsauffassung, die unrichtig war, bestärkt hat[11] oder der ArbN für den LSt-Abzug im Unternehmen verantwortlich war und absichtlich die LSt nicht einbehalten hat.[12] Hält sich der ArbG an die Verwaltungsanweisungen ist eine anschließende Inanspruchnahme ermessensfehlerhaft.[13] Kann der ArbG wegen Ausscheidens der ArbN die LSt nicht mehr beim ArbN einbehalten bzw. zurückfordern, ist der Verwaltungsaufwand beim ArbG höher als beim FA und die Inanspruchnahme deshalb ermessensfehlerhaft.[14]

63 Die Inanspruchnahme des ArbG ist **ermessensfehlerfrei**, wenn dieser sich über seine Verpflichtungen nicht informiert[15] oder eine Auskunft des FA ignoriert, er keine Aufzeichnungen über die Zuwendungen geführt hat,[16] die Erhebung der LSt bei ihm wegen einer Vielzahl (mehr als 40)

---

1 BFH v. 9. 8. 2002 - VI R 41/96, BStBl 2003 II 160.
2 *Hundt-Eßwein*, NWB 1989, 5284.
3 HHR/*Gersch*, § 42d EStG Rz. 79.
4 BFH v. 13. 1. 2011 - VI R 61/09, BStBl 2011 II 479; BFH v. 17. 5. 1985 - VI R 137/82, BStBl. 1985 II 660.
5 BFH v. 12. 1. 1968 - VI R 117/66, BStBl 1968 II 324.
6 BFH v. 10. 1. 1964 - VI 262/62 U, BStBl 1964 III 213.
7 BFH v. 18. 7. 1958 - VI 134/57 U, BStBl 1958 III 384; BFH v. 26. 7. 1974 - VI R 24/69, BStBl 1974 II 756.
8 BFH v. 6. 3. 2008 - VI R 5/05, BStBl 2008 II 597.
9 BFH v. 20. 9. 1985 - VI R 45/82, BFH/NV 1986, 240 = NWB DokID: VAAAB-28500; BFH v. 18. 9. 1981 - VI R 44/77, BStBl 1981 II 801.
10 BFH v. 22. 7. 1993 - VI R 116/90, BStBl 1993 II 775.
11 BFH v. 7. 12. 1984 - VI R 164/79, BStBl 1985 II 164.
12 BFH v. 20. 4. 1982 - VII R 96/79, BStBl 1982 II 521.
13 BFH v. 20. 3. 2014 - VI R 43/13, BStBl 2014 II 592.
14 BFH v. 10. 1. 1964 - VI 262/62 U, BStBl 1964 III 213.
15 BFH v. 5. 2. 1971 - VI R 82/68, BStBl 1971 II 353.
16 BFH v. 7. 12. 1984 - VI R 164/79, BStBl 1985 II 164.

betroffener ArbN einfacher ist,[1] das FA aus tatsächlichen Gründen nicht in der Lage ist, die ArbN heranzuziehen[2] oder der ArbG sich bereit erklärt, die LSt seiner ArbN endgültig zu tragen und keinen Antrag auf Pauschalierung stellt.[3] Im Rahmen einer Nettolohnvereinbarung kann der ArbN (trotz eigentlicher Steuerschuldnerschaft) nur in Anspruch genommen werden, wenn dieser Kenntnis davon hat, dass die LSt nicht angemeldet wurde.[4] Hat der ArbG aufgrund unrichtiger Angaben in den Lohnkonten oder den LSt-Bescheinigungen vorsätzlich LSt hinterzogen, ist er immer in Haftung zu nehmen. Es bedarf in diesem Fall keiner besonderen Begründung der Ermessensentscheidung durch das FA.[5] Ist die Inanspruchnahme des ArbN gar nicht oder nur unter erschwerten Umständen möglich (z. B. Vorgänge liegen mehrere Jahre zurück, ArbN lebt im Ausland, LSt-Schuld kann nicht realisiert werden), so kann der ArbG ermessensfehlerfrei in Anspruch genommen werden.[6]

(Einstweilen frei) 64–68

4. Einwendungen des ArbG

Hat der ArbG eine andere Auffassung bzgl. der LSt-Pflicht der Zuwendungen an den ArbN, für die er in Haftung genommen wurde, kann er seine abweichende Meinung im ordentlichen Rechtsbehelfsverfahren gegen den Haftungsbescheid (Einspruch, Klage, Revision) ggf. bis zum BFH geltend machen (→ Rz. 120). Der ArbG kann Steuerermäßigungen, die der ArbN hätte geltend machen können, nicht mehr im Haftungsverfahren berücksichtigen (z. B. Berücksichtigung einer günstigeren Steuerklasse oder steuerfreier Beträge). Hat sich der ArbG in gutem Glauben über die LSt-Pflicht der Zuwendungen als Arbeitslohn geirrt und hat der ArbN es deshalb unterlassen, hierfür Werbungskosten im Rahmen der ESt-Veranlagung geltend zu machen, kann die Steuerermäßigung im Haftungsverfahren noch nachgeholt werden.[7] 69

Der ArbN kann gegen einen an ihn gerichteten Nachforderungsbescheid sämtliche Gründe geltend machen, auch wenn die Frist für den Antrag auf Durchführung einer Einkommensteuerveranlagung zur Erstattung von Lohnsteuer für das betreffende Kj. bereits verstrichen ist.[8] 70

(Einstweilen frei) 71–74

5. Inanspruchnahme

Der ArbN kann grundsätzlich für nicht oder zu wenig abgeführte LSt in Anspruch genommen werden, weil er Steuerschuldner der LSt ist. Gegen den ArbN wird entweder ein Nachforderungsbescheid erlassen oder nach Ablauf des Kj. die ESt durch Veranlagung festgesetzt. Wurde bereits eine Veranlagung für das betreffende Kj. durchgeführt, so erfolgt die Nachholung durch eine Änderung des ESt-Bescheids. Bei der Inanspruchnahme des ArbG muss das Finanzamt das Entschließungs- und Auswahlermessen (→ Rz. 57 ff.) ausüben. An den ArbG ergeht ein Haftungsbescheid. 75

---

1 BFH v. 16. 3. 1962 - VI 85/61 U, BStBl 1962 III 282; BFH v. 6. 3. 1980 - VI R 65/77, BStBl 1980 II 289; BFH v. 24. 1. 1992 - VI R 177/88, BStBl 1992 II 696.
2 BFH v. 7. 12. 1984 - VI R 164/79, BStBl 1985 II 164.
3 BFH v. 7. 12. 1984 - VI R 72/82, BStBl 1985 II 170.
4 BFH v. 8. 11. 1985 - VI R 238/80, BStBl 1986 II 186.
5 BFH v. 14. 4. 1967 - VI R 23/66, BStBl 1967 III 469; BFH v. 12. 2. 2009 - VI R 40/07, BStBl 2009 II 478.
6 BFH v. 6. 4. 1977 - I R 252/74, BStBl 1977 II 575; BFH v. 26. 6. 1996 - II R 31/93, BFH/NV 1997, 2 = NWB DokID: AAAAB-37965; BFH v. 26. 7. 1974 - VI R 24/69, BStBl 1974 II 756.
7 BFH v. 29. 11. 1968 - VI R 279/67, BStBl 1969 II 173; BFH v. 5. 11. 1971 - VI R 207/68, BStBl 1972 II 137.
8 BFH v. 26. 1. 1973 - VI R 136/69, BStBl 1973 II 423.

76 Neben dem ArbG haften noch Personen, die für Steuerleistungen in Anspruch genommen werden können. Die Haftung ergibt sich nach §§ 34, 35, 69 bis 77 AO. Auch hier besteht dann ein Gesamtschuldverhältnis zusammen mit dem ArbG und ArbN. Nach §§ 69 bis 77 AO kommen u. a. in Betracht: der Insolvenzverwalter, der gesetzliche Vertreter juristischer Personen, z. B. der Geschäftsführer einer GmbH,[1] die Vorstände und Geschäftsführer nicht rechtsfähiger Personenvereinigungen, die Erben, Erbschaftsbesitzer, Testamentsvollstrecker, Pfleger, Liquidatoren, Vermögensverwalter, der Bevollmächtigte, Beistand oder Vertreter, wenn er gleichzeitig Verfügungsberechtigter i. S. d. §§ 34 und 35 AO ist, der persönlich haftende Gesellschafter von Personengesellschaften, soweit sie nicht schon als Arbeitgeber haften und der Erwerber eines Betriebes für die LSt, die seit Beginn des letzten, vor der Übereignung liegenden Kj. entstanden ist und die innerhalb von einem Jahr nach der Anmeldung des Betriebs durch den Erwerber festgesetzt oder angemeldet worden ist (§ 75 AO). Zu beachten ist, dass die o. g. Personen nur haften, wenn sie ihre steuerlichen Pflichten schuldhaft, d. h. vorsätzlich oder grob fahrlässig, verletzt haben.[2] Im Rahmen der Ermessensentscheidung des FA bei der Inanspruchnahme des ArbG ist dies ebenfalls zu berücksichtigen.

77–83 *(Einstweilen frei)*

IV. Haftungsbescheid nach § 42d Abs. 4 EStG

84 Die Haftungsbeträge gegen den ArbG sind durch einen schriftlichen Haftungsbescheid vom Betriebsstätten-FA festzusetzen (§ 191 Abs. 1 Satz 2 AO).[3] Der Adressat der Haftung muss klar erkennbar sein. Im Haftungsbescheid sind der zu zahlende Betrag (Leistungsgebot) sowie der Haftungsgrund (für welchen lohnsteuerlichen Sachverhalt und für welchen Zeitraum) anzugeben. Zudem ist die Ermessensentscheidung zu begründen und eine Rechtsbehelfsbelehrung anzufügen. In einem Sammelhaftungsbescheid kann die LSt für mehrere ArbN zusammengefasst werden. Der Haftungsbetrag ist auf die einzelnen ArbN aufzuschlüsseln und individuell zu ermitteln sowie nach einzelnen Steuerarten aufzugliedern, damit der ArbG ggf. Rückgriff beim ArbN nehmen kann (→ Rz. 124). Die Aufschlüsselung nach einzelnen ArbN kann unterbleiben, wenn eine Schätzung der Bemessungsgrundlage nach § 162 AO erfolgt oder der ArbG mit der Berechnung der Haftungsschuld nach einem durchschnittlichen Steuersatz einverstanden ist[4] und der ArbG somit keinen Rückgriff beim ArbN nehmen möchte. Die Aufteilung der LSt-Beträge nach Monaten kann unterbleiben, wenn der Haftungsbescheid nach Ablauf des Erhebungsjahres erstellt wird.[5]

85 Der Haftungsbescheid muss die maßgeblichen Gründe der Ermessensausübung beinhalten. Es genügt nicht, dass diese aus den Akten ersichtlich sind oder wenn es sich um Floskeln handelt.[6] Zu den einzelnen Ermessenserwägungen → Rz. 58 ff.

86 Erkennt der ArbG seine Zahlungsverpflichtung gegenüber dem Prüfer oder dem FA schriftlich an oder gibt der ArbG über die von ihm einbehaltene, aber noch nicht abgeführte LSt eine LSt-Anmeldung ab, kann auf die Festsetzung des Betrages und die Rechtsbehelfsbelehrung verzichtet werden (§ 42d Abs. 4 Nr. 1 EStG). Der ArbG kann auch nach einer LSt-Außenprüfung sei-

---

[1] Hannig, NWB 2014, 1704.
[2] Vgl. H 42d.1 „Haftung anderer Personen" LStH.
[3] Hundt-Eßwein, NWB 1989, 5284.
[4] BFH v. 17. 3. 1994 - VI R 120/92, BStBl 1994 II 536.
[5] BFH v. 18. 7. 1985 - VI R 208/82, BStBl 1986 II 152.
[6] BFH v. 18. 9. 1981 - VI R 44/77, BStBl 1981 II 801.

ne Zahlungsverpflichtung gegenüber dem FA schriftlich anerkennen (§ 42d Abs. 4 Nr. 2 EStG). Es ergeht dann unter Bezugnahme auf diese Zahlungsverpflichtung ein Bescheid über die Aufhebung des Vorbehalts der Nachprüfung. Das Leistungsgebot ergibt sich aus dem Zahlungsanerkenntnis, das einer LSt-Anmeldung gleich kommt. Das Haftungsanerkenntnis nach einer LSt-Außenprüfung ist kein Verzicht auf den Rechtsbehelf, setzt aber auch keine Rechtsbehelfsfrist in Gang.[1] Einwendungen können nur noch gegen den Bescheid zur Aufhebung des Vorbehalts der Nachprüfung geltend gemacht werden.

Muss der ArbG auch pauschale LSt nachzahlen, wird diese in einem Nachforderungsbescheid und nicht in einem Haftungsbescheid festgesetzt. Für die pauschale LSt ist der ArbG Schuldner, deshalb ergeht ein Nachforderungsbescheid. Haftungs- und Nachforderungsschuld sind im Bescheid voneinander zu trennen, Nachforderungs- und Haftungsbescheid können jedoch zusammengefasst werden. Ein Nachforderungsbescheid kann mehrere steuerpflichtige Sachverhalte und Kj. umfassen.[2] Wird LSt für abgelaufene Kj. geltend gemacht, braucht die Steuer- oder Haftungsschuld nur nach Kj. unterteilt werden.[3] Eine Aufgliederung auf die einzelnen LSt-Anmeldungszeiträume ist nicht erforderlich.

87

(Einstweilen frei)

88–92

V. Bagatellgrenze nach § 42d Abs. 5 EStG

Es gilt eine Kleinbetragsgrenze von 10 €. Das Finanzamt muss bis zu diesem Betrag auf die Geltendmachung seiner Steuer- oder Haftungsforderungen verzichten. Die Kleinbetragsgrenze gilt für die Summe der LSt-Nachforderungen, mehrere Kj. sind zusammenzurechnen. Der ArbG kann nicht in Haftung genommen werden, wenn beim ArbN selbst eine Nachforderung unzulässig ist, weil der Mindestbetrag von 10 € nicht überschritten ist.[4]

93

(Einstweilen frei)

94–95

VI. Haftung bei Arbeitnehmer-Überlassung nach § 42d Abs. 6 bis 8 EStG

Nach dem AÜG ist die ArbN-Überlassung möglich. Der Verleiher stellt dem Entleiher geeignete Leih-ArbN vorübergehend (ohne bestimmte Höchstüberlassungsfristen) zur Verfügung.[5] Der Entleiher setzt die ArbN nach eigenen betrieblichen Erfordernissen in seinem Betrieb nach seinen Weisungen ein. Vom Verleiher als auch vom Entleiher von Arbeitskräften sind gesetzliche Vorschriften (vor allem AÜG) zu beachten. Das AÜG gilt sowohl für inländische als auch ausländische ArbN und ArbG. Der Anwendungsbereich erfasst natürliche und juristische Personen, die eine wirtschaftliche Tätigkeit ausüben, unabhängig davon, ob sie Erwerbszwecke verfolgen oder nicht. Auf die Gewerbsmäßigkeit der ArbN-Überlassung i. S. d. Gewerberechts kommt es für die Erlaubnispflicht der ArbN-Überlassung nicht mehr an. Auch konzerninterne Personalservicegesellschaften, die ArbN an andere Konzernunternehmen überlassen, benötigen eine Erlaubnis zum ArbN-Verleih. Zwischen Entleiher und Leih-ArbN besteht kein Vertragsverhältnis.

96

---

1 BFH v. 14. 11. 1986 - VI R 214/83, BStBl 1987 II 198.
2 BFH v. 30. 8. 1988 - VI R 21/85, BStBl 1989 II 193.
3 BFH v. 18. 7. 1985 - VI R 208/82, BStBl 1986 II 152; BFH v. 22. 11. 1988 - VI R 173/85, BStBl 1989 II 220.
4 R 42d.3 Satz 4 LStR.
5 *Krause*, NWB 2004, 1019.

Der Arbeitsvertrag besteht zwischen dem Verleiher als ArbG und dem Leih-ArbN. Zudem besteht ein Vertrag zwischen Entleiher und Verleiher.

97 Der Entleiher haftet neben dem Verleiher als ArbG für nicht einbehaltene und abgeführte LSt bei unerlaubter und erlaubter ArbN-Überlassung.[1] Die Haftung ist immer beschränkt für die Zeit, für die der Entleiher Leih-ArbN eingesetzt hatte. Die Haftung besteht nicht, wenn der Verleiher als ArbG nicht haften würde, insoweit besteht hier Akzessorität. Der Verleiher als ArbG muss alle Haftungsvoraussetzungen erfüllen. Besteht ein Haftungsausschluss, gilt dies auch für den Entleiher.

98 Die Haftung des Entleihers besteht grds. bei **unerlaubter** ArbN-Überlassung. Insbesondere die Überlassung von ArbN im Baugewerbe ist unzulässig. Die Haftung des Entleihers entfällt, wenn er über das Vorliegen einer ArbN-Überlassung ohne sein Verschulden irrte (§ 42d Abs. 6 Satz 3 EStG). In diesem Fall muss der Entleiher nachweisen, dass er nicht von einer ArbN-Überlassung, sondern von einem Werkvertrag ausgegangen ist. An das fehlende Verschulden ist ein hoher Maßstab anzulegen (z. B. bei niedrigeren Preisen). Der Entleiher sollte im Zweifel eine Anrufungsauskunft (§ 42e EStG) oder eine Entscheidung der Bundesagentur für Arbeit einholen.

99 Bei einer **erlaubten** ArbN-Überlassung ist eine Haftung des Entleihers generell ausgeschlossen.[2] Hat der Entleiher Zweifel, muss er sich vergewissern, dass der Verleiher eine gültige Erlaubnis nach § 1 AÜG besitzt. Der Verleiher muss in dem schriftlichen Überlassungsvertrag gem. § 12 Abs. 1 AÜG erklären, dass er eine Erlaubnis hat. Der Entleiher kann über das FA bzw. durch Anfrage bei der zuständigen Bundesagentur für Arbeit prüfen, ob eine Erlaubnis vorliegt.[3] Der Entleiher muss nachweisen, dass er seinen Mitwirkungspflichten nachgekommen ist (§ 42d Abs. 6 Satz 2 EStG).

100 Die Höhe des Haftungsbetrags des Entleihers ist auf die LSt begrenzt, die vom Verleiher als ArbG einzubehalten war (Satz 4). Er ist beschränkt auf die Zeit, die der Leih-ArbN überlassen war. Wurde ein Teil der LSt einbehalten und bezahlt, so mindert sich der Haftungsbetrag im Verhältnis von angemeldeter zu gezahlter LSt. Sind im Einzelfall die Umstände und Grundlagen der ArbN-Überlassung schwer zu ermitteln, kann die Haftungsschuld pauschaliert werden (§ 42d Abs. 6 Satz 7 EStG). Hierzu können 15 % des zwischen Verleiher und Entleiher vereinbarten Entgelts ohne USt angenommen werden. Die Ermittlung ist nicht oder nur schwer möglich, wenn der Aufwand nicht zumutbar ist. Der Entleiher kann im Einzelfall einen niedrigeren Prozentsatz glaubhaft machen.

101 Haftet der Entleiher, so besteht wiederum eine Gesamtschuldnerschaft zwischen ihm, dem ArbG als Verleiher und dem betroffenen ArbN.[4] Das Betriebsstätten-FA hat bei der Entscheidung, wer in Anspruch genommen werden soll, ebenfalls das Entschließungs- und Auswahlermessen pflichtgemäß auszuüben (→ Rz. 57 ff.).

102 Ergeht ein Haftungsbescheid gegen den Entleiher, darf er auf Zahlung erst in Anspruch genommen werden, wenn die Vollstreckung in das inländische bewegliche Vermögen des Verleihers fehlgeschlagen ist oder keinen Erfolg verspricht (§ 42d Abs. 6 Satz 6 EStG). Der Haftungsanspruch muss dafür gegenüber dem Verleiher festgesetzt sein. Das FA muss die erfolglose

---

1 Krause, NWB 2004, 1019.
2 R 42d.2 Abs. 4 Satz 4 LStR.
3 R 42d.2 Abs. 4 Satz 9 LStR.
4 Krause, NWB 2004, 1019.

oder nicht Erfolg versprechende Vollstreckung gegen den Verleiher nachweisen. Dies kann z. B. der Fall sein, wenn kein inländisches bewegliches Vermögen des ArbG vorhanden ist oder dieses unpfändbar, bereits gepfändet oder mit vorrangigen Sicherheiten belastet wurde.

Ist der Entleiher lohnsteuerlicher ArbG, haftet der Verleiher wie ein Entleiher (§ 42d Abs. 7 EStG). Der Verleiher ist lohnsteuerlich kein ArbG, wenn er z. B. bloß ArbN vermittelt.[1] Tritt dieser Fall auf, kann der Verleiher erst nach dem Entleiher in Anspruch genommen werden. Der Erlass des Haftungsbescheids gegen den Verleiher kann zwar vorher ergehen, die Vollziehung aber nicht. 103

Der Haftungsbescheid gegen Entleiher oder Verleiher ergeht nach denselben Grundsätzen wie unter → Rz. 84 dargestellt. Auch hier sind das Entschließungs- und Auswahlermessen zu begründen. Zuständig für den Erlass des Haftungsbescheids ist i. d. R. das Betriebsstätten-FA des Verleihers.[2] Wird der Entleiher in Anspruch genommen, so ist das Betriebsstätten-FA des Verleihers einzuschalten. 104

(Einstweilen frei) 105–110

VII. Haftung bei Einbehaltungspflicht Dritter nach § 42d Abs. 9 EStG

Hat ein Dritter lohnsteuerliche Pflichten des ArbG zu erfüllen (§ 38 Abs. 3a EStG), so haftet der Dritte neben dem Arbeitgeber (→ Rz. 35). In diesem Fall besteht eine Gesamtschuldnerschaft zwischen ArbG, ArbN und Dritten. Das FA hat im Rahmen des pflichtgemäßen Ermessens unter Beachtung der durch Recht und Billigkeit gezogenen Grenzen und unter verständiger Abwägung der Interessen aller Beteiligten eine Entscheidung zu treffen, wer in Anspruch genommen wird. Es gelten die Grundsätze zur Ermessensabwägung (→ Rz. 57 ff.). 111

Hat der Dritte die LSt-Pflicht übernommen, so beschränkt sich die Haftung des Dritten auf die LSt, die für die Zeit zu erheben ist, für die er sich gegenüber dem ArbG zur Vornahme des LSt-Abzugs verpflichtet hat. Dieser Zeitraum endet nicht, bevor der Dritte seinem Betriebsstätten-FA die Beendigung seiner Verpflichtung gegenüber dem ArbG angezeigt hat. Das Betriebsstätten-FA erlässt den Haftungsbescheid. 112

Übernimmt der Dritte die LSt-Pflichten des ArbG und bezieht der ArbN Arbeitslohn aus mehreren Dienstverhältnissen, so kann er diesen für die Ermittlung der LSt zusammenrechnen (§ 38 Abs. 3a Satz 7 EStG). Tritt die Haftung ein, ist als Haftungsschuld der Betrag zu ermitteln, um den die LSt, die für den gesamten Arbeitslohn des Lohnzahlungszeitraums zu berechnen und einzubehalten ist, die insgesamt tatsächlich einbehaltene LSt übersteigt. Wurde der Arbeitslohn zusammengefasst und die LSt fehlerhaft berechnet, so ist der Haftungsbetrag nach dem Verhältnis der Arbeitslöhne bzw. für nachträglich zu erfassende Arbeitslohnbeträge nach dem Verhältnis dieser Beträge auf die betroffenen Arbeitgeber aufzuteilen. 113

(Einstweilen frei) 114–118

---

1 BFH v. 2. 4. 1982 - VI R 34/79, BStBl 1982 II 502.
2 R 42d.2 Abs. 10 LStR.

1. Verjährung

119 Die Fristen zur Verjährung sind für Haftungs- und Steueranspruch getrennt zu berechnen. Die Haftung des ArbG ist abhängig von der für die LSt geltenden Festsetzungsfrist.[1] Diese richtet sich ausschließlich nach der abzugebenden LSt-Anmeldung (§ 170 Abs. 2 Satz 1 Nr. 1 AO). Die Abgabe der ESt-Erklärung des ArbN ist gleichgültig. § 171 Abs. 15 AO ist auf die LSt-Außenprüfung erweitert worden. Dadurch kann ein ArbG der Haftung nicht mehr entgehen, weil er die Durchführung einer LSt-Außenprüfung bewusst bis zum Ende der Verjährungsfristen beim ArbN hinauszögert. Tritt für die LSt-Anmeldung Festsetzungsverjährung ein, ist eine ArbG-Haftung für diesen Anmeldungszeitraum ausgeschlossen (§ 191 Abs. 5 Satz 1 Nr. 1 AO). Die Festsetzungsfrist für einen LSt-Haftungsbescheid endet nicht vor Ablauf der Festsetzungsfrist für die LSt.

2. Rechtsbehelfe und Änderung

120 Änderungen des Haftungsbescheids können nach §§ 130 ff. AO vorgenommen werden. Gegen den Haftungsbescheid kann Einspruch (§ 347 AO) erhoben werden. Anfechtungsberechtigt ist derjenige, der Adressat des Bescheides ist. Auch der ArbN kann Einspruch gegen einen Haftungsbescheid an den ArbG erheben, wenn er persönlich in Anspruch genommen werden kann.[2] Werden nur bestimmte Haftungsbestände in einem zusammengefassten Haftungsbescheid mit einem Einspruch angefochten, so wird der restliche Teil des Bescheids nach Ablauf der einmonatigen Rechtsbehelfsfrist bestandskräftig. In einem späteren Klageverfahren können die Tatbestände nicht mehr aufgegriffen werden.

121 Im Klageverfahren kann ein formell fehlerhafter Haftungsbescheid durch den gleichzeitigen Erlass eines neuen Haftungsbescheids aufgehoben werden.[3] In einem Revisionsverfahren kann das Finanzamt bestehende Ermessenfehler nicht mehr heilen. Erstmalige Ermessenserwägungen des FA können hier nicht mehr berücksichtigt werden,[4] sondern nur bis zur Tatsacheninstanz (FG).

122 Nach einer LSt-Außenprüfung ohne Ergebnis wird der Vorbehalt der Nachprüfung aufgehoben. Eine Änderung der betreffenden LSt-Anmeldungen nach § 173 Abs. 1 AO (wegen neuer Tatsachen) durch einen späteren Erlass eines Haftungs- oder Nachforderungsbescheids gegenüber dem ArbG, ist wegen der Änderungssperre nach § 173 Abs. 2 AO nicht möglich.[5] Ausgenommen sind Fälle der Steuerhinterziehung oder einer leichtfertige Steuerverkürzung. Dies gilt auch, wenn nach der LSt-Außenprüfung ein Haftungs- oder Nachforderungsbescheid ergangen ist. Werden danach für die gleichen Anmeldungszeiträume neue Tatsachen i. S. d. § 173 Abs. 1 AO bekannt, kann kein neuer Haftungsbescheid erlassen werden. Wird ein Sachverhalt in einer LSt-Außenprüfung nicht geprüft, kann hierfür später nicht ein Haftungsbescheid erlassen werden.[6]

123 Auch im Rahmen einer LSt-Nachschau (§ 42g EStG) kann ein Haftungsbescheid erlassen werden und der ArbG kann eine geänderte oder erstmalige LSt-Anmeldung abgeben.

---

[1] BFH v. 6.3.2008 - VI R 5/05, BStBl 2008 II 597.
[2] BFH v. 29.6.1973 - VI R 311/69, BStBl 1973 II 780.
[3] BFH v. 5.10.2004 - VII R 18/03, BStBl 2005 II 323.
[4] BFH v. 15.5.2013 - VI R 28/12, BStBl 2013 II 737.
[5] BFH v. 15.5.1992 - VI R 106/88, BStBl 1993 II 840.
[6] BFH v. 7.2.2008 - VI R 83/04, BStBl 2009 II 703.

3. Rückgriff des ArbG

Erfüllt der ArbG den Haftungsanspruch durch Zahlung, so hat er einen zivilrechtlichen Ausgleichsanspruch gegenüber dem ArbN und kann die nachgezahlte LSt zurückverlangen. Dies folgt aus der Schuldnerschaft des ArbN. Verzichtet der ArbG darauf, liegt ein geldwerter Vorteil vor, der als sonstiger Bezug zu versteuern ist. Grund hierfür ist, dass der ArbN die LSt schuldet. Die Übernahme von persönlichen Steuerschulden durch den ArbG ist immer steuerpflichtiger Arbeitslohn. Übernimmt der ArbG auch hierfür die LSt, muss eine Nettobesteuerung erfolgen. Ist der Rückgriff unmöglich, weil z. B. Unterlagen vernichtet wurden oder der Rückgriff unwirtschaftlich ist, weil der ArbN ausgeschieden oder insolvent ist, liegt kein Arbeitslohn vor.

124

Der ArbG kann sich nach einer LSt-Außenprüfung mit der sofortigen Inanspruchnahme als Haftungsschuldner und gleichzeitiger individuellen Nettosteuerberechnung einverstanden erklären, die Festsetzung eines besonderen Pauschsteuersatzes nach § 40 Abs. 1 Nr. 2 EStG beantragen und die pauschale LSt übernehmen. In einem solchen Fall entsteht eine Steuerschuld des ArbG und kein Arbeitslohn durch die Übernahme der LSt beim ArbN.

125

Bei einer Nettolohnvereinbarung ist ein Rückgriff grds. nicht möglich. Die Nettolohnvereinbarung befreit den ArbN von seiner Steuerschuld und von seiner Sozialversicherungsbeitragslast. Der ArbN hat einen Anspruch gegen den ArbG, dass dieser die Lohnabzugsbeträge übernimmt. Mit der Auszahlung des Nettolohns muss der fiktive Bruttolohn gekürzt werden. Der ArbN kann nur von einem ordnungsgemäßen LSt-Einbehalt ausgehen, wenn dem ArbG die ELStAM des ArbN vorliegen.

126

§ 42e Anrufungsauskunft

¹Das Betriebsstättenfinanzamt hat auf Anfrage eines Beteiligten darüber Auskunft zu geben, ob und inwieweit im einzelnen Fall die Vorschriften über die Lohnsteuer anzuwenden sind. ²Sind für einen Arbeitgeber mehrere Betriebsstättenfinanzämter zuständig, so erteilt das Finanzamt die Auskunft, in dessen Bezirk sich die Geschäftsleitung (§ 10 der Abgabenordnung) des Arbeitgebers im Inland befindet. ³Ist dieses Finanzamt kein Betriebsstättenfinanzamt, so ist das Finanzamt zuständig, in dessen Bezirk sich die Betriebsstätte mit den meisten Arbeitnehmern befindet. ⁴In den Fällen der Sätze 2 und 3 hat der Arbeitgeber sämtliche Betriebsstättenfinanzämter, das Finanzamt der Geschäftsleitung und erforderlichenfalls die Betriebsstätte mit den meisten Arbeitnehmern anzugeben sowie zu erklären, für welche Betriebsstätten die Auskunft von Bedeutung ist.

Inhaltsübersicht	Rz.
A. Allgemeine Erläuterungen	1 - 8
B. Systematische Kommentierung	9 - 39
I. Zuständigkeiten	9 - 11
II. Form des Antrags und der Auskunft	12
III. Anspruch auf Erteilung	13
IV. Inhalt der Auskunft	14 - 20
V. Rechtscharakter der Anrufungsauskunft	21 - 26
VI. Bindung der Anrufungsauskunft	27 - 39
C. Verfahrensfragen	40

HINWEIS:
R 42e LStR; BMF v. 18. 2. 2011, BStBl 2011 I 213; BMF v. 12.12.2017, NWB DokID: GAAAG-68015.

LITERATUR:
Martin, Die Anrufungsauskunft nach § 42e EStG, NWB 2012, 3700.

A. Allgemeine Erläuterungen

1 **Normzweck und wirtschaftliche Bedeutung der Vorschrift:** Der ArbG ist verpflichtet die LSt ordnungsgemäß für die FinVerw nach § 38 EStG einzubehalten. Bei Fehlern oder Unterlassen haftet er nach § 42d EStG. Die FinVerw ist daher verpflichtet, dem ArbG Auskünfte über alles mit den Pflichten des ArbG in Zusammenhang stehende zu erteilen.[1] Die Anrufungsauskunft gilt nur für lohnsteuerliche Sachverhalte, gleichgültig, ob diese bereits verwirklicht oder erst geplant sind. Der Auskunftsberechtigte hat einen Anspruch auf die Auskunft. Diese ist gebührenfrei, anders die verbindliche Auskunft nach § 89 AO.

2 **Entstehung und Entwicklung der Vorschrift:** § 42e EStG existiert seit 1974. Davor war die Anrufungsauskunft in der LStDV geregelt.

3 **Geltungsbereich:** § 42e EStG gilt für Arbeitgeber, den Arbeitnehmer und den Dritten, der Pflichten des Arbeitgebers nach § 38 Abs. 3a EStG erfüllen muss. Zudem haben alle Personen einen Anspruch auf Erteilung der Auskunft, die als Haftungsschuldner in Frage kommen.[2]

4 **Verhältnis zu anderen Vorschriften:** Die Anrufungsauskunft ist keine verbindliche Auskunft nach § 89 AO und daher lex specialis.[3] Die verbindliche Auskunft gilt für noch nicht verwirklichte Sachverhalte. § 204 AO findet neben § 42e EStG Anwendung. § 207 AO findet entsprechend Anwendung.

5–8 *(Einstweilen frei)*

B. Systematische Kommentierung

I. Zuständigkeiten

9 Für die Erteilung der Auskunft ist das Betriebsstätten-FA des ArbG oder des Dritten zuständig. Stellt der ArbN die Auskunft soll jedoch eine Abstimmung mit dem Wohnsitz-FA erfolgen.[4]

10 Hat der ArbG mehrere Betriebsstätten, so soll das FA, in dessen Zuständigkeitsbereich sich die Geschäftsleitung des ArbG befindet, die Auskunft erteilen. Ist dies kein Betriebsstätten-FA, so ist das FA zuständig, das für die Betriebsstätte mit den meisten ArbN des ArbG verantwortlich ist. Die Zentralisierung dient dazu, dass nur ein FA eine Auskunft erteilt. Jedoch hat das erteilende FA sich mit allen Betriebsstätten-FÄ abzustimmen, wenn der Sachverhalt einiges Gewicht hat und die Auskunft auch für die anderen FÄ von Bedeutung ist.[5] Dazu hat der ArbG sämtliche Betriebsstätten-FÄ anzugeben. Eine erteilte Auskunft ist für alle FÄ bindend.

---

1 BFH v. 9.10.1992 - VI R 97/90, BStBl 1993 II 166; *Martin*, NWB 2012, 3700.
2 *Martin*, NWB 2012, 3700.
3 *Martin*, NWB 2012, 3700.
4 R 42e Abs. 1 Satz 2 LStR.
5 R 42e Abs. 2 LStR.

Handelt es sich um eine Anrufungsauskunft eines Konzernunternehmens (mit mehreren selbständigen ArbG) bleiben das Betriebsstätten-FA bzw. das FA der Geschäftsleitung für die Erteilung der Anrufungsauskunft zuständig. Hat die Anrufungsauskunft einen Sachverhalt von einigem Gewicht und ist erkennbar, dass die Auskunft auch für andere ArbG des Konzerns wichtig ist oder es liegen bereits Entscheidungen anderer FÄ vor, ist die Auskunft vor Erteilung mit allen übrigen betroffenen Finanzämtern abzustimmen.[1] Das für die Auskunft zuständige FA informiert das FA der Konzernzentrale. Dieses muss die Abstimmung mit den FÄ der anderen ArbG des Konzerns koordinieren. Befindet sich die Konzernzentrale im Ausland, ist für die Abstimmung das FA zuständig, das als erstes mit der Angelegenheit betraut war.

II. Form des Antrags und der Auskunft

Der ArbG kann die Auskunft formlos beantragen.[2] Das FA kann aber eine schriftliche Formulierung des zu prüfenden Sachverhalts verlangen. Da der ArbG die Beweislast hat, wenn er sich auf eine erteilte Anrufungsauskunft beruft, hat er einen Anspruch auf schriftliche Erteilung der Auskunft. Daher soll die Auskunft unter ausdrücklichem Hinweis auf § 42e EStG vom FA schriftlich erfolgen.[3] Die Ablehnung der Auskunft oder eine abweichende Auskunft vom Antrag hat in jedem Fall schriftlich zu erfolgen.[4]

III. Anspruch auf Erteilung

Der ArbG hat nur einen Anspruch auf Erteilung und keinen Anspruch auf eine bestimmte Aussage oder den Inhalt der Auskunft.

IV. Inhalt der Auskunft

Der Antrag oder die Anfrage auf eine Anrufungsauskunft muss sich auf einen lohnsteuerlichen Sachverhalt beziehen.[5] Dieser muss konkret sein und im Zusammenhang mit der Berechnung, Einbehaltung und Abführung der LSt stehen. Nicht im Zusammenhang stehen z. B. Fragen zum WK-Abzug des ArbN, zur Steuerklasse oder zum Sonderausgabenabzug. Dies sind Fragen, die das Wohnsitz-FA beantworten muss. Im Zusammenhang mit dem LSt-Abzug stehen z. B. Fragen, ob eine vom ArbG beschäftigte Person als selbständig oder nichtselbständig einzustufen ist, zum steuerfreien Reisekostenersatz, der Besteuerung von Sachzuwendungen (z. B. Dienstwagen), zur Pauschalierung der LSt oder zur steuerlichen Behandlung von Abfindungen. Die Auskunft kann zeitlich befristet werden.[6]

§ 42e EStG vermittelt einen Anspruch darauf, dass die Anrufungsauskunft inhaltlich richtig ist. Die Vorschrift räumt nicht nur das Recht ein, die Auffassung des FA zu erfahren, sondern auch Sicherheit über die zutreffende Rechtslage zu erlangen und lohnsteuerliche Rechte und Pflichten in einem besonderen Verfahren im Voraus (ggf. gerichtlich) verbindlich feststellen zu lassen.[7]

(Einstweilen frei)

---

1 R 42e Abs. 3 LStR.
2 *Martin*, NWB 2012, 3700.
3 R 42e Abs. 1 Satz 3 LStR.
4 BMF v. 18. 2. 2011, BStBl 2011 I 213.
5 *Martin*, NWB 2012, 3700.
6 R 42e Abs. 1 Satz 3 LStR.
7 BFH v. 27. 2. 2014 - VI R 23/13, BStBl 2014 II 894.

V. Rechtscharakter der Anrufungsauskunft

21 Nach Ansicht der FinVerw und des BFH handelt es sich bei der Erteilung, Aufhebung, Rücknahme und dem Widerruf der Anrufungsauskunft um einen feststellenden Verwaltungsakt.[1] Bis zu diesem Urteil im Jahr 2009 waren der BFH und die FinVerw der Auffassung, dass es sich bei einer Anrufungsauskunft nur um eine Wissenserklärung und damit unverbindliche Rechtsauskunft handelt. Damit gelten nunmehr für eine Anrufungsauskunft die §§ 118 ff. AO.

22 Gegen die Erteilung, Aufhebung, Rücknahme und den Widerruf einer Anrufungsauskunft sind damit Einspruch und Klage möglich.

23 Eine Anrufungsauskunft kann zudem mit Wirkung für die Zukunft aufgehoben, zurückgenommen oder widerrufen werden (§ 207 AO).[2] Das kann vor allem vorkommen, wenn die steuerliche Beurteilung des Sachverhalts durch Rspr. oder eine Verwaltungsauffassung zuungunsten des ArbG geändert wird. Das Betriebsstätten-FA hat hierbei eine zu begründende Ermessensentscheidung (§ 5 AO). Es kann daher auch möglich sein, die Aufhebung, eine Rücknahme oder einen Widerruf einer Anrufungsauskunft zu einem späteren Zeitpunkt eintreten zu lassen.

24 Eine Anrufungsauskunft braucht in sinngemäßer Anwendung von § 207 AO nicht von der FinVerw aufgehoben werden und tritt automatisch außer Kraft, wenn die Rechtsvorschriften, auf denen die Entscheidung beruht, geändert werden (z.B. Aufhebung einer gesetzlichen Steuerbefreiungsvorschrift).

25 Die Anrufungsauskunft kann zeitlich befristet werden. Damit entfällt die Gültigkeit automatisch durch Zeitablauf. Einer Aufhebung oder Änderung durch das Finanzamt bedarf es nicht. Der ArbG, ArbN oder Dritte kann vor Fristablauf eine erneute Anrufungsauskunft beantragen. Das FA kann die erteilte Anrufungsauskunft auch ohne erneuten Antrag verlängern.

26 Die gerichtliche Überprüfung einer Anrufungsauskunft ist beschränkt. Nach der aktuellen Rspr. wird bei einer Anrufungsauskunft nur eine Regelung getroffen, wie die FinVerw den vom ArbG, ArbN oder Dritten dargestellten Sachverhalt gegenwärtig beurteilt. Das Finanzgericht hat danach die Auskunft nur daraufhin zu überprüfen, ob der Sachverhalt zutreffend erfasst und die rechtliche Beurteilung nicht evident falsch ist.[3] Dies bedeutet, dass die erteilte Anrufungsauskunft nicht im Widerspruch zum Gesetz oder der von der FinVerw anzuwendenden höchstrichterlichen Rechtsprechung stehen darf. Ungeklärte Rechtsfragen können dagegen nicht abschließend beantwortet werden.

VI. Bindung der Anrufungsauskunft

27 Das Betriebsstätten-FA ist gegenüber dem ArbG gebunden, wenn dieser die Auskunft beantragt hat.[4] Hält sich der ArbG an die Auskunft, so hat er die LSt vorschriftsmäßig nach § 42d EStG einbehalten. Bei Einhaltung und einer Feststellung einer anderen rechtlichen Würdigung im Rahmen einer LSt-Außenprüfung besteht somit keine Haftung des ArbG und es kann keine

---

1 BFH v. 30.9.2009 - VI R 54/07, BStBl 2010 II 996; BFH v. 2.9.2010 - VI R 3/09, BStBl 2011 II 233; BMF v. 18.2.2011, BStBl 2011 I 213.
2 BFH v. 2.9.2010 - VI R 3/09, BStBl 2011 II 233; Martin, NWB 2012, 3700.
3 BFH v. 27.2.2014 - VI R 23/13, BStBl 2014 II 894.
4 BFH v. 17.10.2013 - VI R 44/12, BStBl 2014 II 892; BFH v. 20.3.2014 - VI R 43/13, BStBl 2014 II 592.

Pauschalierung nach § 40 Abs. 1 Satz 1 Nr. 2 EStG erfolgen,[1] auch nicht, wenn der ArbG zugestimmt hat.[2] Voraussetzung ist allerdings, dass der ArbG den Sachverhalt im Antrag korrekt und ausreichend geschildert hat.

Dies gilt auch wenn ein Dritter die LSt einbehalten hat. Eine Haftung des ArbG kommt hier nur in Frage, wenn der Dritte die LSt für den ArbG nicht vorschriftsmäßig einbehalten hat. Dies ist nicht gegeben, wenn der Dritte beim LSt-Abzug entsprechend einer Anrufungsauskunft des Betriebsstätten-FA oder nach den Vorgaben der jeweils zuständigen obersten Finanzbehörden der Länder oder des Bundes verfahren ist. Die Haftung besteht weder beim ArbG noch beim Dritten. Es fehlt an einer vorschriftswidrigen Einbehaltung und Abführung der Lohnsteuer durch den Dritten.[3] 28

Bei einer bestehenden Anrufungsauskunft kann der ArbN ebenfalls nicht im Rahmen des LSt-Abzugsverfahrens nach § 42d Abs. 3 Satz 4 Nr. 1 EStG in Anspruch genommen werden, wenn der ArbG sich an die an ihn erteilte Auskunft hält.[4] Ist der ArbG nach einer Anrufungsauskunft verfahren, hat er die Weisungen und Vorschriften des FA befolgt und damit die Lohnsteuer vorschriftsmäßig einbehalten und abgeführt. Hierbei ist gleichgültig, ob die vom FA erteilte Anrufungsauskunft materiell richtig oder unrichtig ist. Jedoch kann das FA vom ArbN die fehlende Steuer im Rahmen der ESt-Veranlagung festsetzen und nachfordern. Das Wohnsitz-FA kann im Rahmen der ESt-Veranlagung einen ungünstigeren Standpunkt für den ArbN vertreten.[5] 29

Beantragt der ArbN die Auskunft und erhält eine für ihn günstige Auskunft, so hat er gegenüber seinem ArbG einen Anspruch auf Ausführung des LSt-Abzugs danach. 30

(Einstweilen frei) 31–39

C. Verfahrensfragen

Anfechtungs- und Verpflichtungsklage des ArbG: Gegen eine erteilte Anrufungsauskunft sind der Einspruch und eine anschließende Anfechtungsklage möglich. Aussetzung der Vollziehung ist nicht möglich, da es sich um einen feststellenden, aber nicht vollziehbaren Verwaltungsakt handelt.[6] Dies gilt auch für den Widerruf einer erteilten Anrufungsauskunft.[7] Im Übrigen kann der ArbG Verpflichtungsklage erheben, um eine Auskunft darüber zu erlangen, ob und inwieweit im Einzelfall Vorschriften über die Lohnsteuer anzuwenden sind. Das FG entscheidet dann auch über den Inhalt der Auskunft.[8] 40

---

1 BFH v. 16. 11. 2005 - VI R 23/02, BStBl 2006 II 210.
2 BFH v. 16. 11. 2005 - VI R 23/02, BStBl 2006 II 210.
3 BFH v. 20. 3. 2014 - VI R 43/13, BStBl 2014 II 592.
4 BFH v. 17. 10. 2013 - VI R 44/12, BStBl 2014 II 892.
5 BFH v. 9. 10. 1992 - VI R 97/90, BStBl 1993 II 166; BFH v. 17. 10. 2013 - VI R 44/12, BStBl 2014 II 892; BFH v. 13. 1. 2011 - VI R 61/09, BStBl 2011 II 479; *Martin*, NWB 2012, 3700.
6 BFH v. 30. 4. 2009 - VI R 54/07, BStBl 2010 II 996; BFH v. 15. 1. 2015 - VI B 103/14, BStBl 2015 II 447.
7 BFH v. 15. 1. 2015 - VI B 103/14, BStBl 2015 II 447.
8 BFH v. 27. 2. 2014 - VI R 23/13 BStBl 2014 II 894.

§ 42f Lohnsteuer-Außenprüfung

(1) Für die Außenprüfung der Einbehaltung oder Übernahme und Abführung der Lohnsteuer ist das Betriebsstättenfinanzamt zuständig.

(2) ¹Für die Mitwirkungspflicht des Arbeitgebers bei der Außenprüfung gilt § 200 der Abgabenordnung. ²Darüber hinaus haben die Arbeitnehmer des Arbeitgebers dem mit der Prüfung Beauftragten jede gewünschte Auskunft über Art und Höhe ihrer Einnahmen zu geben und auf Verlangen die etwa in ihrem Besitz befindlichen Bescheinigungen für den Lohnsteuerabzug sowie die Belege über bereits entrichtete Lohnsteuer vorzulegen. ³Dies gilt auch für Personen, bei denen es streitig ist, ob sie Arbeitnehmer des Arbeitgebers sind oder waren.

(3) ¹In den Fällen des § 38 Absatz 3a ist für die Außenprüfung das Betriebsstättenfinanzamt des Dritten zuständig; § 195 Satz 2 der Abgabenordnung bleibt unberührt. ²Die Außenprüfung ist auch beim Arbeitgeber zulässig; dessen Mitwirkungspflichten bleiben neben den Pflichten des Dritten bestehen.

(4) Auf Verlangen des Arbeitgebers können die Außenprüfung und die Prüfung durch die Träger der Rentenversicherung (§ 28p des Vierten Buches Sozialgesetzbuch) zur gleichen Zeit durchgeführt werden.

Inhaltsübersicht

	Rz.
A. Allgemeine Erläuterungen	1 – 8
B. Systematische Kommentierung	9 – 20
I. Zuständigkeit des Betriebsstättenfinanzamts (§ 42f Abs. 1 EStG)	9 – 11
1. Örtlich zuständiges Finanzamt	10
2. Prüfungsgegenstand	11
II. Mitwirkungspflichten in der Lohnsteuer-Außenprüfung (§ 42f Abs. 2 EStG)	12 – 13
1. Für den Arbeitgeber	12
2. Für den Arbeitnehmer	13
III. Lohnsteuer-Außenprüfung bei Dritten i. S. d. § 38 Abs. 3a EStG (§ 42f Abs. 3 EStG)	14
IV. Zeitgleiche Lohnsteuer-Außenprüfung und Prüfung der Rentenversicherungsträger (§ 42f Abs. 4 EStG)	15 – 20
C. Verfahrensfragen	21 – 26

HINWEIS:

R 42f LStR; H 42f LStH.

LITERATUR:

Schmidt, A., Zeitgleiche Außenprüfung durch Finanzamt und Rentenversicherung – Der „neue" § 42f Abs. 4 EStG – eine erste Bestandsaufnahme, NWB 2012, 3692; *Foerster*, LSt-Außenprüfung nach § 42f EStG, StuB 2014, 642; *Hilbert*, Modernisierung des Besteuerungsverfahrens – einheitliche Digitale Lohnschnittstelle, NWB 2015, 3377; *Schmidt, A.*, Beeinflusst der Mindestlohn auch die LSt-Außenprüfung?, NWB 2015, 1944.

A. Allgemeine Erläuterungen

Normzweck und Bedeutung der Vorschrift: Die LSt-Außenprüfung hat den Zweck die ordnungsgemäße Durchführung des Steuerabzugs vom Arbeitslohn sicherzustellen.[1] Als Ausprägung von § 85 AO ist sie ein effektives Verwaltungsverfahren, das zur Verwirklichung einer gesetzmäßigen und am Gleichheitssatz (Art. 3 GG) ausgerichteten Besteuerung beiträgt. Die fiskalische Bedeutung ist erheblich, zumal erzielte Mehrergebnisse i. d. R. endgültig sind.[2]

Entstehung und Entwicklung der Vorschrift: § 42f EStG ist durch Gesetz v. 5. 8. 1974[3] erstmals in das EStG aufgenommen worden. Anpassungen an die AO 1977 sind mit Gesetz v. 14. 12. 1976[4] umgesetzt worden. Mit weiterem Gesetz v. 15. 12. 2003[5] ist Abs. 3 für die Fälle des § 38 Abs. 3a EStG zu § 42f EStG hinzugekommen. Durch Gesetz v. 20. 12. 2008[6] wurde mit Abs. 4 geregelt, dass auf Verlangen des Arbeitgebers Prüfungen der LSt und durch Träger der Rentenversicherung zeitgleich durchgeführt werden können. Vor dem Hintergrund der ELSTAM-Einführung ist mit Gesetz v. 7. 12. 2011[7] in Abs. 2 Satz 2 der Begriff „Lohnsteuerkarten" durch „Bescheinigungen für den Lohnsteuerabzug" ersetzt worden.

Geltungsbereich: In persönlicher Hinsicht trifft die LSt-Außenprüfung Arbeitgeber mit Gewinneinkünften (§ 193 Abs. 1 AO) bzw. die für Rechnung eines anderen Steuern zu entrichten oder einzubehalten und abzuführen haben (§ 193 Abs. 2 Nr. 1 AO). Das können auch Privatpersonen sein, die ArbN beschäftigen. Privathaushalte sind jedoch i. d. R. nicht zu prüfen.[8] Öffentlich-rechtliche Arbeitgeber unterliegen auch der LSt-Außenprüfung.[9] International betrachtet ist Stpfl. auch ein ausländischer Zuwendender der § 37b EStG[10] in Anspruch nimmt, so dass § 42f EStG anzuwenden ist. Sachlich erstreckt sich § 42f EStG auf die LSt mit Annexsteuern.[11]

An der **Vereinbarkeit mit höherrangigem Recht** von § 42f EStG bestehen bei gesetzlicher Grundlage etwaiger Grundrechtseingriffe[12] – die mit jeder Außenprüfung verbunden sind – keine Bedenken.

Verhältnis zu anderen Vorschriften: § 42f EStG ist nicht Rechtsgrundlage[13] für die LSt-Außenprüfung, sondern ergänzt die §§ 193 bis 207 AO. Sonderregelungen des § 42f EStG zur Zuständigkeit und Mitwirkungspflichten haben Vorrang. Die LSt-Außenprüfung ist besondere Außenprüfung i. S. d. § 1 Abs. 2 BpO. Sinngemäß sind daher die §§ 5 bis 12 BpO[14] anzuwenden (Ausnahme: § 5 Abs. 4 Satz 2 BpO – Bekanntgabefristen). Wegen Beteiligung des BZSt an LSt-Außenprüfungen gelten die §§ 20 bis 24 BpO entsprechend. Der Arbeitgeber ist Stpfl. (§ 33 AO) und Verfahrensbeteiligter (§ 78 AO), da sich die LSt-Außenprüfung gegen ihn richtet. Der Ar-

---

1 BFH v. 19.12.2013 - V B 55/13, BFH/NV 2014, 590 = NWB DokID: RAAAE-54609.
2 HHR/*Fissenewert*, § 42f EStG Rz. 3. Lt. BMF v. 23.5.2018 für 2017: 945 Mio. €.
3 EStReformG v. 5.8.1974, BGBl 1974 I 1769.
4 EGAO 1977 v. 14.12.1976, BGBl 1976 I 3341.
5 StÄndG 2003 v. 15.12.2003, BGBl 2003 I 2645.
6 SteuerbürokratieabbauG v. 20.12.2008, BGBl 2008 I 2850.
7 BeitrRLUmsG v. 7.12.2011, BGBl 2011 I 2592.
8 R 42f Abs. 3 Satz 2 LStR.
9 R 42f Abs. 1 LStR.
10 BMF v. 19.5.2015, BStBl 2015 I 468; vgl. im Übrigen KKB/Kanzler, § 37b EStG Rz. 4, 21.
11 Vgl. FG Berlin-Brandenburg v. 2.4.2014 - 7 K 7058/13, EFG 2014, 1077.
12 Bspw. der Eingriff in Art. 13 Abs. 1 GG durch Betreten der Wohnung oder der Geschäftsräume des Stpfl., BVerfG v. 13.11.1971, BVerfGE, 32, 54.
13 *Eisgruber* in Kirchhof, § 42f EStG Rz. 1.
14 R 42f Abs. 1 LStR.

beitnehmer kann daher nicht Beteiligter sein. Wegen etwaiger Auskunftsverweigerungsrechte, vgl. §§ 101, 103, 104 AO.

6–8 *(Einstweilen frei)*

B. Systematische Kommentierung

I. Zuständigkeit des Betriebsstättenfinanzamts (§ 42f Abs. 1 EStG)

9 Sachlich zuständig für die LSt-Außenprüfung ist das Betriebsstätten-FA (§ 42f Abs. 1 EStG). Andere Behörden, etwa eine OFD,[1] sind unzuständig.

1. Örtlich zuständiges Finanzamt

10 Örtlich ist das FA zuständig, in dessen Bezirk der Betrieb oder Betriebsteil liegt,[2] in dem der für die Durchführung des LSt-Abzugs maßgebende Arbeitslohn ermittelt wird (vgl. KKB/Dietz, § 41 Abs. 2 EStG Rz. 46 ff.). Bei ausländischen Zuwendenden, etwa wegen § 37b EStG, ist für die Verwaltung der LSt das örtliche FA zuständig.[3] § 195 Satz 1 AO tritt als allgemeine Zuständigkeitsregelung hinter die Sonderregelung des § 42f Abs. 1 EStG zurück. § 195 Satz 2 AO bleibt unberührt. Damit können auch andere FÄ mit der Durchführung der LSt-Außenprüfung beauftragt werden. Nach § 17 Abs. 2 Satz 3 FVG kann durch RVO der Landesregierung einem FA die Zuständigkeit für LSt-Außenprüfungen für mehrere FÄ übertragen werden.

2. Prüfungsgegenstand

11 Gegenstand der LSt-Außenprüfung ist, ob die sich wegen Einbehaltung (vgl. im Einzelnen, KKB/Karbe-Geßler, § 38 Abs. 3 EStG Rz. 28 ff.) oder Übernahme (vgl. dort KKB/Karbe-Geßler, §§ 40 Abs. 3 EStG Rz. 37 ff., 40a Abs. 5, 40b Abs. 5 EStG) und Abführung der Lohnsteuer an das FA ergebenden Pflichten ordnungsgemäß erfüllt worden sind. Ab 1. 1. 2017 beinhaltet dies auch, ob der Arbeitgeber als mitteilungspflichtige Stelle (§ 93c Abs. 1 AO) seine Verpflichtungen bei der Datenübermittlung ordnungsgemäß erfüllt und den Inhalt des Datensatzes zutreffend bestimmt hat;[4] ab 1.1.2018 zudem die Absetzung des Förderbeitrages zur betrieblichen Altersversorgung (§ 100 Abs. 5 Nr. 1 EStG).. Die Prüfung umfasst auch Annexsteuern (SolZ, LoKiSt, AN-Sparzulage).[5] Darüber hinaus hat das FA im Rahmen der LSt-Außenprüfung auch Sachverhalte nach § 37a, § 37b, § 50a sowie §§ 48 ff. EStG zu prüfen.[6] Die USt ist nicht Gegenstand der Prüfung; auch nicht im Gefolge lohnsteuerlicher Sachverhalte, etwa wegen des Vorsteuerabzugs von Reisekosten.[7] Bei Feststellungen dürfen Kontrollmitteilungen versandt werden. Ggf. ist durch den Arbeitgeber eine USt-Berichtigungserklärung (§ 153 AO) abzugeben. Der Umfang der LSt-Außenprüfung bestimmt sich inhaltlich und zeitlich nach der Prüfungsanordnung. Der Prüfungszeitraum darf auch mehr als drei Jahre umfassen.[8] Die LSt-Außenprüfung

---

1 BFH v. 21. 4. 1993 - X R 112/91, BStBl 1993 II 649.
2 Vgl. FG Sachsen-Anhalt v. 16. 12. 2009 - 2 K 1033/08, NWB DokID: KAAAD-51185.
3 BMF v. 19. 5. 2015, BStBl 2015 I 468, Rz. 35.
4 § 93c Abs. 4 AO i.V. m § 203a AO.
5 HHR/*Fissenewert*, § 42f EStG Rz. 10.
6 Zu Prüfungsschwerpunkten, vgl. *Foerster*, StuB 2014, 642 ff. (645). Zu Auswirkungen des Mindestlohns, vgl. *Schmidt*, NWB 2015, 1944.
7 FG Berlin-Brandenburg v. 2. 4. 2014 - 7 K 7058/13, NWB DokID: QAAAE-64552.
8 Thüringer FG v. 22. 5. 1997, BBK Fach 1, 3816 (15/1998).

wird regelmäßig im Wege des Datenzugriffs nach § 147 Abs. 6 AO durchgeführt. Dessen Reichweite erstreckt sich nicht nur auf die Lohnkonten, sondern auch auf die Finanzbuchhaltung[1] und bleibt von der Anwendung der digitalen Lohnschnittstelle (siehe → Rz. 12) unberührt.[2]

II. Mitwirkungspflichten in der Lohnsteuer-Außenprüfung (§ 42f Abs. 2 EStG)

1. Für den Arbeitgeber

Die Mitwirkungspflichten des Arbeitgebers ergeben sich originär aus § 200 AO.[3] Der Verweis in § 42f Abs. 2 Satz 1 EStG ist deklaratorisch. Bereits der Prüfungsanordnung sind Hinweise auf die wesentlichen Rechte und Pflichten beizufügen.[4] Neben der Pflicht zur Auskunftserteilung und Vorlage von Unterlagen, ist insbesondere Einsicht in Lohn- und Gehaltsunterlagen (Lohnkonten, Lohnjournale) oder bspw. Aufzeichnungen nach § 4 LStDV zu gewähren. Ab 1.1.2018 sind aufzuzeichnende Daten des Lohnkontos per digitaler Lohnschnittstelle elektronisch bereitzustellen,[5] dies nach FinVerw ungeachtet der verwendeten Lohnabrechnungssoftware.[6] Bei mangelnder Mitwirkung kann ein Verzögerungsgeld festgesetzt werden (§ 146 Abs. 2b AO).[7]

12

2. Für den Arbeitnehmer

§ 42f Abs. 2 Satz 2 EStG ordnet weitergehende Mitwirkungspflichten für Arbeitnehmer bezogen auf deren eigene lohnsteuerlichen Angelegenheiten an. Die Subsidiaritätsregelung des § 200 Abs. 1 Satz 3 AO gilt daher nicht.[8] Danach haben die Arbeitnehmer Auskunft über Art und Höhe ihrer Einnahmen zu geben und auf Verlangen die in ihrem Besitz befindlichen Bescheinigungen für den LSt-Abzug sowie andere Belege über entrichtete LSt vorzulegen. Auskünfte über Einnahmen aus anderen Einkunftsarten dürfen nicht verlangt werden.[9] Wegen Streitigkeiten über die Arbeitnehmereigenschaft von weiteren Personen (bspw. Leiharbeitnehmer) bei dem von der LSt-Außenprüfung betroffenen Arbeitgeber, gelten die Mitwirkungspflichten nach § 42f Abs. 2 Satz 3 EStG auch für diese. Die Mitwirkungspflichten gelten über die Beendigung des Arbeitsverhältnisses hinaus fort.

13

III. Lohnsteuer-Außenprüfung bei Dritten i. S. d. § 38 Abs. 3a EStG (§ 42f Abs. 3 EStG)

§ 42f Abs. 3 Satz 1 EStG ist eine weitere Zuständigkeitsregelung für die Fälle, in denen ein Dritter i. S. v. § 38a Abs. 3a EStG (vgl. i. E. KKB/Karbe-Geßler, § 38 EStG Rz. 21 ff.) lohnsteuerliche Pflichten des Arbeitgebers in dessen oder im eigenen Namen zu erfüllen hat. Es ist zweckmäßig, die LSt-Außenprüfung dort durchzuführen. Zuständig ist das Betriebsstätten-FA des Dritten. § 195 Satz 2 AO bleibt anwendbar, so dass dieses FA ein anderes FA mit der Durchfüh-

14

---

1 FG Münster v. 16.5.2008 - 6 K 897/07, EFG 2008, 1592.
2 Vgl. H 42f LStH Digitale Lohnschnittstelle, zu deren Datensatzbeschreibung, siehe BMF v. 26.5.2017, BStBl 2017 I 789.
3 Zum Umfang vgl. *Mösbauer*, DB 1998, 1303.
4 § 5 Abs. 2 Satz 2 BpO, BMF v. 24.10.2013, BStBl 2013 I 1264.
5 § 41b Abs. 1 Satz 7 EStG i.V. m §§ 4 Abs. 2a, 8 Abs. 3 LStDV.
6 Vgl. H 42f LStH Digitale Lohnschnittstelle, mit Hinweis auf „Vermeidung unbilliger Härten".
7 Vgl. zur Ermessensausübung, BFH v. 26.6.2014 - IV R 17/14, BFH/NV 2014, 1507 = NWB DokID: WAAAE-72193, Hessisches FG v. 12.7.2016 - 9 K 512/14, rkr., NWB DokID: DAAAF-85016.
8 *Eisgruber* in Kirchhof, § 42f EStG Rz. 7. A. A. *Mihatsch*, DB 1985, 1099 ff. (1101).
9 *Krüger* in Schmidt, § 42f EStG Rz. 5.

rung beauftragen kann, weil bspw. der zu prüfende Arbeitgeber außerhalb des zuständigen Finanzamtsbezirks ansässig ist.[1] Auch führt die Erfüllung der lohnsteuerlichen Arbeitgeberpflichten durch den Dritten nicht zur Suspendierung von § 42f EStG gegenüber dem Arbeitgeber. Dieser muss nach wie vor die LSt-Außenprüfung dulden (§ 42f Abs. 3 Satz 2 1. Halbsatz EStG). Darüber kann ggf. festgestellt werden, ob unmittelbar vom Arbeitgeber gezahlte Lohnteile versteuert worden sind.[2] § 42f Abs. 3 Satz 2 2. Halbsatz EStG ordnet darüber hinaus eine umfassende Weitergeltung der Mitwirkungspflichten des Arbeitgebers in den Fällen der LSt-Außenprüfung beim Dritten an. Deren Umfang ergibt sich aus § 200 AO. Denn der Arbeitgeber verfügt ggf. über Besteuerungsmerkmale des Arbeitnehmers, die dem Dritten nicht oder nicht vollständig bekannt sind.[3]

IV. Zeitgleiche Lohnsteuer-Außenprüfung und Prüfung der Rentenversicherungsträger (§ 42f Abs. 4 EStG)

15 Seit 1. 1. 2010 können nach § 42f Abs. 4 EStG[4] die LSt-Außenprüfung und Prüfungen durch die Träger der Rentenversicherung nach § 28p SGB IV auf Verlangen des Arbeitgebers zur gleichen Zeit durchgeführt werden. Ziel ist die Belastungsreduzierung des Arbeitgebers sowie Einsparung von Verwaltungsaufwand.[5] Inhaltlich bedeutet das jedoch keine gemeinsame Prüfung. Jede Behörde bleibt eigenständiger Prüfungsträger. Prüfungen der LSt und der Rentenversicherungsträger führen nicht zu einer Bindungswirkung der jeweils anderen Prüfung.[6] Verfahrensmäßig setzt das Verlangen des Arbeitgebers auf zeitgleiche Prüfung einen formlosen Antrag beim zuständigen Betriebsstätten-FA voraus. Dieses befindet durch Ermessensentscheidung.[7] Ein Rechtsanspruch besteht nicht.[8] Bei Stattgabe stimmt sodann das Betriebsstätten-FA die weiteren Einzelheiten mit dem Träger der Rentenversicherung ab. § 42f Abs. 4 EStG wird bisher kaum genutzt.[9]

16–20 *(Einstweilen frei)*

C. Verfahrensfragen

21 **Andere Außenprüfungen und Lohnsteuer-Nachschau:** Soweit § 42f EStG keine Sonderregelungen enthält, richtet sich die Durchführung der LSt-Außenprüfung nach den §§ 193 ff. AO. Insbesondere ist ein Prüfungsbericht zu erstellen und dem Arbeitgeber zuzusenden. Es besteht Anspruch auf Schlussbesprechung. Die LSt-Außenprüfung ist als abgekürzte Außenprüfung möglich. Je nach Feststellungen, kann bei Bedarf auch eine alle Steuerarten umfassende Außenprüfung nach § 193 Abs. 1 AO und § 194 Abs. 1 Satz 2 AO angeordnet werden.[10] Zur LSt-Außenprüfung kann ohne Prüfungsanordnung aus der LSt-Nachschau heraus übergangen werden (§ 42g Abs. 4 EStG).

---

1 BT-Drucks. 15/1562, 38.
2 BT-Drucks. 15/1562, 38.
3 *Paetsch* in Frotscher/Geurts, § 42f EStG Rz. 31.
4 Verabschiedet mit dem Steuerbürokratieabbaugesetz v. 20. 12. 2008, BGBl 2008 I 2850.
5 Vgl. BT-Drucks., 16/10188, 26.
6 *Schmidt*, NWB 2012, 3692 ff. (3694).
7 *Schmidt*, NWB 2012, 3692 ff. (3698).
8 Vgl. BT-Drucks. 16/10188, 26.
9 *Schmidt*, NWB 2012, 3692 ff. (3698).
10 *Eisgruber* in Kirchhof, § 42f EStG Rz. 4.

Festsetzungsverjährung führt zum Erlöschen von Steueransprüchen (§§ 169, 47 AO, wegen Haftungsbescheiden, § 191 Abs. 3 AO). Die LSt-Außenprüfung löst Ablaufhemmung nach § 171 Abs. 4 Satz 1 AO bis zur Unanfechtbarkeit der darauf beruhenden Bescheide aus, wenn deren Beginn vor Fristablauf liegt oder ihr Beginn auf Antrag des Arbeitgebers verschoben worden ist. Der Antrag auf Aussetzung der Vollziehung (AdV) bei Anfechtung der Prüfungsanordnung ist nicht zugleich auch Antrag auf Verschiebung des Prüfungsbeginns; es tritt keine Ablaufhemmung ein.[1] Ablaufhemmung tritt nur in dem in der Prüfungsanordnung genannten Umfang des Prüfungsgegenstands ein.[2] Die Festsetzungsfrist des nicht von der LSt-Außenprüfung betroffenen Arbeitnehmers läuft nach § 171 Abs. 15 AO solange und soweit nicht ab, wie bei dessen Arbeitgeber noch keine Festsetzungsverjährung eingetreten ist.[3]

Die Änderungssperre des § 173 Abs. 2 AO bewirkt für solche aufgrund der LSt-Außenprüfung ergangenen Steuerbescheide eine erhöhte Bestandskraft. Nach § 173 Abs. 1 AO (Ausnahme: § 370 AO, § 378 AO) sind diese nicht mehr änderbar. Es darf auch keine andere Änderungsmöglichkeit bestehen, insbesondere kein Vorbehalt der Nachprüfung (§ 164 AO). Letzterer ist nach – abschließender – LSt-Außenprüfung grundsätzlich aufzuheben, wenn sich keine Änderungen der Steuerfestsetzung (d. h. der LSt-Anmeldung, § 168 AO) ergeben (§ 164 Abs. 3 Satz 3 AO).[4] Es greift dann § 173 Abs. 2 AO, die Anwendung von § 172 Abs. 1 Satz 1 Nr. 2 Buchst. c AO bleibt möglich.[5] „Steuerbescheide", auf die sich § 172 Abs. 2 AO erstreckt, sind auch der LSt-Nachforderungsbescheid sowie der LSt-Haftungsbescheid.[6] Bereits die Mitteilung nach § 202 Abs. 1 Satz 3 AO löst die Änderungssperre aus (§ 173 Abs. 2 Satz 2 AO). Keine Anwendung findet § 173 Abs. 2 AO auf die ESt-Festsetzung des Arbeitnehmers, denn Änderungsbescheide beruhen i. E. auf dessen Veranlagungsverfahren und nicht auf der LSt-Außenprüfung des Arbeitgebers.[7]

Bindungswirkung von Prüfungsfeststellungen kommt der LSt-Außenprüfung über den Prüfungszeitraum hinaus nicht zu. Im Anschluss an eine Prüfung kann eine solche nur im förmlichen Verfahren der verbindlichen Zusage erlangt werden (§§ 204 ff. AO). Dem steht die Möglichkeit der Anrufungsauskunft (§ 42e EStG) nicht entgegen.[8] Der LSt-Außenprüfung kommt zudem keine Bindungswirkung für die Beurteilung der Ertragsteuern des Arbeitgebers zu.[9]

Rechtsbehelfe: Die Prüfungsanordnung zur LSt-Außenprüfung, die Festlegung des Prüfungsbeginns[10] und des Prüfungsorts[11] sowie bspw. die Ablehnung des Antrags nach § 42f Abs. 4 EStG[12] sind selbständig durch den Arbeitgeber mit Einspruch und Klage anfechtbare Verwal-

---

1 BFH v. 10. 4. 2003 - IV R 30/01, BStBl 2003 II 827.
2 BFH v. 18. 7. 1991 - V R 54/87, BStBl 1991 II 824, BFH v. 25. 1. 1996 - V R 42/95, BStBl 1996 II 338.
3 § 171 Abs. 15 AO, angefügt durch AmtshilfeRLUmsG v. 26. 6. 2013, BGBl 2013 I 1809, ist seit 30. 6. 2013 anzuwenden. Verfassungsrechtlich zweifelhaft, vgl. *Haupt*, BB 2015, 983. Nach BFH v. 17. 3. 2016 - VI R 3/15, „rechtsprechungsbrechende Antwort des Gesetzgebers auf die bis dahin unumstrittene Rechtslage" – NWB DokID: ZAAAF-73550.
4 OFD Niedersachsen v. 12. 5. 2016, NWB DokID: KAAAF-74553.
5 FG Münster v. 8.6.2018 - 1 K 1085/17 L, NWB DokID: XAAAG-91492.
6 BMF v. 8. 11. 1993, BStBl 1993 I 922.
7 BFH v. 15. 12. 1989 - VI R 151/86, BStBl 1990 II 526, BFH v. 9. 3. 1990 - VI R 87/89, BStBl 1990 II 608, BFH v. 24. 7. 1996 - X R 123/94, BFH/NV 1997, 161 = NWB DokID: SAAAB-38717.
8 R 42f Abs. 5 LStH.
9 BFH v. 24.7.1996 - X R 123/94, BFH/NV 1997, 161 = NWB DokID: SAAAB-38717; BFH v. 15. 4. 2015 - VIII R 49/12, NWB DokID: YAAAF-94256; FG Rheinland-Pfalz v. 25. 6. 1997 - 1 K 1167/93, NWB DokID: EAAAA-20675.
10 BFH v. 18. 12. 1986 - I R 49/83, BStBl 1987 II 408.
11 BFH v. 24. 2. 1989 - III R 36/88, BStBl 1989 II 445.
12 Vgl. *Schmidt*, NWB 2012, 3692 ff. (3698).

tungsakte (VA). Nicht anfechtbar sind die Bestimmung des Betriebsprüfers[1] oder der BP-Bericht.[2] Demgegenüber sind auch einzelne Anforderungen von Auskünften und Unterlagen durch den LSt-Außenprüfer anfechtbar; diesen kommt VA-Qualität zu.[3] Genauso der Festsetzung eines Verzögerungsgeldes; nicht jedoch dessen Androhung.[4] Richtet sich eine Auskunftsanordnung gegen den Arbeitnehmer ist dieser rechtbehelfsbefugt. Der Einspruch gegen die Prüfungsanordnung hat keine aufschiebende Wirkung; AdV kann über § 361 AO, § 69 FGO erlangt werden.[5]

26 **Selbstanzeige:** Bekanntgabe der Prüfungsanordnung gegenüber *„dem Täter oder seinem Vertreter"* hat bis zum 31.12.2014 der Sperrgrund nach § 371 Abs. 2 Nr. 1a AO ausgelöst und die strafbefreiende Selbstanzeige für diesen (beschränkten) Personenkreis ausgeschlossen. Mit Neufassung von § 371 Abs. 2 Nr. 1a AO zum 1.1.2015[6] reicht Bekanntgabe an einen *„an der Tat Beteiligten, seinem Vertreter, dem Begünstigten i. S. d. § 370 Abs. 1 AO oder dessen Vertreter"* zur umfassenden Herbeiführung der Sperrwirkung aus. Das bedeutet eine verschärfte Risikolage.[7] Weiterer – zeitlich nachgelagerter – Sperrgrund ist § 371 Abs. 2 Nr. 1 Buchst. c AO (Erscheinen des LSt-Außenprüfers zur Prüfung). Inhaltlich erstreckt sich die Sperrwirkung auf den Umfang der Prüfungsanordnung.

§ 42g Lohnsteuer-Nachschau

(1) ¹Die Lohnsteuer-Nachschau dient der Sicherstellung einer ordnungsgemäßen Einbehaltung und Abführung der Lohnsteuer. ²Sie ist ein besonderes Verfahren zur zeitnahen Aufklärung steuererheblicher Sachverhalte.

(2) ¹Eine Lohnsteuer-Nachschau findet während der üblichen Geschäfts- und Arbeitszeiten statt. ²Dazu können die mit der Nachschau Beauftragten ohne vorherige Ankündigung und außerhalb einer Lohnsteuer-Außenprüfung Grundstücke und Räume von Personen, die eine gewerbliche oder berufliche Tätigkeit ausüben, betreten. ³Wohnräume dürfen gegen den Willen des Inhabers nur zur Verhütung dringender Gefahren für die öffentliche Sicherheit und Ordnung betreten werden.

(3) ¹Die von der Lohnsteuer-Nachschau betroffenen Personen haben dem mit der Nachschau Beauftragten auf Verlangen Lohn- und Gehaltsunterlagen, Aufzeichnungen, Bücher, Geschäftspapiere und andere Urkunden über die der Lohnsteuer-Nachschau unterliegenden Sachverhalte vorzulegen und Auskünfte zu erteilen, soweit dies zur Feststellung einer steuerlichen Erheblichkeit zweckdienlich ist. ²§ 42f Absatz 2 Satz 2 und 3 gilt sinngemäß.

(4) ¹Wenn die bei der Lohnsteuer-Nachschau getroffenen Feststellungen hierzu Anlass geben, kann ohne vorherige Prüfungsanordnung (§ 196 der Abgabenordnung) zu einer Lohnsteuer-Außenprüfung nach § 42f übergegangen werden. ²Auf den Übergang zur Außenprüfung wird schriftlich hingewiesen.

---

1 Vgl. BFH v. 15.5.2009 - IV B 24/09, BFH/NV 2009, 1402 = NWB DokID: GAAAD-25920.
2 *Krüger* in Schmidt, § 42f EStG Rz. 6.
3 Niedersächsisches FG v. 10.5.2012 - 6 K 27/12, EFG 2012, 1519, rkr.
4 FG Rheinland-Pfalz v. 29.7.2011 - 1 V 1151/11, EFG 2011, 1942.
5 BFH v. 26.1.2006 - VI B 89/05, BFH/NV 2006, 764 = NWB DokID: WAAAB-80853.
6 Geändert durch AO-Änderungsgesetz v. 22.12.2014, BGBl 2014 I 2415.
7 *Geuenich*, NWB 2015, 29 ff. (32).

(5) Werden anlässlich einer Lohnsteuer-Nachschau Verhältnisse festgestellt, die für die Festsetzung und Erhebung anderer Steuern erheblich sein können, so ist die Auswertung der Feststellungen insoweit zulässig, als ihre Kenntnis für die Besteuerung der in Absatz 2 genannten Personen oder anderer Personen von Bedeutung sein kann.

Inhaltsübersicht

	Rz.
A. Allgemeine Erläuterungen	1 – 15
B. Systematische Kommentierung	16 – 55
I. Zweck und Gegenstand der Lohnsteuer-Nachschau (§ 42g Abs. 1 EStG)	16 – 20
II. Durchführung der Lohnsteuer-Nachschau (§ 42g Abs. 2 EStG)	21 – 30
1. Mit der Nachschau Beauftragte	22
2. Übliche Geschäfts- und Arbeitszeiten	23
3. Betreten von Räumen und Grundstücken von Personen mit gewerblicher oder beruflicher Tätigkeit	24
4. Betreten von Wohnräumen	25 – 30
III. Mitwirkungspflichten in der Lohnsteuer-Nachschau (§ 42g Abs. 3 EStG)	31 – 40
1. Von der Nachschau Betroffene	32
2. Vorlage von Unterlagen	33
3. Auskunftserteilung	34 – 40
IV. Übergang zur Lohnsteuer-Außenprüfung (§ 42g Abs. 4 EStG)	41 – 45
V. Verwertung von Prüfungsfeststellungen (§ 42g Abs. 5 EStG)	46 – 55
C. Verfahrensfragen	56 – 61

HINWEIS:
BMF v. 16. 10. 2014, BStBl 2014 I 1408.

LITERATUR:
Hilbert, Die geplante LSt-Nachschau, NWB 2012, 3752; *Dißars*, Die neue LSt-Nachschau nach § 42g EStG, NWB 2013, 3210; *ders.*, StB 2013, 244; *Markl/Eisele*, Die neue LSt-Nachschau nach § 42g EStG – Prüfung vor Ort und ohne Ankündigung, BBK 2013, 864; *Hilbert*, BMF-Schreiben zur Lohnsteuer-Nachschau nach § 42g EStG, NWB 2014, 3376; *Bergan/Jahn*, Die LSt-Nachschau nach § 42g EStG, NWB 2015, 579; *Geuenich*, Neue Spielregeln für die strafbefreiende Selbstanzeige, NWB 2015, 29.

ARBEITSHILFEN UND GRUNDLAGEN ONLINE:
Bergan/Jahn, Lohnsteuer-Nachschau: Fragen und Antworten, NWB DokID: CAAAE-84270.

A. Allgemeine Erläuterungen

Normzweck und wirtschaftliche Bedeutung der Vorschrift: § 42g EStG ist Rechtsgrundlage zur Überprüfung lohnsteuerlicher Pflichten ohne vorherige Ankündigung.[1] Durch Bekämpfung von Schwarzarbeit, Feststellung von Scheinarbeitsverhältnissen und Aufdeckung etwaiger Unregelmäßigkeiten im Zusammenhang mit der Erfüllung lohnsteuerlicher Pflichten dient die LSt-Nachschau der Sicherung des Lohnsteueraufkommens.

1

Entstehung und Entwicklung der Vorschrift: § 42g EStG ist mit dem AmtshilfeRLUmsG[2] in das EStG – nach Vorbild der USt-Nachschau (§ 27b UStG) – eingeführt worden und zum 30. 6. 2013 in Kraft getreten. Beweggrund war die mangelnde Effizienz von LSt-Außenprüfungen, die es

2

---
1 BT-Drucks. 17/13033, 69.
2 AmtshilfeRLUmsG v. 26. 6. 2013, BGBl 2013 I 1809.

infolge ihrer Ankündigung steuerunehrlichen Unternehmern ermöglicht hat, einen normalen Geschäftsbetrieb vorzutäuschen oder diesen einzustellen.[1]

3 **Geltungsbereich:** In zeitlicher Hinsicht ist § 42g EStG ab dem VZ 2013 anzuwenden. Sachlich erstreckt sich die LSt-Nachschau im Wesentlichen auf die sich aus den §§ 38 ff. EStG ergebenden Arbeitgeberpflichten. In persönlicher und auslandsbezogener Hinsicht entspricht der Geltungsbereich desjenigen von § 42f EStG.

4 **Vereinbarkeit mit höherrangigem Recht:** § 42g EStG berührt – genauso wie § 27b UStG – den Anwendungsbereich von Art. 13 GG. Verfassungsmäßige Zweifel sind mit Blick auf das Zitiergebot nach Art. 19 Abs. 1 Satz 2 GG geäußert worden.[2] Diese müssen sicherlich bei Verhältnismäßigkeitserwägungen Berücksichtigung finden, etwa bei gemischt beruflich und privat genutzten Räumen, insbesondere einem häuslichen Arbeitszimmer.[3] I. E. wird sich daraus eine Verfassungswidrigkeit der Norm jedoch nicht ergeben.[4] Zum Recht am eigenen Bild (Art. 2 Abs. 1 GG) wegen Fotoaufnahmen sowie der Offenbarung von Betriebs- und Geschäftsgeheimnissen mit Blick auf das Recht auf informationelle Selbstbestimmung (Art. 1 i. V. m. Art. 2 Abs. 1 GG), vgl. *Bergan/Jahn*.[5]

5 **Verhältnis zu anderen Vorschriften:** § 42g EStG ist von der LSt-Außenprüfung i. S. d. § 42f EStG abzugrenzen. Die für Außenprüfungen geltenden §§ 193 ff. AO finden keine Anwendung. Aus der LSt-Nachschau heraus kann auf die LSt-Prüfung übergegangen werden (§ 42g Abs. 4 Satz 1 EStG). Es gelten die allgemeinen Regelungen zur Beweiserhebung und den Mitwirkungspflichten nach den §§ 90 ff. AO. Hierzu ist § 42g EStG lex specialis.

6–15 *(Einstweilen frei)*

B. Systematische Kommentierung

I. Zweck und Gegenstand der Lohnsteuer-Nachschau (§ 42g Abs. 1 EStG)

16 Die LSt-Nachschau ist ein besonderes Verfahren zur zeitnahen[6] Aufklärung möglicher lohnsteuererheblicher Sachverhalte. Zur weitergehenden Verwertungsbefugnis von Feststellungen, vgl. § 42g Abs. 5 EStG. Sie dient der Sicherstellung einer ordnungsgemäßen Einbehaltung und Abführung der LSt, des SolZ, der KiSt oder von Pflichtbeiträgen zu einer Arbeits- oder Arbeitnehmerkammer bzw. Absetzung des Förderbeitrags zur betrieblichen Altersversorgung § 100 Abs. 5 Nr. 1 EStG, ab 1.1.2018 sowie der Einhaltung weiterer Arbeitgeberpflichten. Ziel ist es, einen Eindruck von den räumlichen Verhältnissen, dem tatsächlich eingesetzten Personal und dem üblichen Geschäftsbetrieb im Wege einer zeitnahen kursorischen Kontrolle[7] zu bekommen. Die Finanzbehörden können daher insbesondere prüfen, ob der Steuerpflichtige ein Arbeitgeber i. S. d. § 1 Abs. 2 LStDV ist, die dort Tätigen als Arbeitnehmer anzusehen oder Selb-

---

1 BT-Drucks. 17/13033, 69.
2 U. a. *Hilbert*, NWB 2012, 3752; *ders.*, StB 2013, 244 ff. (248); *ders.*, NWB 2014, 3377.
3 LSt-Nachschau insoweit unzulässig, *Hilbert*, NWB 2014, 3377; *Krüger* in Schmidt, § 42g EStG Rz. 10; a. A. BMF v. 16. 10. 2014, BStBl 2014 I 1408, Rz. 9.
4 Vgl. *Dißars*, NWB 2013, 3210 ff. (3214); *Krüger* in Schmidt, § 42g EStG Rz. 7.
5 NWB 2015, 579 ff. (583).
6 Das sind ein oder mehrere aktuelle, d. h. gegenwartsnahe LSt-Anmeldungszeiträume, vgl. *Buse*, DB 2015, 1152 ff., a. A. *Krüger* in Schmidt § 42g EStG Rz. 3.
7 BT-Drucks. 17/13033, 69.

ständige sind und die Besteuerung korrekt durchgeführt worden ist.[1] Auch sog. Minijobs (§ 8 Abs. 1 und 2 SGB IV) oder die Prüfung des Abrufs und der Anwendung der elektronischen Lohnsteuerabzugsmerkmale (ELStAM)[2] unterliegen der LSt-Nachschau. Ab 1.1.2018 sind aufzuzeichnende Daten des Lohnkontos per digitaler Lohnschnittstelle elektronisch bereitzustellen.[3] Nicht Gegenstand der LSt-Nachschau sind die steuerlichen Verhältnisse von Arbeitnehmern, Plichten des Fünften Vermögensbildungsgesetzes und Beschäftigungen in Privathaushalten.[4]

(Einstweilen frei) 17–20

II. Durchführung der Lohnsteuer-Nachschau (§ 42g Abs. 2 EStG)

Die LSt-Nachschau muss nicht angekündigt werden (§ 42g Abs. 2 Satz 2 EStG). Sie wird i. d. R. zu ihrem Beginn mündlich gegenüber dem Betroffenen angeordnet. Hierbei hat sich der mit der LSt-Nachschau Beauftrage auszuweisen. Die LSt-Nachschau wird durch Betreten und Besichtigen von Räumlichkeiten durchgeführt. Sie ermöglicht keine Durchsuchungen, im Sinne eines ziel- und zweckgerichteten Suchens innerhalb der betretenen Räumlichkeiten. Unzulässig ist bspw. das Öffnen von Schränken, Schubladen oder sonstigen Behältnissen.[5] Das bloße Betreten oder Besichtigen ist noch kein Durchsuchen.[6] Bei Beweisnot und unter Beachtung von Verhältnismäßigkeitsgrundsätzen hält die Verwaltung die Anfertigung von Fotoaufnahmen für zulässig.[7] Der (umfassende, vgl. KKB/Gödtel, § 42f EStG Rz. 11) Datenzugriff nach § 147 Abs. 6 AO ist ohne Zustimmung des Arbeitgebers unzulässig. Hiervon abzugrenzen ist die ab 1.1.2018 geltende Pflicht zur elektronischen Bereitstellung der (isolierten) Daten des Lohnkontos per digitaler Lohnschnittstelle.[8] Bei Verweigerung des Datenzugriffs wird regelmäßig die Vorlage der erforderlichen Unterlagen in Papierform verlangt bzw. deren unverzüglicher Ausdruck (§ 147 Abs. 5 2. Halbsatz AO). Der Übergang zur LSt-Außenprüfung kann hierdurch ausgelöst werden. 21

1. Mit der Nachschau Beauftragte

Mit der LSt-Nachschau werden Amtsträger (§ 7 AO) durch behördeninterne Dienstanweisung beauftragt. Hierbei wird es sich regelmäßig um LSt-Außenprüfer[9] des Betriebsstätten-FA handeln. Darüber hinaus kann das für die LSt-Nachschau zuständige FA das FA mit der Nachschau beauftragen, in dessen Bezirk der steuererhebliche Sachverhalt verwirklicht wird.[10] 22

2. Übliche Geschäfts- und Arbeitszeiten

Übliche Geschäfts- und Arbeitszeiten sind diejenigen der gewerblich oder beruflich tätigen Person, zu denen die jeweiligen Räumlichkeiten für die gewerbliche bzw. berufliche Nutzung 23

---

1 BMF v. 16.10.2014, BStBl 2014 I 1408, Rz. 3.
2 BMF v. 16.10.2014, BStBl 2014 I 1408, Rz. 4.
3 § 41 Abs. 1 Satz 7 EStG i.V. m §§ 4 Abs. 2a, 8 Abs. 3 LStDV.
4 BMF v. 16.10.2014, BStBl 2014 I 1408, Rz. 5.
5 *Bergan/Jahn*, NWB 2015, 579 ff. (583).
6 Zur Abgrenzung Betreten/Durchsuchung, BFH v. 4.10.1988 - VII R 59/86, BStBl 1989 II 55.
7 Vgl. *Bergan/Jahn*, NWB 2015, 579 ff. (583), sowie detailliert zu Fotoaufnahmen bei USt-Nachschau: OFD Magdeburg v. 20.2.2012, NWB DokID: BAAAE-84185.
8 Vgl. *Hilbert*, NWB 2015, 3377 ff. (3380), der fraglichen Bezug der digitalen Lohnschnittstelle zur LSt-Nachschau sieht.
9 Vgl. OFD Magdeburg v. 10.11.2014 - S 2386-78 - St 225.
10 BMF v. 16.10.2014, BStBl 2014 I 1408, Rz. 2.

normalerweise zur Verfügung stehen.[1] Darüber hinausgehend soll die Nachschau aus Sicht der Verwaltung auch außerhalb dieser Geschäftszeiten vorgenommen werden, wenn dort Arbeitnehmer anzutreffen sind,[2] also schon oder noch gearbeitet wird. Dagegen spricht der Gesetzeswortlaut.[3] Sind Nachtzeiten, Wochenenden oder Feiertage im Einzelfall übliche Geschäfts- und Arbeitszeiten steht dies der LSt-Nachschau nicht entgegen.[4]

3. Betreten von Räumen und Grundstücken von Personen mit gewerblicher oder beruflicher Tätigkeit

24 Zum Zweck der LSt-Nachschau können die damit Beauftragten Grundstücke und Räume von Personen, die eine gewerbliche oder berufliche Tätigkeit ausüben, betreten (§ 42g Abs. 2 Satz 2 EStG). Das Betreten muss dazu dienen, Sachverhalte festzustellen oder zu überprüfen, die für den Steuerabzug vom Arbeitslohn erheblich sein können.[5] Das Betretungsrecht erstreckt sich auch auf Nebenräume (Lager, Küchen, Sozialräume).[6] Über entsprechende Grundstücke und Räume muss die gewerblich oder beruflich tätige Person tatsächliche Verfügungsbefugnis innehaben.[7] Eigentum des Betroffenen ist nicht erforderlich. Die LSt-Nachschau kann sich auch auf gemietete oder gepachtete Grundstücke und Räume sowie auf andere Orte, an denen steuererhebliche Sachverhalte verwirklicht werden (z. B. Baustellen), erstrecken.[8]

4. Betreten von Wohnräumen

25 Wohnräume unterliegen nach Art. 13 GG einem besonderen verfassungsrechtlichen Schutz. Sie sind daher vom Betretungsrecht der LSt-Nachschau ausgenommen und dürfen gegen den Willen des Inhabers nur zur Verhütung dringender Gefahren für die öffentliche Sicherheit und Ordnung betreten werden (§ 42g Abs. 2 Satz 3 EStG). Dies ist allenfalls in extremen Ausnahmefällen denkbar, ggf. organisierter Kriminalität.[9] Werden Wohnräume auch zu gewerblichen oder beruflichen Zwecken genutzt sind sie ebenfalls vom Betretungsrecht ausgenommen.[10] Demgegenüber will die Finanzverwaltung häusliche Arbeitszimmer oder Büros, die innerhalb einer ansonsten privat genutzten Wohnung belegen sind, auch dann betreten bzw. besichtigen, wenn sie nur durch die ausschließlich privat genutzten Wohnräume erreichbar sind.[11]

26–30 *(Einstweilen frei)*

III. Mitwirkungspflichten in der Lohnsteuer-Nachschau (§ 42g Abs. 3 EStG)

31 § 42g Abs. 3 EStG regelt Art und Umfang der Vorlage- und Auskunftspflichten in Ergänzung der allgemeinen Regeln, insbesondere der §§ 90, 93, 97 AO.

---

1 BVerfG v. 13. 10. 1971, BVerfGEf 32, 54, Rz. 57.
2 BMF v. 16. 10. 2014, BStBl 2014 I 1408, Rz. 10.
3 *Krüger* in Schmidt, § 42g EStG Rz. 9.
4 *Bergan/Jahn*, NWB 2015, 579 ff. (581).
5 BMF v. 16. 10. 2014, BStBl 2014 I 1408, Rz. 11.
6 *Bergan/Jahn*, NWB 2015, 579 ff. (583).
7 *Krüger* in Schmidt, § 42g EStG Rz. 10.
8 BMF v. 16. 10. 2014, BStBl 2014 I 1408, Rz. 7.
9 Ausführlich *Krüger* in Schmidt, § 42g EStG Rz. 11; *Stahl* in Korn, § 42g EStG, Rz. 13.
10 BVerfG v. 13. 10. 1971, BVerfG 32, 54 (75).
11 BMF v. 16. 10. 2014, BStBl 2014 I 1408, Rz. 10.

1. Von der Nachschau Betroffene

Betroffen von der Nachschau sind Personen, die eine gewerbliche oder berufliche Tätigkeit (gewerblich, freiberuflich oder land- und forstwirtschaftlich) ausüben. Dies ist regelmäßig der Arbeitgeber i. S. d. § 1 Abs. 2 LStDV. Gegenstand der Nachschau kann allerdings auch die Feststellung dieser Eigenschaft sein. Betroffene können ferner auch Dritte i. S. d. § 38 Abs. 3a EStG sein, die Arbeitgeberpflichten erfüllen. Die berufliche Tätigkeit muss nicht zwingend selbständig ausgeübt werden. Auch ein Arbeitnehmer[1] kann daher Betroffener sein, wenn die Voraussetzungen im Übrigen erfüllt sind. Personen mit vermögensverwaltender Tätigkeit i. S. d. § 14 AO sind regelmäßig nicht Betroffene der LSt-Nachschau.[2]

32

2. Vorlage von Unterlagen

Auf Verlangen hat der Arbeitgeber dem mit der LSt-Nachschau Beauftragten Lohn- und Gehaltsunterlagen, Aufzeichnungen, Bücher, Geschäftspapiere und andere Urkunden vorzulegen, soweit dies zur Feststellung steuerlich erheblicher Sachverhalte zweckdienlich ist (§ 42g Abs. 3 Satz 1 EStG).[3] Ab 1.1.2018 sind aufzuzeichnende Daten des Lohnkontos per digitaler Lohnschnittstelle elektronisch bereitzustellen.[4] Arbeitnehmer haben ferner auf Verlangen in ihrem Besitz befindliche Bescheinigungen über den LSt-Abzug sowie Belege über bereits entrichtete LSt vorzulegen (§ 42g Abs. 3 Satz 2 EStG i.V. m. § 42f Abs. 2 Satz 2 EStG). Diese Pflicht gilt auch für Personen, bei denen es streitig ist, ob sie Arbeitnehmer dieses Arbeitgebers sind oder waren (§ 42g Abs. 3 Satz 2 EStG i.V. m. § 42f Abs. 2 Satz 3 EStG; vgl. KKB/Gödtel, § 42f EStG Rz. 12).

33

3. Auskunftserteilung

Auf Verlangen haben Arbeitgeber Auskünfte zu erteilen, soweit dies zur Feststellung steuerlich erheblicher Sachverhalte zweckdienlich ist (§ 42g Abs. 3 Satz 1 EStG). Darüber hinaus haben die Arbeitnehmer dem mit der LSt-Nachschau Beauftragten jede gewünschte Auskunft über Art und Höhe ihrer Einnahmen zu geben (§ 42g Abs. 3 Satz 2 i.V. m. § 42f Abs. 2 Satz 2 EStG; vgl. KKB/Gödtel, § 42f EStG Rz. 12). Diese Pflicht gilt auch für Personen, bei denen es streitig ist, ob sie Arbeitnehmer sind oder waren (§ 42g Abs. 3 Satz 2 EStG i.V. m. § 42f Abs. 2 Satz 3 EStG). Die Auskunftspflicht erstreckt sich auf alle Fragen, die für die Beurteilung von Bedeutung sind, ob und in welcher Höhe eine Pflicht zum Abzug von LSt und Zuschlagsteuern besteht.[5]

34

(Einstweilen frei)

35–40

IV. Übergang zur Lohnsteuer-Außenprüfung (§ 42g Abs. 4 EStG)

Zur LSt-Außenprüfung nach § 42f EStG kann aus der LSt-Nachschau heraus übergegangen werden, wenn die dort getroffenen Feststellungen hierzu Anlass gegeben (§ 42g Abs. 4 Satz 1 EStG). Das soll bei Steuerfestsetzungen/Haftungsbescheiden grundsätzlich der Fall sein.[6] Einer

41

---

1 *Krüger* in Schmidt, § 42g EStG Rz. 7.
2 *Bergan/Jahn*, NWB 2015, 579 ff. (580).
3 BMF v. 16.10.2014, BStBl 2014 I 1408, Rz. 12.
4 § 41 Abs. 1 Satz 7 EStG i.V. m §§ 4 Abs. 2a, 8 Abs. 3 LStDV.
5 BMF v. 16.10.2014, BStBl 2014 I 1408, Rz. 13.
6 Vgl. OFD Magdeburg v. 10.11.2014 - S 2386-78- St 225.

vorherigen Prüfungsanordnung (§ 196 AO) bedarf es zwar nicht. Es gelten jedoch die allgemeinen Grundsätze über den notwendigen Inhalt von Prüfungsanordnungen entsprechend, d. h. insbesondere sind Prüfungszeitraum und -umfang festzulegen. Auf den Übergang zur LSt-Außenprüfung ist schriftlich hinzuweisen (§ 42g Abs. 4 Satz 2 EStG). Deren Beginn ist unter Angabe von Datum und Uhrzeit aktenkundig zu machen. Es gelten sodann die §§ 199 ff. AO. Nicht zulässig wäre der Übergang zur USt-Sonderprüfung bzw. einer allg. Außenprüfung.[1] Die Entscheidung zum Übergang ist Ermessensentscheidung (§ 5 AO). Ermessensfehlgebrauch könnte bspw. in der Umgehung von Formalien der LSt-Außenprüfung zu erblicken sein.[2] Anlass für den Übergang können bspw. erhebliche Fehler beim Steuerabzug, weitergehender Ermittlungsbedarf, mangelnde Mitwirkung des Arbeitgebers sowie fehlender Datenzugriff sein.[3]

42–45 *(Einstweilen frei)*

V. Verwertung von Prüfungsfeststellungen (§ 42g Abs. 5 EStG)

46 Die im Rahmen der LSt-Nachschau gewonnenen lohnsteuerlichen Erkenntnisse sind zunächst gegenüber den von der Nachschau Betroffenen zu verwerten, indem etwa der Arbeitgeber durch LSt-Nachforderungsbescheid bzw. -Haftungsbescheid in Anspruch genommen wird. Denkbar sind auch nachträgliche bzw. geänderte LSt-Anmeldungen (§ 42d Abs. 4 Satz 1 Nr. 1; vgl. KKB/Karbe-Geßler, § 42d EStG Rz. 86; § 41a EStG). In Anspruch genommen werden kann auch der Arbeitnehmer (§ 42d Abs. 3 EStG) bzw. Erkenntnisse der LSt-Nachschau können in dessen Veranlagungsverfahren berücksichtigt werden. Darüber hinaus lässt § 42g Abs. 5 EStG ausdrücklich die Auswertung von Feststellungen zu, die für die Festsetzung und Erhebung anderer Steuern des Betroffenen oder anderer Personen erheblich sein können. Andere Steuern können bspw. USt, GewSt oder KiSt usw. sein. Streitig ist, ob auch die ESt „andere Steuer" ist mit der Folge, dass keine Verwertungsbefugnis bestehen soll.[4] Dem ist m. E. nicht zu folgen,[5] denn die LSt ist keine eigene Steuerart, sondern lediglich Erhebungsform der ESt (§ 38 Abs. 1 Satz 1 EStG). Andere Person kann jeder Dritter sein.[6] Erkenntnisse sind zudem den Trägern der Sozialversicherung mitzuteilen, soweit sie zur Feststellung der Versicherungspflicht oder für die Beitragsfestsetzung erforderlich sind (§ 31 Abs. 2 AO).[7] Kontrollmitteilungen können generell erstellt werden.[8]

47–55 *(Einstweilen frei)*

C. Verfahrensfragen

56 **Verhältnis zur Außenprüfung:** Die LSt-Nachschau ist keine Außenprüfung i. S. d. §§ 193 ff. AO. Wegen § 42g Abs. 4 EStG schließen sich die Tatbestände gegenseitig aus. Die Regelungen für Außenprüfungen sind nicht anwendbar, insbesondere nicht § 146 Abs. 2b, § 147 Abs. 6, §§ 201,

---

1 *Bergan/Jahn*, NWB 2015, 579 ff. (584).
2 Näheres *Bergan/Jahn*, NWB 2015, 579 ff. (585).
3 BMF v. 16. 10. 2014, BStBl 2014 I 1408, Rz. 16, zur „vorgeschobenen" (USt-)Nachschau, vgl. FG Hamburg v. 9.1.2018 - 1 K 168/17, NWB DokID: CAAAG-80810.
4 Vgl. *Madauß*, NZWiSt 2013, 424.
5 Ebenso *Bergan/Jahn*, NWB 2015, 579.
6 So auch *Eisgruber* in Kirchhof, § 42g EStG Rz. 8.
7 *Markl/Eisele*, BBK 2013, 864.
8 Vgl. BMF v. 16. 10. 2014, BStBl 2014 I 1408, Rz. 19.

202 AO und § 42d Abs. 4 Satz 1 Nr. 2 EStG. Es bedarf weder einer Prüfungsanordnung noch einer Schlussbesprechung oder eines Prüfungsberichts. Die LSt-Nachschau ermöglicht keine verbindliche Zusage (§ 204 AO). Bei Verwertung von Feststellungen bleibt § 91 AO unberührt.

Festsetzungsverjährung: Der Beginn der LSt-Nachschau führt nicht zur Ablaufhemmung des § 171 Abs. 4 AO. Diese wird mit Übergang zur LSt-Außenprüfung ausgelöst. 57

Die Änderungssperre des § 173 Abs. 2 AO findet keine Anwendung. Die LSt-Nachschau führt nicht zu § 164 Abs. 3 Satz 3 AO; der Vorbehalt der Nachprüfung muss nicht aufgehoben werden. 58

Zwangsmittel: Im Rahmen einer LSt-Nachschau erlassene Verwaltungsanweisungen, etwa zur Erfüllung von Mitwirkungspflichten,[1] sind mit Zwangsmitteln (§§ 328 ff. AO) durchsetzbar. Die Festsetzung von Verzögerungsgeldern (§ 146 Abs. 2b AO) scheidet aus.[2] Es liegt keine Außenprüfung vor. 59

Rechtsbehelfe: Kein Einspruch ist gegen schlichtes Verwaltungshandeln, z. B. dem bloßen Betreten von Grundstücken und Räumen, gegeben. Hingegen stellen die Anordnung der LSt-Nachschau bzw. die Aufforderung das Betreten von bestimmten Räumen zu dulden oder Mitwirkungspflichten zu erfüllen, Verwaltungsakte[3] dar, die mit Einspruch und Klage anfechtbar sind. Adressat des Einspruchs kann der mit der Nachschau beauftragte Amtsträger sein.[4] Aufschiebende Wirkung tritt nicht ein; AdV kann über § 361 AO, § 69 FGO erlangt werden. Mit Beendigung der Nachschau sind bzw. werden Einspruch und Klage infolge Erledigung unzulässig.[5] Die Verwertung von Feststellungen in Steuer- oder Haftungsbescheiden ist gesondert anzufechten. Wegen der Mitteilung des Übergangs zur Außenprüfung gelten die Grundsätze über die Anfechtung einer Prüfungsanordnung entsprechend.[6] 60

Selbstanzeige: Mangels Prüfungsanordnung kommt § 371 Abs. 2 Nr. 1a AO als Sperrgrund nicht in Betracht. Die Sperrwirkung des § 371 Abs. 2 Nr. 1c Alt. 1 AO (Erscheinen zur steuerlichen Prüfung) ist abzulehnen (str.[7]). Steuerstrafrechtlich relevante Feststellungen während der Nachschau lösen Sperrgrund nach § 371 Abs. 2 Nr. 2 AO (Tatentdeckung) aus. Seit 1.1.2015 gilt: § 371 Abs. 2 Satz 1 Nr. 1e AO[8] ist eigenständiger Sperrgrund, wenn ein Amtsträger der Finanzbehörde zu einer LSt-Nachschau nach § 42g EStG (oder einer anderen Nachschau) erschienen ist und sich ausgewiesen hat. Sachlich erstreckt sich die Sperrwirkung m. E. auf lohnsteuerliche Sachverhalte. Zeitlich lebt die Selbstanzeigemöglichkeit mit dem ergebnislosen Ende der Nachschau, z. B. dem Verlassen des Ladenlokals, wieder auf.[9] 61

---

1 BMF v. 16.10.2014, BStBl 2014 I 1408, Rz. 21.
2 *Dißars*, NWB 2012, 796.
3 FG Niedersachsen v. 10.5.2012 - 6 K 27/12, EFG 2012, 1519, rkr.
4 BMF v. 16.10.2014, BStBl 2014 I 1408, Rz. 22.
5 BMF v. 16.10.2014, BStBl 2014 I 1408, Rz. 22, mit Hinweis auf mögliche Fortsetzungs-Feststellungsklage, vgl. hierzu FG Hamburg v. 11.4.2018 - 6 K 44/17, NWB DokID: RAAAG-86231 bei USt-Nachschau.
6 Vgl. AEAO zu § 196 AO.
7 Vgl. u. a. *Dißars*, NWB 2013, 3210. Finanzverwaltung bejaht Sperrwirkung der LSt-Nachschau, BT-Drucks. 17/14821, 19/20.
8 Eingeführt durch AO-Änderungsgesetz, BGBl 2014 I 2415, vgl. FinMin NRW v. 12.1.2016, NWB DokID: SAAAF-80115.
9 *Geuenich*, NWB 2015, 29.

3. Steuerabzug vom Kapitalertrag (Kapitalertragsteuer)

§ 43 Kapitalerträge mit Steuerabzug

[1](1) ¹Bei den folgenden inländischen und in den Fällen der Nummern 5 bis 7 Buchstabe a und Nummern 8 bis 12 sowie Satz 2 auch ausländischen Kapitalerträgen wird die Einkommensteuer durch Abzug vom Kapitalertrag (Kapitalertragsteuer) erhoben:

1. Kapitalerträgen im Sinne des § 20 Absatz 1 Nummer 1, soweit diese nicht nachfolgend in Nummer 1a gesondert genannt sind, und Kapitalerträgen im Sinne des § 20 Absatz 1 Nummer 2. ²Entsprechendes gilt für Kapitalerträge im Sinne des § 20 Absatz 2 Satz 1 Nummer 2 Buchstabe a und Nummer 2 Satz 2;

1a. Kapitalerträgen im Sinne des § 20 Absatz 1 Nummer 1 aus Aktien und Genussscheinen, die entweder gemäß § 5 des Depotgesetzes zur Sammelverwahrung durch eine Wertpapiersammelbank zugelassen sind und dieser zur Sammelverwahrung im Inland anvertraut wurden, bei denen eine Sonderverwahrung gemäß § 2 Satz 1 des Depotgesetzes erfolgt oder bei denen die Erträge gegen Aushändigung der Dividendenscheine oder sonstigen Ertragnisscheine ausgezahlt oder gutgeschrieben werden;

2. Zinsen aus Teilschuldverschreibungen, bei denen neben der festen Verzinsung ein Recht auf Umtausch in Gesellschaftsanteile (Wandelanleihen) oder eine Zusatzverzinsung, die sich nach der Höhe der Gewinnausschüttungen des Schuldners richtet (Gewinnobligationen), eingeräumt ist, und Zinsen aus Genussrechten, die nicht in § 20 Absatz 1 Nummer 1 genannt sind. ²Zu den Gewinnobligationen gehören nicht solche Teilschuldverschreibungen, bei denen der Zinsfuß nur vorübergehend herabgesetzt und gleichzeitig eine von dem jeweiligen Gewinnergebnis des Unternehmens abhängige Zusatzverzinsung bis zur Höhe des ursprünglichen Zinsfußes festgelegt worden ist. ³Zu den Kapitalerträgen im Sinne des Satzes 1 gehören nicht die Bundesbankgenussrechte im Sinne des § 3 Absatz 1 des Gesetzes über die Liquidation der Deutschen Reichsbank und der Deutschen Golddiskontbank in der im Bundesgesetzblatt Teil III, Gliederungsnummer 7620-6, veröffentlichten bereinigten Fassung, das zuletzt durch das Gesetz vom 17. Dezember 1975 (BGBl I S. 3123) geändert worden ist. ⁴Beim Steuerabzug auf Kapitalerträge sind die für den Steuerabzug nach Nummer 1a geltenden Vorschriften entsprechend anzuwenden, wenn

   a) die Teilschuldverschreibungen und Genussrechte gemäß § 5 des Depotgesetzes zur Sammelverwahrung durch eine Wertpapiersammelbank zugelassen sind und dieser zur Sammelverwahrung im Inland anvertraut wurden,

   b) die Teilschuldverschreibungen und Genussrechte gemäß § 2 Satz 1 des Depotgesetzes gesondert aufbewahrt werden oder

   c) die Erträge der Teilschuldverschreibungen und Genussrechte gegen Aushändigung der Ertragnisscheine ausgezahlt oder gutgeschrieben werden;

3. Kapitalerträgen im Sinne des § 20 Absatz 1 Nummer 4;

4. Kapitalerträgen im Sinne des § 20 Absatz 1 Nummer 6 Satz 1 bis 6; § 20 Absatz 1 Nummer 6 Satz 2 und 3 in der am 1. Januar 2008 anzuwendenden Fassung bleiben für Zwecke

---

1 Anm. d. Red.: Zur Anwendung des § 43 siehe § 52 Abs. 42.

der Kapitalertragsteuer unberücksichtigt. ²Der Steuerabzug vom Kapitalertrag ist in den Fällen des § 20 Absatz 1 Nummer 6 Satz 4 in der am 31. Dezember 2004 geltenden Fassung nur vorzunehmen, wenn das Versicherungsunternehmen auf Grund einer Mitteilung des Finanzamts weiß oder infolge der Verletzung eigener Anzeigeverpflichtungen nicht weiß, dass die Kapitalerträge nach dieser Vorschrift zu den Einkünften aus Kapitalvermögen gehören;

5. Kapitalerträgen im Sinne des § 20 Absatz 1 Nummer 3 mit Ausnahme der Gewinne aus der Veräußerung von Anteilen an Investmentfonds im Sinne des § 16 Absatz 1 Nummer 3 in Verbindung mit § 2 Absatz 13 des Investmentsteuergesetzes;

6. ausländischen Kapitalerträgen im Sinne der Nummern 1 und 1a;

7. Kapitalerträgen im Sinne des § 20 Absatz 1 Nummer 7, außer bei Kapitalerträgen im Sinne der Nummer 2, wenn

   a) es sich um Zinsen aus Anleihen und Forderungen handelt, die in ein öffentliches Schuldbuch oder in ein ausländisches Register eingetragen oder über die Sammelurkunden im Sinne des § 9a des Depotgesetzes oder Teilschuldverschreibungen ausgegeben sind;

   b) der Schuldner der nicht in Buchstabe a genannten Kapitalerträge ein inländisches Kreditinstitut oder ein inländisches Finanzdienstleistungsinstitut im Sinne des Gesetzes über das Kreditwesen ist. ²Kreditinstitut in diesem Sinne ist auch die Kreditanstalt für Wiederaufbau, eine Bausparkasse, ein Versicherungsunternehmen für Erträge aus Kapitalanlagen, die mit Einlagegeschäften bei Kreditinstituten vergleichbar sind, die Deutsche Postbank AG, die Deutsche Bundesbank bei Geschäften mit jedermann einschließlich ihrer Betriebsangehörigen im Sinne der §§ 22 und 25 des Gesetzes über die Deutsche Bundesbank und eine inländische Zweigstelle oder Zweigniederlassung eines ausländischen Unternehmens im Sinne der §§ 53 und 53b des Gesetzes über das Kreditwesen, nicht aber eine ausländische Zweigstelle eines inländischen Kreditinstituts oder eines inländischen Finanzdienstleistungsinstituts. ³Die inländische Zweigstelle oder Zweigniederlassung gilt anstelle des ausländischen Unternehmens als Schuldner der Kapitalerträge;

7a. Kapitalerträgen im Sinne des § 20 Absatz 1 Nummer 9;

7b. Kapitalerträgen im Sinne des § 20 Absatz 1 Nummer 10 Buchstabe a;

7c. Kapitalerträgen im Sinne des § 20 Absatz 1 Nummer 10 Buchstabe b;

8. Kapitalerträgen im Sinne des § 20 Absatz 1 Nummer 11;

9. Kapitalerträgen im Sinne des § 20 Absatz 2 Satz 1 Nummer 1 und Gewinnen aus der Veräußerung von Anteilen an Investmentfonds im Sinne des § 16 Absatz 1 Nummer 3 in Verbindung mit § 2 Absatz 13 des Investmentsteuergesetzes;

10. Kapitalerträgen im Sinne des § 20 Absatz 2 Satz 1 Nummer 2 Buchstabe b und Nummer 7;

11. Kapitalerträgen im Sinne des § 20 Absatz 2 Satz 1 Nummer 3;

12. Kapitalerträgen im Sinne des § 20 Absatz 2 Satz 1 Nummer 8.

²Dem Steuerabzug unterliegen auch Kapitalerträge im Sinne des § 20 Absatz 3, die neben den in den Nummern 1 bis 12 bezeichneten Kapitalerträgen oder an deren Stelle gewährt werden.

³Der Steuerabzug ist ungeachtet des § 3 Nummer 40 und des § 8b des Körperschaftsteuergesetzes vorzunehmen. ⁴Für Zwecke des Kapitalertragsteuerabzugs gilt die Übertragung eines von einer auszahlenden Stelle verwahrten oder verwalteten Wirtschaftsguts im Sinne des § 20 Absatz 2 auf einen anderen Gläubiger als Veräußerung des Wirtschaftsguts. ⁵Satz 4 gilt nicht, wenn der Steuerpflichtige der auszahlenden Stelle unter Benennung der in Satz 6 Nummer 4 bis 6 bezeichneten Daten mitteilt, dass es sich um eine unentgeltliche Übertragung handelt. ⁶Die auszahlende Stelle hat in den Fällen des Satzes 5 folgende Daten dem für sie zuständigen Betriebsstättenfinanzamt bis zum 31. Mai des jeweiligen Folgejahres nach Maßgabe des § 93c der Abgabenordnung mitzuteilen:

1. Bezeichnung der auszahlenden Stelle,
2. das zuständige Betriebsstättenfinanzamt,
3. das übertragene Wirtschaftsgut, den Übertragungszeitpunkt, den Wert zum Übertragungszeitpunkt und die Anschaffungskosten des Wirtschaftsguts,
4. Name, Geburtsdatum, Anschrift und Identifikationsnummer des Übertragenden,
5. Name, Geburtsdatum, Anschrift und Identifikationsnummer des Empfängers, sowie die Bezeichnung des Kreditinstituts, der Nummer des Depots, des Kontos oder des Schuldbuchkontos,
6. soweit bekannt, das persönliche Verhältnis (Verwandtschaftsverhältnis, Ehe, Lebenspartnerschaft) zwischen Übertragendem und Empfänger.

⁷§ 72a Absatz 4, § 93c Absatz 4 und § 203a der Abgabenordnung finden keine Anwendung.

(1a) (weggefallen)

(2) ¹Der Steuerabzug ist außer in den Fällen des Absatzes 1 Satz 1 Nummer 1a und 7c nicht vorzunehmen, wenn Gläubiger und Schuldner der Kapitalerträge (Schuldner) oder die auszahlende Stelle im Zeitpunkt des Zufließens dieselbe Person sind. ²Der Steuerabzug ist außerdem nicht vorzunehmen, wenn in den Fällen des Absatzes 1 Satz 1 Nummer 5 bis 7 und 8 bis 12 Gläubiger der Kapitalerträge ein inländisches Kreditinstitut oder inländisches Finanzdienstleistungsinstitut nach Absatz 1 Satz 1 Nummer 7 Buchstabe b oder eine inländische Kapitalverwaltungsgesellschaft ist. ³Bei Kapitalerträgen im Sinne des Absatzes 1 Satz 1 Nummer 6 und 8 bis 12 ist ebenfalls kein Steuerabzug vorzunehmen, wenn

1. eine unbeschränkt steuerpflichtige Körperschaft, Personenvereinigung oder Vermögensmasse, die nicht unter Satz 2 oder § 44a Absatz 4 Satz 1 fällt, Gläubigerin der Kapitalerträge ist, oder
2. die Kapitalerträge Betriebseinnahmen eines inländischen Betriebs sind und der Gläubiger der Kapitalerträge dies gegenüber der auszahlenden Stelle nach amtlich vorgeschriebenem Muster erklärt; dies gilt entsprechend für Kapitalerträge aus Options- und Termingeschäften im Sinne des Absatzes 1 Satz 1 Nummer 8 und 11, wenn sie zu den Einkünften aus Vermietung und Verpachtung gehören.

⁴Im Fall des § 1 Absatz 1 Nummer 4 und 5 des Körperschaftsteuergesetzes ist Satz 3 Nummer 1 nur anzuwenden, wenn die Körperschaft, Personenvereinigung oder Vermögensmasse durch eine Bescheinigung des für sie zuständigen Finanzamts ihre Zugehörigkeit zu dieser Gruppe von Steuerpflichtigen nachweist. ⁵Die Bescheinigung ist unter dem Vorbehalt des Widerrufs auszustellen. ⁶Die Fälle des Satzes 3 Nummer 2 hat die auszahlende Stelle gesondert aufzuzeichnen und die Erklärung der Zugehörigkeit der Kapitalerträge zu den Betriebseinnahmen

oder zu den Einnahmen aus Vermietung und Verpachtung sechs Jahre aufzubewahren; die Frist beginnt mit dem Schluss des Kalenderjahres, in dem die Freistellung letztmalig berücksichtigt wird. [7]Die auszahlende Stelle hat in den Fällen des Satzes 3 Nummer 2 der Finanzbehörde, die für die Besteuerung des Einkommens des Gläubigers der Kapitalerträge zuständig ist, nach Maßgabe des § 93c der Abgabenordnung neben den in § 93c Absatz 1 der Abgabenordnung genannten Angaben auch die Konto- und Depotbezeichnung oder die sonstige Kennzeichnung des Geschäftsvorgangs zu übermitteln. [8]§ 72a Absatz 4, § 93c Absatz 1 Nummer 3 und Absatz 4 sowie § 203a der Abgabenordnung finden keine Anwendung.

(3) [1]Kapitalerträge im Sinne des Absatzes 1 Satz 1 Nummer 1 Satz 1 sowie Nummer 1a bis 4 sind inländische, wenn der Schuldner Wohnsitz, Geschäftsleitung oder Sitz im Inland hat; Kapitalerträge im Sinne des Absatzes 1 Satz 1 Nummer 4 sind auch dann inländische, wenn der Schuldner eine Niederlassung im Sinne der §§ 61, 65 oder des § 68 des Versicherungsaufsichtsgesetzes im Inland hat. [2]Kapitalerträge im Sinne des Absatzes 1 Satz 1 Nummer 1 Satz 2 sind inländische, wenn der Schuldner der veräußerten Ansprüche die Voraussetzungen des Satzes 1 erfüllt. [3]Kapitalerträge im Sinne des § 20 Absatz 1 Nummer 1 Satz 4 sind inländische, wenn der Emittent der Aktien Geschäftsleitung oder Sitz im Inland hat. [4]Kapitalerträge im Sinne des Absatzes 1 Satz 1 Nummer 6 sind ausländische, wenn weder die Voraussetzungen nach Satz 1 noch nach Satz 2 vorliegen.

(4) Der Steuerabzug ist auch dann vorzunehmen, wenn die Kapitalerträge beim Gläubiger zu den Einkünften aus Land- und Forstwirtschaft, aus Gewerbebetrieb, aus selbständiger Arbeit oder aus Vermietung und Verpachtung gehören.

(5) [1]Für Kapitalerträge im Sinne des § 20, soweit sie der Kapitalertragsteuer unterlegen haben, ist die Einkommensteuer mit dem Steuerabzug abgegolten; die Abgeltungswirkung des Steuerabzugs tritt nicht ein, wenn der Gläubiger nach § 44 Absatz 1 Satz 10 und 11 und Absatz 5 in Anspruch genommen werden kann. [2]Dies gilt nicht in Fällen des § 32d Absatz 2 und für Kapitalerträge, die zu den Einkünften aus Land- und Forstwirtschaft, aus Gewerbebetrieb, aus selbständiger Arbeit oder aus Vermietung und Verpachtung gehören. [3]Auf Antrag des Gläubigers werden Kapitalerträge im Sinne des Satzes 1 in die besondere Besteuerung von Kapitalerträgen nach § 32d einbezogen. [4]Eine vorläufige Festsetzung der Einkommensteuer im Sinne des § 165 Absatz 1 Satz 2 Nummer 2 bis 4 der Abgabenordnung umfasst auch Einkünfte im Sinne des Satzes 1, für die der Antrag nach Satz 3 nicht gestellt worden ist.

Inhaltsübersicht

	Rz.
A. Allgemeine Erläuterungen	1 - 9
I. Normzweck und wirtschaftliche Bedeutung der Vorschrift	1 - 2
II. Entstehung und Entwicklung der Vorschrift	3
III. Geltungsbereich	4 - 5
IV. Verhältnis zu anderen Vorschriften	6 - 9
B. Systematische Kommentierung	10 - 101
I. Steuerabzugspflichtige Kapitalerträge (§ 43 Abs. 1 EStG)	10 - 74
1. Kapitalerträge mit Steuerabzug	10 - 68
a) Erträge aus Beteiligungen, Mitgliedschafts- und Genussrechten (§ 43 Abs. 1 Satz 1 Nr. 1 EStG)	10 - 15
b) Erträge aus sammel- und streifbandverwahrten Aktien (§ 43 Abs. 1 Satz 1 Nr. 1a EStG)	16 - 20
c) Zinsen aus Wandelanleihen, Gewinnobligationen und Genussrechten (§ 43 Abs. 1 Satz 1 Nr. 2 EStG)	21 - 28

d)	Erträge aus stillen Beteiligungen und partiarischen Darlehen (§ 43 Abs. 1 Satz 1 Nr. 3 EStG)	29 – 35
e)	Erträge aus Lebensversicherungen (§ 43 Abs. 1 Satz 1 Nr. 4 EStG)	36 – 38
f)	Investmenterträge nach § 16 InvStG 2018 (§ 43 Abs. 1 Satz 1 Nr. 5 EStG)	39 – 42
g)	Ausländische Kapitalerträge (§ 43 Abs. 1 Satz 1 Nr. 6 EStG)	43 – 45
h)	Erträge aus sonstigen Kapitalforderungen (§ 43 Abs. 1 Satz 1 Nr. 7 EStG)	46 – 52
i)	Kapitalerträge aus Leistungen nicht von der Körperschaftsteuer befreiter Unternehmen (§ 43 Abs. 1 Satz 1 Nr. 7a bis 7c EStG)	53 – 60
j)	Erträge aus Stillhaltergeschäften (§ 43 Abs. 1 Satz 1 Nr. 8 EStG)	61
k)	Erträge aus der Veräußerung von Anteilen an Kapitalgesellschaften und Anteilen an Investmentfonds (§ 43 Abs. 1 Satz 1 Nr. 9 EStG)	62 – 65
l)	Erträge aus der Veräußerung von Zinsscheinen und Kapitalforderungen (§ 43 Abs. 1 Satz 1 Nr. 10 EStG)	66
m)	Erträge aus Termingeschäften (§ 43 Abs. 1 Satz 1 Nr. 11 EStG)	67
n)	Erträge i. S. v. § 20 Abs. 2 Satz 1 Nr. 8 EStG (§ 43 Abs. 1 Satz 1 Nr. 12 EStG)	68
2.	Besondere Entgelte und Vorteile (§ 43 Abs. 1 Satz 2 EStG)	69
3.	Kapitalertragsteuerabzug in Fällen von § 8b KStG und § 3 Nr. 40 EStG (§ 43 Abs. 1 Satz 3 EStG)	70
4.	Depotübertragungen (§ 43 Abs. 1 Satz 4 bis 6 EStG)	71 – 74
II.	Abstandnahme vom Kapitalertragsteuerabzug (§ 43 Abs. 2 EStG)	75 – 84
1.	Identität von Gläubiger und Schuldner (§ 43 Abs. 2 Satz 1 EStG)	75 – 76
2.	Interbankenprivileg (§ 43 Abs. 2 Satz 2 EStG)	77
3.	Körperschaften und inländische Betriebe (§ 43 Abs. 2 Satz 3 bis 5 EStG)	78 – 81
4.	Aufzeichnungs- und Aufbewahrungspflichten (§ 43 Abs. 2 Satz 6 bis 8 EStG)	82 – 84
III.	Inländische Kapitalerträge (§ 43 Abs. 3 EStG)	85 – 95
IV.	Steuerabzug bei Zugehörigkeit zu anderen Einkunftsarten (§ 43 Abs. 4 EStG)	96
V.	Abgeltungswirkung des Kapitalertragsteuerabzugs (§ 43 Abs. 5 EStG)	97 – 101

HINWEIS:

BMF v. 1. 10. 2009, BStBl 2009 I 1172; BMF v. 18. 12. 2009, BStBl 2010 I 79; BMF v. 16. 11. 2010, BStBl 2010 I 1305; BMF v. 8. 7. 2011, BStBl 2011 I 625; BMF v. 28. 12. 2012, BStBl 2013 I 53; BMF v. 24. 5. 2013, BStBl 2013 I 718; BMF v. 24. 9. 2013, BStBl 2013 I 1183; BMF v. 3. 12. 2014, BStBl 2014 I 1586; BMF v. 18. 1. 2016, BStBl 2016 I 85.

LITERATUR:

▶ Weitere Literatur siehe Online-Version

Paintner, Das Gesetz zur Umsetzung der Amtshilferichtlinie sowie zur Änderung steuerlicher Vorschriften im Überblick, Teil 1: Die Änderungen im Bereich des Ertragsteuerrechts, DStR 2013, 1629; *Podewils*, Cum-ex-Geschäfte („Dividendenstripping") weiterhin im Fokus – steuerliche und strafrechtliche Implikationen, FR 2013, 481; *Rau*, Leerverkäufe über den Dividendenstichtag – Probleme vor und nach der Neufassung des Kapitalertragsteuererhebungssystems, DStR 2013, 838; *Seer/Krumm*, Die Kriminalisierung des Cum-/Ex-Dividende-Geschäfte als Herausforderung für den Rechtsstaat (Teil I und Teil II), DStR 2013, 1757 und 1814; *Weber-Grellet*, Die Funktion der Kapitalertragsteuer im System der Abgeltungsteuer (Teil I und Teil II), DStR 2013, 1357 und 1412; *Worgulla*, Bruttobesteuerung der Einkünfte aus Kapitalvermögen und der allgemeine Gleichheitsgrundsatz, FR 2013, 921; *Engelberth*, Die Abgeltungswirkung des Kapitalertragsteuerabzugs, NWB 2014, 1887; *Gradl/Hammer*, Besteuerung von Dividendeneinnahmen in der Direktanlage und mittels Investmentfonds, GmbHR 2014, 914; *Ortmann-Babel/Franke*, Gesetz zur Modernisierung des Besteuerungsverfahrens, DB 2016, 1521.

A. Allgemeine Erläuterungen

I. Normzweck und wirtschaftliche Bedeutung der Vorschrift

Regelungsgegenstand von § 43 EStG ist der Steuerabzug vom Kapitalertrag. Insoweit bildet § 43 EStG die grundlegende Vorschrift über die Erhebung der Kapitalertragsteuer. Bei der Kapitalertragsteuer handelt es sich nicht um eine eigenständige Steuerart, sondern um eine besondere Form für die Erhebung der Einkommensteuer, die über § 31 KStG auch Eingang in das Körperschaftsteuerrecht findet. Dabei werden die Einkünfte – unabhängig von persönlichen Merkmalen des Steuerpflichtigen – bereits an der Quelle einer endgültigen Besteuerung unterworfen, so dass es – vorbehaltlich bestehender Ausnahmen – einer Steuerveranlagung nicht bedarf. Materiell knüpft § 43 EStG an den Steuertatbestand des § 20 EStG an. Gleichwohl werden durch § 43 EStG nicht sämtliche, dort aufgeführte Einkünfte der Kapitalertragsteuer unterworfen.

1

Innerhalb des Gesamtkonstrukts der Kapitalertragsteuer normiert § 43 EStG den Katalog derjenigen Einkünfte, die der Abzugspflicht an der Quelle unterliegen, während die §§ 43a und 43b EStG Regelungen über die Bemessung der Kapitalertragsteuer treffen. Der Ansatz an der Quelle der steuerpflichtigen Kapitalerträge dient dazu, die Gleichmäßigkeit und Vollständigkeit der Besteuerung sicherzustellen.[1] Ihr kommt – wie jeder Quellensteuer – eine **Kontroll- und Sicherungsfunktion** im Hinblick auf die Erhebung der Einkommensteuer zu.[2]

2

II. Entstehung und Entwicklung der Vorschrift

Der Kapitalertragsteuerabzug hielt mit dem **KapErtStG**[3] Einzug in die deutsche Einkommensteuer. Die Norm wurde mehrfach – teils umfangreich, teils nur redaktionell – verändert und ausgeweitet.[4] Erwähnenswert aus jüngerer Vergangenheit sind die Änderungen im Zuge des **UntStRefG 2008**[5] (Systemwechsel bei der Kapitalertragsteuer durch Einführung eines einheitlichen Steuersatzes i. H. v. 25 % im Bereich der Besteuerung privater Kapitaleinkünfte, dem gem. § 43 Abs. 5 EStG Abgeltungswirkung zukommt), des **OGAW-IV-UmsG**[6] (Einfügung § 43 Abs. 1 Satz 1 Nr. 1a EStG, nach der – mit dem Ziel der Bekämpfung missbräuchlicher Gestaltungen im Rahmen sog. cum-ex-Transaktionen – bei Erträgen aus sammel- und streifbandverwahrten Aktien das depotführende Institut anstelle des Schuldners zum Abzug der Kapitalertragsteuer verpflichtet wird), des **AmtshilfeRLUmsG**[7] (Aufnahme von Genuss- und Erträgnisscheinen in § 43 Abs. 1 Satz 1 Nr. 1a EStG, analoge Anwendung der Pflicht zum Kapitalertragsteuerabzug

3

---

1 Vgl. HHR/*Hartrott*, § 43 EStG Rz. 3; *Gemmel/Hoffmann-Fölkersamb*, NWB 2007, 2935, 2943.
2 Vgl. *Gersch* in Kirchhof/Söhn/Mellinghoff, § 43 EStG Rz. A3.
3 Gesetz v. 29. 3. 1920, RGBl 1920 345.
4 Umfangreicher Überblick HHR/*Hartrott*, § 43 EStG Rz. 2.
5 Gesetz v. 14. 8. 2007, BGBl 2007 I 1912.
6 Gesetz v. 22. 6. 2011, BGBl 2011 I 1126.
7 Gesetz v. 26. 6. 2013, BGBl 2013 I 1809.

gem. § 43 Abs. 1 Satz 1 Nr. 1a EStG auf Erträge aus Teilschuldverschreibungen und Genussscheine bei bestimmten Verwahrkonstellationen gem. § 43 Abs. 1 Satz 1 Nr. 2 Satz 4 EStG) im Rahmen des **Gesetzes zur Modernisierung des Besteuerungsverfahrens**[1] (Anpassung der Vorschrift an die Einfügung der §§ 72a, 93c und 203a AO) sowie durch das InvStRefG[2] (Ausweitung der Kapitalertragsteuerpflicht auf Erträge aus Investmentfonds in § 43 Abs. 1 Satz 1 Nr. 5 und 9 EStG).

III. Geltungsbereich

4 § 43 EStG bildet die **zentrale Norm des Kapitalertragsteuerabzugs**, indem sie neben dem persönlichen auch den sachlichen Umfang der Steuerpflicht regelt. Seit den Änderungen durch das UntStRefG 2008[3] und mit Wirkung zum VZ 2009 ist die Kapitalertragsteuer als Abgeltungsteuer mit Definitivwirkung zu einem weitestgehend einheitlichen Steuersatz i. H. v. 25 % ausgestaltet.

Die **persönliche Steuerpflicht** in Bezug auf die in § 43 EStG normierten Kapitalerträge trifft den **Gläubiger der Kapitalerträge**. Er ist zugleich materiell-rechtlicher Schuldner der Kapitalertragsteuer. Als Gläubiger ist derjenige anzusehen, dem der Kapitalertrag zuzurechnen ist.[4] Die zivilrechtliche Beurteilung ist irrelevant. Beim unentgeltlichen Nießbrauch an einer stillen Beteiligung ist Gläubiger der Nießbrauchsbesteller.[5] Dessen persönliche Merkmale und Verhältnisse bleiben im Rahmen des Kapitalertragsteuerabzugsverfahrens grundsätzlich unberücksichtigt. Dagegen ist der **Schuldner der Kapitalerträge** zum Einbehalt und Abzug der Kapitalertragsteuer verpflichtet. Insoweit dient er der Finanzbehörde als „steuerlicher Erfüllungsgehilfe".

Stpfl. i. S. v. § 33 Abs. 1 AO ist jedoch sowohl der Gläubiger als auch der Schuldner der Kapitalerträge (bzw. bei der Zinsabschlagsteuer die Zahlstelle). Denn neben die originäre Steuerschuld des Gläubigers der Kapitalerträge tritt die Haftungsschuld des Schuldners derselben, da er die Steuer für Rechnung des Gläubigers einzubehalten hat und gem. § 44 Abs. 5 EStG in Höhe des Abzugsbetrags für die Kapitalertragsteuer haftet.[6]

5 Die **sachliche Steuerpflicht** erstreckt sich auf den in § 43 EStG aufgeführten Einkünftekatalog. Nach allgemeiner Auffassung muss die in § 43 Abs. 1 EStG aufgeführte Auflistung enumerativ und abschließend verstanden werden.[7] Seit ihrer Ausgestaltung als Abgeltungsteuer durch das UntStRefG 2008[8] erfasst die Kapitalertragsteuer, neben laufenden Kapitalerträgen, außerdem Erlöse aus der Veräußerung, Abtretung oder Einlösung von Wertpapieren. Die Kapitalertragsteuer erstreckt sich demnach heute auch auf Erträge, die in der Vergangenheit – d. h. bis einschließlich VZ 2008 – der Vorschrift des § 23 EStG zuzuordnen waren. Gleichwohl erfasst § 43 EStG nicht alle in § 20 EStG aufgeführten Einnahmen.[9]

---

1 Gesetz v. 18. 7. 2016, BGBl 2016 I 1679.
2 Gesetz v. 19. 7. 2016, BGBl 2016 I 1730.
3 Gesetz v. 25. 7. 2014, BGBl 2014 I 1266.
4 Vgl. BFH v. 15. 3. 1995 - I R 81/93, BFH/NV 1996, 112 = NWB DokID: CAAAA-97307.
5 Vgl. BFH v. 22. 8. 1990 - I R 69/89, BStBl 1990 II 38.
6 Vgl. *Gersch* in Kirchhoff/Söhn/Mellinghoff, § 43 EStG Rz. A7.
7 Vgl. HHR/*Hartrott*, § 43 EStG Rz. 5; *Gersch* in Kirchhof/Söhn/Mellinghoff, § 43 EStG Rz. A8; *Lindberg* in Blümich, § 43 EStG Rz. 14; *Hoffmann* in Frotscher/Geurts, § 43 EStG Rz. 25.
8 Gesetz v. 14. 8. 2007, BGBl 2007 I 1912.
9 Zu den wichtigsten Ausnahmen vgl. *Weber-Grellet* in Schmidt, § 43 EStG Rz. 10.

IV. Verhältnis zu anderen Vorschriften

§ 3 Nr. 40 EStG/§ 8b KStG: Der Kapitalertragsteuerabzug wird durch die Regelungen zum Teileinkünfte- und Freistellungsverfahren nicht berührt. § 43 Abs. 1 Satz 3 EStG stellt dies in der Weise klar, dass die Kapitalertragsteuer ungeachtet der Vorschriften § 3 Nr. 40 EStG und § 8b KStG anzuwenden ist. Demnach ist der Kapitalertragsteuerabzug unabhängig von der Frage, ob und in welchem Umfang Gewinnausschüttungen und ähnliche Erträge bei deren Gläubiger der Besteuerung unterliegen, stets in voller Höhe vorzunehmen. Die KapESt wird in diesem Fall nicht erstattet, sondern auf die KSt angerechnet (§ 31 Abs. 1 KStG i.V. m. § 36 Abs. 2 Nr. 2 EStG). 6

§ 20 EStG: Die in § 43 Abs. 1 EStG und § 20 EStG normierten Einnahmen lehnen sich eng aneinander an, sind jedoch nicht vollkommen deckungsgleich. Der Katalog des § 20 EStG ist weiter als der des § 43 EStG.

§ 7 InvStG: § 7 Abs. 1 Nr. 1 Buchst. a InvStG unterwirft ausschüttungsgleiche Erträge auf Anteilsscheine an inländischen Investmentvermögen im Rahmen der Ergebnisverwendung dem Steuerabzug. Insoweit genießen die Abzugsvorschriften des § 7 InvStG gegenüber § 43 EStG Vorrang qua lex speciales. 7

(*Einstweilen frei*) 8–9

B. Systematische Kommentierung

I. Steuerabzugspflichtige Kapitalerträge (§ 43 Abs. 1 EStG)

1. Kapitalerträge mit Steuerabzug

a) Erträge aus Beteiligungen, Mitgliedschafts- und Genussrechten (§ 43 Abs. 1 Satz 1 Nr. 1 EStG)

Dem Kapitalertragsteuerabzug nach **§ 43 Abs. 1 Satz 1 Nr. 1 EStG** unterliegen Kapitalerträge nach § 20 Abs. 1 Nr. 1 Satz 1 EStG, soweit sie in § 43 Abs. 1 Satz 1 Nr. 1a EStG nicht gesondert benannt werden (vgl. KKB/Kempf, § 20 EStG Rz. 35). Dabei handelt es sich insbesondere um Gewinnanteile (Dividenden), Ausbeuten und sonstige Bezüge aus Aktien und Anteilen an einer GmbH, Erträge aus Genussrechten, wenn mit ihnen das Recht auf Teilhabe am Gewinn und Liquidationserlös einer Kapitalgesellschaft verbunden ist, Gewinnanteile aus Erwerbs- und Wirtschaftsgenossenschaften sowie aus Anteilen an bergbautreibenden Vereinigungen, welche über die Rechte einer juristischen Person verfügen. Nicht erfasst werden Bezüge aus Ausschüttungen einer unbeschränkt steuerpflichtigen Körperschaft, für die Beträge aus dem **steuerlichen Einlagekonto** i. S. v. § 27 KStG als verwendet gelten. 10

Zu den sonstigen Bezügen i. S. v. § 20 Abs. 1 Nr. 1 EStG zählen gem. **§ 20 Abs. 1 Nr. 1 Satz 2 EStG** auch **verdeckte Gewinnausschüttungen** (vgl. KKB/Kempf, § 20 EStG Rz. 42). Da diese regelmäßig im Rahmen von Betriebsprüfungen festgestellt werden, werden sie im Ergebnis somit nicht dem Kapitalertragsteuerabzug unterworfen, sondern steuerlich im Rahmen des Veranlagungsverfahrens des Gläubigers der Kapitalerträge erfasst.[1] 11

---

1 Vgl. HHR/*Hartrott*, § 43 EStG Rz. 13.

Außerdem zählen zu den nach § 43 Abs. 1 Satz 1 Nr. 1 EStG kapitalertragsteuerpflichtigen Erträgen Bezüge i. S. v. **§ 20 Abs. 1 Nr. 2** (vgl. KKB/Kempf, § 20 EStG Rz. 60 f.). Dabei handelt es sich um Bezüge, die nach der Auflösung einer Gesellschaft oder im Zuge einer Kapitalherabsetzung anfallen. Kapitalertragsteuerpflicht tritt jedoch nur insoweit ein, wie die Bezüge nicht aus der Rückzahlung von Nennkapital resultieren und sie als Gewinnausschüttung i. S. v. § 28 Abs. 2 Satz 2 und 4 KStG qualifizieren.

12 Das EURLUmsG[1] hat die Abzugspflicht auf Kapitalerträge i. S. v. § 20 Abs. 2 Satz 1 Nr. 2 Buchst. a sowie Satz 2 (vgl. KKB/Kempf, § 20 EStG Rz. 153 ff. und Rz. 210 ff.) ausgedehnt (**§ 43 Abs. 1 Satz 1 Nr. 1 Satz 2 EStG**. Dies betrifft Erträge aus der Veräußerung eines Dividendenbezugsrechts, also aus der isolierten Veräußerung von Dividendenscheinen und sonstigen Ansprüchen durch den Inhaber des entsprechenden Stammrechts, ohne dass die Aktien/Anteile selbst mitveräußert werden (Trennung von Stammrecht und Dividendenbezugsrecht).

13–15 *(Einstweilen frei)*

b) Erträge aus sammel- und streifbandverwahrten Aktien (§ 43 Abs. 1 Satz 1 Nr. 1a EStG)

16 **§ 43 Abs. 1 Satz 1 Nr. 1a EStG verlagert die Abzugsverpflichtung** auf Dividenden inländischer sammel- und streifbanddepotverwahrter Aktien von der ausschüttenden AG auf das depotführende Institut oder die letzte inländische Stelle (vgl. § 44 Abs. 1 Satz 4 Nr. 3 EStG), wenn die Dividenden auf ein ausländisches Depot gezahlt werden. Die Regelung wurde durch das OGAW-IV-UmsG[2] eingeführt. Sie ist erstmals auf Kapitalerträge anzuwenden, die dem Gläubiger nach dem 31. 12. 2011 zufließen und dient der Bekämpfung sog. **cum-ex-Transaktionen**.[3]

17 Abzugspflichtig nach **§ 43 Abs. 1 Satz 1 Nr. 1a EStG** sind Gewinnausschüttungen einer AG an ihre Anteilseigner, sofern die **Aktien** in einem **Girosammel-** (§ 5 DepotG) oder einem **Streifbanddepot** (§ 2 Abs. 1 DepotG) verwahrt werden und bei denen die Erträge gegen Aushändigung der Dividendenscheine ausgezahlt und gutgeschrieben werden. Unter den Begriff der Aktien i. S. d. Vorschrift fallen ferner American Depository Receipts (ADRs), European Depository Receipts (EDRs), Global Depository Receipts (GDRs) und International Depository Receipts (IDRs).[4] Bei diesen handelt es sich um Hinterlegungsscheine, die das Eigentum an Aktien verbriefen und stellvertretend für Aktien an der Börse gehandelt werden.[5]

18 Ebenfalls von § 43 Abs. 1 Satz 1 Nr. 1a EStG erfasst werden Anteile an REIT-AGs. Schließlich sind der Abzugspflicht Erträge aus **Genussscheinen** – dabei handelt es sich um eine verbriefte Form von Genussrechten; sie können je nach vertraglicher Ausgestaltung entweder eigenkapital- oder obligationsähnlich sein – oder sonstigen Erträgnisscheinen unterworfen, wenn sie sich in Girosammel- oder Streifbandverwahrung befinden. Die Regelung fand im Zuge des AmtshilfeRLUmsG[6] Eingang in die Vorschrift und findet für Kapitalerträge Anwendung, die nach dem 31. 12. 2012 zufließen. **Nicht** von § 43 Abs. 1 Satz 1 Nr. 1a EStG erfasst werden hin-

---

1 Gesetz v. 9. 12. 2004, BGBl 2004 I 3310.
2 Gesetz v. 22. 6. 2011, BGBl 2011 I 1126.
3 Vgl. hierzu *Seer/Krumm*, DStR 2013, 1757 ff. und 1814 ff.; *Podewils*, FR 2013, 481 ff.; *Bruns*, DStR 2010, 2061 ff.; *Rau*, DStR 2010, 1267 ff.; *ders.*, DStR 2013, 838 ff.; *Desens*, DStR 2012, 2473 ff. Vgl. hierzu auch BFH v. 16. 4. 2014 - I R 2/12, BFH/NV 2014 1813 = NWB DokID: PAAAE-74900; FG Hessen v. 10. 2. 2016 - 4 K 1684/14, EFG 2016 761, rkr m. Anm. *Lotzgeselle*; FG Hessen v. 10. 3. 2017 - 4 K 977/14, EFG 2017 656 m. Anm. *Lotzgeselle*. Zur steuerstrafrechtlichen Würdigung, vgl. *Spilker*, FR 2017, 138, 146 f. Zur Haftung von Depotbanken vgl. *Habammer*, DStR 2017, 1958.
4 Vgl. BMF v. 8. 7. 2011, BStBl I 625.
5 Vgl. *Schmidt/Eck*, BB 2010, 1123, 1128.
6 Gesetz v. 26. 6. 2013, BGBl 2013 I 1809.

gegen eigenkapital- oder rentenähnliche Genussrechte, Wandelanleihen, Gewinnobligationen sowie Aktien einer Investment-AG, die unter die Regelungen des InvStG fallen.[1]

(Einstweilen frei) 19–20

c) Zinsen aus Wandelanleihen, Gewinnobligationen und Genussrechten (§ 43 Abs. 1 Satz 1 Nr. 2 EStG)

Gem. § 43 Abs. 1 Satz 1 Nr. 2 EStG unterliegen Zinsen aus **Wandelanleihen, Gewinnobligationen** sowie Zinsen aus **Genussrechten** der Kapitalertragsteuer. 21

Nach der Legaldefinition in § 43 Abs. 1 Satz 1 Nr. 2 EStG handelt es sich bei **Wandelanleihen** um Teilschuldverschreibungen, die dem Gläubiger neben einer festen Verzinsung ein Recht einräumen, die Anleihe in Gesellschaftsanteile umzutauschen. Der Inhaber der Wandelanleihe kann also seine Forderung in Aktien des Anleiheemittenten umtauschen. Im Zuge der Ausübung der Wandlungsoption erlischt das Forderungsrecht und der vormalige Gläubiger/Anleihezeichner wird zum Gesellschafter des Emittenten. Unter die Kapitalertragsteuerpflicht gem. § 43 Abs. 1 Satz 1 Nr. 2 EStG fallen hingegen nicht sog. **Optionsanleihen**, bei denen der Anleihezeichner ein Recht zum Bezug von Gesellschaftsanteilen am Emittent der Anleihe hat, die Ausübung dieses Rechts aber nicht zu einem Erlöschen seiner Anleiheanteile führt.[2] 22

Gewinnobligationen sind – neben ihrer festen Verzinsung – mit einer Zusatzverzinsung versehen, deren Höhe sich anhand der vom Schuldner freigesetzten Gewinnausschüttungen orientiert. Ob eine solche Zusatzverzinsung tatsächlich gezahlt wird, ist für den Steuerabzug nach § 43 Abs. 1 Satz 1 Nr. 2 EStG unerheblich.[3] Gem. § 43 Abs. 1 Satz 1 Nr. 2 Satz 2 EStG gehören hierzu **nicht Teilschuldverschreibungen**, bei denen der Zinsfuß nur vorübergehend herabgesetzt wird und gleichzeitig eine vom jeweiligen Gewinnergebnis des Schuldners abhängige Zusatzverzinsung bis zur Höhe des ursprünglich vereinbarten Zinsfußes festgelegt wird (§ 43 Abs. 1 Satz 2 Nr. 2 Satz 2 EStG). In diesem Fall – so wohl die Vermutung des Gesetzgebers – wird zwischen Gläubiger und Schuldner keine Zusatzverzinsung, sondern lediglich eine Stundung durch den Gläubiger im Hinblick auf den Unterschiedsbetrag zwischen dem ursprünglich festen Zinsfuß und dem vorübergehend festgesetzten Zinsfuß vereinbart. 23

Von § 43 Abs. 1 Satz 1 Nr. 2 EStG erfasst werden schließlich sonstige **Genussrechte**, die nicht bereits aufgrund von § 43 Abs. 1 Satz 1 Nr. 1 EStG dem Kapitalertragsteuerabzug unterliegen. Regelmäßig dürften dies Genussrechte mit reiner Gewinnbeteiligung, d. h. ohne Partizipation am Liquidationserlös sowie Genussrechte mit fester Verzinsung sein.[4] 24

Vom Kapitalertragsteuerabzug gem. § 43 Abs. 1 Satz 1 Nr. 2 EStG ausgeklammert werden die in § 43 Abs. 1 Satz 1 Nr. 2 Satz 3 EStG bezeichneten Bundesbankgenussrechte.

§ 43 Abs. 1 Satz 1 Nr. 2 Satz 4 EStG regelt die persönliche Pflicht zur **Vornahme des Kapitalertragsteuerabzugs**. Die Regelung fand im Zuge des AmtshilfeRLUmsG[5] Eingang in die Vorschrift. Danach sind bei im Inland gem. § 5 DepotG sammelverwahrten Teilschuldverschreibungen und Genussrechten, die für den Steuerabzug i. S. v. § 43 Abs. 1 Satz 1 Nr. 1a EStG maßgebenden Vorschriften entsprechend anwendbar. In Bezug auf Erträge aus den vorgenannten 25

---

1 Vgl. BMF v. 8. 7. 2011, BStBl 2011 I 625.
2 Vgl. HHR/*Hartrott*, § 43 EStG Rz. 18.
3 Vgl. HHR/*Hartrott*, § 43 EStG Rz. 18.
4 Vgl. *Knaupp* in Kirchhof, § 43 EStG Rz. 8.
5 Gesetz v. 26. 6. 2013, BGBl 2013 I 1809.

Finanzinstrumenten wird damit die Pflicht zur Vornahme des Kapitalertragsteuerabzugs auf die inländische auszahlende Stelle verlagert. Die Regelung findet für alle Kapitalerträge Anwendung, die nach dem 31.12.2013 zufließen.

26–28 *(Einstweilen frei)*

d) Erträge aus stillen Beteiligungen und partiarischen Darlehen (§ 43 Abs. 1 Satz 1 Nr. 3 EStG)

29 Gem. § 43 Abs. 1 Satz 1 Nr. 3 EStG unterliegen Erträge i. S. v. § 20 Abs. 1 Nr. 4 EStG dem Kapitalertragsteuerabzug, also Kapitalerträge aus einer Beteiligung als **stiller Gesellschafter** sowie Kapitalerträge aus **partiarischen Darlehen**.

30 Gem. § 230 HGB ist **stiller Gesellschafter**, wer sich an einem Handelsgewerbe eines Kaufmanns mit einer Vermögenseinlage beteiligt, die in das Vermögen des Kaufmanns übergeht. § 43 Abs. 1 Satz 1 Nr. 3 EStG i. V. m. § 20 Abs. 1 Nr. 4 EStG erfasst ausschließlich Erträge, die dem **typisch still Beteiligten** zufließen.[1] Hierbei partizipiert der stille Gesellschafter nur am Geschäftserfolg, nicht jedoch am Gesellschaftsvermögen und den darin ggf. enthaltenen stillen Reserven. Zu den der Kapitalertragsteuerpflicht gem. § 43 Abs. 1 Satz 1 Nr. 3 EStG unterliegenden Einnahmen rechnen sämtliche, dem Gesellschafter aus seiner Beteiligung an der stillen Gesellschaft zufließende Beträge. Dies gilt auch für Beträge, die dem stillen Gesellschafter im Zuge der Rückzahlung seiner Einlage zufließen, soweit diese den Nominalbetrag seiner ursprünglich geleisteten Einlage übersteigen.[2] Die Beträge müssen dem still Beteiligten nicht tatsächlich zufließen. Vielmehr wird der Kapitalertragsteuerabzug auch dann ausgelöst, wenn eine Gutschrift auf seinem Gesellschafterkonto erfolgt.[3] Erfasst werden auch Erträge aus typischen Unterbeteiligungen.[4]

31 Die Einkünfte des **atypisch stillen Gesellschafters** unterfallen hingegen nicht dem Kapitalertragsteuerabzug.[5] Denn die atypisch stille Gesellschaft bildet eine Mitunternehmerschaft, so dass die daran Beteiligten Einkünfte aus Gewerbebetrieb i. S. v. § 15 EStG erzielen.

32 **Partiarische Darlehen** werden nach dem Gewinn oder Umsatz des Darlehensnehmers vergütet.[6] Es handelt sich um eine Mischform zwischen der klassischen Eigen- und Fremdfinanzierung. Regelmäßig besteht der Zweck eines partiarischen Darlehens in der bloßen Darlehensgewährung. Um jedoch für den Tatbestand von § 43 Abs. 1 Satz 1 Nr. 3 EStG i. V. m. § 20 Abs. 1 Nr. 4 EStG zu qualifizieren, muss die Vergütung des Darlehens einen klaren Schwerpunkt im Bereich einer Beteiligung am Gewinn des Darlehensnehmers erkennen lassen.[7]

33–35 *(Einstweilen frei)*

e) Erträge aus Lebensversicherungen (§ 43 Abs. 1 Satz 1 Nr. 4 EStG)

36 § 43 Abs. 1 Satz 1 Nr. 4 Satz 1 1. Halbsatz EStG unterwirft Erträge aus Versicherungen, die auf den Erlebens- oder Todesfall lauten (sog. kapitalbildende Lebensversicherungen bzw. Vermögensanlagen mit Versicherungscharakter) dem Kapitalertragsteuerabzug. Dies betrifft mit

---

[1] Vgl. BFH v. 28.11.1990 - I R 111/88, BStBl 1991 II 313.
[2] Vgl. BFH v. 14.2.1984 - VIII R 126/82, BStBl 1984 II 580.
[3] Vgl. BFH v. 23.7.2002 - VIII R 36/01, BStBl 2002 II 858.
[4] Vgl. BFH v. 28.11.1990 - I R 111/88, BStBl 1990 II 313.
[5] Vgl. *Engelberth*, NWB 2014, 1887, 1890.
[6] Vgl. *Engelberth*, NWB 2014, 1887, 1889.
[7] Vgl. HHR/*Hartrott*, § 43 EStG Rz. 26.

Kapitalwahlrecht ausgestaltete Rentenversicherungen und Kapitalversicherungen mit Sparanteil. Ebenso werden Unfallversicherungen mit garantierter Beitragsrückzahlung von der Regelung erfasst.[1] Maßgebend für die Beurteilung sind insoweit die Vorschriften des VAG.[2]

Nach **§ 43 Abs. 1 Satz 1 Nr. 4 Satz 1 2. Halbsatz EStG** bleiben die in **§ 20 Abs. 1 Nr. 6 Satz 2 und 3 EStG** getroffenen Regelungen im Rahmen des Kapitalertragsteuerabzugsverfahren unberücksichtigt. Danach spielt es für den Kapitalertragsteuerabzug keine Rolle, dass bei Steuerpflichtigen, die das 60. Lebensjahr vollendet haben, nach § 20 Abs. 1 Nr. 6 Satz 2 EStG (vgl. KKB/Kempf, § 20 EStG Rz. 96) nur der hälftige Unterschiedsbetrag (zwischen der Versicherungsleistung und der Summe der entrichteten Beiträge)[3] zum Ansatz zu bringen ist. Der Stpfl. kann die partielle Steuerfreistellung jedoch im Veranlagungsverfahren geltend machen. Daneben bleibt es für den Kapitalertragsteuerabzug ebenfalls unberücksichtigt, wenn der Stpfl. die Ansprüche aus der Versicherung entgeltlich erworben hat und seine bis zum Erwerbszeitpunkt geleisteten Beträge gem. § 20 Abs. 1 Nr. 6 Satz 3 EStG (vgl. KKB/Kempf, § 20 EStG Rz. 97) durch seine höheren Anschaffungskosten ersetzt werden. Dem Steuerpflichtigen bleibt es gem. § 32d Abs. 4 oder 6 EStG (vgl. KKB/Egner/Quinten § 32d EStG Rz. 25 f.) indessen unbenommen, daraus erwachsende Ansprüche im Rahmen des Veranlagungsverfahrens geltend zu machen. 37

Gemäß **§ 43 Abs. 1 Satz 1 Nr. 4 Satz 2 EStG** ist der Kapitalertragsteuerabzug in den Fällen des § 20 Abs. 1 Nr. 6 Satz 4 EStG in der am 31. 12. 2004 geltenden Fassung nur dann vorzunehmen, wenn das Versicherungsunternehmen aufgrund einer Mitteilung des Finanzamts weiß oder aufgrund einer selbst verschuldeten Verletzung seiner Anzeigepflicht nicht weiß, dass die entsprechenden Erträge zu den Einkünften aus Kapitalvermögen rechnen. 38

f) Investmenterträge nach § 16 InvStG 2018 (§ 43 Abs. 1 Satz 1 Nr. 5 EStG)

§ 43 Abs. 1 Satz 1 Nr. 5 EStG regelt mit Gültigkeit ab dem 1.1.2018 die Abzugspflicht von Kapitalerträgen i.S.v. § 20 Abs. 1 Nr. 3 EStG. Betroffen hiervon sind Investmenterträge nach § 16 InvStG 2018, also Erträge aus Investmentfonds. Gem. § 16 Abs. 1 Nr. 1 InvStG 2018 ist der in einen Investmentfonds investierende Anleger grundsätzlich nur zur Versteuerung der tatsächlichen Zuflüsse aus der Fondsanlage verpflichtet. Davon erfasst werden allgemein Ausschüttungen des Fonds sowie Gewinne aus der Veräußerung, Rückgabe, Abtretung, Entnahme oder verdeckten Einlage der Investmentanteile. Von der Pflicht zum Kapitalertragsteuerabzug werden der gesetzlichen Anordnung in § 43 Abs. 1 Satz 1 Nr. 5 EStG allerdings nur Ausschüttungen des Fonds (§ 16 Abs. 1 Nr. 1 InvStG 2018) sowie die sog. Vorabpauschalen (§ 16 Abs. 1 Nr. 2 InvStG 2018) erfasst. Bei Letzteren handelt es sich um eine steuerbare Mindestausschüttung, die auf die Verhinderung einer Thesaurierungsbegünstigung abzielt.[4] 39

Nicht von § 43 Abs. 1 Satz 1 Nr. 5 EStG in Bezug genommen werden hingegen Gewinne aus der Veräußerung entsprechender Anteile an Investmentfonds (§ 16 Abs. 1 Nr. 3 InvStG 2018). Die diesbezügliche Kapitalertragsteuerpflicht findet sich in § 43 Abs. 1 Satz 1 Nr. 9 EStG.

(Einstweilen frei) 40–42

---

1 Vgl. HHR/*Hartrott*, § 43 EStG Rz. 27.
2 Vgl. BMF v. 1. 10. 2009, BStBl 2009 I 1172, Tz. 3.
3 Vgl. hierzu *Kracht*, NWB 2008, 3469, 3485; *Gemmel/Hoffmann-Fölkersamb*, NWB 2007, 2935, 2940.
4 Vgl. *Hasselmann* in Littmann/Bitz/Pust, § 43 EStG Rz. 104.

g) Ausländische Kapitalerträge (§ 43 Abs. 1 Satz 1 Nr. 6 EStG)

43 § 43 Abs. 1 Satz 1 Nr. 6 EStG unterwirft **ausländische Kapitalerträge** i. S. v. § 43 Abs. 1 Satz 1 Nr. 1 und Nr. 1a EStG – vornehmlich also Dividenden aus ausländischen Aktien – der Kapitalertragsteuer, wenn diese von einer inländischen auszahlenden Stelle verwahrt werden. Der Kapitalertragsteuerabzug ist von der auszahlenden Stelle unter Berücksichtigung von etwaig im Ausland angefallenen Steuern vorzunehmen (vgl. § 43a Abs. 3 EStG). Auf diese Weise wird die Abgeltungswirkung der Kapitalertragsteuer auch in Bezug auf ausländische Dividenden gewährleistet. Die in § 43 Abs. 1 Satz 1 Nr. 3 EStG gewählte Formulierung – die Vorschrift spricht von „Kapitalerträgen i. S. v. § 20 Abs. 1 Nr. 4 EStG" – verdeutlicht, dass sämtliche Erträge aus partiarischen Darlehen, also auch daraus erzielte Gewinnanteile, der Kapitalertragsteuer unterliegen.[1] Die Anrechnung von ausländischer Quellensteuer bei Ausschüttungen von Trusts erfolgt im Rahmen der Veranlagung zur ESt.[2]

44–45 *(Einstweilen frei)*

h) Erträge aus sonstigen Kapitalforderungen (§ 43 Abs. 1 Satz 1 Nr. 7 EStG)

46 § 43 Abs. 1 Satz 1 Nr. 7 EStG normiert die Kapitalertragsteuerpflicht für Kapitalerträge i. S. v. § 20 Abs. 1 Nr. 7 EStG und wird als **Zinsabschlag** bezeichnet. Dieser regelt die Steuerpflicht von Erträgen aus sonstigen Kapitalforderungen jeder Art, wenn die Rückzahlung des Kapitals oder ein Entgelt für die Überlassung des Kapitals zur Nutzung zugesagt oder geleistet worden ist, auch wenn die Höhe der Rückzahlung oder des Entgelts von einem ungewissen Ereignis abhängt (vgl. KKB/Kempf, § 20 EStG Rz. 105 ff.). § 43 Abs. 1 Satz 1 Nr. 7 EStG unterwirft Kapitalerträge aus sog. **verbrieften oder registrierten Geldforderungen** (§ 43 Abs. 1 Satz 1 Nr. 7 Buchst. a EStG) sowie aus sog. **„einfachen" Geldforderungen** (§ 43 Abs. 1 Satz 1 Nr. 7 Buchst. b EStG) der Kapitalertragsteuer.

47 **Verbriefte Kapitalforderungen** i. S. v. **§ 43 Abs. 1 Satz 1 Nr. 7 Buchst. a EStG** sind Anleihen und vergleichbare festverzinsliche Forderungen gegen **in- und ausländische** Kapitalschuldner (Körperschaften des öffentlichen Rechts, Unternehmen, Banken, Staaten, Kapitalanlagegesellschaften), die in ein öffentliches Schuldbuch oder ein ausländisches Register eingetragen oder über die Sammelurkunden i. S. v. § 9a DepotG bzw. Teilschuldverschreibungen ausgegeben werden.[3]

Beispiele für Kapitalforderungen i. S. v. § 43 Abs. 1 Satz 1 Nr. 7 Buchst. a EStG: Öffentlich oder privat begebene in- und ausländische Anleihen, Schuldverschreibungen, Pfandbriefe, Nullkuponanleihen/Zero-Bonds (von Bund, Ländern und Gemeinden, Postbank, Industrie und Banken), Bundesschatzbriefe, verkehrsfähige Sparbriefe oder Schuldscheindarlehen.[4] Darunter fallen nicht Mezzanine- oder Nachrang-Darlehen, ohne dass die Ausgestaltung des Equity Kickers eine Rolle spielt.[5]

48 **„Einfache" Geldforderungen** i. S. v. **§ 43 Abs. 1 Satz 1 Nr. 7 Buchst. b EStG** sind alle Kapitalforderungen, die nicht unter § 43 Abs. 1 Satz 1 Nr. 7 Buchst. a EStG fallen und deren **Schuldner ein inländisches Kredit- bzw. Finanzdienstleistungsinstitut i. S. d. KWG** ist. Dabei handelt es sich einerseits um Unternehmen, die Bankgeschäfte gewerbsmäßig oder in einem Umfang betrei-

---

[1] Vgl. BFH v. 25. 3. 1992 - I R 41/91, BStBl 1992 II 889; BFH v. 13. 9. 2000 - I R 61/99, BStBl 2001 II 67.
[2] Vgl. BMF v. 1.4.2009, FR 2009, 442.
[3] Vgl. BMF v. 18.1.2016, BStBl 2016 I 85, Tz. 160; *Knaupp* in Kirchhof, § 43 EStG Rz. 13.
[4] Vgl. im Einzelnen *Lindberg* in Blümich, § 43 EStG Rz. 78 ff.
[5] Vgl. *Bock*, DStR 2005, 1067, 1072.

ben, der einen in kaufmännischer Weise eingerichteten Geschäftsbetrieb erfordert (vgl. § 1 Abs. 1 Satz 1 KWG) oder um Unternehmen, die für andere gewerbsmäßig die in § 1 Abs. 1a KWG aufgeführten Finanzdienstleistungen erbringen (§ 1 Abs. 3 KWG).

§ 43 Abs. 1 Satz 1 Nr. 7 Buchst. b Satz 2 EStG rechnet dazu die Kreditanstalt für Wiederaufbau (KfW), die Bausparkassen, Versicherungsunternehmen (allerdings nur in Bezug auf Erträge aus Kapitalanlagen, die mit Einlagegeschäften bei Kreditinstituten vergleichbar sind), die Postbank sowie die Deutsche Bundesbank. Ferner gelten als inländische Kreditinstitute die im Inland belegenen Zweigstellen ausländischer „Unternehmen" i. S. d. §§ 53, 53b KWG, denen durch § 43 Abs. 1 Satz 1 Nr. 7 Buchst. b Satz 3 EStG die Schuldnerstellung des ausländischen Kreditinstitutes zugerechnet wird. Forderungen gegen andere als die in § 43 Abs. 1 Satz 1 Nr. 7 Buchst. b EStG aufgezählten Schuldner werden nicht erfasst.[1] Nicht von § 43 Abs. 1 Satz 1 Nr. 7 Buchst. b EStG erfasst werden deshalb bspw. Auslandsbanken oder Auslandszweigstellen inländischer Kredit- oder Finanzdienstleistungsinstitute.

Beispiele für Forderungen i. S. v. § 43 Abs. 1 Satz 1 Nr. 7 Buchst. b EStG: nicht verkehrsfähige Sparbriefe, Schuldscheindarlehen, Bausparguthaben, Sichteinlagen, Zinsen aus Spareinlagen bei Banken (Sparbuch), Termingelder.

(Einstweilen frei) 49–52

i) Kapitalerträge aus Leistungen nicht von der Körperschaftsteuer befreiter Unternehmen (§ 43 Abs. 1 Satz 1 Nr. 7a bis 7c EStG)

Kapitalertragsteuerpflichtig i. S. v. § 43 Abs. 1 Satz 1 Nr. 7a bis 7c EStG sind Erträge gem. § 20 Abs. 1 Nr. 9 EStG (vgl. KKB/Kempf, § 20 EStG Rz. 109 ff.) sowie gem. § 20 Abs. 1 Nr. 10 Buchst. a und b EStG (vgl. KKB/Kempf, § 20 EStG Rz. 130 ff.). Dies sind Einnahmen aus Leistungen einer nicht von der Körperschaftsteuer befreiten Körperschaft, Personenvereinigung oder Vermögensmasse i. S. v. § 1 Abs. 1 Nr. 3 bis 5 KStG sowie Leistungen nicht von der Körperschaftsteuer befreiter Betriebe gewerblicher Art.[2]

Die Kapitalertragsteuerpflicht gem. § 43 Abs. 1 Satz 1 Nr. 7a EStG greift allerdings nur insoweit ein, als die betreffenden Einnahmen i. S. v. § 20 Abs. 1 Nr. 9 EStG nicht bereits aufgrund ihrer Zugehörigkeit zu den Einnahmen i. S. v. § 20 Abs. 1 Nr. 1 EStG der Besteuerung gem. § 43 Abs. 1 Satz 1 Nr. 1 EStG unterworfen wurden. Die in § 20 Abs. 1 Nr. 9 EStG aufgeführten Kapitalertragsgläubiger können jedoch ohnehin keine Ausschüttungen vornehmen. Im Zuge dessen dient § 43 Abs. 1 Satz 1 Nr. 7a EStG i. V. m. § 20 Abs. 1 Nr. 9 EStG als **punktueller Auffangtatbestand**, in dessen Folge auch sonstige Vermögensübertragungen und Gewinnverwendungen der Kapitalertragsteuer unterworfen werden.

Nach § 43 Abs. 1 Satz 1 Nr. 7b EStG i. V. m. § 20 Abs. 1 Nr. 10 Buchst. a EStG unterliegen Leistungen eines nicht von der Körperschaftsteuer befreiten Betriebs gewerblicher Art i. S. v. § 4 KStG **mit eigener Rechtspersönlichkeit** der Kapitalertragsteuer. Der Besteuerung unterfallen sämtliche Zahlungen an die hinter dem Betrieb gewerblicher Art stehenden Gewährsträger, insbesondere Zahlungen an die Gewährsträger der Sparkassen.[3]

---

[1] Vgl. *Weber-Grellet* in Schmidt, § 43 Rz. 45.
[2] Zu den Begriffen im Detail HHR/*Hartrott* § 43 EStG Rz. 40.
[3] Vgl. *Lindberg* in Blümich, § 43 EStG Rz. 102.

56 § 43 Abs. 1 Satz 1 Nr. 7c EStG unterwirft den durch Betriebsvermögensvergleich ermittelten Gewinn eines nicht von der Körperschaftsteuer befreiten Betriebs gewerblicher Art i. S. v. § 20 Abs. 1 Nr. 10 Buchst. b EStG (ohne eigene Rechtspersönlichkeit) der Kapitalertragsteuer, soweit dieser nicht den Rücklagen zugeführt wird.[1] Die Regelung findet entsprechend Anwendung bei wirtschaftlichen Geschäftsbetrieben der von der Körperschaftsteuer befreiten Körperschaften (vgl. KKB/Kempf, § 20 EStG Rz. 133).

57–60 *(Einstweilen frei)*

j) Erträge aus Stillhaltergeschäften (§ 43 Abs. 1 Satz 1 Nr. 8 EStG)

61 Gem. § 43 Abs. 1 Satz 1 Nr. 8 EStG unterliegen sog. **Stillhalterprämien** i. S. v. § 20 Abs. 1 Nr. 11 EStG der Kapitalertragsteuer. Stillhalterprämien sind Einnahmen, die für die Einräumung von Optionen vereinbart werden. Optionen stellen Vereinbarungen zwischen dem Optionsgeber und dem Optionsnehmer dar, in deren Rahmen der Optionsgeber (Stillhalter) dem Optionsnehmer ein Recht zum Kauf (sog. *call*-Option) oder Verkauf (sog. *put*-Option) des vereinbarten Basiswerts (bspw. Aktie) einräumt. Für die Gewährung dieses Rechts erhält der Optionsgeber vom Optionsnehmer eine sog. Stillhalterprämie. Die Regelung des § 43 Abs. 1 Satz 1 Nr. 8 EStG ist erstmalig auf Stillhalterprämien anzuwenden, die nach dem 31. 12. 2008 zufließen. Die Stillhalterprämie wird um den Betrag des Barausgleichs gemindert.[2]

k) Erträge aus der Veräußerung von Anteilen an Kapitalgesellschaften und Anteilen an Investmentfonds (§ 43 Abs. 1 Satz 1 Nr. 9 EStG)

62 § 43 Abs. 1 Satz 1 Nr. 9 EStG nimmt zunächst Erträge i. S. v. § 20 Abs. 2 Satz 1 Nr. 1 Satz 1 und 2 EStG in Bezug. Das sind Erträge aus Anteilen an einer Körperschaft i. S. v. § 20 Abs. 1 Nr. 1 EStG (AG, GmbH, KGaA, UG). Als Anteile an einer Körperschaft gelten auch Genussrechte i. S. v. § 20 Abs. 1 Nr. 1 EStG (vgl. KKB/Kempf, § 20 EStG Rz. 40) sowie den Anteilen ähnliche Beteiligungen und Anwartschaften. Darunter fallen insbesondere Anteile an einer Vorgesellschaft einer GmbH sowie dingliche und schuldrechtliche Rechte aus dem Erwerb eines Anteils an einer Körperschaft, Bezugs- sowie Wandlungsrechte aus Schuldverschreibungen.

63 **Nicht erfasst** wird die Veräußerung einer Beteiligung, welche die Voraussetzung des § 17 EStG erfüllt, die also insbesondere mind. 1 % ausmacht (vgl. KKB/Wargowske/Greil, § 17 EStG Rz. 126 ff.). Derlei Veräußerungsgewinne sind gem. § 17 EStG den Einkünften aus Gewerbebetrieb zuzuordnen, dessen Vorrang gegenüber § 20 EStG durch das Subsidiaritätsprinzip in § 20 Abs. 8 EStG ausdrücklich angeordnet wird.

64 Mit Wirkung zum 1.1.2018 werden durch § 43 Abs. 1 Satz 1 Nr. 9 EStG auch Gewinne aus der Veräußerung von Anteilen an einem Investmentfonds i. S. v. § 16 Abs. 1 Nr. 3 InvStG 2018 erfasst. Wegen der weiten Definition des Veräußerungsbegriffs in § 2 Abs. 13 InvStG 2018 gilt dies jedoch nicht nur für Erträge, die aus dem Verkauf der Anteile resultieren. Vielmehr werden auch solche Erträge erfasst, die im Zuge der Rückgabe, Abtretung, Entnahme oder verdeckte Einlage in eine Kapitalgesellschaft realisiert werden.

65 *(Einstweilen frei)*

---

[1] Vgl. hierzu jüngst BFH v. 30.1.2018 - VIII R 75/13, BFH/NV 2018 773 = NWB DokID: PAAAG-84264.
[2] Vgl. BFH v. 20.10.2016 - VIII R 55/13, BStBl 2017 II 1362; zu den dogmatischen Schwachstellen dieser Entscheidung vgl. *Philipowsky*, DStR 2017, 1362, 1367.

l) **Erträge aus der Veräußerung von Zinsscheinen und Kapitalforderungen (§ 43 Abs. 1 Satz 1 Nr. 10 EStG)**

Der Kapitalertragsteuerpflicht nach § 43 Abs. 1 Satz 1 Nr. 10 EStG unterfallen Erträge i. S.v. § 20 Abs. 2 Satz 1 Nr. 2 Buchst. b und Nr. 7 EStG. Dabei handelt es sich einerseits um Gewinne aus der **Veräußerung von Zinsscheinen und Zinsforderungen**, wenn die dazugehörigen Schuldverschreibungen nicht mitveräußert werden sowie Einnahmen aus der Abtretung von Dividenden, Zinsansprüchen oder Schuldbuchforderungen, die in ein öffentliches Schuldbuch eingetragen sind sowie erhaltene Stückzinsen, die bei der Veräußerung verzinslicher Wertpapiere gesondert abgerechnet werden (§ 20 Abs. 2 Satz 1 Nr. 2 Buchst. b EStG; vgl. KKB/Kempf, § 20 EStG Rz. 158 ff.). Daneben unterliegen nach § 43 Abs. 1 Satz 1 Nr. 10 EStG Gewinne aus der **Veräußerung von sonstigen Kapitalforderungen** (§ 20 Abs. 1 Nr. 7 EStG, vgl. KKB/Kempf, § 20 EStG Rz. 105 ff.) der Kapitalertragsteuer.

66

m) **Erträge aus Termingeschäften (§ 43 Abs. 1 Satz 1 Nr. 11 EStG)**

§ 43 Abs. 1 Satz 1 Nr. 11 EStG erfasst Gewinne aus Termingeschäften (Optionsgeschäfte, Futures, Swaps). Darunter sind i. E. Gewinne aus der Veräußerung eines als Termingeschäft ausgestalteten Finanzinstruments ebenso zu fassen, wie der Gewinn aus Termingeschäften, durch die der Stpfl. einen Differenzausgleich oder einen durch den Wert einer veränderlichen Bezugsgröße bestimmten Geldbetrag oder Vorteil erlangt (§ 20 Abs. 2 Satz 1 Nr. 3 EStG, vgl. KKB/Kempf, § 20 EStG Rz. 170 f.).

67

n) **Erträge i. S.v. § 20 Abs. 2 Satz 1 Nr. 8 EStG (§ 43 Abs. 1 Satz 1 Nr. 12 EStG)**

Nach § 43 Abs. 1 Satz 1 Nr. 12 EStG unterliegen Erträge i. S.v. § 20 Abs. 2 Satz 1 Nr. 8 EStG (vgl. KKB/Kempf, § 20 EStG Rz. 200 f.) der Kapitalertragsteuer. Es handelt sich hierbei um Erträge aus der Übertragung oder Aufgabe einer Rechtsposition, die dem Gläubiger der Kapitalerträge ihrerseits Erträge i. S.v. § 20 Abs. 1 Nr. 9 EStG (vgl. KKB/Kempf, § 20 EStG Rz. 109 ff.) vermittelt. § 43 Abs. 1 Satz 1 Nr. 12 EStG erfasst demzufolge im Wesentlichen Erträge aus der Übertragung von Anteilen an Körperschaften, die keine Kapitalgesellschaften sind.

68

2. Besondere Entgelte und Vorteile (§ 43 Abs. 1 Satz 2 EStG)

§ 43 Abs. 1 Satz 2 EStG nimmt § 20 Abs. 3 EStG in Bezug. Die Vorschrift bildet keinen eigenen Steuertatbestand, sondern stellt vielmehr einen **Auffangtatbestand** dar, wonach Erträge, die unter § 20 Abs. 3 EStG fallen und neben den (oder anstelle der) nach § 20 Abs. 1 Nr. 1 bis 12 EStG steuerpflichtigen Kapitalerträgen gewährt werden, ebenfalls dem Kapitalertragsteuerabzug unterliegen.[1]

69

3. Kapitalertragsteuerabzug in Fällen von § 8b KStG und § 3 Nr. 40 EStG (§ 43 Abs. 1 Satz 3 EStG)

§ 43 Abs. 1 Satz 3 EStG stellt klar, dass als Bemessungsgrundlage für die Kapitalertragsteuer stets der volle Kapitalertrag fungiert. Die Kapitalertragsteuer fällt demnach stets in voller Höhe und unabhängig davon an, ob die Erträge bei deren Gläubiger gem. § 3 Nr. 40 EStG nur

70

---

1 Vgl. für Anwendungsbeispiele *Gersch* in Kirchhof/Söhn/Mellinghoff, § 43 EStG Rz. K2.

zu 60 % der Besteuerung unterworfen werden oder gem. § 8b Abs. 1 KStG bei dessen Einkommensermittlung gänzlich außer Ansatz bleiben.

4. Depotübertragungen (§ 43 Abs. 1 Satz 4 bis 6 EStG)

71 Im Rahmen einer steuerlichen Fiktion stellt § 43 Abs. 1 Satz 4 EStG sicher, dass jede Übertragung von Kapitalanlagen i. S. v. § 20 Abs. 2 EStG auf einen Gläubiger als Veräußerung derselben Kapitalanlage anzusehen ist. Dem ist jedoch vorausgesetzt, dass das übertragene Wirtschaftsgut von einer auszahlenden Stelle verwahrt oder verwaltet wird.

72 Gemäß § 43 Abs. 1 Satz 5 EStG bleibt es dem Stpfl. jedoch unbenommen, gegenüber der auszahlenden Stelle glaubhaft zu machen, dass im Einzelfall kein steuerpflichtiger Vorgang vorliegt. Anzunehmen ist dies bei erb- oder schenkweise oder anderweitig unentgeltlichen Übertragungen.[1]

73 § 43 Abs. 1 Satz 6 EStG normiert die Pflicht der auszahlenden Stelle, dem für sie zuständigen Betriebsstättenfinanzamt nachweislich unentgeltliche Übertragungen i. S. v. § 43 Abs. 1 Satz 5 EStG mitzuteilen und die in § 43 Abs. 1 Satz 6 Nr. 1 bis 6 EStG aufgeführten Informationen zu übermitteln. Die Übermittlung der Daten muss nach Maßgabe von § 93c AO und bis zum 31. 5. des Folgejahrs erfolgen. In diesem Zusammenhang finden die §§ 72a Abs. 4, 93c Abs. 4 und 203a AO keine Anwendung (§ 43 Abs. 1 Satz 7 EStG).

74 Die **Mitteilungspflicht** beschränkt sich indessen auf **Schenkungsfälle**.[2] Diese Einschränkung ist dem Umstand geschuldet, das erbfallbedingte Übertragungen bereits nach § 33 ErbStG meldepflichtig sind. Sofern der Schenker es versäumt, seine Daten ordnungsgemäß und vollständig an die auszahlende Stelle zu übermitteln, hat diese den Vorgang zwingend als steuerpflichtige Veräußerung i. S. v. § 43 Abs. 1 Satz 4 EStG zu behandeln.

II. Abstandnahme vom Kapitalertragsteuerabzug (§ 43 Abs. 2 EStG)

1. Identität von Gläubiger und Schuldner (§ 43 Abs. 2 Satz 1 EStG)

75 Nach § 43 Abs. 2 Satz 1 EStG hat der **Steuerabzug** vom Kapitalertrag zu **unterbleiben**, wenn Gläubiger und Schuldner der Kapitalerträge oder die auszahlende Stelle **dieselbe Person** ist. Für die Beurteilung maßgebend ist der Zeitpunkt, in dem die Kapitalerträge zufließen, d. h. am Fälligkeitstag der Kapitalerträge. Von der Regelung ausgenommen sind Erträge i. S. v. § 43 Abs. 1 Satz 1 Nr. 1a und Nr. 7c EStG.

76 Der Anwendung von § 43 Abs. 2 Satz 1 EStG ist eine **Personenidentität** im Sinne einer identischen steuerlichen Rechtspersönlichkeit bzw. Steuerrechtsfähigkeit vorausgesetzt. Demnach müssen das Eigentum an einem Wertpapier und das Recht zum Erhalt der darauf entfallenden Kapitalerträge in einer Hand vereinigt sein. Dies trifft insbesondere für Inhaberschuldverschreibungen und eigene Anteile einer Kapitalgesellschaft zu.[3] Eine nur wirtschaftliche Personenidentität reicht indessen nicht, um von dem in § 43 Abs. 2 Satz 1 EStG normierten Privileg zu profitieren.[4] Demzufolge findet § 43 Abs. 2 Satz 1 EStG **keine Anwendung** im Verhältnis

---

[1] Vgl. BMF v. 18.1.2016, BStBl 2016 I 85, Tz. 165 ff.
[2] Vgl. BMF v. 18.1.2016, BStBl 2016 I 85, Tz. 165.
[3] Vgl. *Hoffmann* in Frotscher/Geurts, § 43 EStG Rz. 164 ff.
[4] Vgl. *Lindberg* in Blümich, § 43 EStG Rz. 118.

zwischen Mutter- und Tochtergesellschaft, zwischen Organgesellschaft und -träger oder zwischen Treuhänder und -geber.[1]

2. Interbankenprivileg (§ 43 Abs. 2 Satz 2 EStG)

§ 43 Abs. 2 Satz 2 EStG präkludiert den Steuerabzug für Fälle des § 43 Abs. 1 Satz 1 Nr. 5 bis 7 und 8 bis 12 EStG, sofern Gläubiger der Kapitalerträge ein inländisches Kreditinstitut oder ein inländisches Finanzdienstleistungsinstitut i. S. v. § 43 Abs. 1 Satz 1 Nr. 7b EStG (vgl. → Rz. 33) oder eine inländische Kapitalanlagegesellschaft ist. Steuerfrei sind außerdem Kapitalerträge, die aus Geschäften zwischen zwei oder mehreren inländischen Kredit- oder Finanzdienstleistungsinstituten stammen.[2] Von § 43 Abs. 2 Satz 2 EStG werden außerdem Kapitalerträge erfasst, deren Gläubiger die Deutsche Bundesbank oder eine ausländische Zweigstelle eines inländischen Kreditinstituts oder inländischen Finanzdienstleistungsinstituts ist.[3] § 43 Abs. 2 Satz 2 EStG zielt vordergründig auf die Vereinfachung des Besteuerungsverfahrens ab.

77

3. Körperschaften und inländische Betriebe (§ 43 Abs. 2 Satz 3 bis 5 EStG)

§ 43 Abs. 2 Satz 3 EStG erweitert den Kreis derjenigen Kapitalerträge, die nicht unter den Steuerabzug fallen, auf Gewinneinkünfte von Körperschaften und sonstigen inländischen Betrieben. Die Freistellungsmöglichkeit bezieht sich jedoch auf Kapitalerträge i. S. v. § 43 Abs. 1 Nr. 6 und 8 bis 12 EStG.

78

§ 43 Abs. 2 Satz 3 Nr. 1 EStG schließt den Kapitalertragsteuerabzug aus, wenn eine unbeschränkt steuerpflichtige Körperschaft, Personenvereinigung oder Vermögensmasse, die nicht unter § 43 Abs. 2 Satz 2 EStG (vgl. → Rz. 54) oder § 44a Abs. 4 Satz 1 EStG (vgl. KKB/Anemüller, § 44a EStG Rz. 51 ff.) fällt, Gläubiger der Kapitalerträge ist. Von der Regelung profitieren ebenso unbeschränkt steuerpflichtige Körperschaften, die nach ausländischem Recht gegründet wurden.[4] Aus Vereinfachungsgründen kann hierbei auf Anlage 2 zum EStG zu § 43b EStG[5] oder Tabelle 1 und 2 der Betriebsstätten-Verwaltungsgrundsätze[6] zurückgegriffen werden.

79

§ 43 Abs. 2 Satz 4 EStG weitet den persönlichen Anwendungsbereich von § 43 Abs. 2 Satz 3 Nr. 1 EStG auf sonstige juristische Personen des Privatrechts i. S. v. § 1 Abs. 1 Nr. 4 KStG sowie nicht rechtsfähige Vereine i. S. v. § 5 KStG aus. Dies gilt jedoch nur insoweit, wie die Körperschaft, Personenvereinigung oder Vermögensmasse anhand einer Bescheinigung des für sie zuständigen Finanzamts ihre Zugehörigkeit zu dieser Gruppe nachweist. § 43 Abs. 2 Satz 5 EStG verpflichtet die Finanzbehörde, die erforderliche Bescheinigung unter dem Vorbehalt des Widerrufs auszustellen.

80

§ 43 Abs. 2 Satz 3 Nr. 2 EStG sieht eine Abstandnahme vom Kapitalertragsteuerabzug vor, wenn Kapitalerträge Betriebseinnahmen eines inländischen Betriebs darstellen und der Gläubiger der Kapitalerträge diesen Umstand gegenüber der auszahlenden Stelle durch Erklärung glaubhaft macht. Die Erklärung hat nach amtlich vorgeschriebenem Muster zu erfolgen.[7] Glei-

81

---

1 Vgl. *Knaupp* in Kirchhof, § 43 EStG Rz. 22; HHR/*Hartrott*, § 43 EStG Rz. 62.
2 Vgl. HHR/*Hartrott*, § 43 EStG Rz. 63.
3 Vgl. BMF v. 18.1.2016, BStBl 2016 I 85, Tz. 174.
4 Vgl. BMF v. 18.1.2016, BStBl 2016 I 85, Tz. 175.
5 BT-Drucks. 18/1529 B zu Nr. 25.
6 Vgl. BMF v. 24.12.1999, BStBl 1999 I 1076.
7 Vgl. BMF v. 18.1.2016, BStBl 2016 I 85, Tz. 177 i. V. m. Anlage 1.

ches gilt für Kapitalerträge aus Options- und Termingeschäften i.S.v. § 43 Abs. 1 Satz 1 Nr. 8 und Nr. 11 EStG im Rahmen der Einkünfte aus Vermietung und Verpachtung.

4. Aufzeichnungs- und Aufbewahrungspflichten (§ 43 Abs. 2 Satz 6 bis 8 EStG)

82 Sofern die auszahlende Stelle nach § 43 Abs. 2 Satz 3 Nr. 2 EStG von der Pflicht zur Vornahme des Kapitalertragsteuerabzugs befreit ist, unterliegt sie gem. **§ 43 Abs. 2 Satz 6 EStG** einer besonderen Aufzeichnungspflicht. Daneben trifft sie in Bezug auf die Erklärung des Gläubigers der Kapitalerträge eine sechsjährige Aufbewahrungspflicht. Die Frist beginnt zum Ende des Kalenderjahrs, in dem die Freistellung vom Kapitalertragsteuerabzug letztmals Berücksichtigung findet.

83 Gem. **§ 43 Abs. 2 Satz 7 EStG** wird die auszahlende Stelle ferner dazu verpflichtet, Informationen über den Gläubiger der Kapitalerträge nach Maßgabe von § 93c AO sowie die Konto- und Depotbezeichnung oder die sonstige Kennzeichnung des betreffenden Geschäftsvorgangs zu übermitteln. Die Ermittlung hat über ELSTER zu erfolgen.[1]

84 Nach **§ 43 Abs. 2 Satz 8 EStG** finden die §§ 72a Abs. 4, 93c Abs. 1 Nr. 3 und Abs. 4 sowie 203a AO keine Anwendung.

III. Inländische Kapitalerträge (§ 43 Abs. 3 EStG)

85 Grundsätzlich unterliegen dem Kapitalertragsteuerabzug nur inländische Kapitalerträge. Ausnahmen hiervon bilden § 43 Abs. 1 Satz 1 Nr. 6, 7 Buchst. a, 8 bis 12 EStG sowie § 43 Abs. 1 Satz 2 EStG. Als **inländisch** gelten nach **§ 43 Abs. 3 Satz 1 EStG** Kapitalerträge dann, wenn der Schuldner der Kapitalerträge über seinen Wohnsitz (§ 8 AO), seinen Ort der Geschäftsleitung (§ 10 AO), seinen Sitz (§ 11 AO) oder – im Rahmen von Versicherungsverträgen – eine Niederlassung i.S.v. §§ 106, 110a oder 110d des Versicherungsaufsichtsgesetzes im Inland verortet ist. Mangels Niederlassung liegt keine Betriebsstätte vor, so dass auf das dahinterstehende Unternehmen abzustellen ist.[2] Unerheblich ist es hingegen, ob der Gläubiger der Kapitalerträge die vorgenannten Ansässigkeitsmerkmale erfüllt. Lediglich im Rahmen der von § 43 Abs. 1 Satz 1 Nr. 7 EStG erfassten Erträge hat die auszahlende Stelle vom Abzug der Kapitalertragsteuer abzusehen, wenn ihr – Tafelgeschäfte ausgenommen – bekannt ist, dass der Gläubiger der Kapitalerträge im Inland nicht der unbeschränkten Steuerpflicht unterliegt. Für die Beurteilung des Inlandsbezugs ist der Zuflusszeitpunkt der KapErtr. maßgeblich.[3]

86 **§ 43 Abs. 3 Satz 2 EStG** bestimmt, dass Kapitalerträge i.S.v. § 43 Abs. 1 Satz 1 Nr. 1 Satz 2 EStG als inländische Kapitalerträge einzustufen sind, wenn der Schuldner der dort in Bezug genommenen veräußerten Ansprüche die Voraussetzungen von § 43 Abs. 3 Satz 1 EStG erfüllt – er also im Inland über einen Wohnsitz, Ort der Geschäftsleitung oder einen Sitz verfügt. Auf diesem Wege sollen Gestaltungen vermieden werden, die den Kapitalertragsteuerabzug zu vermeiden versuchen, indem der Inhaber des betreffenden Stammrechts den Dividendenschein an einen ausländischen Erwerber veräußert.

87 Nach **§ 43 Abs. 3 Satz 3 EStG** unterliegen Einnahmen i.S.v. § 20 Abs. 1 Nr. 1 Satz 4 EStG (vgl. KKB/Kempf, § 20 EStG Rz. 45 ff.) als inländische Einkünfte der Kapitalertragsteuer, wenn der

---
1 Vgl. BMF v. 24.9.2013, BStBl 2013 I 1183, Tz. 1.
2 Vgl. *Weber-Grellet* in Schmidt, § 43 EStG Rz. 13.
3 Vgl. BMF v. 18.1.2016, BStBl 2016 I 85, Tz. 180.

Emittent der erworbenen Aktien die Voraussetzungen des § 43 Abs. 3 Satz 1 EStG aufgrund eines Wohnsitzes, Ortes der Geschäftsleitung oder eines Sitzes im Inland erfüllt. Die Regelung betrifft – im Zusammenwirken mit § 20 Abs. 1 Nr. 1 Satz 4 EStG – Einnahmen, die anstelle der Bezüge i. S. v. § 20 Abs. 1 Nr. 1 Satz 1 EStG von einem anderen als dem Anteilseigner bezogen werden, wenn die den Einnahmen zugrunde liegenden Aktien im Rahmen von Leerverkaufstransaktionen mit Dividendenberechtigung erworben, aber ohne Dividendenanspruch geliefert werden.

§ 43 Abs. 3 Satz 4 EStG bestimmt den in § 43 Abs. 1 Satz 1 Nr. 6 EStG in Bezug genommenen Begriff der ausländischen Kapitalerträge. Im Wege des Umkehrschlusses handelt es sich dabei um Erträge, die nicht die Voraussetzungen von § 43 Abs. 3 Satz 1 oder 2 EStG erfüllen. Der Schuldner der Kapitalerträge darf also weder seinen Wohnsitz noch seine Geschäftsleitung noch seinen Sitz im Inland haben, da die entsprechenden Erträge andernfalls als inländisch zu qualifizieren sind. 88

(Einstweilen frei) 89–95

IV. Steuerabzug bei Zugehörigkeit zu anderen Einkunftsarten (§ 43 Abs. 4 EStG)

§ 43 Abs. 4 EStG sieht vor, dass der Kapitalertragsteuerabzug selbst dann vorgenommen werden muss, wenn die zugrunde liegenden Kapitalerträge beim Gläubiger nicht zu den Einkünften aus Kapitalvermögen i. S. v. § 20 EStG, sondern zu den Einkünften aus Land- und Forstwirtschaft, aus Gewerbebetrieb, aus selbständiger Tätigkeit oder aus Vermietung und Verpachtung rechnen. 96

§ 43 Abs. 4 EStG greift somit die Vorschrift des **§ 20 Abs. 8 EStG** (vgl. KKB/Kempf, § 20 EStG Rz. 455 f.) auf, der regelt, dass Einkünfte, die im wirtschaftlichen Zusammenhang mit Einkünften aus den dort genannten Einkunftsarten stehen, eben diesen Einkünften statt den Einkünften aus Kapitalvermögen zuzuordnen sind.[1] Auftreten kann dies beim An- und Verkauf von Wertpapieren im Rahmen einer gewerblichen Tätigkeit,[2] im Rahmen der Vereinnahmung von Zinsen auf einem betrieblichen Bankkonto oder bei Vergütungen in Bezug auf in einem Betriebsvermögen gehaltene Wertpapiere.[3]

V. Abgeltungswirkung des Kapitalertragsteuerabzugs (§ 43 Abs. 5 EStG)

§ 43 Abs. 5 Satz 1 EStG bildet die zentrale Regelung für die **Abgeltungswirkung** des Kapitalertragsteuerabzugs. Die Abgeltungswirkung kommt jedoch nur insoweit zum Tragen, wie die betreffenden und nach § 20 EStG steuerpflichtigen Einkünfte der Höhe nach auch in tatsächlicher Hinsicht der Besteuerung unterlegen haben. Andernfalls ergibt sich aus § 32d Abs. 3 EStG die Pflicht zur Veranlagung der betreffenden Einkünfte.[4] Da die Einkommensteuer mit dem Abzug der Kapitalertragsteuer an der Quelle abgegolten ist, handelt es sich charakteristisch um eine Definitivsteuer.[5] 97

---

1 Vgl. auch BFH v. 23. 5. 1979 - I R 163/77, BStBl 1979 II 757; BFH v. 8. 4. 1986 - VIII R 260/82, BStBl 1986 II 557.
2 Vgl. BFH v. 31. 7. 1990 - I R 173/83, BStBl 1991 II 66.
3 Vgl. *Lindberg* in Blümich, § 43 EStG Rz. 125.
4 Vgl. *Weber-Grellet* in Schmidt, § 43 EStG Rz. 5.
5 Vgl. HHR/*Hartrott*, § 43 EStG Rz. 90.

98 **Keine Abgeltungswirkung** tritt gem. § 43 Abs. 5 Satz 1 2. Halbsatz EStG ein, wenn der Gläubiger der Kapitalerträge nach § 44 Abs. 1 Satz 8 und 9 EStG sowie § 44 Abs. 5 EStG in Anspruch genommen werden kann. Denn die dort geregelten Fälle entziehen sich einer Prüfung im Rahmen des regulären Kapitalertragsteuerabzugsverfahrens.

99 Nach **§ 43 Abs. 5 Satz 2 EStG** tritt die Abgeltungswirkung ebenfalls nicht in den Fällen des § 32d Abs. 2 EStG ein. Davon sind insbesondere Kapitalerträge zwischen einander nahe stehenden Personen betroffen. Außerdem erfasst § 43 Abs. 5 Satz 2 EStG solche Kapitalerträge, die aufgrund des Veranlassungs- bzw. Subsidiaritätsprinzips zu den Einkünften aus Land- und Forstwirtschaft, aus Gewerbebetrieb, aus selbständiger Arbeit oder aus Vermietung und Verpachtung rechnen.[1] § 43 Abs. 5 EStG trägt auf diese Weise dem in § 20 Abs. 8 EStG normierten Subsidiaritätscharakter der Einkünfte aus Kapitalvermögen Rechnung.[2] Die genannten Einkünfte unterliegen zwar ebenso dem Kapitalertragsteuerabzug. Dessen Abgeltungswirkung wird jedoch durch die Möglichkeit zur Anrechnung im Steuerveranlagungsverfahren ersetzt. Je nachdem, ob die angesetzte Bemessungsgrundlage größer oder kleiner ist, sind § 32d Abs. 3 und 4 EStG entsprechend anzuwenden.[3]

100 Auf **Antrag** des Stpfl. können Kapitalerträge, die nach § 43 Abs. 5 Satz 1 EStG der abgeltend wirkenden Kapitalertragsteuer unterlegen haben, gem. **§ 43 Abs. 5 Satz 3 EStG** in das besondere Veranlagungsverfahren gem. § 32d Abs. 4 oder Abs. 6 EStG (vgl. KKB/Egner/Quinten, § 32d EStG Rz. 25 f.) einbezogen werden. Damit wird dem Stpfl. die Möglichkeit eröffnet, seine Kapitalerträge statt der Abgeltungsteuer im Wege der gesonderten Veranlagung seinem individuellen Steuertarif zu unterwerfen.[4] Bedeutung kann dies haben, wenn die Kapitalerträge mit einer tatsächlich zu hohen Bemessungsgrundlage in den Kapitalertragsteuerabzug einbezogen werden, bspw. um einen – mangels Freistellungsauftrag gem. § 44a Abs. 2 Satz 1 Nr. 1 EStG – nicht genutzten Sparerpauschbetrag im Rahmen der Veranlagung geltend machen zu können.

101 Nach **§ 43 Abs. 5 Satz 4 EStG** erfasst eine vorläufige Steuerfestsetzung i. S. v. § 165 Abs. 1 Satz 1 Nr. 2 bis 4 AO auch abgeltend besteuerte Einkünfte aus Kapitalvermögen. Die Regelung dient dem Ziel, eine Aufnahme abgeltend besteuerter Kapitalerträge in die Steuererklärung allein deshalb vornehmen zu müssen, damit auch diese von der Wirkung eines Vorläufigkeitsvermerks erfasst werden.

§ 43a Bemessung der Kapitalertragsteuer

[5](1) ¹Die Kapitalertragsteuer beträgt

1. in den Fällen des § 43 Absatz 1 Satz 1 Nummer 1 bis 7a und 8 bis 12 sowie Satz 2:

    25 Prozent des Kapitalertrags;

2. in den Fällen des § 43 Absatz 1 Satz 1 Nummer 7b und 7c:

    15 Prozent des Kapitalertrags.

---

1 Vgl. *Engelberth*, NWB 2014, 1887, 1888.
2 Vgl. *Knaupp* in Kirchhof, § 43 EStG Rz. 25.
3 Im Einzelnen BMF v. 18.1.2016, BStBl 2016 I 85, Tz. 182 f.
4 Vgl. HHR/*Hartrott*, § 43 EStG Rz. 93.
5 **Anm. d. Red.:** Zur Anwendung des § 43a siehe § 52 Abs. 42a.

²Im Fall einer Kirchensteuerpflicht ermäßigt sich die Kapitalertragsteuer um 25 Prozent der auf die Kapitalerträge entfallenden Kirchensteuer. ³§ 32d Absatz 1 Satz 4 und 5 gilt entsprechend.

(2) ¹Dem Steuerabzug unterliegen die vollen Kapitalerträge ohne Abzug; dies gilt nicht für Erträge aus Investmentfonds nach § 16 Absatz 1 des Investmentsteuergesetzes, auf die nach § 20 des Investmentsteuergesetzes eine Teilfreistellung anzuwenden ist; § 20 Absatz 1 Satz 2 bis 4 des Investmentsteuergesetzes sind beim Steuerabzug nicht anzuwenden. ²In den Fällen des § 43 Absatz 1 Satz 1 Nummer 9 bis 12 bemisst sich der Steuerabzug

1. bei Gewinnen aus der Veräußerung von Anteilen an Investmentfonds im Sinne des § 16 Absatz 1 Nummer 3 in Verbindung mit § 2 Absatz 13 des Investmentsteuergesetzes nach § 19 des Investmentsteuergesetzes und

2. in allen übrigen Fällen nach § 20 Absatz 4 und 4a,

wenn die Wirtschaftsgüter von der die Kapitalerträge auszahlenden Stelle erworben oder veräußert und seitdem verwahrt oder verwaltet worden sind. ³Überträgt der Steuerpflichtige die Wirtschaftsgüter auf ein anderes Depot, hat die abgebende inländische auszahlende Stelle der übernehmenden inländischen auszahlenden Stelle die Anschaffungsdaten mitzuteilen. ⁴Satz 3 gilt in den Fällen des § 43 Absatz 1 Satz 5 entsprechend. ⁵Handelt es sich bei der abgebenden auszahlenden Stelle um ein Kreditinstitut oder Finanzdienstleistungsinstitut mit Sitz in einem anderen Mitgliedstaat der Europäischen Union, in einem anderen Vertragsstaat des EWR-Abkommens vom 3. Januar 1994 (ABl EG Nr. L 1 S. 3) in der jeweils geltenden Fassung oder in einem anderen Vertragsstaat nach Artikel 17 Absatz 2 Ziffer i der Richtlinie 2003/48/EG vom 3. Juni 2003 im Bereich der Besteuerung von Zinserträgen (ABl EU Nr. L 157 S. 38), kann der Steuerpflichtige den Nachweis nur durch eine Bescheinigung des ausländischen Instituts führen; dies gilt entsprechend für eine in diesem Gebiet belegene Zweigstelle eines inländischen Kreditinstituts oder Finanzdienstleistungsinstituts. ⁶In allen anderen Fällen ist ein Nachweis der Anschaffungsdaten nicht zulässig. ⁷Sind die Anschaffungsdaten nicht nachgewiesen, bemisst sich der Steuerabzug nach 30 Prozent der Einnahmen aus der Veräußerung oder Einlösung der Wirtschaftsgüter. ⁸In den Fällen des § 43 Absatz 1 Satz 4 gelten der Börsenpreis zum Zeitpunkt der Übertragung zuzüglich Stückzinsen als Einnahmen aus der Veräußerung und die mit dem Depotübertrag verbundenen Kosten als Veräußerungskosten im Sinne des § 20 Absatz 4 Satz 1. ⁹Zur Ermittlung des Börsenpreises ist der niedrigste am Vortag der Übertragung im regulierten Markt notierte Kurs anzusetzen; liegt am Vortag eine Notierung nicht vor, so werden die Wirtschaftsgüter mit dem letzten innerhalb von 30 Tagen vor dem Übertragungstag im regulierten Markt notierten Kurs angesetzt; Entsprechendes gilt für Wertpapiere, die im Inland in den Freiverkehr einbezogen sind oder in einem anderen Staat des Europäischen Wirtschaftsraums zum Handel an einem geregelten Markt im Sinne des Artikels 1 Nummer 13 der Richtlinie 93/22/EWG des Rates vom 10. Mai 1993 über Wertpapierdienstleistungen (ABl EG Nr. L 141 S. 27) zugelassen sind. ¹⁰Liegt ein Börsenpreis nicht vor, bemisst sich die Steuer nach 30 Prozent der Anschaffungskosten. ¹¹Die übernehmende auszahlende Stelle hat als Anschaffungskosten den von der abgebenden Stelle angesetzten Börsenpreis anzusetzen und die bei der Übertragung als Einnahmen aus der Veräußerung angesetzten Stückzinsen nach Absatz 3 zu berücksichtigen. ¹²Satz 9 gilt entsprechend. ¹³Liegt ein Börsenpreis nicht vor, bemisst sich der Steuerabzug nach 30 Prozent der Einnahmen aus der Veräußerung oder Einlösung der Wirtschaftsgüter. ¹⁴Hat die auszahlende Stelle die Wirtschaftsgüter vor dem 1. Januar 1994 erworben oder veräußert und seitdem verwahrt oder verwaltet, kann sie den Steuerabzug nach 30 Prozent der Einnahmen aus der Veräußerung oder Einlösung der Wertpapiere und Kapitalforderungen bemessen. ¹⁵Abweichend von den Sätzen 2 bis 14 bemisst sich der Steuerabzug bei Kapitalerträgen aus nicht für einen marktmäßigen Handel bestimmten schuldbuchfähigen Wertpapieren des Bundes und der Länder oder bei Kapitalerträgen im Sinne des § 43 Absatz 1 Satz 1 Nummer 7 Buchstabe b aus nicht in Inhaber- oder Orderschuldverschreibungen verbrieften Kapitalforderungen nach dem vollen Kapitalertrag ohne jeden Abzug.

(3) ¹Die auszahlende Stelle hat ausländische Steuern auf Kapitalerträge nach Maßgabe des § 32d Absatz 5 zu berücksichtigen. ²Sie hat unter Berücksichtigung des § 20 Absatz 6 Satz 4 im Kalenderjahr negative Kapitalerträge einschließlich gezahlter Stückzinsen bis zur Höhe der positiven Kapitalerträge auszugleichen; liegt ein gemeinsamer Freistellungsauftrag im Sinne des § 44a Absatz 2 Satz 1 Nummer 1 in Verbindung mit § 20 Absatz 9 Satz 2 vor, erfolgt ein gemeinsamer Ausgleich. ³Der nicht ausgeglichene Verlust ist auf das nächste Kalenderjahr zu übertragen. ⁴Auf Verlangen des Gläubigers der Kapitalerträge hat sie über die Höhe eines nicht ausgeglichenen Verlusts eine Bescheinigung nach amtlich vorgeschriebenem Muster zu erteilen; der Verlustübertrag entfällt in diesem Fall. ⁵Der unwiderrufliche Antrag auf Erteilung der Bescheinigung muss bis zum 15. Dezember des laufenden Jahres der auszahlenden Stelle zugehen. ⁶Überträgt der Gläubiger der Kapitalerträge seine im Depot befindlichen Wirtschaftsgüter vollständig auf ein anderes Depot, hat die abgebende auszahlende Stelle der übernehmenden auszahlenden Stelle auf Verlangen des Gläubigers der Kapitalerträge die Höhe des nicht ausgeglichenen Verlusts mitzuteilen; eine Bescheinigung nach Satz 4 darf in diesem Fall nicht erteilt werden. ⁷Erfährt die auszahlende Stelle nach Ablauf des Kalenderjahres von der Veränderung einer Bemessungsgrundlage oder einer zu erhebenden Kapitalertragsteuer, hat sie die entsprechende Korrektur erst zum Zeitpunkt ihrer Kenntnisnahme vorzunehmen; § 44 Absatz 5 bleibt unberührt. ⁸Die vorstehenden Sätze gelten nicht in den Fällen des § 20 Absatz 8 und des § 44 Absatz 1 Satz 4 Nummer 1 Buchstabe a Doppelbuchstabe bb sowie bei Körperschaften, Personenvereinigungen oder Vermögensmassen.

(4) ¹Die Absätze 2 und 3 gelten entsprechend für die das Bundesschuldbuch führende Stelle oder eine Landesschuldenverwaltung als auszahlende Stelle. ²Werden die Wertpapiere oder Forderungen von einem Kreditinstitut oder einem Finanzdienstleistungsinstitut mit der Maßgabe der Verwahrung und Verwaltung durch die das Bundesschuldbuch führende Stelle oder eine Landesschuldenverwaltung erworben, hat das Kreditinstitut oder das Finanzdienstleistungsinstitut der das Bundesschuldbuch führenden Stelle oder einer Landesschuldenverwaltung zusammen mit den im Schuldbuch einzutragenden Wertpapieren und Forderungen den Erwerbszeitpunkt und die Anschaffungsdaten sowie in Fällen des Absatzes 2 den Erwerbspreis der für einen marktmäßigen Handel bestimmten schuldbuchfähigen Wertpapiere des Bundes oder der Länder und außerdem mitzuteilen, dass es diese Wertpapiere und Forderungen erworben oder veräußert und seitdem verwahrt oder verwaltet hat.

Inhaltsübersicht

	Rz.
A. Allgemeine Erläuterungen	1 - 8
I. Normzweck und wirtschaftliche Bedeutung der Vorschrift	1
II. Entstehung und Entwicklung der Vorschrift	2
III. Verhältnis zu anderen Vorschriften	3 - 8
1. Verhältnis zu Vorschriften des EStG	3
2. Verhältnis zu Doppelbesteuerungsabkommen	4 - 8

Allgemeine Erläuterungen § 43a EStG

B. Systematische Kommentierung ... 9 - 80
  I. Höhe der Kapitalertragsteuer (§ 43a Abs. 1 EStG) ... 9 - 24
    1. Regelfall – Übernahme der Kapitalertragsteuer durch den Gläubiger ... 9 - 18
    2. Sonderfall – Übernahme der Kapitalertragsteuer durch den Schuldner ... 19 - 24
  II. Bemessungsgrundlage für die Kapitalertragsteuer (§ 43a Abs. 2 EStG) ... 25 - 54
    1. Grundregel (§ 43a Abs. 2 Satz 1 EStG) ... 25
    2. Veräußerungs- und Einlösungsfälle (§ 43a Abs. 2 Satz 2 EStG) ... 26
    3. Depotwechsel und unentgeltliche Depotübertragung (§ 43a Abs. 2 Satz 3 bis 7 EStG) ... 27 - 36
    4. Fiktive Veräußerung (§ 43a Abs. 2 Satz 8 bis 14 EStG) ... 37 - 47
    5. Wertpapiere des Bundes und der Länder (§ 43a Abs. 2 Satz 15 EStG) ... 48 - 54
  III. Ausländische Steuern und Verlustverrechnung (§ 43a Abs. 3 EStG) ... 55 - 78
    1. Anrechnung ausländischer Steuern (§ 43a Abs. 3 Satz 1 EStG) ... 55 - 62
    2. Verlustverrechnung (§ 43a Abs. 3 Satz 2 bis 8 EStG) ... 63 - 78
      a) „Verlustverrechnungstopf" (§ 43a Abs. 3 Satz 2 EStG) ... 63 - 65
      b) Verlustvortrag und Verlustbescheinigung (§ 43a Abs. 3 Satz 3 bis 5 EStG) ... 66 - 69
      c) Depotübertragung (§ 43a Abs. 3 Satz 6 EStG) ... 70
      d) Korrektur des Kapitalertragsteuerabzugs (§ 43a Abs. 3 Satz 7 EStG) ... 71
      e) Ausnahmen von der Verlustverrechnung (§ 43a Abs. 3 Satz 8 EStG) ... 72 - 78
  IV. Steuerabzug bei Wertpapieren des Bundes und der Länder (§ 43a Abs. 4 EStG) ... 79 - 80

HINWEIS:

BMF v. 8. 9. 2011, BStBl 2011 I 854; BMF v. 15. 11. 2011, BStBl 2011 I 1113; BMF v. 9. 12. 2014, BStBl 2014 I 1608; BMF v. 18. 3. 2015, BStBl 2015 I 253; BMF v. 18.1.2016, BStBl 2016 I 85.

LITERATUR:

Schönfeld, Ausgewählte internationale Aspekte der neuen Regelungen über die Kapitalertragsteuer, IStR 2007, 850; *Korn/Strahl*, Steuerliche Hinweise und Dispositionen zum Jahresende 2008, NWB 2008, 4537; *Ronig*, Einzelfragen zur Abgeltungsteuer, DB 2010, 128; *Schlottbohm*, Abgeltungsteuer und Verlustverrechnung, NWB-EV 2011, 362; *Spieker*, Aktualisiertes Anwendungsschreiben zur Abgeltungsteuer, DStR 2012, 2836; *Weber-Grellet*, Die Funktion der Kapitalertragsteuer im System der Abgeltungsteuer (Teil I und Teil II), DStR 2013, 1357 und 1412.

A. Allgemeine Erläuterungen

I. Normzweck und wirtschaftliche Bedeutung der Vorschrift

§ 43a EStG trifft Regelungen über die **Bemessungsgrundlage** und den **anzuwendenden Steuersatz** im Rahmen der Kapitalertragsteuer. Er bildet demnach die zentrale Norm für die Bemessung der Kapitalertragsteuer und komplementiert somit § 43 EStG, der den Steuerabzug dem Grunde nach normiert. Eine wesentliche Zielsetzung der Vorschrift besteht darin, die in § 43 Abs. 5 EStG vorgesehene **Abgeltungswirkung** des Kapitalertragsteuerabzugs in tatsächlicher Hinsicht sicherzustellen. Denn diese kann nur dann gewährleistet werden, wenn die Höhe der Kapitalertragsteuer soweit wie möglich der nach § 20 EStG i.V. m. § 32d EStG materiell-rechtlich entstehenden Steuer entspricht und infolgedessen die Durchführung des Veranlagungsverfahrens im Bereich der privaten Kapitaleinkünfte vermieden werden kann.[1]

---

1 Vgl. HHR/*Intemann*, § 43a EStG Rz. 3.

Quilitzsch

II. Entstehung und Entwicklung der Vorschrift

2   Die Regelungen über die Höhe der Kapitalertragsteuer sowie deren Bemessungsgrundlage gem. § 43a EStG fanden durch das KStRG[1] unter Zusammenfügung zahlreicher bis dato vorhandener Einzelvorschriften und -regelungen (§ 44 Abs. 1 und 4 EStG, § 45 Abs. 1 EStG sowie § 3 KapStDV) Eingang in das Gesetz und wurden seither stetig fortentwickelt.[2] Umfangreichere Änderungen brachte das UntStRefG 2008[3] durch die Umstellung der Besteuerung von im Privatbereich erzielten Kapitaleinkünften und die Einführung der Abgeltungsteuer mit sich (insbes. weitgehende Vereinheitlichung des seitdem anzuwendenden Kapitalertragsteuersatzes i. H. v. 25 % sowie die Einführung des „Verlustverrechnungstopfes"). Zuletzt und wurde die Vorschrift im Rahmen des InvStRefG[4] überarbeitet.

III. Verhältnis zu anderen Vorschriften

1. Verhältnis zu Vorschriften des EStG

3   **§ 43 EStG:** Der Umfang der Kapitalerträge, die dem **Kapitalertragsteuerabzug** unterliegen, bestimmt sich abschließend nach § 43 EStG. Damit umreißt der Katalog des § 43 EStG auch den sachlichen Anwendungsbereich des § 43a EStG abschließend.

§ 44a EStG: Nach § 44a EStG kann der Stpfl. einen **Freistellungsauftrag** bei der auszahlenden Stelle vorlegen. Kommt er dem nach, hat die auszahlende Stelle den Freistellungsauftrag bei der Bemessung der Kapitalertragsteuer zwingend zu berücksichtigen.

2. Verhältnis zu Doppelbesteuerungsabkommen

4   Die Höhe der in § 43a EStG normierten Kapitalertragsteuer gilt **unbeschadet** von Regelungen in den **DBA**. Sie findet demnach auch dann Anwendung, wenn nach dem im Einzelfall einschlägigen DBA die Besteuerung nur zu einem geringeren Steuersatz und gar nicht statthaft ist (i. E. vgl. KKB/Gebhardt, § 50d EStG Rz. 32).

5–8 *(Einstweilen frei)*

B. Systematische Kommentierung

I. Höhe der Kapitalertragsteuer (§ 43a Abs. 1 EStG)

1. Regelfall – Übernahme der Kapitalertragsteuer durch den Gläubiger

9   Im Regelfall trägt der **Gläubiger der Kapitalerträge** die **Kapitalertragsteuer**, weil er gem. § 44 Abs. 1 Satz 1 EStG Schuldner der Kapitalertragsteuer ist (vgl. KKB/Anemüller, § 44 EStG Rz. 11).[5] Der Schuldner der Kapitalerträge erfüllt in diesem Fall lediglich die Funktion eines „Erfüllungsgehilfen", indem er den Steuerabzug für Rechnung des Gläubigers der Kapitalerträge vornimmt (§ 44 Abs. 1 Satz 3 EStG, vgl. KKB/Anemüller, § 44 EStG Rz. 19). Für diesen Regelfall regelt § 43a Abs. 1 EStG die Höhe der Kapitalertragsteuer.

---

[1] Gesetz v. 31. 8. 1976, BGBl 1976 I 2597.
[2] Für einen Überblick über die Entwicklung der Vorschrift vgl. HHR/*Intemann*, § 43a EStG Rz. 2.
[3] Gesetz v. 14. 8. 2007, BGBl 2007 I 1912.
[4] Gesetz v. 19.7.2016, BGBl 2016 I 1730.
[5] Vgl. *Lindberg* in Blümich, § 43a EStG Rz. 3.

Nach § 43a Abs. 1 Satz 1 Nr. 1 EStG beträgt die Kapitalertragsteuer im Grundsatz **einheitlich 25 %**. Der Einheitssteuersatz ersetzt damit den in der Vergangenheit anwendbaren Dreiklang (Steuersätze i. H. v. 20 %, 25 %, 30 %) und findet unabhängig davon Anwendung, ob die Besteuerung der Kapitalerträge im Teileinkünfteverfahren, nach § 8b Abs. 1 KStG oder im Wege der Abgeltungsteuer (§ 32d EStG) erfolgt.[1]

Allein für Fälle des § 43 Abs. 1 Satz 1 Nr. 7b und 7c EStG – dies betrifft Leistungen bzw. Gewinne von Betrieben gewerblicher Art mit oder ohne eigene Rechtspersönlichkeit – sieht § 43a Abs. 1 Satz 1 Nr. 2 EStG einen auf **15 %** verminderten Steuersatz vor. Dies entspricht – wie bereits bislang – der Belastung, die nach Anwendung von **§ 44a Abs. 8 EStG** verbleibt, weil die davon betroffenen Leistungsempfänger als juristische Personen des öffentlichen Rechts bzw. als steuerbefreite Körperschaften einen Anspruch auf Erstattung der einbehaltenen und abgeführten Kapitalertragsteuer i. H. v. 2/5 haben. Insoweit erübrigt sich das sonst notwendige Erstattungsverfahren.

Nach **§ 43a Abs. 1 Satz 2 EStG** ermäßigt sich die Kapitalertragsteuer um 25 % der auf die zugrunde liegenden Kapitalerträge entfallenden **Kirchensteuer**. Die Norm stellt so die pauschale Berücksichtigung der Kirchensteuer als Sonderausgabe gem. § 10 Abs. 1 Nr. 4 EStG bereits im Steuerabzugsverfahren sicher.[2] Im Ergebnis entspricht der reduzierte Steuersatz dem gesonderten Steuertarif für Einkünfte aus Kapitalvermögen gem. § 32d Abs. 1 Satz 3 EStG.[3]

Zur **Berechnung** der Kapitalertragsteuer unter Anrechnung der Kirchensteuer sowie im Ausland erhobener Quellensteuern verweist § 43a Abs. 1 Satz 3 EStG auf § 32d Abs. 1 Satz 4 und 5 EStG. Die dort angegebene Berechnungsmethodik trägt dem Umstand Rechnung, dass die Kirchensteuer ihre eigene Bemessungsgrundlage mindert.[4]

(Einstweilen frei) 14–18

2. Sonderfall – Übernahme der Kapitalertragsteuer durch den Schuldner

Tritt der in der Praxis nicht selten anzutreffende Fall ein, dass Gläubiger und Schuldner der Kapitalerträge vertraglich die **Übernahme der Kapitalertragsteuer** durch den **Schuldner der Kapitalerträge** vereinbaren, zieht dies eine Änderung der Bemessungsgrundlage für die Kapitalertragsteuer nach sich. Denn die vom Schuldner der Kapitalerträge übernommene Kapitalertragsteuer bildet einen besonderen und zusätzlich zu dem eigentlichen Kapitalertrag an den Gläubiger gewährten Vorteil i. S. v. **§ 20 Abs. 3 EStG**, der ebenfalls der Kapitalertragsteuer zu unterwerfen ist (vgl. KKB/Quilitzsch, § 43 EStG Rz. 69 sowie KKB/Kempf, § 20 EStG Rz. 235 f.).

Übernimmt der Schuldner der Kapitalerträge zusätzlich die darauf entfallende **Kapitalertragsteuer**, so erhöht sich die zu erhebenden Steuer auf **33 1/3 %** des tatsächlich an den Gläubiger ausbezahlten Betrags im Falle des § 43a Abs. 1 Satz 1 Nr. 1 EStG sowie auf **17,65 %** des tatsächlich an den Gläubiger ausbezahlten Betrags im Falle des § 43a Abs. 1 Satz 1 Nr. 2 EStG (soweit § 43 Abs. 1 Satz 1 Nr. 7c EStG betroffen ist, bleibt es indessen auch insoweit bei einem Steuersatz i. H. v. 15 %[5]). Die erhöhten Steuersätze ergeben sich, weil der übernommene Steuer-

---

1 Vgl. *Storg* in Frotscher/Geurts, § 43a EStG Rz. 8; *Weber-Grellet*, DStR 2013, 1357.
2 Vgl. *Knaupp* in Kirchhof, § 43a EStG Rz. 3; *Weber-Grellet* in Schmidt, § 43a EStG Rz. 1.
3 Vgl. *Storg* in Frotscher/Geurts, § 43a EStG Rz. 16.
4 Vgl. BT-Drucks. 16/4841, 60.
5 Vgl. *Storg* in Frotscher/Geurts, § 43a EStG Rz. 11.

betrag als **Zusatzleistung des Schuldners** dem Kapitalertrag hinzugerechnet wird und der Steuerabzug anschließend von der Gesamtsumme vorgenommen wird.[1]

> **BEISPIEL ZUR BERECHNUNG DER VOM SCHULDNER ÜBERNOMMENEN KAPITALERTRAGSTEUER:** A ist alleiniger Gesellschafter der A-GmbH. Er gewährt dieser ein Darlehen, für das Zinsen i. H. v. 7 500 € p. a. fällig sind (§ 43 Abs. 1 Satz 1 Nr. 7 EStG i. V. m. § 20 Abs. 1 Nr. 7 EStG). Vereinbarungsgemäß werden die Zinsen ohne den Abzug von Kapitalertragsteuer an A ausbezahlt, d. h., die Kapitalertragsteuer wird von der A-GmbH übernommen. Der Kapitalertragsteuersatz beläuft sich in diesem Fall auf 33 1/3 % des an A ausbezahlten Betrags (33 1/3 % von 7 500 €), also 2 500 €. Die so ermittelte Kapitalertragsteuer entspricht der Kapitalertragsteuer, die angefallen wäre, wenn die Besteuerung auf Bruttobasis erfolgt wäre (25 % von 10 000 €).

21–24 *(Einstweilen frei)*

II. Bemessungsgrundlage für die Kapitalertragsteuer (§ 43a Abs. 2 EStG)

1. Grundregel (§ 43a Abs. 2 Satz 1 EStG)

25 Nach der Grundregel in § 43a Abs. 2 Satz 1 EStG unterliegt dem Steuerabzug der volle Kapitalertrag **ohne jeden Abzug**. Damit mindern Werbungskosten, Betriebsausgaben, Sonderausgaben oder Steuern nicht die Bemessungsgrundlage für die Kapitalertragsteuer.[2] Bemessungsgrundlage für die Kapitalertragsteuer sind demnach die Bruttoeinnahmen des Stpfl. Das in § 43a Abs. 2 Satz 1 EStG angeordnete Verbot für den Abzug von Werbungskosten korrespondiert mit der in § 20 Abs. 9 EStG (vgl. KKB/Kempf, § 20 EStG Rz. 471) getroffenen Regelung.[3]

2. Veräußerungs- und Einlösungsfälle (§ 43a Abs. 2 Satz 2 EStG)

26 In **Veräußerungs- und Einlösungsfällen** ordnet § 43a Abs. 2 Satz 2 EStG die Vornahme des Steuerabzugs gem. § 20 Abs. 4 und 4a EStG an. Dem ist vorausgesetzt, dass die Wirtschaftsgüter von der die Kapitalerträge auszahlenden Stelle erworben oder veräußert und seitdem verwaltet oder verwahrt wurden. Die Verweisung auf § 20 Abs. 4 und 4a EStG bewirkt, dass bei einem bekannten Anschaffungswert der betroffenen Wirtschaftsgüter nicht die Ersatzbemessungsgrundlage (vgl. → Rz. 30) zur Anwendung gelangt.[4]

3. Depotwechsel und unentgeltliche Depotübertragung (§ 43a Abs. 2 Satz 3 bis 7 EStG)

27 § 43a Abs. 2 Satz 3, 5 und 6 EStG bestimmt die Bemessungsgrundlage für den Kapitalertragsteuerabzug bei einem **Depotwechsel ohne Gläubigerwechsel**. Dazu kann die abgebende Stelle die Anschaffungsdaten an die übernehmende Stelle übermitteln. Im Zusammenhang damit ordnet § 43a Abs. 2 Satz 3 EStG für den **doppelten Inlandsfall** an, dass die inländische abgebende Stelle der inländischen übernehmenden Stelle die Anschaffungsdaten mitzuteilen hat.

28 Nach § 43a Abs. 2 Satz 4 EStG sind bei einer unentgeltlichen **Übertragung eines Depots mit gleichzeitigem Gläubigerwechsel,** die Anschaffungskosten an die auszahlende Stelle des Neugläubigers zu übermitteln. Dies dient dazu, die übernehmende Stelle in die Lage zu versetzen,

---

1 Vgl. *Lindberg* in Blümich, § 43a EStG Rz. 5. Für Einzelheiten BMF v. 18.1.2016, BStBl 2016 I 85, Tz. 183a.
2 Vgl. BFH v. 16.11.2011 - I R 108/09, BStBl 2013 II 328. Zu den Brutto-Einnahmen gehören auch die Sondervergütungen einer GmbH & Co KG, vgl. BFH v. 25.3.2015 - I R 52/13, BStBl 2016 II 172.
3 Vgl. HHR/*Intemann*, § 43a EStG Rz. 6.
4 Vgl. *Weber-Grellet* in Schmidt, § 43a EStG Rz. 2.

die Bemessungsgrundlage für die Kapitalertragsteuer im Falle einer späteren Veräußerung der Wirtschaftsgüter durch den Neugläubiger zutreffend ermitteln zu können.[1] Der Vorgang unterliegt nicht der Kapitalertragsteuer, wenn der Stpfl. dem Institut mitteilt, dass eine unentgeltliche Übertragung vorliegt (§ 43 Abs. 1 Satz 5 EStG, vgl. KKB/Quilitzsch, § 43 EStG Rz. 72). Depotübertragungen anlässlich eines **Erbfalls** gelten stets als unentgeltliche Übertragungen.[2]

Für einen **Depotwechsel** von Wirtschaftsgütern **von einem ausländischen** in ein inländisches Depot sieht **§ 43a Abs. 2 Satz 5 und 6 EStG** besondere Vorschriften vor. Handelt es sich bei der abgebenden Stelle um ein Institut mit Sitz in einem Staat der EU, des EWR oder einem sog. ZIV-Drittstaat (Schweiz, San Marino, Monaco, Andorra),[3] kann der Stpfl. nach **§ 43a Abs. 2 Satz 5 EStG** den Nachweis ausschließlich durch Beibringung einer **Bescheinigung des ausländischen Instituts** antreten.[4] Ein Nachweis in anderer Form ist hingegen unzulässig und führt zur Anwendung der Ersatzbemessungsgrundlage (vgl. → Rz. 30). In allen anderen Fällen, wenn das abgebende Institut also in einem „konventionellen Drittstaat" ansässig ist, ist der Nachweis der Anschaffungsdaten ausgeschlossen (**§ 43a Abs. 2 Satz 6 EStG**). Insoweit ist die Kapitalertragsteuer auf die Ersatzbemessungsgrundlage (vgl. → Rz. 30) zu stützen.[5]

29

Sofern bei einem Depotwechsel i. S. v. § 43a Abs. 2 Satz 3 bis 6 EStG die Anschaffungskosten nicht übermittelt werden, wird gem. **§ 43a Abs. 2 Satz 7 EStG** das die Wirtschaftsgüter übernehmende Kreditinstitut dazu verpflichtet, den Veräußerungsgewinn i. H. v. **30 % der Einnahmen** aus deren Veräußerung oder Einlösung anzusetzen (**Ersatzbemessungsgrundlage**). Die Ersatzbemessungsgrundlage ist z. B. bei Leerverkäufen anzusetzen.[6]

30

(Einstweilen frei)

31–36

4. Fiktive Veräußerung (§ 43a Abs. 2 Satz 8 bis 14 EStG)

§ 43a Abs. 2 Satz 8 bis 10 EStG betrifft die Ermittlung des Kapitalertragsteuerabzugs in den Fällen des **§ 43 Abs. 1 Satz 4 EStG**. Dieser regelt, dass die Übertragung eines von einer auszahlenden Stelle verwahrten oder verwalteten Wirtschaftsguts i. S. v. § 20 Abs. 2 EStG auf einen anderen Gläubiger im Rahmen des Kapitalertragsteuerabzugs als Veräußerung dieses Wirtschaftsguts zu behandeln ist. Dies gilt nach § 43 Abs. 1 Satz 5 EStG selbst dann, wenn tatsächlich ein unentgeltlicher Vorgang vorliegt, die Unentgeltlichkeit aber nicht nachgewiesen werden kann. **§ 43a Abs. 2 Satz 8 EStG** ordnet in diesen Fällen den **Börsenpreis** zum Übertragungsstichtag zzgl. der bei der (fiktiven) Veräußerung anfallenden **Stückzinsen** und abzgl. der **Übertragungskosten** als fiktive Einnahme und Bemessungsgrundlage für die Kapitalertragsteuer an.

37

Nach **§ 43a Abs. 2 Satz 9 EStG** ist der **Börsenpreis** mit dem niedrigsten am Vortag im regulären Markt notierten Kurs zum Ansatz zu bringen. Liegt am Vortag keine Notierung vor, so werden die Wirtschaftsgüter mit dem letzten innerhalb von 30 Tagen vor dem Übertragungsstichtag im regulierten Markt notierten Kurs angesetzt. Sofern **kein Börsenpreis** vorliegt, bemisst sich

38

---

[1] Vgl. *Knaupp* in Kirchhof, § 43a EStG Rz. 8.
[2] Vgl. BMF v. 18.1.2016, BStBl 2016 I 85, Tz. 165.
[3] Staaten, mit denen die EU ein der Zinsrichtlinie (RL 2003/48/EG, ABl. EU 2003, Nr. L 157, 38) vergleichbares Abkommen geschlossen hat.
[4] Vgl. BMF v. 18.1.2016, BStBl 2016 I 85, Tz. 193. Zur Frage der Europarechtskonformität vgl. *Schaumburg/Rödder*, Unternehmenssteuerreform 2008, 664.
[5] Vgl. BMF v. 18.1.2016, BStBl 2016 I 85, Tz. 193.
[6] Zu ihrer Behandlung vgl. BMF v. 18.1.2016, BStBl 2016 I 85, Tz. 196 ff.

die Kapitalertragsteuer hilfsweise auf Basis von **30% der Anschaffungskosten** des übertragenen Wirtschaftsguts (§ 43a Abs. 2 Satz 10 EStG).

39 Die Regelungen in **§ 43a Abs. 2 Satz 11 bis 13 EStG** übertragen die Bestimmung der Bemessungsgrundlage gem. § 43a Abs. 2 Satz 8 bis 10 EStG auf die Ermittlung des Kapitalertrags bei dem **übernehmenden Institut**, wenn der neue Gläubiger später eine Veräußerung der übertragenen Wirtschaftsgüter vornimmt. Danach gilt der von dem abgebenden Institut anzusetzende Börsenpreis gleichzeitig als Anschaffungskosten der übertragenen Wirtschaftsgüter beim übernehmenden Gläubiger, wobei der Börsenpreis anhand der in § 43a Abs. 2 Satz 9 EStG getroffenen Regelung zu bestimmen ist (**§ 43a Abs. 2 Satz 12 EStG**).

40 Bei dem übertragenden Stpfl. (fiktiv) anzusetzende **Stückzinsen** sind von dem übernehmenden Institut in den Verlustverrechnungstopf (§ 43a Abs. 3 Satz 2 EStG) des übernehmenden Gläubigers einzustellen (**§ 43a Abs. 2 Satz 11 EStG**). Gemäß **§ 43a Abs. 2 Satz 13 EStG** sind die Regelung zum Ansatz der Ersatzbemessungsgrundlage (§ 43a Abs. 2 Satz 7 EStG) anzuwenden, wenn bei einem späteren Verkauf der Wirtschaftsgüter durch den übernehmenden Gläubiger nicht auf einen Börsenpreis gem. § 43a Abs. 2 Satz 11 und 12 EStG zurückgegriffen werden kann.

41 Liegen Erwerb und Veräußerung vor dem **1.1.1994** und wurden die Wirtschaftsgüter seither verwahrt, bemisst sich die Kapitalertragsteuer auf der Grundlage der in **§ 43a Abs. 2 Satz 14 EStG** normierten Ersatzbemessungsgrundlage, wonach der Steuerabzug nach 30% der Einnahmen aus der Veräußerung oder Einlösung der Wertpapiere und Kapitalforderungen bemessen werden kann.

42–47 (*Einstweilen frei*)

5. Wertpapiere des Bundes und der Länder (§ 43a Abs. 2 Satz 15 EStG)

48 § 43a Abs. 2 Satz 15 EStG betrifft Kapitalerträge aus nicht zum marktmäßigen Handel bestimmten schuldbuchfähigen **Wertpapieren des Bundes und der Länder** sowie Kapitalerträge i.S.v. § 43 Abs. 1 Satz 1 Nr. 7 Buchst. b EStG aus nicht in Inhaber- und Orderschuldverschreibungen verbrieften Kapitalforderungen (bspw. Sparbriefe). Insoweit erfolgt der Kapitalertragsteuerabzug nach den in § 43 Abs. 2 Satz 1 EStG getroffenen Regelungen (vgl. KKB/Quilitzsch, § 43 EStG Rz. 75 f.).

49–54 (*Einstweilen frei*)

III. Ausländische Steuern und Verlustverrechnung (§ 43a Abs. 3 EStG)

1. Anrechnung ausländischer Steuern (§ 43a Abs. 3 Satz 1 EStG)

55 Durch seinen **Verweis auf § 32d Abs. 5 EStG** regelt § 43a Abs. 3 Satz 1 EStG die Berücksichtigung **ausländischer Steuern** (insbesondere Quellensteuern bei ausländischen Dividenden) im Wege von deren Anrechnung im Rahmen des Kapitalertragsteuereinbehalts.[1] Jedes Kreditinstitut ist einzeln für die Verrechnung zuständig und unterhält für jede Kundennummer mehrere Verrechnungstöpfe.[2] Wegen der dadurch regelmäßig zutreffenden Bestimmung der Kapitalertragsteuer, kann bei einem Bezug von mit ausländischen Quellensteuern vorbelasteten Kapi-

---

[1] Ausführlich *Schönfeld*, IStR 2007, 850; *Korn/Strahl*, NWB 2008, 4537.
[2] Im Einzelnen *Weber-Grellet*, DStR 2013, 1357, 1362 f. m.w.N.

talerträgen so auf eine gesonderte Veranlagung verzichtet werden.[1] Die Anrechnung erfolgt für jeden Kapitalertrag gesondert (sog. **per-item-limitation**). Hierbei sind im Einzelfall die Regelungen nach dem einschlägigen DBA zu berücksichtigen. Anrechnungsfähig ist stets nur die abkommensrechtlich zulässige Höhe der Quellensteuer. Darüber hinaus, d. h. abkommenswidrig erhobene Steuern, unterfallen hingegen nicht der in § 43 Abs. 3 Satz 1 EStG getroffenen Regelung.

Im Rahmen der Anrechnung bildet die **deutsche Kapitalertragsteuer** die **Höchstgrenze**. Im Ausland erhobene Steuern oberhalb von 25 % führen demnach zu einer endgültigen Belastung des betroffenen Steuerpflichtigen in Höhe des im Ausland maßgebenden Steuersatzes. Eine Übertragung von Anrechnungsüberhängen auf andere Kapitalerträge scheidet ebenso aus wie die Erstattung ausländischer Steuern.[2]

56

Eine Anrechnung ausländischer Quellensteuern scheidet nach Auffassung der Finanzverwaltung aus, soweit im Ausland ein **Anspruch auf Erstattung der Steuern** besteht.[3] In der Vergangenheit betraf dies insbesondere aus Norwegen[4] und Spanien[5] stammende Kapitalerträge. Aufgrund einer Gesetzesänderung hat sich diese Thematik jedenfalls im Hinblick auf Spanien für Kapitalerträge, die nach dem 31. 12. 2014 zufließen, erübrigt.[6]

57

(*Einstweilen frei*)

58–62

2. Verlustverrechnung (§ 43a Abs. 3 Satz 2 bis 8 EStG)

a) „Verlustverrechnungstopf" (§ 43a Abs. 3 Satz 2 EStG)

Nach § 43a Abs. 3 Satz 2 EStG hat die auszahlende Stelle bei der Bemessung der einzubehaltenden Kapitalertragsteuer auch **Verluste** zu berücksichtigen. Sie hat dazu negative Kapitalerträge und gezahlte **Stückzinsen** bis zur Höhe der positiven Kapitalerträge auszugleichen. Ein verbleibender Saldo unterliegt der Kapitalertragsteuer. Wird der Verlust innerhalb eines Kalenderjahres zeitlich nach einem positiven Kapitalertrag erzielt, wird dem Steuerpflichtigen eine ggf. schon einbehaltene Kapitalertragsteuer erstattet.[7]

63

Nach § 43a Abs. 3 Satz 2 1. Halbsatz EStG sind negative Kapitalerträge jedoch „**unter Berücksichtigung des § 20 Abs. 6 Satz 4 EStG**" mit positiven Kapitalerträgen auszugleichen. Demzufolge können Verluste aus Kapitalvermögen i. S. v. § 20 Abs. 2 Satz 1 Nr. 1 Satz 1 EStG – also **Verluste aus dem Verkauf von Kapitalgesellschaftsanteilen** – nur mit ebensolchen Gewinnen ausgeglichen werden. Für die Verrechnung von Gewinnen und Verlusten aus dem Handel mit Anteilen an Kapitalgesellschaften (§ 20 Abs. 2 Satz 1 Nr. 1 Satz 1 EStG) hat die auszahlende Stelle demnach zwingend einen eigenen **Verlustverrechnungstopf** zur Abbildung eines gesonderten Verlustverrechnungskreises zu führen.[8] Davon nicht erfasst werden jedoch Gewinne oder Ver-

64

---

1 Vgl. *Schlottbohm*, NWB-EV 2011, 362.
2 Vgl. BMF v. 18.1.2016, BStBl 2016 I 85, Tz. 201 ff.
3 Vgl. BMF v. 18.1.2016, BStBl 2016 I 85, Tz. 207a.
4 Vgl. BMF v. 15. 11. 2011, BStBl 2011 I 1113.
5 Vgl. BMF v. 8. 9. 2011, BStBl 2011 I 854.
6 Vgl. BMF v. 18. 3. 2015, BStBl 2015 I 253.
7 Vgl. *Knaupp* in Kirchhof, § 43a EStG Rz. 15.
8 Vgl. BMF v. 18.1.2016, BStBl 2016 I 85, Tz. 228.

luste aus dem Verkauf von Teil- oder Bezugsrechten, da diese nicht unter § 20 Abs. 6 Satz 4 EStG fallen.[1]

65 **§ 43a Abs. 3 Satz 2 2. Halbsatz EStG** ermöglicht seit dem VZ 2010 die **personenübergreifende Verrechnung** positiver und negativer Kapitalerträge i. S. v. § 20 Abs. 2 Satz 1 Nr. 1 Satz 1 EStG von **Ehegatten** zwischen allen für die Ehegatten geführten Konten und Depots (Einzelkonten und Gemeinschaftskonten sowie -depots) bei einem Kreditinstitut. Dem ist vorausgesetzt, dass beide Ehegatten bei ihrem depot- und kontoführenden Kreditinstitut einen gemeinsamen Freistellungsauftrag i. S. v. § 44a Abs. 2 Satz 1 Nr. 1 EStG eingereicht haben.[2] Die Regelung findet analog für Lebenspartner einer **eingetragenen Lebenspartnerschaft** Anwendung.[3]

b) Verlustvortrag und Verlustbescheinigung (§ 43a Abs. 3 Satz 3 bis 5 EStG)

66 Sofern die Verluste die im selben Kalenderjahr angefallenen positiven Kapitalerträge übersteigen, ist die auszahlende Stelle dazu verpflichtet, den nicht ausgeglichenen Verlust gem. **§ 43a Abs. 3 Satz 3 EStG** auf das **darauffolgende Kalenderjahr** zu übertragen (**Verlustvortrag**).

67 Ein vorgetragener Verlust ist mit in den Folgejahren anfallenden, positiven Kapitalerträgen auszugleichen. Die in § 43a Abs. 3 Satz 3 EStG geregelte Verlustverrechnung auf Ebene des Kapitalertragsteuerabzugs geht der individuellen Verlustverrechnung im Rahmen des Veranlagungsverfahrens vor.[4] Die Verlustverrechnung kann bei der Steuerfestsetzung nicht mehr nachgeholt oder annulliert werden. Dies kann Auswirkungen auf die Verrechnung von Altverlusten haben.[5] Indessen ist der Ausgleich von Verlusten aus in der Privatsphäre des Stpfl. ausgesiedelten Depots mit Erträgen aus Depots aus dem **betrieblichen Bereich** des Stpfl. und umgekehrt ausgeschlossen.[6]

68 Alternativ zur Verlustberücksichtigung nach § 43a Abs. 3 Satz 2 und 3 EStG hat der Stpfl. die Möglichkeit, einen nicht ausgeglichenen Verlust nicht im Rahmen des Kapitalertragsteuerabzugs vorzutragen, sondern diesen im **Veranlagungsverfahren** gem. § 32d Abs. 4 EStG (vgl. KKB/Egner/Quinten, § 32d EStG Rz. 25) geltend zu machen. Die auszahlende Stelle hat dazu auf Verlangen des Stpfl. eine Bescheinigung (**Verlustbescheinigung**) über die Höhe des nicht ausgeglichenen Verlustes nach amtlich vorgeschriebenem Muster zu erteilen (**§ 43a Abs. 3 Satz 4 EStG**).

69 Der **Antrag** auf Erteilung einer Verlustbescheinigung muss bis zum **15. 12. des laufenden Kalenderjahrs** gestellt werden (§ 43a Abs. 3 Satz 5 EStG). Der Antrag ist unwiderruflich und führt zur Schließung der Verlustverrechnungstöpfe des Stpfl. durch die auszahlende Stelle mit der Folge, dass der Verlust nicht mit positiven Kapitalerträgen in den Folgejahren bei derselben auszahlenden Stelle ausgleichsfähig ist.

---

1 Vgl. BMF v. 18.1.2016, BStBl 2016 I 85, Tz. 228.
2 Im Einzelnen BMF v. 18.1.2016, BStBl 2016 I 85, Tz. 217 bis 219 und Tz. 261 ff.
3 Vgl. BMF v. 18.1.2016, BStBl 2016 I 85, Rz. 217 ff.
4 Vgl. *Weber-Grellet* in Schmidt, § 43a EStG Rz. 3.
5 Im Einzelnen *Ratschow* in Blümich, § 20 EStG Rz. 465a. Zum möglichen Verstoß gegen Art. 3 GG vgl. *Philipowski*, DStR 2014, 2051, 2054.
6 Vgl. BMF v. 18.1.2016, BStBl 2016 I 85, Tz. 214 f.

c) Depotübertragung (§ 43a Abs. 3 Satz 6 EStG)

Sofern sämtliche Wertpapiere im Rahmen eines **Depotwechsels auf ein anderes Kreditinstitut** übertragen werden, kann das übernehmende Kreditinstitut nach § 43a Abs. 3 Satz 6 EStG wahlweise auch den besonderen Verlustverrechnungstopf übernehmen. Das abgebende Kreditinstitut hat im Zuge dessen und auf Verlangen des Gläubigers der übernehmenden Stelle die Höhe der bis dato nicht ausgeglichenen Verluste zu übermitteln. Die Ausstellung einer Verlustbescheinigung i. S. v. § 43a Abs. 3 Satz 4 EStG muss in diesem Fall jedoch unterbleiben.

70

d) Korrektur des Kapitalertragsteuerabzugs (§ 43a Abs. 3 Satz 7 EStG)

§ 43a Abs. 3 Satz 7 EStG regelt die Korrektur des Kapitalertragsteuerabzugs. Danach ist eine Korrektur des Kapitalertragsteuerabzugs aufgrund materieller Fehler **nicht rückwirkend**, sondern erst im Zeitpunkt ihres Bekanntwerdens und demzufolge nur mit Wirkung für die Zukunft zulässig.[1]

71

e) Ausnahmen von der Verlustverrechnung (§ 43a Abs. 3 Satz 8 EStG)

§ 43a Abs. 3 Satz 8 EStG normiert eine Ausnahme von der in § 43a Abs. 3 Satz 1 bis 7 EStG getroffenen Regelung für Fälle des § 44 Abs. 1 Satz 4 Nr. 1 Buchst. a Doppelbuchst. bb EStG. Davon betroffen sind sog. **Tafelgeschäfte**. Für diese ist eine Verrechnung entsprechend den Regelungen in § 43a Abs. 3 EStG ausgeschlossen. Gleiches gilt, sofern die Kapitalerträge einer anderen Einkunftsart als den Einkünften aus Kapitalvermögen zuzurechnen sind (**§ 20 Abs. 8 EStG**) oder von Körperschaften, Personenvereinigungen oder Vermögensmassen erzielt werden.

72

(*Einstweilen frei*)

73–78

IV. Steuerabzug bei Wertpapieren des Bundes und der Länder (§ 43a Abs. 4 EStG)

§ 43a Abs. 4 EStG erklärt § 43a Abs. 2 und 3 EStG für entsprechend anwendbar, wenn die das **Bundesschuldbuch führende Stelle** oder eine **Landesschuldenverwaltung** als auszahlende Stelle auftritt. Unter den Voraussetzungen von § 43a Abs. 4 Satz 2 EStG sind Kredit- und Finanzdienstleistungsinstitute dazu verpflichtet, der das Bundesschuldbuch führenden Stelle oder der Landesschuldenverwaltung die zur Vornahme des Kapitalertragsteuerabzugs notwendigen Informationen zu übermitteln.[2]

79

Die **Mitteilungspflicht** erstreckt sich insbesondere auf den Erwerbszeitpunkt, den Betrag der gezahlten Stückzinsen und den Erwerbspreis der für einen regelmäßigen Handel bestimmten, schuldbuchfähigen Wertpapiere des Bundes und der Länder. Ferner hat das Kredit- oder Finanzdienstleistungsinstitut mitzuteilen, dass es die betroffenen Wertpapiere und Forderungen erworben oder veräußert und seit dem Erwerbszeitpunkt verwahrt oder verwaltet hat.[3]

80

---

1 Vgl. BMF v. 18.1.2016, BStBl 2016 I 85, Tz. 241. Gegen die Durchführung dieser Korrektur im Fall des Google-Aktiensplit vgl. *Fölsing*, DStR 2015, 2363, 2364 f.; a. A. *Hoffmann*, DStR 2016, 1848 ff.
2 Vgl. *Knaupp* in Kirchhof, § 43a EStG Rz. 19.
3 Vgl. *Lindberg* in Blümich, § 43a EStG Rz. 34.

§ 43b Bemessung der Kapitalertragsteuer bei bestimmten Gesellschaften

[1](1) ¹Auf Antrag wird die Kapitalertragsteuer für Kapitalerträge im Sinne des § 20 Absatz 1 Nummer 1, die einer Muttergesellschaft, die weder ihren Sitz noch ihre Geschäftsleitung im Inland hat, oder einer in einem anderen Mitgliedstaat der Europäischen Union gelegenen Betriebsstätte dieser Muttergesellschaft, aus Ausschüttungen einer Tochtergesellschaft zufließen, nicht erhoben. ²Satz 1 gilt auch für Ausschüttungen einer Tochtergesellschaft, die einer in einem anderen Mitgliedstaat der Europäischen Union gelegenen Betriebsstätte einer unbeschränkt steuerpflichtigen Muttergesellschaft zufließen. ³Ein Zufluss an die Betriebsstätte liegt nur vor, wenn die Beteiligung an der Tochtergesellschaft tatsächlich zu dem Betriebsvermögen der Betriebsstätte gehört. ⁴Die Sätze 1 bis 3 gelten nicht für Kapitalerträge im Sinne des § 20 Absatz 1 Nummer 1, die anlässlich der Liquidation oder Umwandlung einer Tochtergesellschaft zufließen.

(2) ¹Muttergesellschaft im Sinne des Absatzes 1 ist jede Gesellschaft, die

1. die in der Anlage 2 zu diesem Gesetz bezeichneten Voraussetzungen erfüllt und
2. nach Artikel 3 Absatz 1 Buchstabe a der Richtlinie 2011/96/EU des Rates vom 30. November 2011 über das gemeinsame Steuersystem der Mutter- und Tochtergesellschaften verschiedener Mitgliedstaaten (ABl L 345 vom 29. 12. 2011, S. 8), die zuletzt durch die Richtlinie 2014/86/EU (ABl L 219 vom 25. 7. 2014, S. 40) geändert worden ist, zum Zeitpunkt der Entstehung der Kapitalertragsteuer gemäß § 44 Absatz 1 Satz 2 nachweislich mindestens zu 10 Prozent unmittelbar am Kapital der Tochtergesellschaft beteiligt ist (Mindestbeteiligung).

²Ist die Mindestbeteiligung zu diesem Zeitpunkt nicht erfüllt, ist der Zeitpunkt des Gewinnverteilungsbeschlusses maßgeblich. ³Tochtergesellschaft im Sinne des Absatzes 1 sowie des Satzes 1 ist jede unbeschränkt steuerpflichtige Gesellschaft, die die in der Anlage 2 zu diesem Gesetz und in Artikel 3 Absatz 1 Buchstabe b der Richtlinie 2011/96/EU bezeichneten Voraussetzungen erfüllt. ⁴Weitere Voraussetzung ist, dass die Beteiligung nachweislich ununterbrochen zwölf Monate besteht. ⁵Wird dieser Beteiligungszeitraum nach dem Zeitpunkt der Entstehung der Kapitalertragsteuer gemäß § 44 Absatz 1 Satz 2 vollendet, ist die einbehaltene und abgeführte Kapitalertragsteuer nach § 50d Absatz 1 zu erstatten; das Freistellungsverfahren nach § 50d Absatz 2 ist ausgeschlossen.

(2a) Betriebsstätte im Sinne der Absätze 1 und 2 ist eine feste Geschäftseinrichtung in einem anderen Mitgliedstaat der Europäischen Union, durch die die Tätigkeit der Muttergesellschaft ganz oder teilweise ausgeübt wird, wenn das Besteuerungsrecht für die Gewinne dieser Geschäftseinrichtung nach dem jeweils geltenden Abkommen zur Vermeidung der Doppelbesteuerung dem Staat, in dem sie gelegen ist, zugewiesen wird und diese Gewinne in diesem Staat der Besteuerung unterliegen.

(3) (weggefallen)

(3) (weggefallen)

---

1 Anm. d. Red.: Zur Anwendung des § 43b siehe § 52 Abs. 42b.

Bemessung der Kapitalertragsteuer bei bestimmten Gesellschaften § 43b EStG

Anlage 2 (zu § 43b)

Gesellschaften im Sinne der Richtlinie Nr. 2011/96/EU

Gesellschaft im Sinne der genannten Richtlinie ist jede Gesellschaft, die

1. eine der folgenden Formen aufweist:

    a) eine Gesellschaft, die gemäß der Verordnung (EG) Nr. 2157/2001 des Rates vom 8. Oktober 2001 über das Statut der Europäischen Gesellschaft (SE) und der Richtlinie 2001/86/EG des Rates vom 8. Oktober 2001 zur Ergänzung des Statuts der Europäischen Gesellschaft hinsichtlich der Beteiligung der Arbeitnehmer gegründet wurde, sowie eine Genossenschaft, die gemäß der Verordnung (EG) Nr. 1435/2003 des Rates vom 22. Juli 2003 über das Statut der Europäischen Genossenschaft (SCE) und gemäß der Richtlinie 2003/72/EG des Rates vom 22. Juli 2003 zur Ergänzung des Statuts der Europäischen Genossenschaft hinsichtlich der Beteiligung der Arbeitnehmer gegründet wurde,

    b) Gesellschaften belgischen Rechts mit der Bezeichnung „société anonyme"/„naamloze vennootschap", „société en commandite par actions"/„commanditaire vennootschap op aandelen", „société privée à responsabilité limitée"/„besloten vennootschap met beperkte aansprakelijkheid", „société coopérative à responsabilité limitée"/„coöperatieve vennootschap met beperkte aansprakelijkheid", „société coopérative à responsabilité illimitée"/„coöperatieve vennootschap met onbeperkte aansprakelijkheid", „société en nom collectif"/„vennootschap onder firma" oder „société en commandite simple"/„gewone commanditaire vennootschap", öffentliche Unternehmen, die eine der genannten Rechtsformen angenommen haben, und andere nach belgischem Recht gegründete Gesellschaften, die der belgischen Körperschaftsteuer unterliegen,

    c) Gesellschaften bulgarischen Rechts mit der Bezeichnung „събирателно дружество", „командитно дружество", „дружество с ограничена отговорност", „акционерно дружество", „командитно дружество с акции", „неперсонифицирано дружество", „кооперации", „кооперативни съюзи" oder „държавни предприятия", die nach bulgarischem Recht gegründet wurden und gewerbliche Tätigkeiten ausüben,

    d) Gesellschaften tschechischen Rechts mit der Bezeichnung „akciová společnost" oder „společnost s ručením omezeným",

    e) Gesellschaften dänischen Rechts mit der Bezeichnung „aktieselskab" oder „anpartsselskab" und weitere nach dem Körperschaftsteuergesetz steuerpflichtige Gesellschaften, soweit ihr steuerbarer Gewinn nach den allgemeinen steuerrechtlichen Bestimmungen für die „aktieselskaber" ermittelt und besteuert wird,

    f) Gesellschaften deutschen Rechts mit der Bezeichnung „Aktiengesellschaft", „Kommanditgesellschaft auf Aktien", „Gesellschaft mit beschränkter Haftung", „Versicherungsverein auf Gegenseitigkeit", „Erwerbs- und Wirtschaftsgenossenschaft" oder „Betrieb gewerblicher Art von juristischen Personen des öffentlichen Rechts" und andere nach deutschem Recht gegründete Gesellschaften, die der deutschen Körperschaftsteuer unterliegen,

Quilitzsch

g) Gesellschaften estnischen Rechts mit der Bezeichnung „täisühing", „usaldusühing", „osaühing", „aktsiaselts" oder „tulundusühistu",

h) nach irischem Recht gegründete oder eingetragene Gesellschaften, gemäß dem Industrial and Provident Societies Act eingetragene Körperschaften, gemäß dem Building Societies Act gegründete „building societies" und „trustee savings banks" im Sinne des Trustee Savings Banks Act von 1989,

i) Gesellschaften griechischen Rechts mit der Bezeichnung „ανώνυμη εταιρεία" oder „εταιρεία περιωρισμένης ευθύνης (Ε.Π.Ε.)" und andere nach griechischem Recht gegründete Gesellschaften, die der griechischen Körperschaftsteuer unterliegen,

j) Gesellschaften spanischen Rechts mit der Bezeichnung „sociedad anónima", „sociedad comanditaria por acciones" oder „sociedad de responsabilidad limitada" und die öffentlich-rechtlichen Körperschaften, deren Tätigkeit unter das Privatrecht fällt sowie andere nach spanischem Recht gegründete Körperschaften, die der spanischen Körperschaftsteuer („impuesto sobre sociedades") unterliegen,

k) Gesellschaften französischen Rechts mit der Bezeichnung „société anonyme", „société en commandite par actions", „société à responsabilité limitée", „sociétés par actions simplifiées", „sociétés d'assurances mutuelles", „caisses d'épargne et de prévoyance", „sociétés civiles", die automatisch der Körperschaftsteuer unterliegen, „coopératives", „unions de coopératives", die öffentlichen Industrie- und Handelsbetriebe, die öffentlichen Industrie- und Handelsunternehmen und andere nach französischem Recht gegründete Gesellschaften, die der französischen Körperschaftsteuer unterliegen,

l) Gesellschaften kroatischen Rechts mit der Bezeichnung „dioničko društvo" oder „društvo s ograničenom odgovornošću" und andere nach kroatischem Recht gegründete Gesellschaften, die der kroatischen Gewinnsteuer unterliegen,

m) Gesellschaften italienischen Rechts mit der Bezeichnung „società per azioni", „società in accomandita per azioni", „società a responsabilità limitata", „società cooperative" oder „società di mutua assicurazione" sowie öffentliche und private Körperschaften, deren Tätigkeit ganz oder überwiegend handelsgewerblicher Art ist,

n) Gesellschaften zyprischen Rechts mit der Bezeichnung: „εταιρείες" im Sinne der Einkommensteuergesetze,

o) Gesellschaften lettischen Rechts mit der Bezeichnung: „akciju sabiedrība" oder „sabiedrība ar ierobežotu atbildību",

p) Gesellschaften litauischen Rechts,

q) Gesellschaften luxemburgischen Rechts mit der Bezeichnung „société anonyme", „société en commandite par actions", „société à responsabilité limitée", „société coopérative", „société coopérative organisée comme une société anonyme", „association d'assurances mutuelles", „association d'épargne-pension" oder „entreprise de nature commerciale, industrielle ou minière de l'Etat, des communes, des syndicats de communes, des établissements publics et des autres personnes morales de droit public" sowie andere nach luxemburgischem Recht gegründete Gesellschaften, die der luxemburgischen Körperschaftsteuer unterliegen,

r) Gesellschaften ungarischen Rechts mit der Bezeichnung: „közkereseti társaság", „betéti társaság", „közös vállalat", „korlátolt felelősségű társaság", „részvénytársaság", „egyesülés" oder „szövetkezet",

s) Gesellschaften maltesischen Rechts mit der Bezeichnung: „Kumpaniji ta' Responsabilita' Limitata" oder „Soċjetajiet en commandite li l-kapital tagħhom maqsum f'azzjonijiet",

t) Gesellschaften niederländischen Rechts mit der Bezeichnung „naamloze vennootschap", „besloten vennootschap met beperkte aansprakelijkheid", „open commanditaire vennootschap", „coöperatie", „onderlinge waarborgmaatschappij", „fonds voor gemene rekening", „vereniging op coöperatieve grondslag" oder „vereniging welke op onderlinge grondslag als verzekeraar of kredietinstelling optreedt" und andere nach niederländischem Recht gegründete Gesellschaften, die der niederländischen Körperschaftsteuer unterliegen,

u) Gesellschaften österreichischen Rechts mit der Bezeichnung „Aktiengesellschaft", „Gesellschaft mit beschränkter Haftung", „Versicherungsvereine auf Gegenseitigkeit", „Erwerbs- und Wirtschaftsgenossenschaften", „Betriebe gewerblicher Art von Körperschaften des öffentlichen Rechts" oder „Sparkassen" sowie andere nach österreichischem Recht gegründete Gesellschaften, die der österreichischen Körperschaftsteuer unterliegen,

v) Gesellschaften polnischen Rechts mit der Bezeichnung „spółka akcyjna", „spółka z ograniczoną odpowiedzialnością" oder „spółka komandytowo-akcyjna",

w) Gesellschaften portugiesischen Rechts in Form von Handelsgesellschaften oder zivilrechtlichen Handelsgesellschaften sowie Genossenschaften und öffentliche Unternehmen,

x) Gesellschaften rumänischen Rechts mit der Bezeichnung „societăți pe acțiuni", „societăți în comandită pe acțiuni", „societăți cu răspundere limitată", „societăți în nume colectiv" oder „societăți în comandită simplă",

y) Gesellschaften slowenischen Rechts mit der Bezeichnung: „delniška družba", „komanditna družba" oder „družba z omejeno odgovornostjo",

z) Gesellschaften slowakischen Rechts mit der Bezeichnung: „akciová spoločnosť", „spoločnosť s ručením obmedzeným" oder „komanditná spoločnosť",

aa) Gesellschaften finnischen Rechts mit der Bezeichnung „osakeyhtiö"/„aktiebolag", „osuuskunta"/„andelslag", „säästöpankki"/„sparbank" oder „vakuutusyhtiö"/„försäkringsbolag",

bb) Gesellschaften schwedischen Rechts mit der Bezeichnung „aktiebolag", „försäkringsaktiebolag", „ekonomiska föreningar", „sparbanker", „ömsesidiga försäkringsbolag" oder „försäkringsföreningar",

cc) nach dem Recht des Vereinigten Königreichs gegründeten Gesellschaften;

2. nach dem Steuerrecht eines Mitgliedstaates in Bezug auf den steuerlichen Wohnsitz als in diesem Staat ansässig betrachtet wird und auf Grund eines mit einem dritten Staat geschlossenen Doppelbesteuerungsabkommens in Bezug auf den steuerlichen Wohnsitz nicht als außerhalb der Gemeinschaft ansässig betrachtet wird und

EStG § 43b Bemessung der Kapitalertragsteuer bei bestimmten Gesellschaften

3. ohne Wahlmöglichkeit einer der folgenden Steuern oder irgendeiner Steuer, die eine dieser Steuern ersetzt, unterliegt, ohne davon befreit zu sein:
   - vennootschapsbelasting/impôt des sociétés in Belgien,
   - корпоративен данък in Bulgarien,
   - daň z příjmů právnických osob in der Tschechischen Republik,
   - selskabsskat in Dänemark,
   - Körperschaftsteuer in Deutschland,
   - tulumaks in Estland,
   - corporation tax in Irland,
   - Φόρος εισοδήματος νομικών προσώπων κερδοσκοπικού χαρακτήρα in Griechenland,
   - impuesto sobre sociedades in Spanien,
   - impôt sur les sociétés in Frankreich,
   - porez na dobit in Kroatien,
   - imposta sul reddito delle persone giuridiche in Italien,
   - Φόρος εισοδήματος in Zypern,
   - uzņēmumu ienākuma nodoklis in Lettland,
   - pelno mokestis in Litauen,
   - impôt sur le revenu des collectivités in Luxemburg,
   - társasági adó, osztalékadó in Ungarn,
   - taxxa fuq l-income in Malta,
   - vennootschapsbelasting in den Niederlanden,
   - Körperschaftsteuer in Österreich,
   - podatek dochodowy od osób prawnych in Polen,
   - imposto sobre o rendimento das pessoas colectivas in Portugal,
   - impozit pe profit in Rumänien,
   - davek od dobička pravnih oseb in Slowenien,
   - daň z príjmov právnických osôb in der Slowakei,
   - yhteisöjen tulovero/inkomstskatten för samfund in Finnland,
   - statlig inkomstskatt in Schweden,
   - corporation tax im Vereinigten Königreich.

Inhaltsübersicht

	Rz.
A. Allgemeine Erläuterungen	1 - 7
I. Normzweck und wirtschaftliche Bedeutung der Vorschrift	1
II. Entstehung und Entwicklung der Vorschrift	2
III. Sachlicher, persönlicher und zeitlicher Geltungsbereich	3 - 7

B. Systematische Kommentierung .... 8 - 47
    I. Regelung zur Entlastung von der Kapitalertragsteuer (§ 43b Abs. 1 EStG) ... 8 - 16
    II. Muttergesellschaft und Tochtergesellschaft; Beteiligungszeitraum
        (§ 43b Abs. 2 EStG) .... 17 - 33
        1. Definition der Muttergesellschaft .... 17 - 23
        2. Definition der Tochtergesellschaft .... 24 - 26
        3. Mindestbeteiligungshöhe und Mindestbeteiligungszeitraum .... 27 - 33
    III. Definition der Betriebsstätte (§ 43b Abs. 2a EStG) .... 34 - 40
    IV. Ausdehnung auf Beteiligungen von mindestens 10 % (§ 43b Abs. 3 EStG) ... 41 - 47
C. Verfahrensfragen .... 48 - 50

HINWEIS:

BMF v. 24. 12. 1999, BStBl 1999 I 1076; BMF v. 5. 4. 2005, DStR 2005, 651; BMF v. 26. 9. 2014, BStBl 2014 I 1258.

LITERATUR:

▶ Weitere Literatur siehe Online-Version

Lemaitre, Besteuerung von Streubesitzdividenden und Erstattung von Kapitalertragsteuer, IWB 2013, 269; *Behrens/Renner/Faller*, Die Stichtags- und Rückbeziehungsregel bei der Besteuerung von Streubesitzdividenden, DStZ 2014, 336.

A. Allgemeine Erläuterungen

I. Normzweck und wirtschaftliche Bedeutung der Vorschrift

§ 43b EStG dient der Umsetzung der Mutter-Tochter-Richtlinie in nationales Recht. Die Vorschrift regelt – unter bestimmten Voraussetzungen – die Entlastung von der Kapitalertragsteuer auf Dividenden, die von einer im Inland ansässigen Tochtergesellschaft an ihre in einem EU-Mitgliedstaat ansässige Muttergesellschaft oder eine in einem EU-Mitgliedstaat gelegene Betriebsstätte der Muttergesellschaft gezahlt werden. Die Vorschrift zielt damit auf die Vermeidung der internationalen Doppelbesteuerung in der Europäischen Union, die sich im Zuge der Repatriierung von Gewinnen innerhalb von über die Landesgrenzen hinweg strukturierten Unternehmensgruppen ergeben kann.

1

II. Entstehung und Entwicklung der Vorschrift

§ 43b EStG wurde durch das StÄndG1992[1] eingeführt. Die Vorschrift geht auf die Mutter-Tochter-Richtlinie[2] zurück. Sie trug den Entwicklungen auf Ebene der EU fortlaufend Rechnung und war infolgedessen mehrfach Gegenstand von Anpassungen.[3] Ihre bislang letzten Änderungen erfuhr die Vorschrift durch das AmtshilfeRLUmsG,[4] das KroatienAnpG[5] sowie das StÄndG 2015.[6]

2

---

1 Gesetz v. 25. 2. 1992, BGBl 1992 I 297.
2 Richtlinie 90/435/EWG v. 23. 7. 1990, ABl. EG Nr. L 225, 6.
3 StSenkG 2001 v. 23. 10. 2000, BGBl 2000 I 1433; StBeamAusbÄndG v. 23. 7. 2002, BGBl 2002 I 2715; EURLUmsG v. 9. 12. 2004, BGBl 2004 I 3310; SEStEG v. 7. 12. 2006, BGBl 2006 I 2782; JStG 2008 v. 20. 12. 2007, BGBl 2007 I 3150.
4 Gesetz v. 26. 6. 2013, BGBl 2013 I 1809, Aufhebung von Abs. 3 wegen Zeitablaufs und Anpassung von Abs. 2 an die überarbeitete Mutter-Tochter-Richtlinie, Richtlinie 2011/96/EU v. 30. 11. 2011, ABl. EU L 345, 8.
5 Gesetz v. 25. 7. 2014, BGBl 2014 I 1266, Verweis auf die letzte Änderung der RL 2013/13/EU v. 13. 5. 2013, ABl. EU 2013 L, 141, 30 und Umsetzung des Beitritts Kroatiens zur EU in Anlage 2 zum EStG.
6 Gesetz v. 2. 11. 2015, BGBl 2015 I 1834, Verweis auf die letzte Änderung der RL 2014/86 EU v. 8. 6. 2014, ABl. L 219 v. 25. 7. 2014, 40.

III. Sachlicher, persönlicher und zeitlicher Geltungsbereich

3 § 43b EStG nimmt Bezug auf **Kapitalerträge i. S. v. § 20 Abs. 1 Nr. 1 EStG**. Erfasst werden damit neben offenen auch verdeckte Gewinnausschüttungen einer im Inland unbeschränkt steuerpflichtigen Kapitalgesellschaft i. S. v. § 1 Abs. 1 Nr. 1 KStG. Die Dividenden empfangende Muttergesellschaft darf weder ihren Sitz noch den Ort ihrer Geschäftsleitung im Inland haben. Neben Kapitalgesellschaften kommen hierfür auch Personengesellschaften in Betracht, die in dem jeweiligen Mitgliedstaat steuerlich intransparent und somit wie eine Kapitalgesellschaft behandelt werden. Die Steuerbefreiung wird auch gewährt, wenn die Gewinnausschüttung einer im Ausland gelegenen Betriebsstätte der Muttergesellschaft zuzurechnen ist. § 43b EStG findet erstmalig auf Kapitalerträge Anwendung, auf die das körperschaftsteuerliche Anrechnungsverfahren nicht mehr anzuwenden ist (§ 52 Abs. 53 Satz 2 EStG i. d. F. des Gesetzes v. 23. 10. 2000).

4–7 *(Einstweilen frei)*

B. Systematische Kommentierung

I. Regelung zur Entlastung von der Kapitalertragsteuer (§ 43b Abs. 1 EStG)

8 § 43b Abs. 1 Satz 1 EStG nimmt Bezug **auf Kapitalerträge i. S. v. § 20 Abs. 1 Nr. 1 EStG**. Dabei handelt es sich um offene sowie um verdeckte Gewinnausschüttungen einer Kapitalgesellschaft. Dem abschließenden Wortlaut der Vorschrift folgend, bezieht sich § 43b Abs. 1 Satz 1 EStG demnach nicht auf Kapitalrückzahlungen und Liquidationsraten i. S. v. § 20 Abs. 1 Nr. 2 EStG.[1] Nach § 43b Abs. 1 Satz 4 EStG kommt die Begünstigung ausdrücklich nicht für Kapitalerträge i. S. v. § 20 Abs. 1 Nr. 1 EStG zur Anwendung, die anlässlich der Liquidation oder Umwandlung einer Tochtergesellschaft zufließen.

9 Die **Muttergesellschaft** (vgl. → Rz. 17 ff.), der die Gewinnausschüttung zufließt, darf weder ihren Sitz noch ihren Ort der Geschäftsleitung im Inland haben. Die Befreiung von der Kapitalertragsteuer greift indessen auch ein, wenn die Gewinnausschüttung an eine **Betriebsstätte** der Muttergesellschaft geleistet wird, die in einem EU-Mitgliedstaat gelegen ist (zu den Voraussetzungen einer Betriebsstätte im Einzelnen vgl. → Rz. 34 ff.).

10 § 43b Abs. 1 Satz 2 EStG regelt dazu ergänzend, dass die Steuerbegünstigung auch dann zur Anwendung gelangt, wenn es sich bei der ausländischen EU-Betriebsstätte um eine solche einer in Deutschland unbeschränkt steuerpflichtigen Muttergesellschaft handelt. Nach § 43b Abs. 1 Satz 3 EStG gilt dies allerdings nur dann, wenn die Beteiligung an der Tochtergesellschaft tatsächlich zum **Betriebsvermögen der Betriebsstätte** gehört. Ein Zufluss der Kapitalerträge zur Betriebsstätte und damit eine Befreiung von der Kapitalertragsteuer kann dementsprechend nur angenommen werden, wenn ein **funktionaler Zusammenhang** zwischen der Beteiligung und den in der Betriebsstätte wahrgenommenen Tätigkeiten hergestellt werden kann.[2]

11 Um **Missbräuchen vorzubeugen**, darf es sich bei der Muttergesellschaft nicht um eine Auslandsgesellschaft i. S. v. § 50d Abs. 3 EStG handeln (zu den Voraussetzungen i. E. vgl. KKB/Geb-

---

[1] Vgl. *Lindberg* in Blümich, § 43b EStG Rz. 12; *Storg* in Frotscher/Geurts, § 43b EStG Rz. 13; a. A. *Kempf/Gelsdorf*, IStR 2011, 173.
[2] Vgl. BFH v. 19. 12. 2007 – I R 66/06, BStBl 2008 II 510; BFH v. 24. 8. 2011 – I R 46/10, BStBl 2014 II 764; BMF v. 24. 12. 1999, BStBl 1999 I 1076, Tz. 2.4; BMF v. 26. 9. 2014, BStBl 2014 I 1258, Tz. 2.2.4.1.

hardt, § 50d EStG Rz. 106 ff.).[1] Davon betroffen sind funktionslose und im Ausland ansässige Gesellschaften, deren vordergründiges Ziel darin vermutet wird, die aus der Mutter-Tochter-Richtlinie erwachsenden Steuervorteile zu erlangen (sog. directive shopping).

Die Freistellung von der Kapitalertragsteuer erfolgt auf **Antrag** (vgl. → Rz. 48 ff.). Antragsteller ist die Muttergesellschaft, da es sich bei der Kapitalertragsteuer um eine eigene Steuer der Gläubigerin der Kapitalerträge handelt und sie dementsprechend die Befreiung begehrt. Der Antrag ist nach amtlich vorgeschriebenem Vordruck beim BZSt zu stellen. Liegen die Voraussetzungen vor, wird vom BZSt eine Bescheinigung über die Befreiung vom Steuerabzug erteilt (§ 50d Abs. 2 Satz 1 EStG). 12

(Einstweilen frei) 13–16

II. Muttergesellschaft und Tochtergesellschaft; Beteiligungszeitraum (§ 43b Abs. 2 EStG)

1. Definition der Muttergesellschaft

Gesellschaften, die als **Muttergesellschaft** i. S. v. § 43b Abs. 1 EStG gelten, werden in Anlage 2 Nr. 1 zum EStG aufgelistet. Die Aufzählung enthält Gesellschaftsformen der EU-Mitgliedstaaten, die i. d. R. mit einer deutschen Kapitalgesellschaft vergleichbar angesehen werden können. Die Liste ist abschließend und lässt keinen Raum für eine einzelfallbezogene Erweiterung im Wege des Rechtstypenvergleichs.[2] 17

Die Muttergesellschaft darf weder ihren Sitz noch den Ort ihrer Geschäftsleitung im Inland haben. Sie muss daneben zwingend in einem EU-Staat **abkommensrechtlich ansässig** sein. In diesem Zusammenhang ist auch eine sich infolge von Doppelansässigkeit ergebende fiktive Ansässigkeit (Art. 4 Abs. 3 OECD-MA) in einem Drittstaat schädlich. 18

Muttergesellschaft kann auch eine **Personengesellschaft** sein, wenn sie in ihrem Ansässigkeitsstaat als eigenständiges Steuersubjekt behandelt wird und als juristische Person einer intransparenten Besteuerung unterliegt.[3] Ein Beispiel bilden die in Spanien anzutreffenden „SRC/SC".[4] Maßgebend ist insoweit stets die Behandlung des ausländischen Staates. Die Sichtweise des deutschen Steuerrechts tritt dahinter zurück. 19

Die Muttergesellschaft muss in ihrem Ansässigkeitsstaat einer in Anlage 2 Nr. 3 zum EStG genannten **Besteuerung unterliegen** und darf von keiner Steuerbefreiung (bspw. in Gestalt eines Holdingprivilegs) profitieren. Nach dem Wortlaut dürfte es indessen unschädlich sein, wenn die Gewinne der Muttergesellschaft tatsächlich nicht besteuert werden.[5] 20

(Einstweilen frei) 21–23

---

1 Vgl. *Knaupp* in Kirchhof, § 43b EStG Rz. 2.
2 Vgl. EuGH v. 1.10.2009 - C-47/08, *Comminic*, Slg. 2011, I-04105. Für die französische S.A.S hat der EuGH ebenfalls judiziert, dass sie nicht berechtigt sei, die Anrechnung von KapESt geltend zu machen, weil sie nicht in der Anlage 2 zum EStG genannt war. Vgl. EuGH v. 1.10.2009 - C-247/08, *Gaz de France*, IStR 2009, 774 m. Anm. *Benecke*. Der BFH hat diese Sichtweise bestätigt, vgl. BFH v. 11.1.2012 - I R 30/10, BFH/NV 2012, 871 = NWB DokID: QAAAE-09663.
3 BT-Drucks. 15/3677, 35; *Bullinger*, IStR 2004, 406.
4 Zu ihrer Behandlung für DBA-Zwecke, vgl. BMF v. 26.9.2014, BStBl 2014 I 1258, Anlage.
5 Vgl. *Lindberg* in Blümich, § 43b EStG Rz. 25.

2. Definition der Tochtergesellschaft

24 Entsprechend der in § 43b Abs. 2 Satz 3 EStG vorgenommenen Legaldefinition ist eine **Tochtergesellschaft** i.S.v. § 43b Abs. 1 EStG jede unbeschränkt steuerpflichtige Gesellschaft, die die in Anlage 2 zum EStG bezeichneten Voraussetzungen erfüllt. Infolgedessen werden neben den in § 1 Abs. 1 Nr. 1, 4 und 5 KStG bezeichneten Gesellschaften auch alle anderen in Anlage 2 Nr. 1 zum EStG enthaltenen Gesellschaften deutschen Rechts erfasst. Weiterhin gelten als Tochtergesellschaft i. S. d. Vorschrift Gesellschaften in der Rechtsform der SE und SCE sowie nach ausländischem Recht gegründete Gesellschaften, soweit sie in Anlage 2 Nr. 1 zum EStG aufgeführt werden und im Inland zugleich der unbeschränkten Körperschaftsteuerpflicht unterliegen. Indessen entziehen sich **Personengesellschaften** der Qualifikation als Tochtergesellschaft i. S. d. Vorschrift.[1]

25–26 *(Einstweilen frei)*

3. Mindestbeteiligungshöhe und Mindestbeteiligungszeitraum

27 Der Anwendung von § 43b EStG ist eine Mindestbeteiligungsquote i. H.v. **10 % am Kapital** der Tochtergesellschaft vorausgesetzt. Trotz der Beanstandung durch den EuGH hat der deutsche Gesetzgeber die Mindestbeteiligungsquote aufrechterhalten und sie auch auf den Inlandsfall erstreckt.[2] Sie gilt für Ausschüttungen, die der Muttergesellschaft nach dem 31.12.2008 zufließen. Erforderlich ist eine **unmittelbare Beteiligung**, so dass sich die Zwischenschaltung einer Kapitalgesellschaft als schädlich erweist.[3] Der Nießbrauch an Anteilen an einer Kapitalgesellschaft kann nicht als Beteiligung i. S. d. Mutter-Tochter-Richtlinie eingestuft werden.[4] Hingegen sollte es unschädlich sein, wenn die Beteiligung über eine transparent besteuerte Personengesellschaft gehalten wird.[5]

28 Die Mindestbeteiligungsquote muss nach § 43b Abs. 2 Satz 4 EStG im Zeitpunkt des Zuflusses der Kapitalerträge nachweislich **ununterbrochen zwölf Monate** bestanden haben. Für die Berechnung der Frist ist dementsprechend auf den Zeitpunkt der Entstehung der Kapitalertragsteuer gem. § 44 Abs. 1 Satz 2 EStG abzustellen.[6] Hilfsweise ist es nach § 43b Abs. 2 Satz 2 EStG ausreichend, wenn die Voraussetzung zum Zeitpunkt des Gewinnverteilungsbeschlusses bestehen.[7] Beteiligungen an der Tochtergesellschaft, die einer nicht im Inland gelegenen EU-Betriebsstätte der Muttergesellschaft unter funktionalen Gesichtspunkten zuzuordnen sind, sind im Rahmen der Prüfung des Erreichens der Mindestbeteiligungsquote mit den durch die Muttergesellschaft gehaltenen Anteilen zusammenzurechnen.[8]

29–33 *(Einstweilen frei)*

---

1 Vgl. hierzu *Lemaitre*, IWB 2013, 269.
2 Vgl. EuGH v. 20.10.2011 - C 284/09, *Kommission/Bundesrepublik Deutschland*, IStR 2012, 340 m. Anm. *Nagler*.
3 Vgl. aber FG Köln v. 13.9.2017 - 2 K 2933/15, EFG 2018, 383 = NWB DokID: JAAAG-68387, Rev. anhängig unter Az. I R 77/17.
4 Vgl. EuGH v. 22.12.2008 - C-48/07, *Les Vergers du Vieux Tauves*, IStR 2009, 99.
5 Vgl. *Bullinger*, IStR 2004, 406; a. A. *HHR/Intemann*, § 43b EStG Rz. 8; *Lindberg* in Blümich, § 43b EStG Rz. 26.
6 Vgl. *HHR/Intemann*, § 43b EStG Rz. 10.
7 Vgl. *Behrens/Renner/Faller*, DStZ 2014, 336.
8 BT-Drucks. 15/3677, 33.

III. Definition der Betriebsstätte (§ 43b Abs. 2a EStG)

§ 43b Abs. 2a EStG enthält eine **eigenständige Betriebsstättendefinition**. Danach ist eine Betriebsstätte eine feste Geschäftseinrichtung in einem anderen EU-Mitgliedstaat, durch die die Tätigkeit der Muttergesellschaft ganz oder teilweise ausgeübt wird. Die begriffliche Definition der Betriebsstätte lehnt sich erkennbar an die allgemeine Begriffsbestimmung an, wie sie Art. 5 Abs. 1 OECD-MA sowie § 12 Satz 1 AO vornehmen.[1] Insoweit kann für die Auslegung der Norm auf die einschlägigen Erläuterungen zum OECD-MA[2] sowie zur Abgabenordnung[3] verwiesen werden. 34

§ 43b Abs. 2a EStG setzt außerdem voraus, dass das **Besteuerungsrecht** für die Gewinne dieser Geschäftseinrichtung nach dem im betreffenden Einzelfall anwendbaren DBA dem Betriebsstättenstaat zugewiesen wird und die Gewinne in diesem Staat der Besteuerung unterliegen. § 43b Abs. 2a EStG knüpft damit an die allgemeinen Zurechnungskriterien im Rahmen der Betriebsstättengewinnermittlung an. Maßgebend dafür dürften – neben den im BMF-Schreiben v. 24.12.1999[4] aufgestellten Kriterien – insbesondere die Regelungen der Betriebsstättengewinnaufteilungsverordnung v. 13.10.2014[5] sein. 35

Aufgrund der unscharfen Formulierung – die Gewinne müssen im Betriebsstättenstaat *der Besteuerung unterliegen* – ist davon auszugehen, dass nicht maßgebend ist, ob der Betriebsstättengewinn im ausländischen Staat tatsächlich der Besteuerung unterworfen wird.[6] Denn wäre dies gewollt gewesen, hätte es dem Gesetzgeber freigestanden, dies ausdrücklich zu regeln. 36

(Einstweilen frei) 37–40

IV. Ausdehnung auf Beteiligungen von mindestens 10 % (§ 43b Abs. 3 EStG)

§ 43b Abs. 3 EStG dehnte die Vergünstigung von § 43b Abs. 1 EStG auf Mindestbeteiligungen i.H.v. 10 % aus, sofern im Staat der Muttergesellschaft für die Ausschüttung einer im Inland ansässigen Tochtergesellschaft ein Schachtelprivileg oder die Möglichkeit zur indirekten Steueranrechnung gewährt wurde und daneben zwischenstaatliche Gegenseitigkeit in der Weise bestand, dass im Staat der Muttergesellschaft Gewinnausschüttungen an eine unbeschränkt steuerpflichtige Kapitalgesellschaft bei Erreichen derselben Beteiligungshöhe von der Kapitalertragsteuer befreit waren. Die Regelung wurde durch das AmtshilfeRLUmsG v. 26.6.2013[7] in § 43b Abs. 2 Satz 1 EStG überführt und § 43b Abs. 3 EStG mit Wirkung für Veranlagungszeiträume ab 2013 aufgehoben. 41

(Einstweilen frei) 42–47

---

1 Vgl. HHR/*Intemann*, § 43b EStG Rz. 11.
2 Insbesondere *Wassermeyer* in Wassermeyer, DBA, Art. 5 OECD-MA, *Hruschka* in Schönfeld/Ditz, DBA, Art. 5.
3 Exemplarisch statt vieler *Drüen* in Tipke/Kruse, § 12 AO; *Frotscher* in Schwarz/Pahlke, § 12 AO.
4 BStBl 1999 I 1076.
5 BGBl 2014 I 1603. Ausführlich dazu *Ditz/Luckhaupt*, ISR 2015, 1 ff.
6 Ebenso *Gersch* in Kirchhof/Söhn/Mellinghoff, § 43b EStG Rz. D 10; HHR/*Intemann*, § 43b EStG Rz. 11; a.A. *Jesse*, DStR 2005, 151.
7 BGBl 2013 I 1809.

C. Verfahrensfragen

48 Die verfahrensrechtlichen Regelungen zur Umsetzung der durch § 43b EStG verfügten Befreiung ergeben sich aus § 50d Abs. 1 Satz 1 EStG. Danach kann vom Kapitalertragsteuerabzug nur dann abgesehen werden, wenn der inländischen Tochtergesellschaft vor Entstehung der Kapitalertragsteuer (d. h. vor Zufluss der zugrunde liegenden Kapitalerträge, § 44 Abs. 1 Satz 2, Abs. 2 EStG) eine Freistellungsbescheinigung durch das BZSt erteilt wurde (sog. **Freistellung im Steuerabzugsverfahren** gem. § 50d Abs. 2 EStG). Daneben besteht die Möglichkeit, beim BZSt nachträglich die Erstattung von zu viel einbehaltener Kapitalertragsteuer zu beantragen (sog. **Freistellung im Steuererstattungsverfahren** gem. § 50d Abs. 1 Satz 2 ff. EStG).

49 Das Verfahren zur Freistellung im Erstattungsverfahren ist insbesondere dann von Bedeutung, wenn die in § 43b Abs. 2 Satz 4 EStG geforderte, 12-monatige Mindestbesitzzeit der Beteiligung erst im Entstehungszeitpunkt der Kapitalertragsteuer erfüllt wird. Denn durch § 43b Abs. 2 Satz 5 EStG wird in diesen Fällen die Anstrengung des Freistellungsverfahrens nach § 50d Abs. 2 EStG ausgeschlossen, so dass die dividendenzahlende Tochtergesellschaft zum vollen Einbehalt von Kapitalertragsteuer verpflichtet ist.[1] Die abgeführte KapESt ist nachträglich gem. § 50d Abs. 1 Satz 2 EStG zu erstatten.[2]

50 Die Erteilung einer Freistellungsbescheinigung sowie die Erstattung von zu viel einbehaltener Kapitalertragsteuer erfolgt auf Antrag der Muttergesellschaft bei BZSt. Dem Antrag sind eine durch die für die Muttergesellschaft zuständige Steuerbehörde ausgestellte Ansässigkeitsbescheinigung sowie Belege beizufügen, aus denen sich Art, Höhe und Zuflusszeitpunkt der Kapitalerträge sowie die Höhe der einbehaltenen Kapitaltragsteuer ergeben. Im Übrigen erfolgt die Freistellung nur nach Maßgabe von § 50d Abs. 3 EStG. Die antragsbezogene Prüfung und Entscheidung obliegt dem BZSt; die objektive Feststellungslast hierfür trägt als Antragsteller die ausländische Muttergesellschaft.[3]

§ 44 Entrichtung der Kapitalertragsteuer

[4](1) ¹Schuldner der Kapitalertragsteuer ist in den Fällen des § 43 Absatz 1 Satz 1 Nummer 1 bis 7b und 8 bis 12 sowie Satz 2 der Gläubiger der Kapitalerträge. ²Die Kapitalertragsteuer entsteht in dem Zeitpunkt, in dem die Kapitalerträge dem Gläubiger zufließen. ³In diesem Zeitpunkt haben in den Fällen des § 43 Absatz 1 Satz 1 Nummer 1, 2 bis 4 sowie 7a und 7b der Schuldner der Kapitalerträge, jedoch in den Fällen des § 43 Absatz 1 Satz 1 Nummer 1 Satz 2 die für den Verkäufer der Wertpapiere den Verkaufsauftrag ausführende Stelle im Sinne des Satzes 4 Nummer 1, und in den Fällen des § 43 Absatz 1 Satz 1 Nummer 1a, 5 bis 7 und 8 bis 12 sowie Satz 2 die die Kapitalerträge auszahlende Stelle den Steuerabzug unter Beachtung der im Bundessteuerblatt veröffentlichten Auslegungsvorschriften der Finanzverwaltung für Rechnung des Gläubigers der Kapitalerträge vorzunehmen. ⁴Die die Kapitalerträge auszahlende Stelle ist

---

1 Vgl. *Storg* in Frotscher/Geurts, § 43b EStG Rz. 26.
2 Vgl. *Knaupp* in Kirchhof, § 43b EStG Rz. 5.
3 Vgl. *Lindberg* in Blümich, § 43b EStG Rz. 17.
4 Anm. d. Red.: Zur Anwendung des § 44 siehe § 52 Abs. 44.

1. in den Fällen des § 43 Absatz 1 Satz 1 Nummer 5 bis 7 Buchstabe a und Nummer 8 bis 12 sowie Satz 2

    a) das inländische Kreditinstitut oder das inländische Finanzdienstleistungsinstitut im Sinne des § 43 Absatz 1 Satz 1 Nummer 7 Buchstabe b, das inländische Wertpapierhandelsunternehmen oder die inländische Wertpapierhandelsbank,

        aa) das die Teilschuldverschreibungen, die Anteile an einer Sammelschuldbuchforderung, die Wertrechte, die Zinsscheine, die Anteile an Investmentfonds im Sinne des Investmentsteuergesetzes oder sonstigen Wirtschaftsgüter verwahrt oder verwaltet oder deren Veräußerung durchführt und die Kapitalerträge auszahlt oder gutschreibt oder in den Fällen des § 43 Absatz 1 Satz 1 Nummer 8 und 11 die Kapitalerträge auszahlt oder gutschreibt,

        bb) das die Kapitalerträge gegen Aushändigung der Zinsscheine oder der Teilschuldverschreibungen einem anderen als einem ausländischen Kreditinstitut oder einem ausländischen Finanzdienstleistungsinstitut auszahlt oder gutschreibt;

    b) der Schuldner der Kapitalerträge in den Fällen des § 43 Absatz 1 Satz 1 Nummer 7 Buchstabe a und Nummer 10 unter den Voraussetzungen des Buchstabens a, wenn kein inländisches Kreditinstitut oder kein inländisches Finanzdienstleistungsinstitut die die Kapitalerträge auszahlende Stelle ist;

2. in den Fällen des § 43 Absatz 1 Satz 1 Nummer 7 Buchstabe b das inländische Kreditinstitut oder das inländische Finanzdienstleistungsinstitut, das die Kapitalerträge als Schuldner auszahlt oder gutschreibt;

3. in den Fällen des § 43 Absatz 1 Satz 1 Nummer 1a

    a) das inländische Kredit- oder Finanzdienstleistungsinstitut im Sinne des § 43 Absatz 1 Satz 1 Nummer 7 Buchstabe b, das inländische Wertpapierhandelsunternehmen oder die inländische Wertpapierhandelsbank, welche die Anteile verwahrt oder verwaltet und die Kapitalerträge auszahlt oder gutschreibt oder die Kapitalerträge gegen Aushändigung der Dividendenscheine auszahlt oder gutschreibt oder die Kapitalerträge an eine ausländische Stelle auszahlt,

    b) die Wertpapiersammelbank, der die Anteile zur Sammelverwahrung anvertraut wurden, wenn sie die Kapitalerträge an eine ausländische Stelle auszahlt,

    c) der Schuldner der Kapitalerträge, soweit die Wertpapiersammelbank, der die Anteile zur Sammelverwahrung anvertraut wurden, keine Dividendenregulierung vornimmt; die Wertpapiersammelbank hat dem Schuldner der Kapitalerträge den Umfang der Bestände ohne Dividendenregulierung mitzuteilen;

4. in den Fällen des § 43 Absatz 1 Satz 1 Nummer 5, soweit es sich um die Vorabpauschale nach § 16 Absatz 1 Nummer 2 des Investmentsteuergesetzes handelt, das inländische Kredit- oder Finanzdienstleistungsinstitut im Sinne des § 43 Absatz 1 Satz 1 Nummer 7 Buchstabe b, das inländische Wertpapierhandelsunternehmen oder die inländische Wertpapierhandelsbank, welches oder welche die Anteile an dem Investmentfonds im Sinne des Investmentsteuergesetzes verwahrt oder verwaltet.

⁵Die innerhalb eines Kalendermonats einbehaltene Steuer ist jeweils bis zum zehnten des folgenden Monats an das Finanzamt abzuführen, das für die Besteuerung

1. des Schuldners der Kapitalerträge,
2. der den Verkaufsauftrag ausführenden Stelle oder
3. der die Kapitalerträge auszahlenden Stelle

nach dem Einkommen zuständig ist; bei Kapitalerträgen im Sinne des § 43 Absatz 1 Satz 1 Nummer 1 ist die einbehaltene Steuer in dem Zeitpunkt abzuführen, in dem die Kapitalerträge dem Gläubiger zufließen. ⁶Dabei ist die Kapitalertragsteuer, die zu demselben Zeitpunkt abzuführen ist, jeweils auf den nächsten vollen Eurobetrag abzurunden. ⁷Wenn Kapitalerträge ganz oder teilweise nicht in Geld bestehen (§ 8 Absatz 2) und der in Geld geleistete Kapitalertrag nicht zur Deckung der Kapitalertragsteuer ausreicht, hat der Gläubiger der Kapitalerträge dem zum Steuerabzug Verpflichteten den Fehlbetrag zur Verfügung zu stellen. ⁸Zu diesem Zweck kann der zum Steuerabzug Verpflichtete den Fehlbetrag von einem bei ihm unterhaltenen und auf den Namen des Gläubigers der Kapitalerträge lautenden Konto, ohne Einwilligung des Gläubigers, einziehen. ⁹Soweit der Gläubiger nicht vor Zufluss der Kapitalerträge widerspricht, darf der zum Steuerabzug Verpflichtete auch insoweit die Geldbeträge von einem auf den Namen des Gläubigers der Kapitalerträge lautenden Konto einziehen, wie ein mit dem Gläubiger vereinbarter Kontokorrentkredit für dieses Konto nicht in Anspruch genommen wurde. ¹⁰Soweit der Gläubiger seiner Verpflichtung nicht nachkommt, hat der zum Steuerabzug Verpflichtete dies dem für ihn zuständigen Betriebsstättenfinanzamt anzuzeigen. ¹¹Das Finanzamt hat die zu wenig erhobene Kapitalertragsteuer vom Gläubiger der Kapitalerträge nachzufordern.

(1a) ¹Werden inländische Aktien über eine ausländische Stelle mit Dividendenberechtigung erworben, aber ohne Dividendenanspruch geliefert und leitet die ausländische Stelle auf die Erträge im Sinne des § 20 Absatz 1 Nummer 1 Satz 4 einen einbehaltenen Steuerbetrag im Sinne des § 43a Absatz 1 Satz 1 Nummer 1 an eine inländische Wertpapiersammelbank weiter, ist diese zur Abführung der einbehaltenen Steuer verpflichtet. ²Bei Kapitalerträgen im Sinne des § 43 Absatz 1 Satz 1 Nummer 1 und 2 gilt Satz 1 entsprechend.

(1b) Bei inländischen und ausländischen Investmentfonds ist für die Vorabpauschale nach § 16 Absatz 1 Nummer 2 des Investmentsteuergesetzes Absatz 1 Satz 7 bis 11 entsprechend anzuwenden.

(2) ¹Gewinnanteile (Dividenden) und andere Kapitalerträge im Sinne des § 43 Absatz 1 Satz 1 Nummer 1, deren Ausschüttung von einer Körperschaft beschlossen wird, fließen dem Gläubiger der Kapitalerträge an dem Tag zu (Absatz 1), der im Beschluss als Tag der Auszahlung bestimmt worden ist. ²Ist die Ausschüttung nur festgesetzt, ohne dass über den Zeitpunkt der Auszahlung ein Beschluss gefasst worden ist, so gilt als Zeitpunkt des Zufließens der Tag nach der Beschlussfassung; ist durch Gesetz eine abweichende Fälligkeit des Auszahlungsanspruchs bestimmt oder lässt das Gesetz eine abweichende Bestimmung der Fälligkeit durch Satzungsregelung zu, gilt als Zeitpunkt des Zufließens der Tag der Fälligkeit. ³Für Kapitalerträge im Sinne des § 20 Absatz 1 Nummer 1 Satz 4 gelten diese Zuflusszeitpunkte entsprechend.

(3) ¹Ist bei Einnahmen aus der Beteiligung an einem Handelsgewerbe als stiller Gesellschafter in dem Beteiligungsvertrag über den Zeitpunkt der Ausschüttung keine Vereinbarung getroffen, so gilt der Kapitalertrag am Tag nach der Aufstellung der Bilanz oder einer sonstigen Feststellung des Gewinnanteils des stillen Gesellschafters, spätestens jedoch sechs Monate nach

Ablauf des Wirtschaftsjahres, für das der Kapitalertrag ausgeschüttet oder gutgeschrieben werden soll, als zugeflossen. ²Bei Zinsen aus partiarischen Darlehen gilt Satz 1 entsprechend.

(4) Haben Gläubiger und Schuldner der Kapitalerträge vor dem Zufließen ausdrücklich Stundung des Kapitalertrags vereinbart, weil der Schuldner vorübergehend zur Zahlung nicht in der Lage ist, so ist der Steuerabzug erst mit Ablauf der Stundungsfrist vorzunehmen.

(5) ¹Die Schuldner der Kapitalerträge, die den Verkaufsauftrag ausführenden Stellen oder die die Kapitalerträge auszahlenden Stellen haften für die Kapitalertragsteuer, die sie einzubehalten und abzuführen haben, es sei denn, sie weisen nach, dass sie die ihnen auferlegten Pflichten weder vorsätzlich noch grob fahrlässig verletzt haben. ²Der Gläubiger der Kapitalerträge wird nur in Anspruch genommen, wenn

1. der Schuldner, die den Verkaufsauftrag ausführende Stelle oder die die Kapitalerträge auszahlende Stelle die Kapitalerträge nicht vorschriftsmäßig gekürzt hat,
2. der Gläubiger weiß, dass der Schuldner, die den Verkaufsauftrag ausführende Stelle oder die die Kapitalerträge auszahlende Stelle die einbehaltene Kapitalertragsteuer nicht vorschriftsmäßig abgeführt hat, und dies dem Finanzamt nicht unverzüglich mitteilt oder
3. das die Kapitalerträge auszahlende inländische Kreditinstitut oder das inländische Finanzdienstleistungsinstitut die Kapitalerträge zu Unrecht ohne Abzug der Kapitalertragsteuer ausgezahlt hat.

³Für die Inanspruchnahme des Schuldners der Kapitalerträge, der den Verkaufsauftrag ausführenden Stelle und der die Kapitalerträge auszahlenden Stelle bedarf es keines Haftungsbescheids, soweit der Schuldner, die den Verkaufsauftrag ausführende Stelle oder die die Kapitalerträge auszahlende Stelle die einbehaltene Kapitalertragsteuer richtig angemeldet hat oder soweit sie ihre Zahlungsverpflichtungen gegenüber dem Finanzamt oder dem Prüfungsbeamten des Finanzamts schriftlich anerkennen.

(6) ¹In den Fällen des § 43 Absatz 1 Satz 1 Nummer 7c gilt die juristische Person des öffentlichen Rechts und die von der Körperschaftsteuer befreite Körperschaft, Personenvereinigung oder Vermögensmasse als Gläubiger und der Betrieb gewerblicher Art und der wirtschaftliche Geschäftsbetrieb als Schuldner der Kapitalerträge. ²Die Kapitalertragsteuer entsteht, auch soweit sie auf verdeckte Gewinnausschüttungen entfällt, die im abgelaufenen Wirtschaftsjahr vorgenommen worden sind, im Zeitpunkt der Bilanzerstellung; sie entsteht spätestens acht Monate nach Ablauf des Wirtschaftsjahres; in den Fällen des § 20 Absatz 1 Nummer 10 Buchstabe b Satz 2 am Tag nach der Beschlussfassung über die Verwendung und in den Fällen des § 22 Absatz 4 des Umwandlungssteuergesetzes am Tag nach der Veräußerung. ³Die Kapitalertragsteuer entsteht in den Fällen des § 20 Absatz 1 Nummer 10 Buchstabe b Satz 3 zum Ende des Wirtschaftsjahres. ⁴Die Absätze 1 bis 4 und 5 Satz 2 sind entsprechend anzuwenden. ⁵Der Schuldner der Kapitalerträge haftet für die Kapitalertragsteuer, soweit sie auf verdeckte Gewinnausschüttungen und auf Veräußerungen im Sinne des § 22 Absatz 4 des Umwandlungssteuergesetzes entfällt.

(7) ¹In den Fällen des § 14 Absatz 3 des Körperschaftsteuergesetzes entsteht die Kapitalertragsteuer in dem Zeitpunkt der Feststellung der Handelsbilanz der Organgesellschaft; sie entsteht spätestens acht Monate nach Ablauf des Wirtschaftsjahres der Organgesellschaft. ²Die entstandene Kapitalertragsteuer ist an dem auf den Entstehungszeitpunkt nachfolgenden Werktag an das Finanzamt abzuführen, das für die Besteuerung der Organgesellschaft nach dem Einkommen zuständig ist. ³Im Übrigen sind die Absätze 1 bis 4 entsprechend anzuwenden.

Inhaltsübersicht

	Rz.
A. Allgemeine Erläuterungen	1 – 7
I. Normzweck und wirtschaftliche Bedeutung der Vorschrift	1 – 2
II. Entstehung und Entwicklung der Vorschrift	3 – 7
B. Systematische Kommentierung	8 – 96
I. Allgemeines	8 – 10
II. Schuldner der Kapitalertragsteuer (§ 44 Abs. 1 Satz 1 EStG)	11 – 13
III. Entstehung der Kapitalertragsteuer (§ 44 Abs. 1 Satz 2 EStG)	14 – 17
IV. Verpflichtung zum Steuerabzug (§ 44 Abs. 1 Satz 3 und 4 EStG)	18 – 30
V. Abführung der Kapitalertragsteuer, Sachleistungen und Meldepflichten (§ 44 Abs. 1 Satz 5 bis 11 EStG; s.a. → Rz. 35)	31 – 40
VI. Entrichtung von durch ausländische Stellen einbehaltenen Steuerbeträgen auf Kompensationszahlungen in bestimmten Fällen (§ 44 Abs. 1a EStG)	41 – 43
VII. Erhebung von Kapitalertragsteuer auf die Vorabpauschale (§ 44 Abs. 1b EStG)	44 – 45
VIII. Zufluss bei Gewinnanteilen und anderen Kapitalerträgen i.S.v. § 43 Abs. 1 Satz 1 Nr. 1 EStG (§ 44 Abs. 2 EStG)	46 – 55
IX. Zufluss bei stillen Gesellschaften und partiarischen Darlehen (§ 44 Abs. 3 EStG)	56 – 60
X. Zufluss bei Stundung des Kapitalertrags (§ 44 Abs. 4 EStG)	61 – 65
XI. Haftung und Nachforderung (§ 44 Abs. 5 EStG)	66 – 90
1. Haftung des Steuerabzugsverpflichteten (§ 44a Abs. 5 Satz 1 und 3 EStG)	66 – 80
2. Nachforderung von Kapitalertragsteuer (§ 44a Abs. 5 Satz 2 EStG)	81 – 90
XII. Entstehung der Kapitalertragsteuer bei Betrieben gewerblicher Art ohne eigene Rechtspersönlichkeit und bei wirtschaftlichen Geschäftsbetrieben steuerbefreiter Körperschaften (§ 44 Abs. 6 EStG)	91 – 95
XIII. Entstehung der Kapitalertragsteuer bei vororganschaftlich verursachten Mehrabführungen i.S.d. § 14 Abs. 3 KStG (§ 44 Abs. 7 EStG)	96

HINWEIS:

BMF v. 18.1.2016, BStBl 2016 I 85; BMF v. 20.4.2016, BStBl 2016 I 475; BMF v. 16.6.2016, BStBl 2016 I 527; BMF v. 12.4.2018, BStBl 2018 I 624.

A. Allgemeine Erläuterungen

I. Normzweck und wirtschaftliche Bedeutung der Vorschrift

1 § 44 EStG regelt die Entstehung und Entrichtung der Kapitalertragsteuer und definiert die zur Umsetzung des Steuerabzugsverfahrens verpflichteten Stellen.

2 *(Einstweilen frei)*

II. Entstehung und Entwicklung der Vorschrift

3 Die Vorschrift wurde seit ihrer Einführung durch das Körperschaftsteuerreformgesetz (KStRG) v. 31.8.1976[1] mehrfach geändert und vor allem in den vergangenen Jahren an eine dynamische Rechtsentwicklung angepasst. Nachfolgend wird kurz die wesentliche Entwicklung der Vorschrift aufgeführt:

---

[1] BGBl 1976 I 2597.

Allgemeine Erläuterungen §44 EStG

- Durch das Zinsabschlaggesetz (ZinsabschlagG) v. 9.11.1992[1] wurde der Begriff der auszahlenden Stelle und die Exkulpationsmöglichkeit für den Steuerabzugsverpflichteten bei der Haftung nach § 44 Abs. 5 EStG eingeführt.
- Durch das Missbrauchsbekämpfungs- und Steuerbereinigungsgesetz (StMBG) v. 21.12.1993[2] wurden die Regelungen zu Tafelgeschäften und zu Sachleistungen eingefügt.
- Durch das Steuersenkungsgesetz (StSenkG) v. 23.11.2000[3] wurde § 44 Abs. 6 EStG an die Änderungen in § 43 EStG angepasst. Darüber hinaus wurde die Regelung in § 44 Abs. 6 EStG eingefügt.
- Durch das Unternehmenssteuerfortentwicklungsgesetz (UntStFG) v. 20.12.2001[4] wurde § 44 Abs. 6 EStG um die Entstehung der Kapitalertragsteuer bei verdeckten Gewinnausschüttungen durch Betriebe gewerblicher Art und bei Veräußerung einbringungsgeborener Anteile ergänzt.
- Durch das Gesetz zur Änderung der Abgabenordnung (AOÄndG) v. 21.7.2004[5] wurde die Monatsanmeldung für Kapitalerträge i.S.v. § 43 Abs. 1 Nr. 1 EStG eingeführt.
- Durch das Richtlinien-Umsetzungsgesetz (EURLUmsG) v. 9.12.2004[6] wurde die Regelungen in § 44 Abs. 7 EStG an die gesetzliche Regelung in § 14 Abs. 3 KStG angepasst.
- Durch das Unternehmensteuerreformgesetz 2008 (UntStRefG 2008) v. 14.8.2007[7] wurde § 44 EStG an die erweiterten Tatbestände in § 43 EStG angepasst. Darüber hinaus wurden die Steuerabzugsverpflichteten um Wertpapierhandelsunternehmen/-banken erweitert.
- Durch das OGAW-IV-UmsG v. 22.6.2011[8] wurde § 44 EStG u.a. an die Einführung des Tatbestands nach § 43 Abs. 1 Satz 1 Nr. 1a EStG angepasst.
- Durch das Amtshilferichtlinie-Umsetzungsgesetz (AmtshilfeRLUmsG) v. 26.6.2013[9] wurde § 44 Abs. 1a EStG eingefügt, der die Entrichtung von Steuerabzugsbeträgen von durch ausländische Stellen einbehaltenen Steuerbeträgen regelt.
- Durch das Steueränderungsgesetz 2015 (StÄndG 2015) v. 2.11.2015[10] wurde in § 44 Abs. 1 Satz 3 EStG die Bindung der Steuerabzugsverpflichteten an die Auslegungsvorschriften der Finanzverwaltung erstmals gesetzlich geregelt. Durch Neuregelung in § 44 Abs. 2 Satz 2 EStG wird die Erhebung von Kapitalertragsteuer vor Zufluss der Gewinnausschüttung vermieden.
- Durch das Gesetz zur Reform der Investmentbesteuerung (InvStRefG) v. 19.7.2016[11] wurde § 44 EStG an die neuen Abzugstatbestände des § 43 EStG angepasst. Darüber hinaus wurde § 44 Abs. 1 Satz 8 und 9 EStG eine gesetzliche Ermächtigung für den Einzug

---

1 BGBl 1992 I 1853.
2 BGBl 1993 I 2310.
3 BGBl 2000 I 1433.
4 BGBl 2001 I 3858.
5 BGBl 2004 I 1753.
6 BGBl 2004 I 3310.
7 BGBl 2007 I 1912.
8 BGBl 2011 I 1126.
9 BGBl 2013 I 1809.
10 BGBl 2015 I 1834.
11 BGBl 2016 I 1730.

erforderlicher Geldbeträge von Konten des Gläubigers der Kapitalerträge durch den Steuerabzugsverpflichteten eingeführt. Die neuen Regelungen greifen gemäß § 52 Abs. 44 Satz 2 EStG ab 1.1.2018.

4–7 *(Einstweilen frei)*

B. Systematische Kommentierung

I. Allgemeines

8 § 44 EStG regelt Art und Umfang zur Entrichtung der Kapitalertragsteuer. Im Einzelnen werden folgende Punkte behandelt:

- § 44 Abs. 1 EStG: Definition des sachlichen und persönlichen Anwendungsbereichs einschließlich Anmeldung der einbehaltenen Steuer.
- § 44 Abs. 1a EStG: Entrichtung von ausländischen Stellen einbehalteter Steuerbeträge auf Kompensationszahlungen in Cum-Ex-Fällen.
- § 44 Abs. 2 EStG: Zuflusszeitpunkt bei Kapitalerträgen i. S. v. § 43 Abs. 1 Satz 1 Nr. 1 EStG.
- § 44 Abs. 3 EStG: Zuflusszeitpunkt bei Kapitalerträgen i. S. v. § 43 Abs. 1 Satz 1 Nr. 4 EStG.
- § 44 Abs. 4 EStG: Steuerabzug in Stundungsfällen.
- § 44 Abs. 5 EStG: Haftungsvorschriften.
- § 44 Abs. 6 EStG: Steuerabzug bei Betrieben gewerblicher Art ohne eigene Rechtspersönlichkeit und bei wirtschaftlichen Geschäftsbetrieben steuerbefreiter Körperschaften.
- § 44 Abs. 7 EStG: Steuerabzug bei vororganschaftlich verursachten Mehrabführungen i. S. v. § 14 Abs. 3 KStG.

9–10 *(Einstweilen frei)*

II. Schuldner der Kapitalertragsteuer (§ 44 Abs. 1 Satz 1 EStG)

11 Nach § 44 Abs. 1 Satz 1 EStG ist der Gläubiger der Kapitalerträge bei Kapitalerträgen nach § 43 Abs. 1 Satz 1 Nr. 1 bis 7b, 8 bis 12 und Satz 2 EStG Schuldner der Kapitalertragsteuer und somit Steuerschuldner i. S. v. § 33 Abs. 1 AO.

12 Gläubiger der Kapitalerträge ist derjenige, dem die Einkünfte aus Kapitalvermögen zuzurechnen sind. Bei Kapitalerträgen nach § 20 Abs. 1 Nr. 1 und 2 EStG erzielt der Anteilseigner die Einkünfte aus Kapitalvermögen, vgl. KKB/Kempf, § 20 EStG Rz. 385.

13 *(Einstweilen frei)*

III. Entstehung der Kapitalertragsteuer (§ 44 Abs. 1 Satz 2 EStG)

14 Nach § 38 AO entstehen die Ansprüche aus dem Steuerschuldverhältnis, sobald der Tatbestand verwirklicht ist, an den das Gesetz die Leistungspflicht knüpft. Die Kapitalertragsteuer entsteht nach § 44 Abs. 1 Satz 2 EStG in dem Zeitpunkt, in dem die Kapitalerträge dem Gläubiger zufließen.

15 Für Zwecke des Kapitalertragsteuerabzugs enthält § 44 EStG verschiedene Zuflussregeln. In den nicht in § 44 EStG geregelten Fällen greifen m. E. die allgemeinen Grundsätze von § 11 EStG.

16–17 *(Einstweilen frei)*

IV. Verpflichtung zum Steuerabzug (§ 44 Abs. 1 Satz 3 und 4 EStG)

Die Verpflichtung zum Steuerabzug ist nach § 44 Abs. 1 Satz 3 EStG von der Art des Kapitalertrags abhängig. 18

Bei Kapitalerträgen i. S. v. § 43 Abs. 1 Satz 1 Nr. 1, 2 bis 4, 7a und 7b EStG ist der Schuldner der Kapitalerträge zum Steuerabzug verpflichtet (Schuldnerkapitalertragsteuer). Schuldner der Kapitalerträge ist derjenige, der die Kapitalerträge bürgerlich-rechtlich zahlen muss. 19

Bei Kapitalerträgen i. S. v. § 43 Abs. 1 Satz 1 Nr. 1a, 6, 7 und 8 bis 12 sowie Satz 2 EStG[1] ist die die Kapitalerträge auszahlende Stelle zum Steuerabzug verpflichtet (Zahlstellenkapitalertragsteuer). Auszahlende Stelle ist die Stelle, die die Kapitalerträge auszahlt oder gutschreibt. 20

Die auszahlende Stelle ist für die verschiedenen Kapitalerträge in § 44 Abs. 1 Satz 4 Nr. 1 bis 3 EStG im Einzelnen definiert. Im Regelfall fungieren das inländische Kredit- oder das inländische Finanzdienstleistungsinstitut als auszahlende Stelle. In bestimmten Fällen fungieren auch das inländische Wertpapierhandelsunternehmen oder die inländische Wertpapierhandelsbank als auszahlende Stelle. 21

Bei Kapitalerträgen i. S. v. § 43 Abs. 1 Satz 1 Nr. 1a EStG ist der Schuldner der Kapitalerträge nach § 44 Abs. 1 Satz 4 Nr. 3 Buchst. c EStG zum Steuerabzug verpflichtet, soweit die Wertpapiersammelbank, der die Anteile zur Sammelverwahrung anvertraut wurden, keine Dividendenregulierung vornimmt. 22

Bei Kapitalerträgen i. S. v. § 43 Abs. 1 Satz 1 Nr. 1 Satz 2 EStG („isolierte Veräußerung von Dividendenscheinen") ist die für den Verkäufer den Verkaufsauftrag ausführende Stelle zum Steuerabzug verpflichtet. 23

Nach der durch das InvStRefG[2] neu eingefügten Regelung zur Definition der auszahlenden Stelle in den Fällen des § 43 Abs. 1 Nr. 5 EStG i. d. F. des InvStRefG[3] ist, soweit es sich um die Vorabpauschale i. S. d. § 16 Abs. 1 Nr. 2 InvStG i. d. F. des InvStRefG v. 19. 7. 2016 handelt, das inländische Kredit- oder Finanzdienstleistungsinstitut i. S. d. § 43 Abs. 1 Satz 1 Nr. 7 Buchst. b EStG, das inländische Wertpapierhandelsunternehmen oder die inländische Wertpapierhandelsbank, welches oder welche die Anteile an dem Investmentfonds i. S. d. Investmentsteuergesetzes verwahrt oder verwaltet, als auszahlende Stelle anzusehen. 24

Der Steuerabzug erfolgt durch den Abzugsverpflichteten stets für Rechnung des Gläubigers der Kapitalerträge. 25

Nach der durch das StÄndG 2015[4] eingefügten Ergänzung in § 44 Abs. 1 Satz 3 EStG haben die Steuerabzugsverpflichteten bei der Fragestellung, ob ein steuer- und abzugspflichtiger Kapitalertrag dem Grunde oder der Höhe nach anzunehmen ist, die Rechtsauffassung der Finanzverwaltung zu beachten. Ausweislich der Gesetzesbegründung ist es aufgrund der Systematik der Abgeltungsteuer erforderlich, dass die Kreditinstitute als Organe der Steuererhebung die Rechtsauffassung der Finanzverwaltung hinsichtlich des Kapitalertragsteuereinbehalts ein- 26

---

1 Ab 1. 1. 2018 ist unter Berücksichtigung der Erträge nach § 16 Abs. 1 InvStG i. d. F. des InvStRefG v. 19. 7. 2016 durch die auszahlende Stelle der Steuerabzug von folgenden Kapitalerträgen vorzunehmen, s. § 43 Abs. 1 Satz 1 Nr. 1a, 5 bis 7 und 8 bis 12 sowie Satz 2 EStG, vgl. § 52 Abs. 44 Satz 2 EStG.
2 BGBl 2016 I 1730.
3 BGBl 2016 I 1730.
4 BGBl 2015 I 1834.

heitlich anwenden. Nur so kann verhindert werden, dass der Umfang der Steuererhebung davon abhängig ist, bei welchem Institut der Steuerpflichtige sein Kapital anlegt.[1]

27–30 *(Einstweilen frei)*

V. Abführung der Kapitalertragsteuer, Sachleistungen und Meldepflichten (§ 44 Abs. 1 Satz 5 bis 11 EStG; s. a. → Rz. 35[2])

31 Die durch den Steuerabzugsverpflichteten innerhalb eines Kalendermonats einbehaltene Steuer ist jeweils bis zum 10. des Folgemonats (Monatsanmeldung) an das für ihn zuständige Finanzamt abzuführen. Bei Kapitalerträgen i. S. v. § 43 Abs. 1 Satz 1 Nr. 1 EStG ist die Steuer abweichend von vorgenannten Grundsatz bereits in dem Zeitpunkt abzuführen, in dem die Kapitalerträge dem Gläubiger zufließen, vgl. § 44 Abs. 1 Satz 5 2. Halbsatz EStG (Tagesanmeldung). Zu Einzelheiten des Verfahrens zur Steueranmeldung vgl. KKB/Anemüller, § 45a EStG Rz. 21 bis 53.

32 Die Kapitalertragsteuer ist auf den nächsten vollen Euro abzurunden (§ 44 Abs. 1 Satz 6 EStG). Der Solidaritätszuschlag und die Kirchensteuer auf Kapitalertragsteuer werden in Centbeträgen abgeführt.

33 Bestehen die Kapitalerträge ganz oder teilweise nicht in Geld (Sachleistungen) und reicht der in Geld geleistete Kapitalertrag nicht zur Deckung der Kapitalertragsteuer aus, hat der Gläubiger der Kapitalerträge die fehlenden Beträge dem Steuerabzugsverpflichteten zur Verfügung zu stellen.[3] Die Kapitalertragsteuer ist stets in Geld zu leisten. Kommt der Gläubiger der Kapitalerträge seiner Verpflichtung zur Leistung der Kapitalertragsteuer an den Steuerabzugsverpflichteten nicht nach, hat dieser dies dem für ihn zuständigen Finanzamt anzuzeigen.[4] Das zuständige Finanzamt fordert die zu wenig erhobene Kapitalertragsteuer nach § 44 Abs. 1 Satz 9 EStG unmittelbar vom Gläubiger der Kapitalerträge an.

34 Im Schreiben vom 12.4.2018[5] nimmt das BMF erstmalig zu der Frage Stellung, welche Mindestanforderungen an eine Meldung i. S. d. § 44 Abs. 1 Satz 10 EStG gestellt werden. Die an das Betriebsstättenfinanzamt zu richtende Meldung nach § 44 Abs. 1 Satz 10 EStG hat folgende Angaben zu enthalten:

▶ die Identifikationsnummer, den Namen und die Anschrift des Gläubiger der Kapitalerträge,

▶ das Datum des fehlgeschlagenen Steuereinbehalts,

▶ das betroffene Wertpapier mit Name, ISIN und Anzahl, soweit vorhanden, ansonsten die Bezeichnung des betroffenen Kapitalertrags, und

▶ die Höhe des Kapitalertrags, für den der Steuereinbehalt fehlgeschlagen ist.

Nur anhand dieser Angaben ist der FinVerw. die Beurteilung möglich, ob und in welchem Umfang der Gläubiger der Kapitalerträge durch Nachforderungsbescheid zur Kapitalertragsteuer in Anspruch zu nehmen ist.

---

1 BR-Drucks. 121/15 v. 27. 3. 2015, 48.
2 Durch das InvStRefG v. 19. 7. 2016 (BGBl 2016 I 1730) wurden mit Wirkung ab 1. 1. 2018 die Sätze 8 und 9 neu eingefügt.
3 Vgl. § 44 Abs. 1 Satz 7 EStG vor Inkrafttreten des InvStRefG.
4 Vgl. § 44 Abs. 1 Satz 8 EStG vor Inkrafttreten des InvStRefG.
5 BMF v. 12.4.2018, BStBl 2018 I 624, Rz. 251d.

Wird die Kapitalertragsteuer durch den Steuerabzugsverpflichteten nicht ordnungsgemäß einbehalten und abgeführt oder kommt dieser seinen Mitteilungsverpflichtungen nicht nach, kommt ggf. eine Haftung nach § 44 Abs. 5 EStG in Betracht. Darüber hinaus bleiben die Voraussetzungen der leichtfertigen Steuerverkürzung (§ 378 AO) oder die Gefährdung von Abzugssteuern (§ 380 AO) zu prüfen. 35

Mit Wirkung ab VZ 2018 wird die depotführende Stelle insbesondere für Fälle unbarer steuerpflichtiger Kapitalmaßnahmen sowie zur Erhebung von Kapitalertragsteuer auf die Vorabpauschale nach § 16 Abs. 1 Nr. 2 InvStG i. d. F. des InvStRefG v. 19. 7. 2016 (s. → Rz. 44 ff.).[1] ermächtigt, die erforderlichen Geldbeträge von einem Konto des Gläubigers der Kapitalerträge einzuziehen. Die Neuregelung beinhaltet keine Einwilligungsverpflichtung des Steuerpflichtigen. Hintergrund der insoweit fehlenden Widerspruchsmöglichkeit des Gläubigers der Kapitalerträge ist die Administrierbarkeit eines sich sodann daran anschließenden Mitteilungsverfahrens der Kreditwirtschaft an das zuständige Betriebsstättenfinanzamt.[2] Allerdings steht dem Gläubiger der Kapitalerträge bei möglicher Inanspruchnahme eines vereinbarten Kontokorrentkredits nach § 44 Abs. 1 Satz 9 EStG i. d. F. des InvStRefG v. 19. 7. 2016[3] die Möglichkeit eines Widerspruchs gegenüber der depotführenden Stelle offen. Für den Fall, dass die Erhebung von Kapitalertragsteuer in den o. g. Fällen zur Inanspruchnahme eines ohnehin vereinbarten Kontokorrentkredits führt, besteht vor dem Zufluss der Kapitalerträge die Möglichkeit, die Inanspruchnahme des Kontokorrentkredits vollständig oder teilweise (niedrigerer Überziehungsbetrag) zu unterbinden. Nach dem Gesetzeswortlaut ist ein rückwirkender Widerspruch ausgeschlossen und führt somit nicht zu einer nachträglichen Erstattung bereits erhobener Kapitalertragsteuer. Der Widerspruch kann gesondert für jedes Konto erfolgen. 36

(Einstweilen frei) 37–40

VI. Entrichtung von durch ausländische Stellen einbehaltenen Steuerbeträgen auf Kompensationszahlungen in bestimmten Fällen (§ 44 Abs. 1a EStG)

Erfolgt die Abwicklung von Transaktionen inländischer Aktien über eine ausländische Stelle und werden die inländischen Aktien mit Dividendenberechtigung erworben jedoch ohne Dividendenberechtigung geliefert (Cum-Ex-Geschäfte) und werden durch die ausländische Stelle auf die Kompensationszahlungen i. S. d. § 20 Abs. 1 Nr. 1 Satz 4 EStG Steuerbeträge i. S. v. § 43a Abs. 1 Satz 1 Nr. 1 EStG einbehalten und an eine inländische Wertpapiersammelbank weitergeleitet, ist die inländische Wertpapiersammelbank zur Abführung der einbehaltenen Steuer verpflichtet. 41

Es handelt sich um einen Steuerabzug durch die ausländische Stelle auf freiwilliger Basis. Es ist grds. nicht möglich, eine ausländische Stelle zum inländischen (deutschen) Steuerabzug zu verpflichten. 42

Nach § 44 Abs. 1a Satz 2 EStG gilt bei Kapitalerträgen i. S. v. § 43 Abs. 1 Satz 1 Nr. 1 und 2 EStG das oben Dargestellte entsprechend. 43

---

[1] BGBl 2016 I 1730. Hinweis auf die Ausführungen zu § 44 Abs. 1b EStG i. d. F. des InvStRefG v. 19. 7. 2016.
[2] Vgl. BT-Drucks. 18/8739, 120.
[3] BGBl 2016 I 1730.

VII. Erhebung von Kapitalertragsteuer auf die Vorabpauschale (§ 44 Abs. 1b EStG)

44 Auf die Vorabpauschale nach § 16 Abs. 1 Nr. 2 InvStG i. d. F. des InvStRefG v. 19. 7. 2016[1] ist sowohl bei Anlagen in inländische als auch in ausländische Investmentfonds Kapitalertragsteuer zu erheben. Mangels Geldfluss ist der Gläubiger der Kapitalerträge dazu verpflichtet, der auszahlenden Stelle die erforderlichen Geldbeträge zur Verfügung zu stellen. Durch den Verweis auf § 44 Abs. 1 Satz 7 bis 11 EStG gelten die dortigen Regelungen entsprechend, s. → Rz. 31 ff.

45 Im Vergleich zur bisherigen praktischen Umsetzung bei der Versteuerung von Erträgen aus ausländischen thesaurierenden Investmentfonds, stellt das neu eingeführte Verfahren eine Vereinfachung für den Gläubiger der Kapitalerträge und für die Finanzverwaltung dar. Bisher wurde die Versteuerung der akkumulierten ausschüttungsgleichen Erträge lediglich bei Veräußerung über eine inländische depotführende Stelle sichergestellt und hat zu erheblichen Problemen bei der praktischen Umsetzung geführt. Die Finanzverwaltung hatte die Anrechnung der auf die ausländischen Erträge entfallenden Steuerbeträge im Regelfall von der zutreffenden Besteuerung der ausschüttungsgleichen Erträge in den Vorjahren abhängig gemacht.[2] Die Neuregelung gilt gemäß § 52 Abs. 44 Satz 2 EStG ab 1. 1. 2018.

VIII. Zufluss bei Gewinnanteilen und anderen Kapitalerträgen i. S. v. § 43 Abs. 1 Satz 1 Nr. 1 EStG (§ 44 Abs. 2 EStG)

46 In § 44 Abs. 2 EStG wird für Zwecke des Kapitalertragsteuerabzugs der Zufluss der Kapitalerträge bestimmt. Die Regelungen in § 44 Abs. 2 Satz 1 und 2 EStG gelten sowohl für „reguläre" Gewinnanteile und vergleichbare Kapitalerträge i. S. v. § 43 Abs. 1 Satz 1 Nr. 1 EStG als auch auf Kompensationszahlungen i. S. v. § 20 Abs. 1 Nr. 1 Satz 4 EStG (s. § 44 Abs. 2 Satz 3 EStG).

47 Wurde im Gewinnverteilungsbeschluss der Tag der Auszahlung bestimmt, fließen dem Gläubiger der Kapitalerträge die Kapitalerträge an dem bestimmten Tag zu.

48 Ist keine Beschlussfassung zum Tag der Auszahlung erfolgt, sondern nur ein Beschluss über die Ausschüttung an sich, gilt als Zuflusstag der Tag nach Beschlussfassung.

49 Die Zuflussregeln nach § 44 Abs. 2 EStG gelten unabhängig davon, ob es sich um einen endgültigen Beschluss oder um einen Beschluss handelt, der nicht gesellschaftsrechtlichen Anforderungen entspricht. Bei beherrschenden Gesellschaftern/Alleingesellschaftern einer Kapitalgesellschaft, gilt für den Steuerabzug nicht der Zufluss i. S. v. § 11 Abs. 1 EStG.[3]

50 Ist der Zeitpunkt der Fälligkeit des Kapitalertrags abweichend vom Leitbild der sofortigen Fälligkeit bestimmt, regelt § 44 Abs. 2 Satz 2 letzter Halbsatz EStG, dass die Erhebung der Kapitalertragsteuer nicht vor dem Zufluss der Dividendenzahlung erfolgt.[4]

PRAXISHINWEIS:
Diese durch das StÄndG 2015[5] eingefügte Neuregelung berücksichtigt solche Fälle, in denen der Zeitpunkt der Fälligkeit gesetzlich bspw. erst wenige Tage nach dem Gewinnverwendungsbeschluss eintritt.

51–55 *(Einstweilen frei)*

---

1 BGBl 2016 I 1730.
2 Zu weiteren Einzelheiten s. BMF v. 17. 12. 2012, BStBl 2013 I 54.
3 H 20.2 „Zuflusszeitpunkt bei Gewinnausschüttungen" EStH.
4 BT-Drucks. 18/6094, 87.
5 BGBl 2015 I 1834.

IX. Zufluss bei stillen Gesellschaften und partiarischen Darlehen (§ 44 Abs. 3 EStG)

In § 44 Abs. 3 EStG wird für Zwecke des Kapitalertragsteuerabzugs der Zufluss der Kapitalerträge aus stiller Gesellschaft und partiarischen Darlehen bestimmt. **56**

Grundsätzlich gilt der vertraglich vereinbarte Tag als Tag des Zuflusses der Kapitalerträge und ist somit für den Steuerabzug maßgebend. Fehlt es hingegen an einer hinreichend konkreten Vereinbarung über den Zeitpunkt der Ausschüttung, gilt der Kapitalertrag am Tag nach der Aufstellung der Bilanz oder einer sonstigen Feststellung des Gewinnanteils des stillen Gesellschafters als zugeflossen. Spätestens wird der Zufluss sechs Monate nach Ablauf des Wirtschaftsjahres, für das der Kapitalertrag ausgeschüttet oder gutgeschrieben werden soll, angenommen. M. E. ist für die Anmeldung der Steuer (vgl. KKB/Anemüller, § 45a EStG Rz. 21 ff.) nach Ablauf von sechs Monaten im Zweifel eine Schätzung der Höhe der Kapitalerträge vorzunehmen. **57**

Bei typischen Unterbeteiligungen hat der Hauptbeteiligte die Verpflichtungen im Steuerabzugsverfahren zu erfüllen. **58**

(Einstweilen frei) **59–60**

X. Zufluss bei Stundung des Kapitalertrags (§ 44 Abs. 4 EStG)

Für den Fall, dass der Schuldner der Kapitalerträge **vorübergehend nicht zur Zahlung** der Kapitalerträge **in der Lage** ist und der Schuldner und der Gläubiger der Kapitalerträge **vor dem** (eigentlichen) **Zufluss** der Kapitalerträge eine Stundung des Kapitalertrags vereinbaren, ist der **Steuerabzug erst mit Ablauf der Stundungsfrist** vorzunehmen. Mithin wird ein Zufluss der Kapitalerträge erst zu diesem Zeitpunkt angenommen. **61**

Eine Stundung kann m. E. dann sinnvoll sein, wenn Kapitalerträge ganz oder teilweise zu einem bestimmten Zeitpunkt fingiert werden. **62**

Ein Zufluss ist nach Ablauf der Stundungsfrist m. E. nur dann anzunehmen, wenn der Gläubiger der Kapitalerträge auch wirtschaftliche Verfügungsmacht (vgl. KKB/Korff, § 11 EStG Rz. 51 ff.) erlangt hat. **63**

Keine wirksame Stundung i. S.v. § 44 Abs. 4 EStG liegt vor, wenn die Stundung im Interesse des Gläubigers der Kapitalerträge erfolgt. **64**

(Einstweilen frei) **65**

XI. Haftung und Nachforderung (§ 44 Abs. 5 EStG)

1. Haftung des Steuerabzugsverpflichteten (§ 44a Abs. 5 Satz 1 und 3 EStG)

Haften bedeutet das Einstehen für eine fremde Schuld. Der Steuerabzugsverpflichtete haftet unter den Voraussetzungen von § 44 Abs. 5 Satz 1 und 3 EStG insoweit für die Steuerschuld (Kapitalertragsteuer) des Gläubigers der Kapitalerträge. **66**

Der zum Steuerabzug Verpflichtete haftet nach § 44 Abs. 5 Satz 1 EStG für die Kapitalertragsteuer, die er einzubehalten und abzuführen hat. Es handelt sich um eine **verschuldensabhängige Haftung**, denn nach § 44 Abs. 5 Satz 1 2. Halbsatz EStG kommt eine Haftung nur dann nicht in Betracht, wenn der Steuerabzugsverpflichtete den Nachweis erbringt, weder vorsätz- **67** lich noch grob fahrlässig gehandelt zu haben. Die Haftung wird nach der gesetzlichen Regelung somit widerruflich vermutet.

68 **Vorsätzlich** handelt, wer die Pflichten kennt und bewusst missachtet. Unerheblich ist, ob der durch die Pflichtverletzung eingetretene Schaden gewollt war.[1]

Grob fahrlässig handelt, wer die nach seinen persönlichen Fähigkeiten und Verhältnissen zumutbare Sorgfalt in ungewöhnlichem Maße und in nicht entschuldbarer Weise verletzt hat. Unerheblich ist, ob die Folgen des Handelns erkannt werden, aber darauf vertraut wird, dass sie nicht eintreten werden oder ob der Erfolg der Pflichtwidrigkeit nicht vorausgesehen wurde.[2] Grob fahrlässig handelt auch derjenige, der seiner Verpflichtung zur Einbehaltung und Abführung von Kapitalertragsteuer nicht nachkommt, auch wenn der Steuerabzugsverpflichtete eine andere Rechtsauffassung[3] vertritt. Eine abweichende Rechtsmeinung ist im Rechtsbehelfsverfahren durchzusetzen.[4]

Rechtsirrtum schließt Vorsatz und bei unvermeidbarem Irrtum auch grobe Fahrlässigkeit aus.[5]

69 Der Steuerabzugsverpflichtete hat zahlreiche Verpflichtungen zu erfüllen, die zu einer Haftung führen können. M. E. sind hierzu exemplarisch folgende Punkte relevant:

- Einbehaltungspflicht,
- Entrichtungspflicht,
- Mitteilungspflicht (§ 44 Abs. 1 Satz 8 EStG),
- Umsetzung der Abstandnahme vom Steuerabzug (z. B. Freistellungsauftrag, Nichtveranlagungs-Bescheinigung, Freistellungserklärung).

70 Eine Verletzung der Einbehaltungspflicht liegt vor, wenn der Steuerabzugsverpflichtete den Steuerabzug nicht oder nicht in voller Höhe vorgenommen hat. In solchen Fällen hat das zuständige Finanzamt die Möglichkeit, sowohl den Steuerabzugsverpflichteten in Anspruch zu nehmen als auch den Gläubiger der Kapitalerträge als Steuerschuldner. Nach der Rechtsprechung des BFH hat das Veranlagungsverfahren grds. Vorrang vor dem Steuerabzugsverfahren.[6] Ist der Gläubiger der Kapitalerträge hingegen nicht im Inland zu veranlagen, ist m. E. die Haftung des Steuerabzugsverpflichteten vorrangig zu prüfen.[7] Bei Übernahme der Steuerschuld durch den zum Steuerabzug Verpflichteten wird dieser zu entsprechend höheren Steuersätzen in Anspruch genommen (vgl. KKB/Quilitzsch, § 43a EStG Rz. 19 ff.).

71 Eine Verletzung der Entrichtungspflicht liegt vor, wenn der Steuerabzugsverpflichtete die einbehaltene Steuer nicht oder nicht vollständig an das zuständige Finanzamt abführt. Die Verletzung der Entrichtungspflicht ist m. E. schwerwiegender als die reine Verletzung der Einbehaltungspflicht. Der Steuerabzugsverpflichtete darf die einbehaltenen Steuerbeträge nicht selbst sach- und zweckwidrig verwenden. Er behält die Steuerbeträge treuhänderisch für den Gläubi-

---

1 *Boeker* in Hübschmann/Hepp/Spitaler, § 69 AO Rz. 38.
2 *Boeker* in Hübschmann/Hepp/Spitaler, § 69 AO Rz. 38.
3 Hinweis auf H 43 EStH, Stichwort: Rechtsstellung der Kreditinstitute: *„Auf Grund der Systematik der Abgeltungsteuer haben die Kreditinstitute als Organe der Steuererhebung die Rechtsauffassung der FinVerw hinsichtlich des Kapitalertragsteuereinbehalts anzuwenden. Nur so kann verhindert werden, dass der Umfang der Steuererhebung davon abhängig ist, bei welchem Institut der Stpfl. sein Kapital anlegt."*
4 BFH v. 3. 11. 2010 - I R 98/09, BStBl 2011 II 417.
5 *Boeker* in Hübschmann/Hepp/Spitaler, § 69 AO Rz. 38.
6 Vgl. u. a. BFH v. 3. 7. 1968 - I 191/65, BStBl 1969 II 4.
7 Vgl. u. a. BFH v. 23. 10. 1985 - I R 248/81, BStBl 1986 II 178.

ger der Kapitalerträge und den Fiskus ein.[1] Vorbehaltlich der Inanspruchnahme des Gläubigers der Kapitalerträge nach § 44 Abs. 5 Satz 2 EStG ist in solchen Fällen m. E. vorrangig die Haftung bzw. Inanspruchnahme des Steuerabzugsverpflichteten zu prüfen.

Der Steuerabzugsverpflichtete kann einerseits mittels Haftungsbescheid nach § 191 AO unter Berücksichtigung der dort genannten Voraussetzungen (u. a. Festsetzungsfristen sind noch nicht abgelaufen, der Zahlungsanspruch ist noch nicht erloschen) in Anspruch genommen werden. Andererseits kann er durch Nachforderungsbescheid (Steuerbescheid nach § 155 AO i.V.m. § 167 Satz 1 AO) in Anspruch genommen werden. Bei Erlass eines Nachforderungsbescheides müssen die Voraussetzungen von § 44 Abs. 5 Satz 1 und 3 EStG (insbesondere Verschulden) gleichwohl erfüllt sein. 72

PRAXISHINWEIS:

Für am 30. 6. 2013 noch nicht verjährte Ansprüche sieht § 171 Abs. 15 AO folgende Regelung vor:
„Soweit ein Dritter Steuern für Rechnung des Steuerschuldners einzubehalten und abzuführen oder für Rechnung des Steuerschuldners zu entrichten hat, endet die Festsetzungsfrist gegenüber dem Steuerschuldner nicht vor Ablauf der gegenüber dem Steuerentrichtungspflichtigen geltenden Festsetzungsfrist."
Durch diese Neuregelung wird die Festsetzungsfrist zur Inanspruchnahme des Steuerabzugsverpflichteten an dessen Festsetzungsfristen angeglichen.

Nach § 44 Abs. 5 Satz 3 EStG bedarf es keines Haftungsbescheids, soweit der Steuerabzugsverpflichtete die Kapitalertragsteuer richtig anmeldet oder die Zahlungsverpflichtung gegenüber dem Finanzamt oder Prüfungsbeamten des Finanzamts schriftlich anerkennt. 73

(Einstweilen frei) 74–80

2. Nachforderung von Kapitalertragsteuer (§ 44a Abs. 5 Satz 2 EStG)

In bestimmten Konstellationen wird der Gläubiger der Kapitalerträge im Rahmen des Steuerabzugsverfahrens durch gesonderten Nachforderungsbescheid in Anspruch genommen. Diese Inanspruchnahme ist unabhängig von einer nachfolgenden Steuerveranlagung möglich. 81

Nach § 44 Abs. 5 Satz 2 EStG wird der Gläubiger der Kapitalerträge in folgenden Fällen in Anspruch genommen: 82

▶ Nr. 1: Der Schuldner, die den Verkaufsauftrag ausführende Stelle oder die die Kapitalerträge auszahlenden Stelle, hat die Kapitalerträge nicht vorschriftsmäßig gekürzt.

▶ Nr. 2: Der Gläubiger weiß, dass der Schuldner, die den Verkaufsauftrag ausführende Stelle oder die die Kapitalerträge auszahlende Stelle, die einbehaltene Kapitalertragsteuer nicht vorschriftsmäßig abgeführt hat, und teilt dies dem Finanzamt nicht unverzüglich mit.

▶ Nr. 3: Das die Kapitalerträge auszahlende inländische Kreditinstitut oder das inländische Finanzdienstleistungsinstitut hat die Kapitalerträge zu Unrecht ohne Abzug der Kapitalertragsteuer ausgezahlt.

Nach § 44 Abs. 5 Satz 2 Nr. 1 EStG ist der Gläubiger der Kapitalerträge in Anspruch zu nehmen, wenn die Kapitalerträge trotz bestehender Steuerabzugspflicht ungekürzt an diesen ausgezahlt wurden. Besondere Kenntnisse muss der Gläubiger der Kapitalerträge nicht haben. 83

---

[1] Vgl. u. a. BFH v. 20. 4. 1982 - VII R 96/79, BStBl 1982 II 521.

84 Ist dem Gläubiger der Kapitalerträge hingegen bekannt, dass die einbehaltene Steuer nicht an das Finanzamt abgeführt wurde, ist die Inanspruchnahme des Gläubigers der Kapitalerträge nach § 44 Abs. 5 Satz 2 Nr. 2 EStG möglich. Im Gegensatz zu § 44 Abs. 5 Satz 2 Nr. 1 EStG ist hier eine positive Kenntnis des Gläubigers der Kapitalerträge zwingend erforderlich.

85 Wurden die Kapitalerträge durch ein inländisches Kredit- oder Finanzdienstleistungsinstitut unberechtigt ohne Steuerabzug ausgezahlt, kann der Gläubiger der Kapitalerträge unmittelbar in Anspruch genommen werden. Diese Vorschrift greift in Abgrenzung zur Regelung in § 44 Abs. 5 Satz 2 Nr. 1 EStG vor allem bei Erstattung von Kapitalertragsteuer nach § 44b Abs. 6 EStG, d. h. es handelt sich im Ergebnis erst nach gesonderter Steuererstattung um eine Auszahlung des Kapitalertrags ohne Steuerabzug.

86–90 *(Einstweilen frei)*

XII. Entstehung der Kapitalertragsteuer bei Betrieben gewerblicher Art ohne eigene Rechtspersönlichkeit und bei wirtschaftlichen Geschäftsbetrieben steuerbefreiter Körperschaften (§ 44 Abs. 6 EStG)

91 Bei Kapitalerträgen i. S. v. § 43 Abs. 1 Satz 1 Nr. 7c EStG gilt die juristische Person des öffentlichen Rechts bzw. die von der Körperschaftsteuer befreite Körperschaft, Personenvereinigung oder Vermögensmasse als Gläubiger der Kapitalerträge und der Betrieb gewerblicher Art bzw. der wirtschaftliche Geschäftsbetrieb als Schuldner der Kapitalerträge.

92 Der Zeitpunkt der Entstehung der Kapitalertragsteuer wird in diesen Fällen mangels Zahlungsvorgang in § 44 Abs. 6 Satz 2 EStG vorgegeben. Danach entsteht die Kapitalertragsteuer im Zeitpunkt der Bilanzerstellung bzw. spätestens jedoch acht Monate nach Ablauf des Wirtschaftsjahrs. Bei Kapitalerträgen i. S. v. § 20 Abs. 1 Nr. 10 Buchst. b Satz 2 EStG (Auflösung von Rücklagen bei Betrieben gewerblicher Art) entsteht die Kapitalertragsteuer am Tag nach der Beschlussfassung. Bei Veräußerung von Anteilen i. S. v. § 22 Abs. 1 Satz 1 UmwStG aus der Einbringung von Betrieben innerhalb der Sieben-Jahres-Frist entsteht die Kapitalertragsteuer in den Fällen des § 22 Abs. 4 UmwStG am Tag nach der Veräußerung.

93 Die allgemeinen Regelungen in § 44 Abs. 1 bis 4 und Abs. 5 Satz 2 EStG sind nach § 44 Abs. 6 Satz 4 EStG entsprechend anzuwenden. Die Haftung des Schuldners der Kapitalerträge kommt nach § 44 Abs. 6 Satz 5 EStG auf verdeckte Gewinnausschüttungen sowie auf Veräußerungen i. S. v. § 22 Abs. 4 UmwStG in Betracht.

94–95 *(Einstweilen frei)*

XIII. Entstehung der Kapitalertragsteuer bei vororganschaftlich verursachten Mehrabführungen i. S. d. § 14 Abs. 3 KStG (§ 44 Abs. 7 EStG)

96 Nach § 44 Abs. 7 Satz 1 EStG entsteht die Kapitalertragsteuer bei Mehrabführungen (Gewinnausschüttungen) i. S. v. § 14 Abs. 3 KStG im Zeitpunkt der Feststellung der Handelsbilanz der Organgesellschaft, spätestens jedoch acht Monate nach Ablauf des Wirtschaftsjahrs der Organgesellschaft. Die Kapitalertragsteuer ist am auf die Entstehung der Steuer folgenden Werktag zu entrichten, vgl. § 44 Abs. 7 Satz 2 EStG. Die allgemeinen Regelungen von § 44 Abs. 1 bis 4 EStG gelten entsprechend, vgl. § 44 Abs. 7 Satz 3 EStG.

§ 44a Abstandnahme vom Steuerabzug

[1](1) ¹Soweit die Kapitalerträge, die einem unbeschränkt einkommensteuerpflichtigen Gläubiger zufließen, zusammen mit den Kapitalerträgen, für die die Kapitalertragsteuer nach § 44b zu erstatten ist oder nach Absatz 10 kein Steuerabzug vorzunehmen ist, den Sparer-Pauschbetrag nach § 20 Absatz 9 nicht übersteigen, ist ein Steuerabzug nicht vorzunehmen bei Kapitalerträgen im Sinne des

1. § 43 Absatz 1 Satz 1 Nummer 1 und 2 aus Genussrechten oder
2. § 43 Absatz 1 Satz 1 Nummer 1 und 2 aus Anteilen, die von einer Kapitalgesellschaft ihren Arbeitnehmern überlassen worden sind und von ihr, einem von der Kapitalgesellschaft bestellten Treuhänder, einem inländischen Kreditinstitut oder einer inländischen Zweigniederlassung einer der in § 53b Absatz 1 oder 7 des Kreditwesengesetzes genannten Unternehmen verwahrt werden, und
3. § 43 Absatz 1 Satz 1 Nummer 3 bis 7 und 8 bis 12 sowie Satz 2.

²Den Arbeitnehmern im Sinne des Satzes 1 stehen Arbeitnehmer eines mit der Kapitalgesellschaft verbundenen Unternehmens nach § 15 des Aktiengesetzes sowie frühere Arbeitnehmer der Kapitalgesellschaft oder eines mit ihr verbundenen Unternehmens gleich. ³Den von der Kapitalgesellschaft überlassenen Anteilen stehen Aktien gleich, die den Arbeitnehmern bei einer Kapitalerhöhung auf Grund ihres Bezugsrechts aus den von der Kapitalgesellschaft überlassenen Aktien zugeteilt worden sind oder die den Arbeitnehmern auf Grund einer Kapitalerhöhung aus Gesellschaftsmitteln gehören. ⁴Bei Kapitalerträgen im Sinne des § 43 Absatz 1 Satz 1 Nummer 1, 2 bis 7 und 8 bis 12 sowie Satz 2, die einem unbeschränkt einkommensteuerpflichtigen Gläubiger zufließen, ist der Steuerabzug nicht vorzunehmen, wenn anzunehmen ist, dass auch für Fälle der Günstigerprüfung nach § 32d Absatz 6 keine Steuer entsteht.

(2) ¹Voraussetzung für die Abstandnahme vom Steuerabzug nach Absatz 1 ist, dass dem nach § 44 Absatz 1 zum Steuerabzug Verpflichteten in den Fällen

1. des Absatzes 1 Satz 1 ein Freistellungsauftrag des Gläubigers der Kapitalerträge nach amtlich vorgeschriebenem Muster oder
2. des Absatzes 1 Satz 4 eine Nichtveranlagungs-Bescheinigung des für den Gläubiger zuständigen Wohnsitzfinanzamts

vorliegt. ²In den Fällen des Satzes 1 Nummer 2 ist die Bescheinigung unter dem Vorbehalt des Widerrufs auszustellen. ³Ihre Geltungsdauer darf höchstens drei Jahre betragen und muss am Schluss eines Kalenderjahres enden. ⁴Fordert das Finanzamt die Bescheinigung zurück oder erkennt der Gläubiger, dass die Voraussetzungen für ihre Erteilung weggefallen sind, so hat er dem Finanzamt die Bescheinigung zurückzugeben.

(2a) ¹Ein Freistellungsauftrag kann nur erteilt werden, wenn der Gläubiger der Kapitalerträge seine Identifikationsnummer (§ 139b der Abgabenordnung) und bei gemeinsamen Freistellungsaufträgen auch die Identifikationsnummer des Ehegatten mitteilt. ²Ein Freistellungsauftrag ist ab dem 1. Januar 2016 unwirksam, wenn der Meldestelle im Sinne des § 45d Absatz 1 Satz 1 keine Identifikationsnummer des Gläubigers der Kapitalerträge und bei gemeinsamen Freistellungsaufträgen auch keine des Ehegatten vorliegen. ³Sofern der Meldestelle im Sinne

---

1 Anm. d. Red.: Zur Anwendung des § 44a siehe § 52 Abs. 43.

des § 45d Absatz 1 Satz 1 die Identifikationsnummer nicht bereits bekannt ist, kann sie diese beim Bundeszentralamt für Steuern abfragen. ⁴In der Anfrage dürfen nur die in § 139b Absatz 3 der Abgabenordnung genannten Daten des Gläubigers der Kapitalerträge und bei gemeinsamen Freistellungsaufträgen die des Ehegatten angegeben werden, soweit sie der Meldestelle bekannt sind. ⁵Die Anfrage hat nach amtlich vorgeschriebenem Datensatz durch Datenfernübertragung zu erfolgen. ⁶Das Bundeszentralamt für Steuern teilt der Meldestelle die Identifikationsnummer mit, sofern die übermittelten Daten mit den nach § 139b Absatz 3 der Abgabenordnung beim Bundeszentralamt für Steuern gespeicherten Daten übereinstimmen. ⁷Die Meldestelle darf die Identifikationsnummer nur verwenden, soweit dies zur Erfüllung von steuerlichen Pflichten erforderlich ist.

(3) Der nach § 44 Absatz 1 zum Steuerabzug Verpflichtete hat in seinen Unterlagen das Finanzamt, das die Bescheinigung erteilt hat, den Tag der Ausstellung der Bescheinigung und die in der Bescheinigung angegebene Steuer- und Listennummer zu vermerken sowie die Freistellungsaufträge aufzubewahren.

(4) ¹Ist der Gläubiger

1. eine von der Körperschaftsteuer befreite inländische Körperschaft, Personenvereinigung oder Vermögensmasse oder
2. eine inländische juristische Person des öffentlichen Rechts,

so ist der Steuerabzug bei Kapitalerträgen im Sinne des § 43 Absatz 1 Satz 1 Nummer 4 bis 7 und 8 bis 12 sowie Satz 2 nicht vorzunehmen. ²Dies gilt auch, wenn es sich bei den Kapitalerträgen um Bezüge im Sinne des § 20 Absatz 1 Nummer 1 und 2 handelt, die der Gläubiger von einer von der Körperschaftsteuer befreiten Körperschaft bezieht. ³Voraussetzung ist, dass der Gläubiger dem Schuldner oder dem die Kapitalerträge auszahlenden inländischen Kreditinstitut oder inländischen Finanzdienstleistungsinstitut durch eine Bescheinigung des für seine Geschäftsleitung oder seinen Sitz zuständigen Finanzamts nachweist, dass er eine Körperschaft, Personenvereinigung oder Vermögensmasse im Sinne des Satzes 1 Nummer 1 oder 2 ist. ⁴Absatz 2 Satz 2 bis 4 und Absatz 3 gelten entsprechend. ⁵Die in Satz 3 bezeichnete Bescheinigung wird nicht erteilt, wenn die Kapitalerträge in den Fällen des Satzes 1 Nummer 1 in einem wirtschaftlichen Geschäftsbetrieb anfallen, für den die Befreiung von der Körperschaftsteuer ausgeschlossen ist, oder wenn sie in den Fällen des Satzes 1 Nummer 2 in einem nicht von der Körperschaftsteuer befreiten Betrieb gewerblicher Art anfallen. ⁶Ein Steuerabzug ist auch nicht vorzunehmen bei Kapitalerträgen im Sinne des § 49 Absatz 1 Nummer 5 Buchstabe c und d, die einem Anleger zufließen, der eine nach den Rechtsvorschriften eines Mitgliedstaates der Europäischen Union oder des Europäischen Wirtschaftsraums gegründete Gesellschaft im Sinne des Artikels 54 des Vertrags über die Arbeitsweise der Europäischen Union oder des Artikels 34 des Abkommens über den Europäischen Wirtschaftsraum mit Sitz und Ort der Geschäftsleitung innerhalb des Hoheitsgebietes eines dieser Staaten ist, und der einer Körperschaft im Sinne des § 5 Absatz 1 Nummer 3 des Körperschaftsteuergesetzes vergleichbar ist; soweit es sich um eine nach den Rechtsvorschriften eines Mitgliedstaates des Europäischen Wirtschaftsraums gegründete Gesellschaft oder eine Gesellschaft mit Ort und Geschäftsleitung in diesem Staat handelt, ist zusätzlich Voraussetzung, dass mit diesem Staat ein Amtshilfeabkommen besteht.

(4a) ¹Absatz 4 ist entsprechend auf Personengesellschaften im Sinne des § 212 Absatz 1 des *Fünften Buches Sozialgesetzbuch* anzuwenden. ²Dabei tritt die Personengesellschaft an die Stelle des Gläubigers der Kapitalerträge.

(4b) ¹Werden Kapitalerträge im Sinne des § 43 Absatz 1 Satz 1 Nummer 1 von einer Genossenschaft an ihre Mitglieder gezahlt, hat sie den Steuerabzug nicht vorzunehmen, wenn ihr für das jeweilige Mitglied

1. eine Nichtveranlagungs-Bescheinigung nach Absatz 2 Satz 1 Nummer 2,
2. eine Bescheinigung nach Absatz 5 Satz 4,
3. eine Bescheinigung nach Absatz 7 Satz 4 oder
4. eine Bescheinigung nach Absatz 8 Satz 3 vorliegt; in diesen Fällen ist ein Steuereinbehalt in Höhe von drei Fünfteln vorzunehmen.

²Eine Genossenschaft hat keinen Steuerabzug vorzunehmen, wenn ihr ein Freistellungsauftrag erteilt wurde, der auch Kapitalerträge im Sinne des Satzes 1 erfasst, soweit die Kapitalerträge zusammen mit den Kapitalerträgen, für die nach Absatz 1 kein Steuerabzug vorzunehmen ist oder für die die Kapitalertragsteuer nach § 44b zu erstatten ist, den mit dem Freistellungsauftrag beantragten Freibetrag nicht übersteigen. ³Dies gilt auch, wenn die Genossenschaft einen Verlustausgleich nach § 43a Absatz 3 Satz 2 unter Einbeziehung von Kapitalerträgen im Sinne des Satzes 1 durchgeführt hat.

(5) ¹Bei Kapitalerträgen im Sinne des § 43 Absatz 1 Satz 1 Nummer 1, 2, 5 bis 7 und 8 bis 12 sowie Satz 2, die einem unbeschränkt oder beschränkt einkommensteuerpflichtigen Gläubiger zufließen, ist der Steuerabzug nicht vorzunehmen, wenn die Kapitalerträge Betriebseinnahmen des Gläubigers sind und die Kapitalertragsteuer bei ihm auf Grund der Art seiner Geschäfte auf Dauer höher wäre als die gesamte festzusetzende Einkommensteuer oder Körperschaftsteuer. ²Ist der Gläubiger ein Lebens- oder Krankenversicherungsunternehmen als Organgesellschaft, ist für die Anwendung des Satzes 1 eine bestehende Organschaft im Sinne des § 14 des Körperschaftsteuergesetzes nicht zu berücksichtigen, wenn die beim Organträger anzurechnende Kapitalertragsteuer, einschließlich der Kapitalertragsteuer des Lebens- oder Krankenversicherungsunternehmens, die auf Grund von § 19 Absatz 5 des Körperschaftsteuergesetzes anzurechnen wäre, höher wäre, als die gesamte festzusetzende Körperschaftsteuer. ³Für die Prüfung der Voraussetzung des Satzes 2 ist auf die Verhältnisse der dem Antrag auf Erteilung einer Bescheinigung im Sinne des Satzes 4 vorangehenden drei Veranlagungszeiträume abzustellen. ⁴Die Voraussetzung des Satzes 1 ist durch eine Bescheinigung des für den Gläubiger zuständigen Finanzamts nachzuweisen. ⁵Die Bescheinigung ist unter dem Vorbehalt des Widerrufs auszustellen. ⁶Die Voraussetzung des Satzes 2 ist gegenüber dem für den Gläubiger zuständigen Finanzamt durch eine Bescheinigung des für den Organträger zuständigen Finanzamts nachzuweisen.

(6) ¹Voraussetzung für die Abstandnahme vom Steuerabzug nach den Absätzen 1, 4 und 5 bei Kapitalerträgen im Sinne des § 43 Absatz 1 Satz 1 Nummer 6, 7 und 8 bis 12 sowie Satz 2 ist, dass die Teilschuldverschreibungen, die Anteile an der Sammelschuldbuchforderung, die Wertrechte, die Einlagen und Guthaben oder sonstigen Wirtschaftsgüter im Zeitpunkt des Zufließens der Einnahmen unter dem Namen des Gläubigers der Kapitalerträge bei der die Kapitalerträge auszahlenden Stelle verwahrt oder verwaltet werden. ²Ist dies nicht der Fall, ist die Bescheinigung nach § 45a Absatz 2 durch einen entsprechenden Hinweis zu kennzeichnen. ³Wird bei einem inländischen Kredit- oder Finanzdienstleistungsinstitut im Sinne des § 43 Absatz 1 Satz 1 Nummer 7 Buchstabe b ein Konto oder Depot für eine gemäß § 5 Absatz 1 Nummer 9 des Körperschaftsteuergesetzes befreite Stiftung im Sinne des § 1 Absatz 1 Nummer 5 des Körperschaftsteuergesetzes auf den Namen eines anderen Berechtigten geführt und ist

das Konto oder Depot durch einen Zusatz zur Bezeichnung eindeutig sowohl vom übrigen Vermögen des anderen Berechtigten zu unterscheiden als auch steuerlich der Stiftung zuzuordnen, so gilt es für die Anwendung des Absatzes 4, des Absatzes 7, des Absatzes 10 Satz 1 Nummer 3 und des § 44b Absatz 6 in Verbindung mit Absatz 7 als im Namen der Stiftung geführt.

(7) ¹Ist der Gläubiger eine inländische

1. Körperschaft, Personenvereinigung oder Vermögensmasse im Sinne des § 5 Absatz 1 Nummer 9 des Körperschaftsteuergesetzes oder
2. Stiftung des öffentlichen Rechts, die ausschließlich und unmittelbar gemeinnützigen oder mildtätigen Zwecken dient, oder
3. juristische Person des öffentlichen Rechts, die ausschließlich und unmittelbar kirchlichen Zwecken dient,

so ist der Steuerabzug bei Kapitalerträgen im Sinne des § 43 Absatz 1 Satz 1 Nummer 1, 2, 3 und 7a bis 7c nicht vorzunehmen. ²Voraussetzung für die Anwendung des Satzes 1 ist, dass der Gläubiger durch eine Bescheinigung des für seine Geschäftsleitung oder seinen Sitz zuständigen Finanzamts nachweist, dass er eine Körperschaft, Personenvereinigung oder Vermögensmasse nach Satz 1 ist. ³Absatz 4 gilt entsprechend.

(8) ¹Ist der Gläubiger

1. eine nach § 5 Absatz 1 mit Ausnahme der Nummer 9 des Körperschaftsteuergesetzes oder nach anderen Gesetzen von der Körperschaftsteuer befreite Körperschaft, Personenvereinigung oder Vermögensmasse oder
2. eine inländische juristische Person des öffentlichen Rechts, die nicht in Absatz 7 bezeichnet ist,

so ist der Steuerabzug bei Kapitalerträgen im Sinne des § 43 Absatz 1 Satz 1 Nummer 1, 2, 3 und 7a nur in Höhe von drei Fünfteln vorzunehmen. ²Voraussetzung für die Anwendung des Satzes 1 ist, dass der Gläubiger durch eine Bescheinigung des für seine Geschäftsleitung oder seinen Sitz zuständigen Finanzamts nachweist, dass er eine Körperschaft, Personenvereinigung oder Vermögensmasse im Sinne des Satzes 1 ist. ³Absatz 4 gilt entsprechend.

(8a) ¹Absatz 8 ist entsprechend auf Personengesellschaften im Sinne des § 212 Absatz 1 des Fünften Buches Sozialgesetzbuch anzuwenden. ²Dabei tritt die Personengesellschaft an die Stelle des Gläubigers der Kapitalerträge.

(9) ¹Ist der Gläubiger der Kapitalerträge im Sinne des § 43 Absatz 1 eine beschränkt steuerpflichtige Körperschaft im Sinne des § 2 Nummer 1 des Körperschaftsteuergesetzes, so werden zwei Fünftel der einbehaltenen und abgeführten Kapitalertragsteuer erstattet. ²§ 50d Absatz 1 Satz 3 bis 12, Absatz 3 und 4 ist entsprechend anzuwenden. ³Der Anspruch auf eine weitergehende Freistellung und Erstattung nach § 50d Absatz 1 in Verbindung mit § 43b oder § 50g oder nach einem Abkommen zur Vermeidung der Doppelbesteuerung bleibt unberührt. ⁴Verfahren nach den vorstehenden Sätzen und nach § 50d Absatz 1 soll das Bundeszentralamt für Steuern verbinden.

(10) ¹Werden Kapitalerträge im Sinne des § 43 Absatz 1 Satz 1 Nummer 1a gezahlt, hat die auszahlende Stelle keinen Steuerabzug vorzunehmen, wenn

1. der auszahlenden Stelle eine Nichtveranlagungs-Bescheinigung nach Absatz 2 Satz 1 Nummer 2 für den Gläubiger vorgelegt wird,

2. der auszahlenden Stelle eine Bescheinigung nach Absatz 5 für den Gläubiger vorgelegt wird,

3. der auszahlenden Stelle eine Bescheinigung nach Absatz 7 Satz 2 für den Gläubiger vorgelegt wird oder

4. der auszahlenden Stelle eine Bescheinigung nach Absatz 8 Satz 2 für den Gläubiger vorgelegt wird; in diesen Fällen ist ein Steuereinbehalt in Höhe von drei Fünfteln vorzunehmen.

²Wird der auszahlenden Stelle ein Freistellungsauftrag erteilt, der auch Kapitalerträge im Sinne des Satzes 1 erfasst, oder führt diese einen Verlustausgleich nach § 43a Absatz 3 Satz 2 unter Einbeziehung von Kapitalerträgen im Sinne des Satzes 1 durch, so hat sie den Steuerabzug nicht vorzunehmen, soweit die Kapitalerträge zusammen mit den Kapitalerträgen, für die nach Absatz 1 kein Steuerabzug vorzunehmen ist oder die Kapitalertragsteuer nach § 44b zu erstatten ist, den mit dem Freistellungsauftrag beantragten Freistellungsbetrag nicht übersteigen. ³Absatz 6 ist entsprechend anzuwenden. ⁴Werden Kapitalerträge im Sinne des § 43 Absatz 1 Satz 1 Nummer 1a von einer auszahlenden Stelle im Sinne des § 44 Absatz 1 Satz 4 Nummer 3 an eine ausländische Stelle ausgezahlt, hat diese auszahlende Stelle über den von ihr vor der Zahlung in das Ausland von diesen Kapitalerträgen vorgenommenen Steuerabzug der letzten inländischen auszahlenden Stelle in der Wertpapierverwahrkette, welche die Kapitalerträge auszahlt oder gutschreibt, auf deren Antrag eine Sammel-Steuerbescheinigung für die Summe der eigenen und der für Kunden verwahrten Aktien nach amtlich vorgeschriebenem Muster auszustellen. ⁵Der Antrag darf nur für Aktien gestellt werden, die mit Dividendenberechtigung erworben und mit Dividendenanspruch geliefert wurden. ⁶Wird eine solche Sammel-Steuerbescheinigung beantragt, ist die Ausstellung von Einzel-Steuerbescheinigungen oder die Weiterleitung eines Antrags auf Ausstellung einer Einzel-Steuerbescheinigung über den Steuerabzug von denselben Kapitalerträgen ausgeschlossen; die Sammel-Steuerbescheinigung ist als solche zu kennzeichnen. ⁷Auf die ihr ausgestellte Sammel-Steuerbescheinigung wendet die letzte inländische auszahlende Stelle § 44b Absatz 6 mit der Maßgabe an, dass sie von den ihr nach dieser Vorschrift eingeräumten Möglichkeiten Gebrauch zu machen hat.

Inhaltsübersicht	Rz.
A. Allgemeine Erläuterungen	1 - 7
I. Normzweck und wirtschaftliche Bedeutung der Vorschrift	1 - 2
II. Entstehung und Entwicklung der Vorschrift	3 - 7
B. Systematische Kommentierung	8 - 126
I. Abstandnahme vom Steuerabzug bei natürlichen Personen (§ 44a Abs. 1 bis 3 EStG)	8 - 40
1. Allgemeines und Anwendungsbereich	8 - 20
2. Besonderheiten bei Nichtveranlagungs-Bescheinigungen für natürliche Personen	21 - 24
3. Besonderheiten bei Freistellungsaufträgen	25 - 35
4. Aufzeichnungspflichten nach § 44a Abs. 3 EStG	36 - 40
II. Abstandnahme vom Steuerabzug bei nicht steuerbefreiten Körperschaften, Personenvereinigungen und Vermögensmassen	41 - 50
III. Abstandnahme vom Steuerabzug bei steuerbefreiten Körperschaften und inländischen juristischen Personen des öffentlichen Rechts (§ 44a Abs. 4 EStG)	51 - 65

IV. Abstandnahme vom Steuerabzug bei Gesellschaften gem. § 212 Abs. 1 SGB V (§ 44a Abs. 4a, 8a EStG) .... 66 - 70
V. Abstandnahme vom Steuerabzug bei Gewinnausschüttungen von Genossenschaften (§ 44a Abs. 4b EStG) .... 71 - 75
VI. Abstandnahme vom Steuerabzug bei Dauerüberzahlern (§ 44a Abs. 5 EStG) .... 76 - 85
VII. Voraussetzungen für die Abstandnahme vom Steuerabzug nach § 44a Abs. 6 EStG .... 86 - 95
VIII. Abstandnahme vom Steuerabzug bei bestimmten steuerbefreiten Körperschaften, Personenvereinigungen, Vermögensmassen, Stiftungen und juristischen Personen des öffentlichen Rechts (§ 44a Abs. 7 EStG) ...... 96 - 105
IX. Abstandnahme vom Steuerabzug bei bestimmten steuerbefreiten Körperschaften, Personenvereinigungen, Vermögensmassen und juristischen Personen des öffentlichen Rechts (§ 44a Abs. 8 EStG) ...... 106 - 115
X. Erstattung an beschränkt steuerpflichtige Körperschaften nach § 44a Abs. 9 EStG .... 116 - 120
XI. Abstandnahme vom Steuerabzug bei Kapitalerträgen i. S. v. § 43 Abs. 1 Satz 1 Nr. 1a EStG und Ausstellung von Sammelsteuerbescheinigungen (§ 44a Abs. 10 EStG) .... 121 - 126

HINWEIS:

BMF v. 16. 9. 2013, BStBl 2013 I 1168; BMF v. 18. 1. 2016, BStBl 2016 I 85; BMF v. 19. 12. 2017, BStBl 2018 I 52; BMF v. 20. 4. 2016, BStBl 2016 I 475; BMF v. 12.4.2018, BStBl 2018 I 624; BMF v. 17. 12. 2018, NWB DokID: VAAAH-03835.

LITERATUR:

Micker/Thomas, Der Einfluss des Unionsrechts auf das nationale Steuerrecht – Rechtsprechungsreport zu jüngeren EuGH-Entscheidungen, IWB 2016, 168.

A. Allgemeine Erläuterungen

I. Normzweck und wirtschaftliche Bedeutung der Vorschrift

1 § 44a EStG regelt die Möglichkeiten der Abstandnahme vom Steuerabzug in im Detail definierten Einzelfällen. Die Abstandnahme vom Steuerabzug dient sowohl der Verfahrensvereinfachung auf Seiten des Gläubigers der Kapitalerträge als auch auf Seiten der Finanzverwaltung. Die Erstattung von Kapitalertragsteuer soll nicht dazu führen, dass (ausschließlich) zu diesem Zweck eine Steuerveranlagung durchzuführen ist.

2 *(Einstweilen frei)*

II. Entstehung und Entwicklung der Vorschrift

3 Die Vorschrift wurde seit ihrer Einführung durch das Körperschaftsteuerreformgesetz (KStRG) vom 31. 8. 1976[1] mehrfach geändert und vor allem in den vergangenen Jahren an eine dynamische Rechtsentwicklung angepasst. Nachfolgend wird kurz die wesentliche Entwicklung der Vorschrift aufgeführt:

---

1 BGBl 1976 I 2597.

Allgemeine Erläuterungen 3 § 44a EStG

- Durch das Steuerreformgesetz 1990 (StRefG) vom 25. 7. 1988[1] wurde die Abstandnahme vom Steuerabzug auf Kapitalerträge i. S. d. § 43 Abs. 1 Satz 1 Nr. 3 und 8 Buchst. b EStG erweitert. Die Abstandnahme für steuerbefreite Körperschaften wurde eingeführt.
- Durch das Zinsabschlaggesetz (ZinsabschlagG) vom 9. 11. 1992[2] wurde die Abstandnahme vom Steuerabzug auf Kapitalerträge i. S. d. § 43 Abs. 1 Satz 1 Nr. 7 und Satz 2 EStG eingefügt. Der Freistellungsauftrag kann im Rahmen der Abstandnahme vom Steuerabzug genutzt werden.
- Durch das Missbrauchsbekämpfungs- und Steuerbereinigungsgesetz (StMBG) vom 21. 12. 1993[3] wurden die Möglichkeiten zur Abstandnahme vom Steuerabzug erneut erweitert. Das Freistellungsvolumen umfasst auch Erträge nach § 43 Abs. 1 Nr. 2 EStG und Erträge aus Investmentfondsanteilen, bei denen die Vergütung von Körperschaftsteuer in Betracht kommt.
- Durch das Jahressteuergesetz 1996 (JStG) vom 10. 11. 1996[4] wurde die Möglichkeit der Abstandnahme vom Steuerabzug in den Fällen von § 44a Abs. 5 EStG auf beschränkt Steuerpflichtige ausgeweitet.
- Durch das Steuersenkungsgesetz (StSenkG) vom 23. 11. 2000[5] wurde § 44a EStG an die Änderungen durch den Wegfall des Anrechnungsverfahrens angepasst. Der Anwendungsbereich von § 44a Abs. 4 EStG wurde auf Erträge nach § 20 Abs. 1 Nr. 9 und 10 EStG ausgeweitet und die Regelung in § 44a Abs. 7 EStG wurde eingefügt.
- Durch das Steueränderungsgesetz 2003 (StÄndG) vom 15. 12. 2003[6] wurde u. a. die Regelung in § 44a Abs. 7 EStG erweitert und § 44a Abs. 8 EStG neu eingefügt.
- Durch das Richtlinien-Umsetzungsgesetz (EURLUmsG) vom 9. 12. 2004[7] wurden die Regelungen in § 44a Abs. 7 und 8 EStG erneut angepasst.
- Durch das Unternehmensteuerreformgesetz 2008 (UntStRefG) vom 14. 8. 2007[8] wurde § 44a EStG an die Änderungen in § 43 EStG und die Einführung der Abgeltungsteuer (insbesondere Sparer-Pauschbetrag) angepasst. Die Entlastung nach § 44a Abs. 8 EStG wurde an den Körperschaftsteuertarif angeglichen.
- Durch das JStG 2009 vom 19. 12. 2008[9] wurde in § 44a Abs. 1 Nr. 2 EStG neu geregelt, dass die Abstandnahme vom Steuerabzug nur dann erfolgen kann, wenn anzunehmen ist, dass im Falle der Günstigerprüfung nach § 32d Abs. 6 EStG keine Steuer entsteht. § 44a Abs. 5 EStG wurde um Versicherungsunternehmen in Organschaftsfällen erweitert.
- Durch das JStG 2010 vom 8. 12. 2010[10] wurde mit § 44a Abs. 2a EStG die verbindliche Verwendung der IdNr. für die Gültigkeit von Freistellungsaufträgen ab 2016 eingeführt. In § 44a Abs. 4 Satz 6 EStG wurde die Abstandnahme vom Steuerabzug für bestimmte

---

1 BGBl 1988 I 1093.
2 BGBl 1992 I 1853.
3 BGBl 1993 I 2310.
4 BGBl 1995 I 1250.
5 BGBl 2000 I 1433.
6 BGBl 2003 I 2645.
7 BGBl 2004 I 3310.
8 BGBl 2007 I 1912.
9 BGBl 2008 I 2794.
10 BGBl 2010 I 1768.

Anemüller

EU-/EWR-Pensionskassen eingeführt und mit § 44a Abs. 4a EStG wurde die Möglichkeit der Abstandnahme vom Steuerabzug für Personengesellschaften geschaffen.

- Durch das OGAW-IV-UmsG vom 22.6.2011[1] wurde u.a. mit § 44a Abs. 10 EStG eine Ergänzung zur neuen Regelung in § 43 Abs. 1 Satz 1 Nr. 1a EStG eingefügt.

- Durch das Steuervereinfachungsgesetz (StVereinfG) vom 1.11.2011[2] wurde für Gewinnausschüttungen von Genossenschaften das Verfahren zur Kapitalertragsteuer geändert. Für unselbständige Stiftungen wurde in § 44a Abs. 6 Satz 3 EStG eine Vereinfachungsregelung eingefügt.

- Durch das Beitreibungsrichtlinie-Umsetzungsgesetz (BeitrRLUmsG) vom 7.12.2011[3] wurde in § 44a Abs. 10 Satz 4 ff. EStG die Drittverwahrung/Zwischenverwahrung im Ausland geregelt. § 44a Abs. 8a EStG wurde neu eingefügt.

- Durch das Amtshilferichtlinie-Umsetzungsgesetz (AmtshilfeRLUmsG) vom 26.6.2013[4] wurde der Anwendungsbereich sowohl für die Abstandnahme vom Steuerabzug bei natürlichen Personen (§ 44a Abs. 1 EStG) als auch in den Fällen des § 44a Abs. 5 EStG umstrukturiert bzw. erweitert. §§ 44b Abs. 1 bis 4 EStG und § 45b EStG wurden in diesem Zusammenhang entbehrlich.

- Durch das Kroatienanpassungsgesetz (KroatienAnpG) vom 25.7.2014[5] wurde neben redaktionellen Änderungen die Abfrage der IdNr. beim Bundeszentralamt für Steuern (BZSt) im Fall des § 44a Abs. 2a Satz 3 EStG neu geregelt.

- Durch das Steueränderungsgesetz 2015 (StÄndG 2015) vom 2.11.2015[6] wurde der Anwendungsbereich der Abstandnahme vom Steuerabzug mittels Freistellungsauftrag in § 44a Abs. 1 Satz 1 EStG klarstellend geregelt.

- Durch das das Gesetz zur Modernisierung des Besteuerungsverfahrens (StModernG) vom 18.7.2016[7] wurde § 44a Abs. 2a Satz 6 EStG mit Wirkung ab 1.1.2017 gestrichen.

- Durch das Gesetz zur Reform der Investmentbesteuerung (InvStRefG) vom 19.7.2016[8] wurde § 44a EStG mit Wirkung ab 1.1.2018 redaktionell an die neuen Abzugstatbestände des § 43 EStG angepasst.

- Durch das Gesetz zur Vermeidung von Umsatzsteuerausfällen beim Handel mit Waren im Internet und zur Änderung weiterer steuerlicher Vorschriften vom 11.12.2018[9] wurde in § 44a Abs. 10 Satz 1 Nr. 3 EStG die Abstandnahme vom Steuerabzug für Körperschaften, Personenvereinigungen oder Vermögensmassen i.S.d. § 5 Abs. 1 Nr. 9 KStG beschränkt, soweit diese Kapitalerträge i.S.d. § 43 Abs. 1 Satz 1 Nr. 1a EStG erzielen.

4–7 *(Einstweilen frei)*

---

1 BGBl 2011 I 1126.
2 BGBl 2011 I 2131.
3 BGBl 2011 I 2592.
4 BGBl 2013 I 1809.
5 BGBl 2014 I 1266.
6 BGBl 2015 I 1834.
7 BGBl 2016 I 1679.
8 BGBl 2016 I 1730.
9 BGBl 2018 I 2338.

B. Systematische Kommentierung

I. Abstandnahme vom Steuerabzug bei natürlichen Personen (§ 44a Abs. 1 bis 3 EStG)

1. Allgemeines und Anwendungsbereich

§ 44a Abs. 1 EStG regelt den Anwendungsbereich für Abstandnahme vom Steuerabzug bei unbeschränkt einkommensteuerpflichtigen Personen. Beschränkt Stpfl. werden von dieser Regelung m. E. nicht erfasst. Durch das StÄndG 2015[1] wurde in § 44a Abs. 1 Satz 1 EStG eine Ergänzung dahin gehend vorgenommen, dass auch bei Kapitalerträgen nach § 44a Abs. 1 Satz 1 Nr. 1 und 2 EStG nur unbeschränkt einkommensteuerpflichtigen Gläubigern die Erteilung von Freistellungsaufträgen möglich ist. Die Änderung von § 44a Abs. 1 Satz 1 EStG durch das AmtshilfeRLUmsG[2] hatte ausweislich der Gesetzesbegründung[3] nicht den Zweck, in Abkehr von der bis dahin geltenden Rechtslage den Anwendungsbereich der Norm in diesen Fällen auf beschränkt steuerpflichtige Gläubiger zu erweitern.

Nach § 44a Abs. 1 Satz 1 EStG ist bei Kapitalerträgen zusammen mit den Kapitalerträgen, für die Kapitalertragsteuer nach § 44b EStG zu erstatten oder von denen nach § 44a Abs. 10 EStG (vgl. → Rz. 121 ff.) kein Steuerabzug vorzunehmen ist, ein Steuerabzug nicht vorzunehmen, soweit diese den Sparer-Pauschbetrag nach § 20 Abs. 9 EStG nicht übersteigen.

Zu den Kapitalerträgen, die von dieser Regelung (Freistellungsauftrag nach § 44a Abs. 2 Satz 1 Nr. 1 EStG) erfasst werden, gehören insbesondere:

- Einnahmen aus Gewinnanteilen (§ 43 Abs. 1 Satz 1 Nr. 1 EStG), mit Ausnahme der von § 43 Abs. 1 Satz 1 Nr. 1a EStG erfassten Fälle.
- Zinserträge aus Genussrechten, die unter § 43 Abs. 1 Satz 1 Nr. 2 EStG fallen.
- Erträge aus Anteilen nach § 43 Abs. 1 Satz 1 Nr. 1, 2 EStG, die von einer Kapitalgesellschaft gegenüber ihren Arbeitnehmern überlassen wurden und von der Kapitalgesellschaft, von einem von der Kapitalgesellschaft bestellten Treuhänder, von einem inländischen Kreditinstitut oder von einer inländischen Niederlassung eines Unternehmens mit Sitz im EWR-Raum nach § 53b Abs. 1, 7 KWG, verwahrt werden.
- Einnahmen aus stiller Beteiligung/partiarischen Darlehen (§ 43 Abs. 1 Satz 1 Nr. 3 EStG).
- Investmenterträge nach § 16 Abs. 1 InvStG i. d. F. des InvStRefG vom 19. 7. 2016[4] ohne Gewinne aus der Veräußerung von Anteilen an Investmentfonds (§ 43 Abs. 1 Satz 1 Nr. 5 EStG).
- Erträge aus Versicherungsverträgen (§ 43 Abs. 1 Satz 1 Nr. 6 EStG).
- Ausländische Einnahmen aus Gewinnanteilen (§ 43 Abs. 1 Satz 1 Nr. 6 EStG).
- Zinserträge aus Kapitalforderungen jeder Art (§ 43 Abs. 1 Satz 1 Nr. 7 EStG).
- Erträge aus Stillhaltergeschäften (§ 43 Abs. 1 Satz 1 Nr. 8 EStG).

---

1 BGBl 2015 I 1834.
2 BGBl 2013 I 1809.
3 BR-Drucks. 121/15 v. 27. 3. 2015, 49.
4 BGBl 2016 I 1730.

- Veräußerungsgewinne aus Anteilen an Gesellschaften i.S.v. § 20 Abs. 1 Nr. 1 EStG und aus der Veräußerung von Anteilen an Investmentfonds nach § 16 Abs. 1 Nr. 3 InvStG i. d. F. des InvStRefG vom 19. 7. 2016[1] (§ 43 Abs. 1 Satz 1 Nr. 9 EStG).
- Gewinne aus der Veräußerung von Zinsscheinen und Kapitalforderungen jeder Art (§ 43 Abs. 1 Satz 1 Nr. 10 EStG).
- Gewinne aus Termingeschäften (§ 43 Abs. 1 Satz 1 Nr. 11 EStG).
- Gewinne aus der Übertragung oder Aufgabe einer die Einnahmen i.S.v. § 20 Abs. 1 Nr. 9 EStG vermittelnden Rechtsposition (§ 43 Abs. 1 Satz 1 Nr. 12 EStG).

11 In den Anwendungsbereich von § 44a Abs. 1 Satz 4 EStG (Nichtveranlagungs-Bescheinigung nach § 44a Abs. 2 Satz 1 Nr. 2 EStG) fallen neben den in → Rz. 10 aufgeführten Kapitalerträgen auch Kapitalerträge aus Wandelanleihen und/oder Gewinnobligationen nach § 43 Abs. 1 Satz 1 Nr. 2 EStG. Die Fälle des § 43 Abs. 1 Satz 1 Nr. 2 Satz 4 EStG fallen m. E. in das Verfahren nach § 44a Abs. 10 EStG (→ Rz. 121 ff.). Durch den enger gefassten sachlichen Anwendungsbereich der Abstandnahme vom Steuerabzug durch Freistellungsauftrag im Vergleich zur Nichtveranlagungs-Bescheinigung bei natürlichen Personen wird der Schuldner der Kapitalerträge in diesen Fällen m. E. von verschiedenen verwaltenden Aufgaben (Umsetzung des FSA-Verfahrens, Meldungen nach § 45d EStG) entlastet.

12 Zur Abstandnahme vom Steuerabzug bei natürlichen Personen in den Fällen von § 43 Abs. 1 Satz 1 Nr. 1a EStG siehe § 44a Abs. 10 EStG (→ Rz. 121 ff.).

13 Die Abstandnahme vom Steuerabzug kommt nach § 44a Abs. 1 Satz 1 Nr. 2 EStG für Kapitalerträge i.S.v. § 43 Abs. 1 Satz 1 Nr. 1 und 2 EStG für nach dem 31. 12. 2012 zufließende Kapitalerträge[2] in Betracht, wenn es sich um Anteile handelt, die eine Kapitalgesellschaft ihren Arbeitnehmern überlassen hat (Belegschaftswertpapiere). Voraussetzung ist weiterhin, dass die Anteile von der Kapitalgesellschaft, einem von der Kapitalgesellschaft bestellten Treuhänder, einem inländischen Kreditinstitut oder einer inländischen Zweigniederlassung nach § 53b Abs. 1 oder 7 EStG verwahrt werden. Das gilt nach § 44a Abs. 1 Satz 2 EStG sowohl für aktive Arbeitnehmer als auch ehemalige Arbeitnehmer.

14 Über § 44a Abs. 1 Satz 3 EStG werden auch „junge Aktien", die bei einer Kapitalerhöhung zugeteilt werden, von der Begünstigungsregel in § 44a Abs. 1 Satz 1 Nr. 2 EStG erfasst.

15 Für vor dem 1. 1. 2013 zufließende Kapitalerträge erfolgte die Entlastung vom Steuerabzug durch das bis dahin geltende Erstattungsverfahren nach § 45b EStG in der bis zum 31. 12. 2012 anzuwendenden Fassung.

16–20 *(Einstweilen frei)*

2. Besonderheiten bei Nichtveranlagungs-Bescheinigungen für natürliche Personen

21 Die Abstandnahme vom Steuerabzug nach § 44a Abs. 2 Satz 1 Nr. 2 EStG durch Nichtveranlagungs-Bescheinigung kommt dann in Betracht, wenn anzunehmen ist, dass auch für Fälle der Günstigerprüfung nach § 32d Abs. 6 EStG keine Steuer entsteht, vgl. § 44a Abs. 1 Satz 4 EStG.

22 Voraussetzung für die Abstandnahme vom Steuerabzug ist die Vorlage einer Bescheinigung, die durch das Finanzamt unter dem Vorbehalt des Widerrufs ausgestellt wird. Es handelt sich

---

1 BGBl 2016 I 1730.
2 § 52a Abs. 16b EStG in der bis zum 30. 7. 2014 anzuwendenden Fassung.

um einen sonstigen Verwaltungsakt, auf den die Vorschriften der §§ 129 ff. AO Anwendung finden. Bei der Entscheidung über die Ausstellung einer Nichtveranlagungs-Bescheinigung nimmt das Finanzamt eine Prognose zu den Besteuerungsgrundlagen vor. Die tatsächlichen Verhältnisse können von den Entscheidungsgrundlagen im Zeitpunkt der Antragstellung bzw. Erteilung der Bescheinigung abweichen. Liegen die Voraussetzungen für die Erteilung der Bescheinigung nach § 44a Abs. 2 Satz 1 Nr. 2 EStG nicht mehr vor, ist die Bescheinigung zurückzugeben, sofern der Gläubiger der Kapitalerträge dies erkennt oder das Finanzamt die Bescheinigung zurückfordert, vgl. § 44a Abs. 2 Satz 4 EStG.

Eine Bescheinigung nach § 44a Abs. 2 Satz 1 Nr. 2 EStG ist nach Auffassung der Finanzverwaltung im Fall der Antragsveranlagung nach § 46 Abs. 2 Nr. 8 EStG oder bei festgestellten Verlustvorträgen nicht zu erteilen.[1] Nicht erforderlich ist, dass eine Steuer festgesetzt wird.[2]

23

Die Abstandnahme vom Steuerabzug ist auf Ebene des Steuerabzugsverpflichteten der Höhe nach grds. nicht begrenzt. Eine weitergehende Überprüfung, ob die Abstandnahme vom Steuerabzug zu Recht erfolgt, ist nicht durch den Steuerabzugsverpflichteten zu überprüfen. Diese Überprüfung obliegt sowohl dem Stpfl. selbst als auch bei Bekanntwerden der einschlägigen Tatsachen, dem zuständigen Finanzamt. Für nach dem 31. 12. 2012 zufließende Kapitalerträge wird auf die Meldung nach § 45d Abs. 1 EStG (vgl. KKB/Anemüller, § 45d EStG Rz. 24 ff.) hingewiesen.

24

3. Besonderheiten bei Freistellungsaufträgen

Die Abstandnahme vom Steuerabzug mittels Freistellungsauftrag nach § 44a Abs. 2 Satz 1 Nr. 1 EStG ist insbesondere für unbeschränkt Einkommensteuerpflichtige von Bedeutung, die nicht die Voraussetzungen für die Erteilung von Nichtveranlagungs-Bescheinigungen erfüllen. Die Abstandnahme vom Steuerabzug ist der Höhe nach auf den gesetzlich zulässigen Sparer-Pauschbetrag nach § 20 Abs. 9 EStG begrenzt. Die betragsmäßige Begrenzung gilt insgesamt auch bei Verteilung des Freistellungsvolumens auf verschiedene Kredit- oder Finanzdienstleistungsinstitute und Versicherungen. Ehegatten können sowohl Einzel-Freistellungsaufträge als auch gemeinsame Freistellungsaufträge erteilen,[3] sofern das zulässige Freistellungsvolumen nicht überschritten wird. Zur Kontrolle, ob die mittels Freistellungsauftrag vom Steuerabzug freigestellten Kapitalerträge den gesetzlich zulässigen Höchstbetrag nicht übersteigen, sind durch die Steuerabzugsverpflichteten Meldungen nach § 45d Abs. 1 EStG (vgl. KKB/Anemüller, § 45d EStG Rz. 24 ff.) zu machen.

25

Das BMF hat für die Erteilung eines Freistellungsauftrags ein amtliches Muster veröffentlicht.[4]

26

Ein Freistellungsauftrag gilt grds. ab dem 1. 1. des jeweiligen Jahres, frühestens ab Begründung der Geschäftsverbindung und ist, sofern nichts anderes angegeben ist, unbegrenzt gültig; zur Unwirksamkeit bestehender Freistellungsaufträge s. → Rz. 28. Bei Beendigung der Geschäftsverbindung endet auch die Gültigkeit des Freistellungsauftrags. Verstirbt ein Ehegatte/Lebenspartner, bleiben gemeinsam erteilte Freistellungsaufträge für das Todesjahr weiterhin bestehen bzw. können durch den überlebenden Ehegatten für das Todesjahr auch noch gemeinsam erteilt werden.

27

---

1 BMF v. 9. 10. 2012, BStBl 2012 I 953, Rz. 252.
2 R 44b.2 Abs. 2 EStR.
3 Siehe BMF v. 9. 10. 2012, BStBl 2012 I 953, Rz. 231.
4 Siehe BMF v. 9. 10. 2012, BStBl 2012 I 953 Anlage 2.

28 Für nach dem 31.12.2010 erteilte Freistellungsaufträge[1] ist die Angabe der IdNr. mit dem Freistellungsauftrag verbindlich. Das gilt sowohl bei Einzel-Freistellungsaufträgen als auch bei gemeinsamen Freistellungsaufträgen für die Ehegatten/Lebenspartner. Ab dem 1.1.2016 werden bereits erteilte Freistellungsaufträge ohne IdNr. ungültig, wenn diese der Meldestelle nach § 45d Abs. 1 EStG nicht vorliegt, vgl. § 44a Abs. 2a Satz 2 EStG.

29 Liegt der Meldestelle i. S. v. § 45d Abs. 1 Satz 1 EStG die IdNr. nicht vor, kann sie diese beim BZSt abfragen. Einzelheiten zum Abrufverfahren sind in § 44a Abs. 2a Satz 3 bis 7 EStG geregelt. Die Meldestellen dürfen die IdNr. nur verwenden, soweit dies zur Erfüllung von steuerlichen Pflichten erforderlich ist. Der Hinweis auf § 150 Abs. 6 AO a. F. in § 44a Abs. 2a Satz 6 EStG wurde mit Wirkung ab 1.1.2017 gestrichen. Aufgrund der Einfügung der unmittelbar auch für das ID-Nr.-Anfrageverfahren nach § 44a Abs. 2a EStG geltenden Regelungen in § 72a Abs. 1 bis 3 AO, § 87a Abs. 6 AO und der §§ 87b bis 87e AO ist der bisherige Hinweis entbehrlich.

30–35 *(Einstweilen frei)*

4. Aufzeichnungspflichten nach § 44a Abs. 3 EStG

36 Die Steuerabzugsverpflichteten haben bei Abstandnahme vom Steuerabzug durch Nichtveranlagungs-Bescheinigung das die Bescheinigung ausstellende Finanzamt, den Tag der Ausstellung der Bescheinigung und die angegebene Steuer- bzw. Listennummer aufzuzeichnen.

37 Freistellungsaufträge sind aufzubewahren. Auch ohne detaillierte Regelungen zu den Aufzeichnungen bei Freistellungsaufträgen nach § 44a Abs. 3 EStG ist davon auszugehen, dass für Zwecke der Meldung nach § 45d Abs. 1 Satz 1 Nr. 3 EStG vergleichbare Aufzeichnungen vorliegen.

38 Die Aufzeichnungspflichten dienen u. a. der Nachprüfung der zutreffenden Abstandnahme vom Steuerabzug durch die Finanzverwaltung nach § 50b EStG.

39–40 *(Einstweilen frei)*

II. Abstandnahme vom Steuerabzug bei nicht steuerbefreiten Körperschaften, Personenvereinigungen und Vermögensmassen

41 Unbeschränkt steuerpflichtigen und nicht von der Körperschaftsteuer befreiten Körperschaften, Personenvereinigungen und Vermögensmassen steht über § 8 Abs. 1 Satz 1 KStG i. V. m. § 20 Abs. 9 EStG – wie unbeschränkt steuerpflichtigen natürlichen Personen – der Sparer-Pauschbetrag in der gesetzlich zulässigen Höhe zu, sofern diese Einkünfte aus Kapitalvermögen beziehen.

42 Zur Inanspruchnahme des Sparer-Pauschbetrags können diese Körperschaften, Personenvereinigungen und Vermögensmassen dem Steuerabzugsverpflichteten einen Freistellungsauftrag erteilen. Für die Anwendung des Freistellungsauftrages ist es unschädlich, wenn für diese Personengruppe keine IdNr. in den Freistellungsauftrag eingetragen werden kann.[2]

43 Die Konten bzw. Depots müssen zur Inanspruchnahme des Sparer-Pauschbetrags über das Verfahren mit dem Freistellungsauftrag auf den Namen der Körperschaft, Personenvereinigung oder Vermögensmasse lauten.

---

[1] § 52a Abs. 16 Satz 3 EStG in der bis zum 30.7.2014 anzuwendenden Fassung.
[2] BMF v. 9.10.2012, BStBl 2012 I 953, Rz. 280.

Eine Gesellschaft bürgerlichen Rechts kann keinen Freistellungsauftrag erteilen.[1]

Unbeschränkt steuerpflichtige und nicht steuerbefreite Körperschaften, Personenvereinigungen und Vermögensmassen, denen der Freibetrag nach § 24 KStG zusteht und deren Einkommen den Freibetrag von 5 000 € nicht übersteigt, haben Anspruch auf Erteilung einer NV-Bescheinigung (Vordruck NV 3 B).[2]

(Einstweilen frei)

III. Abstandnahme vom Steuerabzug bei steuerbefreiten Körperschaften und inländischen juristischen Personen des öffentlichen Rechts (§ 44a Abs. 4 EStG)

Bei von der Körperschaftsteuer befreiten Körperschaften, Personenvereinigungen und Vermögensmassen oder juristischen Personen des öffentlichen Rechts als Gläubiger der Kapitalerträge ist bei Kapitalerträgen nach § 43 Abs. 1 Satz 1 Nr. 4, 6, 7 und 8 bis 12 EStG sowie § 43 Abs. 1 Satz 2 EStG durch den Steuerabzugsverpflichteten kein Steuerabzug vorzunehmen, vgl. § 44a Abs. 4 Satz 1 EStG[3]. Zu den Kapitalerträgen im Einzelnen wird auf → Rz. 10 verwiesen.

Bei Kapitalerträgen nach § 43 Abs. 1 Satz 1 Nr. 1 und 2 EStG ist ebenfalls kein Steuerabzug vorzunehmen, wenn der Gläubiger der Kapitalerträge diese Kapitalerträge von einer von der Körperschaftsteuer befreiten Körperschaft bezieht. Ist die leistende Körperschaft nicht von der Körperschaftsteuer befreit, kommt ggf. eine Abstandnahme vom Steuerabzug nach § 44a Abs. 7 oder 8 EStG (vgl. → Rz. 96 ff. oder → Rz. 106 ff.) in Betracht.

Voraussetzung für die Abstandnahme vom Steuerabzug ist die Vorlage einer NV-Bescheinigung (NV2-Bescheinigung) nach § 44a Abs. 4 Satz 3 EStG. Alternativ zur Vorlage einer Bescheinigung nach § 44a Abs. 4 Satz 3 EStG sieht die Finanzverwaltung zwecks Abstandnahme vom Steuerabzug die Vorlage einer amtlich beglaubigten Kopie des zuletzt erteilten Freistellungsbescheides, der für einen nicht mehr als fünf Jahre zurückliegenden VZ (Veranlagungszeitraum) vor dem VZ des Zuflusses der Kapitalerträge erteilt worden ist, als ausreichend an.[4] Entsprechendes gilt für die Bescheinigung zur Feststellung der Voraussetzungen nach § 60a AO.[5]

Anstelle der NV2-Bescheinigung im Original kann auch eine amtlich beglaubigte Kopie anerkannt werden.[6]

Die NV2-Bescheinigung ist höchstens für die Dauer von drei Jahren und unter dem Vorbehalt des Widerrufs auszustellen. Die Aufzeichnungspflichten nach § 44a Abs. 3 EStG sind zu beachten, vgl. § 44a Abs. 4 Satz 4 EStG.

Ist keine Abstandnahme vom Steuerabzug und keine Erstattung nach § 44b Abs. 5 EStG durch den Steuerabzugsverpflichteten (vgl. KKB/Anemüller, § 44b Abs. 5 EStG Rz. 26 ff.) erfolgt, besteht zur Vermeidung unbilliger Härten die Möglichkeit, innerhalb der Zahlungsverjährungs-

---

1 BMF v. 9. 10. 2012, BStBl 2012 I 953, Rz. 281.
2 BMF v. 9. 10. 2012, BStBl 2012 I 953, Rz. 284.
3 Ab 1. 1. 2018 ist unter Berücksichtigung der Erträge nach § 16 Abs. 1 InvStG i. d. F. des InvStRefG vom 19. 7. 2016 die Abstandnahme vom Steuerabzug von folgenden Kapitalerträgen möglich: § 43 Abs. 1 Satz 1 Nr. 4 bis 7 und 8 bis 12 sowie § 43 Abs. 1 Satz 2 EStG.
4 BMF v. 9. 10. 2012, BStBl 2012 I 953, Rz. 295.
5 BMF v. 5. 7. 2013, BStBl 2013 I 881.
6 BMF v. 9. 10. 2012, BStBl 2012 I 953, Rz. 304.

frist nach § 228 AO einen Antrag auf Erstattung der Kapitalertragsteuer bei dem zuständigen Betriebsfinanzamt zu stellen.[1]

57 Für Kapitalerträge, die in einem wirtschaftlichen Geschäftsbetrieb oder in einem Betrieb gewerblicher Art anfallen, wird die Bescheinigung nach § 44a Abs. 4 Satz 3 EStG nicht erteilt.

58 Nach § 44a Abs. 4 Satz 6 EStG ist die Abstandnahme vom Steuerabzug auf Zinserträge i. S. d. § 49 Abs. 1 Nr. 5 Buchst. c und d EStG für im EU-/EWR-Ausland ansässige Pensions-, Sterbe- oder Krankenkassen möglich und dient insoweit der Gleichbehandlung mit Gesellschaften i. S. v. § 5 Abs. 1 Nr. 3 KStG.

59–65 (Einstweilen frei)

IV. Abstandnahme vom Steuerabzug bei Gesellschaften gem. § 212 Abs. 1 SGB V (§ 44a Abs. 4a, 8a EStG)

66 Die Abstandnahme vom Steuerabzug nach § 44a Abs. 4 EStG ist auf Kapitalerträge der Bundesverbände nach § 212 Abs. 1 SGB V in der Rechtsform Gesellschaft bürgerlichen Rechts entsprechend anzuwenden. Diese Personengesellschaften gelten als Gläubiger der Kapitalerträge, vgl. § 44a Abs. 4a EStG. Entsprechendes gilt nach § 44a Abs. 8a EStG für die Teilabstandnahme vom Steuerabzug nach § 44a Abs. 8 EStG, vgl. → Rz. 106 ff.

67–70 (Einstweilen frei)

V. Abstandnahme vom Steuerabzug bei Gewinnausschüttungen von Genossenschaften (§ 44a Abs. 4b EStG)

71 Bei Kapitalerträgen i. S. v. § 43 Abs. 1 Satz 1 Nr. 1 EStG, die von einer Genossenschaft geleistet werden, kann vom Steuerabzug Abstand genommen werden, wenn dem Steuerabzugsverpflichteten folgende Bescheinigungen vorgelegt werden:

- Nichtveranlagungs-Bescheinigung (§ 44a Abs. 2 Satz 1 Nr. 2 EStG),
- Dauerüberzahlerbescheinigung (§ 44a Abs. 5 Satz 4 EStG),
- Bescheinigung nach § 44a Abs. 7 Satz 4 EStG oder
- Bescheinigung nach § 44a Abs. 8 Satz 3 EStG (Teilabstandnahme).

72 Die Abstandnahme vom Steuerabzug ist unter den allgemeinen Voraussetzungen auch mittels Freistellungsauftrag möglich (§ 44a Abs. 4b Satz 2 EStG).

73 § 44a Abs. 4b EStG geht der Regelung in § 44a Abs. 1 Satz 1 Nr. 1 EStG vor.

74–75 (Einstweilen frei)

VI. Abstandnahme vom Steuerabzug bei Dauerüberzahlern (§ 44a Abs. 5 EStG)

76 Nach § 44a Abs. 5 EStG ist bei Kapitalerträgen i. S. v. § 43 Abs. 1 Satz 1 Nr. 1, 2, 6, 7 und 8 bis 12 EStG sowie § 43 Abs. 1 Satz 2 EStG, die einem unbeschränkt oder beschränkt einkommensteuerpflichtigen Gläubiger zufließen, kein Steuerabzug vorzunehmen, wenn diese Kapitalerträge Betriebseinnahmen des Gläubigers sind und die Kapitalertragsteuer bei dem Gläubiger der Ka-

---

1 BMF v. 9. 10. 2012, BStBl 2012 I 953, Rz. 300.

pitalertragsteuer aufgrund der Art seiner Geschäfte auf Dauer höher wäre als die gesamte festzusetzende Einkommen- oder Körperschaftsteuer[1].

Für nach dem 31.12.2012 zufließende Kapitalerträge wurde der sachliche Anwendungsbereich der Bescheinigung nach § 44a Abs. 5 Satz 4 EStG um die Kapitalerträge nach § 43 Abs. 1 Satz 1 Nr. 1 und 2 EStG erweitert.[2] In der Folge ist das Erstattungsverfahren nach § 44b Abs. 1 EStG abgeschafft worden.[3] 77

In den persönlichen Anwendungsbereich von § 44a Abs. 5 EStG fallen solche Unternehmen, bei denen eine Überbesteuerungssituation vorliegt, da die durch das Steuerabzugsverfahren einbehaltene Kapitalertragsteuer regelmäßig höher ist, als die festzusetzende Steuer. Zu solchen Unternehmen gehören insbesondere Lebensversicherungsunternehmen, denn diese geben die erwirtschafteten Kapitalerträge überwiegend an die Versicherten oder Verwertungsgesellschaften weiter (z. B. VG Wort, VG Bild). Die Überbesteuerungssituation muss auf Dauer vorliegen und darf nicht absehbar enden. Das Merkmal „aufgrund der Art seiner Geschäfte" ist dann erfüllt, wenn das Unternehmen aufgrund seiner geschäftlichen Struktur Kapitalerträge vereinnahmt, die sodann weitergereicht und als Betriebsausgaben abgezogen werden oder, wenn die Kapitalerträge aufgrund Steuerbefreiung keiner Besteuerung unterliegen. Aus diesem Grunde fallen auch Holdinggesellschaften, die nahezu ausschließlich Kapitalerträge i. S. d. § 8b Abs. 1 und 2 KStG erzielen, unter den Begriff des Dauerüberzahlers nach § 44a Abs. 5 EStG. Die Steuerpflicht von Streubesitzdividenden nach § 8b Abs. 4 KStG dürfte m. E. bei Holdinggesellschaften nicht den Regelfall darstellen. Es handelt sich jedoch um steuerpflichtige Kapitalerträge, die der Erteilung einer Bescheinigung nach § 44a Abs. 5 Satz 4 EStG entgegenstehen bzw. zum Widerruf der Bescheinigung nach § 44a Abs. 5 Satz 5 EStG führen können. Nicht zu den Dauerüberzahlern in diesem Sinne gehören insbesondere solche Unternehmen, bei denen tatsächlich eine Überbesteuerungssituation vorliegt, die jedoch z. B. durch Verluste oder Insolvenz eingetreten ist. Ebenso fallen grds. auch Organgesellschaften nicht in den Anwendungsbereich von § 44a Abs. 5 Satz 1 EStG. 78

Die Voraussetzungen sind durch eine Bescheinigung nach § 44a Abs. 5 Satz 4 EStG nachzuweisen. Die Bescheinigung wird unter dem Vorbehalt des Widerrufs ausgestellt, vgl. § 44a Abs. 5 Satz 5 EStG. Der Gültigkeitszeitraum ist grds. nicht begrenzt. 79

§ 44a Abs. 5 Satz 2 EStG ermöglicht auch Lebens- oder Krankenversicherungsunternehmen als Organgesellschaften die Abstandnahme vom Steuerabzug. Eine bestehende Organschaft i. S. v. § 14 KStG wird für die Anwendung von § 44a Abs. 5 Satz 1 EStG nicht berücksichtigt, wenn die beim Organträger anzurechnende Kapitalertragsteuer, einschl. der Kapitalertragsteuer des Lebens- oder Krankenversicherungsunternehmens, die aufgrund von § 19 Abs. 5 KStG anzurechnen wäre, höher wäre, als die gesamte festzusetzende Körperschaftsteuer. Für die Prüfung, ob diese Voraussetzungen erfüllt sind, ist nach § 44a Abs. 5 Satz 3 EStG auf die Verhältnisse der dem Antrag auf Erteilung der Bescheinigung vorangehenden drei VZ abzustellen. Als Nachweis erteilt das zuständige Finanzamt eine Bescheinigung, vgl. § 44a Abs. 5 Satz 6 EStG. 80

(Einstweilen frei) 81–85

---

1 Ab 1.1.2018 ist unter Berücksichtigung der Erträge nach § 16 Abs. 1 InvStG i. d. F. des InvStRefG vom 19.7.2016 die Abstandnahme vom Steuerabzug von folgenden Kapitalerträgen möglich: § 43 Abs. 1 Satz 1 Nr. 1, 2, 5 bis 7 und 8 bis 12 sowie § 43 Abs. 1 Satz 2 EStG.
2 § 52a Abs. 16c Satz 3 EStG in der bis zum 30.7.2014 anzuwendenden Fassung.
3 § 52a Abs. 16c Satz 4 EStG in der bis zum 30.7.2014 anzuwendenden Fassung.

VII. Voraussetzungen für die Abstandnahme vom Steuerabzug nach § 44a Abs. 6 EStG

86 Die Abstandnahme vom Steuerabzug nach § 44a Abs. 1, 4 und 5 EStG ist nur dann möglich, wenn der Gläubiger der Kapitalerträge und der Konto- bzw. Depotinhaber identisch sind. Die Teilschuldverschreibungen, die Anteile an der Sammelschuldbuchforderung, die Wertrechte, die Einlagen und Guthaben oder sonstigen Wirtschaftsgüter müssen im Zeitpunkt des Zufließens der Einnahmen unter dem Namen des Gläubigers der Kapitalerträge bei der die Kapitalerträge auszahlenden Stelle verwahrt oder verwaltet werden. Ist dies nicht der Fall, hat der Steuerabzugsverpflichtete den Steuerabzug vorzunehmen und die Bescheinigung nach § 45a Abs. 2 EStG entsprechend zu kennzeichnen, vgl. § 44a Abs. 6 Satz 2 EStG.

87 Keine Abstandnahme vom Steuerabzug ist somit insbesondere bei Treuhand-, Nießbrauchs- und Anderkonten möglich.

88 Nach § 44a Abs. 6 Satz 3 EStG kann bei nach § 5 Abs. 1 Nr. 9 KStG steuerbefreiten unselbständigen Stiftungen auch dann vom Steuerabzug nach § 44a Abs. 4, 7 und 10 Satz 1 Nr. 3 EStG Abstand genommen werden, wenn das Konto bzw. Depot auf den Namen eines anderen Berechtigten geführt und das Konto bzw. Depot durch einen Zusatz zur Bezeichnung eindeutig sowohl vom übrigen Vermögen des anderen Berechtigten zu unterscheiden, als auch steuerlich der Stiftung zuzuordnen ist.

89 Diese gesetzliche Regelung gilt für nach dem 31.12.2011 zufließende Kapitalerträge. Durch das Schreiben des BMF v. 16.8.2011,[1] wurde geregelt, dass diese Regelung schon auf nach dem 31.12.2010 zufließende Kapitalerträge angewendet werden kann.

90–95 *(Einstweilen frei)*

VIII. Abstandnahme vom Steuerabzug bei bestimmten steuerbefreiten Körperschaften, Personenvereinigungen, Vermögensmassen, Stiftungen und juristischen Personen des öffentlichen Rechts (§ 44a Abs. 7 EStG)

96 Bei von der Körperschaftsteuer nach § 5 Abs. 1 Nr. 9 KStG befreiten Körperschaften, Personenvereinigungen und Vermögensmassen, bei Stiftungen des öffentlichen Rechts, die ausschließlich und unmittelbar gemeinnützigen oder mildtätigen Zwecken dienen oder bei juristischen Personen des öffentlichen Rechts, die unmittelbar und ausschließlich kirchlichen Zwecken dienen, als Gläubiger der Kapitalerträge ist bei Kapitalerträgen nach § 43 Abs. 1 Satz 1 Nr. 1, 2, 3 und 7a bis 7c EStG durch den Steuerabzugsverpflichteten kein Steuerabzug vorzunehmen, vgl. § 44a Abs. 7 Satz 1 EStG. Zu den einzelnen Kapitalerträgen wird auf → Rz. 10 und KKB/Qulitzsch, § 43 EStG Rz. 53 ff. verwiesen.

97 Die Voraussetzungen sind außer in den Fällen des § 43 Abs. 1 Satz 1 Nr. 7c EStG durch Bescheinigung nach § 44a Abs. 7 Satz 2 EStG nachzuweisen. Im Übrigen gelten die weiteren Vorschriften in § 44a Abs. 4 EStG, z. B. kein wirtschaftlicher Geschäftsbetrieb, kein Betrieb gewerblicher Art.

98 Die Abstandnahme vom Steuerabzug ist der Höhe nach nicht begrenzt.

---

1 BStBl 2011 I 986.

Für nach dem 31.12.2012 zufließende Kapitalerträge wurde der sachliche Anwendungsbereich der Bescheinigung nach § 44a Abs. 7 Satz 1 EStG um die Kapitalerträge nach § 43 Abs. 1 Satz 1 Nr. 1 und 2 EStG erweitert.[1] 99

Die Kapitalerträge i. S. v. § 43 Abs. 1 Satz 1 Nr. 1 und 2 EStG müssen im Gegensatz zur Regelung in § 44a Abs. 4 EStG (vgl. → Rz. 51 ff.) nicht ausschließlich von steuerbefreiten Gesellschaften geleistet werden. 100

Der Gläubiger der Kapitalerträge, der in den persönlichen Anwendungsbereich von § 44a Abs. 7 EStG fällt, ist regelmäßig auch berechtigt, eine Bescheinigung nach § 44a Abs. 4 EStG zu beantragen und kann somit auch die Abstandnahme vom Steuerabzug in den dort genannten Fällen in Anspruch nehmen. 101

Ist keine Abstandnahme vom Steuerabzug und keine Erstattung nach § 44b Abs. 5 EStG erfolgt, besteht zur Vermeidung unbilliger Härten die Möglichkeit, innerhalb der Zahlungsverjährungsfrist nach § 228 AO einen Antrag auf Erstattung der Kapitalertragsteuer bei dem Finanzamt, an das die Kapitalertragsteuer abgeführt wurde, zu stellen.[2] 102

(Einstweilen frei) 103–105

IX. Abstandnahme vom Steuerabzug bei bestimmten steuerbefreiten Körperschaften, Personenvereinigungen, Vermögensmassen und juristischen Personen des öffentlichen Rechts (§ 44a Abs. 8 EStG)

Bei von der Körperschaftsteuer befreiten – mit Ausnahme von § 5 Abs. 1 Nr. 9 KStG – Körperschaften, Personenvereinigungen und Vermögensmassen und bei juristischen Personen des öffentlichen Rechts, die nicht unter § 44a Abs. 7 EStG fallen, ist bei Kapitalerträgen nach § 43 Abs. 1 Satz 1 Nr. 1, 2, 3 und 7a EStG durch den Steuerabzugsverpflichteten der Steuerabzug nur i. H. v. 3/5 vorzunehmen (Teilabstandnahme vom Steuerabzug). Zu den einzelnen Kapitalerträgen wird auf → Rz. 10 und KKB/Quilitzsch, § 43a EStG Rz. 53 ff. verwiesen. 106

Für nach dem 31.12.2012 zufließende Kapitalerträge wurde der sachliche Anwendungsbereich der Bescheinigung nach § 44a Abs. 8 Satz 1 EStG um die Kapitalerträge nach § 43 Abs. 1 Satz 1 Nr. 1 und 2 EStG erweitert.[3] 107

Die Kapitalerträge i. S. v. § 43 Abs. 1 Satz 1 Nr. 1 und 2 EStG müssen im Gegensatz zur Regelung in § 44a Abs. 4 EStG (vgl. → Rz. 51 ff.) nicht ausschließlich von steuerbefreiten Gesellschaften geleistet werden. 108

Die Voraussetzungen sind durch Bescheinigung nach § 44a Abs. 8 Satz 2 EStG nachzuweisen. Im Übrigen gelten die weiteren Vorschriften in § 44a Abs. 4 EStG. 109

Der Gläubiger der Kapitalerträge, der in den persönlichen Anwendungsbereich von § 44a Abs. 8 EStG fällt, ist regelmäßig auch berechtigt, eine Bescheinigung nach § 44a Abs. 4 EStG zu beantragen und kann somit auch die Abstandnahme vom Steuerabzug in den dort genannten Fällen in Anspruch nehmen. 110

Ist keine Abstandnahme vom Steuerabzug und keine Erstattung nach § 44b Abs. 5 EStG erfolgt, besteht zur Vermeidung unbilliger Härten die Möglichkeit, innerhalb der Zahlungsver- 111

---

1 § 52a Abs. 16c Satz 3 EStG in der bis zum 30.7.2014 anzuwendenden Fassung.
2 BMF v. 9.12.2014, BStBl 2014 I 1608, Rz. 300a.
3 § 52a Abs. 16c Satz 3 EStG in der bis zum 30.7.2014 anzuwendenden Fassung.

jährungsfrist nach § 228 AO einen Antrag auf anteilige Erstattung der Kapitalertragsteuer bei dem Finanzamt, an das die Kapitalertragsteuer abgeführt wurde, zu stellen.[1]

112–115 *(Einstweilen frei)*

X. Erstattung an beschränkt steuerpflichtige Körperschaften nach § 44a Abs. 9 EStG

116 Die Vorschrift § 44a Abs. 9 EStG wurde durch das Unternehmensteuerreformgesetz 2008 (UntStRefG) vom 14.8.2007[2] eingefügt und dient der gleichen Belastung ausländischer Gesellschaften i.S.v. § 2 Nr. 1 KStG mit inländischen Gesellschaften. Ist die ausländische Gesellschaft Gläubiger der Kapitalerträge, wird für Kapitalerträge i.S.v. § 43 Abs. 1 EStG auf Antrag 2/5 der einbehaltenen und abgeführten Kapitalertragsteuer erstattet. Vor 2009 konnte die Erstattung lediglich für Kapitalerträge nach § 43 Abs. 1 Nr. 1 bis 4 EStG erfolgen.[3]

117 Die Erstattung erfolgt auf Antrag des Gläubigers der Kapitalerträge. Die formellen Voraussetzungen in § 50d Abs. 1 Satz 3 bis 12, Abs. 3 und 4 EStG gelten entsprechend, vgl. § 44a Abs. 9 Satz 2 EStG. Hinweis auf KKB/Gebhardt, § 50d Rz. 33 ff.

118 Für die Bearbeitung des Antrags ist das BZSt zuständig. Bestehen über § 44a Abs. 9 EStG hinausgehende Ansprüche auf Erstattung von Abzugsteuern nach §§ 43b, 50d EStG, soll das BZSt diese Erstattungsverfahren miteinander verbinden, vgl. § 44a Abs. 9 Satz 3 und 4 EStG.

119–120 *(Einstweilen frei)*

XI. Abstandnahme vom Steuerabzug bei Kapitalerträgen i. S. v. § 43 Abs. 1 Satz 1 Nr. 1a EStG und Ausstellung von Sammelsteuerbescheinigungen (§ 44a Abs. 10 EStG)

121 Die Abstandnahme vom Steuerabzug bei Kapitalerträgen i.S.v. § 43 Abs. 1 Satz 1 Nr. 1a EStG (girosammel- oder streifbandverwahrte Aktien und Genussscheine) ist für nach dem 31.12.2011[4] bzw. nach dem 31.12.2012[5] zufließende Kapitalerträge durch die auszahlende Stelle möglich. Voraussetzung für die Abstandnahme vom Steuerabzug ist die alternative Vorlage folgender Bescheinigungen[6] bzw. Aufträge:

- ▶ Nichtveranlagungs-Bescheinigung nach § 44a Abs. 2 Satz 1 Nr. 2 EStG,
- ▶ Bescheinigung nach § 44a Abs. 5 EStG,
- ▶ Bescheinigung nach § 44a Abs. 7 Satz 2 EStG,
- ▶ Bescheinigung nach § 44a Abs. 8 Satz 2 EStG (Teilabstandnahme),
- ▶ Freistellungsauftrag[7] nach § 44a Abs. 2 Satz 1 Nr. 1 EStG.

Die Voraussetzungen von § 44a Abs. 6 EStG gelten entsprechend, vgl. § 44a Abs. 10 Satz 3 EStG.

---

1 BMF v. 9.12.2014, BStBl 2014 I 1608, Rz. 300a.
2 BGBl 2007 I 1912.
3 Hinweis auf § 52a Abs. 16 Satz 5 und 6 EStG in der bis zum 30.7.2014 anzuwendenden Fassung.
4 § 52a Abs. 16b EStG in der bis zum 30.7.2014 anzuwendenden Fassung.
5 Für Genussscheine: § 52a Abs. 16c Satz 3 EStG in der bis zum 30.7.2014 anzuwendenden Fassung.
6 § 44a Abs. 10 Satz 1 Nr. 1 bis 4 EStG.
7 § 44a Abs. 10 Satz 2 EStG.

Durch das Gesetz zur Vermeidung von Umsatzsteuerausfällen beim Handel mit Waren im Internet und zur Änderung weiterer steuerlicher Vorschriften vom 11.12.2018 wurde die Möglichkeit der Abstandnahme vom Steuerabzug in den Fällen des § 44a Abs. 10 Satz 1 Nr. 3 EStG eingeschränkt. Die Abstandnahme vom Steuerabzug auf Kapitalerträge i. S. d. § 43 Abs. 1 Satz 1 Nr. 1a EStG wurde für Körperschaften, Personenvereinigungen oder Vermögensmassen i. S. d. § 5 Abs. 1 Nr. 9 KStG der Höhe nach auf 20 000 € begrenzt. Erzielt eine Person i. S. d. § 44a Abs. 7 Satz 1 Nr. 1 EStG entsprechende Kapitalerträge, wird auf den 20 000 € übersteigenden Betrag durch die auszahlende Stelle Kapitalertragsteuer einbehalten. Der Steuerabzug beträgt in diesen Fällen 3/5 der Kapitalertragsteuer, mithin i. d. R. 15 % des abzugspflichtigen Kapitalertrags; dies entspricht dem inländischen Körperschaftsteuersatz von 15 %. Die betragsmäßige Beschränkung gilt nicht für andere Kapitalerträge oder für die in § 44a Abs. 7 Satz 1 Nr. 2 und 3 EStG genannten Personen.

Ausnahmeregelung: Der Steuerabzug in Höhe von 3/5 der Kapitalertragsteuer unterbleibt, wenn der Gläubiger der Kapitalerträge bei Zufluss des Kapitalertrags seit mindestens einem Jahr ununterbrochen wirtschaftlicher Eigentümer der Aktien oder Genussscheine ist. Durch die Neuregelung soll verhindert werden, dass steuerbegünstigte Anleger für Cum/Cum-Geschäfte genutzt werden, um vom Steuerabzug unbelastete Kapitalerträge zu erzielen, ohne den Anzeige- und Zahlungspflichten nach § 36a Abs. 4 EStG Folge zu leisten. Erfahrungen der FinVerw. zeigen, dass derartige Vehikel benutzt wurden, um in großem Umfang kurzfristig Aktien börsennotierter Unternehmen über deren Dividendenstichtag von beschränkt Steuerpflichtigen zu erwerben und sie anschließend wieder zurückzugeben. Da steuerbegünstigte Anleger bisher die Möglichkeit der vollständigen Abstandnahme vom Kapitalertragsteuerabzug erhielten, erfolgte kein Steuereinbehalt. Zwar bestand für diese Anleger nach § 36a Abs. 4 EStG auch bisher schon die Pflicht, derartige Cum/Cum-Geschäfte anzuzeigen und die nicht einbehaltene Steuer abzuführen. Dieser Pflicht kamen sie jedoch nicht nach, da sie aufgrund der bestehenden Vereinbarungen verpflichtet waren, die Dividendenerträge an beschränkt Steuerpflichtige weiterzuleiten und somit keine ausreichenden finanziellen Mittel zur Erfüllung dieser Pflicht vorlagen. Auch wenn dem Fiskus rechtlich ein Anspruch auf Zahlung der Steuer zusteht, wird dieser faktisch wegen der Vermögenslosigkeit der Anleger leer laufen. Die Nutzung steuerbegünstigter Anleger zur Umgehung der Anrechnungsbeschränkung nach § 36a EStG ist umso attraktiver, je höher die bezogenen Kapitalerträge sind. Eine Vielzahl tatsächlich steuerbegünstigter Anleger i. S. d. § 44a Abs. 7 Satz 1 Nr. 1 EStG wird dagegen Dividendenerträge erzielen, die unter 20 000 € liegen oder die Beteiligungen langfristig halten. Die Orientierung der Steuerabzugsverpflichtung an der Höhe der Erträge und an der Haltedauer der Aktien oder Genussscheine soll diesem Umstand Rechnung tragen. Die Neuregelung tritt ab 2019 in Kraft.[1]

In § 44a Abs. 10 Satz 4 bis 7 EStG ist das Verfahren über die Ausstellung von Sammelsteuerbescheinigungen und die Umsetzung des Steuerabzugsverfahrens bei ausländischer Zwischenverwahrung von Anteilen i. S. v. § 43 Abs. 1 Satz 1 Nr. 1a EStG geregelt.

Seit 2012 erfolgt der Steuerabzug in den Fällen des § 43 Abs. 1 Satz 1 Nr. 1a EStG durch die (letzte) inländische auszahlende Stelle, vgl. § 44 Abs. 1 Satz 4 Nr. 3 Buchst. a und b EStG. Bei Zahlung in das Ausland wird lediglich die Nettodividende weitergeleitet. Auf Antrag der depotführenden Stelle bescheinigt die letzte inländische auszahlende Stelle die für die Umsetzung des Steuerabzugsverfahrens erforderlichen Angaben in einer Sammelsteuerbescheinigung.

---

1 Vgl. BT-Drucks. 19/4455, 47.

125 Nach § 44a Abs. 10 Satz 5 EStG darf der Antrag auf Ausstellung einer Sammelsteuerbescheinigung nur für Aktien gestellt werden, die mit Dividendenberechtigung erworben und mit Dividendenanspruch geliefert wurden.

126 Einzelheiten zum Verfahren sind im Schreiben des BMF v. 16. 9. 2013[1] geregelt.

§ 44b Erstattung der Kapitalertragsteuer

[2](1) Nach Ablauf eines Kalenderjahres hat der zum Steuerabzug Verpflichtete die im vorangegangenen Kalenderjahr abgeführte Steuer auf Ausschüttungen eines Investmentfonds zu erstatten, soweit die Ausschüttungen nach § 17 des Investmentsteuergesetzes nicht als Ertrag gelten.

(2) bis (4) (weggefallen)

(5) [1]Ist Kapitalertragsteuer einbehalten oder abgeführt worden, obwohl eine Verpflichtung hierzu nicht bestand, oder hat der Gläubiger dem nach § 44 Absatz 1 zum Steuerabzug Verpflichteten die Bescheinigung nach § 43 Absatz 2 Satz 4, den Freistellungsauftrag, die Nichtveranlagungs-Bescheinigung oder die Bescheinigungen nach § 44a Absatz 4 oder Absatz 5 erst zu einem Zeitpunkt vorgelegt, zu dem die Kapitalertragsteuer bereits abgeführt war, oder nach diesem Zeitpunkt erst die Erklärung nach § 43 Absatz 2 Satz 3 Nummer 2 abgegeben, ist auf Antrag des nach § 44 Absatz 1 zum Steuerabzug Verpflichteten die Steueranmeldung (§ 45a Absatz 1) insoweit zu ändern; stattdessen kann der zum Steuerabzug Verpflichtete bei der folgenden Steueranmeldung die abzuführende Kapitalertragsteuer entsprechend kürzen. [2]Erstattungsberechtigt ist der Antragsteller. [3]Solange noch keine Steuerbescheinigung nach § 45a erteilt ist, hat der zum Steuerabzug Verpflichtete das Verfahren nach Satz 1 zu betreiben. [4]Die vorstehenden Sätze sind in den Fällen des Absatzes 6 nicht anzuwenden.

(6) [1]Werden Kapitalerträge im Sinne des § 43 Absatz 1 Satz 1 Nummer 1 und 2 durch ein inländisches Kredit- oder Finanzdienstleistungsinstitut im Sinne des § 43 Absatz 1 Satz 1 Nummer 7 Buchstabe b, das die Wertpapiere, Wertrechte oder sonstigen Wirtschaftsgüter unter dem Namen des Gläubigers verwahrt oder verwaltet, als Schuldner der Kapitalerträge oder für Rechnung des Schuldners gezahlt, kann das Kredit- oder Finanzdienstleistungsinstitut die einbehaltene und abgeführte Kapitalertragsteuer dem Gläubiger der Kapitalerträge bis zur Ausstellung einer Steuerbescheinigung, längstens bis zum 31. März des auf den Zufluss der Kapitalerträge folgenden Kalenderjahres, unter den folgenden Voraussetzungen erstatten:

1. dem Kredit- oder Finanzdienstleistungsinstitut wird eine Nichtveranlagungs-Bescheinigung nach § 44a Absatz 2 Satz 1 Nummer 2 für den Gläubiger vorgelegt,

2. dem Kredit- oder Finanzdienstleistungsinstitut wird eine Bescheinigung nach § 44a Absatz 5 für den Gläubiger vorgelegt,

3. dem Kredit- oder Finanzdienstleistungsinstitut wird eine Bescheinigung nach § 44a Absatz 7 Satz 2 für den Gläubiger vorgelegt und eine Abstandnahme war nicht möglich oder

---

1 BStBl 2013 I 1168.
2 **Anm. d. Red.:** § 44b Abs. 1 i. d. F. des Gesetzes v. 19. 7. 2016 (BGBl I S. 1730) mit Wirkung v. 1. 1. 2018.

4. dem Kredit- oder Finanzdienstleistungsinstitut wird eine Bescheinigung nach § 44a Absatz 8 Satz 2 für den Gläubiger vorgelegt und die teilweise Abstandnahme war nicht möglich; in diesen Fällen darf die Kapitalertragsteuer nur in Höhe von zwei Fünfteln erstattet werden.

²Das erstattende Kredit- oder Finanzdienstleistungsinstitut haftet in sinngemäßer Anwendung des § 44 Absatz 5 für zu Unrecht vorgenommene Erstattungen; für die Zahlungsaufforderung gilt § 219 Satz 2 der Abgabenordnung entsprechend. ³Das Kredit- oder Finanzdienstleistungsinstitut hat die Summe der Erstattungsbeträge in der Steueranmeldung gesondert anzugeben und von der von ihm abzuführenden Kapitalertragsteuer abzusetzen. ⁴Wird dem Kredit- oder Finanzdienstleistungsinstitut ein Freistellungsauftrag erteilt, der auch Kapitalerträge im Sinne des Satzes 1 erfasst, oder führt das Institut einen Verlustausgleich nach § 43a Absatz 3 Satz 2 unter Einbeziehung von Kapitalerträgen im Sinne des Satzes 1 aus, so hat es bis zur Ausstellung der Steuerbescheinigung, längstens bis zum 31. März des auf den Zufluss der Kapitalerträge folgenden Kalenderjahres, die einbehaltene und abgeführte Kapitalertragsteuer auf diese Kapitalerträge zu erstatten; Satz 2 ist entsprechend anzuwenden.

(7) ¹Eine Gesamthandsgemeinschaft kann für ihre Mitglieder im Sinne des § 44a Absatz 7 oder Absatz 8 eine Erstattung der Kapitalertragsteuer bei dem für die gesonderte Feststellung ihrer Einkünfte zuständigen Finanzamt beantragen. ²Die Erstattung ist unter den Voraussetzungen des § 44a Absatz 4, 7 oder Absatz 8 und in dem dort bestimmten Umfang zu gewähren.

Inhaltsübersicht

		Rz.
A.	Allgemeine Erläuterungen	1 – 7
I.	Normzweck und wirtschaftliche Bedeutung der Vorschrift	1 – 2
II.	Entstehung und Entwicklung der Vorschrift	3 – 7
B.	Systematische Kommentierung	8 – 66
I.	Allgemeines	8 – 20
II.	Erstattungsverfahren nach § 44b Abs. 1 EStG	21
III.	Erstattungsverfahren nach § 44b Abs. 2 EStG	22 – 25
IV.	Erstattungsverfahren nach § 44b Abs. 5 Satz 1 bis 4 EStG	26 – 50
V.	Erstattungsverfahren nach § 44b Abs. 6 Satz 1 bis 4 EStG	51 – 65
VI.	Erstattung an bestimmte Gesamthandsgemeinschaften (§ 44b Abs. 7 EStG)	66

HINWEIS:

BMF v. 18. 1. 2016, BStBl 2016 I 85; BMF v. 20. 4. 2016, BStBl 2016 I 475; BMF v. 16. 6. 2016, BStBl 2016 I 527; BMF v. 3.5.2017, BStBl 2017 I 739; BMF v. 12.4.2018, BStBl 2018 I 624.

A. Allgemeine Erläuterungen

I. Normzweck und wirtschaftliche Bedeutung der Vorschrift

§ 44b EStG regelt verschiedene Möglichkeiten der Erstattung von Kapitalertragsteuer. Durch diese Regelungen sollen im Ergebnis sowohl der Gläubiger der Kapitalerträge als auch die Finanzverwaltung entlastet werden. 1

(Einstweilen frei) 2

II. Entstehung und Entwicklung der Vorschrift

3 Die Vorschrift wurde seit ihrer Einführung durch das Körperschaftsteuerreformgesetz (KStRG) v. 31.8.1976[1] mehrfach geändert und wurde vor allem in den vergangenen Jahren an eine dynamische Rechtsentwicklung angepasst. Nachfolgend wird kurz die wesentliche Entwicklung der Vorschrift aufgeführt:

- Durch das Steuerreformgesetz 1990 (StRefG) v. 25.7.1988[2] wurden die Erstattungstatbestände punktuell erweitert.
- Durch das Zinsabschlaggesetz (ZinsabschlagG) v. 9.11.1992[3] wurde die Möglichkeit der Erstattung auf Freistellungsaufträge mit Ausnahme von Tafelgeschäften, Treuhand- und Nießbrauchsfällen ausgeweitet.
- Durch das Missbrauchsbekämpfungs- und Steuerbereinigungsgesetz (StMBG) v. 21.12.1993[4] wurde die Möglichkeit der Erstattung nach § 44b Abs. 4 EStG bei verspäteter Vorlage der Bescheinigungen um die Fälle von § 44a Abs. 4, 5 EStG erweitert.
- Durch das Jahressteuergesetz 1996 (JStG) v. 10.11.1996[5] wurde die Möglichkeit der Erstattung auch bei beschränkt Stpfl. in den Fällen des § 44a Abs. 5 EStG eingefügt.
- Durch das Steuersenkungsgesetz (StSenkG) v. 23.11.2000[6] wurde § 44b EStG in wesentlichen Teilen geändert und an den Wegfall bzw. die Änderungen der §§ 36c, 36d, 45b und 45c EStG angepasst.
- Durch das Unternehmensteuerreformgesetz 2008 (UntStRefG) v. 14.8.2007[7] wurde in § 44b Abs. 1 EStG der Verweis auf die Vorschriften zum damaligen Halbeinkünfteverfahren entfernt.
- Durch das JStG 2009 v. 19.12.2008[8] wurde das Einzelerstattungsverfahren auf Kapitalerträge i.S.v. § 43 Abs. 1 Satz 1 Nr. 1, 2 EStG für nach dem 31.12.2008 zufließende Kapitalerträge abgeschafft.
- Durch das Bürgerentlastungsgesetz Krankenversicherung (BürgEntlG-KV) v. 16.7.2009[9] wurde in § 44b Abs. 1 EStG die Möglichkeit der Erstattung in den Fällen von Freistellungsaufträgen gestrichen. Dazu wurden die nachträglichen Korrekturmöglichkeiten in § 44b Abs. 5 EStG erweitert und § 44b Abs. 6 EStG neu eingefügt.
- Durch das Amtshilferichtlinie-Umsetzungsgesetz (AmtshilfeRLUmsG) v. 26.6.2013[10] wurde § 44b Abs. 1 bis 4 EStG für nach dem 31.12.2012 zufließende Kapitalerträge abgeschafft. Vergleichbare Regelungen befinden sich nunmehr in § 44a EStG. Die Möglichkeit der Erstattung an Gesamthandsgemeinschaften in § 44b Abs. 7 EStG wurde eingefügt und die Anmeldung und Bescheinigung für Fälle des § 44 Abs. 1a EStG mit Wirkung **ab 2013** geregelt.

---

1 BGBl 1976 I 2597.
2 BGBl 1988 I 1093.
3 BGBl 1992 I 1853.
4 BGBl 1993 I 2310.
5 BGBl 1995 I 1250.
6 BGBl 2000 I 1433.
7 BGBl 2007 I 1912.
8 BGBl 2008 I 2794.
9 BGBl 2009 I 1959.
10 BGBl 2013 I 1809.

► Durch das Zollkodex-Anpassungsgesetz (ZollkodexAnpG) v. 22.12.2014[1] wurde in § 44b Abs. 5 Satz 3 EStG die verbindliche Berücksichtigung von nachträglich vorgelegten Bescheinigungen bis zur Ausstellung der Steuerbescheinigung eingefügt.

► Durch das Gesetz zur Reform der Investmentbesteuerung (InvStRefG) v. 19.7.2016[2] wurde in § 44b Abs. 1 EStG mit Wirkung ab 1.1.2018 ein durch den Steuerabzugsverpflichteten umzusetzendes Erstattungsverfahren für den Fall der Wertzuwachsbesteuerung bei Abwicklung eines Investmentfonds i.S.d. § 17 InvStG eingeführt.

► Durch das Gesetz zur Vermeidung von Umsatzsteuerausfällen beim Handel mit Waren im Internet und zur Änderung weiterer steuerlicher Vorschriften vom 11.12.2018[3] wurde in § 44b Abs. 2 EStG eine Erstattungsregelung für Fälle eingeführt, in denen der Höhe nach keine Abstandnahme vom Steuerabzug auf Kapitalerträge i.S.d. § 43 Abs. 1 Satz 1 Nr. 1a EStG mehr möglich war.[4]

(Einstweilen frei) 4–7

B. Systematische Kommentierung

I. Allgemeines

Über § 44b EStG werden verschiedene Möglichkeiten zur Erstattung bereits gezahlter Kapitalertragsteuer eröffnet. 8

Das Einzelerstattungsverfahren nach § 44b Abs. 1 bis 4 EStG beim Bundeszentralamt für Steuern (BZSt) wurde durch das AmtshilfeRLUmsG v. 26.6.2013[5] korrespondierend zur Abschaffung des Sammelantragsverfahrens nach § 45b EStG für nach dem 31.12.2012 zufließende Kapitalerträge[6] abgeschafft. 9

§ 44b Abs. 1 EStG regelt mit Wirkung ab 1.1.2018 ein durch die Steuerabzugsverpflichteten umzusetzendes Erstattungsverfahren.

§ 44b Abs. 5 EStG regelt allgemein das Erstattungsverfahren durch das Finanzamt, an das die Steuer abgeführt wurde und § 44b Abs. 6 EStG regelt die Erstattungsmodalitäten für nach dem 31.12.2009[7] zufließende Kapitalerträge i.S.v. § 43 Abs. 1 Satz 1 Nr. 1, 2 EStG, wenn das Kredit- oder Finanzdienstleistungsinstitut die Wertpapiere, Wertrechte oder sonstige Wirtschaftsgüter für den Gläubiger verwahrt oder verwaltet. 10

Sinn und Zweck sämtlicher in § 44b EStG geregelten Erstattungsverfahren ist zum einen die Vermeidung von Aufwand auf Seiten der Finanzverwaltung durch Verringerung der Anzahl von Veranlagungsfällen (ausschließlich) zum Zweck der Anrechnung von Kapitalertragsteuer nach § 36 Abs. 2 Nr. 2 EStG. Zum anderen kommt der Gläubiger der Kapitalerträge in den Genuss von Zinsvorteilen, da die Anrechnung nach § 36 Abs. 2 Nr. 2 EStG im Wege der Veranlagung erst nach Ablauf des betreffenden Jahres möglich ist und die Erstattung auch bereits unterjährig erfolgen kann. 11

---

1 BGBl 2014 I 2417.
2 BGBl 2016 I 1730.
3 BGBl 2018 I 2338.
4 Vgl. § 44a Abs. 10 Satz 1 Nr. 3 EStG.
5 BGBl 2013 I 1809.
6 Vgl. § 52a Abs. 16c Satz 4, 5 EStG in der bis zum 30.7.2014 anzuwendenden Fassung.
7 Vgl. § 52a Abs. 16a Satz 1 EStG in der bis zum 30.7.2014 anzuwendenden Fassung.

12 Neben der Erstattung von Kapitalertragsteuer kommt in den betroffenen Fällen auch die (anteilige) Erstattung der Zuschlagsteuern (SolZ und ggf. KiSt) in Betracht.

13–20 *(Einstweilen frei)*

II. Erstattungsverfahren nach § 44b Abs. 1 EStG

21 Ausschüttungen eines Investmentfonds sind grundsätzlich in voller Höhe kapitalertragsteuerpflichtig. Allerdings unterscheidet § 17 InvStG i. d. F. des InvStRefG[1] in der Liquidationsphase eines Investmentfonds in steuerpflichtige Erträge und steuerneutrale Kapitalrückzahlungen. Sofern im Laufe eines Jahres die unterjährig dem Kapitalertragsteuerabzug unterliegenden Ausschüttungen nach Anwendung von § 17 InvStG i. d. F. des InvStRefG ganz oder teilweise doch keinen steuerpflichtigen Ertrag darstellen, ist der Steuerabzugsverpflichtete dazu verpflichtet, die im vorangegangenen Kalenderjahr abgeführte KapErtSt zu erstatten. Eine Erstattung im laufenden Kalenderjahr ist nicht möglich, da die Berechnungsmodalitäten in § 17 InvStG i. d. F. des InvStRefG auf den letzten im Kalenderjahr festgesetzten Rücknahmepreis abstellen. Die Erstattung darf nur insoweit erfolgen, als die Ausschüttungen nach § 17 InvStG i. d. F. des InvStRefG nicht als Ertrag gelten. Die Steuerabzugsverpflichteten können die von Ihnen erstatteten Steuerbeträge ihrerseits mittels Kapitalertragsteueranmeldung vom Betriebsstättenfinanzamt zurückfordern.

III. Erstattungsverfahren nach § 44b Abs. 2 EStG

22 Nach der Neuregelung in § 44b Abs. 2 EStG ist bei Gläubigern nach § 44a Abs. 7 Satz 1 Nr. 1 EStG gemäß § 44a Abs. 10 Satz 1 Nr. 3 EStG einbehaltene und abgeführte Kapitalertragsteuer auf Antrag durch das Finanzamt, in dessen Bezirk sich die Geschäftsleitung oder der Sitz des Gläubigers befindet, zu erstatten. Voraussetzung ist, dass der Gläubiger die Voraussetzungen nach § 36a Abs. 1 bis 3 EStG erfüllt.

23 Hintergrund für das neu eingeführte Erstattungsverfahren sind die Fälle, in denen für Rechnung von steuerbegünstigten Anlegern i. S. d. § 44a Abs. 7 Satz 1 Nr. 1 EStG durch die auszahlende Stelle Kapitalertragsteuer einbehalten und abgeführt wurde (Kapitalerträge i. S. d. § 43 Abs. 1 Satz 1 Nr. 1a EStG oberhalb von 20 000 € und Haltedauer der Wertpapiere kleiner als ein Jahr), obwohl der Gläubiger der Kapitalerträge die Voraussetzungen des § 36a Abs. 1 bis 3 EStG erfüllt und daher die Kapitalerträge i. S. d. § 43 Abs. 1 Satz 1 Nr. 1a EStG steuerunbelastet vereinnahmen darf. Durch diese Regelung soll sichergestellt werden, dass Kapitalerträge nur dann steuerunbelastet sind, wenn keine Cum/Cum-Gestaltungen vorliegen.

24 Der Erstattungsantrag ist durch den steuerbegünstigten Anleger bei dem für ihn zuständigen Finanzamt zu stellen. Dem Erstattungsantrag sollten entsprechende Unterlagen beigefügt werden, anhand derer die Voraussetzungen i. S. d. § 36a Abs. 1 bis 3 EStG nachgewiesen oder glaubhaft gemacht werden können, denn es ist davon auszugehen, dass die Finanzämter im Rahmen des Erstattungsverfahrens prüfen, ob die Voraussetzungen des § 36a EStG vorliegen. Zu diesen Voraussetzungen gehören insbesondere die Nachweise zum wirtschaftlichen Eigentum, zur Mindesthaltedauer und zum Mindestwertänderungsrisiko.

25 Die Neuregelung greift erstmals für nach dem 31.12.2018 zufließende Kapitalerträge.

---

1 BGBl 2016 I 1730.

IV. Erstattungsverfahren nach § 44b Abs. 5 Satz 1 bis 4 EStG

Die Erstattung nach § 44b Abs. 5 Satz 1 EStG ist in folgenden Fällen vorgesehen: 26
- Die Kapitalertragsteuer wurde einbehalten, obwohl eine Verpflichtung hierzu nicht bestand.
- Der Gläubiger der Kapitalerträge hat gegenüber dem Steuerabzugsverpflichteten die Erklärung nach § 43 Abs. 2 Satz 3 Nr. 2 EStG (Freistellungserklärung, vgl. KKB/Quilitzsch, § 43 EStG Rz. 81) erst zu einem Zeitpunkt abgegeben, zu dem die Kapitalertragsteuer bereits abgeführt war.
- Der Gläubiger der Kapitalerträge hat dem Steuerabzugsverpflichteten
   - die Bescheinigung nach § 43 Abs. 2 Satz 4 EStG (Freistellungsbescheinigung für Kapitalerträge nach § 43 Abs. 2 Satz 3 Nr. 1 EStG),
   - den Freistellungsauftrag nach § 44a Abs. 2 Satz 1 Nr. 1 EStG,
   - die Nichtveranlagungsbescheinigung nach § 44a Abs. 2 Satz 1 Nr. 2 EStG,
   - die Bescheinigung nach § 44a Abs. 4 EStG (Absehen vom Kapitalertragsteuerabzug bei inländischen steuerbefreiten Körperschaften, Personenvereinigungen oder Vermögensmassen oder bei inländischen juristischen Personen des öffentlichen Rechts) oder
   - die Bescheinigung nach § 44a Abs. 5 EStG (Dauerüberzahler)

   erst zu einem Zeitpunkt abgegeben, zu dem die Kapitalertragsteuer bereits abgeführt war.

Die Erstattung nach § 44b Abs. 5 EStG kann ausschließlich über den Steuerabzugsverpflichteten und nicht über bzw. an den Gläubiger der Kapitalerträge erfolgen. Das Erstattungsverfahren nach § 44b Abs. 5 Satz 3 EStG hat durch den Steuerabzugsverpflichteten verbindlich zu erfolgen, solange die Steuerbescheinigung nach § 45a EStG noch nicht erteilt wurde. Diese Regelung wurde durch das ZollkodexAnpG v. 22.12.2014[1] für nach dem 31.12.2014 zufließende Kapitalerträge eingefügt.[2] Optional („auf Antrag") ist das Erstattungsverfahren durch den Steuerabzugsverpflichteten lediglich nach Erteilung der Steuerbescheinigung zu betreiben. Die Steueranmeldung nach § 45a Abs. 1 EStG ist in diesen Fällen insoweit zu ändern, als sich die nachträglich vorgelegten Nachweise des Gläubigers der Kapitalerträge auf den Kapitalertragsteuerabzug auswirken. Alternativ hierzu hat der Steuerabzugsverpflichtete nach § 44 Abs. 1 EStG aus Vereinfachungsgründen die Möglichkeit, bei der folgenden Steueranmeldung die abzuführende Kapitalertragsteuer entsprechend zu kürzen. 27

Nach § 44b Abs. 5 Satz 2 EStG ist der Antragsteller (= Steuerabzugsverpflichteter) erstattungsberechtigt. M. E. hat der Gläubiger der Kapitalerträge in den betroffenen Fällen einen zivilrechtlichen Anspruch gegen den Steuerabzugsverpflichteten auf Weiterleitung der Erstattungsbeträge an ihn. Auch zulässig ist, dass der Steuerabzugsverpflichtete die Erstattungsbeträge an den Gläubiger der Kapitalerträge auszahlt, bevor die Erstattung durch das zuständige Finanzamt erfolgt ist. 28

Das Erstattungsverfahren nach § 44b Abs. 5 EStG kann m. E. für sämtliche Kapitalerträge i. S. d. § 43 EStG erfolgen. Ausgenommen sind lediglich die Kapitalerträge nach § 43 Abs. 1 Satz 1 Nr. 1, 2 EStG, wenn das inländische Kredit- oder Finanzdienstleistungsinstitut i. S. d. § 43 Abs. 1 29

---

1 BGBl 2014 I 2417.
2 Vgl. § 52 Abs. 1 Satz 3 EStG.

Satz 1 Nr. 7 Buchst. b EStG, die Wertpapiere, Wertrechte oder sonstigen Wirtschaftsgüter unter dem Namen des Gläubigers der Kapitalerträge verwahrt oder verwaltet.[1]

30 Das Erstattungsverfahren nach § 44b Abs. 5 EStG geht der Erstattung nach § 37 Abs. 2 AO vor und regelt eine entsprechende Ausnahme.[2] Nach den Ausführungen des BMF v. 9.10.2012[3] geht in den Fällen, in denen die Kapitalertragsteuer ohne rechtliche Verpflichtung einbehalten und abgeführt worden ist (z.B. Nichtvorliegen einer beschränkten Steuerpflicht bei Zinseinkünften von Steuerausländern), das Erstattungsverfahren nach § 44b Abs. 5 EStG dem Verfahren nach § 37 Abs. 2 AO vor. Der Antrag auf Erstattung der Kapitalertragsteuer ist an das Betriebstättenfinanzamt der Stelle zu richten, das die Kapitalertragsteuer abgeführt hat.

31 Der Gläubiger der Kapitalerträge hat die Möglichkeit, selbständig die Erstattung der zu Unrecht einbehaltenen Kapitalertragsteuer zu beantragen. Dies ist zum einen im Wege des Einspruchs gegen die Kapitalertragsteueranmeldung (Drittanfechtung), die einer Steuerfestsetzung unter dem Vorbehalt der Nachprüfung (§ 168 Satz 1 AO) gleichsteht, als auch im Wege eines (formlosen) Antrags auf Änderung nach § 164 Abs. 2 Satz 2 AO möglich.

32 Die Einlegung eines Einspruchs durch den Gläubiger der Kapitalerträge gegen die Kapitalertragsteueranmeldung (des Steuerabzugsverpflichteten) ist nur unter Beachtung der weiteren gesetzlichen Voraussetzungen, insbesondere unter Einhaltung der Einspruchsfrist nach § 355 Abs. 1 Satz 2 AO, möglich.

33 Entsprechend ist ein Antrag auf Änderung nach § 164 Abs. 2 Satz 2 AO innerhalb der Festsetzungsfrist nach § 169 Abs. 2 Satz 1 Nr. 2 AO möglich.

34–50 *(Einstweilen frei)*

V. Erstattungsverfahren nach § 44b Abs. 6 Satz 1 bis 4 EStG

51 Abweichend von dem Erstattungsverfahren nach § 44b Abs. 5 EStG kann das Kredit- oder Finanzdienstleistungsinstitut bei Kapitalerträgen i.S.v. § 43 Abs. 1 Satz 1 Nr. 1, 2 EStG die einbehaltene und abgeführte Kapitalertragsteuer dem Gläubiger der Kapitalerträge bis zur Ausstellung der Steuerbescheinigung, längstens bis zum 31.3. des auf den Zufluss der Kapitalerträge folgenden Kalenderjahrs, die Kapitalertragsteuer erstatten, vgl. § 44b Abs. 6 Satz 1 EStG. Die Erstattung von Kapitalertragsteuer ist in diesen Fällen unter folgenden Voraussetzungen möglich:

- Das Kredit- oder Finanzdienstleistungsinstitut i.S.v. § 43 Abs. 1 Satz 1 Nr. 7 Buchst. b EStG verwahrt oder verwaltet die Wertpapiere, Wertrechte oder sonstigen Wirtschaftsgüter (Verwahrung der Stammrechte) unter dem Namen des Gläubigers der Kapitalerträge und zahlt die Kapitalerträge nach § 43 Abs. 1 Satz 1 Nr. 1, 2 EStG aus und

- dem Kredit- oder Finanzdienstleistungsinstitut werden folgende Bescheinigungen vorgelegt:
    - Nichtveranlagungsbescheinigung nach § 44a Abs. 2 Satz 1 Nr. 2 EStG,
    - Bescheinigung nach § 44a Abs. 5 EStG (Dauerüberzahler),
    - Bescheinigung nach § 44a Abs. 7 Satz 2 EStG (Absehen vom Kapitalertragsteuerabzug bei inländischen nach § 5 Abs. 1 Nr. 9 KStG steuerbefreiten Körperschaften,

---

[1] Vgl. § 44b Abs. 5 Satz 4 EStG.
[2] BFH v. 29.1.2015 - I R 11/13, BFH/NV 2015, 950 = NWB DokID: WAAAE-91549.
[3] BMF v. 9.10.2012, BStBl 2012 I 953, Rz. 307.

Personenvereinigungen oder Vermögensmassen, bei bestimmten inländischen Stiftungen des öffentlichen Rechts, bei bestimmten inländischen juristischen Personen des öffentlichen Rechts) oder

– Bescheinigung nach § 44a Abs. 8 Satz 2 EStG (Absehen vom Kapitalertragsteuerabzug bei inländischen steuerbefreiten [mit Ausnahme von § 5 Abs. 1 Nr. 9 KStG] Körperschaften, Personenvereinigungen oder Vermögensmassen oder bei bestimmten inländischen juristischen Personen des öffentlichen Rechts).

Voraussetzung ist jeweils, dass eine vollständige oder teilweise Abstandnahme vom Steuerabzug nicht möglich gewesen ist.

Bei dem Verfahren nach § 44b Abs. 6 EStG werden die Kapitalerträge durch das Kredit- oder Finanzdienstleistungsinstitut als Schuldner der Kapitalerträge oder für Rechnung des Schuldners der Kapitalerträge ausgezahlt. 52

Für zu Unrecht vorgenommene Erstattungen haftet das erstattende Kredit- oder Finanzdienstleistungsinstitut unter sinngemäßer Anwendung von § 44 Abs. 5 EStG. Die Haftung ist verschuldensabhängig. 53

In der Steueranmeldung ist nach § 44b Abs. 6 Satz 3 EStG die Summe der Erstattungsbeträge gesondert anzugeben und von der abzuführenden Kapitalertragsteuer abzusetzen. Die gesonderte Aufzeichnung ist für die Ermittlung des Anteils der Bundesländer an den Erstattungen der Steueraufkommen erforderlich, vgl. § 5 Abs. 2 Satz 1 FVG. 54

Wird dem Kredit- oder Finanzdienstleistungsinstitut ein Freistellungsauftrag erteilt, der auch die Kapitalerträge i. S. v. § 44b Abs. 6 Satz 1 EStG umfasst oder führt das Kredit- oder Finanzdienstleistungsinstitut einen Verlustausgleich nach § 43a Abs. 3 Satz 2 EStG mit diesen Erträgen durch, so ist die einbehaltene und abgeführte Kapitalertragsteuer auf diese Kapitalerträge bis zur Ausstellung der Steuerbescheinigung, längstens bis zum 31. 3. des auf den Zufluss der Kapitalerträge folgenden Jahres, zu erstatten. In diesen Fällen bestehen auch die Meldepflichten nach § 45d Abs. 1 EStG. 55

(Einstweilen frei) 56–65

VI. Erstattung an bestimmte Gesamthandsgemeinschaften (§ 44b Abs. 7 EStG)

Sind an einer Gesamthandsgemeinschaft (z. B. GbR, OHG, KG, Erbengemeinschaft) auch Personen i. S. v. § 44a Abs. 7 und Abs. 8 EStG beteiligt, kann die Gesamthandsgemeinschaft für diese Mitglieder bei dem für sie zuständigen Feststellungsfinanzamt die Erstattung von Kapitalertragsteuer beantragen. Zu den Personen i. S. v. § 44a Abs. 7 und Abs. 8 EStG vgl. KKB/Anemüller, § 44a EStG Rz. 96 ff. und 106 ff. Die Erstattung ist jedoch auf die in § 44a Abs. 7 bzw. Abs. 8 EStG genannten Kapitalerträge und im Fall von § 44a Abs. 8 EStG zusätzlich auf 2/5 beschränkt. 66

§ 45 Ausschluss der Erstattung von Kapitalertragsteuer

¹In den Fällen, in denen die Dividende an einen anderen als an den Anteilseigner ausgezahlt wird, ist die Erstattung von Kapitalertragsteuer an den Zahlungsempfänger ausgeschlossen. ²Satz 1 gilt nicht für den Erwerber eines Dividendenscheines oder sonstigen Anspruches in den Fällen des § 20 Absatz 2 Satz 1 Nummer 2 Buchstabe a Satz 2. ³In den Fällen des § 20 Absatz 2

Satz 1 Nummer 2 Buchstabe b ist die Erstattung von Kapitalertragsteuer an den Erwerber von Zinsscheinen nach § 37 Absatz 2 der Abgabenordnung ausgeschlossen.

Inhaltsübersicht

	Rz.
A. Allgemeine Erläuterungen	1 - 7
I. Normzweck und wirtschaftliche Bedeutung der Vorschrift	1 - 2
II. Entstehung und Entwicklung der Vorschrift	3 - 4
III. Geltungsbereich	5 - 7
B. Systematische Kommentierung	8 - 13
I. Ausschluss der Erstattung bei Dividendenerträgen (§ 45 Satz 1 EStG)	8 - 9
II. Ausnahme vom Ausschluss der Erstattung nach Satz 1 (§ 45 Satz 2 EStG)	10 - 12
III. Ausschluss der Erstattung bei Zinserträgen (§ 45 Satz 3 EStG)	13

A. Allgemeine Erläuterungen

I. Normzweck und wirtschaftliche Bedeutung der Vorschrift

1 § 45 EStG dient für den Fall, dass der Inhaber des Stammrechts und derjenige, der den Anspruch auf den Dividenden- oder Zinsertrag hat, nicht personenidentisch sind, der Sicherstellung, dass sowohl die Besteuerung als auch die Erstattung von Steuerabzugsbeträgen nur einmal erfolgt.

2 *(Einstweilen frei)*

II. Entstehung und Entwicklung der Vorschrift

3 Nachfolgend werden die wesentlichen Änderungen der Vorschrift kurz aufgeführt:

- Die Vorschrift wurde durch das Steuerreformgesetz 1990 (StRefG) v. 25. 7. 1988[1] in das EStG eingefügt. Regelungsinhalt war der Ausschluss der Erstattung nach § 37 Abs. 2 AO von Kapitalertragsteuer an den Erwerber von Zins- oder Dividendenscheinen.

- Durch das Standortsicherungsgesetz (StandOG) v. 13. 9. 1993[2] wurde die Vorschrift in der bis heute noch gültigen Fassung neu gefasst und seitdem regelmäßig an die aktuelle Rechtslage angepasst.

- Durch das Kroatienanpassungsgesetz (KroatienAnpG) v. 25. 7. 2014[3] wurde der Anwendungsbereich von § 45 EStG auf unverbriefte Dividendenansprüche ausgeweitet. Durch das Gesetz zur Vermeidung von Umsatzsteuerausfällen beim Handel mit Waren im Internet und zur Änderung weiterer steuerlicher Vorschriften vom 11. 12. 2018[4] wurde in § 45 EStG eine Regelung zur Vermeidung unberechtigter Erstattungen von Kapitalertragsteuer bei Cum/Cum-Gestaltungen eingeführt.

4 *(Einstweilen frei)*

---
1 BGBl 1988 I 1093.
2 BGBl 1993 I 1569.
3 BGBl 2014 I 1266.
4 BGBl 2018 I 2338.

III. Geltungsbereich

§ 45 EStG beschränkt sich auf die Regelung solcher Fälle, in denen der Empfänger des Dividenden- oder Zinsertrags nicht mit dem Inhaber des Stammrechts identisch ist.

(Einstweilen frei)

B. Systematische Kommentierung

I. Ausschluss der Erstattung bei Dividendenerträgen (§ 45 Satz 1 EStG)

Nach § 20 Abs. 5 EStG ist Anteilseigner derjenige, dem im Zeitpunkt des Gewinnverteilungsbeschlusses die Anteile i. S. v. § 20 Abs. 1 Nr. 1 EStG zuzurechnen sind. Die Versteuerung der Dividenden hat durch den Anteilseigner zu erfolgen. Das gilt auch dann, wenn ein anderer Inhaber der Ansprüche aus dem Dividendenschein oder sonstigen Ansprüche ist. Die Erstattung der bei Auszahlung der Dividende einbehaltenen Kapitalertragsteuer an einen anderen als den Anteilseigner ist nach § 45 Satz 1 EStG nicht zulässig. Der Anteilseigner ist zur Anrechnung nach § 36 Abs. 2 Nr. 2 EStG berechtigt.

In § 45 Satz 1 EStG wurde klarstellend ergänzt, dass neben der Erstattung auch die Anrechnung von Kapitalertragsteuer ausgeschlossen ist, sofern die Dividende an einen anderen als den Anteilseigner ausgezahlt wird. Die Neuregelung tritt nach Art. 20 Abs. 1 am Tag nach Gesetzesverkündung, mithin am 15. 12. 2018 in Kraft.

II. Ausnahme vom Ausschluss der Erstattung nach Satz 1 (§ 45 Satz 2 EStG)

Der Ausschluss der Erstattung nach § 45 Satz 1 EStG greift jedoch für den Erwerber eines Dividendenscheins oder sonstiger Ansprüche nicht, wenn es sich um Fälle des § 20 Abs. 2 Satz 1 Nr. 2 Buchst. a Satz 2 EStG handelt. Danach gilt Folgendes: Soweit die Besteuerung nach § 20 Abs. 2 Satz 1 Nr. 2 Buchst. a Satz 1 EStG (Versteuerung des Gewinns aus der Veräußerung von Dividendenscheinen und sonstiger Ansprüche durch den Inhaber des Stammrechts, wenn die dazugehörigen Aktien oder sonstigen Anteile nicht mitveräußert werden) erfolgt ist, tritt diese an die Stelle der Besteuerung nach § 20 Abs. 1 EStG.

Im Zeitpunkt der Auszahlung der Dividende zieht der Inhaber der Ansprüche aus dem Dividendenschein m. E. lediglich eine Forderung ein. Daraus ergibt sich auch der Anspruch auf Erstattung nach § 45 Satz 2 EStG.

Die Ergänzung in § 45 Satz 2 EStG um den Abschnitt „beim Erwerber sind drei Fünftel der Kapitalertragsteuer nicht anzurechnen oder zu erstatten" dient der Verhinderung von Gestaltungen, bei denen über die Abtrennung von Dividendenscheinen die Beschränkung der Anrechnungsvoraussetzungen nach § 36a EStG umgangen werden sollen. Grundsätzlich hat nach dem bisherigen Wortlaut in § 45 Satz 2 EStG der Erwerber eines Dividendenscheins oder sonstigen Anspruchs in den Fällen des § 20 Abs. 2 Satz 1 Nr. 2 Buchst. a Satz 2 EStG einen Anspruch auf Erstattung der Kapitalertragsteuer. Durch die Neuregelung werden Dividendenzahlungen final mit Kapitalertragsteuer in Höhe von 15 % belastet. Die Neuregelung tritt nach Art. 20 Abs. 1 am Tag nach Gesetzesverkündung, mithin am 15. 12. 2108 in Kraft.

III. Ausschluss der Erstattung bei Zinserträgen (§ 45 Satz 3 EStG)

13 In den Fällen von § 20 Abs. 2 Satz 1 Nr. 2 Buchst. b EStG ist die Erstattung von Kapitalertragsteuer an den Erwerber von Zinsscheinen nach § 37 Abs. 2 AO ausgeschlossen. Zum einen ist der Gewinn aus der Veräußerung von Zinsscheinen und -forderungen durch den Inhaber der Schuldverschreibung, wenn diese nicht mitveräußert wird, durch diesen zu versteuern. Zum anderen liegt auch bei Zinszahlung ein kapitalertragsteuerpflichtiger Vorgang nach § 43 Abs. 1 Satz 1 Nr. 7, 10 EStG vor. Für Zinserträge aus Zinsscheinen und -forderungen mangelt es an einer mit § 20 Abs. 2 Satz 1 Nr. 2 Buchst. a Satz 2 EStG vergleichbaren Regelung, so dass die Erstattung der Kapitalertragsteuer an den Erwerber des Zinsscheins nach § 45 Satz 3 EStG ausgeschlossen ist.

§ 45a Anmeldung und Bescheinigung der Kapitalertragsteuer

(1) ¹Die Anmeldung der einbehaltenen Kapitalertragsteuer ist dem Finanzamt innerhalb der in § 44 Absatz 1 oder Absatz 7 bestimmten Frist nach amtlich vorgeschriebenem Vordruck auf elektronischem Weg zu übermitteln; die auszahlende Stelle hat die Kapitalertragsteuer auf die Erträge im Sinne des § 43 Absatz 1 Satz 1 Nummer 1a jeweils gesondert für das Land, in dem sich der Ort der Geschäftsleitung des Schuldners der Kapitalerträge befindet, anzugeben. ²Satz 1 gilt entsprechend, wenn ein Steuerabzug nicht oder nicht in voller Höhe vorzunehmen ist. ³Der Grund für die Nichtabführung ist anzugeben. ⁴Auf Antrag kann das Finanzamt zur Vermeidung unbilliger Härten auf eine elektronische Übermittlung verzichten; in diesem Fall ist die Kapitalertragsteuer-Anmeldung von dem Schuldner, der den Verkaufsauftrag ausführenden Stelle, der auszahlenden Stelle oder einer vertretungsberechtigten Person zu unterschreiben.

(2) ¹Folgende Stellen sind verpflichtet, dem Gläubiger der Kapitalerträge auf Verlangen eine Bescheinigung nach amtlich vorgeschriebenem Muster auszustellen, die die nach § 32d erforderlichen Angaben enthält; bei Vorliegen der Voraussetzungen des

1. § 43 Absatz 1 Satz 1 Nummer 1, 2 bis 4, 7a und 7b der Schuldner der Kapitalerträge,
2. § 43 Absatz 1 Satz 1 Nummer 1a, 6, 7 und 8 bis 12 sowie Satz 2 die die Kapitalerträge auszahlende Stelle vorbehaltlich des Absatzes 3 und
3. § 44 Absatz 1a die zur Abführung der Steuer verpflichtete Stelle.

²Die Bescheinigung kann elektronisch übermittelt werden; auf Anforderung des Gläubigers der Kapitalerträge ist sie auf Papier zu übersenden. ³Die Bescheinigung braucht nicht unterschrieben zu werden, wenn sie in einem maschinellen Verfahren ausgedruckt worden ist und den Aussteller erkennen lässt. ⁴§ 44a Absatz 6 gilt sinngemäß; über die zu kennzeichnenden Bescheinigungen haben die genannten Institute und Unternehmen Aufzeichnungen zu führen. ⁵Diese müssen einen Hinweis auf den Buchungsbeleg über die Auszahlung an den Empfänger der Bescheinigung enthalten.

(3) ¹Werden Kapitalerträge für Rechnung des Schuldners durch ein inländisches Kreditinstitut oder ein inländisches Finanzdienstleistungsinstitut gezahlt, so hat anstelle des Schuldners das Kreditinstitut oder das Finanzdienstleistungsinstitut die Bescheinigung zu erteilen, sofern nicht die Voraussetzungen des Absatzes 2 Satz 1 erfüllt sind. ²Satz 1 gilt in den Fällen des § 20

Absatz 1 Nummer 1 Satz 4 entsprechend; der Emittent der Aktien gilt insoweit als Schuldner der Kapitalerträge.

(4) ¹Eine Bescheinigung nach Absatz 2 oder Absatz 3 ist auch zu erteilen, wenn in Vertretung des Gläubigers ein Antrag auf Erstattung der Kapitalertragsteuer nach § 44b gestellt worden ist oder gestellt wird. ²Satz 1 gilt entsprechend, wenn nach § 44a Absatz 8 Satz 1 der Steuerabzug nur nicht in voller Höhe vorgenommen worden ist.

(5) ¹Eine Ersatzbescheinigung darf nur ausgestellt werden, wenn die Urschrift oder die elektronisch übermittelten Daten nach den Angaben des Gläubigers abhandengekommen oder vernichtet sind. ²Die Ersatzbescheinigung muss als solche gekennzeichnet sein. ³Über die Ausstellung von Ersatzbescheinigungen hat der Aussteller Aufzeichnungen zu führen.

(6) ¹Eine Bescheinigung, die den Absätzen 2 bis 5 nicht entspricht, hat der Aussteller durch eine berichtigte Bescheinigung zu ersetzen und im Fall der Übermittlung in Papierform zurückzufordern. ²Die berichtigte Bescheinigung ist als solche zu kennzeichnen. ³Wird die zurückgeforderte Bescheinigung nicht innerhalb eines Monats nach Zusendung der berichtigten Bescheinigung an den Aussteller zurückgegeben, hat der Aussteller das nach seinen Unterlagen für den Empfänger zuständige Finanzamt schriftlich zu benachrichtigen.

(7) ¹Der Aussteller einer Bescheinigung, die den Absätzen 2 bis 5 nicht entspricht, haftet für die auf Grund der Bescheinigung verkürzten Steuern oder zu Unrecht gewährten Steuervorteile. ²Ist die Bescheinigung nach Absatz 3 durch ein inländisches Kreditinstitut oder ein inländisches Finanzdienstleistungsinstitut auszustellen, so haftet der Schuldner auch, wenn er zum Zweck der Bescheinigung unrichtige Angaben macht. ³Der Aussteller haftet nicht

1. in den Fällen des Satzes 2,
2. wenn er die ihm nach Absatz 6 obliegenden Verpflichtungen erfüllt hat.

Inhaltsübersicht	Rz.
A. Allgemeine Erläuterungen	1 - 7
I. Normzweck und wirtschaftliche Bedeutung der Vorschrift	1 - 2
II. Entstehung und Entwicklung der Vorschrift	3 - 7
B. Systematische Kommentierung	8 - 119
I. Allgemeines	8 - 20
II. Anmeldung der einbehaltenen Kapitalertragsteuer (§ 45a Abs. 1 Satz 1 EStG)	21 - 40
III. Anmeldung, wenn der Steuerabzug nicht oder nicht in voller Höhe erfolgt (§ 45a Abs. 1 Satz 2 und 3 EStG)	41 - 48
IV. Übermittlung der Steueranmeldung (§ 45a Abs. 1 Satz 4 EStG)	49 - 53
V. Anmeldung von Zuschlagsteuern	54 - 62
VI. Ausstellung der Steuerbescheinigung nach § 45a Abs. 2 Satz 1 bis 2 EStG	63 - 80
VII. Kennzeichnung der Steuerbescheinigung (§ 45a Abs. 2 Satz 3 und 4 EStG)	81 - 83
VIII. Ausstellung der Steuerbescheinigung durch ein inländisches Kredit- oder Finanzdienstleistungsinstitut (§ 45a Abs. 3 Satz 1 bis 2 EStG)	84 - 95
IX. Ausstellung der Steuerbescheinigung in Erstattungsfällen (§ 45a Abs. 4 Satz 1 bis 2 EStG)	96 - 100
X. Ersatzsteuerbescheinigung (§ 45a Abs. 5 Satz 1 bis 3 EStG)	101 - 105
XI. Berichtigung der Steuerbescheinigung (§ 45a Abs. 6 Satz 1 bis 3 EStG)	106 - 115
XII. Haftung (§ 45a Abs. 7 Satz 1 bis 3 EStG)	116 - 119

> **HINWEIS:**
> BMF v. 15.12.2017, BStBl 2018 I 13; BMF v. 27.6.2018, BStBl 2018 I 805.

A. Allgemeine Erläuterungen

I. Normzweck und wirtschaftliche Bedeutung der Vorschrift

1　§ 45a EStG regelt das formelle Verfahren zur Anmeldung und Bescheinigung von Kapitalertragsteuer. In § 45a Abs. 1 EStG sind die Voraussetzungen für die Anmeldung der einbehaltenen Kapitalertragsteuer aufgeführt. In § 45a Abs. 2 bis 6 EStG sind die Voraussetzungen zur Ausstellung von Steuerbescheinigungen einschließlich Ersatzsteuerbescheinigung geregelt. § 45a Abs. 7 EStG regelt das Haftungsverfahren.

2　*(Einstweilen frei)*

II. Entstehung und Entwicklung der Vorschrift

3　Die Vorschrift wurde seit ihrer Einführung durch das Körperschaftsteuerreformgesetz v. 31.8.1976[1] mehrfach geändert. Nachfolgend werden ausschließlich die wesentlichen Änderungen der Vorschrift kurz aufgeführt:

- Durch das Missbrauchsbekämpfungs- und Steuerbereinigungsgesetz (StMBG) v. 21.12.1993[2] wurde u.a. festgelegt, dass die Steueranmeldung durch die auszahlende Stelle auch dann zu unterschreiben ist, wenn diese selbst nicht Schuldner der Kapitalerträge ist.
- Durch das Unternehmenssteuerfortentwicklungsgesetz (UntStFG) v. 20.12.2001[3] wurde mit der Einfügung von § 45a Abs. 5 EStG die Möglichkeit der Ausstellung von Ersatzsteuerbescheinigungen geregelt.
- Durch das Richtlinien-Umsetzungsgesetz (EURLUmsG) v. 9.12.2004[4] wurde die Frist zur Abgabe der Steueranmeldung für Fälle des § 44 Abs. 7 EStG in § 45a Abs. 1 Satz 1 EStG eingefügt.
- Durch das Jahressteuergesetz 2007 (JStG) v. 13.12.2006[5] wurde die Steueranmeldung um die Kapitalertragsteuer auf Einnahmen i.S.d. § 20 Abs. 1 Nr. 1 Satz 4 EStG ergänzt und die Bescheinigung der Kapitalertragsteuer in den Fällen des § 20 Abs. 1 Nr. 1 Satz 4 EStG durch das Kredit- oder Finanzdienstleistungsinstitut des Erwerbers sowie der Ausschluss über die Ausstellung von Steuerbescheinigungen in den Fällen des § 44a Abs. 8 EStG, wenn ein Erstattungsantrag gestellt worden ist, geregelt.
- Durch das Unternehmensteuerreformgesetz 2008 (UntStRefG) v. 14.8.2007[6] wurden die bisher in § 45a Abs. 2 EStG enthaltenen Regelungen zum Inhalt der Steuerbescheinigung mit Wirkung **ab VZ 2009** aufgehoben und durch einen Verweis auf § 32d EStG ersetzt. Darüber hinaus steht ein Antrag auf Steuererstattung der Ausstellung einer Steuerbescheinigung nicht mehr entgegen (§ 45a Abs. 4 EStG).

1　BGBl 1976 I 2597.
2　BGBl 1993 I 2310.
3　BGBl 2001 I 3858.
4　BGBl 2004 I 3310.
5　BGBl 2006 I 2878.
6　BGBl 2007 I 1912.

- Durch das JStG 2008 v. 20.12.2007[1] wurde die Verpflichtung zur elektronischen Übermittlung der Steueranmeldung mit Wirkung ab Veranlagungszeitraum (VZ) 2009 eingeführt.

- Durch das OGAW-IV-UmsG v. 22.6.2011[2] wurde die Anmeldung und Bescheinigung von Kapitalertragsteuer für die Fälle des § 43a Abs. 1 Satz 1 Nr. 1a EStG (Einbehalt von Kapitalertragsteuer auf Dividenden inländischer sammel- und streifbandverwahrter Aktien) mit Wirkung **ab VZ 2012** neu geregelt. In diesen Fällen ist nunmehr auch das Land, in dem sich der Ort der Leitung der Kapitalgesellschaft befindet, anzugeben.

- Durch das Amtshilferichtlinie-Umsetzungsgesetz (AmtshilfeRLUmsG) v. 26.6.2013[3] wurde die Anmeldung und Bescheinigung für Fälle des § 44 Abs. 1a EStG mit Wirkung **ab 2013** geregelt.

- Durch das Gesetz zur Modernisierung des Besteuerungsverfahrens (StModernG) v. 18.7.2016[4] wurde § 45a Abs. 1 EStG an die Regelungen der Abgabenordnung angepasst und insbesondere in § 45a Abs. 2 EStG die Möglichkeit der elektronischen Übermittlung der Steuerbescheinigung an den Gläubiger der Kapitalerträge geschaffen.

(Einstweilen frei) 4–7

B. Systematische Kommentierung

I. Allgemeines

Bei der Kapitalertragsteueranmeldung handelt es sich um eine Steuererklärung i.S.v. § 150 Abs. 1 Satz 3 AO. Der Steuerabzugsverpflichtete hat die Steuer selbst zu berechnen. Die Steueranmeldung steht einer Steuerfestsetzung unter dem Vorbehalt der Nachprüfung gleich (§ 168 Satz 1 AO). Der Festsetzung der Steuer nach § 155 AO bedarf es nur dann, wenn die Festsetzung zu einer abweichenden Steuer führt oder der Steuer- bzw. Haftungsschuldner die Steueranmeldung nicht abgibt (§ 167 Abs. 1 Satz 1 AO). Der Regelungsgehalt der Kapitalertragsteueranmeldung beschränkt sich darauf, dass der Vergütungsschuldner die angemeldeten Beträge abzuführen hat.[5]   8

(Einstweilen frei) 9

Nach § 152 AO ist das Finanzamt zur Festsetzung von Verspätungszuschlägen unter den dort genannten Voraussetzungen berechtigt.   10

Bei der Kapitalertragsteueranmeldung handelt es sich um einen Verwaltungsakt in Abgabenangelegenheiten gem. § 347 Abs. 1 Satz 1 AO. Die Kapitalertragsteueranmeldung kann mit dem Einspruch angefochten werden. Der Einspruch ist gem. § 355 Abs. 1 Satz 2 AO innerhalb eines Monats nach Eingang der Steueranmeldung bei der Finanzbehörde einzulegen; in den Fällen des § 168 Satz 2 AO ist der Einspruch innerhalb eines Monats nach Bekanntwerden der Zustimmung einzulegen. Die Zustimmung nach § 168 Satz 2 AO ist grds. formfrei.   11

---

1 BGBl 2007 I 3150.
2 BGBl 2011 I 1126.
3 BGBl 2013 I 1809.
4 BGBl 2016 I 1679.
5 BFH v. 12.12.2012 - I R 27/12, BStBl 2013 II 682.

12 Der Einspruch kann sowohl durch den Steuerabzugsverpflichteten als auch durch den Gläubiger der Kapitalerträge als Schuldner der Kapitalertragsteuer (sog. Drittanfechtung) eingelegt werden. Die mit der Steueranmeldung verbundene Steuerfestsetzung richtet sich gegen den Vergütungsschuldner. Im Rahmen der Drittanfechtung durch den Vergütungsgläubiger kann die Steuerfestsetzung nur darauf überprüft werden, ob der Vergütungsschuldner die Steueranmeldung vornehmen durfte.[1]

13–20 (Einstweilen frei)

II. Anmeldung der einbehaltenen Kapitalertragsteuer (§ 45a Abs. 1 Satz 1 EStG)

21 Die einbehaltene Kapitalertragsteuer ist innerhalb der gesetzlich bestimmten Frist anzumelden. Die Anmeldung hat durch den Steuerabzugsverpflichteten (Schuldner der Kapitalerträge, auszahlende Stelle, die den Verkaufsauftrag ausführende Stelle) zu erfolgen.

22 Die innerhalb eines Kalendermonats einbehaltene Steuer ist im Regelfall zum 10. des Folgemonats an das zuständige Finanzamt abzuführen, vgl. KKB/Anemüller, § 44 Abs. 1 Satz 5 EStG Rz. 31 ff. Bei Kapitalerträgen i. S. d. § 43 Abs. 1 Satz 1 Nr. 1 EStG ist die Kapitalertragsteuer abweichend von vorgenanntem Grundsatz in dem Zeitpunkt abzuführen, in dem die Kapitalerträge dem Gläubiger zufließen, vgl. § 44 Abs. 1 Satz 5 2. Halbsatz EStG.

23 In den Fällen des § 14 Abs. 3 KStG entsteht die Kapitalertragsteuer im Zeitpunkt der Feststellung der Handelsbilanz der Organgesellschaft, spätestens acht Monate nach Ablauf des Wirtschaftsjahrs der Organgesellschaft und ist am auf den Entstehungszeitpunkt folgenden Werktag an das zuständige Finanzamt abzuführen, vgl. § 44 Abs. 7 EStG.

24 Kapitalertragsteuer, die vom Schuldner der Kapitalerträge übernommen wurde, ist auch anzumelden und abzuführen, vgl. KKB/Quilitzsch, § 43a EStG Rz. 19 ff.

25 In den Fällen des § 43 Abs. 1 Satz 1 Nr. 1a EStG ist der Steuerabzug gem. § 44 Abs. 1 Satz 3 EStG seit dem 1. 1. 2012 durch die die Kapitalerträge auszahlende Stelle (u. a. das inländische Kredit- oder Finanzdienstleistungsinstitut i. S. v. § 43 Abs. 1 Satz 1 Nr. 7 Buchst. b EStG) und nicht (mehr) durch den Schuldner der Kapitalerträge vorzunehmen. Da in diesen Fällen das Steueraufkommen nicht mehr (automatisch) dem Land zufließt, in dem sich der Ort der Leitung des Schuldners der Kapitalerträge befindet, hat in der Kapitalertragsteueranmeldung eine entsprechende Zuordnung der Kapitalertragsteuer auf die Erträge i. S. d. § 43 Abs. 1 Satz 1 Nr. 1a EStG zu erfolgen. Zur Zuordnung der Steuerbeträge siehe auch § 1 Abs. 3a ZerlG. Dies gilt entsprechend für Erträge gem. § 43 Abs. 1 Satz 1 Nr. 2 Satz 4 EStG.

26 Das Aufkommen der Kapitalertragsteuer nach § 43 Abs. 1 Satz 1 Nr. 6, 7 und 8 bis 12, Satz 2 EStG wird nach dem Wohnsitz oder Sitz des Gläubigers der Kapitalerträge auf die Bundesländer zerlegt, siehe § 8 ZerlG.

27 Die Angaben nach dem ZerlG sind in der Kapitalertragsteueranmeldung zu machen.

28 Zur Übermittlung nach amtlich vorgeschriebenem Vordruck siehe → Rz. 49 ff.

29–40 (Einstweilen frei)

---

1 Siehe u. a. BFH v. 25. 11. 2002 - I B 69/02, BStBl 2003 II 189; BFH v. 7. 11. 2007 - I R 19/04, BStBl 2008 II 228.

III. Anmeldung, wenn der Steuerabzug nicht oder nicht in voller Höhe erfolgt (§ 45a Abs. 1 Satz 2 und 3 EStG)

Die Anmeldung zur Kapitalertragsteuer hat auch dann zu erfolgen, wenn ein Steuerabzug nicht oder nicht in voller Höhe erfolgt ist. Die Kapitalerträge sind somit auch in diesen Fällen in die Kapitalertragsteueranmeldung einzubeziehen. Der Grund für die Nichtabführung ist anzugeben. 41

Der Kapitalertragsteuerabzug ist nicht bzw. nicht in voller Höhe vorzunehmen, wenn die Voraussetzungen für die Abstandnahme vom Steuerabzug bzw. dem Absehen vom Steuerabzug erfüllt sind. Im Einzelnen bestehen folgende Möglichkeiten, keinen Steuerabzug vorzunehmen: 42

- § 43 Abs. 2 Satz 1 EStG: Gläubiger und Schuldner der Kapitalerträge bzw. die auszahlende Stelle sind im Zeitpunkt des Zuflusses dieselbe Person; vgl. auch KKB/Quilitzsch, § 43 EStG Rz. 75 ff.
- § 43 Abs. 2 Satz 2 EStG: In den Fällen von § 43 Abs. 1 Satz 1 Nr. 6, 7 und 8 bis 12 EStG ist ein inländisches Kredit- oder Finanzdienstleistungsinstitut i. S. d. § 43 Abs. 1 Satz 1 Nr. 7 Buchst. b EStG oder eine inländische Kapitalverwaltungsgesellschaft Gläubiger der Kapitalerträge; vgl. auch KKB/Quilitzsch, § 43 EStG Rz. 77.
- § 43 Abs. 2 Satz 3 EStG: In den Fällen von § 43 Abs. 1 Satz 1 Nr. 6 und 8 bis 12 EStG ist entweder eine unbeschränkt steuerpflichtige Körperschaft, Personenvereinigung oder Vermögensmasse Gläubigerin der Kapitalerträge, oder die Kapitalerträge sind Betriebseinnahmen eines inländischen Betriebs, bzw. die Erträge aus Options- und Termingeschäften gehören zu den Einkünften aus Vermietung und Verpachtung. Zu weiteren Einzelheiten vgl. KKB/Quilitzsch, § 43 EStG Rz. 78.
- § 43b Abs. 1 EStG: Bei Kapitalerträgen i. S. v. § 20 Abs. 1 Nr. 1 EStG ist unter Berücksichtigung der Voraussetzungen der Mutter-Tochter-Richtlinie bzw. der Umsetzung in § 43b EStG von einer Erhebung der Kapitalertragsteuer abzusehen. Zu weiteren Einzelheiten vgl. KKB/Quilitzsch, § 43b EStG Rz. 8 ff.
- § 44a Abs. 1, 2 EStG: Der Gläubiger der Kapitalerträge hat einen Freistellungsauftrag erteilt oder eine Nichtveranlagungs-Bescheinigung (einer natürlichen Person) vorgelegt.
- § 44a Abs. 4, 7, 8 EStG: Unter den dort genannten Voraussetzungen kann bei bestimmten Körperschaften, Personenvereinigungen, Vermögensmassen und juristischen Personen des öffentlichen Rechts vom Steuerabzug Abstand genommen werden.
- § 44a Abs. 5 EStG: Bei Kapitalerträgen i. S. v. § 43 Abs. 1 Satz 1 Nr. 1, 2, 6, 7 und 8 bis 12 EStG sowie § 43 Abs. 1 Satz 2 EStG ist der Steuerabzug bei sog. Dauerüberzahlern nicht vorzunehmen.

(Einstweilen frei) 43–48

IV. Übermittlung der Steueranmeldung (§ 45a Abs. 1 Satz 4 EStG)

Nach § 45a Abs. 1 Satz 1 EStG muss die Anmeldung der Kapitalertragsteuer nach dem 31.12.2008 nach amtlich vorgeschriebenem Vordruck auf elektronischem Weg bis zum 31.12.2016 nach Maßgabe der Steuerdatenübermittlungsverordnung übermittelt werden. Der Hinweis auf die Steuerdatenübermittlungsverordnung ist ab 1.1.2017 entfallen. Die Regelungen in § 72a Abs. 1 bis 3 AO, § 87a Abs. 6 AO und der §§ 87b bis 87e AO entfalten unmittelbare Wirkung für das Kapitalertragsteueranmeldeverfahren. 49

50 Zur Vermeidung unbilliger Härten kann das Finanzamt auf Antrag auf die elektronische Übermittlung verzichten. In diesem Fall ist die Kapitalertragsteueranmeldung nach amtlich vorgeschriebenem Vordruck von dem Steuerabzugsverpflichteten bzw. der vertretungsberechtigten Person zu unterschreiben.

51–53 *(Einstweilen frei)*

V. Anmeldung von Zuschlagsteuern

54 Zuschlagsteuern sind zusammen mit der Kapitalertragsteuer einzubehalten und abzuführen. Der amtliche Vordruck sieht neben der Kapitalertragsteuer auch Eintragungsmöglichkeiten für den Solidaritätszuschlag und für die Kirchensteuer auf Kapitalerträge vor.

55 Der SolZ wird gem. § 1 Abs. 1 SolZG und § 3 Abs. 1 Nr. 5 SolZG als Zuschlag zur KapErtrSt (vgl. auch § 51a Abs. 1 EStG) erhoben und beträgt seit dem 1.1.1998 5,5 % (§ 4 Satz 1 SolZG).

56 KiSt auf Kapitalerträge ist nach Maßgabe der Regelungen in § 51a Abs. 2b ff. EStG einzubehalten und abzuführen. Mit Wirkung ab VZ 2015 wird die KiSt auf Grundlage des Regel- und Anlassabfrageverfahrens durch die Kirchensteuerabzugsverpflichteten beim Bundeszentralamt für Steuern (BZSt) erhoben.

57–62 *(Einstweilen frei)*

VI. Ausstellung der Steuerbescheinigung nach § 45a Abs. 2 Satz 1 bis 2 EStG

63 Der Schuldner der Kapitalerträge (§ 45a Abs. 2 Satz 1 Nr. 1 EStG), die die Kapitalerträge auszahlende Stelle (§ 45a Abs. 2 Satz 1 Nr. 2 EStG) oder die zur Abführung der Steuer verpflichtete Stelle (§ 45a Abs. 2 Satz 1 Nr. 3 EStG) sind verpflichtet, dem Gläubiger der Kapitalerträge auf Verlangen eine Steuerbescheinigung nach amtlich vorgeschriebenem Muster auszustellen, die die nach § 32d EStG erforderlichen Angaben enthält. Die Steuerbescheinigung kann aufgrund der durch das StModernG v. 18.7.2016 eingeführten Regelung nunmehr auch elektronisch übermittelt werden und ist dem Gläubiger der Kapitalerträge (nur) auf gesonderte Anforderung kostenfrei auf Papier zu übersenden (§ 45a Abs. 2 Satz 2 EStG). Die Möglichkeit der elektronischen Übermittlung der Steuerbescheinigung an den Gläubiger der Kapitalerträge dient zum einen der Verfahrensvereinfachung und zum anderen der administrativen Entlastung der Steuerabzugsverpflichteten.

> **HINWEIS:**
> Nicht vorgesehen ist eine unmittelbare Datenübermittlung durch die Steuerabzugsverpflichteten an die Finanzverwaltung. Es handelt sich lediglich um eine Veränderung der zulässigen Bescheinigungspraxis zwischen dem Steuerabzugsverpflichteten und dem Gläubiger der Kapitalerträge.

64 Die Verpflichtung zur Ausstellung einer Steuerbescheinigung besteht unabhängig von der Vornahme des Steuerabzugs.[1] Der Gläubiger der Kapitalerträge hat einen zivilrechtlich einklagbaren Anspruch auf Erteilung einer Steuerbescheinigung.[2]

---

1 BMF v. 15.12.2017, BStBl 2018 I 13.
2 BGH v. 30.9.1991 - II ZR 208/90, NJW 1992, 368.

Steuerbescheinigungen, die in einem maschinellen Verfahren ausgedruckt werden und den 65
Aussteller erkennen lassen, müssen nach § 45a Abs. 2 Satz 2 EStG nicht unterschrieben werden. Die amtlich vorgeschriebenen Muster I bis III[1] sehen keine Unterschriftenfelder vor.

> **PRAXISHINWEIS:** 66
>
> Das BMF-Schreiben zur „Ausstellung von Steuerbescheinigungen für Kapitalerträge nach § 45a Abs. 2 und 3 EStG; Neuveröffentlichung des BMF-Schreibens" v. 3.12.2014[2] enthält zahlreiche Hinweise und Erläuterungen zur Ausstellung von Steuerbescheinigungen nach § 45a EStG. In den Anlagen des BMF-Schreibens befinden sich amtlich vorgeschriebene Muster. Die Muster sind wie folgt gegliedert:
>
> ▶ Muster I: Steuerbescheinigung für Privatkonten und/oder -depots sowie Verlustbescheinigung i. S. d. § 43a Abs. 3 Satz 4 EStG,
>
> ▶ Muster II: Steuerbescheinigung einer leistenden Körperschaft, Personenvereinigung, Vermögensmasse oder eines Personenunternehmens,
>
> ▶ Muster III: Steuerbescheinigung der die Kapitalerträge auszahlenden Stelle für Konten und/oder Depots bei Einkünften i. S. d. §§ 13, 15, 18 und 21 EStG sowie bei Einkünften i. S. d. § 43 Abs. 1 Satz 1 Nr. 1, 1a und 2 EStG von beschränkt Stpfl.

(Einstweilen frei) 67–75

Die Steuerbescheinigung erfüllt verschiedene Funktionen. Zum einen ist sie materiell-rechtlicher Nachweis für die Anrechnung der bescheinigten Steuerabzugsbeträge nach § 36 Abs. 2 Nr. 2 EStG;[3] dies gilt ebenfalls für das Erstattungsverfahren nach § 50d Abs. 1 Satz 4 EStG.[4] Zum anderen dient die Steuerbescheinigung der zutreffenden Umsetzung der Regelungen in § 32d EStG. Nach § 32d Abs. 2 EStG ist der Gläubiger der Kapitalerträge in verschiedenen Fallkonstellationen[5] verpflichtet, die Kapitalerträge zu deklarieren. Darüber hinaus bestehen unabhängig von dem Steuerabzug mit abgeltender Wirkung[6] nach § 32d Abs. 4 und 6 EStG[7] verschiedene Veranlagungswahlrechte. 76

Der Zweck der Steuerbescheinigung unterscheidet sich auch danach, welchen Einkunftsarten die Kapitalerträge zuzuordnen sind. 77

(Einstweilen frei) 78–80

VII. Kennzeichnung der Steuerbescheinigung (§ 45a Abs. 2 Satz 3 und 4 EStG)

Die Steuerbescheinigung ist gesondert zu kennzeichnen, wenn im Zeitpunkt des Zuflusses der Kapitalerträge die Wertpapiere, Einlagen, Guthaben oder sonstigen Wirtschaftsgüter bei dem inländischen Kredit- oder Finanzdienstleistungsinstitut nicht unter dem Namen des Empfängers der Steuerbescheinigung verwahrt oder verwaltet werden. Betroffen sind hiervon bspw. Treuhandkonten. 81

---

1 BMF v. 15.12.2017, BStBl 2018 I 13.
2 BMF v. 15.12.2017, BStBl 2018 I 13.
3 Vgl. KKB/Anemüller, § 36 EStG Rz. 80 ff. Hinweis: Für nach dem 31.12.2016 zufließende Kapitalerträge gelten bei Erzielung von Einkünften aus Kapitalvermögen Nachweiserleichterungen in den Fällen des § 32d Abs. 4 und 6 EStG. Zu weiteren Einzelheiten s. KKB/Anemüller § 36 EStG Rz. 80 ff.
4 Vgl. KKB/Gebhardt, § 50d EStG Rz. 34 ff.
5 Zu weiteren Einzelheiten vgl. KKB/Egner/Quinten, § 32d EStG Rz. 7 ff.
6 § 43 Abs. 5 Satz 1 EStG.
7 Zu weiteren Einzelheiten vgl. KKB/Egner/Quinten, § 32d EStG Rz. 25 ff.

82 Über diese Fälle haben die Institute und Unternehmen Aufzeichnungen zu führen und einen Hinweis auf den Buchungsbeleg über die Auszahlung an den Empfänger der Bescheinigung aufzunehmen. Diese Aufzeichnungen ermöglichen den Finanzbehörden die Überprüfung der betroffenen Fälle.

83 *(Einstweilen frei)*

VIII. Ausstellung der Steuerbescheinigung durch ein inländisches Kredit- oder Finanzdienstleistungsinstitut (§ 45a Abs. 3 Satz 1 bis 2 EStG)

84 Werden Kapitalerträge für Rechnung des Schuldners durch ein inländisches Kredit- oder Finanzdienstleistungsinstitut gezahlt, so hat anstelle des Schuldners das Kredit- oder das Finanzdienstleistungsinstitut die Steuerbescheinigung zu erteilen.

85 In den Anwendungsbereich fallen m. E. die Kapitalerträge i. S. d. § 43 Abs. 1 Satz 1 Nr. 1, 2 bis 4, 7a und 7b EStG.

86 Die Voraussetzungen von § 45a Abs. 2 Satz 1 EStG dürfen jedoch nicht erfüllt sein.

87 Ein inländisches Kredit- oder Finanzdienstleistungsinstitut wird dann für Rechnung des Schuldners der Kapitalerträge tätig, wenn es die Wertpapiere, Wertrechte oder sonstigen Wirtschaftsgüter für den Gläubiger der Kapitalerträge in Depotverwahrung hat oder wenn der Gläubiger der Kapitalerträge die Zins- oder Dividendenscheine zur Einlösung vorlegt.

88 Für die Fälle der Auszahlung von Kompensationszahlungen i. S. d. § 20 Abs. 1 Nr. 1 Satz 4 EStG gelten die vorstehenden Ausführungen entsprechend. Der Emittent der Aktien wird insoweit als Schuldner der Kapitalerträge fingiert.

89–95 *(Einstweilen frei)*

IX. Ausstellung der Steuerbescheinigung in Erstattungsfällen (§ 45a Abs. 4 Satz 1 bis 2 EStG)

96 Die Ausstellung einer Steuerbescheinigung nach § 45a Abs. 2, 3 EStG ist seit 2009 auch dann möglich, wenn in Vertretung des Anteilseigners ein Antrag auf Erstattung der Kapitalertragsteuer nach § 44b EStG gestellt worden ist oder noch gestellt werden wird (vgl. § 45a Abs. 4 Satz 1 EStG). Bis 2008 war es nicht zulässig, in Erstattungsfällen eine Steuerbescheinigung auszustellen. Die Änderung erfolgte durch das UntStRefG 2008 v. 14. 8. 2007.[1]

97 Nach § 45a Abs. 4 Satz 2 EStG ist die Ausstellung einer Steuerbescheinigung seit 2007[2] auch dann zulässig, wenn nach § 44a Abs. 8 Satz 1 EStG teilweise[3] vom Steuerabzug Abstand genommen wird.

98–100 *(Einstweilen frei)*

X. Ersatzsteuerbescheinigung (§ 45a Abs. 5 Satz 1 bis 3 EStG)

101 Ist die Steuerbescheinigung dem Gläubiger der Kapitalerträge abhandengekommen oder wurde die Steuerbescheinigung vernichtet, darf die zur Ausstellung der Steuerbescheinigung ver-

---

1 BGBl 2007 I 1912.
2 Einfügung der Vorschrift durch das UntStRefG 2008 v. 14. 8. 2007, BGBl 2007 I 1912.
3 Änderung durch das JStG 2008 v. 20. 12. 2007, BGBl 2007 I 1350.

pflichtete Stelle eine Ersatzsteuerbescheinigung ausstellen (vgl. § 45a Abs. 5 Satz 1 EStG). Die Ausstellung einer Ersatzsteuerbescheinigung ist auf diese Fälle beschränkt und muss gem. § 45a Abs. 5 Satz 2 EStG gesondert gekennzeichnet werden. Aufgrund der durch das StModernG v. 18.7.2016 eingeführten Regelung kann die Ausstellung einer Ersatzsteuerbescheinigung nunmehr auch auf elektronischem Wege erfolgen.

Über die Ausstellung von Ersatzsteuerbescheinigungen hat der Aussteller gem. § 45a Abs. 5 Satz 3 EStG darüber hinaus Aufzeichnungen zu führen, die der Finanzverwaltung zu Prüfungszwecken zur Verfügung gestellt werden müssen. 102

103

PRAXISHINWEIS:

Der Gläubiger der Kapitalerträge sollte den Verlust der Urschrift aus Beweisgründen schriftlich gegenüber dem Aussteller erklären. Der Aussteller der Steuerbescheinigung ist m. E. nicht zur Nachprüfung, ob die Angaben des Gläubigers der Kapitalerträge zutreffend sind, verpflichtet.

(Einstweilen frei) 104–105

XI. Berichtigung der Steuerbescheinigung (§ 45a Abs. 6 Satz 1 bis 3 EStG)

Für den Fall, dass eine Steuerbescheinigung nicht den Anforderungen in § 45a Abs. 2 bis 5 EStG entspricht, ist diese durch den Aussteller zurückzufordern und durch eine berichtigte Steuerbescheinigung zu ersetzen. Der Empfänger der Steuerbescheinigung ist verpflichtet diese an den Aussteller zurückzugeben, damit missbräuchliche Anrechnungen oder Erstattungen von Steuerabzugsbeträgen aus den fehlerhaften Steuerbescheinigungen vermieden werden. Aufgrund der durch das StModernG v. 18.7.2016 eingeführten Regelung kann die Berichtigung Steuerbescheinigung nunmehr auch auf elektronischem Wege erfolgen. 106

107

PRAXISHINWEIS:

Sind in der Steuerbescheinigung die Kapitalerträge und die anrechenbare KapErtrSt zu niedrig ausgewiesen, kann von einer Berichtigung der Steuerbescheinigung nach § 45a Abs. 6 Satz 1 und 2 EStG abgesehen werden, wenn eine ergänzende Bescheinigung ausgestellt wird, in die neben den übrigen Angaben nur der Unterschied zwischen dem richtigen und dem ursprünglich bescheinigten Betrag aufgenommen wird. Die ergänzende Bescheinigung ist als solche zu kennzeichnen. Die ursprünglich ausgestellte Bescheinigung behält in diesen Fällen weiterhin Gültigkeit.[1]

Ist eine Bescheinigung nach § 45a Abs. 6 EStG zurückzufordern und wird die zurückzufordernde Bescheinigung nicht innerhalb eines Monats an den Aussteller zurückgegeben, hat der Aussteller das zuständige Finanzamt zu benachrichtigen. Handelt es sich bei dem Empfänger um einen Steuerausländer, ist bei Dividendenzahlungen sowie bei weiteren Erträgen i. S. d. § 43 Abs. 1 Satz 1 Nr. 1, 1a und 2 EStG, bei denen eine Steuerbescheinigung nach Muster III ausgestellt wurde, das BZSt zu benachrichtigen.[2] Diese Regelung dient der Vermeidung der missbräuchlichen Verwendung der fehlerhaft ausgestellten Steuerbescheinigung. 108

Die berichtigte Steuerbescheinigung kann dem Gläubiger der Kapitalerträge durch den Aussteller bereits vor Rückgabe der zurückgeforderten Steuerbescheinigung übersendet werden. Dies ergibt sich m. E. aus § 45a Abs. 6 Satz 3 EStG. 109

(Einstweilen frei) 110–115

---

1 Vgl. BMF v. 15.12.2017, BStBl 2018 I 13, Rz. 6.
2 Vgl. BMF v. 15.12.2017, BStBl 2018 I 13, Rz. 6.

XII. Haftung (§ 45a Abs. 7 Satz 1 bis 3 EStG)

116 Der Aussteller einer Steuerbescheinigung, die nicht den Anforderungen in § 45a Abs. 2 bis 5 EStG entspricht, haftet für die aufgrund der Steuerbescheinigung verkürzten Steuern oder zu Unrecht gewährten Steuervorteile. Zwischen der fehlerhaften Steuerbescheinigung und der Steuerverkürzung bzw. dem ungerechtfertigten Steuervorteil muss ein Kausalzusammenhang bestehen. Dieser liegt dann vor, wenn die Steuerverkürzung nicht ohne die fehlerhafte Steuerbescheinigung eingetreten oder der ungerechtfertigte Steuervorteil nicht gewährt worden wäre. Bei der Bestimmung, ob ein ungerechtfertigter Steuervorteil gewährt wurde, ist m. E. auf das Ergebnis nach Berücksichtigung sowohl von Steuerfestsetzung als auch Steueranrechnung abzustellen.

117 Die Haftung nach § 45a Abs. 7 EStG ist **verschuldensunabhängig**.

118 Die Haftung entfällt jedoch dann, wenn der Aussteller der (unrichtigen) Steuerbescheinigung seine Verpflichtungen nach § 45a Abs. 7 Satz 3 EStG erfüllt hat. Hierzu gehören die Rückforderung unrichtiger Steuerbescheinigung, Ausstellung von Ersatzbescheinigungen und ggf. die schriftliche Benachrichtigung der zuständigen Finanzbehörde.

119 Hat der Schuldner der Kapitalerträge für Zwecke der Ausstellung einer Steuerbescheinigung unrichtige Angaben gemacht, haftet er gem. § 45a Abs. 7 Satz 2 EStG auch dann, wenn die Steuerbescheinigung nach § 45a Abs. 3 EStG durch ein inländisches Kredit- oder Finanzdienstleistungsinstitut ausgestellt wird.

§ 45b-c (weggefallen)

▶ Zur Kommentierung siehe Online-Version, 1. Aufl. 2016

§ 45d Mitteilungen an das Bundeszentralamt für Steuern

(1)[1]Wer nach § 44 Absatz 1 dieses Gesetzes und nach § 7 des Investmentsteuergesetzes zum Steuerabzug verpflichtet ist, hat dem Bundeszentralamt für Steuern nach Maßgabe des § 93c der Abgabenordnung neben den in § 93c Absatz 1 der Abgabenordnung genannten Angaben folgende Daten zu übermitteln:

1. bei den Kapitalerträgen, für die ein Freistellungsauftrag erteilt worden ist,

    a) die Kapitalerträge, bei denen vom Steuerabzug Abstand genommen worden ist oder bei denen Kapitalertragsteuer auf Grund des Freistellungsauftrags gemäß § 44b Absatz 6 Satz 4 dieses Gesetzes oder gemäß § 7 Absatz 5 Satz 1 des Investmentsteuergesetzes erstattet wurde,

    b) die Kapitalerträge, bei denen die Erstattung von Kapitalertragsteuer beim Bundeszentralamt für Steuern beantragt worden ist,

2. die Kapitalerträge, bei denen auf Grund einer Nichtveranlagungs-Bescheinigung einer natürlichen Person nach § 44a Absatz 2 Satz 1 Nummer 2 vom Steuerabzug Abstand genommen oder eine Erstattung vorgenommen wurde.

---

1 **Anm. d. Red.:** Zur Anwendung des § 45d Abs. 1 siehe § 52 Abs. 45 Sätze 1 und 2.

²Bei einem gemeinsamen Freistellungsauftrag sind die Daten beider Ehegatten zu übermitteln. ³§ 72a Absatz 4, § 93c Absatz 1 Nummer 3 und § 203a der Abgabenordnung finden keine Anwendung.

(2) ¹Das Bundeszentralamt für Steuern darf den Sozialleistungsträgern die Daten nach Absatz 1 mitteilen, soweit dies zur Überprüfung des bei der Sozialleistung zu berücksichtigenden Einkommens oder Vermögens erforderlich ist oder der Betroffene zustimmt. ²Für Zwecke des Satzes 1 ist das Bundeszentralamt für Steuern berechtigt, die ihm von den Sozialleistungsträgern übermittelten Daten mit den vorhandenen Daten nach Absatz 1 im Wege des automatisierten Datenabgleichs zu überprüfen und das Ergebnis den Sozialleistungsträgern mitzuteilen.

(3)[1] ¹Ein inländischer Versicherungsvermittler im Sinne des § 59 Absatz 1 des Versicherungsvertragsgesetzes hat das Zustandekommen eines Vertrages im Sinne des § 20 Absatz 1 Nummer 6 zwischen einer im Inland ansässigen Person und einem Versicherungsunternehmen mit Sitz und Geschäftsleitung im Ausland nach Maßgabe des § 93c der Abgabenordnung dem Bundeszentralamt für Steuern mitzuteilen. ²Dies gilt nicht, wenn das Versicherungsunternehmen eine Niederlassung im Inland hat oder das Versicherungsunternehmen dem Bundeszentralamt für Steuern bis zu diesem Zeitpunkt das Zustandekommen eines Vertrages angezeigt und den Versicherungsvermittler hierüber in Kenntnis gesetzt hat. ³Neben den in § 93c Absatz 1 der Abgabenordnung genannten Daten sind folgende Daten zu übermitteln:

1. Name und Anschrift des Versicherungsunternehmens sowie Vertragsnummer oder sonstige Kennzeichnung des Vertrages,

2. Laufzeit und garantierte Versicherungssumme oder Beitragssumme für die gesamte Laufzeit,

3. Angabe, ob es sich um einen konventionellen, einen fondsgebundenen oder einen vermögensverwaltenden Versicherungsvertrag handelt.

⁴Ist mitteilungspflichtige Stelle nach Satz 1 das ausländische Versicherungsunternehmen und verfügt dieses weder über ein Identifikationsmerkmal nach den §§ 139a bis 139c der Abgabenordnung noch über eine Steuernummer oder ein sonstiges Ordnungsmerkmal, so kann abweichend von § 93c Absatz 1 Nummer 2 Buchstabe a der Abgabenordnung auf diese Angaben verzichtet werden. ⁵Der Versicherungsnehmer gilt als Steuerpflichtiger im Sinne des § 93c Absatz 1 Nummer 2 Buchstabe c der Abgabenordnung. ⁶§ 72a Absatz 4 und § 203a der Abgabenordnung finden keine Anwendung.

Inhaltsübersicht	Rz.
A. Allgemeine Erläuterungen	1 - 7
I. Normzweck und wirtschaftliche Bedeutung der Vorschrift	1 - 2
II. Entstehung und Entwicklung der Vorschrift	3 - 7
B. Systematische Kommentierung	8 - 68
I. Allgemeines	8 - 11
II. Verpflichtung zur Datenübermittlung (§ 45d Abs. 1 Satz 1 EStG)	12 - 39
1. Allgemeines	12 - 19
2. Identifikation des Auftraggebers (§ 45d Abs. 1 Satz 1 Nr. 1 und 2 EStG vor Änderung durch das StModernG)	20 - 23

1 Anm. d. Red.: Zur Anwendung des § 45d Abs. 3 siehe § 52 Abs. 45 Satz 3.

3. Kapitalerträge, für die ein Freistellungsauftrag erteilt wurde (§ 45d Abs. 1 Satz 1 Nr. 3 EStG; ab 2017: § 45d Abs. 1 Satz 1 Nr. 1 EStG) ... 24 – 33
4. Kapitalerträge, bei denen aufgrund einer Nichtveranlagungs-Bescheinigung vom Steuerabzug Abstand genommen worden ist oder die Erstattung vorgenommen wurde (§ 45d Abs. 1 Satz 1 Nr. 4 EStG; ab 2017: § 45d Abs. 1 Satz 1 Nr. 2 EStG) ... 34 – 37
5. Angaben zur Meldestelle (§ 45d Abs. 1 Satz 1 Nr. 5 EStG) ... 38 – 39
III. Umsetzung der Datenübermittlung für vor dem 1. 1. 2017 zufließende Kapitalerträge (§ 45d Abs. 1 Satz 2 EStG) ... 40
IV. Ausschluss verfahrensrechtlicher Vorschriften (§ 45d Abs. 1 Satz 3 EStG) ... 41 – 42
V. Datenübermittlung des BZSt an Sozialleistungsträger (§ 45d Abs. 2 Satz 1 und 2 EStG) ... 43 – 46
VI. Mitteilungsverfahren bei Versicherungsverträgen i. S. d. § 20 Abs. 1 Nr. 6 EStG (§ 45d Abs. 3 EStG) ... 47 – 64
1. Allgemeines zum Mitteilungsverfahren (§ 45d Abs. 3 Satz 1 EStG) ... 47 – 53
2. Daten im Einzelnen (§ 45d Abs. 3 Satz 2 EStG) ... 54 – 62
a) Identifikation des Versicherungsnehmers (§ 45d Abs. 3 Satz 2 Nr. 1 EStG für vor dem 1. 1. 2017 abgeschlossene Verträge) ... 54 – 55
b) Angaben zum Versicherungsunternehmen und zu den Vertragsdaten (§ 45d Abs. 3 Satz 2 Nr. 2 EStG für vor dem 1. 1. 2017 abgeschlossene Verträge) ... 56 – 57
c) Angaben zum Versicherungsvermittler (§ 45d Abs. 3 Satz 2 Nr. 3 EStG für vor dem 1. 1. 2017 abgeschlossene Verträge) ... 58 – 59
d) Angaben zu den steuerlich relevanten Vertragsdaten (§ 45d Abs. 3 Satz 2 Nr. 4 und 5 EStG; ab 2017: § 45d Abs. 3 Satz 2 Nr. 1 bis 3 EStG) ... 60 – 62
3. Datenübermittlung (§ 45d Abs. 3 Satz 3 EStG für vor dem 1. 1. 2017 abgeschlossene Verträge) ... 63
4. Ausschluss verfahrensrechtlicher Vorschriften (§ 45d Abs. 3 Satz 4 EStG 2017) ... 64
VII. Bußgeldverfahren ... 65 – 68

A. Allgemeine Erläuterungen

I. Normzweck und wirtschaftliche Bedeutung der Vorschrift

1 § 45d EStG dient der Sicherung des Steueranspruchs durch Einräumung verschiedener Überprüfungsmöglichkeiten für die Finanzverwaltung. Die Kapitalerträge, bei denen vom Steuerabzug durch Freistellungsauftrag oder Nichtveranlagungs-Bescheinigung (ab 1. 1. 2013) Abstand genommen wurde bzw. eine entsprechende Steuererstattung erfolgt ist, sind dem Bundeszentralamt für Steuern (BZSt; bis 31. 12. 2005: BfF) mitzuteilen. Die Überprüfung der rechtmäßigen Inanspruchnahme des Sparerfreibetrags und Werbungskostenpauschbetrags (bis 31. 12. 2008) bzw. des Sparer-Pauschbetrags (seit 1. 1. 2009) und der rechtmäßigen Ausstellung einer Nichtveranlagungs-Bescheinigung (seit 1. 1. 2013) seitens der Finanzverwaltung erfolgt im nachgelagerten Verfahren nach Ablauf des betreffenden Jahres. Die Mitteilungen der inländischen Versicherungsvermittler für nach dem 31. 12. 2008 abgeschlossene Versicherungsverträge nach § 45d Abs. 3 EStG dienen sowohl der Überprüfung bereits abgelaufener Jahre (dies gilt m. E. zumindest im Erstjahr für vermögensverwaltende Versicherungsverträge i. S. d. § 20 Abs. 1 Nr. 6 Satz 5 EStG, vgl. KKB/Kempf, § 20 EStG Rz. 101 und → Rz. 47) bzw. bleiben für künftige Veranlagungszeiträume durch die Finanzverwaltung zur Überprüfung vorzuhalten.

2 *(Einstweilen frei)*

Allgemeine Erläuterungen

II. Entstehung und Entwicklung der Vorschrift

Nachfolgend wird kurz die wesentliche Entwicklung der Vorschrift vorgestellt:

▶ Die Einführung der Vorschrift ist durch das Zinsabschlaggesetz 1992[1] erfolgt. Die Bestimmung der Mitteilungspflichtigen stand ursprünglich im Ermessen des BfF. Das BfF hat mit Schreiben v. 22.12.1994[2] per Allgemeinverfügung festgelegt, dass sämtliche Steuerabzugsverpflichteten nach § 44 Abs. 1 Satz 3 EStG a. F. zur Abgabe der Erklärungen nach § 45d EStG a. F. für das Jahr 1994 bis zum 31.5.1995 verpflichtet waren.

▶ Durch das Jahressteuergesetz 1996 (JStG)[3] wurde § 45d EStG mit Wirkung ab 1.1.1996 geändert. Sämtliche nach § 44 Abs. 1 EStG bzw. § 38b KAGG (ab 1.1.2004: § 7 InvStG) zum Steuerabzug Verpflichteten wurden zur Übermittlung der in § 45d Abs. 1 Satz 1 EStG geforderten Daten bis zum 31.5. des Folgejahrs verpflichtet.

▶ Durch das Steuersenkungsgesetz (StSenkG)[4] wurden die zu übermittelnden Informationen zu den vom Steuerabzug freigestellten Kapitalerträgen bzw. Steuererstattungen an den Wegfall des Anrechnungsverfahrens angepasst und mit Wirkung **ab Veranlagungszeitraum (VZ) 2002** wesentlich differenzierter ausgestaltet.

▶ Durch das Unternehmensteuerreformgesetz 2008 (UntStRefG)[5] wurden die durch die Steuerabzugsverpflichteten zu übermittelnden Informationen mit Wirkung **ab VZ 2009** reduziert. Aufgrund der für **nach dem 31.12.2008**[6] zufließenden Kapitalerträge abgeschafften Differenzierung der Besteuerung von Zins- und Dividendenerträgen, wurde lediglich noch in Kapitalerträge, bei denen vom Steuerabzug Abstand genommen wurde, und solche, bei denen bei dem BZSt die Erstattung von KapErtrSt beantragt worden ist unterschieden.

▶ Durch das JStG 2009[7] wurde mit § 45d Abs. 3 EStG die Mitteilungspflicht für nach dem 31.12.2008 abgeschlossene Versicherungsverträge i. S. d. § 20 Abs. 1 Nr. 6 EStG eingeführt.

▶ Durch das JStG 2010[8] wurde in § 45d Abs. 1 Satz 1 EStG die Frist zur Datenübermittlung auf den **1.3. des Folgejahrs** vorgezogen (für nach dem 31.12.2012 zufließende Kapitalerträge) und die verbindliche Angabe der Steueridentifikationsnummer des Gläubigers der Kapitalerträge spätestens ab VZ 2016 (§ 52 Abs. 45 EStG) eingeführt. Darüber hinaus besteht für nach dem 31.12.2012 (§ 52 Abs. 45 EStG) zufließende Kapitalerträge, die aufgrund einer **Nichtveranlagungs-Bescheinigung** vom Steuerabzug freigestellt wurden oder für die eine entsprechende Erstattung von KapErtrSt vorgenommen wurde, eine weitere Datenübermittlungspflicht der Meldestellen. In § 45d Abs. 1 Satz 2 EStG wurde die Art der Datenübermittlung und in § 45d Abs. 3 Satz 2 und 3 EStG der Umfang der zu übermittelnden Informationen erweitert sowie die Art der Datenübermittlung geändert.

---

1 BGBl 1992 I 1853.
2 BStBl 1995 I 178.
3 BGBl 1995 I 1250.
4 BGBl 2000 I 1433.
5 BGBl 2007 I 1912.
6 Vgl. § 52a Abs. 1 EStG in der bis zum 30.7.2014 anzuwendenden Fassung.
7 BGBl 2008 I 2794.
8 BGBl 2010 I 1768.

► Durch das Gesetz zur Modernisierung des Besteuerungsverfahrens (StModernG) v. 18.7.2016[1] wurde § 45d EStG an die Regelungen der Abgabenordnung angepasst. Insbesondere wurde auf die Anforderungen in § 93c AO verwiesen, die sowohl den Zeitpunkt der Datenübermittlung als auch die allgemeinen Angaben zu den mitteilungspflichtigen Stellen enthalten.

4–7 *(Einstweilen frei)*

B. Systematische Kommentierung

I. Allgemeines

8 § 45d Abs. 1 EStG regelt die Datenübermittlungspflicht von Meldestellen mit Angaben über vom Steuerabzug freigestellte Kapitalerträge aufgrund eines Freistellungsauftrags bis zur Höhe des Sparerpauschbetrags (gem. § 20 Abs. 9 EStG zurzeit 801 € für Einzelsteuerpflichtige bzw. 1 602 € gemeinsamer Sparerpauschbetrag bei Ehegatten bzw. Lebenspartnern, s. § 2 Abs. 8 EStG) bzw. in Fällen der Inanspruchnahme einer Nichtveranlagungs-Bescheinigung grds. sogar ohne betragsmäßige Begrenzung. Die Regelung in § 45d Abs. 1 EStG dient somit der Sicherstellung, dass Kapitalerträge nicht über die gesetzlich zulässigen Höchstbeträge hinaus vom Steuerabzug freigestellt werden bzw. der Überprüfung, ob eine bereits ausgestellte Nichtveranlagungs-Bescheinigung durch die Finanzverwaltung zu widerrufen ist und ggf. eine Versteuerung der Kapitalerträge im Veranlagungswege zu erfolgen hat.

9 § 45d Abs. 2 EStG regelt die Offenbarung der Informationen nach § 45d Abs. 1 EStG durch das BZSt gegenüber Trägern von Sozialleistungen.

10 § 45d Abs. 3 EStG beinhaltet die Mitteilungsverpflichtung inländischer Versicherungsvermittler bei Zustandekommen eines Vertrags i.S.v. § 20 Abs. 1 Nr. 6 EStG zwischen einer im Inland ansässigen Person und einem im Ausland ansässigen Versicherungsunternehmen.

11 *(Einstweilen frei)*

II. Verpflichtung zur Datenübermittlung (§ 45d Abs. 1 Satz 1 EStG)

1. Allgemeines

12 Die Meldestellen sind verpflichtet, dem BZSt bis zum 1.3. des Jahres, das auf das Jahr folgt, in dem die Kapitalerträge dem Gläubiger zufließen, die in § 45d Abs. 1 Satz 1 EStG (vgl. → Rz. 20 ff.) geforderten Daten zu übermitteln. Meldestellen sind die nach § 44 Abs. 1 EStG und § 7 InvStG zum Steuerabzug Verpflichteten. Dazu gehören insbesondere Kredit- und Finanzdienstleistungsinstitute als auch bestimmte Genossenschaften (Hinweis auf KKB/Anemüller, § 44a EStG Rz. 71 ff.). Für Kapitalerträge, die vor dem 1.1.2013 zugeflossen sind, waren auch Sammelantragsteller nach § 45b Abs. 2 EStG zur Mitteilung der in § 45d Abs. 1 EStG geforderten Daten verpflichtet. Für nach dem 31.12.2012 zufließende Kapitalerträge wurde das Sammelantragsverfahren nach § 45b EStG a.F. abgeschafft.[2]

13 *(Einstweilen frei)*

---

[1] BGBl 2016 I 1679.
[2] Hinweis auf § 52a Abs. 16c Satz 5 und 7 EStG in der bis zum 30.7.2014 anzuwendenden Fassung.

Der Termin für die Übermittlung der Daten wurde mit Wirkung für Kapitalerträge, die ab dem 14
1.1.2013 zufließen vom 31.5. auf den 1.3. des Folgejahres vorverlegt.[1] Die Verkürzung der Übermittlungsfrist dient der Vereinheitlichung mit anderen Mitteilungsarten (z. B. Rentenbezugsmitteilungen nach § 22a EStG) und soll erreichen, dass die Mitteilungen nach § 45d EStG zusammen mit anderen Kontrolldaten in einem automatisierten Verfahren möglichst frühzeitig für die Einkommensteuerveranlagung durch die Finanzämter zur Verfügung stehen. Durch einen einheitlichen frühen Abgabetermin für Kontrolldaten soll vermieden werden, dass in den Finanzämtern bereits abgeschlossene Vorgänge aufgrund später eingehender Kontrollmitteilung erneut aufgegriffen werden müssen. Dies reduziert den Bearbeitungsaufwand in den Finanzämtern und vermeidet nachträgliche Rückfragen bei den Stpfl.[2]

Für nach dem 31.12.2016 zufließende Kapitalerträge[3] hat die Übermittlung der geforderten 15
Daten gem. § 93c Abs. 1 Nr. 1 AO bis zum letzten Tag des Februars des Folgejahres zu erfolgen.

(Einstweilen frei) 16

Die Zuständigkeit des BZSt für die Sammlung, Auswertung und Weitergabe der Daten, die 17
nach § 45d EStG zu übermitteln sind, ergibt sich aus § 5 Abs. 1 Nr. 14 FVG.

(Einstweilen frei) 18–19

2. Identifikation des Auftraggebers (§ 45d Abs. 1 Satz 1 Nr. 1 und 2 EStG vor Änderung durch das StModernG)

Die Meldestelle hat folgende Angaben zum Gläubiger der Kapitalerträge zu machen: 20

- Vor- und Zuname,
- Identifikationsnummer nach § 139b AO,
- Geburtsdatum,
- Anschrift des Gläubigers der Kapitalerträge.

HINWEIS:
Für nach dem 31.12.2016 zufließende Kapitalerträge gelten die Anforderungen in § 93c Abs. 1 Nr. 2 AO.

Beim gemeinsamen Freistellungsauftrag von Ehegatten bzw. Lebenspartnern sind die Daten 21
beider Ehegatten bzw. Lebenspartner zu übermitteln (§ 45d Abs. 1 Satz 2 EStG 2017).

Die Identifikationsnummer ist bei Kapitalerträgen, die vor dem 1.1.2016 zufließen, nur dann 22
durch die Meldestelle mitzuteilen, wenn sie ihr vorliegt.[4] Für nach dem 31.12.2015 zufließende Kapitalerträge ist die Identifikationsnummer verbindlich durch die Meldestellen an das BZSt zu übermitteln. Die Meldestellen sind nach § 44a Abs. 2a Satz 3 ff. EStG verpflichtet, die Identifikationsnummer, sofern sie ihr nicht bekannt ist, beim BZSt abzufragen. M. E. ist die vorherige Abfrage der Identifikationsnummer bei den Gläubigern der Kapitalerträge erforderlich. Dies erfolgt i. d. R. über den amtlichen Vordruck „Freistellungsauftrag für Kapitalerträge".[5] Die Identifikationsnummer dient der sicheren Zusammenfassung der Daten, die zu einer Person

---

1 Vgl. § 52 Abs. 45 EStG.
2 BT-Drucks. 17/2249, 61/65.
3 Vgl. § 52 Abs. 45 Satz 2 EStG.
4 § 52 Abs. 45 2. Halbsatz EStG.
5 Siehe Anlage 2 des BMF v. 9.10.2012, BStBl 2012 I 953.

durch unterschiedliche Meldestellen übermittelt werden, als auch der Auswertung zusammen mit anderen Kontrolldaten.[1]

23 *(Einstweilen frei)*

3. Kapitalerträge, für die ein Freistellungsauftrag erteilt wurde (§ 45d Abs. 1 Satz 1 Nr. 3 EStG; ab 2017: § 45d Abs. 1 Satz 1 Nr. 1 EStG)

24 In den Anwendungsbereich von § 45d Abs. 1 Satz 1 Nr. 3 EStG gehören die Fälle, bei denen aufgrund eines Freistellungsauftrags vom Steuerabzug Abstand genommen wurde oder die Erstattung von Kapitalertragsteuer beim BZSt beantragt (§ 45d Abs. 1 Satz 1 Nr. 3 Buchst. b EStG) oder nach § 44b Abs. 6 Satz 4 EStG bzw. § 7 Abs. 5 Satz 1 InvStG durchgeführt wurde (§ 45d Abs. 1 Satz 1 Nr. 3 Buchst. a EStG).

25 Die Meldestellen haben die Kapitalerträge zu übermitteln, bei denen aufgrund des Freistellungsauftrags tatsächlich kein Steuerabzug erfolgt ist. Nicht zu übermitteln ist seit 1999 das im Freistellungsauftrag angegebene Freistellungsvolumen.[2] Diese Regelung ermöglicht eine allgemeine Kontrolle der Besteuerung freigestellter Kapitaleinkünfte durch die Mitteilung des BZSt an die zuständigen Finanzämter.[3] Auf diese Weise sollen nur solche Fälle durch die Finanzverwaltung aufgegriffen werden, die steuerlich relevant sind.

26 Der Zeitpunkt der Erteilung des Freistellungsauftrags hat grds. keine Auswirkung auf die Übermittlungspflicht nach § 45d Abs. 1 Satz 1 EStG, denn solange ein erteilter Freistellungsauftrag Gültigkeit besitzt, sind die Daten zu übermitteln, soweit Kapitalerträge vom Steuerabzug freigestellt wurden.

27 Ehegatten bzw. Lebenspartnern,[4] die zusammen veranlagt werden, wird nach § 20 Abs. 9 Satz 2 EStG ein gemeinsamer Sparer-Pauschbetrag gewährt. Ehegatten bzw. Lebenspartner, die unbeschränkt einkommensteuerpflichtig sind und nicht dauernd getrennt leben, haben ein gemeinsames Freistellungsvolumen und können entweder einen gemeinsamen Freistellungsauftrag oder Einzel-Freistellungsaufträge erteilen.[5] Die Erteilung eines gemeinsamen Freistellungsauftrags ist auch dann möglich, wenn das Veranlagungswahlrecht nach § 26 Abs. 1 EStG und §§ 26a, 26b EStG noch nicht ausgeübt wurde.

28 *(Einstweilen frei)*

29 Das zustehende Freistellungsvolumen darf den gesetzlich zulässigen Betrag nach § 20 Abs. 9 EStG nicht übersteigen. Das gilt auch, wenn das Freistellungsvolumen auf mehrere Kreditinstitute, Bausparkassen und das BZSt verteilt werden. Der amtliche Vordruck enthält dazu eine Versicherung des Auftraggebers.[6]

30 Die Gültigkeit des Freistellungsauftrags endet mit Widerruf durch den Auftraggeber, durch Zeitablauf oder durch Beendigung der Geschäftsbeziehung.

31–33 *(Einstweilen frei)*

---

1 BT-Drucks. 17/2249, 61.
2 BT-Drucks. 14/23, 184.
3 Vgl. BFH v. 18. 4. 2000 - VII B 21/99, BFH/NV 2000, 1335 = NWB DokID: VAAAA-65997.
4 § 2 Abs. 8 EStG.
5 Vgl. BMF v. 9. 10. 2012, BStBl 2012 I 953, Rz. 261.
6 Vgl. Anlage 2 des BMF v. 9. 10. 2012, BStBl 2012 I 953.

4. Kapitalerträge, bei denen aufgrund einer Nichtveranlagungs-Bescheinigung vom Steuerabzug Abstand genommen worden ist oder die Erstattung vorgenommen wurde (§ 45d Abs. 1 Satz 1 Nr. 4 EStG; ab 2017: § 45d Abs. 1 Satz 1 Nr. 2 EStG)

In den Anwendungsbereich von § 45d Abs. 1 Satz 1 Nr. 4 EStG gehören die Fälle, bei denen aufgrund einer Nichtveranlagungs-Bescheinigung einer natürlichen Person nach § 44a Abs. 2 Satz 1 Nr. 2 EStG vom Steuerabzug Abstand genommen oder eine Erstattung vorgenommen wurde.

Diese Regelung greift nach § 52 Abs. 45 EStG für ab dem 1.1.2013 zufließende Kapitalerträge und ermöglicht der Finanzverwaltung die Überprüfung, ob die Ausstellung der Nichtveranlagungs-Bescheinigung rechtmäßig erfolgt ist, und kann zum Widerruf oder zur Rücknahme der Nichtveranlagungs-Bescheinigung führen. Darüber hinaus wird das zuständige Finanzamt in steuerlich relevanten Fällen die Versteuerung der zuvor unberechtigt vom Steuerabzug freigestellten Kapitalerträge im Wege der Steuerveranlagung nachholen.

Die Abstandnahme vom Steuerabzug aufgrund Nichtveranlagungs-Bescheinigung ist im Gegensatz zur Abstandnahme vom Steuerabzug aufgrund Freistellungsauftrags der Höhe nach nicht begrenzt. Es besteht die Möglichkeit, dass zu einem Gläubiger der Kapitalerträge in einem Jahr sowohl Mitteilungen nach § 45d Abs. 1 Satz 1 Nr. 3 EStG als auch nach § 45d Abs. 1 Satz 1 Nr. 4 EStG vorliegen; entweder aufgrund unterschiedlicher Aufträge an die Meldestellen oder durch unterjährige Änderungen (z. B. Widerruf der Nichtveranlagungs-Bescheinigung).

(Einstweilen frei)

5. Angaben zur Meldestelle (§ 45d Abs. 1 Satz 1 Nr. 5 EStG)

Die Meldestellen haben Angaben zum eigenen Namen und zur Anschrift zu übermitteln. Diese Informationen dienen zum einen der Auswertung der Mitteilungen in den einzelnen Fällen und zum anderen der Möglichkeit, in Zweifelsfällen Rückfragen zu stellen und ggf. fehlerhafte Datenübermittlungen zu überprüfen.

HINWEIS:
Für nach dem 31.12.2016 zufließende Kapitalerträge gelten die Anforderungen in § 93c Abs. 1 Nr. 2 AO.

(Einstweilen frei)

III. Umsetzung der Datenübermittlung für vor dem 1.1.2017 zufließende Kapitalerträge (§ 45d Abs. 1 Satz 2 EStG)

Für Kapitalerträge, die nach dem 31.12.2012 zufließen, sind die Daten nach amtlich vorgeschriebenem Datensatz durch Datenfernübertragung zu übermitteln.[1] Bei Kapitalerträgen, die vor dem 1.1.2013 zugeflossen sind, war die Datenübermittlung nach amtlich vorgeschriebenem Datensatz auf amtlich vorgeschriebenen maschinell verwertbaren Datenträgern vorgesehen. Das BZSt konnte nach § 45d Abs. 1 Satz 4 EStG in der Fassung vor Änderung durch das JStG 2010 auf Antrag eine Übermittlung nach amtlich vorgeschriebenem Vordruck zulassen, wenn die zuvor beschriebene Übermittlung eine unbillige Härte mit sich brachte. Zu diesen Härtefällen gehörten solche Steuerabzugsverpflichteten, die nicht über eine entsprechen-

---

1 § 52 Abs. 45 EStG.

de technische Ausstattung verfügten oder m. E. lediglich in geringem Umfang Empfänger von Freistellungsaufträgen gewesen sind.

IV. Ausschluss verfahrensrechtlicher Vorschriften (§ 45d Abs. 1 Satz 3 EStG)

41 Die Regelungen zur Haftung des Datenübermittlers nach § 72a Abs. 4 AO sind nicht anzuwenden. Zudem ist die mitteilungspflichtige Stelle nicht dazu verpflichtet, den Steuerpflichtigen nach § 93c Abs. 1 Nr. 3 AO über die an die Finanzverwaltung übermittelten Daten in Kenntnis zu setzen. Die Durchführung von Außenprüfungen zwecks Überprüfung der Datenübermittlung durch die mitteilungspflichtigen Stelle (§ 203a AO) ist ebenfalls nicht vorgesehen.

42 *(Einstweilen frei)*

V. Datenübermittlung des BZSt an Sozialleistungsträger (§ 45d Abs. 2 Satz 1 und 2 EStG)

43 Die Regelung in § 45d Abs. 2 Satz 1 EStG dient der Bekämpfung des Missbrauchs von Sozialleistungen und eröffnet den Sozialleistungsträgern zur Überprüfung des zu berücksichtigenden Einkommens und Vermögens des Leistungsempfängers die Möglichkeit, die Daten nach § 45d Abs. 1 EStG beim BZSt abzufragen.

44 Sofern die Daten nach § 45d Abs. 1 EStG zur Überprüfung der Einkommens- und Vermögensverhältnisse erforderlich sind, teilt das BZSt diese entsprechend mit. Entsprechendes gilt bei Zustimmung des Betroffenen. Der amtliche Vordruck zur Erteilung eines Freistellungsauftrags enthält Hinweise auf die Möglichkeit der Datenweitergabe.[1]

45 Das BZSt ist über § 45d Abs. 2 Satz 2 EStG berechtigt, die ihm von den Sozialleistungsträgern übermittelten Daten mit den vorhandenen Daten im Wege des automatisierten Datenabgleichs zu überprüfen und das Ergebnis den Sozialleistungsträgern mitzuteilen.

46 *(Einstweilen frei)*

VI. Mitteilungsverfahren bei Versicherungsverträgen i. S. d. § 20 Abs. 1 Nr. 6 EStG (§ 45d Abs. 3 EStG)

1. Allgemeines zum Mitteilungsverfahren (§ 45d Abs. 3 Satz 1 EStG)

47 Inländische Versicherungsvermittler i. S. v. § 59 Abs. 1 VVG (Versicherungsvertreter und Versicherungsmakler) sind dazu verpflichtet, das Zustandekommen eines Vertrags i. S. v. § 20 Abs. 1 Nr. 6 EStG zwischen einer im Inland ansässigen Person und einem Versicherungsunternehmen mit Sitz und Geschäftsleitung im Ausland dem BZSt mitzuteilen. Für nach dem 31. 12. 2016 abgeschlossene Verträge hat die Mitteilung an das BZSt nach Maßgabe des § 93c AO zu erfolgen, vgl. § 52 Abs. 45 Satz 2 EStG.

48 Die Mitteilungspflicht des Versicherungsvermittlers entfällt, wenn das Versicherungsunternehmen im Inland eine Niederlassung hat oder wenn das Versicherungsunternehmen dem BZSt das Zustandekommen eines entsprechenden Vertrags angezeigt und den Versicherungsvermittler darüber in Kenntnis gesetzt hat.

---

1 Vgl. Anlage 2 des BMF v. 9. 10. 2012, BStBl 2012 I 953.

Für den Fall, dass das ausländische Versicherungsunternehmen im Inland eine Niederlassung i. S. d. §§ 106, 110a oder 110d VAG hat, handelt es sich bei den Kapitalerträgen nach § 43 Abs. 1 Satz 1 Nr. 4 EStG um inländische Kapitalerträge (vgl. KKB/Quilitzsch, § 43 EStG Rz. 85), so dass die inländische Niederlassung gem. § 44 Abs. 1 Satz 3 EStG zum Steuerabzug verpflichtet ist. 49

Bei den Verträgen i. S. d. § 20 Abs. 1 Nr. 6 EStG handelt es sich insbes. um Kapitallebensversicherungsverträge, Rentenversicherungen mit Kapitalwahlrecht sowie Unfallversicherungen mit garantierter Beitragsrückzahlung. Zu weiteren Einzelheiten wird auf das BMF-Schreiben zur „Besteuerung von Versicherungserträgen i. S. d. § 20 Abs. 1 Nr. 6 EStG" v. 1. 10. 2009 verwiesen.[1] 50

Die Regelung in § 45d Abs. 3 EStG dient der Sicherung des Steueraufkommens und ist erstmals auf Vertragsabschlüsse nach dem 31. 12. 2008 anzuwenden.[2] Die Datenübermittlung hat jeweils einmalig bis zum 30. 3. des Folgejahres des Zustandekommens des Vertrags zu erfolgen. Die erstmalige Datenübermittlung musste zum 30. 3. 2011 erfolgen.[3] 51

Eine Benachteiligung ausländischer Versicherungsunternehmen gegenüber inländischen Versicherungsunternehmen liegt nach der Gesetzesbegründung nicht vor, denn die Anforderungen an die inländischen Versicherungsunternehmen reichen aufgrund der Verpflichtung zum Abzug der Kapitalertragsteuer weiter.[4] 52

(Einstweilen frei) 53

2. Daten im Einzelnen (§ 45d Abs. 3 Satz 2 EStG)

a) Identifikation des Versicherungsnehmers (§ 45d Abs. 3 Satz 2 Nr. 1 EStG für vor dem 1. 1. 2017 abgeschlossene Verträge)

Zum Versicherungsnehmer sind folgende Angaben zu machen: 54
- Vor- und Zuname,
- Geburtsdatum,
- Anschrift,
- Identifikationsnummer.

HINWEIS:
Für nach dem 31. 12. 2016 abgeschlossene Verträge gelten die Anforderungen in § 93c Abs. 1 Nr. 2 AO.

(Einstweilen frei) 55

b) Angaben zum Versicherungsunternehmen und zu den Vertragsdaten (§ 45d Abs. 3 Satz 2 Nr. 2 EStG für vor dem 1. 1. 2017 abgeschlossene Verträge)

Zum Versicherungsunternehmen sind folgende Angaben zu machen: 56
- Name,
- Anschrift,

---

[1] BMF v. 1. 10. 2009, BStBl 2009 I 1172, Rz. 19 ff.
[2] Vgl. § 52a Abs. 16 Satz 10 EStG in der bis zum 30. 7. 2014 anzuwendenden Fassung.
[3] § 52a Abs. 16 Satz 10 2. Halbsatz EStG in der bis zum 30. 7. 2014 anzuwendenden Fassung.
[4] BT-Drucks. 16/11108, 22.

- Vertragsnummer,
- sonstige Kennzeichnung des Vertrags.

HINWEIS:
Für nach dem 31.12.2016 abgeschlossene Verträge gelten die Anforderungen in § 93c Abs. 1 Nr. 2 AO.

57 *(Einstweilen frei)*

c) Angaben zum Versicherungsvermittler (§ 45d Abs. 3 Satz 2 Nr. 3 EStG für vor dem 1.1.2017 abgeschlossene Verträge)

58 Zum Versicherungsvermittler sind folgende Angaben zu machen:
- Name,
- Anschrift.

59 Die Angaben sind nur dann erforderlich, wenn die Mitteilung nicht (bereits) durch das ausländische Versicherungsunternehmen an das BZSt erfolgt ist.

d) Angaben zu den steuerlich relevanten Vertragsdaten (§ 45d Abs. 3 Satz 2 Nr. 4 und 5 EStG; ab 2017: § 45d Abs. 3 Satz 2 Nr. 1 bis 3 EStG)

60 Damit die Finanzverwaltung das Vertragswerk steuerlich zutreffend einordnen kann sind folgende Angaben mitzuteilen:
- Laufzeit des Vertrags,
- Garantierte Versicherungssumme; alternativ Beitragssumme für die gesamte Laufzeit,
- Angaben dazu, ob es sich um einen konventionellen, fondsgebundenen oder vermögensverwaltenden Versicherungsvertrag handelt.

61 Die durch den inländischen Versicherungsvermittler oder das ausländische Versicherungsunternehmen dem BZSt übermittelten Daten sind durch die Finanzverwaltung dauerhaft verfügbar zu machen, denn Verträge, die in den Anwendungsbereich von § 20 Abs. 1 Nr. 6 EStG fallen, haben in aller Regel eine lange Vertragslaufzeit. Die steuerlichen Folgen aus diesen Verträgen sind grds. erst in der Zukunft zu ziehen. Je nach Gestaltung (z.B. Rückkauf vor Ablauf der Vertragslaufzeit, Teilauszahlungen) können jedoch auch während der regulären Vertragslaufzeit steuerlich relevante Tatbestände erfüllt werden. Für den Fall, dass es sich um einen vermögensverwaltenden Versicherungsvertrag i.S.v. § 20 Abs. 1 Nr. 6 Satz 5 EStG handelt, sind die steuerlichen Folgen u.U. jährlich zu ziehen.

62 *(Einstweilen frei)*

3. Datenübermittlung (§ 45d Abs. 3 Satz 3 EStG für vor dem 1.1.2017 abgeschlossene Verträge)

63 Die Daten sind nach amtlich vorgeschriebenem Datensatz durch Datenfernübertragung zu übermitteln.

4. Ausschluss verfahrensrechtlicher Vorschriften (§ 45d Abs. 3 Satz 4 EStG 2017)

64 Die Regelungen zur Haftung des Datenübermittlers nach § 72a Abs. 4 AO und die Durchführung von Außenprüfungen zwecks Überprüfung der Datenübermittlung durch die mitteilungspflichtige Stelle (§ 203a AO) sind nicht anzuwenden.

Allgemeine Erläuterungen 1–3 § 45e EStG

VII. Bußgeldverfahren

Werden die Mitteilungspflichten nach § 45d Abs. 1 Satz 1 EStG (vgl. → Rz. 12 ff.) bzw. § 45d Abs. 3 Satz 1 EStG (vgl. → Rz. 47 ff.) nicht, nicht richtig, nicht vollständig oder nicht rechtzeitig erfüllt, handelt es sich nach § 50e Abs. 1 Satz 1 EStG um eine Ordnungswidrigkeit. 65

Diese Ordnungswidrigkeit kann mit einer Geldbuße von bis zu 5 000 € geahndet werden. 66

Zuständige Verwaltungsbehörde ist das BZSt (vgl. § 50e Abs. 1a EStG).[1] 67

Zu weiteren Einzelheiten wird auf die Erläuterungen zu § 50e Abs. 1 EStG (vgl. KKB/G. Kraft, § 50e EStG Rz. 1) verwiesen. 68

§ 45e Ermächtigung für Zinsinformationsverordnung

[1]Die Bundesregierung wird ermächtigt, durch Rechtsverordnung mit Zustimmung des Bundesrates die Richtlinie 2003/48/EG des Rates vom 3. Juni 2003 (ABl EU Nr. L 157 S. 38) in der jeweils geltenden Fassung im Bereich der Besteuerung von Zinserträgen umzusetzen. [2]§ 45d Absatz 1 Satz 2 und Absatz 2 ist entsprechend anzuwenden.

Inhaltsübersicht

	Rz.
A. Allgemeine Erläuterungen	1 - 8
I. Normzweck und wirtschaftliche Bedeutung der Vorschrift	1 - 3
II. Entstehung und Entwicklung der Vorschrift	4 - 8
B. Systematische Kommentierung	9 - 18
I. Ermächtigung nach § 45e Satz 1 EStG	9 - 12
II. Entsprechende Anwendung nach § 45e Satz 2 EStG	13 - 15
III. Aufhebung der EU-Zinsrichtlinie ab dem Jahr 2016/2017	16 - 18

HINWEIS:

BMF v. 30. 1. 2008, BStBl 2008 I 320; BMF v. 20. 9. 2013, BStBl 2013 I 1182; BMF v. 29.3.2017, BStBl 2017 I 704.

A. Allgemeine Erläuterungen

I. Normzweck und wirtschaftliche Bedeutung der Vorschrift

§ 45e EStG dient der Umsetzung der EU-Zinsrichtlinie (EUZinsRL 2003/48/EG) in nationales Recht und ermächtigt die Bundesregierung mit Zustimmung des Bundesrats zum Erlass einer entsprechenden Rechtsverordnung. Aufgrund der Ermächtigung in § 45e Satz 1 EStG wurde die EUZinsRL 2003/48/EG durch die „Verordnung zur Umsetzung der Richtlinie 2003/48/EG des Rates vom 3. 6. 2003 im Bereich der Besteuerung von Zinserträgen (Zinsinformationsverordnung – ZIV)" v. 26. 1. 2004[2] in nationales Recht umgesetzt und ist mit Wirkung zum 1. 7. 2005 in Kraft getreten.[3] 1

(Einstweilen frei) 2–3

---

1 In der Fassung des Gesetzes v. 25. 7. 2014 (BGBl 2014 I 1266).
2 BStBl 2004 I 297.
3 BMF v. 22. 6. 2005, BGBl 2005 I 1695.

II. Entstehung und Entwicklung der Vorschrift

4 § 45e EStG ist durch das Steueränderungsgesetz 2003[1] (StÄndG) in das EStG eingefügt worden. Durch das Richtlinien-Umsetzungsgesetz (EURLUmsG)[2] wurde in § 45e Satz 1 EStG der Zusatz „in der jeweils geltenden Fassung" eingefügt. Ziel dieser Ergänzung ist die Vermeidung redaktioneller Anpassungen des § 45e EStG bei (künftigen) Änderungen der EUZinsRL (gleitende Anpassungsformel).[3]

5 In § 45e Satz 2 EStG wurde das Gesetz zur Anpassung des nationalen Steuerrechts an den Beitritt Kroatiens zur EU und zur Änderung weiterer steuerlicher Vorschriften v. 24. 7. 2014[4] redaktionell[5] an die Änderungen von § 45d EStG durch das Jahressteuergesetz 2010[6] (JStG) angepasst.

6–8 *(Einstweilen frei)*

B. Systematische Kommentierung

I. Ermächtigung nach § 45e Satz 1 EStG

9 Hinweis auf → Rz. 1 bis 4.

10–12 *(Einstweilen frei)*

II. Entsprechende Anwendung nach § 45e Satz 2 EStG

13 Nach der Regelung in § 45e Satz 2 EStG sind § 45d Abs. 1 Satz 2 EStG und § 45d Abs. 2 EStG entsprechend anzuwenden. Danach sind m. E. die Daten nach der ZIV nach amtlich vorgeschriebenem Datensatz durch Datenfernübertragung durch die jeweiligen Meldestellen an das Bundeszentralamt für Steuern (BZSt) zu übermitteln. Die Regelungen über die Erleichterung und Vereinfachung des automatisierten Besteuerungsverfahrens nach § 150 Abs. 6 AO in der Fassung vor Änderung durch das Gesetz zur Modernisierung des Besteuerungsverfahrens v. 18. 7. 2016[7] gelten entsprechend.

14 Zur Bekämpfung von Leistungsmissbrauch bei Empfängern von Sozialleistungen ist das BZSt berechtigt, die Daten nach der EUZinsRL den Sozialleistungsträgern entsprechend § 45d Abs. 2 EStG mitzuteilen.

15 *(Einstweilen frei)*

III. Aufhebung der EU-Zinsrichtlinie ab dem Jahr 2016/2017

16 Die EU-Zinsrichtlinie (EUZinsRL 2003/48/EG) wurde durch die Richtlinie (EU) 2015/2060 v. 10. 11. 2015[8] zur Aufhebung der Richtlinie 2003/48/EG im Bereich der Besteuerung von Zins-

---

1 BStBl 2003 I 710.
2 BStBl 2004 I 1158.
3 Durch diese Gesetzesänderung wurde zugleich die Richtlinie 2004/587/EG des Rates v. 26. 4. 2004 (Anpassung der EUZinsRL durch Beitritt neuer Mitgliedstaaten) in nationales Recht umgesetzt, vgl. BT-Drucks. 15/3677, 34.
4 BGBl 2014 I 1266.
5 BT-Drucks. 18/1529, 60.
6 BGBl 2010 I 1768.
7 BGBl 2016 I 1679.
8 EU Abl. L 301/1.

erträgen mit Wirkung ab dem Jahr 2016 aufgehoben. Aus diesem Grunde werden nach der EU-Zinsrichtlinie letztmals für den Meldezeitraum 2015 Daten zwischen den Abkommensstaaten ausgetauscht. Hintergrund ist der neu geschaffene grenzüberschreitende Datenaustausch nach der EU-Richtlinie 2014/107/EU v. 16.12.2014 „Verpflichtung zum automatischen Austausch von Informationen im Bereich der Besteuerung".[1]

HINWEIS ZUR AUSNAHMEREGELUNG FÜR ÖSTERREICH:

In Anbetracht struktureller Unterschiede wurde für Österreich eine Ausnahmeregelung gem. der Richtlinie 2014/107/EU eingeräumt, die es Österreich erlaubt, die Anwendung der Richtlinie um ein Jahr bis zum 1.1.2017 zu verzögern. Aus diesem Grunde sieht die Richtlinie (EU) 2015/2060 v. 10.11.2015 für Österreich besondere Bestimmungen vor, um zu gewährleisten, dass Österreich und die dort niedergelassenen Zahlstellen und Wirtschaftsbeteiligten während des Zeitraums der Ausnahmeregelung weiterhin die Bestimmungen der Richtlinie 2003/48/EG anwenden, außer für die Konten, für die die Richtlinie 2014/107/EU gilt.

PRAXISHINWEIS:

Die Bundesrepublik Deutschland und die Britischen Jungferninseln, Curacao, Guernsey, Jersey, Montserrat und die Insel Man haben sich darauf verständigt, dass das jeweils mit der Bundesrepublik Deutschland abgeschlossene Abkommen über die Besteuerung von Zinserträgen nicht mehr für Zinszahlungen angewendet wird, die nach dem 31.12.2015 geleistet werden. Das jeweilige Abkommen bleibt jedoch in Anlehnung an die Richtlinie zur Aufhebung der Richtlinie 2003/48/EG des Rates vom 3.6.2003 im Bereich der Besteuerung von Zinserträgen noch insoweit anwendbar, als die Verpflichtungen in Bezug auf Zinszahlungen, die bis zum 31.12.2015 erfolgen, zu erfüllen sind. Auf dieser Grundlage findet die Zinsinformationsverordnung gem. § 17 Abs. 3 ZIV im Hinblick auf die genannten Abkommen nicht mehr für Zinszahlungen Anwendung, die nach dem 31.12.2015 zufließen.

Beachte: Für Aruba und Sint Maarten ist die Zinsinformationsverordnung auch für nach dem 31.12.2015 zufließende Zinszahlungen anwendbar.[2] Diese Staaten nehmen ab September 2018 (für VZ 2017) am grenzüberschreitenden Austausch von Informationen über Finanzkonten und Finanzerträge nach dem OECD-Standard teil. Daher entfällt die Verpflichtung zur Übermittlung von Mitteilungen nach der EU-Zinsrichtlinie vollständig ab dem Jahr 2017.

4. Veranlagung von Steuerpflichtigen mit steuerabzugspflichtigen Einkünften

§ 46 Veranlagung bei Bezug von Einkünften aus nichtselbständiger Arbeit

[3](1) (weggefallen)

(2) Besteht das Einkommen ganz oder teilweise aus Einkünften aus nichtselbständiger Arbeit, von denen ein Steuerabzug vorgenommen worden ist, so wird eine Veranlagung nur durchgeführt,

1. wenn die positive Summe der einkommensteuerpflichtigen Einkünfte, die nicht dem Steuerabzug vom Arbeitslohn zu unterwerfen waren, vermindert um die darauf entfallenden Beträge nach § 13 Absatz 3 und § 24a, oder die positive Summe der Einkünfte

---

1 EU Abl. L 359/1.
2 BMF v. 29.3.2017, BStBl 2017 I 704.
3 **Anm. d. Red.:** § 46 Abs. 2 i.d.F. des Gesetzes v. 20.12.2016 (BGBl I S. 3000) mit Wirkung v. 1.1.2018.

und Leistungen, die dem Progressionsvorbehalt unterliegen, jeweils mehr als 410 Euro beträgt;

2. wenn der Steuerpflichtige nebeneinander von mehreren Arbeitgebern Arbeitslohn bezogen hat; das gilt nicht, soweit nach § 38 Absatz 3a Satz 7 Arbeitslohn von mehreren Arbeitgebern für den Lohnsteuerabzug zusammengerechnet worden ist;

3. wenn bei einem Steuerpflichtigen die Summe der beim Steuerabzug vom Arbeitslohn nach § 39b Absatz 2 Satz 5 Nummer 3 Buchstabe b bis d berücksichtigten Teilbeträge der Vorsorgepauschale größer ist als die abziehbaren Vorsorgeaufwendungen nach § 10 Absatz 1 Nummer 3 und Nummer 3a in Verbindung mit Absatz 4 und der im Kalenderjahr insgesamt erzielte Arbeitslohn 11 400 Euro übersteigt, oder bei Ehegatten, die die Voraussetzungen des § 26 Absatz 1 erfüllen, der im Kalenderjahr von den Ehegatten insgesamt erzielte Arbeitslohn 21 650 Euro übersteigt;

3a. wenn von Ehegatten, die nach den §§ 26, 26b zusammen zur Einkommensteuer zu veranlagen sind, beide Arbeitslohn bezogen haben und einer für den Veranlagungszeitraum oder einen Teil davon nach der Steuerklasse V oder VI besteuert oder bei Steuerklasse IV der Faktor (§ 39f) eingetragen worden ist;

4. wenn für einen Steuerpflichtigen ein Freibetrag im Sinne des § 39a Absatz 1 Satz 1 Nummer 1 bis 3, 5 oder Nummer 6 ermittelt worden ist und der im Kalenderjahr insgesamt erzielte Arbeitslohn 11 400 Euro übersteigt oder bei Ehegatten, die die Voraussetzungen des § 26 Absatz 1 erfüllen, der im Kalenderjahr von den Ehegatten insgesamt erzielte Arbeitslohn 21 650 Euro übersteigt; dasselbe gilt für einen Steuerpflichtigen, der zum Personenkreis des § 1 Absatz 2 gehört oder für einen beschränkt einkommensteuerpflichtigen Arbeitnehmer, wenn diese Eintragungen auf einer Bescheinigung für den Lohnsteuerabzug (§ 39 Absatz 3 Satz 1) erfolgt sind;

4a. wenn bei einem Elternpaar, bei dem die Voraussetzungen des § 26 Absatz 1 Satz 1 nicht vorliegen,

   a) bis c) (weggefallen)

   d) im Fall des § 33a Absatz 2 Satz 5 das Elternpaar gemeinsam eine Aufteilung des Abzugsbetrags in einem anderen Verhältnis als je zur Hälfte beantragt oder

   e) im Fall des § 33b Absatz 5 Satz 3 das Elternpaar gemeinsam eine Aufteilung des Pauschbetrags für behinderte Menschen oder des Pauschbetrags für Hinterbliebene in einem anderen Verhältnis als je zur Hälfte beantragt.

   ²Die Veranlagungspflicht besteht für jeden Elternteil, der Einkünfte aus nichtselbständiger Arbeit bezogen hat;

5. wenn bei einem Steuerpflichtigen die Lohnsteuer für einen sonstigen Bezug im Sinne des § 34 Absatz 1 und 2 Nummer 2 und 4 nach § 39b Absatz 3 Satz 9 oder für einen sonstigen Bezug nach § 39c Absatz 3 ermittelt wurde;

5a. wenn der Arbeitgeber die Lohnsteuer von einem sonstigen Bezug berechnet hat und dabei der Arbeitslohn aus früheren Dienstverhältnissen des Kalenderjahres außer Betracht geblieben ist (§ 39b Absatz 3 Satz 2, § 41 Absatz 1 Satz 6, Großbuchstabe S);

6. wenn die Ehe des Arbeitnehmers im Veranlagungszeitraum durch Tod, Scheidung oder Aufhebung aufgelöst worden ist und er oder sein Ehegatte der aufgelösten Ehe im Veranlagungszeitraum wieder geheiratet hat;

7. wenn
   a) für einen unbeschränkt Steuerpflichtigen im Sinne des § 1 Absatz 1 bei der Bildung der Lohnsteuerabzugsmerkmale (§ 39) ein Ehegatte im Sinne des § 1a Absatz 1 Nummer 2 berücksichtigt worden ist oder
   b) für einen Steuerpflichtigen, der zum Personenkreis des § 1 Absatz 3 oder des § 1a gehört, Lohnsteuerabzugsmerkmale nach § 39 Absatz 2 gebildet worden sind; das nach § 39 Absatz 2 Satz 2 bis 4 zuständige Betriebsstättenfinanzamt ist dann auch für die Veranlagung zuständig;
8. wenn die Veranlagung beantragt wird, insbesondere zur Anrechnung von Lohnsteuer auf die Einkommensteuer. ²Der Antrag ist durch Abgabe einer Einkommensteuererklärung zu stellen.

(3) ¹In den Fällen des Absatzes 2 ist ein Betrag in Höhe der einkommensteuerpflichtigen Einkünfte, von denen der Steuerabzug vom Arbeitslohn nicht vorgenommen worden ist und die nicht nach § 32d Absatz 6 der tariflichen Einkommensteuer unterworfen wurden, vom Einkommen abzuziehen, wenn diese Einkünfte insgesamt nicht mehr als 410 Euro betragen. ²Der Betrag nach Satz 1 vermindert sich um den Altersentlastungsbetrag, soweit dieser den unter Verwendung des nach § 24a Satz 5 maßgebenden Prozentsatzes zu ermittelnden Anteil des Arbeitslohns mit Ausnahme der Versorgungsbezüge im Sinne des § 19 Absatz 2 übersteigt, und um den nach § 13 Absatz 3 zu berücksichtigenden Betrag.

(4) ¹Kommt nach Absatz 2 eine Veranlagung zur Einkommensteuer nicht in Betracht, so gilt die Einkommensteuer, die auf die Einkünfte aus nichtselbständiger Arbeit entfällt, für den Steuerpflichtigen durch den Lohnsteuerabzug als abgegolten, soweit er nicht für zu wenig erhobene Lohnsteuer in Anspruch genommen werden kann. ²§ 42b bleibt unberührt.

(5) Durch Rechtsverordnung kann in den Fällen des Absatzes 2 Nummer 1, in denen die einkommensteuerpflichtigen Einkünfte, von denen der Steuerabzug vom Arbeitslohn nicht vorgenommen worden ist und die nicht nach § 32d Absatz 6 der tariflichen Einkommensteuer unterworfen wurden, den Betrag von 410 Euro übersteigen, die Besteuerung so gemildert werden, dass auf die volle Besteuerung dieser Einkünfte stufenweise übergeleitet wird.

Inhaltsübersicht

	Rz.
A. Allgemeine Erläuterungen	1 - 9
I. Normzweck und wirtschaftliche Bedeutung der Vorschrift	1 - 3
1. § 46 Abs. 1 EStG a. F.	1
2. § 46 Abs. 2 bis 5 EStG	2 - 3
II. Entstehung und Entwicklung der Vorschrift	4 - 5
1. § 46 Abs. 1 EStG a. F.	4
2. § 46 Abs. 2 bis 5 EStG	5
III. Verhältnis zu anderen Vorschriften	6 - 9
B. Systematische Kommentierung	10 - 50
I. Einzeltatbestände der Pflichtveranlagung (§ 46 Abs. 2 Nr. 1 bis 7 EStG)	10 - 30
1. Amtsveranlagung bei Nebeneinkünften (§ 46 Abs. 2 Nr. 1 EStG)	10 - 15
2. Einkünfte aus nichtselbständiger Arbeit von mehreren Arbeitgebern (§ 46 Abs. 2 Nr. 2 EStG)	16
3. Fälle einer zu hohen Vorsorgepauschale (§ 46 Abs. 2 Nr. 3 EStG)	17
4. Fälle der Zusammenveranlagung und beidseitiger Lohnbezug (§ 46 Abs. 2 Nr. 3a EStG)	18

5.	Bestimmte Fälle, in denen Freibeträge für den Lohnabzug gewährt wurden (§ 46 Abs. 2 Nr. 4 EStG)	19
6.	Abweichende Aufteilung von Freibeträgen und Pauschbeträgen bei Elternpaaren (§ 46 Abs. 2 Nr. 4a EStG)	20
7.	Tarifermäßigung wegen außerordentlichen Arbeitslohns (§ 46 Abs. 2 Nr. 5 EStG)	21
8.	Ermittlung der Lohnsteuer für einen sonstigen Bezug ohne Berücksichtigung von Arbeitslohn aus früheren Dienstverhältnissen (§ 46 Abs. 2 Nr. 5a EStG)	22
9.	Fälle der Eheauflösung und Wiederverheiratung (§ 46 Abs. 2 Nr. 6 EStG)	23
10.	Fälle von nicht im Inland Ansässigen (§ 46 Abs. 2 Nr. 7 EStG)	24 – 30
II.	Antragsveranlagung (§ 46 Abs. 2 Nr. 8 EStG)	31 – 40
1.	Allgemeines	31
2.	Form des Antrags	32
3.	Frist für die Antragsveranlagung	33 – 40
III.	Härteausgleich (§ 46 Abs. 3 und 5 EStG)	41 – 49
1.	Allgemeines	41
2.	Härteausgleich nach § 46 Abs. 3 EStG	42
3.	Erweiterter Härteausgleich nach § 46 Abs. 5 EStG	43 – 49
IV.	Abgeltungswirkung nach § 46 Abs. 4 EStG	50

HINWEIS:

R 46.1 und R 46.2 EStR; H 46.2 und H 46.3 EStH; § 70 EStDV.

LITERATUR:

Deutschländer, Fristenfalle: Die komprimierte Steuererklärung bei der Antragsveranlagung, NWB 2017, 3836.

A. Allgemeine Erläuterungen

I. Normzweck und wirtschaftliche Bedeutung der Vorschrift

1. § 46 Abs. 1 EStG a. F.

1 Die Vorschrift sah eine Pflichtveranlagung vor, wenn bestimmte Einkommensgrenzen bei den Einkünften aus nichtselbständiger Arbeit überschritten wurden. Auf diese Veranlagungspflicht wollte der Gesetzgeber verzichten. Es sollte bei den Amtsveranlagungsfällen des § 46 Abs. 2 Nr. 1 bis 7 EStG verbleiben.

2. § 46 Abs. 2 bis 5 EStG

2 Die Vorschrift regelt die Veranlagung von Arbeitnehmern. Die Vorschrift verfolgt dabei zwei Zwecke. Einerseits soll sie die Lohnsteuer gegenüber der Einkommensteuer, die mit Ablauf des Kj. entsteht, ausgleichen. Andererseits soll sie aber auch durch den Ausschluss der Veranlagung nach § 46 Abs. 4 EStG das Verfahren vereinfachen.[1]

3 § 46 Abs. 2 Nr. 1 bis 7 EStG betrifft die **Amtsveranlagung (Pflichtveranlagung)** und § 46 Abs. 2 Nr. 8 EStG betrifft die **Antragsveranlagung** des Arbeitnehmers. Die Antragsveranlagung er-

---

[1] *Brandl* in Blümich, § 46 EStG Rn 1.

möglicht dem Arbeitnehmer in dem Fall, in dem der Lohnsteuerabzug den Einkommensteueranspruch des Staates übermäßig erfüllt hat, eine Veranlagung durchzuführen, um Steuerermäßigungsgründe einzubringen, die er im Lohnsteuerverfahren nicht geltend gemacht hat. Die Amtsveranlagung betrifft dagegen Fälle, in denen der Staat eine Veranlagung durchführen soll, weil Nachzahlungen zu erwarten sind.

II. Entstehung und Entwicklung der Vorschrift

1. § 46 Abs. 1 EStG a. F.

Die Vorschrift geht zurück auf das Einkommensteuergesetz 1934.[1] Sie wurde durch das Jahressteuergesetz 1996[2] wieder aufgehoben.

4

2. § 46 Abs. 2 bis 5 EStG

Die Vorschrift geht bereits zurück auf Regelungen im EStG 1925 (§§ 89 bis 92 EStG). Die Vorschrift hat zuletzt folgende Änderungen erfahren: Durch das Beitreibungsrichtlinie-Umsetzungsgesetz (BeitrRLUmsG) v. 7.12.2011[3] erfolgten Anpassungen aufgrund des Wegfalls der Lohnsteuerkarte und deren Ersatz durch das Verfahren der elektronischen Lohnsteuerabzugsmerkmale. Durch das Gesetz zum Abbau der kalten Progression v. 20.2.2013[4] erfolgte eine Anpassung der Beträge in § 46 Abs. 2 Nr. 3 und 4 EStG an die Tarifveränderung. Das Gesetz zur Änderung des EStG in Umsetzung der Entscheidung des BVerfG v. 7.5.2013 v. 15.7.2013[5] bewirkte die Gleichstellung von Ehegatten und eingetragenen Lebenspartnern (s. § 2 Abs. 8 EStG). Das Kroatien-Anpassungsgesetz (KroatienAnpG) v. 25.7.2014[6] nahm eine redaktionelle Anpassung vor (§ 46 Abs. 2 Nr. 5a EStG). Des Weiteren wurde § 46 Abs. 3 EStG geändert (mit Folgeänderung in § 46 Abs. 5 EStG und in § 70 Satz 1 EStDV), damit die Anreizwirkung des bisherigen Abs. 3, eine Steuererklärung abzugeben, um eine Steuerfreistellung bezogen auf Kapitaleinkünfte zu erreichen, beseitigt wird. Die Änderungen gelten ab VZ 2015. Darüber hinaus erfolgten Änderungen durch das Gesetz zur Anhebung des Grundfreibetrags, des Kinderfreibetrags, des Kindergeldes und des Kinderzuschlags v. 16.7.2015.[7] Es wurden die Beträge in § 46 Abs. 2 Nr. 3 und Nr. 4 EStG ab VZ 2016 erhöht.

5

III. Verhältnis zu anderen Vorschriften

Zu § 25 EStG: § 46 EStG begründet keinen eigenen Veranlagungstatbestand, sondern schränkt die allgemeine Veranlagungspflicht des § 25 EStG ein. Somit kommt eine Veranlagung eines Stpfl., der Einkünfte aus nichtselbständiger Arbeit bezogen hat, nur dann in Betracht, wenn zumindest ein Pflichtveranlagungstatbestand des § 46 Abs. 2 Nr. 1 bis 7 EStG oder ein Antrag des Arbeitnehmers nach § 46 Abs. 2 Nr. 8 EStG vorliegt. Im Übrigen gilt die Einkommensteuer durch den Lohnsteuerabzug als abgegolten.

6

---

1 Vom 16.10.1934, RGBl 1934 I 1005.
2 Vom 11.10.1995, BGBl 1995 I 1250.
3 BGBl 2011 I 2592.
4 BGBl 2013 I 283.
5 BGBl 2013 I 2397.
6 BGBl 2014 I 1266.
7 BGBl 2015 I 1202.

Zu § 36 EStG: Nach § 36 Abs. 2 Nr. 2 EStG wird die durch Steuerabzug erhobene Einkommensteuer (= Lohnsteuer) auf die Einkommensteuer angerechnet. Dies geschieht durch ein gesondertes Anrechnungsverfahren, das als selbständiger Verwaltungsakt Teil des Einkommensteuerbescheids ist.

Zu § 50 Abs. 2 EStG: Bei beschränkt Stpfl. gilt die durch Steuerabzug erhobene Einkommensteuer als abgegolten (§ 50 Abs. 2 Satz 1 EStG). Dies gilt jedoch dann nicht, wenn eine Antragsveranlagung (§ 46 Abs. 2 Nr. 8 EStG) durchgeführt werden soll.

Zu §§ 169 ff. AO: Grundsätzlich gelten die Vorschriften zur Festsetzungsverjährung der AO auch für die Veranlagung nach § 46 EStG. Dies bedeutet, dass bei der Pflichtveranlagung nach § 46 Abs. 2 Nr. 1 bis 7 EStG, die Hemmung der Festsetzungsverjährung nach § 170 Abs. 2 Satz 1 Nr. 1 AO zu beachten ist. Diese Vorschrift gilt aber nicht bei der Antragsveranlagung nach § 46 Abs. 2 Nr. 8 EStG, da nach dieser Vorschrift keine Pflicht zur Abgabe einer Steuererklärung besteht.[1] Darin liegt keine Verletzung des allgemeinen Gleichheitssatzes.[2]

7–9 *(Einstweilen frei)*

B. Systematische Kommentierung

I. Einzeltatbestände der Pflichtveranlagung (§ 46 Abs. 2 Nr. 1 bis 7 EStG)

1. Amtsveranlagung bei Nebeneinkünften (§ 46 Abs. 2 Nr. 1 EStG)

10 **Summe der Nebeneinkünfte:** Werden Nebeneinkünfte zu den Einkünften aus nichtselbständiger Arbeit erzielt, die höher sind als 410 €, so ist Amtsveranlagung durchzuführen. Maßgeblich ist die Summe der Nebeneinkünfte. Bei der Grenze von 410 € handelt es sich um eine **Freigrenze** und keinen Freibetrag.[3] Steuerfreie Einkünfte[4] werden nicht erfasst. Freibeträge sind hingegen zu beachten.[5] Die Regelung kann auch bei Kapitaleinkünften angewandt werden.[6]

11 **Positive Summe der Nebeneinkünfte:** Nur die positive Summe der Nebeneinkünfte ist zu beachten, so dass nur der Saldo positiv sein muss. Soweit früher die Rechtsprechung auch die **negative** Summe der Nebeneinkünfte berücksichtigte,[7] wurde dies durch das JStG 2007 rückwirkend geändert und die Freigrenze nur noch auf positive Einkünfte bezogen. Diese Gesetzesänderung ist materiell-rechtlich mit der Verfassung vereinbar.[8] Negative Einkünfte können verrechnet werden.[9] Eine Summenermittlung darf nur durchgeführt werden, wenn die Verrechnung eines Verlustes einer Einkunftsart mit Gewinnen oder Überschüssen aus einer anderen Einkunftsart zulässig ist.[10]

---

1 BFH v. 14.4.2011 - VI R 53/10, BStBl 2011 I 746, m. Anm. *Bergkemper*, FR 2011, 818; BFH v. 23.2.2012 - VI B 118/11, BFH/NV 2012, 919 = NWB DokID: MAAAE-06572.
2 BVerfG v. 18.9.2013 - 1 BvR 924/12, NJW 2014, 139; FG Hamburg v. 30.4.2015 - 1 K 264/13, NWB DokID: UAAAE-95841.
3 BFH v. 25.6.1953 - IV 417/52 U, BStBl 1953 III 223.
4 § 3 und § 3b EStG.
5 Dies gilt nicht für § 13 Abs. 3 Satz 1 EStG, da dieser Freibetrag erst auf der Ebene des Gesamtbetrags der Einkünfte zu berücksichtigen ist, s. BFH v. 12.2.1976 - IV R 8/73, BStBl 1976 II 413; *Kulosa* in Schmidt, § 46 EStG Rz. 12.
6 Sächsisches FG v. 16.11.2017 - 6 K 1271/17, NWB DokID: BAAAG-64807.
7 BFH v. 21.9.2006 - VI R 47/05, BStBl 2007 II 47; BFH v. 21.9.2006 - VI R 52/04, BStBl 2007 II 45; BFH v. 29.11.2006 - VI R 14/06, BStBl 2007 II 129.
8 BFH v. 17.1.2013 - VI R 32/12, BStBl 2013 II 439; krit. *Bergkemper*, FR 2013, 771.
9 BFH v. 22.5.2006 - VI R 50/04, BStBl 2006 II 801.
10 Siehe BFH v. 26.3.2013 - VI R 22/11, BStBl 2013 II 631; FG Köln v. 24.3.2015 - 12 K 1964/12, EFG 2015, 1373.

Betrag von 410 €: Der Betrag von 410 € ist ein Jahresbetrag. Er ist im Fall der Zusammenveranlagung auf die von den Ehegatten zusammen bezogenen Einkünfte zu beziehen (keine Verdoppelung).[1] Nach § 2 Abs. 8 EStG gilt dies auch für eingetragene Lebenspartnerschaften. Erfolgt hingegen eine Einzelveranlagung so ist zwingend auch beim anderen Ehegatten/Lebenspartner eine Einzelveranlagung ohne Prüfung des § 46 Abs. 2 Nr. 1 bis 8 EStG durchzuführen.[2]   12

(Einstweilen frei)   13–15

2. Einkünfte aus nichtselbständiger Arbeit von mehreren Arbeitgebern (§ 46 Abs. 2 Nr. 2 EStG)

Die Pflichtveranlagung nach § 46 Abs. 2 Nr. 2 EStG verfolgt den Zweck, die durch mehrere Arbeitsverhältnisse entstehende Progressionsverschärfung zu erfassen. Sie gilt nicht für mehrere Arbeitslöhne, wenn es sich insgesamt oder teilweise um pauschalierte Lohnsteuerfälle handelt.[3] Es müssen stets mindestens zwei Lohnsteuerabzüge vorgenommen worden sein. Gleiches gilt, wenn beide Arbeitsverhältnisse lohnsteuerlich zusammengefasst wurden (s. § 46 Abs. 2 Nr. 2 2. Halbsatz EStG). § 46 Abs. 2 Nr. 2 EStG gilt auch für die Fälle, in denen der Stpfl. rechtlich in nur einem Dienstverhältnis steht, die Bezüge aber von verschiedenen öffentlichen Kassen ausgezahlt und gesondert nach Maßgabe der jeweiligen Lohnsteuermerkmale dem Steuerabzug unterworfen worden sind.[4]   16

3. Fälle einer zu hohen Vorsorgepauschale (§ 46 Abs. 2 Nr. 3 EStG)

Eine Pflichtveranlagung ist auch dann durchzuführen, wenn die Vorsorgepauschale für die Kranken- und Pflegeversicherungsaufwendungen die tatsächlich abziehbaren Aufwendungen nach § 10 Abs. 1 Nr. 3, Nr. 3a, Abs. 4 EStG übersteigt. Ab VZ 2010 muss aber der erzielte Arbeitslohn den Betrag von 10 700 €/bei zusammenveranlagten Ehegatten 20 200 € (VZ 2016: 11 000 € bzw 20 900 €; VZ 2017: 11 200 € bzw. 21 250 €; ab VZ 2018: 11 400 € bzw. 21 650 €) pro Kalenderjahr übersteigen.[5]   17

4. Fälle der Zusammenveranlagung und beidseitiger Lohnbezug (§ 46 Abs. 2 Nr. 3a EStG)

In § 46 Abs. 2 Nr. 3a EStG werden die Fälle der Zusammenveranlagung (§§ 26, 26b EStG) erfasst, in denen beide Ehegatten Arbeitslohn bezogen haben und ein Ehegatte zumindest während eines Teils des Kalenderjahres im Lohnsteuerabzugsverfahren die Steuerklasse V oder IV Faktor gewählt hat. Gleiches gilt, wenn bei einem der Ehegatten/Lebenspartner die Steuerklasse VI berücksichtigt wurde. Der Zweck der Regelung soll die Erfassung im Rahmen einer Pflichtveranlagung sein, weil es ansonsten zu einer zu niedrigen Besteuerung kommen kann.[6]   18

---

1 BFH v. 21.2.1964 - VI 193/62 U, BStBl 1964, 244; s. auch BFH v. 21.9.2006 - VI R 47/05, BStBl 2007 II 47, zur Rechtslage vor dem JStG 2007; *Brandl* in Blümich, § 46 EStG Rz. 59; *Kulsosa* in Schmidt, § 46 EStG Rz. 14.
2 Siehe BFH v. 21.9.2006 - VI R 80/04, BStBl 2007 II 11, noch zur getrennten Veranlagung; *Brandl* in Blümich, § 46 EStG Rz. 59; a.A. HHR/*Tillmann*, § 46 EStG Rz. 28.
3 FG Köln v. 11.5.2004 - 12 K 6866/03, EFG 2005, 1778, rkr.
4 Siehe R 46.1 EStR.
5 Siehe hierzu auch OFD Rheinland, DB 2011, 906.
6 Zur Verfassungsmäßigkeit der Regelung vgl. FG Düsseldorf v. 17.3.2010 - 15 K 2978/08 E, EFG 2010, 878, rkr.

5. Bestimmte Fälle, in denen Freibeträge für den Lohnabzug gewährt wurden (§ 46 Abs. 2 Nr. 4 EStG)

19 Eine Pflichtveranlagung ist nach § 46 Abs. 2 Nr. 4 EStG durchzuführen, wenn ein Freibetrag gem. § 39a Abs. 1 Satz 1 Nr. 1 bis 3, 5 oder Nr. 6 EStG als Lohnsteuerabzugsmerkmal berücksichtigt wurde. Voraussetzung ist, dass der erzielte Arbeitslohn den Betrag von 10 700 €/bei zusammenveranlagten Ehegatten 20 200 € (VZ 2016: 11 000 € bzw. 20 900 €; VZ 2017: 11 200 € bzw. 21 250 €; ab VZ 2018: 11 400 € bzw. 21 650 €) pro Kalenderjahr übersteigt.

6. Abweichende Aufteilung von Freibeträgen und Pauschbeträgen bei Elternpaaren (§ 46 Abs. 2 Nr. 4a EStG)

20 In den Fällen, in denen Elternpaare, die nicht die Voraussetzungen des § 26 Abs. 1 Satz 1 EStG erfüllen (Fälle unverheirateter Eltern oder dauernd getrennt lebender Eltern), eine Aufteilung des ihnen zustehenden Ausbildungsfreibetrags (§ 33a Abs. 2 EStG) oder des auf sie übertragenen Behinderten- oder Hinterbliebenen-Pauschbetrags des Kindes (§ 33b Abs. 5 EStG) beantragen (abweichend von der 50:50-Regelung), soll eine Pflichtveranlagung durchgeführt werden. Hintergrund ist die Gewährleistung einer korrespondierenden Handhabung der Frei- bzw. Pauschbeträge.

7. Tarifermäßigung wegen außerordentlichen Arbeitslohns (§ 46 Abs. 2 Nr. 5 EStG)

21 Erlangt ein Arbeitnehmer einen außerordentlichen Arbeitslohn und wird die Lohnsteuer für einen sonstigen Bezug nach § 34 Abs. 1 und Abs. 2 Nr. 2 und Nr. 4 EStG ermittelt, erfolgt ebenfalls eine Pflichtveranlagung. Der Grund hierfür liegt in der Tarifermäßigung, die durch eine Pflichtveranlagung überprüft werden soll.[1] Wird eine Lohnversteuerung eines sonstigen Bezugs unabhängig von den Lohnsteuerabzugsmerkmalen durch einen Dritten vorgenommen (§ 39c Abs. 3 EStG), so ist ebenfalls eine Pflichtveranlagung durchzuführen.

8. Ermittlung der Lohnsteuer für einen sonstigen Bezug ohne Berücksichtigung von Arbeitslohn aus früheren Dienstverhältnissen (§ 46 Abs. 2 Nr. 5a EStG)

22 Da es durch die Nichtberücksichtigung von Arbeitslohn aus früheren Dienstverhältnissen des Kalenderjahrs (s. § 39b Abs. 3 Satz 2 EStG, § 41 Abs. 1 Satz 6 Großbuchst. S EStG) – eine Vorlagepflicht der diesbezüglichen Lohnsteuerbescheinigungen besteht für den Arbeitnehmer nicht – zu einer zu niedrigen Lohnbesteuerung kommen kann, ist auch insoweit eine Pflichtveranlagung durchzuführen.

9. Fälle der Eheauflösung und Wiederverheiratung (§ 46 Abs. 2 Nr. 6 EStG)

23 Da in den Fällen der Eheauflösung durch Tod, Scheidung oder Aufhebung und Wiederverheiratung im Kalenderjahr die Möglichkeit besteht, dass falsche Lohnsteuerabzugsmerkmale zur Anwendung kommen, ist auch in diesen Fällen eine Pflichtveranlagung vorgeschrieben. Auf das Vorliegen der Voraussetzungen für eine Zusammenveranlagung kommt es dabei nicht an.[2]

---

[1] BT-Drucks. 14/443, 67.
[2] *Brandl* in Blümich, § 46 EStG Rz. 95.

10. Fälle von nicht im Inland Ansässigen (§ 46 Abs. 2 Nr. 7 EStG)

Die Vorschrift unterscheidet zwei Fälle. Im Fall des § 46 Abs. 2 Nr. 7 Buchst. a EStG ist eine Pflichtveranlagung durchzuführen, wenn ein EU-Arbeitnehmer betroffen ist, dessen Ehegatte nicht im Inland ansässig ist, und die Lohnsteuer nach Lohnsteuerklasse III erhoben wurde.[1] Im Fall des § 46 Abs. 2 Nr. 7 Buchst. b EStG ist eine Pflichtveranlagung durchzuführen, wenn ein nach § 1 Abs. 3 EStG oder § 1a EStG als unbeschränkt steuerpflichtig zu behandelnder Arbeitnehmer betroffen ist, für den das Betriebsstätten-Finanzamt Lohnsteuerabzugsmerkmale nach § 39 Abs. 2 EStG gebildet hat.

(Einstweilen frei) 25–30

II. Antragsveranlagung (§ 46 Abs. 2 Nr. 8 EStG)

1. Allgemeines

Eine Veranlagung ist nach § 46 Abs. 2 Nr. 8 EStG durchzuführen, wenn dies der Stpfl. beantragt. Es soll die materiell richtige Einkommensteuer festgesetzt werden.[2] In der Regel geht es bei der Antragsveranlagung um Fälle, in denen eine Steuererstattung erwartet wird. Stellt der Stpfl. fest, dass eine Antragsveranlagung zu einer Steuernachzahlung führt, so kann er grds. seinen Antrag zurücknehmen. Die Rücknahme muss aber verfahrensrechtlich zulässig sein (z. B. rechtzeitiger Einspruch). Des Weiteren führt eine Rücknahme dann nicht zum Ziel, wenn das Finanzamt im Antragsverfahren feststellt, dass eine Pflichtveranlagung nach § 46 Abs. 2 Nr. 1 bis 7 EStG vorliegt. Kommt eine Veranlagung des Stpfl. nach § 46 Abs. 2 Nr. 8 EStG nicht in Betracht, können auch Grundlagenbescheide nicht über die Änderungsnorm des § 175 Abs. 1 Satz 1 Nr. 1 AO zu einer Veranlagung führen.[3] Der Antrag auf Veranlagung nach § 46 Abs. 2 Nr. 8 Satz 2 EStG ist ein Antrag i. S. d. § 171 Abs. 3 AO.[4] Zu einer Anlauf- und Ablaufhemmung kann es kommen, wenn nach § 56 Satz 2 EStDV für das Folgejahr eine Erklärung abzugeben ist und es sich ansonsten um einen Fall des § 46 Abs. 2 Nr. 8 EStG handelt. Dann geht der BFH davon aus, dass mit der Abgabe der Erklärung nach § 56 Satz 2 EStDV auch ein Antrag nach § 46 Abs. 2 Nr. 8 EStG gestellt wurde, so dass eine Anlaufhemmung nach § 170 Abs. 2 Satz 1 Nr. 1 AO und eine Ablaufhemmung nach § 171 Abs. 3 AO ausgelöst wird.[5]

2. Form des Antrags

Nach § 46 Abs. 2 Nr. 8 Satz 2 EStG ist der Antrag durch Abgabe der Steuererklärung zu stellen. Somit gelten für die Wirksamkeit des Antrags die gleichen Voraussetzungen wie für die Wirksamkeit einer Steuererklärung. Insbesondere bedeutet dies, dass die **Steuererklärung unterschrieben** sein muss (§ 25 Abs. 3 Satz 1 EStG).[6] Nach § 25 Abs. 4 Satz 1 EStG kommt auch eine **elektronische Datenübermittlung mit sicherem Authentifizierungsverfahren** in Betracht. Allein die Einreichung des Mantelbogens ohne die einkunftsartbezogenen Anlagen reicht nicht

---

1 BT-Drucks. 13/1558, 158.
2 BFH v. 22.5.2006 - VI R 49/04, BStBl 2006 II 808.
3 BFH v. 9.2.2012 - VI R 34/11, BStBl 2012 II 750.
4 BFH v. 20.1.2016 - VI R 14/15, BStBl 2016 II 380.
5 BFH v. 30.3.2017 - VI R 43/15, BStBl 2017 II 1046.
6 BFH v. 7.11.1997 - VI R 45/97, BStBl 1998 II 54.

aus.[1] Die Einreichung einer Anlage (z. B. Anlage N) ohne Angaben zu den Einkünften genügt ebenfalls nicht.[2] Unterschreibt der Stpfl. die Erklärung und übermittelt diese **per Telefax** an das Finanzamt, ist dem Unterschriftserfordernis Genüge getan.[3] Eine Einkommensteuererklärung ist auch dann „nach amtlich vorgeschriebenem Vordruck" abgegeben, wenn ein privat gedruckter oder fotokopierter Vordruck verwendet wird, der dem amtlichen Muster entspricht.[4] Eines Antrags bedarf es nicht, wenn das Finanzamt einen Schätzungsbescheid erlassen hat und beim Erlass davon ausging, dass die Voraussetzungen für eine Veranlagung von Amts wegen vorlagen.[5] Die bloße Übermittlung der für die Einkommensteuererklärung relevanten Angaben unter Verwendung des Programms „ElsterFormular" im Wege der Datenfernübertragung über das Internet, kann die Frist für einen wirksamen Antrag auf Veranlagung nach § 46 Abs. 2 Nr. 8 Satz 2 EStG nicht wahren.[6]

3. Frist für die Antragsveranlagung

33 Die Antragsfrist von zwei Jahren ist seit VZ 2005 den allg. Verjährungsvorschriften gewichen.[7] Der Antrag kann daher innerhalb der vierjährigen Verjährungsfrist gestellt werden.[8] Eine Ablaufhemmung nach § 170 Abs. 2 Satz 1 Nr. 1 AO kommt nicht Betracht, da keine Verpflichtung zur Abgabe der Steuererklärung besteht.[9] Diese Beurteilung ist nicht verfassungswidrig.[10] Wurde über den Antrag auf Veranlagung nach § 46 Abs. 2 Nr. 8 EStG bestandskräftig abweisend entschieden, so kommt eine Veranlagung nicht mehr in Betracht.[11]

Fällt das Ende der Festsetzungsfrist auf einen Sonntag, einen gesetzlichen Feiertag oder einen Sonnabend, endet sie erst mit dem Ablauf des nächstfolgenden Werktags (2. Januar des Folgejahres).[12]

34 Ist der Antrag auf Veranlagung form- und fristgerecht gestellt worden, so ist eine Veranlagung durchzuführen. Gegen einen Ablehnungsbescheid, der ein Verwaltungsakt ist (s. § 155 Abs. 1 Satz 3 AO), kann der Stpfl. Einspruch bzw. Klage erheben. Zu beachten ist, dass u.U. der Ablehnungsbescheid eine NV-Bescheinigung darstellen kann.[13]

35 Nach Ansicht des FG Köln kommt es für die Abgabe der Steuererklärung nicht darauf an, ob sie beim zuständigen Finanzamt fristwahrend eingereicht worden ist.[14]

36–40 *(Einstweilen frei)*

---

1 FG Berlin v. 26.11.2002 - 7 K 7434/01, EFG 2003, 398, rkr.; FG Brandenburg v. 14.6.2006 - 3 K 956/05, EFG 2006, 1521, m. Anm. *Pfützenreuter*.
2 BFH v. 22.5.2006 - VI R 49/04, BStBl 2006 II 808.
3 BFH v. 8.10.2014 - VI R 82/13, BStBl 2015 II 359.
4 BFH v. 22.5.2006 - VI R 15/02, BStBl 2007 II 2; H 46.2 „Rechtswirksamer Antrag" EStH.
5 BFH v. 22.5.2006 - VI R 15/05, BStBl 2006 II 912; H 46.2 „Schätzungsbescheid" EStH.
6 FG Baden-Württemberg v. 17.8.2015 - 9 K 2505/14, EFG 2015, 1815.
7 Siehe Verhältnis zu anderen Vorschriften (zu §§ 169 ff. AO).
8 R 46.2 Abs. 2 EStR.
9 BFH v. 14.4.2011 - VI R 53/10, BStBl 2011 II 746; BFH v. 18.10.2012 - VI R 16/11, BFH/NV 2013, 340 = NWB DokID: SAAAE-26253.
10 BVerfG v. 18.9.2013 - 1 BvR 924/12, NJW 2014, 139; FG Hamburg v. 30.4.2015 - 1 K 264/13, NWB DokID: UAAAE-95841.
11 BFH v. 9.2.2012 - VI R 34/11, BStBl 2012 II 750.
12 BFH v. 20.1.2016 - VI R 14/15, BStBl II 2016, 380.
13 BFH 17.4.2007 - VI B 136/06, BFH/NV 2007, 1267 = NWB DokID: VAAAC-45157; BFH v. 16.7.2008 - VI B 25/08, BFH/NV 2008, 1845 = NWB DokID: FAAAC-90126.
14 FG Köln v. 23.5.2017 - 1 K 1637/14, EFG 2017, 1736, Rev. eingelegt, Az. BFH: VI R 37/17; FG Köln v. 23.5.2017 - 1 K 1638/14, Rev. eingelegt, Az. BFH: VI R 38/17.

III. Härteausgleich (§ 46 Abs. 3 und 5 EStG)

1. Allgemeines

Durch den gesetzlichen Härteausgleich in § 46 Abs. 3 EStG soll eine Gleichstellung aller Nebeneinkünfte, die unter § 46 Abs. 2 Nr. 2 bis 8 EStG fallen, mit der Regelung in § 46 Abs. 2 Nr. 1 EStG erreicht werden. Er bewirkt, dass Nebeneinkünfte bis zur Höhe von 410 €, die nach § 46 Abs. 2 Nr. 1 EStG nicht der Besteuerung unterliegen, auch dann steuerfrei bleiben, wenn sie unter einer der Fallgruppen des § 46 Abs. 2 Nr. 2 bis 8 EStG fallen. § 46 Abs. 3 EStG enthält eine Freigrenze und keinen Freibetrag. Übersteigen die Nebeneinkünfte den Betrag von 410 €, erfolgt gem. § 46 Abs. 5 EStG i. V. m. § 70 EStDV eine stufenweise Anpassung an die Vollbesteuerung bis zu einem Betrag von 820 €.

2. Härteausgleich nach § 46 Abs. 3 EStG

Bestehen die steuerpflichtigen Einkünfte, die nicht der Lohnsteuer zu unterwerfen waren, sowohl aus positiven als auch aus negativen Einkünften, so wird ein Härteausgleich nur gewährt, wenn die Summe dieser Einkünfte abzüglich der darauf entfallenden Beträge nach § 13 Abs. 3 und § 24a EStG einen positiven Einkunftsbetrag von nicht mehr als 410 € bzw. 820 € ergibt.[1] Es gelten die gleichen Voraussetzungen wie zu § 46 Abs. 2 Nr. 1 EStG. Bei zusammenveranlagten Eheleuten verdoppelt sich der Betrag von 410/820 € nicht. Der Härteausgleich ist von Amts wegen durchzuführen. Im Übrigen ist zu beachten, dass eine Veranlagung unabhängig vom Härteausgleich nach § 46 Abs. 3 EStG durchzuführen ist, auch wenn dieser im Ergebnis zu einem Betrag unter 410 € führt.[2] Die Regelung des Härteausgleichs nach § 46 Abs. 3 EStG findet keine Anwendung auf dem Progressionsvorbehalt unterliegende Lohnersatzleistungen.[3] § 46 Abs. 3 EStG kommt auch analog bei Arbeitnehmern zur Anwendung, die mit ihrem von einem ausländischen Arbeitgeber bezogenen Arbeitslohn im Inland unbeschränkt steuerpflichtig sind und mangels Vornahme eines Lohnsteuerabzugs nicht gem. § 46 EStG, sondern nach der Grundnorm des § 25 Abs. 1 EStG zu veranlagen sind. Denn es ist kein sachlicher Grund ersichtlich, diesen Arbeitnehmern den Härteausgleich zu versagen, der ihnen ohne Weiteres zugestanden hätte, wenn sie bei einem inländischen Arbeitgeber beschäftigt gewesen wären.[4]

3. Erweiterter Härteausgleich nach § 46 Abs. 5 EStG

Die in § 46 Abs. 5 EStG eingeräumte Ermächtigung zum Erlass einer Rechtsverordnung ist durch die Bundesregierung mit § 70 EStDV umgesetzt worden. Damit werden die Nebeneinkünfte, die die Freigrenze des § 46 Abs. 3 EStG überschreiten, stufenweise an die Vollbesteuerung herangeführt. Von den Nebeneinkünften ist danach der Betrag abzuziehen (= Härteausgleichsbetrag), der verbleibt, wenn man von dem Betrag i. H. v. 820 € die erzielten Nebeneinkünfte abzieht.

BEISPIEL: Bei Nebeneinkünften von 600 € sind von diesen 220 € (820 ./. 600) abzuziehen, so dass 380 € zu versteuern sind.

---

1 H 46.3 „Allgemeines" EStH.
2 BFH v. 2.12.1971 - IV R 142/70, BStBl 1972 II 278; H 46.3 EStH.
3 BFH v. 5.5.1994 - VI R 90/93, BStBl 1994 II 654.
4 BFH v. 7.8.1959 - VI 299/57 U, BStBl 1959 III 462; BFH v. 10.1.1992 - VI R 117/90, BStBl 1992 II 720, jeweils zu einem in der Schweiz beschäftigten Grenzgänger; BFH v. 27.11.2014 - I R 69/13, BStBl 2015 II 793.

Folgende Tabelle verdeutlicht die zu versteuernden Nebeneinkünfte:

Einkommensteuerpflichtige Nebeneinkünfte in €	Härteausgleichsbetrag (Abzugsbetrag) in € (820 € ./. einkommensteuerpflichtige Nebeneinkünfte)	Zu versteuernde Nebeneinkünfte (einkommensteuerpflichtige Nebeneinkünfte ./. Härteausgleichsbetrag)
430	390	40
450	370	80
480	340	140
500	320	180
600	220	380
700	120	580
800	20	780
820	0	820

Zu berücksichtigen ist der saldierte Betrag der Nebeneinkünfte nach Abzug der Beträge nach § 13 Abs. 3 und § 24a EStG.

44–49 *(Einstweilen frei)*

IV. Abgeltungswirkung nach § 46 Abs. 4 EStG

50 Die Abgeltung der Einkommensteuer durch den Lohnsteuerabzug schreibt § 46 Abs. 4 Satz 1 EStG für den Fall vor, wenn eine Veranlagung nach § 46 Abs. 2 EStG nicht in Betracht kommt. Damit erlischt der Einkommensteueranspruch in Höhe der einbehaltenen Lohnsteuer im Zeitpunkt seines Entstehens mit Ablauf des Veranlagungszeitraums (§ 36 Abs. 1 EStG). Ist zu wenig Lohnsteuer einbehalten worden, so kann das Finanzamt innerhalb der Festsetzungsfrist die Lohnsteuer nachfordern (§ 46 Abs. 4 Satz 1 2. Halbsatz EStG). Dies erfolgt durch Nachforderungsbescheid gegenüber dem Arbeitgeber oder dem Arbeitnehmer. Dabei ist aber zu beachten, dass § 46 Abs. 4 Satz 1 2. Halbsatz EStG gegen den Stpfl. gerichtet ist. Der Arbeitgeber kann grundsätzlich jederzeit für die nicht erhobene Lohnsteuer durch Nachforderungsbescheid in Anspruch genommen werden. Nach § 46 Abs. 4 Satz 2 EStG wird klargestellt (die Regelung betrifft das Abzugsverfahren nicht die in § 46 EStG geregelte Arbeitnehmerveranlagung), dass der Arbeitgeber gem. § 42b EStG berechtigt ist, die für das Ausgleichsjahr einbehaltene Lohnsteuer insoweit zu erstatten, als sie die auf den Jahresarbeitslohn entfallende Jahreslohnsteuer übersteigt (Lohnsteuerjahresausgleich).

§ 47 (weggefallen)

▶ Zur Kommentierung siehe Online-Version, 1. Aufl. 2016

VII. Steuerabzug bei Bauleistungen

§ 48 Steuerabzug

(1) ¹Erbringt jemand im Inland eine Bauleistung (Leistender) an einen Unternehmer im Sinne des § 2 des Umsatzsteuergesetzes oder an eine juristische Person des öffentlichen Rechts (Leistungsempfänger), ist der Leistungsempfänger verpflichtet, von der Gegenleistung einen Steuerabzug in Höhe von 15 Prozent für Rechnung des Leistenden vorzunehmen. ²Vermietet der Leistungsempfänger Wohnungen, so ist Satz 1 nicht auf Bauleistungen für diese Wohnungen anzuwenden, wenn er nicht mehr als zwei Wohnungen vermietet. ³Bauleistungen sind alle Leistungen, die der Herstellung, Instandsetzung, Instandhaltung, Änderung oder Beseitigung von Bauwerken dienen. ⁴Als Leistender gilt auch derjenige, der über eine Leistung abrechnet, ohne sie erbracht zu haben.

(2) ¹Der Steuerabzug muss nicht vorgenommen werden, wenn der Leistende dem Leistungsempfänger eine im Zeitpunkt der Gegenleistung gültige Freistellungsbescheinigung nach § 48b Absatz 1 Satz 1 vorlegt oder die Gegenleistung im laufenden Kalenderjahr den folgenden Betrag voraussichtlich nicht übersteigen wird:

1. 15 000 Euro, wenn der Leistungsempfänger ausschließlich steuerfreie Umsätze nach § 4 Nummer 12 Satz 1 des Umsatzsteuergesetzes ausführt,
2. 5 000 Euro in den übrigen Fällen.

²Für die Ermittlung des Betrags sind die für denselben Leistungsempfänger erbrachten und voraussichtlich zu erbringenden Bauleistungen zusammenzurechnen.

(3) Gegenleistung im Sinne des Absatzes 1 ist das Entgelt zuzüglich Umsatzsteuer.

(4) Wenn der Leistungsempfänger den Steuerabzugsbetrag angemeldet und abgeführt hat,
1. ist § 160 Absatz 1 Satz 1 der Abgabenordnung nicht anzuwenden,
2. sind § 42d Absatz 6 und 8 und § 50a Absatz 7 nicht anzuwenden.

Inhaltsübersicht	Rz.
A. Allgemeine Erläuterungen	1 - 10
I. Normzweck und wirtschaftliche Bedeutung der Vorschrift	1 - 3
II. Entstehung und Entwicklung der Vorschrift	4
III. Geltungsbereich	5
IV. Vereinbarkeit mit EU-Recht	6 - 10
B. Systematische Kommentierung	11 - 44
I. Steuerabzugspflicht (§ 48 Abs. 1 EStG)	11 - 25
II. Abstandnahme vom Steuerabzug (§ 48 Abs. 2 EStG)	26 - 35
III. Bemessungsgrundlage des Steuerabzugs (§ 48 Abs. 3 EStG)	36 - 40
IV. Folgewirkungen des Steuerabzugs (§ 48 Abs. 4 EStG)	41 - 44
C. Verfahrensfragen	45

HINWEIS:
BMF v. 27. 12. 2002, BStBl 2002 I 1399; BMF v. 4. 9. 2003, BStBl 2003 I 431.

LITERATUR:
▶ Weitere Literatur siehe Online-Version
Breer/Goy, Erfassung der Bauabzugsteuer nach §§ 48 bis 48d EStG, BBK 2017, 547.

Ludolph, Bauabzugsteuer, NWB DokID: RAAAE-57292.

A. Allgemeine Erläuterungen

I. Normzweck und wirtschaftliche Bedeutung der Vorschrift

1 Die sog. Bauabzugsteuer wurde in den §§ 48 bis 48d EStG mit dem Gesetz zur Eindämmung illegaler Betätigung im Baugewerbe[1] eingeführt. Die Abzugsverpflichtung umfasst alle in- und ausländischen Leistungserbringer in der Baubranche. Ziel der Regelung ist die Bekämpfung illegaler Betätigungen und Beschäftigungen im Baugewerbe und die Sicherung des Steueraufkommens durch einen Steuerabzug an der Quelle.

2 In Ergänzung der Vorschriften des Einkommensteuergesetzes wurden in § 20a AO und der darauf fußenden Verordnung über die örtliche Zuständigkeit für die Einkommensteuer von im Ausland ansässigen Arbeitnehmern des Baugewerbes (Arbeitnehmer-Zuständigkeitsverordnung – Bau) zentrale Zuständigkeiten[2] für Bauunternehmen mit Sitz oder Geschäftsleitung im Ausland und deren im Ausland ansässigen Arbeitnehmern geschaffen.

3 Die Abzugsverpflichtung nach § 48 EStG ist unabhängig vom Zeitpunkt der Leistung (ggf. bereits im Jahr 2001 oder früher) erstmals auf Gegenleistungen anzuwenden, die nach dem 31.12.2001 erbracht werden (§ 52 Abs. 56 EStG).

II. Entstehung und Entwicklung der Vorschrift

4 Ursprünglich wollte der Gesetzgeber zur Sicherung des Steueranspruchs bei Bauunternehmen aus dem Ausland einen Steuerabzug begrenzt auf ausländische Vergütungsgläubiger einführen. Dies geschah in § 50a Abs. 7 EStG durch das StEntlG 1999/2000/2002. Der Schuldner einer Vergütung für die Herstellung eines Werks im Inland sollte danach für Rechnung des im Ausland ansässigen Gläubigers einen Steuerabzug von 25 % vornehmen, wenn der Gläubiger keine Bescheinigung des für ihn zuständigen Finanzamts oder in den Fällen des § 50d EStG des Bundesamtes für Finanzen (jetzt BZSt) vorlegen konnte, nach der der Steuerabzug unterbleiben konnte oder ein anderer Vomhundertsatz anzuwenden war. Die Steuer sollte acht Tage nach Zahlung der Vergütung abgeführt werden. Eine Erstattung des Steuerabzugs an den Gläubiger oder eine Verrechnung sollte erst in Betracht kommen, wenn der Gläubiger nachgewiesen hätte, dass er im Inland nicht steuerpflichtig war (aber nicht vor Ablauf des VZ). Wegen der gerügten EU-Rechtswidrigkeit wurde diese Vorschrift mit dem StBerG 1999 rückwirkend wieder aufgehoben. Die Bauabzugsteuer nach §§ 48 ff. EStG für alle in- und ausländischen Bauunternehmer trat die Nachfolge der alten Spezialregelung an und nimmt noch heute insbesondere ausländische Gläubiger aufs Korn.

III. Geltungsbereich

5 Der Steuerabzug wird für Vergütungen für Bauleistungen, die im Inland gegenüber einer juristischen Person des öffentlichen Rechts oder einem Unternehmer i.S.d. Umsatzsteuergesetzes

---

[1] Gesetz zur Eindämmung illegaler Betätigung im Baugewerbe v. 30.8.2001, BGBl 2001 I 2267.

[2] Fußend auf § 21 Abs. 1 Satz 2 AO regelt seit 21.2.1995 die Umsatzsteuerzuständigkeitsverordnung (UStZustVO) die Zuständigkeit für die Umsatzsteuer ausländischer Unternehmer, zuletzt geändert durch Art. 7 der Verordnung v. 22.12.2014, BGBl 2014 I 2392.

(§ 2 UStG) erbracht werden, erhoben. Aufgrund der Möglichkeit der Vermeidung des Steuerabzugs durch Vorlage einer Freistellungsbescheinigung nach § 48b EStG durch den Leistenden, hat sich in der Praxis die Prüfung der Freistellung als Regelfall herausgestellt. Die tatsächliche Durchführung des Abzugsverfahrens ist der Ausnahmefall, der insbesondere bei in Zahlungsschwierigkeiten geratenen oder ihren steuerlichen Verpflichtungen nicht nachkommenden Leistenden zum Tragen kommt.

IV. Vereinbarkeit mit EU-Recht

Der Steuerabzug auf Bauleistungen ist m. E. EU-konform, da er gleichermaßen auf in- und ausländische Bauunternehmen anzuwenden ist. Es liegt – entgegen der Zweifel des FG Berlin-Brandenburg[1] – keine unzulässige Beschränkung des freien Dienstleistungsverkehrs vor. Insbesondere ist der Steuerabzug nach §§ 48 ff. EStG entgegen der Meinung des FG nicht mit dem Steuerabzug nach § 50a EStG vergleichbar, da letzterer eine Sonderform der Steuererhebung nur bei beschränkt Steuerpflichtigen darstellt. Darüber hinaus geht auch der BFH[2] davon aus, dass der Steuerabzug nach § 50a EStG EU-konform ist.

(Einstweilen frei) 7–10

B. Systematische Kommentierung

I. Steuerabzugspflicht (§ 48 Abs. 1 EStG)

Die Bauleistung wird in § 48 Abs. 1 Satz 3 EStG entsprechend der Regelung in § 211 Abs. 1 Satz 2 SGB III i.V.m. der BaubetriebeVO definiert, wobei zu den Bauleistungen i. S. d. Steuerabzugs nach § 48 EStG auch die Gewerke gehören, die von der Winterbauförderung gem. § 2 BaubetriebeVO ausgeschlossen sind.[3] Neben den typischen Hoch- und Tiefbauunternehmen sind somit auch Maler, Lackierer, Fliesenleger, Elektriker, Klempner, Garten- und Landschaftsbauunternehmen, der Straßen- und Tunnelbau sowie Abbruchunternehmen etc. betroffen. Der Anwendungsbereich umfasst somit weitestgehend Umsätze, die auch zum Wechsel der Steuerschuldnerschaft bei der Umsatzsteuer nach § 13b Abs. 1 Satz 1 Nr. 4 UStG führen.

Der Begriff **Bauwerk** (§ 48 Abs. 1 Satz 3 EStG) ist weit auszulegen und umfasst nicht nur Gebäude, sondern auch sämtliche irgendwie mit dem Erdboden verbundene oder infolge ihrer eigenen Schwere auf ihm ruhende, aus Baustoffen oder Bauteilen mit baulichem Gerät hergestellte Anlagen (z.B. Fertiggaragen, Wohncontainer, Freiland-Photovoltaikanlagen,[4] Aufdach-Photovoltaikanlagen[5]). Hierzu gehört außerdem alles, was mit einem Gebäude fest verbunden wird (z.B. Bodenbeläge, Schaufensteranlagen, Theken, Wandschränke, Dachbegrünungen). Die Annahme einer Bauleistung setzt allerdings voraus, dass sie sich unmittelbar auf die Substanz des Bauwerks auswirkt (Substanzerweiterung, Substanzverbesserung oder Substanzbeseitigung). Eine solche Auswirkung ist bei Erhaltungsaufwendungen grds. gegeben. Arbeitnehmerüberlassung, ausschließlich planerische Leistungen (z.B. von Statikern, Architekten, Vermessungsingenieuren) und reine Materiallieferungen sind keine Bauleistungen. Das Rei-

---

1 So entschied auch der BFH v. 29.10.2008 - I B 160/08, BFH/NV 209, 377 = NWB DokID: VAAAD-03257 entgegen dem FG Berlin-Brandenburg v. 8.7.2008 - 13 V 9389/07, NWB DokID: WAAAC-87768.
2 Vgl. BFH v. 29.11.2007 - I B 181/07, BStBl 2008 II 195.
3 Vgl. BMF v. 27.12.2002, BStBl 2002 I 1399.
4 Vgl. Hessisches FG v. 16.5.2017 - 4 K 63/17, EFG 2017, 1351, Rev. BFH: I R 46/17.
5 FG Düsseldorf v. 10.10.2017 - 10 K 1513/14 E, NWB DokID: HAAAG-80120, Rev. BFH: I R 67/17.

nigen von Oberflächen stellt nur dann eine Bauleistung dar, wenn es sich um eine Nebenleistung zu einer Bauleistung handelt oder die zu reinigende Oberfläche verändert wird (z. B. Abschleifen oder Abstrahlen im Rahmen einer Fassadenreinigung).

13 Enthält ein Vertrag Bauleistungen und andere Leistungen, kommt es darauf an, welche Leistung dem Vertrag das Gepräge gibt. Ist die Bauleistung als Hauptleistung anzusehen, teilen die Nebenleistungen das Schicksal der Hauptleistung. Die umsatzsteuerliche Unterscheidung zwischen Werklieferung und Werkleistungen ist für die Qualifizierung der Leistung als Bauleistung unerheblich.

> **BEISPIEL:** Tischler T fertigt nach den individuellen Wünschen des Gastwirts G eine Theke, die er liefert und montiert. Planung und Transport stellen zwar keine Bauleistung dar, unterliegen aber als Nebenleistung insgesamt der Abzugsverpflichtung.

> **BEISPIEL:** Lieferant L liefert eine Maschine an Fabrikant F und muss zur Inbetriebnahme eine Steckdose versetzen. Das Versetzen der Steckdose ist zwar eine Bauleistung. Sie stellt aber in diesem Fall lediglich eine Nebenleistung zur Lieferung der Maschine dar. Die Gesamtleistung unterliegt daher nicht der Abzugsverpflichtung.

14 Abzugsverpflichtet ist u. a. jede juristische Person des öffentlichen Rechts. Hierbei kommt es nicht darauf an, ob eine Bauleistung für den hoheitlichen oder unternehmerischen Tätigkeitsbereich bezogen wird. Jede juristische Person des öffentlichen Rechts ist mit all ihren einzelnen Abteilungen bzw. Regiebetrieben als einheitlicher Leistungsempfänger abzugsverpflichtet, auch wenn einzelne Abteilungen gesondert am allgemeinen wirtschaftlichen Verkehr teilnehmen (z. B. Betriebe gewerblicher Art).

15 Neben den juristischen Personen des öffentlichen Rechts ist grundsätzlich jeder Unternehmer i. S. v. § 2 UStG zum Steuerabzug verpflichtet. Hierbei kommt es nicht darauf an, ob die Tätigkeit mit der Absicht, Gewinn zu erzielen, betrieben wird. Die Tätigkeit muss lediglich auf die Erzielung von Einnahmen gerichtet sein. Daher fallen auch Kleinunternehmer (§ 19 UStG), pauschal versteuernde Land- und Forstwirte (§ 24 UStG) und Unternehmer, die ausschließlich steuerfreie Umsätze tätigen, unter die Abzugsverpflichtung.

16 Die Abzugsverpflichtung betrifft nur den unternehmerischen Bereich der Auftraggeber.[1] Bauleistungen, die ausschließlich für den nichtunternehmerischen Bereich (z. B. für das private Einfamilienhaus) erbracht werden, unterliegen danach nicht dem Steuerabzug. Maßgeblich für die Zuordnung zum unternehmerischen und nichtunternehmerischen Bereich sind die umsatzsteuerlichen Grundsätze. Werden Bauleistungen für ein Bauwerk erbracht, das nur teilweise unternehmerischen Zwecken dient, kommt es hinsichtlich der Abzugsverpflichtung darauf an, ob die Bauleistung dem unternehmerischen oder dem nichtunternehmerischen Gebäudeteil zuzuordnen ist. Kann eine Zuordnung nicht eindeutig erfolgen (z. B. Treppenhäuser, Dacheindeckung), ist darauf abzustellen, welcher Nutzungszweck bei dem Gesamtgebäude überwiegt. Dies ist anhand des Wohn-Nutzflächen-Verhältnisses oder anderer sachgerechter Maßstäbe festzustellen.

> **BEISPIEL:** Der freiberufliche Schriftsteller S lässt in seinem Einfamilienhaus sämtliche Fenster erneuern. Hierzu gehören auch ein Flurfenster und ein Fenster in seinem Arbeitszimmer.
> Die Fenster der ausschließlich Wohnzwecken dienenden Räume sind nicht für den unternehmerischen Teil bezogen und lösen insoweit keine Abzugsverpflichtung aus. Da das Flurfenster nicht eindeutig zu-

---

1 Vgl. BMF v. 27. 12. 2002, BStBl 2002 I 1399, Tz. 15.

geordnet werden kann, ist insoweit auf die überwiegende Nutzung des Gebäudes abzustellen. Auch hierfür besteht keine Abzugsverpflichtung. Nur das Fenster im Arbeitszimmer löst grds. die Abzugsverpflichtung aus, da hier eine eindeutige Zuordnung zum unternehmerisch genutzten Gebäudeteil erfolgen kann.

Vermietet eine Person nicht mehr als zwei Wohnungen, unterliegt sie, insoweit für diese Wohnungen Bauleistungen bezogen werden, nicht der Abzugsverpflichtung (§ 48 Abs. 1 Satz 2 EStG). Hierbei handelt es sich um eine Freigrenze. Vermietet eine Person drei oder mehr Wohnungen, sind grds. alle für diese Wohnungen bezogenen Bauleistungen abzugssteuerpflichtig. Wohnungen des Steuerpflichtigen, die im Ausland belegen sind, werden bei der Prüfung der Zweiwohnungsgrenze mitgezählt. Vermietet ein Gewerbetreibender oder Freiberufler nicht mehr als zwei Wohnungen, unterliegen Bauleistungen, die für diese Wohnungen getätigt werden, ebenfalls nicht der Abzugsverpflichtung. Unentgeltlich überlassene Wohnungen bleiben unberücksichtigt. Leer stehende Wohnungen werden nur so lange mitgerechnet, wie noch eine Vermietungsabsicht besteht. Garagen gehen nur dann in die Vereinfachungsregelung mit ein, wenn sie unmittelbar mit einer der zwei Wohnungen vermietet werden.[1]   17

Bauleistungen im Rahmen zwischen organschaftlich verbundenen Organgesellschaften bzw. zwischen einer Organgesellschaft und dem Organträger sind als Innenumsätze nicht abzugssteuerpflichtig. Bauleistungen Dritter an Organgesellschaften lösen die Abzugsverpflichtung beim Organträger als dem umsatzsteuerlichen Leistungsempfänger aus.   18

Bei der Person des Leistenden kommt es nicht darauf an, ob dieser im Inland oder im Ausland ansässig ist oder ob es zum Unternehmenszweck des Leistenden gehört, Bauleistungen zu erbringen. Auch Bauleistungen von Personen, die überwiegend keine Bauleistungen erbringen, unterliegen der Abzugsverpflichtung. Rechnet jemand über eine Bauleistung ab, ohne sie selbst erbracht zu haben, gilt auch dieser als Leistender (z. B. Generalunternehmer). Die Abrechnung einer Wohnungseigentümergemeinschaft mit den Eigentümern stellt allerdings keine Abrechnung i. S. v. § 48 Abs. 1 Satz 4 EStG dar. Schließen Personengesellschaften oder Arbeitsgemeinschaften Verträge über Bauleistungen mit Leistungsempfängern ab, so ist die Personengesellschaft bzw. die Arbeitsgemeinschaft als Leistender anzusehen. Da in Organgeschäftsfällen ausschließlich auf die zivilrechtlichen Vertragsbeziehungen abzustellen ist, ist immer die leistende Organgesellschaft als Leistender i. S. v. § 48 Abs. 1 EStG anzusehen.   19

Vergütungen für Bauleistungen, die juristische Personen des öffentlichen Rechts im Rahmen ihrer hoheitlichen Tätigkeit erhalten, unterliegen nicht der Abzugsverpflichtung. Werden demgegenüber Leistungen von Betrieben gewerblicher Art der juristischen Person des öffentlichen Rechts erbracht, fallen diese unter die Abzugsverpflichtung, soweit keine Freistellungsbescheinigung vorgelegt wird.   20

BEISPIEL: Das Ordnungsamt der Stadt J lässt ein baufälliges Fabrikgebäude abreißen und stellt dem Besitzer die Kosten von 16 000 € in Rechnung. In der Abrechnung wird ausdrücklich darauf hingewiesen, dass es sich um eine hoheitliche Maßnahme der Stadt J handelt, die nicht der Bauabzugsteuer unterliegt.
Die Vorlage einer Freistellungsbescheinigung erübrigt sich hiermit.

(Einstweilen frei)   21–25

---

[1] Weitere Einzelheiten zur Zweiwohnungsgrenze vgl. *Ludolph*, NWB DokID: RAAAE-57292.

II. Abstandnahme vom Steuerabzug (§ 48 Abs. 2 EStG)

26 Ein Steuerabzug muss nicht vorgenommen werden, wenn

- ▶ dem Leistungsempfänger eine im Zeitpunkt der Gegenleistung gültige Freistellungsbescheinigung (vgl. § 48b EStG) des Leistenden vorliegt oder
- ▶ die Leistungen für den nichtunternehmerischen Bereich (vgl. → Rz. 16) oder
- ▶ für eine von maximal zwei vermieteten Wohnungen (vgl. → Rz. 17) bezogen wurden oder
- ▶ die Gegenleistung im laufenden Kalenderjahr in Bezug auf den einzelnen Leistenden voraussichtlich 5 000 € (bzw. 15 000 € bei Leistungsempfängern, die ausschließlich steuerfreie Vermietungsumsätze nach § 4 Nr. 12 UStG erbringen) nicht übersteigen wird.

27 Die erhöhte Freigrenze von 15 000 € steht nur den Leistungsempfängern zu, die ausschließlich steuerfreie Vermietungsumsätze nach § 4 Nr. 12 Satz 1 UStG erbringen. Auch wenn der Leistungsempfänger nur geringfügig in einem weiteren Bereich unternehmerisch tätig ist (z. B. als Kleinunternehmer, Vortragender, Schriftsteller), gilt für ihn insgesamt für alle Bereiche lediglich die 5 000 €-Grenze. Für Wohnungseigentümergemeinschaften greift ebenfalls nur die Bagatellgrenze von 5 000 €, da die Wohnungseigentümergemeinschaft nicht nach § 4 Nr. 12 UStG, sondern nach § 4 Nr. 13 UStG befreite Umsätze tätigt.

28 Gemäß § 48 Abs. 2 Satz 2 EStG sind alle erbrachten und voraussichtlich zu erbringenden Bauleistungen von demselben Leistenden zum Prüfen der Freigrenze durch den Leistungsempfänger zusammenzurechnen. Ist aufgrund eines einheitlichen Vertrages festgelegt, dass das Auftragsvolumen einer Leistungsbeziehung über der Freigrenze liegen wird, ist auch von Teilbeträgen, die die Freigrenze nicht übersteigen, die Abzugsteuer einzubehalten (z. B. bei Abschlagszahlungen, zeitanteiligen Zahlungen). Wenn bei einer Leistungsbeziehung von einer Gegenleistung auf die Abzugsteuer verzichtet wurde, da sie unterhalb der Freigrenze lag, aber noch im selben Kalenderjahr eine weitere Bauleistung von derselben Firma bezogen wird, ist der Steuerabzug auch für die erste Bauleistung nachzuholen, soweit die noch folgenden Gegenleistungen dafür ausreichen.

29 Bei juristischen Personen des öffentlichen Rechts und bei Organgesellschaften, die im Auftrag der Organträger den Steuerabzug vornehmen, sind die Freigrenzen nur zu berücksichtigen, wenn eine zentrale Überwachung aller Aufträge gewährleistet ist. Haben die einzelnen Betriebe gewerblicher Art oder einzelne Organgesellschaften keine unmittelbare Kenntnis von Leistungen an andere Abteilungen, ist die Bauabzugsteuer auch bei Rechnungsbeträgen von unter 5 000 € grds. einzubehalten.

30–35 *(Einstweilen frei)*

III. Bemessungsgrundlage des Steuerabzugs (§ 48 Abs. 3 EStG)

36 Bemessungsgrundlage ist das Entgelt zzgl. Umsatzsteuer (§ 48 Abs. 3 EStG). Bei Bauleistungen schuldet gem. § 13b Abs. 1 Satz 1 Nr. 4 UStG der Leistungsempfänger die Umsatzsteuer. Die Gegenleistung stellt daher das Entgelt dar, auf das zur Ermittlung der Bemessungsgrundlage der Abzugsteuer die vom Leistungsempfänger geschuldete Umsatzsteuer nach der ausdrücklichen Regelung des § 48 Abs. 3 EStG hinzugerechnet werden muss. Der Steuerabzug beträgt 15 % der Bemessungsgrundlage. Ein Solidaritätszuschlag wird auf den Abzugsbetrag nicht erhoben. Ein Steuerabzug ist auch im Fall der Aufrechnung vorzunehmen.

37–40 *(Einstweilen frei)*

IV. Folgewirkungen des Steuerabzugs (§ 48 Abs. 4 EStG)

Wenn der Leistungsempfänger den Steuerabzug durchgeführt hat oder ihm eine im Zeitpunkt der Zahlung gültige Freistellungsbescheinigung, auf deren Rechtmäßigkeit er vertrauen konnte, vorgelegt worden ist (vgl. § 48b EStG), sind die Vorschriften § 160 AO (Versagung des Betriebsausgaben- oder Werbungskostenabzugs), § 42d Abs. 6 und 8 EStG (Haftung bei Arbeitnehmer-Überlassung und Sicherungsanordnung beim Entleiher) sowie § 50a Abs. 7 EStG (Anordnung des Steuerabzugs bei Vergütungen an beschränkt Steuerpflichtige) nicht anzuwenden (§ 48 Abs. 4 EStG). Der Ausschlusstatbestand des § 48 Abs. 1 Nr. 1 EStG gilt grds. auch, wenn Bauleistender eine ausländische Domizilgesellschaft ist. Dies gilt jedoch nicht, wenn der Bauleistungsempfänger rechtsmissbräuchlich i. S.v. § 42 AO mit der Domizilgesellschaft zusammen agiert.[1] Beim **Arbeitnehmerverleih** ist allerdings grds. davon auszugehen, dass dem Entleiher bekannt war oder infolge grober Fahrlässigkeit nicht bekannt war, dass die Bescheinigung durch unlautere Mittel oder falsche Angaben für eine Arbeitnehmerüberlassung und nicht für eine Bauleistung erwirkt wurde.[2]

41

In einem solchen Fall kommen die Vorschriften über die Entleiherhaftung (§ 42d Abs. 6 und 8 EStG) sowie ggf. § 160 AO zur Anwendung.

42

Die Sperrwirkung greift zudem immer dann nicht, wenn keine Bauleistung erbracht wurde, unabhängig davon, ob eine Freistellungsbescheinigung vorgelegt oder der Steuerabzug vorgenommen worden ist.

43

Die Anordnung des Steuerabzugs bei Leistungen von beschränkt Steuerpflichtigen (§ 50a Abs. 7 EStG) ist für den Bereich der Bauleistungen ausgeschlossen, da das Steuerabzugsverfahren der Abzugsanordnung als Spezialregelung vorgeht.

44

C. Verfahrensfragen

Einbehaltung, Abführung und Anmeldung des Steuerabzugs, die Abrechnung mit dem Leistenden und eine mögliche Haftung sind in § 48a EStG geregelt.

45

Das Freistellungsverfahren erfolgt nach den Vorgaben in § 48b EStG.

Beim Anrechnungs- oder Erstattungsverfahren ist § 48c EStG zu beachten.

Schließlich ist für den Fall, dass ein Vergütungsgläubiger in einem Land ansässig ist, mit dem Deutschland ein Abkommen zur Vermeidung der Doppelbesteuerung abgeschlossen hat, § 48d EStG zu beachten.

§ 48a Verfahren

(1) [1]Der Leistungsempfänger hat bis zum zehnten Tag nach Ablauf des Monats, in dem die Gegenleistung im Sinne des § 48 erbracht wird, eine Anmeldung nach amtlich vorgeschriebenem Vordruck abzugeben, in der er den Steuerabzug für den Anmeldungszeitraum selbst zu berechnen hat. [2]Der Abzugsbetrag ist am zehnten Tag nach Ablauf des Anmeldungszeitraums fällig und an das für den Leistenden zuständige Finanzamt für Rechnung des Leistenden abzuführen. [3]Die Anmeldung des Abzugsbetrags steht einer Steueranmeldung gleich.

---

1 Vgl. Niedersächsisches FG v. 13.1.2016 - 9 K 95/13, NWB DokID: IAAAF-67443, Rev. BFH: IV R 11/16.
2 Vgl. BMF v. 27.12.2002, BStBl 2002 I 1399, Rz. 97.

(2) Der Leistungsempfänger hat mit dem Leistenden unter Angabe

1. des Namens und der Anschrift des Leistenden,
2. des Rechnungsbetrags, des Rechnungsdatums und des Zahlungstags,
3. der Höhe des Steuerabzugs und
4. des Finanzamts, bei dem der Abzugsbetrag angemeldet worden ist,

über den Steuerabzug abzurechnen.

(3) ¹Der Leistungsempfänger haftet für einen nicht oder zu niedrig abgeführten Abzugsbetrag. ²Der Leistungsempfänger haftet nicht, wenn ihm im Zeitpunkt der Gegenleistung eine Freistellungsbescheinigung (§ 48b) vorgelegen hat, auf deren Rechtmäßigkeit er vertrauen konnte. ³Er darf insbesondere dann nicht auf eine Freistellungsbescheinigung vertrauen, wenn diese durch unlautere Mittel oder durch falsche Angaben erwirkt wurde und ihm dies bekannt oder infolge grober Fahrlässigkeit nicht bekannt war. ⁴Den Haftungsbescheid erlässt das für den Leistenden zuständige Finanzamt.

(4) § 50b gilt entsprechend.

Inhaltsübersicht

	Rz.
A. Systematische Kommentierung	1 - 25
I. Einbehaltung, Abführung und Anmeldung des Abzugsbetrages (§ 48a Abs. 1 EStG)	1 - 9
II. Abrechnung mit dem Leistenden (§ 48a Abs. 2 EStG)	10 - 14
III. Haftung (§ 48a Abs. 3 EStG)	15 - 24
IV. Außenprüfung beim Leistungsempfänger	25

HINWEIS:
BMF v. 27. 12. 2002, BStBl 2002 I 1399; BMF v. 4. 9. 2003, BStBl 2003 I 431.

ARBEITSHILFEN UND GRUNDLAGEN ONLINE:
Ludolph, Bauabzugsteuer, NWB DokID: RAAAE-57292.

A. Systematische Kommentierung

I. Einbehaltung, Abführung und Anmeldung des Abzugsbetrages (§ 48a Abs. 1 EStG)

1 Die Verpflichtung zum Einbehalten des Steuerabzugs entsteht in dem Zeitpunkt, in dem die Gegenleistung beim Leistungsempfänger abfließt (§ 11 EStG). Dies gilt auch bei Verrechnungen und Zahlungen in Teilbeträgen (Vorschüsse, Abschlagszahlungen, Zahlung gestundeter Beträge). Die rechtswirksame Aufrechnung gilt als Zahlung.

2 Bei einer Gegenleistung von 100 € sind 15 % = 15 € einzubehalten, so dass noch eine Zahlung von 85 € an den Leistenden erfolgt. 15 € sind 17,65 % bezogen auf die Zahlung (netto) von 85 €. Demnach kann der Abzugsbetrag mit einem Prozentsatz von 17,65 aus der Nettozahlung ermittelt werden. Dieser Prozentsatz ist insbesondere in den Fällen der Aufrechnung, die einer Zahlung gleichsteht, zu beachten, da die Hauptforderung in Höhe des Aufrechnungsbetrages und des abzuführenden Abzugsbetrages erlischt.

Der Leistungsempfänger hat jeweils zum 10. des Folgemonats sämtliche im vorangegangenen 3
Monat einbehaltenen Abzugsbeträge an die jeweiligen Finanzämter, die für die einzelnen Leistenden zuständig sind, unter Angabe des Verwendungszwecks abzuführen. Zum gleichen Zeitpunkt hat er für jeden Leistenden eine gesonderte Anmeldung nach amtlich vorgeschriebenem Vordruck abzugeben. Hierin hat er den Steuerabzug für den jeweiligen Anmeldezeitraum (Kalendermonat) selbst zu berechnen. Die Anmeldung muss vom Leistungsempfänger oder von einem zu seiner Vertretung Berechtigten unterschrieben sein.

BEISPIEL: Bauträger H aus Hamburg errichtet ein Bürogebäude in Münster. Er arbeitet mit zehn verschiedenen Subunternehmern zusammen. Fünf können ihm keine gültige Freistellungsbescheinigung in Kopie vorlegen. Vier davon werden im FA Münster-Innenstadt geführt; der fünfte im FA Steinfurt. Alle zehn Firmen erhalten monatliche Abschlagszahlungen. H hat für die fünf Firmen ohne Freistellungsbescheinigung jeweils 15 % der Gegenleistung einzubehalten und jeweils zum 10. des Folgemonats die entsprechenden Beträge auf die Konten der Finanzämter Münster-Innenstadt und Steinfurt zu überweisen. Er hat jeweils eine Anmeldung an das FA Steinfurt und vier Anmeldungen an das FA Münster-Innenstadt zum gleichen Zeitpunkt abzugeben.

Erhöht sich nachträglich die Gegenleistung, ist nur der **Differenzbetrag** zur vorherigen Anmeldung anzumelden (§ 48a Abs. 1 EStG). Bei einer Minderung der Gegenleistung ist keine Berichtigung vorzunehmen.[1] 4

(Einstweilen frei) 5–9

II. Abrechnung mit dem Leistenden (§ 48a Abs. 2 EStG)

Gemäß § 48a Abs. 2 EStG ist der Leistungsempfänger verpflichtet, mit dem Leistenden über 10
den einbehaltenen Steuerabzug abzurechnen. Hierzu hat er einen **Abrechnungsbeleg** mit Name und Anschrift des Leistenden, Rechnungsbetrag, Rechnungsdatum, Zahlungstag, Höhe des Steuerabzugs und Angabe des Finanzamtes, bei dem die Anmeldung erfolgte, vorzulegen. Ein separater Vordruck wurde hierfür nicht aufgelegt. Regelmäßig wird dem Leistenden der dafür vorgesehene Durchschlag des Anmeldevordrucks überlassen. Wenn vom Leistungsempfänger versehentlich der Rechnungsbetrag ohne Steuerabzug an den Leistenden überwiesen und zusätzlich der Abzugsbetrag (z. B. aufgrund eines Haftungsbescheides) an das zuständige Finanzamt entrichtet wurde, hat der Leistungsempfänger einen Erstattungsanspruch in Höhe der Abzugssteuer gegenüber dem Leistenden.[2]

(Einstweilen frei) 11–14

III. Haftung (§ 48a Abs. 3 EStG)

Der Leistungsempfänger haftet für den nicht oder zu niedrig abgeführten Abzugsbetrag unabhängig davon, ob bei ihm ein Verschulden vorliegt, oder ob beim Leistenden überhaupt im Inland zu sichernde Steueransprüche bestehen.[3] Handelt es sich beim Leistenden um eine im Ausland ansässige Baufirma, kann sich der Leistungsempfänger insbesondere nicht darauf berufen, dass der Leistende aufgrund eines Doppelbesteuerungsabkommens im Inland nicht zu besteuern ist (vgl. § 48d EStG). Hierdurch soll verhindert werden, dass im Haftungsverfahren eine Auseinandersetzung über die tatsächliche Steuerpflicht des Leistenden geführt wird. 15

---

1 Vgl. BMF v. 27.12.2002, BStBl 2002 I 1399, Rz. 69.
2 Vgl. BGH v. 26.9.2013 - VII ZR 2/13, NJW 2014, 55.
3 Vgl. FG Münster v. 12.7.2012 - 13 K 2592/08, EFG 2012, 1938, rkr.

BEISPIEL: Die polnische Baufirma C erbaut für Bauträger B aus Unna drei Reihenhäuser. Die Bauausführungen dauern insgesamt neun Monate. C legt B keine Freistellungsbescheinigung vor. C erteilt eine Rechnung über 200 000 €. Der Betrag wird von B ohne Abzug ausgezahlt.

B haftet gem. § 48a Abs. 3 EStG unabhängig davon, ob für C eine inländische Steuerpflicht besteht. Der Haftungsbescheid ist vom zentral zuständigen FA Oranienburg[1] (für alle polnischen Baufirmen, deren Nachname bzw. Firmenname mit den Buchstaben A-M beginnt, zuständig) zu erlassen.

Der Haftungsbetrag beträgt 17,65 % des Auszahlungsbetrages zzgl. der Umsatzsteuer, die gem. § 13b UStG von B geschuldet wird.

200 000 € + USt 38 000 € = 238 000 €

238 000 € x 17,65 % = 42 007 €

16   Die Haftungsinanspruchnahme stellt eine Ermessensentscheidung des Finanzamts des Leistenden dar. Bei dieser Entscheidung ist nach pflichtgemäßem Ermessen auch zu berücksichtigen, inwieweit nach den Umständen des Einzelfalls Steueransprüche entstehen können. Steht z. B. fest, dass der Leistende seinen steuerlichen Verpflichtungen nachgekommen ist, ist von einer Haftungsinanspruchnahme des Leistungsempfängers abzusehen.

17   Die Haftung des Leistungsempfängers ist ausgeschlossen, wenn ihm im Zeitpunkt der Gegenleistung eine gültige Freistellungsbescheinigung oder eine Kopie davon vorgelegen hat, auf deren Rechtmäßigkeit er vertrauen durfte. Er ist allerdings verpflichtet, die Freistellungsbescheinigung insbesondere daraufhin zu prüfen, ob sie mit einem Dienstsiegel versehen ist und eine Sicherheitsnummer trägt. Bei Vorlage einer Kopie müssen alle Angaben lesbar sein.[2] Der Leistungsempfänger kann die Gültigkeit der Freistellungsbescheinigung beim Bundeszentralamt für Steuern (www.bzst.de) durch elektronische Abfrage oder durch Anruf beim Ausstellungsfinanzamt bestätigen lassen. Für die elektronische Abfrage muss sich der Leistungsempfänger mit seiner Steuernummer im Portal EIBE-online des BZSt registrieren lassen. Eine Freischaltung erfolgt anschließend mithilfe eines per E-Mail zugesandten links. Für die online-Prüfung müssen dann das Bundesland und die Steuernummer des Leistenden sowie die Sicherheitsnummer aus der Kopie der Freistellungsbescheinigung eingegeben werden.

18   Weder aus dem Gesetzeswortlaut (§ 48a Abs. 3 EStG) noch aus den Ausführungen im o. a. BMF-Schreiben lässt sich eine generelle Verpflichtung des Leistungsempfängers zur Prüfung der aktuellen Gültigkeit der Freistellungsbescheinigung herleiten. Eine Haftung ist daher auch ausgeschlossen, wenn eine Freistellungsbescheinigung, die alle nötigen Angaben enthielt, widerrufen (s. § 48b Abs. 4 EStG) wurde und dies dem Leistungsempfänger im Zeitpunkt der Zahlung an den Leistenden nicht bekannt war. Dem Leistungsempfänger ist keine grobe Fahrlässigkeit vorzuwerfen, wenn er sich nicht vor jeder Zahlung aufs Neue davon überzeugt, dass die Freistellungsbescheinigung, die ihm in Kopie vorgelegt wurde, nicht widerrufen wurde.

19   Grobe Fahrlässigkeit ist dem Leistungsempfänger grds. dann vorzuwerfen, wenn ihm aufgrund der tatsächlichen Abwicklung der Vertragsbeziehung mit dem Leistenden (insbes. in den Fällen des Arbeitnehmerverleihs) oder durch fehlende Angaben in der Freistellungsbescheinigung (z. B. keine Firmenadresse, abweichender Firmenname, fehlende Steuernummer, Sicherheitsnummer oder fehlendes Dienstsiegel) hätte bekannt sein müssen, dass die Bescheinigung gefälscht oder durch falsche Angaben erwirkt wurde. In den Fällen der groben Fahrlässigkeit kann eine Haftungsinanspruchnahme für die Bauabzugsteuer erfolgen, wenn Bauleistungen

---

1 Vgl. §§ 20a, 21 AO i.V. m. der Umsatzsteuerzuständigkeitsverordnung, zuletzt geändert durch Art. 7 der Verordnung v. 22. 12. 2014, BGBl 2014 I 2392.
2 Vgl. BMF v. 27. 12. 2002, BStBl 2002 I 1399, Rz. 74.

vorgelegen haben. Lagen tatsächlich keine Bauleistungen vor (z. B. bei illegaler Arbeitnehmerüberlassung), handelt es sich um keinen Anwendungsfall der §§ 48 bis 48d EStG. In diesen Fällen greift insbesondere die Sperrwirkung des § 48 Abs. 4 bzw. § 48b Abs. 5 EStG nicht.

Eine Inanspruchnahme des Leistungsempfängers ist auch dann ausgeschlossen, wenn ihm nach Zahlung an den Leistenden eine gültige Freistellungsbescheinigung bzw. eine Kopie davon nachgereicht wird. Entscheidend ist hierfür allerdings, dass die nachgereichte Freistellungsbescheinigung auch im zurückliegenden Zeitpunkt der Zahlung gültig war und nur die Vorlage verspätet erfolgte. 20

Gegen den Haftungsbescheid kann Einspruch beim zuständigen Finanzamt eingelegt werden. Im Einspruchsverfahren ist insbesondere zu prüfen, ob die Haftungsinanspruchnahme ermessensgerecht war. Hierbei ist u. a. von der Finanzverwaltung zu prüfen, ob im Einzelfall Steueransprüche gegen den Leistenden bestehen. 21

(Einstweilen frei) 22–24

IV. Außenprüfung beim Leistungsempfänger

Durch den Verweis auf § 50b EStG (§ 48a Abs. 4 EStG) stellt der Gesetzgeber klar, dass die Tatbestände, die zur Anrechnung der Abzugssteuer führen, durch die Finanzbehörden beim Leistungsempfänger überprüft werden dürfen. Die allgemeinen Vorschriften über die Durchführung einer Außenprüfung (§§ 193 bis 203 AO) sind nach § 50b Satz 2 EStG sinngemäß anzuwenden. 25

§ 48b Freistellungsbescheinigung

(1) ¹Auf Antrag des Leistenden hat das für ihn zuständige Finanzamt, wenn der zu sichernde Steueranspruch nicht gefährdet erscheint und ein inländischer Empfangsbevollmächtigter bestellt ist, eine Bescheinigung nach amtlich vorgeschriebenem Vordruck zu erteilen, die den Leistungsempfänger von der Pflicht zum Steuerabzug befreit. ²Eine Gefährdung kommt insbesondere dann in Betracht, wenn der Leistende

1. Anzeigepflichten nach § 138 der Abgabenordnung nicht erfüllt,
2. seiner Auskunfts- und Mitwirkungspflicht nach § 90 der Abgabenordnung nicht nachkommt,
3. den Nachweis der steuerlichen Ansässigkeit durch Bescheinigung der zuständigen ausländischen Steuerbehörde nicht erbringt.

(2) Eine Bescheinigung soll erteilt werden, wenn der Leistende glaubhaft macht, dass keine zu sichernden Steueransprüche bestehen.

(3) In der Bescheinigung sind anzugeben:

1. Name, Anschrift und Steuernummer des Leistenden,
2. Geltungsdauer der Bescheinigung,
3. Umfang der Freistellung sowie der Leistungsempfänger, wenn sie nur für bestimmte Bauleistungen gilt,
4. das ausstellende Finanzamt.

(4) Wird eine Freistellungsbescheinigung aufgehoben, die nur für bestimmte Bauleistungen gilt, ist dies den betroffenen Leistungsempfängern mitzuteilen.

(5) Wenn eine Freistellungsbescheinigung vorliegt, gilt § 48 Absatz 4 entsprechend.

(6) [1]Das Bundeszentralamt für Steuern erteilt dem Leistungsempfänger im Sinne des § 48 Absatz 1 Satz 1 im Wege einer elektronischen Abfrage Auskunft über die beim Bundeszentralamt für Steuern gespeicherten Freistellungsbescheinigungen. [2]Mit dem Antrag auf die Erteilung einer Freistellungsbescheinigung stimmt der Antragsteller zu, dass seine Daten nach § 48b Absatz 3 beim Bundeszentralamt für Steuern gespeichert werden und dass über die gespeicherten Daten an die Leistungsempfänger Auskunft gegeben wird.

Inhaltsübersicht

	Rz.
A. Allgemeine Erläuterungen	1 - 4
B. Systematische Kommentierung	5 - 34
I. Voraussetzungen für die Erteilung einer Freistellungsbescheinigung (§ 48b Abs. 1 EStG)	5 - 22
1. Antrag	5
2. Keine Gefährdung der zu sichernden Steueransprüche	6 - 14
3. Besondere Voraussetzungen bei ausländischen Leistenden	15 - 22
II. Nichtbestehen zu sichernder Steueransprüche (§ 48b Abs. 2 EStG)	23 - 25
III. Verfahren	26 - 34
1. Zuständiges Finanzamt	26
2. Inhalt und Handhabung der Bescheinigung (§ 48b Abs. 2 und 3 EStG)	27 - 30
3. Ablehnungsbescheid	31
4. Widerruf und Rücknahme der Freistellungsbescheinigung	32 - 33
5. Rechtsschutz	34

ARBEITSHILFEN UND GRUNDLAGEN ONLINE:
Ludolph, Bauabzugsteuer, NWB DokID: RAAAE-57292.

A. Allgemeine Erläuterungen

1 Wenn der zu sichernde Steueranspruch nicht gefährdet erscheint, kann das zuständige Finanzamt im Rahmen seines Ermessens eine Freistellungsbescheinigung nach § 48b EStG zur Vermeidung des Abzugsverfahrens nach § 48 EStG erteilen. Diese hat eine Gültigkeit von bis zu drei Jahren. Der Leistende kann dann allen Leistungsempfängern eine Kopie seiner Freistellungsbescheinigung bei Auftragsvergabe oder spätestens bei Rechnungstellung zuleiten. Hierdurch kommt das Abzugsverfahren für ihn nicht zum Tragen.

2–4 *(Einstweilen frei)*

B. Systematische Kommentierung

I. Voraussetzungen für die Erteilung einer Freistellungsbescheinigung (§ 48b Abs. 1 EStG)

1. Antrag

5 Der Antrag auf Erteilung einer Freistellungsbescheinigung kann gem. § 48b Abs. 1 EStG vom Leistenden bei dem für ihn zuständigen Finanzamt formlos gestellt werden. Die Bescheinigung

wird im Rahmen des pflichtgemäßen Ermessens erteilt, wenn (bei außerhalb der EU ansässigen Unternehmen) ein inländischer Empfangsbevollmächtigter bestellt ist und insgesamt der Steueranspruch nicht gefährdet erscheint. Das Finanzamt kann die Erteilung von der Vorlage des Werkvertrages abhängig machen. Wird dem Antrag auf Erteilung einer Freistellungsbescheinigung nicht entsprochen, erlässt das Finanzamt unter Angabe der Gründe einen Ablehnungsbescheid.

2. Keine Gefährdung der zu sichernden Steueransprüche

Eine Freistellungsbescheinigung wird nur erteilt, wenn der Steueranspruch nicht gefährdet erscheint. Eine Gefährdung sieht das Gesetz insbesondere dann als gegeben, wenn ein Leistender seine Anzeigepflichten nach § 138 AO nicht erfüllt (§ 48b Abs. 1 Nr. 1 EStG). Gemeint sind hier insbesondere Steuerpflichtige, die keine Gewerbeanmeldung bei der zuständigen Gemeinde abgegeben haben oder (ggf. im Ausland ansässige) Unternehmen, die die Begründung einer inländischen Betriebsstätte i. S. v. § 12 AO nicht angemeldet haben. Wird die Anzeige nachgeholt, ist zu prüfen, ob die Nichtanzeige den Steueranspruch gefährdet hat oder ob ein bloßes Versehen oder eine falsche rechtliche Würdigung des Betriebsstättenbegriffs vorlag. Je nach den Umständen des Einzelfalls kann nach der Nachholung der Anzeige eine Freistellungsbescheinigung erteilt werden. Hat ein ausländisches Unternehmen zu Recht keine Anzeige nach § 138 Abs. 1 AO abgegeben, da aufgrund einer nur kurzfristigen Bautätigkeit (unter sechs Monate) im Inland keine Betriebsstätte begründet wurde, ist nach § 48b Abs. 2 EStG zu prüfen, ob keine zu sichernden Ansprüche in Deutschland bestehen. 6

Ein weiterer Ablehnungsgrund ist die Verletzung der Mitwirkungspflichten des Leistenden nach § 90 AO (§ 48b Abs. 1 Nr. 2 EStG). Dieser Vorschrift kommt vor allem bei bislang steuerlich nicht geführten Leistenden eine besondere Bedeutung zu. Das zuständige Finanzamt ermittelt hier unter Zuhilfenahme eines speziellen Fragebogens die benötigten Angaben. Werden diese Angaben nicht oder nicht vollständig erbracht, ist nach den Gesamtumständen des Einzelfalls abzuwägen, ob wegen einer Verletzung der Mitwirkungspflichten die Freistellungsbescheinigung zu versagen ist. 7

Darüber hinaus kann eine Gefährdung des Steueranspruchs vorliegen, wenn 8

▶ nachhaltige Steuerrückstände bestehen oder

▶ unzutreffende Angaben in Steueranmeldungen bzw. Steuererklärungen festgestellt werden oder

▶ der Leistende diese wiederholt nicht oder nicht rechtzeitig abgibt.

Dem Grad der Verletzung der steuerlichen Pflichten kann jedoch durch eine zeitliche Befristung der Freistellungsbescheinigung oder durch eine auftragsbezogene Bescheinigung Rechnung getragen werden. Nach Sinn und Zweck des Gesetzes zur Eindämmung der illegalen Betätigung im Baugewerbe ist ein Antrag auf Freistellungsbescheinigung nur im Ausnahmefall abzulehnen. Hierfür darf nicht allein ausschlaggebend sein, dass ein Unternehmen Steuerrückstände hat bzw. häufiger verspätet Voranmeldungen oder Erklärungen abgibt oder regelmäßig verspätet zahlt. 9

(Einstweilen frei) 10–14

3. Besondere Voraussetzungen bei ausländischen Leistenden

15 Bei im Ausland ansässigen Leistenden ist die Bescheinigung der zuständigen ausländischen Steuerbehörde über die steuerliche Ansässigkeit quasi materiell-rechtliche Voraussetzung für die Erteilung einer Freistellungsbescheinigung (§ 48b Abs. 1 Nr. 3 EStG). In Zweifelsfällen kann das Finanzamt nach § 90 Abs. 2 AO vom Antragsteller eine qualifizierte Sitzbescheinigung verlangen, in der die ausländische Steuerbehörde bestätigt, dass sich auch der Ort der Geschäftsleitung im Sitzstaat befindet und in welchem Umfang der Antragsteller im Sitzstaat selbst wirtschaftliche Aktivitäten entfaltet.[1] Diese qualifizierte Bescheinigung wird immer dann angefordert, wenn die Vermutung besteht, dass sich nur der Sitz des Leistenden im Ausland befindet, die tatsächliche Geschäftsleitung aber vom Inland aus erfolgt. Dies hätte z. B. bei einer britischen Ltd. die unbeschränkte deutsche Steuerpflicht und die Ansässigkeit i. S. d. Doppelbesteuerungsabkommen in Deutschland zur Folge.

16 Eine weitere Voraussetzung bei ausländischen Leistenden ist die Bestellung eines inländischen Empfangsbevollmächtigten (§ 48b Abs. 1 Satz 1 EStG). Diese Voraussetzung muss bei Leistenden mit Wohnsitz, Sitz, Geschäftsleitung oder gewöhnlichem Aufenthalt in einem Mitgliedstaat der EU nicht erfüllt sein.[2]

17 Bei im Ausland ansässigen Antragstellern kann das Finanzamt die Erteilung einer Freistellungsbescheinigung ablehnen, wenn nicht ausgeschlossen werden kann, dass ein deutsches Besteuerungsrecht besteht. Dies ist insbesondere dann gegeben, wenn die formelle Laufzeit der Werkverträge annähernd der Frist entspricht, die das einschlägige Doppelbesteuerungsabkommen für die Begründung einer Baubetriebsstätte vorsieht. Weitere Gründe können Erkenntnisse über den Zusammenhang von mehreren Bauausführungen, über einen abhängigen Vertreter im Inland, über das Bestehen einer Geschäftsstelle bzw. Zweigniederlassung im Inland oder die unbeschränkte Steuerpflicht im Inland sein. Wird einem im Ausland ansässigen Antragsteller aus einem dieser Gründe die Erteilung einer Freistellungsbescheinigung versagt, bleibt ihm die Möglichkeit eines Erstattungsantrages nach § 48c Abs. 2 EStG.

18–22 *(Einstweilen frei)*

II. Nichtbestehen zu sichernder Steueransprüche (§ 48b Abs. 2 EStG)

23 Kann der Leistende glaubhaft machen, dass mit großer Wahrscheinlichkeit kein Gewinn erzielt wird oder dass wegen seines nur kurzfristigen Tätigwerdens im Inland (bei im Ausland ansässigen Leistenden) keine zu sichernden Steueransprüche bestehen, soll eine Freistellungsbescheinigung gem. § 48b Abs. 2 EStG erteilt werden. Voraussetzung hierfür ist jedoch, dass das Vorbringen schlüssig ist und nicht im Widerspruch zu anderweitigen Erkenntnissen des Finanzamts steht. Bei den zu sichernden Ansprüchen handelt es sich neben der Einkommen- bzw. Körperschaftsteuer des Bauunternehmers auch um die einzubehaltende und abzuführende Lohnsteuer.

24–25 *(Einstweilen frei)*

---

1 Vgl. BMF v. 27. 12. 2002, BStBl 2002 I 1399, Rz. 32.
2 Vgl. BMF v. 27. 12. 2002, BStBl 2002 I 1399, Rz. 29.

III. Verfahren

1. Zuständiges Finanzamt

Für Personengesellschaften (z.B. Arbeitsgemeinschaften) ist das Betriebsfinanzamt (wo ggf. nur die Umsatzsteuer geführt wird) zuständig. Bei natürlichen Personen, deren Unternehmen nicht beim Wohnsitzfinanzamt (zuständig für die persönliche Einkommensteuer) geführt wird, ist für die Erteilung einer Freistellungsbescheinigung das Wohnsitzfinanzamt zuständig.

2. Inhalt und Handhabung der Bescheinigung (§ 48b Abs. 2 und 3 EStG)

Die Freistellungsbescheinigung wird nach amtlichem Muster für eine bestimmte Zeit, längstens für drei Jahre, oder bezogen auf einen bestimmten Auftrag erteilt. Auftragsbezogene Freistellungsbescheinigungen sollen regelmäßig bei nur vorübergehenden Tätigkeiten im Inland erteilt werden. Die Freistellungsbescheinigung ist grds. ab dem Tag der Ausstellung gültig. Wird bis zu sechs Monate vor Ablauf einer Freistellungsbescheinigung eine Folgebescheinigung beantragt, kann diese Folgebescheinigung mit einer an die Geltungsdauer der Altbescheinigung anknüpfenden Geltungsdauer erteilt werden.[1] Die Bescheinigung kann auch nachträglich erteilt werden.[2]

Auftragsbezogene Freistellungsbescheinigungen sind dem Leistungsempfänger grds. im Original auszuhändigen. Diese hat der Leistungsempfänger sechs Jahre lang aufzubewahren. In allen übrigen Fällen reicht es aus, wenn dem Leistungsempfänger eine Kopie der Freistellungsbescheinigung ausgehändigt wird, die dieser zu seinen Unterlagen nimmt. Um eine mögliche Haftung auszuschließen, hat der Leistungsempfänger die Bescheinigung bzw. die Kopie dahin gehend zu prüfen, ob sie Name und Anschrift des Leistenden, seine Steuernummer, eine Sicherheitsnummer, das ausstellende Finanzamt, die Geltungsdauer und ein Dienstsiegel enthält (vgl. § 48a Abs. 3 EStG).

Die Freistellungsbescheinigung nach § 48b EStG begründet keinen Vertrauensschutz, dass der Rechnungssteller kein Scheinunternehmen ist.[3] Die Berechtigung zum Vorsteuerabzug kann trotz Bestehens einer Freistellungsbescheinigung versagt werden.

Erfolgt die Gegenleistung des Leistungsempfängers in Teilbeträgen (z.B. Abschlagszahlungen, Zahlungen nach Baufortschritt) oder durch Aufrechnung mit einer Gegenforderung, muss eine gültige Freistellungsbescheinigung bzw. deren Kopie im Zeitpunkt der Zahlung der Teilbeträge bzw. im Zeitpunkt der Aufrechnungserklärung vorliegen. Es reicht nicht aus, wenn im Zeitpunkt der Abschlussrechnung eine gültige Freistellungsbescheinigung bzw. deren Kopie vorgelegt wird (insbesondere nicht, wenn diese Bescheinigung zum Zeitpunkt der Zahlung der Teilbeträge bzw. der Aufrechnungserklärung noch nicht gültig war). Wird der Anspruch auf Gegenleistung vom Leistenden an einen Dritten abgetreten, kommt es für die Frage der Gültigkeit der Freistellungsbescheinigung auf den Zeitpunkt der Zahlung an den Dritten an. Es ist nicht ausreichend für die Abstandnahme vom Steuerabzug, wenn die Freistellungsbescheinigung zwar noch im Zeitpunkt der Abtretung, aber nicht mehr im Zeitpunkt der Zahlung gültig war.

---

1 Vgl. BMF v. 20.9.2004, BStBl 2004 I 944.
2 Vgl. *Gosch* in Kirchhof, § 48b EStG Rz. 8.
3 Vgl. BFH v. 13.2.2008 - XI B 202/06, BFH/NV 2008, 1216 = NWB DokID: HAAAC-79271.

3. Ablehnungsbescheid

31 Erscheint der zu sichernde Steueranspruch gefährdet oder ist bei außerhalb der EU ansässigen Leistenden kein inländischer Empfangsbevollmächtigter bestimmt, erteilt das für den Leistenden zuständige Finanzamt einen Ablehnungsbescheid.

4. Widerruf und Rücknahme der Freistellungsbescheinigung

32 Die Änderung von Freistellungsbescheinigungen richtet sich nach den Vorschriften der §§ 130, 131 AO. Es ist zu unterscheiden, ob es sich um den Widerruf einer rechtmäßigen oder einer rechtswidrigen Freistellungsbescheinigung handelt. Rechtmäßige Freistellungsbescheinigungen können nur für die Zukunft widerrufen werden. Von dem Zeitpunkt der Kenntnisnahme des Widerrufs an hat der Leistungsempfänger von zukünftigen Zahlungen den Steuerabzug vorzunehmen. Wird eine rechtswidrige Freistellungsbescheinigung mit Wirkung für die Vergangenheit zurückgenommen, ist der Steuerabzug dem Grunde nach auch für bereits geleistete Zahlungen nachzuholen, insoweit die noch zu leistenden Zahlungen dafür ausreichen.

33 Über den Widerruf oder die Rücknahme kann der Leistungsempfänger vom zuständigen Finanzamt nur informiert werden, wenn die Freistellungsbescheinigung auftragsbezogen ausgestellt war (§ 48b Abs. 4 EStG). In allen übrigen Fällen erfährt der Leistungsempfänger regelmäßig nichts von der Rücknahme bzw. vom Widerruf. Zwar könnte sich der Leistungsempfänger vor jeder Zahlung an den Leistenden durch Nachfrage beim Bundeszentralamt für Steuern oder dem zuständigen Finanzamt von der aktuellen Gültigkeit der Freistellungsbescheinigung überzeugen, doch kann bei der Fülle von verschiedenen Leistungsbeziehungen in der Baubranche nicht von einer groben Fahrlässigkeit ausgegangen werden, wenn keine Rückfrage erfolgte.

5. Rechtsschutz

34 Die Ablehnung oder der Widerruf einer Freistellungsbescheinigung stellt einen sonstigen Verwaltungsakt dar, gegen den das Rechtsmittel des Einspruchs gegeben ist.
Im gerichtlichen Verfahren kann zudem als vorläufiger Rechtsschutz eine einstweilige Anordnung nach § 114 FGO beantragt werden. Voraussetzung hierfür ist jedoch, dass der Leistende schlüssig darlegen kann, dass er ohne die Erteilung einer Freistellungsbescheinigung wirtschaftlich nicht mehr existieren kann. Das Geltendmachen von allgemeinen Wettbewerbsnachteilen reicht insoweit nicht aus.

§ 48c Anrechnung

(1) ¹Soweit der Abzugsbetrag einbehalten und angemeldet worden ist, wird er auf vom Leistenden zu entrichtende Steuern nacheinander wie folgt angerechnet:

1. die nach § 41a Absatz 1 einbehaltene und angemeldete Lohnsteuer,
2. die Vorauszahlungen auf die Einkommen- oder Körperschaftsteuer,
3. die Einkommen- oder Körperschaftsteuer des Besteuerungs- oder Veranlagungszeitraums, in dem die Leistung erbracht worden ist, und
4. die vom Leistenden im Sinne der §§ 48, 48a anzumeldenden und abzuführenden Abzugsbeträge.

²Die Anrechnung nach Satz 1 Nummer 2 kann nur für Vorauszahlungszeiträume innerhalb des Besteuerungs- oder Veranlagungszeitraums erfolgen, in dem die Leistung erbracht worden ist. ³Die Anrechnung nach Satz 1 Nummer 2 darf nicht zu einer Erstattung führen.

(2) ¹Auf Antrag des Leistenden erstattet das nach § 20a Absatz 1 der Abgabenordnung zuständige Finanzamt den Abzugsbetrag. ²Die Erstattung setzt voraus, dass der Leistende nicht zur Abgabe von Lohnsteueranmeldungen verpflichtet ist und eine Veranlagung zur Einkommen- oder Körperschaftsteuer nicht in Betracht kommt oder der Leistende glaubhaft macht, dass im Veranlagungszeitraum keine zu sichernden Steueransprüche entstehen werden. ³Der Antrag ist nach amtlich vorgeschriebenem Muster bis zum Ablauf des zweiten Kalenderjahres zu stellen, das auf das Jahr folgt, in dem der Abzugsbetrag angemeldet worden ist; weitergehende Fristen nach einem Abkommen zur Vermeidung der Doppelbesteuerung bleiben unberührt.

(3) Das Finanzamt kann die Anrechnung ablehnen, soweit der angemeldete Abzugsbetrag nicht abgeführt worden ist und Anlass zu der Annahme besteht, dass ein Missbrauch vorliegt.

Inhaltsübersicht

		Rz.
A. Systematische Kommentierung		1 - 8
I.	Anrechnungsverfahren	1 - 5
II.	Erstattungsverfahren	6 - 8

ARBEITSHILFEN UND GRUNDLAGEN ONLINE:
Ludolph, Bauabzugsteuer, NWB DokID: RAAAE-57292.

A. Systematische Kommentierung

I. Anrechnungsverfahren

Die Anrechnung des einbehaltenen und angemeldeten Abzugsbetrages erfolgt i. d. R. beim Leistenden unabhängig davon, ob oder wann der Abzugsbetrag vom Leistungsempfänger an das zuständige Finanzamt gezahlt wird. Wird der angemeldete Betrag vom Leistungsempfänger nicht an das Finanzamt abgeführt und lässt er sich auch durch Zwangsmaßnahmen gegenüber dem Leistungsempfänger nicht realisieren, ist gem. § 48c Abs. 3 EStG zu prüfen, ob ein Missbrauch des Abzugsverfahrens gegeben ist. Liegt ein solcher vor, ist die Anrechnung beim Leistenden abzulehnen bzw. rückgängig zu machen. 1

Entsprechend der Rangfolge in § 48c Abs. 1 EStG wird wie folgt beim Leistenden angerechnet: 2

▶ einbehaltene und angemeldete Lohnsteuer des Leistenden,
▶ Einkommen- bzw. Körperschaftsteuervorauszahlungen des Leistenden.

Die Anrechnung erfolgt nur auf Vorauszahlungen innerhalb des Besteuerungs- oder Veranlagungszeitraums, in dem die Bauleistung erbracht wurde. Im Einzelfall kann das ein späterer Veranlagungszeitraum (z. B. bei hohen Abschlagszahlungen im Jahr vor der Abnahme des Werks) oder ein vorangegangener (z. B. bei späterer Rückzahlung eines Sicherungseinbehalts) sein. Die Anrechnung auf Vorauszahlungen darf zu keiner Erstattung an den Leistenden führen. Eine Erstattung ist erst nach Veranlagung der Einkommen- bzw. Körperschaftsteuer des

Jahres, in dem die Leistung erbracht ist (z. B. Jahr der Abnahme), möglich (Ausnahme: § 48c Abs. 2 EStG s. u.). Die Bauleistung ist erst in dem Zeitpunkt erbracht, in dem diese abgeschlossen und nach den Grundsätzen ordnungsgemäßer Buchführung die Ergebnisrealisierung eingetreten ist. Die Anrechnung des Abzugsbetrages im Veranlagungszeitraum der Gewinnrealisierung entspricht dem Sicherungscharakter des Steuerabzugs. Nur wenn der Leistende von seinem Wahlrecht zur Teilgewinnrealisierung aufgrund von Teilabrechnungen und Teilabnahmen Gebrauch gemacht hat, kann ausnahmsweise in vorhergehenden Veranlagungszeiträumen eine Anrechnung auf Teilleistungen in Betracht kommen.

> **BEISPIEL:** Sanitärfirma S erstellt die gesamte sanitäre Einrichtung eines Geschäftshauses für Generalunternehmer G. In den Jahren 2013 und 2014 erhält S Abschlagszahlungen, von denen G insgesamt 50 000 € Steuerabzugsbeträge einbehält und an das für S zuständige Finanzamt anmeldet. Die endgültige Abnahme der Gesamtanlage erfolgt im Februar 2015. S schuldet für 2013 und 2014 nur insgesamt 40 000 € Lohnsteuer, mit denen die Abzugsbeträge verrechnet wurden.
>
> Der verbleibende Abzugsbetrag von 10 000 € kann frühestens auf die fälligen Einkommensteuervorauszahlungen des S in 2015 angerechnet werden.

3 Handelt es sich beim Leistenden um eine Personengesellschaft, hat der zur Vertretung der Gesellschaft Berechtigte (§ 34 Abs. 1 AO) nach der Verrechnung mit Lohnsteuern dem Finanzamt mitzuteilen, in welchem Verhältnis die Anrechnung verbleibender Abzugsbeträge nach § 48c Abs. 1 Nr. 2 und 3 EStG bei den einzelnen Mitunternehmern zu erfolgen hat. Auch bei der Anrechnung auf die Vorauszahlungen der Mitunternehmer ist zu beachten, dass die Bauleistungen, aufgrund derer die Abzugsbeträge abgeführt wurden, erbracht sein müssen (Gewinnrealisierung).

4 Vor einer Insolvenzeröffnung gezahlte Steuerabzugsbeträge sind auf Steuern anzurechnen, die vor Insolvenzeröffnung begründet wurden. Werden Steuerabzugsbeträge für Bauleistungen, die vor Insolvenzeröffnung ausgeführt wurden, erst nach Insolvenzeröffnung an das Finanzamt gezahlt, sind diese an die Insolvenzmasse auszukehren.[1]

5 Im Streitfall wird vom zuständigen Finanzamt ein Abrechnungsbescheid über die Anrechnung, Aufrechnung oder Erstattung erteilt (§ 218 Abs. 2 AO). Gegen diesen Bescheid ist das Rechtsmittel des Einspruchs gegeben.

II. Erstattungsverfahren

6 Wenn nach der Anrechnung gem. § 48c Abs. 1 EStG noch ein Guthaben vorhanden ist, das auch für eine Aufrechnung nach § 226 AO nicht in Betracht kommt, werden dem Leistenden restliche Abzugsbeträge erstattet.

7 Das Finanzamt erstattet dem Leistenden auf Antrag den Abzugsbetrag, wenn er nicht zur Abgabe von Lohnsteuervoranmeldungen verpflichtet ist und glaubhaft macht, dass im Veranlagungszeitraum keine zu sichernden Steueransprüche entstehen (z. B. keine Gewinnerzielung). Wird die Erstattung von einem im Ausland ansässigen Leistenden mit der Begründung, dass nach dem einschlägigen Doppelbesteuerungsabkommen Deutschland kein Besteuerungsrecht an den gewerblichen Einkünften des Leistenden habe, beantragt, muss die Ansässigkeit des Leistenden durch eine Bestätigung der zuständigen ausländischen Steuerbehörde nachgewiesen werden (§ 48d Abs. 1 Satz 4 EStG).

---

1 Vgl. BMF v. 4. 9. 2003, BStBl 2003 I 431; BFH v. 13. 11. 2002 - I B 147/02, BStBl 2003 II 716.

Allgemeine Erläuterungen 1 § 48d EStG

Die Antragsfrist beträgt grds. zwei Jahre nach Ablauf des Jahres, in dem die Steueranmeldung 8
erfolgte. Viele DBA[1] sehen für die Erstattung von Abzugssteuern ausdrücklich längere Fristen
vor, die zu beachten sind.

§ 48d Besonderheiten im Fall von Doppelbesteuerungsabkommen

(1) ¹Können Einkünfte, die dem Steuerabzug nach § 48 unterliegen, nach einem Abkommen zur Vermeidung der Doppelbesteuerung nicht besteuert werden, so sind die Vorschriften über die Einbehaltung, Abführung und Anmeldung der Steuer durch den Schuldner der Gegenleistung ungeachtet des Abkommens anzuwenden. ²Unberührt bleibt der Anspruch des Gläubigers der Gegenleistung auf Erstattung der einbehaltenen und abgeführten Steuer. ³Der Anspruch ist durch Antrag nach § 48c Absatz 2 geltend zu machen. ⁴Der Gläubiger der Gegenleistung hat durch eine Bestätigung der für ihn zuständigen Steuerbehörde des anderen Staates nachzuweisen, dass er dort ansässig ist. ⁵§ 48b gilt entsprechend. ⁶Der Leistungsempfänger kann sich im Haftungsverfahren nicht auf die Rechte des Gläubigers aus dem Abkommen berufen.

(2) Unbeschadet des § 5 Absatz 1 Nummer 2 des Finanzverwaltungsgesetzes liegt die Zuständigkeit für Entlastungsmaßnahmen nach Absatz 1 bei dem nach § 20a der Abgabenordnung zuständigen Finanzamt.

Inhaltsübersicht

	Rz.
A. Allgemeine Erläuterungen	1
B. Systematische Kommentierung	2 - 6
I. Auswirkung der Vorschrift auf den Leistenden	2 - 4
II. Auswirkung der Vorschrift auf den Leistungsempfänger	5 - 6

ARBEITSHILFEN UND GRUNDLAGEN ONLINE:

Ludolph, Bauabzugsteuer, NWB DokID: RAAAE-57292.

A. Allgemeine Erläuterungen

Wie § 50d EStG setzt sich § 48d EStG bei im Ausland ansässigen Leistenden über die Begrenzungen der Doppelbesteuerungsabkommen (DBA) hinweg (sog. Treaty Override). Ausschließlich von den nach § 20a AO zentral zuständigen Finanzämtern soll geprüft werden, ob eine Steuerpflicht in Deutschland besteht. Die Vorschrift begründet sich durch die meist schwierige Sachverhaltsaufklärung bei ausländischen Leistenden, die ein einzelner Leistungsempfänger zur Frage der Steuerpflicht nach einem DBA oftmals nicht durchschauen kann. Teilweise werden Betriebsstätten i. S. d. DBA erst durch das Zusammenzählen von gleichartigen Baustellen 1

---

1 Zum Beispiel drei Jahre nach dem DBA Belarus, Schweiz und Usbekistan; vier Jahre nach den DBA Albanien, Algerien, Aserbaidschan, Armenien (Inkrafttreten 1.1.2018), Australien, Costa Rica, Bulgarien, Dänemark, Frankreich, Georgien, Ghana, Großbritannien, Irland, Kasachstan, Kroatien, Liechtenstein, Luxemburg, Mazedonien, Norwegen, Österreich, Polen, Rumänien, Schweden, Singapur, Slowenien, Syrien, Tadschikistan, Taiwan, Türkei, Turkmenistan (Inkrafttreten 1.1.2018), Uruguay, USA und Vereinigte Arabische Emirate.

von verschiedenen Leistungsempfängern desselben Leistenden begründet. Den Leistungsempfängern ist häufig nicht bekannt, dass eine Betriebsstätte des ausländischen Bauunternehmers in Form einer Zweigniederlassung oder eines abhängigen Vertreters im Inland besteht. Im Einzelfall ist neben den DBA-Voraussetzungen auch zu prüfen, ob überhaupt inländische Einkünfte i. S. v. § 49 EStG vorliegen, da manche DBA Deutschland Quellensteuerrechte zugestehen, die in Deutschland gar nicht wahrgenommen werden können.[1]

Außerdem können Bauunternehmen nur ihren statuarischen Sitz im Ausland haben. Die tatsächliche Geschäftsleitung kann sich jedoch im Inland befinden. Dies hat zur Folge, dass solche Unternehmen (z. B. britische Ltd.) unbeschränkt steuerpflichtig und ansässig i. S. d. DBA in Deutschland sind. In diesen Fällen kommt es nicht darauf an, ob im Inland Betriebsstätten i. S. d. DBA bestehen. Von diesen Unternehmen werden sämtliche Welteinkünfte im Inland versteuert, wenn sie nicht nachweislich auf ausländische Betriebsstätten i. S. d. DBA entfallen.

PRAXISTIPP:

Das vierseitige Merkblatt der Finanzverwaltung zum Steuerabzugsverfahren, in dem auch die zentral zuständigen Finanzämter aufgeführt sind, ist in deutscher und englischer Sprache im Internet der Bundesfinanzverwaltung unter www.formulare-bfinv.de abrufbar (Steuerformulare – Einkommensteuer – Bauabzugssteuer).

B. Systematische Kommentierung

I. Auswirkung der Vorschrift auf den Leistenden

2   Zur Vermeidung des Steuerabzugs müssen im Ausland ansässige Erbringer von Bauleistungen aufgrund des § 48d EStG eine Freistellungsbescheinigung nach § 48b EStG beantragen, auch wenn sie aufgrund eines grds. vorrangig anzuwendenden DBAs keine im Inland steuerpflichtigen Einkünfte erzielen. Die Freistellungsbescheinigung erhalten sie nach § 48b Abs. 1 Nr. 3 EStG aber nur, wenn sie die Ansässigkeit im Ausland durch eine Bescheinigung der zuständigen ausländischen Steuerbehörde nachweisen. Durch diesen Nachweis soll gewährleistet werden, dass die im Inland erzielten, aber nicht versteuerten Einkünfte im Ansässigkeitsstaat versteuert werden.

3   Wurden für einen im Ausland ansässigen Leistenden Abzugsbeträge einbehalten und angemeldet, kann dieser gem. § 48d Abs. 1 Satz 2 und 3 EStG i. V. m. § 48c Abs. 2 EStG eine Erstattung beantragen. Dies setzt voraus, dass entweder keine im Inland steuerpflichtigen Einkünfte erzielt wurden (keine Betriebsstätte i. S. d. DBA im Inland bei nachgewiesener Ansässigkeit im Ausland) oder glaubhaft gemacht werden kann, dass keine Verpflichtung zur Abgabe von Lohnsteueranmeldungen und kein Gewinn im Inland entstanden ist.

4   § 48b Abs. 2 EStG verweist hinsichtlich der Prüfung der Anwendung der DBA noch einmal ausdrücklich auf die zentralen Zuständigkeiten durch den im Rahmen des Gesetzes zur Bekämpfung der illegalen Betätigung im Baugewerbe neu eingefügten § 20a AO.

---

[1] Zum Beispiel Bauausführungen von über drei Monaten, aber unter sechs Monaten nach dem DBA-Thailand, gewerbliche Dienstleistungen nach dem DBA China, Ghana, Indien, Indonesien, Malaysia, Pakistan, Simbabwe, Taiwan, Türkei und Vietnam.

II. Auswirkung der Vorschrift auf den Leistungsempfänger

§ 48d EStG setzt die nach § 2 AO vorrangig anzuwendenden Vorschriften eines DBAs zumindest verfahrensrechtlich aus Sicht des Leistungsempfängers außer Kraft. Auch wenn es aufgrund seiner Vertragsbeziehungen es den Anschein hat, dass die Bauleistungen seines ausländischen Vertragspartners nicht zu einer Betriebsstätte i. S. d. einschlägigen DBAs führen, hat der Leistungsempfänger den Steuerabzug vorzunehmen, wenn keine Freistellungsbescheinigung nach § 48b EStG erteilt wurde.

Gerade im möglichen Haftungsverfahren ist die Vorschrift des § 48d EStG zu beachten. Nach § 48d Abs. 1 Satz 5 EStG ist ausdrücklich eine Haftung nicht dadurch ausgeschlossen, dass möglicherweise nach einem DBA keine im Inland steuerpflichtigen Einkünfte durch das Tätigwerden des ausländischen Leistenden entstanden sind. Im Zweifelsfall geht die Finanzverwaltung davon aus, dass ein ausländisches Bauunternehmen grundsätzlich steuerlich zu erfassende Einkünfte erzielt bzw. Lohnsteuervoranmeldungen abzugeben hat. Regelmäßig wird der Leistungsempfänger auch nicht den Nachweis erbringen können, dass sein Vertragspartner tatsächlich im Ausland ansässig ist und keine Betriebsstätte im Inland unterhält (bzw. unterhalten hat).

VIII. Besteuerung beschränkt Steuerpflichtiger
§ 49 Beschränkt steuerpflichtige Einkünfte

(1) Inländische Einkünfte im Sinne der beschränkten Einkommensteuerpflicht (§ 1 Absatz 4) sind

1. Einkünfte aus einer im Inland betriebenen Land- und Forstwirtschaft (§§ 13, 14);
2. Einkünfte aus Gewerbebetrieb (§§ 15 bis 17),
    a) für den im Inland eine Betriebsstätte unterhalten wird oder ein ständiger Vertreter bestellt ist,
    b) die durch den Betrieb eigener oder gecharterter Seeschiffe oder Luftfahrzeuge aus Beförderungen zwischen inländischen und von inländischen zu ausländischen Häfen erzielt werden, einschließlich der Einkünfte aus anderen mit solchen Beförderungen zusammenhängenden, sich auf das Inland erstreckenden Beförderungsleistungen,
    c) die von einem Unternehmen im Rahmen einer internationalen Betriebsgemeinschaft oder eines Pool-Abkommens, bei denen ein Unternehmen mit Sitz oder Geschäftsleitung im Inland die Beförderung durchführt, aus Beförderungen und Beförderungsleistungen nach Buchstabe b erzielt werden,
    d) die, soweit sie nicht zu den Einkünften im Sinne der Nummern 3 und 4 gehören, durch im Inland ausgeübte oder verwertete künstlerische, sportliche, artistische, unterhaltende oder ähnliche Darbietungen erzielt werden, einschließlich der Einkünfte aus anderen mit diesen Leistungen zusammenhängenden Leistungen, unabhängig davon, wem die Einnahmen zufließen,

e) die unter den Voraussetzungen des § 17 erzielt werden, wenn es sich um Anteile an einer Kapitalgesellschaft handelt,

aa) die ihren Sitz oder ihre Geschäftsleitung im Inland hat,

bb) bei deren Erwerb auf Grund eines Antrags nach § 13 Absatz 2 oder § 21 Absatz 2 Satz 3 Nummer 2 des Umwandlungssteuergesetzes nicht der gemeine Wert der eingebrachten Anteile angesetzt worden ist oder auf die § 17 Absatz 5 Satz 2 anzuwenden war oder

cc) deren Anteilswert zu irgendeinem Zeitpunkt während der 365 Tage vor der Veräußerung unmittelbar oder mittelbar zu mehr als 50 Prozent auf inländischem unbeweglichem Vermögen beruhte und die Anteile dem Veräußerer zu diesem Zeitpunkt zuzurechnen waren; für die Ermittlung dieser Quote sind die aktiven Wirtschaftsgüter des Betriebsvermögens mit den Buchwerten, die zu diesem Zeitpunkt anzusetzen gewesen wären, zugrunde zu legen,

f) die, soweit sie nicht zu den Einkünften im Sinne des Buchstaben a gehören, durch

aa) Vermietung und Verpachtung oder

bb) Veräußerung

von inländischem unbeweglichem Vermögen, von Sachinbegriffen oder Rechten, die im Inland belegen oder in ein inländisches öffentliches Buch oder Register eingetragen sind oder deren Verwertung in einer inländischen Betriebsstätte oder anderen Einrichtung erfolgt, erzielt werden. ²§ 23 Absatz 1 Satz 4 gilt entsprechend. ³Als Einkünfte aus Gewerbebetrieb gelten auch die Einkünfte aus Tätigkeiten im Sinne dieses Buchstabens, die von einer Körperschaft im Sinne des § 2 Nummer 1 des Körperschaftsteuergesetzes erzielt werden, die mit einer Kapitalgesellschaft oder sonstigen juristischen Person im Sinne des § 1 Absatz 1 Nummer 1 bis 3 des Körperschaftsteuergesetzes vergleichbar ist. ⁴Zu den Einkünften aus der Veräußerung von inländischem unbeweglichem Vermögen im Sinne dieses Buchstabens gehören auch Wertveränderungen von Wirtschaftsgütern, die mit diesem Vermögen in wirtschaftlichem Zusammenhang stehen, oder

g) die aus der Verschaffung der Gelegenheit erzielt werden, einen Berufssportler als solchen im Inland vertraglich zu verpflichten; dies gilt nur, wenn die Gesamteinnahmen 10 000 Euro übersteigen;

3. Einkünfte aus selbständiger Arbeit (§ 18), die im Inland ausgeübt oder verwertet wird oder worden ist, oder für die im Inland eine feste Einrichtung oder eine Betriebsstätte unterhalten wird;

4. Einkünfte aus nichtselbständiger Arbeit (§ 19), die

a) im Inland ausgeübt oder verwertet wird oder worden ist,

b) aus inländischen öffentlichen Kassen einschließlich der Kassen des Bundeseisenbahnvermögens und der Deutschen Bundesbank mit Rücksicht auf ein gegenwärtiges oder früheres Dienstverhältnis gewährt werden, ohne dass ein Zahlungsanspruch gegenüber der inländischen öffentlichen Kasse bestehen muss,

c) als Vergütung für eine Tätigkeit als Geschäftsführer, Prokurist oder Vorstandsmitglied einer Gesellschaft mit Geschäftsleitung im Inland bezogen werden,

d) als Entschädigung im Sinne des § 24 Nummer 1 für die Auflösung eines Dienstverhältnisses gezahlt werden, soweit die für die zuvor ausgeübte Tätigkeit bezogenen Einkünfte der inländischen Besteuerung unterlegen haben,

e) an Bord eines im internationalen Luftverkehr eingesetzten Luftfahrzeugs ausgeübt wird, das von einem Unternehmen mit Geschäftsleitung im Inland betrieben wird;

5.[1] Einkünfte aus Kapitalvermögen im Sinne des

a) § 20 Absatz 1 Nummer 1, 2, 4, 6 und 9, wenn der Schuldner Wohnsitz, Geschäftsleitung oder Sitz im Inland hat oder wenn es sich um Fälle des § 44 Absatz 1 Satz 4 Nummer 1 Buchstabe a Doppelbuchstabe bb handelt; dies gilt auch für Erträge aus Wandelanleihen und Gewinnobligationen,

b) (weggefallen)

c) § 20 Absatz 1 Nummer 5 und 7, wenn

aa) das Kapitalvermögen durch inländischen Grundbesitz, durch inländische Rechte, die den Vorschriften des bürgerlichen Rechts über Grundstücke unterliegen, oder durch Schiffe, die in ein inländisches Schiffsregister eingetragen sind, unmittelbar oder mittelbar gesichert ist. ²Ausgenommen sind Zinsen aus Anleihen und Forderungen, die in ein öffentliches Schuldbuch eingetragen oder über die Sammelurkunden im Sinne des § 9a des Depotgesetzes oder Teilschuldverschreibungen ausgegeben sind, oder

bb) das Kapitalvermögen aus Genussrechten besteht, die nicht in § 20 Absatz 1 Nummer 1 genannt sind,

d) § 43 Absatz 1 Satz 1 Nummer 7 Buchstabe a, Nummer 9 und 10 sowie Satz 2, wenn sie von einem Schuldner oder von einem inländischen Kreditinstitut oder einem inländischen Finanzdienstleistungsinstitut im Sinne des § 43 Absatz 1 Satz 1 Nummer 7 Buchstabe b einem anderen als einem ausländischen Kreditinstitut oder einem ausländischen Finanzdienstleistungsinstitut

aa) gegen Aushändigung der Zinsscheine ausgezahlt oder gutgeschrieben werden und die Teilschuldverschreibungen nicht von dem Schuldner, dem inländischen Kreditinstitut oder dem inländischen Finanzdienstleistungsinstitut verwahrt werden oder

bb) gegen Übergabe der Wertpapiere ausgezahlt oder gutgeschrieben werden und diese vom Kreditinstitut weder verwahrt noch verwaltet werden.

²§ 20 Absatz 3 gilt entsprechend;

6. Einkünfte aus Vermietung und Verpachtung (§ 21), soweit sie nicht zu den Einkünften im Sinne der Nummern 1 bis 5 gehören, wenn das unbewegliche Vermögen, die Sachinbegriffe oder Rechte im Inland belegen oder in ein inländisches öffentliches Buch oder Register eingetragen sind oder in einer inländischen Betriebsstätte oder in einer anderen Einrichtung verwertet werden;

---

1 **Anm. d. Red.:** Zur Anwendung des § 49 Abs. 1 Nr. 5 siehe § 52 Abs. 45a.

7. sonstige Einkünfte im Sinne des § 22 Nummer 1 Satz 3 Buchstabe a, die von den inländischen gesetzlichen Rentenversicherungsträgern, der inländischen landwirtschaftlichen Alterskasse, den inländischen berufsständischen Versorgungseinrichtungen, den inländischen Versicherungsunternehmen oder sonstigen inländischen Zahlstellen gewährt werden; dies gilt entsprechend für Leibrenten und andere Leistungen ausländischer Zahlstellen, wenn die Beiträge, die den Leistungen zugrunde liegen, nach § 10 Absatz 1 Nummer 2 ganz oder teilweise bei der Ermittlung der Sonderausgaben berücksichtigt wurden;

8. sonstige Einkünfte im Sinne des § 22 Nummer 2, soweit es sich um private Veräußerungsgeschäfte handelt, mit

   a) inländischen Grundstücken oder

   b) inländischen Rechten, die den Vorschriften des bürgerlichen Rechts über Grundstücke unterliegen;

8a. sonstige Einkünfte im Sinne des § 22 Nummer 4;

9. sonstige Einkünfte im Sinne des § 22 Nummer 3, auch wenn sie bei Anwendung dieser Vorschrift einer anderen Einkunftsart zuzurechnen wären, soweit es sich um Einkünfte aus inländischen unterhaltenden Darbietungen, aus der Nutzung beweglicher Sachen im Inland oder aus der Überlassung der Nutzung oder des Rechts auf Nutzung von gewerblichen, technischen, wissenschaftlichen und ähnlichen Erfahrungen, Kenntnissen und Fertigkeiten, zum Beispiel Plänen, Mustern und Verfahren, handelt, die im Inland genutzt werden oder worden sind; dies gilt nicht, soweit es sich um steuerpflichtige Einkünfte im Sinne der Nummern 1 bis 8 handelt;

10. sonstige Einkünfte im Sinne des § 22 Nummer 5; dies gilt auch für Leistungen ausländischer Zahlstellen, soweit die Leistungen bei einem unbeschränkt Steuerpflichtigen zu Einkünften nach § 22 Nummer 5 Satz 1 führen würden oder wenn die Beiträge, die den Leistungen zugrunde liegen, nach § 10 Absatz 1 Nummer 2 ganz oder teilweise bei der Ermittlung der Sonderausgaben berücksichtigt wurden.

(2) Im Ausland gegebene Besteuerungsmerkmale bleiben außer Betracht, soweit bei ihrer Berücksichtigung inländische Einkünfte im Sinne des Absatzes 1 nicht angenommen werden könnten.

(3) ¹Bei Schifffahrt- und Luftfahrtunternehmen sind die Einkünfte im Sinne des Absatzes 1 Nummer 2 Buchstabe b mit 5 Prozent der für diese Beförderungsleistungen vereinbarten Entgelte anzusetzen. ²Das gilt auch, wenn solche Einkünfte durch eine inländische Betriebsstätte oder einen inländischen ständigen Vertreter erzielt werden (Absatz 1 Nummer 2 Buchstabe a). ³Das gilt nicht in den Fällen des Absatzes 1 Nummer 2 Buchstabe c oder soweit das deutsche Besteuerungsrecht nach einem Abkommen zur Vermeidung der Doppelbesteuerung ohne Begrenzung des Steuersatzes aufrechterhalten bleibt.

(4) ¹Abweichend von Absatz 1 Nummer 2 sind Einkünfte steuerfrei, die ein beschränkt Steuerpflichtiger mit Wohnsitz oder gewöhnlichem Aufenthalt in einem ausländischen Staat durch den Betrieb eigener oder gecharterter Schiffe oder Luftfahrzeuge aus einem Unternehmen bezieht, dessen Geschäftsleitung sich in dem ausländischen Staat befindet. ²Voraussetzung für

die Steuerbefreiung ist, dass dieser ausländische Staat Steuerpflichtigen mit Wohnsitz oder gewöhnlichem Aufenthalt im Geltungsbereich dieses Gesetzes eine entsprechende Steuerbefreiung für derartige Einkünfte gewährt und dass das Bundesministerium für Verkehr und digitale Infrastruktur die Steuerbefreiung nach Satz 1 für verkehrspolitisch unbedenklich erklärt hat.

Inhaltsübersicht

	Rz.
A. Allgemeine Erläuterungen	1 - 7
I. Konzeption und Wesen der beschränkten Steuerpflicht	1
II. Persönlicher Anwendungsbereich	2
III. Verhältnis zu höherrangigem Recht; Verfassungsmäßigkeit; Unionsrechtskonformität; Abkommensrecht	3 - 5
IV. Verhältnis zu anderen Vorschriften; Doppelbesteuerungsabkommen	6 - 7
B. Systematische Kommentierung	8 - 247
I. Beschränkt steuerpflichtige Einkünfte (§ 49 Abs. 1 EStG)	9 - 230
1. Einkünfte aus Land- und Forstwirtschaft (§ 49 Abs. 1 Nr. 1 EStG)	9 - 20
a) Struktur des Tatbestands	9 - 15
b) Technik der Steuererhebung; Doppelbesteuerungsabkommen	16 - 20
2. Einkünfte aus Gewerbebetrieb (§ 49 Abs. 1 Nr. 2 EStG)	21 - 130
a) Betriebsstätte und ständiger Vertreter (§ 49 Abs. 1 Nr. 2 Buchst. a EStG)	26 - 40
aa) Anknüpfungsmerkmale der beschränkten Steuerpflicht	26
bb) Betriebsstätte	27 - 36
(1) Betriebsstättenbegriff	27 - 29
(2) Betriebsstättengewinnermittlung; laufende Einkünfte; AOA	30 - 31
(3) Gewinnermittlung von Betriebsstätten beschränkt Steuerpflichtiger bei Gründung und Beendigung	32 - 36
cc) Ständiger Vertreter	37 - 39
dd) Steuererhebung	40
b) Seeschiffe und Luftfahrzeuge (§ 49 Abs. 1 Nr. 2 Buchst. b und c EStG)	41 - 47
aa) Umfang der Besteuerung	41 - 43
bb) Besonderheiten der Gewinnermittlung	44 - 46
cc) Steuererhebung	47
c) Darbietungstatbestand bei beschränkter Steuerpflicht (§ 49 Abs. 1 Nr. 2 Buchst. d EStG)	48 - 59
aa) Stoßrichtung und Bedeutung der Vorschrift	48 - 51
bb) Begriffliches: künstlerische, sportliche, artistische, unterhaltende und ähnliche Darbietungen	52 - 56
cc) Zusammenhängende Leistungen	57
dd) Steuererhebung; Verhältnis zu Doppelbesteuerungsabkommen	58 - 59
d) Veräußerung von Anteilen an Kapitalgesellschaften (§ 49 Abs. 1 Nr. 2 Buchst. e EStG)	60 - 75
aa) Überblick; Reichweite der Vorschrift	60
bb) Grundtatbestand des § 49 Abs. 1 Nr. 2 Buchst. e Doppelbuchst. aa EStG	61
cc) Auffangtatbestand des § 49 Abs. 1 Nr. 2 Buchst. e Doppelbuchst. bb EStG (Buchwertverknüpfung in Umwandlungsfällen)	62 - 63

		dd)	Auffangtatbestand des § 49 Abs. 1 Nr. 2 Buchst. e Doppelbuchst. cc EStG (Immobiliengesellschaften)	64 - 73
		ee)	Steuererhebung; Verhältnis zu Doppelbesteuerungsabkommen	74 - 75
	e)	Vermietung, Verpachtung und Veräußerung von unbeweglichem Vermögen, Sachinbegriffen oder Rechten (§ 49 Abs. 1 Nr. 2 Buchst. f EStG)		76 - 106
		aa)	Hintergrund der Vorschrift	76
		bb)	Normative Kernaussage	77 - 78
		cc)	Problematik der Norm	79 - 85
			(1) Zeitliche Erfassung zu besteuernder stiller Reserven in inländischen Grundstücken	79 - 80
			(2) Position der Finanzverwaltung	81
			(3) Position der Rechtsprechung	82 - 85
		dd)	Erfasste Einkünfte	86 - 91
		ee)	Einkünfteermittlung	92 - 93
			(1) Veräußerungsgewinn	92
			(2) Laufende Vermietungs- und Verpachtungs-Einkünfte	93
		ff)	Gestaltungsvariante „Verkauf von Anteilen an grundstücksverwaltenden Gesellschaften"	94 - 105
			(1) Vorbemerkung	94 - 96
			(2) Inländische Personengesellschaft mit Gesellschaftern im Nicht-DBA-Ausland	97 - 99
			(3) Inländische Personengesellschaft mit Gesellschaftern im DBA-Ausland	100 - 101
			(4) Gewerbliche Prägung der immobilienverwaltenden inländischen Personengesellschaft	102 - 104
			(5) Vermögensverwaltende ausländische Personengesellschaft	105
		gg)	Besteuerung der Überlassung verschiedener Gegenstände durch Steuerausländer ins Inland, wenn keine inländische Betriebsstätte existiert, der diese Gegenstände zuzurechnen sind	106
	f)	Verschaffung der Gelegenheit, einen Berufssportler als solchen vertraglich zu verpflichten (§ 49 Abs. 1 Nr. 2 Buchst. g EStG)		107 - 130
		aa)	Regelungshintergrund; Vereinbarkeit mit höherrangigem Recht	107
		bb)	Verschaffung einer „Gelegenheit"; Anwendungsbereich	108
		cc)	Berufssportler	109
		dd)	Verpflichtung eines Berufssportlers „als solchen" „im Inland"	110
		ee)	Verfahren; Abkommensrecht	111 - 112
		ff)	Nichtaufgriffsgrenze	113 - 130
3.	Einkünfte aus selbständiger Arbeit (§ 49 Abs. 1 Nr. 3 EStG)			131 - 145
	a)	Grundsatz; Inlandsbezug		131
	b)	Ausübungstatbestand im Inland		132 - 133
	c)	Verwertungstatbestand im Inland		134 - 135
	d)	Unterhalten einer festen Einrichtung im Inland; Unterhalten einer Betriebsstätte im Inland		136 - 137
	e)	Technik der Steuererhebung; Doppelbesteuerungsabkommen		138 - 145
4.	Einkünfte aus nichtselbständiger Arbeit (§ 49 Abs. 1 Nr. 4 EStG)			146 - 168
	a)	Grundtatbestand		146
	b)	Ausübung und Verwertung im Inland (§ 49 Abs. 1 Nr. 4 Buchst. a EStG)		147 - 148

	c)	Einkünfte aus öffentlichen Kassen (§ 49 Abs. 1 Nr. 4 Buchst. b EStG)	149
	d)	Tätigkeit von Geschäftsführern, Prokuristen, Vorstandsmitgliedern (§ 49 Abs. 1 Nr. 4 Buchst. c EStG)	150 - 154
	e)	Entschädigung i. S. d. § 24 Nr. 1 EStG für die Auflösung eines Dienstverhältnisses (§ 49 Abs. 1 Nr. 4 Buchst. d EStG)	155
	f)	Tätigkeit an Bord von Luftfahrzeugen (§ 49 Abs. 1 Nr. 4 Buchst. e EStG)	156
	g)	Verhältnis zu Doppelbesteuerungsabkommen	157 - 168
5.		Einkünfte aus Kapitalvermögen (§ 49 Abs. 1 Nr. 5 EStG)	169 - 195
	a)	Überblick der erfassten Einkünfte; Inlandsbezug	169 - 172
	b)	Die verschiedenen Einkunftsgruppen des § 49 Abs. 1 Nr. 5 EStG	173 - 182
		aa) Einkünfte i. S. d. § 49 Abs. 1 Nr. 5 Satz 1 Buchst. a EStG	173 - 176
		bb) Einkünfte i. S. d. § 49 Abs. 1 Nr. 5 Satz 1 Buchst. b EStG	177 - 178
		cc) Einkünfte i. S. d. § 49 Abs. 1 Nr. 5 Satz 1 Buchst. c EStG	179
		dd) Einkünfte i. S. d. § 49 Abs. 1 Nr. 5 Satz 1 Buchst. d EStG	180 - 181
		ee) Einkünfte gem. § 49 Abs. 1 Nr. 5 Satz 2 EStG	182
	c)	Steuererhebung	183
	d)	Verhältnis zu Doppelbesteuerungsabkommen	184 - 195
6.		Einkünfte aus Vermietung und Verpachtung (§ 49 Abs. 1 Nr. 6 EStG)	196 - 210
	a)	Besteuerungsumfang	196
	b)	Inländische Anknüpfungsmerkmale bei Einkünften aus Vermietung und Verpachtung	197
	c)	Steuererhebung; Verhältnis zu Doppelbesteuerungsabkommen	198 - 210
7.		Sonstige Einkünfte (§ 49 Abs. 1 Nr. 7 bis 10 EStG)	211 - 230
	a)	Überblick; Systematik der Nr. 7 bis 10	211
	b)	Wiederkehrende Bezüge (§ 49 Abs. 1 Nr. 7 EStG i. V. m. § 22 Nr. 1 Satz 3 Buchst. a Doppelbuchst. aa EStG)	212 - 213
	c)	Private Veräußerungsgeschäfte (Spekulationsgeschäfte, § 49 Abs. 1 Nr. 8 EStG i. V. m. §§ 22 Nr. 2, 23 EStG)	214
	d)	Abgeordnetenbezüge (§ 49 Abs. 1 Nr. 8a EStG)	215
	e)	Sonstige Einkünfte (§ 49 Abs. 1 Nr. 9 EStG i. V. m. § 22 Nr. 3 EStG)	216 - 220
	f)	Pensionsfonds, Pensionskassen, Direktversicherung (§ 49 Abs. 1 Nr. 10 EStG i. V. m. § 22 Nr. 5 EStG)	221 - 230
II.		Isolierende Betrachtungsweise (§ 49 Abs. 2 EStG)	231 - 245
III.		Besteuerung von Schifffahrt- und Luftfahrtunternehmen (§ 49 Abs. 3 und 4 EStG)	246 - 247

HINWEIS:

BMF v. 15. 12. 1994, BStBl 1994 I 883; BMF v. 24. 12. 1999, BStBl 1999 I 1076; BMF v. 25. 11. 2010, BStBl 2010 I 1350; BMF v. 16. 5. 2011, BStBl 2011 I 530; BMF v. 26. 7. 2013, BStBl 2013 I 939; BMF v. 12. 9. 2013, BStBl 2013 I 1176; BMF v. 26. 9. 2014, BStBl 2014 I 1258; BMF v. 26. 9. 2014, BStBl 2014 I 1297; BMF v. 12. 11. 2014, BStBl 2014 I 1467; BMF v. 27.10.2017, BStBl 2017 I 1448.

LITERATUR:

▶ Weitere Literatur siehe Online-Version

Kraft/Dombrowski, Die praktische Umsetzung des „Authorized OECD Approach" vor dem Hintergrund der Betriebsstättengewinnaufteilungsverordnung, FR 2014, 1105; *Kraft/Hohage*, Gestaltungsüberlegungen beim Verkauf von Anteilen an grundstücksverwaltende Gesellschaften, IStR 2014, 605; *Kraft/Mengel*, Anwendbarkeit der Kapitalverkehrsfreiheit auf Drittstaatendividenden in DBA-Situationen, IStR 2014, 309; *Krumm*, Bedeutung des „Korrespondenzprinzips" für die unionsrechtliche Rechtfertigung des § 50 Abs. 1 Satz 3 EStG, zu BFH, Beschluss vom 14. 5. 2013 - I R 49/12, IWB 2014, 13; *Ackermann*, Beschränkte Steuerpflicht bei Einkünften aus Kapitalvermögen, IWB 2015, 270; *Heine*, Ausschluss des Sonderausgabenabzugs für beschränkt Steuerpflichtige, zu EuGH, Urteil vom 24. 2. 2015 - Rs. C-559/13 (Grünewald), IWB 2015, 499; *Kessler/Spengel*, Checkliste potenziell EU-rechtswidriger Normen des deutschen direkten Steuerrechts – Update 2015, DB 2015, Heft 05 Beilage 1, 1; *Kraft/Schreiber*, Anteilstransaktionen unter Beteiligung steuerausländischer Gesellschafter – Zusammenspiel von UmwStG, Unionsrecht und beschränkter Steuerpflicht, IWB 2015, 401; *Loose*, BFH zur Besteuerung eines Veräußerungsgewinns im Inbound-Fall, IWB 2017, 912; *Trautmann/Dörnhöfer*, Die ausländische Immobiliengesellschaft mit inländischem Grundbesitz in der Krise, IWB 2017, 499; *Schewe*, Beschränkte Steuerpflicht ausländischer Softwareanbieter, IWB 2018, 98; *Kraft*, Softwareüberlassung und Gestattung von Datenbanknutzung durch ausländische Digitalanbieter (Teil 1), NWB 2018, 868; *Kraft*, Softwareüberlassung und Gestattung von Datenbanknutzung durch ausländische Digitalanbieter (Teil 2), NWB 2018, 937; *Cloer/Hagemann/Lichel/Schmitt*, Änderungen für Einkünfte mit Bezug zu deutschem Grundbesitz im Rahmen der beschränkten Steuerpflicht – Entwurf eines Jahressteuergesetzes 2018 – Teil II, BB 2018, 1751; *Kempf/Loose/Oskamp*, Beschränkte Steuerpflicht bei Gewinnen aus der Veräußerung von Immobilienkapitalgesellschaften nach dem Entwurf des JStG 2018, IStR 2018, 527; *Weiss/Brühl*, Ausgewählte ertragsteuerliche Aspekte des "Jahressteuergesetzes 2018", BB 2018, 2135.

A. Allgemeine Erläuterungen

I. Konzeption und Wesen der beschränkten Steuerpflicht

1   Einkommensteuer ebenso wie Körperschaftsteuer unterscheiden – für Personensteuern typisch – zwischen unbeschränkter und beschränkter Einkommensteuer- bzw. Körperschaftsteuerpflicht. Während die unbeschränkte Einkommensteuerpflicht als Charakteristikum das Welteinkommensprinzip in sich trägt und dem Steuerpflichtigen die Berücksichtigung persönlicher Elemente (Splittingtarif, Sonderausgaben, außergewöhnliche Belastungen) gewährt, basiert die beschränkte Einkommensteuerpflicht konzeptionell auf einer Art „objektivierter" Besteuerung – mitunter unscharf als „Objektsteuercharakter" bezeichnet – und unterwirft die Steuersubjekte, natürliche wie juristische Personen, als steuerpflichtig mit inländischen Einkünften. Das Universalitätsprinzip der unbeschränkten Steuerpflicht steht dem Territorialitätsprinzip der beschränkten Steuerpflicht gewissermaßen diametral gegenüber. Das Territorialitätsprinzip verhindert einerseits eine – völkerrechtswidrige – Besteuerung von Steuerausländern ohne jeglichen inländischen Anknüpfungspunkt, andererseits rechtfertigt es die Besteuerung sog. inlandsradizierter Einkünfte. Trotz der objektivierten Besteuerung besteht kein Zweifel daran, dass auch die beschränkte Steuerpflicht an das Prinzip der Besteuerung nach der wirtschaftlichen Leistungsfähigkeit des Steuerpflichtigen anknüpft.

II. Persönlicher Anwendungsbereich

2   Die beschränkte Steuerpflicht beansprucht Geltung sowohl im Einkommen- als auch im Körperschaftsteuerrecht. Auch erbschaftsteuerlich unterfallen bestimmte von Steuerausländern verwirklichte Inlandssachverhalte der beschränkten Erbschaftsteuerpflicht. Gewerbesteuerlich spielt die Unterscheidung in Steuerin- und Steuerausländer bzw. in ansässige und nichtansässige Personen, mithin in unbeschränkt und beschränkt Steuerpflichtige keine Rolle. Dies liegt darin begründet, dass die Gewerbesteuer als Objektsteuer nicht an der Person eines Steuerpflichtigen, sondern am Objekt des „gewerblichen Unternehmens" angreift.

III. Verhältnis zu höherrangigem Recht; Verfassungsmäßigkeit; Unionsrechtskonformität; Abkommensrecht

In Bezug auf die **Verfassungsmäßigkeit** sollten die prinzipiellen Unterschiede zwischen unbeschränkter und beschränkter Einkommensteuer- bzw. Körperschaftsteuerpflicht unbedenklich sein. In Einzelfällen lassen sich indessen manifeste Verfassungsverstöße identifizieren: Verstoß gegen das Nettoprinzip,[1] Verstoß gegen das Folgerichtigkeitsgebot, gleichheitsrechtliche Bedenken, Verletzung des Leistungsfähigkeitsgrundsatzes sowie Verstöße gegen das Willkürverbot, sowohl bei der Auswahl der Steuersubjekte als auch bei der Definition der Steuertatbestände, schließlich strukturelle Vollzugsdefizite.

Hinsichtlich der **Unionsrechtskonformität** ist dem Gesetzgeber durchaus die Bereitschaft zu konzedieren, insbesondere im Nachgang zu Präzedenzentscheidungen des EuGH – manchmal mit langer Verzögerung – unionsrechtskonforme Zustände herzustellen. Dies führt in weiten Bereichen zur Einebnung der Unterschiede zwischen unbeschränkter und beschränkter Einkommensteuer- bzw. Körperschaftsteuerpflicht. Gleichwohl sind beileibe nicht sämtliche unionsrechtlichen Probleme im Bereich der beschränkten Steuerpflicht gelöst. Exemplarisch anzuführen sind Kapitalertragsteuern auf Drittstaatsdividenden.[2] Auch kann nicht ausgeschlossen werden, dass nicht einige Vorschriften der beschränkten Steuerpflicht auf den beihilferechtlichen Prüfstand gestellt werden müssen.

Aus der Perspektive des **Völkerrechts** ist zunächst zu betonen, dass es auch dort ein allgemeines Willkürverbot gibt. Dieses verbietet es, solche Einkünfte als inländisch zu qualifizieren, die unter keinem denkbaren Gesichtspunkt über einen Inlandsbezug verfügen – Verbot extraterritorialer Besteuerung. Ebenso ist das abkommensrechtliche Diskriminierungsverbot – normativ verortet in Art. 24 Abs. 1 bis 3 OECD-MA – als völkerrechtlicher Problembereich zu nennen.

IV. Verhältnis zu anderen Vorschriften; Doppelbesteuerungsabkommen

Im Verhältnis zu den – die Auslandsbeziehungen unbeschränkt Steuerpflichtiger regelnden – §§ 34c, 34d EStG stellen die §§ 49 ff. EStG in Teilbereichen, jedoch nicht in vollem Umfang spiegelbildliche Gegenregelungen dar. Indessen ist dies weder Rechts- noch Systemprinzip. Gegenüber der erweiterten beschränkten Steuerpflicht i. S. d. § 2 AStG ist der Besteuerungsumfang eingeschränkt.[3]

Abkommensnormen spielen als Spezialvorschriften im System der beschränkten Steuerpflicht eine überragende Rolle. Dabei ist der schrankenrechtliche Charakter der DBA im Auge zu behalten. Eine tatbestandliche Erweiterung der Normen der beschränkten Steuerpflicht aufgrund von DBA ist nicht zulässig.[4]

(Einstweilen frei)

---

[1] Vgl. dazu das beim BFH anhängige Verfahren zur Abgeltungsteuer: BFH v. 28.1.2015 - VIII R 13/13, BStBl 2015 II 393.
[2] Vgl. *Kraft/Mengel*, IStR 2014, 309; *Kessler/Spengel*, DB 2015, Heft 05 Beilage 1, 1.
[3] Vgl. *Kraft* in Kraft, § 2 AStG Rz. 2. Zum Verhältnis des § 49 EStG zu der Vorschrift des § 4h EStG vgl. *Bron*, IStR 2008, 14.
[4] BFH v. 21.1.1981 - I R 153/77, BStBl 1981 II 517; BFH v. 27.8.2008 - I R 81/07, BStBl 2009 II 632.

B. Systematische Kommentierung

Struktur der inländischen Einkünfte i. S. d. § 49 EStG im Überblick

§ 2 Abs. 1 Einkunftsart	Anknüpfung an Einkunftsarten	§ 49 Abs. 1 inländisches Anknüpfungsmerkmal
Nr. 1	Land- und Forstwirtschaft §§ 13-14a	Nr. 1 im Inland betrieben
Nr. 2	Gewerbebetrieb §§ 15-17	Nr. 2 a) inländische Betriebsstätte/ständiger Vertreter im Inland Nr. 2 b) bestimmte Beförderungen mit Inlandsbezug Nr. 2 c) internationale Betriebsgemeinschaften und Pool-Abkommen unter Einschaltung inländischer Unternehmen bei Beförderungen mit Inlandsbezug Nr. 2 d) Darbietungen im Inland Nr. 2 e) Veräußerung inländischer Beteiligungen bzw. bestimmter ausländischer Beteiligungen Nr. 2 f) Vermietung, Veräußerung von Grundstücken, Sachinbegriffen, Rechten mit Inlandsbezug Nr. 2 g) Gelegenheitsverschaffung im Profisport
Nr. 3	selbständige Arbeit § 18	Nr. 3 Ausübung/Verwertung im Inland oder Unterhaltung einer festen Einrichtung oder Betriebsstätte im Inland
Nr. 4	nichtselbständige Arbeit §§ 19-19a	Nr. 4 z. B. Ausübung/Verwertung im Inland, Bezüge aus inländischen öffentlichen Kassen, Leitungsfunktionen für inländische Gesellschaft
Nr. 5	Kapitalvermögen § 20	Nr. 5 z.T. Person des Schuldners, z.T. sachliche Merkmale
Nr. 6	Vermietung und Verpachtung § 21	Nr. 6 Belegenheit im Inland
Nr. 7	sonstige Einkünfte § 22 Nr. 1 § 22 Nr. 2 i. V. m. § 23 § 22 Nr. 4 § 22 Nr. 3	Nr. 7 inländische Zahlstelle Nr. 8 inländische Grundstücke, inländische Beteiligungen Nr. 8a alle Abgeordnetenbezüge Nr. 9 Nutzung beweglicher Sachen, Know-How im Inland Nr. 10 Leistungen im Zusammenhang mit im Inland steuerfrei gestellten Beiträgen oder Zuwendungen

I. Beschränkt steuerpflichtige Einkünfte (§ 49 Abs. 1 EStG)

1. Einkünfte aus Land- und Forstwirtschaft (§ 49 Abs. 1 Nr. 1 EStG)

a) Struktur des Tatbestands

„Betrieben" wird eine Land- und Forstwirtschaft im Normalfall dort, wo bewirtschafteter Grund belegen ist. Dieser Ort bzw. diese Orte fallen nicht zwangsläufig mit dem Sitz oder mit dem Ort der Geschäftsleitung des die Land- und Forstwirtschaft betreibenden Unternehmens zusammen. Im Zusammenhang mit der Frage, ob im Inland belegene Grundstücke für einen im Ausland unterhaltenen Betrieb der Land- und Forstwirtschaft den Tatbestand des § 49 Abs. 1 Nr. 1 EStG erfüllen, mithin die Voraussetzungen der beschränkten Steuerpflicht erfüllen, ist es unerheblich, ob inländische Grundstücke lediglich einen Teil eines ausländischen land- und forstwirtschaftlichen Betriebs darstellen oder ob sie einen selbständigen inländischen Betrieb verkörpern. Entscheidend ist allein, dass dem inländischen Teil inländische, somit im Inland generierte, Einkünfte zurechenbar sind.[1] Nach der zutreffenden BFH-Entscheidung vom 19.12.2007[2] unterliegt in solchen Fällen immer nur der inländische Teil der beschränkten Steuerpflicht.

Terminologisch lehnt sich die **Land- und Forstwirtschaft** des Tatbestands im Rahmen der beschränkten Steuerpflicht vollumfänglich an § 13 EStG an. Die im Rahmen dieser Norm herausgearbeiteten definitorischen Merkmale beanspruchen daher auch im Kontext des § 49 Abs. 1 Nr. 1 EStG Geltung. Folglich handelt es sich um Urproduktion unter Nutzung von inländischem Grund und Boden. In Einzelfällen können die Grenzen durchaus fließend sein, so beispielsweise beim kellertechnischen inländischen Ausbau von im Ausland geernteten Trauben. In solcherart gelagerten Fällen wird man nicht umhin kommen, auf das Gesamtbild der Verhältnisse abzustellen.

Unerheblich ist es, wer die Land- und Forstwirtschaft betreibt. Es kann sich insoweit um den Regelfall des Betriebs durch den **Eigentümer** des Grund und Bodens handeln, aber auch um die im land- und forstwirtschaftlich häufig anzutreffenden **Pachtverhältnisse** oder auch **Mieter** oder **Nießbraucher** schließen den Bezug beschränkt steuerpflichtiger Einkünfte aus Land- und Forstwirtschaft keineswegs aus. Im Gegenteil – nicht selten wird die im Inland betriebene Land- und Fortwirtschaft des Steuerausländers sowohl auf eigenen als auch auf gepachteten Grundstücken beruhen.

Ebenso wenig ist die **Rechtsform** des die Land- und Forstwirtschaft betreibenden Steuerausländers von Belang. Neben natürlichen Personen, Personenvereinigungen – typischerweise in der Rechtsform einer nach ausländischem Recht gegründeten Personengesellschaft – mit auf inländischem Grund und Boden betriebener Land- und Forstwirtschaft finden sich in der Besteuerungswirklichkeit auch nach ausländischem Recht gegründete Kapitalgesellschaften, die im Inland aufgrund ihrer Betätigung Einkünfte aus § 49 Abs. 1 Nr. 1 EStG generieren. In Erinnerung zu rufen ist, dass die Rechtsform der Kapitalgesellschaften in entsprechenden Konstellationen nicht zur Gewerbesteuerpflicht der land- und forstwirtschaftlichen Einkünfte führt. Ferner ist daran zu erinnern, dass die Umqualifizierungsnorm des § 8 Abs. 2 KStG nicht auf beschränkt steuerpflichtige Körperschaftsteuersubjekte anwendbar ist.[3]

---

1 Vgl. *Wied* in Blümich, § 49 EStG Rz. 53; BFH v. 17.12.1997 - I R 95/96, BStBl 1998 II 260.
2 BFH v. 19.12.2007 - I R 19/06, BFH/NV 2008, 672 = NWB DokID: GAAAC-72657.
3 Vgl. *Klein/Müller/Döpper* in Mössner/Seeger, § 8 KStG Rz. 101.

BEISPIEL: Die Farming-BV mit Sitz und Ort der Geschäftsleitung in den Niederlanden bewirtschaftet im Inland 1000 ha Ackerland im Getreide- und Rübenanbau. Damit erfüllt sie den Tatbestand des § 49 Abs. 1 Nr. 1 EStG; eine zwangsläufige Gewerbesteuerpflicht ergibt sich mangels Anwendbarkeit des § 8 Abs. 2 KStG nicht. Auch ergibt sich aus § 2 Abs. 1 Satz 1 GewStG keine automatische Gewerbesteuerpflicht der land- und forstwirtschaftlichen Einkünfte der Farming-BV. Zwar ist dieses nach Typenvergleichsgrundsätzen einer nach inländischem Recht gegründeten Kapitalgesellschaft gleichgestellt. Gleichwohl fehlt es im vorliegenden Fall zur Annahme gewerblicher Einkünfte am diesbezüglichen Anknüpfungsmerkmal der beschränkten Steuerpflicht gewerblicher Einkünfte, nämlich der im Inland unterhaltenen gewerblichen Betriebsstätte. Der Umstand, dass eine land- und forstwirtschaftliche Betriebsstätte im Inland existieren mag, bewirkt nicht die Umqualifizierung in gewerbliche Einkünfte i. S. d. § 49 Abs. 1 Nr. 2 Buchst. a EStG.

13 Die **Subsidiaritätsklauseln** gelten auch im Rahmen der beschränkten Steuerpflicht uneingeschränkt. Dies bedeutet, dass die in den § 49 Abs. 1 Nr. 5 bis 9 EStG geregelten Tatbestände gegenüber § 49 Abs. 1 Nr. 1 EStG subsidiär sind. Hinzuweisen ist darauf, dass bestimmte Nebenerträge der im Inland betriebenen Land- und Forstwirtschaft des Steuerausländers der beschränkten Steuerpflicht unterworfen sein können, obwohl sie isoliert betrachtet, keinen Steuertatbestand begründen.

BEISPIEL: Ein beschränkt steuerpflichtiger Land- und Forstwirt hat aus dem vorfinanzierten Verkauf von Getreide Zinserträge, die nicht unmittelbar oder mittelbar i. S. d. § 49 Abs. 1 Nr. 5 Buchst. c EStG gesichert sind.

14 Obwohl in der Überschrift des § 49 Abs. 1 Nr. 1 EStG kein Verweis auf die Gewinnermittlung nach Durchschnittssätzen i. S. v. § 13a EStG enthalten ist, kann auch der beschränkt steuerpflichtige Land- und Forstwirt seinen **Gewinn nach Durchschnittssätzen** ermitteln.[1] Dabei ist lediglich auf die Verhältnisse der im Inland betriebenen Land- und Forstwirtschaft abzustellen.

15 Sämtliche dem Vorratsvermögen, aber auch dem Anlagevermögen der im Inland betriebenen Land- und Forstwirtschaft zurechenbaren **Veräußerungsgewinne** unterfallen den beschränkt steuerpflichtigen Inlandseinkünften. Ebenso erfolgt die steuerliche Behandlung von Veräußerungserfolgen aus der Veräußerung eines im Inland betriebenen land- und forstwirtschaftlichen Betriebs, Teilbetriebs oder eines Anteils an einem Betrieb oder Teilbetrieb nach allgemeinen Regeln. Die Einbringung des inländischen land- und forstwirtschaftlichen Betriebsvermögens in einen anderen Rechtsträger ist ggf. nach den Spezialvorschriften des UmwStG zu behandeln.

b) Technik der Steuererhebung; Doppelbesteuerungsabkommen

16 Die Besteuerung erfolgt durch Veranlagung, ein abgeltender Steuerabzug bietet sich weder aus Erwägungen der Vereinfachung noch – da wertvolle Teile des Betriebsvermögens im Inland belegen sind, in die vollstreckt werden kann – aus Gründen der Sicherstellung des Steueranspruchs an.

17 Die Einkunftsart „Land- und Forstwirtschaft" existiert als solche abkommensrechtlich nicht. Entsprechende Einkünfte sind bezüglich der laufenden Einkünfte nach dem Belegenheitsprinzip des Art. 6 OECD-MA, aperiodische Veräußerungseinkünfte nach dem des Art. 13 OECD-MA zu behandeln. Die Anwendung dieser Zuordnungsregeln hat zur Folge, dass der inländische Besteuerungsanspruch im Kontext eines beschränkt steuerpflichtigen land- und forstwirtschaftlichen Betriebs keinen Beschränkungen unterliegt.

18–20 *(Einstweilen frei)*

---

1 BFH v. 19.12.2007 - I R 19/06, BFH/NV 2008, 672 = NWB DokID: GAAAC-72657.

2. Einkünfte aus Gewerbebetrieb (§ 49 Abs. 1 Nr. 2 EStG)

§ 49 Abs. 1 Nr. 2 EStG formuliert acht teilweise überaus unterschiedlich konzipierte Tatbestände, die zu beschränkt steuerpflichtigen Einkünften aus Gewerbebetrieb führen. Angesprochen sind neben Betriebsstätte und ständigem Vertreter der Chartertatbestand von Seeschiffen und Luftfahrzeugen und der Poolabkommenstatbestand, der Darbietungstatbestand, der Anteilstransaktionstatbestand, der Vermietungs-, Verpachtungs- und Veräußerungstatbestand von unbeweglichem Vermögen, Sachinbegriffen oder Rechten sowie der Gelegenheitsverschaffungstatbestand.

Deren praktische Bedeutung ist höchst unterschiedlich, was sich in der sprachlichen und inhaltlichen Gewichtung nicht zwangsläufig niederschlägt. So finden sich neben den Grundtatbeständen der Anknüpfung an die Betriebsstätte und den ständigen Vertreter auch Gesetzesbefehle, die an aperiodische Transaktionen anknüpfen wie etwa die Anteilstransaktionen des § 49 Abs. 1 Nr. 2 Buchst. e EStG oder schlichtweg BFH-Nichtanwendungsgesetze wie etwa § 49 Abs. 1 Nr. 2 Buchst. g EStG. Aufgrund dieser heterogenen Tatbestandskomposition kann keine Rede mehr davon sein, die beschränkte Steuerpflicht gewerblicher Einkünfte stehe auf dem Fundament des Betriebsstättenprinzips. Jedenfalls ist ein einheitliches Konzept nicht erkennbar.[1]

Die Bedeutung der Vorschrift kann in der Besteuerungspraxis nicht hoch genug eingeschätzt werden. Ihr persönlicher Anwendungsbereich umfasst nämlich neben im Inland nicht ansässigen natürlichen Personen auch im Inland nicht ansässige juristische Personen. Personengesellschaften und Gemeinschaften sind insoweit von der Vorschrift betroffen, als deren Gesellschafter, seien es natürliche oder juristische Personen, bei Auslandsansässigkeit den Rechtsfolgen der Bestimmung unterworfen sind.

(Einstweilen frei)

a) Betriebsstätte und ständiger Vertreter (§ 49 Abs. 1 Nr. 2 Buchst. a EStG)

aa) Anknüpfungsmerkmale der beschränkten Steuerpflicht

Die Vorschrift knüpft an zwei unterschiedliche Tatbestände an und stellt gewissermaßen den auch internationalsteuerrechtlich akzeptierten Grundtatbestand gewerblicher Einkünfte dar. In zahlreichen Jurisdiktionen finden sich analoge Tatbestände, um gewerbliche Einkünfte der beschränkten Steuerpflicht zu unterwerfen. Einerseits stellt die Betriebsstätte den sachlichen Anknüpfungspunkt dar, andererseits verkörpert der ständige Vertreter den personellen Anknüpfungspunkt.

bb) Betriebsstätte

(1) Betriebsstättenbegriff

Der Begriff der Betriebsstätte orientiert sich an § 12 AO, nicht an dem teilweise, jedoch nicht vollumfänglich gleichlautenden Betriebsstättenbegriff der DBA bzw. eines konkret einschlägigen DBA. Nach der dort anzutreffenden Legaldefinition handelt es sich um eine feste Geschäftseinrichtung oder Anlage mit nicht nur vorübergehendem räumlichem Bezug zum Inland, die der Tätigkeit eines Unternehmens dient. In § 12 Satz 2 AO finden sich in nicht abschließender Aufzählung Beispiele. Darauf deutet die Verwendung des Begriffs „insbesondere"

---

1 Vgl. *Gosch* in Kirchhof, § 49 EStG Rz. 11. Kritisch hierzu *Schaumburg*, Internationales Steuerrecht, Rz. 5.137 ff.

hin. Trotz langer Gesetzgebungsgeschichte ist bis zum heutigen Tag ungeklärt, ob für die Katalogbeispiele die Tatbestandsmerkmale des § 12 Satz 1 AO vorliegen müssen. Diese Fragestellung ist identisch mit der, ob dem Beispielkatalog deklaratorischer oder konstitutiver Charakter zukommt.

28 Die Entscheidung über die Existenz oder Nicht-Existenz einer Betriebsstätte stellt den zentralen Dreh- und Angelpunkt für eine Reihe weiterer steuerlicher Konsequenzen dar. So

- ▶ vermag die im Inland belegene Betriebsstätte als Organträger gem. § 18 KStG zu fungieren,
- ▶ entfaltet der Steuerabzug keine Abgeltungswirkung vom Kapitalertrag oder nach § 50a EStG (§ 50 Abs. 2 Satz 2 Nr. 1 EStG),
- ▶ ermöglicht die Existenz einer im Inland belegenen Betriebsstätte unter bestimmten Voraussetzungen die Berücksichtigung ausländischer Steuern nach § 50 Abs. 3 EStG.

29 In persönlicher Hinsicht entfaltet der Betriebsstättenbegriff nicht nur für natürliche Personen ohne Wohnsitz und gewöhnlichen Aufenthalt im Inland Bedeutung, sondern in gleicher Weise für juristische Personen ohne Sitz und Ort der Geschäftsleitung im Inland. Bei im Ausland ansässigen Gesellschaftern von nach in- oder ausländischem Recht gegründeten Personengesellschaften (Mitunternehmerschaften) vermitteln inländische Betriebsstätten den ausländischen Gesellschaftern anteilige Betriebsstätten. Diesen Grundsatz möchte die Finanzverwaltung[1] unter Berufung auf höchstrichterliche Finanzrechtsprechung auch auf doppel- bzw. mehrstöckige Personengesellschaften entsprechend anwenden.[2]

Das BFH-Urteil v. 12.10.2016[3] stellt klar, dass auch die Sonderbetriebsausgaben im Kontext einer doppelstöckigen Mitunternehmerschaft mit beschränkt steuerpflichtigen (inkorporierten) Mitunternehmern als Einkünfte aus Gewerbebetrieb zu behandeln sind (§ 15 Abs. 1 Satz 1 Nr. 2 EStG). Als solche gehen sie nach § 49 Abs. 1 Nr. 2 Buchst. a EStG – für die im Ausland ansässige Kapitalgesellschaften i.V.m. § 2 Nr. 1 EStG, § 8 Abs. 1 KStG – in die Bemessungsgrundlage der beschränkt steuerpflichtigen Einkünfte ein. Konsequenterweise sind Sonderbetriebsausgaben – hier Darlehenszinsen – der durch die gewerbliche Mitunternehmerschaft begründeten im Inland unterhalten Betriebsstätte des Gewerbebetriebs nach Veranlassungsgesichtspunkten zuzurechnen.

(2) Betriebsstättengewinnermittlung; laufende Einkünfte; AOA

30 Die Betriebsstättengewinnabgrenzung wird wesentlich beeinflusst von dem mittlerweile im OECD-MA 2010, im OECD-MK 2008/2010 sowie dem OECD-Betriebsstättenbericht 2008/2010 enthaltenen *„Authorised OECD Approach"* (AOA). Dieser ist in § 1 AStG in nationales Recht umgesetzt und wird von der Betriebsstättengewinnaufteilungsverordnung (BsGaV) konkretisiert. Der AOA findet prinzipiell sowohl auf Ebene der DBA als auch auf nationaler Ebene Anwendung. Durch die nationale Umsetzung des AOA werden in (weiten) Teilbereichen die bis dato in den Betriebsstätten-Verwaltungsgrundsätzen[4] niedergelegten Anweisungen der Finanzverwaltung zur Betriebsstättenerfolgsabgrenzung relativiert. Die Verwaltungsregeln werden daher in absehbarer Zeit an die BsGaV angepasst werden müssen.

---

1 BMF v. 26.9.2014, BStBl 2014 I 1297, Tz. 2.2.3.
2 BFH v. 16.10.2002 - I R 17/01, BStBl 2003 II 631; BFH v. 13.2.2008 - I R 75/07, BStBl 2010 II 1028.
3 BFH v. 12.10.2016 - I R 92/12, BFH/NV 2017, 685 = NWB DokID: LAAAG-39575.
4 BMF v. 24.12.1999, BStBl 1999 I 1076.

Der AOA interpretiert den Fremdvergleichsgrundsatz bei der Gewinnabgrenzung zwischen Stammhaus und Betriebsstätte nicht mehr als eingeschränkte, sondern als uneingeschränkte Selbständigkeitsfunktion. Dieser „Functionally Separate Entity Approach" basiert somit auf der Kernidee, die Rechts- und Wirtschaftsbeziehungen von Stammhaus und Betriebsstätte für Zwecke der steuerlich relevanten Ergebnisabgrenzung so zu behandeln, als wenn sie voneinander unabhängige Einheiten wären. In der technischen Umsetzung erfolgt diese im Rahmen des sog. „two-step-approach". Zunächst erfolgt ausgehend von einer Funktionsanalyse die Zuordnung von Wirtschaftsgütern, Risiken sowie Kapital und anschließend zu einer Bestimmung fiktiver Rechtsverhältnisse zwischen Stammhaus und Betriebsstätte (sog. „dealings"). Diese Funktions- und Risikoanalyse nimmt insbesondere die Ansässigkeit der „significant people functions" in den Fokus. Hierauf aufbauend erfolgt in einem zweiten Schritt die Gewinnabgrenzung nach dem Fremdvergleichsgrundsatz.[1]

(3) Gewinnermittlung von Betriebsstätten beschränkt Steuerpflichtiger bei Gründung und Beendigung

Als unproblematisch erweist sich lediglich die **„Bargründung"** einer inländischen Betriebsstätte. Allerdings ist auch insoweit das Dotationskapital zu bestimmen. Hinzuweisen ist darauf, dass nach § 12 BsGaV das Dotationskapital nach der sog. Kapitalaufteilungsmethode zu bemessen ist. Diese verlangt, einer inländischen Betriebsstätte eines nach ausländischem Recht buchführungspflichtigen oder tatsächlich Bücher führenden, ausländischen Unternehmens zu Beginn eines Wirtschaftsjahres denjenigen Anteil am Eigenkapital des Unternehmens zuzuordnen, der ihrem Anteil an den Vermögenswerten sowie den Chancen und Risiken im Verhältnis zum übrigen Unternehmen entspricht. Eine andere Methode schreibt die BsGaV für das Dotationskapital ausländischer Betriebsstätten inländischer Unternehmen vor. Hier gilt, dass einer ausländischen Betriebsstätte eines nach inländischem Recht buchführungspflichtigen oder tatsächlich Bücher führenden, inländischen Unternehmens zu Beginn eines Wirtschaftsjahres Dotationskapital nur zuzuordnen ist, soweit das Unternehmen glaubhaft macht, dass ein Dotationskapital in dieser Höhe aus betriebswirtschaftlichen Gründen erforderlich ist (Mindestkapitalausstattungsmethode).

Es erscheint nicht abwegig, dass derartige Regelungen aus vielfältigen Erwägungen höchst problematisch sind. So wird man berechtigte Zweifel haben können, ob die getroffene Belastungsentscheidung der Besteuerung von Betriebsstätten folgerichtig umgesetzt ist. Verfassungsrechtliche Zweifel sind daher in Bezug auf die Dotationskapitalbemessung inländischer Betriebsstätten von Steuerausländern ebenso wenig abwegig wie unionsrechtliche Zweifel. Eine diesbezüglich notwendige Vergleichspaarbildung müsste die Kapitalaufteilungsmethode mit einer entsprechenden Kapitalisierungsregel für inländische Unternehmen kontrastieren. Da es eine solche nicht gibt, lassen sich auch unionsrechtliche Bedenken nicht negieren.

Die Ausstattung einer inländischen Betriebsstätte mit anderen Wirtschaftsgütern als Barmitteln stellt einen Anwendungsfall des § 4 Abs. 1 Satz 8 EStG dar. Danach steht einer Einlage die Begründung des Besteuerungsrechts der Bundesrepublik Deutschland hinsichtlich des Gewinns aus der Veräußerung eines Wirtschaftsguts gleich. Dies tritt immer dann ein, wenn aus dem Ausland Wirtschaftsgüter in die inländische Betriebsstätte verbracht werden. Nach § 6 Abs. 1 Nr. 5a EStG erfolgt die Bewertung mit dem gemeinen Wert.

---

[1] Näheres hierzu und insbesondere zu der „significant people function" vgl. *Kraft/Dombrowski*, FR 2014, 1109.

35 Problematisch ist, welcher Staat **vergebliche Gründungsaufwendungen** einer geplanten, aber nicht realisierten Inlandsbetriebsstätte steuerlich zu berücksichtigen hat. Nach den zum DBA-Outbound-Fall ergangenen Entscheidungen des BFH[1] umfasst abkommensrechtliche Steuerfreistellung von „Einkünften" nicht nur positive, sondern auch negative Einkünfte. Dies hat zur Folge, dass das inländische Stammhaus den Aufwand für vergeblichen Gründungsaufwand von Auslandsbetriebsstätten nicht zu tragen hat und diesen demgemäß nicht mit mindernder Wirkung in der steuerlichen Bemessungsgrundlage berücksichtigen darf. Eine folgerichtige Projektion dieses gedanklichen Ansatzes auf den Inbound-Fall würde nahelegen, Aufwendungen für gescheiterte Inlandsbetriebsstätten im Inland steuerlich dergestalt zur Geltung zu bringen, dass diese zumindest nach § 10d EStG als vortragsfähig festgestellt werden. Sicherlich kommt insoweit der Überlegung, entsprechender Aufwand dürfe nicht im steuerlichen Niemandsland versinken, erhebliche Argumentationskraft zu.

36 In der **Beendigung** einer im Inland belegenen Betriebsstätte ist regelmäßig ein Sachverhalt zu sehen, der eine inländische Schlussbesteuerung auslöst. Entsprechend ist der in § 4 Abs. 1 Satz 3 EStG gesetzlich geregelte Fall der Überführung von Wirtschaftsgütern aus dem Inland – ob anlässlich einer Betriebsstättenbeendigung oder als quasi laufender Geschäftsvorfall kann dahingestellt bleiben – zu behandeln. Die Bewertung erfolgt in diesen Fällen mit dem gemeinen Wert (§ 6 Abs. 1 Nr. 4 Satz 1 2. Halbsatz EStG), unter den dort genannten Voraussetzungen kommt die zeitlich gestreckte Entstrickungsbesteuerung nach § 4g EStG in Unionsfällen in Betracht.

cc) Ständiger Vertreter

37 Ständiger Vertreter ist nach § 13 AO eine Person, die nachhaltig die Geschäfte eines Unternehmers besorgt und dabei dessen Sachweisungen unterliegt. Es kann sich um eine natürliche wie um eine juristische Person handeln, sie kann angestellt oder selbständig sein, sie kann auf rechtsgeschäftlicher oder tatsächlicher Grundlage tätig werden und auf den Umstand, ob der ständige Vertreter selbst über eine feste Geschäftseinrichtung im Inland verfügt, kommt es nicht an. Auch Angestellte der Steuerausländers oder Tochtergesellschaften können prinzipiell dem Vertreterbegriff unterfallen. Typischerweise handelt es sich jedoch um mit der Besorgung von Geschäften betraute selbständige Gewerbetreibende wie Handelsvertreter, Agenten, Kommissionäre, Spediteure, Bankiers oder ggf. auch Pächter etwa insoweit, als sie die Geschäfte des Verpächters besorgen.

38 Abkommensrechtlich ist der Vertreterbegriff deutlich eingeschränkt, hier vermag allenfalls der abhängige Vertreter nach Art. 4 Abs. 4 OECD-MA eine sog. Vertreterbetriebsstätte zu konstituieren. Um den sich daraus ergebenden Wertungswiderspruch zwischen Nicht-DBA-Fall und DBA-Fall zu entschärfen, hat die Finanzverwaltung zugunsten des Steuerpflichtigen *praeter legem* eine Sonderregelung getroffen. Ist demgemäß nach R 49.1 Abs. 1 Satz 2 EStR der ständige Vertreter ein Kommissionär oder Makler, der Geschäftsbeziehungen für das ausländische Unternehmen im Rahmen seiner ordentlichen Geschäftstätigkeit unterhält, und ist die Besteuerung des ausländischen Unternehmens nicht durch ein DBA geregelt, sind die Einkünfte des ausländischen Unternehmens insoweit nicht der Besteuerung im Rahmen der beschränkten Steuerpflicht zu unterwerfen. Das gilt auch, wenn der ständige Vertreter ein Handelsvertreter (§ 84 HGB) ist, der weder eine allgemeine Vollmacht zu Vertragsverhandlungen und Vertragsabschlüssen für das ausländische Unternehmen besitzt noch über ein Warenlager dieses Un-

---

1 BFH v. 26.2.2014 - I R 56/12, BStBl 2014 II 570; BFH v. 28.4.1983 - IV R 122/79, BStBl 1983 II 566.

ternehmens verfügt, von dem er regelmäßig Bestellungen für das Unternehmen ausführt. Ob die Finanzverwaltung zugunsten des Steuerpflichtigen eine derartige Regelung im Verwaltungswege treffen darf, wurde in der Vergangenheit nicht thematisiert. Angesichts des heutigen Entwicklungsstands des Unionsrechts erscheint es nicht abwegig, aufgrund der Selektivität Probleme einer verbotenen Beihilfe zu vermuten.

Mangels spezieller Vorschriften gelangen die allgemeinen Vorschriften zur Gewinnermittlung im Kontext des ständigen Vertreters zur Anwendung. Dies bedeutet, dass der Vertretene die Tatbestandserfüllung prüfen muss und bejahendenfalls sicherzustellen hat, dass er seine steuerlichen Buchführungs- und Steuererklärungspflichten erfüllen kann.

dd) Steuererhebung

Sowohl der Betriebsstättentatbestand als auch der Vertretertatbestand zieht die Veranlagung nach sich. Im Wege des Abzugs erhobene Steuern entfalten keine Abgeltungswirkung, vgl. § 50 Abs. 2 Satz 2 EStG.

b) Seeschiffe und Luftfahrzeuge (§ 49 Abs. 1 Nr. 2 Buchst. b und c EStG)

aa) Umfang der Besteuerung

Der beschränkten Steuerpflicht unterliegt der Betrieb von Seeschiffen und Luftfahrzeugen (§ 49 Abs. 1 Nr. 2 Buchst. b EStG), soweit der Beförderungsvorgang zwischen inländischen und von inländischen zu ausländischen Häfen zu inländischen Einkünften führt. Damit stellt die Vorschrift Rechtsgrundlage für die Besteuerung gewerblicher Einkünfte dar, die ein Steuerausländer ohne inländische Betriebsstätte und ohne inländischen ständigen Vertreter aus bestimmten Arten von Beförderungen mit Inlandsberührung mittels bestimmter Transportmittel (Seeschiffe und Luftfahrzeuge) erzielt. Der Wortlaut ist abschließend, nicht erfasst werden daher Beförderungen von ausländischen zu inländischen Häfen oder von inländischen Häfen zur freien See.

Nach § 49 Abs. 1 Nr. 2 Buchst. c EStG unterliegen der beschränkten Steuerpflicht Einkünfte aus Beförderungen und Beförderungsleistungen auch dann, wenn das Unternehmen selbst keine Beförderungsleistungen erbringt, sondern nur im Rahmen einer internationalen Betriebsgemeinschaft oder eines Poolabkommens an entsprechenden Beförderungseinkünften beteiligt ist. Hinzuweisen ist in diesem Zusammenhang auf die Befreiungsmöglichkeit auf Gegenseitigkeit nach § 49 Abs. 4 EStG. Neben diese tritt die Freistellung ausländischer Schifffahrt- und Luftfahrtunternehmen von der inländischen Besteuerung aufgrund der zahlreichen deutschen DBA, die die Freistellung ausländischer Schifffahrt- und Luftfahrtunternehmen von der deutschen Besteuerung vorsehen. Das Besteuerungsrecht für Gewinne aus dem Betrieb von Seeschiffen oder Luftfahrzeugen im internationalen Verkehr ist nach Art. 8 OECD-MA dem Vertragsstaat zugeordnet, in dem sich der Ort der tatsächlichen Geschäftsleitung des Unternehmens befindet. Dabei ist „Internationaler Verkehr" definiert als jede Beförderung mit einem Seeschiff oder Luftfahrzeug, das von einem Unternehmen mit tatsächlicher Geschäftsleitung in einem Vertragsstaat betrieben wird, es sei denn, das Seeschiff oder Luftfahrzeug wird ausschließlich zwischen Orten im anderen Vertragsstaat betrieben (Art. 3 Abs. 1 Buchst. e OECD-MA). Den gleichen Grundsätzen folgt die Regelung für Veräußerungsgewinne (Art. 13 Abs. 3 OECD-MA).

Der Regelung des § 49 Abs. 1 Nr. 2 Buchst. c EStG kommt in der Besteuerungspraxis demzufolge nur Bedeutung zu für Schifffahrt- und Luftfahrtunternehmen aus Ländern, mit denen keine diesbezüglichen Abkommen bestehen.

Die Begriffe internationale Betriebsgemeinschaft und Poolabkommen erfassen alle Zusammenarbeitsformen, bei denen Beförderungen im Innenverhältnis auf gemeinsame Rechnung durchgeführt werden.

43 Der insoweit eindeutige Gesetzeswortlaut setzt voraus, dass ein Unternehmen mit Sitz oder Geschäftsleitung im Inland die tatsächliche Beförderung durchführt. Ein Poolvertrag zwischen zwei oder mehreren ausländischen Unternehmen würde somit nach § 49 Abs. 1 Nr. 2 Buchst. c EStG nicht zur beschränkten Steuerpflicht des ausländischen Unternehmens führen, das an dem Pool-Ergebnis partizipiert. Zwar mag man die Beschränkung auf die Erbringung von Beförderungsleistungen durch ein inländisches Unternehmen für systemwidrig erachten, der Wortlaut ermöglicht indessen keine extensive Auslegung.[1] Das von der Vorschrift in den Blick genommene inländische Unternehmen i. S. d. § 49 Abs. 1 Nr. 2 Buchst. c EStG ist rechtsformunabhängig zu sehen. Es kann sich mithin um eine Kapitalgesellschaft, um eine Personengesellschaft oder um ein Einzelunternehmen handeln. Zu den Inhalten der Begriffe „Sitz" bzw. „Ort der Geschäftsleistung" ist auf die §§ 10, 11 AO zu verweisen.

bb) Besonderheiten der Gewinnermittlung

44 In den Fällen des § 49 Abs. 1 Nr. 2 Buchst. b EStG entfaltet die Vorschrift des § 49 Abs. 3 EStG Bedeutung. Sind dessen Voraussetzungen erfüllt, werden die Einkünfte pauschal mit 5 % der vereinbarten Beförderungsentgelte besteuert.

45 Dies gilt indessen dann nicht, wenn das deutsche Besteuerungsrecht nach einem DBA auch der Höhe nach aufrechterhalten bleibt. Die Tonnagebesteuerungsvorschrift des § 5a EStG ist als besondere Gewinnermittlungsvorschrift für den Betrieb von Handelsschiffen im internationalen Verkehr grundsätzlich auch im Kontext des § 49 EStG anwendbar, sie tritt allerdings hinter der speziellen Gewinnermittlungsregelung in § 49 Abs. 3 EStG zurück.

46 Diese unwiderlegliche Gewinnvermutung erweist sich verfassungs- wie auch unionsrechtlich als nicht unproblematisch. Dies gilt namentlich in Fällen, in denen Verluste oder Gewinne unterhalb der gesetzlichen Gewinnfiktion nachweisbar sind.[2] In den Fällen des § 49 Abs. 1 Nr. 2 Buchst. c EStG ist der Gewinn nach den allg. Vorschriften zu ermitteln und abzugrenzen.

cc) Steuererhebung

47 Die Steuerfestsetzung erfolgt stets im Wege der Veranlagung unter Beachtung der Bestimmungen des § 50 EStG. Es ist kein Steuerabzug an der Quelle vorgesehen.

c) Darbietungstatbestand bei beschränkter Steuerpflicht (§ 49 Abs. 1 Nr. 2 Buchst. d EStG)

aa) Stoßrichtung und Bedeutung der Vorschrift

48 Anliegen der Vorschrift ist es, die gewerbliche Ausübung und Verwertung bestimmter Darbietungsaktivitäten von Steuerausländern der beschränkten Steuerpflicht zu unterwerfen, die – mangels Betriebsstätte – ansonsten im Inland unversteuert bleiben würden. Im Einzelnen handelt es sich um weder den selbständigen noch den nichtselbständigen Einkünften unterfallende gewerbliche Einkünfte künstlerischer, sportlicher, artistischer, unterhaltender und „ähn-

---

[1] Vgl. *Lüdicke* in Lademann, § 49 EStG Anm. 425.
[2] Vgl. *Schaumburg*, Internationales Steuerrecht, Rz. 5.164; auch BFH v. 22. 4. 1998 - I R 54/96, DStRE 1998, 590, zu Art. 25 DBA-Philippinen; a. A. FG Hamburg v. 20. 7. 1999 - II 299/97, EFG 1999, 1230.

licher" Natur, die Steuerausländer durch „Darbietungen" im Inland erzielen. Erfasst vom Steuertatbestand sind auch andere mit diesen Darbietungen – das Gesetz spricht von „Leistungen" – zusammenhängende Leistungen. Wer Empfänger der Einnahmen im Sinne des Zuflusses ist, ist ohne Belang. Es kommt – anders gewendet – nicht darauf an, ob dem Darbietenden, dem Verwertenden oder einem Dritten Entgelte für eine Inlandsdarbietung gezahlt werden. Ebenso ist die Norm rechtsformunabhängig konzipiert. Einnahmenempfänger können natürliche oder juristische Personen ebenso wie Personenvereinigungen sein. Zu denken wäre z. B. an eine Künstleragentur in der Rechtsform eines nach ausländischem Recht gegründeten Vereins.

Einer der Hauptzwecke des § 49 Abs. 1 Nr. 2 Buchst. d EStG besteht darin, Gestaltungen mit „Künstlerverleihgesellschaften" („rent-a-star-company") zu verhindern. Mit deren Einsatz sollte in der Vergangenheit die beschränkte Steuerpflicht durch ein Auseinanderfallen von Darbietung und Vereinnahmung der Leistung vermieden werden.[1]

Die fiskalpolitische Bedeutung der Vorschrift ist immens, ihr Beitrag zum Steueraufkommen erheblich. Erfasst werden nämlich beispielsweise Talkshow-Auftritte im Rundfunk oder Fernsehen, Popkonzerte, Teilnahme an sog. „trash-shows" typischerweise im Privat-, aber vorstellbar auch im öffentlich-rechtlichen Fernsehen, sofern Steuerausländer involviert sind.

49

Das inländische Anknüpfungsmerkmal besteht zuvörderst in der **Darbietung** der jeweiligen gewerblichen Tätigkeit im Inland. Mithin ist also zentral die inländische Ausübung von Bedeutung; von praktisch wohl eher untergeordneter Bedeutung dürfte deren Verwertung sein.

50

Darbietungen bestehen in der Präsentation von Eigenem oder von Fremdem, in der Vorführung, im Zeigen sowie im zu Gehörbringen. Die Präsentation von Eigenem oder von Fremdem kann sich manifestieren in Werken, Kenntnissen oder Fähigkeiten. Auf das (künstlerische) Niveau kommt es nicht an. Der Begriff setzt den persönlichen (physischen) Auftritt des Darbietenden voraus. Ob dies öffentlich vor Publikum oder nichtöffentlich – beispielsweise in einem Studio oder vor einer Filmkamera – erfolgt, ist ohne Belang.

Unter **Verwertung** ist im Kontext der Vorschrift jegliche finanzielle Ausnutzung einer Darbietung zu verstehen. Dies kann etwa geschehen durch die Produktion von Tonträgern, durch die Aufnahme von Filmen oder durch die Einräumung von Rechten. Erfasst werden sowohl Inlands- als auch Auslandsdarbietungen, entscheidend ist, dass sie im Inland verwertet werden. Es kommt mithin entscheidend auf die tatsächliche Inlandsnutzung an. Die Inlandsansässigkeit des Vertragspartners wird zwar im Regelfall gegeben sein, ist aber nicht Tatbestandsvoraussetzung. Ebenso vom Verwertungstatbestand erfasst sind Liveübertragungen. Ob diese zeitsynchron oder zeitversetzt erfolgen, ob sie als Film, im Fernsehen, Rundfunk oder Internet verfügbar gemacht werden, ist ohne Bedeutung für die Erfüllung des Verwertungstatbestands. Typische Anwendungsfälle dürften in den Lebensbereichen Sport, Konzert, Zirkusdarbietung oder sonstiger Unterhaltungsdarbietung liegen, wenn diese nur im Inland verwertet werden.

51

bb) Begriffliches: künstlerische, sportliche, artistische, unterhaltende und ähnliche Darbietungen

Da der Gesetzgeber auf präzise Definitionen der zentralen Begriffe der Vorschrift verzichtet hat, bietet sich – soweit möglich – eine Orientierung an identischen im EStG an anderer Stelle

52

---

[1] Vgl. *Gosch* in Kirchhof, § 49 EStG Rz. 31; s. auch FG München v. 22. 3. 2002 - 1 V 4030/01, IStR 2002, 418; HRR/*Maßbaum*, § 49 EStG Anm. 549; *Lüdicke* in Lademann, § 49 EStG Anm. 480.

verwendeten Begriffen an. Demnach sind keine einleuchtenden Gründe ersichtlich, warum nicht auf den im Kontext des § 18 EStG verwendeten Begriff „künstlerisch" zurückgegriffen werden könnte. Abstrakt lässt sich eine Darbietung als **künstlerisch** umschreiben, wenn sie als solche eine eigenschöpferische Leistung darstellt. Künstlerisch tätig werden demnach Musiker, Schauspieler, Regisseure, Rezitatoren, Tänzer, Kabarettisten. Bei sämtlichen Formen des Künstlertums bestehen verschiedene Ausprägungen; exemplarisch kann bei Musikern auf die Unterteilung in Instrumentalisten, Sänger, Dirigenten und Komponisten verwiesen werden.[1]

Der Prozess des Schaffens eines Künstlers, wie er beim Maler, beim Komponisten oder beim Schriftsteller vorkommt, vermag selbst noch keine Darbietung darzustellen. In derartigen Schaffensformen kann das Ergebnis des Schaffensaktes in einer Darbietung münden.[2]

53 **Sportliche Leistungen** können zunächst von Berufssportlern ebenso wie von Amateursportlern erbracht werden. Im Allgemeinen werden beim Sport bestimmte Regeln und Organisationsformen anerkannt. Sie setzen in erster Linie körperliche Aktivität voraus. Grenzwertig sind Tätigkeiten, bei denen nahezu ausschließlich geistige Aktivitäten im Vordergrund stehen. Dies gilt, obschon das Steuerrecht sie im Wege der Fiktion als Sport bezeichnet (vgl. § 52 Abs. 2 Satz 1 Nr. 21 AO – Schach). Sport setzt in diesem Sinne die Darbietung vor Publikum voraus.

54 **Artistische Darbietungen** setzen – prinzipiell angelehnt an die Wertungen des allgemeinen Sprachgebrauchs – ein besonderes körperliches Geschick voraus. In Teilbereichen bewegen sie sich in der Nähe zur künstlerischen Tätigkeit, in Einzelfällen kann auch die Abgrenzung zur sportlichen Tätigkeit problematisch sein. Artistische Darbietungen werden typischerweise von Akrobaten, Trick- und Zauberkünstlern, Dompteuren, Dressuren, Eisrevuen, Clowns sowie Seiltänzern dargeboten, nicht hingegen von Wahrsagern oder Hellsehern.[3]

55 Die Erweiterung der Enumeration um **unterhaltende Darbietungen** geht letztlich auf missliebige Rechtsprechung zurück, als das Tatbestandsmerkmal „unterhaltend" noch nicht in der Aufzählung enthalten war. Der BFH[4] hatte entschieden, dass Einkünfte, die durch eine Talkshowteilnahme erzielt werden, von § 49 Abs. 1 Nr. 2 Buchst. d EStG nicht erfasst werden. Dies hatte er damit begründet, dass sie nicht im Sinne dieser Vorschrift mit Leistungen aus künstlerischen oder ähnlichen Darbietungen zusammenhingen. Durch die Aufnahme von unterhaltenden Darbietungen in die Aufzählung des Gesetzes wollte der Gesetzgeber dem Umstand besser Rechnung tragen, dass es nach den DBA weniger darauf ankam, ob die Darbietungen tatsächlich künstlerischer oder sportlicher Natur sind, sondern dass sie unterhaltenden Charakter haben. Damit sollte die Vorschrift an die Regelung bestehender DBA angepasst werden.[5] Durch die Erweiterung verlieren die „ähnlichen" Darbietungen vieles von ihrem Auffangcharakter, da unter den Begriff „unterhaltend" letzten Endes jegliche einschlägige Tätigkeiten jenseits der übrigen Katalogtätigkeiten gefasst werden können. Dazu zählen beispielsweise Showmaster, Büttenredner, Entertainer, Ritterschauspiele und die Darstellung handwerklicher Traditionen des Mittelalters, Hellseher und Wahrsager, Varieté- oder Revuedarbietungen (Eisrevue), ggf. auch eine konzeptionelle Bühnenshow. Auch erotische Tanzdarbietungen, Talkshows, Auftritte sog. „Models" auf „choreographisch gestalteten" Modenschauen, Feuerwerke und Lasershows, sogar der Auftritt als sog. Jury-Mitglied bei einer TV-Casting-Show. Zweifellos

---

1 Vgl. *Gosch* in Kirchhof, § 49 EStG Rz. 25.
2 Vgl. *Gosch* in Kirchhof, § 49 EStG Rz. 25; HHR/*Maßbaum*, § 49 EStG Anm. 526, m.w.N.
3 Vgl. *Gosch* in Kirchhof, § 49 EStG Rz. 27.
4 BFH v. 21.4.1999 - I B 99/98, BStBl 2000 II 254.
5 BT-Drucks. 16/10189, 58.

erleichtert die Aufnahme des Begriffs „unterhaltend" in den Katalog die Besteuerung von Entgelten für die Mitwirkung an sog. Spielshows oder sonstiger Formen des sog. „trash-TV". Hinzuweisen ist schließlich auf den lückenschließenden Auffangcharakter der parallel strukturierten Bestimmung des § 49 Abs. 1 Nr. 9 EStG.

Aufgrund der Aufnahme der unterhaltenden Darbietung in den Katalog der Vorschrift kommt der **„ähnlichen Darbietung"** kaum eigenständige Bedeutung zu. Hinzu tritt ihr aus Gründen des Bestimmtheitsgebots überaus problematischer Charakter. Bevor der Tatbestand des § 49 Abs. 1 Nr. 2 Buchst. d EStG um die unterhaltenden Darbietungen ergänzt wurde, waren Vorbehalte dahingehend nicht abwegig, dass das Merkmal „ähnlich" zu unbestimmt sei. Verfassungsrechtliche Bedenken unter dem Gesichtspunkt der Tatbestandsmäßigkeit der Besteuerung waren daher die Folge. Nach einer rechtskräftig gewordenen Entscheidung des FG Thüringen[1] griffen die Zweifel an der Tatbestandsmäßigkeit der Besteuerung wegen Unbestimmtheit des Merkmals „ähnlich" nicht durch.

Den früheren verfassungsrechtlich begründeten Bedenken hat der Gesetzgeber durch die Einführung der unterhaltenden Darbietung faktisch ein Ende bereitet. Es dürften kaum Zweifel daran bestehen, dass Ritterschauspiele und Vorführungen sowie der Einsatz kostümierter ausländischer Akteure den Tatbestand der unterhaltenden Darbietung i. S. d. § 49 Abs. 1 Nr. 2 Buchst. d EStG erfüllen.

cc) Zusammenhängende Leistungen

Erfasst werden von der weiten Vorschrift auch „mit diesen Leistungen zusammenhängende Leistungen". Darunter können nur solche Leistungen zu verstehen sein, die selbst keine künstlerischen, sportlichen, artistischen, unterhaltenden oder ähnliche Leistungen sind. Dennoch müssen sie mit diesen Leistungen zusammenhängen. Dabei ist der Zusammenhang nach der Ratio des Gesetzes mehr als nur ein loser, im Schrifttum wird daher von einem „strikten Konnexitätserfordernis" gesprochen.[2] Denkbar ist insoweit eine breite Palette von Leistungen, die je nach Art der Darbietung überaus unterschiedlich ausfallen können. So werden sich zusammenhängende Leistungen bei einem steuerausländischem Profisportler anders darstellen als bei einem Musiker. Es kommt daher neben dem Gesamtbild der Verhältnisse auf den **individuellen Einzelfall** an. Wie eng der Zusammenhang zwischen Hauptleistung und zusammenhängender (Neben-)leistung sein muss, erscheint nicht in allen Verästelungen ausgeleuchtet. Immerhin wird in die Vorschrift hineinzulesen sein, dass die Nebenleistung gewissermaßen ohne die Hauptleistung nicht vorstellbar und wirtschaftlich nicht sinnvoll ist. Gleichwohl stellt sich der Wortlaut als weit dar und birgt in extremen Fällen die nicht zu leugnende Gefahr eines ausufernden Einbezugs jedweder Leistungen in den Tatbestand des § 49 Abs. 1 Nr. 2 Buchst. d EStG.

BEISPIEL: Ein im Ausland ansässiger Tennisspieler (T) nimmt an einem internationalen Turnier im Inland teil. Für die Teilnahme erhält er ein Startgeld i. H. v. 100 000 €, als Sieger eine Siegprämie i. H. v. weiteren 100 000 €. Daneben hat er sich für ein Honorar von 50 000 € gegenüber einem Sportausrüstungshersteller verpflichtet, während des Turniers Sportkleidung und Tennisschläger aus dessen Sortiment zu benutzen. Für ein Interview während der Sportveranstaltung mit dem Fernsehen erhält er ebenfalls ein Honorar i. H. v. 20 000 €. Schließlich wird er als Gast zu einer deutschen Talkshow eingeladen, allerdings nicht wegen seiner sportlichen Popularität, sondern aufgrund seines internationalen

---

1 FG Thüringen v. 18. 10. 2000 - I 1043/00, EFG 2001, 74.
2 Vgl. *Gosch* in Kirchhof, § 49 EStG Rz. 33.

Engagements für sozial benachteiligte Kinder. Der Auftritt steht also nicht in einem Zusammenhang mit den sportlichen Aktivitäten des T im Inland. Für den Talkshowauftritt erhält er ein Honorar i. H. v. 20 000 €.

Neben dem Startgeld und der Siegprämie unterliegen das vom Sportausrüstungshersteller gezahlte Honorar sowie das Honorar für das Interview der beschränkten Einkommensteuerpflicht. Problematisch war nach früherer Rechtslage das Honorar für den Talkshowauftritt, doch dürfte nach Einfügung des Begriffs „unterhaltend" kein Zweifel mehr daran bestehen, dass diese Nebenleistung der Darbietung in Form der Honorierung für den Talkshowauftritt der beschränkten Steuerpflicht zu unterwerfen ist.

dd) Steuererhebung; Verhältnis zu Doppelbesteuerungsabkommen

58 Soweit nicht die EU-/EWR-Privilegien greifen – Nachweis und Mitteilung von Betriebsausgaben nach § 50a Abs. 3 EStG – erfolgt die Besteuerungstechnik durch abgeltenden Brutto-Steuerabzug (§ 50a Abs. 1 Nr. 1 und 2 EStG), vgl. § 50 Abs. 2 Satz 1 EStG. Hinzuweisen ist neben der Mitteilungsoption auf die Veranlagungsoption für den Personenkreis der EU-/EWR-Staatsangehörigen, vgl. dazu § 50 Abs. 2 Satz 2 Nr. 5 i. V. m. Abs. 2 Satz 7 EStG.

Vorstellbar ist schließlich, dass die Einkünfte im Rahmen eines inländischen Betriebs anfallen. Dann entfällt nach § 50 Abs. 2 Satz 2 Nr. 1 EStG ausnahmsweise die Abgeltungswirkung.

59 Nach dem in den DBA üblichen Arbeitsortprinzip des dem Art. 17 OECD-MA nachempfunden Abkommensbestimmungen bleibt das Besteuerungsrecht für Darbietungseinkünfte für den „Darbietungsstaat" oder den „Auftrittsstaat" prinzipiell aufrechterhalten. Diese Grundregel gilt nach übereinstimmender Auffassung von Rechtsprechung und Finanzverwaltung nicht für Tätigkeiten, die in der Herstellung eines Werkes bestehen. Das einschlägige BMF-Schreiben nennt exemplarisch als sog. werkschaffende Künstler: Maler, Bildhauer, Komponisten, Bühnenbildner, Choreographen, Drehbuchautoren und Regisseure.[1]

d) Veräußerung von Anteilen an Kapitalgesellschaften (§ 49 Abs. 1 Nr. 2 Buchst. e EStG)

aa) Überblick; Reichweite der Vorschrift

60 Der Regelungsinhalt des § 49 Abs. 1 Nr. 2 Buchst. e EStG erstreckt sich auf Einkünfte, die aus der Veräußerung von Anteilen an inländischen Kapitalgesellschaften erzielt werden sowie auf Einkünfte aus der Veräußerung von Anteilen, bei denen nach § 17 Abs. 5 EStG oder nach dem UmwStG eine Buchwertverknüpfung ermöglicht wird.

Hierbei erfasst § 49 Abs. 1 Nr. 2 Buchst. e Doppelbuchst. aa EStG die Einkünfte aus der Veräußerung von Beteiligungen an inländischen Kapitalgesellschaften, wohingegen im Rahmen des § 49 Abs. 1 Nr. 2 Buchst. e Doppelbuchst. bb EStG die Veräußerung von Anteilen an ausländischen Kapitalgesellschaften der beschränkten Steuerpflicht im Inland unterliegen kann, wenn diese Anteile aus einer Unternehmensumwandlung unter Verzicht auf die im Inland steuerpflichtige Realisierung stiller Reserven entstanden sind. Hintergrund der Vorschrift ist der Umstand, dass mit dem SEStEG die grenzüberschreitende Umwandlung zu Werten unter dem gemeinen Wert aus unionsrechtlichen Gründen ermöglicht werden musste.

---

1 BFH v. 8. 4. 1997 - I R 51/96, BStBl 1997 II 679; BFH v. 18. 7. 2001 - I R 26/01, BStBl 2002 II 410; BMF v. 25. 11. 2010, BStBl 2010 I 1350, Tz. 80.

bb) Grundtatbestand des § 49 Abs. 1 Nr. 2 Buchst. e Doppelbuchst. aa EStG

Die Vorschrift unterwirft einerseits Anteilsveräußerungen an bestimmten inländischen Kapitalgesellschaften durch natürliche Personen, die im Inland weder Wohnsitz noch gewöhnlichen Aufenthalt haben, der beschränkten Einkommensteuerpflicht.[1]

Die Vorschrift steht zu § 49 Abs. 1 Nr. 2 Buchst. a EStG im Verhältnis der Subsidiarität, da für die Fälle des § 49 Abs. 1 Nr. 2 Buchst. e EStG gerade keine Betriebsstätte im Inland existieren darf.[2]

Andererseits sind auch Anteilsveräußerungen an Kapitalgesellschaften mit Sitz und/oder der Geschäftsleitung durch im Ausland ansässige inkorporierte Anteilsinhaber, also Kapitalgesellschaften, Stiftungen und andere juristische Personen der beschränkten Körperschaftsteuerpflicht unterworfen. Zwar suggeriert der Verweis auf § 17 EStG auf den ersten Blick, das die Vorschrift für solche Anteilsinhaber mangels Privatvermögen nicht greift. Indessen hat der BFH bereits im Jahre 1962 klargestellt, dass der Verweis „unter den Voraussetzungen des § 17 EStG" die Steuerpflicht einer im Ausland ansässigen Körperschaft nicht ausschließt. Denn für das Erzielen von Veräußerungsgewinnen „unter den Voraussetzungen" des § 17 EStG genügt es nach der BFH-Rechtsprechung,[3] dass die Beteiligungsquoten relevant sind. Dem Umstand, dass eine im Ausland ansässige Körperschaft eigentlich kein Privatvermögen i. S. d. § 17 EStG haben kann, wird mithin keine Bedeutung beigemessen. Demnach kann eine im Ausland ansässige Kapitalgesellschaft fiktive gewerbliche Einkünfte i. S. d. § 49 Abs. 1 Nr. 2 Buchst. e Doppelbuchst. aa, § 17 EStG erzielen, obwohl sie kein Privatvermögen hat. In der Entscheidung vom 31.5.2017 hat der BFH[4] betont, dass der von einer beschränkt steuerpflichtigen Körperschaft erzielte Gewinn aus der Veräußerung von Anteilen an einer inländischen Kapitalgesellschaft gem. § 8b Abs. 2 Satz 1 KStG steuerfrei ist. Ferner wurde – entgegen der Auffassung der FinVerw - klargestellt, dass die Fiktion nichtabziehbarer Betriebsausgaben nach Maßgabe von § 8b Abs. 3 Satz 1 KStG, also die sog. Schachtelstrafe, dann ins Leere geht, wenn die veräußernde Kapitalgesellschaft im Inland über keine Betriebsstätte und keinen ständigen Vertreter verfügt. Anteilsveräußerungen durch Personengesellschaften und Mitunternehmerschaften oder anderen Vehikeln, bei denen ein Gesamthandsvermögen existiert, sind den Gesellschaftern anteilig zuzurechnen (§ 39 Abs. 2 Nr. 2 AO).[5]

Mit Urteil vom 8.2.2017 hat der BFH[6] zur Frage Stellung genommen ob einer rechtsfähigen Stiftung liechtensteinischen Rechts durch den Verzicht einer Tochtergesellschaft auf die Teilnahme an der Kapitalerhöhung einer in der Bundesrepublik Deutschland (Deutschland) ansässigen (Enkel-)Kapitalgesellschaft ein Veräußerungsgewinn i. S. v. § 17 Abs. 1 Satz 2 EStG entstanden war. Die Vorinstanz hatte dies bejaht, indem sie den Veräußerungsgewinn aus der verdeckten Einlage eines Anwartschaftsrechts auf Bezug von Geschäftsanteilen an einer inländischen GmbH gem. § 49 Abs. 1 Nr. 2 Buchst. e i. V. m. § 17 Abs. 1 Satz 2 EStG der beschränkten Steuerpflicht unterworfen hatte. Der BFH hingegen verwies auf seine Rspr., wonach bei einer

---
[1] Die Ansässigkeitskriterien Wohnsitz, gewöhnlicher Aufenthalt, Sitz sowie Ort der Geschäftsleitung bestimmen sich nach den Definitionsnormen der §§ 8 bis 11 AO.
[2] Anteile an Kapitalgesellschaften, die zum Betriebsvermögen einer inländischen Betriebsstätte gehören werden bereits durch den vorrangigen § 49 Abs. 1 Nr. 2a EStG erfasst.
[3] Beispielsweise BFH v. 13.12.1961 - I 209/60 U, BStBl 1962 III 85.
[4] BFH v. 31.5.2017 – I R 37/15, NWB DokID: GAAAG-60391.
[5] Eine ausführliche Darstellung der Reichweite der Erfassung von inländischen Anteilsveräußerungen durch beschränkt Steuerpflichtige anhand von Fallkonstellationen vgl. *Kraft/Schreiber*, IWB 2015, 401.
[6] BFH v. 8.2.2017 - I R 55/14, NWB DokID: FAAAG-59315.

ausländischen Stiftung fraglich sein kann, ob Einkünfte aufgrund allgemeiner Regelungen (§ 39 Abs. 2 Nr. 1 AO) nicht der Stiftung, sondern einer anderen Person – beispielsweise dem Stifter – zuzurechnen sind. Somit sah er als nicht geklärt an, ob eine Stiftung liechtensteinischen Rechts nach ihrer wirtschaftlichen und rechtlichen Struktur einem deutschen Körperschaftsteuersubjekt entspricht und ob ihr inländische Einkünfte zugerechnet werden können. Dabei hat der BFH den von ihm entwickelten Grundsatz wiederholt, dass Feststellungen zum ausländischen Recht zu den Tatsachenfeststellungen i. S. d. § 118 Abs. 2 FGO gehören. Diese hat das FG von Amts wegen und unter Beachtung des § 76 Abs. 1 Satz 4 FGO i. V. m. § 90 Abs. 2 AO vorzunehmen. Im Revisionsverfahren können sie nicht nachgeholt werden.

cc) Auffangtatbestand des § 49 Abs. 1 Nr. 2 Buchst. e Doppelbuchst. bb EStG (Buchwertverknüpfung in Umwandlungsfällen)

62 § 49 Abs. 1 Nr. 2 Buchst. e Doppelbuchst. bb EStG erfasst Anteile an einer Kapitalgesellschaft i. S. d. § 17 EStG bei deren Erwerb aufgrund eines Antrags nicht der gemeine Wert der eingebrachten Anteile angesetzt wurde sowie Sitzverlegungen i. S. d. § 17 Abs. 5 Satz 2 EStG.

Mithin unterscheidet die komplexe Regelungsmaterie drei Fallgruppen:[1]

- **Fallgruppe 1:** Anteile, bei deren Erwerb aufgrund eines Antrags nach § 13 Abs. 2 UmwStG nicht der gemeine Wert der eingebrachten Anteile angesetzt worden ist (Hinausverschmelzung),

- **Fallgruppe 2:** Anteile, bei deren Erwerb aufgrund eines Antrags nach § 21 Abs. 2 Satz 3 UmwStG nicht der gemeine Wert der eingebrachten Anteile angesetzt worden ist (grenzüberschreitender Anteilstausch),

- **Fallgruppe 3:** Anteile, auf die § 17 Abs. 5 Satz 2 EStG anzuwenden war (Sitzverlegung in das EU-Ausland).

Das Umwandlungssteuerrecht ermöglicht bei verschiedenen grenzüberschreitenden Umwandlungen im EU-Kontext aus unionsrechtlichen Gründen eine Buchwertverknüpfung über die Grenze. Regelmäßig ist diese an einen **Antrag** des Steuerpflichtigen gebunden.[2]

Hierbei regelt § 13 Abs. 2 UmwStG zwei Konstellationen, in denen – abweichend von der Grundregel – die übernommenen Anteile mit dem Buchwert oder einem Zwischenwert der Anteile an der übertragenden Körperschaft anzusetzen sind. Das Recht der Bundesrepublik Deutschland darf hinsichtlich der Besteuerung des Gewinns aus der Veräußerung der Anteile an der übernehmenden Körperschaft nicht ausgeschlossen oder beschränkt werden. Alternativ dazu muss eine Situation vorliegen, in der die Mitgliedstaaten der EU Art. 8 der Richtlinie 90/434/EWG (Fusionsrichtlinie) anzuwenden haben. Entsprechende Regelungen enthält § 21 Abs. 2 Satz 3 UmwStG für den Fall des grenzüberschreitenden Anteilstauschs. Sind die Voraussetzungen des § 13 Abs. 2 Satz 1 Nr. 1 UmwStG nämlich nicht erfüllt, so ist der Ansatz der Buchwerte bzw. Anschaffungskosten gem. § 13 Abs. 2 Satz 1 Nr. 2 UmwStG dennoch möglich, wenn die Mitgliedstaaten der EU bei einer Verschmelzung Art. 8 der Fusionsrichtlinie anzuwenden haben.[3] Darüber hinaus wird die Ausnahme von der Veräußerungsfiktion des § 17

---

1 Vgl. hierzu mit ausführlichen Beispielen zu den einzelnen Fallgruppen *Kraft/Schreiber*, IWB 2015, 401.
2 Vgl. § 21 Abs. 2 UmwStG (Anteilstausch), § 13 Abs. 2 UmwStG (Verschmelzung), § 15 Abs. 1 Satz 1 i.V.m § 13 Abs. 2 UmwStG (Spaltung).
3 Ausführlich zu den Buchwertverknüpfungsnormen des UmwStG bei grenzüberschreitenden Anteilstransaktionen sowie deren Voraussetzungen vgl. *Kraft/Schreiber*, IWB 2015, 401.

Abs. 5 Satz 1 EStG bei Sitzverlegung einer Gesellschaft in einen anderen EG-Mitgliedstaat gem. § 17 Abs. 5 Satz 2 EStG erfasst.

Tatbestandlich unterwirft die Vorschrift des § 49 Abs. 1 Nr. 2 Buchst. e Doppelbuchst. bb EStG den Gewinn aus der Veräußerung von Anteilen an einer ausländischen Kapitalgesellschaft durch einen im Ausland ansässigen Anteilseigner der inländischen beschränkten Steuerpflicht. Mithin ist im Veräußerungszeitpunkt überhaupt kein inländisches Anknüpfungsmerkmal der Besteuerung gegeben. Der Inlandsbezug wird lediglich dadurch hergestellt, dass die veräußerten Anteile in ihrer Genese auf ehemalige Anteile an einer inländischen Gesellschaft zurückgeführt werden können. Damit stellt die Vorschrift sicher, dass Nachversteuerungen auch dann stattfinden, wenn der Veräußerer im maßgeblichen Veräußerungszeitpunkt nicht unbeschränkt steuerpflichtig ist. 63

dd) Auffangtatbestand des § 49 Abs. 1 Nr. 2 Buchst. e Doppelbuchst. cc EStG (Immobiliengesellschaften)

Nach § 49 Abs. 1 Nr. 2 Buchst. e Doppelbuchst. cc 1. Halbsatz EStG liegen ferner inländische Einkünfte aus Gewerbebetrieb im Zusammenhang mit der Veräußerung von Anteilen an Kapitalgesellschaften i. S. d. § 17 EStG vor, wenn deren Anteilswert zu irgendeinem Zeitpunkt während der 365 Tage vor der Veräußerung unmittelbar oder mittelbar zu mehr als 50 % auf inländischem unbeweglichem Vermögen beruhte und die Anteile dem Veräußerer zu diesem Zeitpunkt zuzurechnen waren. § 49 Abs. 1 Nr. 2 Buchst. e Doppelbuchst. cc Halbsatz 2 EStG regelt, dass für die Ermittlung dieser 50-%-Quote die aktiven Wirtschaftsgüter des Betriebsvermögens mit den Buchwerten zugrunde zu legen sind, die zu diesem (Veräußerungs-)Zeitpunkt anzusetzen gewesen wären. Während Halbsatz 1 die materielle Rechtsgrundlage zur steuerlichen Erfassung bestimmter Anteilsveräußerungsgewinne darstellt, normiert Halbsatz 2 die diesbezüglich relevante Quotenermittlung aufgrund einer Buchwertklausel. Im Hinblick auf ihren persönlichen Anwendungsbereich gilt die Regelung sowohl für Kapitalgesellschaften mit Sitz oder Geschäftsleitung im Inland als auch für Kapitalgesellschaften ohne Sitz oder Geschäftsleitung im Inland. § 49 Abs. 1 Buchst. e Doppelbuchst. aa EStG ist vorrangig anzuwenden.[1] Mangels anderweitiger Regelungen ist die Eigenschaft der Kapitalgesellschaft ohne Sitz oder Geschäftsleitung im Inland anhand der Kriterien des Typenvergleichs[2] festzustellen. Tatbestandsseitig besteht neben einem inhaltlichen noch ein zeitliches Erfordernis.[3] So muss in Bezug auf das inhaltliche Erfordernis der Anteilswert unmittelbar oder mittelbar zu mehr als 50 % auf inländischem unbeweglichen Vermögen beruhen, in zeitlicher Hinsicht wird vorausgesetzt, dass die 50 %-Grenze zu irgendeinem Zeitpunkt während der 365 Tage vor der Veräußerung überschritten wird und die Anteile dem Veräußerer zu diesem Zeitpunkt zuzurechnen waren. 64

Die Vorschrift ist im Zusammenhang mit einem Desiderat des Bundesrats[4] aus dem Jahre 2016 zur Ausweitung des Besteuerungsrecht zu sehen, mittlerweile verstärkt vor dem Hintergrund des Mehrseitigen Übereinkommens (BEPS-Aktionsplan 14) sowie abkommensrechtlicher Entwicklungen auf OECD-Ebene. Zur Vermeidung der Doppelbesteuerung auf dem Gebiet der Steuern vom Einkommen und vom Vermögen sahen die OECD-Musterabkommen seit 2002, so 65

---

1 Vgl. BT-Drucks. 19/4455, 49.
2 Siehe BMF v. 19.3.2004, BStBl 2004 I 411 (sog. „LLC-Schreiben").
3 Vgl. *Kempf/Loose/Oskamp*, IStR 2018, 527 (528).
4 Vgl. BR-Drucks. 406/16 (B), 23.

auch das OECD-MA 2014, für Gewinne aus der Veräußerung von Gesellschaftsanteilen, deren Wert zu mehr als 50 % unmittelbar oder mittelbar auf unbeweglichem Vermögen beruht, ein Besteuerungsrecht für den Belegenheitsstaat vor. Der Telos einschlägiger Abkommensbestimmungen liegt in der Bekämpfung von Umgehungen des Besteuerungsrechts des Belegenheitsstaats durch Zwischenschaltung von Kapitalgesellschaften.[1]

Durch das OECD-MA 2017 wurde die Regelung in Art. 13 Abs. 4 neu gefasst. Zum einen wurde sie um einen 365-Tage-Prüfzeitraum ergänzt. Ausschlaggebend und ausreichend für die Zuweisung des abkommensrechtlichen Besteuerungsrechts an den Belegenheitsstaat der Immobilie ist es danach, wenn die 50-%-Grenze zu irgendeinem Zeitpunkt innerhalb dieses Zeitraums erfüllt war. Verhindert werden soll hiermit, dass die dieser Regelung zugrundeliegende Vermögensverteilung bei der Gesellschaft kurz vor der Anteilsveräußerung dergestalt verändert wird, dass die zur Zuweisung des Besteuerungsrechts an den Belegenheitsstaat führende 50-%-Grenze unterschritten wird.

Zum anderen sieht Art. 13 Abs. 4 OECD-MA 2017 eine Ausdehnung auf „vergleichbare Anteile" vor, gemeint sind damit Anteile an Personengesellschaften und Konstruktionen mit Trusts. Wegen des nach deutscher Rechtslage geltenden Transparenzprinzips im Rahmen von Personengesellschaften hat diese Ergänzung nur klarstellenden Charakter.

Die deutsche Abkommenspolitik orientiert sich bei der Verhandlung über Abkommen zur Vermeidung der Doppelbesteuerung (DBA) grundsätzlich an Art. 13 Abs. 4 OECD-MA. Einige von Deutschland abgeschlossene DBA enthalten eine Art. 13 Abs. 4 OECD-MA 2014 entsprechende Regelung. Allerdings konnte nach früherer Rechtslage in Ermangelung eines umfassenden Besteuerungstatbestands in § 49 EStG bis dato das deutsche Besteuerungsrecht in den Fällen von im Inland belegenem Grundvermögen nur dann ausgeübt werden, wenn einerseits die Voraussetzungen des § 17 EStG erfüllt waren und andererseits die Kapitalgesellschaft ihren Sitz oder ihre Geschäftsleitung im Inland hatte. Veräußerungen von Anteilen an Kapitalgesellschaften ohne Sitz oder Geschäftsleitung im Inland wurden trotz inländischem Grundvermögen nach früherer Rechtslage nicht erfasst. Damit tritt der Telos der Vorschrift klar zutage: Deutschland soll sein Besteuerungsrecht umfassend ausüben können. In Anlehnung an die Regelung in Art. 13 Abs. 4 OECD-MA 2017, welcher die Basis für die Verhandlung von neu abzuschließenden bzw. zu revidierenden Doppelbesteuerungsabkommen bildet, erklärt sich somit die Bestimmung des § 49 Abs. 1 Nr. 2 Buchst. e Doppelbuchst. cc EStG bei Besteuerungstatbeständen für Beteiligungen von mindestens einem Prozent.

Da tatbestandlich nach früherer Rechtslage (nach Doppelbuchstabe aa) nur Gesellschaften erfasst wurden, die ihren Sitz oder ihre Geschäftsleitung im Inland haben, bedeutet die Ergänzung des Buchstaben e um den Doppelbuchstaben cc, dass darüber hinaus entsprechende Einkünfte auch in Bezug auf Anteile an Gesellschaften erfasst sind, die ihren Sitz oder ihre Geschäftsleitung im Ausland haben. Voraussetzung ist, dass der Wert der Anteile unmittelbar oder mittelbar zu mehr als 50 % auf inländischem unbeweglichem Vermögen beruht. Ausreichend ist es nach dem klaren Wortlaut, wenn dies zu irgendeinem Zeitpunkt während der 365 Tage vor der Veräußerung der Fall war. Ferner mussten die Anteile dem Veräußerer gemäß § 39 AO zu diesem Zeitpunkt zuzurechnen sein, wobei beide Voraussetzungen kumulativ vorliegen müssen.

---

1 Vgl. *Cloer/Hagemann/Lichel/Schmitt*, BB 2018, 1686.

66 Nach der Vorstellung des Gesetzgebers dient der 365-Tage-Prüfzeitraum der Vermeidung von Gestaltungen, die darauf abzielen, die Vermögensverteilung bei der Kapitalgesellschaft kurz vor der Anteilsveräußerung dergestalt zu verändern, dass die 50-%-Grenze unterschritten wird.[1] In den Fällen, in denen die veräußerten Anteile die 50-%-Grenze – zumindest auch – auf Grund mittelbarer Beteiligung überschreiten, erfolgt die Ermittlung der Grundstücksquote am Gesamtvermögen einer Gesellschaft anhand einer konsolidierten Betrachtung der aktiven Wirtschaftsgüter der unmittelbar und mittelbar am inländischen unbeweglichen Vermögen beteiligten Gesellschaften.

In Bezug auf die durch § 49 Abs. Nr. 2 Buchst. e Doppelbuchst. cc EStG angeordnete Quotenermittlung aufgrund einer Buchwertklausel erfolgt die Ermittlung der Quote des inländischen unbeweglichen Vermögens am Gesamtvermögen einer Kapitalgesellschaft auf der Basis der Buchwerte. Gemeint sind die stichtagsbezogenen Buchwerte, mit denen die aktiven Wirtschaftsgüter der Gesellschaft im betreffenden Zeitpunkt anzusetzen gewesen wären. Hierfür sind die Buchwerte vom letzten Bilanzstichtag auf den jeweiligen Zeitpunkt fortzuentwickeln. Dies wird damit begründet, dass ein Abstellen auf die Verkehrswerte administrativ zu aufwändig wäre.[2] Dabei sollen passive Wirtschaftsgüter wie beispielsweise Schulden außer Ansatz bleiben. In bestimmten Fällen soll hierfür eine konsolidierte Betrachtung der aktiven Wirtschaftsgüter der Gesellschaften vorgenommen werden. Dies betrifft Konstellationen, in denen dieser Wert – zumindest auch – auf Grund des Vorliegens einer mittelbaren Beteiligung zu ermitteln ist, denen das inländische unbewegliche Vermögen unmittelbar bzw. mittelbar zuzurechnen ist. Da dieser Befehl im Gesetzeswortlaut nicht zum Ausdruck gekommen ist, dürfte diesbezüglicher Streit vorprogrammiert sein.

67 Bedenken gegen die Bestimmungen werden angebracht mit Hinweis darauf, insgesamt erscheine die Neuregelung in zahlreichen Fällen nicht administrierbar.[3] Daneben werden abkommensrechtliche Probleme identifiziert, insbesondere im Hinblick auf ein im Gesetzeswortlaut nicht klar zum Ausdruck gekommenen Willen des Gesetzgebers zum „Treaty Override".[4] Schließlich entbehrt auch Kritik aus verfassungsrechtlicher Sicht nicht der Grundlage, dies insbesondere mit Blick auf eine immanent in der Bestimmung angelegte Übermaßbesteuerung.[5]

(Einstweilen frei) 68–73

ee) Steuererhebung; Verhältnis zu Doppelbesteuerungsabkommen

74 Die Besteuerung erfolgt durch Veranlagung, was schon deshalb geboten ist, weil der Erwerber von Anteilen im Regelfall die historischen Anschaffungskosten des Veräußerers nicht kennt und somit keine Basis für die Berechnung einer Bemessungsgrundlage für einen – wie auch immer gearteten – Steuerabzug hätte. Strukturell unterscheidet sich die Besteuerung ansonsten nicht vom Besteuerungsgefüge bei unbeschränkter Steuerpflicht. So ist die Tarifermäßigung bei Vorliegen der Voraussetzungen zu gewähren, die Verlustberücksichtigung ist ebenfalls nicht ausgeschlossen.

---

1 Vgl. BT-Drucks. 19/4455, 48.
2 Vgl. BT-Drucks. 19/4455, 48.
3 Vgl. *Weiss/Brühl*, BB 2018, 2135 (2137).
4 Vgl. *Cloer/Hagemann/Lichel/Schmitt*, BB 2018, 1686 (1689).
5 Vgl. *Kempf/Loose/Oskamp*, IStR 2018, 527 (529).

75 Die Vorschrift ist aufgrund der Regel für Anteilsveräußerungsgewinne in den DBA stark in ihrer Wirkung eingeschränkt. So weist für den Normalfall Art. 13 Abs. 5 OECD-MA und die dieser Vorschrift nachgebildete Bestimmungen dem Ansässigkeitsstaat des Veräußerers das Besteuerungsrecht zu. Ausnahmen bestehen nach Art. 13 Abs. 4 OECD-MA für sog. Immobiliengesellschaften. Vereinzelt weichen deutsche Abkommen von der Grundregel des Art. 13 Abs. 5 OECD-MA ab und gewähren dem Ansässigkeitsstaat der Gesellschaft, deren Anteile veräußert werden, das Besteuerungsrecht. Dies betrifft die DBA mit Tschechien, der Slowakei und Bulgarien.[1]

e) Vermietung, Verpachtung und Veräußerung von unbeweglichem Vermögen, Sachinbegriffen oder Rechten (§ 49 Abs. 1 Nr. 2 Buchst. f EStG)

aa) Hintergrund der Vorschrift

76 Nach völkerrechtlichen Maßstäben entspricht es anerkannten Grundsätzen, dass ein Staat nur zur Besteuerung von Sachverhalten berechtigt ist, die von einem nichtansässigen Rechtssubjekt durch in seinem Hoheitsgebiet vorhandene konkrete Anknüpfungsmerkmale verwirklicht sind. Im Bereich von Immobilien gilt nach internationaler Übung das Anknüpfungsmerkmal „Belegenheit" als Rechtfertigung zur Besteuerung. Der deutsche Steuergesetzgeber hat mit § 49 Abs. 1 Nr. 2 Buchst. f EStG erst vergleichsweise spät von seiner völkerrechtlich gerechtfertigten Besteuerungsmöglichkeit der Ertragsbesteuerung von im Inland belegenen Immobilien von Steuerausländern Gebrauch gemacht. Traditionell waren lediglich bestimmte Tatbestände der Veräußerungsgewinnbesteuerung im Zusammenhang mit Immobilien ausformuliert, als zwischen Erwerb und Veräußerung eine Zeitspanne lag, die in Vergangenheit den Sprachgebrauch der Spekulationsgewinnbesteuerung rechtfertigte. In heutiger Terminologie spricht das Gesetz von privaten Veräußerungsgeschäften. § 49 Abs. 1 Nr. 8 Buchst. a EStG definiert als Tatbestand im Kontext der beschränkten Steuerpflicht im Privatvermögen sonstige Einkünfte i. S. d. § 22 Nr. 2 EStG, soweit es sich um private Veräußerungsgeschäfte mit inländischen Grundstücken oder mit inländischen Rechten handelt, die den Vorschriften des bürgerlichen Rechts über Grundstücke unterliegen.

Was gewerbliche Einkünfte anbelangt, waren Immobilientransaktionen im Inland durch Steuerausländer – praktisch relevant sind in erster Linie realisierte stille Reserven aufgrund von Wertzuwächsen der Immobilie – lange Zeit jedenfalls dann in Deutschland unbesteuert, wenn die stillen Reserven nach Ablauf der früheren zweijährigen Frist (heute: zehn Jahre) und außerhalb eines inländischen Betriebsstättenvermögens anfielen.

Diese aus fiskalischer Sicht offenbar unbefriedigende Situation wurde mit Wirkung vom 1. 1. 1994 beseitigt, als der Steuergesetzgeber mit dem sog. Missbrauchsbekämpfungs- und Steuerbereinigungsgesetz[2] die Vorschrift des § 49 Abs. 1 Nr. 2 Buchst. f EStG einführte. Diese Bestimmung sah sich von Beginn an erheblicher Kritik ausgesetzt.

Die anfänglich hoch eingeschätzte Bedeutung der Bestimmung hat durch die Verlängerung der Fristen für private Veräußerungsgewinne aus Immobilien von zwei auf zehn Jahre nach § 49 Abs. 1 Nr. 8 i. V. m. § 22 Nr. 2 EStG an Gewicht verloren. Da sich die Vorschrift zudem trotz nunmehr erfolgter Klärung durch die Rechtsprechung sowohl konzeptionell als auch hand-

---

[1] Vgl. *Edelmann* in Kraft/Edelmann/Bron, § 13 UmwStG Rz. 82.
[2] Missbrauchsbekämpfungs- und Steuerbereinigungsgesetz v. 21. 12. 1993, BGBl 1993 I 2310; BStBl 1994 I 50.

werklich in zentralen Bereichen als fragwürdig erwiesen hat, ist die Rechtfertigung für sie entfallen. Sie sollte daher umgehend – auch aus Vereinfachungsgründen – gestrichen werden.

Nach drei Entscheidungen des I. Senat des BFH[1] steht die Anwendung der Vorschrift nunmehr auf etwas robusterem Boden, das frühere BMF-Schreiben v. 15.12.1994[2] wurde aufgehoben durch BMF-Schreiben v. 12.9.2013.[3]

bb) Normative Kernaussage

Durch die Vorschrift wurde der abschließende Katalog der inländischen Einkünfte im Rahmen des § 49 Abs. 1 EStG um einen zusätzlichen Tatbestand der Einkünfte aus Gewerbebetrieb erweitert. Nach der Vorstellung der seinerzeitigen Initiatoren[4] des Gesetzes sollte die Einfügung der Bestimmung dazu dienen, die innerstaatlichen Voraussetzungen für die Besteuerung ausländischer Immobilieninvestitionen in Deutschland für solche Fälle zu schaffen, in denen mangels inländischer Betriebsstätte und mangels inländischem ständigen Vertreter kein Besteuerungstatbestand des § 49 Abs. 1 Nr. 2 Buchst. a EStG erfüllt war. Die Bestimmung verfolgt im Wesentlichen die Stoßrichtung, solche stille Reserven der inländischen Besteuerung zu unterwerfen, die ein Steuerausländer dadurch realisiert, dass er im Inland belegenes Immobilienvermögen veräußert. Solches Immobilienvermögen tendiert regelmäßig zu Wertzuwächsen im Zeitablauf. Existiert im Inland weder eine inländische Betriebsstätte und ist auch kein inländischer ständiger Vertreter bestellt, so würde kein inländisches Betriebsvermögen gegeben sein, innerhalb dessen der Wertzuwachs der beschränkten Steuerpflicht unterworfen werden könnte. Würde zudem die Zehnjahresfrist des § 49 Abs. 1 Nr. 8 EStG abgewartet, könnten steuerfreie Realisierungen von Inlandsimmobilien durch Steuerausländer vergleichsweise problemlos verwirklicht werden. Der typische Fall ist ein im Ausland steuerlich ansässiger **gewerblicher Grundstückshändler**. Überschreitet ein gewerblicher Grundstückshändler die Drei-Objekt-Grenze dadurch, dass er innerhalb von fünf Jahren nach drei im Ausland belegenen Grundstücken eine vierte im Inland belegene Liegenschaft veräußert, so unterliegt diese Transaktion – zumindest nach den Vorstellungen der Finanzverwaltung[5] – der inländischen Einkommensbesteuerung.

77

Die „Hauptzielrichtung"[6] der Vorschrift ist die Erfassung inländischer Immobilieninvestitionen durch sog. **ausländische Objektgesellschaften**. Diese hatte der Gesetzgeber häufig im Gewand von ausländischen Kapitalgesellschaften – etwa niederländischen BVs oder vergleichbarer nach anderen Rechtsordnungen gegründete Rechtsformen – wahrgenommen, die allenfalls eine vermögensverwaltende Tätigkeit zum Gegenstand hatten. Regelmäßig wird sich diese in der Verwaltung des inländischen Immobilienvermögens erschöpft haben. Es ist nun zum Verständnis der Funktionsweise im System der beschränkten Steuerpflicht wichtig, sich in Erinnerung zurückzurufen, dass für derartige ausländische Kapitalgesellschaften die Gewerblichkeitsfiktion des § 8 Abs. 2 KStG nicht gilt. Die Begründung dafür steht im Gesetz, musste aber – wie

78

---

1 BFH v. 5.6.2002 - I R 105/00, BFH/NV 2002, 1433 = NWB DokID: TAAAA-68101; BFH v. 5.6.2002 - I R 81/00, BStBl 2004 II 344; BFH v. 22.8.2006 - I R 6/06, BStBl 2007 II 163.
2 BMF v. 15.12.1994, BStBl 1994 I 883.
3 BMF v. 12.9.2013, BStBl 2013 I 1176.
4 BR-Drucks. 621/93, 66; BT-Drucks. 12/5630, 64.
5 FinMin Sachsen v. 2.6.1992, DStR 1992, 984.
6 Vgl. *Lüdicke*, DB 1994, 952.

vergleichsweise viele Selbstverständlichkeiten im deutschen Steuerrecht – erst „ausprozessiert"[1] werden.

Der Gesetzgeber verfolgt nun mit der Norm des § 49 Abs. 1 Nr. 2 Buchst. f EStG das nachvollziehbare Anliegen, die beschriebenen ausländischen Objektgesellschaften und inländische vermögensverwaltende Kapitalgesellschaften gleich zu behandeln. Dies bewerkstelligt er – mehr schlecht als recht – durch die holprige Formulierung des Satzes 2 der Bestimmung. Danach gelten als Einkünfte aus Gewerbetrieb auch die Einkünfte aus Tätigkeiten i. S. d. Satzes 1 der Vorschrift, die von einer Körperschaft ohne Sitz oder (Ort der) Geschäftsleitung im Inland erzielt werden. Hinzutreten muss der Umstand, dass eine solche (ausländische) Körperschaft einer inländischen Kapitalgesellschaft oder sonstigen juristischen Person des privaten Rechts gleich steht, die nach den Vorschriften des HGB zur Führung von Büchern verpflichtet ist.

cc) Problematik der Norm
(1) Zeitliche Erfassung zu besteuernder stiller Reserven in inländischen Grundstücken

79 Seit ihrer Anfangskonzeption sieht sich die Bestimmung des § 49 Abs. 1 Nr. 2 Buchst. f EStG unter anderem deshalb scharfer Kritik ausgesetzt, weil der Gesetzgeber es gleich in mehrfacher Hinsicht versäumt hatte, regelungsbedürftige Aspekte der Vorschrift zu normieren. Für die Praxis – wie im übrigen auch für die Dogmatik – ungeregelte Felder besonderer Brisanz erstreckten sich einerseits auf die Frage, nach welchen Vorschriften – und damit unter Zugrundelegung welcher Techniken – der Gewinnermittlung ein etwaiger steuerpflichtiger Veräußerungsgewinn im Rahmen des § 49 Abs. 1 Nr. 2 Buchst. f EStG überhaupt zu bemessen war. Zum anderen hatte der Gesetzgeber die Frage offen gelassen, ob stille Reserven in Immobilien, die vor Inkrafttreten der Vorschrift im seinerzeit steuerlich unbeachtlichen Bereich gebildet worden waren, durch die Einführung der Norm zum 1. 1. 1994 nachträglich in Besteuerung transportiert werden durften. Ob diese bewusst geschah oder in mangelnder Sorgfalt wurzelte lässt sich nicht aufklären. Keine Zweifel bestehen allerdings darin, dass der Bestimmung damit im Vergleich mit anderen neu erfundenen Steuerrechtsbestimmungen eine das übliche Maß übersteigende verfassungsrechtliche Dimension zukam.

80 Zum Einbezug von vor dem 1. 1. 1994 entstandenen Wertzuwächsen lehnt der BFH es ab, solche stille Reserven, die vor Inkrafttreten des Gesetzes gebildet wurden, in die Veräußerungsgewinnbesteuerung nach § 49 Abs. 1 Nr. 2 Buchst. f EStG einzubeziehen. Diese vom Wortlaut der Vorschrift abweichende Auslegung begründet der I. Senat mit zwei Argumenten. Zum einen folge dies aus dem Umstand, dass die entsprechenden Veräußerungsvorgänge erst von diesem Zeitpunkt an, also ab 1. 1. 1994, steuerbar wurden. Zum anderen leitet er dies daraus ab, dass der Gesetzgeber darauf verzichtet hat, Übergangsregelungen für einen weiter zurückliegenden Besteuerungszugriff zu begründen. Insoweit sieht der Senat eine Parallele zum Beginn der Körperschaftsteuerpflicht nach § 13 KStG. Wird nach dieser Bestimmung nämlich eine (bislang) von der Körperschaftsteuer befreite Körperschaft, Personenvereinigung oder Vermögensmasse steuerpflichtig, so hat sie – jedenfalls für den Regelfall – auf den Zeitpunkt, in dem die Steuerpflicht beginnt, eine Anfangsbilanz aufzustellen, in der die zu bilanzierenden Wirtschaftsgüter mit Teilwerten – und nicht etwa mit historischen, ggf. fortgeführten Anschaffungs- oder Herstellungskosten – bewertet sind.

---

1 BFH v. 30. 8. 1989 - I B 39/89, BFH/NV 1990, 161 = NWB DokID: DAAAB-30725.

Zur Veranschaulichung dieser letzten Fragestellung soll das nachfolgende Beispiel dienen:

BEISPIEL: ▶ Die französische X-SA hatte am 1.1.1958 zum Preis von 100 000 DM eine Immobilie erworben, die nicht Bestandteil eines inländischen Betriebsstättenvermögens war. Erwirtschaftete Pachterträge waren folglich im Rahmen des § 49 Abs. 1 Nr. 6 EStG i.V. m §§ 2 Nr. 1, 7 Abs. 1, 8 Abs. 1 KStG steuerpflichtig. Eine Gewerbesteuerpflicht resultierte daraus mangels inländischer Betriebsstätte gem. § 2 Abs. 1 Satz 3 GewStG nicht. Am 1.1.1994 soll der Verkehrswert der Immobilie 10 Mio. DM betragen haben, zum Zeitpunkt der Veräußerung der Immobilie am 1.1.1997 10,5 Mio. DM. Die dadurch aufgeworfene Frage besteht darin, ob lediglich stille Reserven i. H. v. 400 000 DM aufgrund des Zuwachses an stillen Reserven in der „steuerpflichtigen" Zeit – ggf. unter Berücksichtigung von Absetzungen für Abnutzung – der Veräußerungsgewinnbesteuerung unterliegen. Alternativ kommt die Auslegung der Vorschrift in Betracht, die ebenfalls ggf. unter Berücksichtigung „fiktiver" Abschreibungen den Wertzuwachs seit dem ursprünglichen Erwerb – also i. H. v. rund 10,4 Mio. DM – als Bemessungsgrundlage der Besteuerung steht. Der Gesetzgeber hatte diese Frage offengelassen.

(2) Position der Finanzverwaltung

In Situationen der geschilderten Art überrascht es nicht, dass im Schrifttum der Appell an die Finanzverwaltung zur Klarstellung der Versäumnisse des Gesetzgebers erging. Ohne klarstellende Äußerungen seitens der Finanzverwaltung wurden schwerwiegende Störungen des inländischen Immobilienmarkts befürchtet.[1]

81

Die Finanzverwaltung war diesem Petitum gefolgt – ob zur Zufriedenheit der Steuerberatungspraxis oder des inländischen Immobilienmarkts – kann einstweilen dahinstehen. In seinem Schreiben betreffend Zweifelsfragen zur Besteuerung der Einkünfte aus der Veräußerung von Grundstücken durch beschränkt Steuerpflichtige nach § 49 Abs. 1 Nr. 2 Buchst. f EStG[2] vertrat die Finanzverwaltung die Ansicht, als Veräußerungsgewinn sei nach allgemeinen Grundsätzen der Betrag zu versteuern, um den der Veräußerungspreis nach Abzug der Veräußerungskosten die Anschaffungs- oder Herstellungskosten übersteige. Bei ausländischen Kapitalgesellschaften, bei denen Satz 2 die Gewerblichkeit kraft Rechtsform fingiert, und die demzufolge Einkünfte aus Gewerbebetrieb kraft Gesetz erzielten, sei von den historischen Anschaffungs- oder Herstellungskosten für den Grundbesitz auszugehen. Um die Dimension zu verdeutlichen: die Finanzverwaltung hielt eine Steuergesetzgebung für verfassungskonform, die ggf. über einen jahrzehntelangen Zeitraum angesammelte und vom Gesetzgeber als „besteuerungsirrelevant" angesehene stille Reserven gleichsam mit einem Federstrich der Besteuerung unterwerfen wollte. Die Formel vom schonenden Übergang bei langjährigem Vertrauen in eine bestehende Steuerrechtslage hatte die Verfasser des diesbezüglichen BMF-Schreibens offenbar nicht zu beeindrucken vermocht.

(3) Position der Rechtsprechung

Sachverhalt des BFH v. 5. 6. 2002:[3]

82

Eine Aktiengesellschaft dänischen Rechts (A/S) hatte 1983 für ca. 430 000 DM ein im Inland belegenes bebautes Grundstück erworben. Dieses wurde bis 1996 vermietet. In dieser Zeit wurden die Anschaffungskosten um AfA von jährlich 7 500 DM verringert. 1996 wurde das Grundstück verkauft. Das Finanzamt vertrat die Auffassung, dass bei der Ermittlung des Ver-

---

1 Vgl. *Lüdicke*, DB 1994, 952.
2 BMF v. 15. 12. 1994, BStBl 1994 I 883.
3 BFH v. 5. 6. 2002 - I R 105/00, IStR 2002, 596.

äußerungsgewinns die historischen Anschaffungskosten um die bisherigen AfA-Beträge zu vermindern seien. Demzufolge errechnete es einen Veräußerungsgewinn von 192 000 DM, wohingegen nach der Berechnung der Aktiengesellschaft 90 000 DM steuerpflichtig waren.

83 Sachverhalt des BFH v. 5. 6. 2002:[1]

Eine S.p.A., eine Aktiengesellschaft italienischen Rechts, erzielte Einkünfte aus Vermietung und Verpachtung aus im Inland belegenen Grundbesitz. Bei verschiedenen Grundstückstransaktionen ging es um die Kernfrage, ob Wertzuwächse, die bis einschließlich 31. 12. 1993 gebildet worden waren, der Veräußerungsgewinnbesteuerung nach § 49 Abs. 1 Nr. 2 Buchst. f EStG unterliegen. Zudem war entscheidungserheblich, ob – und gegebenenfalls in welchem Umfang – AfA bei der Ermittlung des Veräußerungsgewinns zu berücksichtigen war.

84 Sachverhalt des BFH v. 22. 8. 2006:[2]

Eine Kapitalgesellschaft niederländischen Rechts (BV) erwarb im Jahre 1991 ein im Inland belegenes Gewerbegrundstück, das in der Folgezeit mit Büro- und Lagergebäuden bebaut wurde. Die ursprünglichen Anschaffungskosen betrugen 471 912 DM, die Herstellungskosten des in den Jahren 1991 und 1992 errichteten Gebäudes betrugen 7 128 336 DM und die Kosten für die Außenanlagen 163 763 DM. Gebäude und Außenanlagen wurden jährlich mit 5 % degressiv abgeschrieben. 1993 und 1994 entstanden weitere Anschaffungs- und Herstellungskosten. Zum 30. 9. 1998 (Streitjahr) verkaufte die BV dieses bebaute Grundstück sowie ein weiteres, im Jahre 1994 erworbenes und ebenfalls bebautes Grundstück für insgesamt 15,3 Mio. DM. Der Buchwert beider Grundstücke belief sich zu diesem Zeitpunkt auf 11 967 198 DM.

Fraglich war, ob die BV jeweils i.V. m. § 2 Nr. 1, § 8 Abs. 1 KStG mit den erzielten laufenden Einkünften aus der Grundstücksvermietung gem. § 49 Abs. 1 Nr. 6 EStG sowie mit dem Veräußerungsgewinn gem. § 49 Abs. 1 Nr. 2 Buchst. f EStG der beschränkten Steuerpflicht zu unterwerfen war.

85 Bemerkenswert an der Begründung des BFH ist zunächst, dass er es offenbar grundsätzlich als zulässig erachtet, wenn der Gesetzgeber vormals nicht steuerbare Vorgänge als steuerbar qualifiziert, die einen in die Vergangenheit zurückreichenden Besteuerungszugriff zum Gegenstand haben. Diese auf den ersten Blick krude Konsequenz eines – auch in zeitlicher Hinsicht sehr weiten Gestaltungsspielraums des Gesetzgebers – relativiert der I. Senat jedoch dadurch, dass er für derartige Fälle Übergangsregelungen für zwingend erachtet. Wie diese Übergangsregelungen auszugestalten wären, erörtert der BFH nicht, er hatte auch keinen Anlass dazu. Indessen schließt der Bundesfinanzhof aus einem Verzicht des Gesetzgebers auf den Erlass von Übergangsregelungen, dass es dem Rechtsanwender verwehrt ist, in der Vergangenheit nicht steuerbare Vorgänge als steuerpflichtig zu erachten, wenn die Ursachen der Steuerpflicht in der Vergangenheit angelegt wurden und der Wortlaut eines Gesetzes den Einbezug dieses vergangenheitsbezogenen Besteuerungssubstrats prinzipiell zuließe.

dd) Erfasste Einkünfte

86 Die Vorschrift erfasst:
- ► Einkünfte aus der Vermietung und Verpachtung von unbeweglichem Vermögen,
- ► Einkünfte aus der Vermietung und Verpachtung von Sachinbegriffen,

---

1 BFH v. 5. 6. 2002 - I R 81/00, BStBl 2004 II 344.
2 BFH v. 22. 8. 2006 - I R 6/06, BStBl 2007 II 163.

- Einkünfte aus der Vermietung und Verpachtung von Rechten,
- Einkünfte aus der Veräußerung von unbeweglichem Vermögen,
- Einkünfte aus der Veräußerung von Sachinbegriffen,
- Einkünfte aus der Veräußerung von Rechten.
- Einkünfte aus bestimmten Wertveränderungen

Nach dem Wortlaut müssen das unbewegliche Vermögen, die Sachinbegriffe oder die Rechte entweder im Inland belegen oder in ein inländisches öffentliches Buch oder Register eingetragen sein. Alternativ kommt in Betracht, dass ihre Verwertung in einer inländischen Betriebsstätte oder anderen Einrichtung erfolgt.

Zum **unbeweglichen Vermögen** gehören Grundstücke, Gebäude, Gebäudeteile, Schiffe, die in ein Schiffsregister eingetragen sind, und grundstücksgleiche Rechte, die den Vorschriften des bürgerlichen Rechts über Grundstücke unterliegen. Darunter fallen beispielsweise Erbbaurechte, Abbaurechte, Mineralgewinnungsrechte und das Wohnungseigentum nach dem WEG. Ferner gehören in die Luftfahrzeugrolle eingetragene Luftfahrzeuge zum unbeweglichen Vermögen.[1] Das Belegensein kommt im Wesentlichen beim unbeweglichen Vermögen in Betracht, da sprachlich nur das unbewegliche Vermögen erfasst sein kann. Darauf weist die Formulierung „liegen" hin. Inländische öffentliche Bücher sind insbesondere die von den Amtsgerichten als Grundbuchämter geführten Grundbücher. Diese geben Auskunft über private Rechte an Grundstücken.[2]

87

Ein **Sachinbegriff** ist eine Mehrzahl beweglicher Sachen, die nach der Verkehrsanschauung so aufeinander abgestimmt sind, dass sie eine wirtschaftliche Einheit bilden. Zu nennen wären etwa ein Maschinenpark, eine Wohnungseinrichtung, eine Bibliothek, eine Großrechenanlage und ähnliches Zubehör unbeweglichen Vermögens. Allerdings ist im Auge zu behalten, dass es sich dabei um bewegliche Sachen (§ 97 BGB) handelt. Daher fallen sie nur dann unter diese Vorschrift, wenn sie zugleich einen Sachinbegriff darstellen. Alternativ kann im Rahmen der beschränkten Steuerpflicht die Vermietung unter § 49 Abs. 1 Nr. 9 EStG zu subsumieren sein. Die Eintragung in ein öffentliches Buch oder Register kommt bei Sachinbegriffen – wenn man die Beispiele in Augenschein nimmt – eher nicht vor. Daher kommt als verbleibendes inländisches Anknüpfungsmerkmal die Verwertung in einer inländischen Betriebsstätte oder einer anderen Einrichtung in Betracht. Diese muss keinesfalls eine Betriebsstätte oder andere Einrichtung des beschränkt Steuerpflichtigen sein.

88

Zu den **Rechten** gehören insbesondere schriftstellerische, künstlerische, und gewerbliche Urheberrechte, gewerbliche Erfahrungen sowie Gerechtigkeiten und Gefälle. Deren Eintragung in ein inländisches öffentliches Buch oder Register erweist sich aufgrund des Wortlauts als konstitutiv für die Steuerpflicht der aus dem Recht erzielten Einkünfte.

89

Das BMF nimmt Stellung[3] zu Fällen der grenzüberschreitenden Überlassung von Nutzungsrechten, in denen ein Unternehmen im Inland Software und Datenbankanwendungen von einem Anbieter im Ausland bezieht und dafür Lizenzzahlungen zu entrichten hat.[4]

90

---

1 BFH v. 2.5.2000 - IX R 71/96, BStBl 2000 II 467.
2 Vgl. im Einzelnen HHR/*Klein*, § 49 EStG Anm. 943.
3 Vgl. BMF v. 27.10.2017, BStBl 2017 I 1448.
4 Vgl. mit ausführlicher Analyse des BMF-Schreibens *Kraft*, NWB 2018, 868 (Teil 1), NWB 2018, 937 (Teil 2).

91 Nach § 49 Abs. 1 Nr. 2 Buchst. f Satz 4 EStG gehören auch Wertveränderungen von Wirtschaftsgütern, die mit diesem Vermögen in wirtschaftlichem Zusammenhang stehen zu den Einkünften aus der Veräußerung von inländischem unbeweglichem Vermögen im Sinne dieses Buchstabens. Hintergrund dieser Bestimmung ist, dass der BFH[1] in seinem Urteil vom 7.12.2016 - I R 76/14 den Wegfall einer Darlehensverbindlichkeit als Wertveränderung eines Wirtschaftsguts (hier: Darlehensverbindlichkeit) angesehen hat. Der BFH hat in diesem Kontext jedoch betont, es handele sich bei einem durch einen Forderungsverzicht verursachten Ertrag „weder um Einnahmen aus der Vermietung und Verpachtung noch um solche aus der Veräußerung des inländischen Grundstücks".

Der Regelungsbereich dieser somit als BFH-Nichtanwendungsgesetz zu verstehenden Bestimmung erschließt sich demgemäß erst vor dem Hintergrund seiner Entstehungsgeschichte. Nach der BFH-Judikatur umfassen die als gewerblich fingierten Einkünfte aus Vermietung und Verpachtung oder Veräußerung inländischen Grundbesitzes nicht den Ertrag aus einem gläubigerseitigen Verzicht auf die Rückzahlung des Darlehens, mit dem die Körperschaft den Erwerb der Immobilie finanziert hatte. Demzufolge hätte sich ein Darlehnsverzicht im Rahmen der beschränkten Steuerpflicht nicht steuererhöhend ausgewirkt. Der BFH hatte die Berücksichtigung des Ertrags aus dem Darlehensverzicht mit der Begründung abgelehnt, dass einerseits kein Veranlassungszusammenhang mit der Vermietung und andererseits „keine Gegenleistung für die Übertragung des Eigentums an dem Grundstück" vorliege.

Nach Ansicht des Gesetzgebers erfasst die Formulierung des § 49 Abs. 1 Nr. 2 Buchst. f Satz 4 EStG auch den Wegfall eines Darlehens.[2] Da „Wertveränderung" sich vorrangig auf Erträge aus Wertminderungen von Darlehensverbindlichkeiten bezieht,[3] werden Gewinnermittlungsvorschriften zu inländischen Einkünften aus Gewerbebetrieb, die durch die Vermietung und Verpachtung bzw. Veräußerung von u.a. unbeweglichem Vermögen in Deutschland erzielt werden, in die Bestimmung des § 49 Abs. 1 Nr. 2 Buchst. f EStG aufgenommen.

ee) Einkünfteermittlung

(1) Veräußerungsgewinn

92 Der BFH hat entschieden, dass der Veräußerungsgewinn gem. § 49 Abs. 1 Nr. 2 Buchst. f EStG nach Maßgabe von §§ 4ff. EStG zu ermitteln ist. Dabei sind AfA, die bis zur Veräußerung auf das veräußerte Gebäude im Inland steuerwirksam in Abzug gebracht worden sind, bei der Ermittlung des Veräußerungsgewinns zu berücksichtigen. Mit dieser Sichtweise folgt der BFH einerseits der mehrheitlich in der Literatur[4] sowie instanzgerichtlich[5] vorgetragenen Ansicht. Der BFH unterstreicht, dass dies im Grundsatz auch der Auffassung der Finanzverwaltung[6] entspräche, allerdings mit der von ihr vorgenommenen Einschränkung, dass der von § 49 Abs. 1 Nr. 2 Buchst. f EStG vorausgesetzte Gewerbebetrieb durch Grundstückshandel entsteht. Für Steuerpflichtige, die als Kapitalgesellschaften – wie in den hier zu analysierenden Fällen –

---

[1] BFH v. 7.12.2016 - I R 76/14, BStBl 2007 II 704.
[2] Vgl. BT-Drucks. 19/4858, 2.
[3] Vgl. *Cloer/Hagemann/Lichel/Schmitt*, BB 2018, 1751 (1751).
[4] Statt vieler vgl. nur *Schaumburg*, Internationales Steuerrecht, Rz. 5.195; *Gosch* in Kirchhof, § 49 EStG Rz. 45; HHR/*Peffermann*, § 49 EStG Anm. 633; nach *Lüdicke*, DB 1994, 952 und *Hendricks*, IStR 1997, 229 bestand insoweit eine Regelungslücke.
[5] Hessisches FG v. 29.9.1999 - 4 K 4926/96, EFG 2000, 218.
[6] BMF v. 15.12.1994, BStBl 1994 I 883, Tz. 2.

von Satz 2 der Norm betroffen sind, soll es – wie der BFH herausstellt – nach den Vorstellungen der Finanzverwaltung auf die historischen Anschaffungs- oder Herstellungskosten ankommen. Wurde – wie im o. g. Beispiel – ein im Inland belegenes Gewerbegrundstück vor mehreren Jahrzehnten erworben – hätte sich die Auffassung der Finanzverwaltung durchgesetzt – hätte die Veräußerungsgewinnbesteuerung folglich die in der Zeit vor 1994 niemals steuerverhafteten stillen Reserven bei der Veräußerung der Besteuerung unterwerfen müssen. Indessen vermag der erkennende Senat keine Rechtfertigung für eine solche Unterscheidung zu erkennen und statuiert eine Gleichbehandlung beider Sachverhalte.

(2) Laufende Vermietungs- und Verpachtungs-Einkünfte

Für die Ermittlung der laufenden Vermietungs- und Verpachtungs-Einkünfte ist zwar ebenso wenig wie im Rahmen der Veräußerungsgewinne eine konkrete Gewinnermittlungsanordnung im Gesetz anzutreffen, gleichwohl wird man von einer einheitlichen Gewinnermittlung für Einkünfte aus Vermietung und Verpachtung und Veräußerungsgewinne auszugehen haben. Dies kann damit begründet werden, dass nach offensichtlicher Auffassung der Finanzverwaltung kein Einkünftedualismus für Einkünfte aus Vermietung und Verpachtung und Veräußerungsgewinne vorgesehen ist.[1] Auch nach der insoweit einschlägigen Gesetzesbegründung sollte eine getrennte Gewinnermittlung abgeschafft werden.[2]

ff) Gestaltungsvariante „Verkauf von Anteilen an grundstücksverwaltenden Gesellschaften"

(1) Vorbemerkung

Mit Urteil vom 7.12.2016 hat der BFH entschieden, dass der Ertrag aus dem Forderungsverzicht einer Darlehensverbindlichkeit einer im Ausland ansässigen – beschränkt steuerpflichtigen – Immobilien-Kapitalgesellschaft im Inland nicht zu steuerbaren Einkünften im Inland führt.[3] Die Klägerin hatte zunächst bei dem Beklagten eine verbindliche Auskunft dahingehend beantragt, dass der Ertrag aus dem Forderungsverzicht nicht unter § 49 Abs. 1 Nr. 2 Buchst. f EStG fällt.

Ob die Bruchteilsbetrachtung auch anzuwenden ist, wenn der Gesellschafter die Beteiligung an der vermögensverwaltenden Personengesellschaft veräußert, war in der Vergangenheit strittig. Finanzverwaltung und Teile der Literatur setzten die **Veräußerung der Beteiligung an einer vermögensverwaltenden Personengesellschaft** der anteiligen Veräußerung der Wirtschaftsgüter des Gesamthandvermögens gleich.[4] Dieser Auffassung standen die zivilrechtliche Wertung und die höchstrichterliche Rechtsprechung entgegen. Wenn die Beteiligung an einer (vermögensverwaltenden) Personengesellschaft veräußert wird, findet auf Ebene des gesamthänderisch gebundenen Vermögens gerade keine Veränderung statt, vielmehr bleibt die Personengesellschaft weiterhin unverändert Eigentümerin des Vermögens.[5]

---

1 BMF v. 16. 5. 2011, BStBl 2011 I 530.
2 Vgl. BT-Drucks. 16/10189, 58 f.; HHR/*Peffermann*, § 49 EStG Anm. 633, m.w.N. Hinsichtlich Einzelheiten betreffend Fragen der Gewinnermittlung, der Anwendung von Sonderregeln wie etwa der Zinsschranke etc. vgl. HHR/*Peffermann*, § 49 EStG Anm. 634.
3 BFH v. 7.12.2016 - I R 76/14, BStBl 2017 II 704.
4 Vgl. *Wacker*, DStR 2005, 2015; BMF v. 26. 9. 2014, BStBl 2014 I 1258, Tz. 3.2.
5 Vgl. FG München v. 29. 7. 2013 - 7 K 190/11, EFG 2013, 1852, rkr.; BFH v. 4. 10. 1990 - X R 148/88, BStBl 1992 II 211.

Durch das Investmentsteuerreformgesetz (InvStRefG)[1] v. 19.7.2016 wurde an § 49 Abs. 1 Nr. 2 Buchst. f Satz 1 EStG ein neuer Satz 2 angefügt. Danach gilt § 23 Abs. 1 Satz 4 EStG entsprechend. Dort ist geregelt, dass die Anschaffung oder Veräußerung einer unmittelbaren oder mittelbaren Beteiligung an einer Personengesellschaft als Anschaffung oder Veräußerung der anteiligen Wirtschaftsgüter gilt. Zweck dieser Anpassung ist es ausweislich der Gesetzesbegründung[2] zu verhindern, dass die Besteuerung durch Zwischenschaltung einer Personengesellschaft umgangen wird. Dies war nach einem Urteil des FG München[3] dadurch möglich geworden, dass im Inland belegener Grundbesitz von einer vermögensverwaltenden Personengesellschaft gehalten wurde. Um dem entgegenzuwirken und klarzustellen, dass auch mittelbare Veräußerungsvorgänge erfasst sind, hat der Gesetzgeber in § 49 Abs. 1 Nr. 2 Buchst. f EStG den Verweis auf § 23 Abs. 1 Satz 4 EStG aufgenommen.

95 Diese gesetzgeberische Wertentscheidung steht im dezidierten Widerspruch zur BFH-Judikatur sowie zur rechtskräftigen Entscheidung des FG München.[4] Sofern die Veräußerung der Beteiligung an einer grundstücksverwaltenden Personengesellschaft Streitgegenstand war, hatte der BFH ausdrücklich konstatiert, dass die Veräußerung von Anteilen an vermögensverwaltenden Personengesellschaften gerade nicht mit der Veräußerung der anteiligen Wirtschaftsgüter gleichzusetzen ist.[5]

Diese Sichtweise entsprach wohl auch der in verwandten Regelungsbereichen zum Ausdruck gebrachten Sichtweise des Gesetzgebers: Zur Gewährleistung einer gleichmäßigen Besteuerung wurde mit § 20 Abs. 2 Satz 3 EStG sowie § 23 Abs. 1 Satz 4 EStG eine **gesetzliche Fiktion** geschaffen, nach der die Veräußerung der unmittelbaren oder mittelbaren Beteiligung an einer Personengesellschaft der Veräußerung der anteiligen Wirtschaftsgüter gleichgesetzt wird.[6] Eine solche Fiktion fehlt zwar im Rahmen des § 17 EStG. In ständiger Rechtsprechung leitet der BFH[7] eine entsprechende Bruchteilsbetrachtung aus dem mit § 17 EStG verfolgten Gesetzeszweck und der gesetzlichen Anordnung ab, mittelbare und unmittelbare Beteiligungen in die Berechnung der Beteiligungsgrenze des § 17 EStG gleichermaßen einzubeziehen.[8]

96 Für die **Veräußerung der Beteiligung an einer gewerblich tätigen oder gewerblich geprägten Mitunternehmerschaft** bedurfte es einer solchen Fiktion nicht, da die Veräußerung des Mitunternehmeranteils selbst (nicht die Veräußerung der anteiligen Wirtschaftsgüter) als Einkünfte aus Gewerbebetrieb der Besteuerung nach § 15 Abs. 1 Nr. 2 EStG unterliegt und – sofern der gesamte Mitunternehmeranteil veräußert wird – eine begünstigte Behandlung nach § 16 Abs. 1 Nr. 2 EStG i.V.m. § 34 EStG erfuhren.

(2) Inländische Personengesellschaft mit Gesellschaftern im Nicht-DBA-Ausland

97 Wenn der im Ausland ansässige Gesellschafter seinen Anteil an der inländischen vermögensverwaltenden Personengesellschaft veräußerte, wurde kontrovers diskutiert, ob ein Tatbestand

---

1 BGBl 2016 I 1730.
2 Vgl. BT-Drucks. 18/8739, 120 f.
3 Vgl. FG München v. 29.7.2013 - 7 K 190/11, IStR 2013, 963, rkr.
4 Vgl. FG München v. 29.7.2013 - 7 K 190/11, IStR 2013, 963, rkr.
5 So grundlegend bereits BFH v. 4.10.1990 - X R 148/88, BStBl 1992 II 211; FG München v. 29.7.2013 - 7 K 190/11, EFG 2013, 1852, rkr.
6 Vgl. *Glenk* in Blümich, § 23 EStG Rz. 81 f.
7 Vgl. BFH v. 9.5.2000 - VIII R 41/99, BStBl 2000 II 686.
8 Vgl. *Weber-Grellet* in Schmidt, § 17 EStG Rz. 54, 113, m.w.N.

des § 49 Abs. 1 EStG erfüllt war. Nach Auffassung der von der **Finanzverwaltung und Teilen der Literatur** unter Bezugnahme auf § 39 Abs. 2 Nr. 2 AO vertretenen Bruchteilsbetrachtung wurde die Veräußerung des Gesellschaftsanteils einer anteiligen Veräußerung der Wirtschaftsgüter der vermögensverwaltenden Personengesellschaft gleichgestellt.[1] Die (fiktive) quotale Immobilienveräußerung führte dann bei betrieblich beteiligten natürlichen Personen sowie bei Kapitalgesellschaften[2] unabhängig von der Beteiligungsdauer zu beschränkt steuerpflichtigen Veräußerungsgewinnen nach § 49 Abs. 1 Nr. 2 Buchst. f EStG.

Diese Fiktion eines Steuertatbestands wurde vom **FG München** nicht geteilt, da nach dessen Ansicht keine Rechtsgrundlage für eine Umgestaltung der objektiven Seite steuerrechtlicher Tatbestandsverwirklichung bestand.[3] Vielmehr bestimmt das Gericht in Übereinstimmung mit der höchstrichterlichen Rechtsprechung zu § 23 EStG[4] und in Einklang mit der **herrschenden Literaturmeinung**[5] den unter den Steuertatbestand fallenden Veräußerungsvorgang nach rein zivilrechtlichen Kriterien. Da das Veräußerungsobjekt auch im Rahmen des § 21 EStG zivilrechtlich zu bestimmen sei und diese zivilrechtliche Auslegung über die gesetzestechnischen Verweise auch im Rahmen des § 49 Abs. 1 Nr. 2 Buchst. f EStG Geltung erlange,[6] könne ein Durchgriff durch die gesamthänderische Beteiligung auf die Wirtschaftsgüter des Gesamthandsvermögens nicht erfolgen. Die Veräußerung der Beteiligung an einer grundstücksverwaltenden Personengesellschaft konnte folglich nicht in der Veräußerung des Grundvermögens umqualifiziert werden und war somit nicht unter den Tatbestand des § 49 Abs. 1 Nr. 2 Buchst. f EStG zu subsumieren. 98

Durch die Anfügung eines neuen Satzes 2 an § 49 Abs. 1 Nr. 2 Buchst. f Satz 1 EStG mit dem InvStRefG[7] v. 19. 7. 2016 wird dieses Auslegungsergebnis entkräftet, da danach § 23 Abs. 1 Satz 4 EStG entsprechend gilt. Eine Veräußerung des Anteils an der vermögensverwaltenden Personengesellschaft wird nunmehr durch die ausdrückliche gesetzgeberische Anordnung des § 23 Abs. 1 Satz 4 EStG insoweit der Veräußerung des Anteils an der Personengesellschaft gleichgestellt. Ergebnis der gesetzlichen Anpassung ist, dass nunmehr eine generelle Besteuerung der Anteilsveräußerung bei immobilienverwaltenden Personengesellschaften erfolgt. 99

(3) Inländische Personengesellschaft mit Gesellschaftern im DBA-Ausland

Die Finanzverwaltung wendet auch im Abkommensfall die **Bruchteilsbetrachtung** an, da die Veräußerung der Beteiligung an einer immobilienverwaltenden Personengesellschaft der anteiligen Veräußerung des Grundbesitzes gleichgestellt wird.[8] Daraus resultiert die abkommensrechtliche Einordnung unter Art. 13 Abs. 1 OECD-MA, so dass der Belegenheitsstaat das Besteuerungsrecht erhält. Da DBA aber lediglich die Besteuerungskompetenzen zwischen den beiden Abkommenstaaten aufteilen und keine neuen Steuertatbestände begründen[9], kann nach der Einfügung des Satzes 2 auch im DBA-Fall die Besteuerung im Inland erfolgen. Die Fi- 100

---

1 Vgl. *Wacker*, DStR 2005, 2015; BMF v. 26. 9. 2014, BStBl 2014 I 1258, Tz. 3.2.
2 Unabhängig von gewerblicher oder vermögensverwaltender Tätigkeit wegen Satz 2 in § 49 Abs. 1 Nr. 2 Buchst. f EStG.
3 FG München v. 29. 7. 2013 - 7 K 190/11, EFG 2013, 1852, rkr.; so bereits BFH v. 4. 10. 1990 - X R 148/88, BStBl 1992 II 211.
4 BFH v. 4. 10. 1990 - X R 148/88, BStBl 1992 II 211; BFH v. 10. 7. 1996 - X R 103/95, BStBl 1997 II 678.
5 Vgl. *Gosch* in Kirchhof, § 49 EStG Rz. 42; *Lüdicke*, DB 1994, 952; *Thömmes*, JbFStR 1995/96, 105.
6 § 49 Abs. 1 Nr. 2 Buchst. f EStG verweist über Nr. 6 auf § 21 EStG.
7 BGBl 2016 I 1730.
8 Vgl. BMF v. 26. 9. 2014, BStBl 2014 I 1258, Tz. 3.2.
9 Vgl. *Gersch* in Klein, § 2 AO Rz. 3 f.

nanzverwaltung muss sich also aufgrund der positivrechtlichen Regelung nicht mehr auf ihre früher vertretene Bruchteilsbetrachtung berufen.

101 Es stellt sich die Frage, unter welche Abkommensnorm die Veräußerung des Anteils an der vermögensverwaltenden Personengesellschaft zu subsumieren ist. Eine Zuordnung zu Art. 13 Abs. 1 OECD-MA scheidet wegen der rein zivilrechtlichen Wertung des Veräußerungsgeschäfts aus, da im Abkommensfall die Bedeutung des Begriffs „unbewegliches Vermögen" nach dem Recht des Belegenheitsstaats auszulegen ist.[1] Ebenso kann die Veräußerung der Anteile an der Personengesellschaft nicht unter Art. 13 Abs. 4 OECD-MA subsumiert werden, da hiervon nur Anteile an Immobiliengesellschaften erfasst werden, die als Gesellschaften i. S. d. Art. 3 Abs. 1 Buchst. b OECD-MA – also als juristische Personen – zu qualifizieren sind.[2] Nur einzelne DBA enthalten **explizite Regelungen**, die auch immobilienverwaltende Personengesellschaften in den Anwendungsbereich des Art. 13 Abs. 1 oder Art. 13 Abs. 4 DBA einbeziehen.[3] Ohne eine solche Sonderregelung kann nur der **Auffangtatbestand** nach Art. 13 Abs. 5 OECD-MA zur Anwendung gelangen, der das Besteuerungsrecht grundsätzlich dem Ansässigkeitsstaat des Veräußerers zuweist.[4]

Allerdings dürfte die Vorschrift des § 49 Abs. 1 Nr. 2 Buchst. f Satz 2 EStG im Lichte des „Treaty-Override-Beschlusses" des BVerfG zu bewerten sein. Das BVerfG[5] hat mit Beschluss v. 15. 12. 2015 entschieden, dass ein Treaty Override nicht verfassungswidrig ist. Danach verbiete es die deutsche Verfassung dem Gesetzgeber nicht, sich mittels eines Treaty Override von seinen durch das Zustimmungsgesetz innerstaatlich verbindlichen völkerrechtlichen Verpflichtungen (teilweise) zu lösen. Nach dieser Interpretation darf Deutschland die Gewinne aus der Anteilsveräußerung an immobilienverwaltenden Personengesellschaften wohl auch unter dem Regime eines DBA besteuern.

(4) Gewerbliche Prägung der immobilienverwaltenden inländischen Personengesellschaft

102 Wenn die immobilienverwaltende Personengesellschaft durch die Beteiligung einer die Vollhafterfunktion übernehmenden in- oder ausländischen Kapitalgesellschaft gewerblich geprägt ist,[6] liegen gewerbliche Einkünfte vor, deren Steuerbarkeit nach § 49 Abs. 1 Nr. 2 Buchst. a EStG die Existenz einer Betriebsstätte oder eines ständigen Vertreters im Inland voraussetzt. Indessen führt nicht allein die Übernahme der Vollhafterfunktion – selbst durch eine Kapitalgesellschaft mit Sitz im Inland – schon zu einer Betriebsstätte im Inland. Zur Begründung einer Betriebsstätte müssen weitere Merkmale hinzutreten, wie beispielsweise die aktive Durchführung der Geschäftsführungsaufgaben oder eine eigene betriebliche Tätigkeit.[7] Dies entspricht auch der ausdrücklichen Auffassung der Finanzverwaltung.[8] Wenn die immobilienverwalten-

---

1 Vgl. Art. 6 Abs. 2 OECD-MA; *Reimer* in Vogel/Lehner, DBA, Art. 6 Rz. 64 ff.
2 Vgl. *Reimer* in Vogel/Lehner, DBA, Art. 13 Rz. 127 f.; nur wenn die immobilienverwaltende Personengesellschaft nach dem Recht des Vertragsstaats als intransparent behandelt wird und insoweit auch als abkommensberechtigte Person gilt, ist eine Anteilsveräußerung unter Art. 13 Abs. 4 OECD-MA einzuordnen.
3 So z. B. die DBA mit den USA (Art. 13 Abs. 3 Buchst. b DBA-USA 2008) und Kanada (Art. 13 Abs. 4 Buchst. b DBA-Kanada 2001); s. auch *Reimer* in Vogel/Lehner, DBA, Art. 13 Rz. 171.
4 Vgl. *Reimer* in Vogel/Lehner, DBA, Art. 13 Rz. 127, 156; diese Einordnung gilt nach der Rechtsprechung beispielsweise auch für die Veräußerung eines Kaufoptionsrechts, das ein in Spanien belegenes Grundstück betrifft; BFH v. 19. 5. 1982 - II R 89/81, BStBl 1982 II 768, 780.
5 BVerfG v. 15. 12. 2015 - 2 BvL 1/12, NWB DokID: YAAAF-66859.
6 Vgl. die Voraussetzungen der gewerblichen Prägung im Einzelnen § 15 Abs. 2 Nr. 2 EStG; *Bode* in Blümich, § 15 EStG Rz. 272 ff.
7 Vgl. *Lemaitre/Lüdemann* in Wassermeyer/Richter/Schnittker, Personengesellschaften im Internationalen Steuerrecht, 239, Tz. 7.7; *Haase*, IStR 2014, 170.
8 BMF v. 26. 9. 2014, BStBl I 2014 1258, Tz. 2.2.3, insbesondere das dortige Beispiel.

den Personengesellschaften im Inland eine Betriebsstätte begründet, unterliegt die Veräußerung der Personengesellschaftsanteile durch einen ausländischen Gesellschafter der beschränkten Steuerpflicht nach § 49 Abs. 1 Nr. 2 Buchst. a EStG.

Wenn die Begründung einer Betriebsstätte im Inland vermieden wird, stellt sich die Frage, ob durch die Beteiligungsveräußerung überhaupt ein Tatbestand des § 49 Abs. 1 EStG verwirklicht wird. Nachdem der Gesetzgeber durch die Anfügung eines neuen Satzes 2 an § 49 Abs. 1 Nr. 2 Buchst. f Satz 1 EStG der oben skizzierten zivilrechtlichen Betrachtung eine Absage erteilt hat, bestimmt sich die Veräußerung einer Beteiligung an einer immobilienverwaltenden gewerblich geprägten Personengesellschaft nunmehr nach den Regeln einer direkten Grundstücksveräußerung. Mithin ist – bei Nichtexistenz einer Betriebsstätte – der Tatbestand des § 49 Abs. 1 Nr. 2 Buchst. f EStG erfüllt. Eines Rückgriffs auf isolierende Betrachtungsweise des § 49 Abs. 2 EStG bedarf es dann nicht mehr. 103

Die Einordnung der laufenden Einkünfte einer gewerblich geprägten Personengesellschaft unter dem Regime eines DBA erfolgt gem. der geänderten Auffassung der Finanzverwaltung nicht unter die Unternehmensgewinne des Art. 7 OECD-MA, sondern entsprechend der Art der ausgeübten Tätigkeit unter die speziellen Abkommensartikel.[1] Damit schließt sich die Finanzverwaltung der herrschenden Literaturauffassung[2] und ständigen Rechtsprechung des BFH[3] an. Folglich ist im Abkommensfall auch die Anteilsveräußerung an einer gewerblich geprägten vermögensverwaltenden Personengesellschaft nach denselben Grundsätzen zu beurteilen wie die Anteilsveräußerung an einer originär vermögensverwaltenden Personengesellschaft. Dies hat zur Folge, dass auch insoweit die Vorschrift des § 49 Abs. 1 Nr. 2 Buchst. f Satz 2 EStG im Lichte des „Treaty-Override-Beschlusses" des BVerfG auszulegen ist.[4] Folglich darf Deutschland die Gewinne aus der Anteilsveräußerung an gewerblich geprägten vermögensverwaltenden „Immobilien"-Personengesellschaften wohl auch unter dem Regime eines DBA besteuern. 104

(5) Vermögensverwaltende ausländische Personengesellschaft

Die Veräußerung eines Anteils einer nach ausländischem Gesellschaftsrecht gegründeten Personengesellschaft, die im Inland belegene Immobilien zu Eigentum hat, durch einen im Ausland ansässigen Gesellschafter, beurteilt sich nunmehr ebenfalls nach der Vorschrift des § 49 Abs. 1 Nr. 2 Buchst. f Satz 2 EStG. Im Auge zu behalten ist, dass in der Regel eine Besteuerung aber mangels Kenntnis der Anteilsveräußerung auf praktische Probleme stoßen wird und insbesondere dann nicht erfolgen kann, wenn mehrstöckige mittelbare Personengesellschaftsbeteiligungen im Ausland vorhanden sind. Auch insoweit war die vom FG München vertretene zivilrechtliche Würdigung des Verkaufsaktes konsistent,[5] die gesetzgeberische Reaktion wird mit hoher Wahrscheinlichkeit bei mehrstöckigen Personengesellschaftsstrukturen im Ausland strukturell vollzugsdefizitär sein. 105

Innerhalb der 10-Jahres-Frist unterliegt auch die Anteilsveräußerung an der ausländischen immobilienverwaltenden Personengesellschaft durch im Ausland ansässige Gesellschafter der in-

---

1 Vgl. BMF v. 26. 9. 2014, BStBl 2014 I 1258, Tz. 2.3.1.
2 Vgl. beispielsweise *Wassermeyer*, IStR 2007, 417; *Strunk/Kaminski* in Strunk/Kaminski/Köhler, AStG/DBA, Art. 7 OECD-MA Rz. 298 f.; *Hemmelrath*, IStR 1995, 570.
3 BFH v. 28. 4. 2010 - I R 81/09, BStBl 2014 II 754; BFH v. 19. 5. 2010 - I B 191/09, BStBl 2011 II 156; BFH v. 9. 12. 2010 - I R 49/09, BStBl 2011 II 482.
4 BVerfG v. 15. 12. 2015 - 2 BvL 1/12, NWB DokID: YAAAF-66589.
5 Vgl. *Kraft/Hohage*, IStR 2014, 605.

ländischen Besteuerung nach § 49 Abs. 1 Nr. 8 EStG, da durch die gesetzliche Fiktion des § 23 Abs. 1 Satz 4 EStG auch die Anteilsveräußerung von Anteilen an einer (ausländischen) Personengesellschaft als mittelbare Veräußerung der Wirtschaftsgüter angesehen wird. Insoweit besteht in diesem Zusammenhang das Informations- und Erhebungsproblem, das gesetzlichen Regelungen immanent ist, die mittelbare Beteiligungen erfassen wollen.[1]

gg) Besteuerung der Überlassung verschiedener Gegenstände durch Steuerausländer ins Inland, wenn keine inländische Betriebsstätte existiert, der diese Gegenstände zuzurechnen sind

106

Anzuwendende Rechtsnorm Gegenstand der Überlassung	Natürliche Person, Privatvermögen	Natürliche Person, selbständig	Natürliche Person, gewerblich	Kapitalgesellschaft
Grundstück	§ 49 Abs. 1 Nr. 6 EStG Art. 6 OECD-MA	§ 49 Abs. 1 Nr. 3 EStG – wohl nicht, da keine Verwertung Ggf. § 49 Abs. 1 Nr. 6 EStG i.V.m. § 49 Abs. 2 Art. 6 OECD-MA	§ 49 Abs. 1 Nr. 2 Buchst. f Doppelbuchst. aa EStG Art. 6 OECD-MA	§ 49 Abs. 1 Nr. 2 Buchst. f Doppelbuchst. aa Satz 2 EStG Art. 6 OECD-MA
Sachinbegriff	§ 49 Abs. 1 Nr. 6 EStG Art. 21 OECD-MA	§ 49 Abs. 1 Nr. 3 EStG – wohl nicht, da keine Verwertung Ggf. § 49 Abs. 1 Nr. 6 EStG i.V.m. § 49 Abs. 2 Art. 21 OECD-MA	§ 49 Abs. 1 Nr. 2 Buchst. f Doppelbuchst. aa EStG Art. 21 OECD-MA	§ 49 Abs. 1 Nr. 2 Buchst. f Doppelbuchst. aa Satz 2 EStG Art. 21 OECD-MA
Recht	§ 49 Abs. 1 Nr. 6 EStG Art. 12 OECD-MA	§ 49 Abs. 1 Nr. 3 EStG Art. 12 OECD-MA	§ 49 Abs. 1 Nr. 2 Buchst. f Doppelbuchst. aa EStG Art. 12 OECD-MA	§ 49 Abs. 1 Nr. 2 Buchst. f Doppelbuchst. aa Satz 2 EStG Art. 12 OECD-MA
Bewegliche Sache	§ 49 Abs. 1 Nr. 9 EStG Art. 21 OECD-MA	§ 49 Abs. 1 Nr. 3 EStG – wohl nicht, da keine Verwertung Ggf. § 49 Abs. 1 Nr. 9 EStG i.V.m. § 49 Abs. 2 Art. 21 OECD-MA	§ 49 Abs. 1 Nr. 9 EStG i.V.m. § 49 Abs. 2 Art. 21 OECD-MA	§ 49 Abs. 1 Nr. 9 EStG Art. 21 OECD-MA

---

1 Vgl. die vergleichbare Nachweis- und Erfassungsproblematik im Rahmen des § 8c KStG. Dazu ausführlich *Kraft/Kraft*, FR 2011, 841, m. w. N.

f) Verschaffung der Gelegenheit, einen Berufssportler als solchen vertraglich zu verpflichten (§ 49 Abs. 1 Nr. 2 Buchst. g EStG)

aa) Regelungshintergrund; Vereinbarkeit mit höherrangigem Recht

Die Regelung stellt ein BFH-Nichtanwendungsgesetz dar.[1] Mit Urteil v. 27. 5. 2009 hatte der BFH[2] entschieden, dass Einnahmen eines ausländischen Sportvereins aus einer Transfervereinbarung mit einem inländischen Verein in der Form der Spielerleihe nicht der beschränkten Steuerpflicht unterliegen. Vom BMF war diese BFH-Entscheidung nicht akzeptiert worden.[3] Um das intendierte Regelungsziel zu erreichen, behilft sich der Gesetzgeber nunmehr durch die normative Verortung im Bereich der gewerblichen Einkünfte. Die sehr weit gefasste Vorschrift betritt im Kontext der beschränkten Steuerpflicht systematisches Neuland, wird als „rechtspolitisch fragwürdig" und „nicht konturenscharf" bewertet,[4] und sieht sich erheblicher steuersystematischer, verfassungsrechtlicher, völkerrechtlicher sowie unionsrechtlicher Kritik ausgesetzt.[5]

107

bb) Verschaffung einer „Gelegenheit"; Anwendungsbereich

Der Gesetzeswortlaut stellt darauf ab, dass solche Einkünfte aus Gewerbebetrieb der beschränkten Steuerpflicht unterliegen, die aus der Verschaffung der Gelegenheit erzielt werden, einen Berufssportler als solchen im Inland vertraglich zu verpflichten. Ein Verschaffen lässt sich bei unbefangener Auslegung sowohl tatsächlich als auch rechtlich verstehen. Voraussetzung der Verschaffung einer Gelegenheit ist stets ein Vertragsverhältnis.

108

Das Verschaffen der Gelegenheit ist weder nach dem Wortlaut noch nach dem mutmaßlichen Sinn und Zweck der Norm auf einen einzelnen Empfänger – regelmäßig den abgebenden Verein – beschränkt.[6] Es ist denkbar, dass ein einheitliches Vertragspaket mehrere Zahlungsempfänger zu Steuerschuldnern werden lässt. Auch Einkünfte von Dritten, die lediglich anlässlich eines Spielertransfers oder einer Leihe erzielt werden, können erfasst sein.

cc) Berufssportler

Der Begriff des Berufssportlers ist keineswegs eindeutig besetzt, der Übergang vom Amateursportler zum Berufssportler wird vielfach fließend sein. Als entscheidendes Kennzeichen der Sporttätigkeit als Beruf lässt sich die Absicht der Wiederholung hinsichtlich der Erzielung von Preisen oder einer entsprechenden Vergütung formulieren.[7] Berufssportler sind in diesem Zusammenhang zu umschreiben als natürliche Personen, die eine Sportart berufsmäßig, also über eine bloße Freizeitaktivität hinausgehend, ausüben und dadurch unmittelbar oder mittelbar Einkünfte in Form von Gehältern, Prämien, Preisgeldern, Antrittsgeldern, Honoraren für Werbeaktivitäten, anderweitigen Zuwendungen und aus sonstigen mit der sportlichen Tätigkeit unmittelbar oder mittelbar zusammenhängenden Leistungen erzielen.

109

---

1 BT-Drucks. 17/2249, 62.
2 BFH v. 27. 5. 2009 - I R 86/07, BB 2009, 2339.
3 Kritisch zur BFH-Entscheidung z. B. *Steiner*, npoR 2010, 76.
4 Vgl. *Gosch* in Kirchhof, § 49 EStG Rz. 49a f.; *Haase/Brändel*, IWB 2010, 795.
5 Vgl. *Kraft*, IStR 2011, 486, m. w. N.
6 A. A. *Schlotter/Degenhardt*, IStR 2011, 457.
7 BFH v. 28. 11. 2007 - IX R 39/06, BStBl 2008 II 469, 471 a. E.

dd) Verpflichtung eines Berufssportlers „als solchen" „im Inland"

110 Wird ein Berufssportler „als solcher" – und zwar „im Inland" – vertraglich verpflichtet, so ist damit wohl gemeint, dass der Berufssportler in dieser Eigenschaft und aufgrund seiner sportlichen Qualifikationsmerkmale verpflichtet wird und werden kann. Im Inland bedeutet, dass sich die räumliche Erstreckung des vertraglich geschuldeten Tätigwerdens des Berufssportlers im Inland realisiert. Der bloße Vertragsabschluss „im Inland" manifestiert daher keine beschränkte Steuerpflicht, wenn nicht zusätzlich eine vertraglich geschuldete und tatsächlich auch ausgeübte Tätigkeit des Berufssportlers in Bezug genommen würde. Jede andere Lesart würde zu einer ausufernden Besteuerung führen, denn der schiere Vertragsabschluss im Inland ohne jeglichen weiteren Inlandsbezug vermag nicht das im System der beschränkten Steuerpflicht zu verlangende inländische Anknüpfungsmerkmal zu begründen.

ee) Verfahren; Abkommensrecht

111 Korrespondierend zu § 49 Abs. 1 Nr. 2 Buchst. g EStG statuiert § 50a Abs. 1 Nr. 3 EStG eine Abzugspflicht für Einkünfte, die aus der Verschaffung der Gelegenheit erzielt werden, einen Berufssportler über einen begrenzten Zeitraum vertraglich zu verpflichten. Hervorzuheben ist insoweit, dass die Steuerabzugsverpflichtung an die Voraussetzung des begrenzten Zeitraums geknüpft ist, wohingegen der materielle Tatbestand auch die zeitlich unbegrenzte Überlassung der beschränkten Steuerpflicht unterwirft. Ob dieses Auseinanderfallen von materiellem und Abzugstatbestand gewollt ist oder eher in die Kategorie des Redaktionsversehens zu verorten ist, kann dahingestellt bleiben. In jedem Fall ist bei zeitlich unbegrenzter Gelegenheitsverschaffung keine Verpflichtung des inländischen Vergütungsschuldners zum Steuerabzug auszumachen.

112 Praktische Relevanz dürfte die Vorschrift in erster Linie im Nicht-DBA-Fall entfalten, also nach aktueller Abkommenslage im Fall einer Transferzahlung nach Brasilien. Insoweit kommt ggf. eine Veranlagung zur Körperschaftsteuer in Betracht.

Unklarheit besteht zur Frage, welcher abkommensrechtlichen Verteilungsnorm Einkünfte aus der Gelegenheitsverschaffung i. S. d. § 49 Abs. 1 Nr. 2 Buchst. g EStG zu unterstellen sind. Am Rande wurde im frühen Stadium des Gesetzgebungsverfahrens darauf hingewiesen, dass die Neuregelung des § 49 Abs. 1 Nr. 2 Buchst. g EStG vermutlich deswegen, weil zahlreiche Fälle auf Grund von DBA ohnehin im Ergebnis in Deutschland nicht der Besteuerung unterliegen, zu keinem spürbaren fiskalischen Mehraufkommen führen würde.[1] In Betracht kommen prinzipiell Unternehmensgewinne (Art. 7 OECD-MA), Lizenzgebühren (Art. 12 OECD-MA), Veräußerungsgewinne (Art. 13 OECD-MA) bzw. andere Einkünfte (Art. 21 OECD-MA). Dies wird in sehr starkem Ausmaß von der zugrunde liegenden vertraglichen Ausgestaltung sowie selbstverständlich von der tatsächlichen Durchführung abhängen. Von Bedeutung könnte beispielsweise sein, ob Rechte zeitlich befristet oder endgültig überlassen werden oder inwieweit etwa bei Vertragspaketen einzelne Komponenten abkommensrechtlich herausgelöst werden können. In der Besteuerungspraxis wird die abkommensrechtliche Qualifikation in erheblichem Ausmaß von der Rechtsnatur der Beziehungen zwischen dem nicht ansässigem Gelegenheitsverschaffer und dem ansässigem Gelegenheitsberechtigten abhängen.

---

[1] Vgl. *DAV*, NZG 2010, 660.

ff) Nichtaufgriffsgrenze

§ 49 Abs. 1 Nr. 2 Buchst. g 4. Halbsatz EStG sieht eine Freigrenze vor, die den Amateursport schonen soll.[1]

(Einstweilen frei)

3. Einkünfte aus selbständiger Arbeit (§ 49 Abs. 1 Nr. 3 EStG)

a) Grundsatz; Inlandsbezug

Einkünfte aus selbständiger Arbeit verweisen begrifflich auf § 18 EStG und enthalten im Tatbestand weitere inländische Anknüpfungsmerkmale, die kaum als in einem inneren Zusammenhang stehend charakterisiert werden können. Durch den Verweis auf § 18 EStG nimmt die Vorschrift terminologisch dort eine Anleihe. Damit ist klargestellt, dass die dort relevanten Wesensmerkmale der freiberuflichen Tätigkeit auch im Rahmen der beschränkt steuerpflichtigen Einkünfte aus selbständiger Arbeit Gültigkeit beanspruchen. Daraus indessen – wie von weiten Bereichen der Kommentarliteratur[2] – den Schluss zu ziehen, schon aus diesem Grunde könnten beschränkt steuerpflichtige juristische Personen „schlechterdings" – so die Terminologie des BFH[3] – keine inländischen Einkünfte aus selbständiger Arbeit erzielen, ist verfehlt. Sehr wohl vermögen sog. ausländische Körperschaften, insbesondere nach ausländischem Recht gegründete Kapitalgesellschaften mit Sitz und Ort der Geschäftsleitung im Ausland, inländische Einkünfte aus selbständiger Arbeit zu erzielen. Dies entspricht auch der systematisch zutreffenden Auffassung der Finanzverwaltung im für beschränkt steuerpflichtige Körperschaften konzipierten Steuererklärungsformular KSt 1 C und erklärt sich daraus, dass kein Grund für die Auffassung ersichtlich ist, dass Körperschaften nach heutiger Wertung nicht zur Leistung selbständiger bzw. freiberuflicher Dienstleistungen in der Lage sein sollen. Dies zeigen ferner die Entwicklungen im Berufsrecht nahezu sämtlicher freier Berufe. Nach den einschlägigen Berufsordnungen sind heute stets auch Kapitalgesellschaften berechtigt, freiberufliche Dienstleistungen anzubieten. Die in der Kommentarliteratur als Beleg angeführte BFH-Rechtsprechung entstammt Zeiten, in denen es höchst umstritten war, ob Kapitalgesellschaften zum Anbieten freiberuflicher Dienstleistungen berechtigt sein sollen.

Die am Einzelfall orientierte Tatbestandsstruktur lässt sich danach wie den im Gesetz angeführten im Inland gegebenen Anknüpfungsmerkmalen systematisieren. Danach kommt das Erzielen beschränkt steuerpflichtiger Einkünfte aufgrund der Erfüllung

▶ des Ausübungstatbestands,

▶ des Verwertungstatbestands,

▶ des Unterhaltens einer festen Einrichtung sowie

▶ des Unterhaltens einer Betriebsstätte

in Betracht.

---

1 Vgl. *Gosch* in Kirchhof, § 49 EStG Rz. 49d.
2 Vgl. *Wied* in Blümich, § 49 EStG Rz. 142; *Loschelder* in Schmidt, § 49 EStG Rz. 72.
3 BFH v. 1.12.1982 - I R 238/81, BStBl 1983 II 213; BFH v. 7.7.1971 - I R 41/70, BStBl 1971 II 771; best. durch BFH v. 20.2.1974 - I R 217/71, BStBl 1974 II 511, m.w.N.

b) Ausübungstatbestand im Inland

132 In der Ausübung ist der vorrangige Grundtatbestand zu sehen; eine Tätigkeit wird in der Regel dann im Inland ausgeübt, wenn der Steuerpflichtige persönlich im Inland tätig wird. Dies ist dann der Fall, wenn sie dort in ihren zentralen, wesentlichen und damit eigentlichen Merkmalen erfolgt. Es kommt dabei entscheidend auf den wesentlichen Bereich der selbständigen Tätigkeit an. Letztlich bestimmt sich der Ausübungstatbestand im Inland nach einer auf Präzedenzen der höchstrichterlichen Finanzrechtsprechung beruhenden Einzelfallentscheidungen. So lassen sich folgende Beispiele anführen:

- Schöpferische Leistung eines Dichters durch die Erstellung eines Kunstwerks,[1]
- Beratung und/oder Prozessvertretung durch einen Anwalt,[2]
- Verwirklichung der Idee aus einer Erfindung beruhend auf einem gewissen planmäßigen Vorgehen,[3]
- Rechteausübung aus einem Lizenzvertrag durch einen Erfinder,[4]
- Konzert eines Musikers,
- Komposition eines Musikstücks im Inland,
- Operation eines Arztes,
- Auftritt des Amateursportlers,
- Verfassen eines Textes im Inland,
- Erfindung im Inland,
- Filmschauspielertätigkeit im Inland,
- Aufsichtsratstätigkeit/Beiratstätigkeit im Inland durch die im Ausland ansässigen Aufsichtsräte/Beiräte o. Ä.

133 Bei passiven Leistungen ist zu differenzieren. Solche, die sich in Form eines wie auch immer gearteten „Zurverfügunghaltens" oder ähnlicher Formen manifestieren, werden dort erbracht, wo der Leistende sich aufhält. Im Gegensatz dazu ist die passive Leistung durch das Unterlassen einer Konkurrenztätigkeit zu beurteilen. Diese materialisiert sich nach der Rechtsprechung dort, wo keine Konkurrenz entfaltet werden darf.[5] Das von sog. Bettlerbanden organisierte Betteln vornehmlich EU-ausländischer natürlicher Personen in deutschen Innenstädten als „passive Leistung" dürfte indessen nicht dem Tatbestand der selbständigen Arbeit, sondern dem der Gewerblichkeit unterfallen.

Mit eingeschlossen in die Ausübung einer Tätigkeit ist die Veräußerung oder Aufgabe der betreffenden Tätigkeit. Insoweit liegen keine Verwertungshandlungen vor.[6]

---

[1] BFH v. 28.2.1973 - I R 145/70, BStBl 1973 II 660.
[2] Vgl. *Gosch* in Kirchhof, § 49 EStG Rz. 51; *Krabbe*, FR 1995, 692; *Bellstedt*, IStR 1995, 361.
[3] BFH v. 20.11.1974 - I R 1/73, NWB DokID: ZAAAB-00366.
[4] BFH v. 13.10.1976 - I R 261/70, BStBl 1977 II 76; BFH v. 11.4.1990 - I R 82/86, BFH/NV 1991, 143 = NWB DokID: LAAAA-97194.
[5] BFH v. 9.9.1970 - I R 19/69, BStBl 1970 II 867; BFH v. 9.11.1977 - I R 254/75, BStBl 1978 II 195.
[6] BFH v. 12.10.1978 - I R 69/75, BStBl 1979 II 64.

c) Verwertungstatbestand im Inland

Die Verwertung ist gesetzlich nicht definiert. Sie setzt einen über die Arbeitsleistung hinausgehenden Vorgang voraus, ein körperliches oder geistiges Arbeitsprodukt, das der Steuerpflichtige selbst dem Inland zuführt. Somit lässt sich die Verwertung als „Nutzbarmachen" umschreiben, das an einem Ort geschieht, der von der Ausübung verschieden sein kann. Erforderlich ist eine eigenständige Tätigkeit, die sich nicht in der bloßen (körperlichen oder geistigen) Arbeitsleistung erschöpft; eine bloße Arbeitsleistung lässt sich als solche nicht verwerten. Verlangt wird vielmehr ein darüber hinausgehender Vorgang, durch welchen ein körperliches oder geistiges Produkt geschaffen und vom Steuerausländer selbst dem Inland zugeführt wird.[1] Grundsätzlich tritt das Verwerten einer Leistung hinter deren Ausübung zurück. Gegenüber dem Ausübungstatbestand ist der Verwertungstatbestand mithin nach zutreffender BFH-Judikatur nachrangig. Ihm kommt dann lediglich die Funktion eines Auffangtatbestandes zu.[2] Als Konsequenz daraus verdrängen nachträgliche inländische Einkünfte solche aus einer Verwertung im Inland.

134

Ähnlich wie der Ausübungstatbestand im Inland lässt sich der – wohlgemerkt nachrangige – Verwertungstatbestand aufgrund von Einzelfallentscheidungen der höchstrichterlichen Finanzrechtsprechung näher konkretisieren. Erwähnung als Beispiele für die Verwertung im Inland verdienen insbesondere die nachfolgenden Fälle:

135

- Lieferung von Marktanalyseberichten[3] oder Forschungsberichten,[4]
- Übertragung eines Urheberrechts,
- Verkauf im Ausland gemalter Bilder im Inland,[5]
- Verwertung der eigenen ausländischen Erfindung in inländischem Betrieb,
- Überlassung freiberuflicher Erfahrungen,
- Verkauf oder Vermietung selbst geschaffener Kunstwerke,[6]
- Überlassung von Urheberrechten, Patenten, Erfindungen oder Erfahrungen durch die jeweiligen Urheber.[7]

d) Unterhalten einer festen Einrichtung im Inland; Unterhalten einer Betriebsstätte im Inland

Systematisch lassen die Tatbestände des Unterhaltens einer festen Einrichtung bzw. des Unterhaltens einer Betriebsstätte im Inland die Tatbestände der Ausübung und Verwertung (§ 49 Abs. 1 Nr. 3 EStG) unberührt und treten als Alternative daneben. Zwischen dem Unterhalten einer festen Einrichtung im Inland und dem Unterhalten einer Betriebsstätte im Inland bestehen keine inhaltlichen Unterschiede. Die letztlich redundante Differenzierung zwischen beiden

136

---

1 Vgl. zur Problematik BFH v. 12.11.1986 - I R 38/83, BStBl 1987 II 379; BFH v. 12.11.1986 - I R 69/83, BStBl 1987 II 381, 383.
2 BFH v. 12.11.1986 - I R 268/83, BStBl 1987 II 372.
3 BFH v. 12.11.1986 - I R 69/83, BStBl 1987 II 379.
4 BFH v. 12.11.1986 - I R 144/80, BFH/NV 1987, 761 = NWB DokID: CAAAB-28716.
5 OFD Frankfurt v. 14.3.2012, NWB DokID: AAAAE-09087.
6 BFH v. 12.11.1986 - I R 268/83, BStBl 1987 II 372; BFH v. 20.7.1988 - I R 174/85, BStBl 1989 II 87.
7 R 49.2 EStR; BFH v. 13.10.1976 - I R 261/70, BStBl 1977 II 76; BFH v. 20.11.1974 - I R 1/73, NWB DokID: ZAAAB-00366; BFH v. 5.11.1992 - I R 41/92, BStBl 1993 II 407.

Begriffen versteht sich allenfalls historisch vor dem abkommensrechtlichen Hintergrund, gewerbliche und selbständige Tätigkeiten voneinander abzugrenzen. Dies erklärt sich vor der mittlerweile international einheitlich akzeptierten Sichtweise, dass bei transnationalen, grenzüberschreitend agierenden Freiberuflersozietäten nicht jeder Sozius in der festen Einrichtung persönlich tätig sein muss, damit sein Gewinnanteil im Belegenheitsstaat der festen Einrichtung besteuert werden kann. Die Tätigkeit eines Sozius wird vielmehr der Sozietät als solcher und damit im Ergebnis allen Sozii in ihrer gesamthänderischen Verbundenheit zugerechnet.[1] Die Funktion der Tatbestände des Unterhaltens einer festen Einrichtung bzw. des Unterhaltens einer Betriebsstätte ist daher in der Sicherstellung zu erblicken, dass ausländische Sozii einer Sozietät mit ihrem Gewinnanteil der beschränkten Steuerpflicht unterliegen und Deutschland das ihr nach den DBA eingeräumte Besteuerungsrecht ausüben kann.[2] Diese Einschätzung indiziert mithin auch die Hauptanwendungsfälle der Vorschrift. Sie dürften darin bestehen, ausländische Gesellschafter freiberuflich tätiger Personengesellschaften oder Partnerschaftsgesellschaften (partnership nach anglo-amerikanischem Rechtsverständnis) mit ihrem Gewinnanteil im Rahmen der beschränkten Steuerpflicht zu erfassen. In Betracht kommen insoweit in der Besteuerungsrealität transnational agierende Sozietäten von Rechtsanwälten, Steuerberatern, Wirtschaftsprüfern, Unternehmensberatern, Architekten, Ingenieuren oder Ärzten; selbstverständlich sind interdisziplinäre Kanzleien, beispielsweise solche aus Rechtsanwälten und/oder Steuerberatern und/oder Wirtschaftsprüfern ebenfalls erfasst.

Somit lassen sich die Tatbestände letztlich auch darauf zurückführen, dass die frühere Fassung des Art. 14 OECD-MA (Selbständige Arbeit) gestrichen wurde.

137 In der Besteuerungspraxis dürfte die durch die Betriebsstättengewinnaufteilungsverordnung detailliert geregelte Zurechnung von Wirtschaftsgütern und sonstigen Ertragsquellen zu Betriebsstätten erwarten lassen, dass diese auch auf (freiberufliche) feste Einrichtungen „durchschlägt". Es sind – angesichts der nicht vorhandenen materiellen Unterschiede zwischen dem Unterhalten einer festen Einrichtung im Inland und dem Unterhalten einer Betriebsstätte im Inland in Bezug auf die Zurechnung von Wirtschaftsgütern und anderen erfolgsverursachenden Vermögenswerten zur festen Einrichtung bzw. zur Betriebsstätte zu differenzieren.

e) Technik der Steuererhebung; Doppelbesteuerungsabkommen

138 Im Grundsatz werden Steuerausländer mit Einkünften aus selbständiger Arbeit veranlagt. Eine in der Besteuerungspraxis überaus wichtige Ausnahme ergibt sich allerdings für die diese Einkunftsart betreffenden Typen von Einkünften, die im Wege des prinzipiell abgeltenden Steuerabzugs erhoben werden (§ 50 Abs. 2 Satz 1, § 50a EStG).

139 Trotz der Streichung des früher (bis zum Jahr 2000) in den DBA enthaltenen Art. 14 Abs. 1 OECD-MA hat sich materiell keine Änderung der Rechtslage ergeben.[3] Die Einkünfte eines steuerausländischen Beziehers selbständiger Einkünfte qualifizieren sich nach heutiger, international unbestrittener Sicht als Unternehmensgewinne. Auch die deutsche Verhandlungsgrundlage enthält keine Spezialnorm für selbständige Arbeit.

140–145 *(Einstweilen frei)*

---

1 Vgl. *Krabbe*, IStR 2000, 196; BT-Drucks. 15/1798, 5 f.
2 BT-Drucks. 15/1798, 5 f.
3 Vgl. *Hemmelrath* in Vogel/Lehner, DBA, Art. 14 Rz. 2.

4. Einkünfte aus nichtselbständiger Arbeit (§ 49 Abs. 1 Nr. 4 EStG)

a) Grundtatbestand

Das Tatbestandsmerkmal „nichtselbständige Arbeit" knüpft einerseits an § 19 EStG an. Daher vollzieht sich auch die Abgrenzung zur gewerblichen und zur selbständigen Tätigkeit nach inländischem Recht.[1] Andererseits muss aufgrund des Charakters beschränkt steuerpflichtiger Einkünfte eine Anknüpfung an im Inland verwirklichte Tatbestandsmerkmale gegeben sein. Die Vorschrift führt diesbezüglich fünf verschiedene Ebenen inländischer Anknüpfung an, die – wenn überhaupt – allenfalls in einem losen inneren Zusammenhang zueinander stehen. Dies verleiht der Norm insgesamt eher einen enumerativen Charakter.

Ohne Belang für die Besteuerung im Inland ist, ob nach dem jeweiligen ausländischen Arbeitsrecht ein Arbeitsverhältnis zustande gekommen ist.[2]

b) Ausübung und Verwertung im Inland (§ 49 Abs. 1 Nr. 4 Buchst. a EStG)

Da die Tatbestandsmerkmale „ausgeübt" bzw. „verwertet" inhaltlich mit den wortidentischen Tatbestandsmerkmalen der § 49 Abs. 1 Nr. 3 EStG übereinstimmen, kann insoweit auf die dortigen Ausführungen verwiesen werden. Dies gilt ebenso für die Abgrenzung der beiden Begriffe voneinander.

Mithin wird eine Arbeit im Inland ausgeübt, wenn die tätige Person sich im Inland physisch aufhält und dort persönlich tätig wird.[3] Im Grunde gilt dies abweichend von der abkommensrechtlichen Situation auch bei nur kurzfristiger oder vorübergehender Tätigkeit im Inland, etwa bei Erledigung eines einzelnen Auftrags für einen ausländischen Arbeitgeber.[4]

Der Verwertungstatbestand spielt im Kontext der Besteuerungswirklichkeit praktisch eine zu vernachlässigende Rolle. Der Grund dafür liegt in dem Umstand, dass dem Arbeitsortsprinzip nach international akzeptierten Prinzipien ein eindeutiger Vorrang eingeräumt wird.[5] Mit Verwerten kann nur ein Nutzbarmachen gemeint sein, das an einem Ort geschieht, der von dem der Ausübung verschieden sein kann. Da eine Verwertung voraussetzt, dass das jeweilige Ergebnis der Tätigkeit einer eigenständigen Nutzung zugänglich ist, hat der Verwertungstatbestand im Rahmen beschränkt steuerpflichtiger Einkünfte eher eine untergeordnete Bedeutung.

c) Einkünfte aus öffentlichen Kassen (§ 49 Abs. 1 Nr. 4 Buchst. b EStG)

Die Vorschrift enthält die sog. „Kassenstaatsklausel". Nach dieser unterliegen bestimmte Arbeitsentgelte aus inländischen öffentlichen Kassen der beschränkten Steuerpflicht. Nach der eigentümlichen[6] Formulierung des Gesetzes handelt es sich dabei um Arbeitsentgelte, die „mit Rücksicht" auf ein gegenwärtiges oder früheres Dienstverhältnis „gewährt" werden.

---

[1] Vgl. *Loschelder* in Schmidt, § 49 EStG Rn 86.
[2] Vgl. *Lüdicke* in Lademann, § 49 EStG Anm. 591.
[3] BFH v. 28.9.1990 - VI R 157/89, BStBl 1991 II 86; *Wied* in Blümich, § 49 EStG Rz. 156.
[4] BFH v. 29.1.1986 - I R 22/85, BStBl 1986 II 479. Beispiele zur Tätigkeitsausübung im Inland vgl. *Gosch* in Kirchhof, § 49 EStG Rz. 62.
[5] Vgl. *Gosch* in Kirchhof, § 49 EStG Rz. 63.
[6] Kritisch hierzu: *Gosch* in Kirchhof, § 49 EStG Rz. 65.

Inländische öffentliche Kassen unterliegen tatbestandlich der Dienstaufsicht und der Prüfung durch die deutsche öffentliche Hand.[1] Wo sich die Zahlstelle befindet, ist unerheblich, sie kann durchaus im Ausland sein. Das Gesetz nennt ausdrücklich die Kassen des Bundeseisenbahnvermögens und der Deutschen Bundesbank. Daneben unterliegen auch ins Ausland entsandte Bedienstete des Goethe-Instituts e.V., des Deutschen Akademischen Austauschdienstes e.V.[2] und ähnlicher Institutionen der beschränkten Steuerpflicht. Voraussetzung ist lediglich, dass ihre Bezüge für Rechnung dieser Institutionen aus öffentlichen Kassen gezahlt werden.[3] Entscheidend ist, dass diese Kasse auch die wirtschaftliche Belastung trägt.[4]

Die Kassenstaatsklausel sieht sich unionsrechtlichen wie gleichheitsrechtlichen Bedenken ausgesetzt.[5]

d) Tätigkeit von Geschäftsführern, Prokuristen, Vorstandsmitgliedern (§ 49 Abs. 1 Nr. 4 Buchst. c EStG)

150 Die Regelung bewirkt den Einbezug bestimmter Arbeitsentgelte typischerweise weisungsbefugter natürlicher Personen in die beschränkte Steuerpflicht, indem sie sich von der Vorstellung leiten lässt, dass deren fiktiver Tätigkeitsort – und damit auch der Inlandsbezug – unabhängig vom tatsächlichen Ort des Tätigwerdens im Inland zu verorten ist.[6] Betroffen sind nach dem Normwortlaut vor allem die Tätigkeiten der gesetzlichen oder satzungsmäßigen Organe von Kapitalgesellschaften. Genannt werden Geschäftsführer (§ 35 GmbHG), Prokuristen und Vorstandsmitglieder (§ 76 AktG, § 24 Abs. 2 GenG, § 34 VAG) von „Gesellschaften" mit inländischer Geschäftsleitung. Darunter dürften auch nach ausländischem Recht gegründete Gesellschaften fallen, die nach Typenvergleich dem Typus einer nach inländischem Recht gegründeten Kapitalgesellschaft entsprechen, wenn diese ihre Geschäftsleitung im Inland haben. Auf den Sitz der Institution, deren Organ eine natürliche Person ist, kommt es in Bezug auf deren beschränkte Steuerpflicht nicht an.

151 Fraglich ist, ob Leitungstätigkeiten für Personengesellschaften betroffen sind. Bei diesen kommt es aufgrund des Transparenzprinzips nicht auf den Geschäftsleitungsort als Anknüpfungstatbestandsmerkmal an. Gleichwohl ist davon auszugehen, dass die Bestimmung rechtsformunabhängig auszulegen ist. Diese Sichtweise konzediert dem Ort der Geschäftsleitung einer Personengesellschaft eine besondere Bedeutung, die für deren eigene Besteuerung ohne Belang ist. Geschäftsführungsorgane von Personengesellschaften, die gleichzeitig Gesellschafter (Mitunternehmer) sind, fallen indessen nicht unter die Regelung. Diese werden im Normalfall nach § 49 Abs. 1 Nr. 2a EStG mit ihren – anteilig „durchgerechneten" – inländischen Betriebsstätteneinkünften der beschränkten Einkommensteuerpflicht unterliegen. Zudem sind deren Arbeitsentgelte auch mit Gewerbesteuer belastet.

---

[1] BFH v. 7.8.1986 - IV R 228/82, BStBl 1986 II 848.
[2] BT-Drucks. 13/5952, 102.
[3] BT-Drucks. 13/5952, 49; BFH v. 13.8.1997 - I R 65/95, BStBl 1998 II 21.
[4] BFH v. 12.11.1986 - I R 144/80, BFH/NV 1987, 761 = NWB DokID: CAAAB-28716.
[5] Vgl. *Loschelder* in Schmidt, § 49 EStG Rn 88; *Gosch* in Kirchhof, § 49 EStG Rz. 65.; a.A. *Wied* in Blümich, § 49 EStG Rz. 160.
[6] Vgl. *Gosch* in Kirchhof, § 49 EStG Rz. 67; BFH v. 22.6.1983 - I R 67/83, BStBl 1983 II 625; BFH v. 21.5.1986 - I R 37/83, BStBl 1986 II 739; BFH v. 5.10.1994 - I R 67/93, BStBl 1995 II 95.

Nicht erfasst sind vom Wortlaut nicht genannte unternehmerische Leitungsfunktionen. Als Beispiel hierfür lassen sich faktisch geschäftsführende natürliche Personen, Handelsbevollmächtigte oder auf sonstiger schuld- oder arbeitsvertraglicher Grundlage zur Wahrnehmung von Managementaufgaben berufene Personen (beispielsweise sog. steuerausländische Generalbevollmächtigte von Banken mit inländischem Geschäftsleitungsort) anführen. Die Vorschrift vermag aufgrund ihres wenig durchdachten Wortlauts sogar faktische Geschäftsführer krimineller Organisationen zu begünstigen, wenn man etwa an solche Personen denkt, die „Kopf" einer ausländischen Autoschieberbande mit inländischem „Betätigungsfeld" und inländischer faktischer Geschäftsleitung sind.

152

Dass die willkürlich anmutenden Konsequenzen der Bestimmung gleichheitsrechtliche Probleme nach Art. 3 Abs. 1 GG mit sich bringen, ist zwangsläufig.

Aufgrund des konzeptionell wenig durchdachten Normwortlauts ist die Bestimmung überaus gestaltungsanfällig, was weitere gleichheitsrechtliche Probleme nach sich zieht. Zutreffend wird nämlich darauf hingewiesen,[1] dass durch entsprechende Gestaltungen, etwa der Umwandlung von (Geschäftsführer-)Bezügen in Beraterhonorare, die Rechtsfolgeanordnung der Norm vermieden werden kann. § 42 AO dürfte insoweit keine Anwendung beanspruchen, da in der Vereinbarung freiberuflicher Vertragsabreden kein Missbrauch zu sehen ist.

153

Unbeachtlich ist, wer die Vergütungen zahlt. In der Rechtswirklichkeit handelt es sich oftmals um (im Ausland ansässige) Konzern-Obergesellschaften aufgrund von Aktienoptionsplänen. In den Anwendungsbereich der Vorschrift fallen sowohl gegenwärtige als auch nachträgliche Vergütungen. Voraussetzung ist lediglich, dass die abgegoltenen Leistungen vom Steuerpflichtigen persönlich erbracht werden bzw. worden sind. Zutreffend wird darauf hingewiesen, dass auch Nebenbestandteile vom Wortlaut der Norm erfasst sind, wie etwa Ausgleichszahlungen für Urlaubs- und Tantiemeansprüche, (anteilige) Vorteile aus der Gewährung von Kaufoptionsrechten im Rahmen von Aktienoptionen, wohl auch Ruhegehälter.[2] Auch sonstige im internationalen Sprachgebrauch als „fringe benefits" bezeichnete Entgelte dürften erfasst sein, zu denken ist etwa an die Überlassung von Dienstwagen.

154

e) Entschädigung i. S. d. § 24 Nr. 1 EStG für die Auflösung eines Dienstverhältnisses (§ 49 Abs. 1 Nr. 4 Buchst. d EStG)

Grundidee der Norm ist die Erfassung von Abfindungszahlungen i. S. d. § 24 Nr. 1 EStG im Rahmen der beschränkten Steuerpflicht. Voraussetzung ist, dass die Einkünfte aus der zuvor ausgeübten Tätigkeit im Inland der Besteuerung unterlegen haben. Der Telos der Vorschrift besteht in der Schließung von zuvor bestandenen Lücken.[3]

155

Die Voraussetzungen und die im Kontext des § 24 Nr. 1 EStG relevanten Abgrenzungen gelten aufgrund der Verweisung im Wortlaut auch im Bereich der beschränkten Steuerpflicht.

Es ist denkbar, dass nicht sämtliche Einkünfte aus der zuvor ausgeübten Tätigkeit der inländischen Besteuerung unterlegen haben. Für diese Fälle ist eine ggf. schätzweise Aufteilung von-

---

1 Vgl. *Gosch* in Kirchhof, § 49 EStG Rz. 66.
2 Vgl. *Gosch* in Kirchhof, § 49 EStG Rz. 67.
3 BFH v. 27. 8. 2008 - I R 81/07, BStBl 2009 II 632.

nöten, wobei als Aufteilungsschlüssel sowohl nach dem Regelungswortlaut als auch nach dem Regelungszweck primär das Verhältnis des gesamten und des der inländischen Besteuerung unterliegenden Arbeitslohns in Betracht kommt. Eine zeitanteilige Aufteilung ist nur in extremen Ausnahmefällen denkbar, so z. B. bei besonders schwierigen Praxisfällen.[1]

f) Tätigkeit an Bord von Luftfahrzeugen (§ 49 Abs. 1 Nr. 4 Buchst. e EStG)

156 Der Besteuerungstatbestand des § 49 Abs. 1 Nr. 4 Buchst. e EStG erfasst Bordpersonal von Luftfahrzeugen, das in Deutschland nicht ansässig ist. Der Hintergrund der Regelung ist in den Art. 15 Abs. 3 OECD-MA entsprechenden Regelungen zu sehen, die als *lex specialis* zu Art. 15 Abs. 1 und 2 OECD-MA zu verstehen sind.

Begrifflich knüpft die Bestimmung an andere Normen an. „Luftfahrzeuge" findet sich in § 49 Abs. 1 Nr. 2 Buchst. b EStG und hat die gleiche inhaltliche Bedeutung. Die Notion „internationaler Luftverkehr" entstammt dem DBA-Recht. Dort wird sie in Art. 3 Abs. 1 Buchst. e OECD-MA definiert. Die „Ausübung" an Bord eines Luftfahrzeugs ist gegeben, wenn das Luftfahrzeug einen gewöhnlichen Arbeitsplatz des nichtselbständig Tätigen darstellt. Mithin dürfte das Bordpersonal im engeren Sinne von der Bestimmung angesprochen sein. Keine Relevanz entfalten Art und Dauer der Aufgaben.

Der inländische Bezug wird dadurch hergestellt, dass die Tätigkeit an Bord eines im internationalen Luftverkehr eingesetzten Luftfahrzeugs ausgeübt wird, das von einem Unternehmen mit Geschäftsleitung im Inland betrieben wird. Auf den Sitz kommt es nicht an.

g) Verhältnis zu Doppelbesteuerungsabkommen

157 Im DBA-Recht finden sich Regelungen zu Einkünften i. S. d. § 49 Abs. 1 Nr. 4 EStG im Wesentlichen im Art. 15 Abs. 1 OECD-MA sowie im Art. 19 OECD-MA. Übereinstimmend mit nationalem Recht stellt das DBA-Recht auf die Tätigkeit und auf das Kassenstaatsprinzip ab. Aufgrund der sog. 183-Tage-Klausel ergeben sich aus der Freistellung Einschränkungen der Besteuerung im Verhältnis zum nationalen Recht. Auch als Reflex der in einigen DBA (etwa Art. 15a DBA-Schweiz)[2] vereinbarten Regelungen zur Grenzgängerbesteuerung sind Einschränkungen der Besteuerung im Verhältnis zum nationalen Recht festzustellen.

158 Die in der Besteuerungspraxis vergleichsweise wichtige Regelung des § 49 Abs. 1 Nr. 4 Buchst. c EStG für die Tätigkeiten als Geschäftsführer, Prokurist oder Vorstandsmitglied einer Gesellschaft mit Geschäftsleitungsort im Inland bestimmt Art. 15 OECD-MA und die diesem nachgebildeten Vorschriften im Abkommensfall, dass grundsätzlich dem Ansässigkeitsstaat das Besteuerungsrecht zugeordnet ist. Zum Bestreben der deutschen Finanzverwaltung gehört es, Deutschland das Besteuerungsrecht für nachträglich gezahlte Abfindungen aus Anlass der Beendigung eines im Inland ausgeübten Arbeitsverhältnisses durch Verständigungsvereinbarungen gem. Art. 25 Abs. 3 OECD-MA zu sichern.[3] Gegebenenfalls erfolgt eine abweichende Zuordnung des Besteuerungsrechts für bestimmte Entgelte, die kraft ihres Charakters als Versorgungsleistungen dem Tatbestand des Art. 18 OECD-MA zu subsumieren sind.

159–168 *(Einstweilen frei)*

---

1 Vgl. *Gosch* in Kirchhof, § 49 EStG Rz. 69; HHR/*Haiß*, § 49 EStG Anm. 787.
2 BMF v. 12. 11. 2014, BStBl 2014 I 1467, Tz. 1.2.2.2.
3 Vgl. hierzu ausführlich und kritisch *Gosch* in Kirchhof, § 49 EStG Rz. 72.

5. Einkünfte aus Kapitalvermögen (§ 49 Abs. 1 Nr. 5 EStG)

a) Überblick der erfassten Einkünfte; Inlandsbezug

§ 49 Abs. 1 Nr. 5 EStG enthält eine abschließende Regelung der sachlichen Steuerbarkeit von Kapitalerträgen bei beschränkter Steuerpflicht. Die Vorschrift knüpft weitgehend an die Besteuerungstatbestände des § 20 EStG, aber auch an die des § 43 EStG an. Für die Besteuerungspraxis ergibt sich aus der schwierig zu lesenden Bestimmung der zentrale Grundsatz, dass für „normale" Zinsen, d. h. Guthaben-Zinsen, private Zinsen, Zinsen aus Wertpapieren, Zinsen aus öffentlichen oder privaten Anleihen, bei beschränkt Steuerpflichtigen keine deutsche Einkommensteuer anfällt. Wesentliche beschränkt steuerpflichtige Kapitalerträge i. S. d § 49 Abs. 1 Nr. 5 EStG bei beschränkter Steuerpflicht sind mithin Dividenden und Gewinnanteile, wenn der Schuldner im Inland ansässig ist sowie Zinsen mit dinglicher Sicherheit im Inland. Daneben unterliegen der beschränkten Steuerpflicht bestimmte Investmenterträge sowie Veräußerungsgeschäfte nur dann, wenn sie auf sog. Tafelgeschäfte zurückzuführen sind.

Der notwendige Inlandsbezug wird bei Kapitaleinkünften im Kontext der beschränkten Steuerpflicht auf unterschiedliche Weise hergestellt. Er orientiert sich an der Person des Schuldners der Kapitalvergütungen, an der Besicherung sowie an der Person des Auszahlenden. So wird bei den Einkünften i. S. d. § 20 Abs. 1 Nr. 1, 2, 4 und 6 EStG der Inlandsbezug durch die inländische Ansässigkeit verkörpert. In Betracht kommen unterschiedliche Anknüpfungsmerkmale, das Gesetz nennt Wohnsitz, Geschäftsleitung oder Sitz des Kapitalschuldners im Zeitpunkt des Kapitalzuflusses. Auf die Ansässigkeit des Haftenden kommt es nicht an.

Der erforderliche Inlandsbezug wird bei Einkünften i. S. d. § 20 Abs. 1 Nr. 5 und 7 EStG allein durch die Belegenheit der dinglich gesicherten Vermögensgegenstände hergestellt, also bei Grundstücken, grundstücksgleichen Rechten sowie bei Schiffen durch die Eintragung in ein inländisches Schiffsregister.

Nach dem gesetzlichen Wortlaut fehlt bei den Einkünften i. S. d. § 20 Abs. 1 Nr. 7 EStG hinsichtlich der Erträge aus nicht beteiligungsähnlichen Genussrechten ein Inlandsbezug. Im Schrifttum wird für diese Fälle aber auch ein Inlandsbezug für erforderlich gehalten.[1] Demgemäß wird methodisch im Wege der teleologischen Reduktion in die Vorschrift die Voraussetzung hineingelesen, dass der Schuldner Wohnsitz, Geschäftsleitung oder Sitz im Inland haben muss.

Bei den Einkünften aus Tafelgeschäften besteht das inländische Anknüpfungsmerkmal zunächst darin, dass die fraglichen Erträge von dem Schuldner oder von einem inländischen Kreditinstitut (§ 43 Abs. 1 Nr. 7b EStG) oder einem inländischen Finanzdienstleistungsinstitut ausbezahlt oder gutgeschrieben werden. Hinzu kommt, dass die Teilschuldverschreibung nicht von dem Schuldner oder dem inländischen Kreditinstitut verwahrt oder gegen Übergabe der Wertpapiere ausgezahlt oder gutgeschrieben werden (§ 49 Abs. 1 Nr. 5 Buchst. d Doppelbuchst. bb EStG). Erfasst werden (nur) Kapitalerträge, bei denen der Gläubiger sich die Erträge selbst auszahlen lässt. Erfolgt eine Auszahlung über ausländische Kredit- und Finanzdienstleistungsinstitute, wird kein Tatbestand der beschränkten Steuerpflicht verwirklicht.

---

[1] Vgl. *Gosch* in Kirchhof, § 49 EStG Rz. 80; HHR/*Klein/Link*, § 49 EStG Anm. 850; *Lüdicke* in Lademann, § 49 EStG Anm. 684.

172 Das Gesetz sieht für sonstige Entgelte oder Vorteile i.S.v. § 49 Abs. 1 Nr. 5 Satz 2 EStG i.V. m. § 20 Abs. 3 EStG keinen besonderen Inlandsbezug vor. Maßgeblich sollen hier die in § 49 Abs. 1 Nr. 5 Satz 1 EStG bestimmten Inlandsbezüge sein.[1]

b) Die verschiedenen Einkunftsgruppen des § 49 Abs. 1 Nr. 5 EStG

aa) Einkünfte i. S. d. § 49 Abs. 1 Nr. 5 Satz 1 Buchst. a EStG

173 Die nachfolgende Kommentierung gilt bis einschließlich Veranlagungszeitraum 2017. Ab Veranlagungszeitraum 2018 sind die durch das Investmentsteuerreformgesetz (InvStRefG)[2] v. 19. 7. 2016 eingetretenen Änderungen bei § 49 Abs. 1 Nr. 5 Satz 1 Buchst. a und b EStG zu beachten (vgl. → Rz. 176 am Ende). Bei den hier angesprochenen Einkünften handelt es sich im Wesentlichen um Dividenden und ähnliche Vergütungen für die Überlassung von Eigenkapital. Allgemein sind mithin sog. Restbetrags- oder Residualansprüche erfasst. Diese stehen im Gegensatz zu sog. Festbetragsansprüchen, die aus Fremdkapitalüberlassungen resultieren. Daneben fallen unter die Vorschrift Auskehrungen nach Kapitalherabsetzung und Auflösung einer Kapitalgesellschaft, verbriefte Genussrechte, Erträge aus Wandelanleihen und Gewinnobligationen, Einnahmen als stiller Gesellschafter sowie aus partiarischen Darlehen, Zinsen aus Sparanteilen einer Lebensversicherung sowie Gewinnausschüttungen vergleichbarer Leistungen.

Erfasst sind im Einzelnen Gewinnanteile einschließlich verdeckter Gewinnausschüttungen. Ausgenommen sind Erträge aus Investmentanteilen, diese haben in § 49 Abs. 1 Nr. 5 Satz 1 Buchst. b EStG i.V. m. § 2 und § 7 InvStG eine eigenständige Regelung erfahren.

174 Ob und inwieweit im Rahmen von Umwandlungen von Kapitalgesellschaften in Personengesellschaften auch die als ausgeschüttet geltenden Beträge i. S. d. § 7 UmwStG erfasst sind, ist fraglich. Die Bezüge i. S. d. § 7 UmwStG können auch der beschränkten Steuerpflicht unterliegen. Die beschränkte Steuerpflicht kann sich aus § 49 Abs. 1 Nr. 1, Nr. 2 Buchst. a oder Nr. 3 EStG ergeben. Daneben geht die wohl h. M. davon aus, dass sich die beschränkte Steuerpflicht auch aus § 49 Abs. 1 Nr. 5 Buchst. a EStG ergeben kann.[3] Letzteres erfordert jedoch, dass der Schuldner der Kapitalerträge seine Geschäftsleitung oder seinen Sitz im Inland hat. Dies wiederum bedingt zumindest, dass die übertragende Körperschaft unbeschränkt steuerpflichtig ist. Darüber hinaus ist mehr als fraglich, ob die übertragende Körperschaft überhaupt als Schuldner angesehen werden kann, da keine tatsächlichen Forderungen gegenüber der übertragenden Körperschaft bestehen. Dennoch wird aus dem Normtelos heraus größtenteils die beschränkte Steuerpflicht bejaht. Die Begründung einer Steuerpflicht über den Gesetzeswortlaut muss jedoch kritisch gesehen werden. Im grenzüberschreitenden Kontext können ausländische Anteilseigner von der Anwendung der DBA profitieren. Im jeweiligen Einzelfall ist zu prüfen, ob die Bezüge i. S. d. § 7 UmwStG als Dividenden im Sinne des jeweiligen DBA anzusehen sind und welche Folgen sich daraus ergeben (ggf. beschränktes Quellensteuerrecht etc.). Bei der Definition des DBA-rechtlichen Dividendenbegriffs werden fiktive Kapitalerträge nach dem Umwandlungssteuerrecht regelmäßig nicht ausdrücklich genannt. Nach Art. 10 Abs. 3 OECD-MA umfasst der Ausdruck Dividende jedoch auch die Einkünfte, die nach dem Ansässigkeitsstaat der Gesellschaft Dividendeneinkünften gleichgestellt sind, was bei fiktiven Einnahmen nach § 7 UmwStG der Fall sein sollte.

---

1 Vgl. *Gosch* in Kirchhof, § 49 EStG Rz. 81.
2 BGBl 2016 I 1730.
3 Vgl. *Bron* in Kraft/Edelmann/Bron, § 7 UmwStG Rz. 69, m. w. N.

Einbezogen sein sollen nach Ansicht der Finanzverwaltung[1] auch Gewinnanteile nach zuvor isolierter Veräußerung des Gewinnanspruchs durch den Stammrechtsinhaber, falls eine Besteuerung des Veräußerungsgewinns bei Letzterem nach § 20 Abs. 2 Satz 1 Nr. 2 Buchst. a Satz 1 EStG unterblieben ist.[2] Auch werden Bezüge aus Kapitalherabsetzungen und Auflösungen (§ 49 Abs. 1 Nr. 5 Satz 1 Buchst. a i. V. m. § 20 Abs. 1 Nr. 2 EStG) einbezogen.

Erfasst sind schließlich Einnahmen aus stiller Gesellschaft (§ 230 HGB) und aus partiarischen Darlehen (§ 49 Abs. 1 Nr. 5 Satz 1 Buchst. a i. V. m. § 20 Abs. 1 Nr. 4 EStG) sowie Erträge aus bestimmten Versicherungen (§ 49 Abs. 1 Nr. 5 Satz 1 Buchst. a i. V. m. § 20 Abs. 1 Nr. 6 EStG). Einnahmen aus Leistungen nicht körperschaftsteuerbefreiter Körperschaften, Personenvereinigungen oder Vermögensmassen i. S. d. § 1 Abs. 1 Nr. 3 bis 5 KStG außerhalb des Regelungsbereichs von § 20 Abs. 1 Nr. 1 EStG können tatbestandsmäßig sein (§ 49 Abs. 1 Nr. 5 Satz 1 Buchst. a i. V. m. § 20 Abs. 1 Nr. 9 EStG).

Ab Veranlagungszeitraum 2018 sind die durch das Investmentsteuerreformgesetz (InvStRefG)[3] v. 19. 7. 2016 eingetretenen Änderungen bei § 49 Abs. 1 Nr. 5 Satz 1 Buchst. a und b EStG zu beachten. Mit dem am 1. 1. 2018 in Kraft tretenden Investmentsteuerreformgesetz wird sich die Besteuerung von Anlegern und Fondsprodukten grundlegend ändern, was auch auf den Regelungsbereich der Besteuerung von Kapitaleinkünften beschränkt Steuerpflichtiger zurückwirken wird. Kern der Reform ist die Abschaffung des Transparenzprinzips für Publikumsfonds mit weitreichenden Konsequenzen für die Attraktivität der Fondsanlage. Bis zum 31. 12. 2017 gelten Erträge aus Investmentanteilen nach § 2 Abs. 1 Satz 1 InvStG i. d. F. des AIFM-Steuer-Anpassungsgesetzes als Einkünfte im Sinne des § 20 Abs. 1 Nr. 1 EStG. Da Einkünfte i. S. d. § 20 Abs. 1 Nr. 1 EStG unter § 49 Abs. 1 Nr. 5 Buchst. a EStG fallen, werden die Erträge aus Investmentanteilen bis zum 31. 12. 2017 ausdrücklich aus dem Anwendungsbereich des § 49 Abs. 1 Nr. 5 Buchst. a EStG ausgenommen und gesondert unter § 49 Abs. 1 Nr. 5 Buchst. b EStG. Mit Wirkung vom 1. 1. 2018 fallen Erträge aus Investmentanteilen unter § 20 Abs. 1 Nr. 3 EStG. Daher wird für den Ausschluss der Investmenterträge nach dem 1. 1. 2018 keine Notwendigkeit mehr bestehen.

bb) Einkünfte i. S. d. § 49 Abs. 1 Nr. 5 Satz 1 Buchst. b EStG

Die nachfolgende Kommentierung gilt bis einschließlich VZ 2017. Ab Veranlagungszeitraum 2018 sind die durch das InvStRefG[4] v. 19. 7. 2016 eingetretenen Änderungen bei § 49 Abs. 1 Nr. 5 Satz 1 Buchst. a und b EStG zu beachten (vgl. → Rz. 178 am Ende). Die der beschränkten Steuerpflicht unterworfenen Einkünfte aus Investmentvermögen lassen sich in zwei Kategorien unterteilen. Zum einen werden durch Doppelbuchst. aa Erträge i. S. d. § 7 Abs. 3 InvStG erfasst. Dabei handelt es sich um Einkünfte aus inländischen Investmentvermögen. Dazu gehören auch ausgeschüttete oder ausschüttungsgleiche Erträge eines inländischen Investmentvermögens aus Vermietung und Verpachtung von inländischen Grundstücken oder grundstücksgleichen Rechten sowie Gewinne aus privaten Veräußerungsgeschäften mit diesen.

Zum anderen werden durch Doppelbuchst. aa Erträge i. S. d. § 7 Abs. 1, 2 und 4 InvStG erfasst. Zu den Erträgen i. S. d. § 7 Abs. 1 InvStG gehören ausgeschüttete Erträge i. S. d. § 2 Abs. 1 InvStG.

---

1 BMF v. 26. 7. 2013, BStBl 2013 I 939.
2 Ablehnend mit überzeugender Begründung: *Gosch* in Kirchhof, § 49 EStG Rz. 74.
3 BGBl 2016 I 1730.
4 BGBl 2016 I 1730.

Dies ist an die Voraussetzung gekoppelt, dass sie keine Inlandsdividenden und keine Erträge aus der Vermietung und Verpachtung von inländischen Grundstücken oder grundstücksgleichen Rechten und keine Gewinne aus privaten Veräußerungsgeschäften mit inländischen Grundstücken oder grundstücksgleichen Rechten sind (§ 7 Abs. 1 Nr. 1 Buchst. a InvStG). Ebenso darf es sich nicht um Gewinne aus der Veräußerung von Wertpapieren und Bezugsrechten auf Anteile an Kapitalgesellschaften, aus Termingeschäften sowie aus der Veräußerung von Grundstücken und grundstücksgleichen Rechten handeln. Auch nach einem DBA befreite ausländische Einkünfte (§ 7 Abs. 1 Nr. 1 Buchst. b InvStG) fallen nicht darunter. Somit verbleiben Ausschüttungen i. S. d. § 6 InvStG (§ 7 Abs. 1 Nr. 2 InvStG), nach dem 31. 12. 1993 einem Anleger in ausländischen Investmentanteilen als zugeflossen geltende, noch nicht dem Steuerabzug unterworfene Erträge (§ 7 Abs. 1 Nr. 3 InvStG) sowie der Zwischengewinn (§ 7 Abs. 1 Nr. 3 InvStG).

178 Durch den Verweis auf Erträge i. S. d. § 7 Abs. 4 InvStG werden bei Tafelgeschäften sämtliche ausschüttungsgleiche Erträge von inländischen oder ausländischen Investmentvermögen der beschränkten Steuerpflicht unterworfen. Anliegen des Verweises auf Erträge i. S. d. § 7 Abs. 2 InvStG ist die Klarstellung, dass sich bei Tafelgeschäften im Fall einer nur teilweisen Ausschüttung die beschränkte Steuerpflicht sowohl auf die ausgeschütteten als auch die ausschüttungsgleichen Erträge erstreckt. Mit dem InvStRefG[1] v. 19. 7. 2016 wurde ab VZ 2018 § 49 Abs. 1 Nr. 5 Satz 1 Buchst. b EStG gestrichen. Die Regelung zur Investmentbesteuerung geht in § 49 Abs. 1 Nr. 5 Satz 1 Buchst. a EStG auf.

Was die Besteuerung beschränkt steuerpflichtiger Fondsanteilsinhaber betrifft, ist festzuhalten, dass der Gesetzgeber durch die Aufhebung des § 49 Abs. 1 Nr. 5 Satz 1 Buchst. b EStG die dieser Investorengruppe betreffenden Regelungen in § 49 Abs. 1 Nr. 5 Satz 1 Buchst. a EStG aufgenommen hat. Nach der bis zum 31. 12. 2017 geltenden Fassung des Buchst. b unterliegt ein Teil der Investmenterträge der beschränkten Steuerpflicht. Dies betrifft im Wesentlichen die inländischen Dividenden und die inländischen Immobilienerträge, die von einem Investmentfonds an die Anleger ausgeschüttet werden oder aufgrund einer gesetzlichen Fiktion als zugeflossen gelten. Da ab 1. 1. 2018 derartige Ertragsarten bereits auf der Ebene der Investmentfonds besteuert werden, besteht kein Grund mehr, die Ausschüttungen eines Investmentfonds auf der Ebene der Anleger der beschränkten Steuerpflicht zu unterwerfen. Aufgrund der Besteuerung auf Fondsebene bei Investmentfonds und der nachfolgend erörterten Sonderregelungen bei Spezial-Investmentfonds bedarf es keiner Regelung mehr zu Investmenterträgen in § 49 Abs. 1 Nr. 5 Buchst. b EStG. Die Norm wurde daher durch das InvStRefG aufgehoben.

Bei Spezial-Investmentfonds erfolgt nach der ab 1. 1. 2018 geltenden Rechtslage eine Besteuerung der inländischen Dividenden entweder durch eine Besteuerung auf Fondsebene oder durch eine unmittelbare Zurechnung der Dividenden auf der Anlegerebene. Sofern es zu einer unmittelbaren Zurechnung auf Anlegerebene kommt, ergibt sich die beschränkte Steuerpflicht aus § 49 Abs. 1 Nr. 5 Satz 1 Buchst. a EStG. Werden dagegen die Dividenden auf Ebene des Spezial-Investmentfonds besteuert, entfällt die beschränkte Steuerpflicht auf Anlegerebene.

Schüttet ein Spezial-Investmentfonds inländische Immobilienerträge nach § 6 Abs. 4 InvStG oder sonstige inländische Einkünfte nach § 6 Abs. 5 InvStG an einen beschränkt steuerpflichtigen Anleger aus oder gelten diese Erträge als zugeflossen, richtet sich die Besteuerung nach

---

1 BGBl 2016 I 1730.

§ 33 InvStG. Die inländischen Immobilienerträge gelten nach § 33 Abs. 2 Satz 1 InvStG als unmittelbar vom Anleger bezogene Einkünfte nach § 49 Abs. 1 Nr. 2 Buchst. f Nr. 6 oder Nr. 8 EStG. Die sonstigen inländischen Einkünfte gelten nach § 33 Abs. 3 InvStG ebenfalls als unmittelbar bezogene Einkünfte nach § 49 Abs. 1 EStG. Dies bedeutet, dass die beschränkte Steuerpflicht der inländischen Immobilienerträge und der sonstigen inländischen Einkünfte sich aus der Regelung des § 33 Abs. 2 und 3 InvStG ergibt, die auf die genannten Tatbestände des § 49 EStG verweisen. Diese Verweistechnik wird bereits im bis zum 31. 12. 2017 geltenden Recht – also in der Fassung des AIFM-Steuer-Anpassungsgesetzes – in § 15 Abs. 2 InvStG angewendet.

cc) Einkünfte i. S. d. § 49 Abs. 1 Nr. 5 Satz 1 Buchst. c EStG

Diese Vorschrift spricht im Wesentlichen im Inland dinglich gesichertes Kapitalvermögen sowie nicht verbriefte Genussrechte an. Die Sicherung des Kapitalvermögens muss dinglich sein, d. h., es muss die rechtliche Möglichkeit bestehen, die Haftung des inländischen Grundstücks usw. geltend zu machen. Dies betrifft im Wesentlichen solche Einkünfte i. S. d. § 20 Abs. 1 Nr. 5 Satz 1 EStG, die durch Hypotheken, Grundschulden und Rentenschulden besichert sind. Auf den Sicherungsumfang kommt es nicht an.[1] Umstritten ist, ob der Tatbestand des § 49 Abs. 1 Nr. 5 Satz 1 Buchst. c EStG auch für Erträge aus Wandelanleihen und Gewinnobligationen gilt. Deren Inlandsbezug wird zwar zusätzlich in § 49 Abs. 1 Nr. 5 Buchst. a EStG geregelt. Gleichwohl verlieren Wandelanleihen und Gewinnobligationen dadurch ihren Charakter als sonstige Forderungen i. S. d. § 20 Abs. 1 Nr. 7 EStG nicht. Folglich lässt sich aus dem Zusammenspiel der Vorschriften ableiten, dass auch insoweit die Ausnahmen nach § 49 Abs. 1 Nr. 5 Buchst. c Doppelbuchst. aa Satz 2 EStG gelten. Aus diesem Grund unterliegen Erträge aus Wandelanleihen und Gewinnobligationen nicht der beschränkten Steuerpflicht, wenn Teilschuldverschreibungen ausgegeben worden sind.

Unter nicht verbrieften Genussrechten, deren Erträge zur beschränkten Steuerpflicht führen, werden lediglich die Genussrechte erfasst, mit denen nicht das Recht am Gewinn und Liquidationserlös verbunden ist. Im Gesetzeswortlaut fehlt der Inlandsbezug. Dies wird von der h. M. im Schrifttum als planwidrige Regelungslücke angesehen, die einem – für den Steuerpflichtigen begünstigenden – Analogieschluss zugänglich ist. Daher muss entweder der im § 49 Abs. 1 Nr. 5 Buchst. a oder der in Buchst. c Doppelbuchst. aa EStG statuierte Inlandsbezug gegeben sein, um beschränkt steuerpflichtige Einkünfte anzunehmen.

dd) Einkünfte i. S. d. § 49 Abs. 1 Nr. 5 Satz 1 Buchst. d EStG

Die Vorschrift erfasst Erträge aus verbrieften und registrierten Kapitalforderungen, Gewinne aus Anteilsveräußerungen, Gewinne aus der Veräußerung von Dividendenscheinen und sonstigen Kapitalforderungen und besondere zusätzlich gewährte Entgelte und Vorteile. Ihre Anwendung ist indessen auf sog. Tafelgeschäfte beschränkt. *Lohschelder*[2] spricht – der Gesetzesbegründung[3] folgend – von Schaltergeschäften. Ein solches Tafelgeschäft liegt vor, wenn die Erträge gegen Aushändigung der Zinsscheine (Doppelbuchst. aa) oder gegen Übergabe der Wertpapiere (Doppelbuchst. bb) ausgezahlt oder gutgeschrieben werden. Zur Vervollständigung des Tatbestands und zur Herstellung des Inlandsbezugs stellt die Bestimmung noch auf den Auszahlenden sowie auf denjenigen ab, dem ausgezahlt oder gutgeschrieben wird. Da-

---

[1] Vgl. *Gosch* in Kirchhof, § 49 EStG Rz. 79.
[2] Vgl. *Loschelder* in Schmidt, § 49 EStG Rn 102.
[3] BT-Drucks. 16/11108.

nach muss es sich bei den Auszahlenden um inländische Kreditinstitute und Finanzdienstleistungsinstitute handeln. Inländisch sind solche Institute, wenn sie ihren Sitz oder ihre Geschäftsleitung im Inland haben. Beim Auszahlungs- oder Gutschriftsempfänger darf es sich nicht um ausländische Kreditinstitute und Finanzdienstleistungsinstitute handeln. Die Stoßrichtung geht demzufolge auf Schaltergeschäfte, bei denen dem nicht nach § 154 AO legitimierten Gläubiger die Erträge ausgezahlt werden. Bei solchen Empfängern erscheint eine Besteuerung geboten. Dementsprechend unterfällt die Veräußerung von Wertpapieren der beschränkten Steuerpflicht, wenn im Rahmen eines Tafelgeschäfts die Voraussetzungen des § 20 Abs. 2 Satz 1 Nr. 1 (z. B. Aktie), Nr. 2 Buchst. b (Zinsscheine) und Nr. 7 EStG (Anleihen) erfüllt sind.

181 Da in den Fällen, in denen Art. 13 Abs. 5 sowie Art. 21 OECD-MA anwendbar sind, Deutschland regelmäßig kein Besteuerungsrecht zusteht, ist es nicht erforderlich, bei namentlich nach § 154 AO bekannten Steuerausländern (Depotinhabern) eine Besteuerung vorzunehmen.

ee) Einkünfte gem. § 49 Abs. 1 Nr. 5 Satz 2 EStG

182 Die angeordnete entsprechende Anwendung des § 20 Abs. 3 EStG bewirkt, dass neben den besonderen Entgelten und Vorteilen des § 20 Abs. 2 Nr. 1 EStG auch die Veräußerungstatbestände des § 20 Abs. 2 Nr. 2 bis 4 EStG bei Vorliegen der jeweiligen tatbestandlichen Voraussetzungen des § 20 Abs. 2 bzw. Abs. 3 EStG zu berücksichtigen sind.

c) Steuererhebung

183 Kapitaleinkünfte unterliegen im Regelfall dem abgeltenden Abzugsteuerregime gem. §§ 43 ff. EStG, vgl. insbesondere § 50 Abs. 2 Satz 1 EStG. Der Steuersatz bestimmt sich vorbehaltlich der Einschlägigkeit von Abkommensregeln nach § 43a, § 32d EStG. Bei Zuordnung der Einkünfte zu einer im Inland belegenen Betriebsstätte tritt eine Veranlagung an die Stelle des sonst eingreifenden abgeltenden Steuerabzugs (§ 50 Abs. 2 Satz 1 Nr. 1 EStG).

d) Verhältnis zu Doppelbesteuerungsabkommen

184 Aus den in Bezug auf Kapitaleinkünfte relevanten Abkommensnormen ergeben sich erhebliche Einschränkungen der beschränkten Steuerpflicht. So gilt bei Dividenden nach Art. 10 Abs. 2 OECD-MA und bei Zinsen nach Art. 11 Abs. 2 OECD-MA, dass nicht nur die Dividendenbesteuerung, sondern auch die Zinsbesteuerung weitgehend dem jeweiligen Wohnsitzstaat zugewiesen ist. Dem Quellenstaat belassen die Abkommen regelmäßig lediglich ein eingeschränktes Recht zum Steuerabzug. Dies bewegt sich, je nach den Umständen des Einzelfalles, der sich bei Dividenden am Empfänger der Kapitalerträge orientiert, zwischen 5 % und 15 % auf den Bruttobetrag. In Ausnahmefällen kann der Steuerabzug bei Dividenden im Abkommenskontext bis 25 % betragen.

Bei Zinsen kann der Steuerabzug laut Abkommen bis zu 10 % betragen, allerdings hat bei Zinseinkünften die Bundesrepublik unilateral vorbehaltlich der oben skizzierten Ausnahmen (dingliche Besicherung) meist auf ihr Quellensteuerrecht verzichtet. Zu beachten sind Steuerentlastungen auf Zinszahlungen, die sich aus höherrangigem EU-Recht ergeben, so aus der in § 43b und § 50g sowie § 50h EStG in nationales Recht umgesetzten Mutter-/Tochter-RL sowie der Zins- und Lizenzrichtlinie.

185–195 *(Einstweilen frei)*

6. Einkünfte aus Vermietung und Verpachtung (§ 49 Abs. 1 Nr. 6 EStG)

a) Besteuerungsumfang

Die Bestimmung des § 49 Abs. 1 Nr. 6 EStG regelt den sachlichen Umfang des Einbezugs solcher Einkünfte aus Vermietung und Verpachtung, die im Rahmen der Besteuerung von Steuerausländern der beschränkten Steuerpflicht erfasst werden. Grundsätzlich könnte die Norm auch bei beschränkt steuerpflichtigen juristischen Personen Anwendung finden. Indessen greift hier die vorrangige Bestimmung des § 49 Abs. 1 Nr. 2 Buchst. f EStG. Der Passus „soweit sie nicht zu den Einkünften i. S. d. Nummern 1 bis 5 gehören," bewirkt, dass in solchen Fällen, in denen die Einkünfte aus Vermietung und Verpachtung gleichzeitig unter § 49 Abs. 1 Nr. 1 bis 5 EStG fallen, die letzteren Einkünfte vorgehen.

§ 49 Abs. 1 Nr. 6 EStG erfasst im Grundsatz sämtliche der im § 21 EStG angesprochenen Einkünfte. Somit handelt es sich um solche aus der Vermietung und Verpachtung von unbeweglichem Vermögen, Schiffen u. Ä. (§ 21 Abs. 1 Nr. 1 EStG), Sachinbegriffen (§ 21 Abs. 1 Nr. 2 EStG) sowie Rechten (§ 21 Abs. 1 Nr. 3 EStG). Ebenso angesprochen sind Einkünfte aus der Veräußerung von Miet- und Pachtzinsforderungen gem. § 21 Abs. 1 Nr. 4 EStG. Die Vermietung und Verpachtung unterliegt den engen Voraussetzungen des § 49 Abs. 1 Nr. 9 EStG der beschränkten Steuerpflicht.

Tatbestandlich setzt die Norm des § 49 Abs. 1 Nr. 6 EStG die zeitliche Nutzungsüberlassung eines Gegenstandes oder Rechts voraus. Ob diese auf obligatorischer oder dinglicher Grundlage beruht, ist ohne Belang.

Die im Kontext der Vorschrift in der Besteuerungspraxis überaus relevante Rechtsüberlassung i. S. v. § 21 Abs. 1 Nr. 3 EStG stellt sich als kasuistisches Gebiet dar. Rechtsüberlassung kann danach bestehen in Überlassung von Marken und Warenzeichen, von Persönlichkeitsrechten und je nach vertraglichen Abreden und ihrer tatsächlichen Durchführung sowie der Qualifizierung als Standard- oder Individualsoftware im Einzelfall auch in der Überlassung von Software.

Das BMF nimmt Stellung[1] zu Fällen der grenzüberschreitenden Überlassung von Nutzungsrechten, in denen ein Unternehmen im Inland Software und Datenbankanwendungen von einem Anbieter im Ausland bezieht und dafür Lizenzzahlungen zu entrichten hat.[2]

b) Inländische Anknüpfungsmerkmale bei Einkünften aus Vermietung und Verpachtung

Die inländischen Anknüpfungsmerkmale der Besteuerung von steuerausländischen Beziehern von Einkünften aus Vermietung und Verpachtung bestehen:

- in der Belegenheit im Inland (bei Grundstücken, Gebäuden, Gebäudeteilen und Sachinbegriffen);
- in der Eintragung in ein inländisches öffentliches Buch (bei Schiffen, grundstücksgleichen Rechten und anderen Rechten);
- in der Eintragung in ein inländisches öffentliches Register (bei Schiffen, grundstücksgleichen Rechten und anderen Rechten);
- in der Verwertung in einer inländischen Betriebsstätte (auch ohne Belegenheit bzw. Eintragung im Inland);

---

1 Vgl. BMF v. 27.10.2017, BStBl 2017 I 1448.
2 Vgl. mit ausführlicher Analyse des BMF-Schreibens *Kraft*, NWB 2018, 868 (Teil 1), NWB 2018, 937 (Teil 2).

▶ in der Verwertung in einer inländischen anderen Einrichtung (auch ohne Belegenheit bzw. Eintragung im Inland).

Belegenheit findet grundsätzlich nur bei unbeweglichen Sachen Anwendung. Im Kontext der Vorschrift kann es umschrieben werden mit „sich befinden". Dabei kommt es auf eine Eintragung in ein öffentliches Buch oder Register nicht an. Bei Schiffen entscheidet die Eintragung darüber, ob sie im In- oder Ausland belegen sind.[1]

Als inländisches öffentliches Buch oder als inländisches öffentliches Register kommen in Betracht: Grundbuch, Schiffsregister, Patent-, Markenschutz-, Gebrauchsmusterregister und ähnliche Verzeichnisse. Ausländische oder internationale Register stellen keine inländischen Register i. S. d. Vorschrift dar. In gleichem Maße gilt dies für das bei dem Europäischen Patentamt in München geführte Europäische Patentregister.[2]

Eine Verwertung in einer inländischen Betriebsstätte kommt bei Rechten und „gewerblichen Erfahrungen" i. S. d. § 21 Abs. 1 Nr. 3 EStG in Betracht.[3] Dabei genügt nach der Rechtsprechung die Verwertung in einer inländischen Betriebsstätte einer anderen Person. Dies gilt unabhängig von deren Steuerpflicht,[4] ein wie auch immer geartetes Korrespondenzprinzip kann in die Bestimmung nicht hineingelesen werden.

Die Verwertung in einer inländischen Betriebsstätte erfordert zunächst eine Auseinandersetzung mit dem relevanten Betriebsstättenbegriff. Dieser ist in § 12 AO geregelt, in Abkommensfällen ggf. die dem Art. 5 OECD-MA nachgebildeten Bestimmungen im jeweiligen konkreten Abkommenskontext. Das Merkmal „inländisch" orientiert sich allein an der örtlichen Lage der Betriebsstätte.[5] Unter Verwertung von Rechten ist ein Nutzen, Benutzen oder Gebrauchen von Rechten im Rahmen eigener Tätigkeit durch eigenes Tätigwerden zu verstehen.[6] Keine Einkünfte gem. § 49 Abs. 1 Nr. 6 EStG liegen vor, wenn die Rechte in einer Betriebsstätte des Steuerpflichtigen selbst verwertet werden. In solchen Fällen handelt es sich um Einkünfte i. S. d. § 49 Abs. 1 Nr. 1 bis 3 EStG. Anders als bei den Verwertungstatbeständen der § 49 Abs. 1 Nr. 3 und 4 EStG muss der Steuerpflichtige nicht selbst verwerten.[7] Die Verwertung in einer anderen inländischen Einrichtung i. S. d. § 49 Abs. 1 Nr. 6 EStG ist auf Einzelfälle beschränkt. Eine Legaldefinition hat der Begriff der „anderen Einrichtung" nicht erfahren. Im Schrifttum[8] wird der plausible Vorschlag unterbreitet, es handele sich bei einer anderen inländischen Einrichtung um eine feste Geschäftseinrichtung oder Anlage i. S. d. § 12 AO, die nichtunternehmerischen Zwecken dient. Denkbar ist dies etwa bei Einrichtungen von Rundfunk- und Fernsehanstalten.[9]

c) Steuererhebung; Verhältnis zu Doppelbesteuerungsabkommen

198 Prinzipiell erfolgt die Besteuerung im Rahmen der beschränkten Steuerpflicht bei Einkünften aus Vermietung und Verpachtung durch Veranlagung. Ausnahmen bestehen, wenn die Vo-

---

1 RFH v. 27. 9. 1932, StuW 1933 Nr. 335, Rz. 207.
2 Vgl. *Lüdicke* in Lademann, § 49 EStG Anm. 75; *Wied* in Blümich, § 49 EStG Rz. 207.
3 BFH v. 5. 11. 1992 - I R 41/92, BStBl 1993 II 407.
4 BFH v. 5. 11. 1992 - I R 41/92, BStBl 1993 II 407.
5 RFH v. 13. 7. 1937, RStBl 1937, 1020.
6 BFH v. 23. 5. 1973 - I R 163/71, BStBl 1974 II 287.
7 BFH v. 12. 11. 1986 - I R 69/83, BStBl 1987 II 379.
8 Vgl. HHR/*Klein*, § 49 EStG Anm. 954.
9 Vgl. *Wied* in Blümich, § 49 EStG Rz. 209.

raussetzungen des § 50a Abs. 1 Nr. 3 EStG vorliegen. Dies betrifft die Überlassung von Rechten und gewerblichen Erfahrungen.

Unbewegliches Vermögen wird abkommensrechtlich nach dem in Art. 6 OECD-MA normierten Belegenheitsprinzip behandelt. Vor diesem Hintergrund vermögen sich keine Einschränkungen der Besteuerung zu ergeben. Allerdings sind in Ausnahmefällen andere Regelungen mit modifizierter abkommensrechtlicher Zuweisung der Besteuerungsrechte denkbar. So werden im Schrifttum[1] als Beispiel Zinserträge aus der Anlage von Mieteinnahmen im Inland belegener Immobilien genannt. Für diese gilt Art. 10 OECD-MA und damit das Ansässigkeits- und nicht das Belegenheitsprinzip.[2]

(Einstweilen frei)

7. Sonstige Einkünfte (§ 49 Abs. 1 Nr. 7 bis 10 EStG)

a) Überblick; Systematik der Nr. 7 bis 10

Sonstige Einkünfte werden im System der beschränkten Steuerpflicht nicht durchgängig, sondern nur lückenhaft geregelt. Dies bedeutet, dass nicht alle sonstigen Einkünfte i. S. d. § 22 EStG zu inländischen Einkünften führen. Lediglich diejenigen, die in § 49 Abs. 1 Nr. 7 bis 10 EStG genannt werden, führen in eingeschränktem Umfang zur Besteuerung im Rahmen der beschränkten Steuerpflicht. Es handelt sich dabei um

- Wiederkehrende Bezüge (Abs. 1 Nr. 7)
- Private Veräußerungsgeschäfte/Spekulationsgeschäfte (Abs. 1 Nr. 8)
- Abgeordnetenbezüge (Abs. 1 Nr. 8a)
- Know-How-Überlassung, Darbietungen, Nutzung beweglicher Sachen (Abs. 1 Nr. 8a)
- Pensionsfonds, Pensionskassen, Direktversicherung (Abs. 1 Nr. 10).

b) Wiederkehrende Bezüge (§ 49 Abs. 1 Nr. 7 EStG i. V. m. § 22 Nr. 1 Satz 3 Buchst. a Doppelbuchst. aa EStG)

Von der Vorschrift werden alle im Ausland lebenden Rentner erfasst, die Leibrenten und andere Leistungen i. S. v. § 22 Nr. 1 Satz 3 Buchst. a Doppelbuchst. aa EStG von einer der genannten inländischen Versicherungen und Einrichtungen beziehen. Ausgedehnt wird die Steuerpflicht auf entsprechende Leistungen ausländischer Zahlstellen, wenn die Leistungen auf Beträgen nach § 10 Abs. 1 Nr. 2 EStG beruhen, die ganz oder teilweise mit der Ermittlung der Sonderausgaben berücksichtigt wurden. Darin manifestiert sich das sog. Förderstaatsprinzip.

Der Zweck der Regelung besteht darin, die Rentenbesteuerung auch im Rahmen der beschränkten Steuerpflicht konsequent auf die nachgelagerte Besteuerung umzustellen. Nach dem Förderstaatsprinzip wird dem Staat das Besteuerungsrecht eingeräumt, der den Aufbau des Rentenrechts steuerlich oder auf andere Weise gefördert hat.

Unerheblich ist für die Besteuerung, ob sich der Sonderausgabenabzug steuerlich nach § 10 Abs. 1 Nr. 2 EStG tatsächlich ausgewirkt hat. Ausländische Zahlstelle kann z. B. eine ausländische Kapitalanlagegesellschaft sein, die mit dem beschränkt Steuerpflichtigen einen in Deutschland steuerlich geförderten Basisrentenvertrag i. S. d. § 10 Abs. 1 Nr. 2 Buchst. b EStG

---

1 Vgl. *Gosch* in Kirchhof, § 49 EStG Rz. 88.
2 BFH v. 28. 4. 2010 - I R 81/09, BStBl 2014 II 754.

abgeschlossen hat. Die konsequente Umsetzung der nachgelagerten Besteuerung im Rahmen der Altersvorsorge eines beschränkt Steuerpflichtigen trägt insbesondere den europäischen Grundfreiheiten Rechnung. Der Europäische Gerichtshof hatte in der Rechtssache C-269/07[1] entschieden, dass die Rückforderung einer zu Altersvorsorgezwecken gewährten Zulage (hier: Riester-Zulage) bei Beendigung der unbeschränkten Steuerpflicht nicht zulässig sei. Die europäischen Mitgliedstaaten sind infolgedessen gehalten, unbeschränkt und beschränkt steuerpflichtige Bezieher von Altersvorsorgeleistungen weitgehend gleich zu behandeln.

c) Private Veräußerungsgeschäfte (Spekulationsgeschäfte, § 49 Abs. 1 Nr. 8 EStG i.V.m. §§ 22 Nr. 2, 23 EStG)

214 Im Gegensatz zur früheren Rechtslage werden nur noch private Veräußerungsgeschäfte mit inlandsbelegenen Grundstücken erfasst. Voraussetzung ist, dass zwischen Anschaffung und Veräußerung nicht mehr als zehn Jahre liegen. Es gilt der Veräußerungsbegriff des § 23 Abs. 1 Nr. 1 EStG. Die Veräußerung von inlandsbelegenen gewerblichen Grundstücken außerhalb einer inländischen Betriebsstätte ist von § 49 Abs. 1 Nr. 2 Buchst. f EStG erfasst. Die früher ebenfalls von der Vorschrift geregelte Veräußerung von Anteilen an Kapitalgesellschaften mit Sitz und/oder Ort der Geschäftsleitung innerhalb der sog. „Spekulationsfrist" fällt nunmehr unter § 49 Abs. 1 Nr. 2 Buchst. e bzw. Nr. 5 Buchst. d EStG.

d) Abgeordnetenbezüge (§ 49 Abs. 1 Nr. 8a EStG)

215 Die Erfassung von Abgeordnetenbezügen erfordert keinen besonderen Inlandsbezug. Die Besteuerung erfolgt durch Veranlagung. Bedeutung entfalten dürfte die Norm primär für solche Mitglieder des Europäischen Parlaments und für Versorgungsbezüge derjenigen Mitglieder deutscher Parlamente, die nach Beendigung ihres Mandats keinen Wohnsitz und gewöhnlichen Aufenthalt mehr in Deutschland haben. In den von Deutschland vereinbarten DBA finden sich im Regelfall keine besonderen Zuordnungsregeln, weshalb die Verteilungsnorm des Art. 21 Abs. 1 OECD-MA in der Mehrzahl der Fälle zur Anwendung kommen wird.

e) Sonstige Einkünfte (§ 49 Abs. 1 Nr. 9 EStG i.V.m. § 22 Nr. 3 EStG)

216 In der Besteuerungswirklichkeit ist die Bedeutung des § 49 Abs. 1 Nr. 9 EStG in der grenzüberschreitenden Know-how-Überlassung durch im Ausland ansässige gewerbliche Unternehmen anzusiedeln, die im Inland weder über eine Betriebsstätte noch über einen ständigen Vertreter verfügen.

Trotz des Verweises auf § 22 Nr. 3 EStG erfasst die Vorschrift nicht sämtliche dort aufgezählte Einkünfte. Der unübersichtliche Tatbestand unterscheidet letztlich drei Fallgruppen, die in ihrer praktischen Gewichtung überaus unterschiedlich wirken. Vielmehr werden der beschränkten Steuerpflicht unterworfen:

▶ Einkünfte aus inländischen unterhaltenden Darbietungen,

▶ Einkünfte aus der Nutzung beweglicher Sachen im Inland,

▶ Einkünfte aus der Überlassung der Nutzung oder des Rechts auf Nutzung von Know-how, das im Inland genutzt wird oder genutzt worden ist.

---

[1] EuGH v. 10.9.2009 - C-269/07, *Kommission/Deutschland*, BFH/NV 2009, 1930 = NWB DokID: PAAAD-28240.

Der Normwortlaut des § 49 Abs. 1 Nr. 9 EStG unterscheidet die folgenden 26 Tatbestandsvarianten:

1. Einkünfte aus inländischen unterhaltenden Darbietungen
2. Einkünfte aus der Nutzung beweglicher Sachen im Inland
3. Einkünfte aus der Überlassung der Nutzung von im Inland genutzten gewerblichen Erfahrungen
4. Einkünfte aus der Überlassung des Rechts auf Nutzung von im Inland genutzten gewerblichen Erfahrungen
5. Einkünfte aus der Überlassung der Nutzung von im Inland genutzten gewerblichen Kenntnissen
6. Einkünfte aus der Überlassung des Rechts auf Nutzung von im Inland genutzten gewerblichen Kenntnissen
7. Einkünfte aus der Überlassung der Nutzung von im Inland genutzten gewerblichen Fertigkeiten
8. Einkünfte aus der Überlassung des Rechts auf Nutzung von im Inland genutzten gewerblichen Fertigkeiten
9. Einkünfte aus der Überlassung der Nutzung von im Inland genutzten technischen Erfahrungen
10. Einkünfte aus der Überlassung des Rechts auf Nutzung von im Inland genutzten technischen Erfahrungen
11. Einkünfte aus der Überlassung der Nutzung von im Inland genutzten technischen Kenntnissen
12. Einkünfte aus der Überlassung des Rechts auf Nutzung von im Inland genutzten technischen Kenntnissen
13. Einkünfte aus der Überlassung der Nutzung von im Inland genutzten technischen Fertigkeiten
14. Einkünfte aus der Überlassung des Rechts auf Nutzung von im Inland genutzten technischen Fertigkeiten
15. Einkünfte aus der Überlassung der Nutzung von im Inland genutzten wissenschaftlichen Erfahrungen
16. Einkünfte aus der Überlassung des Rechts auf Nutzung von im Inland genutzten wissenschaftlichen Erfahrungen
17. Einkünfte aus der Überlassung der Nutzung von im Inland genutzten wissenschaftlichen Kenntnissen
18. Einkünfte aus der Überlassung des Rechts auf Nutzung von im Inland genutzten wissenschaftlichen Kenntnissen
19. Einkünfte aus der Überlassung der Nutzung von im Inland genutzten wissenschaftlichen Fertigkeiten
20. Einkünfte aus der Überlassung des Rechts auf Nutzung von im Inland genutzten wissenschaftlichen Fertigkeiten
21. Einkünfte aus der Überlassung der Nutzung von im Inland genutzten gewerblichen, technischen oder wissenschaftlichen ähnlichen Erfahrungen

22. Einkünfte aus der Überlassung des Rechts auf Nutzung von im Inland genutzten gewerblichen, technischen oder wissenschaftlichen ähnlichen Erfahrungen
23. Einkünfte aus der Überlassung der Nutzung von im Inland genutzten gewerblichen, technischen oder wissenschaftlichen ähnlichen Kenntnissen
24. Einkünfte aus der Überlassung des Rechts auf Nutzung von im Inland genutzten gewerblichen, technischen oder wissenschaftlichen ähnlichen Kenntnissen
25. Einkünfte aus der Überlassung der Nutzung von im Inland genutzten gewerblichen, technischen oder wissenschaftlichen ähnlichen Fertigkeiten
26. Einkünfte aus der Überlassung des Rechts auf Nutzung von im Inland genutzten gewerblichen, technischen oder wissenschaftlichen ähnlichen Fertigkeiten

In nicht abschließender Aufzählung werden die unter Nr. 3 bis 26 jeweils anzutreffenden gewerblichen, technischen, wissenschaftlichen und ähnlichen Erfahrungen, Kenntnisse und Fertigkeiten als im Inland genutzte Pläne, im Inland genutzte Muster und im Inland genutzte Verfahren exemplifiziert. Durch den Passus „genutzt werden oder worden sind" kommt zum Ausdruck, dass auch nachträgliche Lizenzzahlungen der beschränkten Steuerpflicht unterworfen werden.

Aufgrund der Enumeration eigentlich zu erwartende Abgrenzungsschwierigkeiten werden in der Praxis dadurch entschärft, dass Nr. 3 bis 26 im Kern Einkünfte aus der Überlassung der Nutzung von Know-how ansprechen. Dieses Know-how muss im Inland genutzt werden und wird von der BFH-Rechtsprechung mit der Definition belegt, es handele sich dabei um Spezialwissen als Ergebnis erfinderischer Tätigkeit, aber auch von Erfahrungswissen, dessen Wert darin besteht, einem Dritten, dem es vermittelt wird, Zeit und Kosten zu ersparen.

218 Vergütungen für inländische unterhaltende Darbietungen, für die Überlassung von beweglichen Wirtschaftsgütern und für die Überlassung von Know-how sind bei beschränkt steuerpflichtigen Personen steuerbar, unabhängig davon, ob die Einkünfte als gewerbliche, freiberufliche oder solche aus Vermietung und Verpachtung zu qualifizieren sind. Die Regelung des § 49 Abs. 1 Nr. 9 EStG setzt die in § 22 Nr. 3 EStG angeordnete Nachrangigkeit sonstiger Leistungen gegenüber den ersten sechs Einkunftsarten außer Kraft.

219 Abkommensrechtlich werden die unter § 49 Abs. 1 Nr. 9 EStG fallenden Einkünfte von verschiedenen Vorschriften erfasst. Für Darbietungseinkünfte gilt Art. 17 OECD-MA mit dem Auftrittsortprinzip. Einkünfte aus der Nutzung beweglicher Sachen im Inland unterfallen abkommensrechtlich als „andere Einkünfte" dem Art. 21 OECD-MA mit der Konsequenz, dass sie lediglich im Ansässigkeitsstaat besteuert werden dürfen. Bei den Einkünften aus der Know-how-Überlassung handelt es sich im Kontext von DBA regelmäßig um „Lizenzgebühren", die nach der Grundregel des Art. 12 Abs. 1 und 2 OECD-MA vom Wohnsitzstaat des Empfängers besteuert werden.[1]

220 Von Bedeutung ist schließlich die Zins- und Lizenzrichtlinie,[2] umgesetzt in § 50g EStG. Danach sollen zum Zweck der Beseitigung steuerlicher Behinderungen von Unternehmensgruppen aus Gesellschaften verschiedener Mitgliedstaaten der EU Steuern auf Zins- und Lizenzgebühren zwischen in der EU ansässigen, verbundenen Unternehmen generell entfallen. Demgemäß befreit § 50g EStG in bestimmten Fällen die nach § 49 Abs. 1 Nr. 9 EStG grundsätzlich zu erhebende Quellensteuer auf Lizenzzahlungen an verbundene EU-/EWR-Lizenzempfänger.

---

[1] Zur teilweise abweichenden deutschen Abkommenspraxis vgl. *Pöllath/Lohbeck* in Vogel/Lehner, DBA, Art. 12 Rz. 30.
[2] RL 2003/49/EG des Rates v. 3.6.2003.

f) Pensionsfonds, Pensionskassen, Direktversicherung (§ 49 Abs. 1 Nr. 10 EStG i. V. m. § 22 Nr. 5 EStG)

Nach § 49 Abs. 1 Nr. 10 EStG wird die Besteuerung von Leistungen aus Altersvorsorgeverträgen, Pensionsfonds, Pensionskassen und Direktversicherungen i. S. d. § 22 Nr. 5 EStG auch dann ermöglicht, wenn der Empfänger der Leistung nicht unbeschränkt einkommensteuerpflichtig ist. Dabei wird die beschränkte Steuerpflicht der Nr. 10 auf Fälle ausgeweitet, in denen die Leistung einer ausländischen Zahlstelle bei einem unbeschränkt Steuerpflichtigen zu inländischen Einkünften nach § 22 Nr. 5 Satz 1 EStG geführt hätte. Denn in diesen Fällen handelt es sich um Leistungen aus einer in der Ansparphase im Inland steuerlich geförderten Altersvorsorgemaßnahme (Umsetzung des Förderstaatsprinzips). Ferner werden – vergleichbar der Neuregelung des § 49 Abs. 1 Nr. 7 EStG – Leistungen ausländischer Zahlstellen in die Besteuerung einbezogen, wenn sie auf Beiträgen beruhen, die bei der Ermittlung der Sonderausgaben nach § 10 Abs. 1 Nr. 2 EStG ganz oder teilweise berücksichtigt wurden. Dies gilt unabhängig vom Umfang einer steuerlichen Förderung.

(Einstweilen frei)

II. Isolierende Betrachtungsweise (§ 49 Abs. 2 EStG)

§ 49 Abs. 2 EStG enthält die letztlich auf Richterrecht zurückzuführende isolierende Betrachtungsweise. Konnte diese früher als „Kernstück" des § 49 EStG und somit der Systematik der beschränkten Steuerpflicht bewertet werden, hat sie in den letzten beiden Dekaden erheblich an Bedeutung verloren. Dies liegt darin begründet, dass der Gesetzgeber die Tatbestände des § 49 Abs. 1 EStG nach und nach erweitert hat und damit der ursprünglichen Bedeutung der isolierenden Betrachtungsweise den Boden entzogen hat. Inhaltlich besagt die isolierende Betrachtungsweise, dass der Bestimmung der Einkunftsart im Kontext der beschränkten Steuerpflicht die inländischen Verhältnisse zugrunde zu legen sind. Die Bedeutung der im § 49 Abs. 2 EStG verorteten isolierenden Betrachtungsweise gilt bis dato als nicht abschließend geklärt. Ausgangspunkt und beschränkendes Momentum ist der im § 49 Abs. 1 EStG enumerierte tatbestandliche Katalog von Einkünften bei beschränkter Steuerpflicht. Nur soweit „isoliert betrachtet" – insoweit entfaltet der Wortlaut der Norm einen eigenständigen Sinn – ein im Inland verwirklichter Sachverhalt sich einer der dort normierten Bestimmungen des Tatbestandskatalogs des § 49 Abs. 1 EStG zuordnen lässt und nur soweit bei Berücksichtigung der im Ausland anzutreffenden Umstände eine beschränkte Steuerpflicht zu verneinen wäre, entfaltet die Rechtsfolge des § 49 Abs. 2 EStG Besteuerungsrelevanz. Eine darüber hinaus weitergehende Bedeutung kommt der isolierenden Betrachtungsweise ungeachtet der möglicherweise missverständlich weiten Fassung nicht zu.

Unter im Ausland „gegebene(n)" Besteuerungsmerkmalen – gemeint sein können nur verwirklichte Tatbestandsmerkmale – lassen sich solche zusammenfassen, die nicht im Inland verwirklicht worden sind. Werden diese berücksichtigt und führt dies dazu, dass inländische Einkünfte i. S. d. § 49 Abs. 1 EStG nicht angenommen werden können, ist ein Anwendungsfall der isolierenden Betrachtungsweise prinzipiell denkbar.

Aufgrund der in den letzten Jahren extrem intensivierten kasuistischen Normierung durch den Gesetzgeber ist der mögliche Anwendungsbereich erheblich geschrumpft. Ein Standardfall dürfte beispielsweise in einer solchen Konstellation bestehen, in der eine im Ausland ansässige natürliche Person ein Einzelunternehmen ohne inländische Betriebsstätte betreibt und im ausländischen Betriebsvermögen eine zinsträchtige Forderung oder eine gesellschaftsrechtliche Beteiligung hält, die potenziell zu beschränkt steuerpflichtigen inländischen Einkünften führt.

234 Kein Anwendungsfall der isolierenden Betrachtungsweise ist nach der hier vertretenen Auffassung gegeben, wenn ausländische Kapitalgesellschaften Zinsen aus dem Inland oder Dividenden aus inländischen Beteiligungen erzielen. Hier löst der Wortlaut den Fall, weil eine ausländische Kapitalgesellschaft durchaus auch Einkünfte aus Kapitalvermögen erzielen kann. § 8 Abs. 2 KStG greift bei beschränkt steuerpflichtigen Kapitalgesellschaften nicht.

235 Unter „Besteuerungsmerkmalen" sind solche im Ausland gegebene Sachverhaltselemente zu verstehen, die den Tatbestand einer Einkunftsart qualifizieren. Sie haben mithin bestimmenden Einfluss auf die Zuordnung einer Tätigkeit zu einer konkreten Einkunftsart.[1]

236 Der Kerngehalt der isolierenden Betrachtungsweise liegt darin begründet, dass die Berücksichtigung ausländischer Besteuerungsmerkmale dazu führen muss, dass inländische Einkünfte i. S. d. § 49 Abs. 1 EStG nicht angenommen werden können. Wenn im konkreten Sachverhalt indessen bereits die tatbestandlichen Voraussetzungen nicht vorliegen, können unter Berufung auf die isolierende Betrachtungsweise keine inländischen Einkünfte fingiert werden.[2]

237–245 (Einstweilen frei)

III. Besteuerung von Schifffahrt- und Luftfahrtunternehmen (§ 49 Abs. 3 und 4 EStG)

246 Sowohl § 49 Abs. 3 als auch Abs. 4 EStG regeln Besonderheiten für die Besteuerung von Schiff- und Luftfahrtunternehmen, indem § 49 Abs. 3 EStG auf § 49 Abs. 1 Nr. 2 Buchst. b und c EStG Bezug nimmt. Die inländischen Einkünfte solcher Unternehmen werden einerseits pauschal mit 5 % der für die Beförderung vereinbarten Entgelte ermittelt (§ 49 Abs. 3 Satz 1 EStG). Dies gilt selbst in solchen Fällen, in denen derartige Einkünfte durch eine inländische Betriebsstätte oder einen ständigen Vertreter im Inland erzielt werden (§ 49 Abs. 3 Satz 2 EStG). Die spezielle Gewinnermittlungsregel gilt jedoch nicht im Rahmen sog. Pool-Einkünfte gem. § 49 Abs. 1 Nr. 2 Buchst. c EStG. Sie gilt auch nicht, soweit das deutsche Besteuerungsrecht unbegrenzt nach dem einschlägigen DBA erhalten bleibt (§ 49 Abs. 3 Satz 3 EStG). Diese letztere Anordnung ist vor allem auf Einkünfte aus dem Binnenverkehr gerichtet.

247 Andererseits entfällt die beschränkte Steuerpflicht bei Geschäftsleitung im Ausland, wenn Gegenseitigkeit mit dem anderen Staat verbürgt ist. Zusätzlich muss das Bundesministerium für Verkehr, Bau- und Wohnungswesen die Steuerbefreiung für verkehrspolitisch unbedenklich ansehen (§ 49 Abs. 4 EStG).[3]

Beiden Sonderregelungen ist gemeinsam, dass sie Druck auf die jeweiligen anderen Staaten ausüben sollen. Gleichwohl schießen sie in der Belastungshöhe über das Ziel hinaus und sind aufgrund ihrer Tatbestandsstruktur geeignet, ungerechtfertigte Besteuerungsungleichheiten nach sich zu ziehen.

---

[1] Vgl. HHR/*Clausen*, § 49 EStG Anm. 1220.
[2] BFH v. 7.11.2001 - I R 14/01, BStBl 2001 II 861.
[3] Entsprechende Nachweise beispielsweise: BMF v. 26.3.1976, BStBl 1976 I 278 (*Jordanien*); BMF v. 21.6.1977, BStBl 1977 I 350 (*Chile*); BMF v. 11.7.1983, BStBl 1983 I 370 (*Sudan*); BMF v. 3.10.1988, BStBl 1988 I 423 (*Taiwan*); BMF v. 6.3.1989, BStBl 1989 I 115 (*Papua Neuguinea*); BMF v. 3.4.1990, BStBl 1990 I 178 (*Zaire*); BMF v. 9.6.1998, BStBl 1998 I 582 (*Seychellen*); BMF v. 15.4.2004, BStBl 2004 I 420; BMF v. 9.11.2005, BStBl 2005 I 959 (*Brunei*); BMF v. 13.2.2006, BStBl 2006 I 216 (*Brasilien*); BMF v. 27.12.2005, BStBl 2006 I 3; BMF v. 11.10.2010, BStBl 2010 I 831 (*Katar*).

§ 50 Sondervorschriften für beschränkt Steuerpflichtige

¹(1) ¹Beschränkt Steuerpflichtige dürfen Betriebsausgaben (§ 4 Absatz 4 bis 8) oder Werbungskosten (§ 9) nur insoweit abziehen, als sie mit inländischen Einkünften in wirtschaftlichem Zusammenhang stehen. ²§ 32a Absatz 1 ist mit der Maßgabe anzuwenden, dass das zu versteuernde Einkommen um den Grundfreibetrag des § 32a Absatz 1 Satz 2 Nummer 1 erhöht wird; dies gilt bei Einkünften nach § 49 Absatz 1 Nummer 4 nur in Höhe des diese Einkünfte abzüglich der nach Satz 4 abzuziehenden Aufwendungen übersteigenden Teils des Grundfreibetrags. ³§ 10 Absatz 1, 1a Nummer 1, 3 und 4, Absatz 2 bis 6, die §§ 10a, 10c, 16 Absatz 4, die §§ 24b, 32, 32a Absatz 6, die §§ 33, 33a, 33b und 35a sind nicht anzuwenden. ⁴Hiervon abweichend sind bei Arbeitnehmern, die Einkünfte aus nichtselbständiger Arbeit im Sinne des § 49 Absatz 1 Nummer 4 beziehen, § 10 Absatz 1 Nummer 2 Buchstabe a, Nummer 3 und Absatz 3 sowie § 10c anzuwenden, soweit die Aufwendungen auf die Zeit entfallen, in der Einkünfte im Sinne des § 49 Absatz 1 Nummer 4 erzielt wurden und die Einkünfte nach § 49 Absatz 1 Nummer 4 nicht übersteigen. ⁵Die Jahres- und Monatsbeträge der Pauschalen nach § 9a Satz 1 Nummer 1 und § 10c ermäßigen sich zeitanteilig, wenn Einkünfte im Sinne des § 49 Absatz 1 Nummer 4 nicht während eines vollen Kalenderjahres oder Kalendermonats zugeflossen sind.

(2)²¹Die Einkommensteuer für Einkünfte, die dem Steuerabzug vom Arbeitslohn oder vom Kapitalertrag oder dem Steuerabzug auf Grund des § 50a unterliegen, gilt bei beschränkt Steuerpflichtigen durch den Steuerabzug als abgegolten. ²Satz 1 gilt nicht

1. für Einkünfte eines inländischen Betriebs;
2. wenn nachträglich festgestellt wird, dass die Voraussetzungen der unbeschränkten Einkommensteuerpflicht im Sinne des § 1 Absatz 2 oder Absatz 3 oder des § 1a nicht vorgelegen haben; § 39 Absatz 7 ist sinngemäß anzuwenden;
3. in Fällen des § 2 Absatz 7 Satz 3;
4. für Einkünfte aus nichtselbständiger Arbeit im Sinne des § 49 Absatz 1 Nummer 4,
   a) wenn als Lohnsteuerabzugsmerkmal ein Freibetrag nach § 39a Absatz 4 gebildet worden ist oder
   b) wenn die Veranlagung zur Einkommensteuer beantragt wird (§ 46 Absatz 2 Nummer 8);
5. für Einkünfte im Sinne des § 50a Absatz 1 Nummer 1, 2 und 4, wenn die Veranlagung zur Einkommensteuer beantragt wird.

³In den Fällen des Satzes 2 Nummer 4 erfolgt die Veranlagung durch das Betriebsstättenfinanzamt, das nach § 39 Absatz 2 Satz 2 oder Satz 4 für die Bildung und die Änderung der Lohnsteuerabzugsmerkmale zuständig ist. ⁴Bei mehreren Betriebsstättenfinanzämtern ist das Betriebsstättenfinanzamt zuständig, in dessen Bezirk der Arbeitnehmer zuletzt beschäftigt war. ⁵Bei Arbeitnehmern mit Steuerklasse VI ist das Betriebsstättenfinanzamt zuständig, in dessen Bezirk der Arbeitnehmer zuletzt unter Anwendung der Steuerklasse I beschäftigt war. ⁶Hat der Arbeitgeber für den Arbeitnehmer keine elektronischen Lohnsteuerabzugsmerkmale

---

1 **Anm. d. Red.:** Zur Anwendung des § 50 Abs. 1 siehe § 52 Abs. 46 Satz 1.
2 **Anm. d. Red.:** Zur Anwendung des § 50 Abs. 2 siehe § 52 Abs. 46 Satz 2.

(§ 39e Absatz 4 Satz 2) abgerufen und wurde keine Bescheinigung für den Lohnsteuerabzug nach § 39 Absatz 3 Satz 1 oder § 39e Absatz 7 Satz 5 ausgestellt, ist das Betriebsstättenfinanzamt zuständig, in dessen Bezirk der Arbeitnehmer zuletzt beschäftigt war. ⁷Satz 2 Nummer 4 Buchstabe b und Nummer 5 gilt nur für Staatsangehörige eines Mitgliedstaats der Europäischen Union oder eines anderen Staates, auf den das Abkommen über den Europäischen Wirtschaftsraum Anwendung findet, die im Hoheitsgebiet eines dieser Staaten ihren Wohnsitz oder gewöhnlichen Aufenthalt haben. ⁸In den Fällen des Satzes 2 Nummer 5 erfolgt die Veranlagung durch das Bundeszentralamt für Steuern.

(3) § 34c Absatz 1 bis 3 ist bei Einkünften aus Land- und Forstwirtschaft, Gewerbebetrieb oder selbständiger Arbeit, für die im Inland ein Betrieb unterhalten wird, entsprechend anzuwenden, soweit darin nicht Einkünfte aus einem ausländischen Staat enthalten sind, mit denen der beschränkt Steuerpflichtige dort in einem der unbeschränkten Steuerpflicht ähnlichen Umfang zu einer Steuer vom Einkommen herangezogen wird.

(4)¹ Die obersten Finanzbehörden der Länder oder die von ihnen beauftragten Finanzbehörden können mit Zustimmung des Bundesministeriums der Finanzen die Einkommensteuer bei beschränkt Steuerpflichtigen ganz oder zum Teil erlassen oder in einem Pauschbetrag festsetzen, wenn dies im besonderen öffentlichen Interesse liegt; ein besonderes öffentliches Interesse besteht

1. an der inländischen Veranstaltung international bedeutsamer kultureller und sportlicher Ereignisse, um deren Ausrichtung ein internationaler Wettbewerb stattfindet, oder
2. am inländischen Auftritt einer ausländischen Kulturvereinigung, wenn ihr Auftritt wesentlich aus öffentlichen Mitteln gefördert wird.

Inhaltsübersicht

	Rz.
A. Allgemeine Erläuterungen	1 - 2
B. Systematische Kommentierung	3 - 68
I. Veranlagung bei beschränkter Steuerpflicht (§ 50 Abs. 1 EStG)	3 - 18
1. Betriebsausgaben-, Werbungskostenabzug; wirtschaftlicher Zusammenhang mit inländischen Einkünften (§ 50 Abs. 1 Satz 1 EStG)	3 - 4
2. Erhöhung um den Grundfreibetrag (§ 50 Abs. 1 Satz 2 EStG)	5
3. Nichtanwendbarkeit bestimmter, auf der persönlichen Leistungsfähigkeitsebene angesiedelter Abzugsposten; Sonderregeln bei beschränkt steuerpflichtigen Arbeitnehmern (§ 50 Abs. 1 Satz 3 und 4 EStG)	6 - 9
4. Zeitanteilige Ermäßigung von Jahres- und Monatsbeträgen der Pauschalen nach § 9a Satz 1 Nr. 1 EStG und § 10c EStG	10 - 18
II. Abgeltender Steuerabzug bei beschränkter Steuerpflicht (§ 50 Abs. 2 EStG)	19 - 40
1. Grundsystematik: keine Veranlagung bei beschränkter Steuerpflicht (§ 50 Abs. 2 Satz 1 EStG)	19 - 22
2. Ausnahmen vom abgeltenden Steuerabzug bei beschränkter Steuerpflicht (§ 50 Abs. 2 Satz 2 EStG)	23 - 40
a) Einkünfte eines inländischen Betriebs	23 - 26
b) Nachträgliche Feststellung des Nichtvorliegens der Voraussetzungen der unbeschränkten Steuerpflicht	27

---

1 **Anm. d. Red.:** Zur Anwendung des § 50 Abs. 4 siehe § 52 Abs. 46 Satz 3.

Allgemeine Erläuterungen 1–2 § 50 EStG

	c) Fälle des § 2 Abs. 7 Satz 3 EStG; Wechsel von unbeschränkter zu beschränkter Steuerpflicht	28
	d) Arbeitnehmerveranlagung	29 - 30
	e) Einkünfte i. S. v. § 50a Abs. 1 Nr. 1, 2 und 4 EStG	31 - 40
III.	Berücksichtigung ausländischer Steuern vom Einkommen (§ 50 Abs. 3 EStG)	41 - 60
	1. Überblick über Tatbestand und Rechtsfolge der Vorschrift	41 - 42
	2. Visualisierung der Problemstruktur des § 50 Abs. 3 EStG	43
	3. Erstreckungsbereich der Begünstigungswirkung	44 - 46
	4. Ausschluss von Steuern des Ansässigkeitsstaats	47 - 49
	5. Besonderheiten bei Existenz eines DBA	50
	6. Verfahren	51 - 60
IV.	Regelungsgehalt des § 50 Abs. 4 EStG	61 - 68
	1. Überblick über Tatbestand und Rechtsfolge der Vorschrift	61
	2. Besonderes öffentliches Interesse	62 - 64
	3. Unionsrechtliche Komponente/Beihilfeproblematik	65 - 67
	4. Verfahren	68

HINWEIS:

H 50 EStH.

LITERATUR:

Holthaus, Ausdehnung des Steuererlasses für Champions-League & Co. durch die Hintertür ohne Rechtsgrundlage, IStR 2013, 468; *Krumm,* Bedeutung des „Korrespondenzprinzips" für die unionsrechtliche Rechtfertigung des § 50 Abs. 1 Satz 3 EStG, IWB 2014, 13; *Heine,* Ausschluss des Sonderausgabenabzugs für beschränkt Steuerpflichtige, IWB 2015, 499; *Micker/Thomas,* Der Einfluss des Unionsrechts auf das nationale Steuerrecht – Rechtsprechungsreport zu jüngeren EuGH-Entscheidungen, IWB 2016, 168.

A. Allgemeine Erläuterungen

Die mit „Sondervorschriften für beschränkt Steuerpflichtige" überschriebene Bestimmung lässt hinsichtlich ihrer Grundaussage der Vorschrift sowohl materielle als auch verfahrensmäßige Besonderheiten des Systems der beschränkten Steuerpflicht erwarten. Demgemäß besteht ihr Regelungszweck zunächst darin, einerseits die bei beschränkter Steuerpflicht relevanten Verfahrenstypen „Veranlagung" und „Abgeltender Steuerabzug" differenziert zu behandeln. Vor diesem Bedeutungshintergrund bestimmt § 50 Abs. 1 EStG, welche andernfalls greifenden Vorschriften der Einkunftsermittlung für beschränkt Steuerpflichtige ausgespart bleiben, falls diese veranlagt werden. § 50 Abs. 2 EStG enthält den Abgeltungscharakter des Steuerabzugsverfahrens, dem beschränkt Steuerpflichtige unterworfen sind. Zudem finden sich hier die – im Wesentlichen auf unionsrechtliche Vorgaben zurückzuführenden – Ausnahmen vom abgeltenden Steuerabzug.

Eine – international durchaus nicht vollumfänglich übliche – Anrechnungsvorschrift ist normativ in § 50 Abs. 3 EStG verortet. Diese Norm betrifft die Anrechnung und den Abzug ausländischer Steuern bei den Gewinneinkünften beschränkt Steuerpflichtiger. Schließlich enthält § 50 Abs. 4 EStG weitreichende Befugnisse der Finanzverwaltung, die Einkommensteuer unter bestimmten Voraussetzungen für beschränkt Steuerpflichtige zu pauschalieren oder zu erlassen.

Insgesamt wird der Vorschrift die Eigenschaft konzediert, den Objektsteuercharakter der beschränkten Steuerpflicht sicherzustellen. Verwirklicht soll dies dadurch sein, dass persönliche

Verhältnisse der Steuerpflichtigen weitgehend unbeachtet bleiben.[1] Ob der Systematik der beschränkten Steuerpflicht aus heutiger Sicht tatsächlich noch ein „Objektsteuercharakter" bzw. „objektsteuerartige" Wesenszüge konzediert werden können, erscheint mehr als fraglich. Dies zeigt sich einerseits im Grundsätzlichen, denn auch bei beschränkter Steuerpflicht beansprucht das Leistungsfähigkeitsprinzip durchaus Geltung. Zum anderen haben Entwicklungen auf unionsrechtlicher Ebene fraglos zu einer Einebnung von Unterschieden zwischen unbeschränkter und beschränkter Steuerpflicht geführt. Exemplarisch zu nennen ist insbesondere die vergleichsweise stark relativierte Abgeltungswirkung der Quellensteuern. Entsprechende Initiativen des Gesetzgebers sind vor dem Hintergrund kritischer Beurteilung sowohl der Verfassungs- als auch der Unionsrechtskonformität des Systems der beschränkten Steuerpflicht zu sehen.

B. Systematische Kommentierung

I. Veranlagung bei beschränkter Steuerpflicht (§ 50 Abs. 1 EStG)

1. Betriebsausgaben-, Werbungskostenabzug; wirtschaftlicher Zusammenhang mit inländischen Einkünften (§ 50 Abs. 1 Satz 1 EStG)

3   Prinzipiell erfolgt die Ermittlung der Einkünfte bei beschränkter Steuerpflicht wie bei unbeschränkter Steuerpflicht. Im Kern gelten daher identische Prinzipien, namentlich das objektive Nettoprinzip. Werbungskosten und Betriebsausgaben sind demzufolge nach Maßgabe des Veranlassungsprinzips (§ 4 Abs. 4 EStG) zum Abzug zuzulassen. Umgekehrt werden – darin manifestiert sich die Grundüberlegung des § 3c Abs. 1 EStG – die nicht mit inländischen Einkünften in wirtschaftlichem Zusammenhang stehenden Werbungskosten und Betriebsausgaben ausgeschieden, d.h. nicht zum Abzug zugelassen. Abzugsfähig ist also auch wirtschaftlich bloß mittelbar verbundener Erwerbsaufwand, so beispielsweise im ausländischen Stammhaus herbeigeführter Aufwand für die Geschäftsführung einer im Inland belegenen und die beschränkte Steuerpflicht des ausländischen Stammhaus konstituierende Betriebsstätte.

4   Vorbehaltlos anzuwenden sind allgemein Abzugsverbote und Abzugsbeschränkungen, so etwa die sich aus § 3c, § 4 Abs. 4a bis 8, § 4h, § 9 Abs. 2 und 5, § 12 EStG, § 160 AO ergebenden Beschränkungen. Allerdings lassen sich auch solche Beschränkungen identifizieren, die – wie etwa § 4g EStG – an die Voraussetzung der unbeschränkten Steuerpflicht gekoppelt sind (§ 4g Abs. 1 Satz 1 EStG). Auch vorweggenommene können ebenso wie nachträgliche Werbungskosten und Betriebsausgaben Berücksichtigung finden.

2. Erhöhung um den Grundfreibetrag (§ 50 Abs. 1 Satz 2 EStG)

5   In seiner Grundstruktur bestimmt die Vorschrift des Satzes 2 des § 50 Abs. 1 EStG, dass sich die Einkommensteuer bei der Veranlagung beschränkt Steuerpflichtiger gem. § 50 Abs. 1 Satz 2 EStG nach § 32a Abs. 1 EStG – mithin nach dem Grundtarif – bemisst. Demzufolge ist der Grundfreibetrag nicht zu berücksichtigen, er muss dem zu versteuernden Einkommen hinzugerechnet werden. Partielle Ausnahmen gelangen zur Anwendung, sofern beschränkt steuerpflichtige Arbeitnehmer betroffen sind.

---

[1] Vgl. *Gosch* in Kirchhof, § 50 EStG Rz. 2.

Die Erhöhung der Steuerbemessungsgrundlage beschränkt steuerpflichtiger natürlicher Personen um den Grundfreibetrag findet seine Begründung letztlich in der Judikatur des EuGH. Denn es kann mittlerweile als geklärt betrachtet werden, dass die persönlichen Lebensverhältnisse von EU- und EWR-Angehörigen im Rahmen der beschränkten Steuerpflicht nur ausnahmsweise berücksichtigt werden müssen. Dies gilt etwa dann, wenn nämlich die Einkünfte ganz überwiegend im Inland erzielt werden und der ausländische Ansässigkeitsstaat deshalb die persönlichen Umstände faktisch nicht berücksichtigen kann.[1] Anders gewendet hat der EuGH in der Rechtssache *Wallentin* – für den EU-Kontext – entschieden, dass es prinzipiell in der Verantwortung des Ansässigkeitsstaats liege, persönliche Verhältnisse, insbesondere Minderungen der Leistungsfähigkeit des Steuerpflichtigen, in der Bemessungsgrundlage im Ansässigkeitsstaat zu berücksichtigen. Lediglich in extrem gelagerten Fällen, etwa bei Ausschluss persönlicher Verhältnisse bei fehlender Auswirkung im Wohnsitzstaat, kann nach der Wallentin-Doktrin des EuGH die Nichtberücksichtigung persönlicher Verhältnisse im EU- bzw. EWR-Wohnsitzstaat eine Berücksichtigung im Quellenstaat erfordern.[2]

3. Nichtanwendbarkeit bestimmter, auf der persönlichen Leistungsfähigkeitsebene angesiedelter Abzugsposten; Sonderregeln bei beschränkt steuerpflichtigen Arbeitnehmern (§ 50 Abs. 1 Satz 3 und 4 EStG)

Bestimmte, auf der persönlichen Leistungsfähigkeitsebene des beschränkt Steuerpflichtigen anzusiedelnde Abzugsposten werden bei der Ermittlung der einkommensteuerlichen Bemessungsgrundlage des beschränkt Steuerpflichtigen nicht zum Abzug zugelassen. Im Umkehrschluss lässt sich festhalten, dass bei der veranlagenden Besteuerung beschränkt Steuerpflichtiger Befreiungen, Ermäßigungen oder Freibeträge nur insoweit unanwendbar sind, als sie ausdrücklich ausgeschlossen sind. Das Gesetz nennt insoweit im Wesentlichen Sonderausgaben, außergewöhnliche Belastungen und sonstige Steuervergünstigungen. Diese betreffen regelmäßig die persönlichen Verhältnisse des beschränkt Steuerpflichtigen. Sie sind mithin auf der subjektiven – persönlichen – Leistungsfähigkeitsebene des beschränkt Steuerpflichtigen angesiedelt. Dabei lässt sich der Gesetzgeber wiederum von der Überlegung leiten, dass es in erster Linie Sache des Wohnsitzstaats, nicht aber des Quellenstaats ist, derartige Verhältnisse beschränkt steuerpflichtiger natürlicher Personen bei der Ermittlung einkommensteuerlicher Bemessungsgrundlagen zu berücksichtigen. Diese Grundwertung ist international – allgemein – und insbesondere aus unionsrechtlicher Perspektive anerkannt. Gleichwohl sind in Einzelfällen Bedenken anzumelden. Diese betreffen namentlich solche Fälle, in denen nicht der enge Bereich personen- und familienbezogener Steuermerkmale betroffen ist, sondern vielmehr eine erwerbsbezogene Beziehung im Vordergrund steht.

Grundsätzlich keine Berücksichtigung bei der Veranlagung beschränkt Steuerpflichtiger können Sonderausgaben finden, § 50 Abs. 1 Satz 3 EStG. Dies ergibt sich aufgrund der eindeutigen Anordnung in § 50 Abs. 1 Satz 3 EStG, wonach Sonderausgaben gem. §§ 10, 10a, 10c EStG prinzipiell nicht berücksichtigt werden. Allerdings trifft § 50 Abs. 1 Satz 4 EStG davon eine Ausnahme für beschränkt steuerpflichtige Arbeitnehmer mit Einkünften gem. § 49 Abs. 1 Nr. 4 EStG. Dieser Gruppe von Steuerpflichtigen wird – abweichend von anderen Steuerpflichtigen – neben dem Sonderausgabenpauschbetrag des § 10c EStG durch Verweis auf die einschlägigen

---

[1] EuGH v. 14. 2. 1995 - C-279/93, *Schumacker*, NWB DokID: BAAAA-96908; EuGH v. 14. 9. 1999 - C-391/97, *Gschwind*, NWB DokID: VAAAA-96709; EuGH v. 1. 7. 2004 - C-169/03, *Wallentin*, NWB DokID: YAAAB-79400.

[2] EuGH v. 1. 7. 2004 - C-169/03, *Wallentin*, NWB DokID: YAAAB-79400.

Normen die Abzugsmöglichkeit nach § 10 Abs. 1 Nr. 2 Buchst. a Nr. 3 sowie Abs. 3 EStG die Möglichkeit eröffnet, die einschlägigen Positionen zum Abzug zu bringen. Voraussetzung ist indessen, dass die Aufwendungen auf die Zeit entfallen, in der Einkünfte i. S. d. § 49 Abs. 1 Nr. 4 EStG erzielt wurden. Weitere Voraussetzung ist, dass die Abzugsposten die Einkünfte nach § 49 Abs. 1 Nr. 4 EStG nicht übersteigen. Die steuerliche Generierung eines durch die genannten Positionen verursachten abzugsbedingten Verlustes soll ausgeschlossen werden.

8 Auch außergewöhnliche Belastungen sind im Kern bei beschränkter Steuerpflicht nicht zum Abzug zugelassen. Dies ergibt sich ebenfalls aus § 50 Abs. 1 Satz 3 EStG. Dort werden auch die Vorschriften der §§ 33, 33a, 33b und 35a EStG als nicht anwendbar erklärt. Damit sind die Regelungen „Außergewöhnlichen Belastungen" (§ 33 EStG), die „Außergewöhnlichen Belastungen in besonderen Fällen" (§ 33a EStG), die „Pauschbeträge für behinderte Menschen, Hinterbliebene und Pflegepersonen" (§ 33b EStG) und die „Steuerermäßigung bei Aufwendungen für haushaltsnahe Beschäftigungsverhältnisse, haushaltsnahe Dienstleistungen und Handwerkerleistungen" (§ 35a EStG) bei der Veranlagung beschränkt steuerpflichtiger natürlicher Personen nicht anwendbar.

9 Der Verlustausgleich und Verlustabzug folgt im Rahmen der Veranlagung beschränkt steuerpflichtiger natürlicher Personen den allgemeinen Regeln. Unter der Voraussetzung, dass die Einkommensteuer nicht gem. § 50 Abs. 2 Satz 1 EStG als abgegolten gilt, sind demzufolge Verluste prinzipiell abziehbar, § 50 Abs. 1 Satz 1 EStG. Einschränkungen des Verlustausgleichs und -abzugs allgemeiner Natur, zu denken ist beispielsweise an § 15 Abs. 4, § 15a oder § 17 Abs. 2 Satz 6 EStG, finden auch für beschränkt Steuerpflichtige Anwendung.

4. Zeitanteilige Ermäßigung von Jahres- und Monatsbeträgen der Pauschalen nach § 9a Satz 1 Nr. 1 EStG und § 10c EStG

10 Nach § 9a Abs. 1 Nr. 1, § 10a Abs. 1 und § 10a Abs. 2, 3 EStG stehen bestimmte Pauschbeträge beschränkt steuerpflichtigen Arbeitnehmern nur für den Zeitraum zu, in dem sie Einkünfte gem. § 49 Abs. 1 Nr. 4 EStG bezogen haben. Die nach § 50 Abs. 1 EStG angeordnete Kürzung ist tagesgenau vorzunehmen. Dies ergibt sich aus der Formulierung des Satzes 5.

11–18 *(Einstweilen frei)*

II. Abgeltender Steuerabzug bei beschränkter Steuerpflicht (§ 50 Abs. 2 EStG)

1. Grundsystematik: keine Veranlagung bei beschränkter Steuerpflicht (§ 50 Abs. 2 Satz 1 EStG)

19 Für bestimmte, dem Steuerabzug unterliegende Einkünftetypen statuiert § 50 Abs. 2 Satz 1 EStG prinzipiell eine Abgeltungswirkung im Kontext der Einkommensbesteuerung beschränkt Steuerpflichtiger. Es handelt sich um Arbeitslohn (§§ 38 ff. EStG), Kapitalertrag (§§ 43 ff. EStG) sowie um den besonderen abgeltenden Steuerabzug im Rahmen der beschränkten Steuerpflicht. Dieser hat in § 50a EStG eine detaillierte Regelung gefunden und umfasst verschiedene „Typen" – nicht: Arten – von Einkünften. Kennzeichnend für diese letzte Gruppe von Einkünften ist nämlich, dass für sie der abgeltende Steuerabzug gesetzlich angeordnet ist. Dies erfolgt typischerweise unabhängig von der Einkunftsart, in der sie anfallen.

Die Abgeltungswirkung ist unabhängig davon, ob der Steuerabzug tatsächlich vorgenommen worden ist.[1] Gleichermaßen ist er auch nicht davon abhängig, ob das Finanzamt gegen den Vergütungsschuldner einen Haftungsbescheid (§ 191 AO) oder Nachforderungsbescheid (§ 167 AO) erlässt. Diese beiden Wege der Inanspruchnahme werden lediglich als eine „verlängerte" Form des Steuerabzugs interpretiert, nicht jedoch als eigenständige Steuerveranlagung.[2]

Der abgeltende Steuerabzug bei beschränkter Steuerpflicht dient primär der Verfahrensvereinfachung. Da er „holzschnittartig" konstruiert ist, sind im Einzelfall „Gerechtigkeitsunwuchten" in Kauf zu nehmen. Diese ergeben sich daraus, dass der Steuerabzug auf Bruttobasis erfolgt, vgl. insoweit den Wortlaut des § 50a Abs. 2 EStG. Diese Norm spricht von „Einnahmen" und meint damit die „Bruttoeinnahmen". Prinzipiell ist kein Abzug korrespondierender Betriebsausgaben oder Werbungskosten statthaft.[3] Ebenso verhindert die Regelung den Abzug von Sonderausgaben und außergewöhnlichen Belastungen sowie den Verlustabzug gem. § 10d EStG; auch ist keine Steueranrechnung möglich.

Die Gerechtigkeitsdefizite hat der Gesetzgeber versucht, einerseits durch die Veranlagungsoption (§ 50 Abs. 2 Satz 2 Nr. 4 und 5, Satz 7 EStG), andererseits durch die „Mitteilungsoption" (§ 50a Abs. 3 EStG) von Betriebsausgaben bzw. Werbungskosten aufzufangen. Beide Optionen knüpfen die Privilegierung daran, dass sie von einem EU-/EWR-Steuerpflichtigen geltend gemacht werden. In einer konkreten Vorteilhaftigkeitsanalyse in der Besteuerungspraxis werden neben dem Grundfall – Inkaufnahme des abgeltenden Steuerabzugs – stets beide Optionen, sowohl die Veranlagungsoption als auch die Mitteilungsoption zu prüfen sein.

Die Ausnahmetatbestände vom abgeltenden Steuerabzug sollen primär den einschlägigen unionsrechtlichen Anforderungen Rechnung tragen.[4] Der EuGH hatte entschieden, dass unionsrechtliche Grundfreiheiten nationalen Bestimmungen entgegenstehen, nach der in der Regel bei Gebietsfremden die Bruttoeinkünfte, ohne Abzug der Betriebsausgaben, besteuert werden, während bei Gebietsansässigen die Nettoeinkünfte, nach Abzug der Betriebsausgaben, besteuert werden. Dies war typischerweise beim abgeltenden Steuerabzug beschränkt Steuerpflichtiger zu besorgen. Aus unionsrechtlichen Gründen musste zusätzlich eine Privilegierung beschränkt steuerpflichtiger EU-/EWR-Staatsangehöriger eingeführt werden.

Im konkreten Besteuerungsfall tragen diese Privilegierungsregelungen nicht zur Steuervereinfachung bei. Im Gegenteil, eine Komplizierung des Steuerrechts ist – wie in zahlreichen anderen Fällen – die unmittelbare Konsequenz von Rechtssprüchen des EuGH zugunsten der Steuerpflichtigen. Es sind nämlich durchaus Situationen vorstellbar, in denen der Grundfall gegenüber den Optionen vorteilhaft ist.

BEISPIEL: ▶ Der im Inland nichtansässige Popsänger B gibt im Inland ein Konzert. Hierfür ist mit dem inländischen Konzertveranstalter ein Honorar von 100 000 € vereinbart. Für das Konzert sind Betriebsausgaben i. H.v. 70 000 € angefallen.

▶ B ist Staatsangehöriger eines Nicht-EU-/EWR-Staats und in einem Nicht-EU-/EWR-Staat ansässig (Nicht-DBA).

▶ B ist Staatsangehöriger eines Nicht-EU-/EWR-Staats und in einem Nicht-EU-/EWR-Staat ansässig (DBA).

---

1 BFH v. 26. 4. 1978 - I R 97/76 BStBl 1978 II 628.
2 BFH v. 18. 5. 1994 - I R 21/93 BStBl 1994 II 697.
3 Vgl. zu den Ausnahmen die Erläuterungen zu § 50 Abs. 3 EStG.
4 Grundlegend hierzu: EuGH v. 12. 6. 2003 - C 234/01, *Gerritse*, BStBl 2003 II 859.

▶ B ist Staatsangehöriger eines EU-/EWR-Staats und in einem EU-/EWR-Staat ansässig. B hat dem inländischen Konzertveranstalter seine Betriebsausgaben mitgeteilt.

Für die Darbietungseinkünfte des B ordnet § 50 Abs. 2 Satz 1 i.V. m § 50a Abs. 1 Nr. 1 EStG im Grundsatz einen abgeltenden Steuerabzug an. Dieser erfolgt auf Bruttobasis, die Bruttobesteuerung der Einnahmen nach § 50a Abs. 2 Satz 1 EStG mit 15 % pauschal führt zu einer Steuerlast von 15 000 € zuzüglich Solidaritätszuschlag. Gewerbesteuerpflicht besteht vorliegend nicht, da im Inland keine Betriebsstätte unterhalten wird.

Für die Variante, dass B Staatsangehöriger eines Nicht-EU-/EWR-Staats und in einem Nicht-EU-/EWR-Staat ansässig (Nicht-DBA) ist, kommt dem Umstand, dass B dem inländischen Konzertveranstalter seine Betriebsausgaben mitgeteilt hat, keine Bedeutung zu (§ 50a Abs. 3 EStG). B hat keine Möglichkeit, die Veranlagung zu beantragen, da die EU-/EWR-Voraussetzungen des § 50 Abs. 2 Satz 7 EStG nicht erfüllt sind.

In der Abwandlung, in der B Staatsangehöriger eines Nicht-EU-/EWR-Staats und in einem Nicht-EU-/EWR-Staat, aber DBA-Staat ansässig ist, ist die Vorschrift des Art. 17 Abs. 1 OECD-MA zu beachten. Nach Art. 17 Abs. 1 OECD-MA können die Einkünfte des Künstlers aus ihrer im anderen Vertragsstaat persönlich ausgeübten Tätigkeit im anderen Staat besteuert werden. Es ergibt sich aber ansonsten keine Änderung gegenüber dem Nicht-DBA-Fall.

Steuerlich privilegiert behandelt wird B indessen als Staatsangehöriger eines EU-/EWR-Staats, wenn er in einem EU-/EWR-Staat ansässig ist. Der inländische Vergütungsschuldner kann nämlich nach § 50 Abs. 3 EStG von den Einnahmen mit ihnen in unmittelbarem wirtschaftlichen Zusammenhang stehende Betriebsausgaben oder Werbungskosten abziehen, die ihm ein beschränkt Steuerpflichtiger in einer für das Finanzamt nachprüfbaren Form nachgewiesen hat oder die vom Schuldner der Vergütung übernommen worden sind. Das gilt indessen nur, wenn der beschränkt Steuerpflichtige Staatsangehöriger eines Mitgliedstaats der EU oder eines anderen Staats ist, auf den das Abkommen über den Europäischen Wirtschaftsraum Anwendung findet, und im Hoheitsgebiet eines dieser Staaten seinen Wohnsitz oder gewöhnlichen Aufenthalt hat.

Da B diese Voraussetzungen erfüllt, kann vorliegend die Besteuerung durch den inländischen Vergütungsschuldner auf Nettobasis erfolgen. Der Steuersatz beträgt nach § 50a Abs. 3 Satz 4 EStG 30 %, ist also pauschaliert erhöht. Die Berechnung basiert dann auf 30 000 € × 30 % = 9 000 €.

Da B auch die Voraussetzungen des § 50 Abs. 2 Satz 7 EStG erfüllt, kann er die Veranlagung zur Einkommensteuer beantragen. In diesem Fall ist § 32a Abs. 1 EStG mit der Maßgabe anzuwenden, dass das zu versteuernde Einkommen um den Grundfreibetrag erhöht wird. Die Berechnung erfordert daher zunächst die Ermittlung der Bemessungsgrundlage, mithin 30 000 € + 8 354 € (Grundfreibetrag) = 38 354 €. Die Anwendung des Tarifs nach § 32a Abs. 1 EStG auf diese Bemessungsgrundlage führt zu einer Einkommensteuer i. H. v. 8 352 €. Zusätzlich ist darauf noch Solidaritätszuschlag zu entrichten.

Der Fall zeigt, dass die Vorteilhaftigkeitsanalyse bei EU-/EWR-beschränkt Steuerpflichtigen eine überaus differenzierte Belastungsrechnung erforderlich macht.

2. Ausnahmen vom abgeltenden Steuerabzug bei beschränkter Steuerpflicht (§ 50 Abs. 2 Satz 2 EStG)

a) Einkünfte eines inländischen Betriebs

23 Eine erste Ausnahme von der Abgeltungswirkung besteht in Fällen, in denen die Einkünfte Betriebseinnahmen eines inländischen Betriebs sind. Derartige inländische Betriebsgewinne werden zusammen mit den übrigen Einkünften veranlagt. Sie unterliegen keinem Steuerabzug, was zur Folge hat, dass Betriebsausgaben anzusetzen sind. Gegebenenfalls bereits einbehaltene Steuerabzüge, etwa gem. § 43 Abs. 4, § 50a EStG, sind auf die Einkommensteuer anzurechnen. Im Bereich der Körperschaftsteuer gilt der Ausschluss der Körperschaftsteuer-Anrechnung nicht.

Der Begriff des inländischen Betriebs umfasst sowohl land- und forstwirtschaftliche Betriebe 24
als auch Betriebsstätten eines gewerblich tätigen beschränkt Steuerpflichtigen. Auch vermag
die feste Geschäftseinrichtung eines beschränkt steuerpflichtigen Beziehers von Einkünften
aus § 49 Abs. 1 Nr. 3 i.V. m § 18 EStG, also eines selbständig Tätigen, einen inländischen Betrieb
zu konstituieren. Schließlich kann auch ein ständiger Vertreter einen „inländischen Betrieb" im
Sinne der Vorschrift verkörpern.[1]

Die Zurechnung der betroffenen Einkunftsquellen erfolgt seit der Umsetzung des OECD-AOA[2] 25
primär nach dem Kriterienkatalog der „maßgeblichen Personalfunktion", vgl. § 1 Abs. 2 BsGaV.
Die – teilweise – entgegenstehenden Zurechnungsvorschriften der Betriebsstätten-Verwaltungsgrundsätze (z. B. Zentralfunktionsthese) haben insoweit ihre Gültigkeit verloren.

Für Fälle der Betriebsstättengewinnermittlung nach Maßgabe des § 4 Abs. 3 EStG entfällt die 26
Abgeltungswirkung des § 50 Abs. 5 Satz 1 EStG nur dann, wenn die Betriebsstätte im Veranlagungszeitraum des Zuflusses der in Rede stehenden Einnahmen unterhalten wird. Ein sich
über die Veranlagungszeiträume übergreifender Ausschluss der Abgeltungswirkung ist nur
nach Maßgabe der Gewinnermittlung nach § 4 Abs. 1 EStG denkbar.[3]

b) Nachträgliche Feststellung des Nichtvorliegens der Voraussetzungen der unbeschränkten Steuerpflicht

Weitere Ausnahmen von der Abgeltungswirkung bestehen in den in § 50 Abs. 2 Satz 2 Nr. 2 27
EStG aufgeführten Fällen; dies betrifft im Wesentlichen die fehlende Voraussetzung der unbeschränkten Steuerpflicht. Für die Körperschaftsteuer findet sich die entsprechende Regelung in
§ 32 Abs. 2 KStG. Es sind im praktischen Besteuerungsverfahren Konstellationen denkbar und
nicht völlig unwahrscheinlich, in denen dem Steuerabzug die Annahme zugrunde lag, der
Steuerpflichtige sei gem. § 1 Abs. 2 oder 3 oder § 1a EStG unbeschränkt steuerpflichtig. Stellt
sich jedoch nach Ablauf des betreffenden Lohnzahlungszeitraums heraus, dass diese Annahme
unzutreffend war, ist ebenfalls zu veranlagen. Der Zweck dieser Regel ist evident, er liegt darin,
die Nacherhebung von Einkommensteuer zu erleichtern. Die Abgeltungswirkung gilt dann als
aufgehoben. Persönlich betroffen sind primär Arbeitnehmer, bei deren Lohnsteuerabzug die
Splittingtabelle statt der Grundtabelle angewandt wurde. Wegen der Steuernachforderung im
Einzelnen ist gem. § 50 Abs. 5 Satz 2 Nr. 2 2. Halbsatz EStG „sinngemäß" § 39 Abs. 7 EStG anzuwenden.

c) Fälle des § 2 Abs. 7 Satz 3 EStG; Wechsel von unbeschränkter zu beschränkter Steuerpflicht

Ausnahmen von der Abgeltungswirkung bestehen daneben beim Wechsel von unbeschränkter 28
zu beschränkter Steuerpflicht und umgekehrt. Insoweit findet nach § 2 Abs. 7 Satz 3 EStG lediglich eine einheitliche Veranlagung zur unbeschränkten Steuerpflicht statt. Prinzipiell gibt es
nur einen Veranlagungszeitraum, und es ist nur ein einheitlicher Tarif anzuwenden. Die im
Zeitraum der beschränkten Steuerpflicht erzielten inländischen Einkünfte müssen ausnahms-

---

1 BFH v. 23.10.1991 - I R 86/89, BStBl 1992 II 185.
2 § 1 Abs. 5 AStG i. d. F. des AmtshilfeRLUmsG v. 26.6.2013, BGBl 2013 I 1809, nebst Verabschiedung der „Betriebsstättengewinnaufteilungsverordnung" (BsGaV) v. 13.10.2014, BGBl 2014 I 1603.
3 Vgl. zutreffend FG Köln v. 26.3.2003 - 7 K 733/99, EFG 2003, 1013.

los einbezogen werden. Dies betrifft folglich auch die einem Steuerabzugsverfahren unterliegenden Einkünfte. Die Abgeltungswirkung des § 50 Abs. 2 Satz 1 EStG greift nicht ein.

d) Arbeitnehmerveranlagung

29 Schließlich bestehen Ausnahmen von der Abgeltungswirkung für Arbeitnehmer, bei denen als Lohnsteuer-Abzugsmerkmal ein Freibetrag nach § 39a Abs. 4 EStG gebildet worden ist. Ferner bestehen Ausnahmen von der Abgeltungswirkung für Arbeitnehmer, also bei Einkünften gem. § 49 Abs. 1 Nr. 4 EStG, namentlich für die Fälle der Wahlveranlagung gem. § 50 Abs. 2 Satz 2 Nr. 4 Buchst. b EStG.

Die Ausnahme des § 50 Abs. 2 Satz 2 Nr. 4 Buchst. b EStG von der Abgeltungswirkung sieht unter Bezugnahme auf § 39a Abs. 4 EStG vor, dass die Abgeltungswirkung nicht greift, wenn bei einem beschränkt steuerpflichtigen Arbeitnehmer Werbungskosten, Sonderausgaben, der Freibetrag oder der Hinzurechnungsbetrag nach § 39a Abs. 1 Nr. 7 EStG im dort bezeichneten Umfang als Lohnsteuer-Abzugsmerkmal ein entsprechender Freibetrag nach § 39a Abs. 4 EStG gebildet worden sind. Damit ist ein Gleichlauf mit Regelungen bei unbeschränkter Steuerpflicht hergestellt. Hier ist in entsprechenden Fällen eine Pflichtveranlagung vorgesehen. In den Genuss der Ausnahme i. S. d. § 50 Abs. 2 Satz 2 Nr. 4 Buchst. a EStG kommen **alle beschränkt steuerpflichtigen Arbeitnehmer, eine Beschränkung** der Antragsveranlagung nach § 50 Abs. 2 Satz 2 Nr. 4 Buchst. b EStG auf der EU-/EWR-Staatsangehörige mit entsprechender Ansässigkeit ist nicht vorgesehen. Die behördliche Zuständigkeitsregelung findet sich in § 50 Abs. 2 Satz 3 bis 6 EStG.

30 Gemäß § 50 Abs. 2 Satz 2 Nr. 4 Buchst. b EStG können beschränkt steuerpflichtige Arbeitnehmer mit EU- oder EWR-Staatsangehörigkeit unter bestimmten Voraussetzungen eine Veranlagung beantragen. Nach dem Wortlaut des Gesetzes ist Bedingung, dass sie in der EU oder dem EWR ihren Wohnsitz oder gewöhnlichen Aufenthalt haben. Selbstverständlich ist davon der Fall umschlossen, dass sie sowohl ihren Wohnsitz als auch ihren gewöhnlichen Aufenthalt in der EU oder dem EWR haben. Das „oder" ist mithin als „und/oder" zu lesen. Konsequenz ist der Ausschluss der Abgeltungswirkung für Einkünfte aus nichtselbständiger Arbeit. Der Hintergrund der Regelung findet sich in der Rechtsprechung des EuGH. Nach der Schumacker-Entscheidung[1] muss eine Veranlagung für solche EU-Staatsangehörige und in der EU ansässige Arbeitnehmer möglich sein, die keine Veranlagung nach § 1 Abs. 3 EStG bzw. Zusammenveranlagung nach § 1a EStG beantragen können. Diesem Anliegen trägt die Vorschrift Rechnung.

e) Einkünfte i. S. v. § 50a Abs. 1 Nr. 1, 2 und 4 EStG

31 Schließlich sieht § 50 Abs. 2 Satz 2 Nr. 5 EStG ein Veranlagungswahlrecht für beschränkt Steuerpflichtige vor, die mit ihren Einkünften gem. § 50a Abs. 1 Nr. 1, 2 und 4 EStG dem Steuerabzug unterliegen. Von der gesetzlichen Regelung nicht erfasst ist § 50a Abs. 1 Nr. 3 EStG. Allerdings hat der BFH mit seinen Urteilen v. 27. 7. 2011[2] und v. 25. 4. 2012[3] zur Frage der Berücksichtigung von Betriebsausgaben und Werbungskosten beim Steuerabzug im Rahmen der beschränkten Steuerpflicht Stellung genommen. Nach diesen Entscheidungen ist aus Gründen des Unionsrechts eine entsprechende Vorschrift in normerhaltender Weise zu reduzieren, so-

---

1 EuGH v. 14. 2. 1995 - C-279/93, *Schumacker*, NWB DokID: BAAAA-96908.
2 BFH v. 27. 7. 2011 - I R 32/10, BStBl 2014 II 513.
3 BFH v. 25. 4. 2012 - I R 76/10, BFH/NV 2012, 1444 = NWB DokID: FAAAE-14028.

weit sie ohne Einschränkung ausschließt, dass ein beschränkt Steuerpflichtiger Ausgaben, welche unmittelbar mit der betreffenden wirtschaftlichen Tätigkeit zusammenhängen, aus der die zu versteuernden Einkünfte erzielt worden sind, bereits im Rahmen des Abzugsverfahrens nach § 50a EStG berücksichtigen kann.

Die Finanzverwaltung ist den Überlegungen des BFH mit BMF-Schreiben v. 17.6.2014[1] im Grundsatz gefolgt. Zwar betont das BMF, dass die angesprochenen Urteile des BFH ausschließlich Altfälle betrafen. Indessen sind die Grundsätze dieser Urteile auch auf Fälle des Steuerabzugs gem. § 50a Abs. 1 Nr. 3 EStG in der jetzigen Fassung zu übertragen. § 50a Abs. 3 Satz 1 EStG ist i. S. einer unionsrechtskonformen Auslegung über den Wortlaut der Vorschrift hinaus auch auf Sachverhalte der Rechteüberlassung (Fälle des § 50a Abs. 1 Nr. 3 EStG) anzuwenden.

Nach dem Wortlaut des § 50 Abs. 2 Satz 7 EStG ist Bedingung, dass der beschränkt Steuerpflichtige in der EU oder dem EWR seinen Wohnsitz oder gewöhnlichen Aufenthalt hat. Selbstverständlich ist davon der Fall umschlossen, dass er sowohl seinen Wohnsitz als auch seinen gewöhnlichen Aufenthalt in der EU oder dem EWR haben kann. Das „oder" ist mithin als „und/oder" zu lesen. 32

Die behördliche Zuständigkeit ergibt sich für derartige Fälle aus § 50 Abs. 2 Satz 8 EStG. Dort ist geregelt, dass die Veranlagung in den Fällen des § 50 Abs. 2 Satz 2 Nr. 5 durch das Bundeszentralamt für Steuern erfolgt. 33

(Einstweilen frei) 34–40

III. Berücksichtigung ausländischer Steuern vom Einkommen (§ 50 Abs. 3 EStG)

1. Überblick über Tatbestand und Rechtsfolge der Vorschrift

Nach § 50 Abs. 3 EStG ist § 34c Abs. 1 bis 3 EStG bei Einkünften aus Land- und Forstwirtschaft, Gewerbebetrieb oder selbständiger Arbeit, für die im Inland ein Betrieb unterhalten wird, entsprechend anzuwenden. Voraussetzung ist indessen, dass darin nicht Einkünfte aus einem ausländischen Staat enthalten sind, mit denen der beschränkt Steuerpflichtige dort in einem der unbeschränkten Steuerpflicht ähnlichen Umfang zu einer Steuer vom Einkommen herangezogen wird. Aus diesem Gesetzesbefehl erschließt sich unmittelbar der Zweck der Vorschrift. Dieser besteht darin, bei einem beschränkt Steuerpflichtigen die gezahlte Einkommensteuer bzw. Körperschaftsteuer auf ausländische Einkünfte aus Drittstaaten auf die deutsche Steuer anzurechnen. Die Anrechnung erfolgt dabei nach dem aus § 34c EStG vertrauten Muster. Die Beschränkung auf Einkünfte aus Drittstaaten erklärt sich vor dem Hintergrund, dass es nach Ansicht des Gesetzgebers im Kompetenzbereich des Ansässigkeitsstaates liegt, Doppel- oder Mehrfachbelastungen zu vermeiden.[2] 41

> **BEISPIEL:** Eine natürliche Person (Einzelunternehmer) mit Wohnsitz und gewöhnlichem Aufenthalt im Ausland unterhält eine im Inland belegene Betriebsstätte. Dieser Betriebsstätte ist nach den Zuordnungskriterien der BsGaV eine Lizenz zuzuordnen, die an einen in einem Drittstaat ansässigen Lizenznehmer gewährt wird. Die Lizenzgebühren sind mit Quellensteuer des Drittstaats belastet. Die Vorschrift des § 50 Abs. 3 EStG ermöglicht die Anrechnung der Drittstaaten-Lizenzquellensteuer auf die deutsche Einkommensteuerschuld der im Inland aufgrund ihrer gewerblichen Betriebsstätte beschränkt steuerpflichtigen natürlichen Person.

---

1 BMF v. 17.6.2014, BStBl 2014 I 887.
2 Vgl. BT-Drucks. 8/3648, 22; *Wied* in Blümich, § 50 EStG Rz. 115.

Ohne eine Vorschrift i. S. d. § 50 Abs. 3 EStG bestünde keine Möglichkeit, die doppelte Besteuerung im Rahmen des Zusammentreffens zweier Systeme beschränkter Steuerpflicht zu vermeiden.

42 Über § 26 Abs. 6 KStG kommt der Bestimmung auch Bedeutung für die Körperschaftsteuer zu.

2. Visualisierung der Problemstruktur des § 50 Abs. 3 EStG

43 Die typische Fallkonstellation, die § 50 Abs. 3 EStG vor Augen hat, lässt sich wie folgt visualisieren:

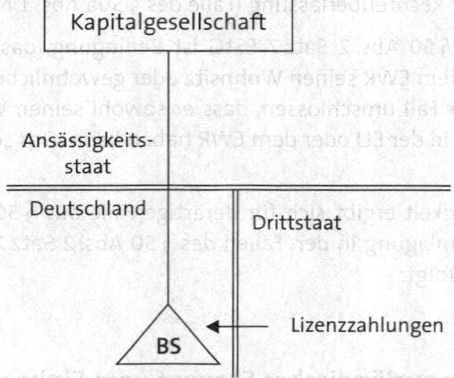

Ein Stammhaus (hier die Kapitalgesellschaft) unterliegt in ihrem Ansässigkeitsstaat der unbeschränkten Steuerpflicht. Dieses Stammhaus unterhält eine im Inland belegene Betriebsstätte. Damit ist es mit den von dieser Betriebsstätte erwirtschafteten Einkünften im Inland beschränkt einkommen- oder körperschaftsteuerpflichtig. Der Betriebsstätte sollen beispielsweise Patente steuerlich zuzurechnen sein, die aufgrund einer Lizenzierung im Drittstaat dort zu Lizenzeinnahmen führen. Besteuert dieser Drittstaat üblichen Prinzipien folgend – etwa im Wege des Quellensteuerabzugs – die Lizenzzahlungen an der Quelle, so ergibt sich aufgrund doppelter beschränkter Steuerpflicht eine Doppelbesteuerung. Diese zu lindern ist Regelungsdiktion des § 50 Abs. 3 EStG.

3. Erstreckungsbereich der Begünstigungswirkung

44 Die Vorschrift limitiert den Umfang der Begünstigung auf die Gewinneinkunftsarten, da lediglich bei inländischen Einkünften aus Land- und Forstwirtschaft, Gewerbebetrieb oder selbständiger Arbeit, für die im Inland ein Betrieb unterhalten wird, eine entsprechende Anwendung der Bestimmung des § 34c Abs. 1 bis 3 EStG in Betracht kommt. Das Unterhalten eines Betriebs im Inland stimmt regelmäßig mit der Existenz einer im Inland belegenen Betriebsstätte überein. Insoweit ist auf den Betriebsstättenbegriff nach § 12 AO abzustellen. Die Bestellung eines ständigen Vertreters steht der Existenz einer im Inland belegenen Betriebsstätte gleich.[1] Um die Anrechnungsbegünstigung im Rahmen von Einkünften aus selbständiger Arbeit zu erhalten, muss zur Ausübung der Tätigkeit im Inland eine inländische feste Geschäftseinrichtung vorhanden sein.

---

1 Gl. A. HHR/*Herkenroth/Striegel*, § 50 EStG Anm. 451; *Wied* in Blümich, § 50 EStG Rz. 117.

Auch sog. „durchgerechnete" Betriebsstätten, also Betriebsstätten, die Personengesellschaften ihren Mitunternehmern/Gesellschaftern anteilig vermitteln, sind von der Begünstigungsregelung erfasst, wenn in der Person des Mitunternehmers/Gesellschafters die Tatbestandsvoraussetzungen der Norm im Übrigen erfüllt sind. 45

> **BEISPIEL:** Eine natürliche Person mit Wohnsitz und gewöhnlichem Aufenthalt im Ausland ist an einer nach inländischem Gesellschaftsrecht gegründeten KG beteiligt. Die KG ist gewerblich tätig und unterhält im Inland eine Betriebsstätte. Die natürliche Person verwirklicht mit der ihr anteilig zugerechneten Betriebsstätte den Tatbestand des § 49 Abs. 1 Nr. 2 Buchst. a EStG. Sie erzielt somit gewerbliche Einkünfte aus dem Gesamthandsvermögen.
>
> Die KG bezieht eine Lizenz, die ein in einem Drittstaat ansässiger Lizenznehmer an die KG zahlt und die mit Quellensteuer des Drittstaats belastet ist. Für derartige Fallkonstellationen gewährt § 50 Abs. 3 EStG die Möglichkeit der Anrechnung der Drittstaaten-Lizenzquellensteuer auf die deutsche Einkommensteuerschuld der im Inland beschränkt steuerpflichtigen natürlichen Person.

Ebenso erstreckt sich die Vorschrift auf solche Betriebsstätten, die erst durch die Existenz grenzüberschreitender Sonderbetriebsvermögen begründet werden. 46

> **BEISPIEL:** Eine natürliche Person mit Wohnsitz und gewöhnlichem Aufenthalt im Ausland unterliegt aufgrund ihrer Beteiligung an einer nach inländischem Gesellschaftsrecht gegründeten KG im Inland der beschränkten Steuerpflicht. Die natürliche Person hat der KG eine Lizenz gewährt, die im Sonderbetriebsvermögen der KG bilanziell erfasst ist. Die Lizenz wird an einen Unterlizenznehmer in einem Drittstaat unterlizenziert. Die Unterlizenzgebühren sind mit einer Lizenzquellensteuer des Drittstaats belastet. Obwohl sich sowohl die Lizenzgewährung als auch die Weiterlizenzierung als Unterlizenz im (inländischen) Sonderbetriebsvermögen der im Ausland steuerlich ansässigen natürlichen Person ereignen, gewährt § 50 Abs. 3 EStG die Anrechnung der vom Drittstaat erhobenen Lizenzquellensteuer.

4. Ausschluss von Steuern des Ansässigkeitsstaats

Die Berücksichtigung ausländischer Steuern vom Einkommen ist insoweit ausgeschlossen, als diese von dem Staat erhoben werden, in dem der im Inland beschränkt Steuerpflichtige (also in seinem Ansässigkeitsstaat) in einem der unbeschränkten Steuerpflicht ähnlichen Umfang zu einer Steuer vom Einkommen herangezogen wird. Eine solche Steuerpflicht wird sich regelmäßig anknüpfend an Merkmale wie Wohnsitz, gewöhnlicher Aufenthalt oder eines ähnlichen Merkmals ergeben und entspricht strukturell der unbeschränkten Steuerpflicht. Typischerweise wird eine solche Steuerpflicht von der einkommensteuerlichen Erfassung des Welteinkommens, von der Berechtigung zur Geltendmachung auf der Ebene der persönlichen Lebensführung angesiedelter Abzugsposten (etwa analog von Sonderausgaben oder außergewöhnlicher Belastungen; Splittingtarif) gekennzeichnet sein. Für die Vermeidung bzw. Linderung derartiger drohender Doppelbesteuerungen hält der deutsche Gesetzgeber zu Recht nicht sich, sondern den ausländischen Ansässigkeitsstaat für verpflichtet, die Vermeidung der Doppelbesteuerung ins Werk zu setzen. Typische von der Bestimmung erfasste Fälle werden mithin darin bestehen, dass neben der im Inland gegebenen beschränkten Steuerpflicht noch in mindestens einem weiteren Staat der beschränkten Steuerpflicht vergleichbare Besteuerungsstrukturen gegeben sind und es – ohne Anrechnungs- bzw. Abzugsvorschriften – im Inland im Rahmen der beschränkten Steuerpflicht des Steuerausländers zu einer Doppelbesteuerung kommen könnte. 47

Es gibt Staaten, die lediglich nach dem Territorialitätsprinzip besteuern. Besteuert ein ausländischer Staat lediglich nach dem Territorialitätsprinzip, lässt er mithin – aus seiner Sicht – ausländische Einkünfte unbesteuert und unterwirft lediglich – aus seiner Sicht – inländische Ein- 48 künfte der Einkommensbesteuerung, so stellt sich im Kontext des § 50 Abs. 3 EStG die Frage, wie im Inland mit der auf seine inländischen Einkünfte erhobenen Einkommensteuer im Rahmen der deutschen Besteuerung zu verfahren ist. Das FG Rheinland Pfalz[1] hat in diesem Zusammenhang erkannt, dass ein beschränkt Steuerpflichtiger die in seinem Wohnsitzstaat auf seine inländischen Einkünfte erhobene Einkommensteuer gem. § 50 Abs. 3, § 34 Abs. 3 EStG von dem Gesamtbetrag seiner inländischen Einkünfte abziehen kann. Voraussetzung ist allerdings, dass in diesen keine Einkünfte aus seinem ausländischen Wohnsitzstaat enthalten sind.

49 Im Kontext des § 50 Abs. 3 EStG hat das FG Düsseldorf eine doppelte Begünstigung in zwei verschiedenen Staaten statuiert, diese mit anderen Worten vom Wortlaut ebenso vom Sinn und Zweck für gedeckt gehalten und somit insgesamt als unproblematisch beurteilt. Es hat nämlich entschieden, dass die von einer beschränkt steuerpflichtigen Körperschaft in Drittstaaten gezahlte Quellensteuer auf Antrag gem. § 34c Abs. 2 EStG i.V.m. § 50 Abs. 3 EStG, § 26 Abs. 6 KStG auch dann abzuziehen ist, wenn diese Quellensteuer im Sitzstaat der Körperschaft auf die dortige Körperschaftsteuer angerechnet wird.[2]

5. Besonderheiten bei Existenz eines DBA

50 Die Vorschrift findet auch dann Anwendung, wenn mit dem ausländischen Quellenstaat ein DBA existiert. Dies ergibt sich daraus, dass kein Verweis auf § 34c Abs. 6 EStG enthalten ist. Die Anwendbarkeit der Bestimmung im Kontext von DBA erklärt sich vor dem Hintergrund, dass DBA in entsprechenden Fällen regelmäßig keine Maßnahmen zur Ausschaltung internationaler Doppelbesteuerungen vorsehen.

6. Verfahren

51 Die Geltendmachung der Anrechnung nach § 50 Abs. 3 EStG erfolgt im Veranlagungsverfahren. Umfasst sind dabei sämtliche beschränkt steuerpflichtigen Einkünfte, soweit bezüglich der Steuer nicht der abgeltende Steuerabzug im Rahmen der beschränkten Steuerpflicht eintritt. Die Berechnung des Anrechnungshöchstbetrags erfolgt wie bei unbeschränkter Steuerpflicht. Wenn neben Einkünften aus inländischen Betrieben noch andere der beschränkten Steuerpflicht unterfallende Einkünfte zu veranlagen sind, ist zur Berechnung des Höchstbetrags der Anrechnung die deutsche Gesamtsteuer aufzuteilen. Der Abzug der ausländischen Steuer wirkt sich bei der Ermittlung des Gesamtbetrags der Einkünfte mindernd auf diese anderen Einkünfte aus.

52–60 *(Einstweilen frei)*

IV. Regelungsgehalt des § 50 Abs. 4 EStG

1. Überblick über Tatbestand und Rechtsfolge der Vorschrift

61 Zentrale Voraussetzung des vollständigen oder teilweisen Erlasses oder der Festsetzung der Einkommen- bzw. Körperschaftsteuer beschränkt Steuerpflichtiger in einem Pauschbetrag nach § 50 Abs. 4 EStG durch die obersten Finanzbehörden der Länder oder die von ihnen beauftragten Finanzbehörden mit Zustimmung des Bundesministeriums der Finanzen ist, dass dies

---

1 FG Rheinland-Pfalz v. 21.3.1988 - 5 K 338/87, EFG 1988, 574, rkr.
2 FG Düsseldorf v. 15.12.1992 - 6 K 110/88 K, EFG 1993, 447.

im besonderen öffentlichen Interesse liegt. § 50 Abs. 4 Satz 2 EStG umschreibt exemplarisch ein besonderes öffentliches Interesse für zwei unterschiedliche und voneinander unabhängige typische Lebenssachverhalte. Demnach ist nach den Wertungen des Gesetzgebers die Tatbestandsvoraussetzung des „besonderen öffentlichen Interesses" einerseits anzunehmen, wenn um die Ausrichtung einer inländischen Veranstaltung international bedeutsamer kultureller und sportlicher Ereignisse ein internationaler Wettbewerb stattfindet. Andererseits ist das „besondere öffentliche Interesse" anzunehmen, wenn ein Auftritt einer ausländischen Kulturvereinigung wesentlich aus öffentlichen Mitteln gefördert wird.

2. Besonderes öffentliches Interesse

Durch die exemplarische Aufzählung des „besonderen öffentlichen Interesses" ist klar, dass es sich nicht um eine abschließende Aufzählung handelt.[1] Damit erweist sich die Bestimmung als überaus dehnbar. Zweifel an ihrer verfassungsrechtlich gebotenen hinreichenden inhaltlichen Bestimmtheit drängen sich auf.[2]

In der Gesetzesbegründung[3] werden ausdrücklich wettbewerbs-, kultur- oder sportpolitische Gründe erwähnt, bei denen der Gesetzgeber ein besonderes öffentliches Interesse unterstellt. Ein besonderes öffentliches Interesse setzt einen breiten gesellschaftlichen Konsens voraus, der in einer von Pluralismus und Individualität von Wert- und Weltanschauungen geprägten Gesellschaft wohl schwierig zu messen sein dürfte. Hinzu tritt der Umstand, dass das besondere öffentliche Interesse kaum quantifizierbar sei. Ungleichheiten in der Rechtsanwendung sind damit vorprogrammiert.

Die Norm taugt damit allenfalls bedingt bis gar nicht als Rechtsgrundlage für das vom Gesetzgeber verfolgte Ziel.[4]

Wenn auch der Gesetzgeber internationale Großveranstaltungen im Blick haben dürfte, gilt gleichwohl, dass die bloße Größe einer Veranstaltung keine Auswirkung auf die abstrakte Förderungswürdigkeit hat. Sie ist daher nicht relevant. Gleichwohl werden im internationalen Wettbewerb stehende Großveranstaltungen wie etwa Europa- oder Weltmeisterschaften, Olympische Spiele als Anwendungsbeispiele genannt, zumal diese Sachverhaltsgruppe in § 50 Abs. 4 Nr. 1 EStG abgebildet wurde.

Fraglich ist ferner, welche Leitlinien bei der Bestimmung des „besonderen öffentlichen Interesses" bestimmend sein sollen.

3. Unionsrechtliche Komponente/Beihilfeproblematik

Eine unionsrechtlich prinzipiell unzulässige Beihilfe kann auch im *Verzicht oder in der Nichterhebung* von normalerweise zu entrichtenden *Abgaben* bestehen, exemplarisch zu nennen wären beispielsweise Steuergutschriften und andere Steueranreize. Zentrales Wesensmerkmal der unzulässigen Beihilfe ist die Selektivität.

---

1 Vgl. *Wied* in Blümich, § 50 EStG Rz. 124.
2 Vgl. *Lohschelder* in Schmidt, § 50 EStG Rz. 43.
3 BT-Drucks. 16/10189, 60.
4 Vgl. *Holthaus*, IStR 2013, 468.

66 Der Beihilfebegriff setzt kumulativ an vier Voraussetzungen an:

► Die Maßnahme muss dem Begünstigten einen Vorteil verschaffen, der seine normalerweise zu tragende Steuerbelastung vermindert (Begünstigung). Dies gilt unabhängig davon, ob sie am Steuersatz, der Bemessungsgrundlage oder bei der Ermittlung der Steuerschuld anknüpft.

► Der gewährte Vorteil muss zu einem Steuereinnahmenverlust führen (Belastung des Staatshaushalts).

► Die Maßnahme muss den Wettbewerb und den Handel zwischen den Mitgliedstaaten beeinträchtigen.

► Die Maßnahme muss bestimmten Unternehmen oder Produktionszweigen vorbehalten sein (Selektivität).

Sämtliche dieser Voraussetzungen sind im Kontext des vollständigen oder teilweisen Erlasses oder der Festsetzung der Einkommen- bzw. Körperschaftsteuer beschränkt Steuerpflichtiger in einem Pauschbetrag nach § 50 Abs. 4 EStG erfüllt. Insbesondere entzünden sich am Wesensmerkmal der Selektivität keinerlei Zweifel. Aus diesem Grunde erscheint es nicht abwegig, der Regelung verbotenen Beihilfecharakter zu konzedieren.

67 Die Einkommensteuer kann ganz oder teilweise erlassen oder in einem Pauschbetrag festgesetzt werden, wenn dies im besonderen öffentlichen Interesse liegt. Ein besonderes öffentliches Interesse besteht insbesondere im Zusammenhang mit den in § 50 Abs. 4 Nr. 1 und 2 EStG beschriebenen Katalogfällen.

4. Verfahren

68 Ein Antrag des Steuerpflichtigen ist nicht erforderlich. Antragsberechtigt ist der beschränkt steuerpflichtige Vergütungsgläubiger, nicht der Vergütungsschuldner. Werden die jeweiligen dem Steuerabzug unterliegenden Einkünfte durch eine Personenvereinigung erzielt, kann der Erlass der Einkommensteuer nach § 50 Abs. 4 EStG (Abs. 7 a. F.) nicht durch die Vereinigung, sondern nur durch die einzelnen Mitglieder im Klagewege erstritten werden.

Konkurrentenklage: Anfechtungsberechtigt dürften darüber hinaus auch drittbetroffene (Mit-)Wettbewerber sein.[1]

§ 50a Steuerabzug bei beschränkt Steuerpflichtigen

[2](1) Die Einkommensteuer wird bei beschränkt Steuerpflichtigen im Wege des Steuerabzugs erhoben

1. bei Einkünften, die durch im Inland ausgeübte künstlerische, sportliche, artistische, unterhaltende oder ähnliche Darbietungen erzielt werden, einschließlich der Einkünfte aus anderen mit diesen Leistungen zusammenhängenden Leistungen, unabhängig davon, wem die Einkünfte zufließen (§ 49 Absatz 1 Nummer 2 bis 4 und 9), es sei denn, es handelt sich um Einkünfte aus nichtselbständiger Arbeit, die bereits dem Steuerabzug vom Arbeitslohn nach § 38 Absatz 1 Satz 1 Nummer 1 unterliegen,

---

1 Vgl. *Gosch* in Kirchhof, § 50 EStG Rz. 33; *Wied* in Blümich, § 50 EStG Rz. 128.
2 **Anm. d. Red.:** Zur Anwendung des § 50a siehe § 52 Abs. 47.

2. bei Einkünften aus der inländischen Verwertung von Darbietungen im Sinne der Nummer 1 (§ 49 Absatz 1 Nummer 2 bis 4 und 6),
3. bei Einkünften, die aus Vergütungen für die Überlassung der Nutzung oder des Rechts auf Nutzung von Rechten, insbesondere von Urheberrechten und gewerblichen Schutzrechten, von gewerblichen, technischen, wissenschaftlichen und ähnlichen Erfahrungen, Kenntnissen und Fertigkeiten, zum Beispiel Plänen, Mustern und Verfahren, herrühren, sowie bei Einkünften, die aus der Verschaffung der Gelegenheit erzielt werden, einen Berufssportler über einen begrenzten Zeitraum vertraglich zu verpflichten (§ 49 Absatz 1 Nummer 2, 3, 6 und 9),
4. bei Einkünften, die Mitgliedern des Aufsichtsrats, Verwaltungsrats, Grubenvorstands oder anderen mit der Überwachung der Geschäftsführung von Körperschaften, Personenvereinigungen und Vermögensmassen im Sinne des § 1 des Körperschaftsteuergesetzes beauftragten Personen sowie von anderen inländischen Personenvereinigungen des privaten und öffentlichen Rechts, bei denen die Gesellschafter nicht als Unternehmer (Mitunternehmer) anzusehen sind, für die Überwachung der Geschäftsführung gewährt werden (§ 49 Absatz 1 Nummer 3).

(2) ¹Der Steuerabzug beträgt 15 Prozent, in den Fällen des Absatzes 1 Nummer 4 beträgt er 30 Prozent der gesamten Einnahmen. ²Vom Schuldner der Vergütung ersetzte oder übernommene Reisekosten gehören nur insoweit zu den Einnahmen, als die Fahrt- und Übernachtungsauslagen die tatsächlichen Kosten und die Vergütungen für Verpflegungsmehraufwand die Pauschbeträge nach § 4 Absatz 5 Satz 1 Nummer 5 übersteigen. ³Bei Einkünften im Sinne des Absatzes 1 Nummer 1 wird ein Steuerabzug nicht erhoben, wenn die Einnahmen je Darbietung 250 Euro nicht übersteigen.

(3) ¹Der Schuldner der Vergütung kann von den Einnahmen in den Fällen des Absatzes 1 Nummer 1, 2 und 4 mit ihnen in unmittelbarem wirtschaftlichem Zusammenhang stehende Betriebsausgaben oder Werbungskosten abziehen, die ihm ein beschränkt Steuerpflichtiger in einer für das Bundeszentralamt für Steuern nachprüfbaren Form nachgewiesen hat oder die vom Schuldner der Vergütung übernommen worden sind. ²Das gilt nur, wenn der beschränkt Steuerpflichtige Staatsangehöriger eines Mitgliedstaats der Europäischen Union oder eines anderen Staates ist, auf den das Abkommen über den Europäischen Wirtschaftsraum Anwendung findet, und im Hoheitsgebiet eines dieser Staaten seinen Wohnsitz oder gewöhnlichen Aufenthalt hat. ³Es gilt entsprechend bei einer beschränkt steuerpflichtigen Körperschaft, Personenvereinigung oder Vermögensmasse im Sinne des § 32 Absatz 4 des Körperschaftsteuergesetzes. ⁴In diesen Fällen beträgt der Steuerabzug von den nach Abzug der Betriebsausgaben oder Werbungskosten verbleibenden Einnahmen (Nettoeinnahmen), wenn

1. Gläubiger der Vergütung eine natürliche Person ist, 30 Prozent,
2. Gläubiger der Vergütung eine Körperschaft, Personenvereinigung oder Vermögensmasse ist, 15 Prozent.

(4) ¹Hat der Gläubiger einer Vergütung seinerseits Steuern für Rechnung eines anderen beschränkt steuerpflichtigen Gläubigers einzubehalten (zweite Stufe), kann er vom Steuerabzug absehen, wenn seine Einnahmen bereits dem Steuerabzug nach Absatz 2 unterlegen haben. ²Wenn der Schuldner der Vergütung auf zweiter Stufe Betriebsausgaben oder Werbungskos-

ten nach Absatz 3 geltend macht, die Veranlagung nach § 50 Absatz 2 Satz 2 Nummer 5 beantragt oder die Erstattung der Abzugsteuer nach § 50d Absatz 1 oder einer anderen Vorschrift beantragt, hat er die sich nach Absatz 2 oder Absatz 3 ergebende Steuer zu diesem Zeitpunkt zu entrichten; Absatz 5 gilt entsprechend.

(5) ¹Die Steuer entsteht in dem Zeitpunkt, in dem die Vergütung dem Gläubiger zufließt. ²In diesem Zeitpunkt hat der Schuldner der Vergütung den Steuerabzug für Rechnung des Gläubigers (Steuerschuldner) vorzunehmen. ³Er hat die innerhalb eines Kalendervierteljahres einbehaltene Steuer jeweils bis zum zehnten des dem Kalendervierteljahr folgenden Monats an das Bundeszentralamt für Steuern abzuführen. ⁴Der Schuldner der Vergütung haftet für die Einbehaltung und Abführung der Steuer. ⁵Der Steuerschuldner kann in Anspruch genommen werden, wenn der Schuldner der Vergütung den Steuerabzug nicht vorschriftsmäßig vorgenommen hat. ⁶Der Schuldner der Vergütung ist verpflichtet, dem Gläubiger auf Verlangen die folgenden Angaben nach amtlich vorgeschriebenem Muster zu bescheinigen:

1. den Namen und die Anschrift des Gläubigers,
2. die Art der Tätigkeit und Höhe der Vergütung in Euro,
3. den Zahlungstag,
4. den Betrag der einbehaltenen und abgeführten Steuer nach Absatz 2 oder Absatz 3.

(6) Die Bundesregierung kann durch Rechtsverordnung mit Zustimmung des Bundesrates bestimmen, dass bei Vergütungen für die Nutzung oder das Recht auf Nutzung von Urheberrechten (Absatz 1 Nummer 3), die nicht unmittelbar an den Gläubiger, sondern an einen Beauftragten geleistet werden, anstelle des Schuldners der Vergütung der Beauftragte die Steuer einzubehalten und abzuführen hat und für die Einbehaltung und Abführung haftet.

(7) ¹Das Finanzamt des Vergütungsgläubigers kann anordnen, dass der Schuldner der Vergütung für Rechnung des Gläubigers (Steuerschuldner) die Einkommensteuer von beschränkt steuerpflichtigen Einkünften, soweit diese nicht bereits dem Steuerabzug unterliegen, im Wege des Steuerabzugs einzubehalten und abzuführen hat, wenn dies zur Sicherung des Steueranspruchs zweckmäßig ist. ²Der Steuerabzug beträgt 25 Prozent der gesamten Einnahmen, bei Körperschaften, Personenvereinigungen oder Vermögensmassen 15 Prozent der gesamten Einnahmen; das Finanzamt kann die Höhe des Steuerabzugs hiervon abweichend an die voraussichtlich geschuldete Steuer anpassen. ³Absatz 5 gilt entsprechend mit der Maßgabe, dass die Steuer bei dem Finanzamt anzumelden und abzuführen ist, das den Steuerabzug angeordnet hat; das Finanzamt kann anordnen, dass die innerhalb eines Monats einbehaltene Steuer jeweils bis zum zehnten des Folgemonats anzumelden und abzuführen ist. ⁴§ 50 Absatz 2 Satz 1 ist nicht anzuwenden.

Inhaltsübersicht

	Rz.
A. Allgemeine Erläuterungen	1 - 10
I. Normzweck und wirtschaftliche Bedeutung	1
II. Verhältnis zu anderen Vorschriften	2 - 5
1. Einfachgesetzliche Normen	2
2. Unionsrecht	3
3. Verfassungsrecht	4
4. Doppelbesteuerungsabkommen	5

III. Geltungsbereich	6 - 10
1. Sachlicher Geltungsbereich	6
2. Persönlicher Geltungsbereich	7 - 10
B. Systematische Kommentierung	11 - 65
I. Steuerabzugstatbestände (§ 50a Abs. 1 EStG)	11 - 33
1. Überblick	11
2. Darbietungseinkünfte (§ 50a Abs. 1 Nr. 1 EStG)	12 - 16
3. Verwertungseinkünfte von Darbietungen (§ 50a Abs. 1 Nr. 2 EStG)	17
4. Nutzungsüberlassungseinkünfte (§ 50a Abs. 1 Nr. 3 EStG)	18 - 25
5. Aufsichtsratseinkünfte (§ 50a Abs. 1 Nr. 4 EStG)	26 - 33
II. Bemessung der Steuer (§ 50a Abs. 2 EStG)	34 - 44
III. Unionsrechtliche Betriebsausgaben-/Werbungskostenmitteilungsoption (§ 50a Abs. 3 EStG)	45 - 58
IV. Steuerabzug auf zweiter Stufe (§ 50a Abs. 4 EStG)	59 - 65
C. Verfahrensfragen	66 - 84
I. Steuerentstehung; Haftung (§ 50a Abs. 5 EStG)	66 - 75
II. Rechtsverordnungsermächtigung (§ 50a Abs. 6 EStG)	76 - 80
III. Steuerabzug auf Anordnung (§ 50a Abs. 7 EStG)	81 - 84

HINWEIS:

R 50a.1 EStR; H 50a.2 EStH; BMF v. 21.12.1993, Steuerabzug von Vergütungen im Sinne des § 50a Abs. 4 EStG, die beschränkt Steuerpflichtigen zufließen; hier: Entlastung von den deutschen Abzugsteuern aufgrund von Doppelbesteuerungsabkommen – DBA – nach einem vereinfachten Verfahren („Kontrollmeldeverfahren"), BStBl 1994 I 4; BMF v. 25.11.2010, Steuerabzug gemäß § 50a EStG bei Einkünften beschränkt Steuerpflichtiger aus künstlerischen, sportlichen, artistischen, unterhaltenden oder ähnlichen Darbietungen, BStBl 2010 I 1350; BMF v. 17.6.2014, Betriebsausgaben- und Werbungskostenabzug beim Steuerabzug nach § 50a Abs. 4 Satz 1 Nr. 3 EStG 1990 /1997 und § 50a Abs. 1 Nr. 3 EStG; Entscheidung des Bundesfinanzhofs vom 27.7.2011 I R 32/10, BStBl 2014 II S. 513, BStBl 2014 I 887; BMF v. 27.10.2017, BStBl 2017 I 1448.

LITERATUR:

Endert, Buchung der Vergütung von Aufsichtsratsmitgliedern, BBK 2013, 763; *Kraft*, Grundstruktur und Systematik gewerblicher Einkünfte bei beschränkter Steuerpflicht – Fallstudie zur Systematik der beschränkten Steuerpflicht, SteuerStud 2013, 481; *Kronawitter*, Die „Künstlerabzugssteuer" (Ausländersteuer) nach § 50a EStG – Teil 1, ZKF 2014, 1; *Maßbaum/Müller*, Aktuelle Entwicklungen im Bereich der Abzugsteuer nach § 50a EStG bei Lizenzzahlungen und Anordnung des Steuerabzugs, BB 2015, 3031; *Oreskovic-Rips/Kowalewski*, Steuerabzug auf Anordnung nach § 50a Abs. 7 EStG unter Berücksichtigung des Kroatien-AnpG – Erläuterung zu ausgewählten Einzelproblemen und Abwehrgestaltungen bei Immobilienverkäufen durch beschränkt steuerpflichtige Körperschaften, IStR 2015, 418; *Ungemach/Gehrmann*, Zum Steuerabzug bei grenzüberschreitenden Lizenzzahlungen, PiStB 2015, 241; *Ackermann*, Software: Beschränkte Steuerpflicht bei der grenzüberschreitenden Überlassung von Software, ISR 2016, 258; *Dobner/Hammerl*, Kauf und Lizenzierung von Software aus dem Ausland, NWB 2016, 2189; *Homuth*, Besteuerung ausländischer Künstler im Inland – Der Quellensteuerabzug nach § 50a EStG, IWB 2016, 278; *Strahl*, Steuerabzug nach § 50a EStG und Unternehmereigenschaft – neue Brennpunkte der Besteuerung der öffentlichen Hand, KÖSDI 2016, 19838; *Boller/Gehrmann/Ebeling*, Umfassende Übertragung von Rechten i. S. des § 50a Abs. 1 EStG, IWB 2017, 273; *Holthaus*, Qualifikation von Darbietungseinkünften und Steuerabzug nach § 50a EStG, IWB 2017, 540; *Homuth*, Steuerabzug und Veranlagung von beschränkt Steuerpflichtigen, IWB 2017, 246; *Kraft*, Softwareüberlassung und Gestattung von Datenbanknutzung durch ausländische Digitalanbieter (Teil 1), NWB 2018, 868; *Kraft*, Softwareüberlassung und Gestattung von Datenbanknutzung durch ausländische Digitalanbieter (Teil 2), NWB 2018, 937.

A. Allgemeine Erläuterungen

I. Normzweck und wirtschaftliche Bedeutung

1 § 50a EStG regelt in Abs. 1 für bestimmte im Einzelnen aufgezählte Einkünfte die im Rahmen der beschränkten Steuerpflicht besondere Erhebungstechnik des – prinzipiell – abgeltenden Steuerabzugs. Damit stellt die Vorschrift das verfahrensrechtliche Herzstück der beschränkten Steuerpflicht dar. Der Steuerabzug dient im Wesentlichen zwei Zielen. Einerseits soll damit der Besteuerungsanspruch sichergestellt werden, andererseits trägt er Vereinfachungselemente in sich.

Die Bemessungsgrundlage sowie die Höhe des Steuerabzugs sind in den Abs. 2 und 3 normiert, während § 50a Abs. 4 EStG den Steuerabzug auf zweiter Stufe regelt. Verfahrensfragen und Haftungstatbestände im Kontext des Steuerabzugs finden sich in § 50a Abs. 5 und 6 EStG. § 50a Abs. 7 EStG schließlich ermöglicht der Finanzverwaltung die Anordnung eines Steuerabzugs in bestimmten Fällen zur Sicherstellung des Steueranspruchs.

Die nachfolgende Abbildung skizziert das Zusammenspiel von Veranlagung und Quellensteuerabzug bei beschränkter Steuerpflicht:

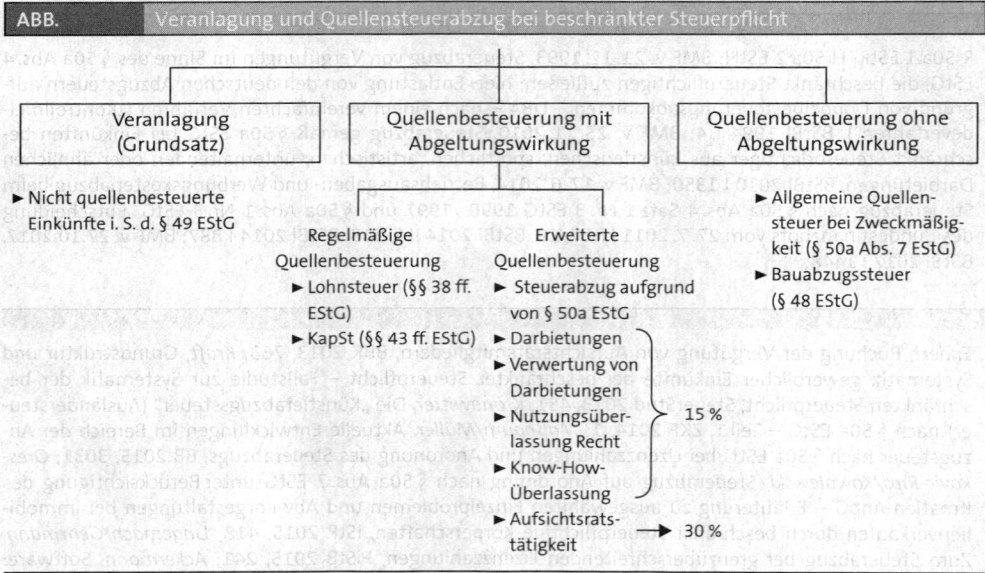

ABB. Veranlagung und Quellensteuerabzug bei beschränkter Steuerpflicht

II. Verhältnis zu anderen Vorschriften

1. Einfachgesetzliche Normen

2 Lässt sich § 49 EStG als materielles Herzstück der beschränkten Steuerpflicht bezeichnen, so bildet die Vorschrift des § 50a EStG ihr verfahrensrechtliches Pendant. Beide Vorschriften bedingen sich aus systematischen Erwägungen heraus gegenseitig. Die von § 50a EStG statuierte Abzugspflicht setzt beschränkt steuerpflichtige inländische Einkünfte i. S. v. § 49 EStG voraus, unterwirft indessen nur bestimmte Einkunftsgruppen aus dem Katalog des § 49 Abs. 1 EStG einem Steuerabzug. Andererseits benötigen etliche materielle im § 49 EStG verortete Geset-

zesbefehle den verfahrensrechtlichen Transmissionsriemen, um dem Besteuerungsanspruch zur Durchsetzung zu verhelfen.

Nach dem Wortlaut des § 50 Abs. 2 Satz 1 EStG steht der abgeltende Steuerabzug des § 50a EStG selbständig neben den Abzugstechniken im Rahmen des Lohnsteuerabzugsverfahrens sowie des Kapitalertragsteuerabzugverfahrens. Das Verhältnis zum Steuerabzug bei Bauleistungen ist in § 48 Abs. 4 Nr. 2 EStG explizit gesetzlich geregelt, im Verhältnis zu § 50d EStG stellt § 50a EStG die Grundnorm dar.[1] Dies erklärt sich damit, dass § 50d EStG die Steuerabzugspflicht nach § 50a EStG voraussetzt und das Verfahren bei der Anwendung von DBA regelt. Bezüglich des Verhältnisses zu § 50g EStG ist zu beachten, dass der Steuerabzug auf Lizenzentgelte gem. § 50a Abs. 1 Nr. 3 EStG nach § 50g EStG bei Lizenzgebühren zwischen verbundenen Unternehmen nicht erhoben wird.

2. Unionsrecht

Ausgangspunkt der unionsrechtlichen Bewertung der Vorschrift ist der Befund, dass der Steuerabzug bei beschränkter Steuerpflicht prinzipiell nicht zu beanstanden ist. Die Technik der Steuererhebung als solche ist mithin nicht *a priori* unionsrechtlich anfechtbar. Gleichwohl hatte die Technik des abgeltenden Steuerabzugs bei beschränkter Steuerpflicht aus unionsrechtlicher Perspektive ein wechselvolles Schicksal erfahren. Etliche Meilensteine der EuGH-Judikatur ranken sich nämlich um die konzeptionelle Ausgestaltung diskriminierungs- und beschränkungsfreier materieller und verfahrenstechnischer Besteuerungssysteme für beschränkt Steuerpflichtige. Denn in Einzelfällen erkannte der EuGH mehrfach, dass die konkrete Ausgestaltung des Steuerabzugs nach § 50a EStG in der Vergangenheit häufig nicht mit EU-Recht zu vereinbaren war. „Leading cases" in der jüngeren Geschichte der EuGH-Entscheide können wie folgt aufgezählt werden:

- ▶ Rs. Gerritse;[2]
- ▶ Rs. Sorpio;[3]
- ▶ Rs. Centro Equestre.[4]

Das Schrifttum zur unionsrechtlichen Problematik früherer Versionen des § 50a EStG ist unübersehbar geworden.[5]

Aus heutiger Sicht ist zu konzedieren, dass der Gesetzgeber den unionsrechtlichen Bedenken durch die Neukonzeption der §§ 50 und 50a EStG, insbesondere durch das JStG 2009, Rechnung getragen hat.[6]

3. Verfassungsrecht

Dem Grunde nach ist ein Steuerabzugsverfahren, welches im Rahmen beschränkt steuerpflichtiger Einkünfte an der Quelle ansetzt und abgeltende Wirkung entfaltet, nicht per se verfassungswidrig. Dem Gesetzgeber ist – sowohl aus Vereinfachungsgründen als auch aus Erwägungen der Sicherstellung des Besteuerungsanspruchs – weite Gestaltungsfreiheit bezüglich

---

1 Vgl. HHR/*Maßbaum*, § 50a EStG Anm. 7; *Boochs* in Lademann, § 50a EStG, Anm. 49.
2 EuGH v. 12. 6. 2003 - C-234/01, BStBl 2003 II 859.
3 EuGH v. 3. 10. 2006 - C-290/04, BStBl 2007 II 352.
4 EuGH v. 15. 2. 2007 - C-345/04, IStR 2007, 212.
5 Vgl. dazu etwa Nachweise bei *Wied* in Blümich, § 50a EStG Rz. 9; HHR/*Maßbaum*, § 50a EStG Anm. 4.
6 Vgl. *Gosch* in Kirchhof, § 50a EStG Rz. 3; HHR/*Maßbaum*, § 50a EStG Anm. 4.

der technischen Ausgestaltung des Systems der beschränkten Steuerpflicht zuzubilligen. Bedenken aus der Perspektive verfassungsrechtlicher Überlegungen werden insoweit erhoben, als die selektive Auswahl der im Rahmen des Steuerabzugsverfahrens erfassten Einkünfte einen Anflug von Willkür trägt.[1] Zusammengefasst lässt sich feststellen, dass das System des abgeltenden Steuerabzugs bei beschränkter Steuerpflicht in seiner Grundkonzeption auf festem verfassungsrechtlichem Boden verankert ist, dass indessen verfassungsrechtliche Zweifel in Einzelbereichen nicht vollumfänglich ausgeräumt sind.

4. Doppelbesteuerungsabkommen

5   Regelungen in deutschen Doppelbesteuerungsabkommen gehen den Vorschriften des nationalen Steuerrechts regelmäßig aufgrund ihres Spezialitätscharakters vor, missverständlich daher § 2 Abs. 1 AO, aber ohne nennenswerten dogmatischen Schaden. Die von Amts wegen zu beachtenden DBA schließen in vielen Fällen das Besteuerungsrecht der Bundesrepublik Deutschland aus oder enthalten Einschränkungen des Besteuerungsrechts. Mitunter findet sich daher die Charakterisierung des Abkommensrechts als „Schrankenrecht". Mit Bezug zum abgeltenden Steuerabzug relevant wird die Beschränkung auf einen bestimmten Höchstquellensteuersatz. Hinzuweisen ist an dieser Stelle nochmals darauf, dass sich die Verpflichtung zum Steuerabzug nach § 50a EStG nur dann ergeben kann, wenn das Besteuerungsrecht der Bundesrepublik Deutschland gegeben ist, weil Einkünfte i. S. d. § 49 EStG vorliegen. Daraus erklärt sich der Verweis auf § 49 EStG. Die Diskriminierungsverbote der DBA bewirken kein prinzipielles Verbot der Bruttobesteuerungstechnik mit Abgeltungswirkung.

III. Geltungsbereich

1. Sachlicher Geltungsbereich

6   Aus dem Katalog des § 49 Abs. 1 EStG sind lediglich bestimmte Gruppen von Einkünften einem – teilweise abgeltenden – Steuerabzug unterworfen. Der Steuerabzug nach Abs. 7 hingegen kann vom FA für sämtliche Gruppen inländischer Einkünfte statuiert werden.

2. Persönlicher Geltungsbereich

7   § 50a EStG enthält inzidenter eine eingrenzende Anwendung auf beschränkt Stpfl. Mithin findet die Vorschrift nur für beschränkt Stpfl. Anwendung. Dies ergibt sich aus den Abs. 1 und Abs. 7 Satz 1 und steht somit im Gegensatz zum Abzug der Lohnsteuer und der Kapitalertragsteuer. Diese Abzugstechniken finden bei unbeschränkt Stpfl. Anwendung.

Eine natürliche Person ist gem. § 1 Abs. 4 EStG beschränkt einkommensteuerpflichtig, wenn sie im Inland weder einen Wohnsitz (§ 8 AO) noch einen gewöhnlichen Aufenthalt (§ 9 AO) hat und inländische Einkünfte i. S. d. § 49 EStG erzielt. Darüber hinaus erfasst die Norm (§ 50a Abs. 4 bis 7 EStG) auch beschränkt körperschaftsteuerpflichtige Gebilde i. S. d. § 2 KStG, mithin Körperschaften, Personenvereinigungen und Vermögensmassen, die weder Geschäftsleitung (§ 10 AO) noch Sitz (§ 11 AO) im Inland verzeichnen, die inländische Einkünfte i. S. d. § 49 EStG haben.

8–10   *(Einstweilen frei)*

---

1 Vgl. *Staringer*, DStJG 31, 2008, 135; *Gosch* in Kirchhof, § 50a EStG Rz. 1; *Lang*, SWI 2007, 23; *Lüdicke*, DStR 2008, Beihefter 1, 25; HHR/*Maßbaum*, § 50a EStG Anm. 4.

B. Systematische Kommentierung

I. Steuerabzugstatbestände (§ 50a Abs. 1 EStG)

1. Überblick

§ 50a Abs. 1 EStG formuliert die Grundregel des Besteuerungsverfahrens bei beschränkter Steuerpflicht, indem sie eine Steuerabzugspflicht für vier Gruppen von inländischen Einkünften begründet:

- **Nr. 1:** Einkünfte aus künstlerischen, sportlichen, artistischen, unterhaltenden oder ähnlichen Darbietungen i. S. v. § 49 Abs. 1 Nr. 2 bis 4, 9 EStG – nachfolgend als Darbietungseinkünfte bezeichnet;

- **Nr. 2:** Einkünfte aus der inländischen Verwertung von Darbietungen i. S. d. der Nr. 1 (§ 49 Abs. 1 Nr. 2 bis 4 und 6 EStG) – nachfolgend als Verwertungseinkünfte von Darbietungen bezeichnet;

- **Nr. 3:** Einkünfte aus Vergütungen für die Überlassung der Nutzung oder des Rechts auf Nutzung von Rechten, insbesondere von Urheberrechten (§ 73a Abs. 2 EStDV), gewerblichen (§ 73a Abs. 3 EStDV), technischen, wissenschaftlichen und ähnlichen Erfahrungen, Kenntnissen und Fertigkeiten sowie aus Einkünften für die zeitlich befristete Verpflichtung von Berufssportlern (§ 49 Abs. 1 Nr. 2, 3, 6 und 9 EStG) – nachfolgend als Nutzungsüberlassungseinkünfte bezeichnet;

- **Nr. 4:** Einkünfte aus Aufsichtsratstätigkeiten (§ 49 Abs. 1 Nr. 3 EStG), nachfolgend als Aufsichtsratseinkünfte bezeichnet.

Überblickartig lassen sich die Tatbestände des § 50a Abs. 1 i. V. m. Abs. 2 EStG wie folgt skizzieren:

ABB.	Steuerabzug nach § 50a EStG im Rahmen der beschränkten Steuerpflicht	
	Bruttobesteuerung	**Nettobesteuerung für EU-Steuerpflichtige**
Bemessungsgrundlage	**Bruttoeinnahmen**	**Nettoeinnahmen**
§ 50a Abs. 1 Nr. 1, 2 EStG: Im Inland ausgeübte oder verwertete künstlerische, sportliche, artistische, unterhaltende oder ähnliche Darbietungen ▶ Empfänger: natürliche Person ▶ Empfänger: Kapitalgesellschaft	 15 % 15 %	 30 % 15 %
§ 50a Abs. 1 Nr. 4 EStG: Aufsichtsrats- und ähnliche Vergütungen (Empfänger: natürliche Person)	 30 %	 30 %
§ 50a Abs. 1 Nr. 3 EStG: Einnahmen aus der Überlassung von Rechten sowie Vergütungen für die Überlassung der Nutzung oder des Rechts auf Nutzung ▶ Empfänger: natürliche Person ▶ Empfänger: Kapitalgesellschaft	 15 % 15 %	 **Keine** Option nach Gesetzeswortlaut Vgl. aber Rz. 46

2. Darbietungseinkünfte (§ 50a Abs. 1 Nr. 1 EStG)

12 Die Vorschrift enthält in Form einer abschließenden Aufzählung, für welche Darbietungseinkünfte bei beschränkter Steuerpflicht eine Steuerabzugspflicht angeordnet wird. Die Anordnung der Steuerabzugspflicht erfolgt dabei unabhängig von der Einkunftsart, innerhalb derer die Einkünfte erzielt werden. Dies ergibt sich aus dem Klammerzusatz. Der Katalog künstlerischer, sportlicher, artistischer, unterhaltender oder ähnlicher Darbietungen im Inland einschließlich damit zusammenhängender Leistungen entspricht hinsichtlich der relevanten Tatbestandsmerkmale denen in § 49 Abs. 1 Nr. 2 Buchst. d EStG.

13 Die Vorschrift enthält inzidenter die Verpflichtung des Vergütungsschuldners, sich über die steuerliche Ansässigkeit seines Vertragspartners Klarheit zu verschaffen. Denn Adressat der Bestimmung sind letztlich Darbietende ohne Ansässigkeitskriterien im Inland und ihre Vertragspartner. Der Vergütungsschuldner wird zwar regelmäßig im Inland unbeschränkt steuerpflichtig sein, indessen ist die inländische Ansässigkeit nicht Tatbestandsvoraussetzung der Vorschrift.

> **BEISPIEL:** Ein im Ausland ansässiger Konzertveranstalter in der Rechtsform einer Kapitalgesellschaft mietet eine Konzerthalle im Inland an und verpflichtet ein ausländisches Berufsorchester, in dem die Musiker als Kapitalgesellschaft organisiert sind, zu einem einmaligen Konzertauftritt gegen Zahlung eines Honorars. Die Abzugspflicht besteht uneingedenk der Tatsache, dass der Konzertveranstalter nicht der unbeschränkten Steuerpflicht unterliegt.

14 Auch Einkünfte aus anderen mit den Darbietungen zusammenhängenden Leistungen unterliegen nach § 50a Abs. 1 Nr. 1 EStG dem Steuerabzug. Den Vergütungsschuldner trifft somit die Verpflichtung, zu subsumieren, ob in Rede stehende Vergütungen für bestimmte Leistungen „mit den Darbietungen i. S. d. § 49 Abs. 1 Nr. 2 Buchst. d EStG zusammenhängen".

15 Mit der Formulierung „unabhängig davon, wem die Einnahmen zufließen" wird klargestellt, dass es nach § 50a Abs. 1 Nr. 1 EStG nicht entscheidend ist, wem die Einkünfte zufließen. Diese mit dem Wortlaut in § 49 Abs. 1 Nr. 2 Buchst. d EStG identische Tatbestandsvoraussetzung erklärt sich vor dem Hintergrund, Zahlungen an Dritte, wie etwa Künstler- oder Vermarktungsgesellschaften („rent-a-star-companies"), zu erfassen.

16 § 50a Abs. 1 Nr. 1 2. Halbsatz EStG ordnet den Vorrang des Lohnsteuerabzugs an. Betroffen sind solche beschränkt steuerpflichtigen Künstler, Berufssportler, Artisten oder Unterhalter, die nichtselbständig tätig sind.

3. Verwertungseinkünfte von Darbietungen (§ 50a Abs. 1 Nr. 2 EStG)

17 Die Vorschrift enthält einen doppelten Inlandsbezug. Erforderlich ist die Verwertung inländischer Darbietungen im Inland.[1] Die Verwertung ausländischer Darbietungen im Inland ist mithin nicht steuerabzugspflichtig. Dies ist vor dem Hintergrund bemerkenswert, dass § 49 Abs. 1 Nr. 2 Buchst. d EStG abstrakt neben den Einkünften aus der Verwertung inländischer Darbietungen im Inland auch die Einkünfte aus der Verwertung ausländischer Darbietungen im Inland der beschränkten Steuerpflicht unterwirft. Das trägt dem Umstand Rechnung, dass die Zuweisung eines Besteuerungsrechts für bestimmte Einkünfte von Künstlern, Sportlern und anderen Personen an den Quellenstaat nach den Abkommen zur Vermeidung der Doppelbesteuerung regelmäßig nur für die Einkünfte aus der persönlich ausgeübten inländischen

---

1 Vgl. *Loschelder* in Schmidt, § 50a EStG Rz. 12; *Gosch* in Kirchhof, § 50a EStG Rz. 8; HRR/*Maßbaum*, § 50a EStG Rz. 47.

Tätigkeit gilt.[1] Die Vorschrift ermöglicht daher in zahlreichen Fällen eine Entschlackung und Vereinfachung des Besteuerungsverfahrens.

4. Nutzungsüberlassungseinkünfte (§ 50a Abs. 1 Nr. 3 EStG)

Die Vorschrift des § 50a Abs. 1 Nr. 3 EStG erfasst bestimmte Einkünfte, die – nach der ansonsten im Steuerrecht nicht üblichen Formulierung – aus Vergütungen für bestimmte immaterielle Vermögenswerte „herrühren". Materiell ist die sprachästhetisch verunglückte Formulierung „Einkünfte, die aus Vergütungen ... herrühren" indessen bedeutungslos. Herrühren ist i. S. v. „ihren Ursprung haben" oder „wurzeln aus" zu verstehen. Letztlich kommt darin zum Ausdruck, dass die steuerabzugspflichtigen Vergütungen dafür gezahlt wurden, dass geistiges Eigentum (als Übersetzung von **„intellectual property"** – abgekürzt üblicherweise als **IP**) vom Inhaber der Rechte an diesem geistigen Eigentum einem Nutzer zur Nutzung überlassen werden. Betroffene Einkünfte können dem Katalog der Tatbestände der Einkünfte nach § 49 Abs. 1 Nr. 2, 3, 6 und 9 EStG entstammen. Dies bedeutet, dass sie in völlig verschiedenen Einkunftsarten anfallen können. Ihr gemeinsames Merkmal besteht darin, dass gegen Entgelt IP zur Nutzung überlassen wird.

18

Die komplizierte Formulierung ist als abschließende Aufzählung zu verstehen. So sind neben der Überlassung der Nutzung oder des Rechts auf Nutzung von Rechten noch die Überlassung der Nutzung oder des Rechts auf Nutzung bestimmter Erfahrungen, Kenntnisse und Fertigkeiten erfasst. Auf den Gelegenheitsverschaffungstatbestand im Profisport ist der Vollständigkeit halber hinzuweisen.

19

In der Praxis ist die etwaige Pflicht zum Einhalt und zur Abführung von Quellensteuer im Zusammenhang mit der Vergütung für grenzüberschreitende Softwareüberlassung[2] sowie für grenzüberschreitende Nutzung von Datenbanken[3] an bzw. durch inländische Unternehmen und Einrichtungen der öffentlichen Hand[4] von erheblicher Bedeutung. Eine Quellensteuerabzugspflicht kommt jedoch nur in Betracht, wenn die Vergütung für die Einräumung rechtlich geschützter Nutzungsrechte entrichtet wird.[5] Die bloße betriebliche Nutzung der Software führt hingegen nicht zu einer beschränkten Steuerpflicht der Vergütungseinkünfte.[6]

Auch wenn das gesetzliche Leitbild darauf fußt, dass der rechtmäßige Inhaber des geistigen Vermögens dieses einem anderen zur Nutzung überlässt, ist die Abzugsverpflichtung auch dann nicht infrage gestellt, wenn ein unberechtigter Inhaber das IP einem anderen zur Nutzung überlässt.

20

BEISPIEL: Ein im Ausland ansässiges Unternehmen gibt fälschlicherweise gegenüber einem inländischen Unternehmen vor, die Rechte für ein bestimmtes marktfähiges Logo innezuhaben. Das inländische Unternehmen entrichtet gutgläubig die vereinbarte Lizenzgebühr. Auch wenn der unberechtigte Lizenzgeber tatsächlich nicht Inhaber des lizenzierten Logos ist, bleibt das inländische Unternehmen zum Steuerabzug verpflichtet.

---

1 BT-Drucks. 16/10189, 62.
2 Vgl. zur Abgrenzung von Kauf und Lizenzierung *Dobner/Hammerl*, NWB 2016, 2189.
3 Vgl. *Maßbaum/Müller*, BB 2015, 3064.
4 Vgl. *Strahl*, KÖSDI 2016, 19838.
5 So auch BMF v. 27.10.2017, BStBl 2017 II 1448; dazu die ausführliche Analyse des BMF-Schreibens *Kraft*, NWB 2018, 868 (Teil 1), NWB 2018, 937 (Teil 2); *Thiele*, DStR 2018, 274 ff.; bereits zum Entwurf *Backu/Bayer*, DStR 2017, 2368; *Schnitger/Oskamp*, IStR 2017, 616; *Holthaus*, IStR 2017, 729; *Pinkernell*, Ubg 2017, 497.
6 Vgl. *Ackermann*, ISR 2016, 258; BMF v. 27.10.2017, BStBl 2017 II 1448, Tz. 12.

21 Alternativ ist der sog. „Gelegenheitsverschaffungstatbestand" im Profisport der Steuerabzugsverpflichtung unter bestimmten Voraussetzungen unterworfen.

In beiden Alternativen – IP-Überlassung wie Zahlung für die Gelegenheitsverschaffung – muss der Vergütungsschuldner sich über die Ansässigkeit seines Vertragspartners Klarheit verschaffen. Dies bedeutet, dass dem inländischen Vergütungsschuldner die Subsumtionslast hinsichtlich der Ansässigkeit seines Vertragskontrahenten aufgebürdet wird.

BEISPIEL: UNTERLIZENZIERUNG Eine nach inländischem Gesellschaftsrecht errichtete A-GmbH & Co. KG betreibt einen Fernsehsender. Die X-S.A. mit Sitz und Ort der Geschäftsleitung im Ausland räumt der A-GmbH & Co. KG einzelne Rechte für die Ausstrahlung von Fernsehsendungen (Filmrechte) gegen Entgelt ein. Die X-S.A. ist selbst nicht Inhaberin der überlassenen Filmrechte, sondern der Lizenzinhaber L hat ihr die an die A-GmbH & Co. KG weiterlizenzierten Rechte eingeräumt.

Die von der Vergütungsschuldnerin, der A-GmbH & Co. KG, an die Vergütungsgläubigerin, die X-S.A. nach den vertraglichen Abreden zu zahlenden Vergütungen belaufen sich auf 10 000 000 € (brutto) im VZ 01. Die von der X-S.A. an den L zu entrichtenden Vergütungen für die Einräumung der Filmrechte betragen im VZ 01 8 000 000 €.

a) Sitz und Ort der Geschäftsleitung der X-S.A. befindet sich in einem Staat außerhalb der EU ohne DBA mit Deutschland.
b) Sitz und Ort der Geschäftsleitung der X-S.A. befindet sich in einem Staat außerhalb der EU mit DBA mit Deutschland. Das DBA folgt dem OECD-Musterabkommen.
c) Sitz und Ort der Geschäftsleitung der X-S.A. befindet sich in einem Mitgliedstaat der EU.

Für den **Fall a)**, dass sich der Sitz und Ort der Geschäftsleitung der X-S.A. in einem Nicht-DBA-Drittstaat befindet, erzielt die X-S.A. nach § 2 Nr. 1 KStG i.V. m. § 49 Abs. 1 Nr. 2 f EStG, der nach § 31 Abs. 1 KStG i.V. m. § 2 Nr. 1, § 8 Abs. 1 KStG auch für Körperschaften gilt, der beschränkten Körperschaftsteuerpflicht unterliegende inländische Einkünfte aus Gewerbebetrieb (durch die gewerbliche Vermietung) i. S. d. § 21 EStG. Voraussetzung hierfür ist, dass das unbewegliche Vermögen, die Sachinbegriffe oder Rechte im Inland belegen oder in ein inländisches öffentliches Buch oder Register eingetragen sind oder in einer inländischen Betriebsstätte oder in einer anderen Einrichtung verwertet werden. Im vorliegenden Fall ist dies erfüllt. Die A-GmbH & Co. KG hat entsprechende Rechte in einer inländischen Betriebsstätte – dem Unternehmen der A-GmbH & Co. KG – verwertet.

Für bestimmte inländische Einkünfte einer Vergütungsgläubigerin ohne Sitz und Ort der Geschäftsleitung im Inland, wie vorliegend der X-S.A., ist ein besonderes Besteuerungsverfahren in Form des abgeltenden Steuerabzugs statuiert. Ihre Rechtsgrundlage findet diese Erhebungstechnik in § 50 Abs. 2 Satz 1 EStG. Die Besteuerung der inländischen Einkünfte der beschränkt steuerpflichtigen Vergütungsgläubigerin X-S.A. hat nach dem Wortlaut des § 50a Abs. 2 EStG auf Bruttobasis („der gesamten Einnahmen") zu erfolgen. Ein Steuerabzug ist nach § 50a Abs. 1 Satz 1 Nr. 3 EStG mit Bezug auf § 49 Abs. 1 Nr. 6 EStG nur bei Einkünften vorgesehen, die aus Vergütungen für die Nutzung beweglicher Sachen oder für die Überlassung der Nutzung oder des Rechts auf Nutzung von Rechten, insbesondere von Urheberrechten, herrühren. Auch diese Voraussetzungen sind erfüllt, insbesondere ist das lizenzierte Recht als Urheberrecht i. S. d. § 73a Abs. 2 EStDV anzusehen. Der Steuersatz beträgt nach § 50a Abs. 2 EStG 15 %.

Als Vergütungsschuldnerin ist die A-GmbH & Co. KG gem. § 50a Abs. 5 Satz 2 f. EStG verpflichtet, den Steuerabzug für Rechnung der Vergütungsgläubigerin vorzunehmen und die einbehaltene Steuer an das Finanzamt abzuführen.

Die Bemessungsgrundlage i. H. v. 10 000 000 € wird mit 15 % Steuerabzug an der Quelle belastet. Ein Abzug von Betriebsausgaben kommt nicht in Betracht. Demzufolge ist im vorliegenden Fall keine Berücksichtigung der wirtschaftlich mit den Lizenzerträgen zusammenhängenden Aufwendungen für die Unterlizenzen möglich. Mithin sind von der A-GmbH & Co. KG 1 500 000 € einzubehalten und an das zuständige Finanzamt abzuführen.

Für den **Fall b)**, dass sich der Sitz und Ort der Geschäftsleitung der X-S.A. in einem DBA-Drittland befindet, kommt ggf. eine Reduktion des fraglichen Quellensteuersatzes auf die Lizenzzahlungen in Betracht. Nach Art. 12 OECD-MA reduziert sich der einschlägige Steuersatz auf 0 %, da für Lizenzgebühren das Besteuerungsrecht ausschließlich dem Ansässigkeitsstaat des Lizenzgebührenempfängers zugewiesen wird. Gleichwohl finden sich in der deutschen Abkommenspraxis auch von 0 % verschiedene, also höhere Quellensteuersätze auf Lizenzen. Falls ein von 0 % verschiedener Steuersatz zur Anwendung gelangt, stellen der Bruttobetrag der Einnahmen, somit also 10 000 000 € die Bemessungsgrundlage dar.

Zu **Fall c)** Entgegen dem Wortlaut des § 50a Abs. 3 EStG ist der Abzug korrespondierender Betriebsausgaben unter bestimmten Voraussetzungen möglich. Vgl. → Rz. 46 Die normerhaltende Reduktion des § 50a Abs. 3 EStG bewirkt für den EU-Fall, dass unter bestimmten Voraussetzungen der Steuerabzug nicht abgeltend wirkt. Der beschränkt steuerpflichtige Vergütungsgläubiger X-S.A. kann der A-GmbH & Co. KG ihre Betriebsausgaben in Form der Unterlizenzen mitteilen. Die A-GmbH & Co. KG darf sodann auf der Basis von 10 000 000 € - 8 000 000 € = 2 000 000 € den Steuerabzug vornehmen. Bei Körperschaften bleibt der Steuersatz bei 15 %, bei natürlichen Personen als Vergütungsgläubiger würde er sich auf 30 % erhöhen.

In Fällen des § 50a Abs. 1 Nr. 1, 2, 4 EStG kommt wahlweise für den beschränkt Stpfl. die sog. Mitteilungsoption nach § 50a Abs. 3 EStG oder die Veranlagungsoption nach § 50 Abs. 2 Satz 7 EStG in Betracht, vgl. auch § 32 Abs. 2 Nr. 2 KStG. Voraussetzung für diese Optionen ist die Ansässigkeit der jeweiligen beschränkt steuerpflichtigen Person in der EU. 22

(Einstweilen frei) 23–25

5. Aufsichtsratseinkünfte (§ 50a Abs. 1 Nr. 4 EStG)

Der Tatbestand des § 50a Abs. 1 Nr. 4 EStG unterwirft Vergütungen an beschränkt steuerpflichtige Mitglieder von Aufsichtsgremien bestimmter Unternehmungen mit Inlandsbezug (§ 73a Abs. 1 EStDV) einer Steuerabzugsverpflichtung.[1] Der Rechtsgrund für die Vergütung muss in der Überwachung der Geschäftsführung seine Wurzel haben. Erfasst sind ohne Zweifel sämtliche inkorporierten Rechtsformen, die eine Geschäftsführung haben können, als zutreffend dürfte daher der Verweis auf § 1 KStG zu verstehen sein. Vom Gesetzeswortlaut explizit ausgeschlossen sind Vergütungen an nicht unbeschränkt steuerpflichtige Mitglieder von Aufsichtsgremien mitunternehmerschaftlich organisierter Personenvereinigungen, selbst wenn deren Haupttätigkeit in der Überwachung der Geschäftsführung der Mitunternehmerschaft besteht. 26

Da die Überwachungstätigkeit in Aufsichtsgremien nur höchstpersönlich vorgenommen werden kann, kommen als Adressaten der nicht ansässigen Vergütungsgläubiger, für deren Rechnung der Steuerabzug vorzunehmen ist, grundsätzlich nur natürliche Personen in Betracht. Der Steuerabzug ist jedoch wohl auch dann vorzunehmen, wenn die Vergütung nicht an das Aufsichtsratsmitglied selbst, sondern an einen Dritten (z. B. das Mutterunternehmen) erfolgt, oder das Aufsichtsratsmitglied verpflichtet ist, die erhaltene Vergütung ganz oder teilweise an einen anderen abzuführen.[2]

(Einstweilen frei) 27–33

II. Bemessung der Steuer (§ 50a Abs. 2 EStG)

Die Abs. 2 bis 6 des § 50a EStG enthalten Vorschriften zur Bemessung der Abzugsteuer und Detailbestimmungen zum Steuerabzugsverfahren. Nach § 50a Abs. 2 Satz 1 EStG beträgt der 34

---

[1] *Endert*, BBK 2013, 763.
[2] Vgl. HRR/*Maßbaum*, § 50a EStG Rz. 81, mit Verweis auf die einschlägige Rechtsprechung.

Steuersatz für Einkünfte i. S. d. § 50a Abs. 1 Nr. 1 bis 3 EStG einheitlich 15 %, für Aufsichtsratsvergütungen i. S. d. § 50a Abs. 1 Nr. 4 EStG ist der Steuersatz 30 %. Gemäß § 50a Abs. 2 Satz 1 EStG unterliegen die gesamten Einnahmen dem Steuerabzug. Diese Formulierung stellt auf eine Bruttobesteuerung ab. Unter den gesamten Einnahmen sind alle in Geld oder Geldeswert bestehenden Güter zu verstehen, die für eine der in § 50a Abs. 1 Nr. 1 bis 4 EStG genannten Tätigkeiten als Gegenleistung gewährt werden – vorbehaltlich des übersteigenden Teils des Reisekostenersatzes nach § 50a Abs. 2 Satz 2 EStG.

35 Die sich aus Transport-, Übernachtungs- und Verpflegungsmehraufwand (Tagegelder) zusammensetzenden Reisekosten gehören nicht zu den dem Steuerabzug unterliegenden Einnahmen, soweit die Transport- und Übernachtungsgelder nicht die tatsächlichen Reisekosten bzw. die Verpflegungsmehraufwendungen nicht die Pauschalen i. S. d. § 4 Abs. 5 Satz 1 Nr. 5 EStG übersteigen. Darüber hinausgehende Beträge unterliegen dem Steuerabzug nach § 50a Abs. 1 EStG. Die Vorschrift findet auch Anwendung, wenn sie die einzige Gegenleistung darstellt.[1]

36 Die Bestimmung trägt insoweit den Charakter einer Vereinfachungsvorschrift, als sie sowohl für den öffentlichen Kulturbereich erhebliche Entlastungen als auch Gestaltungsmöglichkeiten bei der Vergütung insbesondere größerer Gruppen ermöglicht.[2] Werden Amateuren, Sportlern oder auch Künstlern wie Musikern, ausschließlich Kosten erstattet bzw. vom Veranstalter übernommen, ist nach Auffassung der Finanzverwaltung kein Steuerabzug nach § 50a Abs. 2 EStG vorzunehmen.[3]

37 § 50a Abs. 2 Satz 3 EStG enthält eine Geringfügigkeitsfreigrenze, da für Einkünfte aus Darbietungen i. H. v. 250 € je Darbietung kein Tatbestand erfüllt ist. Bei höheren Einnahmen bemisst sich der Steuerabzug auf die Gesamtvergütung. Die Regelung zur Geringfügigkeitsfreigrenze findet nur für die Bruttobesteuerung nach § 50a Abs. 2 EStG, nicht aber im Fall der Nettobesteuerung nach § 50a Abs. 3 EStG oder der Veranlagung nach § 50 Abs. 2 Satz 2 EStG Anwendung.[4]

Der Wortlaut der Vorschrift stellt ausdrücklich auf die Anwendung der Freigrenze je Darbietung ab. Anknüpfungspunkt der Freigrenzenregelung ist somit der einzelne Auftritt, was selbst bei mehreren Auftritten an einem Tag gilt. Unerheblich ist ebenfalls, ob mehrere Auftritte von einem oder von mehreren Veranstaltern durchgeführt werden. Sind mehrere Personen Vergütungsgläubiger im Rahmen einer Darbietung, ist die Freigrenze für jede Person auf die auf sie entfallende Vergütung anzuwenden.[5]

BEISPIEL: Ein Volksmusikduo aus einem ausländischen Staat wird an einem Veranstaltungstag morgens von einer Kommune, mittags von einem Unternehmen und abends von einem privaten Veranstalter engagiert. Pro Auftritt wird ein Honorar von 400 € für das Duo vereinbart. Für jeden Auftritt ist die Freigrenzenregelung anzuwenden, die Aufteilung auf die beiden Mitglieder des Duos ist ebenfalls jeweils vorzunehmen.

38–44 *(Einstweilen frei)*

---

1 Vgl. HHR/*Maßbaum*, § 50a EStG Anm. 95; *Gosch* in Kirchhof, § 50a EStG Rz. 21; *Kronawitter*, ZKF 2014, 1.
2 Vgl. HHR/*Maßbaum*, § 50a EStG Anm. 95; mit ausführlichen Beispielen vgl. *Holthaus*, DStZ 2008, 741.
3 BMF v. 25. 11. 2010, BStBl 2010 I 1350, Tz. 51.
4 Vgl. *Loschelder* in Schmidt, § 50a EStG Rz. 18, a. E.; kritisch zur Höhe der Freigrenze *Kempermann*, FR 2008, 591.
5 BMF v. 25. 11. 2010, BStBl 2010 I 1350, Rz. 54.

III. Unionsrechtliche Betriebsausgaben-/Werbungskostenmitteilungsoption (§ 50a Abs. 3 EStG)

§ 50a Abs. 3 EStG gewährt aus unionsrechtlichen Gründen unter bestimmten Voraussetzungen für einen eng definierten Personenkreis statt der sonst üblichen Technik des abgeltenden Steuerabzugs auf Bruttobasis die Möglichkeit der Anwendung einer Nettobemessungsgrundlage. Dementsprechend kann nach § 50a Abs. 3 EStG der Vergütungsschuldner die nach § 50a Abs. 5 EStG einzubehaltende und abzuführende Steuer auch auf der Grundlage eines Nettobetrags ermitteln. Die angesprochenen unionsrechtlichen Gründe als Hintergrund der Vorschrift sind darin zu erblicken, dass mit § 50a Abs. 3 EStG die Vorgaben aus der Scorpio-Entscheidung des EuGH[1] in Gesetzesform gegossen wurden. Der EuGH hatte bei einem grundsätzlich unionsrechtlich statthaften Steuerabzug bei beschränkter Steuerpflicht die fehlende Möglichkeit zur Berücksichtigung korrespondierender Aufwendungen gerügt und dies im konkreten Fall mit sonst verletzter Dienstleistungsfreiheit begründet.

Die Betriebsausgaben-/Werbungskostenmitteilungsoption durch den Vergütungsgläubiger ist nach der gesetzlichen Regelung zulässig bei den Einkünften

▶ aus im Inland ausgeübten künstlerischen, sportlichen, artistischen, unterhaltenden oder ähnlichen Darbietungen (§ 50a Abs. 1 Nr. 1 EStG),

▶ aus der inländischen Verwertung von Darbietungen (§ 50a Abs. 1 Nr. 2 EStG),

▶ aus der Überwachung der Geschäftsführung (Aufsichtsratsvergütungen, § 50a Abs. 1 Nr. 4 EStG).

Beim Tatbestand des § 50a Abs. 1 Nr. 3 EStG hat der Gesetzgeber dem Vergütungsgläubiger die Betriebsausgaben-/Werbungskostenmitteilungsoption aus nicht sachgerechten Erwägungen nicht zugestanden. Dies hat der BFH[2] – in sog. geltungserhaltender Reduktion der Vorschrift – und ihm nunmehr folgend die Finanzverwaltung[3] nachgebessert. Gleichwohl bleibt der Gesetzgeber aufgefordert, die unionsrechtwidrige Gesetzesfassung zu ändern, denn der abweichende Wortlaut des Gesetzes verletzt Unionsrecht.

Die Mitteilungsoption setzt in unmittelbarem wirtschaftlichem Zusammenhang mit Einkünften i. S. d. § 50a Abs. 1 EStG gegebene Betriebsausgaben/Werbungskosten voraus. Daneben müssen sie in einer für das BZSt nachprüfbaren Form nachgewiesen werden. Alternativ zu dieser Voraussetzung kommt die Übernahme durch den Vergütungsschuldner in Betracht.

Tauglicher Vergütungsgläubiger muss ein Unionsbürger bzw. eine Unionsgesellschaft bzw. ein EWR-Bürger bzw. eine EWR-Gesellschaft sein. Daneben tritt ein Ansässigkeitskriterium, denn das Gesetz verlangt bei Staatsangehörigen eines EU-/EWR-Staats einen dortigen Wohnsitz. Bei einer Körperschaft, Personenvereinigung oder Vermögensmasse eines EU-/EWR-Staats wird die EU-/EWR-Ansässigkeit durch den Sitz oder den Ort der Geschäftsleitung in einem dieser Staaten materialisiert. Zu betonen ist, dass Staatsangehörigkeit und Ansässigkeit bei natürlichen wie bei juristischen Personen auseinanderfallen können (Beispiel: EWR-Staatsangehöriger – z. B. Island – mit Wohnsitz in Frankreich).

---

1 EuGH v. 3. 10. 2006 - C-290/04, *FKP Scorpio Konzertproduktionen GmbH*, BStBl 2007 II 352.
2 BFH v. 27. 7. 2011 - I R 32/10, BStBl 2014 II 513; BFH v. 25. 4. 2012 - I R 76/10, BFH/NV 2012, 1444 = NWB DokID: FAAAE-14028.
3 BMF v. 17. 6. 2014, BStBl 2014 I 887.

48 Die Rechtsfolge besteht darin, dass bei Vorliegen der Voraussetzungen der Steuerabzug auf Nettobasis durchgeführt werden kann. Zur Berechnung der Vorteilhaftigkeit ist auch in den Blick zu nehmen, dass für die fragliche Personengruppe auch eine Veranlagungsoption statthaft ist. Diese Rechtslage bewirkt, dass ein mehrkriterielles Optimierungskalkül anzuwenden ist.

Abziehbar sind nur Betriebsausgaben/Werbungskosten in unmittelbarem wirtschaftlichem Zusammenhang mit den Einnahmen (§ 50a Abs. 3 Satz 1 EStG). Definitorisch kommt diesen Begriffen keine von den allgemeinen im Ertragsteuerrecht üblichen Inhalten zu. Auf die einschlägigen gesetzlichen Kriterien kann daher verwiesen werden.

49 Problematisch stellt sich der unmittelbare wirtschaftliche Zusammenhang dar, denn das Gesetz definiert diesen Begriff nicht. Im Schrifttum wird vorgeschlagen, eine Anleihe bei der identischen Formulierung im Kontext des § 3c Abs. 1 EStG zu nehmen.[1] Dies bewirkt, dass wegen des vergleichbar gelagerten Zusammenhangs auf die dazu ergangene Rechtsprechung verwiesen werden kann.[2] Danach weisen Betriebsausgaben/Werbungskosten dann einen unmittelbaren wirtschaftlichen Zusammenhang mit den Einkünften i. S. d. § 50a Abs. 1 EStG auf, wenn sie nicht nur durch die betreffenden Einnahmen veranlasst sind, sondern darüber hinaus im Sinne einer Kausalität einen direkten Bezug speziell zu jenen Einnahmen haben. Aus diesen Gründen sind sie ohne diese nicht denkbar. Ein unmittelbarer wirtschaftlicher Zusammenhang liegt folglich vor, wenn Einnahmen und Aufwendungen durch dasselbe Ereignis veranlasst sind. Jedoch wird kein finaler Zusammenhang in dem Sinne verlangt werden können, dass die Ausgaben erbracht werden, um dadurch Einnahmen zu erzielen. Zu Recht kritisch gegenüber der Position der Finanzverwaltung daher *Maßbaum*,[3] der der Finanzverwaltung unterstellt, dass sie den Begriff des unmittelbaren Zusammenhangs ausdehne.[4] Die Finanzverwaltung verlangt ohne Stütze im Gesetz, es müsse „eine exklusiv" für den Vergütungsschuldner zu erbringende konkrete Überlassungsleistung gegeben sein.

50 Die Beispiele für die zulässige Betriebsausgaben-/Werbungskostenmitteilungsoption sind mannigfaltig. Zu denken ist etwa an konkret zuordenbare Reisekosten, an spezielle Bühnen-, Kleidungs-, Personalaufwendungen, an Aufwendungen für Ton- und Lichtanlage, ggf. auch konkret zurechenbare Aufwendungen für Telefon und Personal, an Unterlizenzgebühren, an Hallenmiete, an Aufwendungen für Werbung und „Promotion", an spezifische Versicherungsaufwendungen, an Aufwendungen für Dolmetscher, Managerkosten, Aufwendungen für Roadies und Wachdienste.[5]

51 Was unter einer nachprüfbaren Form zu verstehen ist, lässt das Gesetz offen. Letztlich kommen dafür auch die sonst im Besteuerungsverfahren üblichen Mittel der Glaubhaftmachung in Betracht. Anwendung finden die Grundsätze der objektiven Feststellungslast. Demzufolge können keine erhöhten Nachweisanforderungen aufgestellt werden als im Rahmen der §§ 4

---

1 Vgl. HHR/*Maßbaum*, § 50a EStG Anm. 106.
2 BFH v. 24. 4. 2007 - I R 93/03, BStBl 2008 II 132; BMF v. 25. 11. 2010, BStBl 2010 I 1350, Tz. 47; *Gosch* in Kirchhof, § 50a EStG Rz. 23; *Loschelder* in Schmidt, § 50a EStG Rz. 23; *Nieland* in Lademann, § 50a EStG Anm. 255.
3 Vgl. HHR/*Maßbaum*, § 50a EStG Anm. 106.
4 Vgl. BMF v. 17. 6. 2014, BStBl 2014 I 887.
5 Aus dem Schrifttum und der Rechtsprechung vgl. die Nachweise bei: HHR/*Maßbaum*, § 50a EStG Anm. 106; *Gosch* in Kirchhof, § 50a EStG Rz. 23; *Cordewener/Grams/Molenaar*, IStR 2006, 739, BFH v. 27. 7. 2011 - I R 32/10, BStBl 2014 II 513; BFH v. 25. 4. 2012 - I R 76/10, BFH/NV 2012, 1444 = NWB DokID: FAAAE-14028; *Nieland* in Lademann, § 50a EStG Anm. 256, *Intemann/Nacke*, DB 2007, 1430.

und 9 EStG. Demgemäß empfiehlt sich eine sorgfältig Beweisvorsorge, die die spätere Vorlage einschlägiger Rechnungen, Quittungen, Zahlungsbelege, Flugtickets usw. ermöglicht.[1] Auf die Pflicht zur Erstellung geordneter Aufzeichnungen nach § 73d Abs. 1 Satz 3 EStDV wird hingewiesen.[2] Die Schätzung abzugsfähigen Aufwands ist nicht vorgesehen.

Die eigenständige Aufzeichnungspflicht nach § 73d Abs. 1 Satz 3 EStDV ist im praktischen Besteuerungsverfahren von hoher Bedeutung. Danach hat der Vergütungsschuldner auch die Staatsangehörigkeit des Gläubigers zu dokumentieren, wobei der Nachweis durch Vorlage der Kopie eines Lichtbildausweises mit Angabe der Staatsangehörigkeit genügt. Mithin kommen neben Reisepass, Personalausweis oder vergleichbaren Ausweisen bei natürlichen Personen bei Körperschaften, Personenvereinigungen oder Vermögensmassen die Vorlage einer Fotokopie des Handelsregisters in Betracht.[3]

Die Rechtsfolge der Vorschrift besteht im Abzug von Betriebsausgaben/Werbungskosten im Rahmen der Bemessungsgrundlagenermittlung des Steuerabzugs. Der Steuersatz beträgt 30 %, wenn der Gläubiger eine natürliche Person ist (§ 50a Abs. 3 Satz 4 Nr. 1 EStG), und 15 %, wenn der Gläubiger eine Körperschaft, Personenvereinigung oder Vermögensmasse i. S. d. § 32 Abs. 4 KStG ist (§ 50a Abs. 3 Satz 4 Nr. 2 EStG). Dies bewirkt, dass sich bei inkorporierten Personen das Nettoverfahren immer lohnt, bei natürlichen Personen aufgrund der Verdoppelung des Abzugsteuersatzes von 15 % auf 30 % dann, wenn die Betriebsausgaben/Werbungskosten mindestens 50 % der Bruttoeinnahmen betragen. 52

Bemessungsgrundlage für den Steuerabzug sind die Nettoeinnahmen nach Abzug der Betriebsausgaben/Werbungskosten von der Vergütung. Der höhere Abzugsteuersatz bei natürlichen Personen soll nach der Vorstellung des Gesetzgebers eine angemessene Besteuerung gewährleisten.[4] 53

(Einstweilen frei) 54–58

IV. Steuerabzug auf zweiter Stufe (§ 50a Abs. 4 EStG)

Die Vorschrift erklärt sich vor dem Hintergrund, dass ein beschränkt steuerpflichtiger Vergütungsschuldner selbst wiederum beschränkt Stpfl. sein kann.[5] 59

BEISPIEL: ▶ Eine im Ausland ansässige Künstlerverleihgesellschaft („rent-a-star-company") in der Rechtsform einer Kapitalgesellschaft hat sämtliche Auftritts- und Vermarktungsrechte an einem im Ausland ansässigen Popstar inne. Die Künstlerverleihgesellschaft schließt mit einem inländischen Konzertveranstalter einen Werkvertrag über den Auftritt des Popstars in einem inländischen Stadion. Das Honorar fließt an die Künstlerverleihgesellschaft, der Popstar tritt höchstpersönlich auf. Die Künstlerverleihgesellschaft zahlt dem Popstar ein Honorar für den Auftritt im Inland. In einer solchen Konstellation verwirklichen sowohl die Künstlerverleihgesellschaft als auch der Popstar abzugspflichtige Tatbestände der beschränkten Steuerpflicht.

An diesem Befund setzt die Bestimmung der Norm inhaltlich an. Die Honorarzahlung des inländischen Konzertveranstalters aufgrund des Werkvertrags an die Künsterverleihgesellschaft 60

---

1 Vgl. auch BMF v. 25.11.2010, BStBl 2010 I 1350, Rz. 46; *Gosch* in Kirchhof, § 50a EStG Rz. 24.
2 Vgl. *Gosch* in Kirchhof, § 50a EStG Rz. 24.
3 So auch HHR/*Maßbaum*, § 50a EStG Anm. 108.
4 BT-Drucks. 16/10189, 63.
5 Vgl. *Kraft*, SteuerStud 2013, 481.

stellt einen abzugspflichtigen Steuertatbestand im Rahmen ihrer beschränkten Körperschaftsteuerpflicht dar. Die Künsterverleihgesellschaft hätte „eigentlich" von der Honorarzahlung an den Popstar ebenfalls eine Abzugsteuer einzubehalten und abzuführen.

Tatbestandlich kann in derartigen Fällen vom Steuerabzug auf zweiter Stufe abgesehen werden. Die Norm trägt daher Vereinfachungscharakter in solchen Fällen, in denen der Steueranspruch nicht gefährdet erscheint. Voraussetzung dafür, dass vom Steuerabzug auf der zweiten Stufe abgesehen werden kann, ist nach § 50a Abs. 4 Satz 1 EStG lediglich, dass die Einnahmen des zwischengeschalteten Vergütungsgläubigers und gleichzeitigen Vergütungsschuldners bereits dem (Brutto-)Steuerabzug nach § 50a Abs. 2 EStG unterlegen haben. Mit anderen Worten muss nach dem klaren Gesetzeswortlaut der Abzug auf der ersten Ebene schon erfolgt sein.

61 § 50a Abs. 4 Satz 2 EStG nennt mehrere Ausschlusstatbestände, die die Steuerabzugspflicht auf der zweiten Stufe (auch rückwirkend) wieder aufleben lassen. Zum einen kann dies eintreten, wenn der Schuldner der Vergütung auf der zweiten Stufe Betriebsausgaben/Werbungskosten nach § 50a Abs. 3 EStG geltend macht. Daneben ist denkbar, dass der Schuldner der Vergütung auf der zweiten Stufe die Veranlagung nach § 50 Abs. 2 Satz 2 Nr. 5 EStG beantragt. Schließlich sind Situationen möglich, in denen die Erstattung der Abzugsteuer nach § 50d Abs. 1 EStG oder einer anderen Vorschrift beantragt werden kann.

62–65 *(Einstweilen frei)*

C. Verfahrensfragen

I. Steuerentstehung; Haftung (§ 50a Abs. 5 EStG)

66 § 50a Abs. 5 EStG enthält einen bunten Strauß von Verfahrensregelungen im Zusammenhang mit dem abgeltenden Steuerabzug bei beschränkter Steuerpflicht. Normiert sind im Einzelnen

- ▶ die Entstehung der Steuer mit Zufluss der Vergütung in § 50a Abs. 5 Satz 1 EStG; vgl. zum Zeitpunkt des Zufließens § 73c EStDV,
- ▶ die Vornahme des Steuerabzugs in § 50a Abs. 5 Satz 2 EStG,
- ▶ die Abführung der Abzugsteuer in § 50a Abs. 5 Satz 3 EStG,
- ▶ die Haftung des Vergütungsschuldners für Einbehaltung und Abführung der Steuer in § 50a Abs. 5 Satz 4 EStG,
- ▶ die Inanspruchnahme des Steuerschuldners in § 50a Abs. 5 Satz 5 EStG sowie
- ▶ die Bescheinigung für beschränkt steuerpflichtige Vergütungsgläubiger in § 50a Abs. 5 Satz 6 EStG.

67 Die Regelung zur Entstehung der Steuer mit Zufluss der Vergütung in § 50a Abs. 5 Satz 1 EStG erklärt sich vor dem Hintergrund, dass die Abzugsteuer für beschränkt Stpfl. abweichend von § 38 AO entsteht. Die Steuerentstehung erfolgt nach der gesetzlichen Regelung im Zeitpunkt des Zuflusses, vgl. § 11 EStG, sowohl der Vergütungen nach § 50a Abs. 1 Nr. 1 bis 3 EStG als auch der Aufsichtsratsvergütungen nach § 50a Abs. 1 Nr. 4 EStG. Die Regelung entspricht inhaltlich der bei der Kapitalertragsteuer nach § 44 Abs. 1 Satz 2 EStG sowie der bei der Lohnsteuer nach § 38 Abs. 2 Satz 2 EStG anzutreffenden Rechtslage. Die Regelungskonzeption ist typisch für Abzugsteuern, woraus sich auch ihr *lex specialis*-Charakter gegenüber § 11 EStG erklärt.[1] Es bedarf insoweit eines tatsächlichen Abflusses im grenzüberschreitenden Bereich.

Die Vornahme des Steuerabzugs nach § 50a Abs. 5 Satz 2 EStG ist in Kombination mit der Abführung der Abzugsteuer nach § 50a Abs. 5 Satz 3 EStG zu sehen. Der abstrakte rechtliche Zeitpunkt der Steuerentstehung bestimmt damit, wann der Steuerabzug durch den Vergütungsschuldner vorzunehmen ist. Die konkrete Zeitspanne, innerhalb derer die Abführung der Abzugsteuer zu erfolgen hat, ist sodann in § 50a Abs. 5 Satz 3 EStG näher geregelt. Die Vornahme des Steuerabzugs obliegt nach § 50a Abs. 5 Satz 2 EStG dem Vergütungsschuldner, der – bei Pflichtverletzung – auch zum Haftungsschuldner werden kann. Der Vergütungsschuldner ist die zum Abzug verpflichtete Person, die innerhalb eines Kalendervierteljahres die einbehaltene Steuer jeweils bis zum 10. des dem Kalendervierteljahr folgenden Monats an das BZSt abzuführen hat. Zur Einbehaltung, Abführung und Anmeldung der Steuer i. S. d. § 50a Abs. 1 und 7 EStG vgl. § 73e EStDV.

Die Haftung des Vergütungsschuldners als des zivilrechtlich zur Zahlung der Vergütung an den Gläubiger Verpflichteten erstreckt sich nach § 50a Abs. 5 Satz 4 EStG sowohl auf die Einbehaltung als auch auf die Abführung der Steuer. Dieser zweigliedrige Pflichtenkanon findet eine Parallele in anderen Abzugstatbeständen, namentlich bei der Lohnsteuer gem. § 42d Abs. 1 EStG sowie bei der Kapitalertragsteuer gem. § 44 Abs. 5 EStG. Die Haftung des Vergütungsschuldners erweist sich als streng, denn der Haftende kann sich nicht entsprechend § 42d Abs. 2 EStG von der Haftung befreien. Die Haftung ist unmittelbar i. S. d. § 219 Satz 2 AO und akzessorisch i. S. d. § 191 Abs. 5 AO. Dies bedeutet, dass die Haftung zunächst eine bestehende Abzugspflicht voraussetzt. Die Abzugspflicht wiederum setzt das Vorhandensein beschränkt steuerpflichtiger Vergütungen auf der Ebene des Vergütungsempfängers voraus. Das Gesetz bürdet dem Vergütungsschuldner die Subsumtionslast hinsichtlich der Person des Vergütungsempfängers auf und belastet ihn mit der drohenden Haftungsinanspruchnahme. Anstelle eines Haftungsbescheids kann gegenüber dem Vergütungsschuldner alternativ auch ein Nachforderungsbescheid erlassen werden.[2] Dies ist insbesondere in Hinblick auf die unterschiedlichen anzuwendenden Verjährungsregelungen von Bedeutung.

Diese Inanspruchnahme des Steuerschuldners findet ihren normativen Niederschlag in § 50a Abs. 5 Satz 5 EStG. Danach kann der Steuerschuldner nur in Anspruch genommen werden, wenn der Vergütungsschuldner den Steuerabzug nicht vorschriftsmäßig vorgenommen hat. Ein demgemäß nicht vorschriftsmäßiger Steuerabzug als Voraussetzung für eine Inanspruchnahme des Steuerschuldners stellt nicht auf Kenntnisse des Steuerschuldners über die nicht ordnungsgemäße Abführung der Steuer ab. Ausreichend ist demzufolge, dass die Steuer entweder

▶ nicht ordnungsgemäß einbehalten oder

▶ nicht ordnungsgemäß angemeldet oder

▶ nicht ordnungsgemäß abgeführt wurde.

Selbstverständlich können Verletzungen der Einbehaltungspflicht, der Anmeldungspflicht sowie der Abführungspflicht auch in Kombination auftreten. Pflichtverletzungen liegen auch vor,

---

1 Vgl. HHR/*Maßbaum*, § 50a EStG Anm. 120.
2 Vgl. *Ungemach/Gehrmann*, PIStB 2015, 246 mit Verweis auf BMF v. 25. 11. 2010, BStBl 2010 I 1350, Rz. 57.

wenn der Gläubiger durch falsche Sachverhaltsangaben eine Freistellungsbescheinigung erwirkt und der Vergütungsschuldner deshalb die Steuer nicht einbehalten hat.[1]

71 § 50a Abs. 5 Satz 6 EStG enthält Verfahrensbestimmungen für die Bescheinigung für beschränkt steuerpflichtige Vergütungsgläubiger über den Nachweis für den Steuerabzug. Eine Bescheinigung mit den genannten Angaben hat der Vergütungsschuldner dem beschränkt steuerpflichtigen Vergütungsgläubiger auf Verlangen nach amtlichem Muster zu erteilen. Detailregelungen finden sich im Merkblatt des BfF v. 9. 10. 2002.[2] Die Informationen, die in dieser Bescheinigung enthalten sein müssen, sind weitreichend. So sind neben dem Namen und der Anschrift des Gläubigers die Art der Tätigkeit nebst Höhe der Vergütung in Euro, der Zahlungstag, der Betrag der einbehaltenen und abgeführten Steuer nach § 50a Abs. 2 oder Abs. 3 EStG aufzuführen.

72–75 *(Einstweilen frei)*

II. Rechtsverordnungsermächtigung (§ 50a Abs. 6 EStG)

76 § 50a Abs. 6 EStG enthält eine im Steuerabzugsverfahren Bedeutung erlangende Ermächtigung der Bundesregierung zum Erlass einer RechtsVO, die die Zustimmung des Bundesrates voraussetzt. Die Ausfüllung der Ermächtigung ist durch § 73f EStDV erfolgt. Inhaltlich wird dort bestimmt, dass der Schuldner der Vergütungen für die Nutzung oder das Recht auf Nutzung von Urheberrechten i. S. d. § 50a Abs. 1 Nr. 3 EStG den Steuerabzug unter bestimmten Voraussetzungen nicht vorzunehmen braucht. Die Voraussetzungen bestehen darin, dass entsprechende Vergütungen für Urheberrechte i. S. v. § 50a Abs. 1 Satz 1 Nr. 3 EStG nicht direkt an den beschränkt steuerpflichtigen Gläubiger, sondern an einen von ihm Beauftragten geleistet werden. Dieser Beauftragte hat anstelle des Schuldners die Steuer einzubehalten und abzuführen, er haftet auch dafür. Die Regelung bedeutet eine Erleichterung für den Schuldner der dann den Steuerabzug nicht vorzunehmen braucht, wenn er die Vergütungen aufgrund eines Übereinkommens statt an den beschränkt steuerpflichtigen Gläubiger an die Gesellschaft für musikalische Aufführungsrechte (GEMA) abführt. Bei anderen Beauftragten als der GEMA ist eine Einwilligung der obersten Finanzbehörden der Länder mit Zustimmung des BMF erforderlich, dass sie an die Stelle des Vergütungsschuldners treten. Der Wortlaut der Norm enthält keine Beschränkung auf im Inland ansässige Beauftragte, so dass auch ausländische Verwertungsgesellschaften Beauftragte sein können.[3]

77–80 *(Einstweilen frei)*

III. Steuerabzug auf Anordnung (§ 50a Abs. 7 EStG)

81 Die Vorschrift gibt dem zuständigen Finanzamt die Möglichkeit, zur Sicherstellung des Steueranspruchs die Steuer durch Steuerabzug erheben zu lassen. Allerdings vermag die Norm – schon aufgrund ihres klaren Wortlauts – keine materielle Steuerpflicht zu begründen. Die Erhebung durch Steuerabzug auf Anordnung des Finanzamts ist an mehrere Voraussetzungen geknüpft. So muss auf der Seite des Vergütungsgläubigers beschränkte Steuerpflicht bestehen, wobei die Beurteilung nach § 49 EStG zu erfolgen hat. Bei der Anordnung des Steuer-

---

1 BFH v. 26. 7. 1995 - I B 200/94, BFH/NV 1996, 311 = NWB DokID: QAAAB-37027.
2 BStBl 2002 I 904, Anlage 1 = NWB DokID: RAAAB-03192.
3 Vgl. BMF v. 7. 5. 2002, BStBl 2002 I 521, Tz. 5; HHR/*Maßbaum*, § 50a EStG Anm. 140; a. A. *Boochs* in Lademann, § 50a EStG Anm. 350, wonach nur im Inland ansässige Rechtsträger erfasst sein sollen.

abzugs handelt es sich um eine Ermessensentscheidung des Finanzamts. Diese ist nach § 5 AO pflichtgemäß auszuüben und an den Grundsatz der Verhältnismäßigkeit gebunden. Dabei hat sie sich am Zweck der gesetzlichen Regelung zu orientieren.

Inhaltlich konkretisiert die Abzugsanordnung nach § 50a Abs. 7 EStG nicht eine schon kraft Gesetzes bestehende Abführungspflicht des Vergütungsschuldners. Sie begründet vielmehr eine dahin gehende Pflicht, die ohne sie nicht gegeben wäre, und ist in diesem Sinne konstitutiv.

Die Anordnung ist zulässig, soweit die infrage kommenden Einkünfte nicht bereits anderweitig dem Steuerabzug unterliegen. Darin kommt der Charakter des Sicherungseinbehalts zum Ausdruck. Ein anderweitiger Steuerabzug kann sich beispielsweise als Lohnsteuerabzug, Kapitalertragsteuerabzug oder als Abzug aufgrund von § 50a Abs. 1 EStG ergeben. Technisch erfolgt der Steuerabzug dadurch, dass dem Vergütungsschuldner die Verpflichtung auferlegt werden kann, von der Zahlung einen Prozentsatz von 25 % bzw. 15 % für Rechnung des beschränkt steuerpflichtigen Vergütungsgläubigers – also des Steuerschuldners – einzubehalten und an das Finanzamt abzuführen. Der Steuerabzug ist auf die veranlagte Einkommensteuer bzw. auf die Körperschaftsteuer des Steuerschuldners anzurechnen.

Das problematischste Tatbestandsmerkmal besteht darin, dass der Steuerabzug für die Sicherung des Steueranspruchs zweckmäßig ist. Dies mag die Erklärung dafür sein, dass die Vorschrift jahrzehntelang trotz beinahe 70-jähriger Geltungsdauer im Verhältnis zu ihrer potenziellen Bedeutung relativ wenig Beachtung in der Praxis fand. Nach zutreffender Ansicht[1] hat ein Abzug nur dann zu erfolgen, wenn der Steueranspruch ohne den Sicherungseinbehalt konkret gefährdet ist. Dies lässt sich mit dem Ausnahmecharakter des Steuereinbehalts begründen. Entscheidend ist insoweit, dass die konkrete Gefahr besteht, dass der Vergütungsgläubiger ohne Steuereinbehalt Vermögen in das Ausland transferiert und es dadurch dem Zugriff des (deutschen) Fiskus entzieht. Als Anhaltspunkt für eine konkrete Gefährdung kann insoweit insbesondere das bisherige Verhalten des Steuerschuldners gegenüber den Finanzbehörden in Betracht kommen. Auch das Vorliegen besonderer Tatsachen, wie bspw. ein Nichtvorliegen eines bekannten Wohn- oder Geschäftssitzes rechtfertigen einen angeordneten Steuereinbehalt. Teile der Literatur[2] konzedieren der Finanzverwaltung einen weiteren Spielraum. Demnach soll es genügen, wenn der Steuerabzug zur Sicherung des Steueranspruchs im Allgemeinen zweckmäßig erscheint, ohne dass besondere Anhaltspunkte für einen gefährdeten Steueranspruch vorliegen. In der Judikatur des BFH wird die Zweckmäßigkeit dahin gehend verstanden, dass diese dann zu bejahen ist, wenn ein Steuerabzug aufgrund der Ermangelung von nennenswertem vollstreckbarem Inlandsvermögen angeordnet wird.[3] Einer solchen Sicherung soll es nach der Vorstellung des BFH (und des Gesetzgebers) deshalb bedürfen, weil eine Beitreibung der Steuer im Ausland häufig mit besonderen Schwierigkeiten verbunden ist.

Seit geraumer Zeit wird aus der Besteuerungspraxis berichtet, dass einzelne Landesfinanzämter die Norm mit zunehmender Intensität zur Anwendung bringen.[4] § 50a Abs. 7 EStG scheint somit in jüngerer Zeit wieder neue Relevanz für die Steuerpraxis gewonnen zu haben. Besondere Anwendungsrelevanz hat die Vorschrift offenbar im Zusammenhang mit Transaktionen unter Beteiligung beschränkt steuerpflichtiger Kapitalgesellschaften. Veräußern diese

---

1 Vgl. *Gosch* in Kirchhof, § 50a EStG Rz. 41a; so auch *Oreskovic-Rips/Kowalewski*, IStR 2015, 418; *Maßbaum/Müller*, BB 2016, 3037.
2 Vgl. *Müller*, DB 1984, 222; *Wied* in Blümich, § 50a EStG Rz. 135.
3 BFH v. 24. 3. 1999 - I B 113/98, NWB DokID: VAAAA-62964.
4 Vgl. insbesondere *Oreskovic-Rips/Kowalewski*, IStR 2015, 418.

steuerpflichtig Inlandsvermögen, so gestattet die Bestimmung, einen Einbehalt beim Käufer anzuordnen. Die Höhe dieses direkt gegenüber dem Käufer angeordneten Einbehaltes beträgt 15 % bei Körperschaften, zzgl. SolZ. In solchen – in der Praxis wohl eher seltenen – Fällen, in denen natürliche Personen als Veräußerer auftreten, beträgt der Anordnungsbetrag regelmäßig 25 % zzgl. SolZ.

Das nachfolgende Beispiel illustriert einen typischen Anwendungsfall.

> **BEISPIEL:** Die im Ausland steuerlich ansässig X-Inc., die über kein weiteres Inlandsvermögen verfügt, veräußert ihre einzige im Inland belegene Immobilie. Nach den vertraglichen Abreden soll der Kaufpreis laut Kaufvertrag auf ein ausländisches Bankkonto überwiesen werden. Das zuständige Finanzamt erfährt aufgrund einer Kontrollmitteilung vom Verkauf und ordnet gegenüber dem inländischen Käufer einen Steuerabzug i. H.v 15 % an.

IX. Sonstige Vorschriften, Bußgeld-, Ermächtigungs- und Schlussvorschriften

§ 50b Prüfungsrecht

¹Die Finanzbehörden sind berechtigt, Verhältnisse, die für die Anrechnung oder Vergütung von Körperschaftsteuer, für die Anrechnung oder Erstattung von Kapitalertragsteuer, für die Nichtvornahme des Steuerabzugs, für die Ausstellung der Jahresbescheinigung nach § 24c oder für die Mitteilungen an das Bundeszentralamt für Steuern nach § 45e von Bedeutung sind oder der Aufklärung bedürfen, bei den am Verfahren Beteiligten zu prüfen. ²Die §§ 193 bis 203 der Abgabenordnung gelten sinngemäß.

Inhaltsübersicht	Rz.
A. Allgemeine Erläuterungen	1 – 4

A. Allgemeine Erläuterungen

1 § 50b EStG stellt eine Ergänzung der Vorschriften der AO über die Durchführung von Außenprüfungen (§§ 193 bis 203 AO) dar. Mit der Vorschrift des § 50b EStG besteht insoweit eine explizite Regelung für die Überprüfung von Sachverhalten, welche im Hinblick auf die Erstattung, Vergütung und Anrechnung vom Körperschaftsteuer und Kapitalertragsteuer sowie für die Nichtvornahmen des Steuerabzugs und die Ausstellung von Jahresbescheinigungen nach § 24c EStG sowie Mitteilungen gem. § 45e EStG von Belang sind. Zu beachten ist dabei, dass die Vorschrift des § 24c EStG durch das UntStRefG 2008 aufgehoben wurde. Im Übrigen sei im Hinblick auf die Verhältnisse, welche im Hinblick auf die jeweiligen Verfahren bedeutsam sind, auf die Kommentierung der vorstehend genannten Vorschriften verwiesen. Bezüglich des Verfahrens selbst sind die §§ 193 ff. AO maßgebend.

2 Durch § 50b EStG wird der Kreis der Prüfungsadressaten gegenüber § 193 Abs. 2 AO erweitert. Das Prüfungsrecht der Finanzverwaltung gem. § 50b EStG betrifft alle Personen, welche zur Anrechnung oder Vergütung von Körperschaftsteuer bzw. zur Anrechnung oder Erstattung von Kapitalertragsteuer berechtigt sind, die Anspruch auf Absehen vom Steuerabzug haben, Beteiligte am Steuerabzugsverfahren nach §§ 48 ff. EStG sind oder am Verfahren zur Ausstel-

lung von Jahresbescheinigungen nach § 24c EStG beteiligt waren, sowie diejenigen, welche unmittelbar in das Mitteilungsverfahren nach § 45e EStG eingebunden bzw. an ihm beteiligt sind. Der Prüfungsumfang erfährt gegenüber § 194 AO eine selbständige Regelung. § 50b Satz 2 EStG bestimmt eine sinngemäße Geltung der Vorschriften der §§ 193 bis 203 AO. Auf § 204 AO („verbindliche Zusage") wird insoweit nicht verwiesen.

Im Hinblick auf die Erstattung der Kapitalertragsteuer gilt das allgemeine Ermittlungsrecht der Finanzverwaltung (§ 44b EStG). Hierdurch wird das Prüfungsrecht gem. § 50b EStG jedoch nicht ersetzt. 3

Zu beachten ist, dass der Begriff der „am Verfahren Beteiligten" gem. § 50b EStG über den Beteiligungsbegriff des § 78 AO hinausgeht und insbesondere nicht nur die jeweilige Depotbank, sondern auch den Gläubiger der Kapitalerträge umfasst. 4

§ 50c (weggefallen)

▶ Zur Kommentierung siehe Online-Version, 1. Aufl. 2016

§ 50d Besonderheiten im Fall von Doppelbesteuerungsabkommen und der §§ 43b und 50g

(1) ¹Können Einkünfte, die dem Steuerabzug vom Kapitalertrag oder dem Steuerabzug auf Grund des § 50a unterliegen, nach den §§ 43b, 50g oder nach einem Abkommen zur Vermeidung der Doppelbesteuerung nicht oder nur nach einem niedrigeren Steuersatz besteuert werden, so sind die Vorschriften über die Einbehaltung, Abführung und Anmeldung der Steuer ungeachtet der §§ 43b und 50g sowie des Abkommens anzuwenden. ²Unberührt bleibt der Anspruch des Gläubigers der Kapitalerträge oder Vergütungen auf völlige oder teilweise Erstattung der einbehaltenen und abgeführten oder der auf Grund Haftungsbescheid oder Nachforderungsbescheid entrichteten Steuer. ³Die Erstattung erfolgt auf Antrag des Gläubigers der Kapitalerträge oder Vergütungen auf der Grundlage eines Freistellungsbescheids; der Antrag ist nach amtlich vorgeschriebenem Vordruck bei dem Bundeszentralamt für Steuern zu stellen. ⁴Dem Vordruck ist in den Fällen des § 43 Absatz 1 Satz 1 Nummer 1a eine Bescheinigung nach § 45a Absatz 2 beizufügen. ⁵Der zu erstattende Betrag wird nach Bekanntgabe des Freistellungsbescheids ausgezahlt. ⁶Hat der Gläubiger der Vergütungen im Sinne des § 50a nach § 50a Absatz 5 Steuern für Rechnung beschränkt steuerpflichtiger Gläubiger einzubehalten, kann die Auszahlung des Erstattungsanspruchs davon abhängig gemacht werden, dass er die Zahlung der von ihm einzubehaltenden Steuer nachweist, hierfür Sicherheit leistet oder unwiderruflich die Zustimmung zur Verrechnung seines Erstattungsanspruchs mit seiner Steuerzahlungsschuld erklärt. ⁷Das Bundeszentralamt für Steuern kann zulassen, dass Anträge auf *maschinell* verwertbaren Datenträgern gestellt werden. ⁸Der Antragsteller hat in den Fällen des § 43 Absatz 1 Satz 1 Nummer 1a zu versichern, dass ihm eine Bescheinigung im Sinne des § 45a Absatz 2 vorliegt oder, soweit er selbst die Kapitalerträge als auszahlende Stelle dem Steuerabzug unterworfen hat, nicht ausgestellt wurde; er hat die Bescheinigung zehn Jahre nach Antragstellung aufzubewahren. ⁹Die Frist für den Antrag auf Erstattung beträgt vier Jahre nach Ablauf des Kalenderjahres, in dem die Kapitalerträge oder Vergütungen bezogen wor-

den sind. ¹⁰Die Frist nach Satz 9 endet nicht vor Ablauf von sechs Monaten nach dem Zeitpunkt der Entrichtung der Steuer. ¹¹Ist der Gläubiger der Kapitalerträge oder Vergütungen eine Person, der die Kapitalerträge oder Vergütungen nach diesem Gesetz oder nach dem Steuerrecht des anderen Vertragsstaats nicht zugerechnet werden, steht der Anspruch auf völlige oder teilweise Erstattung des Steuerabzugs vom Kapitalertrag oder nach § 50a auf Grund eines Abkommens zur Vermeidung der Doppelbesteuerung nur der Person zu, der die Kapitalerträge oder Vergütungen nach den Steuergesetzen des anderen Vertragsstaats als Einkünfte oder Gewinne einer ansässigen Person zugerechnet werden. ¹²Für die Erstattung der Kapitalertragsteuer gilt § 45 entsprechend. ¹³Der Schuldner der Kapitalerträge oder Vergütungen kann sich vorbehaltlich des Absatzes 2 nicht auf die Rechte des Gläubigers aus dem Abkommen berufen.

(1a) ¹Der nach Absatz 1 in Verbindung mit § 50g zu erstattende Betrag ist zu verzinsen. ²Der Zinslauf beginnt zwölf Monate nach Ablauf des Monats, in dem der Antrag auf Erstattung und alle für die Entscheidung erforderlichen Nachweise vorliegen, frühestens am Tag der Entrichtung der Steuer durch den Schuldner der Kapitalerträge oder Vergütungen. ³Er endet mit Ablauf des Tages, an dem der Freistellungsbescheid wirksam wird. ⁴Wird der Freistellungsbescheid aufgehoben, geändert oder nach § 129 der Abgabenordnung berichtigt, ist eine bisherige Zinsfestsetzung zu ändern. ⁵§ 233a Absatz 5 der Abgabenordnung gilt sinngemäß. ⁶Für die Höhe und Berechnung der Zinsen gilt § 238 der Abgabenordnung. ⁷Auf die Festsetzung der Zinsen ist § 239 der Abgabenordnung sinngemäß anzuwenden. ⁸Die Vorschriften dieses Absatzes sind nicht anzuwenden, wenn der Steuerabzug keine abgeltende Wirkung hat (§ 50 Absatz 2).

(2) ¹In den Fällen der §§ 43b, 50a Absatz 1, § 50g kann der Schuldner der Kapitalerträge oder Vergütungen den Steuerabzug nach Maßgabe von § 43b oder § 50g oder des Abkommens unterlassen oder nach einem niedrigeren Steuersatz vornehmen, wenn das Bundeszentralamt für Steuern dem Gläubiger auf Grund eines von ihm nach amtlich vorgeschriebenem Vordruck gestellten Antrags bescheinigt, dass die Voraussetzungen dafür vorliegen (Freistellung im Steuerabzugsverfahren); dies gilt auch bei Kapitalerträgen, die einer nach einem Abkommen zur Vermeidung der Doppelbesteuerung im anderen Vertragsstaat ansässigen Kapitalgesellschaft, die am Nennkapital einer unbeschränkt steuerpflichtigen Kapitalgesellschaft im Sinne des § 1 Absatz 1 Nummer 1 des Körperschaftsteuergesetzes zu mindestens einem Zehntel unmittelbar beteiligt ist und im Staat ihrer Ansässigkeit den Steuern vom Einkommen oder Gewinn unterliegt, ohne davon befreit zu sein, von der unbeschränkt steuerpflichtigen Kapitalgesellschaft zufließen. ²Die Freistellung kann unter dem Vorbehalt des Widerrufs erteilt und von Auflagen oder Bedingungen abhängig gemacht werden. ³Sie kann in den Fällen des § 50a Absatz 1 von der Bedingung abhängig gemacht werden, dass die Erfüllung der Verpflichtungen nach § 50a Absatz 5 nachgewiesen werden, soweit die Vergütungen an andere beschränkt Steuerpflichtige weitergeleitet werden. ⁴Die Geltungsdauer der Bescheinigung nach Satz 1 beginnt frühestens an dem Tag, an dem der Antrag beim Bundeszentralamt für Steuern eingeht; sie beträgt mindestens ein Jahr und darf drei Jahre nicht überschreiten; der Gläubiger der Kapitalerträge oder der Vergütungen ist verpflichtet, den Wegfall der Voraussetzungen für die Freistellung unverzüglich dem Bundeszentralamt für Steuern mitzuteilen. ⁵Voraussetzung für die Abstandnahme vom Steuerabzug ist, dass dem Schuldner der Kapitalerträge oder Vergütungen die Bescheinigung nach Satz 1 vorliegt. ⁶Über den Antrag ist innerhalb von drei Monaten zu entscheiden. ⁷Die Frist beginnt mit der Vorlage aller für die Entscheidung erforderlichen Nachweise. ⁸Bestehende Anmeldeverpflichtungen bleiben unberührt.

(3) ¹Eine ausländische Gesellschaft hat keinen Anspruch auf völlige oder teilweise Entlastung nach Absatz 1 oder Absatz 2, soweit Personen an ihr beteiligt sind, denen die Erstattung oder Freistellung nicht zustände, wenn sie die Einkünfte unmittelbar erzielten, und die von der ausländischen Gesellschaft im betreffenden Wirtschaftsjahr erzielten Bruttoerträge nicht aus eigener Wirtschaftstätigkeit stammen, sowie

1. in Bezug auf diese Erträge für die Einschaltung der ausländischen Gesellschaft wirtschaftliche oder sonst beachtliche Gründe fehlen oder

2. die ausländische Gesellschaft nicht mit einem für ihren Geschäftszweck angemessen eingerichteten Geschäftsbetrieb am allgemeinen wirtschaftlichen Verkehr teilnimmt.

²Maßgebend sind ausschließlich die Verhältnisse der ausländischen Gesellschaft; organisatorische, wirtschaftliche oder sonst beachtliche Merkmale der Unternehmen, die der ausländischen Gesellschaft nahe stehen (§ 1 Absatz 2 des Außensteuergesetzes), bleiben außer Betracht. ³An einer eigenen Wirtschaftstätigkeit fehlt es, soweit die ausländische Gesellschaft ihre Bruttoerträge aus der Verwaltung von Wirtschaftsgütern erzielt oder ihre wesentlichen Geschäftstätigkeiten auf Dritte überträgt. ⁴Die Feststellungslast für das Vorliegen wirtschaftlicher oder sonst beachtlicher Gründe im Sinne von Satz 1 Nummer 1 sowie des Geschäftsbetriebs im Sinne von Satz 1 Nummer 2 obliegt der ausländischen Gesellschaft. ⁵Die Sätze 1 bis 3 sind nicht anzuwenden, wenn mit der Hauptgattung der Aktien der ausländischen Gesellschaft ein wesentlicher und regelmäßiger Handel an einer anerkannten Börse stattfindet oder für die ausländische Gesellschaft die Vorschriften des Investmentsteuergesetzes gelten.

(4) ¹Der Gläubiger der Kapitalerträge oder Vergütungen im Sinne des § 50a hat nach amtlich vorgeschriebenem Vordruck durch eine Bestätigung der für ihn zuständigen Steuerbehörde des anderen Staates nachzuweisen, dass er dort ansässig ist oder die Voraussetzungen des § 50g Absatz 3 Nummer 5 Buchstabe c erfüllt sind. ²Das Bundesministerium der Finanzen kann im Einvernehmen mit den obersten Finanzbehörden der Länder erleichterte Verfahren oder vereinfachte Nachweise zulassen.

(5) ¹Abweichend von Absatz 2 kann das Bundeszentralamt für Steuern in den Fällen des § 50a Absatz 1 Nummer 3 den Schuldner der Vergütung auf Antrag allgemein ermächtigen, den Steuerabzug zu unterlassen oder nach einem niedrigeren Steuersatz vorzunehmen (Kontrollmeldeverfahren). ²Die Ermächtigung kann in Fällen geringer steuerlicher Bedeutung erteilt und mit Auflagen verbunden werden. ³Einer Bestätigung nach Absatz 4 Satz 1 bedarf es im Kontrollmeldeverfahren nicht. ⁴Inhalt der Auflage kann die Angabe des Namens, des Wohnortes oder des Ortes des Sitzes oder der Geschäftsleitung des Schuldners und des Gläubigers, der Art der Vergütung, des Bruttobetrags und des Zeitpunkts der Zahlungen sowie des einbehaltenen Steuerbetrags sein. ⁵Mit dem Antrag auf Teilnahme am Kontrollmeldeverfahren gilt die Zustimmung des Gläubigers und des Schuldners zur Weiterleitung der Angaben des Schuldners an den Wohnsitz- oder Sitzstaat des Gläubigers als erteilt. ⁶Die Ermächtigung ist als Beleg aufzubewahren. ⁷Absatz 2 Satz 8 gilt entsprechend.

(6) Soweit Absatz 2 nicht anwendbar ist, gilt Absatz 5 auch für Kapitalerträge im Sinne des § 43 Absatz 1 Satz 1 Nummer 1 und 4, wenn sich im Zeitpunkt der Zahlung des Kapitalertrags der Anspruch auf Besteuerung nach einem niedrigeren Steuersatz ohne nähere Ermittlung feststellen lässt.

(7) Werden Einkünfte im Sinne des § 49 Absatz 1 Nummer 4 aus einer Kasse einer juristischen Person des öffentlichen Rechts im Sinne der Vorschrift eines Abkommens zur Vermeidung der

Doppelbesteuerung über den öffentlichen Dienst gewährt, so ist diese Vorschrift bei Bestehen eines Dienstverhältnisses mit einer anderen Person in der Weise auszulegen, dass die Vergütungen für der erstgenannten Person geleistete Dienste gezahlt werden, wenn sie ganz oder im Wesentlichen aus öffentlichen Mitteln aufgebracht werden.

(8) ¹Sind Einkünfte eines unbeschränkt Steuerpflichtigen aus nichtselbständiger Arbeit (§ 19) nach einem Abkommen zur Vermeidung der Doppelbesteuerung von der Bemessungsgrundlage der deutschen Steuer auszunehmen, wird die Freistellung bei der Veranlagung ungeachtet des Abkommens nur gewährt, soweit der Steuerpflichtige nachweist, dass der Staat, dem nach dem Abkommen das Besteuerungsrecht zusteht, auf dieses Besteuerungsrecht verzichtet hat oder dass die in diesem Staat auf die Einkünfte festgesetzten Steuern entrichtet wurden. ²Wird ein solcher Nachweis erst geführt, nachdem die Einkünfte in eine Veranlagung zur Einkommensteuer einbezogen wurden, ist der Steuerbescheid insoweit zu ändern. ³§ 175 Absatz 1 Satz 2 der Abgabenordnung ist entsprechend anzuwenden.

(9) ¹Sind Einkünfte eines unbeschränkt Steuerpflichtigen nach einem Abkommen zur Vermeidung der Doppelbesteuerung von der Bemessungsgrundlage der deutschen Steuer auszunehmen, so wird die Freistellung der Einkünfte ungeachtet des Abkommens nicht gewährt, soweit

1. der andere Staat die Bestimmungen des Abkommens so anwendet, dass die Einkünfte in diesem Staat von der Besteuerung auszunehmen sind oder nur zu einem durch das Abkommen begrenzten Steuersatz besteuert werden können, oder

2. die Einkünfte in dem anderen Staat nur deshalb nicht steuerpflichtig sind, weil sie von einer Person bezogen werden, die in diesem Staat nicht auf Grund ihres Wohnsitzes, ständigen Aufenthalts, des Ortes ihrer Geschäftsleitung, des Sitzes oder eines ähnlichen Merkmals unbeschränkt steuerpflichtig ist.

²Nummer 2 gilt nicht für Dividenden, die nach einem Abkommen zur Vermeidung der Doppelbesteuerung von der Bemessungsgrundlage der deutschen Steuer auszunehmen sind, es sei denn, die Dividenden sind bei der Ermittlung des Gewinns der ausschüttenden Gesellschaft abgezogen worden. ³Bestimmungen eines Abkommens zur Vermeidung der Doppelbesteuerung sowie Absatz 8 und § 20 Absatz 2 des Außensteuergesetzes bleiben unberührt, soweit sie jeweils die Freistellung von Einkünften in einem weitergehenden Umfang einschränken. ⁴Bestimmungen eines Abkommens zur Vermeidung der Doppelbesteuerung, nach denen Einkünfte aufgrund ihrer Behandlung im anderen Vertragsstaat nicht von der Bemessungsgrundlage der deutschen Steuer ausgenommen sind, sind auch auf Teile von Einkünften anzuwenden, soweit die Voraussetzungen der jeweiligen Bestimmung des Abkommens hinsichtlich dieser Einkunftsteile erfüllt sind.

(10) ¹Sind auf eine Vergütung im Sinne des § 15 Absatz 1 Satz 1 Nummer 2 Satz 1 zweiter Halbsatz und Nummer 3 zweiter Halbsatz die Vorschriften eines Abkommens zur Vermeidung der Doppelbesteuerung anzuwenden und enthält das Abkommen keine solche Vergütungen betreffende ausdrückliche Regelung, gilt die Vergütung für Zwecke der Anwendung des Abkommens zur Vermeidung der Doppelbesteuerung ausschließlich als Teil des Unternehmensgewinns des vergütungsberechtigten Gesellschafters. ²Satz 1 gilt auch für die durch das Sonderbetriebsvermögen veranlassten Erträge und Aufwendungen. ³Die Vergütung des Gesellschafters ist ungeachtet der Vorschriften eines Abkommens zur Vermeidung der Doppelbesteuerung über die Zuordnung von Vermögenswerten zu einer Betriebsstätte derjenigen

Betriebsstätte der Gesellschaft zuzurechnen, der der Aufwand für die der Vergütung zugrunde liegende Leistung zuzuordnen ist; die in Satz 2 genannten Erträge und Aufwendungen sind der Betriebsstätte zuzurechnen, der die Vergütung zuzuordnen ist. [4]Die Sätze 1 bis 3 gelten auch in den Fällen des § 15 Absatz 1 Satz 1 Nummer 2 Satz 2 sowie in den Fällen des § 15 Absatz 1 Satz 2 entsprechend. [5]Sind Einkünfte im Sinne der Sätze 1 bis 4 einer Person zuzurechnen, die nach einem Abkommen zur Vermeidung der Doppelbesteuerung als im anderen Staat ansässig gilt, und weist der Steuerpflichtige nach, dass der andere Staat die Einkünfte besteuert, ohne die darauf entfallende deutsche Steuer anzurechnen, ist die in diesem Staat nachweislich auf diese Einkünfte festgesetzte und gezahlte und um einen entstandenen Ermäßigungsanspruch gekürzte, der deutschen Einkommensteuer entsprechende, anteilige ausländische Steuer bis zur Höhe der anteilig auf diese Einkünfte entfallenden deutschen Einkommensteuer anzurechnen. [6]Satz 5 gilt nicht, wenn das Abkommen zur Vermeidung der Doppelbesteuerung eine ausdrückliche Regelung für solche Einkünfte enthält. [7]Die Sätze 1 bis 6

1. sind nicht auf Gesellschaften im Sinne des § 15 Absatz 3 Nummer 2 anzuwenden;
2. gelten entsprechend, wenn die Einkünfte zu den Einkünften aus selbständiger Arbeit im Sinne des § 18 gehören; dabei tritt der Artikel über die selbständige Arbeit an die Stelle des Artikels über die Unternehmenseinkünfte, wenn das Abkommen zur Vermeidung der Doppelbesteuerung einen solchen Artikel enthält.

[8]Absatz 9 Satz 1 Nummer 1 bleibt unberührt.

(11) [1]Sind Dividenden beim Zahlungsempfänger nach einem Abkommen zur Vermeidung der Doppelbesteuerung von der Bemessungsgrundlage der deutschen Steuer auszunehmen, wird die Freistellung ungeachtet des Abkommens nur insoweit gewährt, als die Dividenden nach deutschem Steuerrecht nicht einer anderen Person zuzurechnen sind. [2]Soweit die Dividenden nach deutschem Steuerrecht einer anderen Person zuzurechnen sind, werden sie bei dieser Person freigestellt, wenn sie bei ihr als Zahlungsempfänger nach Maßgabe des Abkommens freigestellt würden.

(12) [1]Abfindungen, die anlässlich der Beendigung eines Dienstverhältnisses gezahlt werden, gelten für Zwecke der Anwendung eines Abkommens zur Vermeidung der Doppelbesteuerung als für frühere Tätigkeit geleistetes zusätzliches Entgelt. [2]Dies gilt nicht, soweit das Abkommen in einer gesonderten, ausdrücklich solche Abfindungen betreffenden Vorschrift eine abweichende Regelung trifft. [3]§ 50d Absatz 9 Satz 1 Nummer 1 sowie Rechtsverordnungen gemäß § 2 Absatz 2 Satz 1 der Abgabenordnung bleiben unberührt.

Inhaltsübersicht	Rz.
A. Allgemeine Erläuterungen	1 - 30
I. Normzweck und wirtschaftliche Bedeutung der Vorschrift	1 - 8
II. Entstehung und Entwicklung der Vorschrift	9 - 18
III. Vereinbarkeit mit höherrangigem Recht	19 - 30
1. Verfassungsrecht	19 - 22
2. Unionsrecht	23 - 30
B. Systematische Kommentierung	31 - 213
I. Das Erstattungsverfahren (§ 50d Abs. 1 EStG)	31 - 75
1. Allgemeines	31 - 39
2. Abzugsteuererstattung bei hybriden ausländischen Rechtsträgern	40 - 75
a) Allgemeines	40 - 43
b) Weitgehend umstrittene Punkte	44 - 75

II.	Verzinsung bestimmter Erstattungsansprüche (§ 50d Abs. 1a EStG)	76 - 85
III.	Freistellung im Steuerabzugsverfahren (§ 50d Abs. 2 EStG)	86 - 105
IV.	„Missbrauch" von DBA- und Richtlinienrecht (§ 50d Abs. 3 EStG)	106 - 135
	1. Rechtsentwicklung	106
	2. Allgemeines	107 - 108
	3. Wortlautkommentierung	109 - 135
	a) Direkterzielungsfiktion	109 - 115
	b) Substanzprüfung	116 - 135
	aa) Erträge aus eigener Wirtschaftstätigkeit (§ 50d Abs. 3 Satz 1 2. Halbsatz EStG)	116 - 118
	bb) Erträge aus „fremder" Wirtschaftstätigkeit (§ 50d Abs. 3 Satz 1 2. Halbsatz Nr. 1 bis 2 EStG)	119 - 122
	(1) Gründe für die „Einschaltung" der ausländischen Gesellschaft (§ 50d Abs. 3 Satz 1 2. Halbsatz Nr. 1 EStG)	120
	(2) Der für den Geschäftszweck angemessen eingerichtete Geschäftsbetrieb unter Teilnahme am allgemeinen wirtschaftlichen Verkehr (§ 50d Abs. 3 Satz 1 2. Halbsatz Nr. 2 EStG)	121 - 122
	cc) „stand alone Betrachtung" der ausländischen Gesellschaft (§ 50d Abs. 3 Satz 2 EStG)	123 - 124
	dd) Keine eigene Wirtschaftstätigkeit bei Verwaltung von Wirtschaftsgütern und Übertragung wesentlicher Aktivitäten auf Dritte (§ 50d Abs. 3 Satz 3 EStG)	125
	ee) Feststellungslast für § 50d Abs. 3 Satz 1 Nr. 1 bis 2 EStG liegt bei der ausländischen Gesellschaft (§ 50d Abs. 3 Satz 4 EStG)	126
	ff) Börsenklausel; Anwendbarkeit des Investmentsteuerrechts (§ 50d Abs. 3 Satz 5 EStG)	127 - 135
V.	Ansässigkeitsbescheinigung (§ 50d Abs. 4 EStG)	136 - 137
VI.	Kontrollmeldeverfahren (§ 50d Abs. 5 EStG)	138 - 139
VII.	Erweiterung des Kontrollmeldeverfahrens nach § 50d Abs. 5 EStG (§ 50d Abs. 6 EStG)	140
VIII.	„Auslegungsregel" der DBA-Kassenstaatsklausel (Art. 19 OECD-MA) (§ 50d Abs. 7 EStG)	141 - 149
IX.	Grenzüberschreitend tätige Nichtselbstständige (§ 50d Abs. 8 EStG)	150 - 158
	1. Allgemeines	150
	2. Wortlautkommentierung	151 - 158
X.	Qualifikationskonflikte und „Lücken" in beschränkter Steuerpflicht (§ 50d Abs. 9 EStG)	159 - 174
	1. Allgemeines	159 - 162
	2. Bekämpfung von Qualifkationskonflikten (§ 50d Abs. 9 Satz 1 Nr. 1 EStG)	163
	3. Nichtbesteuerung aufgrund mangelnder unbeschränkter Steuerpflicht (§ 50d Abs. 9 Satz 1 Nr. 2 EStG)	164
	4. Rückausnahme zu § 50d Abs. 9 Satz 1 Nr. 2 EStG bei schachtelprivilegierten Dividenden (§ 50d Abs. 9 Satz 2 EStG)	165
	5. Verhältnis zu § 50d Abs. 8 EStG, § 20 Abs. 2 AStG und DBA-rechtlichen Klauseln (§ 50d Abs. 9 Satz 3 EStG)	166 - 167
	6. Atomisierende Anwendung von DBA-rechtlichen Rückfallklauseln (§ 50d Abs. 9 Satz 4 EStG)	168 - 174
XI.	Sonderbetriebsvermögen und DBA-Recht (§ 50d Abs. 10 EStG)	175 - 205
	1. Allgemeines	175 - 176
	2. Wortlautkommentierung	177 - 205

XII. Auslandsdividenden und DBA-Schachtelprivileg (§ 50d Abs. 11 EStG) .... 206 - 212
    1. Allgemeines 206
    2. Wortlautkommentierung .... 207 - 212
XIII. Abfindungen im DBA-Recht (§ 50d Abs. 12 EStG) 213

LITERATUR:

Kammeter, Die Rückfallklausel – von der virtuellen zur tatsächlichen Doppelbesteuerung, IWB 2013, 720; *Hagemann*, Treaty Override auf dem Prüfstand, StuB 2014, 872; *Kahlenberg*, Vorlage des BFH an das BVerfG zur verfassungsmäßigen Überprüfung des § 50d Abs. 10 EStG, StuB 2014, 222; *Kudert/Hagemann/Kahlenberg*, Anwendung von DBA auf Personengesellschaften, IWB 2014, 892; *Salzmann*, Treaty Overrides auf dem verfassungsrechtlichen Prüfstand, IWB 2014, 226; *Zech/Reinhold*, Wieder nur ein irischer Pilotenfall oder eine Grundsatzentscheidung?, IWB 2014, 384; *Anger/Wagemann*, Steuerliche Behandlung des Arbeitslohns nach dem Doppelbesteuerungsabkommen, IWB 2015, 49; *Hagemann/Kahlenberg*, Keine Nachbesteuerung im Ausland minderbesteuerter Dividendeneinkünfte in Deutschland, IWB 2015, 155; *Kahlenberg*, Wirkungsweise von Rückfallklauseln bei minderbesteuerten Aktienoptionen, IWB 2015, 617; *Kahlenberg*, Kein Besteuerungsrückfall bei teilweise besteuerten Einkünften, NWB 2015, 1695; *Kahlenberg/Melkonyan*, Erneute Zweifel an der Verfassungsmäßigkeit unilateraler Rückfallklauseln, IWB 2015, 115; *Cloer/Hagemann*, Verfassungskonformität des einseitigen Überschreibens von Abkommensrecht - Zum BVerfG-Beschluss vom 15.12.2015 - 2 BvL 1/12, NWB 2016, 1802; *Hagemann*, Besteuerung von Dividenden als Sonderbetriebseinnahmen nach dem DBA Spanien 1966 - BFH, Urteil vom 21.1.2016 - I R 49/14, IWB 2016, 579; *Holthaus*, Spannungsfeld der Rückfallklauseln in DBA und § 50d Abs. 8 EStG, IWB 2016, 238; *Kahlenberg*, Reichweite des DBA-Betriebsstättendiskriminierungsverbots im Sonderbetriebsvermögensbereich, StuB 2016, 106; *Kahlenberg*, Besteuerung von Flugpersonal im internationalen Verkehr – quo vadis? – BFH, Urteile vom 20.5.2015 - I R 47/14, I R 68/14 und I R 69/14 IWB 2016, 225; *Trinks/Frau*, Treaty Overrides sind verfassungsgemäß – BVerfG, Beschluss vom 15.12.2015 - 2 BvL 1/12 IWB 2016, 308; *Kahlenberg*, Zur Reichweite von Besteuerungsvorbehalten bei Doppelansässigkeit – BFH, Beschluss vom 25.5.2016 - I B 139/11, IWB 2016, 771; *Hagemann*, Antragsfrist zur Erstattung von Abzugsteuern nach § 50d Abs. 1 EStG, NWB 2017, 2977; *Hagemann*, Erfüllung der Nachweispflicht nach § 50d Abs. 8 EStG, IWB 2017, 34; *Hagemann*, Umfang der Nachweispflichten nach § 50d Abs. 8 EStG, IWB 2017, 787; *Heerdt*, Die Änderung von § 50d Abs. 9 EStG durch das BEPS-I-Umsetzungsgesetz, IWB 2017, 166; *Kraft*, Zweifel an der Europarechtskonformität des § 50d Abs. 3 EStG, NWB 2017, 2400; *Linn/Pignot*, EuGH-Vorlage zur aktuellen Fassung des § 50d Abs. 3 EStG, IWB 2017, 826; *Linn/Pignot*, Zweifel an der Vereinbarkeit des § 50d Abs. 3 EStG mit EU-Recht, IWB 2017, 114; *Kahlenberg*, Es steht fest: § 50d Abs. 3 EStG a.F. verstößt gegen Unionsrecht, NWB 2018, 145; *Kraft*, EuGH kippt deutsche Anti-Treaty-Shopping-Vorschriften - eine Zwischenbilanz, NWB 2018, 473.

A. Allgemeine Erläuterungen

I. Normzweck und wirtschaftliche Bedeutung der Vorschrift

§ 50d EStG stellt ein Sammelsurium von 13 Absätzen mit unterschiedlichsten Regelungsanliegen dar.   **1**

Die Abs. 1 bis 6 regeln (im Kern noch aufeinander abgestimmt), wie beschränkt Stpfl. eine Entlastung von deutschen Abzugsteuern erreichen können.

Während Abs. 1 den Grundfall der *Erstattung* von Abzugsteuern bei bereits geleisteten Zahlungen mittels Freistellungsbescheid betrifft, regelt Abs. 2 EStG, wie (idealerweise) *vor* Entstehung der Abzugsteuer eine (Teil)Freistellung mittels Erteilung einer Freistellungsbescheinigung erwirkt werden kann. Abs. 1a regelt eine in ihrem Anwendungsbereich stark eingeschränkte Verzinsung von Erstattungsansprüchen nach Abs. 1.   **2**

Abs. 3 stellt die Abs. 1 und 2 EStG unter den – im Detail sehr weitgehenden[1] und deswegen DBA-rechtlich bedenklichen und unionsrechtlich[2] in vielen Konstellationen nicht zu haltenden – Vorbehalt, dass keine „missbräuchliche Inanspruchnahme eines DBA"[3] oder der §§ 43b (KKB/Quilitzsch, § 43b EStG Rz. 1 ff.), 50g (KKB/Kampermann, § 50g EStG Rz. 1 ff.) EStG vorliegt.

3 Abs. 4 regelt für die Abs. 1 und 2 EStG gleichermaßen, dass der beschränkt steuerpflichtige Zahlungsgläubiger eine „Ansässigkeitsbescheinigung" seines Sitzstaats beibringen muss.

Die Abs. 5 und 6 enthalten „vereinfachte Verfahren" zur Freistellung vom Steuerabzug nach Abs. 2 EStG. Während Abs. 5 EStG das sog. Kontrollmeldeverfahren in Fällen geringer steuerlicher Bedeutung regelt, bestimmt Abs. 6, dass in bestimmten Fällen, die nicht von Abs. 2 EStG erfasst sind, Abs. 5 EStG ebenso gilt.

4 Abs. 7 EStG ist das erste in einer Reihe von sog. „Nichtanwendungsgesetzen", mit Hilfe derer der Gesetzgeber unliebsame Rechtsprechung des BFH[4] zu „korrigieren" versucht. Mittlerweile ist die in § 50d Abs. 7 EStG zu findende „Auslegungsregel" der DBA-rechtlichen Kassenstaatsklausel (Art. 19 OECD-MA) in viele DBA eingeflossen, allerdings in verschiedenen Konstellationen immer noch ein Treaty Override.[5]

Abs. 8 ist ein Treaty Override zur Verhinderung einer sog. „Minderbesteuerung", hier bei Tätigkeit von Nichtselbständigen im DBA-Ausland, wobei die Norm es bei erfolgreich geführtem „Nichtbesteuerungsnachweis" bei einer Nichtbesteuerung belässt.[6]

5 Abs. 9 ist ein weiteres Treaty Override zur Verhinderung einer Minderbesteuerung. In dessen erster Alternative (Satz 1 Nr. 1) werden Qualifikationskonflikte zum Anlass genommen, eine DBA-rechtlich angeordnete Freistellung aufzuheben, während die zweite Alternative (Satz 1 Nr. 2) eine auf die Nichtbesteuerung beschränkt Stpfl. im Quellenstaat zugeschnittene „subject-to-tax-Klausel" dergestalt enthält, dass Deutschland als Ansässigkeitsstaat auch hier die DBA-Freistellung aufhebt. Ab VZ 2017 enthält Abs. 9 Satz 4 eine Vorschrift, die DBA-rechtliche Rückfallklauseln „atomisieren" soll.

Abs. 10 enthält ein weiteres Nichtanwendungsgesetz[7] zur abkommensrechtlichen Einordnung von Sondervergütungen und (vorgeblich auch) zur Behandlung „sonstiger" Sonderbetriebserträge und -aufwendungen.

---

1 Dazu pars pro toto die instruktive Kritik von *Lüdicke*, IStR 2012, 81 ff.
2 Dazu FG Köln v. 8. 7. 2016 - 2 K 2995/12, Vorlage an den EuGH (*Deister Holding*, C-50416) und FG Köln v. 31.8.2016 - 2 K 721/13, Vorlage an den EuGH (Juhler Holding, C-613/16) und FG Köln v. 17. 5. 2017, 2 K 773/16, Vorlage an den EuGH (GS, C-440/17), allseits bestätigt durch den EuGH v. 20.12.2017 - verb. C-504/16, C-613/16, NWB DokID: CAAAG-69289 zu § 50 d Abs. 3 EStG i. d. F. JStG 2007(Reaktion durch das BMF mit Schreiben vom 4.4.2018, BStBl 2018 I 598) und EuGH v. 14.6.2018 - C-440/17, NWB DokID: NAAAG-87490 zu § 50d Abs. 3 EStG i.d. F. des BeitrRLUmsG (Reaktion noch ausstehend).
3 Hierzu immer noch grundlegend *Kraft*, Die mißbräuchliche Inanspruchnahme von Doppelbesteuerungsabkommen, Heidelberg 1991.
4 Z. B. BFH v. 13. 8. 1997 - I R 65/95, BStBl 1998 II 21; s. dazu auch *Gosch* in Kirchhof, § 50d EStG Rz. 34.
5 Dazu *Gebhardt*, Deutsches Tax Treaty Overriding, 193 ff.
6 Siehe hierzu den Vorlage- und Ergänzungsbeschluss des BFH v. 10. 1. 2015 und BFH v. 10. 6. 2015 - I R 66/09, BFH/NV 2015, 1250 = NWB DokID: HAAAE-96103 an das BVerfG bzgl. Verfassungsmäßigkeit der Norm.
7 Die Fassung des JStG 2009 wurde vom BFH (BFH v. 8. 9. 2010 - I R 74/09, BFH/NV 2011, 138 = NWB DokID: BAAAD-56609) „verworfen" und die Zweitfassung des AmtshilfeRLUmsG wurde vom BFH (BFH v. 11. 12. 2013 - I R 4/13, BStBl 2014 II 791) dem BVerfG (BVerfG - 1 BvL 15/14) mit der Frage vorgelegt, ob einerseits das rückwirkende Inkrafttreten und andererseits der Treaty Override „an sich" verfassungskonform ist.

Abs. 11 regelt als ein weiteres Nichtanwendungsgesetz[1] die Besteuerung von Auslandsdividenden in bestimmten Fällen, in denen die innerstaatliche Zurechnungsentscheidung den DBA-rechtlichen Wertungen (vorgeblich) widerspricht.

Abs. 12 soll rechtsprechungsbrechend sicherstellen, dass Abfindungen DBA-rechtlich als für eine frühere Tätigkeit geleistet und damit als Arbeitslohn gelten.

(Einstweilen frei)

II. Entstehung und Entwicklung der Vorschrift

Nachfolgend sollen die wesentlichen[2] Rechtsentwicklungen des § 50d EStG der letzten Jahre aufgezeigt werden

Im Rahmen des StÄndG[3] wurde § 50d Abs. 1 Satz 2 EStG um die Möglichkeit erweitert, auch die wegen eines Haftungs- oder Nachforderungsbescheids entrichtete Abzugssteuer erstattet zu bekommen. Gleichermaßen wurde in § 50d Abs. 8 EStG eine Vorschrift zur Verhinderung von Minderbesteuerung bei grenzüberschreitend tätigen Nichtselbständigen eingeführt, die es allerdings bei erfolgreich geführten „Nichtbesteuerungsnachweis" bei einer Nichtbesteuerung belässt.

§ 50d Abs. 1a EStG wurde durch das EG-AmtshAnpG[4] eingeführt und sieht einen im Anwendungsbereich sehr eingeschränkten Verzinsungstatbestand für Erstattungsansprüche nach § 50d Abs. 1 EStG vor. Erfasst werden hiervon gerade nicht Abzugssteuern auf Dividenden, sondern nur die unter § 50g EStG fallenden „Lizenz- und Zinssteuern".

Mit dem JStG 2007[5] wurde die Treaty-Shopping-Klausel des § 50d Abs. 3 EStG tatbestandlich revidiert und die Anforderungen an die Gewährung einer Quellensteuerreduktion weiter erhöht. Die Änderung des § 50d Abs. 3 EStG war eine Reaktion des Gesetzgebers auf das sog. „Hilversum II" Urteil[6] des BFH, im Rahmen dessen der BFH Voraussetzungen zur Anerkennung ausländischer Holdinggesellschaften als quellensteuerreduktionsberechtigte Personen herabsetzte. Im Rahmen des BeitrRLUmsG[7] wurde § 50d Abs. 3 EStG aufgrund unionsrechtlicher Vorgaben wiederum mit Wirkung ab VZ 2012 revidiert.

Mit dem JStG 2007 wurde zudem § 50d Abs. 9 EStG eingeführt, der in § 50d Abs. 9 Satz 1 Nr. 1 EStG Minderbesteuerungen aufgrund von Qualifikationskonflikten ins Visier nimmt und in § 50d Abs. 9 Satz 1 Nr. 2 EStG Nichtbesteuerungen aufgrund von „Lücken" in der beschränkten Steuerpflicht des DBA-Vertragsstaats ins Auge fasst. Durch das AmtshilfeRLUmsG[8] wurde Satz 3 EStG der Norm – als Reaktion auf die Rechtsprechung des BFH[9] zum Verhältnis zu § 50d Abs. 8 EStG (der lt. BFH *lex specialis* zu § 50d Abs. 9 EStG ist) – dergestalt geändert, dass nun-

---

1 Entgegen dem sog. KGaA-Urteil des BFH v. 19. 5. 2010 - I R 62/09, IStR 2010, 661 = NWB DokID: VAAAD-48563.
2 Für eine ausführliche Übersicht zur Rechtsentwicklung s. z. B. *Zuber/Ditsch* in Littmann/Bitz/Pust, § 50d EStG Rz. 2 ff.
3 StÄndG v. 15. 12. 2003, BGBl 2003 I 2645 (Wirkung ab VZ 2002).
4 EG-AmtshAnpG v. 2. 12. 2004, BGBl 2004 I 3112 (Umsetzung der Zins- und Lizenzrichtlinie 2003/49/EG).
5 JStG 2007 v. 13. 12. 2006, BGBl 2006 I 2878.
6 BFH v. 31. 5. 2005 - I R 74, 88/04, BStBl 2006 II 118.
7 BeitrRLUmsG v. 7. 12. 2011, BGBl 2011 I 2592.
8 AmtshilfeRLUmsG v. 26. 6. 2013, BGBl 2013 I 1809.
9 BFH v. 11. 1. 2012 - I R 27/11, DStR 2012, 689.

mehr § 50d Abs. 9 EStG „unberührt" von § 50d Abs. 8 EStG, den DBA[1] und § 20 Abs. 2 AStG ist und damit weiterhin anwendbar ist.

13 Mit dem JStG 2009[2] wurde durch die Einfügung des § 50d Abs. 10 EStG versucht, die Rechtsprechung des BFH[3] zu grenzüberschreitenden Sondervergütungen zu „überschreiben". Der BFH hatte entschieden, dass Zinsen, die eine in Deutschland domizilierende Personengesellschaft an ihre in den USA ansässigen Gesellschafter für die Gewährung eines Darlehens zahlt, unter den Zinsartikel und nicht unter den Unternehmensgewinnartikel des DBA-USA fallen und damit Deutschland nur ein eingeschränktes Quellensteuerrecht zukommt. Durch § 50d Abs. 10 EStG wurde beabsichtigt, das Subsidiaritätsprinzip des Art. 7 Abs. 4 OECD-MA umzukehren und der allgemeineren Verteilungsanordnung des Art. 7 OECD-MA Vorrang vor den spezielleren Verteilungsartikeln mit der Folge zu gewähren, dass Deutschland ein uneingeschränktes Besteuerungsrecht zukommt. Der BFH[4] sprach der rückwirkend anzuwendenden Regelung i. d. F. des JStG 2009 allgemein die gewünschte Wirkung ab, da diese nicht regelt, welcher Betriebsstätte die in Unternehmensgewinne umqualifizierten Sondervergütungen zuzurechnen sind. Im Rahmen des AmtshilfeRLUmsG[5] wurde die Norm – angeblich klarstellend[6] – im Hinblick auf die vom BFH bemängelte fehlende Zuordnungsregel ergänzt. Zudem wurden weitere – teilweise unklare – Ergänzungen des Regelungsbereichs der Vorschrift vorgenommen. Der BFH hat nun (s. a. → Rz. 19 ff.) die Erst- und Zweitfassung dem BVerfG wegen der verfassungsrechtlich bedenklichen rückwirkenden Anwendbarkeit der Norm und dem der Vorschrift innewohnenden Treaty Override vorgelegt.

14 Durch das Gemeindefinanzreformgesetz (GFRG)[7] wurde § 50d Abs. 11 EStG angefügt. Der Einfügung von § 50d Abs. 11 EStG[8] liegt das Urteil des BFH v. 19. 5. 2010[9] zugrunde. In dessen Rahmen entschied der BFH, dass einer in Deutschland domizilierenden KGaA ein DBA-Schachtelprivileg in voller Höhe zu gewähren sei, da die Zahlung an diese, und nicht die innerstaatliche Zurechnung das maßgebliche Element zur Gewährung des Schachtelprivilegs im konkreten Streitfall sei.

15 Im Rahmen des AmtshilfeRLUmsG[10] wurde – neben den bereits angesprochenen Anpassungen – in § 50d Abs. 1 Satz 11 EStG eine Regelung zur Abzugssteuererstattung bei „hybriden" Rechtsträgern eingeführt.[11] Diese in ihrer Wirkkraft im Detail unklare Regelung soll (wohl) erreichen, dass bei abweichender Steuersubjektqualifikation Erstattungsansprüche nicht ins Leere laufen.[12]

---

1 Die Regelung ergibt an sich keinen Sinn, da § 50d Abs. 9 EStG nur zur Anwendung gelangt, wenn das DBA eine Freistellung vorgibt.
2 JStG 2009 v. 19. 12. 2008, BGBl 2008 I 2794 (2799).
3 BFH v. 17. 10. 2007 - I R 5/06, BStBl 2009 II 356.
4 BFH v. 8. 9. 2010 - I R 74/09, BStBl 2014 II 788.
5 AmtshilfeRLUmsG v. 26. 6. 2013, BGBl 2013 I 1809.
6 BR-Drucks. 139/13, 146 f.
7 GemeindefinanzreformG v. 8. 5. 2012, BGBl 2012 I 1030.
8 BR-Drucks. 114/12; BT-Drucks. 17/8867.
9 BFH v. 19. 5. 2010 - I R 62/09, BFH/NV 2010, 1919 = NWB DokID: VAAAD-48563.
10 AmtshilfeRLUmsG v. 26. 6. 2013, BGBl 2013 I 1809.
11 Anzuwenden auf Zahlungen nach dem 30. 6. 2013.
12 BT-Drucks. 17/10000, 59.

Im Rahmen des Gesetzes zur Umsetzung der Änderungen der EU-Amtshilferichtlinie und von weiteren Maßnahmen gegen Gewinnkürzung und -verlagerungen[1] wurde Abs. 9 in den Sätzen 1 und 4 geändert. Die Anpassung des Satzes 1 betrifft das bekannte „soweit"-Problem im Rahmen der Anwendung der Vorschrift auf im Ausland nur teilweise un- oder niedrigbesteuerte Einkünfte (s. → Rz. 162). Die Einfügung eines neuen Satzes 4 regelt die von Seiten der FinVerw favorisierte „atomisierende Betrachtungsweise" bei Anwendung DBA-rechtlicher „Rückfallklauseln" – angeblich nur als „Präzisierung" – im Wege eines Treaty Override. 16

Überdies wurde im selben Gesetz ein neuer Abs. 12 eingeführt, der regelt, dass Abfindungen, die anlässlich der Beendigung eines Dienstverhältnisses gezahlt werden, fiktiv als für die frühere Tätigkeit geleistet gelten. 17

Als Reaktion auf Rechtsprechung des EuGH wurde von Seiten des BMF am 4.4.2018[2] ein Schreiben zur (Nicht)Anwendung von § 50d Abs. 3 EStG veröffentlicht[3], eine gesetzliche Reaktion steht noch aus. 18

III. Vereinbarkeit mit höherrangigem Recht

1. Verfassungsrecht

Der BFH hat die Frage der Verfassungsmäßigkeit der Abs. 8,[4] 9 Satz 1 Nr. 2[5] und 10[6] in drei Vorlagebeschlüssen an das BVerfG gerichtet. In den Verfahren geht es um die verfassungsrechtliche Zulässigkeit von innerstaatlichen Vorschriften, die eine vom DBA-Recht abweichende Regelungsanordnung treffen und damit ausdrücklich DBA-Recht widersprechen („Treaty Override").[7] In allen drei Verfahren ist bzw. war zu klären, ob, und wenn ja unter welchen Voraussetzungen, der Gesetzgeber Normen erlassen kann, die gegen die aus dem DBA erwachsende völkerrechtliche Verpflichtung verstößt oder ob der Gesetzgeber letztlich freie Hand hat, wenn die gewollte DBA-Verletzung nur klar genug im Wortlaut zum Ausdruck kommt.[8] 19

Teilweise geht es in den Verfahren zudem noch um Fragen des Verbots der rückwirkenden Anwendung von Gesetzen, da sowohl § 50d Abs. 9 Satz 3 EStG als auch § 50d Abs. 10 EStG rückwirkend in allen „offenen" Fällen Anwendung finden soll.

In einem Ergänzungsbeschluss v. 10.6.2015 hat der BFH zudem auf durch das BVerfG geäußerte Bedenken hinsichtlich der Zulässigkeit der Vorlage zu § 50d Abs. 8 EStG[9] reagiert.[10] Im Kern geht es im Ergänzungsbeschluss um die Frage der „Abgrenzung" des Vorlagebeschlusses zu früheren Entscheidungen des BFH.[11]

---

1 BGBl 2016 I 3000.
2 BMF v. 4.4.2018, BStBl 2018 I 598.
3 Hierzu z. B. *Gebhardt*, BB 2018, 1498 ff.
4 BFH v. 10.1.2012 - I R 66/09, BFH/NV 2012, 1056 = NWB DokID: RAAAE-09077, erledigt durch BVerfG v. 15.12.2015 - 2 BvL 1/12, NWB DokID: YAAAF-66859.
5 BFH v. 11.12.2013 - I R 4/13, BStBl 2014 II 791, BVerfG - 2 BvL 15/14.
6 BFH v. 20.8.2014 - I R 86/13, BStBl 2015 II 18, BVerfG - 2 BvL 21/14.
7 Siehe für einen Überblick *Gebhardt*, Deutsches Tax Treaty Overriding.
8 Im Einzelnen *Gebhardt*, Deutsches Tax Treaty Overriding.
9 BFH v. 10.1.2012 - I R 66/09, BFH/NV 2012, 1056 = NWB DokID: RAAAE-09077, Verfahren erledigt durch BVerfG v. 15.12.2015 - 2 BvL 1/12, NWB DokID: YAAAF-66859.
10 Siehe auch *Oellerich*, ISR 2015, 337 ff.
11 Insbesondere „Hilversum I" BFH v. 20.3.2002 - I R 38/00, BStBl 2002 II 819, zu § 50d Abs. 3 EStG.

Das BVerfG[1] hat mit Beschluss v. 15.12.2015 entschieden, dass Treaty Override nicht verfassungswidrig ist. Im Rahmen des Beschlusses legt das BVerfG dar, dass die deutsche Verfassung dem Gesetzgeber nicht verbietet, sich mittels eines Treaty Override von seinen durch das Zustimmungsgesetz innerstaatlich verbindlichen völkerrechtlichen Verpflichtungen (teilweise) zu lösen. Art. 25 Satz 2 GG, der die allgemeinen Regeln des Völkerrechts über das Bundesrecht hebt, kann nicht zu einer pauschalen hierarchischen Aufwertung von DBAs führen.[2] Art. 59 Abs. 2 Satz 1 GG – aus dem letztlich die Verpflichtung zum Erlass eines Zustimmungsgesetzes fließt – bestimmt zugleich den (einfachen) Rang der dann innerstaatlich anwendbaren DBA.[3] Schließlich führt auch das in Art. 20 Abs. 3 GG niedergelegte Rechtsstaatprinzip nicht zu einer Verfassungswidrigkeit von Treaty Overrides, da hieraus kein (begrenzter) Vorrang des Völkervertragsrechts vor dem einfachen Gesetz oder eine Einschränkung des lex posterior-Grundsatzes abgeleitet werden kann.[4] Zuletzt verstößt Treaty Override auch nicht gegen Art. 3 GG, da die ausschließlich für Einkünfte aus nichtselbständiger Arbeit geltende Nachweisverpflichtung durch sachliche Gründe gerechtfertigt sei. In einem ausführlichen Minderheitenvotum der Richterin König wird Enttäuschung darüber gezeigt, dass das BVerfG sich nicht der von Klaus Vogel angefachten Diskussion stärker geöffnet hat.[5]

Wichtig ist einerseits die Aussage des BVerfG in Rz. 50 des Beschlusses v. 15.12.2015, dass zwar einerseits der lex posterior-Grundsatz gilt, dieser aber in Ausgleich zu bringen ist mit dem lex specialis-Grundsatz (und dem Fakt, dass der lex posterior-Grundsatz auch abbedungen werden kann). Im Ergebnis bedeuten diese Aussagen, dass der Gesetzgeber ein Treaty Override auch weiterhin offen ankündigen muss (bspw. mit der Formulierung „ungeachtet des Abkommens"), da andernfalls das ranggleiche (aber ggf. speziellere) DBA das materiell-rechtlich entgegenstehende („versteckte") Treaty Override verdrängt.[6] Andererseits ließe sich Rz. 88 des genannten Beschlusses auch so lesen, dass die Formulierung „ungeachtet des Abkommens" nicht zwingend notwendig ist, sondern nur eine zusätzliche Ebene bei der Auslegung einzieht.[7] Überzeugender ist allerdings ersteres Verständnis.[8]

20 Der BFH differenziert in seinem oben angesprochenen Ergänzungsbeschluss (nun explizit[9]) zwischen einem Treaty Override zur „Missbrauchsvermeidung" (§ 50d Abs. 3 EStG) und einem Treaty Override zur Verhinderung doppelter Nichtbesteuerung (§ 50d Abs. 8 EStG) dahin gehend, dass sich die zweite Kategorie keinesfalls durch einen DBA-immanenten „Umgehungsvorbehalt" rechtfertigen lässt und es deswegen aus Sicht des BFH bisher keine Notwendigkeit gab, die Vorlage zu § 50d Abs. 8 EStG – wie nun vom BVerfG gefordert – von früheren Entscheidungen zu § 50d Abs. 3 EStG „abzugrenzen".

Welche Auswirkungen der Hinweis des BVerfG zu den Bedenken hinsichtlich der Zulässigkeit der Vorlage und die Ergänzung des BFH auf die zwei weiteren beim BVerfG anhängigen Verfahren haben, ist offen, obwohl von dem Beschluss des BVerfG zu § 50d Abs. 8 Satz 1 EStG nunmehr eine gewisse Präjudizwirkung auszugehen scheint, da das BVerfG gerade keine „Katego-

---

1 BVerfG v. 15.12.2015 - 2 BvL 1/12, NWB DokID: YAAAF-66859.
2 Siehe Beschluss des BVerfG v. 15.12.2015 - 2 BvL 1/12, Rz. 42.
3 Siehe Beschluss des BVerfG v. 15.12.2015 - 2 BvL 1/12, Rz. 46.
4 Siehe Beschluss des BVerfG v. 15.12.2015 - 2 BvL 1/12, Rz. 78.
5 Eingehend zu diesen Diskussionen *Gebhardt*, Deutsches Tax Treaty Overriding, m.w.N.
6 Hierzu auch *Gebhardt*, IWB 2017, 851.
7 Hierzu *Gosch*, ISR 2018, 289, 294.
8 So auch *Gosch*, ISR 2018, 289, 294.
9 Dazu schon grundlegend *Gosch*, IStR 2008, 413 ff.

risierung" von Treaty Overrides vorgenommen hat und es sogar hat „dahinstehen" lassen, ob es sich bei § 50d Abs. 8 Satz 1 EStG überhaupt um ein Treaty Override handelt. § 50d Abs. 9 Satz 1 Nr. 2 EStG ist jedenfalls auch auf die Vermeidung doppelter Nichtbesteuerung (wie § 50d Abs. 8 EStG) gerichtet. § 50d Abs. 10 EStG ist dagegen eher der Kategorie Treaty Overrides zur „Sicherung von Steuersubstrat" zuzuordnen.

(Einstweilen frei) 21–22

2. Unionsrecht

Es ist davon auszugehen, dass der Tatbestand des Treaty Override „an sich" nicht zu einer Beschränkung der Grundfreiheiten des AEUV führt.[1] Die Rechtsfolgen eines Treaty Override können aber im Einzelfall unionsrechtliche Bedenken heraufbeschwören. 23

Die Versagung einer Quellensteuerreduktion auf 0 % nach der MTRL bzw. eines DBA-Nullsatzes wegen § 50d Abs. 3 EStG ist jedenfalls unionsrechts- und insbesondere primärrechtswidrig.[2] Diese Einschätzung sollte auch noch dann Bestand haben, wenn die MTRL um einen allgemeinen und „eigenen"[3] Missbrauchsvorbehalt ergänzt wird, da auch das Sekundärrecht sich am Primärrecht zu messen hat.

§ 50d Abs. 3 EStG ist ebenfalls „an sich" unionsrechtlich problematisch, da der EuGH[4] nur „rein künstlichen Gestaltungen" die Anerkennung versagt und § 50d Abs. 3 EStG in vielerlei Fällen (weit) über dieses Ziel hinausschießt. Das BMF hat mit Schreiben vom 4.4.2018[5] einen ersten Anlauf zur Korrektur der Norm vorgenommen (s. dazu im Einzelnen die → Rz. 106 ff.).

Die Frist nach § 50d Abs. 1 Satz 9, 10 EStG steht im Verdacht gegen den unionsrechtlichen Äquivalenzgrundsatz zu verstoßen.[6]

§ 50d Abs. 11 EStG steht im Verdacht, gegen die Vorgaben der MTRL zu verstoßen (s. → Rz. 212).

Führt ein Treaty Override rechtsfolgenseitig hingegen nur zu einer Besteuerung wie im reinen Inlandsfall – wohl auch zulässigerweise unter Außerachtlassung einer etwaigen Besteuerung im Ausland –, fehlt es nach der Rspr. des EuGH schon an einer Beschränkungswirkung, weswegen sich die Frage der Rechtfertigung nicht mehr stellt.[7] 24

Die unionsrechtliche Unbedenklichkeit dürfte daher auch auf § 50d Abs. 8 und 9 EStG zutreffen. Anders ist dies möglicherweise zu beurteilen, wenn der Rechtsgedanke des zur tat-

---

1 EuGH v. 14.11.2006 - C-513/04, *Kerckhaert und Morres*, Slg. I 2006, 10981; EuGH v. 6.12.2007 - C-298/05, *Columbus Container Services*, Slg. I 2007, 10497.
2 EuGH v. 20.10.2011 - C-284/09, *Kommission/Deutschland*, Slg. I 2011, 9882.
3 Bisher gab es nur eine Öffnungsklausel für innerstaatliche Missbrauchsvorschriften über dessen Rahmen § 50d Abs. 3 EStG aber auch schon bisher hinausschoss.
4 *EuGH* v. 12.9.2006 - C-196/04, *Cadbury Schweppes*, Slg. 2006, I-7995, bestätigt durch den EuGH v. 20.12.2017, verb. C-504/16, C-613/16, NWB DokID: CAAAG-69289 zu § 50 d Abs. 3 EStG i.d.F. JStG 2007 (Reaktion durch das BMF mit Schreiben vom 4.4.2018, BStBl 2018 I 598) und EuGH v. 14.6.2018 - C-440/17, NWB DokID: NAAAG-87490 zu § 50d Abs. 3 EStG i.d.F. des BeitrRLUmsG.
5 BMF v. 4.4.2018, BStBl 2018 I 598
6 A.A. FG Köln v. 18.1.2017 - 2 K 659/15, NWB DokID: NAAAG-43853; dagegen *Hagemann*, NWB 2017, 2977 ff.
7 Siehe zu § 20 Abs. 2 AStG (switch-over bei passiven niedrigbesteuerten DBA-Freistellungsbetriebsstätten) EuGH v. 6.12.2007 - C-298/05, *Columbus Container Services*, Slg. 2008, I-10451.

bestandlichen Verknüpfung des § 20 Abs. 2 AStG mit den §§ 7 ff. AStG ergangenen „*Columbus Container Schlussurteils*"[1] auf die § 50d Abs. 8 und 9 EStG übertragen wird.[2]

25 § 50d Abs. 10 EStG behandelt den ausländischen Mitunternehmer genauso wie einen inländischen Mitunternehmer und dürfte deswegen – selbst wenn die Norm im Einzelfall zu einer Doppelbesteuerung führen kann – aufgrund ihrer diskriminierungsfreien Ausgestaltung unionsrechtlich keiner Beanstandung unterliegen. Unionsrechtlich zu beanstanden wäre nur, wenn die in → Rz. 184 erläuterte Rechtsauffassung seitens der FinVerw „scharf" geschaltet wird, dass ausländischen Mitunternehmern der Abzug von Sonderbetriebsaufwendungen im Rahmen der Ermittlung ihrer deutschen KG-Einkünfte versagt wird und dies – selbstverständlich – bei inländischen Mitunternehmern nicht so ist.

26–30 *(Einstweilen frei)*

B. Systematische Kommentierung

I. Das Erstattungsverfahren (§ 50d Abs. 1 EStG)

1. Allgemeines

31 § 50d Abs. 1 EStG stellt eine der beiden Hauptalternativen (neben § 50d Abs. 2 EStG) des § 50d EStG zur (verfahrensrechtlichen) Umsetzung der DBA- oder unionsrechtlichen (materiellen) Verpflichtungen zur Reduktion von Quellensteuern dar, die auf aus Deutschland stammenden „Einkünften" lasten. Hierzu wird ein zweistufiges Verfahren verwendet.

Auf einer ersten Stufe sind die innerstaatlichen Verpflichtungen des *Zahlungsschuldners* im Hinblick auf den Einbehalt, die Abführung und die Anmeldung (KKB/Anemüller, § 45a EStG Rz. 21 ff.) von Abzugsteuern einzuhalten. Auf einer zweiten Stufe steht dem *Zahlungsgläubiger* dann die Möglichkeit offen, in den von § 50d Abs. 1 EStG umfassten Fällen eine (völlige oder teilweise) Erstattung der Abzugsteuer zu begehren. Der Erstattungsantrag ist eine Steuererklärung i. S. v. § 150 AO über dessen Ablehnung/Stattgabe mittels Steuerbescheid in Gestalt eines Freistellungsbescheids entschieden wird (→ Rz. 33).

32 § 50d Abs. 1 Satz 1 EStG postuliert, dass bei „Einkünften", die dem Steuerabzug vom Kapitalertrag oder nach § 50a EStG unterliegen[3] und bei denen nach den §§ 43b, 50g EStG oder einem DBA kein oder nur ein im Vergleich zum nationalen Steuerrecht niedrigerer Steuerabzug vorgesehen ist,[4] die verfahrensrechtlichen Vorschriften über Einbehaltung, Abführung und Anmeldung der Steuer – ungeachtet der möglicherweise objektiv vorliegenden materiell-rechtlichen Reduktionsverpflichtungen Deutschlands – grds. unberührt bleiben.[5] Ob in DBA-Fällen das fragliche DBA ggf. bereits eine eigene Rechtsgrundlage für Erstattungen enthält, ist in jedem Einzelfall zu prüfen.[6]

---

1 BFH v. 21. 10. 2009 - I R 114/08, BStBl 2010 II 774.
2 Zu Recht skeptisch *Gosch* in Kirchhof, § 50d EStG Rz. 41i (tendenziell anders noch *Gebhardt*, IStR 2011, 58 ff. und *Gebhardt/Quilitzsch*, IWB 2010, 473 ff.).
3 Damit muss eine beschränkte Steuerpflicht gem. § 49 EStG dem Grunde nach vorliegen.
4 Die Norm findet auch i. R. v. § 44a Abs. 9 EStG entsprechende Anwendung. Dazu KKB/Anemüller, § 44a EStG Rz. 117.
5 Es sei denn, die Voraussetzungen der § 50d Abs. 2 oder 5 liegen vor.
6 Hierzu ausführlich *Kempf/Loose/Oskamp*, IStR 2017, 854 ff.

Es wurde teilweise diskutiert,[1] ob in Satz 1 ein (verfahrensrechtlicher) Treaty Override liege. Grundsätzlich ist dies zu verneinen, da die verfahrensrechtliche Vorgehensweise zur Quellensteuerreduktion dem nationalen Steuerrecht überlassen ist.[2] Im Einzelfall können aber doch Bedenken bestehen, wenn eine DBA-rechtlich vorgesehene Quellensteuerreduktion trotz eines objektiv vorliegenden materiell-rechtlichen Anspruchs wegen fehlender (und unverhältnismäßiger) Nachweise (insbes. iZm Abs. 3) versagt wird.

§ 50d Abs. 1 Satz 2 EStG regelt die Selbstverständlichkeit, dass der **materiell-rechtliche** Anspruch des Zahlungsgläubigers auf (völlige oder teilweise) Erstattung der einbehaltenen Abzugsteuer unberührt von § 50d Abs. 1 Satz 1 EStG bleibt. Gleiches gilt auch in Bezug auf durch Haftungs- oder Nachforderungsbescheid entrichtete Steuer. Materiell-rechtliche Voraussetzung von § 50d Abs. 1 Satz 2 EStG ist, dass ein Erstattungsanspruch nach den §§ 43b, 50g EStG oder einem DBA vorliegt, der nicht durch § 50d Abs. 3 EStG (hierzu → Rz. 106 ff.) eingeschränkt wird und die tatsächliche Einbehaltung und Abführung der Steuer (u.U. aufgrund eines Nachforderungs- oder Haftungsbescheids). 33

Gemäß § 50d Abs. 1 Satz 3 EStG ist zur Erlangung einer Erstattung die verfahrensrechtliche Beantragung eines (Teil)Freistellungs*bescheids*[3] durch den Zahlungsgläubiger nötig. Der Antrag ist beim BZSt nach amtlich vorgeschriebenem (und grds. auf der Homepage des BZSt verfügbarem) Vordruck zu stellen.

§ 50d Abs. 1 Satz 4 EStG regelt, dass in den Fällen des § 43 Abs. 1 Satz 1 Nr. 1a EStG (sammelverwahrte Aktien) eine Bescheinigung nach § 45a Abs. 2 EStG beizufügen ist, mit Hilfe derer im Kern nachgewiesen wird, ob die die abzugsteuerpflichtigen Zahlungen auszahlende Stelle ihren Verpflichtungen nachgekommen ist. 34

§ 50d Abs. 1 Satz 5 EStG regelt – an sich selbstverständlich –, dass der zu erstattende Betrag nach der (abgabenrechtlich zu bestimmenden) Bekanntgabe des Freistellungsbescheids ausgezahlt wird. 35

§ 50d Abs. 1 Satz 6 EStG betrifft insbesondere Fälle, in denen dem inländischen Empfänger einer Dienstleistung die durch einen Ausländer erbrachte Dienstleistung durch eine ausländische Agentur vermittelt wird.[4] Hier ist grds. der inländische Dienstleistungsempfänger und die ausländische Agentur zum Quellensteuereinbehalt verpflichtet, sofern nicht die Erleichterungen des § 50a Abs. 4 EStG greifen. 36

§ 50d Abs. 1 Satz 7 EStG regelt, dass die Erstattungsanträge auf maschinell verwertbaren Datenträgern (sog. Datenträgerverfahren) gestellt werden können, wenn das BZSt dies zulässt (s. hierzu auch die Hinweise auf der Homepage des BZSt). In der Praxis wird dieses Verfahren häufig von Banken genutzt, die für ihre ausländischen Kunden (darunter insbesondere auch Investmentfonds) elektronisch Anträge auf Kapitalertragsteuererstattung stellen. 37

§ 50d Abs. 1 Satz 8 EStG schreibt vor, dass bei nach § 50d Abs. 1 Satz 7 EStG im Wege des Datenträgerverfahrens gestellten Anträgen der Antragsteller in den Fällen des § 43 Abs. 1 Satz 1 Nr. 1a EStG (sammelverwahrte Aktien) versichern muss, dass eine Bescheinigung i.S.v. § 45a Abs. 2 EStG (ausgestellt von der auszahlenden Stelle) vorliegt. Grund hierfür ist, dass entgegen 38

---

1 Siehe die Nachweise bei *Gebhardt*, Deutsches Tax Treaty Overriding, S. 118 f.
2 Siehe aber bspw. *Kempf/Köllmann*, IStR 2014, 286 ff.
3 In Verbindung mit § 155 Abs. 1 Satz 3 AO.
4 Vgl. das Beispiel von *Loschelder* in Schmidt, § 50a EStG Rz. 28.

der von § 50d Abs. 1 Satz 4 EStG geregelten Fälle, in denen ein physischer Antrag inklusive der Bescheinigung nach 45a Abs. 2 EStG an das BZSt übersandt wird, beim Datenträgerverfahren die Bescheinigung nach § 45a Abs. 2 EStG regelmäßig nicht beigefügt werden kann. Ist die auszahlende Stelle, die die Kapitalerträge dem Steuerabzug unterworfen hat, selbst der Antragsteller, muss diese versichern, gerade keine Bescheinigung ausgestellt zu haben.

Die „Versicherung" nach § 50d Abs. 1 Satz 8 EStG dient damit im Kern dem gleichen Anliegen wie die physische Übersendung der Bescheinigung nach § 50d Abs. 1 Satz 4 EStG: Der Sicherstellung, dass auch tatsächlich – von der auszahlenden Stelle – Kapitalertragsteuer abgeführt worden ist. Die Bescheinigung ist nach § 50d Abs. 1 Satz 8 2. Halbsatz EStG zehn Jahre nach Antragstellung aufzubewahren.

39 § 50d Abs. 1 Satz 9 EStG regelt, dass die Frist für den Erstattungsantrag grds. vier Jahre nach Ablauf des Kalenderjahres, in dem die abzugsteuerpflichtigen Zahlungen bezogen worden sind, endet. Die Frist endet gem. § 50d Abs. 1 Satz 10 EStG – im Sinne einer Ablaufhemmung – aber in jedem Fall nicht vor Ablauf von sechs Monaten nach Steuerentrichtung. Das Abstellen auf die Steuerentrichtung im Sinne einer erstmaligen „Zahlung" der Steuer wurde vom FG Köln auch in einem Fall bestätigt, in dem die ursprüngliche Steuerfestsetzung betragsmäßig geändert wurde, da diese Änderung nichts am Zeitpunkt der erstmaligen Entrichtung ändere.[1] Ob die Frist des Satzes 10 unionsrechtskonform ist, darf – anders als vom FG Köln[2] angenommen – bezweifelt werden.[3] Sicher ist jedenfalls, dass Satz 9 den allgemeinen Fristen der §§ 169 ff. AO vorgeht.[4]

§ 50d Abs. 1 Satz 10 EStG entfaltet in der Praxis insbesondere Relevanz bei „nachträglich" entrichteter Abzugssteuern, aufgrund von Betriebsprüfungsfeststellungen im Hinblick auf vGA oder „§ 50a-Steuern" auf Lizenzzahlungen.

Im Rahmen von Satz 10 ist zu beachten, dass die Steuern vom Vergütungsschuldner zu entrichten sind (bei dem u. U. eine BP stattgefunden hat), der Vergütungsgläubiger aber das Risiko der fehlenden Kenntnis von der Entrichtung der Steuer trägt. Satz 10 stellt nicht auf die Kenntnis des Gläubigers ab, sondern ausschließlich auf die Steuerentrichtung seitens des Schuldners.[5]

2. Abzugsteuererstattung bei hybriden[6] ausländischen Rechtsträgern

a) Allgemeines

40 In § 50d Abs. 1 Satz 11 EStG[7] findet sich eine – auf Zahlungen nach dem 30. 6. 2013 anzuwendende[8] – Regelung zur (ausschließlich) DBA-rechtlich begründeten Abzugsteuerentlastung hybrider ausländischer (Personen)Gesellschaften.

---

1 FG Köln v. 18.1.2017 - 2 K 659/15, im Einzelnen *Hagemann*, NWB 2017, 2977 ff.
2 Ebenda.
3 So auch *Hagemann*, NWB 2017, 2977 ff.
4 Im Einzelnen siehe FG Köln v. 6. 5. 2015 - 2 K 3712/10, rkr., EFG 2015, 2088 mit Anm. *Wagner*; s. a. *Zuber/Ditsch* in Littmann/Bitz/Pust, § 50d EStG Rz. 32, m.w. N.
5 Zutr. *Wagner*, EFG 2015, 2091, 2093 Anm. zu FG Köln v. 6. 5. 2015 - 2 K 3712/10, rkr., EFG 2015, 2088.
6 Der Begriff ist eigentlich falsch, da die Norm zwar vordergründig auf solche Fälle Anwendung finden soll, wie in → Rz. 61 ausgeführt, aber auch auf andere (nicht hybride) Konstellationen im Einzelfall Anwendung finden kann.
7 Eingehend und zutreffend: *Kempelmann*, Hefte zur Internationalen Besteuerung, Heft 203, passim.
8 Siehe § 52 Abs. 59a Satz 7 EStG i. d. F. des AmtshilfeRLUmsG. Es kommt dann auf den Zeitpunkt der Sachverhaltsverwirklichung an (das kann bspw. bei nachträglich festgestellter vGA relevant sein).

Im Kern fußt die Regelung auf Überlegungen der OECD im Partnership Report aus 1999 und will eine – im Detail umstrittene – Qualifikationsverkettung für den Fall anordnen, dass Deutschland und der DBA-Vertragsstaat abzugsteuerpflichtige Zahlungen unterschiedlichen Personen zuordnen und damit ein Zurechnungskonflikt besteht. Die Begründung[1] zu § 50d Abs. 1 Satz 11 EStG beschreibt die Zielrichtung der Vorschrift dergestalt, dass Erstattungsansprüche – wegen der abweichenden Qualifikation – mit Hilfe der Regelung nicht „ins Leere" laufen sollen.

Die Norm ordnet augenscheinlich eine Bindung Deutschlands an die Zurechnungsentscheidung des Vertragsstaats an. Mit welcher Reichweite dies geschehen sein könnte, wird in → Rz. 44 ff. problematisiert.

41 Neben der Konstellation, dass der (zivilrechtliche) Zahlungsgläubiger aus deutscher Sicht als transparent[2] und aus ausländischer Sicht als intransparent qualifiziert wird,[3] ist selbstverständlich auch die umgekehrte Konstellation denkbar.[4] Zudem fächern sich die möglichen Fallvarianten noch danach auf, wo die Anteilseigner des hybriden Rechtsträgers ansässig sind (entweder im DBA-Vertragstaat und/oder in einem Drittstaat). Selbst in Zweistaatensachverhalten ist die Lösung nicht einfach, in Dreistaatensachverhalten potenzieren sich die Fragestellungen, da es hier auch entscheidend sein kann, wie dieser Drittstaat den hybriden Rechtsträger qualifiziert (transparent oder intransparent). Zudem kann auch der Fall eintreten, dass entweder die Anteilseigner in einem Nicht-DBA-Staat domizilieren oder der hybride Rechtsträger in einem Nicht-DBA-Staat domiziliert, aber dessen Anteilseigner wiederum in einem DBA-Staat ansässig sind.

Überdies halten die Art. 10 bis 12 OECD-MA vielfältige Anforderungen zur Gewährung einer Quellensteuerreduktion bereit (Ansässigkeit und Nutzungsberechtigung einer Person in den Art. 11/12 OECD-MA und zusätzlich in Art. 10 Abs. 2 Buchst. a OECD-MA („Schachtelsatz") mit dem unmittelbaren Halten einer Beteiligung durch eine Gesellschaft).

42 Es scheint, als hätte Satz 11 – ohne es im Gesetzeswortlaut auszusprechen – einen konkreten Fall vor Augen: Ein aus deutscher Sicht transparent und aus ausländischer Sicht intransparent besteuerter Rechtsträger erzielt in Deutschland abzugsteuerpflichtige Zahlungen. Diese Zielrichtung lässt sich auch der Gesetzesbegründung entnehmen.[5] M. E wäre es – auch unabhängig von etwaigen DBA-rechtlichen Sonderregelungen – geboten, in einer solchen Konstellation alle DBA-Vorteile (also auch den Schachtelsatz des Art. 10 Abs. 2 Buchst. a OECD-MA) zu gewähren. Grund ist, dass die in Deutschland abzugsteuerpflichtigen Zahlungen im Ausland grds. der Körperschaftsteuer unterworfen werden und bei „Weiterschüttung" an die Anteilseigner wiederum eine Besteuerung stattfindet. Dem Telos von (DBA-rechtlich begründeten) Quellensteuerreduktionen würde damit entsprochen.[6]

---

1 BT-Drucks. 17/10000, 59.
2 Deutschland rechnet dann nach nationalem Recht den „dahinterstehenden" Anteilseignern die in Deutschland abzugsteuerpflichtigen Einkünfte zu.
3 Wenn z. B. der Vertragspartner Personengesellschaften entweder schon dem Grunde nach als Körperschaft qualifiziert oder die Personengesellschaft auch als solche zivilrechtlich einstuft, dann aber „wie eine Körperschaft" besteuert. Zum Ganzen lesenswert und instruktiv *Lüdicke*, IStR 2011, 91 ff.
4 Exemplarisch sei hier auf die „*S-Corporation*" US-amerikanischer Prägung hingewiesen.
5 BT-Drucks. 17/10000, 59: „Der nach § 50d Absatz 1 Satz 2 EStG bestehende Anspruch eines Gesellschafters einer hybriden Gesellschaft auf Entlastung geht für Zwecke seiner Geltendmachung [sic!] auf die hybride Gesellschaft [sic!] über."
6 Laut *Zuber/Ditsch* in Littmann/Bitz/Pust, § 50d EStG Rz. 70, hat die FinVerw auch bislang schon in solchen Konstellationen Quellensteuerentlastungen gewährt.

Ob Satz 11 in diesen und in vielerlei anderen Konstellationen eine sinnvolle oder eher sinnwidrige Regelung darstellt, wird nachfolgend problematisiert.

43 Tatbestandlich setzt § 50d Abs. 1 Satz 11 EStG voraus, dass ein Gläubiger, der in Deutschland abzugsteuerpflichtigen Kapitalerträgen oder Vergütungen (entweder) nach deutscher Lesart oder[1] nach ausländischer Lesart eine Person ist, der die nämlichen Erträge steuerlich nicht zugerechnet werden. Es muss damit ein Zurechnungskonflikt vorliegen.

Der **Gläubigerbegriff** ist hier normspezifisch nach dem deutschen Zivilrecht auszulegen.[2] Nur dann ergibt das Tatbestandsmerkmal der – aus deutscher Sicht – fehlenden Zurechnung zu eben diesem Gläubiger einen Sinn. Anders gewendet: Wenn hier der steuerrechtliche Gläubiger angesprochen wäre, würde Deutschland selbstverständlich immer diesem die Zahlungen zurechnen. Eine abweichende steuerliche Zurechnung aus deutscher Perspektive wäre dann ausgeschlossen. Die Norm fordert aber gerade, dass (entweder) aus deutscher oder aus ausländischer Sicht die Zahlungen dem Gläubiger nicht zugerechnet werden.

Rechtsfolgenseitig ordnet § 50d Abs. 1 Satz 11 EStG eine Qualifikationsverkettung dergestalt an, dass auch für deutsche Zwecke der Zurechnung des anderen Vertragsstaates gefolgt wird. Diese Anordnung gilt allerdings nur für die Anwendung eines DBA und nicht z. B. für § 43b EStG und ebenso nicht unmittelbar für § 44a Abs. 9 EStG.[3]

b) Weitgehend umstrittene Punkte

44 Frage: Kommt der Vorschrift lediglich Verfahrenscharakter zu, so dass nur bestimmt wird, wer einen „an sich" bestehenden DBA-Reduktionsanspruch geltend macht, oder regelt die Vorschrift auch materiell-rechtlich, ob überhaupt ein Anspruch besteht und wie hoch dieser Anspruch ist?[4] Anders gewendet: Setzt die Vorschrift einen bestehenden Anspruch voraus oder schafft bzw. versagt diese einen eigentlich (nicht) bestehenden Anspruch?

Es lässt sich vertreten, dass die Vorschrift ihrem Wortlaut zufolge einen Entlastungsanspruch voraussetzt („steht der Anspruch ... zu" und nicht etwa „ist für Zwecke der Höhe des Anspruchs abzustellen auf...")[5] und damit nicht regelt, ob ein Anspruch besteht und wie hoch dieser im Einzelfall ist (lediglich verfahrensrechtliche Wirkung).[6] Das BZSt wendet die Norm jedenfalls so an, dass materiell-rechtlich geregelt wird, wer einen Anspruch aus einem DBA innehat und damit geltend machen kann.

Legt man die Differenzierung in Satz 2 („Anspruch") und Satz 3 („Antrag") zugrunde, dann dürfte der Norm ein – wie auch immer gearteter – materiell-rechtlicher Gehalt zukommen, der aber nur zugunsten des Steuerpflichtigen wirken kann (→ Rz. 56).

---

1 Ausschließliches „Oder" s. *Gosch* in Kirchhof, § 50d EStG Rz. 10b, Fn. 8, m.w.N. Das bedeutet letztlich, dass die Norm bei übereinstimmender Qualifikation nicht zur Anwendung kommt (A.A. *Frotscher*, § 50d EStG, Rz. 33k), bzw. besser gesagt dessen Rechtsfolgen ins Leere laufen, da keine Abweichung von der Grundregelung angeordnet werden kann.
2 Zutr. *Zuber/Ditsch* in Littmann/Bitz/Pust, § 50d EStG Rz. 71, m.w.N. (auch teils abweichender Natur).
3 Siehe zum Verhältnis von § 44a Abs. 9 EStG zu § 50d Abs. 1 Satz 11 EStG im Einzelnen *Scheuch/Schiefer*, Ubg 2016, 263 ff.
4 Für Ersteres *Gosch* in Kirchhof, § 50d EStG Rz. 10b; *Loschelder* in Schmidt, § 50d EStG, Rz. 38; *Loose/Oskamp*, Ubg 2014, 630, 633; *Kopec/Rothe*, IStR 2015, 372, 375; *Kempelmann*, Hefte zur internationalen Besteuerung, Heft 203, 12; für Letzteres *Frotscher*, § 50d EStG Rz. 33q.
5 Siehe diesbzgl. auch *Kahlenberg*, Ubg 2014, 234 ff.
6 So auch *Gosch* in Kirchhof, § 50d EStG Rz. 10b; *Loschelder* in Schmidt, § 50d EStG Rz. 38, jeweils m.w.N.

Zur Illustrierung des Problems sei nachfolgend das Beispiel 1 des BMF v. 26.9.2014 zur Anwendung der DBA auf Personengesellschaften[1] in Tz. 2.1.2 besprochen:

BEISPIEL Die Personengesellschaft hat ihren Sitz im Staat A, die Gesellschafter sind im Staat B ansässig. Die Personengesellschaft bezieht Lizenzgebühren aus Deutschland, die dem Steuerabzug nach § 50a EStG unterliegen. Die Gesellschaft ist mit ihren Einkünften im Staat A steuerpflichtig (Behandlung dort als intransparent).

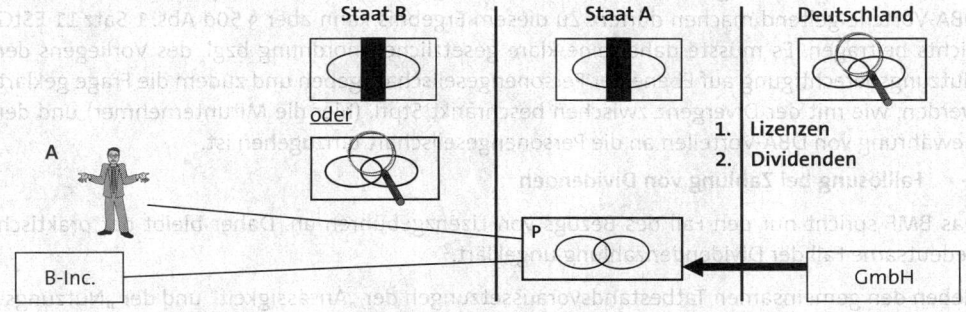

Quelle: Eigene Darstellung in Anlehnung an den Partnership Report

LÖSUNG DES BMF: Da Staat A die Lizenzgebühren der Gesellschaft zurechnet, hat sie nach § 50d Abs. 1 Satz 11 EStG Anspruch auf Entlastung nach dem DBA mit Staat A. Die im Staat B ansässigen Gesellschafter haben dagegen keinen Entlastungsanspruch.

Verhältnis zu Staat A

▶ **Grundsätzliches**

Da die Personengesellschaft in ihrem Sitzstaat als Steuersubjekt behandelt wird, ist sie dort ansässig gem. Art. 4 Abs. 1 OECD-MA.

Art. 12 OECD-MA setzt für eine Reduktion von Quellensteuern auf Lizenzgebühren – neben dem Kriterium der Ansässigkeit – weiterhin voraus, dass die Personengesellschaft „nutzungsberechtigt" ist.

Nach der Rechtsprechung des BFH[2] beurteilt sich die Frage der Nutzungsberechtigung grds. aus der Sicht des Quellenstaats (hier Deutschland). Da die Personengesellschaft aus Sicht Deutschlands transparent ist, kann diese erstens nicht beschränkt steuerpflichtig und zweitens – unter Zugrundelegung der genannten BFH-Rechtsprechung – eigentlich auch nicht nutzungsberechtigt sein. Die Frage, ob die Personengesellschaft im DBA-rechtlichen Sinne nutzungsberechtigt sein kann, ist aber höchstrichterlich nicht entschieden und daher offen.

Die Lösung des BMF geht im Verhältnis zu Staat A aber davon aus, dass die Personengesellschaft „nach § 50d Abs. 1 Satz 11 EStG" einen Anspruch auf die Reduktion deutscher Quellensteuer aus „ihrem" DBA geltend machen kann.

Nicht eindeutig geklärt ist hiermit, ob das BMF die Nutzungsberechtigung auf Ebene der Personengesellschaft durch § 50d Abs. 1 Satz 11 EStG als „fingiert" ansieht[3] oder ob die Personengesellschaft (aufgrund der intransparenten Behandlung in ihrem Sitzstaat) bereits nutzungs-

---

1 BMF v. 26.9.2014, BStBl 2014 I 1258, Tz. 2.1.2.
2 BFH v. 26.6.2013 - I R 48/12, BStBl 2014 II 367, Leitsatz 3, Rz. 22 f.
3 In diese Richtung die derzeitige Praxis des BZSt.

berechtigt ist und es einer Fiktion deswegen nicht bedarf.[1] Die erste Alternative dürfte sich nur schwer mit dem Wortlaut des § 50d Abs. 1 Satz 11 EStG begründen lassen, da dort nichts zum Thema „Nutzungsberechtigung" geregelt wird. Die zweite Alternative könnte der vorgenannten BFH-Rechtsprechung widersprechen, wobei das BFH-Urteil den umgekehrten Fall zu entscheiden hatte, dass die Personengesellschaft aus deutscher Sicht intransparent war.

48 M. E. sollte die Personengesellschaft abkommensdogmatisch in der vorliegenden Konstellation DBA-Vorteile geltend machen dürfen. Zu diesem Ergebnis kann aber § 50d Abs. 1 Satz 11 EStG nichts beitragen. Es müsste daher eine klare gesetzliche Anordnung bzgl. des Vorliegens der Nutzungsberechtigung auf Ebene der Personengesellschaft geben und zudem die Frage geklärt werden, wie mit der Divergenz zwischen beschränkt Stpfl. (hier die Mitunternehmer) und der Gewährung von DBA-Vorteilen an die Personengesellschaft umzugehen ist.

▶ **Falllösung bei Zahlung von Dividenden**

49 Das BMF spricht nur den Fall des Bezugs von Lizenzgebühren an. Daher bleibt der praktisch bedeutsame Fall der Dividendenzahlung ungeklärt.[2]

Neben den gemeinsamen Tatbestandsvoraussetzungen der „Ansässigkeit" und der „Nutzungsberechtigung" in den Art. 10 bis 12 OECD-MA, fordert Art. 10 Abs. 2 Buchst. a OECD-MA für eine Reduktion von Quellensteuern auf 5 % („Schachtelsatz") zusätzlich, dass der Dividendenempfänger eine „Gesellschaft" ist.

Nach der Rechtsprechung des BFH[3] (für den umgekehrten Fall) dürfte die Personengesellschaft eigentlich keine „Gesellschaft" i. S. v. Art. 3 Abs. 1 Buchst. b OECD-MA sein, da für die Frage, ob diese eine juristische Person ist und/oder für Zwecke der Besteuerung wie eine juristische Person behandelt wird, die Sicht des Quellenstaats (hier Deutschland) maßgeblich ist.

50 Von Seiten der OECD wird im MK Tz. 3 zu Art. 3 dagegen vertreten, dass eine „Gesellschaft" im vorliegenden Fall gegeben ist, da deren Domizilstaat diese als Steuersubjekt behandelt. Dieses Argument lässt sich jedenfalls hören. Aus dem in Art. 10 Abs. 2 Buchst. a OECD-MA vorgesehenen Einschub „jedoch keine Personengesellschaft" dürfte sich aber ergeben, dass wiederum keine „Gesellschaft" vorliegt.[4] Dieser Einschub wurde aber durch das OECD-MA 2017 wiederum gestrichen.

Die in MK Tz. 3 zu Art. 3 angeordnete Qualifikationsverkettung im Hinblick auf die Qualifikation als „Gesellschaft" und der vor dem OECD-MA 2017 bestehende Klammerzusatz „jedoch keine Personengesellschaft" erscheint dann wertungswidersprüchlich, wenn es hierfür auf die deutsche Sicht ankommen soll und deswegen die in ihrem Sitzstaat intransparent besteuerte „Personengesellschaft" nicht den Schachtelsatz des Art. 10 Abs. 2 Buchst. a OECD-MA beanspruchen könnte.

51 Da § 50d Abs. 1 Satz 11 EStG weder etwas über die Nutzungsberechtigung noch über die Qualifikation einer in ihrem Sitzstaat intransparent besteuerten Personengesellschaft als „Gesellschaft" aussagt, dürfte die Vorschrift m. E. in der vorliegenden Situation nicht zu einer Entlastungsberechtigung (weder für Zinsen/Lizenzen noch für Dividenden) der Personengesellschaft

---

[1] In diese Richtung *Benecke*, Vortrag IFA Sektion Nord, 29. 1. 2015.
[2] Siehe hierzu auch *Kopec/Rothe*, IStR 2015, 372, 376.
[3] BFH v. 26. 6. 2013 - I R 48/12, BStBl 2014 II 367, Leitsatz 1, Rz. 10.
[4] Es sei denn auch die Einordnung als Personengesellschaft folgt dem anderen Staat. Selbst das kann u.U. nicht alle Probleme lösen, wenn der Vertragsstaat die Personengesellschaft zwar intransparent besteuert aber zivilrechtlich trotzdem als Personengesellschaft einordnet.

führen. Abkommensdogmatisch ist es aber eigentlich richtig, der Personengesellschaft einen Entlastungsanspruch zuzugestehen, da es auf Ebene ihrer Anteilseigner wiederum zu einer (nochmaligen) Besteuerung kommt.

Zur Lösung dessen bedürfte es einer klaren gesetzlichen Regelung, die vorschreibt, dass die Personengesellschaft (per Fiktion) „Nutzungsberechtigte" ist (das reicht dann für Art. 11/12 OECD-MA) und abkommenspolitisch müsste geklärt werden, ob der Personengesellschaft auch der Schachtelsatz des Art. 10 Abs. 2 Buchst. a OECD-MA zustehen soll (ich meine ja; gelöst werden kann dies durch eine gesetzliche Umsetzung von MK Tz. 3 zu Art. 3 im OECD-MA 2017 und einer zwischenzeitlich im MA 2017 erfolgten Tilgung des Zusatzes „jedoch keine Personengesellschaft" in den deutschen DBA, die diesen Zusatz enthalten). 52

Gesteht man der Personengesellschaft vollumfänglich Abkommensvorteile zu, müsste aber noch geklärt werden, wie § 50d Abs. 3 EStG in solcherlei Konstellationen wirken soll (insbesondere dessen Direkterzielungsfiktion; → Rz. 115).

Verhältnis zu Staat B

Laut der Lösung des BMF sollen die im Staat B ansässigen Gesellschafter keinen Entlastungsanspruch haben. Eine Begründung dessen bleibt das BMF (leider) schuldig. Auch wird von Seiten des BMF nicht mitgeteilt, wie Staat B die Personengesellschaft (transparent oder intransparent) qualifiziert. 53

§ 50d Abs. 1 Satz 11 EStG dürfte jedenfalls nicht geeignet sein, im Verhältnis zu Staat B einen Entlastungsanspruch generell auszuschließen. Die Anwendung der Vorschrift im Verhältnis zu Staat A hat jedenfalls keine Auswirkung auf das Verhältnis zu Staat B. § 50d Abs. 1 Satz 11 EStG kann immer nur im Verhältnis zum jeweiligen DBA-Vertragsstaat Wirkung entfalten. Dies findet sich auch im Wortlaut der Vorschrift wieder, der vom Anspruch aufgrund „eines" Abkommens mit dem anderen Vertragsstaat spricht.

Qualifiziert Staat B die Personengesellschaft als transparent, scheidet die Anwendung von § 50d Abs. 1 Satz 11 EStG – im Verhältnis zu Staat B (mangels Zurechnungskonflikt) – aus. 54

Qualifiziert Staat B die Personengesellschaft als Steuersubjekt, ist offen, was der Gesetzgeber mit § 50d Abs. 1 Satz 11 EStG regeln wollte. Richtigerweise wird der Entlastungsanspruch der in B ansässigen Gesellschafter durch § 50d Abs. 1 Satz 11 EStG nicht eingeschränkt, da nur geregelt wird, wer den „an sich" bestehenden Entlastungsanspruch geltend macht. Dies dürfte dann die Personengesellschaft sein, da dieser nach den Steuergesetzen von Staat B die Dividenden/Lizenzgebühren zugerechnet werden.[1]

▶ **Strahlt § 50d Abs. 1 Satz 11 EStG auch auf die Anwendung des Freistellungsverfahrens gem. § 50d Abs. 2 EStG aus?**[2]

Der Wortlaut – welcher von „Erstattung" spricht – legt nahe, dass § 50d Abs. 1 Satz 11 EStG lediglich für das Erstattungsverfahren nach § 50d Abs. 1 EStG gilt. Die Begründung[3] wirkt hierzu etwas kryptisch. Würde die Regelung nur im Erstattungsverfahren nach § 50d Abs. 1 EStG gelten, könnte allerdings das (merkwürdige) Ergebnis entstehen, dass je nach Verfahrensart 55

---

1 Siehe auch *Loose/Oskamp*, Ubg 2014, 630, 633.
2 So bspw. *Frotscher*, § 50d EStG Rz. 33e; anders *Gosch* in Kirchhof, § 50d EStG Rz. 10c; HHR/*Klein/Hagena*, § 50d EStG Rz. 24.
3 BT-Drucks. 17/10000, 59: ...Die Neuregelung berührt nicht das Recht zur Teilnahme am Freistellungsverfahren nach § 50d Abs. 2 EStG. Ist eine Person erstattungsberechtigt, kann sie unter den Voraussetzungen des § 50d Abs. 2 EStG auch am Freistellungsverfahren teilnehmen.

unterschiedliche Antragsteller und je nach Regelungsrahmen (verfahrensrechtliche vs. materiell-rechtliche Wirkung) unterschiedliche Quellensteuersätze und DBA zur Anwendung gelangen könnten. Die FinVerw soll die Vorschrift dem Vernehmen nach auch im Freistellungsverfahren nach § 50d Abs. 2 EStG anwenden. Das ist an sich auch sinnvoll, da hierdurch ein Gleichlauf der Verfahrensarten erreicht werden kann. Es verbleiben aber große Zweifel, ob diese Handhabe gesetzeskonform ist. Zudem ist noch zu gewärtigen, dass nicht jede hybride Gesellschaft die Voraussetzungen des § 50d Abs. 2 Satz 1 1. und 2. Halbsatz überhaupt erfüllen kann.

▶ **Verdrängen Vorschriften wie Art. 1 Abs. 7 DBA-USA bzw. DBA allgemein die Anwendung des § 50d Abs. 1 Satz 11 EStG als lex specialis?**[1]

56 Der BFH hat im „*S-Corp-Urteil*"[2] einer aus deutscher Sicht intransparenten und aus US-Sicht transparenten S-Corporation die Reduktion von auf deutschen Dividenden lastender Kapitalertragsteuer auf 5 %[3] nach Art. 10 Abs. 2 Buchst. a DBA-USA gewährt. Kern des Urteils war die Auslegung des Art. 1 Abs. 7 DBA-USA. Der BFH sah es als ausreichend an, dass die aus Deutschland stammenden Zahlungen nach US-Recht „einer" in den US-ansässigen Person zuzurechnen waren. Da die Zahlungen aus US-Sicht den an der S-Corporation beteiligten natürlichen Personen zugerechnet wurden, „vermittelten" diese der S-Corporation eine Ansässigkeit.[4] Die Voraussetzungen der Reduktion auf den Schachtelsatz waren damit vollends erfüllt, da die S-Corporation aus deutscher Sicht Nutzungsberechtigte und Gesellschaft i. S. d. Art. 10 Abs. 2 Buchst. a DBA-USA war.

Das BZSt wendet § 50d Abs. 1 Satz 11 EStG in der eben beschriebenen „*S-Corp-Situation*" zulasten der Stpfl. als „Nichtanwendungsgesetz" zum S-Corp-Urteil des BFH an. Folge dessen ist, dass bei Dividendenzahlungen ab dem 30. 6. 2013 nicht mehr die „Schachtelsätze" i. H. v. 0 %/5 % zur Anwendung gelangen sollen, sondern nur noch eine Reduktion auf 15 % gewährt wird. Begründet wird dies im Kern damit, dass den an der S-Corporation beteiligten natürlichen Person die Einkünfte nach US-Recht zugerechnet werden und diese keinen Anspruch auf den Schachtelsatz hätten.

57 Es ist sehr fraglich, ob sich dies aus § 50d Abs. 1 Satz 11 EStG schlussfolgern lässt.[5] Der Norm fehlt ersichtlich der Zusatz „ungeachtet des Abkommens" und damit der formale Derogationswille, die Rechtsfolgen eines DBA zu Ungunsten des Stpfl. „überschreiben" zu wollen. Daher gilt rechtsmethodisch der aus § 2 Abs. 1 AO folgende Grundsatz „im Zweifel zugunsten des DBA". Aufgrund dessen wird § 50d Abs. 1 Satz 11 EStG von den DBA verdrängt.[6]

Dafür, dass sich der Gesetzgeber mit § 50d Abs. 1 Satz 11 EStG bewusst und zu Ungunsten des Stpfl. über das S-Corp-Urteil hinwegsetzen wollte, ist nichts ersichtlich. Das BMF spricht – etwas kryptisch – in Tz. 2.1.2 des Schreibens v. 26. 9. 2014[7] in Fn. 1 davon, dass „*für davor liegen-*

---

1 So bspw. HHR/*Klein/Hagena*, § 50d EStG Rz. 24; *Gosch* in Kirchhof, § 50d EStG Rz. 10b; *Wagner* in Blümich, § 50d EStG Rz. 34; *Frotscher*, § 50d EStG, Rz. 33 f, ders., in FS Gosch, 97.
2 BFH v. 26. 6. 2013 - I R 48/12, BStBl 2014 II 367.
3 Den Nullsatz des Art. 10 Abs. 3 DBA-USA konnte die Klägerin nicht in Anspruch nehmen, da die Beteiligung an der ausschüttenden Kapitalgesellschaft weniger als 80 % (im Streitfall 50 %) betrug. Bei entsprechender Beteiligung und Erfüllung der Voraussetzungen von Art. 28 DBA-USA hätte die Klägerin den Nullsatz beanspruchen können.
4 Die S-Corporation war wegen fehlender Steuerpflicht nicht nach Art. 4 Abs. 1 DBA-USA ansässig.
5 Kritisch auch HHR/*Klein/Hagena*, § 50d EStG Rz. 24; *Gosch* in Kirchhof, § 50d EStG Rz. 10b.
6 Zu diesem methodischen Ansatz eingehend *Gebhardt*, Deutsches Tax Treaty Overriding, 24 ff; speziell zu Satz 11 auch *Kempelmann*, Hefte zur Internationalen Besteuerung, Heft 203, passim.
7 BMF v. 26. 9. 2014, BStBl 2014 I 1297, Tz. 2.1.2

de Zeiträume [vor Beginn der Geltung des Satzes 11]... in Bezug auf eine US-amerikanische „S-Corporation"[...] das BFH-Urteil v. 26.6.2013 - I R 48/12, BStBl 2014 II 367 [gilt]".

Es ist fraglich, ob das BMF damit – im Umkehrschluss – für danach (sprich Zahlungen nach dem 30.6.2013) liegende Zeiträume das genannte BFH-Urteil durch § 50d Abs. 1 Satz 11 EStG als „überholt" ansieht. Da sich dies weder aus den Gesetzesmaterialien noch aus dem Gesetzeswortlaut entnehmen lässt, sondern erstens Vieles für eine nur verfahrensrechtliche Wirkungsweise der Norm spricht und zweitens, selbst bei angenommener materiell-rechtlicher Wirkkraft die DBA Vorrang genießen, dürfte dieser Schluss unzulässig sein.

Daher gilt auch für die „Jetztzeit" nach Einführung des § 50d Abs. 1 Satz 11 EStG noch der Grundsatz, dass eine S-Corporation den Nullsatz des Art. 10 Abs. 3 DBA-USA in Anspruch nehmen kann.

Die Norm kann danach nur zugunsten des Stpfl. und nicht zuungunsten wirken.

Letzteres wird auch durch die Gesetzesbegründung[1] vorgezeichnet, die davon ausgeht, dass „der nach § 50d Absatz 1 Satz 2 EStG bestehende Anspruch eines Gesellschafters einer hybriden Gesellschaft auf Entlastung für Zwecke seiner Geltendmachung [sic!] auf die hybride Gesellschaft [sic!] über[geht]." Ersichtlich soll damit keine Schlechterstellung geregelt werden, sodass eine teleologische Reduktion von Satz 11 in der S-Corp-Situation gerechtfertigt erscheint.

▶ **Wirkt § 50d Abs. 1 Satz 11 EStG lediglich in einem Zweistaatensachverhalt und ist damit in die Vorschrift hineinzulesen, dass zwingend einer „dort" (mithin im anderen Vertragsstaat) ansässigen Person die Kapitalerträge oder Vergütungen von Seiten des anderen Vertragsstaats zugerechnet werden müssen?[2]**

Virulent wird die Frage insbesondere, wenn der andere Vertragsstaat die in Deutschland abzugsteuerpflichtigen Zahlungen einer – aus seiner Sicht intransparenten und aus deutscher Sicht transparenten – Personengesellschaft in einem Drittstaat zurechnet. Bildlich gesprochen bleiben die in Deutschland abzugsteuerpflichtigen Zahlungen dann aus Sicht des Vertragsstaats im Drittstaat „hängen".

Soll es für Zwecke der Anwendung von § 50d Abs. 1 Satz 11 EStG darauf ankommen, ob die Personengesellschaft in diesem Drittstaat „ansässig" und damit auch nach lokalem Recht steuerpflichtig ist? Selbst wenn das so wäre, soll es dann entscheidend sein, ob der Vertragsstaat und/oder Deutschland ein DBA mit diesem Drittstaat hat, da nur dann der abkommensrechtliche Begriff der „Ansässigkeit" erfüllt sein kann? All diese Fragen müssen als derzeit ungeklärt angesehen werden.

▶ **Weitere ungeklärte Punkte im Kontext von Satz 11**

Offen ist, ob § 50d Abs. 1 Satz 11 EStG auch dann greift, wenn im Ausland wegen einer Gruppenbesteuerung die in Deutschland abzugsteuerpflichtigen Zahlungen einer anderen Person („Organträger") als dem Gläubiger („Organgesellschaft") zugerechnet werden. Kann es darauf ankommen, ob das Ausland eine andere „Technik" als Deutschland verwendet und nicht das Einkommen (und damit auch nicht die originären Zahlungen) einer anderen Person zurechnet? Wenn das Ausland keine Einkommenszurechnung deutscher Lesart kennt, sondern die Zahlun-

---

1 BT-Drucks. 17/10000, 59.
2 In diese Richtung das BMF v. 26.9.2014, BStBl 2014 I 1297 zur Anwendung der DBA auf Personengesellschaften in Tz. 2.1.2, Beispiel 2; so bspw. auch HHR/*Klein/Hagena*, § 50d EStG Rz. 24.

gen originär einer anderen Person zurechnet, könnte § 50d Abs. 1 Satz 11 EStG einschlägig sein. Verwendet das Ausland dagegen eine Einkommenszurechnung deutscher Prägung oder rechnet die Zahlungen aus anderen Gründen nicht originär einer anderen Person zu, spricht Einiges gegen die Anwendung von § 50d Abs. 1 Satz 11 EStG.[1]

Fraglich ist zudem, wie in bestimmten Dreiecksfällen zu verfahren ist, in denen der Ansässigkeitsstaat der Anteilseigner des ausländischen Rechtsträgers aufgrund einer Hinzurechnungsbesteuerung die Einkünfte des in einem Drittstaat ansässigen Rechtsträgers den Anteilseignern zurechnet und ob hierdurch eine abweichende Zurechnung i. S. d. § 50d Abs. 1 Satz 11 EStG begründet werden kann. Ordnet der Ansässigkeitsstaat nicht die originären aus Deutschland stammenden Zahlungen dem Anteilseigner zu, sondern eine Art „Hinzurechnungsbetrag" deutscher Prägung, spricht Einiges dafür, dass § 50d Abs. 1 Satz 11 EStG nicht einschlägig ist.

61 Die Norm könnte dagegen auch in Fällen Anwendung findet, in denen entweder das Ausland oder Deutschland bspw. wegen § 39 AO (oder adäquater ausländischer Normen) eine abweichende Zurechnung vornimmt, obwohl strenggenommen die Wendung in Satz 11 „nach diesem Steuergesetz" nur das EStG meinen kann und nicht die AO.

62 Gemäß **§ 50d Abs. 1 Satz 12 EStG** gilt § 45 EStG entsprechend. Das bedeutet im Kern, dass für den Fall der Auszahlung der abzugsteuerpflichtigen Einkünfte an einen anderen als den Gläubiger die Abzugsteuer grds. nicht erstattet wird (§ 45 Satz 1 EStG). Das gilt nach § 45 Satz 2 EStG nicht für den Erwerber von Dividendenscheinen (§ 20 Abs. 2 Satz 1 Nr. 2 Buchst. a EStG). Für den Erwerber von Zinsscheinen (§ 20 Abs. 2 Satz 1 Nr. 2 Buchst. b EStG) ist eine Erstattung wiederum ausgeschlossen (§ 45 Satz 3 EStG).

63 **§ 50d Abs. 1 Satz 13 EStG** regelt, dass vorbehaltlich des Freistellungsverfahrens nach § 50d Abs. 2 EStG der Schuldner der abzugsteuerpflichtigen Zahlungen sich nicht auf die Rechte des Gläubigers aus einem DBA berufen kann. Liegt damit keine Freistellungsbescheinigung nach § 50d Abs. 2 EStG vor, kann sich der Zahlungsschuldner nicht darauf berufen, dass materiellrechtlich die Voraussetzungen vorliegen, den Steuerabzug eigentlich ganz oder teilweise zu unterlassen. Folglich muss der Zahlungsschuldner – eigentlich selbstverständlich – die volle Abzugsteuer einbehalten, anmelden und entrichten. Der Wortlaut des Satz 12 spricht nur von „Rechten aus dem Abkommen", folglich sind Ansprüche aus den §§ 43b, 44a Abs. 9 EStG und § 50g EStG eigentlich nicht erfasst, was den Schluss nahelegen könnte, dass der Zahlungsschuldner sich hier gerade auf die Rechte des Gläubigers berufen kann, um den Steuerabzug ganz oder teilweise zu unterlassen.[2]

Diese Auslegung widerspräche aber der „Grundregel" des § 50d Abs. 1 Satz 1 EStG, die besagt, dass die innerstaatlichen Vorschriften zur Einbehaltung, Anmeldung und Abführung für den „Entrichtungssteuerschuldner" ungeachtet der DBA, §§ 43b, 50g EStG zu beachten sind. Im Kern hätte auf Satz 13 daher auch verzichtet werden können.

64–75 *(Einstweilen frei)*

II. Verzinsung bestimmter Erstattungsansprüche (§ 50d Abs. 1a EStG)

76 Gemäß **§ 50d Abs. 1a Satz 1 EStG** ist für nach dem 31. 12. 2003 erfolgte, einem Erstattungsanspruch nach § 50d Abs. 1 EStG i. V. m. § 50g EStG (innerstaatliche Umsetzung der Zins- und

---

[1] Zur gleichgelagerten Frage im Rahmen der Anwendung von § 50d Abs. 11 EStG s. → Rz. 209.
[2] Zur Diskussion dessen s. HHR/*Klein/Hagena*, § 50d EStG Rz. 26.

Lizenzgebührenrichtlinie) unterliegende Zahlungen von Zinsen und Lizenzen (nicht: Dividenden, s. sogleich) eine Verzinsungspflicht der darauf lastenden Abzugsteuern vorgesehen. Dies stellt eine Ausnahme von dem Grundsatz des § 233a Abs. 1 Satz 2 AO dar, der postuliert, dass Abzugsteuern (damit neben Dividenden auch die unter § 50a EStG fallenden „Lizenzsteuern") grds. nicht verzinst werden. Die Regelungsanordnung des § 233a Abs. 1 Satz 2 AO wird gemeinhin damit begründet, dass Abzugsteuern zumeist zeitnah erstattet werden (!) und lediglich unselbständige Verrechnungsposten für die Bemessungsgrundlage der Verzinsung sind.[1] Im Kontext der sog. „Fokus Bank Claims" (die in der überwiegenden Zahl der Fälle auf Dividenden lastende Kapitalertragsteuern betreffen, die von § 50d Abs. 1a EStG nicht erfasst sind) wirkt diese Begründung merkwürdig, da sich die FinVerw seit vielen Jahren – trotz eindeutiger EuGH-Rechtsprechungslage[2] – dagegen wehrt, Erstattungsanträgen stattzugeben und damit der Erstattungsbetrag dem Stpfl. unverzinst entzogen wird.

Dem Stpfl. verbleibt dann – außerhalb des Anwendungsbereichs von § 50d Abs. 1a EStG – nur der Weg über den unionsrechtlichen Äquivalenz- und Effektivitätsgrundsatz, um einen Verzinsungsanspruch geltend zu machen.[3] Diesem Problem hätte abgeholfen werden können, wenn der Gesetzgeber – wie offenbar[4] ursprünglich vorgesehen – eine allgemeine Verzinsungspflicht in § 50d Abs. 1a EStG für alle Arten von Abzugsteuern eingeführt hätte, bzw. § 233a Abs. 1 Satz 2 AO getilgt hätte (§ 50d Abs. 1a EStG hätte es dann nicht bedurft).[5]

§ 50d Abs. 1a Satz 2 EStG postuliert den Beginn des „Zinslaufs"[6] dergestalt, dass dieser 12 Monate nach Ablauf des Monats, in dem der Antrag auf Erstattung und alle für die Entscheidung über den Antrag erforderlichen Nachweise vorliegen, beginnt. Da das BZSt für die „Entscheidung" zuständig ist und letztlich die Macht darüber hat, was die „erforderlichen Nachweise" (insbesondere im Hinblick auf Nachweiserfordernisse im Rahmen von § 50d Abs. 3 EStG) sind, kann der Beginn des Zinslauf (im Sinne einer durch die FinVerw beeinflussbaren „Anlaufhemmung") theoretisch „gesteuert" werden.[7] Dem Stpfl. bleibt dann zu empfehlen, durch das zeitnahe Beibringen zureichender Nachweise den Beginn des Zinslaufs nicht unnötig und möglicherweise selbstverschuldet hinauszuschieben. 77

Ob das faktische Belieben der FinVerw im Hinblick auf den Beginn des Zinslaufs mit den Vorgaben der Zins- und Lizenzgebührenrichtlinie im Einklang steht, darf bezweifelt werden.[8]

Gemäß **§ 50d Abs. 1a Satz 3 EStG** endet der Zinslauf mit Ablauf des Tages, an dem der Freistellungsbescheid wirksam wird, also mit dessen Bekanntgabe. Nach **§ 50d Abs. 1a Satz 4 EStG** ist bei Aufhebung, Änderung oder Berichtigung des Feststellungsbescheids nach § 129 AO eben- 78

---

1 *Loose* in Tipke/Kruse, § 233a AO, Rz. 8.
2 EuGH v. 20. 10. 2011 - C-284/09, *Kommission/Deutschland*, Slg. I 2011, 9882.
3 Dazu z. B. EuGH v. 15. 10. 2014 - C-331/13, *Nicula*, Rz. 29; EuGH v. 18. 4. 2013 - C-565/11, *Irimie*, Rz. 22; EuGH v. 19. 7. 2012 - C-591/10, *Littlewoods*, Rz. 26; EuGH v. 8. 3. 2001 - C-397/98, 410/98, *Hoechst Metallgesellschaft* Rz. 86; hinsichtlich des Zinssatzes und des Zeitpunkts des Verzinsungsbeginns gilt es dann zwischen „normalen" Kapitalgesellschaften, Investmentfonds und Pensionsfonds zu unterscheiden.
4 So *Loschelder* in Schmidt, § 50d EStG Rz. 40.
5 Da aber höchst fraglich ist, ob die Geltendmachung eines Anspruchs auf Basis des Unionsrechts unter § 50d Abs. 1 EStG fällt (so BMF v. 23. 5. 2012, IStR 2012, 552; zutr. kritisch dazu *Lüdicke*, IStR 2012, 540) können auch hier Zweifel angemeldet werden, ob eine solche Regelungsanordnung dem Problem abgeholfen hätte.
6 Für den allgemeinen abgabenrechtlichen Beginn des Zinslaufs gilt, dass dieser 15 Monate nach Ablauf des Kalenderjahres beginnt, in dem die Steuer entstanden ist (§ 233a Abs. 2 Satz 1 AO).
7 Zu Recht kritisch auch *Gosch* in Kirchhof, § 50d EStG Rz. 13: „Einschätzungsbelieben" des BZSt; A. A. *Zuber/Ditsch* in Littmann/Bitz/Pust, § 50d EStG Rz. 42, den Zinslauf nicht durch die Prüfung von § 50g Abs. 4 oder § 50d Abs. 3 EStG gehemmt sehen.
8 Siehe dazu bspw. in HHR/*Klein/Hagena*, § 50d EStG Rz. 31.

falls eine (etwaige) Zinsfestsetzung zu ändern. § 233a Abs. 5 AO gilt gem. **§ 50d Abs. 1a Satz 5 EStG** entsprechend. Im Hinblick auf die Höhe und die Berechnung der Zinsen gilt gem. **§ 50d Abs. 1a Satz 6 EStG** § 238 AO entsprechend. Hinsichtlich der Zinsfestsetzung gilt § 239 AO gem. **§ 50d Abs. 1a Satz 7 EStG** ebenfalls entsprechend.

79   Gemäß **§ 50d Abs. 1a Satz 8 EStG** ist der gesamte Abs. 1a nicht anzuwenden, wenn der Steuerabzug keine abgeltende Wirkung hat (i.V. m. § 50 Abs. 2 EStG oder § 32 KStG; bspw. fällt die Zahlung in einer inländischen Betriebsstätte des beschränkt Stpfl. an). Dies bedeutet aber nicht, dass hier gar keine Verzinsung vorgesehen ist, vielmehr gelten dann wieder die „Grundregeln" der §§ 233 ff. AO.

80–85   *(Einstweilen frei)*

III. Freistellung im Steuerabzugsverfahren (§ 50d Abs. 2 EStG)

86   Als „Counterpart" zu § 50d Abs. 1 EStG kann gem. **§ 50d Abs. 2 Satz 1 1. Halbsatz EStG** in den Fällen der[1] §§ 43b, 50a Abs. 1 EStG (nicht § 50a Abs. 7 EStG; s. hierzu KKB/Kraft/Weigert, § 50a Abs. 7 EStG), § 50g EStG nach Maßgabe der §§ 43b und 50g EStG oder eines DBA der *Zahlungsschuldner* den Steuerabzug unterlassen bzw. nach einem niedrigeren Satz vornehmen, wenn das BZSt dem *Zahlungsgläubiger* eine Freistellungsbescheinigung für die fraglichen Zahlungen und der geltend gemachten Rechtsgrundlage erteilt hat. § 50d Abs. 2 EStG ist damit – im Gegensatz zum zweistufigen Verfahren nach § 50d Abs. 1 EStG – materiell-rechtlich (s. aber → Rz. 93 zu Satz 8) ein einstufiges Verfahren („Freistellung im Abzugsverfahren").

Der Freistellungsantrag ist auf amtlich vorgeschriebenem Vordruck beim BZSt zu stellen. Der Zahlungsgläubiger kann sich für Zwecke der Antragstellung vom Schuldner vertreten lassen.[2]

87   Die Freistellungsbescheinigung nach § 50d Abs. 2 EStG ist – entgegen des Freistellungsbescheids nach § 50d Abs. 1 EStG – kein Steuerbescheid i. S. v. § 155 Abs. 1 Satz 3 AO, sondern ein sonstiger Verwaltungsakt (i. S. v. § 118 AO), was naturgemäß Auswirkungen auf die Frage hat, nach welchen Vorschriften Änderungs- und Rechtsschutzmöglichkeiten bestehen. Hier können nur die §§ 129, 130 und 131 AO als Änderungsnormen greifen, nicht aber die §§ 172 ff. AO. Einspruch (§ 347 AO) und (Verpflichtungs)Klage (§ 42 FGO) gegen die Ablehnung der Erteilung einer Freistellungsbescheinigung ist naturgemäß innerhalb Einspruchs- und Klagefristen möglich.[3]

Gleiches gilt – im Sinne eines Rechtsfolgen- und nicht eines Rechtsgrundverweises[4] – nach **§ 50d Abs. 2 Satz 1 2. Halbsatz EStG** auch für den Fall, dass Kapitalerträge einer nach einem DBA im anderen Vertragsstaat ansässigen Kapitalgesellschaft zufließen, welche an einer gem. § 1 Abs. 1 Nr. 1 KStG unbeschränkt steuerpflichtigen Kapitalgesellschaft zu mindestens 10 % unmittelbar beteiligt ist. Zusatzvoraussetzung ist, dass die die Kapitalerträge empfangende Kapitalgesellschaft einer „Körperschaftbesteuerung" unterliegt, ohne davon befreit zu sein. Letzteres kann bei steuerbefreiten Rechtsträgern aber auch in hybriden Strukturen zum Problem werden.

---

1 Siehe zu den unter § 50a Abs. 1 Nr. 3 EStG fallenden Sachverhalten auch das sog. „Kontrollmeldeverfahren" nach Abs. 5 in Rz. 138 f.
2 Siehe zu diesem Aspekt HHR/*Klein/Hagena*, § 50d EStG Rz. 38.
3 Im Einzelnen *Zuber/Ditsch* in Littmann/Bitz/Pust, § 50d EStG Rz. 53.
4 Siehe dazu auch *Loschelder* in Schmidt, 50d EStG Rz. 14.

§ 50d Abs. 2 Satz 1 2. Halbsatz EStG wird als **Auffangtatbestand** für EU-Kapitalgesellschaften verstanden, sollte der Tatbestand des § 50d Abs. 2 Satz 1 1. Halbsatz EStG nicht (vollständig) erfüllt und für Nicht-EU-Kapitalgesellschaften als „Öffnung" des § 50d Abs. 2 Satz 1 1. Halbsatz EStG interpretiert.[1] Folglich erweitert § 50d Abs. 2 Satz 1 2. Halbsatz EStG den Anwendungsbereich von § 50d Abs. 2 Satz 1 1. Halbsatz EStG dergestalt, dass ein (Teil)Freistellungsverfahren nach § 50d Abs. 2 Satz 1 1. Halbsatz EStG auch bspw. dann möglich ist, wenn die Mindestbesitzzeit des § 43b EStG (s. hierzu KKB/Quilitzsch, § 43b EStG Rz. 27 ff.) nicht erfüllt ist bzw. keine Dividenden nach § 20 Abs. 1 Nr. 1 EStG sondern Liquidationsraten nach § 20 Abs. 1 *Nr. 2* EStG vorliegen und damit § 43b Abs. 1 Satz 1 EStG nicht erfüllt ist, wohl aber DBA-Vergünstigungen im Wege der Teilfreistellung zu gewähren sind.[2] Das (Teil)Freistellungsverfahren ist damit aber keinesfalls in allen denkbaren Varianten möglich. Ob Einschränkungen sinnvoll sind und ob sich nicht bereits aus verschiedenen DBA selbst eine (unbedingte) Verpflichtung für eine (Teil)Freistellung ergibt, wird im Schrifttum zu Recht vorgebracht.[3]

88

Die „Hybridklausel" des § 50d Abs. 1 Satz 11 EStG (s. → Rz. 40 ff.) gilt gesetzestechnisch nicht für das Freistellungsverfahren nach § 50d Abs. 2 EStG, wird aber von der FinVerw – im Sinne einer Verfahrenseinheit – auch auf § 50d Abs. 2 EStG angewandt. Das ist an sich auch sinnvoll, findet sich aber so nicht im Gesetz wieder. Überdies ist fraglich, ob die Anwendung des § 50d Abs. 1 Satz 11 EStG darüber hinweghelfen kann, dass § 50d Abs. 2 Satz 1 2. Halbsatz EStG insbesondere dann ein Freistellungsverfahren ausschließt, wenn es an einer „Ansässigkeit" und einem „Unterliegen mit Steuern vom Einkommen und Gewinn" fehlt. Dies kann insbesondere in hybriden Strukturen – die von Abs. 1 Satz 11 erfasst sind – zum Problem werden.

Gemäß **§ 50d Abs. 2 Satz 2 EStG** kann die Freistellung unter dem Vorbehalt des Widerrufs erteilt werden und zudem von Auflagen oder Bedingungen abhängig gemacht werden.[4] Dies stellt in der Praxis den Regelfall dar.[5]

89

Nach **§ 50d Abs. 2 Satz 3 EStG** kann die Freistellung in den Fällen des § 50a Abs. 1 EStG von der Bedingung abhängig gemacht werden, dass die Erfüllung der nach § 50a Abs. 5 EStG auferlegten Verpflichtungen nachgewiesen werden, soweit eine Weiterleitung von Vergütungen an andere beschränkt steuerpflichtige Vergütungsgläubiger stattfindet.[6]

§ 50d Abs. 2 Satz 4 1. Halbsatz EStG regelt den Beginn der Geltungsdauer der Freistellungsbescheinigung mit dem frühestmöglichen Zeitpunkt, namentlich des Eingangs des Antrags beim BZSt. In der Praxis ist dies im Auge zu behalten, da zwischen dem Eingang des Antrags beim BZSt und der Ausstellung der Freistellungsbescheinigung (u.U. inklusive zwischenzeitlicher Prüfung der Voraussetzungen des § 50d Abs. 3 EStG) durchaus mehrere Monate vergehen können und zudem die Geltungsdauer der Freistellungsbescheinigung gem. § 50d Abs. 2 Satz 4 2. Halbsatz EStG zeitlich auf höchstens drei Jahre (mindestens aber ein Jahr) begrenzt ist. Da bis zur endgültigen Entscheidung über die Erteilung der Freistellungsbescheinigung eben diese nicht vorliegt, darf der Zahlungsschuldner auch nicht (teilweise) vom Steuerabzug mit dem Hinweis absehen, dass (sehr wahrscheinlich zeitnah) eine Freistellungsbescheinigung

90

---

1 Siehe dazu eingehend HHR/*Klein/Hagena*, § 50d EStG Rz. 36.
2 Es ist h. M. dass Liquidationsraten unter Art. 10 OECD-MA fallen: *Tischbirek/Specker*, in VL, 6. Aufl., Art. 10 Rz. 218; *Schönfeld* in Schönfeld/Ditz, DBA, Art. 10 Rz. 157 f.; Tz. 28 OECD-MK zu Art. 10 OECD-MA.
3 Im Einzelnen *Kempf/Köllmann*, IStR 2014, 286 ff.
4 Dazu *Loschelder* in Schmidt, § 50d EStG Rz. 24.
5 Siehe auch die diesbzgl. Anordnung im BMF v. 24. 1. 2012, BStBl 2012 I 171, Tz. 14.
6 Siehe hierzu HHR/*Klein/Hagena*, § 50d EStG Rz. 42.

Gebhardt

erteilt wird, die rückwirkend dann auch für den Ausschüttungszeitpunkt gilt.[1] Der Zahlungsschuldner kann nicht etwa darauf vertrauen, dass das BZSt positiv entscheidet, da es in manchen Fällen dazu kommt, dass die Erteilung einer Freistellungsbescheinigung (oftmals wegen § 50d Abs. 3 EStG) abgelehnt wird.[2] Richtig dürfte aber sein, dass auf Basis einer rückwirkend gewährten Freistellungsbescheinigung eine Quellensteuerreduktion außerhalb eines separaten Erstattungsverfahrens nach § 50d Abs. 1 EStG grundsätzlich möglich ist.

Technisch geschieht dies bei „§ 50a-Steuern" entweder[3] durch Abgabe einer berichtigten Steueranmeldung (die dann im Extremfall auf „0" lautet) oder auf Basis eines separaten Erstattungsantrags nach § 50d Abs. 1 EStG (der in der Praxis bei Hinweis auf die erteilte Freistellungsbescheinigung seitens des Antragstellers in den allermeisten Fällen unproblematisch „durchgewunken" wird).[4] Bei Kapitalertragsteuern auf Dividenden[5] sieht das BZSt den Weg über eine berichtigte Steueranmeldung als „vorrangig" an.

Hintergrund der (feinsinnigen) Differenzierung zwischen „§ 50a-Steuern" und Kapitalertragsteuern seitens des BZSt dürfte sein, dass seit dem 1.1.2014 das gesamte Verfahren betreffend „§ 50a-Steuern" beim BZSt liegt und bei Kapitalertragsteuern nach wie vor „zweigleisig" dergestalt gefahren wird, dass für die Anmeldung das Finanzamt und für das Freistellungs-/Erstattungsverfahren das BZSt zuständig ist.

In der Praxis ist es trotz alledem empfehlenswert, die Entstehung der Kapitalertragsteuer solange hinauszuschieben, bis die Freistellungsbescheinigung dem Zahlungsschuldner vorliegt.

91 Gemäß § 50d Abs. 2 Satz 4 3. Halbsatz EStG ist der Wegfall der Voraussetzungen für die Freistellung unverzüglich dem BZSt mitzuteilen. Der „Wegfall" kann verschiedene Gründe haben:
- ▶ Wegfall des Zahlungsschuldners oder -gläubigers (z. B. durch Umstrukturierungen),
- ▶ Änderungen in der „Substanz" i. S. v. § 50d Abs. 3 EStG[6] und
- ▶ generelle Änderungen des Entlastungsumfangs durch Änderungen in der Gruppenstruktur etc.
- ▶ Auch ein Ereignis wie der „Brexit" kann bspw. zur Unanwendbarkeit der §§ 43b, 50g EStG im Verhältnis zu UK führen. Auch der Brexit dürfte grds. eine Mitteilungspflicht auslösen, wobei der Brexit dem BZSt bekannt ist und dieses wahrscheinlich selbst vom Widerrufsvorbehalt des Abs. 2 Satz 2 Gebrauch machen wird bzw. werden in der Praxis Freistellungsbescheinigungen im Verhältnis zu UK derzeit nur noch bis Ende März 2019 ausgestellt.[7]

In der Praxis ist zudem zu beachten, dass die während des Geltungszeitraums der Freistellungsbescheinigung jährlich bis zum 31.5. abzugebenden Meldungen auch wirklich abge-

---

[1] Treffend *Wagner* in Blümich, § 50d EStG Rz. 55 „zukunftsbezogen".
[2] So auch *Loschelder* in Schmidt, § 50d EStG Rz. 26; *Gosch* in Kirchhof, § 50d EStG Rz. 16; a. A. wohl HHR/*Klein/Hagena*, § 50d EStG Rz. 40.
[3] Auf dem Merkblatt des BZSt zum Thema Freistellung/Erstattung von Abzugsteuern auf Lizenzen und ähnliche Vergütungen (Tz. 4.2) findet sich der Hinweis, dass bei Zahlungen im „Rückwirkungszeitraum" der Freistellungsbescheinigung ein Wahlrecht dergestalt besteht, dass entweder eine berichtigte Steueranmeldung oder ein separater Erstattungsantrag zu stellen ist.
[4] Zu diesen beiden Möglichkeiten s. HHR/*Klein/Hagena*, § 50d EStG Rz. 47.
[5] So auch der Hinweis auf den vom BZSt ausgestellten Freistellungsbescheinigungen; s. auch OFD Karlsruhe v. 2.9.2004, DStR 2004, 1832 und *Zuber/Ditsch* in Littmann/Bitz/Pust, § 50d EStG Rz. 51.
[6] Gedanken sind hier die – einer gesetzlichen Grundlage entbehrenden – „de minimis Klauseln" des BMF v. 24.1.2012, BStBl 2012 I 171, Tz. 15.
[7] Siehe auch *Herbst/Gebhardt*, DStR 2016, 1705, 1711.

geben werden, da dem BZSt bei Nichtmeldung (formal) das Recht zusteht, die Freistellungsbescheinigung in Gänze aufzuheben.[1]

§ 50d Abs. 2 Satz 5 EStG regelt, dass dem Zahlungsschuldner als Voraussetzungen für die (teilweise) Abstandnahme vom Steuerabzug die dem Zahlungsgläubiger ausgestellte (Teil)Freistellungsbescheinigung nach § 50d Abs. 2 Satz 1 EStG vorliegen muss. Ohne Vorliegen dieser Bescheinigung kann der Schuldner (selbst wenn die materiellen Voraussetzungen objektiv vorliegen und dem Gläubiger auch tatsächlich eine Bescheinigung ausgestellt wurde) nicht vom Steuerabzug absehen. Bei Vorliegen der Bescheinigung kann der Schuldner nach Treu und Glauben aber auch darauf vertrauen, dass diese „gültig" ist. Dieser Aspekt kann insbesondere in Fällen von Relevanz sein, in denen Gläubiger und Schuldner nicht konzernverbunden sind und dem Schuldner nichts anderes übrig bleibt, als auf die Gültigkeit der Freistellungsbescheinigung zu vertrauen.

92

Gemäß **§ 50d Abs. 2 Satz 6 EStG** ist seitens des BZSt über den Freistellungsantrag innerhalb von drei Monaten zu entscheiden, wobei die Frist nach **§ 50d Abs. 2 Satz 7 EStG** erst dann beginnt, wenn alle erforderlichen Nachweise (insbesondere wohl auch in Bezug auf die Voraussetzungen des § 50d Abs. 3 EStG) vorliegen, die seitens des BZSt benötigt werden, um über den Antrag zu entscheiden. Folglich beginnt die Frist nicht etwa mit „bloßer" Antragstellung, sondern diese ist fließend und kann somit auch zulasten des Stpfl. – bei umfangreichen Nachweisanforderungen – nach hinten geschoben werden. Die Entscheidungsfrist ändert aber nichts daran, dass die Geltungsdauer der Freistellungsbescheinigung gem. § 50d Abs. 2 Satz 4 EStG (in der Praxis üblich) mit dem Zeitpunkt beginnt, zu dem der ursprüngliche Antrag gestellt wurde.

93

§ 50d Abs. 2 Satz 8 EStG postuliert, dass bestehende (anderweitige[2]) Anmeldeverpflichtungen unberührt bleiben. Im Kern wird damit geregelt, dass – selbst bei einer auf Basis des § 43b EStG erteilten Freistellungsbescheinigung (0 % QSt) – eine „Nullanmeldung" abzugeben ist. Dies ergibt sich auch aus § 45a Abs. 1 Sätze 1-3 EStG (KKB/Anemüller, § 45a EStG Rz. 8 ff.).

(Einstweilen frei) 94–105

IV. „Missbrauch" von DBA- und Richtlinienrecht (§ 50d Abs. 3 EStG)

1. Rechtsentwicklung

Ursprünglich war die in § 50d Abs. 3 EStG konstituierte Regelung zur Begrenzung des *Treaty* und *Directive Shoppings* in § 50d Abs. 1a EStG a. F. verortet.[3] Zeitlich dem § 50d Abs. 1a EStG vorgehend existierte bereits eine sehr ähnliche Vorschrift in § 73h EStDV.[4] Grund der Einführung einer Anti- *Treaty/Directive Shopping* Regelung war eine Gestaltung, mit Hilfe derer sich in Nicht-DBA-Staaten domizilierende Personen in das deutsche Abkommensnetz durch zwischengeschaltete Rechtsträger rechtsmissbräuchlich „eingekauft" hatten. Durch nämliche Gestaltung wurden Abkommens- bzw. EU-Richtlinienvorteile in Form von reduzierten Quellensteuern oder Schachtelprivilegien in Anspruch genommen, welche den Steuerausländern dem

106

---

1 Dies kommt in der Praxis zwar selten vor, sollte aber trotz dessen beachtet werden.
2 So *Gosch* in Kirchhof, § 50d EStG Rz. 16.
3 Für einen umfassenden Überblick s. *Schönfeld* in Flick/Wassermeyer/Baumhoff/Schönfeld, § 50d Abs. 3 EStG Rz. 1 ff.
4 *Schalast*, FR 1990, 212 (217).

Grunde und/oder der Höhe nach nicht zustehen.[1] Diese im Schrifttum als missbräuchliche Inanspruchnahme von DBA bezeichnete Fallgestaltung konnte nicht qua § 42 AO sanktioniert werden, da der BFH[2] in früheren Judikaten § 42 AO nicht auf Steuerausländer angewendet sehen wollte. § 50d Abs. 1a EStG a. F. sollte diese Missbrauchsfälle verhindern und die Lücke, welche durch die Nichtanwendbarkeit von § 42 AO entstand, ausfüllen. Nachdem der BFH[3] § 42 AO in zeitlich folgenden Judikaten auch auf Steuerausländer anwendete, war § 50d Abs. 1a/3 EStG eigentlich redundant.[4] Trotz dessen wurde § 50d Abs. 3 EStG mit Wirkung des JStG 2007[5] tatbestandlich revidiert und die Anforderungen an die Gewährung einer Quellensteuerreduktion weiter verschärft. Diese Änderung des § 50d Abs. 3 EStG war eine Reaktion des Gesetzgebers auf die sog. *„Hilversum II"*-Entscheidung[6] des BFH, in der dieser die Anforderungen an die Anerkennung ausländischer Holdinggesellschaften als quellensteuerreduktionsberechtigte Personen herabsetzte.[7] Im Rahmen des Beitreibungsrichtlinie-Umsetzungsgesetzes (BeitrRLUmsG)[8] wurde, aufgrund unionsrechtlicher Vorgaben, der Tatbestand des § 50d Abs. 3 EStG wiederum revidiert, wobei die Vorschrift trotz dessen unionsrechtswidrig ist.[9] Das BMF hat mit Schreiben vom 4.4.2018[10] auf die EuGH-Rechtsprechung[11] zur Fassung des JStG 2007 reagiert und diese Fassung für unanwendbar erklärt bzw. die aktuelle Fassung mit Einschränkungen und damit Erleichterungen für den Steuerpflichtigen – zumindest in den Fällen des § 43b EStG – versehen.[12] Eine gesetzliche Anpassung steht noch aus.

2. Allgemeines

107 Die Quellensteuerentlastungsberechtigung einer ausländischen Gesellschaft (hierzu → Rz. 114.) in Bezug auf KapESt nach einem DBA, der MTRL (§ 43b EStG)/ZLRL (§ 50g EStG), § 44a Abs. 9 EStG[13] und dem in Reaktion auf das EuGH-Judikat v. 20.11.2011[14] eingeführten § 32 Abs. 5 KStG[15] wird – positiv formuliert – seitens § 50d Abs. 3 EStG gewährt, soweit folgende Voraussetzungen erfüllt sind:

1. Persönliche Entlastungsberechtigung: An der ausländischen Gesellschaft sind Personen beteiligt, denen die Quellensteuerreduktion der Höhe nach zustünde, würden sie die ab-

---

1 Grundlegend *Kraft*, Die mißbräuchliche Inanspruchnahme von Doppelbesteuerungsabkommen, 1 ff.
2 BFH v. 29.10.1981 - I R 89/80, BStBl 1982 II 150.
3 BFH v. 29.10.1997 - I R 35/96, BStBl 1998 II 235.
4 *Gosch* in Kirchhof, § 50d EStG Rz. 24.
5 JStG 2007 v. 13.12.2006, BGBl 2006 I 2878.
6 BFH v. 31.5.2005 - I R 74, 88/04, BStBl 2006 II 118.
7 *Strobl-Haarmann*, 25 Jahre Rechtsentwicklung zum Treaty Shopping in Deutschland, in Kirchhof/Schmidt/Schön/Vogel, Festschrift Raupach, 613 (620).
8 Gesetz zur Umsetzung der Beitreibungsrichtlinie sowie zur Änderung steuerlicher Vorschriften (Beitreibungsrichtlinie-Umsetzungsgesetz – BeitrRLUmsG) v. 7.12.2011, BGBl 2011 I 2592.
9 EuGH v. 14.6.2018 - C-440/17, NWB DokID: NAAAG-87490GS: zu der diesbezüglichen Vorlage an den EuGH *Gebhardt*, BB 2017, 2007.
10 BMF v. 4.4.2018, BStBl 2018 I 598.
11 EuGH v. 20.12.2017 - verb. C-504/16, C-613/16, NWB DokID: CAAAG-69289 zu § 50 d Abs. 3 EStG i. d. F. JStG 2007.
12 Hierzu *Gebhardt*, BB 2018, 1498.
13 Dazu bspw. *Frey/Mückl*, DStR 2011, 2125 ff.
14 EuGH v. 20.10.2011 - C-284/09, *Kommission/Deutschland*, Slg. I 2011, 9882.
15 Die Norm soll für gewisse „Altfälle" (vor dem 1.3.2013) eine Erstattungsmöglichkeit für unionsrechtswidrig einbehaltene Kapitalertragsteuer schaffen. Ob tatsächlich nur „Altfälle" erfasst sind, ist zumindest diskutabel (s. *Frotscher*, § 32 KStG Rz. 53; *Miethe/Unterberg*, IStR 2014, 872). Zur Regelung insgesamt s. bspw. *Geurts/Faller*, DStR 2012, 2357 ff.

zugssteuerpflichtigen Zahlungen unmittelbar erzielen (sog. Direkterzielungsfiktion; → Rz. 109 ff.).

oder

2. Sachliche Entlastungsberechtigung: Die ausländische Gesellschaft

    a) erzielt Erträge aus eigener Wirtschaftstätigkeit → Rz. 116 („Substanz erster Klasse"),

    b) erzielt keine Erträge aus eigener Wirtschaftstätigkeit, es liegen allerdings für die Einschaltung der ausländischen Gesellschaft wirtschaftliche oder sonstige beachtliche Gründe vor *und* die ausländische Gesellschaft nimmt mit einem für ihren Geschäftszweck angemessen eingerichteten Geschäftsbetrieb am allgemeinen wirtschaftlichen Verkehr teil → Rz. 121 („Substanz zweiter Klasse"),

    c) qualifiziert für die „Börsenklausel" (→ Rz. 127 f.), da mit der Hauptgattung der Aktien der ausländischen Gesellschaft ein regelmäßiger und wesentlicher Handel an einer anerkannten Börse stattfindet (§ 50d Abs. 3 Satz 5 EStG),

    d) unterliegt den Vorschriften des Investmentsteuergesetzes → Rz. 127 (§ 50d Abs. 3 Satz 5 EStG).

Diese Fassung der Vorschrift gilt m.W. ab VZ 2012. Für davor liegende Zeiträume war insbesondere die „Substanzprüfung" unter 2. ein Prüfschritt und nicht in a) und b) unterteilt. Folglich mussten bis einschließlich VZ 2011 die Kriterien der sachlichen Entlastungsberechtigung unter a) und b) kumulativ erfüllt sein, wobei mehr als 10 % der Erträge aus eigener Wirtschaftstätigkeit stammen mussten, um eine Chance zu haben, den „Substanztest" des § 50d Abs. 3 EStG zu bestehen. Bezogen auf die „Substanz zweiter Klasse" enthält das BMF-Schreiben vom 4.4.2018[1] erleichternde Aussagen zu 2.b) im Kontext eines Entlastungsanspruchs nach § 43b EStG.

3. Wortlautkommentierung

a) Direkterzielungsfiktion

§ 50d Abs. 3 Satz 1 1. Halbsatz EStG postuliert eine „Direkterzielungsfiktion" für Zwecke der Prüfung, ob der „ausländischen Gesellschaft" (→ Rz. 114) Ansprüche nach § 50d Abs. 1 oder 2 EStG zustehen. Hiernach wird getestet, ob den an der ausländischen Gesellschaft (unmittelbar oder mittelbar) „Beteiligten"[2] ein Entlastungsanspruch wie der ausländischen Gesellschaft selbst (der Höhe nach) zustehen würde, wenn sie die in Deutschland abzugssteuerpflichtigen Einkünfte direkt erzielten. Die Beantwortung dieser Frage hängt bei juristischen Personen als (mittelbare) Anteilseigner der ausländischen Gesellschaft – eigentlich selbstverständlich – wiederum davon ab, ob diese „Substanz" (→ Rz. 116 ff.) haben. Daher arbeitet die Vorschrift insbesondere in tiefergestaffelten (Kapitalgesellschafts)Strukturen mit einer weiteren – im Gesetz allerdings nicht explizit verankerten – Fiktion dergestalt, dass die jeweiligen Anteilseigner wiederum zur „ausländischen Gesellschaft" gemacht werden (für natürliche Personen und Personengesellschaften gilt diese Fiktion nicht). Nur so kann sichergestellt werden, dass die Prü-

---

[1] BMF v. 4.4.2018, BStBl 2018 I 598.
[2] *Loschelder* in Schmidt, § 50d EStG Rz. 48 bemängelt im Kern zu Recht, dass die Formulierung „an ihr (der ausländischen Gesellschaft) beteiligt" impliziert, dass nur unmittelbare Beteiligungen von der Norm erfasst sein könnten.

fung des § 50d Abs. 3 EStG (Direkterzielungsfiktion einerseits, Substanzprüfung[1] andererseits) zum systematisch gebotenen Ergebnis führt.

Bei der Anwendung der Direkterzielungsfiktion ist zudem – und das ist wiederum nicht unumstritten[2] – auch zu beachten, dass sich der (fiktive) Anspruch der (mittelbaren) Anteilseigner der ausländischen Gesellschaft nicht notwendigerweise aus dem DBA Deutschlands mit dem Domizilstaat der ausländischen Gesellschaft bzw. den §§ 43b und 50g EStG ergeben muss. Es reicht vielmehr aus, wenn der fiktive Anspruch der Höhe nach gleich ist. Geringere Entlastungsansprüche der Gesellschafter können aber ebenfalls insoweit zu einem Entlastungsanspruch der ausländischen Gesellschaft selbst führen. Eine „Verbesserung" des Anspruchs (auf einer höheren Stufe) ist dagegen nicht möglich. Letzteres leuchtet auch deswegen ein, da der „look-through-approach" des § 50d Abs. 3 EStG nicht zur Anwendung kommen würde, wenn bereits die ausländische Gesellschaft selbst über genügend „Substanz" verfügt. Die „Besserstellung" einer substanzlosen ausländischen Gesellschaft durch „günstigere" Quellensteuersätze auf einer höheren Stufe dürfte deswegen ausscheiden.

110 Ein merkwürdiger Auswuchs der Direkterzielungsfiktion kann sich ergeben, wenn die (unmittelbaren oder mittelbaren) Anteilseigner der ausländischen Gesellschaft wiederum in Deutschland ansässig sind (sog. Mäander-Struktur). Bei gedachtem Direktbezug der quellensteuerbelasteten Zahlungen (insb. Dividende) könnten diese keinerlei Entlastungsanspruch nach einem DBA/§ 43b EStG geltend machen, es fehlt damit eigentlich an einer persönlichen Entlastungsberechtigung. Trotz dessen verbleibt dort – insbesondere bei Kapitalgesellschaften als Anteilseigner – oft kaum eine Steuerbelastung, da § 36 Abs. 2 Nr. 2 EStG eine Anrechnung der Quellensteuer vorsehen würde und damit im Ergebnis die Kapitalertragsteuer fast „neutral" bliebe.[3] Systematisch ist das aus Abs. 3 folgende Ergebnis zwar merkwürdig, der Gesetzeswortlaut aber doch (leider) recht eindeutig. In solchen Mäander-Strukturen ist zu überlegen, die Norm entweder teleologisch zu reduzieren oder am Missbrauchsvorbehalt der MTRL/ den Grundfreiheiten scheitern zu lassen.[4] Ein solcher Fall lag auch dem EuGH-Urteil zur (insoweit gleichlautenden) Altfassung des § 50d Abs. 3 EStG zugrunde. Trotz dessen hat das auf diese Rechtsprechung reagierende BMF[5] keinerlei Aussage hierzu getroffen.[6] Auch dem Verfahren zur aktuellen Fassung lag eine solche Mäander-Struktur zugrunde.

111 Vorsicht geboten ist auch bei in einer tiefergestaffelten Konzernkette „zwischengeschalteten" Personengesellschaften. Diese können für Zwecke der Anwendung des Abs. 3 (unabhängig davon, ob diese Substanz haben) und des jeweiligen DBA/des § 43b EStG, nicht einfach „weggedacht" werden. Kritisch an zwischengeschalteten Personengesellschaften ist, dass die FinVerw den Standpunkt vertritt, dass das Halten von Beteiligungen über Personengesellschaften schädlich für das „Unmittelbarkeitserfordernis" des Art. 10 Abs. 2 Buchst. a OECD-MA und des § 43b Abs. 2 Satz 1 EStG ist. Deswegen können zwar Kapitalgesellschaften für Zwecke des

---

[1] Bei natürlichen Personen als Anteilseigner erübrigt sich dieser Prüfschritt selbstverständlich.
[2] Bejahend Tz. 4.2 des BMF v. 24. 1. 2012, BStBl 2012 I 171; tendenziell a. A. *Gosch* in Kirchhof, § 50d EStG Rz. 32.
[3] Gedacht sei an den Fall, dass eine § 8b Abs. 1 KStG unterfallende Dividende (fiktiv) bezogen wird. Hier kann die gesamte Quellensteuer angerechnet werden und es verbleibt nur die „Schachtelstrafe" des § 8b Abs. 5 KStG als Steuerbelastung. Die Gesamtsteuerbelastung beträgt damit ca. 1,5 % plus SolZ. Dieses Ergebnis dürfte besser sein als eine Quellensteuerreduktion nach den meisten deutschen DBA. Warum dann ein in Deutschland ansässiger Anteilseigner offenbar „schädlich" im Rahmen der „Direkterzielungsfiktion" ist, vermag nicht recht einzuleuchten.
[4] Hierzu jüngst FG Köln v. 17.5.2017 - 2 K 773/16, Vorlage an den EuGH (GS, C-440/17).
[5] BMF v. 4.4.2018, BStBl 2018 I 598.
[6] Zur Kritik hieran *Gebhardt*, BB 2018, 1498.

§ 50d Abs. 3 EStG „weggedacht" werden, aber nicht Personengesellschaften. Dies gilt selbst dann, wenn der Mitunternehmer der (mittelbar) an der ausländischen Gesellschaft beteiligten Personengesellschaft selbst unstreitig die Voraussetzungen des § 50d Abs. 3 EStG erfüllt und auch (isoliert) betrachtet einen „günstigen" Quellensteuersatz beanspruchen könnte.

Sowohl für das Halten von Beteiligungen über gewerbliche Personengesellschaften und erst recht für vermögensverwaltende Personengesellschaften[1], bestehen aber gute Argumente gegen die Auffassung der FinVerw.

Bei Stiftungen, die „sich selbst" gehören, läuft der Test des § 50d Abs. 3 EStG insgesamt ins Leere, da die persönliche Entlastungsberechtigung (Direkterzielungsfiktion) – mangels gesellschaftsrechtlicher Beteiligung[2] – nicht getestet werden kann und die sachliche Entlastungsberechtigung aufgrund der kumulativen Verknüpfung („und") irrelevant ist.

112

Praktisch gesprochen ist Folgendes zu beachten: Antragsteller auf Quellensteuerreduktion ist die in Deutschland die Einkünfte erzielende und damit beschränkt steuerpflichtige ausländische Gesellschaft nach „ihrem" DBA/der MTRL/der ZLRL. Daran ändert auch § 50d Abs. 3 EStG und insbesondere die „Direkterzielungsfiktion" des § 50d Abs. 3 Satz 1 1. Halbsatz EStG nichts. Die Höhe des Entlastungsanspruchs kann sich aber aus z. B. einem anderen DBA ergeben, wenn und soweit die Anteilseigner in einem DBA-Staat ansässig sind. Zu beachten ist aber, dass eine „Verbesserung" eines Entlastungsanspruchs auf höheren Ebenen nicht möglich ist, da sonst die Zwischenschaltung substanzloser Gesellschaften in Staaten mit optimaler Weise 0 % Quellensteuer bevorzugt würde. Das würde die Norm auf den Kopf stellen.

113

Ausländische Gesellschaft: Eigentlich nicht der Rede wert ist die Feststellung, dass eine „Gesellschaft" dann zu bejahen ist, wenn nach deutschen Rechtswertungen (Typenvergleich)[3] eine juristische Person vorliegt. Personengesellschaften sind jedenfalls aus deutscher Perspektive aufgrund ihrer Transparenz regelmäßig nicht abkommens- oder richtlinienberechtigt, weswegen diese grds. nicht in eigener Person Vorteile geltend machen können.

114

In Bezug auf eine **hybride Personengesellschaft**, die aus deutscher Sicht transparent und aus ausländischer Sicht intransparent ist, vertritt das BMF,[4] dass – wegen der Intransparenz im Ausland – das Merkmal „Gesellschaft" für Zwecke des § 50d Abs. 3 EStG zu bejahen ist. Dieser Schluss ist aus Sicht der FinVerw gerade im Zusammenspiel mit der wohl gleichlautenden Auslegung von § 50d Abs. 1 Satz 11 EStG (s. → Rz. 40 ff.) durchaus nachvollziehbar, da die ausländische Gesellschaft in ihrem Domizilstaat als Steuersubjekt behandelt wird und folglich „abschirmend" gegenüber ihren Anteilseignern wirkt und zudem auf der „Ausgangsseite" der ausländischen Gesellschaft wiederum Abzugsteuer anfallen kann. Fraglich ist allerdings, wie sich diese Auffassung mit der Direkterzielungsfiktion (s. → Rz. 109 ff.) des § 50d Abs. 3 Satz 1 1. Halbsatz EStG verträgt. Nach deutscher Lesart erzielen die Anteilseigner einer (aus deutscher Sicht) transparenten Personengesellschaft ja bereits die Einkünfte, folglich könnte § 50d Abs. 3 EStG in dieser Konstellation ins Leere laufen. Das kann zu so nicht gewollten Ergebnissen führen, wenn bspw. eine substanzlose hybride Personengesellschaft von natürlichen (in Drittstaaten ansässigen) Personen gehalten wird.

115

---

1 Dies bestätigend FG Köln v. 13.8.2017 - 2 K 2933/15, Rev. anh., Az. beim BFH: I R 77/17.
2 *Luckey* in Ernst & Young, § 50d Abs. 3 EStG Rz. 97; *Zuber/Ditsch* in Littmann/Bitz/Pust, § 50d EStG Rz. 99; *Frotscher*, § 50d EStG Rz. 72; *Boochs* in Lademann, § 50d EStG Rz. 239; *Wagner* in Blümich, § 50d EStG Rz. 80.
3 Siehe BMF v. 19. 3. 2004, BStBl 2004 I 411 (sog. „LLC-Schreiben").
4 Tz. 3 Satz 5 des BMF v. 24. 1. 2012, BStBl 2012 I 171.

Ungeklärt ist zudem, welche Auswirkung Ansässigkeitsfiktionen wie Art. 4 Abs. 1 DBA-Belgien (Personengesellschaft ist fiktiv in ihrem Sitzstaat ansässig) oder Regelungen wie Art. 1 Abs. 7 DBA-USA auf die Anwendung des § 50d Abs. 3 EStG haben, da die Ansässigkeitsfiktion nichts daran ändert, dass aus deutscher Sicht die Einkünfte – zumindest nach innerstaatlichen Wertungen – nicht der Personengesellschaft zugerechnet werden.[1]

b) Substanzprüfung

aa) Erträge aus eigener Wirtschaftstätigkeit (§ 50d Abs. 3 Satz 1 2. Halbsatz EStG)

116 Eine sachliche Entlastungsberechtigung, die die Anwendung des § 50d Abs. 3 EStG ausschließt, liegt vor, soweit die Bruttoerträge der ausländischen Gesellschaft aus *eigener Wirtschaftstätigkeit* stammen („Substanz erster Klasse"). Dabei stellt § 50d Abs. 3 EStG auf alle von der ausländischen Gesellschaft (weltweit) erzielten Bruttoerträge und nicht nur auf die in Deutschland abzugsteuerpflichtigen Zahlungen ab.[2]

Laut BMF[3] setzt eine eigene Wirtschaftstätigkeit eine über die reine Vermögensverwaltung hinausgehende Teilnahme am allgemeinen wirtschaftlichen Verkehr voraus. Diese Prüfung ist naturgemäß eine Einzelfallprüfung und zielt grds. darauf ab, die originär „eigenen" Erträge der ausländischen Gesellschaft mit dem Prädikat „insoweit unverdächtig" auszustatten.

Nach zutreffender Auffassung des BMF[4] können die – praktisch bedeutsamen – geschäftsleitenden Holdings ebenfalls fiktiv Erträge aus eigener Wirtschaftstätigkeit erzielen, wenn eine sog. aktive Beteiligungsverwaltung vorliegt. Hierzu sind in der Praxis regelmäßig Nachweise dahingehend zu erbringen, dass auch tatsächlich „langfristige Führungsentscheidungen" seitens der ausländischen Gesellschaft durchgeführt werden.

117 Scheitert der Nachweis einer geschäftsleitenden Holdingfunktion, steht noch der Substanztest „zweiter Klasse" (→ Rz. 119 ff.) offen. Dies hat sich mit Wirkung des VZ 2012 geändert: Nach früherer Fassung war die Substanzprüfung erster und zweiter Klasse kumulativ zu erfüllen. Scheiterte folglich der Nachweis einer geschäftsleitenden Holdingfunktion, war der Substanztest insgesamt nicht bestanden. Dies ist nach der Neufassung anders zu sehen, da die Erträge aus eigener Wirtschaftstätigkeit einen separaten Prüfschritt darstellen und die „Fiktion" der Aktivität mittels Holdingfunktion nur für diesen gilt. Für die Substanz zweiter Klasse (s. → Rz. 119 ff.) kann dann – bei Nichtbestehen des Substanztests erster Klasse – ein erneuter Anlauf genommen werden.

118 Ein praktisch schwer lösbares Problem bei der Prüfung von Erträgen aus eigener Wirtschaftstätigkeit stellt der Fakt dar, dass alle weltweit erzielten Erträge dieser Prüfung unterzogen werden müssen, somit auch Erträge, die weder aus Deutschland noch aus dem Domizilstaat der ausländischen Gesellschaft stammen.[5]

Folglich ist eine „Entlastungsquote" zu berechnen, welche die „guten" Erträge der ausländischen Gesellschaft in das Verhältnis zu den gesamten Erträgen setzt. Diese Entlastungsquote ist dann sowohl auf die „guten" als auch die „schlechten" in Deutschland abzugsteuer-

---

1 Hierzu BFH v. 13. 11. 2013 - I R 67/12, BStBl 2014 II 172.
2 Kritisch dazu *Lüdicke*, IStR 2012, 81 ff.; *Kraft/Gebhardt*, DStZ 2012, 398 ff.
3 BMF v. 24. 1. 2012, BStBl 2012 I 171, Tz. 5.1.
4 BMF v. 24. 1. 2012, BStBl 2012 I 171, Tz. 5.3.
5 Dazu eingehend *Schnitger/Gebhardt*, ISR 2013, 202 ff.

pflichtigen Zahlungen anzuwenden. Hierdurch entfernt sich die Vorschrift von ihrem eigentlichen Ziel der Verhinderung des „Individualmissbrauchs". Denn erstens ist nur in Bezug auf die aus Deutschland stammenden Zahlungen überhaupt ein missbräuchliches „Einkaufen" in eine Quellensteuerreduktion denkbar und zweitens müssen die aus Deutschland stammenden Zahlungen entweder vollständig aktiv oder vollständig passiv sein. Eine „anteilige" Missbräuchlichkeit ergibt keinen Sinn. Der Rechtsanwender muss sich nun mit der bestehenden gesetzlichen Situation auseinandersetzen, um die Entlastungsquote möglichst vorteilhaft zu gestalten.[1]

Zu beachten ist, dass § 50d Abs. 3 Satz 3 EStG der Vorschrift (abschließend) zwei Tätigkeiten aufführt, die insoweit eine eigene (s. dazu → Rz. 116) Wirtschaftstätigkeit der ausländischen Gesellschaft ausschließen: Erzielung von Bruttoerträgen aus (i) der passiven (und aktiven?) Verwaltung von Wirtschaftsgütern und (ii) Übertragung wesentlicher Geschäftstätigkeiten auf Dritte („Outsourcing"; hierzu → Rz. 125).

Entgegen zum Teil geäußerter Literaturmeinungen[2] enthält das BMF-Schreiben vom 4.4.2018[3] keine Aussagen zu Erträgen aus eigener Wirtschaftstätigkeit, sondern betrifft nur Erträge aus fremder Wirtschaftstätigkeit (s. dazu Rz. → 119 ff.)[4].

bb) Erträge aus „fremder" Wirtschaftstätigkeit (§ 50d Abs. 3 Satz 1 2. Halbsatz Nr. 1 bis 2 EStG)

Mit Wirkung ab VZ 2012 wurde die Substanzprüfung zweigeteilt. Sollte die Prüfung der Erträge aus eigener Wirtschaftstätigkeit (→ Rz. 116 ff.) zur Verneinung derselbigen führen, steht grds. noch der Weg über den „Aktivitätsnachweis" der Erträge aus „fremder" Wirtschaftstätigkeit offen. Für diese Erträge muss nachgewiesen werden, dass die „Einschaltung" der ausländischen Gesellschaft erstens aus wirtschaftlichen oder sonstigen beachtlichen Gründen erfolgt ist und zweitens mit einem für den Geschäftszweck angemessen eingerichteten Geschäftsbetrieb am allgemeinen wirtschaftlichen Verkehr teilgenommen wird.

Der in § 50d Abs. 3 Satz 3 EStG (s. dazu → Rz. 125) angelegte Ausschluss von Erträgen aus eigener Wirtschaftstätigkeit bezieht sich nicht explizit auf die Substanzprüfung der § 50d Abs. 3 Satz 1 Nr. 1 bis 2 EStG.[5] Daher können sich die in § 50d Abs. 3 Satz 3 EStG als passiv gebrandmarkten Bruttoerträge über § 50d Abs. 3 Satz 1 Nr. 1 bis 2 EStG doch wieder als aktiv qualifizieren. Inwieweit im Kontext der in § 50d Abs. 3 Satz 3 EStG genannten Tätigkeiten der Substanztest der § 50d Abs. 3 Satz 1 Nr. 1 bis 2 EStG bestanden werden kann, bleibt einer Einzelfallbetrachtung überlassen.

(1) Gründe für die „Einschaltung" der ausländischen Gesellschaft (§ 50d Abs. 3 Satz 1 2. Halbsatz Nr. 1 EStG)

Gemäß § 50d Abs. 3 Satz 1 2. Halbsatz Nr. 1 EStG sind wirtschaftliche oder sonstige beachtliche[6] Gründe für die „Einschaltung" der ausländischen Gesellschaft darzulegen. Mit „Einschal-

---

1 Zu diesem Aspekt auch *Schnitger/Gebhardt*, ISR 2013, 202 ff.
2 *Hagemann*, DStR 2018, 745; *Kahlenberg*, FR 2018, 499 und ähnlich *Biebinger/Hiller*, IWB 2018, 424.
3 BMF v. 4.4.2018, BStBl 2018 I 598.
4 Hierzu *Gebhardt*, BB 2018, 1498.
5 Hierzu *Schnitger/Gebhardt*, ISR 2013, 202 ff.
6 Dazu BMF v. 24.1.2012, BStBl 2012 I 171, Tz. 6; *Piltz*, IStR 2007, 793 ff.

ten" ist gesetzeshistorisch gemeint, dass ein Steuerausländer zur Erlangung von Abkommensvorteilen nicht direkt in Deutschland investiert, sondern einen Rechtsträger „zwischen" sich und dem deutschen Investment schaltet.

Diese Prüfung dürfte für in Deutschland abzugsteuerpflichtigen Zahlungen noch verständlich sein, da objektiv nachvollziehbare Gründe dargelegt werden können, warum die vorhandene Struktur so ist, wie sie ist.

Sachlich gerechtfertigt ist es, bei historisch gewachsenen Konzernstrukturen, im Rahmen derer sich u.U. durch Akquisitionen nur der „ultimate shareholder" geändert hat zu fragen, in welcher zeitlichen Abfolge die Konzernstruktur entstanden ist. Nur dann kann wirklich getestet werden, ob nachträglich und möglicherweise missbräuchlich ein Rechtsträger in eine bereits bestehenden Konzernkette zwischengeschaltet wurde.

Für nicht aus Deutschland stammende Erträge kann die ausländische Gesellschaft schon im Ansatz nicht in Rechtsbeziehungen mit Deutschland missbräuchlich „eingeschaltet" sein. Dieses Tatbestandsmerkmal muss insoweit unbeachtlich sein.[1] Insofern kann es nur noch auf den für den Geschäftszweck angemessen eingerichteten Geschäftsbetrieb unter Teilnahme am allgemeinen wirtschaftlichen Verkehr (§ 50d Abs. 3 Satz 1 2. Halbsatz Nr. 2 EStG) ankommen.

Praktisch wichtig ist das (wertungswidersprüchliche) Zusammenspiel des „Einschaltungsnachweises" mit der „stand-alone-Betrachtung" des Satzes 2 (s. dazu → Rz. 123 ff). Anders gewendet: Es fragt sich, „wessen" Gründe nachzuweisen sind. Eine ausländische Gesellschaft kann sich bekanntlich nicht selbst einschalten, weswegen eigentlich immer auf die Gründe ihrer Anteilseigner abzustellen ist. Satz 2 schließt aber genau dies aus.[2] Der EuGH hat diesem Widerspruch Einhalt geboten und das BMF hat hierauf mit Schreiben vom 4.4.2018[3] (zumindest für Fälle des § 43b EStG) dergestalt reagiert, dass diese Gründe (nur dann) *fehlen*, „wenn sich aus einer Gesamtwürdigung der Umstände des Einzelfalls ergibt, dass mit der Einschaltung der ausländischen Gesellschaft im Wesentlichen nur ein steuerlicher Vorteil bezweckt wird". Was dies für die Praxis konkret bedeutet, bleibt einer Einzelfallbetrachtung überlassen, da insb. das Zusammenspiel mit der Nichtanwendung von Satz 2 (s. dazu → Rz. 123) zu beachten ist.[4]

(2) Der für den Geschäftszweck angemessen eingerichtete Geschäftsbetrieb unter Teilnahme am allgemeinen wirtschaftlichen Verkehr (§ 50d Abs. 3 Satz 1 2. Halbsatz Nr. 2 EStG)

121 Gemäß § 50d Abs. 3 Satz 1 2. Halbsatz Nr. 2 EStG muss die ausländische Gesellschaft mit einem für ihren Geschäftszweck angemessen eingerichteten Geschäftsbetrieb am allgemeinen wirtschaftlichen Verkehr teilnehmen. Anders als i. R. d. Prüfung der „Einschaltung" (s. dazu → Rz. 120) fehlt der Bezug auf „diese Erträge". Fraglich ist somit, worauf sich dieser Prüfschritt bezieht. Wenn die Vorschrift so zu verstehen ist, dass alle (auch genuin passiven) Tätigkeitsbereiche der ausländischen Gesellschaft die genannten Kriterien zu erfüllen haben und eben nicht nur die aktiven Tätigkeitsbereiche, fragt sich, was der Prüfschritt eigentlich bewirken soll.

---

1 So auch *Lüdicke*, IStR 2012, 81 ff.; *Schnitger/Gebhardt*, ISR 2013, 202 ff.
2 Hierzu *Gebhardt*, BB 2017, 2007 ff.
3 BMF v. 4.4.2018, BStBl 2018 I 598.
4 Im Einzelnen hierzu *Gebhardt*, BB 2018, 1498 ff.

Ein für den jeweiligen Geschäftszweck „angemessen" eingerichteter (eigener?)[1] Geschäftsbetrieb ist vielmehr in Abhängigkeit der jeweiligen Tätigkeitsart zu beurteilen. Beschränkt sich der Geschäftszweck der ausländischen Gesellschaft auf eine geschäftsleitende Holdingfunktion, bedarf es hierzu einer geringeren Funktionsausstattung als für den Fall einer ausländischen Produktionsgesellschaft, die an einer deutschen Vertriebsgesellschaft beteiligt ist.

Die Angemessenheit der Funktionsausstattung liegt im Auge des jeweiligen Betrachters und kann deswegen nicht pauschal beantwortet werden. Allerdings ist zu erwarten, dass ohne einen „angemessenen" Geschäftsbetrieb der Geschäftszweck von vornherein nicht erfüllt werden kann. Folglich dürfte ein „unangemessen" eingerichteter Geschäftsbetrieb in den meisten Fällen auch dazu führen, dass der Geschäftszweck nicht erfüllt werden kann. 122

Da der Vorschrift nicht zu entnehmen ist, „wo" der Geschäftsbetrieb vorgehalten werden muss, kann dieser auch (ganz oder teilweise) in Betriebsstätten in Drittstaaten vorhanden sein.[2]

Inhaltlich ist zu unterscheiden nach personeller und sachlicher Ausstattung, sodass zureichendes Personal und entsprechende Räumlichkeiten vorzuhalten sind. Nach dem BMF-Schreiben vom 4.4.2018[3] ist für Fälle des § 43b EStG zumindest ein faktischer Zugriff auf Räumlichkeiten und eine Mindestanzahl an hinreichend qualifiziertem Personal sicherzustellen.[4] In allen anderen Fällen sind mindestens dieselben Anforderungen zu stellen, tendenziell sind diese sogar noch strenger.

Die Teilnahme am allgemeinen wirtschaftlichen Verkehr scheint den Kriterien für eine gewerbliche Tätigkeit in § 15 Abs. 2 EStG entlehnt. Nach zutr. Auffassung von *Gosch*[5] reicht es für die Bejahung dieses Kriteriums allerdings aus, wenn gegenüber nur einer (konzernzugehörigen) Gesellschaft eine Tätigkeit entfaltet wird.[6] Für Fälle des § 43b EStG sieht das BMF-Schreiben vom 4.4.2018[7] vor, dass auch bei passiver Verwaltung von Wirtschaftsgütern eine Teilnahme am allgemeinen wirtschaftlichen Verkehr zu bejahen sein kann, wobei bei der passiven Beteiligungsverwaltung hinzukommt, dass die Gesellschafterechte tatsächlich ausgeübt werden müssen.[8]

cc) „stand alone Betrachtung" der ausländischen Gesellschaft (§ 50d Abs. 3 Satz 2 EStG)

§ 50d Abs. 3 Satz 2 EStG war eine gesetzgeberische Reaktion auf das sog. *„Hilversum II"*-Judikat[9] des BFH, in dessen Rahmen eine konsolidierte Konzernbetrachtung für Zwecke der Beurteilung der Quellensteuerentlastungsberechtigung der ausländischen Gesellschaft als zulässig erachtet worden ist.[10] 123

---

1 Offen ist, inwieweit Outsourcing schädlich ist und welche Wirkung das BFH-Urteil zu § 8 Abs. 1 Nr. 3 AStG (BFH v. 13.10.2010 - I R 61/09, BFH/NV 2011, 331 = NWB DokID: KAAAD-37921) hat. Dazu weiterführend *Schnitger/Gebhardt*, ISR 2013, 202, 210.
2 *Schnitger/Gebhardt*, ISR 2013, 202 ff.
3 BMF v. 4.4.2018, BStBl 2018 I 598.
4 Im Einzelnen hierzu *Gebhardt*, BB 2018, 1498 ff.
5 *Gosch* in Kirchhof, § 50d EStG Rz. 29e.
6 Zu unterscheiden ist davon das vom BMF aufgestellte Erfordernis einer aktiven Beteiligungsverwaltung, im Kontext dessen immer mindestens zwei Beteiligungen gefordert werden (s. BMF v. 24.1.2012, BStBl 2012 I 171, Tz. 5.2).
7 BMF v. 4.4.2018, BStBl 2018 I 598.
8 Im Einzelnen hierzu *Gebhardt*, BB 2018, 1498 ff.
9 BFH v. 31.5.2005 - I R 74, 88/04, BStBl 2006 II 118.
10 Hierzu *Gosch* in Kirchhof, § 50d EStG Rz. 29e.

124 Die Vorschrift postuliert damit – als „Nichtanwendungssatz", der gegen das BFH-Urteil gerichtet ist –, dass die ausländische Gesellschaft „stand alone" betrachtet wird und nicht etwa ihre Rolle im Gesamtkonzern zu beurteilen ist. Das dürfte in vielen Fällen nicht der betriebswirtschaftlichen Realität entsprechen. Denn vielfach ist es in international aufgestellten Konzernen unverzichtbar, Holdinggesellschaften (bspw. als Regionalholdings) in Ländern zu etablieren, die ein weit gespanntes DBA-Netzwerk haben und auch nach ihrem nationalen Steuerrecht die Repatriierung und Weiterleitung von Dividenden erleichtern. Um es an dieser Stelle nochmals zu bekräftigen: Die Optimierung von Quellensteuern ist nicht etwas per se Missbräuchliches, da die Idee dahinter ist, die wirtschaftliche Doppelbesteuerung von bereits versteuerten Gewinnen zu minimieren. Trotz alledem muss der Rechtsanwender § 50d Abs. 3 Satz 2 EStG im Auge behalten. Bei „echten" wirtschaftlichen Tätigkeiten der ausländischen Gesellschaft sollte § 50d Abs. 3 Satz 2 EStG eigentlich kein Problem bereiten, bei geschäftsleitenden Holdings kann im Einzelfall etwas mehr Begründungsaufwand entstehen. Hinzuweisen ist in diesem Zusammenhang darauf, dass das BMF[1] die „stand alone"-Betrachtung scheinbar nur in den Fällen der Erträge aus „fremder" Wirtschaftstätigkeiten anwenden will.[2] Im Gesetz findet diese Differenzierung keinen Niederschlag, weswegen die „stand alone"-Betrachtung auch für die Erträge aus eigener Wirtschaftstätigkeit gilt. Zum Zusammenspiel der stand-alone Betrachtung mit dem „Einschaltungsnachweis" siehe → Rz. 120 a. E.)

Im Rahmen des neuen DBA-Niederlande 2012[3] wurde – aufgrund der offensichtlichen Sinnwidrigkeit des § 50d Abs. 3 Satz 2 EStG – eine Klausel[4] eingeführt, die den Anwendungsbereich des auf DBA-Ebene grds. anwendbaren § 50d Abs. 3 EStG dergestalt einschränkt, dass eine Konzerngesamtbetrachtung im Wege einer sog. „konsolidierten Betrachtungsweise" wiederum zulässig ist.[5] Zudem wird § 50d Abs. 3 EStG im neuen DBA-Niederlande dergestalt eingeschränkt,[6] dass kein DBA-Missbrauch angenommen wird, wenn an dem niederländischen Zahlungsgläubiger in den Niederlanden ansässige natürliche Personen beteiligt sind.

Das BMF-Schreiben vom 4.4.2018[7] verfügt für Fälle des § 43b EStG eine generelle Nichtanwendung des Satzes 2 und der zugehörigen Ausführungen im BMF-Schreiben aus 2012, sodass insoweit wieder Struktur- und Strategiekonzepte des Gesamtkonzerns herangezogen werden können, um den „Substanztest" zu führen. In der Praxis wird sich die Wirkkraft der Nichtanwendung von Satz 2 im ersten Schritt auf den Nachweis wirtschaftlicher Gründe (s. dazu Rz. → 120) für die Einschaltung der ausländischen Gesellschaft beziehen. Die Teilnahme am allgemeinen wirtschaftlichen Verkehr und der angemessen eingerichtete Geschäftsbetrieb (s. dazu Rz. → 121 f.) ist grundsätzlich von der Gesellschaft selbst vorzuhalten, wobei im Einzelfall auch eine „Substanzzurechnung" im Konzern in Betracht kommen kann.[8]

---

1 BMF v. 24.1.2012, BStBl 2012 I 171, Tz. 8.
2 Hintergrund ist, dass Tz. 8 des vorgenannten BMF-Schreibens nur auf die Tz. 6 und 7 verweist, die wiederum nur die Erträge aus „fremder" Wirtschaftstätigkeit umfassen.
3 DBA-Niederlande 2012, BGBl 2012 II 1414.
4 Protokoll Punkt XV Abs. 4 zu Art. 23.
5 Hierzu z. B. *Gebhardt/Moser*, IStR 2012, 607 ff.; *Lüdicke*, IFSt 480, 81; *Häck/Spierts*, IStR 2014, 58, 62. Ob die scheinbare Einschränkung der Klausel auf niederländische Gesellschaften grundfreiheitlich und beihilferechtlich statthaft ist, dürfte zumindest diskutabel sein.
6 Protokoll Punkt XV Abs. 3 zu Art. 23.
7 BMF v. 4.4.2018, BStBl 2018 I 598.
8 Im Einzelnen hierzu *Gebhardt*, BB 2018, 1498 ff. und *Beutel/Oppel*, DStR 2018, 1469 ff.

dd) Keine eigene Wirtschaftstätigkeit bei Verwaltung von Wirtschaftsgütern und Übertragung wesentlicher Aktivitäten auf Dritte (§ 50d Abs. 3 Satz 3 EStG)

Erträge aus eigener Wirtschaftstätigkeit liegen gem. § 50d Abs. 3 Satz 3 EStG insoweit nicht vor, wie die ausländische Gesellschaft ihre Bruttoerträge aus der Verwaltung von Wirtschaftsgütern erzielt oder ihre wesentliche Geschäftstätigkeit auf Dritte übertragen hat. 125

Der pauschale und nicht auf die passive Verwaltung von Wirtschaftsgütern beschränkte[1] Ausschluss von Erträgen als solche aus eigener Wirtschaftstätigkeit erscheint insbesondere im Lichte der Möglichkeit, bei geschäftsleitenden Holdingfunktionen den Nachweis zu führen, dass es sich um „gute" Erträge handelt, wertungswidersprüchlich (s. dazu → Rz. 117). Daher dürfte sich dieser Ausschluss nur auf die passive Verwaltung beziehen.

Überdies ist das „outsourcen" der wesentlichen Geschäftstätigkeit auf „Dritte" schädlich für die Annahme von Erträgen aus eigener Wirtschaftstätigkeit. Dem Stpfl. bleibt dann nur noch der Weg über den Nachweis von wirtschaftlichen Gründen und den entsprechend eingerichteten Geschäftsbetrieb offen (wobei Zweiteres beim Outsourcen „wesentlicher" Geschäftstätigkeiten dann schwierig ist, wenn davon ausgegangen wird, dass der Geschäftsbetrieb von der ausländischen Gesellschaft „selbst" vorgehalten werden muss).[2]

Entgegen zum Teil geäußerter Literaturmeinungen[3] enthält das BMF-Schreiben vom 4.4.2018[4] keine Aussagen zu Erträgen aus eigener Wirtschaftstätigkeit.[5]

ee) Feststellungslast für § 50d Abs. 3 Satz 1 Nr. 1 bis 2 EStG liegt bei der ausländischen Gesellschaft (§ 50d Abs. 3 Satz 4 EStG)

§ 50d Abs. 3 Satz 4 EStG postuliert den eigentlich selbstverständlichen Grundsatz, dass die Feststellungslast für die – steuermindernde – Tatsache des Vorliegens wirtschaftlicher Gründe und des entsprechend eingerichteten Geschäftsbetriebs bei der ausländischen Gesellschaft liegt. Im grenzüberschreitenden Sachverhalt folgt dies grds. auch aus § 90 Abs. 2 AO. Verwunderlich ist nur, dass sich § 50d Abs. 3 Satz 4 EStG nicht auf den „ersten Entlastungsgrund" der Erträge aus eigener Wirtschaftstätigkeit nach § 50d Abs. 3 Satz 1 1. Halbsatz Nr. 1 EStG bezieht. Dies dürfte dem Umstand geschuldet sein, dass die Erträge aus eigener Wirtschaftstätigkeit bis einschließlich VZ 2011 ein unselbständiger Teil der gesamten Substanzprüfung waren. § 50d Abs. 3 Satz 4 EStG spart die Erträge aus eigener Wirtschaftstätigkeit aber aus. Das dürfte aber grds. nichts daran ändern, dass die Feststellungslast auch bezogen auf die Erträge aus eigener Wirtschaftstätigkeit bei der ausländischen Gesellschaft liegt. 126

Ob die dem BZSt zur Verfügung zu stellenden Informationen im Einzelfall unverhältnismäßig sind und daher in den Bereich „unions- und verfassungsrechtlich bedenklich" abdriften, sei hier einmal dahingestellt, da sich der Praktiker dem Informationsbedürfnis des BZSt in der überwiegenden Zahl der Fälle schlicht stellen muss.

In der Praxis stellt der sog. „§ 50d Abs. 3-Fragebogen" des BZSt den Rechtsanwender und dessen Berater aber oftmals vor Informationsbeschaffungshürden, die im Ausland für Unverständnis sorgen (können). Deswegen ist es oft sinnvoller, in enger Abstimmung mit dem BZSt

---

[1] *Schönfeld* in Flick/Wassermeyer/Baumhoff/Schönfeld, Außensteuerrecht, § 50d EStG Rz. 182.
[2] Hierzu auch *Schnitger/Gebhardt*, ISR 2013, 202 ff.
[3] *Hagemann*, DStR 2018, 745; *Kahlenberg*, FR 2018, 499 und ähnlich *Biebinger/Hiller*, IWB 2018, 424.
[4] BMF v. 4.4.2018, BStBl 2018 I 598.
[5] Hierzu *Gebhardt*, BB 2018, 1498 ff.

die unbedingt notwendigen Informationen herauszuschälen (z. B. nicht konsolidierter Einzelabschluss, Nachweis über die Beteiligungshöhe etc.) und nicht „schematisch" den Fragebogen abzuarbeiten.

ff) Börsenklausel; Anwendbarkeit des Investmentsteuerrechts (§ 50d Abs. 3 Satz 5 EStG)

127 § 50d Abs. 3 Satz 5 EStG postuliert den Grundsatz, dass börsennotierte Gesellschaften und solche, für die die Vorschriften des Investmentsteuergesetzes gelten, unverdächtig im Hinblick auf Treaty Shopping sind. § 50d Abs. 3 Satz 5 EStG schließt allerdings nur die Anwendbarkeit der Sätze 1 bis 3 EStG aus. Das nicht auch § 50d Abs. 3 Satz 4 EStG unanwendbar ist, dürfte dahingehend zu begründen sein, dass es im Kontext von § 50d Abs. 3 Satz 5 EStG generell nicht mehr darum geht, einen Nachweis über die Bruttoertragsstruktur der ausländischen Gesellschaft zu führen. Folglich ist § 50d Abs. 3 Satz 4 EStG ebenfalls nicht anzuwenden und hätte daher auch in § 50d Abs. 3 Satz 5 EStG mit erwähnt werden können.

Relativ schwierig kann die Beurteilung sein, was bei Vorhandensein mehrerer Aktienarten die „Hauptgattung" der Aktien der ausländischen Gesellschaft ist und wann der Handel mit eben dieser Hauptgattung „wesentlich" und „regelmäßig" geschieht.[1]

128 Für Verwirrung sorgt § 50d Abs. 3 Satz 5 EStG in der Praxis dadurch, dass – bei strenger Wortauslegung – die „ausländische Gesellschaft" die Börsenklausel erfüllen muss:

1. In tiefergestaffelten Strukturen könnte § 50d Abs. 3 Satz 5 EStG bei wörtlicher Auslegung mithin nur auf Ebene der „ausländischen Gesellschaft" (sprich der Zahlungsgläubigerin) zu einer Nichtanwendung von § 50d Abs. 3 EStG führen. Ist die Börsenklausel dagegen (erst) auf einer „höheren" Ebene erfüllt, ist nicht die ausländische Gesellschaft börsennotiert, sondern deren (mittelbarer) Anteilseigner.[2] Diese Auslegung missachtet aber, dass die Vorschrift mit einer Fiktion dergestalt arbeitet, dass in tiefergestuften Strukturen die jeweils zu prüfende Stufe zur „ausländischen Gesellschaft" gemacht wird, um dann die Frage der Börsennotierung zu klären (hierzu schon → Rz. 109). Liegt die Börsennotierung auf einer höheren Ebene vor, kann der nämliche Quellensteuersatz beansprucht werden (es sei denn, auf den Zwischenstufen liegen „schlechtere" Entlastungsberechtigungen vor, dann ist eine darüber hinaus gehende Verbesserung auf höheren Stufen ausgeschlossen). Die Anwendung der Börsenklausel auch auf höheren Ebenen wird vom BMF ebenso bejaht.[3]

2. Andererseits wird gelegentlich vertreten,[4] dass die Börsennotierung auf einer höheren Ebene dazu führt, dass § 50d Abs. 3 EStG insgesamt nicht mehr anzuwenden ist und dies auch auf die Beurteilung darunterliegender Ebenen „durchschlägt". Domiziliert z. B. der unmittelbare Anteilseigner A (substanzlos) der deutschen Zahlungsschuldnerin Z in einem Staat, mit dem Deutschland ein Quellensteuersatz von 0 % vereinbart hat und domiziliert der börsennotierte Anteilseigner von A in einem Staat, mit dem Deutschland eine Quellensteuer von 10 % vereinbart hat, ist die richtige Auslegung von § 50d Abs. 3

---

1 Siehe dazu bspw. HHR/*Klein/Hagena*, § 50d EStG Rz. 61; zurückgegriffen werden kann hier – neben den entsprechenden Kommentierungen zu § 50d Abs. 3 EStG – auch auf Kommentierungen des § 7 Abs. 6 Satz 3 2. Halbsatz AStG (keine Hinzurechnungsbesteuerung bei Einkünften aus Kapitalanlagecharakter wenn der genannte Börsenhandel stattfindet).
2 Deswegen zu Recht kritisch *Loschelder* in Schmidt, § 50d EStG Rz. 49.
3 BMF v. 24. 1. 2012, BStBl 2012 I 171, Tz. 12.
4 *Frotscher*, § 50d EStG Rz. 11a.

EStG, dass eine Quellensteuer von 10 % zur Anwendung gelangt. Die Auslegung, dass vorliegend § 50d Abs. 3 Satz 5 EStG zur Unanwendbarkeit von § 50d Abs. 3 EStG auch in Bezug auf A führt (Ergebnis wäre QSt von 0 %), ist deswegen abzulehnen, da durch die Zwischenschaltung von substanzlosen Rechtsträgern sonst eine verbesserte Quellensteuersituation eintreten könnte, als ohne diese Rechtsträger. Eine solche Auslegung würde die Norm auf den Kopf stellen. Die systematisch gebotene Auslegung ist also, dass in tiefergestuften Strukturen der jeweils zu beurteilende Rechtsträger qua Fiktion zur „ausländischen Gesellschaft" gemacht wird und bei Bejahung der Börsennotierung nur auf der nämlichen Ebene § 50d Abs. 3 Sätze 1 bis 3 EStG unanwendbar sind. Eine Ausstrahlungswirkung der Börsennotierung auf darunterliegende Ebenen (mit „besseren" Quellensteuersätzen) dürfte abzulehnen sein. Liegen dagegen auf unteren Ebenen „schlechtere" Quellensteuersätze vor, führt die Börsennotierung auf einer höheren Ebene (insoweit) dazu, dass diese Quellensteuersätze in Anspruch genommen werden können; eine weitergehende „Verbesserung" ist ausgeschlossen.[1]

Da der Verweis auf das InvStG dynamisch zu verstehen sein dürfte, ist diese Bezugnahme dergestalt mit Problemen verbunden, dass durch die fortwährende Novellierung des InvStG zuletzt durch das „InvStG 2018" (theoretisch) ausländische Gesellschaften plötzlich in den Anwendungsbereich des § 50d Abs. 3 EStG fallen bzw. (unerwartet) herausfallen können. In der Praxis ist deswegen bei der Beurteilung dessen entsprechende Vorsicht geboten, aber es sollten auch entsprechende Chancen gewahrt werden.

(Einstweilen frei)

V. Ansässigkeitsbescheinigung (§ 50d Abs. 4 EStG)

Gemäß § 50d Abs. 4 Satz 1 EStG muss der (ausländische) Gläubiger der abzugsteuerpflichtigen Einkünfte eine „Ansässigkeitsbescheinigung" bei der für ihn zuständigen ausländischen Steuerbehörde einholen. Mit Hilfe dieser kann dann der Nachweis geführt werden, dass der Gläubiger im Ausland ansässig ist bzw. die Voraussetzungen des § 50g Abs. 3 Nr. 5 Buchst. c EStG (Vorliegen einer Betriebsstätte im anderen Staat, auf die die ZLRL anwendbar ist, wobei der Nachweis wohl nicht die gleichgelagerte Voraussetzung des § 43b Abs. 2 EStG umfasst)[2] erfüllt sind.

Die Ansässigkeitsbescheinigung hat dabei eine Doppelfunktion: Erstens kann die die Abzugsteuerentlastung gewährende deutsche FinVerw davon ausgehen, dass der Gläubiger tatsächlich im ausländischen Staat ansässig ist und zweitens erfährt der ausländische Staat, dass der Gläubiger deutsche Quelleneinkünfte empfangen hat (im Falle des Erstattungsverfahrens nach § 50d Abs. 1 EStG) bzw. potenziell empfangen wird (im Falle des Freistellungsverfahrens nach § 50d Abs. 2 EStG).[3]

Für die Ansässigkeitsbescheinigung ist ein (auf der Homepage des BZSt erhältlicher) amtlich vorgeschriebener Vordruck zwingend zu verwenden. Andere Nachweisformen dürften in der Praxis regelmäßig vom BZSt zurückgewiesen werden.

---

1 Hintergrund ist, dass eine „Verbesserung" auf höheren Ebenen deswegen systematisch nicht zu begründen ist, da bei gedachter „Substanz" auf der darunterliegenden „schlechteren" Ebene, die Prüfung des § 50d Abs. 3 EStG dort beendet wäre und der „schlechtere" Quellensteuersatz unstreitig zur Anwendung kommen würde.
2 HHR/*Klein/Hagena*, § 50d EStG Rz. 71.
3 Dazu auch HHR/*Klein/Hagena*, § 50d EStG Rz. 70.

Gemäß § 50d Abs. 4 Satz 2 EStG kann das BMF in Abstimmung mit den obersten Finanzbehörden der Länder erleichterte Verfahren oder Nachweise schaffen bzw. zulassen.[1]

VI. Kontrollmeldeverfahren (§ 50d Abs. 5 EStG)

138 In Fällen geringer steuerlicher Bedeutung[2] im Hinblick auf Abzugsteuern, die auf unter § 50a Abs. 1 Nr. 3 EStG fallenden Vergütungen[3] lasten, „kann" das BZSt anstelle der antragsgebundenen Verwendung des Freistellungsverfahrens nach § 50d Abs. 2 EStG den Schuldner der Vergütungen allgemein – und bis auf vorbehaltenen Widerruf unbefristet ggf. unter Auflagen – ermächtigen, den Steuerabzug entweder zu unterlassen oder nach einem niedrigeren Steuersatz vorzunehmen (Kontrollmeldeverfahren).[4] Das unbestimmte Tatbestandsmerkmal der „Fälle geringer Bedeutung" wurde von Seiten des BMF[5] mit Leben gefüllt und mit Konturen versehen.[6] Gemäß § 50d Abs. 5 Satz 3 EStG bedarf es einer „Ansässigkeitsbescheinigung" im Rahmen des Kontrollmeldeverfahrens nach § 50d Abs. 4 Satz 1 EStG (hierzu → Rz. 136) nicht.

139 Nach § 50d Abs. 5 Satz 4 EStG kann die in § 50d Abs. 5 Satz 2 EStG angesprochene „Auflage", unter der die Ermächtigung zur Inanspruchnahme des „Kontrollmeldeverfahrens" erteilt wird, beinhalten, dass der Name, Wohnort oder Sitz/Ort der Geschäftsleitung des Schuldners und des Gläubigers, die Art der Vergütung, der Bruttobetrag und der Zeitpunkt der Zahlungen sowie des einbehaltenen Steuerbetrags mitgeteilt wird. Gemäß § 50d Abs. 5 Satz 5 EStG gilt der Antrag auf Teilnahme am Kontrollmeldeverfahren als Zustimmung des Antragstellers im Hinblick auf die Weiterleitung der vom Schuldner gemachten Angaben an den (Wohn)Sitzstaat des Gläubigers.

VII. Erweiterung des Kontrollmeldeverfahrens nach § 50d Abs. 5 EStG (§ 50d Abs. 6 EStG)

140 § 50d Abs. 6 EStG erweitert den sachlichen Anwendungsbereich von § 50d Abs. 5 EStG auf Kapitalerträge i.S.v. § 43 Abs. 1 Satz 1 Nr. 1 und 4 EStG, soweit diese nicht von § 50d Abs. 2 EStG (Freistellungsverfahren) erfasst sind. Im Kern dürfte es sich dabei in den meisten Fällen um „Streubesitzdividenden" handeln, da diese nicht die Mindestbeteiligungsvoraussetzungen des § 50d Abs. 2 EStG erfüllen. Einschränkend wird geregelt, dass § 50d Abs. 5 EStG für die genannten Kapitalerträge nur dann zum Zuge kommt, wenn sich im Zeitpunkt der Zahlung des Kapitalertrags der Anspruch auf Besteuerung nach einem niedrigeren Steuersatz ohne nähere Ermittlung feststellen lässt. Auch das Tatbestandsmerkmal, dass sich der Anspruch „ohne nähere Ermittlung" feststellen lassen muss, ist sehr unbestimmt, weswegen das BMF[7] und die Literatur[8] dieses insbesondere bei „Namensaktien" als erfüllt ansieht.

---

1 HHR/ *Klein/Hagena*, § 50d EStG Rz. 72.
2 Siehe dazu im Einzelnen BMF v. 18.12.2002, BStBl 2002 I 1386 und HHR/*Klein/Hagena*, § 50d EStG Rz. 80 ff.
3 Zur „Erweiterung" des sachlichen Anwendungsbereichs s. § 50d Abs. 6 EStG Rz. 140.
4 Zur historischen Entwicklung s. *Gosch* in Kirchhof, § 50d EStG Rz. 21.
5 BMF v. 18.12.2002, BStBl 2002 I 1386.
6 Siehe dazu auch HHR/*Klein/Hagena*, § 50d EStG Rz. 80 ff.
7 BMF v. 20.5.2009, BStBl 2009 I 645.
8 *Gosch* in Kirchhof, § 50d EStG Rz. 21; HHR/*Klein/Hagena*, § 50d EStG Rz. 91; *Zuber/Ditsch* in Littmann/Bitz/Pust, § 50d EStG Rz. 62.

VIII. „Auslegungsregel" der DBA-Kassenstaatsklausel (Art. 19 OECD-MA) (§ 50d Abs. 7 EStG)

Gemäß § 49 Abs. 1 Nr. 4 Buchst. b EStG unterliegen Einkünfte aus nichtselbständiger Arbeit, welche aus inländischen öffentlichen Kassen aufgrund eines bestehenden oder früheren Dienstverhältnisses gewährt werden, der beschränkten Steuerpflicht in Deutschland, selbst wenn die Tätigkeit im Ausland ausgeübt wird oder wurde. Naturgemäß kann es in solchen Fällen zu einer Doppelbesteuerung kommen, da der ausländische Tätigkeitsstaat ebenso wie Deutschland ein Besteuerungsrecht an den nämlichen Vergütungen beanspruchen könnte. Zur Lösung des vorliegenden Problems existieren in DBA regelmäßig dem Art. 19 OECD-MA nachgebildete „Kassenstaatsklauseln". Der Staat, welcher die Tätigkeitsvergütungen zahlt, hat hiernach ein ausschließliches abkommensrechtliches Besteuerungsrecht inne.

141

Grundsätzlich ist der Anwendungsbereich des Art. 19 OECD-MA auf Fälle beschränkt, in denen die vergüteten Leistungen unmittelbar der zahlenden Kasse gegenüber erbracht werden.[1] § 50d Abs. 7 EStG erweitert den Anwendungsbereich der DBA-rechtlichen Kassenstaatsklauseln auf solche Fälle, in denen der Kassenträger und der Leistungsempfänger auseinanderfallen.[2] Der Bericht des Finanzausschusses[3] zum Entwurf des JStG 1997[4] führt aus, dass solche mittelbaren Beschäftigungsverhältnisse – beispielhaft zu Goethe-Instituten, dem deutschen akademischen Austauschdienst (DAAD) und Auslandsschulen – auch unter die Kassenstaatsklauseln der DBA fallen sollen. Aus diesem Grund regelt § 50d Abs. 7 EStG qua Fiktion für die Anwendung des Art. 19 OECD-MA, dass der Empfänger der Vergütungen seine Leistungen direkt an den inländischen Kassenträger erbringt, selbst wenn dies realiter nicht zutrifft.[5]

142

Im Schrifttum[6] wird § 50d Abs. 7 EStG teilweise als Treaty Override bezeichnet. Die Vorschrift soll – als rechtsprechungsbrechende[7] Gesetzgebung – das innerstaatliche Besteuerungsrecht an den genannten Vergütungen über den Anwendungsbereich des Art. 19 OECD-MA hinaus sichern. Insbesondere kritisiert wird, dass § 50d Abs. 7 EStG nicht eine (zutreffende) abkommensrechtliche Auslegungsregel darstellt, sondern das tatsächlich Verwirklichte mittels einer Fiktion überlagert.[8]

143

§ 50d Abs. 7 EStG ist aufgrund der fiktiven Sachverhaltsänderung und der verwendeten Formulierung *„ist diese Vorschrift [Art. 19 OECD-MA] in der Weise auszulegen"* ein Treaty Override. Ob „materiell" Abkommensrecht derogiert wird, hängt von der Frage ab, inwieweit DBA-Klauseln existieren, welche dieselben Wertungen wie § 50d Abs. 7 EStG vornehmen. In den jüngeren DBA wird die Kassenstaatsklausel vielfach um die hier fraglichen Tätigkeitsvergütungen erweitert.[9] Insoweit ist kein materieller Treaty Override zu verzeichnen. Daneben hat Deutschland auch eine dahingehende sog. „reservation" zu Art. 19 OECD-MA eingelegt.

---

1 *Waldhoff* in Vogel/Lehner, DBA-Kommentar, Art. 19 Rz. 16.
2 *Gosch* in Kirchhof, § 50d EStG Rz. 34; *Wagner* in Blümich, § 50d EStG Rz. 90.
3 BT-Drucks. 13/5952, 49 f.
4 JStG 1997 v. 20. 12. 1996, BGBl 1996 I 2049.
5 FG Düsseldorf v. 23. 4. 1995, EFG 1998, 1015; FG Düsseldorf v. 28. 4. 1999, EFG 1999, 716; *Gosch* in Kirchhof, § 50d EStG Rz. 34; HHR/*Klein/Hagena*, § 50d EStG Rz. 103.
6 *Gosch* in Kirchhof, § 50d EStG Rz. 34; *Wagner* in Blümich, § 50d EStG Rz. 91.
7 BFH v. 31. 7. 1991 - I R 47/90, BFH/NV 1992, 4 = NWB DokID: DAAAA-96741; BFH v. 13. 8. 1997 - I R 65/95, BStBl 1998 II 21; BFH v. 23. 9. 1998 - I B 53/98, BFH/NV 1999, 458 = NWB DokID: YAAAA-62334; BFH v. 22. 2. 2006 - I R 60/05, BStBl 2007 I 106.
8 HHR/*Klein/Hagena*, § 50d EStG Rz. 103.
9 Für eine Übersicht s. bspw. *Gebhardt*, Deutsches Tax Treaty Overriding, 196.

Der Anwendungsbereich des § 50d Abs. 7 EStG ist tatbestandlich, aber nicht explizit auf die vom Bericht des Finanzausschusses[1] genannten Fälle (DAAD, Goethe-Institute) beschränkt, weswegen selbst bei vorgenannten DBA ein (materieller) Treaty Override einschlägig sein kann.

144 Im Rahmen des Gesetzes zur Umsetzung der Änderungen der EU-Amtshilferichtlinie und von weiteren Maßnahmen gegen Gewinnkürzung und -verlagerungen wurde in § 2 AO eine Rechtsverordnungsermächtigung in Abs. 3 Nr. 2 eingefügt, die es dem BMF ermöglichen soll, *„in den Anwendungsbereich der Bestimmungen über den öffentlichen Dienst eines Abkommens zur Vermeidung der Doppelbesteuerung diejenigen Körperschaften und Einrichtungen einzubeziehen, die aufgrund einer in diesem Abkommen vorgesehenen Vereinbarung zwischen den zuständigen Behörden bestimmt worden sind".*

Hiermit soll lt. der Begründung eine Rechtsgrundlage geschaffen werden um entsprechende Vereinbarungen der Exekutive der Vertragsstaaten innerstaatlich verbindlich werden zu lassen. Der Rechtsgedanke solcher Vereinbarungen findet sich im Kern – allerdings unilateral – auch in § 50d Abs. 7 EStG.

145–149 *(Einstweilen frei)*

IX. Grenzüberschreitend tätige Nichtselbstständige (§ 50d Abs. 8 EStG)

1. Allgemeines

150 Im Rahmen des StÄndG 2003[2] wurde erstmals im deutschen Steuerrecht eine (unilaterale) Vorschrift zur Verhinderung einer internationalen Minderbesteuerung implementiert.[3] § 50d Abs. 8 EStG konstituiert, dass Deutschland trotz abkommensrechtlicher Beschränkung des Besteuerungsrechts für Einkünfte aus nichtselbstständiger Arbeit eine Besteuerung vornimmt, soweit der Stpfl.[4] nicht nachweisen[5] kann, dass der DBA-Vertragsstaat wissentlich auf sein Besteuerungsrecht verzichtet hat oder dass die auf die Einkünfte entfallenden Steuern entrichtet wurden.[6] Ergibt sich hingegen eine Nichtbesteuerung bereits unmittelbar aus dem ausländischen Steuergesetz, muss der Stpfl. keinen zusätzlichen Nachweis über die Besteuerungslage beibringen.[7] Abgestellt wird vorliegend auf die tatsächliche Entrichtung der Steuern und nicht lediglich auf die Steuerpflicht der zugrunde liegenden Einkünfte. Dies geschieht, da verhindert werden soll, dass Einkünfte nicht besteuert werden, weil der Stpfl. diese im Partnerstaat –

---

1 BT-Drucks. 13/5952, 49 f.
2 Steueränderungsgesetz 2003 v. 15.12.2003, BGBl 2003 I 2645.
3 Im Einzelnen *Jankowiak*, Doppelte Nichtbesteuerung im Internationalen Steuerrecht, 220 ff., m.w. N.
4 Nach BMF v. 14.3.2017, BStBl 2017 I 413 ist § 50d Abs. 8 EStG im Lohnsteuerabzugsverfahren grundsätzlich nicht anzuwenden; so bereits R 39b.10 Satz 6 LStR sowie BMF-Schreiben v. 21.7.2005, BStBl 2005 I 821. Die Nachweispflichten sind damit auf die Steuererklärungsebene verlagert.
5 Zur Frage wie die Nachweispflichten bei § 50d Abs. 8 EStG (nicht) erfüllt werden können, siehe einerseits FG Köln v. 16.6.2016 - 13 K 3649/13, rkr., EFG 2016, 1711. Mindestanforderung für den Nachweis der Festsetzung und Entrichtung der im Tätigkeitsstaat angefallenen Steuern ist nach dem vorgenannten Urteil ein Nachweis einer betragsmäßig konkretisierten Steuerzahlung. Dieser Nachweis ist dann nicht geführt, wenn der ausländische Arbeitgeber lediglich bescheinigt, dass das Gehalt netto gezahlt worden ist und der Arbeitgeber die Steuern an die ausländischen Steuerbehörden gezahlt hat. Das FG Düsseldorf hat mit Urteil v. 6.4.2017 (13 K 3086/15 E, rkr.) andererseits entschieden, dass die - unter dem Vorbehalt von § 50d Abs. 8 EStG stehende - DBA-Freistellung von Arbeitslöhnen dann nicht zu gewähren ist, wenn der Stpfl. keinen Nachweis der ausländischen FinVerw beibringt, sondern nur auf vertragliche Vereinbarungen hinweist, die darüber hinaus noch selbst einen Passus zum Thema „Besteuerung" enthielten.
6 *Loschelder* in Schmidt, § 50d EStG Rz. 52; *Gosch* in Kirchhof, § 50d EStG Rz. 35.
7 FG Hamburg v. 13.4.2017, 6 K 195/16, Rev. anh., Az. beim BFH: I R 30/17.

trotz grds. Steuerpflicht – nicht erklärt hat.[1] In der Literatur[2] kritisiert wurde § 50d Abs. 8 EStG vor allem wegen seiner Unabgestimmtheit gegenüber abkommensrechtlichen *subject to tax*-Klauseln und dem Auslandstätigkeitserlass,[3] da es dieser explizit in bestimmten – von § 50d Abs. 8 EStG erfassten – Konstellationen bei einer Nichtbesteuerung belässt.[4] Diese Rechtsansicht ist mittlerweile überholt, da das BMF[5] den Auslandstätigkeitserlass als vorrangig ansieht und es zudem seit jeher Voraussetzung für die Anwendung des Auslandstätigkeitserlasses war, dass mit dem ausländischen Tätigkeitsstaat kein DBA besteht.[6]

Zum Verhältnis der Norm zu § 50d Abs. 9 EStG s. → Rz. 166 ff.

2. Wortlautkommentierung

In persönlicher Hinsicht setzt § 50d Abs. 8 **Satz 1** EStG eine unbeschränkte[7] Steuerpflicht des Einkünfteerzielers in Deutschland voraus, wobei unerheblich ist, ob im Falle einer DBA-rechtlichen Doppelansässigkeit eine „vorrangige" Ansässigkeit im DBA-Ausland vorliegt.[8] Sachlich ist Anwendungsvoraussetzung, dass Einkünfte aus nichtselbständiger Arbeit i. S. d. § 19 EStG erzielt werden, die aufgrund eines DBA in Deutschland steuerfrei zu stellen sind. Unerheblich ist auch, ob sich die Freistellung bereits aus einer Verteilungsnorm mit abschließender Rechtsfolge („können nur besteuert werden") oder aus dem Methodenartikel ergibt.[9] Rechtsfolgenseitig konstituiert § 50d Abs. 8 EStG, dass eine abkommensrechtliche Freistellung versagt wird, wenn bestimmte Nachweisanforderungen nicht erfüllt werden.

Notwendig zur Abwendung des DBA-Bruchs ist, dass der Stpfl. den unter → Rz. 150 angesprochenen (Nicht)Besteuerungsnachweis führt. Hierbei ist nachzuweisen, dass entweder der Partnerstaat bewusst auf sein Besteuerungsrecht verzichtet hat oder die auf die Einkünfte festgesetzten Steuern entrichtet wurden. Damit ist irrelevant, ob es Bemessungsgrundlagenunterschiede nach ausländischem und deutschem Einkünfteermittlungsrecht gibt. Es reicht aus, dass das Ausland eine Steuerfestsetzung auf die nach lokalem Recht ermittelten Einkünfte vornimmt. Relevant ist dagegen, ob das Ausland bestimmte Einkunftsteile nicht besteuert, weil nach dortigem Recht bspw. keine Einkunft vorliegt, da – wie ab VZ 2017 auch im Rahmen des § 50d Abs. 9 Satz 1 EStG → Rz. 162 – eine Freistellung nur gewährt wird „soweit" (und eben nicht „wenn") ein (Nicht)besteuerungsnachweis vorliegt.

Zu beachten ist ab VZ 2017, dass Abs. 9 Satz 4 auch im Rahmen der Prüfung von § 50d Abs. 8 Satz 1 EStG → Rz. 168 f. relevant sein kann. § 50d Abs. 8 Satz 1 EStG kommt nämlich nur dann zur Anwendung, wenn nach einem DBA – neuerdings unter Beachtung von § 50d Abs. 9 Satz 4 EStG – Einkünfte und -teile freizustellen sind. Kommt es wegen der Anwendung einer DBA-rechtlichen Rückfallklausel i.V. m. § 50d Abs. 9 Satz 4 EStG zu einem Wechsel von der Freistel-

---

[1] BT-Drucks. 15/1562, 39 f.; BFH v. 5. 3. 2008 - I R 54, 55/07, BFH/NV 2008, 1487 = NWB DokID: GAAAC-86035; *Wagner* in Blümich, § 50d EStG Rz. 93; *Jankowiak*, Doppelte Nichtbesteuerung im Internationalen Steuerrecht, 223.
[2] *Lüdicke*, Überlegungen zur deutschen DBA-Politik, 90; *ders.*, in Baker/Bobbett, Tax Polymath, Essays in Honour of John F. Avery Jones, 269 (294) in Fn. 125; *ders.*, BIT 2010, 609 (619) in Fn. 124.
[3] BMF v. 31. 10. 1983, BStBl 1984 I 470.
[4] Gem. R 39b.10 Satz 6 EStR gilt § 50d Abs. 8 EStG aber nicht in Fällen des Auslandstätigkeitserlasses.
[5] BMF v. 3.5.2018, BStBl 2018 I 643.
[6] *Cloer/Hagemann* in Bordewin/Brandt, § 50d EStG, Rz. 271.
[7] Nicht nach § 1 Abs. 3 EStG, da in dessen Rahmen lediglich inländische Einkünfte besteuert werden und insofern keine DBA-Anwendung nötig ist (*Gosch* in Kirchhof, § 50d EStG Rz. 35).
[8] BFH v. 25. 5. 2015 - I B 139/11, BFH/NV 2016, 1453 = NWB DokID: HAAAF-80029.
[9] BFH v. 25. 5. 2015 - I B 139/11, BFH/NV 2016, 1453 = NWB DokID: HAAAF-80029.

lungsmethode zur Besteuerung, kann § 50d Abs. 8 Satz 1 EStG insoweit nicht mehr angewendet werden. Mit anderen Worten: Selbst wenn theoretisch der „Nichtbesteuerungsnachweis" nach § 50d Abs. 8 Satz 1 EStG seitens des Steuerpflichtigen geführt und damit die Freistellung aufrecht erhalten werden könnte, kann ein DBA in Verbindung mit § 50d Abs. 9 Satz 4 EStG möglicherweise schon dazu führen, dass es keine Freistellung mehr für die von § 50d Abs. 8 Satz 1 EStG erfassten Einkünfte gibt. Vorstehendes gilt natürlich nur für diejenigen DBA, die eine von § 50d Abs. 9 Satz 4 EStG erfasste „Rückfallklausel" überhaupt enthalten (s. dazu → Rz. 168 f.).[1]

152 § 50d Abs. 8 **Satz 2** EStG postuliert, dass es grds. unschädlich für die Freistellung in Deutschland ist, wenn der (Nicht)Besteuerungsnachweis erst nach in Deutschland erfolgter Veranlagung geführt werden kann. Gedacht sei hier an Fälle, in denen im Ausland erst später ein Steuerbescheid erlassen wird. § 50d Abs. 8 **Satz 3** EStG „unterfüttert" die Anordnung des § 50d Abs. 8 Satz 2 EStG dergestalt, dass verfahrensrechtlich sichergestellt wird, dass die Nachweisführung auch noch in Deutschland berücksichtigt werden kann. Hierzu wird die entsprechende Anwendung von § 175 Abs. 1 Satz 2 AO („rückwirkendes Ereignis") angeordnet, was den Ablauf der Festsetzungsverjährung hemmt.[2]

153–158 *(Einstweilen frei)*

X. Qualifikationskonflikte und „Lücken" in beschränkter Steuerpflicht (§ 50d Abs. 9 EStG)

1. Allgemeines

159 Bereits im Jahr 2000 ist die OECD im Rahmen der Revision des Musterabkommens der Problematik von abkommensrechtlichen Qualifikationskonflikten entgegengetreten. Im Zuge dessen wurde Art. 23A Abs. 4 OECD-MA in das Musterabkommen eingefügt und der Musterkommentar[3] ergänzt. § 50d Abs. 9 EStG ist demgegenüber durch das JStG 2007[4] in das EStG implementiert worden.[5] Regelungsanliegen des § 50d Abs. 9 EStG ist laut Gesetzesbegründung[6] die Verhinderung einer dem Sinngehalt von DBA widersprechenden Minderbesteuerung. § 50d Abs. 9 Satz 1 Nr. 1 EStG übernimmt hierzu die Regelungsdiktion des Art. 23A Abs. 4 OECD-MA in nationale Gesetzgebung, um hierdurch Minderbesteuerungen aufgrund von Qualifikationskonflikten zu verhindern.[7] § 50d Abs. 9 Satz 1 Nr. 2 EStG wirkt darüber hinaus Minderbesteuerungen entgegen, die entstehen, wenn innerstaatliche Steuerbefreiungen im DBA-Vertragsstaat lediglich Steuerausländern gewährt werden.

---

1 Im Einzelnen Gebhardt, IStR 2016, 1009 ff.
2 Zur Frage, wann die Voraussetzungen eines rückwirkenden Ereignisses nicht vorliegen siehe: Sächs. FG v. 22.11.2016 - 3 K 450/16,rkr., EFG 2017, 712. Im Streitfall erging der ausländische Steuerbescheid bereits vor (sic!) Ergehen des deutschen Steuerbescheids, weswegen die Besteuerung der fraglichen Einkünfte bereits dort hätte berücksichtigt werden müssen und ein rückwirkendes Ereignis vom FG abgelehnt wurde.
3 Art. 23 OECD-MK, Tz. 32.6.
4 JStG 2007 v. 13. 12. 2006, BGBl 2006 I 2878.
5 *Vogel*, IStR 2007, 225 ff.; *Grotherr*, IStR 2007, 265 ff.; *Schönfeld* in Flick/Wassermeyer/Baumhoff/Schönfeld, Außensteuerrecht, § 50d Abs. 9 EStG Rz. 1 ff.; *Gosch* in Kirchhof, § 50d EStG Rz. 40 ff.; *Schmidt*, IStR 2010, 413 (427); *Lüdicke* in Baker/Bobbett, Tax Polymath, Essays in Honour of John F. Avery Jones, 269 (294 f.).
6 BT-Drucks. 16/2712.
7 Dazu auch *Vogel*, IStR 2007, 225 (227).

Die Vorschrift ist nur auf in Deutschland unbeschränkt[1] steuerpflichtige natürliche wie juristische Personen anwendbar und fordert weiterhin, dass die betreffenden Einkünfte nach einem DBA von der Bemessungsgrundlage der deutschen Steuer auszunehmen sind (sog. Outboundfall).[2] 160

Der Rechtsgrund der Freistellung in Deutschland findet sich im Wortlaut nicht. Folglich kann diese aus einem DBA-Verteilungsartikel mit abschließender Rechtsfolge (können „nur" besteuert werden) oder aus dem Methodenartikel (nach Prüfung der DBA-rechtlichen Klauseln in Verbindung mit § 50d Abs. 9 Satz 4 EStG, hierzu → Rz. 168 ff.) resultieren. Eine Einschränkung auf die Freistellung nach dem Methodenartikel ist dem Wortlaut nicht zu entnehmen.[3]

Probleme im Rahmen der Gesetzesanwendung ergeben sich einerseits aus der Verwendung des Terminus „Einkünfte",[4] im Kontext dessen eine lange Zeit nicht abschließend geklärt war, ob der innerstaatliche Einkünftebegriff oder der DBA-rechtliche maßgebend ist.[5] Es lassen sich Argumente für beides finden, da erstens § 50d Abs. 9 EStG eine Vorschrift des deutschen Steuerrechts ist und Einkünfte sich daher nach § 2 EStG i. V. m. den sieben Einkunftsarten bemessen sollten. Zweitens ist aber zu sehen, dass der Bezugspunkt der Norm das Abkommensrecht ist und daher ebenso der DBA-rechtliche Einkünftebegriff maßgeblich sein könnte. Überzeugender ist es, den innerstaatlichen Einkünftebegriff als maßgeblich zu erachten.[6] 161

Die Zugrundelegung der einen oder anderen Auffassung kann entscheidend sein, wenn aufgrund innerstaatlicher Wertungen unterschiedliche Einkunftsströme (wie z. B. Gesamthandseinkünfte und Sondervergütungen bei Personengesellschaften) derselben innerstaatlichen Einkunftsart (§ 15 EStG) zugeordnet werden und es DBA-rechtlich eigentlich geboten wäre, die Einkunftströme unterschiedlichen Verteilungsartikeln zuzuordnen.

Relativ eindeutig ist hingegen, dass die Vorschrift sowohl positive wie auch negative Einkünfte umfasst.[7]

Der BFH[8] hat zu einem – ab VZ 2017 überholten (s. u.) – weiteren Streitpunkt zutreffend entschieden, dass der Wendung „wenn" (und eben nicht „soweit") die Einkünfte minderbesteuert sind, innewohnt, dass hier ein qualitativ-konditionales Verständnis anzusetzen ist und damit die Norm nicht zur Anwendung kommen sollte, wenn nur eine Teilmenge der nach innerstaatlichen Wertungen zu bestimmenden Einkünfte un- oder minderbesteuert bleiben. 162

---

1 Nicht solche i. S. v. § 1 Abs. 3 EStG, da diese nur mit den § 49 EStG unterfallenden Einkünften steuerpflichtig sind und sich deswegen in Outboundfällen eigentlich keine Besteuerungsdisparitäten ergeben können.
2 Irrelevant ist auch, ob der Stpfl. nach einem DBA auch in Deutschland ansässig ist. Das kann bei doppelansässigen Steuerpflichtigen Relevanz entfalten (so für die gleichl. Regelungslage in Abs. 8: BFH v. 25. 5. 2015 - I B 139/11, BFH/NV 2016, 1453 = NWB DokID: HAAAF-80029).
3 BFH v. 21. 1. 2016 - I R 49/14, BStBl 2017 II 107; *Grotherr*, RIW 2006, 898, 909; *Grotherr*, IStR 2007, 265, 265; *Kahle*, IStR 2007, 757, 760; *Schönfeld* in Flick/Wassermeyer/Baumhoff/Schönfeld, Außensteuerrecht, § 50d Abs. 9 EStG Rz. 55; *Hahn-Joecks* in Kirchhof/Söhn/Mellinghoff, § 50d EStG Rz. K 8; differenzierend aber im Ergebnis ebenso *Gosch* in Kirchhof, § 50d EStG Rz. 41; Anders *Rosenthal*, IStR 2007, 610, 612; FG Münster v. 2. 7. 2014 - 12 K 2707/10 F, EFG 2014, 2043 (Vorinstanz zu BFH - I R 49/14).
4 Erfasst sind grds. sowohl positive wie negative Einkünfte.
5 Umfassend *Meretzki* in Wassermeyer/Richter/Schnittker, Personengesellschaften im IStR, Rz. 15.68 ff.
6 BFH v. 21. 1. 2016 - I R 49/14, BStBl 2017 II 107; siehe auch *Zuber/Ditsch* in Littmann/Bitz/Pust, § 50d EStG Rz. 163 mit umfangreichen Nachweisen zu beiden Auffassungen. Die gegenteilige Auffassung des Autors (*Gebhardt*, IStR 2011, 58) wird hiermit aufgegeben.
7 FG München v. 3. 6. 2016 - 1 K 848/13, Rev. anhängig unter I R 52/16.
8 BFH v. 19. 12. 2013 - I B 109/13, BFH/NV 2014, 623 = NWB DokID: MAAAE-55049.

Im Rahmen des Gesetzes zur Umsetzung der Änderungen der EU-Amtshilferichtlinie und von weiteren Maßnahmen gegen Gewinnkürzung und -verlagerungen[1] wurde dieser Rechtsprechung mit Wirkung ab VZ 2017 dadurch der Boden entzogen, dass das Wort „wenn" durch „soweit" ersetzt wird.

2. Bekämpfung von Qualifkationskonflikten (§ 50d Abs. 9 Satz 1 Nr. 1 EStG)

163 § 50d Abs. 9 Satz 1 Nr. 1 EStG fußt im Kern auf Überlegungen der OECD zur Vermeidung von Minderbesteuerungen infolge von Qualifikationskonflikten[2] und ordnet an, dass die abkommensrechtliche Freistellung von „Einkünften" von Seiten Deutschlands versagt wird, wenn (bzw. mit Wirkung ab VZ 2017 soweit) der andere Staat das DBA „so" (und damit anders als Deutschland es als gedachter Vertragspartner gemacht hätte) anwendet, dass die Einkünfte entweder von der Besteuerung ausgenommen oder nur zu einem niedrigeren (Quellen)Steuersatz besteuert werden. Die Gründe für die abweichende DBA-Anwendung können bspw. in einer unterschiedlichen Sachverhaltsbeurteilung, abweichender DBA-Auslegung oder im Rückgriff auf das nationale Recht nach Art. 3 Abs. 2 OECD-MA liegen.

Die Minder- oder Nichtbesteuerung muss sich folglich aus einer divergenten Anwendung des zugrundeliegenden DBA begründen.[3] Daher kommt die Norm nicht zur Anwendung, wenn es bei übereinstimmender Anwendung des DBA nur durch „Eigenheiten" des ausländischen innerstaatlichen Steuerrechts zu einer Minderbesteuerung kommt. Zudem muss der Vertragsstaat das DBA „anwenden". Geht der Vertragsstaat (wegen eines Qualifikationskonflikts) z. B. vom Vorliegen eines rein innerstaatlichen Sachverhalts aus, wendet dieser das DBA u.U. überhaupt nicht an. Dann ist fraglich, ob der Anwendungsbereich des § 50d Abs. 9 Satz 1 Nr. 1 EStG überhaupt eröffnet ist.

3. Nichtbesteuerung aufgrund mangelnder unbeschränkter Steuerpflicht (§ 50d Abs. 9 Satz 1 Nr. 2 EStG)

164 § 50d Abs. 9 Satz 1 Nr. 2 EStG postuliert eine – in ihrem Anwendungsbereich allerdings begrenzte – subject-to-tax Klausel für den Fall, dass der unbeschränkt Stpfl. im DBA-Vertragstaat mangels unbeschränkter Steuerpflicht nicht[4] besteuert wird. Der Grund („nur deshalb")[5] für die Nichtbesteuerung muss darin liegen, dass der Stpfl. mangels eines territorialen Anknüpfungspunktes ((Wohn)Sitz, Ort der Geschäftsleitung etc.) keiner unbeschränkten Steuerpflicht unterliegt. Eine „global" wirkende Steuerbefreiung sowohl für unbeschränkt als auch beschränkt Stpfl. fällt damit nicht unter die Vorschrift.

---

1 BGBl 2016 I 3000.
2 Art. 23A Abs. 4 OECD-MA.
3 Für Nichtbesteuerung aufgrund des nationalen Steuerrechts des Vertragsstaats s. → Rz. 164 zu Nr. 2 der Vorschrift.
4 Eine der Höhe nach begrenzte Besteuerung fällt daher nicht unter die Norm.
5 Das FG Hamburg v. 13.4.2017 - 6 K 195/16, EFG 2017, 1176, Rev. anh., Az. beim BFH: I R 30/17 hat entschieden, dass die Vorschrift auch dann nicht zur Anwendung kommt, wenn nur beschränkt Stpfl. nicht besteuert werden, es im konkreten Fall durch Unterschreitung des Grundfreibetrags aber auch bei unbeschränkt Stpfl. zu keiner Steuerlast gekommen wäre.

Verwirklicht der Stpfl. im anderen Staat allerdings einen der genannten Anknüpfungspunkte und unterliegt trotzdem keiner (der deutschen unbeschränkten Steuerpflicht vergleichbaren) Besteuerung, ist § 50d Abs. 9 Satz 1 Nr. 2 EStG nicht anwendbar, da der Rechtsgrund der Nichtbesteuerung eben in dem Nichtvorhandensein des territorialen Anknüpfungspunktes liegen muss.[1] Anders gewendet sind damit Fälle denkbar, in denen der Stpfl. trotz „Ansässigkeit" im anderen Staat (und einer weiteren Ansässigkeit in Deutschland; gedacht sei hier an Doppelansässige) dort nicht besteuert wird, Deutschland aber trotz dessen keine Handhabe hat, § 50d Abs. 9 Satz 1 Nr. 2 EStG zu aktivieren.

Die Vorschrift hat praktisch in den meisten Fällen nur dann Bedeutung, wenn in Deutschland unbeschränkt Stpfl. im anderen Vertragsstaat (also dem Quellenstaat) nur deshalb keiner Besteuerung unterliegen, da sie dort nicht unbeschränkt (und damit in den meisten Fällen nur beschränkt) steuerpflichtig sind. Was der Terminus „Besteuerung" bedeutet, ist nicht abschließend geklärt. In Anlehnung an die Fallgruppen im BMF-Schreiben zur Anwendung von DBA-rechtlichen subject-to-tax-Klauseln,[2] können Fälle von unschädlicher Nichtbesteuerung auftreten. Der BFH[3] hat jedenfalls entschieden, dass eine „abstrakte" Betrachtungsweise bei der Beurteilung anzulegen ist, ob ein Vorgang „nicht steuerpflichtig" ist.

4. Rückausnahme zu § 50d Abs. 9 Satz 1 Nr. 2 EStG bei schachtelprivilegierten Dividenden (§ 50d Abs. 9 Satz 2 EStG)

Werden Dividenden im DBA-Vertragsstaat in den Händen dort beschränkt Stpfl. nicht mit Abzugsteuern belastet und sind diese zugleich von der Bemessungsgrundlage der deutschen Steuer auszunehmen, greift § 50d Abs. 9 Satz 1 Nr. 2 EStG trotzdem nicht, weswegen die DBA-Freistellung hier erhalten bleibt. Dies gilt aber – letztlich kongruent zu § 8b Abs. 1 Satz 3 KStG bei Körperschaften – nur dann, wenn die Dividenden auf Ebene des Empfängers nicht steuermindernd berücksichtigt wurden.[4]

165

Der gesetzgeberische Gedanke liegt hier ersichtlich in der Vermeidung der wirtschaftlichen Doppelbesteuerung, da sich die Dividenden bekanntlich aus bereits versteuerten Einkünften speisen und eine nochmalige Erfassung im Rahmen der deutschen Besteuerung wegen Nichterfassung im Rahmen der beschränkten Steuerpflicht des Vertragstaates sinnwidrig wäre.

5. Verhältnis zu § 50d Abs. 8 EStG, § 20 Abs. 2 AStG und DBA-rechtlichen Klauseln (§ 50d Abs. 9 Satz 3 EStG)

Der mit Wirkung für alle offenen Fälle durch das AmtshilfeRLUmsG[5] geänderte § 50d Abs. 9 Satz 3 EStG postuliert nunmehr eine Art fiskalische Meistbegünstigung in Gestalt einer sich nicht gegenseitig ausschließenden Regelungslage („unberührt"),[6] so dass neben § 50d Abs. 9 EStG noch § 50d Abs. 8 EStG, § 20 Abs. 2 AStG (Versagung der Freistellung bei passiven, niedrigbesteuerten Betriebstätten) und zudem die DBA-rechtlichen Klauseln (switch-over, subject-

166

---

1 BFH v. 19.12.2013 - I B 109/13, BFH/NV 2014, 623 = NWB DokID: MAAAE-55049; FG Baden-Württemberg v. 24.11.2014 - 6 K 4033/13, EFG 2015, 410; FG München v. 29.10.2014 - 8 K 369/14; FG München v. 29.10.2014 - 8 K 3653/12, EFG 2015, 652. Beide Urteile des FG München wurden seitens des BFH mit Urteilen v. 20.5.2015 - (I R 68/14, NWB DokID: RAAAE-99390 und I R 69/14, NWB DokID: NAAAE-99374) bestätigt.
2 Siehe BMF v. 20.6.2013, BStBl 2013 I 980, Tz. 2.3.
3 BFH v. 20.8.2014 - I R 86/13, BStBl 2015 II 18.
4 Siehe dazu auch *Loschelder* in Schmidt, § 50d EStG Rz. 58.
5 AmtshilfeRLUmsG v. 26.6.2013, BGBl 2013 I 1809.
6 Zu Recht kritisch zur nicht eindeutigen Gesetzesanordnung *Schnitger*, IFSt 492, 79.

to-tax- und Aktivitätsklauseln; vereinzelt beinhalten auch die Verteilungsartikel „Rückfallklauseln") zu prüfen sind. Die letztgenannten DBA-rechtlichen Rückfallklauseln sollten ab VZ 2017 (inzident) unter Beachtung von § 50d Abs. 9 Satz 4 EStG geprüft werden (s. → Rz. 168 ff.).

Letzteres war schon bisher geltende Auffassung und ist auch unter Beachtung von Satz 4 noch richtig, da sich aus dem zugrundeliegenden DBA eine Freistellung ergeben muss, damit sich die Frage der Anwendung von § 50d Abs. 9 Satz 1 EStG überhaupt stellt.[1] Daher ist die Anordnung, dass die Klauseln eines DBA, die die Freistellung in einem weitergehenden Umfang einschränken „unberührt" bleiben, streng genommen überflüssig, da die Norm erst dann anwendbar ist, wenn nach Prüfung des DBA eine Freistellung das Resultat ist.

167 Im Verhältnis zu § 50d Abs. 8 EStG hatte der BFH[2] entschieden, dass § 50d Abs. 8 EStG lex specialis gegenüber § 50d Abs. 9 EStG ist und bei Erfüllung der (Nicht)Besteuerungsnachweise i. R. v. § 50d Abs. 8 EStG kein Raum mehr für die Anwendung von § 50d Abs. 9 EStG bleibt. Um diesem Ergebnis entgegenzuwirken, hat der Gesetzgeber[3] – in verfassungsrechtlich hoch bedenklicher Weise – § 50d Abs. 9 Satz 3 EStG rückwirkend dahingehend geändert, dass die beiden Absätze parallel anwendbar sind und der Stpfl., welcher insbesondere den Nichtbesteuerungsnachweis des § 50d Abs. 8 EStG erbracht hat, noch den Test des § 50d Abs. 9 EStG (insbesondere § 50d Abs. 9 Satz 1 Nr. 2 EStG) bestehen muss.

Dieser Test dürfte aber – bis einschließlich VZ 2016 – nur dann zur Aufhebung der Freistellung i. R. v. Abs. 9 führen, „wenn" (und nicht soweit) die „Einkünfte" (insgesamt) unbesteuert bleiben (s. dazu → Rz. 162).

Im Verhältnis zu § 20 Abs. 2 AStG gilt es zu beachten, dass die Stoßrichtungen beider Normen grundverschieden sind, allerdings kann es durchaus zu „Überschneidungen" mit Wertungskonflikten kommen.[4] Das ändert aber grds. nichts daran, dass die beiden Normen sich gesetzestechnisch nicht gegenseitig ausschließen oder verdrängen, auch wenn hierfür im Einzelfall unionsrechtliche Argumente bestehen mögen.[5]

6. Atomisierende Anwendung von DBA-rechtlichen Rückfallklauseln (§ 50d Abs. 9 Satz 4 EStG)

168 Im Rahmen des Gesetzes zur Umsetzung der Änderungen der EU-Amtshilferichtlinie und von weiteren Maßnahmen gegen Gewinnkürzung und -verlagerungen[6] wurde ein neuer Satz 4 in Abs. 9 eingefügt, welcher im Kern die atomisierende Betrachtungsweise, die sich in neueren DBAs schon teilweise findet, ab VZ 2017 flächendeckend in alle deutschen DBA mit entsprechenden Klauseln tragen soll.[7]

Satz 4 nimmt nicht unmittelbar Bezug auf die Sätze 1 bis 3 und hätte daher streng genommen auch in einen separaten Absatz verortet werden können. Allerdings ist Satz 4 inzident bei der Anwendung von Abs. 9 Satz 1 → Rz. 159 ff. genauso wie bei Abs. 8 Satz 1 → Rz. 151 zu beachten, da nur die Einkünfte bzw. Teile davon die nach einem DBA unter Beachtung des Satz 4 frei-

---

[1] Eingehend und zutreffend *Meretzki* in Wassermeyer/Richter/Schnittker, Personengesellschaften im IStR, Rz. 15.10 ff.
[2] BFH v. 11. 1. 2012 - I R 27/11, BFH/NV 2012, 862 = NWB DokID: XAAAE-05754.
[3] AmtshilfeRLUmsG v. 26.6.2013, BGBl 2013 I 1809.
[4] Siehe hierzu mit Bsp. *Gebhardt/Quilitzsch*, IWB 2010, 473.
[5] Zutr. *Gosch* in Kirchhof, § 50d EStG Rz. 41i; s. dazu auch *Gebhardt/Quilitzsch*, IWB 2010, 473.
[6] BGBl 2016 I 3000.
[7] Im Einzelnen *Gebhardt*, IStR 2016, 1009 ff.

zustellen sind, noch in den Anwendungsbereich von Abs. 8 Satz 1 bzw. Abs. 9 Satz 1 fallen können. Abs. 8 Satz 1 und Abs. 9 Satz 1 bleiben insb. dann uneingeschränkt anwendbar, wenn Abs. 9 Satz 4 mangels DBA-rechtlicher Klausel keine Anwendung finden kann.

In Folge des Satz 4 sind ab VZ 2017 Bestimmungen eines DBA, nach denen Einkünfte aufgrund ihrer Behandlung im anderen Vertragsstaat nicht von der Bemessungsgrundlage in Deutschland ausgenommen werden, auch auf Teile von Einkünften anzuwenden, soweit die Voraussetzungen der jeweiligen Bestimmung des DBAs hinsichtlich dieser Einkunftsteile erfüllt sind. Die Vorschrift wird von Seiten des Gesetzgebers wohl nur als präzisierende Auslegungsregel DBA-rechtlicher Rückfallklauseln verstanden, ist aber bei Lichte betrachtet ein Treaty Override, wobei letztere Erkenntnis in der Praxis derzeit nur wenig weiterhilft.

Hintergrund der Regel ist – selbst wenn sich die Gesetzesbegründung[1] auf BFH-Urteile zu § 50d Abs. 9 EStG stützt – im Kern die Rechtsprechung des BFH[2] zum DBA-Recht, nach der „Einkünfte" i. S. d. DBA eigentlich nicht in ihre Einzelteile zerlegt werden dürfen, um für jeden Einkunftsteil das Vorliegen einer Besteuerung zu prüfen.

Die FinVerw hatte die Ablehnung des BFH im Hinblick auf eine „atomisierende Betrachtungsweise" zuerst unterstützt[3], dann aber zwischenzeitlich durch das „subject-to-tax-Klausel-Schreiben"[4] und den Verweis auf dieses Schreiben im Rahmen des Schreibens zur Anwendung von DBA auf Arbeitslohn[5] zu erkennen gegeben, dass für die Gewährung einer DBA-rechtlichen Freistellung alle Teile einer DBA-rechtlichen Einkunftsart einzeln und damit atomisierend geprüft werden müssen. „Atomisierung" bedeutet hierbei im Kern, dass in einer Einkunftsquelle mehrere Einkunftströme „ankommen" und diese einzeln auf das Vorliegen einer Besteuerung geprüft werden. Ist nur ein Einkunftsstrom zu verzeichnen (bspw. eine Dividende) kann diese selbstverständlich nicht weiter zerlegt werden, selbst wenn diese im DBA-Vertragstaat nicht- oder niedrigbesteuert wird.

Dass sich die Auffassung der FinVerw mit dem Wortlaut sehr vieler deutscher DBA nicht vereinbaren lässt, da diese nur auf Einkünfte und nicht auf Einkunftsteile abstellen, lag auf der Hand.[6] Satz 4 soll diese Problematik nun im Wege unilateraler Gesetzgebung beheben. Die angedachte atomisierende Betrachtungsweise ist deswegen bedenklich, weil in vielen Fällen (auch und gerade im Rahmen von Steuerdeklarationen) streng genommen keine rechtssichere Aussage mehr über die Freistellung von Einkünften getroffen werden kann.

Im ersten Schritt fragt sich, welche DBA-Bestimmungen § 50d Abs. 9 Satz 4 EStG einer atomisierenden Betrachtungsweise zuführt. Betroffen sind switch-over- und subject-to-tax-Klauseln. Korrespondenzregeln und **Aktivitätsklauseln** sollten hingegen **nicht** von Satz 4 betroffen sein, da die Einkünfte, welche von den Aktivitätsklauseln erfasst werden nicht „aufgrund" ihrer Behandlung im anderen Vertragstaat in Deutschland besteuert werden, sondern weil diese pas-

---

1 BR-Drucks. 406/14, 59.
2 Insbesondere v. 27. 8. 1997 - I R 127/95, BStBl 1998 II, 58.
3 Tz. 1.2.6 Betriebsstättenerlass, BMF v. 24.12.1999, BStBl 1999, 1076 und Tz. 9.-9.2 des mittlerweile überholten BMF-Schreiben zu DBA und Arbeitslohn v. 14.9.2006, BStBl 2006 I 532. Tz. 5 des „subject-to-tax-Klausel Schreibens" hatte die vorgenannten Tz. ohne zeitliche Anwendungsregelung aufgehoben. Hierzu *Gebhardt/Reppel*, IStR 2013, 760, 765 unter Punkt 4.
4 BMF v. 20. 6. 2013, BStBl 2013 I 980
5 BMF v. 12. 11. 2014, BStBl 2014 I 1467.
6 Im Einzelnen hierzu *Lüdicke*, IStR 2013, 721 ff.

siv sind. Die „Behandlung" dieser Einkünfte seitens des DBA-Partners ist für die Anwendung einer Aktivitätsklausel unerheblich.

Korrespondenzregeln: Beispielhaft stellt Art. 22 Abs. 1 Buchst. a DBA-Niederlande das Schachtelprivileg für „Einkünfte aus Dividenden" unter den Vorbehalt, dass diese im Vertragstaat die steuerliche Bemessungsgrundlage nicht gemindert haben. Es ist fraglich, ob Satz 4 hier anwendbar ist und den einheitlichen Einkunftstrom „Dividende" noch weiter aufspalten kann. Die Beantwortung dessen könnte dann virulent werden, wenn bspw. die Dividende im Ausland als Zinsaufwand gesehen wird und – wegen einer im Ausland geltenden Zinsschranke – nur teilweise abzugsfähig ist. Satz 4 dürfte hier nicht zu einer atomisierenden Betrachtungsweise führen, wenn man eine einzelne Dividendenzahlung als nicht weiter „atomisierbar" begreift.

Switch-over-Klauseln: Switch-over-Klauseln setzen voraus, dass es aufgrund eines Qualifikationskonflikts zu einer Nicht- oder Niedrigbesteuerung kommt. Viele der deutschen DBA stellen hierbei auf „Einkünfte" ab. Satz 4 wird ab VZ 2017 zu einer atomisierenden Anwendung dieser switch-over-Klauseln führen.

Subject-to-tax-Klauseln: Bei der Analyse der Auswirkungen von Satz 4 auf die Anwendung von subject-to-tax-Klauseln könnte zu unterscheiden sein, welche „Technik" das DBA verwendet.[1]

169 **Subject-to-tax-Klauseln in den Verteilungsartikeln:** Beispielhaft beinhaltet Art. 16 Abs. 1 DBA-Südafrika eine subject-to-tax-Klausel schon im Verteilungsartikel, die regelt, dass Einkünfte in Form von Ruhegehältern nur dann ausschließlich im Ansässigkeitsstaat besteuert werden können, wenn dieser die Einkünfte auch besteuert.[2] Satz 4 könnte hier zu einer atomisierenden Betrachtungsweise führen. Fraglich ist aber – ähnlich wie im Rahmen der weiter oben angesprochenen Korrespondenzregeln – ob der einheitliche Einkunftsstrom „Ruhegehalt" mittels Satz 4 überhaupt noch weiter atomisiert werden kann.

170 **Quellenregeln:** Verschiedene – zumeist ältere – deutsche DBA enthalten sog. Quellenregeln[3]. Der BFH[4] legt diese Quellenregeln, die bestimmen unter welchen Voraussetzungen Einkünfte aus einem Vertragsstaat stammen, (mittlerweile einheitlich)[5] als subject-to-tax-Klauseln aus. Diese auch als Einkünfteherkunftsbestimmungen bezeichneten Vorschriften regeln im Kern, dass Einkünfte (nur) dann aus dem DBA-Vertragsstaat stammen, wenn die Einkünfte im Quellenstaat (effektiv)[6] besteuert werden. Im Zusammenspiel mit der Freistellungsmethode bestimmen diese in einem weiteren gedanklichen Schritt, dass wenn die Einkünfte im Quellenstaat nicht (effektiv) besteuert werden, der Ansässigkeitsstaat diese auch nicht freistellen muss. Sämtliche Quellenregeln sind – soweit ersichtlich – nur auf Einkünfte anwendbar. Satz 4 könnte daher zu einer Atomisierung der Quellenregeln führen.

Die Quellenregeln stellen – wie von Satz 4 tatbestandlich vorausgesetzt – auf die „Behandlung" im anderen Staat ab. Allerdings bestimmen die Quellenregeln nur, wann Einkünfte aus dem Quellenstaat stammen und regeln damit nicht unmittelbar, dass Einkünfte – wie von Satz 4 ebenfalls tatbestandlich vorausgesetzt – bei fehlender Besteuerung nicht von der deutschen Bemessungsgrundlage auszunehmen sind. Diese Regelungsanordnung wird erst – mit-

---

1 Zum Problemkreis im Einzelnen *Lüdicke*, IStR 2013, 721 ff.
2 Zu dieser Klausel BFH v. 13.10.2015 - I B 68/14, BFH/NV 2016 558 = NWB DokID: JAAAF-66167.
3 Für einen (nicht abschließenden) Überblick siehe BMF v. 20.6.2013, BStBl 2013 I 980.
4 BFH v. 17.10.2007 - I R 96/06, BStBl 2008 II 953.
5 Zur „mäandernden" Rechtsprechung siehe *Schönfeld/Häck*, in Schönfeld/Ditz, DBA, Art. 23 A/B, Rz. 75.
6 Nur das DBA-Italien stellt in Protokoll 16 Buchst. d auf eine effektive Besteuerung ab.

telbar – deutlich, wenn die Freistellung nach dem Methodenartikel „im Lichte" der Quellenregel gesehen wird. Es ist daher offen, ob Satz 4 zu einer Atomisierung im Rahmen von Quellenregeln führt. Es dürften allerdings mehr Gründe für eine Atomisierung durch Satz 4 als dagegen sprechen.

Die neueren Subject-to-tax Klauseln: In mehreren jüngeren deutschen DBA[1] wird im Einleitungssatz des Methodenartikels die Freistellung von Einkünften in Deutschland als Ansässigkeitsstaat tatbestandlich von einer „tatsächlichen" Besteuerung im anderen Vertragstaat abhängig gemacht. Diese Bestimmungen sind ab VZ 2017 wegen Satz 4 auch auf Einkunftsteile anzuwenden. Daher wird die Freistellung ab VZ 2017 nur noch für die besteuerten Einkunftsteile gewährt, die unbesteuerten Einkunftsteile unterfallen dann der „Regelbesteuerung" in Deutschland (die „Anrechnungsmethode" kommt nicht zur Anwendung, da es bei unbesteuerten Einkunftsteilen keine Steuer anzurechnen gibt).[2]

171

In Art. 23 Abs. 4 Buchst. b 2. Alt. DBA-USA findet sich ebenfalls eine subject-to-tax-Klausel, die eine Freistellung in Deutschland zwar nicht von einer „tatsächlichen" Besteuerung, aber davon abhängig macht, dass die USA durch ihr innerstaatliches Recht an einer Besteuerung von Einkünften nicht „gehindert" sind. Das DBA-USA unterscheidet sich von den vorgenannten DBA zudem noch dahingehend, dass die Frage der Besteuerung von Einkünften im Vertragstaat nicht Tatbestandsmerkmal der Freistellungsmethode ist, sondern eine unterbliebene Besteuerung ein Grund ist, die Freistellung aufzuheben. Satz 4 führt auch hier zu einer Atomisierung und damit zu einer Prüfung jedes einzelnen Einkunftsteils im Hinblick darauf, ob die USA an einer Besteuerung „gehindert" sind.

Eine weitere Kategorie bilden z. B. die neuen DBA mit Australien[3] und Japan[4] und das DBA-Liechtenstein[5] in denen die subject-to-tax-Klausel zwar vergleichbar dem DBA-USA als Ausnahme von der Freistellungsmethode formuliert ist, der DBA-Wortlaut allerdings die „tatsächliche Besteuerung von Einkünften oder Einkunftsteilen" bzw. im Kontext des DBA-Liechtenstein die „Hinderung" an einer Besteuerung der Einkünfte und Einkunftsteile zum Prüfgegenstand macht. Im Kontext solcher DBA sollte Satz 4 keine Anwendung finden, da die DBA-Klauseln tatbestandlich und (wohl) auch rechtsfolgenseitig selbst bereits eine atomisierende Betrachtungsweise vorsehen.

Einzelnes zu Satz 1 vs. Satz 4: Wie unter → Rz. 168 beschrieben, stehen die Sätze 1 und 4 in einem gewissen Konkurrenzverhältnis, welches zugunsten des Satz 4 aufzulösen ist, da dieser inzident im Rahmen der Anwendung von Satz 1 zu prüfen ist, um zu ermitteln, ob Einkünfte oder Teile davon DBA-rechtlich überhaupt freizustellen sind. Selbst wenn man diesem Ansatz nicht folgen will, kommen sich die Sätze 1 und 4 – bis auf den Fall, dass DBA einen switch-over bei Qualifikationskonflikten häufig von einem Verständigungsverfahren abhängig machen – nicht in die Quere.

172

Satz 1 ist nur „soweit" anzuwenden, als es durch einen Qualifikationskonflikt zu einer Minder- oder Nichtbesteuerung kommt (Nr. 1) bzw. es eine „Lücke" in der beschränkten Steuerpflicht

---

1 Bulgarien (Art. 22 Abs. 1 Buchst. a), Großbritannien (Art. 23 Abs. 1 Buchst. a), Irland (Art. 23 Abs. 2 Buchst. a), Luxemburg (Art. 22 Abs. 1 Buchst. a), Niederlande (Art. 22 Abs. 1 Buchst. a), Spanien (Art. 22 Abs. 2 Buchst. a), Ungarn (Art. 22 Abs. 1 Buchst. a), Norwegen (Art. 23 Abs. 2 Buchst. a), Finnland (Art. 21 Abs. 1 Buchst. a).
2 Vgl. zu dieser methodischen Unterscheidung *Lüdicke*, IStR-Beihefter 10/2013, *34.
3 Noch nicht anwendbar.
4 Anwendbar ab 1.1.2017.
5 Art. 23 Abs. 3 Buchst. b.

des Vertragstaates gibt (Nr. 2), wohingegen Satz 4 „globaler" den Einkunftsbegriff bestimmter DBA-rechtlicher Rückfallklauseln atomisiert. Eine Verdrängungswirkung üben die Sätze 1 und 4 damit wechselseitig nicht aus, sodass ein Sachverhalt entweder unter Satz 1 oder unter Satz 4 fallen kann, wohingegen Satz 4 inzident vorrangig zu prüfen ist.

Interessant ist, dass Satz 1 den „soweit"-Ansatz verfolgt und Satz 4 Einkünfte in Teile atomisiert. Dies erscheint auf den ersten Blick gleichlaufend zu sein, wobei im Falle eines einzelnen Einkunftsstroms (Dividende etc.) die Rechtsfolgen unterschiedlich sind. Satz 4 kann eine Dividende nicht weiter atomisieren, wohingegen Satz 1 durch dessen „soweit"-Ansatz durchaus danach fragt, „wieviel" Dividende besteuert ist.

173–174 *(Einstweilen frei)*

XI. Sonderbetriebsvermögen und DBA-Recht (§ 50d Abs. 10 EStG)

1. Allgemeines

175 Die Besteuerung grenzüberschreitender Sondervergütungen und deren DBA-rechtliche Einordnung sind seit Jahrzehnten umstritten. Die FinVerw will die Systematik des § 15 Abs. 1 EStG dem DBA-Recht „überstülpen" und hat hierzu § 50d Abs. 10 EStG geschaffen, um Art. 7 OECD-MA auf die Sondervergütungen (und nunmehr grds. auch die sonstigen Erträge und Aufwendungen des Sonderbetriebsvermögens) anzuwenden. Die Rechtsprechung ordnet Sondervergütungen demgegenüber regelmäßig nach ihrer (zivilrechtlichen) Natur in das DBA-Recht ein (Zinsen, Lizenzen etc.).

Der BFH hatte dann – vor Einführung von § 50d Abs. 10 EStG – am 17. 10. 2007[1] erstmals für den Inboundfall[2] entschieden, dass Zinsen, die eine in Deutschland domizilierende Personengesellschaft an ihre in den USA ansässigen Gesellschafter für die Gewährung eines Darlehens zahlt, unter den Zinsartikel[3] und nicht unter den Unternehmensgewinnartikel des DBA-USA fallen.[4] Folglich kann Deutschland nach Auffassung des BFH im Inboundfall nur ein beschränktes Quellenbesteuerungsrecht auf diese Sondervergütungen ausüben. Durch die Einfügung des § 50d Abs. 10 EStG im Rahmen des JStG 2009[5] wurde die hierzu konträre Auffassung des Gesetzgebers[6] über die abkommensrechtliche Behandlung von Sondervergütungen erstmals kodifiziert.[7] Hierdurch war beabsichtigt, das Subsidiaritätsprinzip des Art. 7 Abs. 7 OECD-MA bzw. nunmehr Art. 7 Abs. 4 OECD-MA umzukehren und der allgemeineren Verteilungsanordnung des Art. 7 OECD-MA Vorrang vor den spezielleren Verteilungsartikeln zu gewähren. Angesichts dessen soll § 50d Abs. 10 EStG a. F. laut Gesetzesbegründung[8] nur eine DBA-Anwen-

---

[1] BFH v. 17. 10. 2007 - I R 5/06, BStBl 2009 II 356.
[2] Für den Outboundfall war das st. Rspr. des BFH (BFH v. 27. 2. 1991 - I R 15/89, BStBl 1991 II 444; BFH v. 26. 2. 1992 - I R 85/91, BStBl 1992 II 937; BFH v. 14. 7. 1993 - I R 71/92, BStBl 1994 II 91; BFH v. 31. 5. 1995 - I R 74/93, BStBl 1995 II 683; BFH v. 23. 10. 1996 - I R 10/96, BStBl 1997 II 313; BFH v. 21. 7. 1999 - I R 71/98, BStBl 2000 II 336; BFH v. 16.10. 2002 - I R 17/01, BStBl 2003 II 631; BFH v. 20. 12. 2006 - I B 47/05; BFH/NV 2007, 831 = NWB DokID: JAAAC-38221).
[3] Art. 11 DBA-USA.
[4] HHR/*Klein/Hagena*, § 50d EStG, Rz. 131.
[5] JStG 2009 v. 19. 12. 2008, BGBl 2008 I 2794 (2799).
[6] *Gosch* in Kirchhof, § 50d EStG Rz. 44 spricht insoweit davon, dass der Gesetzgeber von der FinVerw „ferngesteuert" ist.
[7] HHR/*Klein/Hagena*, § 50d EStG Rz. 131.
[8] BT-Drucks. 16/11008, 23.

dungsregel darstellen – die explizit dem zitierten BFH-Urteil widerspricht –, nicht aber einen Treaty Override.

In der Folge sprach der BFH[1] § 50d Abs. 10 EStG i. d. F. des JStG 2009 die Wirkkraft aus folgendem Grund weitgehend ab: „[§ 50d Abs. 10 EStG a. F.] ordnet lediglich die abkommensrechtliche Einkunftsart [Art. 7] an, suspendiert jedoch nicht zugleich von den Erfordernissen der (abkommensrechtlichen) Existenz einer Betriebsstätte sowie der (ebenfalls abkommensrechtlichen) Betriebsstättenzurechnung". Insofern sah der BFH die abkommensrechtliche Zuordnungsfrage nicht von § 50d Abs. 10 EStG a. F. beantwortet. Dies zwang den Gesetzgeber „nachzubessern". Im Rahmen des AmtshilfeRLUmsG[2] wurde § 50d Abs. 10 EStG von zwei Sätzen auf acht Sätze ausgedehnt. Hierbei wurde – anders als behauptet[3] – nicht nur „klarstellend" der gesetzgeberische Wille im Wortlaut verankert, sondern der sachliche Anwendungsbereich um verschiedene Aspekte erweitert, wobei die hieraus folgenden „Fernwirkungen" nicht immer im Blick des Gesetzgebers gewesen sein dürften.

176

Der BFH[4] nahm die Neufassung dann zum Anlass, sein konsequentes Vorgehen bzgl. der verfassungsrechtlichen Zulässigkeit von Treaty Overrides fortzusetzen und legte dem BVerfG sowohl die Vorschrift „als solche"[5] als auch deren Anwendungsregel[6] (Rückwirkung in allen „offenen" Fällen) zur Überprüfung vor.

2. Wortlautkommentierung

§ 50d Abs. 10 **Satz 1** EStG regelt, dass Vergütungen des unmittelbar[7] beteiligten Mitunternehmers einer (originär gewerblich tätigen und nicht gewerblich geprägten)[8] Personengesellschaft und des persönlich haftenden Gesellschafters einer KGaA für Tätigkeiten im Dienste der Gesellschaft, der Hingabe von Darlehen oder der Überlassung von Wirtschaftsgütern, für Zwecke der Anwendung von DBA ausschließlich als Teil des Unternehmensgewinns (i. S. d. Art. 7 OECD-MA und wohl auch für Zwecke des Methodenartikels des Art. 23A/B OECD-MA[9]) des vergütungsberechtigten Gesellschafters gelten. Folglich muss es einen Unternehmensgewinn geben, dem die Sondervergütung (nach Veranlassungsgrundsätzen) dann über Satz 3 → Rz. 181 ff. zugeordnet werden kann.[10]

177

Der BFH[11] legt § 50d Abs. 10 Satz 1 EStG (mittlerweile) dahingehend aus, dass Art. 7 Abs. 7 OECD-MA (nunmehr Art. 7 Abs. 4 OECD-MA) (Spezialitätenvorrang) von der Inbezugnahme

---

1 BFH v. 8. 9. 2010 - I R 74/09, BFH/NV 2011, 138, Rz. 17 = NWB DokID: BAAAD-56609; Bekräftigt durch BFH v. 7. 12. 2011 - I R 5/11, IStR 2012, 222.
2 AmtshilfeRLUmsG v. 26. 6. 2013, BGBl 2013 I 1809.
3 BR-Drucks. 139/13, 146 f.
4 BFH v. 11. 12. 2013 - I R 4/13, BStBl 2014 II 791.
5 Hiervon umfasst war dann auch die Vorgängerfassung, deren Anwendbarkeit der BFH (doch) bejahte sowie deren Anwendungsregel (Rückwirkung in allen „offenen" Fällen).
6 § 52 Abs. 59a Satz 10 und 11 EStG i. d. F. des AmtshilfeRLUmsG.
7 Mittelbare Beteiligungen über weitere Personengesellschaften sind in Satz 4 der Vorschrift angesprochen, s. → Rz. 189.
8 Beachte die Anm. zu Satz 7 auch zum Verhältnis zu § 50i EStG in → Rz. 194 f.
9 Siehe zur Auswirkung dessen → Rz. 199 und Meretzki in Wassermeyer/Richter/Schnittker, Personengesellschaften im IStR, Rz. 15.34.
10 Zu gewerblich infizierten Personengesellschaften s. → Rz. 194.
11 BFH v. 11. 12. 2013 - I R 4/13, BStBl 2014 II 791.

nicht mit umfasst wird und damit die Vergütungen in jedem Fall DBA-rechtlich Art. 7 OECD-MA unterfallen.[1]

Die Vorschrift gilt – mangels anderweitiger Anordnung – sowohl im Inbound- als auch im Outboundfall.[2]

Über die fiktive Zuordnung der Sondervergütungen (welche nicht zwingend durch sog. Sonderbetriebsvermögen I ausgelöst sein müssen) zu den abkommensrechtlichen Unternehmensgewinnen (dem Grunde nach) hinaus, trifft § 50d Abs. 10 Satz 1 EStG allerdings keine Aussage bzgl. deren Zuordnung zu einer (abkommensrechtlichen) Betriebsstätte. Siehe hierzu die Anm. zu Satz 3 in → Rz. 181 ff.

Wichtig ist, dass § 50d Abs. 10 EStG im Inboundfall das Vorliegen einer beschränkten Steuerpflicht nach § 49 EStG bezogen auf die Sondervergütungen voraussetzt und damit keine originäre beschränkte Steuerpflicht schaffen kann. Ob Sondervergütungen der beschränkten Steuerpflicht unterliegen, ist insbesondere vor dem Hintergrund eines jüngeren Urteils des BFH[3] im Einzelfall zu analysieren. Liegt keine beschränkte Steuerpflicht vor, läuft § 50d Abs. 10 EStG ins Leere.

178 **Ausgenommen** vom Anwendungsbereich der Vorschrift sind nach § 50d Abs. 10 Satz 1 EStG Fälle, in denen das DBA selbst eine „ausdrückliche" Regelung bzgl. der DBA-rechtlichen Einordnung der Vergütungen enthält. Eine – nicht abschließende – Zusammenstellung solcher DBA findet sich im BMF-Schreiben zur Anwendung der DBA auf Personengesellschaften v. 26. 9. 2014[4] in Tz. 5.2.[5] In diesen Fällen richtet sich die Einordnung der Sondervergütungen ausschließlich nach den hierfür vorgesehenen DBA-Bestimmungen.

Beachtenswert ist in diesem Zusammenhang, dass das BMF in Tz. 5.2 unter Bezugnahme auf ein BFH-Urteil[6] ausführt, dass der Wortlaut der „ausdrücklichen" DBA-Regelungen auch für durch das (sonstige) Sonderbetriebsvermögen veranlassten Erträge und Aufwendungen gilt. In Bezug auf die DBA mit Syrien[7] und Zypern[8] ist diese Aussage mit deren Wortlaut nicht zu begründen, da hier jeweils nur auf Sondervergütungen Bezug genommen wird. In Bezug auf die im genannten BFH-Urteil streitige Regelung des Art. 7 Abs. 7 DBA-Schweiz gleichenden Klauseln (insbesondere hinsichtlich des Einleitungssatzes „Einkünfte aus der Beteiligung an einer Personengesellschaft") ist die BFH-Rechtsprechung wohl zu beachten. Allerdings ist – auch nach Auffassung des BFH – die funktionale Zuordnung quasi als Vorfrage zu klären.

179 Mittels § 50d Abs. 10 **Satz 2** EStG soll die Fiktion des § 50d Abs. 10 Satz 1 EStG auch auf andere Erträge und Aufwendungen des Sonderbetriebsvermögens (I und (?) II) erstreckt werden. Damit wird wohl bezweckt, dass auch diese Erträge und Aufwendungen Art. 7 OECD-MA unterfallen. In der Entwurfsfassung des BMF-Schreibens v. 26. 9. 2014 aus November 2013 (Tz. 5.1.1) vertrat das BMF noch die Auffassung, § 50d Abs. 10 EStG sei insgesamt nicht auf das Sonder-

---

1 Dies hatte der BFH für die Vorgängerfassung noch explizit offen gelassen.
2 Zur Anwendung von § 50d Abs. 9 Satz 1 Nr. 1 EStG und DBA-rechtlicher switch over/subject to tax-Klauseln im Outboundfall s. die Anm. zu Satz 8 in → Rz. 197 ff.
3 BFH v. 29.11.2017 - I R 58/15, NWB DokID: YAAAG-80016.
4 BMF v. 26. 9. 2014, BStBl 2014 I 1258; s. hierzu auch *Kudert/Kahlenberg*, IStR 2013, 801.
5 Soweit ersichtlich enthält kein deutsches DBA eine ausdrückliche Regel für die Vergütungen des persönlich haftenden Gesellschafters einer KGaA.
6 BFH v. 26. 2. 1991 - I R 85/91, BStBl 1992 II 937 (zu Art. 7 Abs. 7 DBA-Schweiz).
7 Protokoll Nr. 4 Buchst. d.
8 Protokoll Nr. 2.

betriebsvermögen II anzuwenden. Dies wird teilweise auch im Schrifttum[1] so gesehen. In der finalen Fassung des BMF-Schreibens v. 26.9.2014[2] ist diese Einschränkung bzgl. des Sonderbetriebsvermögens II nicht mehr enthalten. Es ist fraglich, ob sich diese Einschränkung schon aus § 50d Abs. 10 Satz 2 EStG ergibt oder erst in einer Zusammenschau mit § 50d Abs. 10 Satz 3 2. Halbsatz EStG.[3]

Sondervergütungen nach Satz 1 können jedenfalls auch dann vorliegen, wenn kein Sonderbetriebsvermögen I anliegt, (bspw. bei Tätigkeitsvergütungen oder wenn grds. bilanzierungsfähige Wirtschaftsgüter wegen untergeordneter Bedeutung nicht in der Sonderbilanz bilanziert werden). Satz 2 liefe in solchen Fällen fehlenden Sonderbetriebsvermögens I ins Leere.

Hiermit nicht abschließend geklärt ist, ob § 50d Abs. 10 EStG auch Sonderbetriebsvermögen II regelt.[4] Das FG Düsseldorf[5] hat jedenfalls entschieden, dass die Norm insgesamt nur zur Anwendung kommt, wenn es überhaupt Sondervergütungen gibt, die es bei Sonderbetriebsvermögen II begrifflich nie geben kann. Die Zusammenschau von Satz 2 mit Satz 3 2. Halbsatz spricht denn auch gegen eine Erfassung von Sonderbetriebsvermögen II durch die Vorschrift, da die Zuordnungsregel des Satzes 3 nur auf Sondervergütungen anwendbar ist.[6] Andererseits wird auch vertreten, dass Satz 2 zu einer Umqualifikation von Erträgen und Aufwendungen aus dem Sonderbetriebsvermögen II in Unternehmensgewinne dem Grunde nach führt und nur die Zuordnungsfrage durch Satz 3 unbeantwortet bleibt.[7] Im Ergebnis spricht aber mehr gegen die Erfassung von Sonderbetriebsvermögen II und damit für die Auffassung von *Wacker*.[8]

Enthält das DBA keine die Sondervergütungen betreffende „ausdrückliche" Regelung, kommt § 50d Abs. 10 Satz 2 EStG voll zur Entfaltung und bestimmt die ausschließliche Anwendbarkeit von Art. 7 OECD-MA auf die von § 50d Abs. 10 Satz 2 EStG umfassten Erträge und Aufwendungen. Kernproblem des § 50d Abs. 10 Satz 2 EStG ist die Reichweite des Verweises auf § 50d Abs. 10 Satz 1 EStG. Enthält bspw. das im konkreten Fall anwendbare DBA eine „ausdrückliche" Regelung zu Sondervergütungen, könnte die Verweistechnik des § 50d Abs. 10 Satz 2 EStG auf § 50d Abs. 10 Satz 1 EStG dazu führen, dass § 50d Abs. 10 Satz 2 EStG ebenfalls nicht anwendbar ist und damit die Besteuerung auch der (sonstigen) Sonderbetriebserträge und -aufwendungen allgemeinen abkommensrechtlichen Grundsätzen folgt.[9]

Schließt man sich demgegenüber der Auffassung des BFH[10] an, dass die DBA-rechtlichen „Sondervergütungsklauseln", welche dem Wortlaut des DBA-Schweiz folgen, auch das sonstige Sonderbetriebsvermögen umfassen, kann es entscheidend sein, ob über die „ausdrückliche" Regel eine Besteuerung des (sonstigen) SBV möglich ist, da § 50d Abs. 10 EStG (zumindest) ungeeignet ist, SBV II einer Betriebsstätte zuzuordnen (s. → Rz. 182 ff.). Die von § 50d Abs. 10 Satz 2 EStG angesprochenen Sonderbetriebsaufwendungen sollten zudem auch unabhängig

---

1 Siehe m.w.N. *Gebhardt*, IStR 2015, 808 ff.
2 BFH v. 26.2.1991 - I R 85/91, BStBl 1992 II 937.
3 Dazu *Gebhardt*, IStR 2015, 808 ff.
4 Offenlassend BFH v. 21.1.2016 - I R 49/14, BStBl 2017 II 107.
5 FG Düsseldorf v. 21.5.2015 - 8 K 2541/12 G, rkr., NWB DokID: BAAAF-18040.
6 Zutreffend *Wacke*, in Lüdicke, Aktuelle Problemfelder im internationalen Steuerrecht, Forum Internationale Besteuerung Bd. 45, 111 f.; Siehe dazu auch → Rz. 183 und *Gebhardt*, IStR 2015, 808 ff.
7 In diese Richtung *Zuber/Ditsch*, FS Endres, 439 ff.
8 In *Lüdicke*, Aktuelle Problemfelder im internationalen Steuerrecht, Forum Internationale Besteuerung Bd. 45, 111 f.
9 A.A. wohl *Zuber/Ditsch* in Littmann/Bitz/Pust, § 50d EStG Rz. 195.
10 BFH v. 26.2.1991 - I R 85/91, BStBl 1992 II 937.

von § 50d Abs. 10 EStG – bereits auf der Ebene allgemeiner Einkünfteermittlungsregeln – in Abzug zu bringen sein.[1]

181 § 50d Abs. 10 **Satz 3 1. Halbsatz** EStG ergänzt und „vervollständigt" die Fiktion des § 50d Abs. 10 Satz 1 EStG dahingehend, dass die Sondervergütung derjenigen Betriebsstätte der Personengesellschaft zuzuordnen ist, der der zugrundeliegende Aufwand zuzuordnen ist. Das dürfte in den meisten Fällen die „Gesamthandsbetriebsstätte" sein, denn in der „Gesamthands-GuV" ist die Sondervergütung als Aufwand zu erfassen. Verfügt die Personengesellschaft über mehrere (in- und ausländische) Betriebsstätten, gilt es zu klären, welcher Betriebsstätte der Aufwand und – dem folgend – die Vergütung zuzuordnen sind. Maßstab hierfür sollte das Veranlassungsprinzip sein.

Die Vorschrift trennt damit die wohl weiterhin abkommensrechtlich vorzunehmende Zuordnung von „Vermögenswerten"[2] und die nach § 50d Abs. 10 EStG vorzunehmende Zuordnung von aus diesen Vermögenswerten fließenden Vergütungen[3] im Wege eines offenen Treaty Override („ungeachtet eines DBA").

Mit dieser Zuordnungsfiktion soll offensichtlich der Kritik des BFH[4] an der Vorgängerfassung des § 50d Abs. 10 EStG i. d. F. des JStG 2009 Rechnung getragen werden, die daran krankte, dass zwar eine Umqualifizierung in Unternehmensgewinne vorgesehen war, eine Zuordnungsfiktion – wie nun in § 50d Abs. 10 Satz 3 EStG – aber nicht enthalten war.

182 § 50d Abs. 10 **Satz 3 2. Halbsatz** EStG regelt, dass die in § 50d Abs. 10 Satz 2 EStG genannten Sonderbetriebserträge und -aufwendungen der Betriebsstätte zuzuordnen sind, der die Vergütung (aus § 50d Abs. 10 Satz 3 1. Halbsatz EStG) zuzuordnen ist. Satz 3 2. Halbsatz ordnet damit augenscheinlich an, dass zuerst zu prüfen ist, welcher Betriebsstätte die Vergütung zuzuordnen ist, um dann im nächsten Schritt die Sonderbetriebserträge und -aufwendungen dieser Betriebsstätte zuzuordnen.

183 Fraglich ist, wie man verfährt, wenn es keine Sondervergütung gibt, deren Zuordnung gefolgt werden könnte bzw. ob es auf das Vorhandensein einer Sondervergütung überhaupt ankommen kann.

Gemäß § 50d Abs. 10 Satz 3 2. Halbsatz EStG sind die in § 50d Abs. 10 Satz 2 EStG genannten Erträge und Aufwendungen derjenigen Betriebsstätte zuzuordnen, der „die" Vergütung zuzuordnen ist. Diese Anordnung könnte den Schluss nahelegen, dass die Sonderbetriebserträge (unabhängig von wirtschaftlichen Zusammenhängen) immer der Betriebsstätte zuzuordnen sind, der eine (zufällig daneben vorhandene) Sondervergütung zuzuordnen ist.

Die in § 50d Abs. 10 Satz 3 2. Halbsatz EStG verwendete Begrifflichkeit „Vergütung" kann sich aber nur auf die Sondervergütungen nach § 50d Abs. 10 Satz 1 EStG beziehen. Liegt der Sondervergütung SBV I zugrunde, dürften die aus dem SBV I fließenden sonstigen Erträge und Aufwendungen (bspw. Abschreibung, Veräußerungsgewinn) ebenfalls der „Sondervergütungsbetriebsstätte" zuzuordnen sein.

---

1 Siehe dazu auch die Anm. zu Satz 3 in → Rz. 184 ff.
2 Der Gesetzeswortlaut ist hier etwas unscharf, besser wäre wohl der steuerliche Begriff „Wirtschaftsgüter".
3 Wiederum etwas unscharf ist, dass auf „die der Vergütung zugrundeliegende Leistung" abgehoben wird.
4 BFH v. 8. 9. 2010 - I R 74/09, BFH/NV 2011, 138 = NWB DokID: BAAAD-56609.

Da es im Kontext von SBV II an einer Sondervergütung mangelt, können diese – selbst wenn man SBV II anders als hier von Satz 2 erfasst sieht – nicht dort zugeordnet werden, wo die Vergütung zugeordnet wird, da es diese Vergütung im Kontext von SBV II nicht gibt.

Daher läuft der Zuordnungsmechanismus des § 50d Abs. 10 Satz 3 EStG im Hinblick auf SBV II generell leer.[1] Andernfalls hinge die Zuordnung von aus SBV II resultierenden Erträgen und Aufwendungen von „Zufälligkeiten" ab.

Derzeit umstritten ist die Wirkung von § 50d Abs. 10 Satz 3 EStG im Kontext der Abzugsfähigkeit von Refinanzierungsaufwand eines ausländischen Mitunternehmers bei „seiner" deutschen Personengesellschaft.[2]

184

Zu unterscheiden sind dabei die Fälle, in denen es bspw. wegen der Unverzinslichkeit eines Darlehens eines Mitunternehmers an „seine" Personengesellschaft an einer Sondervergütung mangelt und solche Fälle, in denen es schon gar kein Darlehen gibt (Fall der Einlagenfinanzierung).

Nach Auffassung des BMF[3] soll die Unverzinslichkeit des Darlehens eines ausländischen Mitunternehmers an „seine" deutsche KG dazu führen, dass sein Refinanzierungsaufwand, den dieser für die Darlehensrefinanzierung bspw. an seine Bank oder eine konzernverbundene Gesellschaft zahlt, nicht mehr in Deutschland abzugsfähig ist. Wie vom BMF zutreffend unterstellt, handelt es sich – trotz der Unverzinslichkeit der Darlehensforderung – bei dem Refinanzierungsdarlehen nach deutscher Lesart weiterhin um Sonderbetriebsvermögen. Im ersten Schritt sind somit die Zinsen als Sonderbetriebsaufwendungen im Rahmen der deutschen Einkünfteermittlung nach § 49 Abs. 1 Nr. 2 Buchst. a EStG mindernd anzusetzen. Auf einer zweiten Stufe stellt sich die Frage, ob das DBA oder § 50d Abs. 10 EStG etwas an diesem Ergebnis ändern können.

Das BMF[4] führt aus, dass § 50d Abs. 10 EStG wegen der Unverzinslichkeit der Darlehensforderung nicht anwendbar ist und damit Art. 11 OECD-MA und dessen Betriebsstättenvorbehalt (Art. 11 Abs. 4 OECD-MA) gilt. Die Darlehensforderung des ausländischen Mitunternehmers ist nach Auffassung des BMF nicht mittels Art. 11 Abs. 4[5] OECD-MA der inländischen Betriebsstätte der KG zuzuordnen.[6]

185

Aus der Nichtanwendung des Betriebsstättenvorbehalts in Art. 11 Abs. 4 OECD-MA schlussfolgert das BMF, dass der Refinanzierungsaufwand nicht mehr in Deutschland abzugsfähig ist. Art. 11 OECD-MA gilt nach h. M[7] aber nur für Zinserträge und regelt nicht, unter welchen Voraussetzungen Aufwand zum Abzug zugelassen wird. Das ist Sache der Einkünfteermittlung des jeweiligen Staates (für Deutschland: § 49 Abs. 1 Nr. 2 Buchst. a i. V. m. § 15 EStG).

---

1 So auch *Zuber/Ditsch* in Littmann/Bitz/Pust, § 50d EStG Rz. 191; *Frotscher*, § 50d EStG 292a; *Kudert/Kahlenberg*, IStR 2013, 801, 803 f.; differenzierend *Gosch* in Kirchhof, § 50d EStG Rz. 45c.
2 Siehe zum Ganzen *Gebhardt*, IStR 2015, 808 ff.; *Nitzschke*, Ubg 2015, 523 ff. und *Wacker* in Lüdicke, Aktuelle Problemfelder im internationalen Steuerrecht, Forum Internationale Besteuerung Bd. 45, 112 ff.
3 BMF v. 26. 9. 2014, BStBl 2014 I 1258 zur Anwendung der DBA auf Personengesellschaften, BStBl 2014 I 1258, Tz. 5.1.2 Beispiel 2 letzter Satz der Abwandlung.
4 BMF v. 26. 9. 2014, BStBl 2014 I 1258, Tz. 5.1.2. zur Anwendung der DBA auf Personengesellschaften, BStBl 2014 I 1258, Tz. 5.1.2., Lösung der Abwandlung zu Beispiel 2.
5 Das BMF zitiert hier fälschlicherweise Abs. 3.
6 Was bei Vorhandensein einer ausländischen Mitunternehmerbetriebsstätte gelten soll, bleibt nach dem Beispiel des BMF unklar. Dies insbesondere deswegen, weil in der finalen Fassung des Schreibens aus September 2014 noch der Passus gegenüber der Entwurfsfassung ergänzt wurde, dass der Mitunternehmer „kein Unternehmen" betreibt.
7 Siehe nur *Wassermeyer*, DBA, Art. 11, Rz. 72.

186 Von Vertretern der FinVerw[1] wird dem in → Rz. 185 dargestellten Ergebnis – im Kontext eines fremdfinanzierten Eigenkapitalanteils an einer KG – entgegengehalten, dass aus § 50d Abs. 10 Satz 3 EStG ein „Umkehrschluss" dergestalt zu ziehen sei, dass bei Abwesenheit von Sondervergütungen die Zuordnungsregel des § 50d Abs. 10 Satz 3 EStG nicht anwendbar ist und daher auch die Sonderbetriebsaufwendungen nicht mehr abzugsfähig sind. Auch diesem Ergebnis ist nicht zuzustimmen, da

1. § 49 Abs. 1 Nr. 2a EStG i. V. m. § 15 EStG anordnet, dass der Sonderbetriebsaufwand abzugsfähig ist,
2. das OECD-MA – und insbesondere die Betriebsstättenvorbehalte – für die Abzugsfähigkeit des Sonderbetriebsaufwands keine Regelung treffen. Daher bleibt es auch unter Geltung eines DBA bei der unter 1. beschriebenen Abzugsfähigkeit,
3. § 50d Abs. 10 EStG bei Einlagenfinanzierung mangels Sondervergütung nicht anwendbar ist. Demzufolge verbleibt es bei dem unter 1. dargestellten Ergebnis. In Bezug auf die Zuordnung von Sonderbetriebsaufwand sollte § 50d Abs. 10 Satz 3 2. Halbsatz EStG sogar nur deklaratorisch sein und das bestätigen, was sich bereits aus der Grundregel unter 1. ergibt.

187 Als weitere Argumente wird bei Einlagenrefinanzierung von FinVerwvertretern[2] ins Feld geführt, dass der AOA (§ 1 Abs. 5 AStG) und die Streichung des Art. 7 Abs. 3 OECD-MA (Abzug von Aufwendungen unabhängig davon, wo sie entstanden sind) im Rahmen des Updates des OECD-MA 2010 gegen eine Abzugsfähigkeit von Sonderbetriebsaufwand sprechen.

Der AOA ist gem. Art. 1 Abs. 5 Satz 7 AStG gerade nicht auf die Beziehung Gesellschafter/Personengesellschaft anzuwenden. Der AOA kann – selbst wenn man dessen Zuordnungsmaßstäbe als maßgebend ansehen wollte[3] – daher keine Aussage über die Frage der Abzugsfähigkeit von Refinanzierungsaufwand (als „Geschäftsbeziehung" eines ausländischen Mitunternehmers z. B. zu seiner Hausbank) treffen.

Auch aus der Streichung von Art. 7 Abs. 3 OECD-MA i. R. d. Updates 2010 kann nichts Anderes geschlossen werden. Die Streichung erfolgte lediglich aufgrund des unklaren Verhältnisses zu Art. 7 Abs. 2 OECD-MA, ändert aber nichts an der Fortgeltung des Grundsatzes, dass der Abzug von Aufwendungen Sache des nationalen Rechts ist.[4]

Zudem verstößt die vorgenannte Auffassung auch gegen das DBA-rechtliche Betriebsstättendiskriminierungsverbot des Art. 24 Abs. 3 OECD-MA.[5] Der im DBA-Ausland ansässige Mitunternehmer (welcher durch seine Mitunternehmerstellung ein Unternehmen im Vertragsstaat unterhält), ist durch Art. 24 Abs. 3 OECD-MA gegen eine Schlechterbehandlung im Vergleich zu einem im Inland ansässigen Mitunternehmer geschützt. „Schutzobjekt" ist damit der ausländische Mitunternehmer und der Schutz bezieht sich auf die Besteuerung der durch die Per-

---

1 *Hruschka*, IStR 2013, 830, 833, Beispiel 12.
2 *Hruschka*, IStR 2014, 785 (792); *Hruschka*, DStR 2014, 2421 (2426).
3 So jedenfalls ohne weitere Begründung das BMF v. 26. 9. 2014, BStBl 2014 I 1258 zur Anwendung der DBA auf Personengesellschaften in Tz. 2.2.4.1 für Zwecke des funktionalen Zusammenhangs.
4 Außerdem ist der AOA bisher nur in wenigen deutschen DBA umgesetzt, daher ist in jedem Fall noch § 1 Abs. 5 Satz 8 AStG (Vorrang des DBA vor § 1 Abs. 5 AStG) zu beachten.
5 Siehe hierzu FG Düsseldorf v. 21. 5. 2015 - 8 K 2541/12 G, rkr., NWB DokID: BAAAF-18040; zur Frage der Ermittlung des „safe havens" nach § 8a Abs. 2 Satz 5 KStG a. F. (i. d. F. Korb II) bei beschränkt steuerpflichtigen Mitunternehmern einer deutschen Personengesellschaft; im Streitfall ging es ebenfalls um den Abzug von Sonderbetriebsaufwand. Das FG hat zutr. entschieden, dass § 8a Abs. 2 Satz 5 KStG a. F. gegen das Betriebsstättendiskriminierungsverbot des Art. 24 Abs. 2 DBA-USA verstößt); vgl. auch *Wassermeyer*, DBA, Art. 24, Rz. 42 ff.; *Rust*, in VL, Art. 24, Rz. 94 ff.

sonengesellschaft vermittelten Betriebsstätte.[1] Wenn nun der inländische Mitunternehmer seinen Sonderbetriebsaufwand unumstritten bei der Ermittlung seiner KG-Einkünfte in Abzug bringen darf, muss Gleiches auch für den im DBA-Ausland ansässigen Mitunternehmer gelten. Das DBA-rechtliche Diskriminierungsverbot wirkt „absolut",[2] weswegen der offensichtlich vorliegende Verstoß auch nicht gerechtfertigt werden kann.Gleiches gilt auch aus unionsrechtlicher Sicht (siehe schon → Rz. 25).

Diese Auffassung hat das FG Düsseldorf[3] in einem *obiter dictum* bestätigt.[4]

Zum Problemkreis der teilentgeltlichen Überlassungen hält das BMF in Tz. 5.1.1 fest, dass § 50d Abs. 10 EStG nur für den entgeltlichen Teil gilt. Diese Aussage erscheint auf den ersten Blick deklaratorischer Natur, da nur insoweit die Rechtsfolgen des § 50d Abs. 10 EStG in Bezug auf Sondervergütungen eintreten können, als eine Vergütung überhaupt vorhanden ist. Auf die Abzugsfähigkeit von Sonderbetriebsaufwand dürfte eine teilentgeltliche Überlassung keine Auswirkungen haben, denn erstens sollte – wie in → Rz. 185 ausgeführt – die Abzugsfähigkeit des Sonderbetriebsaufwands unabhängig vom Vorhandensein einer Sondervergütung sein und zweitens verknüpft § 50d Abs. 10 Satz 3 EStG zwar die Zuordnung der Sondervergütung (§ 50d Abs. 10 Satz 3 1. Halbsatz EStG) mit der Zuordnung des Sonderbetriebsbereichs (§ 50d Abs. 10 2. Halbsatz EStG). Allerdings sind diese beiden Halbsätze nicht mit einem „soweit" verbunden.

188

§ 50d Abs. 10 Satz 4 EStG: Die Erweiterung des Anwendungsbereiches des § 50d Abs. 10 EStG gegenüber der Vorgängerfassung um nachträgliche Sondervergütungen (§ 15 Abs. 1 Satz 2 EStG) ist der Rspr. des BFH[5] geschuldet, die mangels Verweis des § 50d Abs. 10 EStG a. F. auf § 15 Abs. 1 Satz 2 EStG vertrat, dass nachträgliche Sondervergütungen nicht vom eindeutigen Wortlaut der Vorgängervorschrift erfasst sind.

189

In doppel- oder mehrstöckigen Strukturen regelt § 15 Abs. 1 Satz 1 Nr. 2 Satz 2 EStG, dass der mittelbar über eine Personengesellschaft beteiligte Gesellschafter dem unmittelbar beteiligten gleich steht. Dieser ist als Mitunternehmer des Betriebs der Gesellschaft anzusehen, an der er mittelbar beteiligt ist, wenn er und die Personengesellschaften, die seine Beteiligung vermitteln, jeweils als Mitunternehmer der Betriebe der Personengesellschaften anzusehen sind, an denen sie unmittelbar beteiligt sind. Diese Sichtweise transportiert § 50d Abs. 10 Satz 4 EStG nun auch in § 50d Abs. 10 EStG.[6]

§ 50d Abs. 10 Satz 4 EStG lässt ein Urteil des BFH zu doppelstöckigen Mitunternehmerschaften[7] in neuem Lichte erscheinen: Im Urteilssachverhalt vergab eine „Top-KG" einer „Unter-KG" ein Darlehen und bezog daraus Sondervergütungen. Die Unter-KG verwendete das erhaltene Darlehen zum Erwerb einer ausländischen Personengesellschaft. Folglich war der Aufwand nach Veranlassungsgrundsätzen der ausländischen Personengesellschaft zuzuordnen. Unter Zugrundelegung der Regelungsanordnung des § 50d Abs. 10 Satz 2 EStG, dass die Sonderver-

---

1 Dazu nur *Wassermeyer*, DBA, Art. 24, Rz. 42.
2 St. Rspr. des BFH, s. nur BFH v. 29. 1. 2003 - I R 6/99, BStBl 2004 II 1043 und Rust, in VL, Art. 24, Rz. 4, m. w. N.
3 FG Düsseldorf v. 21. 5. 2015 - 8 K 2541/12 G, rkr., NWB DokID: BAAAF-18040.
4 Zustimmend *Wacker* in Lüdicke, Aktuelle Problemfelder im internationalen Steuerrecht, Forum Internationale Besteuerung Bd. 45, 112 ff; so auch *Gebhardt*, IStR 2015, 808 ff. und *Nitzschke*, Ubg 2015, 523 ff.
5 BFH v. 8. 11. 2010 - I R 106/09, BStBl 2014 II 759; BFH v. 7. 12. 2011 - I R 5/11, BFH/NV 2012, 556 = NWB DokID: DAAAE-02920, IStR 2012, 22.
6 Hierzu auch BFH v. 12.10.2016 - I R 92/12, NWB DolID: LAAAG-39575 und Kurzinformation des Finanzministeriums Schleswig-Holstein v. 20.8.2018.
7 BFH v. 16. 10. 2002 - I R 17/01, BStBl 2003 II 631, IStR 2003, 172, m. Anm. *Buciek*.

gütung derjenigen Betriebsstätte zuzuordnen ist, der der Aufwand zuzuordnen ist, kann Deutschland die Sondervergütung – aufgrund der Zuordnung dieser zu einer ausländischen Betriebsstätte durch § 50d Abs. 10 Satz 2 EStG (i.V. m. § 50d Abs. 10 Satz 4 EStG) eigentlich nicht mehr besteuern. Zu beachten ist aber, dass ggf. § 50d Abs. 9 Satz 4 EStG zu einem Rückfall des Besteuerungsrechts im Hinblick auf die ins Ausland allokierten Sondervergütungen führen kann.

190 **§ 50d Abs. 10 Satz 5 EStG:** Der Gesetzgeber hat im Rahmen der Neufassung des § 50d Abs. 10 EStG durch das AmtshilfeRLUmsG erkannt, dass die Anwendung von § 50d Abs. 10 EStG in vielen Fällen zu einer Doppelbesteuerung führen kann. Im Inboundfall, auf den der Anrechnungsmechanismus ausschließlich Anwendung findet,[1] wird der ausländische Staat im Kontext von Sondervergütungen regelmäßig nur den nach DBA begrenzten Quellensteuersatz anrechnen, während Deutschland die Sondervergütungen voll besteuert.[2] Um die hieraus entstehende Doppelbesteuerung abzumildern, sieht § 50d Abs. 10 Satz 5 EStG einen Anrechnungsmechanismus vor, der dazu führt, dass Deutschland als Quellenstaat (!) unter bestimmten Voraussetzungen Steuern des Ansässigkeitsstaates anrechnet.[3] Die Anrechnung krankt in ihrem Wortlaut an verschiedenen Stellen. Einmal ist umstritten,[4] wie die Formulierung zu verstehen ist, dass Deutschland nur anrechnet, wenn der andere Staat die Einkünfte besteuert „ohne die darauf entfallende deutsche Steuer anzurechnen".

Hierdurch könnte die Anrechnung einer DBA-rechtlich vorgesehenen Quellensteuer durch den Ansässigkeitsstaat eine Anrechnung in Deutschland ausschließen. Der Wortlaut der Vorschrift hätte besser formuliert werden müssen, sodass eine Anrechnung in Deutschland zulässig ist, „soweit die darauf entfallende DBA-rechtlich vorgesehene deutsche Steuer nicht angerechnet wird".

Das BMF[5] sieht dies im Ergebnis genauso, wenn in Tz. 5.1.3.1 ausgeführt wird, dass eine Anrechnung (nur dann) ausgeschlossen sein soll, „soweit" Deutschland als Quellenstaat ein Besteuerungsrecht zusteht (Verweis auf Art. 11 Abs. 2 und 12 Abs. 2 OECD-MA). Für den Stpfl. ist dies zwar eine vorteilhafte Aussage, allerdings lässt sich dies nicht eindeutig dem Wortlaut entnehmen, weswegen – mangels höchstrichterlicher Klärung – eine gewisse Rechtsunsicherheit verbleibt.

Da eine Anrechnung auf die deutsche Gewerbesteuer generell nicht möglich ist, kann es trotz der an sich sinnvollen Regelung des Satzes 5 weiterhin zu Anrechnungsüberhängen kommen.

191 Nach Auffassung des BMF[6] soll die Berechnung des Höchstbetrags der anzurechnenden ausländischen Steuer in entsprechender Anwendung des § 34c EStG und der Nachweis über die Höhe der gezahlten ausländischen Steuern gem. § 68b EStDV vollzogen werden. Die Bezugnahme auf § 34c EStG ergibt sich so nicht aus dem Wortlaut des § 50d Abs. 10 Satz 5 EStG und ist auch vor dem Hintergrund fraglich, dass im Rahmen des ZollkodexAnpG[7] die Anrechnungs-

---

[1] Der Mitunternehmer muss im Ausland ansässig sein bzw. als dort ansässig „gelten".
[2] Wie das alles bei sonstigem Sonderbetriebsvermögen zu handhaben ist, kann hier nicht weiter vertieft werden.
[3] Siehe im Einzelnen auch *Mössner*, IStR 2015, 204 f.
[4] Z. B. *Pohl*, DB 2013, 1572, 1576.
[5] BMF v. 26. 9. 2014, BStBl 2014 I 1258, Tz. 5.1.3.1, zur Anwendung der DBA auf Personengesellschaften.
[6] BMF v. 26. 9. 2014, BStBl 2014 I 1258, Tz. 5.1.3.1, zur Anwendung der DBA auf Personengesellschaften.
[7] ZollkodexAnpG v. 22. 12. 2014, BGBl 2014 I 2417.

mechanismen für natürliche Personen (§ 34c EStG) und juristische Personen (§ 26 KStG) aufgrund – im Detail umstrittener[1] – unionsrechtlicher Erwägungen voneinander „entkoppelt" worden sind.

Im Rahmen des § 50d Abs. 10 EStG wäre damit – jedenfalls nach Auffassung des BMF – zukünftig der in § 34c Abs. 1 Satz 2 EStG verortete Durchschnittssteuersatz zur Ermittlung des Anrechnungshöchstbetrags der auf den Sondervergütungen (und den sonstigen Sonderbetriebserträgen) lastenden Steuern maßgeblich. Nach § 26 KStG wäre – bei körperschaftsteuerpflichtigen Mitunternehmern – eigentlich weiterhin auf die „Summe der Einkünfte" im Nenner der Ermittlungsformel für den Anrechnungshöchstbetrag abzustellen.

Das BMF trifft zu der Differenzierung zwischen § 34c und § 26 KStG keine Aussage, was daran liegen dürfte, dass das ZollkodexAnpG nach Verabschiedung des BMF-Schreibens Gesetzeskraft erlangte.

Positiv ist, dass das BMF anerkennt, dass der erst nachträglich geführte Nachweis über die ausländische Besteuerung ein rückwirkendes Ereignis i. S. v. § 175 Abs. 1 Nr. 2 AO ist. Dies kann praktisch relevant werden, wenn zum Zeitpunkt der Abgabe der deutschen Steuererklärung noch unklar ist, wie hoch die ausländische Steuer ausfällt.

Zu der vom BFH[2] durch ein obiter dictum angefachten Diskussion um den persönlichen Anwendungsbereich der Anrechnungsregel äußert sich das BMF nicht. Aus der Formulierung, dass der Stpfl. als im anderen Staat ansässig „gilt", wird nämlich teilweise[3] geschlussfolgert, dass der Anrechnungsmechanismus nur dann zur Anwendung kommen soll, wenn es sich bei dem Stpfl. um eine – i. S. d. DBA – doppelansässige Person handelt. Nach der tie-breaker-Regel des Art. 4 Abs. 2 und 3 OECD-MA „gilt" eine (natürliche/juristische) Person nämlich in bestimmten Konstellationen als nur in einem der beiden Vertragsstaaten ansässig.

192

Vom Sinn und Zweck sollte die Vorschrift aber auch auf alle Personen anwendbar sein, die im anderen Vertragsstaat ansässig „sind".

§ 50d Abs. 10 Satz 6 EStG unterstreicht auf den ersten Blick lediglich das, was § 50d Abs. 10 Satz 1 EStG bereits regeln will: Enthält ein DBA eine ausdrückliche Regelung betreffend der jeweiligen Einkünfte, ist die Vorschrift nicht anwendbar und deshalb eine Anrechnung nach § 50d Abs. 10 Satz 5 EStG nicht möglich. Teile der Literatur[4] halten § 50d Abs. 10 Satz 6 EStG daher für redundant.

193

Allerdings könnte hier zu differenzieren sein. Die im Wortlaut des § 50d Abs. 10 Satz 6 EStG zu findende Beschreibung „solche Einkünfte" kann sich einmal auf den Grundfall der Sondervergütungen beziehen. Es gibt ca. 20 deutsche DBA, die eine solche ausdrückliche Regel enthalten. In diesen Fällen ist eine Anrechnung gem. § 50d Abs. 10 Satz 5 EStG – mangels der Gefahr einer Doppelbesteuerung – systematisch zutreffend ausgeschlossen. Im Kontext der übrigen von § 50d Abs. 10 Satz 2 EStG (vorgeblich) erfassten Einkünfte, namentlich den sonstigen Sonderbetriebserträgen, ist nicht abschließend geklärt, ob 18 der 20 DBA mit „Sondervergütungsklau-

---

1 Vgl. zu unionsrechtlichen Bedenken in Bezug auf die Neuregelungen *Ismer*, IStR 2014, 925; *Desens*, IStR 2015, 77 und KKB/C. Kraft, § 34c EStG Rz. 31.
2 Siehe BFH v. 11. 12. 2013 - I R 4/13, BStBl 2014 II 791.
3 *Pohl*, DB 2013, 1572, 1576.
4 *Schmidt*, DStR 2013, 1704, 1708.

seln" ausdrückliche Regelungen in Bezug auf diese Einkünfte enthalten. Zur diesbezüglichen Diskussion s. → Rz. 178 ff. Folgt man älterer Rspr. des BFH,[1] umfasst die Formulierung der Klauseln — „Einkünfte aus der Beteiligung an einer Personengesellschaft" — solche Sonderbetriebserträge. Folgt man der BFH-Rspr. nicht, enthält kein deutsches DBA eine ausdrückliche Regelung für die Sonderbetriebserträge. Dies bedeutet, die Anrechnungsregel könnte bei Sonderbetriebserträgen immer dann greifen, wenn die Anwendung von § 50d Abs. 10 Satz 5 EStG nicht schon durch Satz 1 (mit) ausgeschlossen ist.

Auf die Beantwortung der Frage dürfte es im Kontext von aktivem SBV II nicht ankommen, da die Norm bei SBV II im Ergebnis nicht zur Anwendung kommt (s. → Rz. 179). Bei aus dem SBV I resultierenden (sonstigen) Erträgen wie bspw. Veräußerungsgewinne von an die Personengesellschaft überlassenen Wirtschaftsgütern, ist die Anrechnungsregel anzuwenden.

194 § 50d Abs. 10 Satz 7 Nr. 1 EStG ist als „Anerkennung" der Rspr. des BFH[2] zu gem. § 15 Abs. 3 Nr. 2 EStG gewerblich geprägten Personengesellschaften im DBA-Recht zu verstehen. Der BFH hatte entschieden, dass die fiktive Gewerblichkeit mittels Prägung nicht auf die DBA-rechtliche Beurteilung durchschlägt. Diesen Gedanken setzt § 50d Abs. 10 Satz 7 Nr. 1 EStG um. Zu beachten ist, dass § 50d Abs. 10 Satz 7 Nr. 1 EStG nicht für gewerblich infizierte Personengesellschaften i. S. d. § 15 Abs. 3 Nr. 1 EStG gilt und daher § 50d Abs. 10 EStG bei dieser Art von Gesellschaften weiterhin Anwendung findet. Hierdurch erklärt sich auch die Aussage des BMF[3] in Tz. 5.1.1, dass § 50d Abs. 10 EStG nur anzuwenden ist, „soweit" Unternehmensgewinne erzielt werden. Bei gewerblich infizierten Personengesellschaften ist § 50d Abs. 10 EStG damit nur auf den (originär) gewerblichen Teil der Einkünfte anzuwenden. Das kann in der Praxis zu Abgrenzungs- und Zuordnungsproblemen zwischen den verschiedenen „Tätigkeitsbereichen" der Personengesellschaft führen. Die Beantwortung der Abgrenzungsfrage ist deswegen wichtig, weil Abs. 10 nur dann anwendbar ist, wenn der der Sondervergütung zugrundeliegende Gesamthandsaufwand dem originär gewerblichen Bereich der Personengesellschaft zugeordnet werden kann. Nur dann kann die Sondervergütung nach Veranlassungsgrundsätzen in einen „Teil des Unternehmensgewinns" i. S. v. Satz 1 unqualifiziert werden. Anders gewendet: Erwirbt eine gewerblich infizierte Personengesellschaft von einem Gesellschafterdarlehen eine Produktionshalle, ist der Zinsaufwand den die Gesamthand an den Mitunternehmer zahlt dem gewerblichen Bereich der Personengesellschaft zuzuordnen, wodurch auch § 50d Abs. 10 EStG auf die korrespondierende Sondervergütung anwendbar ist. Erwirbt die gewerblich infizierte Personengesellschaft mithilfe des Darlehens Wertpapiere, ist der Gesamthandsaufwand dem vermögensverwaltenden Bereich der Personengesellschaft zuzuordnen und § 50d Abs. 10 EStG auf die Sondervergütung folgerichtig nicht anwendbar.

195 Zu befürchten ist, dass durch § 50d Abs. 10 Satz 7 Nr. 1 EStG der Eindruck entstehen kann, Deutschland würde im Kontext von gewerblich geprägten Personengesellschaften nun in jedem Fall dem DBA-Recht den Vortritt lassen. Durch § 50i Abs. 1 Satz 3 EStG wird allerdings geregelt, dass eine gewerblich geprägte Personengesellschaft durch verschiedene Übertragungs- und Überführungsvorgänge so „infiziert" werden kann, dass die Besteuerungsfolgen des § 50d Abs. 10 EStG faktisch wieder aufleben können (s. im Detail hierzu KKB/Bron, § 50i EStG

---

1 BFH v. 26. 2. 1991 - I R 85/91, BStBl 1992 II 937; s. hierzu auch die Anm. in → Rz. 178 ff.
2 Zum Beispiel BFH v. 28. 4. 2010 - I R 81/09, BStBl 2014 II 754.
3 BMF v. 26. 9. 2014, BStBl 2014 I 1258, zur Anwendung der DBA auf Personengesellschaften.

Rz. 21 ff.). Dies sieht auch das BMF[1] so. Der Wortlaut des § 50i Abs. 1 Satz 3 EStG, der von den laufenden Einkünften aus der Beteiligung an der Personengesellschaft spricht, die an den schädlichen Vorgängen i. S. d. § 50i Abs. 1 Satz 1 und 2 EStG partizipiert hat, dürfte diese Sichtweise abdecken, da hierdurch auch Sondervergütungen erfasst werden, die mit den Übertragungs- und Überführungsvorgängen nichts zu tun haben. Teleologisch ergibt dies zwar kaum Sinn (s. im Detail hierzu KKB/Bron, § 50i EStG Rz. 121 f.), der Wortlaut ist hier aber recht eindeutig.

Somit kann die „Sperrwirkung" des § 50d Abs. 10 Satz 7 Nr. 1 EStG gegenüber der Anwendung der Vorschrift im Kontext gewerblich geprägter Personengesellschaften – in verschiedenen Konstellationen – mittels § 50i Abs. 1 Satz 3 EStG faktisch durchbrochen werden.

§ 50d Abs. 10 Satz 7 Nr. 2 EStG regelt, dass die § 50d Abs. 10 Satz 1 bis 6 EStG entsprechend anzuwenden sind, wenn Einkünfte aus selbständiger Arbeit (z. B. freiberufliche Mitunternehmerschaften) erzielt werden. Bis 2000 enthielt das OECD-MA noch einen eigenständigen Artikel für selbständige Einkünfte (Art. 14 OECD-MA a. F.). Verschiedene deutsche DBA enthalten auch noch einen solchen Artikel. In allen anderen DBA ist auf selbständige Einkünfte nach h. M. Art. 7 OECD-MA anzuwenden. Daher regelt § 50d Abs. 10 Satz 7 Nr. 2 EStG, dass nur für DBA-Fälle, in denen noch ein Art. 14 OECD-MA nachgebildeter Artikel im jeweiligen DBA existiert, dieser Artikel an die Stelle des Art. 7 für die Anwendung von § 50d Abs. 10 EStG tritt.

196

§ 50d Abs. 10 Satz 8 EStG kann ausschließlich Fälle betreffen, in denen eine im Inland unbeschränkt steuerpflichtige Person an einer ausländischen Personengesellschaft beteiligt ist, da nur dann der persönliche Anwendungsbereich des § 50d Abs. 9 EStG (s. hierzu → Rz. 159 ff.) eröffnet ist. Da § 50d Abs. 10 EStG unterschiedslos im In- wie im Outboundfall Anwendung finden kann, besteht in den Augen des Gesetzgebers und auch der FinVerw[2] die Gefahr, dass es im Outboundfall zu einer Minderbesteuerung kommen kann. Deutschland ordnet im Outboundfall das Besteuerungsrecht an den Sondervergütungen wegen § 50d Abs. 10 EStG über Art. 7 OECD-MA regelmäßig dem ausländischen Staat zu und muss die ausländischen Einkünfte deswegen grds. nach dem Methodenartikel freistellen, dies allerdings vorbehaltlich des Eingreifens einer Aktivitätsklausel, zu switch-over und subject-to-tax-Klauseln s. → Rz. 199. Der ausländische Staat folgt aber diesem Ansatz in vielen Fällen nicht und wendet auf die Sondervergütungen nur ein ermäßigtes (oder gar kein) Quellensteuerrecht (bspw. über Art. 11 OECD-MA) an. Ergebnis dessen ist eine Minder- oder Nichtbesteuerung infolge eines durch Deutschland verursachten Qualifikationskonflikts.

197

Diese drohende Minder- oder Nichtbesteuerung soll über die Anwendung der switch-over-Klausel des § 50d Abs. 9 Satz 1 Nr. 1 EStG abgewendet werden.[3] Allerdings regelt diese Vorschrift bis einschließlich VZ 2016, dass es bei einer Minder- oder Nichtbesteuerung von „Einkünften" infolge eines Qualifikationskonfliktes zu einem Wechsel von der Freistellung zur Anrechnung kommen soll, „wenn" nämliche Einkünfte nicht oder niedrig besteuert werden. Mit Wirkung ab VZ 2017 wurde das „wenn" in § 50d Abs. 9 Satz 1 EStG allerdings durch ein „soweit" ersetzt (s. → Rz. 162).

---

1 Siehe BMF v. 26. 9. 2014, BStBl 2014 I 1258, Tz. 2.3.3.5 zur Anwendung der DBA auf Personengesellschaften.
2 BMF v. 26. 9. 2014, BStBl 2014 I 1258, Tz. 5.1.3.2 zur Anwendung der DBA auf Personengesellschaften.
3 So auch das BMF v. 26. 9. 2014, BStBl 2014 I 1258, zur Anwendung der DBA auf Personengesellschaften in Tz. 5.1.3.2; 5.1.2, Lösung Beispiel 4.

198 Die Rechtsprechung des BFH[1] zu § 50d Abs. 9 Satz 1 Nr. 2 EStG ist nämlich dahingehend eindeutig, dass die Vorschrift – bis einschließlich VZ 2016 (s. sogleich) – nur zur Anwendung kommt, *wenn* (und nicht soweit) die betreffenden Einkünfte (insgesamt) steuerbefreit sind. Dieses Verständnis auf § 50d Abs. 9 Satz 1 Nr. 1 EStG übertragen bedeutet, dass die Anwendung des nationalen switch-overs – bei angenommener „Normalbesteuerung" des Gesamthandsgewinns im Ausland – zu unterbleiben hat.

Gosch[2] vertritt zudem zutreffend,[3] dass sich der Begriff „Einkünfte" i. S. v. § 50d Abs. 9 Satz 1 Nr. 1 EStG auf die gesamten Einkünfte aus der ausländischen Personengesellschaft und nicht auf einzelne Teile (hier Sondervergütungen) beziehen kann. Der „Einkünftebegriff" im Anwendungsbereich des § 50d Abs. 9 EStG ergibt sich aus dem nationalen Recht (§ 2 EStG i. V. m. § 34d Nr. 2 Buchst. a EStG) und nicht aus den einzelnen Verteilungsnormen des DBA (Art. 6-22 OECD-MA).[4] Die Niedrig- oder Nichtbesteuerung einer „Teilmenge" (hier Sondervergütungen) der ausländischen Betriebsstätteneinkünfte führt nicht zur Anwendung von § 50d Abs. 9 Satz 1 Nr. 1 EStG.[5] Diese These hilft ab VZ 2017 allerdings nicht mehr weiter, da ab dann eine „soweit"-Betrachtung anzustellen ist und damit die Sondervergütungen doch wieder separat auf eine Niedrigbesteuerung hin zu prüfen sind (hierzu → Rz. 162).

199 Die Aufhebung der Freistellung in Bezug auf die Sondervergütungen dürfte sich **bis einschließlich VZ 2016** (ab VZ 2017 s. → Rz. 200 a. E.) regelmäßig auch nicht aus abkommensrechtlichen switch-over oder subject-to-tax-Klauseln ergeben können.[6] Zwar ist es richtig, dass für Zwecke der DBA-Anwendung grds. die Spezialität der Einkunftsarten (Art. 11 geht bspw. Art. 7 vor) zu beachten ist und dies auch für die Anwendung des Methodenartikels gilt. Somit unterfällt die Sondervergütung eigentlich dem Spezialartikel (bspw. Art. 11 OECD-MA) und der Gesamthandsgewinn dem Art. 7 OECD-MA, was auch im Anwendungsbereich des Methodenartikels gelten sollte. Allerdings ordnet § 50d Abs. 10 Satz 1 EStG an, dass die Sondervergütungen „ausschließlich als Unternehmensgewinne" gelten. Diese Anordnung muss nicht nur für Zwecke des Art. 7 OECD-MA gelten, sondern konsequent auch auf die Anwendung des Methodenartikels „durchschlagen".[7] Folglich handelt es sich beim Gesamthandsgewinn und bei den Sondervergütungen wiederum (zumindest aus deutscher Sicht) um nur eine DBA-rechtliche Einkunftsart. Deutschland kann damit – wegen der Fiktion des § 50d Abs. 10 Satz 1 EStG – die switch-over-Klauseln nicht anwenden, da diese die Aufhebung der Freistellung nur vorsehen,

---

[1] BFH v. 19.12.2013 - I B 109/13, BFH/NV 2014, 623 = NWB DokID: MAAAE-55049; dem folgend: FG München v. 29.10.2014 - 8 K 369/14, EFG 2015, 733 und FG München v. 29.10.2014 - 8 K 3653/12, EFG 2015, 652; bestätigt durch BFH v. 20.5.2015 - I R 68/14 BStBl 2016 II 90 und BFH v. 20.5.2015 - I R 69/14 BFH/NV 2015, 1395 = NWB DokID: NAAAE-99374.

[2] *Gosch* in Kirchhof, § 50d EStG Rz. 41a, m. w. N.

[3] Die gegenteilige Auffassung des Autors (*Gebhardt*, IStR 2011, 58) wird hiermit aufgegeben.

[4] BFH v. 21.1.2016 - I R 49/14, BStBl 2017 II 107; zur Diskussion dessen auch *Zuber/Ditsch* in Littmann/Bitz/Pust, § 50d EStG Rz. 163; Umfassend *Meretzki* in Wassermeyer/Richter/Schnittker, Personengesellschaften im IStR, Rz. 15.68 ff.; *Cloer/Hagemann*, IStR 2015, 489 ff.

[5] Hinzuweisen ist vorliegend darauf, dass das FG Berlin-Brandenburg v. 29.4.2014 - 3 K 3227/13, EFG 2014, 1278, entgegen der Rspr. des BFH den Begriff der „Einkünfte" im Rahmen des § 50d Abs. 9 Satz 1 Nr. 2 EStG nach „Lebenssachverhalten" auslegt. Ob sich diese Auslegung auf den vorliegenden Sachverhalt übertragen lässt und wie der BFH hierzu (irgendwann) entscheiden wird, bleibt abzuwarten. Das vom FG gefällte Zwischenurteil im Hinblick auf die einfach-rechtliche Frage der Anwendung von § 50d Abs. 9 Satz 1 Nr. 2 EStG wurde jedenfalls vom BFH v. 28.10.2015 - I R 41/14, NWB DokID: KAAAF-66171 zurückgewiesen, da die vom FG gewählte „zweispurige Vorgehensweise" im Hinblick auf die einfach-rechtliche Auslegung der Norm und die gleichzeitige Aussetzung des Verfahrens wegen möglicher Verfassungswidrigkeit unzulässig sei.

[6] Eine Ausnahme bilden das DBA-Liechtenstein (Art. 23 Abs. 3 Buchst. b) und die deutsche Verhandlungsgrundlage (Art. 22 Abs. 1 Nr. 5 Buchst. a bis c).

[7] So auch *Meretzki* in Wassermeyer/Richter/Schnittker, Personengesellschaften im IStR, Rz. 15.34.

wenn (und nicht soweit) diese Einkünfte niedrig oder nicht besteuert sind. Da die Gesamthandseinkünfte „normal besteuert" sind, verbleibt es grds. bei der Freistellung.

Allerdings heben verschiedene DBA-Bestimmungen[1] darauf ab, dass die Einkünfte nicht „niedriger als ohne diesen Qualifikationskonflikt..." besteuert werden dürfen. Eine Niedrigbesteuerung dürfte in vielen Fällen zu bejahen sein. Es bleibt aber zu gewärtigen, dass diese Bestimmungen oftmals fordern, dass „Einkünfte" unterschiedlichen Abkommensbestimmungen zugeordnet werden und dass die Niedrigbesteuerung „aufgrund" dieses Konfliktes eintreten muss. Aus deutscher Perspektive ist aber gerade wegen § 50d Abs. 10 EStG die gesamte Einkünfteeinheit Art. 7 OECD-MA zuzuordnen, aus ausländischer Perspektive jedoch nur der Gesamthandsanteil. Folglich kommt es in Bezug auf die „Einkünfteeinheit" **Gesamthandsgewinn und Sondervergütungen** gerade nicht zu einer Zuordnung zu unterschiedlichen Abkommensbestimmungen. Diese Auslegung ist aber nicht abschließend geklärt.[2]

Subject-to-tax-Klauseln heben demgegenüber regelmäßig[3] auf eine „tatsächliche" Besteuerung der Einkünfte ab. Aufgrund der Besteuerung der Gesamthandseinkünfte ist diese **bis einschließlich VZ 2016** zu bejahen, weswegen die Freistellung auch hier in Bezug auf die Sondervergütungen erhalten bleibt. Gegenteiliges ergibt sich auch nicht aus dem BMF-Schreiben zu den subject-to-tax-Klauseln,[4] da dieses in den meisten deutschen DBA[5] keine Rechtsgrundlage findet.

200

Um die vorgenannten Ergebnisse zu verhindern, müsste in den Klauseln auch auf „Einkunftsteile" abgehoben werden.

Ab VZ 2017 führt § 50d Abs. 9 Satz 4 EStG genau zu diesem Abstellen auf Einkunftsteile (atomisierende Betrachtungsweise) im Anwendungsbereich der vorgenannten Klauseln (hierzu → Rz. 168 ff.). Fraglich ist dann nur noch, ob sich der „Rückfall" des Besteuerungsrechts im Hinblick auf die Sondervergütungen aus § 50d Abs. 10 Satz 8 i.V. m. § 50d Abs. 9 Satz 1 Nr. 1 EStG ergibt oder bereits aus dem DBA selbst i. V. m. § 50d Abs. 9 Satz 4 EStG (s. hierzu → Rz. 170). Der Rückfall sollte sich vorliegend aus dem DBA i. V. m. Abs. 9 Satz 4 EStG ergeben, da Abs. 9 Satz 1 Nr. 1 EStG immer nur dann greifen kann, wenn das DBA eine Freistellung – ab VZ 2017 unter Beachtung von Abs. 9 Satz 4 – anordnet.[6]

(Einstweilen frei) 201–205

XII. Auslandsdividenden und DBA-Schachtelprivileg (§ 50d Abs. 11 EStG)

1. Allgemeines

§ 50d Abs. 11 EStG[7] ist ein mit Wirkung ab VZ 2012 anwendbares Nichtanwendungsgesetz zu einem Urteil des BFH – namentlich v. 19. 5. 2010[8] – welches die Reichweite eines DBA-recht-

206

---

1 Vgl. z. B. Art. 23 Abs. 1 Buchst. e DBA Albanien.
2 Vgl. auch *Meretzki* in Wassermeyer/Richter/Schnittker, Personengesellschaften im IStR, Rz. 15.50.
3 Ausnahmen sind die DBA mit Liechtenstein und den USA, die darauf abstellen, dass der Vertragsstaat durch sein innerstaatliches Recht an einer Besteuerung „gehindert" ist. Das dürfte vorliegend ebenfalls nicht einschlägig sein, da der Vertragsstaat allenfalls aufgrund des DBA (teilweise) an einer Besteuerung gehindert ist.
4 Siehe BMF v. 20. 6. 2013, BStBl 2013 I 980.
5 Ausnahmen sind DBA's mit Liechtenstein, Japan, Australien und Finnland und die deutsche Verhandlungsgrundlage.
6 Siehe auch *Gebhardt*, IStR 2016, 1009 ff.
7 BR-Drucks. 114/12; BT-Drucks. 17/8867.
8 BFH v. 19. 5. 2010 - I R 62/09, BFH/NV 2010, 1919 = NWB-DokID: VAAAD-48563; hierzu *Wassermeyer*, Ubg 2011, 47 ff.; *Gosch*, BFH-PR 2010, 457 f.; *Drüen/van Heek*, DStR 2012, 541 ff.

lichen Methodenartikelschachtelprivilegs beim Bezug von Auslandsdividenden durch eine in Deutschland domizilierende KGaA zum Gegenstand hatte. Der BFH entschied, dass einer in Deutschland domizilierenden KGaA ein DBA-Schachtelprivileg in voller Höhe zu gewähren sei, da nach dem konkret im Streit stehenden DBA-Frankreich die „Zahlung" an diese als abkommensberechtigte Person und nicht die innerstaatliche (finale) Zurechnung das maßgebliche Kriterium ist. Aufgrund des eindeutigen Wortlauts des DBA soll auch dann das Schachtelprivileg voll zur Anwendung gelangen, wenn – wirtschaftlich betrachtet – der KGaA das Schachtelprivileg eigentlich zumindest teilweise nicht zustehen sollte, da bspw. der Komplementär der KGaA, dem die Dividende nach innerstaatlichem Steuerrecht teilweise „zugerechnet" (s. Rz. →207) wird, keine Kapitalgesellschaft ist. Das Gesetz trifft aber keinerlei Einschränkungen bzgl. des Dividendenempfängers (es fehlt somit an einem „Zuschnitt" auf den vom BFH entschiedenen Sachverhalt), sondern es greift bspw. auch bei atypisch stillen Gesellschaften und auch in anderen Konstellationen.

Auch diese Regelung stellt in vielen Fällen einen „Treaty Override" dar. Nur für solche DBA-Fälle, die erklärtermaßen auf die „Nutzungsberechtigung" und nicht auf die reine Zahlung abstellen, bzw. teilweise auch im Rahmen der deutschen Verhandlungsgrundlage für DBA ist dies möglicherweise anders zu beurteilen.[1]

2. Wortlautkommentierung

207 Gemäß § 50d Abs. 11 **Satz 1** EStG ist tatbestandliche Voraussetzung, dass Dividenden beim Zahlungsempfänger nach einem DBA von der deutschen Bemessungsgrundlage auszunehmen sind. Die Vorschrift dürfte damit nicht greifen, wenn sich eine Freistellung schon aus nationalem Recht (bspw. § 8b Abs. 1 KStG) ergibt.[2]

Der Wortlaut trifft keine Einschränkung bzgl. einer Ausnahme von der deutschen Bemessungsgrundlage nach einem Verteilungsartikel anstelle des Methodenartikels.[3]

Sind die Tatbestandsvoraussetzungen erfüllt, ist die Anschlussfrage, ob die Dividenden nach deutschem Steuerrecht einer anderen Person (als dem Zahlungsempfänger) zuzurechnen sind. Ist das zu bejahen, versagt § 50d Abs. 11 Satz 1 EStG im ersten Schritt (insoweit anteilig) die abkommensrechtliche Freistellung (zum [anteiligen] Wiederaufleben s. § 50d Abs. 11 Satz 2 EStG weiter unten).

Die Zurechnung nach deutschem Steuerrecht richtet sich bei Dividenden nach § 20 Abs. 5 EStG. Hiernach erzielt grds. der Anteilseigner die Dividenden. Wer Anteilseigner ist, richtet sich grds. nach § 39 AO. Das ist derjenige, dem die Anteile im Zeitpunkt des Gewinnverteilungsbeschlusses (wirtschaftlich) zuzurechnen sind.

208 Unklar ist, ob mit dem Terminus „Zurechnung" hinreichend klar das wohl gesetzlich Gewollte zum Ausdruck kommt oder ob die Vorschrift nicht deswegen im KGaA-Fall leerzulaufen droht, da im ersten Schritt auch innerstaatlich der KGaA (höchstselbst) die Dividende zugerechnet wird.[4]

---

[1] Zu Ersterem s. *Gosch* in Kirchhof, § 50d EStG Rz. 51 auch mit abweichenden Auffassungen aus dem Schrifttum; s. auch *Hahn-Joecks* in Kirchhof/Söhn/Mellinghoff, § 50d EStG Rz. M 7 und zu letzterem *Lüdicke*, IStR-Beihefter Heft 10/2013, 26, 35.
[2] Siehe BT-Drucks. 17/8864, 13; *Frotscher*, § 50d EStG Rz. 317.
[3] A. A. *Zuber/Ditsch* in Littmann/Bitz/Pust, § 50d EStG Rz. 201.
[4] Kritisch daher zu Recht m.w. N. HHR/*Klein/Hagena*, § 50d EStG Rz. 143.

Bei der Zurechnung nach deutschem Steuerrecht sei außerdem an Fälle des Auseinanderfallens von wirtschaftlichem und rechtlichem Eigentum gedacht und zudem an die ganz generelle Frage, wem Zahlungen nach deutschem Steuerrecht zuzurechnen sind, wenn nicht der Zahlungsempfänger der (eigentlich) „wirtschaftlich Berechtigte" im Sinne einer „Nutzungsberechtigung" ist, sondern eine andere Person.

Soweit ersichtlich, befindet sich eine ähnlich strukturierte – aber mit gewissen Abweichungen versehene – Regelung wie § 50d Abs. 11 EStG nur in der deutschen Verhandlungsgrundlage für DBA,[1] aber noch in keinem anwendbaren deutschen DBA.

Nicht greifen kann § 50d Abs. 11 EStG **beim Auslandsdividendenbezug durch Organgesellschaften**. Dem Organträger werden keine seitens der Organgesellschaft erzielten Dividenden zugerechnet, sondern das Einkommen der Organgesellschaft, welches sich naturgemäß aus diesen Dividenden (teilweise) speist. Der Gegenstand der organschaftlichen Zurechnung ist aber nach wie vor das Einkommen. Im Ergebnis dürfte sich die Frage der Gewährung eines DBA-rechtlichen Schachtelprivilegs an eine Organgesellschaft dann (ausschließlich) nach § 15 Satz 2 KStG richten, der die Prüfung der Anwendbarkeit der Freistellung nach einem DBA auf die Organträgerebene „verschiebt".[2] Ob § 15 Satz 2 KStG mit den Vorgaben der MTRL übereinstimmt, darf bezweifelt werden.[3] 209

Gemäß § 50d Abs. 11 **Satz 2** EStG lebt die DBA-rechtliche Freistellung auf Ebene der Person („bei dieser"),[4] der die Dividenden nach Maßgabe des deutschen Steuerrechts final[5] zugerechnet werden wieder auf, „soweit" die Freistellung auf Ebene dieser Person gewährt würde, wenn dieser als hypothetischer[6] Zahlungsempfänger die Dividenden empfangen hätte und das DBA-rechtliche Schachtelprivileg beansprucht hätte können. 210

Ist der gedachte Zahlungsempfänger im Falle einer KGaA oder einer GmbH & atypisch Still eine Kapitalgesellschaft, dürfte § 50d Abs. 11 Satz 2 EStG praktisch keine Bedeutung haben,[7] da die Zahlung beim „Zurechnungsempfänger" ohnehin nach § 8b Abs. 1 KStG steuerbefreit ist (wenn nicht § 8b Abs. 4, 7, 8 KStG die Anwendung von § 8b Abs. 1 KStG wiederum ausschließt). Satz 2 kann damit nur Fälle regeln, in denen der „Zurechnungsempfänger" eine natürliche Person ist.

---

1 Siehe dazu *Lüdicke*, IStR-Beihefter 10/2013, 26, 35.
2 Zu diesem Aspekt im Rahmen der deutschen Verhandlungsgrundlage s. schon zutreffend *Lüdicke*, IStR-Beihefter 10/2013, 26, 35 dort Fn. 117.
3 Vgl. *Brink* in Schnitger/Fehrenbacher, 2. Auflage, § 14 KStG Rz. 768.
4 Man fragt sich, was mit „bei dieser" gemeint ist. Da es sich im Satz 2 um eine hypothetische Betrachtung handelt, wäre es sinnvoller gewesen, die gedachte Schachtelprivilegierung des innerstaatlichen Zurechnungsempfängers auf den Zahlungempfänger „ausstrahlen" zu lassen. Dann hätte anstelle „bei dieser" der Terminus „Zahlungsempfänger" im Gesetz stehen müssen.
5 So auch *Zuber/Ditsch* in Littmann/Bitz/Pust, § 50d EStG Rz. 204; *Frotscher*, § 50d EStG Rz. 311; *Kollruss*, BB 2013, 157 weist auf Gestaltungspotenzial hin, welches sich aus einem abweichenden Verständnis (Abstellen nur auf den unmittelbar Beteiligten) ergeben soll.
6 Am Ende von Satz 2 steht „würden" und nicht „werden". Daraus ist auf eine hypothetische Betrachtungsweise zu schließen. Hätte das Gesetz von „werden" gesprochen, liefe die Vorschrift wohl leer, da abkommensrechtlich eben auf den Zahlungsempfänger abgestellt wird, den es nur einmal und nicht etwa mehrmals geben kann. Zutreffend *Zuber/Ditsch* in Littmann/Bitz/Pust, § 50d EStG Rz. 202 („fiktiver Bezug"). Insoweit etwas unscharf HHR/*Klein/Hagena*, § 50d EStG Rz. 144; *Wagner* in Blümich, § 50d EStG Rz. 140.
7 *Frotscher*, § 50d EStG Rz. 315.

211 Das Gesetz sieht damit eine Dreistufenprüfung vor:[1]

- Prüfung, ob der Zahlungsempfänger eine Kapitalgesellschaft ist. Dann ist das DBA-Schachtelprivileg – bei Vorliegen der weiteren (Beteiligungs)Voraussetzungen – anwendbar.[2]

- Prüfung der national-rechtlichen Zurechnung. Erfolgt diese Zurechnung zu einer anderen Person als dem Zahlungsempfänger, ist das Schachtelprivileg (abkommenswidrig und insoweit) im ersten Schritt zu versagen.

- Nach § 50d Abs. 11 Satz 2 EStG lebt die Freistellung wieder auf, soweit der Zurechnungsempfänger bei hypothetischer Betrachtungsweise das Schachtelprivileg in Anspruch nehmen könnte, wenn dieser Zahlungsempfänger gewesen wäre.

212 Es dürfen berechtigte Zweifel angemeldet werden, ob die Regelungsanordnung des § 50d Abs. 11 EStG mit den Anordnungen des Art. 4 der MTRL vereinbar ist.[3] Denn Art. 4 regelt, dass Gewinnausschüttungen bei qualifizierten Muttergesellschaften (zu denen die KGaA und die GmbH bei einer GmbH & atypisch Still gehören) steuerlich zu befreien sind und stellt nur darauf ab, dass die Dividende „zufließt". Auf die innerstaatliche Zurechnung wird gerade nicht abgestellt. § 50d Abs. 11 EStG ist damit bei Gewinnausschüttungen innerhalb der EU sekundärrechtswidrig.

XIII. Abfindungen im DBA-Recht (§ 50d Abs. 12 EStG)

213 Die deutsche FinVerw hat mit verschiedentlichen DBA-Partnerstaaten Konsultationsvereinbarungen getroffen, nach denen Abfindungen (ohne Versorgungscharakter) DBA-rechtlich im Rahmen der Anwendung von Art. 15 OECD-MA nachgebildeten Vorschriften im Kern so zu behandeln sind, wie der während der aktiven Zeit gezahlte Arbeitslohn.

Mit Urteil v. 10. 6. 2015 hat der BFH[4] entschieden, dass eine auf dem DBA-Schweiz beruhende Konsultationsvereinbarung, die die vorstehend genannte Behandlung festschreiben soll, dann bei der Auslegung des DBA unbeachtlich ist, wenn die Vereinbarung dem Wortlaut des DBA widerspricht. Hieran könne auch § 2 Abs. 2 AO nichts ändern, da dieser nicht den Bestimmtheitsanforderungen des Art. 80 GG entspricht. Daher könne eine Rechtsverordnung gem. § 2 Abs. 2 AO Konsultationsvereinbarungen auch nicht in den Rang eines Gesetzes „heben".

Das BMF hatte das Urteil mit Schreiben vom 31. 3. 2016[5] auch für andere DBA anerkannt. Um die entgegenstehende Rechtsauffassung dennoch durchzusetzen, wurde § 50d Abs. 12 EStG geschaffen.

Gemäß Abs. 12 **Satz 1** sollen Abfindungen als für frühere Tätigkeiten geleistetes zusätzliches Entgelt gelten und damit im selben Staat besteuert werden können, wie der Arbeitslohn. Im Kern regelt die Vorschrift damit, dass der Staat, der das Besteuerungsrecht für den Arbeitslohn hat(te), auch die Abfindung besteuern kann. Satz 1 gilt gemäß **Satz 2** dann nicht, wenn das DBA selbst eine ausdrückliche Regelung für solche Abfindungen enthält.

---

1 Siehe *Frotscher*, § 50d EStG Rz. 318.
2 Es sei denn, das DBA stellt nicht auf den Zahlungsempfänger sondern den „Zurechnungsempfänger" bzw. Nutzungsberechtigten ab, dann gilt es schon nach DBA zu prüfen, wem die Dividenden (final) zuzurechnen sind.
3 Dazu z. B. *Frotscher*, § 50d EStG Rz. 313.
4 I R 79/13, BStBl 2016 II 326.
5 BMF v. 31.3.2016, BStBl 2016 I 474.

Da Abs. 12 unterschiedslos im Inbound- wie im Outboundfall gilt, kann es im Inboundfall – in dem Deutschland ein Besteuerungsrecht mittels Abs. 12 „an sich reißt" – zu Doppelbesteuerungen kommen, wenn der andere Staat die Abfindung (mangels Konsultationsvereinbarung oder abweichendem DBA-Verständnis) auch besteuern will. Hierfür sieht Abs. 12 (anders als bspw. Abs. 10) kein Entlastungsmechanismus vor; es bleibt dann nur noch der Weg über ein Verständigungsverfahren.

Für den Outboundfall, in dem Deutschland ein Besteuerungsrecht über Abs. 12 „weg gibt", kann es naturgemäß passieren, dass der andere Staat das Besteuerungsrecht nicht „bei sich" sondern bei Deutschland sieht; Ergebnis wäre eine doppelte Nichtbesteuerung der Abfindungen. Dem soll **Satz 3** dergestalt abhelfen, dass die „Rückfallklausel" des Abs. 9 Satz 1 Nr. 1 Anwendung findet und Deutschland hierüber das weggegebene Besteuerungsrecht zurückholt. Allerdings können über Abs. 9 nicht alle Fälle doppelter Nichtbesteuerung beseitigt werden, da die Norm nur dann Anwendung findet, wenn eine unbeschränkte Steuerpflicht vorliegt.

Die eben angesprochenen Rechtsverordnungen nach § 2 Abs. 2 AO sollen nach Satz 3 aber unberührt bleiben, was die Frage aufwirft, ob sich ein Gericht an ebendiese „unberührten" Verordnungen überhaupt gebunden fühlt.

§ 50e Bußgeldvorschriften; Nichtverfolgung von Steuerstraftaten bei geringfügiger Beschäftigung in Privathaushalten

(1) ¹Ordnungswidrig handelt, wer vorsätzlich oder leichtfertig entgegen § 45d Absatz 1 Satz 1, § 45d Absatz 3 Satz 1, der nach § 45e erlassenen Rechtsverordnung oder den unmittelbar geltenden Verträgen mit den in Artikel 17 der Richtlinie 2003/48/EG genannten Staaten und Gebieten eine Mitteilung nicht, nicht richtig, nicht vollständig oder nicht rechtzeitig abgibt. ²Die Ordnungswidrigkeit kann mit einer Geldbuße bis zu fünftausend Euro geahndet werden.

(1a) Verwaltungsbehörde im Sinne des § 36 Absatz 1 Nummer 1 des Gesetzes über Ordnungswidrigkeiten ist in den Fällen des Absatzes 1 Satz 1 das Bundeszentralamt für Steuern.

(2) ¹Liegen die Voraussetzungen des § 40a Absatz 2 vor, werden Steuerstraftaten (§§ 369 bis 376 der Abgabenordnung) als solche nicht verfolgt, wenn der Arbeitgeber in den Fällen des § 8a des Vierten Buches Sozialgesetzbuch entgegen § 41a Absatz 1 Nummer 1, auch in Verbindung mit Absatz 2 und 3 und § 51a, und § 40a Absatz 6 Satz 3 dieses Gesetzes in Verbindung mit § 28a Absatz 7 Satz 1 des Vierten Buches Sozialgesetzbuch für das Arbeitsentgelt die Lohnsteuer-Anmeldung und die Anmeldung der einheitlichen Pauschsteuer nicht oder nicht rechtzeitig durchführt und dadurch Steuern verkürzt oder für sich oder einen anderen nicht gerechtfertigte Steuervorteile erlangt. ²Die Freistellung von der Verfolgung nach Satz 1 gilt auch für den Arbeitnehmer einer in Satz 1 genannten Beschäftigung, der die Finanzbehörde pflichtwidrig über steuerlich erhebliche Tatsachen aus dieser Beschäftigung in Unkenntnis lässt. ³Die Bußgeldvorschriften der §§ 377 bis 384 der Abgabenordnung bleiben mit der Maßgabe anwendbar, dass § 378 der Abgabenordnung auch bei vorsätzlichem Handeln anwendbar ist.

Inhaltsübersicht	Rz.
A. Allgemeine Erläuterungen	1 - 2

EStG § 50f — Bußgeldvorschriften

A. Allgemeine Erläuterungen

1 Die Vorschrift des § 50e Abs. 1 EStG sanktioniert den Fall einer unvollständigen, unterlassenen oder verspäteten Mitteilung nach § 45d Abs. 1 Satz 1 EStG an das Bundeszentralamt für Steuern aus Vorsatz oder Leichtfertigkeit mit einem Bußgeld von bis zu 5 000 € (§ 50e Abs. 1 Satz 2 EStG). Darüber hinaus erfasst der Tatbestand des § 50e Abs. 1 EStG auch den Fall einer Verletzung der Meldepflicht für inländische Versicherungsvermittler nach § 45d Abs. 3 EStG, welche bis zum 30. 3. des jeweiligen Folgejahres zu erfüllen ist. Zudem wird auch die Verletzung der in der Zinsinformationsverordnung[1] festgelegten Pflicht zur Anfertigung von Mitteilungen bzgl. ausgezahlter Zinsen sowie die Pflicht zur Fertigung von Mitteilungen, welche sich gem. Art. 17 der Richtlinie 2003/48/EG mit anderen Staaten oder abhängigen Gebieten geschlossenen Verträgen ergeben, sanktioniert.

2 § 50e Abs. 2 EStG verfolgt das Ziel zu verhindern, dass die Strafbewehrung nach dem Gesetz zur Intensivierung der Bekämpfung der Schwarzarbeit[2] auch auf geringfügig Privathaushaltsbeschäftigte gem. § 8a SGB IV durchschlägt. Hiervon sind Arbeitgeber wie Arbeitnehmer gleichermaßen betroffen. Anwendbar bleiben jedoch gem. § 50e Abs. 2 Satz 3 EStG die Bußgeldvorschriften der §§ 377 bis 384 AO. Dies impliziert, dass obwohl die Nicht-Anmeldung der pauschalen Lohnsteuer grundsätzlich einen Steuerstraftatbestand i. S. d. § 370 Abs. 1 AO darstellt, § 50e Abs. 2 EStG gleichwohl nur die Durchführung eines Bußgeldverfahrens vorsieht.

§ 50f Bußgeldvorschriften

(1) Ordnungswidrig handelt, wer vorsätzlich oder leichtfertig

1. entgegen § 22a Absatz 1 Satz 1 dort genannte Daten nicht, nicht richtig, nicht vollständig oder nicht rechtzeitig übermittelt oder eine Mitteilung nicht, nicht richtig, nicht vollständig oder nicht rechtzeitig macht oder

2. entgegen § 22a Absatz 2 Satz 8 die Identifikationsnummer für andere als die dort genannten Zwecke verwendet.

(2) Die Ordnungswidrigkeit kann in den Fällen des Absatzes 1 Nummer 1 mit einer Geldbuße bis zu fünfzigtausend Euro und in den übrigen Fällen mit einer Geldbuße bis zu zehntausend Euro geahndet werden.

(3) Verwaltungsbehörde im Sinne des § 36 Absatz 1 Nummer 1 des Gesetzes über Ordnungswidrigkeiten ist die zentrale Stelle nach § 81.

Inhaltsübersicht	Rz.
A. Allgemeine Erläuterungen	1 - 3

---

1 BMF v. 26. 1. 2004, BStBl 2004 I 297.
2 BGBl 2004 I 1842.

A. Allgemeine Erläuterungen

Im Rahmen des sog. Rentenbezugsmitteilungsverfahrens sind die in § 22 Abs. 1 Satz 1 EStG genannten Meldedaten zu melden. Durch § 22a EStG werden insoweit die Voraussetzungen für die Überprüfung der Daten der Steuererklärung bei Renteneinkünften geschaffen. Eine Zuwiderhandlung gegen die in § 22a Abs. 2 Satz 4 EStG festgelegte strikte Zweckbindung kann entsprechend als Steuerordnungswidrigkeit mit einer Geldbuße sanktioniert werden. Es sei insoweit ergänzend auf die Erläuterungen zu § 22a EStG verwiesen.

§ 50f EStG legt die Höhe der Geldbuße im Falle einer Ordnungswidrigkeit fest. Eine solche wird für die Fälle des § 50f Abs. 1 Nr. 1 EStG mit bis zu 50 000 € und in den übrigen Fällen mit bis zu 10 000 € geahndet.

In § 50f Abs. 3 EStG wird die Zuständigkeit für die Ahndung einer Ordnungswidrigkeit – in Abweichung zu § 387 Abs. 1 AO und § 409 Satz 1 AO – der zentralen Stelle gem. § 81 EStG ("Deutsche Rentenversicherung Bund") auferlegt. Die Begründung hierfür ist administrativer Natur, da die zentrale Stelle ohnehin ermittelt, ob die Pflichten im Rahmen des Mitteilungsverfahrens erfüllt werden.

§ 50g Entlastung vom Steuerabzug bei Zahlungen von Zinsen und Lizenzgebühren zwischen verbundenen Unternehmen verschiedener Mitgliedstaaten der Europäischen Union

(1) ¹Auf Antrag werden die Kapitalertragsteuer für Zinsen und die Steuer auf Grund des § 50a für Lizenzgebühren, die von einem Unternehmen der Bundesrepublik Deutschland oder einer dort gelegenen Betriebsstätte eines Unternehmens eines anderen Mitgliedstaates der Europäischen Union als Schuldner an ein Unternehmen eines anderen Mitgliedstaates der Europäischen Union oder an eine in einem anderen Mitgliedstaat der Europäischen Union gelegene Betriebsstätte eines Unternehmens eines Mitgliedstaates der Europäischen Union als Gläubiger gezahlt werden, nicht erhoben. ²Erfolgt die Besteuerung durch Veranlagung, werden die Zinsen und Lizenzgebühren bei der Ermittlung der Einkünfte nicht erfasst. ³Voraussetzung für die Anwendung der Sätze 1 und 2 ist, dass der Gläubiger der Zinsen oder Lizenzgebühren ein mit dem Schuldner verbundenes Unternehmen oder dessen Betriebsstätte ist. ⁴Die Sätze 1 bis 3 sind nicht anzuwenden, wenn die Zinsen oder Lizenzgebühren an eine Betriebsstätte eines Unternehmens eines Mitgliedstaates der Europäischen Union als Gläubiger gezahlt werden, die in einem Staat außerhalb der Europäischen Union oder im Inland gelegen ist und in der die Tätigkeit des Unternehmens ganz oder teilweise ausgeübt wird.

(2) Absatz 1 ist nicht anzuwenden auf die Zahlung von

1. Zinsen,
    a) die nach deutschem Recht als Gewinnausschüttung behandelt werden (§ 20 Absatz 1 Nummer 1 Satz 2) oder
    b) die auf Forderungen beruhen, die einen Anspruch auf Beteiligung am Gewinn des Schuldners begründen;

2. Zinsen oder Lizenzgebühren, die den Betrag übersteigen, den der Schuldner und der Gläubiger ohne besondere Beziehungen, die zwischen den beiden oder einem von ihnen und einem Dritten auf Grund von Absatz 3 Nummer 5 Buchstabe b bestehen, vereinbart hätten.

(3) Für die Anwendung der Absätze 1 und 2 gelten die folgenden Begriffsbestimmungen und Beschränkungen:

1. ¹Der Gläubiger muss der Nutzungsberechtigte sein. ²Nutzungsberechtigter ist

   a) ein Unternehmen, wenn es die Einkünfte im Sinne von § 2 Absatz 1 erzielt;

   b) eine Betriebsstätte, wenn

   aa) die Forderung, das Recht oder der Gebrauch von Informationen, auf Grund derer/dessen Zahlungen von Zinsen oder Lizenzgebühren geleistet werden, tatsächlich zu der Betriebsstätte gehört und

   bb) die Zahlungen der Zinsen oder Lizenzgebühren Einkünfte darstellen, auf Grund derer die Gewinne der Betriebsstätte in dem Mitgliedstaat der Europäischen Union, in dem sie gelegen ist, zu einer der in Nummer 5 Satz 1 Buchstabe a Doppelbuchstabe cc genannten Steuern beziehungsweise im Fall Belgiens dem „impôt des non-résidents/belasting der nietverblijfhouders" beziehungsweise im Fall Spaniens dem „Impuesto sobre la Renta de no Residentes" oder zu einer mit diesen Steuern identischen oder weitgehend ähnlichen Steuer herangezogen werden, die nach dem jeweiligen Zeitpunkt des Inkrafttretens der Richtlinie 2003/49/EG des Rates vom 3. Juni 2003 über eine gemeinsame Steuerregelung für Zahlungen von Zinsen und Lizenzgebühren zwischen verbundenen Unternehmen verschiedener Mitgliedstaaten (ABl L 157 vom 26. 6. 2003, S. 49), die zuletzt durch die Richtlinie 2013/13/EU (ABl L 141 vom 28. 5. 2013, S. 30) geändert worden ist, anstelle der bestehenden Steuern oder ergänzend zu ihnen eingeführt wird.

2. Eine Betriebsstätte gilt nur dann als Schuldner der Zinsen oder Lizenzgebühren, wenn die Zahlung bei der Ermittlung des Gewinns der Betriebsstätte eine steuerlich abzugsfähige Betriebsausgabe ist.

3. Gilt eine Betriebsstätte eines Unternehmens eines Mitgliedstaates der Europäischen Union als Schuldner oder Gläubiger von Zinsen oder Lizenzgebühren, so wird kein anderer Teil des Unternehmens als Schuldner oder Gläubiger der Zinsen oder Lizenzgebühren angesehen.

4. Im Sinne des Absatzes 1 sind

   a) „Zinsen" Einkünfte aus Forderungen jeder Art, auch wenn die Forderungen durch Pfandrechte an Grundstücken gesichert sind, insbesondere Einkünfte aus öffentlichen Anleihen und aus Obligationen einschließlich der damit verbundenen Aufgelder und der Gewinne aus Losanleihen; Zuschläge für verspätete Zahlung und die Rückzahlung von Kapital gelten nicht als Zinsen;

   b) „Lizenzgebühren" Vergütungen jeder Art, die für die Nutzung oder für das Recht auf Nutzung von Urheberrechten an literarischen, künstlerischen oder wissenschaftlichen Werken, einschließlich kinematografischer Filme und Software, von Patenten, Marken, Mustern oder Modellen, Plänen, geheimen Formeln oder Verfahren oder für die Mitteilung gewerblicher, kaufmännischer oder wissenschaftlicher Erfahrungen gezahlt werden; Zahlungen für die Nutzung oder das Recht auf Nutzung gewerblicher, kaufmännischer oder wissenschaftlicher Ausrüstungen gelten als Lizenzgebühren.

5. Die Ausdrücke „Unternehmen eines Mitgliedstaates der Europäischen Union", „verbundenes Unternehmen" und „Betriebsstätte" bedeuten:

   a) „Unternehmen eines Mitgliedstaates der Europäischen Union" jedes Unternehmen, das

      aa) eine der in Anlage 3 Nummer 1 zu diesem Gesetz aufgeführten Rechtsformen aufweist und

      bb) nach dem Steuerrecht eines Mitgliedstaates in diesem Mitgliedstaat ansässig ist und nicht nach einem zwischen dem betreffenden Staat und einem Staat außerhalb der Europäischen Union geschlossenen Abkommen zur Vermeidung der Doppelbesteuerung von Einkünften für steuerliche Zwecke als außerhalb der Gemeinschaft ansässig gilt und

      cc) einer der in Anlage 3 Nummer 2 zu diesem Gesetz aufgeführten Steuern unterliegt und nicht von ihr befreit ist. ²Entsprechendes gilt für eine mit diesen Steuern identische oder weitgehend ähnliche Steuer, die nach dem jeweiligen Zeitpunkt des Inkrafttretens der Richtlinie 2003/49/EG des Rates vom 3. Juni 2003 (ABl L 157 vom 26. 6. 2003, S. 49), zuletzt geändert durch die Richtlinie 2013/13/EU (ABl L 141 vom 28. 5. 2013, S. 30) anstelle der bestehenden Steuern oder ergänzend zu ihnen eingeführt wird.

      ²Ein Unternehmen ist im Sinne von Doppelbuchstabe bb in einem Mitgliedstaat der Europäischen Union ansässig, wenn es der unbeschränkten Steuerpflicht im Inland oder einer vergleichbaren Besteuerung in einem anderen Mitgliedstaat der Europäischen Union nach dessen Rechtsvorschriften unterliegt.

   b) „Verbundenes Unternehmen" jedes Unternehmen, das dadurch mit einem zweiten Unternehmen verbunden ist, dass

      aa) das erste Unternehmen unmittelbar mindestens zu 25 Prozent an dem Kapital des zweiten Unternehmens beteiligt ist oder

      bb) das zweite Unternehmen unmittelbar mindestens zu 25 Prozent an dem Kapital des ersten Unternehmens beteiligt ist oder

      cc) ein drittes Unternehmen unmittelbar mindestens zu 25 Prozent an dem Kapital des ersten Unternehmens und dem Kapital des zweiten Unternehmens beteiligt ist.

      ²Die Beteiligungen dürfen nur zwischen Unternehmen bestehen, die in einem Mitgliedstaat der Europäischen Union ansässig sind.

   c) „Betriebsstätte" eine feste Geschäftseinrichtung in einem Mitgliedstaat der Europäischen Union, in der die Tätigkeit eines Unternehmens eines anderen Mitgliedstaates der Europäischen Union ganz oder teilweise ausgeübt wird.

(4) ¹Die Entlastung nach Absatz 1 ist zu versagen oder zu entziehen, wenn der hauptsächliche Beweggrund oder einer der hauptsächlichen Beweggründe für Geschäftsvorfälle die Steuervermeidung oder der Missbrauch sind. ²§ 50d Absatz 3 bleibt unberührt.

(5) Entlastungen von der Kapitalertragsteuer für Zinsen und der Steuer auf Grund des § 50a nach einem Abkommen zur Vermeidung der Doppelbesteuerung, die weiter gehen als die nach Absatz 1 gewährten, werden durch Absatz 1 nicht eingeschränkt.

(6) ¹Ist im Fall des Absatzes 1 Satz 1 eines der Unternehmen ein Unternehmen der Schweizerischen Eidgenossenschaft oder ist eine in der Schweizerischen Eidgenossenschaft gelegene Betriebsstätte eines Unternehmens eines anderen Mitgliedstaats der Europäischen Union Gläubiger der Zinsen oder Lizenzgebühren, gelten die Absätze 1 bis 5 entsprechend mit der Maßgabe, dass die Schweizerische Eidgenossenschaft insoweit einem Mitgliedstaat der Europäischen Union gleichgestellt ist. ²Absatz 3 Nummer 5 Buchstabe a gilt entsprechend mit der Maßgabe, dass ein Unternehmen der Schweizerischen Eidgenossenschaft jedes Unternehmen ist, das

1. eine der folgenden Rechtsformen aufweist:
   - Aktiengesellschaft/société anonyme/società anonima;
   - Gesellschaft mit beschränkter Haftung/société à responsabilité limitée/società a responsabilità limitata;
   - Kommanditaktiengesellschaft/société en commandite par actions/società in accomandita per azioni, und
2. nach dem Steuerrecht der Schweizerischen Eidgenossenschaft dort ansässig ist und nicht nach einem zwischen der Schweizerischen Eidgenossenschaft und einem Staat außerhalb der Europäischen Union geschlossenen Abkommen zur Vermeidung der Doppelbesteuerung von Einkünften für steuerliche Zwecke als außerhalb der Gemeinschaft oder der Schweizerischen Eidgenossenschaft ansässig gilt, und
3. unbeschränkt der schweizerischen Körperschaftsteuer unterliegt, ohne von ihr befreit zu sein.

Inhaltsübersicht

	Rz.
A. Allgemeine Erläuterungen	1 - 25
I. Normzweck und wirtschaftliche Bedeutung der Vorschrift	1 - 5
II. Entstehung und Entwicklung der Vorschrift sowie Reformbestrebungen	6 - 15
III. Geltungsbereich	16 - 25
B. Systematische Kommentierung	26 - 76
I. Antragsgebundener Verzicht auf die Quellensteuererhebung (§ 50g Abs. 1 EStG) sowie Ausnahmen (§ 50g Abs. 2 EStG)	26 - 35
II. Begriffsbestimmungen und Beschränkungen (§ 50g Abs. 3 EStG)	36 - 60
III. Missbrauchsvermeidungsklausel (§ 50g Abs. 4 EStG)	61 - 70
IV. Klarstellung des Vorrangs von DBA-Vergünstigungen (§ 50g Abs. 5 EStG)	71 - 75
V. Gleichstellung der Schweiz	76

LITERATUR:

▶ Weitere Literatur siehe Online-Version

Hagemann/Kahlenberg, Sekundärrechtliche Reaktionen auf aggressive Steuerplanungsaktivitäten – Änderung der Mutter-Tochter-Richtlinie, IStR 2014, 840.

A. Allgemeine Erläuterungen

I. Normzweck und wirtschaftliche Bedeutung der Vorschrift

Die Vorschrift ist die Umsetzung der Richtlinie (RL) 2003/49/EG über eine gemeinsame Steuerregelung für Zahlungen von Zinsen und Lizenzgebühren zwischen verbundenen Unternehmen verschiedener Mitgliedstaaten (EU-Zins- und Lizenzgebührenrichtlinie[1]) und im Verhältnis zur Schweiz in deutsches Recht. Im Sinne des Binnenmarktgedankens soll eine Doppelbesteuerung von konzerninternen Zins- und Lizenzzahlungen innerhalb der EU vermieden werden. Dazu wird dem Mitgliedstaat, in dem der Nutzungsberechtigte der Zahlungen ansässig ist, das alleinige Besteuerungsrecht zugewiesen. § 50g EStG setzt dieses Ziel um, indem Zahlungen von Zinsen und Lizenzgebühren zwischen verbundenen Unternehmen innerhalb der EU unter den normierten Voraussetzungen vollständig vom Quellensteuerabzug in Deutschland befreit werden.   1

(Einstweilen frei)   2–5

II. Entstehung und Entwicklung der Vorschrift sowie Reformbestrebungen

Die Vorschrift geht auf einen Richtlinien-Vorschlag der EU-Kommission (EU-KOM) aus dem Jahr 1998 zurück, der 2003 als Teil eines Maßnahmenpaketes zur Eindämmung des schädlichen Steuerwettbewerbs[2] beschlossen wurde. § 50g EStG wurde zusammen mit der zugehörigen Anlage 3a[3] mit dem EG-Amtshilfe-Anpassungsgesetz[4] rückwirkend zum 1.1.2004 in das EStG einfügt.   6

Ein Bericht[5] der EU-KOM aus 2009 zeigt Überarbeitungsbedarf der RL auf. Ein hierauf basierender Vorschlag[6] der EU-KOM für eine Neufassung der RL wurde bislang nicht vom Rat verabschiedet. Darin vorgesehen ist u.a., die Anforderungen an die Anteilseignerschaft wie bei der Mutter-Tochter-RL auf 10% (direkte oder indirekte Beteiligung) herabzusetzen. Zudem soll der Anwendungsbereich explizit auf die Europäische Aktiengesellschaft sowie die Europäische Genossenschaft ausgedehnt werden.   7

In Folge der Diskussionen zum OECD/G20-Projekt zur Vermeidung der Aushöhlung der Steuerbemessungsgrundlage und von Gewinnverlagerungen (Base Erosion and Profit Shifting, BEPS) gibt es Bestrebungen einiger Staaten, die RL zu ändern und das Quellenbesteuerungsrecht bei Fehlen einer „effektiven Besteuerung" im Empfängerstaat wieder aufleben zu lassen.[7]   8

(Einstweilen frei)   9–15

---

[1] Richtlinie 2003/49/EG des Rates v. 3.6.2003, ABl. EG 2003 Nr. L 157/49.
[2] Pressemitteilung IP/03/787 v. 3.6.2003.
[3] Seit dem JStG 2008 (BGBl 2007 I 3158), Anlage 3.
[4] In Kraft getreten am 8.12.2004, BGBl 2004 I 3112.
[5] KOM (2009) 179 v. 17.4.2009.
[6] KOM (2011) 714 v. 11.11.2011; http://eur-lex.europa.eu/legal-content/DE/TXT/PDF/?uri=CELEX:52011PC0714&from=EN.
[7] Vgl. weiterführend *Fehling/Schmid*, IStR 2015, 493; *Jarass*, IStR 2014, 741, 742, sieht diese Möglichkeit auch bereits unter der geltenden RL als gegeben an.

III. Geltungsbereich

16 In den Anwendungsbereich der Vorschrift fällt jedes Unternehmen, das in einem EU-Mitgliedstaat ansässig ist, nach den Regeln eines DBA nicht in einem Staat außerhalb der EU als ansässig gilt und eine der in Anlage 3 Nr. 1 zu § 50g EStG aufgeführten Rechtsformen hat. Weitere Voraussetzung ist, dass der Vergütungsgläubiger ein mit dem Schuldner unmittelbar verbundenes Unternehmen (oder dessen Betriebsstätte) ist. Entlastungsfähig sind die in Anlage 3 Nr. 2 genannten Steuern, sofern das Unternehmen ihnen unterliegt und nicht von ihnen befreit ist. § 50g EStG sowie Anlage 3 sind auf Zahlungen zwischen verbundenen Unternehmen aller derzeit 28 EU-Mitgliedstaaten anzuwenden.[1] Übergangsregelungen für einzelne Mitgliedstaaten bestehen seit Ende 2014 nicht mehr.[2] Der „Brexit" könnte jedoch zur Unanwendbarkeit der RL im Verhältnis zu UK führen.

17 Hauptanwendungsbereich der Vorschrift dürften Lizenzzahlungen ins Unionsgebiet sein, da grenzüberschreitende Zinszahlungen nur selten eine beschränkte Steuerpflicht in Deutschland auslösen.[3] Weiterhin reduziert sich der Anwendungsbereich der Vorschrift auf Zahlungen in Fällen, die nicht bereits einer Quellensteuerbefreiung aufgrund von DBA unterliegen[4] oder vom abkommensrechtlichen Zins- und Lizenzbegriff anders als von § 50g Abs. 3 Nr. 4 EStG nicht erfasst werden.[5]

18 Keine Anwendung findet die Steuerbefreiung nach Art. 1 Abs. 1 der RL 2003/49/EG nach der Rechtsprechung des EuGH auf die Hinzurechnungsbeträge gem. § 8 Nr. 1 GewStG a. F.[6] Danach ist die Reichweite der RL auf die Sphäre des Gläubigers begrenzt und berührt innerstaatliche Regelungen über die Bemessungsgrundlage des Zins- und Gebührenschuldners nicht.[7] Diese Perspektive dürfte auch mit Blick auf die Zinsschranke (§ 4h EStG; § 8a KStG)[8] sowie – je nach Ausgestaltung – die mögliche Einführung einer Lizenzschranke[9] von Bedeutung sein.

19–25 *(Einstweilen frei)*

---

[1] Seit Inkrafttreten des Gesetzes zur Anpassung des nationalen Steuerrechts an den Beitritt Kroatiens zur EU und zur Änderung weiterer steuerlicher Vorschriften rückwirkend zum 1. 7. 2013; BGBl 2014 I 1266; *Hörster*, NWB 2014, 1059. Zur übergangsweisen Anwendung s. BMF v. 20. 1. 2014, BStBl 2014 I 110.

[2] http://ec.europa.eu/taxation_customs/taxation/company_tax/interests_royalties/index_de.htm.

[3] *Dörr*, IStR 2005, 109.

[4] Deutsche DBA mit EU-Staaten, die ein Quellenbesteuerungsrecht für Lizenzen vorsehen, sind Bulgarien, Estland, Finnland, Italien, Lettland, Litauen, Luxemburg, Polen, Portugal, Rumänien, Slowakei, Slowenien; vgl. Reststeuersatzliste des BZSt. Die deutsche Verhandlungsgrundlage für Doppelbesteuerungsabkommen v. 22. 8. 2013 sieht eine Quellensteuerbefreiung für Lizenzzahlungen vor.

[5] *Dörr*, IStR 2005, 109, 110.

[6] Zu dieser lange Zeit umstrittenen Frage hat sich der EuGH mit Urteil v. 21. 7. 2011 in der Rs. C-397/09, *Scheuten Solar Technology*, BStBl 2012 II 528, geäußert.

[7] Hierzu weiterführend kritisch *Goebel/Küntschner*, IStR 2011, 630, 633; auch bereits *Goebel/Jacobs*, IStR 2009, 87, 89, unter Verweis auf den „effet utile"-Grundsatz der Auslegung von RL.

[8] Ausführlich zur RL-Konformität der Zinsschranke auch *Führich*, Ubg 2009, 30, 38.

[9] Vgl. „RefE eines Gesetzes gegen schädliche Steuerpraktiken im Zusammenhang mit Rechteüberlassung" v. 19. 12. 2016.

B. Systematische Kommentierung

I. Antragsgebundener Verzicht auf die Quellensteuererhebung (§ 50g Abs. 1 EStG) sowie Ausnahmen (§ 50g Abs. 2 EStG)

Nach § 50g Abs. 1 Satz 1 EStG wird die Quellensteuer auf Antrag nicht erhoben. Die Steuerentlastung kann zum einen **durch Erstattung** der bereits abgeführten Steuerbeträge (§ 50d Abs. 1 EStG s. hierzu KKB/Gebhardt, § 50d EStG Rz. 31 ff.) erfolgen. Hierzu muss der Gläubiger einen formgebunden beantragten Freistellungsbescheid des Bundeszentralamts für Steuern (BZSt) vorlegen. Im Gegensatz zu einer Berufung auf ein DBA ist der Erstattungsbetrag nach § 50g EStG gem. § 50d Abs. 1a EStG nach Ablauf von zwölf Monaten nach ordnungsgemäßer Antragstellung zu verzinsen (§ 238 AO).[1] Zum anderen kann der Steuerabzug bei Vorlage einer gültigen, nach amtlichem Vordruck beantragten Freistellungsbescheinigung des BZSt bereits **bei Zahlung** unterbleiben (Freistellung im Steuerabzugsverfahren, § 50d Abs. 2 EStG s. hierzu KKB/Gebhardt, § 50d EStG Rz. 86 ff.).[2]   26

Bei einer **Veranlagung** des Vergütungsgläubigers im Rahmen seiner beschränkten Steuerpflicht werden die entsprechenden Zinsen und Lizenzgebühren bei der Ermittlung der Einkünfte außer Acht gelassen (§ 50g Abs. 1 Satz 1 EStG, s. hierzu KKB/Gebhardt, § 50d EStG Rz. 86 ff.).   27

§ 50g Abs. 2 Nr. 1 EStG nimmt verdeckte Gewinnausschüttungen (d. h. auch Zinsen, die nach den § 8 Abs. 3 Satz 2, § 8a KStG a. F. i. V. m. § 20 Abs. 1 Nr. 1 Satz 2 EStG eine vGA darstellen[3]) sowie gewinnabhängige Zinsen von der Quellensteuerbefreiung aus. Insoweit macht § 50g EStG von dem entsprechenden Wahlrecht in Art. 4 Abs. 1 der RL Gebrauch. Steuerpflichtig bleiben daher etwa Zinsen aus partiarischen Darlehen, Gewinnschuldverschreibungen und Wandelanleihen.[4] Gemäß § 50g Abs. 2 Nr. 2 EStG gilt dies auch für Zahlungen, soweit sie einem Drittvergleich nicht standhalten (verdeckte Einlagen sowie Korrekturen nach § 1 AStG).   28

(Einstweilen frei)   29–35

II. Begriffsbestimmungen und Beschränkungen (§ 50g Abs. 3 EStG)

Unternehmen als Vergütungsgläubiger: Ein Unternehmen kann die Steuerbefreiung als Gläubiger nur in Anspruch nehmen, wenn es selbst **Nutzungsberechtigter** ist (§ 50g Abs. 3 Nr. 1 Buchst. a EStG). Dieser dem deutschen Steuerrecht ansonsten fremde Begriff wird definiert im Rückgriff auf die Kriterien der allgemeinen Einkünftezurechnung nach § 2 Abs. 1 EStG (s. hierzu KKB/Kanzler, § 2 EStG Rz. 257 ff.). Damit soll die formale Zwischenschaltung von Einrichtungen, denen die Zahlungen letztlich wirtschaftlich nicht zustehen (directive shopping), verhindert werden. Dies entspricht der Ratio der Begriffsbestimmung in Art. 1 Abs. 4 der RL 2003/49/EG.   36

Betriebsstätte als Vergütungsgläubiger: Für die Annahme einer Betriebsstätte (BS) als Nutzungsberechtigter stellt § 50g Abs. 3 Nr. 1 Buchst. b Doppelbuchst. aa EStG auf die „tatsächliche Zugehörigkeit" der Forderung zur Betriebsstätte anstelle eines „konkreten Zusammen-   37

---

1 *Cordewener/Dörr*, GRUR Int 2006, 447, 449 f.
2 Zu den weiteren formalen Voraussetzungen des Entlastungsverfahrens siehe Merkblatt des BZSt unter http://www.bzst.de/DE/Steuern_International/Abzugsteuerentlastung/Freistellung_Erstattung/Merkblaetter/merkblaetter_node.html.
3 BT-Drucks. 15/3679, 20; *Bernhard*, NWB 2004, 2406, 2407.
4 BT-Drucks. 15/3679, 20, 21.

hangs" nach dem Wortlaut von Art. 1 Abs. 5 Buchst. a der RL 2003/49/EG ab und ist insoweit etwas enger gefasst.[1] Mit der bereits in Art. 1 Abs. 5 Buchst. b der RL enthaltenen, sprachlich ausufernd formulierten „subject-to-tax Klausel" in **§ 50g Abs. 3 Nr. 1 Buchst. b Doppelbuchst. bb EStG** soll eine ausreichende Einbeziehung der Zahlungen in die steuerliche Bemessungsgrundlage des Empfängers sichergestellt bzw. eine doppelte Nicht-Besteuerung vermieden werden. Für eine Heranziehung ist es ausreichend, dass die Steuer tatsächlich erhoben wird. Zu einer Steuerzahlung muss es nicht kommen, etwa in Fällen einer Verlustverrechnung.[2]

38 **Betriebsstätte als Vergütungsschuldner:** Auch hier wird im Sinne eines allgemeinen Korrespondenzprinzips auf die tatsächliche steuerliche Erfassung abgestellt (**§ 50g Abs. 3 Nr. 2 EStG**). Nur wenn die Zahlungen bei der Betriebsstätte steuerlich abzugsfähige Betriebsausgaben sind, gilt sie als Schuldner und der Belegenheitsstaat verzichtet auf die Quellensteuer.

39 **Verbot der Doppelzuordnung:** Nach **§ 50g Abs. 3 Nr. 3 EStG** kann die Gläubiger- bzw. Schuldnerstellung nur einmal zugeordnet werden. Wird diese einer Betriebsstätte zugeordnet, kann kein anderer Unternehmensteil als solcher angesehen werden. Ein Wahlrecht bei der Zuordnung besteht nicht, maßgebend sind die tatsächlichen Verhältnisse.[3] Damit soll Qualifikationskonflikten aufgrund von unterschiedlichen Rechtsansichten der beteiligten Finanzbehörden vorgebeugt und die Steuerentlastung im Ergebnis tatsächlich nur einmal gewährt werden.[4]

40 **Zinsbegriff:** Der Begriff der begünstigten Zinsen (**§ 50g Abs. 3 Nr. 4 Buchst. a EStG**) orientiert sich weitgehend am entsprechenden RL-Begriff (Art. 2 Buchst. a der RL 2003/49/EG), der wiederum wortwörtlich der Definition in Art. 11 Abs. 3 OECD-MA entspricht. Er ist daher weit zu verstehen.[5] Hauptanwendungsfall dürften an deutschen Grundstücken grundpfandrechtlich gesicherte Zinsforderungen sein, da nur diese Zinsen i. S. v. § 20 Abs. 1 Nr. 5 EStG (s. hierzu KKB/Kempf, § 20 EStG Rz. 85 ff.) eine beschränkte Steuerpflicht begründen.[6]

41 Ausgenommen von der Begünstigung werden „gewinnabhängige" Einkünfte aus Forderungen (s. § 50g Abs. 2 Nr. 1 Buchst. b EStG). Zuschläge für verspätete Zahlung stellen einen besonderen Schadensersatz dar und gelten daher, ebenso wie Kapitalrückzahlungen, auf die klarstellend hingewiesen wird (Art. 4 Abs. 1 Buchst. a RL 2003/49/EG), nicht als Zinsen.

42 Der in § 50g Abs. 3 Nr. 4a EStG normierte Zinsbegriff spiegelt sich auch in Art. 11 Abs. 2 der deutschen Verhandlungsgrundlage für DBA wider. Eine abweichende Definition enthält § 4h Abs. 3 Satz 2 und 3 EStG (Zinsschranke – s. hierzu KKB/Ortmann-Babel, § 4h EStG Rz. 136 ff.).

43 **Lizenzgebührenbegriff:** **§ 50g Abs. 3 Nr. 4 Buchst. b EStG** übernimmt den Wortlaut von Art. 2 Buchst. b der RL 2003/49/EG. Der Begriff ist weiter als Art. 12 Abs. 2 OECD-MA sowie Art. 12 Abs. 2 der deutschen DBA-Verhandlungsgrundlage und umfasst auch Vergütungen für die Überlassung von (Computer-)Software.[7] Hier können sich Qualifikations- bzw. Abgrenzungsprobleme ergeben.[8] Zudem werden – in Anlehnung an das alte OECD-MA von 1977 – auch

---

1 *Dörr*, IStR 2005, 109, 114.
2 *Wagner* in Blümich, § 50g EStG Rz. 52.
3 *Holthaus* in Lippross/Seibel, Basiskommentar Steuerrecht, § 50g EStG Rz. 14.
4 *Wagner* in Blümich, § 50g EStG Rz. 46.
5 *Führich*, Ubg 2009, 30, 32.
6 *Holthaus* in Lippross/Seibel, Basiskommentar Steuerrecht, § 50g EStG Rz. 15.
7 BT-Drucks. 15/3679, 21.
8 *Wagner* in Blümich, § 50g EStG Rz. 66.

Zahlungen für die Nutzung oder das Recht auf Nutzung von gewerblichen, kaufmännischen oder wissenschaftlichen Ausrüstungen explizit als Lizenzgebühren verstanden.

Nicht vom Lizenzgebührenbegriff erfasst sind Veräußerungstatbestände, etwa in Form von Sukzessivzahlungen für die endgültige Rechteüberlassung. Überwiegen kaufvertragliche Elemente in einer Lizenzvereinbarung, ist § 50g EStG nicht anzuwenden.[1] 44

Unternehmen eines Mitgliedstaates der EU: Die Definition zielt auf eine Abgrenzung zu Nicht-EU-Sachverhalten und ist bereits in Art. 3a der RL 2003/49/EG nahezu wortgleich enthalten. Um unter die Begünstigung fallen zu können, muss das Unternehmen zum einen eine der in Anlage 3 Nr. 1 abschließend aufgeführten **Rechtsformen** aufweisen, d. h., i. d. R. eine Kapitalgesellschaft sein. Eine Personengesellschaft nach deutschen Maßstäben, die aber im anderen Mitgliedstaat wie eine Kapitalgesellschaft besteuert wird, kann ggf. ebenfalls erfasst sein.[2] Anlage 3 Nr. 1 umfasst bislang nicht die Europäische AG (SE). Da diese ihrem Statut nach wie eine nationale Aktiengesellschaft eines EU-Mitgliedstaaten zu behandeln ist, steht ihr gleichwohl das Recht auf Quellensteuerbefreiung zu.[3] Weiterhin muss das Unternehmen in einem EU-Staat **ansässig** sein. Die Legaldefinition der Ansässigkeit in § 50g Abs. 3 Nr. 5 Buchst. a Satz 2 EStG stellt auf die unbeschränkte Steuerpflicht im Inland bzw. eine vergleichbare (d. h. Anlage 3 Nr. 2 entsprechende) Besteuerung im anderen Mitgliedstaat ab. Eine abkommensrechtlich begründete Doppelansässigkeit zwischen einem EU-Staat sowie einem Drittstaat führt zu einer Versagung der Steuerbefreiung; innerhalb der EU ist sie unschädlich. 45

Verbundene Unternehmen: Die Annahme eines verbundenen Unternehmens hängt von einer unmittelbaren Mindestbeteiligung von 25 % ab. Diese Begrenzung des Anwendungsbereiches stellt eines der wesentlichen Defizite der RL dar.[4] Nicht erfasst sind damit mehrstufige mittelbare Beteiligungen oder eine Beteiligung über eine Personengesellschaft.[5] Zudem können manche Konstellationen bei Zahlungen zwischen Schwestergesellschaften problematisch sein.[6] § 50g Abs. 3 Nr. 5 Buchst. b EStG entspricht wörtlich der RL-Vorgabe. Entsprechend seiner Praxis bei der Umsetzung der Mutter-Tochter-Richtlinie in § 43b EStG stellt der Gesetzgeber für die Festlegung der Beteiligungsgrenzen auf die Kapitalbeteiligung (s. hierzu KKB/Quilitzsch, § 43b EStG Rz. 27) anstelle der nach Art. 3 Buchst. b RL 2003/49/EG ebenfalls möglichen Stimmrechte ab. Im Gegensatz zu § 43b Abs. 2 Satz 4 EStG (s. hierzu KKB/Quilitzsch, § 43b EStG Rz. 28) sieht § 50g EStG keine Mindesthaltefrist für die Beteiligung vor, obwohl Art. 1 Abs. 10 der RL eine Frist von bis zu zwei Jahren ermöglicht.[7] 46

Betriebsstätte: Basierend auf dem Wortlaut von Art. 3 Buchst. c der RL 2003/49/EG enthält § 50g Abs. 3 Nr. 5 Buchst. c EStG eine gegenüber § 12 AO eigenständige und insoweit vorrangig anzuwendende Betriebsstättendefinition. Sie orientiert sich eher am tätigkeitsbezogenen abkommensrechtlichen Betriebsstättenbegriff in Art. 5 Abs. 1 OECD-MA.[8] Gegenüber den jeweili- 47

---

1 *Dörr*, IStR 2005, 109, 114.
2 *Holthaus* in Lippross/Seibel, Basiskommentar Steuerrecht, § 50g EStG Rz. 17. Zum Umgang mit hybriden Gesellschaften s. auch weiterführend IBFD Survey on the Implementation of the EC Interest and Royalty Directive, Country Survey Germany v. 19. 12. 2005, 274 ff, http://ec.europa.eu/taxation_customs/resources/documents/common/publications/studies/ir_dir_de_en.pdf
3 *Dörr*, IStR 2005, 109, 114; *Dautzenberg*, StuB 2005, 524, 529; klarstellend *Dörr*, IStR, 2006, 583, 585.
4 *Cordewener/Dörr*, GRUR Int 2006, 447, 448; *Dörr*, IStR 2005, 109, 115 ff.; *Köhler*, DStR 2005, 227, 231.
5 *Wagner* in Blümich, § 50g EStG Rz. 21.
6 *Dörr*, IStR 2005, 109, 115f; *Cordewener/Dörr*, GRUR Int. 2006, 447, 448.
7 *Dörr*, IStR 2005, 109, 115.
8 *Gosch* in Kirchhof, § 50g EStG Rz. 18.

gen DBA-Bestimmungen ist die Definition nur insoweit maßgeblich, als die Abkommensregeln nicht zu einer weitergehenden Entlastung führen.

48–60 *(Einstweilen frei)*

III. Missbrauchsvermeidungsklausel (§ 50g Abs. 4 EStG)

61 § 50g Abs. 4 Satz 1 EStG folgt weitgehend dem Wortlaut von Art. 5 Abs. 2 der RL.[1] Die Tatbestandsvoraussetzungen für die Annahme von Missbrauch sind jedoch sehr unbestimmt.[2] Demnach soll für die Verwehrung der Begünstigung nach Abs. 1 im Sinne eines „principal purpose tests" bereits ausreichen, wenn Steuervermeidung oder Missbrauch einer der hauptsächlichen Beweggründe für die unter § 50g EStG fallenden Geschäftsvorfälle ist. Fraglich ist, inwieweit dies mit der EuGH-Rechtsprechung[3] in Einklang zu bringen ist, nach der lediglich „rein künstliche" Gestaltungen als missbräuchlich anzusehen sind. Auch sekundärrechtliche Regelungen müssen sich am Maßstab des europäischen Primärrechts messen lassen.[4] Ferner ist ein sekundärrechtlicher Missbrauchsvorbehalt eng auszulegen,[5] d. h. die Mitgliedstaaten dürfen die Vorteile der RL nur „ausnahmsweise in besonderen Fällen" versagen.[6] Auch stellt sich die Frage nach dem Verhältnis zur Missbrauchsvermeidung nach § 42 AO.[7]

62 Neben diesem allgemeinen Missbrauchstatbestand sieht **§ 50g Abs. 4 Satz 2 EStG** (s. hierzu KKB/Gebhardt, § 50d EStG Rz. 106 ff.) einen Vorbehalt für die Anwendung innerstaatlicher Missbrauchsvorschriften vor. § 50d Abs. 3 EStG und § 50g Abs. 4 Satz 2 EStG haben unterschiedliche Tatbestandsvoraussetzungen und sind daher unabhängig voneinander anzuwenden.[8]

63–70 *(Einstweilen frei)*

IV. Klarstellung des Vorrangs von DBA-Vergünstigungen (§ 50g Abs. 5 EStG)

71 § 50g Abs. 5 EStG stellt klar, dass auf DBA mit anderen EU-Staaten beruhende weitergehende Quellensteuervergünstigungen bzw. -befreiungen auch weiterhin anzuwenden sind. Diese Regelung kann etwa bei gewinnabhängigen Zinszahlungen relevant sein, für die einige deutsche DBA mit EU-Staaten im Gegensatz zu § 50g Abs. 2 EStG eine Quellensteuerreduzierung vorsehen oder ein deutsches Quellenbesteuerungsrecht ganz ausschließen.[9] Zudem greifen die DBA-Regelungen zur Begrenzung der deutschen Quellensteuer auf Zinsen und Lizenzgebühren anders als bei Dividenden regelmäßig unabhängig von einer Mindestbeteiligungshöhe bzw. einer Verbundenheit der Unternehmen i. S. v. § 50g Abs. 3 Nr. 5 Buchst. b EStG.

72–75 *(Einstweilen frei)*

---

1 Zu den Begrifflichkeiten siehe weitergehend kritisch *Hahn*, IStR 2010, 638, 639 f.
2 Weiterführend *Gosch* in Kirchhof, § 50g EStG Rz. 19.
3 EuGH v. 12. 9. 2006 - C-196/04, *Cadbury Schweppes*, NWB DokID: NAAAC-09456.
4 *Hagemann/Kahlenberg*, IStR 2014, 840, 845; *Führich*, Ubg 2009, 30, 38.
5 *Hagemann/Kahlenberg*, IStR 2014, 840, 845; vgl. EuGH v. 5. 7. 2007 - C-321/05, *Kofoed*, NWB DokID: NAAAC-53734.
6 *Hagemann/Kahlenberg*, IStR 2014, 840, 845; EuGH v. 20. 5. 2010 - C-352/08, *Zwijnenburg*, BFH/NV 2010, 1401 = NWB DokID: TAAAD-45039.
7 In Bezug auf § 50g Abs. 4 EStG vor dem Hintergrund von § 42 AO und § 50d Abs. 3 EStG kritisch *Gosch* in Kirchhof, § 50g EStG Rz. 19, ebenso *Hahn*, IStR 2010, 638. Ausführlich zum Verhältnis zu § 42 AO auch *Wagner* in Blümich, § 50g EStG Rz. 77 ff.
8 BT-Drucks. 15/3679, 21.
9 Auch die deutsche Verhandlungsgrundlage für DBA v. 22. 8. 2013 sieht keine Quellensteuern bei Zinsen und Lizenzgebühren vor.

V. Gleichstellung der Schweiz

In Umsetzung von Art. 15 Abs. 2 des EU-Zinsabkommens[1] mit der Schweiz[2] wird die Schweizerische Eidgenossenschaft einem EU-Staat gleichgestellt, so dass auch im Verhältnis zur Schweiz die Absätze 1 bis 5 Anwendung finden. Der Vorschrift kommt nur in wenigen Fällen Bedeutung zu, in denen die Regelungen des Zinsabkommens für Lizenzgebühren günstiger sein können als die bestehenden Regelungen im DBA-Schweiz.[3]

§ 50h Bestätigung für Zwecke der Entlastung von Quellensteuern in einem anderen Mitgliedstaat der Europäischen Union oder der Schweizerischen Eidgenossenschaft

Auf Antrag hat das Finanzamt, das für die Besteuerung eines Unternehmens der Bundesrepublik Deutschland oder einer dort gelegenen Betriebsstätte eines Unternehmens eines anderen Mitgliedstaats der Europäischen Union im Sinne des § 50g Absatz 3 Nummer 5 oder eines Unternehmens der Schweizerischen Eidgenossenschaft im Sinne des § 50g Absatz 6 Satz 2 zuständig ist, für die Entlastung von der Quellensteuer dieses Staats auf Zinsen oder Lizenzgebühren im Sinne des § 50g zu bescheinigen, dass das empfangende Unternehmen steuerlich im Inland ansässig ist oder die Betriebsstätte im Inland gelegen ist.

Inhaltsübersicht

	Rz.
A. Allgemeine Erläuterungen	1–3

A. Allgemeine Erläuterungen

§ 50g EStG enthält die in materieller Hinsicht bedeutsamen Vorschriften zur Umsetzung der Richtlinie 2003/49/EG und 2004/66/EG und von § 15 Abs. 2 des Zinsabkommens mit der Schweiz und befreit den Zins- und Lizenzgebührenfluss zwischen verbundenen Unternehmen von einer Besteuerung in demjenigen Staat, in dem der Vergütungsschuldner domiziliert.

§ 50h EStG trifft die insoweit notwendigen verfahrensrechtlichen Regelungen. Insofern wird bestimmt, dass das Finanzamt des Ansässigkeitsstaates bzw. der Betriebsstätte über die Ansässigkeit oder Belegenheit im Inland eine Bescheinigung auszustellen hat. Damit soll im

---

1 Das Zinsabkommen mit der Schweiz wurde durch das am 27.5.2015 zwischen der Schweiz und der EU unterzeichnete „Änderungsprotokoll zu dem Abkommen zwischen der Schweizerischen Eidgenossenschaft und der Europäischen Gemeinschaft über Regelungen, die den in der Richtlinie 2003/48/EG des Rates im Bereich der Besteuerung von Zinserträgen festgelegten Regelungen gleichwertig sind" geändert und umbenannt in „Abkommen zwischen der Schweizerischen Eidgenossenschaft und der Europäischen Union über den automatischen Informationsaustausch über Finanzkonten zur Förderung der Steuerehrlichkeit bei internationalen Sachverhalten". Die in Artikel 9 Abs. 2 des Abkommens enthaltenen Vorgaben für die Entlastung vom Steuerabzug für Zinsen und Lizenzgebühren sind strikter als die entsprechenden Regelungen der Zins-LizenzgebührenRL. Insbesondere wird eine zweijährige Mindesthaltefrist eingeführt. Günstigere DBA-Regelungen bleiben auch weiterhin unberührt. Das geänderte Abkommen ist zum 1.1.2017 in Kraft getreten, eine entsprechende Anpassung der Regelungen in § 50g Abs. 6 EStG steht noch aus.
2 ABl. EG 385/30 v. 29.12.2004; Abkommen in Kraft getreten zum 1.7.2005.
3 Beispiele hierfür auch in BT-Drucks. 16/1545, 17 sowie *Dörr*, IStR 2006, 583, 586.

Wege der Verwaltungszusammenarbeit und des Informationsaustauschs zwischen den Mitgliedstaaten der Vollzug des § 50g EStG erleichtert werden.[1]

3 Für die Auslegung des § 50h EStG ist § 50g EStG die zentrale Bezugsnorm. Materiell gibt es jedoch keine Überschneidungen zwischen den beiden Vorschriften, da § 50g EStG die Quellensteuerbefreiung im Inland behandelt, während § 50h EStG die Quellensteuerbefreiung durch einen anderen EU-Mitgliedstaat oder die Schweiz verfahrensrechtlich flankiert.

§ 50i Besteuerung bestimmter Einkünfte und Anwendung von Doppelbesteuerungsabkommen[1, 2]

[2](1) [1]Sind Wirtschaftsgüter des Betriebsvermögens oder sind Anteile im Sinne des § 17

1. vor dem 29. Juni 2013 in das Betriebsvermögen einer Personengesellschaft im Sinne des § 15 Absatz 3 übertragen oder überführt worden,
2. ist eine Besteuerung der stillen Reserven im Zeitpunkt der Übertragung oder Überführung unterblieben, und
3. ist das Recht der Bundesrepublik Deutschland hinsichtlich der Besteuerung des Gewinns aus der Veräußerung oder Entnahme dieser Wirtschaftsgüter oder Anteile ungeachtet der Anwendung dieses Absatzes vor dem 1. Januar 2017 ausgeschlossen oder beschränkt worden,

so ist der Gewinn, den ein Steuerpflichtiger, der im Sinne eines Abkommens zur Vermeidung der Doppelbesteuerung im anderen Vertragsstaat ansässig ist, aus der späteren Veräußerung oder Entnahme dieser Wirtschaftsgüter oder Anteile erzielt, ungeachtet entgegenstehender Bestimmungen des Abkommens zur Vermeidung der Doppelbesteuerung zu versteuern. [2]Als Übertragung oder Überführung von Anteilen im Sinne des § 17 in das Betriebsvermögen einer Personengesellschaft gilt auch die Gewährung neuer Anteile an eine Personengesellschaft, die bisher auch eine Tätigkeit im Sinne des § 15 Absatz 1 Satz 1 Nummer 1 ausgeübt hat oder gewerbliche Einkünfte im Sinne des § 15 Absatz 1 Satz 1 Nummer 2 bezogen hat, im Rahmen der Einbringung eines Betriebs oder Teilbetriebs oder eines Mitunternehmeranteils dieser Personengesellschaft in eine Körperschaft nach § 20 des Umwandlungssteuergesetzes, wenn

1. der Einbringungszeitpunkt vor dem 29. Juni 2013 liegt,
2. die Personengesellschaft nach der Einbringung als Personengesellschaft im Sinne des § 15 Absatz 3 fortbesteht und
3. das Recht der Bundesrepublik Deutschland hinsichtlich der Besteuerung des Gewinns aus der Veräußerung oder Entnahme der neuen Anteile ungeachtet der Anwendung dieses Absatzes bereits im Einbringungszeitpunkt ausgeschlossen oder beschränkt ist oder vor dem 1. Januar 2017 ausgeschlossen oder beschränkt worden ist.

[3]Auch die laufenden Einkünfte aus der Beteiligung an der Personengesellschaft, auf die die in Satz 1 genannten Wirtschaftsgüter oder Anteile übertragen oder überführt oder der im Sinne

---

1 So auch *Weber-Grellet* in Schmidt, § 50h EStG Rz. 1.
2 **Anm. d. Red.:** Zur Anwendung des § 50i siehe § 52 Abs. 48.

des Satzes 2 neue Anteile gewährt wurden, sind ungeachtet entgegenstehender Bestimmungen des Abkommens zur Vermeidung der Doppelbesteuerung zu versteuern. [4]Die Sätze 1 und 3 gelten sinngemäß, wenn Wirtschaftsgüter vor dem 29. Juni 2013 Betriebsvermögen eines Einzelunternehmens oder einer Personengesellschaft geworden sind, die deswegen Einkünfte aus Gewerbebetrieb erzielen, weil der Steuerpflichtige sowohl im überlassenden Betrieb als auch im nutzenden Betrieb allein oder zusammen mit anderen Gesellschaftern einen einheitlichen geschäftlichen Betätigungswillen durchsetzen kann und dem nutzenden Betrieb eine wesentliche Betriebsgrundlage zur Nutzung überlässt.

(2) Bei Einbringung nach § 20 des Umwandlungssteuergesetzes sind die Wirtschaftsgüter und Anteile im Sinne des Absatzes 1 abweichend von § 20 Absatz 2 Satz 2 des Umwandlungssteuergesetzes stets mit dem gemeinen Wert anzusetzen, soweit das Recht der Bundesrepublik Deutschland hinsichtlich der Besteuerung des Gewinns aus der Veräußerung der erhaltenen Anteile oder hinsichtlich der mit diesen im Zusammenhang stehenden Anteile im Sinne des § 22 Absatz 7 des Umwandlungssteuergesetzes ausgeschlossen oder beschränkt ist.

Inhaltsübersicht

	Rz.
A. Allgemeine Erläuterungen	1 - 90
I. Normzweck und wirtschaftliche Bedeutung der Vorschrift	1 - 10
II. Entstehung und Entwicklung der Vorschrift	11 - 20
III. Geltungsbereich	21 - 50
1. Sachlicher Geltungsbereich	21 - 25
2. Persönlicher Geltungsbereich	26 - 35
3. Zeitlicher Geltungsbereich	36 - 50
IV. Vereinbarkeit mit höherrangigem Recht	51 - 75
1. Verfassungsrecht	51 - 65
2. Europarecht	66 - 75
V. Verhältnis zu anderen Vorschriften	76 - 90
B. Systematische Kommentierung	91 - 199
I. Besteuerung von Veräußerungs- und Entnahmevorgängen (§ 50i Abs. 1 Satz 1 EStG)	91 - 110
II. Eröffnung des Anwendungsbereichs durch Einbringungen i. S. d. § 20 UmwStG (§ 50i Abs. 1 Satz 2 EStG)	111 - 120
III. Besteuerung laufender Einkünfte (§ 50i Abs. 1 Satz 3 EStG)	121 - 130
IV. Anwendung auf Betriebsaufspaltungen (§ 50i Abs. 1 Satz 4 EStG)	131 - 140
V. Realisation bei Einbringungen (§ 50i Abs. 2 EStG)	141 - 199
1. Allgemeines	141 - 144
2. Betroffene Wirtschaftsgüter und Einbringungsvorgänge	145 - 167
3. Anteilige „soweit"-Betrachtung	168 - 199
C. Verfahrensfragen	200 - 202

HINWEIS:
BMF v. 26.9.2014, Anwendung der Doppelbesteuerungsabkommen (DBA) auf Personengesellschaften, BStBl 2014 I 1258; BMF v. 21.12.2015, Anwendung des § 50i Absatz 2 EStG (i. d. F. vor BEPS-Umsetzungsgesetz 1), BStBl 2016 I 7 (aufgehoben); BMF v. 5.1.2017, Neufassung des § 50i EStG (durch das BEPS-Umsetzungsgesetz 1), BStBl 2017 I 32.

LITERATUR:
Liekenbrock, „Steuerfreie" Entstrickung oder § 50i EStG ?, IStR 2013, 690; Bron, Der neugefasste § 50i EStG und seine Gefahren – mit Kanonen auf Spatzen zu schießen, DStR 2014, 1849; Ettinger/Beuchert, Wegzugsbesteuerung im Lichte des § 50i EStG, IWB 2014, 680; Rödder/Kuhr/Heimig, § 50i EStG-Strukturen nach dem „Kroatiengesetz" – Warum massive Kollateralschäden drohen, Ubg 2014, 477; Salzmann, „Nachbesserung" des § 50i EStG, Erweiterung des Anwendungsbereichs in Abs. 1 Satz 2 durch das Kroa-

tien-AnpG und dessen Auswirkungen, IWB 2014, 782; *Roderburg/Richter*, Offene Fragen und Probleme bei der Anwendung des § 50i EStG idF des Kroatiengesetzes, IStR 2015, 227; *Brombach-Krüger*, Entschärfung des § 50i EStG?, IStR 2016, 407; *Hernlein/Euchner*, Das Anwendungsschreiben zu § 50i Abs. 2 EStG – Zugleich das Ende der faktischen Umstrukturierungs- und Nachfolgesperre?, BB 2016, 795; *Jehl-Magnus*, Entschärfung der Lex Porsche in Inlandsfällen? – BMF-Schreiben vom 21.12.2015 zur Anwendung des § 50i Abs. 2 EStG, NWB 2016, 1284; *Liekenbrock*, Entschärfung von § 50i EStG durch das Anti-BEPS-Gesetz!?, DStR 2016, 2609; *Stein*, Konsequenzen des § 50i EStG und der Buchwertfortführung nach § 6 Abs. 3 EStG nach dem BMF-Schreiben für (grenzüberschreitende) Erbschafts- und Schenkungsfälle, ZEV 2016, 138; *Strothenke*, Entstrickung von Wirtschaftsgütern und Wiederverstrickung durch § 50i Abs. 1 EStG, StuB 2016, 187; *Adrian/Fey/Selzer*, BEPS-Umsetzungsgesetz 1, StuB 2017, 94; *Jehl-Magnus*, Änderungen im Internationalen Steuerrecht durch das Anti-BEPS-Umsetzungsgesetz I, NWB 2017, 179; *Liekenbrock*, Neuer § 50i Abs. 2 EStG und Aufhebung des Billigkeitserlasses vom 21.12.2015, Anm. zum BMF-Schreiben v. 5.1.2017, ISR 2017, 115; *ders.*, § 50i EStG reloaded! Was ist nun zu tun?, DStR 2017, 177.

A. Allgemeine Erläuterungen

I. Normzweck und wirtschaftliche Bedeutung der Vorschrift

1   In der Vergangenheit wurde versucht, die Wegzugsbesteuerung (§ 6 AStG) durch verdeckte Einlagen (nach § 6 Abs. 1 Nr. 5 Satz 1 Buchst. b EStG erfolgsneutral) der Kapitalgesellschaftsanteile vor dem Wegzug in eine gewerblich geprägte Personengesellschaft zu vermeiden. Die Personengesellschaft sollte abkommensrechtliche Betriebsstätten vermitteln,[1] denen die Kapitalgesellschaftsbeteiligungen zuzuordnen sind, so dass das Besteuerungsrecht hinsichtlich der Anteile trotz des Wegzugs des Gesellschafters im Inland verbleibt[2] und daher auch auf eine Entstrickungsbesteuerung verzichtet wurde. Nach mittlerweile ständiger BFH-Rechtsprechung begründen nationale Gewerblichkeitsfiktionen, wie die bei der gewerblichen Prägung einer Personengesellschaft, jedoch noch keine abkommensrechtlichen Betriebsstätten,[3] so dass das Besteuerungsrecht nach dem Wegzug regelmäßig dem (neuen) Ansässigkeitsstaat des Gesellschafters zusteht.[4] Damit in Fällen, in denen der Wegzug bereits erfolgt ist, bevor die Finanzverwaltung die vom BFH festgestellte Rechtslage realisiert hat, der deutsche Fiskus nicht leer ausgeht, wurde mit dem AmtshilfeRLUmsG[5] ein Treaty Override in Form des § 50i EStG eingeführt.

2   Mit dem StÄndAnpGKroatien[6] wurde der Anwendungsbereich des § 50i EStG erweitert, um auch Fälle zu erfassen, in denen eine gewerblich tätige Personengesellschaft ihren Betrieb nach § 20 UmwStG in eine (Tochter-)Kapitalgesellschaft eingebracht hat und als gewerblich geprägte Personengesellschaft fortbestand, vgl. auch → Rz. 111. Auch wurden die erfassten Betriebsaufspaltungskonstellationen auf Einzelunternehmen ausgedehnt.

---

1 Vgl. auch BMF v. 16.4.2010, BStBl 2010 I 354, Tz. 2.2.1.
2 Art. 7 Abs. 1 OECD-MA.
3 BFH v. 28.4.2010 - I R 81/09, BStBl 2014 II 754; BFH v. 19.5.2010 - I B 191/09, BStBl 2011 II 156; BFH v. 9.12.2010 - I R 49/09, BStBl 2011 I 482; BFH v. 4.5.2011 - II R 51/09, BStBl 2014 II 751; BFH v. 24.8.2011 - I R 46/10, BStBl 2014 II 764; für Betriebsaufspaltungsfälle BFH v. 25.5.2011 - I R 95/10, BStBl 2014 II 760; vgl. auch FG Hamburg v. 12.6.2003 - VI 6/01, EFG 2004, 548, rkr.
4 Art. 13 Abs. 5 OECD-MA.
5 Gesetz zur Umsetzung der Amtshilferichtlinie sowie zur Änderung steuerlicher Vorschriften v. 26.6.2013, BStBl 2013 I 1809.
6 Gesetz zur Anpassung des nationalen Steuerrechts an den Beitritt Kroatiens zur EU und zur Anpassung weiterer steuerlicher Vorschriften v. 25.6.2014, BGBl 2014 I 1266.

Ferner wollte der Gesetzgeber mit dem Abs. 2 ein Leerlaufen des § 50i EStG im Fall von Umwandlungen bzw. Einbringungen („Veräußerungen" zum Buchwert) vermeiden.[1] **3**

Über die ungewünschten Gestaltungen hinaus stand der Wortlaut des Abs. 2 jedoch bis zur erneuten Änderung des § 50i EStG durch das BEPS-Umsetzungsgesetz 1[2] allgemein steuerneutralen Übertragungen nach § 6 Abs. 3 EStG und § 6 Abs. 5 EStG oder Buchwertübertragungen nach dem UmwStG entgegen. Daher kam der Vorschrift auch über Einbringungen nach § 20 UmwStG hinaus eine enorme Bedeutung zu, insbesondere da bis heute nicht abschließend geklärt ist, inwieweit Abs. 2 einschränkend auszulegen war. **4**

(Einstweilen frei) **5–10**

II. Entstehung und Entwicklung der Vorschrift

Nachdem der BFH abkommensrechtlich eine Betriebsstätte im Fall von gewerblich geprägten Personengesellschaften verneinte,[3] wurde § 50i EStG mit dem AmtshilfeRLUmsG[4] eingeführt.[5] Ursprünglich war die Regelung bereits zuvor im Zuge des JStG 2013 angedacht worden.[6] **11**

Mit dem StÄndAnpGKroatien[7] wurde die Vorschrift neu gefasst. Die Änderung ist nach einer Prüfbitte des Bundesrates[8] durch die Beschlussempfehlungen des BT-Finanzausschusses ins Gesetzgebungsverfahren gelangt.[9] Mit dem ZollkodexAnpG[10] wurde ein Redaktionsversehen bzgl. der Anwendungsvorschrift für § 50i Abs. 1 Satz 4 EStG korrigiert.[11] **12**

Insbesondere wegen des überschießenden Wortlauts des Abs. 2 waren weitere Reformdiskussionen absehbar.[12] Mit dem BEPS-Umsetzungs-Gesetz 1[13] wurde der Anwendungsbereich des Abs. 1 und Abs. 2 schließlich eingeschränkt. **13**

(Einstweilen frei) **14–20**

---

1 BT-Drucks. 18/1995, 116; Finanzausschuss Protokoll-Nr. 18/12, 125 ff.
2 Gesetzes zur Umsetzung der Änderungen der EU-Amtshilferichtlinie und von weiteren Maßnahmen gegen Gewinnkürzungen und -verlagerungen v. 20.12.2016, BGBl 2016 I 3000.
3 BFH v. 28.4.2010 - I R 81/09, BStBl 2014 II 754.
4 Gesetz zur Umsetzung der Amtshilferichtlinie sowie zur Änderung steuerlicher Vorschriften v. 26.6.2013, BGBl 2013 I 1809.
5 Vgl. auch BT-Drucks. 17/13722.
6 BT-Drucks. 17/11844, 11; BR-Drucks. 632/1/12, 16 bzw. im weiteren Anlauf BR-Drucks. 139/13, 26 und 141.
7 Gesetz zur Anpassung des nationalen Steuerrechts an den Beitritt Kroatiens zur EU und zur Anpassung weiterer steuerlicher Vorschriften v. 25.6.2014, BGBl 2014 I 1266.
8 BR-Drucks. 184/14 (Beschluss), 15 f.
9 BT-Drucks. 18/1995, 23.
10 Gesetz zur Anpassung der Abgabenordnung an den Zollkodex der Union und zur Änderung weiterer steuerlicher Vorschriften vom 22.12.2014, BGBl 2014 I 2417.
11 BR-Drucks. 432/14, 44; vgl. dazu *Bodden*, DB 2014, 2371, 2373 f.; *Hechtner*, NWB 2014, 2610, 2611; *Liekenbrock* in Flick/Wassermeyer/Baumhoff/Schönfeld, § 50i EStG Rz. 128.
12 Vgl. z.B. *Bron*, DStR 2014, 1849, 1855; *Köhler*, ISR 2014, 317; *Lüdicke*, FR 2015, 132; *Rödder/Kuhr/Heimig*, Ubg 2014, 477; *Rödder*, DB 2015, 1422; dies galt auch noch nach Veröffentlichung des BMF-Schreibens zu § 50i Abs. 2 EStG, *van Lishaut/Hanning*, FR 2016, 50; *Benz/Böhmer*, DStR 2016, 145, 153; *Köhler*, ISR 2016, 73; *Brombach-Krüger*, IStR 2016, 407, 411.
13 Gesetz zur Umsetzung der Änderungen der EU-Amtshilferichtlinie und von weiteren Maßnahmen gegen Gewinnkürzungen und -verlagerungen v. 20.12.2016, BGBl 2016 I 3000.

III. Geltungsbereich

1. Sachlicher Geltungsbereich

21 Zum sachlichen Anwendungsbereich vgl. → Rz. 91 ff.

22–25 *(Einstweilen frei)*

2. Persönlicher Geltungsbereich

26 In persönlicher Hinsicht werden von § 50i EStG Stpfl. erfasst, die abkommensrechtlich entsprechend Art. 4 OECD-MA in einem anderen Vertragsstaat ansässig sind und zwar zum Zeitpunkt

- der Realisierung eines Veräußerungs- oder Entnahmegewinns (§ 50i Abs. 1 Satz 1 und 4 EStG) oder
- im Erfassungszeitpunkt der laufenden Einkünfte (§ 50i Abs. 1 Satz 3 und 4 EStG) oder
- am steuerlichen Übertragungsstichtag im Rahmen von Einbringungen i. S. d. § 20 UmwStG (§ 50i Abs. 2 EStG).

27 Erfasste Steuerpflichtige können sowohl natürliche Personen als auch, wegen § 8 Abs. 1 KStG, Körperschaften[1] sein.

28 Sind an einer Personengesellschaft sowohl Gesellschafter, die abkommensrechtlich in einem anderen Vertragsstaat ansässig sind, als auch andere Gesellschafter beteiligt, greift § 50i EStG mit seinen Rechtsfolgen nur anteilig, entsprechend der vermögensmäßigen Beteiligung der abkommensrechtlich im Ausland ansässigen Gesellschafter.[2] Soweit Gesellschafter beteiligt sind, die im Inland oder Nicht-DBA-Ausland ansässig sind oder die zwar ggf. im DBA-Ausland unbeschränkt steuerpflichtig sind, jedoch aufgrund der DBA-Bestimmungen nicht im DBA-Sinne im Ausland ansässig sind (bspw. Ausnahmen von der abkommensrechtlichen Ansässigkeit im Ausland entsprechend Art. 4 Abs. 1 Satz 2 OECD-MA oder Anwendung der „tie breaker rule" entsprechend Art. 4 Abs. 2 OECD-MA zugunsten der Ansässigkeit im Inland), greift § 50i EStG nicht.

29–35 *(Einstweilen frei)*

3. Zeitlicher Geltungsbereich

36 Der zeitliche Anwendungsbereich von § 50i Abs. 1 Satz 1 EStG (zuvor § 50i Satz 1 EStG) ist in § 52 Abs. 48 Satz 1 EStG (zuvor § 52a Abs. 59d Satz 1 EStG) so geregelt, dass die Norm auf Veräußerungen oder Entnahmen nach dem 29. 6. 2013 (Tag der Verkündung des Amtshilfe-RLUmsG im BGBl) anzuwenden ist. Die Tatbestände des § 50i Abs. 1 Satz 1 Nr. 1 und 2 EStG erfordern zudem, dass die entsprechend später veräußerten bzw. entnommenen Wirtschaftsgüter vor dem 29. 6. 2013 ohne Aufdeckung von stillen Reserven auf eine fiktiv gewerbliche Personengesellschaft i. S. d. § 15 Abs. 3 EStG übertragen oder überführt wurden. Entsprechendes gilt für die gem. § 50i Abs. 1 Satz 2 EStG der Übertragung oder Überführung gleichgestellten Einbringung i. S. d. § 20 UmwStG. Obwohl diese Gleichstellung erst mit dem StÄndAnpG-Kroatien am 30. 6. 2014 im BGBl verkündet wurde, enthält die Anwendungsregelung also keine Einschränkungen für die einer Einbringung nachfolgenden Veräußerungen oder Entnahmen

---

1 Vgl. auch R 8.1 Abs. 1 Nr. 1 KStR 2015.
2 BMF v. 26. 10. 2014, BStBl 2014 I 1258, Tz. 2.3.3.1 (für Abs. 1); BT-Drucks. 18/1995, 116 f. (für Abs. 2); a. A. BMF v. 21. 12. 2015, BStBl 2016 I 7.

zwischen dem 29.6.2013 und dem 30.6.2014; erforderlich ist insofern lediglich, dass die Einbringung vor dem 29.6.2013 erfolgt ist. Seit der durch das BEPS-Umsetzungsgesetz 1 bewirkten Ergänzung des § 50i Abs. 1 Satz 1 Nr. 3 bzw. Satz 2 Nr. 3 EStG verlangt der Tatbestand zudem die Einschränkung des deutschen Besteuerungsrechts vor dem 1.1.2017.

Hinsichtlich der in § 50i Abs. 1 Satz 3 EStG (zuvor § 50i Satz 2 EStG) angeordneten Besteuerung der laufenden Einkünfte bestimmt die Regelung des § 52 Abs. 48 Satz 2 EStG (zuvor § 52a Abs. 59d Satz 2 EStG) die Anwendung in allen noch nicht bestandskräftig festgesetzten Fällen. 37

Bei der Erfassung der Betriebsaufspaltungsfälle (§ 50i Abs. 1 Satz 4 EStG) ist zwischen Konstellationen mit Personengesellschaften und Einzelunternehmen zu differenzieren. Veräußerungen oder Entnahmen eines Einzelunternehmers sind aufgrund der Neufassung durch das StÄndAnpG-Kroatien betroffen, wenn sie nach dem 31.12.2013 stattfinden, § 52 Abs. 48 Satz 3 EStG, vgl. auch → Rz. 12. Im Personengesellschaftskontext waren bereits zuvor Veräußerungen und Entnahmen erfasst, wenn sie nach dem 29.6.2013 stattfanden (§ 52a Abs. 59d Satz 1 EStG a. F.). 38

Die mit dem StÄndAnpG-Kroatien eingeführten Regelungen des § 50i Abs. 2 EStG a. F. kamen nach § 52 Abs. 48 Satz 4 und 5 EStG bereits für Umwandlungen (unabhängig vom steuerlichen Übertragungsstichtag), bei denen der Umwandlungsbeschluss nach dem 31.12.2013 erfolgt ist, für Einbringungen, bei denen der Einbringungsvertrag nach dem 31.12.2013 geschlossen wurde und bei Übertragungen, Überführungen oder einem Strukturwandel nach dem 31.12.2013 zur Anwendung. 39

Aufgrund der Änderungen durch das BEPS-Umsetzungsgesetz 1 gilt die aktuelle Regelung des § 50i Abs. 2 EStG bereits für Einbringungen, bei denen der Einbringungsvertrag nach dem 31.12.2013 geschlossen wurde. Unklar könnte sein, wie sich in diesem Zusammenhang der entsprechende Austausch der alten Anwendungsregel des § 52 Abs. 48 Satz 4 und 5 EStG durch den aktuellen Satz 4 auf andere Umwandlungen, Übertragungen, Überführungen sowie Strukturwandel auswirkt, die zwischen dem 31.12.2013 sowie dem Inkrafttreten der Neuregelung am 24.12.2016 erfolgten.[1] Richtigerweise muss die Neuregelung auch über Einbringungen hinaus den alten Anwendungsbereich verdrängen, so dass die Folgen des § 50i Abs. 2 EStG a. F. für sämtliche genannten Vorgänge rückwirkend entfallen.[2] Dies ist auch die Auffassung der FinVerw.[3] 40

(Einstweilen frei) 41–50

IV. Vereinbarkeit mit höherrangigem Recht

1. Verfassungsrecht

Durch § 50i Abs. 1 EStG wird ein Treaty Override angeordnet; die Besteuerung des Veräußerungs- bzw. Entnahmegewinns soll ungeachtet von DBA vorgenommen werden. Nachdem der BFH bereits in mehreren Vorlagebeschlüssen die Frage nach der verfassungsrechtlichen Zuläs- 51

---

1 *Liekenbrock*, DStR 2016, 2609, 2616; *Adrian/Fey/Selzer*, StuB 2017, 94, 97; vgl. jedoch auch *Liekenbrock*, ISR 2017, 115, 116.
2 So auch die Gesetzesintention, BT-Drucks. 18/10506, 83.
3 Die Neufassung ersetzt die Vorschrift „rückwirkend und umfassend. § 50i Abs. 2 EStG i. d. F. des Artikel 2 des Gesetzes vom 25.7.2014 ist somit zu keinem Zeitpunkt anzuwenden"; BMF v. 5.1.2017 BStBl 2017 I 32.

sigkeit von Treaty Override-Vorschriften an das BVerfG gerichtet hatte,[1] hat dieses bereits in einem ersten Beschluss die Vereinbarkeit eines Treaty Overrides mit der Verfassung anerkannt.[2]

52 Der Wortlaut des § 50i Abs. 2 EStG a. F. erfasste nicht nur Fälle, in denen die inländische Besteuerung gefährdet ist. Zumindest soweit keine einschränkende Auslegung des Wortlautes in Betracht kommt, stellen sich verfassungsrechtliche Fragen, u. a. hinsichtlich des Leistungsfähigkeitsprinzips und des Gleichheitsatzes des Art. 3 GG.[3] Das gilt insbesondere vor dem Hintergrund der in § 15 EStG getroffenen Grundsatzentscheidung des Gesetzgebers, gewerblich tätige und fiktiv gewerbliche Personengesellschaften gleich zu besteuern. Durch die mit dem BEPS-Umsetzungsgesetz 1 bewirkten Änderungen ist die Problematik nach der hier vertretenen und von der FinVerw geteilten Auffassung (→ Rz. 40) entfallen.

53 Da die Regel des § 50i Abs. 1 Satz 1 EStG erst für Veräußerungen bzw. Entnahmen nach dem 29. 6. 2013 zur Anwendung kommt, dürfte mit der Norm nicht zwangsweise eine unzulässige Rückwirkung verbunden sein.[4] Zwar werden letztlich auch vor der Gesetzesverkündung entstandene stille Reserven der Besteuerung unterworfen, doch sollte die durch § 50i Abs. 1 Satz 1 EStG angeordnete Besteuerung kein Vertrauen verletzen, wenn im Vorfeld keine Entstrickung erklärt wurde und daher von einem unveränderten Besteuerungsrecht Deutschlands ausgegangen wurde. Etwas anderes sollte hingegen zumindest dann gelten, wenn die Veranlagung des Wegzugsjahres bereits bei Ergehen der Rechtsprechung bestandskräftig war, die zur Einführung des § 50i EStG geführt hat, vgl. → Rz. 1, und Stpfl. entsprechend auf die Entstrickung vertrauen durften.

54 Die Besteuerung der laufenden Einkünfte nach § 50i Abs. 1 Satz 3 EStG in allen noch offenen Fällen ist mit einer als verfassungswidrig anzusehenden Rückwirkung verbunden, da sie der „richtigen" Abkommensauslegung widerspricht.[5]

55 Rückwirkungsthematiken ergeben sich auch in Bezug auf § 50i Abs. 2 EStG (alte und neue Fassung). Ebenso verfassungsrechtlich bedenklich können die Anwendungsregelungen des § 50i Abs. 1 Satz 2 und 4 EStG sein,[6] wenngleich sie sich durch die Vermeidung einer Entstrickungsbesteuerung für Stpfl. auch vorteilhaft auswirken können.

56–65 *(Einstweilen frei)*

2. Europarecht

66 Grundsätzlich ist davon auszugehen, dass ein Treaty Override nicht zu einer Beschränkung der Grundfreiheiten des AEUV führt, da es in Deutschland zu keiner höheren Besteuerung als im reinen Inlandsfall führt.[7] Teilweise wird allerdings überlegt, die durch § 50i Abs. 1 EStG angeordnete Durchbrechung der DBA-gemäßen Aufteilung der Besteuerungsbefugnisse durch die

---

[1] BFH v. 10. 1. 2012 - I R 66/09, BFH/NV 2012, 1056 = NWB DokID: RAAAE-09077; BFH v. 11. 12. 2013 - I R 4/13, BStBl 2015 II 791; BFH v. 20. 8. 2014 - I R 86/13, BStBl 2015 II 18.
[2] BVerfG v. 15. 12. 2015 - 2 BvL 1/12, NWB DokID: YAAAF-66859 (aufgrund Vorlage I R 66/99).
[3] Ähnlich *Köhler*, ISR 2016, 73, 74 sowie *Stein*, ZEV 2016, 138, 142.
[4] A. A. *Micker*, IWB 2013, 6, 10; vgl. auch *Liekenbrock* in Flick/Wassermeyer/Baumhoff/Schönfeld, § 50i EStG Rz. 17, 27 ff.
[5] *Kudert/Kahlenberg/Mroz*, ISR 2014, 257, 260, m. w. N.; a. A. *Mitschke*, FR 2013, 694, 699; BR-Drucks. 139/13, 148.
[6] *Kudert/Kahlenberg/Mroz*, ISR 2014, 257, 260 ff.; *Ortmann-Babel/Bolik/Zöller*, DB 2014, 1570, 1576.
[7] EuGH v. 14. 11. 2006 - C-513/04, *Kerckhaert und Morres*, Slg. I 2006, 10981; v. 6. 12. 2007 - C-298/05, *Columbus Container Services*, Slg. I 2007, 10497, EWS 2008, 39, m. Anm. *Bron*; *Bron*, IStR 2007, 431, 434 f.

Mitgliedstaaten als diskriminierend einzustufen, insbesondere was die Besteuerung der laufenden Einkünfte betrifft.[1]

Soweit die Anwendung des § 50i EStG zu einer Mehrbelastung im Vergleich zum Inlandsfall führt, insbesondere in den Fällen des § 50i Abs. 2 EStG, und keine teleologische Reduktion des Anwendungsbereichs in Betracht kommt, liegt eine nicht zu rechtfertigende Beschränkung der Grundfreiheiten sowie – bei entsprechenden Umwandlungen – auch der Fusions-Richtlinie vor.[2] Die „Lösung" des BMF, im Gegensatz zur hier vertretenen Auffassung § 50i Abs. 2 EStG a. F. in In- und Auslandsfällen gleichermaßen anwenden zu wollen,[3] jedoch in Inlandsfällen Billigkeitslösungen zu gewähren, vermied die europarechtliche Problematik nicht.[4] Entsprechend ist auch die aktuelle Fassung des § 50 Abs. 2 EStG unverändert als problematisch einzustufen.[5] 67

(Einstweilen frei) 68–75

V. Verhältnis zu anderen Vorschriften

Zum Verhältnis zu **§ 4 Abs. 1 Satz 3 EStG**, vgl. → Rz. 98. Die FinVerw geht wohl, in Übereinstimmung mit der gesetzgeberischen Intention, davon aus, dass § 50i EStG die Besteuerung auch rückwirkend sichert.[6] In der Literatur wird, unter Inbezugnahme der in → Rz. 1 genannten Rechtsprechung, hingegen darauf hingewiesen, dass in bestimmten Fallkonstellationen bis zur Einführung des § 50i EStG entstandene stille Reserven entstrickt waren, so dass die entsprechenden Wirtschaftsgüter mit der § 50i EStG-Einführung nach **§ 4 Abs. 1 Satz 8 EStG** i.V. m. § 6 Abs. 1 Nr. 5a EStG mit dem gemeinen Wert anzusetzen sind.[7] 76

Die Anwendung von § 50i EStG (ungeachtet von DBA) kann zu einer Doppelbesteuerung führen. Eine Steueranrechnung nach **§ 34c EStG** dürfte mangels ausländischer Einkünfte und wohl in den überwiegenden Fällen auch mangels unbeschränkter Steuerpflicht ausscheiden.[8] Ein Verständigungsverfahren ist möglich.[9] 77

Durch § 50i Abs. 1 EStG wird lediglich die Prüfung eines abkommensrechtlichen Besteuerungsrechts entbehrlich gemacht. Die Besteuerung eines Veräußerungs- bzw. Entnahmegewinns erfordert dessen ungeachtet eine Steuerpflicht nach nationalen Normen, insbesondere nach **§ 49 EStG**.[10] 78

Als Rechtsfolge ordnete § 50i Abs. 2 EStG a. F. in bestimmten Fällen, abweichend von **§ 6 Abs. 3 EStG, § 6 Abs. 5 EStG** sowie den Vorschriften des **UmwStG**, zwingend den Ansatz mit gemeinen Werten an. § 50i Abs. 2 EStG a. F. suspendierte in diesen Fällen die in den anderen Vorschriften 79

---

1 *Neumann-Tomm*, in Lademann, § 50i EStG Rz. 13 f.
2 *Bron*, DStR 2014, 1849, 1855; *Kudert/Kahlenberg/Mroz*, ISR 2014, 257, 263; weniger kritsch *Ettinger/Beuchert*, IWB 2014, 680, 686; vgl. auch *Benz/Böhmer*, DStR 2016, 145, 151, welche neben einer unverhältnismäßigen Sofortbesteuerung auch die vom BMF im Schreiben v. 21. 12. 2015, BStBl 2016 I 7, Tz. 2.1.1 für Billigkeitsmaßnahmen geforderte doppelte Steuerverhaftung kritisieren; vgl. auch *Jehl-Magnus*, NWB 2016, 1284, 1286 f. und 1292.
3 BMF v. 21.12.2015. BStBl 2016 I 7.
4 *Köhler*, ISR 2016, 73, 78.
5 *Liekenbrock*, DStR 2016, 2609, 2614; a. A. BT-Drucks. 18/10506, 82.
6 BMF v. 26. 10. 2014, BStBl 2014 I 1258, Tz. 2.3.3.
7 *Lüdicke*, FR 2015, 132, 136 f., m. w. N.; *Strothenke*, StuB 2016, 187, 189; vgl. auch *Roderburg/Richter*, IStR 2015, 227, 230; a. A. *Hruschka*, DStR 2014, 2421, 2422 f.
8 Vgl. jedoch auch *Bodden* in Korn, § 50i EStG Rz. 27.
9 BMF v. 26. 9. 2014, BStBl 2014 I 1258, Tz. 2.3.3.6.
10 *Pohl*, IStR 2013, 699, 701; *Bron*, DStR 2014, 1849, 1852.

vorgesehenen bzw. möglichen Wertansätze. Aufgrund der mit dem BEPS-Umsetzungsgesetz 1 erfolgten (rückwirkenden) Änderung gilt dies nur noch in Bezug auf bestimmte Einbringungen nach § 20 UmwStG.

80 Die Anwendung von § 50i EStG und **§ 6 AStG** schließen sich aus, weil § 6 AStG Regelungen für Anteile i. S. d. § 17 EStG (Privatvermögen) trifft, während § 50i EStG Regelungen für eine (ggf. fingierte) Realisation von stillen Reserven im Betriebsvermögen enthält.

81–90 *(Einstweilen frei)*

B. Systematische Kommentierung

I. Besteuerung von Veräußerungs- und Entnahmevorgängen (§ 50i Abs. 1 Satz 1 EStG)

91 **Tatbestandlich** verlangt § 50i Abs. 1 Satz 1 EStG insbesondere drei Merkmale: Zum einen müssen Wirtschaftsgüter des Betriebsvermögens oder Anteile i. S. d. § 17 EStG vor dem 29. 6. 2013 in das Betriebsvermögen (inkl. Sonderbetriebsvermögen) einer Personengesellschaft i. S. d. § 15 Abs. 3 EStG (fiktiv gewerbliche Personengesellschaft aufgrund gewerblicher Infektion oder gewerblicher Prägung) übertragen oder überführt worden sein. Zum anderen darf keine (nach FinVerw-Auffassung vollständige)[1] Aufdeckung der im Zeitpunkt der Übertragung oder Überführung vorhandenen stillen Reserven erfolgt sein. Ferner muss das deutsche Besteuerungsrecht hinsichtlich der Besteuerung eines Veräußerungs- oder Entnahmegewinns vor dem 1. 1. 2017 eingeschränkt worden sein, wobei bei der Prüfung der Einschränkung des Besteuerungsrechts eine etwaige Sicherung der Besteuerung durch § 50i Abs. 1 EStG unberücksichtigt bleibt. Aus dem Aufbau des § 50i Abs. 1 Satz 1 EStG sowie der Gesetzeshistorie folgt m. E. zudem, dass die Einschränkung des deutschen Besteuerungsrechts (§ 50i Abs. 1 Satz 1 Nr. 3 EStG) nach der steuerneutralen Wirtschaftsgutübertragung bzw. -überführung (§ 50i Abs. 1 Satz 1 Nr. 1 und Nr. 2 EStG) erfolgt sein muss.

92 Bezüglich des Begriffs der Übertragung (Rechtsträgerwechsel) sowie der Überführung (kein Rechtsträgerwechsel) kann grds. auf die Kommentierung zu § 6 Abs. 5 EStG verwiesen werden, obwohl weitere Übertragungsvorgänge denkbar sind, bspw. aufgrund von Anwachsung oder Realteilung. Der Übertragung oder Überführung werden durch § 50i Abs. 1 Satz 2 EStG bestimmte Einbringungsvorgänge gleichgestellt, vgl. → Rz. 111. Weder eine Übertragung noch eine Überführung liegt vor, wenn Wirtschaftsgüter originär im Betriebsvermögen der Personengesellschaft entstehen.[2] Die Übertragung bzw. Überführung muss vor dem 29. 6. 2013 stattgefunden haben. Bei Übertragung ab dem 29. 6. 2013 sichert die von § 50i Abs. 1 Satz 1 EStG angeordnete Rechtsfolge (Treaty Override) nicht die inländische Besteuerung, so dass bei der Übertragung bzw. Überführung die allgemeinen Entstrickungsnormen (§ 4 Abs. 1 Satz 3 f. EStG, § 6 Abs. 5 Satz 1 EStG, § 12 KStG) zu prüfen sind. Entsprechend schützt auch § 50i Abs. 1 EStG nicht vor Entstrickungen, welche nach dem 31. 12. 2016 stattfinden (§ 50i Abs. 1 Satz 1 Nr. 3 und Satz 2 Nr. 3 EStG), sodass auch insofern die allgemeinen Entstrickungsnormen zu prüfen sind; der Anwendungsbereich des § 50i EStG beschränkt sich auf Altfälle. Allenfalls kann bei einer zeitraumbezogenen Betrachtung aufgrund des Wortlauts entgegen der gesetz-

---

1 BMF v. 26. 9. 2014, BStBl 2014 I 1258, Tz. 2.3.3.2.
2 *Pohl*, IStR 2013, 699, 700.

geberischen Intention überlegt werden, ob § 50i EStG auch dann nach dem 31.12.2016 eingreifen und vor einer Entstrickungsbesteuerung schützen kann, wenn vor dem 1.1.2017 bereits einmal eine Einschränkung des deutschen Besteuerungsrechts eingetreten ist, welche anschließend jedoch wieder entfallen ist.[1]

Die Frage, ob Anteile i. S. d. § 17 EStG übertragen oder überführt wurden, ist sachgerechterweise nach der im Zeitpunkt der Übertragung bzw. Überführung geltenden Fassung des § 17 EStG („Wesentlichkeitsgrenze") zu beurteilen.[2] 93

Wurden Wirtschaftsgüter des Privatvermögens (mit Ausnahme von Anteilen i. S. d. § 17 EStG) übertragen oder überführt, ist der Anwendungsbereich insoweit nicht eröffnet. Einbringungsgeborene Anteile alten Rechts (§ 21 UmwStG a. F.) dürften zudem nicht als Anteile i. S. d. § 17 EStG zu qualifizieren sein, weil § 17 EStG auf diese Anteile nicht anzuwenden ist.[3] 94

Die Personengesellschaft, auf welche die Übertragung oder Überführung erfolgt, muss eine i. S. d. § 15 Abs. 3 EStG sein. Originär gewerblich tätige Personengesellschaften werden nicht von § 50i EStG erfasst. Dem Wortlaut sowie dem Sinn und Zweck der Norm nach lässt sich entnehmen, dass die Qualifikation der Personengesellschaft im Zeitpunkt der Übertragung bzw. Überführung entscheidend ist. Zumindest bis zur Einführung des § 50i Abs. 2 EStG war wohl entsprechend davon auszugehen, dass der Anwendungsbereich damit auch dann eröffnet ist, wenn eine fiktiv gewerbliche Personengesellschaft nach der Übertragung bzw. Überführung originär gewerblich tätig wird.[4] Aus § 50i Abs. 2 Satz 3 EStG a. F. sollte sich jedoch ableiten lassen, dass eine Anwendung auf originär gewerblich tätige Personengesellschaften auch dann ausscheidet, wenn sie zum Zeitpunkt der Übertragung oder Überführung fiktiv gewerblich war. 95

Von § 50i EStG wird auch nicht der Fall erfasst, in dem eine gewerblich tätige Personengesellschaft die entsprechenden Tätigkeiten nach der Übertragung bzw. Überführung eingestellt hat und als fiktiv gewerbliche Personengesellschaft fortbesteht.[5] Voraussetzung ist hierbei allerdings, dass die Einstellung der gewerblichen Tätigkeit nicht durch einen Vorgang erfolgt, für den § 50i Abs. 1 Satz 2 EStG die Anwendung von § 50i EStG anordnet. 96

Als **Rechtsfolge** ordnet § 50i Abs. 1 Satz 1 EStG an, dass ein späterer (also der Übertragung bzw. Überführung nachfolgender) Veräußerungs- oder Entnahmegewinn, den ein abkommensrechtlich im Ausland Ansässiger mit den übertragenen bzw. überführten Wirtschaftsgütern bzw. Anteilen erzielt, auch dann im Inland zu besteuern ist, wenn DBA-Regelungen dem entgegenstehen (Treaty Override). Voraussetzung für die Besteuerung bleibt jedoch eine Steuerpflicht nach deutschem innerstaatlichen Steuerrecht, vgl. → Rz. 78. Konsequenz der Rechtsfolge ist zugleich, dass das deutsche Besteuerungsrecht hinsichtlich der übertragenen bzw. überführten Wirtschaftsgüter (inkl. Anteilen) gesichert ist und – trotz der in → Rz. 1 angesprochenen Rechtsprechung – keine Entstrickungsbesteuerung im Vorfeld der späteren Veräußerung 97

---

1 *Liekenbrock*, DStR 2017, 177, 180.
2 *Liekenbrock* in Flick/Wassermeyer/Baumhoff/Schönfeld, § 50i EStG Rz. 73.
3 *Liekenbrock*, IStR 2013, 690, 693; *Bron*, DStR 2014, 1849, 1851; *Gosch* in Kichhof, § 50i EStG Rz. 14 sogar auch für sperrfristbehaftete Anteile nach § 22 UmwStG; a. A. BMF v. 26. 9. 2014, BStBl 2014 I 1258, Tz. 2.3.3., dem folgend offenbar *Bäuml* in Frotscher/Geurts, § 50i EStG Rz. 51.
4 A. A. *Liekenbrock*, IStR 2013, 690, 692 f.; *Gosch* in Kirchhof, § 50i EStG Rz. 10; *Bäuml* in Frotscher, § 50i EStG Rz. 60.
5 *Liekenbrock*, IStR 2013, 690, 693; *Bron*, DStR 2014, 1849, 1551; *Bäuml* in Frotscher/Geurts, § 50i EStG Rz. 59.

bzw. Entnahme stattfand. Wegen § 50i Abs. 1 Satz 1 (und 2) Nr. 3 EStG besteht diese Schutzwirkung jedoch auch nicht unbeschränkt. Eine Entstrickungsbesteuerung kann durch § 50i Abs. 1 EStG nur in Bezug auf Vorgänge verhindert werden, die vor dem 1.1.2017 stattfinden.

98 Veräußerungen i. S. d. § 50i EStG können auch Tauschvorgänge oder Umwandlungen sein. Eine Entnahme ist ein Vorgang i. S. d. § 4 Abs. 1 Satz 2 EStG. Ein Vorgang i. S. d. § 4 Abs. 1 Satz 3 EStG (Entstrickung) kann praktisch nicht zu einer Entnahme i. S. d. § 50i EStG führen, weil § 50i EStG gerade das deutsche Besteuerungsrecht sichert, welches für eine Anwendung von § 4 Abs. 1 Satz 3 EStG eingeschränkt sein müsste.[1]

99 Werden nicht Wirtschaftsgüter (inkl. Anteile) aus der Personengesellschaft veräußert bzw. entnommen, sondern ein Mitunternehmeranteil an der Personengesellschaft, gilt dies als anteilige Veräußerung der Wirtschaftsgüter der Personengesellschaft.[2]

100 Der Begriff des Gewinns (vgl. § 4 EStG) ist allgemein zu verstehen und umfasst auch Verluste.[3] Die Besteuerung wird auch insofern angeordnet, als der Gewinn auf Wertsteigerungen zurückzuführen ist, die erst nach der Begründung der abkommensrechtlichen Ansässigkeit des Gesellschafters im Ausland entstanden sind.[4]

101 Sind an der veräußernden Personengesellschaft auch Gesellschafter beteiligt, die nicht im Sinne eines DBA im Ausland ansässig sind (Ansässige im Inland, im Nicht-DBA-Ausland, im DBA-Ausland – aber dort aufgrund von einschlägigen Abkommensvorschriften keine Ansässigkeit), ist von § 50i EStG nur der entsprechende Gewinn betroffen, soweit er auf die im DBA-Ausland ansässigen Gesellschafter entfällt.

102 Inwieweit eine teleologische Reduktion des Anwendungsbereichs möglich ist, wenn ein im DBA-Ausland ansässiger Gesellschafter nie in Deutschland, sondern seit jeher im DBA-Ausland ansässig ist, war vor der mit dem BEPS-Umsetzungsgesetz 1 erfolgten Änderung strittig.[5] Durch § 50i Abs. 1 Satz 1 Nr. 3 EStG ist nun geklärt, dass das deutsche Besteuerungsrecht für die Anwendung der Norm zunächst bestanden haben musste, bevor es – vorbehaltlich von § 50i Abs. 1 EStG – vor dem 1.1.2017 eingeschränkt wurde. Aus dem Aufbau und der Historie der Norm folgt m. E. zudem, dass die Einschränkung nach der steuerneutralen Wirtschaftsgutsübertragung bzw. -überführung i. S. d. § 50i Abs. 1 Satz 1 Nr. 1 und Nr. 2 EStG erfolgt sein muss, vgl. auch → Rz. 91.

103 Eine teleologische Reduktion des Anwendungsbereichs der Norm erscheint geboten, wenn im Zeitpunkt der tatsächlichen Entstrickung eine Entstrickungsbesteuerung vorgenommen wurde (oder nur mangels stiller Reserven faktisch unterblieben ist).[6]

104–110 *(Einstweilen frei)*

---

1 Entsprechend missverständlich *Gosch* in Kirchhof, § 50i EStG Rz. 17, vgl. dort jedoch auch Rz. 23; vgl. wie hier *Heinlein/Euchner*, BB 2016, 795, 799 f., m. w. N.
2 BMF v. 26.9.2014, BStBl 2014 I 1258, Tz. 2.3.3.; *Pohl*, IStR 2013, 699, 701 bzw. in Blümich § 50i EStG, Rz. 29, m. w. N.; kritisch *Liekenbrock*, IStR 2013, 690, 695 f.
3 *Prinz*, DB 2013, 1378, 1381; *Pohl*, IStR 2013, 699, 701; *Loschelder* in Schmidt, § 50i EStG Rz. 7; *Neumann-Tomm* in Lademann, § 50i EStG Rz. 89; a. A. offenbar *Gosch* in Kirchhof, § 50i EStG Rz. 22; *Liekenbrock*, IStR 2013, 690, 697.
4 Kritsch *Liekenbrock*, IStR 2013, 690, 697; für eine teleologische Reduktion HHR/*Rehfeld*, § 50i EStG Rz. 17.
5 Gegen § 50i-Anwendung: *Töben*, IStR 2013, 682, 684; *Bäuml* in Frotscher/Geurts, § 50i EStG Rz. 33; a. A. *Gosch* in Kirchhof, § 50i EStG Rz. 3.
6 *Bilitewski/Schifferdecker*, Ubg 2013, 559, 565; *Bron*, DStR 2014, 1849, 1852; zweifelnd *Gosch* in Kirchhof, § 50i EStG Rz. 5; vgl. auch *Heinlein/Euchner*, BB 2016, 795, 797, tatbestandsseitig Existenz stiller Reserven erforderlich.

II. Eröffnung des Anwendungsbereichs durch Einbringungen i. S. d. § 20 UmwStG (§ 50i Abs. 1 Satz 2 EStG)

Durch § 50i Abs. 1 Satz 2 EStG werden Einbringungsvorgänge i. S. d. § 20 UmwStG, mithin die Einbringung eines Betriebs, Teilbetriebs oder eines Mitunternehmeranteils gegen Gewährung von Gesellschaftsrechten an der aufnehmenden Kapitalgesellschaft, der Übertragung oder Überführung von Anteilen i. S. d. § 17 EStG gleichgestellt. Voraussetzung ist, dass die Personengesellschaft, welcher die neuen Anteile an der aufnehmenden Kapitalgesellschaft gewährt wurden, vor der Einbringung eine gewerbliche Tätigkeit ausgeübt hat (§ 15 Abs. 1 Satz 1 Nr. 1 EStG) oder gewerbliche Einkünfte bezogen hat (§ 15 Abs. 1 Satz 1 Nr. 2 EStG) und durch die Einbringung zu einer fiktiv gewerblichen Personengesellschaft i. S. d. § 15 Abs. 3 EStG geworden ist, also keine originär gewerbliche Tätigkeit zurückbehalten wurde. Diese Erweiterung des Anwendungsbereiches wurde mit dem StÄndAnpG-Kroatien eingeführt, nachdem in der Literatur bereits früh darauf hingewiesen wurde, dass § 50i EStG zuvor, nach dem insofern eindeutigen Wortlaut seiner ersten Fassung, keine Fälle abgedeckt hat, in denen eine gewerblich tätige Personengesellschaft ihren Geschäftsbetrieb in eine Tochter-Kapitalgesellschaft einbringt und anschließend als gewerblich geprägte Personengesellschaft fortbesteht.[1]

Mangels Verweis auf § 25 UmwStG wird der Fall einer doppelstöckigen Personengesellschaftsstruktur, bei der die Tochterpersonengesellschaft in eine Kapitalgesellschaft formgewechselt wurde, nicht vom Anwendungsbereich des § 50i Abs. 1 EStG erfasst. Ebenfalls nicht erfasst wird der Formwechsel einer Kapitalgesellschaft in eine (gewerblich geprägte) Personengesellschaft, weil insofern weder ein Übertragungs- oder Überführungsakt vorliegt, noch ein Anwendungsfall von § 20 UmwStG gegeben ist.[2]

Gleiches gilt für die bloße Einstellung der gewerblichen Tätigkeit durch eine Personengesellschaft, welche anschließend als gewerblich geprägte Personengesellschaft fortbesteht.[3]

Soweit der Anwendungsbereich des § 50i Abs. 1 Satz 2 EStG seinem Wortlaut nach auch die Einbringung eines (Teil-)Betriebs erfasst, an dem kein deutsches Besteuerungsrecht bestand, wird zum Teil eine teleologische Reduktion gefordert.[4]

(Einstweilen frei)

III. Besteuerung laufender Einkünfte (§ 50i Abs. 1 Satz 3 EStG)

Die Regelung des § 50i Abs. 1 Satz 3 EStG knüpft tatbestandlich an Satz 1 und 2 an. Sind die dort genannten Tatbestandsvoraussetzungen erfüllt, wird als weitere Rechtsfolge bestimmt, dass – über die Veräußerungs- bzw. Entnahmegewinne hinaus – auch die laufenden Einkünfte aus der Beteiligung an der Personengesellschaft selbst dann im Inland zu besteuern sind, wenn DBA-Regelungen (Art. 10 Abs. 1, Art. 21 OECD-MA) dem entgegenstehen (Treaty Override). Dem Wortlaut nach scheint die Rechtsfolge des Satzes 3, im Gegensatz zur Rechtsfolge des Satzes 1, auf sämtliche laufenden Einkünfte der Personengesellschaft angeordnet zu werden und nicht auf die laufenden Einkünfte aus den durch Satz 1 erfassten übertragenen bzw.

---

1 *Salzmann*, IWB 2013, 405, 411; *von Brocke/Rottenmoser*, SteuK 2013, 419, 421; *Pohl*, IStR 2013, 699, 700; *Liekenbrock*, IStR 2013, 690, 695.
2 *Liekenbrock*, IStR 2013, 690, 695; *Bron*, DStR 2014, 1849, 1851.
3 *Bron*, DStR 2014, 1849, 1851; *Kudert/Kahlenberg/Mroz*, ISR 2014, 257, 260.
4 *Kudert/Kahlenberg/Mroz*, ISR 2014, 257, 260.

überführten Wirtschaftsgütern (inkl. Anteilen) beschränkt zu sein. Inwieweit dem durch eine telelogische Reduktion begegnet werden kann, wird unterschiedlich beurteilt.[1]

122 Der Sinn und Zweck der Norm und ihr Charakter als Ausnahmevorschrift zur allgemeinen DBA-Anwendung gebieten, dass die zeitliche Anwendung von § 50i Abs. 1 Satz 3 EStG endet, wenn die durch Satz 1 angesprochenen übertragenen bzw. überführten Wirtschaftsgüter aus dem Betriebsvermögen der Personengesellschaft ausscheiden.[2]

123–130 *(Einstweilen frei)*

IV. Anwendung auf Betriebsaufspaltungen (§ 50i Abs. 1 Satz 4 EStG)

131 Durch § 50i Abs. 1 Satz 4 EStG wird der Tatbestand der Betriebsaufspaltung beschrieben (vgl. hierzu KKB/Bäuml/Meyer, § 15 EStG Rz. 465 ff.) und die sinngemäße Anwendung der Sätze 1 und 3 angeordnet. Voraussetzung ist, dass Wirtschaftsgüter vor dem 29. 6. 2013 Betriebsvermögen des Besitzeinzelunternehmens bzw. der Besitzpersonengesellschaft geworden sind und bei Übertragung oder Überführung in das Betriebsvermögen keine stillen Reserven versteuert wurden.

132 Eine Anwendung auf Wirtschaftsgüter des Betriebsunternehmens der Betriebsaufspaltung scheidet grds. aus, weil das Betriebsunternehmen regelmäßig originär gewerbliche Einkünfte erzielt, so dass die gewerblichen Einkünfte unabhängig von der bestehenden Betriebsaufspaltung erzielt werden.

133 Fraglich ist, ob die Regelung auch zur Anwendung kommt, wenn Anteile i. S. d. § 17 EStG (ggf. an einer Betriebskapitalgesellschaft) zum Betriebsvermögen des Besitzunternehmens geworden sind. Dem Sinn und Zweck der Regelung folgend muss dies der Fall sein. Zweifel können jedoch entstehen, weil die Sätze 1 bis 3 fein säuberlich zwischen (normalen) Wirtschaftsgütern und Anteilen i. S. d. § 17 EStG differenzieren.

134–140 *(Einstweilen frei)*

V. Realisation bei Einbringungen (§ 50i Abs. 2 EStG)

1. Allgemeines

141 Zum Hintergrund von § 50i Abs. 2 EStG vgl. → Rz. 3. Die Regelung war zunächst in weiten Teilen überschießend und bedurfte entsprechend der telelogischen Reduktion sowie der mit dem BEPS-Umsetzungsgesetz 1 erfolgten Nachbesserung durch den Gesetzgeber, vgl. auch → Rz. 13. Zur alten Fassung des § 50i Abs. 2 EStG vgl. KKB/Bron, § 50i EStG Rz. 141 ff., 1. Aufl. 2016.

142–144 *(Einstweilen frei)*

2. Betroffene Wirtschaftsgüter und Einbringungsvorgänge

145 In der aktuellen Fassung bestimmt § 50i Abs. 2 EStG, dass Wirtschaftsgüter und Anteile i. S. d. § 50i Abs. 1 EStG im Rahmen von Einbringungen nach § 20 UmwStG ggf. abweichend von § 20 Abs. 2 Satz 2 UmwStG mit dem gemeinen Wert anzusetzen sind, sodass es im Rahmen der Ein-

---

[1] Bodden, DStR 2015, 150, 156; Töben, IStR 2013, 682, 686; Gosch in Kirchhof, § 50i EStG Rz. 15: „nicht ohne Weiteres", a. A. Pohl, IStR 2013, 699, 702; HHR/Rehfeld, § 50i EStG Rz. 21.

[2] BMF v. 26. 9. 2014, BStBl 2014 I 1258, Tz. 2.3.3.5; Liekenbrock, IStR 2013, 609, 698.

bringung entsprechend zur Aufdeckung von stillen Reserven kommt. Das grundsätzlich bestehende Wertansatzwahlrecht des § 20 Abs. 2 Satz 2 UmwStG wird damit nur in Bezug auf Wirtschaftsgüter oder Anteile eingeschränkt, welche vor dem 29. 6. 2013 steuerneutral in das Betriebsvermögen einer fiktiv gewerblichen Personengesellschaft bzw. Betriebsaufspaltung übertragen oder überführt wurden oder aus einer Einbringung i. S. v. § 50i Abs. 1 Satz 2 EStG hervorgegangen sind und für die es (anschließend → Rz. 91) vor dem 1. 1. 2017 zu einer Einschränkung des deutschen Besteuerungsrechts für einen potenziellen Veräußerungs- oder Entnahmegewinn gekommen ist. Andere Wirtschaftsgüter werden von § 50i Abs. 2 EStG nicht erfasst, sodass die Norm bspw. das Wertansatzwahlrecht im Rahmen der Einbringung nicht für Wirtschaftsgüter einschränkt, die ab dem 29. 6. 2013 in das Betriebsvermögen gelangt sind oder die – ohne Berücksichtigung einer Steuerverstrickung nach § 50i Abs. 1 EStG – bis zum 31. 12. 2016 nicht entstrickt wurden.

Bezüglich der Einbringungen nach § 20 UmwStG kann auf die einschlägigen Kommentierungen zu § 20 UmwStG verwiesen werden;[1] insbesondere sind die folgenden Vorgänge betroffen:[2]   146

▸ Einbringung der Mitunternehmeranteile an der § 50i-Gesellschaft in eine Kapitalgesellschaft im Wege der Sacheinlage oder Ausgliederung;

▸ Sacheinlage/Ausgliederung des (Teil-)Betriebs der § 50i-Gesellschaft auf eine Kapitalgesellschaft;

▸ Sacheinlage/Ausgliederung von Anteilen, die eine § 50i-Obergesellschaft an einer § 50i-Untergesellschaft hält (mehrstöckige Strukturen), in eine Kapitalgesellschaft;

▸ Verschmelzung, Auf- oder Abspaltung der § 50i-Gesellschaft auf eine Kapitalgesellschaft;

▸ Entsprechende (Teil-)Betriebsübertragungen einer § 50i-Betriebsaufspaltung auf eine Kapitalgesellschaft.

Unterschiedlich wird hingegen die Frage beurteilt, ob auch der Formwechsel einer § 50i-Gesellschaft in eine Kapitalgesellschaft als Einbringung nach § 20 UmwStG von § 50i Abs. 2 EStG betroffen sein kann. Nach der hier vertretenen Auffassung ist dies nicht der Fall, weil der Formwechsel selbst nicht unter § 20 UmwStG fällt, sondern § 25 UmwStG für diesen lediglich eine entsprechende Anwendung des § 20 UmwStG vorsieht.[3]

(Einstweilen frei)   147–154

Die Einschränkung des Wertansatzwahlrechtes nach § 20 Abs. 2 Satz 2 UmwStG macht § 50i Abs. 2 EStG von der Einschränkung des deutschen Besteuerungsrechts für die im Rahmen des Einbringungsvorgangs erhaltenen Anteile bzw. der nach § 22 Abs. 7 UmwStG mitverstrickten Anteile abhängig. Besteht ein uneingeschränktes Besteuerungsrecht für die bei der Einbringung erhaltenen bzw. mitverstrickten Anteile, greift § 50i Abs. 2 EStG nicht. Die Norm hat entsprechend keine Bedeutung, soweit die Anteile an eine steuerlich im Inland oder Nicht-DBA-Ausland ansässige Person gewährt werden bzw. dieser zuzurechnen sind. Entsprechendes gilt, soweit die Anteile zwar einer im DBA-Ausland ansässigen Person zuzurechnen sind, das entsprechende DBA jedoch für diese eine Besteuerung in Deutschland zulässt, was bspw. bei Anteilen an Immobiliengesellschaften (Art. 13 Abs. 4 OECD-MA) oder atypischen DBA der Fall sein   155

---

1 Vgl. auch BMF v. 11. 11. 2011, BStBl 2011 I 1314, UmwStE Rz. 01.44 f.
2 Vgl. auch *Liekenbrock*, DStR 2016, 2609, 2612.
3 A. A. *Liekenbrock*, DStR 2016, 2609, 2612; *Liekenbrock*, ISR 2017, 115, 116; ihm folgend auch *Jehl-Magnus*, NWB 2017, 179, 195.

kann. Dass das entsprechende DBA ggf. die Besteuerung in Bezug auf Dividenden einschränkt, welche auf die erhaltenen Anteile entfallen (Art. 10 OECD-MA) ist im Hinblick auf § 50i Abs. 2 EStG ohne Belang.[1]

156–167 *(Einstweilen frei)*

3. Anteilige „soweit"-Betrachtung

168 Der durch § 50i Abs. 2 EStG angeordnete Ausschuss des Wertansatzwahlrechtes des § 20 Abs. 2 Satz 2 UmwStG erfolgt in zweierlei Hinsicht nur anteilig. Zunächst betrifft er tatbestandsmäßig nur den Wertansatz bestimmter Wirtschaftsgüter und nicht sämtliche nach § 20 UmwStG eingebrachten Wirtschaftsgüter (→ Rz. 145).

169 Zudem ist der Ausschuss des Wertansatzwahlrechtes des § 20 Abs. 2 Satz 2 UmwStG rechtsfolgenseitig nur insoweit vorgesehen, als das Besteuerungsrecht für die im Zuge der Einbringung erhaltenen Anteile bzw. mitverstrickten Anteile eingeschränkt ist. Ist bspw. an einer § 50i-Gesellschaft ein Steuerinländer und ein DBA-Steuerausländer beteiligt und bringt die § 50i-Gesellschaft ihren Betrieb nach § 20 UmwStG in eine (inländische) Kapitalgesellschaft ein, dürfte es regelmäßig nur in Bezug auf die anteilige Beteiligung des DBA-Steuerausländers zu einer Einschränkung des Besteuerungsrechts kommen. In der Folge sind die Wirtschafsgüter und Anteile i. S. d. § 50i Abs. 1 UmwStG auch nur im Umfang seiner Beteiligung mit dem gemeinen Wert anzusetzen, während § 50i Abs. 2 UmwStG das Wertansatzwahlrecht des § 20 Abs. 2 Satz 2 UmwStG für die Wirtschaftsgüter und Anteile i. S. d. § 50i Abs. 1 UmwStG im Umfang der Beteiligung des Steuerinländers sowie für weitere eingebrachte Wirtschaftsgüter vollumfänglich unberührt lässt.

170 Soweit § 50i Abs. 2 EStG zur zwangsweisen Realisation von stillen Reserven führt und im Gesamthandsvermögen ein Gewinn entsteht, ist dieser grds. allen Gesellschaftern entsprechend dem allgemeinen Gewinnverteilungsschlüssel zuzurechnen. Eine verursachungsgerechte Allokation des Gewinns ausschließlich auf die DBA-Ausländer dürfte - zumindest vorbehaltlich einer besonderen Abrede der Gesellschafter -[2] ausscheiden (abgesehen von Fällen, in denen die Mitunternehmer selbst ihre Mitunternehmeranteile übertragen). Inwieweit dies auch die Auffassung der Finanzverwaltung sein wird bleibt abzuwarten, da sie sich auch im Zusammenhang mit ähnlichen Fällen für eine verursachungsgerechte Verteilung ausspricht.[3]

171–199 *(Einstweilen frei)*

C. Verfahrensfragen

200 Über die Anwendung des § 50i Abs. 1 EStG ist im Rahmen des allgemeinen Besteuerungsverfahrens zu entscheiden, d. h., regelmäßig im Verfahren über die einheitliche und gesonderte Feststellung der Besteuerungsgrundlagen der Personengesellschaft, vgl. KKB/Bäuml/Meyer, § 15 EStG Rz. 700 f.

201 Da das ggf. durch § 50i Abs. 2 EStG eingeschränkte Wertansatzwahlrecht nach § 20 Abs. 2 Satz 2 UmwStG bei entsprechenden Einbringungsvorgängen der übernehmenden Gesellschaft zusteht, ist über die Anwendung des § 50i Abs. 2 EStG primär in ihrem Besteuerungsverfahren

---

1 Liekenbrock, DStR 2016, 2609, 2613.
2 Vgl. in diesem Zusammenhang Liekenbrock, DStR 2017, 177, 181.
3 BMF v. 11.11.2011, BStBl 2011 I 1314, UmwStE Rz. 04.24.

zu entscheiden. Der Einbringende hat jedoch die Möglichkeit, die maßgebliche Steuerfestsetzung der aufnehmenden Kapitalgesellschaft im Wege der Drittanfechtung anzugreifen.[1]

Zu Verfahrensfragen im Zusammenhang mit den im aufgehobenen BMF-Schreiben zu § 50i Abs. 2 EStG a. F. vorgesehenen Billigkeitsmaßnahmen vgl. KKB/Bron, § 50i EStG Rz. 161 ff., 1. Aufl. 2016.

§ 50j Versagung der Entlastung von Kapitalertragsteuern in bestimmten Fällen

(1) [1]Ein Gläubiger von Kapitalerträgen im Sinne des § 43 Absatz 1 Satz 1 Nummer 1a, die nach einem Abkommen zur Vermeidung der Doppelbesteuerung nicht oder nur nach einem Steuersatz unterhalb des Steuersatzes des § 43a Absatz 1 Satz 1 Nummer 1 besteuert werden, hat ungeachtet dieses Abkommens nur dann Anspruch auf völlige oder teilweise Entlastung nach § 50d Absatz 1, wenn er

1. während der Mindesthaltedauer nach Absatz 2 hinsichtlich der diesen Kapitalerträgen zugrunde liegenden Anteile oder Genussscheine ununterbrochen wirtschaftlicher Eigentümer ist,

2. während der Mindesthaltedauer nach Absatz 2 ununterbrochen das Mindestwertänderungsrisiko nach Absatz 3 trägt und

3. nicht verpflichtet ist, die Kapitalerträge im Sinne des § 43 Absatz 1 Satz 1 Nummer 1a ganz oder überwiegend, unmittelbar oder mittelbar anderen Personen zu vergüten.

[2]Satz 1 gilt entsprechend für Anteile oder Genussscheine, die zu inländischen Kapitalerträgen im Sinne des § 43 Absatz 3 Satz 1 führen und einer Wertpapiersammelbank im Ausland zur Verwahrung anvertraut sind.

(2) [1]Die Mindesthaltedauer umfasst 45 Tage und muss innerhalb eines Zeitraums von 45 Tagen vor und 45 Tagen nach der Fälligkeit der Kapitalerträge erreicht werden. [2]Bei Anschaffungen und Veräußerungen ist zu unterstellen, dass die zuerst angeschafften Anteile oder Genussscheine zuerst veräußert wurden.

(3) [1]Der Gläubiger der Kapitalerträge muss unter Berücksichtigung von gegenläufigen Ansprüchen und Ansprüchen nahe stehender Personen das Risiko aus einem sinkenden Wert der Anteile oder Genussscheine im Umfang von mindestens 70 Prozent tragen (Mindestwertänderungsrisiko). [2]Kein hinreichendes Mindestwertänderungsrisiko liegt insbesondere dann vor, wenn der Gläubiger der Kapitalerträge oder eine ihm nahe stehende Person Kurssicherungsgeschäfte abgeschlossen hat, die das Wertänderungsrisiko der Anteile oder Genussscheine unmittelbar oder mittelbar um mehr als 30 Prozent mindern.

(4) [1]Die Absätze 1 bis 3 sind nur anzuwenden, wenn

1. die Steuer auf die dem Antrag zu Grunde liegenden Kapitalerträge nach einem Abkommen zur Vermeidung der Doppelbesteuerung 15 Prozent des Bruttobetrags der Kapitalerträge im Sinne des § 43 Absatz 1 Satz 1 Nummer 1a und des Absatzes 1 Satz 2 unterschreitet und

---

1 BFH v. 15. 6. 2016 - I R 69/15, BFH/NV 2016, 1866, m. w. N. = NWB DokID: NAAAF-84768.

2. es sich nicht um Kapitalerträge handelt, die einer beschränkt steuerpflichtigen Kapitalgesellschaft, die am Nennkapital einer unbeschränkt steuerpflichtigen Kapitalgesellschaft im Sinne des § 1 Absatz 1 Nummer 1 des Körperschaftsteuergesetzes zu mindestens einem Zehntel unmittelbar beteiligt ist und im Staat ihrer Ansässigkeit den Steuern vom Einkommen oder Gewinn unterliegt, ohne davon befreit zu sein, von der unbeschränkt steuerpflichtigen Kapitalgesellschaft zufließen.

²Die Absätze 1 bis 3 sind nicht anzuwenden, wenn der Gläubiger der Kapitalerträge im Sinne des § 43 Absatz 1 Satz 1 Nummer 1a und des Absatzes 1 Satz 4 bei Zufluss seit mindestens einem Jahr ununterbrochen wirtschaftlicher Eigentümer der Aktien oder Genussscheine ist; Absatz 2 Satz 2 gilt entsprechend.

(5) Bestimmungen eines Abkommens zur Vermeidung der Doppelbesteuerung, § 42 der Abgabenordnung und andere steuerliche Vorschriften bleiben unberührt, soweit sie jeweils die Entlastung in einem weitergehenden Umfang einschränken.

Inhaltsübersicht

	Rz.
A. Allgemeine Erläuterungen	1 - 16
I. Normzweck und wirtschaftliche Bedeutung der Vorschrift	1 - 2
II. Entstehung und Entwicklung der Vorschrift	3 - 4
III. Geltungsbereich	5 - 10
IV. Verhältnis zu anderen Regelungen	11 - 16
B. Systematische Kommentierung	17 - 140
I. Versagung der Entlastung von Kapitalertragsteuer - Allgemeines	17 - 20
II. Anwendungsbereich allgemein	21 - 30
1. Sachlicher Anwendungsbereich (§ 50j Abs. 1 EStG)	21 - 26
2. Persönlicher Anwendungsbereich	27 - 28
3. Zeitlicher Anwendungsbereich (§ 52 Abs. 1 EStG)	29 - 30
III. Versagung der Entlastung von Kapitalertragsteuer (§ 50j Abs. 1 Satz 1 EStG)	31 - 48
1. Voraussetzungen (§ 50j Abs. 1 Satz 1 EStG)	31 - 35
2. Mindesthaltedauer und FiFo-Methode (§ 50j Abs. 2 EStG)	36 - 48
IV. Mindestwertänderungsrisiko (§ 50j Abs. 3 EStG)	49 - 100
V. Weiterleitung von Kapitalerträgen (§ 50j Abs. 1 Satz 1 Nr. 3 EStG)	101 - 110
VI. Anwendungsbeschränkungen (§ 50j Abs. 4 EStG)	111 - 139
VII. Meistbelastungsprinzip (§ 50j Abs. 5 EStG)	140

LITERATUR:

Höreth/Stelzer, Erstes BEPS-Umsetzungsgesetz – weit mehr, als der Titel suggeriert, DStR 2017, 62; *Jehl-Magnus*, Änderungen im Internationalen Steuerrecht durch das Anti-BEPS-Umsetzungsgesetz I, NWB 2017, 179; *Hörster*, Anti-BEPS-Umsetzungsgesetz I - Weit mehr als „nur" Maßnahmen gegen Gewinnkürzungen und -verlagerungen, NWB 2017, 22; *Salzmann/Heufelder*, Ist die weitere Bekämpfung von „Cum/Cum-Geschäften" im grenzüberschreitenden Kontext durch den Gesetzgeber gerechtfertigt?, IStR 2017, 125; *Dierichs/Dinter*, Steuerpolitische Vorhaben: Überblick über den aktuellen Stand der Gesetzgebung, DB 2016, 3007; *Adrian/Fey/Selzer*, BEPS-Umsetzungsgesetz 1, StuB 2017, 94.

A. Allgemeine Erläuterungen

I. Normzweck und wirtschaftliche Bedeutung der Vorschrift

1 § 50j EStG schränkt die abkommensrechtliche Quellensteuerentlastung nach § 50d Abs. 1 EStG (DBA-Fälle) ein und stellt daher eine Ergänzung der gesetzlichen Regelung in § 50d Abs. 1 EStG

dar. Die Beschränkungen greifen bei Kapitalerträgen im Sinne des § 43 Abs. 1 Satz 1 Nr. 1a EStG sowie bei Anteilen oder Genussscheinen, die zu inländischen Kapitalerträgen im Sinne des § 43 Abs. 3 Satz 1 EStG führen und einer Wertpapiersammelbank im Ausland zur Sammelverwahrung anvertraut sind. Durch die Neuregelung soll die ungerechtfertigte Inanspruchnahme von Abkommensvorteilen entgegengewirkt werden.

(Einstweilen frei)   2

II. Entstehung und Entwicklung der Vorschrift

§ 50j EStG wurde durch das Gesetz zur Umsetzung von Gesetz zur Umsetzung der Änderungen der EU-Amtshilferichtlinie und von weiteren Maßnahmen gegen Gewinnkürzungen und -verlagerungen vom 20.12.2016 (BEPS-UmsG I)[1] mit Wirkung ab VZ 2017 eingeführt.   3

(Einstweilen frei)   4

III. Geltungsbereich

Die Vorschrift findet auf im In- oder Ausland ansässige Empfänger einer aus Deutschland zufließenden Dividende Anwendung, bei denen sich der Empfänger mittels einer künstlichen Gestaltung einen niedrigeren DBA-Quellensteuersatz verschafft, auf den er ohne diese Gestaltung keinen Anspruch hätte.   5

§ 50j EStG findet auf einkommen- und körperschaftsteuerpflichtige Personen Anwendung.   6

(Einstweilen frei)   7–10

IV. Verhältnis zu anderen Regelungen

§ 50j EStG ergänzt die Vorschriften über die (beschränkte) Erstattung von Quellensteuern nach § 50d Abs. 1 EStG und überschreibt in bestimmten Fällen die abkommensrechtlich eingeräumten Entlastungsmöglichkeiten und stellt daher einen treaty override dar. Die Voraussetzungen in § 50j Abs. 1 EStG sind zusätzlich zu den Anforderungen in § 50d Abs. 1 EStG zu erfüllen.   11

Die Konzeption der Regelung in § 50j EStG ist der seit VZ 2016 geltenden Beschränkung der Anrechnung von Kapitalertragsteuer nach § 36a EStG nachempfunden (korrespondierende Vorschrift).   12

(Einstweilen frei)   13–16

B. Systematische Kommentierung

I. Versagung der Entlastung von Kapitalertragsteuer - Allgemeines

Die Regelungen in § 50j EStG versagen die Entlastung von Kapitalertragsteuern in bestimmten Fällen. Der Gesetzgeber möchte durch die Neuregelung der bewussten ungerechtfertigten Inanspruchnahme von Abkommensvorteilen entgegenwirken. Nach dem Willen des Gesetz-   17

---

1 BGBl 2016 I 3000.

Anemüller

gebers konzentriert sich die gesetzliche Konzeption hierbei auf risikobehaftete und fiskalisch relevante Fälle.[1]

18 Die Vermeidung von Missbräuchen soll durch die Konkretisierung und Verschärfung der Anforderungen an das wirtschaftliche Eigentum i. S. v. § 9 Abs. 2 Nr. 1 AO erreicht werden.

19–20 *(Einstweilen frei)*

II. Anwendungsbereich allgemein

1. Sachlicher Anwendungsbereich (§ 50j Abs. 1 EStG)

21 § 50j Abs. 1 Satz 1 EStG erfasst Beteiligungseinkünfte im Sinne des § 43 Abs. 1 Satz 1 Nr. 1a EStG. Zu diesen Beteiligungseinkünften gehören Dividenden aus im Inland girosammelverwahrten Aktien und Genussrechten. Darüber hinaus werden auch Erträge aus Anteilen oder Genussscheinen, die im Inland zu Kapitalerträgen i. S. d. § 43 Abs. 3 Satz 1 EStG führen und einer Wertpapiersammelbank im Ausland zur Verwahrung anvertraut sind, von § 50j EStG erfasst. Die Voraussetzungen des § 43 Abs. 3 Satz 1 EStG sind dann erfüllt, wenn der Schuldner Wohnsitz, Sitz oder Geschäftsleitung im Inland hat. Diese Regelung dient der Vermeidung von Umgehungsgestaltungen allein durch Änderung der Wertpapierverwahrung.

22 Da der sachliche Anwendungsbereich Kapitalerträge im Sinne des § 43 Abs. 1 Satz 1 Nr. 1a EStG umfasst, sind m. E. auch Erträge, die Inhaber von Hinterlegungsscheinen erzielen, von § 50j EStG erfasst. Nach den Ausführungen im BMF-Schreiben zur Besteuerung von American Depository Receipts (ADRs) auf inländische Aktien vom 24.5.2013[2] werden die über Hinterlegungsscheine erzielten Kapitalerträge entsprechend den Kapitalerträgen im Sinne des § 43 Abs. 1 Satz 1 Nr. 1a EStG behandelt.

23 Explizit nicht von § 50j EStG erfasst ist das Freistellungsverfahren nach § 50d Abs. 2 EStG, da Schachtelbeteiligungen vom sachlichen Anwendungsbereich grundsätzlich ausgenommen sind, vgl. § 50j Abs. 4 Satz 1 Nr. 2 EStG.[3]

24–26 *(Einstweilen frei)*

2. Persönlicher Anwendungsbereich

27 Die Vorschrift erfasst einkommen- und körperschaftsteuerpflichtige Personen.

28 *(Einstweilen frei)*

3. Zeitlicher Anwendungsbereich (§ 52 Abs. 1 EStG)

29 Nach § 52 Abs. 1 Satz 1 EStG ist § 50j EStG in der am 20.12.2016 geltenden Fassung erstmals für den VZ 2017 anzuwenden.

30 *(Einstweilen frei)*

---

1 Vgl. BT-Drucks. 18/10506, 79.
2 BStBl 2013 I 718; NWB DokID: JAAAE-36300.
3 Vgl. BT-Drucks. 18/10506, 79.

III. Versagung der Entlastung von Kapitalertragsteuer (§ 50j Abs. 1 Satz 1 EStG)

1. Voraussetzungen (§ 50j Abs. 1 Satz 1 EStG)

Der Anspruch auf volle oder teilweise Entlastung nach § 50d Abs. 1 EStG kann nur unter den in § 50j Abs. 1 Satz 1 Nr. 1 bis 3 EStG formulierten Anforderungen zu erfolgen. 31

Der Gläubiger der Kapitalerträge muss während der Mindesthaltedauer ununterbrochen wirtschaftlicher Eigentümer der Anteile oder Genussscheine sein. Darüber hinaus ist Voraussetzung, dass er während der Mindesthaltedauer ununterbrochen das Mindestwertänderungsrisiko trägt (§ 50j Abs. 1 Satz 1 Nr. 2 EStG) und darüber hinaus darf er nicht verpflichtet sein, die Kapitalerträge ganz oder überwiegend unmittelbar oder mittelbar anderen Personen zu vergüten (§ 50j Abs. 1 Satz 1 Nr. 3 EStG).

Die Voraussetzungen müssen kumulativ erfüllt sein. 32

(Einstweilen frei) 33–35

2. Mindesthaltedauer und FiFo-Methode (§ 50j Abs. 2 EStG)

Der Steuerpflichtige muss die Anteile mindestens 45 Tage innerhalb eines Zeitraums von 45 Tagen vor und 45 Tagen nach Fälligkeit der Kapitalerträge halten. Mithin ergibt sich aus den Vorgaben in § 50j Abs. 2 Satz 1 EStG ein Betrachtungszeitraum, der 91 Tage umfasst. 36

Die Mindesthaltedauer von 45 Tagen schließt auch Sonnabende, Sonntage und gesetzliche Feiertage ein.[1] 37

Nach dem Wortlaut in § 50j Abs. 2 Satz 1 EStG muss die Mindesthaltedauer 45 Tage umfassen. Im Sinne dieser Regelung sind 45 volle Tage gemeint, sodass der Tag des Erwerbs des wirtschaftlichen Eigentums nicht mitzuzählen ist. Umgekehrt bleibt bei der Ermittlung der Mindesthaltedauer auch der Tag des Verlusts des wirtschaftlichen Eigentums unberücksichtigt. 38

Die Mindesthaltedauer muss innerhalb des Betrachtungszeitraums ununterbrochen 45 Tage betragen. Unterbrechungen führen zum Beginn einer neuen Mindesthaltedauer. 39

(Einstweilen frei) 40–42

Bei der Prüfung, ob die Mindesthaltedauer für jedes einzelne Wertpapier eingehaltene wurde, ist die „FiFo-Methode" als Verbrauchsfolgeverfahren anzuwenden (§ 50j Abs. 2 Satz 2 EStG). 43

(Einstweilen frei) 44–48

IV. Mindestwertänderungsrisiko (§ 50j Abs. 3 EStG)

Weitere Voraussetzung für die volle oder teilweise Entlastung von der Kaptialertragsteuer ist, dass der Gläubiger der Kapitalerträge während der Mindesthaltedauer ununterbrochen ein Mindestwertänderungsrisiko trägt. Das Mindestwertänderungsrisiko ist ergibt sich, wenn das 49

---

1 Vgl. BT-Drucks. 18/10506, 79.

Risiko aus einem sinkenden Wert der Anteile oder Genussscheine im Umfang von mindestens 70 % getragen wird. Hierbei sind gegenläufige Ansprüche des Stpfl. oder ihm nahe stehender Personen zu berücksichtigen.

50–100 *(Einstweilen frei)*

V. Weiterleitung von Kapitalerträgen (§ 50j Abs. 1 Satz 1 Nr. 3 EStG)

101 Die ganze oder überwiegende, unmittelbare oder mittelbare Weiterleitung der durch den Stpfl. vereinnahmten Kapitalerträge an andere Personen, führt zur Beschränkung der Anrechenbarkeit der Kapitalertragsteuer.

102 Eine überwiegende Weiterleitung der Kapitalerträge ist anzunehmen, wenn mehr als die Hälfte des Kapitalertrags an andere vergütet wird.

103 Die gesonderte Vergütung kann hierbei sowohl in Form direkter Ausgleichszahlungen, Leihgebühren und/oder vom Kapitalertrag abhängiger Zusatzzahlungen zur Leihgebühr als auch indirekt über abweichend vereinbarte Rückkaufspreise oder Derivatetransaktionen (z. B. Swapzahlungen, Futurekontrakte) erfolgen.

104 Als andere Personen im Sinne dieser Vorschrift kommen die in die Gestaltung eingebundenen Geschäftspartner als auch deren nahe stehende Personen in Betracht.

105–110 *(Einstweilen frei)*

VI. Anwendungsbeschränkungen (§ 50j Abs. 4 EStG)

111 Nach § 50j Abs. 4 Satz 1 EStG sind die in § 50j Abs. 1 bis 3 EStG aufgestellten Grundsätze nur dann anzuwenden, wenn die Steuer auf die dem Antrag zugrunde liegenden Kapitalerträge nach einem DBA 15 % des Bruttobetrags der Kapitalerträge unterschreiten.

112–115 *(Einstweilen frei)*

116 Darüber hinaus ist nach § 50j Abs. 4 Satz 1 Nr. 2 EStG Voraussetzung, dass es sich nicht um Kapitalerträge handelt, die einer beschränkt steuerpflichtigen Kapitalgesellschaft zufließen, die am Nennkapital einer im Inland unbeschränkt steuerpflichtigen Kapitalgesellschaft unmittelbar zu mindestens 10 % beteiligt ist. Im Ergebnis werden von § 50j EStG nur Fälle mit Streubesitzdividenden erfasst.

117–119 *(Einstweilen frei)*

120 Nach § 50j Abs. 4 Satz 2 EStG sind auch die Fälle ausgenommen, in denen der Stpfl. bei Zufluss der Kapitalerträge mindestens ein Jahr wirtschaftlicher Eigentümer der Anteile und Genussscheine ist. Für diese Regelung ist auf das einzelne Wertpapier abzustellen.

121–139 *(Einstweilen frei)*

VII. Meistbelastungsprinzip (§ 50j Abs. 5 EStG)

140 Sofern andere Regelungen (DBA, § 42 AO oder andere steuerliche Vorschriften) die Entlastung von der Kapitalertragsteuer in einem weitergehenden Umfang einschränken, bleiben die jeweiligen Vorschriften unberührt.

§ 51 Ermächtigungen

(1) Die Bundesregierung wird ermächtigt, mit Zustimmung des Bundesrates

1. zur Durchführung dieses Gesetzes Rechtsverordnungen zu erlassen, soweit dies zur Wahrung der Gleichmäßigkeit bei der Besteuerung, zur Beseitigung von Unbilligkeiten in Härtefällen, zur Steuerfreistellung des Existenzminimums oder zur Vereinfachung des Besteuerungsverfahrens erforderlich ist, und zwar:

   a) über die Abgrenzung der Steuerpflicht, die Beschränkung der Steuererklärungspflicht auf die Fälle, in denen eine Veranlagung in Betracht kommt, über die den Einkommensteuererklärungen beizufügenden Unterlagen und über die Beistandspflichten Dritter;

   b) über die Ermittlung der Einkünfte und die Feststellung des Einkommens einschließlich der abzugsfähigen Beträge;

   c) über die Höhe von besonderen Betriebsausgaben-Pauschbeträgen für Gruppen von Betrieben, bei denen hinsichtlich der Besteuerungsgrundlagen annähernd gleiche Verhältnisse vorliegen, wenn der Steuerpflichtige Einkünfte aus Gewerbebetrieb (§ 15) oder selbständiger Arbeit (§ 18) erzielt, in Höhe eines Prozentsatzes der Umsätze im Sinne des § 1 Absatz 1 Nummer 1 des Umsatzsteuergesetzes; Umsätze aus der Veräußerung von Wirtschaftsgütern des Anlagevermögens sind nicht zu berücksichtigen. ²Einen besonderen Betriebsausgaben-Pauschbetrag dürfen nur Steuerpflichtige in Anspruch nehmen, die ihren Gewinn durch Einnahme-Überschussrechnung nach § 4 Absatz 3 ermitteln. ³Bei der Festlegung der Höhe des besonderen Betriebsausgaben-Pauschbetrags ist der Zuordnung der Betriebe entsprechend der Klassifikation der Wirtschaftszweige, Fassung für Steuerstatistiken, Rechnung zu tragen. ⁴Bei der Ermittlung der besonderen Betriebsausgaben-Pauschbeträge sind alle Betriebsausgaben mit Ausnahme der an das Finanzamt gezahlten Umsatzsteuer zu berücksichtigen. ⁵Bei der Veräußerung oder Entnahme von Wirtschaftsgütern des Anlagevermögens sind die Anschaffungs- oder Herstellungskosten, vermindert um die Absetzungen für Abnutzung nach § 7 Absatz 1 oder 4 sowie die Veräußerungskosten neben dem besonderen Betriebsausgaben-Pauschbetrag abzugsfähig. ⁶Der Steuerpflichtige kann im folgenden Veranlagungszeitraum zur Ermittlung der tatsächlichen Betriebsausgaben übergehen. ⁷Wechselt der Steuerpflichtige zur Ermittlung der tatsächlichen Betriebsausgaben, sind die abnutzbaren Wirtschaftsgüter des Anlagevermögens mit ihren Anschaffungs- oder Herstellungskosten, vermindert um die Absetzungen für Abnutzung nach § 7 Absatz 1 oder 4, in ein laufend zu führendes Verzeichnis aufzunehmen. ⁸§ 4 Absatz 3 Satz 5 bleibt unberührt. ⁹Nach dem Wechsel zur Ermittlung der tatsächlichen Betriebsausgaben ist eine erneute Inanspruchnahme des besonderen Betriebsausgaben-Pauschbetrags erst nach Ablauf der folgenden vier Veranlagungszeiträume zulässig; die §§ 140 und 141 der Abgabenordnung bleiben unberührt;

   d) über die Veranlagung, die Anwendung der Tarifvorschriften und die Regelung der Steuerentrichtung einschließlich der Steuerabzüge;

   e) über die Besteuerung der beschränkt Steuerpflichtigen einschließlich eines Steuerabzugs;

f) in Fällen, in denen ein Sachverhalt zu ermitteln und steuerrechtlich zu beurteilen ist, der sich auf Vorgänge außerhalb des Geltungsbereichs dieses Gesetzes bezieht, und außerhalb des Geltungsbereichs dieses Gesetzes ansässige Beteiligte oder andere Personen nicht wie bei Vorgängen innerhalb des Geltungsbereichs dieses Gesetzes zur Mitwirkung bei der Ermittlung des Sachverhalts herangezogen werden können, zu bestimmen,

aa) in welchem Umfang Aufwendungen im Sinne des § 4 Absatz 4 oder des § 9 den Gewinn oder den Überschuss der Einnahmen über die Werbungskosten nur unter Erfüllung besonderer Mitwirkungs- und Nachweispflichten mindern dürfen. ²Die besonderen Mitwirkungs- und Nachweispflichten können sich erstrecken auf

aaa) die Angemessenheit der zwischen nahestehenden Personen im Sinne des § 1 Absatz 2 des Außensteuergesetzes in ihren Geschäftsbeziehungen vereinbarten Bedingungen,

bbb) die Angemessenheit der Gewinnabgrenzung zwischen unselbständigen Unternehmensteilen,

ccc) die Pflicht zur Einhaltung von für nahestehende Personen geltenden Dokumentations- und Nachweispflichten auch bei Geschäftsbeziehungen zwischen nicht nahestehenden Personen,

ddd) die Bevollmächtigung der Finanzbehörde durch den Steuerpflichtigen, in seinem Namen mögliche Auskunftsansprüche gegenüber den von der Finanzbehörde benannten Kreditinstituten außergerichtlich und gerichtlich geltend zu machen;

bb) dass eine ausländische Gesellschaft ungeachtet des § 50d Absatz 3 nur dann einen Anspruch auf völlige oder teilweise Entlastung vom Steuerabzug nach § 50d Absatz 1 und 2 oder § 44a Absatz 9 hat, soweit sie die Ansässigkeit der an ihr unmittelbar oder mittelbar beteiligten natürlichen Personen, deren Anteil unmittelbar oder mittelbar 10 Prozent übersteigt, darlegt und nachweisen kann;

cc) dass § 2 Absatz 5b Satz 1, § 32d Absatz 1 und § 43 Absatz 5 in Bezug auf Einkünfte im Sinne des § 20 Absatz 1 Nummer 1 und die steuerfreien Einnahmen nach § 3 Nummer 40 Satz 1 und 2 nur dann anzuwenden sind, wenn die Finanzbehörde bevollmächtigt wird, im Namen des Steuerpflichtigen mögliche Auskunftsansprüche gegenüber den von der Finanzbehörde benannten Kreditinstituten außergerichtlich und gerichtlich geltend zu machen.

²Die besonderen Nachweis- und Mitwirkungspflichten auf Grund dieses Buchstabens gelten nicht, wenn die außerhalb des Geltungsbereichs dieses Gesetzes ansässigen Beteiligten oder andere Personen in einem Staat oder Gebiet ansässig sind, mit dem ein Abkommen besteht, das die Erteilung von Auskünften entsprechend Artikel 26 des Musterabkommens der OECD zur Vermeidung der Doppelbesteuerung auf dem Gebiet der Steuern vom Einkommen und vom Vermögen in der Fassung von 2005 vorsieht oder der Staat oder das Gebiet Auskünfte in einem vergleichbaren Umfang erteilt oder die Bereitschaft zu einer entsprechenden Auskunftserteilung besteht;

2. Vorschriften durch Rechtsverordnung zu erlassen

   a) über die sich aus der Aufhebung oder Änderung von Vorschriften dieses Gesetzes ergebenden Rechtsfolgen, soweit dies zur Wahrung der Gleichmäßigkeit bei der Besteuerung oder zur Beseitigung von Unbilligkeiten in Härtefällen erforderlich ist;

   b) (weggefallen)

   c) über den Nachweis von Zuwendungen im Sinne des § 10b einschließlich erleichterter Nachweisanforderungen;

   d) über Verfahren, die in den Fällen des § 38 Absatz 1 Nummer 2 den Steueranspruch der Bundesrepublik Deutschland sichern oder die sicherstellen, dass bei Befreiungen im Ausland ansässiger Leiharbeitnehmer von der Steuer der Bundesrepublik Deutschland auf Grund von Abkommen zur Vermeidung der Doppelbesteuerung die ordnungsgemäße Besteuerung im Ausland gewährleistet ist. ²Hierzu kann nach Maßgabe zwischenstaatlicher Regelungen bestimmt werden, dass

   aa) der Entleiher in dem hierzu notwendigen Umfang an derartigen Verfahren mitwirkt,

   bb) er sich im Haftungsverfahren nicht auf die Freistellungsbestimmungen des Abkommens berufen kann, wenn er seine Mitwirkungspflichten verletzt;

   e) bis m) (weggefallen)

   n) über Sonderabschreibungen

   aa) im Tiefbaubetrieb des Steinkohlen-, Pechkohlen-, Braunkohlen- und Erzbergbaues bei Wirtschaftsgütern des Anlagevermögens unter Tage und bei bestimmten mit dem Grubenbetrieb unter Tage in unmittelbarem Zusammenhang stehenden, der Förderung, Seilfahrt, Wasserhaltung und Wetterführung sowie der Aufbereitung des Minerals dienenden Wirtschaftsgütern des Anlagevermögens über Tage, soweit die Wirtschaftsgüter

   für die Errichtung von neuen Förderschachtanlagen, auch in Form von Anschlussschachtanlagen,

   für die Errichtung neuer Schächte sowie die Erweiterung des Grubengebäudes und den durch Wasserzuflüsse aus stillliegenden Anlagen bedingten Ausbau der Wasserhaltung bestehender Schachtanlagen,

   für Rationalisierungsmaßnahmen in der Hauptschacht-, Blindschacht-, Strecken- und Abbauförderung, im Streckenvortrieb, in der Gewinnung, Versatzwirtschaft, Seilfahrt, Wetterführung und Wasserhaltung sowie in der Aufbereitung,

   für die Zusammenfassung von mehreren Förderschachtanlagen zu einer einheitlichen Förderschachtanlage und

   für den Wiederaufschluss stillliegender Grubenfelder und Feldesteile,

   bb) im Tagebaubetrieb des Braunkohlen- und Erzbergbaues bei bestimmten Wirtschaftsgütern des beweglichen Anlagevermögens (Grubenaufschluss, Entwässerungsanlagen, Großgeräte sowie Einrichtungen des Grubenrettungswesens und der ersten Hilfe und im Erzbergbau auch Aufbereitungsanlagen), die

   für die Erschließung neuer Tagebaue, auch in Form von Anschlusstagebauen, für Rationalisierungsmaßnahmen bei laufenden Tagebauen, beim Übergang zum Tieftagebau für die Freilegung und Gewinnung der Lagerstätte und

für die Wiederinbetriebnahme stillgelegter Tagebaue

von Steuerpflichtigen, die den Gewinn nach § 5 ermitteln, vor dem 1. Januar 1990 angeschafft oder hergestellt werden. ²Die Sonderabschreibungen können bereits für Anzahlungen auf Anschaffungskosten und für Teilherstellungskosten zugelassen werden. ³Hat der Steuerpflichtige vor dem 1. Januar 1990 die Wirtschaftsgüter bestellt oder mit ihrer Herstellung begonnen, so können die Sonderabschreibungen auch für nach dem 31. Dezember 1989 und vor dem 1. Januar 1991 angeschaffte oder hergestellte Wirtschaftsgüter sowie für vor dem 1. Januar 1991 geleistete Anzahlungen auf Anschaffungskosten und entstandene Teilherstellungskosten in Anspruch genommen werden. ⁴Voraussetzung für die Inanspruchnahme der Sonderabschreibungen ist, dass die Förderungswürdigkeit der bezeichneten Vorhaben von der obersten Landesbehörde für Wirtschaft im Einvernehmen mit dem Bundesministerium für Wirtschaft und Energie bescheinigt worden ist. ⁵Die Sonderabschreibungen können im Wirtschaftsjahr der Anschaffung oder Herstellung und in den vier folgenden Wirtschaftsjahren in Anspruch genommen werden, und zwar bei beweglichen Wirtschaftsgütern des Anlagevermögens bis zu insgesamt 50 Prozent, bei unbeweglichen Wirtschaftsgütern des Anlagevermögens bis zu insgesamt 30 Prozent der Anschaffungs- oder Herstellungskosten. ⁶Bei den begünstigten Vorhaben im Tagebaubetrieb des Braunkohlen- und Erzbergbaues kann außerdem zugelassen werden, dass die vor dem 1. Januar 1991 aufgewendeten Kosten für den Vorabraum bis zu 50 Prozent als sofort abzugsfähige Betriebsausgaben behandelt werden;

o) (weggefallen)

p) über die Bemessung der Absetzungen für Abnutzung oder Substanzverringerung bei nicht zu einem Betriebsvermögen gehörenden Wirtschaftsgütern, die vor dem 21. Juni 1948 angeschafft oder hergestellt oder die unentgeltlich erworben sind. ²Hierbei kann bestimmt werden, dass die Absetzungen für Abnutzung oder Substanzverringerung nicht nach den Anschaffungs- oder Herstellungskosten, sondern nach Hilfswerten (am 21. Juni 1948 maßgebender Einheitswert, Anschaffungs- oder Herstellungskosten des Rechtsvorgängers abzüglich der von ihm vorgenommenen Absetzungen, fiktive Anschaffungskosten an einem noch zu bestimmenden Stichtag) zu bemessen sind. ³Zur Vermeidung von Härten kann zugelassen werden, dass anstelle der Absetzungen für Abnutzung, die nach dem am 21. Juni 1948 maßgebenden Einheitswert zu bemessen sind, der Betrag abgezogen wird, der für das Wirtschaftsgut in dem Veranlagungszeitraum 1947 als Absetzung für Abnutzung geltend gemacht werden konnte. ⁴Für das Land Berlin tritt in den Sätzen 1 bis 3 an die Stelle des 21. Juni 1948 jeweils der 1. April 1949;

q) über erhöhte Absetzungen bei Herstellungskosten

aa) für Maßnahmen, die für den Anschluss eines im Inland belegenen Gebäudes an eine Fernwärmeversorgung einschließlich der Anbindung an das Heizsystem erforderlich sind, wenn die Fernwärmeversorgung überwiegend aus Anlagen der *Kraft-Wärme-Kopplung*, zur Verbrennung von Müll oder zur Verwertung von Abwärme gespeist wird, bb) für den Einbau von Wärmepumpenanlagen, Solaranlagen und Anlagen zur Wärmerückgewinnung in einem im Inland belegenen Gebäude einschließlich der Anbindung an das Heizsystem,

cc) für die Errichtung von Windkraftanlagen, wenn die mit diesen Anlagen erzeugte Energie überwiegend entweder unmittelbar oder durch Verrechnung mit Elektrizitätsbezügen des Steuerpflichtigen von einem Elektrizitätsversorgungsunternehmen zur Versorgung eines im Inland belegenen Gebäudes des Steuerpflichtigen verwendet wird, einschließlich der Anbindung an das Versorgungssystem des Gebäudes,

dd) für die Errichtung von Anlagen zur Gewinnung von Gas, das aus pflanzlichen oder tierischen Abfallstoffen durch Gärung unter Sauerstoffabschluss entsteht, wenn dieses Gas zur Beheizung eines im Inland belegenen Gebäudes des Steuerpflichtigen oder zur Warmwasserbereitung in einem solchen Gebäude des Steuerpflichtigen verwendet wird, einschließlich der Anbindung an das Versorgungssystem des Gebäudes,

ee) für den Einbau einer Warmwasseranlage zur Versorgung von mehr als einer Zapfstelle und einer zentralen Heizungsanlage oder bei einer zentralen Heizungs- und Warmwasseranlage für den Einbau eines Heizkessels, eines Brenners, einer zentralen Steuerungseinrichtung, einer Wärmeabgabeeinrichtung und eine Änderung der Abgasanlage in einem im Inland belegenen Gebäude oder in einer im Inland belegenen Eigentumswohnung, wenn mit dem Einbau nicht vor Ablauf von zehn Jahren seit Fertigstellung dieses Gebäudes begonnen worden ist und der Einbau nach dem 30. Juni 1985 fertiggestellt worden ist; Entsprechendes gilt bei Anschaffungskosten für neue Einzelöfen, wenn keine Zentralheizung vorhanden ist.

²Voraussetzung für die Gewährung der erhöhten Absetzungen ist, dass die Maßnahmen vor dem 1. Januar 1992 fertiggestellt worden sind; in den Fällen des Satzes 1 Doppelbuchstabe aa müssen die Gebäude vor dem 1. Juli 1983 fertiggestellt worden sein, es sei denn, dass der Anschluss nicht schon im Zusammenhang mit der Errichtung des Gebäudes möglich war. ³Die erhöhten Absetzungen dürfen jährlich 10 Prozent der Aufwendungen nicht übersteigen. ⁴Sie dürfen nicht gewährt werden, wenn für dieselbe Maßnahme eine Investitionszulage in Anspruch genommen wird. ⁵Sind die Aufwendungen Erhaltungsaufwand und entstehen sie bei einer zu eigenen Wohnzwecken genutzten Wohnung im eigenen Haus, für die der Nutzungswert nicht mehr besteuert wird, und liegen in den Fällen des Satzes 1 Doppelbuchstabe aa die Voraussetzungen des Satzes 2 zweiter Halbsatz vor, so kann der Abzug dieser Aufwendungen wie Sonderausgaben mit gleichmäßiger Verteilung auf das Kalenderjahr, in dem die Arbeiten abgeschlossen worden sind, und die neun folgenden Kalenderjahre zugelassen werden, wenn die Maßnahme vor dem 1. Januar 1992 abgeschlossen worden ist;

r) nach denen Steuerpflichtige größere Aufwendungen

aa) für die Erhaltung von nicht zu einem Betriebsvermögen gehörenden Gebäuden, die überwiegend Wohnzwecken dienen, bb) zur Erhaltung eines Gebäudes in einem förmlich festgelegten Sanierungsgebiet oder städtebaulichen Entwicklungsbereich, die für Maßnahmen im Sinne des § 177 des Baugesetzbuchs sowie für bestimmte Maßnahmen, die der Erhaltung, Erneuerung und funktionsgerechten Verwendung eines Gebäudes dienen, das wegen seiner geschichtlichen, künstlerischen oder städtebaulichen Bedeutung erhalten bleiben soll, und zu deren Durchführung sich der Eigentümer neben bestimmten Modernisierungsmaßnahmen gegenüber der Gemeinde verpflichtet hat, aufgewendet worden sind,

cc) zur Erhaltung von Gebäuden, die nach den jeweiligen landesrechtlichen Vorschriften Baudenkmale sind, soweit die Aufwendungen nach Art und Umfang zur Erhaltung des Gebäudes als Baudenkmal und zu seiner sinnvollen Nutzung erforderlich sind,

auf zwei bis fünf Jahre gleichmäßig verteilen können. [2]In den Fällen der Doppelbuchstaben bb und cc ist Voraussetzung, dass der Erhaltungsaufwand vor dem 1. Januar 1990 entstanden ist. [3]In den Fällen von Doppelbuchstabe cc sind die Denkmaleigenschaft des Gebäudes und die Voraussetzung, dass die Aufwendungen nach Art und Umfang zur Erhaltung des Gebäudes als Baudenkmal und zu seiner sinnvollen Nutzung erforderlich sind, durch eine Bescheinigung der nach Landesrecht zuständigen oder von der Landesregierung bestimmten Stelle nachzuweisen;

s) nach denen bei Anschaffung oder Herstellung von abnutzbaren beweglichen und bei Herstellung von abnutzbaren unbeweglichen Wirtschaftsgütern des Anlagevermögens auf Antrag ein Abzug von der Einkommensteuer für den Veranlagungszeitraum der Anschaffung oder Herstellung bis zur Höhe von 7,5 Prozent der Anschaffungs- oder Herstellungskosten dieser Wirtschaftsgüter vorgenommen werden kann, wenn eine Störung des gesamtwirtschaftlichen Gleichgewichts eingetreten ist oder sich abzeichnet, die eine nachhaltige Verringerung der Umsätze oder der Beschäftigung zur Folge hatte oder erwarten lässt, insbesondere bei einem erheblichen Rückgang der Nachfrage nach Investitionsgütern oder Bauleistungen. [2]Bei der Bemessung des von der Einkommensteuer abzugsfähigen Betrags dürfen nur berücksichtigt werden

aa) die Anschaffungs- oder Herstellungskosten von beweglichen Wirtschaftsgütern, die innerhalb eines jeweils festzusetzenden Zeitraums, der ein Jahr nicht übersteigen darf (Begünstigungszeitraum), angeschafft oder hergestellt werden,

bb) die Anschaffungs- oder Herstellungskosten von beweglichen Wirtschaftsgütern, die innerhalb des Begünstigungszeitraums bestellt und angezahlt werden oder mit deren Herstellung innerhalb des Begünstigungszeitraums begonnen wird, wenn sie innerhalb eines Jahres, bei Schiffen innerhalb zweier Jahre nach Ablauf des Begünstigungszeitraums geliefert oder fertiggestellt werden. [2]Soweit bewegliche Wirtschaftsgüter im Sinne des Satzes 1 mit Ausnahme von Schiffen nach Ablauf eines Jahres, aber vor Ablauf zweier Jahre nach dem Ende des Begünstigungszeitraums geliefert oder fertiggestellt werden, dürfen bei Bemessung des Abzugs von der Einkommensteuer die bis zum Ablauf eines Jahres nach dem Ende des Begünstigungszeitraums aufgewendeten Anzahlungen und Teilherstellungskosten berücksichtigt werden, cc) die Herstellungskosten von Gebäuden, bei denen innerhalb des Begünstigungszeitraums der Antrag auf Baugenehmigung gestellt wird, wenn sie bis zum Ablauf von zwei Jahren nach dem Ende des Begünstigungszeitraums fertiggestellt werden;

dabei scheiden geringwertige Wirtschaftsgüter im Sinne des § 6 Absatz 2 und Wirtschaftsgüter, die in gebrauchtem Zustand erworben werden, aus. [3]Von der Begünstigung können außerdem Wirtschaftsgüter ausgeschlossen werden, für die Sonderabschreibungen, erhöhte Absetzungen oder die Investitionszulage nach § 19 des Berlinförderungsgesetzes in Anspruch genommen werden. [4]In den Fällen des Satzes 2 Doppelbuchstabe bb und cc können bei Bemessung des von der Einkommensteuer abzugsfähigen Betrags bereits die im Begünstigungszeitraum, im Fall des Satzes 2 Doppelbuchstabe bb Satz 2 auch die bis zum Ablauf eines Jahres nach dem Ende des Begünstigungszeitraums aufgewendeten Anzahlungen und Teilherstellungskosten berücksichtigt werden; der Abzug von der Einkommensteuer kann insoweit schon für den Veranlagungszeitraum vorgenommen werden, in dem die Anzahlungen oder Teilherstellungskosten aufgewendet worden sind. [5]Übersteigt der von der Einkommensteuer abzugsfähige Betrag die für den Veranlagungszeitraum der Anschaffung oder Herstellung geschuldete Einkommensteuer, so kann der übersteigende Betrag von der Einkommensteuer für den darauf folgenden Veranlagungszeitraum abgezogen werden. [6]Entsprechendes gilt, wenn in den Fällen des Satzes 2 Doppelbuchstabe bb und cc der Abzug von der Einkommensteuer bereits für Anzahlungen oder Teilherstellungskosten geltend gemacht wird. [7]Der Abzug von der Einkommensteuer darf jedoch die für den Veranlagungszeitraum der Anschaffung oder Herstellung und den folgenden Veranlagungszeitraum insgesamt zu entrichtende Einkommensteuer nicht übersteigen. [8]In den Fällen des Satzes 2 Doppelbuchstabe bb Satz 2 gilt dies mit der Maßgabe, dass an die Stelle des Veranlagungszeitraums der Anschaffung oder Herstellung der Veranlagungszeitraum tritt, in dem zuletzt Anzahlungen oder Teilherstellungskosten aufgewendet worden sind. [9]Werden begünstigte Wirtschaftsgüter von Gesellschaften im Sinne des § 15 Absatz 1 Satz 1 Nummer 2 und 3 angeschafft oder hergestellt, so ist der abzugsfähige Betrag nach dem Verhältnis der Gewinnanteile einschließlich der Vergütungen aufzuteilen. [10]Die Anschaffungs- oder Herstellungskosten der Wirtschaftsgüter, die bei Bemessung des von der Einkommensteuer abzugsfähigen Betrags berücksichtigt worden sind, werden durch den Abzug von der Einkommensteuer nicht gemindert. [11]Rechtsverordnungen auf Grund dieser Ermächtigung bedürfen der Zustimmung des Bundestages. [12]Die Zustimmung gilt als erteilt, wenn der Bundestag nicht binnen vier Wochen nach Eingang der Vorlage der Bundesregierung die Zustimmung verweigert hat;

t) (weggefallen)

u) über Sonderabschreibungen bei abnutzbaren Wirtschaftsgütern des Anlagevermögens, die der Forschung oder Entwicklung dienen und nach dem 18. Mai 1983 und vor dem 1. Januar 1990 angeschafft oder hergestellt werden. [2]Voraussetzung für die Inanspruchnahme der Sonderabschreibungen ist, dass die beweglichen Wirtschaftsgüter ausschließlich und die unbeweglichen Wirtschaftsgüter zu mehr als $33^1/_3$ Prozent der Forschung oder Entwicklung dienen. [3]Die Sonderabschreibungen können auch für Ausbauten und Erweiterungen an bestehenden Gebäuden, Gebäudeteilen, Eigentumswohnungen oder im Teileigentum stehenden Räumen zugelassen werden, wenn die ausgebauten oder neu hergestellten Gebäudeteile zu mehr als 33^1/$_3$ Prozent der Forschung oder Entwicklung dienen. ^{4}Die Wirtschaftsgüter dienen der Forschung oder Entwicklung, wenn sie verwendet werden

    aa) zur Gewinnung von neuen wissenschaftlichen oder technischen Erkenntnissen und Erfahrungen allgemeiner Art (Grundlagenforschung) oder

    bb) zur Neuentwicklung von Erzeugnissen oder Herstellungsverfahren oder

    cc) zur Weiterentwicklung von Erzeugnissen oder Herstellungsverfahren, soweit wesentliche Änderungen dieser Erzeugnisse oder Verfahren entwickelt werden.

^{5}Die Sonderabschreibungen können im Wirtschaftsjahr der Anschaffung oder Herstellung und in den vier folgenden Wirtschaftsjahren in Anspruch genommen werden, und zwar

    aa) bei beweglichen Wirtschaftsgütern des Anlagevermögens bis zu insgesamt 40 Prozent,

    bb) bei unbeweglichen Wirtschaftsgütern des Anlagevermögens, die zu mehr als 66^2/$_3$ Prozent der Forschung oder Entwicklung dienen, bis zu insgesamt 15 Prozent, die nicht zu mehr als 66^2/$_3$ Prozent, aber zu mehr als 33^1/$_3$ Prozent der Forschung oder Entwicklung dienen, bis zu insgesamt 10 Prozent,

    cc) bei Ausbauten und Erweiterungen an bestehenden Gebäuden, Gebäudeteilen, Eigentumswohnungen oder im Teileigentum stehenden Räumen, wenn die ausgebauten oder neu hergestellten Gebäudeteile zu mehr als 66^2/$_3$ Prozent der Forschung oder Entwicklung dienen, bis zu insgesamt 15 Prozent, zu nicht mehr als 66^2/$_3$ Prozent, aber zu mehr als 33^1/$_3$ Prozent der Forschung oder Entwicklung dienen, bis zu insgesamt 10 Prozent

der Anschaffungs- oder Herstellungskosten. ^{6}Sie können bereits für Anzahlungen auf Anschaffungskosten und für Teilherstellungskosten zugelassen werden. ^{7}Die Sonderabschreibungen sind nur unter der Bedingung zuzulassen, dass die Wirtschaftsgüter und die ausgebauten oder neu hergestellten Gebäudeteile mindestens drei Jahre nach ihrer Anschaffung oder Herstellung in dem erforderlichen Umfang der Forschung oder Entwicklung in einer inländischen Betriebsstätte des Steuerpflichtigen dienen;

v) (weggefallen)

w) über Sonderabschreibungen bei Handelsschiffen, die auf Grund eines vor dem 25. April 1996 abgeschlossenen Schiffbauvertrags hergestellt, in einem inländischen Seeschiffsregister eingetragen und vor dem 1. Januar 1999 von Steuerpflichtigen angeschafft oder hergestellt worden sind, die den Gewinn nach § 5 ermitteln. ^{2}Im Fall der Anschaffung eines Handelsschiffes ist weitere Voraussetzung, dass das Schiff vor dem 1. Januar 1996 in ungebrauchtem Zustand vom Hersteller oder nach dem 31. Dezember 1995 auf Grund eines vor dem 25. April 1996 abgeschlossenen Kaufvertrags bis zum Ablauf des vierten auf das Jahr der Fertigstellung folgenden Jahres erworben worden ist. ^{3}Bei Steuerpflichtigen, die in eine Gesellschaft im Sinne des § 15 Absatz 1 Satz 1 Nummer 2 und Absatz 3 nach Abschluss des Schiffbauvertrags (Unterzeichnung des Hauptvertrags) eingetreten sind, dürfen Sonderabschreibungen nur zugelassen werden, wenn sie der Gesellschaft vor dem 1. Januar 1999 beitreten. ^{4}Die Sonderabschreibungen können im Wirtschaftsjahr der Anschaffung oder Herstellung und in den vier folgenden Wirtschaftsjahren bis zu insgesamt 40 Prozent der Anschaffungs- oder Herstellungskosten in Anspruch genommen werden. [5]Sie können bereits für Anzahlungen auf Anschaffungskosten und für Teilherstellungskosten zugelassen werden. [6]Die Sonderabschreibungen sind nur unter der Bedingung zuzulassen, dass die Handelsschiffe innerhalb eines Zeitraums von acht Jahren nach ihrer Anschaffung oder Herstellung nicht veräußert werden; für Anteile an einem Handelsschiff gilt dies entsprechend. [7]Die Sätze 1 bis 6 gelten für Schiffe, die der Seefischerei dienen, entsprechend. [8]Für Luftfahrzeuge, die vom Steuerpflichtigen hergestellt oder in ungebrauchtem Zustand vom Hersteller erworben worden sind und die zur gewerbsmäßigen Beförderung von Personen oder Sachen im internationalen Luftverkehr oder zur Verwendung zu sonstigen gewerblichen Zwecken im Ausland bestimmt sind, gelten die Sätze 1 bis 4 und 6 mit der Maßgabe entsprechend, dass an die Stelle der Eintragung in ein inländisches Seeschiffsregister die Eintragung in die deutsche Luftfahrzeugrolle, an die Stelle des Höchstsatzes von 40 Prozent ein Höchstsatz von 30 Prozent und bei der Vorschrift des Satzes 6 an die Stelle des Zeitraums von acht Jahren ein Zeitraum von sechs Jahren treten;

x) über erhöhte Absetzungen bei Herstellungskosten für Modernisierungs- und Instandsetzungsmaßnahmen im Sinne des § 177 des Baugesetzbuchs sowie für bestimmte Maßnahmen, die der Erhaltung, Erneuerung und funktionsgerechten Verwendung eines Gebäudes dienen, das wegen seiner geschichtlichen, künstlerischen oder städtebaulichen Bedeutung erhalten bleiben soll, und zu deren Durchführung sich der Eigentümer neben bestimmten Modernisierungsmaßnahmen gegenüber der Gemeinde verpflichtet hat, die für Gebäude in einem förmlich festgelegten Sanierungsgebiet oder städtebaulichen Entwicklungsbereich aufgewendet worden sind; Voraussetzung ist, dass die Maßnahmen vor dem 1. Januar 1991 abgeschlossen worden sind. [2]Die erhöhten Absetzungen dürfen jährlich 10 Prozent der Aufwendungen nicht übersteigen;

y) über erhöhte Absetzungen für Herstellungskosten an Gebäuden, die nach den jeweiligen landesrechtlichen Vorschriften Baudenkmale sind, soweit die Aufwendungen nach Art und Umfang zur Erhaltung des Gebäudes als Baudenkmal und zu seiner sinnvollen Nutzung erforderlich sind; Voraussetzung ist, dass die Maßnahmen vor dem 1. Januar 1991 abgeschlossen worden sind. [2]Die Denkmaleigenschaft des Gebäudes und die Voraussetzung, dass die Aufwendungen nach Art und Umfang zur Erhaltung des Gebäudes als Baudenkmal und zu seiner sinnvollen Nutzung erforderlich sind, sind durch eine Bescheinigung der nach Landesrecht zuständigen oder von der Landesregierung bestimmten Stelle nachzuweisen. [3]Die erhöhten Absetzungen dürfen jährlich 10 Prozent der Aufwendungen nicht übersteigen;

3. die in § 4a Absatz 1 Satz 2 Nummer 1, § 10 Absatz 5, § 22 Nummer 1 Satz 3 Buchstabe a, § 26a Absatz 3, § 34c Absatz 7, § 46 Absatz 5 und § 50a Absatz 6 vorgesehenen Rechtsverordnungen zu erlassen.

(2) [1]Die Bundesregierung wird ermächtigt, durch Rechtsverordnung Vorschriften zu erlassen, nach denen die Inanspruchnahme von Sonderabschreibungen und erhöhten Absetzungen sowie die Bemessung der Absetzung für Abnutzung in fallenden Jahresbeträgen ganz oder teilweise ausgeschlossen werden können, wenn eine Störung des gesamtwirtschaftlichen Gleich-

gewichts eingetreten ist oder sich abzeichnet, die erhebliche Preissteigerungen mit sich gebracht hat oder erwarten lässt, insbesondere, wenn die Inlandsnachfrage nach Investitionsgütern oder Bauleistungen das Angebot wesentlich übersteigt. ²Die Inanspruchnahme von Sonderabschreibungen und erhöhten Absetzungen sowie die Bemessung der Absetzung für Abnutzung in fallenden Jahresbeträgen darf nur ausgeschlossen werden

1. für bewegliche Wirtschaftsgüter, die innerhalb eines jeweils festzusetzenden Zeitraums, der frühestens mit dem Tage beginnt, an dem die Bundesregierung ihren Beschluss über die Verordnung bekannt gibt, und der ein Jahr nicht übersteigen darf, angeschafft oder hergestellt werden. ²Für bewegliche Wirtschaftsgüter, die vor Beginn dieses Zeitraums bestellt und angezahlt worden sind oder mit deren Herstellung vor Beginn dieses Zeitraums angefangen worden ist, darf jedoch die Inanspruchnahme von Sonderabschreibungen und erhöhten Absetzungen sowie die Bemessung der Absetzung für Abnutzung in fallenden Jahresbeträgen nicht ausgeschlossen werden;

2. für bewegliche Wirtschaftsgüter und für Gebäude, die in dem in Nummer 1 bezeichneten Zeitraum bestellt werden oder mit deren Herstellung in diesem Zeitraum begonnen wird. ²Als Beginn der Herstellung gilt bei Gebäuden der Zeitpunkt, in dem der Antrag auf Baugenehmigung gestellt wird.

³Rechtsverordnungen auf Grund dieser Ermächtigung bedürfen der Zustimmung des Bundestages und des Bundesrates. ⁴Die Zustimmung gilt als erteilt, wenn der Bundesrat nicht binnen drei Wochen, der Bundestag nicht binnen vier Wochen nach Eingang der Vorlage der Bundesregierung die Zustimmung verweigert hat.

(3) ¹Die Bundesregierung wird ermächtigt, durch Rechtsverordnung mit Zustimmung des Bundesrates Vorschriften zu erlassen, nach denen die Einkommensteuer einschließlich des Steuerabzugs vom Arbeitslohn, des Steuerabzugs vom Kapitalertrag und des Steuerabzugs bei beschränkt Steuerpflichtigen

1. um höchstens 10 Prozent herabgesetzt werden kann. ²Der Zeitraum, für den die Herabsetzung gilt, darf ein Jahr nicht übersteigen; er soll sich mit dem Kalenderjahr decken. ³Voraussetzung ist, dass eine Störung des gesamtwirtschaftlichen Gleichgewichts eingetreten ist oder sich abzeichnet, die eine nachhaltige Verringerung der Umsätze oder der Beschäftigung zur Folge hatte oder erwarten lässt, insbesondere bei einem erheblichen Rückgang der Nachfrage nach Investitionsgütern und Bauleistungen oder Verbrauchsgütern;

2. um höchstens 10 Prozent erhöht werden kann. ²Der Zeitraum, für den die Erhöhung gilt, darf ein Jahr nicht übersteigen; er soll sich mit dem Kalenderjahr decken. ³Voraussetzung ist, dass eine Störung des gesamtwirtschaftlichen Gleichgewichts eingetreten ist oder sich abzeichnet, die erhebliche Preissteigerungen mit sich gebracht hat oder erwarten lässt, insbesondere, wenn die Nachfrage nach Investitionsgütern und Bauleistungen oder Verbrauchsgütern das Angebot wesentlich übersteigt.

²Rechtsverordnungen auf Grund dieser Ermächtigung bedürfen der Zustimmung des Bundestages.

(4) Das Bundesministerium der Finanzen wird ermächtigt,

1. im Einvernehmen mit den obersten Finanzbehörden der Länder die Vordrucke für

   a) (weggefallen)

b) die Erklärungen zur Einkommensbesteuerung,

c) die Anträge nach § 38b Absatz 2, nach § 39a Absatz 2, in dessen Vordrucke der Antrag nach § 39f einzubeziehen ist, die Anträge nach § 39a Absatz 4 sowie die Anträge zu den elektronischen Lohnsteuerabzugsmerkmalen (§ 38b Absatz 3 und § 39e Absatz 6 Satz 7),

d) die Lohnsteuer-Anmeldung (§ 41a Absatz 1),

e) die Anmeldung der Kapitalertragsteuer (§ 45a Absatz 1) und den Freistellungsauftrag nach § 44a Absatz 2 Satz 1 Nummer 1,

f) die Anmeldung des Abzugsbetrags (§ 48a),

g) die Erteilung der Freistellungsbescheinigung (§ 48b),

h) die Anmeldung der Abzugsteuer (§ 50a),

i) die Entlastung von der Kapitalertragsteuer und vom Steuerabzug nach § 50a auf Grund von Abkommen zur Vermeidung der Doppelbesteuerung

und die Muster der Bescheinigungen für den Lohnsteuerabzug nach § 39 Absatz 3 Satz 1 und § 39e Absatz 7 Satz 5, des Ausdrucks der elektronischen Lohnsteuerbescheinigung (§ 41b Absatz 1), das Muster der Lohnsteuerbescheinigung nach § 41b Absatz 3 Satz 1, der Anträge auf Erteilung einer Bescheinigung für den Lohnsteuerabzug nach § 39 Absatz 3 Satz 1 und § 39e Absatz 7 Satz 1 sowie der in § 45a Absatz 2 und 3 und § 50a Absatz 5 Satz 6 vorgesehenen Bescheinigungen zu bestimmen;

1a. im Einvernehmen mit den obersten Finanzbehörden der Länder auf der Basis der §§ 32a und 39b einen Programmablaufplan für die Herstellung von Lohnsteuertabellen zur manuellen Berechnung der Lohnsteuer aufzustellen und bekannt zu machen. ²Der Lohnstufenabstand beträgt bei den Jahrestabellen 36. ³Die in den Tabellenstufen auszuweisende Lohnsteuer ist aus der Obergrenze der Tabellenstufen zu berechnen und muss an der Obergrenze mit der maschinell berechneten Lohnsteuer übereinstimmen. ⁴Die Monats-, Wochen- und Tagestabellen sind aus den Jahrestabellen abzuleiten;

1b. im Einvernehmen mit den obersten Finanzbehörden der Länder den Mindestumfang der nach § 5b elektronisch zu übermittelnden Bilanz und Gewinn- und Verlustrechnung zu bestimmen;

1c. durch Rechtsverordnung zur Durchführung dieses Gesetzes mit Zustimmung des Bundesrates Vorschriften über einen von dem vorgesehenen erstmaligen Anwendungszeitpunkt gemäß § 52 Absatz 15a in der Fassung des Artikels 1 des Gesetzes vom 20. Dezember 2008 (BGBl I S. 2850) abweichenden späteren Anwendungszeitpunkt zu erlassen, wenn bis zum 31. Dezember 2010 erkennbar ist, dass die technischen oder organisatorischen Voraussetzungen für eine Umsetzung der in § 5b Absatz 1 in der Fassung des Artikels 1 des Gesetzes vom 20. Dezember 2008 (BGBl I S. 2850) vorgesehenen Verpflichtung nicht ausreichen;

2. den Wortlaut dieses Gesetzes und der zu diesem Gesetz erlassenen Rechtsverordnungen in der jeweils geltenden Fassung satzweise nummeriert mit neuem Datum und in neuer Paragraphenfolge bekannt zu machen und dabei Unstimmigkeiten im Wortlaut zu beseitigen.

EStG § 51

Inhaltsübersicht

	Rz.
A. Allgemeine Erläuterungen	1 - 15
B. Systematische Kommentierung	16 - 44
I. Verordnungsermächtigung zur Durchführung des EStG (§ 51 Abs. 1 EStG)	16 - 40
1. Durchführungsverordnungen nach § 51 Abs. 1 Nr. 1 EStG	16 - 26
2. Einzelermächtigungen nach § 51 Abs. 1 Nr. 2 EStG	27 - 35
3. Ermächtigungen in anderen Vorschriften (§ 51 Abs. 1 Nr. 3 EStG)	36 - 40
II. Verordnungsermächtigung zur Einschränkung des Abschreibungsvolumens (§ 51 Abs. 2 EStG)	41 - 42
III. Verordnungsermächtigung zur Änderung des Steuersatzes (§ 51 Abs. 3 EStG)	43
IV. Verordnungsermächtigung zur Herstellung von Vordrucken und Tabellen, sowie zur Gesetzesbekanntmachung (§ 51 Abs. 4 EStG)	44

HINWEIS:

BMF v. 26. 11. 2014, BStBl 2014 I 1518, betr. Programmablaufpläne für den Lohnsteuerabzug für Dezember 2015; §§ 81 bis 82 EStDV.

LITERATUR:

Casser, Die Ermächtigungen des § 51 Abs. 1 Einkommensteuergesetz unter besonderer Berücksichtigung von Art. 80 Grundgesetz, 1990; *Danwitz*, Rechtsverordnungen, JA 2002, 93; *Schneider*, Gesetzgebung, 3. Aufl., Karlsruhe 2002; *o. V.*, Handbuch der Rechtsförmlichkeit, herausgegeben vom BMJ, 3. Aufl. 2008 Teil C.6;[1] Birnbaum, SteuerHBekG: Vereinbarkeit mit Europarecht und Grundgesetz, StBW 2010, 272; *Voßkuhle/Wischmeyer*, Grundwissen – Öffentliches Recht: Die Rechtsverordnung, JuS 2015, 311.

A. Allgemeine Erläuterungen

1 **Bedeutung des § 51 EStG:** Die Vorschrift enthält in vier Absätzen eine Vielzahl von Ermächtigungen zum Erlass von Rechtsverordnungen. Rechtsverordnungen sind Rechtsnormen, die nicht in einem förmlichen Gesetzgebungsverfahren zustandekommen, sondern von der Exekutive erlassen werden. Im Steuerrecht ist dies üblicherweise die Bundesregierung oder der Bundesfinanzminister. In den meisten Fällen ist die Zustimmung des Bundesrats erforderlich (Art. 80 Abs. 2 GG i. V. m. Art. 105 Abs. 3 und Art. 108 GG). Nach Art. 80 Abs. 1 Satz 2 GG „müssen Inhalt, Zweck und Ausmaß der erteilten Ermächtigung im Gesetze bestimmt werden". Damit muss jede einzelne in § 51 EStG geregelte Ermächtigung dem Bestimmtheitsgebot des Art. 80 GG genügen.[2] Diese Frage ist im Einzelfall oft umstritten.[3] Für das Steuerrecht gilt, dass der Bundestag nach dem sog. Parlamentsvorbehalt die Grundentscheidungen für die Einkommensbesteuerung, die Gesetzesstruktur, den Steuergegenstand, den Steuerschuldner, die Bemessungsgrundlage und den Steuersatz sowie die Grundsätze der Steuererhebung zu bestimmen hat (Wesentlichkeitstheorie).

---

1 Im Internet unter: http://hdr.bmj.de/page_c6.html.
2 Dazu *Voßkuhle/Wischmeyer*, JuS 2015, 311.
3 Siehe etwa BFH v. 16. 11. 2011 - X R 18/09, BStBl 2012 II 129, wonach § 60 Abs. 4 EStDV eine wirksame Rechtsgrundlage für die Pflicht zur Abgabe der Anlage EÜR darstellt.

Entstehung und Entwicklung der Vorschrift: Die Vorschrift wurde durch das Gesetz zur Änderung und Vereinfachung des EStG und des KStG v. 27. 6. 1951[1] eingeführt und seitdem vielfach geändert, ergänzt und erweitert.[2] Die letzten Änderungen von allgemeinem Interesse sind:

SteuerbürokratieabbauG v. 20. 12. 2008:[3] Aufnahme der Nr. 1b in § 51 Abs. 4 EStG mit der Verordnungsermächtigung zur Bestimmung des Mindestumfangs der nach § 5b EStG elektronisch zu übermittelnden E-Bilanz und der GuV und Bestimmung des Zeitpunkts der Anwendung (Nr. 1c).

SteuerhinterziehungsbekämpfungsG v. 27. 7. 2009:[4] Einfügung einer Verordnungsermächtigung zu Mitwirkungs- und Nachweispflichten bei Auslandssachverhalten zum Abzug von BA oder WK durch § 51 Abs. 1 Nr. 1 Buchst. f EStG. Aufgrund dieser Ermächtigung erging die Steuerhinterziehungsbekämpfungsverordnung (s. → Rz. 22).[5]

Rechtsverordnungen haben Rechtssatzqualität, die Verwaltungsanweisungen, wie den Steuerrichtlinien, BMF-Schreiben oder OFD-Verfügungen, nicht zukommt.[6] Sie binden also die Steuergerichte, die allerdings zu prüfen haben, ob die Verordnung von der Ermächtigungsnorm gedeckt ist. Art. 80 Abs. 1 Satz 3 GG verpflichtet den Verordnungsgeber, die Ermächtigungsgrundlage konkret zu benennen, auf die er sich beruft. Der Zweck dieses Zitiergebots ist erfüllt, wenn sich der Verordnungsgeber auf die Nennung der Verordnungsermächtigung beschränkt.[7] Das Wesen der Durchführungsverordnung besteht in dem Ausbau der im durchzuführenden Rechtssatz enthaltenen Rechtsgedanken. Eine Durchführungsverordnung füllt nur den durch das Gesetz geschaffenen Rahmen aus, ergänzt oder ändert das Gesetz aber nicht.[8]

Ermächtigung der Exekutive: Sind Verordnungsermächtigungen geschaffen, so kann der Gesetzgeber die Materie zwar weiterhin regeln, jedoch nur durch Gesetz.[9] Ändert das Parlament bestehende Rechtsverordnungen oder fügt in diese neue Regelungen ein, so ist das dadurch entstandene Normengebilde aus Gründen der Normenklarheit insgesamt als Rechtsverordnung zu qualifizieren.[10] Solches im parlamentarischen Verfahren geschaffenes Verordnungsrecht können die Gerichte daher selbst auf seine Vereinbarkeit mit höherrangigem (Bundes-)Recht überprüfen (s. auch → Rz. 5); die Anrufung des BVerfG ist deshalb unzulässig.[11] Unter bestimmten Voraussetzungen kann der Gesetzgeber aber ein Normengefüge durch Parlamentsgesetz anpassen, bei dem Gesetzes- und Verordnungsrecht ineinander verschränkt ist.[12]

Verfassungsrechtlicher Prüfungsmaßstab: Der Verordnungsgeber hat einen Gestaltungsspielraum innerhalb der ihm aufgrund des Art. 80 Abs. 1 GG gezogenen Grenzen. In diesem Raum

---

1 BGBl 1951 I 411.
2 Zu einem vollständigen Überblick über die Rechtsentwicklung, s. HHR/*Clausen*, § 51 EStG Anm. 2.
3 BGBl 2008 I 2850.
4 BGBl 2009 I 2302.
5 SteuerHBekV v. 18.9.2009, BGBl 2009 I 3046; dazu auch BMF v. 5.1.2010, BStBl 2010 I 19, mit der Feststellung, dass zum 1.1.2010 kein Staat oder Gebiet die Voraussetzungen für Maßnahmen nach der SteuerHBekV erfüllt.
6 BFH v. 18.3.1986 - VII R 55/83, BFHE 146, 294.
7 BVerfG v. 29.4.2010 - 2 BvR 871/04 und 2 BvR 414/08, HFR 2010, 860 = NWB DokID: RAAAD-45096; BFH v. 27.11.2013 - VII B 87/12, BFH/NV 2014, 741 = NWB DokID: DAAAE-60749.
8 BFH v. 5.11.1964 - IV 11/64 S, BStBl 1964 III 602.
9 Vgl. Handbuch der Rechtsförmlichkeit, Rz. 382.
10 BVerfG v. 13.9.2005 - 2 BvF 2/03, BVerfGE 114, 196 = NWB DokID: VAAAB-86302.
11 BVerfG v. 27.9.2005 - 2 BvL 11/02, 2 BvL 12/03, 2 BvL 13/02, BVerfGE 114, 303 = NWB DokID: FAAAB-86329.
12 Dazu ausführlich Handbuch der Rechtsförmlichkeit, Rz. 690 ff.

muss er im Sinne der ihm erteilten Ermächtigung nach dem Gleichheitssatz handeln und darf keine sachfremden Differenzierungen vornehmen, die über die Grenzen einer formell und materiell verfassungsmäßigen Ermächtigung hinaus, eine Korrektur der Entscheidungen des Gesetzgebers bedeuten würden.[1]

PRAXISHINWEIS:
Da die Gerichte die Rechtsverordnungen selbst auf ihre Gültigkeit und Verfassungsmäßigkeit zu prüfen haben, können sie sie auch als unwirksam behandeln, ohne dass es einer Vorlage zum BVerfG bedarf. Beseitigt der Verordnungsgeber den in einer Rechtsverordnung enthaltenen Verfassungsverstoß nicht innerhalb einer angemessenen Frist, können die Gerichte selbst aussprechen, auf welche Weise ein dem GG entsprechender Zustand herzustellen ist.[2]

6 **Keine Verpflichtung zum Gebrauch der Ermächtigung:** Die Ermächtigung verpflichtet grundsätzlich nicht zum Erlass einer Verordnung.[3] Eine Verpflichtung besteht jedoch, wenn dem Verordnungsgeber kein Ermessen zum Erlass der Rechtsverordnung eingeräumt ist[4] oder, wenn die Durchführung der gesetzlichen Regelung ohne den Erlass einer Rechtsverordnung nicht praktikabel ist.[5]

7 **Der Fortfall der Ermächtigungsvorschrift** berührt eine im Zeitpunkt ihres Erlasses auf gesetzlicher Grundlage ergangene Rechtsverordnung nicht in ihrer Gültigkeit.[6] Ebensowenig ist es von Bedeutung, ob an eine Ermächtigung später höhere Anforderungen zu stellen sind.[7]

8 **Die Aufhebung einer Verordnung** ist im Zweifel durch die Ermächtigung zu ihrem Erlass mit umfasst.[8]

9 **Inhalt des § 51 EStG:** In § 51 Abs. 1 bis 3 EStG wird die Bundesregierung zum Erlass von Rechtsverordnungen ermächtigt, die der Zustimmung des Bundesrats (Abs. 1) oder des Bundesrats und des Bundestags (§ 51 Abs. 2 und 3 EStG) bedürfen. Die in Art. 80 Abs. 2 GG vorgesehene grundsätzliche Zustimmungsbedürftigkeit von Verordnungen aufgrund zustimmungspflichtiger Gesetze dient dem Schutz der Mitwirkungsrechte des Bundesrats bei der Setzung von Rechtsnormen, denn Zustimmungsrechte des Bundesrats sollen nicht durch Delegation der Rechtsetzung auf die Exekutive erlöschen.[9] In § 51 Abs. 4 EStG wird das BMF in einigen Fällen im Einvernehmen mit den obersten Finanzbehörden der Länder, in anderen Fällen ohne dieses Einvernehmen Regelungen zu Vordrucken, Programmablaufplänen und zum Umfang der E-Bilanz (Nr. 1b) treffen.

10 Soweit von diesen Ermächtigungen Gebrauch gemacht wurde, vor allem in der EStDV, sind diese unter → Rz. 29 und bei der jeweiligen Vorschrift erläutert.

11–15 (*Einstweilen frei*)

---

1 BVerfG v. 13.12.1961 - 1 BvR 1137/59, 1 BvR 278/60, BVerfGE 13, 248 und BVerfG v. 23.7.1963 - 1 BVR 265/62, BVerfGE 16, 332.
2 FG Rheinland-Pfalz v. 20.4.1978 - III 135/77, EFG 1978, 411, rkr.
3 FG Rheinland-Pfalz v. 20.4.1978 - III 135/77, EFG 1978, 411, rkr.
4 So mit der Formulierung „hat durch Rechtsverordnung Bestimmungen über … zu erlassen"; vgl. Handbuch der Rechtsförmlichkeit, Rz. 393.
5 BVerfG v. 13.12.1961 - 1 BvR 1137/59, 1 BvR 278/60, BVerfGE 13, 248.
6 BVerfG v. 3.12.1958 - 1 BVR 488/57, BVerfGE 9, 3, betr. Einfamilienhausbesteuerung.
7 BVerfG v. 10.6.1953 - 1 BvF 1/53, BVerfGE 2, 307, 326; BFH v. 5.11.1964 - IV 11/64 S, BStBl 1964 III 602, betr. VOL (Durchschnittssatzgewinnermittlung für Landwirte).
8 BFH v. 5.11.1964 - IV 11/64 S, BStBl 1964 III 602.
9 BVerfG v. 1.4.2014 - 2 BvF 1/12, 2 BvF 3/12, BVerfGE 136, 69 „Gigaliner".

B. Systematische Kommentierung

I. Verordnungsermächtigung zur Durchführung des EStG (§ 51 Abs. 1 EStG)

1. Durchführungsverordnungen nach § 51 Abs. 1 Nr. 1 EStG

Die Ermächtigung zur Durchführung des EStG in § 51 Abs. 1 Nr. 1 EStG ermöglicht Rechtsverordnungen zur Wahrung der Gleichmäßigkeit bei der Besteuerung, zur Beseitigung von Unbilligkeiten in Härtefällen, zur Steuerfreistellung des Existenzminimums oder zur Vereinfachung des Besteuerungsverfahrens in bestimmten, in Buchst. a bis f recht allgemein formulierten Bereichen, von der Abgrenzung der Steuerpflicht bis zur Ermittlung von Auslandssachverhalten. An dieser Ermächtigung sind im Hinblick auf das Bestimmtheitsgebot des Art. 80 GG letztlich aber nicht durchgreifende Zweifel geäußert worden.[1]

16

Die Ermächtigungen in § 51 Abs. 1 Nr. 1 EStG enthalten Generalermächtigungen in Buchst. a, b, d und f, die nur gemeinsam mit den vorangestellten Grundsätzen dem verfassungsrechtlichen Bestimmtheitsgebot genügen können (→ Rz. 1, → Rz. 16). Soweit von diesen Ermächtigungen Gebrauch gemacht wurde, handelt es sich bei der Nr. 1 Buchst. a um die

17

▶ *Beschränkung der Steuerpflicht auf Veranlagungsfälle*, zu der § 56 EStDV ergangen ist,

▶ *den Einkommensteuererklärungen beizufügenden Unterlagen*, die durch § 60 EStDV näher bestimmt wurden und die wegen der Anlage EÜR umstritten waren,[2]

▶ *Bestandspflichten Dritter*, worauf § 54 EStDV beruht, der den Notaren die Verpflichtung zur Übersendung von Urkundsabschriften auferlegt. M. E. kann diese Ermächtigung dem Bestimmtheitsgebot des Art. 80 GG nicht genügen.[3]

Abs. 1 Nr. 1 Buchst. b enthält die Ermächtigung, Verordnungen über die Ermittlung der Einkünfte und die Feststellung des Einkommens einschließlich der abzugsfähigen Beträge zu erlassen, die der Verordnungsgeber durch §§ 6, 8, 8b, 9a, 10, 11c, 11d Abs. 2, 15, 53 und 68 EStDV ausgefüllt hat.

18

Abs. 1 Nr. 1 Buchst. c enthält eine detaillierte Ermächtigung zur Festlegung von BA-Pauschbeträgen, die hinreichend bestimmt ist, bisher aber noch nicht ausgefüllt wurde.

19

Abs. 1 Nr. 1 Buchst. d sieht eine Ermächtigung zum Erlass von Verordnungen über die Veranlagung, die Anwendung der Tarifvorschriften und die Regelung der Steuerentrichtung einschließlich der Steuerabzüge vor, die durch §§ 61 und 62d EStDV (Veranlagung) und durch die Vorschriften der LStDV (Steuerentrichtung) ausgefüllt wurde.

20

Abs. 1 Nr. 1 Buchst. e ermächtigt zu einer Rechtsverordnung über die Besteuerung der beschränkt Steuerpflichtigen einschließlich eines Steuerabzugs, von der durch §§ 73a, 73c bis 73g EStDV Gebrauch gemacht wurde.

21

Abs. 1 Nr. 1 Buchst. f, durch das SteuerhinterziehungsbekämpfungsG v. 27. 7. 2009 (→ Rz. 2) angefügt, ist die Grundlage für die Steuer (Steuerhinterziehungsbekämpfungsverordnung)

22

---

[1] Siehe nur HHR/*Clausen*, § 51 EStG Anm. 10, m. w. N.
[2] Siehe BFH v. 16. 11. 2011 - X R 18/09, BStBl 2012 II 129, wonach § 51 Abs. 1 Nr. 1 Buchst. a EStG eine hinreichende Bestimmung von Inhalt, Zweck und Ausmaß der erteilten Ermächtigung i. S. v. Art. 80 Abs. 1 Satz 2 GG enthält.
[3] Ähnlich HHR/*Clausen*, § 51 EStG Anm. 15, m. w. N zur a. A., die sich auf die Entstehungsgeschichte beruft.

(HBekV).[1] An der Vereinbarkeit dieser Rechtsverordnung mit dem Unionsrecht und dem GG bestehen erhebliche Zweifel.[2]

23–26 (Einstweilen frei)

2. Einzelermächtigungen nach § 51 Abs. 1 Nr. 2 EStG

27 **Überblick:** § 51 Abs. 1 Nr. 2 EStG enthält zu den Buchst. a bis z systematisch ungeordnet konkrete Einzelermächtigungen, die, anders als die Ermächtigungen der Nr. 1 (→ Rz. 16), nicht unter dem Vorbehalt allgemeiner Grundsätze stehen. Die nach Art. 80 GG erforderliche Bestimmtheit muss sich daher unmittelbar aus dem Wortlaut der jeweiligen Ermächtigung ergeben. Eine Reihe von Tatbeständen sind inzwischen weggefallen (so § 51 Abs. 1 Nr. 2 Buchst. b, und e bis m, o, t und v EStG) oder haben sich durch Zeitablauf erledigt (so § 51 Abs. 1 Nr. 2 Buchst. u EStG wegen § 82d EStDV a. F.). Im Übrigen ist bisher nicht von allen in § 51 Abs. 1 Nr. 2 EStG enthaltenen Ermächtigungen Gebrauch gemacht worden. Dies betrifft etwa die Ermächtigungen in § 51 Abs. 1 Nr. 2 Buchst. a EStG (Übergangsregelungen), § 51 Abs. 1 Nr. 2 Buchst. d EStG (ordnungsgemäße Besteuerung von Leiharbeitnehmern im Ausland) und § 51 Abs. 1 Nr. 2 Buchst. s EStG (Investitionsprämie zur Konjunktursteuerung).

28 **Übergangsregelungen:** § 51 Abs. 1 Nr. 2 Buchst. a EStG ermächtigt zum Erlass von Übergangsregelungen zur Wahrung der Besteuerungsgleichheit oder zur Beseitigung von Unbilligkeiten in Härtefällen, über die sich aus der Aufhebung oder Änderung von Vorschriften des EStG ergebenden Rechtsfolgen. Von dieser Ermächtigung wurde bisher kein Gebrauch gemacht. Solche Übergangsvorschriften wurden bisher stets im Gesetz selbst geregelt. Diese Ermächtigung wird im Schrifttum mangels Bestimmtheit allgemein als nichtig angesehen.[3]

29 **Übersicht:** Soweit von den Ermächtigungen des § 51 Abs. 1 Nr. 2 EStG Gebrauch gemacht wurde, ergeben sich die weiteren Ermächtigungsgrundlagen dieser Vorschrift und die auf ihrer Grundlage erlassenen Rechtsverordnungen aus folgender Übersicht:

Ermächtigungsgrundlage in § 51 Abs. 1 Nr. 2 EStG		darauf beruhende Rechtsverordnung
Buchst. c:	Spendennachweis	§ 50 EStDV
Buchst. n:	Sonderabschreibungen in Bergbaugebieten	§ 81 EStDV
Buchst. p:	AfA-Bemessung für Gebäude im Privatvermögen	§ 11d Abs. 1 EStDV
Buchst. q:	Erhöhte Absetzungen für umweltschützende Energieanlage	§ 82a EStDV
Buchst. r:	Verteilung größerer Erhaltungsaufwendungen für bestimmte Gebäude	§ 82b EStDV
Buchst. w:	Sonderabschreibungen für Handelsschiffe und Flugzeuge[4]	§ 82f EStDV
Buchst. x:	Erhöhte Absetzungen im Rahmen der Städtebauförderung	§ 82g EStDV
Buchst. y:	Erhöhte Absetzungen für denkmalgeschützte Gebäude	§ 82i EStDV

30–35 (Einstweilen frei)

---

[1] Vom 18. 9. 2009, BGBl 2009 I 1146.
[2] Siehe nur Birnbaum, StBW 2010, 272.
[3] Siehe nur HHR/Clausen, § 51 EStG Anm. 17, m. w. N.
[4] Stillschweigend von der Verfassungsmäßigkeit dieser Ermächtigung und der Rechtmäßigkeit des § 82f EStDV ausgehend: BFH v. 29. 3. 2001 - IV R 49/99, BStBl 2001 II 437.

3. Ermächtigungen in anderen Vorschriften (§ 51 Abs. 1 Nr. 3 EStG)

§ 51 Abs. 1 Nr. 3 EStG enthält keine selbständigen Ermächtigungsgrundlagen, sondern wiederholt lediglich deklaratorisch andere bereits bei einzelnen Vorschriften des EStG enthaltene Ermächtigungen. Der Zweck der Regelung, Übersichtlichkeit und Vollständigkeit des § 51 EStG herzustellen, kann aber nicht erreicht werden, weil die Aufzählung der anderweitigen Ermächtigungen nicht vollständig ist. So fehlt etwa ein Hinweis auf die durch das ZollkodexAnpG[1] eingeführte Ermächtigung zur turnusmäßigen Anpassung der Beträge in Anlage 1a zum EStG, die Werte zur Ermittlung des Durchschnittssatzgewinns für Land- und Forstwirte bereitstellt. Die Erläuterungen zu den Ermächtigungen in § 51 Abs. 1 Nr. 3 EStG finden sich in der Kommentierung der sie betreffenden Vorschriften.

36

(Einstweilen frei)

37–40

II. Verordnungsermächtigung zur Einschränkung des Abschreibungsvolumens (§ 51 Abs. 2 EStG)

Entstehung und Bedeutung der Ermächtigung: Die Ermächtigung der Bundesregierung, durch Rechtsverordnung Vorschriften zu erlassen, nach denen die Inanspruchnahme von Sonderabschreibungen und erhöhten Absetzungen sowie die Bemessung der Absetzung für Abnutzung in fallenden Jahresbeträgen ganz oder teilweise ausgeschlossen werden können, ist gewissermaßen die Kehrseite zu der Ermächtigung in § 51 Abs. 1 Nr. 2 Buchst. s EStG (Investitionsprämie zur Konjunktursteuerung). Beide Ermächtigungen wurden durch das StabilitätsG v. 6. 8. 1967[2] geschaffen. Die Tatbestandsvoraussetzung der „Störung des gesamtwirtschaftlichen Gleichgewichts" findet sich in beiden Vorschriften. Im Unterschied zur Investitionsprämie hat die Bundesregierung allerdings von der Ermächtigung in § 51 Abs. 2 EStG Gebrauch gemacht (s. → Rz. 42). Der BFH ist stillschweigend von der Verfassungsmäßigkeit dieser Ermächtigung und der auf ihr beruhenden Verordnungen ausgegangen.[3]

41

Regelungen aufgrund der Ermächtigung sind von der Bundesregierung bisher zweimal getroffen worden. So ergingen die 2. KonjVO v. 21. 7. 1970[4] und die 3. KonjVO v. 7. 6. 1973,[5] durch die erhöhte Absetzungen vorübergehend ausgesetzt wurden.

42

III. Verordnungsermächtigung zur Änderung des Steuersatzes (§ 51 Abs. 3 EStG)

Nach § 51 Abs. 3 EStG kann die Bundesregierung mit Zustimmung des Bundestags und Bundesrats Rechtsverordnungen erlassen, nach denen die Einkommensteuer, einschließlich ihrer besonderen Erhebungsformen, für höchstens ein Jahr um maximal 10 % herabgesetzt oder erhöht werden kann. Voraussetzung ist eine bereits eingetretene oder erwartete Störung des gesamtwirtschaftlichen Gleichgewichts mit den entsprechenden konjunkturellen Folgen. Die Bundesregierung hat bisher keinen Gebrauch von dieser weitreichenden Ermächtigung zur Konjunktursteuerung gemacht. Durchaus begründete Zweifel daran, ob diese weitgehende Re-

43

---

1 Vom 22. 12. 2014, BGBl 2014 I 2417.
2 BGBl 1967 I 582.
3 BFH v. 7. 6. 1977 - VIII R 77/76, BStBl 1977 II 635 und BFH v. 26. 8. 1986 - IX R 54/81, BStBl 1987 II 57.
4 BGBl 1970 I 1128.
5 BGBl 1973 I 530 i. d. F. der ÄndVO v. 4. 2. 1974, BGBl 1974 I 155.

gelungsbefugnis dem Parlamentsvorbehalt widersprechen könnte, sollen durch die vorgesehenen Zustimmungserfordernisse ausgeräumt werden.[1]

IV. Verordnungsermächtigung zur Herstellung von Vordrucken und Tabellen, sowie zur Gesetzesbekanntmachung (§ 51 Abs. 4 EStG)

44 In § 51 Abs. 4 Nr. 1 EStG wird das BMF ermächtigt, im Einvernehmen mit den obersten Finanzbehörden der Länder eine Vielzahl einkommensteuerrelevanter Vordrucke und Muster zu bestimmen. Ebenfalls im Einvernehmen mit den obersten Finanzbehörden der Länder wird das BMF durch § 51 Abs. 4 Nr. 1a EStG ermächtigt, auf der Grundlage der §§ 32a und 39b EStG einen Programmablaufplan für die Herstellung von Lohnsteuertabellen zur manuellen Berechnung der Lohnsteuer aufzustellen und bekannt zu machen. Solche Programmablaufpläne hat das BMF etwa für den Lohnsteuerabzug für Dezember 2015 erstellt.[2] Die Ermächtigung bezeichnet den Lohnstufenabstand für die Jahrestabellen und ordnet dann an, dass die Monats-, Wochen- und Tagestabellen aus den Jahrestabellen abzuleiten sind.[3] Im Übrigen kann das BMF im Einvernehmen mit den obersten Finanzbehörden der Länder den Mindestumfang der nach § 5b EStG elektronisch zu übermittelnden Bilanz und Gewinn- und Verlustrechnung bestimmen und ohne Beteiligung der Länderfinanzbehörden den Wortlaut des EStG und der dazu erlassenen Rechtsverordnungen in der jeweils geltenden Fassung satzweise nummeriert, mit neuem Datum und in neuer Paragrafenfolge bekannt machen und dabei Unstimmigkeiten im Wortlaut beseitigen.

§ 51a Festsetzung und Erhebung von Zuschlagsteuern

(1) Auf die Festsetzung und Erhebung von Steuern, die nach der Einkommensteuer bemessen werden (Zuschlagsteuern), sind die Vorschriften dieses Gesetzes entsprechend anzuwenden.

(2) ¹Bemessungsgrundlage ist die Einkommensteuer, die abweichend von § 2 Absatz 6 unter Berücksichtigung von Freibeträgen nach § 32 Absatz 6 in allen Fällen des § 32 festzusetzen wäre. ²Zur Ermittlung der Einkommensteuer im Sinne des Satzes 1 ist das zu versteuernde Einkommen um die nach § 3 Nummer 40 steuerfreien Beträge zu erhöhen und um die nach § 3c Absatz 2 nicht abziehbaren Beträge zu mindern. ³§ 35 ist bei der Ermittlung der festzusetzenden Einkommensteuer nach Satz 1 nicht anzuwenden.

(2a)[4] ¹Vorbehaltlich des § 40a Absatz 2 ist beim Steuerabzug vom Arbeitslohn Bemessungsgrundlage die Lohnsteuer; beim Steuerabzug vom laufenden Arbeitslohn und beim Jahresausgleich ist die Lohnsteuer maßgebend, die sich ergibt, wenn der nach § 39b Absatz 2 Satz 5 zu versteuernde Jahresbetrag für die Steuerklassen I, II und III um den Kinderfreibetrag von 4 980 Euro sowie den Freibetrag für den Betreuungs- und Erziehungs- oder Ausbildungsbedarf von 2 640 Euro und für die Steuerklasse IV um den Kinderfreibetrag von 2 490 Euro sowie den Freibetrag für den Betreuungs- und Erziehungs- oder Ausbildungsbedarf von 1 320 Euro für jedes Kind vermindert wird, für das eine Kürzung der Freibeträge für Kinder nach § 32 Absatz 6

---

[1] *Kirchhof* in Kirchhof, § 51 EStG Rz. 49 und *Tormöhlen* in Korn, § 51 EStG Rz. 7, halten dies verfassungsrechtlich für unbedenklich.
[2] BMF v. 26. 11. 2014, BStBl 2014 I 1518.
[3] Die aufgrund dieser Ermächtigung vorgenommene Lohnsteuereingruppierung bindet auch die Arbeitsverwaltung (SG Stuttgart v. 12. 6. 2014 - S 6 AL 992/13, Juris).
[4] **Anm. d. Red.:** Zur Anwendung des § 51a Abs. 2a siehe § 52 Abs. 32a.

Satz 4 nicht in Betracht kommt. ²Bei der Anwendung des § 39b für die Ermittlung der Zuschlagsteuern ist die als Lohnsteuerabzugsmerkmal gebildete Zahl der Kinderfreibeträge maßgebend. ³Bei Anwendung des § 39f ist beim Steuerabzug vom laufenden Arbeitslohn die Lohnsteuer maßgebend, die sich bei Anwendung des nach § 39f Absatz 1 ermittelten Faktors auf den nach den Sätzen 1 und 2 ermittelten Betrag ergibt.

(2b) Wird die Einkommensteuer nach § 43 Absatz 1 durch Abzug vom Kapitalertrag (Kapitalertragsteuer) erhoben, wird die darauf entfallende Kirchensteuer nach dem Kirchensteuersatz der Religionsgemeinschaft, der der Kirchensteuerpflichtige angehört, als Zuschlag zur Kapitalertragsteuer erhoben.

(2c)¹¹Der zur Vornahme des Steuerabzugs vom Kapitalertrag Verpflichtete (Kirchensteuerabzugsverpflichteter) hat die auf die Kapitalertragsteuer nach Absatz 2b entfallende Kirchensteuer nach folgenden Maßgaben einzubehalten:

1. ¹Das Bundeszentralamt für Steuern speichert unabhängig von und zusätzlich zu den in § 139b Absatz 3 der Abgabenordnung genannten und nach § 39e gespeicherten Daten des Steuerpflichtigen den Kirchensteuersatz der steuererhebenden Religionsgemeinschaft des Kirchensteuerpflichtigen sowie die ortsbezogenen Daten, mit deren Hilfe der Kirchensteuerpflichtige seiner Religionsgemeinschaft zugeordnet werden kann. ²Die Daten werden als automatisiert abrufbares Merkmal für den Kirchensteuerabzug bereitgestellt;

2. sofern dem Kirchensteuerabzugsverpflichteten die Identifikationsnummer des Schuldners der Kapitalertragsteuer nicht bereits bekannt ist, kann er sie beim Bundeszentralamt für Steuern anfragen. ²In der Anfrage dürfen nur die in § 139b Absatz 3 der Abgabenordnung genannten Daten des Schuldners der Kapitalertragsteuer angegeben werden, soweit sie dem Kirchensteuerabzugsverpflichteten bekannt sind. ³Die Anfrage hat nach amtlich vorgeschriebenem Datensatz durch Datenfernübertragung zu erfolgen. ⁴Das Bundeszentralamt für Steuern teilt dem Kirchensteuerabzugsverpflichteten die Identifikationsnummer mit, sofern die übermittelten Daten mit den nach § 139b Absatz 3 der Abgabenordnung beim Bundeszentralamt für Steuern gespeicherten Daten übereinstimmen;

3. der Kirchensteuerabzugsverpflichtete hat unter Angabe der Identifikationsnummer und des Geburtsdatums des Schuldners der Kapitalertragsteuer einmal jährlich im Zeitraum vom 1. September bis 31. Oktober beim Bundeszentralamt für Steuern anzufragen, ob der Schuldner der Kapitalertragsteuer am 31. August des betreffenden Jahres (Stichtag) kirchensteuerpflichtig ist (Regelabfrage). ²Für Kapitalerträge im Sinne des § 43 Absatz 1 Nummer 4 aus Versicherungsverträgen hat der Kirchensteuerabzugsverpflichtete eine auf den Zuflusszeitpunkt der Kapitalerträge bezogene Abfrage (Anlassabfrage) an das Bundeszentralamt für Steuern zu richten. ³Im Übrigen kann der Kirchensteuerabzugsverpflichtete eine Anlassabfrage bei Begründung einer Geschäftsbeziehung oder auf Veranlassung des Kunden an das Bundeszentralamt für Steuern richten. ⁴Auf die Anfrage hin teilt das Bundeszentralamt für Steuern dem Kirchensteuerabzugsverpflichteten die rechtliche Zugehörigkeit zu einer steuererhebenden Religionsgemeinschaft und den für die Religionsgemeinschaft geltenden Kirchensteuersatz zum Zeitpunkt der Anfrage als automatisiert abrufbares Merkmal nach Nummer 1 mit. ⁵Während der Dauer der recht-

---

1 Anm. d. Red.: Zur Anwendung des § 51a Abs. 2c siehe § 52 Abs. 49.

lichen Verbindung ist der Schuldner der Kapitalertragssteuer zumindest einmal vom Kirchensteuerabzugsverpflichteten auf die Datenabfrage sowie das gegenüber dem Bundeszentralamt für Steuern bestehende Widerspruchsrecht, das sich auf die Übermittlung von Daten zur Religionszugehörigkeit bezieht (Absatz 2e Satz 1), schriftlich oder in geeigneter Form hinzuweisen. [6]Anträge auf das Setzen der Sperrvermerke, die im aktuellen Kalenderjahr für eine Regelabfrage berücksichtigt werden sollen, müssen bis zum 30. Juni beim Bundeszentralamt für Steuern eingegangen sein. [7]Alle übrigen Sperrvermerke können nur berücksichtigt werden, wenn sie spätestens zwei Monate vor der Abfrage des Kirchensteuerabzugsverpflichteten eingegangen sind. [8]Dies gilt für den Widerruf entsprechend. [9]Der Hinweis nach Satz 5 hat rechtzeitig vor der Regel- oder Anlassabfrage zu erfolgen. [10]Gehört der Schuldner der Kapitalertragsteuer keiner steuererhebenden Religionsgemeinschaft an oder hat er dem Abruf von Daten zur Religionszugehörigkeit widersprochen (Sperrvermerk), so teilt das Bundeszentralamt für Steuern dem Kirchensteuerabzugsverpflichteten zur Religionszugehörigkeit einen neutralen Wert (Nullwert) mit. [11]Der Kirchensteuerabzugsverpflichtete hat die vorhandenen Daten zur Religionszugehörigkeit unverzüglich zu löschen, wenn ein Nullwert übermittelt wurde;

4. im Falle einer am Stichtag oder im Zuflusszeitpunkt bestehenden Kirchensteuerpflicht hat der Kirchensteuerabzugsverpflichtete den Kirchensteuerabzug für die steuererhebende Religionsgemeinschaft durchzuführen und den Kirchensteuerbetrag an das für ihn zuständige Finanzamt abzuführen. [2]§ 45a Absatz 1 gilt entsprechend; in der Steueranmeldung sind die nach Satz 1 einbehaltenen Kirchensteuerbeträge für jede steuererhebende Religionsgemeinschaft jeweils als Summe anzumelden. [3]Die auf Grund der Regelabfrage vom Bundeszentralamt für Steuern bestätigte Kirchensteuerpflicht hat der Kirchensteuerabzugsverpflichtete dem Kirchensteuerabzug des auf den Stichtag folgenden Kalenderjahres zu Grunde zu legen. [4]Das Ergebnis einer Anlassabfrage wirkt anlassbezogen.

[2]Die Daten gemäß Nummer 3 sind nach amtlich vorgeschriebenem Datensatz durch Datenfernübertragung zu übermitteln. [3]Die Verbindung der Anfrage nach Nummer 2 mit der Anfrage nach Nummer 3 zu einer Anfrage ist zulässig. [4]Auf Antrag kann das Bundeszentralamt für Steuern zur Vermeidung unbilliger Härten auf eine elektronische Übermittlung verzichten. [5]§ 44 Absatz 5 ist mit der Maßgabe anzuwenden, dass der Haftungsbescheid von dem für den Kirchensteuerabzugsverpflichteten zuständigen Finanzamt erlassen wird. [6]§ 45a Absatz 2 ist mit der Maßgabe anzuwenden, dass die steuererhebende Religionsgemeinschaft angegeben wird. [7]Sind an den Kapitalerträgen ausschließlich Ehegatten beteiligt, wird der Anteil an der Kapitalertragsteuer hälftig ermittelt. [8]Der Kirchensteuerabzugsverpflichtete darf die von ihm für die Durchführung des Kirchensteuerabzugs erhobenen Daten ausschließlich für diesen Zweck verwenden. [9]Er hat organisatorisch dafür Sorge zu tragen, dass ein Zugriff auf diese Daten für andere Zwecke gesperrt ist. [10]Für andere Zwecke dürfen der Kirchensteuerabzugsverpflichtete und die beteiligte Finanzbehörde die Daten nur verwenden, soweit der Kirchensteuerpflichtige zustimmt oder dies gesetzlich zugelassen ist.

(2d) [1]Wird die nach Absatz 2b zu erhebende Kirchensteuer nicht nach Absatz 2c als Kirchensteuerabzug vom Kirchensteuerabzugsverpflichteten einbehalten, wird sie nach Ablauf des Kalenderjahres nach dem Kapitalertragsteuerbetrag veranlagt, der sich ergibt, wenn die Steuer auf Kapitalerträge nach § 32d Absatz 1 Satz 4 und 5 errechnet wird; wenn Kirchensteuer als Kirchensteuerabzug nach Absatz 2c erhoben wurde, wird eine Veranlagung auf Antrag des Steuerpflichtigen durchgeführt. [2]Der Abzugsverpflichtete hat dem Kirchensteuerpflichtigen auf dessen Verlangen hin eine Bescheinigung über die einbehaltene Kapitalertragsteuer zu erteilen. ³Der Kirchensteuerpflichtige hat die erhobene Kapitalertragsteuer zu erklären und die Bescheinigung nach Satz 2 oder nach § 45a Absatz 2 oder 3 vorzulegen.

(2e)[11] Der Schuldner der Kapitalertragsteuer kann unter Angabe seiner Identifikationsnummer nach amtlich vorgeschriebenem Vordruck schriftlich beim Bundeszentralamt für Steuern beantragen, dass der automatisierte Datenabruf seiner rechtlichen Zugehörigkeit zu einer steuererhebenden Religionsgemeinschaft bis auf schriftlichen Widerruf unterbleibt (Sperrvermerk). ²Das Bundeszentralamt für Steuern kann für die Abgabe der Erklärungen nach Satz 1 ein anderes sicheres Verfahren zur Verfügung stellen. ³Der Sperrvermerk verpflichtet den Kirchensteuerpflichtigen für jeden Veranlagungszeitraum, in dem Kapitalertragsteuer einbehalten worden ist, zur Abgabe einer Steuererklärung zum Zwecke der Veranlagung nach Absatz 2d Satz 1. ⁴Das Bundeszentralamt für Steuern übermittelt für jeden Veranlagungszeitraum, in dem der Sperrvermerk abgerufen worden ist, an das Wohnsitzfinanzamt Name und Anschrift des Kirchensteuerabzugsverpflichteten, an den im Fall des Absatzes 2c Nummer 3 auf Grund des Sperrvermerks ein Nullwert im Sinne des Absatzes 2c Satz 1 Nummer 3 Satz 6 mitgeteilt worden ist. ⁵Das Wohnsitzfinanzamt fordert den Kirchensteuerpflichtigen zur Abgabe einer Steuererklärung nach § 149 Absatz 1 Satz 1 und 2 der Abgabenordnung auf.

(3) Ist die Einkommensteuer für Einkünfte, die dem Steuerabzug unterliegen, durch den Steuerabzug abgegolten oder werden solche Einkünfte bei der Veranlagung zur Einkommensteuer oder beim Lohnsteuer-Jahresausgleich nicht erfasst, gilt dies für die Zuschlagsteuer entsprechend.

(4) ¹Die Vorauszahlungen auf Zuschlagsteuern sind gleichzeitig mit den festgesetzten Vorauszahlungen auf die Einkommensteuer zu entrichten; § 37 Absatz 5 ist nicht anzuwenden. ²Solange ein Bescheid über die Vorauszahlungen auf Zuschlagsteuern nicht erteilt worden ist, sind die Vorauszahlungen ohne besondere Aufforderung nach Maßgabe der für die Zuschlagsteuern geltenden Vorschriften zu entrichten. ³§ 240 Absatz 1 Satz 3 der Abgabenordnung ist insoweit nicht anzuwenden; § 254 Absatz 2 der Abgabenordnung gilt insoweit sinngemäß.

(5) ¹Mit einem Rechtsbehelf gegen die Zuschlagsteuer kann weder die Bemessungsgrundlage noch die Höhe des zu versteuernden Einkommens angegriffen werden. ²Wird die Bemessungsgrundlage geändert, ändert sich die Zuschlagsteuer entsprechend.

(6) Die Absätze 1 bis 5 gelten für die Kirchensteuern nach Maßgabe landesrechtlicher Vorschriften.

Inhaltsübersicht	Rz.
A. Allgemeine Erläuterungen	1 - 9
B. Systematische Kommentierung	10 - 55
I. Begriff der Zuschlagsteuer und Bemessungsgrundlage (§ 51a Abs. 1 bis 2a EStG)	10 - 19
II. Kirchensteuer auf Kapitalertragsteuer (§ 51a Abs. 2b bis 2e EStG)	20 - 35
III. Abgeltungswirkung des Steuerabzugs (§ 51a Abs. 3 EStG)	36 - 39
IV. Vorauszahlungen auf Zuschlagsteuern (§ 51a Abs. 4 EStG)	40 - 49
V. Rechtsbehelfe gegen Zuschlagsteuern (§ 51a Abs. 5 EStG)	50 - 54
VI. Geltung der Vorschriften des § 51a EStG für die Kirchensteuer nach Maßgabe landesrechtlicher Kirchensteuervorschriften (§ 51a Abs. 6 EStG)	55

---

1 Anm. d. Red.: Zur Anwendung des § 51a Abs. 2e siehe § 52 Abs. 49.

> LITERATUR:
▶ Weitere Literatur siehe Online-Version

Meyering/Serocka, Kirchensteuer im Rahmen der Abgeltungssteuer, DStR 2013, 2608; *Anzeneder*, Einbehalt von Kirchensteuer auf Gewinnausschüttungen ab 2015, BBK 2014, 946; *Götzenberger*, Kirchenkapitalertragsteuer auf Kapitaleinkünfte – Das neue automatische Steuerabzugsverfahren 2015, NWB-EV 2014, 188; *Schmidt, F.*, Der Kirchensteuerabzug auf Dividendenausschüttungen ab 2015, NWB 2014, 922; *Krumm*, Einführung in die Verfassungsrechtsfragen der Kirchensteuer, Ad Legendum (AL) 2015, 12; *Anemüller*, Grundzüge der Erhebung von Kirchensteuer auf Kapitalerträge – Anwendungsfälle und Praxishinweise, EStB 2017, 368; *Jansen/v. Kroge /Lakenbrink*, Fremdfinanzierung durch „Crowdfunding" -Ertragsteuerliche Aspekte bei der praktischen Umsetzung, NWB 2017, 1380.

> VERWALTUNGSANORDNUNGEN:

Ländereinheitl. Erlass FinMin NRW v. 10. 8. 2016, betr. elektronisches Verfahren zum Kirchensteuerabzug bei Kapitalerträgen, NWB DokID: OAAAF-81885.

A. Allgemeine Erläuterungen

1 **Normzweck und wirtschaftliche Bedeutung der Vorschrift:** Die Vorschrift schafft die verfahrensrechtlichen Voraussetzungen für die Erhebung des Solidaritätszuschlags; gleichwohl sind diese Voraussetzungen inzwischen im SolZG 1995[1] selbst geregelt. Mangels Gesetzgebungskompetenz des Bundes ist § 51a EStG mittelbar auch für die Kirchensteuer der Länder von Bedeutung (§ 51a Abs. 6 EStG).[2] Allerdings gelten ab 1. 1. 2015 die Regelungen zum automatisierten Kirchensteuerabzugsverfahren (→ Rz. 2 und → Rz. 20 ff.). Dieses Verfahren kann zur Aufdeckung dem FA bisher unbekannter Konten und zu steuerstrafrechtlichen Konsequenzen führen.[3]

2 **Entstehung und Entwicklung der Vorschrift:** Die Vorschrift wurde durch das EStRG v. 5. 8. 1974[4] in das EStG eingefügt. Anlass war die Abschaffung der Kinderfreibeträge zugunsten der reinen Kindergeldlösung, wodurch sich die Bemessungsgrundlage für die Zuschlagsteuern familienfeindlich erhöht hätte. Daher wurden auf Wunsch der Kirchen[5] ab VZ 1975 nach der Kinderzahl gestaffelte Abzugsbeträge in Höhe der Jahresbeträge nach dem BKGG eingeführt. Bei Wiedereinführung der Kinderfreibeträge durch das HBeglG 1983 v. 20. 12. 1982[6] unterblieb zunächst eine Anpassung der Vorschrift, die dann mit der deutlichen Anhebung der Kinderfreibeträge durch das StSenkG 1986/1988 v. 26. 6. 1985[7] nachgeholt wurde. Zuletzt wurde die Vorschrift durch das BeitrRLUmsG v. 7. 12. 2011[8] zur Einführung eines automatisierten Verfahrens für den Kirchensteuerabzug bei abgeltend besteuerten Kapitalerträgen mit Wirkung zum 1. 1. 2013[9] geändert.[10] Weitere Änderungen erfolgten durch das AmtshilfeRLUmsG v.

---

1 Vom 23. 6. 1993, BGBl 1993 I 944, 975 zuletzt geändert durch das BEPS-UmsG v. 20.12.2016, BGBl 2016 I 3000, dazu *Nacke* in Kanzler/Nacke, StRA, Spezial Steuergesetzgebung 2016/2017, 89.
2 Nicht jedoch für das nach den KiStG der Länder erhobene Kirchgeld: BFH v. 19. 10. 2005 - I R 76/04, BStBl 2006 II 274.
3 *Götzenberger*, NWB-EV 2014, 188, 191.
4 BGBl 1974 I 1769.
5 *Drüen/Rüping*, StuW 2004, 178, 183.
6 BGBl 1982 I 857.
7 BGBl 1985 I 1153.
8 BGBl 2011 I 2592.
9 Siehe § 52a Abs. 18 EStG i. d. F. des BeitrRLUmsG.
10 Ausführlich dazu BT-Drucks. 17/6263, 22.

26.6.2013,[1] mit dem zugleich der Start des elektronischen Kirchensteuerabzugsverfahrens auf den 1.1.2015 verschoben wurde, durch das Gesetz zur Anhebung des Grundfreibetrags, des Kinderfreibetrags, des Kindergeldes und des Kinderzuschlags v.16.7.2015,[2] das Bürokratieentlastungsgesetz v. 28.7.2015,[3] das VerfModG v. 18.7.2016[4] und das BEPS-UmsG v. 20.12.2016,[5] zur Berücksichtigung der weiteren Anhebung der Kinderfreibeträge.

Geltungsbereich: Sachlich gilt § 51a EStG unmittelbar nur für Zuschlagsteuern zur Einkommensteuer und über § 31 Abs. 1 KStG auch für die Körperschaftsteuer. Derzeit ist die Vorschrift mittelbar nur für die Kirchensteuergesetze der Länder von Bedeutung (→ Rz. 1), weil das SolZG auch die verfahrensrechtlichen Voraussetzungen der Erhebung des Solidaritätszuschlags eigenständig regelt. Persönlich gilt § 51a EStG unabhängig von der Erhebungsform der Einkommensteuer für unbeschränkt wie beschränkt einkommensteuerpflichtige Personen. Allerdings ist für beschränkt Stpfl. bei Anwendung des § 51a Abs. 2 und 2a EStG, die Bemessungsgrundlage wegen des Abzugsverbots in § 50 Abs. 1 Satz 3 EStG nicht um die Kinderfreibeträge zu kürzen.

3

Vereinbarkeit mit höherrangigem Recht: Soweit die Vorschrift auch bei den Zuschlagsteuern die kindbedingten Belastungen berücksichtigt, entspricht sie in besonderem Maße dem Gebot der Besteuerung nach der wirtschaftlichen Leistungsfähigkeit. Die in § 51a Abs. 2c Satz 1 Nr. 1 Satz 1 EStG vorgeschriebene zusätzliche Datenspeicherung durch das BZSt ist verfassungsgemäß und verstößt weder gegen das Recht auf informationelle Selbstbestimmung noch gegen sonstiges Verfassungsrecht.[6]

4

(Einstweilen frei)

5–9

B. Systematische Kommentierung

I. Begriff der Zuschlagsteuer und Bemessungsgrundlage (§ 51a Abs. 1 bis 2a EStG)

Begriff und Arten der Zuschlagsteuer (§ 51a Abs. 1 EStG): Die Vorschrift definiert die Zuschlagsteuern als die Steuern, die nach der Einkommensteuer bemessen werden. Solche Zuschlagsteuern sind möglich als

10

▶ allgemeiner Zuschlag zur Einkommensteuer, wie der für die Zeit v. 1.7.1973 bis 30.6.1974 zur Konjunkturdämpfung erhobene Stabilitätszuschlag[7] oder als

▶ selbständige Ergänzungsabgabe zur Einkommensteuer und zur Körperschaftsteuer gem. Art. 106 Abs. 1 Nr. 6 GG, wie etwa der Solidaritätszuschlag nach § 1 SolZG.[8]

---

1 BGBl 2013 I 1809.
2 BGBl 2015 I 1202, dazu *Nacke* in Kanzler/Nacke, StRA, Spezial Steuergesetzgebung 2015/2016, 119.
3 BGBl 2015 I 1400, ausführlich *Nacke* in Kanzler/Nacke, StRA, Spezial Steuergesetzgebung 2015/2016, 132.
4 BGBl 2016 I 1679, s. *Nacke* in Kanzler/Nacke, StRA, Spezial Steuergesetzgebung 2016/2017, 229.
5 BGBl 2016 I 3000, dazu *Hechtner* in Kanzler/Nacke, StRA, Spezial Steuergesetzgebung 2016/2017, 86.
6 BFH v. 18.1.2012 - II R 49/10, BStBl 2012 II 168, Rz. 123. Zu verfassungsrechtlichen Fragen der Kirchensteuer, s. *Krumm*, Ad Legendum (AL) 2015, 12.
7 Nach dem Stabilitätszuschlaggesetz v. 26.6.1973, BGBl 1973 I 681; s. auch BVerfG v. 2.10.1973 - 1 BvR 345/73, BStBl 1973 II 878 „Stabilitätszuschlag".
8 SolZG v. 23.6.1993, BGBl 1993 I 944, 975. Eine Kommentierung des SolZG 1995 findet sich bei HHR/*Wagner*, Anhang A zu § 51a EStG.

11 Die Bemessung nach der Einkommensteuer erfolgt steuertechnisch durch Anknüpfung des Zuschlags an die Einkommensteuerfestsetzung, i. d. R. durch Ansatz eines bestimmten Prozentsatzes von der festgesetzten Einkommensteuer in all ihren Erhebungsformen, die als Bemessungsgrundlage dient (s. → Rz. 13 f.).

12 Die entsprechende Anwendung der Vorschriften des EStG auf die Zuschlagsteuern bedeutet, dass auch diese Steuern bereits mit Ablauf des VZ und nicht erst mit Festsetzung der Einkommensteuer entstehen, dass die aufgrund des § 51 EStG erlassenen Rechtsverordnungen anzuwenden und auch Vorauszahlungen auf die Zuschlagsteuern zu leisten sind (§ 51a Abs. 4 EStG).[1]

13 Fiktive Einkommensteuer als Bemessungsgrundlage (§ 51a Abs. 2 EStG): Danach ist Bemessungsgrundlage für die Zuschlagsteuern die Einkommensteuer, die abweichend von § 2 Abs. 6 EStG unter Berücksichtigung von (evtl. nach Maßgabe der sog. Ländergruppeneinteilung für Auslandskinder geminderten) Freibeträgen nach § 32 Abs. 6 EStG festzusetzen wäre. Zum Abzug der kindbedingten Freibeträge s. → Rz. 2 ff. Zur Ermittlung der Einkommensteuer in diesem Sinne ist das zu versteuernde Einkommen weiter um die nach § 3 Nr. 40 EStG steuerfreien Beträge zu erhöhen und um die nach § 3c Abs. 2 EStG nicht abziehbaren Beträge zu mindern (§ 51a Abs. 2 Satz 2 EStG).[2] Im Übrigen ist § 35 EStG bei Ermittlung der festzusetzenden Einkommensteuer nach § 51a Abs. 2 Satz 1 EStG nicht anzuwenden (§ 51a Abs. 2 Satz 3 EStG). Die Hinzurechnungen nach § 51a Abs. 2 Satz 2 und 3 EStG dienen allein der Sicherung des Kirchensteueraufkommens,[3] verkomplizieren aber das EStG und verschleiern die an sich erforderlich gewesene Erhöhung der Kirchensteuersätze.[4]

14 Lohnsteuer als Bemessungsgrundlage für die Zuschlagsteuern (§ 51a Abs. 2a EStG): Nach Satz 1 1. Halbsatz ist auch die Lohnsteuer Bemessungsgrundlage der Zuschlagsteuer. Ausgenommen davon ist die pauschale Lohnsteuer in den Fällen geringfügiger Beschäftigung („vorbehaltlich des § 40a Abs. 2" EStG). Da auf den Lohnsteuerabzug nicht in jedem Fall eine Einkommensteuerveranlagung folgt, stellt § 51a Abs. 2a Satz 1 und 2 EStG sicher, dass die kindbedingten Entlastungen auch schon beim Steuerabzug vom laufenden Arbeitslohn und beim Jahresausgleich berücksichtigt werden. Dafür ist die Lohnsteuer maßgebend, die sich ergibt, wenn der zu versteuernde Jahresbetrag für die Steuerklassen I, II und III um die kindbedingten Freibeträge nach § 32 Abs. 6 EStG gemindert wird. Die nach der Ländergruppeneinteilung zu kürzenden kindbedingten Freibeträge für Auslandskinder können erst über eine Antragsveranlagung gem. § 46 Abs. 2 Nr. 8 EStG nach § 51a Abs. 2 EStG (s. → Rz. 13) berücksichtigt werden. Nach § 51a Abs. 2a Satz 3 EStG ist bei Anwendung des Faktorverfahrens (§ 39f EStG) der nach § 39f Abs. 1 EStG ermittelte Faktor auf die Bemessungsgrundlage für den Lohnsteuerabzug anzuwenden.

15–19 *(Einstweilen frei)*

---

[1] BFH v. 25. 6. 1992 - IV R 9/92, BStBl 1992 II 702.
[2] Dazu BFH v. 1. 7. 2009 - I R 76/08, BStBl 2010 II 1061, m.w. N.: Danach kann die Hinzurechnung von nach dem sog. Halbeinkünfteverfahren steuerfreien Einkünften zur Bemessungsgrundlage der Kirchensteuer nicht durch Verrechnung mit im betreffenden VZ nicht verbrauchten Verlustvorträgen neutralisiert werden. Dieses Verrechnungsverbot ist verfassungsgemäß.
[3] BT-Drucks. 14/3762, 1.
[4] Gl. A *Loschelder* in Schmidt, § 51a EStG Rz. 2.

II. Kirchensteuer auf Kapitalertragsteuer (§ 51a Abs. 2b bis 2e EStG)

Überblick und persönlicher Geltungsbereich: In vier Absätzen trifft § 51a EStG Regelungen zur Kirchensteuer als Zuschlag zur Einkommensteuer. Der persönliche Geltungsbereich dieser Regelungen ist auf natürliche Personen, die Angehörige einer Religionsgemeinschaft sind, beschränkt. Ob eine Mitgliedschaft in mehreren Kirchen begründet werden kann, ist umstritten.[1]   20

Regelungsinhalt und zeitlicher Geltungsbereich: Mit den durch das BeitrRLUmsG (→ Rz. 2) eingeführten Regelungen zum Abzug der Kirchenkapitalertragsteuer sollte das automatisierte Abrufverfahren zur Zufriedenheit aller Beteiligten (der Finanzmarktinstitute, der Stpfl. und der Finanzverwaltung) Anwendung finden;[2] die Vorschriften sind jedoch unsystematisch und schaffen ein Sonderrecht für die Kirchensteuer.[3] Die Komplexität der Regelungen hat dazu geführt, dass der Anwendungszeitpunkt wiederholt hinausgeschoben wurde. Nach § 52 Abs. 49 EStG sind die neuen Regelungen erstmals auf nach dem 31.12.2014 zufließende Kapitalerträge anzuwenden.   21

Zuschlag zur Kapitalertragsteuer: Für nach dem 31.12.2008 zufließende Kapitalerträge (§ 52a Abs. 18 Satz 1 EStG a.F.) regelt § 51a Abs. 2b EStG, dass die auf die Kapitalertragsteuer entfallende Kirchensteuer nach dem Kirchensteuersatz der Religionsgemeinschaft, der der Kirchensteuerpflichtige angehört, als Zuschlag zur Kapitalertragsteuer erhoben wird. Der Kirchensteuersatz beträgt in Bayern und Baden-Württemberg 8 % sowie 9 % in den übrigen Bundesländern. Die meisten Kirchensteuergesetze der Länder (mit Ausnahme Bayerns) sehen eine Begrenzung der Kirchensteuer (sog. Kappung) der an die Einkommensteuer anknüpfenden Steuerprogression vor.[4] Andererseits wird in neun Bundesländern eine Mindestbetrags-Kirchensteuer von den evangelischen und katholischen sowie einigen anderen Religionsgemeinschaften erhoben, wenn sich nach § 51a EStG keine oder nur eine geringe Steuer ergeben würde.[5]   22

Grundsatz – Steuerabzug von Amts wegen: Im Gegensatz zur Rechtslage bis zum VZ 2014 wird die Kirchenkapitalertragsteuer grundsätzlich von Amtswegen durchgeführt, wenn die Kirchenmitgliedschaft des Stpfl. beim BZSt gespeichert ist (§ 51a Abs. 2c EStG). Die dazu nach § 51a Abs. 2c EStG bereitgestellten elektronischen Kirchensteuerabzugsmerkmale (KiStAM) werden dem Kirchensteuerabzugsverpflichteten vom Bundeszentralamt für Steuern (BZSt) unentgeltlich als automatisiert abrufbares Merkmal bereitgestellt.[6]   23

Der Kirchensteuerabzugsverpflichtete (z.B. Bank oder Versicherungsgesellschaft) ist daher gesetzlich dazu angehalten jährlich vom 1.9. bis 31.10. eine Regelabfrage und in bestimmten Fällen eine Anlassabfrage an das BZSt zur Verifizierung der Kirchensteuerpflicht zu richten. Maßgeblich für den Kirchensteuerabzug ist der nach § 32d Abs. 1 Satz 3 bis 5 EStG ermittelte Steuerbetrag. Der danach ermäßigte Steuersatz auf die Kapitalerträge berücksichtigt die Abziehbarkeit der Kirchensteuer als Sonderausgabe von ihrer eigenen Bemessungsgrundlage. Fol-

---

1 Zum Problem FG München v. 2.7.1993 - 13 K 4098/92, EFG 1994, 167; ferner *Wagner*, FR 1996, 10: Die meisten Kirchensteuergesetze schließen eine Mehrfachmitgliedschaft aus.
2 BT-Drucks. 17/7524, 2.
3 *Treiber* in Blümich, § 51a EStG Rz. 70; HHR/*Wagner*, § 51a EStG Anm. 37: „*ein besonderes Erhebungsverfahren für die ... Kirchenkapitalertragsteuer*".
4 Einen Überblick zu den Kappungsregelungen gibt: http://www.steuer-forum-kirche.de/faq-kappung.htm.
5 Dazu die Übersicht unter: https://www.ekd.de/download/kirchensteuer_petersen.pdf.
6 Zu Einzelheiten s. ländereinheitl. Erlass FinMin NRW v. 10.8.2016, BStBl 2016 I 813.

gerichtig ist die gezahlte Kirchenkapitalertragsteuer wegen dieser Steuersatzermäßigung vom Sonderausgabenabzug ausgeschlossen (§ 10 Abs. 1 Nr. 4 2. Halbsatz EStG).[1]

24 **Ausnahme – Widerspruch gegen die Weitergabe des „Religionsmerkmals":** Beantragt der Stpfl. allerdings schriftlich, dass der Datenabruf seiner Religionszugehörigkeit unterbleiben soll, so führt dies zu einem Sperrvermerk. Der Kirchensteuerabzugsverpflichtete erhält in diesem Fall auf seine Anfrage beim BZSt einen Nullwert (§ 51a Abs. 2c Nr. 3 Satz 10 f. EStG), wie bei Stpfl., die keiner steuererhebenden Religionsgemeinschaft angehören.[2] Damit unterbleibt der Quellensteuerabzug, der Kirchensteuerschuldner hat dann jedoch „eine Steuererklärung zum Zwecke der Veranlagung" der Kirchenkapitalertragsteuer abzugeben (§ 51a Abs. 2e EStG i.V. m. § 51a Abs. 2d Satz 1 EStG).[3] Den Antrag zum „Setzen" eines Sperrvermerks hat der Kirchensteuerschuldner gem. § 51a Abs. 2e Satz 1 EStG,[4] unter Angabe seiner Identifikationsnummer, nach amtlich vorgeschriebenem Vordruck, innerhalb einer Ausschlussfrist bis zum 30. 6. eines Jahres beim BZSt zu stellen (§ 51a Abs. 2c Nr. 3 Satz 4 EStG);[5] dasselbe gilt für den Widerruf (§ 51a Abs. 2c Nr. 3 Satz 8 EStG).

25–35 *(Einstweilen frei)*

III. Abgeltungswirkung des Steuerabzugs (§ 51a Abs. 3 EStG)

36 § 51a Abs. 3 EStG ordnet an, dass die für die Einkommensteuer vorgesehene Abgeltungswirkung des Steuerabzugs auch für die Zuschlagsteuern entsprechend gilt. Damit ist die Durchführung einer nur die Zuschlagsteuer betreffenden Veranlagung ausgeschlossen. Überzahlte Zuschlagsteuern können daher nur im Rahmen einer Einkommensteuerveranlagung erstattet werden,[6] wenn nicht der Arbeitgeber einen Lohnsteuerjahresausgleich durchführt. Die Einkommensteuer ist durch den Steuerabzug abgegolten

- beim Steuerabzug vom Arbeitslohn, sofern keine Pflicht- oder Antragsveranlagung durchgeführt wird,
- beim Steuerabzug von Kapitalerträgen durch die Abgeltungsteuer, sofern die Veranlagung nach § 43 Abs. 5 EStG unterbleibt und
- bei beschränkt einkommensteuerpflichtigem Arbeitslohn oder Kapitalertrag oder dem Steuerabzug nach § 50a EStG, sofern nicht die Ausnahmetatbestände des § 50 Abs. 2 Satz 2 EStG vorliegen. Eine Abgeltungswirkung kommt auch der Lohnsteuerpauschalierung und der als Lohnsteuer geltenden Pauschalierung der Einkommensteuer durch Dritte nach § 37a EStG (Sachprämien) und § 37b EStG (Sachzuwendungen) zu, die ebenfalls der Zuschlagsteuer unterliegen.

37–39 *(Einstweilen frei)*

---

1 Siehe dazu auch das Beispiel zur Berechnung der Kirchenkapitalertragsteuer bei *Götzenberger*, NWB-EV 2014, 188, 189; Jansen/v. Kroge/Lakenbrink, Fremdfinanzierung durch „Crowdfunding" -Ertragsteuerliche Aspekte bei der praktischen Umsetzung, NWB 2017, 1380.
2 Siehe ländereinheitl. Erlass FinMin. NRW v. 10. 8. 2016, BStBl 2016 I 813, Rz. 6 und 53.
3 Weiteren Informationen zum Sperrvermerk und zu dem Formular, mit dem der Sperrvermerk eingelegt werden kann, finden sich unter: http://www.bzst.de/DE/Home/home_node.html.
4 I. d. F. des AmtshilfeRLUmsG v. 26. 6. 2013, BGBl 2013 I 1809.
5 I. d. F. des AmtshilfeRLUmsG v. 26. 6. 2013, BGBl 2013 I 1809.
6 Gl. A. HHR/*Wagner*, § 51a EStG Anm. 42.

IV. Vorauszahlungen auf Zuschlagsteuern (§ 51a Abs. 4 EStG)

Die **Vorauszahlungen auf Zuschlagsteuern** sind nach § 51a Abs. 4 Satz 1 EStG gleichzeitig mit den festgesetzten Einkommensteuervorauszahlungen zu entrichten, wobei die Mindestgrenzen des § 37 Abs. 5 EStG nicht gelten; Vorauszahlungen auf Zuschlagsteuern sind also auch dann festzusetzen, wenn sie weniger als 400 € im Kalenderjahr oder weniger als 100 € für einen Vorauszahlungszeitpunkt betragen. 40

Der **Einkommensteuer- oder Körperschaftsteuervorauszahlungsbescheid ist Grundlagenbescheid** für die Festsetzung der Vorauszahlungen auf die Zuschlagsteuern. Solange ein solcher Grundlagenbescheid noch nicht vorliegt, ist auch die Ergänzungsabgabe nicht zu leisten.[1] Ist aber ein Einkommensteuer- oder Körperschaftsteuervorauszahlungsbescheid ohne Festsetzung von Vorauszahlungen für Zuschlagsteuern ergangen, dann sind die Vorauszahlungen ohne besondere Aufforderung nach Maßgabe der für die Zuschlagsteuern geltenden Vorschriften zu entrichten; widrigenfalls sind Säumniszuschläge[2] und Zinsen zu zahlen.[3] M. E. verstößt diese gesetzlich angeordnete Verpflichtung zur Selbstberechnung und -veranlagung der Zuschlagsteuern im Falle fehlender Festsetzung im Einkommensteuervorauszahlungsbescheid und die daran geknüpften Sanktionen gegen den Verhältnismäßigkeitsgrundsatz und das daraus abgeleitete Übermaßverbot.[4] Da die Selbstberechnung keine Steueranmeldung ist, bleibt unklar, wie der Stpfl. Einwendungen gegen die Vorauszahlungen für Zuschlagsteuern erheben kann, wenn kein anfechtbarer Verwaltungsakt ergangen ist.[5] Völlig unangemessen sind die Rechtsfolgen bei Verletzung des Gebots der Selbstberechnung. Der Stpfl. muss darauf vertrauen können, dass seine Steuererklärung zu einer richtigen Steuerfestsetzung führt und dass ihn nach Abgabe einer ordnungsgemäßen Steuererklärung nicht noch weitere Pflichten belasten. 41

Erhöhungen und Herabsetzungen der Einkommensteuervorauszahlungen führen zu entsprechenden Änderungen auch der Vorauszahlungen für die Zuschlagsteuern. Bei Erhöhungen soll dies auch ohne gesonderten Festsetzungsbescheid über Vorauszahlungen für die Zuschlagsteuern zulässig (arg. § 51a Abs. 4 Satz 2 EStG)[6] und bei Herabsetzungen geboten sein. Auch insoweit gilt das Übermaßverbot für den Fall der Selbstberechnung bei Erhöhung (s. → Rz. 41). 42

(Einstweilen frei) 43–49

V. Rechtsbehelfe gegen Zuschlagsteuern (§ 51a Abs. 5 EStG)

Nach § 51a Abs. 5 Satz 1 EStG kann weder die Bemessungsgrundlage noch die Höhe des zu versteuernden Einkommens mit einem Rechtsbehelf gegen die Zuschlagsteuer angegriffen werden. Wird die Bemessungsgrundlage geändert, ändert sich die Zuschlagsteuer entsprechend (§ 51a Abs. 5 Satz 2 EStG). Im Streit um die Rechtmäßigkeit einer Kirchensteuerfestsetzung sind Einwendungen gegen die Höhe von Einnahmen aus Kapitalvermögen daher Gegenstand des Rechtsstreits um die Höhe der Einkommensteuerfestsetzung; es handelt sich dabei nicht um Einwendungen, die sich auf die in § 51a Abs. 2 EStG geregelten Modifikationen der Maß- 50

---

1 Gl. A. *Treiber* in Blümich, § 51a EStG Rz. 107; *Loschelder* in Schmidt, § 51a EStG Rz. 5.
2 § 240 Abs. 1 Satz 3 AO, wonach eine Säumnis nicht eintritt, bevor die Steuer festgesetzt oder angemeldet worden ist, findet keine Anwendung (§ 51a Abs. 4 Satz 3 1. Halbsatz EStG).
3 § 254 Abs. 2 AO, wonach es keines Leistungsgebots wegen Säumniszuschlägen und Zinsen bedarf, wenn sie zusammen mit der Steuer beigetrieben werden (§ 51a Abs. 4 Satz 3 1. Halbsatz EStG).
4 Dazu etwa *Hey* in Tipke/Lang, Steuerrecht, § 3 Rz. 180 ff.
5 Gl. A. HHR/*Wagner*, § 51a EStG Anm. 47.
6 Zweifelhaft nach *Tormöhlen* in Korn, § 51a EStG Rz. 17, m. w. N.

stabsteuer beziehen, welche ausschließlich der Bemessung der Kirchensteuer als Zuschlagsteuer dienen. Dies gilt auch dann, wenn im Streitjahr eine Einkommensteuer wegen des Verbrauchs von Verlustvorträgen nicht festgesetzt wird.[1] Demgegenüber sind Einwendungen gegen die Berechnung der „fiktiven" Einkommensteuer nach § 51a Abs. 2 EStG als Grundlage für die Festsetzung der Kirchensteuer im Rechtsbehelfsverfahren gegen die Festsetzung der Kirchensteuer gegenüber der zuständigen Kirchenbehörde und nicht im Verfahren gegen die Festsetzung der Einkommensteuer gegenüber dem Finanzamt geltend zu machen.[2]

51–54 *(Einstweilen frei)*

VI. Geltung der Vorschriften des § 51a EStG für die Kirchensteuer nach Maßgabe landesrechtlicher Kirchensteuervorschriften (§ 51a Abs. 6 EStG)

55 Die Bestimmungen des § 51a EStG gelten nur „nach Maßgabe landesrechtlicher Vorschriften" für die Kirchensteuern, die nicht in die Gesetzgebungskompetenz des Bundes fallen. Dieser Anwendungsvorbehalt entlastet den jeweiligen Landesgesetzgeber, der sich über dynamische Verweisungen auf § 51a Abs. 6 EStG in den Kirchensteuergesetzen die Regelungen des EStG erschließt. Die damit verbundene verdeckte Verlagerung der Gesetzgebungskompetenz wird im Schrifttum angezweifelt,[3] von der Rechtsprechung aber noch für verfassungsgemäß gehalten.[4,5]

§ 52 Anwendungsvorschriften

(1) [1]Diese Fassung des Gesetzes ist, soweit in den folgenden Absätzen nichts anderes bestimmt ist, erstmals für den Veranlagungszeitraum 2018 anzuwenden. [2]Beim Steuerabzug vom Arbeitslohn gilt Satz 1 mit der Maßgabe, dass diese Fassung erstmals auf den laufenden Arbeitslohn anzuwenden ist, der für einen nach dem 31. Dezember 2017 endenden Lohnzahlungszeitraum gezahlt wird, und auf sonstige Bezüge, die nach dem 31. Dezember 2017 zufließen. [3]Beim Steuerabzug vom Kapitalertrag gilt Satz 1 mit der Maßgabe, dass diese Fassung des Gesetzes erstmals auf Kapitalerträge anzuwenden ist, die dem Gläubiger nach dem 31. Dezember 2017 zufließen.

(2) [1]§ 2a Absatz 1 Satz 1 Nummer 6 Buchstabe b in der am 1. Januar 2000 geltenden Fassung ist erstmals auf negative Einkünfte eines Steuerpflichtigen anzuwenden, die er aus einer entgeltlichen Überlassung von Schiffen auf Grund eines nach dem 31. Dezember 1999 rechtswirksam abgeschlossenen obligatorischen Vertrags oder gleichstehenden Rechtsakts erzielt. [2]Für negative Einkünfte im Sinne des § 2a Absatz 1 und 2 in der am 24. Dezember 2008 geltenden Fassung, die vor dem 25. Dezember 2008 nach § 2a Absatz 1 Satz 5 bestandskräftig gesondert festgestellt wurden, ist § 2a Absatz 1 Satz 3 bis 5 in der am 24. Dezember 2008 geltenden Fassung weiter anzuwenden. [3]§ 2a Absatz 3 Satz 3, 5 und 6 in der am 29. April 1997 geltenden Fassung ist für Veranlagungszeiträume ab 1999 weiter anzuwenden, soweit sich ein positiver Betrag im Sinne des § 2a Absatz 3 Satz 3 in der am 29. April 1997 geltenden Fassung ergibt

---

1 BFH v. 15.9.2011 - I R 53/10, BFH/NV 2012, 23 = NWB DokID: HAAAD-95575.
2 BFH v. 28.11.2007 - I R 2, 3/07, NWB DokID: TAAAC-77592.
3 *Weber* in Birk/Ehlers, Aktuelle Rechtsfragen der Kirchensteuer, Symposium zur Kirchensteuer, 2011, 149, 164.
4 BFH v. 1.7.2009 - I R 76/08, BStBl 2010 II 1061.
5 Zu den Kirchensteuergesetzen der Länder s. *Petersen*: http://www.steuer-forum-kirche.de/kistg-frame.htm. Eine Kommentierung zu den Kirchensteuern findet sich bei HHR/*Wagner*, Anhang B zu § 51a EStG.

oder soweit eine in einem ausländischen Staat belegene Betriebsstätte im Sinne des § 2a Absatz 4 in der Fassung des § 52 Absatz 3 Satz 8 in der am 30. Juli 2014 geltenden Fassung in eine Kapitalgesellschaft umgewandelt, übertragen oder aufgegeben wird. [4]Insoweit ist in § 2a Absatz 3 Satz 5 letzter Halbsatz in der am 29. April 1997 geltenden Fassung die Angabe „§ 10d Absatz 3" durch die Angabe „§ 10d Absatz 4" zu ersetzen.

(3) § 2b in der Fassung der Bekanntmachung vom 19. Oktober 2002 (BGBl I S. 4210; 2003 I S. 179) ist weiterhin für Einkünfte aus einer Einkunftsquelle im Sinne des § 2b anzuwenden, die der Steuerpflichtige nach dem 4. März 1999 und vor dem 11. November 2005 rechtswirksam erworben oder begründet hat.

(4) [1]§ 3 Nummer 5 in der am 30. Juni 2013 geltenden Fassung ist vorbehaltlich des Satzes 2 erstmals für den Veranlagungszeitraum 2013 anzuwenden. [2]§ 3 Nummer 5 in der am 29. Juni 2013 geltenden Fassung ist weiterhin anzuwenden für freiwillig Wehrdienst Leistende, die das Dienstverhältnis vor dem 1. Januar 2014 begonnen haben. [3]§ 3 Nummer 10 in der am 31. Dezember 2005 geltenden Fassung ist weiter anzuwenden für ausgezahlte Übergangsbeihilfen an Soldatinnen auf Zeit und Soldaten auf Zeit, wenn das Dienstverhältnis vor dem 1. Januar 2006 begründet worden ist. [4]Auf fortlaufende Leistungen nach dem Gesetz über die Heimkehrerstiftung vom 21. Dezember 1992 (BGBl I S. 2094, 2101), das zuletzt durch Artikel 1 des Gesetzes vom 10. Dezember 2007 (BGBl I S. 2830) geändert worden ist, in der jeweils geltenden Fassung ist § 3 Nummer 19 in der am 31. Dezember 2010 geltenden Fassung weiter anzuwenden. [5]§ 3 Nummer 40 ist erstmals anzuwenden für

1. Gewinnausschüttungen, auf die bei der ausschüttenden Körperschaft der nach Artikel 3 des Gesetzes vom 23. Oktober 2000 (BGBl I S. 1433) aufgehobene Vierte Teil des Körperschaftsteuergesetzes nicht mehr anzuwenden ist; für die übrigen in § 3 Nummer 40 genannten Erträge im Sinne des § 20 gilt Entsprechendes;
2. Erträge im Sinne des § 3 Nummer 40 Satz 1 Buchstabe a, b, c und j nach Ablauf des ersten Wirtschaftsjahres der Gesellschaft, an der die Anteile bestehen, für das das Körperschaftsteuergesetz in der Fassung des Artikels 3 des Gesetzes vom 23. Oktober 2000 (BGBl I S. 1433) erstmals anzuwenden ist.

[6]§ 3 Nummer 40 Satz 3 und 4 in der am 12. Dezember 2006 geltenden Fassung ist für Anteile, die einbringungsgeboren im Sinne des § 21 des Umwandlungssteuergesetzes in der am 12. Dezember 2006 geltenden Fassung sind, weiter anzuwenden. [7]§ 3 Nummer 40 Satz 3 erster Halbsatz in der am 1. Januar 2017 geltenden Fassung ist erstmals für den Veranlagungszeitraum 2017 anzuwenden; der zweite Halbsatz ist anzuwenden auf Anteile, die nach dem 31. Dezember 2016 dem Betriebsvermögen zugehen. [8]Bei vom Kalenderjahr abweichenden Wirtschaftsjahren ist § 3 Nummer 40 Buchstabe d Satz 2 in der am 30. Juni 2013 geltenden Fassung erstmals für den Veranlagungszeitraum anzuwenden, in dem das Wirtschaftsjahr endet, das nach dem 31. Dezember 2013 begonnen hat. [9]§ 3 Nummer 40a in der am 6. August 2004 geltenden Fassung ist auf Vergütungen im Sinne des § 18 Absatz 1 Nummer 4 anzuwenden, wenn die vermögensverwaltende Gesellschaft oder Gemeinschaft nach dem 31. März 2002 und vor dem 1. Januar 2009 gegründet worden ist oder soweit die Vergütungen in Zusammenhang mit der Veräußerung von Anteilen an Kapitalgesellschaften stehen, die nach dem 7. November 2003 und vor dem 1. Januar 2009 erworben worden sind. [10]§ 3 Nummer 40a in der am 19. August 2008 geltenden Fassung ist erstmals auf Vergütungen im Sinne des § 18 Absatz 1 Nummer 4 anzuwenden, wenn die vermögensverwaltende Gesellschaft oder Gemeinschaft nach dem 31. Dezember 2008 gegründet worden ist. [11]§ 3 Nummer 46 in der am

17. November 2016 geltenden Fassung ist erstmals anzuwenden auf Vorteile, die in einem nach dem 31. Dezember 2016 endenden Lohnzahlungszeitraum oder als sonstige Bezüge nach dem 31. Dezember 2016 zugewendet werden, und letztmals anzuwenden auf Vorteile, die in einem vor dem 1. Januar 2021 endenden Lohnzahlungszeitraum oder als sonstige Bezüge vor dem 1. Januar 2021 zugewendet werden. ¹²§ 3 Nummer 63 ist bei Beiträgen für eine Direktversicherung nicht anzuwenden, wenn der Arbeitnehmer gegenüber dem Arbeitgeber für diese Beiträge auf die Anwendung des § 3 Nummer 63 verzichtet hat. ¹³Der Verzicht gilt für die Dauer des Dienstverhältnisses; er ist bei einem Arbeitgeberwechsel bis zur ersten Beitragsleistung zu erklären. ¹⁴Der Höchstbetrag nach § 3 Nummer 63 Satz 1 verringert sich um Zuwendungen, auf die § 40b Absatz 1 und 2 Satz 1 und 2 in der am 31. Dezember 2004 geltenden Fassung angewendet wird. ¹⁵§ 3 Nummer 63 Satz 3 in der ab dem 1. Januar 2018 geltenden Fassung ist nicht anzuwenden, soweit § 40b Absatz 1 und 2 Satz 3 und 4 in der am 31. Dezember 2004 geltenden Fassung angewendet wird. ¹⁶§ 3 Nummer 71 in der am 31. Dezember 2014 geltenden Fassung ist erstmals für den Veranlagungszeitraum 2013 anzuwenden. ¹⁷§ 3 Nummer 71 in der Fassung des Artikels 1 des Gesetzes vom 27. Juni 2017 (BGBl I S. 2074) ist erstmals für den Veranlagungszeitraum 2017 anzuwenden.

(4a) ¹§ 3a in der Fassung des Artikels 2 des Gesetzes vom 27. Juni 2017 (BGBl I S. 2074) ist erstmals in den Fällen anzuwenden, in denen die Schulden ganz oder teilweise nach dem 8. Februar 2017 erlassen wurden. ²Satz 1 gilt bei einem Schuldenerlass nach dem 8. Februar 2017 nicht, wenn dem Steuerpflichtigen auf Antrag Billigkeitsmaßnahmen aus Gründen des Vertrauensschutzes für einen Sanierungsertrag auf Grundlage von § 163 Absatz 1 Satz 2 und den §§ 222, 227 der Abgabenordnung zu gewähren sind.

(5) ¹§ 3c Absatz 2 Satz 3 und 4 in der am 12. Dezember 2006 geltenden Fassung ist für Anteile, die einbringungsgeboren im Sinne des § 21 des Umwandlungssteuergesetzes in der am 12. Dezember 2006 geltenden Fassung sind, weiter anzuwenden. ²§ 3c Absatz 2 in der am 31. Dezember 2014 geltenden Fassung ist erstmals für Wirtschaftsjahre anzuwenden, die nach dem 31. Dezember 2014 beginnen. ³§ 3c Absatz 4 in der Fassung des Artikels 2 des Gesetzes vom 27. Juni 2017 (BGBl I S. 2074) ist für Betriebsvermögensminderungen oder Betriebsausgaben in unmittelbarem wirtschaftlichem Zusammenhang mit einem Schuldenerlass nach dem 8. Februar 2017 anzuwenden, für den § 3a angewendet wird.

(6) ¹§ 4 Absatz 1 Satz 4 in der Fassung des Artikels 1 des Gesetzes vom 8. Dezember 2010 (BGBl I S. 1768) gilt in allen Fällen, in denen § 4 Absatz 1 Satz 3 anzuwenden ist. ²§ 4 Absatz 3 Satz 4 ist nicht anzuwenden, soweit die Anschaffungs- oder Herstellungskosten vor dem 1. Januar 1971 als Betriebsausgaben abgesetzt worden sind. ³§ 4 Absatz 3 Satz 4 und 5 in der Fassung des Artikels 1 des Gesetzes vom 28. April 2006 (BGBl I S. 1095) ist erstmals für Wirtschaftsgüter anzuwenden, die nach dem 5. Mai 2006 angeschafft, hergestellt oder in das Betriebsvermögen eingelegt werden. ⁴Die Anschaffungs- oder Herstellungskosten für nicht abnutzbare Wirtschaftsgüter des Anlagevermögens, die vor dem 5. Mai 2006 angeschafft, hergestellt oder in das Betriebsvermögen eingelegt wurden, sind erst im Zeitpunkt des Zuflusses des Veräußerungserlöses oder im Zeitpunkt der Entnahme als Betriebsausgaben zu berücksichtigen. ⁵§ 4 Absatz 4a in der Fassung des Gesetzes vom 22. Dezember 1999 (BGBl I S. 2601) ist erstmals für das Wirtschaftsjahr anzuwenden, das nach dem 31. Dezember 1998 endet. ⁶Über- und Unterentnahmen vorangegangener Wirtschaftsjahre bleiben unberücksichtigt. ⁷Bei vor dem 1. Januar 1999 eröffneten Betrieben sind im Fall der Betriebsaufgabe bei der Überführung von Wirtschaftsgütern aus dem Betriebsvermögen in das Privatvermögen die Buchwerte nicht als Entnahme anzusetzen; im Fall der Betriebsveräußerung ist nur der Veräußerungsgewinn als Ent-

nahme anzusetzen. [8]§ 4 Absatz 5 Satz 1 Nummer 5 in der Fassung des Artikels 1 des Gesetzes vom 20. Februar 2013 (BGBl I S. 285) ist erstmals ab dem 1. Januar 2014 anzuwenden. [9]§ 4 Absatz 5 Satz 1 Nummer 6a in der Fassung des Artikels 1 des Gesetzes vom 20. Februar 2013 (BGBl I S. 285) ist erstmals ab dem 1. Januar 2014 anzuwenden.

(7) (weggefallen)

(8) § 4f in der Fassung des Gesetzes vom 18. Dezember 2013 (BGBl I S. 4318) ist erstmals für Wirtschaftsjahre anzuwenden, die nach dem 28. November 2013 enden.

(8a) § 4j in der Fassung des Artikels 1 des Gesetzes vom 27. Juni 2017 (BGBl I S. 2074) ist erstmals für Aufwendungen anzuwenden, die nach dem 31. Dezember 2017 entstehen.

(9) [1]§ 5 Absatz 7 in der Fassung des Gesetzes vom 18. Dezember 2013 (BGBl I S. 4318) ist erstmals für Wirtschaftsjahre anzuwenden, die nach dem 28. November 2013 enden. [2]Auf Antrag kann § 5 Absatz 7 auch für frühere Wirtschaftsjahre angewendet werden. [3]Bei Schuldübertragungen, Schuldbeitritten und Erfüllungsübernahmen, die vor dem 14. Dezember 2011 vereinbart wurden, ist § 5 Absatz 7 Satz 5 mit der Maßgabe anzuwenden, dass für einen Gewinn, der sich aus der Anwendung von § 5 Absatz 7 Satz 1 bis 3 ergibt, jeweils in Höhe von 19 Zwanzigsteln eine gewinnmindernde Rücklage gebildet werden kann, die in den folgenden 19 Wirtschaftsjahren jeweils mit mindestens einem Neunzehntel gewinnerhöhend aufzulösen ist.

(10) [1]§ 5a Absatz 3 in der Fassung des Artikels 9 des Gesetzes vom 29. Dezember 2003 (BGBl I S. 3076) ist erstmals für das Wirtschaftsjahr anzuwenden, das nach dem 31. Dezember 2005 endet. [2]§ 5a Absatz 3 Satz 1 in der am 31. Dezember 2003 geltenden Fassung ist weiterhin anzuwenden, wenn der Steuerpflichtige im Fall der Anschaffung das Handelsschiff auf Grund eines vor dem 1. Januar 2006 rechtswirksam abgeschlossenen schuldrechtlichen Vertrags oder gleichgestellten Rechtsakts angeschafft oder im Fall der Herstellung mit der Herstellung des Handelsschiffs vor dem 1. Januar 2006 begonnen hat. [3]In Fällen des Satzes 2 muss der Antrag auf Anwendung des § 5a Absatz 1 spätestens bis zum Ablauf des Wirtschaftsjahres gestellt werden, das vor dem 1. Januar 2008 endet. [4]Soweit Ansparabschreibungen im Sinne des § 7g Absatz 3 in der am 17. August 2007 geltenden Fassung zum Zeitpunkt des Übergangs zur Gewinnermittlung nach § 5a Absatz 1 noch nicht gewinnerhöhend aufgelöst worden sind, ist § 5a Absatz 5 Satz 3 in der am 17. August 2007 geltenden Fassung weiter anzuwenden.

(11) § 5b in der Fassung des Artikels 1 des Gesetzes vom 20. Dezember 2008 (BGBl I S. 2850) ist erstmals für Wirtschaftsjahre anzuwenden, die nach dem 31. Dezember 2010[1] beginnen.

(12) [1]§ 6 Absatz 1 Nummer 1b kann auch für Wirtschaftsjahre angewendet werden, die vor dem 23. Juli 2016 enden. [2]§ 6 Absatz 1 Nummer 4 Satz 2 und 3 in der am 1. Januar 2016 geltenden Fassung ist für Fahrzeuge mit Antrieb ausschließlich durch Elektromotoren, die ganz oder überwiegend aus mechanischen oder elektrochemischen Energiespeichern oder aus emissionsfrei betriebenen Energiewandlern gespeist werden (Elektrofahrzeuge), oder für extern aufladbare Hybridelektrofahrzeuge anzuwenden, die vor dem 1. Januar 2023 angeschafft werden. [3]§ 6 Absatz 2 Satz 4 in der Fassung des Artikels 4 des Gesetzes vom 30. Juni 2017 (BGBl I S. 2143) ist erstmals bei Wirtschaftsgütern anzuwenden, die nach dem 31. Dezember 2017 angeschafft, hergestellt oder in das Betriebsvermögen eingelegt werden. [4]§ 6 Absatz 2 Satz 1 in der Fassung des Artikels 1 des Gesetzes vom 27. Juni 2017 (BGBl I S. 2074) ist erstmals

---

1 Anm. d. Red.: Gemäß § 1 AnwZpvV v. 20.12.2010 (BGBl I S. 2135) erstmals anzuwenden für Wirtschaftsjahre, die nach dem 31.12.2011 beginnen.

bei Wirtschaftsgütern anzuwenden, die nach dem 31. Dezember 2017 angeschafft, hergestellt oder in das Betriebsvermögen eingelegt werden. ⁵§ 6 Absatz 5 Satz 1 zweiter Halbsatz in der am 14. Dezember 2010 geltenden Fassung gilt in allen Fällen, in denen § 4 Absatz 1 Satz 3 anzuwenden ist. ⁶§ 6 Absatz 2a in der Fassung des Artikels 1 des Gesetzes vom 27. Juni 2017 (BGBl I S. 2074) ist erstmals bei Wirtschaftsgütern anzuwenden, die nach dem 31. Dezember 2017 angeschafft, hergestellt oder in das Betriebsvermögen eingelegt werden.

(13) (weggefallen)

(14) ¹§ 6b Absatz 2a in der am 6. November 2015 geltenden Fassung ist auch auf Gewinne im Sinne des § 6b Absatz 2 anzuwenden, die vor dem 6. November 2015 entstanden sind. ²§ 6b Absatz 10 Satz 11 in der am 12. Dezember 2006 geltenden Fassung ist für Anteile, die einbringungsgeboren im Sinne des § 21 des Umwandlungssteuergesetzes in der am 12. Dezember 2006 geltenden Fassung sind, weiter anzuwenden.

(15) ¹Bei Wirtschaftsgütern, die vor dem 1. Januar 2001 angeschafft oder hergestellt worden sind, ist § 7 Absatz 2 Satz 2 in der Fassung des Gesetzes vom 22. Dezember 1999 (BGBl I S. 2601) weiter anzuwenden. ²Bei Gebäuden, soweit sie zu einem Betriebsvermögen gehören und nicht Wohnzwecken dienen, ist § 7 Absatz 4 Satz 1 und 2 in der am 31. Dezember 2000 geltenden Fassung weiter anzuwenden, wenn der Steuerpflichtige im Fall der Herstellung vor dem 1. Januar 2001 mit der Herstellung des Gebäudes begonnen hat oder im Fall der Anschaffung das Objekt auf Grund eines vor dem 1. Januar 2001 rechtswirksam abgeschlossenen obligatorischen Vertrags oder gleichstehenden Rechtsakts angeschafft hat. ³Als Beginn der Herstellung gilt bei Gebäuden, für die eine Baugenehmigung erforderlich ist, der Zeitpunkt, in dem der Bauantrag gestellt wird; bei baugenehmigungsfreien Gebäuden, für die Bauunterlagen einzureichen sind, der Zeitpunkt, in dem die Bauunterlagen eingereicht werden.

(16) ¹§ 7g Absatz 1 bis 4 in der am 1. Januar 2016 geltenden Fassung ist erstmals für Investitionsabzugsbeträge anzuwenden, die in nach dem 31. Dezember 2015 endenden Wirtschaftsjahren in Anspruch genommen werden. ²Bei Investitionsabzugsbeträgen, die in vor dem 1. Januar 2016 endenden Wirtschaftsjahren in Anspruch genommen wurden, ist § 7g Absatz 1 bis 4 in der am 31. Dezember 2015 geltenden Fassung weiter anzuwenden. ³Soweit vor dem 1. Januar 2016 beanspruchte Investitionsabzugsbeträge noch nicht hinzugerechnet oder rückgängig gemacht worden sind, vermindert sich der Höchstbetrag von 200 000 Euro nach § 7g Absatz 1 Satz 4 in der am 1. Januar 2016 geltenden Fassung entsprechend. ⁴In Wirtschaftsjahren, die nach dem 31. Dezember 2008 und vor dem 1. Januar 2011 enden, ist § 7g Absatz 1 Satz 2 Nummer 1 mit der Maßgabe anzuwenden, dass bei Gewerbebetrieben oder der selbständigen Arbeit dienenden Betrieben, die ihren Gewinn nach § 4 Absatz 1 oder § 5 ermitteln, ein Betriebsvermögen von 335 000 Euro, bei Betrieben der Land- und Forstwirtschaft ein Wirtschaftswert oder Ersatzwirtschaftswert von 175 000 Euro und bei Betrieben, die ihren Gewinn nach § 4 Absatz 3 ermitteln, ohne Berücksichtigung von Investitionsabzugsbeträgen ein Gewinn von 200 000 Euro nicht überschritten wird. ⁵Bei Wirtschaftsgütern, die nach dem 31. Dezember 2008 und vor dem 1. Januar 2011 angeschafft oder hergestellt worden sind, ist § 7g Absatz 6 Nummer 1 mit der Maßgabe anzuwenden, dass der Betrieb zum Schluss des Wirtschaftsjahres, das der Anschaffung oder Herstellung vorangeht, die Größenmerkmale des Satzes 1[1] nicht überschreitet.

---

[1] Anm. d. Red.: Redaktioneller Fehler des Gesetzgebers: müsste „Satzes 4" lauten.

(16a) § 9 Absatz 5 Satz 2 in der Fassung des Artikels 1 des Gesetzes vom 27. Juni 2017 (BGBl I S. 2074) ist erstmals für Aufwendungen im Sinne des § 4j in der Fassung des Artikels 1 des Gesetzes vom 27. Juni 2017 (BGBl I S. 2074) anzuwenden, die nach dem 31. Dezember 2017 entstehen.

(17) § 9b Absatz 2 in der Fassung des Artikels 11 des Gesetzes vom 18. Dezember 2013 (BGBl I S. 4318) ist auf Mehr- und Minderbeträge infolge von Änderungen der Verhältnisse im Sinne von § 15a des Umsatzsteuergesetzes anzuwenden, die nach dem 28. November 2013 eingetreten sind.

(18) ¹§ 10 Absatz 1a Nummer 2 in der am 1. Januar 2015 geltenden Fassung ist auf alle Versorgungsleistungen anzuwenden, die auf Vermögensübertragungen beruhen, die nach dem 31. Dezember 2007 vereinbart worden sind. ²Für Versorgungsleistungen, die auf Vermögensübertragungen beruhen, die vor dem 1. Januar 2008 vereinbart worden sind, gilt dies nur, wenn das übertragene Vermögen nur deshalb einen ausreichenden Ertrag bringt, weil ersparte Aufwendungen, mit Ausnahme des Nutzungsvorteils eines vom Vermögensübernehmer zu eigenen Zwecken genutzten Grundstücks, zu den Erträgen des Vermögens gerechnet werden. ³§ 10 Absatz 1 Nummer 5 in der am 1. Januar 2012 geltenden Fassung gilt auch für Kinder, die wegen einer vor dem 1. Januar 2007 in der Zeit ab Vollendung des 25. Lebensjahres und vor Vollendung des 27. Lebensjahres eingetretenen körperlichen, geistigen oder seelischen Behinderung außerstande sind, sich selbst zu unterhalten. ⁴§ 10 Absatz 4b Satz 4 bis 6 in der am 30. Juni 2013 geltenden Fassung ist erstmals für die Übermittlung der Daten des Veranlagungszeitraums 2016 anzuwenden. ⁵§ 10 Absatz 5 in der am 31. Dezember 2009 geltenden Fassung ist auf Beiträge zu Versicherungen im Sinne des § 10 Absatz 1 Nummer 2 Buchstabe b Doppelbuchstabe bb bis dd in der am 31. Dezember 2004 geltenden Fassung weiterhin anzuwenden, wenn die Laufzeit dieser Versicherungen vor dem 1. Januar 2005 begonnen hat und ein Versicherungsbeitrag bis zum 31. Dezember 2004 entrichtet wurde.

(19) ¹Für nach dem 31. Dezember 1986 und vor dem 1. Januar 1991 hergestellte oder angeschaffte Wohnungen im eigenen Haus oder Eigentumswohnungen sowie in diesem Zeitraum fertiggestellte Ausbauten oder Erweiterungen ist § 10e in der am 30. Dezember 1989 geltenden Fassung weiter anzuwenden. ²Für nach dem 31. Dezember 1990 hergestellte oder angeschaffte Wohnungen im eigenen Haus oder Eigentumswohnungen sowie in diesem Zeitraum fertiggestellte Ausbauten oder Erweiterungen ist § 10e in der am 28. Juni 1991 geltenden Fassung weiter anzuwenden. ³Abweichend von Satz 2 ist § 10e Absatz 1 bis 5 und 6 bis 7 in der am 28. Juni 1991 geltenden Fassung erstmals für den Veranlagungszeitraum 1991 bei Objekten im Sinne des § 10e Absatz 1 und 2 anzuwenden, wenn im Fall der Herstellung der Steuerpflichtige nach dem 30. September 1991 den Bauantrag gestellt oder mit der Herstellung des Objekts begonnen hat oder im Fall der Anschaffung der Steuerpflichtige das Objekt nach dem 30. September 1991 auf Grund eines nach diesem Zeitpunkt rechtswirksam abgeschlossenen obligatorischen Vertrags oder gleichstehenden Rechtsakts angeschafft hat oder mit der Herstellung des Objekts nach dem 30. September 1991 begonnen worden ist. ⁴§ 10e Absatz 5a ist erstmals bei den in § 10e Absatz 1 und 2 bezeichneten Objekten anzuwenden, wenn im Fall der Herstellung der Steuerpflichtige den Bauantrag nach dem 31. Dezember 1991 gestellt oder, falls ein solcher nicht erforderlich ist, mit der Herstellung nach diesem Zeitpunkt begonnen hat, oder im Fall der Anschaffung der Steuerpflichtige das Objekt auf Grund eines nach dem 31. Dezember 1991 rechtswirksam abgeschlossenen obligatorischen Vertrags oder gleichstehenden Rechtsakts angeschafft hat. ⁵§ 10e Absatz 1 Satz 4 in der am 27. Juni 1993 geltenden Fassung und § 10e Absatz 6 Satz 3 in der am 30. Dezember 1993 geltenden Fassung sind

erstmals anzuwenden, wenn der Steuerpflichtige das Objekt auf Grund eines nach dem 31. Dezember 1993 rechtswirksam abgeschlossenen obligatorischen Vertrags oder gleichstehenden Rechtsakts angeschafft hat. [6]§ 10e ist letztmals anzuwenden, wenn der Steuerpflichtige im Fall der Herstellung vor dem 1. Januar 1996 mit der Herstellung des Objekts begonnen hat oder im Fall der Anschaffung das Objekt auf Grund eines vor dem 1. Januar 1996 rechtswirksam abgeschlossenen obligatorischen Vertrags oder gleichstehenden Rechtsakts angeschafft hat. [7]Als Beginn der Herstellung gilt bei Objekten, für die eine Baugenehmigung erforderlich ist, der Zeitpunkt, in dem der Bauantrag gestellt wird; bei baugenehmigungsfreien Objekten, für die Bauunterlagen einzureichen sind, gilt als Beginn der Herstellung der Zeitpunkt, in dem die Bauunterlagen eingereicht werden.

(20) und (21) (weggefallen)

(22) Für die Anwendung des § 13 Absatz 7 in der am 31. Dezember 2005 geltenden Fassung gilt Absatz 25 entsprechend.

(22a) [1]§ 13a in der am 31. Dezember 2014 geltenden Fassung ist letztmals für das Wirtschaftsjahr anzuwenden, das vor dem 31. Dezember 2015 endet. [2]§ 13a in der am 1. Januar 2015 geltenden Fassung ist erstmals für das Wirtschaftsjahr anzuwenden, das nach dem 30. Dezember 2015 endet. [3]Die Bindungsfrist auf Grund des § 13a Absatz 2 Satz 1 in der am 31. Dezember 2014 geltenden Fassung bleibt bestehen.

(23) § 15 Absatz 4 Satz 2 und 7 in der am 30. Juni 2013 geltenden Fassung ist in allen Fällen anzuwenden, in denen am 30. Juni 2013 die Feststellungsfrist noch nicht abgelaufen ist.

(24) [1]§ 15a ist nicht auf Verluste anzuwenden, soweit sie

1. durch Sonderabschreibungen nach § 82f der Einkommensteuer-Durchführungsverordnung,

2. durch Absetzungen für Abnutzung in fallenden Jahresbeträgen nach § 7 Absatz 2 von den Herstellungskosten oder von den Anschaffungskosten von in ungebrauchtem Zustand vom Hersteller erworbenen Seeschiffen, die in einem inländischen Seeschiffsregister eingetragen sind,

entstehen; Nummer 1 gilt nur bei Schiffen, deren Anschaffungs- oder Herstellungskosten zu mindestens 30 Prozent durch Mittel finanziert werden, die weder unmittelbar noch mittelbar in wirtschaftlichem Zusammenhang mit der Aufnahme von Krediten durch den Gewerbebetrieb stehen, zu dessen Betriebsvermögen das Schiff gehört. [2]§ 15a ist in diesen Fällen erstmals anzuwenden auf Verluste, die in nach dem 31. Dezember 1999 beginnenden Wirtschaftsjahren entstehen, wenn der Schiffbauvertrag vor dem 25. April 1996 abgeschlossen worden ist und der Gesellschafter der Gesellschaft vor dem 1. Januar 1999 beigetreten ist; soweit Verluste, die in dem Betrieb der Gesellschaft entstehen und nach Satz 1 oder nach § 15a Absatz 1 Satz 1 ausgleichsfähig oder abzugsfähig sind, zusammen das Eineinviertelfache der insgesamt geleisteten Einlage übersteigen, ist § 15a auf Verluste anzuwenden, die in nach dem 31. Dezember 1994 beginnenden Wirtschaftsjahren entstehen. [3]Scheidet ein Kommanditist oder ein anderer Mitunternehmer, dessen Haftung der eines Kommanditisten vergleichbar ist und dessen Kapitalkonto in der Steuerbilanz der Gesellschaft auf Grund von ausgleichs- oder abzugsfähigen Verlusten negativ geworden ist, aus der Gesellschaft aus oder wird in einem solchen Fall die Gesellschaft aufgelöst, so gilt der Betrag, den der Mitunternehmer nicht ausgleichen muss, als Veräußerungsgewinn im Sinne des § 16. [4]In Höhe der nach Satz 3 als Gewinn zuzurechnenden Beträge sind bei den anderen Mitunternehmern unter Berücksichtigung der für die Zurechnung von Verlusten geltenden Grundsätze Verlustanteile anzusetzen. ⁵Bei der Anwendung des § 15a Absatz 3 sind nur Verluste zu berücksichtigen, auf die § 15a Absatz 1 anzuwenden ist.

(25) ¹§ 15b in der Fassung des Artikels 1 des Gesetzes vom 22. Dezember 2005 (BGBl I S. 3683) ist nur auf Verluste der dort bezeichneten Steuerstundungsmodelle anzuwenden, denen der Steuerpflichtige nach dem 10. November 2005 beigetreten ist oder für die nach dem 10. November 2005 mit dem Außenvertrieb begonnen wurde. ²Der Außenvertrieb beginnt in dem Zeitpunkt, in dem die Voraussetzungen für die Veräußerung der konkret bestimmbaren Fondsanteile erfüllt sind und die Gesellschaft selbst oder über ein Vertriebsunternehmen mit Außenwirkung an den Markt herangetreten ist. ³Dem Beginn des Außenvertriebs stehen der Beschluss von Kapitalerhöhungen und die Reinvestition von Erlösen in neue Projekte gleich. ⁴Besteht das Steuerstundungsmodell nicht im Erwerb eines Anteils an einem geschlossenen Fonds, ist § 15b in der Fassung des Artikels 1 des Gesetzes vom 22. Dezember 2005 (BGBl I S. 3683) anzuwenden, wenn die Investition nach dem 10. November 2005 rechtsverbindlich getätigt wurde. ⁵§ 15b Absatz 3a ist erstmals auf Verluste der dort bezeichneten Steuerstundungsmodelle anzuwenden, bei denen Wirtschaftsgüter des Umlaufvermögens nach dem 28. November 2013 angeschafft, hergestellt oder in das Betriebsvermögen eingelegt werden.

(26) Für die Anwendung des § 18 Absatz 4 Satz 2 in der Fassung des Artikels 1 des Gesetzes vom 22. Dezember 2005 (BGBl I S. 3683) gilt Absatz 25 entsprechend.

(26a) § 19 Absatz 1 Satz 1 Nummer 3 Satz 2 und 3 in der am 31. Dezember 2014 geltenden Fassung gilt für alle Zahlungen des Arbeitgebers nach dem 30. Dezember 2014.

(27) § 19a in der am 31. Dezember 2008 geltenden Fassung ist weiter anzuwenden, wenn

1. die Vermögensbeteiligung vor dem 1. April 2009 überlassen wird oder
2. auf Grund einer am 31. März 2009 bestehenden Vereinbarung ein Anspruch auf die unentgeltliche oder verbilligte Überlassung einer Vermögensbeteiligung besteht sowie die Vermögensbeteiligung vor dem 1. Januar 2016 überlassen wird

und der Arbeitgeber bei demselben Arbeitnehmer im Kalenderjahr nicht § 3 Nummer 39 anzuwenden hat.

(28) ¹Für die Anwendung des § 20 Absatz 1 Nummer 4 Satz 2 in der am 31. Dezember 2005 geltenden Fassung gilt Absatz 25 entsprechend. ²Für die Anwendung von § 20 Absatz 1 Nummer 4 Satz 2 und Absatz 2b in der am 1. Januar 2007 geltenden Fassung gilt Absatz 25 entsprechend. ³§ 20 Absatz 1 Nummer 6 in der Fassung des Gesetzes vom 7. September 1990 (BGBl I S. 1898) ist erstmals auf nach dem 31. Dezember 1974 zugeflossene Zinsen aus Versicherungsverträgen anzuwenden, die nach dem 31. Dezember 1973 abgeschlossen worden sind. ⁴§ 20 Absatz 1 Nummer 6 in der Fassung des Gesetzes vom 20. Dezember 1996 (BGBl I S. 2049) ist erstmals auf Zinsen aus Versicherungsverträgen anzuwenden, bei denen die Ansprüche nach dem 31. Dezember 1996 entgeltlich erworben worden sind. ⁵Für Kapitalerträge aus Versicherungsverträgen, die vor dem 1. Januar 2005 abgeschlossen worden sind, ist § 20 Absatz 1 Nummer 6 in der am 31. Dezember 2004 geltenden Fassung mit der Maßgabe weiterhin anzuwenden, dass in Satz 3 die Wörter „§ 10 Absatz 1 Nummer 2 Buchstabe b Satz 5" durch die Wörter „§ 10 Absatz 1 Nummer 2 Buchstabe b Satz 6" ersetzt werden. ⁶§ 20 Absatz 1 Nummer 6 Satz 3 in der Fassung des Artikels 1 des Gesetzes vom 13. Dezember 2006 (BGBl I S. 2878) ist erstmals anzuwenden auf Versicherungsleistungen im Erlebensfall bei Versicherungsverträgen, die nach dem 31. Dezember 2006 abgeschlossen werden, und auf Versiche-

rungsleistungen bei Rückkauf eines Vertrages nach dem 31. Dezember 2006. [7]§ 20 Absatz 1 Nummer 6 Satz 2 ist für Vertragsabschlüsse nach dem 31. Dezember 2011 mit der Maßgabe anzuwenden, dass die Versicherungsleistung nach Vollendung des 62. Lebensjahres des Steuerpflichtigen ausgezahlt wird. [8]§ 20 Absatz 1 Nummer 6 Satz 6 in der Fassung des Artikels 1 des Gesetzes vom 19. Dezember 2008 (BGBl I S. 2794) ist für alle Versicherungsverträge anzuwenden, die nach dem 31. März 2009 abgeschlossen werden oder bei denen die erstmalige Beitragsleistung nach dem 31. März 2009 erfolgt. [9]Wird auf Grund einer internen Teilung nach § 10 des Versorgungsausgleichsgesetzes oder einer externen Teilung nach § 14 des Versorgungsausgleichsgesetzes ein Anrecht in Form eines Versicherungsvertrags zugunsten der ausgleichsberechtigten Person begründet, so gilt dieser Vertrag insoweit zu dem gleichen Zeitpunkt als abgeschlossen wie derjenige der ausgleichspflichtigen Person. [10]§ 20 Absatz 1 Nummer 6 Satz 7 und 8 ist auf Versicherungsleistungen anzuwenden, die auf Grund eines nach dem 31. Dezember 2014 eingetretenen Versicherungsfalles ausgezahlt werden. [11]§ 20 Absatz 2 Satz 1 Nummer 1 in der am 18. August 2007 geltenden Fassung ist erstmals auf Gewinne aus der Veräußerung von Anteilen anzuwenden, die nach dem 31. Dezember 2008 erworben wurden. [12]§ 20 Absatz 2 Satz 1 Nummer 3 in der am 18. August 2007 geltenden Fassung ist erstmals auf Gewinne aus Termingeschäften anzuwenden, bei denen der Rechtserwerb nach dem 31. Dezember 2008 stattgefunden hat. [13]§ 20 Absatz 2 Satz 1 Nummer 4, 5 und 8 in der am 18. August 2007 geltenden Fassung ist erstmals auf Gewinne anzuwenden, bei denen die zugrunde liegenden Wirtschaftsgüter, Rechte oder Rechtspositionen nach dem 31. Dezember 2008 erworben oder geschaffen wurden. [14]§ 20 Absatz 2 Satz 1 Nummer 6 in der am 18. August 2007 geltenden Fassung ist erstmals auf die Veräußerung von Ansprüchen nach dem 31. Dezember 2008 anzuwenden, bei denen der Versicherungsvertrag nach dem 31. Dezember 2004 abgeschlossen wurde; dies gilt auch für Versicherungsverträge, die vor dem 1. Januar 2005 abgeschlossen wurden, sofern bei einem Rückkauf zum Veräußerungszeitpunkt die Erträge nach § 20 Absatz 1 Nummer 6 in der am 31. Dezember 2004 geltenden Fassung steuerpflichtig wären. [15]§ 20 Absatz 2 Satz 1 Nummer 7 in der Fassung des Artikels 1 des Gesetzes vom 14. August 2007 (BGBl I S. 1912) ist erstmals auf nach dem 31. Dezember 2008 zufließende Kapitalerträge aus der Veräußerung sonstiger Kapitalforderungen anzuwenden. [16]Für Kapitalerträge aus Kapitalforderungen, die zum Zeitpunkt des vor dem 1. Januar 2009 erfolgten Erwerbs zwar Kapitalforderungen im Sinne des § 20 Absatz 1 Nummer 7 in der am 31. Dezember 2008 anzuwendenden Fassung, aber nicht Kapitalforderungen im Sinne des § 20 Absatz 2 Satz 1 Nummer 4 in der am 31. Dezember 2008 anzuwendenden Fassung sind, ist § 20 Absatz 2 Satz 1 Nummer 7 nicht anzuwenden; für die bei der Veräußerung in Rechnung gestellten Stückzinsen ist Satz 15 anzuwenden; Kapitalforderungen im Sinne des § 20 Absatz 2 Satz 1 Nummer 4 in der am 31. Dezember 2008 anzuwendenden Fassung liegen auch vor, wenn die Rückzahlung nur teilweise garantiert ist oder wenn eine Trennung zwischen Ertrags- und Vermögensebene möglich erscheint. [17]Bei Kapitalforderungen, die zwar nicht die Voraussetzungen von § 20 Absatz 1 Nummer 7 in der am 31. Dezember 2008 geltenden Fassung, aber die Voraussetzungen von § 20 Absatz 1 Nummer 7 in der am 18. August 2007 geltenden Fassung erfüllen, ist § 20 Absatz 2 Satz 1 Nummer 7 in Verbindung mit § 20 Absatz 1 Nummer 7 vorbehaltlich der Regelung in Absatz 31 Satz 2 und 3 auf alle nach dem 30. Juni 2009 zufließenden Kapitalerträge anzuwenden, es sei denn, die Kapitalforderung wurde vor dem 15. März 2007 angeschafft. [18]§ 20 Absatz 4a Satz 3 in der Fassung des Artikels 1 des Gesetzes vom 8. Dezember 2010 (BGBl I S. 1768) ist erstmals für Wertpapiere anzuwenden, die nach dem 31. Dezember 2009 geliefert wurden, sofern für die Lieferung § 20 Absatz 4 anzuwenden ist. [19]§ 20 Absatz 2 und 4 in der am 27. Juli 2016 geltenden Fassung ist erstmals ab dem 1. Januar 2017 anzuwenden. [20]§ 20 Absatz 1 in der am 27. Juli 2016 geltenden Fassung ist erstmals ab dem 1. Januar 2018 anzuwenden. [21]Investmenterträge nach § 20 Absatz 1 Nummer 6 Satz 9 sind

1. die nach dem 31. Dezember 2017 zugeflossenen Ausschüttungen nach § 2 Absatz 11 des Investmentsteuergesetzes,

2. die realisierten oder unrealisierten Wertveränderungen aus Investmentanteilen nach § 2 Absatz 4 Satz 1 des Investmentsteuergesetzes, die das Versicherungsunternehmen nach dem 31. Dezember 2017 dem Sicherungsvermögen zur Sicherung der Ansprüche des Steuerpflichtigen zugeführt hat, und

3. die realisierten oder unrealisierten Wertveränderungen aus Investmentanteilen nach § 2 Absatz 4 Satz 1 des Investmentsteuergesetzes, die das Versicherungsunternehmen vor dem 1. Januar 2018 dem Sicherungsvermögen zur Sicherung der Ansprüche des Steuerpflichtigen zugeführt hat, soweit Wertveränderungen gegenüber dem letzten im Kalenderjahr 2017 festgesetzten Rücknahmepreis des Investmentanteils eingetreten sind.

[22]Wird kein Rücknahmepreis festgesetzt, tritt der Börsen- oder Markpreis an die Stelle des Rücknahmepreises.

(29) Für die Anwendung des § 21 Absatz 1 Satz 2 in der am 31. Dezember 2005 geltenden Fassung gilt Absatz 25 entsprechend.

(30) Für die Anwendung des § 22 Nummer 1 Satz 1 zweiter Halbsatz in der am 31. Dezember 2005 geltenden Fassung gilt Absatz 25 entsprechend.

(30a) § 22a Absatz 2 Satz 2 in der am 1. Januar 2017 geltenden Fassung ist erstmals für die Übermittlung von Daten ab dem 1. Januar 2019 anzuwenden.

(31) [1]§ 23 Absatz 1 Satz 1 Nummer 2 in der am 18. August 2007 geltenden Fassung ist erstmals auf Veräußerungsgeschäfte anzuwenden, bei denen die Wirtschaftsgüter nach dem 31. Dezember 2008 auf Grund eines nach diesem Zeitpunkt rechtswirksam abgeschlossenen obligatorischen Vertrags oder gleichstehenden Rechtsakts angeschafft wurden; § 23 Absatz 1 Satz 1 Nummer 2 Satz 2 in der am 14. Dezember 2010 geltenden Fassung ist erstmals auf Veräußerungsgeschäfte anzuwenden, bei denen die Gegenstände des täglichen Gebrauchs auf Grund eines nach dem 13. Dezember 2010 rechtskräftig abgeschlossenen Vertrags oder gleichstehenden Rechtsakts angeschafft wurden. [2]§ 23 Absatz 1 Satz 1 Nummer 2 in der am 1. Januar 1999 geltenden Fassung ist letztmals auf Veräußerungsgeschäfte anzuwenden, bei denen die Wirtschaftsgüter vor dem 1. Januar 2009 erworben wurden. [3]§ 23 Absatz 1 Satz 1 Nummer 3 in der Fassung des Artikels 7 des Gesetzes vom 20. Dezember 2016 (BGBl I S. 3000) ist erstmals auf Veräußerungsgeschäfte anzuwenden, bei denen die Veräußerung auf einem nach dem 23. Dezember 2016 rechtswirksam abgeschlossenen obligatorischen Vertrag oder gleichstehenden Rechtsakt beruht. [4]§ 23 Absatz 1 Satz 1 Nummer 4 ist auf Termingeschäfte anzuwenden, bei denen der Erwerb des Rechts auf einen Differenzausgleich, Geldbetrag oder Vorteil nach dem 31. Dezember 1998 und vor dem 1. Januar 2009 erfolgt. [5]§ 23 Absatz 3 Satz 4 in der am 1. Januar 2000 geltenden Fassung ist auf Veräußerungsgeschäfte anzuwenden, bei denen der Steuerpflichtige das Wirtschaftsgut nach dem 31. Juli 1995 und vor dem 1. Januar 2009 angeschafft oder nach dem 31. Dezember 1998 und vor dem 1. Januar 2009 fertiggestellt hat; § 23 Absatz 3 Satz 4 in der am 1. Januar 2009 geltenden Fassung ist auf Veräußerungsgeschäfte anzuwenden, bei denen der Steuerpflichtige das Wirtschaftsgut nach dem 31. Dezember 2008 angeschafft oder fertiggestellt hat. [6]§ 23 Absatz 1 Satz 2 und 3 sowie Absatz 3 Satz 3 in der am

12. Dezember 2006 geltenden Fassung sind für Anteile, die einbringungsgeboren im Sinne des § 21 des Umwandlungssteuergesetzes in der am 12. Dezember 2006 geltenden Fassung sind, weiter anzuwenden.

(32) ¹§ 32 Absatz 4 Satz 1 Nummer 3 in der Fassung des Artikels 1 des Gesetzes vom 19. Juli 2006 (BGBl I S. 1652) ist erstmals für Kinder anzuwenden, die im Veranlagungszeitraum 2007 wegen einer vor Vollendung des 25. Lebensjahres eingetretenen körperlichen, geistigen oder seelischen Behinderung außerstande sind, sich selbst zu unterhalten; für Kinder, die wegen einer vor dem 1. Januar 2007 in der Zeit ab der Vollendung des 25. Lebensjahres und vor Vollendung des 27. Lebensjahres eingetretenen körperlichen, geistigen oder seelischen Behinderung außerstande sind, sich selbst zu unterhalten, ist § 32 Absatz 4 Satz 1 Nummer 3 weiterhin in der bis zum 31. Dezember 2006 geltenden Fassung anzuwenden. ²§ 32 Absatz 5 ist nur noch anzuwenden, wenn das Kind den Dienst oder die Tätigkeit vor dem 1. Juli 2011 angetreten hat. ³Für die nach § 10 Absatz 1 Nummer 2 Buchstabe b und den §§ 10a, 82 begünstigten Verträge, die vor dem 1. Januar 2007 abgeschlossen wurden, gelten für das Vorliegen einer begünstigten Hinterbliebenenversorgung die Altersgrenzen des § 32 in der am 31. Dezember 2006 geltenden Fassung. ⁴Dies gilt entsprechend für die Anwendung des § 93 Absatz 1 Satz 3 Buchstabe b.

(32a) ¹§ 32a Absatz 1 und § 51a Absatz 2a Satz 1 in der am 23. Juli 2015 geltenden Fassung sind beim Steuerabzug vom Arbeitslohn erstmals anzuwenden auf laufenden Arbeitslohn, der für einen nach dem 30. November 2015 endenden Lohnzahlungszeitraum gezahlt wird, und auf sonstige Bezüge, die nach dem 30. November 2015 zufließen. ²Bei der Lohnsteuerberechnung auf laufenden Arbeitslohn, der für einen nach dem 30. November 2015, aber vor dem 1. Januar 2016 endenden täglichen, wöchentlichen und monatlichen Lohnzahlungszeitraum gezahlt wird, ist zu berücksichtigen, dass § 32a Absatz 1 und § 51a Absatz 2a Satz 1 in der am 23. Juli 2015 geltenden Fassung bis zum 30. November 2015 nicht angewandt wurden (Nachholung). ³Das Bundesministerium der Finanzen hat im Einvernehmen mit den obersten Finanzbehörden der Länder entsprechende Programmablaufpläne aufzustellen und bekannt zu machen (§ 39b Absatz 6 und § 51 Absatz 4 Nummer 1a).

(33) ¹§ 32b Absatz 2 Satz 1 Nummer 2 Satz 2 Buchstabe c ist erstmals auf Wirtschaftsgüter des Umlaufvermögens anzuwenden, die nach dem 28. Februar 2013 angeschafft, hergestellt oder in das Betriebsvermögen eingelegt werden. ²§ 32b Absatz 1 Satz 3 in der Fassung des Artikels 11 des Gesetzes vom 18. Dezember 2013 (BGBl I S. 4318) ist in allen offenen Fällen anzuwenden. ³§ 32b Absatz 3 bis 5 in der am 1. Januar 2017 geltenden Fassung ist erstmals für ab dem 1. Januar 2018 gewährte Leistungen anzuwenden.

(33a) ¹§ 32c in der Fassung des Artikels 3 des Gesetzes vom 20. Dezember 2016 (BGBl I S. 3045) ist erstmals für den Veranlagungszeitraum 2016 anzuwenden. ²§ 32c ist im Veranlagungszeitraum 2016 mit der Maßgabe anzuwenden, dass der erste Betrachtungszeitraum die Veranlagungszeiträume 2014 bis 2016 umfasst. ³Die weiteren Betrachtungszeiträume erfassen die Veranlagungszeiträume 2017 bis 2019 und 2020 bis 2022. ⁴§ 32c ist letztmalig für den Veranlagungszeitraum 2022 anzuwenden. ⁵Hat ein land- und forstwirtschaftlicher Betrieb im gesamten Jahr 2014 noch nicht bestanden, beginnt für diesen Betrieb der erste Betrachtungszeitraum im Sinne des § 32c Absatz 1 Satz 1 abweichend von den Sätzen 1 und 2 mit dem Veranlagungszeitraum, in dem erstmals Einkünfte aus Land- und Forstwirtschaft aus diesem Betrieb der Besteuerung zugrunde gelegt werden. ⁶Satz 4 findet auch in den Fällen des Satzes 5

Anwendung. ⁷Für den letzten Betrachtungszeitraum gilt in den Fällen des Satzes 5 § 32c Absatz 5 Satz 1 entsprechend.

(33a)¹ § 32d Absatz 2 Satz 1 Nummer 3 Buchstabe b in der Fassung des Artikels 7 des Gesetzes vom 20. Dezember 2016 (BGBl I S. 3000) ist erstmals auf Anträge für den Veranlagungszeitraum 2017 anzuwenden.

(34) ¹§ 34a in der Fassung des Artikels 1 des Gesetzes vom 19. Dezember 2008 (BGBl I S. 2794) ist erstmals für den Veranlagungszeitraum 2008 anzuwenden. ²§ 34a Absatz 6 Satz 1 Nummer 3 und Satz 2 in der Fassung des Artikels 1 des Gesetzes vom 27. Juni 2017 (BGBl I S. 2074) ist erstmals für unentgeltliche Übertragungen nach dem 5. Juli 2017 anzuwenden.

(34a) Für Veranlagungszeiträume bis einschließlich 2014 ist § 34c Absatz 1 Satz 2 in der bis zum 31. Dezember 2014 geltenden Fassung in allen Fällen, in denen die Einkommensteuer noch nicht bestandskräftig festgesetzt ist, mit der Maßgabe anzuwenden, dass an die Stelle der Wörter „Summe der Einkünfte" die Wörter „Summe der Einkünfte abzüglich des Altersentlastungsbetrages (§ 24a), des Entlastungsbetrages für Alleinerziehende (§ 24b), der Sonderausgaben (§§ 10, 10a, 10b, 10c), der außergewöhnlichen Belastungen (§§ 33 bis 33b), der berücksichtigten Freibeträge für Kinder (§§ 31, 32 Absatz 6) und des Grundfreibetrages (§ 32a Absatz 1 Satz 2 Nummer 1)" treten.

(35) ¹§ 34f Absatz 3 und 4 Satz 2 in der Fassung des Gesetzes vom 25. Februar 1992 (BGBl I S. 297) ist erstmals anzuwenden bei Inanspruchnahme der Steuerbegünstigung nach § 10e Absatz 1 bis 5 in der Fassung des Gesetzes vom 25. Februar 1992 (BGBl I S. 297). ²§ 34f Absatz 4 Satz 1 ist erstmals anzuwenden bei Inanspruchnahme der Steuerbegünstigung nach § 10e Absatz 1 bis 5 oder nach § 15b des Berlinförderungsgesetzes für nach dem 31. Dezember 1991 hergestellte oder angeschaffte Objekte.

(35a) § 36 Absatz 2 Nummer 3 in der Fassung des Artikels 3 des Gesetzes vom 20. Dezember 2016 (BGBl I S. 3045) ist erstmals für den Veranlagungszeitraum 2016 und letztmalig für den Veranlagungszeitraum 2022 anzuwenden.

(35b) § 36a in der am 27. Juli 2016 geltenden Fassung ist erstmals auf Kapitalerträge anzuwenden, die ab dem 1. Januar 2016 zufließen.

(36) ¹Das Bundesministerium der Finanzen kann im Einvernehmen mit den obersten Finanzbehörden der Länder in einem Schreiben mitteilen, wann die in § 39 Absatz 4 Nummer 4 und 5 genannten Lohnsteuerabzugsmerkmale erstmals abgerufen werden können (§ 39e Absatz 3 Satz 1). ²Dieses Schreiben ist im Bundessteuerblatt zu veröffentlichen.

(37) ¹Das Bundesministerium der Finanzen kann im Einvernehmen mit den obersten Finanzbehörden der Länder in einem Schreiben mitteilen, ab wann die Regelungen in § 39a Absatz 1 Satz 3 bis 5 erstmals anzuwenden sind. ²Dieses Schreiben ist im Bundessteuerblatt zu veröffentlichen.²

(37a) § 39f Absatz 1 Satz 9 bis 11 und Absatz 3 Satz 1 ist erstmals für den Veranlagungszeitraum 2019 anzuwenden.

---

1 **Anm. d. Red.:** Redaktioneller Fehler des Gesetzgebers: Bei der Einfügung des ersten Absatzes 33a durch Gesetz v. 20. 12 2016 (BGBl I S. 3045) wurde offensichtlich übersehen, den bisherigen, jetzt zweiten Absatz 33a an die neue Absatznummerierung anzupassen.

2 **Anm. d. Red.:** Gemäß BMF-Schreiben v. 21. 5. 2015 (BStBl I S. 488) können ab 1. 10. 2015 die Arbeitnehmer den Antrag auf Bildung eines Freibetrags nach § 39a EStG für einen Zeitraum von längstens zwei Kalenderjahren mit Wirkung ab dem 1. 1. 2016 bei ihrem Wohnsitzfinanzamt stellen.

(37b) ¹§ 39b Absatz 2 Satz 5 Nummer 4 in der am 23. Juli 2015 geltenden Fassung ist erstmals anzuwenden auf laufenden Arbeitslohn, der für einen nach dem 30. November 2015 endenden Lohnzahlungszeitraum gezahlt wird, und auf sonstige Bezüge, die nach dem 30. November 2015 zufließen. ²Bei der Lohnsteuerberechnung auf laufenden Arbeitslohn, der für einen nach dem 30. November 2015, aber vor dem 1. Januar 2016 endenden täglichen, wöchentlichen und monatlichen Lohnzahlungszeitraum gezahlt wird, ist zu berücksichtigen, dass § 39b Absatz 2 Satz 5 Nummer 4 in der am 23. Juli 2015 geltenden Fassung bis zum 30. November 2015 nicht angewandt wurde (Nachholung). ³Das Bundesministerium der Finanzen hat dies im Einvernehmen mit den obersten Finanzbehörden der Länder bei der Aufstellung und Bekanntmachung der geänderten Programmablaufpläne für 2015 zu berücksichtigen (§ 39b Absatz 6 und § 51 Absatz 4 Nummer 1a). ⁴In den Fällen des § 24b Absatz 4 ist für das Kalenderjahr 2015 eine Veranlagung durchzuführen, wenn die Nachholung nach Satz 2 durchgeführt wurde.

(37c) § 40 Absatz 2 Satz 1 Nummer 6 in der am 17. November 2016 geltenden Fassung ist erstmals anzuwenden auf Vorteile, die in einem nach dem 31. Dezember 2016 endenden Lohnzahlungszeitraum oder als sonstige Bezüge nach dem 31. Dezember 2016 zugewendet werden, und letztmals anzuwenden auf Vorteile, die in einem vor dem 1. Januar 2021 endenden Lohnzahlungszeitraum oder als sonstige Bezüge vor dem 1. Januar 2021 zugewendet werden.

(38) § 40a Absatz 2, 2a und 6 in der am 31. Juli 2014 geltenden Fassung ist erstmals ab dem Kalenderjahr 2013 anzuwenden.

(39) (weggefallen)

(40) ¹§ 40b Absatz 1 und 2 in der am 31. Dezember 2004 geltenden Fassung ist weiter anzuwenden auf Beiträge für eine Direktversicherung des Arbeitnehmers und Zuwendungen an eine Pensionskasse, wenn vor dem 1. Januar 2018 mindestens ein Beitrag nach § 40b Absatz 1 und 2 in der am 31. Dezember 2004 geltenden Fassung pauschal besteuert wurde. ²Sofern die Beiträge für eine Direktversicherung die Voraussetzungen des § 3 Nummer 63 erfüllen, gilt dies nur, wenn der Arbeitnehmer nach Absatz 4 gegenüber dem Arbeitgeber für diese Beiträge auf die Anwendung des § 3 Nummer 63 verzichtet hat.

(40a) ¹§ 41a Absatz 4 Satz 1 in der Fassung des Artikels 1 des Gesetzes vom 24. Februar 2016 (BGBl I S. 310) gilt für eine Dauer von 60 Monaten und ist erstmals für laufenden Arbeitslohn anzuwenden, der für den Lohnzahlungszeitraum gezahlt wird, der nach dem Kalendermonat folgt, in dem die Europäische Kommission die Genehmigung zu diesem Änderungsgesetz erteilt hat; die Regelung ist erstmals für sonstige Bezüge anzuwenden, die nach dem Monat zufließen, in dem die Europäische Kommission die Genehmigung zu diesem Änderungsgesetz erteilt hat. ²Das Bundesministerium der Finanzen gibt den Tag der erstmaligen Anwendung im Bundesgesetzblatt bekannt.¹³Nach Ablauf der 60 Monate² ist wieder § 41a Absatz 4 Satz 1 in der Fassung der Bekanntmachung des Einkommensteuergesetzes vom 8. Oktober 2009 (BGBl I S. 3366, 3862) anzuwenden.

(41) Bei der Veräußerung oder Einlösung von Wertpapieren und Kapitalforderungen, die von der das Bundesschuldbuch führenden Stelle oder einer Landesschuldenverwaltung verwahrt

---

1 **Anm. d. Red.:** Gemäß Bekanntmachung v. 18. 5. 2016 (BGBl I S. 1248) ist § 41a Abs. 4 Satz 1 mit Wirkung v. 3. 5. 2016 in Kraft getreten und erstmals für laufenden Arbeitslohn anzuwenden, der – bei einem monatlichen Lohnzahlungszeitraum – für den Lohnzahlungszeitraum Juni 2016 gezahlt wird, oder für sonstige Bezüge, die nach dem 31. 5. 2016 zufließen.

2 **Anm. d. Red.:** 1. 6. 2021.

oder verwaltet werden können, bemisst sich der Steuerabzug nach den bis zum 31. Dezember 1993 geltenden Vorschriften, wenn die Wertpapier- und Kapitalforderungen vor dem 1. Januar 1994 emittiert worden sind; dies gilt nicht für besonders in Rechnung gestellte Stückzinsen.

(42) ¹§ 43 Absatz 1 Satz 1 Nummer 7 Buchstabe b Satz 2 in der Fassung des Artikels 1 des Gesetzes vom 13. Dezember 2006 (BGBl I S. 2878) ist erstmals auf Verträge anzuwenden, die nach dem 31. Dezember 2006 abgeschlossen werden. ²§ 43 Absatz 1 Satz 6 und Absatz 2 Satz 7 und 8 in der am 1. Januar 2017 geltenden Fassung ist erstmals anzuwenden auf Kapitalerträge, die dem Gläubiger nach dem 31. Dezember 2016 zufließen. ³§ 43 in der Fassung des Artikels 3 des Gesetzes vom 19. Juli 2016 (BGBl I S. 1730) ist erstmals ab dem 1. Januar 2018 anzuwenden.

(42a) § 43a in der Fassung des Artikels 3 des Gesetzes vom 19. Juli 2016 (BGBl I S. 1730) ist erstmals ab dem 1. Januar 2018 anzuwenden.

(42b) § 43b und Anlage 2 (zu § 43b) in der am 1. Januar 2016 geltenden Fassung sind erstmals auf Ausschüttungen anzuwenden, die nach dem 31. Dezember 2015 zufließen.

(43) ¹Ist ein Freistellungsauftrag im Sinne des § 44a vor dem 1. Januar 2007 unter Beachtung des § 20 Absatz 4 in der bis dahin geltenden Fassung erteilt worden, darf der nach § 44 Absatz 1 zum Steuerabzug Verpflichtete den angegebenen Freistellungsbetrag nur zu 56,37 Prozent berücksichtigen. ²Sind in dem Freistellungsauftrag der gesamte Sparer-Freibetrag nach § 20 Absatz 4 in der Fassung des Artikels 1 des Gesetzes vom 19. Juli 2006 (BGBl I S. 1652) und der gesamte Werbungskosten-Pauschbetrag nach § 9a Satz 1 Nummer 2 in der Fassung des Artikels 1 des Gesetzes vom 19. Juli 2006 (BGBl I S. 1652) angegeben, ist der Werbungskosten-Pauschbetrag in voller Höhe zu berücksichtigen.

(44) ¹§ 44 Absatz 6 Satz 2 und 5 in der am 12. Dezember 2006 geltenden Fassung ist für Anteile, die einbringungsgeboren im Sinne des § 21 des Umwandlungssteuergesetzes in der am 12. Dezember 2006 geltenden Fassung sind, weiter anzuwenden. ²§ 44 in der Fassung des Artikels 3 des Gesetzes vom 19. Juli 2016 (BGBl I S. 1730) ist erstmals ab dem 1. Januar 2018 anzuwenden.

(45) ¹§ 45d Absatz 1 in der am 14. Dezember 2010 geltenden Fassung ist erstmals für Kapitalerträge anzuwenden, die ab dem 1. Januar 2013 zufließen; eine Übermittlung der Identifikationsnummer hat für Kapitalerträge, die vor dem 1. Januar 2016 zufließen, nur zu erfolgen, wenn die Identifikationsnummer der Meldestelle vorliegt. ²§ 45d Absatz 1 in der am 1. Januar 2017 geltenden Fassung ist erstmals anzuwenden auf Kapitalerträge, die dem Gläubiger nach dem 31. Dezember 2016 zufließen. ³§ 45d Absatz 3 in der am 1. Januar 2017 geltenden Fassung ist für Versicherungsverträge anzuwenden, die nach dem 31. Dezember 2016 abgeschlossen werden.

(45a) ¹§ 49 Absatz 1 Nummer 5 in der am 27. Juli 2016 geltenden Fassung ist erstmals auf Kapitalerträge anzuwenden, die ab dem 1. Januar 2018 zufließen. ²§ 49 Absatz 1 Nummer 5 Satz 1 Buchstabe a und b in der am 26. Juli 2016 geltenden Fassung ist letztmals anzuwenden bei Erträgen, die vor dem 1. Januar 2018 zufließen oder als zugeflossen gelten.

(46) ¹§ 50 Absatz 1 Satz 3 in der Fassung des Artikels 8 des Gesetzes vom 20. Dezember 2016 (BGBl I S. 3000) ist erstmals für Versorgungsleistungen anzuwenden, die nach dem 31. Dezember 2016 geleistet werden. ²Der Zeitpunkt der erstmaligen Anwendung des § 50 Absatz 2 in der am 18. August 2009 geltenden Fassung wird durch eine Rechtsverordnung der Bundesregierung bestimmt, die der Zustimmung des Bundesrates bedarf; dieser Zeitpunkt darf nicht

vor dem 31. Dezember 2011 liegen.[13] § 50 Absatz 4 in der am 1. Januar 2016 geltenden Fassung ist in allen offenen Fällen anzuwenden.

(47) [1]Der Zeitpunkt der erstmaligen Anwendung des § 50a Absatz 3 und 5 in der am 18. August 2009 geltenden Fassung wird durch eine Rechtsverordnung der Bundesregierung bestimmt, die der Zustimmung des Bundesrates bedarf; dieser Zeitpunkt darf nicht vor dem 31. Dezember 2011 liegen.[2][2] § 50a Absatz 7 in der am 31. Juli 2014 geltenden Fassung ist erstmals auf Vergütungen anzuwenden, für die der Steuerabzug nach dem 31. Dezember 2014 angeordnet worden ist.

(48) [1]§ 50i Absatz 1 Satz 1 und 2 ist auf die Veräußerung oder Entnahme von Wirtschaftsgütern oder Anteilen anzuwenden, die nach dem 29. Juni 2013 stattfindet. [2]Hinsichtlich der laufenden Einkünfte aus der Beteiligung an der Personengesellschaft ist die Vorschrift in allen Fällen anzuwenden, in denen die Einkommensteuer noch nicht bestandskräftig festgesetzt worden ist. [3]§ 50i Absatz 1 Satz 4 in der am 31. Juli 2014 geltenden Fassung ist erstmals auf die Veräußerung oder Entnahme von Wirtschaftsgütern oder Anteilen anzuwenden, die nach dem 31. Dezember 2013 stattfindet. [4]§ 50i Absatz 2 in der Fassung des Artikels 7 des Gesetzes vom 20. Dezember 2016 (BGBl I S. 3000) ist erstmals für Einbringungen anzuwenden, bei denen der Einbringungsvertrag nach dem 31. Dezember 2013 geschlossen worden ist.

(49) § 51a Absatz 2c und 2e in der am 30. Juni 2013 geltenden Fassung ist erstmals auf nach dem 31. Dezember 2014 zufließende Kapitalerträge anzuwenden.

(49a) [1]Die §§ 62, 63 und 67 in der am 9. Dezember 2014 geltenden Fassung sind für Kindergeldfestsetzungen anzuwenden, die Zeiträume betreffen, die nach dem 31. Dezember 2015 beginnen. [2]Die §§ 62, 63 und 67 in der am 9. Dezember 2014 geltenden Fassung sind auch für Kindergeldfestsetzungen anzuwenden, die Zeiträume betreffen, die vor dem 1. Januar 2016 liegen, der Antrag auf Kindergeld aber erst nach dem 31. Dezember 2015 gestellt wird. [3]§ 66 Absatz 1 in der am 23. Juli 2015 geltenden Fassung ist für Kindergeldfestsetzungen anzuwenden, die Zeiträume betreffen, die nach dem 31. Dezember 2014 beginnen. [4]§ 66 Absatz 1 in der am 1. Januar 2016 geltenden Fassung ist für Kindergeldfestsetzungen anzuwenden, die Zeiträume betreffen, die nach dem 31. Dezember 2015 beginnen. [5]§ 66 Absatz 1 in der am 1. Januar 2017 geltenden Fassung ist für Kindergeldfestsetzungen anzuwenden, die Zeiträume betreffen, die nach dem 31. Dezember 2016 beginnen. [6]§ 66 Absatz 1 in der am 1. Januar 2018 geltenden Fassung ist für Kindergeldfestsetzungen anzuwenden, die Zeiträume betreffen, die nach dem 31. Dezember 2017 beginnen. [7]§ 66 Absatz 3 ist auf Anträge anzuwenden, die nach dem 31. Dezember 2017 eingehen. [8]§ 69 in der am 1. Januar 2018 geltenden Fassung ist erstmals am 1. November 2019 anzuwenden.

(50) § 70 Absatz 4 in der am 31. Dezember 2011 geltenden Fassung ist weiter für Kindergeldfestsetzungen anzuwenden, die Zeiträume betreffen, die vor dem 1. Januar 2012 enden.

(51) § 89 Absatz 2 Satz 1 in der am 1. Januar 2017 geltenden Fassung ist erstmals für die Übermittlung von Daten ab dem 1. Januar 2017 anzuwenden.

---

1 **Anm. d. Red.:** § 50 Abs. 2 Satz 8 ist gem. § 2 Abs. 1 VO zur Übertragung der Zuständigkeit für das Steuerabzugs- und Veranlagungsverfahren auf das Bundeszentralamt für Steuern und zur Regelung verschiedener Anwendungszeitpunkte v. 24.6.2013 (BGBl I S. 1679) erstmals für Vergütungen anzuwenden, die nach dem 31.12.2013 zufließen.
2 **Anm. d. Red.:** § 50a Abs. 3 und 5 ist gem. § 2 Abs. 2 VO zur Übertragung der Zuständigkeit für das Steuerabzugs- und Veranlagungsverfahren *auf das Bundeszentralamt für Steuern und zur Regelung verschiedener Anwendungszeitpunkte* v. 24.6.2013 (BGBl I S. 1679) erstmals auf Vergütungen anzuwenden, die nach dem 31.12.2013 zufließen.

§ 52 EStG

Inhaltsübersicht

	Rz.
A. Allgemeine Erläuterungen	1 - 28
I. Normzweck und Bedeutung der Vorschrift	1 - 13
II. Rechtsentwicklung	14 - 19
B. Systematische Kommentierung	20 - 27
C. Verfahrensfragen	28

LITERATUR:

▶ Weitere Literatur siehe Online-Version

Drüen, Teil I: Verfassungsrechtliche Grenzen „klarstellender" Gesetzesänderungen – Teil II: Verfassungsrechtliche Grenzen rückwirkender Rechtsprechungskorrektur – Dargestellt am Beispiel der Besteuerung von Erstattungszinsen, Ubg 2014, 683 und 747; *Wiese/Berner*, Rückwirkende Gesetzesklarstellungen und ihre verfassungsrechtliche Zulässigkeit, DStR 2014, 1260; *Birkenfeld/Dötsch/Fuest/Hey/Kanzler/Kempermann/Ortmann-Babel/Spengel/Wassermeyer*, (Wiss. Beirat Ernst & Young, Zit. Ernst & Young), Fragen zur künftigen Entwicklung der Rechtsprechung des BVerfG zur Rückwirkung von Nichtanwendungsgesetzen, DB 2015, 513; *Kirchhof*, Verfassungsrechtliche Grenzen Rückwirkender Steuergesetze, DStR 2015, 717; *Lerke/Osterloh*, Neuere Entwicklungen zum Verfassungsrechtlichen Vertrauensschutz im Steuerrecht, StuW 2015, 201; *Nacke* in Kanzler/Nacke, Steuerrecht aktuell, Spezial Steuergesetzgebung 2014/2015, 214; *Schönfeld/Bergmann*, Das Ende rückwirkend „Klarstellender" Gesetze im Steuerrecht, DStR 2015, 257; *Adrian/Fey/Selzer*, BEPS-Umsetzungsgesetz 1, StuB 2017, 94; *Rengier*, Rückwirkung – darf der Gesetzgeber alles? NWB 2018, 1193; *Kanzler*, Die Reanimation des steuerfreien Sanierungsgewinns, FR 2018, 794.

A. Allgemeine Erläuterungen

I. Normzweck und Bedeutung der Vorschrift

Verfassungsrechtliche Grundlagen: Die Anwendungsvorschriften des § 52 EStG tragen der Forderung des Art. 80 Abs. 2 GG Rechnung, wonach jedes Gesetz und jede Rechtsverordnung den Tag des Inkrafttretens bestimmen soll. Fehlt eine solche Bestimmung, so treten sie mit dem vierzehnten Tage nach Ablauf des Tages in Kraft, an dem das Bundesgesetzblatt ausgegeben worden ist. Außer in § 52 EStG finden sich daher auch Anwendungsvorschriften in § 84 EStDV und in § 8 LStDV. Muss also jedes Gesetz bzw. jede einzelne Regelung eines Gesetzes den Zeitpunkt des Inkrafttretens regeln, so ist die Praxis bedenklich, wonach mit der Neufassung des § 52 EStG immer wieder einzelne Absätze oder Geltungsregelungen wegfallen oder durch andere Regelungen ersetzt werden. Die ursprünglichen Anwendungsregelungen gelten dann weiter, lassen sich aber nicht mehr dem Gesetz entnehmen.[1] Im Hinblick auf Art. 80 Abs. 2 GG wird diese Praxis kritisch beurteilt und angenommen, in solchen Fällen gelte dann wieder die Grundregel.[2] Ein Beispiel für diese fragwürdige Gesetzgebungspraxis bietet der Vorlagebeschluss des FG Köln zum EuGH v. 19. 2. 2014[3] der zu dem nicht mehr abgedruckten § 52 Abs. 3 EStG 2002 ergangen ist und im Unterschied zur geltenden Fassung die Verlustverrechnungsbeschränkung des § 2a EStG a. F. und nicht den inzwischen ebenfalls abgeschafften § 2b EStG a. F. betrifft.

1

---

1 Vgl. BFH v. 25. 7. 1991 - XI R 36/89, BStBl 1992 II 26, zu § 10d EStG.
2 Siehe etwa *Kirchhof* in Kirchhof, § 52 EStG Rz. 5; HHR/*Hey*, § 52 EStG Anm. 3 BVerfG.
3 FG Köln v. 19. 2. 2014 - 13 K 3906/09, NWB DokID: DAAAE-72746, erledigt durch EuGH v. 17.12.2015 - C-388/14, BStBl 2016 II 362.

> **PRAXISHINWEIS:**
> Bei der Suche nach der jeweiligen Anwendungsvorschrift für eine bestimmte Norm empfiehlt es sich, die Gesetzesfassung des Streitjahrs zu Rate zu ziehen, das oft lange zurückliegt. In solchen Fällen bewährt sich auch die Aufbewahrung alter Kommentierungen.

2 **Rechtsnatur der Anwendungsvorschrift und Delegationsverbot:** Das EStG gilt aufgrund des § 52 EStG. Die Bestimmung der zeitlichen Geltung des EStG oder einzelner Vorschriften darin ist nicht Teil des Gesetzgebungsverfahrens, sondern gehört zu den inhaltlichen Regelungen eines Gesetzes, die der Gesetzgeber vorzunehmen hat.[1] Ist es nach Art. 80 Abs. 2 Satz 1 GG erforderlich, dass das Gesetz den zeitlichen Geltungsbereich bestimmt, so verstoßen die Abs. 36 und 37 des § 52 EStG gegen das verfassungsrechtliche Delegationsverbot.[2] Danach nämlich bestimmt das Gesetz nicht selbst den Zeitpunkt des Abrufs der Lohnsteuerabzugsmerkmale und der erstmaligen Anwendung des § 39a Abs. 1 Satz 3 bis 5 EStG, sondern delegiert dies dem BMF. Gleiches gilt für die Bestimmung der erstmaligen Anwendung der § 50 Abs. 2 EStG und § 50a Abs. 3 und 5 EStG durch Rechtsverordnungen in § 52 Abs. 46 und 47 EStG.

3 **Struktur des § 52 EStG:** Nach § 52 Abs. 1 EStG ist die jeweilige Fassung des EStG erstmals für den laufenden VZ anzuwenden, soweit in den folgenden Absätzen nichts anderes bestimmt ist. In der Gesetzeswirklichkeit ist das Regel-Ausnahmeverhältnis aber in sein Gegenteil verkehrt, weil die Zahl der Ausnahmen überwiegt. Diese Ausnahmeregelungen sehen für einzelne Vorschriften des EStG abweichende – eine frühere oder spätere – Anwendung vor. Dabei folgen die einzelnen Absätze der Reihenfolge der jeweiligen Regelungen im EStG. Dies macht Absätze mit Buchstabenbezeichnungen erforderlich, wenn später neue Anwendungsregelungen einzufügen sind.

4 **Inhalt des § 52 EStG:** Wie der Wortlaut „für den Veranlagungszeitraum" zeigt, liegt § 52 Abs. 1 Satz 1 EStG, aber auch den Ausnahmeregelungen der Abs. 2 ff., eine veranlagungszeitraumbezogene Betrachtungsweise zugrunde.[3] Die Ausnahmetatbestände regeln aber nicht nur von § 52 Abs. 1 EStG abweichende frühere oder spätere Anwendungszeitpunkte für einzelne Vorschriften, sondern auch systemwidrige materielle Regelungen, wie etwa in Abs. 39 (Schiffsbausubventionen betreffend), oder komplexe Übergangsregelungen, die an Stichtage geknüpft sind und aus Billigkeitsgründen Härtefallregelungen enthalten.[4] Vor allem aber finden sich in § 52 EStG immer wieder abweichende Anwendungszeitpunkte für Tatbestände, bei denen der Gesetzgeber durch sog. Klarstellungen unliebsame Rechtsprechung auch rückwirkend zu beseitigen versucht (s. Rz. 6).[5] Im Übrigen werden auch begünstigende Rechtsänderungen durch frühere Zeitpunkte in allen noch offenen Steuerfällen für anwendbar erklärt.[6]

5 **Weiter Gestaltungsspielraum des Gesetzgebers bei der Schaffung von Übergangsregelungen nur durch den Gleichheitssatz beschränkt:** Nach der Rspr. des BVerfG steht dem Gesetzgeber

---

1 BVerfG v. 7.7.1992 - 2 BvR 1631/90, 2 BvR 1728/90, BVerfGE 87, 48, zu Rz. 32 m.w.N.
2 Gl. A. *Kirchhof* in Kirchhof, § 52 EStG Rz. 4.
3 BFH v. 19.7.2011 - IV R 53/09, BStBl 2011 II 1017.
4 Siehe etwa § 52 Abs. 9 EStG zur Rücklagebildung im Fall der Erfüllungsübernahme nach § 5 Abs. 7 EStG. Zu den vom Gesetzgeber verwendeten Überleitungsmethoden s. *Hey*, Steuerplanungssicherheit, 407 ff. und zur Typizität gesetzlicher Übergangsregelungen in Reaktion auf verfassungsgerichtliche Entscheidungen s. *Kanzler*, StuW 1996, 215, 217 ff.
5 Zu dieser Rückwirkungsproblematik s. HHR/*Hey*, § 52 EStG Anm. 3.
6 *Allerdings scheint diese Verfahrensweise abzunehmen, denn während sich die Formulierung „soweit Steuerbescheide noch nicht bestandskräftig sind" allein 23-mal in § 52 EStG 2013 und einmal in § 52a EStG a.F. fand, wurde sie in der Neufassung des § 52 EStG (s. → Rz. 13) nur noch dreimal verwendet.*

für die Überleitung bestehender Rechtslagen, Berechtigungen und Rechtsverhältnisse zwar ein breiter Gestaltungsspielraum zur Verfügung;[1] gerade bei der Umgestaltung komplexer Regelungssysteme, wie etwa dem Übergang auf die Abgeltungssteuer oder der nachgelagerten Besteuerung der Altersbezüge, ist ihm aber eine erhebliche, sachlich nicht gerechtfertigte Ungleichbehandlung verwehrt. Auch Übergangsregelungen können daher wegen Verstoßes gegen den allgemeinen Gleichheitssatz aufgehoben werden.[2]

Zulässige und unzulässige Rückwirkung: Soweit die Übergangsregelungen in § 52 EStG eine rückwirkende Geltung der jeweiligen materiellen Vorschrift anordnen, ist das verfassungsrechtliche Rückwirkungsverbot zu beachten. Grundlage ist das Rechtsstaatsprinzip (Art. 20 GG) und die daraus abzuleitenden Grundsätze der Rechtssicherheit und des Vertrauensschutzes.[3] Danach sind rückwirkende Steuergesetze grundsätzlich unzulässig.[4] Das BVerfG hat die frühere Unterscheidung zwischen echter, unzulässiger und unechter zulässiger Rückwirkung[5] relativiert und die Anforderungen an die Zulässigkeit unechter Rückwirkung erhöht.[6] Andererseits hat es Ausnahmen von der grundsätzlichen Unzulässigkeit echter Rückwirkung anerkannt.[7] Anwendungsbeispiele sind vor allem die sog. Nichtanwendungsgesetze und klarstellende Regelungen, mit denen der Gesetzgeber auf Rechtsprechungsänderungen oder der Verwaltungsauffassung widersprechende Entscheidungen reagiert.[8]

6

Normen mit echter Rückwirkung sind danach grundsätzlich verfassungsrechtlich unzulässig.[9] Solche Normen greifen nachträglich in einen abgeschlossenen Sachverhalt ändernd ein. Im Steuerrecht ist das der Fall, wenn der Gesetzgeber eine bereits entstandene Steuerschuld nachträglich abändert (sog. „Rückbewirkung von Rechtsfolgen").[10] Änderungen einer Norm für den laufenden Veranlagungs- (§ 25 Abs. 1 EStG) bzw. Erhebungszeitraum (§§ 14, 18 GewStG) sind hingegen der unechten Rückwirkung zuzuordnen.[11]

7

Ausnahmen von der echten Rückwirkung werden jedoch zugelassen, wenn

▶ das Vertrauen des Bürgers nicht schutzwürdig ist, er also mit einer Neuregelung rechnen musste,[12]

▶ ein nichtiges Gesetz durch eine neue Regelung ersetzt wird,[13]

---

1 BVerfG v. 8.2.1977 – 1 BvR 79/70, BVerfGE 43, 242 Rz. 130 zum Beamtenrenrecht und zuletzt v. 14.6.2016 - 2 BvR 290/10, BStBl II 2016, 801 zum AltEinkG.
2 BVerfG v. 17.11.2009 - 1 BvR 2192/05, BVerfGE 125, 1, 23 = NWB DokID: AAAAD-38594.
3 BVerfG v. 10.4.2018 - 1 BvR 1236/11, BStBl 2018 II 303 betr. Gewerbesteuerpflicht für Gewinne aus der Veräußerung von Mitunternehmeranteilen; dazu Anm. *Rengier*, NWB 2018, 1193.
4 *Drüen*; StuW 2015, 210; *Kirchhof*, DStR 2015, 717; *Osterloh*, StuW 2015, 201.
5 Der 1. Senat des BVerfG bezeichnet die echte Rückwirkung als Rückbewirkung und unterscheidet sie von der der unechten Rückwirkung entsprechenden tatbestandlichen Rückanknüpfung, knüpft daran aber dieselben Rechtsfolgen wie der 2. Senat des BVerfG.
6 BVerfG v. 7.7.2010 - 2 BvL 14/02, 2 BvL 2/04, 2 BvL 13/05, BStBl II 2011, 76 Rz. 51 m. w. N.
7 Nach P. *Kirchhof* (DStR 2015, 717) ist es deshalb geboten, die bisherigen Unterscheidungen aufzugeben und neue Beurteilungsmaßstäbe zu entwickeln: Für ihn ist danach „maßstabgebend … das Rückwirkungsverbot bei auf Dauer gefestigtem Recht und das Gebot des schonenden Übergangs bei Verhalten im Rahmen des allgemeinen – änderbaren – Rechts".
8 Dazu etwa Ernst & Young DB 2015, 513 m. w. N.
9 BVerfG v. 10.4.2018 - 1 BvR 1236/11, BStBl 2018 II 303 Rz. 135 m. w. N.
10 BVerfG v. 10.10.2012 - 1 BvL 6/07, BStBl 2012 II 932 Rz. 42 betr. Streubesitzbeteiligung.
11 BVerfg v. 10.10.2012 - 1 BvL 6/07, BStBl 2012 II 932 Rz. 44.
12 S. etwa BVerfG v. 15.10.1996 - 1 BvL 44/92, 1 BvL 48/92, BVerfGE 95, 64 Rz. 118 betr. Mietpreisbindung.
13 BVerfG v. 3.9.2009 - 1 BvR 2384/08, NWB DokID: KAAAD-30893 Rz. 19 betr. Spielgerätesteuer.

- ein nur formell verfassungswidriges Gesetz formell ordnungsgemäß mit Rückwirkung neu beschlossen wird,
- zwingende Gründe des Gemeinwohls die Rückwirkung erfordern,[1]
- die bisherige Gesetzeslage unklar und verworren ist,[2]
- oder aber das bisherige Recht derart systemwidrig und unbillig war, dass ernsthafte Zweifel an seiner Verfassungsmäßigkeit bestanden.[3]

Im letzten Fall kann ein schutzwürdiges Vertrauen von vornherein nicht bestanden haben.

8 **Normen mit unechter Rückwirkung** sind hingegen grundsätzlich zulässig. Eine unechte Rückwirkung (oder „tatbestandliche Rückanknüpfung") liegt vor, wenn eine Norm auf gegenwärtige, noch nicht abgeschlossene Sachverhalte und Rechtsbeziehungen für die Zukunft einwirkt und damit zugleich die betroffene Rechtsposition entwertet, etwa wenn belastende Rechtsfolgen einer Norm erst nach ihrer Verkündung eintreten, tatbestandlich aber von einem bereits verwirklichten Sachverhalt ausgelöst werden.[4] Allerdings können sich aus dem Grundsatz des Vertrauensschutzes und dem Verhältnismäßigkeitsprinzip Grenzen der Zulässigkeit ergeben. Diese Grenzen sind jedoch erst überschritten, wenn die vom Gesetzgeber angeordnete unechte Rückwirkung zur Erreichung des Gesetzeszwecks nicht geeignet oder erforderlich ist oder wenn die Bestandsinteressen der Betroffenen die Veränderungsgründe des Gesetzgebers überwiegen.[5] Soweit Änderungen einer Norm für den laufenden Veranlagungs- bzw. Erhebungszeitraum der unechten Rückwirkung zuzuordnen sind, gelten gesteigerte Anforderungen an deren Rechtfertigung im Verhältnis zu sonstigen Fällen unechter Rückwirkung,[6] denn solche Regeln stehen in vielerlei Hinsicht den Fällen echter Rückwirkung nahe.[7] Erforderlich ist hier, dass bei einer Gesamtabwägung zwischen dem Gewicht des enttäuschten Vertrauens und dem Gewicht und der Dringlichkeit der die Rechtsänderung rechtfertigenden Gründe die Grenze der Zumutbarkeit gewahrt bleibt.[8] Entscheidend für die Abwägung sind die Umstände des Einzelfalls.

Das Vertrauen ist danach besonders schutzwürdig,[9]

- wenn die Betroffenen zum Zeitpunkt der Verkündung der Neuregelung nach der alten Rechtslage eine verfestigte Erwartung auf Vermögenszuwächse erlangt und realisiert hatten oder hätten realisieren können
- wenn auf der Grundlage des geltenden Rechts vor Verkündung des rückwirkenden Gesetzes bereits Leistungen zugeflossen waren und
- wenn die Stpfl. vor der Einbringung des neuen Gesetzes in den Bundestag verbindliche Festlegungen getroffen hatten.

---

1 Siehe etwa BVerfG v. 2.5.2012 – 2 BvL 5/10, BVerfGE 131, 20 = NWB DokID: YAAAE-10919.
2 BVerfG v. 17.12.2013 - 1 BvL 5/08, BVerfGE 135, 1 = NWB DokID: IAAAE-56177.
3 BVerfG v. 17.12.2013 - 1 BvL 5/08, BVerfGE 135, 1 = NWB DokID: IAAAE-56177.
4 BVerfG v. 10.10.2012 - 1 BvL 6/07, BStBl 2012 II 932 Rz. 57 und v. 10.4.2018 - 1 BvR 1236/11, BStBl 2018 II 303 Rz. 136.
5 St. Rspr. zuletzt BVerfG v. 10.4.2018 - 1 BvR 1236/11, BStBl 2018 II 303 Rz. 136 m.w.N.
6 BVerfG v. 10.4.2018 - 1 BvR 1236/11, BStBl 2018 II 303 Rz. 138.
7 BVerfG v. 10.10.2012 - 1 BvL 6/07, BStBl 2012 II 932 Rz. 45.
8 BVerfG v. 10.4.2018 - 1 BvR 1236/11, BStBl 2018 II 303 Rz. 139 m.w.N.
9 BVerfG v. 10.4.2018 - 1 BvR 1236/11, BStBl 2018 II 303 Rz. 140 m.w.N.

Ist das Vertrauen des Stpfl. schutzwürdig, liegen aber keine die Rückwirkungen rechtfertigenden Gründe vor, so fällt die Gesamtabwägung zugunsten des enttäuschten Vertrauens des Steuerbürgers aus.[1]

Bereits die Einbringung eines Gesetzesvorhabens in den Bundesrat[2] oder gar die Ankündigung einer Gesetzesänderung[3] können vertrauenszerstörende Wirkung haben.

Inkrafttretensvorbehalte: Wird das Inkrafttreten eines Gesetzes oder einer Regelung von einem unabhängig vom Gesetzgeber eintretenden Ereignis abhängig gemacht, so wird diese Klausel als Inkrafttretensvorbehalt bezeichnet. Solche Klauseln finden sich etwa für § 3a EStG (Sanierungsprivileg) in Art. 6 Abs. 2 des sog. Lizenzschrankengesetzes[4] und für § 32c EStG (Tarifglättung bei luf Einkünften) in Art. 5 MarktordÄndG.[5] In beiden Fällen wurde das Inkrafttreten der Steuerbegünstigungen von einem Beschluss der EU-Kommission zur beihilferechtlichen Unbedenklichkeit abhängig gemacht. In dieser Verfahrensweise, die in anderen Rechtsgebieten schon länger praktiziert wird,[6] wird ein Verstoß gegen das Bestimmtheitsgebot des Art. 82 Abs. 2 Satz 1 GG gesehen, mit der Folge, dass das entsprechende Gesetz vierzehn Tage nach Ausgabe des Bundesgesetzblatts in Kraft treten würde.[7] Diese Auffassung ist abzulehnen. Das BVerfG hat die Sollvorschrift des Art. 82 Abs. 2 Satz 1 GG in der sog. Contergan-Entscheidung[8] dahingehend ausgelegt, dass das Inkrafttreten eines Gesetzes auch von einer Bedingung abhängig gemacht werden kann.[9]

9

(Einstweilen frei)

10–13

II. Rechtsentwicklung

Normenbestand in den VZ bis 2014: Fast von jeder neuen, das EStG betreffenden Gesetzesregelung oder -änderung sind auch die Anwendungsvorschriften des § 52 EStG betroffen, sei es, dass einzelne Bestimmungen geändert, ergänzt oder aufgehoben werden. Die zunehmende Bedeutung der Anwendungsvorschriften wird allein schon durch ihren Umfang belegt. Umfasste § 52 EStG im Jahr 1953 noch 12 Absätze, so waren es im Jahr 2013, obwohl die Vorschrift mit dem Abs. 68 abschloss, mehr als 100 Absätze, einschließlich der Absätze mit Buchstabenbezeichnungen;[10] und auch im Jahr 2015 besteht die Vorschrift noch aus mehr als 50 Absätzen, weil der Gesetzgeber selbst nach der grundlegenden Neustrukturierung des § 52 EStG nicht auf Regelungen mit den Buchstaben a, b und c, usw. verzichten wollte oder konnte.

14

---

1 BFH v. 7.12.2010 - IX R 70/07, BStBl 2011 II 346 Rz. 62 f. betr. § 11 Abs. 2 Satz 3 EStG bei auf 99 Jahre im Voraus geleisteten Erbbauzinsen (§ 52 Abs. 30 Satz 1 EStG) - Vorlagebeschluss zum BVerfG Az. 2 BvL 1/11 noch anhängig: 30.6.2018.
2 BVerfG v. 10.4.2018 - 1 BvR 1236/11, BStBl 2018 II 303 Rz. 150.
3 BVerfG v. 12.5.2009 - 2 BvL 1/00, BStBl 2009 II 685 Rz. 50 betr. Jubiläumsrückstellungen.
4 Gesetz gegen schädliche Steuerpraktiken im Zusammenhang mit Rechteüberlassungen v. 27. 6. 2017, BGBl 2017 I 2074; dazu KKB/Kanzler, § 3a EStG Rz. 9
5 Gesetz zum Erlass und zur Änderung marktordnungsrechtlicher Vorschriften sowie zur Änderung des Einkommensteuergesetzes v. 20.12.2016, BGBl 2016 I 3045; i.E. KKB/Kanzler, § 32c EStG Rz. 15.
6 Vgl. *Kanzler*, FR 2018, 794.
7 So *P. Kirchhof* in Kirchhof, EStG 17. Aufl. 2018, § 3a Rz. 6.
8 BVerfG v. 8.7.1976 - 1 BvL 19/75, 1 BvL 20/75, 1 BvR 148/75, BVerfGE 42, 263.
9 Gl.A. *Kanzler*, FR 2018, 794.
10 Siehe RegE zum KroatienAnpG, BT-Drucks. 18/1529, 60 f.

15 **Neuregelung des § 52a EStG ab VZ 2009:** Durch das Unternehmensteuerreformgesetz 2008 (UntStRG) v. 14.8.2007[1] wurden in § 52a EStG die Anwendungsvorschriften zur Abgeltungsteuer und der damit zusammenhängenden Änderungen des EStG aufgenommen.[2]

16 **Grundlegende Neufassung ab VZ 2015:** Mit dem KroatienAnpG v. 25.7.2014[3] wurden die beiden Vorschriften der §§ 52 und 52a unter gleichzeitiger Straffung der Bestimmungen zur Vereinfachung und besseren Lesbarkeit der Vorschriften zusammengeführt und neugefasst.[4]

Die Neufassung beruht im Übrigen auf folgenden Grundsätzen:[5]

- ▶ Die allgemeine Anwendungsregelung in § 52 Abs. 1 EStG wurde auf den VZ 2014 bzw. nach dem 31.12.2013 endende Lohnzahlungszeiträume fortgeschrieben. Zudem wurde in einem neuen Satz 3 festgelegt, dass diese Fassung des Gesetzes – vorbehaltlich der besonderen Regelungen in den folgenden Absätzen – erstmals auf Kapitalerträge anzuwenden ist, die dem Gläubiger nach dem 31.12.2013 zufließen.

- ▶ Regelungen, die durch Zeitablauf erledigt sind, wurden gestrichen. Dies sind insbesondere Regelungen, die die erstmalige Anwendung einer Vorschrift ab einem bestimmten Zeitpunkt regeln.

- ▶ Noch erforderliche Regelungen, die nicht die zeitliche Anwendung betreffen, werden künftig ohne inhaltliche Änderung grundsätzlich in die jeweilige Stammvorschrift übernommen.

- ▶ Noch erforderliche Regelungen zur zeitlichen Anwendung werden in die Neufassung des § 52 EStG übernommen. Dabei wird für einen Paragrafen des EStG künftig nur noch ein einziger Absatz vorgesehen.

- ▶ Die noch erforderlichen Regelungen aus § 52a EStG wurden in § 52 EStG in der Gesetzesreihenfolge übernommen.

17–19 *(Einstweilen frei)*

B. Systematische Kommentierung

20 Die Kommentierungen zu den einzelnen Absätzen des § 52 EStG finden sich – soweit dies vor allem wegen rückwirkender Geltungsanordnungen oder ausnahmsweisen materiell-rechtlichen Regelungen von Bedeutung ist – bei den materiell-rechtlichen Regelungen, auf die sie sich beziehen. Im Übrigen sind einige aktuelle Regelungen und Rechtsprechung, die zu § 52 EStG a.F. ergangen ist, auch hier zu erörtern.

21 **Steuerfreier Sanierungsgewinn (§ 52 Abs. 4a und 5 EStG):** Nach § 52 Abs. 4a Satz 1 und Abs. 5 Satz 3 EStG sind die neuen Vorschriften der §§ 3a, 3c Abs. 4 auf alle Fälle anzuwenden, in denen die Schulden ganz oder teilweise nach dem 8.2.2017, dem Tag der Veröffentlichung des Beschlusses des Großen Senats des BFH,[6] erlassen wurden. Nach § 52 Abs. 4a Satz 2 EStG gilt

---

1 BGBl 2007 I 1912.
2 Zur erstmaligen Anwendung s. BT-Drucks. 16/5491, 26.
3 BGBl 2014 I 1266.
4 BT-Drucks. 18/1529, 60. Einen Überblick über die Änderungen vermittelt eine Synopse zu § 52 EStG, abgedruckt bei *Nacke* in Kanzler/Nacke, StRA, Spezial Steuergesetzgebung 2014/2015, 215 ff.
5 BT-Drucks. 18/1529, 60.
6 BFH v. 28.11.2016 - GrS 1/15, BStBl 2017 II 393.

dies bei einem Schuldenerlass nach dem 8.2.2017 nicht, wenn die verwaltungsseitige Vertrauensschutzregelung anzuwenden ist.[1] Diese Vertrauensschutzregelung hat der BFH jedoch für rechtswidrig erklärt.[2]

Gewinnmindernde Rücklage zur Neutralisierung des Wertaufholungsgebots (§ 52 Abs. 16 Satz 3 EStG 1999): Wird durch die Anwendung des Wertaufholungsgebots (§ 6 Abs. 1 Nr. 1 Satz 4, Abs. 1 Nr. 2 Satz 3 EStG) im Jahr 2002 ein Gewinn ausgelöst, dann darf dieser Gewinn nicht (anteilig) durch eine gewinnmindernde Rücklage gemäß § 52 Abs. 16 Satz 3 EStG aF ausgeglichen werden, weil diese Rücklage nur das erste nach dem 31.12.1998 endende Wj. (sog. Erstjahr) zulässig gewesen ist.[3]

Befristete Befugnis zur Einbehaltung der gesamten Lohnsteuer für Reeder (§ § 52 Abs. 40a EStG): Nach der durch das Gesetz zur Änderung des Einkommensteuergesetzes zur Erhöhung des Lohnsteuereinbehalts in der Seeschiffahrt v. 24.2.2016[4] eingefügten Anwendungsregelung gilt die Befugnis zur Einbehaltung der gesamten LSt. gem. § 41a Abs. 4 Satz 1 EStG nur vorübergehend für eine Dauer von 60 Monaten. Nach Ablauf dieser Frist gilt dann wieder die bisherige Fassung des § 41a Abs. 4 Satz 1 EStG, nach der Reeder 40 % der LSt. einbehalten dürfen. Der Beginn der 60-Monats-Frist war allerdings ebenso wie das von der auflösenden Bedingung des Ablaufs dieser Frist abhängige Wiederinkrafttreten der a.F. des § 41a Abs. 4 Satz 1 EStG im Zeitpunkt der Verkündung des Gesetzes noch ungewiss. § 52 Abs. 40a und Art. 2 des Gesetzes zur Änderung des Einkommensteuergesetzes zur Erhöhung des Lohnsteuereinbehalts in der Seeschiffahrt machten die Anwendung dieser erweiterten Begünstigung deutscher Reeder nämlich von der aufschiebenden Bedingung einer Genehmigung der Subvention durch die EU-Kommission abhängig. Das Inkrafttreten des § 41a Abs. 4 Satz 1 EStG ist daher nach § 52 Abs. 40a Satz 2 EStG und Art. 2 Satz 2 des Gesetzes vom BMF im BGBl gesondert bekanntzumachen. Nachdem die EU-Kommission die Genehmigung am 3.5.2016 unter Vorbehalten (dazu KKB/Dietz, § 41a EStG Rz. 28) erteilt hat,[5] kann die Neuregelung erstmals für den Lohnzahlungszeitraum Juni 2016 angewendet werden und gilt bis zum Lohnzahlungszeitraum Mai 2021.

(Einstweilen frei)

C. Verfahrensfragen

Keine isolierte Prüfung einer Übergangsregelung: Eine Übergangsregelung kann zwar wegen Verstoßes gegen den allgemeinen Gleichheitssatz aufgehoben werden;[6] sie kann aber nicht isoliert Gegenstand eines Rechtsstreits sein, denn eine Übergangsregelung ist ohne die Bestimmung, auf die sie sich bezieht, einer sinnvollen Prüfung nicht zugänglich.[7]

---

1 Gemeint ist der sog. Sanierungserlass: BMF v. 27.3.2003, BStBl 2003 I 240.
2 BFH v. 28.11.2016 - GrS 1/15, BStBl 2017 II 393. Zur Notwendigkeit der Aufhebung dieser Regelung s. *Kanzler*, FR 2018, 794.
3 BFH v. 27.1.2016 - X R 33/13, BFH/NV 2016, 1002 = NWB DokID: GAAAF-74511.
4 BGBl 2016 I 310.
5 Bekanntmachung über das Inkrafttreten des Gesetzes zur Änderung des Einkommensteuergesetzes zur Erhöhung des Lohnsteuereinbehalts in der Seeschiffahrt v. 18.5.2016, BGBl 2016 I 1248.
6 BVerfG v. 17.11.2009 - 1 BvR 2192/05, BVerfGE 125, 1, 23 = NWB DokID: AAAAD-38594.
7 BVerfG v. 7.7.2010 - 2 BvL 14/02, 2 BvL 2/04, 2 BvL 13/05, BStBl 2011 II 76, Rz. 51 m.w.N.

§ 52a (weggefallen)

▶ Zur Kommentierung siehe Online-Version, 1. Aufl. 2016

Die Regelung enthielt von 2009 bis 2014 die Anwendungsvorschriften zur Abgeltungsteuer, die ab 2015 nach § 52 Abs. 28 EStG übernommen wurden (KKB/Kanzler, § 52 Rz. 12 f.).

§ 52b Übergangsregelungen bis zur Anwendung der elektronischen Lohnsteuerabzugsmerkmale

(1) ¹Die Lohnsteuerkarte 2010 und die Bescheinigung für den Lohnsteuerabzug (Absatz 3) gelten mit den eingetragenen Lohnsteuerabzugsmerkmalen auch für den Steuerabzug vom Arbeitslohn ab dem 1. Januar 2011 bis zur erstmaligen Anwendung der elektronischen Lohnsteuerabzugsmerkmale durch den Arbeitgeber (Übergangszeitraum). ²Voraussetzung ist, dass dem Arbeitgeber entweder die Lohnsteuerkarte 2010 oder die Bescheinigung für den Lohnsteuerabzug vorliegt. ³In diesem Übergangszeitraum hat der Arbeitgeber die Lohnsteuerkarte 2010 und die Bescheinigung für den Lohnsteuerabzug

1. während des Dienstverhältnisses aufzubewahren, er darf sie nicht vernichten;
2. dem Arbeitnehmer zur Vorlage beim Finanzamt vorübergehend zu überlassen sowie
3. nach Beendigung des Dienstverhältnisses innerhalb einer angemessenen Frist herauszugeben.

⁴Nach Ablauf des auf den Einführungszeitraum (Absatz 5 Satz 2) folgenden Kalenderjahres darf der Arbeitgeber die Lohnsteuerkarte 2010 und die Bescheinigung für den Lohnsteuerabzug vernichten. ⁵Ist auf der Lohnsteuerkarte 2010 eine Lohnsteuerbescheinigung erteilt und ist die Lohnsteuerkarte an den Arbeitnehmer herausgegeben worden, kann der Arbeitgeber bei fortbestehendem Dienstverhältnis die Lohnsteuerabzugsmerkmale der Lohnsteuerkarte 2010 im Übergangszeitraum weiter anwenden, wenn der Arbeitnehmer schriftlich erklärt, dass die Lohnsteuerabzugsmerkmale der Lohnsteuerkarte 2010 weiterhin zutreffend sind.

(2) ¹Für Eintragungen auf der Lohnsteuerkarte 2010 und in der Bescheinigung für den Lohnsteuerabzug im Übergangszeitraum ist das Finanzamt zuständig. ²Der Arbeitnehmer ist verpflichtet, die Eintragung der Steuerklasse und der Zahl der Kinderfreibeträge auf der Lohnsteuerkarte 2010 und in der Bescheinigung für den Lohnsteuerabzug umgehend durch das Finanzamt ändern zu lassen, wenn die Eintragung von den Verhältnissen zu Beginn des jeweiligen Kalenderjahres im Übergangszeitraum zu seinen Gunsten abweicht. ³Diese Verpflichtung gilt auch in den Fällen, in denen die Steuerklasse II bescheinigt ist und die Voraussetzungen für die Berücksichtigung des Entlastungsbetrags für Alleinerziehende (§ 24b) im Laufe des Kalenderjahres entfallen. ⁴Kommt der Arbeitnehmer seiner Verpflichtung nicht nach, so hat das Finanzamt die Eintragung von Amts wegen zu ändern; der Arbeitnehmer hat die Lohnsteuerkarte 2010 und die Bescheinigung für den Lohnsteuerabzug dem Finanzamt auf Verlangen vorzulegen.

(3) ¹Hat die Gemeinde für den Arbeitnehmer keine Lohnsteuerkarte für das Kalenderjahr 2010 ausgestellt oder ist die Lohnsteuerkarte 2010 verloren gegangen, unbrauchbar geworden oder zerstört worden, hat das Finanzamt im Übergangszeitraum auf Antrag des Arbeitnehmers eine Bescheinigung für den Lohnsteuerabzug nach amtlich vorgeschriebenem Muster (Bescheinigung für den Lohnsteuerabzug) auszustellen. ²Diese Bescheinigung tritt an die Stelle der Lohnsteuerkarte 2010.

(4) ¹Beginnt ein nach § 1 Absatz 1 unbeschränkt einkommensteuerpflichtiger lediger Arbeitnehmer im Übergangszeitraum ein Ausbildungsdienstverhältnis als erstes Dienstverhältnis, kann der Arbeitgeber auf die Vorlage einer Bescheinigung für den Lohnsteuerabzug verzichten. ²In diesem Fall hat der Arbeitgeber die Lohnsteuer nach der Steuerklasse I zu ermitteln; der Arbeitnehmer hat dem Arbeitgeber seine Identifikationsnummer sowie den Tag der Geburt und die rechtliche Zugehörigkeit zu einer steuererhebenden Religionsgemeinschaft mitzuteilen und schriftlich zu bestätigen, dass es sich um das erste Dienstverhältnis handelt. ³Der Arbeitgeber hat die Erklärung des Arbeitnehmers bis zum Ablauf des Kalenderjahres als Beleg zum Lohnkonto aufzubewahren.

(5) ¹Das Bundesministerium der Finanzen hat im Einvernehmen mit den obersten Finanzbehörden der Länder den Zeitpunkt der erstmaligen Anwendung der ELStAM für die Durchführung des Lohnsteuerabzugs ab dem Kalenderjahr 2013 oder einem späteren Anwendungszeitpunkt sowie den Zeitpunkt des erstmaligen Abrufs der ELStAM durch den Arbeitgeber (Starttermin) in einem Schreiben zu bestimmen, das im Bundessteuerblatt zu veröffentlichen ist. ²Darin ist für die Einführung des Verfahrens der elektronischen Lohnsteuerabzugsmerkmale ein Zeitraum zu bestimmen (Einführungszeitraum). ³Der Arbeitgeber oder sein Vertreter (§ 39e Absatz 4 Satz 6) hat im Einführungszeitraum die nach § 39e gebildeten ELStAM abzurufen und für die auf den Abrufzeitpunkt folgende nächste Lohnabrechnung anzuwenden. ⁴Für den Abruf der ELStAM hat sich der Arbeitgeber oder sein Vertreter zu authentifizieren und die Steuernummer der Betriebsstätte oder des Teils des Betriebs des Arbeitgebers, in dem der für die Durchführung des Lohnsteuerabzugs maßgebende Arbeitslohn des Arbeitnehmers ermittelt wird (§ 41 Absatz 2), die Identifikationsnummer und den Tag der Geburt des Arbeitnehmers sowie, ob es sich um das erste oder ein weiteres Dienstverhältnis handelt, mitzuteilen. ⁵Er hat ein erstes Dienstverhältnis mitzuteilen, wenn auf der Lohnsteuerkarte 2010 oder der Bescheinigung für den Lohnsteuerabzug eine der Steuerklassen I bis V (§ 38b Absatz 1 Satz 2 Nummer 1 bis 5) eingetragen ist oder wenn die Lohnsteuerabzugsmerkmale nach Absatz 4 gebildet worden sind. ⁶Ein weiteres Dienstverhältnis (§ 38b Absatz 1 Satz 2 Nummer 6) ist mitzuteilen, wenn die Voraussetzungen des Satzes 5 nicht vorliegen. ⁷Der Arbeitgeber hat die ELStAM in das Lohnkonto zu übernehmen und gemäß der übermittelten zeitlichen Gültigkeitsangabe anzuwenden.

(5a) ¹Nachdem der Arbeitgeber die ELStAM für die Durchführung des Lohnsteuerabzugs angewandt hat, sind die Übergangsregelungen in Absatz 1 Satz 1 und in den Absätzen 2 bis 5 nicht mehr anzuwenden. ²Die Lohnsteuerabzugsmerkmale der vorliegenden Lohnsteuerkarte 2010 und der Bescheinigung für den Lohnsteuerabzug gelten nicht mehr. ³Wenn die nach § 39e Absatz 1 Satz 1 gebildeten Lohnsteuerabzugsmerkmale den tatsächlichen Verhältnissen des Arbeitnehmers nicht entsprechen, hat das Finanzamt auf dessen Antrag eine besondere Bescheinigung für den Lohnsteuerabzug (Besondere Bescheinigung für den Lohnsteuerabzug) mit den Lohnsteuerabzugsmerkmalen des Arbeitnehmers auszustellen sowie etwaige Änderungen einzutragen (§ 39 Absatz 1 Satz 2) und die Abrufberechtigung des Arbeitgebers auszusetzen. ⁴Die Gültigkeit dieser Bescheinigung ist auf längstens zwei Kalenderjahre zu begrenzen. ⁵§ 39e Absatz 5 Satz 1 und Absatz 7 Satz 6 gilt entsprechend. ⁶Die Lohnsteuerabzugsmerkmale der Besonderen Bescheinigung für den Lohnsteuerabzug sind für die Durchführung des Lohnsteuerabzugs nur dann für den Arbeitgeber maßgebend, wenn ihm gleichzeitig die Lohnsteuerkarte 2010 vorliegt oder unter den Voraussetzungen des Absatzes 1 Satz 5 vorgelegen hat oder eine Bescheinigung für den Lohnsteuerabzug für das erste Dienstverhältnis des Arbeitnehmers vorliegt. ⁷Abweichend von Absatz 5 Satz 3 und 7 kann der Arbeitgeber nach dem erstmaligen Abruf der ELStAM die Lohnsteuer im Einführungszeitraum längstens für die Dauer von sechs

Kalendermonaten weiter nach den Lohnsteuerabzugsmerkmalen der Lohnsteuerkarte 2010, der Bescheinigung für den Lohnsteuerabzug oder den nach Absatz 4 maßgebenden Lohnsteuerabzugsmerkmalen erheben, wenn der Arbeitnehmer zustimmt. [8]Dies gilt auch, wenn der Arbeitgeber die ELStAM im Einführungszeitraum erstmals angewandt hat.

(6) bis (8) (weggefallen)

(9) Ist der unbeschränkt einkommensteuerpflichtige Arbeitnehmer seinen Verpflichtungen nach Absatz 2 Satz 2 und 3 nicht nachgekommen und kommt eine Veranlagung zur Einkommensteuer nach § 46 Absatz 2 Nummer 1 bis 7 nicht in Betracht, kann das Finanzamt den Arbeitnehmer zur Abgabe einer Einkommensteuererklärung auffordern und eine Veranlagung zur Einkommensteuer durchführen.

Inhaltsübersicht	Rz.
A. Allgemeine Erläuterungen	1 - 9
B. Systematische Kommentierung	10 - 15

HINWEIS:

BMF v. 6.12.2011, BStBl 2011 I 1254; BMF v. 9.12.2012, BStBl 2012 I 1285 „Startschreiben zum erstmaligen Abruf und zur Anwendung ab dem Kalenderjahr 2013"; BMF v. 25.7.2013, BStBl 2013 I 943, betr. erstmaligen Abruf der elektronischen Lohnsteuerabzugsmerkmale durch den ArbG und Anwendungsgrundsätze für den Einführungszeitraum 2013; BMF v. 7.8.2013, BStBl 2013 I 951, „ELStAM-Anwendungsschreiben".

LITERATUR:

Schaffhausen/Plencker, Einführung der elektronischen LSt-Abzugsmerkmale (ELSTAM), DB 2012, 2476; *Schramm/Harder-Buschner*, ELStAM – Das neue Verfahren beim Lohnsteuerabzug steht vor der Tür, NWB 2012, 3526; *Hartmann*, Einführungszeitraum für die Elektronische Steuerkarte ab 2013, DStR 2013, 10; *Heuermann*, Start in die ELStAM ohne Rechtsgrundlage und Übergang?, DStR 2013, 565; *Schramm/Harder-Buschner*, ELSTAM – Was müssen Arbeitgeber und Arbeitnehmer beim neuen Verfahren beachten?, NWB 2013, 348.

A. Allgemeine Erläuterungen

1 **Normzweck und wirtschaftliche Bedeutung der Vorschrift:** Die Übergangsregelung des § 52b EStG wurde erforderlich, weil einerseits das Verfahren für die elektronischen Lohnsteuerabzugsmerkmale (ELStAM) erst zum 1.1.2013 praktiziert werden konnte, andererseits aber von den Gemeinden bereits für den VZ 2010 keine LSt-Karten mehr ausgestellt wurden. Für diesen Übergangszeitraum gilt § 52b EStG. Nach dem sog. Startschreiben des BMF[1] konnten die ELStAM bereits ab 1.11.2012 mit Wirkung zum 1.1.2013 abgerufen werden. Wegen technischer Probleme[2] war es den ArbG im Jahr 2013, dem sog. Einführungszeitraum, freigestellt, sich des ELStAM-Verfahrens zu bedienen oder noch das Papierverfahren zu verwenden. Nach Ablauf des Einführungszeitraums 2013 ist § 52b EStG nur noch für die Vergangenheit von Bedeutung (s. auch § 52 Abs. 5a EStG und → Rz. 14).

---
1 Vom 9.12.2012, BStBl 2012 I 1285.
2 Siehe etwa „http://www.dstv.de/interessenvertretung/steuern/stellungnahmen-steuern/2014-s-04-einfuehrung-elstam-praxisprobleme".

Rechtsentwicklung: § 52b EStG wurde durch JStG 2010 v. 8.12.2010[1] in das EStG aufgenommen, durch BeitrRLUmsG v. 7.12.2011[2] wieder aufgehoben und durch AmtshilfeRLUmsG v. 26.6.2013[3] erneut in das EStG aufgenommen, um die bereits durch das sog. Startschreiben zum erstmaligen Abruf und zur Anwendung ab dem Kalenderjahr 2013 seit dem 1.1.2013[4] praktizierte Verfahrensweise rückwirkend zu legitimieren.

Verfassungsmäßigkeit des § 52b EStG: Die Übertragung der Bestimmung des Starttermins und des Einführungszeitraums auf das BMF durch § 52 Abs. 5 Satz 1 und 2 EStG begegnet den gleichen auf das Delegationsverbot gestützten Bedenken wie § 52 Abs. 36 und 37 EStG.[5]

Geltungsbereich und Verhältnis zu anderen Vorschriften: Die Vorschrift ergänzt § 39e EStG und bezieht sich hinsichtlich der LSt-Abzugsmerkmale auf § 39 Abs. 4 EStG.

(Einstweilen frei)

B. Systematische Kommentierung

Fortgeltung der Lohnsteuerkarte 2010 im Übergangszeitraum (§ 52b Abs. 1 EStG): Die Vorschrift verlängerte die Gültigkeit der LSt-Karte 2010 oder einer entsprechenden Bescheinigung mit den eingetragenen Freibeträgen über den 31.12.2010 hinaus für den gesamten Übergangszeitraum. Für diesen Zeitraum trifft den ArbG eine Aufbewahrungs- und eine Herausgabepflicht, wenn der ArbN diese Dokumente dem FA vorzulegen hat oder das Dienstverhältnis beendet wurde. Nach Ablauf des Einführungszeitraums mit dem Kj. 2014 (→ Rz. 13 f.) konnten diese Unterlagen vernichtet werden.[6]

Zuständigkeit des Wohnsitzfinanzamts und Berichtigungspflicht (§ 52b Abs. 2 EStG): Für sämtliche Eintragungen auf der LSt-Karte 2010 oder der Ersatzbescheinigung war das Wohnsitz-FA zuständig. Bei Abweichungen zu seinen Gunsten oder bei Bescheinigung der LSt-Klasse II und Wegfall der Voraussetzungen des Alleinerziehendenfreibetrags war der ArbN zur Berichtigung verpflichtet; andernfalls erfolgte eine Änderung von Amts wegen.

Verfahren bei fehlender Lohnsteuerkarte 2010 (§ 52b Abs. 3 und 4 EStG): § 52b Abs. 3 EStG regelt das Ersatzverfahren für ArbN, die – aus welchen Gründen auch immer – keine LSt-Karte 2010 vorlegen konnten. Die drei im Gesetz genannten Gründe, Verlust, Beschädigung und Zerstörung, sind nicht abschließend. Daher war das Ersatzverfahren auch auf den Fall anwendbar, dass ein ArbN erst nach 2010 eine nichtselbständige Tätigkeit aufgenommen hatte.[7] Auf Antrag des ArbN fertigte das FA dann eine Bescheinigung für den LSt-Abzug nach amtlich vorgeschriebenem Muster aus, die die Funktion anstelle der LSt-Karte 2010 zu übernehmen hatte. Hiervon gestattet § 52 Abs. 4 EStG eine Ausnahme für einen unbeschränkt einkommensteuerpflichtigen ledigen ArbN, der im Übergangszeitraum ein Ausbildungsdienstverhältnis als erstes Dienstverhältnis begründete. In diesem Fall konnte der ArbG die LSt auch ohne LSt-Karte 2010 oder Bescheinigung nach der LSt-Klasse I ermitteln, wenn der ArbN seine Identifikations-

---

1 BGBl 2010 I 1768.
2 BGBl 2011 I 2592.
3 BGBl 2013 I 1809.
4 BMF v. 9.12.2012, BStBl 2012 I 1285.
5 Dazu KKB/Kanzler, § 52 EStG Rz. 2, m.w.N. Zum vorübergehenden Fehlen einer Rechtsgrundlage für die Bestimmung des Starttermins s. *Heuermann*, DStR 2013, 565.
6 BMF v. 25.7.2013, BStBl 2013 I 943 zu III.9.
7 Eine ausführlichere Aufzählung der Anwendungsfälle findet sich in BMF v. 6.12.2011, BStBl 2011 I 1254, zu II. 4.

nummer, sein Geburtsdatum und die Zugehörigkeit zu einer Religionsgemeinschaft mitgeteilt und schriftlich bestätigt hatte.

13 **Rechtsgrundlagen für den Übergangszeitraum (§ 52b Abs. 5 EStG):** Die Vorschrift schafft rückwirkend (→ Rz. 2) die Rechtsgrundlage zur Einführung der elektronischen LSt-Abzugsmerkmale (Starttermin und Einführungszeitraum). Im Übrigen regelt sie für diese Daten eine Abrufverpflichtung des ArbG (Satz 3) und eine Verpflichtung zur Übernahme der Daten in das Lohnkonto (Satz 7). Hatte der ArbN seine Daten dem ArbG schuldhaft nicht mitgeteilt, so war die nachzuerhebende LSt nach Steuerklasse VI zu berechnen (§ 39c EStG). Zu Einzelheiten der verfahrensmäßigen Abwicklung nimmt das BMF-Schreiben v. 25. 7. 2013[1] ausführlich Stellung.

14 **Rechtslage nach Abruf und weitere Übergangsfrist (§ 52b Abs. 5a EStG):** Nach Abruf und Übernahme der ELStAM waren die Übergangsregelungen in § 52b Abs. 1 Satz 1 und Abs. 2 bis 5 EStG nicht mehr anzuwenden und die LSt-Karte 2010 sowie eine etwa erteilte Bescheinigung für den LSt-Abzug wurden ungültig (Satz 1 und 2). Sollten die ELStAM gleichwohl fehlerhaft gewesen sein, hatte das FA auf Antrag des ArbN eine, längstens zwei Jahre gültige „Besondere Bescheinigung für den Lohnsteuerabzug" mit den zutreffenden LSt-Abzugsmerkmalen auszustellen, etwaige Änderungen einzutragen (§ 39 Abs. 1 Satz 2 EStG) und die Abrufberechtigung des ArbG auszusetzen. Diese Bescheinigung war dann für den LSt-Abzug allerdings nur maßgebend, wenn dem ArbG auch die LSt-Karte 2010 vorlag (Satz 6). Mit Zustimmung des ArbN konnte der ArbG aber auch nach erfolgtem Abruf im Einführungszeitraum die LSt längstens für die Dauer von sechs Kalendermonaten weiter nach den LSt-Abzugsmerkmalen der LSt-Karte 2010, der Bescheinigung für den LSt-Abzug oder den nach § 52b Abs. 4 EStG maßgebenden LSt-Abzugsmerkmalen erheben.

15 **Einkommensteuerveranlagung bei Pflichtverletzung durch Arbeitnehmer (§ 52b Abs. 9 EStG):** Auch wenn eine Einkommensteuerveranlagung nach § 46 Abs. 2 Nr. 1 bis 7 EStG nicht in Betracht kam, konnte das FA den ArbN zur Abgabe einer Einkommensteuererklärung auffordern und eine Veranlagung durchführen, wenn er als unbeschränkt Einkommensteuerpflichtiger seine Verpflichtungen zur Änderung der LSt-Karte 2010 und der Ersatzbescheinigung (s. → Rz. 12) verletzt hatte.

§ 53 (weggefallen)

▶ Zur Kommentierung siehe Online-Version, 1. Aufl. 2016

§ 54 (weggefallen)

▶ Zur Kommentierung siehe Online-Version, 1. Aufl. 2016

§ 55 Schlussvorschriften (Sondervorschriften für die Gewinnermittlung nach § 4 EStG oder nach Durchschnittssätzen bei vor dem 1. Juli 1970 angeschafftem Grund und Boden)

(1) [1]Bei Steuerpflichtigen, deren Gewinn für das Wirtschaftsjahr, in das der 30. Juni 1970 fällt, nicht nach § 5 zu ermitteln ist, gilt bei Grund und Boden, der mit Ablauf des 30. Juni 1970 zu

---

1 BStBl 2013 I 943.

ihrem Anlagevermögen gehört hat, als Anschaffungs- oder Herstellungskosten (§ 4 Absatz 3 Satz 4 und § 6 Absatz 1 Nummer 2 Satz 1) das Zweifache des nach den Absätzen 2 bis 4 zu ermittelnden Ausgangsbetrags. ²Zum Grund und Boden im Sinne des Satzes 1 gehören nicht die mit ihm in Zusammenhang stehenden Wirtschaftsgüter und Nutzungsbefugnisse.

(2) ¹Bei der Ermittlung des Ausgangsbetrags des zum land- und forstwirtschaftlichen Vermögen (§ 33 Absatz 1 Satz 1 des Bewertungsgesetzes in der Fassung der Bekanntmachung vom 10. Dezember 1965 – BGBl I S. 1861 –, zuletzt geändert durch das Bewertungsänderungsgesetz 1971 vom 27. Juli 1971 – BGBl I S. 1157) gehörenden Grund und Bodens ist seine Zuordnung zu den Nutzungen und Wirtschaftsgütern (§ 34 Absatz 2 des Bewertungsgesetzes) am 1. Juli 1970 maßgebend; dabei sind die Hof- und Gebäudeflächen sowie die Hausgärten im Sinne des § 40 Absatz 3 des Bewertungsgesetzes nicht in die einzelne Nutzung einzubeziehen. ²Es sind anzusetzen:

1. bei Flächen, die nach dem Bodenschätzungsgesetz vom 20. Dezember 2007 (BGBl I S. 3150, 3176) in der jeweils geltenden Fassung zu schätzen sind, für jedes katastermäßig abgegrenzte Flurstück der Betrag in Deutsche Mark, der sich ergibt, wenn die für das Flurstück am 1. Juli 1970 im amtlichen Verzeichnis nach § 2 Absatz 2 der Grundbuchordnung (Liegenschaftskataster) ausgewiesene Ertragsmesszahl vervierfacht wird. ²Abweichend von Satz 1 sind für Flächen der Nutzungsteile

   a) Hopfen, Spargel, Gemüsebau und Obstbau
      2,05 Euro je Quadratmeter,
   b) Blumen- und Zierpflanzenbau sowie Baumschulen
      2,56 Euro je Quadratmeter

   anzusetzen, wenn der Steuerpflichtige dem Finanzamt gegenüber bis zum 30. Juni 1972 eine Erklärung über die Größe, Lage und Nutzung der betreffenden Flächen abgibt,

2. für Flächen der forstwirtschaftlichen Nutzung
   je Quadratmeter 0,51 Euro,

3. für Flächen der weinbaulichen Nutzung der Betrag, der sich unter Berücksichtigung der maßgebenden Lagenvergleichszahl (Vergleichszahl der einzelnen Weinbaulage, § 39 Absatz 1 Satz 3 und § 57 Bewertungsgesetz), die für ausbauende Betriebsweise mit Fassweinerzeugung anzusetzen ist, aus der nachstehenden Tabelle ergibt:

Lagenvergleichszahl	Ausgangsbetrag je Quadratmeter in Euro
bis 20	1,28
21 bis 30	1,79
31 bis 40	2,56
41 bis 50	3,58
51 bis 60	4,09
61 bis 70	4,60
71 bis 100	5,11
über 100	6,39

4. für Flächen der sonstigen land- und forstwirtschaftlichen Nutzung, auf die Nummer 1 keine Anwendung findet,

    je Quadratmeter 0,51 Euro,

5. für Hofflächen, Gebäudeflächen und Hausgärten im Sinne des § 40 Absatz 3 des Bewertungsgesetzes

    je Quadratmeter 2,56 Euro,

6. für Flächen des Geringstlandes

    je Quadratmeter 0,13 Euro,

7. für Flächen des Abbaulandes

    je Quadratmeter 0,26 Euro,

8. für Flächen des Unlandes

    je Quadratmeter 0,05 Euro.

(3) ¹Lag am 1. Juli 1970 kein Liegenschaftskataster vor, in dem Ertragsmesszahlen ausgewiesen sind, so ist der Ausgangsbetrag in sinngemäßer Anwendung des Absatzes 2 Satz 2 Nummer 1 Satz 1 auf der Grundlage der durchschnittlichen Ertragsmesszahl der landwirtschaftlichen Nutzung eines Betriebs zu ermitteln, die die Grundlage für die Hauptfeststellung des Einheitswerts auf den 1. Januar 1964 bildet. ²Absatz 2 Satz 2 Nummer 1 Satz 2 bleibt unberührt.

(4) Bei nicht zum land- und forstwirtschaftlichen Vermögen gehörenden Grund und Boden ist als Ausgangsbetrag anzusetzen:

1. Für unbebaute Grundstücke der auf den 1. Januar 1964 festgestellte Einheitswert. ²Wird auf den 1. Januar 1964 kein Einheitswert festgestellt oder hat sich der Bestand des Grundstücks nach dem 1. Januar 1964 und vor dem 1. Juli 1970 verändert, so ist der Wert maßgebend, der sich ergeben würde, wenn das Grundstück nach seinem Bestand vom 1. Juli 1970 und nach den Wertverhältnissen vom 1. Januar 1964 zu bewerten wäre;

2. für bebaute Grundstücke der Wert, der sich nach Nummer 1 ergeben würde, wenn das Grundstück unbebaut wäre.

(5) ¹Weist der Steuerpflichtige nach, dass der Teilwert für Grund und Boden im Sinne des Absatzes 1 am 1. Juli 1970 höher ist als das Zweifache des Ausgangsbetrags, so ist auf Antrag des Steuerpflichtigen der Teilwert als Anschaffungs- oder Herstellungskosten anzusetzen. ²Der Antrag ist bis zum 31. Dezember 1975 bei dem Finanzamt zu stellen, das für die Ermittlung des Gewinns aus dem Betrieb zuständig ist. ³Der Teilwert ist gesondert festzustellen. ⁴Vor dem 1. Januar 1974 braucht diese Feststellung nur zu erfolgen, wenn ein berechtigtes Interesse des Steuerpflichtigen gegeben ist. ⁵Die Vorschriften der Abgabenordnung und der Finanzgerichtsordnung über die gesonderte Feststellung von Besteuerungsgrundlagen gelten entsprechend.

(6) ¹Verluste, die bei der Veräußerung oder Entnahme von Grund und Boden im Sinne des Absatzes 1 entstehen, dürfen bei der Ermittlung des Gewinns in Höhe des Betrags nicht berücksichtigt werden, um den der ausschließlich auf den Grund und Boden entfallende Veräußerungspreis oder der an dessen Stelle tretende Wert nach Abzug der Veräußerungskosten unter dem Zweifachen des Ausgangsbetrags liegt. ²Entsprechendes gilt bei Anwendung des § 6 Absatz 1 Nummer 2 Satz 2.

(7) Grund und Boden, der nach § 4 Absatz 1 Satz 5 des Einkommensteuergesetzes 1969 nicht anzusetzen war, ist wie eine Einlage zu behandeln; er ist dabei mit dem nach Absatz 1 oder Absatz 5 maßgebenden Wert anzusetzen.

Inhaltsübersicht

	Rz.
A. Allgemeine Erläuterungen	1 - 30
I. Normzweck und wirtschaftliche Bedeutung der Vorschrift	1 - 5
II. Entstehung und Entwicklung der Vorschrift	6 - 10
III. Geltungsbereich	11 - 20
IV. Vereinbarkeit mit höherrangigem Recht	21 - 25
V. Verhältnis zu anderen Vorschriften	26 - 30
B. Systematische Kommentierung	31 - 136
I. Buchwertermittlung am 1. 7. 1970/15. 8. 1971	31 - 100
1. AK/HK von am 30. 6. 1970 zum Anlagevermögen gehörenden GuB mit dem zweifachen Ausgangsbetrag nach § 55 Abs. 1 EStG	31 - 45
2. Ermittlung des Ausgangsbetrags bei – bewertungsrechtlich – zum luf Vermögen gehörenden GuB nach § 55 Abs. 2 EStG	46 - 55
3. Ermittlung des Ausgangsbetrags bei Fehlen eines Liegenschaftskatasters am 1. 7. 1970 nach § 55 Abs. 3 EStG	56 - 60
4. Ermittlung des Ausgangsbetrags bei – bewertungsrechtlich – zum Grundvermögen gehörenden GuB nach § 55 Abs. 4 EStG	61 - 65
5. Ansatz bzw. Antrag des höheren Teilwerts bis 31. 12. 1975 nach § 55 Abs. 5 EStG	66 - 75
6. Verlustklausel bei Veräußerung, Entnahme oder Teilwertabschreibung von pauschal nach § 55 Abs. 1 EStG bewerteten GuB nach § 55 Abs. 6 EStG	76 - 90
7. Wertmäßige Erfassung der Buchwerte nach § 55 Abs. 1 und 5 EStG am 1. 7. 1970 wie eine Einlage nach § 55 Abs. 7 EStG	91 - 100
II. Sachverhaltsänderungen nach dem 30. 6. 1970 (Folgerungen aus Gesetzesänderungen, Rechtsprechung und Verwaltungsauffassung)	101 - 135
1. Anschaffungsnebenkosten (nach dem 30. 6. 1970) für nach § 55 Abs. 1 oder 5 EStG bewerteten GuB	101
2. Nachträgliche HK (nach dem 30. 6. 1970) für nach § 55 Abs. 1 oder 5 EStG bewerteten GuB	102
3. AK/HK bei nach dem 30. 6. 1970 angeschafften GuB	103
4. Rechtsfolgen eines Flurbereinigungs- oder Umlegungsverfahrens bzw. eines freiwilligen Landtausches nach §§ 103a ff. FlurbG nach dem 30. 6. 1970	104 - 115
5. Mit dem GuB zusammenhängende WG oder Nutzungsbefugnisse nach § 55 Abs. 1 Satz 2 EStG	116 - 135
a) Buchwert-Abspaltung bei Milchliefermengen im Zeitraum 1. 4. 1984 – 31. 3. 2015	116 - 125
b) Weitere Nutzungsbefugnisse	126 - 135
III. Zeitplan zur Bodengewinnbesteuerung – Prüfschritte zur Klärung der Betriebsvermögenseigenschaft	136
C. Verfahrensfragen	137 - 140

HINWEISE:

BMF v. 29. 2. 1972, BStBl 1972 I 102; BMF v. 5. 11. 2014, BStBl 2014 I 1503; BewRL = BStBl 1967 I 397 und 1968 I 223.

LITERATUR:

Söffing, Das Zweite Steueränderungsgesetz 1971, DStZ 1971 A, 273.

A. Allgemeine Erläuterungen

I. Normzweck und wirtschaftliche Bedeutung der Vorschrift

1 Betrieblich genutzter Grund und Boden gehört zum Anlagevermögen. Nur der Höhe nach blieb der Grund und Boden (GuB) bis zur Verfassungswidrigkeit des § 4 Abs. 1 Satz 5 EStG 1969 außer Ansatz. § 55 EStG bezweckt, die Wertsteigerungen, die vor dem 1.7.1970 entstanden sind, bei einer Gewinnermittlung nach § 4 Abs. 1, § 4 Abs. 3 oder nach § 13a EStG[1] nicht zu erfassen. Damit sollten unerwünschte Auswirkungen auf den Wohnungsmarkt vermieden werden.[2] Daher ist der GuB am 1.7.1970 „wie" eine Einlage einzubuchen (**Abs. 7**) und zwar mit den gesetzlich festgelegten Pauschalwerten des **Abs. 1** (mit dem „Zweifachen des nach **Abs. 2 bis 4** zu ermittelnden Ausgangsbetrags") oder mit dem beantragten und gesondert festgestellten höheren Teilwert nach **Abs. 5**. Bei einer Gewinnermittlung nach § 4 Abs. 3 EStG oder nach § 13a EStG[3] war der GuB bei Land- und Forstwirten ab dem 1.1.1971 und bei nicht buchführenden Gewerbetreibenden und Freiberuflern vom 15.8.1971 an im besonderen, laufend zu führenden Verzeichnis nach § 4 Abs. 3 Satz 5 EStG auszuweisen. Nach **Abs. 6** darf im Falle einer Veräußerung, Entnahme oder einer Teilwertabschreibung der pauschal nach § 55 Abs. 1 EStG bewertete GuB (zweifacher Ausgangsbetrag) nicht berücksichtigt werden, wenn der Veräußerungspreis nach Abzug der Veräußerungskosten unter diesem Wert liegt.

2–5 *(Einstweilen frei)*

II. Entstehung und Entwicklung der Vorschrift

6 **Einführung** mit **2. StÄndG 1971** v. 10.8.1971,[4] zur Neuregelung der Bodengewinnbesteuerung aufgrund der BVerfGE v. 11.5.1970.[5]

7 **Änderungen** des § 55 Abs. 5 EStG durch **EGAO 1977** v. 14.12.1976,[6] des § 55 Abs. 1 und Abs. 6 EStG durch das **StEntlG 1999/2000/2002** v. 24.3.1999,[7] der DM-Beträge in Euro (1 € = 1,95583 DM, 1 DM = 0,5112918 €) des § 55 Abs. 2 EStG durch das **StEuglG** v. 19.12.2000,[8] des § 55 Abs. 2 Satz 2 Nr. 1 EStG durch die Neufassung des BodSchG im **JStG 2008** v. 20.12.2007.[9]

8–10 *(Einstweilen frei)*

III. Geltungsbereich

11 **Sachlich/zeitlich:** § 55 EStG bezieht sich nur auf zum Anlagevermögen gehörenden GuB (nackter GuB, → Rz. 34), der **vor dem 1.7.1970 angeschafft** wurde. Wurde der GuB für Zwecke des Betriebs erworben, gehört er zum Anlagevermögen.[10] Bei einer Veräußerung von Wald, also

---

[1] Am 1.7.1970 GDL v. 15.9.1965, BStBl 1965 I 552.
[2] BT-Drucks. VI/1901, 8.
[3] GDL v. 15.9.1965, BStBl 1965 I 552.
[4] BGBl 1971 I 1266, BStBl 1971 I 373.
[5] Zum Gesetzgebungsverfahren Hinweis auf BT-Drucks. VI/1901 und VI/2350.
[6] BGBl 1976 I 3341 und 1977 I 667; BStBl 1976 I 694 und 1977 I 294.
[7] BGBl 1999 I 402, BStBl 1999 I 304.
[8] BGBl 2000 I 1790, BStBl 2001 I 3.
[9] BGBl 2007 I 3150, BStBl 2008 I 218.
[10] Für vor EStG 1920 erworbene Flächen vgl. BFH v. 18.5.2000 - IV R 27/98, BStBl 2000 II 524; BFH v. 11.12.1952 - IV 194/52 U, BStBl 1953 II 50; RFH v. 26.7.1933 - VI A 851/32, RStBl 1933, 1144.

einer Mehrheit von WG, ist der Kaufpreis auf GuB und die übrigen WG aufzuteilen (vgl. KKB/ Walter, § 14 EStG Rz. 116).

GuB im Beitrittsgebiet, der am 1.7.1990 zum Anlagevermögen gehörte, ist mit dem Teilwert[1] anzusetzen. GuB im Ausland, der zum Anlagevermögen gehört, ist mit dem Teilwert anzusetzen. Zum Besteuerungsrecht vgl. KKB/Blusz, § 1 EStG Rz. 56 und KKB/Walter, § 13a EStG Rz. 32; KKB/Kraft, § 49 EStG Rz. 149. 12

Persönlich: Stpfl. mit Gewinneinkünften, die ihren Gewinn nach den Grundsätzen des § 4 Abs. 1 oder 3 EStG (einschl. Durchschnittssätzen) ermitteln. § 55 EStG gilt auch dann, wenn GuB vor dem 1.7.1970 in einer Bilanz ausgewiesen war.[2] § 55 EStG gilt nicht bei Gewinnermittlung nach § 5 EStG im Wj. in das der 30.6.1970 fiel (§ 55 Abs. 1 Satz 1 EStG); Ausnahme bei LuF betreibenden Kapitalgesellschaften und Gewerbebetrieben kraft Rechtsform vgl. BMFS v. 16.11.1993.[3] 13

Zeitlich: § 55 EStG ist bei Gewinnermittlung nach § 4 Abs. 1 EStG ab 1970 und bei Gewinnermittlung nach § 4 Abs. 3 EStG bei Veräußerungen und Entnahmen ab 1970 (vgl. § 52 Abs. 55 EStG 1969, s. o. Gesetzeswortlaut) anzuwenden. 14

(Einstweilen frei) 15–20

IV. Vereinbarkeit mit höherrangigem Recht

Der BFH hält § 55 EStG in vielen Fällen für eine verfassungskonforme, begünstigende Regelung.[4] Er hält auch § 55 Abs. 6 Satz 2 EStG nicht für verfassungswidrig (vgl. hierzu aber → Rz. 79). 21

Das BVerfG[5] führt aus, dass die besonderen Produktionsbedingungen dem landwirtschaftlichen Betrieb von der Natur her Schranken setzen und zu einem Betriebsrisiko eigener Art führen. Insoweit ist die Landwirtschaft gegenüber den gewerblichen Betrieben in natürlicher und wirtschaftlicher Hinsicht benachteiligt. Deshalb sind die staatlichen Bemühungen darauf gerichtet, diese Nachteile u. a. mit den Mitteln der Handels-, Steuer-, Kredit- und Preispolitik auszugleichen. 22

(Einstweilen frei) 23–25

V. Verhältnis zu anderen Vorschriften

§ 4 Abs. 3 Satz 4 EStG: § 55 EStG geht als Sonderregelung § 4 Abs. 3 Satz 4 vor (→ Rz. 93). 26

§ 4 Abs. 4a EStG: Vereinfachungsregelung zum Buchwertansatz bei steuerfreien Entnahmen gilt auch in Fällen des § 55 Abs. 6 EStG; BMF v. 17.11.2005.[6]

§ 6 Abs. 1 Nr. 1 Satz 2 EStG: § 55 EStG geht als Sonderregelung § 6 EStG vor.

§ 13a Abs. 7 Nr. 1a EStG: Veräußerungsgewinn ist nach allgemeinen Grundsätzen zu berechnen, daher ist § 55 EStG anzuwenden.

---

1 § 9 D-Markbilanzgesetz – BGBl 1994 I 1843.
2 BMF v. 29.2.1972, BStBl 1972 I 102, Tz. 1 Abs. 2.
3 BStBl 1993 I 933.
4 BFH v. 24.7.1986 – IV R 137/84, BStBl 1986 II 808.
5 BVerfG v. 11.5.1970 – 1 BvL 17/67, BStBl 1970 II 579.
6 BStBl 2005 I 1019, Tz. 8.

§§ 14, 16 EStG: § 55 EStG geht als Sonderregelung § 14 EStG i.V. m. § 16 Abs. 2 und 3 EStG vor.

§ 21 EStG: Wegen § 55 Abs. 6 EStG (Verlustklausel) keine Werbungskosten bei VuV (Substanzabbau).[1]

27–30 *(Einstweilen frei)*

B. Systematische Kommentierung

I. Buchwertermittlung am 1. 7. 1970/15. 8. 1971

1. AK/HK von am 30. 6. 1970 zum Anlagevermögen gehörenden GuB mit dem zweifachen Ausgangsbetrag nach § 55 Abs. 1 EStG

31 § 55 Abs. 1 EStG regelt den sachlichen und persönlichen Geltungsbereich (vgl. → Rz. 11, 13) mit der Rechtsfolge, der fiktiven AK/HK („gilt als AK/HK das Zweifache des Ausgangsbetrag"). Auf die tatsächlichen AK/HK bzw. den Buchwert in einer Bilanz vor dem 1. 7. 1970 oder auf nachträgliche AK/HK in sachlichem Zusammenhang mit einer Anschaffung vor dem 1. 7. 1970, kommt es nicht an[2] (ein formelles Feststellungsverfahren – wie bei § 55 Abs. 5 EStG – ist nicht erforderlich).[3]

32 Aus Gründen der Verwaltungsökonomie hat der Gesetzgeber die Pauschalwerte so bemessen, dass sie in der überwiegenden Zahl der Fälle nicht unter dem Teilwert am 1. 7. 1970 lagen. Damit wurde eine Vielzahl von Feststellungen nach § 55 Abs. 5 EStG vermieden. Verluste, die sich bei Veräußerung oder Entnahme aufgrund dieser hohen Pauschalwerte ergeben, dürfen nicht berücksichtigt werden (§ 55 Abs. 6 EStG).

33 § 55 EStG spiegelt die Einheitsbewertung für Grundbesitz – in Abs. 2 und Abs. 3 – für die Nutzungen des luf Vermögens nach §§ 33, 34 BewG und – in Abs. 4 – für das Grundvermögen wieder. Maßgebend für die einzelnen Ausgangswerte ist die jeweilige bewertungsrechtliche Behandlung des zum Anlagevermögen gehörenden GuB.

34 Beurteilungseinheit ist jedes katastermäßig abgegrenzte Flurstück;[4] Ausnahmen siehe unter → Rz. 49. Unter GuB ist nur der „nackte GuB" zu verstehen.[5] Er kann nicht ideell in einzelne Bodenschichten aufgeteilt werden, sondern stellt vielmehr mit der bearbeiteten Oberschicht (Ackerkrume oder Grasnarbe) und dem Untergrund ein einheitliches Ganzes dar.[6] Zu Bodenschätzen vgl. KKB/Kanzler, § 13 EStG Rz. 166.

35 Zum GuB gehören nicht die mit ihm im Zusammenhang stehenden WG und Nutzungsbefugnisse (§ 55 Abs. 1 Satz 2 EStG), insbesondere Milchlieferrechte, Zuckerrübenlieferrechte, Weinanbaurechte, Bodenschätze[7] und Eigenjagdrechte; vgl. → Rz. 116 und → Rz. 126 ff.

---

1 BFH v. 16. 10. 1997 - IV R 5/97, BStBl 1998 II 185.
2 BMF v. 29. 2. 1972, BStBl 1972 I 102, Tz. 1 Abs. 2, Tz. 12.
3 BFH v. 12. 7. 1979 - IV R 55/74, BStBl 1980 II 5.
4 BMF v. 29. 2. 1972, BStBl 1972 I 102, Tz. 10 Abs. 2. Tz. 13 Abs. 2.
5 BFH v. 14. 3. 1961 - I 17/60 S, BStBl 1961 III 398.
6 BFH v. 24. 3. 1982 - IV R 96/78, BStBl 1982 II 643; BFH v. 16. 2. 1984 - IV R 229/81, BStBl 1984 II 424.
7 BMF v. 29. 2. 1972, BStBl 1972 I 102, Tz. 4 und BMF v. 5. 11. 2014, BStBl 2014 I 1503.

ABB. 1: Übersicht zu § 55 EStG[1]

Rechnung	Rechtsgrundlage	Kategorie	Unterkategorie
4,- DM x 2 = 2,05 €/m²	§ 55 Abs. 2 Nr. 1 Satz 1 Buchst. a	EMZ vorhanden	Hopfen, Spargel, Gemüse, Obstbau → nach Bodenschätzungsgesetz zu schätzen
5,- DM x 2 = 2,56 €/m²	§ 55 Abs. 2 Nr. 1 Satz 2 Buchst. b	EMZ vorhanden	Blumen, Zierpflanzen, Baumschulen → nach Bodenschätzungsgesetz zu schätzen
(EMZ x 4) x 2 = DM	§ 55 Abs. 2 Nr. 1 Satz 1	EMZ vorhanden	übrige landwirtschaftliche und gärtnerische Nutzung → nach Bodenschätzungsgesetz zu schätzen
(durchschn. EMZ x 4) x 2 = DM	§ 55 Abs. 3	EMZ nicht vorhanden	nicht nach Bodenschätzungsgesetz zu schätzen
1,- DM x 2 = 0,51 €/m²	§ 55 Abs. 2 Nr. 2	Forstwirtschaftl. Nutzung	
2,50 bis 12,50,- DM x 2 = 1,28 bis 6,39 €/m²	Nr. 3	Weinbauliche Nutzung	
1,- DM x 2 = 0,51 €/m²	Nr. 4	Sonstige luf Nutzung	
5 DM x 2 = 2,56 €/m²	Nr. 5	Hof-, Gebäudeflächen, Hausgärten	
,25 DM x 2 = 0,13 €/m²	Nr. 6	Geringstland	
0,50 DM x 2 = 0,26 €/m²	Nr. 7	Abbauland	
,10 DM x 2 = 0,05 €/m²	Nr. 8	Unland	
wie angrenzende Nutzung	BMWF, BStBl 1972 I 102, Tz. 10 Abs. 8	Wirtschaftswege, Gräben, Grenzraine, Hecken, Wasserflächen	
EW mal 2	§ 55 Abs. 4 Nr. 1	Unbebaute Flächen	
fiktiv, EW GuB mal 2	§ 55 Abs. 4 Nr. 2	Bebaute Flächen	

Die ersten zwölf Kategorien führen zu: **Land- und forstwirtsch. Vermögen i.S.d. § 33 BewG**

Die letzten zwei Kategorien (Unbebaute Flächen, Bebaute Flächen) führen zu: **Kein land- und forstwirtsch. Vermögen i.S.d. BewG**

(Einstweilen frei) 37–45

---

[1] *Walter* in Agatha/Eisele/Fichtelmann/Schmitz/Walter, Besteuerung der Land- und Forstwirtschaft, 8. Aufl. 2017, Seite 517.

2. Ermittlung des Ausgangsbetrags bei – bewertungsrechtlich – zum luf Vermögen gehörenden GuB nach § 55 Abs. 2 EStG

46 Es kam auf die tatsächliche Nutzung der jeweiligen bewertungsrechtlichen Nutzung am 1.7.1970 an. Für diese Flächen wurde entsprechend der sich daraus ergebenden bewertungsrechtlichen Behandlung nutzungsspezifisch (vgl. § 34 Abs. 2 BewG) typisiert. Dabei wurde für nach dem BodSchätzG zu schätzende Flächen auf die EMZ abgestellt und für weitere Nutzungen wurden konkrete DM – jetzt € – Werte genannt (→ Rz. 36). Hof- und Gebäudeflächen sowie Hausgärten nach § 40 Abs. 3 EStG wurden – entgegen der bewertungsrechtlichen Einbeziehung in die jeweilige Nutzung – mit einem €-Wert (5,12 €) nach § 55 Abs. 2 Nr. 5 EStG gesondert angesetzt.

47 Bei der Ertragsmesszahl ist die EMZ am 1.7.1970 maßgebend. Spätere Veränderungen der EMZ, z. B. durch Flurbereinigung (→ Rz. 104) sind nicht zu berücksichtigen.

48 Für Flächen der sonstigen luf Nutzung wird ein €-Wert von 1,02 € nach § 55 Abs. 2 Nr. 4 EStG angesetzt, soweit nicht Nr. 1 (= Flächen nach BodSchätzG z. B. Saatzucht, Christbaumkultur) anzuwenden ist (mit dem Vierfachen der EMZ mal 2, ergibt einen Wert in Deutsche Mark, dann umgerechnet in €).

49 Ist ein Flurstück teilweise nach § 55 Abs. 2 EStG und teilweise nach § 55 Abs. 5 EStG zu bewerten, ist keine Grundstücksteilung erforderlich.[1] Für ein Flurstück (WG) sind daher zwei Buchwerte zu erfassen. Dies gilt entsprechend bei nach dem 30.6.1970 erworbenen Grundstücksanteilen (→ Rz. 103) oder bei der Flurbereinigung (→ Rz. 104) oder bei nachträglichem Herstellungsaufwand (→ Rz. 102).

50–55 *(Einstweilen frei)*

3. Ermittlung des Ausgangsbetrags bei Fehlen eines Liegenschaftskatasters am 1.7.1970 nach § 55 Abs. 3 EStG

56 Hilfslösung mit fiktiven Ausgangswerten auf der Grundlage der durchschnittlichen Ertragsmesszahl der landwirtschaftlichen Nutzung des Betriebs. Nach Satz 2 bleiben die besonderen bis 30.6.1972 zu beantragenden €-Werte möglich.

57–60 *(Einstweilen frei)*

4. Ermittlung des Ausgangsbetrags bei – bewertungsrechtlich – zum Grundvermögen gehörenden GuB nach § 55 Abs. 4 EStG

61 Bei **unbebauten** Grundstücken mit dem zweifachen Einheitswert (Grundlagenbescheid). Bei Änderungen im Grundstücksbestand zw. 1.1.1964 und 1.7.1970 ist nach dem Bestand am 1.7.1970 eine fiktive Schatten-Einheitsbewertung durchzuführen. Entsprechendes gilt bei **bebauten** Grundstücken. Abschn. 20 BewRGr ist nicht anwendbar.[2]

62–65 *(Einstweilen frei)*

---

[1] BMF v. 29.2.1972, BStBl 1972 I 102, Tz. 10 Abs. 3.
[2] BMF v. 29.2.1972, BStBl 1972 I 102, Tz. 10 Abs. 11.

5. Ansatz bzw. Antrag des höheren Teilwerts bis 31.12.1975 nach § 55 Abs. 5 EStG

Aufgrund eines Antrags[1] bis zum 31.12.1975 (Ausschlussfrist) hatte das Betriebsfinanzamt den über dem zweifachen Ausgangsbetrag liegenden Teilwert gesondert festzustellen. Dabei wurde auch darüber bindend entschieden, ob der GuB am 1.7.1970 zum betrieblichen Anlagevermögen gehörte.[2] Dies gilt allerdings unter dem Vorbehalt, dass ein luf Betrieb später – im Verwertungsfalle – tatsächlich angenommen wird.[3]

Ist die jeweilige Flurnummer, für die ein höherer Teilwert festgestellt wurde, nach einer Satellitenvermessung tatsächlich größer oder kleiner als die Eintragung im Grundbuch oder im Liegenschaftskataster am 1.7.1970, ist die gesonderte Feststellung nach § 173 Abs. 1 Nr. 2 AO (Art. 97 § 10 Abs. 2 EGAO) zu ändern.

(Einstweilen frei)

6. Verlustklausel bei Veräußerung, Entnahme oder Teilwertabschreibung von pauschal nach § 55 Abs. 1 EStG bewerteten GuB nach § 55 Abs. 6 EStG

§ 55 Abs. 6 EStG soll verhindern, dass es zur Berücksichtigung von Verlusten kommt, die sich allein deshalb ergeben, weil der Teilwert des GuB nicht konkret, sondern pauschal ermittelt und deshalb zu hoch angesetzt worden ist. Verhindert werden soll der Ansatz von Buchverlusten, d. h. von Verlusten, die nicht auf eine tatsächliche Vermögenseinbuße zurückgehen.[4]

Die pauschale Verlustausschlussklausel stellt nach BFH die konsequente Ergänzung der Pauschalwerte des GuB nach § 55 Abs. 1 EStG dar. Nach BFH sind diese Pauschalregelungen somit ein zusammengehöriges Ganzes, das rechtlich, vor allem auch verfassungsrechtlich, nur einheitlich beurteilt werden kann. Für den Fall der individuellen Teilwertermittlung nach § 55 Abs. 5 EStG ist danach die pauschale Verlustklausel nicht anzuwenden.[5]

Die Verlustklausel ist hinsichtlich jeder selbständig bewerteten Grundstückfläche anzuwenden (→ Rz. 34). Werden mehrere selbständig bewertete Grundstücksflächen zu einem Gesamtpreis veräußert, so ist dieser für die Anwendung der Verlustklausel nach allgemeinen Grundsätzen aufzuteilen. Dieses gilt auch, wenn GuB zusammen mit anderen WG (z. B. bei Wald) zu einem Gesamtkaufpreis veräußert wird.

Nach BFH v. 10.8.1978[6] ist nach § 55 Abs. 6 Satz 2 EStG eine Teilwertabschreibung auch dann ausgeschlossen, wenn für die Minderung des Werts des GuB eine Entschädigung gezahlt wird (im Streitfall: Bodenwertentschädigung für mit Grunddienstbarkeit gesicherter Rohrleitung). Eine Saldierung der Entschädigung mit der Teilwertabschreibung ist danach nicht möglich. Der BFH sieht in den Praktikabilitätsgründen die sachliche Rechtfertigung für die Verfassungsmäßigkeit des § 55 Abs. 6 Satz 2 EStG. Im Ergebnis führt diese Sichtweise mit einer außer Achtlassung des tatsächlichen Teilwerts am 1.7.1970 allerdings zu einer Nachversteuerung der vor dem 1.7.1970 entstandenen Wertsteigerungen. Der Gesetzgeber sah die Rechtfertigung für

---

1 BFH v. 8.12.1983 - IV R 170/81, BStBl 1984 II 200.
2 BFH v. 12.7.1979 - IV R 55/74, BStBl 1980 II 5.
3 BFH v. 3.2.1983 - IV R 153/80, BStBl 1983 II 324.
4 BT-Drucks. VI/1901, 14.
5 BFH v. 10.8.1978 - IV R 181/77, BStBl 1979 II 103.
6 BFH v. 10.8.1978 - IV R 181/77, BStBl 1979 II 103.

den Pauschalwert (also für den Unterschied zwischen dem damals tatsächlichen Teilwert und dem zweifachen Ausgangsbetrag) hauptsächlich im Zusammenhang mit den Auswirkungen auf den Wohnungsmarkt. Diese Praktikabilitätsgründe waren für den Gesetzgeber im Jahr 1994 in § 9 D-Markbilanzgesetz nicht mehr ausschlaggebend. Im Beitrittsgebiet wurden der zum Anlagevermögen gehörende GuB mit dem Teilwert angesetzt.

80 Zu den Folgewirkungen des § 55 Abs. 6 EStG bei Überschusseinkünften beim Substanzabbau vgl. → Rz. 26, zu späteren Veränderungen vgl. → Rz. 111 ff., insbes. bei Milchlieferrechten → Rz. 116.

81–90 (Einstweilen frei)

7. Wertmäßige Erfassung der Buchwerte nach § 55 Abs. 1 und 5 EStG am 1. 7. 1970 wie eine Einlage nach § 55 Abs. 7 EStG

91 Klarstellung, dass GuB wie eine Einlage, d. h. erfolgsneutral einzubuchen war, obwohl tatsächlich keine Einlage vorlag, da der GuB bereits zum BV gehörte.[1]

92 Zur Bilanz oder zum besonderen laufend zu führenden Verzeichnis vgl. KKB/Hallerbach, § 4 EStG Rz. 484. Das Nichtführen der Aufzeichnungen kann zu einer Steuergefährdung nach § 379 Abs. 1 Nr. 3 AO führen.

93 Bei einer Entwicklung des besonderen, laufend zu führenden Verzeichnisses (aus dem damaligen Lika), ist für den GuB der am 1. 7. 1970 zum Anlagevermögen gehörte Folgendes zu beachten:

▶ Bei GuB, der bereits mit Ablauf des 30. 6. 1970 zum Anlagevermögen gehörte, kommt es auf die Verhältnisse am 1. 7. 1970 an (vgl. § 55 Abs. 2 Nr. 1 EStG). Eine Änderung der EMZ nach dem 1. 7. 1970 (Stichtag), z. B. durch eine Flurbereinigung, hat keinen Einfluss mehr. Die Darstellungsweise im jetzigen Liegenschaftskataster auf der Basis des neuen Systems webALKIS ist daher auch nicht entscheidungserheblich.

▶ Zur Buchwertermittlung bei einer Flurbereinigung vor dem 1. 1. 1987 vgl. → Rz. 106.

▶ Bei einer Flurbereinigung nach dem 31. 12. 1986 vgl. → Rz. 104.

▶ Bei Abwahl der Nutzungswertbesteuerung nach § 52 Abs. 15 EStG a. F. ist die Hoffläche um die damals tatsächlich zu Wohnzwecken genutzte Fläche zu mindern (vgl. KKB/Kanzler, § 13 EStG Rz. 361).

▶ Währungsumrechnung wegen der Einführung des Euro ab 1. 1. 2002 vgl. → Rz. 7.

94–100 (Einstweilen frei)

II. Sachverhaltsänderungen nach dem 30. 6. 1970 (Folgerungen aus Gesetzesänderungen, Rechtsprechung und Verwaltungsauffassung)

1. Anschaffungsnebenkosten (nach dem 30. 6. 1970) für nach § 55 Abs. 1 oder 5 EStG bewerteten GuB

101 Derartige Aufwendungen erhöhen nicht die AK/HK, da sie im Pauschalwert bzw. höheren Teilwert bereits enthalten sind.[2]

---

1 BFH v. 9. 7. 1981 - IV R 101/77, BStBl 1982 II 20, Rz. 11.
2 BMF v. 29. 2. 1972, BStBl 1997 I 102, Tz. 10.

2. Nachträgliche HK (nach dem 30.6.1970) für nach § 55 Abs. 1 oder 5 EStG bewerteten GuB

Derartiger Aufwand (z. B. Erschließungskosten) erhöht den Buchwert für den GuB. Für ein Flurstück (WG) sind daher dann zwei Buchwerte zu erfassen (→ Rz. 104 Fn. 2). 102

3. AK/HK bei nach dem 30.6.1970 angeschafften GuB

Entgeltlicher Erwerb ist mit den tatsächlichen AK/HK nach § 6 Abs. 1 Nr. 2 EStG (KKB/Teschke/C. Kraft, § 6 EStG Rz. 100 ff.) anzusetzen und eine Einlage ist nach § 6 Abs. 1 Nr. 5 EStG (KKB/Teschke/C. Kraft, § 6 EStG Rz. 232) mit dem Teilwert zu bewerten. Anschaffungsnebenkosten, nachträgliche AK/HK erhöhen die AK/HK. 103

4. Rechtsfolgen eines Flurbereinigungs- oder Umlegungsverfahrens bzw. eines freiwilligen Landtausches nach §§ 103a ff. FlurbG nach dem 30.6.1970

Nach dem BFH v. 13.3.1986[1] sind die in ein Umlegungsverfahren (Flurbereinigungsverfahren) eingebrachten und die daraus im Zuteilungswege erlangten Grundstücke – soweit insgesamt wertgleich – als wirtschaftlich identisch zu werten. Die zugeteilten Grundstücke sind Surrogate der eingebrachten Grundstücke. Demgemäß tritt eine Gewinnrealisierung nach den für den Tausch von WG maßgeblichen Grundsätzen nicht ein. Das erlangte WG wird mit dem Buchwert des eingebrachten Grundstücks weitergeführt, auch wenn die Grundstücke z. B. nicht flächengleich sind. Ist bei einem Grundstück § 55 Abs. 6 EStG zu beachten, sind zwei getrennte Buchwerte zu führen.[2] 104

Der freiwillige Landtausch nach §§ 103a ff. FlurbG hat keine andere Zielsetzung als das Regelflurbereinigungsverfahren. Der freiwillige Landtausch führt daher zu keiner Gewinnrealisierung.[3] 105

Bei einem Grundstücksübergang vor dem 1.1.1987 kann auch noch nach der früheren Verwaltungsauffassung[4] verfahren werden.[5] 106

(Einstweilen frei) 107–115

5. Mit dem GuB zusammenhängende WG oder Nutzungsbefugnisse nach § 55 Abs. 1 Satz 2 EStG

a) Buchwert-Abspaltung bei Milchliefermengen im Zeitraum 1.4.1984 – 31.3.2015

Bei den Milchlieferrechten wurde im Ergebnis § 55 Abs. 6 EStG suspendiert. Die Klarstellung der Legislative in § 55 Abs. 1 Satz 2 EStG und die Rechtsprechung des BFH[6] waren nicht deckungsgleich. Die FinVerw hat mit dem BMF[7] die Rspr. umgesetzt. Bis zum Auslaufen der 116

---

1 IV R 1/84, BStBl 1986 II 711.
2 BFH v. 8.8.1985 - IV R 129/83, BStBl 1986 II 6, mit Anm. *Kanzler*, FR 1987, 77.
3 FG Nürnberg v. 8.2.2017 - 5 K 153/15, Rev. BFH: VI R 9/17; FG Münster v. 7.4.2017 4 - K 2406/16 F, Rev. VI R 25/17; A.A. FG Münster v. 19.5.1993 - 13 K 3537/90 E, EFG 1994, 33, bestätigt durch BFH v. 10.11.1994 - IV R 68/93, BStBl 1995 II 779.
4 Nach Tauschgrundsätzen und R 6.6 EStR; BMF v. 29.2.1972, BStBl 1972 I 102, Tz. 3.
5 BMF v. 19.4.1988, BStBl 1988 I 152.
6 Zuletzt BFH v. 10.6.2010 - IV R 32/08, BStBl 2012 II 551.
7 BMF v. 14.1.2003, BStBl 2003 I 78.

Milch-Garantiemengen-Verordnung (bis 31.3.2015) war bei der Veräußerung oder Entnahme von Milchlieferrechten oder Milcherzeugungsflächen von den Buchwerten der Milcherzeugungsflächen nach den Verhältnissen am 2.4.1984 im Wege des Aktivtausches ein Teil nach der Gesamtwertmethode abzuspalten. Dabei konnte die Wertabspaltung flurstücksbezogen oder aus Vereinfachungsgründen (= Regelfall) betriebsbezogen berechnet werden. Im Beitrittsgebiet gibt es keine Aktivierung des Milchlieferrechts in der D-Markeröffnungsbilanz.[1]

117 Nach dem Auslaufen der Milch-Garantiemengen-Verordnung (nach dem 31.3.2015) werden die zu diesem Zeitpunkt noch aktivierten abgespaltenen Buchwerte nach § 55 Abs. 1 bis 4 EStG für Milchlieferrechte, die bis zum 31.3.2015 nicht veräußert oder entnommen worden sind, wegen Wegfalls der Lieferrechte auf die zugehörigen Milcherzeugungsflächen wieder zurückfallen.[2] Zur Ermittlung der Buchwerte (Pauschalwerte, tatsächliche AK) siehe im einzelnen BMF v. 5.11.2014.[3]

118–125 *(Einstweilen frei)*

b) Weitere Nutzungsbefugnisse

126 Hierzu gehören auch Zuckerrübenlieferrechte, Weinanbaurechte, Bodenschätze und Eigenjagdrechte (R 55 EStR). Zur GAP-Reform 2005 bis 2014 vgl. BMF v. 25.6.2008.[4] Zur Ackerprämienberechtigung vgl. BFH v. 30.9.2010.[5]

127 Zuckerrübenlieferrechte können aktienbezogen (Südzucker) oder grundstücksbezogen (norddt. Zuckerunternehmen) sein. Nach der Rspr. ist auch bei grundstücksbezogenen Lieferrechten eine Buchwert-Abspaltung vorzunehmen.[6]

128–135 *(Einstweilen frei)*

III. Zeitplan zur Bodengewinnbesteuerung – Prüfschritte zur Klärung der Betriebsvermögenseigenschaft

136	Zeitpunkt	Art der Maßnahme, die die Zugehörigkeit zum Betriebsvermögen oder die Höhe des Buchwerts beeinflusst	Fundstelle	Rz.
	VZ 1969	Betriebsverpachtung vor dem 1.7.1970 und Erklären der Pachteinnahmen im VZ 1969 bei den Einnahmen aus VuV ist ausnahmsweise eine Betriebsaufgabeerklärung	BMF v. 29.2.1972, BStBl 1972 I 102, Tz. 6	KKB/Walter, § 14 EStG Rz. 196
	1.7.1970	Beginn der Bodengewinnbesteuerung bei LuF	BStBl 1971 I 373 § 52 Abs. 1, 5, 6, 24 EStG 1969	→ Rz. 11

---

[1] BMF v. 5.11.2014, BStBl 2014 I 1503, Tz. 50 ff.
[2] BMF v. 5.11.2014, BStBl 2014 I 1503, Tz. 9a, 21.
[3] BStBl 2014 I 1503, Tz. 20.
[4] BStBl 2008 I 682.
[5] IV R 28/08, BStBl 2011 II 406, die Rev. wurde zurückgenommen.
[6] BFH v. 9.9.2010 - IV R 14/08, BFH/NV 2011, 224 = NWB DokID: VAAAD-58189.

15.8.1971	Beginn der Bodengewinnbesteuerung bei nichtbuchführenden Gewerbetreibenden und selbständig Tätigen	BStBl 1971 I 373 (§ 52 Abs. 5 EStG 1969), BMF v. 30.7.1970 - BStBl 1970 I 933	→ Rz. 11
	Vorliegen eines Betriebs (von Anlagevermögen) 3 000 qm-Regelung (BFH 5.5.2011 - IV R 48/08, BStBl II 792)	FMS v. 4.5.1972 (AV: BFH v. 12.7.1979 - IV R 55/74, BStBl 1980 II 5 u. v. 3.2.1983 - IV R 153/80, BStBl 1983 II 324)	→ Rz.66; KKB/Walter, § 14 EStG Rz. 48
	Zweifelsfragen zur Neuregelung der Bodengewinnbesteuerung	BMF v. 29.2.1972 - BStBl 1972 I 102	
bis 30.6.1972	Höherer Buchwert für Hopfen, Spargel, Gemüse- und Obstbau, Blumen- und Zierpflanzenbau, Baumschulen bei entsprechender Erklärung	§ 55 Abs. 2 Nr. 1 EStG	→ Rz.46
bis 31.12.1975	Antrag auf gesonderte Feststellung eines höheren Teilwerts (damalige Ausschlussfrist) für Flächen, deren Teilwert am 1.7.1970 höher war als der doppelte Ausgangsbetrag nach § 55 Abs. 1 EStG	§ 55 Abs. 5 EStG	→ Rz.66
vor dem 1.7.1979 s. a. 31.12.1998	Keine Entnahmebesteuerung bei einer Nutzungsänderung (z. B. Verpachtung) vor dem 1.7.1979 bei zum gewillkürten BV gehörenden Flächen eines Betriebs mit Gewinnermittlung nach § 4 Abs. 3 EStG	BMF v. 15.3.1979, BStBl 1979 I 162 *BMF v. 20.3. und 23.4.1998*	
2.4.1984 bis 31.3.2015	Bei Milcherzeugungsflächen: Buchwert-Abspaltung GuB zugunsten Milchlieferrecht	BMF v. 5.11.2014, BStBl 2014 I 1503	→ Rz.116

31.12.1986	Wegfall der Nutzungswertbesteuerung (Beginn der 12-jährigen Übergangsregelung)	§ 52 Abs. 15 EStG a. F. i. d. F. des WohneigFG	KKB/Kanzler, § 13 EStG Rz. 361
ab 1.1.1987	Steuerfreie Entnahmemöglichkeit nur des GuB für neuerrichtete Betriebsinhaber- oder Altenteilerwohnung	§ 52 Abs. 15 Satz 10 EStG a. F. – jetzt § 13 Abs. 5 EStG	KKB/Kanzler, § 13 EStG Rz. 431
ab 1.1.1987	Keine Gewinnrealisierung bei Flurbereinigung und Umlegung; Übergangsregelung für Verfahren vor dem 1.1.1987 (Altregelung in BMF v. 29.2.1972, BStBl 1972 I 102, Tz.3)	BMF 19.4.1988, BStBl 1988 I 152	→ Rz.104 → Rz.106
vor dem 15.4.1988	Übergangsregelung bei einer parzellenweisen Verpachtung vor dem 15.4.1988	OFD Nbg 7.6.1991 - S 2230-241/St 21	KKB/Walter, § 14 EStG Rz. 196
1.7.1990	Gesetz über die Eröffnungsbilanz in DM und die Kapitalneufestsetzung – D-Markbilanzgesetz	DMBilG – BGBl 1994 I 1843	→ Rz.12
1.1.1991	Geltung des EStG im Beitrittsgebiet	Einigungsvertragsgesetz BGBl 1990 II 885	→ Rz.12
17.2.1997	Neue Grundsätze beim dazugehörenden GuB bei der Wohnhausentnahme	BMF v. 4.6.1997, BStBl 1997 I 630	KKB/Kanzler, § 13 EStG Rz. 361
31.12.1998	Ende der Nutzungswertbesteuerung (Ausnahme Baudenkmal § 52 Abs. 15 Satz 12 EStG a. F. = jetzt § 13 Abs. 2 Nr. 2 und Abs. 4 EStG)	§ 52 Abs. 15 Satz 6 EStG a. F.	KKB/Kanzler, § 13 EStG Rz. 361
31.12.1998	Ende der Übergangsregelung vom 15.3.1979 für Nutzungsänderungen vor dem 1.7.1979 (Klarstellungsschreiben erforderlich)	BMF v. 20.3.und 23.4.1998 - BStBl 1998 I 356	

in allen noch offenen Fällen	Verpachtung eines luf Betriebs im Ganzen (Veränderung von Wirtschaftsgebäuden im Rahmen der Verpachtung unschädlich) Keine Übergangsregelung für Altfälle	BMF v. 1.12.2000, BStBl 2000 I 1556	KKB/Walter, § 14 EStG Rz. 196
ab 5.11.2011	Aufgaben nach dem 4.11.2011; Gesetzliche Betriebsfortführungsfiktion nach § 16 Abs. 3b EStG bei Betriebsunterbrechung, Verpachtung eines Betriebs im Ganzen sowie eines Mitunternehmeranteils	§ 16 Abs. 3b EStG Art. 1 Nr. 11, 18 Abs. 2 StVereinfG 2011	KKB/Walter, § 14 EStG Rz. 187
nach 31.3.2015	Rückfall der abgespaltenen Buchwerte nach § 55 Abs. 1 bis 4 EStG auf die zugehörigen Milcherzeugungsflächen wegen Wegfalls der Lieferrechte aufgrund Auslaufens der MGV[1]	BMF v. 5.11.2014, BStBl 2014 I 1503	→ Rz.116

C. Verfahrensfragen

Beweislast: Stpfl. hat Beweislast für die Werte im besonders zu führenden laufenden Verzeichnis nach § 4 Abs. 3 Satz 5 EStG.   137

Einheitswert-Bescheid für unbebaute oder bebaute Grundstücke des Grundvermögens ist Grundlagenbescheid für Buchwertermittlung nach § 55 Abs. 4 EStG.   138

Gesonderte Feststellung nach § 55 Abs. 5 EStG über den höheren Teilwert am 1.7.1970.   139

Änderung der gesonderten Feststellung des höheren Teilwerts nach § 55 Abs. 5 EStG bei Änderung der tatsächlichen Flächengröße (vgl. → Rz. 66).   140

§ 56 Sondervorschriften für Steuerpflichtige in dem in Artikel 3 des Einigungsvertrages genannten Gebiet

Bei Steuerpflichtigen, die am 31. Dezember 1990 einen Wohnsitz oder ihren gewöhnlichen Aufenthalt in dem in Artikel 3 des Einigungsvertrages genannten Gebiet und im Jahre 1990 keinen Wohnsitz oder gewöhnlichen Aufenthalt im bisherigen Geltungsbereich dieses Gesetzes hatten, gilt Folgendes:

§ 7 Absatz 5 ist auf Gebäude anzuwenden, die in dem Artikel 3 des Einigungsvertrages genannten Gebiet nach dem 31. Dezember 1990 angeschafft oder hergestellt worden sind.

---

1 BMF v. 22.11.2016, BStBl 2016 I 1326, Anwendungsschreiben zu § 16 Abs. 3b EStG.

EStG § 57

Inhaltsübersicht

	Rz.
A. Allgemeine Erläuterungen	1-3

HINWEIS:

BMF v. 29.11.1991, BStBl 1991 I 977, betr. degressive AfA für bewegliche Wirtschaftsgüter im Beitrittsgebiet; OFD Münster v. 5.5.1993, DB 1993, 1162, betr. Ermittlung der AfA für Gebäude im Beitrittsgebiet bei Einkünften aus Vermietung und Verpachtung.

LITERATUR:

Fischer, Sonderregelungen im Einkommensteuerrecht, NWB-DDR Fach 3, 41 (1/1991).

A. Allgemeine Erläuterungen

1 **Rechtsentwicklung:** Die Vorschrift wurde durch das EinigungsvertragsG v. 23.9.1990[1] gemeinsam mit den §§ 57 und 58 EStG, sowie dem inzwischen aufgehobenen § 59 EStG i.V.m. Anlage I Kap. IV Sachgebiet B Abschn. II Nr. 16 Buchst. k des Einigungsvertrags v. 31.8.1990 in das EStG eingefügt.

2 **Durch Zeitablauf überholte Regelung:** Die Vorschrift betrifft allein den VZ 1990. Sie ist daher durch Zeitablauf überholt und sollte ebenso aufgehoben werden, wie die Regelung in § 56 Nr. 2 EStG a.F. Diese Vorschrift zur Nichtanwendung der Anwendungsvorschriften und Übergangsregelungen im Beitrittsgebiet für VZ oder Wj. vor 1991 wurde bereits durch das StBereinG 1999 v. 22.12.1999[2] aufgehoben.

3 **Inhalt und Bedeutung der Regelung:** Während die durch das ÄndStReformG 1990 v. 30.6.1989[3] eingeführte degressive AfA für Wohngebäude in den „alten" Bundesländern bereits im VZ 1990 geltend gemacht werden konnte, war für Stpfl. mit Wohngebäuden im Beitrittsgebiet für diesen VZ nur die AfA nach § 7 Abs. 4 EStG zulässig; sie konnten die degressive AfA erst für die nach dem 31.12.1990 angeschafften oder hergestellten Gebäude geltend machen.

§ 57 Besondere Anwendungsregeln aus Anlass der Herstellung der Einheit Deutschlands

(1) Die §§ 7c, 7f, 7g, 7k und 10e dieses Gesetzes, die §§ 76, 78, 82a und 82f der Einkommensteuer-Durchführungsverordnung sowie die §§ 7 und 12 Absatz 3 des Schutzbaugesetzes sind auf Tatbestände anzuwenden, die in dem in Artikel 3 des Einigungsvertrages genannten Gebiet nach dem 31. Dezember 1990 verwirklicht worden sind.

(2) Die §§ 7b und 7d dieses Gesetzes sowie die §§ 81, 82d, 82g und 82i der Einkommensteuer-Durchführungsverordnung sind nicht auf Tatbestände anzuwenden, die in dem in Artikel 3 des Einigungsvertrages genannten Gebiet verwirklicht worden sind.

---

1 BGBl 1990 I 885.
2 BGBl 1999 I 2601.
3 BGBl 1989 I 1267.

(3) Bei der Anwendung des § 7g Absatz 2 Nummer 1 und des § 14a Absatz 1 ist in dem in Artikel 3 des Einigungsvertrages genannten Gebiet anstatt vom maßgebenden Einheitswert des Betriebs der Land- und Forstwirtschaft und den darin ausgewiesenen Werten vom Ersatzwirtschaftswert nach § 125 des Bewertungsgesetzes auszugehen.

(4) ¹§ 10d Absatz 1 ist mit der Maßgabe anzuwenden, dass der Sonderausgabenabzug erstmals von dem für die zweite Hälfte des Veranlagungszeitraums 1990 ermittelten Gesamtbetrag der Einkünfte vorzunehmen ist. ²§ 10d Absatz 2 und 3 ist auch für Verluste anzuwenden, die in dem in Artikel 3 des Einigungsvertrages genannten Gebiet im Veranlagungszeitraum 1990 entstanden sind.

(5) § 22 Nummer 4 ist auf vergleichbare Bezüge anzuwenden, die auf Grund des Gesetzes über Rechtsverhältnisse der Abgeordneten der Volkskammer der Deutschen Demokratischen Republik vom 31. Mai 1990 (GBl I Nr. 30 S. 274) gezahlt worden sind.

(6) § 34f Absatz 3 Satz 3 ist erstmals auf die in dem in Artikel 3 des Einigungsvertrags genannten Gebiet für die zweite Hälfte des Veranlagungszeitraums 1990 festgesetzte Einkommensteuer anzuwenden.

Inhaltsübersicht	Rz.
A. Allgemeine Erläuterungen	1–3

HINWEIS:
BMF v. 13. 5. 1992, BStBl 1992 I 336, betr. steuerliche Behandlung festgestellter negativer Einkünfte des Jahres 1990 aus dem Beitrittsgebiet oder aus den alten Bundesländern.

LITERATUR:
Fischer, Sonderregelungen im Einkommensteuerrecht, NWB-DDR Fach 3, 41 (1/1991); Wahlrecht bei Verlusten im Beitrittsgebiet, NWB Aktuelles 1992, 1358; *Geserich*, Aufteilung des Ersatzwirtschaftswerts zur Bestimmung der Betriebsgröße bei Zupachtung, jurisPR-SteuerR 46/2017 Anm. 2.

A. Allgemeine Erläuterungen

Rechtsentwicklung: Die Vorschrift wurde durch das EinigungsvertragsG v. 23. 9. 1990¹ gemeinsam mit den §§ 56 und 58 EStG, sowie dem inzwischen aufgehobenen § 59 EStG i. V. m. Anlage I Kap. IV Sachgebiet B Abschn. II Nr. 16 Buchst. k des Einigungsvertrags v. 31. 8. 1990 in das EStG eingefügt und mehrfach geändert. Zuletzt durch das StEntlG 1999/2000/2002 v. 24. 3. 1999,² das eine redaktionelle Anpassung des § 57 Abs. 3 EStG an die damals neugeregelte Durchschnittssatzgewinnermittlung der Landwirte vorsah. 1

Durch Zeitablauf überholte Regelung: Die Vorschrift betrifft allein die VZ 1990 und 1991. Sie ist daher durch Zeitablauf überholt und könnte aufgehoben werden. 2

Inhalt und Bedeutung der Regelung: Während § 56 EStG nur Stpfl. und ihre Gebäude im Beitrittsgebiet betrifft, gilt § 57 EStG für alle Stpfl. Die Vorschrift sieht in den Abs. 1 und 2 Regelungen zu bestimmten wirtschaftslenkenden Normen im Beitrittsgebiet vor. Der Sinn und 3

---
1 BGBl 1990 I 885.
2 BGBl 1999 I 402.

Zweck dieser Regelungen gebot ihre Anwendung ausschließlich auf in der Zukunft verwirklichte Sachverhalte, weil sie nur insoweit ihre Anreizwirkung entfalten und Mitnahmeeffekte vermeiden konnten.[1] Abs. 3 bestimmt, dass für die Anwendung des § 7g EStG und des § 14a EStG im Beitrittsgebiet nicht der Einheitswert des land- und forstwirtschaftlichen Betriebs, sondern der Ersatzwirtschaftswert nach § 125 BewG maßgebend ist. Schließlich erklären die Abs. 4 bis 6 des § 57 EStG bestimmte Vorschriften – abweichend vom EinigungsvertragsG[2] in Verbindung mit Anlage I Kap. IV Sachgebiet B Abschn. II Nr. 14 – schon vor dem 31.12.1990 für anwendbar. Dies betrifft den Verlustabzug, die Besteuerung der Bezüge der Volkskammerabgeordneten und die inzwischen bedeutungslos gewordene Vorschrift zum sog. Baukindergeld.[3]

§ 58 Weitere Anwendung von Rechtsvorschriften, die vor Herstellung der Einheit Deutschlands in dem in Artikel 3 des Einigungsvertrages genannten Gebiet gegolten haben

(1) Die Vorschriften über Sonderabschreibungen nach § 3 Absatz 1 des Steueränderungsgesetzes vom 6. März 1990 (GBl I Nr. 17 S. 136) in Verbindung mit § 7 der Durchführungsbestimmung zum Gesetz zur Änderung der Rechtsvorschriften über die Einkommen-, Körperschaft- und Vermögensteuer – Steueränderungsgesetz – vom 16. März 1990 (GBl I Nr. 21 S. 195) sind auf Wirtschaftsgüter weiter anzuwenden, die nach dem 31. Dezember 1989 und vor dem 1. Januar 1991 in dem in Artikel 3 des Einigungsvertrages genannten Gebiet angeschafft oder hergestellt worden sind.

(2) ¹Rücklagen nach § 3 Absatz 2 des Steueränderungsgesetzes vom 6. März 1990 (GBl I Nr. 17 S. 136) in Verbindung mit § 8 der Durchführungsbestimmung zum Gesetz zur Änderung der Rechtsvorschriften über die Einkommen-, Körperschaft- und Vermögensteuer – Steueränderungsgesetz – vom 16. März 1990 (GBl I Nr. 21 S. 195) dürfen, soweit sie zum 31. Dezember 1990 zulässigerweise gebildet worden sind, auch nach diesem Zeitpunkt fortgeführt werden. ²Sie sind spätestens im Veranlagungszeitraum 1995 gewinn- oder sonst einkünfteerhöhend aufzulösen. ³Sind vor dieser Auflösung begünstigte Wirtschaftsgüter angeschafft oder hergestellt worden, sind die in Rücklage eingestellten Beträge von den Anschaffungs- oder Herstellungskosten abzuziehen; die Rücklage ist in Höhe des abgezogenen Betrags im Veranlagungszeitraum der Anschaffung oder Herstellung gewinn- oder sonst einkünfteerhöhend aufzulösen.

(3) Die Vorschrift über den Steuerabzugsbetrag nach § 9 Absatz 1 der Durchführungsbestimmung zum Gesetz zur Änderung der Rechtsvorschriften über die Einkommen-, Körperschaft- und Vermögensteuer – Steueränderungsgesetz – vom 16. März 1990 (GBl I Nr. 21 S. 195) ist für Steuerpflichtige weiter anzuwenden, die vor dem 1. Januar 1991 in dem in Artikel 3 des Einigungsvertrages genannten Gebiet eine Betriebsstätte begründet haben, wenn sie von dem Tag der Begründung der Betriebsstätte an zwei Jahre lang die Tätigkeit ausüben, die Gegenstand der Betriebsstätte ist.

---

[1] BT-Drucks. 11/7817, 109.
[2] BFH v. 22.6.2017 - VI R 97/13, BStBl 2017 II 1181 mit Anm. *Geserich*, jurisPR-SteuerR 46/2017 Anm. 2.
[3] Vergleiche dazu HHR/*Kanzler*, § 57 EStG.

Inhaltsübersicht

	Rz.
A. Allgemeine Erläuterungen	1-6

HINWEIS:
BMF v. 29.6.1991, BStBl 1991 I 657, betr. Sonderabschreibungen nach § 3 Abs. 1 StÄndG v. 6.3.1990 (DDR-GBl I Nr. 17, 136); BMF v. 22.7.1991, BStBl 1991 I 737, betr. Steuerabzugsbetrag bei Neugründungen; BMF v. 12.3.1992, BStBl 1992 I 192, betr. steuerliche Behandlung der sog. Akkumulationsrücklage; BMF v. 4.10.1996, BStBl 1996 I 1198, betr. Akkumulationsrücklage bei der Gewerbesteuer.

LITERATUR:
Fischer, Sonderregelungen im Einkommensteuerrecht, NWB-DDR Fach 3, 41 (1/1991).

A. Allgemeine Erläuterungen

Rechtsentwicklung: Die Vorschrift wurde durch das EinigungsvertragsG v. 23.9.1990[1] gemeinsam mit den §§ 56 und 57 EStG, sowie dem inzwischen aufgehobenen § 59 EStG i.V.m. Anlage I Kap. IV Sachgebiet B Abschn. II Nr. 16 Buchst. k des Einigungsvertrags v. 31.8.1990 in das EStG eingefügt. — 1

Durch Zeitablauf überholte Regelung: § 58 EStG regelte die weitere Anwendung von Vorschriften der ehemaligen DDR im Beitrittsgebiet über den 31.12.1990 hinaus; sie gilt auch für Körperschaftsteuerpflichtige (Abschn. 26 KStR 1990). Da die weiter anwendbaren Vergünstigungen inzwischen ausgelaufen sind, hat die Vorschrift heute keine Bedeutung mehr. — 2

Inhalt und Bedeutung der Regelung: § 57 EStG regelt in drei Absätzen die Anwendbarkeit steuerlicher Vergünstigungen nach dem Recht der früheren DDR für Maßnahmen, die bis zum 31.12.1990 getroffen wurden, über diesen Zeitpunkt hinaus. Dabei handelte es sich um folgende Steuerbegünstigungen: — 3

- **Sonderabschreibungen nach § 3 Abs. 1 StÄndG-DDR (§ 58 Abs. 1 EStG):** Diese sind auf Wirtschaftsgüter weiter anzuwenden, die im Beitrittsgebiet (ehemalige DDR einschließlich Berlin-Ost) nach dem 31.12.1989 und vor dem 1.1.1991 (also im VZ 1990) angeschafft oder hergestellt worden sind.[2] — 4

- **Fortführung einer steuerfreien Akkumulationsrücklage (§ 58 Abs. 2 EStG):** Eine zum 31.12.1990 einkommensmindernd gebildete sog. Akkumulationsrücklage nach § 3 Abs. 2 StÄndG v. 6.3.1990[3] i.V.m. § 8 Durchführungsbestimmung zum StÄndG v. 16.3.1990[4] konnte zwar fortgeführt werden, war aber spätestens im VZ 1995 gewinn- oder einkünfteerhöhend aufzulösen, soweit sie nicht zuvor auf die Anschaffungs- oder Herstellungskosten begünstigter Wirtschaftsgüter übertragen wurde.[5] — 5

- **Steuerabzugsbetrag bei Neugründungen (§ 58 Abs. 3 EStG):** Für einen im VZ 1990 neu eröffneten Betrieb stand dem Stpfl. ein Steuerabzugsbetrag von höchstens 10 000 DM zu, der in den folgenden zwei Jahren (1991 und 1992) in Anspruch genommen werden konnte, soweit er nicht im VZ 1990 verbraucht war.[6] — 6

---

1 BGBl 1990 I 885.
2 Ausführlich dazu HHR/*Kanzler*, § 58 EStG Anm. 3 m.w.N.
3 DDR-GBl. I 1990 Nr. 17, 136.
4 DDR-GBl. I 1990 Nr. 21, 195.
5 Näheres dazu HHR/*Kanzler*, § 58 EStG Anm. 4 m.w.N.
6 Zu Einzelheiten dieser Steuervergünstigung s. HHR/*Kanzler*, § 58 EStG Anm. 5 ff. m.w.N.

§ 59 (weggefallen)

▶ Zur Kommentierung siehe Online-Version, 1. Aufl. 2016

§ 60 (weggefallen)

▶ Zur Kommentierung siehe Online-Version, 1. Aufl. 2016

§ 61 (weggefallen)

▶ Zur Kommentierung siehe Online-Version, 1. Aufl. 2016

X. Kindergeld

§ 62 Anspruchsberechtigte

(1) ¹Für Kinder im Sinne des § 63 hat Anspruch auf Kindergeld nach diesem Gesetz, wer

1. im Inland einen Wohnsitz oder seinen gewöhnlichen Aufenthalt hat oder

2. ohne Wohnsitz oder gewöhnlichen Aufenthalt im Inland

    a) nach § 1 Absatz 2 unbeschränkt einkommensteuerpflichtig ist oder

    b) nach § 1 Absatz 3 als unbeschränkt einkommensteuerpflichtig behandelt wird.

²Voraussetzung für den Anspruch nach Satz 1 ist, dass der Berechtigte durch die an ihn vergebene Identifikationsnummer (§ 139b der Abgabenordnung) identifiziert wird. ³Die nachträgliche Vergabe der Identifikationsnummer wirkt auf Monate zurück, in denen die Voraussetzungen des Satzes 1 vorliegen.

(2) Ein nicht freizügigkeitsberechtigter Ausländer erhält Kindergeld nur, wenn er

1. eine Niederlassungserlaubnis besitzt,

2. eine Aufenthaltserlaubnis besitzt, die zur Ausübung einer Erwerbstätigkeit berechtigt oder berechtigt hat, es sei denn, die Aufenthaltserlaubnis wurde

    a) nach § 16 oder § 17 des Aufenthaltsgesetzes erteilt,

    b) nach § 18 Absatz 2 des Aufenthaltsgesetzes erteilt und die Zustimmung der Bundesagentur für Arbeit darf nach der Beschäftigungsverordnung nur für einen bestimmten Höchstzeitraum erteilt werden,

    c) nach § 23 Absatz 1 des Aufenthaltsgesetzes wegen eines Krieges in seinem Heimatland oder nach den §§ 23a, 24, 25 Absatz 3 bis 5 des Aufenthaltsgesetzes erteilt

    oder

3. eine in Nummer 2 Buchstabe c genannte Aufenthaltserlaubnis besitzt und
    a) sich seit mindestens drei Jahren rechtmäßig, gestattet oder geduldet im Bundesgebiet aufhält und
    b) im Bundesgebiet berechtigt erwerbstätig ist, laufende Geldleistungen nach dem Dritten Buch Sozialgesetzbuch bezieht oder Elternzeit in Anspruch nimmt.

Inhaltsübersicht

	Rz.
A. Allgemeine Erläuterungen	1 - 9
B. Systematische Kommentierung	10 - 53
I. Grundlagen der Anspruchsberechtigung	10 - 14
II. Anspruch für unbeschränkt steuerpflichtige Personen (§ 62 Abs. 1 EStG)	15 - 31
1. Personen mit Wohnsitz oder gewöhnlichen Aufenthalt im Inland	15 - 23
2. Personen ohne Wohnsitz oder gewöhnlichen Aufenthalt im Inland	24 - 26
3. Erforderliche Identifizierung des Anspruchsberechtigten	27 - 31
III. Kindergeldanspruch für Ausländer (§ 62 Abs. 2 EStG)	32 - 53
1. Prinzip des Ausschlusses nicht freizügigkeitsberechtigter Ausländer	32 - 39
2. Niederlassungserlaubnis führt zum Anspruch auf Kindergeld	40
3. Zur Ausübung einer Erwerbstätigkeit berechtigende Aufenthaltserlaubnisse	41 - 47
4. Kindergeldanspruch für Asylberechtigte und anerkannte Flüchtlinge	48
5. Anspruch für Staatsangehörige aus anderen EU-, EWR- oder Abkommenstaaten	49 - 53

HINWEIS:

BZSt v. 10.7.2018, Dienstanweisung zum Kindergeld nach dem Einkommensteuergesetz (DA-KG), BStBl 2018 I 822.

LITERATUR:

Bering/Friedenberger, Aktuelle Entwicklungen beim Kindergeld und bei der steuerlichen Berücksichtigung von Kindern, NWB 2013, 1560; *Bering/Friedenberger*, Änderungen beim Kindergeld im Schatten der aktuellen Zuwanderungsdebatte, NWB 2014, 3532; *Müller*, Praxisfälle zum Kindergeld, NWB 2014, 3902; *Golenia*, Auslandsentsendungen von Arbeitnehmern: Einkommensteuerpflicht und Kindergeldanspruch, NWB 2015, 3897; *Hillmoth*, Kinder im Steuerrecht, Herne 2016, Rz. 698 ff.

ARBEITSHILFEN UND GRUNDLAGEN ONLINE:

Hillmoth, Kindergeld, Kinderfreibetrag und andere kindbedingte Steuervergünstigungen, NWB DokID: QAAAE-52191.

A. Allgemeine Erläuterungen

Normzweck und wirtschaftliche Bedeutung der Vorschrift: Die Vorschrift bestimmt als zentrale Vorschrift der Kindergeldregelungen den Personenkreis, der Anspruch auf Kindergeld hat. Entscheidend ist das sog. Territorialitätsprinzip. 1

Entstehung und Entwicklung der Vorschrift: Die Vorschrift wurde im Zusammenhang mit der Neuregelung der einkommensteuerrechtlichen Kindergeldvorschriften ab 1996 in das EStG 2 aufgenommen. Mit dem Gesetz zur Änderung des Freizügigkeitsgesetzes/EU und weiterer Vorschriften v. 2. 12. 2014 wurde § 62 EStG zuletzt in Abs. 1 mit Wirkung ab 2016 um die Regelungen hinsichtlich des Erfordernisses der Identifizierung des Berechtigten ergänzt.

3 **Geltungsbereich:** Die Vorschrift ist zusammen mit der Definition der Kinder in § 63 EStG wesentlicher Bestandteil der materiell-rechtlichen Regelungen zum Kindergeldanspruch. Zum Geltungsbereich auch KKB/Hillmoth, § 31 EStG Rz. 6.

4 **Vereinbarkeit mit höherrangigem Recht:** § 62 EStG knüpft an das Territorialitätsprinzip an. Diese Anknüpfung verstößt nicht gegen das Europarecht.[1] Die weiterentwickelten Regelungen zum erforderlichen Aufenthaltstitel in Abs. 2 werden von der Rechtsprechung grundsätzlich als verfassungsgemäß angesehen,[2] bedürfen aber noch einer weiteren Überprüfung.[3] Wird in einem Revisionsverfahren gerügt, § 62 Abs. 2 Nr. 3 Buchst. b EStG sei verfassungswidrig, erscheint es zweckmäßig, das Verfahren bis zu einer Entscheidung des BVerfG in den Verfahren 2 BvL 9-14/14 ruhen zu lassen, wenn beide Beteiligte das Ruhen des Verfahrens beantragt haben und die Vorschrift entscheidungserheblich ist.[4]

5 **Verhältnis zu anderen Vorschriften:** § 62 EStG betrifft die Anspruchsberechtigung (Kindergeldberechtigung) und damit den persönlichen Geltungsbereich der Kindergeldvorschriften. Weitere Anspruchsvoraussetzungen ergeben sich aus § 63 EStG. § 62 Abs. 1 EStG knüpft zudem an die Regelung des § 1 EStG über die Steuerpflicht an.

6–9 *(Einstweilen frei)*

B. Systematische Kommentierung

I. Grundlagen der Anspruchsberechtigung

10 § 62 EStG bestimmt den Kreis der Anspruchsberechtigten. Anspruchsberechtigt ist, wer im Inland einen Wohnsitz oder seinen gewöhnlichen Aufenthalt hat (§ 62 Abs. 1 Nr. 1 EStG) oder nach § 1 Abs. 2 EStG unbeschränkt steuerpflichtig ist (§ 62 Abs. 1 Nr. 2 Buchst. a EStG) oder nach § 1 Abs. 3 EStG als unbeschränkt steuerpflichtig behandelt wird (§ 62 Abs. 1 Nr. 2 Buchst. b EStG). Ein Anspruch besteht, wenn ein Elternteil die persönlichen Voraussetzungen erfüllt und bei ihm mindestens ein Kind zu berücksichtigen ist, für das weder ein Ausschlusstatbestand nach § 65 EStG noch nach über- bzw. zwischenstaatlichem Recht vorliegt. Zu berücksichtigen sind insbesondere:

▶ zwischenstaatliche (zwei- oder mehrseitige) Vereinbarungen und Abkommen über soziale Sicherheit,

▶ die Verordnungen (EG) Nr. 883/2004 und Nr. 987/2009, anzuwenden im Verhältnis zu den EU-Staaten zur Schweiz und zu den EWR-Staaten Island, Liechtenstein und Norwegen,

---

1 Vgl. BFH v. 14. 11. 2008 - III B 17/08, BFH/NV 2009, 380 = NWB DokID: IAAAD-05548.
2 Vgl. BFH v. 28. 4. 2010 - III R 1/08, BStBl 2010 II 980.
3 Vgl. anhängige Normenkontrollverfahren 2 BvL 9 - 14/14 zur Verfassungsmäßigkeit der Regelung des § 62 Abs. 2 EStG, nach der ein nicht freizügigkeitsberechtigter Ausländer – abhängig von der Art seines Aufenthaltsstatus – teilweise keinen Anspruch auf Kindergeld hat, teilweise ohne weitere Voraussetzungen und teilweise nur bei Vorliegen weiterer Voraussetzungen einen Anspruch auf Kindergeld hat.
4 Vgl. BFH v. 21. 5. 2014 - XI R 7/14, BFH/NV 2014, 1225 = NWB DokID: FAAAE-67836 sowie *Bering/Friedenberger*, NWB 2014, 3532.

► die Verordnung (EG) Nr. 859/2003 gültig im Verhältnis zu Großbritannien,

► die Verordnung (EU) Nr. 1231/2010, gültig in allen Mitgliedstaaten der EU mit Ausnahme von Dänemark und Großbritannien. Die nach § 62 Abs. 1 Nr. 1 EStG bestehenden Ansprüche auf deutsches Kindergeld werden nach den genannten Verordnungen ggf. ausgesetzt. Erforderlichenfalls wird ein Unterschiedsbetrag in Höhe des darüber hinausgehenden Betrags der Leistungen gewährt. Die Berechnung des Differenzkindergeldes erfolgt dabei kindbezogen.[1]

Die Zuständigkeitsregelungen z. B. der Art. 13 ff. VO Nr. 1408/71 enthalten keine Sperrwirkung gegenüber der Anwendung des nationalen Rechts.[2] Nach den EU-rechtlichen Koordinierungsvorschriften besteht grundsätzlich ein Anspruch auf Kindergeld vorrangig in dem Land, in dem eine Beschäftigung oder selbständige Erwerbstätigkeit im Sinne der entsprechenden Verordnung ausgeübt wird (Beschäftigungslandprinzip).[3] Fraglich war u. a. der Anspruch auf Kindergeld für im EU-Ausland beim getrennt lebenden Ehegatten wohnende Kinder[4] und die Anrechnung ausländischer Familienleistungen.[5]

(Einstweilen frei)

II. Anspruch für unbeschränkt steuerpflichtige Personen (§ 62 Abs. 1 EStG)

1. Personen mit Wohnsitz oder gewöhnlichen Aufenthalt im Inland

Da das Territorialitätsprinzip Vorrang hat, ist die Staatsangehörigkeit für die Anspruchsberechtigung unerheblich.[6] Anspruch auf Kindergeld hat gem. § 62 Abs. 1 Nr. 1 EStG grundsätzlich nur ein Elternteil, der einen Wohnsitz oder seinen gewöhnlichen Aufenthalt im Inland hat.[7] Die Entscheidung hierüber obliegt den Familienkassen in eigener Zuständigkeit. Ausländer müssen zusätzlich die Voraussetzungen des § 62 Abs. 2 EStG erfüllen. Die Anspruchsberechtigung besteht aufgrund des Monatsprinzips des § 66 Abs. 2 EStG nur für die Kalendermonate, in denen die persönlichen Voraussetzungen erfüllt sind.

Ein Elternteil, der einen Wohnsitz im Ausland begründet und seine Wohnung im Inland beibehält, hat auch im Inland einen Wohnsitz i. S. v. § 8 AO.[8] Bei einem ins Ausland versetzten Arbeitnehmer ist ein inländischer Wohnsitz widerlegbar zu vermuten, wenn er seine Wohnung im Inland beibehält, deren Benutzung ihm möglich ist und die nach ihrer Ausstattung jederzeit als Bleibe dienen kann.[9] Das Innehaben der inländischen Wohnung kann nach den Umständen

---

1 Vgl. BFH v. 4.2.2016 - III R 9/15, BStBl 2017 II 121; BFH v. 12.9.2013 - III R 32/11, BStBl 2016 II 1005.
2 Vgl. BFH v. 16.5.2013 - III R 8/11, BStBl 2013 II 1040; BFH v. 14.11.2013 - III R 12/11, BFH/NV 2014, 506 = NWB DokID: TAAAE-54604, im Anschluss an die Entscheidungen des EuGH: Urteil *Bosmann*, C-352/06, EU:C:2008:290, sowie Urteil *Hudzinski*, C-611/10, EU:C:2012:339; Beschluss *Wawrzyniak*, C-612/10, EU:C:2011:72.
3 Vgl. *Bering/Friedenberger*, NWB 2013, 1560.
4 Vgl. BFH v. 4.2.2016 - III R 17/13, BStBl 2016 II 612; BFH v. 10.3.2016 - III R 8/13, BFH/NV 2016, 536 = NWB DokID: DAAAF-75053; BFH v. 10.3.2016 - III R 25/12, BFH/NV 2016, 535 = NWB DokID: DAAAF-75051; BFH v. 8.5.2014 - III R 17/13, EuGH-Vorlage zur VO Nr. 883/2004 und zur VO Nr. 987/2009; EuGH v. 22.10.2015 - C-378/14, BStBl 2015 II 329.
5 Vgl. BFH v. 27.9.2012 - III R 40/09, BStBl 2014 II 470 i.V.m. EuGH v. 6.11.2014 - C-4/13, ABl. EU 2015, Nr. 7, 3 = NWB DokID: RAAAE-81138.
6 Vgl. BFH v. 16.9.2005 - III S 2/05, BFH/NV 2006, 120 = NWB DokID: QAAAB-70211.
7 Vgl. A 2.1 DA-KG.
8 Vgl. BFH v. 4.6.1975 - I R 250/73, BStBl 1975 II 708.
9 Vgl. BFH v. 17.5.1995 - I R 8/94, BStBl 1996 II 2.

des Einzelfalles auch dann anzunehmen sein, wenn der Elternteil die inländische Wohnung während eines Auslandsaufenthalts kurzfristig (bis zu sechs Monaten) vermietet oder untervermietet, um sie alsbald nach Rückkehr im Inland wieder zu benutzen.

17 Ein Wohnsitz i. S. v. § 8 AO besteht nicht mehr, wenn die inländische Wohnung aufgegeben wird. Das ist z. B. der Fall bei Kündigung und Auflösung einer Mietwohnung, bei nicht nur kurzfristiger Vermietung der Wohnung im eigenen Haus bzw. der Eigentumswohnung. Wird die inländische Wohnung zur bloßen Vermögensverwaltung zurückgelassen, endet der Wohnsitz mit dem Wegzug. Bloße Vermögensverwaltung liegt z. B. vor, wenn ein ins Ausland versetzter bzw. ein im Ausland lebender Elternteil seine Wohnung bzw. sein Haus verkaufen oder langfristig vermieten will und dies in absehbarer Zeit auch tatsächlich verwirklicht. Eine zwischenzeitliche kurze Rückkehr (zur Beaufsichtigung und Verwaltung der zurückgelassenen Wohnung) führt nicht dazu, dass die zurückgelassene Wohnung dadurch zum inländischen Wohnsitz wird.[1]

18 Ein angemietetes Zimmer kann nur dann der Wohnsitz einer natürlichen Person i. S. d. § 62 Abs. 1 Nr. 1 EStG i. V. m. § 8 AO sein, wenn es sich hierbei um eine auf Dauer zum Bewohnen geeignete Räumlichkeit handelt, die der Betreffende – wenn auch in größeren Zeitabständen – mit einer gewissen Regelmäßigkeit tatsächlich zu Wohnzwecken nutzt. Ob diese Voraussetzungen bei einem Gewerbetreibenden vorliegen, lässt sich im Allgemeinen nicht aus der Höhe der im Inland erzielten Einkünfte folgern.[2] Auch eine Gewerbeanmeldung kann die tatsächlichen Umstände der zu beurteilenden Wohnsitzbegründung nicht ersetzen.[3]

19 Ein deutscher Staatsangehöriger, der mit seiner Familie den Lebensmittelpunkt in Tschechien teilt und dort sozialversicherungspflichtig beschäftigt ist, hat Anspruch auf deutsches (Differenz-)Kindergeld, wenn er in Deutschland einen Zweitwohnsitz beibehält.[4]

20–23 *(Einstweilen frei)*

2. Personen ohne Wohnsitz oder gewöhnlichen Aufenthalt im Inland

24 Ein Elternteil ohne Wohnsitz oder gewöhnlichen Aufenthalt im Inland ist nach § 62 Abs. 1 Nr. 2 Buchst. a oder b EStG anspruchsberechtigt, wenn er entweder nach § 1 Abs. 2 EStG unbeschränkt einkommensteuerpflichtig ist oder auf Antrag von den Finanzbehörden nach § 1 Abs. 3 EStG als unbeschränkt einkommensteuerpflichtig behandelt wird. Sind die Voraussetzungen für die unbeschränkte Einkommensteuerpflicht weder nach § 1 Abs. 1 noch nach Abs. 2 oder Abs. 3 EStG erfüllt, liegt keine Anspruchsberechtigung nach § 62 Abs. 1 EStG vor.

25 Nach § 1 Abs. 2 Satz 1 EStG unbeschränkt einkommensteuerpflichtig sind im Ausland wohnhafte deutsche Staatsangehörige, die als Beamte, Richter, Soldaten oder Arbeitnehmer zu einer inländischen juristischen Person des öffentlichen Rechts in einem Dienstverhältnis stehen und dafür Arbeitslohn aus einer inländischen öffentlichen Kasse beziehen. Unbeschränkt ein-

---

[1] Zum Begriff des gewöhnlichen Aufenthalts vgl. AEAO zu § 9 AO.
[2] BFH v. 8. 5. 2014 - III R 21/12, BStBl 2015 II 135.
[3] Vgl. FG Hamburg v. 12. 4. 2016 - 6 K 138/15, NWB DokID: KAAAF-76374.
[4] Vgl. BFH v. 18. 12. 2013 - III R 44/12, BStBl 2015 II 143 sowie *Müller*, NWB 2014, 3902.

kommensteuerpflichtig gem. § 1 Abs. 2 EStG sind insbesondere ins Ausland entsandte deutsche Staatsangehörige, die Mitglied einer diplomatischen Mission oder konsularischen Vertretung sind – einschließlich der zu ihrem Haushalt gehörenden Angehörigen.[1] Nicht unter § 1 Abs. 2 EStG fallen Lehrkräfte, die unter Fortfall ihrer Dienstbezüge vom inländischen Arbeitgeber beurlaubt und von einem ausländischen Schulträger angestellt werden.[2] Eine Nutzung zu Wohnzwecken – insbesondere in Arbeitnehmer-Entsendefällen – kann auch vorliegen, wenn der Steuerpflichtige eine Wohnung innerhalb eines Kalenderjahres nicht nutzt.[3]

Personen, die weder Wohnsitz noch gewöhnlichen Aufenthalt im Inland haben, können unter den Voraussetzungen des § 1 Abs. 3 EStG einen Antrag auf Behandlung als unbeschränkt einkommensteuerpflichtig bei dem nach § 19 Abs. 2 AO zuständigen Finanzamt stellen. Die erweiterte unbeschränkte Steuerpflicht betrifft im Ausland wohnende, im Inland arbeitende Personen (sog. Grenzpendler). Die Kindergeldberechtigung nach § 62 Abs. 1 Nr. 2 Buchst. b i.V. m. § 1 Abs. 3 EStG setzt voraus, dass der Anspruchsteller aufgrund eines entsprechenden Antrags vom zuständigen Finanzamt nach § 1 Abs. 3 EStG als unbeschränkt steuerpflichtig behandelt wird.[4] Die Familienkasse ist in diesem Fall an die Entscheidung des Finanzamts gebunden.[5]

3. Erforderliche Identifizierung des Anspruchsberechtigten

Mit dem Gesetz zur Änderung des Freizügigkeitsgesetzes/EU und weiterer Vorschriften v. 2. 12. 2014[6] wurde zur Missbrauchsverhinderung § 62 EStG in Absatz 1 um die Regelungen hinsichtlich des Erfordernisses der Identifizierung ergänzt. Voraussetzung für den Anspruch auf Kindergeld nach § 62 Abs. 1 Satz 1 EStG ist, dass der Berechtigte gem. § 62 Abs. 1 Satz 2 EStG durch die an ihn vergebene Identifikationsnummer (§ 139b AO) identifiziert wird. Die nachträgliche Vergabe der Identifikationsnummer wirkt gem. § 62 Abs. 1 Satz 3 EStG auf Monate zurück, in denen die Voraussetzungen vorliegen.

Die erforderliche Identifikation mittels der Identifikationsnummer ist für Kindergeldfestsetzungen anzuwenden, die Zeiträume betreffen, die nach dem 31. 12. 2015 beginnen.[7] Sie ist auch anzuwenden für Kindergeldfestsetzungen, die Zeiträume betreffen, die vor dem 1. 1. 2016 liegen, der Antrag auf Kindergeld aber erst nach dem 31. 12. 2015 gestellt wird.[8]

(Einstweilen frei) 29–31

---

1 Zum Anspruch sog. Ortskräfte vgl. A 5 DA-KG; BFH v. 19. 9. 2013 - V R 9/12, BStBl 2014 II 715; BFH v. 18. 12. 2013 - III R 20/12, BFH/NV 2014, 684 = NWB DokID: VAAAE-60943.
2 Vgl. BFH v. 19. 9. 2013 - III B 53/13, BFH/NV 2014, 38 = NWB DokID: GAAAE-48471.
3 Vgl. BMF v. 7. 8. 2017 zu § 8 AO, BStBl 2017 I 1257.
4 Vgl. BFH v. 24. 5. 2012 - III R 14/10, BStBl 2012 II 897; BFH v. 24. 10. 2012 - V R 43/11, BStBl 2013 II 491; BFH v. 18. 4. 2013 - VI R 70/11, BFH/NV 2013, 1554 = NWB DokID: SAAAE-42090; BFH v. 5. 9. 2013 - XI R 26/12, BFH/NV 2014, 313 = NWB DokID: XAAAE-52222; BFH v. 16. 5. 2013 - III R 63/10, BFH/NV 2014, 12 = NWB DokID: JAAAE-48966; BFH v. 18. 7. 2013 - III R 9/09, BStBl 2014 II 802; BFH v. 12. 9. 2013 - III R 16/11, BFH/NV 2014, 320 = NWB DokID: GAAAE-52232; BFH v. 16. 5. 2013 - III R 8/11, BStBl 2013 II 1040; BFH v. 18. 7. 2013 - III R 59/11, BStBl 2014 II 843.
5 Vgl. BFH v. 22. 2. 2018 - III R 10/17, NWB DokID: PAAAG-88483 sowie BFH v. 14. 3. 2018 - III R 5/17, BStBl 2018 II 482.
6 Vgl. BGBl 2014 I 1922.
7 Vgl. BZSt v. 5. 6. 2015, BStBl 2015 I 511; BZSt v. 22. 12. 2015, BStBl 2016 I 12; BZSt v. 1. 7. 2016, BStBl 2016 I 644.
8 Vgl. § 52 Abs. 49a EStG.

III. Kindergeldanspruch für Ausländer (§ 62 Abs. 2 EStG)

1. Prinzip des Ausschlusses nicht freizügigkeitsberechtigter Ausländer

32 § 62 Abs. 2 EStG enthält ergänzende Voraussetzungen für nicht freizügigkeitsberechtigte Ausländer. Die Staatsangehörigkeit ist für die Anspruchsberechtigung unmaßgeblich.[1] Maßgebend ist nach Abs. 1 zunächst der Wohnsitz oder gewöhnliche Aufenthalt im Inland. Diesen Grundsatz schränkt Abs. 2 für nicht freizügigkeitsberechtigte Ausländer ein. Diese müssen nicht nur die Anspruchsvoraussetzungen nach Abs. 1 erfüllen, sondern darüber hinaus im Besitz einer Niederlassungserlaubnis (§ 62 Abs. 2 Nr. 1 EStG) oder einer Aufenthaltserlaubnis mit Berechtigung zur Erwerbstätigkeit (§ 62 Abs. 2 Nr. 2 EStG) sein.

33 Von einem Besitz der erforderlichen Niederlassungserlaubnis oder der Aufenthaltserlaubnis kann erst dann ausgegangen werden, wenn der Ausländer einen dieser Aufenthaltstitel tatsächlich in Händen hält.[2] Es erfolgt keine eigene Prüfung der ausländerrechtlichen Voraussetzungen eines Aufenthaltstitels.[3]

34 Wer Ausländer ist, ergibt sich aus dem als Art. 1 des ZuwanderungsG beschlossenen Gesetz über den Aufenthalt, die Erwerbstätigkeit und die Integration von Ausländern im Bundesgebiet (AufenthG) v. 30. 7. 2004,[4] neu gefasst durch Gesetz v. 25. 2. 2008.[5] Nach § 2 Abs. 1 AufenthG ist Ausländer jeder, der nicht Deutscher i. S. d. Art. 116 Abs. 1 GG ist.

35 § 62 Abs. 2 EStG stellt für nicht freizügigkeitsberechtigte Ausländer (auch Staatenlose und Kontingentflüchtlinge) aufenthaltsrechtliche Anspruchsvoraussetzungen auf, die zusätzlich zu den Voraussetzungen in § 62 Abs. 1 EStG vorliegen müssen. Zur Anwendung von § 62 Abs. 2 EStG bestehen aufgrund über- und zwischenstaatlicher Rechtsvorschriften Ausnahmen für: Asylberechtigte und anerkannte Flüchtlinge, Staatsangehörige aus einem Abkommensstaat, Mitglieder und Beschäftigte diplomatischer Missionen sowie konsularischer Vertretungen und deren Angehörige und Bedienstete internationaler Organisationen.[6]

36–39 *(Einstweilen frei)*

2. Niederlassungserlaubnis führt zum Anspruch auf Kindergeld

40 Ausländer, denen eine Niederlassungserlaubnis (z. B. nach den §§ 9, 18b, 19, 19a Abs. 6, 23 Abs. 2, 26 Abs. 3 und 4, 28 Abs. 2, 31 Abs. 3, 35 oder 38 Abs. 1 Satz 1 Nr. 1 AufenthG) erteilt wurde, haben gem. § 62 Abs. 2 Nr. 1 EStG Anspruch auf Kindergeld. Die Niederlassungserlaubnis ist ein unbefristeter Aufenthaltstitel. Sie berechtigt zur Ausübung einer Erwerbstätigkeit und ist zeitlich unbeschränkt. Eine Erlaubnis zum Daueraufenthalt-EU gem. § 9a AufenthG ist der Niederlassungserlaubnis gleichgestellt.

---

1 Vgl. BFH v. 16. 9. 2005 - III S 2/05, BFH/NV 2006, 120 = NWB DokID: QAAAB-70211.
2 Vgl. BFH v. 28. 4. 2010 - III R 1/08, BStBl 2010 II 980; BFH v. 5. 2. 2015 - III R 19/14, BStBl 2015 II 840.
3 Vgl. BFH v. 25. 7. 2007 - III R 55/02, BStBl 2008 II 758.
4 Vgl. BGBl 2004 I 1950.
5 Vgl. BGBl 2008 I 163.
6 Zu Bediensteten ausländischer Organisationen sowie zu Mitgliedern und Beschäftigten diplomatischer Missionen sowie konsularischer Vertretungen und deren Angehörige vgl. A 5 und A 6 DA-KG.

3. Zur Ausübung einer Erwerbstätigkeit berechtigende Aufenthaltserlaubnisse

Ausländer, denen eine Aufenthaltserlaubnis erteilt wurde, die zur Ausübung einer Erwerbstätigkeit berechtigt oder berechtigt hat, sind gem. § 62 Abs. 2 Nr. 2 EStG ebenfalls grundsätzlich anspruchsberechtigt. Die Berechtigung zur Ausübung einer Erwerbstätigkeit folgt unmittelbar aus dem AufenthG für Aufenthaltserlaubnisse insbesondere nach den § 19a Abs. 1 bis 5, § 25 Abs. 1 und 2, §§ 28 bis 38, § 38a Abs. 3 und 4 und § 104a AufenthG. Nach § 4 Abs. 2 Satz 2 AufenthG muss jeder Aufenthaltstitel erkennen lassen, ob die Ausübung einer Erwerbstätigkeit erlaubt ist.[1] Die Berechtigung zur Ausübung einer Erwerbstätigkeit ist daher i. d. R. aus der Aufenthaltserlaubnis ersichtlich.[2]

41

Für den Anspruch auf Kindergeld kommt es darauf an, ob überhaupt einmal die Ausübung einer Erwerbstätigkeit erlaubt gewesen ist. Auch wenn aktuell keine Erwerbstätigkeit erlaubt sein sollte, reichen in den Fällen des § 62 Abs. 2 Nr. 2 EStG frühere Berechtigungen zur Ausübung einer Erwerbstätigkeit aus.

42

§ 62 Abs. 2 Nr. 2 EStG enthält Sonderregelungen, wonach ggf. trotz des Besitzes einer Aufenthaltserlaubnis kein Anspruch auf Kindergeld besteht. Keine Anspruchsberechtigung besteht, wenn die zur Erwerbstätigkeit berechtigende Aufenthaltserlaubnis erkennbar nur zu einem vorübergehenden Aufenthalt berechtigt. Davon geht der Gesetzgeber in den Fällen des § 62 Abs. 2 Nr. 2 Buchst a bis c EStG aus. In Buchst. a wird auf § 16 des AufenthG (Studium, Studienbewerbung, Sprachkurs, Schule) bzw. § 17 des AufenthG (betriebliche Aus- und Weiterbildung), in Buchst. b auf § 18 Abs. 2 des AufenthG (ggf. Saisonarbeitskräfte, Au-Pair-Beschäftigte) und in Buchst. c auf § 23 des AufenthG (Krieg im Heimatland) verwiesen.

In den Fällen des eigentlichen Anspruchsausschlusses bei Aufenthaltserlaubnissen nach § 62 Abs. 2 Nr. 2 Buchst. c EStG (Krieg im Heimatland, Härtefall, vorübergehender Schutz, humanitäre Gründe) eröffnet § 62 Abs. 2 Nr. 3 EStG ausnahmsweise doch die Kindergeldberechtigung, wenn der nicht freizügigkeitsberechtigte Ausländer sich seit mindestens drei Jahren rechtmäßig, gestattet oder geduldet[3] im Bundesgebiet aufhält und im Anspruchszeitraum im Bundesgebiet berechtigt erwerbstätig ist, laufende Geldleistungen nach dem SGB III bezieht[4] oder Elternzeit in Anspruch nimmt.[5]

43

Die Regelungen des § 62 Abs. 2 EStG sind umstritten. Im Vorgriff auf eine gesetzliche Änderung ist § 62 Abs. 2 EStG ab dem 25. 12. 2013 europarechtskonform anzuwenden. Entgegen dem Wortlaut des § 62 Abs. 2 EStG haben daher Personen, denen eine Aufenthaltserlaubnis zum Zwecke der betrieblichen Aus- und Weiterbildung erteilt wurde (§ 17 AufenthG), soweit der Aufenthalt nicht für höchstens sechs Monate zugelassen ist, einer Beschäftigung nach § 18 Abs. 2 AufenthG (ggf. i. V. m. Abs. 3 oder Abs. 4) erteilt wurde, die nach der Beschäftigungsverordnung (BeschV n. F.) nur für einen bestimmten Höchstzeitraum erteilt werden darf, soweit es sich nicht um Saisonbeschäftigte (§ 15a BeschV n. F.), Au-Pairs (§ 12 BeschV n. F.) oder entsandte oder innerbetrieblich versetzte Arbeitnehmer (§ 10 BeschV n. F.) handelt, nach

44

---

1 Vgl. BFH v. 26. 8. 2010 - III R 47/09, BStBl 2011 II 589; BFH v. 27. 1. 2011 - III R 45/09, BStBl 2011 II 720.
2 Vgl. A 4.3 DA-KG.
3 Vgl. BFH v. 24. 5. 2012 - III R 20/10, BStBl 2014 II 27.
4 Vgl. BFH v. 4. 8. 2011 - III R 62/09, BStBl 2012 II 732; BFH v. 28.11.2017 – III B 86/17, BFH/NV 2018, 435 = NWB DokID: UAAAG-72555.
5 Vgl. BFH v. 24. 5. 2012 - III R 20/10, BStBl 2014 II 27; BFH v. 27. 10. 2011 - III R 14/08, BStBl 2012 II 737.

Art. 12 Abs. 1 Buchst. e der Richtlinie 2011/98/EU nunmehr einen Anspruch auf Kindergeld wie deutsche Staatsangehörige. Personen, denen eine Aufenthaltserlaubnis für ein Studium, einen Sprachkurs oder einen Schulbesuch nach § 16 AufenthG erteilt wurde, werden von der Richtlinie 2011/98/EU nicht erfasst und haben daher trotz Berechtigung zur Erwerbstätigkeit keinen Anspruch auf Kindergeld (§ 62 Abs. 2 Nr. 2 Buchst. a EStG).[1]

45–47 *(Einstweilen frei)*

4. Kindergeldanspruch für Asylberechtigte und anerkannte Flüchtlinge

48 Vertriebene und Spätaussiedler sind Deutsche und bedürfen zur Begründung eines Wohnsitzes oder gewöhnlichen Aufenthalts im Inland keines Aufenthaltstitels.[2] Asylberechtigte und anerkannte Flüchtlinge nach der Genfer Flüchtlingskonvention sind anspruchsberechtigt nach § 62 Abs. 2 Nr. 2 EStG ab dem Zeitpunkt der unanfechtbaren Anerkennung als politisch Verfolgte nach Art. 16a Abs. 1 GG bzw. der Zuerkennung der Flüchtlingseigenschaft nach § 3 AsylG. Dasselbe gilt seit dem 6. 9. 2013 für Ausländer, denen subsidiär Schutz nach der Richtlinie 2011/95/EU zuerkannt worden ist. Nach Art. 2 des VEA i. V. m. Art. 2 des Zusatzprotokolls zu diesem Abkommen haben anerkannte Asylberechtigte und Flüchtlinge zudem unabhängig davon, ob der Aufenthaltstitel bereits erteilt wurde, einen Anspruch auf Leistungen des Vertragsstaates unter denselben Bedingungen wie dessen Staatsangehörige, sofern sie sich seit mindestens sechs Monaten im Vertragsstaat aufhalten.[3] Der Aufenthalt in einer Gemeinschaftsunterkunft reicht aus.[4]

5. Anspruch für Staatsangehörige aus anderen EU-, EWR- oder Abkommenstaaten

49 Die Erfordernisse nach § 62 Abs. 2 EStG gelten nicht für freizügigkeitsberechtigte Ausländer. Wer freizügigkeitsberechtigt ist, bestimmt sich nach dem als Art. 2 des ZuwanderungsG beschlossenen Gesetz über die allgemeine Freizügigkeit von Unionsbürgern (FreizügG/EU) v. 30. 7. 2004)[5] und nach Abkommensrecht.[6] Dabei handelt es sich um Staatsangehörige der EU- bzw. EWR-Staaten und ihre Familienangehörigen, deren Rechtsstellung vom FreizügG/EU erfasst ist.[7] Dies gilt für Staatsangehörige der Schweiz entsprechend. Zur EU bzw. zum EWR gehören neben der Bundesrepublik Deutschland folgende Staaten: Belgien, Bulgarien, Dänemark, Estland, Finnland, Frankreich, Griechenland, Großbritannien, Irland, Island, Italien, Kroatien, Lettland, Liechtenstein, Litauen, Luxemburg, Malta, Niederlande, Norwegen, Polen, Österreich, Portugal, Rumänien, Schweden, Slowakei, Slowenien, Spanien, Tschechien, Ungarn und Zypern. Grundsätzlich ist bei Staatsangehörigen der EU- bzw. EWR-Staaten und der Schweiz von der Freizügigkeitsberechtigung auszugehen.[8] Nach den EU-rechtlichen Koordinierungsvor-

---

1 Vgl. BZSt v. 29. 11. 2013, BStBl 2013 I 1505; A 4.3.1 DA-KG.
2 Vgl. A 2.1.1 Abs. 2 DA-KG.
3 Vgl. A 4.4 DA-KG.
4 Vgl. BFH v. 17. 6. 2010 - III R 42/09, BFH/NV 2010, 2168 = NWB DokID: DAAAD-52424.
5 Vgl. BGBl 2004 I 1950.
6 Vgl. A 4.5 DA-KG.
7 Vgl. § 1 Abs. 2 Nr. 1 AufenthG i. V. m. § 2 Abs. 2 FreizügG/EU.
8 Seit dem 1. 5. 2010 gelten im Verhältnis zu den EU-Staaten bzw. seit dem 1. 6. 2012 im Verhältnis zu den EWR-Staaten und seit dem 1. 4. 2012 im Verhältnis zur Schweiz die VO (EG) Nr. 883/2004 v. 29. 4. 2004, ABl. EU 2004 Nr. L 166, 1 und die Durchführungsverordnung (EG) Nr. 987/2009 v. 16. 9. 2009, ABl. EU 2009 Nr. L 284, 1; zur Kindergeldberechtigung von Unionsbürgern unter Geltung der Übergangsbestimmungen zum EU-Beitritt vgl. BFH v. 27. 4. 2015 - III B 127/14, BStBl 2015 II 901.

schriften besteht grundsätzlich ein Anspruch auf Kindergeld vorrangig in dem Land, in dem eine Beschäftigung oder selbständige Erwerbstätigkeit ausgeübt wird (Beschäftigungslandprinzip). Wenn in grenzüberschreitenden Fällen Anspruchskonkurrenzen zwischen den Eltern entstehen, ist die Haushaltsaufnahme des Kindes maßgebend.[1] Der Kindergeldanspruch eines in Deutschland wohnenden Elternteils für sein im EU-Ausland im Haushalt des anderen Elternteils lebendes Kind wird durch den vorrangigen Kindergeldanspruch des anderen Elternteils verdrängt.[2] Dies gilt auch in Bezug auf Pflege- und Großeltern.[3] Bei der Gewährung von Kindergeld haben die Familienkassen die hierfür erforderliche Freizügigkeit ausländischer Unionsbürger zu unterstellen. Die Familienkassen haben insoweit kein eigenes Prüfungsrecht.[4] Bezieht der im Inland wohnende Elternteil nur Arbeitslosengeld II, besteht im Inland kein Kindergeldanspruch, wenn der andere Elternteil im EU-Ausland erwerbstätig ist und dort Kindergeld erhält.[5]

Arbeitnehmer aus Staaten, mit denen zwischenstaatliche Vereinbarungen und Abkommen über soziale Sicherheit bestehen, müssen nicht die Voraussetzungen des § 62 Abs. 2 EStG erfüllen. Abkommensstaaten sind: Bosnien und Herzegowina, Kosovo, Marokko, Montenegro, Serbien, Türkei und Tunesien. Arbeitnehmer sind in diesem Zusammenhang insbesondere Personen in einem sozialversicherungspflichtigen Beschäftigungsverhältnis einschließlich der Zeiten des Bezugs von Kurzarbeitergeld, Bezieher von Alg nach § 136 SGB III und Personen, die Geldleistungen der Krankenversicherung wegen vorübergehender Arbeitsunfähigkeit erhalten.[6] Personen, die lediglich eine geringfügige Beschäftigung ausüben, gelten nicht als Arbeitnehmer im Sinne der genannten Abkommen.[7] 50

Für türkische Arbeitnehmer ergibt sich ein Anspruch auf Kindergeld ferner aus dem Beschluss Nr. 3/80 des Assoziationsrates v. 19. 9. 1980.[8] Ein deutscher Arbeitnehmer türkischer Abstammung, der im Inland beschäftigt ist und auch dort seinen Wohnsitz hat, hat ggf. originären inländischen Anspruch.[9] 51

Für Arbeitnehmer aus Algerien, Marokko und Tunesien ergibt sich der Kindergeldanspruch auch aus den Assoziationsabkommen, die die EG mit diesen Staaten geschlossen hat. 52

Verliert ein nicht freizügigkeitsberechtigter Ausländer einen zum Bezug von Kindergeld berechtigenden Aufenthaltstitel, weil sich sein Aufenthaltsstatus aufgrund seiner Eheschließung 53

---

1 Vgl. BFH v. 4. 2. 2016 - III R 17/13, BStBl 2016 II 612; BFH v. 10. 3. 2016 - III R 62/12, BStBl 2016 II 616; BFH v. 10. 3. 2016 - III R 8/13, BFH/NV 2016, 536 = NWB DokID: DAAAF-75053; BFH v. 10. 3. 2016 - III R 25/12, BFH/NV 2016, 535 = NWB DokID: DAAAF-75051; BFH v. 13. 4. 2016 - III R 86/11, BFH/NV 2016, 1460 = NWB DokID: WAAAF-80559; BFH v. 23. 8. 2016 - V R 19/15, BStBl 2016 II 958; BFH v. 13. 7. 2016 - XI R 33/12, BStBl 2016 II 949; BFH v. 27.7.2017 – III R 17/16, BFH/NV 2018, 201 = NWB DokID: CAAAG-64114.
2 Vgl. BFH v. 28. 4. 2016 - III R 68/13, BStBl 2016 II 776; BFH v. 28. 4. 2016 - III R 65/13, BFH/NV 2016, 1474 = NWB DokID: IAAAF-80033; BFH v. 28. 4. 2016 - III R 3/15, BFH/NV 2016, 1477 = NWB DokID: EAAAF-80030; BFH v. 28. 4. 2016 - III R 40/12, BFH/NV 2016, 1469 = NWB DokID: OAAAF-80031; BFH v. 28. 4. 2016 - III R 50/12, BFH/NV 2016, 1471 = NWB DokID: YAAAF-80032; BFH v. 7. 7. 2016 - III R 11/13, BStBl 2017 II 407 = NWB DokID: UAAAF-85045; BFH v. 4. 8. 2016 - III R 10/13, BStBl 2017 II 126.
3 Vgl. BFH v. 15. 6. 2016 - III R 60/12, BStBl 2016 II 889.
4 Vgl. BFH v. 15.3.2017 - III R 32/15, BStBl 2017 II 963.
5 Vgl. BFH v. 26.7.2017 - III R 18/16; BStBl 2017 II 1237.
6 Vgl. BFH v. 8. 10. 2001 - VI B 138/01, BStBl 2002 II 480; BFH v. 15. 3. 2007 - III R 93/03, BStBl 2009 II 905; BFH v. 27. 10. 2011 - III R 14/08, BStBl 2012 II 737; BFH v. 7. 3. 2013 - V R 61/10, BStBl 2014 II 475.
7 Vgl. BFH v. 21. 2. 2008 - III R 79/03, BStBl 2009 II 916.
8 Vgl. ABl. EG 1983 Nr. C 110, 60, BFH v. 17.10.2010 – III R 42/09, BStBl 2018 II 302, A 4.6 DA-KG.
9 Vgl. BFH v. 27. 9. 2012 - III R 55/10, BStBl 2014 II 473; BFH v. 15. 7. 2010 - III R 6/08, BStBl 2012 II 883.

mit einer Angehörigen des zivilen Gefolges der NATO-Truppen nunmehr nach dem NATO-Truppenstatut richtet, so ist er dennoch aufgrund einer analogen Anwendung des § 62 Abs. 2 EStG kindergeldberechtigt.[1]

§ 63 Kinder

(1) ¹Als Kinder werden berücksichtigt

1. Kinder im Sinne des § 32 Absatz 1,
2. vom Berechtigten in seinen Haushalt aufgenommene Kinder seines Ehegatten,
3. vom Berechtigten in seinen Haushalt aufgenommene Enkel.

²§ 32 Absatz 3 bis 5 gilt entsprechend. ³Voraussetzung für die Berücksichtigung ist die Identifizierung des Kindes durch die an dieses Kind vergebene Identifikationsnummer (§ 139b der Abgabenordnung). ⁴Ist das Kind nicht nach einem Steuergesetz steuerpflichtig (§ 139a Absatz 2 der Abgabenordnung), ist es in anderer geeigneter Weise zu identifizieren. ⁵Die nachträgliche Identifizierung oder nachträgliche Vergabe der Identifikationsnummer wirkt auf Monate zurück, in denen die Voraussetzungen der Sätze 1 bis 4 vorliegen. ⁶Kinder, die weder einen Wohnsitz noch ihren gewöhnlichen Aufenthalt im Inland, in einem Mitgliedstaat der Europäischen Union oder in einem Staat, auf den das Abkommen über den Europäischen Wirtschaftsraum Anwendung findet, haben, werden nicht berücksichtigt, es sei denn, sie leben im Haushalt eines Berechtigten im Sinne des § 62 Absatz 1 Satz 1 Nummer 2 Buchstabe a. ⁷Kinder im Sinne von § 2 Absatz 4 Satz 2 des Bundeskindergeldgesetzes werden nicht berücksichtigt.

(2) Die Bundesregierung wird ermächtigt, durch Rechtsverordnung, die nicht der Zustimmung des Bundesrates bedarf, zu bestimmen, dass einem Berechtigten, der im Inland erwerbstätig ist oder sonst seine hauptsächlichen Einkünfte erzielt, für seine in Absatz 1 Satz 3 erster Halbsatz bezeichneten Kinder Kindergeld ganz oder teilweise zu leisten ist, soweit dies mit Rücksicht auf die durchschnittlichen Lebenshaltungskosten für Kinder in deren Wohnsitzstaat und auf die dort gewährten dem Kindergeld vergleichbaren Leistungen geboten ist.

Inhaltsübersicht	Rz.
A. Allgemeine Erläuterungen	1 - 9
B. Systematische Kommentierung	10 - 39
I. Berücksichtigungsfähige Kinder (§ 63 Abs. 1 EStG)	10 - 38
1. Grundlagen zur Berücksichtigung von Kindern	10
2. Kinder i. S. d. § 32 Abs. 1 EStG (nach § 63 Abs. 1 Satz 1 EStG)	11 - 19
a) Im ersten Grad mit dem Berechtigten verwandte Kinder und Pflegekinder (§ 63 Abs. 1 Satz 1 Nr. 1 EStG)	11 - 15
b) In den Haushalt aufgenommene Stiefkinder (§ 63 Abs. 1 Satz 1 Nr. 2 EStG)	16 - 17
c) In den Haushalt aufgenommene Enkel (§ 63 Abs. 1 Satz 1 Nr. 3 EStG)	18 - 19
3. Entsprechende Anwendung des § 32 Abs. 3 bis 5 EStG (nach § 63 Abs. 1 Satz 2 EStG)	20 - 25
4. Erforderliche Identifizierung des Kindes (§ 63 Abs. 1 Satz 3 bis 5 EStG)	26 - 27

---

1 Vgl. BFH v. 8. 8. 2013 - III R 22/12, BStBl 2014 II 838.

Allgemeine Erläuterungen 1–9 § 63 EStG

5. Wohnsitz oder gewöhnlicher Aufenthalt des Kindes (§ 63 Abs. 1 Satz 6 EStG) .... 28 - 37
   a) Maßgebendes Territorialitätsprinzip .... 28 - 35
   b) Ausnahmen vom Territorialitätsprinzip .... 36 - 37
6. Keine Berücksichtigung von Kindern i. S. d. § 2 Abs. 4 Satz 2 BKGG (§ 63 Abs. 1 Satz 7 EStG) 38
II. Ermächtigung zum Erlass einer Rechtsverordnung (§ 63 Abs. 2 EStG) 39

HINWEIS:
BZSt v. 10.7.2018, Dienstanweisung zum Kindergeld nach dem Einkommensteuergesetz (DA-KG), BStBl 2018 I 822.

LITERATUR:
Müller, Praxisfälle zum Kindergeld, NWB 2014, 3902; *Hillmoth*, Kinder im Steuerrecht, Herne 2016, Rz. 5 ff.

ARBEITSHILFEN UND GRUNDLAGEN ONLINE:
Hillmoth, Kindergeld, Kinderfreibetrag und andere kindbedingte Steuervergünstigungen, NWB DokID: QAAAE-52191.

A. Allgemeine Erläuterungen

Normzweck und wirtschaftliche Bedeutung der Vorschrift: Die Vorschrift beinhaltet als zentrale Vorschrift die Voraussetzungen, wann für ein Kind Anspruch auf Kindergeld besteht.   1

Entstehung und Entwicklung der Vorschrift: Die Vorschrift wurde im Zusammenhang mit der Neuregelung der einkommensteuerrechtlichen Kindergeldvorschriften ab 1996 in das EStG aufgenommen. Mit dem Gesetz zur Änderung des Freizügigkeitsgesetzes/EU und weiterer Vorschriften v. 2. 12. 2014 wurde § 63 EStG in Abs. 1 um die Regelungen hinsichtlich des Erfordernisses der Identifizierung des Kindes ergänzt.   2

Geltungsbereich: Zum sachlichen und persönlichen Geltungsbereich s. KKB/Hillmoth, § 31 EStG Rz. 6.   3

Vereinbarkeit mit höherrangigem Recht: Das Territorialitätsprinzip ist verfassungsgemäß. Die steuerliche Freistellung des Existenzminimums wird bei Auslandskindern (ohne Kindergeldanspruch) durch den Kinderfreibetrag bewirkt. Dieser wird grundsätzlich auch bei Auslandsaufenthalten des Kindes (ggf. verkürzt entsprechend der Ländergruppeneinteilung) gewährt. § 63 Abs. 1 Satz 6 EStG genügt auch den europa- und völkerrechtlichen Anforderungen.[1]   4

Verhältnis zu anderen Vorschriften: § 63 EStG bestimmt, für welches Kind ein Kindergeldberechtigter Anspruch auf Kindergeld hat. Dabei ist § 63 EStG im Zusammenhang mit § 32 EStG zu sehen. Die Regelungen in § 32 Abs. 1 bis 5 EStG zum Anspruch auf die Freibeträge für Kinder sowie in § 63 EStG sind grundsätzlich deckungsgleich. Insoweit gilt auch eine einheitliche Altersgrenze. Allerdings sieht § 63 EStG einen Anspruch auch bei in den Haushalt aufgenommenen Stief- und Enkelkindern vor, während § 32 Abs. 6 EStG eine Übertragungsmöglichkeit der Freibeträge für Kinder auf einen Stief- oder Großelternteil ermöglicht.   5

(Einstweilen frei)   6–9

---
1 Vgl. BFH v. 15. 7. 2010 - III R 6/08, BStBl 2012 II 883.

B. Systematische Kommentierung

I. Berücksichtigungsfähige Kinder (§ 63 Abs. 1 EStG)

1. Grundlagen zur Berücksichtigung von Kindern

10 § 63 EStG bestimmt, für welche Kinder Anspruch auf Kindergeld besteht. § 63 EStG enthält hierzu die Rahmenbedingungen, die sich an § 32 EStG anlehnen. Dazu gehören u. a. das Kindschaftsverhältnis sowie das Alter des Kindes. Darüber hinaus maßgebend ist auch, ob noch ein besonderer Berücksichtigungstatbestand, wie Berufsausbildung, gegeben ist. Maßgebend ist ferner noch, ob das Kind im Inland oder im Ausland lebt.

2. Kinder i. S. d. § 32 Abs. 1 EStG (nach § 63 Abs. 1 Satz 1 EStG)

a) Im ersten Grad mit dem Berechtigten verwandte Kinder und Pflegekinder (§ 63 Abs. 1 Satz 1 Nr. 1 EStG)

11 Anspruch auf Kindergeld besteht nach § 63 Abs. 1 Satz 1 Nr. 1 EStG für Kinder i. S. d. § 32 Abs. 1 EStG, d. h. im ersten Grad mit dem Berechtigten verwandte Kinder (§ 32 Abs. 1 Nr. 1 EStG) und Pflegekinder (§ 32 Abs. 1 Nr. 2 EStG). Im ersten Grad mit dem Berechtigten verwandte Kinder sind leibliche Kinder und Adoptivkinder.

12–15 *(Einstweilen frei)*

b) In den Haushalt aufgenommene Stiefkinder (§ 63 Abs. 1 Satz 1 Nr. 2 EStG)

16 Als Kinder werden nach § 63 Abs. 1 Satz 1 Nr. 2 EStG auch vom Berechtigten in seinen Haushalt aufgenommene Kinder seines Ehegatten oder seines nach dem Lebenspartnerschaftsgesetzes verpartnerten Lebenspartners berücksichtigt (sog. Stiefkinder).[1]

17 Das Stiefkinderverhältnis besteht auch dann fort, wenn der leibliche Elternteil stirbt oder die Ehe geschieden bzw. aufgelöst ist.[2] Nach Verwaltungsmeinung kann das Kind dann ohne weitere Prüfung berücksichtigt werden.[3] Ein Stiefkindverhältnis besteht nicht bei zivilrechtlich unwirksamer Ehe bzw. zum Kind des nichtehelichen Lebensgefährten oder des Partners einer gleichgeschlechtlichen, nicht verpartnerten Lebensgemeinschaft.[4]

c) In den Haushalt aufgenommene Enkel (§ 63 Abs. 1 Satz 1 Nr. 3 EStG)

18 Nach § 63 Abs. 1 Nr. 3 EStG kann das Kind eines leiblichen bzw. angenommenen Kindes (Enkelkind) bei einem Großelternteil berücksichtigt werden, wenn es in dessen Haushalt aufgenommen worden ist. Allein die Unterhaltszahlung von Großeltern begründet keinen Anspruch auf Kindergeld.[5]

---

1 Vgl. A 12 DA-KG.
2 Vgl. § 1590 Abs. 2 BGB; § 11 Abs. 2 Satz 3 LPartG.
3 Vgl. A 12 Abs. 2 DA-KG.
4 Vgl. BFH v. 25.4.2018 - III R 24/17, NWB DokID: TAAAG-88862.
5 Vgl. A 13 DA-KG.

Es kommt nicht darauf an, ob es sich bei dem Haushalt, in dem das Enkelkind lebt, um den alleinigen Haushalt der Großeltern oder einen gemeinsamen Haushalt mit den Eltern oder einem Elternteil des Kindes handelt. Deshalb müssen beim Zusammenleben von Großeltern, Eltern und (Enkel-)Kind weder die Gesamthaushaltskosten noch die Kostenbeiträge der einzelnen Haushaltsmitglieder hierzu geprüft werden. Es genügt das räumliche Zusammenleben mit gemeinsamer Versorgung in einem Haushalt.

3. Entsprechende Anwendung des § 32 Abs. 3 bis 5 EStG (nach § 63 Abs. 1 Satz 2 EStG)

Die Berücksichtigung eines Kindes ist nur solange geboten, wie das Kind seinen Lebensunterhalt nicht aus eigenen Mitteln selbst bestreiten kann. Das EStG typisiert die Unterstützungsbedürftigkeit des Kindes z. B. durch das Anknüpfen an eine Altersgrenze oder die Berufsausbildung oder eine Behinderung des Kindes. Bei Kindern, die das 18. Lebensjahr vollendet haben, geht der Gesetzgeber ansonsten typisierend davon aus, dass die wirtschaftliche Leistungsfähigkeit nur noch unter besonderen Umständen gemindert ist. Gem. § 63 Abs. 1 Satz 2 EStG gelten für das Kindergeld die bei der Berücksichtigung von Freibeträgen für Kinder maßgebenden Regelungen des § 32 Abs. 3 bis 5 EStG entsprechend; auf die entsprechende Kommentierung zu § 32 EStG wird insoweit verwiesen:

▶ Berücksichtigung des Kindes bis zur Volljährigkeit ohne weitere Voraussetzungen (§ 32 Abs. 3 EStG),

▶ besondere Berücksichtigungstatbestände bei volljährigen Kindern, wie z. B. arbeitsuchendes Kind, behinderte Kinder oder Kinder in einer Berufsausbildung (§ 32 Abs. 4 EStG),

▶ Ausschluss der Berücksichtigung bei einer Zweitausbildung bzw. einem Zweitstudium (§ 32 Abs. 4 Satz 2 und 3 EStG),

▶ Verlängerungstatbestände über das 21./25. Lebensjahr hinaus (§ 32 Abs. 5 EStG).[1]

(Einstweilen frei)

4. Erforderliche Identifizierung des Kindes (§ 63 Abs. 1 Satz 3 bis 5 EStG)

Mit dem Gesetz zur Änderung des Freizügigkeitsgesetzes/EU und weiterer Vorschriften v. 2.12.2014 wurde zur Missbrauchsverhinderung § 63 EStG in Abs. 1 um die Regelungen hinsichtlich des Erfordernisses der Identifizierung des Kindes ergänzt. Voraussetzung für die Berücksichtigung ist gem. § 63 Abs. 1 Satz 3 EStG die Identifizierung des Kindes durch die an dieses Kind vergebene Identifikationsnummer.[2] Ist das Kind nicht nach einem Steuergesetz steuerpflichtig,[3] ist es gem. § 63 Abs. 1 Satz 4 EStG in anderer geeigneter Weise zu identifizieren, z. B. durch Ausweisdokumente oder ausländische Urkunden. Die nachträgliche Identifizierung oder nachträgliche Vergabe der Identifikationsnummer wirkt gem. § 63 Abs. 1 Satz 5 EStG auf Monate zurück, in denen die Voraussetzungen von § 63 Abs. 1 Satz 1 bis 4 EStG vorliegen.[4]

---

1 Zu den erforderlichen Nachweisen gegenüber der Familienkasse vgl. *Müller*, Praxisfälle zum Kindergeld, NWB 2014 3902.
2 Vgl. § 139b AO.
3 Vgl. § 139a Abs. 2 AO.
4 Vgl. BZSt v. 5.6.2015, BStBl 2015 I 511; BZSt v. 22.12.2015, BStBl 2016 I 12; BZSt v. 1.7.2016, BStBl 2016 I 644, BZSt v. 9.8.2016, BStBl 2016 I 801.

27 Die erforderliche Identifikation mittels der Identifikationsnummer ist für Kindergeldfestsetzungen anzuwenden, die Zeiträume betreffen, die nach dem 31.12.2015 beginnen. Sie ist auch anzuwenden für Kindergeldfestsetzungen, die Zeiträume betreffen, die vor dem 1.1.2016 liegen, der Antrag auf Kindergeld aber erst nach dem 31.12.2015 gestellt wird.[1]

5. Wohnsitz oder gewöhnlicher Aufenthalt des Kindes (§ 63 Abs. 1 Satz 6 EStG)

a) Maßgebendes Territorialitätsprinzip

28 Für den Kindergeldanspruch sind grundsätzlich nur Kinder zu berücksichtigen, die einen Wohnsitz oder ihren gewöhnlichen Aufenthalt im Inland oder in einem anderen EU- bzw. EWR-Staat oder in der Schweiz haben. Es gelten die Begriffsbestimmungen der §§ 8 und 9 AO.[2] Zum EWR-Raum gehören neben den EU-Staaten noch Liechtenstein, Island und Norwegen. Ob ein Kind einen Wohnsitz oder seinen gewöhnlichen Aufenthalt im Inland hat, hängt von den Gesamtumständen des Einzelfalls ab. Kinder von Ausländern und Staatenlosen können einen inländischen Wohnsitz oder gewöhnlichen Aufenthalt unabhängig von den ausländerrechtlichen Voraussetzungen begründen.[3]

29 Bei Kindern, die sich für einen – von vornherein auf bis zu ein Jahr – begrenzten Zeitraum zum Zwecke der Schul- oder Berufsausbildung im Ausland aufhalten, ist grundsätzlich davon auszugehen, dass sie ihren Wohnsitz im Inland beibehalten.[4] Wohnt ein Kind im Ausland unter Umständen, die erkennen lassen, dass es dort nicht nur vorübergehend bleibt, so liegt der Wohnsitz des Kindes im Ausland, auch wenn die Eltern ihren Wohnsitz im Inland haben. Ein minderjähriges Kind, das sich zusammen mit seinen Eltern im Ausland aufhält und bereits vor deren Ausreise mit seinen Eltern einen Wohnsitz im Inland hatte, behält diesen grundsätzlich bei, wenn auch die Eltern ihren Wohnsitz im Inland beibehalten.

30 Begibt sich ein Kind ausländischer Staatsangehöriger in sein Heimatland und hält es sich dort länger auf, als z. B. im Allgemeinen die Schulferien dauern, gibt es damit i.d.R. auch seinen Wohnsitz und gewöhnlichen Aufenthalt im Inland auf. Die Rückkehr eines ausländischen Kindes in sein Heimatland zur Ausbildung ist ihrer Natur nach – ebenso wie das Verbleiben im Heimatland bei Übersiedlung der Eltern ins Inland – auf unbestimmte Zeit angelegt. Daraus folgt, dass ein zur Ausbildung in die Heimat zurückgekehrtes wie auch ein dort verbliebenes Kind nicht mehr den Wohnsitz der Eltern im Inland teilt und hier auch nicht mehr seinen gewöhnlichen Aufenthalt hat.[5] Für die Beibehaltung eines Inlandswohnsitzes im Hause der Eltern bei mehrjährigen Auslandsaufenthalten reichen nur kurze, üblicherweise durch die Eltern-Kind-Beziehung begründete Besuche regelmäßig nicht aus. Dies ist bei lediglich kurzzeitigen Aufenthalten – zwei bis drei Wochen pro Jahr – nach der Lebenserfahrung der Fall.[6] Die Feststellung einer Rückkehrabsicht sagt auch bei deutschen Kindern grundsätzlich nichts darüber aus, ob der inländische Wohnsitz während des vorübergehenden Auslandsaufenthaltes beibe-

---

1 Vgl. § 52 Abs. 49a EStG.
2 Vgl. BFH v. 23.11.2000 - VI R 107/99, BStBl 2001 II 294; BFH v. 28.4.2010 - III R 52/09, BStBl 2010 II 1013.
3 Vgl. A 23.1 Abs. 9 DA-KG.
4 Vgl. BFH v. 23.11.2000 - VI R 107/99, BStBl 2001 II 294.
5 *Vgl. BFH v. 10.8.1998 - VI B 21/98, BFH/NV 1999, 286 = NWB DokID: AAAAA-62556*; BFH v. 23.11.2000 - VI R 165/99, BStBl 2001 II 279.
6 Vgl. BFH v. 25.9.2014 - III R 10/14, BStBl 2015 II 655; BFH v. 12.6.2017 - III B 157/16, BFH/NV 2017, 1318.

halten oder aber aufgegeben und nach der Rückkehr neu begründet wird.[1] Eltern können aber durchaus für ein Kind, das sich während eines mehrjährigen Studiums außerhalb der EU und des EWR aufhält, weiterhin Kindergeld beziehen, wenn das Kind einen Wohnsitz im Haushalt der Eltern beibehält.[2] Problematisch kann ein mehrjähriger ausländischer Freiwilligendienst sein.[3]

(Einstweilen frei) 31–35

b) Ausnahmen vom Territorialitätsprinzip

Kinder der nach § 1 Abs. 2 EStG unbeschränkt einkommensteuerpflichtigen Personen sind gem. § 63 Abs. 1 Satz 6, 2. Halbsatz EStG, auch dann zu berücksichtigen, wenn sie zwar keinen Wohnsitz oder gewöhnlichen Aufenthalt im Inland oder einem anderen EU- bzw. EWR-Staat oder in der Schweiz haben, aber im ausländischen Haushalt eines Berechtigten i. S. d. § 62 Abs. 1 Nr. 2 Buchst. a EStG leben (sog. „Diplomaten-Kinder"). 36

Einige Sozialabkommen enthalten Abweichungen zu dem nationalen Kindergeldrecht. Kinder mit Wohnsitz oder gewöhnlichem Aufenthalt in Bosnien und Herzegowina, im Kosovo, in Marokko, in Montenegro, in Serbien, in der Türkei oder in Tunesien sind bei den nach § 62 EStG anspruchsberechtigten Personen zu berücksichtigen.[4] Die Voraussetzungen nach den mit diesen Staaten geschlossenen Abkommen über soziale Sicherheit müssen im Einzelfall erfüllt sein.[5] Die genannten zwischenstaatlichen Rechtsvorschriften beziehen das steuerliche Kindergeld in ihren sachlichen Geltungsbereich mit ein. 37

6. Keine Berücksichtigung von Kindern i. S. d. § 2 Abs. 4 Satz 2 BKGG (§ 63 Abs. 1 Satz 7 EStG)

Nach § 2 Abs. 4 Satz 2 BKGG ist der nach § 1 BKGG anspruchsberechtigte beschränkt Steuerpflichtige vorrangig Berechtigter, wenn er das Kind in seinen Haushalt aufgenommen hat oder er dem Kind die höhere Unterhaltsrente zahlt. § 63 Abs. 1 Satz 7 EStG schließt für diese Kinder zur Vermeidung einer Mehrfachbegünstigung eine Berücksichtigung nach § 63 EStG aus. 38

II. Ermächtigung zum Erlass einer Rechtsverordnung (§ 63 Abs. 2 EStG)

Die Bundesregierung ist ermächtigt, durch Rechtsverordnung zu bestimmen, dass einem Berechtigten, der im Inland erwerbstätig ist oder sonst seine hauptsächlichen Einkünfte erzielt, Kindergeld für seine im Ausland außerhalb der EU bzw. des EWR bzw. der Schweiz lebenden Kinder geleistet wird, soweit dies mit Rücksicht auf die Lebenshaltungskosten für Kinder in deren Wohnsitzstaat und auf die dort gewährten, dem Kindergeld vergleichbaren Leistungen, geboten ist. Von dieser Ermächtigungsgrundlage ist bisher kein Gebrauch gemacht worden. 39

---

1 Vgl. BFH v. 23.11.2000 - VI R 165/99, BStBl 2001 II 279; BFH v. 23.11.2000 - VI R 107/95, BStBl 2001 II 294; BFH v. 13.7.2016 – XI R 8/15, BStBl 2016 II 952 sowie A 23.1 Abs. 2 DA-KG.
2 BFH v. 28.6.2015 - III R 38/14, BStBl 2016 II 102; BFH v. 17.5.2017 – III B 92/16, BFH/NV 2017 1179.
3 Vgl. BFH v. 13.7.2015 - XI R 8/15, BStBl 2016 II 952.
4 Zu den Fundstellen der Abkommen vgl. H 31 EStH – Über- und zwischenstaatliche Rechtsvorschriften.
5 Vgl. BFH v. 27.9.2012 - III R 55/10, BStBl 2014 II 473.

§ 64 Zusammentreffen mehrerer Ansprüche

(1) Für jedes Kind wird nur einem Berechtigten Kindergeld gezahlt.

(2) ¹Bei mehreren Berechtigten wird das Kindergeld demjenigen gezahlt, der das Kind in seinen Haushalt aufgenommen hat. ²Ist ein Kind in den gemeinsamen Haushalt von Eltern, einem Elternteil und dessen Ehegatten, Pflegeeltern oder Großeltern aufgenommen worden, so bestimmen diese untereinander den Berechtigten. ³Wird eine Bestimmung nicht getroffen, so bestimmt das Familiengericht auf Antrag den Berechtigten. ⁴Den Antrag kann stellen, wer ein berechtigtes Interesse an der Zahlung des Kindergeldes hat. ⁵Lebt ein Kind im gemeinsamen Haushalt von Eltern und Großeltern, so wird das Kindergeld vorrangig einem Elternteil gezahlt; es wird an einen Großelternteil gezahlt, wenn der Elternteil gegenüber der zuständigen Stelle auf seinen Vorrang schriftlich verzichtet hat.

(3) ¹Ist das Kind nicht in den Haushalt eines Berechtigten aufgenommen, so erhält das Kindergeld derjenige, der dem Kind eine Unterhaltsrente zahlt. ²Zahlen mehrere Berechtigte dem Kind Unterhaltsrenten, so erhält das Kindergeld derjenige, der dem Kind die höchste Unterhaltsrente zahlt. ³Werden gleich hohe Unterhaltsrenten gezahlt oder zahlt keiner der Berechtigten dem Kind Unterhalt, so bestimmen die Berechtigten untereinander, wer das Kindergeld erhalten soll. ⁴Wird eine Bestimmung nicht getroffen, so gilt Absatz 2 Satz 3 und 4 entsprechend.

Inhaltsübersicht

	Rz.
A. Allgemeine Erläuterungen	1 – 9
B. Systematische Kommentierung	10 – 36
I. Prinzip der Einmalzahlung (§ 64 Abs. 1 EStG)	10
II. Vorrangiger Anspruch bei Haushaltsaufnahme des Kindes (§ 64 Abs. 2 EStG)	11 – 33
1. Prinzip der maßgebenden Haushaltsaufnahme des Kindes (§ 64 Abs. 2 Satz 1 EStG)	11 – 19
2. Berechtigtenbestimmung bei gemeinsamer Haushaltsaufnahme (§ 64 Abs. 2 Satz 2 EStG)	20 – 25
3. Berechtigtenbestimmung durch das Familiengericht (§ 64 Abs. 2 Satz 3 und 4 EStG)	26 – 27
4. Vorrangiger Anspruch des Elternteils bei einem gemeinsamen Haushalt von Eltern und Großeltern (§ 64 Abs. 2 Satz 5 EStG)	28 – 33
III. Kindergeldanspruch ohne Haushaltsaufnahme (§ 64 Abs. 3 EStG)	34 – 36

HINWEIS:

BZSt v. 10.7.2018, Dienstanweisung zum Kindergeld nach dem Einkommensteuergesetz (DA-KG), BStBl 2018 I 822.

LITERATUR:

Hillmoth, Kinder im Steuerrecht, Herne 2016, Rz. 690 ff.

ARBEITSHILFEN UND GRUNDLAGEN ONLINE:

Hillmoth, Kindergeld, Kinderfreibetrag und andere kindbedingte Steuervergünstigungen, NWB DokID: QAAAE-52191.

A. Allgemeine Erläuterungen

Normzweck und wirtschaftliche Bedeutung der Vorschrift: Die Vorschrift regelt das Zusammentreffen mehrerer Ansprüche. Das steuerliche Kindergeld wird nur an einen Elternteil gezahlt. Dabei bestimmen die Abs. 2 und 3, an wen das Kindergeld gezahlt wird, wenn mehrere Personen die Anspruchsberechtigung für dasselbe Kind erfüllen. Der Gesetzgeber hat sich maßgeblich vom Obhutsprinzip leiten lassen. Das Kindergeld soll dem gezahlt werden, der am meisten mit dem Kindesunterhalt belastet ist. Das ist nach allgemeiner Lebenserfahrung derjenige Berechtigte, der das Kind in seiner Obhut hat, es also betreut, erzieht und versorgt.

Entstehung und Entwicklung der Vorschrift: § 64 EStG wurde im Zusammenhang mit der Neuregelung der einkommensteuerrechtlichen Kindergeldvorschriften ab 1996 in das EStG eingefügt. Die Neufassung des § 64 Abs. 3 Sätze 3 und 4 EStG durch das Gesetz zur Familienförderung v. 22.12.1999 ermöglicht mit Wirkung ab 2000 eine einvernehmliche Berechtigtenbestimmung auch bei fehlender Unterhaltszahlung.[1] In § 64 Abs. 2 Satz 3 EStG wurde der Aufgabenübergang beim Amtsgericht vom Vormundschafts- auf das Familiengericht nachvollzogen.[2]

Geltungsbereich: Zum sachlichen und persönlichen Geltungsbereich s. KKB/Hillmoth, § 31 EStG Rz. 6.

Vereinbarkeit mit höherrangigem Recht: Bei mehreren Anspruchsberechtigten erhält das Kindergeld nach § 64 Abs. 2 Satz 1 EStG derjenige, der das Kind in seinen Haushalt aufgenommen hat (sog. Obhutsprinzip). Diese Regelung ist weder verfassungs- noch europarechtswidrig.[3]

Verhältnis zu anderen Vorschriften: § 64 EStG regelt die Anspruchskonkurrenz unter mehreren Berechtigten. Dagegen regelt § 65 EStG die Konkurrenz zwischen mehreren Arten kindbezogener Leistungen. Unter den Voraussetzungen des § 74 EStG „Zahlung des Kindergeldes in Sonderfällen" wird das Kindergeld nicht an den nach § 64 EStG festgestellten Berechtigten ausgezahlt. Entsprechendes gilt für § 76 EStG „Pfändung".

(Einstweilen frei)

B. Systematische Kommentierung

I. Prinzip der Einmalzahlung (§ 64 Abs. 1 EStG)

Kindergeld wird gem. § 64 Abs. 1 EStG nur an einen Elternteil gezahlt. Kommen ggf. mehrere Berechtigte in Betracht, regeln § 64 Abs. 2 und 3 EStG die vorrangige Anspruchsberechtigung grundsätzlich über die Haushaltsaufnahme. Es findet keine Aufteilung unter mehreren Berechtigten statt.[4]

---

1 Vgl. Gesetz zur Familienförderung v. 22.12.1999, BGBl 1999 I 2552, BStBl 2000 I 4.
2 Vgl. FGG-Reformgesetz v. 17.12.2008, BGBl 2008 I 2586.
3 Vgl. BFH v. 19.8.2003 - VIII R 60/99, BFH/NV 2004, 320 = NWB DokID: VAAAB-14908; BFH v. 29.11.2007 - III S 30/06 (PKH), BFH/NV 2008, 777 = NWB DokID: VAAAC-73394; BFH v. 9.12.2011 - III B 25/11, BFH/NV 2012, 571 = NWB DokID: HAAAE-02923.
4 Vgl. BFH v. 18.2.2008 - III B 69/07, BFH/NV 2008, 948 = NWB DokID: YAAAC-75927.

II. Vorrangiger Anspruch bei Haushaltsaufnahme des Kindes (§ 64 Abs. 2 EStG)

1. Prinzip der maßgebenden Haushaltsaufnahme des Kindes (§ 64 Abs. 2 Satz 1 EStG)

11 Erfüllen für ein Kind mehrere Anspruchsberechtigte die Voraussetzungen, so wird gem. § 64 Abs. 2 Satz 1 EStG das Kindergeld demjenigen gezahlt, der das Kind in seinen Haushalt aufgenommen hat (sog. Obhutsprinzip). Dies gilt insbesondere auch bei Trennung oder Scheidung der Eltern. Lebt ein Kind im EU-Ausland z. B. bei dem geschiedenen Elternteil, ist dieser, nicht aber der in Deutschland lebende Elternteil kindergeldberechtigt.[1] Der im anderen EU-Mitgliedstaat lebende Großelternteil kann gegenüber dem im Inland lebenden Elternteil nach § 64 Abs. 2 Satz 1 EStG i.V. m. Art. 67 der VO Nr. 883/2004, Art. 60 Abs. 1 Satz 2 der VO Nr. 987/2009 vorrangig kindergeldberechtigt sein, wenn er seine Enkelkinder in einen Haushalt aufgenommen hat, der nicht ihm und dem Elternteil gemeinsam zuzurechnen ist.[2] Der Kindergeldanspruch eines in Deutschland wohnenden Elternteils für sein im EU-Ausland im Haushalt des anderen Elternteils lebendes Kind wird durch den vorrangigen Kindergeldanspruch des anderen Elternteils verdrängt.[3]

12 Die Aufnahme eines Kindes in den Haushalt eines getrennt lebenden Elternteils setzt voraus, dass die Betreuung des Kindes in diesem Haushalt einen zeitlich bedeutsamen Umfang hat, d. h. nicht nur zu Besuchs- oder Ferienzwecken erfolgt. Unter Haushaltsaufnahme ist das örtlich gebundene Zusammenleben von Kind und Berechtigtem in einer gemeinsamen Familienwohnung zu verstehen. Das Kind muss in diesem Haushalt seine persönliche Versorgung und Betreuung finden und sich hier grundsätzlich nicht nur zeitweise, sondern durchgängig aufhalten. Eine Haushaltsaufnahme ist dann gegeben, wenn das Kind in die Familiengemeinschaft mit einem dort begründeten Betreuungs- und Erziehungsverhältnis aufgenommen worden ist. Neben dem örtlich gebundenen Zusammenleben müssen Voraussetzungen materieller (Versorgung, Unterhaltsgewährung) und immaterieller Art (Fürsorge, Betreuung) erfüllt sein.

13 Bei einem Wechsel eines Kindes von einem Elternteil zum anderen, kann das Kind auch dann in den neuen Haushalt aufgenommen sein, wenn der Wechsel zwar noch nicht endgültig ist, das Kind aber für einen längeren Zeitraum von dem aufnehmenden Elternteil betreut und unterhalten wird.[4] Ein Wechsel der Haushaltszugehörigkeit wird regelmäßig bei einem Aufenthalt des Kindes von mehr als drei Monaten angenommen, sofern eine Rückkehr nicht von vornherein feststeht.[5] Der Drei-Monats-Zeitraum ist aber keine starre Grenze.[6]

---

[1] Vgl. BFH v. 4. 2. 2016 - III R 17/13, BStBl 2016 II 616; BFH v. 10. 3. 2016 - III R 8/13, BFH/NV 2016, 536 = NWB DokID: DAAAF-75053; BFH v. 10. 3. 2016 - III R 25/12, BFH/NV 2016, 535, NWB DokID: DAAAF-75051; BFH v. 13. 4. 2016 - III R 86/11, NWB DokID: WAAAF-80559; BFH v. 23. 8. 2016 - V R 19/15, BStBl 2016 II 958.

[2] Vgl. BFH v. 10. 3. 2016 - III R 62/12, BStBl 2016 II 616; BFH v. 10. 3. 2016 - III R 66/13, BFH/NV 2016, 537 = NWB DokID: TAAAF-75052.

[3] Vgl. BFH v. 28. 4. 2016 - III R 68/13, BStBl 2016 II 776; BFH v. 28. 4. 2016 - III R 65/13, BFH/NV 2016, 1474 = NWB DokID: IAAAF-80033; BFH v. 28. 4. 2016 - III R 3/15, BFH/NV 2016, 1477 = NWB DokID: EAAAF-80030; BFH v. 28. 4. 2016 - III R 40/12, BFH/NV 2016, 1469 = NWB DokID: OAAAF-80031; BFH v. 28. 4. 2016 - III R 50/12, BFH/NV 2016, 1471 = NWB DokID: YAAAF-80032; BFH v. 7. 7. 2016 - III R 11/13, BFH/NV 2016, 1808 = NWB DokID: UAAAF-85045; BFH v. 4. 8. 2016 - III R 10/13, BStBl 2017 II 126; BFH v. 13. 7. 2016 - XI R 33/12, BStBl 2016 II 949; BFH v. 27.7.2017 – III R 17/16, BFH/NV 2018, 201 =. NWB DokID: CAAAG-64114.

[4] Vgl. BFH v. 20. 6. 2001 - VI R 224/98, BStBl 2001 II 713.

[5] Vgl. BFH v. 25. 6. 2009 - III R 2/07, BStBl 2009 II 968.

[6] Vgl. BFH v. 7. 12. 2010 - III B 33/10, BFH/NV 2011, 433 = NWB DokID: FAAAD-60626.

Eine räumliche Trennung steht dem Fortbestand der Haushaltsaufnahme dann nicht entgegen, wenn die auswärtige Unterbringung nur von vorübergehender Natur ist. Von einem vorübergehenden Zustand kann im Allgemeinen ausgegangen werden, wenn das Kind im Rahmen seiner Möglichkeiten regelmäßig in den Haushalt des Berechtigten zurückkehrt. Durch eine zeitweilige auswärtige Unterbringung zur Schul- oder Berufsausbildung wird die Haushaltszugehörigkeit i. d. R. nicht unterbrochen. Auch der mehrmonatige Aufenthalt eines Enkelkindes bei den Großeltern kann nur Besuchscharakter haben.[1] 14

Bei getrennt lebenden oder geschiedenen Eltern kann sich das Kind auch gleichzeitig in zeitlich bedeutsamem Umfang in beiden Haushalten aufhalten. Dann liegt Haushaltsaufnahme i. S. d. § 64 Abs. 2 Satz 1 EStG grundsätzlich nur bei dem Berechtigten vor, bei dem sich das Kind überwiegend aufhält und seinen Lebensmittelpunkt hat.[2] 15

(Einstweilen frei) 16–19

2. Berechtigtenbestimmung bei gemeinsamer Haushaltsaufnahme (§ 64 Abs. 2 Satz 2 EStG)

Ist ein Kind in den gemeinsamen Haushalt von Eltern (auch von Adoptiveltern), einem Elternteil und dessen Ehegatten oder Lebenspartner, von Pflegeeltern oder Großeltern aufgenommen worden, so können diese gem. § 64 Abs. 2 Satz 2 EStG untereinander den vorrangig Berechtigten bestimmen. Für die Annahme eines gemeinsamen Haushalts genügt das räumliche Zusammenleben mit gemeinsamer Versorgung in einem Haushalt. Auf die Kostenbeiträge der einzelnen Haushaltsmitglieder kommt es nicht an. 20

Die Bestimmung des vorrangig Berechtigten ist eine übereinstimmende Willenserklärung der in einem gemeinsamen Haushalt lebenden Anspruchsberechtigten. Die Finanzverwaltung fordert eine schriftliche Bestimmung.[3] Die Berechtigtenbestimmung bleibt wirksam, solange sie nicht vom anderen Berechtigten widerrufen wird. Für die Vergangenheit und den laufenden Monat ist eine Änderung der Berechtigtenbestimmung ausgeschlossen, der Widerruf ist erst mit Wirkung ab dem Folgemonat für den neuen Berechtigten zu berücksichtigen.[4] Haben die Eltern eines Kindes einen Elternteil als Kindergeldberechtigten bestimmt, so erlöschen die Rechtswirkungen der Bestimmung, wenn sich die Eltern trennen und das Kind ausschließlich im Haushalt eines der beiden Elternteile lebt. Die ursprüngliche Berechtigtenbestimmung lebt nicht wieder auf, wenn die Eltern und das Kind wegen eines Versöhnungsversuchs wieder in einem gemeinsamen Haushalt leben.[5] 21

Ist ein Kind getrennt lebender Eltern in den Haushalt beider Elternteile aufgenommen, und hält es sich bei beiden in annähernd gleichem zeitlichen Umfang auf, ist demjenigen gegenüber das Kindergeld festzusetzen, den die Eltern untereinander bestimmt haben. Auch eine vor der Trennung getroffene Berechtigtenbestimmung bleibt wirksam, bis sie von einem Be- 22

---

1 Vgl. BFH v. 2. 7. 2012 - VI B 13/12, BFH/NV 2014, 1599 = NWB DokID: WAAAE-15726; BFH v. 21. 6. 2016 - III B 95/15, BFH/NV 2016, 1575 = NWB DokID: OAAAF-82374.
2 Vgl. BFH v. 14. 12. 2004 - VIII R 106/03, BStBl 2008 II 762; BFH v. 15. 1. 2014 - V B 31/13, BFH/NV 2014, 522 = NWB DokID: YAAAE-55567.
3 Vgl. A 25.1 Abs. 2 DA-KG.
4 Vgl. BFH v. 19. 4. 2012 - III R 42/10, BStBl 2013 II 21; BFH v. 23. 5. 2016 - V R 21/15, BFH/NV 2016, 1274 = NWB DokID: LAAAF-79158.
5 Vgl. BFH v. 18. 5. 2017 - III R 11/15, NWB DokID: TAAAG-58603, BStBl 2017 II 1199.

rechtigten widerrufen wird.[1] Eine einheitliche Grenze der zeitlichen Aufenthaltsdauer, bei deren Unterschreiten eine – annähernd gleichwertige – Haushaltsaufnahme generell zu verneinen wäre, besteht nicht.[2]

23–25 *(Einstweilen frei)*

3. Berechtigtenbestimmung durch das Familiengericht (§ 64 Abs. 2 Satz 3 und 4 EStG)

26 Wird bei mehreren möglichen Anspruchsberechtigten eine mögliche Bestimmung nicht getroffen, so bestimmt das Familiengericht den Berechtigten. Das Familiengericht wird nur auf Antrag tätig. Antragsberechtigt ist, wer ein berechtigtes Interesse an der Zahlung hat. Die Antragsberechtigung entspricht damit der nach § 67 Abs. 1 Satz 2 EStG. Wird eine familiengerichtliche Berechtigtenbestimmung durch einen neuen Beschluss aufgehoben, entfaltet dieser Beschluss Rechtswirkungen nur für die Zukunft. Für die zurückliegende Zeit ist das Kindergeld an den bisher (vorrangig) Berechtigten mit befreiender Wirkung gezahlt worden.[3]

27 Die Familienkasse und das Finanzgericht dürfen das Kindergeld nicht abweichend von der durch das Familiengericht getroffenen Bestimmung festsetzen, soweit sich das Familiengericht im Rahmen seiner Entscheidungsbefugnis gehalten hat.[4]

4. Vorrangiger Anspruch des Elternteils bei einem gemeinsamen Haushalt von Eltern und Großeltern (§ 64 Abs. 2 Satz 5 EStG)

28 Lebt ein Kind im gemeinsamen Haushalt von Eltern und Großeltern, so wird das Kindergeld gem. § 64 Abs. 2 Satz 5 EStG vorrangig einem Elternteil gezahlt. Es wird an einen Großelternteil gezahlt, wenn der Elternteil gegenüber der zuständigen Stelle auf seinen Vorrang schriftlich verzichtet hat.[5] § 64 Abs. 2 Satz 5 EStG betrifft ausdrücklich nicht nur die Fälle, in denen ein Kind im gemeinsamen Haushalt eines Elternteils mit den Großeltern lebt. Die Vorschrift kommt auch zur Anwendung, wenn das Kind mit beiden Elternteilen und den Großeltern in einem gemeinsamen Haushalt lebt. Die Auszahlung hat jedoch in jedem Fall vorrangig nur an einen Elternteil zu erfolgen. Abweichend von der Regel wird das Kindergeld an einen Großelternteil ausgezahlt, wenn der bzw. die bevorrechtigten Elternteile gegenüber der örtlich zuständigen Familienkasse auf ihren Vorrang schriftlich (oder zur Niederschrift) verzichtet haben. Der betreffende Großelternteil hat bei der Antragstellung die Verzichtserklärung vorzulegen.

BEISPIEL: Die geschiedene Tochter kehrt 2018 mit ihren drei minderjährigen Kindern (2, 6 und 8 Jahre alt) in den Haushalt ihres Vaters zurück. In diesem Haushalt lebt auch noch ihre 17-jährige Schwester. Für die Schwester erhält der Vater Kindergeld in Höhe von monatlich 192 €. Die Tochter erhält für ihre drei Kinder monatlich 194 € × 2 + 200 € = 588 €. In den gesamten Haushalt fließt an Kindergeld somit monatlich 782 €. Verzichtet die Tochter auf den Erhalt des Kindergelds zugunsten ihres Vaters, erhält dieser Kindergeld in folgender Höhe: für die 17-jährige Tochter 194 €; für die drei Enkelkinder: 194 € + 200 € + 225 €. Durch den Verzicht der Tochter auf den Vorrang zugunsten ihres Vaters erhöht sich somit das in den Gesamt-Haushalt fließende Kindergeld um 31 €.

29–33 *(Einstweilen frei)*

---

1 Vgl. BFH v. 23. 3. 2005 - III R 91/03, BStBl 2008 II 752; BFH v. 18.5.2017 – III R 11/15, BStBl 2017 II 1199.
2 Vgl. BFH v. 18. 4. 2013 - V R 41/11, BStBl 2014 II 34.
3 Vgl. A 25.1 Abs. 6 DA-KG.
4 Vgl. BFH v. 8. 8. 2013 - III R 3/13, BStBl 2014 II 576.
5 Vgl. BFH v. 10.3.2016 – III R 62/12, BStBl 2016 II 616.

III. Kindergeldanspruch ohne Haushaltsaufnahme (§ 64 Abs. 3 EStG)

§ 64 Abs. 3 EStG regelt die Anspruchskonkurrenz mehrerer Kindergeldberechtigter in den Fällen, in denen das Kind (dauerhaft) nicht in dem Haushalt eines Berechtigten, sondern bei Dritten oder allein lebt. Ist ein Kind von keinem der Anspruchsberechtigten in den Haushalt aufgenommen, so erhält gem. § 64 Abs. 3 Satz 1 EStG derjenige das Kindergeld, der dem Kind (laufend) Barunterhalt zahlt. Zahlen mehrere Berechtigte dem Kind Unterhalt, steht das Kindergeld gem. § 64 Abs. 3 Satz 2 EStG vorrangig demjenigen zu, der dem Kind (laufend) den höheren Unterhalt zahlt. Die bei der Bestimmung des Kindergeldberechtigten nach § 64 Abs. 3 EStG zu berücksichtigenden Unterhaltszahlungen müssen grundsätzlich für und in dem Zeitraum geleistet werden, für den das Kindergeld begehrt wird. Unterhalt, der um Jahre verspätet gezahlt wird, bleibt außer Betracht.[1]

Einmalige oder gelegentliche (höhere) finanzielle Zuwendungen an das Kind sind für die Bestimmung des Vorrangs unerheblich.[2] Eventuelle Sach- oder Betreuungsleistungen bleiben ebenfalls außer Ansatz. Hat derjenige, der das Kindergeld bisher erhalten hat, den Betrag an das Kind als Unterhalt weitergeleitet, so bleibt das Kindergeld für die Feststellung der höheren Unterhaltsrente außer Betracht.[3]

Werden gleich hohe Unterhaltsrenten gezahlt oder zahlt keiner der Berechtigten dem Kind Unterhalt, so können die Berechtigten gem. § 64 Abs. 3 Satz 3 EStG untereinander bestimmen, wer das Kindergeld erhalten soll. Wird eine Bestimmung nicht getroffen, so entscheidet letztlich gem. § 64 Abs. 3 Satz 4 EStG das Familiengericht auf Antrag einer Person, die ein berechtigtes Interesse an der Zahlung des Kindergeldes hat. Die Bestimmung durch das Familiengericht ist bindend, bis es zu einer Änderung in den tatsächlichen Verhältnissen kommt. Wird z. B. das Kind wieder in den Haushalt eines Elternteils aufgenommen, so ist damit die Entscheidung des Familiengerichts gegenstandslos geworden.

§ 65 Andere Leistungen für Kinder

(1) [1]Kindergeld wird nicht für ein Kind gezahlt, für das eine der folgenden Leistungen zu zahlen ist oder bei entsprechender Antragstellung zu zahlen wäre:

1. Kinderzulagen aus der gesetzlichen Unfallversicherung oder Kinderzuschüsse aus den gesetzlichen Rentenversicherungen,

2. Leistungen für Kinder, die im Ausland gewährt werden und dem Kindergeld oder einer der unter Nummer 1 genannten Leistungen vergleichbar sind,

3. Leistungen für Kinder, die von einer zwischen- oder überstaatlichen Einrichtung gewährt werden und dem Kindergeld vergleichbar sind.

[2]Soweit es für die Anwendung von Vorschriften dieses Gesetzes auf den Erhalt von Kindergeld ankommt, stehen die Leistungen nach Satz 1 dem Kindergeld gleich. [3]Steht ein Berechtigter in

---

1 Vgl. BFH v. 5.11.2015 - III R 57/13, BStBl 2016 II 403; BFH v. 28.4.2016 - III R 30/15, BFH/NV 2016, 1272 = NWB DokID: UAAAF-78692.
2 Vgl. A 26 DA-KG.
3 Vgl. BFH v. 2.6.2005 - III R 66/04, BStBl 2006 II 184.

einem Versicherungspflichtverhältnis zur Bundesagentur für Arbeit nach § 24 des Dritten Buches Sozialgesetzbuch oder ist er versicherungsfrei nach § 28 Absatz 1 Nummer 1 des Dritten Buches Sozialgesetzbuch oder steht er im Inland in einem öffentlich-rechtlichen Dienst- oder Amtsverhältnis, so wird sein Anspruch auf Kindergeld für ein Kind nicht nach Satz 1 Nummer 3 mit Rücksicht darauf ausgeschlossen, dass sein Ehegatte als Beamter, Ruhestandsbeamter oder sonstiger Bediensteter der Europäischen Union für das Kind Anspruch auf Kinderzulage hat.

(2) Ist in den Fällen des Absatzes 1 Satz 1 Nummer 1 der Bruttobetrag der anderen Leistung niedriger als das Kindergeld nach § 66, wird Kindergeld in Höhe des Unterschiedsbetrags gezahlt, wenn er mindestens 5 Euro beträgt.

Inhaltsübersicht

	Rz.
A. Allgemeine Erläuterungen	1 - 9
B. Systematische Kommentierung	10 - 32
I. Ausschluss des Anspruchs auf Kindergeld bei Anspruch auf andere Leistungen für Kinder (§ 65 Abs. 1 EStG)	10 - 27
1. Grundsatz des Ausschlusses von Kindergeld bei vergleichbaren Leistungen	10 - 15
2. Definition der das Kindergeld ausschließenden vergleichbaren Leistungen (§ 65 Abs. 1 Satz 1 EStG)	16 - 25
3. Die vergleichbaren Leistungen stehen dem Erhalt von Kindergeld gleich (§ 65 Abs. 1 Satz 2 EStG)	26
4. Anspruch des Ehegatten auf eine Kinderzulage ohne Auswirkung auf das Kindergeld (§ 65 Abs. 1 Satz 3 EStG)	27
II. Anspruch auf Teil-Kindergeld (§ 65 Abs. 2 EStG)	28 - 32

HINWEIS:

BZSt v. 10.7.2018, Dienstanweisung zum Kindergeld nach dem Einkommensteuergesetz (DA-KG), BStBl 2018 I 822.

LITERATUR:

Bering/Friedenberger, Änderungen beim Kindergeld im Schatten der aktuellen Zuwanderungsdebatte, NWB 2014, 3532; *Hillmoth*, Kinder im Steuerrecht, Herne 2016, Rz. 780 ff; *Micker/Thomas*, Der Einfluss des Unionsrechts auf das nationale Steuerrecht – Rechtsprechungsreport zu jüngeren EuGH-Entscheidungen, IWB 2016, 168.

ARBEITSHILFEN UND GRUNDLAGEN ONLINE:

Hillmoth, Kindergeld, Kinderfreibetrag und andere kindbedingte Steuervergünstigungen, NWB DokID: QAAAE-52191.

A. Allgemeine Erläuterungen

1 **Normzweck und wirtschaftliche Bedeutung der Vorschrift:** Die Vorschrift regelt das Verhältnis des Kindergeldes zu anderen kindbezogenen Leistungen. § 65 Abs. 1 EStG sieht den Ausschluss von Kindergeld vor, wenn andere kindbezogene Leistungen erbracht werden. § 65 Abs. 2 EStG sieht ein Teilkindergeld vor, wenn die Leistungen nach § 65 Abs. 1 Satz 1 Nr. 1 EStG das Kindergeld nach § 66 EStG unterschreiten. Die Regelung soll Doppelförderungen vermeiden.

Entstehung und Entwicklung der Vorschrift: § 65 EStG wurde im Zusammenhang mit der Neuregelung der einkommensteuerrechtlichen Kindergeldvorschriften ab 1996 in das EStG eingefügt. Mit dem AmtshilfeRLUmsG v. 26.6.2013 wurde zuletzt in Abs. 1 Satz 3 der bisherige Verweis auf „§ 28 Nr. 1 SGB III" durch einen Verweis auf „§ 28 Abs. 1 Nr. 1 SGB III" und der Begriff „Europäische Gemeinschaften" durch „Europäische Union" ersetzt. 2

Geltungsbereich: Zum sachlichen und persönlichen Geltungsbereich s. KKB/Hillmoth, § 31 EStG Rz. 6. 3

Vereinbarkeit mit höherrangigem Recht: Der Ausschluss des Kindergeldes bei Bezug der kindbezogenen Leistungen ist grundsätzlich verfassungsgemäß. Vor dem Hintergrund des vorrangigen EU-Rechts und des dort verankerten Freizügigkeitsrechts eines EU-Bürgers kann § 65 Abs. 1 Satz 1 Nr. 2 EStG so auszulegen sein, dass eine ausländische vergleichbare Leistung nicht zu einem Ausschluss des Anspruchs auf deutsches Kindergeld führt.[1] Kindergeld im Inland ist vielmehr auch dann zu zahlen, wenn im EU-Ausland ein Anspruch auf Kindergeld besteht. Der Anspruch im Inland wird ggf. um den Anspruch im Ausland gekürzt.[2] 4

Verhältnis zu anderen Vorschriften: Die in § 65 EStG genannten Leistungen entsprechen den dem Kindergeld vergleichbaren Leistungen i. S. d. § 31 Satz 5 EStG, die mit dem Kinderfreibetrag zu verrechnen sind, wenn dieser im Rahmen des Familienleistungsausgleichs zum Zuge kommt. 5

(Einstweilen frei) 6–9

B. Systematische Kommentierung

I. Ausschluss des Anspruchs auf Kindergeld bei Anspruch auf andere Leistungen für Kinder (§ 65 Abs. 1 EStG)

1. Grundsatz des Ausschlusses von Kindergeld bei vergleichbaren Leistungen

In § 65 Abs. 1 EStG werden zur Vermeidung einer Überförderung dem Kindergeld vergleichbare Leistungen angeführt, die die zusätzliche Zahlung von Kindergeld ausschließen (Kumulationsverbot). Der Anspruch auf Kindergeld ist grundsätzlich ausgeschlossen, wenn irgendeiner Person für das Kind eine der in § 65 Abs. 1 Satz 1 EStG genannten Leistungen zusteht. Dabei kann es sich um inländische oder ausländische Leistungen handeln. Nicht entscheidend ist die tatsächliche Zahlung der Leistungen. Es wird auf den Rechtsanspruch abgestellt. Ob ein etwaiger Rechtsanspruch besteht, stellt die Familienkasse bei der Kindergeldfestsetzung fest. Dabei trifft den Antragsteller eine erhöhte Mitwirkungspflicht bei Auslandssachverhalten. Hat eine andere Behörde über eine dem Kindergeld vergleichbare Leistung entschieden, besteht insoweit Tatbestandswirkung.[3] 10

Der Katalog kann nicht durch entsprechende Anwendung auf andere kindbezogene Leistungen erweitert werden. Der Anspruch auf Kindergeld ist deshalb nicht ausgeschlossen, wenn einem 11

---

1 Vgl. EuGH v. 12.6.2012 - C 611/10, C 612/10; *Hudzinski/Wawrzyniak*, DStRE 2012, 999.
2 Vgl. *Bering/Friedenberger*, Änderungen beim Kindergeld im Schatten der aktuellen Zuwanderungsdebatte, NWB 2014, 3532; BFH v. 16.7.2015 - III R 39/13, BFH/NV 2016, 277 = NWB DokID: RAAAF-17871; BFH v. 4.2.2016 – III R 9/15, BStBl 2017 II 121.
3 Vgl. BFH v. 25.7.2001 - VI R 18/99, BStBl 2002 II 81.

Elternteil folgende Leistungen zustehen: Leistungen für Kinder aus einer berufsständischen Versorgungseinrichtung (z. B. der Bayerischen Ärzteversorgung), Übergangsgeld nach § 20 SGB V, Leistungen nach dem Gesetz über die Altershilfe für Landwirte bzw. dem Gesetz über die Alterssicherung der Landwirte.

12–15 *(Einstweilen frei)*

2. Definition der das Kindergeld ausschließenden vergleichbaren Leistungen (§ 65 Abs. 1 Satz 1 EStG)

16 In § 65 Abs. 1 Satz 1 EStG sind die Kindergeld ausschließenden Leistungen im Einzelnen aufgeführt:

- § 65 Abs. 1 Satz 1 Nr. 1 EStG: Kinderzulagen aus der gesetzlichen Unfallversicherung (§ 217 Abs. 3 SGB VII),
- § 65 Abs. 1 Satz 1 Nr. 1 EStG: Kinderzuschüsse aus den gesetzlichen Rentenversicherungen (§ 270 SGB VI),
- § 65 Abs. 1 Satz 1 Nr. 2 EStG: im Ausland gewährte Leistungen für Kinder, vergleichbar dem Kindergeld oder den vorgenannten Kinderzulagen und Kinderzuschüssen,
- § 65 Abs. 1 Satz 1 Nr. 3 EStG: dem Kindergeld vergleichbare Leistungen, die von einer zwischen- oder überstaatlichen Einrichtung gewährt werden.

17 **Anspruch auf Kinderzulagen oder Kinderzuschüsse** gibt es nur noch in seltenen Altfällen. Seit dem 1. 1. 1984 werden zu neuen Renten Kinderzulagen oder Kinderzuschüsse nicht mehr gezahlt.

18 **Dem Kindergeld vergleichbare Leistungen im Ausland** nach § 65 Abs. 1 Satz 1 Nr. 2 EStG gibt es in allen Mitgliedstaaten der EU und des EWR sowie u. a. auch in der Schweiz, der Republik Türkei, dem Königreich Marokko, der Tunesischen Republik und Kanada.[1] Eine ausführliche Übersicht über die vergleichbaren Leistungen i. S. d. § 65 Abs. 1 Satz 1 Nr. 2 EStG wird regelmäßig im BStBl veröffentlicht.[2] § 65 Abs. 1 Satz 1 Nr. 2 EStG verpflichtet im Grundsatz, eine eigene Entscheidung darüber zu treffen, ob für ein Kind ein Anspruch auf Gewährung dem Kindergeld vergleichbarer Leistungen nach ausländischem Recht besteht.[3]

19 Bei dem Kindergeld **vergleichbaren Leistungen zwischen- oder überstaatlicher Einrichtungen** handelt es sich z. B. um finanzielle Vorteile für die Beschäftigten der NATO.

20 Der Anspruch auf Kindergeld für ein Kind ist ausgeschlossen, wenn dem Berechtigten eine der vorstehenden Leistungen zusteht.[4] Das Kind kann allerdings in diesen Fällen bei einem etwaigen Kindergeldanspruch für jüngere Kinder wie ein **Zählkind** mitgezählt werden und somit zur Erhöhung des Gesamt-Kindergeldanspruchs der Familie beitragen (§§ 63, 66 EStG).

21 Keine vergleichbaren Leistungen sind die in einzelnen EU- bzw. EWR-Staaten oder Vertragsstaaten zur Aufstockung des Kindergeldes gezahlten **Unterschiedsbeträge**.[5] Zum Ausschluss

---

[1] Vgl. BMF v. 9. 3. 1998, BStBl 1998 I 347, Rz. 23.
[2] Vgl. BZSt v. 16.1.2017, BStBl 2017 I 151.
[3] Vgl. BFH v. 13. 6. 2013 - III R 63/11, BStBl 2014 II 711; BFH v. 13. 6. 2013 - III R 10/11, BStBl 2014 II 706; BFH v. 8.5.2014 – III R 21/12, BStBl 2015 II 135; BFH v. 18.12.2014 – III R 4/13, BFH/NV 2015, 845 = NWB DokID: VAAAE-88367.
[4] Vgl. BFH v. 13.11.2014 – III R 1/13, BStBl 2018 II 394.
[5] Vgl. A 28.2 DA-KG; BFH v. 13.11.2014 – III R 1/13, BStBl 2018 II 394.

führen nur staatliche Doppelleistungen. Wird als Zuschuss zu seiner Schweizer Invalidenrente eine Schweizer Kinderrente gezahlt, so ist der Anspruch auf Kindergeld wegen der Vergleichbarkeit mit einer Kinderzulage aus der gesetzlichen Unfallversicherung i.S.v. § 65 Abs. 1 Nr. 1 EStG ausgeschlossen.[1]

(Einstweilen frei) 22–25

3. Die vergleichbaren Leistungen stehen dem Erhalt von Kindergeld gleich (§ 65 Abs. 1 Satz 2 EStG)

Die dem Kindergeld vergleichbaren, anderen Leistungen für Kinder stehen dem Kindergeld gleich, soweit es für die Anwendung der Vorschriften des EStG auf den Erhalt von Kindergeld ankommt (§ 65 Abs. 1 Satz 2 EStG).[2] Dadurch wird gesetzestechnisch Folgendes erreicht:

▶ Einbeziehung der Leistungen in den Familienleistungsausgleich (Vergleichsberechnung: Kinderfreibetrag bzw. Freibetrag für den Betreuungs- und Erziehungs- oder Ausbildungsbedarf – Kindergeld, Hinzurechnung der „anderen" Leistungen),

▶ Gewährung kindbedingter Vergünstigungen, die u. a. vom Erhalt des Kindergeldes abhängig sind (z. B. Entlastungsbetrag für Alleinerziehende oder Ausbildungsfreibetrag).

4. Anspruch des Ehegatten auf eine Kinderzulage ohne Auswirkung auf das Kindergeld (§ 65 Abs. 1 Satz 3 EStG)

Der Kindergeldanspruch wird gem. § 65 Abs. 1 Satz 3 EStG nicht dadurch ausgeschlossen, dass der Ehegatte des Berechtigten als Beamter, Ruhestandsbeamter oder sonstiger Bediensteter der Europäischen Union für das Kind Anspruch auf Kinderzulage hat, wenn der Berechtigte selbst in einem Versicherungspflichtverhältnis nach § 24 SGB III steht oder versicherungsfrei nach § 28 Abs. 1 Nr. 1 SGB III ist oder im Inland in einem öffentlich-rechtlichen Dienst- oder Amtsverhältnis steht.[3]

II. Anspruch auf Teil-Kindergeld (§ 65 Abs. 2 EStG)

Wird noch eine **Kinderzulage** aus der gesetzlichen Unfallversicherung oder ein **Kinderzuschuss** aus der gesetzlichen Rentenversicherung gezahlt und ist der Bruttoleistungsbetrag niedriger als das „normale" Kindergeld gem. § 66 EStG, wird der **Differenzbetrag als Kindergeld** gezahlt. Voraussetzung ist, dass der Unterschiedsbetrag mindestens 5 € beträgt.

Zuständig für die Festsetzung von Teil-Kindergeld mit Auslandsbezug sind auch für Beschäftigte des öffentlichen Dienstes die **Familienkassen** der Bundesagentur für Arbeit.[4]

Eine Differenzzahlung zwischen einer **Auslandskinderzulage** gem. § 65 Abs. 1 Satz 1 Nr. 2 EStG oder der Leistung einer zwischen- oder überstaatlichen Einrichtung gem. § 65 Abs. 1 Satz 1 Nr. 3 EStG und dem Kindergeld gem. § 66 EStG erfolgt grds. nicht. Unterliegt eine Person jedoch den deutschen Rechtsvorschriften und stehen für ein Kind Familienleistungen eines an-

---

1 Vgl. BFH v. 21.2.2018 - III R 3/17, BFH/NV 2018, 726 = NWB DokID: YAAAG-85045.
2 Vgl. A 28.3 DA-KG.
3 BFH v. 13.7.2016 - XI R 16/15, BStBl 2016 II 955.
4 Vgl. § 72 Abs. 8 EStG.

deren EU-/EWR-Staates oder der Schweiz zu, kann ein Anspruch auf einen Kindergeldunterschiedsbetrag nach den Regelungen der Verordnungen (EG) Nr. 883/2004 und Nr. 987/2009 bzw. der Verordnungen (EWG) Nr. 1408/71 und Nr. 574/72 bestehen. Die Berechnung des Differenzkindergeldes hat nach dem EStG kindbezogen zu erfolgen. Eine Kürzung des Differenzkindergeldes bei einzelnen Kindern durch Verrechnung eines übersteigenden Betrags bei anderen Kindern ist mangels Grundlage ausgeschlossen.[1]

31 Sind auf eine Person die Rechtsvorschriften eines anderen EU-/EWR-Staates oder der Schweiz anzuwenden und stehen dort wegen nationaler Vorschriften keine Familienleistungen zu (z. B. wegen Überschreitung einer Alters- oder Einkommensgrenze), besteht Anspruch auf volles deutsches Kindergeld, wenn die nationalen Voraussetzungen der §§ 32, 62 bis 78 EStG erfüllt sind.[2] Stehen dagegen in diesen Fällen Familienleistungen in einem niedrigeren Umfang aus anderen EU-/EWR-Staaten oder der Schweiz zu, kommt die Zahlung eines Unterschiedsbetrags zwischen dem deutschen Kindergeld und den ausländischen Familienleistungen in Betracht.[3] Bei der Auslegung der deutschen Konkurrenzvorschrift des § 65 Abs. 1 Satz 1 Nr. 2 EStG sind die Anforderungen des Primärrechts der Union auf dem Gebiet der Freizügigkeit der Arbeitnehmer zu beachten.[4]

32 Soweit sich die Anspruchskonkurrenz nach Art. 10 Verordnung (EG) Nr. 883/2004 i.V. m. Art. 10 Verordnung (EG) Nr. 987/2009 bzw. nach Art. 12 Abs. 2 Verordnung (EWG) Nr. 1408/71 i.V. m. Art. 97 Abs. 1 Verordnung (EWG) Nr. 574/72 bestimmt, steht dem Berechtigten immer der jeweilige Anteil des Kindergeldsatzes zu. Der an sich zustehende Betrag ist durch die Anzahl der in den Mitgliedstaaten zustehenden Leistungen zu teilen. Die Sonderregelungen betreffen insbesondere den Schutz der „Wanderarbeitnehmer", die von einem Mitgliedstaat der EU in einen anderen Mitgliedstaat übersiedeln und die durch das Gebrauchtmachen von ihrem Recht auf Freizügigkeit ihre bereits im ersten Staat erworbenen sozialen Rechte nicht verlieren sollen.[5] Die Währungsumrechnung erfolgt sowohl bei Leistungszahlung als auch bei Erstattung zum am Tag der Zahlung geltenden amtlichen Wechselkurs.

§ 66 Höhe des Kindergeldes, Zahlungszeitraum

(1)[6] Das Kindergeld beträgt monatlich für erste und zweite Kinder jeweils 194 Euro, für dritte Kinder 200 Euro und für das vierte und jedes weitere Kind jeweils 225 Euro.

(2) Das Kindergeld wird monatlich vom Beginn des Monats an gezahlt, in dem die Anspruchsvoraussetzungen erfüllt sind, bis zum Ende des Monats, in dem die Anspruchsvoraussetzungen wegfallen.

(3)[7] Das Kindergeld wird rückwirkend nur für die letzten sechs Monate vor Beginn des Monats gezahlt, in dem der Antrag auf Kindergeld eingegangen ist.

---

1 Vgl. BFH v. 4. 2. 2016 - III R 9/15, BStBl 2017 II 121; BFH v. 16.7.2015 – III R 39/13, BStBl 2018 II 396.
2 Vgl. EuGH v. 20. 5. 2008 - C-352/06, NWB DokID: WAAAD-22014.
3 Vgl. EuGH v. 12. 6. 2012 - C-611/10 und C-612/10, NWB DokID: DAAAE-13933; BFH v. 16. 7. 2015 - III R 39/13, BStBl 2018 II 396.
4 Vgl. BFH v. 16. 5. 2013 - III R 8/11, BStBl 2013 II 1040; Vgl. A 29 Abs. 2 DA-KG; BFH v. 21. 2. 2018 – III R 3/17, BFH/NV 2018, 726 = NWB DokID: YAAAG-85045.
5 Vgl. BFH v. 18. 7. 2013 - III R 51/09, BStBl 2016 II 947; BFH v. 11. 7. 2013 - VI R 68/11, BStBl 2016 II 945; BFH v. 5. 9. 2013 - XI R 52/10, BFH/NV 2014, 33 = NWB DokID: PAAAE-48468.
6 **Anm. d. Red.:** Zur Anwendung des § 66 Abs. 1 siehe § 52 Abs. 49a Sätze 3 bis 6.
7 **Anm. d. Red.:** Zur Anwendung des § 66 Abs. 3 siehe § 52 Abs. 49a Satz 7.

Allgemeine Erläuterungen   1–3 § 66 EStG

Inhaltsübersicht

	Rz.
A. Allgemeine Erläuterungen	1 - 11
B. Systematische Kommentierung	12 - 26
I. Höhe des Kindergeldes (§ 66 Abs. 1 EStG)	12 - 19
II. Anspruchszeitraum (§ 66 Abs. 2 EStG)	20 - 24
III. Zahlungszeitraum (§ 66 Abs. 3 EStG)	25 - 26

HINWEIS:

BZSt v. 10. 7. 2018, Dienstanweisung zum Kindergeld nach dem Einkommensteuergesetz (DA-KG), BStBl 2018 I 822.

LITERATUR:

Hillmoth, Kinder im Steuerrecht, Herne 2016, Rz. 836 ff., NWB DokID: JAAAF-08903

ARBEITSHILFEN UND GRUNDLAGEN ONLINE:

Kindergeld seit 1996 Familienleistungsausgleich-Berechnung, Berechnungsprogramm, NWB DokID: OAAAB-05526; Kindergeld: Merkblätter, Übersicht, NWB DokID: RAAAE-34242; Familienleistungsausgleich: Dienstanweisungen des BZSt, Sammlung, Übersicht, NWB DokID: WAAAE-42751; *Hillmoth*, Kindergeld, Kinderfreibetrag und andere kindbedingte Steuervergünstigungen, NWB DokID: QAAAE-52191.

A. Allgemeine Erläuterungen

Normzweck und wirtschaftliche Bedeutung der Vorschrift: Die Vorschrift regelt die Höhe des Kindergeldes (§ 66 Abs. 1 Satz 1 EStG), die Gewährung eines einmaligen Kinderbonus für das Jahr 2009 (§ 66 Abs. 1 Satz 2 EStG), den Zahlungszeitraum und die Anspruchsdauer (§ 66 Abs. 2 und 3 EStG).   1

§ 66 EStG steht über § 31 EStG im Zusammenhang mit dem sog. Familienleistungsausgleich. Im laufenden Jahr wird das Kindergeld gem. § 31 Satz 3 EStG als Steuervergütung gezahlt. Bei der Einkommensteuerveranlagung wird geprüft, ob die steuerliche Freistellung des Existenzminimums des Kindes durch den Anspruch auf Kindergeld bewirkt wird. Hierzu wird eine Vergleichsberechnung zwischen dem Kindergeld und der steuerlichen Auswirkung der Freibeträge nach § 32 Abs. 6 EStG durchgeführt und das danach günstigere Ergebnis zugrunde gelegt. Sind die Freibeträge günstiger, kommen diese zum Ansatz. Die tarifliche Einkommensteuer erhöht sich zur Vermeidung einer Doppelförderung um den Anspruch auf Kindergeld.[1] Ist das Kindergeld günstiger, kommen die Freibeträge nicht zum Ansatz. Das nicht zum steuerlichen Familienleistungsausgleich erforderliche Kindergeld dient dann gem. § 31 Satz 2 EStG der Förderung der Familie.   2

Entstehung und Entwicklung der Vorschrift: Die Vorschrift wurde im Zusammenhang mit der Neuregelung der einkommensteuerrechtlichen Kindergeldvorschriften ab 1996 in das EStG eingefügt. Das Kindergeld für das erste und zweite Kind wurde für 2018 auf 194 €, für das dritte auf 200 € und für das vierte und weitere Kinder auf 225 € festgelegt. Zur weiteren Entwicklung s. → Rz. 13. Mit dem Steuerumgehungsbekämpfungsgesetz v. 23. 6. 2017 wurde ab 2018 neu geregelt, dass Kindergeld nur noch für die sechs zurückliegenden Monate gezahlt wird.[2]   3

---

1 Vgl. § 31 Satz 4, § 2 Abs. 6 Satz 3 EStG.
2 Vgl. BGBl 2017 I 1682.

4 **Geltungsbereich:** Zum sachlichen und persönlichen Geltungsbereich s. KKB/Hillmoth, § 31 EStG Rz. 6.

5 **Vereinbarkeit mit höherrangigem Recht:** Die Regelungen zu Beginn und Ende des Anspruchs auf Kindergeld sind verfassungsrechtlich unbedenklich. Auf dem (verfassungsrechtlichen) Prüfstand steht aber laufend die Höhe der Freibeträge für Kinder. Als Folge der Anhebung des Kinderfreibetrags wurde auch das Kindergeld angehoben (vgl. s. → Rz. 13).

6 **Verhältnis zu anderen Vorschriften:** Das Kindergeld stellt eine wesentliche Komponente im Rahmen des Familienleistungsausgleichs dar. Die Regelung der Kindergeldsätze in § 66 Abs. 1 Satz 1 EStG entspricht § 6 Abs. 1 BKGG. Der einmalige Kinderbonus ist in § 66 Abs. 1 Satz 2 EStG entsprechend der Vorschrift des § 6 Abs. 3 BKGG geregelt. Der Zahlungszeitraum in Abs. 2 entspricht der Vorschrift des § 11 Abs. 1 BKGG. Die Anspruchsdauer nach Abs. 2 stimmt mit § 5 Abs. 1 BKGG überein.

7–11 *(Einstweilen frei)*

B. Systematische Kommentierung

I. Höhe des Kindergeldes (§ 66 Abs. 1 EStG)

12 § 66 Abs. 1 EStG legt die Höhe des Kindergeldes für die einzelnen Kinder fest. Das Kindergeld beträgt 2017 monatlich für erste und zweite Kinder jeweils 192 €, für dritte Kinder 198 € und für das vierte und jedes weitere Kind jeweils 223 €.

13 Beschlossen wurde für 2018 eine Anhebung auf 194 € für das erste und zweite Kind, auf 200 € für das dritte und 223 € für das vierte und jedes weitere Kind.[1] Beschlossen wurde mit dem Familienentlastungsgesetz eine weitere Anhebung des Kindergeldes ab 1.7.2019 um monatlich 10 € je Kind.[2] Die Entwicklung ist der nachfolgenden Tabelle zu entnehmen:

Höhe des Kindergeldes in €	2014	2015	2016	2017	2018	ab 1.7.2019
Kind 1	184	188	190	192	194	204
Kind 2	184	188	190	192	194	204
Kind 3	190	194	196	198	200	210
Kind 4 und weitere Kinder	215	219	221	223	225	235

14 Welches Kind bei einem Berechtigten i.S.d. § 62 EStG erstes oder weiteres Zahlkind ist, bestimmt sich danach, an welcher Stelle das bei diesem Berechtigten zu berücksichtigende Kind in der Reihenfolge der Geburten steht. Das älteste Kind ist also das erste Kind. In der Reihenfolge der Kinder werden auch diejenigen mitgezählt, für die der Berechtigte nur deshalb keinen Anspruch auf Kindergeld hat, weil für sie der Anspruch gem. § 64 Abs. 2 oder Abs. 3 EStG vorrangig einem anderen Berechtigten zusteht oder weil wegen des Vorliegens eines Ausschlusstatbestandes nach § 65 EStG oder entsprechenden Vorschriften des über- und zwi-

---

[1] Vgl. Gesetz zur Umsetzung der Änderungen der EU-Amtshilferichtlinien und von weiteren Maßnahmen gegen Gewinnkürzungen und -verlagerungen v. 20.12.2016, BGBl 2016 I 3000.
[2] Vgl. BGBl 2018 I 2210.

schenstaatlichen Rechts der Anspruch auf Kindergeld ausgeschlossen ist (Zählkinder). Gleiches gilt für Kinder, für die der Berechtigte einen Anspruch nach einer zwischenstaatlichen Vereinbarung oder einem Abkommen über Soziale Sicherheit hat. Leben die Eltern eines gemeinsamen Kindes in nichtehelicher Lebensgemeinschaft zusammen und sind in deren Haushalt auch zwei ältere, aus einer anderen Beziehung stammende Kinder eines Elternteils aufgenommen, erhält der andere Elternteil für das gemeinsame Kind nicht den nach § 66 Abs. 1 EStG erhöhten Kindergeldbetrag für ein drittes Kind.[1]

BEISPIEL: Ein Berechtigter hat aus einer früheren Beziehung zwei Kinder, für die die Mutter das Kindergeld erhält. Diese Kinder werden bei dem Berechtigten, der aus seiner jetzigen Beziehung zwei weitere Kinder hat, als Zählkinder berücksichtigt. Somit erhält er 2018 für sein zweitjüngstes (also sein drittes) Kind Kindergeld i. H. v. 200 € und für sein jüngstes (also sein viertes) Kind Kindergeld i. H. v. 225 €.

Kinder in EU-, EWR-Mitgliedstaaten oder der Schweiz: Der Anspruchsberechtigte kann für Kinder, die in einem Mitgliedstaat der EU, des EWR oder der Schweiz leben, die gleichen Beträge beanspruchen wie bei einem Inlandswohnsitz der Kinder.[2] Für Kinder im Inland kann ggf. ein vorrangiger Leistungsanspruch im Ausland aber mit inländischem Anspruch auf Zahlung eines Differenzkindergeldes bestehen.[3]

Kinder in Abkommensstaaten: Geminderte Beträge werden aufgrund zwischenstaatlicher Sozialabkommen gezahlt.[4] Eine Aufstellung der Abkommen mit Fundstellen enthält H 31 EStH. Danach ergeben sich monatlich folgende Euro-Beträge:

Vertragsstaat	1. Kind	2. Kind	3. Kind	4. Kind	5. Kind	6. Kind	ab 7. Kind
Serbien, Bosnien-Herzegowina, Montenegro, Kosovo	5,11	12,78	30,68	30,68	35,79	35,79	35,79
Marokko	5,11	12,78	12,78	12,78	12,78	12,78	0
Türkei	5,11	12,78	30,68	30,68	35,79	35,79	35,79
Tunesien	5,11	12,78	12,78	12,78	0	0	0

(Einstweilen frei)

II. Anspruchszeitraum (§ 66 Abs. 2 EStG)

Ein Anspruch auf Kindergeld besteht grundsätzlich für jeden Kalendermonat, in dem wenigstens an einem Tag die Anspruchsvoraussetzungen vorgelegen haben. Es gelten die allgemeinen Vorschriften zur Festsetzungsverjährung nach §§ 169 ff. AO. Für welche Zeiträume Anspruch auf Kindergeld besteht, ergibt sich aus §§ 62, 63 EStG i. V. m. § 32 Abs. 1 bis 5 EStG. Da die Zahlung nur rückwirkend für sechs Monate erfolgt, stimmen Zahlungszeitraum und Anspruchszeitraum ab 2018 nicht mehr überein (§ 66 Abs. 3 EStG).

---

1 Vgl. BFH v. 25.4.2018 - III R 24/17, NWB DokID: TAAAG-88862.
2 Vgl. 23 DA-KG.
3 Vgl. BFH v. 4.2.2016 - III R 9/15, BStBl 2017 II 121.
4 Vgl. BFH v. 10.1.2013 – III B 103/12, BFH/NV 2013, 552 = NWB DokID: TAAAE-30621.

21 Begründet ein Kind, für das bisher Kindergeld in der durch ein Abkommen über Soziale Sicherheit bestimmten Höhe gezahlt worden ist, im Inland seinen gewöhnlichen Aufenthalt, so ist grundsätzlich vom Einreisemonat an Kindergeld nach den Sätzen des § 66 EStG festzusetzen. Abweichend hiervon ist aufgrund zwischenstaatlicher Regelungen für Kinder aus Marokko und Tunesien erst von dem auf den Einreisemonat folgenden Monat an Kindergeld nach den Sätzen des § 66 EStG festzusetzen. Für ein Kind, das im Laufe eines Monats seinen gewöhnlichen Aufenthalt im Inland aufgibt, ist für den Ausreisemonat Kindergeld in Höhe der Sätze des § 66 EStG zu zahlen.

22–24 *(Einstweilen frei)*

III. Zahlungszeitraum (§ 66 Abs. 3 EStG)

25 Das Kindergeld wird nach der gesetzlichen Neuregelung in § 66 Abs. 3 EStG rückwirkend nur für die letzten sechs Monate vor Beginn des Monats gezahlt, in dem der Antrag auf Kindergeld eingegangen ist. Die Regelung ist gem. § 52 Abs. 49a EStG auf Anträge anzuwenden, die nach dem 31.12.2017 eingehen.

26 Die Regelung bewirkt, dass das Kindergeld über die zurückliegenden sechs Monate hinaus nicht mehr zur Auszahlung gelangen kann. Der materiell-rechtliche Anspruch wird hierdurch nicht berührt.[1]

> **BEISPIEL:** Die Eltern waren irrtümlich davon ausgegangen, dass für ihren 24-jährigen Sohn, der sich seit dem 1.7.2016 in einer zweiten Berufsausbildung befindet, kein Kindergeldanspruch mehr besteht. Sie stellen deshalb erst im Dezember 2017 bei der Familienkasse einen Antrag auf Kindergeld. Den Eltern wird Kindergeld rückwirkend ab Juli 2016 gezahlt.
>
> Abwandlung: Der Kindergeldantrag geht bei der Familienkasse erst am 5.1.2018 ein. Folge: Kindergeld wird rückwirkend nur ab Juli 2017 gezahlt.

§ 67 Antrag

[1]Das Kindergeld ist bei der zuständigen Familienkasse schriftlich zu beantragen. [2]Den Antrag kann außer dem Berechtigten auch stellen, wer ein berechtigtes Interesse an der Leistung des Kindergeldes hat. [3]In Fällen des Satzes 2 ist § 62 Absatz 1 Satz 2 bis 3 anzuwenden. [4]Der Berechtigte ist zu diesem Zweck verpflichtet, demjenigen, der ein berechtigtes Interesse an der Leistung des Kindergeldes hat, seine an ihn vergebene Identifikationsnummer (§ 139b der Abgabenordnung) mitzuteilen. [5]Kommt der Berechtigte dieser Verpflichtung nicht nach, teilt die zuständige Familienkasse demjenigen, der ein berechtigtes Interesse an der Leistung des Kindergeldes hat, auf seine Anfrage die Identifikationsnummer des Berechtigten mit.

Inhaltsübersicht

	Rz.
A. Allgemeine Erläuterungen	1 - 14
B. Systematische Kommentierung	15 - 26
I. Schriftliche Antragstellung bei der Familienkasse (§ 67 Satz 1 EStG)	15 - 20
II. Antragsberechtigung auch bei einem Dritten (§ 67 Satz 2 EStG)	21 - 24
III. Erforderliche Identifikation mittels der Identifikationsnummer (§ 67 Satz 3 bis 5 EStG)	25 - 26

---

1 Vgl. BZSt v. 25.10.2017 - St II 2 - S 2474-PB/17/00001, BStBl 2017 I 1540.

> **HINWEIS:**
> BZSt v. 10.7.2018, Dienstanweisung zum Kindergeld nach dem Einkommensteuergesetz (DA-KG), BStBl 2018 I 822.

> **LITERATUR:**
> Hillmoth, Kinder im Steuerrecht, Herne 2016, Rz. 851.

> **ARBEITSHILFEN UND GRUNDLAGEN ONLINE:**
> Hillmoth, Kindergeld, Kinderfreibetrag und andere kindbedingte Steuervergünstigungen, NWB DokID: QAAAE-52191.

A. Allgemeine Erläuterungen

Normzweck und wirtschaftliche Bedeutung der Vorschrift: Die Vorschrift sieht die Schriftform der Antragstellung für Kindergeld vor und erweitert den Kreis der Antragsberechtigten auf Personen, die ein berechtigtes Interesse an der Leistung des Kindergeldes haben. 1

Entstehung und Entwicklung der Vorschrift: Die Vorschrift wurde im Zusammenhang mit der Neuregelung der einkommensteuerrechtlichen Kindergeldvorschriften ab 1996 in das EStG aufgenommen. Mit dem Gesetz zur Änderung des Freizügigkeitsgesetzes/EU und weiterer Vorschriften v. 2.12.2014 wurde § 67 EStG um Satz 3 bis 5 hinsichtlich des Erfordernisses der Angabe der Identifikationsnummer des Berechtigten ergänzt. 2

Geltungsbereich: Zum sachlichen und persönlichen Geltungsbereich s. KKB/Hillmoth, § 31 EStG Rz. 6. 3

Vereinbarkeit mit höherrangigem Recht: Das Erfordernis der Antragstellung wird durchaus konträr gesehen. Es ist umstritten, dass die zutreffende, leistungsgerechte Besteuerung vom Gesetzgeber von einem Antrag des Berechtigten abhängig gemacht worden ist.[1] 4

Verhältnis zu anderen Vorschriften: Da § 67 EStG als verfahrensrechtliche Regelung zum Kindergeld anzusehen ist, greifen parallel die übrigen verfahrensrechtlichen Regelungen, wie z.B. die Mitwirkungspflichten der Beteiligten gem. §§ 90 ff. AO bzw. die Hinzuziehungs- und Beiladungsfragen gem. § 360 Abs. 3 AO. 5

(Einstweilen frei) 6–14

B. Systematische Kommentierung

I. Schriftliche Antragstellung bei der Familienkasse (§ 67 Satz 1 EStG)

Der Antrag auf Kindergeld muss gem. § 67 Satz 1 EStG schriftlich gestellt und unterschrieben werden. Die Verwendung eines amtlichen Vordrucks ist nicht erforderlich, wenn der Antrag alle zur Entscheidung erforderlichen Angaben enthält und insbesondere alle Unterschriftserfordernisse beachtet wurden. Er kann fristwahrend auch mittels Telefax gestellt werden. 15

---

[1] Siehe nur HHR/*Kanzler*, vor § 62 EStG Anm. 11, m.w.N.

16 Der Antrag auf Kindergeld ist nach § 67 Satz 1 EStG bei der örtlich zuständigen Familienkasse zu stellen.[1] Regelungen des über- und zwischenstaatlichen Rechts, wonach der Antrag auf Kindergeld auch beim zuständigen Träger oder einer entsprechenden Stelle eines anderen EU- bzw. EWR- oder Vertragsstaates gestellt werden kann, bleiben hiervon unberührt. Anträge, die bei einer Familienkasse der Bundesagentur für Arbeit anzubringen sind, können auch bei einer Außenstelle derjenigen Agentur für Arbeit angebracht werden, bei der die Familienkasse eingerichtet ist.[2] Für Auslandsfälle bestehen besondere Zuständigkeiten.[3] Jede Familienkasse ist verpflichtet, sich beim BZSt anzumelden.[4]

17 Ein neuer Antrag ist nicht erforderlich, wenn ein Berechtigter aus dem Zuständigkeitsbereich der einen Familienkasse in den einer anderen überwechselt bzw. sich die Rechtsgrundlage für den Kindergeldanspruch ändert (z. B. vom Steuerrecht zum Sozialrecht oder umgekehrt).[5]

Beispiele für eine erforderliche Antragstellung:

▶ Geburt des Kindes,

▶ Haushaltsaufnahme des Kindes,

▶ Begründung eines Pflegekindschaftsverhältnisses,

▶ (erneuter) Beginn einer Berufsausbildung,[6]

▶ Kind ist noch in Berufsausbildung nach Vollendung des 18. Lebensjahres.[7]

18 Auch wenn ein Kindergeldantrag keine Angaben zu den Zeiträumen enthält, für die Kindergeld begehrt wird, kann er dennoch aufgrund seines objektiven Erklärungsinhalts dahin auszulegen sein, dass die Festsetzung ab dem Monat beantragt wird, in dem erstmals die für nicht freizügigkeitsberechtigte Ausländer erforderlichen ausländerrechtlichen Voraussetzungen vorliegen.[8]

19–20 *(Einstweilen frei)*

II. Antragsberechtigung auch bei einem Dritten (§ 67 Satz 2 EStG)

21 Nach § 67 Satz 2 EStG kann außer dem Berechtigten einen Antrag stellen, wer ein berechtigtes Interesse an der Leistung hat. Ein berechtigtes Interesse können insbesondere Personen, die einem zu berücksichtigenden Kind gegenüber unterhaltsverpflichtet sind oder zu deren Gunsten eine Auszahlung des Kindergeldes erfolgen könnte (vgl. §§ 74, 76 EStG sowie entsprechende Regelungen des über- oder zwischenstaatlichen Rechts), und das Kind haben. Ein berechtigtes Interesse wird bei anderen Personen dann nicht anzunehmen sein, wenn der Anspruchsberechtigte den Unterhaltsverpflichtungen gegenüber seinen Kindern nachkommt.

---

1 Vgl. BZSt v. 29. 7. 2013, BStBl 2013 I 1142; V 5.2 DA-KG.
2 Vgl. BFH v. 25. 9. 2014 - III R 25/13, BStBl 2015 II 847.
3 Vgl. BFH v. 19.1.2017 - III R 31/15, BStBl 2017 II 642.
4 Vgl. O 2.3 DA-KG.
5 Vgl. V 5.2 DA-KG.
6 Vgl. BFH v. 26. 11. 2014 - XI R 41/13, BFH/NV 2015, 491 = NWB DokID: ZAAAE-85671, zum groben Verschulden durch die verspätete Vorlage einer Schulbescheinigung.
7 Vgl. V 5.4 DA-KG.
8 Vgl. BFH v. 9. 2. 2012 - III R 45/10, BStBl 2013 II 1028.

Der Antrag im berechtigten Interesse ersetzt den Antrag des Berechtigten. Der Antragsteller im berechtigten Interesse erlangt durch die Antragstellung im Verfahren über die Festsetzung des Kindergeldes eine Beteiligtenstellung.[1] Er wird jedoch nicht zum Berechtigten. Es wird daher von der Familienkasse zur Vermeidung von Doppelzahlungen geprüft, ob die Anspruchsvoraussetzungen in der Person des benannten Berechtigten erfüllt sind.[2] Der in Frage kommende Berechtigte ist über die Antragstellung zu unterrichten. Die Entscheidung über den Antrag ist dem Berechtigten durch Bescheid bekannt zu geben. Der Antragsteller mit berechtigtem Interesse ist entweder durch eine Durchschrift des Bescheides oder eine schriftliche Mitteilung über den Inhalt des Bescheides zu informieren.[3]

22

(Einstweilen frei)

23–24

III. Erforderliche Identifikation mittels der Identifikationsnummer (§ 67 Satz 3 bis 5 EStG)

Voraussetzung für den Kindergeldanspruch ist gem. § 62 EStG grundsätzlich, dass der Berechtigte durch seine Identifikationsnummer identifiziert werden kann. Den Antrag auf Kindergeld kann gem. § 67 Satz 2 EStG außer dem Berechtigten auch stellen, wer ein berechtigtes Interesse an der Leistung des Kindergeldes hat, z. B. Personen/Stellen, die für den Unterhalt aufkommen bzw. das Kind selbst. In diesem Fall ist der Berechtigte gem. § 67 Satz 3 und 4 EStG verpflichtet, demjenigen, der ein berechtigtes Interesse an der Leistung des Kindergeldes hat, seine Identifikationsnummer mitzuteilen. Kommt der Berechtigte dieser Verpflichtung nicht nach, teilt die zuständige Familienkasse gem. § 67 Satz 5 EStG demjenigen, der ein berechtigtes Interesse an der Leistung des Kindergeldes hat, auf seine Anfrage die Identifikationsnummer des Berechtigten mit.[4]

25

Die erforderliche Identifikation mittels der Identifikationsnummer ist für Kindergeldfestsetzungen anzuwenden, die Zeiträume betreffen, die nach dem 31.12.2015 beginnen. Sie ist auch anzuwenden für Kindergeldfestsetzungen, die Zeiträume betreffen, die vor dem 1.1.2016 liegen, der Antrag auf Kindergeld aber erst nach dem 31.12.2015 gestellt wird.[5]

26

§ 68 Besondere Mitwirkungspflichten

(1) ¹Wer Kindergeld beantragt oder erhält, hat Änderungen in den Verhältnissen, die für die Leistung erheblich sind oder über die im Zusammenhang mit der Leistung Erklärungen abgegeben worden sind, unverzüglich der zuständigen Familienkasse mitzuteilen. ²Ein Kind, das das 18. Lebensjahr vollendet hat, ist auf Verlangen der Familienkasse verpflichtet, an der Aufklärung des für die Kindergeldzahlung maßgebenden Sachverhalts mitzuwirken; § 101 der Abgabenordnung findet insoweit keine Anwendung.

---

1 Vgl. § 78 Nr. 1 AO.
2 Vgl. § 64 EStG.
3 Vgl. V 5.3 DA-KG.
4 Ergänzung des § 67 EStG um Satz 3 bis 5 gem. Art. 3 des Gesetzes zur Änderung des Freizügigkeitsgesetzes/EU und weiterer Vorschriften v. 2.12.2014, BGBl 2014 I 1922; BZSt v. 5.6.2015, BStBl 2015 I 511.
5 Vgl. § 52 Abs. 49a EStG.

(2) (weggefallen)

(3) Auf Antrag des Berechtigten erteilt die das Kindergeld auszahlende Stelle eine Bescheinigung über das für das Kalenderjahr ausgezahlte Kindergeld.

(4) ¹Die Familienkassen dürfen den Stellen, die die Bezüge im öffentlichen Dienst anweisen, den für die jeweilige Kindergeldzahlung maßgebenden Sachverhalt durch automatisierte Abrufverfahren übermitteln oder Auskunft über diesen Sachverhalt erteilen. ²Das Bundesministerium der Finanzen wird ermächtigt, durch Rechtsverordnung ohne Zustimmung des Bundesrates zur Durchführung von automatisierten Abrufen nach Satz 1 die Voraussetzungen, unter denen ein Datenabruf erfolgen darf, festzulegen.

Inhaltsübersicht

	Rz.
A. Allgemeine Erläuterungen	1 - 10
B. Systematische Kommentierung	11 - 24
I. Veränderungsanzeige und Mitwirkungspflicht des volljährigen Kindes (§ 68 Abs. 1 EStG)	11 - 18
1. Vorgeschriebene Veränderungsanzeige (§ 68 Abs. 1 Satz 1 EStG)	11 - 14
2. Mitwirkungspflicht des volljährigen Kindes (§ 68 Abs. 1 Satz 2 EStG)	15 - 18
II. Bescheinigung der Familienkasse über ausgezahltes Kindergeld (§ 68 Abs. 3 EStG)	19 - 23
III. Auskunftserteilung an Bezügestellen des öffentlichen Dienstes (§ 68 Abs. 4 EStG)	24

HINWEIS:

Dienstanweisung zum Kindergeld nach dem Einkommensteuergesetz (DA-KG).

LITERATUR:

Hillmoth, Kinder im Steuerrecht, Herne 2016, Rz. 906 ff.

ARBEITSHILFEN UND GRUNDLAGEN ONLINE:

Hillmoth, Kindergeld, Kinderfreibetrag und andere kindbedingte Steuervergünstigungen, NWB DokID: QAAAE-52191.

A. Allgemeine Erläuterungen

1 **Normzweck und wirtschaftliche Bedeutung der Vorschrift:** Die Vorschrift regelt die besonderen Mitwirkungspflichten aller am Kindergeldverfahren Beteiligter.

2 **Entstehung und Entwicklung der Vorschrift:** Die Vorschrift wurde im Zusammenhang mit der Neuregelung der einkommensteuerrechtlichen Kindergeldvorschriften ab 1996 in das EStG aufgenommen. Mit dem Gesetz zur Beendigung der Sonderzuständigkeit der Familienkassen des öffentlichen Dienstes im Bereich des Bundes wurde § 68 Abs. 4 EStG neu gefasst.[1]

---

1 Vgl. BGBl 2016 I 2835.

Geltungsbereich: Zum sachlichen und persönlichen Geltungsbereich s. KKB/Hillmoth, § 31 EStG Rz. 6. 3

Verhältnis zu anderen Vorschriften: Die AO-Vorschriften über die Mitwirkungspflichten sind nicht ohne Weiteres auf die Kindergeldregelungen anzuwenden. Verstöße gegen die sich aus § 68 EStG ergebende Mitteilungspflicht können eine Straftat oder eine Ordnungswidrigkeit darstellen.[1] 4

(Einstweilen frei) 5–10

B. Systematische Kommentierung

I. Veränderungsanzeige und Mitwirkungspflicht des volljährigen Kindes (§ 68 Abs. 1 EStG)

1. Vorgeschriebene Veränderungsanzeige (§ 68 Abs. 1 Satz 1 EStG)

§ 68 Abs. 1 Satz 1 EStG verpflichtet den Antragsteller bzw. Kindergeldempfänger, Änderungen in den Verhältnissen, die für den Anspruch auf Kindergeld erheblich sind, oder über die im Zusammenhang mit der Steuervergütung Erklärungen abgegeben worden sind, der Familienkasse mitzuteilen. Die Veränderungsmitteilung muss bei der zuständigen Familienkasse eingehen. Änderungsmitteilungen an eine andere Familienkasse oder eine andere Stelle genügen nicht. 11

Die Mitteilungspflicht des Berechtigten beginnt mit der Antragstellung. Treten nach Beendigung des Kindergeldbezuges Veränderungen ein, die den Anspruch rückwirkend beeinflussen, besteht auch insoweit noch eine Mitteilungspflicht. Sie trifft den Berechtigten auch dann, wenn der Antrag auf Kindergeld nicht von ihm selbst, sondern von einem Bevollmächtigten oder einer anderen Person oder Stelle gestellt worden ist, die ein berechtigtes Interesse an der Leistung des Kindergeldes hat, oder wenn das Kindergeld ganz bzw. teilweise an Dritte ausgezahlt wird (§§ 74, 76 EStG sowie nach entsprechenden Regelungen des über- oder zwischenstaatlichen Rechts). Eine Veränderungsanzeige erübrigt sich bei Tatsachen, die bereits in einem Antrag oder Fragebogen angegeben oder auf andere Weise mitgeteilt worden sind.[2] 12

Beispiele für **erforderliche Veränderungsanzeigen:**

▶ Beendigung der Berufsausbildung des volljährigen Kindes,

▶ Ausscheiden aus dem Haushalt der bisher kindergeldberechtigten Person.

(Einstweilen frei) 13–14

2. Mitwirkungspflicht des volljährigen Kindes (§ 68 Abs. 1 Satz 2 EStG)

§ 68 Abs. 1 Satz 2 EStG verpflichtet volljährige Kinder, auf Verlangen der Familienkasse die zur Feststellung des Sachverhalts notwendigen Auskünfte zu erteilen und die erforderlichen Nachweise vorzulegen. Insoweit haben sie kein Auskunftsverweigerungsrecht nach § 101 AO. Eine Verpflichtung der Kinder, leistungserhebliche Änderungen in ihren Verhältnissen von sich aus mitzuteilen, besteht jedoch nicht. 15

---

1 Vgl. § 370 Abs. 1 Nr. 2 AO bzw. § 378 Abs. 1 AO i.V. m. § 370 Abs. 1 Nr. 2 AO.
2 Vgl. V 7.1.4 DA-KG.

16 Die unmittelbare Inanspruchnahme der Kinder kommt nur in Betracht, wenn ein Nachweis der anspruchserheblichen Tatsachen anderweitig nur schwer zu erbringen ist und eigene Bemühungen des Antragstellers bzw. Kindergeldempfängers nicht zum Ziel geführt haben oder keinen Erfolg versprechen.[1] Den Kindern ist eine angemessene Frist zur Erfüllung der ihnen obliegenden Pflicht zu setzen. Begründeten Anträgen auf Verlängerung der Frist ist zu entsprechen.[2] Eine Sicherheitsleistung nach § 109 Abs. 3 AO kommt nicht in Frage.[3] Kommen die Kinder ihrer Mitwirkungspflicht nicht in dem gesetzlich bestimmten Umfang nach, kann diese nach § 328 AO durch Androhung und spätere Festsetzung eines Zwangsgeldes durchgesetzt werden.

17–18 *(Einstweilen frei)*

II. Bescheinigung der Familienkasse über ausgezahltes Kindergeld (§ 68 Abs. 3 EStG)

19 Auf Antrag des Berechtigten erteilt gem. § 68 Abs. 3 EStG die das Kindergeld auszahlende Stelle eine Bescheinigung über das für das Kalenderjahr ausgezahlte Kindergeld. Werden bei der Einkommensteuerveranlagung durch das Finanzamt die Freibeträge für Kinder gem. § 32 Abs. 6 EStG abgezogen, so erhöht sich die Einkommensteuer um den Anspruch auf Kindergeld. Hat das Finanzamt bei der Steuerfestsetzung Zweifel, ob ein Anspruch auf Kindergeld bestand, soll es diese entweder durch Anfrage bei der Familienkasse ausräumen oder die Vorlage einer Bescheinigung nach § 68 Abs. 3 EStG verlangen.[4] In diesen Fällen sind nicht die ausgezahlten Kindergeldbeträge, sondern die dem Kindergeldberechtigten zustehenden Ansprüche zu bescheinigen. Anzugeben sind auch diejenigen Ansprüche, die wegen einer Abzweigung an Dritte oder einer Aufrechnung nicht an den Kindergeldberechtigten ausgezahlt worden sind, ihm aber zugestanden haben, und Ansprüche, deren Festsetzung aus verfahrensrechtlichen Gründen nicht erfolgen konnte.

20 Stellt sich nachträglich heraus, dass ein Anspruch auf Kindergeld nicht besteht, ist das zuständige Finanzamt hierüber zu unterrichten, falls zuvor eine Bescheinigung i. S. d. § 68 Abs. 3 EStG ausgestellt oder eine Auskunft erteilt worden ist. Entsprechendes gilt, wenn sich nachträglich herausstellt, dass ein Kindergeldanspruch besteht, unabhängig davon, ob dieser festgesetzt werden kann.

21 Jedem Steuerpflichtigen, der Anspruch auf Kindergeld gem. § 62 EStG i.V. m. § 63 Abs. 1 EStG hat, ist auf Antrag eine Bescheinigung über das für das Kalenderjahr ausgezahlte Kindergeld zu erteilen. Daher kann auch ein sog. nachrangig Berechtigter, also ein Berechtigter, dessen Anspruch gegenüber der Anspruchsberechtigung einer anderen Person gem. § 64 Abs. 2 EStG zurücktritt, die Erteilung einer solchen Bescheinigung verlangen.[5]

22–23 *(Einstweilen frei)*

---

1 Vgl. § 93 Abs. 1 Satz 3 AO.
2 Vgl. § 109 Abs. 1 AO.
3 Vgl. V 7.2 DA-KG.
4 Vgl. R 31 Abs. 4 EStR; O 4.3 DA-KG.
5 Vgl. BFH v. 27. 2. 2014 - III R 40/13, BStBl 2014 II 783 sowie V 8 DA-KG.

Allgemeine Erläuterungen § 69 EStG

III. Auskunftserteilung an Bezügestellen des öffentlichen Dienstes (§ 68 Abs. 4 EStG)

§ 68 Abs. 4 EStG regelt eine Ausnahme von der Verpflichtung zur Wahrung des Steuergeheimnisses.[1] Danach sind Mitteilungen der Familienkassen an Bezügestellen des öffentlichen Dienstes zulässig, soweit die Kindergelddaten für die Festsetzung kindergeldabhängiger Leistungen des Besoldungs-, Versorgungs- und Tarifrechts von Bedeutung sind. Der für die Kindergeldzahlung maßgebende Sachverhalt i. S. d. § 68 Abs. 4 EStG umfasst i. d. R. nur Angaben zur Festsetzungslage, nicht jedoch den der Entscheidung der Familienkasse zugrundeliegenden Sachverhalt. Beihilfestellen dürfen von den Familienkassen nicht informiert werden.[2] Der Informationsaustausch erfolgt über ein automatisiertes Abrufverfahren. Das BMF wurde ermächtigt, durch Rechtsverordnung die Voraussetzungen für einen entsprechenden Datenabruf zu schaffen.

24

§ 69 Datenübermittlung an die Familienkassen

Erfährt das Bundeszentralamt für Steuern, dass ein Kind, für das Kindergeld gezahlt wird, ins Ausland verzogen ist oder von Amts wegen von der Meldebehörde abgemeldet wurde, hat es der zuständigen Familienkasse unverzüglich die in § 139b Absatz 3 Nummer 1, 3, 5, 8 und 14 der Abgabenordnung genannten Daten zum Zweck der Prüfung der Rechtmäßigkeit des Bezugs von Kindergeld zu übermitteln.[3]

Inhaltsübersicht	Rz.
A. Allgemeine Erläuterungen	1 - 10
B. Systematische Kommentierung	11 - 12

HINWEIS:
Dienstanweisung zum Kindergeld nach dem Einkommensteuergesetz (DA-KG).

LITERATUR:
Hillmoth, Kinder im Steuerrecht, Herne 2016, Rz. 906 ff.

ARBEITSHILFEN UND GRUNDLAGEN ONLINE:
Hillmoth, Kindergeld, Kinderfreibetrag und andere kindbedingte Steuervergünstigungen, NWB DokID: QAAAE-52191.

A. Allgemeine Erläuterungen

Normzweck und wirtschaftliche Bedeutung der Vorschrift: Die Vorschrift regelt die besonderen Datenübermittlungspflichten des Bundeszentralamtes für Steuern an die Familienkassen.

1

---

[1] Vgl. § 30 AO.
[2] Vgl. O 4.4 DA-KG.
[3] **Anm. d. Red.:** § 69 eingefügt gem. Gesetz v. 23. 6. 2017 (BGBl I S. 1682) mit Wirkung v. 1. 1. 2018. § 69 ist gem. § 52 Abs. 49a Satz 8 in der am 1. 1. 2018 geltenden Fassung erstmals am 1. 11. 2019 anzuwenden.

2 **Entstehung und Entwicklung der Vorschrift:** Die aktuelle Vorschrift des § 69 EStG wurde mit Wirkung zum 1.1.2018 mit dem Steuerumgehungsbekämpfungsgesetz v. 23.6.2017 in das EStG eingefügt.[1] Gemäß § 52 Abs. 49a EStG ist § 69 EStG in der am 1.1.2018 geltenden Fassung allerdings erstmals anzuwenden am 1.11.2019. Die vorherige Fassung des § 69 EStG betraf den Datenaustausch zwischen den Meldebehörden und der Bundesagentur für Arbeit (s. Kommentierung zu § 69 EStG 1. Auflage). Diese Regelung war mit dem Gesetz zur Modernisierung des Besteuerungsverfahrens ab dem VZ 2016 aufgehoben worden.

3 **Geltungsbereich:** Zum sachlichen und persönlichen Geltungsbereich s. KKB/Hillmoth, § 31 EStG Rz. 6.

4 **Verhältnis zu anderen Vorschriften:** Die Vorschrift nimmt insbesondere Bezug auf die in § 139b AO genannten Daten.

5–10 (*Einstweilen frei*)

B. Systematische Kommentierung

11 Die Vorschrift enthält eine Informationspflicht des Bundeszentralamtes für Steuern gegenüber der Familienkasse. Die Regelung soll sicherstellen, dass die Familienkasse möglichst schnell Kenntnis von einer Sachverhaltsänderung wie Umzug ins Ausland bzw. Abmeldung von der Meldebehörde von Amts wegen erhält. Die Familienkasse soll frühzeitig in die Lage versetzt werden, zu beurteilen, ob der Kindergeldanspruch weiterbesteht.

12 Folgende Daten sind durch das BZSt den Familienkassen in den betroffenen Fällen anzugeben: Identifikationsnummer (§ 139b Abs. 3 Nr. 1 AO), Familienname (§ 139b Abs. 3 Nr. 3 AO), Vornamen (§ 139b Abs. 3 Nr. 5 AO), Tag und Ort der Geburt (§ 139b Abs. 3 Nr. 8 AO), Tag des Ein- und Auszugs (§ 139b Abs. 3 Nr. 14 AO).

§ 70 Festsetzung und Zahlung des Kindergeldes

(1) Das Kindergeld nach § 62 wird von den Familienkassen durch Bescheid festgesetzt und ausgezahlt.

(2) ¹Soweit in den Verhältnissen, die für den Anspruch auf Kindergeld erheblich sind, Änderungen eintreten, ist die Festsetzung des Kindergeldes mit Wirkung vom Zeitpunkt der Änderung der Verhältnisse aufzuheben oder zu ändern. ²Ist die Änderung einer Kindergeldfestsetzung nur wegen einer Anhebung der in § 66 Absatz 1 genannten Kindergeldbeträge erforderlich, kann von der Erteilung eines schriftlichen Änderungsbescheides abgesehen werden.

(3) ¹Materielle Fehler der letzten Festsetzung können durch Aufhebung oder Änderung der Festsetzung mit Wirkung ab dem auf die Bekanntgabe der Aufhebung oder Änderung der Festsetzung folgenden Monat beseitigt werden. ²Bei der Aufhebung oder Änderung der Festsetzung nach Satz 1 ist § 176 der Abgabenordnung entsprechend anzuwenden; dies gilt nicht für Monate, die nach der Verkündung der maßgeblichen Entscheidung eines obersten Bundesgerichts beginnen.

---

1 Vgl. BGBl 2017 I 1682.

Allgemeine Erläuterungen 1–25 **§ 70 EStG**

Inhaltsübersicht Rz.

A. Allgemeine Erläuterungen	1 - 25
B. Systematische Kommentierung	26 - 63
I. Festsetzung des Kindergeldes durch Bescheid (§ 70 Abs. 1 EStG)	26 - 40
II. Änderung der Verhältnisse (§ 70 Abs. 2 EStG)	41 - 60
III. Aufhebung oder Änderung der Festsetzung bei materiellen Fehlern (§ 70 Abs. 3 EStG)	61 - 63

HINWEIS:

BZSt v. 10.7.2018, Dienstanweisung zum Kindergeld nach dem Einkommensteuergesetz (DA-KG).

LITERATUR:

Hillmoth, Kinder im Steuerrecht, Herne 2016, Rz. 850.

ARBEITSHILFEN UND GRUNDLAGEN ONLINE:

Hillmoth, Kindergeld, Kinderfreibetrag und andere kindbedingte Steuervergünstigungen, NWB DokID: QAAAE-52191.

A. Allgemeine Erläuterungen

Normzweck und wirtschaftliche Bedeutung der Vorschrift: Die Überschrift zu § 70 EStG ist etwas irreführend, da lediglich die Regelung in Abs. 1 hinsichtlich Festsetzung und Auszahlung von Kindergeld angesprochen wird. Die Regelung befasst sich aber in den Abs. 2 und 3 insbesondere mit der Korrekturmöglichkeit einer Kindergeldfestsetzung. 1

Entstehung und Entwicklung der Vorschrift: Die Vorschrift wurde im Zusammenhang mit der Neuregelung der einkommensteuerrechtlichen Kindergeldvorschriften ab 1996 in das EStG aufgenommen. Die Korrekturvorschrift des Abs. 4 konnte ab 2012 wegen des Wegfalls der bis 2011 erforderlichen Prüfung des Jahresgrenzbetrags entfallen. Die Einkünfte- und Bezügegrenze wurde abgeschafft. Hierdurch entfiel ab 2012 auch die Notwendigkeit, Kindergeldfestsetzungen aufzuheben oder zu ändern, wenn nachträglich bekannt wird, dass die Einkünfte und Bezüge des Kindes diese Grenze über- oder unterschreiten. 2

In § 70 Abs. 3 EStG wurde mit dem Zollkodex-Anpassungsgesetz v. 22. 12. 2014[1] klargestellt, dass die Familienkasse bei bestehender Festsetzung, die einen materiellen Fehler enthält, keine Neufestsetzung vornimmt, sondern die bestehende Festsetzung ändert. 3

Geltungsbereich: Zum sachlichen und persönlichen Geltungsbereich s. KKB/Hillmoth, § 31 EStG Rz. 6. 4

Verhältnis zu anderen Vorschriften: § 70 EStG erweitert den Katalog der ohnehin geltenden Berichtigungsvorschriften der AO.[2] 5

(Einstweilen frei) 6–25

---

1 Vgl. BGBl 2014 I 2417.
2 Vgl. § 129 bzw. §§ 172 ff. AO.

B. Systematische Kommentierung

I. Festsetzung des Kindergeldes durch Bescheid (§ 70 Abs. 1 EStG)

26 Das Kindergeld wird von der Familienkasse durch Bescheid festgesetzt und ausgezahlt. Die Festsetzung stellt einen selbständigen begünstigenden Verwaltungsakt dar. Kindergeld wird als Steuervergütung gezahlt.[1] Daher sind die für die Steuerfestsetzung geltenden Vorschriften der §§ 155 bis 177 AO sowie §§ 119 ff. AO sinngemäß anzuwenden. Demzufolge hat die Festsetzung auch grundsätzlich durch schriftlichen Bescheid zu erfolgen.[2] Diese ist nach § 157 Abs. 1 AO mit einer Rechtsbehelfsbelehrung zu versehen.[3] Gegen die Festsetzung ist der Einspruch und gegen die Entscheidung der Familienkasse ist im Einspruchsverfahren der Finanzrechtsweg gem. § 347 Abs. 1 Nr. 1 AO gegeben.[4]

27 Es muss unterschieden werden zwischen dem Kindergeld-Festsetzungsbescheid und der Kindergeldbescheinigung über das ausgezahlte Kindergeld für das Finanzamt.[5]

28 Bei Angehörigen des öffentlichen Dienstes führt der Dienstherr das Festsetzungsverfahren und Auszahlungsverfahren selbst durch.[6]

29 Gemäß § 169 Abs. 1 Satz 1 AO ist die Festsetzung von Kindergeld sowie die Korrektur von Kindergeldbescheiden nicht mehr zulässig, wenn die Festsetzungsfrist abgelaufen ist.[7] Die Festsetzungsfrist beträgt grundsätzlich vier Jahre.[8] Die Festsetzungsfrist beginnt gem. § 170 Abs. 1 AO mit Ablauf des Kalenderjahres, in dem der Anspruch entstanden ist. Stellt der Berechtigte vor Ablauf der Festsetzungsfrist einen Antrag auf Kindergeld oder Korrektur einer Kindergeldfestsetzung, läuft gem. § 171 Abs. 3 AO die Festsetzungsfrist nicht ab, bevor über den Antrag unanfechtbar entschieden wurde.

> **BEISPIEL:** Für den Kindergeldanspruch Januar bis Dezember 2018 beginnt die Festsetzungsfrist mit Ablauf des Jahres 2018.

30 Ist ein Kindergeldberechtigter mit einer in der Zukunft liegenden Befristung nicht einverstanden, weil er eine unbefristete Festsetzung begehrt, so muss er mit Einspruch geltend machen, die Befristung sei ermessenswidrig. Unterlässt er dies, so erwächst die befristete Festsetzung in Bestandskraft. Begehrt er Kindergeld für Zeiten nach der Befristung, so muss er einen neuen Antrag stellen. Der ursprüngliche Kindergeldantrag entfaltet für den über die Befristung hinausreichenden Zeitraum keine Wirkung mehr, er ist vielmehr verbraucht.[9] Die Ablehnung oder Aufhebung der Kindergeldfestsetzung bindet nur bis zum Ende des Monats der Bekanntgabe des Bescheides bzw. der Einspruchsentscheidung.[10]

31–40 *(Einstweilen frei)*

---

1 Vgl. § 37 AO, § 31 Satz 3 EStG.
2 Vgl. § 157 Abs. 1 AO.
3 Vgl. V 10 DA-KG.
4 Vgl. R 1 ff. DA-KG; zur Zurückweisung eines Bevollmächtigten in Kindergeldverfahren vgl. BFH v. 28. 2. 2018 – II R 3/16, NWB DokID: VAAAG-88481.
5 Vgl. § 68 Abs. 3 EStG.
6 Vgl. § 72 EStG.
7 Vgl. BFH v. 9. 9. 2015 - XI R 9/14, BFH/NV 2016, 166 = NWB DokID: RAAAF-17858.
8 Vgl. § 169 Abs. 2 Satz 1 Nr. 2 AO.
9 Vgl. BFH v. 26. 6. 2014 - III R 6/13, BStBl 2015 II 149.
10 Vgl. BFH v. 5. 7. 2012 - V R 58/10, BFH/NV 2012, 1953 = NWB DokID: GAAAE-19920; BFH v. 4. 8. 2011 – III R 71/10, BStBl 2013 II 380; BFH v. 12. 3. 2015 - III R 14/14, BStBl 2015 II 850; BFH v. 21. 10. 2015 - VI R 35/14, BFH/NV 2016, 178 = NWB DokID: QAAAF-18891.

II. Änderung der Verhältnisse (§ 70 Abs. 2 EStG)

Soweit in den Verhältnissen, die für den Anspruch auf Kindergeld erheblich sind, Änderungen eintreten, ist gem. § 70 Abs. 2 Satz 1 EStG die Festsetzung des Kindergeldes mit Wirkung vom Zeitpunkt der Änderung der Verhältnisse aufzuheben oder zu ändern.[1] Eine Aufhebung oder Änderung der Festsetzung nach § 70 Abs. 2 Satz 1 EStG zugunsten oder zuungunsten des Berechtigten setzt voraus, dass sich die tatsächlichen oder rechtlichen Verhältnisse nach dem Zeitpunkt der Festsetzung geändert haben. Vollendet das Kind das 25. Lebensjahr und erreicht damit eine den Anspruch auf Kindergeld ausschließende Altersgrenze, stellt dies eine die Aufhebung der Festsetzung von Kindergeld rechtfertigende Änderung der Verhältnisse i. S. d. § 70 Abs. 2 EStG dar.[2]

Nicht unter § 70 Abs. 2 Satz 1 EStG fallen Änderungen der Rechtsauffassung durch Rechtsprechung oder Verwaltungsanweisungen. Die Änderung muss auch anspruchserheblich sein, d. h. zu einem vollständigen oder teilweisen Wegfall oder einer Erhöhung des Kindergeldanspruchs führen.

Die Aufhebung oder Änderung der betragsmäßigen Kindergeldfestsetzung ist sowohl für die Zukunft als auch ggf. für die Vergangenheit (rückwirkend bis zum Zeitpunkt der Änderung der Verhältnisse) zwingend vorzunehmen (gebundene Entscheidung).[3]

Im Laufe eines Monats eingetretene Änderungen zugunsten des Berechtigten sind im Hinblick auf § 66 Abs. 2 EStG von diesem Monat an zu berücksichtigen. Im Laufe eines Monats eingetretene Änderungen zuungunsten des Berechtigten werden dagegen erst vom Folgemonat an wirksam.

Grundsätzlich werden auch Änderungsbescheide schriftlich erlassen. Ist die Änderung einer Kindergeldfestsetzung nur wegen einer Anhebung der Kindergeldbeträge erforderlich, kann von der Erteilung eines schriftlichen Änderungsbescheides abgesehen werden (§ 70 Abs. 2 Satz 2 EStG).

Die übrigen Berichtigungsvorschriften der AO bleiben unberührt (z. B. §§ 172 ff. AO).[4] So ist auch § 129 AO auf Bescheide und auf sonstige von der Familienkasse erlassene Verwaltungsakte anzuwenden.[5] Unterlässt es ein Kindergeldberechtigter, der fortlaufend Kindergeld bezieht, der Familienkasse den Wegfall der Anspruchsvoraussetzungen mitzuteilen und begeht er dadurch eine Steuerordnungswidrigkeit, so kann die Festsetzung des Kindergeldes nachträglich aufgehoben werden.[6]

Wechselt ein Kindergeldberechtigter seinen Arbeitgeber, geht infolgedessen die sachliche Zuständigkeit für die Festsetzung und Auszahlung des Kindergeldes von der Familienkasse auf einen öffentlich-rechtlichen Arbeitgeber über und zahlt neben diesem auch die Familienkasse

---

1 Vgl. V 14 DA-KG.
2 Vgl. BFH v. 17. 12. 2014 - XI R 15/12, BStBl 2016 II 100.
3 Vgl. BFH v. 3. 3. 2011 - III R 11/08, BStBl 2011 II 722.
4 Zum groben Verschulden des Kindergeldberechtigten durch die verspätete Vorlage einer Schulbescheinigung des Kindes im Zusammenhang mit § 173 AO vgl. BFH v. 26. 11. 2014 - XI R 41/13, BFH/NV 2015, 491 = NWB DokID: ZAAAE-85671.
5 Vgl. V 15 f. DA-KG.
6 Vgl. BFH v. 26. 6. 2014 - III R 21/13, BStBl 2015 II 886; BFH v. 6. 4. 2017 - III R 33/15, BStBl 2017 II 997.

das von ihr festgesetzte Kindergeld aus, ist die Familienkasse zur Aufhebung der Kindergeldfestsetzung und Rückforderung des von ihr gezahlten Kindergeldes befugt.[1]

48–60 *(Einstweilen frei)*

III. Aufhebung oder Änderung der Festsetzung bei materiellen Fehlern (§ 70 Abs. 3 EStG)

61 Materielle Fehler der letzten Festsetzung können gem. § 70 Abs. 3 Satz 1 EStG durch Änderung oder durch Aufhebung der Festsetzung beseitigt werden.[2] Insoweit handelt es sich um Fälle, in denen nachträglich erkannt wird, dass ein Rechtsfehler vorlag. Es kommt weder auf die Art des Fehlers noch auf die Verursachung oder auf das Verschulden an. Die Vorschrift umfasst rechtswidrige Festsetzungen zugunsten als auch zuungunsten des Berechtigten. Die Regelung des § 70 Abs. 3 Satz 1 EStG, nach der materielle Fehler der letzten Kindergeldfestsetzung durch Neufestsetzung oder durch Aufhebung der Festsetzung beseitigt werden können, räumt der Familienkasse kein Ermessen ein, sondern regelt die Aufhebung oder Neufestsetzung als gebundene Entscheidung.[3]

62 Geändert oder aufgehoben wird gem. § 70 Abs. 3 Satz 1 EStG – in die Zukunft gerichtet – mit Wirkung ab dem auf die Bekanntgabe der Änderung oder der Aufhebung der Festsetzung folgenden Monat. Eine rückwirkende Korrektur des ursprünglichen Bescheids ist damit ausgeschlossen.

63 Bei der Änderung oder Aufhebung der Festsetzung ist gem. § 70 Abs. 3 Satz 2 EStG, § 176 AO (Vertrauensschutz bei der Aufhebung und Änderung von Steuerbescheiden) entsprechend anzuwenden. Dies gilt nicht für Monate, die nach der Verkündung der maßgeblichen Entscheidung eines obersten Gerichtshofes des Bundes beginnen. Insoweit kommt nach § 70 Abs. 3 Satz 2 2. Halbsatz EStG eine Aufhebung oder Änderung der Kindergeldfestsetzung in Betracht, wenn bei der ursprünglichen Entscheidung eine für den berechtigten günstige Rechtsprechung eines obersten Gerichtshofes des Bundes zugrunde gelegt, diese Rechtsprechung aber später geändert worden ist.

§ 71 (weggefallen)

▶ Zur Kommentierung siehe Online-Version, 1. Aufl. 2016

---

1 Vgl. BFH v. 11.12.2013 - XI R 42/11, BStBl 2014 II 840; zur Aufhebung der Kindergeldfestsetzung in Doppelzahlungsfällen vgl. auch BFH v. 6.4.2017 - III R 33/15, BStBl 2017 II 997.
2 Vgl. V 21 DA-KG.
3 Vgl. BFH v. 21.2.2018 - III R 14/17, BStBl 2018 II 481.

§ 72 Festsetzung und Zahlung des Kindergeldes an Angehörige des öffentlichen Dienstes

(1) ¹Steht Personen, die

1. in einem öffentlich-rechtlichen Dienst-, Amts- oder Ausbildungsverhältnis stehen, mit Ausnahme der Ehrenbeamten,
2. Versorgungsbezüge nach beamten- oder soldatenrechtlichen Vorschriften oder Grundsätzen erhalten oder
3. Arbeitnehmer einer Körperschaft, einer Anstalt oder einer Stiftung des öffentlichen Rechts sind, einschließlich der zu ihrer Berufsausbildung Beschäftigten,

Kindergeld nach Maßgabe dieses Gesetzes zu, wird es von den Körperschaften, Anstalten oder Stiftungen des öffentlichen Rechts als Familienkassen festgesetzt und ausgezahlt. ²Das Bundeszentralamt für Steuern erteilt den Familienkassen ein Merkmal zu ihrer Identifizierung (Familienkassenschlüssel). ³Satz 1 ist nicht anzuwenden, wenn die Körperschaften, Anstalten oder Stiftungen des öffentlichen Rechts gegenüber dem Bundeszentralamt für Steuern auf ihre Zuständigkeit zur Festsetzung und Auszahlung des Kindergeldes schriftlich oder elektronisch verzichtet haben und dieser Verzicht vom Bundeszentralamt für Steuern schriftlich oder elektronisch bestätigt worden ist. ⁴Die Bestätigung des Bundeszentralamts für Steuern darf erst erfolgen, wenn die haushalterischen Voraussetzungen für die Übernahme der Festsetzung und Auszahlung des Kindergeldes durch die Bundesagentur für Arbeit vorliegen. ⁵Das Bundeszentralamt für Steuern veröffentlicht die Namen und die Anschriften der Körperschaften, Anstalten oder Stiftungen des öffentlichen Rechts, die nach Satz 3 auf die Zuständigkeit verzichtet haben, sowie den jeweiligen Zeitpunkt, zu dem der Verzicht wirksam geworden ist, im Bundessteuerblatt. ⁶Hat eine Körperschaft, Anstalt oder Stiftung des öffentlichen Rechts die Festsetzung des Kindergeldes auf eine Bundes- oder Landesfamilienkasse im Sinne des § 5 Absatz 1 Nummer 11 Satz 6 bis 9 des Finanzverwaltungsgesetzes übertragen, kann ein Verzicht nach Satz 3 nur durch die Bundes- oder Landesfamilienkasse im Einvernehmen mit der auftraggebenden Körperschaft, Anstalt oder Stiftung wirksam erklärt werden. ⁷Satz 1 ist nicht anzuwenden, wenn die Körperschaften, Anstalten oder Stiftungen des öffentlichen Rechts nach dem 31. Dezember 2018 errichtet wurden; das Bundeszentralamt für Steuern kann auf Antrag eine Ausnahmegenehmigung erteilen, wenn das Kindergeld durch eine Landesfamilienkasse im Sinne des § 5 Absatz 1 Nummer 11 Satz 8 bis 10 des Finanzverwaltungsgesetzes festgesetzt und ausgezahlt wird und kein Verzicht nach Satz 3 vorliegt.

(2) Der Deutschen Post AG, der Deutschen Postbank AG und der Deutschen Telekom AG obliegt die Durchführung dieses Gesetzes für ihre jeweiligen Beamten und Versorgungsempfänger in Anwendung des Absatzes 1.

(3) Absatz 1 gilt nicht für Personen, die ihre Bezüge oder Arbeitsentgelt

1. von einem Dienstherrn oder Arbeitgeber im Bereich der Religionsgesellschaften des öffentlichen Rechts oder
2. von einem Spitzenverband der Freien Wohlfahrtspflege, einem diesem unmittelbar oder mittelbar angeschlossenen Mitgliedsverband oder einer einem solchen Verband angeschlossenen Einrichtung oder Anstalt

erhalten.

(4) Die Absätze 1 und 2 gelten nicht für Personen, die voraussichtlich nicht länger als sechs Monate in den Kreis der in Absatz 1 Satz 1 Nummer 1 bis 3 und Absatz 2 Bezeichneten eintreten.

(5) Obliegt mehreren Rechtsträgern die Zahlung von Bezügen oder Arbeitsentgelt (Absatz 1 Satz 1) gegenüber einem Berechtigten, so ist für die Durchführung dieses Gesetzes zuständig:

1. bei Zusammentreffen von Versorgungsbezügen mit anderen Bezügen oder Arbeitsentgelt der Rechtsträger, dem die Zahlung der anderen Bezüge oder des Arbeitsentgelts obliegt;
2. bei Zusammentreffen mehrerer Versorgungsbezüge der Rechtsträger, dem die Zahlung der neuen Versorgungsbezüge im Sinne der beamtenrechtlichen Ruhensvorschriften obliegt;
3. bei Zusammentreffen von Arbeitsentgelt (Absatz 1 Satz 1 Nummer 3) mit Bezügen aus einem der in Absatz 1 Satz 1 Nummer 1 bezeichneten Rechtsverhältnisse der Rechtsträger, dem die Zahlung dieser Bezüge obliegt;
4. bei Zusammentreffen mehrerer Arbeitsentgelte (Absatz 1 Satz 1 Nummer 3) der Rechtsträger, dem die Zahlung des höheren Arbeitsentgelts obliegt oder – falls die Arbeitsentgelte gleich hoch sind – der Rechtsträger, zu dem das zuerst begründete Arbeitsverhältnis besteht.

(6) [1]Scheidet ein Berechtigter im Laufe eines Monats aus dem Kreis der in Absatz 1 Satz 1 Nummer 1 bis 3 Bezeichneten aus oder tritt er im Laufe eines Monats in diesen Kreis ein, so wird das Kindergeld für diesen Monat von der Stelle gezahlt, die bis zum Ausscheiden oder Eintritt des Berechtigten zuständig war. [2]Dies gilt nicht, soweit die Zahlung von Kindergeld für ein Kind in Betracht kommt, das erst nach dem Ausscheiden oder Eintritt bei dem Berechtigten nach § 63 zu berücksichtigen ist. [3]Ist in einem Fall des Satzes 1 das Kindergeld bereits für einen folgenden Monat gezahlt worden, so muss der für diesen Monat Berechtigte die Zahlung gegen sich gelten lassen.

(7) [1]In den Abrechnungen der Bezüge und des Arbeitsentgelts ist das Kindergeld gesondert auszuweisen, wenn es zusammen mit den Bezügen oder dem Arbeitsentgelt ausgezahlt wird. [2]Der Rechtsträger hat die Summe des von ihm für alle Berechtigten ausgezahlten Kindergeldes dem Betrag, den er insgesamt an Lohnsteuer einzubehalten hat, zu entnehmen und unter Angabe des in Absatz 1 genannten Familienkassenschlüssels bei der nächsten Lohnsteuer-Anmeldung gesondert abzusetzen. [3]Übersteigt das insgesamt ausgezahlte Kindergeld den Betrag, der insgesamt an Lohnsteuer abzuführen ist, so wird der übersteigende Betrag dem Rechtsträger auf Antrag von dem Finanzamt, an das die Lohnsteuer abzuführen ist, aus den Einnahmen der Lohnsteuer ersetzt.

(8) [1]Abweichend von Absatz 1 Satz 1 werden Kindergeldansprüche auf Grund über- oder zwischenstaatlicher Rechtsvorschriften durch die Familienkassen der Bundesagentur für Arbeit festgesetzt und ausgezahlt. [2]Dies gilt auch für Fälle, in denen Kindergeldansprüche sowohl nach Maßgabe dieses Gesetzes als auch auf Grund über- oder zwischenstaatlicher Rechtsvorschriften bestehen.

Inhaltsübersicht

	Rz.
A. Allgemeine Erläuterungen	1 - 7
B. Systematische Kommentierung	8 - 46
I. Festsetzung und Auszahlung des Kindergeldes durch die Familienkasse des öffentlichen Rechts (§ 72 Abs. 1 EStG)	8 - 15
II. Festsetzung und Auszahlung des Kindergeldes durch Postnachfolgeunternehmen (§ 72 Abs. 2 EStG)	16 - 20
III. Festsetzung und Auszahlung des Kindergeldes an Arbeitnehmer im Bereich der öffentlich-rechtlichen Religionsgesellschaften und der Freien Wohlfahrtspflege (§ 72 Abs. 3 EStG)	21 - 25
IV. Sonderregelungen für vorübergehend Beschäftigte (§ 72 Abs. 4 EStG)	26 - 30
V. Zuständigkeit mehrerer Rechtsträger (§ 72 Abs. 5 EStG)	31 - 35
VI. Auszahlung des Kindergeldes bei Ausscheiden oder Eintritt in den öffentlichen Dienst im Laufe eines Monats (§ 72 Abs. 6 EStG)	36 - 40
VII. Ausweis des Kindergeldes in den Gehaltsabrechnungen, Verrechnung mit der Lohnsteuer (§ 72 Abs. 7 EStG)	41 - 45
VIII. Festsetzung und Auszahlung des Kindergeldes aufgrund über- oder zwischenstaatlicher Rechtsvorschriften (§ 72 Abs. 8 EStG)	46

HINWEIS:
BZSt v. 10. 7. 2018 Dienstanweisung zum Kindergeld nach dem Einkommensteuergesetz (DA-KG).

LITERATUR:
Hillmoth, Kinder im Steuerrecht, Herne 2016, Rz. 850.

ARBEITSHILFEN UND GRUNDLAGEN ONLINE:
Hillmoth, Kindergeld, Kinderfreibetrag und andere kindbedingte Steuervergünstigungen, NWB DokID: QAAAE-52191.

A. Allgemeine Erläuterungen

Normzweck und wirtschaftliche Bedeutung der Vorschrift: Die Vorschrift beinhaltet eine Sonderregelung zur Zuständigkeit für die Kindergeld-Berechtigten, die dem öffentlichen Dienst angehören. Der Gesetzgeber sieht es u. a. wegen der vielfachen Koppelung kindbezogener Gehaltsbestandteile an den Kindergeldanspruch als zweckmäßig und wirtschaftlich an, dass die öffentlichen Arbeitgeber weiterhin auch das Kindergeld auszahlen. 1

Entstehung und Entwicklung der Vorschrift: Die Vorschrift wurde im Zusammenhang mit der Neuregelung der einkommensteuerrechtlichen Kindergeldvorschriften ab 1996 in das EStG aufgenommen. Unter den Voraussetzungen des § 72 EStG sind die Familienkassen des öffentlichen Dienstes für die Durchführung des Familienleistungsausgleichs wie auch schon vor 1996 zuständig. Mit dem Gesetz zur Beendigung der Sonderzuständigkeit der Familienkassen des öffentlichen Dienstes im Bereich des Bundes erfolgte ab 2017 eine Strukturreform der Familienkassen.[1] Die Ergänzung des Satzes 7 ist zurückzuführen auf das Gesetz zur Vermeidung von Umsatzsteuerausfällen beim Handel mit Waren im Internet und zur Änderung weiterer steuerlicher Vorschriften v. 11.12. 2018.[2] 2

---
1 Vgl. BGBl 2016 I 2835.
2 Vgl. BGBl 2018 I 2338.

3 **Geltungsbereich:** § 72 EStG ist Bestandteil des verfahrensrechtlichen Teils des X. Abschnitts des EStG. Die Vorschrift nimmt in sieben Absätzen eine Zuständigkeitsabgrenzung zwischen den Familienkassen der Agentur für Arbeit und den Familienkassen des öffentlichen Dienstes vor.

4 **Verhältnis zu anderen Vorschriften:** Gegen Kindergeldfestsetzungen der in § 72 Abs. 1 EStG genannten juristischen Personen ist der Finanzrechtsweg gegeben, da der öffentliche Dienstherr die Steuervergütung Kindergeld als Familienkasse zahlt.

5–7 *(Einstweilen frei)*

B. Systematische Kommentierung

I. Festsetzung und Auszahlung des Kindergeldes durch die Familienkasse des öffentlichen Rechts (§ 72 Abs. 1 EStG)

8 Steht Personen, die die Voraussetzungen des § 72 Abs. 1 Satz 1 Nr. 1 bis 3 EStG erfüllen und die nicht unter die Ausnahmeregelungen des Abs. 2 oder 3 fallen, Kindergeld nach Maßgabe des EStG zu, wird es von den Körperschaften, Anstalten oder Stiftungen des öffentlichen Rechts festgesetzt und ausgezahlt. Betroffen sind Personen in einem öffentlich-rechtlichen Dienst-, Amts- oder Ausbildungsverhältnis (§ 72 Abs. 1 Satz 1 Nr. 1 EStG), Empfänger von Versorgungsbezügen (§ 72 Abs. 1 Satz 1 Nr. 2 EStG) und Arbeitnehmer einer juristischen Person des öffentlichen Rechts (§ 72 Abs. 1 Satz 1 Nr. 3 EStG).

9 Nach § 72 Abs. 1 Satz 1 EStG sind die genannten juristischen Personen insoweit Familienkasse. Als Familienkassen nehmen die juristischen Personen des öffentlichen Rechts deren Aufgaben in vollem Umfang wahr. Sie sind nicht nur für die Festsetzung und Auszahlung zuständig, sondern auch für das gesamte übrige Kindergeldverfahren. Nach § 72 Abs. 1 Satz 2 EStG erteilt das BZSt den Familienkassen ein Merkmal zu ihrer Identifizierung (Familienkassenschlüssel).

10 Ab dem 1.1.2017 können Familienkassen gem. § 72 Abs. 1 Satz 3 EStG auf ihre Zuständigkeit verzichten.[1] Die Zuständigkeit für die Festsetzung und Auszahlung des Kindergeldes geht in diesen Fällen auf die Familienkassen der Bundesagentur für Arbeit über. Abweichend davon können die Familienkassen des Bundes ihre Aufgaben auf die Bundesfamilienkasse beim Bundesverwaltungsamt übertragen. Familienkassen des Bundes sind die Familienkassen der Bundesbehörden, der bundesunmittelbaren Körperschaften, Anstalten und Stiftungen des öffentlichen Rechts sowie der in § 72 Abs. 2 EStG genannten Postnachfolgeunternehmen. Die übrigen Familienkassen (Familienkassen der Länder und Kommunen) können ihre Aufgaben auch auf eine Bundesfamilienkasse übertragen, nicht aber auf das Bundesverwaltungsamt. Die Zuständigkeit der Familienkassen des Bundes, mit Ausnahme des Bundesverwaltungsamtes und der Nachrichtendienste, endet gem. § 72 Abs. 3 Nr. 3 EStG i. d. F. des Art. 3 des Gesetzes v. 8.12.2016 spätestens mit Ablauf des 31.12.2021.

11 Um zu verhindern, dass durch eine Neugründung erneut eine Entscheidung über einen Verzicht auf die Sonderzuständigkeit nach § 72 Abs. 1 Satz 3 EStG herbeigeführt oder die Strukturreform bei den Familienkassen in Teilen wieder rückgängig gemacht werden muss, ist § 72 Abs. 1 EStG ab 2019 um eine Regelung ergänzt worden, die bestimmt, dass Körperschaften, Anstalten oder Stiftungen des öffentlichen Rechts, die nach dem 31.12.2018 errichtet wurden,

---

[1] Vgl. zur Familienkassenreform BZSt v. 14.12.2016, BStBl 2016 I 1429; BZSt v. 10.8.2018, BStBl 2018 I 744.

nicht (mehr) für die Festsetzung und Auszahlung des Kindergeldes für ihre Beschäftigten zuständig sind (§ 72 Abs. 1 Satz 7 EStG). Um für Verwaltungsbereiche, die bislang nicht auf ihre Sonderzuständigkeit verzichtet haben, eine Zwangsüberleitung an die Bundesagentur für Arbeit zu vermeiden, erteilt das Bundeszentralamt für Steuern auf Antrag eine Ausnahmegenehmigung. Dies kommt in Betracht, wenn von der Möglichkeit, nach § 72 Abs. 1 Satz 3 EStG auf die Kindergeldbearbeitung zu verzichten, kein Gebrauch gemacht wurde und die Festsetzung und Auszahlung des Kindergeldes für den betroffenen Personenkreis durch eine Landesfamilienkasse i. S. d. § 5 Abs. 1 Nr. 11 Satz 8 bis 10 FVG vorgenommen wird.

(Einstweilen frei) 12–15

II. Festsetzung und Auszahlung des Kindergeldes durch Postnachfolgeunternehmen (§ 72 Abs. 2 EStG)

Die Vorschrift enthält eine Sonderregelung für die bei der Deutschen Post, der Deutschen Postbank AG und der Deutschen Telekom AG beschäftigten Beamten und Versorgungsempfänger. Die privatrechtlich organisierten Nachfolgeunternehmen Deutsche Post AG, Deutsche Postbank AG und deutsche Telekom AG üben insoweit Dienstherrenbefugnisse aus. Nach § 72 Abs. 2 EStG obliegt ihnen die Durchführung des EStG. Damit nehmen sie die Aufgaben der Familienkassen wahr. § 72 Abs. 2 EStG wurde durch Art. 3 des Gesetzes zur Beendigung der Sonderzuständigkeit der Familienkassen des öffentlichen Dienstes im Bereich des Bundes ab 2022 aufgehoben.[1]

(Einstweilen frei) 17–20

III. Festsetzung und Auszahlung des Kindergeldes an Arbeitnehmer im Bereich der öffentlich-rechtlichen Religionsgesellschaften und der Freien Wohlfahrtspflege (§ 72 Abs. 3 EStG)

Ausgenommen von der Regelung, dass Einrichtungen des öffentlichen Rechts Kindergeld selbst festsetzen und auszahlen, sind gem. § 72 Abs. 3 EStG Religionsgesellschaften des öffentlichen Rechts und Spitzenverbände der Freien Wohlfahrtsverbände, Einrichtungen oder Anstalten. Die Zuständigkeit verbleibt insoweit bei den Familienkassen der örtlich zuständigen Agentur für Arbeit.

(Einstweilen frei) 22–25

IV. Sonderregelungen für vorübergehend Beschäftigte (§ 72 Abs. 4 EStG)

§ 72 Abs. 1 und 2 EStG gelten nicht für Personen, die voraussichtlich nicht länger als sechs Monate in den Kreis der in § 72 Abs. 1 Satz 1 Nr. 1 bis 3 und § 72 Abs. 2 EStG Bezeichneten eintreten. Hierdurch soll vermieden werden, dass mit der Aufnahme und Beendigung einer kurzfristigen Beschäftigung im öffentlichen Dienst jeweils ein Zuständigkeitswechsel eintritt. Für Personen, die nur vorübergehend Angehörige des öffentlichen Dienstes sind, setzen die juristischen Personen des öffentlichen Rechts also weder Kindergeld fest, noch zahlen sie es aus.

(Einstweilen frei) 27–30

---

1 Vgl. BGBl 2016 I 2835.

V. Zuständigkeit mehrerer Rechtsträger (§ 72 Abs. 5 EStG)

31 Die möglichen Konkurrenzfälle, wenn mehrere Rechtsträger zur Zahlung von Bezügen oder Arbeitsentgelt an einen einzelnen Berechtigten verpflichtet sind, werden in § 72 Abs. 5 EStG im Einzelnen aufgeführt und geregelt.

32–35 *(Einstweilen frei)*

VI. Auszahlung des Kindergeldes bei Ausscheiden oder Eintritt in den öffentlichen Dienst im Laufe eines Monats (§ 72 Abs. 6 EStG)

36 Beim Zusammentreffen mehrerer Rechtsträger, z. B. beim Wechsel von einem privaten Arbeitgeber in den öffentlichen Dienst im Laufe eines Monats, bedarf es einer Vorrangsregelung. Die Zuständigkeit der Stelle bleibt gem. § 73 Abs. 6 Satz 1 EStG für die Zahlung erhalten, die bis zum Ausscheiden oder Eintritt gegeben war. Dies gilt jedoch gem. § 72 Abs. 6 Satz 2 EStG nicht, soweit die Zahlung von Kindergeld für ein Kind in Betracht kommt, das erst nach dem Ausscheiden oder Eintritt bei dem Berechtigten zu berücksichtigen ist, z. B. bei der Geburt eines Kindes.

37 Ist im Fall eines Zuständigkeitswechsels bereits für einen folgenden Monat gezahlt worden, so muss gem. § 72 Abs. 6 Satz 3 EStG der für diesen Monat berechtigte Zahlungsempfänger die Zahlung gegen sich gelten lassen.

38–40 *(Einstweilen frei)*

VII. Ausweis des Kindergeldes in den Gehaltsabrechnungen, Verrechnung mit der Lohnsteuer (§ 72 Abs. 7 EStG)

41 In den Abrechnungen der Bezüge und Arbeitsentgelte ist das Kindergeld gem. § 72 Abs. 7 Satz 1 EStG gesondert auszuweisen, wenn es zusammen mit den Bezügen oder dem Arbeitsentgelt ausgezahlt wird. Der für die Auszahlung notwendige Betrag ist gem. § 72 Abs. 7 Satz 2 EStG der einbehaltenen Lohnsteuer zu entnehmen und bei der nächsten Lohnsteuer-Anmeldung gesondert abzusetzen.

42 Übersteigt das insgesamt gezahlte Kindergeld die an das Finanzamt abzuführende Lohnsteuer, so wird der übersteigende Betrag gem. § 72 Abs. 7 Satz 3 EStG dem öffentlichen Arbeitgeber auf Antrag vom Betriebsstättenfinanzamt aus den Einnahmen der Lohnsteuer erstattet. Der erforderliche Antrag wird durch die Einreichung der Lohnsteuer-Anmeldung – ab 2019 unter Angabe des Familienkassenschlüssels –gestellt.

43–45 *(Einstweilen frei)*

VIII. Festsetzung und Auszahlung des Kindergeldes aufgrund über- oder zwischenstaatlicher Rechtsvorschriften (§ 72 Abs. 8 EStG)

46 Hat ein Angehöriger des öffentlichen Dienstes (auch) Anspruch auf Kindergeld aufgrund über- oder zwischenstaatlicher Rechtsvorschriften, ist gem. § 72 Abs. 8 EStG für die Festsetzung und Auszahlung des Kindergeldes die Familienkasse der Agentur für Arbeit zuständig. Hierdurch werden die Familienkassen des öffentlichen Dienstes von der verwaltungsaufwendigen Prüfung von Ansprüchen aufgrund über- und zwischenstaatlicher Rechtsvorschriften und der entsprechenden Festsetzung entlastet.[1]

---

1 V 1.5.2 DA-KG; BFH v. 19.1.2017 - III R 31/15, BStBl 2017 II 642.

§ 73 (weggefallen)

▶ Zur Kommentierung siehe Online-Version, 1. Aufl. 2016

§ 74 Zahlung des Kindergeldes in Sonderfällen

(1) ¹Das für ein Kind festgesetzte Kindergeld nach § 66 Absatz 1 kann an das Kind ausgezahlt werden, wenn der Kindergeldberechtigte ihm gegenüber seiner gesetzlichen Unterhaltspflicht nicht nachkommt. ²Kindergeld kann an Kinder, die bei der Festsetzung des Kindergeldes berücksichtigt werden, bis zur Höhe des Betrags, der sich bei entsprechender Anwendung des § 76 ergibt, ausgezahlt werden. ³Dies gilt auch, wenn der Kindergeldberechtigte mangels Leistungsfähigkeit nicht unterhaltspflichtig ist oder nur Unterhalt in Höhe eines Betrags zu leisten braucht, der geringer ist als das für die Auszahlung in Betracht kommende Kindergeld. ⁴Die Auszahlung kann auch an die Person oder Stelle erfolgen, die dem Kind Unterhalt gewährt.

(2) Für Erstattungsansprüche der Träger von Sozialleistungen gegen die Familienkasse gelten die §§ 102 bis 109 und 111 bis 113 des Zehnten Buches Sozialgesetzbuch entsprechend.

Inhaltsübersicht

	Rz.
A. Allgemeine Erläuterungen	1 - 10
B. Systematische Kommentierung	11 - 34
I. Abzweigung des Kindergeldes (§ 74 Abs. 1 EStG)	11 - 30
II. Erstattungsansprüche der Träger von Sozialleistungen (§ 74 Abs. 2 EStG)	31 - 34

HINWEIS:
BZSt v. 10. 7. 2018 Dienstanweisung zum Kindergeld nach dem Einkommensteuergesetz (DA-KG).

LITERATUR:
Skerhut, Abzweigung von Kindergeld für behinderte Kinder, NWB 2012, 1161.

ARBEITSHILFEN UND GRUNDLAGEN ONLINE:
Hillmoth, Kindergeld, Kinderfreibetrag und andere kindbedingte Steuervergünstigungen, NWB DokID: QAAAE-52191.

A. Allgemeine Erläuterungen

Normzweck und wirtschaftliche Bedeutung der Vorschrift: Die Vorschrift bestimmt in Absatz 1 für Sonderfälle den Auszahlungsempfänger des Kindergeldes. Absatz 2 betrifft den sog. Erstattungsanspruch der Träger von Sozialleistungen. Die Abzweigung und der Erstattungsanspruch schließen sich nicht gegenseitig aus.[1] Ist die Anspruchsgrundlage nicht eindeutig, hat die Familienkasse durch Auslegung zu ermitteln, ob Erstattung oder Abzweigung in Betracht kommt.[2]   **1**

Entstehung und Entwicklung der Vorschrift: Die Vorschrift wurde im Zusammenhang mit der Neuregelung der einkommensteuerrechtlichen Kindergeldvorschriften ab 1996 in das EStG aufgenommen.   **2**

---

1 Vgl. BFH v. 30. 1. 2001 - VI B 272/99, BFH/NV 2001, 898 = NWB DokID: BAAAA-67255.
2 Vgl. BFH v. 19. 4. 2012 - III R 85/09, BStBl 2013 II 19.

3 Geltungsbereich: § 74 EStG ist Bestandteil des verfahrensrechtlichen Teils des X. Abschnitts des EStG ein. § 74 EStG stellt einen Eingriff in den Rechtsanspruch des Kindergeldberechtigten auf Zahlung des Kindergeldes an ihn dar.

4 Verhältnis zu anderen Vorschriften: Die Abzweigung gem. § 74 EStG steht einer Aufrechnung des Kindergeldanspruchs mit einem Rückzahlungsanspruch der Familienkasse nach § 75 EStG nicht entgegen.

5–10 *(Einstweilen frei)*

B. Systematische Kommentierung

I. Abzweigung des Kindergeldes (§ 74 Abs. 1 EStG)

11 Kindergeld kann an ein Zahlkind oder anspruchserhöhendes Zählkind bzw. an die für seinen Unterhalt aufkommende Person oder Stelle ausgezahlt (abgezweigt) werden, wenn der Berechtigte nicht mit Leistungen zur Sicherung des Unterhaltes eines Kindes belastet ist.[1] Durch die Abzweigung kommt den Kindern oder den Unterhalt leistenden Personen oder Stellen das Kindergeld bei Verletzung der Unterhaltspflicht unmittelbar zu, ohne einen Zivilprozess anstrengen zu müssen. Einer Abzweigung von Kindergeld an das Kind selbst steht dessen Minderjährigkeit nicht entgegen.[2]

12 Durch eine Abzweigung wird lediglich eine andere Person oder Stelle Zahlungsempfänger. Inhaber des Anspruchs auf Kindergeld bleibt weiterhin der Berechtigte. Die Abzweigung des Kindergeldes ist schriftlich geltend zu machen. Die Antrag stellende Person oder Stelle muss im Einzelnen darlegen, dass die Voraussetzungen hierfür erfüllt sind.

13 Kindergeld kann gem. § 74 Abs. 1 Satz 1 EStG abgezweigt werden, wenn der Berechtigte regelmäßig keinen Unterhalt oder Unterhalt nur in einer Höhe leistet, der die Höhe des anteiligen Kindergeldes unterschreitet. Bei der Entscheidung über die Abzweigung gem. § 74 Abs. 1 EStG ist im Regelfall die Abzweigung des Unterschiedsbetrags zwischen den regelmäßigen Unterhaltsleistungen und dem Kindergeld ermessensgerecht.[3]

14 Eine Abzweigung kommt insbesondere in Betracht, wenn der Berechtigte

► mangels Leistungsfähigkeit gegenüber dem Kind nicht unterhaltsverpflichtet ist,

► mangels Leistungsfähigkeit zu einem geringeren Unterhalt als das anteilige Kindergeld verpflichtet ist,

► seiner Unterhaltsverpflichtung gar nicht oder mit einem geringeren Betrag als das auf das Kind entfallende Kindergeld nachkommt,

► sich an den vom Jugendhilfeträger übernommenen Kosten für das in einer betreuten Wohnform lebende volljährige Kind nicht in Höhe des auf das Kind entfallenden Kindergeldes beteiligt[4] oder

► dem Kind keinen Unterhalt leistet, seine Unterhaltsverpflichtung aber nicht verletzt, weil er sie durch Gewährung einer angemessenen Ausbildung bereits erfüllt hat und deshalb

---

1 Vgl. V 32 DA-KG.
2 Vgl. FG Schleswig-Holstein v. 15.9.2016 - 4 K 82/16; V 32.3 DA-KG.
3 Vgl. BFH v. 3. 7. 2014 - III R 41/12, BFH/NV 2015, 85 = NWB DokID: MAAAE-80052.
4 Vgl. BFH v. 15. 7. 2010 - III R 89/09, BStBl 2013 II 695.

nicht mehr verpflichtet ist, dem Kind Unterhalt wegen einer Zweitausbildung zu leisten[1] oder bereits nach § 1601 BGB nicht zum Unterhalt verpflichtet ist, wie gegenüber Kindern des Ehegatten (Stiefkindern) oder Pflegekindern.

Eine Abzweigung kommt andererseits nicht in Betracht, wenn der Berechtigte regelmäßig Unterhaltsleistungen erbringt, die den Betrag des anteiligen Kindergeldes übersteigen.[2] Davon ist auszugehen, wenn das Kind in den Haushalt des Berechtigten aufgenommen worden ist,[3] es sei denn, der Berechtigte bezieht selbst Grundsicherungsleistungen[4] oder das Kind ist vollstationär oder vergleichbar untergebracht. Herangezogen werden nur die monatlich erbrachten Unterhaltsleistungen. Leistet der Berechtigte nur einmalig oder vorübergehend keinen Unterhalt, rechtfertigt dies keine Abzweigung von Kindergeld.

Hat der Berechtigte seine Unterhaltspflicht nachträglich erfüllt und kann über den Anspruch auf Kindergeld für den entsprechenden Zeitraum noch verfügt werden, ist auch der nachträglich gezahlte Unterhalt bei der Ermessensentscheidung über eine Abzweigung für diesen zurückliegenden Zeitraum zu berücksichtigen.[5]

Soweit der Einspruch des Kindes gegen die Ablehnung der beantragten Abzweigung des Kindergelds an sich selbst erfolgreich ist, ist die Regelung über die Erstattung von Kosten im Vorverfahren gem. § 77 EStG analog anwendbar.[6] Ein Kind, an das die Familienkasse das gegenüber seiner kindergeldberechtigten Mutter festgesetzte Kindergeld gem. § 74 Abs. 1 Satz 1 EStG ausgezahlt hat, ist befugt, sowohl gegen einen gegenüber ihm ergangenen Rückforderungsbescheid als auch gegen einen in diesem Zusammenhang gegenüber seiner Mutter ergangenen Aufhebungsbescheid zu klagen.[7]

Wird Eingliederungshilfe für ein volljähriges, vollstationär untergebrachtes, behindertes Kind erbracht, kann eine Abzweigung in Betracht kommen.[8] Das Kindergeld und der Zählkindvorteil können gem. § 74 Abs. 1 Satz 2 EStG bis zu dem auf das Kind entfallenden Anteil i.S.v. § 76 EStG an das Kind oder einen Dritten ausgezahlt werden. § 74 Abs. 1 Satz 2 EStG enthält insoweit eine Sonderregelung im Hinblick auf die Höhe des abzuzweigenden Kindergelds, wenn mehrere Zahl- bzw. Zählkinder vorhanden sind.

Auch wenn der Kindergeldberechtigte mangels Leistungsfähigkeit nicht unterhaltspflichtig ist oder nur Unterhalt in Höhe eines Betrags zu leisten braucht, der geringer ist als das für die Auszahlung in Betracht kommende Kindergeld, kommt eine Abzweigung in Betracht. § 74 Abs. 1 Satz 3 EStG enthält insoweit eine Ausnahmevorschrift zu § 74 Abs. 1 Satz 1 EStG. Ansonsten wäre in diesem Fall eine Abzweigung nicht möglich, da keine Unterhaltspflichtverletzung i.S.d. § 74 Abs. 1 Satz 1 EStG gegeben ist.

Als Auszahlungsempfänger kommt neben einem Zahl- oder Zählkind gem. § 74 Abs. 1 Satz 4 EStG auch eine Person oder Stelle in Betracht, die neben dem Berechtigten oder an dessen Stelle dem Kind Unterhalt gewährt. Auf eine gesetzliche Verpflichtung des Dritten zum Unterhalt kommt es nicht an.

---

1 Vgl. BFH v. 16. 4. 2002 - VIII R 50/01, BStBl 2002 II 575.
2 Vgl. BFH v. 9. 2. 2009 - III R 37/07, BStBl 2009 II 928.
3 Vgl. BFH v. 18. 4. 2013 - V R 48/11, BStBl 2013 II 697.
4 Vgl. BFH v. 17. 12. 2008 - III R 6/07, BStBl 2009 II 926.
5 Vgl. BFH v. 26. 8. 2010 - III R 16/08, BStBl 2013 II 617.
6 Vgl. BFH v. 26. 6. 2014 - III R 39/12, BStBl 2015 II 148.
7 Vgl. BFH v. 17. 12. 2014 - XI R 15/12, BStBl 2016 II 100.
8 Im Einzelnen dazu *Skerhut*, NWB 2012, 1161.

21 Hat die Familienkasse das Kindergeld bereits an einen Elternteil ausgezahlt, so scheidet eine Abzweigung an den Sozialleistungsträger nach § 74 Abs. 1 Satz 4 EStG auch dann aus, wenn der Abzweigungsantrag noch vor der Zahlung gestellt worden ist.[1] Ist das Kindergeld nach Erlass eines die anteilige Abzweigung vorsehenden Bescheids in Höhe des Restbetrags an den Kindergeldberechtigten ausgezahlt worden, kann es in Höhe dieses Restbetrags nicht mehr an das Kind abgezweigt werden.[2] Die Auszahlung von Kindergeld an einen Abzweigungsberechtigten führt – anders als die Zahlung an den originär Kindergeldberechtigten – nur dann zum Erlöschen des Kindergeldanspruchs, wenn der Abzweigungsbescheid bestandskräftig geworden ist.[3]

22 Bei der Frage nach der Höhe des Abzweigungsbetrags sind folgende Grundsätze zu beachten:

▶ Leistet der Berechtigte keinerlei Unterhalt, ist das anteilige Kindergeld abzuzweigen (Ermessensreduzierung auf Null).[4]

▶ Erbringt der Berechtigte nicht unerhebliche zu der Lebensführung seines Kindes erforderliche Aufwendungen (z. B. für Einrichtungsgegenstände für das Zimmer im Heim, für ein eigenes Zimmer im Elternhaus, für eine Urlaubsfahrt oder für Fahrten anlässlich von Besuchen), kann in Ausübung pflichtgemäßen Ermessens der geleistete Aufwand – ohne detaillierte Bewertung der Unterhaltsaufwendungen – pauschal berücksichtigt und die Hälfte des anteiligen Kindergeldes an den Sozialleistungsträger abgezweigt werden.[5] Für eine Auszahlung über das anteilige hälftige Kindergeld hinaus, hat der beantragende Sozialleistungsträger oder der Berechtigte diese Regelvermutung im Einzelfall zu widerlegen.

▶ Leistet der Berechtigte regelmäßig geringeren Barunterhalt als das anteilige Kindergeld (z. B. in Form eines Kostenbeitrages an den Sozialleistungsträger oder durch Zahlungen an das Kind) und erbringt er darüber hinaus keine weiteren Leistungen, kann der Unterschiedsbetrag zwischen dem anteiligen Kindergeld und dem geleisteten Barunterhalt an den Sozialleistungsträger abgezweigt werden.

▶ Leistet der Berechtigte regelmäßig Unterhalt mindestens in Höhe des anteiligen Kindergeldes, kommt eine Abzweigung nicht in Betracht.

▶ Beteiligt sich der Berechtigte nicht an den vom Jugendhilfeträger übernommenen Kosten für das in einer betreuten Wohnform lebende volljährige Kind, sind dessen andere zum Unterhalt rechnende Aufwendungen für das Kind (z. B. Schulgeld) dennoch zu berücksichtigen.[6]

23–30 *(Einstweilen frei)*

II. Erstattungsansprüche der Träger von Sozialleistungen (§ 74 Abs. 2 EStG)

31 § 74 Abs. 2 EStG ermöglicht die sog. Überleitung des Kindergeldes auf Sozialleistungsträger durch entsprechende Anwendbarkeit von im SGB X geregelten Erstattungsansprüchen. Die Prüfung eines Erstattungsanspruches setzt voraus, dass der Sozialleistungsträger diesen gel-

---

1 Vgl. BFH v. 26. 8. 2010 - III R 21/08, BStBl 2013 II 583.
2 Vgl. BFH v. 19. 6. 2013 - III B 79/12, BFH/NV 2013, 1422 = NWB DokID: HAAAE-41836.
3 Vgl. BFH v. 17. 12. 2015 - V R 18/15, BStBl 2016 II 960.
4 Vgl. BFH v. 17. 2. 2004 - VIII R 58/03, BStBl 2006 II 130.
5 Vgl. BFH v. 23. 2. 2006 - III R 65/04, BStBl 2008 II 753.
6 Vgl. BFH v. 5. 7. 2010 - III R 89/09, BStBl 2013 II 695.

tend gemacht hat. Dabei hat dieser durch detaillierte Angaben darzulegen, dass er einen Erstattungsanspruch gem. § 74 Abs. 2 EStG hat.[1] Für den Monat der Geburt des Kindes kann das Kindergeld grundsätzlich nur dann an den Sozialleistungsträger erstattet werden, wenn sich der Berechtigte mindestens auch im Folgemonat noch im Sozialleistungsbezug befindet.[2]

Eine Erstattung nach § 74 Abs. 2 EStG i. V. m. § 104 Abs. 1 Satz 1 SGB X erfordert grundsätzlich, dass ein Anspruch auf Kindergeld für einen Zeitraum in der Vergangenheit besteht, für den ein Sozialleistungsträger bei nachrangiger Leistungsverpflichtung dem Berechtigten selbst, dem Berechtigten für seine Kinder bzw. den Kindern unmittelbar Leistungen ohne Anrechnung des Kindergeldes erbracht hat. Der Anspruch auf Erstattung des Kindergeldes nach § 74 Abs. 2 EStG i. V. m. § 104 Abs. 1 Sätze 1 und 4 SGB X setzt voraus, dass der Kostenbeitragsanspruch gegenüber dem Kindergeldberechtigten durch einen Kostenbeitrags- oder Leistungsbescheid konkretisiert und betragsmäßig festgesetzt worden ist.[3] 32

Hat ein Sozialhilfeträger Leistungen nach dem Asylbewerberleistungsgesetz (§ 2 AsylbLG i. V. m. § 28 SGB XII) für Eltern und Kinder erbracht, die in einem Haushalt zusammenleben und eine Bedarfsgemeinschaft bilden, so steht ihm ein Anspruch auf Erstattung des nachträglich festgesetzten Kindergeldes zu.[4] Hat ein Sozialleistungsträger wegen der Leistungen nach dem SGB II, die er dem Kind eines Kindergeldberechtigten gewährt hat, keinen Anspruch auf Erstattung von Kindergeld, weil das Kind in einem eigenen Haushalt lebt und das Kindergeld an das Kind weder abgezweigt noch weitergeleitet worden ist, so besteht dennoch ein Erstattungsanspruch, wenn der kindergeldberechtigte Elternteil ebenfalls Sozialleistungen nach dem SGB II bezieht.[5] Der Anspruch des Jugendhilfeträgers auf Erstattung von Kindergeld wegen erbrachter Jugendhilfeleistungen ist begrenzt auf den Betrag, der gegenüber dem Kindergeldberechtigten durch Bescheid als Kostenbeitrag festgesetzt worden ist.[6] 33

Ein Erstattungsanspruch nach § 74 Abs. 2 EStG kann bestehen: 34

▶ für Zeiträume in der Vergangenheit, für die ein Sozialleistungsträger eine Leistung erbracht hat, die gegenüber dem Kindergeld nachrangig ist, eine Anrechnung jedoch nicht erfolgte,

▶ für Zeiträume in der Vergangenheit und für laufende Zeiträume, für die einem Sozialleistungsträger ein Kostenbeitrag oder Aufwendungsersatz zusteht,

▶ für Zeiträume in der Vergangenheit und für laufende Zeiträume, für die einem Träger der Jugendhilfe ein Kostenbeitrag zusteht.

BEISPIEL (SOZIALLEISTUNGEN FÜR DEN BERECHTIGTEN): ▶ Der kindergeldberechtigte Vater erhält seit Januar Leistungen zur Sicherung des Lebensunterhalts nach dem SGB II. Das Kind lebt in einer eigenen Wohnung. Die Familienkasse setzt im November rückwirkend Kindergeld ab Januar fest. Für den Zeitraum von Januar bis November hat der Sozialleistungsträger wegen der für den Vater erbrachten Leistungen einen Erstattungsanspruch geltend gemacht. Das Kindergeld gehört zum Einkommen des Kindergeldberechtigten. Es ist für den Zeitraum von Januar bis November an den Sozialleistungsträger zu erstatten. Dies gilt unabhängig davon, ob das Kind selbst Leistungen nach dem SGB II bezieht.

---

1 Vgl. V 33 DA-KG.
2 Vgl. FG Münster v. 30.8.2017 - 7 K 561/17 Kg.
3 Vgl. BFH v. 28.4.2010 - III R 44/08, BStBl 2013 II 580.
4 Vgl. BFH v. 5.6.2014 - VI R 15/12, BStBl 2015 II 145.
5 Vgl. BFH v. 22.11.2012 - III R 24/11, BStBl 2014 II 32.
6 Vgl. BFH v. 28.4.2010 - III R 43/08, BStBl 2010 II 1014.

§ 75 Aufrechnung

(1) Mit Ansprüchen auf Erstattung von Kindergeld kann die Familienkasse gegen Ansprüche auf Kindergeld bis zu deren Hälfte aufrechnen, wenn der Leistungsberechtigte nicht nachweist, dass er dadurch hilfebedürftig im Sinne der Vorschriften des Zwölften Buches Sozialgesetzbuch über die Hilfe zum Lebensunterhalt oder im Sinne der Vorschriften des Zweiten Buches Sozialgesetzbuch über die Leistungen zur Sicherung des Lebensunterhalts wird.

(2) Absatz 1 gilt für die Aufrechnung eines Anspruchs auf Erstattung von Kindergeld gegen einen späteren Kindergeldanspruch eines mit dem Erstattungspflichtigen in Haushaltsgemeinschaft lebenden Berechtigten entsprechend, soweit es sich um laufendes Kindergeld für ein Kind handelt, das bei beiden berücksichtigt werden kann oder konnte.

Inhaltsübersicht

	Rz.
A. Allgemeine Erläuterungen	1 - 10
B. Systematische Kommentierung	11 - 16
I. Aufrechnungsbefugnis der Familienkasse mit Erstattungsansprüchen gegen Kindergeld (§ 75 Abs. 1 EStG)	11 - 15
II. Aufrechnung gegenüber einem mit dem Erstattungspflichtigen in Haushaltsgemeinschaft lebenden Berechtigten (§ 75 Abs. 2 EStG)	16

HINWEIS:
Dienstanweisung zum Kindergeld nach dem Einkommensteuergesetz (DA-KG).

A. Allgemeine Erläuterungen

1 **Normzweck und wirtschaftliche Bedeutung der Vorschrift:** § 75 EStG regelt, unter welchen Voraussetzungen die Familienkasse Ansprüche auf Erstattung von Kindergeld im Aufrechnungswege gegen Kindergeldzahlungen durchsetzen kann.

2 **Entstehung und Entwicklung der Vorschrift:** Die Vorschrift wurde im Zusammenhang mit der Neuregelung der einkommensteuerrechtlichen Kindergeldvorschriften ab 1996 in das EStG aufgenommen. Sie wurde zuletzt mit dem Zollkodex-Anpassungsgesetz geändert. Durch die Änderung wurde die Regelung an § 37 Abs. 2 AO angepasst.

3 **Geltungsbereich:** § 75 EStG ist Bestandteil des verfahrensrechtlichen Teils des X. Abschnitts des EStG. § 75 Abs. 1 EStG bestimmt die Grenzen der Aufrechnung, Abs. 2 erweitert die Aufrechnungsbefugnis auf Kindergeldansprüche jedes mit dem Erstattungspflichtigen in Haushaltsgemeinschaft lebenden anderen Kindergeldberechtigten.

4 **Verhältnis zu anderen Vorschriften:** Für die Aufrechnung eines Erstattungsanspruchs wegen überzahlten Kindergeldes mit anderen Ansprüchen (z. B. Besoldungs-, Vergütungs-, Versorgungs- und Lohnansprüchen) unter Beachtung der Pfändungsfreigrenzen gelten nach § 226 Abs. 1 AO die §§ 387 bis 396 BGB sinngemäß.[1] Eine Abzweigung von Kindergeld gem. § 74 Abs. 1 EStG an eine andere Person oder Stelle als den Berechtigten steht einer Aufrechnung nicht entgegen.[2]

5–10 *(Einstweilen frei)*

---
[1] Vgl. V 27.1 Abs. 1 DA-KG.
[2] Vgl. V 27.2 DA-KG.

B. Systematische Kommentierung

I. Aufrechnungsbefugnis der Familienkasse mit Erstattungsansprüchen gegen Kindergeld (§ 75 Abs. 1 EStG)

Mit Ansprüchen auf Erstattung von Kindergeld kann die Familienkasse gegen Ansprüche auf Kindergeld aufrechnen, wenn der Leistungsberechtigte nicht nachweist, dass er dadurch hilfebedürftig i. S. d. Vorschriften des SGB XII über die Hilfe zum Lebensunterhalt oder i. S. d. Vorschriften des SGB II über die Leistungen zur Sicherung des Lebensunterhalts wird. 11

Es besteht kein Unterschied zwischen der Aufrechnung gegen Kindergeldansprüche, die monatlich oder in einer Summe als Nachzahlung gezahlt werden.[1] Die Aufrechnung kann allerdings nur höchstens bis zur Hälfte des Kindergeldanspruchs erfolgen. Mit dieser Begrenzung soll verhindert werden, dass die Forderung der Familienkasse letztlich über andere öffentliche Mittel gedeckt wird. 12

(Einstweilen frei) 13–15

II. Aufrechnung gegenüber einem mit dem Erstattungspflichtigen in Haushaltsgemeinschaft lebenden Berechtigten (§ 75 Abs. 2 EStG)

§ 75 Abs. 2 EStG erweitert die Aufrechnungsmöglichkeit der Familienkasse auf den späteren Kindergeldanspruch jedes mit dem Erstattungspflichtigen in Haushaltsgemeinschaft lebenden anderen Kindergeldberechtigten, soweit es sich um laufende Auszahlungsansprüche für ein Kind handelt, das bei beiden berücksichtigt werden kann oder konnte. Anderer Kindergeldberechtigter als der Erstattungspflichtige ist jeder, der für ein Kind Kindergeld beansprucht bzw. erhält, für das auch der Erstattungspflichtige (weiterhin) als Berechtigter bestimmt werden könnte. Erstattungspflichtiger ist, wer zur Erstattung von Kindergeld verpflichtet ist. 16

§ 76 Pfändung

[1]Der Anspruch auf Kindergeld kann nur wegen gesetzlicher Unterhaltsansprüche eines Kindes, das bei der Festsetzung des Kindergeldes berücksichtigt wird, gepfändet werden. [2]Für die Höhe des pfändbaren Betrags gilt:

1. [1]Gehört das unterhaltsberechtigte Kind zum Kreis der Kinder, für die dem Leistungsberechtigten Kindergeld gezahlt wird, so ist eine Pfändung bis zu dem Betrag möglich, der bei gleichmäßiger Verteilung des Kindergeldes auf jedes dieser Kinder entfällt. [2]Ist das Kindergeld durch die Berücksichtigung eines weiteren Kindes erhöht, für das einer dritten Person Kindergeld oder dieser oder dem Leistungsberechtigten eine andere Geldleistung für Kinder zusteht, so bleibt der Erhöhungsbetrag bei der Bestimmung des pfändbaren Betrags des Kindergeldes nach Satz 1 außer Betracht;

2. der Erhöhungsbetrag nach Nummer 1 Satz 2 ist zugunsten jedes bei der Festsetzung des Kindergeldes berücksichtigten unterhaltsberechtigten Kindes zu dem Anteil pfändbar, der sich bei gleichmäßiger Verteilung auf alle Kinder, die bei der Festsetzung des Kindergeldes zugunsten des Leistungsberechtigten berücksichtigt werden, ergibt.

---

1 Klarstellung gem. Art. 5 Nr. 25 des Zollkodex-Anpassungsgesetzes v. 22.12.2014, BGBl 2014 I 2417.

Inhaltsübersicht	Rz.
A. Allgemeine Erläuterungen	1 - 7
B. Systematische Kommentierung	8 - 15
I. Pfändung des Kindergeldes nur bei Unterhaltsanspruch eines bei der Kindergeldfestsetzung berücksichtigten Kindes (§ 76 Satz 1 EStG)	8 - 13
II. Höhe des pfändbaren Kindergeldes (§ 76 Satz 2 EStG)	14 - 15

> **HINWEIS:**
> Dienstanweisung zum Kindergeld nach dem Einkommensteuergesetz (DA-KG).

A. Allgemeine Erläuterungen

1 **Normzweck und wirtschaftliche Bedeutung der Vorschrift:** § 76 EStG regelt den Umfang der Pfändbarkeit des Kindergelds. § 76 Satz 1 EStG beinhaltet einen besonderen Pfändungsschutz für das Kindergeld. § 76 Satz 2 EStG regelt die Ermittlung des pfändbaren Betrags.

2 **Entstehung und Entwicklung der Vorschrift:** Die Vorschrift wurde im Zusammenhang mit der Neuregelung der einkommensteuerrechtlichen Kindergeldvorschriften ab 1996 in das EStG aufgenommen und wurde seitdem mehrfach geändert.

3 **Geltungsbereich:** § 76 EStG ist Bestandteil des verfahrensrechtlichen Teils des X. Abschnitts des EStG.

4 **Verhältnis zu anderen Regelungen:** Die Vorschrift übernimmt die in § 54 Abs. 5 SGB I enthaltenen Pfändungsbeschränkungen für das steuerliche Kindergeld. Soweit das Kindergeld nach § 76 EStG überhaupt pfändbar ist, muss das Kind wegen der rückständigen gesetzlichen Unterhaltsansprüche zunächst im Verfahren vor dem Familiengericht einen Vollstreckungstitel erwirken.

5–7 *(Einstweilen frei)*

B. Systematische Kommentierung

I. Pfändung des Kindergeldes nur bei Unterhaltsanspruch eines bei der Kindergeldfestsetzung berücksichtigten Kindes (§ 76 Satz 1 EStG)

8 § 76 EStG enthält Pfändungsbeschränkungen. Die Vorschrift lässt die Pfändung des i. d. R. den Eltern zustehenden steuerlichen Kindergelds nur wegen gesetzlicher Unterhaltsansprüche der gesetzlich unterhaltsberechtigten Kinder zu.

9–13 *(Einstweilen frei)*

II. Höhe des pfändbaren Kindergeldes (§ 76 Satz 2 EStG)

14 Wird Kindergeld zugunsten eines Zahlkindes gepfändet und sind für den Kindergeldanspruch nur Zahlkinder zu berücksichtigen, so ist der nach § 76 Satz 2 Nr. 1 EStG auf das Kind entfallende Anteil der Betrag, der sich bei gleichmäßiger Verteilung des Kindergelds auf alle Kinder ergibt. Bei der Teilung des Betrags sind auch die nicht unterhaltsberechtigten Zahlkinder zu berücksichtigen (Kinder des Ehegatten, Pflegekinder).[1]

---

1 Vgl. V 23 DA-KG.

Tragen Zählkinder zur Erhöhung des Kindergeldanspruchs bei, so ist zunächst die Höhe des Anteils für ein Zahlkind zu errechnen, der sich ohne den Zählkindervorteil ergeben würde. Der Differenzbetrag zu dem tatsächlich zustehenden Kindergeld ist als Zählkindervorteil auf alle beim Berechtigten zu berücksichtigenden Kinder gleichmäßig zu verteilen. Für ein Zahlkind ergibt sich der pfändbare Betrag aus dem Betrag, der ohne Zählkindervorteil auf dieses entfallen würde (§ 76 Satz 2 Nr. 1 EStG), zuzüglich seines Anteils an dem Zählkindervorteil (§ 76 Satz 2 Nr. 2 EStG). Der für ein Zählkind pfändbare Betrag besteht in seinem Anteil am Zählkindervorteil. 15

BEISPIEL: ► Ein Berechtigter hat vier Kinder. Das zweite Kind ist ein Zählkind, das im Haushalt der Großeltern lebt. Dem Berechtigten stehen 619 € Kindergeld zu, ohne das Zählkind 588 €. Dieser Betrag ist vorab mit je 196 € auf die drei Zahlkinder zu verteilen. Der Zählkindervorteil beträgt 31 € und ist mit je 7,75 € auf alle vier Kinder zu verteilen. Der pfändbare Anteil der Zahlkinder am Kindergeld beträgt je 203,75 € und der des Zählkindes 7,75 €.

§ 76a (weggefallen)

► Zur Kommentierung siehe Online-Version, 1. Aufl. 2016

§ 77 Erstattung von Kosten im Vorverfahren

(1) ¹Soweit der Einspruch gegen die Kindergeldfestsetzung erfolgreich ist, hat die Familienkasse demjenigen, der den Einspruch erhoben hat, die zur zweckentsprechenden Rechtsverfolgung oder Rechtsverteidigung notwendigen Aufwendungen zu erstatten. ²Dies gilt auch, wenn der Einspruch nur deshalb keinen Erfolg hat, weil die Verletzung einer Verfahrens- oder Formvorschrift nach § 126 der Abgabenordnung unbeachtlich ist. ³Aufwendungen, die durch das Verschulden eines Erstattungsberechtigten entstanden sind, hat dieser selbst zu tragen; das Verschulden eines Vertreters ist dem Vertretenen zuzurechnen.

(2) Die Gebühren und Auslagen eines Bevollmächtigten oder Beistandes, der nach den Vorschriften des Steuerberatungsgesetzes zur geschäftsmäßigen Hilfeleistung in Steuersachen befugt ist, sind erstattungsfähig, wenn dessen Zuziehung notwendig war.

(3) ¹Die Familienkasse setzt auf Antrag den Betrag der zu erstattenden Aufwendungen fest. ²Die Kostenentscheidung bestimmt auch, ob die Zuziehung eines Bevollmächtigten oder Beistandes im Sinne des Absatzes 2 notwendig war.

Inhaltsübersicht	Rz.
A. Allgemeine Erläuterungen	1 - 15
B. Systematische Kommentierung	16 - 38
I. Grundlagen zum Kostenerstattungsanspruch im Einspruchsverfahren gegen Kindergeldfestsetzungen (§ 77 Abs. 1 EStG)	16 - 25
II. Erstattung von Aufwendungen eines hinzugezogenen Bevollmächtigten (§ 77 Abs. 2 EStG)	26 - 35
III. Kostenentscheidung und Kostenerstattung durch die Familienkasse (§ 77 Abs. 3 EStG)	36 - 38

HINWEIS:
Dienstanweisung zum Kindergeld nach dem Einkommensteuergesetz (DA-KG).

A. Allgemeine Erläuterungen

1 **Normzweck und wirtschaftliche Bedeutung der Vorschrift:** § 77 EStG regelt, ob und in welchem Umfang den Einspruchsführer oder dem hinzugezogenen Dritten die Kosten des Einspruchsverfahrens zu erstatten sind.

2 **Entstehung und Entwicklung der Vorschrift:** Die Vorschrift wurde im Zusammenhang mit der Neuregelung der einkommensteuerrechtlichen Kindergeldvorschriften ab 1996 in das EStG aufgenommen und gilt seitdem unverändert.

3 **Geltungsbereich:** § 77 EStG ist Bestandteil des verfahrensrechtlichen Teils des X. Abschnitts des EStG.

4 **Verhältnis zu anderen Regelungen:** Die Vorschrift entspricht § 63 SGB X. § 77 Abs. 1 Satz 3 EStG übernimmt den Regelungsinhalt des § 137 FGO.

5–15 *(Einstweilen frei)*

B. Systematische Kommentierung

I. Grundlagen zum Kostenerstattungsanspruch im Einspruchsverfahren gegen Kindergeldfestsetzungen (§ 77 Abs. 1 EStG)

16 Das außergerichtliche Rechtsbehelfsverfahren nach der AO kennt keine Kostenerstattung. Hiervon abweichend sieht § 77 EStG grundsätzlich eine Erstattung von Kosten im Einspruchsverfahren gegen Kindergeldfestsetzungen vor. Entgegen dem Wortlaut gilt dies u. a. auch für Einspruchsverfahren gegen die Aufhebung von Kindergeldfestsetzungen und bei Untätigkeitseinsprüchen.[1]

17 § 77 Abs. 1 Satz 1 EStG regelt für das förmliche Einspruchsverfahren gegen Kindergeldfestsetzungen einen Anspruch auf Kostenerstattung des ganz oder teilweise obsiegenden Einspruchsführers. Der Erstattungsanspruch ist der Höhe nach durch den Erfolg des Einspruchs und auf die notwendigen Aufwendungen beschränkt. Nicht erstattungsfähig sind die von den Beteiligten selbst erbrachten Leistungen.

18 Eine Kostenerstattung kommt nach § 77 Abs. 1 Satz 2 EStG auch bei Erfolglosigkeit in Betracht, wenn die Familienkasse nachträglich Verfahrens- oder Formvorschriften heilt und der Einspruch nur deshalb als unbegründet zurückgewiesen wird.

19 Aufwendungen sind gem. § 77 Abs. 1 Satz 3 EStG dann nicht erstattungsfähig, wenn schuldhaft (z. B. durch verspätete Mitwirkung) der Erlass des erfolgreich mit dem Einspruch angefochtenen Bescheids erwirkt wurde. Ein den Erstattungsanspruch ausschließendes Verschulden i. S. d. § 77 Abs. 1 Satz 3 EStG ist anzunehmen, wenn der Einspruchsführer seiner Mitwirkungspflicht nicht nachgekommen ist und die Behörde trotz des Bestehens der Amtsermittlungspflicht keine andere Entscheidung treffen konnte.[2]

---

1 Vgl. R 6.5 DA-KG.
2 Vgl. BFH v. 23. 7. 2002 - VIII R 73/00, BFH/NV 2003, 25 = NWB DokID: YAAAA-68896.

Soweit der Einspruch des Kindes gegen die Ablehnung der gem. § 74 EStG beantragten Abzweigung des Kindergelds an sich selbst erfolgreich ist, ist die Regelung über die Erstattung von Kosten im Vorverfahren gem. § 77 EStG analog anwendbar.[1]   20

Ein Antragsteller in einer Kindergeldsache, der sich gegen eine mit der behördlichen Einspruchsentscheidung verbundene Kostenentscheidung zur Wehr setzen möchte, muss unmittelbar Klage beim Finanzgericht erheben.[2]   21

Kostenerstattung kann auch beansprucht werden, wenn sich der Einspruch nicht gegen eine Kindergeldfestsetzung richtet, sondern gegen den als Abrechnungsbescheid zu qualifizierenden Hinweis, dass wegen des Erstattungsanspruchs eines Sozialleistungsträgers kein Kindergeld an den Berechtigten gezahlt wird:[3]   22

(Einstweilen frei)   23–25

II. Erstattung von Aufwendungen eines hinzugezogenen Bevollmächtigten (§ 77 Abs. 2 EStG)

Die Gebühren und Auslagen eines Bevollmächtigten oder Beistands, der nach den Vorschriften des Steuerberatungsgesetzes zur geschäftsmäßigen Hilfeleistung in Steuersachen befugt ist, sind gem. § 77 Abs. 2 EStG ebenfalls erstattungsfähig, wenn dessen Zuziehung notwendig war. Zur geschäftsmäßigen Hilfeleistung in Steuersachen befugt sind die in den §§ 2 bis 4 StBerG genannten Personen und Gesellschaften.[4]   26

(Einstweilen frei)   27–35

III. Kostenentscheidung und Kostenerstattung durch die Familienkasse (§ 77 Abs. 3 EStG)

Nach § 77 Abs. 3 Satz 1 EStG setzt die Familienkasse nicht von Amts wegen, sondern nur auf Antrag den Erstattungsbetrag fest. In dem Kostenfestsetzungsantrag sind die im Rechtsbehelfsverfahren entstandenen Aufwendungen der Art und der Höhe nach zu bezeichnen und aufzulisten.   36

Wurde der Einspruchsführer durch einen Bevollmächtigten oder einen Beistand i. S. d. § 77 Abs. 2 EStG vertreten, ist gem. § 77 Abs. 3 Satz 2 EStG in der Kostenentscheidung darüber zu bestimmen, ob die Zuziehung notwendig war. Die Kostenentscheidung ist zu begründen.[5]   37

Die Kostenentscheidung und die Kostenfestsetzung sind Verwaltungsakte i. S. d. § 118 AO.   38

---

1 Vgl. BFH v. 26. 6. 2014 – III R 39/12, BStBl 2015 II 148.
2 Vgl. BFH v. 13. 5. 2015 – III R 8/14, BStBl 2015 II 844; BFH v. 13. 4. 2016 – III R 24/15, BFH/NV 2016, 1284 = NWB DokID: SAAAF-78175.
3 Vgl. BFH v. 23. 6. 2015 – III R 31/14, BStBl 2016 II 26.
4 Zur Zurückweisung eines Bevollmächtigten in Kindergeldverfahren vgl. BFH v. 28.2.2018 – II R 3/16, IStR 2018, 649.
5 Vgl. R 6.5 Abs. 2 DA-KG.

§ 78 Übergangsregelungen

(1) bis (4) (weggefallen)

(5) ¹Abweichend von § 64 Absatz 2 und 3 steht Berechtigten, die für Dezember 1990 für ihre Kinder Kindergeld in dem in Artikel 3 des Einigungsvertrages genannten Gebiet bezogen haben, das Kindergeld für diese Kinder auch für die folgende Zeit zu, solange sie ihren Wohnsitz oder gewöhnlichen Aufenthalt in diesem Gebiet beibehalten und die Kinder die Voraussetzungen ihrer Berücksichtigung weiterhin erfüllen. ²§ 64 Absatz 2 und 3 ist insoweit erst für die Zeit vom Beginn des Monats an anzuwenden, in dem ein hierauf gerichteter Antrag bei der zuständigen Stelle eingegangen ist; der hiernach Berechtigte muss die nach Satz 1 geleisteten Zahlungen gegen sich gelten lassen.

Inhaltsübersicht

	Rz.
A. Allgemeine Erläuterungen	1 - 7
B. Systematische Kommentierung	8 - 10

HINWEIS:
Dienstanweisung zum Kindergeld nach dem Einkommensteuergesetz (DA-KG).

A. Allgemeine Erläuterungen

1 **Normzweck und wirtschaftliche Bedeutung der Vorschrift:** § 78 EStG ist im Zusammenhang mit der zum 1.1.1996 erfolgten Überleitung des Kindergeldrechts vom Sozialrecht in das Einkommensteuerrecht zu sehen.

2 **Entstehung und Entwicklung der Vorschrift:** Die Vorschrift wurde im Zusammenhang mit der Neuregelung der einkommensteuerrechtlichen Kindergeldvorschriften ab 1996 in das EStG aufgenommen, hat aber inzwischen durch Zeitablauf an Bedeutung verloren.

Geltungsbereich: Zum sachlichen und persönlichen Geltungsbereich s. KKB/Hillmoth, § 31 EStG Rz. 6.

3 **Verhältnis zu anderen Regelungen:** Die Übergangsregelung des § 78 EStG überlagert das eigentlich zum Anspruch auf Kindergeld führende Haushaltsaufnahmeprinzip.

4–7 *(Einstweilen frei)*

B. Systematische Kommentierung

8 Die Vorschrift enthält die aufgrund des Systemwechsels zum Familienleistungsausgleich erforderlich gewordenen Übergangsregelungen. Die Regelungen haben weitgehend durch Zeitablauf ihre Bedeutung verloren. Die Abs. 1 bis 4 sind inzwischen weggefallen.

9 § 78 Abs. 5 Satz 1 EStG betrifft Sonderregelungen für Kindergeldberechtigte im Beitrittsgebiet. Auch diese Regelung als Besitzstandswahrung von Berechtigten, die für Dezember 1990 für ihre Kinder Kindergeld in dem in Art. 3 des Einigungsvertrags genannten Gebiet bezogen haben, und für diese Kinder auch danach noch Anspruch haben, solange sie ihren Wohnsitz oder gewöhnlichen Aufenthalt *in diesem* Gebiet beibehalten, hat kaum noch praktische Bedeutung, da auch die Kinder die Voraussetzungen ihrer Berücksichtigung erfüllen müssen.

Bei einer Änderung der Verhältnisse ist gem. § 78 Abs. 5 Satz 2 EStG ohnehin bei erneuter Antragstellung für dieses Kind der Vorrang des § 64 Abs. 2 und 3 EStG und damit die Berechtigung vorrangig bei Haushaltsaufnahme des Kindes zu prüfen. 10

XI. Altersvorsorgezulage

§ 79 Zulageberechtigte

¹Die in § 10a Absatz 1 genannten Personen haben Anspruch auf eine Altersvorsorgezulage (Zulage). ²Ist nur ein Ehegatte nach Satz 1 begünstigt, so ist auch der andere Ehegatte zulageberechtigt, wenn

1. beide Ehegatten nicht dauernd getrennt leben (§ 26 Absatz 1),
2. beide Ehegatten ihren Wohnsitz oder gewöhnlichen Aufenthalt in einem Mitgliedstaat der Europäischen Union oder einem Staat haben, auf den das Abkommen über den Europäischen Wirtschaftsraum anwendbar ist,
3. ein auf den Namen des anderen Ehegatten lautender Altersvorsorgevertrag besteht,
4. der andere Ehegatte zugunsten des Altersvorsorgevertrags nach Nummer 3 im jeweiligen Beitragsjahr mindestens 60 Euro geleistet hat und
5. die Auszahlungsphase des Altersvorsorgevertrags nach Nummer 3 noch nicht begonnen hat.

³Satz 1 gilt entsprechend für die in § 10a Absatz 6 Satz 1 und 2 genannten Personen, sofern sie unbeschränkt steuerpflichtig sind oder für das Beitragsjahr nach § 1 Absatz 3 als unbeschränkt steuerpflichtig behandelt werden.

Inhaltsübersicht	Rz.
A. Allgemeine Erläuterungen	1 - 5
B. Systematische Kommentierung	6 - 8
I. Unmittelbar begünstigte Personen (§ 79 Satz 1 EStG)	6
II. Mittelbar begünstigte Personen (§ 79 Satz 2 EStG)	7 - 8

HINWEIS:

BMF v. 21.12.2017, BStBl 2018 I 93; BMF v. 6.12.2017, BStBl 2018 I 147.

LITERATUR:

▶ Weitere Literatur siehe Online-Version

Myßen/Fischer, AltvVerbG: Mehr Transparenz bei geförderten Altersvorsorgeprodukten, NWB 2013, 2062; *Herrmann*, Riester-Rente und Sonderausgabenabzug – Unmittelbare Förderung trotz Zugehörigkeit zu einem berufsständischen Versorgungswerk?, NWB 2014, 748; *Wagner-Jung*, in Uckermann/Fuhrmanns/Ostermayer/Doetsch, Das Recht der betrieblichen Altersversorgung, Kapitel 11, 1. Aufl. 2014.

ARBEITSHILFEN UND GRUNDLAGEN ONLINE:

Welker, Private Altersvorsorge, NWB DokID: JAAAE-65373.

A. Allgemeine Erläuterungen

1 **Normzweck und wirtschaftliche Bedeutung der Vorschrift:** Um die schrittweise Absenkung des Rentenniveaus in der gesetzlichen Rentenversicherung durch die Rentenreform 2001 und des Versorgungsniveaus durch das Versorgungsänderungsgesetz 2001 zu kompensieren, regeln §§ 79 ff. EStG in Kombination mit § 10a EStG die steuerliche Förderung einer zusätzlichen privaten Altersvorsorge (sog. **Riester-Förderung**). Während §§ 79 ff. EStG eine progressionsunabhängige Altersvorsorgezulage vorsehen, ermöglicht § 10a EStG einen Sonderausgabenabzug für die entsprechenden Altersvorsorgebeiträge, sofern dieser günstiger ist (§ 10a Abs. 2 EStG). Die späteren Rentenleistungen aus dem Altersvorsorgevertrag sind in voller Höhe zu versteuern (§ 22 Nr. 5 EStG).[1] § 79 EStG regelt den Kreis der Begünstigten.

2 **Entstehung und Entwicklung der Vorschrift:**

AVmG v. 26. 6. 2001:[2] Die Vorschrift, die in engem Zusammenhang mit § 10a EStG steht, wurde mit dem AVmG eingeführt. Die Regelung der Altersvorsorgezulage war nach dem Gesetzentwurf zum AVmG zunächst ebenfalls in § 10a EStG enthalten und wurde erst im Verlauf des Gesetzgebungsverfahrens im neuen Abschn. XI verselbständigt.

Gesetz zur Umsetzung steuerlicher EU-Vorgaben sowie zur Änderung steuerlicher Vorschriften v. 8. 4. 2010:[3] Ab VZ 2010 entfällt zur Umsetzung des EuGH-Urteils C-269/07 v. 10. 9. 2009 die bisherige Voraussetzung der unbeschränkten Steuerpflicht. Im Gegenzug sind nur noch die im neu gefassten § 10a Abs. 1 EStG genannten Personenkreise zulageberechtigt.[4] Für Personen, die nicht in einem inländischen Alterssicherungssystem abgesichert sind, besteht künftig keine Zulageberechtigung mehr. Lediglich für Zulageberechtigte, die bereits vor dem 1. 1. 2010 Altersvorsorgebeiträge auf ihren Vertrag eingezahlt haben, wird gem. § 52 Abs. 63a EStG Bestandsschutz gewährt.[5]

BeitrRLUmsG v. 7. 12. 2012:[6] Die Neuregelung sieht vor, dass eine mittelbare Zulageberechtigung nur besteht, wenn der betreffende Ehegatte mindestens 60 € pro Beitragsjahr auf seinen Altersvorsorgevertrag einzahlt. Dadurch wird vermieden, dass die vollständigen Altersvorsorgezulagen bei fehlerhafter Einschätzung des Zulagestatus zurückgefordert werden müssen, weil es an der beim unmittelbar Zulageberechtigten erforderlichen Beitragszahlung mangelt.[7]

KroatienAnpG v. 25. 7. 2014:[8] Der neue Satz 3 übernimmt lediglich die Regelung aus § 52 Abs. 63a Satz 1 EStG a. F. und bietet Bestandsschutz bei ausländischen Sicherungssystemen.

3–5 *(Einstweilen frei)*

---

1 RegE des StÄndG 1964 BT-Drucks. IV/2400, 46, 62 und BT-Drucks. IV/2617, 3; dazu auch BFH v. 7. 5. 1987 - IV R 150/84, BStBl 1987 II 670.
2 BGBl 2001 I 1310.
3 BGBl 2010 I 386.
4 BT-Drucks. 17/506, 18, 27.
5 BT-Drucks. 17/506, 18, 26 f.; BMF v. 24. 7. 2013, BStBl 2013 I 1022, Rz. 14.
6 BGBl 2011 I 2592.
7 BT-Drucks 17/6263, 100.
8 BGBl 2014 I 1266.

B. Systematische Kommentierung

I. Unmittelbar begünstigte Personen (§ 79 Satz 1 EStG)

Insoweit verweist § 79 EStG auf den in § 10a EStG genannten Personenkreis. Danach haben diejenigen Personen Anspruch auf eine Altersvorsorgezulage, die von der Absenkung des gesetzlichen Rentenniveaus oder des Versorgungsniveaus betroffen sind und die dem betroffenen Alterssicherungssystem angehören (KKB/Wilhelm, § 10a EStG Rz. 11 ff.). Gemäß § 2 Abs. 8 EStG n. F. sind **eingetragene Lebenspartner** den Ehegatten gleichgestellt und zwar auch für die Vergangenheit, sofern die ESt-Festsetzung noch nicht bestandskräftig ist (§ 52 Abs. 2a EStG a. F.).

II. Mittelbar begünstigte Personen (§ 79 Satz 2 EStG)

Sofern beide Ehegatten zu der in § 79 Satz 1 EStG genannten Personengruppe gehören, haben beide einen Anspruch auf die Zulage. Gehört nur ein Ehegatte zu der begünstigten Personengruppe, so sieht die Vorschrift eine Sonderregelung vor und gewährt dem anderen Ehegatten **eine abgeleitete (mittelbare) Zulageberechtigung**, wenn

- die Ehegatten nicht dauernd getrennt leben,
- und beide ihren Wohnort oder gewöhnlichen Aufenthalt im Inland oder in einem EU-/EWR-Staat haben,
- der mittelbar begünstigte Ehegatte einen **eigenen** – auf seinen Namen lautenden – **Altersvorsorgevertrag** abgeschlossen hat, wobei eine förderbare Versorgung i. S. d. § 82 Abs. 2 EStG bei einer Pensionskasse, einem Pensionsfonds oder über eine nach § 82 Abs. 2 EStG förderbare Direktversicherung nicht ausreicht,[1] sondern ein nach § 5 AltZertG zertifizierter Vertrag vorliegen muss,
- der mittelbar begünstigte Ehegatte (ab 2012) einen jährlicher Mindestbeitrag von 60 € leistet und
- die Auszahlungsphase für den Altersvorsorgevertrag des mittelbar zulageberechtigten Ehegatten noch nicht begonnen hat.

Umstritten ist, ob der mittelbar zulageberechtigte andere Ehegatte auch dann die Zulage erhält, wenn der unmittelbar begünstigte Ehegatte für sich keinen Altersvorsorgevertrag abgeschlossen hat. M. E. setzt die abgeleitete mittelbare Begünstigung voraus, dass der unmittelbar begünstigte Ehegatte von seiner Zulageberechtigung durch Abschluss eines Altersvorsorgevertrags Gebrauch macht.[2]

Wird der Mindestbeitrag nicht oder nur teilweise gezahlt, besteht keine mittelbare Zulageberechtigung.[3] Die (mittelbare) Zulageberechtigung entfällt im Falle der Auflösung der Ehe bereits für das Jahr der Auflösung, wenn der unmittelbar Zulageberechtigte im selben Jahr wieder geheiratet hat und der neue Ehegatte die Voraussetzungen des § 79 Satz 2 EStG erfüllt.[4]

---

[1] BMF v. 21.12.2017, BStBl 2018 I 93, Rz. 26 ff.; BFH v. 21.7.2009 - X R 33/07, BStBl 2009 II 995.
[2] Gl. A. BMF v. 24.7.2013, BStBl 2013 I 1022, Rz. 21; *Myßen/Fischer*, NWB 2011, 4304 4307; HHR/*Killat*, § 79 Anm. 5; a. A. *Wacker* in Schmidt, § 79 EStG Rz. 3, m. w. N.
[3] BMF v. 21.12.2017, BStBl 2018 I 93, Rz. 26 ff.; *Myßen/Fischer*, NWB 2011, 4307.
[4] BMF v. 21.12.2017, BStBl 2018 I 93, Rz. 26.

Scheidet für einen Ehegatten die unmittelbare Altersvorsorgezulagenberechtigung z. B. wegen verspäteter Einwilligung in die Datenübermittlung nach § 10a Abs. 1 Satz 1 2. Halbsatz EStG aus, kann er gem. § 79 Satz 2 EStG mittelbar zulageberechtigt sein, wenn seine Ehefrau unmittelbar zulageberechtigt ist.[1]

Die Voraussetzungen für eine mittelbare Altersvorsorgezulageberechtigung nach § 79 Satz 2 EStG sind nicht erfüllt, wenn der Ehegatte, für den eine unmittelbare Zulageberechtigung in Betracht käme, zu dem Personenkreis gehört, dessen Zulageberechtigung gem. § 10a Abs. 1 Satz 1 2. Halbsatz EStG von der Erteilung einer fristgebundenen Einwilligung in die Datenübermittlung abhängig ist, er diese Einwilligung aber nicht fristgemäß erteilt hat.[2]

§ 80 Anbieter

Anbieter im Sinne dieses Gesetzes sind Anbieter von Altersvorsorgeverträgen gemäß § 1 Absatz 2 des Altersvorsorgeverträge-Zertifizierungsgesetzes sowie die in § 82 Absatz 2 genannten Versorgungseinrichtungen.

Inhaltsübersicht

	Rz.
A. Allgemeine Erläuterungen	1–5
B. Systematische Kommentierung	6

LITERATUR:

Risthaus, Steuerliche Fördermöglichkeiten für eine zusätzliche private Altersvorsorge nach dem Altersvermögensgesetz (AVmG), DB 2001, 1269.

A. Allgemeine Erläuterungen

1 **Normzweck und Bedeutung der Vorschrift:** § 80 EStG regelt den Kreis der Anbieter von steuerlich geförderten Altersvorsorgeverträgen und öffnet den Markt für Altersvorsorgeprodukte für eine größere Zahl von Anbietern und ermöglicht damit einen Wettbewerb, der sich zugunsten der private Vorsorge betreibenden Steuerpflichtigen auswirken soll.

2 **Entstehung und Entwicklung der Vorschrift:**

AVmG v. 26. 6. 2001:[3] Die Vorschrift wurde mit dem AVmG eingeführt. Die Regelung der Altersvorsorgezulage war nach dem Gesetzentwurf zum AVmG zunächst in § 10a EStG enthalten und wurde erst im Verlauf des Gesetzgebungsverfahrens im neuen Abschn. XI verselbständigt.

Durch das **StÄndG 2001 v. 20. 12. 2001**[4] erfolgte eine Erweiterung des Anbieterbegriffs um die in § 82 Abs. 2 EStG genannten Versorgungseinrichtungen, um die betriebliche Altersvorsorge in den Förderbereich einzubeziehen, soweit sie durch Pensionsfonds, Pensionskassen oder Direktversicherungen erfolgt.

3–5 *(Einstweilen frei)*

---

[1] BFH v. 25. 3. 2015 - X R 20/14, BStBl 2015 II 931.
[2] BFH v. 5.7.2018 - X B 24/18, BFH/NV 2018 S. 1148 Nr. 11 = NWB DokID: ZAAAG-93496.
[3] BGBl 2001 I 1310.
[4] BGBl 2001 I 3794.

B. Systematische Kommentierung

Anbieter von Altersvorsorgeverträgen gem. § 1 Abs. 2 AltZertG: § 80 EStG verweist insoweit auf die in § 1 Abs. 2 AltZertG enthaltene Aufzählung von Anbietern. Als Anbieter von Altersvorsorgeverträgen kommen im Wesentlichen Lebensversicherungsunternehmen, Kreditinstitute, Bausparkassen und externe Kapitalverwaltungsgesellschaften i. S. d. § 17 Abs. 2 Nr. 1 Kapitalanlagegesetzbuchs (KAGB) in Betracht. Voraussetzung ist, dass diese Unternehmen die Zusage nach § 1 Abs. 1 Satz 1 Nr. 3 AltZertG abgeben, d. h., die Garantie, dass bei Beginn der Auszahlung zumindest die Summe der eingezahlten Altersvorsorgebeiträge für die Auszahlungsphase zur Verfügung steht.[1] Der Anleger muss dies nicht prüfen, da die Unternehmer einer staatlichen Aufsicht unterliegen. Auch ausländische Anbieter von Altersvorsorgeverträgen kommen als Anbieter i. S. d. Vorschrift in Betracht, sofern sie die zusätzlichen Voraussetzungen von § 1 Abs. 2 Nr. 2 und 3 AltZertG erfüllen. Durch die Erweiterung des Anbieterkreises um Versorgungseinrichtungen i. S. d. § 82 Abs. 2 EStG wird die betriebliche Altersvorsorge in den Förderbereich einbezogen, soweit sie durch Pensionsfonds, Pensionskassen oder Direktversicherungen erfolgt.

6

§ 81 Zentrale Stelle

Zentrale Stelle im Sinne dieses Gesetzes ist die Deutsche Rentenversicherung Bund.

Inhaltsübersicht	Rz.
A. Allgemeine Erläuterungen	1 - 2

A. Allgemeine Erläuterungen

Die Deutsche Rentenversicherung Bund hat zur Erfüllung ihrer Aufgabe als zentrale Stelle i. S. v. § 81 EStG die „Zentrale Zulagenstelle für Altersvermögen (ZfA)" als Dienststelle mit Sitz in Brandenburg/Havel eingerichtet. Zur verfassungsrechtlichen Zulässigkeit der Übertragung der Zuständigkeit zur Gewährung der Altersvorsorgezulage auf die Deutsche Rentenversicherung Bund vgl. BFH v. 8. 7. 2015.[2] Gemäß § 6 Abs. 2 Nr. 7 AO ist die DRV insoweit verfahrensrechtlich als Finanzbehörde einzustufen.

1

Die DRV als zentrale Stelle ist für die Abwicklung des Verfahrens zur Gewährung der Altersvorsorgezulage, insbesondere für folgende Maßnahmen, zuständig:

2

- ► Ermittlung, ob und in welcher Höhe ein Zulageanspruch besteht (§ 90 Abs. 1 EStG),
- ► Veranlassung der Zahlung der Zulage an den Anbieter zugunsten des Zulageberechtigten (§ 90 Abs. 2 EStG),
- ► Rückforderung zu Unrecht ausgezahlter Zulagen (§ 90 Abs. 3 EStG),
- ► Festsetzung der Zulage auf Antrag des Zulageberechtigten (§ 90 Abs. 4 EStG),
- ► Entscheidung über die wohnungswirtschaftliche Verwendung des Kapitals (§ 92b EStG),
- ► Entscheidung über die Rückzahlung der Zulage bei schädlicher Verwendung (§ 94 EStG).

---

1 Zu den Anforderungen an den Anbieter von Altersvorsorgeprodukten *Risthaus*, DB 2001, 1270.
2 BFH v. 8. 7. 2015 - X R 41/13, BStBl 2016 II 525.

§ 81a Zuständige Stelle

¹Zuständige Stelle ist bei einem
1. Empfänger von Besoldung nach dem Bundesbesoldungsgesetz oder einem Landesbesoldungsgesetz die die Besoldung anordnende Stelle,
2. Empfänger von Amtsbezügen im Sinne des § 10a Absatz 1 Satz 1 Nummer 2 die die Amtsbezüge anordnende Stelle,
3. versicherungsfrei Beschäftigten sowie bei einem von der Versicherungspflicht befreiten Beschäftigten im Sinne des § 10a Absatz 1 Satz 1 Nummer 3 der die Versorgung gewährleistende Arbeitgeber der rentenversicherungsfreien Beschäftigung,
4. Beamten, Richter, Berufssoldaten und Soldaten auf Zeit im Sinne des § 10a Absatz 1 Satz 1 Nummer 4 der zur Zahlung des Arbeitsentgelts verpflichtete Arbeitgeber und
5. Empfänger einer Versorgung im Sinne des § 10a Absatz 1 Satz 4 die die Versorgung anordnende Stelle.

²Für die in § 10a Absatz 1 Satz 1 Nummer 5 genannten Steuerpflichtigen gilt Satz 1 entsprechend.

Inhaltsübersicht	Rz.
A. Allgemeine Erläuterungen	1 - 4

A. Allgemeine Erläuterungen

1 **Normzweck und wirtschaftliche Bedeutung der Vorschrift:** Nach § 81a EStG haben die zuständigen Stellen der zentralen Stelle i. S. d. § 81 EStG die nach § 10a Abs. 1 Satz 1 2. Halbsatz EStG erforderlichen persönlichen Daten der nicht pflichtversicherten Zulageberechtigten (Beamte und Personen, deren Versorgung sich nach beamtenrechtsähnlichen Grundsätzen richtet) zu übermitteln. Um dies zu ermöglichen, müssen die Zulageberechtigten gegenüber der zuständigen Stelle ihr Einverständnis zur Weitergabe von persönlichen Daten an diese erklären. Solange dieses Einverständnis nicht erteilt ist, ist der Betroffene nicht zulageberechtigt, weil er – noch – keine „nach § 10a Abs. 1 EStG begünstigte" Person i. S. v. § 79 Satz 1 EStG ist.[1]

2 **Entstehung und Entwicklung der Vorschrift:** Die Vorschrift wurde mit **AltEinkG v. 5. 7. 2004**[2] geändert. Die Regelung war ursprünglich in § 10a Abs. 1a EStG enthalten und wurde zur besseren Lesbarkeit in § 81a EStG übertragen.

Mit **EigRentG v. 29. 7. 2008**[3] wurde die Vorschrift an die entsprechende Änderung des § 10a Abs. 1 Satz 4 EStG angepasst und Satz 1 Nr. 5 eingefügt.

3 **Tatbestandsvoraussetzungen:** Die Vorschrift ist erforderlich, da die DRV Bund als zentrale Stelle nur für die Pflichtversicherten über die für das Verfahren der Altersvorsorgezulage erforder-

---

[1] Scheidet die Zustimmungserteilung wegen Fristablaufs aus, kommt jedoch bei Ehegatten eine mittelbare Zulageberechtigung i. S. d. § 79 Satz 2 EStG des Betroffenen in Betracht, wenn dessen Ehegatte unmittelbar zulageberechtigt ist, vgl. BFH v. 25. 3. 2015 - X R 20/14, BStBl 2015 II 931.
[2] BGBl 2004 I 1427.
[3] BGBl 2008 I 1509.

lichen Daten verfügt. Für die übrigen, nicht pflichtversicherten Anspruchsberechtigten müssen ihr die erforderlichen Daten von den darüber verfügenden Behörden mitgeteilt werden. Hierzu gehört die Zugehörigkeit zum begünstigten Personenkreis, die Anzahl der Kinder sowie die Auszahlung des Kindergelds (für die Gewährung der Kinderzulage nach § 85 EStG), Besoldung, Amtsbezüge u. ä. (für die Ermittlung des Mindesteigenbeitrags nach § 86 EStG). Diese Behörden zählt die Vorschrift auf und fasst sie unter dem Begriff „zuständige Stelle" zusammen.

Zuständige Stelle ist bei Besoldungsempfängern, Empfängern von Amtsbezügen und Versorgungsempfängern die die Bezüge/Besoldung/Versorgung anordnende Stelle, bei versicherungsfrei Beschäftigten, bei bestimmten von der Versicherungspflicht befreiten Beschäftigten und bei ohne Bezüge beurlaubten Beamten, Richtern, Berufs- und Zeitsoldaten für die Zeit einer Beschäftigung der Arbeitgeber. Entsprechendes gilt nach Satz 2 auch für beurlaubte Personen i. S. v. § 10a Abs. 1 Satz 1 Nr. 1 bis 4 EStG.

4

§ 82 Altersvorsorgebeiträge

(1) ¹Geförderte Altersvorsorgebeiträge sind im Rahmen des in § 10a Absatz 1 Satz 1 genannten Höchstbetrags

1. Beiträge,

2. Tilgungsleistungen,

die der Zulageberechtigte (§ 79) bis zum Beginn der Auszahlungsphase zugunsten eines auf seinen Namen lautenden Vertrags leistet, der nach § 5 des Altersvorsorgeverträge-Zertifizierungsgesetzes zertifiziert ist (Altersvorsorgevertrag). ²Die Zertifizierung ist Grundlagenbescheid im Sinne des § 171 Absatz 10 der Abgabenordnung. ³Als Tilgungsleistungen gelten auch Beiträge, die vom Zulageberechtigten zugunsten eines auf seinen Namen lautenden Altersvorsorgevertrags im Sinne des § 1 Absatz 1a Satz 1 Nummer 3 des Altersvorsorgeverträge-Zertifizierungsgesetzes erbracht wurden und die zur Tilgung eines im Rahmen des Altersvorsorgevertrags abgeschlossenen Darlehens abgetreten wurden. ⁴Im Fall der Übertragung von gefördertem Altersvorsorgevermögen nach § 1 Absatz 1 Satz 1 Nummer 10 Buchstabe b des Altersvorsorgeverträge-Zertifizierungsgesetzes in einen Altersvorsorgevertrag im Sinne des § 1 Absatz 1a Satz 1 Nummer 3 des Altersvorsorgeverträge-Zertifizierungsgesetzes gelten die Beiträge nach Satz 1 Nummer 1 ab dem Zeitpunkt der Übertragung als Tilgungsleistungen nach Satz 3; eine erneute Förderung nach § 10a oder Abschnitt XI erfolgt insoweit nicht. ⁵Tilgungsleistungen nach den Sätzen 1 und 3 werden nur berücksichtigt, wenn das zugrunde liegende Darlehen für eine nach dem 31. Dezember 2007 vorgenommene wohnungswirtschaftliche Verwendung im Sinne des § 92a Absatz 1 Satz 1 eingesetzt wurde. ⁶Bei einer Aufgabe der Selbstnutzung nach § 92a Absatz 3 Satz 1 gelten im Beitragsjahr der Aufgabe der Selbstnutzung auch die nach der Aufgabe der Selbstnutzung geleisteten Beiträge oder Tilgungsleistungen als Altersvorsorgebeiträge nach Satz 1. ⁷Bei einer Reinvestition nach § 92a Absatz 3 Satz 9 Nummer 1 gelten im Beitragsjahr der Reinvestition auch die davor geleisteten Beiträge oder Tilgungsleistungen als Altersvorsorgebeiträge nach Satz 1. ⁸Bei einem beruflich bedingten Umzug nach § 92a Absatz 4 gelten

1. im Beitragsjahr des Wegzugs auch die nach dem Wegzug und

2. im Beitragsjahr des Wiedereinzugs auch die vor dem Wiedereinzug

geleisteten Beiträge und Tilgungsleistungen als Altersvorsorgebeiträge nach Satz 1.

(2) ¹Zu den Altersvorsorgebeiträgen gehören auch

a) die aus dem individuell versteuerten Arbeitslohn des Arbeitnehmers geleisteten Beiträge an einen Pensionsfonds, eine Pensionskasse oder eine Direktversicherung zum Aufbau einer kapitalgedeckten betrieblichen Altersversorgung und

b) Beiträge des Arbeitnehmers und des ausgeschiedenen Arbeitnehmers, die dieser im Fall der zunächst durch Entgeltumwandlung (§ 1a des Betriebsrentengesetzes) finanzierten und nach § 3 Nummer 63 oder § 10a und diesem Abschnitt geförderten kapitalgedeckten betrieblichen Altersversorgung nach Maßgabe des § 1a Absatz 4, des § 1b Absatz 5 Satz 1 Nummer 2 und des § 22 Absatz 3 Nummer 1 Buchstabe a des Betriebsrentengesetzes selbst erbringt.

²Satz 1 gilt nur, wenn

1. a) vereinbart ist, dass die zugesagten Altersversorgungsleistungen als monatliche Leistungen in Form einer lebenslangen Leibrente oder als Ratenzahlungen im Rahmen eines Auszahlungsplans mit einer anschließenden Teilkapitalverrentung ab spätestens dem 85. Lebensjahr ausgezahlt werden und die Leistungen während der gesamten Auszahlungsphase gleich bleiben oder steigen; dabei können bis zu zwölf Monatsleistungen in einer Auszahlung zusammengefasst und bis zu 30 Prozent des zu Beginn der Auszahlungsphase zur Verfügung stehenden Kapitals außerhalb der monatlichen Leistungen ausgezahlt werden, und

    b) ein vereinbartes Kapitalwahlrecht nicht oder nicht außerhalb des letzten Jahres vor dem vertraglich vorgesehenen Beginn der Altersversorgungsleistung ausgeübt wurde, oder

2. bei einer reinen Beitragszusage nach § 1 Absatz 2 Nummer 2a des Betriebsrentengesetzes der Pensionsfonds, die Pensionskasse oder die Direktversicherung eine lebenslange Zahlung als Altersversorgungsleistung zu erbringen hat.

³Die §§ 3 und 4 des Betriebsrentengesetzes stehen dem vorbehaltlich des § 93 nicht entgegen.

(3) Zu den Altersvorsorgebeiträgen gehören auch die Beitragsanteile, die zur Absicherung der verminderten Erwerbsfähigkeit des Zulageberechtigten und zur Hinterbliebenenversorgung verwendet werden, wenn in der Leistungsphase die Auszahlung in Form einer Rente erfolgt.

(4) Nicht zu den Altersvorsorgebeiträgen zählen

1. Aufwendungen, die vermögenswirksame Leistungen nach dem Fünften Vermögensbildungsgesetz in der jeweils geltenden Fassung darstellen,

2. prämienbegünstigte Aufwendungen nach dem Wohnungsbau-Prämiengesetz in der Fassung der Bekanntmachung vom 30. Oktober 1997 (BGBl I S. 2678), zuletzt geändert durch Artikel 5 des Gesetzes vom 29. Juli 2008 (BGBl I S. 1509), in der jeweils geltenden Fassung,

3. Aufwendungen, die im Rahmen des § 10 als Sonderausgaben geltend gemacht werden,

4. Zahlungen nach § 92a Absatz 2 Satz 4 Nummer 1 und Absatz 3 Satz 9 Nummer 2 oder

5. Übertragungen im Sinne des § 3 Nummer 55 bis 55c.

(5) ¹Der Zulageberechtigte kann für ein abgelaufenes Beitragsjahr bis zum Beitragsjahr 2011 Altersvorsorgebeiträge auf einen auf seinen Namen lautenden Altersvorsorgevertrag leisten, wenn

1. der Anbieter des Altersvorsorgevertrags davon Kenntnis erhält, in welcher Höhe und für welches Beitragsjahr die Altersvorsorgebeiträge berücksichtigt werden sollen,
2. in dem Beitragsjahr, für das die Altersvorsorgebeiträge berücksichtigt werden sollen, ein Altersvorsorgevertrag bestanden hat,
3. im fristgerechten Antrag auf Zulage für dieses Beitragsjahr eine Zulageberechtigung nach § 79 Satz 2 angegeben wurde, aber tatsächlich eine Zulageberechtigung nach § 79 Satz 1 vorliegt,
4. die Zahlung der Altersvorsorgebeiträge für abgelaufene Beitragsjahre bis zum Ablauf von zwei Jahren nach Erteilung der Bescheinigung nach § 92, mit der zuletzt Ermittlungsergebnisse für dieses Beitragsjahr bescheinigt wurden, längstens jedoch bis zum Beginn der Auszahlungsphase des Altersvorsorgevertrages erfolgt und
5. der Zulageberechtigte vom Anbieter in hervorgehobener Weise darüber informiert wurde oder dem Anbieter seine Kenntnis darüber versichert, dass die Leistungen aus diesen Altersvorsorgebeiträgen der vollen nachgelagerten Besteuerung nach § 22 Nummer 5 Satz 1 unterliegen.

²Wurden die Altersvorsorgebeiträge dem Altersvorsorgevertrag gutgeschrieben und sind die Voraussetzungen nach Satz 1 erfüllt, so hat der Anbieter der zentralen Stelle (§ 81) die entsprechenden Daten nach § 89 Absatz 2 Satz 1 für das zurückliegende Beitragsjahr nach einem mit der zentralen Stelle abgestimmten Verfahren mitzuteilen. ³Die Beträge nach Satz 1 gelten für die Ermittlung der zu zahlenden Altersvorsorgezulage nach § 83 als Altersvorsorgebeiträge für das Beitragsjahr, für das sie gezahlt wurden. ⁴Für die Anwendung des § 10a Absatz 1 Satz 1 sowie bei der Ermittlung der dem Steuerpflichtigen zustehenden Zulage im Rahmen des § 2 Absatz 6 und des § 10a sind die nach Satz 1 gezahlten Altersvorsorgebeiträge weder für das Beitragsjahr nach Satz 1 Nummer 2 noch für das Beitragsjahr der Zahlung zu berücksichtigen.

Inhaltsübersicht

	Rz.
A. Allgemeine Erläuterungen	1 - 10
I. Normzweck und wirtschaftliche Bedeutung der Vorschrift	1
II. Entstehung und Entwicklung der Vorschrift	2
III. Tatbestandsvoraussetzungen	3 - 10

HINWEIS:
BMF v. 21.12.2017, BStBl 2018 I 93; OFD Kiel v. 28. 7. 2003 - S 2491 A – St 254, NWB DokID: GAAAB-15201; OFD Kiel v. 28. 7. 2003 - S 2491 A – St 254, NWB DokID: QAAAB-15202.

LITERATUR:

▶ Weitere Literatur siehe Online-Version

dies., Altersvorsorge-Verbesserungsgesetz – Basisvorsorge im Alter und Wohn-Riester – Neuerungen durch das Altersvorsorge-Verbesserungsgesetz, NWB 2013, 1977; *dies.*, AltvVerbG: Mehr Transparenz bei geförderten Altersvorsorgeprodukten, NWB 2013, 2062; *Reinecke*, Handlungsoptionen für Arbeitgeber und Arbeitnehmer in der betrieblichen Altersversorgung, DB 2016, 651; *Wagner-Jung*, in Uckermann/Fuhrmanns/Ostermayer/Doetsch, Das Recht der betrieblichen Altersversorgung, Kapitel 11, 1. Aufl. 2014.

A. Allgemeine Erläuterungen

I. Normzweck und wirtschaftliche Bedeutung der Vorschrift

1 Die Vorschrift bestimmt, welche Beitragsleistungen als Altersvorsorgebeiträge gefördert werden und damit nicht nur als Bemessungsgrundlage für die Zulage nach Abschn. XI, sondern über die sog. Günstigerprüfung auch für den Sonderausgabenabzug nach § 10a EStG in Betracht kommen. Gefördert werden sowohl Beiträge zur **privaten** als auch zur **betrieblichen Altersvorsorge**. Die Förderung ist auf den in § 10a Abs. 1 Satz 1 EStG genannten Höchstbetrag (2 100 €) begrenzt.

II. Entstehung und Entwicklung der Vorschrift

2 Mit dem **AVmG v. 26. 6. 2001**[1] eingeführt, wurde die Vorschrift mit dem **AltEinkG v. 5. 7. 2004**[2] geändert. Während § 82 Abs. 1 und 4 EStG lediglich redaktionell geändert wurden, wurde in Abs. 2 Buchst. a klargestellt, dass nur kapitalgedeckte Altersversorgungen begünstigt sind. Aus § 1b Abs. 5 Satz 1 Nr. 2 BetrAVG ergibt sich ein gesetzlicher Anspruch für den ehemaligen Arbeitnehmer zur Fortsetzung der Versicherung oder Versorgung mit eigenen Beiträgen. Die Regelung in Buchst. b stellt sicher, dass Beiträge der betrieblichen Altersversorgung zu den begünstigten Altersvorsorgebeiträgen gehören können und schließt insoweit eine Gesetzeslücke.[3]

Mit **EigRentG v. 29. 7. 2008**[4] wurden § 82 Abs. 1 und 4 EStG geändert; die Änderungen gelten erstmals für den VZ 2008. In Zusammenhang mit der verbesserten Einbeziehung der selbst genutzten Wohnimmobilien in die geförderte Altersvorsorge wurden in § 82 Abs. 1 EStG durch Änderung des Satzes 1 und Anfügen der Sätze 3 bis 5 die Tilgungsleistungen, die der Zulageberechtigte zugunsten eines zertifizierten Altersvorsorge-Darlehensvertrags erbracht hat, in die Förderung einbezogen. Nach § 82 Abs. 4 Nr. 4 EStG dürfen Zahlungen, die der Zulageberechtigte erbringt (um die Höhe des Wohnförderkontos zu mindern) nicht erneut als Altersvorsorgebeitrag berücksichtigt werden. Eine mehrfache steuerliche Begünstigung der gleichen Beiträge wird vermieden (Ausschluss einer **Doppelförderung**).[5]

JStG 2010 v. 8. 12. 2010:[6] Im § 82 Abs. 1 Satz 1 EStG wird durch den Hinweis „bis zur Auszahlungsphase" die nachgelagerte Besteuerung sichergestellt und in Satz 3 klargestellt, dass auch Tilgungsleistungen zugunsten eines eigenen Vertrags erbracht sein müssen. § 82 Abs. 4 Nr. 1 EStG ist im Hinblick auf § 3 Nr. 39 EStG im Wortlaut redaktionell vereinfacht worden.[7]

AltvVerbG v. 28. 6. 2013:[8] Durch die Ergänzung des § 82 Abs. 1 EStG um die Satz 6 und 7 können vereinfachend auch die nach der Aufgabe der Selbstnutzung oder vor der Reinvestition geleisteten Beiträge gefördert werden.[9]

---

1 BGBl 2001 I 1310.
2 BGBl 2004 I 1427.
3 BT-Drucks. 15/2150, 46.
4 BGBl 2008 I 1509.
5 BT-Drucks. 15/8869, 27.
6 BGBl 2010 I 1768.
7 BT-Drucks. 17/2249, 110 f.
8 BGBl 2013 I 1667.
9 BT-Drucks. 17/10818, 17.

Allgemeine Erläuterungen 3–4 § 82 EStG

KroatienAnpG v. 25.7.2014:[1] § 82 Abs. 1 Satz 8 ergänzt Abs. 1 Satz 6 und 7 um eine Regelung zur Berücksichtigung von Altersvorsorgebeiträgen bei beruflich bedingtem Wegzug. Abs. 5 übernimmt inhaltlich unverändert die Regelung aus § 52 Abs. 63b EStG.

Mit **Gesetz zur Vermeidung von Umsatzsteuerausfällen beim Handel mit Waren im Internet und zur Änderung weiterer steuerlicher Vorschriften** v. 11.12.2018[2] wurden mit dem neuen Abs. 2 Satz 2 EStG die für die betriebliche Altersversorgung erforderlichen Vorgaben hinsichtlich der Auszahlungsformen neu gefasst und der Bezug im bisherigen Schlusssatz von § 82 Abs. 2 Satz 1 EStG auf § 1 Abs. 1 Satz 1 Nr. 4 des AltZertG (dazu weitgehend) aufgelöst. Des Weiteren wurde in § 82 Abs. 2 Satz 1 Buchst. b EStG auch ein Verweis auf den neu eingeführten § 22 Abs. 3 Nr. 1 Buchst. a BetrAVG aufgenommen. Danach hat der Arbeitnehmer auch bei der reinen Beitragszusage das Recht, nach Beendigung des Arbeitsverhältnisses die Versorgung mit eigenen Beiträgen fortzusetzen. Eine entsprechende Ergänzung von § 82 Abs. 2 Satz 1 Buchst. b EStG stellt nunmehr sicher, dass auch diese Beiträge im Rahmen der sog. Riester-Rente gefördert werden können.

III. Tatbestandsvoraussetzungen

Private Altersvorsorgebeiträge, § 82 Abs. 1 EStG: Nach Abs. 1 sind Altersvorsorgebeiträge die zugunsten eines zertifizierten Altersvorsorgevertrags[3] **bis zum Beginn der Auszahlungsphase** geleisteten Beiträge. Mit der zeitlichen Begrenzung der Förderung soll sichergestellt werden, dass sich die nachgelagerte Besteuerung nahtlos an die Förderung anschließt und es zu keinen Überschneidungen kommt. Altersvorsorgeverträge können in Form einer privaten Rentenversicherung, eines Fondssparplans oder als Sparplan, bei dem die Ansparleistung durch den Erwerb von weiteren Geschäftsanteilen an einer eingetragenen Wohnungsgenossenschaft erfolgt, abgeschlossen werden.[4] Ob das Produkt eines Anbieters die Zertifizierungsvoraussetzungen erfüllt, prüft das BZSt als Zertifizierungsstelle (§ 3 AltZertG). Die Zertifizierung ist gem. § 82 Abs. 1 Satz 2 EStG Grundlagenbescheid.

3

PRAXISHINWEIS:
Mit der Zertifizierung wird bestätigt, dass der Altersvorsorgevertrag steuerlich förderungsfähig ist. Sie besagt nichts über die Qualität und Sicherheit des Produkts. Das Renditerisiko trägt der Anleger allein. Informationen zu den am Markt angebotenen Riester-Produkten kann der Anleger dem nach amtlich vorgeschriebenen Muster erstellten Produktinformationsblatt für zertifizierte Altersvorsorge- und Basisrentenverträge nach § 13 Abs. 1 AltvPIBV entnehmen.[5]

Die dem Vertrag gutgeschriebenen oder zur Tilgung eingesetzten Zulagen stellen keine Altersvorsorgebeiträge dar. Werden lediglich Zinsen und Erträge des Vorsorgevermögens dem Altersvorsorgevertrag gutgeschrieben, reicht dies für die Erlangung der Altersvorsorgezulage nicht aus.[6] Beiträge zugunsten von Verträgen, bei denen **mehrere Personen Vertragspartner** sind, sind nicht begünstigt. Dies gilt auch für Verträge, die von Ehegatten/Lebenspartnern gemein-

4

---

1 BGBl 2014 I 1266.
2 BGBl 2018 I 2338.
3 Zu den Zertifizierungsvoraussetzungen vgl. *Myßen/Fischer*, NWB 2013, 2062 ff.
4 *Myßen/Fischer*, NWB 2011, 4308.
5 BMF v. 22.1.2016, BStBl 2016 I 164.
6 BFH v. 8.7.2015 - X R 41/13, BStBl 2016 II 525.

sam abgeschlossen werden.[1] Zur steuerlichen Behandlung der Zahlung von Altersvorsorgebeiträgen durch Dritte und Zahlungen um den Jahreswechsel vgl. OFD Kiel v. 28. 7. 2003.[2]

5 Ab VZ 2008 sind auch Tilgungsleistungen auf einen **Darlehensvertrag** bzw. eine Kombination aus Spar- und Darlehensverträgen (z. B. Bausparvertrag) für eine nach dem 13. 12. 2007 vorgenommene wohnungswirtschaftliche Verwendung i. S. d. § 92a Abs. 1 Satz 1 EStG (sog. **Wohnriester**) begünstigt, sofern es sich um einen nach dem AltZertG zertifizierten Altersvorsorgevertrag handelt.[3] Dies gilt auch, wenn ein solches Darlehen später auf einen zertifizierten Altersvorsorgevertrag umgeschuldet wird.[4] Die Sparraten zugunsten des Bausparvertrags gelten insoweit als Tilgungsleistungen, die in das Wohnförderkonto eingestellt und später gem. § 22 Nr. 5 EStG nachgelagert besteuert werden.

PRAXISHINWEIS:
Wichtig ist, dass der Darlehens-/Bausparvertrag auf den Namen des Begünstigten lautet, da die Tilgungsleistungen ansonsten (z. B. bei einem gemeinsamen Darlehensvertrag von Ehegatten) nicht förderfähig sind.

Anlagezinsen stellen keine **Altersvorsorgebeiträge** dar.[5]

6 Gemäß § 82 Abs. 1 Satz 6 und 7 EStG können ab VZ 2014 (§ 52 Abs. 23h EStG) auch die nach der Aufgabe der Selbstnutzung oder vor der Reinvestition geleisteten Beiträge gefördert werden, solange sie im Beitragsjahr der Aufgabe der Selbstnutzung oder der Reinvestition geleistet werden. Durch die Änderung des § 92a Abs. 3 Satz 5 EStG ist sichergestellt, dass diese Altersvorsorgebeiträge im Wohnförderkonto erfasst werden.[6] Entsprechendes gilt ab VZ 2014 bei beruflich bedingtem Umzug (Satz 8). In diesem Fall gelten im Beitragsjahr des Wegzugs die danach und im Beitragsjahr des Wiedereinzugs die davor geleisteten Beiträge und Tilgungsleistungen als Altersvorsorgebeiträge.

7 **Betriebliche Altersvorsorge, § 82 Abs. 2 EStG:** Nach § 82 Abs. 2 EStG gehören auch Beiträge zu einer Direktversicherung, an eine Pensionskasse oder an einen Pensionsfonds zum Aufbau einer **kapitalgedeckten betrieblichen** Altersversorgung zu den Altersvorsorgebeiträgen, sofern sie aus **individuell versteuertem Arbeitslohn** des Arbeitnehmers gezahlt werden und eine Auszahlung in einer der in Abs. 2 Satz 2 genannten Form erfolgt, d. h.:

▶ wenn vereinbart ist, dass die zugesagten Altersversorgungsleistungen als monatliche Leistungen in Form einer **lebenslangen** Leibrente oder als **Ratenzahlungen** im Rahmen eines **Auszahlungsplans** mit einer anschließenden Teilkapitalverrentung ab spätestens dem 85. Lebensjahr ausgezahlt werden und die Leistungen während der gesamten Auszahlungsphase gleich bleiben oder steigen; dabei können bis zu zwölf Monatsleistungen in einer Auszahlung zusammengefasst und bis zu 30 % des zu Beginn der Auszahlungsphase zur Verfügung stehenden Kapitals außerhalb der monatlichen Leistungen ausgezahlt werden, **und**

▶ ein vereinbartes **Kapitalwahlrecht** nicht oder nicht außerhalb des letzten Jahres vor dem vertraglich vorgesehenen Beginn der Altersversorgungsleistung ausgeübt wurde, **oder**

---

1 BMF v. 21.12.2017, BStBl 2018 I 93, Rz. 26.
2 NWB DokID: QAAAB-15202 und GAAAB-15201.
3 Ausführlich *Myßen/Fischer*, NWB 2011, 4304 ff.
4 Dazu BMF v. 21.12.2017, BStBl 2018 I 93, Rz. 31.
5 BFH v. 8. 7. 2015 - X R 41/13, BStBl 2016 II 525.
6 BT-Drucks. 17/10818, 17.

▶ bei einer reinen Beitragszusage nach § 1 Abs. 2 Nr. 2a des Betriebsrentengesetzes der Pensionsfonds, die Pensionskasse oder die Direktversicherung eine lebenslange Zahlung als Altersversorgungsleistung zu erbringen hat.[1]

Damit wird aus Gründen der Rechtsklarheit die bisherige Verwaltungspraxis[2] festgeschrieben, wonach allein die Möglichkeit, anstelle einer lebenslangen Leibrente oder Ratenzahlungen eine Einmalkapitalauszahlung (100 % des zu Beginn der Auszahlungsphase zur Verfügung stehenden Kapitals) zu wählen, der Riester-Förderung nicht entgegensteht. Wird das Wahlrecht außerhalb des letzten Jahres vor dem vertraglich vorgesehenen Beginn der Altersversorgungsleistung ausgeübt und kommt es infolgedessen zur Auszahlung oder anderweitigen wirtschaftlichen Verfügung, wird der Einmalkapitalbetrag gem. § 22 Nr. 5 EStG besteuert. Zudem handelt es sich bei Auszahlung des Einmalkapitalbetrags um eine schädliche Verwendung i. S. d. § 93 EStG, soweit sie auf steuerlich gefördertem Altersvorsorgevermögen beruht. In diesem Zusammenhang wird außerdem gesetzlich geregelt, dass auch bei der betrieblichen Altersversorgung in Form einer reinen Beitragszusage nach § 1 Abs. 2 Nr. 2a des Betriebsrentengesetzes die Voraussetzungen für eine Riester-Förderung erfüllt sind. Dies ist verwaltungsseitig bereits in Rz. 68 des BMF-Schreibens vom 6.12.2017[3] verankert. Die für eine steuerliche Förderung in Frage kommenden Formen der betrieblichen Altersversorgung müssen nicht zertifiziert werden; für diese gilt das BetrAVG. An individuell versteuertem Arbeitslohn fehlt es bei Beiträgen, die der Arbeitgeber vom nach §§ 40a, 40b EStG pauschal versteuerten Arbeitslohn einbehält oder nach § 3 Nr. 63 EStG steuerfrei leistet.[4] Gleiches gilt nach § 82 Abs. 2 Satz 1 Buchst. b EStG für Eigenbeiträge des Arbeitnehmers oder ausgeschiedenen Arbeitnehmers, wenn mit diesen Eigenbeiträgen eine zunächst durch Entgeltumwandlung finanzierte und steuerlich nach § 3 Nr. 63 EStG oder nach § 10a EStG und §§ 79 ff. EStG geförderte kapitalgedeckte betriebliche Altersversorgung fortgeführt wird.

PRAXISHINWEIS:
Der Arbeitnehmer hat im Fall der Entgeltumwandlung gem. § 1a Abs. 3 BetrAVG einen Rechtsanspruch auf individuelle Versteuerung durch den Arbeitgeber.

Verminderte Erwerbsfähigkeit, § 82 Abs. 3 EStG: Danach sind auch Beiträge für die Hinterbliebenenversorgung und für die Absicherung der Berufsunfähigkeit begünstigt, sofern die spätere Auszahlung in Form einer Rente erfolgt.

Ausschluss von Doppelförderungen, § 82 Abs. 4 EStG: Die Regelung schließt Doppelförderungen für prämienbegünstigte Aufwendungen (Arbeitnehmersparzulage und Wohnungsbauprämie) und Rückzahlungsbeträge nach dem Entnahmemodell des § 92a EStG aus und regelt die Konkurrenz zum Sonderausgabenabzug nach § 10 EStG. Des Weiteren stellen die (steuerfreien) Übertragungen von Altersvorsorgevermögen zwischen verschiedenen Altersvorsorgeverträgen (§ 3 Nr. 55c EStG) sowie die Übertragungswerte im Rahmen der betrieblichen Altersvorsorge i. S. d. § 3 Nr. 55 EStG keine Altersvorsorgebeiträge dar, um Doppelförderungen zu vermeiden.

Übergangsregelung, § 82 Abs. 5 EStG: § 82 Abs. 5 EStG regelt die Beitragsnachentrichtung für Jahre bis einschließlich 2011 mit der Folge der rückwirkenden Zulagengewährung.[5] Die Nach-

---

1 Zur Riester geförderten betrieblichen Altersversorgung *Reinecke*, DB 2016, 651 ff.; *Wagner-Jung*, in Uckermann/Fuhrmann/Ostermayer/Doetsch, Das Recht der betrieblichen Altersversorgung, Kap. 11 Rz. 169.
2 Rz. 68 des BMF-Schreibens v. 6.12.2017, BStBl 2018 I S. 147.
3 BMF v. 6.12.2017, BStBl 2018 I 147.
4 BMF v. 24. 7. 2013, BStBl 2013 I 1022, Rz. 332, bzgl. § 40a.
5 Ausführlich *Myßen/Fischer*, NWB 2011, 4395 f.

zahlungsmöglichkeit für ein bestimmtes Beitragsjahr besteht, wenn das Beitragsjahr bereits abgelaufen ist, ein Altersvorsorgevertrag bestand, ein fristgerechter Zulageantrag gestellt wurde, in diesem Zulageantrag von einer mittelbaren Zulageberechtigung ausgegangen wurde und tatsächlich eine unmittelbare Zulageberechtigung bestand.

§ 83 Altersvorsorgezulage

In Abhängigkeit von den geleisteten Altersvorsorgebeiträgen wird eine Zulage gezahlt, die sich aus einer Grundzulage (§ 84) und einer Kinderzulage (§ 85) zusammensetzt.

Inhaltsübersicht	Rz.
A. Allgemeine Erläuterungen	1

A. Allgemeine Erläuterungen

1   Die Altersvorsorgezulage besteht aus **Grundzulage** (§ 84 EStG) und **Kinderzulage** (§ 85 EStG), die jahresbezogen gelten und nicht zeitanteilig zu kürzen sind, wenn die Zulageberechtigung nicht während des ganzen Jahres bestanden hat. Die Gewährung „in Abhängigkeit von den geleisteten Altersvorsorgebeiträgen" ist insoweit irreführend, als in § 86 EStG grundsätzlich eine Zulage in Höhe eines absoluten Betrags vorgesehen ist. Die Auszahlung der Zulage erfolgt nicht an den Zulageberechtigten, sondern an die die Altersvorsorge durchführende Institution (Anbieter, § 80 EStG) zur Gutschrift auf den Altersvorsorgevertrag des Zulageberechtigten, § 90 Abs. 2 Satz 1 EStG.

§ 84 Grundzulage

¹Jeder Zulageberechtigte erhält eine Grundzulage; diese beträgt ab dem Beitragsjahr 2018 jährlich 175 Euro. ²Für Zulageberechtigte nach § 79 Satz 1, die zu Beginn des Beitragsjahres (§ 88) das 25. Lebensjahr noch nicht vollendet haben, erhöht sich die Grundzulage nach Satz 1 um einmalig 200 Euro. ³Die Erhöhung nach Satz 2 ist für das erste nach dem 31. Dezember 2007 beginnende Beitragsjahr zu gewähren, für das eine Altersvorsorgezulage beantragt wird.[1]

Inhaltsübersicht	Rz.
A. Allgemeine Erläuterungen	1

HINWEIS:
BMF v. 24. 7. 2013, BStBl 2013 I 1022.

---

1 Anm. d. Red.: § 84 i. d. F. des Gesetzes v. 17. 8. 2017 (BGBl I S. 3214) mit Wirkung v. 1. 1. 2018.

A. Allgemeine Erläuterungen

Die Grundzulage steht jedem Zulageberechtigten (KKB/Wilhelm, § 79 EStG Rz. 6 ff.) zu, unabhängig davon, ob es sich um eine unmittelbare Zulageberechtigung nach § 79 Satz 1 EStG oder eine mittelbare Zulageberechtigung nach § 79 Satz 2 EStG handelt. Daher hat auch bei Ehegatten der selbst nicht zulageberechtigte Ehegatte einen eigenen (ggf. abgeleiteten) Anspruch auf eine Grundzulage.[1] Die Zulage wird ab dem Beitragsjahr 2018 von jährlich 154 € auf 175 Euro erhöht.[2] Die Zulage wird nur für Altersvorsorgebeiträge (§ 82 EStG) zugunsten eines nach § 5 AltZertfG zertifizierten Altersvorsorgevertrags und zugunsten der betrieblichen Altersvorsorge gewährt. Die Zulage gilt jahresbezogen und wird nicht zeitanteilig gekürzt, wenn die Zulageberechtigung nicht während des ganzen Jahres bestanden hat. Unmittelbar Zulageberechtigte, die das 25. Lebensjahr noch nicht vollendet haben, erhalten einmalig eine um 200 € erhöhte Grundzulage (sog. **Berufseinsteigerbonus**). Damit soll für die von der Rentenabsenkung besonders betroffenen jungen Versicherten ein besonderer Anreiz geschaffen werden, bereits frühzeitig einen Altersvorsorgevertrag abzuschließen. Zur Möglichkeit der Zulagenkürzung bei **Nichterbringung des Mindesteigenbeitrags** vgl. KKB/Wilhelm, § 86 EStG Rz. 3 ff.

§ 85 Kinderzulage

(1) ¹Die Kinderzulage beträgt für jedes Kind, für das gegenüber dem Zulageberechtigten Kindergeld festgesetzt wird, jährlich 185 Euro. ²Für ein nach dem 31. Dezember 2007 geborenes Kind erhöht sich die Kinderzulage nach Satz 1 auf 300 Euro. ³Der Anspruch auf Kinderzulage entfällt für den Veranlagungszeitraum, für den das Kindergeld insgesamt zurückgefordert wird. ⁴Erhalten mehrere Zulageberechtigte für dasselbe Kind Kindergeld, steht die Kinderzulage demjenigen zu, dem gegenüber für den ersten Anspruchszeitraum (§ 66 Absatz 2) im Kalenderjahr Kindergeld festgesetzt worden ist.

(2) ¹Bei Eltern verschiedenen Geschlechts, die miteinander verheiratet sind, nicht dauernd getrennt leben (§ 26 Absatz 1) und ihren Wohnsitz oder gewöhnlichen Aufenthalt in einem Mitgliedstaat der Europäischen Union oder einem Staat haben, auf den das Abkommen über den Europäischen Wirtschaftsraum (EWR-Abkommen) anwendbar ist, wird die Kinderzulage der Mutter zugeordnet, auf Antrag beider Eltern dem Vater. ²Bei Eltern gleichen Geschlechts, die miteinander verheiratet sind oder eine Lebenspartnerschaft führen, nicht dauernd getrennt leben (§ 26 Absatz 1) und ihren Wohnsitz oder gewöhnlichen Aufenthalt in einem Mitgliedstaat der Europäischen Union oder einem Staat haben, auf den das EWR-Abkommen anwendbar ist, ist die Kinderzulage dem Elternteil zuzuordnen, dem gegenüber das Kindergeld festgesetzt wird, auf Antrag beider Eltern dem anderen Elternteil. ³Der Antrag kann für ein abgelaufenes Beitragsjahr nicht zurückgenommen werden.

Inhaltsübersicht	Rz.
A. Allgemeine Erläuterungen	1 - 2

---

[1] BMF v. 24. 7. 2013, BStBl 2013 I 1022, Rz. 40 f.
[2] BGBl 2017 I 3214, 58.

EStG § 85   1–2

HINWEIS:
BMF v. 21.12.2017, BStBl 2018 I 93.

LITERATUR:
Myßen/Fischer, Grundzüge der Riester-Förderung – Wohnriester, schädliche Verwendung und verfahrensrechtliche Rahmenbedingungen, NWB 2011, 4304; *Wagner-Jung* in Uckermann/Fuhrmanns/Ostermayer/Doetsch, Das Recht der betrieblichen Altersversorgung, Kapitel 11, 1. Aufl. 2014; *Emser/Jäger*, Steuerliche Förderung der privaten Altersvorsorge – Die Neuregelungen des Betriebsrentenstärkungsgesetzes, NWB 2017, 2490 ff.

A. Allgemeine Erläuterungen

1   **Entstehung und Entwicklung der Vorschrift:**
Gesetz zur Anpassung steuerlicher Regelungen an die Rechtsprechung des BVerfG v. 18. 7. 2014:[1] Aufnahme einer Zuordnungsregelung in § 85 Abs. 5 Satz 2 EStG für die Kinderzulage bei Lebenspartnerschaften.

Im **Betriebsrentenstärkungsgesetz v. 17.8.2017**[2] wird zum einfacheren Datenabgleich klargestellt, dass es nicht auf den tatsächlichen Zahlungsstrom des Kindergelds ankommt, sondern darauf, wem gegenüber das Kindergeld festgesetzt wird.

Mit **Gesetz zur Vermeidung von Umsatzsteuerausfällen beim Handel mit Waren im Internet und zur Änderung weiterer steuerlicher Vorschriften** v. 11.12.2018[3] wird in § 85 Abs. 2 Satz 1 und 2 EStG klarstellend aufgenommen, dass die Ausnahmeregelung bzgl. der Zuordnung der Kinderzulage auch bei verheirateten Eltern verschiedenen Geschlechts gilt.

2   **Tatbestandsvoraussetzungen:** Die Kinderzulage beträgt für jedes Kind, für das dem Zulageberechtigten **Kindergeld ausgezahlt** wird (i. S. d. § 64 EStG), jährlich 185 €. Für jedes nach dem 31. 12. 2007 geborene Kind erhöht sich die Zulage auf 300 €. Die Zulage wird nur **einmal** je Kind gewährt. Die Zulage wird nur für Altersvorsorgebeiträge (§ 82 EStG) zugunsten eines nach § 5 AltZertfG zertifizierten Altersvorsorgevertrags und zugunsten der betrieblichen Altersvorsorge gewährt. Die Zulage gilt jahresbezogen und wird nicht zeitanteilig gekürzt, wenn die Zulageberechtigung nicht während des ganzen Jahres bestanden hat. Eine Aufteilung der für ein Kind gewährten Zulage zwischen den Eltern ist gesetzlich nicht vorgesehen. Wird Kindergeld zurückgefordert, gilt es in Bezug auf die Kinderzulage als nicht gezahlt und der Anspruch auf Kinderzulage entfällt rückwirkend (§ 85 Abs. 1 Satz 3 EStG). Wechselt der Empfänger des Kindergelds im Laufe des Beitragsjahres, steht die Zulage demjenigen zu, der als erster im Kalenderjahr Kindergeld erhalten hat (§ 85 Abs. 1 Satz 4 EStG). Abweichend von dem Grundsatz, wonach die Kinderzulage dem Kindergeldempfänger zusteht, wird die Kinderzulage für die gemeinsamen Kinder bei Eltern, die miteinander verheiratet sind, nicht dauernd getrennt leben (§ 26 Abs. 1 EStG) und ihren Wohnsitz/gewöhnlichen Aufenthalt in einem EU/EWR-Staat haben, grundsätzlich der Mutter zugeordnet und zwar unabhängig davon, wer von beiden einen begünstigten Altersvorsorgevertrag abgeschlossen hat (§ 85 Abs. 2 Satz 1 EStG). Der Zulageanspruch kann allerdings auf gemeinsamen Antrag von der Mutter auf den Vater verlagert werden (§ 85 Abs. 2 Satz 1 EStG).[4] Bei Eltern, die miteinander eine Lebenspartnerschaft führen,

---

1   BGBl 2014 I 1042.
2   BGBl 2017 I 3214, 58.
3   BGBl 2018 I 2338.
4   *Wagner-Jung*, in Uckermann/Fuhrmanns/Ostermayer/Doetsch, Das Recht der betrieblichen Altersvorsorge, Kap. 11 Rz. 181.

nicht dauernd getrennt leben und ihren Wohnsitz/gewöhnlichen Aufenthalt in einem EU/EWR-Staat haben, wird die Kinderzulage grundsätzlich dem Lebenspartner zugeordnet, dem das Kindergeld ausgezahlt wird – auf Antrag beider Eltern dem anderen Lebenspartner (§ 85 Abs. 2 Satz 2 EStG). In beiden Fällen gilt, dass der Antrag auf Zuordnung für ein abgelaufenes Beitragsjahr nicht zurückgenommen werden kann.

PRAXISHINWEIS:

Da die Kinderzulagen bei der Ermittlung des Mindesteigenbeitrags abgezogen werden, ist deren Zuordnung für die Frage, ob der Mindesteigenbeitrag im laufenden Beitragsjahr erreicht wird oder aber die Altersvorsorgezulage ggf. anteilig gem. § 86 Abs. 1 Satz 5 EStG zu kürzen ist, von entscheidender Bedeutung, zumal die Zuordnung für ein abgelaufenes Wirtschaftsjahr nicht geändert werden kann und das Gesetz bzgl. der Zuordnungsentscheidung keine Günstigerprüfung vorsieht.[1]

§ 86 Mindesteigenbeitrag

(1) [1]Die Zulage nach den §§ 84 und 85 wird gekürzt, wenn der Zulageberechtigte nicht den Mindesteigenbeitrag leistet. [2]Dieser beträgt jährlich 4 Prozent der Summe der in dem dem Kalenderjahr vorangegangenen Kalenderjahr

1. erzielten beitragspflichtigen Einnahmen im Sinne des Sechsten Buches Sozialgesetzbuch,

2. bezogenen Besoldung und Amtsbezüge,

3. in den Fällen des § 10a Absatz 1 Satz 1 Nummer 3 und Nummer 4 erzielten Einnahmen, die beitragspflichtig wären, wenn die Versicherungsfreiheit in der gesetzlichen Rentenversicherung nicht bestehen würde und

4. bezogenen Rente wegen voller Erwerbsminderung oder Erwerbsunfähigkeit oder bezogenen Versorgungsbezüge wegen Dienstunfähigkeit in den Fällen des § 10a Absatz 1 Satz 4,

jedoch nicht mehr als der in § 10a Absatz 1 Satz 1 genannte Höchstbetrag, vermindert um die Zulage nach den §§ 84 und 85; gehört der Ehegatte zum Personenkreis nach § 79 Satz 2, berechnet sich der Mindesteigenbeitrag des nach § 79 Satz 1 Begünstigten unter Berücksichtigung der den Ehegatten insgesamt zustehenden Zulagen. [3]Auslandsbezogene Bestandteile nach den §§ 52 ff. des Bundesbesoldungsgesetzes oder entsprechender Regelungen eines Landesbesoldungsgesetzes bleiben unberücksichtigt. [4]Als Sockelbetrag sind ab dem Jahr 2005 jährlich 60 Euro zu leisten. [5]Ist der Sockelbetrag höher als der Mindesteigenbeitrag nach Satz 2, so ist der Sockelbetrag als Mindesteigenbeitrag zu leisten. [6]Die Kürzung der Zulage ermittelt sich nach dem Verhältnis der Altersvorsorgebeiträge zum Mindesteigenbeitrag.

(2) [1]Ein nach § 79 Satz 2 begünstigter Ehegatte hat Anspruch auf eine ungekürzte Zulage, wenn der zum begünstigten Personenkreis nach § 79 Satz 1 gehörende Ehegatte seinen geförderten Mindesteigenbeitrag unter Berücksichtigung der den Ehegatten insgesamt zustehenden Zulagen erbracht hat. [2]Werden bei einer in der gesetzlichen Rentenversicherung pflichtversicherten Person beitragspflichtige Einnahmen zu Grunde gelegt, die höher sind als das tatsächlich erzielte Entgelt oder die Entgeltersatzleistung, ist das tatsächlich erzielte Entgelt oder der Zahlbetrag der Entgeltersatzleistung für die Berechnung des Mindesteigenbeitrags zu berücksichtigen. [3]Für die nicht erwerbsmäßig ausgeübte Pflegetätigkeit einer nach § 3 Satz 1

---

1 Vgl. FG Berlin-Brandenburg v. 3.12.2015 - 10 K 10067/13, NWB DokID: IAAAF-66338.

Nummer 1a des Sechsten Buches Sozialgesetzbuch rentenversicherungspflichtigen Person ist für die Berechnung des Mindesteigenbeitrags ein tatsächlich erzieltes Entgelt von 0 Euro zu berücksichtigen.

(3) ¹Für Versicherungspflichtige nach dem Gesetz über die Alterssicherung der Landwirte ist Absatz 1 mit der Maßgabe anzuwenden, dass auch die Einkünfte aus Land- und Forstwirtschaft im Sinne des § 13 des zweiten dem Beitragsjahr vorangegangenen Veranlagungszeitraums als beitragspflichtige Einnahmen des vorangegangenen Kalenderjahres gelten. ²Negative Einkünfte im Sinne des Satzes 1 bleiben unberücksichtigt, wenn weitere nach Absatz 1 oder Absatz 2 zu berücksichtigende Einnahmen erzielt werden.

(4) Wird nach Ablauf des Beitragsjahres festgestellt, dass die Voraussetzungen für die Gewährung einer Kinderzulage nicht vorgelegen haben, ändert sich dadurch die Berechnung des Mindesteigenbeitrags für dieses Beitragsjahr nicht.

(5) Bei den in § 10a Absatz 6 Satz 1 und 2 genannten Personen ist der Summe nach Absatz 1 Satz 2 die Summe folgender Einnahmen und Leistungen aus dem dem Kalenderjahr vorangegangenen Kalenderjahr hinzuzurechnen:

1. die erzielten Einnahmen aus der Tätigkeit, die die Zugehörigkeit zum Personenkreis des § 10a Absatz 6 Satz 1 begründet, und

2. die bezogenen Leistungen im Sinne des § 10a Absatz 6 Satz 2 Nummer 1.

Inhaltsübersicht	Rz.
A. Allgemeine Erläuterungen	1 - 5
I. Normzweck und wirtschaftliche Bedeutung der Vorschrift	1
II. Entstehung und Entwicklung der Vorschrift	2
III. Tatbestandsvoraussetzungen	3 - 5

HINWEIS:
BMF v. 24. 7. 2013, BStBl 2013 I 1022.

LITERATUR:
Myßen/Fischer, Umsetzung des EuGH-Urteils zur Riester-Rente durch das EU-Umsetzungsgesetz, FR 2010, 462; *dies.*, Grundzüge der Riester-Förderung – Wohnriester, schädliche Verwendung und verfahrensrechtliche Rahmenbedingungen, NWB 2011, 4304; *Wagner-Jung* in Uckermann/Fuhrmanns/Ostermayer/Doetsch, Das Recht der betrieblichen Altersversorgung, Kapitel 11, 1. Aufl. 2014.

A. Allgemeine Erläuterungen

I. Normzweck und wirtschaftliche Bedeutung der Vorschrift

1 Um eine ungekürzte Altersvorlagezulage zu erhalten, muss der Zulageberechtigte einen Mindesteigenbetrag zu seinem begünstigten Vertrag leisten. Der Grund für diese Regelung besteht darin, dass der Gesetzgeber durch die Altersvorsorgezulage die Privatvorsorge fördern, aber keine staatlich finanzierte Rente einführen wollte. Die Sparleistung setzt sich daher aus den Eigenbeiträgen des Zulageberechtigten und der Zulage zusammen. Beteiligt sich der Zulageberechtigte nicht im gesetzlich vorgeschriebenen Umfang, wird ihm die Zulage entsprechend gekürzt.

II. Entstehung und Entwicklung der Vorschrift

Mit **AltEinkG v. 5.7.2004**[1] wurde in § 86 Abs. 1 Satz 4 EStG für Zulagezeiträume ab 2005 ein einheitlicher Sockelbetrag von 60 € eingefügt. Mit der Ergänzung des § 86 Abs. 3 EStG um Satz 2 wurde klargestellt, dass bei negativen Einkünften aus Land- und Forstwirtschaft und weiteren nach § 86 Abs. 1 und 2 EStG zu berücksichtigenden Einkünften im Rahmen der Berechnung des Mindesteigenbeitrags keine Saldierung vorzunehmen ist.[2]

Durch das **JStG 2006 v. 13.12.2006**[3] wurde in § 86 Abs. 2 EStG das neu entstandene Arbeitslosengeld II einer Entgeltersatzleistung gleichgestellt.

Das **EigRentG v. 29.7.2008**[4] legt in § 86 Abs. 1 Satz 2 Nr. 4 EStG für die in § 10a Abs. 1 Satz 4 EStG neu in die Förderung einbezogenen Erwerbs- oder Dienstunfähigen die erforderliche Bemessungsgrundlage fest.

Bürgerentlastungsgesetz v. 16.7.2009:[5] In § 86 Abs. 1 EStG wird als Bemessungsgrundlage für den Mindesteigenbetrag 4 % der maßgebenden Einnahmen verankert.

Mit dem **JStG 2010 v. 13.12.2010**[6] wurde das Arbeitslosengeld II als Ersatzbemessungsgrundlage für die Berechnung des Mindesteigenbeitrags in § 86 Abs. 2 Satz 2 EStG gestrichen.

Durch das **KroatAnpG v. 25.7.2014**[7] wird die bislang in § 52 Abs. 24c Satz 2 ff. EStG getroffene Regelung zur Einnahmen-Hinzurechnung bei Mitgliedern ausländischer gesetzlicher Alterssicherungssysteme unverändert in § 86 Abs. 5 EStG aufgenommen.

III. Tatbestandsvoraussetzungen

Der **Mindesteigenbeitrag** bemisst sich nach einem bestimmten Prozentsatz der im **Vorjahr** bezogenen **sozialversicherungspflichtigen Einnahmen** (§ 86 Abs. 1 Satz 2 Nr. 1 EStG), der **Besoldung** (§ 86 Abs. 1 Satz 2 Nr. 2 EStG), der entsprechenden **Ersatzbemessungsgrundlage** (§ 86 Abs. 1 Satz 2 Nr. 3 EStG) oder der wegen **voller Erwerbsminderung/Dienstunfähigkeit bezogenen Rente**.[8] Bei Besoldungs-, Amts- sowie Versorgungsbezügen ist auf die im Vorjahr **tatsächlich zugeflossenen** Bezüge entsprechend der Bezügemitteilungen der anordnenden Behörden abzustellen. Hierunter fallen auch Zuschläge, Sonderzahlungen und Sachbezüge. Werden in der gesetzlichen Rentenversicherung höhere fiktive beitragspflichtige Einnahmen (z. B. bei Kurzarbeiter- oder Winterausfallgeld, Kranken- oder Arbeitslosengeld) berücksichtigt, sind die niedrigeren tatsächlichen Einnahmen maßgebend (§ 86 Abs. 2 Satz 2 EStG). Einnahmen sind die Bruttozuflüsse ohne Berücksichtigung von Werbungskosten bzw. Betriebsausgaben. **Ausländische Einkünfte** gehören grundsätzlich nicht zu den beitragspflichtigen Einnahmen i. S. v. § 86 Abs. 1 Satz 2 Nr. 1 EStG. Allerdings bestimmt Abs. 5, dass zu den beitragspflichtigen Einnahmen von Pflichtversicherten einer ausländischen gesetzlichen Rentenversicherung die Einnahmen aus der die Zulageberechtigung begründenden nichtselbständigen Tätigkeit gehö-

---

1 BGBl 2004 I 1427.
2 BT-Drucks. 15/2150, 47.
3 BGBl 2006 I 2878.
4 BGBl 2008 I 1509.
5 BGBl 2009 I 1959.
6 BGBl 2010 I 1768.
7 BGBl 2014 I 1266.
8 BMF v. 24.7.2013, BStBl 2013 I 1022, Rz. 66 ff.

ren.[1] Die nach § 86 Abs. 1 Nr. 3 EStG begünstigten, von der Versicherungspflicht befreiten Beschäftigten müssen (i. d. R. über ihren Arbeitgeber) ermitteln, in welchem Umfang ihre Einnahmen bei unterstellter Versicherungspflicht im Vorjahr gewesen waren. Rentenbezieher und Versorgungsempfänger i. S. d. § 86 Abs. 1 Nr. 4 EStG können den Nachweis mittels Rentenbescheid bzw. durch den Bescheid des Versorgungsträgers erbringen.

Seit 2008 beträgt der Mindesteigenbeitrag 4 % der jeweiligen Bemessungsgrundlage. Nach oben wird er durch die in § 10a Abs. 1 Satz 1 EStG genannten Beträge (höchsten 2 100 €) abzüglich der Grund- und Kinderzulage begrenzt, nach unten durch den sog. **Sockelbetrag** nach § 86 Abs. 1 Satz 4 EStG (60 €). Nach § 86 Abs. 1 Satz 5 EStG ist stets mindestens der Sockelbetrag zu leisten, auch wenn dieser im Einzelfall höher ist als der Mindesteigenbeitrag. Hat der Zulageberechtigte in dem dem Beitragsjahr vorangegangenen Kalenderjahr (noch) keine maßgebenden Einnahmen erzielt, ist auch dann als Mindesteigenbeitrag der Sockelbetrag zugrunde zu legen.[2]

BEISPIEL ZUR ERMITTLUNG DES MINDESTEIGENBEITRAGS: A erzielt 2015 sozialversicherungspflichtige Einnahmen i. H. v. 50 000 €. Er ist ledig und hat keine Kinder.

Beitragspflichtige Einnahmen	50 000 €
4 %	2 000 €
Höchstbetrag (§ 10a Abs. 1 Satz 1 EStG)	2 100 €
Abzüglich Zulage	154 €
Mindesteigenbeitrag (§ 10 Abs. 1 Satz 2 EStG)	1 946 €
Sockelbetrag	60 € < Mindesteigenbeitrag
Maßgeblicher Mindesteigenbeitrag	1 946 €

Erbringt der Zulageberechtigte nicht den geforderten Eigenbeitrag, wird auch die staatliche Zulage nach dem Verhältnis der Altersvorsorgebeiträge zum Mindesteigenbeitrag gekürzt (§ 86 Abs. 1 Satz 6 EStG).

BEISPIEL: Wie oben. A erbringt lediglich einen jährlichen Eigenbeitrag i. H. v. 1 500 €.
Die Zulage von 154 € ist auf 118 € (1 500/1 946 = 77,08 %) zu kürzen.

4 **Mindesteigenbeitrag bei Ehegatten/Lebenspartnern:**[3] Sofern beide Ehegatten unmittelbar begünstigt sind, ist für beide anhand ihrer jeweiligen Einnahmen der jeweilige Mindesteigenbeitrag zu ermitteln. Entsprechendes gilt für eingetragene Lebenspartner gem. § 2 Abs. 8 EStG. In den Fällen des § 79 Satz 2 EStG ist die Mindesteigenbeitragsberechnung für den unmittelbar begünstigten Ehegatten durchzuführen. Berechnungsgrundlage sind seine Einnahmen gekürzt um die beiden Ehegatten zustehenden Zulagen (§ 86 Abs. 2 Satz 1 EStG). Zudem sind ab Veranlagungszeitraum 2007 (JStG 2007, BGBl I 2006, 2878) im Rahmen des Mindesteigenbeitrags nur die zugunsten des Vertrags des unmittelbar Zulageberechtigten geleisteten Beiträge zu berücksichtigen, für die dieser entweder einen Zulagenantrag gestellt hat oder für die ein Sonderausgabenabzug nach § 10a EStG beansprucht worden ist und die insoweit steuerverstrickt

---

1 BMF v. 24. 7. 2013, BStBl 2013 I 1022, Rz. 68.
2 BMF v. 24. 7. 2013, BStBl 2013 I 1022, Rz. 60.
3 BMF v. 24. 7. 2013 BStBl 2013 I 1022, Rz. 80 ff., mit Berechnungsbeispiel.

sind.[1] Während bis 2012 der mittelbar zulageberechtigte Ehegatte auch ohne eigene Beiträge einen ungekürzten Zulageanspruch hatte, sofern der unmittelbar berechtigte Ehegatte seinen Mindesteigenbeitrag geleistet hatte,[2] macht § 79 Satz 2 Nr. 4 EStG ab VZ 2012 die (mittelbare) Zulageberechtigung von der Leistung des Sockelbetrags durch den mittelbar Zulageberechtigten i. H. v. 60 € abhängig.

Bei einem **Land- und Forstwirt**, der nach dem Gesetz über die Alterssicherung der Landwirte pflichtversichert ist, ist für die Berechnung des Mindesteigenbeitrags auf die Einkünfte aus LuF des zweiten dem Beitragsjahr vorangegangenen Veranlagungszeitraums abzustellen (§ 86 Abs. 3 Satz 1 EStG). Handelt es sich um einen Nebenerwerbslandwirt, der neben seiner land- und forstwirtschaftlichen Tätigkeit auch als Arbeitnehmer tätig und in der gesetzlichen Rentenversicherung pflichtversichert ist, sind die beitragspflichtigen Einnahmen des Vorjahrs und die positiven Einkünfte aus LuF zusammenzurechnen. Eine Saldierung mit negativen Einkünften aus LuF erfolgt nicht (§ 86 Abs. 3 Satz 2 EStG). 5

§ 86 Abs. 4 EStG bestimmt, dass sich der Mindesteigenbeitrag nicht erhöht, wenn nach Ablauf des Beitragsjahrs festgestellt wird, dass die Voraussetzungen für eine Kinderzulage nicht vorgelegen haben und verhindert so **Zulagenkürzungen** wegen Unterschreitens des Mindesteigenbeitrags nach § 86 Abs. 1 Satz 1 EStG. Die Rückforderung der Kinderzulage als solche bleibt davon unberührt.[3]

§ 87 Zusammentreffen mehrerer Verträge

(1) [1]Zahlt der nach § 79 Satz 1 Zulageberechtigte Altersvorsorgebeiträge zugunsten mehrerer Verträge, so wird die Zulage nur für zwei dieser Verträge gewährt. [2]Der insgesamt nach § 86 zu leistende Mindesteigenbeitrag muss zugunsten dieser Verträge geleistet worden sein. [3]Die Zulage ist entsprechend dem Verhältnis der auf diese Verträge geleisteten Beiträge zu verteilen.

(2) [1]Der nach § 79 Satz 2 Zulageberechtigte kann die Zulage für das jeweilige Beitragsjahr nicht auf mehrere Altersvorsorgeverträge verteilen. [2]Es ist nur der Altersvorsorgevertrag begünstigt, für den zuerst die Zulage beantragt wird.

Inhaltsübersicht	Rz.
A. Allgemeine Erläuterungen	1 - 2
I. Entstehung und Entwicklung der Vorschrift	1
II. Tatbestandsvoraussetzungen	2

HINWEIS:

BMF v. 24. 7. 2013, BStBl 2013 I 1022.

---

1 Vgl. zur Rechtslage vor 2007 BFH v. 9. 3. 2016 - X R 49/14, BFH/NV 2016, 1152 = NWB DokID: PAAAF-75519.
2 Kritisch: *Frotscher/Geurts*, § 86 EStG Rz. 7.
3 Dies gilt nicht in den Fällen, in denen sich herausstellt, dass die Berücksichtigung der der Ehefrau zustehenden Kinderzulagen im Rahmen der Mindesteigenbeitragsberechnung des Ehemanns wegen deren unmittelbarer Zulageberechtigung nicht in Betracht kommt. Das Gesetz sieht insoweit keine Günstigerprüfung vor (vgl. FG Berlin-Brandenburg v. 3. 12. 2015 - 10 K 10067/13, NWB DokID: IAAAF-66338).

A. Allgemeine Erläuterungen

I. Entstehung und Entwicklung der Vorschrift

1 Mit AltEinkG v. 5.7.2004[1] wurde die Vorschrift um Abs. 2 ergänzt und differenziert nunmehr bzgl. der Verteilungsmöglichkeiten zwischen unmittelbar und mittelbar Zulageberechtigten.

II. Tatbestandsvoraussetzungen

2 **Unmittelbar Zulageberechtigte** Ehegatten i. S. d. § 79 Satz 1 EStG dürfen ihre Zulage jedes Jahr neu verteilen. Allerdings wird die Zulage auch unmittelbar Berechtigten nur für höchstens zwei Altersvorsorgeverträge gewährt (§ 87 Abs. 1 Satz 2 EStG), wobei der Zulageberechtigte den nach § 86 EStG erforderlichen Mindesteigenbeitrag im Rahmen dieser Verträge geleistet haben muss (§ 87 Abs. 1 Satz 2 EStG).[2] Die Verteilung der Zulage erfolgt entsprechend der auf diese Verträge geleisteten Beiträge. Der Zulageberechtigte kann allerdings, auch wenn er mehrere Verträge abgeschlossen hat, die Förderung nur für einen Vertrag in Anspruch zu nehmen.[3] Erfolgt bei mehreren Verträgen keine Bestimmung oder wird die Zulage für mehr als zwei Verträge beantragt, wird die Zulage nur für die zwei Verträge gewährt, für die im Beitragsjahr die höchsten Altersvorsorgebeiträge geleistet wurden (§ 87 Abs. 1 Satz 3 EStG).

Der nach § 79 Satz 2 EStG mittelbar Zulageberechtigte kann die Zulage für das jeweilige Beitragsjahr nicht auf mehrere Verträge verteilen (§ 87 Abs. 2 EStG). Es ist nur der Vertrag begünstigt, für den er zuerst die Zulage beantragt hat.

§ 88 Entstehung des Anspruchs auf Zulage

Der Anspruch auf die Zulage entsteht mit Ablauf des Kalenderjahres, in dem die Altersvorsorgebeiträge geleistet worden sind (Beitragsjahr).

Inhaltsübersicht	Rz.
A. Allgemeine Erläuterungen	1

A. Allgemeine Erläuterungen

1 Der Anspruch auf Zulage entsteht für jedes Beitragsjahr mit Ablauf des Kalenderjahrs (31. 12.), in dem die Altersvorsorgebeiträge geleistet worden sind. Mit Entstehung des Zulageanspruchs beginnt die Festsetzungsfrist für die Zulage (§ 170 Abs. 1 AO) gem. § 169 Abs. 2 Nr. 2 AO,[4] die vier Jahre beträgt.

---

1 BGBl 2004 I 1427.
2 Siehe BMF v. 24.7.2013, BStBl 2013 I 1022, Rz. 115, mit Beispielen.
3 BMF v. 24.7.2013, BStBl 2013 I 1022, Rz. 115.
4 Vgl. FG Berlin-Brandenburg v. 3.12.2015 - 10 K 10067/13, NWB DokID: IAAAF-66338.

§ 89 Antrag

(1) ¹Der Zulageberechtigte hat den Antrag auf Zulage nach amtlich vorgeschriebenem Vordruck bis zum Ablauf des zweiten Kalenderjahres, das auf das Beitragsjahr (§ 88) folgt, bei dem Anbieter seines Vertrages einzureichen. ²Hat der Zulageberechtigte im Beitragsjahr Altersvorsorgebeiträge für mehrere Verträge gezahlt, so hat er mit dem Zulageantrag zu bestimmen, auf welche Verträge die Zulage überwiesen werden soll. ³Beantragt der Zulageberechtigte die Zulage für mehr als zwei Verträge, so wird die Zulage nur für die zwei Verträge mit den höchsten Altersvorsorgebeiträgen gewährt. ⁴Sofern eine Zulagenummer (§ 90 Absatz 1 Satz 2) durch die zentrale Stelle (§ 81) oder eine Versicherungsnummer nach § 147 des Sechsten Buches Sozialgesetzbuch für den nach § 79 Satz 2 berechtigten Ehegatten noch nicht vergeben ist, hat dieser über seinen Anbieter eine Zulagenummer bei der zentralen Stelle zu beantragen. ⁵Der Antragsteller ist verpflichtet, dem Anbieter unverzüglich eine Änderung der Verhältnisse mitzuteilen, die zu einer Minderung oder zum Wegfall des Zulageanspruchs führt.

(1a) ¹Der Zulageberechtigte kann den Anbieter seines Vertrages schriftlich bevollmächtigen, für ihn abweichend von Absatz 1 die Zulage für jedes Beitragsjahr zu beantragen. ²Absatz 1 Satz 5 gilt mit Ausnahme der Mitteilung geänderter beitragspflichtiger Einnahmen entsprechend. ³Ein Widerruf der Vollmacht ist bis zum Ablauf des Beitragsjahres, für das der Anbieter keinen Antrag auf Zulage stellen soll, gegenüber dem Anbieter zu erklären.

(2)¹¹Der Anbieter ist verpflichtet,

a) die Vertragsdaten,
b) die Identifikationsnummer, die Versicherungsnummer nach § 147 des Sechsten Buches Sozialgesetzbuch, die Zulagenummer des Zulageberechtigten und dessen Ehegatten oder einen Antrag auf Vergabe einer Zulagenummer eines nach § 79 Satz 2 berechtigten Ehegatten,
c) die vom Zulageberechtigten mitgeteilten Angaben zur Ermittlung des Mindesteigenbeitrags (§ 86),
d) ²*die Identifikationsnummer des Kindes sowie die weiteren für die Gewährung der Kinderzulage erforderlichen Daten,*
e) die Höhe der geleisteten Altersvorsorgebeiträge und
f) das Vorliegen einer nach Absatz 1a erteilten Vollmacht

als die für die Ermittlung und Überprüfung des Zulageanspruchs und Durchführung des Zulageverfahrens erforderlichen Daten zu erfassen. ²Er hat die Daten der bei ihm im Laufe eines Kalendervierteljahres eingegangenen Anträge bis zum Ende des folgenden Monats nach amtlich vorgeschriebenem Datensatz durch amtlich bestimmte Datenfernübertragung an die zentrale Stelle zu übermitteln. ³Dies gilt auch im Fall des Absatzes 1 Satz 5. ⁴§ 22a Absatz 2 gilt entsprechend.

---

1 **Anm. d. Red.:** Zur Anwendung des § 89 Abs. 2 siehe § 52 Abs. 51.
2 **Anm. d. Red.:** Die kursive Fassung des § 89 Abs. 2 Satz 1 Buchst. d ist gem. § 52 Abs. 51 Satz 2 erstmals für die Übermittlung von Daten ab dem 1.1.2020 anzuwenden. Bis zu diesem Zeitpunkt ist folgender Buchst. d der Vorfassung anzuwenden:
„d) die für die Gewährung der Kinderzulage erforderlichen Daten,".

(3) ¹Ist der Anbieter nach Absatz 1a Satz 1 bevollmächtigt worden, hat er der zentralen Stelle die nach Absatz 2 Satz 1 erforderlichen Angaben für jedes Kalenderjahr bis zum Ablauf des auf das Beitragsjahr folgenden Kalenderjahres zu übermitteln. ²Liegt die Bevollmächtigung erst nach dem im Satz 1 genannten Meldetermin vor, hat der Anbieter die Angaben bis zum Ende des folgenden Kalendervierteljahres nach der Bevollmächtigung, spätestens jedoch bis zum Ablauf der in Absatz 1 Satz 1 genannten Antragsfrist, zu übermitteln. ³Absatz 2 Satz 2 und 3 gilt sinngemäß.

Inhaltsübersicht   Rz.

A. Allgemeine Erläuterungen   1 - 2
   I. Entstehung und Entwicklung der Vorschrift   1
   II. Tatbestandsvoraussetzungen   2

HINWEIS:
BMF v. 24. 7. 2013, BStBl 2013 I 1022.

A. Allgemeine Erläuterungen

I. Entstehung und Entwicklung der Vorschrift

1 **AltEinkG v. 4. 7. 2004:**[1] In § 89 Abs. 1 Satz 4 EStG wird die Verpflichtung zur Beantragung einer Zulage- bzw. Versicherungsnummer durch den mittelbar Zulageberechtigten nach § 79 Satz 2 EStG aufgenommen. Zur Vereinfachung sieht § 89 Abs. 1a EStG hierfür die Möglichkeit der Bevollmächtigung des Anbieters vor.

JStG 2008 v. 20. 12. 2007:[2] Die Datenübermittlung wird auf die Datenfernübertragung beschränkt.

II. Tatbestandsvoraussetzungen

2 Der Antrag auf Zulage hat der Zulageberechtigte i. S. d. § 79 EStG nach amtlich vorgeschriebenem Vordruck (abrufbar unter http://www.bzst.de/DE/Steuern_National/Altersvorsorge_Fachaufsicht/Formulare/formulare_node.html) innerhalb von zwei Jahren nach Ablauf des Beitragsjahrs bei dem Anbieter i. S. d. § 80 EStG zu stellen, bei dem der Altersvorsorgevertrag abgeschlossen worden ist. Bei Beantragung einer Kinderzulage sind ergänzende Angaben auf einem gesonderten Vordruck erforderlich. Bei der Antragsfrist handelt es sich um eine Ausschlussfrist; gegebenenfalls kann Wiedereinsetzung in den vorigen Stand nach § 110 AO gewährt werden. § 89 Abs. 1 Satz 2 und 3 EStG enthält Vorgaben für die Antragstellung beim Vorliegen mehrere Altersvorsorgeverträge. Mittelbar Zulageberechtigte i. S. d. § 79 Satz 2 EStG haben über ihren Anbieter eine Zulagennummer bei der zentralen Stelle zu beantragen (§ 89 Abs. 1 Satz 4 EStG). Nach § 89 Abs. 1 Satz 5 EStG ist der Zulageberechtigte verpflichtet, dem Anbieter alle Umstände, die zu Minderung/Wegfall der Zulage führen, unverzüglich mitzutei-

---

1 BGBl 2004 I 1427.
2 BGBl 2008 I 3150.

len.[1] Hierzu zählen z. B. Änderung des Familienstands, Wegfall des Kindergeldes für ein Kind, für das eine Kinderzulage beantragt wurde. Nach § 96 Abs. 7 EStG kann eine Verletzung der Mitteilungspflicht strafrechtliche Konsequenzen haben.

PRAXISHINWEIS:
Komfortabler für den Zulageberechtigten ist das in § 89 Abs. 1a EStG geregelte Verfahren (sog. Dauerzulageantrag). Danach kann der Zulageberechtigte auch seinen Anbieter bevollmächtigen, für ihn die Zulage jährlich bis auf Widerruf zu beantragen.

Der Anbieter ist verpflichtet, die in § 89 Abs. 2 Satz 1 EStG aufgezählten und für das Zulageverfahren erforderlichen Daten zu erfassen und mit den innerhalb eines Kalendervierteljahrs eingegangenen Anträgen bis zum Ende des Folgemonats an die zentrale Stelle DRV Bund (§ 81 EStG) mittels amtlich vorgeschriebenen Datensatz zu übermitteln. Aufgrund des Verweises in § 89 Abs. 2 Satz 3 EStG auf § 89 Abs. 1 Satz 5 EStG gilt die Pflicht zur Datenübermittlung auch im Falle der Änderung der für die Zulageberechtigung relevanten Umstände.

§ 90 Verfahren

(1) ¹Die zentrale Stelle ermittelt auf Grund der von ihr erhobenen oder der ihr übermittelten Daten, ob und in welcher Höhe ein Zulageanspruch besteht. ²Soweit der zuständige Träger der Rentenversicherung keine Versicherungsnummer vergeben hat, vergibt die zentrale Stelle zur Erfüllung der ihr nach diesem Abschnitt zugewiesenen Aufgaben eine Zulagenummer. ³Die zentrale Stelle teilt im Fall eines Antrags nach § 10a Absatz 1a der zuständigen Stelle, im Fall eines Antrags nach § 89 Absatz 1 Satz 4 dem Anbieter die Zulagenummer mit; von dort wird sie an den Antragsteller weitergeleitet.

(2) ¹Die zentrale Stelle veranlasst die Auszahlung an den Anbieter zugunsten der Zulageberechtigten durch die zuständige Kasse. ²Ein gesonderter Zulagenbescheid ergeht vorbehaltlich des Absatzes 4 nicht. ³Der Anbieter hat die erhaltenen Zulagen unverzüglich den begünstigten Verträgen gutzuschreiben. ⁴Zulagen, die nach Beginn der Auszahlungsphase für das Altersvorsorgevermögen von der zentralen Stelle an den Anbieter überwiesen werden, können vom Anbieter an den Anleger ausgezahlt werden. ⁵Besteht kein Zulageanspruch, so teilt die zentrale Stelle dies dem Anbieter durch Datensatz mit. ⁶Die zentrale Stelle teilt dem Anbieter die Altersvorsorgebeiträge im Sinne des § 82, auf die § 10a oder dieser Abschnitt angewendet wurde, durch Datensatz mit.

(3) ¹Erkennt die zentrale Stelle bis zum Ende des zweiten auf die Ermittlung der Zulage folgenden Jahres nachträglich, dass der Zulageanspruch ganz oder teilweise nicht besteht oder weggefallen ist, so hat sie zu Unrecht gutgeschriebene oder ausgezahlte Zulagen bis zum Ablauf eines Jahres nach der Erkenntnis zurückzufordern und dies dem Anbieter durch Datensatz mitzuteilen. ²Bei bestehendem Vertragsverhältnis hat der Anbieter das Konto zu belasten. ³Die ihm im Kalendervierteljahr mitgeteilten Rückforderungsbeträge hat er bis zum zehnten Tag des dem Kalendervierteljahr folgenden Monats in einem Betrag bei der zentralen Stelle anzumelden und an diese abzuführen. ⁴Die Anmeldung nach Satz 3 ist nach amtlich vorgeschriebenem Vordruck abzugeben. ⁵Sie gilt als Steueranmeldung im Sinne der Abgabenordnung.

(3a) ¹Erfolgt nach der Durchführung einer versorgungsrechtlichen Teilung eine Rückforderung von zu Unrecht gezahlten Zulagen, setzt die zentrale Stelle den Rückforderungsbetrag nach

---
1 Im Einzelnen BMF v. 24. 7. 2013, BStBl 2013 I 1022, Rz. 264 ff.

Absatz 3 unter Anrechnung bereits vom Anbieter einbehaltener und abgeführter Beträge gegenüber dem Zulageberechtigten fest, soweit

1. das Guthaben auf dem Vertrag des Zulageberechtigten zur Zahlung des Rückforderungsbetrags nach § 90 Absatz 3 Satz 1 nicht ausreicht und

2. im Rückforderungsbetrag ein Zulagebetrag enthalten ist, der in der Ehe- oder Lebenspartnerschaftszeit ausgezahlt wurde.

²Erfolgt nach einer Inanspruchnahme eines Altersvorsorge-Eigenheimbetrags im Sinne des § 92a Absatz 1 oder während einer Darlehenstilgung bei Altersvorsorgeverträgen nach § 1 Absatz 1a des Altersvorsorgeverträge-Zertifizierungsgesetzes eine Rückforderung zu Unrecht gezahlter Zulagen, setzt die zentrale Stelle den Rückforderungsbetrag nach Absatz 3 unter Anrechnung bereits vom Anbieter einbehaltener und abgeführter Beträge gegenüber dem Zulageberechtigten fest, soweit das Guthaben auf dem Altersvorsorgevertrag des Zulageberechtigten zur Zahlung des Rückforderungsbetrags nicht ausreicht. ³Der Anbieter hat in diesen Fällen der zentralen Stelle die nach Absatz 3 einbehaltenen und abgeführten Beträge nach amtlich vorgeschriebenem Datensatz durch amtlich bestimmte Datenfernübertragung mitzuteilen.

(4) ¹Eine Festsetzung der Zulage erfolgt nur auf besonderen Antrag des Zulageberechtigten. ²Der Antrag ist schriftlich innerhalb eines Jahres vom Antragsteller an den Anbieter zu richten; die Frist beginnt mit der Erteilung der Bescheinigung nach § 92, die die Ermittlungsergebnisse für das Beitragsjahr enthält, für das eine Festsetzung der Zulage erfolgen soll. ³Der Anbieter leitet den Antrag der zentralen Stelle zur Festsetzung zu. ⁴Er hat dem Antrag eine Stellungnahme und die zur Festsetzung erforderlichen Unterlagen beizufügen. ⁵Die zentrale Stelle teilt die Festsetzung auch dem Anbieter mit. ⁶Im Übrigen gilt Absatz 3 entsprechend.

(5) ¹Im Rahmen des Festsetzungsverfahrens kann der Zulageberechtigte bis zum rechtskräftigen Abschluss des Festsetzungsverfahrens eine nicht fristgerecht abgegebene Einwilligung nach § 10a Absatz 1 Satz 1 Halbsatz 2 gegenüber der zuständigen Stelle nachholen. ²Über die Nachholung hat er die zentrale Stelle unter Angabe des Datums der Erteilung der Einwilligung unmittelbar zu informieren. ³Hat der Zulageberechtigte im Rahmen des Festsetzungsverfahrens eine wirksame Einwilligung gegenüber der zuständigen Stelle erteilt, wird er so gestellt, als hätte er die Einwilligung innerhalb der Frist nach § 10a Absatz 1 Satz 1 Halbsatz 2 wirksam gestellt.

Inhaltsübersicht

		Rz.
A.	Allgemeine Erläuterungen	1 - 2
	I. Normzweck und wirtschaftliche Bedeutung der Vorschrift	1 - 2

HINWEIS:

BMF v. 24. 7. 2013, BStBl 2013 I 1022.

LITERATUR:

Emser/Jäger, Steuerliche Förderung der privaten Altersvorsorge – Die Neuregelungen des Betriebsrentenstärkungsgesetzes, NWB 2017, 2490 ff.

A. Allgemeine Erläuterungen

I. Normzweck und wirtschaftliche Bedeutung der Vorschrift

§ 90 EStG regelt das Verfahren der Gewährung der Altersvorsorgezulage.[1] Die DRV Bund ist als zentrale Stelle (§ 81 EStG) für die **Verwaltung der Altersvorsorgezulage** zuständig. Sie ermittelt auf der Basis der übermittelten Antragsdaten und der von ihr selbst erhobenen Daten (z. B. beitragspflichtige Einnahmen), ob und in welcher Höhe der Zulageanspruch besteht (§ 90 Abs. 1 EStG) und veranlasst die **Auszahlung der Zulage** (§ 90 Abs. 2 EStG). Diese erfolgt jedoch nicht an den Zulageberechtigten, sondern an den Anbieter, der jedoch verpflichtet ist, die Zulage unverzüglich dem Vorsorgevertrag des Zulageberechtigten gutzuschreiben (§ 90 Abs. 2 Satz 3 EStG). Die DRV Bund informiert den Anbieter mittels Datensatz, in welcher Höhe die Altersvorsorgebeiträge eines Zulageberechtigten entweder durch eine Zulage i. S. v. § 82 EStG oder durch Sonderausgabenabzug nach § 10a EStG gefördert wurden (§ 90 Abs. 2 Satz 6 EStG) und teilt ihm mit, wenn kein Zulageanspruch besteht (§ 90 Abs. 2 Satz 5 EStG) Ein gesonderter Zulagenbescheid ergeht i. d. R. nicht (§ 90 Abs. 2 Satz 2 EStG). Zur Ausnahme siehe → Rz. 2. 1

Auch für die **Rückforderung zu Unrecht ausgezahlter Zulagen** ist die DRV Bund zuständig und teilt dies dem Anbieter mittels Datensatz mit (§ 90 Abs. 3 Satz 1 EStG). Letzterer belastet das Vertragskonto des Zulageberechtigten entsprechend (§ 90 Abs. 3 Satz 2 EStG) und zahlt die Rückforderungsbeträge nach vierteljährlicher Anmeldung (= Steueranmeldung i. S. v. §§ 167, 168 AO) an die zentrale Stelle zurück.[2] Im Betriebsrentenstärkungsgesetz v. 17.8.2017[3] erfolgt eine zeitliche Straffung des Verfahrens. So wird der ZfA **ab 2019** eine gesetzliche Frist von maximal 2 Jahren vorgegeben, innerhalb derer sie die Zulage zu überprüfen und zurückzufordern hat. Der mit demselben Gesetz neu eingefügte Abs. 3a ermöglicht ab 2018 im Rahmen des Versorgungsausgleichs bei einer Ehescheidung und in anderen Fällen, in denen mangels Guthaben kein Ausgleich gegenüber der zentralen Stelle erfolgen kann, die noch offenen Rückforderungsbeträge direkt vom Zulageberechtigten zurückzufordern. Die Regelung entspricht der gängigen Verwaltungspraxis.[4] Die Gutschrift/Belastung des Vertragskontos des Zulageberechtigten stellt keinen VA, sondern lediglich einen Realakt dar. Eine **formelle Festsetzung der Zulage** mittels VA erfolgt nur **auf Antrag** des Zulageberechtigten (§ 90 Abs. 4 EStG). Der Antrag ist über den Anbieter innerhalb eines Jahres nach Erteilung der jährlichen Informationsbescheinigung des Anbieters (§ 92 EStG) bei der zentralen Stelle zu stellen und mit einer Stellungnahme und den zur Festsetzung erforderlichen Unterlagen zu versehen. Gegen den Festsetzungsbescheid der zentralen Stelle nach § 90 Abs. 4 EStG steht dem Zulageberechtigten gem. § 98 EStG der Finanzrechtsweg offen. 2

Im Betriebsrentenstärkungsgesetz v. 17.8.2017[5] wird die Abgabefrist für die Einwilligung gegenüber der zuständigen Stelle (z. B. Besoldungsstelle) in die Übermittlung der für die Zulageberechtigung notwendigen Daten an die zentrale Stelle für den in § 10a Abs. 1 Satz 1 Halbs. 2 EStG genannten Personenkreis (Beamte, Amtsbezugsempfänger u. ä.) zur Beschleunigung des Zulageverfahrens („ bis zum Ablauf des Beitragsjahres") verkürzt. Im Gegenzug wird im neu

---

1 Zur Rechtslage ab 2018 *Emser/Jäger*, NWB 2017, 2491 f.
2 BMF v. 24. 7. 2013, BStBl 2013 I 1022, Rz. 272.
3 BGBl 2017 I 3214, 58.
4 BMF v. 24. 7. 2013, BStBl 2013 I 1022, Rz. 272.
5 BGBl 2017 I 3214, 58.

eingefügten Abs. 5 ab 2019 eine Nachholmöglichkeit für die Abgabe der Einwilligungserklärung eingeführt. Eine vergessene oder aus anderen Gründen nicht fristgerecht abgegebene Einwilligungserklärung kann der Zulageberechtigte im Rahmen des Festsetzungsverfahrens bis zum rechtskräftigen Abschluss desselben nachholen. Über diese Nachholung hat er die zentrale Stelle unmittelbar zu informieren, damit sie dies im weiteren Festsetzungsverfahren berücksichtigen kann.

§ 91 Datenerhebung und Datenabgleich

(1) [1]Für die Berechnung und Überprüfung der Zulage sowie die Überprüfung des Vorliegens der Voraussetzungen des Sonderausgabenabzugs nach § 10a übermitteln die Träger der gesetzlichen Rentenversicherung, die landwirtschaftliche Alterskasse, die Bundesagentur für Arbeit, die Meldebehörden, die Familienkassen und die Finanzämter der zentralen Stelle auf Anforderung die bei ihnen vorhandenen Daten nach § 89 Absatz 2 durch Datenfernübertragung; für Zwecke der Berechnung des Mindesteigenbeitrags für ein Beitragsjahr darf die zentrale Stelle bei den Trägern der gesetzlichen Rentenversicherung und der landwirtschaftlichen Alterskasse die bei ihnen vorhandenen Daten zu den beitragspflichtigen Einnahmen sowie in den Fällen des § 10a Absatz 1 Satz 4 zur Höhe der bezogenen Rente wegen voller Erwerbsminderung oder Erwerbsunfähigkeit erheben, sofern diese nicht vom Anbieter nach § 89 übermittelt worden sind. [2]Für Zwecke der Überprüfung nach Satz 1 darf die zentrale Stelle die ihr übermittelten Daten mit den ihr nach § 89 Absatz 2 übermittelten Daten automatisiert abgleichen. [3]Führt die Überprüfung zu einer Änderung der ermittelten oder festgesetzten Zulage, ist dies dem Anbieter mitzuteilen. [4]Ergibt die Überprüfung eine Abweichung von dem in der Steuerfestsetzung berücksichtigten Sonderausgabenabzug nach § 10a oder der gesonderten Feststellung nach § 10a Absatz 4, ist dies dem Finanzamt mitzuteilen; die Steuerfestsetzung oder die gesonderte Feststellung ist insoweit zu ändern.

(2) [1]Die zuständige Stelle hat der zentralen Stelle die Daten nach § 10a Absatz 1 Satz 1 zweiter Halbsatz bis zum 31. März des dem Beitragsjahr folgenden Kalenderjahres durch Datenfernübertragung zu übermitteln. [2]Liegt die Einwilligung nach § 10a Absatz 1 Satz 1 zweiter Halbsatz erst nach dem in Satz 1 genannten Meldetermin vor, hat die zuständige Stelle die Daten spätestens bis zum Ende des folgenden Kalendervierteljahres nach Erteilung der Einwilligung nach Maßgabe von Satz 1 zu übermitteln.

Inhaltsübersicht	Rz.
A. Allgemeine Erläuterungen	1 - 2
I. Entstehung und Entwicklung der Vorschrift	1
II. Normzweck und wirtschaftliche Bedeutung der Vorschrift	2

HINWEIS:

BMF v. 24. 7. 2013, BStBl 2013 I 1022.

A. Allgemeine Erläuterungen

I. Entstehung und Entwicklung der Vorschrift

Infolge der Änderungen durch das **AltEinkG v. 5. 7. 2004**[1] ist die Datenübermittlung nunmehr auch für Zwecke der Berechnung der Zulage vorgesehen.

II. Normzweck und wirtschaftliche Bedeutung der Vorschrift

Durch den Datenabgleich soll eine unberechtigte Inanspruchnahme der staatlichen Förderung in Form der Altersvorsorgezulage und des Sonderausgabenabzugs nach § 10a EStG verhindert werden. Hierfür sieht § 91 Abs. 1 Satz 1 1. Halbsatz EStG vor, dass bestimmte Träger öffentlicher Belange (Träger der gesetzlichen Rentenversicherung, die landwirtschaftliche Alterskasse, die Bundesagentur für Arbeit, die Meldebehörden, die Familienkassen und die Finanzämter) ihre personenbezogenen Daten auf Anforderung der zentralen Stelle DRV Bund (§ 81 EStG) zum Zwecke der Berechnung und Überprüfung der Zulage sowie zur Überprüfung der Voraussetzungen des Sonderausgabenabzugs übermitteln. Die Übertragung beschränkt sich auf die bereits bei den Behörden **vorhandenen Daten** und ist inhaltlich auf die **nach § 89 Abs. 2 EStG erhobenen Daten** begrenzt. § 91 Abs. 1 Satz 1 2. Halbsatz EStG ermächtigt die zentrale Stelle zum Abruf von Daten auch für Zwecke der **Berechnung des Mindesteigenbeitrags** bei den Trägern der gesetzlichen Rentenversicherung und der landwirtschaftlichen Alterskasse. Nach § 91 Abs. 1 Satz 2 EStG kann der Datenabgleich automatisiert erfolgen. Führt der Datenabgleich zu einer Änderung der gewährten Förderung (Zulage oder Sonderausgabenabzug), teilt die zentrale Stelle dies dem Anbieter oder dem Finanzamt zur weiteren Veranlassung mit. M. E. stellt § 91 Abs. 1 Satz 4 2. Halbsatz EStG eine Ermächtigungsgrundlage für das Finanzamt zur Änderung der Steuerfestsetzung i. S. d. § 172 Abs. 1 Satz 1 Nr. 2 Buchst. d AO aufgrund einer Mitteilung der zentralen Stelle (z. B. bzgl. des Sonderausgabenabzugs nach § 10a EStG wegen fehlender Zulageberechtigung) dar.[2] Die zuständige Stelle darf die Daten aber nur dann der zentralen Stelle übermitteln, wenn dieser seine Einwilligung hierzu erteilt hat (i. E. KKB/Wilhelm, § 10a EStG Rz. 17). Sollte diese erst nach dem in § 91 Abs. 2 Satz 1 EStG bestimmten Zeitpunkt vorliegen, hat die zuständige Stelle die Daten bis zum Ende des folgenden Kalendervierteljahres nach Erteilung der Einwilligung zu übermitteln.

§ 92 Bescheinigung

¹Der Anbieter hat dem Zulageberechtigten jährlich bis zum Ablauf des auf das Beitragsjahr folgenden Jahres eine Bescheinigung nach amtlich vorgeschriebenem Muster zu erteilen über

1. die Höhe der im abgelaufenen Beitragsjahr geleisteten Altersvorsorgebeiträge (Beiträge und Tilgungsleistungen),

2. die im abgelaufenen Beitragsjahr getroffenen, aufgehobenen oder geänderten Ermittlungsergebnisse (§ 90),

3. die Summe der bis zum Ende des abgelaufenen Beitragsjahres dem Vertrag gutgeschriebenen Zulagen,

---

1 BGBl 2004 I 1427.
2 A. A. *Frotscher/Geurts*, § 91 EStG Rz. 10.

4. die Summe der bis zum Ende des abgelaufenen Beitragsjahres geleisteten Altersvorsorgebeiträge (Beiträge und Tilgungsleistungen),
5. den Stand des Altersvorsorgevermögens,
6. den Stand des Wohnförderkontos (§ 92a Absatz 2 Satz 1), sofern er diesen von der zentralen Stelle mitgeteilt bekommen hat, und
7. die Bestätigung der durch den Anbieter erfolgten Datenübermittlung an die zentrale Stelle im Fall des § 10a Absatz 5 Satz 1.

²Einer jährlichen Bescheinigung bedarf es nicht, wenn zu Satz 1 Nummer 1, 2, 6 und 7 keine Angaben erforderlich sind und sich zu Satz 1 Nummer 3 bis 5 keine Änderungen gegenüber der zuletzt erteilten Bescheinigung ergeben. ³Liegen die Voraussetzungen des Satzes 2 nur hinsichtlich der Angabe nach Satz 1 Nummer 6 nicht vor und wurde die Geschäftsbeziehung im Hinblick auf den jeweiligen Altersvorsorgevertrag zwischen Zulageberechtigtem und Anbieter beendet, weil

1. das angesparte Kapital vollständig aus dem Altersvorsorgevertrag entnommen wurde oder
2. das gewährte Darlehen vollständig getilgt wurde,

bedarf es keiner jährlichen Bescheinigung, wenn der Anbieter dem Zulageberechtigten in einer Bescheinigung im Sinne dieser Vorschrift Folgendes mitteilt: „Das Wohnförderkonto erhöht sich bis zum Beginn der Auszahlungsphase jährlich um 2 Prozent, solange Sie keine Zahlungen zur Minderung des Wohnförderkontos leisten." ⁴Der Anbieter kann dem Zulageberechtigten mit dessen Einverständnis die Bescheinigung auch elektronisch bereitstellen.[1]

Inhaltsübersicht	Rz.
A. Allgemeine Erläuterungen	1 - 2

HINWEIS:
BMF v. 13. 1. 2014, BStBl 2014 I 97.

A. Allgemeine Erläuterungen

1 Die Bescheinigung soll den Zulageberechtigten über die Entwicklung seines Altersvorsorgevermögens informieren. Die Bescheinigung hat der **Anbieter jährlich** zu erstellen, sie muss nach amtlich vorgeschriebenem Muster[2] erfolgen. Außerdem muss sie Informationen enthalten

► zur Höhe der im abgelaufenen Beitragsjahr geleisteten Altersvorsorgebeiträge (Beiträge und Tilgungsleistungen),

► zu den im abgelaufenen Beitragsjahr getroffenen Ermittlungsergebnissen aus dem Datenabgleich nach § 90 EStG,

► zur Summe der bis zum Ende des abgelaufenen Beitragsjahrs gutgeschriebenen Zulagen[3]

---

1 **Anm. d. Red.:** § 92 i. d. F. des Gesetzes v. 17. 8. 2017 (BGBl I S. 3214) mit Wirkung v. 1. 1. 2018.
2 BMF v. 10. 10. 2011, BStBl 2011 I 964.
3 Mittels dieser Information kann der Zulageberechtigte feststellen, welche Zulagen er während der (bisherigen) gesamten Vertragslaufzeit für seinen Altersvorsorgevertrag erhalten hat.

▶ zur Summe der bis zum Ende des abgelaufenen Beitragsjahres geleisteten Altersvorsorgebeiträge (Beiträge und Tilgungsleistungen),[1]

▶ über den Stand des Altersvorsorgevermögens/Stand des Wohnförderkontos und

▶ die Bestätigung der Datenübermittlung nach § 10a Abs. 5 Satz 1 EStG.

▶ Sinnvoll wäre zudem eine Mitteilungspflicht des Anbieters bzgl. der Gutschrift etwaiger Erträge zugunsten des Altersvorsorgevertrags.[2]

§ 92 Satz 2 EStG sieht in bestimmten Fällen **Ausnahmen von der Informationspflicht** des Anbieters vor, wenn keine Angaben zu den geleisteten Altersvorsorgebeiträgen, den im abgelaufenen Beitragsjahr getroffenen Ermittlungsergebnissen, dem Stand des Wohnförderkontos und der Bestätigung der Datenübermittlung erforderlich sind und sich keine Änderungen bzgl. der Gesamtsummen der Zulagen und der Altersvorsorgebeiträge und des Stands des Altersvorsorgevermögens ergeben haben. Im AltVerbG wurden Satz 2 und 3 ab VZ 2014 an die Neuregelung in § 92a EStG bzgl. der Führung eines Wohnförderkontos durch die zentrale Stelle angepasst und eine weitere Ausnahme von der Informationspflicht des Anbieters aufgenommen.[3] Nach § 92 Satz 4 EStG genügt der Anbieter seiner Informationspflicht, wenn er die Bescheinigung mit Einverständnis des Zulageberechtigten elektronisch bereitstellt.

2

§ 92a Verwendung für eine selbst genutzte Wohnung

(1) [1]Der Zulageberechtigte kann das in einem Altersvorsorgevertrag gebildete und nach § 10a oder nach diesem Abschnitt geförderte Kapital in vollem Umfang oder, wenn das verbleibende geförderte Restkapital mindestens 3 000 Euro beträgt, teilweise wie folgt verwenden (Altersvorsorge-Eigenheimbetrag):

1. bis zum Beginn der Auszahlungsphase unmittelbar für die Anschaffung oder Herstellung einer Wohnung oder zur Tilgung eines zu diesem Zweck aufgenommenen Darlehens, wenn das dafür entnommene Kapital mindestens 3 000 Euro beträgt, oder

2. bis zum Beginn der Auszahlungsphase unmittelbar für den Erwerb von Pflicht-Geschäftsanteilen an einer eingetragenen Genossenschaft für die Selbstnutzung einer Genossenschaftswohnung oder zur Tilgung eines zu diesem Zweck aufgenommenen Darlehens, wenn das dafür entnommene Kapital mindestens 3 000 Euro beträgt, oder

3. bis zum Beginn der Auszahlungsphase unmittelbar für die Finanzierung eines Umbaus einer Wohnung, wenn

   a) das dafür entnommene Kapital

      aa) mindestens 6 000 Euro beträgt und für einen innerhalb eines Zeitraums von drei Jahren nach der Anschaffung oder Herstellung der Wohnung vorgenommenen Umbau verwendet wird oder

      bb) mindestens 20 000 Euro beträgt,

---

1 Hieraus ergibt sich die Gesamtsumme der vom Zulageberechtigten während der (bisherigen) gesamten Vertragslaufzeit zugunsten seines Altersvorsorgevertrages eingezahlten Altersvorsorgebeiträge.
2 Zur Berechnungsmöglichkeit s. HHR/*Killat*, § 912 Anm. 5.
3 Siehe BMF v. 13. 1. 2014, BStBl 2014 I 97, Rz. 282.

b) das dafür entnommene Kapital zu mindestens 50 Prozent auf Maßnahmen entfällt, die die Vorgaben der DIN 18040 Teil 2, Ausgabe September 2011, soweit baustrukturell möglich, erfüllen, und der verbleibende Teil der Kosten der Reduzierung von Barrieren in oder an der Wohnung dient; die zweckgerechte Verwendung ist durch einen Sachverständigen zu bestätigen; und

c) der Zulageberechtigte oder ein Mitnutzer der Wohnung für die Umbaukosten weder eine Förderung durch Zuschüsse noch eine Steuerermäßigung nach § 35a in Anspruch nimmt oder nehmen wird noch die Berücksichtigung als außergewöhnliche Belastung nach § 33 beantragt hat oder beantragen wird und dies schriftlich bestätigt. ²Diese Bestätigung ist bei der Antragstellung nach § 92b Absatz 1 Satz 1 gegenüber der zentralen Stelle abzugeben. ³Bei der Inanspruchnahme eines Darlehens im Rahmen eines Altersvorsorgevertrags nach § 1 Absatz 1a des Altersvorsorgeverträge-Zertifizierungsgesetzes hat der Zulageberechtigte die Bestätigung gegenüber seinem Anbieter abzugeben.

²Die DIN 18040 ist im Beuth-Verlag GmbH, Berlin und Köln, erschienen und beim Deutschen Patent- und Markenamt in München archivmäßig gesichert niedergelegt. ³Die technischen Mindestanforderungen für die Reduzierung von Barrieren in oder an der Wohnung nach Satz 1 Nummer 3 Buchstabe b werden durch das Bundesministerium für Umwelt, Naturschutz, Bau und Reaktorsicherheit im Einvernehmen mit dem Bundesministerium der Finanzen festgelegt und im Bundesbaublatt veröffentlicht. ⁴Sachverständige im Sinne dieser Vorschrift sind nach Landesrecht Bauvorlageberechtigte sowie nach § 91 Absatz 1 Nummer 8 der Handwerksordnung öffentlich bestellte und vereidigte Sachverständige, die für ein Sachgebiet bestellt sind, das die Barrierefreiheit und Barrierereduzierung in Wohngebäuden umfasst, und die eine besondere Sachkunde oder ergänzende Fortbildung auf diesem Gebiet nachweisen. ⁵Eine nach Satz 1 begünstigte Wohnung ist

1. eine Wohnung in einem eigenen Haus oder

2. eine eigene Eigentumswohnung oder

3. eine Genossenschaftswohnung einer eingetragenen Genossenschaft,

wenn diese Wohnung in einem Mitgliedstaat der Europäischen Union oder in einem Staat, auf den das Abkommen über den Europäischen Wirtschaftsraum (EWR-Abkommen) anwendbar ist, belegen ist und die Hauptwohnung oder den Mittelpunkt der Lebensinteressen des Zulageberechtigten darstellt. ⁶Einer Wohnung im Sinne des Satzes 5 steht ein eigentumsähnliches oder lebenslanges Dauerwohnrecht nach § 33 des Wohnungseigentumsgesetzes gleich, soweit Vereinbarungen nach § 39 des Wohnungseigentumsgesetzes getroffen werden. ⁷Bei der Ermittlung des Restkapitals nach Satz 1 ist auf den Stand des geförderten Altersvorsorgevermögens zum Ablauf des Tages abzustellen, an dem die zentrale Stelle den Bescheid nach § 92b ausgestellt hat. ⁸Der Altersvorsorge-Eigenheimbetrag gilt nicht als Leistung aus einem Altersvorsorgevertrag, die dem Zulageberechtigten im Zeitpunkt der Auszahlung zufließt.

(2) ¹Der Altersvorsorge-Eigenheimbetrag, die Tilgungsleistungen im Sinne des § 82 Absatz 1 Satz 1 Nummer 2 und die hierfür gewährten Zulagen sind durch die zentrale Stelle in Bezug auf den zugrunde liegenden Altersvorsorgevertrag gesondert zu erfassen (Wohnförderkonto); die zentrale Stelle teilt für jeden Altersvorsorgevertrag, für den sie ein Wohnförderkonto (Altersvorsorgevertrag mit Wohnförderkonto) führt, dem Anbieter jährlich den Stand des Wohnförderkontos nach amtlich vorgeschriebenem Datensatz durch Datenfernübertragung mit.

²Beiträge, die nach § 82 Absatz 1 Satz 3 wie Tilgungsleistungen behandelt wurden, sind im Zeitpunkt der unmittelbaren Darlehenstilgung einschließlich der zur Tilgung eingesetzten Zulagen und Erträge in das Wohnförderkonto aufzunehmen; zur Tilgung eingesetzte ungeförderte Beiträge einschließlich der darauf entfallenden Erträge fließen dem Zulageberechtigten in diesem Zeitpunkt zu. ³Nach Ablauf eines Beitragsjahres, letztmals für das Beitragsjahr des Beginns der Auszahlungsphase, ist der sich aus dem Wohnförderkonto ergebende Gesamtbetrag um 2 Prozent zu erhöhen. ⁴Das Wohnförderkonto ist zu vermindern um

1. Zahlungen des Zulageberechtigten auf einen auf seinen Namen lautenden zertifizierten Altersvorsorgevertrag nach § 1 Absatz 1 des Altersvorsorgeverträge-Zertifizierungsgesetzes bis zum Beginn der Auszahlungsphase zur Minderung der in das Wohnförderkonto eingestellten Beträge; der Anbieter, bei dem die Einzahlung erfolgt, hat die Einzahlung der zentralen Stelle nach amtlich vorgeschriebenem Datensatz durch Datenfernübertragung mitzuteilen; erfolgt die Einzahlung nicht auf den Altersvorsorgevertrag mit Wohnförderkonto, hat der Zulageberechtigte dem Anbieter, bei dem die Einzahlung erfolgt, die Vertragsdaten des Altersvorsorgevertrags mit Wohnförderkonto mitzuteilen; diese hat der Anbieter der zentralen Stelle zusätzlich mitzuteilen;

2. den Verminderungsbetrag nach Satz 5.

⁵Verminderungsbetrag ist der sich mit Ablauf des Kalenderjahres des Beginns der Auszahlungsphase ergebende Stand des Wohnförderkontos dividiert durch die Anzahl der Jahre bis zur Vollendung des 85. Lebensjahres des Zulageberechtigten; als Beginn der Auszahlungsphase gilt der vom Zulageberechtigten und Anbieter vereinbarte Zeitpunkt, der zwischen der Vollendung des 60. Lebensjahres und des 68. Lebensjahres des Zulageberechtigten liegen muss; ist ein Auszahlungszeitpunkt nicht vereinbart, so gilt die Vollendung des 67. Lebensjahres als Beginn der Auszahlungsphase; die Verschiebung des Beginns der Auszahlungsphase über das 68. Lebensjahr des Zulageberechtigten hinaus ist unschädlich, sofern es sich um eine Verschiebung im Zusammenhang mit der Abfindung einer Kleinbetragsrente auf Grund des § 1 Absatz 1 Satz 1 Nummer 4 Buchstabe a des Altersvorsorgeverträge-Zertifizierungsgesetzes handelt. ⁶Anstelle einer Verminderung nach Satz 5 kann der Zulageberechtigte jederzeit in der Auszahlungsphase von der zentralen Stelle die Auflösung des Wohnförderkontos verlangen (Auflösungsbetrag). ⁷Der Anbieter hat im Zeitpunkt der unmittelbaren Darlehenstilgung die Beträge nach Satz 2 erster Halbsatz und der Anbieter eines Altersvorsorgevertrags mit Wohnförderkonto hat zu Beginn der Auszahlungsphase den Zeitpunkt des Beginns der Auszahlungsphase der zentralen Stelle nach amtlich vorgeschriebenem Datensatz durch Datenfernübertragung spätestens bis zum Ablauf des zweiten Monats, der auf den Monat der unmittelbaren Darlehenstilgung oder des Beginns der Auszahlungsphase folgt, mitzuteilen. ⁸Wird gefördertes Altersvorsorgevermögen nach § 93 Absatz 2 Satz 1 von einem Anbieter auf einen anderen auf den Namen des Zulageberechtigten lautenden Altersvorsorgevertrag vollständig übertragen und hat die zentrale Stelle für den bisherigen Altersvorsorgevertrag ein Wohnförderkonto geführt, so schließt sie das Wohnförderkonto des bisherigen Vertrags und führt es zu dem neuen Altersvorsorgevertrag fort. ⁹Erfolgt eine Zahlung nach Satz 4 Nummer 1 oder nach Absatz 3 Satz 9 Nummer 2 auf einen anderen Altersvorsorgevertrag als auf den Altersvorsorgevertrag mit Wohnförderkonto, schließt die zentrale Stelle das Wohnförderkonto des bisherigen Vertrags und führt es ab dem Zeitpunkt der Einzahlung für den Altersvorsorgevertrag fort, auf den die Einzahlung erfolgt ist. ¹⁰Die zentrale Stelle teilt die Schließung des Wohnförderkontos dem Anbieter des bisherigen Altersvorsorgevertrags mit Wohnförderkonto mit.

(2a) ¹Geht im Rahmen der Regelung von Scheidungsfolgen der Eigentumsanteil des Zulageberechtigten an der Wohnung im Sinne des Absatzes 1 Satz 5 ganz oder teilweise auf den anderen Ehegatten über, geht das Wohnförderkonto in Höhe des Anteils, der dem Verhältnis des übergegangenen Eigentumsanteils zum ursprünglichen Eigentumsanteil entspricht, mit allen Rechten und Pflichten auf den anderen Ehegatten über; dabei ist auf das Lebensalter des anderen Ehegatten abzustellen. ²Hat der andere Ehegatte das Lebensalter für den vertraglich vereinbarten Beginn der Auszahlungsphase oder, soweit kein Beginn der Auszahlungsphase vereinbart wurde, das 67. Lebensjahr im Zeitpunkt des Übergangs des Wohnförderkontos bereits überschritten, so gilt als Beginn der Auszahlungsphase der Zeitpunkt des Übergangs des Wohnförderkontos. ³Der Zulageberechtigte hat den Übergang des Eigentumsanteils der zentralen Stelle nachzuweisen. ⁴Dazu hat er die für die Anlage eines Wohnförderkontos erforderlichen Daten des anderen Ehegatten mitzuteilen. ⁵Die Sätze 1 bis 4 gelten entsprechend für Ehegatten, die im Zeitpunkt des Todes des Zulageberechtigten

1. nicht dauernd getrennt gelebt haben (§ 26 Absatz 1) und
2. ihren Wohnsitz oder gewöhnlichen Aufenthalt in einem Mitgliedstaat der Europäischen Union oder einem Staat hatten, auf den das Abkommen über den Europäischen Wirtschaftsraum anwendbar ist.

(3) ¹Nutzt der Zulageberechtigte die Wohnung im Sinne des Absatzes 1 Satz 5, für die ein Altersvorsorge-Eigenheimbetrag verwendet oder für die eine Tilgungsförderung im Sinne des § 82 Absatz 1 in Anspruch genommen worden ist, nicht nur vorübergehend nicht mehr zu eigenen Wohnzwecken, hat er dies dem Anbieter, in der Auszahlungsphase der zentralen Stelle, unter Angabe des Zeitpunkts der Aufgabe der Selbstnutzung anzuzeigen. ²Eine Aufgabe der Selbstnutzung liegt auch vor, soweit der Zulageberechtigte das Eigentum an der Wohnung aufgibt. ³Die Anzeigepflicht gilt entsprechend für den Rechtsnachfolger der begünstigten Wohnung, wenn der Zulageberechtigte stirbt. ⁴Die Anzeigepflicht entfällt, wenn das Wohnförderkonto vollständig zurückgeführt worden ist, es sei denn, es liegt ein Fall des § 22 Nummer 5 Satz 6 vor. ⁵Im Fall des Satzes 1 gelten die im Wohnförderkonto erfassten Beträge als Leistungen aus einem Altersvorsorgevertrag, die dem Zulageberechtigten nach letztmaliger Erhöhung des Wohnförderkontos nach Absatz 2 Satz 3 zum Ende des Veranlagungszeitraums, in dem die Selbstnutzung aufgegeben wurde, zufließen; das Wohnförderkonto ist aufzulösen (Auflösungsbetrag). ⁶Verstirbt der Zulageberechtigte, ist der Auflösungsbetrag ihm noch zuzurechnen. ⁷Der Anbieter hat der zentralen Stelle den Zeitpunkt der Aufgabe nach amtlich vorgeschriebenem Datensatz durch Datenfernübertragung spätestens bis zum Ablauf des zweiten Monats, der auf den Monat der Anzeige des Zulageberechtigten folgt, mitzuteilen. ⁸Wurde im Fall des Satzes 1 eine Tilgungsförderung nach § 82 Absatz 1 Satz 3 in Anspruch genommen und erfolgte keine Einstellung in das Wohnförderkonto nach Absatz 2 Satz 2, sind die Beiträge, die nach § 82 Absatz 1 Satz 3 wie Tilgungsleistungen behandelt wurden, sowie die darauf entfallenden Zulagen und Erträge in ein Wohnförderkonto aufzunehmen und anschließend die weiteren Regelungen dieses Absatzes anzuwenden; Absatz 2 Satz 2 zweiter Halbsatz und Satz 7 gilt entsprechend. ⁹Die Sätze 5 bis 7 sowie § 20 sind nicht anzuwenden, wenn

1. der Zulageberechtigte einen Betrag in Höhe des noch nicht zurückgeführten Betrags im Wohnförderkonto innerhalb von zwei Jahren vor dem Veranlagungszeitraum und von fünf Jahren nach Ablauf des Veranlagungszeitraums, in dem er die Wohnung letztmals zu eigenen Wohnzwecken genutzt hat, für eine weitere Wohnung im Sinne des Absatzes 1 Satz 5 verwendet,

2. der Zulageberechtigte einen Betrag in Höhe des noch nicht zurückgeführten Betrags im Wohnförderkonto innerhalb eines Jahres nach Ablauf des Veranlagungszeitraums, in dem er die Wohnung letztmals zu eigenen Wohnzwecken genutzt hat, auf einen auf seinen Namen lautenden zertifizierten Altersvorsorgevertrag zahlt; Absatz 2 Satz 4 Nummer 1 ist entsprechend anzuwenden,

3. die Ehewohnung auf Grund einer richterlichen Entscheidung nach § 1361b des Bürgerlichen Gesetzbuchs oder nach der Verordnung über die Behandlung der Ehewohnung und des Hausrats dem anderen Ehegatten zugewiesen wird,

4. der Zulageberechtigte krankheits- oder pflegebedingt die Wohnung nicht mehr bewohnt, sofern er Eigentümer dieser Wohnung bleibt, sie ihm weiterhin zur Selbstnutzung zur Verfügung steht und sie nicht von Dritten, mit Ausnahme seines Ehegatten, genutzt wird oder

5. der Zulageberechtigte innerhalb von fünf Jahren nach Ablauf des Veranlagungszeitraums, in dem er die Wohnung letztmals zu eigenen Wohnzwecken genutzt hat, die Selbstnutzung dieser Wohnung wieder aufnimmt.

[10]Satz 9 Nummer 1 und 2 setzt voraus, dass der Zulageberechtigte dem Anbieter, in der Auszahlungsphase der zentralen Stelle, die fristgemäße Reinvestitionsabsicht im Rahmen der Anzeige nach Satz 1 und den Zeitpunkt der Reinvestition oder die Aufgabe der Reinvestitionsabsicht anzeigt; in den Fällen des Absatzes 2a und des Satzes 9 Nummer 3 gelten die Sätze 1 bis 9 entsprechend für den anderen, geschiedenen oder überlebenden Ehegatten, wenn er die Wohnung nicht nur vorübergehend nicht mehr zu eigenen Wohnzwecken nutzt. [11]Satz 5 ist mit der Maßgabe anzuwenden, dass der Eingang der Anzeige der aufgegebenen Reinvestitionsabsicht, spätestens jedoch der 1. Januar

1. des sechsten Jahres nach dem Jahr der Aufgabe der Selbstnutzung bei einer Reinvestitionsabsicht nach Satz 9 Nummer 1 oder

2. des zweiten Jahres nach dem Jahr der Aufgabe der Selbstnutzung bei einer Reinvestitionsabsicht nach Satz 9 Nummer 2

als Zeitpunkt der Aufgabe gilt. [12]Satz 9 Nummer 5 setzt voraus, dass bei einer beabsichtigten Wiederaufnahme der Selbstnutzung der Zulageberechtigte dem Anbieter, in der Auszahlungsphase der zentralen Stelle, die Absicht der fristgemäßen Wiederaufnahme der Selbstnutzung im Rahmen der Anzeige nach Satz 1 und den Zeitpunkt oder die Aufgabe der Reinvestitionsabsicht nach Satz 10 anzeigt. [13]Satz 10 zweiter Halbsatz und Satz 11 gelten für die Anzeige der Absicht der fristgemäßen Wiederaufnahme der Selbstnutzung entsprechend.

(4) [1]Absatz 3 sowie § 20 sind auf Antrag des Steuerpflichtigen nicht anzuwenden, wenn er

1. die Wohnung im Sinne des Absatzes 1 Satz 5 auf Grund eines beruflich bedingten Umzugs für die Dauer der beruflich bedingten Abwesenheit nicht selbst nutzt; wird während dieser Zeit mit einer anderen Person ein Nutzungsrecht für diese Wohnung vereinbart, ist diese Vereinbarung von vorneherein entsprechend zu befristen,

2. beabsichtigt, die Selbstnutzung wieder aufzunehmen und

3. die Selbstnutzung spätestens mit der Vollendung seines 67. Lebensjahres aufnimmt.

²Der Steuerpflichtige hat den Antrag bei der zentralen Stelle zu stellen und dabei die notwendigen Nachweise zu erbringen. ³Die zentrale Stelle erteilt dem Steuerpflichtigen einen Bescheid über die Bewilligung des Antrags und informiert den Anbieter des Altersvorsorgevertrags mit Wohnförderkonto des Zulageberechtigten über die Bewilligung, eine Wiederaufnahme der Selbstnutzung nach einem beruflich bedingten Umzug und den Wegfall der Voraussetzungen nach diesem Absatz; die Information hat nach amtlich vorgeschriebenem Datensatz durch Datenfernübertragung zu erfolgen. ⁴Entfällt eine der in Satz 1 genannten Voraussetzungen, ist Absatz 3 mit der Maßgabe anzuwenden, dass bei einem Wegfall der Voraussetzung nach Satz 1 Nummer 1 als Zeitpunkt der Aufgabe der Zeitpunkt des Wegfalls der Voraussetzung und bei einem Wegfall der Voraussetzung nach Satz 1 Nummer 2 oder Nummer 3 der Eingang der Mitteilung des Steuerpflichtigen nach Absatz 3 als Zeitpunkt der Aufgabe gilt, spätestens jedoch die Vollendung des 67. Lebensjahres des Steuerpflichtigen.

Inhaltsübersicht

	Rz.
A. Allgemeine Erläuterungen	1 - 2
I. Normzweck und wirtschaftliche Bedeutung der Vorschrift	1
II. Entstehung und Entwicklung der Vorschrift	2
B. Systematische Kommentierung	3 - 10
I. Altersvorsorge-Eigenheimbetrag (§ 92a Abs. 1 EStG)	3 - 6
II. Besteuerung des Wohnförderkontos (§ 92a Abs. 2 EStG)	7
III. Übergang des Wohnförderkontos (§ 92a Abs. 2a EStG)	8
IV. Auflösung des Wohnförderkontos (§ 92a Abs. 3 EStG)	9 - 10

HINWEIS:

BMF v. 24. 7. 2013, BStBl 2013 I 1022; BMF v. 13. 1. 2014, BStBl 2014 I 97.

LITERATUR:

Myßen/Fischer, Grundzüge der Riester-Förderung – Wohnriester, schädliche Verwendung und verfahrensrechtliche Rahmenbedingungen, NWB 2011, 4304; *dies.*, Basisvorsorge im Alter und Wohn-Riester – Neuerungen durch das Altersvorsorgeverbesserungsgesetz, NWB 2013, 1977; *Emser/Jäger*, Steuerliche Förderung der privaten Altersvorsorge – Die Neuregelungen des Betriebsrentenstärkungsgesetzes, NWB 2017, 2490.

A. Allgemeine Erläuterungen

I. Normzweck und wirtschaftliche Bedeutung der Vorschrift

1 Mit der Einführung des sog. **Wohn-Riester** wurde der Forderung auch den Erwerb selbst genutzter Immobilien als Maßnahme der Alterssicherung in die Förderung einzubeziehen, Rechnung getragen. Die Fördersystematik besteht darin, dass in der **Ansparphase** das investierte Kapital mittels Zulagen nach §§ 84, 85 EStG oder Sonderausgabenabzug nach § 10a EStG begünstigt wird und in der **(fiktiven) Auszahlungsphase** die nachgelagerte Besteuerung des Wohnförderkontos nach § 22 Nr. 5 EStG erfolgt. Dem Zulageberechtigten steht es frei, ob er in Form eines Sparvertrags zunächst Kapital ansparen möchte, welches er später für Wohnzwecke nutzen will oder ob er sich sofort für eine wohnungswirtschaftliche Nutzung entscheidet *und einen Altersvorsorgevertrag in Form eines Darlehensvertrags abschließt.*

II. Entstehung und Entwicklung der Vorschrift

Bereits im Gesetzgebungsverfahren zu § 10a EStG und §§ 79 ff. EStG gefordert, wurde die Vorschrift mit dem **EigRentG v. 29. 7. 2008**[1] eingeführt. Mit dem JStG 2010 v. 8. 12. 2010[2] wurde die Förderung an die Voraussetzungen geknüpft, dass bei Erwerb eines Genossenschaftsanteils dieser vor Beginn der Auszahlungsphase erfolgen muss und der Altersvorsorge-Eigenheimbetrag für den Erwerb dieser Anteile eingesetzt werden muss. Mit Wirkung ab VZ 2014 wurde die Vorschrift durch das **AltvVerbG v. 24. 6. 2013**[3] neu gefasst. Dabei wurde zum einen die förderunschädliche Entnahmeregelung für steuerlich gefördertes Altersvorsorgevermögen erweitert, zum anderen die Besteuerung des Wohnförderkontos vereinfacht. Die Vorschrift findet gem. § 2 Abs. 8 EStG auch für eingetragene Lebenspartner Anwendung. Zukünftig (ab 2018) soll auch die Wiederaufnahme der Selbstnutzung der steuerlich geförderten Wohnung innerhalb von fünf Jahren, unabhängig von einer beruflich bedingten Abwesenheit, eine Auflösung des Wohnförderkontos vermeiden.[4]

B. Systematische Kommentierung

I. Altersvorsorge-Eigenheimbetrag (§ 92a Abs. 1 EStG)

§ 92a Abs. 1 EStG ermöglicht ab VZ 2008 das in einem Altersvorsorgevertrag angesparte Kapital für eine **selbstgenutzte** Wohnung (sog. **wohnungswirtschaftliche Verwendung**) ganz oder teilweise zu entnehmen (**Altersvorsorge-Eigenheimbetrag**). Für den Bereich der betrieblichen Altersversorgung besteht diese Möglichkeit nicht. Dies gilt auch, wenn das Altersvorsorgevermögen aus Beiträgen i. S. d. § 82 Abs. 2 EStG gebildet worden ist.[5] Bei einer **teilweisen Entnahme** müssen mindestens 3 000 € **Restkapital** im Vertrag verbleiben, das sich nur auf das nach § 10a EStG bzw. §§ 79 ff. EStG geförderte Altersvorsorgevermögen einschließlich der erwirtschafteten Erträge, Wertsteigerungen und Zulagen bezieht. Eine **wohnungswirtschaftliche Verwendung**[6] des Altersvorsorge-Eigenheimbetrags liegt bei **Anschaffung/Herstellung einer Wohnung**[7] oder **Tilgung eines zu diesem Zweck aufgenommen Darlehens** vor, wenn das entnommene Kapital mindestens 3 000 € beträgt (§ 92a Abs. 1 Satz 1 Nr. 1 EStG); bei Erwerb von **Pflicht-Geschäftsanteilen** an einer eingetragenen Genossenschaft für die Selbstnutzung einer Genossenschaftswohnung oder Tilgung eines zu diesem Zweck aufgenommen Darlehens (§ 92a Abs. 1 Satz 1 Nr. 2 EStG) und ab VZ 2014 bei der **Finanzierung von Umbaumaßnahmen** zur Reduzierung von Barrieren in oder an einer Wohnung (§ 92a Abs. 1 Satz 1 Nr. 3 EStG).

§ 92a Abs. 1 Satz 1 Nr. 1 EStG: Ab VZ 2014 muss der Zulageberechtigte mindestens 3 000 € des angesparten Kapitals entnehmen (**Mindestentnahmebetrag**), um Anbieter und zentrale Stelle von den verwaltungsaufwendigen Kleinstentnahmen zu entlasten. Der Entnahmevorgang und die Anschaffung/Herstellung der Wohnung müssen in einem **unmittelbaren zeitlichen Zusammenhang** erfolgen, wobei „unmittelbar" zeitlich zu verstehen ist. Die FinVerw beanstandet es

---

[1] BGBl 2008 I 1509.
[2] BGBl 2010 I 1768.
[3] BGBl 2013 I 1667.
[4] Dazu Emser/Jäger, NWB 2017, 2492.
[5] BMF v. 24. 7. 2013, BStBl 2013 I 1022, Rz. 232.
[6] Siehe BMF v. 24. 7. 2013, BStBl 2013 I 1022, Rz. 232 ff.; BMF v. 13. 1. 2014, BStBl 2014 I 97, Rz. 242.
[7] Der Anschluss eines Eigenheims an die zentrale Abwasserentsorgung führt nicht zu nachträglichen Anschaffungskosten i. S. d. § 255 Abs. 1 Satz 1 HGB für die gem. § 92a Abs. 1 Satz 1 Nr. 1 EStG der Altersvorsorge-Eigenheimbetrag verwendet werden kann. BFH v. 6. 4. 2016 - X R 29/14, NWB DokID: GAAAF-81827.

nicht, wenn innerhalb von einem Monat vor Antragstellung bei der zentralen Stelle und bis zwölf Monate nach Auszahlung entsprechende Aufwendungen für die Anschaffung/Herstellung entstanden sind.[1] Zur Fördermöglichkeit bei vorangegangener Vermietung und Umschuldung vgl. BMF v. 24.7.2013.[2] Der Zulageberechtigte muss **wirtschaftlicher Eigentümer** (§ 39 Abs. 2 Nr. 2 AO) einer **begünstigten Wohnung** sein. Hierzu zählen eine Wohnung in einem eigenen Haus (dies kann auch ein Mehrfamilienhaus sein), eine eigene Eigentumswohnung, eine Genossenschaftswohnung einer in das Genossenschaftsregister eingetragenen Genossenschaft oder ein eigentumsähnliches oder lebenslanges Dauerwohnrecht.

> **HINWEIS:**
> Es reicht aus, wenn nicht der Zulageberechtigte selbst, sondern eine vermögensverwaltende Ehegatten-GbR, an der der Zulageberechtigte beteiligt ist, Eigentümerin der Wohnung ist.[3]

Die Wohnung muss in einem EU-/EWR-Staat liegen und mit Beginn der Selbstnutzung die Hauptwohnung oder den **Mittelpunkt der Lebensinteressen** des Zulageberechtigten darstellen (§ 92a Abs. 1 Satz 5 EStG). Ausgenommen sind daher Ferien- oder Wochenendwohnungen. Die Wohnung muss **tatsächlich genutzt** werden, wobei der Zulageberechtigte sie nicht allein nutzen muss.[4] Ab VZ 2014 kann der Altersvorsorge-Eigenheimbetrag auch zur vollständigen oder teilweisen **Umschuldung** eines für die Finanzierung der Anschaffungs-/Herstellungskosten der selbst genutzten Wohnung eingesetzten Darlehens verwendet werden,[5] sofern das Darlehen allein dem Zulageberechtigten zuzurechnen ist.[6] Sind Ehegatten/Lebenspartner gesamtschuldnerische Darlehensnehmer, kann der Zulageberechtigte das Darlehen bis zur Höhe seiner anteiligen Anschaffungs-/Herstellungskosten ablösen.[7] Satz 6 stellt ein eigentumsähnliches oder lebenslanges Dauerwohnrecht i.S.d. § 33 WEG einer zu eigenen Wohnzwecken genutzten Wohnung gleich, soweit Vereinbarungen nach § 39 WEG getroffen werden.

5 **§ 92a Abs. 1 Satz 1 Nr. 2 EStG:** Eine weitere begünstigte Verwendung für den Altersvorsorge-Eigenheimbetrag ist – bis zum Beginn der Auszahlungsphase – der Erwerb von Geschäftsanteilen (Pflichtanteilen) an einer eingetragenen Genossenschaft für die Selbstnutzung einer Genossenschaftswohnung[8] sowie zur vollständigen oder teilweisen **Umschuldung** eines Darlehens für den Erwerb solcher Anteile. Die Genossenschaft, an der sich der Zulageberechtigte beteiligt, muss nicht die Voraussetzungen eines Anbieters i.S.d. AltZertG erfüllen, da eine entsprechende Bezugnahme in § 92a Abs. 1 Satz 1 Nr. 2 EStG fehlt.[9] Unklar ist, ob nur der einmalige Erwerb eines Pflichtanteils über den Altersvorsorge-Eigenheimbetrag begünstigt ist.[10]

6 **§ 92a Abs. 1 Satz 1 Nr. 3 EStG:** Ab VZ 2014 ist auch die unmittelbare Finanzierung eines bis zum Beginn der Auszahlungsphase **barrierefreien Umbaus einer Wohnung** begünstigt. Das für

---

1 BMF v. 24.7.2013, BStBl 2013 I 1022, Rz. 242.
2 BStBl 2013 I 1022, Rz. 242a, 244.
3 BFH v. 27.1.2016 - X R 23/14, BFH/NV 2016, 1018 = NWB DokID: MAAAF-73067; Steht die Wohnung im Eigentum einer mitunternehmerischen GbR, setzt die förderunschädliche Verwendung voraus, dass sie zum ertragsteuerlichen Privatvermögen der GbR gehört.
4 BMF v. 24.7.2013, BStBl 2013 I 1022, Rz. 254.
5 BMF v. 24.7.2013, BStBl 2013 I 1022, Rz. 244.
6 BMF v. 24.7.2013, BStBl 2013 I 1022, Rz. 244.
7 BMF v. 24.7.2013, BStBl 2013 I 1022, Rz. 250; kritisch zu der Beschränkung auf Ehegatten/Lebenspartner HHR/*Braun*, § 92a Anm. 10.
8 Im Einzelnen BMF v. 24.7.2013, BStBl 2013 I 1022, Rz. 247; *Myßen/Fischer*, NWB 2013, 1985 ff.
9 BMF v. 24.7.2013, BStBl 2013 I 1022, Rz. 254 i.d.F. BMF v. 13.1.2014, BStBl 2014 I 97, Rz. 246.
10 Dazu HHR/*Braun*, § 92a Anm. 9.

diesen Umbau entnommene Kapital muss mindestens 6 000 € betragen, wenn die Umbaumaßnahmen innerhalb eines Zeitraums von drei Jahren nach der Anschaffung oder Herstellung der Wohnung vorgenommen werden und 20 000 €, wenn die Maßnahmen nach diesem Zeitraum vorgenommen werden. Für den Umbau müssen die baulichen Vorgaben der DIN 18040 Teil 2, Ausgabe September 2011, beachtet werden. Der Zulageberechtigte hat die zweckgerechte Verwendung durch einen Sachverständigen bestätigen zu lassen und der Zulageberechtigte muss schriftlich gegenüber der zentralen Stelle versichern, dass weder er noch ein Mitnutzer der Wohnung für die geförderten Umbaukosten weitere Begünstigungen (Zuschüsse, §§ 35a, 33 EStG) in Anspruch nimmt bzw. beantragen wird. Nimmt der Zulageberechtigte hingegen zur Finanzierung des Umbaus ein Darlehen im Rahmen seines zertifizierten Altersvorsorgevertrags (KKB/Wilhelm, § 82 EStG Rz. 5) auf, muss er die Bestätigung gegenüber seinem Anbieter abgeben.

II. Besteuerung des Wohnförderkontos (§ 92a Abs. 2 EStG)

Das Wohnförderkonto dient zu Beginn der Auszahlungsphase als Grundlage für die **nachgelagerte Besteuerung** in der (fiktiven) **Auszahlungsphase** (§ 22 Nr. 5 Satz 4 bis 6 EStG), die zwischen der Vollendung des 60. und 68. Lebensjahrs beginnen darf und mit Vollendung des 85. Lebensjahrs endet (§ 92a Abs. 2 Satz 5 EStG).

Ab 2014 erfasst die zentrale Stelle auf diesem Konto den Altersvorsorge-Eigenheimbetrag, die geförderten Tilgungsleistungen und die hierfür gewährten Zulagen sowie Beiträge, die nach § 82 Abs. 1 Satz 3 EStG wie Tilgungsleistungen behandelt wurden. Als Ausgleich für die vorzeitige Nutzung des Altersvorsorgekapitals im Vergleich zu anderen Riester-Produkten wird der in dem Wohnförderkonto eingestellte Betrag in der Ansparphase jährlich um 2 % erhöht. Nach § 92 Abs. 2 Satz 4 und 5 EStG wird das Wohnförderkonto entweder durch Zahlungen auf einen anderen Altersvorsorgevertrag bis zum Beginn der Auszahlungsphase oder durch den Verminderungsbetrag i. S. d. Abs. 2 Satz 5 vermindert. Um die zutreffende Besteuerung zu gewährleisten, hat der Anbieter die zentrale Stelle über die Veränderungen des Wohnkontos zu informieren (§ 92a Abs. 2 Satz 4 und 7 EStG). Um Steuerausfälle wegen eintretender Festsetzungsverjährung zu vermeiden, haben ab 2018 die Meldungen der Anbieter zum Zeitpunkt der unmittelbaren Darlehenstilgung und zum Beginn der Auszahlungsphase eines Altersvorsorgevertrags mit Wohnförderkonto spätestens bis zum Ablauf des zweiten Monats, der auf den Monat der unmittelbaren Darlehenstilgung oder des Beginns der Auszahlungsphase folgt, zu erfolgen (§ 92a Abs. 2 Satz 7 EStG i. d. F. des Betriebsrentenstärkungsgesetzes v. 17.8.2017[1]). § 92a Abs. 2 Satz 8 bis 10 EStG ermöglichen dem Zulageberechtigten die Übertragung von Altersvorsorgevermögen auf einen anderen zertifizierten Vertrag.

Zu Beginn der Auszahlungsphase wird der aktuelle Stand des Wohnförderkontos durch die Anzahl der Jahre bis zur Vollendung des 85. Lebensjahrs geteilt. Um diesen Teilbetrag verringert sich das Wohnförderkonto jährlich und dieser muss vom Zulageberechtigten jährlich nach § 22 Nr. 5 EStG versteuert werden. Der Zulageberechtigte kann seit dem 1. 1. 2014 allerdings jederzeit die **Einmalbesteuerung** des auf dem Wohnförderkonto eingestellten (Rest-)Betrags wählen (§ 92a Abs. 2 Satz 6 EStG). Unabhängig vom Zeitpunkt der Einmalbesteuerung erhält er einen Abschlag von 30 % (§ 22 Nr. 5 Satz 5 EStG).

---

[1] BGBl 2017 I 3214, 58; Emser/Jäger, NWB 2017, 2493.

Im **Betriebsrentenstärkungsgesetz v. 17.8.2017**[1] ist für in 2018 neu abgeschlossene Verträge geregelt, dass die Verschiebung des Beginns der Auszahlungsphase über das 68. Lebensjahr hinaus bei Verträgen mit Wohnförderkonto, bei denen der Beginn der Auszahlungsphase vertraglich z. B. zum 68. Lebensjahr vereinbart ist, bei der Abfindung einer Kleinbetragsrente nicht zu einer schädlichen Verwendung führt.[2]

III. Übergang des Wohnförderkontos (§ 92a Abs. 2a EStG)

8 § 92a Abs. 2a EStG regelt den Übergang des Wohnförderkontos mit allen Rechten und Pflichten nach Übertragung der Wohnung auf den anderen Ehegatten/Lebenspartner im Rahmen einer **Scheidungsfolgevereinbarung/Aufhebung der Lebenspartnerschaft** und infolge des **Todes** eines Ehegatten/Lebenspartners, um negative steuerliche Folgen (sog. schädliche Verwendung i. S. d. § 92a Abs. 3 Satz 1 EStG) zu vermeiden.[3]

IV. Auflösung des Wohnförderkontos (§ 92a Abs. 3 EStG)

9 Das Wohnförderkonto ist aufzulösen und eine Besteuerung des **Auflösungsbetrags** erfolgt (§ 22 Nr. 5 Satz 4 EStG), wenn der Zulageberechtigte die Selbstnutzung der geförderten Wohnung **nicht nur vorübergehend** oder er das Eigentum an der geförderten Wohnung vollständig aufgibt. Entsprechendes gilt ab VZ 2014 gem. § 92a Abs. 3 Satz 8 EStG für geförderte Beiträge bei sog. Kombiverträgen nach § 82 Abs. 1 Satz 3 EStG vor Darlehenstilgung.[4] Bei der Mitteilung zur Aufgabe der Selbstnutzung der geförderten Wohnung oder der Aufgabe der Reinvestitionsabsicht handelt es sich um eine Anzeige i. S. v. § 170 Abs. 2 Satz 1 Nr. 1 AO. Um Steuerausfälle wegen eintretender Festsetzungsverjährung zu vermeiden, wird ab 2018 geregelt, dass die Meldung der Anbieter zur Aufgabe der Selbstnutzung der steuerlich geförderten Wohnung spätestens bis zum Ablauf des zweiten Monats, der auf den Monat der Aufgabe der Selbstnutzung folgt, zu erfolgen hat. Eine Auflösung des Wohnförderkontos unterbleibt, wenn der Zulageberechtigte einen Betrag in Höhe des Stands des Wohnförderkontos innerhalb **von zwei Jahren** vor **dem Veranlagungszeitraum** und innerhalb von **fünf** Jahren nach Ablauf des Veranlagungszeitraums, in dem die Nutzung zu eigenen Wohnzwecken aufgegeben wurde, für eine weitere förderbare Wohnung verwendet (§ 92a Abs. 3 Satz 9 Nr. 1 EStG) oder wenn der Zulageberechtigte innerhalb eines Jahres nach Ablauf des Veranlagungszeitraums, in dem die Nutzung zu eigenen Wohnzwecken aufgegeben wurde, einen Betrag in Höhe des Stands des Wohnförderkontos auf einen auf seinen Namen lautenden Altersvorsorgevertrag zahlt (§ 92a Abs. 3 Satz 9 Nr. 2 EStG) oder in Trennungsfällen, wenn die Ehewohnung aufgrund richterlicher Entscheidung nach § 1361b BGB oder nach der Verordnung über die Behandlung der Ehewohnung und des Hausrats dem anderen Ehegatten/Lebenspartner zugewiesen wird (§ 92a Abs. 3 Satz 9 Nr. 3 EStG).[5] **Ab 2018** kann auch die Wiederaufnahme der Selbstnutzung der steuerlich geförderten Wohnung innerhalb von fünf Jahren, unabhängig von einer beruflich bedingten Abwesenheit, eine Auflösung des Wohnförderkontos vermeiden. Voraussetzung ist die Anzeige der Absicht und des Zeitpunkts der Wiederaufnahme der Selbstnutzung gegenüber dem Anbieter oder in der Auszahlungsphase gegenüber der zentralen Stelle. Wird die Absicht der Wie-

---

1 BGBl 2017 I 3214, 58
2 Emser/Jäger, NWB 2017, 2495 f. mit Beispiel.
3 BMF v. 24. 7. 2013, BStBl 2013 I 1022 i. d. F. BMF v. 13. 1. 2014, BStBl 2014 I 97, Rz. 179ff.
4 BMF v. 24. 7. 2013, BStBl 2013 I 1022, Rz. 260.
5 Im Einzelnen BMF v. 24. 7. 2013, BStBl 2013 I 1022, Rz. 259 ff.

deraufnahme der Selbstnutzung aufgegeben, ist dies ebenfalls anzuzeigen. Dann erfolgt zu diesem Zeitpunkt die Auflösung und Besteuerung des Wohnförderkontos.[1]

§ 92a Abs. 4 EStG: Auf Antrag des Zulageberechtigten kann eine Auflösung des Wohnförderkontos bei berufsbedingtem Umzug vermieden werden, d. h. die nachgelagerte Besteuerung des Wohnförderkontos sowie der damit in Zusammenhang stehenden Kapitaleinkünften unterbleibt. Dies setzt jedoch voraus, dass der Zulageberechtigte beabsichtigt, die Selbstnutzung wieder aufzunehmen und diese spätestens mit Vollendung des 67. Lebensjahrs erfolgt.[2] Für die Zeit des beruflich bedingten Umzugs erfolgt keine Einstellung der geförderten Beträge nach § 82 Abs. 1 Satz 3 EStG in das Wohnförderkonto.

§ 92b Verfahren bei Verwendung für eine selbst genutzte Wohnung

(1) [1]Der Zulageberechtigte hat die Verwendung des Kapitals nach § 92a Absatz 1 Satz 1 spätestens zehn Monate vor dem Beginn der Auszahlungsphase des Altersvorsorgevertrags im Sinne des § 1 Absatz 1 Nummer 2 des Altersvorsorgeverträge-Zertifizierungsgesetzes bei der zentralen Stelle zu beantragen und dabei die notwendigen Nachweise zu erbringen. [2]Er hat zu bestimmen, aus welchen Altersvorsorgeverträgen der Altersvorsorge-Eigenheimbetrag ausgezahlt werden soll. [3]Die zentrale Stelle teilt dem Zulageberechtigten durch Bescheid und den Anbietern der in Satz 2 genannten Altersvorsorgeverträge nach amtlich vorgeschriebenem Datensatz durch Datenfernübertragung mit, bis zu welcher Höhe eine wohnungswirtschaftliche Verwendung im Sinne des § 92a Absatz 1 Satz 1 vorliegen kann.

(2) [1]Die Anbieter der in Absatz 1 Satz 2 genannten Altersvorsorgeverträge dürfen den Altersvorsorge-Eigenheimbetrag auszahlen, sobald sie die Mitteilung nach Absatz 1 Satz 3 erhalten haben. [2]Sie haben der zentralen Stelle nach amtlich vorgeschriebenem Datensatz durch Datenfernübertragung Folgendes spätestens bis zum Ablauf des zweiten Monats, der auf den Monat der Auszahlung folgt, anzuzeigen:

1. den Auszahlungszeitpunkt und den Auszahlungsbetrag,
2. die Summe der bis zum Auszahlungszeitpunkt dem Altersvorsorgevertrag gutgeschriebenen Zulagen,
3. die Summe der bis zum Auszahlungszeitpunkt geleisteten Altersvorsorgebeiträge und
4. den Stand des geförderten Altersvorsorgevermögens im Zeitpunkt der Auszahlung.

(3) [1]Die zentrale Stelle stellt zu Beginn der Auszahlungsphase und in den Fällen des § 92a Absatz 2a und 3 Satz 5 den Stand des Wohnförderkontos, soweit für die Besteuerung erforderlich, den Verminderungsbetrag und den Auflösungsbetrag von Amts wegen gesondert fest. [2]Die zentrale Stelle teilt die Feststellung dem Zulageberechtigten, in den Fällen des § 92a Absatz 2a Satz 1 auch dem anderen Ehegatten, durch Bescheid und dem Anbieter nach amtlich vorgeschriebenem Datensatz durch Datenfernübertragung mit. [3]Der Anbieter hat auf Anforderung der zentralen Stelle die zur Feststellung erforderlichen Unterlagen vorzulegen. [4]Auf

---
1 BR-Drucks. 780/16, 64; Emser/Jäger, NWB 2017, 2492.
2 Fraglich ist, wie der Zulageberechtigte die Absicht, die Selbstnutzung wieder aufzunehmen glaubhaft machen soll. Vgl. HHR/*Braun*, § 92a Anm. 37.

EStG § 93   Schädliche Verwendung

Antrag des Zulageberechtigten stellt die zentrale Stelle den Stand des Wohnförderkontos gesondert fest. ⁵§ 90 Absatz 4 Satz 2 bis 5 gilt entsprechend.

Inhaltsübersicht	Rz.
A. Allgemeine Erläuterungen	1

A. Allgemeine Erläuterungen

1   Die Vorschrift regelt das **Verfahren** bei **Verwendung von gefördertem Altersvorsorgevermögen** für eine selbst genutzte Wohnung nach § 92a EStG. Der Zulageberechtigte muss die Entnahme eines Altersvorsorge-Eigenheimbetrags zehn Monate vor Beginn der Auszahlungsphase bei der zentralen Stelle **beantragen** und die erforderlichen **Verwendungsnachweise** erbringen. Die zentrale Stelle entscheidet durch Bescheid (= Versorgungsausgleich) an den Zulageberechtigten und teilt dem Anbieter mit, in welcher Höhe eine geförderte Verwendung vorliegt, die die entsprechende Auszahlung vornimmt (§ 92b Abs. 2 EStG). In besonderen Fällen führt die zentrale Stelle eine gesonderte Feststellung über den Stand des Wohnförderkontos durch. Damit die zentrale Stelle über die erforderlichen Informationen über die Verwendung des Altersvorsorgevermögens verfügt, muss der Anbieter nach Auszahlung des Altersvorsorge-Eigenheimbetrags dieser die in § 92b Abs. 2 Satz 2 EStG genannten Daten ab 2018[1] spätestens bis zum Ablauf des zweiten Monats, der auf den Monat der Auszahlung des Altersvorsorge-Eigenheimbetrags folgt, nach amtlich vorgeschriebenen Datensatz mitteilen. Zu Beginn der Auszahlungsphase stellt die zentrale Stelle den Stand des Wohnförderkontos von Amtswegen gesondert fest (§ 92b Abs. 3 EStG), um die nachgelagerte Besteuerung des Wohnförderkontos sicherzustellen.

§ 93 Schädliche Verwendung

(1) ¹Wird gefördertes Altersvorsorgevermögen nicht unter den in § 1 Absatz 1 Satz 1 Nummer 4 und 10 Buchstabe c des Altersvorsorgeverträge-Zertifizierungsgesetzes oder § 1 Absatz 1 Satz 1 Nummer 4, 5 und 10 Buchstabe c des Altersvorsorgeverträge-Zertifizierungsgesetzes in der bis zum 31. Dezember 2004 geltenden Fassung genannten Voraussetzungen an den Zulageberechtigten ausgezahlt (schädliche Verwendung), sind die auf das ausgezahlte geförderte Altersvorsorgevermögen entfallenden Zulagen und die nach § 10a Absatz 4 gesondert festgestellten Beträge (Rückzahlungsbetrag) zurückzuzahlen. ²Dies gilt auch bei einer Auszahlung nach Beginn der Auszahlungsphase (§ 1 Absatz 1 Satz 1 Nummer 2 des Altersvorsorgeverträge-Zertifizierungsgesetzes) und bei Auszahlungen im Fall des Todes des Zulageberechtigten. ³Hat der Zulageberechtigte Zahlungen im Sinne des § 92a Absatz 2 Satz 4 Nummer 1 oder § 92a Absatz 3 Satz 9 Nummer 2 geleistet, dann handelt es sich bei dem hierauf beruhenden Altersvorsorgevermögen um gefördertes Altersvorsorgevermögen im Sinne des Satzes 1; der Rückzahlungsbetrag bestimmt sich insoweit nach der für die in das Wohnförderkonto eingestellten Beträge gewährten Förderung. ⁴Eine Rückzahlungsverpflichtung besteht nicht für den Teil der Zulagen und der Steuerermäßigung,

---

[1] BGBl 2017 I 3214, 58.

Schädliche Verwendung §93 EStG

a) der auf nach §1 Absatz 1 Satz 1 Nummer 2 des Altersvorsorgeverträge-Zertifizierungsgesetzes angespartes gefördertes Altersvorsorgevermögen entfällt, wenn es in Form einer Hinterbliebenenrente an die dort genannten Hinterbliebenen ausgezahlt wird; dies gilt auch für Leistungen im Sinne des § 82 Absatz 3 an Hinterbliebene des Steuerpflichtigen;

b) der den Beitragsanteilen zuzuordnen ist, die für die zusätzliche Absicherung der verminderten Erwerbsfähigkeit und eine zusätzliche Hinterbliebenenabsicherung ohne Kapitalbildung verwendet worden sind;

c) der auf gefördertes Altersvorsorgevermögen entfällt, das im Fall des Todes des Zulageberechtigten auf einen auf den Namen des Ehegatten lautenden Altersvorsorgevertrag übertragen wird, wenn die Ehegatten im Zeitpunkt des Todes des Zulageberechtigten nicht dauernd getrennt gelebt haben (§ 26 Absatz 1) und ihren Wohnsitz oder gewöhnlichen Aufenthalt in einem Mitgliedstaat der Europäischen Union oder einem Staat hatten, auf den das Abkommen über den Europäischen Wirtschaftsraum (EWR-Abkommen) anwendbar ist;

d) der auf den Altersvorsorge-Eigenheimbetrag entfällt.

(1a) ¹Eine schädliche Verwendung liegt nicht vor, wenn gefördertes Altersvorsorgevermögen auf Grund einer internen Teilung nach §10 des Versorgungsausgleichsgesetzes oder auf Grund einer externen Teilung nach § 14 des Versorgungsausgleichsgesetzes auf einen zertifizierten Altersvorsorgevertrag oder eine nach § 82 Absatz 2 begünstigte betriebliche Altersversorgung übertragen wird; die auf das übertragene Anrecht entfallende steuerliche Förderung geht mit allen Rechten und Pflichten auf die ausgleichsberechtigte Person über. ²Eine schädliche Verwendung liegt ebenfalls nicht vor, wenn gefördertes Altersvorsorgevermögen auf Grund einer externen Teilung nach § 14 des Versorgungsausgleichsgesetzes auf die Versorgungsausgleichskasse oder die gesetzliche Rentenversicherung übertragen wird; die Rechte und Pflichten der ausgleichspflichtigen Person aus der steuerlichen Förderung des übertragenen Anteils entfallen. ³In den Fällen der Sätze 1 und 2 teilt die zentrale Stelle der ausgleichspflichtigen Person die Höhe der auf die Ehezeit im Sinne des § 3 Absatz 1 des Versorgungsausgleichsgesetzes oder die Lebenspartnerschaftszeit im Sinne des § 20 Absatz 2 des Lebenspartnerschaftsgesetzes entfallenden gesondert festgestellten Beträge nach § 10a Absatz 4 und die ermittelten Zulagen mit. ⁴Die entsprechenden Beträge sind monatsweise zuzuordnen. ⁵Die zentrale Stelle teilt die geänderte Zuordnung der gesondert festgestellten Beträge nach § 10a Absatz 4 sowie der ermittelten Zulagen der ausgleichspflichtigen und in den Fällen des Satzes 1 auch der ausgleichsberechtigten Person durch Feststellungsbescheid mit. ⁶Nach Eintritt der Unanfechtbarkeit dieses Feststellungsbescheids informiert die zentrale Stelle den Anbieter durch einen Datensatz über die geänderte Zuordnung.

(2) ¹Die Übertragung von gefördertem Altersvorsorgevermögen auf einen anderen auf den Namen des Zulageberechtigten lautenden Altersvorsorgevertrag (§ 1 Absatz 1 Satz 1 Nummer 10 Buchstabe b des Altersvorsorgeverträge-Zertifizierungsgesetzes) stellt keine schädliche Verwendung dar. ²Dies gilt sinngemäß in den Fällen des § 4 Absatz 2 und 3 des Betriebsrentengesetzes, wenn das geförderte Altersvorsorgevermögen auf eine der in § 82 Absatz 2 Buchstabe a genannten Einrichtungen der betrieblichen Altersversorgung zum Aufbau einer kapitalgedeckten betrieblichen Altersversorgung übertragen und eine lebenslange Altersversorgung entsprechend § 82 Absatz 2 Satz 2 vorgesehen ist, wie auch in den Fällen einer Übertragung nach § 3 Nummer 55c Satz 2 Buchstabe a. ³In den übrigen Fällen der Abfindung von Anwart-

schaften der betrieblichen Altersversorgung gilt dies, soweit das geförderte Altersvorsorgevermögen zugunsten eines auf den Namen des Zulageberechtigten lautenden Altersvorsorgevertrages geleistet wird. ⁴Auch keine schädliche Verwendung sind der gesetzliche Forderungs- und Vermögensübergang nach § 9 des Betriebsrentengesetzes und die gesetzlich vorgesehene schuldbefreiende Übertragung nach § 8 Absatz 1 des Betriebsrentengesetzes.

(3) ¹Auszahlungen zur Abfindung einer Kleinbetragsrente zu Beginn der Auszahlungsphase oder im darauffolgenden Jahr gelten nicht als schädliche Verwendung. ²Eine Kleinbetragsrente ist eine Rente, die bei gleichmäßiger Verrentung des gesamten zu Beginn der Auszahlungsphase zur Verfügung stehenden Kapitals eine monatliche Rente ergibt, die 1 Prozent der monatlichen Bezugsgröße nach § 18 des Vierten Buches Sozialgesetzbuch nicht übersteigt. ³Bei der Berechnung dieses Betrags sind alle bei einem Anbieter bestehenden Verträge des Zulageberechtigten insgesamt zu berücksichtigen, auf die nach diesem Abschnitt geförderte Altersvorsorgebeiträge geleistet wurden. ⁴Die Sätze 1 bis 3 gelten entsprechend, wenn

1. nach dem Beginn der Auszahlungsphase ein Versorgungsausgleich durchgeführt wird und

2. sich dadurch die Rente verringert.

(4) ¹Wird bei einem einheitlichen Vertrag nach § 1 Absatz 1a Satz 1 Nummer 2 zweiter Halbsatz des Altersvorsorgeverträge-Zertifizierungsgesetzes das Darlehen nicht wohnungswirtschaftlich im Sinne des § 92a Absatz 1 Satz 1 verwendet, liegt zum Zeitpunkt der Darlehensauszahlung eine schädliche Verwendung des geförderten Altersvorsorgevermögens vor, es sei denn, das geförderte Altersvorsorgevermögen wird innerhalb eines Jahres nach Ablauf des Veranlagungszeitraums, in dem das Darlehen ausgezahlt wurde, auf einen anderen zertifizierten Altersvorsorgevertrag übertragen, der auf den Namen des Zulageberechtigten lautet. ²Der Zulageberechtigte hat dem Anbieter die Absicht zur Kapitalübertragung, den Zeitpunkt der Kapitalübertragung bis zum Zeitpunkt der Darlehensauszahlung und die Aufgabe der Absicht zur Kapitalübertragung mitzuteilen. ³Wird die Absicht zur Kapitalübertragung aufgegeben, tritt die schädliche Verwendung zu dem Zeitpunkt ein, zu dem die Mitteilung des Zulageberechtigten hierzu beim Anbieter eingeht, spätestens aber am 1. Januar des zweiten Jahres nach dem Jahr, in dem das Darlehen ausgezahlt wurde.

Inhaltsübersicht	Rz.
A. Allgemeine Erläuterungen	1 - 2
I. Normzweck und wirtschaftliche Bedeutung der Vorschrift	1
II. Entstehung und Entwicklung der Vorschrift	2
B. Systematische Kommentierung	3 - 5

HINWEIS:

BMF v. 24. 7. 2013, BStBl 2013 I 1022; BMF v. 13. 1. 2014, BStBl 2014 I 97.

LITERATUR:

Myßen/Fischer, Grundzüge der Riester-Förderung – Wohnriester, schädliche Verwendung und verfahrensrechtliche Rahmenbedingungen, NWB 2011, 4304.

A. Allgemeine Erläuterungen

I. Normzweck und wirtschaftliche Bedeutung der Vorschrift

Die steuerliche Förderung dient allein der Altersvorsorge des Zulageberechtigten in Form der Auszahlung einer Altersleistung frühestens mit Vollendung des 60. Lebensjahrs. Entnimmt der Zulageberechtigte das Altersvorsorgevermögen bereits zu einem früheren Zeitpunkt, wird dieser Zweck verfehlt und es liegt grundsätzlich eine **schädliche Verwendung** vor. Während in § 92a Abs. 2a und 3 EStG die Zweckverfehlung in den Fällen des Wohn-Riester geregelt ist, regelt § 93 EStG dies in den übrigen Fällen. Als Folge der schädlichen Verwendung muss die Förderung in Form der **Zulage zurückgezahlt** werden – ohne den zwischenzeitlich erwirtschafteten Ertrag (z. B. Zinsen). Letzterer muss jedoch nach § 22 Nr. 5 EStG versteuert werden.[1]

1

II. Entstehung und Entwicklung der Vorschrift

Durch JStG 2010 v. 8.12.2010[2] wurde § 93 Abs. 4 EStG eingefügt, um Zweckverfehlungen bei wohnwirtschaftlicher Verwendung eines Darlehens zu erfassen.

2

Mit **Gesetz zur Vermeidung von Umsatzsteuerausfällen beim Handel mit Waren im Internet und zur Änderung weiterer steuerlicher Vorschriften** v. 11.12.2018[3] wurden infolge der Einführung von § 3 Nr. 55c Satz 2 Buchst. a EStG durch das Betriebsrentenstärkungsgesetz v. 17.8.2017[4] die Tatbestände der schädlichen Verwendung eingeschränkt. Danach sind Übertragungen von Anwartschaften aus einer betrieblichen Altersversorgung, die über einen Pensionsfonds, eine Pensionskasse oder – ein Unternehmen der Lebensversicherung (Direktversicherung) durchgeführt werden, auf einen anderen Träger einer betrieblichen Altersversorgung in Form eines Pensionsfonds, einer Pensionskasse oder eines Unternehmens der Lebensversicherung steuerfrei, soweit keine Zahlungen unmittelbar an den Arbeitnehmer erfolgen. Die Erweiterung um diese Übertragungen stellt sicher, dass solche Übertragungen auch keine schädliche Verwendung des geförderten Vermögens darstellen. Ohne die Ergänzung müsste im Zeitpunkt der Übertragung eine Rückzahlung der bisher gewährten Förderung erfolgen. Um Nachteile für Arbeitnehmer, bei denen bereits in 2018 entsprechende Übertragungen durchgeführt wurden, zu vermeiden, tritt die Änderung rückwirkend zum 1.1.2018 in Kraft.

B. Systematische Kommentierung

§ 93 EStG gilt sowohl für unmittelbar Zulageberechtigte i. S. d. § 10a Abs. 1 EStG als auch für mittelbar Zulageberechtigte i. S. d. § 79 Satz 2 EStG. **§ 93 Abs. 1 Satz 1 EStG** definiert als **schädliche Verwendungen** Auszahlungen an den Zulageberechtigten, die gegen die zwecksichernden Vorschriften des AltZertG verstoßen, wonach Auszahlungen frühestens ab Beginn der Auszahlungsphase (mit Vollendung des 62. Lebensjahrs, bei vor dem 1.1.2012 abgeschlossenen Verträgen mit Vollendung des 60. Lebensjahrs) in Form einer lebenslangen Rente oder eines Auszahlungsplans mit unmittelbar anschließender Teilkapitalverrentung ab spätestens dem 85. Lebensjahr oder in der Form einer lebenslangen Verminderung des monatlichen Nutzungsentgelts für eine vom Vertragspartner selbst genutzte Genossenschaftswohnung oder zur Ver-

3

---

1 BMF v. 24.7.2013, BStBl 2013 I 1022, Rz. 217 ff., mit Berechnungsbeispielen.
2 BGBl 2010 I 1768.
3 BGBl 2018 I 2338.
4 BGBl 2017 I 3214.

wendung als Altersvorsorge-Eigenheimbetrag nach § 92a EStG erfolgen dürfen.[1] Demnach gelten insbesondere **vorzeitige Auszahlungen und Kapitalauszahlungen** als schädliche Verwendung. Eine schädliche Verwendung liegt auch dann vor, wenn die Auszahlung des Altersvorsorgevermögens erst in der Auszahlungsphase erfolgt (§ 93 Abs. 1 Satz 2 EStG). Zusätzlich zur Rückzahlung der in der Ansparphase gezahlten Altersvorsorgezulagen sind die bis dahin in dem Altersvorsorgevertrag angesammelten Erträge (z. B. Zinsen, Kursgewinne) nach § 22 Nr. 5 Satz 3 EStG zu versteuern.[2] Höchstrichterlich zu klären ist, ob die Entnahme des Altersvorsorge-Eigenheimbetrags aus dem zertifizierten Altersvorsorgevertrag zur Einzahlung in einen Bausparvertrag in der Ansparphase, mit dem Zweck eine frühere Zuteilungsreife des Bausparvertrages zu erreichen, um damit in der Zukunft das für die Anschaffung des Wohnungseigentums eingesetzte Darlehen abzulösen, nach der bis zum 31.12.2013 geltenden Rechtslage keine wohnungswirtschaftliche Verwendung darstellt.[3]

> **PRAXISHINWEIS:**
> Nach § 93 Abs. 1 Satz 1 EStG umfasst der Rückzahlungsbetrag in den Fällen, in denen der Sonderausgabenabzug günstiger ist als die Inanspruchnahme der Zulagen, auch die nach § 10a Abs. 4 EStG gesondert festgestellte, über den Zulageanspruch hinausgehende Steuerermäßigung (s. KKB/Wilhelm, § 10a EStG Rz. 47).

Auch im **Erbfall** ist grundsätzlich eine schädliche Verwendung anzunehmen, da das geförderte Kapital nicht mehr der Altersvorsorge des Zulageberechtigten dient. Die Rückzahlungsverpflichtung trifft in diesem Fall den Erben.

Für **Ehegatten/Lebenspartner** gilt: Sollte der unmittelbar Zulageberechtigte die Förderung beantragt und erhalten haben, hat zwar dieser bei einer schädlichen Verwendung nach § 93 EStG seine Zulagen und die nach § 10a Abs. 4 EStG gesondert festgestellten Beträge zurückzuzahlen. Den mittelbar Zulageberechtigten trifft in einem solchen Fall jedoch keine Rückzahlungspflicht hinsichtlich seiner Förderung.[4]

§ 93 Abs. 1 Satz 3 EStG stellt Zahlungen zur Minderung eines Wohnförderkontos sicher.

§ 93 Abs. 1 Satz 4 EStG sieht jedoch einige **Ausnahmen von der Rückzahlungsverpflichtung** vor: bei Auszahlungen zur Absicherung von Hinterbliebenen und verminderter Erwerbsunfähigkeit (§ 93 Abs. 1 Satz 4 Buchst. a und b EStG), bei Übertragung des Altersvorsorgevermögens auf einen Altersvorsorgevertrag des überlebenden Ehegatten, wenn die Ehegatten im Zeitpunkt des Todes des Zulageberechtigten nicht dauernd getrennt gelebt haben (§ 26 EStG) und ihren Wohnsitz oder gewöhnlichen Aufenthalt in einem EU-/EWR-Staat hatten (§ 93 Abs. 1 Satz 4 Buchst. c EStG), bei Verwendung des Altersvorsorgevermögens als Altersvorsorge-Eigenheimbetrag (§ 93 Abs. 1 Satz 4 Buchst. d EStG). Des Weiteren besteht keine Rückzahlungsverpflichtung, wenn im Rahmen einer **Scheidungsfolgenregelung** das geförderte Altersvorsorgevermögen zugunsten eines zertifizierten Altersvorsorgevertrags des ausgleichsberechtigten Ehegatten geteilt wird (§ 93 Abs. 1a EStG). Auch die **Übertragung des geförderten Altersvorsorgevermögens** auf einen anderen Altersvorsorgevertrag stellt keine schädliche Verwendung dar (§ 93 Abs. 2 Satz 1 und 3 EStG). Im Fall der Beendigung eines Arbeitsverhältnisses muss das

---

[1] Im Einzelnen s. BMF v. 24. 7. 2013, BStBl 2013 I 1022, Rz. 190.
[2] Zur Besteuerung von Zahlungen zur Minderung eines Wohnförderkontos i. S. d. § 93 Abs. 1 Satz 3 EStG vgl. HHR/*Killat*, § 93 Anm. 9.
[3] Az. BFH: X R 28/18, NWB DokID: MAAAH-03624.
[4] BFH v. 9. 3. 2016 - X R 49/14, NWB DokID: PAAAF-75519.

nach § 82 EStG geförderte Altersvorsorgevermögen auf eine Versorgungseinrichtung des neuen Arbeitgebers übertragen werden, die die Voraussetzungen des § 82 Abs. 2 EStG erfüllt. Die Vorschrift wurde rückwirkend zum 1.12.2018 um Übertragungen nach § 3 Nr. 55c Satz 2 Buchst a EStG erweitert (s. → Rz. 2). Auch in den Fällen des gesetzlichen Forderungs- und Vermögensübergangs nach § 9 BetrAVG auf den Pensions-Sicherungs-Verein und der gesetzlich vorgesehenen schuldbefreienden Übertragung nach § 8 Abs. 1 BetrAVG auf das Lebensversicherungs-Konsortium liegt keine schädliche Verwendung vor (§ 93 Abs. 2 Satz 4 EStG).[1]

§ 93 Abs. 3 EStG regelt die unschädliche Abfindung von **Kleinbetragsrenten**, für die ab 2018 die Tarifermäßigung nach § 34 EStG gilt (§ 22 Nr. 5 Satz 13f. eingefügt mit Betriebsrentenstärkungsgesetz v. 17.8.2017[2]). **§ 93 Abs. 4 EStG** nimmt die **nichtwohnungswirtschaftliche Verwendung von Darlehen** aus dem Altersvorsorgevertrag von der Rückzahlungsverpflichtung aus, wenn ein Betrag, der dem Stand des Wohnförderkontos entspricht, innerhalb eines Jahres in einen eigenen zertifizierten Altersvorsorgevertrag eingezahlt wird.

5

§ 94 Verfahren bei schädlicher Verwendung

(1) ¹In den Fällen des § 93 Absatz 1 hat der Anbieter der zentralen Stelle vor der Auszahlung des geförderten Altersvorsorgevermögens die schädliche Verwendung nach amtlich vorgeschriebenem Datensatz durch amtlich bestimmte Datenfernübertragung anzuzeigen. ²Die zentrale Stelle ermittelt den Rückzahlungsbetrag und teilt diesen dem Anbieter durch Datensatz mit. ³Der Anbieter hat den Rückzahlungsbetrag einzubehalten, mit der nächsten Anmeldung nach § 90 Absatz 3 anzumelden und an die zentrale Stelle abzuführen. ⁴Der Anbieter hat die einbehaltenen und abgeführten Beträge der zentralen Stelle nach amtlich vorgeschriebenem Datensatz durch amtlich bestimmte Datenfernübertragung mitzuteilen und diese Beträge dem Zulageberechtigten zu bescheinigen. ⁵In den Fällen des § 93 Absatz 3 gilt Satz 1 entsprechend.

(2) ¹Eine Festsetzung des Rückzahlungsbetrags erfolgt durch die zentrale Stelle auf besonderen Antrag des Zulageberechtigten oder sofern die Rückzahlung nach Absatz 1 ganz oder teilweise nicht möglich oder nicht erfolgt ist. ²§ 90 Absatz 4 Satz 2 bis 6 gilt entsprechend; § 90 Absatz 4 Satz 5 gilt nicht, wenn die Geschäftsbeziehung im Hinblick auf den jeweiligen Altersvorsorgevertrag zwischen dem Zulageberechtigten und dem Anbieter beendet wurde. ³Im Rückforderungsbescheid sind auf den Rückzahlungsbetrag die vom Anbieter bereits einbehaltenen und abgeführten Beträge nach Maßgabe der Bescheinigung nach Absatz 1 Satz 4 anzurechnen. ⁴Der Zulageberechtigte hat den verbleibenden Rückzahlungsbetrag innerhalb eines Monats nach Bekanntgabe des Rückforderungsbescheids an die zuständige Kasse zu entrichten. ⁵Die Frist für die Festsetzung des Rückzahlungsbetrags beträgt vier Jahre und beginnt mit Ablauf des Kalenderjahres, in dem die Auszahlung im Sinne des § 93 Absatz 1 erfolgt ist.

(3) ¹Sofern der zentralen Stelle für den Zulageberechtigten im Zeitpunkt der schädlichen Verwendung eine Meldung nach § 118 Absatz 1a des Zwölften Buches Sozialgesetzbuch zum erstmaligen Bezug von Hilfe zum Lebensunterhalt und von Grundsicherung im Alter und bei Erwerbsminderung vorliegt, teilt die zentrale Stelle zum Zeitpunkt der Mitteilung nach Absatz 1

---

1 Eingefügt mit Betriebsrentenstärkungsgesetz v. 17.8.2017, BGBl 2017 I 3214, 58.
2 BGBl 2017 I 3214, 58. Dazu *Emser/Jäger*, NWB 2017, 2495 f. mit Beispiel.

Satz 2 der Datenstelle der Rentenversicherungsträger als Vermittlungsstelle die schädliche Verwendung durch Datenfernübertragung mit. ²Dies gilt nicht, wenn das Ausscheiden aus diesem Hilfebezug nach § 118 Absatz 1a des Zwölften Buches Sozialgesetzbuch angezeigt wurde.

Inhaltsübersicht Rz.

A. Allgemeine Erläuterungen 1–3

A. Allgemeine Erläuterungen

1   Zuständig für die **Durchführung des Rückforderungsverfahrens** ist die zentrale Stelle (§ 81 EStG). Ihr hat der Anbieter die schädliche Verwendung i. S. d. § 93 EStG nach amtlich vorgeschriebenen Datensatz mitzuteilen. Die **Anzeige** muss die für die Festsetzung des Rückforderungsbetrags erforderlichen Daten enthalten. Die zentrale Stelle ermittelt den Rückforderungsbetrag (Zulage, ggf. zusätzlich gewährter Sonderausgabenabzug nach § 10a EStG) und teilt diesen dem Anbieter mit. Der Feststellungsbescheid nach § 10a Abs. 4 EStG ist hierfür Grundlagenbescheid i. S. v. § 179 Abs. 1 AO (vgl. KKB/Wilhelm, § 10a EStG Rz. 47 ff.). Bei nur **teilweiser schädlicher Verwendung** ist der Rückforderungsbetrag nach dem Verhältnis des schädlich verwendeten Kapitals zum geförderten Gesamtkapital zu berechnen. Der Anbieter zahlt dem Anleger das um den Rückforderungsbetrag verminderte Kapital aus (§ 94 Abs. 1 Satz 3 EStG). Die einbehaltenen und abgeführten Beträge sind der zentralen Stelle mitzuteilen und dem Anleger zu bescheinigen. Diese **Bescheinigung** stellt keinen Verwaltungsakt dar. Der Anbieter meldet den einbehaltenen Rückzahlungsbetrag mit der nächsten Anmeldung i. S. d. § 90 Abs. 3 EStG an (= Steueranmeldung i. S. d. § 150 Abs. 1 Satz 3 AO, § 167 AO, § 168 AO) und führt ihn an die zentrale Stelle ab.

2   Der Rückzahlungsbetrag wird auf besonderen **Antrag** des Anlegers von der zentralen Stelle festgesetzt (= Verwaltungsakt) oder wenn die Rückzahlung durch **Einbehalt** ganz oder teilweise nicht möglich ist. Hiergegen sind Einspruch und Klage möglich (§ 98 EStG). Der Anleger hat den Antrag schriftlich, innerhalb eines Jahres bei dem Anbieter zu stellen (§ 94 Abs. 2 Satz 2 EStG i. V. m. § 90 Abs. 4 Satz 2 bis 6 EStG). Der festgesetzte verbleibende Rückzahlungsbetrag ist innerhalb eines Monats nach Bekanntgabe des Bescheids zu entrichten. Die **Festsetzungsfrist** beträgt vier Jahre.

3   Im durch das Betriebsrentenstärkungsgesetz[1] eingefügten Abs. 3 wird eine Datenübermittlungspflicht für die zentrale Stelle eingeführt. Bezieht ein Zulageberechtigter bestimmte Leistungen nach dem SGB XII und verwendet er sein steuerlich gefördertes Altersvermögen nach § 93 EStG schädlich, so wird dies den Sozialleistungsträger über die Datenstelle der Rentenversicherungsträger mitgeteilt, wenn sich der Zulageberechtigte im Zeitpunkt der Übermittlung noch im Sozialleistungsbezug befindet.

---

1 Vom 17.8.2017, BGBl 2017 I 3214, 58.

§ 95 Sonderfälle der Rückzahlung

(1) Die §§ 93 und 94 gelten entsprechend, wenn

1. sich der Wohnsitz oder gewöhnliche Aufenthalt des Zulageberechtigten außerhalb der Mitgliedstaaten der Europäischen Union und der Staaten befindet, auf die das Abkommen über den Europäischen Wirtschaftsraum (EWR-Abkommen) anwendbar ist, oder wenn der Zulageberechtigte ungeachtet eines Wohnsitzes oder gewöhnlichen Aufenthaltes in einem dieser Staaten nach einem Abkommen zur Vermeidung der Doppelbesteuerung mit einem dritten Staat als außerhalb des Hoheitsgebiets dieser Staaten ansässig gilt und

2. entweder keine Zulageberechtigung besteht oder der Vertrag in der Auszahlungsphase ist.

(2) ¹Auf Antrag des Zulageberechtigten ist der Rückzahlungsbetrag im Sinne des § 93 Absatz 1 Satz 1 zunächst bis zum Beginn der Auszahlung zu stunden. ²Die Stundung ist zu verlängern, wenn der Rückzahlungsbetrag mit mindestens 15 Prozent der Leistungen aus dem Vertrag getilgt wird. ³Die Stundung endet, wenn das geförderte Altersvorsorgevermögen nicht unter den in § 1 Absatz 1 Satz 1 Nummer 4 des Altersvorsorgeverträge-Zertifizierungsgesetzes genannten Voraussetzungen an den Zulageberechtigten ausgezahlt wird. ⁴Der Stundungsantrag ist über den Anbieter an die zentrale Stelle zu richten. ⁵Die zentrale Stelle teilt ihre Entscheidung auch dem Anbieter mit.

(3) Wurde der Rückzahlungsbetrag nach Absatz 2 gestundet und

1. verlegt der ehemals Zulageberechtigte seinen ausschließlichen Wohnsitz oder gewöhnlichen Aufenthalt in einen Mitgliedstaat der Europäischen Union oder einen Staat, auf den das Abkommen über den Europäischen Wirtschaftsraum (EWR-Abkommen) anwendbar ist, oder

2. wird der ehemals Zulageberechtigte erneut zulageberechtigt,

sind der Rückzahlungsbetrag und die bereits entstandenen Stundungszinsen von der zentralen Stelle zu erlassen.

Inhaltsübersicht	Rz.
A. Allgemeine Erläuterungen	1 - 3
I. Normzweck und wirtschaftliche Bedeutung der Vorschrift	1
II. Entstehung und Entwicklung der Vorschrift	2 - 3
B. Systematische Kommentierung	4 - 6
I. Rückforderungsfälle	4
II. Stundung des Rückzahlungsbetrags	5
III. Entfallen der Rückzahlungsverpflichtungen	6

HINWEIS:
BMF v. 24. 7. 2013, BStBl 2013 I 1022; BMF v. 13. 1. 2014, BStBl 2014 I 97.

LITERATUR:
Myßen/Fischer, Steuerlich geförderte private Altersvorsorge und betriebliche Altersversorgung, NWB 2010, 2050; *dies.,* Umsetzung des EuGH-Urteils zur Riester-Rente durch das EU-Umsetzungsgesetz, FR 2010, 462.

A. Allgemeine Erläuterungen

I. Normzweck und wirtschaftliche Bedeutung der Vorschrift

1   Grundsätzlich stellt auch der **Wegzug ins Ausland** eine schädliche Verwendung dar, da die mit der Förderung korrespondierende nachgelagerte Besteuerung vereitelt wird, wenn der Zulageberechtigte durch Verlegung seines Wohnsitzes oder gewöhnlichen Aufenthalts ins Ausland nicht mehr der inländischen Besteuerung unterliegt. Im Einklang mit EU-Recht sieht die Vorschrift daher in der Verlagerung des Wohnsitzes oder des gewöhnlichen Aufenthalts außerhalb des EU-/EWR-Raums eine **schädliche Verwendung** vor.

II. Entstehung und Entwicklung der Vorschrift

2   Die ursprüngliche Gesetzesfassung des **AVmG v. 26.6.2001**[1] sah für den Fall der **Beendigung der unbeschränkten Steuerpflicht** die Rückforderung der Förderung vor, die auf Antrag gestundet werden konnte.

3   Da der EuGH[2] dies als unvereinbar mit der Freizügigkeit innerhalb der EU ansah, wurde die Vorschrift im **EU-Vorgaben-Umsetzungsgesetz v. 8.4.2010**[3] neu gefasst. Nunmehr ist die Wohnsitzverlagerung innerhalb des EU-/EWR-Raums grundsätzlich unschädlich, obwohl dadurch die unbeschränkte Steuerpflicht im Inland entfällt.

B. Systematische Kommentierung

I. Rückforderungsfälle

4   Die Vorschriften der §§ 93, 94 EStG über die schädliche Verwendung kommen nach § 95 Abs. 1 EStG zum Tragen, wenn der Anleger **seinen Wohnsitz oder gewöhnlichen Aufenthalt außerhalb eines EU-/EWR-Staats** verlegt oder er nach einem Doppelbesteuerungsabkommen außerhalb eines EU-/EWR-Staats als ansässig gilt (§ 95 Abs. 1 Nr. 1 EStG) **und** entweder seine **Zulageberechtigung endet** oder **die Auszahlungsphase des Altersvorsorgevertrags begonnen** hat (§ 95 Abs. 1 Nr. 2 EStG).

Aufgrund des Verweises auf §§ 93, 94 EStG sind nur die auf das schädlich verwendete Altersvorsorgevermögen entfallenden Zulagen und ggf. zusätzliche Steuervergünstigungen nach § 10a Abs. 4 EStG zurückzuzahlen. Darüber hinaus kommt es nach § 49 Abs. 1 Nr. 7 und Nr. 10 EStG i.V. m. § 22 Nr. 5 EStG zur Besteuerung des ausgezahlten Altersvorsorgevermögens.

II. Stundung des Rückzahlungsbetrags

5   Wird das Altersvorsorgevermögen nicht ausgezahlt, besteht die Möglichkeit, dass der Rückzahlungsbetrag auf Antrag des Zulageberechtigten bis zum Beginn der Auszahlungsphase **gestundet** wird (§ 95 Abs. 2 Satz 1 EStG) und über diesen Zeitpunkt hinaus, wenn der Rückzahlungsbetrag mit jährlich mindestens 15 % der Leistungen aus dem Altersvorsorgevertrag getilgt wird. Hierbei entstehen aber **Stundungszinsen** nach § 234 AO. Die Stundungszinsen werden mit Ablauf des Kalenderjahrs, in dem die Stundung geendet hat, festgesetzt (§ 239 Abs. 1

---

1   BGBl 2001 I 1310.
2   EuGH v. 10.9.2009 - C-269/07, BFH/NV 2009, 1930 = NWB DokID: PAAAD-28240.
3   BGBl 2010 I 386.

Satz 2 Nr. 2 AO). Die Stundung endet, wenn es zur Auszahlung des Altersvorsorgekapitals kommt (§ 95 Abs. 2 Satz 3 EStG), der Rückforderungsbetrag wird dann fällig. Der Stundungsantrag ist über den Anbieter an die zentrale Stelle zu richten.

III. Entfallen der Rückzahlungsverpflichtungen

Der **Rückzahlungsbetrag** und die **Stundungszinsen** sind von der zentralen Stelle **zu erlassen**, wenn eine Zulageberechtigung erneut begründet wird oder die ehemals zulageberechtigte Person ihren ausschließlichen Wohnsitz oder gewöhnlichen Aufenthalt in den EU-/EWR-Raum verlegt (§ 95 Abs. 3 EStG). Damit wird der Zustand hergestellt, der bestehen würde, wenn die ehemals zulageberechtigte Person unmittelbar in einen EU-/EWR-Staat verzogen wäre.

6

§ 96 Anwendung der Abgabenordnung, allgemeine Vorschriften

(1) ¹Auf die Zulagen und die Rückzahlungsbeträge sind die für Steuervergütungen geltenden Vorschriften der Abgabenordnung entsprechend anzuwenden. ²Dies gilt nicht für § 163 der Abgabenordnung.

(2) ¹Hat der Anbieter vorsätzlich oder grob fahrlässig

1. unrichtige oder unvollständige Daten übermittelt oder

2. Daten pflichtwidrig nicht übermittelt,

obwohl der Zulageberechtigte seiner Informationspflicht gegenüber dem Anbieter zutreffend und rechtzeitig nachgekommen ist, haftet der Anbieter für die entgangene Steuer und die zu Unrecht gewährte Steuervergünstigung. ²Dies gilt auch, wenn im Verhältnis zum Zulageberechtigten Festsetzungsverjährung eingetreten ist. ³Der Zulageberechtigte haftet als Gesamtschuldner neben dem Anbieter, wenn er weiß, dass der Anbieter unrichtige oder unvollständige Daten übermittelt oder Daten pflichtwidrig nicht übermittelt hat. ⁴Für die Inanspruchnahme des Anbieters ist die zentrale Stelle zuständig.

(3) Die zentrale Stelle hat auf Anfrage des Anbieters Auskunft über die Anwendung des Abschnitts XI zu geben.

(4) ¹Die zentrale Stelle kann beim Anbieter ermitteln, ob er seine Pflichten erfüllt hat. ²Die §§ 193 bis 203 der Abgabenordnung gelten sinngemäß. ³Auf Verlangen der zentralen Stelle hat der Anbieter ihr Unterlagen, soweit sie im Ausland geführt und aufbewahrt werden, verfügbar zu machen.

(5) Der Anbieter erhält vom Bund oder den Ländern keinen Ersatz für die ihm aus diesem Verfahren entstehenden Kosten.

(6) ¹Der Anbieter darf die im Zulageverfahren bekannt gewordenen Verhältnisse der Beteiligten nur für das Verfahren verwerten. ²Er darf sie ohne Zustimmung der Beteiligten nur offenbaren, soweit dies gesetzlich zugelassen ist.

(7) ¹Für die Zulage gelten die Strafvorschriften des § 370 Absatz 1 bis 4, der §§ 371, 375 Absatz 1 und des § 376 sowie die Bußgeldvorschriften der §§ 378, 379 Absatz 1 und 4 und der §§ 383 und 384 der Abgabenordnung entsprechend. ²Für das Strafverfahren wegen einer Straftat nach Satz 1 sowie der Begünstigung einer Person, die eine solche Tat begangen hat,

gelten die §§ 385 bis 408, für das Bußgeldverfahren wegen einer Ordnungswidrigkeit nach Satz 1 die §§ 409 bis 412 der Abgabenordnung entsprechend.

Inhaltsübersicht Rz.

A. Allgemeine Erläuterungen	1

A. Allgemeine Erläuterungen

1   Sowohl für die Gewährung der Zusagen als auch für deren Rückforderungen finden die für Steuervergütungen geltenden **Vorschriften der AO** (z. B. Mitwirkungspflichten, Steuerfestsetzung) entsprechend Anwendung (§ 96 Abs. 1 Satz 1 EStG). Keine Anwendung findet § 163 AO, d. h. eine Gewährung von Zulagen aus Billigkeitsgründen scheidet aus. **§ 96 Abs. 2 EStG** regelt die **Haftung des Anbieters** für entgangene Steuern vor. Die Vorschrift wurde durch das Betriebsrentenstärkungsgesetz[1] verschärft. § 96 Abs. 2 EStG ist insoweit lex specialis zu § 44 AO. Nach **Abs. 3** hat der Anbieter ein **Anrufungsauskunftsrecht** gegenüber der zentralen Stelle. § 96 **Abs. 4** EStG regelt die Möglichkeit der Durchführung einer Außenprüfung beim Anbieter. § 96 **Abs. 5** EStG enthält eine **Kostenregelung**, während **§ 96 Abs. 6 EStG die Verschwiegenheitspflicht des Anbieters** im Zulageverfahren enthält. § 96 Abs. 7 EStG erklärt die Bußgeld- und Strafvorschriften der AO weitgehend für anwendbar.

§ 97   Übertragbarkeit

¹Das nach § 10a oder Abschnitt XI geförderte Altersvorsorgevermögen einschließlich seiner Erträge, die geförderten laufenden Altersvorsorgebeiträge und der Anspruch auf die Zulage sind nicht übertragbar. ²§ 93 Absatz 1a und § 4 des Betriebsrentengesetzes bleiben unberührt.

Inhaltsübersicht Rz.

A. Allgemeine Erläuterungen	1

A. Allgemeine Erläuterungen

1   Das geförderte Altersvorsorgevermögen einschließlich der gutgeschriebenen Zulagen, der Erträge und Wertsteigerungen ist **nicht übertragbar**, d. h. auch **nicht pfändbar** oder verpfändbar.[2] Damit genießt das geförderte Altersvorsorgevermögen einen besonderen Schutz. Nach **Satz 2** sind Übertragungen auf den Ehegatten im Rahmen eines **Versorgungsausgleichs** (§ 93 Abs. 1a EStG) und **arbeitsrechtliche Übertragungen** i. S. d. § 4 BetrAVG **zulässig**.

§ 98   Rechtsweg

In öffentlich-rechtlichen Streitigkeiten über die auf Grund des Abschnitts XI ergehenden Verwaltungsakte ist der Finanzrechtsweg gegeben.

---

1   Vom 17.8.2017, BGBl 2017 I 3214, 58.
2   BMF v. 24.7.2013, BStBl 2013 I 1022, Rz. 261 ff.

Allgemeine Erläuterungen § 99 EStG

Inhaltsübersicht

	Rz.
A. Allgemeine Erläuterungen	1

A. Allgemeine Erläuterungen

Die Rechtswegklausel erfasst Streitigkeiten zwischen Zulageberechtigten und zentraler Stelle sowie zwischen Anbieter und zentraler Stelle. — 1

§ 99 Ermächtigung

(1) Das Bundesministerium der Finanzen wird ermächtigt, die Vordrucke für die Anträge nach § 89, für die Anmeldung nach § 90 Absatz 3 und für die in den §§ 92 und 94 Absatz 1 Satz 4 vorgesehenen Bescheinigungen und im Einvernehmen mit den obersten Finanzbehörden der Länder den Vordruck für die nach § 22 Nummer 5 Satz 7 vorgesehene Bescheinigung und den Inhalt und Aufbau der für die Durchführung des Zulageverfahrens zu übermittelnden Datensätze zu bestimmen.

(2) ¹Das Bundesministerium der Finanzen wird ermächtigt, im Einvernehmen mit dem Bundesministerium für Arbeit und Soziales und dem Bundesministerium des Innern durch Rechtsverordnung mit Zustimmung des Bundesrates Vorschriften zur Durchführung dieses Gesetzes über das Verfahren für die Ermittlung, Festsetzung, Auszahlung, Rückzahlung und Rückforderung der Zulage sowie die Rückzahlung und Rückforderung der nach § 10a Absatz 4 festgestellten Beträge zu erlassen. ²Hierzu gehören insbesondere

1. Vorschriften über Aufzeichnungs-, Aufbewahrungs-, Bescheinigungs- und Anzeigepflichten des Anbieters,

2. Grundsätze des vorgesehenen Datenaustausches zwischen den Anbietern, der zentralen Stelle, den Trägern der gesetzlichen Rentenversicherung, der Bundesagentur für Arbeit, den Meldebehörden, den Familienkassen, den zuständigen Stellen und den Finanzämtern und

3. Vorschriften über Mitteilungspflichten, die für die Erteilung der Bescheinigungen nach § 22 Nummer 5 Satz 7 und § 92 erforderlich sind.

Inhaltsübersicht

	Rz.
A. Allgemeine Erläuterungen	1

LITERATUR:
Myßen/Pieper, Die Altersvorsorge-Durchführungsverordnung, NWB 2003, 1993.

A. Allgemeine Erläuterungen

Aufgrund der in § 99 Abs. 2 EStG enthaltenen Ermächtigung ist die Altersvorsorge-Durchführungsverordnung erlassen worden, betreffend die organisatorische Durchführung des Zulageverfahrens, die verschiedenen Dokumentationspflichten der Anbieter, das Datenaustauschver- — 1 fahren nach § 91 EStG und die Mitteilungspflichten des Anbieters gegenüber dem Zulageberechtigten (§ 22 Nr. 5 Satz 7 EStG und § 92 EStG).

§ 100 Förderbetrag zur betrieblichen Altersversorgung

(1) ¹Arbeitgeber im Sinne des § 38 Absatz 1 dürfen vom Gesamtbetrag der einzubehaltenden Lohnsteuer für jeden Arbeitnehmer mit einem ersten Dienstverhältnis einen Teilbetrag des Arbeitgeberbeitrags zur kapitalgedeckten betrieblichen Altersversorgung (Förderbetrag) entnehmen und bei der nächsten Lohnsteuer-Anmeldung gesondert absetzen. ²Übersteigt der insgesamt zu gewährende Förderbetrag den Betrag, der insgesamt an Lohnsteuer abzuführen ist, so wird der übersteigende Betrag dem Arbeitgeber auf Antrag von dem Finanzamt, an das die Lohnsteuer abzuführen ist, aus den Einnahmen der Lohnsteuer ersetzt.

(2) ¹Der Förderbetrag beträgt im Kalenderjahr 30 Prozent des zusätzlichen Arbeitgeberbeitrags nach Absatz 3, höchstens 144 Euro. ²In Fällen, in denen der Arbeitgeber bereits im Jahr 2016 einen zusätzlichen Arbeitgeberbeitrag an einen Pensionsfonds, eine Pensionskasse oder für eine Direktversicherung geleistet hat, ist der jeweilige Förderbetrag auf den Betrag beschränkt, den der Arbeitgeber darüber hinaus leistet.

(3) Voraussetzung für die Inanspruchnahme des Förderbetrags nach den Absätzen 1 und 2 ist, dass

1. der Arbeitslohn des Arbeitnehmers im Lohnzahlungszeitraum, für den der Förderbetrag geltend gemacht wird, im Inland dem Lohnsteuerabzug unterliegt;

2. der Arbeitgeber für den Arbeitnehmer zusätzlich zum ohnehin geschuldeten Arbeitslohn im Kalenderjahr mindestens einen Betrag in Höhe von 240 Euro an einen Pensionsfonds, eine Pensionskasse oder für eine Direktversicherung zahlt;

3. im Zeitpunkt der Beitragsleistung der laufende Arbeitslohn (§ 39b Absatz 2 Satz 1 und 2), der pauschal besteuerte Arbeitslohn (§ 40a Absatz 1 und 3) oder das pauschal besteuerte Arbeitsentgelt (§ 40a Absatz 2 und 2a) nicht mehr beträgt als

    a) 73,34 Euro bei einem täglichen Lohnzahlungszeitraum,

    b) 513,34 Euro bei einem wöchentlichen Lohnzahlungszeitraum,

    c) 2 200 Euro bei einem monatlichen Lohnzahlungszeitraum oder

    d) 26 400 Euro bei einem jährlichen Lohnzahlungszeitraum;

4. eine Auszahlung der zugesagten Alters-, Invaliditäts- oder Hinterbliebenenversorgungsleistungen entsprechend § 82 Absatz 2 Satz 2 vorgesehen ist;

5. sichergestellt ist, dass von den Beiträgen jeweils derselbe prozentuale Anteil zur Deckung der Vertriebskosten herangezogen wird; der Prozentsatz kann angepasst werden, wenn die Kalkulationsgrundlagen geändert werden, darf die ursprüngliche Höhe aber nicht überschreiten.

(4) ¹Für die Inanspruchnahme des Förderbetrags sind die Verhältnisse im Zeitpunkt der Beitragsleistung maßgeblich; spätere Änderungen der Verhältnisse sind unbeachtlich. ²Abweichend davon sind die für den Arbeitnehmer nach Absatz 1 geltend gemachten Förderbeträge zurückzugewähren, wenn eine Anwartschaft auf Leistungen aus einer nach Absatz 1 geförderten betrieblichen Altersversorgung später verfällt und sich daraus eine Rückzahlung an den

Arbeitgeber ergibt. ³Der Förderbetrag ist nur zurückzugewähren, soweit er auf den Rückzahlungsbetrag entfällt. ⁴Der Förderbetrag ist in der Lohnsteuer-Anmeldung für den Lohnzahlungszeitraum, in dem die Rückzahlung zufließt, der an das Betriebsstättenfinanzamt abzuführenden Lohnsteuer hinzuzurechnen.

(5) Für den Förderbetrag gelten entsprechend:

1. die §§ 41, 41a, 42e, 42f und 42g,
2. die für Steuervergütungen geltenden Vorschriften der Abgabenordnung mit Ausnahme des § 163 der Abgabenordnung und
3. die §§ 195 bis 203 der Abgabenordnung, die Strafvorschriften des § 370 Absatz 1 bis 4, der §§ 371, 375 Absatz 1 und des § 376, die Bußgeldvorschriften der §§ 378, 379 Absatz 1 und 4 und der §§ 383 und 384 der Abgabenordnung, die §§ 385 bis 408 für das Strafverfahren und die §§ 409 bis 412 der Abgabenordnung für das Bußgeldverfahren.

(6) ¹Der Arbeitgeberbeitrag im Sinne des Absatzes 3 Nummer 2 ist steuerfrei, soweit er im Kalenderjahr 480 Euro nicht übersteigt. ²Die Steuerfreistellung des § 3 Nummer 63 bleibt hiervon unberührt.

Inhaltsübersicht

	Rz.
A. Allgemeine Erläuterungen	1 - 15
I. Normzweck und wirtschaftliche Bedeutung der Vorschrift	1 - 3
II. Entstehung und Entwicklung der Vorschrift	4
III. Geltungsbereich	5 - 7
IV. Vereinbarkeit mit höherrangigem Recht	8
V. Verhältnis zu anderen Vorschriften	9 - 15
B. Systematische Kommentierung	16 - 90
I. Grundlegende Voraussetzungen des Förderbetrages und Abwicklung (§ 100 Abs. 1 EStG)	16 - 30
1. Grundlegende Voraussetzungen des Förderbetrages (§ 100 Abs. 1 Satz 1 EStG)	16 - 21
2. Abwicklung des Förderbetrages (§ 100 Abs. 1 Sätze 1 und 2 EStG)	22 - 30
II. Höhe des Förderbetrages (§ 100 Abs. 2 EStG)	31 - 40
1. Erstmaliger begünstigter Arbeitgeberbeitrag nach 2016 (§ 100 Abs. 2 Satz 1 EStG)	
2. Begünstigter Arbeitgeberbeitrag bereits 2016 geleistet (§ 100 Abs. 2 Satz 2 EStG)	
III. Weitere Voraussetzungen für den Erhalt des Förderbetrages (§ 100 Abs. 3 EStG)	41 - 60
1. Lohnsteuerabzug im Inland im Lohnzahlungszeitraum, für den der Förderbetrag geltend gemacht wird (§ 100 Abs. 3 Nr. 1 EStG)	42 - 43
2. Untergrenze des begünstigten Arbeitgeberbeitrags und zulässiger Durchführungsweg (§ 100 Abs. 3 Nr. 2 EStG)	44 - 47
3. Geringverdienergrenzen auf Arbeitnehmerseite (§ 100 Abs. 3 Nr. 3 EStG)	48 - 52
4. Leistungsarten und Leistungsformen (§ 100 Abs. 3 Nr. 4 EStG)	53 - 55
5. Verbot einer „Zillmerung" (§ 100 Abs. 3 Nr. 5 EStG)	56 - 60
IV. Zeitliche Voraussetzungen und Rückgewährung des Förderbetrages (§ 100 Abs. 4 EStG)	61 - 70
V. Geltung von Vorschriften der AO zu Steuervergütungen sowie Straf- und Bußgeldverfahren (§ 100 Abs. 5 EStG)	71 - 80
VI. Steuerfreiheit des Arbeitgeberbeitrages beim Arbeitnehmer (§ 100 Abs. 6 EStG)	81 - 90
C. Verfahrensfragen	91

> **LITERATUR:**
> *Dommermuth*, Kritische Analyse der Reform der betrieblichen Altersversorgung durch das Betriebsrentenstärkungsgesetz, FR 2017, 745; *Dommermuth/Schiller*, Kritische Analyse des Betriebsrentenstärkungsgesetzes, NWB 2017, 2738; *Harder-Buschner*, Steuerliche Förderung der betrieblichen Altersversorgung – die Neuregelung des Betriebsrentenstärkungsgesetzes, NWB 2017, 2417; *Dünn*, Das Betriebsrentenstärkungsgesetz, BetrAV 2017, 550; *Plenker*, Steuerliche Neuregelungen bei der betrieblichen Altersversorgung durch das sog. Betriebsrentenstärkungsgesetz ab 1.1.2018, DB 2017, 1545; *Meissner*, Einführung in das Betriebsrentenstärkungsgesetz (BRSG), DStR 2017, 2633; *Meissner*, Das BMF-Schreiben zur Förderung der betrieblichen Altersversorgung, DStR 2018, 99; *Plenker*, Steuer- und sozialversicherungsrechtliche Besonderheiten bei der bAV aufgrund des Betriebsrentenstärkungsgesetzes ab 1.1.2018, DB 2018, 81; *Kister-Kölkes/Linden/Meissner*, Leitfaden bAV: Betriebsrentenstärkungsgesetz (BRSG), 2. Aufl., 132 – 140; *Droßel*, Das neue Betriebsrentenrecht. Betriebsrentenstärkungsgesetz und Umsetzung der Mobilitätsrichtlinie, Baden-Baden 2018.

A. Allgemeine Erläuterungen

I. Normzweck und wirtschaftliche Bedeutung der Vorschrift

1 **Das Ziel der Vorschrift** ist die stärkere Verbreitung arbeitgeberfinanzierter betrieblicher Altersversorgung (bAV) bei Geringverdienern, die sich grundsätzlich keine durch Entgeltumwandlung finanzierte Vorsorge leisten können bzw. für die sich eine auf Entgeltumwandlung basierende bAV aufgrund der niedrigen oder nicht vorhandenen Lohnsteuerentlastung steuerlich nicht rechnet.[1]

2 **Der Förderbetrag** i. H. v. 30% des gesamten Beitrages (nachfolgend: bAV-Förderbetrag), den der ArbG zusätzlich zum ohnehin geschuldeten Arbeitslohn aufbringt – mind. sind 240 € und max. 480 € pro Kalenderjahr förderfähig –, soll den ArbG zu dieser grundsätzlich freiwilligen Sozialleistung[2] motivieren.[3] Jener bAV-Förderbetrag – mind. 72 € und max. 144 € p. a. – steht daher dem ArbG zu. Er wird ihm im Wege der Verrechnung mit der von ihm gem. § 41a EStG anzumeldenden und abzuführenden Lohnsteuer gewährt.

3 **Keine Auswirkung auf die „Riester-Förderung"** gem. § 10a Absch. XI EStG ergibt sich durch § 100 EStG. Weder werden die Zulagen i. S. v. §§ 83 bis 85 EStG bei Inanspruchnahme des bAV-Förderbetrages gemindert, noch werden sie auf den Förderbetrag angerechnet.[4] Dies gilt auch bei Kombination der Riester-Förderung mit der bAV gem. § 1a Abs. 3 BetrAVG und § 82 Abs. 2 Satz 1 EStG.

II. Entstehung und Entwicklung der Vorschrift

4 § 100 EStG wird durch Art. 9 Nr. 18 des Gesetzes zur Stärkung der betrieblichen Altersversorgung und zur Änderung anderer Gesetze (Betriebsrentenstärkungsgesetz, BRSG) vom 17.8.2017 (BGBl 2017 I 3214) in den neuen Abschnitt XII des EStG eingefügt und tritt gem. Art. 17 Abs. 1 Satz 1 BRSG am 1.1.2018 in Kraft.[5]

---

1 Vgl. BT-Drucks. 18/11286, 66. Kritisch: HHR/*Anzinger*, § 100 EStG Rz. 2.
2 Auch eine Vereinbarung in einem Tarifvertrag, die den Arbeitgeber zu jenem arbeitgeberfinanzierten Beitrag zwingt, ist möglich.
3 Vgl. BT-Drucks. 18/11286, 66.
4 Vgl. BT-Drucks. 18/11286, 66.
5 Vgl. zur Entstehung der Vorschrift ausführlich HHR/*Anzinger*, § 100 EStG Rz. 2.

III. Geltungsbereich

Der sachliche Geltungsbereich betrifft Beiträge i. H. v. mind. 240 € im Kalenderjahr, die der ArbG zu Gunsten eines ArbN i. S. v. → Rz. 6 gem. § 100 Abs. 3 Nr. 2 EStG an einen Pensionsfonds, eine Pensionskasse oder für eine Direktversicherung i. S. v. § 1b Abs. 2 und 3 BetrAVG (Durchführungsweg) zusätzlich zum ohnehin geschuldeten Arbeitslohn, d. h. arbeitgeberfinanziert (vgl. ausführlich → Rz. 42), leistet. Dabei muss der jeweils gewählte Durchführungsweg der bAV Alters-, Invaliditäts- oder Hinterbliebenenversorgungsleistungen in Form einer Rente oder eines Auszahlplans auf Basis eines kapitalgedeckten, d. h. nicht (teilweise) umlagefinanzierten Vertrages vorsehen und ungezillmert sein, d. h. dass von den Beiträgen jeweils derselbe prozentuale Anteil zur Deckung der Vertriebskosten herangezogen wird. Eine Gewährung des bAV-Förderbetrages i. S. d. Abs. 2 auf den obligatorischen ArbG-Zuschuss i. S. v. § 1a Abs. 1a BetrAVG n. F., der gem. § 26a BetrAVG n. F. frühestens für individual- und kollektivrechtliche Entgeltumwandlungsvereinbarungen gilt, die nach dem 31.12.2018 geschlossen worden sind – für Altzusagen ist der Zuschuss erst ab dem 1.1.2022 verpflichtend –, ist auch dann ausgeschlossen, wenn jener Zuschuss sämtliche sachlichen und persönlichen Voraussetzungen i. S. v. → Rz. 5 und 6 erfüllt; dies gilt auch für den im Rahmen des sog. Sozialpartnermodells (§§ 19 bis 25 BetrAVG n. F.) i. Z. m. einer reinen Beitragszusage zu gewährenden ArbG-Zuschuss i. S. v. § 23 Abs. 2 BetrAVG n. F. Der Grund ist, dass jene Zuschüsse i. S. v. § 1a Abs. 1a und § 23 Abs. 2 BetrAVG n. F. im Falle von Entgeltumwandlung unter den Voraussetzungen jener Vorschriften für den ArbG obligatorisch sind, grundsätzlich eine Weitergabe seiner entgeltumwandlungsbedingten Sozialabgabenersparnisse darstellen und gem. § 1b Abs. 5 Satz 1 1. Halbsatz BetrAVG n. F. arbeitsrechtlich wie eine Entgeltumwandlung behandelt werden.[1] Der dem bAV-Förderbetrag i. S. v. § 100 Abs. 2 EStG zugrunde liegende Beitrag hingegen soll nach der in → Rz. 1 skizzierten Ratio gerade jene ArbN begünstigen, die sich keine Entgeltumwandlung leisten können. Auch soll jener Förderbetrag den ArbG zu einem Beitrag motivieren, der gem. Abs. 3 Nr. 2 „zusätzlich zum ohnehin geschuldeten Arbeitslohn" erbracht und damit nicht bereits aus der entgeltumwandlungsbedingten Sozialabgabenersparnis finanziert wird.

Der persönliche Geltungsbereich des § 100 EStG erstreckt sich ausschließlich auf ArbG, die zum Lohnsteuerabzug i. S. v. §§ 38 ff. EStG verpflichtet sind (vgl. → Rz. 16). Der begünstigte Personenkreis ist auf ArbN i. S. v. § 1 LStDV beschränkt;[2] Nicht-ArbN, die unter der Voraussetzung des § 17 Abs. 1 Satz 2 BetrAVG unter den Schutzbereich des Betriebsrentengesetzes fallen, sind jenem Kreis nicht zuzuordnen. Begünstigt sind auch Auszubildende, Teilzeitbeschäftigte und geringfügig Beschäftigte. Beim ArbN muss ein erstes Dienstverhältnis vorliegen und der im Zeitpunkt der Beitragszahlung laufende Arbeitslohn i. S. v. § 39b Abs. 2 Satz 1 und 2 EStG, der pauschal besteuerte Arbeitslohn gem. § 40a Abs. 1 und 3 EStG oder das pauschal besteuerte Arbeitsentgelt i. S. v. § 40a Abs. 2 und 2a EStG dürfen die in Abs. 3 Nr. 3 1. Halbsatz aufgelisteten Grenzen nicht übersteigen. Der ArbN muss persönlich einkommensteuerpflichtig sein, wobei es jedoch nicht darauf ankommt, ob diese unbeschränkt oder beschränkt ist (vgl. → Rz. 19 und → Rz. 42). Da es auf die Versicherungspflicht in der gesetzlichen Rentenversicherung nicht ankommt, gehören alle ArbN i. S. d. § 1 LStDV – im Gegensatz zur Riester-Versorgung (vgl. § 10a Abs. 1 Satz 1 EStG) – zum begünstigten Personenkreis, also z. B. auch beherrschende Gesellschafter-Geschäftsführer, geringfügig Beschäftigte und in einem berufsständischen Versorgungswerk Versicherte.[3]

---

1 Vgl. auch BMF v. 6.12.2017, BStBl 2018 I 147, Rz. 112, sowie BT-Drucks. 18/11286, 44 und BT-Drucks. 18/12612, 28.
2 Vgl. BMF v. 6.12.2017, BStBl 2018 I 147, Rz. 106.
3 Vgl. BMF v. 6.12.2017, BStBl 2018 I 147, Rz. 110.

7 **Zeitlicher Geltungsbereich:** § 100 EStG tritt am 1.1.2018 in Kraft (vgl. → Rz. 4) und bezieht sich gem. § 100 Abs. 2 Satz 1 EStG auf das Kalenderjahr. Damit kann der bAV-Förderbetrag i. S. v. Abs. 2 gem. § 4a Abs. 2 Nr. 2 EStG erstmals für das Wirtschaftsjahr beansprucht werden, dass nach dem 31.12.2017 endet.

IV. Vereinbarkeit mit höherrangigem Recht

8 Die Verfassungsmäßigkeit des § 100 EStG als Ganzes steht außer Frage. Zweifel könnten sich, gestützt auf das Argument eines Verstoßes gegen die aus Art. 3 Abs. 1 GG erwachsende Steuergerechtigkeit insoweit ergeben, als Arbeitgeberbeiträge, die bereits 2016 geleistet worden sind, nur unter den einschränkenden Voraussetzungen des Abs. 2 Satz 2 zum bAV-Förderbetrag berechtigen (vgl. → Rz. 37 bis → Rz. 39), während Beiträge, die erstmals 2017 aufgebracht wurden, die Förderung uneingeschränkt ermöglichen (vgl. → Rz. 34 und → Rz. 39). Eine derartige Ungleichbehandlung erscheint indessen unter der Maßgabe gerechtfertigt, dass § 100 EStG zusätzliche arbeitgeberfinanzierte bAV anregen soll (vgl. → Rz. 1), was erstmals im Jahr der Veröffentlichung des BRSG 2017 erreicht werden kann, eine uneingeschränkte Förderung auf vor 2017 bereits vereinbarte Altverträge hingegen lediglich Mitnahmeeffekte bewirken würde.[1]

V. Verhältnis zu anderen Vorschriften

9 § 100 EStG schafft erstmals einen Förderbetrag zu Gunsten der Bezieher von Gewinneinkünften in Form eines staatlichen, auf Arbeitgeberseite steuerbaren und steuerpflichtigen Zuschusses.[2] Systematisch gesehen hätte man die Vorschrift daher eher in Abschnitt II.3 EStG erwartet. Die Regelung im neuen Abschnitt XII am Ende des EStG lässt sich allerdings mit der Nähe zu Abschnitt XI EStG, der die ebenfalls staatliche Riester-Zulage kodifiziert, rechtfertigen. Zu dem bAV-Förderbetrag auf Seite des ArbG existiert aktuell keine verwandte Vorschrift im EStG. Auf Seiten des ArbG ist der Förderbetrag als BE zu behandeln. Den geförderten Beitrag kann der ArbG in den Grenzen der §§ 4b, 4c und 4e EStG als BA abziehen. Die durch Abs. 6 bewirkte Steuerfreistellung des gesamten Arbeitgeberbeitrags bis zu 480 € im Kalenderjahr auf Seite des ArbN ist indessen mit § 3 Nr. 63 EStG verwandt und lässt diesen gem. § 100 Abs. 6 Satz 2 EStG unberührt. Wie ersterer und auch § 40b EStG 2004 gewährt Abs. 1 Satz 1 den Vorteil nur innerhalb eines ersten Dienstverhältnisses. § 100 EStG und § 3 Nr. 63 EStG sowie § 40b EStG 2004 können allesamt nebeneinander wirken und dabei ihr jeweiliges maximales Fördervolumen addieren. Die späteren Versorgungsleistungen aufgrund von Beiträgen, für die der bAV-Förderbetrag in Anspruch genommen wurde, gehören – ebenso wie die nach § 3 Nr. 63 EStG steuerfrei belassenen oder mittels § 10a EStG und §§ 79 ff. EStG geförderten Riester-Beiträge – zu den voll steuerpflichtigen sonstigen Einkünften i. S. v. § 22 Nr. 5 Satz 1 EStG. Beiträge i. S. v. § 100 und § 3 Nr. 63 EStG teilen sich ab 1.1.2018 gemeinsam die in § 1 Abs. 1 Satz 1 Nr. 9 SvEV kodifizierte Höchstgrenze von 4 % der BBG in der allgemeinen Rentenversicherung.

10–15 *(Einstweilen frei)*

---

[1] Vgl. zur Vereinbarkeit mit übergeordneten verfassungsrechtlichen und europarechtlichen Grundlagen ausführlich HHR/*Anzinger*, § 100 EStG Rz. 4 und 5.

[2] Vgl. BMF v. 6.12.2017, BStBl 2018 I 147, Rz. 100.

B. Systematische Kommentierung

I. Grundlegende Voraussetzungen des Förderbetrages und Abwicklung (§ 100 Abs. 1 EStG)

1. Grundlegende Voraussetzungen des Förderbetrages (§ 100 Abs. 1 Satz 1 EStG)

Nur Arbeitgeber i. S. d. § 38 Abs. 1 EStG, die zum Lohnsteuerabzug i. S. v. §§ 38 ff. EStG im Inland verpflichtet sind (vgl. auch → Rz. 42), kommen in Genuss des bAV-Förderbetrages. Das sind inländische ArbG (§ 38 Abs. 1 Satz 1 Nr. 1 EStG), ausländische Verleiher (§ 38 Abs. 1 Satz 1 Nr. 2 EStG) und in den Fällen der ArbN-Entsendung das in Deutschland ansässige aufnehmende Unternehmen, das den Arbeitslohn für die geleistete Arbeit wirtschaftlich trägt (§ 38 Abs. 1 Satz 2 EStG).

Bei Arbeitgeberwechseln innerhalb eines Kalenderjahres kann jeder der betroffenen ArbG, der die in → Rz. 16 und → Rz. 18 skizzierten Voraussetzungen erfüllt, den bAV-Förderbetrag jeweils bis zum Höchstbetrag (vgl. → Rz. 32) ausschöpfen.[1]

Ein erstes Dienstverhältnis eines Arbeitnehmers ist Voraussetzung für den Erhalt des bAV-Förderbetrages (vgl. auch → Rz. 6 und → Rz. 9), damit dieser für ArbN mit mehreren nebeneinander bestehenden Beschäftigungen nicht mehrfach in Anspruch genommen werden kann. Allerdings können in einem Kj. zu mehreren ArbG erste Dienstverhältnisse bestanden haben; in diesem Fall kann der Höchstförderbetrag von jedem ArbG voll ausgeschöpft und daher mehrfach gewährt werden, da der Lohnzahlungszeitraum und nicht das Kj. maßgeblich ist (vgl. → Rz. 16).[2] Der betroffene ArbN muss daher grundsätzlich in eine der Steuerklassen I bis V (§ 38b Abs. 1 Satz 2 Nr. 1 bis 5 EStG) eingruppiert sein. Hat der ArbN dem ArbG die ihm zugeteilte IdNr. sowie den Tag der Geburt schuldhaft nicht mitgeteilt oder hat das BZSt die Mitteilung elektronischer Lohnsteuerabzugsmerkmale (ELStAM-Daten) ablehnt und hat der ArbG die LSt daher gem. § 39c EStG nach Steuerklasse VI ermittelt oder handelt es sich um ein geringfügiges Beschäftigungsverhältnis oder eine Aushilfstätigkeit, bei der die Möglichkeit der Pauschalbesteuerung nach § 40a EStG in Anspruch genommen wird, ist mittels Erklärung des ArbN zu dokumentieren, dass es sich um ein erstes Dienstverhältnis handelt, da in diesem Fall die ELStAM-Daten nicht abgerufen werden.[3] Auch ein ruhendes Dienstverhältnis ohne Anspruch auf Arbeitslohn (z. B. während des Bezugs von Krankengeld, der Elternzeit oder der Pflegezeit), welches die genannten Voraussetzungen erfüllt, gilt als erstes Dienstverhältnis für den Erhalt des bAV-Förderbetrages (vgl. dazu ausführlich → Rz. 42)[4]. Nur Arbeitnehmer i. S. v. § 1 LStDV fallen unter den vom Gesetz begünstigten Personenkreis (vgl. dazu und zu Nicht-ArbN i. S. v. § 17 Abs. 1 Satz 2 BetrAVG ausführlich → Rz. 6).

Die Art der persönlichen Einkommensteuerpflicht des Arbeitnehmers (unbeschränkt gem. § 1 Abs. 1 bis 3 und § 1a EStG oder beschränkt gem. § 1 Abs. 4 EStG) ist egal (vgl. → Rz. 6), solange bei beschränkter Stpfl. nicht der Steuerabzug nach § 50a Abs. 4 Buchst. a EStG vorgeht. Die Förderung kann auch bei einer bAV zugunsten von ArbN in Anspruch genommen werden, bei denen der Lohnsteuerabzug im Inland aufgrund eines DBA begrenzt ist, wie z. B. bei Grenzgän-

---

1 Vgl. BMF v. 6.12.2017, BStBl 2018 I 147, Rz. 104.
2 Vgl. BMF v. 6.12.2017, BStBl 2018 I 147, Rz. 104 sowie HHR/*Anzinger*, § 100 EStG Rz. 17.
3 Vgl. BMF v. 6.12.2017, BStBl 2018 I 147, Rz. 104.
4 Vgl. auch BMF v. 6.12.2017, BStBl 2018 I 147, Rz. 104 und 134.

gern aus der Schweiz gem. Art. 15a Abs. 1 Sätze 2 und 3 DBA Schweiz auf 4,5 % des Bruttobetrags der Vergütungen.[1]

20 **Nur kapitalgedeckte** bAV berechtigt zum bAV-Förderbetrag, also bAV, die nicht umlagefinanziert ist. Charakteristisch für Kapitaldeckung ist die Anlage der Sparanteile aus den Beiträgen am Kapital-, Finanz- oder Immobilienmarkt, wobei für jeden einzelnen ArbN ein Deckungskapital gebildet wird, das die bei Eintritt des Versorgungsfalles zu zahlenden Leistungen abdecken soll. Alle laufenden und zukünftigen Leistungen werden aus diesem individuellen Deckungskapital in entsprechender Höhe bedient. Zulässig sind gem. Abs. 3 Nr. 3 Halbsatz 2 Alters-, Invaliditäts- oder Hinterbliebenenversorgungsleistungen (vgl. → Rz. 52), wobei eine, zwei oder alle drei jener Leistungsarten vereinbart sein können. Umlagefinanzierte Durchführungswege der bAV, d. h. insbesondere die Versorgungsanstalt des Bundes und der Länder (VBL) und kommunale oder kirchliche Zusatzversorgungskassen, sind nicht förderfähig i. S. d. § 100 EStG. Ist der Durchführungsweg sowohl umlagen- als auch kapitaldeckungsfinanziert, gehören die Beiträge nur insoweit zu den begünstigten Aufwendungen, wie sie kapitalgedeckt angelegt werden und eine getrennte Verwaltung und Abrechnung beider Vermögensmassen nach dem Trennungsprinzip erfolgt.[2]

21 **Begünstigte Arbeitgeberbeiträge** zur kapitalgedeckten bAV i. S. d. § 100 Abs. 1 Satz 1 EStG und → Rz. 5 dürfen unterjährig (z. B. monatlich), jährlich oder auch unregelmäßig gezahlt werden.[3]

2. Abwicklung des Förderbetrages (§ 100 Abs. 1 Sätze 1 und 2 EStG)

22 **Durch Anrechnung auf die einzubehaltende Lohnsteuer** wird der bAV-Förderbetrag gem. Abs. 1 Satz 1 vereinnahmt. Dazu zieht der ArbG die Summe aller rechtmäßigen bAV-Förderbeträge, die der ArbG nach § 150 Abs. 1 Satz 3 AO selbst zu berechnen hat, in dem zur Anrechnung berechtigenden LSt-Anmeldungszeitraum (vgl. § 41a Abs. 2 EStG und → Rz. 24) von der LSt i. S. v. → Rz. 23 ab und überweist den verbleibenden Restbetrag an das gem. § 41a Abs. 1 Satz 1 Nr. 1 EStG zuständige Betriebsstättenfinanzamt. Die Anrechnung erfolgt gem. Abs. 1 Satz 1 gesondert i. S. v. § 179 AO.

23 **Der Gesamtbetrag der Lohnsteuer** ist dabei Grundlage der Anrechnung, d. h. die gesamte LSt des zur Anrechnung berechtigenden LSt-Anmeldungszeitraums inkl. der pauschalen Lohnsteuerbeträge (vgl. R 41a.1 Abs. 2 Satz 2 LStR 2015), wobei für jede Betriebsstätte i. S. v. § 41 Abs. 2 EStG eine eigene einheitliche LSt-Anmeldung einzureichen ist (vgl. R 41a.1 Abs. 2 Satz 1 LStR 2015). Daher muss auch die Anrechnung der bAV-Förderbeträge i. S. d. → Rn 22 nach einzelnen Betriebsstätten differenzieren.

24 **Der zur Anrechnung des bAV-Förderbetrages berechtigende Lohnsteuer-Anmeldungszeitraum** ist gem. § 100 Abs. 1 Satz 1 EStG derjenige, welcher auf den Zeitpunkt der Zahlung des jeweiligen begünstigten Arbeitgeberbeitrags i. S. v. § 100 Abs. 1 Satz 1 EStG (vgl. → Rz. 21) folgt. Unter den Voraussetzungen des § 41a Abs. 2 EStG kann dies der nächstfolgende Kalendermonat, das nächstfolgende Kalendervierteljahr oder Kalenderjahr sein.

---

[1] Vgl. *Harder-Buschner*, Steuerliche Förderung der betrieblichen Altersversorgung – die Neuregelung des Betriebsrentenstärkungsgesetzes, NWB 2017, 2417 (2424).
[2] Vgl. BMF v. 6.12.2017, BStBl 2018 I 147, Rz. 25 und 105.
[3] Vgl. BMF v. 6.12.2017, BStBl 2018 I 147, Rz. 119.

Auf Antrag erstattet das Betriebsstättenfinanzamt den „Rotbetrag" an die betreffende Betriebsstätte des ArbG gem. § 100 Abs. 1 Satz 2 EStG, wenn bei dieser in dem zur Anrechnung aller rechtmäßigen bAV-Förderbeträge berechtigenden LSt-Anmeldungszeitraum keine LSt angefallen (z. B. weil der Arbeitslohn nicht steuerbelastet ist oder lediglich Pauschalsteuer an den gesetzlichen Rentenversicherungsträger zu entrichten ist) oder diese niedriger ist als der insgesamt von jener Betriebsstätte zu beanspruchende bAV-Förderbetrag. Der Antrag bedarf der Schriftform, ist jedoch darüber hinaus formlos. 25

Auf die Höhe des beim betroffenen ArbN gem. § 36 Abs. 2 Nr. 2 Buchst. a EStG individuell anrechenbaren Steuerabzugs hat jene Anrechnung i. S. v. → Rz. 22 keine Auswirkung. 26

(Einstweilen frei) 27–30

II. Höhe des Förderbetrages (§ 100 Abs. 2 EStG)

1. Erstmaliger begünstigter Arbeitgeberbeitrag nach 2016 (§ 100 Abs. 2 Satz 1 EStG)

Der bAV-Förderbetrag beläuft sich auf 30 % des begünstigten Arbeitgeberbeitrags i. S. v. → Rz. 5 und → Rz. 21. 31

Der jährliche Förderbetrag darf 72 € bis 144 € betragen, da § 100 Abs. 3 Nr. 2 EStG die Bemessungsgrundlage des in → Rz. 31 genannten Fördersatzes (30 %) nach unten auf 240 € p. a. begrenzt (vgl. ausführlich → Rz. 45) und § 100 Abs. 2 Satz 1 EStG einen max. bAV-Förderbetrag i. H. v. 144 € p. a. festlegt. 32

Der jährliche Förderbetrag darf 72 € ausnahmsweise unterschreiten, wenn der ArbG bereits im Jahr 2016 einen begünstigten Arbeitgeberbeitrag i. S. v. → Rz. 5 und → Rz. 21 geleistet hat, diesen aufstockt und es zu einer Begrenzung i. S. v. § 100 Abs. 2 Satz 2 EStG kommt (vgl. dazu Beispiel 1 in → Rz. 39), die den bAV-Förderbetrag unter 72 € festlegt. 33

Die Begrenzung des bAV-Förderbetrages i. S. v. § 100 Abs. 2 Satz 2 EStG ist nicht anzuwenden, wenn der begünstigte Arbeitgeberbeitrag i. S. v. → Rz. 5 und → Rz. 21 erstmals nach 2016 vertraglich vereinbart wird.[1] Wurde jener begünstigte Arbeitgeberbeitrag bereits 2016 gezahlt, ist die Begrenzung des Abs. 2 Satz 2 auch dann anzuwenden, wenn der Beitrag nach 2016 zunächst ganz oder teilweise ausgesetzt wird (Beitragsfreistellung). Dies gilt nicht, wenn jener begünstigte Arbeitgeberbeitrag bereits vor 2016 geleistet wurde und eine vollständige Beitragsfreistellung (auch) in 2016 erfolgte; wird der Beitrag dann 2017 oder später wieder aufgenommen, ist die Begrenzung i. S. v. § 100 Abs. 2 Satz 2 EStG nicht anzuwenden. Die Möglichkeit, den bAV-Förderbetrag auch für vor 2018 abgeschlossene Altverträge zu erhalten, kann allerdings an dem in § 100 Abs. 3 Nr. 5 EStG kodifizierten Verbot der „Zillmerung" scheitern (vgl. → Rz. 40 und → Rz. 56). 34

Der bAV-Förderbetrag ist auf Basis des jeweiligen Kalenderjahres festzustellen, auch wenn der jeweilige begünstigte Arbeitgeberbeitrag (vgl. → Rz. 5 und → Rz. 21) unterjährig beglichen wird. Zahlt der ArbG für einen ArbN z. B. zusätzlich zum ohnehin geschuldeten Arbeitslohn einen begünstigten Beitrag i. S. v. → Rz. 21 i. H. v. 150 € jeweils zum Beginn eines Kalenderquartals, beläuft sich der jeweilige vierteljährliche bAV-Förderbetrag, der gem. → Rz. 22 bis → Rz. 25 35

---

[1] Vgl. BMF v. 6.12.2017, BStBl 2018 I 147, Rz. 131 und 132.

beim nächstmöglichen LSt-Anmeldungszeitraum auf die in → Rz. 23 genannte LSt anrechenbar ist, in den ersten drei Quartalen auf jeweils 45 € (30 % von 150 €), insgesamt also auf 135 €. Da Abs. 2 Satz 1 für das betreffende Kalenderjahr jedoch ein Max. i. H. v. 144 € festlegt, verbleiben für die Anrechnung des vierten Quartals im darauffolgenden LSt-Anmeldungszeitraum (vgl. → Rz. 24) lediglich 9 €.[1] Wird vor Ablauf des Kalenderjahres festgestellt, dass die Förderung nach § 100 Abs. 2 EStG nicht vollständig beansprucht worden ist, weil neben § 100 Abs. 6 EStG (vgl. → Rz. 81 f.) eine anderweitige steuerliche Behandlung der Beiträge zu Pensionsfonds, Pensionskassen oder Direktversicherungen (z. B. § 3 Nr. 63 EStG oder § 40b EStG a. F.) praktiziert wurde, muss diese anderweitige steuerliche Beitragsbehandlung rückgängig gemacht werden, wenn der Arbeitgeber die Förderung des § 100 EStG beanspruchen will; spätester Zeitpunkt hierfür ist die Übermittlung oder Erteilung der Lohnsteuerbescheinigung.[2] Grund hierfür ist der Vorrang des § 100 Abs. 6 vor § 3 Nr. 63 EStG (vgl. → Rz. 82).[3] Der monatliche Teilbeitrag sollte dann künftig so geändert werden, dass der Förderbetrag gem. § 100 Abs. 2 EStG voll ausgeschöpft wird.[4]

36 **Wird der begünstigte Arbeitgeberbeitrag als einmaliger Jahresbeitrag gezahlt**, müssen die Einhaltung des Mindest- und des Höchstförderbetrages nur einmal geprüft werden, nämlich für den LSt-Anmeldungszeitraum, welcher dem Zeitpunkt der Jahresbeitragszahlung folgt.[5] Wird daher in der Lohnbuchhaltung unterjährig eine Schattenbuchhaltung eingerichtet, kann damit am Jahresende der korrekte Förderbetrag geltend gemacht werden.[6] Sinnvoller erscheint es, den ArbG-Beitrag jährlich vorschüssig zu Beginn des Kj. zu leisten; damit bleiben spätere Änderungen der Verhältnisse, insbesondere Lohnerhöhungen und Kündigungen nach Abs. 4 Satz 1 unbeachtlich.[7]

2. Begünstigter Arbeitgeberbeitrag bereits 2016 geleistet (§ 100 Abs. 2 Satz 2 EStG)

37 **Begünstigte Arbeitgeberbeiträge i. S. v. → Rz. 5 und → Rz. 21, die bereits im Jahr 2016 geleistet wurden**, führen gem. Abs. 2 Satz 2 zur Begrenzung des bAV-Förderbetrags auf denjenigen Beitragsteil, den der Arbeitgeber über den in 2016 gezahlten Beitrag hinaus leistet (Aufstockungsbetrag). Die Begrenzung ist im Rahmen einer individuellen Betrachtung auf Ebene des jeweiligen ArbN vorzunehmen, nicht im Rahmen einer kollektiven Betrachtung[8], und kann dazu führen, dass der in → Rz. 32 dargestellte Mindest-Förderbetrag (72 € p. a.) unterschritten wird (vgl. → Rz. 33).

38 **Für den Fall der Beitragszahlung im Jahr 2016 oder davor mit anschließender Beitragsfreistellung** wird auf → Rz. 34 und damit auch auf das in → Rz. 56 beschriebene Problem des Verbotes der „Zillmerung" in § 100 Abs. 3 Nr. 5 EStG verwiesen.

---

1 Vgl. BMF v. 6.12.2017, BStBl 2018 I 147, Rz. 120.
2 Vgl. BMF v. 6.12.2017, BStBl 2018 I 147, Rz. 125.
3 Vgl. BMF v. 6.12.2017, BStBl 2018 I 147, Rz. 144.
4 Vgl. BMF v. 6.12.2017, BStBl 2018 I 147, Rz. 125.
5 Vgl. BMF v. 6.12.2017, BStBl 2018 I 147, Rz. 124.
6 Vgl. *Meissner*, Das BMF-Schreiben zur Förderung der betrieblichen Altersversorgung, DStR 2018, 99 (101).
7 Vgl. HHR/*Anzinger*, § 100 EStG Rz. 40.
8 Vgl. HHR/*Anzinger*, § 100 EStG Rz. 27.

Beispiele für begünstigte Arbeitgeberbeiträge, die bereits 2016 oder davor geleistet wurden[1] **und Förderoptimierung:**

BEISPIEL 1: Der ArbG zahlte 2016 und davor jeweils einen begünstigten Arbeitgeberbeitrag i.S.v. → Rz. 5 und → Rz. 21 i.H.v. 240 € p.a. und erhöht ihn ab 2018 auf 300 € p.a. Der bAV-Förderbetrag beliefe sich im Normalfall gem. → Rz. 31 und → Rz. 32 auf 90 € (30 % von 300 €), wird jedoch gem. → Rz. 37 auf den Aufstockungsbetrag von 60 € p.a. begrenzt. Dadurch unterschreitet zwar der bAV-Förderbetrag die im Normalfall geltende Mindestgrenze i.H.v. 72 € (vgl. → Rz. 32 und → Rz. 33), im Ergebnis wird allerdings der gesamte Aufstockungsbetrag vom bAV-Förderbetrag finanziert, sodass die Aufstockung den ArbG effektiv nichts kostet. Dasselbe Ergebnis stellt sich ein, wenn die Aufstockung bereits 2017 erfolgte oder/und vor 2016 keine Beiträge gezahlt worden sind.

BEISPIEL 2: Wie Beispiel 1, jedoch mit einem Beitrag in Höhe von 350 € in 2016, der 2018 auf 494 € erhöht wird. Die Förderung ab 2018 beträgt 144 € (30 % von 480 €), da sich der Aufstockungsbetrag ebenfalls auf 144 € beläuft.

BEISPIEL 3: Wie Beispiel 1, jedoch mit einem Beitrag in Höhe von 500 € in 2016, der 2018 auf 644 € erhöht wird. Die Förderung ab 2018 beträgt auch hier 144 € (30 % von 480 €), da sich der Aufstockungsbetrag ebenfalls auf 144 € beläuft.

BEISPIEL 4: Der ArbG zahlte 2015 und davor jeweils einen begünstigten Arbeitgeberbeitrag i.S.v. → Rz. 5 und 21 i.H.v. 240 € p.a. und stellte den Vertrag i.S.v. Abs. 2 Satz 2 (Pensionsfonds-, Pensionskassen- oder Direktversicherungsvertrag) 2016 und 2017 beitragsfrei. Ab 2018 nimmt er die Beitragszahlung mit 300 € p.a. wieder auf. Der bAV-Förderbetrag beträgt gem. Rz. 31 und 32 90 € (30 % von 300 €), da die Begrenzung gem. → Rz. 37 auf den Aufstockungsbetrag von 60 € p.a. im Gegensatz zu Beispiel 1 in Ermangelung eines Beitrags in 2016 nicht greift. Der ArbG, der die Beiträge 2016 und 2017 aussetzte, wird dafür im Gegensatz zum ArbG aus Beispiel 1 sogar noch belohnt. Dasselbe Ergebnis stellt sich ein, wenn die Wiederaufnahme der Beiträge und deren Aufstockung bereits 2017 erfolgten oder/und vor 2015 keine Beiträge gezahlt worden sind.

BEISPIEL 5: Wie Beispiel 1 mit dem Unterschied, dass der ArbG den begünstigten Arbeitgeberbeitrag i.S.v. → Rz. 5 und → Rz. 21 i.H.v. 240 € p.a. erstmals 2017 zahlte und 2018 auf 300 € p.a. aufstockt. In Ermangelung eines derartigen Beitrages in 2016 darf die Begrenzung des Abs. 2 Satz 2 nicht angewandt werden, sodass 2018 ein bAV-Förderbetrag i.H.v. 90 € vereinnahmet werden kann.

BEISPIEL 6: Wie Beispiel 1 mit dem Unterschied, dass der begünstigte Arbeitgeberbeitrag im Jahr 2017 oder 2018 von 240 € p.a. auf 343 € p.a. erhöht wird. Der bAV-Förderbetrag beläuft sich gem. → Rz. 31 und → Rz. 32 auf 103 € (30 % von 343 €), auf den er gem. → Rz. 37 auch begrenzt wird (Aufstockungsbetrag = 103 €). Übersteigt der Aufstockungsbetrag beim Ausgangsbeitrag i.H.v. 240 € p.a. jene 103 €, kommt es zwar nicht zur Begrenzung i.S.v. Abs. 2 Satz 2, der ArbG muss dann jedoch Teile des Aufstockungsbetrages aus eigener Tasche bestreiten, da der bAV-Förderbetrag dazu nicht ausreicht. Wird 2017 oder 2018 von jenen 240 € p.a. auf z.B. 400 € aufgestockt, unterschreitet der bAV-Förderbetrag (120 € p.a.) den Aufstockungsbetrag (160 € p.a.) bereits deutlich. Bei Aufstockung von 240 € p.a. auf den max. förderfähigen begünstigten Arbeitgeberbeitrag i.H.v. 480 € p.a. ist die Schere zwischen bAV-Förderbetrag (144 € p.a.) und Aufstockungsbetrag (240 € p.a.) am größten.

Förder- und Aufstockungsoptimierung gestaltet sich im Falle von Beitragszahlungen, die bereits 2016 geleistet wurden, wie folgt: Wurde bereits 2016 ein arbeitgeberfinanzierter Beitrag (nachfolgend: B) zwischen 168 € p.a. (70 % von 240 €) und 336 € p.a. (70 % von 480 €) gezahlt, so erhält der ArbG die höchstmögliche Förderung mit Hilfe der Formel B · 0,3/(1-0,3) und der ArbN genau in dieser Höhe seinen Aufstockungsbetrag.[2]

---

[1] Vgl. zu weiteren Beispielen: BMF v. 6.12.2017, BStBl 2018 I 147, Rz. 127 bis 133.
[2] Vgl. *Dommermuth*, Kritische Analyse der Reform der betrieblichen Altersversorgung durch das Betriebsrentenstärkungsgesetz, FR 2017, 745 (751).

BEISPIEL 7: Beläuft sich der ursprüngliche Beitrag auf 300 €, errechnet sich daraus eine Aufstockung i. H.v. 128,57 € frühestens ab 2017. Der auf den Gesamtbeitrag (428,57 €) entfallende Förderbetrag (30 %) finanziert daher den vollen Aufstockungsbetrag; eine höhere Aufstockung hätte einen geringeren Förderbetrag bewirkt, eine niedrigere Aufstockung hätte die höchstmögliche Förderung nicht ausgeschöpft. Überstieg B im Jahr 2016 336 €, wird die höchstmögliche Förderung immer mit der Aufstockung i. H. v. 144 € p. a. erreicht.

40 **Bereits 2016 zu Gunsten gezillmerter Tarife geleistete Beiträge führen zu einer Unklarheit:** Der Gesetzeswortlaut in § 100 Abs. 2 Satz 2 EStG lässt nicht erkennen, ob der bAV-Förderbetrag nach der Regelung jenes Abs. 2 Satz 2 gewährt werden kann, wenn zwar bereits 2016 Beiträge i. S. jener Vorschrift geleistet werden, jedoch zu Gunsten eines bAV-Vertrages, der nicht als ungezillmert i. S.v. Abs. 3 Nr. 5 gilt (vgl. zur „Zillmerung" ausführlich →Rz. 56). Da alle vor 2018 bereits existierenden Pensionsfonds-, Pensionskassen- und Direktversicherungsverträge lediglich zu einem sehr vernachlässigbaren Grade ungezillmert sind (vgl. →Rz. 56), würde Abs. 2 Satz 2 daher fast immer ins Leere gehen. Dies kann der Gesetzgeber nicht gewollt haben. Es ist deshalb u. E. davon auszugehen, dass Abs. 2 Satz 2 auch dann anwendbar ist, wenn lediglich der aufgestockte Beitrag in einen Vertrag fließt, der die Voraussetzungen des Abs. 3 Nr. 5 erfüllt. Dies scheint das BMF in →Rz. 137 seines Schreibens vom 6.12.2017 auf den ersten Blick zu bestätigen.[1] Demnach kann die Förderung des § 100 EStG bei am 1.1.2018 bereits bestehenden Verträgen – damit sind Verträge gemeint, die bereits vor dem 1.1.2018 abgeschlossen wurden und deshalb auch jene Pensionsfonds-, Pensionskassen- und Direktversicherungen einschließen, bei denen Beiträge bereits 2016 geleistet wurden – „ausnahmsweise in Anspruch genommen werden, sobald für die Restlaufzeit des Vertrages sichergestellt ist, dass die verbliebenen Abschluss- und Vertriebskosten und die ggf. neu anfallenden Abschluss- und Vertriebskosten jeweils als fester Anteil der ausstehenden laufenden Beiträge einbehalten werden".[2] Bei genauerem Hinsehen erweist sich jene Ausnahmeregelung als für die Praxis in den allermeisten Fällen undurchführbar und wird daher fast immer ins Leere gehen. § 169 Abs. 3 Satz 1 VVG schreibt für Versicherungsverträge grundsätzlich eine gleichmäßige Verteilung der angesetzten Abschluss- und Vertriebskosten auf die ersten fünf Vertragsjahre vor („Teil-Zillmerung"). Fast alle der nach 2007 und vor 2018 bereits abgeschlossenen Verträge wenden die Teil-Zillmerung an, vor 2008 abgeschlossene Konstrukte sogar die Voll-Zillmerung im Jahr der ersten Beitragszahlung. Will ein Arbeitgeber daher 2018 eine Aufstockung eines teilgezillmerten Altvertrages praktizieren, ist diese nach jener Auffassung der FinVerw nur dann nicht förderschädlich i. S.v. § 100 Abs. 2 EStG, wenn die „noch verbliebenen Abschluss- und Vertriebskosten" über die ab 2018 beginnende Restlaufzeit des Vertrages verteilt werden.

BEISPIEL: Wurde ein teilgezillmerter Vertrag zum 1.1.2016 mit einem Jahresbeitrag in Höhe von 300 € abgeschlossen, sind die Abschluss- und Vertriebskosten zum 31.12.2017 bereits zu 2/5 verteilt und daher sind 3/5 zum 1.1.2018 „noch verbliebene Abschluss- und Vertriebskosten"; will man den Vertrag voll gefördert um 180 € auf 480 € zum 1.1.2018 aufstocken, so erfordert dies die Neuverteilung jener 3/5 auf die Zeit vom 1.1.2018 bis zum Ende der Beitragszahlungsdauer.

Kaum ein Anbieter ist zu einer solchen Neuverteilung gegenwärtig in der Lage und die meisten wollen dies auch künftig nicht praktizieren. Auch ist gegenwärtig kaum ein Anbieter in der Lage bzw. bereit, die für den Aufstockungsbetrag „neu anfallenden Abschluss- und Vertriebs-

---

[1] BMF v. 6.12.2017, BStBl 2018 I 147, Rz. 137.
[2] BMF v. 6.12.2017, BStBl 2018 I 147, Rz. 137.

kosten" im Rahmen jenes Altvertrages über die restliche Beitragszahlungsdauer zu verteilen, während die bereits angefallenen Abschluss- und Vertriebskosten anders verteilt wurden. Der Aufstockungsbetrag wird daher in solchen Fällen in einen ungezillmerten Neuvertrag fließen müssen, dessen Beitragsvolumen im Beispiel (180 € p.a. = 15 € monatlich) und vielen Praxisfällen derart niedrig ist, dass die damit verbundenen Verwaltungskosten den Neuabschluss weder für den Arbeitnehmer noch für den Anbieter zu einer sinnvollen Konstruktion werden lassen. Darüber hinaus unterschreitet das Beitragsvolumen des Neuvertrages im Beispiel den förderfähigen Mindestbeitrag (240 € p.a.), sodass eine Förderung nicht beansprucht werden kann (vgl. ausführlich → Rz. 5 und → Rz. 46). Und die Handreichung des BMF birgt auch eine erhebliche Ungerechtigkeit: Verträge, die bereits vor dem 1.1.2018 bestehen, und bei denen keine Abschluss- und Vertriebskosten mehr „verblieben" sind, weil diese bereits vor jenem Datum vollständig über fünf Jahre verteilt – in der Praxis „getilgt" – wurden, oder die sogar voll gezillmert sind, erhalten die Förderung des § 100 Abs. 2 EStG, da sie keine „verbliebenen Abschluss- und Vertriebskosten" mehr aufweisen, obwohl es sich bei ihnen um im gesetzlichen Sinne „unerwünschte" Verträge handelt. Dieses Paradoxon ergibt sich aus der Tatsache, dass das BMF-Schreiben vom 6.12.2017 in jener Rz. 137 zwar fordert, dass zum Aufstockungszeitpunkt „verbliebene Abschluss- und Vertriebskosten" derartiger Altverträge zwar über die restliche Beitragszahlungsdauer verteilt werden müssen, den „Verbleib" derartiger Kosten jedoch nicht zur Voraussetzung für die Förderunschädlichkeit von Altverträgen erklärt; auch das Wort „ausnahmsweise", mit dem die Sonderregelung eingeleitet wird, kann keinen anderen Schluss zulassen. Auch wenn die Materie sehr komplex ist: Das BMF sollte künftig insbesondere innerhalb der äußerst sensiblen Vorsorgethematik deutlich mehr darauf achten, dass seine Gesetzesinterpretationen nicht nur gut gemeint, sondern auch im praktischen Sinne gut gemacht sind.

III. Weitere Voraussetzungen für den Erhalt des Förderbetrages (§ 100 Abs. 3 EStG)

Zusätzlich zu den in Abs. 1 (vgl. → Rz. 16 bis → Rz. 21) enthaltenen Prämissen definiert Abs. 3 weitere Voraussetzungen für den Erhalt des bAV-Förderbetrages. 41

1. Lohnsteuerabzug im Inland im Lohnzahlungszeitraum, für den der Förderbetrag geltend gemacht wird (§ 100 Abs. 3 Nr. 1 EStG)

Im Inland muss der Lohnsteuerabzug (vgl. → Rz. 16) vom Arbeitslohn des durch den Arbeitgeberbeitrag i.S.v. → Rz. 5 und → Rz. 21 begünstigten ArbN gem. § 39b oder § 39c EStG (vgl. → Rz. 18) durchgeführt werden (§ 100 Abs. 3 Nr. 1 EStG). Dabei kommt es gem. § 39b Abs. 1 EStG auf die Art der persönlichen Einkommensteuerpflicht jenes ArbN (unbeschränkt oder beschränkt) nicht an (vgl. → Rz. 6 und → Rz. 19).[1] Solange das Arbeitsverhältnis besteht, also auch ruht, gilt der LSt-Abzug auch für diejenigen Arbeitstage als durchgeführt, für die kein Arbeitslohn gezahlt wird (vgl. R 39b.5 Abs. 2 Satz 3 LStR 2015). Die Voraussetzung des Abs. 3 Nr. 1, dass der Arbeitslohn jenes begünstigten ArbN im Inland dem LSt-Abzug unterliegen muss, ist daher z.B. auch während der Eltern- und Pflegezeit und der Zeit des Bezugs von Krankengeld erfüllt.[2] Eine Förderung ist hingegen ausgeschlossen für ArbN, die ausschließlich nach einem DBA steuerfreien Arbeitslohn beziehen; dies gilt nicht für ArbN, bei denen aufgrund ei- 42

---

1 Vgl. auch BMF v. 6.12.2017, BStBl 2018 I 147, Rz. 134.
2 Vgl. auch BMF v. 6.12.2017, BStBl 2018 I 147, Rz. 104 und 134.

nes DBA der LSt-Abzug im Inland begrenzt ist (z. B. bei Grenzgängern aus der Schweiz auf 4,5 % des Bruttobetrags der Vergütungen).[1] Die unterschiedliche Haltung der FinVerw gegenüber ruhenden Arbeitsverhältnissen einerseits und nach einem DBA steuerfreien Arbeitslöhnen andererseits ist widersprüchlich.[2] Außerdem muss bei einer Mitarbeiterentsendung in das EU/EWR-Ausland der Anwendungsvorrang des Unionsrechts dazu führen, dass der Förderbetrag für die Dauer der Mitarbeiterentsendung auch im Fall eines nach dem betreffenden DBA steuerfreien Arbeitslohns weiter zu gewähren ist.[3]

43 **Im Lohnzahlungszeitraum, für den der Förderbetrag geltend gemacht wird**, muss der in → Rz. 42 skizzierte inländische LSt-Abzug durchgeführt werden. Lohnzahlungszeitraum ist der Zeitraum, für den jeweils der laufende Arbeitslohn gezahlt wird (vgl. R 39b.5 Abs. 3 Satz 1 LStR 2015); maßgebend ist derjenige Zeitraum, für den tatsächlich der Lohn gezahlt worden ist, nicht ein üblicher oder regelmäßiger Lohnzahlungszeitraum. Ist daher das Arbeitsverhältnis im Lauf eines Monats aufgenommen worden, kann für den ersten Lohnzahlungszeitraum (Monat der Aufnahme der Arbeit) die LSt nicht auf der Grundlage eines monatlichen Lohnzahlungszeitraums ermittelt werden, da tatsächlich der Lohn nicht für einen Monat gezahlt worden ist (verkürzter Lohnzahlungszeitraum); die LSt ist dann auf der Grundlage eines wöchentlichen oder täglichen Lohnzahlungszeitraums zu ermitteln.[4] Entsprechend liegt ein verkürzter Lohnzahlungszeitraum vor, wenn das Arbeitsverhältnis im Lauf eines Monats endet, oder wenn der Arbeitnehmer im Lauf eines Kalendermonats unbeschränkt steuerpflichtig wird oder die unbeschränkte Steuerpflicht endet. Ist ein Lohnzahlungszeitraum nicht feststellbar, tritt an seine Stelle gem. § 39b Abs. 5 Satz 4 EStG die Summe der tatsächlichen Arbeitstage oder der tatsächlichen Arbeitswochen. Wie bereits in → Rz. 42 erwähnt, sind auch solche in den Lohnzahlungszeitraum fallenden Arbeitstage mitzuzählen, für die der ArbN keinen steuerpflichtigen Arbeitslohn bezogen hat. Der Lohnzahlungszeitraum, der gem. R 39b.2 Abs. 1 LStR 2015 auf Tages-, Wochen-, Monats- oder Jahresbasis bestehen kann, ist nicht mit dem für die Anrechnung des bAV-Förderbetrages relevanten LSt-Anmeldungszeitraum i. S. v. § 41a Abs. 2 EStG (vgl. → Rz. 22 bis → Rz. 26) identisch, welcher der Kalendermonat, das Kalendervierteljahr oder Kalenderjahr sein kann.

2. Untergrenze des begünstigten Arbeitgeberbeitrags und zulässiger Durchführungsweg (§ 100 Abs. 3 Nr. 2 EStG)

44 **Zusätzlich zum ohnehin geschuldeten Arbeitslohn**, d. h. arbeitgeberfinanziert, muss der ArbG den begünstigten Arbeitgeberbeitrag zu Gunsten des ArbN leisten. Was als begünstigter Arbeitgeberbeitrag gilt, ist größtenteils bereits in den → Rz. 5 und 21 skizziert. § 100 Abs. 3 Nr. 2 EStG verbietet die Kombination aus arbeitgeberfinanzierter bAV und Entgeltumwandlung nicht. Im Gesamtversicherungsbeitrag des ArbG enthaltene Finanzierungsanteile des ArbN sowie die mittels Entgeltumwandlung finanzierten Beiträge oder Eigenbeteiligungen des ArbN sind jedoch nicht nach § 100 EStG begünstigt,[5] weil der bAV-Förderbetrag den ArbG zu arbeitgeberfinanzierter bAV motivieren soll (vgl. → Rz. 2). Ebenfalls nicht begünstigt sind daher die gesetzlich obligatorischen Zuschüsse des ArbG i. S. d. § 1a Abs. 1a und § 23 Abs. 2 BetrAVG n. F.,

---

1 Vgl. auch BMF v. 6.12.2017, BStBl 2018 I 147, Rz. 135.
2 Vgl. HHR/*Anzinger*, § 100 EStG Rz. 30.
3 Vgl. HHR/*Anzinger*, § 100 EStG Rz. 5 und zur Entsendung von ArbN ausführlich Rz. 8.
4 Vgl. FG Köln v. 30.9.1998 - 2 K 7025/96, EFG 1999, 385.
5 Vgl. auch BMF v. 6.12.2017, BStBl 2018 I 147, Rz. 111.

die er als Ausgleich für die ersparten Sozialversicherungsbeiträge infolge einer Entgeltumwandlung erbringt (vgl. → Rz. 5), da jene Zuschüsse keine freiwillige Sozialleistung des ArbG darstellen (vgl. → Rz. 2) und deshalb wie die zu Grunde liegende Entgeltumwandlung zu behandeln sind; dies gilt auch für die vom ArbG im Rahmen des Sozialpartnermodells (vgl. → Rz. 5) erbrachten Sicherungsbeiträge i. S. v. § 23 Abs. 1 BetrAVG n. F.[1] Wandelt z. B. ein ArbN, der alle persönlichen Voraussetzungen des § 100 EStG erfüllt, jährlich 500 € seines Arbeitsentgeltes in Beiträge für eine bAV i. S. v. Rn 47 um, die alle sachlichen Voraussetzungen des § 100 EStG erfüllt und muss der ArbG daher gem. § 1a Abs. 1a BetrAVG n. F. einen Zuschuss i. H. v. 75 € p. a. (15%) obligatorisch erbringen und stockt er diesen Zuschuss noch um weitere 405 € freiwillig auf, damit der max. förderfähige Arbeitgeberbeitrag i. H. v. vermeintlich 480 € p. a. erreicht ist (vgl. → Rz. 9 und → Rz. 39), erhält jener ArbG dennoch nicht die Höchstförderung i. S. v. Abs. 2 Satz 1 i. H. v. 144 €, da lediglich die über die obligatorischen 75 € p. a. hinausgehenden 405 € p. a. mit 30 % (121,50 €) förderfähig sind.

Die rechtswirksame Vereinbarung über die begünstigten Arbeitgeberbeiträge i. S. v. → Rz. 5 und → Rz. 21 kann einzelvertraglich, durch Gesamtzusage (z. B. Aushang am „schwarzen Brett"), per Betriebsvereinbarung oder über Tarifvertrag erfolgen.[2] 45

Der förderfähige Mindestbeitrag i. H. v. 240 € im Kalenderjahr darf nicht unterschritten werden, da ansonsten keine Förderung i. S. v. § 100 Abs. 2 Satz 1 EStG (→ Rz. 31) gewährt wird. Von diesem Grundsatz gibt es Ausnahmen: Wird jener Mindestbetrag aus Gründen nicht erreicht, die zum Zeitpunkt der Inanspruchnahme des bAV-Förderbetrags nicht absehbar waren, z. B. weil der ArbG einen Monatsbetrag leistet und der ArbN unerwartet aus dem Unternehmen ausscheidet, bevor der Mindestbetrag erreicht werden kann, ist der bAV-Förderbetrag nicht rückgängig zu machen (vgl. auch → Rz. 61 zu Abs. 4 Satz 1).[3] Maßgeblich für die Beurteilung des Erreichens der Mindestgrenze ist das Kalenderjahr, nicht das Versicherungsjahr. Wird ein nach dem Versicherungsjahr die Mindestgrenze nicht erreichender Beitrag im verbleibenden Restzeitraum des Kalenderjahres derart aufgestockt, dass die 240 € überschritten werden, ist der Arbeitgeberbeitrag förderfähig, wenn alle anderen persönliche und sachlichen Voraussetzungen erfüllt sind. Durch den Mindestbeitrag, der sich an der Untergrenze des § 1a Abs. 1 Satz 4 BetrAVG orientiert, soll das Entstehen von verwaltungskostenintensiven Kleinstanwartschaften verhindert werden; im Gegensatz zu jener arbeitsrechtlichen Vorschrift ist eine Dynamisierung des Mindestbeitrags i. S. v. § 100 Abs. 3 Nr. 2 EStG jedoch nicht vorgesehen.[4] Allerdings wird das BMF dem Deutschen Bundestag bis zum 31.12.2023 über die Entwicklung des bAV-Förderbetrags berichten (BR-Drucks. 780/16, 36), sodass auf Basis jenes künftigen Berichtes eine Dynamisierung in Zukunft vom Gesetzgeber beschlossen werden könnte.[5] 46

---

1 Vgl. auch BMF v. 6.12.2017, BStBl 2018 I 147, Rz. 112.
2 Vgl. auch BMF v. 6.12.2017, BStBl 2018 I 147, Rz. 111.
3 Vgl. auch BMF v. 6.12.2017, BStBl 2018 I 147, Rz. 113.
4 Vgl. *Harder-Buschner*, Steuerliche Förderung der betrieblichen Altersversorgung – die Neuregelung des Betriebsrentenstärkungsgesetzes, NWB 2017, 2417 (2423).
5 Vgl. *Harder-Buschner*, Steuerliche Förderung der betrieblichen Altersversorgung – die Neuregelung des Betriebsrentenstärkungsgesetzes, NWB 2017, 2417 (2423).

47 Lediglich Arbeitgeberbeiträge an Pensionsfonds,[1] Pensionskassen[2] oder für Direktversicherungen[3] berechtigen zum bAV-Förderbetrag. Direktzusagen und Zuwendungen an Unterstützungskassen sind nicht förderberechtigt.

3. Geringverdienergrenzen auf Arbeitnehmerseite (§ 100 Abs. 3 Nr. 3 EStG)

48 Das Gesetz definiert erstmals eine **Geringverdienergrenze** im Rahmen des § 100 Abs. 3 Nr. 3 EStG. Diese knüpft an der Höhe des Arbeitslohnes bzw. des Arbeitsentgeltes an. Hintergrund: Der bAV-Förderbetrag soll ArbG dazu motivieren, ArbN, die sich grundsätzlich keine eigene Altersvorsorge leisten können („Geringverdiener"), eine arbeitgeberfinanzierte bAV zu gewähren (vgl. → Rz. 1).

49 Maßgeblicher Arbeitslohn bzw. maßgebliches Arbeitsentgelt sind:

▶ **Laufender steuerpflichtiger Arbeitslohn:** Maßgebend ist der laufende Arbeitslohn des Arbeitnehmers im jeweiligen Lohnabrechnungszeitraum, der Berechnungsgrundlage für die LSt gem. § 39b Abs. 2 Satz 1 und 2 EStG ist. Bei einem täglichen, wöchentlichen oder monatlichen Lohnzahlungszeitraum ist der Lohn allerdings nicht auf einen voraussichtlichen Jahresarbeitslohn hochzurechnen,[4] da Abs. 3 Nr. 3 in den Buchst. a bis d nach dem Lohnzahlungszeitraum gestaffelte Einkommensgrenzen definiert. Als laufender Arbeitslohn gelten sämtliche Lohnbestandteile, die unter § 2 LStDV fallen und dem ArbN regelmäßig fortlaufend zufließen, insbesondere die in R 39b.2 Abs. 1 LStR 2015 aufgeführten Einnahmen; auch Sachbezüge i. S. v. § 8 Abs. 2 und 3 EStG sind Teil des laufenden Arbeitslohns, wenn sie regelmäßig fortlaufend zufließen. Kein laufender Arbeitslohn sind die in R 39b.2 Abs. 2 LStR 2015 genannten sonstigen Bezüge i. S. v. § 39b Abs. 3 EStG, wie z. B. Urlaubs- und Weihnachtsgeld; sie bleiben bei der Prüfung der in Abs. 3 Nr. 3 Buchst. a bis d definierten Einkommensgrenzen außen vor.[5] Ebenso bleiben nicht steuerbare und steuerfreie Lohnbestandteile (z. B. nicht steuerbare Zuwendungen an eine Unterstützungskasse, gem. § 3 Nr. 63 EStG steuerfreie ArbG-Beiträge zu Gunsten einer Direktversicherung, auf Basis eines DBA steuerfreier Arbeitslohn, die 44 €-Freigrenze des § 8 Abs. 2 Satz 11 EStG nicht überschreitende Sachbezüge) bei der Prüfung der jeweiligen Einkommensgrenze unberücksichtigt.[6]

▶ **Pauschal besteuerter Arbeitslohn i. S. v. § 40a Abs. 1 und 3 EStG:** Bei nur kurzfristig beschäftigten ArbN i. S. v. § 40a Abs. 1 Satz 2 EStG und Aushilfskräften in Betrieben der Land- und Forstwirtschaft i. S. v. § 40a Abs. 3 Satz 2 EStG tritt an die Stelle des eingangs beschriebenen laufenden Arbeitslohns der nach § 40a Abs. 1 Satz 1 und Abs. 3 Satz 1 EStG pauschal besteuerte Arbeitslohn, wenn der ArbG die jeweilige Pauschalbesteuerung wählt. Auch hier bleiben als sonstige Bezüge i. S. v. § 39b Abs. 3 EStG einzustufende Arbeitslohnbestandteile außen vor.[7]

---

1 Vgl. ausführlich KKB/Dommermuth, § 4e EStG Rz. 11 ff.
2 Vgl. ausführlich KKB/Dommermuth, § 4c EStG Rz. 16 ff.
3 Vgl. ausführlich KKB/Dommermuth, § 4b EStG Rz. 16 ff.
4 Vgl. auch BMF v. 6.12.2017, BStBl 2018 I 147, Rz. 106.
5 Vgl. auch BMF v. 6.12.2017, BStBl 2018 I 147, Rz. 108.
6 Vgl. auch BMF v. 6.12.2017, BStBl 2018 I 147, Rz. 108.
7 Vgl. auch BMF v. 6.12.2017, BStBl 2018 I 147, Rz. 109.

- **Pauschal besteuertes Arbeitsentgelt i. S. v. § 40a Abs. 2 und 2a EStG:** Dasselbe gilt für das Arbeitsentgelt aus geringfügigen Beschäftigungen i. S. v. § 8 Abs. 1 Nr. 1 oder § 8a SGB IV, wenn der ArbG die Pauschalbesteuerung gem. § 40a Abs. 2 oder Abs. 2a EStG wählt.

- **Pauschal besteuerte Arbeitslöhne i. S. v. §§ 37a, 37b, 40 und 40b EStG** bleiben bei der Prüfung der in Abs. 3 Nr. 3 Buchst. a bis d definierten Einkommensgrenzen unberücksichtigt, sodass die Voraussetzung des Abs. 3 Nr. 3 durch derartige Arbeitslöhne nicht verletzt werden kann.[1]

Der Lohnzahlungszeitraum im Zeitpunkt der Beitragszahlung ist die maßgebliche zeitliche Größe. Dabei differenziert Abs. 3 Nr. 3 hinsichtlich der Geringverdienergrenze (vgl. → Rz. 48) nach täglichem (Geringverdienergrenze: 73,34 €, entspricht einem Dreißigstel der Monatsgröße), wöchentlichem (513,34 €, entspricht dem Siebenfachen der Tagesgröße), monatlichem (2 200 €) und jährlichem (26 400 €, entspricht dem Zwölffachen der Monatsgröße) Lohnzahlungszeitraum. Maßgebend ist wie für die Voraussetzung des Abs. 3 Nr. 1 (vgl. → Rz. 43) derjenige Lohnzahlungszeitraum, für den tatsächlich der Lohn gezahlt worden ist, nicht ein üblicher oder regelmäßiger Lohnzahlungszeitraum. Im Normalfall ist der monatliche Lohnzahlungszeitraum relevant; wöchentliche oder tägliche („verkürzte") Lohnzahlungszeiträume können jedoch trotz monatlicher Lohnzahlung bei Beginn oder Beendigung eines Arbeitsverhältnisses sowie bei Beginn oder Beendigung der unbeschränkten Einkommensteuerpflicht im Inland (vgl. → Rz. 43). Für Tage- und Wochenlöhner gelten derartig verkürzte Lohnzahlungszeiträume ohnehin. Beispiele:[2]

50

BEISPIEL 1: Bei monatlichem Lohnzahlungszeitraum beträgt der laufende Arbeitslohn i. S. v. § 39b Abs. 2 Satz 1 EStG bei ArbN A ab Januar 2018 2 150 €. Zahlt der ArbG für A einen begünstigten Arbeitgeberbeitrag i. S. v. → Rz. 5 und → Rz. 21 i. H. v. 40 € zum jeweiligen Monatsbeginn für eine Direktversicherung, darf er im Januar gem. Abs. 2 Satz 1 (vgl. → Rz. 31 und → Rz. 32) einen monatlichen bAV-Förderbetrag i. H. v. 12 € (30 %) durch Anrechnung auf die insgesamt im betreffenden LSt-Anmeldungszeitraums abzuführende LSt geltend machen (vgl. → Rz. 22 bis → Rz. 26). Dies gilt auch für die Folgemonate, da der laufende Arbeitslohn bei 2 150 € verbleibt. Im Juni erhält A zusätzlich Urlaubsgeld i. H. v. 1 500 €; da dieses jedoch zu den sonstigen Bezügen i. S. v. § 39b Abs. 3 EStG zählt (vgl. → Rz. 49 unter „laufender steuerpflichtiger Arbeitslohn"), darf der ArbG auch für Juni den bAV-Förderbetrag geltend machen, da der laufende Arbeitslohn die Geringverdienergrenze nicht übersteigt. Im Oktober steigt der laufende Arbeitslohn dauerhaft auf 2.215 €, sodass ab diesem Monat kein Anspruch auf den bAV-Förderbetrag mehr besteht. Der ArbG kann daher den bAV-Förderbetrag i. H. v. monatlich 12 € für neun Monate in 2018 geltend machen.

BEISPIEL 2: Wie Beispiel 1 mit dem Unterschied, dass der ArbG nun an Stelle des arbeitgeberfinanzierten Monatsbeitrags einen Jahresbeitrag jeweils zum 1.11. eines Kalenderjahres i. H. v. 480 € in die Direktversicherung einzahlt. Da die Zahlung im November erfolgt, ein monatlicher Lohnzahlungszeitraum besteht und der laufende Arbeitslohn des A im Zeitpunkt der Beitragsleistung an die Direktversicherung (November 2018) 2 200 € übersteigt, darf ein bAV-Förderbetrag für 2018 nicht beansprucht werden. Dies muss allerdings kein Nachteil im Vergleich zu Beispiel 1 sein: Da nämlich derartige Beiträge grundsätzlich vorschüssig zu zahlen sind, betrifft der zum 1.11.2018 fällige Jahresbeitrag den Zeitraum 2018/2019. Konnte bei Fälligkeit des für 2017/2018 fälligen Jahresbeitrags zum 1.1.2017 der bAV-Förderbetrag beansprucht werden, weil im damaligen Lohnzahlungszeitraum die Geringverdienergrenze von 2 200 € nicht überschritten war, entstehen in den Beispielen 1 und 2 in der Summe dieselben bAV-Förderbeträge.

---

[1] Vgl. auch BMF v. 6.12.2017, BStBl 2018 I 147, Rz. 108.
[2] In Anlehnung an BMF v. 6.12.2017, BStBl 2018 I 147, Rz. 107 und 115.

> **BEISPIEL 3:** Bei monatlichem Lohnzahlungszeitraum beträgt der laufende Arbeitslohn i. S. v. § 39b Abs. 2 Satz 1 EStG bei ArbN B ab Januar 2018 4 000 €. Ab 16.4. ist B im DBA-Ausland tätig und bezieht für die erste Hälfte dieses Monats 2 000 € steuerpflichtig aus der deutschen und anschließend 2 000 € steuerfrei aus der ausländischen Betriebsstätte des ArbG. Somit beläuft sich der für § 100 Abs. 3 Nr. 3 Buchst. c EStG für April 2018 maßgebliche laufende Arbeitslohn auf lediglich 2 000 €, sodass für diesen Monat ein bAV-Förderbetrag beansprucht werden darf.

51 **Kritisch** zu sehen ist die jeweilige Höhe der in → Rz. 50 skizzierten Geringverdienergrenzen, da sie nicht automatisch dynamisiert und daher im Lauf der Jahre zwar u. U. nominal, nicht jedoch real überschritten wird. Eine Koppelung an sozialversicherungsrechtliche Bemessungsgrundlagen, wie z. B. die Beitragsbemessungsgrenze in der allgemeinen Rentenversicherung oder die Bezugsgröße i. S. v. § 18 SGB IV, die grundsätzlich jährlich an die durchschnittliche Lohnentwicklung angepasst werden, wird dem Gesetzgeber daher dringend empfohlen.

52 **Ergibt sich nachträglich** eine Änderung des Arbeitslohns (z. B. aufgrund einer LSt-Außenprüfung) mit der Folge, dass die Voraussetzungen für die Gewährung des bAV-Förderbetrags im jeweiligen Lohnzahlungszeitraum nicht erfüllt sind, müssen die entsprechenden LSt-Festsetzungen geändert werden.[1]

4. Leistungsarten und Leistungsformen (§ 100 Abs. 3 Nr. 4 EStG)

53 **Alters-, Invaliditäts- oder Hinterbliebenenversorgungsleistungen** sieht das Gesetz als Leistungsarten vor; sie können jeweils einzeln oder in beliebigen Kombinationen im bAV-Vertrag (vgl. → Rz. 47) abgeschlossen werden (vgl. → Rz. 20). Jene drei Leistungsarten decken sich mit den für die bAV insgesamt zulässigen.[2]

54 **Rente und Auszahlungsplan** i. S. v. § 1 Abs. 1 Satz 1 Nr. 4 Buchst. a AltZertG akzeptiert Abs. 3 Nr. 4 als Leistungsformen zum Erhalt des bAV-Förderbetrages. Bei den Renten kann es sich um lebenslängliche Leibrenten, abgekürzte Leibrenten (z. B. bei Waisenrenten) oder verlängerte Leibrenten (mit Rentengarantiezeit[3]) handeln. Ein Auszahlungsplan muss eine anschließende Teilkapitalverrentung ab spätestens dem 85. Lebensjahr vorsehen. Die Steuerpflicht jener Leistungen erwächst grundsätzlich aus § 22 Nr. 5 EStG, soweit diese auf Beiträgen beruhen, die gem. § 100 Abs. 6, § 3 Nr. 63, § 3 Nr. 63a, § 3 Nr. 66 oder § 10a/§ 79 ff. EStG beim ArbN steuerfrei waren.[4]

55 **Kapitalauszahlungen** sind förderschädlich, es sei denn es werden lediglich bis zu 30 % des zu Beginn der Auszahlungsphase zur Verfügung stehenden Kapitals außerhalb der laufenden Leistungen ausgezahlt[5] oder es handelt sich um ein Kapitalwahlrecht, welches eine einmalige Kapitalzahlung von bis zu 100 % an Stelle lebenslanger Leistungen ermöglicht. Im Detail gilt

---

1 Vgl. BMF v. 6.12.2017, BStBl 2018 I 147, Rz. 121 mit Beispielen in Rz. 122 und 123.
2 Vgl. BMF v. 6.12.2017, BStBl 2018 I 147, Rn 1.
3 Vgl. BMF v. 6.12.2017, BStBl 2018 I 147, Rz. 5.
4 Vgl. BMF v. 6.12.2017, BStBl 2018 I 147, Rz. 148.
5 Vgl. § 100 Abs. 3 Nr. 4 EStG i. V. m. § 1 Abs. 1 Satz 1 Nr. 4 Buchst. a AltZertG und BMF v. 6.12.2017, BStBl 2018 I 147, Rz. 34. Rz. 34 jenes BMF-Schreibens betrifft zwar § 3 Nr. 63 EStG, während die für § 100 EStG relevante Rz. 136 keine Aussage zur 30%igen Kapitalauszahlung macht, jene 30%-Regel hat jedoch wegen ihrer strukturellen Identität bei der Behandlung der Beiträge und der späteren Leistungen derselben Durchführungswege der betrieblichen Altersversorgung (Direktversicherungen, Pensionskassen und Pensionsfonds) auf Arbeitnehmerseite u. E. auch für § 100 EStG zu gelten und ihre Anwendung, d. h. tatsächliche Auszahlung einer Teilkapitalleistung in Höhe von 30% des bei Leistungsbeginns vorhandenen Deckungskapitals, hindert daher weder die Förderung gem. § 100 Abs. 2 EStG noch die Steuerfreiheit der Beiträge gem. Abs. 6 dieser Vorschrift.

nach Meinung der FinVerw.:[1] Die Vereinbarung eines Kapitalwahlrechts ist weder förder- noch steuerschädlich, sodass nicht gegen § 100 Abs. 2 und 6 EStG verstoßen wird. Dies gilt für Alters-, Invaliditäts- und Hinterbliebenenleistungen. Entscheidet sich der Arbeitnehmer allerdings tatsächlich für eine Einmalkapitalauszahlung im Rahmen jenes Wahlrechts, so sind von diesem Zeitpunkt an die Voraussetzungen des § 100 EStG nicht mehr erfüllt, d. h. die Förderung entfällt und die Beitragsleistungen sind zu besteuern. Hierzu lässt die FinVerw jedoch in derselben Weise wie bei § 3 Nr. 63 EStG[2] folgende Ausnahmen für die Alters- und Hinterbliebenenleistungen zu:[3] Erfolgt die Ausübung des Wahlrechtes innerhalb des letzten Jahres vor dem altersbedingten Ausscheiden aus dem Erwerbsleben, so tritt auch hier kein Verstoß gegen § 100 Abs. 2 und 6 EStG ein. Für die Berechnung der Jahresfrist ist dabei auf das im Zeitpunkt der Ausübung des Wahlrechts vertraglich vorgesehene Ausscheiden aus dem Erwerbsleben (vertraglich vorgesehener Beginn der Altersversorgungsleistung) abzustellen. Da die Auszahlungsphase bei der Hinterbliebenenleistung erst mit dem Zeitpunkt des Todes des ursprünglich Berechtigten beginnt, ist es in diesem Fall nach Meinung der FinVerw nicht zu beanstanden, wenn das Wahlrecht im zeitlichen Zusammenhang mit dem Tod des ursprünglich Berechtigten ausgeübt wird.[4] Obwohl das BMF somit die Vereinbarung des Wahlrechts auf Kapitalzahlung für den Fall einer Invalidenleistung per se nicht beanstandet, nimmt es die tatsächliche Ausübung dieser Option i. Z. m. Invaliditätsleistungen nicht in den Ausnahmekatalog auf, den es bei Alters- und Hinterbliebenenleistungen aufstellt und zwar sowohl i. Z. m. § 100 EStG[5] als auch i. Z. m. § 3 Nr. 63 EStG.[6] Diese Ausnahme von der Ausnahme i. Z. m. Invaliditätsleistungen ist sachlich nicht begründbar. Die tatsächliche Ausübung einer Kapitaloption i. Z. m. Invaliditätsleistungen darf deshalb ebenfalls nicht beanstandet werden, wenn das Wahlrecht vom Berechtigten – wie im Todesfall – im zeitlichen Zusammenhang mit seiner Invalidität ausgeübt wird. Mit jenen Aussagen zur Unschädlichkeit eines Kapitalwahlrechts und dem o.g. Ausnahmekatalog für den Fall der Ausübung jener Option hält das BMF in Rz. 34 seines Schreibens vom 6. 12.2017[7] bzgl. § 3 Nr. 63 EStG an seiner bisherigen Auffassung zur steuerrechtlichen Zulässigkeit jenes Kapitalwahlrechts[8] auch nach den Zweifeln fest, die der BFH in seinem Urteil v. 20.9.2016[9] in Rz. 16 zur Steuerunschädlichkeit eines Kapitalwahlrechts i. Z. m. § 3 Nr. 63 EStG geäußert hat. Im Gegensatz zur Rz. 34 sind jenes Festhalten und der Hinweis auf das o.g. BFH-Urteil vom 20.9.2016 in Rz. 136 nicht verankert; dies ist allerdings auch entbehrlich da sich die o.g. Zweifel des BFH nur auf § 3 Nr. 63 EStG erstrecken. Mit Verweis auf dasselbe BFH-Urteil v. 20.9.2016[10] stellt die FinVerw in Rz. 149 des BMF-Schreibens v. 6.12.2017[11] auch für Leistungen aus gem. § 100 EStG geförderten Pensionsfonds, Pensionskassen und Direktversicherungen klar, dass die Fünftelungsregelung des § 34 Abs. 1 EStG auf vertragsgemäße Teil- oder Einmalkapitalzahlungen nicht anwendbar ist. Diese Ansicht ist vor dem Hinter-

---

1 Vgl. BMF v. 6.12.2017, BStBl 2018 I 147, Rz. 136.
2 Vgl. BMF v. 6.12.2017, BStBl 2018 I 147, Rz. 34.
3 Vgl. BMF v. 6.12.2017, BStBl 2018 I 147, Rz. 136.
4 Vgl. BMF v. 6.12.2017, BStBl 2018 I 147, Rz. 136.
5 Vgl. BMF v. 6.12.2017, BStBl 2018 I 147, Rz. 136.
6 Vgl. BMF v. 6.12.2017, BStBl 2018 I 147, Rz. 34.
7 BStBl 2018 I 147.
8 Vgl. BMF v. 24.7.2013, BStBl 2013 I 1022, Rz. 312.
9 BFH, Urteil v. 20.9.2016 - X R 23/15, BStBl 2017 II 347.
10 BFH, Urteil v. 20.9.2016 - X R 23/15, BStBl 2017 II 347, Rz. 23.
11 BStBl 2018 I 147.

grund der BFH-Urteile X R 3/12[1] und X R 21/12[2] v. 23.10.2013, dem Urteil des FG Rheinland-Pfalz v. 19.5.2015[3] und der ab 2018 geltenden Anwendbarkeit der Fünftelungsregelung auf Abfindungen von Kleinstbetrags-Riesterrenten gem. § 22 Nr. 5 Satz 13 i. V. m. § 93 Abs. 3 EStG 2018 sehr kritisch zu sehen.[4]

5. Verbot einer „Zillmerung" (§ 100 Abs. 3 Nr. 5 EStG)

56 **Abschluss- und Vertriebskosten** des bAV-Vertrages dürfen nicht zulasten des oder der ersten Beiträge einbehalten werden (sog. „Zillmerung"). Abs. 3 Nr. 5 erfordert daher die Vereinbarung eines ungezillmerten Tarifes, also eines Vertrages, der die Abschluss- und Vertriebskosten gleichmäßig über die gesamte Beitragszahlungsdauer verteilt. Dadurch ergibt sich grundsätzlich eine günstigere Entwicklung des im Vertrag befindlichen Deckungskapitals als bei Zillmerung, auch für den Fall einer vorzeitigen Vertragsauflösung.[5] § 169 Abs. 3 Satz 1 VVG schreibt eine gleichmäßige Verteilung der angesetzten Abschluss- und Vertriebskosten jedoch lediglich auf die ersten fünf Vertragsjahre vor (sog. „Teil-Zillmerung"); ungezillmerte Tarife sind in Deutschland daher nicht Pflicht. Dementsprechend besteht die bAV in Deutschland gegenwärtig fast zu 100 % aus gezillmerten oder teilgezillmerten Verträgen.[6] Die Möglichkeit des Abs. 2 Satz 2, den bAV-Förderbetrag auch für die Aufstockung von bereits seit 2016 oder vorher bestehenden Altverträgen zu erhalten (vgl. → Rz. 37-39), ist daher in der weit überwiegenden Zahl der Fälle reine Theorie, da derartige Altverträge idR. nicht ungezillmert sind (vgl. ausführlich → Rz. 40). Dasselbe gilt für Altverträge, die bereits 2017 abgeschlossen wurden (vgl. → Rz. 34).

57–60 *(Einstweilen frei)*

IV. Zeitliche Voraussetzungen und Rückgewährung des Förderbetrages (§ 100 Abs. 4 EStG)

61 **Nur die Verhältnisse im Zeitpunkt der Beitragsleistung** sind für die Prüfung sämtlicher Voraussetzungen des bAV-Förderbetrages gem. Abs. 4 Satz 1 maßgeblich. Spätere Änderungen der Verhältnisse sind mit Ausnahme des Satzes 2 (vgl. → Rz. 62) unbeachtlich. Die Regelung betrifft insbesondere Fälle mit schwankendem oder steigendem Arbeitslohn (vgl. → Rz. 50, Beispiele 1 bis 3) sowie Fälle, in denen der Mindestbetrag nach Abs. 3 Nr. 2 EStG nicht erreicht wird. In beiden Szenarien kommt es zu keiner rückwirkenden Korrektur. Beispiele:

> **BEISPIEL 1:** Der ArbG zahlt bei einem unbefristet beschäftigten ArbN zum 1. eines jeden Monats einen begünstigten Arbeitgeberbeitrag i. S. v. → Rz. 5 und → Rz. 21 i. H. v. 30 € und nimmt den bAV-Förderbetrag in Anspruch. Zum 1.5. verlässt der ArbN unerwartet das Unternehmen. Hierüber hat er den ArbG am 20.4. informiert. Vom ArbG kann der zu zahlende Mindestbetrag von 240 € gem. Abs. 3 Nr. 2 (vgl. → Rz. 46) nicht mehr erreicht werden. Das unerwartete Ausscheiden des ArbN hat indessen keinen Einfluss auf den bereits in den Monaten Januar bis April in Anspruch genommenen bAV-Förderbetrag; es kommt zu keiner rückwirkenden Korrektur.

---

1 BStBl 2014 II 58.
2 BFH/NV 2014, 330.
3 FG Rheinland-Pfalz v. 19.5.2015 - 5 K 1792/12, EFG 2015, 1441.
4 Vgl. *Dommermuth/Veh*, Die Fünftelungsregelung bei Kapitalzahlungen aus betrieblicher Altersversorgung, NWB 2017, 1574 (1576, 1581).
5 Vgl. zum Sinn der Regelung ausführlich HHR/*Anzinger*, § 100 EStG Rz. 37.
6 Vgl. *Nareuisch*, Zillmerung in der betrieblichen Altersversorgung, NWB-EV 2012, 279.

BEISPIEL 2: Wie Beispiel 1 mit dem Unterschied, dass der ArbN seinen ArbG nun bereits zum 20.1. über seine fristgemäße Kündigung zum 30.4. informiert. Das rechtzeitig angekündigte Ausscheiden des ArbN hat keinen Einfluss auf den bereits im Januar in Anspruch genommenen bAV-Förderbetrag; es kommt insoweit zu keiner rückwirkenden Korrektur. Ab Februar jedoch ist offensichtlich, dass der zu zahlende Mindestbetrag von 240 € gem. § 100 Abs. 3 Nr. 2 EStG (vgl. → Rz. 46) nicht mehr erreicht werden kann; daher darf der bAV-Förderbetrag ab diesem Monat nicht mehr in Anspruch genommen werden.

Diese von der FinVerw praktizierte Interpretation des § 100 Abs. 4 Satz 1 EStG[1] erscheint willkürlich und nicht sachgerecht. Es ist nicht einzusehen, dass der ArbG im Beispiel 2 für die Monate Februar bis April keinen bAV-Förderbetrag mehr beanspruchen darf, obwohl — mit Ausnahme der Kenntnisnahme über den Zeitpunkt der Beendigung des Arbeitsverhältnisses — sämtliche Rahmenbedingungen mit dem Beispiel 1, welches den bAV-Förderbetrag bis April ermöglicht, identisch sind.

Eine rückwirkende Korrektur der bereits gewährten Förderung ist indessen vorzunehmen, wenn z. B. aufgrund einer fehlerhaften Lohnabrechnung oder im Rahmen einer Lohnsteuer-Außenprüfung nachträglich festgestellt wird, dass der nach § 100 Abs. 3 Nr. 3 EStG maßgebliche laufende Arbeitslohn unzutreffend ermittelt wurde.[2]

Verfällt die Anwartschaft auf Leistungen aus einer gem. § 100 EStG geförderten bAV und ergibt sich daraus eine vollständige oder teilweise Rückzahlung der Beiträge an den ArbG, sind die entsprechenden bAV-Förderbeträge gem. § 100 Abs. 4 Satz 2 EStG ganz oder teilweise zurückzugewähren. Dies ist insbesondere dann der Fall, wenn das Dienstverhältnis zum ArbN vor Ablauf der Unverfallbarkeitsfrist endet (vgl. § 1b Abs. 1 Satz 1 und § 30f Abs. 3 BetrAVG). Eine Verpflichtung zur Rückgewährung des bAV-Förderbetrages ergibt sich jedoch gem. Abs. 4 Satz 3 nur insoweit, wie er auf den Rückzahlungsbetrag an den ArbG entfällt, da verfallbare Anwartschaften nicht immer zu Rückflüssen an den ArbG führen. So verbleiben z. B. bei einer verfallenen Invaliditäts- und Hinterbliebenenversorgung iZm. einer reinen Beitragszusage i. S. v. § 1 Abs. 2 Nr. 2a und § 21 Abs. 1 BetrAVG alle Beiträge im Kollektiv des Versorgungsträgers und werden nicht an den ArbG ausgezahlt; in diesem Fall wird die Rückgewährung des bAV-Förderbetrages gem. Abs. 4 Satz 3 vermieden.[3] 62

Zurückzugewährende bAV-Förderbeträge sind der abzuführenden Lohnsteuer hinzuzurechnen. Die Rückgewähr erfolgt gem. Abs. 4 Satz 4 über die LSt-Anmeldung für den Lohnzahlungszeitraum, in dem die Rückzahlung zufließt (Umkehrung des in → Rz. 22 bis → Rz. 24 beschriebenen Vorgangs). 63

(Einstweilen frei) 64–70

V. Geltung von Vorschriften der AO zu Steuervergütungen sowie Straf- und Bußgeldverfahren (§ 100 Abs. 5 EStG)

Nach Abs. 5 EStG gelten insbesondere die Regelungen zur LSt-Außenprüfung und zur lohnsteuerlichen Anrufungsauskunft entsprechend. Aber auch bestimmte Regelungen der AO sind entsprechend beim bAV-Förderbetrag anzuwenden. Das sind insbesondere die für Steuervergütungen geltenden Vorschriften und die Straf- und Bußgeldvorschriften der AO. 71

---

1 Vgl. BMF v. 6.12.2017, BStBl 2018 I 147, Rz. 117 und 118.
2 Vgl. BMF v. 6.12.2017, BStBl 2018 I 147, Rz. 114 und das Beispiel in Rz. 116 sowie Rz. 121 bis 123.
3 Vgl. BMF v. 6.12.2017, BStBl 2018 I 147, Rz. 117 und 139.

72 Wird bei einer LSt-Außenprüfung festgestellt, dass bei einem ArbG die Voraussetzungen für den bAV-Förderbetrag und die Anrechnung der an das Finanzamt abzuführenden LSt (vgl. → Rz. 22 bis → Rz. 24) nicht vorgelegen haben, werden die entsprechenden LSt-Festsetzungen geändert, da die LSt-Anmeldungen gem. § 169 i.V.m. § 164 AO einer Steuerfestsetzung unter dem Vorbehalt der Nachprüfung gleichstehen.[1]

73–80 *(Einstweilen frei)*

VI. Steuerfreiheit des Arbeitgeberbeitrages beim Arbeitnehmer (§ 100 Abs. 6 EStG)

81 Liegen sämtliche Fördervoraussetzungen des § 100 EStG für den zusätzlichen Arbeitgeberbeitrag zur bAV vor, ist der Betrag gem. Abs. 6 maximal bis zum förderfähigen Höchstbetrag i.H. v. 480 € p.a. steuerfrei. Fehlt nur eine jene Fördervoraussetzungen, greift auch die Steuerfreiheit nach Abs. 6 nicht.[2]

82 Die Steuerfreistellung des § 3 Nr. 63 EStG wird durch Abs. 6 nicht berührt, egal ob sämtliche Fördervoraussetzungen des § 100 EStG erfüllt sind oder nicht. Greift die Steuerfreiheit nach § 100 Abs. 6 EStG, so hat sie Vorrang gegenüber der Steuerfreiheit nach § 3 Nr. 63 EStG (vgl. – auch zur Förderung des § 100 Abs. 2 EStG bei derartiger Kollision – Rz. 35). Ein über den förderfähigen Höchstbetrag nach § 100 Abs. 6 Satz 1 EStG hinaus gezahlter zusätzlicher Arbeitgeberbeitrag ist somit in der Regel nach § 3 Nr. 63 EStG steuerfrei, sofern das entsprechende Volumen des § 3 Nr. 63 EStG noch nicht anderweitig ausgeschöpft wurde.[3]

83–90 *(Einstweilen frei)*

C. Verfahrensfragen

91 Hinweise zu wichtigen Verfahrensfragen finden sich in den → Rz. 3, 4, 7, 21, 22 bis 25, 34 bis 36, 44 und 45, 52, 61 bis 63, 71 und 72 sowie 82.[4]

---

1 Vgl. BMF v. 6.12.2017, BStBl 2018 I 147, Rz. 142.
2 Vgl. BMF v. 6.12.2017, BStBl 2018 I 147, Rz. 143.
3 Vgl. BMF v. 6.12.2017, BStBl 2018 I 147, Rn 144.
4 Vgl. darüber hinaus ausführlich HHR/*Anzinger*, § 100 EStG Rz. 10 und 45.

STICHWORTVERZEICHNIS

Die fett gedruckten Ziffern verweisen auf den jeweiligen Paragraphen, die nachfolgenden Ziffern auf die zugehörigen Randziffern.

§ 34a EStG **16**, 26
§ 6b-Rücklage **16**, 21, 155, 523, 731
4-Stufen-Theorie **16**, 337

A

ABC der agB **33**, 136
ABC der Aktivierung und Passivierung **5**, 141
ABC der Dienstverhältnisse **19**, 251
ABC der Freien Berufe **18**, 235
ABC der Werbungskosten für ein aktives Dienstverhältnis **19**, 396
ABC des Arbeitslohns **19**, 371
Abschluss der obligatorischen Verträge, Zeitpunkt **23**, 237
Abernterecht **14**, 54
Abfärberegelung **15**, 490; **18**, 10, 62
– Abgrenzung **15**, 493
– Nichtanwendung **15**, 518
Abfärbewirkung **15**, 492
Abfallentsorgung **35a**, 175
Abfallmanagement **35a**, 175
Abfindung **4**, 537; **19**, 371; **24**, 52
– als sonstige Einkünfte **22**, 201
– unverfallbarer Anwartschaften **4d**, 201
Abfindungsanspruch **16**, 312
Abfindungszahlung, teilweise entgeltich **23**, 164
Abfluss **11**, 181 ff.
– Ausgaben für Nutzungsüberlassungen **11**, 216
– außergewöhnliche Belastungen **11**, 192
– Barzahlung **11**, 236
– Belastungsprinzip **11**, 192
– Beteiligung Dritter **11**, 201
– Damnum/Disagio **11**, 221 f.
– Drittaufwand **11**, 201
– Erstattung von Ausgaben **11**, 191
– Fälligkeit **11**, 182
– Kreditkarte **11**, 239

– regelmäßig wiederkehrende Ausgaben **11**, 211
– Scheck **11**, 238
– Sonderausgaben **11**, 192
– Überweisung **11**, 237
– Wechsel **11**, 240
– wirtschaftliche Verfügungsmacht **11**, 181
Abflussrohrreinigung **35a**, 175
Abgabe eines bindenden Angebots **23**, 248
Abgabe von Speisen und Getränken **13**, 45
Abgabeort **8**, 43
Abgeleitete Buchführungspflicht **5**, 25
Abgeltender Steuerabzug, Ausnahmen, Arbeitnehmerveranlagung **50**, 29
– – Einkünfte eines inländischen Betriebs **50**, 23
– – Nachträgliche Feststellung des Nichtvorliegens der Voraussetzungen der unbeschränkten Steuerpflicht **50**, 27
– – Veranlagungswahlrecht für beschränkt Steuerpflichtige **50**, 31
– – Wechsel von unbeschränkter zu beschränkter Steuerpflicht **50**, 28
– beschränkte Steuerpflicht **50**, 19 ff.
– – Ausnahmen **50**, 23 ff.
Abgeltungsteuer **23**, 41; **35b**, 79
– Anwendungsvorschriften **52a**, 1
– Werbungskosten **9**, 20
– – nachträgliche **9**, 45
Abgeltungswirkung durch den Lohnsteuerabzug **46**, 50
Abgeordnete **19**, 251
Abgeordnetenbezüge **22**, 202 ff.
– Wahlkampfkosten **22**, 212
– Werbungskosten **22**, 211
Abgrenzung Land- und Forstwirtschaft, zum Gewerbe **13**, 16 ff.
– zur Vermietung und Verpachtung **13**, 96 ff.

VERZEICHNIS Stichwörter

Abgrenzungsvereinbarung 18, 69
Abkommensrecht, beschränkte Steuerpflicht
  49, 5 f.
– Betriebsstättenverluste, Symmetriethese 2a, 4
Ablesedienst 35a, 175
Abrechnungsdienst 35a, 175
Abriss 35a, 175
Abrufberechtigung 39e, 23.24
Absatz eigener Erzeugnisse 13, 18 ff., 25 ff., 41 ff.
Absaugeeinrichtung 4, 116 ff.
Abschlussgebühren bei Bausparkassen, Passive
  Rechnungsabgrenzungsposten 5, 363
Abschnittsbesteuerung 2, 372 ff.
Abschreibung 4, 358
– fehlerhaft 4, 358
Abschreibungs- bzw. Bewertungsmöglichkeit
  15, 202
Abschreibungsmöglichkeit 15, 203
Absetzung für Abnutzung 7, 1 ff.; 7g, 98, 156
– Abnutzbarkeit 7, 51 ff.
– bei Rechtsnachfolge 7, 121 ff.
– Drittaufwand 7, 111 ff.
– Entstehung und Entwicklung 7, 21 ff.
– Jahresfrist 7, 61 ff.
– Leasing 7, 91 ff.
– Miteigentum 7, 86 ff.
– Nießbrauch 7, 96 ff.
– Normzweck und wirtschaftliche Bedeutung
  7, 1 ff.
– Nutzungsbefugnis 7, 101 ff.
– Persönlicher Anwendungsbereich 7, 81 ff.
– Sachlicher Geltungsbereich 7, 41 ff.
– Vereinbarkeit mit höherrangigem Recht
  7, 131 ff.
– Verhältnis zu anderen Regelungen 7, 146 ff.
– Wirtschaftsgut, Einkünfteerzielungsabsicht
  7, 41 ff.
– Zugehörigkeit zum Anlagevermögen 7, 71 ff.
Absetzung für außergewöhnliche technische oder
  wirtschaftliche Abnutzung 7, 301, 311 ff.
– außergewöhnliche wirtschaftliche Abnutzung
  7, 321 ff.
– Höhe und Zeitpunkt 7, 341 ff.
– Wahlrecht und Folgewirkungen 7, 346 ff.
– Wertaufholung 7, 356 ff.

Absetzung für Substanzverringerung (AfS)
  7, 501 ff.
– AfS, AfaA und Teilwertabschreibung 7, 526 ff.
– Anwendungsbereich 7, 501 ff.
– Anzahlungen auf AK 7a, 61 ff.
– Anzahlungen auf AK und TeilHK 7a, 56 ff.
– Aufzeichnungspflichten 7a, 131 ff.
– Bemessung 7, 516 ff.
– Bodenschatz als Wirtschaftsgut 7, 506 ff.
– erhöhte Absetzungen für Einfamilienhäuser,
  Zweifamilienhäuser und Eigentumswohnungen
  7b, 1 f.
– Kumulationsverbot 7a, 96 ff.
– Mindest-AfA 7a, 76 ff.
– Nachträgliche Änderungen der AK/HK
  7a, 36 ff.
– Restwertabschreibung 7a, 141
– TeilHK 7a, 66 ff.
– Verfahrensfragen 7, 541 ff.
Absicherung von Aktiengeschäften 15, 662
Absicherung von Grundgeschäften 15, 655
Abspaltung zur Aufnahme, Wirtschaftsjahr
  4a, 17
Abspaltung zur Neugründung, Wirtschaftsjahr
  4a, 17
Abstandnahme vom Steuerabzug,
  Aufzeichnungspflichten 44a, 36 ff.
– Dauerüberzahler 44a, 76 ff.
– Freistellungsauftrag 44a, 25 ff.
– Genossenschaften 44a, 71 ff.
– Juristische Personen des öffentlichen Rechts
  44a, 51 ff., 96 ff., 106 ff.
– Kapitalerträge 44a, 10, 11
– nicht steuerbefreite Körperschaften,
  Personenvereinigungen, Vermögensmassen
  44a, 41 ff.
– Nichtveranlagungsbescheinigung 44a, 21 ff.
– steuerbefreite Körperschaften,
  Personenvereinigungen, Vermögensmassen
  44a, 51 ff., 96 ff., 106 ff.
Abstandszahlung 24, 53
Abtretung 4b, 1, 8, 9; 19, 371
Abwälzung 40, 38
Abwasserentsorgung 35a, 175

Stichwörter VERZEICHNIS

Abzug, ausländische Steuern, auf Antrag 34c, 46 ff.
Abzugsbetrag 48a, 1
Abzugsmethode, auf Antrag 34c, 46 ff.
– – Ehegatten 34c, 88
– – Personengesellschaft 34c, 88
– – Vergleich mit Anrechnungsmethode 34c, 49
– – Voraussetzungen 34c, 46
– – Vorteilhaftigkeit 34c, 49
– – Wahlrecht 34c, 46, 88
– – Wirkung 34c, 48
– Doppelbesteuerungsabkommen 34c, 72
– Verfahren 34c, 87
– von Amts wegen 34c, 54 ff., 87
– – Tatbestände 34c, 56 f.
– – Voraussetzungen 34c, 54
Abzugsverbot 3c, 1; 4c, 1, 2, 7
Abzugsverbot für ausschüttungsbedingte Gewinnminderung, Anrechnungsverfahren 50c, 1
Ackerkrume 55, 34
Ackerprämienberechtigung, Buchwert § 55 EStG 55, 126
Adoptivkinder 32, 46
Ähnliche Darbietungen, beschränkte Steuerpflicht, Einkünfte aus Gewerbebetrieb, Darbietungstatbestand 49, 52 ff.
Änderung, rückwirkend 23, 84
– wegen nachträglich bekannt gewordener Tatsachen 23, 20
Änderungsdaten 39e, 20
Änderungsveranlagung 34a, 418
Äußerer Rahmen 19, 406
Akkumulationsrücklage, steuerfreie 58, 5
Aktien 19, 371; 43, 16
– Sicherheitsgeschäfte 15, 612
Aktienoption 19, 371
Aktive Rechnungsabgrenzungsposten 5, 118
– Einzelfälle 5, 328 ff.
– Rechtsfolgen 5, 324
– Tatbestand 5, 318
– Übersicht 5, 316
– Verhältnis zu anderen Aktivposten 5, 317
Aktives Dienstverhältnis 19, 46 f.

Aktivierung 4, 358; 4b, 1, 8; 5, 91
– entnommener WG 4, 358
– Privatvermögen 4, 358
Aktivierungspflicht 4b, 1, 7
Aktivierungsverbot 4b, 2, 7, 9
Aktivitäts- oder Produktivitätsklausel, Drittstaatenverluste, land- und forstwirtschaftliche Betriebsstätte 2a, 38 ff.
Alarmanlage 4, 116 ff.
Allgemeinbildung, Aufwendungen für 10, 91, 109
Altenheim 35a, 46, 65, 121
Altenteilerwohnung 13, 361 ff., 416 f., 431 ff.
Altenwohnheim 35a, 46, 65, 121
Alter 16, 720
Altersentlastungsbetrag, Arbeitslohn 24a, 36
– außerordentliche Einkünfte 24a, 22
– Härteausgleich 24a, 23, 48
– steuerfreie Zuwendungen 24a, 37
– Verlustverrechnung 24a, 46
Altersrente, s. Renten o. Leibrenten
Altersteilzeit 19, 371
Altersteilzeitgesetz 3, 228
Altersversicherung, der Landwirte 3, 20, 23
Altersversorgung, s. Rentenbesteuerung
– kapitalgedeckte betriebliche 3, 566
Altersversorgung/Altersvorsorge 10, 1; 10a, 79 ff.
– s. Basisrente
– Altersvorsorgebeiträge 82, 1 ff.
– Altersvorsorgeeigenheimbetrag 92a, 3
– Altersvorsorgezulage 83, 1; 84, 1; 85, 1
– Anbieter von Altersvorsorgeverträgen 80, 1
– Anbieterverfahren 89, 1
– Antrag auf Altersvorsorgezulage 89, 1
– Arbeitgeberanteil 10, 48
– Arbeitnehmeranteil 10, 48, 171
– Basisrente 10, 49
– Berufsständische Versorgungswerke 10, 48
– Berufsunfähigkeitsversicherung 10, 50
– Betriebliche Altersversorgung 10a, 26; 82, 7
– Datenübermittlung 10, 173
– freiwillige Beiträge 10, 48
– Generationennachfolgeverbund 10, 155

- Grundzulage (Altersvorsorgevertrag) **83**, 1; **84**, 1; **85**, 1
- Günstigerprüfung **10**, 185; **10a**, 45
- Höchstbeträge **10**, 181 ff.
- Kinderzulage (Altersvorsorgevertrag) **85**, 1
- Mindesteigenbeitrag **86**, 1
- Pensionsfonds Beiträge zu **82**, 3
- Pensionskassen Beiträge zu **82**, 3
- Riester **79**, 1; **82**, 5; **92a**, 1, 7; **93**, 1
- Schädliche Verwendung **93**, 1, 3 ff.; **94**, 1; **95**, 1, 4
- Sockelbetrag **86**, 3
- Wohnförderkonto **92a**, 3
- Zertifizierter Altersvorsorgevertrag **82**, 3
- Zulagennummer **10a**, 36
- Zuständige Stelle (Altersvorsorgezulage) **81a**, 1

Altersvorsorgevermögen, Übertragung **3**, 499
- Übertragung von Anrechten **3**, 506

Amateuermusiker, sonstige Einkünfte **22**, 171
Amtlicher Sachbezugswert **8**, 101 ff.
Amtshilferichtlinien-Umsetzungsgesetz **4**, 3, 13
Amtsveranlagung **46**, 3
- Aufteilung von Freibeträgen **46**, 20
- beidseitiger Lohnbezug **46**, 18
- Eheauflösung **46**, 23
- Freibetrag **46**, 19
- Freigrenze **46**, 10
- frühere Dienstverhältnisse **46**, 22
- mehrere Arbeitgeber **46**, 16
- Nebeneinkünfte **46**, 10
- nicht im Inland Ansässige **46**, 24
- Tarifermäßigung bei außerordentlichen Arbeitslohn **46**, 21
- Vorsorgepauschale **46**, 17
- Wiederverheiratung **46**, 23

Anbauverzeichnis **13**, 473
Andere Anlagen sowie Betriebs- und Geschäftsausstattung **5**, 106
Andere Leistungen für Kinder **65**, 10
Anfangsbilanz **4**, 100
Angebotspreis **8**, 32, 138 ff.
Angehörige **19**, 251; **23**, 182
- Dienstverhältnis **19**, 206
angemessene Aufwendungen **19**, 396

Angemessenheit **33**, 75 ff.
Anlageberater **19**, 251
Anlagen auf oder im Boden **13**, 166
Anlagen im Bau **5**, 108
Anlagen im Grund und Boden, Reinvestitionsvergünstigung **6b**, 77 f.
Anlagevermögen **4**, 129, 472, 537; **5**, 94; **7g**, 41; **9b**, 1; **16**, 141
Anlageverzeichnisse, Gewinnermittlung nach Durchschnittssätzen **13a**, 321, 331
Anliegerbeitrag **35a**, 117, 175
Anmelde- und Abführungspflichten **41a**, 2
Anmeldezeitraum **42d**, 23
Anmeldung und Abführung **41a**, 1, 16
Anrechnung **48c**, 1
- ausländische Steuern **32d**, 37; **34c**, 16 ff.; **50d**, 190 ff.
- beschränkt Steuerpflichtige **36**, 91
- Einkommensteuer-Vorauszahlung **36**, 41
- Einkünfteidentität **34c**, 23
- Kapitalertragsteuer **36**, 71 ff.
- Lohnsteuer **36**, 61 ff.
- Steuerabzugsbeträge **36**, 46 ff.
- Werbungskosten **9**, 20
- zeitliche Identität **34c**, 24
Anrechnungsbescheid **48c**, 5
Anrechnungshöchstbetrag **34c**, 28 ff.
- außergewöhnliche Belastungen **34c**, 29
- Doppelbesteuerungsabkommen **34c**, 74
- durchschnittlicher Einkommensteuersatz **34c**, 30
- Grundfreibetrag **34c**, 29
- Sonderausgaben **34c**, 29
- Unionsrecht **34c**, 7, 29, 31, 34
- Veranlagungszeiträume nach 2015 **34c**, 30
- Veranlagungszeiträume vor 2015 **34c**, 29
- Voraussetzungen **34c**, 28
Anrechnungsmethode, Anrechnungsüberhang **34c**, 30
- Arbeitnehmerfreizügigkeit **34c**, 6
- ausländische Einkünfte **34c**, 19, 35 ff.
- Basisgesellschaft **34c**, 18
- Beispiel **34c**, 40
- Doppelbesteuerungsabkommen **34c**, 72
- Drittstaateneinkünfte **34c**, 20

- durchschnittlicher Einkommensteuersatz 34c, 30, 33 f.
- Gleichheitssatz 34c, 6
- Grundrechtsverletzung 34c, 6
- Höchstbetrag 34c, 8
- Investmentsfonds 34c, 32
- Kapitalexportneutralität 34c, 2
- Kapitalverkehrsfreiheit 34c, 6
- modifizierter durchschnittlicher Einkommensteuersatz 34c, 31, 34
- Niederlassungsfreiheit 34c, 6
- Nießbrauch 34c, 18
- Organschaft 34c, 18
- per-country-limitation 34c, 7
- persönlicher Anwendungsbereich 34c, 4
- Personengesellschaft 34c, 4
- private Kapitaleinkünfte 34c, 34, 36
- sachlicher Anwendungsbereich 34c, 5
- Steuersubjektidentität 34c, 16
- Treuhänder 34c, 18
- Unionsrecht 34c, 6 ff.
- Verfahren 34c, 87
- Vergleich mit Abzugsmethode 34c, 49
- Verlust 34c, 34

Anrufungsauskunft 41c, 19; 42e, 1 f., 5, 11 ff.
Ansässigkeitsbescheinigung 50d, 136 f.
Ansammlungsrückstellung, Rücknahmeverpflichtung 6, 192
- Verpflichtung zur Stilllegung von Atomkraftwerken 6, 194

Ansatzbeschränkung 4f, 4, 6, 8
Ansatzverbot 4f, 3, 4
Anschaffung 9b, 24; 23, 221, 222
Anschaffungs- und Herstellungskosten 23, 376
Anschaffungsfiktion 23, 286
Anschaffungskosten 7g, 93; 9b, 1; 17, 272 ff.; 23, 221
- Ablösezahlungen im Profifußball 6, 27
- ausländische Währung 6, 27
- bei Anteilserwerb kraft Rechtsnachfolge 17, 285 ff.
- Grund und Boden 6, 27; 13, 167 f.; 55, 32
- Investitionszuschüsse 6, 27
- Rabatt 6, 27
- Rückstellung 5, 292

- Zwangsversteigerungsverfahren 6, 27

anschaffungsnahe Herstellungskosten, Erhaltungsarbeiten 6, 89
- Erweiterung 6, 89
- Schönheitsreparaturen 6, 89
- versteckte Mängel 6, 89

Anschaffungsvorgang 23, 234
Anscheinsbeweis 8, 60 f.
Anspruch 50d, 32 f., 44, 47, 53 f., 56, 58, 76, 106 ff.
Anspruchsvoraussetzungen, Überprüfung des Fortbestehens 69, 1 ff.
Anteil, am Nennkapital einer Kapitalgesellschaft 17, 111 ff.
- an verbundenen Unternehmen 5, 111
- des Komplementärs einer Kommanditgesellschaft auf Aktien 15, 335
- mit unterschiedlichen Anschaffungskosten 17, 296

Anteilstausch 16, 240
Anteilsübertragung 16, 276
Anti-D-Immunprophylaxe 3, 606
Antrag 4g, 16; 5a, 96; 33, 51 ff.
- Änderung oder Rücknahme 34a, 88
- auf Kindergeld 67, 15
- Bindungswirkung 5a, 96
- gemeinsamer 35a, 162 f.
- (teilweise) Änderung oder Rücknahme 34a, 93

Antrag des Steuerpflichtigen 35b, 3, 41
- nicht fristgebunden 35b, 42

Antragspflichtigkeit 4e, 121
Antragstellung 34a, 67, 70
- bei Einzelunternehmern 34a, 71
- bei Mitunternehmern 34a, 72
- erstmalige 34a, 86

Antragsveranlagung 46, 2
- Form des Antrags 46, 32
- Frist 46, 33

Anwachsung 16, 276
Anwartschaft, auf Beteiligungen 17, 119 ff.
- unverfallbar 4b, 1 ff.

Anwendbarkeit auf gewerbesteuerliche Hinzurechnungsbeträge, keine 50g, 18
Anwendung von Rechtsvorschriften 58, 1
Anwendungbereich, zeitlicher 5, 6; 5a, 13

Anwendungsbereich, persönlicher **5**, 5; **5a**, 11; **34a**, 27
- persönlicher, Anrechnungsmethode **34c**, 4
- sachlicher **5**, 3f.; **5a**, 12; **34a**, 30
- sachlicher, Anrechnungsmethode **34c**, 5

Anwendungsreihenfolge, von § 35b EStG **35b**, 33

Anwendungsvorschrift **52**, 1
- des § 52 EStG **52**, 1

Anzahlung **4**, 537
- erhalten **4**, 141 ff.

Anzeigenwerber **19**, 251

Anzeigepflicht **38**, 37

AOA, s. Authorised OECD Approach
- Betriebsstättengewinnabgrenzung, beschränkte Steuerpflicht **49**, 27 ff.

Apothekengerechtigkeit **23**, 144

Arbeit, selbständige **34a**, 30

Arbeitgeber **4b**, 2; **19**, 126 f.; **38**, 8 ff.; **41a**, 16
- Anzeigepflicht **41c**, 12
- ausländische **38**, 14; **41**, 5
- Haftungsrisiken **41c**, 1
- inländischer **19**, 133; **38**, 8, 10
- Lohnsteuerjahresausgleich **42b**, 1 ff.
- manuelles Abrechnungsverfahren **41b**, 16
- wirtschaftliche **38**, 8

Arbeitgeber-Pool **35a**, 44

Arbeitgeberdarlehen **8**, 32

Arbeitgeberjahresausgleich **41c**, 10

Arbeitnehmer **19**, 106 f.; **41a**, 16
- Erstattungsansprüche **41c**, 27
- Verleih **38**, 13

Arbeitnehmerentsendung **19**, 228, 251

Arbeitnehmerfreizügigkeit, Anrechnungsmethode **34c**, 6
- Auslandstätigkeitserlass **34c**, 9

Arbeitnehmerpauschbetrag **19**, 32; **24**, 26

Arbeitnehmersparzulage **19**, 371

Arbeitnehmerüberlassung **42d**, 96

Arbeitnehmervergleich **48**, 29

Arbeitnehmerverleih **38**, 13

Arbeitnehmerverleiher, ausländische **41**, 5

Arbeitsbühne **4**, 116 f.

Arbeitskosten **35a**, 146, 147

Arbeitskraft **19**, 76, 262

Arbeitsleistung **4**, 537

Arbeitslohn **19**, 38, 1, 261 f.
- Rückrechnung **41c**, 11
- Unterbrechung des Anspruchs **41**, 21

Arbeitslohn von Dritter Seite **19**, 331 f.

Arbeitslosenbeihilfe **3**, 39

Arbeitslosengeld **3**, 37; **19**, 371
- Zuschuss **3**, 37

Arbeitslosenhilfe **3**, 39

Arbeitsmittel **12**, 26; **19**, 371, 396

Arbeitsplatzschutzgesetz **3**, 446

Arbeitsrechtliche Streitigkeiten **19**, 396

Arbeitsschutzkleidung **3**, 244

Arbeitssuche **19**, 396

Arbeitsverhältnis **5**, 141; **19**, 56
- Konzern **41**, 47

Arbeitszimmer **4**, 725 ff.; **19**, 396; **23**, 174

Architektenleistung **35a**, 175

Artisten **19**, 251

artistische Darbietungen, beschränkte Steuerpflicht, Einkünfte aus Gewerbebetrieb, Darbietungstatbestand **49**, 52 ff.

Arzt **19**, 251

Asbestsanierung **35a**, 175

asiatischer Laubholzbockkäfer (ALHB) **34b**, 44

AStA-Mitglieder **19**, 251

Au-pair **19**, 251; **35a**, 175

Aufbewahrungspflicht **41**, 41

Aufforstungskosten **13**, 208 ff.

Auffüllungsbetrag **4c**, 5

Aufgabe eines Betriebs **16**, 386

Aufgabe eines Mitunternehmeranteils **16**, 386

Aufgabeerklärung **14**, 68, 112; **16**, 399, 403

Aufgabegewinn, Stichtagsbezogenheit **14**, 72

Aufgabehandlung **16**, 399, 400, 426

Aufgabewille **16**, 399

aufgedrängte Bereicherung **19**, 285, 371

Auflagen **4**, 826

Auflösung stiller Reserven **35b**, 91

Aufmerksamkeiten **19**, 306

Aufnahme eines Gesellschafters **16**, 288

Aufnahme von Darlehen **4**, 537

Aufrechnung **75**, 11

Aufsichtsbehörde **4c**, 5, 6

Aufsichtsratseinkünfte,
  Steuerabzugstatbestände, beschränkte
  Steuerpflicht **50a**, 26
Aufsichtsratsmitglieder 19, 251
Aufspaltung, Wirtschaftsjahr **4a,** 17
Aufstockungsbeträge 3, 228
Aufteilungs- und Abzugsgebot 12, 21, 22
Aufteilungs- und Abzugsverbot 4, 737;
  12, 21, 22
Aufteilungsmaßstab 12, 24; **35b,** 119
Aufwand 4, 92; **12,** 50
– gemischter **12,** 23
– untrennbarer **12,** 25
Aufwandsentschädigung 19, 371; **24,** 9
Aufwandsspenden, s. Spendenabzug
Aufwandsüberhang 4f, 8, 9, 11, 12
Aufwendungen, Individuell zurechenbare
  19, 406
Aufwendungen für den äußeren Rahmen
  19, 406
Aufwendungsbegriff 33, 16
Aufwendungsersatz 33, 30 ff.
Aufwuchs, Reinvestitionsvergünstigung
  6b, 77 f., 112
Aufwuchs (dazugehöriger), Begriff § 13a Abs. 7
  EStG **13a,** 238
Aufzeichnungen 4, 484, 895 ff.; **13a,** 238
Aufzeichnungserleichterung 41, 30
– Kreditinstitute mit mehreren lohnsteuerlichen
  Betriebsstätten **41,** 47
Aufzeichnungspflicht 5, 80; **18,** 27; **40a,** 38 f.;
  40b, 29 ff.; **43,** 82
– Erleichterung **41,** 23
Aufzeichnungsvorschriften 18, 27
Aufzugnotruf 35a, 62, 175
Ausbeuteverträge, Aktive
  Rechnungsabgrenzungsposten **5,** 328
Ausbietungsgarantie, Passive
  Rechnungsabgrenzungsposten **5,** 364
Ausbilder, nebenberufliche Tätigkeit **3,** 171
Ausbildung 19, 251, 371
– im Rahmen eines Dienstverhältnisses **12,** 53
Ausbildungsdienstverhältnis 19, 216
Ausbildungskosten 10, 106 ff.; **19,** 396; **33,** 1, 81
– Abgrenzung **10,** 107

– Abzugsberechtigung **10,** 123
– Erstausbildung **10,** 111
– Führerscheinkosten **10,** 109
– Habilitationskosten **10,** 110
– Höchstbetrag **10,** 124
– Promotionskosten **10,** 110
– Zweitausbildung **10,** 108
Ausbildungsplatzzuschuss, Passive
  Rechnungsabgrenzungsposten **5,** 365
Auseinandersetzungsguthaben 24, 93
Ausgleichs- und Abzugsverbot 15, 610
– Ausnahme **15,** 655
– für Verluste **15,** 610
Ausgleichsflächen, Gewinnermittlung nach
  Durchschnittssätzen **13a,** 188
Ausgleichsgeld 3, 221; **13,** 381 f.
Ausgleichsleistungen 1a, 34
– nach dem Ausgleichsleistungsgesetz **3,** 71
Ausgleichsposten 4g, 17; **16,** 16
– Bilanzierungshilfe **4g,** 17
– gewinneutrale Auflösung **4g,** 31
– regelmäßige Auflösung **4g,** 25
– Sofortauflösung **4g,** 26
– Wahlrecht **4g,** 17
Ausgleichszahlungen der Beamten 3, 53
Aushilfskräfte 19, 251; **40a,** 28 ff.
Aushilfstätigkeit 19, 186
Auskunftsverweigerungsrecht 18, 33
Ausländer 33, 67
Ausländische Betriebsstätte 7g, 57
– Ausgleichsposten **4g,** 32
Ausländische Einkünfte 34c, 19, 35 ff.; **34d,** 6
– Anrechnung, Betriebsausgaben **34c,** 38
– Anrechnungsmethode, Ermittlung
  34c, 19, 35 ff.
– – steuerfreie Einkünfte **34c,** 37
– Begriff **34d,** 5
– Betriebsausgaben **34c,** 38
– Ermittlung **34d,** 6
– Investmentfonds **34c,** 32
– private Kapitaleinkünfte **34c,** 36
Ausländische Steuern 34c, 20 ff.
– Abzug **34c,** 46 ff., 54 ff.
– Abzugsmethode, Nachweis **34c,** 89
– Anrechnung **34c,** 16 ff.; **43a,** 55

- Anrechnungsmethode, Nachweis 34c, 89
- der Einkommensteuer entsprechend 34c, 21
- Fortgeltungsregelungen 2a, 109
- gezahlte 34c, 22
- Sondervergütungen 34c, 17

Ausländische Währung 4, 506
Ausländischer Betrieb 4, 262
- Überführung 4, 262

Ausländischer Verleiher als ArbG 19, 133
Auslagenersatz 3, 457; 19, 301 f., 371
Auslagerung 4f, 1, 5, 10
Auslandsbedienstete 3, 578
Auslandsdienstreisen 19, 371
Auslandsfond 23, 114
Auslandsspenden, s. Spendenabzug
Auslandstaaten 4, 848
Auslandstätigkeit 19, 371
Auslandstätigkeitserlass 34c, 64 ff., 70 f.
- Arbeitnehmerfreizügigkeit 34c, 9
- Unionsrecht 34c, 9

Auslandsverluste, Fortgeltungsregelungen 2a, 109
Auslieferungsfahrer 19, 251
Außen- und Innengesellschaft 15, 560
Außenanlage 4, 116 ff.; 23, 148, 160
Außenprüfung 13, 476
Außergewöhnliche Belastungen 26a, 17 ff.; 26b, 30
- Anrechnungshöchstbetrag 34c, 29

Außergewöhnlichkeit 33, 41 ff.
Außerordentliche Einkünfte 26a, 40
- Altersgrenze 34, 125 f.
- Antrag 34, 115 ff.
- Aufzählung 34, 80
- Auslandsbeziehungen 34, 12
- Ausschluss der Tarifermäßigung 34, 160
- Berechnungsschritte 34, 140
- dauernde Berufsunfähigkeit 34, 127
- Einmaligkeit 34, 145 ff.
- Entschädigungen 34, 85
- Entschädigungszahlungen 34, 61 ff.
- Enumeration 34, 80
- Ermittlung der Tarifermäßigung 34, 35 ff.
- Europarechtskonformität 34, 20
- Höchstbetrag 34, 120 f.
- Höhe 34, 70 ff.
- kumulative Anwendung 34, 39
- Nutzungsvergütungen 34, 90
- Tarifermäßigung 34, 130
- Teileinkünfteverfahren 34, 81
- Unionsrechtskonformität 34, 20
- Verbot mehrfacher Begünstigung 34, 50 f.
- Verfahrensfragen 34, 180
- Verfassungsmäßigkeit 34, 20
- Vergütung für mehjährige Tätigkeit 34, 95 ff.
- Vor- und Nachteile 34, 131
- Zinsen 34, 90
- Zusammenballung 34, 58 ff.
- Zusammentreffen mit Progressionsvorbehalt 34, 38

Aussetzung der Vollziehung, Wegfallmitteilung § 13a EStG 13a, 123
Ausstellerhaftung, s. Spendenabzug
Austritt von Gesellschaftern, Wirtschaftsjahr 4a, 16
Auswärtstätigkeit 19, 396
Auswahlermessen 42d, 59
Authorised OECD Approach (AOA), Betriebsstätte, Einkünfte aus Gewerbebetrieb 49, 30
Automatenbetreuer 19, 251

B

Back-to-Back-Finanzierung 32d, 8
Bäder 4, 116 ff.
Bagatellgrenze 42d, 93
BahnCard 3, 139/1; 19, 371, 396
Bambusanbau 3, 139/1; 13a, 216
Bankgebühren, aktive Rechnungsabgrenzungsposten 5, 329
Barbesuche 4, 808
Barlohn 19, 341
Barzuwendung 8, 33 ff.
Base Erosion and Profit Shifting 50g, 8
Basisgesellschaft, Anrechnungsmethode 34c, 18
- Steuersubjektidentität 34c, 18

Basisrentenvertrag 3, 506
Basisversorgung, s. Rentenbesteuerung
Bauabzugssteuer 48, 1

Baudenkmal, Absetzungsberechtigter 7i, 47 ff.
– begünstigte Gebäude und Maßnahmen
  7i, 49 ff.
– Bemessungsgrundlage 7i, 52 ff.
– Bescheinigung 7i, 36 ff.
– Erhaltungsaufwand 10f, 31
– Erhöhte Absetzungen 7i, 1 ff.
– Erhöhte Absetzungen im
  Begünstigungszeitraum 7i, 61 f.
– Höhe der Absetzungen 7i, 61 ff.
– Nachweis der Erforderlichkeit der Maßnahmen
  7i, 71 ff.
– Restwert-AfA 7i, 63 ff.
– selbständige Gebäudeteile 7i, 76
– Sonderausgabenabzug 10f, 1, 15
– zweigeteiltes Prüfverfahren 7i, 26 ff.
Bauernwaldung 13, 202
Baukindergeld 34f, 1
Baukostenzuschüsse, passive
  Rechnungsabgrenzungsposten 5, 366
Bauland 23, 175
Bauleiter 19, 251
Baumaßnahmen 11a, 1; 11b, 1
– Durchführung 23, 179
Baumbestand 4, 123; 13, 201, 206
Baumschulen 13, 236 f.
Bausparkassenvertreter 24, 74
Bausparvertrag 19, 371
Bausperre 24, 50
Bauten auf fremdem Grund und Boden 4, 206
Bauten auf fremden Grundstücken 5, 104
Bauträger AG 4, 163
Bauunternehmen 48, 1
– ausländische 41, 49
Beamte 19, 251
Bearbeitungsbetrieb 13, 346 f.
Bebauungsplan 14, 73
Bedeutung, geringfügige wirtschaftliche 15, 516
Bedingt rückzahlbare Verpflichtungen 5, 221 ff.
– Rangrücktritt 5, 226 ff.
Bedingung, auflösend 4, 143
Beendigungstatbestand 23, 23
Befreiung vom Quellensteuerabzug 50g, 1
Befristung 15, 93
Begleitperson 19, 408

Begriff beschränkte Steuerpflicht 49, 1 ff.
Begünstigungsbetrag 34a, 181, 182
**Begünstigungsbetrag und
  nachversteuerungspflichtiger Betrag** 34a, 181
Begünstigungszeitraum (Fünfjahreszeitraum)
  35b, 16
Behaltensfrist 16, 600
Beherrschung, faktische 15, 477
Beherrschungsidentität 15, 475
Behinderte 3, 95
Behinderte Kinder 32, 136
Behinderten-Pauschbetrag, atypische
  Aufwendungen 33b, 13
– behinderte Menschen 33b, 21
– Grad der Behinderung 33b, 22
– Höhe 33b, 23
– typische Aufwendungen 33b, 12
– Übertragung 33b, 32 f.
– Verfahrensfragen 33b, 60
Beiträge 4e, 61 ff.
– Berufsverbände 4, 537
– Sportverein 4, 537
Beitragsschwankung 4c, 4
Beitragsverpflichtung, Beiträge 4e, 62
Beitreibungsrichtlinie-Umsetzungsgesetz
  4, 3, 13
Bekämpfung illegaler Betätigung 48, 1
Belastung mit Schenkungsteuer 35b, 17
Belastungsprinzip 33, 20 ff.
Beleihung 4b, 1, 8, 9
Beleuchtungsanlagen 4, 116 ff.
Belohnungsessen 8, 114
Bemessungsgrundlage 7g, 98
Benachteiligung von Schenkungen 35b, 25
Bereederung, im Inland 5a, 56 ff.
– Tonnagesteuer 5a, 56
Bereicherungsobjekte 35b, 53
Bergbauschäden 24, 50
Berichtigungszeitraum 9b, 32
Berufsaubildung (agB), Begriff 33a, 28
– gemeinsamer Antrag 33a, 104
– hälftige Aufteilung 33a, 104
– Prinzip der Einmalgewährung 33a, 103
Berufsausbildung 4, 910 ff.; 12, 51; 32, 91

Berufsausbildungsaufwendungen 33, 1, 81; 33a, 28 f.
Berufsausbildungsbeihilfen 3, 37
Berufsfeuerwehr 3, 58
Berufshaftpflichtversicherung 19, 371
Berufskammer 3, 116
Berufskleidung 3, 244; 19, 371, 396
Berufskonsul 3, 235
Berufskraftfahrer 19, 251
Berufskrankheit 19, 396
Berufsspezifische Erleichterungen 8, 89
berufsständische Versorgungseinrichtungen 3, 52
Berufsunfähigkeit 16, 720, 726
Berufsunfähigkeitsversicherung 4b, 3
Berufsverband 19, 396
Besatzungsmitglied 41a, 27
Beschäftigte, kurzfristig 40a, 10
Beschäftigung, geringfügige 50e, 1 f.
Beschäftigungsverhältnis, geringfügiges 35a, 1, 21 f.
Bescheinigung, Baudenkmale/Geb. in Sanierungsgebieten 10f, 16, 56 f.
Beschränkte Steuerpflicht 16, 4, 38; 33, 3
– abgeltender Steuerabzug 50, 19 ff.
– – Ausnahmen 50, 23 ff.
– Abkommensrecht 49, 5 f.
– Begriff 49, 1 ff.
– Berücksichtigung ausländischer Steuern vom Einkommen 50, 41 ff.
– Betriebsstätte, Einkünfte aus Gewerbebetrieb 49, 30
– Betriebsstättengewinnabgrenzung, Einkünfte aus Gewerbebetrieb 49, 30
– Darbietungstatbestand, Einkünfte aus Gewerbebetrieb 49, 48
– Doppelbesteuerungsabkommen 49, 5 f.
– Einkünfte, inländische, Einkünfte aus Gewerbebetrieb 49, 21
– Immobiliengesellschaften 49, 64 f.
– inlandsradizierte Einkünfte 49, 1 ff.
– Konzeption 49, 1 ff.
– Lizenzzahlungen für Softwareüberlassung/Datenbanknutzung 49, 90 f.

– Steuerabzugstatbestände 50a, 11
– – Aufsichtsratseinkünfte 50a, 26
– – Bemessung der Steuer 50a, 34
– – Darbietungseinkünfte 50a, 12
– – Nutzungsüberlassungseinkünfte 50a, 18
– – Steuerabzug auf Anordnung 50a, 81 ff.
– – Steuerabzug auf zweiter Stufe 50a, 59
– – Unionsrechtliche Betriebsausgaben-/Werbungskostenmitteilungsoption 50a, 45 ff.
– – Verwertungseinkünfte von Darbietungen 50a, 17
– Unionsrechtskonformität 49, 4
– Veranlagung 50, 3 f.
– – Betriebsausgaben-, Werbungskostenabzug; wirtschaftlicher Zusammenhang zu inländischen Einkünften 50, 3 f.
– – Betriebsausgabenabzug 50, 3 f.
– – Erhöhung um den Grundfreibetrag 50, 5
– – Nichtanwendbarkeit bestimmter, auf der persönlichen Leistungsfähigkeitsebene angesiedelter Abzugsposten 50, 6 ff.
– – Sonderregeln bei beschränkt steuerpflichtigen Arbeitnehmern 50, 6 ff.
– – Werbungskostenabzug 50, 3 f.
– – wirtschaftlicher Zusammenhang zu inländischen Einkünften 50, 3 f.
– Verhältnis zu höherrangigem Recht 49, 3 ff.
– Verwertungseinkünfte von Darbietungen, Steuerabzugstatbestände 50a, 17
– Wesen 49, 1 ff.
Besitzunternehmen 15, 470
Besitzzeitanrechnung, bei Personengesellschaften 6b, 176
Besoldungsstelle, Beamte/andere Mitarbeiter des öffentlichen Dienstes 41a, 19
Besondere Anwendungsregeln 57, 1
Besondere Mitwirkungspflichten 68, 11
Besonderer Pauschsteuersatz 40, 13 ff.
Besserungsoption 24, 93
Bestandsvergleich 4, 51 ff.
– Gewinn durch 34a, 131
Bestechungsgeld 4, 632, 846 ff.; 19, 335, 371
– als sonstige Einkünfte 22, 201

Besteuerung, s. Rentenbesteuerung
– effektive **50g**, 8
Besteuerungsgrundlagen, Aufteilung **4**, 40; **4g**, 8
Besteuerungsrecht **4**, 311 ff.
– Ausschluss **4**, 311 ff.
– Beschränkung **4**, 311 ff.
Besteuerungssystem, Wechsel **34a**, 363
Besteuerungsverfahren, gesondert und einheitlich **15**, 701
– gleichheitsgerechtes **23**, 94
Bestimmungen, gesellschaftsvertraglich **15**, 555
Bestriebsstätte, inländische **4**, 326
Beteiligung, „derselben" **15**, 673
– **16**, 147, 229, 568
– als Gesellschafter **15**, 71
– am laufenden Gewinn **15**, 94
– am Unternehmen des ArbG **19**, 396
– an den stillen Reserven **15**, 95
– Begriff § 13a Abs. 7 EStG **13a**, 241
– mittelbar **15**, 475
– mitunternehmerische **15**, 532
Beteiligungen **5**, 112, 142
– Betriebsvermögen **4**, 163
– im Betriebsvermögen gehaltene **34a**, 131
Beteiligungen an Kapitalgesellschaften, Drittstaaten, Verluste **2a**, 1 ff.
Beteiligungsidentität **15**, 474
Beteiligungsüberlassung an Arbeitnehmer **3**, 325
Beteiligungsumfang **15**, 522
Betrachtungsweise, isolierende **15**, 492
Betrag, Nachversteuerungspflichtiger **34a**, 183
BetrAVG **4b**, 1 ff.
Betreuer, nebenberufliche Tätigkeit **3**, 171
Betreutes Wohnen **35a**, 46
Betreuungsbedarf **3**, 290
Betreuungsleistung **35a**, 1, 65, 76
Betrieb, Begriff **4**, 108
– Einheit oder Mehrheit von Betrieben **14**, 33
– gewerblicher Art **15**, 262
– im Sinne der Zinsschranke **4h**, 21
– Organschaft **4h**, 21
Betrieb der Land- und Forstwirtschaft, Mindestgröße **13a**, 48

Betrieb im Aufbau **16**, 102, 189
Betriebliche Altersversorgung **19**, 461 f.
– Förderbetrag **100**, ff.
– – Geringverdienergrenze **100**, 48 ff.
– – Höhe **100**, 31 ff.
– – Rückgewährung **100**, 61 f.
– – Zillmerung **100**, 56
Betriebliche Datenverarbeitungsmittel **3**, 425
Betriebliche Kfz **8**, 51 ff.
Betriebliche Veräußerungsrente **5**, 150
Betriebliche Veranlassung, Beiträge **4e**, 136
Betriebs- und Haushaltshilfe **3**, 20
Betriebsabwicklungen, allmähliche **16**, 393, 694
Betriebsaufgabe **23**, 28
– allmähliche **16**, 694
– Freiberufler **18**, 276
– Land- und Forstwirtschaft **14**, 66 ff.
Betriebsaufgabeveräußerung, Realteilung **34a**, 357
Betriebsaufspaltung **4**, 163; **7g**, 23; **15**, 465; **50i**, 131 ff.
– Besitzeinzelunternehmen **50i**, 131
– Besitzpersonengesellschaft **50i**, 131
– Betriebskapitalgesellschaft **50i**, 133
– Betriebsunternehmen **50i**, 132
– mitunternehmerische **6**, 322; **15**, 469, 533
– umgekehrte **15**, 533
Betriebsausflug **19**, 396, 403
Betriebsausgaben **4**, 336, 447 ff., 496 ff.
– Angemessenheit **4**, 522
– Anlagevermögen **4**, 450
– Beteiligung an Kapitalgesellschaft **4**, 527
– betriebliche Veranlassung **4**, 521 ff.
– Entnahmen **4**, 454
– Erstattung **4**, 515
– fiktiv **4**, 513
– nicht abziehbare **34a**, 133
– Pauschsätze Holznutzungen **13**, 213 ff.
– Schuldzinsen **4**, 526
– Umlaufvermögen **4**, 449
– unterlassene **4**, 529
– Verlust **4**, 451
– wirtschaftlicher Zusammenhang **34c**, 38
– Zeitpunkt **4**, 448
Betriebsbegriff **6**, 311

Betriebseinnahmen 4, 437 ff.
Betriebseröffnung 6, 257; **15**, 602
Betriebsfortführungsfiktion **14**, 91
Betriebsfunktionale Zielsetzung **19**, 283
Betriebsgrundlage, wesentliche **15**, 40; **16**, 19, 136, 167, 218, 409, 559
Betriebsgutachten **34b**, 91
Betriebsrat **19**, 371
Betriebsrentengesetz **4c**, 1
Betriebssport **19**, 371, 396
Betriebsstätte **4**, 10, 690; **4b**, 2; **43b**, 34, 50g, 47
– abkommensrechtlich **50i**, 11
– als Vergütungsgläubiger **50g**, 37
– als Vergütungsschuldner **50g**, 38
– ausländisch **4**, 10, 311 ff.
– Drittstaatenverluste, Land- und Forstwirtschaft **2a**, 36 ff.
– Einkünfte ausländischer **34a**, 154
– Fiktion **41**, 49
– inländisch **4**, 17, 18; **41**, 5
– lohnsteuerlich **41**, 46
– mehrere **41**, 47
– Zuordnung **50d**, 13, 176 ff.
Betriebsstättenbegriff, lohnsteuerlich **41**, 6, 46
– – öffentlicher Dienst **41**, 48
Betriebsstättendefinition **50g**, 47
Betriebsstättenerlass **4**, 40; **4g**, 8
Betriebsstättenfinanzamt **41**, 23
Betriebsstättengewinnabgrenzung, AOA, beschränkte Steuerpflicht **49**, 27 ff.
Betriebsstättenverlust **2a**, 1 ff.
– Missbrauchsbekämpfung, Drittstaaten **2a**, 4
Betriebsübernehmer, Haftung **19**, 137
Betriebsunterbrechung **16**, 393, 691, 702
– bei Hofübergabe **14**, 75
– bei Verpachtung **14**, 99
– im engeren Sinne **14**, 91
– im weiteren Sinne **14**, 91
Betriebsunternehmen **15**, 468
Betriebsveräußerung, Freiberufler **18**, 276
Betriebsveräußerung oder -aufgabe **34a**, 356
Betriebsveranstaltung **19**, 401 f.; **40**, 29
– Einkommensteuerpauschalierung **37b**, 41
Betriebsverlegung **16**, 393

Betriebsvermögen **4**, 159 ff.; **4b**, 1 ff.; **7g**, 31; **16**, 234
– Begriff **4**, 106 ff.
– Begründung **4**, 175 ff.
– Einlage des Grundstücks in das **23**, 396
– Entnahme des Grundstücks aus einem **23**, 391
– gewerbliches **15**, 597
– gewillkürtes **4**, 164 ff.; **16**, 154
– notwendiges **4**, 160
Betriebsvermögensvergleich **4**, 94; **4b**, 8
Betriebsverpachtung **7g**, 23; **16**, 104, 393, 702
– Gewinne **34e**, 1
Betriebsversammlung **19**, 371
Betriebsvorrichtung **4**, 116 f.; **5**, 148; **23**, 159
Betriebswerk **34b**, 91
Beurteilungseinheit Grund und Boden **55**, 34
– Verlustklausel § 55 EStG **55**, 79
Beweislast, Aufgabehandlung während Verpachtung **14**, 100
– Buchwert AV und Tiere **13a**, 248
– Werte im Verzeichnis § 4 Abs. 3 EStG **55**, 137
Bewertung
   8, 1, 31 ff., 51 ff., 101 ff., 111 ff., 138 ff.
– 1-Prozent-Regelung **6**, 218
– Abgrenzung von Grund und Boden sowie Gebäuden **6**, 106
– abnutzbare Wirtschaftsgüter des Anlagevermögens **6**, 60
– Aktivierungsverbot **6**, 18
– Ansammlungsrückstellung **6**, 191
– Anschaffungskosten **6**, 26
– Beteiligungen **6**, 124
– Einlagen **6**, 232
– Einnahmenüberschussrechnung **6**, 1, 10
– Einzelbewertung **6**, 113
– Fahrtenbuchmethode **6**, 221
– festverzinsliche Wertpapiere **6**, 104, 129
– Finanzinstrumente **6**, 160
– Forderungen **6**, 130
– gemeiner Wert **6**, 213
– Handels- und Steuerrecht **6**, 16
– Herstellungskosten **6**, 34
– lex specialis **6**, 19
– nicht abnutzbares Anlagevermögen **6**, 100, 103

- private Nutzung eines betrieblichen KfZs 6, 215
- Realteilung 6, 20
- Rückstellung 6, 182
- Sachspenden 6, 222
- Sofortabschreibung 6, 274
- Umlaufvermögen 6, 100, 111
- Verbindlichkeiten 6, 167
- Vorratsvermögen 6, 115

Bewertungseinheiten, Einfrierungsmethode, Durchbuchungsmethode 5, 171 f.
- kompensatorische Bewertung 5, 165

Bewertungsvorbehalte 4f, 3 ff., 8
Bewirtung 19, 371, 396
Bewirtungsaufwendungen 4, 639
Bewirtungskosten 4, 641
- Gaststättenrechnung 4, 651
- Kantine 4, 649
- Nachtbar 4, 643
- Nachweis 4, 649
- Striptease-Lokal 4, 643

Bewohnt, zeitweise 23, 180
Bezirksprovision 24, 75
Bezirksschornsteinfeger 19, 251
Bezirksstellenleiter eines Lotto- und Totounternehmens 19, 251
Bezugsberechtigter 4b, 1, 6 f.
Bezugsberechtigung 4b, 3, 6 ff.
Bezugsrecht, unwiderruflich 4b, 1, 5 ff.
Bilanzänderung 4, 366 ff.
Bilanzberichtigung 4, 342 ff.
Bilanzbündeltheorie 15, 121
Bilanzierung, korrespondierende 15, 292
Bilanzierungsfehler 4, 345
Bilanzstichtag 4c, 5 f.
Bilanzzusammenhang 4, 342 ff.; 5, 61
- formeller 4, 36

Billigkeitsmaßnahme 4, 37
- Kalamitätsnutzung aufgrund regionalem Unwetter 34b, 74
- Verordnungsermächtigung bei Unwetter 34b, 74, 121

Billigkeitsregelung, bei Wechsel des Hofübernehmers 14a, 16
- parzellenweise Verpachtung 14, 98

Bindung, Gewinnermittlungswahlrecht 4, 71, 424
Bindungswirkung 5a, 97
- Antrag 5a, 97
Binnenmarktgedanke 50g, 1
Binnenschiffe, Reinvestitionsvergünstigung 6b, 80, 112
Biometrisches Risiko, Sicherungsvermögen, Pensionsfonds 4e, 52
Bitcoin 23, 3, 204, 240, 258
Blockheizkraftwerk 4, 124
Bodenbefestigung 4, 116 ff.
Bodengewinnbesteuerung 55, 6, 136
Bodenschatz 4, 122; 23, 145, 146
- Aufsuchung 41a, 29
- Buchwert § 55 EStG 55, 126
Börsenklausel 50d, 127 ff.
Bordellbesuch 4, 808
Brandschadensanierung 35a, 175
Bruchteilseigentum 23, 234
- gemeinschaftliches 23, 183
Brüterei 15, 630
Bruttobesteuerung, Einkünfte aus Kapitalvermögen 2, 314 ff.
Bruttolistenpreis 8, 63 ff.
Bruttomethode 15, 176
Buchführung 4, 70
Buchführungspflicht 4, 53; 5, 22
- Beginn und Ende der 5, 27
Buchhalter 19, 251
Buchklub 19, 251
Buchwert § 55 EStG, Übersicht 55, 36
Buchwertfortführung 16, 589
Buchwertprivileg, Kombination der 6, 314, 352
- Spendenabzug 10b, 106
Buchwertübertragung 16, 20
Büfettier 19, 251
Bürgermeister 19, 251
Bürgschaften 4, 537
Bürgschaftsverpflichtung 4, 144
- Betriebsvermögen 4, 163
Bürogemeinschaft 18, 79
Bundesbank 3, 116
Bundesfreiwilligendienst 19, 371
Bundeskindergeldgesetz, Leistungen 3, 163

Bundespolizei 3, 58
Bundestagsabgeordnete,
  Aufwandsentschädigung 3, 111
Bundeswehr 3, 58; 19, 371
Bundeswehr/Bundesfreiwilligendienst 19, 251
Bußgeld 4, 823; 19, 287
– Rentenbezugsmitteilung 22a, 31
Bußgeldverfahren, Datenübermittlung
  45d, 65 ff.
Bußgeldvorschrift 50e, 1; 50f, 1 f.

C

Cap 5, 145
capital-gains-Besteuerung 23, 14
Carried Interest 3, 386; 18, 7, 266, 301; 34a, 81
Chauffeur 35a, 175
Chinakohlanbau 13a, 208
Chorleiter 3, 174
Christbaum im Wald 13a, 198
CMS Spread Ladder Swap 15, 644
Collar 5, 145
Computerprogramme 5, 143
Container-Leasing-Modell 23, 207, 208

D

Dachausbau 35a, 98, 175
Dachrinnenreinigung 35a, 175
Darbietungseinkünfte, Steuerabzugstatbestände,
  beschränkte Steuerpflicht 50a, 12
Darlehen 4, 537; 19, 371, 396
– Hingabe von 15, 272
– partiarisch 43, 32; 50g, 28
Darlehensforderung
– Betriebsvermögen 4, 163, 167
Darlehensverbindlichkeit 5, 144
Datenfernübertragung, Meldestellen 45d, 38, 40
– Zinsinformationsverordnung 45e, 13
Datensatz, unrichtig übermittelter 41c, 11
Datenträgerverfahren 50d, 37 f.
Datenübermittlung, Zuständigkeit BZSt 45d, 14
Datenübermittlungspflicht 32b, 64
Datenverarbeitung 19, 291
Datenverarbeitungsgerät 3, 425; 40, 32
Dauerhafte Tätigkeit 4, 691

Dauerleistungsentgelt, passive
  Rechnungsabgrenzungsposten 5, 367
Dauernde Last
  16, 489, s. Vermögensübergabe gegen
  Versorgungsleistungen
Dauerwohnungsrecht 23, 147
DBA-Betriebsstättenbegriff 41, 2
DBA-Vergünstigung, Vorrang von 50g, 71
DDR, infizierte Personen 3, 606
Deckungskapital 4c, 4
– Lebenslänglich laufende Leistungen 4d, 46 ff.
Deckungsrückstellung 4c, 5
Degressive AfA 7, 366 ff.
– Anwendungsbereich 7, 366 ff.
– Wechsel zwischen degressiver und linearer AfA
  7, 376 ff.
Degressiver Staffeltarif, Tonnagesteuer 5a, 67
Deichabgabe 35a, 175
deklaratorische Befreiung 3, 2
Denkmal, s. Baudenkmal
Depotübertragung 43, 71; 43a, 70
Depotwechsel, ohne Gläubigerwechsel 43a, 27
Destinatärszahlungen 22, 47
Deutsche Künstlerhilfe 3, 413
Deutsche Post AG 3, 301
Deutsche Telekom AG 3, 301
Deutsches Rotes Kreuz 19, 251, 371
Devisentermingeschäft 23, 227
Diätkosten 33, 86 ff.
Diakonisse 19, 251
Dichtheitsprüfung 35a, 175
Diebstahl 4, 537; 19, 371
Dienstbeschädigung 3, 66
Dienstfahrräder 19, 371
Dienstjubiläum 19, 396
Dienstjubiläumszuwendungen, Voraussetzungen
  für Rückstellungsbildung 5, 259
Dienstleistungen, im Zusammenhang mit land-
  und forstwirtschaftlicher Tätigkeit
  13, 18, 44, 57
Dienstleistungsfreiheit, Auslandstätigkeitserlass
  34c, 9
– Pauschalierungserlass 34c, 9
Dienstreisen 19, 396

Dienstverhältnis 19, 46
– mit nahen Angehörigen 19, 206 f.
Dienstwagen 8, 53
Dienstwohnung 35a, 45
Differenzgeschäft 23, 25
Diplomat 3, 233
Diplomatische Vertreter/Konsulatsangehörige 19, 371
Directive Shopping 50d, 106; 50g, 36
Direkterzielungsfiktion 50d, 52, 107, 109 ff.
Direktversicherung 4b, 1 ff.; 4c, 1, 3; 19, 462; 40b, 4, 7, 13
Direktzusage 4b, 4; 4f, 1 f., 5, 10
Disagio, aktive Rechnungsabgrenzungsposten 5, 331
Doppelansässigkeit 50d, 164, 192; 50g, 45
Doppelbegünstigung von Einkünften vermeiden 34a, 417
Doppelbelastung 35b, 1, 23, 62
– mit Einkommen- und Schenkungsteuer 35b, 25, 63, 93
– steuerliche 35b, 3, 91
– tatsächliche 35b, 66
Doppelbesteuerung, Vermeidung der, Abzugsmethode 34c, 46 ff., 54 ff.
– – Anrechnungsmethode 34c, 16 ff.
– – Pauschlierungs- und Erlassmethode 34c, 64 ff.
– – Verordnungsermächtigung 34c, 80
Doppelbesteuerungsabkommen DBA 1, 7; 4, 20; 48d, 2, 4, 311 ff.
– Abzugsmethode 34c, 72
– Anrechnungshöchstbetrag 34c, 74
– Anrechnungsmethode 4, 34c, 72, 311 ff.
– beschränkte Steuerpflicht 49, 5 f.
– Betriebsstättenverluste, Symmetriethese 2a, 4
– Drittstaateneinkünfte 34c, 79
– Freistellungsmethode 4, 34c, 78, 311 ff.
– Pauschalierung 34c, 71
– private Kapitaleinkünfte 34c, 75
– Progressionsvorbehalt 34c, 79
– switch-over-Klausel 34c, 78
– treaty override 34c, 78

Doppelstöckige Personengesellschaften 16, 739, 751
– Freiberufler 18, 57
Doppelte Haushaltsführung 3, 140; 4, 3, 688, 720 ff.; 19, 396
Doppelzuordnung, Verbot 50g, 39
Dotierungsgrenzen 4d, 146 ff.
Drei-Objekt-Grenze 23, 112
Drei-Schichten-Modell, s. Rentenbesteuerung
Drittaufwand 2, 267
Drittstaaten, Begriff 2a, 100 ff.
– Beteiligungen an Kapitalgesellschaften, Verluste 2a, 1 ff.
– Missbrauchsbekämpfung, Betriebsstättenverluste 2a, 4
Drittstaaten-Kapitalgesellschaft, Begriff 2a, 100 ff.
Drittstaaten-Körperschaften, Drittstaaten, Verluste 2a, 56 ff.
Drittstaateneinkünfte, Anrechnungsmethode 34c, 20
– Doppelbesteuerungsabkommen 34c, 79
Drittstaatenverluste, Abkommensrecht 2a, 29
– Betriebsstätten 2a, 12
– land- und forstwirtschaftliche Betriebsstätte 2a, 36 ff.
– Unionsrecht 2a, 28
– Verfassungsrecht 2a, 25
Drohverlustrückstellung 16, 523
– Abgrenzung zur Verbindlichkeitenrückstellung 5, 278
– angeschaffte 5, 280
– Einzelfälle 5, 283 ff.
– Verhältnis zur Teilwertabschreibung 5, 281
Druckbeihilfen 4, 537
Dualismus, der Einkunftsermittlung 2, 309 ff.
Durchbuchungsmethode, Bewertungseinheiten 5, 172
Durchführungsweg, versicherungsförmig 4b, 1 f.; 4c, 1
Durchlaufende Gelder 3, 454; 19, 301 f., 371
Durchlaufende Posten 4, 459 ff.; 9b, 25
– Fremdgelder 4, 461
– Inkasso 4, 461

- Mülldeponiegebühren **4**, 461
- TÜV-Gebühren **4**, 461

Durchlaufspende, s. Spendenabzug

Durchschnittssätze, Aufstellung von **29**, 1

Durchschnittssatzgewinnermittlung, s. Gewinnermittlung nach Durchschnittssätzen
- Reinvestitionsvergünstigung **6c**, 11 ff.

Durchschnittssteuersatz **42d**, 12
- erbschaftsteuerlicher **35b**, 117, 119

Durchschnittswerte **8**, 121

E

E-Bike **3**, 314

E-Bilanz **5b**, 27 ff.

eBay-Verkäufer **23**, 202

EBITDA, Berechnungsschema **4h**, 32
- verrechenbares EBITDA **4h**, 31 ff., 121 ff.

EBITDA-Vortrag **4h**, 41 ff.
- Aufgabe, Übertragung Teilbetrieb **4h**, 185
- Ausscheiden aus einer Mitunternehmerschaft **4h**, 201 ff.
- Betriebsaufgabe, -übertragung **4h**, 183
- gesonderte Feststellung **4h**, 171 ff.
- Umwandlungen **4h**, 218
- zeitliche Beschränkung **4h**, 44

Echte Lohnzahlung **38**, 23
- eines Dritten **19**, 331 f.

Edelmetall **4**, 537
- Veräußerung **23**, 201

Ehe **26**, 16

Ehegatte, Zurechnung **4**, 192

Ehegatten **4b**, 4 f., 7

Ehegattenunterhalt **1a**, 22, 24

Ehrenamt **19**, 396

Ehrenamtliche Tätigkeit **19**, 176, 251

Ehrenamtliche Tätigkeit für eine gemeinnützige Körperschaft **3**, 189

Ehrensold für Künstler **3**, 411

Eigenbeiträge **4b**, 4 f., 9; **4c**, 4, 8

Eigenbetriebliches Interesse **8**, 161

Eigene Anteile **16**, 233

Eigene Handelsschiffe, Tonnagesteuer **5a**, 76

Eigenheimförderung, Vorkostenabzug **10i**, 1 ff.

Eigenjagdrecht, Buchwert **55**, 126

Eigenkapital **5**, 127

Eigentum, wirtschaftlich **4**, 191
- zivilrechtlich **4**, 191

Eigentumswohnung **23**, 156

Ein-Unternehmer-Personengesellschaft **15**, 97

Einahmen **21**, 116 ff.
- Einzelfälle **21**, 118
- Zuflussprinzip **21**, 117

Einbehaltungspflicht **38**, 28

Einbehaltungspflicht Dritter **42d**, 111

Einbringen von Anteilen in eine Kapitalgesellschaft **17**, 170

Einbringung **4**, 69, 71; **7g**, 46; **16**, 50, 299, 603; **50i**, 111, 151
- Wirtschaftsjahr **4a**, 17

Einbringung eines Betriebs oder Mitunternehmeranteils **34a**, 356

Einbürgerungskosten **19**, 396

Einfrierungsmethode, Bewertungseinheiten **5**, 171

Eingangssteuersatz **32a**, 16

Eingliederung **19**, 96

Einheits-GmbH & Co. KG **15**, 588

Einheitstheorie **6**, 316; **16**, 348

Einkommen **2**, 338 ff.; **25**, 26
- zu versteuerndes **2**, 346 f.

Einkommen- und Erbschaftsteuerschuldner **35b**, 13

Einkommens-/Vermögensbelastung **33**, 20 ff.

Einkommensbegriff, pragmatischer **2**, 51

Einkommensteuer, Abschlusszahlung **36**, 102
- abweichende Entstehung **36**, 19 ff.
- anteilige **35b**, 118
- Entstehung **36**, 12 ff.
- Erstattung **36**, 104
- festzusetzende **2**, 364
- Rundung **36**, 97
- Stundung **36**, 111 ff.
- tarifliche **2**, 364; **32a**, 2; **35b**, 112
- Tilgung **36**, 101 ff.

Einkommensteuer-Bescheid, Unanfechtbarkeit **34a**, 87

Einkommensteuer-Vorauszahlung, Anrechnung 37, 15
– außergewöhnliche Belastungen 37, 41 ff.
– Entrichtung 37, 31
– Entstehung 37, 26
– Festsetzung 37, 34
– Mindestbetrag 37, 76 ff.
– Negative Vorauszahlungen 37, 12
– Sonderausgaben 37, 41 ff.
– Steuerbescheid 37, 34
– Verluste 37, 47 ff.
– Vorauszahlungsbescheid 37, 34
Einkommensteuerbemessungsgrundlage 2, 1
Einkommensteuerlatenz 35b, 1 f., 62
Einkommensteuerpauschalierung, s. Pauschalierung der Einkommensteuer
Einkommensteuerpflicht, beschränkte 2, 299 ff.
– unbeschränkte 2, 299 ff.
– unbeschränkte persönliche 23, 56
Einkommensteuersatz, durchschnittlicher 34c, 30, 33 f.
– modifizierter durchschnittlicher 34c, 31, 34
Einkommensteuerschulden des Erblassers 35b, 61
Einkommensteuervorauszahlung 47, 1
Einkommensverwendung 19, 371
Einkommenszurechnung, organschaftliche 34a, 491
Einkünfte, „beziehen" gewerblicher 15, 530
– 35b, 51 f.
– ausländische 4, 16; 15, 687
– begünstigte 35b, 118 f.
– doppelbelastete 35b, 118
– Gesamtbetrag 35b, 76
– gewerbliche 15, 490
– inländische 4, 16
– inländische Einkünfte aus Land- und Forstwirtschaft, beschränkte Steuerpflicht 49, 9
– – DBA 49, 16 ff.
– inländische, Begriff 49, 9 ff.
– laufende 35b, 91
– nachträgliche 15, 355
– negative, nicht ausgeglichen werden 34a, 416
– nichtselbstständige Arbeit 50d, 150 ff.
– Summe der 35b, 76
– Umqualifizierung der gesamten 15, 519
Einkünfte aus Gewerbebetrieb, ausländische Einkünfte 34d, 12
– Betriebsstätte, AOA - Authorised OECD Approach 49, 30
– Betriebsstätte und ständiger Vertreter, Einkünfte, inländische 49, 26
– Betriebsstättengewinnabgrenzung, AOA - Authorised OECD Approach 49, 30
– Darbietungstatbestand 49, 48
– – Einkünfte, inländische 49, 48
– Drittstaatenverluste, Betriebsstätte 2a, 45 ff.
– Einkünfte, inländische 49, 21, 26
– Gelegenheitverschaffung, Einkünfte, inländische 49, 107
– inländische Einkünfte 49, 21
– Seeschiffe und Luftfahrzeuge, Einkünfte, inländische 49, 41
– ständiger Vertreter, Einkünfte, inländische 49, 26
– Veräußerung von Anteilen an Kapitalgesellschaften, Einkünfte, inländische 49, 60
– Vermietung, Verpachtung und Veräußerung von unbeweglichem Vermögen, Sachinbegriffen oder Rechten, Einkünfte, inländische 49, 78
– Verschaffung der Gelegenheit, einen Berufssportler als solchen vertraglich zu verpflichten, Einkünfte, inländische 49, 107
Einkünfte aus Gewerbebetrieb, Darbietungstatbestand, ähnliche Darbietungen, beschränkte Steuerpflicht 49, 52 ff.
– artistische Darbietungen, beschränkte Steuerpflicht 49, 52 ff.
– künstlerische Darbietungen, beschränkte Steuerpflicht 49, 52 ff.
– sportliche Darbietungen, beschränkte Steuerpflicht 49, 52 ff.
– unterhaltende Darbietungen, beschränkte Steuerpflicht 49, 52 ff.
– zusammenhängende Leistungen, beschränkte Steuerpflicht 49, 52 ff.

Einkünfte aus Kapitalvermögen, s.
Gewinnausschüttung
- Abspaltung, Abspaltung von Körperschaften 20, 366
- – allgemein   20, 150, 276, 311, 350
- Abtretung   20, 1, 88, 197, 210, 272, 292
- Abzugsverfahren
  20, 245, 247, 312, 392, 400, 412
- Aktien
  20, 6, 19, 35, 40, 45, 48, 131, 152, 153, 182, 237, 276, 311, 335, 338, 342, 351, 353, 392, 400, 408, 411, 432
- Aktienfonds   20, 63
- Anschaffungskosten
  20, 43 f., 97, 177, 195, 270 f., 275 f., 286 f., 290 f., 293, 311, 323, 336, 340, 343, 350, 357, 367, 392
- Anschaffungsnebenkosten   20, 273, 275 f.
- Anteile   20, 3, 37, 39, 69
- Anteilseigner
  20, 1, 4, 26, 39, 43, 45, 47, 109, 152, 276, 350, 385, 390
- Anwartschaftsrechte   20, 152
- Anweisung   20, 237
- Ausbeuten   20, 35, 38 f.
- ausgeschüttete Erträge   20, 62, 64
- Ausgleichszahlungen   20, 48, 137
- ausländische Einkünfte   34d, 28
- Ausschüttung, allgemein
  20, 37 ff., 44, 60, 152, 323, 387
- – Ausschüttungsverfahren   20, 37
- ausschüttungsgleiche Erträge   20, 62, 64
- Ausschüttungstermin   20, 4
- Basiswert
  20, 131, 133, 171, 176 f., 276, 289, 338 f.
- besondere Entgelte und Vorteile   20, 235
- Besteuerungsrecht, allgemein   20, 314, 319 ff.
- – Beschränkung des deutschen Besteuerungsrechts   20, 319
- Betriebe gewerblicher Art, mit Rechtspersönlichkeit   20, 130
- – ohne Rechtspersönlichkeit   20, 130
- Betriebsvermögen
  20, 26, 134, 150, 250, 287, 457

- Bezüge   20 ff., 40, 44 f., 48 f., 60 f., 69, 93, 130
- – Beteiligungsbezüge   20, 35
- Bezugsrechte
  20, 1, 6, 276, 311, 343, 351 ff., 410
- Diskontbeträge   20, 108
- Dividenden, allgemein
  20, 4, 26, 35, 48 f., 152 f., 156 f., 181, 237, 390, 392, 409
- Dividendenkompensationszahlung   20, 45
- Ehegatten   20, 1, 4, 20, 404, 470, 474 f.
- Einkünfte, inländische, beschränkte Steuerpflicht   49, 169 ff., 183
- Einlage
  20, 43 f., 61, 66, 68 f., 69, 71, 74 f., 111, 183, 210, 214, 270, 272, 276, 286, 292, 323, 350, 352
- Einlagekonto   20, 60, 70, 130
- Erstattungszinsen   20, 107
- Freistellung   20, 63
- – Immobilienfreistellung   20, 63
- – Teilfreistellung   20, 63
- Fremdwährung   20, 270, 276, 339
- Genussrechte   20, 35, 40, 150, 410
- Gewinn, Aktiengewinne   20, 342
- – allgemein
  20, 4, 15, 18, 26, 40, 71, 73, 75 f., 86, 130, 134, 150, 152 f., 160, 175, 181 f., 194 ff., 210, 236, 270 f., 275 f., 285 ff., 290 f., 310 f., 319, 322, 369, 400, 404, 408, 411, 434 ff., 457
- – Veräußerungsgewinn
  20, 18, 26, 29 f., 44, 104, 134, 210, 276, 314, 336, 353, 411
- – verdeckte Gewinnausschüttung
  20, 42 f., 61, 132, 134, 387
- Gewinnausschüttungen
  20, 29, 39, 43, 49, 61, 110 f., 130, 458
- Gewinnbesteuerung   20, 1
- Gewinnbeteiligung   20, 66, 68 f.
- Gewinnrücklagen   20, 4, 61
- Gewinnverteilungsbeschluss   20, 39, 42, 386
- Grundschulden   20, 85, 89
- Hypothek   20, 85, 87, 89
- Immobilienfonds   20, 63

Stichwörter VERZEICHNIS

- Investmentanteil, allgemein 20, 62 ff.
- – Gewinn aus der Veräußerung von Publikums- 20, 63
- – Gewinnaus der Veräußerung von Spezial- 20, 64
- Investmentfonds, allgemein 20, 62 ff.
- – Ausschüttung des 20, 62 ff.
- – Publikums-Investmentfonds 20, 63
- – Spezialinvestmentfonds 20, 64
- Investmentvermögen 20, 62 ff.
- Kapitalertragsteuerabzug 20, 4, 130, 184, 245 f., 310, 313, 321, 323, 336, 343, 353, 358, 392, 413
- Kapitalherabsetzung 20, 4, 49, 61, 276
- Kapitalmaßnahmen 20, 1, 6, 294, 311, 313, 358
- Kapitalrückzahlung 20, 35, 44, 60, 63
- Kaufoption 20, 137, 177
- Lebensversicherungen 20, 4, 7, 90, 98, 100, 102, 195, 437
- Leerverkäufe 20, 45, 48
- Liquidationserlös 20, 35, 40, 152, 236
- Liquidationsphase 20, 63
- Mischfonds 20, 63
- Nießbrauch, allgemein 20, 385, 389 ff.
- – entgeltlicher Zuwendungsnießbrauch 20, 391
- – objektives Nettoprinzip 20, 471
- – unentgeltlicher Zuwendungsnießbrauch 20, 391
- – Vermächtnisnießbrauch 20, 390
- – Vorbehaltsnießbrauch 20, 390
- – Zuwendungsnießbrauch 20, 390
- Optionsanleihe 20, 237, 276, 339
- Optionsgeschäft 20, 135, 137, 175
- partiarisches Darlehen 20, 68
- Personengesellschaft 20, 218 f., 276, 440
- Privatvermögen, allgemein 20, 1, 26, 29, 150, 237, 247, 270, 287, 291, 313, 393
- – Beteiligungen im 20, 30
- Rückzahlung 20, 36, 44, 49, 60 f., 69, 93, 105, 130, 183, 195, 210, 237, 272, 323, 336, 339, 342
- Schatzwechsel 20, 108
- Schuldverschreibung 20, 152 f., 158, 159, 211, 237, 276, 336, 339, 341 ff., 392, 435
- sonstige Kapitalforderungen 20, 105, 335
- Sparer-Pauschbetrag 20, 1, 5, 70, 271, 392, 432, 470 ff.
- Steuerstundungsmodell 20, 4, 430 f., 436 f., 441
- stille Gesellschaften 20, 65 f.
- Stillhalteprämien 20, 134, 137
- Stückzinsen 20, 195, 414, 434 f., 437
- Subsidiarität 20, 1, 312, 443, 458
- Tauschvorgang 20, 315, 320 f., 324, 336
- Teileinkünfteverfahren 20, 25 ff., 109, 150
- Termingeschäft 20, 5, 138, 170 f., 175 ff., 182, 270, 289 ff., 410, 458
- Transaktionskosten 20, 217, 274, 276, 289, 323
- Transparenzoption 20, 64
- Transparenzprinzip 20, 62
- Trennungsprinzip 20, 62
- Veräußerung allgemein 20, 1, 5, 28, 43, 45, 48, 71, 100, 137 f., 150, 157 ff., 181 f., 235 f., 270 ff., 286 ff., 310 ff., 319, 323, 335, 336 f., 353 ff., 391 f., 399 f., 404, 407 ff., 435
- Veräußerungsgewinn aus der Übertragung von Versicherungsansprüchen 20, 195 ff.
- Veräußerungsgewinn aus Termingeschäften 20, 174 ff.
- Veräußerungsgewinn von Beteiligungen 20, 150
- Veräußerungsgewinn von Dividenden- und Zinsscheinen 20, 153 ff.
- Veräußerungsgewinn (allgemein) 20, 15, 25 f., 28 ff., 44, 138, 270, 276, 314, 322, 411, 414
- Veräußerungssurrogate 20, 201
- Verfall 20, 175, 178, 181
- Verfassungsmäßigkeit 20, 473
- Verlust allgemein 20, 1, 7, 18 f., 70, 72, 110, 182 f., 215, 235, 285, 335, 342, 400, 402, 404, 406 ff., 411 ff., 430, 434 ff., 458

- Verlustabzug **20**, 1, 400, 406, 412, 414
- Verlustausgleich, Verbot **20**, 401 ff.
- Verlustvortrag **20**, 405 ff., 408, 414, 439
- Vorabpauschale **20**, 63
- Wechsel **20**, 101, 108, 389
- Werbungskosten, Abzugsverbot
  20, 20, 70, 472 f.
- – allgemein
  20, 1, 5, 17, 20, 70, 137, 180, 195, 235, 271, 276, 392, 432, 434, 439, 470 ff.
- Wertpapierpensionsgeschäft **20**, 392
- Wiederanlage **20**, 100 f.
- Zinsen
  20, 29, 86 f., 89, 91, 105, 107 f., 159 f., 181, 195, 197, 252, 274, 289, 390, 392, 409, 414, 435, 437, 458
- – Basiszins **20**, 63
- Zinsscheine **20**, 435
- Zurechnung
  20, 1, 154, 218, 290, 385, 390, 392, 456
- Zwischengewinn **20**, 62

Einkünfte aus Land- und Forstwirtschaft
  13, 13, 131 ff.; **15**, 627
- Einkünfte, ausländische **34d**, 11
- Einkünfte, inländische **49**, 9
- – beschränkte Steuerpflicht **49**, 9
- – DBA **49**, 16 ff.
- – Steuererhebung **49**, 16
- – Technik der Steuererhebung **49**, 16 ff.

Einkünfte aus nicht selbständiger Arbeit,
  ausländische Einkünfte **34d**, 27
- Ausübungstatbestand, beschränkte
  Steuerpflicht **49**, 132 ff.
- Einkünfte aus öffentlichen Kassen, beschränkte
  Steuerpflicht **49**, 149
- Einkünfte, inländische, beschränkte
  Steuerpflicht **49**, 146 ff.
- Entschädigung i. S. d. § 24 Nr. 1 EStG für die
  Auflösung eines Dienstverhältnisses,
  beschränkte Steuerpflicht **49**, 155
- Tätigkeit an Bord von Luftfahrzeugen,
  beschränkte Steuerpflicht **49**, 156
- Tätigkeit von Geschäftsführern, Prokuristen,
  Vorstandsmitgliedern, beschränkte
  Steuerpflicht **49**, 150 ff.

- Verwertungstatbestand, beschränkte
  Steuerpflicht **49**, 147 ff.

Einkünfte aus selbständiger Arbeit,
  Ausübungstatbestand, beschränkte
  Steuerpflicht **49**, 131
- Betriebsstätte im Inland, beschränkte
  Steuerpflicht **49**, 136
- Einkünfte, ausländische **34d**, 25
- Einkünfte, inländische, beschränkte
  Steuerpflicht **49**, 131 ff.
- feste Einrichtung im Inland, beschränkte
  Steuerpflicht **49**, 136 ff.
- Steuererhebung, beschränkte Steuerpflicht
  49, 136
- Verwertungstatbestand, beschränkte
  Steuerpflicht **49**, 134 ff.

Einkünfte aus Tierzucht und Tierhaltung **15**, 627
Einkünfte aus Veräußerungen, ausländische
  Einkünfte **34d**, 26

Einkünfte aus Vermietung und Verpachtung,
  Abgrenzung zu Veräußerungsvorgängen
  21, 16
- Abschreibungen **21**, 127
- Angehörige **21**, 81 ff.
- ausländische Einkünfte **34d**, 29
- Ausland **21**, 4
- Begriff **21**, 11
- beschränkte Steuerpflicht **21**, 4
- Besteuerungsumfang, beschränkte
  Steuerpflicht **49**, 196
- bewegliche Sache **21**, 170
- Doppelbesteuerungsabkommen **21**, 4
- Drittaufwand **21**, 129
- Ehegatten **21**, 64, 129
- Einkünfte, inländische, beschränkte
  Steuerpflicht **49**, 196 ff.
- Einkünfteermittlung **21**, 62, 115 ff.
- Einkünfteerzielungsabsicht **21**, 25 ff.
- – befristete Vermietung **21**, 33
- – dauerhafte Wohnungsvermietung **21**, 31 ff.
- – Ferienwohnung **21**, 35 f., 38, 49
- – Leerstand **21**, 28, 49
- – Objektbezogenheit **21**, 27
- – Personengesellschaften **21**, 26
- – Selbstnutzungsabsicht **21**, 33

- – Veräußerungsabsicht 21, 33 f.
- – Vermutung der 21, 31 ff.
- Einkünftezurechnung 21, 56 ff.
- Einnahmen 21, 116 ff.
- – Einzelfälle 21, 118
- – Zuflussprinzip 21, 117
- Erbbaurecht 21, 19, 101
- Erbengemeinschaft 21, 61
- Ermittlung der Einkünfte, beschränkte Steuerpflicht 49, 198 ff.
- Ferienwohnung 21, 38 f., 49
- Flugzeuge 21, 101
- Gestaltungsmissbrauch 21, 91 ff.
- Gewerbliche Vermietung 21, 167
- Grunddienstbarkeit 21, 19
- Immobilienfonds 21, 33, 60 ff., 181
- inländische Anknüpfungsmerkmale, beschränkte Steuerpflicht 49, 197
- Liebhaberei 21, 25 ff., s. auch Einkünfteerzielungsabsicht
- Miteigentümer 21, 64
- negatives Kapitalkonto 21, 177
- Nießbrauch 21, 70 ff.
- Personenmehrheiten/-gesellschaften 21, 26, 60 ff., 141, 197
- Rechte, Überlassung 21, 103 ff.
- Renovierungskosten 21, 127
- Sachinbegriffe 21, 102
- Schiffe 21, 101
- Schuldzinsen 21, 139 ff.
- Steuererhebung, beschränkte Steuerpflicht 49, 198 ff.
- Steuerstundungsmodell 21, 185 ff.
- Substanzausbeuteverträge 21, 18
- Treuhandverhältnis 21, 56
- Überschussprognose 21, 46 ff.
- Umsatzsteuer 21, 118
- unbewegliches Vermögen 21, 101
- Veräußerung von Miet- und Pachtzinsforderungen 21, 107
- Veräußerungskosten 21, 125
- verbilligte Wohnungsüberlassung 21, 37, 150 ff.
- Werbungskosten 21, 125 ff.
- – Abflussprinzip 21, 128

- – Einzelfälle 21, 143
- – nachträgliche 21, 139 ff.
- – vorab entstandene 21, 135
- Zwangsverwaltung 21, 56

Einkünfte oder Einkunftsteile, steuerfrei 35b, 78

Einkünfte, ausländische 34c, 19, 35 ff.; 34d, 6
- Anrechnung, Betriebsausgaben 34c, 38
- Anrechnungsmethode, Ermittlung 34c, 19, 35 ff.
- – steuerfreie Einkünfte 34c, 37
- Begriff 34d, 5
- Betriebsausgaben 34c, 38
- Einkünfteermittlung 34d, 6
- Einkünfteidentität 34c, 23
- Ermittlung 34d, 6
- Investmentsfonds 34c, 32
- private Kapitaleinkünfte 34c, 36

Einkünfte, inländische, s. auch beschränkte Steuerpflicht
- Betriebsstätte und ständiger Vertreter, Einkünfte aus Gewerbebetrieb 49, 26
- Darbietungstatbestand, Einkünfte aus Gewerbebetrieb 49, 48
- Einkünfte aus Land- und Forstwirtschaft 49, 9
- – DBA 49, 16 ff.
- – Steuererhebung 49, 16
- – Technik der Steuererhebung 49, 16 ff.
- Einkünfte, inländische, Einkünfte aus Gewerbebetrieb 49, 26
- Gelegenheitsverschaffung, Einkünfte aus Gewerbebetrieb 49, 107
- Seeschiffe und Luftfahrzeuge, Einkünfte aus Gewerbebetrieb 49, 41
- ständiger Vertreter, Einkünfte aus Gewerbebetrieb 49, 26
- Veräußerung von Anteilen an Kapitalgesellschaften, Einkünfte aus Gewerbebetrieb 49, 60
- Vermietung, Verpachtung und Veräußerung von unbeweglichem Vermögen, Sachinbegriffen oder Rechten, Einkünfte aus Gewerbebetrieb 49, 78

- Verschaffung der Gelegenheit, einen Berufssportler als solchen vertraglich zu verpflichten, Einkünfte aus Gewerbebetrieb **49**, 107

Einkünftedualismus **2**, 3, 312 ff.
- Verfassungsmäßigkeit **2**, 313

Einkünfteermittlung **15**, 303/1

Einkünfteerzielungsabsicht **2**, 61, 82 ff.; **15**, 491, 540, 550, 589; **23**, 8, 52

Einkünfteidentität, ausländische Einkünfte **34c**, 23

Einkünftezurechnung **2**, 257
- bei Nutzungsüberlassung **2**, 276 ff.
- Familienangehörige **2**, 287 ff.
- im Erbfall **2**, 297 f.

Einkunftsart (Gewinn- oder Überschusseinkunftart), andere **15**, 503

Einkunftsarten, Abgrenzung **2**, 307 f.
- Katalog **2**, 51
- Pluralismus **2**, 308
- sieben **2**, 44, 51

Einkunftserzielung **2**, 44

Einkunftsquelle, „derselben" **15**, 673

Einlage **4**, 281 ff.
- Arbeitsleistung **4**, 291
- Aufwand **4**, 291
- ausländische Betriebsstätte **4**, 289
- bei vorheriger Entnahme **6**, 243
- Beteiligung **6**, 238
- Bewertung **4**, 290
- Bodenschatz **4**, 291
- Dienstleistung **4**, 291
- Forderungen **4**, 291
- Geld **4**, 291
- Kapitalgesellschaftsanteil **6**, 402
- niedrigere Anschaffungskosten **6**, 236
- Nutzungsmöglichkeit **4**, 291
- offen **4**, 282
- Private Forderung **4**, 291
- verdeckt **4**, 262; **6**, 397; **16**, 51, 241
- Verzicht **4**, 291

Einlage als Veräußerung **23**, 306

Einlage eines Grundstücks in eine Kapitalgesellschaft, verdeckte **23**, 313

Einlage eines Wirtschaftsguts, nachgelagerte Veräußerung **23**, 306
- offene und verdeckte **23**, 306

Einlage in das Betriebsvermögen eines Einzelunternehmens **17**, 179

Einlage in eine Kapitalgesellschaft, verdeckte **23**, 306, 310

Einlagegegenstand **4**, 263

Einlageminderung **15a**, 188 ff., 196 ff.

Einlagen **4**, 246 ff., 537
- zeitliche Erfassung der Gewinne/Verluste bei **23**, 431

Einmalbeiträge **4c**, 4

Einnahmen **4**, 438; **19**, 371
- betriebliche Veranlassung **4**, 440
- Durchlaufende Posten **4**, 445
- Sacheinnahmen **4**, 439
- Umsatzsteuer **4**, 444
- Zeitpunkte **4**, 446

Einnahmen und Ausgaben, nachträglich **15**, 38

Einnahmenausfall **24**, 42

Einnahmenüberschuss **16**, 15

Einnahmenüberschussrechnung **4**, 53, 381 ff.; 6, 405; **7g**, 29; **34a**, 132; **35b**, 91
- Reinvestitionsvergünstigung **6c**, 11 ff.

Einstellung des Betriebs **16**, 390

Eintritt von Gesellschaftern, Wirtschaftsjahr **4a**, 16

Einzelbewertung **4**, 112; **8**, 31 ff.

Einzelrechtsnachfolge **23**, 291
- unentgeltlich **23**, 186

Einzelunternehmen **4f**, 4
- gewerblich **15**, 32

Einzelunternehmer **4c**, 7

Einzelunternehmer und Mitunternehmer **34a**, 27

Einzelveranlagung **26a**, 9

Einzelwirtschaftsgüter, Übertragung **15**, 200

Einziehung von Anteilen **17**, 180 ff.

Elektrofahrzeug **4**, 713; **8**, 66

Elektronische Übermittlungspflicht, Gewinnermittlung nach Durchschnittssätzen **13a**, 176

ELStAM 38, 28, 38, 28; **39e**, 1 ff.; **42d**, 18
- Abruf **39e**, 11 ff., 20
- Bildung **39e**, 8
- Lohnsteuerjahresausgleich durch Arbeitgeber **42b**, 11
- Speicherung **39e**, 9
- Sperrung **39e**, 23
- Übergangsregelung **52b**, 1 ff.

ELSTER 25, 55
Elternzeit, Zuschüsse 3, 30
Emissionsdisagio, aktive Rechnungsabgrenzungsposten 5, 333
Endpreis 8, 41 ff., 138 ff.
Energieerzeugung 13, 58
Energieholz 13a, 216
Energielagerstätten, Vermessung **41a**, 29
Enkelkinder 63, 18
Enteignung 17, 167 ff.
Entfernungs- und Wiederherstellungsverpflichtungen 5, 149
Entfernungspauschale 8, 81
Entgangene Einnahmen 19, 396
Entgelt, besonderes 43, 69
Entgeltlicher Erwerb, immatrielles Wirtschaftsgut, Abgrenzung zur Herstellung 5, 195
Entgeltumwandlung 4b, 1, 4 ff., 9
Entlastung, bei niedrigen Erwerbseinkommen im Lohnsteuerverfahren 61, 1
Entlastung vom Steuerabzug 50g, 1
Entlastungsbetrag für Alleinerziehende, Ehegattensplitting **24b**, 76
- Entlastungs-Grundbetrag **24b**, 66
- Erhöhungsbetrag **24b**, 66
- Haushaltszugehörigkeit **24b**, 51
- kindheitsbezoge Begünstigungen **24b**, 21
- Lohnsteuerabzugsverfahren **24b**, 32
- Monatsprinzip **24b**, 91
- Obhutsprinzip **24b**, 52
- schädliche Haushaltsgemeinschaften **24b**, 86
- unschädliche Haushaltsgemeinschaften **24b**, 81

Entleiherhaftung 42d, 97 ff.

Entnahme 4, 82, 246 ff., 255 ff.; **6**, 374; **16**, 451; 23, 28; **34a**, 123
- Barentnahmen **6**, 209
- Betriebsaufgabe **4**, 264
- Betriebsaufspaltung **4**, 266
- Betriebsverpachtung **4**, 265
- Darlehen **4**, 273
- Entnahme von Gegenständen **6**, 210
- fiktive **4g**, 15
- Nutzungs- und Leistungsentnahmen **6**, 212
- Sonderbetriebsvermögen **4**, 266
- Strukturwandel **4**, 266
- Teilwertbewertung **6**, 207
- unentgeltliche Übertragung **4**, 261
- Wechsel der Gewinnermittlungsart **4**, 266, 331
- Zeitpunkt **4**, 268

Entnahmegegenstand 4, 269
Entnahmegewinn 15, 543; **50i**, 97
Entnahmerecht 15, 303/1
Entnahmetheorie, finale **4**, 40; **4g**, 8
Entnahmeüberhang 34a, 204 f.
Entnahmewille 4, 267
Entschädigung 4, 537; **19**, 263; **24**, 16
- Flutpolder **13a**, 251
- Hagelschaden **13a**, 251
- Hochspannungs-, Versorgungsleitung **13a**, 251
- Rohrleitungführungsrecht **13a**, 251

Entschädigungshöhe 24, 24
Entschädigungszahlungen, aktive Rechnungsabgrenzungsposten 5, 332
Entscheidungsneutralität 35b, 25
Entschließungsermessen 42d, 58
Entsendung 4b, 2
Entstehung der Einkommensteuer, Rechtsfolgen 36, 27
Entstrickung 4, 300 ff.; **16**, 40, 671; **50i**, 53
Entstrickungsgrundsatz 6, 318
Entwicklungshelfergesetz 3, 546
Erbauseinenadersetzung 35b, 93
Erbbaurecht 19, 371; **23**, 142, 144
Erbbauverpflichteter, passive Rechnungsabgrenzungsposten 5, 368

Erbbauzinsen, aktive
 Rechnungsabgrenzungsposten **5**, 334
– Zahlung **23**, 150
Erbe **16**, 65; **19**, 251, 436
Erbengemeinschaft **15**, 502
Erbfall **50i**, 162
Erblasser, Verlustabzug **10d**, 11 f.
Erbschaft-/Schenkungsteuer, Entnahmen für die **34a**, 222
– Entnahmen zur Zahlung von **34a**, 222
Erbschaftsteuer **35b**, 17, 37
– ausländische **35b**, 54
– festgesetzte **35b**, 117
Erbschaftsteuerbescheid, ist Grundlagenbescheid **35b**, 36
Ereigniss, rückwirkend **16**, 544, 456, 606, 659
Erfasste Rechtsformen **50g**, 45
Erfüllungsübernahme **4f**, 1 ff., 11 f.
Ergänzungsbilanz **6**, 372, 377; **15**, 124, 165, 321, 346
– Fortführung **15**, 204
Erhaltungsarbeiten **35a**, 96
Erhaltungsaufwand **4**, 906
– Baudenkmale **11b**, 1
– Gebäude in Sanierungsgebieten und städtebaulichen Entwicklungsbereichen **11a**, 1
Erhöhte Absetzungen, für Baumaßnahmen an Gebäuden zur Schaffung neuer Mietwohnungen **7c**, 1 f.
Erholungsbeihilfen **19**, 371; **40**, 30
Erlass der Einkommen- bzw. Körperschaftsteuer, Beihilfeproblematik, beschränkte Steuerpflicht **50**, 65
– besonderes öffentliches Interesse, beschränkte Steuerpflicht **50**, 61 ff.
Erlass der Kaufpreisforderung **16**, 546
Ermächtigung, Änderung des Steuersatzes **51**, 43
– Einschränkung des **51**, 41 f.
– Herstellung von Vordrucken und Tabellen, sowie zur Gesetzesbekanntmachung **51**, 44
– verfassungsrechtlicher Prüfungsmaßstab **51**, 5
Ermächtigungstreuhand, Zurechnung **4**, 211
Ermäßigungshöchstbetrag **26b**, 23
Ermessen **42d**, 57 ff.

Ermessensfehler **42d**, 62
Ermittlung bereits bestehender Verpflichtung, Übernahme einer Verpflichtung, Beiträge **4e**, 76 ff.
Ermittlung der Bereicherung **35b**, 61
Ernährung **12**, 12
Eröffnungsbilanz **4**, 70, 73, 94
Erpressung **33**, 136
Ersatzflächenpool, Gewinnermittlung nach Durchschnittssätzen **13a**, 188
Ersatzleistungen **24**, 38
Ersatzwirtschaftswert **57**, 1 ff.
Erschließung **35a**, 117, 175
Erschließungsbeiträge, Aktive Rechnungsabgrenzungsposten **5**, 334
Erschließungskosten **55**, 102
Erschwerniszuschläge **19**, 371
Ersparte Aufwendungen **19**, 271, 396
Erstattung von Aufwand **4**, 537
Erstattung von Kapitalertragsteuer **45c**, 1
– Sammelantragsverfahren **45b**, 1
Erstattungen von Zahlungen an Sozialversicherung **3**, 51
Erstattungszinsen **24**, 41
Erstausbildung **12**, 51; **32**, 161
Erstausbildungskosten (2004–2014) **12**, 49 ff.
Erststudium **4**, 39; **12**, 52; **32**, 161
Ertrag **4**, 92
Erwägung, agrar- bzw. wirtschaftspolitisch **15**, 610
Erweiterter Härteausgleich **46**, 43
Erwerb, entgeltlich **15**, 168; **23**, 221
– teilentgeltlich **23**, 233, 291
Erwerb durch Gesamtrechtsnachfolge **23**, 294
Erwerb eigener Anteile **17**, 183 ff.
Erwerbs- und Verbrauchsgemeinschaft **26b**, 12
Erwerbs- und Wirtschaftsgenossenschaft **15**, 626
Erwerbsgewinn **4f**, 3
Erzieher, nebenberufliche Tätigkeit **3**, 171
Erziehungsgeld **4**, 537
– kommunales **3**, 100
Escape-Klausel **4h**, 101 ff.
– Eigenkapitalquotenvergleich **4h**, 102 ff.
– Rückausnahme **4h**, 113

Essen auf Rädern 35a, 175
eTIN 41b, 15
EU-/EWR-Auslandsinvestitionen 6b, 139
EU-Bußgelder 4, 829
EU-Zinsrichtlinie 32d, 39; 45e, 1
EÜR 4, 925
EuGH, Cadbury Schweppes C-196/04 50g, 61
– Comminic C-47/08 43b, 17
– DMC C-164/12 4, 40; 6b, 27
– Gaz de France C-247/08 43b, 17
– Kommission/Bundesrepublik Deutschland C 269/07 95, 3
– Kommission/Bundesrepublik Deutschland C 284/09 43b, 27
– Kommission/Portugiesische Republik C 38/10 4g, 8
– Les Vergers du Vieux Tauves 43b, 27
– National Grid Indus C-371/10 4, 40; 4g, 8; 6b, 27, 140; 16, 680
– Scheuten Solar Technology C-397/09 50g, 18
– TWD Textilwerke Deggendorf GmbH ./. Bundesrepublik Deutschland C-188/92 32c, 21
– Verder Lab Tec C-657/13 4, 40
– Verder Lab Tec C-657/14 4g, 8
– Verder Lab Tec C-657/15 6b, 27, 140
EURLUmsG 45e, 4
Euro-Umrechnung 55, 7
Europäische Aktiengesellschaft 50g, 7, 45
Europarechtskonformität 33, 8
Euroumrechnungsrücklage 6d, 1
Existenzminimum 32a, 45; 33a, 71

F

Fachliteratur 19, 396
Factoring 4, 203 ff.
Fäkalienabfuhr 35a, 175
Fälligkeit, abweichend 41a, 19
Fahrlässiges Verhalten 33, 68
Fahrlehrer 19, 251
Fahrstuhlkosten 35a, 175
Fahrten, Wohnung, Arbeitsstätte 4, 700 ff.
Fahrten, Wohnung, erste Tätigkeitsstätte 19, 396

Fahrtenbuch 4, 709; 7g, 58; 8, 87 f.
Fahrtkosten 33, 136
Fahrtkostenersatz 19, 371
Fahrtkostenzuschuss 40, 34
Faktor 39f, 12
Faktorverfahren 39f, 12
Fall von geringer Bedeutung, Gewinnermittlung nach Durchschnittssätzen 13a, 341
Familiengesellschaft 15, 303/1
Familienheimfahrt 4, 700 ff.; 8, 96
Familienleistungsausgleich 31, 16
Familienpflegezeit 19, 371
Familienpflegezeitversicherung 19, 396
Faustregel, Mindestgröße Land- und Forstwirtschaft Betrieb 14, 17
Fehlbetrag 4c, 4 ff.
– Beiträge 4e, 51, 131 ff.
Fehlerbegriff 4, 352
Fehlerberichtigung 4, 353
Fehlgeldentschädigung 19, 371
Fehlgelder 19, 396
Fehlverwendung, s. Spendenabzug
Feiertagsarbeit 3b, 1
Feldinventar 13, 176 f.
FELEG 13, 381 f.
Ferienwohnung 23, 179; 35a, 116
Fernsehen 12, 17
Fernsehen/Rundfunk 19, 251
Fester Pauschsteuersatz 40, 26 ff.; 40a, 21
Festsetzung der Einkommen- bzw. Körperschaftsteuer in einem Pauschbetrag, Beihilfeproblematik, beschränkte Steuerpflicht 50, 65
– besonderes öffentliches Interesse, beschränkte Steuerpflicht 50, 61 ff.
Feststellung des nachsteuerungspflichtigen Betrags 34a, 426
Feststellungslast 50d, 126
Feststellungsverfahren 15, 676
– Verlustabzug 10d, 71 f.
Festwerte/Durchschnittswerte 6, 305
Feuerlöscherwartung 35a, 175
FiFo-Verfahren 23, 33
Fiktion, gesetzliche 15, 491, 596
Fiktive Ausgaben 4, 537

Fiktive Einnahmen 4, 537
Fiktive Vollbesteuerung 3, 396
Finale Betriebsaufgabe 16, 40, 673
Finaler Entnahmebegriff 4, 262 ff., 300
Finanzamt, öffentliche Zuständigkeit 42c, 1
Finanzanlage 5, 109
Finanzbehörde, Prüfungsrecht 50b, 1 ff.
Finanzgerichtsverfahren 4, 72
Finanzierungsneutralität 32d, 40
Finanzierungszusammenhang 7g, 48
Finanzplandarlehen 15a, 64
Finanzprodukte 5, 145
Firmenwagen 8, 53
Firmenwert 4, 112, 269; 5, 146; 6, 266; 7, 221 ff.
Fischerei 4, 669 ff.
Fischereirecht 23, 144
Fiskalzwecknorm 3, 3
Fitnessstudio 3, 270
Flächennutzungsplan 14, 73
Flagge, deutsche 41a, 27
Floor 5, 145
Flüge 19, 371
Flugzeugführerschein 19, 396
Flurbereinigungsverfahren, Buchwert § 55 EStG 55, 104
Flutpolder 13a, 251
Fonds, Verluste, Steuerstundungsmodell 15b, 67, 94 f., 97 f., 99 f. 104 ff.
Fondsgebunden 4b, 3
Forderung 4, 537; 16, 173
– Pauschalwertberichtigung 6, 135
Forderungen und sonstige Vermögensgegenstände 5, 116
Forderungsausfall 16, 546
Forderungsforfaitierung, passive Rechnungsabgrenzungsposten 5, 369
Forderungsverzicht 33, 68
Formelle Maßgeblichkeit 5, 43
Formelmethode 6, 120
Formkaufmann 5, 23
Formwechsel 16, 603; 34a, 356, 362; 50i, 112
– Wirtschaftsjahr 4a, 17
Forstschäden-Ausgleichsgesetz 34b, 31
– Steuersatz bei Einschlagsbeschränkung 34b, 91

Forstwirtschaft 13, 201 ff.
Fortbildung 19, 371
Fortbildungskosten 19, 396
– Abgrenzung 10, 107
Fortgeltungsregelungen, ausländische Verluste 2a, 109
Fortgesetzte Gütergemeinschaft (§ 28 EStG), Aufhebung 28, 9
– Einkünftezurechnung 28, 15
– Vorteilhaftigkeit 28, 11
Fotomodell 19, 251
Franchise-Vertragsgebühren, passive Rechnungsabgrenzungsposten 5, 370
Freiberufler-Personengesellschaft, doppelstöckig 15, 522
freiberuflich 18, 171
Freibeträge für Kinder 32, 211
Freibetrag 16, 729, 734
– gewinnbezogen 15, 519
– nach § 13 Abs. 3 EStG 13, 391 ff.
– persönlicher 35b, 116
Freibetrag für Betriebsveranstaltungen 19, 416
Freie Berufe 18, 171
Freigrenze 23, 6
– Zinsschranke 4h, 71 ff.
Freistellung des Existenzminimums 31, 16
Freistellungs- bzw. Erstattungsanspruch 16, 313
Freistellungsanspruch 4f, 12
Freistellungsauftrag, Datenübermittlung 45d, 24 ff.
Freistellungsberechtigter 4f, 12
Freistellungsbescheid 50d, 2, 31 ff., 78, 87; 50g, 26
Freistellungsbescheinigung 48c, 1; 50d, 2, 63, 86 ff.; 50g, 26
Freistellungsmethode, Doppelbesteuerungsabkommen 34c, 78
Freiwillig begründete Rechtspflicht 12, 39
Freiwilligendienst, Taschengeld 3, 62
Freiwilliger Dienst 32, 126
Freiwilligkeit 12, 38
Fremdkapital 16, 153
Fremdvergleich 15, 303/1
Fremdwährungsbeträge 23, 223 f., 256
– gleichartige 23, 203

Fremdwährungsguthaben als Gegenleistung 23, 226
Fremdwährungsvaluta (Sorten) 23, 203
Friseur 35a, 76, 175
Fristberechnung 23, 427, 252
Früheres Dienstverhältnis 19, 436 f.
Führerschein 12, 28; 19, 371
Führung eines selbständigen Haushalts 23, 180
Fünfjahreszeitraum 35b, 102 ff.
Fünftel Regelung des § 34 Abs. 1 EStG 34a, 78
Fünftel-Regelung 16, 25
Fulbright-Abkommen 3, 407
Funktionsbenennung 7g, 66
Fußpflege 35a, 76, 175
Fußstapfentheorie 16, 591
Future Sercive, Übernahme einer Verpflichtung, Beiträge 4e, 79

G

Gärtner 35a, 65, 72
Gästehäuser 4, 658 ff.
Gap-Reform 4, 537
Garantieleistung 4b, 4
Garten-/Gemüsebau 13, 236
Gartenbesitzer 14, 17
Gaststätteneinbauten 4, 116 ff.
Gaststättenpächter 19, 251
GbR 15, 55, 500; 15a, 305 ff.
– landwirtschaftlich 15, 517
– personenidentische 23, 234
GbR als ArbG 19, 130
Gebäude, „fertiggestellte" 23, 28
– 4, 116, 172; 23, 148
– Begriff 23, 157
– Begriff (§ 13a Abs. 7 EStG) 13a, 239
– Betriebsvermögen 4, 163
– Erweiterung, Ausbau oder Umbau 6b, 121 f.
– teilweise zu eigenen Wohnzwecken, teilweise zu anderen Zwecken genutzt 23, 386
– Zurechnung 4, 207
Gebäude auf fremden Grund und Boden, Aktive Rechnungsabgrenzungsposten 5, 335
Gebäude oder Gebäudeteile, keine 23, 160
Gebäude und Außenanlagen 23, 156

Gebäude-AfA 7, 386 ff.
– AfA im Anschluss an nachträgliche HK 7, 483 ff.
– AfA nach Einlage 7, 431 ff.
– AfaA und Teilwertabschreibung 7, 436 ff.
– Gebäude-AfA nach tatsächlicher Nutzungsdauer 7, 411 ff.
– Gebäudebegriff 7, 386 ff.
– lineare AfA 7, 386 ff.
– lineare Gebäude-AfA mit typisierter Nutzungsdauer 7, 401 ff.
– Minderung der AfA-Bemessungsgrundlage 7, 421 ff.
– nachträgliche AK/HK 7, 421 ff., 471 ff.
– selbständige Gebäudeteile 7, 481 ff.
– Staffelsätze 7, 456 ff.
– Stufen- degressive Gebäude-AfA 7, 446 ff.
– Wahlrecht 7, 466 ff.
Gebäudeteil 4, 116 f., 173; 23, 32, 156, 158
Gebilde, transparent 15, 122
Geburtengeld 3, 12
Geburtstag 19, 371
Gecharterte Handelsschiffe, Besonderheiten 5a, 77
– Tonnagesteuer 5a, 76
Gefälligkeiten 19, 167
Gegenstand des täglichen Gebrauchs 23, 47, 197
– Veräußerung 23, 199
Gegenwärtiges Dienstverhältnis 19, 111 f.
Gegenwertlehre 33, 21 ff.
Gegenwertzahlung 19, 471
Gehaltsumwandlung, Reisekosten 3, 144
Gehaltsverzicht 19, 349
Geld 8, 17
Geldbuße 4, 821 ff.
Geldentwertung 14, 74
Geldstrafe 12, 46
Geldstrafen, -bußen- und -auflagen 19, 371, 396
Geldverkehrsrechnung 4, 381
Geldwerter Vorteil 19, 262
Gelegenheitsarbeiter 19, 251
Gelegenheitsgeschäft 15, 659
Geleistete Anzahlungen 5, 107

Geltungsbereich 32d, 3
GEMA Gebühren 4, 537
Gemeinderatsmitglieder 19, 251
Gemeindeversicherungsverband 3, 116
Gemeinkosten 9b, 1
Gemeinschaftliche Tierzucht und Tierhaltung 13, 276 ff.
Gemeinschaftsunterkunft 19, 371
Gemischte Aufwendungen 4, 523; 19, 396
Gemüse-, Blumen- und Zierpflanzenbau 13, 236
Genehmigung, familiengerichtliche 15, 303/1
Generationenbetrieb, bei Liebhaberei 2, 93
Genussrecht 24, 50; 43, 24
Genussscheine 17, 114 ff.
Gepäckträger 19, 251
Gepräge-Rechtsprechung 15, 542
Geprägerechtsprechung, Freiberufler 18, 57
Gerichtskosten 12, 45
Geringfügig Beschäftigte 19, 251; 40a, 8, 15 ff.
Geringfügigkeit 40a, 8
Gesamdhandsvermögen einer Personengesellschaft, betrieblich 23, 248
Gesamtbetrag der Einkünfte 2, 4, 321, 336; 26b, 27 ff.
Gesamtbilanz der Mitunternehmerschaft 15, 127
Gesamterwerb, erbschaftsteuerlicher 35b, 116
Gesamtgewinngleichheit 4, 30, 36, 61, 401
Gesamtgläubiger 26b, 10
Gesamthand 15, 135
Gesamthandsvermögen 4f, 9; 15, 531
Gesamtkosten, Gesamtkostenmethode 8, 90
Gesamtplan 6, 368; 16, 123
Gesamtplanrechtsprechung 6, 316
Gesamtrechtsnachfolge 4f, 5, 11; 23, 186; 35b, 61
– Wege der 23, 252
Gesamtrechtsnachfolger 15, 663
Gesamtschuldner 26b, 45; 42d, 55
Gesamtumsatzerlös 15, 517
Geschäftsbetrieb, angemessen eingerichteter 50d, 119 ff.
Geschäftsführer 19, 89
Geschäftsführung 15, 582
– Begriff 15, 581

Geschäftsführungsbefugnis 15, 581
– alleinige 15, 584
Geschäftsplan 4c, 4 ff.
Geschäftswert 4, 112, 269; 5, 146; 6, 266; 7, 172, 221 ff.
Geschenke 4, 537, 628 ff.; 19, 396
Gesellschaft 50d, 114
– atypisch stille 15, 565, 673
– ausländische 3, 15, 563, 396
– fehlerhaft 15, 60
– stille 15, 57
– zweite personenidentische 15, 514
Gesellschafter 4c, 1, 3, 7
– atypisch stiller 15a, 296
– Ausscheiden eines 16, 276, 286, 331, 335
– lästiger 16, 339
– persönlich haftend 15, 573, 581
– Sonderbereich 15, 520
Gesellschafter einer KapGes 19, 251
Gesellschafter-Fremdfinanzierung 32d, 8
– Rückausnahme 4h, 111 ff.
Gesellschafter-Geschäftsführer 19, 321, 971
Gesellschafter/Mitunternehmer 15, 684
– atypisch stille Beteiligung 15, 685
Gesellschafterbeitrag 15, 267
Gesellschafterstellung, befristete 15, 303/1
Gesellschafterwechsel 16, 286, 331, 351
Gesellschaftsanteil, Finanzierung 15, 262
Gesellschaftsverhältnis 4c, 7
Gesetz über steuerliche Begleitmaßnahmen zur Einführung der Europäischen Gesellschaft und zur Änderung weiterer steuerrechtlicher Vorschriften 4, 3, 13
Gesetz zur Änderung und Vereinfachung der Unternehmensbesteuerung und des steuerlichen Reisekostenrechts 4, 3, 13
Gesetz zur Eindämmung missbräuchlicher Steuergestaltungen 4, 3, 13
Gesetz zur Umsetzung der Protokollerklärung zur Vermittlungsempfehlung zum Steuervergünstigungsabbaugesetz 4, 3, 13
Gesetzliche Buchführungspflicht 4, 412
Gesetzliche Rentenversicherung 3, 16
– Kinderzuschüsse 3, 16
Gesetzliche Unfallversicherung 3, 9

Gesonderte Feststellung, Steuerstundungsmodell 15b, 142 ff.
Gestaltungsspielraum 15, 555
Gesundheitsförderung 19, 371
Getränke und Genussmittel 19, 371
Gewährleistung 24, 124
Gewerbebetrieb 7g, 29; 15, 627, 645; 34a, 30
– Beginn und Ende 15, 36
– Begriff 15, 366
– Einkünfte 15, 597
– fikiv 15, 601
– Fiktion 15, 540
– getrennt 15, 33
Gewerbebetrieb im Inland, Tonnagesteuer 5a, 46
Gewerbesteuer 4, 10; 18, 24; 34a, 135
– Abzugsverbot 4, 876 ff.
Gewerbesteueranrechnung 35, 1
– Anrechnungsüberhänge 35, 34
– Anrechnungsvolumen 35, 18 ff., 35
– Aufteilung des Gewerbsteuermessbetrags 35, 34 ff.
– begünstigte Einkünfte 35, 19 ff.
– Berechnung 35, 46 ff.
– ermäßigte Steuer 35, 46
– Ermäßigungshöchstbetrag 35, 46 ff.
– gewerbliche Einkünfte 35, 19 ff.
– Gewerbsteuermessbetrag 35, 31 ff.
– Gewinnermittlung 35, 22
– KGaA 35, 30
– laufende Gewinne 35, 19
– mehrstöckige Personengesellschaften 35, 38 ff., 78
– Mitunternehmerschaften 35, 34 ff.
– Organschaft 35, 67 ff.
– Umwandlungen 35, 67
– Unternehmensbezogenheit 35, 22 ff.
– Veräußerungsgewinne 35, 29
– Verhältnis zu anderen Vorschriften 35, 10 ff.
– Verluste 35, 29
– Vorabgewinne 35, 34
Gewerbesteueraufkommen 15, 519
Gewerbesteuermessbetrag 15, 691
Gewerbesteuerpflicht 15, 600; 18, 24

Gewerbetreibende 5, 27
– abweichendes Wirtschaftsjahr 4a, 56
– Umstellung des Wirtschaftsjahrs 4a, 47 ff.
– Wirtschaftsjahr 4a, 11
Gewerbliche Tierzucht und Tierhaltung 13, 247 ff.
Gewinn, begünstigungsfähig 34a, 63
– Definition 4, 90
– nicht entnommener 34a, 116
– sondertarifierungsfähiger 34a, 116
Gewinnabführungsvertrag 4, 841
Gewinnanteil 15, 150
– gesellschaftsvertraglich 15, 686
Gewinnausschüttung 4, 537; 43, 10
Gewinnbeteiligung 24, 64
Gewinne, Begünstigung der nicht entnommenen 34a, 1
– unterfallende 35b, 80
Gewinne und Verluste 15, 645
Gewinneinkünfte 35b, 91
Gewinneinkunftsarten 4, 10, 46; 7g, 17
– Freiberufler 4, 10
– Gewerbetreibende 4, 10
Gewinnermittlung 15, 120
– additive 15, 290
– erste Stufe 4, 91
– pauschalisierte 34a, 132
Gewinnermittlung nach § 4 Abs. 3 EStG, Ausgleichsposten 4g, 45
Gewinnermittlung nach Durchschnittssätzen, Abbauland 13a, 94
– Abgeltungswirkung 13a, 51, 141, 161, 171
– Antrag tatsächliche Gewinnermittlung 13a, 131
– Antragswahlrecht 13a, 131
– Bruttobesteuerung 13a, 141, 171
– Dokumentationspflichten 13a, 316
– elektronische Übermittlungspflicht 13a, 176
– Flächen im Grundvermögen 13a, 68
– Geringstland 13a, 94
– Grundbetrag landwirtschaftliche Nutzung 13a, 186
– Jagdpacht 13a, 149, 157
– Nebenbetriebe 13a, 94

- Pachtvorauszahlung im Wj. 2014/2015 13a, 298
- Rumpf-Wirtschaftsjahr 13a, 142
- Sondergewinn Rückvergütung 13a, 276
- Sondergewinne Veräußerungen, Entschädigungen 13a, 226 ff.
- Verfassungsmäßigkeit 13a, 41
- Vermietung und Verpachtung 13a, 146
- Wechsel der Gewinnermittlungsmethode 13a, 291 ff.
- Wegfallmitteilung 13a, 116
- Zugangsvoraussetzungen 13a, 61 ff.
- Zuschlag forstwirtschaftliche Nutzung 13a, 196
- Zuschlag Sondernutzungen 13a, 206

Gewinnermittlungsart 34a, 131
- Wechsel 4, 69, 34a, 370

Gewinnermittlungseinkünfte 4c, 3

Gewinnermittlungsmethode 4, 1
- Wechsel 34a, 356

Gewinnermittlungsvorschrift, allgemeine 15, 282
- eigenständige 23, 341

Gewinnermittlungswahlrecht 4, 424
- Ausübung 4, 427

Gewinnermittlungszeitraum, bei land- und forstwirtschaftlichen Betrieben 13, 156 ff.

Gewinnerzielungsabsicht 15, 394; 18, 42
- Betrieb der Land- und Forstwirtschaft 13, 108 ff., 201, 227, 301

Gewinnobligation 43, 23

Gewinnschuldverschreibung 50g, 28

Gewinnübertragung, s. Reinvestitionsvergünstigung
- als Rechtsfolge 6b, 91 ff.
- bei Anteilsveräußerungen 6b, 246 ff.
- bei Mitunternehmerschaften 6b, 97 ff.
- nichtbuchführender Stpfl. 6c, 11 ff.
- vorgezogene Investiton 6b, 196

Gewinnungsberechtigung 23, 145

Gewinnverteilung 15a, 42 ff.
- Anerkennung 15, 303/1

Gewinnverteilungsabreden, inkongruent 15, 152

Gewinnvorab 15a, 48

Gewinnvorzug 18, 7, 266, 301

Gewinnzuschlag, Reinvestitionsrücklage 6b, 226

gewöhnlicher Aufenthalt 1, 46

Gläubiger, zivilrechtlicher 50d, 43

Gleichbehandlung 1, 5 f.

gleichbleibend oder steigende Prämien, Rückdeckungsversicherung, lebenslänglich laufende Leistungen 4d, 121

Gleichheitsgrundsatz 4, 30, 36 f.

Gleichheitssatz 6, 14; 50i, 52
- Anrechnungsmethode 34c, 6

Gleitende Anpassungsformel 45e, 4

Gleitschirm 4, 671

Glücksspiel 4, 537

GmbH & Co. KG & Still 15, 565

GmbH & Co GbR 15, 574

GmbH & Still 15, 565

Golfanlagen 4, 671 f.

Grabpflege 35a, 175

Graffitibeseitigung 35a, 175

Grandfathering 23, 13

Grenzsteuersatz 7g, 156; 32a, 16

grenzüberschreitende Tätigkeit, Pensionsfonds 4e, 12

Großbuchstabe F 41, 21

Großbuchstabe M 41b, 13

Großbuchstabe S 41, 21

Großbuchstabe U 41, 21

Großobjekt 23, 112

Gründe, sittliche 33, 65
- sonstige beachtliche 50d, 120
- wirtschaftliche 50d, 120

Gründungsstock 4c, 4

Gründungszuschuss 3, 37

Grund und Boden 4, 172; 23, 161
- Begriff 23, 142
- Begriff (§ 13a Abs. 7 EStG) 13a, 237
- Beurteilungseinheit 55, 34
- unentgeltlich erworben 23, 163
- Zurechnung 4, 207
- zuvor erworbener 23, 162

Grund und Boden im Betrieb der Land- und Forstwirtschaft 13, 166 ff.

Grund- und Rentenschuld 23, 147

Grundbetrag der Produktionsaufgaberente 3, 221

Grunderwerbsteuer, Werbungskosten 9, 20
Grundform 4, 46
Grundfreibetrag, Anrechnungshöchstbetrag 34c, 29
Grundfreiheiten 50i, 66
Grundrechtsverletzung, Anrechnungsmethode 34c, 6
Grundsätze ordnungsgemäßer Buchführung 4, 52
Grundstück 4, 114; 5, 98; 16, 143, 202, 427; 19, 371; 23, 141 f.
– Betriebsvermögen 4, 163, 167
– im Inland belegen 23, 57
– mit Erbbaurecht belastetes 23, 149
– teilweise mit Abfindungszahlung erworbenen 23, 381
– Übertragung 23, 231, 316, 318
– unbebaut 23, 178
– unbebaut parzelliert 23, 265
Grundstück oder grundstücksgleiche Rechte 23, 3, 53
Grundstück und aufstehendes Gebäude getrennt handelbar 23, 151
Grundstücksgesellschaft, gewerblich tätig 23, 114
Grundstücksgleiche Rechte 5, 103
Grundstückshandel, gewerblich 15, 433; 23, 115
Grundvermögen, Buchwert § 55 EStG 55, 61
Gruppenunterstützungskasse, Unterstützungskasse 4d, 186
Günstigerprüfung 32d, 26 ff.
Gütergemeinschaft, ehelich 15, 502
Güterstand 26a, 11
Gutachter 19, 251
Gutachtertätigkeit 35a, 99 f.
Gutschein 8, 34, 128

H

Häftlingshilfegesetz 3, 157
Härteausgleich 46, 41
Härtefallregelung 39e, 29
häusliches Arbeitsmittel 12, 27
Haftpflichtversicherung 10, 76

Haftung 19, 396; 42d, 1 ff.; 48a, 4
– persönlich 15, 570
Haftungsausschluss 41c, 19; 42d, 41 ff.
– individualvertraglich 15, 575
Haftungsbescheid 42d, 84 ff.; 50d, 33
Haftungsminderung 15a, 188 ff., 225 ff.
Haftungsschuld 42d, 11, 12
Haftungsschuldner 41a, 16; 42d, 13
Halbabzugsverbot 3c, 45
Halbabzugsverfahren 3c, 1
Halbeinkünfteverfahren 3, 339
Halbteilungsgrundsatz 32a, 54, 56
Haltefrist 23, 27, 52, 201, 276
– Ausscheiden des Beteiligten innerhalb der 23, 304
– Berechnung 23, 278
– einjährige 23, 229
– Ende 23, 278
– Verlängerung 23, 44
– Verlängerung auf zehn Jahre 23, 205
Haltung und Zucht, landwirtschaftsfremder Tierarten 15, 628
Handelsgeschäft, Abgrenzung zur Land- und Forstwirtschaft 13, 17 ff.
Handelsrecht 7g, 10
Handelsrechtliche Grundsätze ordnungsgemäßer Buchführung (GoB) 5, 37, 50
Handelsschiffe 41a, 27
– deutsche 41, 50
Handelsvertreter 19, 251; 24, 72
Handpflege 35a, 76, 175
Handwerkerleistungen 35a, 1, 63, 96, 120
Haselnussanbau 13a, 208
Hauptbetrieb der Land- und Forstwirtschaft, Voraussetzung für Nebenbetrieb 13, 322 ff.
Hausarbeit 35a, 31, 175
Hausgarten 23, 175
Hausgewerbetreibende 19, 251
Hausgrundstück 33a, 72
Haushaltbegleitgesetz 4, 3, 13
Haushaltsaufnahme des Kindes 64, 11
Haushaltsbindung 35a, 161
Haushaltsführung, doppelte 23, 180
Haushaltshilfe 19, 251
Haushaltsnahe Tätigkeit 35a, 31

Haushaltsscheckverfahren 35a, 37, 151
Hauslehrer 35a, 31, 175
Hausmeister 19, 251; 35a, 65, 72, 175
Hausreinigung 35a, 72, 175
Haustierbetreuung 35a, 175
Haustürrenovierung 35a, 175
Hausverwalter 19, 251; 35a, 175
Hausverwalterkosten 35a, 175
Hauswart 35a, 65, 71, 175
HBeglG 2004 4, 3, 13
Hedge-Geschäfte 15, 660
Heilfürsorge 3, 62
Heimarbeit 19, 396
Heimarbeiter 19, 251
Heimarbeitsplatz 4, 744
Heimathafen 41, 50
Heizkosten 35a, 175
Heizungsanlagen 4, 116 ff.
Hepatitis C 3, 606
Herstellung 9b, 24
Herstellung der Einheit Deutschlands 58, 1
– Anlass der 57, 1
Herstellungskosten 7g, 93; 9b, 1
– Bauzeitzinsen 6, 37
– Fremdkapitalzinsen 6, 37
– Kalkulatorische Kosten 6, 38
– Kosten der allgemeinen Verwaltung 6, 36
– Material- und Fertigungseinzelkosten 6, 35
– Rückstellung 5, 292
Herstellungskosten Grund und Boden 55, 32
Hilfsbedürftigkeit, Leistungen 3, 98
– Sozialhilfe 3, 99
Hinterbliebene 3, 66; 4b, 3 f., 6 f.; 19, 436
Hinterbliebenen-Pauschbetrag 33b, 28
– Übertragung 33b, 32 f.
– Verfahrensfragen 33b, 60
Hinterziehungszins 4, 836
Hinzuerwerb von Anteilen 17, 217 ff.
Hinzurechnung 4, 93; 7g, 87
Hinzurechnungsbesteuerung 4, 21
Hinzurechnungsbetrag 3, 396; 16, 39
HIV-Infizierte 3, 610
Hochwasser 19, 371
Höchstbetragaufteilung 35a, 163
Hof- und Platzbefestigungen 23, 160

Hofübergabe, Flächenrückbehalt 14, 75
– Übertragung Einzelflächen an weichende Erben 14, 76; 14a, 16
Holding, geschäftsleitende 50d, 116 f.
Holunderanbau 13a, 208
Holznutzung, außerordentliche, infolge höherer Gewalt (Kalamitätsnutzung) 34b, 45
– – volks- und staatswirtschaftliche Gründe 34b, 44 ff.
– Gewinnverwirklichung 34b, 46
– ordentliche 34b, 43
– wegen Energieversorgungsleitung 34b, 44
Home-Office 4, 744
Honorar 4, 537
Honorarkonsul 3, 235
Hotel 4, 672
Hundebetreuung 35a, 175
Hybrids, hybride Rechtsträger 50d, 15, 40 ff.
Hypotax 19, 371

I

Ideeller Vorteil 19, 274
Identifikationsnummer 39e, 13, 36
– elektronische Datenübermittlung 41b, 15
– Rentenbezugsmitteilung 22a, 2
Identität, personelle 35b, 13
Imkerei 13, 291
– Gewinnermittlung nach Durchschnittssätzen 13a, 101
Immaterielle Wirtschaftsgüter, Milchlieferrechte 13, 178
Immaterielle Wirtschaftsgüter des Anlagevermögens 5, 95, 181 ff.; 7g, 41; 16, 149, 360, 523
– Begriff 5, 185
– Software 5, 203 ff.
– steuerliches Aktivierungsverbot 5, 182
Immobilienfond , 60 ff., 181
– mit Sitz im Ausland 23, 114
Imparitätsprinzip 5, 52; 15, 293
Incentive-Reise 4, 537, 632, 808; 19, 371
– Einkommensteuerpauschalierung 37b, 24
Index-Partizipationszertifikat 15, 643
Individualbesteuerung 26a, 10, 26; 26b, 20

Industrieholz 13a, 216
Infektionsregelung 15, 490
– Nichtanwendung 15, 518
Infektionsschutzgesetz, Entschädigungen 3, 167
Infektionswirkung 15, 492
Infizierte Personen 3, 606
Informationsaustausch International 32d, 40
Ingenieur 19, 251
Inkrafttretensvorbehalt 3a, ; 32c, 15, 20; 52, 9
inländische Einkünfte, s. Einkünfte, inländische
Inland 1, 13
Inlandsbeteiligungen, zwischengeschaltete, Drittstaaten Verluste 2a, 91 ff.
Inlandsbezug, Tonnagesteuer 5a, 57
inlandsradizierte Einkünfte, beschränkte Steuerpflicht 49, 1 ff.
Inlandstaten 4, 848
Innehaben 1, 38
Innengesellschaft 15, 55, 501
Innenverhältnis 15, 77
Innenverpflichtung 4f, 6
Insolvenz 15a, 44, 63
– Wirtschaftsjahr 4a, 18
Insolvenzgeld 3, 38
Insolvenzverfahren 15, 478; 16, 52
– Verlustabzug 10d, 10
Insolvenzversicherung 3, 586
Interbankenprivileg 43, 77
Internetzuschuss 40, 32
Interviewer 19, 251
Invalidität 4b, 3
INVEST-Zuschuss für Wagniskapital 3, 627
Investitionsabzugsbetrag 7g, 16 ff., 76 ff.; 16, 523; 35b, 91
– Keine Betriebsausgabe nach § 34b EStG 34b, 60
Investitionsdarlehen 4, 603 ff.
– Sonderbetriebsvermögen 4, 606
Investitionsförderung 7g, 1
Investitionszulage 9b, 12
Investitionszuschuss, Passive Rechnungsabgrenzungsposten 5, 371
Investmentfonds, Einkünfte aus Kapitalvermögen
Investmentsteuerklausel 50d, 128

Investmentvermögen, Einkünfte aus Kapitalvermögen
Isolierende Betrachtungsweise, beschränkte Steuerpflicht 49, 231 ff.
Istkaufmann 5, 23

J

Jagd 4, 669 ff.; 13, 301 ff.; 19, 371
Jagdpacht, Gewinnermittlung nach Durchschnittssätzen 13a, 149, 157
Jagdschein 12, 30
Jahresarbeitslohn 38a, 6
Jahreslohnkonto 41, 27
Jahreslohnsteuer 38a, 10
Jahreslohnsteuerbescheinigung 42d, 31
Jahressteuergesetz 2008 4, 3, 13
Jahressteuergesetz 2010 4, 3, 13
Jahreswagenrabatt 8, 146
Job-Ticket 3, 139 ff.; 8, 126; 19, 371
Journalist 19, 251
Jubiläum 19, 371
Jubiläumsfeier 19, 403

K

Kachelofen 35a, 175
Kahlschlag, privates Veräußerungsgeschäft 34b, 31
Kalamitätsnutzung, Begriff 34b, 45
– Kalamitätsfolgehieb 34b, 45
– Meldeverfahren 34b, 111
Kalenderjahr 4f, 8
Kalkulationsgrundlage, Pensionsfonds 4e, 41 ff.
Kamineinbau 35a, 175
Kantinenmahlzeit 40, 27 f.
Kapitalabfindungen der Beamten 3, 53
Kapitalbedarf 4c, 4
Kapitaldeckungsverfahren 4c, 2
Kapitaleinkünfte, ausländische 34c, 34, 36
– private 34c, 34, 36
Kapitalerhöhung 17, 155
Kapitalertrag, ausländisch 43, 43
– inländisch 43, 85
Kapitalertragsteuer, Abgeltungswirkung 43, 70
– Abstandnahme 43, 75

- Anmeldung 45a, 21 ff.
- Ausschluss 45, 1 ff.
- Bemessungsgrundlage 43, 25; 43a, 25
- Cum-Ex 44, 41 ff.
- Einbehaltung 44, 31
- Einzelerstattungsverfahren 44b, 9
- Entrichtung 44, 31
- Entrichtungsverpflichtung 45a, 22 ff.
- Entstehung 44, 14 ff.
- Erstattung 44b, 8, 45, 1, 8 ff.
- Erstattung an Steuerabzugsverpflichteten 44b, 27
- Erstattungsberechtigung 44b, 28
- Erstattungsverfahren 44b, 26 ff.
- Gesamthandsgemeinschaften 44b, 66
- Gewinnausschüttungen 44, 46
- Haftung 44, 34, 66 ff.
- Höhe 43a, 9
- Korrektur 43a, 71
- Monatsanmeldung 45a, 22
- Nachforderung 44, 81 ff.
- Optionales Erstattungsverfahren 44b, 27
- Organschaft 45a, 23
- persönliche Steuerpflicht 43, 4
- Rechtsbehelf 45a, 11 ff.
- Sachleistungen 44, 33
- sachliche Steuerpflicht 43, 5
- Schuldner 44, 11
- Steuerabzugsverpflichteter 44, 18 ff.
- Steuerfestsetzung 45a, 8
- Stille Gesellschaft/partiarische Darlehen 44, 56 ff.
- Tagesanmeldung 45a, 22
- Übernahme durch Vergütungsschuldner 43a, 19
- verbindliches Erstattungsverfahren 44b, 27
- Verspätungszuschlag 45a, 10
- Zerlegung 45a, 25 ff.
- Zufluss bei Stundung 44, 61 ff.

Kapitalertragsteueranmeldung 45a, 8 ff.
- Abstandnahme vom Steuerabzug 45a, 41 ff.

Kapitalertragsteuerbescheinigung 45a, 63 ff.

Kapitalertragsteuererstattung, beschränkt steuerpflichtige Körperschaften 44a, 116 ff.
- Haftung 44b, 53
- Kredit- oder Finanzdienstleistungsinstitut 44b, 51 ff.
- Verhältnis zu § 37 Abs. 2 AO 44b, 30

Kapitalexportneutralität 34c, 2

Kapitalforderung, „Einfache" Geldforderung 43, 48
- sonstige 43, 46
- verbrieft 43, 47

Kapitalgesellschaft 4c, 7; 15, 554, 560, 563, 626
- ausländisch 4, 19; 15, 561
- Begriff 15, 563

Kapitalkontenanpassungsmethode 16, 621

Kapitalkonto 16, 84, 320
- negatives 15, 302

Kapitalverkehrsfreiheit, Anrechnungsmethode 34c, 6, 29, 31, 34

Kapitalzahlungen, Zuwendungen 4d, 38

Kasse 4c, 1 ff.

Kassenbuchführung 4, 63

Kassenleistungen 4c, 5

Kassenstaatsklausel 50d, 141 ff.

Kassenvermögen 4c, 5 f.

Kassierer 19, 251

Katzenbetreuung 35a, 175

Kauf 17, 165

Kauf- oder Verlängerungsoption 4, 199

Kaufmann kraft Eintragung 5, 23

Kaufmannseigenschaft 5, 23

Kaufpreisaufteilung 14, 57

Kaufpreisminderung 4f, 9

Kaufpreisrate 16, 489
- Abgrenzung sonstige Einkünfte 22, 27 ff.

Kaufpreisrente, Abgrenzung sonstige Einkünfte 22, 27 ff.

Kaufvertrag, formunwirksam 23, 248

Kausalzusammenhang 19, 381

keine Anschaffung, Erwerb kraft Gesetzes 23, 232
- Hoheitsakt 23, 232
- Rückübertragung von enteignetem Grundstück 23, 232
- unentgeltlicher Erwerb eines Wirtschaftsguts 23, 232

Kellerausbau 35a, 98, 175

KfZ-Steuer, aktive Rechnungsabgrenzungsposten 5, 336
KG 15, 54
KGaA 15, 702
– perönlich haftender Gesellschafter einer – 34a, 27
Kinder 32, 41; 63, 10
– arbeitslose 32, 81
– ohne Ausbildungsplatz 32, 116
– unterhaltsberechtigte 23, 181
– Zusammenveranlagung mit – 27, 1
Kinderbeihilfen 3, 103
Kinderbetreuung 12, 15; 19, 396
Kinderbetreuungskosten 9c, 1; 10, 1; 35a, 175
– Abzugshöhe 10, 94
– Altersgrenze 10, 87
– Aufwendungen für Au-pair, etc. 10, 90
– Barzahlung 10, 96
– Betreuungsaufwendungen 10, 80 ff.
– Haushaltszugehörigkeit 10, 87
– Kindervoraussetzungen 10, 87 f.
– Rechnung 10, 96
– Verhältnis zu anderen Vorschriften 10, 86
Kindererziehung 12, 15
Kindererziehungsleistung 3, 598
Kinderfreibetrag 38, 4; 39e, 8, 38b, 4 f.
Kindergarten 3, 256; 19, 371
Kindergeld, Abzweigung 74, 11
– Auszahlung des –
– – über Arbeitgeber 73, 1
– Auszahlungsmodus 71, 1
– Höhe 66, 12
Kindergeldanspruch 62, 10
Kindergeldanspruch für Ausländer 62, 32
Kindergeldbetrag, nicht pfändbar 76a, 1
Kindergeldfestsetzung 70, 26
Kindergeldzahlung im öffentlichen Dienst 72, 8
Kinderzuschlag 3, 103
Kirche 19, 251
Kirchensteuer 32d, 6
– auf Kapitalertragsteuer 51a, 20 ff.
– Ein- oder Austritt im Jahr einer Veräußerung 14, 8
– Einnahmen Kapitalvermögen 13a, 156
KiSt 38, 1

Kleiderspende, s. Spendenabzug
Kleidung, Berufsbekleidung 12, 13
Kleinunternehmer 9b, 13
Klimaanlagen 4, 116 ff.
Körperschaftsklausel II 16, 651
Körperschaftsklausel 6, 379; 16, 612
Körperschaftsteuer 4, 11
Kohlebergbau 3, 541
Kohortenbesteuerung, s. Rentenbesteuerung
Kohortenprinzip 19, 511
Kommanditaktien 15, 347
Kommanditist 4b, 5; 15, 570, 585; 15a, 32 ff.; 16, 322
– atypisch 15, 98
Kommissionsagenten 24, 74
kommunale Vertretungen, Spendenabzug 10b, 93
Kompensatorische Bewertung, Bewertungseinheiten 5, 169
Komplementär 16, 321, 380
Komplementär einer GmbH & Co. KG 15, 96
Komplementär-GmbH 15, 248, 271
– Anteile 15, 598
Konkurrenzverhältnis 33, 9 ff.
Konsularangehöriger 3, 235
Konsularbeamter 3, 233
Konten, sämtliche in Fremdführung geführten verzinslichen – 23, 229
Kontenabrufverfahren 23, 95
Konto- und Depotführung 19, 371
Kontoführungsgebühren 19, 396
Kontokorrent 4, 547
Kontrollmeldeverfahren 50d, 140
Konzeption, beschränkte Steuerpflicht 49, 1 ff.
Konzernbegriff 4h, 150 ff.
– Konsolidierungsmöglichkeit 4h, 153 f.
– Rechnungslegungsstandard 4h, 157 f.
– Sonderformen 4h, 160 ff.
– steuerlicher Gleichordnungskonzern 4h, 155 f.
Konzerngesellschaft 4c, 4
Konzernklausel 3, 332; 4h, 86 ff.
– Konzernbegriff 4h, 87 ff., 150 ff.
– Rückausnahme 4h, 112
Konzernrabatt 8, 161

Konzernunternehmen 41, 47
Korrekturassistententätigkeit 3, 174
Korrekturposten 15a, 126 ff.
Korrespondenzprinzip 50g, 38
Kosten im Vorverfahren 77, 16
Kostendeckelung 8, 73
Kostenrisiko, Sicherungsvermögen, Pensionsfonds 4e, 52
Kostenzuschuss 24, 50
Kostenzuteilung 35a, 162
Kräne 4, 119
Kraftfahrzeug 8, 51 ff.
Kraftfahrzeuggestellung 19, 371
Kraftfahrzeugkosten 19, 396
Kranken-Pflegeversicherung 10, 59 ff.
– Basisversorgung 10, 63
– Beiträge zu Kranken-Pflegeversicherung 10, 60
– Datenübermittlung 10, 173
– Höchstbetrag 10, 59
– Realsplitting 10, 68
– Vorauszahlung von Beiträgen 10, 49
– Wahlleistungen 10, 64
Krankenhaustagegeldversicherung 3, 12
Krankentagegeld 3, 12
Krankenversicherung 3, 9
Kreditkartengebühr 19, 371
Kriegsbeschädigte 3, 66
Kriminalpolizei 3, 58
Kryptowährung 4, 128; 22, 201; 23, 3, 204, 240, 258
Kühleinrichtungen 4, 116 ff.
Künftiges Dienstverhältnis 19, 117
Künstler 19, 251
künstlerische Darbietungen, beschränkte Steuerpflicht, Einkünfte aus Gewerbebetrieb, Darbietungstatbestand 49, 52 ff.
künstlerische Tätigkeit, nebenberufliche Tätigkeit 3, 171
Künstlersozialkasse 3, 523
Kürzung der AK/HK um Abschreibungen 23, 411
Kulturgüter, Steuerbegünstigung 10g, 1 f., 9, 12 ff.
Kundenbindungsprogramm 19, 334, 371
– Pauschalierung 37a, 1 ff.

Kundenstamm 4, 125
Kurzarbeitergeld 3, 37
Kurzumtriebskultur 13a, 216

L

Laborgemeinschaft 18, 82, 86
Ladeneinbauten 4, 116 ff.
Land- und Forstwirte 35b, 103
– abweichendes Wirtschaftsjahr 4a, 53
– Wirtschaftsjahr 4a, 11
Land- und Forstwirtschaft 7g, 29, 34e, 1
– Einkünfte 34a, 30
land- und forstwirtschaftliche Betriebsstätte, Drittstaatenverluste 2a, 36 ff.
Land- und forstwirtschaftlicher Betrieb, Begriff 13, 131 ff.
– Hauptbetrieb 13, 322 ff.
– Mindestgröße 13, 191, 201 ff.
– Nebenbetrieb 13, 321 ff.
Landesaufsichtsbehörde 4c, 3
Landeszentralbank 3, 116
Landtagsabgeordnete, Aufwandsentschädigung 3, 111
Landtausch (freiwilliger) FlurbG, Buchwert § 55 EStG 55, 104
Landwirt 19, 251
Landwirtschaft 3, 221
– Begriff 13, 191
Landwirtschaftskammer 3, 116
Laptop 40, 32
last-in, first-out 34a, 213
Lastenaufzüge 4, 116 ff.
Latente Steuern 7g, 10
Laufender Arbeitslohn 19, 36; 38a, 7
Leasing 5, 147
– Zurechnung 4, 195 ff.
Leasingraten, aktive Rechnungsabgrenzungsposten 5, 337
Lebens- und Krankenversicherungsunternehmen 15, 658
Lebensführungsaufwand 12, 10
Lebenshaltungskosten 19, 371
Lebenslänglich laufende Leistungen, Zuwendungen 4d, 36, 161, 166, 176

Lebenspartner **2**, 384 ff.
Lebenspartnerschaft **2**, 384 ff.; **26b**, 15
Lebensversicherung **4b**, 3 ff.; **10**, 69; **32d**, 10; **43**, 36
Lebensversicherungsunternehmen **41b**, 6
Leerstand **23**, 184
Leerverkauf **23**, 41
Legaldefinition des Termingeschäfts, gleichlautende **15**, 641
Legionellenprüfung **35a**, 175
Lehrtätigkeit **19**, 251
Leibrente **5**, 150; **16**, 489; **19**, 440
– abgekürzte **22**, 62
– als sonstige Einkünfte **22**, 57 ff.
– Begriff **22**, 58
– verlängerte – **22**, 63
Leiharbeitsverhältnis **19**, 229
Leistende, im Ausland ansässige – **48d**, 1
Leistung **15**, 266
– wiederkehrende – **35b**, 82
Leistungen zur Erfüllung von Auflagen oder Weisungen **12**, 48
Leistungen zur Grundpflege **3**, 306
Leistungsanwärter, lebenslänglich laufende Leistungen, Zuwendungen **4d**, 77
Leistungsartfaktor, Reservepolster, Lebenslänglich laufende Leistungen **4d**, 101
Leistungsempfänger, lebenslänglich laufende Leistungen, Zuwendungen **4d**, 46
Leistungsfähigkeit **4**, 39
Leistungsfähigkeitsprinzip **7g**, 7; **50i**, 52
Liebhaberei **2**, 61 ff.; **15**, 140; **19**, 396
– bei einem Betrieb der Land- und Forstwirtschaft **13**, 106 ff.
– Beweisanzeichen **2**, 113
– Gartenbesitzer **14**, 17
– Gewerbebetrieb **2**, 183 ff.
– Kapitaleinkünfte **2**, 204
– Land- und Forstwirtschaft **2**, 172 ff.
– nichtselbständige Arbeit **2**, 195 ff.
– Segmentierung **2**, 92
– selbständige Arbeit **2**, 191 ff.
– sonstige Einkünfte **2**, 242 ff.
– steuerliche – **23**, 103
– Verfahrensfragen **2**, 246 ff.

– Verkleinerung des Betriebs **14**, 18
– Vermietung und Verpachtung **2**, 211 ff.
Liebhabereigrundsätze, Verfassungsmäßigkeit **2**, 69
Liegenschaftskataster **55**, 56, 93
Lineare AfA **7**, 171 ff.
– Abschreibungszeitraum **7**, 191 ff.
– AfA nach Einlage **7**, 271 ff.
– AfA nach Entnahme und Betriebsaufgabe **7**, 281 ff.
– AfA nach Maßgabe der Leistung **7**, 286 ff.
– Beginn und Ende der AfA **7**, 191 ff.
– Bemessungsgrundlage **7**, 241 ff.
– Bemessungsgrundlage bei nachträglichen AK/HK **7**, 246 ff.
– Bemessungsgrundlage bei nachträglicher Minderung der Bemessungsgrundlage **7**, 256 ff.
– Geschäfts- oder Firmenwert und Praxiswert **7**, 221 ff.
– nach Teilwertabschreibung oder AfaA **7**, 261 ff.
– Nutzungsdauerschätzung **7**, 196 ff.
– zeitanteilige AfA **7**, 231 ff.
Liquidation **3c**, 38; **19**, 251
– Wirtschaftsjahr **4a**, 19
Liquidation bzw. Umwandlung **23**, 345
Liquidation oder Auflösung **16**, 242
Liquidationsversicherung **4d**, 226; **4e**, 156
Lizenzen, Betriebsvermögen **4**, 163
Lizenzgebühren, aktive Rechnungsabgrenzungsposten **5**, 338
Lizenzgebührenbegriff **50g**, 43 f.
Lizenzzahlungen **50g**, 17
lock-in-effect **34a**, 212, 214
Lösegeld **4**, 537; **19**, 371
Lohnabrechnungsrelevante Informationen **41**, 19
Lohndatenübermittlung, elektronisch **41b**, 2
Lohnersatzleistungen **19**, 334
Lohnkontenführung, dv-unterstützte – **41**, 4
– elektronisch **41**, 23
– ordnungsgemäße – **41**, 3

Lohnkonto, führen **41**, 16
— Inhalte **41**, 17
— Mindestangaben **41**, 22
Lohnsteuer **19**, 371; **38**, 1; **41**, 1; **42d**, 31
— Abführung an eine andere Kasse **41a**, 19
— Abzugsmerkmale **39**, 1 ff.
— Anmeldung und Abführung **41**, 6
— Dritter **38**, 30 ff.; **42**, 111 ff.
— Einbehaltung, Abschlagzahlungen **39b**, 46 ff.
— — laufender Arbeitslohn **39b**, 10 ff.
— — ohne Lohnsteuerabzugsmerkmale **39c**, 9 ff.
— — Programmablaufplan **39b**, 51
— — sonstige Bezüge **39b**, 29 ff.
— — Verfahrensfragen **39b**, 56 f.
— — Vorsorgepauschale **39b**, 41 f.
— Erhebung **38**, 1
— Freibetrag **39a**, 1 ff.
— Hinzurechnungsbetrag **39a**, 1 ff.
— zu Unrecht einbehaltene **41c**, 27
Lohnsteuer-Anmeldung **41a**, 4, 16, 36; **41c**, 10
— berichtigte oder verspätet abgegebene –
  41a, 38
— Berichtigung **41c**, 26
Lohnsteuer-Anmeldungszeitraum **41a**, 18, 20
Lohnsteuer-Außenprüfung **41a**, 16; **41c**, 9
— bei Dritten i. S. d. § 38 Abs. 3a EStG **42f**, 14
— Betriebsstättenfinanzamt **42f**, 9
— Mitwirkungspflichten **42f**, 12 ff.
— Prüfungen durch Rentenversicherungsträger
  42f, 15
Lohnsteuer-Entrichtungsschuld **41c**, 11, 26
Lohnsteuerabzug, Abschluss **41**, 6; **41b**, 11
— Änderung **41**, 6; **41c**, 2, 9
— — finanzielle Aspekte **41c**, 10
— fehlerhaft **41c**, 9
— für Arbeitnehmer und Arbeitgeber **59**, 1
— zeitliche Grenzen **41c**, 11
Lohnsteuerabzugsmerkmal **39e**, 1 ff.
— Änderung **39**, 16 f.
— Bildung **39**, 9 ff.
— elektronisch **41**, 18
— Freibetrag **39a**, 1 ff.
— — Antrag **39a**, 36 ff.
— — beschränkt steuerpflichtige Arbeitnehmer
  39a, 55 ff.

— — Ehegatten **39a**, 45 ff.
— — Verfahrensfragen **39a**, 66 ff.
— — zu berücksichtigender Freibetrag **39a**, 1 ff.
— Geheimhaltungsgebot **39**, 19
— Hinzurechnungsbetrag **39a**, 1 ff.
— ohne Identifikationsnummer **39**, 13 f.
— Verfahrensfragen **39**, 26 ff.
— Wechsel zur beschränkten Steuerpflicht **39**, 18
— Zuständigkeit **39**, 12
Lohnsteuerabzugsverfahren **41a**, 3
Lohnsteuerbescheinigung **41**, 20; **41b**, 11
Lohnsteuerhilfeverein **19**, 251
Lohnsteuerjahresausgleich,
  Aufzeichnungspflichten des Arbeitgebers
  42b, 24
— durch Arbeitgeber **42b**, 1 ff.
— Durchführungsfristen **42b**, 22
Lohnsteuerklasse **38**, 3; **39e**, 8, **38b**, 1 ff.
Lohnsteuerkonto, Abschluss **41b**, 11
Lohnsteuernachschau **41a**, 16; **41c**, 9
— betreten von Grundstücken und Räumen
  42g, 24
— betreten von Wohnräumen **42g**, 25
— Mitwirkungspflichten **42g**, 31 ff.
— übergang zur Lohnsteuer-Außenprüfung
  42g, 41
— übliche Geschäfts- und Arbeitszeiten **42g**, 23
Lohnzahlung, Dritter **38**, 21 ff.
— echte **38**, 23
— Tag **41**, 19
— unechte **38**, 22
Lohnzahlungszeitraum **38**, 25; **38a**, 11;
  41, 19, 26; **42d**, 17, 23
Lose **4**, 537
Losgewinne **19**, 371
LSt-Abzug, für beschränkt
  einkommensteuerpflichtige ArbN **39d**, 1
LSt-Abzugsmerkmale **38**, 28
LSt-Jahresausgleich **42**, 1
— von Ehegatten seit 1975 **42a**, 1
LSt-Pauschalierung **50e**, 2
Luxusanteile **19**, 271

M

Mahlzeit 8, 111 ff.; **19**, 371; **40**, 27 f.
Mahlzeitengestellung 8, 111 ff.
Maklerprovision, aktive
 Rechnungsabgrenzungsposten 5, 339
Markenrechte, Betriebsvermögen 4, 163
Maschinen, Betriebsvermögen 4, 163
Maßgeblichkeit 5, 35; **15**, 135
Maßgeblichkeitsgrundsatz 6, 17
Maßgrößen **35b**, 53
Materielle Maßgeblichkeit 5, 36
medizinische Hilfsmittel 12, 16; **33**, 122
Meerrettich(Kren-)anbau **13a**, 208
Mehr- und Minderabführung, organschaftliche
 34a, 497
Mehrere Kassen eines Trägerunternehmens,
 Unterstützungskasse **4d**, 181
Mehrheitsbeschlüsse **15**, 76
Mehrkontenmodell 4, 548
Mehrmütterorganschaft **15**, 614
– Abschaffung **15**, 672
mehrstöckige Strukturen, Verluste,
 Steuerstundungsmodell **15b**, 68, 104 ff.
Meistbegünstigungsprinzip **35b**, 33
Meldedaten-Übermittlung 69, 1 ff.
Metergeld **19**, 371
Miet- und Pachtverhältnisse 5, 149
Mieterabfindungen 5, 147
Mietereinbauten und Mieterumbauten 5, 148
Mietkauf 4, 202
Mietrückstände 5, 149
Mietvorauszahlungen 5, 149
Mietzahlungen **19**, 371
Mikroverfilmung, COM-Verfahren **41**, 29
Milchaufgabevergütung 24, 93
Milchlieferrecht **13**, 178
– Buchwert, § 55 EStG **55**, 116
Miles & More 4, 537
– Einkommensteuerpauschalierung **37b**, 1
Mindestbesteuerung, s. Verlustabzug
Mindestbeteiligungshöhe **43b**, 27
– mit Gläubigerwechsel **43a**, 28
Mindestbeteiligungsquote **43b**, 28

Mindestgröße Land- und Forstwirtschaft-Betrieb
 14, 17
Mindesthaltefrist, Verlängerung 23, 206
Mindestzinsabzug **4h**, 12
Mineralgewinnungsrecht 23, 144
Minijobber **35a**, 1, 37, 151
missbräuchliche Gestaltung 6, 368
MissbrauchEindämmG 4, 3, 13
Missbrauchsbekämpfung,
 Betriebsstättenverluste, Drittstaaten **2a**, 4
Missbrauchsverhinderung **15**, 640
Missbrauchsverhinderungsvorschrift **15**, 612
Missbrauchsvermeidungsklausel **50g**, 61
Mitarbeiterrabatt 8, 138 ff.
Miteigentümer, eines Zwei- oder
 Mehrfamilienhauses 23, 183
Miteigentumsanteil, Anspruch auf Übertragung
 23, 222
Mitfahrvergütung, als sonstige Einkünfte
 22, 201
Mitgliedsbeiträge **19**, 371
Mitgliedstaat der EU, Unternehmen eines –
 50g, 45
Mitteilungen an das BZSt **45d**, 1, 8 ff.
– Versicherungsverträge **45d**, 1, 10, 47 ff.
Mitteilungen an Träger von Sozialleistungen
 45d, 9, 43 ff.
Mitteilungspflichtige, Rentenbezugsmitteilung
 22a, 11
Mittelbare Beteiligung **17**, 137 ff.
Mitunternehmer **4b**, 5; **4c**, 7; **15**, 670
– Beteiligung **15**, 298
Mitunternehmer-Anteilsbegriff, Reichweite
 34a, 473
Mitunternehmer-Personengesellschaft, doppel-
 und mehrstöckig, nicht entnommener Gewinn
 34a, 163
Mitunternehmeranteil **4f**, 9; **6**, 313, 315;
 16, 259, 262
– Erwerb **15**, 168
Mitunternehmergesellschaft, nicht
 entnommener Gewinn **34a**, 161
Mitunternehmerinitiative **15**, 75; **16**, 259
Mitunternehmerische Innengesellschaft,
 zwischen Kapitalgesellschaften **15**, 670

Mitunternehmerrisiko 15, 90; 16, 259, 565
Mitunternehmerschaft 4f, 9; 16, 5, 148, 565; 19, 251
– doppel- und mehrstöckige gewerbliche 15, 305
– gewerblich 15, 50
– Sonderfälle 15, 303
Mitunternehmerteil, Antrag je – 34a, 471
Mobilfunkdienstleistungen, passive Rechnungsabgrenzungsposten 5, 372
modellhafte Gestaltung, Steuerstundungsmodell 15b, 74 ff.
Modernisierung 35a, 96
Modernisierungsarbeit 35a, 96
Monatsprinzip 33a, 111
Montage 35a, 175
Montageleistung 35a, 175
Motivlage, innere 23, 253
Motorjacht 4, 669 ff.
Musiker 19, 251
Mutter-Tochter-Richtlinie 43b, 3; 50d, 23, 106, 107, 110, 113, 209, 212
Muttergesellschaft 43b, 17
Mutterschaftsgeld 3, 29; 19, 371
Mutterschutz, Zuschüsse 3, 30

N

Nachforderungsbescheid 42d, 75; 50d, 10, 33
Nachgelagerte Besteuerung 19, 482
Nachhaltigkeit 15, 390
Nachholverbot 4c, 6
Nachlassverbindlichkeit 35b, 61
Nachrangigkeit 35b, 32
Nachsteuer 35b, 83
Nachtarbeit 3b, 1
nachträgliche Anschaffungskosten 17, 289 ff.
nachträgliche Betriebsausgaben, Gewinnermittlung 24, 99
– rückwirkende Anpassung 24, 92
– Schuldzinsen 24, 95
nachträgliche Einkünfte 16, 541, 549
nachträgliche Einlagen 15a, 14, 121 ff.
nachträgliche Vorauszahlung 37, 71 ff.

nachträgliche Werbungskosten 19, 396
– Kapitalvermögen 24, 109
– Nichtselbständige Arbeit 24, 102
– qualifizierte Beteiligung 24, 111
– Vermietung und Verpachtung 24, 109
Nachveranlagung 32d, 24
Nachversteuerung 16, 599, 604; 34a, 201
– freiwillige – 34a, 356, 371
– Verwendungsreihenfolge 34a, 221
Nachversteuerungsbetrag 34a, 204, 399
Nachweis 33, 114 ff.
Nachwuchsförderpreis 19, 334
Nahestehende Person 32d, 8
Neben- und Aushilfstätigkeiten 19, 186 f.
Neben- und Hilfsgeschäfte, Tonnagesteuer 5a, 87
Nebenberufliche Lehr- und Prüfungstätigkeit 19, 194 f.
Nebenbetrieb 13, 321 ff.
– in der Land- und Forstwirtschaft 13, 361 ff., 411 ff.
Nebentätigkeit 19, 186, 251
negative Einkünfte, Steuerstundungsmodell 15b, 82 ff.
negativer Progressionsvorbehalt, Steuerstundungsmodell 15b, 49 ff.
negatives Kapitalkonto 15a, 55 ff.
– Abgrenzung 15a, 61 ff.
– aktivisch gewordene Gesellschafterkonten 15a, 66 ff.
– Eigenkapital 15a, 61 ff.
– Finanzplandarlehen 15a, 64
– Fremdkapital 15a, 61 ff.
– kapitalersetzende Darlehen 15a, 63
– Korrekturposten 15a, 126 ff.
– Umfang 15a, 58 ff.
– unzulässige Entnahmen 15a, 66
Negativliste 39e, 22
Nettolohn-Rechner 19, 155
Nettolohnvereinbarung 19, 371; 38, 26; 41, 19; 42d, 19
Nettomethode 15, 179
Nettoprinzip 32d, 4, 7, 13
– objektives 2, 3
– subjektives 2, 1 ff., 257, 339 f., 348

Nettowarenwert 9b, 9
Neubaumaßnahme 35a, 98
Nicht Land- und Forstwirtschaft 15, 414
Nicht lebenslänglich laufende Leistungen, Zuwendungen 4d, 136 ff.
Nicht selbständige Arbeit 15, 425
Nicht steuerbare Tätigkeiten 19, 166 f.
Nicht Vermögensverwaltung 15, 430
Nichtanwendungs-Gesetz 4f, 2
Nichtarbeitnehmer 4c, 1, 7
Nichtbeschäftigung, Arbeitnehmer 41a, 17
Nichtbesteuerung, doppelte 50d, 4 f., 10, 12, 20, 150, 163 ff., 197 f.
Nichtveranlagungsbescheinigung, Datenübermittlung 45d, 34 ff.
Niederlassungsfreiheit 4, 40; 7g, 9
– Anrechnungsmethode 34c, 6
Niederstwertprinzip 5, 53
Nießbrauch 15, 74; 23, 147
– Anrechnungsmethode 34c, 18
– Steuersubjektidentität 34c, 18
– Zurechnung 4, 193
Nominalwertprinzip 5, 56
Normen im Beitrittsgebiet, wirtschaftslenkende 57, 3
Norminhalt 4, 2
Normzweck 5, 1 ff.
Notar 19, 251
Notbereitschaft 35a, 62, 175
Notfalldienst 35a, 62, 175
Notfallleistungen, nicht lebenslänglich laufende Leistungen 4d, 136
Notifizierungsverfahren, EU-Kommission 3a, 9, 15; 32c, 15, 21
Nurbesitzgesellschafter 15, 476
Nurbetriebsgesellschafter 15, 476
Nutzfläche, Verhältnis 23, 176
Nutzung, sporadisch 23, 179
Nutzungs- und Funktionszusammenhang, objektiv 15, 660
Nutzungsabsicht 7g, 56
Nutzungsberechtigter 50g, 1, 36
Nutzungsberechtigung 50d, 41, 46 ff., 206 ff.
Nutzungseinlagen 4, 537
Nutzungsentnahme 4, 270

Nutzungssatz 34b, 81 ff.
– Vereinfachungsreglung 34b, 86
Nutzungssatz-Richtlinien 34b, 91
Nutzungsvergütungen 24, 130
Nutzungswert der Wohnung, Abgeltungswirkung bei Gewinnermittlung nach Durchschnittssätzen 13a, 51
– Buchwert (§ 55 EStG) 55, 93
Nutzungswertbesteuerung, Aufgabe der 13, 411 ff.
– Übergangsregelung 13, 363

O

Objektbeschränkung, Steuerbegünstigung für eigengenutzte Wohnung 10f, 36
Objektive Bereicherung 19, 271
objektives Nettoprinzip 3c, 1
Obstbau 13, 226 ff.
öffentlich-Private-Partnerschaften, aktive Rechnungsabgrenzungsposten 5, 341
öffentliche Förderung 35a, 141
öffentliche Kasse 3, 125; 19, 134
Öffnungsklausel, Rentenbezugsmitteilung 22a, 48
OHG 15, 54
Opernsänger 19, 251
Optionen 5, 145
Optionskosten 19, 396
Ordensangehörige 19, 251
Ordnungsgelder 4, 824
Ordnungsgemäße Buchführung 4, 95
Ordnungsmerkmal, Nutzung 41b, 15
Organbeteiligungen 3c, 42
Organgesellschaft 4, 163; 15, 345
Organgesellschaft als ArbG 19, 251
Organschaft 4, 841
– Anrechnungsmethode 34c, 18
– Steuersubjektidentität 34c, 18
Organträgerin 15, 345
Ort der lohnsteuerlichen Betriebsstätte 41, 1
Outplacementmaßnahmen 19, 371
Outsourcing 50d, 118

P

Pachtvorauszahlungen, Aktive Rechnungsabgrenzungsposten **5**, 342
Parkplatz **19**, 371
Parteispende **4**, 632, 886 ff.
– Spendenabzug **10b**, 91 ff.
Partenreederei **15**, 500
Partnerschaft **15**, 500
Partnership Report **50d**, 40
passive RAP **5**, 136
passive Rechnungsabgrenzungsposten **5**, 356 ff.
– Einzelfälle **5**, 363 ff.
– Rechtsfolgen **5**, 362
– Tatbestand **5**, 358
– Verhältnis zu anderen Passivposten **5**, 357
Passivierung **5**, 125
Passivierungsbeschränkung **4f**, 2 ff., 6, 10
Passivierungsverbot **4**, 144
Passivposten, steuerlich **4**, 53
Past Service, Übernahme einer Verpflichtung, Beiträge **4e**, 76
Patente, Betriebsvermögen **4**, 163
pauschal besteuert **4c**, 8
pauschale Einkommensteuer, als Lohnsteuer **37a**, 33 ff.; **37b**, 78 ff.
pauschale Gewinnermittlung, Tonnagesteuer **5a**, 66
Pauschalen, der Finanzverwaltung **9a**, 51 ff.
– Werbungskostenpauschbetrag **9a**, 1 ff.
Pauschalierung **34c**, 64 ff.; **40**, 1 ff., 26, 31, 33 ff., 44 ff.
– DBA **34c**, 71
– Rechtsfolgen **34c**, 69
– Verfahren **34c**, 69
– Voraussetzungen **34c**, 68
Pauschalierung der Einkommensteuer, andere betrieblich veranlasste Zuwendungen **37b**, 24
– Aufzeichnungspflichten **37b**, 92 ff.
– bei Sachzuwendungen **37b**, 1 ff.
– Betriebsveranstaltungen **37b**, 41
– durch Dritte **37a**, 1 ff.
– Geschenke **37b**, 23
– Incentive-Reisen **37b**, 24
– Konzernfälle **37b**, 43

– Pauschalierungsausschlüsse **37b**, 50 ff.
– Pauschalierungsverbote **37b**, 59
– Sachprämien **37a**, 1 ff.; **37b**, 60
– Streuwerbeartikel **37b**, 23, 31, 94
– umsatzsteuerliche Folgen **37a**, 7; **37b**, 10
– Unterrichtungspflicht des Zuwendenden **37b**, 71
– Vereinfachungsregelungen **37b**, 42
– Verhältnis zum Sozialversicherungsrecht **37b**, 11
– Verhältnis zur Regelbesteuerung **37a**, 6
– Wahlrecht **37b**, 20 f., 43, 56, 80, 90
Pauschalierungserlass **34c**, 64 ff., 70 f.
– Dienstleistungsfreiheit **34c**, 9
– Unionsrecht **34c**, 9
Pauschalierungsgrenze **40**, 10; **40b**, 15
Pauschbetrag für Versorgungsbezüge **19**, 32
Pauschsteuersatz **40**, 9, 13 ff.; **40a**, 21
Pensionsansprüche **24**, 50
Pensionsanwartschaften/-verpflichtungen **16**, 523
Pensionsfonds **3**, 591; **4c**, 1; **4e**, 11 ff.; **15**, 658; **19**, 462
– ohne versicherungsförmige Garantie **4e**, 31 ff.
Pensionskasse **3**, 517; **19**, 462; **40b**, 3, 6, 12 f.; **41b**, 6
– als ArbG **19**, 135
– deregulierte **4c**, 2 f.
– regulierte **4c**, 2 f.
Pensionsrückstellung **4f**, 8
– angeschaffte Pensionsrückstellungen **6a**, 84
– Ansprungsberechtiger **6a**, 4
– Anwendungsbereich **6a**, 3
– Arbeitgeberfinanzierung **6a**, 55
– Arbeitnehmer-Ehegatten **6a**, 87
– Einnahmen-Überschussrechnung **6a**, 3
– Einzel- oder Gesamtzusage **6a**, 29
– Entgeltumwandlung **6a**, 56
– erhöhte Rentenaltersgrenze **6a**, 86
– Erhöhungen **6a**, 69
– erstmalige Rückstellungsbildung **6a**, 39
– Gewinnabhängigkeit **6a**, 21
– Hinterbliebene **6a**, 5
– Jahresbeträge **6a**, 57
– Kapitalgesellschaft **6a**, 83

Stichwörter

- lex specialis 6a, 7
- nach Dienstbeginn 6a, 60
- Nachholverbot 6a, 69
- Pensionsverpflichtung 6a, 15
- Rechtsanspruch 6a, 19
- Schriftform 6a, 28
- Teilwert 6a, 52
- Verzicht 6a, 85
- vor Vollendung des 27. Lebensjahres 6a, 61
- Voraussetzungen 6a, 11
- Vorbehalte 6a, 26
- Widerrufsvorbehalte 6a, 21

Pensionstierhaltung 13, 269, 272
Pensionsverpflichtung 4f, 2 f., 5
Pensionszusage 4c, 1, 7; 4f, 5, 8; 15, 270
per-community-limitation 34c, 7, 40
per-country-limitation 34c, 7, 39 ff., 71, 74
per-item-limitation 43a, 55
Personalcomputer 3, 425
Personalgesellschaft, nicht entnommener Gewinn 34a, 161
Personalrabatt 8, 138 ff.; 19, 286, 971
- Arbeitnehmer von Kreditinstituten 41, 30

Personalstammdatenkartei, Stammdatei 41, 25
Personen, natürliche 35b, 11
Personenaufzüge 4, 116 ff.
Personengesellschaft, „andere" 15, 500
- 4, 10; 4f, 4; 5a, 116; 7g, 169; 15, 428, 541, 560; 43b, 19
- ausländische 4, 10, 17; 15, 561; 15a, 13, 311
- - Qualifikationskonflikt 34c, 17
- - Rechtstypenvergleich 34c, 16
- Begriff 15, 560
- Beteiligung 15, 301; 23, 301
- Beteiligung einer gemeinnützigen Körperschaft an einer 15, 523
- Darlehen 15, 263
- doppelstöckig, gewerblich geprägt 15, 572
- doppelstöckige, Freiberufler 18, 57
- gewerblich geprägt 15, 113, 493, 540, 573; 50d, 194 f.; 50i, 1, 91
- gewerblich infizierte 50d, 194
- gewerbliche Einkünfte 15, 110
- mitunternehmerische 15, 626
- originär gewerblich tätig 15, 550, 573

- Privilegierung 15, 519
- Tätigkeit 15, 540
- vermögensverwaltende 50d, 111
- vermögensverwaltende ausländische 15, 561

Personengesellschaft/Mitunternehmerschaft, doppelstöckig 34a, 471
Personenidentität 23, 58
Personenschutz 4, 537
Pfändung 76, 8
Pfarrer 19, 396
Pflasterarbeiten 35a, 175
pflebedürftige Angehörige 3, 292
Pflege 35a, 175
Pflege-Pauschbetrag, Aufteilung 33b, 42
- Einnahmen 33b, 38
- Hilflosigkeit 33b, 40
- mehrere Personen 33b, 42
- Nachweis 33b, 47 f.
- Ort der Pflege 33b, 41
- persönliche Pflege 33b, 41
- Pflegegeld an Eltern 33b, 39
- Verfahrensfragen 33b, 60
- Wahlrecht 33b, 38

Pflegebett 35a, 175
Pflegegeld 3, 94, 308
Pflegeheim 35a, 46, 65, 121
Pflegekind 32, 56
Pflegeleistung 35a, 1, 65, 76
Pfleger 19, 251
Pflegestufen 3, 312
Pflegetätigkeit 3, 177
Pflegeunterstützungsgeld 19, 371
Pflegeversicherung 3, 9
Pflichtveranlagung 41b, 1; 46, 2
Photovoltaikanlage 4, 119; 7g, 58
Physiotherapeut 19, 251
Pilot 19, 251
Pilotenschein 12, 29
Pilzbekämpfung 35a, 175
PkW, Betriebsvermögen 4, 163
- mehrere 4, 710
- Oberklasse 4, 813

Plätze 4, 116 ff.
Poolarbeitsplatz 4, 794
Pooling 19, 371

Portabilität bei Arbeitgeberwechsel 4d, 212; 4e, 147
Positivliste 39e, 22
Postbeamte 19, 371
Prägung, gewerblich 15, 588
Praxiswert 7, 224 ff.
Preisausschreiben 4, 632
Preise 4, 537; 19, 371
Preisnachlass 8, 152
Private Equity Fonds 15, 645
private Kapitaleinkünfte, DBA 34c, 75
private Unfallversicherung 3, 9
Privathaushalt 40a, 17
– geringfügige Beschäftigung 41b, 16
Privatnutzung 8, 58 ff.
Privatnutzungsverbot 8, 62
Privatvermögen 4, 168; 16, 172, 235; 23, 51
– eines Gesellschafters, Übertragung aus 23, 248
– notwendiges 15, 136
– Überführung eines Wirtschaftsguts 23, 287
– Währungskursschwankungen 23, 225
– Wertsteigerung 23, 14, 228
– zurück überführt 23, 314
Produktionsaufgaberente 3, 221; 13, 381
Produktionsverlegung 24, 50
Prognose 1, 40
Progression, kalte 32a, 59
Progressionseffekt, negativer 32b, 61
Progressionsvorbehalt 4, 17; 15a, 311; 26a, 40; 32b, 1; 41b, 1
– DBA 34c, 79
– negativer 32b, 27
– Werbungskosten 9, 20
Prostituierte 19, 251
ProtErklG 4, 3, 13
Provision 4, 144, 537; 19, 371
– als sonstige Einkünfte 22, 201

Q

Qualifikationskonflikt 34c, 17; 50d, 5, 12, 159 ff., 197; 50g, 39, 43
Quellensteuer, Bestätigung für Zwecke der Entlastung von 50h, 1

Quellensteuererhebung 50g, 26
– bei Zahlung 50g, 26
– durch Erstattung 50g, 26
Quotientenmethode, Ermittlung bereits bestehender Verpflichtung, Übernahme einer Verpflichtung 4e, 77

R

R 6.6 EStR, Ersatzwirtschaftsgut 6, 75
– höhere Gewalt 6, 76
Rabatt 8, 136
Rabattfreibetrag 8, 161
Rangrücktritt 5, 226 ff.
– steuerliche Behandlung 5, 227
RAP, siehe Rechnungsabgrenzungsposten
Ratenzahlung 23, 344
Raumlüftungsanlagen 4, 116 ff.
Realisationsprinzip 4, 221 ff.; 4f, 3; 5, 54
– Betriebsverpachtung 4, 232
– Dauerschuldverhältnisse 4, 231
– Gebäude auf fremdem Grund und Boden 4, 235
– Gesellschaftsrechte 4, 229
– Gewinnansprüche 4, 234
– Rücktrittsrecht 4, 233
– Tausch 4, 228
– Unentgeltlichkeit 4, 236
– Veräußerung 4, 226
– Vertragserfüllung 4, 227
– Werkvertrag 4, 230
– zufälliger Untergang 4, 237
Realsplitting 1a, 22; 10, 142
– als sonstige Einkünfte 22, 124
Realteilung 6, 20; 14, 70; 16, 556; 50i, 166
Realteilungs-Erlass 16, 558
Rechenzentrum, Standort 41, 46
Rechnung 35a, 152
Rechnungsabgrenzungsposten 4, 78, 127; 5, 311 ff.; 16, 523
– aktive 5, 316 ff.
– passive 13a, 254
– zeitliche Zuordnung, Zuwendungen 4d, 192
Rechnungszins 4f, 8

Rechte, am Grundstück, sonstige dingliche 23, 147
– aus Termingeschäften 23, 13
– grundstücksgleiche 23, 53, 141 ff.
– inländische grundstücksgleiche 23, 57
– sonstige 23, 143
rechtliche Gründe 33, 63
Rechts- oder Billigkeitsgrundlage 24, 34
Rechtsanwalt 19, 251
Rechtsbehelfsfrist, Ablauf 41a, 5
Rechtsberatung 35a, 175
Rechtsentwicklung 5, 2 ff.
Rechtsfolgenseite 15, 303/1
Rechtsformen, vergleichbare ausländische 15, 500
Rechtsirrtum 42d, 47
Rechtsnachfolger 24, 82, 121
Rechtsträger, ausländisch 15, 58
Rechtsträgerwechsel 23, 255
Rechtstypenvergleich, Personengesellschaft 34c, 16
Reeder, Sondervorschriften 41a, 25
Reederei, ausländische 41, 50
Referendar 3, 174; 19, 251
Regisseur 19, 251
Rehabilitierungsgesetz 3, 157
Reinigungskosten 19, 396
Reinvestitionsfristen 6b, 163 ff., 236 f.
Reinvestitionsrücklage, Bildung und Auflösung 6b, 156 ff.
– Buchnachweis 6b, 179
– Gewinnzuschlag 6b, 226
– Verhältnis zur Rücklage für Ersatzbeschaffung 6b, 42 f., 273
– Verzinsung 6b, 11, 140
Reinvestitionsvergünstigung 6b, 1 ff., 91 ff.
– begünstigte Reinvestitionsgüter 6b, 111 ff.
– begünstigte Steuerpflichtige 6b, 61 ff.
– begünstigte Veräußerungen 6b, 71 ff.
– begünstigte Veräußerungsobjekte 6b, 75 ff.
– Besitzzeitanrechnung 6b, 173 ff.
– gesellschafterbezogene Anwendung 6b, 62
– nichtbuchführender Steuerpflichtige 6c, 11 ff.
– Übertragungsverbote 6b, 180, 256

– unionsrechtswidriger Inlandsbezug 6b, 27, 177
– Vereinbarkeit mit Unionsrecht 6b, 27
– Verfassungsmäßigkeit 6b, 26
– Wahlrecht 6b, 91 ff., 139 ff.
Reisekosten 12, 31; 19, 396
Reisekostenersatz 19, 371
Reisekostenvergütung 3, 140
Reiseleiter 19, 251
REIT-AG 3c, 45
Reitanlagen 4, 671
Reitställe 4, 671
Rennpferd 4, 671
Rennwagen 4, 671
Renovierungsarbeiten 23, 179; 35a, 96
Renten, s. Rentenbesteuerung
Rentenabfindungen 3, 50
Rentenanpassungen, Sonderfälle 4e, 121
Rentenbesteuerung, Basisversorgung 22, 57, 73
– Begriffe 22, 24 ff.
– Besteuerungsanteil 22, 76 ff.
– Drei-Schichten-Modell 22, 57
– Ertragsanteil 22, 92
– gesetzliche Rentenversicherung 22, 57, 73
– Kohorte 22, 77
– Leibrenten 22, 57 ff.
– Mehrbedarfsrenten 22, 40
– nachgelagerte Besteuerung 22, 57
– Öffnungsklausel 22, 94
– Riesterrente 22, 223
– Rürup-Rente 22, 73
– steuerfreier Teil 22, 79
– Verfassungsmäßigkeit 22, 10
– Werbungskosten 22, 111
– Werbungskostenpauschbetrag 22, 111
– Wertsicherungsklauseln 22, 59
Rentenbezugsmitteilung 22a
– Bußgeld 22a, 31
– Identifikationsnummer 22a, 2
– mitteilungspflichtige 22a, 11
– Öffnungsklausel 22a, 48
– Verspätungsgeld 22a, 36 f.
Rentenversicherung 3, 137
Reparatur 35a, 175

Repräsentationsaufwendungen 4, 669; 12, 20; 19, 396
Reservepolster, lebenslänglich laufende Leistungen 4d, 76 ff.
Reservistenbezüge 3, 62
Restitutionsanspruch, übertragbar 23, 248
Restrukturierungesgesetz 4, 3, 13
Restrukturierungsfonds 4, 858
Retentionsfläche, Flutpolder 13a, 251
Rohrleitungsnetz 4, 116 ff.
Rolltreppen, Sprinkleranlagen 4, 116 ff.
Rückausnahme 15, 662
Rückbeziehung 16, 280
Rückdeckungsversicherung 19, 464
– lebenslänglich laufende Leistungen, Zuwendungen 4d, 111 ff.
Rückforderung von Kindergeld 31, 22
Rückforderungsanspruch 4c, 6
Rückgriff 42d, 124
Rückgriffsanspruch 4, 144
Rücklage, § 3 Forstschäden-Ausgleichsgesetz 34b, 60
– für Ersatzbeschaffung 6b, 42 f., 273
– steuerfrei 35b, 91
Rückstellung 4, 144, 151 ff.; 5, 130
– Abzinsung 6, 195
– Aufbewahrung von Geschäftsunterlagen 6, 200
– aufgelöste, Übernahme einer Verpflichtung, Beiträge 4e, 91 ff.
– für die Verpflichtung zur schadlosen Verwertung radioaktiver Stoffe 5, 300 ff.
– für ungewisse Verbindlichkeit 4, 153
– gleichartige Verpflichtungen 6, 186
– künftige Vorteile 6, 189
– Rückgriffsansprüche 6, 200
– Sachleistungsverpflichtungen 6, 187
– Sparprämien 6, 200
– Urlaubsverpflichtungen 6, 200
– Verwendung von Wirtschaftsgütern 6, 200
– Weihnachtsgeld 6, 200
Rückstellungen für Anschaffungs- oder Herstellungskosten 5, 291 ff.

Rückstellungen für Dienstjubiläumszuwendungen 5, 256 ff.
– Verfassungsmäßigkeit 5, 258
Rückstellungen für drohende Verluste aus schwebenden Geschäften 5, 271 ff.
– Verfassungsmäßigkeit 5, 273
Rückstellungen wegen Schutzrechtsverletzung 5, 241 ff.
Rücktragsjahr 15, 687
Rücküberführung ins Privatvermögen, Veräußerung nach 23, 315
Rückübertragung, Erwerb eines Anspruchs aus 23, 222
Rückübertragungsanspruch 23, 222
Rückvergütung (§ 22 KStG) 13a, 276
Rückwirkendes Ereignis 16, 544, 546, 606, 659
– Ausgleichsposten 4g, 38
Rückwirkung 15, 543; 16, 464; 50i, 54
– steuerlich 15, 151
Rückwirkungsverbot 4, 35, 37; 23, 76
– verfassungsrechtliches 23, 71
Rückzahlung an die Arbeitsverwaltung nach 115 SGB X 19, 371
Rückzahlung von Arbeitslohn 19, 349
Ruhegelder 19, 437
ruhender Betrieb 16, 104
Rumpfwirtschaftsjahr 4a, 21; 4f, 8; 25, 21
Rundfunkermittler 19, 251

S

Sachanlagen 5, 97
Sachbezugsverordnung 8, 101 f.
Sachbezugswert 8, 101 f.
Sacheinlage 50i, 146
– gemischte 6, 391
– offene 6, 390
Sachinbegriff 21, 102
Sachlohn 19, 341
Sachprämie 3, 320
– Begriff 37a, 15
– Pauschalierung 37a, 14 ff.
Sachspenden, s. Spendenabzug
Sachwertabfindung 16, 360, 583
Sachzuwendung 8, 33 ff.

Säumniszuschlag 41a, 36
Saldierbarkeit 34a, 150
Saldierungsverbot 5, 60
Salzabbaugerechtigkeit 23, 145
Sammelbeförderung 3, 250
Sammelposten 9b, 11
– Ausscheiden 6, 295
– Rechtsfolgen 6, 292
– Sofortiger Abzug 6, 296
Sammelsteuerbescheinigung 44a, 122 ff.
Sand-Kiesvorkommen 4, 122
Sanierungserlass 4, 238
Sanierungsertrag, steuerfreier 3a, 1 ff.
Sanierungsgebiet, erhöhte Absetzungen 7h, 1 ff.
– Steuerbegünstigung 10f, 15, 56
Sanierungsgeld 19, 471
Sanierungsgewinn 3a, 1 ff.; 4, 238
Sargträger 19, 251
Schadensersatz 4, 537; 19, 371, 396
Schadenswiedergutmachung 12, 48
Schadstoffsanierung 35a, 175
Schädliche Übertragung 16, 657
Schädlicher Steuerwettbewerb 50g, 6
Schädlingsbekämpfung 35a, 175
Schätzung 12, 60; 19, 371
Schalteranlagen 4, 116 ff.
Schaufensteranlage 4, 116 ff.
Schauspieler 19, 251
Schedulenbesteuerung, Einkünfte aus Kapitalvermögen 2, 314 ff.
Schedulensteuer 23, 10
Scheinbestandteil 5, 148; 23, 159
Scheinselbständigkeit 19, 226, 251
Schenkung 16, 67
Schenkungsteuer 35b, 24
Schiedsrichter 19, 251
Schiff 21, 101
– qualifiziertes 41a, 27
Schifffahrt- und Luftfahrtunternehmen, beschränkte Steuerpflicht, Einkünfte aus Gewerbebetrieb 49, 246 ff.
Schiffseinsatz, Tonnagesteuer 5a, 76 ff.
Schmiergelder 4, 632, 846 ff.; 19, 335, 396; s. Bestechungsgelder
Schulausbildung 12, 14

Schuldbeitritt 4f, 2, 4 f., 11 f.
Schuldfreistellung 4f, 5, 11 f.
schuldhaftes Verhalten 33, 68
Schuldnerwechsel 4f, 5
Schuldübernahme 4f, 1 ff.
Schuldverpflichtung 4f, 4
Schuldzinsen 21, 139 ff.; 24, 95
– Begriff 4, 556
– Bereitstellungszinsen 4, 558
– betriebliche Veranlassung 4, 560
– Damnum 4, 558
– Mitunternehmerschaft 4, 561
– Vorfälligkeitsentschädigung 4, 558
Schuldzinsenabzug 4, 546 ff.
– außerbilanzielle Hinzurechnungen 4, 576
– Durchschnittssätze 4, 552
– Einbringung 4, 592
– Einnahmenüberschussrechnung 4, 611
– Ermittlung 4, 586 ff.
– Land- und Forstwirte 4, 552
– Personengesellschaft 4, 551
– Tonnagebesteuerung 4, 552
– unentgeltlicher Erwerb 4, 591
– Verlust 4, 577
Schulgeld 10, 131 ff.
Schulpflichtige Kinder 3, 256
Schutz der Ehe 26b, 11
Schutzrechte, Rückstellungen 5, 244
Schwarzarbeiter 19, 251
Schwebendes Geschäft 5, 55
– Begriff 5, 276
Schweiz, Gleichstellung 50g, 76
Schwestergesellschaft 15, 303/1
Schwesterpersonengesellschaften 6, 14, 366
Schwimmbäder 4, 671 f.
Seefahrtsbuch 41a, 31
Seelotsen 19, 251
Seeschiffe und Luftfahrzeuge 49, 41 ff.
Seeschiffsregister, inländisch 41a, 27
Segelflugzeug 4, 671
Segeljacht 4, 669 ff.
Segmentierung, bei Liebhaberei 2, 92
Selbständigkeit 15, 375; 18, 51
Selbstständige Arbeit 7g, 29
Seminar zur Persönlichkeitsentfaltung 12, 32

Servicekräfte 19, 251
SEStEG 4, 3, 13
Sicherheitsleistung 4, 40; **4g**, 8
Sicherheitsmaßnahmen 19, 371, 396
Sicherungsgeschäft 15, 660
Sicherungstreuhand, Zurechnung 4, 212
Sicherungsübereignung 17, 167 ff.
Sicherungsvermögen, Pensionsfonds **4e**, 33
Sicherungszusammenhang, subjektiv 15, 660
Sittenwidriges Verhalten 33, 68
Smartphone 40, 32
Sofortabschreibung, besonderes Verzeichnis
  6, 283
— Fähigkeit zu einer selbstständigen Nutzung
  6, 279
Sofortaufdeckung 4, 40; **4g**, 8
Soldaten 3, 66
Solidaritätszuschlag **32d**, 6; 38, 1; **51a**, 1.3
Solvabilitätsanforderungen **4c**, 4
Sonderabschreibung **7g**, 141 ff.
— nach § 3 Abs. 1 StÄndG-DDR 58, 4
Sonderausgaben 10, 1; **26a**, 17 ff.; **26b**, 30
— s. Altersversorgung /Altersvorsorge
— s. Altersversorgung/Altersvorsorge
— s. Ausbildungskosten
— s. Kinderbetreuungskosten
— s. Kranken-/Pflegeversicherungsbeiträge
— Abfluss 10, 19
— Abzugsberechtigung 10, 17 f.
— Anrechnungshöchstbetrag **34c**, 29
— Baudenkmale **10f**, 1, 31
— Begriff 10, 15 ff.
— beschränkte Steuerpflicht 10, 34
— Drittaufwand 10, 17
— Erstattung 10, 26
— Fremdfinanzierung 10, 16
— Geldschenkung 10, 17
— Günstigerprüfung 10, 185
— Höchstbeträge 10, 181 ff.
— Kirchensteuer 10, 81
— Kulturgüter **10g**, 1, 26
— Lebensversicherung 10, 49
— Nebenkosten 10, 16
— Sanierungsgebiete/städtebauliche Entwicklungsgebiete **10f**, 1, 31
— Schulgeld 10, 131 ff.
— unentgeltlich überlassene Wohnung **10h**, 1
— Verhältnis zu Werbungskosten 10, 9
— Versorgungsausgleichsleistungen 10, 160
— Versorgungsleistungen 10, 141 ff.
— wirtschaftliche Belastung 10, 16
Sonderausgaben-Pauschbetrag **10c**, 1 ff.
— Lohnsteuerabzug **10c**, 19
— Vorauszahlungs-Verfahren **10c**, 15
Sonderausgabenabzug gem. § 10 Abs. 1 Nr. 1a EStG **35b**, 7
Sonderbetriebsausgaben 15, 284
Sonderbetriebseinnahmen 15, 283
Sonderbetriebseinnahmen und -ausgaben 15, 126, 280
Sonderbetriebsvermögen **4f**, 9; 6, 315, 344; 15, 126 f., 300, 318; **16**, 157, 289; **50d**, 175 ff.
— disquotale Übertragung 6, 319
— funtional wesentliches 6, 313
— gewerblich 15, 597
— gewillkürtes 15, 252
— Gewinne 15, 686
— negatives 15, 260
— Schuldzinsenabzug 4, 568 f.
— Überführung 6, 344
— Übertragung 6, 361, 364
— unterquotale Übertragung 6, 320 f.
Sonderbetriebsvermögen I 15, 219
Sonderbetriebsvermögen II 15, 245
Sonderfälle **4e**, 111 ff.; **34a**, 356
Sondervergütung 15, 125, 215, 264, 318, 347; **15a**, 48, 199; **50d**, 175 ff.
— ausländische Steuern **34c**, 17
Sondervorschrift, Steuerpflichtige in dem in Art. 3 des Einigungsvertrages genannten Gebiet 56, 1
Sondervorschrift für Steuerpflichtige 56, 1
Sondervorschrift zur Steuerfreistellung, des Existenzminimums eines Kindes 53, 1
Sonntags-, Feiertags- und Nachtarbeit, ABC der steurfreien Zuschläge **3b**, 16
— Basisgrundlohn **3b**, 17
— Mischzuschläge **3b**, 11
— pauschale Zuschläge **3b**, 9
— Steuerbefreiung von Zuschlägen **3b**, 7

Sonntagsarbeit 3b, 1
sonstige Bezüge 38a, 8, 10
sonstige Einkünfte, Abgeordnetenbezüge, beschränkte Steuerpflicht 49, 215
– ausländische Einkünfte 34d, 30
– Einkünfte, inländische, beschränkte Steuerpflicht 49, 211 ff.
– Pensionsfonds, Pensionskassen, Direktversicherung, beschränkte Steuerpflicht 49, 221 ff.
– private Veräußerungsgeschäfte (Spekulationsgeschäfte), beschränkte Steuerpflicht 49, 214
– Spekulationsgeschäfte, beschränkte Steuerpflicht 49, 214
– wiederkehrende Bezüge, beschränkte Steuerpflicht 49, 212 ff.
sonstige Einkünfte und Leistungen, ABC der sonstigen Leistungen 22, 201
– Abgrenzung Vermögens-/Nutzungsbereich 22, 171 ff.
– Begriff Leistung 22, 166
– Freigrenze 22, 185 f.
– negative Einnahmen 22, 192
– Subsidiarität 22, 161
– Verlustausgleich 22, 191 f.
– Werbungskosten 22, 185
Sonstige Land- und Forstwirtschaft Nutzung 13, 291 ff.
Sonstige Vorsorgeaufwendungen 10, 60 ff.
– Vermögensübergabe gegen Versorgungsleistungen 10, 141 ff.
Sonstiger Bezug 19, 36
Sozialbindung, Erhöhte Absetzungen für Wohnungen 7k, 1 f.
Soziale Wertung 33, 23
Sozialer Wohnungsbau 3, 533
Sozialkasse, Baugewerbe 41b, 5
Sozialversicherung 19, 371
Sozialversicherungsleistungen des Arbeitgebers 3, 551
Sozialzwecknorm 3, 3
Spaltung 16, 221; 17, 156 ff., 193 ff.
Spekulationsabsicht, keine 23, 8
Spende, s. Spendenabzug

Spendenabzug 10b, 1
– Arbeitskraft 10b, 13
– Arbeitslohnverzicht 10b, 13
– Aufnahme-Spende 10b, 13, 15
– Aufwandsspenden 10b, 108 ff.
– Auslandsspenden 10b, 41
– Ausstellerhaftung 10b, 126
– Begriff 10b, 11
– begünstigte Zwecke 10b, 25
– Bewährungsauflage 10b, 13
– Bewertung 10b, 106 f.
– Blutspende 10b, 13, 103
– Buchwertprivileg 10b, 106
– Durchlaufspende 10b, 41
– Erbauflage 10b, 13
– Fehlverwendung 10b, 19, 130 f.
– Freiwilligkeit 10b, 12
– Gegenleistung 10b, 12, 15
– Haftungsbescheid 10b, 133 ff.
– Höchstbeträge 10b, 46 ff.
– Kleiderspenden 10b, 13
– Mitgliedsbeiträge 10b, 14 ff.
– Nutzungen und Leistungen 10b, 101
– Parteispenden 10b, 91 ff.
– Sachspenden 10b, 102 ff.
– Spendennachweis 10b, 65 ff.
– Spendenvortrag 10b, 56 ff.
– Stiftungsspenden 10b, 78 ff.
– Unentgeltlichkeit 10b, 12
– Veranlasserhaftung 10b, 127
– Vertrauensschutz 10b, 115 ff.
– Wohlfahrtsbriefmarken/-lose 10b, 13
– Zuwendungsbestätigung 10b, 65 ff.
Spendennachweis, s. Spendenabzug
Sperrfrist 6, 323, 370, 375, 383, 403
Spiegelbildmethode 15, 299
Spielbanktronc 3, 462
Spitzenausgleich 16, 626
Spitzensteuersatz 32a, 16
Splitting-Verfahren 32a, 4, 23
Sport 19, 168
Sportler 19, 251
sportliche Darbietungen, beschränkte Steuerpflicht, Einkünfte aus Gewerbebetrieb, Darbietungstatbestand 49, 52 ff.

Sportplätze 4, 671
Sporttrainer 3, 174
Sprachkurs 10, 91, 109; 12, 33; 19, 396
städtebaulicher Entwicklungsbereich,
    Steuerbegünstigung 10f, 15, 56
StÄndG 2003 4, 3, 13
StÄndG 2007 4, 3, 13
Stammhaus, ausländisches 4, 326
stand-alone-Betrachtung 50d, 123 f.
StBereinG 4, 3, 13
Stehende Ernte 13, 176 f.
Stempeltheorie 18, 57
Step-Down-Gelder, aktive
    Rechnungsabgrenzungsposten 5, 330
Sterbegeld 19, 371
Stetigkeit 5, 61
Steuerabzug, s. abgeltender Steuerabzug
Steuerabzug auf Anordnung, beschränkte
    Steuerpflicht, Steuerabzugstatbestände
    50a, 81 ff.
– Steuerabzugstatbestände, beschränkte
    Steuerpflicht 50a, 81 ff.
Steuerabzug auf zweiter Stufe, beschränkte
    Steuerpflicht, Steuerabzugstatbestände
    50a, 59
– Steuerabzugstatbestände, beschränkte
    Steuerpflicht 50a, 59
Steuerabzugsbetrag, Abführung 41a, 20
– bei Neugründung 58, 6
– Nichteinrichtung 41a, 37
Steuerabzugstatbestände,
    Aufsichtsratseinkünfte, beschränkte
    Steuerpflicht 50a, 26
– Bemessung der Steuer, beschränkte
    Steuerpflicht 50a, 34
– beschränkte Steuerpflicht 50a, 11
– Darbietungseinkünfte, beschränkte
    Steuerpflicht 50a, 12
Steueränderungsgesetz 2003 4, 3, 13
Steueränderungsgesetz 2007 4, 3, 13
Steueranmeldung 45a, 48 ff.
Steueranspruch, Sicherung 48, 2
Steueraufwand, Einkommensteuer 12, 42
– Nebenleistungen 12, 44
– Umsatzsteuer 12, 43

– Zuschlagsteuern 12, 42
Steuerbefreiung 3, 1; 3b, 1
– bei § 19 EStG 19, 149
– bestimmter Zinsen 3a, 1
steuerbegünstigte Zwecke, s. Spendenabzug
Steuerbegünstigung, Baudenkmale 10f, 57
– eigengenutztes Wohneigentum 34f, 1
– Kulturgüter 10g, 1, 14
– Sanierungsgebiete 10f, 57
– städtebaul. Entwicklungsgebiete 10f, 57
– unentgelt. Wohnungsüberlassung 10h, 1
– Wohnungsnutzung im eigenen Haus 10e, 2
Steuerberatungskosten 19, 371
Steuerbereinigungsgesetz 4, 3, 13
Steuerbescheinigung 45a, 63 ff.
– Ausstellung in Erstattungsfällen 45a, 96 ff.
– Berichtigung 45a, 106 ff.
– Drittaussteller 45a, 84 ff.
– Ersatzsteuerbescheinigung 45a, 101 ff.
– Haftung des Ausstellers 45a, 116 ff.
– Kennzeichnung 45a, 81 ff., 101
Steuerentlastungsgesetz 1999/2000/2002 4, 13
Steuererklärung, § 34 AO 25, 40
– allgemein 25, 36
– Erklärungspflicht 25, 37
– Formerfordernis 25, 49
– Gesamtrechtsnachfolge 25, 41
– Schrifterfordernis 25, 51
– Unterschriftserfordernis 25, 50
– wirksame Steuererklärung 13a, 132
Steuerermäßigung 34e, 1;
    35a, 36 f., 47, 81 f., 106 f., 131 f.
– s. Gewerbesteueranrechnung
– Betrag 34g, 31 ff.
– Einkünfte aus Land- und Forstwirtschaft 34e, 1
– Parteien 34g, 9
– Steuerpflichtige mit Kindern 34f, 1
Steuerfestsetzung, Aufhebung oder Änderung
    34a, 92
– unter Vorbehalt der Nachprüfung 41a, 4
steuerfreie Zuschüsse 35a, 140
Steuerhinterziehung 41a, 38
Steuerhinterziehungsbekämpfungsgesetz,
    SteuerhinterziehungsbekämpfungsVO 51, 2
Steuerklassenwahl 38, 5

Steuerklausel 16, 663
Steuermäßigung auf Veräußerungsgewinne
  35b, 92
Steuerordnungswidrigkeit 41a, 37
Steuerpflicht 4, 11
– begünstigter Gewinn bei beschränkter
  34a, 46
– beschränkt 4, 12, 22
– Entstehen 23, 8
– unbeschränkt 4, 12, 16
– Wechsel 2, 382 f.
Steuerpflichtig, unbeschränkt und beschränkt
  34a, 27
Steuerpflichtiger, persönlicher
  Anwendungsbereich 5a, 11
– Personengesellschaft 5a, 116
steuerrechtliche Spezialvorschriften, Vorrang
  5, 401 f.
Steuersatz, ermäßigt 34a, 76; 35b, 81
Steuerschulden 38, 26
Steuersparmodell, s. Steuerstundungsmodell
– Vermeidung 23, 206
Steuerstundung 4, 40; 4g, 8; 7g, 1
Steuerstundungsmodell
– Anlaufverluste 15b, 112
– Bauherrenmodelle 15b, 99
– Begriff 15b, 74 ff.
– Blindpools 15b, 101
– der Abgeltungsteuer unterliegende Einkünfte
  15b, 65, 86, 113, 127 f.
– dieselbe Einkunftsquelle 15b, 66 ff.
– Disagio-Modelle 15b, 103
– Einkünfteerzielungsabsicht 15b, 11
– Einzelinvestition 15b, 96, 123
– Fonds, Dachfonds 15b, 104 ff.
– – Gamefonds 15b, 94
– – geschlossene Fonds 15b, 94 f.
– – Immoblienfonds 15b, 94, 99 f.
– – Leasingfonds 15b, 94
– – Lebensversicherungszweitmarktfonds
  15b, 94
– – Medienfonds 15b, 94
– – New Energy Fonds 15b, 94
– – Sanierungsfonds 15b, 97 f.

– – Wertpapierhandelsfonds 15b, 94
– – Windkraftfonds 15b, 61
– gesonderte Feststellung, nicht ausgleichsfähige
  Verluste 15b, 142 ff.
– – verrechenbare Verluste 15b, 145
– gleichgerichtete Leistungsbeziehungen
  15b, 77
– mehrstöckige Strukturen 15b, 68, 104 ff.
– negativer Progressionsvorbehalt 15b, 49 ff.
– Nichtaufgriffsgrenze 15b, 121 ff., 130
– Verfassungsmäßigkeit, Bestimmtheitsgebot
  15b, 36
– – echte Rückwirkung 15b, 39
– – Folgerichtigkeitsgebot 15b, 37
– – Leistungsfähigkeitsprinzip 15b, 37, 73
– – unechte Rückwirkung 15b, 38
– Verhältnis zu anderen
  Verlustnutzungsbeschränkungen 15b, 43 ff.
– Verlustabzugsverbot 15b, 4, 62
– Verlustausgleichsverbot 15b, 4, 59 ff.
– Verluste aus Überschussrechnung 15b, 128 ff.
– Zebragesellschaften 15b, 57
Steuersubjektidentität, Anrechnungsmethode
  34c, 16
– Basisgesellschaft 34c, 18
– Nießbrauch 34c, 18
– Organschaft 34c, 18
– Personengesellschaft 34c, 16
– Treuhänder 34c, 18
Steuerverkürzung, leichtfertige 41a, 38
Stichtagsprinzip, Wertaufhellung 5, 58
Stiefkinder 63, 16
Stiftungsspenden, s. Spendenabzug
Stille Beteiligung 19, 349; 43, 30
Stille Beteiligungen und partiarisches Darlehen,
  Verluste, Drittstaaten 2a, 63 ff.
Stille Reserven 5a, 106
Stillhaltergeschäft 43, 61
Stillhaltevergütungen, passive
  Rechnungsabgrenzungsposten 5, 373
Stipendien 3, 416
Straf- und Bußgeldsachenstelle 41a, 38
Strafbares Verhalten 33, 68
Strafgefangene 19, 251
Strafverteidigungskosten 12, 45

Straßen 4, 116 ff.
Straßenreinigung 35a, 175
Straßenzufahrten 23, 160
Streikgelder der Gewerkschaft 19, 335, 371
Streuwerbeartikel 4, 632
– Einkommensteuerpauschalierung 37b, 23, 31, 94
Stromableser 19, 251
Strukturwandel 16, 393; 23, 103; 50i, 75, 176
Studienkosten 19, 396
Stückzins 43a, 40
Stützungsmaßnahmen 19, 396
Stundung der Nachsteuer 34a, 372
subject-to-tax-Klausel 50d, 5, 150, 164 f., 199 f.; 50g, 37
Subsidarität 42d, 12
Subsidiaritätsklausel 23, 101, 331
Substanz 50d, 91, 107 ff.
Substanzbetrieb 13, 346, 349
Subtraktionsmethode 6, 118
Subvention 7g, 2
Subventionswert 7g, 177
Subventionswirkung 7g, 176
Summe der Einkünfte 2, 4, 321
Swapgeschäfte 5, 145
switch-over-Klausel 34c, 78; 50d, 22, 166, 197 ff.
Symmetriethese, Abkommensrecht, Betriebsstättenverluste 2a, 4
– – DBA 2a, 4
– DBA, Betriebsstättenverluste 2a, 4
Synchronsprecher 19, 251

T

T-Modell 34a, 22
Tätigkeit, abgrenzbare 15, 515
– außerhalb der Mitunternehmerschaft liegend einkünfteerzielend 15, 521
– einheitlich 15, 427
– einkommensteuerpflichtig 15, 503
– Einzelunternehmer, gemischte 15, 512
– freiberuflich 15, 522
– gewerbliche 15, 540; 16, 7
– originär gewerbliche 15, 510, 516
– Umqualifizierung nicht gewerblicher 15, 512

– Verflechtung 15, 511
– vermögensverwaltend 15, 600
Tätigkeit im Dienste der Gesellschaft, Vergütung 15, 269
Tagesmutter 35a, 175
Tagespflege 3, 87, 101
Tankgutscheine 37b, 59
Tankstellenpächter 19, 251
Tarifbegrenzung 32, 1
Tarifbegünstigung 4, 62
Tariffreibetrag, im Lohnsteuerverfahren 60, 1
Tarifrücklage 34a, 22
Tarifzonen 32a, 2
Tatsachenirrtum 42d, 48
Tatsächliche Gründe 33, 64
Tatsächliche Nutzung 1, 39
Tatsächliches Kassenvermögen, Dotierungsgrenzen 4d, 151
Taubenabwehr 35a, 175
Tausch 6, 387; 17, 166; 23, 226
– mit Baraufgabe 6, 389, 394
Taxonomie 5b, 45 ff.
– Ergänzungstaxonomie 5b, 49
– Kerntaxonomie 5b, 46
Teambildungsmaßnahmen 19, 371
Technische Anlagen und Maschinen 5, 105
Teichwirtschaft, Forellenhaltung 13a, 41, 197, 208
– Karpfenhaltung 13a, 208
Teil eines Mitunternehmeranteils 16, 253, 266
Teil-Kindergeld 65, 28
Teilabzugsverbot, Feststellungslast 3c, 39
– Liquidation 3c, 38
– Organbeteiligungen 3c, 42
– Teilwertabschreibungen 3c, 40
– Wertpapierleihe 3c, 43
Teilabzugsverfahren 3, 343
Teilarbeitslosengeld 3, 37
Teilbetrieb 6, 312; 16, 186
Teilbetrieb Land- und Forstwirtschaft 14, 31
Teilbetriebsveräußerung 4f, 1, 10 f.
Teileigentum 23, 156
Teileinkünfteverfahren 3, 339; 3c, 1; 16, 24, 230, 611, 733; 32d, 12 ff.; 35b, 80
– Abtretung von Dividendenansprüchen 3, 365

- Aufgabegewinn 3, 353
- Auflösung 3, 362
- Besondere Entgelte 3, 363
- Betriebvermögensmehrungen 3, 348
- Bezüge i. S. v. § 22 Nr. 1 EStG 3, 366
- Dividenden 3, 358
- Dividendenschein 3, 364
- Eigenhandel mit Banken 3, 369
- Entnahme von Anteilen 3, 347
- Gebot der Folgerichtigkeit 3, 345
- Gewinneinkünfte 3, 367
- Gewinnermittlung nach Durchschnittssätzen 13a, 156
- hybride Finanzierungen 3, 360
- Kapitalherabsetzung 3, 362
- Liquidationserlöse 3, 357
- objektives Nettoprinzip 3, 345
- Rücklagen 3, 352
- Systemwidrigkeit 3, 342
- Teilwertzuschreibungen 3, 351
- Ungleichbehandlung von Gewinnausschüttungen 3, 344
- Unterstützungskassen 3, 371
- Veräußerung von Anteilen 3, 347
- Veräußerung von Dividendenscheinen 3, 364
- Veräußerungsgewinn 3, 353

Teilentgeltlichkeit 16, 58
Teilfläche, parzelliert 23, 175
Teilidentität, wirtschaftliche 23, 262
Teilnahme am allgemeinen wirtschaftlichen Verkehr 15, 410
Teilwert 4f, 2, 8; 9b, 10
- Begriff 6, 46
- bewusste Verlustprodukte 6, 50
- Fehlmaßnahme 6, 50
- gesunkene Wiederbeschaffungskosten 6, 51
- höherer Teilwert (§ 55 Abs. 5 EStG) 55, 66
- Teilwertvermutungen 6, 48
- voraussichtlich dauernde Wertminderung 6, 65
- Wertaufholungsgebot 6, 70

Teilwertabschreibung 3c, 40; 4, 465
- Einnahmenüberschussrechnung 4, 387
- Verhältnis zur Drohverlustrückstellung 5, 281
- zwischen zwei Bilanzstichtagen 6, 53

Teilwertansatz, Tonnagesteuer 5a, 136
Telearbeitsplatz 4, 733
Telefonverkäufer 19, 251
Telekommunikationsaufwendungen 19, 396
Telekommunikationsgeräte 19, 371
Tennisplatz 4, 671 f.
Termingeschäft 23, 22, 41; 43, 67
- Begriff 15, 642
- betrieblich veranlasst 15, 640, 645
- Gewinn oder Verlust aus 23, 25
- im gewöhnlichen Geschäftsbetrieb 15, 655
- steuerrechtlicher Begriff 15, 641
- Verluste 15, 612, 640, 663

Territorialitätsprinzip 63, 28
Teststrecken 4, 119
Thesaurierungsbegünstigung 16, 26; 34a, 6, 21; 35b, 83
- Umfang der 34a, 473

Thesaurierungssteuersatz 34a, 77
Tierhaltung, s. Tierzucht
Tierhaltungsgemeinschaften 13, 281 ff.
Tierzucht, gemeinschaftliche 13, 276 ff.
- gewerbliche 13, 247 ff.; 15, 610
- – Verluste 15, 625

Tochtergesellschaft 43b, 24
Tod des Rentenberechtigten 16, 546
Tonnagebesteuerung 4, 64
Tonnagesteuer 4, 856
- Bereederung 5a, 56
- degressiver Staffeltarif 5a, 67
- Genehmigung durch EU-Kommission 5a, 22
- Gewerbebetrieb im Inland 5a, 46
- Inlandsbezug 5a, 57
- pauschale Gewinnermittlung 5a, 66
- Verfassungsmäßigkeit 5a, 21

Totalerfolg 2, 83 f.
Totalerfolgsprognose 2, 83 f.
Totalgewinnprognose 2, 90 ff.
Totalüberschussprognose 2, 126 ff.
Trägerunternehmen 4c, 1 ff.
- Zuwendungen 4d, 26

Trafostraße 4, 120
Traktatländerei 13a, 32
Transparenz- und Trennungsprinzip, nebeneinander von 34a, 9

Transparenzoption, Einkünfte aus Kapitalvermögen
Transparenzprinzip, Einkünfte aus Kapitalvermögen
Transportunternehmen **41a**, 25
Treaty Override **34c**, 78; **48d**, 1; **50d**, 4 f., 13, 19 f., 21 ff., 32, 143, 153, 175 f., 181; **50i**, 1, 51
Treaty Shopping **50d**, 12, 106, 127
Trennbarkeit der geschäftlichen Tätigkeiten **15**, 414
Trennungsgeld **19**, 371
Trennungstheorie **6**, 322, 355, 360
– modifizierte **6**, 356
Tresoranlagen **4**, 116 ff.
Treugeber **15**, 570
Treuhänder, Anrechnungsmethode **34c**, 18
– Steuersubjektidentität **34c**, 18
Treuhand, Zurechnung **4**, 209 ff.
Treuhandmodell **15**, 99
Trinkgelder **3**, 461; **19**, 334, 371
Trockeneisreinigung **35a**, 175
TÜV-Gebühren **35a**, 175
Tutor **19**, 251
Typisierung, gesetzliche **15**, 494
Typus **19**, 47

U

Überentnahme **4**, 546, 565 ff.
Überführung **50i**, 92, 161
– von Geldbeträgen **34a**, 330
Übergangsbilanz **4**, 74
– Anlagevermögen **4**, 74 ff.
– Forderungen **4**, 74 ff.
– Rechnungsabgrenzungsposten **4**, 74 ff.
– Umlaufvermögen **4**, 74 ff.
– Verbindlichkeiten **4**, 74 ff.
– Warenbestand **4**, 74 ff.
Übergangsgeld nach SGB III **3**, 37
Übergangsgeld nach SGB VI **3**, 25
Übergangsgewinn **4**, 73, 79; **13a**, 291 ff.
– Verteilung **4**, 79
Übergangsprobleme, bei Liebhaberei **2**, 156 ff.

Übergangsregelung, ELStAM **52b**, 1 ff.
– Verpachtung landwirtschaftlicher Betriebe **14**, 106 ff.
Übergangsverlust **4**, 81
Übergangszeit zwischen zwei Ausbildungsabschnitten **32**, 106
Übermittlungsverpflichteter, Meldestellen **45d**, 12
Übernachtungskosten **19**, 396
Übernahme betrieblicher Schulden **16**, 83
Übernahme einer Verpflichtung, Beiträge **4e**, 66
Übernahme privater Schulden **16**, 82
Übernahmezeitpunkt **4f**, 6
Übernehmer **4f**, 2 f., 12
Überschreiten der landwirtschaftlichen Höchstgrenze **15**, 629
Überschuss **4**, 436 ff.
Überschussbeteiligung, Kalkulationsgrundlagen, Pensionsfonds **4e**, 23
Überschusseinkünfte **8**, 23; **35b**, 91
Überschusseinkunftsart **4**, 46; **23**, 7
Überstundenvergütung **19**, 371
Übertragung **6**, 338; **50i**, 92, 161
– entgeltlich **6**, 354; **16**, 57
– innerhalb eines Betriebs oder Mitunternehmeranteils **34a**, 339
– Mischentgelt **6**, 358
– teilentgeltliche **6**, 316, 332, 355
– unentgeltliche **6**, 316, 332, 355; **16**, 56
– von Anteilen in das Gesellschaftsvermögen einer Personengesellschaft oder einer anderen Gesamthand **17**, 171 ff.
Übertragung der Freibeträge für Kinder **32**, 231
Übertragung und Überführung **34a**, 316
– einzelner Wirtschaftsgüter, Nachversteuerung **34a**, 316
– grenzüberschreitende **34a**, 338
– grenzüberschreitende, bei Einkünften aus Land- und Forstwirtschaft und selbständiger Arbeit **34a**, 345
– zwischen mehreren Betrieben oder Mitunternehmeranteilen **34a**, 341
Übertragung von Anrechten **3**, 512
Überwiegendes eigenbetriebliches Interesse **19**, 281 f.

Üblicher Endpreis 8, 41 ff.
Übungsleiter 19, 251
– nebenberufliche Tätigkeit 3, 171
Übungsleiterpauschale 3, 171
– Freibetrag 3, 178
Umfang der Lohnkontenführung 41, 1
umgekehrte Maßgeblichkeit 5, 44
Umlagefinanziert 40b, 12
Umlaufvermögen 4, 130, 452, 473; 5, 114; 7g, 57; 9b, 1; 16, 150
Umlegungsverfahren, Buchwert § 55 EStG 55, 104
Umqualifikation 15, 303/1
Umsatzsteuer 4, 450, 537
Umsatzsteuer auf erhaltene Anzahlungen 5, 391 ff.
– aktive Rechnungsabgrenzungsposten 5, 343
– Aktivierungsgebot 5, 391
Umschulungskosten 10, 108
Umwandlung 4f, 11; 15, 173; 50i, 151
– auf eine Mitunternehmerschaft 15, 173
Umwandlungsfälle 16, 306; 34a, 362
Umzug 35a, 175
Umzugskosten 19, 371, 396; 35a, 175
Umzugskostenvergütung 3, 140
unangemessene Aufwendungen 4, 806 ff.
unbeschränkte Steuerpflicht 16, 4, 37
unechte Lohnzahlung 38, 22
unechte Lohnzahlung eines Dritten 19, 331
unentgeltliche Betriebsübertragungen 16, 393
unentgeltliche Übertragung von Anteilen 17, 210 ff.
Unfallkosten 8, 72; 19, 396
Unfallschäden 19, 371
Unfallversicherung 10, 76; 19, 371; 40b, 27
Ungezieferbeseitigung 35a, 175
Unionskonformes Wahlrecht 6b, 139 ff.
Unionsrecht, Anrechnungsmethode 34c, 6 ff., 29, 31, 34
– Auslandtätigkeitserlass 34c, 9, 67
– Dienstleistungsfreiheit 6, 14
– Niederlassungsfreiheit 6, 14
– Pauschalierungserlass 34c, 9
– per-community-limitation 34c, 7, 40
– per-country-limitation 34c, 7, 39 ff.

unionsrechtliche Betriebsausgaben-/Werbungskostenmitteilungsoption, beschränkte Steuerpflicht, Steuerabzugstatbestände 50a, 45 ff.
– Steuerabzugstatbestände, beschränkte Steuerpflicht 50a, 45 ff.
Unionsrechtskonformität 33, 8
– beschränkte Steuerpflicht 49, 4
unmittelbarer wirtschaftlicher Zusammenhang 3c, 26
unrichtige Blianz 4, 351
Unterarbeitsverhältnisse 19, 396
Unterbeteiligte 15, 73
Unterhalt, durch mehrere 33a, 85
– gleichgestellte Personen 33a, 64
– öffentliche Mittel 33a, 65
unterhaltende Darbietungen, beschränkte Steuerpflicht, Einkünfte aus Gewerbebetrieb, Darbietungstatbestand 49, 52 ff.
Unterhaltsaufwendungen 26a, 24; 33a, 21
– Antrag auf Abzug 33a, 51
– atyische 33a, 27
– Ausbildungsbeihilfen 33a, 115
– Ausland 33a, 39, 84
– Beweiserleichterung 33a, 66
– Fremdwährung 33a, 86
– geringes Vermögen 33a, 72
– geringstmögliche Kürzung 33a, 112
– Hausgrundstück 33a, 72
– Höchstbetragserhöhung 33a, 61
– Identifikationsnummer 33a, 87 f.
– Kürzung 33a, 76 ff.
– Ländergruppeneinteilung 33a, 83
– Monatsprinzip 33a, 111
– nachträgliche 33a, 26
– Selbstbeschränkung bei Einkünften 33a, 114
– typische 33a, 24
– Verfahrensfragen 33a, 120
– Verhältnis 33a, 119
– Wechselmonate 33a, 112
– zeitanteilige Kürzung 33a, 111
– Zwölftelung 33a, 111
Unterhaltsberechtigte 12, 40, 41
Unterhaltsberechtigter 33a, 30 ff.
– eigene Leistungsfähigkeit 33a, 34

Unterhaltskonkurrenzen 33a, 38
Unterhaltsleistungen 10, 143; 12, 19
– als sonstige Einkünfte 22, 124
Unterhaltspflicht, Ausland 33a, 39, 84
– Bedürftigkeit 33a, 32
– Nachweis 33a, 39
– Verwaltungsvereinfachung 33a, 33
Unterhaltsrenten 5, 150
Unterhaltssicherungsgesetz 3, 450
Unterhaltsverpflichtung 33a, 30 ff.
– Opfergrenze 33a, 35
– verfügbares Nettoeinkommen 33a, 36
Unterhaltungselektronik 12, 35
Unterkunftskosten 12, 11
unterlassene Bilanzierung 4, 358
unterlassene Rückstellungsbildung, Sonderfälle 4e, 117
Unternehmen, als Vergütungsgläubiger 50g, 36
– eines Mitgliedstaates 50g, 45
– einheitlich gewerblich 15, 596
– konzern- bzw. gruppeninternes 15, 647
– verbundene 50g, 46
Unternehmenssteuerreformgesetz 4, 3, 13
Unternehmerrisiko 19, 58
Unterrichtskosten 10, 132
Unterrichtungpflichten 4, 852
Unterstützungskasse 4c, 1, 3; 4d, 11; 19, 464
Untreuehandlungen 19, 251
UntStReformG 4, 3, 13
UntStReiseÄndG 4, 3, 13
Urheberrechtliche Vergütungen 19, 371
Urlaubsgeld 19, 371
– aktive Rechnungsabgrenzungsposten 5, 344
Urlaubsvertreter 19, 251

V

Venture Capital 15, 645
Veräußerung 23, 248
– entgeltliche 16, 350
– fiktiv 4g, 15; 43a, 37
– teilentgeltliche 16, 291
– Wertsteigerung bei 23, 288
Veräußerung eines „bebauten" Erbbaurechts 23, 148

Veräußerung eines Bezugsrechtes/Zahlung eines Aufgeldes 17, 187 ff.
Veräußerung eines Mitunternehmeranteils 15a, 45, 137, 147, 156, 168
Veräußerung von Anteilen an GmbH's 23, 88
Veräußerung von Anteilen an Kapitalgesellschaften, Anteile an einer Genossenschaft einschließlich der Europäischen Genossenschaft 17, 366 ff.
– bei wesentlicher Beteiligung, Anteile an einer Kapitalgesellschaft 17, 111 ff.
– – Beteiligungsgrenze 17, 126 ff.
– – einzelne Veräußerungsvorgänge 17, 165 ff.
– – Fünfjahresfrist 17, 151 ff.
– – teilentgeltliche Veräußerung 17, 206
– – Veräußerung 17, 161 ff.
– – verdeckte Einlage in eine Kapitalgesellschaft 17, 207
– – Wesentlichkeit kraft Rechtsnachfolge 17, 208 ff.
– Besteuerungsrecht bei Einbringungen 17, 356 ff.
– Einkunftsart 17, 101 ff.
– Entstehung und Entwicklung der Vorschrift 17, 17 ff.
– Entstrickung bei Wegzug von Kapitalgesellschaften 17, 336 ff.
– fiktive Veräußerungsvorgänge, Auflösung einer Kapitalgesellschaft 17, 316 ff.
– – Ausschüttung aus dem steuerlichen Einlagekonto 17, 328
– – Kapitalherabsetzung und Kapitalrückzahlung 17, 326 ff.
– – Subsidiaritätsregel 17, 329 ff.
– Freibetrag, Ermittlung des Freibetrags 17, 306 ff.
– – Freibetrag bei Veräußerung gegen wiederkehrende Bezüge 17, 308 ff.
– Geltungsbereich, persönlicher Anwendungsbereich 17, 26 ff.
– – sachlicher Anwendungsbereich 17, 38
– – zeitlicher Anwendungsbereich 17, 39 ff.
– Gewinnerzielungsabsicht 17, 106 ff.

Stichwörter

- internationales Steuerrecht, Auslandseinkünfte unbeschränkt Steuerpflichtiger **17**, 371 ff.
- – Inlandseinkünfte beschränkt Steuerpflichtiger **17**, 382 ff.
- – Wohnsitzwechsel in das Ausland – erweitert beschränkte Steuerpflicht **17**, 405 ff.
- – Wohnsitzwechsel in das Ausland – Wegzugsbesteuerung **17**, 394 ff.
- Normzweck und wirtschaftliche Bedeutung, Inhalt **17**, 1 ff.
- – wirtschaftliche Bedeutung **17**, 12 ff.
- – Zweck **17**, 9 ff.
- Veräußerungsgewinn und Veräußerungsverlust, Einschränkung der Verlustberücksichtigung **17**, 298 ff.
- – Ermittlung des Veräußerungsgewinns oder -verlustes **17**, 226 ff.
- Vereinbarkeit mit höherrangigem Recht, Europarecht **17**, 56 ff.
- – Verfassungsrecht **17**, 46 ff.
- Verfahrensfragen, Besteuerungsverfahren **17**, 421 ff.
- – Feststellungsverfahren für steuerverstrickte Anteile **17**, 423 ff.
- – Mitteilungspflichten der Notare **17**, 425 ff.
- Verhältnis zu anderen Regelungen, zu §§ 13, 15, 18 EStG, § 2 GewStG **17**, 70 f.
- – – zu § 11 BewG **17**, 85
- – – zu § 12 KStG **17**, 83
- – – zu § 13 Abs. 6 KStG **17**, 84
- – – zu § 16 EStG **17**, 72 ff.
- – – zu § 20 EStG **17**, 75 ff.
- – – zu § 22 Nr. 2 i. V. m. § 23 EStG **17**, 78
- – – zu § 2a EStG **17**, 61
- – – zu § 32d EStG **17**, 79
- – – zu § 34 EStG **17**, 80
- – – zu § 4 Abs. 1 Satz 3 EStG **17**, 62 ff.
- – – zu § 42 AO **17**, 86
- – – zu § 49 Abs. 1 Nr. 2 Buchst. e Doppelbuchst. bb, Nr. 8 Buchst. c Doppelbuchst. bb EStG **17**, 81
- – – zu § 6 Abs. 1 Nr. 5 Buchst. b EStG **17**, 67
- – – zu § 6 Abs. 6 Satz 1 EStG **17**, 68
- – – zu § 6 Abs. 6 Satz 2 EStG **17**, 69
- – – zu § 6 AStG **17**, 87

- – zu § 8 Abs. 5 InvStG **17**, 88 ff.
- – – zum UmwStG **17**, 82

Veräußerungen an REIT-AG **3**, 614

Veräußerungs-, Aufgabe- und Entnahmegewinne **35b**, 91

Veräußerungsersatztatbestände **35b**, 91

Veräußerungsfiktion **23**, 31

Veräußerungsfrist **23**, 66
- Berechnung **23**, 235

Veräußerungsgeschäft **23**, 246
- allgemeine **23**, 22
- inländische ausländische **23**, 56
- private **23**, 1, 197, 24
- tatsächliche **23**, 23

Veräußerungsgewinn **15**, 543; **34a**, 47; **35b**, 23; **50i**, 26, 97
- Ermittlung **23**, 341, 381
- gesonderte und einheitliche Feststellung **23**, 123

Veräußerungsgewinnbesteuerung der Wertpapieren **23**, 11

Veräußerungsgewinns/-verlusts im VZ, Höhe des **23**, 421

Veräußerungskosten **4**f, 7 f.; **16**, 513; **17**, 266 ff.

Veräußerungspreis **16**, 311, 471; **17**, 236 ff.; **23**, 351

Veräußerungsrenten **5**, 150

Veranlagung **50g**, 27
- allgemein **25**, 16
- Kurz– **25**, 3
- Zweijährige **25**, 4

Veranlagungsverfahren **35b**, 37

Veranlagungszeitraum **25**, 21

Veranstaltung **12**, 34

Verarbeitungsbetrieb **13**, 346 ff.

Verbesserung des allg. Gesundheitszustandes **3**, 264

Verbindlichkeiten **4**, 142, 163; **5**, 134; **16**, 176
- Abzinsung **6**, 168, 175
- Betriebsvermögen **4**, 163
- Erfüllungsbetrag **6**, 170
- Fremdwährungsverbindlichkeiten **6**, 172
- Sach- oder Dienstleistungsverpflichtung **6**, 173

Verbot der Doppelzuordnung **50g**, 39

Verbrauchsfolgeverfahren, Lifo-Verfahren **6**, 144
Verbrauchssteuern, Aktivierunggebot **5**, 381
verbundene Unternehmen **50g**, 1, 46
Vercharterung, Tonnagesteuer **5a**, 86
verdeckte Einlage **6**, 399; **17**, 198 ff.
Verdeckte Gewinnausschüttung **32d**, 17; **50g**, 28
Verein, nicht rechtsfähig **15**, 626
Verein als ArbG **19**, 131
Vereinbarungen zwischen fremden Dritten **16**, 293
Vereinfachungszwecknorm **3**, 3
Verfahrensrecht **6**, 378
Verfahrensvorschriften, Abzugsmethode **34c**, 87
– Anrechnungsmethode **34c**, 87
Verfassungsmäßigkeit **5**, 8; **33**, 6 f.
Verflechtung, personelle **15**, 474
– sachliche **15**, 471
Verfolgung **3**, 80
– Hinterbliebene **3**, 81
Vergebliche Aufwendungen **19**, 396
vergleichbare Besteuerung **50g**, 45
Vergleichsberechnung zwischen Kindergeld und Kinderfreibetrag **31**, 36
Vergleichszeitraum **4**, 96
Vergütungsgläubiger **50g**, 16
– Betriebsstätte **50g**, 37
– Unternehmen als **50g**, 36
Verhältnis zu höherrangigem Recht, beschränkte Steuerpflicht **49**, 3 ff.
Verhältnis zur Schweiz **50g**, 76
Verhinderung der Doppelbelastung **35b**, 6, 22
Verjährung, Lohnsteuer-Abmeldung **41a**, 5
Verkehr, allgemeiner wirtschaftlicher **50d**, 107, 116, 119 ff.
Verkehrsunterricht **12**, 48
Verladeeinrichtungen **4**, 120
Verleiher als ArbG **19**, 130
verlorener Aufwand **33**, 16
Verlust **4**, 510
– aus (atypisch) stiller Gesellschaft **15**, 670
– Steuerstundungsmodell **15b**, 56 ff.
– Unterbeteiligung **15**, 670
– Verlustabzugsverbot, Steuerstundungsmodell **15b**, 4, 62

– Verlustausgleichsverbot, Steuerstundungsmodell **15b**, 4, 59 ff.
– verrechenbarer **15a**, 145 ff., 219, 250, 266
Verlustabzug **10d**, ; **35b**, 33
– beschränkte Steuerpflicht **10d**, 7
– Erbfälle **10d**, 11
– Festsetzungsverjährung **10d**, 36, 78 ff.
– Feststellungsverfahren **10d**, 71 ff.
– Insolvenzverfahren **10d**, 10
– Mindestbesteuerung **10d**, 15, 58
– Verfahrensfragen **10d**, 96 ff.
– Verfassungsmäßigkeit **10d**, 15 ff.
– Verlustrücktrag **10d**, 21 ff.
– Verlustvortrag **10d**, 56 ff.
– Wechsel der Veranlagungsart **10d**, 9
– Zusammenveranlagung **10d**, 9
Verlustabzugsverbot, Steuerstundungsmodell **15b**, 4, 62
Verlustausgleich, beschränkter **23**, 441
– externer **2**, 323
– horizontal oder vertikal **35b**, 77
– interner **2**, 323
– Verbot des vertikalen **15**, 670
Verlustausgleichs- und Abzugsverbot **15**, 628, 640
Verlustausgleichsbeschränkungen **2a**, 11
Verlustausgleichsverbot, Steuerstundungsmodell **15b**, 4, 59 ff.
Verlustberücksichtigung **32d**, 25
Verlustbescheinigung **43a**, 68
Verluste bei beschränkter Haftung, aktivisch gewordene Gesellschafterkonten **15a**, 66 ff.
– Anteilsidentität **15a**, 155
– atypisch stiller Gesellschafter **15a**, 296 ff.
– ausländische Personengesellschaft **15a**, 13, 311
– Beteiligtenidentität **15a**, 164 ff.
– Einlage **15a**, 70, 112, 121 ff.
– Einlageminderung **15a**, 188 ff., 196 ff.
– Einnahme-Überschussrechnung **15a**, 11
– Entnahme **15a**, 198
– Erbfall **15a**, 167
– Ergänzungsbilanz **15a**, 40
– erweiterter Verlustausgleich **15a**, 111 ff.
– fiktiver Gewinn **15a**, 150, 218 f., 240 ff.

- Finanzplandarlehen **15a**, 64
- freiberufliche Personengesellschaft **15a**, 12
- GbR **15a**, 305 ff.
- Gesamthandsbilanz **15a**, 40, 56
- gesonderte Feststellung **15a**, 255 ff.
- Gewinnverteilung **15a**, 42 ff.
- haftungslose Unternehmer **15a**, 316
- Haftungsminderung **15a**, 188 ff., 225 ff.
- Insolvenz **15a**, 44, 63
- kapitalersetzende Darlehen **15a**, 63
- Kommanditist **15a**, 32 ff.
- Korrekturposten **15a**, 126 ff.
- Land- und Forstwirtschaft **15a**, 12
- Nachschusspflicht **15a**, 33
- nachträgliche Einlagen **15a**, 14, 121 ff.
- Nachweis des Bestehens der Haftung **15a**, 99
- negatives Kapitalkonto **15a**, 55 ff.
- Normzweck **15a**, 1, 3
- Partenreeder **15a**, 321 f.
- Progressionsvorbehalt **15a**, 311
- Sonderbetriebsvermögen **15a**, 40 f., 47 ff., 57, 81, 147
- Sondervergütung **15a**, 48, 199
- stichtagsbezogene Betrachtung **15a**, 35, 69, 205, 228
- stille Reserven **15a**, 14
- überschießende Außenhaftung **15a**, 86 ff., 113, 210 ff.
- Umwandlung **15a**, 157
- unentgeltliche Übertragung **15a**, 167
- unzulässige Entnahmen **15a**, 66
- Veräußerung eines Mitunternehmeranteils **15a**, 45, 137, 147, 156, 168
- Veräußerungsgewinn **15a**, 148, 169
- verbleibender verrechenbarer Verlust **15a**, 178 ff.
- vergleichbare Unternehmer **15a**, 289 ff.
- Verlust **15a**, 39 ff.
- Verlustverrechnungsbeschränkung **15a**, 1, 80 f.
- Vermögensminderung **15a**, 104 ff., 306 f.
- vermögensverwaltende Personengesellschaft **15a**, 12 f.
- verrechenbarer Verlust **15a**, 145 ff., 219, 250, 266
- Wechsel der Rechtsstellung eines Kommanditisten **15a**, 35, 165, 260
- Wegfall eines negativen Kapitalkontos **15a**, 44, 169 ff.
- Zivilrechtliche Grundlagen **15a**, 2, 86, 88 ff.

Verlustklausel § 55 Abs. 6 EStG **55**, 76 ff.
Verlustklausel § 55 Abs. 7 EStG, Teilwertabschreibung **55**, 79
Verlustnutzungsbeschränkung **23**, 6
Verlustnutzungsmodelle **23**, 48
Verlustrücktrag **10d**, 21 ff.; **15**, 631, 690
Verlustrücktrag und Verlustvortrag, § 10d EStG **15**, 680
- **15**, 671

Verlustverrechnung **2**, 323 ff.
- Ausnahmen **43a**, 72
- Betriebsstättenverluste **2a**, 1 ff.
- Verlustverrechnungstopf **43a**, 63

Verlustverrechnungsbeschränkung **2**, 325
- Steuerstundungsmodell **15b**, 63 ff.

Verlustverrechnungskreis, gesondert **15**, 684
Verlustverrechnungsverbote **2**, 325
Verlustvor- und Verlustrücktrag, eingeschränkter **23**, 451
Verlustvortrag **10d**, 56 ff.; **15**, 631; **26b**, 30
Verlustzuweisungsgesellschaften **15a**, 4, 14
Vermeidung der Doppelbesteuerung **50g**, 1
Vermietung und Verpachtung, Drittstaaten, Verluste **2a**, 80 ff.
Vermittlungstätigkeit **19**, 251
Vermögensanlagen, sonstige **15**, 455
Vermögensbeteiligung **19a**, 1 f.
Vermögensverluste **19**, 396
vermögensverwaltende Unternehmungen **4c**, 3
Vermögensverwaltung, private **23**, 115
Verpachtung, parzellenweise **14**, 98
Verpachtung von Land- und Forstwirtschaft Betrieben **13**, 97
Verpächterwahlrecht **14**, 96 ff.
Verpfändung **17**, 167 ff.
Verpflegungsmehraufwendungen **4**, 680 ff.; **9**, 305; **19**, 396; **40**, 31
- doppelte Haushaltsführung **9**, 219
- Mahlzeit **9**, 321
- Verpflegungspauschale **9**, 307

Verpflichtungen 4f, 1 ff., 9, 12
Verpflichtungsübernahme 5, 408
Verrechnungskonten 15, 263
Verrechnungspreisdokumentation 4, 857
Verrechnungspreise, unangemessene, bei Auslandsbeziehungen 30, 1
Verschaffung der Verfügungsmacht 19, 346
Verschmelzung 17, 156 ff., 193 ff.
Verschmelzung zur Aufnahme, Wirtschaftsjahr 4a, 17
Verschmelzung zur Neugründung, Wirtschaftsjahr 4a, 17
Verschonungstatbestände für Betriebsvermögen 35b, 64
Versicherungen, Betriebsvermögen 4, 163
Versicherungsabschluss 33, 68
Versicherungsaufsichtsbehörde 4c, 3 ff.
Versicherungsbeiträge, als Werbungskosten 22, 11
versicherungsförmige Garantie, Pensionsfonds 4e, 21 ff.
Versicherungsleistung 4, 537
Versicherungsnehmer 4c, 3
Versicherungsprämie 12, 36
Versicherungsvertrag, Datenübermittlung 45d, 47 ff.
Versicherungsvertreter 19, 251; 24, 74
Versogrungsfreibetrag 19, 481 f.
Versorgungsanstalt des Bundes und der Länder 19, 371
Versorgungsanwartschaften 3, 476
Versorgungsausgleich 1a, 39; 3, 485, 491; 19, 446 f.
– als sonstige Einkünfte 22, 138 ff.
Versorgungsbezüge 19, 491 f.
Versorgungseinrichtung 40b, 2
Versorgungsleistungen 1a, 29; 10, 141 ff.; 16, 86
– als sonstige Einkünfte 22, 29, 30, 131 ff.
– Begriff 10, 149
– begünstigtes Vermögen 10, 152
– Empfänger 10, 155
– Generationennachfolgeverbund 10, 155
– Höchstbetrag 10, 159
– Vermögensübertragungen 10, 150, 152

– Versorgungsausgleichsleistungen 10, 160
– Vertragsänderungen 10, 158
Versorgungsrenten 5, 150
Versorgungswerk 3, 117
Versorgungszusagen 40b, 2
Verspätungsgeld 22a, 36 f.
Verstrickung 4, 325 ff.
Vertrag, obligatorisch 23, 276
– teilunwirksam 23, 279
– verbindlich 23, 249
Vertragsfreiheit 19, 146
Vertragshändler 24, 74
Vertragsstrafen 19, 396
Vertreter, ständige inländische 41, 5
Vertriebsgesellschaft 4, 163
Vervielfältiger, Deckungskapital, lebenslänglich laufende Leistungen 4d, 56
Vervielfältigungstheorie 18, 12
Verwaltergebühr 35a, 175
Verwaltungstreuhand, Zurechnung 4, 212
Verwarnungsgelder 4, 825
Verwendungsauflage 19, 349
Verwendungsreihenfolge 23, 203
Verwertungseinkünfte von Darbietungen, Steuerabzugstatbestände, beschränkte Steuerpflicht 50a, 17
Verzeichnis 4, 481 ff.
Verzicht auf Ersatzanspruch 33, 30 ff.
Verzicht auf Quellensteuererhebung 50g, 26
Verzicht des Arbeitgebers 19, 371
Verzicht des Arbeitnehmers 19, 371
Verzinsung 6b, 11, 140; 7g, 113, 135
Verzinsungsanspruch 50d, 76 ff.
vGA 4c, 7
Viehzucht, s. Tierzucht
VIP Logen 4, 632; 19, 371
Vollarmotisationsleasing 4, 198
volljährige Kinder 32, 76
Vollrechtstreuhand, Zurechnung 4, 210
Vollständigkeitsgebot 5, 59
Vollzeitpflege 3, 87
Vollzugsdefizit, strukturell 23, 86
Vorabgewinn 15a, 48
Vorabpauschale, Einkünfte aus Kapitalvermögen

Vorauszahlungen, freiwillige oder überhöhte 34a, 91
Vorauszahlungsbescheid, Wirkung 37, 34
Vorbehaltsfestsetzung 41a, 5
Vorfälligkeitsentschädigung, passive Rechnungsabgrenzungsposten 5, 374
Vorgang, einheitlicher 16, 415
Vorgefertigtes Konzept, Steuerstundungsmodell 15b, 75 ff.
Vorkostenabzug 10i, 1
Vorräte 5, 115
– Betriebsvermögen 4, 163
Vorrang von DBA-Vergünstigungen 50g, 71
Vorraussetzungen, unabdingbare 15, 514
Vorruhestandsgelder 24, 50
Vorsatz 33, 68
Vorsichtsprinzip 5, 51
Vorsorgeaufwendungen, s. Altersversorgung
Vorsorgepauschale 10c, 2
Vorstand 19, 89, 251
Vorsteuer 9b, 1, 21
Vorsteuerabzug 9b, 8, 22
Vorteilsanrechnung 33, 30 ff.
Vorteilsausgleich 24, 18
Vorvertrag 23, 248
Vorweggenommene Werbungskosten 19, 396

W

Wachdienst 35a, 175
Wachhund 19, 371
Währung 19, 371
Wäschereinigung 35a, 175
Wagniskapital 3, 627
Wagniskapitalgesellschaft 18, 5, 7, 267
Wahlkampfkosten 19, 396
Wahlkonsul 3, 235
Wahlrecht 4, 70; 8, 91, 138; 15, 38
– auf Stundung 6b, 141
– durch Antrag 6b, 142
– rückwirkende Anwendung 6b, 144
Wahlrechtsvorbehalte 5, 69
Wahlrest-Betriebsvermögen 16, 171
Wandelanleihe 43, 22; 50g, 28
Wandeldarlehensverträge 19, 371

Wandelschuldverschreibungen 17, 192
Waren, Betriebsvermögen 4, 163
Waren- und Devisentermingeschäft, Differenzausgleich 15, 642
Warengutschein 8, 34, 128
Warte-, Witwen- und Waisengelder 19, 436 f.
Wartung 35a, 175
Wechsel 4, 74
– der Gewinnermittlungsmethode 13a, 291 ff.
– der Rechtsstellung eines Kommanditisten 15a, 35, 165, 260
– des Durchführungswegs 4d, 236; 4e, 101 ff., 161 ff.
– Gewinnermittlungsart 4, 74
– Veranlagungsform 26a, 33
Wechseldiskontgeschäfte, aktive Rechnungsabgrenzungsposten 5, 345
Wechselkursdifferenzen 23, 223
Wege 4, 116 ff., 702
Wegfall eines negativen Kapitalkontos 15a, 44, 169 ff.
Wegzug 50i, 1
Wegzugsbesteuerung 1, 57
Wehrdienstbeschädigung 3, 66
Wehrsold 3, 62
Weihnachtsfeier 19, 403
Weinbau 13, 112, 226 ff.
Weinpflanzrecht (-anbaurecht), Buchwert (§ 55 EStG) 55, 126
Weisungen 4, 826
Weisungsgebundenheit 19, 86 f.
Weiterbildung 10, 108, 130
Welteinkommensprinzip 1, 3, 56, 83, 93; 2, 299; 4, 16
Werbedamen 19, 251
Werbungskosten 4, 46; 9, 1 ff.; 23, 343, 361
– s. Verpflegungsmehraufwendungen
– Abflussprinzip 9, 20
– abgekürzter Vertragsweg 9, 56
– abgekürzter Zahlungsweg 9, 55
– Abzugsbeschränkungen 9, 20
– AfA 9, 266 ff.
– anschaffungsnahe Herstellungskosten 9, 351
– Anwendungsbereich, Körperschaften 9, 9
– – persönlicher 9, 8

- – sachlich 9, 10
- Arbeitsmittel 9, 248 ff.
- – ABC der 9, 256
- – Angemessenheit 9, 254
- – Keidung 9, 251
- Aufwendungen 9, 1
- – zur Förderung staatspolitischer Zwecke 9, 350
- Beiträge 9, 98 f.
- – zu Berufsständen 9, 109
- Berufsausbildung 9, 360 ff.
- beschränkte Steuerpflicht 9, 8, 20
- Beweislast 9, 58
- Bewertung 9, 48
- doppelte Haushaltsführung 9, 199 ff.
- – eigener Hausstand 9, 208
- – Entfernungspauschale 9, 156
- – Familienheimfahrten 9, 222
- – Lebensmittelpunkt 9, 211
- – notwendige Mehraufwendungen 9, 203
- – Unterkunftskosten 9, 215
- Drittaufwand 9, 57
- Einkünfteerzielungsvermögen 9, 269
- Entfernungspauschale 9, 116 ff.
- – behinderte Menschen 9, 116 ff., 158
- – Fährverbindungen 9, 174
- – Flugstrecke 9, 157
- – mehrere Dienstverhältnisse 9, 167
- – Unfallkosten 9, 163
- – Werkstorprinzip 9, 120
- Erste Tätigkeitsstätte 9, 125 ff.
- – Baucontainer 9, 129
- – Bildungseinrichtung 9, 145
- – Dauerhaftigkeit 9, 135
- – Flugzeug 9, 129
- – Schiff 9, 129
- fiktive 9, 52
- – Verbrauch 9, 53
- Gebühren 9, 98 f.
- geringwertige Wirtschaftsgüter 9, 268
- Grunderwerbsteuer 9, 20
- Grundsteuer 9, 20, 98 f.
- Liebhaberei 9, 20
- nachträgliche 9, 43
- Nebenleistungen 9, 20
- nicht abziehbar 9, 336 ff.
- – Aufzeichnungspflicht 9, 337, 343
- – Bewirtung 9, 342
- – Fischerei 9, 344
- – Gästehäuser 9, 344
- – Geschenke 9, 341
- – häusliches Arbeitszimmer 9, 345
- – Jagd 9, 344
- – Motorjachten 9, 344
- – unangemessen 9, 346
- objektives Nettoprinzip 9, 1
- Poolabschreibung 9, 271
- Progressionsvorbehalt 9, 20
- Schuldzinsen 9, 84
- Sonderausgaben 9, 20
- Sprachkurs 9, 286
- Steuerberatungskosten 9, 287
- Studium 9, 360 ff.
- Teilwertabschreibung 9, 267
- Übernachtungskosten 9, 231 ff.
- – Angemessenheit 9, 234
- Umwidmung 9, 270
- Umzugskosten 9, 276 ff.
- unfreiwillige 9, 48
- vergebliche 9, 41
- Versicherung 9, 101
- vorweggenommene 9, 36
- weiträumiges Tätigkeitsgebiet 9, 190
- Zinsschranke 9, 20
- Zuflussprinzip 9, 20, 49

Werbungskosten bei früheren Dienstverhältnissen 19, 456
Werbungskosten für ein aktives Dienstverhältnis 19, 381 f.
Werbungskostenersatz 19, 302
Werbungskostenpauschbetrag 9, ; 9a, 1 ff.
- Einnahmen aus nichtselbständiger Arbeit 9a, 40 ff.
- – mehrere Arbeitsverhältnisse 9a, 41
- – Versorgungsbezüge 9a, 42
- Geltungsbereich, beschränkt Steuerpflichtige 9a, 14
- – erweitert beschränkt Steuerpflichtige 9a, 17
- – Körperschaften 9a, 18

– – persönlich 9a, 13
– – sachlich 9a, 19
– sonstige Einkünfte 9a, 43
– Verfassungsmäßigkeit 9a, 24
Werkswohnung 35a, 45
Werkzeuggeld 3, 239; **19**, 371
Wert, gemeiner **16**, 590
Wertansatz bei Einlagen **23**, 401
Wertansatz bei Entnahme und Betriebsaufgabe **23**, 406
Wertausgleich **16**, 626
Wertgegenstand **23**, 201
– Münzen, Schmuck, Antiquitäten, Kunstgegenstände, Briefmarkensammlungen und Oldtimer **23**, 201
Wertguthaben 3, 475 ff.
Wertminderung **23**, 292
– voraussichtlich dauernde 6, 66
Wertpapiere 5, 117
Wertpapiere des Anlagevermögens 5, 113
Wertpapiere des Betriebsvermögens 4, 163, 167
Wertpapiergeschäft **15**, 455
– Spekulationsverlust **23**, 89
Wertpapierleihe 3c, 43
Wertpapierveräußerungsgeschäft, private **23**, 86
– Wertpapier **23**, 88
Wertverzehr 4, 509
Wesen der beschränkten Steuerpflicht **49**, 1 ff.
wesentliche Beteiligung **17**, 126 ff.
wesentliche Betriebsgrundlage **16**, 559
– Grund und Boden Land- und Forstwirtschaft **14**, 26
– – Abfindung weichender Erbe **14a**, 32
Wesentlichkeit 5, 62
Wesentlichkeitsgrenze 1, 76, 79, 81
Wettbewerbsverbot **16**, 472; **24**, 60
Widerspruchsfreiheit 4, 31
wie unter fremden Dritten **15**, 268
Wiederbeschaffung von Hausrat und Kleidung **33**, 136
Wiedereinsetzung in den vorigen Stand, Wegfallmitteilung **13a**, 132
Wiedergutmachung nationalsozialistischen Unrechts 3, 74

Wiederholte Übertragungen, Sonderfälle 4e, 111
wiederkehrende Bezüge 5, 150; **16**, 314
– als sonstige Leistung **22**, 24 ff.
wiederkehrende Leistung **16**, 88, 486
wiederkehrende Zahlungen 4, 537
Windkraftanlage 4, 116 ff.
Winterdienst 35a, 175
Wirksamkeit, zivilrechtliche **15**, 303/1
wirtschaftliche Geschäftsbetriebe 4c, 3
Wirtschaftsgut 7g, 9b, 1, 8, 24, 41
– abnutzbar 4, 136; **7g**, 41
– andere **23**, 53, 88
– Anlagevermögen 4, 129
– Begriff 4, 110 ff.; **23**, 142, 198
– begünstigt **7g**, 41, 151; **23**, 173
– beweglich 4, 132; **7g**, 41
– dient Wohnzwecken **23**, 179
– einheitliches 4, 111
– gemischt genutzt 4, 170 ff.
– Identität zwischen angeschafftem und veräußertem **23**, 261
– immateriell 4, 137; **7g**, 41
– materiell 4, 137
– mitunternehmerische Abschreibung **15**, 202
– nicht abnutzbar 4, 135
– passiv **15**, 141
– Überlassung **15**, 273
– Übertragung in das Gesamthandsvermögen **15**, 200
– Umlaufvermögen 4, 130
– unbeweglich 4, 133
– Zerstörung 4, 178
– zusammengesetzt 4, 113
Wirtschaftsidentifikationsnummer 39e, 12, 39
Wirtschaftsjahr 4a, 11 ff.; **4f**, 8
– abweichend 4, 97; **35b**, 102
– Dauer 4, 99
– Gewerbetreibende 4a, 45 ff.
– Land- und Forstwirte 4, 97; **4a**, 31 ff.
– Regeldauer 4a, 12
– Umwandlungen 4a, 17
– Verkürzung 4a, 13
– Verlängerung 4a, 23
– Wechsel 4a, 22

Wirtschaftstätigkeit, eigene 50d, 107 f., 116 f.
– fremde 50d, 119
Witwengeldabfindung 3, 50
Wochenendwohnung 35a, 116
Wohlfahrtsbriefmarken/-lose, Spendenabzug 10b, 13
Wohnbegriff 23, 180
Wohneigentum, Aufteilung eines Hausgrundstücks 23, 265
– selbstgenutztes 23, 28
Wohngeld 3, 527
Wohnsitz 1, 36
Wohnsitzfinanzamt 41b, 24
Wohnstift 35a, 46, 65, 121
Wohnung 1, 37; 4, 688; 12, 11; 19, 371
Wohnungsbau AG 4, 163
Wohnungseigentumsförderung 10e, 1
Wohnungskosten 19, 396
Wohnungsnutzung, Baudenkmale 10f, 1
– Kulturgüter 10g, 1
– Sanierungsgebiete 10f, 1
– städtebaul. Entwicklungsgebiete 10f, 1
– unentgelt. Wohnungsüberlassung 10h, 1
Wohnzwecke, ausschließlich eigene 23, 173
– eigene 10e, 1; 10f, 1, 21; 10g, 1, 10, 29; 10h, 1; 23, 171, 180
– Nutzung, eigene 23, 181
– teilweise, eigene 23, 174
– unentgeltlich genutzt 15, 139

Z

Zahlungsanspruch GAP 13, 180
Zahlungsfähigkeit, Arbeitgeber 41a, 16
Zahlungsweg, abgekürzter 35a, 153
Zebragesellschaft 15, 303/1
zeitliche Zuordnung, Zuwendungen 4d, 191
Zeitpunkt der Entstehung der Erbschaftsteuer 35b, 101
Zeitpunkt der Genehmigung 23, 277
Zeitpunkt des Abzugs 33a, 113
Zeitrenten 5, 150; 16, 489; 22, 64
Zeitschriften 4, 537
Zeitung 12, 16

Zeitwertkonten 3, 466; 19, 349
Zertifizierung 10, 4, 52, 173
Zeugengebühr 19, 371
Zins- und Lizenzgebührenrichtlinie 50g, 1
Zins-Lizenzgebühren-Richtlinie 50d, 76 f., 106 f.
Zinsbegrenzungsvereinbarungen 5, 145
Zinsbegriff 50g, 40 ff.
Zinsen 19, 371
Zinsen und Lizenzgebühren 50g, 1
Zinsinformationsverordnung 45e, 1
Zinskorrekturen 4, 93
Zinslauf 34a, 90
Zinsrisiko 7g, 114
– Sicherungsvermögen, Pensionsfonds 4e, 52
Zinsschein 43, 66
Zinsschranke 4h, 1 ff.
– Betrieb 4h, 21
– Prüfreihenfolge 4h, 11 ff.
– Verfassungsmäßigkeit 4h, 4
Zinsschrankenzinsen 4h, 136 ff.
– Auf- und Abzinsungen 4h, 143
– Mitunternehmerschaft 4h, 137
– Sachkapitalüberlassung 4h, 140
zinsverbilligte Darlehen 35a, 140
Zinsvortrag 4h, 56 ff.
– Aufgabe, Übertragung Teilbetrieb 4h, 183 ff.
– Ausscheiden aus einer Mitunternehmerschaft 4h, 201 ff.
– Betriebsaufgabe, -übertragung 4h, 183
– gesonderte Feststellung 4h, 171 ff.
– latente Steuer 4h, 58
– Umwandlungen 4h, 218
Zinswette 15, 644
Zinszahlungen 50g, 17
Zinszuschuss, passive Rechnungsabgrenzungsposten 5, 375
Zivildienstleistende 3, 62
Zivilrechtlicher Arbeitgeber 19, 130
Zölle, Aktivierunggebot 5, 381
Zölle und Verbrauchssteuern 5, 381 ff.
– aktive Rechnungsabgrenzungsposten 5, 346
Zollkodex-Anpassungsgesetz 4, 3, 13
Zuckerrübenlieferrecht, Buchwert (§ 55 EStG) 55, 126

Zufluss 8, 21 f.; **11**, 51 ff.
– s. Schneeballsystem
– s. Schuldumwandlung
– Abtretung **11**, 161
– Arbeitslohn (laufender) **11**, 112
– auflösende Bedingung **11**, 62
– Aufrechnung **11**, 146 f.
– aufschiebende Bedingung **11**, 55
– Barzahlung **11**, 131
– beherrschender Gesellschafter **11**, 53
– Beteiligung Dritter **11**, 71
– Einnahmen aus nichtselbständiger Arbeit **11**, 111 ff.
– Einnahmen aus Nutzungsüberlassungen **11**, 96 ff.
– Erlass einer Schuld **11**, 151
– Fälligkeit **11**, 53
– Forderungsverzicht **11**, 152 f.
– Gutschrift **11**, 142
– Kreditkarte **11**, 134
– Notaranderkonto **11**, 66
– pauschale Lohnsteuer **11**, 114
– Rechtsnachfolge **11**, 73
– regelmäßig wiederkehrende Einnahmen **11**, 81 ff.
– Scheck **11**, 133
– Schneeballsystem **11**, 167 ff.
– Schuldumwandlung **11**, 166 f.
– Überweisung **11**, 132
– Verfügungsbeschränkungen **11**, 66
– Vertreter **11**, 71
– Wechsel **11**, 141
– wirtschaftliche Verfügungsmacht **11**, 51
Zufluss von Arbeitslohn 19, 36, 346 f.
Zufluss-Abflussprinzip 4, 92, 388 ff.
– Anschaffung von Wirtschaftsgütern **4**, 389
– durchlaufende Posten **4**, 389
– Rücklagenbildung **4**, 389
– Sammelposten **4**, 389
– Sonderabschreibung **4**, 390
– Tausch **4**, 391
– Umlaufvermögen **4**, 389
– wiederkehrende Leistung **4**, 393
– wiederkehrende Zahlung **4**, 394

Zugewinnausgleich 23, 231
– fiktiver **35b**, 116
Zugewinngemeinschaft 26b, 14
Zukauf fremder Erzeugnisse 13, 41 ff.
Zukunftssicherungsleistungen 19, 371
zulässiges Kassenvermögen, Dotierungsgrenzen **4d**, 161
Zulagen 4, 537
zumutbare Belastung 33, 106 ff.
Zurechnung 4, 191 ff.
Zurechnungskonflikt 50d, 40, 54, 61
Zurverfügungstellung der Arbeitskraft 19, 311
zusammenhängende Leistungen, beschränkte Steuerpflicht, Einkünfte aus Gewerbebetrieb, Darbietungstatbestand **49**, 52 ff.
Zusammenrechnung, mehrerer erbschaft- bzw. schenkungsteuerlicher Erwerbe **35b**, 105
Zusammenveranlagung 1a, 1 f., 6, 10, 44, 51; 26b, 20
– Beantragung **26**, 65
– Ehegatten **15**, 633; **26**, 16
– Getrenntleben **26**, 34
– Lebenspartner **26**, 16
– nachträgliche Änderung **26**, 71
– unbeschränkte Steuerpflicht **26**, 25
– Wahlrecht **26**, 56
– Wahlrecht Abzugsmethode **34c**, 87
Zusatzleistungen 24, 27
Zuschlag zum Versorgungsfreibetrag 19, 481 f.
Zuschlagsteuer 38, 1; **51a**, 1 ff.
– Abgeltungswirkung des Steuerabzugs **51a**, 36
– Anmeldung **45a**, 54 ff.
– Begriff **51a**, 10
– fiktive Einkommensteuer als Bemessungsgrundlage **51a**, 13
– Kirchenein(-aus)tritt im VZ **14**, 8
– Kirchensteuer **51a**, 2 f., 13, 20 ff., 55
– Lohnsteuer als Bemessungsgrundlage **51a**, 14
– Rechtsbehelfe gegen **51a**, 50
– Teileinkünfteverfahren bei § 13a EStG **13a**, 156
– Vorauszahlungen **51a**, 40 ff.
Zuschüsse 4, 537
– als sonstige Leistung **22**, 106
– des Arbeitgebers **3**, 139 ff.

Zuständigkeit, örtliche 41, 46
– des Arbeitsgebers 3, 139 ff.
Zusteller 19, 251
Zuwendung 4c, 1 ff.
– s. Spendenabzug
– politische Parteien 34g, 11 ff.
– Vereine ohne Parteicharakter 34g, 20 ff.
Zuwendung an Dritte 37b, 20 ff.
Zuwendungen des Bundespräsidenten 3, 153
Zuwendungsbestätigung, s. Spendenabzug

Zuwendungsnachweis, s. Spendenabzug
Zuzahlung 8, 70 f.
Zwangsläufigkeit 33, 61 ff.
Zwangslage 24, 36; 33, 66
Zwangsrest-Betriebsvermögen 16, 169
Zwangsversteigerung 17, 167 ff.; 23, 222
Zweikontenmodell 4, 548
Zweistufenaufbau,
 Einkommensteuerbemessungsgrundlage 2, 1
Zweitwohnung 35a, 116